Kommentar
zum Sozialrecht

Beck'sche Kurz-Kommentare

Band 63

Kommentar zum Sozialrecht

VO (EG) Nr. 883/2004, SGB I bis SGB XII, SGG,
BAföG, BEEG, Kindergeldrecht (EStG),
UnterhaltsvorschussG, WoGG

Herausgeber

Dr. Ralf Kreikebohm
Erster Direktor
Deutsche Rentenversicherung
Braunschweig-Hannover
Honorarprofessor an der TU Braunschweig

Dr. Wolfgang Spellbrink
Richter am Bundessozialgericht,
Honorarprofessor an der Universität Kassel

Dr. Raimund Waltermann
Professor an der Universität Bonn
Direktor des Instituts für Arbeitsrecht
und Recht der Sozialen Sicherheit

2. Aufl. 2011

Verlag C. H. Beck München 2011

Zitiervorschlag:
KSW/*Spellbrink* § 9 SGB II Rn. 2

Verlag C. H. Beck im Internet:
beck.de

ISBN 978 3 406 61076 9

© 2011 Verlag C. H. Beck oHG
Wilhelmstraße 9, 80801 München
Satz, Druck u. Bindung: Druckerei C. H. Beck Nördlingen
(Adresse wie Verlag)

Gedruckt auf säurefreiem, alterungsbeständigem Papier
(hergestellt aus chlorfrei gebleichtem Zellstoff)

Die Autoren des Kommentars

Guido Becker
Richter am Sozialgericht Neuruppin

Dr. Josef Berchtold
Richter am Bundessozialgericht

Pablo Coseriu
Richter am Bundessozialgericht

Dr. Wolfgang Fichte
Richter am Bundessozialgericht

Dr. Maximilian Fuchs
Professor an der Kath. Universität Eichstätt/Ingolstadt

Dr. Andreas Hänlein
Professor an der Universität Kassel

Reinhard Holtstraeter
Rechtsanwalt, Hamburg

Dr. Jacob Joussen
Professor an der Universität Jena

Sabine Knickrehm
Richterin am Bundessozialgericht

Dr. Wolfhard Kohte
Professor an der Universität Halle-Wittenberg

Dr. Katharina von Koppenfels-Spies
Professorin an der Universität Freiburg

Dr. Ralf Kreikebohm
Erster Direktor Deutsche Rentenversicherung Braunschweig-Hannover
Honorarprofessor an der TU Braunschweig

Bernd Mutschler
Richter am Bundessozialgericht

Dr. Albrecht Philipp
Rechtsanwalt und Fachanwalt für Sozialrecht sowie für Verwaltungsrecht, München

Dr. Stephan Rixen
Professor an der Universität Bamberg

Gundula Roßbach
Direktorin Deutsche Rentenversicherung Berlin-Brandenburg

Dr. Wolfgang Spellbrink
Richter am Bundessozialgericht
Honorarprofessor an der Universität Kassel

Dr. Raimund Waltermann
Professor an der Universität Bonn
Direktor des Instituts für Arbeitsrecht und Recht der Sozialen Sicherheit

Dr. Ulrich Wenner
Vors. Richter am Bundessozialgericht
Honorarprofessor an der Goethe Universität Frankfurt

Dr. Jürgen Winkler
Professor an der Katholischen Hochschule Freiburg

Im Einzelnen haben bearbeitet:

Guido Becker	§§ §§ 9, 11–12, 13, 36–45
Dr. Josef Berchtold	§§ 24–28 a SGB III
	§§ 7, 7 a, 8, 11, 12 SGB IV
	§§ 5–10 SGB V
	§§ 1–8 SGB VI
	§§ 20–27 SGB XI
Pablo Coseriu	§§ 22, 57, 183–189 a, 217–223, 260–271 SGB III
	§§ 17–40 SGB XII
Dr. Wolfgang Fichte	§§ 1–66 SGB X
Prof. Dr. Maximilian Fuchs	VO (EG) 883/2004
Prof. Dr. Andreas Hänlein	§§ 1–10, 30, 38–59 SGB I
	§§ 1–6 SGB IV
Reinhard Holtstraeter	§§ 2–13, 45–52, 56–80 SGB VII
Prof. Dr. Jacob Joussen	§§ 60–67 SGB I
	§§ 20–26, 31–43 b, 53–62 a, 65 a–68, 73 b, 74, 76, 81 a, 124–128 SGB V
Sabine Knickrehm	§§ 1, 5, 7, 8, 14–16 a, 16 d–18 a, 22–22 c, 27, 31–35 31–35 SGB II
Prof. Dr. Wolfhard Kohte	§§ 19–21, 23–26, 28, 29 SGB II
	§§ 28–30, 71–81, 83, 84 SGB IX
Prof. Dr. Katharina von Koppenfels-Spies	BEEG
	§§ 31, 32, 62–78 EStG
	§§ 14–16, 18 a–18 e SGB IV
	§§ 104–113 SGB VII
	§§ 82–95 SGB XII
	Unterhaltsvorschussgesetz
Prof. Dr. Ralf Kreikebohm	§§ 45–62, 99–102, 109, 109 a SGB VI
	§§ 2, 9, 14, 17 SGB IX
	§§ 41–46 a SGB XII
	§§ 2, 9, 14, 17 SGB IX
Bernd Mutschler	§§ 45–47, 116–162 SGB III
Dr. Albrecht Philipp	§§ 1–19, 28–45 b SGB XI
Prof. Dr. Stephan Rixen	§§ 13–16, 35 SGB I
	§§ 54–60 SGB XI
Gundula Roßbach	§§ 20–28 i, 28 m, 28 p SGB IV
	§§ 33–42, 235–241 SGB VI
Prof. Dr. Wolfgang Spellbrink	§§ 6–6 d, 9–12, 13, 16 b, 16 c, 36–45 SGB II
Prof. Dr. Raimund Waltermann	§§ 11–19, 27–30, 44–52, 95–105 SGB V
	§§ 115–119 SGB X
Prof. Dr. Ulrich Wenner	SGG
Prof. Dr. Jürgen Winkler	BAföG, WoGG

Vorwort zur 2. Auflage

Die Herausgeber haben im Vorwort zur 1. Auflage auf die besonderen Schwierigkeiten hingewiesen, denen das Projekt eines „Palandt" des Sozialrechts begegnet. Eine sehr große Normenmasse aus einer Vielzahl von Einzelgesetzen, die einem ständigen Änderungsdruck des politischen Systems unterliegt, entzieht sich tendenziell dem Konzept eines gebundenen Großkommentars. Von daher sind die Herausgeber hoch erfreut, dass ihr Konzept sowohl in den Rezensionen als auch bei der Leserschaft positiven Anklang gefunden hat. Die hohe Verkaufszahl der 1. Auflage bestätigt dabei die Einschätzung des Verlags, der von einem breiten Bedürfnis der Fachöffentlichkeit nach einem gebundenen Gesamtwerk des Sozialrechts ausging. Auch die Auswahl und der Umfang der Kommentierungen sind wohlwollend aufgenommen worden, so dass die Herausgeber auf tiefgreifende strukturelle Veränderungen verzichtet haben. Es verbindet sich mit dem vorliegenden Werk vielmehr die Hoffnung, in dem sich ständig wandelnden Sozialrecht einen Fels in der Brandung vorzufinden, der insbesondere zur schnellen aktuellen Information des Rechtsanwalts ausreicht und auch für Richter, Steuer- und Rentenberater, Arbeitsagenturen, Arbeitgeber- und Arbeitnehmervertretungen, Personalabteilungen, Sozialversicherungsträger, Verbände, Sozialämter und alle Einrichtungen und Dienste der Wohlfahrts- und Sozialverbände ein verlässlicher schneller Ratgeber ist. Über die zukünftig erfolgenden kontinuierlichen Neuauflagen wird der „K/S/W" darüber hinaus den Stellenwert einer fortlaufenden Dokumentation der Gesetzes- und Rechtslage erhalten, dessen regelmäßige Anschaffung auch von daher lohnt.

Die Kommentierungen berücksichtigen den Gesetzgebungsstand zum 1. 6. 2011. Damit sind bereits alle Folgeänderungen, die sich aus dem Urteil des BVerfG vom 9. 2. 2010 zur Verfassungswidrigkeit der Regelleistungen im SGB II ergeben haben, in vollem Umfang berücksichtigt. Verlag und Herausgeber freuen sich auch weiterhin über eine kritische Begleitung des Werks und sehen Änderungsvorschlägen (zur Zusammensetzung der Kommentierungen oder zum Rhythmus des Erscheinens) mit Freude entgegen.

August 2011

Kreikebohm, Braunschweig
Spellbrink, Kassel
Waltermann, Bonn

Aus dem Vorwort zur 1. Auflage

Die Herausgeber des vorliegenden Werkes standen vor zwei Herausforderungen:
Die Beck'schen Kurz-Kommentare sind das klassische Handwerkszeug jedes Juristen; an der Spitze „der Palandt". Was der Palandt in nunmehr fast 70 Auflagen erreicht hat, ist Vorbild und Maßstab zugleich. Der Kommentar will einen klar gegliederten Überblick verschaffen und in den Einzelheiten schnell und zuverlässig unter besonderer Berücksichtigung der Rechtsprechung informieren.

Dies ist die zweite Herausforderung: Kann es gelingen, ein so umfangreiches Rechtsgebiet wie das Sozialrecht, das sich zudem ständig ändert, in einem gebundenen Kommentar darzustellen? Ein solches Vorhaben kann nur zum Erfolg führen, wenn man Autoren findet, die hinter der Idee stehen und verlässlich mit der erforderlichen Qualität arbeiten. Wir sind sicher, ein entsprechendes Team gefunden zu haben.

Des Weiteren mussten wir uns beschränken: Eine Kommentierung jeder einzelnen Vorschrift würde den Umfang sprengen und wäre schlicht nicht leistbar. Von daher haben wir nur die Vorschriften kommentiert, die aus unserer Sicht in der praktischen Fallbearbeitung zwingend notwendig sind. Die Kommentierung von Einzelvorschriften wird ergänzt durch eine Sammelkommentierung von Vorschriften, wenn eine solche des besseren Verständnisses wegen erforderlich ist.

Die Kommentierung von Einzelvorschriften und die Sammelkommentierung orientieren sich an den Erfordernissen der Praxis: Das Werk ist geeignet für Rechtsanwälte, Gerichte, Personalverantwortliche, Mitarbeiter von Verbänden, Rentenberatern etc. Es richtet sich auch an diejenigen Juristen und übrige Anwender, die vorwiegend privatrechtlich tätig sind; einige praxisrelevante Bereiche des Privatrechts, wie das Haftungsrecht, das Unterhaltsrecht oder das Arbeitsrecht, lassen sich ohne Sozialrecht nicht erfolgreich bearbeiten.

April 2009

Kreikebohm, Braunschweig
Spellbrink, Kassel
Waltermann, Bonn

Inhaltsverzeichnis

	Seite
Abkürzungsverzeichnis	XIII
Literaturverzeichnis	XXXI

5. Verordnung (EG) Nr. 883/2004 des Europäischen Parlaments und des Rates vom 29. April 2004 zur Koordinierung der Systeme der sozialen Sicherheit 1
Vollständiger Gesetzestext und
Sammelkommentierung

6. Bundesgesetz über individuelle Förderung der Ausbildung (Bundesausbildungsförderungsgesetz – BAföG) 70
Vollständiger Gesetzestext und
Sammelkommentierung

7. Gesetz zum Elterngeld und zur Elternzeit (Bundeselterngeld- und Elternzeitgesetz – BEEG) 110
Vollständiger Gesetzestext und
Kommentierung der §§ 1–14,
Sammelkommentierung der §§ 15–27

8. Einkommensteuergesetz (EStG) 143
Abdruck der §§ 31, 32, 66–78 und
Sammelkommentierung der §§ 31, 32, 66–78

10. Sozialgesetzbuch (SGB) Erstes Buch (I) – Allgemeiner Teil 158
Vollständiger Gesetzestext und
Sammelkommentierung der §§ 1–10,
Kommentierung der §§ 13–16, § 30, § 35 (mit Überblick über den Datenschutz des Sozialrechts)
und §§ 60–67

20. Sozialgesetzbuch (SGB) Zweites Buch (II) – Grundsicherung für Arbeitsuchende 250
Vollständiger Gesetzestext und
Kommentierung der § 1, §§ 5–7, §§ 8–31, §§ 33–35
Sammelkommentierung der §§ 36–45

30. Sozialgesetzbuch (SGB) Drittes Buch (III) – Arbeitsförderung 543
Vollständiger Gesetzestext und
Kommentierung der § 22, §§ 24–28 a, §§ 45–47, § 57, §§ 116–162, §§ 183–189 a,
§§ 217–223, §§ 260–271

40. Sozialgesetzbuch (SGB) Viertes Buch Sozialgesetzbuch – Gemeinsame Vorschriften für die Sozialversicherung 875
Vollständiger Gesetzestext und
Sammelkommentierung §§ 1–6
Kommentierung der §§ 7, 7 a, § 8, §§ 11, 12, §§ 14–16, §§ 18 a–18 e, §§ 20–28 i, 28 m, 28 p

50. Sozialgesetzbuch (SGB) Fünftes Buch (V) – Gesetzliche Krankenversicherung 1107
Vollständiger Gesetzestext und
Kommentierung der §§ 5–10, § 13, §§ 20–26, §§ 31–43 b, §§ 53–62, §§ 65 a–68,
§ 73 b, § 74, § 76, § 81 a
Sammelkommentierung der §§ 95–105
Sammelkommentierung der §§ 124–128

60. Sozialgesetzbuch (SGB) Sechstes Buch (VI) – Gesetzliche Rentenversicherung 1510
Vollständiger Gesetzestext und
Kommentierung der §§ 1–8, §§ 33–42, §§ 45–62,
§§ 99–102, §§ 109, 109 a, § 210, §§ 235–241

70. Siebtes Buch Sozialgesetzbuch – Gesetzliche Unfallversicherung (VII) 1819
Vollständiger Gesetzestext und
Kommentierung der §§ 2–13, §§ 45–52, §§ 56–80 sowie
§§ 104–113

Inhaltsverzeichnis

	Seite
80. Sozialgesetzbuch (SGB) Achtes Buch (VIII) – Kinder- und Jugendhilfe	2016

Vollständiger Gesetzestext und
Sammelkommentierung

90. Sozialgesetzbuch (SGB) Neuntes Buch (IX) – Rehabilitation und Teilhabe behinderter Menschen 2088

Vollständiger Gesetzestext und
Kommentierung der § 2, § 9, § 14, § 17, §§ 28, 29, § 81, §§ 83, 84
Sammelkommentierung der §§ 71–80

100. Sozialgesetzbuch (SGB) Zehntes Buch (SGB X) – Sozialverwaltungsverfahren und Sozialdatenschutz 2196

Vollständiger Gesetzestext und
Kommentierung der §§ 1–63 sowie
§§ 115–119

110. Sozialgesetzbuch (SGB) Elftes Buch (XI) – Soziale Pflegeversicherung 2355

Vollständiger Gesetzestext und
Kommentierung der §§ 1–45 b, §§ 54–60

120. Sozialgesetzbuch (SGB) Zwölftes Buch (XII) – Sozialhilfe 2505

Vollständiger Gesetzestext und
Kommentierung der §§ 17–39, §§ 41–46 a, §§ 61–66, §§ 82–95

150. Sozialgerichtsgesetz (SGG) 2643

Vollständiger Gesetzestext und
Sammelkommentierung

155. Gesetz zur Sicherung des Unterhalts von Kindern alleinstehender Mütter und Väter durch Unterhaltsvorschüsse oder -ausfallleistungen (Unterhaltsvorschussgesetz) 2736

Vollständiger Gesetzestext und
Sammelkommentierung

160. Wohngeldgesetz (WoGG) 2744

Vollständiger Gesetzestext und
Sammelkommentierung

Sachverzeichnis 2777

Abkürzungsverzeichnis

Zeitschriften werden, soweit nicht anders angegeben, nach Jahr und Seite zitiert

a.	auch
AA	Agentur für Arbeit, Arbeitsamt
aA	anderer Ansicht
AAG	Gesetz über den Ausgleich der Arbeitgeberaufwendungen für Entgeltfortzahlung (Aufwendungsausgleichsgesetz)
aaO	am angegebenen Ort
ABA	Arbeitsgemeinschaft für betriebliche Altersversorgung oder Arbeit, Beruf und Arbeitslosenhilfe, Zeitschrift
abgedr.	abgedruckt
ABGB	Österr. Allgemeines Bürgerliches Gesetzbuch
AbgG	Gesetz über die Rechtsverhältnisse der Mitglieder des Deutschen Bundestages (Abgeordnetengesetz)
Abh.	Abhandlungen
Abk.	Abkommen
ABl.	Amtsblatt
abl.	ablehnend
ABlEG	Amtsblatt der Europäischen Gemeinschaften; vor 1958: Amtsblatt der EGKS
ABM	Arbeitsbeschaffungsmaßnahmen
Abs.	Absatz
Abschn.	Abschnitt
Abt.	Abteilung
abw.	abweichend
AcP	Archiv für die civilistische Praxis
aE	am Ende
AEntG	Arbeitnehmer-Entsendegesetz
AErlV	Arbeitserlaubnisverordnung
aF	alte Fassung
AfA	Absetzung für Abnutzungen
AFG	Arbeitsförderungsgesetz
AFKG	Arbeitsförderungs-Konsolidierungsgesetz
AFRG	Arbeitsförderungs-Reformgesetz
AG	Arbeitgeber; Aktiengesellschaft; Amtsgericht; Ausführungsgesetz; Die Aktiengesellschaft, Zeitschrift
Ag.	Antragsgegner(in)
AGB	Allgemeine Geschäftsbedingungen
AGB-DDR	Arbeitsgesetzbuch der DDR
AGBGB	Ausführungsgesetz zum BGB
AGG	Allgemeines Gleichbehandlungsgesetz
AHB	Allgemeine Versicherungsbedingungen für die Haftpflichtversicherung
AHRS	Arzthaftpflicht-Rechtssprechung
AiB	Arbeitsrecht im Betrieb, Zeitschrift
AK	Alternativkommentar
AKB	Allgemeine Bedingungen für die Kfz-Versicherung
AktG	Recht der Aktiengesellschaften und der Kommanditgesellschaften auf Aktien (Aktiengesetz)
Alg	Arbeitslosengeld; Gesetz über die Alterssicherung der Landwirte
Alhi	Arbeitslosenhilfe
AlhiV	Arbeitslosenhilfe-Verordnung
allg.	allgemein
allgA	allgemeine Ansicht
ALR	Allgemeines Landrecht für die Preußischen Staaten
Alt.	Alternative
aM	anderer Meinung
AMG	Arzneimittelgesetz
amtl.	amtlich
Amtl.Begr.	Amtliche Begründung
Amtl.Mitt.	Amtliche Mitteilungen
AN	Arbeitnehmer; Amtliche Nachrichten (des Reichsversicherungsamtes)
ANBA	Amtliche Nachrichten der Bundesanstalt für Arbeit
Änd.	Änderung
ÄndG	Gesetz zur Änderung
Angekl	Angeklagter
anges.	angesichts

Abkürzungsverzeichnis

AnglG	Gesetz zur Angleichung der Bestandsrenten an das Nettorentenniveau der BRD und zu weiteren rentenrechtlichen Regelungen
Anh.	Anhang
Anm.	Anmerkung
ant.	anteilig
AnVG	Angestelltenversicherungsgesetz
AnVNG	Gesetz zur Neuregelung des Rechts der Rentenversicherung der Angestellten
AnwKomm-BGB	Anwaltskommentar zum BGB
AO	Abgabenordnung
AOK	Allgemeine Ortskrankenkasse
AöR	Archiv des öffentlichen Rechts
AP	Nachschlagewerk des Bundesarbeitsgerichts (Arbeitsrechtliche Praxis)
AppOA	Approbationsordnung für Apotheker
AppOÄ	Approbationsordnung für Ärzte
AR	Aufsichtsrat
ARB	Allgemeine Bedingungen für die Rechtsschutz-Versicherung
ArbG	Arbeitsgericht
ArbGeb.	Der Arbeitgeber, Zeitschrift
ArbGG	Arbeitsgerichtsgesetz
ArbGV	Arbeitsgerichtsverfahren
ArbKrankhG	Gesetz zur Verbesserung der wirtschaftlichen Stellung der Arbeiter im Krankheitsfalle
AR-Blattei	Arbeitsrecht-Blattei
ArbnErfG	Gesetz über Arbeitnehmererfindungen
ArbPlSchG	Gesetz über den Schutz des Arbeitsplatzes bei Einberufung zum Wehrdienst (Arbeitsplatzschutzgesetz)
ArbR	Arbeitsrecht
ArbRB	Der Arbeits-Rechts-Berater
ArbRBerG	Gesetz zur Änderung des Kündigungsrechts und anderer arbeitsrechtlicher Vorschriften (Arbeitsrechtsbereinigungsgesetz)
ArbRBeschFG	Arbeitsrechtliches Beschäftigungsförderungsgesetz
ArbRGeg.	Das Arbeitsrecht der Gegenwart, Jahrbuch
ArbSchG	Arbeitsschutzgesetz
ArbSG	Gesetz zur Sicherstellung von Arbeitsleistungen für Zwecke der Verteidigung einschließlich des Schutzes der Zivilbevölkerung (Arbeitssicherstellungsgesetz)
ArbStättR	Arbeitsstättenrichtlinie
ArbStättV	VO über Arbeitsstätten
ArbStoffV	VO über gefährliche Arbeitsstoffe (Arbeitsstoffverordnung)
ArbuR	s. AuR
ArbuSozPol.	Arbeit und Sozialpolitik, Mitteilungsblatt des Arbeitsministeriums Nordrhein-Westfalen
ArbuSozR	Arbeits- und Sozialrecht, Mitteilungsblatt des Arbeitsministeriums Baden-Württemberg
ArbVerh.	Arbeitsverhältnis
ArbVG	Arbeitsvertragsgesetz
ArbZG	Arbeitszeitgesetz
ArbZRG	Gesetz zur Vereinheitlichung und Flexibilisierung des Arbeitszeitrechts (Arbeitszeitrechtsgesetz)
ArEV	Arbeitsentgeltverordnung
arg.	argumentum
Arge.	Arbeitsgemeinschaft
ARS	Arbeitsrechtssammlung mit Entscheidungen des Reichsarbeitsgerichts, der Landesarbeitsgerichte und Arbeitsgerichte (s. auch BenshSlg.)
ARSt.	Arbeitsrecht in Stichworten
Art.	Artikel
ArVNG	Arbeiterrentenversicherungs-Neuregelungsgesetz
Ärzte-ZV	Zulassungsverordnung für Vertragsärzte
ArztR	Arztrecht, Zeitschrift
ASiG	Gesetz über Betriebsärzte, Sicherheitsingenieure und andere Fachkräfte für Arbeitssicherheit (Arbeitssicherheitsgesetz)
ASR	Arbeitsstättenrichtlinien
Ast.	Antragsteller(in)
AsylbLG	Asylbewerberleistungsgesetz
AsylVfG	Gesetz über das Asylverfahren
AT	Allgemeiner Teil
ATG, ATZG	Altersteilzeitgesetz
ATO	Allgemeine Tarifordnung für Arbeitnehmer im öffentlichen Dienst
AtomG	Atomgesetz
ATZ	Altersteilzeit
AU	Arbeitsunfähigkeit
AuA	Arbeit und Arbeitsrecht, Zeitschrift
AuB	Arbeit und Beruf, Zeitschrift
AUB	Allgemeine Unfallversicherungs-Bedingungen; Arbeitsunfähigkeitsbescheinigung(en)

Abkürzungsverzeichnis

AufenthG	Gesetz über den Aufenthalt, die Erwerbstätigkeit und die Integration von Ausländern im Bundesgebiet (Aufenthaltsgesetz)
AufenthG/EWG	Gesetz über Einreise und Aufenthalt von Staatsangehörigen der Mitgliedstaaten der Europäischen Wirtschaftsgemeinschaft, außer Kraft am 1. 1. 2005
Aufl.	Auflage
AUG	Auslandsunterhaltsgesetz
AÜG	Gesetz zur Regelung der gewerbsmäßigen Arbeitnehmerüberlassung (Arbeitnehmerüberlassungsgesetz)
AuR	Arbeit und Recht, Zeitschrift
ausf.	ausführlich
AusfG	Ausführungsgesetz
AusfVO	Ausführungsverordnung
AuslandsrentenVO	VO über die Zahlung von Renten in das Ausland
ausl.	ausländisch
AuslG	Ausländergesetz
AV	Arbeitslosenversicherung
AVAG	Anerkennungs- und Vollstreckungsausführungsgesetz
AVAVG	Gesetz über Arbeitsvermittlung und Arbeitslosenversicherung
AVB	Allgemeine Versicherungsbedingungen
AVE	Allgemeinverbindlichkeitserklärung
AVermV	Arbeitsvermittlungsverordnung
AVG	Angestelltenversicherungsgesetz
AVmG	Altersvermögensgesetz
AVR	Allgemeine Vertragsrichtlinien
AZ	Arbeitszeit
Az.	Aktenzeichen
AZO	Arbeitszeitordnung
BA	Bundesagentur für Arbeit, Bundesanstalt für Arbeit
BABl	Bundesarbeitsblatt
Bad, bad	Baden, badisch
BÄO	Bundesärzteordnung
BaFin	Bundesanstalt für Finanzdienstleistungen
BAföG	Bundesgesetz über individuelle Förderung der Ausbildung (Bundesausbildungsförderungsgesetz)
BAG	Bundesarbeitsgericht
BAGE	Sammlung der Entscheidungen des Bundesarbeitsgerichts
BAGReport	BAGReport – Schnelldienst zur arbeitsgerichtlichen Rechtsprechung des BAG und des EuGH, Zeitschrift
BAnz.	Bundesanzeiger
BArbBl.	Bundesarbeitsblatt
BAT	Bundes-Angestelltentarifvertrag
BAT-O	Tarifvertrag zur Anpassung des Tarifrechts – Manteltarifliche Vorschriften
BAV	Bundesaufsichtsamt für das Versicherungswesen
BayObLG	Bayerisches Oberstes Landesgericht
BayVBl.	Bayerisches Verwaltungsblatt
BayVerfGH	Bayerischer Verfassungsgerichtshof
BayVGH	Bayerischer Verwaltungsgerichtshof
BB	Betriebs-Berater, Zeitschrift; Brandenburg
BBesG	Bundesbesoldungsgesetz
BBG	Bundesbeamtengesetz
Bbg., bbg.	brandenburg, brandenburgisch(e)
BBiG	Berufsbildungsgesetz
Bd.	Band
BDA	Bundesvereinigung Deutscher Arbeitgeberverbände
BDI	Bundesverband der Deutschen Industrie
BDSG	Bundesdatenschutzgesetz
BE	Berlin
BeamtVG	Beamtenversorgungsgesetz
Bearb.	Bearbeiter; Bearbeitung
bearb.	bearbeitet
beE	betriebsorganisatorisch eigenständige Einheit
BEEG	Bundeselterngeld- und Elternzeitgesetz
BEG	Bundesgesetz zur Entschädigung für Opfer der nationalsozialistischen Verfolgung (Bundesentschädigungsgesetz)
Begr.	Begründung
BehinR	Behindertenrecht
Beigel.	Beigeladene(r)
Beil.	Beilage
Beitr.	Beitrag; Beiträge
Bek.	Bekanntmachung
Bekl., bekl.	Beklagte(r), beklagte(r)

XV

Abkürzungsverzeichnis

Bem.	Bemerkung
BenshSlg.	Entscheidungen des Reichsarbeitsgerichts und der Landesarbeitsgerichte, verlegt bei Bensheimer (Bensheimer Sammlung, s. auch ARS)
Ber.	Berichtigung
ber.	bereinigt; berichtigt
BerBiFG	Gesetz zur Förderung der Berufsbildung durch Planung und Forschung (Berufsbildungsförderungsgesetz)
BerGer	Berufungsgericht
BerGH	Berufungsgerichtshof
BerHG	Gesetz über Rechtsberatung und Vertretung für Bürger mit geringem Einkommen (Beratungshilfegesetz)
BerlÄrzteBl	Berliner Ärzteblatt
BErzGG	Bundeserziehungsgeldgesetz
bes.	besondere(r/s); besonders
Besch	Beschuldigte(r)
BeschFG 1985	Gesetz über arbeitsrechtliche Vorschriften zur Beschäftigungsförderung (Beschäftigungsförderungsgesetz 1985)
BeschFG 1996	Beschäftigungsförderungsgesetz 1996
Beschl.	Beschluss
BeschlV	Beschlussverfahren
BeschSchG	Gesetz zum Schutz der Beschäftigten vor sexueller Belästigung am Arbeitsplatz (Beschäftigtenschutzgesetz)
BeschWGer.	Beschwerdegericht
BeschwV	Beschwerdeverfahren
bestr.	bestritten
Bet.	Beteiligte(r)
betr.	betreffend
Betr.	Betroffene(r)
BetrAV	Betriebliche Altersversorgung, Zeitschrift
BetrAVG	Gesetz zur Verbesserung der betrieblichen Altersversorgung (Betriebsrentengesetz)
betriebl.	betrieblich
BetrSichV	Betriebssicherheitsverordnung
BetrVerf.	Betriebsverfassung
BetrVerf-ReformG	Betriebsverfassungs-Reformgesetz 2001
BetrVG	Betriebsverfassungsgesetz
Bf.	Beschwerdeführer(in)
BfA	Bundesversicherungsanstalt für Angestellte
BFH	Bundesfinanzhof
BG	Die Berufsgenossenschaft, Zeitschrift
Bg.	Beschwerdegegner(in)
BGB	Bürgerliches Gesetzbuch
BGB-InfoV	BGB-Informationspflichtenverordnung
BGBl.	Bundesgesetzblatt
BGG	Behindertengleichstellungsgesetz
BGH	Bundesgerichtshof
BGH GS	Bundesgerichtshof Großer Senat
BGHR	BGH-Rechtsprechung Zivilsachen/Strafsachen
BGHSt(Z)	Slg. Der Entscheidungen des BGH in Strafsachen (Zivilsachen)
BGleiG	Gesetz zur Gleichstellung von Frauen und Männern in der Bundesverwaltung und in den Gerichten des Bundes (Bundesgleichstellungsgesetz)
BHO	Bundeshaushaltsordnung
BIBB	Bundesinstitut für berufliche Bildung
BK	Berufskrankheit; Bonner Kommentar
BKGG	Bundeskindergeldgesetz
BKK	Die Betriebskrankenkasse, Zeitschrift
BKV	Berufskrankheitenverordnung
BLG	Bundesleistungsgesetz
BlStSozArbR	Blätter für Steuerrecht, Sozialversicherung und Arbeitsrecht, Zeitschrift
BMA	Bundesminister(ium) für Arbeit und Sozialordnung
BMAS	Bundesminister(ium) für Arbeit und Soziales
BMBF	Bundesminister(ium) für Bildung und Forschung
BMF	Bundesminister(ium) der Finanzen
BMFT	Bundesminister(ium) für Bildung, Wissenschaft, Forschung und Technologie
BMG	Bundesminister(ium) für Gesundheit
BMGS	Bundesminister(ium) für Gesundheit und Soziale Sicherung
BMI	Bundesminister(ium) des Innern
BMJ	Bundesminister(ium) der Justiz
BMTG	Bundesmanteltarifvertrag für Arbeiter gemeindlicher Verwaltungen und Betriebe
BMTV	Bundesmanteltarifvertrag
BMV	Bundesminister(ium) der Verteidigung
BMV-Ä	Bundesmantelvertrag – Ärzte
BMWA	Bundesminister(ium) für Wirtschaft und Arbeit

Abkürzungsverzeichnis

BMWI	Bundesminister(ium) für Wirtschaft und Technologie
b + p	Betrieb und Personal, Zeitschrift
BPersVG	Bundespersonalvertretungsgesetz
BPflV	Bundespflegesatzverordnung
BR	Betriebsrat; Der Betriebsrat, Zeitschrift; Bundesrat
BRAGO	Bundesrechtsanwaltsgebührenordnung
Brandgb., brandbg	s. Bbg., bbg.
BRAO	Bundesrechtsanwaltsordnung
BRD	Bundesrepublik Deutschland
BR-Drs.	Drucksache des Deutschen Bundesrates
BReg.	Bundesregierung
Breithaupt	Sammlung von Entscheidungen aus dem Gericht der Sozialversicherung, Versorgung und Arbeitslosenversicherung
Brem., brem.	Bremen, bremisch(e)
BRp. Dtschld.	Bundesrepublik Deutschland
BRG	Betriebsrätegesetz vom 4. 2. 1920
BR-Prot.	Stenographische Berichte des Bundesrates (zit. nach Jahr u. S.)
BRRG	Beamtenrechtsrahmengesetz
BRT	Bundesrahmentarif
BRTV	Bundesrahmentarifvertrag
BRTV-Bau	Bundesrahmentarifvertrag für Arbeiter des Baugewerbes
BSG	Bundessozialgericht
BSGE	Sammlung der Entscheidungen des BSG
BSHG	Bundessozialhilfegesetz
Bsp.	Beispiel
bspw.	beispielsweise
BStBl.	Bundessteuerblatt
BT	Bundestag
BT-Drs.	Drucksache des Deutschen Bundestages
BtG	Betreuungsgesetz
BT-Prax	Betreungsrechtliche Praxis
BT-Prot.	Stenographische Berichte des Deutschen Bundestages (zit. nach Legislaturperiode u. S.)
Buchst.	Buchstabe
Bull.	Bulletin
BUrlG	Mindesturlaubsgesetz für Arbeitnehmer (Bundesurlaubsgesetz)
BUrkG	Beurkundungsgesetz
BUV	Betriebs- und Unternehmensverfassung, Zeitschrift
BuW	Betrieb und Wirtschaft, Zeitschrift
BV	Betriebsvereinbarung(en)
BVerfG	Bundesverfassungsgericht
BVerfGE	Slg. Der Entscheidungen des BVerfG
BVerfGG	Bundesverfassungegrichtsgesetz
BVerfGK	Neue Amtliche Sammlung der Kammerentscheidungen des Bundesverfassungsgerichts
BVerwG	Bundesverwaltungsgericht
BVerwGE	Sammlung der Entscheidungen des BVerwG
BVFG	Bundesvertriebenengesetz
BVG	Gesetz über die Versorgung der Opfer des Krieges (Bundesversorgungsgesetz)
BVS	Bergmannsversorgungsschein
BVSG-NRW	Gesetz über den Bergmannsversorgungsschein Nordrhein-Westfalen
BW	Baden-Württemberg
BY	Bayern
bzgl.	bezüglich
BZRG	Bundeszentralregistergesetz
bzw.	beziehungsweise
c. c.	code civil
CGD	Christlicher Gewerkschaftsbund Deutschland
ChemG	Gesetz zum Schutz vor gefährlichen Stoffen (Chemikaliengesetz)
cic.	culpa in contrahendo (Verschulden bei Vertragsschluss)
CR	Computer und Recht, Zeitschrift
DA	Dienstanweisung; Durchführungsanweisung
DAG	Deutsche Angestelltengewerkschaft
DAngVers	Die Angestelltenversicherung, Zeitschrift
DArbR	Deutsches Arbeitsrecht, Zeitschrift
DAVorm	Der Amtsvormund
DAZ	Deutsche Apothekerzeitung
DB	Der Betrieb, Zeitschrift
DBA	Doppelbesteuerungsabkommen
DDR	Deutsche Demokratische Republik
dementspr.	dementsprechend

Abkürzungsverzeichnis

ders.	derselbe
DEVO	Verordnung über die Erfassung von Daten für die Träger der Sozialversicherung und für die Bundesagentur für Arbeit
DFG	Deutsche Forschungsgemeinschaft, Zeitschrift für freiwillige Gerichtsbarkeit
DGB	Deutscher Gewerkschaftsbund
dgl.	dergleichen; desgleichen
DGUV	Deutsche Gesetzliche Unfallversicherung (Spitzenverband der gewerblichen Berufsgenossenschaften und der Unfallversicherungsträger der öffentlichen Hand)
dh.	das heißt
dies.	dieselbe(n)
diff.	differenzieren(d)
Diss.	Dissertation
DJ	Deutsche Justiz, Zeitschrift
DJT	Deutscher Juristentag
DJZ	Deutsche Juristen-Zeitung
DM	Deutsche Mark
DNotZ	Deutsche Notar-Zeitschrift
DöD	Der öffentliche Dienst, Zeitschrift
DOK	Die Ortskrankenkasse, Zeitschrift
DöV	Die öffentliche Verwaltung, Zeitschrift
DRdA	Das Recht der Arbeit, österreichische Zeitschrift
DRiG	Deutsches Richtergesetz
DrittelbG	Drittelbeteiligungsgesetz
DRiZ	Deutsche Richterzeitung, Zeitschrift
Drs.	Drucksache
DRsp.	Deutsche Rechtsprechung, Zeitschrift
DRV	Deutsche Rentenversicherung
DRW	Deutsche Rechtswissenschaft
DRZ	Deutsche Rechtszeitschrift
DS	Der Sachverständige
DSB	Datenschutzbeauftragter
DSG	Datenschutzgesetz
DStG	Dienststrafgericht
DStR	Deutsches Steuerrecht, Zeitschrift
DStrR	Deutsches Strafrecht
DStrZ	Deutsche Strafrechts-Zeitung
DStZ	Deutsche Steuer-Zeitung
DSuDS	Datenschutz und Datensicherung, Zeitschrift (s. auch DuD)
DSWR	Datenverarbeitung in Steuer, Wirtschaft und Recht, Zeitschrift
dt.	deutsch
DtÄrzteBl	Deutsches Ärzteblatt
DtMedWochensch	Deutsche medizinische Wochenschrift
DtZ	Deutsch-Deutsche Rechtszeitschrift
DuD	Datenschutz und Datensicherung, Zeitschrift (s. auch DSuDS)
DuR	Demokratie und Recht
DurchfBest.	Durchführungsbestimmung
DüVO	Verordnung über die Datenübermittlung auf maschinell verwertbaren Datenträgern im Bereich der Sozialversicherung und der Bundesanstalt für Arbeit (Datenübermittlungs-Verordnung)
DV	Deutsche Verwaltung
DVAuslG	Durchführungsverordnung zum Ausländergesetz
DVBl.	Deutsches Verwaltungsblatt, Zeitschrift
DVersZ	Deutsche Versicherungs-Zeitschrift für Sozialversicherung und Privatversicherung
DV-EWG	Verordnung zur Durchführung der Verordnung (EWG)
DVKSVG	Verordnung zur Durchführung des Künstlersozialversicherungsgesetzes
DVO	Durchführungsverordnung
DVollzO	Dienst- und Vollzugsordnung
DVO zum AVAVG	Durchführungsverordnung zum Gesetz über die Arbeitsvermittlung und Arbeitslosenversicherung
DVP	Deutsche Verwaltungspraxis
DVR	Datenverarbeitung im Recht
DVZ	Deutsche Versicherungs-Zeitschrift für Sozialversicherung und Privatversicherung
DZWIR	Deutsche Zeitschrift für Wirtschaftsrecht
E	Entscheidungen des Bundesverfassungsgerichts, des Bundesverwaltungsgerichts, des Bundesfinanzhofs und des Bundessozialgerichts (jeweils Amtliche Sammlung), Entwurf
EA, Euratom	Vertrag zur Gründung der Europäischen Atomgemeinschaft
EALG	Entschädigung- und Ausgleichsleistungsgesetz
EAS	Europäisches Arbeits- und Sozialrecht, Rechtsvorschriften, Systematische Darstellungen und Entscheidungssammlung
Ebda.	Ebenda

Abkürzungsverzeichnis

EBE	Eildienst – Bundesgerichtliche Entscheidungen
EBRG	Europäische Betriebsräte-Gesetz
EEA	Einheitliche Europäische Akte
EEK	Sabel, Entscheidungssammlung zur Entgeltfortzahlung an Arbeiter und Angestellte bei Krankheit, Kur und anderen Arbeitsverhinderungen
EFTA	European Free Trade Association (Europ. Freihandelszone)
EFZ	Entgeltfortzahlung
EFZG	Gesetz über die Zahlung des Arbeitsentgeltes an Sonn- und Feiertagen und im Krankheitsfall (Entgeltfortzahlungsgesetz)
EG	Europäische Gemeinschaft(en); Vertrag zur Gründung der Europäischen Gemeinschaft; Einführungsgesetz
EGBGB	Einführungsgesetz zum Bürgerlichen Gesetzbuch
EGKS	Europäische Gemeinschaft für Kohle und Stahl
EGKSV	Vertrag über die Gründung der Europäischen Gemeinschaft für Kohle und Stahl
EGMR	Europäischer Gerichtshof für Menschenrechte
EGV	Vertrag zur Gründung der Europäischen Gemeinschaft
EheG	Ehegesetz
EhfG	Entwicklungshelfergesetz
EHIC	European Health Insurance Card
EHUG	Gesetz über elektronische Handelsregister und Genossenschaftsregister sowie das Unternehmensregister
EIB	Europäische Investitionsbank
EignÜG	Gesetz über den Einfluß von Eignungsübungen der Streitkräfte auf Vertragsverhältnisse der Arbeitnehmer und Handelsvertreter sowie auf Beamtenverhältnisse (Eignungsübungsgesetz)
Einf.	Einführung
EinigungsV	Einigungsvertrag
Einl.	Einleitung
einschl.	einschließlich
EKD	Evangelische Kirche in Deutschland
EKMR	Europäische Kommission für Menschenrechte
EDV-Ärzte	Arzt-/Ersatzkassenvertrag
evtl.	eventuell
EMRK	Konvention zum Schutze der Menschenrechte und Grundfreiheiten
engl.	englisch(en)
EntlastG	Entlastungsgesetz
Entsch.	Entscheidung
entspr.	entsprechend
Entw.	Entwurf
ErbStG	Erbschaftssteuergesetz
Erg.	Ergänzung; Ergebnis
ErgBd.	Ergänzungsband
Erl.	Erlass, Erläuterung
Ersk.	Die Ersatzkasse, Zeitschrift
ErstG	Erstattungsgesetz
ErstrG	Erstreckungsgesetz
ErzUrl.	Erziehungsurlaub
ES C	Europäische Sozialcharta
ESOVGRP	Entscheidungssammlung des OVG Koblenz
EStG	Einkommensteuergesetz
ESVGH	Sammlung der Entscheidungen des hessischen und des baden-württembergischen VGH
etc.	et cetera
EU	(Vertrag über die) Europäische Union
EuAbgG	Gesetz zur Regelung der Rechtsstellung von Abgeordneten des Europa-Parlaments
EUArch	Europa-Archiv
EuG	Europäisches Gericht in erster Instanz
EuGH	Gerichtshof der Europäischen Gemeinschaften
EuGHE	Entscheidungen des Gerichtshofs der Europäischen Gemeinschaften
EuGRZ	Europäische Grundrechte, Zeitschrift
EuGVÜ	Übereinkommen über die gerichtliche Zuständigkeit und die Vollstreckung gerichtlicher Entscheidungen in Zivil- und Handelssachen
EuGVVO	Verordnung Nr. 44/2001 über die gerichtliche Zuständigkeit und die Vollstreckung gerichtlicher Entscheidungen in Zivil- und Handelssachen
EuR	Europarecht, Zeitschrift
EuroAS	Informationsdienst zum europäischen Arbeits- und Sozialrecht (Jahr und Seite)
Euratom	Europäische Atomgemeinschaft
europ.	Europäisch
EuropNiederlAbk.	Europäisches Niederlassungsabkommen
EUV	Vertrag über die Europäische Union i. d. F. vor dem 1. 5. 1999
EuZW	Europäische Zeitschrift für Wirtschaftsrecht
eV	eingetragener Verein

Abkürzungsverzeichnis

EVertr.	Vertrag zwischen der BRD und der DDR über die Herstellung der Einheit Deutschlands vom 31. 8. 1990 (BGBl. II S. 889)
EVÜ	Übereinkommen über das auf vertragliche Schuldverhältnisse anzuwendende Recht
EWG	Europäische Wirtschaftsgemeinschaft
EWG-Richtl.	Richtlinie(n) der Europäischen Wirtschaftsgemeinschaft
EWGV	Vertrag zur Gründung einer Europäischen Wirtschaftsgemeinschaft
EWG-VO	Verordnung der Europäischen Wirtschaftsgemeinschaft
EWiR	Entscheidungen zum Wirtschaftsrecht, Zeitschrift
EWR-Abk.	Gesetz zu dem Abk. v. 2. 5. 1992 über den Europ. Wirtschaftsraum
EWIV	Europäische wirtschaftliche Interessenvereinigung
EWS	Europäisches Währungssystem; Europäisches Wirtschafts- und Steuerrecht, Zeitschrift
EZ	Elternzeit
EzA	Entscheidungen zum Arbeitsrecht, hrsg. von Stahlhacke und Kreft
EzA-SD	Entscheidungen zum Arbeitsrecht – Schnelldienst
EzAÜG	Entscheidungssammlung zum Arbeitnehmerüberlassungsgesetz und zum sonstigen drittbezogenen Personaleinsatz
EzB	Entscheidungssammlung zum Berufsbildungsrecht, hrsg. von Horst-Dieter Hurlebaus
EzBAT	Entscheidungssammlung zum BAT
EzFamr Aktuell	Entscheidungssammlung zum Familienrecht
EzS	Entscheidungssammlung zum Sozialversicherungsrecht
EzSt	Entscheidungssammlung zum Straf- und Ordnungswidrigkeitenrecht
f., ff.	folgend
F & L	Forschung und Lehre
FA	Fachanwalt Arbeitsrecht, Zeitschrift
FamG	Familiengericht
FamRZ	Zeitschrift für das gesamte Familienrecht
FAZ	Fachanwaltsordnung
FAZ	Frankfurter Allgemeine Zeitung
FdA	Anordnung des Verwaltungsrats der Bundesanstalt für Arbeit zur Förderung der Arbeitsaufnahme
FeV	Fahrerlaubnisverordnung
FEVS	Fürsorgerechtliche Entscheidungen der Verwaltungs- und Sozialgerichte
FF	Forum Familien- und Erbrecht
FG	Finanzgericht
FGG	Gesetz über die Angelegenheiten der freiwilligen Gerichtsbarkeit
Fn.	Fußnote
FreizügG/EU	Gesetz über die allgemeine Freizügigkeit von Unionsbürgern
FR	Finanzrundschau; Frankfurter Rundschau
FRES	Entscheidungssammlung zum gesamten Bereich von Ehe und Familie
FRG	Fremdrentengesetz
FS	Festschrift
FTD	Financial Times Deutschland
FuR	Familie und Recht
Fußn.	Fußnote
FVG	Finanzverwaltungsgesetz
G	Gesetz; Gericht
GA	Goldammer's Archiv für Strafrecht
GAL	Gesetz über eine Altershilfe für Landwirte
GaststG	Gaststättengesetz
GBA	Grundbuchamt
GBl.	Gesetzblatt
GBl.-DDR	Gesetzblatt der DDR
GBO	Grundbuchordnung
GbR	Gesellschaft bürgerlichen Rechts
GBR	Gesamtbetriebsrat; Grundbuchrecht
GdB	Grad der Behinderung
GE	Gesetzentwurf, Grundeigentum
GebO	Gebührenordnung
GefStoffV	Gefahrstoffverordnung
gem.	gemäß
GemT	Gemeindetag
GenBeschlG	Genehmigungsverfahrenbeschleunigungsgesetz
GenfKonv.	Genfer Flüchtlings-Konvention
GenG	Gesetz über die Erwerbs- und Wirtschaftsgenossenschaften (Genossenschaftsgesetz)
GenStA	Generalstaatsanwalt
gepl.	geplant
GerSiG	Gesetz über technische Arbeitsmittel (Gerätesicherheitsgesetz)
ges.	gesetzlich
GeschO	Geschäftsordnung
Ges. d. Wiss.	Gesellschaft der Wissenschaften

Abkürzungsverzeichnis

GesR	Gesundheitsrecht
Gewerkschafter	Der Gewerkschafter, Zeitschrift
GewM	Gewerkschaftliche Monatshefte
GewO	Gewerbeordnung
GF	Geschäftsführer
GFG	Graduiertenförderungsgesetz
GG	Grundgesetz
ggf.	gegebenenfalls
ggü.	Gegenüber
GjS	Gesetz über die Verbreitung jugendgefährdender Schriften
GK-AFG	Gemeinschaftskommentar zum AFG
GKG	Gerichtskostengesetz
GK-KschG	Gemeinschaftskommentar zum KSchG und sonstigen kündigungsrechtlichen Vorschriften
GK-MitbestG	Gemeinschaftskommentar zum Mitbestimmungsgesetz
GKÖD	Gesamtkommentar Öffentliches Dienstrecht
GKV, gKV	gesetzliche Krankenversicherung
GKVdR	Gesetz über die Krankenversicherung der Rentner
GKV-WSG	GKV-Wettbewerbsstärkungsgesetz
GleiBG, GleichberG	Gleichberechtigungsgesetz
GmbH	Gesellschaft mit beschränkter Haftung
GmbHG	Gesetz über die Gesellschaften mit beschränkter Haftung
GmbHR	GmbH-Rundschau, Zeitschrift
GMBl.	Gemeinsames Ministerialblatt
GMG	Gesundheitsmodernisierungsgesetz
GMH	Gewerkschaftliche Monatshefte
GmS-OGB	Gemeinsamer Senat der Obersten Gerichtshöfe des Bundes
GO	Gemeindeordnung
GOÄ	Gebührenordnung für Ärzte
GOZ	Gebührenordnung für Zahnärzte
GPR	Zeitschrift für Gemeinschaftsprivatrecht
GPSG	Geräte- und Produktsicherheitsgesetz
grdl.	grundlegend
grds.	Grundsätzlich
GRG	Gesundheitsreformgesetz
Großkomm.	Großkommentar
Gruch	Gruchot's Beiträge zur Erläuterung des Deutschen Rechts
GRUR	Gewerblicher Rechtsschutz und Urheberrecht, Zeitschrift
gRV	gesetzliche Rentenversicherung
GS	Großer Senat; Gedächtnisschrift
GS NW	Gesetzessammlung des Landes Nordrhein-Westfalen
GSG	Gesundheitsstrukturgesetz
GsiG	Grundsicherungsgesetz
GSNRW	Bereinigte Gesetzessammlung des Landes Nordrhein-Westfalen
GSP	Gesamtsozialplan
GSSt(Z)	Großer Senat in Strafsachen (Zivilsachen)
GSprAu	Gesamtsprecherausschuss
GtA	Gesetz über technische Arbeitsmittel
GV NW	Gesetzes- und Verordnungsblatt des Landes Nordrhein-Westfalen
GVBl.	Gesetzes- und Verordnungsblatt
GVG	Gerichtsverfassungsgesetz
GVKostG	Gerichtsvollzieherkostengesetz
H.	Heft
hA	herrschende Ansicht
HaftpflG	Haftpflichtgesetz
HAG	Heimarbeitsgesetz
Halbbd.	Halbband; auch Hbd.
Halbs.	Halbsatz
HB	Bremen
Hbd.	Halbband; auch Halbbd.
Hdb.	Handbuch
HdbStr	Handbuch des Staatsrechts der Bundesrepublik Deutschland
HdbVerfR	Handbuch des Verfassungsrechts der Bundesrepublik Deutschland
HdSW	Handwörterbuch der Sozialwissenschaften
HE	Hessen
HebG	Hebammengesetz
HeimG	Heimgesetz
HessVRspr.	Rechtsprechung der hessischen Verwaltungsgerichte
HGB	Handelsgesetzbuch
HH	Hamburg
hins.	hinsichtlich

Abkürzungsverzeichnis

hL	herrschende Lehre
hM	herrschende Meinung
HPflG	Haftpflichtgesetz
HReg.	Handelsregister
HRG	Hochschulrahmengesetz
HRR	Höchstrichterliche Rechtsprechung, Zeitschrift
Hrsg.	Herausgeber
HS	Halbsatz
HV	Hauptversammlung
HVBG-Info	Aktueller Informationsdienst für die berufsgenossenschaftliche Sachbearbeitung, hrsg. vom Hauptverband der gewerblichen Berufsgenossenschaften
Hwb AR	Handwörterbuch zum Arbeitsrecht, Loseblatt
HzA	Handbuch zum Arbeitsrecht
HwVG	Handwerkerversicherungsgesetz
IAA	Internationales Arbeitsamt
IAB	Institut für Arbeitsmarkt und Berufsforschung
IAK	Internationale Arbeitskonferenz
IAO	Internationale Arbeitsorganisation
idF	in der Fassung
idR	in der Regel
iE	im Einzelnen; im Ergebnis
ieS	im engeren Sinne
IfSG	Infektionsschutzgesetz
IG	Industriegewerkschaft
IG BCE	Industriegewerkschaft Bergbau, Chemie, Energie
IGH	Internationaler Gerichtshof
IHK	Industrie- und Handelskammer
IHKG	Gesetz über die Industrie- und Handelskammern
i. L.	in Liquidation
ILO	International Labour Organisation (Internationale Arbeitsorganisation)
info also	Informationen zum Arbeitslosenrecht und Sozialhilferecht, Zeitschrift
InkrG	Gesetz über die Inkraftsetzung von Rechtsvorschriften der BRD in der ehemaligen DDR
insb.	insbesondere
insg.	insgesamt
InsO	Insolvenzordnung
InsV	Insolvenzverwalter
int.	international
InVO	Insolvenz und Vollstreckung
IPR	Internationales Privatrecht
IPRax.	Praxis des internationalen Privatrechts, Zeitschrift
iSd.	im Sinne des/der
IStGH	Internationaler Strafgerichtshofe
IStR	Internationales Steuerrecht, Zeitschrift
iSv.	im Sinne von
IT	Informationstechnik (information technology)
iÜ	im Übrigen
iVm.	in Verbindung mit
IWB	Internationale Wirtschaftsbriefe, Zeitschrift
iwS	im weiteren Sinne
IZPR	Internationales Zivilprozessrecht
iZw.	im Zweifel
JA	Juristische Arbeitsblätter, Zeitschrift
JArbSchG	Gesetz zum Schutz der arbeitenden Jugend (Jugendarbeitsschutzgesetz)
JAV	Jugend- und Auszubildendenvertretung
Jb.	Jahrbuch
JbArbR	Jahrbuch des Arbeitsrechts
Jg.	Jahrgang
JM	Justizminister(ium)
JMBl.	Justizministerialblatt
JöR	Jahrbuch des öffentlichen Rechts
JÖSchG	Gesetz zum Schutz der Jugend in der Öffentlichkeit
JR	Juristische Rundschau, Zeitschrift
JSchG	Jugendschutzgesetz
JuMog	Justizmodernisierungsgesetz
jur.	juristisch(-e, -es)
Jura	Jura, Ausbildungszeitschrift
juris	Juristisches Informationssystem für die Bundesrepublik Deutschland
JuS	Juristische Schulung, Zeitschrift
Justiz	Die Justiz

Abkürzungsverzeichnis

JVBl	Justizverwaltungsblatt
JVEG	Justizvergütungs- und Entschädigungsgesetz
JW	Juristische Wochenschrift, Zeitschrift
JWG	Jugendwohlfahrtsgesetz
JZ	Juristenzeitung, Zeitschrift
K & R	Kommunikation und Recht
Kap.	Kapitel
KAPOVAZ	Kapazitätsorientierte variable Arbeitszeits
KArbT	Kirchlicher Tarifvertrag Arbeiter
KAT	Kirchlicher Arbeitsvertrag Angestellter
KBR	Konzernbetriebsrat
KfzPflVV	Verordnung über den Versicherungsschutz in der Kraftfahrzeug-Haftpflichtversicherung (Kraftfahrzeug-Pflichtversicherungsverordnung)
KG	Kammergericht; Kommanditgesellschaft
KGaA	Kommanditgesellschaft auf Aktien
KHEntgG	Krankenhausentgeldgesetz
KGH	Gesetz zur wirtschaftlichen Sicherung der Krankenhäuser und zur Regelung der Krankenhauspflegesätze
KindUG	Kinderunterhaltsgesetz
KJ	Kritische Justiz, Zeitschrift
KJHG	Kinder- und Jugendhilfegesetz
Kl.	Klage; Kläger(in)
KLG	Kindererziehungsleistungs-Gesetz
KnVNG	Knappschaftsrentenversicherungs-Neuregelungsgesetz
KO	Konkursordnung
Koda.	Kommission zur Ordnung des diözesanen Arbeitsvertragsrechts
KOM	Kommissionsdokumente
Kom(m).	Kommentar
Konv.	Konvention
KostG	Kostengesetz
KostRModG	Kostenrechtsmodernisierungsgesetz
KostRspr.	Kostenrechtsprechung, Nachschlagewerk
KR	Kontrollrat
KRG	Kontrollratsgesetz
KrG	Kreisgericht
krit.	Kritisch
KritVjschr	Kritische Vierteljahresschrift für Gesetzgebung und Rechtswissenschaft
KrPflG	Krankenpflegegesetz
KrV	Die Krankenversicherung, Zeitschrift
KS	Vertrag über die Gründung der Europäischen Gemeinschaft für Kohle und Stahl
KSchG	Kündigungsschutzgesetz
KSprAu	Konzernsprecherausschuss
KS V-ÄndG	Künstler-Sozialversicherungsänderungsgesetz
KSVG	Künstler-Sozialversicherungsgesetz
KündFG	Kündigungsfristengesetz
KUG	Kunsturhebergesetz
Kug	Kurzarbeitergeld
KV	Krankenversicherung
KVdA	Krankenversicherung der Arbeitslosen
KVdL	Krankenversicherung der Länder
KVdR	Krankenversicherung der Rentner
KVLG	Gesetz über die Krankenversicherung der Landwirte
KVRS	Die Krankenversicherung in Rechtsprechung und Schrifttum
L	Leitsatz
l. (Sp.)	linke (Spalte)
LAG	Landesarbeitsgericht
LAGE	Entscheidungen der Landesarbeitsgerichte, hrsg. von Stahlhacke
LAGReport	LAGReport – Schnelldienst zur Rechtsprechung der Landesarbeitsgerichte, Zeitschrift
LAM	Landesarbeitsministerium
LAV	Landesstelle für Arbeitsvermittlung
LBG	Landesbeamtengesetz
LDO	Landesdisziplinarordnung
Lehrb.	Lehrbuch
lfd.	laufend
Lfg.	Lieferung
LFZ	Lohnfortzahlung
LFZG	Gesetz über die Fortzahlung des Arbeitsentgelts im Krankheitsfalle (Lohnfortzahlungsgesetz)
LG	Landgericht

Abkürzungsverzeichnis

lit.	Buchstabe
Lit.	Literatur
LM	Lindenmaier/Möhring, Nachschlagewerk des BGH
LohnabzVO	Lohnabzugsverordnung
Losebl.	Loseblattsammlung
LPartG	Lebenspartnerschaftsgesetz
LPK–BSHG	Bundessozialhilfegesetz – Lehrkommentar und Praxiskommentar
LPVG	Landespersonalvertretungsgesetz (BW, NW)
LReg.	Landesregierung
LS	Leitsatz, Leitsätze
LSG	Landessozialgericht
LStDV	Lohnsteuer-Durchführungsverordnung
LStR	Lohnsteuer-Richtlinien
LT-DR	Landtagsdrucksache
LVA	Landesversicherungsanstalt
LVerf	Landesverfassung
M.	Meinung
m.	mit
MahnG	Mahngericht
Mat.	Materialien
Mat.	Materialien
MB	Mahnbescheid
MB/KK	Allgemeine Versicherungsbedingungen für die Krankheitskosten- und Krankenhaustagegeldversicherung (Musterbedingungen)
MB/KT	Allgemeine Versicherungsbedingungen für die Krankentagegeldversicherung (Musterbedingungen)
MBl.	Ministerialblatt
MBO-Ä	Musterberufsordnung für die deutschen Ärztinnen und Ärzte
MD	Magazin Dienst
MDK	Medizinischer Dienst der Krankenkassen
MDR	Monatsschrift für Deutsches Recht, Zeitschrift
mdl.	mündlich
mE	meines Erachtens
MedKlinik	Medizinische Klinik
MedR	Medizinrecht, Zeitschrift
MED SACH	Der medizinische Sachverständige, Zeitschrift
MgVG	Gesetz über die Mitbestimmung der Arbeitnehmer bei einer grenzüberschreitenden Verschmelzung
MindArbbG	Gesetz über Mindestarbeitsbedingungen
MitbestErgG	Gesetz zur Ergänzung des Gesetzes über die Mitbestimmung der Arbeitnehmer in den Aufsichtsräten und Vorständen der Unternehmen des Bergbaus und der Eisen und Stahl erzeugenden Industrie (Montan-Mitbestimmungsergänzungsgesetz)
MitbestG	Gesetz über die Mitbestimmung der Arbeitnehmer (Mitbestimmungsgesetz)
Mitbestimmung	Die Mitbestimmung, Zeitschrift
Mitt.	Mitteilungen
Mot.	Motive
Mrd.	Milliarde(n)
MSA	Minderjährigenschutzabkommen
MTA	Manteltarifvertrag für die Angestellten der Bundesanstalt für Arbeit vom 21. 4. 1961
MTB	Manteltarifvertrag für Arbeiter des Bundes
MTL	Manteltarifvertrag für Arbeiter der Länder
MTV	Manteltarifvertrag
MünchKomm	Münchener Kommentar zum BGB
MünchKomm–ZPO	Münchener Kommentar zur ZPO
MünchMedWochenschr	Münchener Medizinische Wochenschrift
MuSchG	Gesetz zum Schutz der erwerbstätigen Mutter (Mutterschutzgesetz)
MV	Mecklenburg-Vorpommern
mvN	mit vielen Nachweisen
mwN	mit weiteren Nachweisen
m. zahlr. Nachw.	mit zahlreichen Nachweisen
Nachdr.	Nachdruck
Nachw.	Nachweise
NachwG	Gesetz über den Nachweis der für ein Arbeitsverhältnis geltenden wesentlichen Bestimmungen (Nachweisgesetz)
NATO	North Atlantic Treaty Organization, Atlantikpakt-Organisation
NDV	Nachrichtendienst des Deutschen Vereins für öffentliche und private Fürsorge
Neudr.	Neudruck
NettoArbEntg	Nettoarbeitsentgelt
nF	neue Fassung, neue Folge
NI	Niedersachsen

Abkürzungsverzeichnis

NJ	Neue Justiz, Zeitschrift
NJOZ	Neue Juristische Online Zeitschrift
NJW	Neue Juristische Wochenschrift, Zeitschrift
NJW-RR	NJW-Rechtsprechungs-Report Zivilrecht
Nr.	Nummer
n. rkr.	nicht rechtskräftig
NRW	Nordrhein-Westfalen (s. NW)
NS	Nationalsozialismus
NStZ	Neue Zeitschrift für Strafrecht
NStZ-RR	NStZ-Rechtsprechungs-Report Strafrecht
nv.	nicht amtlich veröffentlicht
NVersZ	Neue Zeitschrift für Versicherung und Recht
NVwZ	Neue Zeitschrift für Verwaltungsrecht
NVwZ-RR	NVwZ-Rechtsprechungs-Report Verwaltungsrecht
NW	Nordrhein-Westfalen (auch NRW)
NZA	Neue Zeitschrift für Arbeitsrecht
NZA-RR	NZA-Rechtsprechungs-Report Arbeitsrecht
NZS	Neue Zeitschrift für Sozialrecht
NZV	Neue Zeitschrift für Verkehrsrecht
o.	oben
oä.	oder ähnliche(s)
OECD	Organization for Economic Cooperation and Development
OEEC	Organization for European Economic Cooperation, Organisation für Europäische wirtschaftliche Zusammenarbeit
OEG	Gesetz über die Entschädigung für Opfer von Gewalttaten
öffentl.	Öffentlich
ÖffGesundheitswesen	Das öffentliche Gesundheitswesen
og.	oben genannt
OHG	offene Handelsgesellschaft
OLG	Oberlandesgericht
ör.	öffentlich-rechtlich
Os	Orientierungssatz
OVG	Oberverwaltungsgericht
OWiG	Gesetz über Ordnungswidrigkeiten
PartGG	Gesetz über Partnerschaftsgesellschaften Angehöriger Freier Berufe
Personal	Personal, Mensch und Arbeit im Betrieb, Zeitschrift
PersR	Personalrat, Zeitschrift
PersV	Personalvertretung, Zeitschrift
PersVG	Personalvertretungsgesetz (des Landes)
PflegeVG	Pflegeversicherungsgesetz
PflR	Pflegerecht, Zeitschrift
PflWEG	Pflegeweiterentwicklungsgesetz
PflVG	Pflichtversicherungsgesetz
PharmZtg	Pharmazeutische Zeitung
PKH	Prozesskostenhilfe
PKV, pKV	private Krankenversicherung
PR	Personalrat
pr.	preußisch(e)
probl.	problematisch
Prot.	Protokolle
ProzG	Prozessgericht
PSA	Personal-Service-Agentur
PSA-BV	Verordnung über Sicherheit und Gesundheitsschutz bei der Benutzung persönlicher Schutzausrüstungen bei der Arbeit
PS V	Pensionssicherungsverein
PsychKG	Gesetz über Hilfen und Schutzmaßnahmen bei psychischen Krankheiten
PV	Pflegeversicherung; Prozessbevollmächtigter
pVV	positive Vertragsverletzung
PZ	Pflegezeit
R	Recht
r + s	Recht und Schaden
r. (Sp.)	rechte (Spalte)
RA	Rechtsanwalt
RABl.	Reichsarbeitsblatt
RAG	Reichsarbeitsgericht
RAGE	Amtl. Sammlung der Entscheidungen des RAG
RD	Regionaldirektion
RdA	Recht der Arbeit, Zeitschrift
RdErl.	Runderlass

Abkürzungsverzeichnis

RDG	Rettungsdienstgesetz
RDLh	Rechtsdienst der Lebenshilfe
RdM	Recht der Medizin
Rdnr(n)	Randnummer(n)
RdSchr.	Rundschreiben
rechtl.	rechtlich
Rechtspfleger	Der Deutsche Rechtspfleger, Zeitschrift
red. Anm.	redaktionelle Anmerkung
RefE	Referentenentwurf
RegBl.	Regierungsblatt
regelm.	regelmäßig
RegelungsG	Regelungsgesetz
RegEntw.	Regierungsentwurf
RegErkl.	Regierungserklärung
RehaG	Gesetz über die Angleichung der Leistungen zur Rehabilitation
RG	Reichsgericht
RGBl.	Reichsgesetzblatt
RGSt.(Z)	Entscheidungen des Reichsgerichts in Strafsachen (Zivilsachen)
RKG	Reichsknappschaftsgesetz
rkr.	rechtskräftig
RL	Richtlinie
RMB	Rechtsmittelbelehrung
Rn.	Randnummer
RNotZ	Rheinische Notarzeitschrift
RöV	Röntgenverordnung
RP	Rheinland-Pfalz
RPflG	Rechtspflegergesetz
RPG	Recht und Politik im Gesundheitswesen
RRG	Rentenreformgesetz
Rs.	Rechtssache
Rspr.	Rechtsprechung
RsprEinhG	Gesetz zur Wahrung der Einheitlichkeit der Rechtsprechung der obersten Gerichtshöfe des Bundes
RT-Dr	Reichstagsdrucksache
RT-Sten. Ber.	Verhandlungen des Deutschen Reichstages, Stenographische Berichte und Anlagen
RTV	Rahmentarifvertrag
RÜG	Gesetz zur Herstellung der Rechtseinheit in der gesetzlichen Renten- und Unfallversicherung (Rentenüberleitungsgesetz)
RuG	Recht und Gesellschaft
RuP	Recht und Politik
RuW	Recht und Wirtschaft, Zeitschrift
RV	Rentenversicherung; Die Rentenversicherung, Zeitschrift
RVA	Reichsversicherungsamt
RVA in AN	Amtliche Nachrichten des früheren Reichsversicherungsamtes
RVerwBl.	Reichsverwaltungsblatt
RVG	Rechtsanwaltsvergütungsgesetz
RVinkrsG	Gesetz über die Inkraftsetzung von Rechtsvorschriften der BRep. Dtschld. in der DDR
RVO	Reichsversicherungsordnung
RVOrgG	Gesetz zur Organisationsreform in der gesetzlichen Rentenversicherung
RV-TzA	Rahmenvereinbarung der europäischen Sozialpartner über Teilzeitarbeit
RzK	Rechtsprechung zum Kündigungsrecht
s.	siehe
S.	Seite; Satz
sa.	siehe auch
SaBl	Sammelblatt
SachBezV	Sachbezugsverordnung
SAE	Sammlung arbeitsrechtlicher Entscheidungen, Zeitschrift
SAPV-RL	Spezialisierten Ambulanten Palliativversorgungs-Richtlinie
SBl.	Sammelblatt
SchKG	Schwangerschaftskonfliktberatungsgesetz
SchliG	Schlichtungsgesetz
SchliO	Schlichtungsordnung
SchwArbG	Gesetz zur Bekämpfung der Schwarzarbeit
SchwbAV	Schwerbehinderten-Ausgleichsabgabeverordnung
SchwbAwV	Schwerbehindertenausweisverordnung
SchwBeschG	Schwerbeschädigtengesetz
SchwbG	Schwerbehindertengesetz
SchwbVWO	Wahlordnung Schwerbehindertenvertretungen
SDÜ	Schengener Durchführungsabkommen
SE	Societas Europaea

Abkürzungsverzeichnis

SEAG	Ausführungsgesetz der Europäischen Aktiengesellschaft
SEBG	Gesetz über die Beteiligung der Arbeitnehmer in einer Europäischen Gesellschaft
SeemannsG	Seemannsgesetz
SEVO	Verordnung über das Statut der Europäischen Aktiengesellschaft
SFHG	Schwangeren- und Familienhilfegesetz
SFJ	Sammlung aktueller Entscheidungen aus dem Sozial-, Familien- und Jugendrecht
SG	Sozialgericht
SGb.	Die Sozialgerichtsbarkeit, Zeitschrift
SGB	Sozialgesetzbuch
SGB I	SGB – Allgemeiner Teil
SGB II	Grundsicherung für Arbeitsuchende
SGB III	Arbeitsförderung
SGB IV	Gemeinsame Vorschriften für die Sozialversicherung
SGB V	Gesetzliche Krankenversicherung
SGB VI	Gesetzliche Rentenversicherung
SGB VII	Gesetzliche Unfallversicherung
SGB VIII	Kinder- und Jugendhilfe
SGB IX	Rehabilitation und Teilhabe behinderter Menschen
SGB X	Sozialverwaltungsverfahren und Sozialdatenschutz
SGB XI	Soziale Pflegeversicherung
SGB XII	Sozialhilfe
SGG	Sozialgerichtsgesetz
SH	Schleswig-Holstein
S L	Saarland
Slg.	Sammlung von Entscheidungen, Gesetzen etc.
SMG	Schuldrechtsmodernisierungsgesetz
SN	Sachsen
sog.	sogenannt(-e, -er, -es)
SoldG	Gesetz über die Rechtsstellung der Soldaten (Soldatengesetz)
SozFort.	Sozialer Fortschritt, Zeitschrift
SozPlKonkG	Gesetz über den Sozialplan im Konkurs
SozPolInf.	Sozialpolitische Information
SozR	Sozialrecht; Sozialrecht, Rspr. und Schrifttum, bearb. von den Richtern des BSG
SozREntschS	Sozialrechtliche Entscheidungssammlung
SozSich.	Soziale Sicherheit, Zeitschrift
SozVers.	Die Sozialversicherung, Zeitschrift
SozVersR	Sozialversicherungsrecht
SP	Schaden-Praxis
SprAu	Sprecherausschuss
SprAuG	Sprecherausschussgesetz
sPV	soziale Pflegeversicherung
SR	Sonderregelung (zum BAT)
ST	Sachsen-Anhalt
st.	ständig
StA	Staatsanwalt, Staatsanwaltschaft
Staatsvertrag	Vertrag über die Schaffung einer Währungs-, Wirtschafts- und Sozialunion zwischen der BRD u. der DDR vom 18. 5. 1990 (BGBl. II S. 537)
StGB	Strafgesetzbuch
StPO	Strafprozessordnung
str.	streitig
StVG	Straßenverkehrsgesetz
StVO	Straßenverkehrsordnung
StVollzG	Gesetz über den Vollzug der Freiheitsstrafe und der freiheitsentziehenden Maßregeln der Besserung und Sicherung
S V	Sozialversicherung
SVBG	Gesetz über die Sozialversicherung Behinderter
SVG	Gesetz über die Versorgung für die ehemaligen Soldaten und ihre Hinterbliebenen (Soldatenversorgungsgesetz)
SVwG	Gesetz über die Selbstverwaltung auf dem Gebiet der Sozialversicherung
SVWO	Wahlordnung für die Sozialversicherung
SZ	Süddeutsche Zeitung
tats.	tatsächlich
TH	Thüringen
TOA	Tarifordnung für Angestellte
TreuhandG	Treuhandgesetz vom 17. 6. 1990 (GBl.-DDR I S. 300)
TV	Tarifvertrag; Tarifverträge
TVAL	Tarifvertrag für Angehörige alliierter Dienststellen
TVG	Tarifvertragsgesetz
TVL	Tarifvertrag für den öffentlichen Dienst der Länder
TVöD	Tarifvertrag für den öffentlichen Dienst
TVParteien	Tarifvertragsparteien

Abkürzungsverzeichnis

tw.	teilweise
Tz.	Textziffer
TzBfG	Teilzeit- und Befristungsgesetz
u.	und; unten
ua.	unter anderem, und andere
UA	Urteilsabdruck
uä.	und Ähnliches
uam.	und andere(s) mehr
Übk.	Übereinkommen
ULA	Union leitender Angestellter
umstr.	umstritten
UmwG	Umwandlungsgesetz
UNO	United Nations Organization
unstr.	unstreitig
Unterabs.	Unterabsatz
UnterhVG	Unterhaltsvorschussgesetz
unveröff.	unveröffentlicht
unzutr.	unzutreffend
UrhG	Gesetz über Urheberrecht und verwandte Schutzrechte
urspr.	ursprünglich
Urt.	Urteil
USG	Gesetz über die Sicherung des Unterhalts der zum Wehrdienst einberufenen Wehrpflichtigen und ihrer Angehörigen (Unterhaltssicherungsgesetz)
USK	Urteilssammlung für die gesetzliche Krankenversicherung
USprAu	Unternehmenssprecherausschuss
UStG	Umsatzsteuergesetz
usw.	und so weiter
uU	unter Umständen
UV	Unfallversicherung
UVNG	Gesetz zur Neuregelung des Rechts der gesetzlichen Unfallversicherung (Unfallversicherungs-Neuregelungsgesetz)
UvTr.	Unfallversicherungsträger
UVV	Unfallverhütungsvorschriften
UWG	Gesetz gegen den unlauteren Wettbewerb
v.	vom, von
VA	Verwaltungsakt
VAHRG	Gesetz zur Regelung von Härten im Versorgungsausgleich
Var.	Variante
VB	Vorlagebeschluss
VBL	Versorgungsanstalt des Bundes und der Länder
VBLS	Satzung der Versorgungsanstalt des Bundes und der Länder
ver.di	Vereinte Dienstleistungsgewerkschaft
Vereinb.	Vereinbarung
Verf.	Verfassung, Verfasser
VerfDDR	Verfassung der Deutschen Demokratischen Republik
VerfE	Verfassungsentwurf
VerfGH	Verfassungsgerichtshof
VerfO	Verfahrensordnung
VerfR	Verfassungsrecht
Verh.	Verhandlungen
VermBG	[Fünftes] Gesetz zur Förderung der Vermögensbildung der Arbeitnehmer (5. VermBG)
VermG	Gesetz zur Regelung offener Vermögensfragen
Veröff.	Veröffentlichungen
VersR	Versicherungsrecht, Juristische Zeitschrift
VersRdsch	Versicherungsrundschau
VersZweige	Versicherungszweig(-e)
vertragl.	vertraglich
VerwArch	Verwaltungsarchiv
VerwR	Verwaltungsrecht
VerwRspr	Verwaltungsrechtsprechung
VG	Verwaltungsgericht
VGB I	Unfallverhütungsvorschriften, Allgemeine Vorschriften
VGG	Verwaltungsgerichtsgesetz
VGH	Verwaltungsgerichtshof
VGHE	Entscheidungen des VGH München und des BayVerfGH
vgl.	vergleiche
vH	vom Hundert
VkBl.	Verkündungsblatt
VMBl.	Ministerialblatt des Bundesministeriums (ab 1962: der Verteidigung)
VNVV	Verordnung über die Vergabe und Zusammensetzung der Versicherungsnummer

Abkürzungsverzeichnis

VO	Verordnung
VOBl.	Verordnungsblatt
Vorb.	Vorbemerkung
vorl.	vorläufig
Vors.	Vorsitzender
vorst.	vorstehend
VRG	Gesetz zur Förderung von Vorruhestandsleistungen (Vorruhestandsgesetz)
VSSR	Vierteljahresschrift für Sozialrecht
VSt	Vergabestelle
VU	Versäumnisurteil
VVG	Versicherungsvertragsgesetz
VVGE	Entscheidungssammlung zum Versicherungsvertragsrecht
VW	Versicherungswirtschaft
VwGO	Verwaltungsgerichtsordnung
VwVfG	Verwaltungsverfahrensgesetz
VwVG	Verwaltungsvollstreckungsgesetz
VwZG	Verwaltungszustellungsgesetz
VwZVG	Verwaltungszustellungs- und Vollstreckungsgesetz
WGSVG	Gesetz zur Wiedergutmachung nationalsozialistischen Unrechts in der Sozialversicherung
wiss.	wissenschaftlich
WissR	Wissenschaftsrecht, Wissenschaftsverwaltung, Wissenschaftsförderung
WiSta	Wirtschaft und Statistik, Zeitschrift
wistra	Zeitschrift für Wirtschaft, Steuer, Strafrecht
WiVerw	Wirtschaft und Verwaltung (Beilage zur Zeitschrift Gewerbearchiv)
WMVO	Werkstätten-Mitwirkungsverordnung (zum SGB IX)
WoGG	Wohngeldgesetz
WoGV	Wohngeldverordnung
WPflG	Wehrpflichtgesetz
WRV	Verfassung des Deutschen Reiches v. 11. 8. 1919 (Weimarer Reichsverfassung)
WSG	Wehrsoldgesetz
WVO	Werkstättenverordnung (zum SGB IX)
WzS	Wege zur Sozialversicherung
Z	Entscheidungen des Reichsgerichts und des Bundesgerichtshofs in Zivilsachen (jeweils Amtliche Sammlung)
zahlr.	zahlreich
z. Änd.	zur Änderung
zahlr.	Zahlreich
Zahnärzte-ZV	Zulassungsverordnung für Vertragszahnärzte
ZAkDR	Zeitschrift der Akademie für Deutsches Recht
ZAS	Zeitschrift für Arbeits- und Sozialrecht, Österreich
ZAV	Zentralstelle für Arbeitsvermittlung
zB	zum Beispiel
ZBlJR	Zentralblatt für Jugendrecht und Jugendwohlfahrt
ZBlSozVers.	Zentralblatt für Sozialversicherung, Sozialhilfe und Versorgung
ZBR	Zeitschrift für Beamtenrecht
ZDG	Gesetz über den Zivildienst der Kriegsdienstverweigerer (Zivildienstgesetz)
ZESAR	Zeitschrift für europäisches Sozial- und Arbeitsrecht
ZfA	Zeitschrift für Arbeitsrecht
ZfF	Zeitschrift für das Fürsorgewesen
zfs	Zeitschrift für Schadensrecht
ZfSH	Zeitschrift für Sozialhilfe
ZfV	Zeitschrift für Versicherungswesen
ZIAS	Zeitschrift für ausländisches und internationales Arbeits- und Sozialrecht
Ziff.	Ziffer
ZIP	Zeitschrift für Wirtschaftsrecht
zit.	zitiert
ZPO	Zivilprozessordnung
ZPR	Zivilprozessrecht
ZRP	Zeitschrift für Rechtspolitik
ZS	Zivilsenat
ZSR	Zeitschrift für Sozialreform
zT	zum Teil
ZTR	Zeitschrift für Tarif-, Arbeits- und Sozialrecht des öffentlichen Dienstes
Ztschr.	Zeitschrift
zust.	zuständig; zustimmend
Zust.	Zustimmung
ZustG	Zustimmungsgesetz
zutr.	zutreffend
ZV	Zwangsvollstreckung

Abkürzungsverzeichnis

zVb. .... zur Veröffentlichung bestimmt
zw. .... zweifelhaft
zwgd. .... zwingend
zz. .... zurzeit

Sonstige verwendete Abkürzungen sind entweder aus sich heraus verständlich oder sie können bei H. Kirchner, Abkürzungsverzeichnis der Rechtssprache, 6. Aufl. 2008, nachgesehen werden.

Literaturverzeichnis

(Übergreifende oder abgekürzt zitierte Literatur; weitere spezielle Literatur bei Einzelvorschriften)

Axer	P. Axel, Normsetzung der Exekutive, 2000
Bäcker	G. Bäcker u. a., Sozialpolitik und die soziale Lage in der Bundesrepublik Deutschland, 4. Aufl. 2007
Becker	U. Becker, Staat und autonome Träger im Sozialleistungsrecht, 1996
Buchner/Becker	H. Buchner/U. Becker, Bundeselterngeld- und Elternzeitgesetz, Mutterschutzgesetz, 8. Aufl. 2008
Becker/Kingreen	U. Becker/T. Kingreen, SGB V, Gesetzliche Krankenversicherung, Kommentar, 2. Aufl. 2010
BeckOKSozR/Bearbeiter	Rolfs/Giesen/Kreikebohm/Udsching (Hrsg.), Beck'scher Online-Kommentar Sozialrecht
BeckOKArbR/Bearbeiter	Rolfs/Giesen/Kreikebohm/Udsching (Hrsg.), Beck'scher Online-Kommentar Arbeitsrecht
Bereiter-Hahn/Bearbeiter	W. Bereiter-Hahn/G. Mertens, Gesetzliche Unfallversicherung, Kommentar, Loseblatt
Bihr	D. Bihr, SGB IX – Kommentar und Praxishandbuch, 2006
Bley/Kreikebohm/Marschner	H. Bley/R. Kreikebohm/A. Marschner, Sozialrecht, 9. Aufl. 2007 (bei Amazon: Dezember 2006)
Brackmann/Bearbeiter	K. Brackmann u. a., Handbuch der Sozialversicherung, Loseblatt
Cramer	H. Cramer, Schwerbehindertengesetz, 5. Aufl. 1998
Dalichau/Grüner	G. Dalichau/H. Grüner, SGB III – Arbeitsförderung, Kommentar, Loseblatt
Eichenhofer	E. Eichenhofer, Sozialrecht, 7. Aufl. 2010
Eichenhofer/Wenner	E. Eichenhofer/U. Wenner, SGB VII, Gesetzliche Unfallversicherung, Kommentar, 2010
Eicher/Haase/Rauschenbach	H. Eicher/W. Haase/F. Rauschenbach (Hrsg.), Die Rentenversicherung der Arbeiter und Angestellten, Kommentar, Loseblatt
Eicher/Schlegel	E. Eicher/R. Schlegel, SGB III, Arbeitsförderung, Kommentar, Loseblatt
Eicher/Spellbrink	W. Eicher/W. Spellbrink, SGB II, Grundsicherung für Arbeitsuchende, Kommentar, 2. Aufl. 2008
ErfK/Bearbeiter	R. Müller-Glöge u. a. (Hrsg.), Erfurter Kommentar zum Arbeitsrecht, 11. Aufl. 2011
Erlenkämper/Fichte	A. Erlenkämper/W. Fichte, Sozialrecht, 6. Aufl. 2008
Estelmann	M. Estelmann (Hrsg.), SGB II – Grundsicherung für Arbeitsuchende, Kommentar, Loseblatt
Fichte/Plagemann/Waschull	W. Fichte/H. Plagemann/D. Waschull (Hrsg.), Sozialverwaltungsverfahrensrecht, 2008
Fichtner/Wenzel	O. Fichtner/G. Wenzel (Hrsg.), Kommentar zur Grundsicherung, 4. Aufl. 2009
Figge	G. Figge, Sozialversicherungs-Handbuch Leistungsrecht, Loseblatt
FK-SGB VIII/Bearbeiter	J. Münder u. a. (Hrsg.), Frankfurter Kommentar zum SGB VIII, Kinder- und Jugendhilfe, 6. Aufl. 2009
Fuchs	M. Fuchs, Kommentar zum Europäischen Sozialrecht, 5. Aufl. 2010
Fuchs/Preis	M. Fuchs/U. Preis, Sozialversicherungsrecht, 2. Aufl. 2009
Gagel/Bearbeiter	Herausgeben von Karl-Jürgen Bieback und Sabine Knickrehm,, SGB II/SGB III, Grundsicherung und Arbeitsförderung, Kommentar, Loseblatt
Geigel/Bearbeiter	R. Geigel (Hrsg.), Der Haftpflichtprozess, 26. Aufl. 2011
Gerlach/Popken	W. Gerlach/H. Popken, Das Krankengeld, 8. Aufl. 2008
Giese/Krahmer	D. Giese/U. Krahmer (Hrsg.), Sozialgesetzbuch, Allgemeiner Teil und Verfahrensrecht (SGB I und X), Kommentar, Loseblatt
Gitter	W. Gitter, Schadensausgleich im Arbeitsunfallrecht, 1969
Gitter/Schmitt	W. Gitter/J. Schmitt, Sozialrecht, 5. Aufl. 2001
GKV-Komm/Bearbeiter	T. Clemens u. a., Sozialgesetzbuch, Fünftes Buch – Gesetzliche Krankenversicherung, Kommentar, Loseblatt
GK-SGB I/Bearbeiter	H.-J. Kretschmer u. a., Gemeinschaftskommentar zum Sozialgesetzbuch, GK-SGB I, 3. Aufl. 1996
GK-SGB III/Bearbeiter	F. Ambs, Gemeinschaftskommentar zum Sozialgesetzbuch, GK-SGB III, Loseblatt
GK-SGB IV/Bearbeiter	W. Gleitze u. a., Gemeinschaftskommentar zum Sozialgesetzbuch, GK-SGB IV, 2. Aufl.1992
GK-SGB V/Bearbeiter	B. v. Maydell, Gemeinschaftskommentar zum Sozialgesetzbuch, GK-SGB V, Loseblatt
GK-SGB VIII/Bearbeiter	G. Fieseler u. a., Gemeinschaftskommentar zum Sozialgesetzbuch, GK-SGB VIII, Loseblatt

Literaturverzeichnis

GK-SGB IX/Bearbeiter	R. Grossmann, Gemeinschaftskommentar zum Sozialgesetzbuch, GK-SGB IX, Loseblatt
GK-SGB X/3	B. v. Maydell/W. Schellhorn, Gemeinschaftskommentar zum Sozialgesetzbuch, 1984
Großmann	R. Großmann u. a. (Hrsg.), Gemeinschaftskommentar zum Schwerbehindertenrecht, Loseblatt
Grube/Wahrendorf	Ch. Grube/V. Wahrendorf, SGB XII – Sozialhilfe, Kommentar, 3. Aufl. 2010
Grüner	H. Grüner, Verwaltungsverfahren (SGB X), Kommentar, Loseblatt
Grüner/Dalichau	H. Grüner/G. Dalichau, Gesetzliche Rentenversicherung, SGB VI, Kommentar, Loseblatt
Hänlein	A. Hänlein, Rechtsquellen im Sozialversicherungsrecht, 2001
Hennig	W. Hennig (Hrsg.), Sozialgerichtsgesetz SGG, Kommentar, Loseblatt
HN/Bearbeiter	K. Hauck/W. Noftz (Hrsg.), Sozialgesetzbuch, Kommentar, Loseblatt
Hk-MuSchG/BEEG	F. Rancke, Mutterschutz/Elterngeld/Elternzeit, Handkommentar, 2. Aufl. 2010
HK-SGB IX	K. Lachwitz u. a. (Hrsg.), Handkommentar zum SGB IX, 3. Aufl. 2009
HzS	W. Hennig, Handbuch zum Sozialrecht, Loseblatt
Igl/Welti	G. Igl, F. Welti, Sozialrecht, 8. Aufl. 2006
Jahn/Bearbeiter	K. Jahn (Hrsg.), SGB, Sozialgesetzbuch für die Praxis, Kommentar, Loseblatt
Jans/Happe/Saurbier	K.-W. Jans u. a., Kinder- und Jugendhilferecht, Kommentar, Loseblatt
Jansen	J. Jansen (Hrsg.), Sozialgerichtsgesetz, 3, Aufl. 2008 (bei Amazon: 2009)
JurisPK/Bearbeiter	R. Schlegel/T. Voelzke (Hrsg.), Juris Praxiskommentar, 2008
KassKomm/Bearbeiter	S. Leitherer (Hrsg.), Kasseler Kommentar, Sozialversicherungsrecht, Loseblatt
Kater/Leube	H. Kater/K Leube, Gesetzliche Unfallversicherung, 1997
Küppersbusch	G. Küppersbusch, Ersatzansprüche bei Personenschaden, 10. Aufl. 2010
Klie	T. Klie, Pflegeversicherung, 8. Aufl. 2010
Kraegeloh	W. Kraegeloh, Künstlersozialversicherungsgesetz (KSVG), Kommentar, Loseblatt
Krasney/Udsching	O. Krasney/P. Udsching, Handbuch des sozialgerichtlichen Verfahrens, 5. Aufl. 2008
Krause/v. Mutius/Schnapp/Siewert	P. Krause u. a., Gemeinschaftskommentar zum Sozialgesetzbuch – Verwaltungsverfahren, 1991
Krauskopf/Bearbeiter	D. Krauskopf (Hrsg.), Soziale Krankenversicherung, Kommentar, Loseblatt
Kreikebohm/Bearbeiter SGB IV	R. Kreikebohm u. a. (Hrsg.), SGB IV, Sozialgesetzbuch, Gemeinsame Vorschriften für die Sozialversicherung, Kommentar, 2008, SGB VI, Sozialgesetzbuch, Gemeinsame Vorschriften für die Sozialversicherung, Kommentar, 2008
Kreikebohm/Bearbeiter SGB VI	R. Kreikebohm u. a. (Hrsg.), SGB VI, Sozialgesetzbuch, Gemeinsame Vorschriften für die Sozialversicherung, Kommentar, 2008, SGB VI, Sozialgesetzbuch, Gesetzliche Rentenversicherung, Kommentar, 3. Aufl. 2008
Kreßel/Wollenschläger	E. Kreßel/M. Wollenschläger, Leitfaden zum Sozialversicherungsrecht, 2. Aufl. 1996
Krug/Grüner/Dalichau	H. Krug/H. Grüner/G. Dalichau, SGB VIII Kinder- und Jugendhilfe, Loseblatt
Kruse/Reinhard/Winkler	J. Kruse/H.-J. Reinhard/J. Winkler, SGB II – Grundsicherung für Arbeitssuchende, Kommentar, 2005
Kruse/Reinhard/Winkler/Höfer/Schwengers	J. Kruse/H.-J. Reinhard/J. Winkler, S. Höfer, C. Schwengers, SGB XII – Sozialhilfe, Kommentar, 2009
Lauterbach/Bearbeiter	H. Lauterbach/F. Watermann, Unfallversicherung – Sozialgesetzbuch VII, Kommentar, Loseblatt
Lilge SGB I	W. Lilge, SGB I Sozialgesetzbuch Allgemeiner Teil, Kommentar, 2. Aufl. 2009 (Berliner Kommentar)
Lilge SGB VI	W. Lilge, SGB VI, Gesetzliche Rentenversicherung, Kommentar, Loseblatt
Lohre	W. Lohre u. a., Arbeitsförderungsrecht, 3. Aufl. 2000
Löns/Herold-Tews	M. Löns/H. Herold-Tews (Hrsg.), SGB II Grundsicherung für Arbeitsuchende, Kommentar mit Checklisten und Prüfschemata, 3. Aufl. 2011
Löschau/Marschner	M. Löschau/A. Marschner, Reform der Grundsicherung für Arbeitssuchende (SGB II), 2. Aufl. 2007
LPK-SGB I/Bearbeiter	U. Krahmer (Hrsg.), Lehr- und Praxiskommentar SGB I, 2. Aufl. 2007
LPK-SGB II/Bearbeiter	J. Münder (Hrsg.), Lehr- und Praxiskommentar SGB II, 4. Aufl. 2011
LPK-SGB III/Bearbeiter	J. Kruse u. a. (Hrsg.), Lehr- und Praxiskommentar SGB III, 2008
LPK-SGB IV/Bearbeiter	J. Winkler, Lehr- und Praxiskommentar SGB IV, 2007
LPK-SGB V/Bearbeiter	J. Kruse/A. Hänlein (Hrsg.), Lehr- und Praxiskommentar SGB V, 3. Aufl. 2009
LPK-SGB VI/Bearbeiter	H. Reinhardt (Hrsg.), Lehr- und Praxiskommentar SGB VI, 2. Aufl. 2010
LPK-SGB VII/Bearbeiter	E. Franke/T. Molkentin (Hrsg.), Lehr- und Praxiskommentar SGB VII, 3. Aufl. 2011 (auf Amazon 2010, bei Nomos im Shop 2011)

Literaturverzeichnis

LPK-SGB VIII/Bearbeiter	P.-C. Kunkel (Hrsg.), Lehr- und Praxiskommentar SGB VIII, 4. Aufl. 2011
LPK-SGB IX/Bearbeiter	D. Dau u. a. (Hrsg.), Lehr- und Praxiskommentar SGB IX, 3. Aufl. 2011
LPK-SGB X/Bearbeiter	B. Diering u. a. (Hrsg.), Lehr- und Praxiskommentar SGB X, 3. Aufl. 2011
LPK-SGB XI/Bearbeiter	T. Klie, U. Krahmer (Hrsg.), Lehr- und Praxiskommentar SGB XI, 3. Aufl. 2009
LPK-SGB XII/Bearbeiter	J. Münder u. a., Lehr- und Praxiskommentar SGB XII, 8. Aufl. 2008 (9. Aufl. 2011 von Thie/Bieritz-Harder/Conradis)
Lüdtke	P.-B. Lüdtke, Sozialgerichtsgesetz, 3. Aufl. 2008 (bei Nomos 2009)
Maunz/Dürig	T. Maunz/G. Dürig (Begr.), Grundgesetz, Kommentar, Losebl att, 60. Aufl. 2010
Maurer	H. Maurer, Allgemeines Verwaltungsrecht, 17. Aufl. 2008 (18. Aufl. vorbestellbar)
Mergler/Zink	O. Mergler/G. Zink, Handbuch der Grundsicherung und Sozialhilfe, Loseblatt
Meyer-Ladewig/Keller/Leitherer	J. Meyer-Ladewig/W. Keller/S. Leitherer, Sozialgerichtsgesetz, Kommentar, 9. Aufl. 2008
Muckel	S. Muckel, Sozialrecht, 3. Aufl. 2009
MüKo/Bearbeiter	Münchener Kommentar zum BGB, 4. Aufl., 2001 ff., 5. Aufl., 2007 ff.
Müller-Wenner/Winkler	D. Müller-Wenner/U. Schorn, SGB IX, Teil 2, 2. Aufl. 2011
MünchAnwHdbSozR/Bearbeiter	H. Plagemann (Hrsg.), Münchener Anwaltshandbuch Sozialrecht, 2. Aufl. 2005
MünchHbArbR/Bearbeiter	R. Richardi/O. Wlotzke (Hrsg.), Münchener Handbuch zum Arbeitsrecht, 3 Bände, 2. Aufl., 2000, mit Ergänzungsband, 2001
Mrozynski SGB I	P. Mrozynski, SGB I, Kommentar, 4. Aufl. 2011
Münder	J. Münder, Kinder- und Jugendhilferecht, Handbuch, 2. Aufl. 2011
Mrozynski SGB VIII	P. Mrozynski, SGB VIII, Kommentar, 5. Aufl. 2009
Neumann/Pahlen/Majerski	V. Neumann/R. Pahlen/M. Majerski-Pahlen, Sozialgesetzbuch IX, Kommentar, 12. Aufl. 2010
Niesel/Brand/Bearbeiter	K. Niesel/J. Brand, SGB III, Sozialgesetzbuch Arbeitsförderung, 5. Aufl. 2010
Niesel/Herold-Tews	K. Niesel/H. Herold-Tews, Der Sozialgerichtsprozess, 5. Aufl. 2009
NK-SGB III	B. Mutschler u. a. (Hrsg.), Sozialgesetzbuch III, Arbeitsförderung, Großkommentar, 3. Aufl. 2008
Oestreicher/Bearbeiter	E. Oestreicher, Kommentar zum SGB II/SGB XII, Loseblatt
Oetker/Preis	H. Oetker/U. Preis (Hrsg.), Europäisches Arbeits- und Sozialrecht (EAS), Rechtsvorschriften, Systematische Darstellungen und Entscheidungssammlung, Loseblatt
Otto/Schwarze	H. Otto/R. Schwarze, Die Haftung des Arbeitnehmers, 3. Aufl. 1998
Palandt	O. Palandt, Bürgerliches Gesetzbuch, Kommentar, 70. Aufl. 2011
Pelikan	W. Pelikan, Rentenversicherung, SGB VI, 10. Aufl. 2002
Peters	H. Peters/H. Hommel, Kommentar zum SGB I, Loseblatt
Peters/Bearbeiter	H. Peters (Hrsg.), Handbuch der Krankenversicherung, Loseblatt
Pickel	H. Pickel/A. Marschner, Kommentar zum SGB X, Loseblatt
Renn/Schoch	H. Renn/D. Schoch, Grundsicherung für Arbeitsuchende (SGB II), 3. Aufl. 2011
Rolfs/Giesen/Kreikebohm/Udsching	C. Rolfs u. a. (Hrsg.), Sozialrecht, Schwerpunktkommentar, 2007
Rüfner	W. Rüfner, Einführung in das Sozialrecht, 2. Aufl. 1991
Schellhorn/Bearbeiter SGB VIII	H. Schellhorn/L. Fischer/H. Mann, Sozialgesetzbuch Achtes Buch, Kinder- und Jugendhilfe, Kommentar, 3. Aufl. 2007 (Ausgabe 2011 erscheint im 4. Quartal 2011)
Schellhorn/Bearbeiter SGB XII	H. Schellhorn/W. Schellhorn/K.-H. Hohm, Kommentar zum SGB XII, Sozialhilfe, 18. Aufl. 2011
Schmidt-Bleibtreu	B. Schmidt-Bleibtreu/H. Hofmann/A. Hopfauf, Kommentar zum Grundgesetz, 12. Aufl. 2011
Schmitt	J. Schmitt, SGB VII, Gesetzliche Unfallversicherung, Kommentar, 4. Aufl. 2009
Schönberger	G. Mehrtens/H. Valentin/A. Schönberger, Arbeitsunfall und Berufskrankheit, 8. Aufl. 2010
Schnapp/Wigge/Bearbeiter	P. Schnapp/F. E. Schnapp, Handbuch des Vertragsarztrecht, 2. Aufl. 2006
Schulin HS-KV	B. Schulin (Hrsg.), Handbuch des Sozialversicherungsrechts, Bd. 1, Krankenversicherungsrecht, 1994
Schulin HS-UV	B. Schulin (Hrsg.), Handbuch des Sozialversicherungsrechts, Bd. 2, Unfallversicherungsrecht, 1996
Schulin HS-RV	B. Schulin (Hrsg.), Handbuch des Sozialversicherungsrechts, Bd. 3, Rentenversicherungsrecht, 1999
Schulin HS-PV	B. Schulin (Hrsg.), Handbuch des Sozialversicherungsrechts, Bd. 4, Pflegeversicherungsrecht, 1997
SozVers-GesKomm/Bearbeiter	H. Bley u. a, Sozialgesetzbuch, Sozialversicherung, Gesamtkommentar, Loseblatt
Spellbrink/Eicher	W. Spellbrink/W. Eicher (Hrsg.), Kasseler Handbuch des Arbeitsförderungsrechts, 2003

Literaturverzeichnis

SRH/Bearbeiter	B. v. Maydell u. a., Sozialrechtshandbuch (SRH), 4. Aufl. 2008
Steck/Kossens	B. Steck/M. Kossens (Hrsg.), Hartz IV-Reform 2011, 3. Aufl. 2011
Stelkens/Bonk/Sachs	P. Stelkens u. a. (Hrsg.), Verwaltungsverfahrensgesetz, 7. Aufl. 2008 (8. Aufl. 2011 in Vorbereitung)
Udsching	P. Udsching, SGB XI, Soziale Pflegeversicherung, 3. Aufl. 2010
Waltermann	R. Waltermann, Sozialrecht, 9. Aufl. 2011
Wannagat/Bearbeiter	G. Wanagat/E. Eichenhofer (Hrsg.), Sozialgesetzbuch, Kommentar zum Recht des Sozialgesetzbuchs, Loseblatt
Weiss/Gagel	M. Weiss/A. Gagel (Hrsg.), Handbuch des Arbeits- und Sozialrechts (HAS), Loseblatt
Wenner	U. Wenner, Das Vertragsarztrecht nach der Gesundheitsreform, 2008
Wenner/Terdenge/Krauß	U. Wenner/F. Terdenge/K. Krauß, Grundzüge der Sozialgerichtsbarkeit, Strukturen – Kompetenzen Verfahren, 3. Aufl. 2006
Wiegand BEEG	B. Wiegand, BEEG – Bundeselterngeld- und Elternzeitgesetz, Loseblatt
Wiesner/Bearbeiter	R. Wiesner, Kommentar zum SGB VIII, Kinder- und Jugendhilfe, 3. Aufl. 2006 (4. Aufl. 2011 in Vorbereitung für Juni 2011)
Wussow/Bearbeiter	W. Wussow, Unfallhaftpflichtrecht, 15. Aufl. 2002
v. Wulffen	M. v. Wulffen, SGB X, Kommentar, 7. Aufl. 2010
Zacher	H. Zacher, Das Soziale Staatsziel, in: J. Isensee/P. Kirchhof (Hrsg.): Handbuch des Staatsrechts, Bd. II, 3. Aufl. 2004
Zweng/Scheerer/Buschmann/Dörr	J. Zweng u. a., Handbuch der Rentenversicherung, Kommentar, Loseblatt

5. Europäisches Sozialrecht
Verordnung (EG) Nr. 883/2004 des Europäischen Parlaments und des Rates vom 29. April 2004 zur Koordinierung der Systeme der sozialen Sicherheit

(ABl. Nr. L 166 S. 1, ber. ABl. Nr. L 2004 S. 1 und ABl. 2007 Nr. L 204 S. 30)
EU-Dok.-Nr. 3 2004 R 0883

geänd. durch Art. 1 ÄndVO (EG) 988/2009 v. 16. 9. 2009 (ABl. Nr. L 284 S. 43), mWv 11. 1. 2011 durch Art. 1 ÄndVO (EU) 1244/2010 v. 9. 12. 2010 (ABl. Nr. L 338 S. 35)

Titel I. Allgemeine Bestimmungen

Art. 1 Definitionen

Für die Zwecke dieser Verordnung bezeichnet der Ausdruck:

a) „Beschäftigung" jede Tätigkeit oder gleichgestellte Situation, die für die Zwecke der Rechtsvorschriften der sozialen Sicherheit des Mitgliedstaats, in dem die Tätigkeit ausgeübt wird oder die gleichgestellte Situation vorliegt, als solche gilt;

b) „selbstständige Erwerbstätigkeit" jede Tätigkeit oder gleichgestellte Situation, die für die Zwecke der Rechtsvorschriften der sozialen Sicherheit des Mitgliedstaats, in dem die Tätigkeit ausgeübt wird oder die gleichgestellte Situation vorliegt, als solche gilt;

c) „Versicherter" in Bezug auf die von Titel III Kapitel 1 und 3 erfassten Zweige der sozialen Sicherheit jede Person, die unter Berücksichtigung der Bestimmungen dieser Verordnung die für einen Leistungsanspruch nach den Rechtsvorschriften des gemäß Titel II zuständigen Mitgliedstaats vorgesehenen Voraussetzungen erfüllt;

d) „Beamter" jede Person, die in dem Mitgliedstaat, dem die sie beschäftigende Verwaltungseinheit angehört, als Beamter oder diesem gleichgestellte Person gilt;

e) „Sondersystem für Beamte" jedes System der sozialen Sicherheit, das sich von dem allgemeinen System der sozialen Sicherheit, das auf die Arbeitnehmer des betreffenden Mitgliedstaats anwendbar ist, unterscheidet und das für alle oder bestimmte Gruppen von Beamten unmittelbar gilt;

f) „Grenzgänger" eine Person, die in einem Mitgliedstaat eine Beschäftigung oder eine selbstständige Erwerbstätigkeit ausübt und in einem anderen Mitgliedstaat wohnt, in den sie in der Regel täglich, mindestens jedoch einmal wöchentlich zurückkehrt;

g) „Flüchtling" eine Person im Sinne des Artikels 1 des am 28. Juli 1951 in Genf unterzeichneten Abkommens über die Rechtsstellung der Flüchtlinge;

h) „Staatenloser" eine Person im Sinne des Artikels 1 des am 28. September 1954 in New York unterzeichneten Abkommens über die Rechtsstellung der Staatenlosen;

i) „Familienangehöriger":
  1.
  i) jede Person, die in den Rechtsvorschriften, nach denen die Leistungen gewährt werden, als Familienangehöriger bestimmt oder anerkannt oder als Haushaltsangehöriger bezeichnet wird;
  ii) in Bezug auf Sachleistungen nach Titel III Kapitel 1 über Leistungen bei Krankheit sowie Leistungen bei Mutterschaft und gleichgestellte Leistungen bei Vaterschaft jede Person, die in den Rechtsvorschriften des Mitgliedstaats, in dem sie wohnt, als Familienangehöriger bestimmt oder anerkannt wird oder als Haushaltsangehöriger bezeichnet wird;
  2. unterscheiden die gemäß Nummer 1 anzuwendenden Rechtsvorschriften eines Mitgliedstaats die Familienangehörigen nicht von anderen Personen, auf die diese Rechtsvorschriften anwendbar sind, so werden der Ehegatte, die minderjährigen Kinder und die unterhaltsberechtigten volljährigen Kinder als Familienangehörige angesehen;
  3. wird nach den gemäß Nummern 1 und 2 anzuwendenden Rechtsvorschriften eine Person nur dann als Familien- oder Haushaltsangehöriger angesehen, wenn sie mit dem Versicherten oder dem Rentner in häuslicher Gemeinschaft lebt, so gilt diese Voraussetzung als erfüllt, wenn der Unterhalt der betreffenden Person überwiegend von dem Versicherten oder dem Rentner bestritten wird;

j) „Wohnort" den Ort des gewöhnlichen Aufenthalts einer Person;
k) „Aufenthalt" den vorübergehenden Aufenthalt;
l) „Rechtsvorschriften" für jeden Mitgliedstaat die Gesetze, Verordnungen, Satzungen und alle anderen Durchführungsvorschriften in Bezug auf die in Artikel 3 Absatz 1 genannten Zweige der sozialen Sicherheit.
Dieser Begriff umfasst keine tarifvertraglichen Vereinbarungen, mit Ausnahme derjenigen, durch die eine Versicherungsverpflichtung, die sich aus den in Unterabsatz 1 genannten Gesetzen oder Verordnungen ergibt, erfüllt wird oder die durch eine behördliche Entscheidung für allgemein verbindlich erklärt oder in ihrem Geltungsbereich erweitert wurden, sofern der betreffende Mitgliedstaat in einer einschlägigen Erklärung den Präsidenten des Europäischen Parlaments und den Präsidenten des Rates der Europäischen Union davon unterrichtet. Diese Erklärung wird im Amtsblatt der Europäischen Union veröffentlicht;
m) „zuständige Behörde" in jedem Mitgliedstaat den Minister, die Minister oder eine entsprechende andere Behörde, die im gesamten Gebiet des betreffenden Mitgliedstaates oder einem Teil davon für die Systeme der sozialen Sicherheit zuständig sind;
n) „Verwaltungskommission" die in Artikel 71 genannte Kommission;
o) „Durchführungsverordnung" die in Artikel 89 genannte Verordnung;
p) „Träger" in jedem Mitgliedstaat die Einrichtung oder Behörde, der die Anwendung aller Rechtsvorschriften oder eines Teils hiervon obliegt;
q) „zuständiger Träger":
   i) den Träger, bei dem die betreffende Person zum Zeitpunkt der Stellung des Antrags auf Leistungen versichert ist,
   oder
   ii) den Träger, gegenüber dem die betreffende Person einen Anspruch auf Leistungen hat oder hätte, wenn sie selbst oder ihr Familienangehöriger bzw. ihre Familienangehörigen in dem Mitgliedstaat wohnen würden, in dem dieser Träger seinen Sitz hat,
   oder
   iii) den von der zuständigen Behörde des betreffenden Mitgliedstaats bezeichneten Träger,
   oder
   iv) bei einem System, das die Verpflichtungen des Arbeitgebers hinsichtlich der in Artikel 3 Absatz 1 genannten Leistungen betrifft, den Arbeitgeber oder den betreffenden Versicherer oder, falls es einen solchen nicht gibt, die von der zuständigen Behörde des betreffenden Mitgliedstaats bezeichnete Einrichtung oder Behörde;
r) „Träger des Wohnorts" und „Träger des Aufenthaltsorts" den Träger, der nach den Rechtsvorschriften, die für diesen Träger gelten, für die Gewährung der Leistungen an dem Ort zuständig ist, an dem die betreffende Person wohnt oder sich aufhält, oder, wenn es einen solchen Träger nicht gibt, den von der zuständigen Behörde des betreffenden Mitgliedstaats bezeichneten Träger;
s) „zuständiger Mitgliedstaat" den Mitgliedstaat, in dem der zuständige Träger seinen Sitz hat;
t) „Versicherungszeiten" die Beitragszeiten, Beschäftigungszeiten oder Zeiten einer selbstständigen Erwerbstätigkeit, die nach den Rechtsvorschriften, nach denen sie zurückgelegt worden sind oder als zurückgelegt gelten, als Versicherungszeiten bestimmt oder anerkannt sind, sowie alle gleichgestellten Zeiten, soweit sie nach diesen Rechtsvorschriften als den Versicherungszeiten gleichwertig anerkannt sind;
u) „Beschäftigungszeiten" oder „Zeiten einer selbstständigen Erwerbstätigkeit" die Zeiten, die nach den Rechtsvorschriften, nach denen sie zurückgelegt worden sind, als solche bestimmt oder anerkannt sind, sowie alle gleichgestellten Zeiten, soweit sie nach diesen Rechtsvorschriften als den Beschäftigungszeiten oder den Zeiten einer selbstständigen Erwerbstätigkeit gleichwertig anerkannt sind;
v) „Wohnzeiten" die Zeiten, die nach den Rechtsvorschriften, nach denen sie zurückgelegt worden sind oder als zurückgelegt gelten, als solche bestimmt oder anerkannt sind;
va) „Sachleistungen"
   i) für Titel III Kapitel 1 (Leistungen bei Krankheit sowie Leistungen bei Mutterschaft und gleichgestellte Leistungen bei Vaterschaft) Sachleistungen, die nach den Rechtsvorschriften eines Mitgliedstaats vorgesehen sind und die den Zweck verfolgen, die ärztliche Behandlung und die diese Behandlung ergänzenden Produkte und Dienstleistungen zu erbringen bzw. zur Verfügung zu stellen oder direkt zu bezahlen oder die diesbezüglichen Kosten zu erstatten. Dazu gehören auch Sachleistungen bei Pflegebedürftigkeit;

ii) für Titel III Kapitel 2 (Leistungen bei Arbeitsunfällen und Berufskrankheiten) alle Sachleistungen im Zusammenhang mit Arbeitsunfällen und Berufskrankheiten gemäß der Definition nach Ziffer i, die nach den Arbeitsunfall- und Berufskrankheitenregelungen der Mitgliedstaaten vorgesehen sind.

w) „Renten" nicht nur Renten im engeren Sinn, sondern auch Kapitalabfindungen, die an deren Stelle treten können, und Beitragserstattungen sowie, soweit Titel III nichts anderes bestimmt, Anpassungsbeträge und Zulagen;

x) „Vorruhestandsleistungen" alle anderen Geldleistungen als Leistungen bei Arbeitslosigkeit und vorgezogene Leistungen wegen Alters, die ab einem bestimmten Lebensalter Arbeitnehmern, die ihre berufliche Tätigkeit eingeschränkt oder beendet haben oder ihr vorübergehend nicht mehr nachgehen, bis zu dem Lebensalter gewährt werden, in dem sie Anspruch auf Altersrente oder auf vorzeitiges Altersruhegeld geltend machen können, und deren Bezug nicht davon abhängig ist, dass sie der Arbeitsverwaltung des zuständigen Staates zur Verfügung stehen; eine „vorgezogene Leistung wegen Alters" ist eine Leistung, die vor dem Erreichen des Lebensalters, ab dem üblicherweise Anspruch auf Rente entsteht, gewährt und nach Erreichen dieses Lebensalters weiterhin gewährt oder durch eine andere Leistung bei Alter abgelöst wird;

y) „Sterbegeld" jede einmalige Zahlung im Todesfall, mit Ausnahme der unter Buchstabe w) genannten Kapitalabfindungen;

z) „Familienleistungen" alle Sach- oder Geldleistungen zum Ausgleich von Familienlasten, mit Ausnahme von Unterhaltsvorschüssen und besonderen Geburts- und Adoptionsbeihilfen nach Anhang I.

Art. 2 Persönlicher Geltungsbereich

(1) Diese Verordnung gilt für Staatsangehörige eines Mitgliedstaats, Staatenlose und Flüchtlinge mit Wohnort in einem Mitgliedstaat, für die die Rechtsvorschriften eines oder mehrerer Mitgliedstaaten gelten oder galten, sowie für ihre Familienangehörigen und Hinterbliebenen.

(2) Diese Verordnung gilt auch für Hinterbliebene von Personen, für die die Rechtsvorschriften eines oder mehrerer Mitgliedstaaten galten, und zwar ohne Rücksicht auf die Staatsangehörigkeit dieser Personen, wenn die Hinterbliebenen Staatsangehörige eines Mitgliedstaats sind oder als Staatenlose oder Flüchtlinge in einem Mitgliedstaat wohnen.

Art. 3 Sachlicher Geltungsbereich

(1) Diese Verordnung gilt für alle Rechtsvorschriften, die folgende Zweige der sozialen Sicherheit betreffen:

a) Leistungen bei Krankheit;
b) Leistungen bei Mutterschaft und gleichgestellte Leistungen bei Vaterschaft;
c) Leistungen bei Invalidität;
d) Leistungen bei Alter;
e) Leistungen an Hinterbliebene;
f) Leistungen bei Arbeitsunfällen und Berufskrankheiten;
g) Sterbegeld;
h) Leistungen bei Arbeitslosigkeit;
i) Vorruhestandsleistungen;
j) Familienleistungen.

(2) Sofern in Anhang XI nichts anderes bestimmt ist, gilt diese Verordnung für die allgemeinen und die besonderen, die auf Beiträgen beruhenden und die beitragsfreien Systeme der sozialen Sicherheit sowie für die Systeme betreffend die Verpflichtungen von Arbeitgebern und Reedern.

(3) Diese Verordnung gilt auch für die besonderen beitragsunabhängigen Geldleistungen gemäß Artikel 70.

(4) Die Rechtsvorschriften der Mitgliedstaaten über die Verpflichtungen von Reedern werden jedoch durch Titel III nicht berührt.

(5) Diese Verordnung gilt nicht für

a) soziale und medizinische Fürsorge oder
b) Leistungen, bei denen ein Mitgliedstaat die Haftung für Personenschäden übernimmt und Entschädigung leistet, beispielsweise für Opfer von Krieg und militärischen Aktionen oder der sich daraus ergebenden Folgen, Opfer von Straftaten, Attentaten oder Terrorakten, Opfer von Schäden, die von Bediensteten eines Mitgliedstaats in Aus-

übung ihrer Pflichten verursacht wurden, oder für Personen, die aus politischen oder religiösen Gründen oder aufgrund ihrer Abstammung Nachteile erlitten haben.

Art. 4 Gleichbehandlung

Sofern in dieser Verordnung nichts anderes bestimmt ist, haben Personen, für die diese Verordnung gilt, die gleichen Rechte und Pflichten aufgrund der Rechtsvorschriften eines Mitgliedstaats wie die Staatsangehörigen dieses Staates.

Art. 5 Gleichstellung von Leistungen, Einkünften, Sachverhalten oder Ereignissen

Sofern in dieser Verordnung nicht anderes bestimmt ist, gilt unter Berücksichtigung der besonderen Durchführungsbestimmungen Folgendes:

a) Hat nach den Rechtsvorschriften des zuständigen Mitgliedstaats der Bezug von Leistungen der sozialen Sicherheit oder sonstiger Einkünfte bestimmte Rechtswirkungen, so sind die entsprechenden Rechtsvorschriften auch bei Bezug von nach den Rechtsvorschriften eines anderen Mitgliedstaats gewährten gleichartigen Leistungen oder bei Bezug von in einem anderen Mitgliedstaat erzielten Einkünften anwendbar.

b) Hat nach den Rechtsvorschriften des zuständigen Mitgliedstaats der Eintritt bestimmter Sachverhalte oder Ereignisse Rechtswirkungen, so berücksichtigt dieser Mitgliedstaat die in einem anderen Mitgliedstaat eingetretenen entsprechenden Sachverhalte oder Ereignisse, als ob sie im eigenen Hoheitsgebiet eingetreten wären.

Art. 6 Zusammenrechnung der Zeiten

Sofern in dieser Verordnung nichts anderes bestimmt ist, berücksichtigt der zuständige Träger eines Mitgliedstaats, dessen Rechtsvorschriften:

– den Erwerb, die Aufrechterhaltung, die Dauer oder das Wiederaufleben des Leistungsanspruchs,
– die Anwendung bestimmter Rechtsvorschriften, oder
– den Zugang zu bzw. die Befreiung von der Pflichtversicherung, der freiwilligen Versicherung oder der freiwilligen Weiterversicherung,

von der Zurücklegung von Versicherungszeiten, Beschäftigungszeiten, Zeiten einer selbstständigen Erwerbstätigkeit oder Wohnzeiten abhängig machen, soweit erforderlich die nach den Rechtsvorschriften eines anderen Mitgliedstaats zurückgelegten Versicherungszeiten, Beschäftigungszeiten, Zeiten einer selbstständigen Erwerbstätigkeit oder Wohnzeiten, als ob es sich um Zeiten handeln würde, die nach den für diesen Träger geltenden Rechtsvorschriften zurückgelegt worden sind.

Art. 7 Aufhebung der Wohnortklauseln

Sofern in dieser Verordnung nichts anderes bestimmt ist, dürfen Geldleistungen, die nach den Rechtsvorschriften eines oder mehrerer Mitgliedstaaten oder nach dieser Verordnung zu zahlen sind, nicht aufgrund der Tatsache gekürzt, geändert, zum Ruhen gebracht, entzogen oder beschlagnahmt werden, dass der Berechtigte oder seine Familienangehörigen in einem anderen als dem Mitgliedstaat wohnt bzw. wohnen, in dem der zur Zahlung verpflichtete Träger seinen Sitz hat.

Art. 8 Verhältnis zwischen dieser Verordnung und anderen Koordinierungsregelungen

(1) [1]Im Rahmen ihres Geltungsbereichs tritt diese Verordnung an die Stelle aller zwischen den Mitgliedstaaten geltenden Abkommen über soziale Sicherheit. [2]Einzelne Bestimmungen von Abkommen über soziale Sicherheit, die von den Mitgliedstaaten vor dem Beginn der Anwendung dieser Verordnung geschlossen wurden, gelten jedoch fort, sofern sie für die Berechtigten günstiger sind oder sich aus besonderen historischen Umständen ergeben und ihre Geltung zeitlich begrenzt ist. [3]Um weiterhin Anwendung zu finden, müssen diese Bestimmungen in Anhang II aufgeführt sein. [4]Ist es aus objektiven Gründen nicht möglich, einige dieser Bestimmungen auf alle Personen auszudehnen, für die diese Verordnung gilt, so ist dies anzugeben.

(2) Zwei oder mehr Mitgliedstaaten können bei Bedarf nach den Grundsätzen und im Geist dieser Verordnung Abkommen miteinander schließen.

Art. 9 Erklärungen der Mitgliedstaaten zum Geltungsbereich dieser Verordnung

(1) ¹Die Mitgliedstaaten notifizieren der Kommission der Europäischen Gemeinschaften schriftlich die Erklärungen im Sinne des Artikels 1 Buchstabe l), die Rechtsvorschriften, Systeme und Regelungen im Sinne des Artikels 3, die Abkommen im Sinne des Artikels 8 Absatz 2 und die Mindestleistungen im Sinne des Artikels 58 sowie spätere wesentliche Änderungen. ²In diesen Notifizierungen ist das Datum des Inkrafttretens der einschlägigen Gesetze und Regelungen anzugeben oder im Falle der Erklärungen im Sinne des Artikels 1 Buchstabe l) das Datum, ab dem diese Verordnung auf die in den Erklärungen der Mitgliedstaaten genannten Regelungen Anwendung findet.

(2) Diese Notifizierungen werden der Kommission der Europäischen Gemeinschaften jährlich übermittelt und im Amtsblatt der Europäischen Union veröffentlicht.

Art. 10 Verbot des Zusammentreffens von Leistungen

Sofern nichts anderes bestimmt ist, wird aufgrund dieser Verordnung ein Anspruch auf mehrere Leistungen gleicher Art aus derselben Pflichtversicherungszeit weder erworben noch aufrechterhalten.

Titel II. Bestimmung des anwendbaren Rechts

Art. 11 Allgemeine Regelung

(1) ¹Personen, für die diese Verordnung gilt, unterliegen den Rechtsvorschriften nur eines Mitgliedstaats. ²Welche Rechtsvorschriften dies sind, bestimmt sich nach diesem Titel.

(2) ¹Für die Zwecke dieses Titels wird bei Personen, die aufgrund oder infolge ihrer Beschäftigung oder selbstständigen Erwerbstätigkeit eine Geldleistung beziehen, davon ausgegangen, dass sie diese Beschäftigung oder Tätigkeit ausüben. ²Dies gilt nicht für Invaliditäts-, Alters- oder Hinterbliebenenrenten oder für Renten bei Arbeitsunfällen oder Berufskrankheiten oder für Geldleistungen bei Krankheit, die eine Behandlung von unbegrenzter Dauer abdecken.

(3) Vorbehaltlich der Artikel 12 bis 16 gilt Folgendes:

a) eine Person, die in einem Mitgliedstaat eine Beschäftigung oder selbstständige Erwerbstätigkeit ausübt, unterliegt den Rechtsvorschriften dieses Mitgliedstaats;
b) ein Beamter unterliegt den Rechtsvorschriften des Mitgliedstaats, dem die ihn beschäftigende Verwaltungseinheit angehört;
c) eine Person, die nach den Rechtsvorschriften des Wohnmitgliedstaats Leistungen bei Arbeitslosigkeit gemäß Artikel 65 erhält, unterliegt den Rechtsvorschriften dieses Mitgliedstaats;
d) eine zum Wehr- oder Zivildienst eines Mitgliedstaats einberufene oder wiedereinberufene Person unterliegt den Rechtsvorschriften dieses Mitgliedstaats;
e) jede andere Person, die nicht unter die Buchstaben a) bis d) fällt, unterliegt unbeschadet anders lautender Bestimmungen dieser Verordnung, nach denen ihr Leistungen aufgrund der Rechtsvorschriften eines oder mehrerer anderer Mitgliedstaaten zustehen, den Rechtsvorschriften des Wohnmitgliedstaats.

(4) ¹Für die Zwecke dieses Titels gilt eine Beschäftigung oder selbstständige Erwerbstätigkeit, die gewöhnlich an Bord eines unter der Flagge eines Mitgliedstaats fahrenden Schiffes auf See ausgeübt wird, als in diesem Mitgliedstaat ausgeübt. ²Eine Person, die einer Beschäftigung an Bord eines unter der Flagge eines Mitgliedstaats fahrenden Schiffes nachgeht und ihr Entgelt für diese Tätigkeit von einem Unternehmen oder einer Person mit Sitz oder Wohnsitz in einem anderen Mitgliedstaat erhält, unterliegt jedoch den Rechtsvorschriften des letzteren Mitgliedstaats, sofern sie in diesem Staat wohnt. ³Das Unternehmen oder die Person, das bzw. die das Entgelt zahlt, gilt für die Zwecke dieser Rechtsvorschriften als Arbeitgeber.

Art. 12 Sonderregelung

(1) Eine Person, die in einem Mitgliedstaat für Rechnung eines Arbeitgebers, der gewöhnlich dort tätig ist, eine Beschäftigung ausübt und die von diesem Arbeitgeber in einen anderen Mitgliedstaat entsandt wird, um dort eine Arbeit für dessen Rechnung auszuführen, unterliegt weiterhin den Rechtsvorschriften des ersten Mitgliedstaats, sofern die voraussichtliche Dauer dieser Arbeit vierundzwanzig Monate nicht überschreitet und diese Person nicht eine andere Person ablöst.

(2) Eine Person, die gewöhnlich in einem Mitgliedstaat eine selbstständige Erwerbstätigkeit ausübt und die eine ähnliche Tätigkeit in einem anderen Mitgliedstaat ausübt, unterliegt weiterhin den Rechtsvorschriften des ersten Mitgliedstaats, sofern die voraussichtliche Dauer dieser Tätigkeit vierundzwanzig Monate nicht überschreitet.

Art. 13 Ausübung von Tätigkeiten in zwei oder mehr Mitgliedstaaten

(1) Eine Person, die gewöhnlich in zwei oder mehr Mitgliedstaaten eine Beschäftigung ausübt, unterliegt:

a) den Rechtsvorschriften des Wohnmitgliedstaats, wenn sie dort einen wesentlichen Teil ihrer Tätigkeit ausübt oder wenn sie bei mehreren Unternehmen oder Arbeitgebern beschäftigt ist, die ihren Sitz oder Wohnsitz in verschiedenen Mitgliedstaaten haben, oder

b) den Rechtsvorschriften des Mitgliedstaats, in dem das Unternehmen oder der Arbeitgeber, das bzw. der sie beschäftigt, seinen Sitz oder Wohnsitz hat, sofern sie keinen wesentlichen Teil ihrer Tätigkeiten in dem Wohnmitgliedstaat ausübt.

(2) Eine Person, die gewöhnlich in zwei oder mehr Mitgliedstaaten eine selbstständige Erwerbstätigkeit ausübt, unterliegt:

a) den Rechtsvorschriften des Wohnmitgliedstaats, wenn sie dort einen wesentlichen Teil ihrer Tätigkeit ausübt, oder

b) den Rechtsvorschriften des Mitgliedstaats, in dem sich der Mittelpunkt ihrer Tätigkeiten befindet, wenn sie nicht in einem der Mitgliedstaaten wohnt, in denen sie einen wesentlichen Teil ihrer Tätigkeit ausübt.

(3) Eine Person, die gewöhnlich in verschiedenen Mitgliedstaaten eine Beschäftigung und eine selbstständige Erwerbstätigkeit ausübt, unterliegt den Rechtsvorschriften des Mitgliedstaats, in dem sie eine Beschäftigung ausübt, oder, wenn sie eine solche Beschäftigung in zwei oder mehr Mitgliedstaaten ausübt, den nach Absatz 1 bestimmten Rechtsvorschriften.

(4) Eine Person, die in einem Mitgliedstaat als Beamter beschäftigt ist und die eine Beschäftigung und/oder selbstständige Erwerbstätigkeit in einem oder mehreren anderen Mitgliedstaaten ausübt, unterliegt den Rechtsvorschriften des Mitgliedstaats, dem die sie beschäftigende Verwaltungseinheit angehört.

(5) Die in den Absätzen 1 bis 4 genannten Personen werden für die Zwecke der nach diesen Bestimmungen ermittelten Rechtsvorschriften so behandelt, als ob sie ihre gesamte Beschäftigung oder selbstständige Erwerbstätigkeit in dem betreffenden Mitgliedstaat ausüben und dort ihre gesamten Einkünfte erzielen würden.

Art. 14 Freiwillige Versicherung oder freiwillige Weiterversicherung

(1) Die Artikel 11 bis 13 gelten nicht für die freiwillige Versicherung oder die freiwillige Weiterversicherung, es sei denn, in einem Mitgliedstaat gibt es für einen der in Artikel 3 Absatz 1 genannten Zweige nur ein System der freiwilligen Versicherung.

(2) [1]Unterliegt die betreffende Person nach den Rechtsvorschriften eines Mitgliedstaats der Pflichtversicherung in diesem Mitgliedstaat, so darf sie in einem anderen Mitgliedstaat keiner freiwilligen Versicherung oder freiwilligen Weiterversicherung unterliegen. [2]In allen übrigen Fällen, in denen für einen bestimmten Zweig eine Wahlmöglichkeit zwischen mehreren Systemen der freiwilligen Versicherung oder der freiwilligen Weiterversicherung besteht, tritt die betreffende Person nur dem System bei, für das sie sich entschieden hat.

(3) Für Leistungen bei Invalidität, Alter und an Hinterbliebene kann die betreffende Person jedoch auch dann der freiwilligen Versicherung oder der freiwilligen Weiterversicherung eines Mitgliedstaats beitreten, wenn sie nach den Rechtsvorschriften eines anderen Mitgliedstaats pflichtversichert ist, sofern sie in der Vergangenheit zu einem Zeitpunkt

ihrer beruflichen Laufbahn aufgrund oder infolge einer Beschäftigung oder selbstständigen Erwerbstätigkeit den Rechtsvorschriften des ersten Mitgliedstaats unterlag und ein solches Zusammentreffen nach den Rechtsvorschriften des ersten Mitgliedstaats ausdrücklich oder stillschweigend zugelassen ist.

(4) Hängt nach den Rechtsvorschriften eines Mitgliedstaats das Recht auf freiwillige Versicherung oder freiwillige Weiterversicherung davon ab, dass der Berechtigte seinen Wohnort in diesem Mitgliedstaat hat oder dass er zuvor beschäftigt bzw. selbstständig erwerbstätig war, so gilt Artikel 5 Buchstabe b ausschließlich für Personen, die zu irgendeinem Zeitpunkt in der Vergangenheit den Rechtsvorschriften dieses Mitgliedstaats unterlagen, weil sie dort eine Beschäftigung oder eine selbstständige Erwerbstätigkeit ausgeübt haben.

Art. 15 Vertragsbedienstete der Europäischen Gemeinschaften

¹Die Vertragsbedienstete der Europäischen Gemeinschaften können zwischen der Anwendung der Rechtsvorschriften des Mitgliedstaats, in dem sie beschäftigt sind, der Rechtsvorschriften des Mitgliedstaats, denen sie zuletzt unterlagen, oder der Rechtsvorschriften des Mitgliedstaats, dessen Staatsangehörigkeit sie besitzen, wählen; ausgenommen hiervon sind die Vorschriften über Familienbeihilfen, die nach den Beschäftigungsbedingungen für diese Vertragsbedienstete gewährt werden. ²Dieses Wahlrecht kann nur einmal ausgeübt werden und wird mit dem Tag des Dienstantritts wirksam.

Art. 16 Ausnahmen von den Artikeln 11 bis 15

(1) Zwei oder mehr Mitgliedstaaten, die zuständigen Behörden dieser Mitgliedstaaten oder die von diesen Behörden bezeichneten Einrichtungen können im gemeinsamen Einvernehmen Ausnahmen von den Artikeln 11 bis 15 im Interesse bestimmter Personen oder Personengruppen vorsehen.

(2) Wohnt eine Person, die eine Rente oder Renten nach den Rechtsvorschriften eines oder mehrerer Mitgliedstaaten erhält, in einem anderen Mitgliedstaat, so kann sie auf Antrag von der Anwendung der Rechtsvorschriften des letzteren Staates freigestellt werden, sofern sie diesen Rechtsvorschriften nicht aufgrund der Ausübung einer Beschäftigung oder selbstständigen Erwerbstätigkeit unterliegt.

Titel III. Besondere Bestimmungen über die verschiedenen Arten von Leistungen

Kapitel 1. Leistungen bei Krankheit sowie Leistungen bei Mutterschaft und gleichgestellte Leistungen bei Vaterschaft

Abschnitt 1. Versicherte und ihre Familienangehörigen mit Ausnahme von Rentnern und deren Familienangehörigen

Art. 17 Wohnort in einem anderen als dem zuständigen Mitgliedstaat

Ein Versicherter oder seine Familienangehörigen, die in einem anderen als dem zuständigen Mitgliedstaat wohnen, erhalten in dem Wohnmitgliedstaat Sachleistungen, die vom Träger des Wohnorts nach den für ihn geltenden Rechtsvorschriften für Rechnung des zuständigen Trägers erbracht werden, als ob sie nach diesen Rechtsvorschriften versichert wären.

Art. 18 Aufenthalt in dem zuständigen Mitgliedstaat, wenn sich der Wohnort in einem anderen Mitgliedstaat befindet – Besondere Vorschriften für die Familienangehörigen von Grenzgängern

(1) ¹Sofern in Absatz 2 nichts anderes bestimmt ist, haben der in Artikel 17 genannte Versicherte und seine Familienangehörigen auch während des Aufenthalts in dem zuständigen Mitgliedstaat Anspruch auf Sachleistungen. ²Die Sachleistungen werden vom zu-

ständigen Träger für dessen Rechnung nach den für ihn geltenden Rechtsvorschriften erbracht, als ob die betreffenden Personen in diesem Mitgliedstaat wohnen würden.

(2) Die Familienangehörigen von Grenzgängern haben Anspruch auf Sachleistungen während ihres Aufenthalts im zuständigen Mitgliedstaat.

Ist dieser Mitgliedstaat jedoch in Anhang III aufgeführt, haben die Familienangehörigen von Grenzgängern, die im selben Mitgliedstaat wie der Grenzgänger wohnen, im zuständigen Mitgliedstaat nur unter den Voraussetzungen des Artikels 19 Absatz 1 Anspruch auf Sachleistungen.

Art. 19 Aufenthalt außerhalb des zuständigen Mitgliedstaats

(1) [1] Sofern in Absatz 2 nichts anderes bestimmt ist, haben ein Versicherter und seine Familienangehörigen, die sich in einem anderen als dem zuständigen Mitgliedstaat aufhalten, Anspruch auf die Sachleistungen, die sich während ihres Aufenthalts als medizinisch notwendig erweisen, wobei die Art der Leistungen und die voraussichtliche Dauer des Aufenthalts zu berücksichtigen sind. [2] Diese Leistungen werden vom Träger des Aufenthaltsorts nach den für ihn geltenden Rechtsvorschriften für Rechnung des zuständigen Trägers erbracht, als ob die betreffenden Personen nach diesen Rechtsvorschriften versichert wären.

(2) Die Verwaltungskommission erstellt eine Liste der Sachleistungen, für die aus praktischen Gründen eine vorherige Vereinbarung zwischen der betreffenden Person und dem die medizinische Leistung erbringenden Träger erforderlich ist, damit sie während eines Aufenthalts in einem anderen Mitgliedstaat erbracht werden können.

Art. 20 Reisen zur Inanspruchnahme von Sachleistungen

(1) Sofern in dieser Verordnung nichts anderes bestimmt ist, muss ein Versicherter, der sich zur Inanspruchnahme von Sachleistungen in einen anderen Mitgliedstaat begibt, die Genehmigung des zuständigen Trägers einholen.

(2) [1] Ein Versicherter, der vom zuständigen Träger die Genehmigung erhalten hat, sich in einen anderen Mitgliedstaat zu begeben, um eine seinem Zustand angemessene Behandlung zu erhalten, erhält Sachleistungen, die vom Träger des Aufenthaltsorts nach den für ihn geltenden Rechtsvorschriften für Rechnung des zuständigen Trägers erbracht werden, als ob er nach diesen Rechtsvorschriften versichert wäre. [2] Die Genehmigung wird erteilt, wenn die betreffende Behandlung Teil der Leistungen ist, die nach den Rechtsvorschriften des Wohnmitgliedstaats der betreffenden Person vorgesehen sind, und ihr diese Behandlung nicht innerhalb eines in Anbetracht ihres derzeitigen Gesundheitszustands und des voraussichtlichen Verlaufs ihrer Krankheit medizinisch vertretbaren Zeitraums gewährt werden kann.

(3) Die Absätze 1 und 2 gelten für die Familienangehörigen des Versicherten entsprechend.

(4) [1] Wohnen die Familienangehörigen eines Versicherten in einem anderen Mitgliedstaat als der Versicherte selbst und hat sich dieser Mitgliedstaat für die Erstattung in Form von Pauschalbeträgen entschieden, so werden die Sachleistungen nach Absatz 2 für Rechnung des Trägers des Wohnorts der Familienangehörigen erbracht. [2] In diesem Fall gilt für die Zwecke des Absatzes 1 der Träger des Wohnorts der Familienangehörigen als zuständiger Träger.

Art. 21 Geldleistungen

(1) [1] Ein Versicherter und seine Familienangehörigen, die in einem anderen als dem zuständigen Mitgliedstaat wohnen oder sich dort aufhalten, haben Anspruch auf Geldleistungen, die vom zuständigen Träger nach den für ihn geltenden Rechtsvorschriften erbracht werden. [2] Im Einvernehmen zwischen dem zuständigen Träger und dem Träger des Wohn- oder Aufenthaltsorts können diese Leistungen jedoch vom Träger des Wohn- oder Aufenthaltsorts nach den Rechtsvorschriften des zuständigen Mitgliedstaats für Rechnung des zuständigen Trägers erbracht werden.

(2) Der zuständige Träger eines Mitgliedstaats, nach dessen Rechtsvorschriften Geldleistungen anhand eines Durchschnittserwerbseinkommens oder einer durchschnittlichen Beitragsgrundlage zu berechnen sind, ermittelt das Durchschnittserwerbseinkommen oder die durchschnittliche Beitragsgrundlage ausschließlich anhand der Erwerbseinkommen oder Beitragsgrundlagen, die für die nach diesen Rechtsvorschriften zurückgelegten Zeiten festgestellt worden sind.

(3) Der zuständige Träger eines Mitgliedstaats, nach dessen Rechtsvorschriften Geldleistungen anhand eines pauschalen Erwerbseinkommens zu berechnen sind, berücksichtigt ausschließlich das pauschale Erwerbseinkommen oder gegebenenfalls den Durchschnitt der pauschalen Erwerbseinkommen für Zeiten, die nach diesen Rechtsvorschriften zurückgelegt worden sind.

(4) Die Absätze 2 und 3 gelten entsprechend, wenn nach den für den zuständigen Träger geltenden Rechtsvorschriften ein bestimmter Bezugszeitraum vorgesehen ist, der in dem betreffenden Fall ganz oder teilweise den Zeiten entspricht, die die betreffende Person nach den Rechtsvorschriften eines oder mehrerer anderer Mitgliedstaaten zurückgelegt hat.

Art. 22 Rentenantragsteller

(1) [1]Ein Versicherter, der bei der Einreichung eines Rentenantrags oder während dessen Bearbeitung nach den Rechtsvorschriften des letzten zuständigen Mitgliedstaats den Anspruch auf Sachleistungen verliert, hat weiterhin Anspruch auf Sachleistungen nach den Rechtsvorschriften des Mitgliedstaats, in dem er wohnt, sofern der Rentenantragsteller die Versicherungsvoraussetzungen nach den Rechtsvorschriften des in Absatz 2 genannten Mitgliedstaats erfüllt. [2]Der Anspruch auf Sachleistungen in dem Wohnmitgliedstaat besteht auch für die Familienangehörigen des Rentenantragstellers.

(2) Die Sachleistungen werden für Rechnung des Trägers des Mitgliedstaats erbracht, der im Falle der Zuerkennung der Rente nach den Artikeln 23 bis 25 zuständig wäre.

Abschnitt 2. Rentner und ihre Familienangehörigen

Art. 23 Sachleistungsanspruch nach den Rechtsvorschriften des Wohnmitgliedstaats

Eine Person, die eine Rente oder Renten nach den Rechtsvorschriften von zwei oder mehr Mitgliedstaaten erhält, wovon einer der Wohnmitgliedstaat ist, und die Anspruch auf Sachleistungen nach den Rechtsvorschriften dieses Mitgliedstaats hat, erhält wie auch ihre Familienangehörigen diese Sachleistungen vom Träger des Wohnorts für dessen Rechnung, als ob sie allein nach den Rechtsvorschriften dieses Mitgliedstaats Anspruch auf Rente hätte.

Art. 24 Nichtvorliegen eines Sachleistungsanspruchs nach den Rechtsvorschriften des Wohnmitgliedstaats

(1) [1]Eine Person, die eine Rente oder Renten nach den Rechtsvorschriften eines oder mehrerer Mitgliedstaaten erhält und die keinen Anspruch auf Sachleistungen nach den Rechtsvorschriften des Wohnmitgliedstaats hat, erhält dennoch Sachleistungen für sich selbst und ihre Familienangehörigen, sofern nach den Rechtsvorschriften des für die Zahlung ihrer Rente zuständigen Mitgliedstaats oder zumindest eines der für die Zahlung ihrer Rente zuständigen Mitgliedstaaten Anspruch auf Sachleistungen bestünde, wenn sie in diesem Mitgliedstaat wohnte. [2]Die Sachleistungen werden vom Träger des Wohnorts für Rechnung des in Absatz 2 genannten Trägers erbracht, als ob die betreffende Person Anspruch auf Rente und Sachleistungen nach den Rechtsvorschriften dieses Mitgliedstaats hätte.

(2) In den in Absatz 1 genannten Fällen werden die Kosten für die Sachleistungen von dem Träger übernommen, der nach folgenden Regeln bestimmt wird:

a) hat der Rentner nur Anspruch auf Sachleistungen nach den Rechtsvorschriften eines einzigen Mitgliedstaats, so übernimmt der zuständige Träger dieses Mitgliedstaats die Kosten;

b) hat der Rentner Anspruch auf Sachleistungen nach den Rechtsvorschriften von zwei oder mehr Mitgliedstaaten, so übernimmt der zuständige Träger des Mitgliedstaats die Kosten, dessen Rechtsvorschriften für die betreffende Person am längsten gegolten haben; sollte die Anwendung dieser Regel dazu führen, dass die Kosten von mehreren Trägern zu übernehmen wären, gehen die Kosten zulasten des Trägers, der für die Anwendung der Rechtsvorschriften zuständig ist, die für den Rentner zuletzt gegolten haben.

Art. 25 Renten nach den Rechtsvorschriften eines oder mehrerer anderer Mitgliedstaaten als dem Wohnmitgliedstaat, wenn ein Sachleistungsanspruch in diesem Mitgliedstaat besteht

Wohnt eine Person, die eine Rente oder Renten nach den Rechtsvorschriften eines oder mehrerer Mitgliedstaaten erhält, in einem Mitgliedstaat, nach dessen Rechtsvorschriften der Anspruch auf Sachleistungen nicht vom Bestehen einer Versicherung, einer Beschäftigung oder einer selbstständigen Erwerbstätigkeit abhängt und von dem sie keine Rente erhält, so werden die Kosten für die Sachleistungen, die ihr oder ihren Familienangehörigen gewährt werden, von dem Träger eines der für die Zahlung ihrer Rente zuständigen Mitgliedstaaten übernommen, der nach Artikel 24 Absatz 2 bestimmt wird, soweit dieser Rentner und seine Familienangehörigen Anspruch auf diese Leistungen hätten, wenn sie in diesem Mitgliedstaat wohnen würden.

Art. 26 Familienangehörige, die in einem anderen Mitgliedstaat als dem Wohnmitgliedstaat des Rentners wohnen

[1]Familienangehörige einer Person, die eine Rente oder Renten nach den Rechtsvorschriften eines oder mehrerer Mitgliedstaaten erhält, haben, wenn sie in einem anderen Mitgliedstaat als der Rentner wohnen, Anspruch auf Sachleistungen vom Träger ihres Wohnorts nach den für ihn geltenden Rechtsvorschriften, sofern der Rentner nach den Rechtsvorschriften eines Mitgliedstaats Anspruch auf Sachleistungen hat. [2]Die Kosten übernimmt der zuständige Träger, der auch die Kosten für die dem Rentner in dessen Wohnmitgliedstaat gewährten Sachleistungen zu tragen hat.

Art. 27 Aufenthalt des Rentners oder seiner Familienangehörigen in einem anderen Mitgliedstaat als ihrem Wohnmitgliedstaat – Aufenthalt im zuständigen Mitgliedstaat – Zulassung zu einer notwendigen Behandlung außerhalb des Wohnmitgliedstaats

(1) Artikel 19 gilt entsprechend für eine Person, die eine Rente oder Renten nach den Rechtsvorschriften eines oder mehrerer Mitgliedstaaten erhält und Anspruch auf Sachleistungen nach den Rechtsvorschriften eines der ihre Rente(n) gewährenden Mitgliedstaaten hat, oder für ihre Familienangehörigen, wenn sie sich in einem anderen Mitgliedstaat als ihrem Wohnmitgliedstaat aufhalten.

(2) Artikel 18 Absatz 1 gilt entsprechend für die in Absatz 1 genannten Personen, wenn sie sich in dem Mitgliedstaat aufhalten, in dem der zuständige Träger seinen Sitz hat, der die Kosten für die dem Rentner in dessen Wohnmitgliedstaat gewährten Sachleistungen zu tragen hat, und wenn dieser Mitgliedstaat sich dafür entschieden hat und in Anhang IV aufgeführt ist.

(3) Artikel 20 gilt entsprechend für einen Rentner und/oder seine Familienangehörigen, die sich in einem anderen Mitgliedstaat als ihrem Wohnmitgliedstaat aufhalten, um dort die ihrem Zustand angemessene Behandlung zu erhalten.

(4) Sofern in Absatz 5 nichts anderes bestimmt ist, übernimmt der zuständige Träger die Kosten für die Sachleistungen nach den Absätzen 1 bis 3, der auch die Kosten für die dem Rentner in dessen Wohnmitgliedstaat gewährten Sachleistungen zu tragen hat.

(5) [1]Die Kosten für die Sachleistungen nach Absatz 3 werden vom Träger des Wohnortes des Rentners oder seiner Familienangehörigen übernommen, wenn diese Personen in einem Mitgliedstaat wohnen, der sich für die Erstattung in Form von Pauschalbeträgen entschieden hat. [2]In diesen Fällen gilt für die Zwecke des Absatzes 3 der Träger des Wohnorts des Rentners oder seiner Familienangehörigen als zuständiger Träger.

Art. 28 Besondere Vorschriften für Grenzgänger in Rente

(1) [1]Ein Grenzgänger, der wegen Alters oder Invalidität Rentner wird, hat bei Krankheit weiterhin Anspruch auf Sachleistungen in dem Mitgliedstaat, in dem er zuletzt eine Beschäftigung oder eine selbstständige Erwerbstätigkeit ausgeübt hat, soweit es um die Fortsetzung einer Behandlung geht, die in diesem Mitgliedstaat begonnen wurde. [2]Als „Fortsetzung einer Behandlung" gilt die fortlaufende Untersuchung, Diagnose und Behandlung einer Krankheit während ihrer gesamten Dauer.

Unterabsatz 1 gilt entsprechend für die Familienangehörigen eines ehemaligen Grenzgängers, es sei denn, der Mitgliedstaat, in dem der Grenzgänger seine Erwerbstätigkeit zuletzt ausübte, ist in Anhang III aufgeführt.

(2) Ein Rentner, der in den letzten fünf Jahren vor dem Zeitpunkt des Anfalls einer Alters- oder Invaliditätsrente mindestens zwei Jahre als Grenzgänger eine Beschäftigung oder eine selbstständige Erwerbstätigkeit ausgeübt hat, hat Anspruch auf Sachleistungen in dem Mitgliedstaat, in dem er als Grenzgänger eine solche Beschäftigung oder Tätigkeit ausgeübt hat, wenn dieser Mitgliedstaat und der Mitgliedstaat, in dem der zuständige Träger seinen Sitz hat, der die Kosten für die dem Rentner in dessen Wohnmitgliedstaat gewährten Sachleistungen zu tragen hat, sich dafür entschieden haben und beide in Anhang V aufgeführt sind.

(3) Absatz 2 gilt entsprechend für die Familienangehörigen eines ehemaligen Grenzgängers oder für seine Hinterbliebenen, wenn sie während der in Absatz 2 genannten Zeiträume Anspruch auf Sachleistungen nach Artikel 18 Absatz 2 hatten, und zwar auch dann, wenn der Grenzgänger vor dem Anfall seiner Rente verstorben ist, sofern er in den letzten fünf Jahren vor seinem Tod mindestens zwei Jahre als Grenzgänger eine Beschäftigung oder eine selbstständige Erwerbstätigkeit ausgeübt hat.

(4) Die Absätze 2 und 3 gelten so lange, bis auf die betreffende Person die Rechtsvorschriften eines Mitgliedstaats aufgrund der Ausübung einer Beschäftigung oder einer selbstständigen Erwerbstätigkeit Anwendung finden.

(5) Die Kosten für die Sachleistungen nach den Absätzen 1 bis 3 übernimmt der zuständige Träger, der auch die Kosten für die dem Rentner oder seinen Hinterbliebenen in ihrem jeweiligen Wohnmitgliedstaat gewährten Sachleistungen zu tragen hat.

Art. 29 Geldleistungen für Rentner

(1) [1]Geldleistungen werden einer Person, die eine Rente oder Renten nach den Rechtsvorschriften eines oder mehrerer Mitgliedstaaten erhält, vom zuständigen Träger des Mitgliedstaats gewährt, in dem der zuständige Träger seinen Sitz hat, der die Kosten für die dem Rentner in dessen Wohnmitgliedstaat gewährten Sachleistungen zu tragen hat. [2]Artikel 21 gilt entsprechend.

(2) Absatz 1 gilt auch für die Familienangehörigen des Rentners.

Art. 30 Beiträge der Rentner

(1) Der Träger eines Mitgliedstaats, der nach den für ihn geltenden Rechtsvorschriften Beiträge zur Deckung der Leistungen bei Krankheit sowie der Leistungen bei Mutterschaft und der gleichgestellten Leistungen bei Vaterschaft einzubehalten hat, kann diese Beiträge, die nach den für ihn geltenden Rechtsvorschriften berechnet werden, nur verlangen und erheben, soweit die Kosten für die Leistungen nach den Artikeln 23 bis 26 von einem Träger in diesem Mitgliedstaat zu übernehmen sind.

(2) Sind in den in Artikel 25 genannten Fällen nach den Rechtsvorschriften des Mitgliedstaats, in dem der betreffende Rentner wohnt, Beiträge zu entrichten oder ähnliche Zahlungen zu leisten, um Anspruch auf Leistungen bei Krankheit sowie auf Leistungen bei Mutterschaft und gleichgestellte Leistungen bei Vaterschaft zu haben, können solche Beiträge nicht eingefordert werden, weil der Rentner dort wohnt.

Abschnitt 3. Gemeinsame Vorschriften

Art. 31 Allgemeine Bestimmung

[1]Die Artikel 23 bis 30 finden keine Anwendung auf einen Rentner oder seine Familienangehörigen, die aufgrund einer Beschäftigung oder einer selbstständigen Erwerbstätigkeit Anspruch auf Leistungen nach den Rechtsvorschriften eines Mitgliedstaats haben. [2]In diesem Fall gelten für die Zwecke dieses Kapitels für die betreffende Person die Artikel 17 bis 21.

Art. 32 Rangfolge der Sachleistungsansprüche – Besondere Vorschrift für den Leistungsanspruch von Familienangehörigen im Wohnmitgliedstaat

(1) ¹Ein eigenständiger Sachleistungsanspruch aufgrund der Rechtsvorschriften eines Mitgliedstaats oder dieses Kapitels hat Vorrang vor einem abgeleiteten Anspruch auf Leistungen für Familienangehörige. ²Ein abgeleiteter Anspruch auf Sachleistungen hat jedoch Vorrang vor eigenständigen Ansprüchen, wenn der eigenständige Anspruch im Wohnmitgliedstaat unmittelbar und ausschließlich aufgrund des Wohnorts der betreffenden Person in diesem Mitgliedstaat besteht.

(2) Wohnen die Familienangehörigen eines Versicherten in einem Mitgliedstaat, nach dessen Rechtsvorschriften der Anspruch auf Sachleistungen nicht vom Bestehen einer Versicherung, einer Beschäftigung oder einer selbstständigen Erwerbstätigkeit abhängt, so werden die Sachleistungen für Rechnung des zuständigen Trägers in dem Mitgliedstaat erbracht, in dem sie wohnen, sofern der Ehegatte oder die Person, die das Sorgerecht für die Kinder des Versicherten hat, eine Beschäftigung oder eine selbstständige Erwerbstätigkeit in diesem Mitgliedstaat ausübt oder von diesem Mitgliedstaat aufgrund einer Beschäftigung oder einer selbstständigen Erwerbstätigkeit eine Rente erhält.

Art. 33 Sachleistungen von erheblicher Bedeutung

(1) Hat ein Träger eines Mitgliedstaats einem Versicherten oder einem seiner Familienangehörigen vor dessen Versicherung nach den für einen Träger eines anderen Mitgliedstaats geltenden Rechtsvorschriften den Anspruch auf ein Körperersatzstück, ein größeres Hilfsmittel oder andere Sachleistungen von erheblicher Bedeutung zuerkannt, so werden diese Leistungen auch dann für Rechnung des ersten Trägers gewährt, wenn die betreffende Person zum Zeitpunkt der Gewährung dieser Leistungen bereits nach den für den zweiten Träger geltenden Rechtsvorschriften versichert ist.

(2) Die Verwaltungskommission legt die Liste der von Absatz 1 erfassten Leistungen fest.

Art. 34 Zusammentreffen von Leistungen bei Pflegebedürftigkeit

(1) Kann der Bezieher von Geldleistungen bei Pflegebedürftigkeit, die als Leistungen bei Krankheit gelten und daher von dem für die Gewährung von Geldleistungen zuständigen Mitgliedstaat nach den Artikeln 21 oder 29 erbracht werden, im Rahmen dieses Kapitels gleichzeitig für denselben Zweck vorgesehene Sachleistungen vom Träger des Wohn- oder Aufenthaltsortes in einem anderen Mitgliedstaat in Anspruch nehmen, für die ebenfalls ein Träger des ersten Mitgliedstaats die Kosten nach Artikel 35 zu erstatten hat, so ist das allgemeine Verbot des Zusammentreffens von Leistungen nach Artikel 10 mit der folgenden Einschränkung anwendbar: Beantragt und erhält die betreffende Person die Sachleistung, so wird die Geldleistung um den Betrag der Sachleistung gemindert, der dem zur Kostenerstattung verpflichteten Träger des ersten Mitgliedstaats in Rechnung gestellt wird oder gestellt werden könnte.

(2) Die Verwaltungskommission legt die Liste der von Absatz 1 erfassten Geldleistungen und Sachleistungen fest.

(3) Zwei oder mehr Mitgliedstaaten oder deren zuständige Behörden können andere oder ergänzende Regelungen vereinbaren, die für die betreffenden Personen nicht ungünstiger als die Grundsätze des Absatzes 1 sein dürfen.

Art. 35 Erstattungen zwischen Trägern

(1) Die von dem Träger eines Mitgliedstaats für Rechnung des Trägers eines anderen Mitgliedstaats nach diesem Kapitel gewährten Sachleistungen sind in voller Höhe zu erstatten.

(2) Die Erstattungen nach Absatz 1 werden nach Maßgabe der Durchführungsverordnung festgestellt und vorgenommen, und zwar entweder gegen Nachweis der tatsächlichen Aufwendungen oder auf der Grundlage von Pauschalbeträgen für Mitgliedstaaten, bei deren Rechts- und Verwaltungsstruktur eine Erstattung auf der Grundlage der tatsächlichen Aufwendungen nicht zweckmäßig ist.

(3) Zwei oder mehr Mitgliedstaaten und deren zuständige Behörden können andere Erstattungsverfahren vereinbaren oder auf jegliche Erstattung zwischen den in ihre Zuständigkeit fallenden Trägern verzichten.

Kapitel 2. Leistungen bei Arbeitsunfällen und Berufskrankheiten

Art. 36 Anspruch auf Sach- und Geldleistungen

(1) Unbeschadet der günstigeren Bestimmungen der Absätze 2 und 2a des vorliegenden Artikels gelten Artikel 17, Artikel 18 Absatz 1, Artikel 19 Absatz 1 und Artikel 20 Absatz 1 auch für Leistungen als Folge eines Arbeitsunfalls oder einer Berufskrankheit.

(2) Eine Person, die einen Arbeitsunfall erlitten oder sich eine Berufskrankheit zugezogen hat und in einem anderen als dem zuständigen Mitgliedstaat wohnt oder sich dort aufhält, hat Anspruch auf die besonderen Sachleistungen bei Arbeitsunfällen und Berufskrankheiten, die vom Träger des Wohn- oder Aufenthaltsorts nach den für ihn geltenden Rechtsvorschriften für Rechnung des zuständigen Trägers erbracht werden, als ob die betreffende Person nach diesen Rechtsvorschriften versichert wäre.

(2a) Der zuständige Träger kann die in Artikel 20 Absatz 1 vorgesehene Genehmigung einem Arbeitnehmer oder Selbstständigen nicht verweigern, der einen Arbeitsunfall erlitten hat oder an einer Berufskrankheit leidet und der zu Lasten dieses Trägers leistungsberechtigt geworden ist, wenn diesem die seinem Zustand angemessene Behandlung im Gebiet seines Wohnstaats nicht innerhalb eines in Anbetracht seines derzeitigen Gesundheitszustands und des voraussichtlichen Verlaufs seiner Krankheit medizinisch vertretbaren Zeitraums gewährt werden kann.

(3) Artikel 21 gilt auch für Leistungen nach diesem Kapitel.

Art. 37 Transportkosten

(1) ¹Der zuständige Träger eines Mitgliedstaats, nach dessen Rechtsvorschriften die Übernahme der Kosten für den Transport einer Person, die einen Arbeitsunfall erlitten hat oder an einer Berufskrankheit leidet, bis zu ihrem Wohnort oder bis zum Krankenhaus vorgesehen ist, übernimmt die Kosten für den Transport bis zu dem entsprechenden Ort in einem anderen Mitgliedstaat, in dem die Person wohnt, sofern dieser Träger den Transport unter gebührender Berücksichtigung der hierfür sprechenden Gründe zuvor genehmigt hat. ²Eine solche Genehmigung ist bei Grenzgängern nicht erforderlich.

(2) Der zuständige Träger eines Mitgliedstaats, nach dessen Rechtsvorschriften bei einem tödlichen Arbeitsunfall die Übernahme der Kosten für die Überführung der Leiche bis zur Begräbnisstätte vorgesehen ist, übernimmt nach den für ihn geltenden Rechtsvorschriften die Kosten der Überführung bis zu dem entsprechenden Ort in einem anderen Mitgliedstaat, in dem die betreffende Person zum Zeitpunkt des Unfalls gewohnt hat.

Art. 38 Leistungen bei Berufskrankheiten, wenn die betreffende Person in mehreren Mitgliedstaaten dem gleichen Risiko ausgesetzt war

Hat eine Person, die sich eine Berufskrankheit zugezogen hat, nach den Rechtsvorschriften von zwei oder mehr Mitgliedstaaten eine Tätigkeit ausgeübt, die ihrer Art nach geeignet ist, eine solche Krankheit zu verursachen, so werden die Leistungen, auf die sie oder ihre Hinterbliebenen Anspruch haben, ausschließlich nach den Rechtsvorschriften des letzten dieser Mitgliedstaaten gewährt, dessen Voraussetzungen erfüllt sind.

Art. 39 Verschlimmerung einer Berufskrankheit

Bei Verschlimmerung einer Berufskrankheit, für die die betreffende Person nach den Rechtsvorschriften eines Mitgliedstaats Leistungen bezogen hat oder bezieht, gilt Folgendes:

a) Hat die betreffende Person während des Bezugs der Leistungen keine Beschäftigung oder selbstständige Erwerbstätigkeit nach den Rechtsvorschriften eines anderen Mitgliedstaats ausgeübt, die geeignet war, eine solche Krankheit zu verursachen oder zu verschlimmern, so übernimmt der zuständige Träger des ersten Mitgliedstaats die Kosten für die Leistungen nach den für ihn geltenden Rechtsvorschriften unter Berücksichtigung der Verschlimmerung der Krankheit.

b) Hat die betreffende Person während des Bezugs der Leistungen eine solche Tätigkeit nach den Rechtsvorschriften eines anderen Mitgliedstaats ausgeübt, so übernimmt der zuständige Träger des ersten Mitgliedstaats die Kosten für die Leistungen nach den für ihn geltenden Rechtsvorschriften ohne Berücksichtigung der Verschlimmerung der Krankheit. Der zuständige Träger des zweiten Mitgliedstaats gewährt der betreffenden Person eine Zulage in Höhe des Unterschiedsbetrags zwischen dem Betrag der nach der Verschlimmerung geschuldeten Leistungen und dem Betrag, den er vor der Verschlimmerung aufgrund der für ihn geltenden Rechtsvorschriften geschuldet hätte, wenn die betreffende Person sich die Krankheit zugezogen hätte, während die Rechtsvorschriften dieses Mitgliedstaats für sie galten.

c) Die in den Rechtsvorschriften eines Mitgliedstaats vorgesehenen Bestimmungen über die Kürzung, das Ruhen oder die Entziehung sind nicht auf die Empfänger von Leistungen anwendbar, die gemäß Buchstabe b) von den Trägern zweier Mitgliedstaaten gewährt werden.

Art. 40 Regeln zur Berücksichtigung von Besonderheiten bestimmter Rechtsvorschriften

(1) Besteht in dem Mitgliedstaat, in dem die betreffende Person wohnt oder sich aufhält, keine Versicherung gegen Arbeitsunfälle oder Berufskrankheiten oder besteht dort zwar eine derartige Versicherung, ist jedoch kein für die Gewährung von Sachleistungen zuständiger Träger vorgesehen, so werden diese Leistungen von dem Träger des Wohn- oder Aufenthaltsorts gewährt, der für die Gewährung von Sachleistungen bei Krankheit zuständig ist.

(2) ¹Besteht in dem zuständigen Mitgliedstaat keine Versicherung gegen Arbeitsunfälle oder Berufskrankheiten, so finden die Bestimmungen dieses Kapitels über Sachleistungen dennoch auf eine Person Anwendung, die bei Krankheit, Mutterschaft oder gleichgestellter Vaterschaft nach den Rechtsvorschriften dieses Mitgliedstaats Anspruch auf diese Leistungen hat, falls die betreffende Person einen Arbeitsunfall erleidet oder an einer Berufskrankheit leidet, während sie in einem anderen Mitgliedstaat wohnt oder sich dort aufhält. ²Die Kosten werden von dem Träger übernommen, der nach den Rechtsvorschriften des zuständigen Mitgliedstaats für die Sachleistungen zuständig ist.

(3) Artikel 5 gilt für den zuständigen Träger eines Mitgliedstaats in Bezug auf die Gleichstellung von später nach den Rechtsvorschriften eines anderen Mitgliedstaats eingetretenen oder festgestellten Arbeitsunfällen und Berufskrankheiten bei der Bemessung des Grades der Erwerbsminderung, der Begründung des Leistungsbetrags oder der Festsetzung des Leistungsbetrags, sofern:

a) für einen bzw. eine früher nach den für ihn geltenden Rechtsvorschriften eingetretene(n) oder festgestellte(n) Arbeitsunfall oder Berufskrankheit kein Leistungsanspruch bestand,
und

b) für einen bzw. eine später eingetretene(n) oder festgestellte(n) Arbeitsunfall oder Berufskrankheit kein Leistungsanspruch nach den Rechtsvorschriften des anderen Mitgliedstaats, nach denen der Arbeitsunfall oder die Berufskrankheit eingetreten ist oder festgestellt wurde, besteht.

Art. 41 Erstattungen zwischen Trägern

(1) Artikel 35 gilt auch für Leistungen nach diesem Kapitel; die Erstattung erfolgt auf der Grundlage der tatsächlichen Aufwendungen.

(2) Zwei oder mehr Mitgliedstaaten oder ihre zuständigen Behörden können andere Erstattungsverfahren vereinbaren oder auf jegliche Erstattung zwischen den in ihre Zuständigkeit fallenden Trägern verzichten.

Kapitel 3. Sterbegeld

Art. 42 Anspruch auf Sterbegeld, wenn der Tod in einem anderen als dem zuständigen Mitgliedstaat eintritt oder wenn die berechtigte Person in einem anderen als dem zuständigen Mitgliedstaat wohnt

(1) Tritt der Tod eines Versicherten oder eines seiner Familienangehörigen in einem anderen als dem zuständigen Mitgliedstaat ein, so gilt der Tod als in dem zuständigen Mitgliedstaat eingetreten.

(2) Der zuständige Träger ist zur Gewährung von Sterbegeld nach den für ihn geltenden Rechtsvorschriften auch dann verpflichtet, wenn die berechtigte Person in einem anderen als dem zuständigen Mitgliedstaat wohnt.

(3) Die Absätze 1 und 2 finden auch dann Anwendung, wenn der Tod als Folge eines Arbeitsunfalls oder einer Berufskrankheit eingetreten ist.

Art. 43 Gewährung von Leistungen bei Tod eines Rentners

(1) Bei Tod eines Rentners, der Anspruch auf eine Rente nach den Rechtsvorschriften eines Mitgliedstaats oder auf Renten nach den Rechtsvorschriften von zwei oder mehr Mitgliedstaaten hatte und in einem anderen als dem Mitgliedstaat wohnte, in dem der für die Übernahme der Kosten für die nach den Artikeln 24 und 25 gewährten Sachleistungen zuständige Träger seinen Sitz hat, so wird das Sterbegeld nach den für diesen Träger geltenden Rechtsvorschriften zu seinen Lasten gewährt, als ob der Rentner zum Zeitpunkt seines Todes in dem Mitgliedstaat gewohnt hätte, in dem dieser Träger seinen Sitz hat.

(2) Absatz 1 gilt für die Familienangehörigen eines Rentners entsprechend.

Kapitel 4. Leistungen bei Invalidität

Art. 44 Personen, für die ausschließlich Rechtsvorschriften des Typs A galten

(1) Im Sinne dieses Kapitels bezeichnet der Ausdruck „Rechtsvorschriften des Typs A" alle Rechtsvorschriften, nach denen die Höhe der Leistungen bei Invalidität von der Dauer der Versicherungs- oder Wohnzeiten unabhängig ist und die durch den zuständigen Mitgliedstaat ausdrücklich in Anhang VI aufgenommen wurden, und der Ausdruck „Rechtsvorschriften des Typs B" alle anderen Rechtsvorschriften.

(2) Eine Person, für die nacheinander oder abwechselnd die Rechtsvorschriften von zwei oder mehr Mitgliedstaaten galten und die Versicherungs- oder Wohnzeiten ausschließlich unter Rechtsvorschriften des Typs A zurückgelegt hat, hat Anspruch auf Leistungen – gegebenenfalls unter Berücksichtigung des Artikels 45 – nur gegenüber dem Träger des Mitgliedstaats, dessen Rechtsvorschriften bei Eintritt der Arbeitsunfähigkeit mit anschließender Invalidität anzuwenden waren; sie erhält diese Leistungen nach diesen Rechtsvorschriften.

(3) Eine Person, die keinen Leistungsanspruch nach Absatz 2 hat, erhält die Leistungen, auf die sie nach den Rechtsvorschriften eines anderen Mitgliedstaats – gegebenenfalls unter Berücksichtigung des Artikels 45 – noch Anspruch hat.

(4) Sehen die in Absatz 2 oder 3 genannten Rechtsvorschriften bei Zusammentreffen mit anderen Einkünften oder mit Leistungen unterschiedlicher Art im Sinne des Artikels 53 Absatz 2 Bestimmungen über die Kürzung, das Ruhen oder die Entziehung von Leistungen bei Invalidität vor, so gelten die Artikel 53 Absatz 3 und Artikel 55 Absatz 3 entsprechend.

Art. 45 Besondere Vorschriften für die Zusammenrechnung von Zeiten

Der zuständige Träger eines Mitgliedstaats, nach dessen Rechtsvorschriften der Erwerb, die Aufrechterhaltung oder das Wiederaufleben des Leistungsanspruchs davon abhängig ist, dass Versicherungs- oder Wohnzeiten zurückgelegt wurden, wendet, soweit erforderlich, Artikel 51 Absatz 1 entsprechend an.

Art. 46 Personen, für die entweder ausschließlich Rechtsvorschriften des Typs B oder sowohl Rechtsvorschriften des Typs A als auch des Typs B galten

(1) Eine Person, für die nacheinander oder abwechselnd die Rechtsvorschriften von zwei oder mehr Mitgliedstaaten galten, erhält, sofern die Rechtsvorschriften mindestens eines dieser Staaten nicht Rechtsvorschriften des Typs A sind, Leistungen nach Kapitel 5, das unter Berücksichtigung von Absatz 3 entsprechend gilt.

(2) Wird jedoch eine Person, für die ursprünglich Rechtsvorschriften des Typs B galten, im Anschluss an eine Arbeitsunfähigkeit invalide, während für sie Rechtsvorschriften des Typs A gelten, so erhält sie Leistungen nach Artikel 44 unter folgenden Voraussetzungen:

– Sie erfüllt – gegebenenfalls unter Berücksichtigung des Artikels 45 – ausschließlich die in diesen oder anderen Rechtsvorschriften gleicher Art vorgesehenen Voraussetzungen, ohne jedoch Versicherungs- oder Wohnzeiten einzubeziehen, die nach Rechtsvorschriften des Typs B zurückgelegt wurden,
und
– sie macht keine Ansprüche auf Leistungen bei Alter – unter Berücksichtigung des Artikels 50 Absatz 1 – geltend.

(3) Eine vom Träger eines Mitgliedstaats getroffene Entscheidung über den Grad der Invalidität eines Antragstellers ist für den Träger jedes anderen in Betracht kommenden Mitgliedstaats verbindlich, sofern die in den Rechtsvorschriften dieser Mitgliedstaaten festgelegten Definitionen des Grads der Invalidität in Anhang VII als übereinstimmend anerkannt sind.

Art. 47 Verschlimmerung des Invaliditätszustands

(1) Bei Verschlimmerung des Invaliditätszustands, für den eine Person nach den Rechtsvorschriften eines oder mehrerer Mitgliedstaaten Leistungen erhält, gilt unter Berücksichtigung dieser Verschlimmerung Folgendes:
a) Die Leistungen werden nach Kapitel 5 gewährt, das entsprechend gilt.
b) Unterlag die betreffende Person jedoch zwei oder mehr Rechtsvorschriften des Typs A und waren die Rechtsvorschriften eines anderen Mitgliedstaats seit dem Bezug der Leistungen auf sie nicht anwendbar, so werden die Leistungen nach Artikel 44 Absatz 2 gewährt.

(2) Ist der nach Absatz 1 geschuldete Gesamtbetrag der Leistung oder Leistungen niedriger als der Betrag der Leistung, den die betreffende Person zulasten des zuvor für die Zahlung zuständigen Trägers erhalten hat, so gewährt ihr dieser Träger eine Zulage in Höhe des Unterschiedsbetrags.

(3) Hat die betreffende Person keinen Anspruch auf Leistungen zulasten des Trägers eines anderen Mitgliedstaats, so hat der zuständige Träger des zuvor zuständigen Mitgliedstaats die Leistungen nach den für ihn geltenden Rechtsvorschriften unter Berücksichtigung der Verschlimmerung und gegebenenfalls des Artikel 45 zu gewähren.

Art. 48 Umwandlung von Leistungen bei Invalidität in Leistungen bei Alter

(1) Die Leistungen bei Invalidität werden gegebenenfalls nach Maßgabe der Rechtsvorschriften des Staates oder der Staaten, nach denen sie gewährt worden sind und nach Kapitel 5 in Leistungen bei Alter umgewandelt.

(2) Kann eine Person, die Leistungen bei Invalidität erhält, nach den Rechtsvorschriften eines oder mehrerer anderer Mitgliedstaaten nach Artikel 50 Ansprüche auf Leistungen bei Alter geltend machen, so gewährt jeder nach den Rechtsvorschriften eines Mitgliedstaats zur Gewährung der Leistungen bei Invalidität verpflichtete Träger bis zu dem Zeitpunkt, zu dem für diesen Träger Absatz 1 Anwendung findet, die Leistungen bei Invalidität weiter, auf die nach den für diesen Träger geltenden Rechtsvorschriften Anspruch besteht; andernfalls werden die Leistungen gewährt, solange die betreffende Person die Voraussetzungen für ihren Bezug erfüllt.

(3) Werden Leistungen bei Invalidität, die nach den Rechtsvorschriften eines Mitgliedstaats nach Artikel 44 gewährt werden, in Leistungen bei Alter umgewandelt und erfüllt die betreffende Person noch nicht die für den Anspruch auf diese Leistungen nach den Rechtsvorschriften eines oder mehrerer anderer Mitgliedstaaten geltenden Voraussetzungen, so erhält sie von diesem Mitgliedstaat oder diesen Mitgliedstaaten vom Tag der Umwandlung an Leistungen bei Invalidität.
Diese Leistungen werden nach Kapitel 5 gewährt, als ob dieses Kapitel bei Eintritt der Arbeitsunfähigkeit mit nachfolgender Invalidität anwendbar gewesen wäre, und zwar bis die betreffende Person die für den Anspruch auf Leistung bei Alter nach den Rechtsvorschriften des oder der anderen betreffenden Staaten geltenden Voraussetzungen erfüllt, oder, sofern eine solche Umwandlung nicht vorgesehen ist, so lange, wie sie Anspruch auf Leistungen bei Invalidität nach den Rechtsvorschriften des betreffenden Staates oder der betreffenden Staaten hat.

(4) Die nach Artikel 44 gewährten Leistungen bei Invalidität werden nach Kapitel 5 neu berechnet, sobald die berechtigte Person die Voraussetzungen für den Anspruch auf Leistungen bei Invalidität nach den Rechtsvorschriften des Typs B erfüllt oder Leistungen bei Alter nach den Rechtsvorschriften eines anderen Mitgliedstaats erhält.

Art. 49 Besondere Vorschriften für Beamte

Die Artikel 6, 44, 46, 47, 48 und Artikel 60 Absätze 2 und 3 gelten entsprechend für Personen, die von einem Sondersystem für Beamte erfasst sind.

Kapitel 5. Alters- und Hinterbliebenenrenten

Art. 50 Allgemeine Vorschriften

(1) Wird ein Leistungsantrag gestellt, so stellen alle zuständigen Träger die Leistungsansprüche nach den Rechtsvorschriften aller Mitgliedstaaten fest, die für die betreffende Person galten, es sei denn, die betreffende Person beantragt ausdrücklich, die Feststellung der nach den Rechtsvorschriften eines oder mehrerer Mitgliedstaaten erworbenen Ansprüche auf Leistungen bei Alter aufzuschieben.

(2) Erfüllt die betreffende Person zu einem bestimmten Zeitpunkt nicht oder nicht mehr die Voraussetzungen für die Leistungsgewährung nach den Rechtsvorschriften aller Mitgliedstaaten, die für sie galten, so lassen die Träger, nach deren Rechtsvorschriften die Voraussetzungen erfüllt sind, bei der Berechnung nach Artikel 52 Absatz 1 Buchstabe a) oder b) die Zeiten, die nach den Rechtsvorschriften zurückgelegt wurden, deren Voraussetzungen nicht oder nicht mehr erfüllt sind, unberücksichtigt, wenn diese Berücksichtigung zu einem niedrigeren Leistungsbetrag führt.

(3) Hat die betreffende Person ausdrücklich beantragt, die Feststellung von Leistungen bei Alter aufzuschieben, so gilt Absatz 2 entsprechend.

(4) Sobald die Voraussetzungen nach den anderen Rechtsvorschriften erfüllt sind oder die betreffende Person die Feststellung einer nach Absatz 1 aufgeschobenen Leistung bei Alter beantragt, werden die Leistungen von Amts wegen neu berechnet, es sei denn, die Zeiten, die nach den anderen Rechtsvorschriften zurückgelegt wurden, sind bereits nach Absatz 2 oder 3 berücksichtigt worden.

Art. 51 Besondere Vorschriften über die Zusammenrechnung von Zeiten

(1) Ist nach den Rechtsvorschriften eines Mitgliedstaats die Gewährung bestimmter Leistungen davon abhängig, dass die Versicherungszeiten nur in einer bestimmten Beschäftigung oder selbstständigen Erwerbstätigkeit oder einem Beruf zurückgelegt wurden, für die ein Sondersystem für beschäftigte oder selbstständig erwerbstätige Personen gilt, so berücksichtigt der zuständige Träger dieses Mitgliedstaats die nach den Rechtsvorschriften eines anderen Mitgliedstaats zurückgelegten Zeiten nur dann, wenn sie in einem entsprechenden System, oder, falls es ein solches nicht gibt, in dem gleichen Beruf oder gegebenenfalls in der gleichen Beschäftigung oder selbstständigen Erwerbstätigkeit zurückgelegt wurden.

Erfüllt die betreffende Person auch unter Berücksichtigung solcher Zeiten nicht die Anspruchsvoraussetzungen für Leistungen im Rahmen eines Sondersystems, so werden diese Zeiten für die Gewährung von Leistungen des allgemeinen Systems oder, falls es ein solches nicht gibt, des Systems für Arbeiter bzw. Angestellte berücksichtigt, sofern die betreffende Person dem einen oder anderen dieser Systeme angeschlossen war.

(2) Die im Rahmen eines Sondersystems eines Mitgliedstaats zurückgelegten Versicherungszeiten werden für die Gewährung von Leistungen des allgemeinen Systems oder, falls es ein solches nicht gibt, des Systems für Arbeiter bzw. Angestellte eines anderen Mitgliedstaats berücksichtigt, sofern die betreffende Person dem einen oder anderen dieser Systeme angeschlossen war, selbst wenn diese Zeiten bereits in dem letztgenannten Mitgliedstaat im Rahmen eines Sondersystems berücksichtigt wurden.

(3) [1]Machen die Rechtsvorschriften oder ein bestimmtes System eines Mitgliedstaats den Erwerb, die Aufrechterhaltung oder das Wiederaufleben des Leistungsanspruchs davon abhängig, dass die betreffende Person bei Eintritt des Versicherungsfalls versichert ist, gilt diese Voraussetzung als erfüllt, wenn die betreffende Person zuvor nach den Rechtsvorschriften bzw. in dem bestimmten System dieses Mitgliedstaats versichert war und wenn sie beim Eintreten des Versicherungsfalls nach den Rechtsvorschriften eines anderen Mitgliedstaats für denselben Versicherungsfall versichert ist oder wenn ihr in Ermangelung dessen nach den Rechtsvorschriften eines anderen Mitgliedstaats für denselben Versicherungsfall eine Leistung zusteht. [2]Die letztgenannte Voraussetzung gilt jedoch in den in Artikel 57 genannten Fällen als erfüllt.

Art. 52 Feststellung der Leistungen

(1) Der zuständige Träger berechnet den geschuldeten Leistungsbetrag:
a) allein nach den für ihn geltenden Rechtsvorschriften, wenn die Voraussetzungen für den Leistungsanspruch ausschließlich nach nationalem Recht erfüllt wurden (autonome Leistung);
b) indem er einen theoretischen Betrag und im Anschluss daran einen tatsächlichen Betrag (anteilige Leistung) wie folgt berechnet:
  i) Der theoretische Betrag der Leistung entspricht der Leistung, auf die die betreffende Person Anspruch hätte, wenn alle nach den Rechtsvorschriften der anderen Mitgliedstaaten zurückgelegten Versicherungs- und/oder Wohnzeiten nach den für diesen Träger zum Zeitpunkt der Feststellung der Leistung geltenden Rechtsvorschriften zurückgelegt worden wären. Ist nach diesen Rechtsvorschriften die Höhe der Leistung von der Dauer der zurückgelegten Zeiten unabhängig, so gilt dieser Betrag als theoretischer Betrag.
  ii) Der zuständige Träger ermittelt sodann den tatsächlichen Betrag der anteiligen Leistung auf der Grundlage des theoretischen Betrags nach dem Verhältnis zwischen den nach den für ihn geltenden Rechtsvorschriften vor Eintritt des Versicherungsfalls zurückgelegten Zeiten und den gesamten nach den Rechtsvorschriften aller beteiligten Mitgliedstaaten vor Eintritt des Versicherungsfalls zurückgelegten Zeiten.

(2) Der zuständige Träger wendet gegebenenfalls auf den nach Absatz 1 Buchstaben a) und b) berechneten Betrag innerhalb der Grenzen der Artikel 53 bis 55 alle Bestimmungen über die Kürzung, das Ruhen oder die Entziehung nach den für ihn geltenden Rechtsvorschriften an.

(3) Die betreffende Person hat gegenüber dem zuständigen Träger jedes Mitgliedstaats Anspruch auf den höheren der Leistungsbeträge, die nach Absatz 1 Buchstaben a) und b) berechnet wurden.

(4) Führt in einem Mitgliedstaat die Berechnung nach Absatz 1 Buchstabe a immer dazu, dass die autonome Leistung gleich hoch oder höher als die anteilige Leistung ist, die nach Absatz 1 Buchstabe b berechnet wird, verzichtet der zuständige Träger auf die Berechnung der anteiligen Leistung unter der Bedingung, dass
  i) dieser Fall in Anhang VIII Teil 1 aufgeführt ist, und
  ii) keine Doppelleistungsbestimmungen im Sinne der Artikel 54 und 55 anwendbar sind, es sei denn, die in Artikel 55 Absatz 2 enthaltenen Bedingungen sind erfüllt, und
  iii) Artikel 57 in diesem bestimmten Fall nicht auf Zeiten anwendbar ist, die nach den Rechtsvorschriften eines anderen Mitgliedstaats zurückgelegt wurden.

(5) [1]Unbeschadet der Absätze 1, 2 und 3 wird die anteilige Berechnung nicht auf Systeme angewandt, die Leistungen vorsehen, bei denen Zeiträume für die Berechnung keine Rolle spielen, sofern solche Systeme in Anhang VIII Teil 2 aufgeführt sind. [2]In diesen Fällen hat die betroffene Person Anspruch auf die gemäß den Rechtsvorschriften des betreffenden Mitgliedstaats berechnete Leistung.

Art. 53 Doppelleistungsbestimmungen

(1) Jedes Zusammentreffen von Leistungen bei Invalidität, bei Alter oder an Hinterbliebene, die auf der Grundlage der von derselben Person zurückgelegten Versicherungs- und/oder Wohnzeiten berechnet oder gewährt wurden, gilt als Zusammentreffen von Leistungen gleicher Art.

(2) Das Zusammentreffen von Leistungen, die nicht als Leistungen gleicher Art im Sinne des Absatzes 1 angesehen werden können, gilt als Zusammentreffen von Leistungen unterschiedlicher Art.

(3) Für die Zwecke von Doppelleistungsbestimmungen, die in den Rechtsvorschriften eines Mitgliedstaats für den Fall des Zusammentreffens von Leistungen bei Invalidität, bei Alter oder an Hinterbliebene mit Leistungen gleicher Art oder Leistungen unterschiedlicher Art oder mit sonstigen Einkünften festgelegt sind, gilt Folgendes:
a) Der zuständige Träger berücksichtigt die in einem anderen Mitgliedstaat erworbenen Leistungen oder erzielten Einkünfte nur dann, wenn die für ihn geltenden Rechtsvorschriften die Berücksichtigung von im Ausland erworbenen Leistungen oder erzielten Einkünften vorsehen.
b) Der zuständige Träger berücksichtigt nach den in der Durchführungsverordnung festgelegten Bedingungen und Verfahren den von einem anderen Mitgliedstaat zu zahlen-

den Leistungsbetrag vor Abzug von Steuern, Sozialversicherungsbeiträgen und anderen individuellen Abgaben oder Abzügen, sofern nicht die für ihn geltenden Rechtsvorschriften vorsehen, dass die Doppelleistungsbestimmungen nach den entsprechenden Abzügen anzuwenden sind.
c) Der zuständige Träger berücksichtigt nicht den Betrag der Leistungen, die nach den Rechtsvorschriften eines anderen Mitgliedstaats auf der Grundlage einer freiwilligen Versicherung oder einer freiwilligen Weiterversicherung erworben wurden.
d) Wendet ein einzelner Mitgliedstaat Doppelleistungsbestimmungen an, weil die betreffende Person Leistungen gleicher oder unterschiedlicher Art nach den Rechtsvorschriften anderer Mitgliedstaaten bezieht oder in anderen Mitgliedstaaten Einkünfte erzielt hat, so kann die geschuldete Leistung nur um den Betrag dieser Leistungen oder Einkünfte gekürzt werden.

Art. 54 Zusammentreffen von Leistungen gleicher Art

(1) Treffen Leistungen gleicher Art, die nach den Rechtsvorschriften von zwei oder mehr Mitgliedstaaten geschuldet werden, zusammen, so gelten die in den Rechtsvorschriften eines Mitgliedstaats vorgesehenen Doppelleistungsbestimmungen nicht für eine anteilige Leistung.

(2) Doppelleistungsbestimmungen gelten nur dann für eine autonome Leistung, wenn es sich:
a) um eine Leistung handelt, deren Höhe von der Dauer der zurückgelegten Versicherungs- oder Wohnzeiten unabhängig ist,
oder
b) um eine Leistung handelt, deren Höhe unter Berücksichtigung einer fiktiven Zeit bestimmt wird, die als zwischen dem Eintritt des Versicherungsfalls und einem späteren Zeitpunkt zurückgelegt angesehen wird, und die zusammentrifft:
   i) mit einer Leistung gleicher Art, außer wenn zwei oder mehr Mitgliedstaaten ein Abkommen zur Vermeidung einer mehrfachen Berücksichtigung der gleichen fiktiven Zeit geschlossen haben,
   oder
   ii) mit einer Leistung nach Buchstabe a).
Die unter den Buchstaben a) und b) genannten Leistungen und Abkommen sind in Anhang IX aufgeführt.

Art. 55 Zusammentreffen von Leistungen unterschiedlicher Art

(1) Erfordert der Bezug von Leistungen unterschiedlicher Art oder von sonstigen Einkünften die Anwendung der in den Rechtsvorschriften der betreffenden Mitgliedstaaten vorgesehenen Doppelleistungsbestimmungen:
a) auf zwei oder mehrere autonome Leistungen, so teilen die zuständigen Träger die Beträge der Leistung oder Leistungen oder sonstigen Einkünfte, die berücksichtigt worden sind, durch die Zahl der Leistungen, auf die diese Bestimmungen anzuwenden sind;
die Anwendung dieses Buchstabens darf jedoch nicht dazu führen, dass der betreffenden Person ihr Status als Rentner für die Zwecke der übrigen Kapitel dieses Titels nach den in der Durchführungsverordnung festgelegten Bedingungen und Verfahren aberkannt wird;
b) auf eine oder mehrere anteilige Leistungen, so berücksichtigen die zuständigen Träger die Leistung oder Leistungen oder sonstigen Einkünfte sowie alle für die Anwendung der Doppelleistungsbestimmungen vorgesehenen Bezugsgrößen nach dem Verhältnis zwischen den Versicherungs- und/oder Wohnzeiten, die für die Berechnung nach Artikel 52 Absatz 1 Buchstabe b) Ziffer ii) berücksichtigt wurden;
c) auf eine oder mehrere autonome Leistungen und eine oder mehrere anteilige Leistungen, so wenden die zuständigen Träger Buchstabe a) auf die autonomen Leistungen und Buchstabe b) auf die anteiligen Leistungen entsprechend an.

(2) Der zuständige Träger nimmt keine für autonome Leistungen vorgesehene Teilung vor, wenn die für ihn geltenden Rechtsvorschriften die Berücksichtigung von Leistungen unterschiedlicher Art und/oder sonstiger Einkünfte und aller übrigen Bezugsgrößen in Höhe eines Teils ihres Betrags entsprechend dem Verhältnis zwischen den nach Artikel 52 Absatz 1 Buchstabe b) Ziffer ii) zu berücksichtigenden Versicherungs- und/oder Wohnzeiten vorsehen.

(3) Die Absätze 1 und 2 gelten entsprechend, wenn nach den Rechtsvorschriften eines oder mehrerer Mitgliedstaaten bei Bezug einer Leistung unterschiedlicher Art nach den Rechtsvorschriften eines anderen Mitgliedstaats oder bei sonstigen Einkünften kein Leistungsanspruch entsteht.

Art. 56 Ergänzende Vorschriften für die Berechnung der Leistungen

(1) Für die Berechnung des theoretischen Betrags und des anteiligen Betrags nach Artikel 52 Absatz 1 Buchstabe b) gilt Folgendes:

a) Übersteigt die Gesamtdauer der vor Eintritt des Versicherungsfalls nach den Rechtsvorschriften aller beteiligten Mitgliedstaaten zurückgelegten Versicherungs- und/oder Wohnzeiten die in den Rechtsvorschriften eines dieser Mitgliedstaaten für die Gewährung der vollen Leistung vorgeschriebene Höchstdauer, so berücksichtigt der zuständige Träger dieses Mitgliedstaats diese Höchstdauer anstelle der Gesamtdauer der zurückgelegten Zeiten; diese Berechnungsmethode verpflichtet diesen Träger nicht zur Gewährung einer Leistung, deren Betrag die volle nach den für ihn geltenden Rechtsvorschriften vorgesehene Leistung übersteigt. Diese Bestimmung gilt nicht für Leistungen, deren Höhe nicht von der Versicherungsdauer abhängig ist.

b) Das Verfahren zur Berücksichtigung sich überschneidender Zeiten ist in der Durchführungsverordnung geregelt.

c) Erfolgt nach den Rechtsvorschriften eines Mitgliedstaats die Berechnung von Leistungen auf der Grundlage von Einkünften, Beiträgen, Beitragsgrundlagen, Steigerungsbeträgen, Entgelten, anderen Beträgen oder einer Kombination mehrerer von ihnen (durchschnittlich, anteilig, pauschal oder fiktiv), so verfährt der zuständige Träger gegebenenfalls nach den in Anhang XI für den betreffenden Mitgliedstaat genannten Verfahren wie folgt:

    i) Er ermittelt die Berechnungsgrundlage der Leistungen ausschließlich aufgrund der Versicherungszeiten, die nach den für ihn geltenden Rechtsvorschriften zurückgelegt wurden.

    ii) Er zieht zur Berechnung des Betrags aufgrund von Versicherungs- und/oder Wohnzeiten, die nach den Rechtsvorschriften anderer Mitgliedstaaten zurückgelegt wurden, die gleichen Bezugsgrößen heran, die für die Versicherungszeiten festgestellt oder aufgezeichnet wurden, die nach den für ihn geltenden Rechtsvorschriften zurückgelegt wurden.

d) Für den Fall, dass Buchstabe c nicht gilt, da die Leistung nach den Rechtsvorschriften eines Mitgliedstaats nicht aufgrund von Versicherungs- oder Wohnzeiten, sondern aufgrund anderer nicht mit Zeit verknüpfter Faktoren berechnet werden muss, berücksichtigt der zuständige Träger für jede nach den Rechtsvorschriften eines anderen Mitgliedstaats zurückgelegte Versicherungs- oder Wohnzeit den Betrag des angesparten Kapitals, das Kapital, das als angespart gilt, und alle anderen Elemente für die Berechnung nach den von ihm angewandten Rechtsvorschriften, geteilt durch die entsprechenden Zeiteinheiten in dem betreffenden Rentensystem.

(2) Die Rechtsvorschriften eines Mitgliedstaats über die Anpassung der Bezugsgrößen, die für die Berechnung der Leistungen berücksichtigt wurden, gelten gegebenenfalls für die Bezugsgrößen, die der zuständige Träger dieses Mitgliedstaats nach Absatz 1 für Versicherungs- oder Wohnzeiten berücksichtigen muss, die nach den Rechtsvorschriften anderer Mitgliedstaaten zurückgelegt wurden.

Art. 57 Versicherungs- oder Wohnzeiten von weniger als einem Jahr

(1) Ungeachtet des Artikels 52 Absatz 1 Buchstabe b) ist der Träger eines Mitgliedstaats nicht verpflichtet, Leistungen für Zeiten zu gewähren, die nach den für ihn geltenden Rechtsvorschriften zurückgelegt wurden und bei Eintritt des Versicherungsfalls zu berücksichtigen sind, wenn:

– die Dauer dieser Zeiten weniger als ein Jahr beträgt,
  und
– aufgrund allein dieser Zeiten kein Leistungsanspruch nach diesen Rechtsvorschriften erworben wurde.

Für die Zwecke dieses Artikels bezeichnet der Ausdruck „Zeiten" alle Versicherungszeiten, Beschäftigungszeiten, Zeiten einer selbstständigen Erwerbstätigkeit oder Wohnzeiten, die entweder für den Leistungsanspruch oder unmittelbar für die Leistungshöhe heranzuziehen sind.

(2) Für die Zwecke des Artikels 52 Absatz 1 Buchstabe b) Ziffer i) werden die in Absatz 1 genannten Zeiten vom zuständigen Träger jedes betroffenen Mitgliedstaats berücksichtigt.

(3) Würde die Anwendung des Absatzes 1 zur Befreiung aller Träger der betreffenden Mitgliedstaaten von der Leistungspflicht führen, so werden die Leistungen ausschließlich nach den Rechtsvorschriften des letzten dieser Mitgliedstaaten gewährt, dessen Voraussetzungen erfüllt sind, als ob alle zurückgelegten und nach Artikel 6 und Artikel 51 Absätze 1 und 2 berücksichtigten Versicherungs- und Wohnzeiten nach den Rechtsvorschriften dieses Mitgliedstaats zurückgelegt worden wären.

(4) Dieser Artikel gilt nicht für die in Teil 2 des Anhangs VIII aufgeführten Systeme.

Art. 58 Gewährung einer Zulage

(1) Ein Leistungsempfänger, auf den dieses Kapitel Anwendung findet, darf in dem Wohnmitgliedstaat, nach dessen Rechtsvorschriften ihm eine Leistung zusteht, keinen niedrigeren Leistungsbetrag als die Mindestleistung erhalten, die in diesen Rechtsvorschriften für eine Versicherungs- oder Wohnzeit festgelegt ist, die den Zeiten insgesamt entspricht, die bei der Feststellung der Leistung nach diesem Kapitel berücksichtigt wurden.

(2) Der zuständige Träger dieses Mitgliedstaats zahlt der betreffenden Person während der gesamten Zeit, in der sie in dessen Hoheitsgebiet wohnt, eine Zulage in Höhe des Unterschiedsbetrags zwischen der Summe der nach diesem Kapitel geschuldeten Leistungen und dem Betrag der Mindestleistung.

Art. 59 Neuberechnung und Anpassung der Leistungen

(1) Tritt nach den Rechtsvorschriften eines Mitgliedstaats eine Änderung des Feststellungsverfahrens oder der Berechnungsmethode für die Leistungen ein oder erfährt die persönliche Situation der betreffenden Personen eine erhebliche Veränderung, die nach diesen Rechtsvorschriften zu einer Anpassung des Leistungsbetrags führen würde, so ist eine Neuberechnung nach Artikel 52 vorzunehmen.

(2) Der Prozentsatz oder der Betrag, um den bei einem Anstieg der Lebenshaltungskosten, bei Änderung des Lohnniveaus oder aus anderen Anpassungsgründen die Leistungen des betreffenden Mitgliedstaats geändert werden, gilt unmittelbar für die nach Artikel 52 festgestellten Leistungen, ohne dass eine Neuberechnung vorzunehmen ist.

Art. 60 Besondere Vorschriften für Beamte

(1) Die Artikel 6, 50, Artikel 51 Absatz 3 und die Artikel 52 bis 59 gelten entsprechend für Personen, die von einem Sondersystem für Beamte erfasst sind.

(2) Ist jedoch nach den Rechtsvorschriften eines zuständigen Mitgliedstaats der Erwerb, die Auszahlung, die Aufrechterhaltung oder das Wiederaufleben des Leistungsanspruchs aufgrund eines Sondersystems für Beamte davon abhängig, dass alle Versicherungszeiten in einem oder mehreren Sondersystemen für Beamte in diesem Mitgliedstaat zurückgelegt wurden oder durch die Rechtsvorschriften dieses Mitgliedstaats solchen Zeiten gleichgestellt sind, so berücksichtigt der zuständige Träger dieses Staates nur die Zeiten, die nach den für ihn geltenden Rechtsvorschriften anerkannt werden können.
Erfüllt die betreffende Person auch unter Berücksichtigung solcher Zeiten nicht die Voraussetzungen für den Bezug dieser Leistungen, so werden diese Zeiten für die Feststellung von Leistungen im allgemeinen System oder, falls es ein solches nicht gibt, im System für Arbeiter bzw. Angestellte berücksichtigt.

(3) Werden nach den Rechtsvorschriften eines Mitgliedstaats die Leistungen eines Sondersystems für Beamte auf der Grundlage des bzw. der in einem Bezugszeitraum zuletzt erzielten Entgelts berechnet, so berücksichtigt der zuständige Träger dieses Staates als Berechnungsgrundlage unter entsprechender Anpassung nur das Entgelt, das in dem Zeitraum bzw. den Zeiträumen bezogen wurden, während dessen bzw. deren die betreffende Person diesen Rechtsvorschriften unterlag.

Kapitel 6. Leistungen bei Arbeitslosigkeit

Art. 61 Besondere Vorschriften für die Zusammenrechnung von Versicherungszeiten, Beschäftigungszeiten und Zeiten einer selbstständigen Erwerbstätigkeit

(1) Der zuständige Träger eines Mitgliedstaats, nach dessen Rechtsvorschriften der Erwerb, die Aufrechterhaltung, das Wiederaufleben oder die Dauer des Leistungsanspruchs von der Zurücklegung von Versicherungszeiten, Beschäftigungszeiten oder Zeiten einer selbstständigen Erwerbstätigkeit abhängig ist, berücksichtigt, soweit erforderlich, die Versicherungszeiten, Beschäftigungszeiten oder Zeiten einer selbstständigen Erwerbstätigkeit, die nach den Rechtsvorschriften eines anderen Mitgliedstaats zurückgelegt wurden, als ob sie nach den für ihn geltenden Rechtsvorschriften zurückgelegt worden wären.

Ist jedoch nach den anzuwendenden Rechtsvorschriften der Leistungsanspruch von der Zurücklegung von Versicherungszeiten abhängig, so werden die nach den Rechtsvorschriften eines anderen Mitgliedstaats zurückgelegten Beschäftigungszeiten oder Zeiten einer selbstständigen Erwerbstätigkeit nicht berücksichtigt, es sei denn, sie hätten als Versicherungszeiten gegolten, wenn sie nach den anzuwendenden Rechtsvorschriften zurückgelegt worden wären.

(2) Außer in den Fällen des Artikels 65 Absatz 5 Buchstabe a) gilt Absatz 1 des vorliegenden Artikels nur unter der Voraussetzung, dass die betreffende Person unmittelbar zuvor nach den Rechtsvorschriften, nach denen die Leistungen beantragt werden, folgende Zeiten zurückgelegt hat:
– Versicherungszeiten, sofern diese Rechtsvorschriften Versicherungszeiten verlangen,
– Beschäftigungszeiten, sofern diese Rechtsvorschriften Beschäftigungszeiten verlangen, oder
– Zeiten einer selbstständigen Erwerbstätigkeit, sofern diese Rechtsvorschriften Zeiten einer selbstständigen Erwerbstätigkeit verlangen.

Art. 62 Berechnung der Leistungen

(1) Der zuständige Träger eines Mitgliedstaats, nach dessen Rechtsvorschriften bei der Berechnung der Leistungen die Höhe des früheren Entgelts oder Erwerbseinkommens zugrunde zu legen ist, berücksichtigt ausschließlich das Entgelt oder Erwerbseinkommen, das die betreffende Person während ihrer letzten Beschäftigung oder selbstständigen Erwerbstätigkeit nach diesen Rechtsvorschriften erhalten hat.

(2) Absatz 1 findet auch Anwendung, wenn nach den für den zuständigen Träger geltenden Rechtsvorschriften ein bestimmter Bezugszeitraum für die Ermittlung des als Berechnungsgrundlage für die Leistungen heranzuziehenden Entgelts vorgesehen ist und die betreffende Person während dieses Zeitraums oder eines Teils davon den Rechtsvorschriften eines anderen Mitgliedstaats unterlag.

(3) Abweichend von den Absätzen 1 und 2 berücksichtigt der Träger des Wohnorts im Falle von Arbeitslosen, auf die Artikel 65 Absatz 5 Buchstabe a anzuwenden ist, nach Maßgabe der Durchführungsverordnung das Entgelt oder Erwerbseinkommen, das die betreffende Person in dem Mitgliedstaat erhalten hat, dessen Rechtsvorschriften für sie während ihrer letzten Beschäftigung oder selbstständigen Erwerbstätigkeit galten.

Art. 63 Besondere Bestimmungen für die Aufhebung der Wohnortklauseln

Für die Zwecke dieses Kapitels gilt Artikel 7 nur in den in den Artikeln 64 und 65 vorgesehenen Fällen und Grenzen.

Art. 64 Arbeitslose, die sich in einen anderen Mitgliedstaat begeben

(1) Eine vollarbeitslose Person, die die Voraussetzungen für einen Leistungsanspruch nach den Rechtsvorschriften des zuständigen Mitgliedstaats erfüllt und sich zur Arbeitsuche in einen anderen Mitgliedstaat begibt, behält den Anspruch auf Geldleistungen bei Arbeitslosigkeit unter folgenden Bedingungen und innerhalb der folgenden Grenzen:
a) vor der Abreise muss der Arbeitslose während mindestens vier Wochen nach Beginn der Arbeitslosigkeit bei der Arbeitsverwaltung des zuständigen Mitgliedstaats als Ar-

beitsuchender gemeldet gewesen sein und zur Verfügung gestanden haben. Die zuständige Arbeitsverwaltung oder der zuständige Träger kann jedoch die Abreise vor Ablauf dieser Frist genehmigen;
b) der Arbeitslose muss sich bei der Arbeitsverwaltung des Mitgliedstaats, in den er sich begibt, als Arbeitsuchender melden, sich dem dortigen Kontrollverfahren unterwerfen und die Voraussetzungen der Rechtsvorschriften dieses Mitgliedstaats erfüllen. Diese Bedingung gilt für den Zeitraum vor der Meldung als erfüllt, wenn sich die betreffende Person innerhalb von sieben Tagen ab dem Zeitpunkt meldet, ab dem sie der Arbeitsverwaltung des Mitgliedstaats, den sie verlassen hat, nicht mehr zur Verfügung gestanden hat. In Ausnahmefällen kann diese Frist von der zuständigen Arbeitsverwaltung oder dem zuständigen Träger verlängert werden;
c) der Leistungsanspruch wird während drei Monaten von dem Zeitpunkt an aufrechterhalten, ab dem der Arbeitslose der Arbeitsverwaltung des Mitgliedstaats, den er verlassen hat, nicht mehr zur Verfügung gestanden hat, vorausgesetzt die Gesamtdauer der Leistungsgewährung überschreitet nicht den Gesamtzeitraum, für den nach den Rechtsvorschriften dieses Mitgliedstaats ein Leistungsanspruch besteht; der Zeitraum von drei Monaten kann von der zuständigen Arbeitsverwaltung oder dem zuständigen Träger auf höchstens sechs Monate verlängert werden;
d) die Leistungen werden vom zuständigen Träger nach den für ihn geltenden Rechtsvorschriften und für seine Rechnung gewährt.

(2) ¹Kehrt die betreffende Person bei Ablauf oder vor Ablauf des Zeitraums, für den sie nach Absatz 1 Buchstabe c) einen Leistungsanspruch hat, in den zuständigen Mitgliedstaat zurück, so hat sie weiterhin einen Leistungsanspruch nach den Rechtsvorschriften dieses Mitgliedstaats. ²Sie verliert jedoch jeden Leistungsanspruch nach den Rechtsvorschriften des zuständigen Mitgliedstaats, wenn sie nicht bei Ablauf oder vor Ablauf dieses Zeitraums dorthin zurückkehrt, es sei denn, diese Rechtsvorschriften sehen eine günstigere Regelung vor. ³In Ausnahmefällen kann die zuständige Arbeitsverwaltung oder der zuständige Träger der betreffenden Person gestatten, zu einem späteren Zeitpunkt zurückzukehren, ohne dass sie ihren Anspruch verliert.

(3) Der Höchstzeitraum, für den zwischen zwei Beschäftigungszeiten ein Leistungsanspruch nach Absatz 1 aufrechterhalten werden kann, beträgt drei Monate, es sei denn, die Rechtsvorschriften des zuständigen Mitgliedstaats sehen eine günstigere Regelung vor; dieser Zeitraum kann von der zuständigen Arbeitsverwaltung oder dem zuständigen Träger auf höchstens sechs Monate verlängert werden.

(4) Die Einzelheiten des Informationsaustauschs, der Zusammenarbeit und der gegenseitigen Amtshilfe zwischen den Trägern und Arbeitsverwaltungen des zuständigen Mitgliedstaats und des Mitgliedstaats, in den sich die betreffende Person zur Arbeitssuche begibt, werden in der Durchführungsverordnung geregelt.

Art. 65 Arbeitslose, die in einem anderen als dem zuständigen Mitgliedstaat gewohnt haben

(1) ¹Eine Person, die während ihrer letzten Beschäftigung oder selbstständigen Erwerbstätigkeit in einem anderen als dem zuständigen Mitgliedstaat gewohnt hat, muss sich bei Kurzarbeit oder sonstigem vorübergehendem Arbeitsausfall ihrem Arbeitgeber oder der Arbeitsverwaltung des zuständigen Mitgliedstaats zur Verfügung stellen. ²Sie erhält Leistungen nach den Rechtsvorschriften des zuständigen Mitgliedstaats, als ob sie in diesem Mitgliedstaat wohnen würde. ³Diese Leistungen werden von dem Träger des zuständigen Mitgliedstaats gewährt.

(2) ¹Eine vollarbeitslose Person, die während ihrer letzten Beschäftigung oder selbstständigen Erwerbstätigkeit in einem anderen als dem zuständigen Mitgliedstaat gewohnt hat und weiterhin in diesem Mitgliedstaat wohnt oder in ihn zurückkehrt, muss sich der Arbeitsverwaltung des Wohnmitgliedstaats zur Verfügung stellen. ²Unbeschadet des Artikels 64 kann sich eine vollarbeitslose Person zusätzlich der Arbeitsverwaltung des Mitgliedstaats zur Verfügung stellen, in dem sie zuletzt eine Beschäftigung oder eine selbstständige Erwerbstätigkeit ausgeübt hat.
Ein Arbeitsloser, der kein Grenzgänger ist und nicht in seinen Wohnmitgliedstaat zurückkehrt, muss sich der Arbeitsverwaltung des Mitgliedstaats zur Verfügung stellen, dessen Rechtsvorschriften zuletzt für ihn gegolten haben.

(3) ¹Der in Absatz 2 Satz 1 genannte Arbeitslose muss sich bei der zuständigen Arbeitsverwaltung des Wohnmitgliedstaats als Arbeitsuchender melden, sich dem dortigen Kontrollverfahren unterwerfen und die Voraussetzungen der Rechtsvorschriften dieses Mit-

gliedstaats erfüllen. ²Entscheidet er sich dafür, sich auch in dem Mitgliedstaat, in dem er zuletzt eine Beschäftigung oder eine selbstständige Erwerbstätigkeit ausgeübt hat, als Arbeitsuchender zu melden, so muss er den in diesem Mitgliedstaat geltenden Verpflichtungen nachkommen.

(4) Die Durchführung des Absatzes 2 Satz 2 und des Absatzes 3 Satz 2 sowie die Einzelheiten des Informationsaustauschs, der Zusammenarbeit und der gegenseitigen Amtshilfe zwischen den Trägern und Arbeitsverwaltungen des Wohnmitgliedstaats und des Mitgliedstaats, in dem er zuletzt eine Erwerbstätigkeit ausgeübt hat, werden in der Durchführungsverordnung geregelt.

(5)

a) Der in Absatz 2 Sätze 1 und 2 genannte Arbeitslose erhält Leistungen nach den Rechtsvorschriften des Wohnmitgliedstaats, als ob diese Rechtsvorschriften für ihn während seiner letzten Beschäftigung oder selbstständigen Erwerbstätigkeit gegolten hätten. Diese Leistungen werden von dem Träger des Wohnorts gewährt.

b) Jedoch erhält ein Arbeitnehmer, der kein Grenzgänger war und dem zulasten des zuständigen Trägers des Mitgliedstaats, dessen Rechtsvorschriften zuletzt für ihn gegolten haben, Leistungen gewährt wurden, bei seiner Rückkehr in den Wohnmitgliedstaat zunächst Leistungen nach Artikel 64; der Bezug von Leistungen nach Buchstabe a) ist während des Bezugs von Leistungen nach den Rechtsvorschriften, die zuletzt für ihn gegolten haben, ausgesetzt.

(6) ¹Die Leistungen des Trägers des Wohnorts nach Absatz 5 werden zu seinen Lasten erbracht. ²Vorbehaltlich des Absatzes 7 erstattet der zuständige Träger des Mitgliedstaats, dessen Rechtsvorschriften zuletzt für ihn gegolten haben, dem Träger des Wohnorts den Gesamtbetrag der Leistungen, die dieser Träger während der ersten drei Monate erbracht hat. ³Der zu erstattende Betrag für diesen Zeitraum darf nicht höher sein als der Betrag, der nach den Rechtsvorschriften des zuständigen Mitgliedstaats bei Arbeitslosigkeit zu zahlen gewesen wäre. ⁴In den Fällen des Absatzes 5 Buchstabe b) wird der Zeitraum, während dessen Leistungen nach Artikel 64 erbracht werden, von dem in Satz 2 des vorliegenden Absatzes genannten Zeitraum abgezogen. ⁵Die Einzelheiten der Erstattung werden in der Durchführungsverordnung geregelt.

(7) Der Zeitraum, für den nach Absatz 6 eine Erstattung erfolgt, wird jedoch auf fünf Monate ausgedehnt, wenn die betreffende Person in den vorausgegangenen 24 Monaten Beschäftigungszeiten oder Zeiten einer selbstständigen Erwerbstätigkeit von mindestens 12 Monaten in dem Mitgliedstaat zurückgelegt hat, dessen Rechtsvorschriften zuletzt für sie gegolten haben, sofern diese Zeiten einen Anspruch auf Leistungen bei Arbeitslosigkeit begründen würden.

(8) Für die Zwecke der Absätze 6 und 7 können zwei oder mehr Mitgliedstaaten oder ihre zuständigen Behörden andere Erstattungsverfahren vereinbaren oder auf jegliche Erstattung zwischen den in ihre Zuständigkeit fallenden Trägern verzichten.

Kapitel 7. Vorruhestandsleistungen

Art. 66 Leistungen

Sind nach den anzuwendenden Rechtsvorschriften Ansprüche auf Vorruhestandsleistungen von der Zurücklegung von Versicherungszeiten, Beschäftigungszeiten oder Zeiten einer selbstständigen Erwerbstätigkeit abhängig, so findet Artikel 6 keine Anwendung.

Kapitel 8. Familienleistungen

Art. 67 Familienangehörige, die in einem anderen Mitgliedstaat wohnen

¹Eine Person hat auch für Familienangehörige, die in einem anderen Mitgliedstaat wohnen, Anspruch auf Familienleistungen nach den Rechtsvorschriften des zuständigen Mitgliedstaats, als ob die Familienangehörigen in diesem Mitgliedstaat wohnen würden. ²Ein Rentner hat jedoch Anspruch auf Familienleistungen nach den Rechtsvorschriften des für die Rentengewährung zuständigen Mitgliedstaats.

Art. 68 Prioritätsregeln bei Zusammentreffen von Ansprüchen

(1) Sind für denselben Zeitraum und für dieselben Familienangehörigen Leistungen nach den Rechtsvorschriften mehrerer Mitgliedstaaten zu gewähren, so gelten folgende Prioritätsregeln:

a) Sind Leistungen von mehreren Mitgliedstaaten aus unterschiedlichen Gründen zu gewähren, so gilt folgende Rangfolge: an erster Stelle stehen die durch eine Beschäftigung oder eine selbstständige Erwerbstätigkeit ausgelösten Ansprüche, darauf folgen die durch den Bezug einer Rente ausgelösten Ansprüche und schließlich die durch den Wohnort ausgelösten Ansprüche.

b) Sind Leistungen von mehreren Mitgliedstaaten aus denselben Gründen zu gewähren, so richtet sich die Rangfolge nach den folgenden subsidiären Kriterien:
   i) bei Ansprüchen, die durch eine Beschäftigung oder eine selbstständige Erwerbstätigkeit ausgelöst werden: der Wohnort der Kinder, unter der Voraussetzung, dass dort eine solche Tätigkeit ausgeübt wird, und subsidiär gegebenenfalls die nach den widerstreitenden Rechtsvorschriften zu gewährende höchste Leistung. Im letztgenannten Fall werden die Kosten für die Leistungen nach in der Durchführungsverordnung festgelegten Kriterien aufgeteilt;
   ii) bei Ansprüchen, die durch den Bezug einer Rente ausgelöst werden: der Wohnort der Kinder, unter der Voraussetzung, dass nach diesen Rechtsvorschriften eine Rente geschuldet wird, und subsidiär gegebenenfalls die längste Dauer der nach den widerstreitenden Rechtsvorschriften zurückgelegten Versicherungs- oder Wohnzeiten;
   iii) bei Ansprüchen, die durch den Wohnort ausgelöst werden: der Wohnort der Kinder.

(2) ¹Bei Zusammentreffen von Ansprüchen werden die Familienleistungen nach den Rechtsvorschriften gewährt, die nach Absatz 1 Vorrang haben. ²Ansprüche auf Familienleistungen nach anderen widerstreitenden Rechtsvorschriften werden bis zur Höhe des nach den vorrangig geltenden Rechtsvorschriften vorgesehenen Betrags ausgesetzt; erforderlichenfalls ist ein Unterschiedsbetrag in Höhe des darüber hinausgehenden Betrags der Leistungen zu gewähren. ³Ein derartiger Unterschiedsbetrag muss jedoch nicht für Kinder gewährt werden, die in einem anderen Mitgliedstaat wohnen, wenn der entsprechende Leistungsanspruch ausschließlich durch den Wohnort ausgelöst wird.

(3) Wird nach Artikel 67 beim zuständigen Träger eines Mitgliedstaats, dessen Rechtsvorschriften gelten, aber nach den Prioritätsregeln der Absätze 1 und 2 des vorliegenden Artikels nachrangig sind, ein Antrag auf Familienleistungen gestellt, so gilt Folgendes:

a) Dieser Träger leitet den Antrag unverzüglich an den zuständigen Träger des Mitgliedstaats weiter, dessen Rechtsvorschriften vorrangig gelten, teilt dies der betroffenen Person mit und zahlt unbeschadet der Bestimmungen der Durchführungsverordnung über die vorläufige Gewährung von Leistungen erforderlichenfalls den in Absatz 2 genannten Unterschiedsbetrag;

b) der zuständige Träger des Mitgliedstaats, dessen Rechtsvorschriften vorrangig gelten, bearbeitet den Antrag, als ob er direkt bei ihm gestellt worden wäre; der Tag der Einreichung des Antrags beim ersten Träger gilt als der Tag der Einreichung bei dem Träger, der vorrangig zuständig ist.

Art. 68a Gewährung von Leistungen

Verwendet die Person, der die Familienleistungen zu gewähren sind, diese nicht für den Unterhalt der Familienangehörigen, zahlt der zuständige Träger auf Antrag des Trägers im Mitgliedstaat des Wohnorts der Familienangehörigen, des von der zuständigen Behörde im Mitgliedstaat ihres Wohnorts hierfür bezeichneten Trägers oder der von dieser Behörde hierfür bestimmten Stelle die Familienleistungen mit befreiender Wirkung über diesen Träger bzw. über diese Stelle an die natürliche oder juristische Person, die tatsächlich für die Familienangehörigen sorgt.

Art. 69 Ergänzende Bestimmungen

(1) ¹Besteht nach den gemäß den Artikeln 67 und 68 bestimmten Rechtsvorschriften kein Anspruch auf zusätzliche oder besondere Familienleistungen für Waisen, so werden diese Leistungen grundsätzlich in Ergänzung zu den anderen Familienleistungen, auf die nach den genannten Rechtsvorschriften ein Anspruch besteht, nach den Rechtsvorschriften des Mitgliedstaats gewährt, die für den Verstorbenen die längste Zeit gegolten haben,

sofern ein Anspruch nach diesen Rechtsvorschriften besteht. ²Besteht kein Anspruch nach diesen Rechtsvorschriften, so werden die Anspruchsvoraussetzungen nach den Rechtsvorschriften der anderen Mitgliedstaaten in der Reihenfolge der abnehmenden Dauer der nach den Rechtsvorschriften dieser Mitgliedstaaten zurückgelegten Versicherungs- oder Wohnzeiten geprüft und die Leistungen entsprechend gewährt.

(2) Leistungen in Form von Renten oder Rentenzuschüssen werden nach Kapitel 5 berechnet und gewährt.

Kapitel 9. Besondere beitragsunabhängige Geldleistungen

Art. 70 Allgemeine Vorschrift

(1) Dieser Artikel gilt für besondere beitragsunabhängige Geldleistungen, die nach Rechtsvorschriften gewährt werden, die aufgrund ihres persönlichen Geltungsbereichs, ihrer Ziele und/oder ihrer Anspruchsvoraussetzungen sowohl Merkmale der in Artikel 3 Absatz 1 genannten Rechtsvorschriften der sozialen Sicherheit als auch Merkmale der Sozialhilfe aufweisen.

(2) Für die Zwecke dieses Kapitels bezeichnet der Ausdruck „besondere beitragsunabhängige Geldleistungen" die Leistungen:

a) die dazu bestimmt sind:
   i) einen zusätzlichen, ersatzweisen oder ergänzenden Schutz gegen die Risiken zu gewähren, die von den in Artikel 3 Absatz 1 genannten Zweigen der sozialen Sicherheit gedeckt sind, und den betreffenden Personen ein Mindesteinkommen zur Bestreitung des Lebensunterhalts garantieren, das in Beziehung zu dem wirtschaftlichen und sozialen Umfeld in dem betreffenden Mitgliedstaat steht,
   oder
   ii) allein dem besonderen Schutz des Behinderten zu dienen, der eng mit dem sozialen Umfeld dieser Person in dem betreffenden Mitgliedstaat verknüpft ist,
   und
b) deren Finanzierung ausschließlich durch obligatorische Steuern zur Deckung der allgemeinen öffentlichen Ausgaben erfolgt und deren Gewährung und Berechnung nicht von Beiträgen hinsichtlich der Leistungsempfänger abhängen. Jedoch sind Leistungen, die zusätzlich zu einer beitragsabhängigen Leistung gewährt werden, nicht allein aus diesem Grund als beitragsabhängige Leistungen zu betrachten,
   und
c) die in Anhang X aufgeführt sind.

(3) Artikel 7 und die anderen Kapitel dieses Titels gelten nicht für die in Absatz 2 des vorliegenden Artikels genannten Leistungen.

(4) ¹Die in Absatz 2 genannten Leistungen werden ausschließlich in dem Mitgliedstaat, in dem die betreffenden Personen wohnen, und nach dessen Rechtsvorschriften gewährt. ²Die Leistungen werden vom Träger des Wohnorts und zu seinen Lasten gewährt.

Titel IV. Verwaltungskommission und beratender Ausschuss

Art. 71 Zusammensetzung und Arbeitsweise der Verwaltungskommission

(1) ¹Der bei der Kommission der Europäischen Gemeinschaften eingesetzten Verwaltungskommission für die Koordinierung der Systeme der sozialen Sicherheit (im Folgenden „Verwaltungskommission" genannt) gehört je ein Regierungsvertreter jedes Mitgliedstaats an, der erforderlichenfalls von Fachberatern unterstützt wird. ²Ein Vertreter der Kommission der Europäischen Gemeinschaften nimmt mit beratender Stimme an den Sitzungen der Verwaltungskommission teil.

(2) Die Satzung der Verwaltungskommission wird von ihren Mitgliedern im gegenseitigen Einvernehmen erstellt.

Entscheidungen zu den in Artikel 72 Buchstabe a) genannten Auslegungsfragen werden gemäß den Beschlussfassungsregeln des Vertrags getroffen und im erforderlichen Umfang bekannt gemacht.

(3) Die Sekretariatsgeschäfte der Verwaltungskommission werden von der Kommission der Europäischen Gemeinschaften wahrgenommen.

Art. 72 Aufgaben der Verwaltungskommission

Die Verwaltungskommission hat folgende Aufgaben:

a) Sie behandelt alle Verwaltungs- und Auslegungsfragen, die sich aus dieser Verordnung oder der Durchführungsverordnung oder in deren Rahmen geschlossenen Abkommen oder getroffenen Vereinbarungen ergeben; jedoch bleibt das Recht der betreffenden Behörden, Träger und Personen, die Verfahren und Gerichte in Anspruch zu nehmen, die nach den Rechtsvorschriften der Mitgliedstaaten, nach dieser Verordnung sowie nach dem Vertrag vorgesehen sind, unberührt.
b) Sie erleichtert die einheitliche Anwendung des Gemeinschaftsrechts, insbesondere, indem sie den Erfahrungsaustausch und die Verbreitung der besten Verwaltungspraxis fördert.
c) Sie fördert und stärkt die Zusammenarbeit zwischen den Mitgliedstaaten und ihren Trägern im Bereich der sozialen Sicherheit, um u. a. spezifische Fragen in Bezug auf bestimmte Personengruppen zu berücksichtigen; sie erleichtert die Durchführung von Maßnahmen der grenzüberschreitenden Zusammenarbeit auf dem Gebiet der Koordinierung der sozialen Sicherheit.
d) Sie fördert den größtmöglichen Einsatz neuer Technologien, um den freien Personenverkehr zu erleichtern, insbesondere durch die Modernisierung der Verfahren für den Informationsaustausch und durch die Anpassung des Informationsflusses zwischen den Trägern zum Zweck des Austauschs mit elektronischen Mitteln unter Berücksichtigung des Entwicklungsstands der Datenverarbeitung in dem jeweiligen Mitgliedstaat; die Verwaltungskommission erlässt die gemeinsamen strukturellen Regeln für die elektronischen Datenverarbeitungsdienste, insbesondere zu Sicherheit und Normenverwendung, und legt die Einzelheiten für den Betrieb des gemeinsamen Teils dieser Dienste fest.
e) Sie nimmt alle anderen Aufgaben wahr, für die sie nach dieser Verordnung, der Durchführungsverordnung und aller in deren Rahmen geschlossenen Abkommen oder getroffenen Vereinbarungen zuständig ist.
f) Sie unterbreitet der Kommission der Europäischen Gemeinschaften geeignete Vorschläge zur Koordinierung der Systeme der sozialen Sicherheit mit dem Ziel, den gemeinschaftlichen Besitzstand durch die Erarbeitung weiterer Verordnungen oder durch andere im Vertrag vorgesehene Instrumente zu verbessern und zu modernisieren.
g) Sie stellt die Unterlagen zusammen, die für die Rechnungslegung der Träger der Mitgliedstaaten über deren Aufwendungen aufgrund dieser Verordnung zu berücksichtigen sind, und stellt auf der Grundlage eines Berichts des in Artikel 74 genannten Rechnungsausschusses die Jahresabrechnung zwischen diesen Trägern auf.

Art. 73 Fachausschuss für Datenverarbeitung

(1) ¹Der Verwaltungskommission ist ein Fachausschuss für Datenverarbeitung (im Folgenden „Fachausschuss" genannt) angeschlossen. ²Der Fachausschuss unterbreitet der Verwaltungskommission Vorschläge für die gemeinsamen Architekturregeln zur Verwaltung der elektronischen Datenverarbeitungsdienste, insbesondere zu Sicherheit und Normenverwendung; er erstellt Berichte und gibt eine mit Gründen versehene Stellungnahme ab, bevor die Verwaltungskommission eine Entscheidung nach Artikel 72 Buchstabe d) trifft. ³Die Zusammensetzung und die Arbeitsweise des Fachausschusses werden von der Verwaltungskommission bestimmt.

(2) Zu diesem Zweck hat der Fachausschuss folgende Aufgaben:

a) Er trägt die einschlägigen fachlichen Unterlagen zusammen und übernimmt die zur Erledigung seiner Aufgaben erforderlichen Untersuchungen und Arbeiten.
b) Er legt der Verwaltungskommission die in Absatz 1 genannten Berichte und mit Gründen versehenen Stellungnahmen vor.
c) Er erledigt alle sonstigen Aufgaben und Untersuchungen zu Fragen, die die Verwaltungskommission an ihn verweist.
d) Er stellt den Betrieb der gemeinschaftlichen Pilotprojekte unter Einsatz elektronischer Datenverarbeitungsdienste und, für den gemeinschaftlichen Teil, der operativen Systeme unter Einsatz elektronischer Datenverarbeitungsdienste sicher.

Art. 74 Rechnungsausschuss

(1) ¹Der Verwaltungskommission ist ein Rechnungsausschuss angeschlossen. ²Seine Zusammensetzung und seine Arbeitsweise werden von der Verwaltungskommission bestimmt.

Der Rechnungsausschuss hat folgende Aufgaben:
a) Er prüft die Methode zur Feststellung und Berechnung der von den Mitgliedstaaten vorgelegten durchschnittlichen jährlichen Kosten.
b) Er trägt die erforderlichen Daten zusammen und führt die Berechnungen aus, die erforderlich sind, um den jährlichen Forderungsstand jedes einzelnen Mitgliedstaats festzustellen.
c) Er erstattet der Verwaltungskommission regelmäßig Bericht über die Ergebnisse der Anwendung dieser Verordnung und der Durchführungsverordnung, insbesondere in finanzieller Hinsicht.
d) Er stellt die für die Beschlussfassung der Verwaltungskommission gemäß Artikel 72 Buchstabe g) erforderlichen Daten und Berichte zur Verfügung.
e) Er unterbreitet der Verwaltungskommission alle geeigneten Vorschläge im Zusammenhang mit den Buchstaben a), b) und c), einschließlich derjenigen, die diese Verordnung betreffen.
f) Er erledigt alle Arbeiten, Untersuchungen und Aufträge zu Fragen, die die Verwaltungskommission an ihn verweist.

Art. 75 Beratender Ausschuss für die Koordinierung der Systeme der sozialen Sicherheit

(1) Es wird ein Beratender Ausschuss für die Koordinierung der Systeme der sozialen Sicherheit (im Folgenden „Beratender Ausschuss" genannt) eingesetzt, der sich für jeden Mitgliedstaat wie folgt zusammensetzt:
a) ein Vertreter der Regierung,
b) ein Vertreter der Arbeitnehmerverbände,
c) ein Vertreter der Arbeitgeberverbände.

Für jede der oben aufgeführten Kategorien wird für jeden Mitgliedstaat ein stellvertretendes Mitglied ernannt.

¹Die Mitglieder und stellvertretenden Mitglieder des Beratenden Ausschusses werden vom Rat ernannt. ²Den Vorsitz im Beratenden Ausschuss führt ein Vertreter der Kommission der Europäischen Gemeinschaften. ³Der Beratende Ausschuss gibt sich eine Geschäftsordnung.

(2) Der Beratende Ausschuss ist befugt, auf Antrag der Kommission der Europäischen Gemeinschaften, der Verwaltungskommission oder auf eigene Initiative:
a) über allgemeine oder grundsätzliche Fragen und über die Probleme zu beraten, die die Anwendung der gemeinschaftlichen Bestimmungen über die Koordinierung der Systeme der sozialen Sicherheit, insbesondere in Bezug auf bestimmte Personengruppen, aufwirft;
b) Stellungnahmen zu diesen Bereichen für die Verwaltungskommission sowie Vorschläge für eine etwaige Überarbeitung der genannten Bestimmungen zu formulieren.

Titel V. Verschiedene Bestimmungen

Art. 76 Zusammenarbeit

(1) Die zuständigen Behörden der Mitgliedstaaten unterrichten einander über:
a) alle zur Anwendung dieser Verordnung getroffenen Maßnahmen;
b) alle Änderungen ihrer Rechtsvorschriften, die die Anwendung dieser Verordnung berühren können.

(2) ¹Für die Zwecke dieser Verordnung unterstützen sich die Behörden und Träger der Mitgliedstaaten, als handelte es sich um die Anwendung ihrer eigenen Rechtsvorschriften. ²Die gegenseitige Amtshilfe dieser Behörden und Träger ist grundsätzlich kostenfrei. ³Die Verwaltungskommission legt jedoch die Art der erstattungsfähigen Ausgaben und die Schwellen für die Erstattung dieser Ausgaben fest.

(3) Die Behörden und Träger der Mitgliedstaaten können für die Zwecke dieser Verordnung miteinander sowie mit den betroffenen Personen oder deren Vertretern unmittelbar in Verbindung treten.

(4) Die Träger und Personen, die in den Geltungsbereich dieser Verordnung fallen, sind zur gegenseitigen Information und Zusammenarbeit verpflichtet, um die ordnungsgemäße Anwendung dieser Verordnung zu gewährleisten.

Die Träger beantworten gemäß dem Grundsatz der guten Verwaltungspraxis alle Anfragen binnen einer angemessenen Frist und übermitteln den betroffenen Personen in diesem Zusammenhang alle erforderlichen Angaben, damit diese die ihnen durch diese Verordnung eingeräumten Rechte ausüben können.

Die betroffenen Personen müssen die Träger des zuständigen Mitgliedstaats und des Wohnmitgliedstaats so bald wie möglich über jede Änderung ihrer persönlichen oder familiären Situation unterrichten, die sich auf ihre Leistungsansprüche nach dieser Verordnung auswirkt.

(5) [1]Die Verletzung der Informationspflicht gemäß Absatz 4 Unterabsatz 3 kann angemessene Maßnahmen nach dem nationalen Recht nach sich ziehen. [2]Diese Maßnahmen müssen jedoch denjenigen entsprechen, die für vergleichbare Tatbestände der nationalen Rechtsordnung gelten, und dürfen die Ausübung der den Antragstellern durch diese Verordnung eingeräumten Rechte nicht praktisch unmöglich machen oder übermäßig erschweren.

(6) [1]Werden durch Schwierigkeiten bei der Auslegung oder Anwendung dieser Verordnung die Rechte einer Person im Geltungsbereich der Verordnung in Frage gestellt, so setzt sich der Träger des zuständigen Mitgliedstaats oder des Wohnmitgliedstaats der betreffenden Person mit dem Träger des anderen betreffenden Mitgliedstaats oder den Trägern der anderen betroffenen Mitgliedstaaten in Verbindung. [2]Wird binnen einer angemessenen Frist keine Lösung gefunden, so können die betreffenden Behörden die Verwaltungskommission befassen.

(7) Die Behörden, Träger und Gerichte eines Mitgliedstaats dürfen die bei ihnen eingereichten Anträge oder sonstigen Schriftstücke nicht deshalb zurückweisen, weil sie in einer Amtssprache eines anderen Mitgliedstaats abgefasst sind, die gemäß Artikel 290 des Vertrags als Amtssprache der Organe der Gemeinschaft anerkannt ist.

Art. 77 Schutz personenbezogener Daten

(1) [1]Werden personenbezogene Daten aufgrund dieser Verordnung oder der Durchführungsverordnung von den Behörden oder Trägern eines Mitgliedstaats den Behörden oder Trägern eines anderen Mitgliedstaats übermittelt, so gilt für diese Datenübermittlung das Datenschutzrecht des übermittelnden Mitgliedstaats. [2]Für jede Weitergabe durch die Behörde oder den Träger des Empfängermitgliedstaats sowie für die Speicherung, Veränderung oder Löschung der Daten durch diesen Mitgliedstaat gilt das Datenschutzrecht des Empfängermitgliedstaats.

(2) Die für die Anwendung dieser Verordnung und der Durchführungsverordnung erforderlichen Daten werden durch einen Mitgliedstaat an einen anderen Mitgliedstaat unter Beachtung der Gemeinschaftsbestimmungen über den Schutz natürlicher Personen bei der Verarbeitung personenbezogener Daten und den freien Datenverkehr übermittelt.

Art. 78 Elektronische Datenverarbeitung

(1) [1]Die Mitgliedstaaten verwenden schrittweise die neuen Technologien für den Austausch, den Zugang und die Verarbeitung der für die Anwendung dieser Verordnung und der Durchführungsverordnung erforderlichen Daten. [2]Die Kommission der Europäischen Gemeinschaften gewährt bei Aufgaben von gemeinsamem Interesse Unterstützung, sobald die Mitgliedstaaten diese elektronischen Datenverarbeitungsdienste eingerichtet haben.

(2) Jeder Mitgliedstaat betreibt seinen Teil der elektronischen Datenverarbeitungsdienste in eigener Verantwortung unter Beachtung der Gemeinschaftsbestimmungen über den Schutz natürlicher Personen bei der Verarbeitung personenbezogener Daten und den freien Datenverkehr.

(3) [1]Ein von einem Träger nach dieser Verordnung und der Durchführungsverordnung versandtes oder herausgegebenes elektronisches Dokument darf von einer Behörde oder einem Träger eines anderen Mitgliedstaats nicht deshalb abgelehnt werden, weil es elektronisch empfangen wurde, wenn der Empfängerträger zuvor erklärt hat, dass er in der Lage ist, elektronische Dokumente zu empfangen. [2]Bei der Wiedergabe und der Aufzeichnung solcher Dokumente wird davon ausgegangen, dass sie eine korrekte und genaue Wiedergabe des Originaldokuments oder eine Darstellung der Information ist, auf die sich dieses Dokument bezieht, sofern kein gegenteiliger Beweis vorliegt.

(4) [1]Ein elektronisches Dokument wird als gültig angesehen, wenn das EDV-System, in dem dieses Dokument aufgezeichnet wurde, die erforderlichen Sicherheitselemente aufweist, um jede Veränderung, Übermittlung oder jeden unberechtigten Zugang zu dieser

Aufzeichnung zu verhindern. ²Die aufgezeichnete Information muss jederzeit in einer sofort lesbaren Form reproduziert werden können. ³Wird ein elektronisches Dokument von einem Träger der sozialen Sicherheit an einen anderen Träger übermittelt, so werden geeignete Sicherheitsmaßnahmen gemäß den Gemeinschaftsbestimmungen über den Schutz natürlicher Personen bei der Verarbeitung personenbezogener Daten und den freien Datenverkehr getroffen.

Art. 79 Finanzierung von Maßnahmen im Bereich der sozialen Sicherheit

Im Zusammenhang mit dieser Verordnung und der Durchführungsverordnung kann die Kommission der Europäischen Gemeinschaften folgende Tätigkeiten ganz oder teilweise finanzieren:
a) Tätigkeiten, die der Verbesserung des Informationsaustauschs – insbesondere des elektronischen Datenaustauschs – zwischen Behörden und Trägern der sozialen Sicherheit der Mitgliedstaaten dienen,
b) jede andere Tätigkeit, die dazu dient, den Personen, die in den Geltungsbereich dieser Verordnung fallen, und ihren Vertretern auf dem dazu am besten geeigneten Wege Informationen über die sich aus dieser Verordnung ergebenden Rechte und Pflichten zu vermitteln.

Art. 80 Befreiungen

(1) Jede in den Rechtsvorschriften eines Mitgliedstaats vorgesehene Befreiung oder Ermäßigung von Steuern, Stempel-, Gerichts- oder Eintragungsgebühren für Schriftstücke oder Urkunden, die gemäß den Rechtsvorschriften dieses Mitgliedstaats vorzulegen sind, findet auch auf die entsprechenden Schriftstücke und Urkunden Anwendung, die gemäß den Rechtsvorschriften eines anderen Mitgliedstaats oder gemäß dieser Verordnung einzureichen sind.

(2) Urkunden, Dokumente und Schriftstücke jeglicher Art, die in Anwendung dieser Verordnung vorzulegen sind, brauchen nicht durch diplomatische oder konsularische Stellen legalisiert zu werden.

Art. 81 Anträge, Erklärungen oder Rechtsbehelfe

¹Anträge, Erklärungen oder Rechtsbehelfe, die gemäß den Rechtsvorschriften eines Mitgliedstaats innerhalb einer bestimmten Frist bei einer Behörde, einem Träger oder einem Gericht dieses Mitgliedstaats einzureichen sind, können innerhalb der gleichen Frist bei einer entsprechenden Behörde, einem entsprechenden Träger oder einem entsprechenden Gericht eines anderen Mitgliedstaats eingereicht werden. ²In diesem Fall übermitteln die in Anspruch genommenen Behörden, Träger oder Gerichte diese Anträge, Erklärungen oder Rechtsbehelfe entweder unmittelbar oder durch Einschaltung der zuständigen Behörden der beteiligten Mitgliedstaaten unverzüglich der zuständigen Behörde, dem zuständigen Träger oder dem zuständigen Gericht des ersten Mitgliedstaats. ³Der Tag, an dem diese Anträge, Erklärungen oder Rechtsbehelfe bei einer Behörde, einem Träger oder einem Gericht des zweiten Mitgliedstaats eingegangen sind, gilt als Tag des Eingangs bei der zuständigen Behörde, dem zuständigen Träger oder dem zuständigen Gericht.

Art. 82 Ärztliche Gutachten

Die in den Rechtsvorschriften eines Mitgliedstaats vorgesehenen ärztlichen Gutachten können auf Antrag des zuständigen Trägers in einem anderen Mitgliedstaat vom Träger des Wohn- oder Aufenthaltsorts des Antragstellers oder des Leistungsberechtigten unter den in der Durchführungsverordnung festgelegten Bedingungen oder den von den zuständigen Behörden der beteiligten Mitgliedstaaten vereinbarten Bedingungen angefertigt werden.

Art. 83 Anwendung von Rechtsvorschriften

Die besonderen Bestimmungen zur Anwendung der Rechtsvorschriften bestimmter Mitgliedstaaten sind in Anhang XI aufgeführt.

Art. 84 Einziehung von Beiträgen und Rückforderung von Leistungen

(1) Beiträge, die einem Träger eines Mitgliedstaats geschuldet werden, und nichtgeschuldete Leistungen, die von dem Träger eines Mitgliedstaats gewährt wurden, können in einem anderen Mitgliedstaat nach den Verfahren und mit den Sicherungen und Vorrechten eingezogen bzw. zurückgefordert werden, die für die Einziehung der dem entsprechenden Träger des letzteren Mitgliedstaats geschuldeten Beiträge bzw. für die Rückforderung der vom entsprechenden Träger des letzteren Mitgliedstaats nichtgeschuldeten Leistungen gelten.

(2) ¹Vollstreckbare Entscheidungen der Gerichte und Behörden über die Einziehung von Beiträgen, Zinsen und allen sonstigen Kosten oder die Rückforderung nichtgeschuldeter Leistungen gemäß den Rechtsvorschriften eines Mitgliedstaats werden auf Antrag des zuständigen Trägers in einem anderen Mitgliedstaat innerhalb der Grenzen und nach Maßgabe der in diesem Mitgliedstaat für ähnliche Entscheidungen geltenden Rechtsvorschriften und anderer Verfahren anerkannt und vollstreckt. ²Solche Entscheidungen sind in diesem Mitgliedstaat für vollstreckbar zu erklären, sofern die Rechtsvorschriften und alle anderen Verfahren dieses Mitgliedstaats dies erfordern.

(3) Bei Zwangsvollstreckung, Konkurs oder Vergleich genießen die Forderungen des Trägers eines Mitgliedstaats in einem anderen Mitgliedstaat die gleichen Vorrechte, die die Rechtsvorschriften des letzteren Mitgliedstaats Forderungen gleicher Art einräumen.

(4) Das Verfahren zur Durchführung dieses Artikels, einschließlich der Kostenerstattung, wird durch die Durchführungsverordnung und, soweit erforderlich, durch ergänzende Vereinbarungen zwischen den Mitgliedstaaten geregelt.

Art. 85 Ansprüche der Träger

(1) Werden einer Person nach den Rechtsvorschriften eines Mitgliedstaats Leistungen für einen Schaden gewährt, der sich aus einem in einem anderen Mitgliedstaat eingetretenen Ereignis ergibt, so gilt für etwaige Ansprüche des zur Leistung verpflichteten Trägers gegenüber einem zum Schadenersatz verpflichteten Dritten folgende Regelung:
a) Sind die Ansprüche, die der Leistungsempfänger gegenüber dem Dritten hat, nach den für den zur Leistung verpflichteten Träger geltenden Rechtsvorschriften auf diesen Träger übergegangen, so erkennt jeder Mitgliedstaat diesen Übergang an.
b) Hat der zur Leistung verpflichtete Träger einen unmittelbaren Anspruch gegen den Dritten, so erkennt jeder Mitgliedstaat diesen Anspruch an.

(2) Werden einer Person nach den Rechtsvorschriften eines Mitgliedstaats Leistungen für einen Schaden gewährt, der sich aus einem in einem anderen Mitgliedstaat eingetretenen Ereignis ergibt, so gelten für die betreffende Person oder den zuständigen Träger die Bestimmungen dieser Rechtsvorschriften, in denen festgelegt ist, in welchen Fällen die Arbeitgeber oder ihre Arbeitnehmer von der Haftung befreit sind.
Absatz 1 gilt auch für etwaige Ansprüche des zur Leistung verpflichteten Trägers gegenüber Arbeitgebern oder ihren Arbeitnehmern, wenn deren Haftung nicht ausgeschlossen ist.

(3) Haben zwei oder mehr Mitgliedstaaten oder ihre zuständigen Behörden gemäß Artikel 35 Absatz 3 und/oder Artikel 41 Absatz 2 eine Vereinbarung über den Verzicht auf Erstattung zwischen Trägern, die in ihre Zuständigkeit fallen, geschlossen oder erfolgt die Erstattung unabhängig von dem Betrag der tatsächlich gewährten Leistungen, so gilt für etwaige Ansprüche gegenüber einem für den Schaden haftenden Dritten folgende Regelung:
a) Gewährt der Träger des Wohn- oder Aufenthaltsmitgliedstaats einer Person Leistungen für einen in seinem Hoheitsgebiet erlittenen Schaden, so übt dieser Träger nach den für ihn geltenden Rechtsvorschriften das Recht auf Forderungsübergang oder direktes Vorgehen gegen den schadenersatzpflichtigen Dritten aus.
b) Für die Anwendung von Buchstabe a) gilt
  i) der Leistungsempfänger als beim Träger des Wohn- oder Aufenthaltsorts versichert
  und
  ii) dieser Träger als zur Leistung verpflichteter Träger.
c) Die Absätze 1 und 2 bleiben für alle Leistungen anwendbar, die nicht unter die Verzichtsvereinbarung fallen oder für die keine Erstattung gilt, die unabhängig von dem Betrag der tatsächlich gewährten Leistungen erfolgt.

Art. 86 Bilaterale Vereinbarungen

Bezüglich der Beziehungen zwischen Luxemburg einerseits und Frankreich, Deutschland und Belgien andererseits werden über die Anwendung und die Dauer des in Artikel 65 Absatz 7 genannten Zeitraums bilaterale Vereinbarungen geschlossen.

Titel VI. Übergangs- und Schlussbestimmungen

Art. 87 Übergangsbestimmungen

(1) Diese Verordnung begründet keinen Anspruch für den Zeitraum vor dem Beginn ihrer Anwendung.

(2) Für die Feststellung des Leistungsanspruchs nach dieser Verordnung werden alle Versicherungszeiten sowie gegebenenfalls auch alle Beschäftigungszeiten, Zeiten einer selbstständigen Erwerbstätigkeit oder Wohnzeiten berücksichtigt, die nach den Rechtsvorschriften eines Mitgliedstaats vor dem Beginn der Anwendung dieser Verordnung in dem betreffenden Mitgliedstaat zurückgelegt worden sind.

(3) Vorbehaltlich des Absatzes 1 begründet diese Verordnung einen Leistungsanspruch auch für Ereignisse vor dem Beginn der Anwendung dieser Verordnung in dem betreffenden Mitgliedstaat.

(4) Leistungen jeder Art, die wegen der Staatsangehörigkeit oder des Wohnorts der betreffenden Person nicht festgestellt worden sind oder geruht haben, werden auf Antrag dieser Person ab dem Beginn der Anwendung dieser Verordnung in dem betreffenden Mitgliedstaat gewährt oder wieder gewährt, vorausgesetzt, dass Ansprüche, aufgrund deren früher Leistungen gewährt wurden, nicht durch Kapitalabfindung abgegolten wurden.

(5) Die Ansprüche einer Person, der vor dem Beginn der Anwendung dieser Verordnung in einem Mitgliedstaat eine Rente gewährt wurde, können auf Antrag der betreffenden Person unter Berücksichtigung dieser Verordnung neu festgestellt werden.

(6) Wird ein Antrag nach Absatz 4 oder 5 innerhalb von zwei Jahren nach dem Beginn der Anwendung dieser Verordnung in einem Mitgliedstaat gestellt, so werden die Ansprüche aufgrund dieser Verordnung mit Wirkung von diesem Zeitpunkt an erworben, ohne dass der betreffenden Person Ausschlussfristen oder Verjährungsfristen eines Mitgliedstaats entgegengehalten werden können.

(7) Wird ein Antrag nach Absatz 4 oder 5 erst nach Ablauf von zwei Jahren nach dem Beginn der Anwendung dieser Verordnung in dem betreffenden Mitgliedstaat gestellt, so werden nicht ausgeschlossene oder verjährte Ansprüche – vorbehaltlich etwaiger günstigerer Rechtsvorschriften eines Mitgliedstaats – vom Tag der Antragstellung an erworben.

(8) [1]Gelten für eine Person infolge dieser Verordnung die Rechtsvorschriften eines anderen Mitgliedstaats als desjenigen, der durch Titel II der Verordnung (EWG) Nr. 1408/71 bestimmt wird, bleiben diese Rechtsvorschriften so lange, wie sich der bis dahin vorherrschende Sachverhalt nicht ändert, und auf jeden Fall für einen Zeitraum von höchstens zehn Jahren ab dem Geltungsbeginn dieser Verordnung anwendbar, es sei denn, die betreffende Person beantragt, den nach dieser Verordnung anzuwendenden Rechtsvorschriften unterstellt zu werden. [2]Der Antrag ist innerhalb von drei Monaten nach dem Geltungsbeginn dieser Verordnung bei dem zuständigen Träger des Mitgliedstaats, dessen Rechtsvorschriften nach dieser Verordnung anzuwenden sind, zu stellen, wenn die betreffende Person den Rechtsvorschriften dieses Mitgliedstaats ab dem Beginn der Anwendung dieser Verordnung unterliegen soll. [3]Wird der Antrag nach Ablauf dieser Frist gestellt, gelten diese Rechtsvorschriften für die betreffende Person ab dem ersten Tag des darauf folgenden Monats.

(9) Artikel 55 dieser Verordnung findet ausschließlich auf Renten Anwendung, für die Artikel 46 c der Verordnung (EWG) Nr. 1408/71 bei Beginn der Anwendung dieser Verordnung nicht gilt.

(10) Die Bestimmungen des Artikels 65 Absatz 2 Satz 2 und Absatz 3 Satz 2 gelten in Luxemburg spätestens zwei Jahre nach dem Beginn der Anwendung dieser Verordnung.

(10 a) Die auf Estland, Spanien, Italien, Litauen, Ungarn und die Niederlande bezogenen Einträge in Anhang III treten vier Jahre nach dem Geltungsbeginn dieser Verordnung außer Kraft.

(10 b) [1]Die Liste in Anhang III wird spätestens bis zum 31. Oktober 2014 auf der Grundlage eines Berichts der Verwaltungskommission überprüft. [2]Dieser Bericht enthält eine Fol-

genabschätzung sowohl unter absoluten als auch relativen Gesichtspunkten in Bezug auf die Relevanz, die Häufigkeit, den Umfang und die Kosten der Anwendung der Vorschriften des Anhang III. ³Der Bericht enthält auch mögliche Auswirkungen einer Aufhebung jener Vorschriften für diejenigen Mitgliedstaaten, die nach dem in Absatz 10 a genannten Zeitpunkt weiterhin in jenem Anhang aufgeführt sind. ⁴Auf der Grundlage dieses Berichts entscheidet die Kommission über die Vorlage eines Vorschlags zur Überarbeitung dieser Liste, grundsätzlich mit dem Ziel, die Liste aufzuheben, es sei denn der Bericht der Verwaltungskommission enthält zwingende Gründe, die dagegen sprechen.

(11) Die Mitgliedstaaten stellen sicher, dass ausreichende Informationen über die mit dieser Verordnung und der Durchführungsverordnung eingeführten Änderungen der Rechte und Pflichten zur Verfügung gestellt werden.

Art. 88 Aktualisierung der Anhänge

Die Anhänge dieser Verordnung werden regelmäßig überarbeitet.

Art. 89 Durchführungsverordnung

Die Durchführung dieser Verordnung wird in einer weiteren Verordnung geregelt.

Art. 90 Aufhebung

(1) Die Verordnung (EWG) Nr. 1408/71 wird mit dem Beginn der Anwendung dieser Verordnung aufgehoben.

Die Verordnung (EWG) Nr. 1408/71 bleibt jedoch in Kraft und behält ihre Rechtswirkung für die Zwecke

a) der Verordnung (EG) Nr. 859/2003 des Rates vom 14. Mai 2003 zur Ausdehnung der Bestimmungen der Verordnung (EWG) Nr. 1408/71 und der Verordnung (EWG) Nr. 574/72 auf Drittstaatsangehörige, die ausschließlich aufgrund ihrer Staatsangehörigkeit nicht bereits unter diese Bestimmungen fallen, solange jene Verordnung nicht aufgehoben oder geändert ist;
b) der Verordnung (EWG) Nr. 1661/85 des Rates vom 13. Juni 1985 zur Festlegung der technischen Anpassungen der Gemeinschaftsregelung auf dem Gebiet der sozialen Sicherheit der Wanderarbeitnehmer in Bezug auf Grönland, solange jene Verordnung nicht aufgehoben oder geändert ist;
c) des Abkommens über den Europäischen Wirtschaftsraum und des Abkommens zwischen der Europäischen Gemeinschaft und ihren Mitgliedstaaten einerseits und der Schweizerischen Eidgenossenschaft andererseits über die Freizügigkeit sowie anderer Abkommen, die auf die Verordnung (EWG) Nr. 1408/71 Bezug nehmen, solange diese Abkommen nicht infolge der vorliegenden Verordnung geändert worden sind.

(2) Bezugnahmen auf die Verordnung (EWG) Nr. 1408/71 in der Richtlinie 98/49/EG des Rates vom 29. Juni 1998 zur Wahrung ergänzender Rentenansprüche von Arbeitnehmern und Selbstständigen, die innerhalb der Europäischen Gemeinschaft zu- und abwandern, gelten als Bezugnahmen auf die vorliegende Verordnung.

Art. 91 Inkrafttreten

Diese Verordnung tritt am zwanzigsten Tag nach ihrer Veröffentlichung im Amtsblatt der Europäischen Union in Kraft.
Sie gilt ab dem Tag des Inkrafttretens der Durchführungsverordnung.
Diese Verordnung ist in allen ihren Teilen verbindlich und gilt unmittelbar in jedem Mitgliedstaat.

Übersicht

	Rn.
A. Begriff und Rechtsgrundlagen	1
B. Persönlicher Geltungsbereich	6
C. Sachlicher Geltungsbereich	10
I. Struktur der Regelung	10
II. Zweige der Sozialen Sicherheit (Abs. 1)	11
1. Rechtsvorschriften	11
2. Weite Auslegung des Anwendungsbereichs (Abs. 2)	13
3. Die einzelnen Leistungsbereiche	14

	Rn.
a) Krankheit und Mutterschaft und Vaterschaft	14
b) Leistungen bei Invalidität	16
c) Leistungen bei Alter	18
d) Leistungen an Hinterbliebene	19
e) Arbeitsunfälle und Berufskrankheiten	20
f) Sterbegeld	21
g) Leistungen bei Arbeitslosigkeit	22
h) Vorruhestandsleistungen	24
i) Familienleistungen	25
III. Besondere beitragsunabhängige Geldleistungen (Art. 3 Abs. 3 i. V. m. Art. 70)	26
1. Begriff	26
2. Besondere Beitragsunabhängige Geldleistungen nach deutschem Recht	29
3. Rechtsfolgen	30
IV. Ausschluss von Fürsorge und Leistungen für spezielle Entschädigungen von Personenschäden (Art. 3 Abs. 5)	31
1. Leistungen der Fürsorge	31
2. Entschädigung für Personenschäden	32
3. Erklärung der Mitgliedstaaten zum Geltungsbereich (Art. 9)	35
V. Gleichbehandlungsgebot	36
1. Allgemeines	36
2. Verbot der direkten oder indirekten Diskriminierung	37
a) Definition	37
b) Verbot der Diskriminierung durch Koordinationsrecht	39
3. Der Gleichbehandlungsgrundsatz im Rahmen von Abkommen	40
a) Abkommen im Sinne von Art. 3 Abs. 3	40
b) Multilateralisierung bilateraler Abkomme	41
VI. Tatbestandsgleichstellung (Art. 50)	42
1. Funktion der Vorschrift	42
2. Reichweite der Gleichstellungsregel	43
3. Sonderbestimmung in Anhang XI	45
VII. Zusammenrechnung der Zeiten (Art. 6)	46
1. Allgemeines	46
2. Inhalt des Prinzips	47
VIII. Verhältnis der VO (EG) Nr. 883/2004 zu den Sozialversicherungsabkommen	48
1. Allgemeines	48
2. Ausnahmen	49
3. Einschränkende Auslegung des Art. 8 aufgrund der Rechtsprechung des EuGH	50
IX. Leistungsexport	53
1. Allgemeines	53
2. Die Reichweite des Exportprinzips	54
3. Beitragsunabhängige Geldleistungen	56
X. Verbot der Leistungskumulierung	57
1. Allgemeines	57
2. Kumulierungsverbot bei gleichartigen Pflichtversicherungsleistungen	58
3. Einschränkung durch das Gültigkeitsprinzip	59
XI. Die Kollisionsnormen	61
1. Aufgabe und Funktion	61
2. Regelungsinhalt	63
a) Prinzip des Beschäftigungslandes (Art. 11)	63
b) Ausnahmen	67
c) Entsendung	68
d) Ausübung von Tätigkeiten in zwei oder mehr Mitgliedstaaten (Art. 13)	75
e) Freiwillige Versicherung	83
f) Zusammentreffen von Pflichtversicherung und freiwilliger Versicherung	84
XII. Leistungen bei Krankheit, Mutterschaft, Vaterschaft	88
1. Allgemeines	88
2. Leistungserbringung bei Auseinanderfallen von zuständigem Staat und Wohnstaat	89
3. Leistungserbringung bei Aufenthalt im zuständigen Staat	91
4. Leistungserbringung bei Aufenthalt außerhalb des zuständigen Staates	92
5. Reisen zur Inanspruchnahme von Sachleistungen (Art. 20)	94
6. Geldleistungen	99
7. Rentenantragsteller	101
8. Spezielle Regelungen für Rentner	102
9. Grenzgänger in Rente (Art. 28)	107
10. Geldleistungen (Art. 29)	109
11. Beiträge zur Krankenversicherung der Rentner	110
12. Rangfolge von Sachleistungsansprüchen (Art. 32)	111
13. Sachleistungen von erheblicher Bedeutung (Art. 33)	112
14. Zusammentreffen von Leistungen bei Pflegebedürftigkeit (Art. 34)	113
15. Erstattungen zwischen Trägern (Art. 35)	114

	Rn.
XIII. Leistungen bei Invalidität	115
1. Der Begriff der Invalidität	115
2. Ausländische Zeiten und Sachverhalte	116
3. Zuständigkeit und anwendbares Recht	117
XIV. Leistungen bei Alter und Tod (Renten)	119
1. Allgemeines	119
2. Feststellung der Leistungen	120
3. Berücksichtigung ausländischer Zeiten	121
4. Rentenberechnung	123
a) Berechnungsmodi	123
b) Höchstbetragsregelung	127
5. Doppelleistungsbestimmungen	128
a) Zusammentreffen von Leistungen	128
b) Zuschlag zur Erfüllung der Mindestrente	130
c) Anpassung und Neuberechnung von Leistungen	131
d) Besonderheiten für Beamte	132
XV. Arbeitsunfälle und Berufskrankheiten	133
1. Allgemeines	133
2. Auseinanderfallen von zuständigem Staat und Wohnsitz-/Aufenthaltsstaat	134
a) Zuständiger Staat	134
b) Verschiedenheit von zuständigem Staat und Wohnortstaat (Art. 36 Abs. 1 i. V. m. Art. 17, 21)	135
aa) Sachleistungen	136
bb) Geldleistungen	137
3. Aufenthalt im zuständigen Staat/Wohnortwechsel in den zuständigen Staat	139
4. Verschiedenheit von zuständigem Staat und Aufenthaltsstaat	140
5. Aufenthalt im Gebiet eines anderen Mitgliedstaats	141
6. Äquivalenzregeln	142
a) Berücksichtigung von Arbeitsunfällen und Berufskrankheiten in anderen Mitgliedstaaten	143
b) Wegeunfälle	144
c) Berücksichtigung von Einkünften in anderen Mitgliedstaaten (Art. 36 Abs. 3 i. V. m. Art. 21 Abs. 2 und 3)	145
d) Berücksichtigung von Familienangehörigen, die in einem anderen Mitgliedstaat leben	146
7. Entschädigung von Berufskrankheiten	147
a) Grundgedanken	147
b) Zuständigkeit des Entscheidungsträgers	148
c) Äquivalenzregeln	149
d) Kostenlast	150
e) Verschlimmerung von Berufskrankheiten (Art. 39)	151
XVI. Leistungen bei Arbeitslosigkeit	152
1. Allgemeines	152
2. Arbeitslosigkeitsstatut	153
3. Prinzip der Zusammenrechnung von Versicherungs- und Beschäftigungszeiten	154
4. Ermittlung des zugrunde zu legenden Einkommens	155
5. Leistungshöhe	156
6. Leistungsexport (Art. 64)	158
7. Besonderheiten bei Grenzgängern (Art. 65)	161
XVII. Vorruhestandsleistungen	165
XVIII. Familienleistungen	166
1. Allgemeines	166
a) Grundnorm (Art. 67)	167
b) Zuständiger Staat	168
c) Familienangehörige	169
2. Prioritätsregeln beim Zusammentreffen von Ansprüchen (Art. 68)	170
a) Abhängigkeit vom Leistungsgrund	170
b) Leistungsgewährung	171
c) Antragstellung	172
3. Unterhaltssicherung (Art. 68 a)	173
4. Familienleistungen für Waisen (Art. 69)	174
XIX. Soziale Vergünstigungen (Art. 7 Abs. 2 VO (EWG) Nr. 1612/68)	175
1. Allgemeines	175
2. Der Begriff der sozialen Vergünstigungen	176
3. Persönlicher Anwendungsbereich	179
XX. Unionsbürgerschaft und nationales Sozialrecht	182
1. Unionsbürgerschaft als anspruchsbegründendes Kriterium	182
2. Grundsätze der EuGH-Rechtsprechung	183

Europäisches Sozialrecht

A. Begriff und Rechtsgrundlagen

1   Der Begriff des Europäischen Sozialrechts wird in den einzelnen Mitgliedstaaten der Europäischen Union nicht einheitlich verstanden (vgl. dazu eingehend Fuchs, Einführung in Fuchs (Hg.) Europäisches Sozialrecht, 5. Aufl. 2010, Rn. 1). Im Rahmen der nachfolgenden Darstellung wird ein enger Begriff des Europäischen Sozialrechts zugrunde gelegt, der folgende Bereiche umfasst:
– Das Recht der Koordinierung der sozialen Sicherheit i. S. d. Art. 48 AEUV, verwirklicht durch die VO (EG) Nr. 883/2004 des Europäischen Parlaments und des Rates v. 29. April 2004 zur Koordinierung der Systeme der sozialen Sicherheit (ABl. L 166 v. 30. 4. 2004, S. 1 berichtigt in ABl. L 200 v. 7. 6. 2004, S. 1 und ABl. L 204 v. 4. 8. 2007, S. 30, zuletzt geändert durch VO (EG) Nr. 988/2009 des Europäischen Parlaments und des Rates v. 16. 9. 2009, ABl. L 284 v. 30. 10. 2009, S. 43).
Die bisherige VO (EWG) Nr. 1408/71, die durch die VO (EG) Nr. 883/2004 aufgehoben wurde, bleibt jedoch für die drei in Art. 90 VO (EG) Nr. 883/2004 genannten Bereiche weiterhin in Kraft (zu den Übergangsregelungen s. Bokeloh, ZESAR 2011, 18 ff.).
– VO (EG) Nr. 987/2009 des Europäischen Parlaments und des Rates v. 16. 9. 2009 zur Festlegung der Modalitäten für die Durchführung der VO (EG) Nr. 883/2004 über die Koordinierung der Systeme der sozialen Sicherheit. (ABl. L 284 v. 30. 10. 2009, S. 1. Abgedruckt in Fuchs/Horn, Europäisches Sozialrecht, 2010, S. 98 ff.)
– Art. 7 Abs. 2 VO (EWG) Nr. 1612/68 des Rates v. 15. 10. 1968 über die Freizügigkeit der Arbeitnehmer innerhalb der Gemeinschaft (ABl. (EG) Nr. L 257 v. 19. 10. 1968 S. 2, zuletzt geändert durch RL 2004/38/EG v. 29. 4. 2004, ABl. (EU) Nr. L 229, S. 35 ff.).

2   **Anmerkung:** Im nachfolgenden Text sind Rechtsvorschriften ohne Angabe der Rechtsgrundlage immer solche der VO (EG) Nr. 883/2004. Vorschriften der VO (EG) Nr. 987/2009 werden mit der Angabe DVO gekennzeichnet.

3   Die Rechtsgrundlage für das koordinierende Europäische Sozialrecht ist **Art. 48 AEUV**. Nach dieser Bestimmung beschließt der Rat die auf dem Gebiet der sozialen Sicherheit für die Herstellung der **Freizügigkeit der Arbeitnehmer** notwendigen Maßnahmen. Zu diesem Zweck führt er insbesondere ein System ein, welches aus- und einwandernden Arbeitnehmern und deren anspruchsberechtigten Angehörigen zusichert, dass
a) die Zusammenrechnung aller nach den verschiedenen innerstaatlichen Rechtsvorschriften berücksichtigten Zeiten für den Erwerb und die Aufrechterhaltung des Leistungsanspruchs sowie für die Berechnung der Leistungen sowie
b) die Zahlung der Leistungen an Personen, die in den Hoheitsgebieten der Mitgliedstaaten wohnen, erfolgt.

4   Nach dem ausdrücklichen Wortlaut der Bestimmung geht es um die Herstellung der Freizügigkeit der Arbeitnehmer auf dem Gebiet der sozialen Sicherheit. Nicht nur der Wortlaut, sondern auch die systematische Stellung des Art. 48 AEUV weisen aufgrund dessen Einbettung in das Vorschriftensystem der Art. 45 ff. AEUV auf den Zweck der Koordinierung hin. Die Sicherung des Rechts der Freizügigkeit für Arbeitnehmer, aber i. V. m. Art. 49 AEUV auch der Selbständigen, ist der oberste Leitgedanke der Koordinierung. Deshalb ist in der Rechtsprechung des EuGH bei der Auslegung von Vorschriften des koordinierenden Sozialrechts Art. 45 AEUV bzw. Art. 48 AEUV immer wieder als teleologisches Auslegungsinstrument benutzt worden (s. dazu Langer in: Fuchs (Hg.), Europäisches Sozialrecht 5. Aufl. 2010, Vorbemerkungen zu Art. 45–48 AEUV Rn. 6). Darum ist das koordinierende Sozialrecht gelegentlich auch als freizügigkeitsspezifisches Sozialrecht bezeichnet worden (vgl. Schuler, Das internationale Sozialrecht der Bundesrepublik Deutschland, 1988, S. 274 ff.). Art. 48 AEUV, der die **Prinzipien der Zusammenrechnung von Versicherungszeiten** (vgl. dazu unten Rn. 84, 112, 137, 142) und das Prinzip des **Leistungsexports** (vgl. dazu unten Rn. 41) verankert, strebt lediglich eine Koordinierung der Systeme der sozialen Sicherheit in den einzelnen Mitgliedstaaten an. D. h. die Mitgliedstaaten behalten weiterhin ihre souveräne Entscheidungskompetenz auf dem Gebiete der sozialen Sicherheit. Art. 48 S. 1 und 2 AEUV gibt den Mitgliedstaaten im Gesetzgebungsverfahren frühzeitig das Recht, Bedenken wegen einer möglichen Verletzung ihrer Systeme der sozialen Sicherheit geltend zu machen. Damit steht das koordinierende Sozialrecht im Gegensatz zu einer anderen Regelungstechnik des europäischen Rechts, nämlich der Harmonisierung. Harmonisierung würde zu einer weitestgehenden Angleichung der Sozialrechtsordnungen der Mitgliedstaaten führen. Für eine solche Harmonisierung fehlt im AEUV die entsprechende Rechtsgrundlage.

5   Während bislang das Koordinierungsrecht als eine Annex-Materie zu den Vorschriften über die Personenverkehrsfreiheiten (Freizügigkeit der Arbeitnehmer, Niederlassungsfreiheit und Dienstleistungsfreiheit Selbständiger) fungierte, hat aufgrund der Einführung der Unionsbürgerschaft durch den Vertrag von Maastricht das Europäische Sozialrecht eine nicht unbedeutende Erweiterung erfahren. Der EuGH hat die Unionsbürgerschaft und das mit ihr verknüpfte Verbot der Diskriminierung aus

Gründen der Staatsangehörigkeit (Art. 8 AEUV) benutzt, um Ansprüche auf Sozialleistungen der Mitgliedstaaten auch Staatsangehörigen anderer Mitgliedstaaten unter bestimmten Voraussetzungen zu öffnen. Die Entscheidungen des EuGH zu diesem Bereich haben sich mittlerweile zu einer gefestigten Rechtssprechung verdichtet (vgl. dazu unten XX.).

B. Persönlicher Geltungsbereich

1. Die Vorschrift des Art. 2 über den persönlichen Geltungsbereich hat gegenüber der Vorläufervorschrift der VO (EWG) Nr. 1408/71 eine grundlegende Änderung im Wortlaut erfahren. Der persönliche Geltungsbereich der früheren Koordinierungsverordnung war im Laufe der Zeit auf immer neue Personengruppen ausgedehnt worden. Die Kommission hatte bereits in einem Vorschlag aus dem Jahre 1998 aus Gründen der Vereinfachung und Modernisierung den Vorschlag gemacht, die VO auf alle EU-Bürger, die unter ein nationales System der sozialen Sicherheit fallen, in den Anwendungsbereich einzubeziehen (ABl. (EG) C Nr. 38 v. 12. 2. 1999). Die Entwicklungen im Zusammenhang mit der Einführung der Unionsbürgerschaft und der ihr vom EuGH verliehenen Bedeutung für Sozialleistungsansprüche hat dazu beigetragen, dass Art. 2 Abs. 1 jetzt für alle Staatsangehörigen eines Mitgliedstaates gilt, für die die Rechtsvorschriften eines oder mehrerer Mitgliedstaaten gelten oder galten sowie für ihre Angehörigen und Hinterbliebenen. Der sozioökonomische Status der betreffenden Person ist also im Gegensatz zum bisherigen Recht bedeutungslos geworden (ausführlich dazu Jorens/Van Overmeiren, Allgemeine Prinzipien der Koordinierung in VO 883/2004, in: Eichenhofer (Hg.), 50 Jahre nach ihrem Beginn – Neue Regeln für die Koordinierung sozialer Sicherheit, 2009, S. 111 ff.).

2. In den persönlichen Geltungsbereich einbezogen sind demnach alle Personen, die unter ein System der sozialen Sicherheit eines Mitgliedstaats fallen. Entscheidend ist allerdings, dass ein grenzüberschreitender Vorgang vorliegt. Wer sich stets nur innerhalb des Territoriums eines bestimmten Mitgliedstaates befunden hat, fällt nicht unter den Geltungsbereich (EuGH, Rs. C-95/99 (Khalil) Slg. 2001, 7413 Rn. 69–72; Rs. C-212/06 (Gouvernement Wallon/Flamand), Slg. 2008, I-1683). Wie auch schon nach bisherigem Recht fallen auch Staatenlose (Art. 1 lit. g) und Flüchtlinge (Art. 1 lit. h) aus völkerrechtlichen Gründen unter den persönlichen Geltungsbereich, wenn sie in einem Mitgliedstaat ihren Wohnort haben.

Wegen des Staatsangehörigkeitserfordernisses fallen Drittstaatsangehörige nicht unter den persönlichen Geltungsbereich. Dies war auch schon der Rechtszustand nach der bisherigen Koordinierungsverordnung. Allerdings waren sie über die VO (EG) Nr. 859/2003 von der VO erfasst, wenn die in Art. 1 und 2 VO (EG) Nr. 859/2003 genannten Voraussetzungen erfüllt waren. Nach Art. 1 VO (EG) Nr. 859/2003 muss ein Drittstaatsangehöriger zwei Voraussetzungen erfüllen, damit die Bestimmungen der VO (EWG) Nr. 1408/71 auf ihn und seine Familienangehörigen anwendbar sind. Er muss seinen Wohnsitz in einem Mitgliedstaat haben und seine Situation muss mit einem Element über die Grenzen eines Mitgliedstaates hinausweisen. Die letztgenannte Voraussetzung ist nicht erfüllt, wenn ausschließlich Verbindungen zu einem Drittstaat und einem einzigen Mitgliedstaat bestehen (vgl. Erwägungsgrund Nr. 12 der VO (EG) Nr. 859/2003). Beachte: in diesem Sinne ist die Schweizerische Eidgenossenschaft Drittstaat, weil das Abkommen EU – Schweiz die VO (EG) Nr. 859/2003 in Anhang II Abschnitt A nicht als Rechtsakt erfasst, zu dessen Anwendung sich die Parteien des Abkommens verpflichtet haben (vgl. dazu EuGH Rs. C-247/09 (Xhymshiti), Urteil v. 18. 11. 2010, n. v.). Den von der VO (EG) Nr. 859/2003 vorgezeichneten Weg setzt nunmehr VO (EU) Nr. 1231/2010 zur Ausdehnung der VO (EG) Nr. 883/2004 und der VO (EG) Nr. 987/2009 auf Drittstaatsangehörige, die ausschließlich aufgrund ihrer Staatsangehörigkeit nicht bereits unter diese VOen fallen, fort (ABlEU v. 29. 12. 2010, Nr. L 344/1). Zu beachten ist, dass das Vereinigte Königreich und Irland sowie Dänemark aufgrund des Protokolls zum AEUV nicht an die VO (EU) Nr. 1231/2010 gebunden sind (vgl. Erwägungsgrund Nr. 18 und 19 der Präambel). Art. 2 VO (EU) Nr. 1231/2010 hebt die VO (EG) Nr. 859/2003 für die Mitgliedstaaten, die an diese VO gebunden sind, auf. Damit entfaltet insoweit auch die VO (EWG) Nr. 1408/71 keine Rechtswirkung mehr (Art. 90 Abs. 1 lit. a).

Nach der bisherigen Rechtsprechung des EuGH können sich Familienmitglieder nur dann auf die VO berufen, wenn sie aus dem Recht des Arbeitnehmers, Selbständigen usw. **abgeleitete Rechte** geltend machen (EuGH, Rs. 40/76 (Kermaschek), Slg. 1976, 1669). Aus der in Art. 2 Abs. 1 VO (EWG) 1408/71 getroffenen Unterscheidung zwischen zwei Personengruppen, nämlich Arbeitnehmer, Selbständige, Studierende auf der einen und ihre Familienangehörigen und Hinterbliebenen auf der anderen Seite, ist zu folgern, dass diese Unterscheidung für die persönliche Anwendbarkeit zahlreicher Bestimmungen der VO maßgebend ist. Einige von ihnen, wie die des Titels III Kapitel 6 Arbeitslosigkeit, gelten ausschließlich für Arbeitnehmer (EuGH, Rs. C-189/00 (Ruhr), Slg. 2001, I-8225). Dagegen sind die Vorschriften über Familienleistungen (Art. 73 ff.) auf Familienangehörige und Hinterbliebene anwendbar (EuGH, Rs. C-308/93 (Cabanis-Isarte), Slg. 1996, I-2123; Rs. C-245/94 (Hoever und Zachow), Slg. 1996, I-4926). Diese Rspr. gilt auch nach der VO (EG) 883/2004. D. h. wenn Vorschriften der VO nur für Arbeitnehmer oder Selbständige gelten (vgl. Kap. 6 – Leistungen bei Arbeitslosigkeit), können sich Familienmitglieder nicht auf diese Vorschriften stützen.

C. Sachlicher Geltungsbereich

I. Struktur der Regelung

10 Der in Art. 3 normierte sachliche Geltungsbereich bezieht sich auf die Frage, welche Bereiche des Rechts der sozialen Sicherheit oder welche Sozialleistungssysteme der einzelnen Mitgliedstaaten in die Koordinierung der VO einbezogen werden sollen. Dabei folgt Art. 3 folgendem Regelungskonzept: In Abs. 1 werden **zehn Zweige der sozialen Sicherheit** katalogmäßig und abschließend aufgezählt. Hier folgt die VO der ILO-Konvention Nr. 102 über die Mindestnormen der sozialen Sicherheit vom 28. 6. 1952. Abs. 5 schließt die **soziale und medizinische Fürsorge** sowie **Leistungssysteme für Personenschäden, die auf genau benannte Ursachen zurückzuführen sind,** vom sachlichen Anwendungsbereich aus. Dazwischen liegen so genannte **besondere beitragsunabhängige Geldleistungen** (Abs. 3), die unter den Voraussetzungen des Art. 70 in den Geltungsbereich der Koordinierung fallen.

II. Zweige der Sozialen Sicherheit (Abs. 1)

11 **1. Rechtsvorschriften.** Die Zweige der sozialen Sicherheit sind nur dann Gegenstand der Koordinierung, wenn sie in Rechtsvorschriften der Mitgliedstaaten verankert sind. Unter Rechtsvorschriften sind gemäß Art. 1 lit. l) UA 1 die in jedem Mitgliedstaat bestehenden und künftigen Gesetze, Verordnungen, Satzungen und alle anderen Durchführungsvorschriften in Bezug auf die in Art. 3 Abs. 1 aufgeführten Zweige und Systeme sozialer Sicherheit zu verstehen. Aus Art. 1 lit. l) UA 2 ergibt sich, dass **tarifvertragliche Regelungen** nicht dem Begriff Rechtsvorschriften unterfallen. Eine Ausnahme gilt jedoch für solche tarifvertraglichen Vereinbarungen, durch die eine aus den vorgenannten Rechtsquellen resultierende Versicherungsverpflichtung erfüllt wird. Ferner – und dies im Gegensatz zum früheren Recht –, wenn die tarifvertraglichen Vereinbarungen durch eine behördliche Entscheidung für allgemein verbindlich erklärt wurden, wenn der betreffende Mitgliedstaat die Präsidenten des Europäischen Parlaments und des Rates unterrichtet.

12 Durch die VO (EG) Nr. 647/2005 vom 13. 4. 2005 (ABl. Nr. L 117/1) wurden bereits die deutschen und österreichischen **Sondersysteme für Selbständige** (im Vorgriff auf die VO (EG) Nr. 883/2004) in den sachlichen Geltungsbereich der VO (EWG) Nr. 1408/71 eingegliedert. Für Deutschland handelt es sich dabei um die 89 aufgrund von Landesrecht errichteten öffentlich-rechtlichen Pflichtversorgungseinrichtungen der Angehörigen der verkammerten freien Berufe (Ärzte, Apotheker, Architekten, Notare, Rechtsanwälte, Steuerberater bzw. Steuerbevollmächtigte, Tierärzte, Wirtschaftsprüfer und vereidigte Buchprüfer, Zahnärzte sowie Psychologische Psychotherapeuten und Ingenieure). Für Österreich sind dies die für Ärzte, Tierärzte, Rechtsanwälte und Ziviltechniker errichteten Versicherungs- und Versorgungswerke. Die VO (EG) Nr. 883/2004 bezieht jetzt alle berufsständischen Sondersysteme in Europa in den sachlichen Geltungsbereich ein; die Möglichkeit eines Ausschlusses nach Vorbild des bisherigen Anhangs II Teil 1 VO (EWG) Nr. 1408/71 existiert also nicht mehr.

13 **2. Weite Auslegung des Anwendungsbereichs (Abs. 2).** Gemäß Art. 3 Abs. 2 gilt die VO für die allgemeinen und die besonderen, die auf Beiträgen beruhenden und die beitragsfreien Systeme der sozialen Sicherheit sowie für die Systeme, nach denen die Arbeitgeber, einschließlich der Reeder, zu Leistungen gemäß Abs. 1 verpflichtet sind. Schon die Formulierung von Abs. 2 zeigt, dass der Verordnungsgeber eine umfassende Einbeziehung von Systemen der sozialen Sicherheit anstrebt. Deshalb kann es auf die Art und Weise der Finanzierung eines Systems nicht entscheidend ankommen (EuGH, Rs. 379 bis 381/85 und 93/86 (Giletti u. a.), Slg. 1987, 955). Auch die Verschiedenartigkeit der Systeme der sozialen Sicherheit wird angemessen berücksichtigt. Würde man nur auf beitragsbezogene Systeme abstellen, fielen all die bedeutsamen Systeme etwa skandinavischer Länder aus dem Anwendungsbereich heraus, bei denen es für den Bezug der Leistung auf den Wohnsitz im Land ankommt.

14 **3. Die einzelnen Leistungsbereiche. a) Krankheit, Mutterschaft und Vaterschaft.** Nach der Rechtsprechung des EuGH fallen unter diesen Bereich alle im Falle von Krankheit und Mutterschaft erbrachten Leistungen einschließlich der Gesundheitspflege unabhängig von der Art der sozialen Rechtsvorschriften, in denen diese Leistungen vorgesehen sind, soweit es sich um Rechtsvorschriften über einen Zweig der sozialen Sicherheit handelt, der solche Leistungen betrifft (EuGH, Rs. 69/79 (Jordens-Vosters), Slg. 1980, 75 Rn. 8). Mit dieser Begründung wurden auch Leistungen der medizinischen Rehabilitation sowie der Tbc-Hilfe der deutschen Rentenversicherung als Leistungen bei Krankheit und Mutterschaft angesehen. Auch Maßnahmen, die der Prävention von Krankheiten dienen, gehören hierzu (EuGH, Rs. 14/72 (Heinze), Slg. 1972, 1105). Auch die von Arbeitgebern zu tragende Entgeltfortzahlung bei Krankheit nach dem EFZG fällt unter den Begriff der Leistungen bei Krankheit (EuGH, Rs. C-45/90 (Paletta), Slg. 1992, I-3423). In mittlerweile ständiger Rechtsprechung betrachtet der EuGH Leistungen der deutschen (EuGH, Rs. C-160/96 (Molenaar),

Slg. 1998, I-843; C-502/01 31/02 (Gaumain-Cerri/Barth), Slg. 2004, I-6483), und C-208/07 (Chamier-Glisczinski) Slg. 2009, I-6095, der österreichischen (EuGH, Rs. C-215/99 (Jauch), Slg. 2001, I-1901) und flämischen (EuGH, Rs. C-212/06, Urteil vom 1. 4. 2008) **Pflegeversicherung** als Leistungen bei Krankheit. Zuletzt hat der EuGH auch Leistungen an Blinde, Gehörlose und Behinderte nach landesrechtlichen Vorschriften als Leistungen bei Krankheit angesehen (C-206/10 (Kommission ./. Bundesrepublik Deutschland, Urt. v. 5. 5. 2011, n. v.)).

Erstmals mit der VO (EG) Nr. 883/2004 werden den **Leistungen bei Mutterschaft** gleichgestellte **Leistungen bei Vaterschaft** in den sachlichen Geltungsbereich einbezogen. Die Einfügung geht auf einen Vorschlag des EP zurück und dient der Anpassung an den Gleichbehandlungsgedanken (Jorens/Overmeiren, Allgemeine Prinzipien der Koordinierung in VO 883/2004, in: Eichenhofer (Hrsg.), 50 Jahre nach ihrem Beginn, 2009, S. 105, 118). Weil sich für Väter diese Leistungen von Erziehungsleistungen unterscheiden und mit Leistungen bei Mutterschaft im engeren Sinne gleichgesetzt werden können, da sie in den ersten Lebensmonaten eines Neugeborenen gewährt werden, schien es dem VO-Geber angezeigt, diesen Leistungsbereich gemeinsam mit Leistungen bei Mutterschaft zu regeln (vgl. Erwägungsgrund Nr. 19 der Präambel). 15

b) Leistungen bei Invalidität. Der Begriff der Invalidität wird im Rahmen der VO nicht definiert, er muss aber gemeinschaftsrechtlich bestimmt werden. Angesichts der Heterogenität der Begriffe in den einzelnen Mitgliedstaaten ist dies nicht ganz einfach. Im deutschen Recht fehlt der Begriff, das Rentenversicherungsrecht spricht von Minderung der Erwerbsfähigkeit. In der Tat muss auch gemeinschaftsrechtlich die Einschränkung der Erwerbsfähigkeit als Anknüpfungspunkt genommen werden. In dieser Richtung hat sich auch der EuGH geäußert (EuGH, Rs. 14/72 (Heinze), Slg. 1972, 1105). Invalidität kann als das Risiko der dauernden oder zumindest längerfristigen Minderung oder Aufhebung der Erwerbsfähigkeit infolge einer Beeinträchtigung des körperlichen oder geistigen Gesundheitszustands verstanden werden, die regelmäßig und typischerweise mit einer kompensationsbedürftigen Einkommensminderung verbunden ist (vgl. in diesem Sinne Schuler in: Fuchs, Europäisches Sozialrecht, Vorbemerkungen vor Art. 44 Rn. 4). 16

Da die Mitgliedstaaten der EU Behinderte oder Personen mit Leistungseinschränkungen stärker in den Arbeitsmarkt integrieren wollen, taucht das Abgrenzungsproblem zu Leistungen bei Arbeitslosigkeit auf (vgl. dazu Fuchs in: Fuchs, Europäisches Sozialrecht, Art. 3 Rn. 13 f.). Bei der Qualifizierung und Zuordnung der Leistung ist auf ihren Sinn und Zweck sowie die Berechnungsgrundlage und die Voraussetzungen für die Gewährung abzustellen (EuGH Rs. C-228/07 (Petersen), Slg. 2008, I-6989). 17

c) Leistungen bei Alter. Leistungen dieser Art liegen vor, wenn sie den Lebensunterhalt für Personen sicherstellen sollen, die bei Erreichen eines bestimmten Alters ihre Beschäftigung aufgegeben haben und nicht mehr verpflichtet sind, sich der Arbeitsverwaltung zur Verfügung zu stellen (EuGH, Rs. 171/82 (Valentini), Slg. 1983, 2157). Abgrenzungsschwierigkeiten tauchen bei jenen Leistungen auf, die älteren Arbeitnehmern gewährt werden. Das Abgrenzungsproblem stellt sich zum einen im Hinblick auf **Leistungen der Arbeitslosensicherung** sein. Der EuGH stellt – wie auch bei anderen Leistungsarten – vorwiegend auf den Zweck der Leistung ab. In der vorbezeichneten Entscheidung Valentini hat er die Zugehörigkeit zu den Leistungen bei Alter verneint, weil die zur Prüfung anstehende Beihilfe französischen Rechts ein beschäftigungspolitisches Ziel verfolgte, indem sie dazu beitrug, Arbeitsplätze, die von vor dem Eintritt in den Ruhestand stehenden Arbeitnehmern besetzt sind, zugunsten von jüngeren Arbeitnehmern freizumachen (ähnlich EuGH, Rs. C-25/95 (Otte), Slg. 1996, I-3745 für die Beurteilung von Anpassungsgeld für Arbeitnehmer des Steinkohlebergbaus). Die Abgrenzung ist ferner im Hinblick auf Vorruhestandsleistungen vorzunehmen (s. dazu unten Rn. 24). 18

d) Leistungen an Hinterbliebene. Bei dieser Kategorie geht es um Leistungen, die im Zusammenhang mit dem Tod des Berechtigten stehen. Der Begriff der Hinterbliebenen ist im Gegensatz zum früheren Recht nicht mehr definiert. 19

e) Arbeitsunfälle und Berufskrankheiten. Dieser Leistungstyp wirft keine Abgrenzungsprobleme auf. Das in den meisten Ländern abgesicherte Risiko betrifft Gesundheitsschäden punktueller Natur (dann Arbeitsunfall) oder sich über längere Zeiten hin entwickelnde krankhafte Zustände (dann Berufskrankheiten), die in einem inneren Zusammenhang mit der Ausübung einer Arbeitnehmertätigkeit oder selbständiger Erwerbsarbeit stehen. 20

f) Sterbegeld. Art. 1 lit. y) definiert Sterbegeld als jede einmalige Zahlung im Todesfall, mit Ausnahme der unter Art. 1 lit. w) genannten Kapitalabfindungen. 21

g) Leistungen bei Arbeitslosigkeit. Eine Leistung bei Arbeitslosigkeit liegt vor, wenn sie den aufgrund der Arbeitslosigkeit verlorenen Arbeitslohn ersetzen soll und deshalb für den Unterhalt des arbeitslosen Arbeitnehmers bestimmt ist (EuGH Rs. C-102/91 (Knoch), Slg. 1992, I-4341 Rn. 44; C-57/96 (Meints), Slg. 1997, I-6708). Für die Abgrenzung zu anderen Leistungsarten, Leistungen bei Invalidität und bei Alter, kommt es weiter auf die Leistungsvoraussetzungen an. Eine Leistung bei Arbeitslosigkeit liegt nur vor, wenn nach den Leistungsvoraussetzungen die typischen Merkmale gefordert werden, wie insbesondere neben dem Zustand von Arbeitslosigkeit die Bereitschaft, sich für Tätigkeiten auf dem Markt zur Verfügung zu halten und sich um solche Tätigkeiten zu bemühen 22

(EuGH Rs. C-25/95 (Otte), Slg. 1996, I-3745). Was das letztere Merkmal anbelangt, sind in jüngster Vergangenheit Probleme aufgetaucht. In etlichen Mitgliedstaaten werden Leistungen an ältere Arbeitslose erbracht, denen gegenüber das jeweilige Recht auf bestimmte, üblicherweise für den Bezug von Leistungen bei Arbeitslosigkeit erforderliche Merkmale verzichtet. Der EuGH will in diesen Fällen dennoch von einer Leistung bei Arbeitslosigkeit ausgehen, wenn alle übrigen typischen Merkmale einer Leistung bei Arbeitslosigkeit vorliegen (EuGH Rs. C-406/04 (De Cuyper), Slg. 2006, I-6947; T-228/07 (Petersen), Slg. 2008, I-6989; zur Problematik s. auch Devetzi, ZESAR 2008, 63 ff.).

23 Im Zuge der Entwicklung der sogenannten aktiven Arbeitsmarktpolitik in den Mitgliedstaaten der EU scheint sich ein neuer Fragenkreis zu bilden. Während bislang die Koordinierung von Geldleistungen in Frage stand, könnten in Zukunft stärker Dienstleistungen (in Form von Aus- und Fortbildungsmaßnahmen) in den Vordergrund rücken (vgl. zur Problematik Fuchs in: Fuchs, Europäisches Sozialrecht, Art. 3, Rn. 24; ders., Die Anwendung der Koordinierungsvorschriften bei Maßnahmen aktiver Arbeitsmarktpolitik auf nationaler Ebene, in: Jorens (Hg.), 50 Jahre Koordinierung der sozialen Sicherheit, 2010, S. 102 ff.). Der EuGH selbst hat zu diesem Bereich weit zurückliegend judiziert, dass allgemeine, der Bekämpfung von Arbeitslosigkeit dienende Maßnahmen nicht unter lit. h) fallen, wohl aber Präventionsleistungen, die im konkreten Fall nach Eintritt der Arbeitslosigkeit der Bekämpfung derselben dienen (EuGH Rs. 375/85 (Campana), Slg. 1987, 2404, betreffend eine Maßnahme der Förderung der beruflichen Bildung nach deutschem Recht). Fällt eine Leistung völlig aus dem Anwendungsbereich des Art. 3 heraus, ist stets zu prüfen, ob nicht eine soziale Vergünstigung im Sinne des Art. 7 Abs. 2 VO (EWG) Nr. 1612/68 gegeben ist (EuGH Rs. C-57/96 (Meints), Slg. 1997, I-6708).

24 **h) Vorruhestandsleistungen.** Die Aufnahme von Vorruhestandsleistungen in das Koordinierungssystem hat der Verordnungsgeber mit der Notwendigkeit der Gleichbehandlung und der Möglichkeit des Exports von Vorruhestandsleistungen sowie die Feststellung von Familien- und Gesundheitsleistungen für die betreffende Person begründet (vgl. Erwägungsgrund Nr. 33 der Präambel). Allerdings ist die in Art. 66 vorgesehene Koordinierung eingeschränkter Natur (s. dort). Nach der Legaldefinition in Art. 1 lit. x) sind Vorruhestandsleistungen negativ abzugrenzen von Leistungen bei Arbeitslosigkeit und vorgezogenen Leistungen wegen Alters. Der Anwendungsbereich für Vorruhestandsleistungen ist dann gegeben, wenn die Leistung ab einem bestimmten Lebensalter Arbeitnehmern gewährt wird, die bis zum Bezug der Altersrenten bei eingeschränkter beruflicher Tätigkeit gewährt werden. Außerdem darf der Bezug nicht davon abhängig sein, dass sie der Arbeitsverwaltung des zuständigen Staates zur Verfügung stehen. Vor diesem Hintergrund stellt sich die Frage, ob die Entscheidungen des EuGH in den Rs. De Cuyper und Petersen (s. dazu oben Rn. 22) weiter aufrechterhalten werden können. Bekanntlich hatte sich die Kommission in der Rs. De Cuyper expressis verbis für die Qualifizierung als Vorruhestandsleistung ausgesprochen (EuGH Rs. C-406/04, Slg. 2006, I-6947, Rn. 32).

25 **i) Familienleistungen.** Gemäß Art. 1 lit. z) sind Familienleistungen alle Sach- oder Geldleistungen zum **Ausgleich von Familienlasten**. Ausgenommen sind die in Anh. I aufgeführten Geburts- oder Adoptionsbeihilfen. Nach neuem Recht sind auch Unterhaltsvorschüsse ausgenommen (zur früheren anderslautenden Rspr. des EuGH s. EuGH, Rs. C-111/91 (Kommission/Luxemburg), Slg. 1993, I-817; C-85/99 (Offermann), Slg. 2001, I-2285; C-255/99 (Humer), Slg. 2002, I-1205; C-302/02 (Effing), Slg. 2005, I-553). Die bisherige Unterscheidung zwischen Familienleistungen und Familienbeihilfen wurde aufgegeben. In der Rechtsprechung des EuGH ist der Begriff der Familienleistung dahingehend konkretisiert worden, dass es sich um Leistungen handelt, die dem Ausgleich von Familienlasten dienen und für deren Gewährung oder Versagung gegenüber dem Antragsteller unabhängig von jeder auf Ermessensausübung beruhenden Einzelfallbeurteilung der persönlichen Bedürftigkeit objektive, rechtlich festgelegte Voraussetzungen ausschlaggebend sind, nämlich sein Vermögen, sein Einkommen sowie die Zahl und das Alter der ihm gegenüber unterhaltsberechtigten Kinder. Der Umstand, dass die Gewährung einer solchen Leistung auch Beitragsleistung voraussetzt, ist ohne Belang (EuGH, Rs. C-78/91 (Hughes), Slg. 1992, I-4839). Dem EuGH zufolge fällt unter den Begriff der Familienleistungen auch das **Erziehungsgeld** nach dem früheren BErzGG (EuGH, Rs. C-245/94 (Hoever), Slg. 1996, I-4895; C-85/96 (Sala), Slg. 1998, I-2691). Gleiches muss für die Nachfolgeleistung, das Elterngeld, gelten. Familienleistung ist auch eine Beihilfe für häusliche Kinderbetreuung (EuGH Rs. C-333/00 (Maaheimo), Slg. 2002, I-10087).

III. Besondere beitragsunabhängige Geldleistungen (Art. 3 Abs. 3 i. V. m. Art. 70)

26 **1. Begriff.** Die Regelungen über besondere beitragsunabhängige Geldleistungen sind vor dem Hintergrund zu sehen, dass Sozialleistungen der Mitgliedstaaten immer ausdifferenzierter und damit aber auch immer heterogener geworden sind. Die Zuordnung zu einem der „klassischen" Systeme der sozialen Sicherheit im Sinne des Abs. 1 bzw. die (zum Ausschluss aus der Koordinierung führende) Zuordnung zur sozialen und medizinischen Fürsorge im Sinne des Abs. 5 wurde immer schwieriger. Der EuGH hatte zahlreiche Fälle zu entscheiden, die in dieser Grauzone angesiedelt waren (vgl. zu dieser Rechtsprechung Fuchs in: Fuchs (Hg.), Europäisches Sozialrecht, 4. Aufl. 2005, Art. 4 Rn. 26).

27 In der VO (EG) Nr. 883/2004 wurde dieser Leistungstypus in einer eigenen Vorschrift (Art. 70) normiert. Diese Vorschrift spiegelt zum einen die Rechtsprechung des EuGH, zum anderen die bis-

herige legislative Erfassung beitragsunabhängiger Geldleistungen in den VO (EWG) Nr. 1247/92 sowie VO (EG) Nr. 647/2005 wider.

Art. 70 Abs. 1 bringt den Mischcharakter der Leistungen zum Ausdruck, indem sie sowohl Elemente der sozialen Sicherheit im Sinne von Art. 3 Abs. 1 als auch solche der Sozialhilfe aufweisen müssen. Die Legaldefinition in Art. 70 Abs. 2, die im Wesentlichen Art. 1 Nr. 2 VO (EG) Nr. 647/2005 entspricht, fasst alle Leitgedanken, die in der Rechtsprechung des EuGH entwickelt worden waren (vgl. dazu Beschorner, ZESAR 2009, 320 ff.) zusammen. Die Tatbestandsmerkmale von lit. a) bringen den **Sonderleistungscharakter** zum Ausdruck, wie er lehrbuchmäßig in der Rs. Skalka herausgearbeitet wurde (EuGH Rs. C-160/02, Slg. 2004, I-5613 Rn. 19 ff.; s. auch Rs C-537/09 (Bartlett), Urteil v. 5. 5. 2001, n. v.). Wie schon die Bezeichnung beitragsunabhängig zum Ausdruck bringt, muss – und dies wird durch lit. b) unterstrichen – die Finanzierung ausschließlich durch obligatorische Steuern zur Deckung der allgemeinen öffentlichen Ausgaben erfolgen. Schließlich müssen sie in Anhang X aufgeführt sein (lit. c)). 28

2. Besondere beitragsunabhängige Geldleistungen nach deutschem Recht. In Anh. X sind unter Deutschland die Leistungen der **Grundsicherung im Alter und bei Erwerbsminderung** nach dem 4. Kapitel des SGB XII eingetragen. Ferner finden sich in Anh. X die Leistungen zur Sicherung des Lebensunterhalts im Rahmen der **Grundsicherung für Arbeitssuchende**, soweit für diese Leistungen unter dem Grunde nach Voraussetzungen für den befristeten Zuschlag nach Bezug von Arbeitslosengeld (§ 24 Abs. 1 SGB II) erfüllt sind (eingehend dazu Fuchs, NZS 2007, 1 ff.). 29

3. Rechtsfolgen. Besondere beitragsunabhängige Geldleistungen werden gemäß Art. 70 Abs. 3 von dem in Art. 7 verankerten Exportprinzip ausgenommen. Deshalb bestimmt Art. 70 Abs. 4, dass die Leistungen ausschließlich in dem Mitgliedstaat gewährt werden, in dem die betreffenden Personen wohnen, und nach dessen Rechtsvorschriften und zu seinen Lasten. 30

IV. Ausschluss von Fürsorge und Leistungen für spezielle Entschädigungen von Personenschäden (Art. 3 Abs. 5)

1. Leistungen der Fürsorge. Abs. 5 liegt die in den meisten Mitgliedstaaten bestehende systematische Trennung von sozialer Sicherheit und Fürsorge zugrunde. Letztere sollte nicht Gegenstand der Koordinierung sein. Kennzeichnend für Leistungen der Fürsorge ist, dass sie nur bei **Bedürftigkeit des Antragstellers** zu erbringen sind. Diese Abgrenzung ist aber durch die Rechtsprechung des EuGH zu besonderen beitragsunabhängigen Geldleistungen und deren Übernahme in Art. 70 aufgeweicht worden (s. dazu oben Rn. 28). Diese Rechtsprechung ist bei der Prüfung der Zuordnung einer Leistung zur sozialen und medizinischen Fürsorge stets zu berücksichtigen (vgl. dazu Fuchs in: Fuchs, Europäisches Sozialrecht, 5. Aufl. 2010, Art. 70 Rn. 8 ff.). Die Hilfe zum Lebensunterhalt nach §§ 27 ff. SGB XII gehört zum Bereich der Sozialhilfe und ist deshalb von der Koordinierung ausgeschlossen. Auch die Hilfe in besonderen Lebenslagen, insbesondere die Hilfen zur Gesundheit (§§ 47 ff. SGB XII), die Eingliederungshilfe für behinderte Menschen (§§ 53 ff. SGB XII) sowie die Hilfe zur Pflege (§§ 61 ff. SGB XII) sind Leistungen der medizinischen Fürsorge im Sinne von Art. 3 Abs. 5 (strittig, vgl. zur Begründung Fuchs in: Fuchs, Europäisches Sozialrecht, 5. Aufl. 2010, Art. 3 Rn. 40; ebenso Otting in: Hauck/Noftz, Europäisches Sozialrecht, 2 Rn. 51). 31

2. Entschädigung für Personenschäden. Nach bisherigem Recht waren Leistungen an Kriegsopfer von der Koordinierung ausgenommen. Durch die VO (EG) Nr. 883/2004 wurde diese Ausnahmeregelung um weitere Tatbestände erweitert. Art. 3 Abs. 5 lit. b) erfasst nunmehr jede Haftungsregelung, der zufolge ein Mitgliedstaat für Personenschäden Entschädigungen leistet, wobei die wichtigsten Bereiche – nicht abschließend – aufgezählt werden. 32

In der grundlegenden Entscheidung Gillard (EuGH, Rs. 9/78, Slg. 1978, 1661) stellte der EuGH fest, dass für die Entscheidung über die Frage, ob ein **Leistungssystem für Opfer des Krieges** vorliegt, nicht ausschlaggebend ist, dass eine Bestimmung in nationalen Vorschriften über soziale Sicherheit enthalten oder nicht enthalten ist. Der Standort im nationalen Recht ist also bedeutungslos. Vielmehr kommt es hauptsächlich auf Wesensmerkmale der einzelnen Leistung, insbesondere ihre Zweckbestimmung und die Voraussetzungen für ihre Gewährung an (EuGH, Rs. 9/78, Slg. 1978, 1667 f.). Entscheidend ist, ob die Leistung einer Anerkennung für die im **Zusammenhang mit Kriegsgeschehen** erduldeten Prüfungen steht und damit als Gegenleistung für in ihrem Land erwiesenen Dienste gezahlt wird (EuGH, Rs. C-386/02 (Baldinger), Slg. 2004, I-8411 Rn. 17). Anders ist es dagegen, wenn es sich um Vorschriften handelt, die an die **Arbeitnehmereigenschaft** des Betroffenen anknüpfen. Der EuGH hat es daher abgelehnt, die Regelung in § 271 SGB VI über die Berücksichtigung von Pflichtbeiträgen vor dem 9. Mai 1945 als Leistungen i. S. d. Art. 4 Abs. 4 anzuerkennen (EuGH, Rs. C-396/05 und C-419/05 (Habelt/Möser), Slg. 2007, I-11895). Ebenso hat der Gerichtshof die Leistungen nach dem FRG nicht als Leistungssystem für Opfer des Krieges anerkannt (EuGH, Rs. C-450/05 (Wachter), Slg. 2007, I-11895; vgl. dazu Schuler, ZESAR 2009, 40 ff.). Liegt eine Leistung für Kriegsopfer vor und ist diese daher von der Koordinierung ausgeschlossen, besteht auch 33 kein Anspruch wegen **sozialer Vergünstigung** im Sinne von Art. 7 Abs. 2 VO 1612/68 (EuGH Rs. 207/78 (Even), Slg. 1979, 2019; Rs. C-386/02 (Baldinger), Slg. 2004, I-8411 Rn. 19).

34 Zu den in Art. 3 Abs. 5 lit. b) beispielhaft aufgezählten weiteren Materien gehört im deutschen Recht insbesondere die Entschädigung von Opfern von Gewalttaten, die im OEG enthalten ist. Ferner gehören hierher die staatlichen Entschädigungsregelungen, die hinsichtlich des Leistungsumfangs auf das Bundesversorgungsgesetz verweisen (vgl. zu einer Liste dieser Entschädigungsregelungen § 68 Nr. 7 SGB I).

34a Auch wenn Leistungen unter Art. 3 Abs. 5 fallen, ist es denkbar, dass die Betroffenen Ansprüche auf **Leistungen aufgrund der jeweiligen nationalen Vorschriften** haben. Dabei dürfen ihnen Leistungen nicht allein aufgrund von Wohnsitzerfordernissen vorenthalten werden, da sonst ein Verstoß gegen das Recht der Freizügigkeit (Art. 21 AEUV) vorliegen würde (EuGH Rs. C-499/06 (Nerkowska), Slg. 2008, I-3993; Rs. C-221/07 (Zablocka-Weyhermüller), Slg. 2008, I-9029).

35 **3. Erklärung der Mitgliedstaaten zum Geltungsbereich (Art. 9).** Während Art. 3 materiellrechtlich den sachlichen Geltungsbereich der VO bestimmt, ergänzt Art. 9 **formell-rechtlich** die Bestimmung des sachlichen Geltungsbereichs. Durch Erklärungen der Mitgliedstaaten, die der Kommission notifiziert und von dieser im **Amtsblatt der EU** veröffentlicht werden müssen, machen diese in allgemein zugänglicher Weise bekannt, welche nationalen Vorschriften der sozialen Sicherheit unter den sachlichen Geltungsbereich der VO fallen sollen. Hat ein Mitgliedstaat in einer Erklärung gemäß Art. 9 eine Rechtsvorschrift genannt, so folgt daraus zwingend, dass die in dieser Rechtsvorschrift angesprochenen Leistungen solche der sozialen Sicherheit im Sinne des Art. 3 VO sind (EuGH, Rs. 35/77 (Beerens), Slg. 1977, 2249). Auch wenn die Leistung nach den Kriterien des Art. 3 nicht unter den sachlichen Geltungsbereich fallen würde, müssten sich die Mitgliedstaaten an ihren Erklärungen festhalten lassen (EuGH, Rs. C-28/88 (Bronzino), Slg. 1990, 531). Umgekehrt gilt nicht, dass eine Rechtsvorschrift, für die eine Erklärung im Sinne von Art. 9 nicht vorliegt, deshalb auch nicht in den sachlichen Anwendungsbereich der VO fallen würde. Vielmehr muss jede Leistung anhand der zu Art. 3 entwickelten Kriterien beurteilt werden. In der Rs. Snares hat der EuGH entschieden, dass die Nennung einer Leistung im Anh. X bedeute, dass die Leistung zu den besonderen beitragsunabhängigen Geldleistungen im Sinne von Art. 70 gehört und damit nicht dem Exportprinzip unterliegt (EuGH, Rs. C-20/96, Slg. 1997, I-6082). In der Rs. Jauch hat der EuGH diese Auffassung jedoch eingeschränkt. Ist nämlich im Streit, ob eine Leistung beitragsabhängig oder beitragsunabhängig ist, so muss im Hinblick auf Art. 48 AEUV eine materielle Überprüfung hinsichtlich der Rechtsnatur der Leistung erfolgen (EuGH, Rs. C-215/99 (Jauch), Slg. 2001, I-1991).

V. Gleichbehandlungsgebot

36 **1. Allgemeines.** Gleichbehandlungsgebote bzw. Diskriminierungsverbote sind tragende Säulen der europäischen Rechtsordnung. Art. 18 AEUV bestimmt, dass unbeschadet besonderer Bestimmungen des Vertrags in seinem Anwendungsbereich jede Diskriminierung aus Gründen der Staatsangehörigkeit verboten ist. Dieses allgemeine Diskriminierungsverbot wird für verschiedene Bereiche des EG-Rechts näher konkretisiert. Ein spezielles Diskriminierungsverbot enthält für den Bereich der Freizügigkeit der Arbeitnehmer Art. 45 AEUV, wonach die Abschaffung jeder auf der Staatsangehörigkeit beruhenden unterschiedlichen Behandlung der Arbeitnehmer der Mitgliedstaaten in Bezug auf Beschäftigung, Entlohnung und sonstige Arbeitsbedingungen gefordert ist. Sekundärrechtlich wird dieses Diskriminierungsverbot für den Bereich der Sozialrechtskoordinierung durch den **Grundsatz der Gleichbehandlung in Art. 4** verankert. Personen, für die die Verordnung gilt, haben die gleichen Rechte und Pflichten aufgrund der Rechtsvorschriften eines Mitgliedstaats wie die Staatsangehörigen dieses Staates, soweit besondere Bestimmungen dieser Verordnung nichts anderes vorsehen. Eine Berufung auf das Gleichbehandlungsgebot ist nur möglich, wenn der Sachverhalt ein grenzüberschreitendes Element aufweist (EuGH, Rs. C-153/91 (Petit) Slg. 1992, I-4973 Rn. 8). Wer also nie von seinem Recht der Freizügigkeit (bzw. der Niederlassung) Gebrauch gemacht hat, kann sich nicht auf Art. 4 berufen.

37 **2. Verbot der direkten und indirekten Diskriminierung. a) Definition.** Direkte Diskriminierung bedeutet, dass eine Rechtsfolge von einem Element abhängig ist, das auf die Staatsangehörigkeit des Betroffenen abstellt. Diese Formen der direkten Diskriminierung sind weitestgehend aus dem Recht der Mitgliedstaaten verschwunden. Bedeutsamer ist die Form der indirekten Diskriminierung (auch mittelbare Diskriminierung oder versteckte Diskriminierung genannt). Diese vom EuGH entwickelte Kategorie, die mittlerweile insbesondere in die **Antidiskriminierungsrichtlinien** Eingang gefunden hat (vgl. dazu Bamberger-Roth/Fuchs, 2. Aufl. 2008 § 3 AGG Rn. 5 ff.), hat ihren Ausgangspunkt in der Überlegung, dass auch dem Anschein nach neutrale Vorschriften, Kriterien oder Verfahren Personen wegen ihrer Staatsangehörigkeit benachteiligen können. In der Entscheidung Sotgiu, auf die immer wieder Bezug genommen wird, hat der EuGH von den versteckten Formen der Diskriminierung gesprochen, die durch die Anwendung anderer Unterscheidungsmerkmale tatsächlich zu dem gleichen Ergebnis führen (EuGH, Rs. 152/73, Slg. 1974, 153 Rn. 11). Unter Bezugnahme auf zahlreiche frühere Urteile hat der EuGH in der Rs. O'Flynn weitere Präzisierungen der mittelbaren Diskriminierung vorgenommen. Als **mittelbar diskriminierend** sind daher Voraussetzungen des nationalen Rechts anzusehen, die zwar unabhängig von der Staatsangehörigkeit gelten, aber im Wesentlichen oder ganz überwiegend Wanderarbeitnehmer betreffen, sowie unterschiedslos geltende Voraussetzungen, die von inländischen Arbeitnehmern leichter zu erfüllen sind als von Wanderarbeitnehmern.

Eine mittelbare Diskriminierung ist auch in Voraussetzungen zu sehen, bei denen die Gefahr besteht, dass sie sich besonders zum **Nachteil von Wanderarbeitnehmern** auswirken (EuGH, Rs. C-237/94 (O'Flynn), Slg. 1996, I-2617 Rn. 18). Anders verhält es sich nur dann, wenn diese Vorschriften durch objektive, von der Staatsangehörigkeit der betroffenen Arbeitnehmer unabhängige Erwägungen gerechtfertigt sind und in einem angemessenen Verhältnis zu dem Zweck stehen, der mit den nationalen Rechtsvorschriften zulässigerweise verfolgt wird. Deshalb erfordert es Art. 4, dass ein Mitgliedstaat den in einem anderen Mitgliedstaat geleisteten Wehrdienst dem nach seinen eigenen Rechtsvorschriften geleisteten Wehrdienst gleichstellen muss, wenn seine Rechtsvorschriften die Waisenrente über die Vollendung des 25. Lebensjahres hinaus von der Ableistung des Wehrdienstes abhängig machen (EuGH, Rs. C-131/96 (Romero), Slg. 1997, I-3659 Rn. 30). Die Regelung über die Berechtigung des Krankengeldes in § 47 SGB V und die hierzu geübte deutsche Praxis, wonach Ausländer (im Gegensatz zu verheirateten Deutschen) in Steuerklasse II (anstelle Steuerklasse III) eingeordnet werden, ist eine mittelbare Diskriminierung ausländischer Arbeitnehmer (EuGH, Rs. C-332/05 (Celozzi), Slg. 2007, I-563). Zu weiteren Fallgestaltungen aus der Rechtsprechung des EuGH s. Eichenhofer in: Fuchs (Hg.), Europäisches Sozialrecht, 5. Aufl. 2010, Art. 4 Rn. 6 ff. **38**

b) Verbot der Diskriminierung durch Koordinierungsrecht. Nicht nur nationales Recht kann Diskriminierungen enthalten. Auch das Koordinierungsrecht selbst, insbesondere die VO, kann Vorschriften enthalten, die diskriminierender Natur sind. Der EuGH war wiederholt aufgerufen, Vorschriften der VO unter diesem Aspekt zu prüfen. Als **Prüfungsmaßstab** hat er dabei die Diskriminierungsverbote des Art. 39 Abs. 2 EG (jetzt: Art. 45 Abs. 2 AEUV) herangezogen. In der Rs. Pinna (EuGH, Rs. C-41/84, Slg. 1986, 1) hat der EuGH das zweigleisige System für Frankreich in Art. 73 VO 1408/71 a. F. an Art. 48 EG (= Art. 45 AEUV) scheitern lassen. Die frühere Regelung in Art. 4 Abs. 4 VO 1408/71, wonach Sondersysteme für Beamte von der Koordinierung ausgeschlossen waren, hat der EuGH als nicht im Einklang mit Art. 39 und 42 EG (= Art. 45 und 48 AEUV) stehend angesehen (EuGH, Rs. C-443/93 (Vougioukas), Slg. 1995, I-4052), was zu einer Streichung dieser Ausnahmevorschrift geführt hat (vgl. dazu Fuchs in: Fuchs (Hg.), Europäisches Sozialrecht, 4. Aufl. 2005, Art. 4 Rn. 44). **39**

3. Der Gleichbehandlungsgrundsatz im Rahmen von Abkommen. a) Abkommen im Sinne von Art. 3 Abs. 3. Nach dem ausdrücklichen Wortlaut der Vorschrift müssen die Bestimmungen dieser Abkommen auf alle von der VO erfassten Personen zur Anwendung gebracht werden. **40**

b) Multilateralisierung bilateraler Abkommen. Unter diesem Stichwort wird die Geltung von Sozialversicherungsabkommen, die zwei Mitgliedstaaten miteinander geschlossen haben, diskutiert, wenn ein Anspruchsteller sich auf das Abkommen gegenüber einem dieser beiden Abkommensstaaten beruft, dessen Staatsangehörigkeit er aber nicht besitzt (Beispiel: Spanische Staatsangehörige will unter Berufung auf das deutsch-schweizerische Sozialversicherungsabkommen in der Schweiz zurückgelegte Versicherungszeiten vom deutschen Rentenversicherungsträger anerkannt bekommen). In der Entscheidung Grana-Novoa (EuGH, Rs. C-23/92, Slg. 1993, I-4505) hatte der EuGH diese Möglichkeit noch abgelehnt. In einer neueren Entscheidung bejaht der EuGH jedoch die Anwendbarkeit der Abkommensvorschriften (EuGH, Rs. C-55/00 (Gottardo), Slg. 2002, I-413), soweit die Nichtanwendung nicht objektiv gerechtfertigt ist. **41**

VI. Tatbestandsgleichstellung (Art. 5)

1. Funktion der Vorschrift. Zu dem Anliegen, mit der VO Nr. 883/2004 eine Vereinfachung des Koordinierungsrechts herbeizuführen, leistet Art. 5 einen wesentlichen Beitrag. Wenn das Sozialrecht des zuständigen Mitgliedstaats an den Bezug von Sozialleistungen oder sonstigen Einkünften bestimmte Rechtswirkungen knüpft, müssen solche Leistungen/Einkünfte auch dann berücksichtigt werden, wenn diese nach dem Recht des anderen Mitgliedstaats gewährt oder bezogen werden (lit. a). Das Gleiche gilt, wenn die Rechtsfolgen an bestimmte Sachverhalte oder Ereignisse geknüpft sind. Dann müssen diese auch berücksichtigt werden, wenn sie in einem anderen Mitgliedstaat eingetreten sind (lit. b). Durch diese allgemeine Gleichstellungsvorschrift sind zahlreiche Regelungen des bisherigen Rechts überflüssig geworden, die punktuell eine Gleichstellung vorsahen (z. B. Art. 56 VO Nr. 1408/71 betreffend Wegeunfälle in einem anderen Mitgliedstaat). Ebenso geht die Rspr. des EuGH in der Generalklausel des Art. 5 auf, in denen der Gerichtshof eine Gleichstellung ausländischer Sachverhalte und Merkmale für die Rechtsanwendung des zuständigen Mitgliedstaates ausgesprochen hatte (vgl. etwa EuGH, Rs. 20/85 (Roviello), Slg. 1987, 2805; C-349/87 (Paraschi), Slg. 1991, I-4501; C-28/00 (Kauer), Slg. 2002, I-1343; C-135/99 (Elsen), Slg. 2000, I-10409; C-290/00 (Duchon), Slg. 2002, I-3567). **42**

2. Reichweite der Gleichstellungsregel. Die Notwendigkeit der Gleichstellung von im Ausland bezogenen Leistungen/Einkommen bzw. Sachverhalten und Ereignissen darf indes nicht zu einer **43**

Überbeanspruchung führen. Dieses Problem hat der europäische Gesetzgeber gesehen und die Anwendung des Art. 5 in zweierlei Richtung eingeschränkt. In Erwägungsgrund Nr. 11 der Präambel wird betont, dass die Anwendung der Gleichstellungsregel in keinem Fall dazu führen darf, dass ein anderer Mitgliedstaat zuständig wird oder dessen Rechtsvorschriften anwendbar werden. Die zweite Einschränkung ist in Erwägungsgrund Nr. 10 S. 2 der Präambel enthalten. Sie sorgt für die Abgrenzung von dem in Art. 6 enthaltenen Grundsatz der Zusammenrechnung der Zeiten. Zeiten, die nach den Rechtsvorschriften eines anderen Mitgliedstaats zurückgelegt worden sind, dürfen nur im Rahmen von Art. 6 zur Anwendung kommen. Folglich können alle zeitgebundenen Tatbestandsmerkmale, also Versicherungs-, Beschäftigungs- oder Betätigungs- oder Wohnzeiten nur im Rahmen des Prinzips der Zusammenrechnung der Zeiten nach Art. 6 Berücksichtigung finden (Eichenhofer in: Fuchs (Hg.), Europäisches Sozialrecht, 5. Aufl. 2010, Art. 5 Rn. 8).

44   Durch Art. 5 ist die bislang in Art. 12 Abs. 2 und 3 VO Nr. 1408/71 enthaltene Regel über das Zusammentreffen von Sozialleistungen und sonstigen Einkünften bzw. Kürzungsregeln beim Zusammentreffen von Leistungen bei Invalidität oder von vorgezogenen Leistungen bei Alter im Fall der Ausübung einer beruflichen Tätigkeit entfallen.

45   **3. Sonderbestimmung in Anhang XI.** In Anhang XI ist für Deutschland unter 1. in Abweichung von Art. 5 lit. a) und § 5 Abs. 4 Nr. 1 SGB VI bestimmt, dass eine Person, die eine Vollrente wegen Alters nach den Rechtsvorschriften eines anderen Mitgliedstaats erhält, beantragen kann, in der deutschen Rentenversicherung pflichtversichert zu werden. Diese Bestimmung entspricht der früheren Vorschrift des Art. 14d Abs. 3 VO Nr. 1408/71. Eine weitere Sonderregelung findet sich unter Nr. 2 des Eintrags für Deutschland. Danach besteht abweichend von Art. 15a und § 7 Abs. 1 und 3 SGB VI für Personen, die in einem anderen Mitgliedstaat pflichtversichert sind oder eine Altersrente nach den Rechtsvorschriften eines anderen Mitgliedstaats erhalten, die Möglichkeit, der freiwilligen Versicherung in Deutschland beizutreten.

VII. Zusammenrechnung der Zeiten (Art. 6)

46   **1. Allgemeines.** Das in Art. 6 verankerte Prinzip der Zusammenrechnung der Zeiten verwirklicht eines der Kernelemente der sozialrechtlichen Koordinierung wie es schon im ursprünglichen EWGV (Art. 51) gefordert war. Die Zusammenrechnung aller nach den verschiedenen innerstaatlichen Rechtsvorschriften berücksichtigten Zeit für den Erwerb und die Aufrechterhaltung des Leistungsanspruchs sowie für die Berechnung der Leistungen ist neben dem Leistungsexport die Kernaufgabe des Koordinierungsrechts (Art. 48 lit. a) AEUV). Erstmals durch die VO (EG) Nr. 883/2004 hat das Prinzip der Zusammenrechnung eine eigenständige Regelung erfahren. In der Vergangenheit war das Prinzip verteilt über die VO (EWG) Nr. 1408/71 in einzelnen Vorschriftenkomplexen enthalten. Damit trägt Art. 6 ähnlich wie Art. 5 zu einer wesentlichen Vereinfachung des Koordinierungsrechts bei.

47   **2. Inhalt des Prinzips.** Das Zusammenrechnungsprinzip des Art. 6 ist ein Unterfall der allgemeinen Gleichstellungsregel des Art. 5 (Schuler in: Fuchs (Hg.), Europäisches Sozialrecht, Art. 6 Rn. 1). Während Art. 5 sich allein auf die dort genannten Tatbestandsmerkmale (Leistungen, Einkünfte, Sachverhalte oder Ereignisse) bezieht, Zeitmomente demnach außer Acht lässt, bilden **Zeitmomente** gerade den Gegenstand der Zusammenrechnung in Art. 6. Gegenstand der Zusammenrechnung sind Versicherungszeiten, Beschäftigungszeiten, Zeiten einer selbständigen Erwerbstätigkeit und Wohnzeiten. Wie sich aus der Definition dieser Begriffe in Art. 1 lit. t), u) und v) ergibt, entscheidet über deren Vorliegen das Recht, nach denen sie zurückgelegt worden sind. Das Prinzip der Zusammenrechnung von Zeiten gilt nicht nur für Erwerb, Aufrechterhaltung des Leistungsanspruchs. Die vorgenannten Zeiten sind auch beim Zugang bzw. Befreiung von der Pflichtversicherung, der freiwilligen Versicherung oder freiwilligen Weiterversicherung heranzuziehen. Die genannten Zeiten müssen so behandelt werden, als ob es sich um Zeiten handeln würde, die nach den für den zuständigen Träger geltenden Rechtsvorschriften zurückgelegt worden sind. Bei der Ermittlung und der Berücksichtigung der einzelnen Zeiten sind Art. 12 und 13 DVO zu beachten. Zur praktischen Anwendung der Vorschrift s. auch Beschluss der Verwaltungskommission HG, AblEU C 45/5 v. 12. 2. 2011. Wichtig ist insbesondere Art. 12 Abs. 2 DVO, wonach die verschiedenen Zeiten kumulativ zu berücksichtigen sind. Soweit sie sich aber überschneiden, gelten Vorrangregeln (vgl. Art. 12 Abs. 3 und 4 DVO). Für Staatsangehörige anderer Mitgliedstaaten, die ihren Wohnort oder gewöhnlichen Aufenthalt außerhalb Deutschlands haben, ist für die freiwillige Rentenversicherung Nr. 4 des Eintrags für Deutschland in Anhang XI. zu beachten (zu einer detaillierten Betrachtung des Prinzips im Rahmen der deutschen Sozialversicherung siehe Hauschild in Hauck/Noftz, EU-Sozialrecht, Art. 6 Rn. 9 ff.).

VIII. Verhältnis der VO (EG) 883/2004 zu den Sozialversicherungsabkommen

48   **1. Allgemeines.** Das internationale Sozialrecht hat sich vor allem als Abkommensrecht entwickelt. Staaten haben bilaterale oder multilaterale Sozialversicherungsabkommen geschlossen, um für die betroffenen Arbeitnehmer Nachteile aus der Beschäftigung in verschiedenen Mitgliedstaaten zu besei-

tigen (Fuchs/Preis, Sozialversicherungsrecht, 2. Aufl. 2009, § 61). Deshalb musste auch der Verordnungsgeber eine Regelung über das Verhältnis der VO (EG) 883/2004 zu den bestehenden (und möglicherweise nachträglich noch abzuschließenden) Sozialversicherungsabkommen der Mitgliedstaaten treffen. In Art. 8 Abs. 1 S. 1 ist der Grundsatz verankert, dass die **VO (EG) 883/2004 die Sozialversicherungsabkommen der Mitgliedstaaten** ablöst. In einem beschränkten Umfang bleibt es bei der Fortgeltung bisheriger Abkommen (Abs. 1 S. 2–4).

2. Ausnahmen. Gemäß Art. 8 Abs. 1 Satz 2 gelten einzelne Bestimmungen von Abkommen über soziale Sicherheit, die von den Mitgliedstaaten vor dem Beginn der Anwendung dieser Verordnung geschlossen wurden, fort, sofern sie für die Berechtigten günstiger sind oder sich aus besonderen historischen Umständen ergeben und ihre Geltung zeitlich begrenzt ist. Um weiterhin Anwendung zu finden, müssen diese Bestimmungen aber in Anh. II aufgeführt sein (Art. 8 Abs. 1 S. 3). Der nach bisherigem Recht bestehende Vorrang des Rheinschifferübereinkommens ist weggefallen. Für Rheinschiffer gilt jetzt die VO (EG) Nr. 883/2004. Für Drittstaatsangehörige und in Fällen, in denen die Schweiz beteiligt ist, gilt das Übereinkommen fort (vgl. zur Problematik Bokeloh, DRV 2010, 452 ff.). 49

3. Einschränkende Auslegung des Art. 8 aufgrund der Rechtsprechung des EuGH. Der EuGH hatte die früheren Bestimmungen der Art. 6 und 7 VO (EWG) Nr. 1408/71 einschränkend ausgelegt. Die **Rs. Rönfeldt** (Rs. C-227/89, Slg. 1991, I-323) betraf einen dänischen Kläger, der eine Rente nach deutschem Recht beantragte. Bei der Berechnung der Rente wären aufgrund des deutsch-dänischen Sozialversicherungsabkommens auch die dänischen Versicherungszeiten des Klägers berücksichtigungsfähig gewesen. Im Hinblick auf Art. 6 wandte der deutsche Rentenversicherungsträger aber das deutsch-dänische Sozialversicherungsabkommen nicht an. Der EuGH stellte den Vorrang der VO (EWG) Nr. 1408/71 im Hinblick auf Art. 42 EG (= Art. 48 AEUV) in den Fällen in Frage, in denen die Arbeitnehmer durch die Nichtanwendung des Sozialversicherungsabkommens hinsichtlich bestimmter Rechte schlechter gestellt werden. In diesem Zusammenhang griff er auf seine eigene Rechtsprechung in der Sache **Petroni** (EuGH, Rs. 24/75, Slg. 1975, 1149 Rn. 43) zurück, in der er ausgeführt hatte, der Zweck der Art. 39–42 EG (jetzt Art. 45–48 AEUV) würde verfehlt, wenn die Arbeitnehmer, die von ihrem Recht auf Freizügigkeit Gebrauch gemacht haben, Vergünstigungen der sozialen Sicherheit verlören, die ihnen jedenfalls die Rechtsvorschriften eines Mitgliedstaats sichern. Und daran anknüpfend hatte der EuGH in der Rs. Gravina (EuGH, Rs. 807/79, Slg. 1980, 2205 Rn. 7) abgeleitet, dass die Anwendung der Gemeinschaftsregelung keine Verringerung der nach dem Recht eines Mitgliedstaats gewährten Leistungen zur Folge haben könne. Vor dem Hintergrund dieser beiden Urteile hat der EuGH in der Rs. Rönfeldt ausgeführt, dass unter Leistungen, die nach dem Recht eines Mitgliedstaats gewährt werden, alle Leistungen zu verstehen sind, die das von den nationalen Gesetzgebern erlassene nationale Recht vorsieht, als auch Leistungen, die sich aus in das nationale Recht eingeführten Sozialversicherungsabkommen zwischen zwei oder mehr Mitgliedstaaten ergeben, wenn diese für den betroffenen Arbeitnehmer günstiger sind als die Gemeinschaftsregelung. Eine andere Auslegung verbiete sich im Hinblick auf Art. 42 EG, weil der Arbeitnehmer, der von seinem Recht auf Freizügigkeit Gebrauch gemacht hat, sich aufgrund dessen benachteiligt sähe (EuGH, Rs. C-227/89, Slg. 1991, I-323 Rn. 27 f. Zu einer ausführlichen Beschäftigung mit diesem Urteil und den Konsequenzen s. Steinmeyer in Fuchs (Hg.), Europäisches Sozialrecht, 5. Aufl. 2010, Art. 8 Rn. 10 ff.). 50

In einem späteren Verfahren hat der EuGH seine Rechtsprechung dahingehend präzisiert, dass das in der Rs. Rönfeldt postulierte **Günstigkeitsprinzip dann nicht gilt,** wenn der Arbeitnehmer, der sich auf ein Sozialversicherungsabkommen beruft, das vor dem Inkrafttreten der VO (EWG) Nr. 1408/71 abgeschlossen wurde, von seiner Freizügigkeit erst nach dem Zeitpunkt des Inkrafttretens der VO (EWG) Nr. 1408/71 Gebrauch gemacht hat. Denn dann kann er nicht behaupten, dass er einen Verlust an Vergünstigungen der sozialen Sicherheit erlitten habe, da die VO (EWG) Nr. 1408/71 in diesem Zeitpunkt das Sozialversicherungsabkommen schon abgelöst hatte (EuGH, Rs. C-475/93 (Thevenon), Slg. 1995, I-3813 Rn. 25). Auf der Basis der Urteile in den Rs. Rönfeldt und Thevenon ergibt sich, dass das Günstigkeitsprinzip für solche Arbeitnehmer nicht gilt, die ihr Recht auf Freizügigkeit erst nach dem Inkrafttreten der VO (EWG) Nr. 1408/71 wahrgenommen haben (st. Rspr. des EuGH, vgl. EuGH, Rs. C-31/96 (Naranjo Arjona), Slg. 1997, I-5501; Rs. C-113/96 (Rodriguez), Slg. 1998, I-2482; Rs. C-75/99 (Thelen), Slg. 2000, I-9399; Rs. C-277/99 (Kaske), Slg. 2002, I-1261; Rs. C-396/05, 419/05, 450/05 (Habelt/Möser/Wachter), Slg. 2007, I-11895). 51

Ob die vorgenannte Rechtsprechung des EuGH auch unter Geltung des Art. 8 aufrechtzuerhalten ist, ist fraglich (bejahend Otting in: Hauck/Noftz, EU-Sozialrecht, Art. 8 Rn. 10). Die Frage ist zu bejahen. Denn eine ähnliche Bestimmung wie Art. 8 Abs. 1 S. 2 und 3 war in Art. 7 Abs. 2 lit. c) enthalten. 52

IX. Leistungsexport

1. Allgemeines. Es war lange Zeit die Tendenz der Sozialrechtsordnungen der Mitgliedstaaten, ihren Wirkungsbereich sowohl rechtlich wie tatsächlich auf das eigene Staatsgebiet zu beschränken. Dieses **Territorialitätsprinzip** (vgl. dazu etwa BSGE 33, 137, 144) bedeutete eine Abschottung des 53 eigenen Sozialrechts gegenüber dem Sozialrecht anderer Länder. Das supranationale Sozialrecht der EG hatte deshalb gerade die Aufgabe, eine Entterritorialisierung des Sozialrechts herbeizuführen. Was den Leistungsexport anbelangt, war es gängige Tradition des nationalen Rechts der Mitgliedstaaten der EU, Sozialleistungen nicht oder nur beschränkt ins Ausland zu transferieren. Dies war auch dem Gemeinschaftsgesetzgeber bekannt. Er verankerte deshalb in Art. 48 lit. b) AEUV das Prinzip der Zahlung der Leistungen an Personen, die in den Hoheitsgebieten der Mitgliedstaaten wohnen. Sekundärrechtlich ist dieses Prinzip durch Art. 7 verwirklicht. Der Grundsatz des Exports von Geldleistungen der sozialen Sicherheit ist zu einem der tragenden Grundsätze der Sozialrechtskoordinierung geworden (Schuler in Fuchs (Hg.), Europäisches Sozialrecht, 5. Aufl. 2010, Art. 7 Rn. 3).

54 **2. Die Reichweite des Exportprinzips.** Art. 7 besagt, dass die Geldleistungen die nach den Rechtsvorschriften eines oder mehrerer Mitgliedstaaten oder nach dieser VO zu zahlen sind, sofern in dieser VO nichts anderes bestimmt ist, nicht deshalb gekürzt, geändert, zum Ruhen gebracht, entzogen oder beschlagnahmt werden dürfen, weil der Berechtigte im Gebiet eines anderen Mitgliedstaats als des Staates wohnt, in dessen Gebiet der zur Zahlung verpflichtete Träger seinen Sitz hat. Im Gegensatz zum bisherigen Recht gilt die Exportpflicht für alle Geldleistungen, soweit in der VO nichts Gegenteiliges bestimmt ist. Der klare Wortlaut der Vorschrift gibt seine Zielrichtung unmissverständlich zu erkennen. Der Wohnort darf für den Leistungsrahmen (Begründung und Inhalt des Rechts) keine Bedeutung haben. Art. 7 wendet sich also insbesondere gegen so genannte **Wohnsitzklauseln**, deren Ziel es ist, soziale Rechte auf das jeweilige Staatsgebiet zu beschränken.

55 Im Hinblick auf die in Art. 7 enthaltene Einschränkung ("sofern in dieser Verordnung nichts anderes bestimmt ist") ist für Leistungen bei Invalidität in Ländern des Typs A eine Sonderregelung hinsichtlich des zuständigen Trägers in Art. 44 Abs. 2 und Art. 46 Abs 2 zu beachten (s. dazu dort). Ferner enthält Art. 63 für Leistungen bei Arbeitslosigkeit eine erhebliche Einschränkung des Art. 7. In **Anhang XI** Nr. 4 ist eine Ausnahmeregelung betreffend Deutschland enthalten. In einer bedeutenden Entscheidung hat der EuGH die frühere Bestimmung in Anhang VI Teil D ("Deutschland") Nr. 1 für unvereinbar mit Art. 42 EG angesehen (EuGH, Rs. C-396/05 (Habelt/Möser), Slg. 2007, I-11.895). Diese Regelung bestimmte, dass Art. 10 (jetzt Art. 7) nicht die Rechtsvorschriften berührt, nach denen aus Unfällen (BKen) und Zeiten, die außerhalb des Gebietes der BRD eingetreten bzw. zurückgelegt sind, Leistungen an Berechtigte außerhalb der Bundesrepublik Deutschland nicht oder nur unter bestimmten Voraussetzungen gezahlt werden. Sie ist in der VO (EG) Nr. 883/2004 nicht mehr enthalten.

56 **3. Beitragsunabhängige Geldleistungen.** Der Grundsatz des Leistungsexports in Mitgliedstaaten der EU (und der EWR-Staaten bzw. die Schweiz) erfährt eine bedeutsame Einschränkung bei den so genannten beitragsunabhängigen Geldleistungen (zum Begriff s. oben Art. 3 Rn. 26 ff.). Diese Leistungen zeichnen sich dadurch aus, dass sie von der gesetzgeberischen Motivation her gedacht einen starken Bezug zum jeweiligen nationalen Gesetzgeber haben. Die nationalen Vorschriften machen deshalb regelmäßig den Wohnsitz zu einem leistungsbegründenden Element. Die Rechtsprechung des EuGH, der gezwungen ist, in der Abgrenzung der klassischen Leistungen der sozialen Sicherheit (Art. 4 Abs. 1 VO (EWG) Nr. 1408/71) und den Systemen der Sozialhilfe (Art. 4 Abs. 4 VO (EWG) Nr. 1408/71) einen Zwischenweg zu steuern, führte letztlich zur Einbindung der beitragsunabhängigen Geldleistungen in die Sozialrechtskoordinierung. Dies wollten die Mitgliedstaaten der EU jedoch so nicht akzeptieren. Mit der VO (EWG) Nr. 1247/92 vom 30. 4. 1992 (ABl. (EG) Nr. L 136/1) hat sich der europäische Gesetzgeber dafür entschieden, diesen Geldleistungstyp aus der unbeschränkten Koordinierung des Art. 10 Abs. 1 (jetzt Art. 7) herauszunehmen. Mit der VO (EWG) Nr. 1247/92 wurde sozusagen ein eigenes Modell für beitragsunabhängige Geldleistungen geschaffen. Der Tatbestand der beitragsunabhängigen Geldleistungen ist jetzt in einer eigenen Vorschrift (Art. 70) geregelt (ausführlich dazu oben Art. 3 Rn. 26 ff.). In Art. 70 Abs. 3 wird Art. 7 außer Kraft gesetzt, stattdessen ist in Art. 70 Abs. 4 die ausschließliche Rechtszuständigkeit des Wohnmitgliedstaates der betreffenden Leistung verankert, vorausgesetzt, dass die Leistung in **Anhang X** aufgeführt ist.

X. Verbot der Leistungskumulierung

57 **1. Allgemeines.** Das Problem der Leistungskumulierung stellt sich auch im nationalen Recht. Immer dann, wenn **gleichartige Sozialleistungsansprüche** in einer Person entstehen, ist die Frage aufgeworfen, ob beide Leistungen kumulativ gewährt werden sollen. Meist sehen die nationalen Vorschriften eine Inkompatibilität vor, d. h. eine der beiden Leistungen wird nicht gewährt oder gekürzt (Beispiele: § 49 SGB V betreffend das Ruhen des Krankengeldes; § 93 SGB VI betreffend das Zusammentreffen von Renten aus der Unfallversicherung und der Rentenversicherung). Das gleiche Problem kann durch die Existenz zweier Ansprüche nach dem Recht verschiedener Mitgliedstaaten entstehen. Art. 10 ordnet deshalb an, dass aufgrund der VO ein Anspruch auf mehrere Leistungen gleicher Art aus derselben Pflichtversicherungszeit weder erworben noch aufrecht erhalten werden darf. Die Vorläuferregelungen des Art. 12 Abs. 2 bis 4 VO (EWG) Nr. 1408/71 sind durch spezielle Regelungen bzw. durch die Sachverhaltsgleichstellungsregelung in Art. 5 entbehrlich geworden.

2. Kumulierungsverbot bei gleichartigen Pflichtversicherungsleistungen. Art. 10 enthält **58** eine Antikumulierungsregelung für den Fall, dass ein Anspruch auf mehrere **Leistungen** gleicher Art **aus derselben Pflichtversicherungszeit** entsteht. Nach st. Rspr. des Gerichtshofs sind Leistungen der sozialen Sicherheit unabhängig von den besonderen Eigenheiten der Rechtsvorschriften der verschiedenen Mitgliedstaaten als Leistungen gleicher Art zu betrachten, wenn ihr Sinn und Zweck sowie ihre Berechnungsgrundlage und die Voraussetzungen für ihre Gewährung völlig gleich sind. Dagegen sind rein formale Merkmale nicht als wesentliche Tatbestandsmerkmale für die Einstufung der Leistungen anzusehen (EuGH, Rs. 171/82 (Valentini), Slg. 1983, 2157; Rs. C-102/91 (Knoch), Slg. 1992, I-4341 Rn. 40). In den beiden vorgenannten Urteilen hat der EuGH Leistungen bei Arbeitslosigkeit dann als Leistungen gleicher Art im Sinne des Art. 10 angesehen, wenn sie den aufgrund der Arbeitslosigkeit verlorenen Arbeitslohn ersetzen sollen, um für den Unterhalt einer Person zu sorgen, und wenn sich die Unterschiede zwischen diesen Leistungen, die insbesondere in Bezug auf die Berechnungsgrundlage und die Voraussetzungen für die Leistungsgewährung bestehen, aus strukturellen Unterschieden zwischen den nationalen Systemen ergeben (zu weiterer EuGH-Rspr. s. Schuler in: Fuchs (Hg.), Europäisches Sozialrecht, Art. 10 Rn. 6).

3. Einschränkung durch das Günstigkeitsprinzip. Bei der Anwendung des Art. 10 ist zu beachten, dass die Bestimmung nur zur Anwendung gelangt, wenn der Leistungsanspruch, um dessen **59** Ruhen oder Kürzung es geht, unter Berücksichtigung der VO (EWG) Nr. 1408/71 zustande gekommen ist. Ist dagegen der Sozialleistungsanspruch allein nach **innerstaatlichem Recht** begründet, so darf Art. 10 aufgrund des so genannten **Petroni-Prinzips** nicht angewendet werden (Schuler in Fuchs (Hg.), Europäisches Sozialrecht, 5. Aufl. 2010, Art. 10 Rn. 3). Dieses vom EuGH in der Rs. Petroni (EuGH, Rs. 24/75, Slg. 1975, 1063) entwickelte Prinzip besagt, dass Kumulierungsverbote dann nicht angewendet werden dürfen, wenn sie zu einer Verringerung von Ansprüchen führen, welche dem Versicherten in einem Mitgliedstaat bereits allein nach den innerstaatlichen Rechtsvorschriften zustehen (Rn. 20 des Urteils Petroni). Diese Grundsätze hatte der EuGH bereits zur Vorläuferverordnung der VO (EWG) Nr. 1408/71, der VO (EWG) Nr. 3 entwickelt (vgl. dazu im Einzelnen Haverkate/Huster, Europäisches Sozialrecht, 1999 Rn. 249 f.). Zu beachten ist, dass sich ein Wegfall oder eine Kürzung eines Sozialleistungsanspruchs bereits aufgrund innerstaatlicher Antikumulierungsvorschriften ergeben kann. Das Gemeinschaftsrecht steht nationalen Antikumulierungsregelungen nicht entgegen, die bei Ansprüchen, die sich allein aus dem nationalen Recht ergeben, das Ruhen oder die Kürzung des Anspruchs vorsehen. So ist beispielsweise im Rahmen des § 142 SGB III das Ruhen des Arbeitslosengeldes gegeben, wenn der Antragsteller eine Altersrente nach dem Recht eines anderen Mitgliedstaates bezieht (vgl. BSGE 73, 10).

Dieser Mechanismus kann aber unter Umständen dazu führen, dass keine der Leistungen gezahlt **60** würde, wenn nämlich auch der andere Mitgliedstaat Anrechnungsvorschriften kennt. Deshalb bestimmt **Art. 10 DVO**, dass in solchen Fällen jene Beträge, die bei strenger Anwendung der in den Rechtsvorschriften der betreffenden Mitgliedstaaten vorgesehenen Kürzungs-, Ruhens- oder Entziehungsbestimmungen nicht ausgezahlt würden, durch die Zahl der zu kürzenden, zur Ruhe zu bringenden oder zu entziehenden Leistungen geteilt werden.

XI. Die Kollisionsnormen

1. Aufgabe und Funktion. Im Titel II (Bestimmung des anwendbaren Rechts) finden sich in **61** den Artikeln 11 bis 16 die wichtigsten Kollisionsnormen des europäischen Sozialrechts. Sie tragen zur Bewältigung derjenigen Probleme bei, die sich daraus ergeben, dass eine Person Beziehungen zu mehreren Sozialrechtsordnungen unterhält und bestimmen unter Verdrängung der nationalen Kollisionsnormen (§§ 3 bis 6 SGB IV) und solcher nach den zwischenstaatlichen Abkommen über soziale Sicherheit, welche Rechtsordnung eines Mitgliedstaates auf grenzüberschreitende Sachverhalte anzuwenden ist (EuGH, Rs. 302/84 (Ten Holder), Slg. 1986, 1821 Rn. 21). Im Ergebnis vereinheitlichen sie damit das internationale Sozialrecht der einzelnen Mitgliedstaaten und gewährleisten eine einheitliche Rechtsanwendung, mit dem Ziel, dass **nur ein Sozialrecht** auf den Betroffenen anwendbar sein soll. Gleichzeitig stellen sie so zweierlei sicher: Zunächst, dass alle Personen, die in den Anwendungsbereich der Verordnung fallen, lückenlos von einem System der sozialen Sicherheit erfasst werden, wenn sie innerhalb der Union von einem Mitgliedstaat in einen anderen zu- oder abwandern. Ferner, dass das Zusammentreffen von Leistungen mit gleicher Zielrichtung ebenso vermieden wird wie die mit einer Doppelversicherung verbundenen zusätzlichen Beitragslasten. Dieser Grundsatz bedeutet auch, dass der Verweis auf die Rechtsvorschriften eines bestimmten Mitgliedstaates für alle von der Verordnung erfassten Zweige der sozialen Sicherheit gilt. Es kann also für die Krankenversicherung keine andere anwendbare Rechtsordnung mehr geben als für die Rentenversicherung (Steinmeyer in: Fuchs (Hg.), Europäisches Sozialrecht, 5. Aufl. 2010, Art. 11 Rn. 1). Mit anderen Worten besteht der Zweck der Kollisionsnormen in der Vermeidung negativer und positiver Gesetzeskollisionen (zu diesem Begriff Stahlberg, Europäisches Sozialrecht, 1997 Rn. 331) im Hinblick auf Lücken des sozialen Schutzes, doppelte Beitragszahlung und ungerechtfertigte Leistungskumulierung.

5 VO (EG) 883/2004 Art. 1–91

62 Die Bezeichnung Kollisionsnorm ist der juristische Gegenbegriff zur Sachnorm. Während die Sachnorm jede in einer Rechtsordnung enthaltene und für die Beurteilung einer Rechtsfrage maßgebende Norm bezeichnet, unter die der jeweilige Sachverhalt zu subsumieren ist, regelt die **Kollisionsnorm**, welcher Rechtsordnung die für einen Sachverhalt einschlägige Sachnorm zu entnehmen ist (vgl. Eichenhofer, Sozialrecht der EU, 4. Aufl. 2010, Rn. 142 ff.). Die Kollisionsnorm ist damit der Sachnorm in der Prüfungsreihenfolge vorgeschaltet. Bei den Kollisionsnormen der VO (EG) Nr. 883/2004 handelt es sich zudem um sog. allseitige Kollisionsnormen (strittig; wie hier Joussen, NZS 2003, 19, 21; Steinmeyer in: Fuchs (Hg.), Europäisches Sozialrecht, 5. Aufl. 2010, Vorbemerkung zu Art. 11 ff. Rn. 1; aA Frank, DAngVers 1996, 132 ff.; Devetzi, Die Kollisionsnormen des Europäischen Sozialrechts, 2000, S. 196 ff.). Sie legen nämlich nicht nur einseitig – wie die §§ 3 bis 6 SGB IV – fest, ob eine nationale Rechtsordnung anwendbar ist oder nicht, sondern bestimmen vielmehr allseitig, welche nationale Rechtsordnung zur Anwendung kommt, wenn ein Sachverhalt den Anwendungsbereich mehrerer nationaler Sozialrechtsordnungen betrifft.

63 **2. Regelungsinhalt. a) Prinzip des Beschäftigungslandes (Art. 11).** Art. 11 Abs. 1 trifft die erste sehr bedeutende **Grundaussage der Verordnung**. Die von der Verordnung erfassten Personen unterliegen nur den Rechtsvorschriften eines Mitgliedstaates.

64 Art. 11 Abs. 3 lit. a) legt eine weitere sehr wichtige Wertung der Verordnung fest, indem er Erwerbstätige (abhängig Beschäftigte und selbständig Tätige) den Rechtsvorschriften des Mitgliedstaates ihrer Beschäftigung bzw. ihres Tätigkeitsortes unterstellt. Dies gilt auch dann, wenn diese in einem anderen Mitgliedstaat wohnen oder der Arbeitgeber bzw. das Unternehmen in einem anderen Mitgliedstaat seinen gewöhnlichen Wohn- oder Betriebssitz hat. Dies war früher ausdrücklich in Art. 13 Abs. 2 lit. a) und b) VO (EWG) Nr. 1408/71 bestimmt, gilt aber weiterhin. Das **Beschäftigungslandprinzip** ist damit gegenüber dem konkurrierenden Wohnland- und dem Sitzlandprinzip der maßgebliche sozialrechtliche Anknüpfungspunkt und Leitbild für die Bestimmung der auf eine Person anzuwendenden Rechtsvorschriften. Im Hinblick auf im der Praxis immer wieder aufgetretene Streitfragen und abweichend von der früheren Bestimmung des Art. 13 Abs. 2 lit. f VO (EWG) Nr. 1408/71 stellt jetzt Art. 11 Abs. 2 Satz 1 klar, dass bei Personen, die aufgrund oder infolge ihrer Beschäftigung oder selbständigen Erwerbstätigkeit eine Geldleistung beziehen, davon ausgegangen wird, dass sie diese Tätigkeit oder Beschäftigung ausüben. Dies gilt aber nicht für die in S. 3 genannten Leistungen.

65 Die weitere Bestimmung der anzuwendenden Rechtsvorschriften für besondere Berufsgruppen folgt diesen Grundgedanken:
– **Beamte** unterliegen gem. Art. 11 Abs. 3 lit. b) den Rechtsvorschriften des Mitgliedsstaates, dem die ihn beschäftigende Verwaltungseinheit angehört (Dienstsitz der Behörde),
– Arbeitslose, die gemäß Art. 65 Leistungen bei Arbeitslosigkeit vom Wohnmitgliedstaat erhalten, unterfallen dessen Rechtsvorschriften (lit. c).
– Zum **Wehr-** oder **Zivildienst** eines Mitgliedstaates einberufene Personen fallen gem. Art. 11 Abs. 3 lit. d) unter die Rechtsvorschriften dieses Staates (Land der Dienstpflicht),
– Jede andere Person, die nicht unter die Buchstaben a) bis d) fällt unterliegt, soweit in der VO nichts anderes bestimmt ist, den Rechtsvorschriften des Wohnmitgliedstaates.
Eine Sonderregelung enthält Art. 11 Abs. 4 für Seeleute. Nach Satz 1 der Vorschrift gilt für Seeleute, gleich ob abhängig beschäftigt oder selbständig, das Prinzip des Rechts des Flaggenstaates. Davon macht aber Satz 2 eine bedeutsame Ausnahme. Ein Seemann, der sein Entgelt für seine Tätigkeit von einem Unternehmen oder einer Person mit Sitz oder Wohnsitz in einem anderen Mitgliedstaat als dem Flaggenstaat erhält, unterliegt den Rechtsvorschriften des erstgenannten Mitgliedstaats, sofern er in diesem Staat wohnt. Das Unternehmen oder die Person, die das Entgelt zahlen, gelten für die Zwecke dieser Rechtsvorschrift als Arbeitgeber.

66 Die dem Prinzip des Beschäftigungslandes folgenden kollisionsrechtlichen Anknüpfungspunkte der jeweiligen Versichertengruppe lassen sich wie folgt zusammenfassen (Eichenhofer, Sozialrecht der EU, 4. Aufl. 2010, Rn. 157):
– Arbeitnehmer (Beschäftigungsstaat),
– Selbständiger (Tätigkeitsstaat),
– Seeleute (Flaggenstaat),
– Beamte (Anstellungsstaat),
– Wehr- und Zivildienstleistende (Anstellungsstaat) und
– Nichterwerbstätige (Wohnstaat).

67 **b) Ausnahmen.** Unter die in Art. 11 Abs. 3 unter Vorbehalt gestellten Vorschriften fallen vor allem die Anwendungsfälle der Art. 12 und 13, bei denen unter Zugrundelegung des Regel-Anknüpfungspunktes des Beschäftigungslandes die anwendbare Rechtsordnung nicht verlässlich ermittelt werden kann. Bei einer **Tätigkeit** auf Grund einer nur **vorübergehenden Tätigkeit in einem anderen Mitgliedstaat** oder **einer Tätigkeit in mehreren Mitgliedstaaten**, bei welcher der Schwerpunkt des Versicherungsverhältnisses regelmäßig noch nicht in diesem Staat liegt, besteht vielmehr das Bedürfnis nach einem anderweitigen Anknüpfungspunkt. Hier gelten neben dem Beschäftigungsland-

prinzip das Wohnlandprinzip, das auf den Wohnsitz oder gewöhnlichen Aufenthalt des Betreffenden abstellt und das Sitzlandprinzip, das den Wohnsitz des Arbeitgebers oder den Sitz des Unternehmens maßgebend sein lässt.

c) **Entsendung**. Art. 12 Abs. 1 regelt die Fälle der **Entsendung** von abhängig beschäftigten Personen. Hiernach unterliegt eine Person, die in einem Mitgliedstaat von einem gewöhnlich dort tätigen Arbeitgeber beschäftigt wird, und die von diesem Arbeitgeber zur Ausführung einer Arbeit für dessen Rechnung in das Gebiet eines anderen Mitgliedstaates entsandt wird, weiterhin den Rechtsvorschriften des erstgenannten Mitgliedstaates, sofern die voraussichtliche Dauer dieser Arbeit vierundzwanzig Monate nicht überschreitet und diese Person nicht eine andere ablöst. Eine Entsendung liegt regelmäßig dann vor, wenn die Ortsveränderung durch den Arbeitgeber veranlasst ist, in dessen Interesse erfolgt, zeitlich befristet ist und von einem Mitgliedstaat in das Gebiet eines anderen Mitgliedstaates führt, währenddessen das bisherige Beschäftigungsverhältnis fortbesteht. Daher liegt keine Entsendung bei sog. Ortskräften vor, d. h. solchen Arbeitnehmern, die erst in dem anderen Mitgliedstaat eingestellt worden sind (vgl. zum Ganzen Költzsch, DRV 1995, 74, 81). Das Fortbestehen einer fortwährenden Verknüpfung kann in den Fällen zweifelhaft sein, in denen ein Arbeitnehmer in ein Tochterunternehmen oder eine Repräsentanz entsandt wird. Er kann dort in einer Weise eingegliedert sein, die gegen eine fortbestehende Verknüpfung zum bisherigen mitgliedstaatlichen System spricht. Dies kann im Einzelfall schwierig zu prüfen sein; es kommt darauf an, ob über die Konzernzugehörigkeit hinausgehende Verknüpfungen bestehen. Daher wird eine konkret abgrenzbare Tätigkeit auf Grund der Entsendung, die fortdauernde Gehaltszahlung durch das entsendende Unternehmen sowie die Bindung an Weisungen des entsendenden Unternehmers verlangt (Steinmeyer in: Fuchs (Hg.), Europäisches Sozialrecht, 5. Aufl. 2010, Art. 12 Rn. 10). Zu Einzelheiten der möglichen Konkretisierung s. Beschluss Nr. A 2 vom 12. 6. 2009 (AblEU v. 24. 4. 2010 C 106/02).

Mit der Entsendung wird beabsichtigt, die **Dienstleistungsfreiheit** zugunsten von Unternehmen zu fördern, die Arbeitnehmer in andere Mitgliedsstaaten als den Staat ihrer Betriebsstätte senden. Denn ohne diese Regelung müsste das betroffene Unternehmen seine Mitarbeiter bei einer nur zeitlich begrenzten Tätigkeit im System der sozialen Sicherheit eines anderen Mitgliedsstaates veranlagen, was ein unverhältnismäßiger Mehraufwand gegenüber der Fortgeltung der Vorschriften des Entsendestaates wäre. Der Zweck der Entsendung liegt also in der Vereinfachung (Cornelissen, RdA 1996, 329, 332). Der EuGH hat überdies am Beispiel einer Zeitarbeitsfirma in der Rechtssache Fitzwilliam entschieden, dass ein Arbeitgeber (Unternehmen), wolle er von den Vorschriften der Entsendung Gebrauch machen, seine Geschäftstätigkeit auch „gewöhnlich" im Mitgliedstaat seiner Betriebsstätte (Entsendestaat) ausüben muss, also dort auch „nennenswerte Tätigkeiten" – und nicht nur interne Verwaltungstätigkeit – verrichtet (EuGH, Rs. C-202/97, Slg. 2000, I-883, 917 = SozR 3–6050 Art. 14 Nr. 6; vgl. zur internen Verwaltungstätigkeit die Entscheidung Plum EuGH, Rs. C-404/98, Slg. 2000, I-9379, 9395 = AP Nr. 9 zu EWG-Verordnung Nr. 1408/71). Kriterien hierfür sind der Sitz der Verwaltung des Unternehmens, die Zahl der Beschäftigten im Entsende- und Empfangsstaat, die Anzahl der geschlossenen Verträge mit Kunden im jeweiligen Land und die den Verträgen zugrunde liegende nationale Rechtsordnung sowie der in beiden Ländern erzielte Umsatz. Die Art der verrichteten Arbeiten der entsandten Arbeitnehmer im Vergleich zu ihren Arbeiten am Betriebssitz ist dagegen irrelevant.

Der EuGH versteht die Entsendung als eng auszulegende Ausnahmevorschrift vom Grundprinzip der Veranlagung im Beschäftigungsstaat und will ihre **missbräuchliche Verwendung** vermeiden (EuGH, Rs. C-404/98, Slg. 2000, I-9379; aA Devetzi, Die Kollisionsnormen des Europäischen Sozialrechts, 2000, S. 71 f., die hierin eine Konkretisierung der Freizügigkeit sieht). Dem Wortlaut der Vorschrift folgend darf daher der betreffende Arbeitnehmer auch nicht anstelle eines anderen Arbeitnehmers entsandt worden sein, dessen Entsendezeit gerade abgelaufen ist, um diesen abzulösen (sog. Kettenentsendung), oder im Rahmen einer Entsendung aus dem zweiten sofort in einen dritten Mitgliedstaat weiter entsandt werden, da sich hier die Frage stellt, wo der Schwerpunkt des Versicherungsverhältnisses zukünftig liegen soll. Der letztgenannte Fall müsste sinnvoller Weise in eine erneute Entsendung aus dem ersten – nunmehr in einen anderen – Mitgliedstaat uminterpretiert werden, damit der Arbeitnehmer auch weiterhin den Rechtsvorschriften des Entsendestaates unterliegen kann. Eine **Einstellung „zum Zwecke der Entsendung"** ist hingegen zulässig, da der betreffende Arbeitnehmer auch in diesen Fällen ein legitimes Interesse daran hat, bei einem zeitlich befristeten Aufenthalt in einem anderen Mitgliedstaat in seinem bisherigen System der sozialen Sicherheit zu verbleiben (EuGH, Rs. 14/67, Slg. 1967, 461 = SozR Nr. 2 zu Art. 12 EWG-VO Nr. 3). Das BSG hat für die gleichgelagerte Problematik im Rahmen des § 4 SGB IV verlangt, dass der Arbeitnehmer vor der Entsendung ins Ausland entweder in der Bundesrepublik Deutschland beschäftigt war oder wenigstens dort seinen Wohnsitz oder gewöhnlichen Aufenthalt gehabt hat (BSGE 60, 96, 98 = SozR 2100 § 4 SGB IV Nr. 3). Zu dieser Frage bestimmt nunmehr Art. 14 Abs. 1 DVO, dass die Entsendvoraussetzungen des Art. 12 Abs. 1 auch auf Personen zutreffen, die im Hinblick auf die Entsendung in einen anderen Mitgliedstaat eingestellt werden, vorausgesetzt die betreffende Peron unterliegt unmittelbar vor Beginn ihrer Beschäftigung bereits den Rechtsvorschriften des Mitgliedstaats, in dem das Unternehmen, bei dem sie eingestellt wird, seinen Sitz hat.

71 Eine Entsendung ist auch möglich, wenn ein Arbeitnehmer mit Wohnsitz in einem Mitgliedstaat und Beschäftigungsort in einen weiteren Mitgliedstaat zur vorübergehenden Arbeitsausübung in einem **dritten Mitgliedstaat** eingesetzt wird. Reicht als Entsendungstatbestand nämlich die Begründung eines Arbeitsverhältnisses im entsendenden Staat aus, so wäre die Freizügigkeit verletzt, falls dies auf Arbeitnehmer beschränkt würde, welche auch im Beschäftigungsstaat wohnen, Arbeitnehmer anderer Wohnstaaten hiervon jedoch ausgeschlossen wären (Eichenhofer, Sozialrecht der EU, Rn. 170; aA Devetzi, Die Kollisionsnormen, S. 77 f., die für eine Anwendung des Wohnsitzstaates plädiert, da das sog. Dreiecksverhältnis nicht mehr vom Wortlaut der Entsendung umfasst sei).

72 Die **Entsendefrist** beträgt grundsätzlich vierundzwanzig Monate. Der Nachweis über die Fortgeltung der Sozialvorschriften erfolgt dabei nach Art. 19 Abs. 2 DVO durch eine Bescheinigung des Mitgliedstaates, dessen Rechtsvorschriften weiter gelten (Bescheinigung A 1; vgl. zur Umstellung auf die neuen Portable Paper Documents: Barlage-Melber/Lexa, ZESAR 2010, 471, 473).

73 Zur Reichweite der **Bescheinigung E-101, der Vorläuferbescheinigung von A 1** hat der EuGH in einer Reihe von Entscheidungen die Bindungswirkung der Bescheinigung judiziert und verfahrensmäßige Schritte vorgeschrieben, die bei Zweifeln über die Richtigkeit des Inhalts der Bescheinigung zu beachten sind (EuGH, Rs. C-202/97, Slg. 2000, I-883, 922 = SozR 3–6050 Art. 14 Nr. 6 unter Berufung auf GA Lenz, Rs. C-425/93 (Calle Grenzshop), Slg. 1995, I-271, 280 ff.; Rs. C-2/05 (Herbosch/Kiere), Slg. 2006, I-1079 = ZESAR 2006, 125 ff. mA Horn, mit weiteren Ausführungen zum Rechtsschutz). Diese Rechtsprechung ist jetzt in Art. 5 DVO enthalten. Nach Abs. 1 der Vorschrift gilt, dass vom Träger eines Mitgliedstaates ausgestellte Dokumente betreffend die Anwendung der VO (EG) Nr. 883/2004 und der DVO auf den Status einer Person bescheinigt werden, solange verbindlich sind, wie sie nicht von dem ausstellenden Mitgliedstaat widerrufen oder für ungültig erklärt werden. Bei Zweifeln an der Gültigkeit eines Dokuments oder der Richtigkeit des Sachverhalts der den im Dokument enthaltenen Angaben zugrunde liegt, wendet sich der Träger des Mitgliedstaats, der das Dokument erhält, an den ausstellenden Träger mit der Bitte um Klärung. Dieser Träger ist verpflichtet, eine Überprüfung vorzunehmen, ggf. das Dokument zu widerrufen (Abs. 2). Erzielen die betreffenden Träger keine Einigung, so können die zuständigen Behörden frühestens einen Monat nach dem Zeitpunkt, zu dem der Träger, der das Dokument erhalten hat, sein Ersuchen vorgebracht hat, die Verwaltungskommission anrufen. Diese bemüht sich binnen 6 Monaten nach ihrer Befassung um eine Annäherung der unterschiedlichen Standpunkte (Art. 5 Abs. 4 DVO). Obwohl nicht in Art. 5 DVO angesprochen, wird man auch weiterhin die Grundsätze der Entscheidung des EuGH in der Rs. Banks (Rs. C-178/97, Slg. 2000, I-2005, 2031) als gültig ansehen müssen. Danach ist auch nach verspäteter Ausstellung das Dokument noch zu berücksichtigen. Es kann also **Rückwirkung** entfalten, da keine Frist für seine Ausstellung existiert und es nur zeitlich begrenzte Wirkung auf dem Territorium eines anderen Mitgliedstaates hat. Der ausstellende Träger muss den Sachverhalt aber in jedem Fall überprüfen, wenn Zweifel an ihrer Richtigkeit bestehen. Soweit die zuständigen Träger dabei zu keiner Einigung gelangen, können sie sich an die Verwaltungskommission wenden. Gelingt es dieser nicht, zwischen den verschiedenen Standpunkten in Bezug auf das anwendbare Recht zu vermitteln, entscheidet der EuGH abschließend über die rechtmäßige Ausstellung des Dokuments. Das Dokument entfaltet nach einer Grundsatzentscheidung des BGH (Az: 1 StR 44/06, Urteil v. 24. 10. 2006, abgedruckt in NZS 2007, 197 ff.) auch strafrechtliche Bindungswirkung (s. dazu Horn, ZESAR 2007, 505 f.).

74 Art. 12 Abs. 2 enthält eine im Wesentlichen inhaltsgleiche Regelung für **Selbständige**. Eine Person, die eine selbständige Tätigkeit gewöhnlich im Gebiet eines Mitgliedstaates ausübt, und die eine ähnliche Tätigkeit im Gebiet eines anderen Mitgliedstaates ausübt, unterliegt demgemäß weiterhin den Rechtsvorschriften des ersten Mitgliedstaates, sofern die voraussichtliche Dauer dieser Tätigkeit vierundzwanzig Monate nicht überschreitet. Zwangsläufig entbehrlich ist allein das Kriterium der Entsendung, da ein Selbständiger seine Tätigkeit in einem anderen Mitgliedstaat gerade auf Grund eigener Initiative aufnimmt (Eichenhofer, Internationales Sozialrecht, Rn. 322). Im Übrigen s. zu den Anwendungsvoraussetzungen Art. 14 Abs. 4 DVO.

75 **d) Ausübung von Tätigkeiten in zwei oder mehr Mitgliedstaaten (Art. 13).** Art. 13 ersetzt die Vielzahl von Vorschriften der bisherigen VO zu diesem Fragenkomplex (vgl. dazu auch RS 2010/209 der DVKA). Die Vorschrift beinhaltet eine Vereinfachung, z. T. aber auch eine materielle Neuregelung. Abs. 1 bestimmt das zuständige Sozialrechtsstatut bei einer Beschäftigung in mehreren Mitgliedstaaten. Zu den Tatbestandsvoraussetzungen der Mehrfachbeschäftigung gibt Art. 14 Abs. 5 DVO Auslegungshilfen. Zur Abgrenzung von Entsendungsfällen s. Art. 14 Abs. 7 DVO.

76 Abs. 1 lit. a) erklärt die Rechtsvorschriften des Wohnmitgliedstaates für einschlägig, wenn eine der beiden Alternativen verwirklicht ist. Die erste Alternative liegt darin, dass der Beschäftigte im Wohnmitgliedstaat einen wesentlichen Teil seiner Tätigkeit ausübt. Die andere Alternative ist durch die Beschäftigung bei mehreren Unternehmen oder Arbeitgebern gegeben, die ihren Sitz oder Wohnsitz in verschiedenen Mitgliedstaaten haben.

77 Abs. 1 lit. b) stellt eine Auffangvorschrift dar, für den Fall, dass der Beschäftigte keinen wesentlichen Teil seiner Tätigkeiten in dem Wohnmitgliedstaat ausübt. Dann sollen die Rechtsvorschriften des

Mitgliedstaats zur Anwendung kommen, in dem das Unternehmen oder der Arbeitgeber, der sie beschäftigt, seinen Sitz oder Wohnsitz hat.

Abs. 2 betrifft den Fall des Aufeinandertreffens selbständiger Erwerbstätigkeiten in zwei oder mehr Mitgliedstaaten. Dann kommen die Rechtsvorschriften des Wohnmitgliedstaats zur Anwendung, wenn dort ein wesentlicher Teil der Tätigkeit ausgeübt wird (lit. a). Ist dies nicht der Fall, so kommen nach lit. b) die Rechtsvorschriften des Mitgliedstaats zur Anwendung, in dem sich der Mittelpunkt der Tätigkeiten befindet. Zur Frage, wann dies der Fall ist s. Art. 14 Abs. 9 DVO. 78

Abs. 3 betrifft das Zusammentreffen von Beschäftigung und selbständiger Erwerbstätigkeit. Hier gibt die VO dem Beschäftigungsstaat den Vorzug. Liegt eine solche Beschäftigung in zwei oder mehr Mitgliedstaaten vor, bestimmt sich das Recht nach Abs. 1. Mit dieser Regelung wird die missliche Situation des früheren Rechts beseitigt, nachdem eine Doppelversicherung in diesen Fällen denkbar war (vgl. dazu Steinmeyer in: Fuchs (Hg.), Europäisches Sozialrecht, Art. 13 Rn. 19). 79

Abs. 4 regelt das Zusammentreffen einer Tätigkeit als Beamter und der gleichzeitigen Ausübung einer Beschäftigung oder selbständigen Erwerbstätigkeit. In diesem Falle gibt die VO den Rechtsvorschriften des Mitgliedstaats, dem die sie beschäftigende Verwaltungseinheit des Beamten angehört, den Vorzug. 80

Art. 13 Abs. 5 verlangt eine Gesamtbetrachtung der Beschäftigungen bzw. selbständigen Erwerbstätigkeiten. Zwar soll nach den Absätzen 1 bis 4 nur das Recht eines Mitgliedstaats zur Anwendung gelangen. Soweit es aber auf das Vorliegen von Beschäftigung bzw. Einkommen aus Beschäftigung und selbständiger Erwerbstätigkeit ankommt, werden alle Tätigkeiten als Einheit betrachtet. So werden bei realen Leistungsberechnung sämtliche Einkommen herangezogen, dasselbe gilt aber auch für die Beitragsberechnung. 81

Mehrfachtätigkeiten, seien sie beschäftigungsrechtlicher oder selbständiger Natur, bedingen eine administrative Kooperation der einzelnen Träger verschiedener Mitgliedstaaten. Die dabei auftauchenden Fragen werden nach Maßgabe des Art. 16 DVO beantwortet. 82

e) Freiwillige Versicherung. Die Sozialversicherungssysteme der Mitgliedstaaten lassen in der Regel neben der Pflichtversicherung auch eine **freiwillige (Weiter-)Versicherung** zu. Möglich ist aber ebenso, dass es für einen bestimmten Zweig der sozialen Sicherheit in einem Mitgliedstaat nur ein System der freiwilligen (Weiter-)Versicherung gibt. Die freiwillige Versicherung gehört grundsätzlich nicht zum sachlichen Anwendungsbereich der Verordnung. Die Koordinierung betrifft regelmäßig nur die obligatorischen Pflichtversicherungen. Nach Art. 14 Abs. 1 gelten die Art. 11 bis 13 im Falle der freiwilligen Versicherung daher nicht. Lediglich in dem seltenen Fall, dass es für einen der in Art. 3 Abs. 1 genannten Zweige der sozialen Sicherheit nur ein System freiwilliger Versicherung gibt, finden die vorgenannten Bestimmungen Anwendung. Zu speziellen Problemen im Hinblick auf die freiwillige Pflegeversicherung nach § 26 SGB XI s. EuGH, Rs C-388/09 (Silva Martins), Urt. v. 30. 6. 2011, n. v. 83

f) Zusammentreffen von Pflichtversicherung und freiwilliger Versicherung. Das **Zusammentreffen einer Pflichtversicherung** eines Mitgliedstaates und einer **freiwilligen (Weiter-)Versicherung** in einem anderen Mitgliedstaat wird insoweit in Art. 14 Abs. 2 geregelt. Folgende Fälle sind denkbar: Beim Zusammentreffen einer Pflichtversicherung und einer freiwilligen (Weiter-)Versicherung ist eine zusätzliche freiwillige (Weiter-)Versicherung verboten, also die Anwendung der Rechtsordnung (nur) der Pflichtversicherung vorgeschrieben, vgl. Art. 14 Abs. 2 Satz 1. Soweit eine Wahlmöglichkeit für einen bestimmten Zweig der sozialen Sicherheit zwischen mehreren freiwilligen Systemen der (Weiter-)Versicherung besteht, darf der betreffende Person nur einem System beitreten, für das sie sich bereits entschieden hat, vgl. Art. 14 Abs. 2 Satz 2. Für Leistungen in den Zweigen Invalidität, Alter und Hinterbliebene kann die betreffende Person jedoch der freiwilligen (Weiter-)Versicherung eines Mitgliedstaates auch dann beitreten, wenn sie nach den Rechtsvorschriften eines anderen Mitgliedstaates pflichtversichert ist, sofern ein solches Zusammentreffen im ersten Mitgliedstaat – also dem Mitgliedstaat der freiwilligen Versicherung – ausdrücklich oder stillschweigend zugelassen ist, vgl. Art. 14 Abs. 3. Für die deutsche Rentenversicherung gilt daher das Verbot der Doppelversicherung nicht, weil die deutschen Rechtsvorschriften unter bestimmten Voraussetzungen die Zahlung freiwilliger Beiträge i. R. d. § 7 SGB VI zur deutschen Rentenversicherung neben einer Pflichtversicherung in einem anderen Staat nicht ausschließen bzw. stillschweigend zulassen. Wegen der europarechtlichen Bedenklichkeit von § 7 Abs. 1 S. 2 SGB VI sieht der Eintrag Nr. 4 für Deutschland in Anhang XI zur VO (EG) Nr. 883/2004 unter bestimmten Voraussetzungen auf für Ausländer ein Beitrittsrecht zur freiwilligen Versicherung vor. Wenn es für die Berechtigung zur freiwilligen (Weiter)Versicherung auf den Wohnsitz in dem betreffenden Mitgliedstaat ankommt oder auf eine vorangegangene Beschäftigung oder selbständige Erwerbstätigkeit, kommt die Gleichstellungsregel des Art. 5 lit. b) nach näherer Maßgabe des Art. 14 Abs. 4 zur Anwendung. 84

Art. 16 Abs. 1 erlaubt Ausnahmen zu den manchmal etwas starren und grundsätzlich abschließenden Regelungen der Art. 11 bis 14, um sachgerechte Ergebnisse im Einzelfall erzielen zu können. Zwei oder mehr Mitgliedstaaten dürfen hiernach Ausnahmen von den in den Artikeln 11 bis 14 niedergelegten Grundsätzen vereinbaren, sofern diese im Interesse bestimmter Personen oder Personen- 85 gruppen stehen. Schon aus dem Gesichtspunkt der Gemeinschaftstreue i. R. d. Art. 10 EG (jetzt ähnlich Art. 4 Abs. 3 AEUV) darf dies aber nur im Geiste der Verordnung und nur in gegenseitigem Einvernehmen geschehen. Vereinbart wurde – vgl. dazu die Entscheidung Busse – in der Vergangenheit etwa die rückwirkende Anwendung der Rechtsvorschriften eines Mitgliedstaates (EuGH, Rs. 101/83 (Busse), Slg. 1984, 2223).

86 Weiterhin wurde in der Praxis häufig von einer solchen Vereinbarung i. R. d. Entsenderegelungen Gebrauch gemacht, soweit die hier enthaltenen Entsendefristen von den betroffenen Arbeitgebern bzw. Arbeitnehmern im Einzelfall als zu kurz erachtet wurden. Die Dauer der maximal zulässigen Entsendezeiträume variiert je nach Einzelfall. So sind viele Mitgliedstaaten bereit, die Höchstdauer der Entsendung flexibel zu handhaben, andere beschränken eine Freistellung dieser territoriale Beschränkung rechtsvorschriften auf maximal fünf bzw. acht Jahre. Durch die Osterweiterung der EU ist in diesem Bereich in Zukunft mit weiteren Abkommen zwischen den Mitgliedstaaten zu rechnen.

87 Art. 16 Abs. 2 enthält schließlich eine weitere **Sondervorschrift für Rentner:** Wohnt ein Rentenbezieher in einem anderen Mitgliedstaat als dem, von dem er seine Rentenleistung bezieht, so kann er auf Antrag von den Rechtsvorschriften des Wohnsitzstaates befreit werden, sofern er hier keinerlei Erwerbstätigkeit unterliegt.

XII. Leistungen bei Krankheit, Mutterschaft, Vaterschaft

88 **1. Allgemeines.** Kapitel 1 des Titels III der VO (EG) 883/2004 ist neu gestaltet worden, sachliche Änderungen sind nur wenige zu verzeichnen. Betraf die Koordinierung bisher Leistungen bei Krankheit und Mutterschaft, so sind jetzt gleichgestellte Leistungen bei Vaterschaft hinzugekommen (vgl. dazu auch oben Rn. 15). Die folgenden Ausführungen beschränken sich auf Leistungen bei Krankheit, gelten sinngemäß aber auch für die beiden übrigen Leistungsarten, soweit nichts Besonderes zu vermerken ist. Leistungen der sozialen Sicherheit im Krankheitsfall sind in den meisten Mitgliedstaaten auf das jeweilige Hoheitsgebiet beschränkt (Beispiel: § 16 Abs. 1 Nr. 1 SGB V). Das Koordinierungsrecht hat deshalb die Aufgabe, zur Sicherung der Freizügigkeit diese territoriale Beschränkung zu überwinden. Dazu gehört einmal in Erfüllung des Auftrags aus Art. 48 AEUV die Sicherstellung des Prinzips der Zusammenrechnung von Versicherungs- und Wohnzeiten. Im Gegensatz zum früheren Recht bedurfte es jetzt aber keiner besonderen Vorschrift hierzu mehr, da dies bereits durch Art. 6 gesichert ist. Ein Schwerpunkt der Koordinierungsvorschriften ist die Regelung der Leistungserbringung, wenn es zu einem Auseinanderfallen von zuständigem Staat und Wohn-/Aufenthaltsstaat kommt (Art. 17–22). Wie schon nach bisherigem Recht musste der besonderen Situation von Rentnern und ihren Familienangehörigen Rechnung getragen werden (Art. 23–30). Gemeinsame Vorschriften enthalten die Art. 31–35.

89 **2. Leistungserbringung bei Auseinanderfallen von zuständigem Staat und Wohnstaat.** Wenn ein Versicherter oder seine Familienangehörigen in einem anderen Mitgliedstaat als dem zuständigen Staat wohnen, kommt es zu einer **gespaltenen Leistungszuständigkeit,** je nachdem ob Sachleistungen oder Geldleistungen in Frage stehen. Geldleistungen werden vom zuständigen Träger nach den für ihn geltenden Rechtsvorschriften erbracht (Art. 21 Abs. 1). Sachleistungen (zum Begriff s. Beschluss der Verwaltungskommission S 5, ABlEU C 106/54 v. 24. 4. 2010) erbringt dagegen der zuständige Träger des Wohnorts nach den für ihn geltenden Rechtsvorschriften, aber für Rechnung des zuständigen Trägers (Art. 17). Man spricht in diesem Falle von einer **Sachleistungsaushilfe.** Stets ist aber erforderlich, dass der Antragsteller einen Leistungsanspruch nach den Rechtsvorschriften des zuständigen Staates (ggf. unter Berücksichtigung des Art. 6) hat. Zu beachten ist, dass sich die nach Art. 6 geforderte Zusammenrechnung nur auf die Anspruchsvoraussetzungen bezieht, nicht aber auf die Frage, ob nach dem Recht des zuständigen Trägers überhaupt Versicherungsschutz besteht (EuGH, Rs. 75/63 (Unger), Slg. 1964, 381; Rs. C-451/93 (Delavant), Slg. 1995, I-1545).

90 Wegen der Differenzierung nach Sach- und Geldleistungen ist die Rechtsnatur der jeweiligen Leistung genau zu bestimmen. Der Verordnungsgeber hat den Begriff der Sachleistungen in Art. 1 lit. v a) i) dahingehend definiert, dass darunter solche Leistungen zu verstehen sind, die nach den Rechtsvorschriften eines Mitgliedstaats vorgesehen sind und den Zweck verfolgen, die ärztliche Behandlung und die diese Behandlung ergänzenden Produkte und Dienstleistungen zu erbringen bzw. zur Verfügung zu stellen oder direkt zu bezahlen oder die diesbezüglichen Kosten zu erstatten. Dazu gehören auch Sachleistungen bei Pflegebedürftigkeit. Mit der Einbeziehung der Sachleistungen bei Pflegebedürftigkeit hat der Verordnungsgeber an die vom EuGH in st. Rspr. vertretene Auffassung, wonach es sich beim Pflegegeld um Leistungen bei Krankheit handelt, angeknüpft (vgl. zu dieser Rspr. oben Rn. 14 sowie Bieback in: Fuchs (Hg.), Europäisches Sozialrecht, 5. Aufl. 2010, Art. 17 Rn. 4 f.).

91 **3. Leistungserbringung bei Aufenthalt im zuständigen Staat.** Art. 18 regelt die Fallgestaltung, dass der in einem anderen Staat als dem zuständigen Staat wohnende Versicherte und seine Familienangehörigen sich im Gebiet des zuständigen Staates aufhält (Aufenthalt ist der vorübergehende Aufenthalt, Art. 1 lit. k). Dann erhält er Sachleistungen nach den Rechtsvorschriften des zuständigen Staates, als ob er dort wohnte, selbst wenn er für den gleichen Fall der Krankheit schon vor seinem

dortigen Aufenthalt Leistungen erhalten hatte. Eine Sonderregelung besteht für Familienangehörige von Grenzgängern. Gemäß Art. 18 Abs. 2 haben sie Anspruch auf Sachleistungen während ihres Aufenthalts im zuständigen Mitgliedstaat. Dies gilt aber nur, wenn der zuständige Mitgliedstaat nicht in Anh. III aufgeführt ist. Andernfalls haben sie nur Anspruch auf medizinisch notwendige Leistungen i. S. d. Art. 19 Abs. 1.

4. Leistungserbringung bei Aufenthalt außerhalb des zuständigen Staates. Art. 19 Abs. 1 beinhaltet Konstellationen des Aufenthalts (Art. 1 lit. k) außerhalb des zuständigen Staates. Hierunter fällt z. B. der häufige Fall der **Entsendung eines Arbeitnehmers** (Selbständigen) oder ein vorübergehender touristischer Aufenthalt. Es müssen sich bei dem Betroffenen Sachleistungen während des Aufenthalts unter Berücksichtigung der Art der Leistungen und der voraussichtlichen Aufenthaltsdauer als medizinisch notwendig erweisen. Der Begriff der **medizinischen Notwendigkeit,** der auf die VO Nr. 631/2004 zurückgeht, verlangt eine Bewertung der Zweck-Mittel-Relation. Unter Zugrundelegung medizinischer Kriterien und unter Berücksichtigung der Art der Leistung und der Dauer des geplanten Aufenthalts sind die notwendigen Schritte festzulegen (vgl. zu Einzelheiten Bieback in: Fuchs (Hg.), Europäisches Sozialrecht, 5. Aufl. 2010, Art. 19 Rn. 10 f.). Gemäß Art. 19 Abs. 2 erstellt die Verwaltungskommission eine Liste der Sachleistungen, für die aus praktischen Gründen eine vorherige Vereinbarung zwischen der betreffenden Person und dem die medizinische Leistung erbringenden Träger erforderlich ist, damit sie während eines Aufenthalts in einem anderen Mitgliedstaat erbracht werden können (vgl. dazu Beschluss der Verwaltungskommission S 3, AblEU C 106/40 v. 24. 4. 2010). 92

In verfahrensrechtlicher Hinsicht ist Art. 25 DVO zu beachten. Um die medizinisch notwendigen Sachleistungen erhalten zu können, muss sich die betreffende Person durch ein vom zuständigen Träger ausgestelltes Dokument legitimieren, in dem der Sachleistungsanspruch bescheinigt wird. In Zukunft wird dies die Europäische Krankenversicherungskarte sein (Art. 25 A Abs. 1 DVO). Art. 25 B DVO regelt die Kostenerstattung, wenn der Betroffene die Kosten selbst getragen hat. Die Grundsätze der Rspr. des EuGH in der Rs. Vanbraekel (s. dazu unten Rn. 97) gelten nicht für Art. 19 Abs. 1 (EuGH Rs. C-211/08 (Kommission ./. Spanien), Urt. v. 15. 6. 2010, Rn. 60 ff., n. v.). 93

5. Reisen zur Inanspruchnahme von Sachleistungen (Art. 20). Ein Versicherter, der Sachleistungen in einem anderen Mitgliedstaat in Anspruch nehmen möchte, muss zuvor die Genehmigung des zuständigen Trägers einholen (Art. 20 Abs. 1). Wenn er im Besitz einer solchen Genehmigung ist und sich in einen anderen Mitgliedstaat begibt, erhält er dort Sachleistungen vom Träger des Aufenthaltsorts nach dessen Recht für Rechnung des zuständigen Trägers (Art. 20 Abs. 2 S. 1). 94

Die Genehmigung wird unter den Voraussetzungen des Art. 20 Abs. 2 S. 2 erteilt. Erste Voraussetzung ist danach, dass die betreffende Behandlung zu den Leistungen gehört, die in den Rechtsvorschriften des Mitgliedstaats vorgesehen sind, in dessen Gebiet der Sozialversicherte wohnt. Über den Leistungsinhalt und -umfang entscheiden also allein die Mitgliedstaaten (EuGH, Rs. C-173/09 (Elchinov), Urt. v. 5. 10. 2010, n. v.). Die Tatsache, dass eine Behandlung im zuständigen Staat nicht durchgeführt werden kann, begründet keine Vermutung, dass sie nicht zu den von diesem Staat vorgesehenen Leistungen gehört. Gehört die begehrte Behandlung im Ausland zum Leistungskanon des zuständigen Staates kommt es wesentlich darauf an, ob die Behandlung im Hinblick auf Gesundheitszustand und den voraussichtlichen Verlauf der Krankheit in einem medizinisch vertretbaren Zeitraum gewährt werden kann oder nicht. Diese schon im früheren Recht (vgl. Art. 22 Abs. 2 VO (EWG) 1408/71) enthaltene Regelung geht zurück auf das Urteil des EuGH in der Rs. Inizan (EuGH, Rs. C-56/01, Slg. 2003, I-12.403). Der EuGH versteht die Bestimmung als eine die Freizügigkeit der Arbeitnehmer fördernde Bestimmung. Außerdem müsse die Regelung im Lichte des Art. 49 EG (= Art. 56 AEUV) ausgelegt werden. Neben den vom Verordnungsgeber in Art. 20 Abs. 2 S. 2 enthaltenen Kriterien verlangt der Gerichtshof in verfahrensrechtlicher Hinsicht, dass sich das System der vorherigen behördlichen Genehmigung insbesondere auf eine leicht zugängliche Verfahrensregelung stützen und geeignet sein muss, den Betroffenen zu garantieren, dass ihr Antrag innerhalb angemessener Frist sowie objektiv und unparteiisch behandelt wird, wobei eine Versagung der Genehmigung im Rahmen eines gerichtlichen Verfahrens anfechtbar sein muss (Rn. 48 des Urteils). Weitergehend verlangt der Gerichtshof sogar, dass Ablehnungen einer Genehmigung oder Gutachten, auf die diese Ablehnungen ggf. gestützt sind, die spezifischen Vorschriften bezeichnen müssen, auf denen sie beruhen und in Bezug auf diese ordnungsgemäß begründet sein müssen. Auch müssen die Gerichte, bei denen eine Klage gegen derartige ablehnende Entscheidungen anhängig ist, unabhängige Sachverständige, die alle Garantien für Objektivität und Unparteilichkeit bieten, hinzuziehen können, wenn sie dies zur Ausübung der ihnen obliegenden Kontrolle für erforderlich halten. Die Durchführung des Genehmigungsverfahrens und die verwaltungsmäßigen Abläufe im Verhältnis zum Versicherten und den beteiligten in- und ausländischen Trägern regelt Art. 26 DVO. In Zukunft wird das Recht auf Gesundheitsversorgung im Ausland durch eine eigene RL und deren Umsetzung in nationales Recht gestaltet werden. Rat und Parlament haben hierzu die RL über die Ausübung der Patientenrechte in der grenzüberschreitenden Gesundheitsversorgung verabschiedet (AblEU L 88 v. 4. 4. 2001, S. 45). Die RL ist am 24. 4. 2011 in Kraft getreten und muss bis spätestens 25. 10. 2013 umgesetzt werden (Art. 21). Die RL normiert zum einen die in der Rspr. des 95

EuGH entwickelten Grundsätze (vgl. dazu die Erwägungsgründe Nr. 8–12 der Präambel), zum Teil präzisiert sie diese (vgl. insbesondere den Inhalt des Anspruchs (Art. 4 und 5), die Kostenerstattung (Art. 7) sowie in Art. 8 die Vorabgenehmigung). Zum Teil enthält sie Sonderregelungen, die insbes. das Informationsbedürfnis von Patienten befriedigen helfen, aber auch die grenzüberschreitende Kooperation der beteiligten Institutionen fördern wollen (Art. 6 und 10 ff.)

96 Neben dem im Vorangegangenen beschriebenen Weg der Inanspruchnahme medizinischer Behandlung im Ausland nach der Vorschrift des Art. 20 gibt es einen weiteren Weg und eigenständigen **Anspruch**, der sich unmittelbar **aus dem primären Recht der Dienstleistungsfreiheit** (Art. 56 AEUV) ableitet. Diesen Weg hat der EuGH, beginnend mit den Entscheidungen in den Rechtsachen Kohll (EuGH, Rs. C-158/96, Slg. 1998, I-1931) und Decker (EuGH, Rs. C-120/95, Slg. 1998, I-1831) eröffnet (ausführlich dazu Bieback in: Fuchs (Hg.), Europäisches Sozialrecht, 5. Aufl. 2010, Vorbem. zu Art. 17 Rn. 30 ff.; Fuchs/Preis, Sozialversicherungsrecht, 2. Aufl. 2009, S. 1131 ff.). Seither gilt (vgl. auch die nachfolgenden Urteile Rs. C-157/99 (Smits/Peerbooms), Slg. 2001, I-5473; Rs. C-385/99 (Müller-Fauré), Slg. 2003, I-4509; Rs. C-372/04 (Watts), Slg. 2006, I-4325), dass für ambulante Auslandsbehandlungen das Erfordernis einer vorherigen Genehmigung durch Träger des zuständigen Staates eine unzulässige Beschränkung des freien Dienstleistungsverkehrs darstellt. Zulässig ist das Genehmigungserfordernis bei ambulanter Behandlung mit Großgeräten (EuGH, Rs C-512/08 (Kommission ./. Frankreich), Urt. v. 5. 10. 2010 = NZS 2011, 295 ff.) können medizinische Leistungserbringer im Ausland in Anspruch nehmen und der zuständige Träger hat die Kosten zu erstatten, auch wenn sein Recht nicht vom Prinzip der Kostenerstattung, sondern vom Sachleistungsprinzip regiert wird (zur Umsetzung der Rspr. im deutschen KV-Recht s. § 13 Abs. 4 SGB V).

97 Hinsichtlich der **Höhe der Kostenerstattung** hat der EuGH die Auffassung vertreten, dass darüber das Recht des zuständigen Trägers entscheidet. Das kann bedeuten, dass im Einzelfall die höheren Erstattungssätze des zuständigen Staates maßgeblich sind, wenn diese höher sind als die des ausländischen Staates der Behandlung (EuGH, Rs. C-368/98 (Vanbraekel), Slg. 2001, I-5363; Rs. C-211/08 (Kommission ./. Spanien), Urt. v. 15. 6. 2010, Rn. 56 f., n. v.; Rs. C-512/08 (Kommission ./. Frankreich), Urt. v. 5. 10. 2010, Rn. 51 ff., n. v.; kritisch zu dieser Rechtsprechung Becker NJW 2003, 2275). Im Gegensatz zur ambulanten Behandlung sieht der EuGH das Genehmigungserfordernis für stationäre Behandlungen im Ausland als im Einklang mit dem Recht der Dienstleistungsfreiheit stehend an (grundlegend EuGH, Rs. C-368/98 (Smits/Peerbooms), Slg. 2001, I-5383). Das Gleiche gilt für ambulante medizinische Leistungen, die den Einsatz medizinischer Großgeräte beinhalten (EuGH, Rs. C-512/08 (Kommission ./. Frankreich), Urt. v. 5. 10. 2010, Rn. 34 ff., n. v.). Zu den Besonderheiten der Kostenübernahme einer Krankenhausbehandlung im Rahmen von staatlichen Gesundheitsdiensten s. Rs. C-372/04 (Watts), Slg. 2006, I-4325 Rn. 124 ff.

98 Die vorbesprochenen Regelungen gelten auch für Familienangehörige (Art. 20 Abs. 3). Eine Sonderregelung gilt dann, wenn die Familienangehörigen eines Versicherten in einem anderen Mitgliedstaat als der Versicherte selbst wohnen und sich dieser Mitgliedstaat für die Erstattung in Form von Pauschalbeträgen entschieden hat (diese Mitgliedstaaten sind in Anhang 3 DVO aufgeführt, Rechtsgrundlage: Art. 35 Abs. 2 i. V. m. Art. 63 DVO). In diesem Fall werden die Sachleistungen für Rechnung des Trägers des Wohnorts der Familienangehörigen erbracht, der bei dieser Fallgestaltung als zuständiger Träger gilt (Art. 20 Abs. 4).

99 **6. Geldleistungen.** Beim Auseinanderfallen von zuständigem Staat und Wohn-/Aufenthaltsstaat, wird der Anspruch auf Geldleistungen vom zuständigen Träger nach den für ihn geltenden Rechtsvorschriften erbracht (Art. 21 Abs. 1 S. 1). Die **Berechnung der Geldleistungen** richtet sich demnach ausschließlich nach dem nationalen Recht des zuständigen Trägers. Falls Geldleistungen anhand eines Durchschnittserwerbseinkommens oder anhand eines pauschalen Erwerbseinkommens zu berechnen sind, gilt Art. 21 Abs. 2 und 3.

100 Zuständiger Träger kann auch ein Arbeitgeber sein, wenn er Sozialleistungen i. S. d. Art. 3 zu erbringen hat (Art. 1 lit. q) iv). Dies trifft etwa für die Entgeltfortzahlung des Arbeitgebers nach § 3 EFZG zu. Soweit Geldleistungen wegen Arbeitsunfähigkeit gewährt werden, kann die Feststellung der Arbeitsunfähigkeit erhebliche Probleme bereiten. Diese sind insbesondere im Anschluss an die Urteile des EuGH in der Rs. Paletta I und II sichtbar geworden (EuGH, Rs. C-45/90, Slg. 1992, I-3423; C-206/96, Slg. 1996, I-2357). Der verfahrensmäßige Gang der Feststellung der Arbeitsunfähigkeit ist jetzt in Art. 27 DVO festgelegt (ausführlich dazu Bieback in: Fuchs (Hg.), Europäisches Sozialrecht, 5. Aufl. 2010, Art. 21 Rn. 7 ff.).

101 **7. Rentenantragsteller.** Für Rentenantragsteller, die noch nicht die Rechte als Rentner innehaben, war es notwendig, Vorkehrungen für den Anspruch auf Sachleistungen während der Bearbeitung des Rentenantrags zu treffen. Diese Funktion erfüllt Art. 22. Sie erhalten (ebenso wie ihre Familienangehörigen) Leistungen nach den Rechtsvorschriften des Mitgliedstaats, in dessen Gebiet die betreffenden Personen wohnen. Allerdings muss der Rentenantragsteller die Versicherungsvoraussetzungen nach den Rechtsvorschriften des in Abs. 2 genannten Mitgliedstaats erfüllen. Das ist derjenige Mitgliedstaat, der im Falle der Zuerkennung der Rente nach den Art. 23–25 zuständig wäre. Für deut-

sche Rentenantragsteller ist § 189 i. V. m. § 5 Abs. 1 Nr. 11 und 12 SGB V zu beachten (zu Einzelheiten vgl. Bieback in: Fuchs (Hg.), Europäisches Sozialrecht, 5. Aufl. 2010, Art. 22 Rn. 10 ff.).

8. Spezielle Regelungen für Rentner. Rentner können während des Bezugs und der Laufzeit 102 der ihnen gewährten Renten erkranken und sind dann auf medizinische Behandlung angewiesen (das Gleiche gilt für Leistungen bei Pflegebedürftigkeit). Die Bewältigung dieses „sekundären Risikos" ist in den Vorschriften der Art. 23–30 geregelt. Diese Vorschriften gelten nicht für Rentner oder deren Familienangehörige, die nach den Rechtsvorschriften eines Mitgliedstaats wegen Ausübung einer Erwerbstätigkeit Anspruch auf Leistungen haben (Art. 31).

Es gilt ein gestaffeltes System. Bezieht ein Rentner **Renten aus mehreren Mitgliedstaaten,** so ist 103 für die Leistungen bei Krankheit der Träger des Wohnortes zuständig, wenn er nach dem Recht dieses Staates Anspruch auf Sachleistungen hat (Art. 23). Zur Anwendbarkeit der Vorschrift auf Leistungen der Pflegeversicherung, wenn die Möglichkeit zur Weiterversicherung nach § 26 SGB XI besteht, s. EuGH, Rs. C-388/09 (Silva Martins), Urt. v. 30. 6. 2011, n. v. Wenn im Wohnstaat kein Anspruch auf Sachleistungen besteht, erhält er dennoch Sachleistungen vom Träger des Wohnstaates, sofern wenigstens nach den Rechtsvorschriften eines eine Rente zahlenden Staates ein Sachleistungsanspruch besteht (Art. 24 Abs. 1). Dies geht aber zu Lasten des in Art. 24 Abs. 2 bezeichneten Trägers. Abs. 2 teilt die **Kostenlast** wie folgt zu: Wenn der Rentner Anspruch auf Sachleistungen aufgrund der Rechtsvorschriften nur eines Mitgliedstaats hat, so übernimmt der zuständige Träger dieses Staates die Kosten, Abs. 2 lit. a). Bestehen Ansprüche nach den Rechtsvorschriften von zwei oder mehr Mitgliedstaaten, so werden die Kosten von dem zuständigen Träger des Mitgliedstaats übernommen, dessen Rechtsvorschriften die längste Zeit für ihn gegolten haben, Abs. 2 lit. b). Das BSG leitet aus Art. 24 (früher: Art. 28 VO (EWG) Nr. 1408/71) die Rechtsfolge ab, dass die **Pflichtversicherung in der KVdR** für Personen erhalten bleibt, die als Bezieher einer ausschließlich deutschen Rente in einem anderen Mitgliedstaat verziehen. Bei vorübergehendem Aufenthalt in Deutschland richtet sich ihr Anspruch auf Krankenversicherungsleistungen nach deutschem Recht (BSG, Urt. v. 5. 6. 2005, SGb 2006, 233).

Eine Sondernorm beinhaltet Art. 25 für Mitgliedstaaten mit einem **nationalen Gesundheits-** 104 **dienst.** Familienangehörige, die in einem anderen Mitgliedstaat als der Rentner wohnen, haben einen Anspruch auf Sachleistungen vom Träger ihres Wohnorts nach diesem Recht (Art. 26 S. 1). Die Kosten hierfür übernimmt der zuständige Träger, der auch die Kosten für die dem Rentner in dessen Wohnmitgliedstaat gewährten Sachleistungen zu tragen hat (Art. 26 S. 2).

Zu den mit Art. 24 und 25 übereinstimmenden Vorschriften der Art. 28, 28 a VO (EWG) Nr. 1408/ 105 71 hat der EuGH festgestellt, dass es sich um von Art. 13 Abs. 2 lit. f) VO (EWG) Nr. 1408/71 (= Art. 11 Abs. 3 lit. e) abweichende Kollisionsnormen handle. Da Kollisionsnormen zwingendes Recht darstellen, können sich die Sozialversicherten ihren Wirkungen nicht dadurch entziehen, dass sie die in der DVO vorgesehene Eintragungspflichten nicht erfüllen (EuGH, Rs. C-345/09 (van Delft u. a.), Urt. v. 14. 10. 2010, Rn. 47 ff., n. v.: Die niederländischen, in anderen Mitgliedstaaten wohnenden Rentner wollten die für sie nachteiligen Rechtsfolgen (Abzug von Krankenversicherungsbeiträgen nach Art. 33 VO (EWG) Nr. 1408/71 (= Art. 30) vermeiden, indem sie von der Eintragung beim Träger des Wohnorts nach Art. 29 VO (EWG) Nr. 574/72 (= Art. 24 Abs. 1, 3) Abstand nahmen).

Die Sach- und Geldleistungserbringung für Rentner (auch deren Familienangehörige), wenn diese 106 sich **vorübergehend in einem anderen Mitgliedstaat als ihrem Wohnstaat aufhalten,** regelt Art. 27. Inhaltlich hat der Verordnungsgeber weitgehend auf die Grundsätze zurückgegriffen, die bei dieser Konstellation für Versicherte und ihre Familienangehörigen gemäß Art. 18–20 gelten. Das bedeutet im Einzelnen: bei einem Auseinanderfallen von Aufenthaltsstaat und dem für die Rentengewährung zuständigen Staat verweist Art. 27 Abs. 1 auf Art. 19. D. h. der Träger des Aufenthaltsstaates erbringt die medizinisch notwendigen Sachleistungen nach dem für ihn geltenden Rechtsvorschriften. Demgegenüber kommt gemäß Art. 27 Abs. 2 Art. 18 Abs. 1 zur Anwendung, wenn der Rentner und seine Familienangehörigen sich in dem Mitgliedstaat aufhalten, in dem der zuständige Träger, der die Kosten für die dem Rentner in dessen Wohnmitgliedstaat gewährten Sachleistungen zu tragen hat, seinen Sitz hat und dieser Mitgliedstaat sich durch Eintrag in Anhang IV für diese Rechtsfolge entschieden hat. Zu diesen Ländern gehört auch Deutschland. Die Sachleistungen werden dann von diesem zuständigen Träger für seine Rechnung erbracht. Die dritte Fallgestaltung, nämlich der Aufenthalt in einem anderen Mitgliedstaat als in ihrem Wohnmitgliedstaat, um dort eine angemessene Behandlung zu erhalten, ist in Art. 27 Abs. 3 normiert. Mit dem Verweis auf Art. 20 ist klargestellt, dass Rentner und ihre Familienangehörigen nicht anders behandelt werden als sonstige Versicherte und ihre Familienangehörigen. In Art. 27 Abs. 4 ist der Grundsatz verankert, dass letztlich die Kostenlast bei dem Träger verbleibt, der auch die Kosten für die dem Rentner in dessen Wohnmitgliedstaat gewährten Sachleistungen zu tragen hat (Ausnahme: Art. 27 Abs. 5).

9. Grenzgänger in Rente (Art. 28). Ein ehemaliger Grenzgänger (Def.: Art. 1), der eine Rente 107 wegen Alters oder Invalidität bezieht, kann eine im Mitgliedstaat der letzten Beschäftigung (bzw. selbständigen Erwerbstätigkeit) begonnene Behandlung dort fortsetzen (Art. 28 Abs. 1 UA. 1). Dies gilt auch für seine Familienangehörigen, es sei denn dieser Mitgliedstaat ist im Anhang III aufgeführt (UA 2).

Fuchs (Sammelkommentierung)

108 Die Inanspruchnahme von Sachleistungen im Mitgliedstaat der letzten Beschäftigung und Tätigkeit ist auch für Rentner möglich, die in den letzten fünf Jahren vor dem Zeitpunkt des Erwerbs einer Alters- oder Invaliditätsrente mindestens zwei Jahre als Grenzgänger dort tätig waren. Allerdings setzt dies voraus, dass dieser Mitgliedstaat und der Mitgliedstaat in dem der zuständige Träger, der die Kosten für die dem Rentner in dessen Wohnmitgliedstaat gewährten Sachleistungen zu tragen hat, seinen Sitz hat, sich dafür entschieden haben und beide in Anhang V aufgeführt sind (Art. 28 Abs. 2). Im Anhang V ist hierzu auch Deutschland aufgeführt. Sonderregelungen bestehen für Familienangehörige eines ehemaligen Grenzgängers (Art. 28 Abs. 3). Die vorbesprochenen Regelungen gelten dann nicht mehr, wenn der Rentner wegen Ausübung einer Beschäftigung oder einer selbständigen Erwerbstätigkeit den Rechtsvorschriften eines Mitgliedstaats unterfällt (Art. 28 Abs. 4). Die Kostenlast für die Sachleistungserbringung ordnet Art. 28 Abs. 5 dem zuständigen Träger zu, der auch die Kosten für die dem Rentner oder seinen Hinterbliebenen in ihrem jeweiligen Wohnmitgliedstaat gewährten Sachleistungen zu tragen hat.

109 **10. Geldleistungen (Art. 29).** Gemäß Art. 29 werden Geldleistungen stets vom zuständigen Träger des Mitgliedstaats gewährt, in dem der zuständige Träger seinen Sitz hat, der die Kosten für die dem Rentner in dessen Wohnmitgliedstaat gewährten Sachleistungen zu tragen hat. Die allgemeine Regelung für Geldleistungen beim Auseinanderfallen von zuständigem Staat und Wohnsitz-/Aufenthaltsstaat in Art. 21 gilt entsprechend (Art. 29 Abs. 1 S. 2). Die Zuständigkeit zur Kostentragungsregelung gilt auch für Familienangehörige (Art. 29 Abs. 2).

110 **11. Beiträge zur Krankenversicherung der Rentner.** Unter welchen Voraussetzungen Beiträge zur Krankenversicherung von Rentnern einbehalten werden dürfen, ist in Art. 30 geregelt. In Abs. 1 dieser Vorschrift ist der Grundsatz enthalten, dass Träger von Mitgliedstaaten, deren Recht einen **Beitragsabzug** für die Krankenversicherung von Rentnern vorsieht, diesen Beitragseinzug vornehmen dürfen, allerdings nur unter der Voraussetzung, dass der jeweilige Träger die Kosten von Leistungen nach den Art. 23–26 zu tragen hat. Dieser Grundsatz ist Ausdruck des Prinzips, dass die kollisionsrechtliche Verweisung auf die Rechtsvorschriften eines Mitgliedstaats umfassend und exklusiv ist (Schuler in: Fuchs (Hg.), Europäisches Sozialrecht, 5. Aufl. 2010, Art. 30 Rn. 2). Was das deutsche Recht betrifft, ist strittig, inwieweit zu den beitragspflichtigen Einnahmen versicherungspflichtiger Rentner gemäß § 237 i.V.m. § 228 SGB V nur inländische, nicht aber ausländische Renten heranzuziehen sind (vgl. unter Bezugnahme auf die Rspr. des BSG Schuler in: Fuchs (Hg.), Europäisches Sozialrecht, 5. Aufl. 2010, Art. 30 Rn. 6).

111 **12. Rangfolge von Sachleistungsansprüchen (Art. 32).** Es ist denkbar, dass nach den Regelungen der Art. 17 ff. mehrere Sachleistungsansprüche bestehen. Deshalb muss der Verordnungsgeber eine Regelung über die Rangfolge treffen. Art. 32 unterscheidet: bei Leistungen für Familienangehörige geht ein eigenständiger Sachleistungsanspruch aufgrund der Rechtsvorschrift des Mitgliedstaats oder nach Kapitel 1. einem abgeleiteten Anspruch vor (S. 1). Ferner gilt, dass ein abgeleiteter Anspruch auf Sachleistungen Vorrang vor eigenständigen Ansprüchen hat, wenn der eigenständige Anspruch im Wohnmitgliedstaat unmittelbar ausschließlich aufgrund des Wohnorts der betreffenden Person in diesem Mitgliedstaat besteht (S. 2). Von diesem Grundsatz macht Art. 32 Abs. 2 eine bedeutsame Ausnahme. Der eigenständige Sachleistungsanspruch, den Familienangehörige nach dem Recht ihres Wohnsitzstaates kraft Wohnsitzes erwerben, weil dieses Recht den Anspruch nicht vom Bestehen einer Versicherung oder Erwerbstätigkeit abhängig macht, hat Vorrang, wenn der Ehegatte oder Personenberechtigte eine Erwerbstätigkeit in diesem Mitgliedstaat ausübt oder von diesem Mitgliedstaat eine Rente auf Grund von Beschäftigung oder selbständiger Erwerbstätigkeit erhält.

112 **13. Sachleistungen von erheblicher Bedeutung (Art. 33).** Die Regelung des Art. 33 bezieht sich auf in der Regel kostspielige Sachleistungen von erheblicher Bedeutung, wofür Körperersatzstücke und größere Hilfsmittel beispielhaft erwähnt werden. Hat ein Versicherter oder ein Familienangehöriger einen Anspruch auf die Gewährung einer diesbezüglichen Sachleistung, so bleibt es dennoch bei der Leistungszuständigkeit einer früheren Versicherung, wenn diese einen solchen Anspruch zuerkannt hatte. Die Verwaltungskommission legt die Liste der von Abs. 1 erfassten Geld- und Sachleistungen fest (Abs. 2).

113 **14. Zusammentreffen von Leistungen bei Pflegebedürftigkeit (Art. 34).** Art. 34 zielt auf die Bewältigung eines ganz spezifischen Problems, das dadurch gegeben ist, dass Pflegegeld- und Pflegesachleistung in der Weise zusammentreffen, dass die erstere im zuständigen Staat und die letztere im Wohnstaat zu erbringen ist, der Wohnstaat aber die Sachleistung für Rechnung des zuständigen Trägers zu erbringen hat (vgl. zu einem Fallbeispiel Spiegel, Die neue Europäische Sozialrechtskoordinierung, ZIAS 2006, 85, 103). Um diese Formulierung der Kostenlast bei einem Staat zu vermeiden, ordnet Art. 34 die Anrechnung der Pflegesachleistung auf das Pflegegeld an. Insoweit wird das Verbot des Zusammentreffens von Leistungen nach Art. 10 für anwendbar erklärt (Art. 34 Abs. 1). Zur administrativen Handhabung der Vorschrift s. Art. 31 DVO.

15. Erstattungen zwischen Trägern (Art. 35). Kapitel 1 des Titels III sieht vielfach die Erbringung von Sachleistungen für Rechnung des Trägers eines anderen Mitgliedstaats vor. Nach Art. 35 Abs. 1 sind die gewährten Sachleistungen in voller Höhe zu erstatten. Die Einzelheiten der Erstattung auf der Grundlage tatsächlicher Aufwendungen ergeben sich aus Art. 62 DVO. Art. 35 Abs. 2 sieht aber auch eine Erstattung auf der Grundlage von Pauschalbeträgen vor. Die Mitgliedstaaten, die dazu berechtigt sind, müssen in Anhang III der DVO aufgeführt sein (Art. 63 Abs. 1 DVO). Die Ermittlung der monatlichen Pauschalbeträge und des gesamten Pauschalbetrags ist nach den Anleitungen des Art. 64 DVO vorzunehmen.

XIII. Leistungen bei Invalidität

1. Der Begriff der Invalidität. Der Begriff der Invalidität, der in den Vorschriften der Art. 44–49 verwandt wird, ist naturgemäß nicht definiert. Denn die inhaltliche Festlegung des Begriffs kommt den Mitgliedstaaten zu (vgl. zum Spektrum der Regelungen in Europa Hänlein, Invalidität im internationalen und supranationalen Sozialrecht in: Reinhard/Kruse/von Maydell (Hg.), Invaliditätssicherung im Rechtsvergleich, 1998, S. 688 ff.). Für eine allgemeine Orientierung kann man Invalidität als das Risiko der dauernden oder zumindest längerfristigen **Minderung oder Aufhebung der Erwerbsfähigkeit** infolge einer Beeinträchtigung des körperlichen oder geistigen Gesundheitszustandes verstehen, die regelmäßig mit einer kompensationsbedürftigen **Einkommensminderung** verbunden ist (so Schuler in: Fuchs (Hg.), Europäisches Sozialrecht, 5. Aufl. 2010, Vorbemerkungen zu Art. 44 ff. Rn. 3). Pflegebedürftigkeit ist dem Risiko Krankheit zuzuordnen (s. oben Rn. 14).

2. Ausländische Zeiten und Sachverhalte. Ausländische Versicherungs- und Wohnzeiten sind zu berücksichtigen (Art. 45 i. V. m. Art. 51). Strittig ist, inwieweit bei der Auslegung nationaler Tatbestandsmerkmale der Invalidität ausländische Sachverhalte zu berücksichtigen sind. Solche Fragen sind namentlich im Zusammenhang mit der Rente wegen **Berufsunfähigkeit** aufgetaucht (§ 240 SGB VI). Für die Beurteilung der Berufsunfähigkeit kommt es wesentlich auf den bisher ausgeübten Beruf an. Damit stellt sich die Frage, ob auch Berufe, die im Ausland ausgeübt wurden, den Versicherungsschutz genießen können oder ob nur versicherte Tätigkeiten in Deutschland in Betracht kommen. Die letztere Auffassung hat der EuGH in der grundlegenden Rs. Roviello als nicht im Einklang mit Art. 45 und 48 AEUV stehend abgelehnt (EuGH, Rs. C-20/85 (Roviello), Slg. 1988, I-2805). Unterschiedlich beantwortet wird auch die Frage, ob bei der Verweisung auch der **ausländische Arbeitsmarkt** mitberücksichtigt werden kann (ausführlich dazu Eichenhofer, Sozialrecht der Europäischen Union, Rn. 216). Nach st. Rspr. des BSG (BSGE 39, 221; 44, 20; BSG SozR 3–2200 § 1246 Nr. 5) ist für die Beurteilung ausschließlich der deutsche Arbeitsmarkt zugrunde zu legen (a. A. Eichenhofer, Sozialrecht der EU, Rn. 216).

3. Zuständigkeit und anwendbares Recht. Welches Recht über die Entscheidung des Anspruchs auf Leistungen bei Invalidität aufgerufen ist, hängt nach der in Art. 44–49 vorgenommenen Differenzierung davon ab, ob eine Leistung des so genannten **Typs A** oder des **Typs B** in Frage steht. Die Bezeichnung Typ A und Typ B rührt noch von der Vorläufer-VO Nr. 3. Nach der Legaldefinition in Art. 44 Abs. 1 geht es bei Typ A um Rechtsvorschriften eines Mitgliedstaats, bei denen die Leistung bei Invalidität von der Dauer der Versicherungs- oder Wohnzeiten unabhängig ist und die Rechtsvorschriften der Mitgliedstaaten dieses Typs in Anhang VI angegeben sind. Alle anderen Rechtsvorschriften fallen unter den Typ B.

Invaliditätsleistungen des **Typs A** fallen in die ausschließliche Leistungszuständigkeit des Trägers des Mitgliedstaats, dessen Rechtsvorschriften bei Eintritt der Arbeitsunfähigkeit mit anschließender Invalidität anzuwenden waren (Art. 44 Abs. 2). Die Erbringung der Leistung als Vollrente geht demnach ausschließlich zu Lasten dieses Mitgliedstaats (Schuler in: Fuchs (Hg.), Europäisches Sozialrecht, 5. Aufl. 2010, Art. 44 Rn. 2). Bei Geltung von Rechtsvorschriften von zwei oder mehr Mitgliedstaaten, die alle dem **Typ B** unterfallen, oder wenn wenigstens ein Mitgliedstaat dem Typ B zugehörig ist, gilt Art. 46 Abs. 1, d. h. die Leistungen sind in entsprechender Anwendung von Kapitel 5 zu gewähren (s. dazu unten Rn. 119 ff.). Jeder Träger dieser Mitgliedstaaten prüft für sich, ob der Leistungsanspruch besteht. Die Verbindlichkeit einer von einem Träger eines Mitgliedstaats getroffenen Entscheidung über die Invalidität eines Antragstellers ist für die Träger anderer Mitgliedstaaten nur verbindlich, sofern die in den Rechtsvorschriften dieser Staaten festgelegten Tatbestandsmerkmale der Invalidität in Anhang VII als übereinstimmend anerkannt sind (Art. 46 Abs. 3, vgl. dazu Schulte in: SRH, § 33 Rn. 95). Deutschland gehört nicht zu den in Anhang VII aufgeführten Ländern, ist also an Feststellungen ausländischer Träger nicht gebunden.

XIV. Leistungen bei Alter und Tod (Renten)

1. Allgemeines. Die Art. 50–60 beinhalten das Koordinationsrecht der Alters- und Hinterbliebenensicherung. Für Familienleistungen an Waisen gilt Art. 69 Abs. 1. Im Gegensatz zum Recht der VO (EWG) Nr. 1408/71 gelten die koordinationsrechtlichen Vorschriften der Art. 50 ff. auch für Leistungen an Waisen in Form von Renten oder Rentenzuschüssen (Art. 69 Abs. 2). Wie allgemein für das Koordinationsrecht gilt auch für die Art. 50 ff., dass sie zu keiner Harmonisierung der nationalen Rentenrechtsordnungen führen. Vielmehr bleibt das nationale Rentenrecht unangetastet. Wesentliches Anliegen der Art. 50 ff. ist die Erfüllung des Auftrags des Art. 48 AEUV. Danach müssen, um Nachteile aus der **Wahrnehmung der Freizügigkeit** zu verhindern, bei der Feststellung von Rentenansprüchen auch relevante Zeiten in anderen Mitgliedstaaten berücksichtigt werden (Art. 51). Im Übrigen bleibt es aber bei der Begründung und Berechnung der Rente nach nationalem Recht. Es entsteht also keine europäische Gesamtrente (Schuler in: Fuchs (Hg.), Europäisches Sozialrecht, 5. Aufl. 2010, Vorbemerkungen zu Art. 50 Rn. 4). Bezüglich der Ermittlung der Höhe der Rente kommen ausschließlich nationale Rechtsvorschriften zur Anwendung. Es werden nur die nach nationalem Recht zurückgelegten Zeiten berücksichtigt. Allerdings müssen ausländische Zeiten insofern berücksichtigt werden, als in jedem Mitgliedstaat nur eine zeitanteilige Rente gewährt werden kann (so genanntes pro-rata-temporis-Prinzip, Art. 50, s. dazu unten Rn. 126).

120   **2. Feststellung der Leistungen.** Art. 50 regelt die verfahrensrechtlichen Voraussetzungen, wenn ein Antrag auf Alters- oder Hinterbliebenenrente gestellt wird und in der Vergangenheit das Recht mehrerer Mitgliedstaaten gegolten hat. Zusätzlich sind die Art. 45–48 DVO zu beachten. Art. 50 Abs. 1 trifft hinsichtlich der Feststellung der Leistungen die Anordnung, dass mit einem Leistungsantrag das Feststellungsverfahren von allen zuständigen Trägern einzuleiten ist, deren Recht für die betreffende Person in der Vergangenheit gegolten hat. Insoweit kann von einer europaweiten Wirkung der Antragstellung gesprochen werden (vgl. Schuler in: Fuchs (Hg.), Europäisches Sozialrecht, 5. Aufl. 2010, Art. 50 Rn. 6). Der Antragsteller kann wählen, ob er den Antrag beim Träger des Wohnortes oder bei dem Träger des letzten Beschäftigungsstaates stellen will (Art. 45 B. Abs. 4 DVO). Art. 50 Abs. 2 und 3 enthalten Sonderbestimmungen für den Fall, dass die betreffende Person zu einem bestimmten Zeitpunkt nicht oder nicht mehr die Voraussetzungen für die Leistungsgewährung nach den Rechtsvorschriften aller Mitgliedstaaten erfüllt oder die Feststellung von Leistungen bei Alter aufgeschoben wünscht. Unter den Voraussetzungen des Art. 50 Abs. 4 ist eine neue Berechnung von Amtswegen notwendig.

121   **3. Berücksichtigung ausländischer Zeiten.** Die Notwendigkeit der Berücksichtigung rentenrechtlich relevanter Zeiten ergibt sich aus Art. 6. Art. 51 Abs. 1 betrifft **Sondersysteme**. In Deutschland hat die Vorschrift Relevanz für die knappschaftliche Rentenversicherung, deren Eigenständigkeit trotz der Integration in das SGB VI weiterhin fortbesteht. Für Sondersysteme von Arbeitnehmern enthält Art. 51 Abs. 1 das Prinzip, dass Auslandszeiten nur dann Berücksichtigung finden, wenn das ausländische System dem inländischen Sondersystem entspricht. Das gleiche Prinzip gilt für Sondersysteme von Selbständigen. Zu den Sondersystemen für Selbständige zählen in Deutschland die Alterssicherung für Landwirte nach dem ALG sowie Pflichtversorgungseinrichtungen der verkammerten freien Berufe (vgl. dazu Schuler in: Fuchs (Hg.), Europäisches Sozialrecht, 5. Aufl. 2010, Art. 51 Rn. 7 f.). Wenn trotz der Berücksichtigung solcher Zeiten die Leistungsvoraussetzungen eines Sondersystems nicht erfüllt werden, so werden diese Zeiten für die Gewährung von Leistungen des allgemeinen Systems berücksichtigt (Art. 51 Abs. 1 UA 2).

122   Ist ein Leistungsanspruch davon abhängig, dass der Antragsteller bei Eintritt des Versicherungsfalls versichert ist, gilt gemäß Art. 51 Abs. 3, dass diese Voraussetzung auch erfüllt ist, wenn sie in diesem Zeitpunkt nach den Rechtsvorschriften eines anderen Mitgliedstaats versichert ist. In Deutschland ist diese Bestimmung für die Anwendung des § 53 Abs. 1 S. 2 SGB VI relevant.

123   **4. Rentenberechnung. a) Berechnungsmodi.** Gemäß Art. 52 sind zwei Fallgestaltungen der Rentenberechnung zu unterscheiden: (1) Ein Anspruch auf Rente ist allein nach innerstaatlichem Recht erfüllt (**autonome Leistung**: Art. 52 Abs. 1 lit. a)). (2) Der Rentenanspruch ergibt sich erst aufgrund der Berücksichtigung von Zeiten eines oder mehrerer **anderer Mitgliedstaaten** (**anteilige Leistung**: Art. 52 Abs. 1 lit. b)).

124   Zu (1) Bei dieser Fallgestaltung sind gemäß Art. 52 Abs. 1 lit. a) bei der Rentenberechnung zwei Schritte vorzunehmen. In einem ersten Schritt erfolgt die Berechnung der Rente allein nach den Vorschriften des innerstaatlichen Rechts. Danach erfolgt eine **Vergleichsberechnung** nach dem in lit. b) vorgesehenen Pro-rata-temporis-Prinzip. Eine solche Vergleichsbetrachtung ist nach Art. 52 Abs. 4 unter bestimmten Voraussetzungen entbehrlich. Diese Vorschrift ist aber für Deutschland nicht relevant (vgl. Hauschild in: Hauck/Noftz, EU-Sozialrecht, 2010, Art. 52, Rn. 54).

125   Zu (2) Der Berechnungsmodus ist in Art. 52 Abs. 1 lit. b) festgelegt. Die **Berechnung** erfolgt **in zwei Schritten.** Zuerst ist der so genannte **theoretische Betrag** zu ermitteln (Abs. 1 lit. b) i)). Dies geschieht dadurch, dass so getan wird, als ob alle nach den für die betreffende Person geltenden Rechtsvorschriften der Mitgliedstaaten zurückgelegten Versicherungs- und/oder Wohnzeiten nur in dem betreffenden Staat und nach den für diesen Träger zum Zeitpunkt der Feststellung der Leistung geltenden Rechtsvorschriften zurückgelegt worden wären. Anschließend wird der **tatsächlich geschuldete Betrag** der Rente ermittelt (Abs. 1 lit. b) ii)). Dies geschieht dadurch, dass der nach lit. b) i) ermittelte theoretische Betrag nach dem Verhältnis zwischen den nach seinen Rechtsvorschriften vor Eintritt des Versicherungsfalles zurückgelegten Versicherungs- oder Wohnzeiten und dem gesamten

nach den Rechtsvorschriften aller beteiligten Mitgliedstaaten vor Eintritt des Versicherungsfalles zurückgelegten Versicherungs- und Wohnzeiten aufgeteilt wird.

Der vorbezeichnete Berechnungsmodus verwirklicht das so genannte **pro-rata-temporis-Prinzip**. 126
Er will erreichen, dass die Versicherungslast zwischen den beteiligten Mitgliedstaaten im Verhältnis der im jeweiligen Mitgliedstaat zurückgelegten Versicherungs-/Wohnzeiten zueinander aufgeteilt wird. Einige spezifische Regelungen zur Ermittlung des theoretischen und tatsächlich geschuldeten Betrags finden sich in Art. 56. Zu beachten ist die Minizeitenregelung in Art. 57. Danach ist der Träger eines Mitgliedstaats nicht verpflichtet, Leistungen aus Zeiten zu gewähren, die nach den von ihm angewendeten Rechtsvorschriften zurückgelegt wurden und im Zeitpunkt des Versicherungsfalls zu berücksichtigen sind, wenn die Dauer dieser Zeiten weniger als ein Jahr beträgt und aufgrund allein dieser Zeiten kein Leistungsanspruch nach diesen Rechtsvorschriften erworben worden ist. Hintergrund dieser Vorschrift ist, dass nach den meisten Rechtsordnungen bei Zurücklegung geringfügiger Zeiten kein Leistungsanspruch entsteht (nach deutschem Recht könnte man hinsichtlich eines Ausnahmefalls an die Erfüllung der Wartezeit bei Vorliegen eines Arbeitsunfalls gemäß § 53 Abs. 1 Nr. 1 SGB VI denken). Diese „Minizeiten" sind aber rentenrechtlich nicht irrelevant. Gemäß Art. 57 Abs. 2 sind sie vom zuständigen Träger jedes anderen Mitgliedstaats bei der Anwendung von Art. 52 Abs. 1 lit. b) i) bei der Ermittlung des theoretischen Betrags zu berücksichtigen.

b) Höchstbetragsregelung. Sowohl für die nach Art. 52 Abs. 1 lit. a) als auch nach Abs. 1 lit. b) 127
errechnete Rente sieht Art. 52 Abs. 3 eine Höchstbetragsregelung vor. D.h. der Antragsteller hat gegen den zuständigen Träger jedes beteiligten Mitgliedstaats Anspruch auf den höchsten nach Abs 1 lit. a) und b) errechneten Betrag, wobei ggf. alle Kürzungs-, Ruhens- oder Entziehungsbestimmungen der Rechtsvorschriften, aufgrund derer diese Leistung geschuldet wird, zur Anwendung kommen. Stets ist das so genannte **Petroni-Prinzip** zu beachten (benannt nach der Entscheidung des EuGH, Rs. 24/75, Slg. 1975, 1149). Danach darf das Gemeinschaftsrecht einen Rentenanspruch, der allein nach innerstaatlichem Recht besteht, nicht kürzen.

5. Doppelleistungsbestimmungen. a) Zusammentreffen von Leistungen. Das Recht der 128
Mitgliedstaaten kennt vielfach Bestimmungen über die Behandlung von Doppelleistungen (vgl. etwa § 89 SGB VI). Soweit danach Leistungen nach dem Recht eines anderen Staates zu berücksichtigen sind, darf dies nur nach Maßgabe des Art. 53 geschehen. Im Hinblick auf die nationalen Vorschriften über Doppelleistungen definiert Art. 53 Abs. 1 und 2 das Zusammentreffen von Leistungen gleicher Art und Leistungen unterschiedlicher Art. Für beide Fallgestaltungen gibt Art. 53 Abs. 3 Anwendungsregeln vor.

Beim Zusammentreffen von Leistungen gleicher Art, die nach den Rechtsvorschriften mehrerer 129
Mitgliedstaaten geschuldet werden, dürfen Doppelleistungsbestimmungen auf eine anteilige Leistung (Art. 52 Abs. 1 lit. b) angewandt werden (Art. 54 Abs. 1). Für eine autonome Leistung (Art. 52 Abs. 1 lit. a) gelten Doppelleistungsbestimmungen nur unter den Voraussetzungen des Art. 54 Abs. 2. Die Leistungen müssen in Anhang IX aufgeführt sein (vgl. für die Bundesrepublik Deutschland den Eintrag betreffend die Zurechnungszeit). Bei der Anwendung von Doppelleistungsbestimmungen auf den Bezug von Leistungen unterschiedlicher Art (Art. 53 Abs. 2) sind die Regelungen des Art. 55 zu beachten (zur Frage, bei welchen Vorschriften des SGB VI Art. 55 zu beachten ist, s. Hauschild in: Hauck/Noftz, EU-Sozialrecht, 2010, Art. 55 Rn. 3).

b) Zuschlag zur Erfüllung der Mindestrente. In einzelnen Mitgliedstaaten der EU bestehen 130
Vorschriften über die Gewährung von Mindestrenten (für Deutschland ist dies nicht der Fall). Art. 58 sieht einen Zuschlag für den Fall vor, dass die nach den vorbesprochenen Vorschriften geschuldeten Renten hinter dem Betrag der Mindestleistung in dem Mitgliedstaat zurückbleibt, in dessen Hoheitsgebiet der Antragsteller wohnt und nach dessen Rechtsvorschriften ihm eine Leistung zusteht. Die Zulage ist in Höhe des Unterschiedsbetrages zwischen der Summe der nach dem Rentenkapitel geschuldeten Leistungen und dem Betrag der Mindestleistung zu zahlen.

c) Anpassung und Neuberechnung von Leistungen. Eine Neuberechnung der Leistungen hat 131
nach Art. 59 Abs. 1 ausschließlich bei Vorliegen der darin genannten drei Fallgestaltungen zu erfolgen. Keine Neuberechnung, sondern lediglich eine unmittelbare Anpassung der nach Art. 52 festgestellten Leistungen tritt ein, wenn die Art. 59 Abs. 2 genannten Gründe gegeben sind.

d) Besonderheiten für Beamte. Gemäß Art. 60 Abs. 1 gelten die meisten koordinationsrechtli- 132
chen Vorschriften bei Leistungen im Alter und bei Tod auch für Personen, die von einem Sondersystem für Beamte erfasst sind. Art. 60 Abs. 2 bis 3 treffen jedoch einige Vorkehrungen, die notwendig sind, um beamtenrechtliche Besonderheiten zu berücksichtigen (zu Einzelheiten siehe die Erläuterungen bei Schuler in: Fuchs (Hg.), Europäisches Sozialrecht, 5. Aufl. 2010, Art. 60 Rn. 2–9).

XV. Arbeitsunfälle und Berufskrankheiten

1. Allgemeines. Die Koordinierung ist in den Art. 36–41 geregelt. Ergänzend sind die Art. 33 ff. 133
DVO hinzuziehen. Der Schwerpunkt dieses Regelungsabschnitts liegt in Koordinierungsvorschriften bei Auseinanderfallen von zuständigem Staat und Wohn- bzw. Aufenthaltsstaat sowie Besonder-

heiten der Entschädigung bei Berufskrankheiten. Das Koordinierungsrecht bei Arbeitsunfällen und Berufskrankheiten enthält nur noch fünf Vorschriften (früher: 13). Das Reformanliegen der VO (EG) 883/2004, eine Vereinfachung des Koordinierungsrechts herbeizuführen, wurde in diesem Bereich voll verwirklicht. Erreicht wurde dieses Ziel durch die Verweisung der Koordinierung auf das Recht der Leistungen bei Krankheit (Art. 36) und durch den Wegfall von Äquivalenzregeln aufgrund der Generalklauseln der Art. 5 und 6.

134   **2. Auseinanderfallen von zuständigem Staat und Wohnsitz-/Aufenthaltsstaat. a) Zuständiger Staat.** Gemäß Art. 1 lit. s) ist zuständiger Staat der Mitgliedstaat, in dessen Gebiet der zuständige Träger seinen Sitz hat. Nach der Definition des zuständigen Trägers in Art. 1 lit. q) ist dies demnach derjenige Staat, bei dem die Person im Zeitpunkt des Antrags unfallversichert ist. Welcher Mitgliedstaat dies ist, ergibt sich aus den Art. 11 ff. Wie zu verfahren ist, wenn Streit über den beruflichen Charakter des Arbeitsunfalls oder der Krankheit besteht, regelt Art. 35 DVO.

135   **b) Verschiedenheit von zuständigem Staat und Wohnortstaat (Art. 36 Abs. 1 i. V. m. Art. 17, 21).** Für den Fall, dass das Arbeitsunfallopfer oder der an einer Berufskrankheit Erkrankte in einem anderen Staat als dem zuständigen Staat wohnt, gilt nach Art. 17, 21 folgende Regel über die Zuständigkeit der Leistungserbringung:

136   aa) **Sachleistungen** werden für Rechnung des zuständigen Trägers vom Träger des Wohnorts nach den für diesen Träger geltenden Rechtsvorschriften erbracht, als ob er bei diesem versichert wäre (Art. 17 Abs. 1). Art. 36 Abs. 2 stellt sicher, dass der Betroffene die besonderen Sachleistungen bei Arbeitsunfällen und Berufskrankheiten erhält, die vom Träger des Wohn- oder Aufenthaltsorts nach den für ihn geltenden Rechtsvorschriften für Rechnung des zuständigen Trägers erbracht werden (zur Definition dieser Leistungen s. Art. 1 lit. va) ü).

137   bb) **Geldleistungen** erbringt der zuständige Träger nach seinen Rechtsvorschriften (soweit beide Träger nicht einvernehmlich eine andere Lösung wählen), vgl. Art. 21 Abs. 1 (zu verfahrensrechtlichen Fragen s. Art. 27 DVO). Die Kosten des Transports zum Wohnort oder Krankenhaus in einen anderen Mitgliedstaat übernimmt der zuständige Träger des Mitgliedstaats, der nach seinem Recht die Transportkosten zu tragen hat, wenn er den Transport zuvor genehmigt hat (Art. 37 Abs 1). Bezüglich der Kosten der Überführung im Todesfall s. Art. 37 Abs. 2.

138   Die vorgenannten Bestimmungen gelten auch für Familienangehörige (Art. 1 lit. i)) des Versicherten. Im Gegensatz zum früheren Recht (Art. 53 VO (EWG) 1408/71) gibt es keine Sonderregelung für Grenzgänger mehr. Besteht in einem Mitgliedstaat, in dem die betreffende Person wohnt (oder sich aufhält), keine Versicherung gegen Arbeitsunfälle oder Berufskrankheiten, so werden die Leistungen von dem für die Gewährung von Sachleistungen bei Krankheit zuständigen Träger erbracht (Art. 40 Abs. 1). Kennt das Recht des zuständigen Mitgliedstaates keine Versicherung gegen Arbeitsunfälle und Berufskrankheiten, so erhält der Betroffene im Wohn(Aufenthalts)staat gleichwohl Sachleistungen vom Träger des Wohnstaates, allerdings zu Lasten des für Sachleistungen zuständigen Trägers des zuständigen Staates (Art. 40 Abs. 2).

139   **3. Aufenthalt im zuständigen Staat/Wohnortwechsel in den zuständigen Staat.** Art. 17 betrifft – wie gezeigt – die Situation des Auseinanderfallens von zuständigem Staat und Wohnortstaat. Für den Fall, dass sich der betroffene Arbeitnehmer oder Selbständige, ohne den Wohnort zu ändern, im Gebiet des zuständigen Staates aufhält, bestimmt Art. 36 i. V. m. Art. 18, dass Sachleistungen nach den Rechtsvorschriften des zuständigen Staates vom zuständigen Träger für dessen Rechnung erbracht werden. Aufenthalt ist gemäß Art. 1 lit. k) der vorübergehende Aufenthalt. Dies gilt auch dann, wenn vor dem Aufenthalt im zuständigen Staat bereits Leistungen im Staat des Wohnorts gewährt wurden. Zum Anspruch auf Sachleistungen für Familienangehörige von Grenzgängern s. Art. 18 Abs. 2 (dazu Bieback in: Fuchs (Hg.), Europäisches Sozialrecht, 5. Aufl. 2010, Art. 18 Rn. 3 ff.).

140   **4. Verschiedenheit von zuständigem Staat und Aufenthaltsstaat.** Bezüglich dieser Fallgestaltung verweist Art. 36 Abs. 1 auf Art. 19 Abs. 1. Diese Fallgestaltung betrifft insbesondere **Entsendefälle** (Art. 12), wenn sich während der Entsendung ein Arbeitsunfall ereignet. Während Art. 19 Abs. 1 nur medizinisch notwendige Leistungen vorsieht, erweitert Art. 36 Abs. 2 den Anspruch auf die besonderen Sachleistungen bei Arbeitsunfällen und Berufskrankheiten, die vom Träger des Aufenthaltsorts nach seinen Rechtsvorschriften für Rechnung des zuständigen Trägers erbracht werden.

141   **5. Aufenthalt** im Gebiet eines anderen Mitgliedstaats **zu Behandlungszwecken** mit Genehmigung des zuständigen Trägers. Hierfür verweist Art. 36 Abs. 1 auf Art. 20 Abs. 1. Unter welchen Voraussetzungen die Genehmigung zu erteilen ist, bestimmt Art. 36 Abs. 2a (in weitgehender Übereinstimmung mit Art. 20 Abs. 2 S. 2, vgl. deshalb oben Rn. 94 ff.). Im Übrigen sind bei Auslandsbehandlung ambulanter Natur die gleichen Grundsätze zu beachten, wie sie für die allgemeine Krankenbehandlung vom EuGH entwickelt wurden (s. dazu oben Rn. 96). Allerdings sind unfallversicherungsrechtliche Besonderheiten zu beachten (vgl. dazu Fuchs in: Fuchs (Hg.), Europäisches Sozialrecht, 5. Aufl. 2010, Art. 36 Rn. 17 ff.).

6. Äquivalenzregeln. Ob ein Arbeitsunfall oder eine Berufskrankheit vorliegt, ob es demnach einen Leistungsanspruch gibt und in welcher Höhe dieser besteht, bestimmt sich grundsätzlich nach dem Recht des zuständigen Staates. Grundsätzlich entscheidet also das nationale Recht über das Ob und Wie einer unfallversicherungsrechtlichen Leistung. Die koordinationsrechtlichen Vorschriften der Unfallversicherung nehmen jedoch auf die Anwendung des nationalen Rechts Einfluss, indem sie territoriale Schranken des Letzteren überwinden helfen. Soweit das nationale Recht den Eintritt oder das Vorhandensein bestimmter Umstände im nationalen Geltungsbereich voraussetzt, werden **ausländische Sachverhalte den nationalen gleichgestellt**. Das frühere Recht enthielt in Art. 61 VO (EWG) 1408/71 zahlreiche Bestimmungen über die Tatbestandsgleichstellung. Die meisten dieser Bestimmungen sind aufgrund der allgemeinen Gleichstellungsvorschrift des Art. 5 weggefallen. Es gilt: 142

a) Berücksichtigung von Arbeitsunfällen und Berufskrankheiten in anderen Mitgliedstaaten. Soweit eine Rechtsordnung bestimmt, dass bei der Bemessung des Grades der Erwerbsminderung, der Begründung des Leistungsanspruchs oder der Festsetzung des Leistungsbetrags früher eingetretene oder festgestellte Arbeitsunfälle oder Berufskrankheiten zu berücksichtigen sind, müssen aufgrund von Art. 5 lit. b) auch **Arbeitsunfälle** oder **Berufskrankheiten in anderen Mitgliedstaaten** herangezogen werden. Das bedeutet etwa im Hinblick auf die Bestimmung des § 56 Abs. 1 Satz 2 SGB VII, dass auch Arbeitsunfälle und Berufskrankheiten in anderen EG-Mitgliedstaaten zu berücksichtigen sind. Gemäß Art. 40 Abs. 3 sind auch später eingetretene oder festgestellte Arbeitsunfälle oder Berufskrankheiten unter den in dieser Vorschrift genannten Voraussetzungen zu berücksichtigen (die Regelung geht auf die Entscheidungen des EuGH in den Rs. 173/78 (Villano) und Rs. 174/78 (Barion), Slg. 1979, 1851 zurück). 143

b) Wegeunfälle. Diejenigen Rechtsordnungen, die wie die Bundesrepublik Deutschland den Wegeunfall als Arbeitsunfall anerkennen (§ 8 Abs. 2 Nr. 1 SGB VII), müssen aufgrund von Art. 5 auch Wegeunfälle, die sich im Gebiet eines anderen Mitgliedstaats als des zuständigen Staates ereignet haben, als im Gebiet des zuständigen Staates eingetreten behandeln. 144

c) Berücksichtigung von Einkünften in anderen Mitgliedstaaten (Art. 36 Abs. 3 i. V. m. Art. 21 Abs. 2 und 3). Art. 21 Abs. 2 und 3 bestimmen, dass die Ermittlung von Einkommen zur Berechnung der Geldleistungen vom zuständigen Träger nach seinen Rechtsvorschriften vorzunehmen ist, wenn der **Berechnung ein Durchschnittsarbeitsentgelt** oder -einkommen oder ein pauschales Arbeitsentgelt oder pauschales Arbeitseinkommen zugrunde zu legen ist. In diesem Falle werden bei der Ermittlung des Durchschnittsbetrages nur die nach den Rechtsvorschriften des zuständigen Mitgliedstaates zurückgelegten Zeiten berücksichtigt (vgl. EuGH, Rs. 59/79 (Pennartz), Slg. 1979, 2411). Allerdings hat der EuGH in der Entscheidung Nemec im Hinblick auf den Zweck des Art. 42 EG (jetzt Art. 48 AEUV) eine gemeinschaftskonforme Auslegung des Art. 58 VO (EWG) 1408/71 (jetzt Art. 21 Abs. 2 und 3) gefordert, wenn nach den nationalen Vorschriften weit zurückliegendes Entgelt zugrunde zu legen ist und das jüngere, im Ausland erzielte Arbeitsentgelt deshalb unberücksichtigt bleibt. In diesem Falle verlangt der EuGH, das Arbeitsentgelt, das in dem Mitgliedstaat erzielt wurde, dem der zuständige Träger angehört, so zu aktualisieren und anzupassen, dass es dem Arbeitsentgelt entspricht, das der Betroffene bei normaler beruflicher Entwicklung erhalten hätte, wenn er weiterhin in dem betreffenden Mitgliedstaat beschäftigt gewesen wäre (EuGH, Rs. C-205/05 (Nemec), Slg. 2006, I-10745). Art. 21 Abs. 2 und 3 kommen nicht zur Anwendung, wenn die Geldleistungen auf der Grundlage sämtlicher tatsächlicher Bezüge des Arbeitnehmers zu ermitteln sind. Stets ist deshalb zu prüfen, ob eine Berechnungsnorm wirklich von Durchschnittsarbeitsentgelten oder -einkommen ausgeht. Dies ist für die im deutschen Recht zentrale Bestimmung des § 82 Abs. 1 und Abs. 2 Satz 1 SGB VII zu verneinen. Vielmehr verlangt diese die Ermittlung des konkreten, individuell verdienten Jahresarbeitsverdienstes. Hierzu gehört auch im Ausland erzieltes Arbeitsentgelt (BSGE 36, 209, 212). Zur Umrechnung von ausländischem Arbeitsentgelt in deutsches vgl. § 17a SGB IV. Zur Anwendung des § 87 SGB VII s. BSGE 51, 178. 145

d) Berücksichtigung von Familienangehörigen, die in einem anderen Mitgliedstaat leben. Unterhaltsbedarf von Personen, die nicht im Gebiete des zuständigen Trägers wohnen, wird über Art. 5 (früher: Art. 58 Abs. 3 VO (EWG) 1408/71) berücksichtigt. Der zuständige Träger eines Mitgliedstaats, nach dessen Rechtsvorschriften die Höhe der Geldleistungen von der Zahl der Familienangehörigen abhängt, muss nämlich auch die Familienangehörigen des Versicherten berücksichtigen, die im Gebiet eines anderen Mitgliedstaats wohnen, so, als ob sie im Gebiet des zuständigen Staates wohnten (zum Begriff des Familienangehörigen s. Art. 1 lit. i)). 146

7. Entschädigung von Berufskrankheiten. a) Grundgedanken. Im Gegensatz zum Arbeitsunfall als einem zeitlich oder örtlich bestimmten plötzlich eintretenden Vorgang (vgl. § 8 Abs. 1 Satz 2 SBG VII) ist die Berufskrankheit gerade durch einen sich über längere Zeiträume erstreckenden Entwicklungsprozess gekennzeichnet. Das Recht der Entschädigung der Berufskrankheiten muss daher **Expositionszeiten** adäquat erfassen. Das europäische Sozialrecht muss eine Antwort auf die Frage geben, wie Expositionszeiten, die in verschiedenen Mitgliedstaaten zurückgelegt sind, koordi- 147 nationsrechtlich zu behandeln sind (Verursachungsaspekt). Unter diesem Verursachungs- oder Kausalitätsaspekt kommt deshalb der Erfassung von Tätigkeiten und Expositionen außerhalb des Geltungsbereichs der nationalen Rechtsordnung entscheidende Bedeutung zu. Eine zweite grundlegende Frage betrifft die Bestimmung des zuständigen nationalen Versicherungsträgers für die versicherungsrechtliche Entschädigung. Hier bieten sich grundsätzlich **zwei Modelle** an. Das Modell der konkurrierenden Zuständigkeit, das vielen Sozialversicherungsabkommen zugrunde liegt, verlangt eine Entschädigung pro-rata-temporis, d. h. ausgehend von der Gesamtdauer der Exposition erbringt jeder nationale Träger den Teil der Leistung, der der Dauer der Tätigkeit in dem Gebiet des Trägers entspricht. Demgegenüber verfolgt das Modell der ausschließlichen Zuständigkeit das Ziel, einen nationalen Entscheidungsträger zu bestimmen. Diesem Modell folgt das europäische Sozialrecht (Art. 38).

148 **b) Zuständigkeit des Entscheidungsträgers.** Art. 38 sieht eine Entschädigung von Berufskrankheiten nur durch denjenigen Träger vor, nach dessen Rechtsvorschriften zuletzt die Voraussetzungen für die Berufskrankheitenentschädigung erfüllt sind. Diese Vorschrift erfüllt zwei Funktionen. Sie ist einmal **Kollisionsnorm** in dem Sinne, dass bestimmt wird, wer von möglichen in Betracht kommenden nationalen Unfallversicherungsträgern zur Entscheidung berufen ist. Ferner erfüllt sie die Funktion einer **Antikumulierungsbestimmung.** D. h. es sollen Doppelleistungen vermieden werden. Ob eine Entschädigung wegen Berufskrankheit zu gewähren ist, entscheidet der nach Abs. 1 zuständige Träger grundsätzlich nach seinen innerstaatlichen Rechtsvorschriften. Falls der Träger einen Anspruch auf Entschädigung verneint, liegt die Zuständigkeit bei den übrigen beteiligten Versicherungsträgern in rücklaufender Reihenfolge (zum Verfahren s. Art. 36 f. DVO).

149 **c) Äquivalenzregeln.** Der zuständige Träger wendet sein nationales Recht an, muss dabei aber krankheitsrelevante Zeiten und deren Feststellung in anderen Ländern nach Maßgabe der Art. 5 und 6 berücksichtigen. Setzt die Gewährung einer Berufskrankheitenentschädigung nach dem Recht eines Mitgliedstaates voraus, dass die betreffende Krankheit im Gebiet dieses Mitgliedstaats ärztlich festgestellt worden ist, so gilt diese Voraussetzung auch dann als erfüllt, wenn die **Feststellung** im Gebiet eines anderen Mitgliedstaats getroffen wurde (Art. 5 lit. b), siehe dazu zum bisherigen Recht EuGH, Rs. 28/85 (Deghillage), Slg. 1986, 991). Macht das nationale Recht die Gewährung von Leistungen bei Berufskrankheiten von deren Feststellung innerhalb einer bestimmten Frist nach Beendigung der gefährlichen Tätigkeit abhängig, sind zuletzt ausgeübte Tätigkeiten auch solche in anderen Mitgliedstaaten. **Sämtliche Expositionszeiten** in allen Mitgliedstaaten müssen als Einheit gesehen werden. Art. 6 verlangt die Berücksichtigung auch der für das Entstehen einer Berufskrankheit bedeutsamen Tätigkeiten in anderen Mitgliedstaaten. Diese Regelung hat im deutschen Recht nur deklaratorische Bedeutung, weil die Berücksichtigung von Auslandszeiten sich bereits aus nationalem Unfallversicherungsrecht ergibt (vgl. Raschke BG 1988, 414, 417).

150 **d) Kostenlast.** Die Kostenlast für die Entschädigung von Berufskrankheiten liegt bei dem nach Art. 38 zuständigen Träger. Im Gegensatz zu zahlreichen Sozialversicherungsabkommen hat sich die VO (EG) 883/2004 gegen ein **Lastenteilungsverfahren** zwischen den beteiligten Trägern der verschiedenen Länder ausgesprochen. Die frühere Regelung über die Kostenteilung bei sklerogener Pneumokoniose (Art. 57 Abs. 5 VO (EWG) 1408/71) ist weggefallen (kritisch zu dem neuen Rechtszustand Fuchs, Arbeitsunfälle und Berufskrankheiten, in: Eichenhofer (Hg.), 50 Jahre nach ihrem Beginn Neue Regeln für die Koordinierung sozialer Sicherheit, 2009, S. 216 ff.).

151 **e) Verschlimmerung von Berufskrankheiten (Art. 39).** Hat sich der Zustand des Betroffenen verschlimmert und hat er keine Berufstätigkeit nach den Rechtsvorschriften eines anderen Mitgliedstaates ausgeübt, die einen Einfluss auf die Entstehung oder Verschlimmerung der Krankheit hätte haben können, so bleibt es nach lit. a) dieser Vorschrift bei der Zuständigkeit desjenigen Trägers, der für die erstmalige Gewährung der Leistung zuständig war. Er hat auch die durch die Verschlimmerung bedingten Leistungen zu gewähren. Anders ist es dagegen, wenn der Betreffende nach Eintritt der Leistungsgewährung in einem anderen Mitgliedstaat eine Tätigkeit aufgenommen hat, die geeignet war, eine solche Krankheit bzw. deren Verschlimmerung zu verursachen. In diesen Fällen berücksichtigt der bisherige Leistungsträger die Verschlimmerung nicht. Er erbringt vielmehr die Leistung im bisherigen Umfang. Der Träger des Mitgliedstaats der neuen Beschäftigung ist im Hinblick auf die Verschlimmerung zur Zahlung einer Zulage verpflichtet (lit. b)). Nationale Regelungen über Kürzung, Ruhen oder Entziehung bei Doppelleistungen sind nicht auf die Empfänger von Leistungen nach lit. b) anwendbar (lit. c)).

XVI. Leistungen bei Arbeitslosigkeit

152 **1. Allgemeines.** Die koordinationsrechtlichen Regelungen sind in den Art. 61–65 enthalten. Die wesentlichen Regelungsgegenstände sind das Prinzip der Zusammenrechnung der für die Entstehung des Anspruchs maßgeblichen Zeiten (Art. 61 Abs. 1 und 2), Regeln über die Einkommensberechnung (Art. 62) und den Leistungsexport (Art. 64) sowie Sonderregeln für Grenzgänger (Art. 65).

153 **2. Arbeitslosigkeitsstatut.** Der für die Entscheidung über die Leistungsgewährung zuständige Träger ist nach der Definition des Art. 1 lit. q) i) der Träger, bei dem die betreffende Person zum Zeit-

punkt der Stellung des Antrags auf Leistungen versichert ist. Diese Frage entscheidet sich anhand der allgemeinen kollisionsrechtlichen Bestimmungen der Art. 11 ff. Wie der EuGH in der Rechtssache Huijbrechts ausgeführt hatte, wird die in Art. 11 getroffene allgemeine Regelung hinsichtlich der Leistungen bei Arbeitslosigkeit durch die Art. 61 und 62, in denen die Berechnungsmodalitäten für diese Leistungen festgelegt sind, sowie durch Art. 63 konkretisiert, wonach unter bestimmten Voraussetzungen der Anspruch im Staat der Letztbeschäftigung erhalten bleibt, wenn sich der Betroffene in einen oder mehrere andere Mitgliedstaaten begibt, um dort eine Beschäftigung zu suchen. Aus all diesen Vorschriften ergibt sich, dass der für Leistungen bei Arbeitslosigkeit zuständige Staat der Staat ist, in dem zuletzt eine Beschäftigung ausgeübt wurde (EuGH, Rs. C-131/95, Slg. 1997, I-1409 Rn. 21; s. auch Rs. 145/84 (Cochet), Slg. 1985, 801 Rn. 14). Zu beachten ist ferner Art. 11 Abs. 3 lit. e). Nach dieser Vorschrift unterliegt eine Person, die den Rechtsvorschriften eines Mitgliedstaats nicht weiterhin unterliegt, ohne dass die Rechtsvorschriften eines anderen Mitgliedstaats gemäß Art. 11 Abs. 3 lit. a) bis d) oder Art. 12 bis 16 auf sie anwendbar würden, den Rechtsvorschriften jenes Mitgliedstaats, in dessen Gebiet sie wohnt. Nach der Rechtsprechung des EuGH gilt Art. 11 Abs. 3 lit. e) sowohl für Personen, die endgültig ihre Berufstätigkeit aufgegeben haben, als auch für Personen, die ihre Tätigkeit nur vorübergehend beendet haben (EuGH, Rs. C-275/96 (Kuusijärvi), Slg. 1988, 3419 Rn. 39 f.). Eine Person, die in einem Mitgliedstaat wohnt und dort arbeitslos ist, nachdem sie ihren Pflichtwehrdienst in einem anderen Mitgliedstaat abgeleistet hat, unterliegt nach Art. 11 Abs. 3 lit. e) den Rechtsvorschriften des Wohnmitgliedstaats (EuGH, Rs. C-372/02 (Adanez-Viga), Slg. 2004, I-10761 Rn. 24 bis 26).

3. Prinzip der Zusammenrechnung von Versicherungs- und Beschäftigungszeiten. Gemäß Art. 61 Abs. 1 gilt für den Fall, dass der Leistungsanspruch von der Zurücklegung von Versicherungszeiten abhängig ist, dass auch Versicherungs- oder Beschäftigungszeiten oder Zeiten einer selbständigen Erwerbstätigkeit berücksichtigt werden müssen, die nach den Rechtsvorschriften eines anderen Mitgliedstaats zurückgelegt wurden. Gemäß Abs. 1 S. 2 gilt dies für Beschäftigungszeiten jedoch nur unter der Voraussetzung, dass sie als Versicherungszeiten gegolten hätten, wenn sie nach den eigenen Rechtsvorschriften zurückgelegt worden wären. Nicht erforderlich ist aber, dass die Beschäftigungszeiten, die in dem anderen Mitgliedstaat zurückgelegt wurden, dort als Versicherungszeiten für die Arbeitslosenversicherung angesehen werden (EuGH, Rs. 388/87 (Warmerdam-Steggerda), Slg. 1989, 1203, 1233). Das Prinzip der Zusammenrechnung von Versicherungs- und Beschäftigungszeiten nach Abs. 1 gilt nach Abs. 2 nur, wenn die betreffende Person diese Zeiten **unmittelbar zuvor** nach den Rechtsvorschriften zurückgelegt hat, nach denen die Leistungen beantragt werden (zur Erfüllung dieser Voraussetzung EuGH, Rs. C-372/02 (Adanez-Vega), Slg. 2004, I-10761 Rn. 52).

154

4. Ermittlung des zugrunde zu legenden Einkommens. Üblicherweise bemessen sich die Leistungen wegen Arbeitslosigkeit nach dem zuvor erzielten Einkommen. In Art. 62 Abs. 1 ist das Prinzip verankert, dass ausschließlich das im Geltungsbereich des zuständigen Staates erzielte Einkommen zu berücksichtigen ist (zu diesem Grundsatz siehe auch EuGH, Rs. 67/79 (Fellinger), Slg. 1980, 535). In manchen Ländern ist für die Ermittlung des als Berechnungsgrundlage für die Leistungen heranzuziehenden Entgelts ein bestimmter Bezugszeitraum vorgesehen (z. B. § 130 SGB III). Wenn der Arbeitslose während eines Teils dieses Zeitraums den Rechtsvorschriften eines anderen Mitgliedstaats unterlag, verbleibt es dennoch bei der ausschließlichen Berücksichtigung von Einkommen im Staat der letzten Beschäftigung oder selbständigen Erwerbstätigkeit (Art. 62 Abs. 2). Für Grenzgänger gilt die Regelung des Art. 62 Abs. 3 (s. dazu unten Rn. 161 ff.).

155

5. Leistungshöhe. Häufig ist die Höhe der Leistungen wegen Arbeitslosigkeit von der Existenz von **Familienangehörigen des Leistungsberechtigten** abhängig (vgl. § 129 SGB III). Die Frage, ob auch Familienangehörige des Leistungsberechtigten, die im Gebiet eines anderen als des zuständigen Mitgliedstaats wohnen, zu berücksichtigen sind, bejaht Art. 54 Abs. 3 S. 1 DVO. Dies gilt aber nicht, wenn in dem Mitgliedstaat, in dem die Familienangehörigen wohnen, eine andere Person Anspruch auf Leistungen bei Arbeitslosigkeit hat, bei deren Berechnung die Familienangehörigen berücksichtigt werden (Art. 54 Abs. 3 S. 2 DVO). In der Rs. Stallone (EuGH, Rs. C-212/00, Slg. 2001, I-7643) entschied der EuGH zur gleichlautenden früheren Bestimmung des Art. 68 Abs. 2 VO (EWG) Nr. 1408/71, dass zwischen der Behandlung eines Arbeitslosen, dessen Familie ebenso wie er selbst im Aufnahmestaat wohnt, und der eines Arbeitslosen, dessen Familienangehörigen im Gebiet eines anderen Mitgliedstaats wohnen, kein Unterschied bestehen darf. Als unzulässig sah er daher eine belgische Regelung an, die einen erhöhten Leistungssatz wegen Arbeitslosigkeit nur für solche Berechtigte vorsah, die mit ihren Familienangehörigen zusammenleben.

156

Spezifische Probleme tauchen beim Arbeitslosengeld dadurch auf, dass der erhöhte Leistungssatz von 67 Prozent von **steuerrechtlichen Gegebenheiten** abhängt, die für EG-Ausländer schwerer zu erfüllen sind als für Inländer. Das gilt namentlich für das Erfordernis in § 129 Nr. 1 2. Alt. SGB III, wonach der erhöhte Leistungssatz nur für solche Arbeitslose in Betracht kommt, deren Ehegatte oder Lebenspartner mindestens ein Kind i. S. d. § 32 Abs. 1, 3 bis 5 EStG hat, wenn beide Ehegatten oder Lebenspartner unbeschränkt einkommensteuerpflichtig sind und nicht dauernd getrennt leben. Nach § 1

157

Abs. 1 EStG sind im Grundsatz nur Personen unbeschränkt einkommensteuerpflichtig, die im Inland einen Wohnsitz oder ihren gewöhnlichen Aufenthalt haben. Zwar eröffnet § 1 Abs. 3 EStG für Personen, die diese Voraussetzung nicht erfüllen, die Möglichkeit auf Antrag als unbeschränkt einkommensteuerpflichtig behandelt zu werden. Dazu muss die entsprechende Person aber Einkünfte im Sinne des § 49 EStG haben und weiterhin müssen entweder diese Einkünfte im Kalenderjahr mindestens zu 90 Prozent der deutschen Einkommensteuer unterliegen oder es dürfen die der deutschen Einkommensteuer unterliegenden Einkünfte den Grundfreibetrag nach § 32a Abs. 1 S. 2 Nr. 1 EStG nicht übersteigen. Wie die Entscheidung des EuGH in der Rs. Meindl (EuGH, Rs. C-329/05, Slg. 2007, I-1107) und der daraufhin neu geschaffene § 1 Abs. 3 S. 4 EStG zeigen, ist es schon in steuerrechtlicher Hinsicht schwierig, die Voraussetzungen für die fiktive unbeschränkte Steuerpflicht so festzulegen, dass sie sich als mit dem Unionsrecht vereinbar erweisen. Sind die Voraussetzungen des § 1 Abs. 3 EStG nicht erfüllt, stellt sich in sozialversicherungsrechtlicher Hinsicht die Frage, ob es mit europäischem Recht vereinbar ist, entsprechend dem Wortlaut nicht den erhöhten Leistungssatz auszuzahlen, obwohl der im EU-Ausland befindliche Ehegatte ein Kind hat, das die Voraussetzungen des § 32 Abs. 1 EStG erfüllt. Vor dem Hintergrund der erwähnten Entscheidung des EuGH in der Rs. Stallone muss bezweifelt werden, dass die deutsche Anknüpfung der Höhe des Arbeitslosengelds an das Steuerrecht dazu führen darf, dass Familienangehörige im EU-Ausland anders als inländische Familienangehörige unberücksichtigt bleiben (vgl. dazu Schulte, ZESAR 2003, 242; Kretschmer in: Niesel, SGB III Anhang A Art. 68 Rn. 14). Zu einem weiteren Problem des Verweises in § 129 SGB III auf § 32 Abs. 4 S. 1 Nr. 1 EStG s. Fuchs in: Gagel, SGB III EU-Koordinationsrecht der Leistungen bei Arbeitslosigkeit Rn. 36.

158   **6. Leistungsexport (Art. 64).** Eine konsequente Anwendung des Prinzips des Leistungsexports im Bereich der Arbeitslosenversicherung würde bedeuten, dass sich der Inhaber des Anspruchs auf eine Leistung wegen Arbeitslosigkeit auch in einen anderen Mitgliedstaat zur Arbeitsuche begeben kann, ohne die Leistung zu verlieren. Im Hinblick darauf, dass sich das Leistungsverhältnis bei Leistungen wegen Arbeitslosigkeit nicht in der Zahlung einer Geldleistung erschöpft, sondern gleichzeitig Vermittlungsbemühungen unternommen werden müssen, die eine auch örtlich gebundene Präsenz des Leistungsempfängers verlangen, hat das europäische Koordinationsrecht von Anfang an das Prinzip des **Leistungsexports nur eingeschränkt** verwirklicht. Der Verordnungsgeber hat einen Kompromiss gewählt zwischen den Extremen eines völligen Verlustes des Anspruchs bei Wohnsitz oder Aufenthalt im Ausland und einem unbegrenzten Export der Leistung.

159   Art. 64 knüpft den Erhalt des Anspruchs bei Wohnsitznahme oder Aufenthalt im Ausland an **zwei Voraussetzungen.** Vor der Abreise muss der Arbeitslose gemäß Art. 64 Abs. 1 lit. a) während mindestens vier Wochen nach Beginn der Arbeitslosigkeit bei der **Arbeitsverwaltung** als Arbeitsuchender gemeldet gewesen sein und ihr **zur Verfügung** gestanden haben. Die Beurteilung dieser tatbestandlichen Voraussetzungen erfolgt nach nationalem Recht (vgl. EuGH, Rs. C-215/00 (Rydergård), Slg. 2002, I-1829). In diesem Urteil hatte der EuGH auch festgestellt, dass Art. 64 Abs. 1 lit. a) eine ununterbrochene Verfügungsbereitschaft verlange. Im Übrigen eröffnet Satz 2 der Bestimmung die Möglichkeit, dass die zuständige Arbeitsverwaltung oder der zuständige Träger schon vor Ablauf dieser Frist die Abreise genehmigt. Der Arbeitslose muss sich gemäß Art. 64 Abs. 1 lit. b) bei der **Arbeitsverwaltung des Mitgliedstaats,** in den er sich begibt, als **Arbeitsuchender** melden und sich der dortigen Kontrolle unterwerfen. Für die Meldung hat er sieben Tage Zeit, gerechnet von dem Zeitpunkt an, in dem er der Arbeitsverwaltung, die die Leistung gewährt, nicht mehr zur Verfügung gestanden hat, soweit nicht eine Ausnahmegenehmigung erteilt wird. Bei kumulativer Erfüllung dieser Voraussetzungen behält der Arbeitslose seinen Leistungsanspruch für drei Monate, gerechnet von dem Zeitpunkt an, ab dem er der Arbeitsverwaltung des Mitgliedstaats, der die Leistung gewährt, nicht mehr zur Verfügung gestanden hat (Art. 64 Abs. 1 lit. c)). Die Leistungen sind vom Träger des Staates der Beschäftigungssuche zu gewähren. Der zuständige Träger hat die Leistungen nach den für ihn geltenden Vorschriften und für seine Rechnung zu gewähren (Art. 64 Abs. 1 lit. d)). Die Dreimonatsfrist markiert gemäß Art. 64 Abs. 2 gleichzeitig den Zeitraum, bei dessen Ende der Arbeitslose spätestens wieder in sein Ursprungsland zurückkehren muss, wenn er den nach diesem Recht bestehenden Anspruch auf Leistungen wegen Arbeitslosigkeit nicht verlieren will. Zu Recht ist gesagt worden, dass diese Regelung eine Abweichung vom so genannten Petroni-Prinzip darstellt, wonach das europäische Recht Leistungen, die bereits allein nach nationalem Recht begründet sind, nicht kürzen darf.

160   Die gegen diese Regelung immer wieder vorgetragenen Bedenken hat der EuGH nicht geteilt und die Regelung als im **Einklang mit der Freizügigkeitsbestimmung des Art. 48 AEUV** stehend angesehen (EuGH, Rs. C-62/91 (Gray), Slg. 1992, I-2737). Die Frist kann auch nach ihrem Ablauf nachträglich verändert werden (EuGH, Rs. 139/78 (Coccioli), Slg. 1979, 991). Der Gerichtshof räumt dem Träger dabei einen weiten Ermessensspielraum ein. Allerdings betont er auch, dass der Grundsatz der Verhältnismäßigkeit zu beachten ist. Dessen korrekte Anwendung verlangt deshalb in jedem Einzelfall die Prüfung der Dauer der Fristüberschreitung, den Grund für die verspätete Rückkehr sowie die Schwere der an die verspätete Rückkehr geknüpften Rechtsfolgen (EuGH, Rs. 41/79 u. a. (Testa u. a.), Slg. 1980, 1979).

7. Besonderheiten bei Grenzgängern (Art. 65). Vor allem in grenznahen Gebieten kommt es 161 nicht selten vor, dass Menschen in einem Staat wohnen und in einem anderen arbeiten. Dieses Auseinanderfallen von Beschäftigungs- und Wohnstaat bringt besondere Probleme mit sich, wenn der Betreffende arbeitslos wird. Denn es stellt sich die Frage, ob es im Falle der Arbeitslosigkeit sinnvoller ist, den Arbeitslosen der Arbeitsverwaltung des Wohnstaates oder des (bisherigen) Beschäftigungsstates zu unterstellen. Vor diesem Hintergrund hat Art. 65 eine Sonderregelung für Grenzgänger geschaffen. Herkömmlicherweise wird zwischen dem **echten Grenzgänger** und dem **so genannten unechten Grenzgänger** unterschieden. Die Definition des echten Grenzgängers findet sich in Art. 1 lit. f). Danach ist Grenzgänger eine Person, für die das Auseinanderfallen von Wohn- und Arbeitsstaat kennzeichnend ist, wobei entscheidend ist, dass die betreffende Person täglich, mindestens jedoch einmal wöchentlich vom Arbeitsplatz an den Wohnort zurückkehrt. Ist dies nicht der Fall, weil etwa nur eine einmalige Rückkehr pro Monat erfolgt, sprechen wir von einem unechten Grenzgänger. Der echte Grenzgänger muss sich der Arbeitsverwaltung des Wohnmitgliedstaats zur Verfügung stellen (Art. 65 Abs. 2 S. 1). Allerdings gibt ihm das neue Recht die Möglichkeit, sich zusätzlich der Arbeitsverwaltung des Mitgliedstaats zur Verfügung zu stellen, in dem er zuletzt eine Beschäftigung oder eine selbständige Erwerbstätigkeit ausgeübt hat (Art. 65 Abs. 2 S. 2). Er erhält Leistungen nach den Rechtsvorschriften des Wohnmitgliedstaats und vom Träger des Wohnorts (Art. 65 Abs. 5 lit. a)).

Auch die rechtliche Behandlung des unechten Grenzgängers hat sich gegenüber dem früheren Recht 162 (vgl. zu diesem Rönsberg, Die gemeinschaftsrechtliche Koordinierung von Leistungen bei Arbeitslosigkeit, 2006, S. 191 ff.) nicht geändert (eingehend dazu Cornelissen, The new EU coordination system for workers who become unemployed, in: European Journal of Social Security, 2007, 187 ff.). Der unechte Grenzgänger kann sich der Arbeitsverwaltung des Wohnmitgliedstaats zur Verfügung stellen und erhält dann Leistungen vom Träger dieses Wohnstaates (Art. 65 Abs. 2 S. 1 und Abs. 5 lit. a)). Er kann sich aber auch an den Staat der letzten Beschäftigung wenden und sich dort aufhalten. Er erhält dann Leistungen von diesem Mitgliedstaat. Als dritte Möglichkeit steht dem unechten Grenzgänger die Alternative offen, zunächst im Mitgliedstaat der letzten Beschäftigung Arbeit zu suchen und dann in den Wohnstaat zurückzukehren. In diesem Falle erhält er zunächst für höchstens drei Monate Leistungen nach Art. 64 (Art. 65 Abs. 5 lit. b)). Für die Auslegung des Art. 65 Abs. 5 bietet der Beschluss U 2 der Verwaltungskommission vom 12. 6. 2009 wichtige Auslegungshilfen (ABlEU vom 24. 4. 2010 C 106/43).

Aufgrund des Urteils des EuGH in der Rs. Miethe (EuGH Rs. 1/85, Slg. 1986, 1837) wird noch 163 eine weitere Kategorie, oft als **atypischer Grenzgänger** bezeichnet, unterschieden. Nach herrschender Meinung in der Literatur soll diese Rechtsprechung auch unter dem neuen Recht gelten (vgl. zu Einzelheiten Fuchs in: Gagel, SGB III EU Koordinationsrecht der Leistungen bei Arbeitslosigkeit Rn. 67).

Leistungen bei Teilarbeitslosigkeit sind ausschließlich nach dem Recht des Beschäftigungsstaates zu erbringen (Art. 65 Abs. 1). Ein Wahlrecht besteht dann nicht. 164

XVII. Vorruhestandsleistungen

Die Einbeziehung des Leistungstyps Vorruhestandsleistungen in das Koordinierungsrecht ist erstmals durch die VO (EG) Nr. 883/2004 erfolgt (vgl. zum Hintergrund der Neuregelung oben Art. 3 Rn. 24). Aus Erwägungsgrund Nr. 33 der Präambel ergibt sich, dass für den Verordnungsgeber bei der Einbeziehung von gesetzlichen Vorruhestandsregelungen in den Geltungsbereich der VO die Gleichbehandlung und die Möglichkeit des Exports von Vorruhestandsleistungen sowie die Feststellung von Familien- und Gesundheitsleistungen für die betreffende Person maßgeblich waren. Das Prinzip der Zusammenrechnung (Art. 6) soll nach der ausdrücklichen Regelung in Art. 66 aber keine Anwendung finden. Für diese Ausklammerung eines der zentralen Pfeiler des Koordinationsrechts war die Tatsache maßgeblich, dass gesetzliche Vorruhestandsregelungen nur in einer sehr begrenzten Anzahl von Mitgliedstaaten existieren (vgl. Erwägungsgrund Nr. 33). Bezüglich des deutschen Rechts kommen als Vorruhestandsleistungen die sozialversicherungsrechtlichen Leistungen des Altersteilzeitgesetzes in Betracht (vgl. dazu Schlegel in: Hauck/Noftz, EU-Sozialrecht, Art. 66 Rn. 13 ff.). 165

XVIII. Familienleistungen

1. Allgemeines. Die koordinationsrechtlichen Vorschriften betreffend Familienleistungen finden 166 sich in den Art. 67–69. Zusätzlich sind die Art. 58–61 DVO zu berücksichtigen. Der Begriff der Familienleistungen wurde neu definiert (Art. 1 lit. z)). Die frühere Unterscheidung zwischen Familienleistungen und Familienbeihilfen wurde aufgegeben (vgl. dazu Marhold, Neuordnung der Koordinierung der Familienleistungen, in: Marhold (Hg.), Das neue Sozialrecht der EU, 2005, S. 55 f.). Familienleistungen sind jetzt alle Sach- oder Geldleistungen zum Ausgleich von Familienlasten. Expressis verbis sind aber Unterhaltsvorschüsse und besondere Geburts- und Adoptionsbeihilfen, die im Anhang I aufgeführt sind, ausgenommen. Hier haben sich die Mitgliedstaaten gegen die gegenteilige Auffassung des EuGH gestellt (vgl. dazu oben Art. 3 Rn. 25). Der Abschnitt über Familienleistungen ist völlig neu gestaltet worden (vgl. dazu Devetzi, Familienleistungen in der VO (EG) 883/2004, in: Eichenhofer (Hg.), 50 Jahre nach ihrem Beginn – Neue Regeln für die Koordinierung sozialer Sicherheit, 2009, S. 291 ff.). Die Vorschrift über die Zusammenrechnung von Versicherungs- und Beschäftigungszeiten, die den Anspruch auf Familienleistungen begründen, ist weggefallen, da sich die Notwendigkeit der Zusammenrechnung bereits aus Art. 6 ergibt. Art. 68 hat im Gegensatz zum früheren Recht einheitliche und abschließende Regelungen über das Zusammentreffen mehrerer Ansprüche auf Familienleistungen getroffen. Art. 69 regelt jetzt den Fragenkreis im Hinblick auf Waisen, der früher Gegenstand des Kapitel VIII VO (EWG) 1408/71 war.

167 **a) Grundnorm (Art. 67).** Die verschiedenen, nach Status (Arbeitnehmer, Selbständiger, Arbeitsloser) differenzierenden Anspruchsnormen des früheren Rechts sind aufgrund der Fassung des Art. 67 weggefallen. Der Anspruch auf Familienleistungen ist jetzt in der „Person" verankert. Dies ist Ausfluss der Neubestimmung des persönlichen Anwendungsbereichs in Art. 2.

168 **b) Zuständiger Staat.** Der zuständige Staat i. S. d. Art. 67 ist nach den kollisionsrechtlichen Vorschriften der Art. 11 ff. zu bestimmen. Primär ist deshalb der Beschäftigungsstaat zuständig, insofern gilt das Gleiche wie nach bisherigem Recht. Unsicherheit hat das Urteil des EuGH in der Rs. Bosmann hervorgerufen (EuGH, Rs. C-352/06, Slg. 2008, I-3827). Die deutschen Behörden stellten die Kindergeldzahlung für eine in Deutschland wohnende Belgierin ein, nachdem sie in den Niederlanden eine Beschäftigung aufgenommen hatte. Es ist nachvollziehbar, dass der deutsche Träger seine Leistungspflicht verneinte, nachdem das Sozialrechtsstatut nunmehr niederländisches Recht war. Andererseits betont der EuGH, dass der Wohnstaat nicht gehindert sei, solche Leistungen dennoch zu gewähren. Das kann man nun in dem Sinne verstehen, dass der Wohnstaat berechtigt, aber nicht verpflichtet ist, Leistungen zu gewähren. Denkbar wäre aber auch eine Auslegung dahingehend, dass der Wohnstaat stets darüber zu befinden hat, ob die Leistungen nach seinem Recht zu zahlen sind (so Devetzi, Familienleistungen in der VO (EG) 883/2004, in: Eichenhofer (Hg.), 50 Jahre nach ihrem Beginn – Neue Regeln für die Koordinierung sozialer Sicherheit, 2009, S. 300). Familienleistungen für Rentner richten sich nach den Rechtsvorschriften des für die Rentengewährung zuständigen Mitgliedsstaats (Art. 67 S. 2).

169 **c) Familienangehörige.** Art. 67 S. 1 bestimmt, dass auch für Familienangehörige (Definition Art. 1 Abs. 1 lit. i), die in einem anderen Mitgliedstaat wohnen, ein Anspruch auf Familienleistung besteht. Diese Bestimmung ist im Grunde genommen überflüssig, da sich die Rechtsfolge bereits aus Art. 5 ergibt.

170 **2. Prioritätsregeln beim Zusammentreffen von Ansprüchen (Art. 68). a) Abhängigkeit vom Leistungsgrund.** Die Vorschrift unterscheidet zwischen zwei Konstellationen:
- Abs. 1 lit. a) Leistungen nach dem Recht mehrerer Mitgliedstaaten aus unterschiedlichen Gründen. In diesem Falle lautet die Reihenfolge: Beschäftigung/selbständige Tätigkeit, Rente, Wohnort (zu einem Beispiel nach früherem Recht vgl. EuGH, Rs. C-543/03 (Dodl/Oberhollenzer), Slg. 2005, I-5049: hier konkurrierten Beschäftigungsstaat und Wohnortstaat).
- Abs. 1 lit. b) Leistungen nach dem Recht mehrerer Mitgliedstaaten aus denselben Gründen. Hier legt die Verordnung die Rangfolge wie folgt fest:
  i) bei Ansprüchen, die durch eine Beschäftigung oder eine selbständige Tätigkeit ausgelöst werden, gilt das Recht des Wohnorts der Kinder, falls dort eine solche Tätigkeit ausgeübt wird. Wenn nicht, besteht der Anspruch nach den Rechtsvorschriften, die die höchste Leistung vorsieht. Bei dieser subsidiären Zuständigkeit erfolgt eine Kostenteilung nach Art. 58 S. 2 und 3 DVO.
  ii) bei Ansprüchen, die durch den Bezug einer Rente ausgelöst werden, entscheidet ebenfalls das Recht des Wohnorts der Kinder, wenn nach diesem Recht eine Rente geschuldet wird. Subsidiär kommt das Recht zum Zuge, nach dem am längsten Versicherungs- oder Wohnzeiten zurückgelegt wurden.
  iii) bei Ansprüchen, die durch den Wohnort ausgelöst werden, kommt das Recht des Wohnorts der Kinder zur Anwendung.

171 **b) Leistungsgewährung.** Der nach den vorgenannten Vorschriften bestimmte Träger hat die Familienleistungen zu gewähren (Art. 68 Abs. 2 S. 1). Konsequenter Weise setzt der nachrangig zuständige Träger bis zur Höhe des nach den vorrangig geltenden Rechtsvorschriften vorgesehenen Betrags seine Leistung aus. Ist seine Leistung aber höher, so hat er den Unterschiedsbetrag zu gewähren (Art. 68 Abs. 2 S. 2). Dies gilt jedoch nicht für Kinder, die in einem anderen Mitgliedstaat wohnen, wenn der entsprechende Leistungsanspruch ausschließlich durch den Wohnort ausgelöst wird (S. 3).

172 **c) Antragstellung.** Stellt die betreffende Person einen Antrag beim nachrangig zuständigen Träger eines Mitgliedstaats, ist dieser gemäß Art. 68 Abs. 3 lit. a) verpflichtet, den Antrag unverzüglich an den zuständigen Träger des Mitgliedstaats weiterzuleiten, dessen Rechtsvorschriften vorrangig gelten. Den ggf. vorhandenen überschießenden Unterschiedsbetrag hat er aber direkt zu bezahlen. Der vorrangig zuständige Träger hat den Antrag so zu bearbeiten als ob er direkt bei ihm gestellt worden wäre (Abs. 3 lit. b). Wichtige Verfahrensfragen, insbesondere auch bzgl. des Problems, dass die Träger verschiedener Mitgliedstaaten unterschiedliche Auffassungen über die Leistungszuständigkeit haben, regelt Art. 60 DVO (zur Bedeutung dieser Vorschrift s. Igl in: ZESAR 2011, 86 ff., der an Hand der

zum früheren Recht ergangenen Entscheidung des EuGH, Rs. C-16/09 (Schwemmer), Urt. v. 14. 10. 2010, n. v., den Unterschied der Prioritätsregeln nach der VO (EWG) Nr. 1408/71 und der VO (EG) Nr. 883/2004 aufzeigt sowie die Problematik unterlassener Antragstellung behandelt).

3. Unterhaltssicherung (Art. 68 a). Bei Zweckentfremdung der Familienleistung durch den Empfänger, d. h. wenn dieser die Leistung nicht für den Unterhalt des Familienangehörigen einsetzt, kann der Träger im Mitgliedstaat des Wohnorts beim zuständigen Träger beantragen, ihm die Leistung mit befreiender Wirkung zu zahlen. Dieser leitet den Betrag an die natürliche oder juristische Person weiter, die tatsächlich für die Familienangehörigen sorgt. 173

4. Familienleistungen für Waisen (Art. 69). Soweit Rentenansprüche oder Ansprüche auf Rentenzuschüsse für Waisen in Frage stehen, gelten hierfür die Vorschriften von Kap. 5 (Art. 50 ff.), Art. 69 Abs. 2. In Mitgliedstaaten, in denen solche Ansprüche nicht vorgesehen sind, wohl aber besondere Familienleistungen für Waisen, werden diese nach dem Schema von Art. 69 Abs. 1 gewährt. Beachte auch Art. 61 DVO, wonach die Verwaltungskommission eine Liste der zusätzlichen oder besonderen Familienleistungen für Waisen zu erstellen hat. 174

XIX. Soziale Vergünstigungen (Art. 7 Abs. 2 VO (EWG) Nr. 1612/68)

1. Allgemeines. Das Koordinationsrecht der VO (EG) Nr. 883/2004 ist gewissermaßen das Herzstück der sozialrechtlichen Regelung von Fragen und Problemen, die im Zusammenhang mit der Migration innerhalb der Mitgliedstaaten der EU auftauchen. Ihre Grundlage findet das Koordinationsrecht in Art. 48 AEUV und ist damit Ausdruck der Freizügigkeit der Arbeitnehmer. Sie erfasst aber beileibe nicht alle sozialrechtlichen Fragen, die mit der Freizügigkeit der Arbeitnehmer in Verbindung stehen. Die VO (EWG) Nr. 1612/68 über die Freizügigkeit der Arbeitnehmer innerhalb der Gemeinschaft (ABl. (EG) Nr. L 257 v. 19. 10. 1968 S. 2) hat eine Reihe von Rechten für Arbeitnehmer und ihre Familienangehörigen geschaffen, die notwendig sind, um eine völlige **Gleichstellung zwischen inländischen und ausländischen Arbeitnehmern** herbeizuführen. Teil dieser Bemühungen ist die Regelung in Art. 7 Abs. 2 VO (EWG) Nr. 1612/68. Während Art. 7 Abs. 1 VO (EWG) Nr. 1612/68 die Gleichstellung von Arbeitnehmern im Hoheitsgebiet eines anderen Mitgliedstaates im Hinblick auf die Beschäftigungs- und Arbeitsbedingungen einfordert, dehnt Art. 7 Abs. 2 VO (EWG) Nr. 1612/68 diesen Schutz dahingehend aus, dass ausländische Arbeitnehmer im Hoheitsgebiet eines anderen Mitgliedstaats die gleichen sozialen und steuerlichen Vergünstigungen wie die inländischen Arbeitnehmer genießen. 175

2. Der Begriff der sozialen Vergünstigungen. Der EuGH vertritt die Auffassung, dass der **Begriff** der sozialen Vergünstigung **weit auszulegen** ist, um die Gleichbehandlung mit inländischen Arbeitnehmern zu erreichen. Seit der grundlegenden Entscheidung des EuGH in der Rs. Cristini (EuGH, Rs. 32/75, Slg. 1975, 1085 Rn. 10) versteht der EuGH den Begriff der sozialen Vergünstigung dahingehend, dass er alle Sozialleistungen umfasst, die – ob sie an einen Arbeitsvertrag anknüpfen oder nicht – den inländischen Arbeitnehmern wegen ihrer objektiven Arbeitnehmereigenschaft oder einfach wegen ihres Wohnsitzes im Inland gewährt werden und deren Ausdehnung auf die Arbeitnehmer, die Staatsangehörige eines anderen Mitgliedstaats sind, deshalb als geeignet erscheinen, um deren Mobilität in der Gemeinschaft zu fördern (Steinmeyer in Fuchs (Hg.), *Europäisches Sozialrecht*, 5. Aufl. 2010, Art. 7 Rn. 3). 176

Besondere Schwierigkeiten haben immer wieder **Ausbildungsbeihilfen** bereitet, die die Antragsteller, die im Ausland gearbeitet haben und danach ein Studium aufnehmen wollen, beantragen. Die Berufung des Betroffenen auf Art. 7 Abs. 2 VO (EWG) Nr. 1612/68 könnte dann an der fehlenden Arbeitnehmereigenschaft scheitern. Diese Auffassung hat der EuGH jedoch unter Hinweis auf Art. 39 Abs. 3 lit. a) und b) EG (jetzt Art. 45 Abs. 3 lit. a) und b) AEUV) abgelehnt. Zwar fehlt im konkreten Zeitpunkt der Ausbildung die Arbeitnehmereigenschaft. Wenn aber Kontinuität zwischen der zuvor ausgeübten Berufstätigkeit und dem aufgenommenen Studium in dem Sinne besteht, dass zwischen dem Gegenstand des Studiums und der früheren Berufstätigkeit ein Zusammenhang besteht, dann ist eine Berufung auf Art. 7 Abs. 2 VO (EWG) Nr. 1612/68 möglich. Eine solche Kontinuität verlangt der EuGH aber dann nicht, wenn ein Wanderarbeitnehmer unfreiwillig arbeitslos geworden ist und dadurch die Lage auf dem Arbeitsmarkt ihn zu einer beruflichen Umschulung in einem anderen Berufszweig zwingt (EuGH, Rs. C-39/86 (Lair), Slg. 1988, I-3161 Rn. 37). 177

Der EuGH trägt den Sorgen der Mitgliedstaaten, dass diese Rechtssituation **missbräuchlich** ausgeübt werden könnte, indem sich Arbeitnehmer in einem anderen Mitgliedstaat bewerben, um dort nach einer nur sehr kurzen Berufstätigkeit eine Förderung für Studenten in Anspruch nehmen zu können, dadurch Rechnung, dass er darauf hinweist, dass solche Missbräuche durch die in Rede stehenden gemeinschaftsrechtlichen Bestimmungen nicht gedeckt sind (zur Frage, welche Kriterien für die Beurteilung des Missbrauchs heranzuziehen sind, s. EuGH, Rs. C-413/01 (Ninni-Orasche), Slg. 2003, I-13.187 Rn. 42–44). Aufgrund der weiten Auslegung des Begriffs der sozialen Vergünstigungen hat der EuGH in einer sehr umfangreichen Rechtsprechung (vgl. im Einzelnen dazu Steinmeyer in Fuchs (Hg.), Europäisches Sozialrecht, 5. Aufl. 2010, Art. 7 Rn. 3 ff.) einer breiten Palette von 178

Maßnahmen den Charakter einer sozialen Vergünstigung zugeschrieben, etwa bei zinslosen Geburtsdarlehen, Geburtsbeihilfen oder Unterstützungsleistungen bei Arbeitslosigkeit infolge von Flächenstilllegungen in der Landwirtschaft. Sogar immaterielle Leistungen wie etwa das Aufenthaltsrecht für den Lebenspartner (EuGH, Rs. 95/85 (Reed), Slg. 1986, 1283) und das Recht auf Benutzung einer bestimmten Sprache im Rahmen eines Strafverfahrens (EuGH, Rs. 137/84 (Mutsch), Slg. 1985, I-2681) wurden als soziale Vergünstigungen angesehen.

179   **3. Persönlicher Anwendungsbereich.** Von seinem Wortlaut her stehen die Rechte auf soziale Vergünstigungen nur Arbeitnehmern zu. Der **Arbeitnehmerbegriff** ist **gemeinschaftsrechtlich** und nicht nach dem Arbeitsrecht der Mitgliedstaaten zu bestimmen (ausführlich dazu Fuchs/Marhold, Europäisches Arbeitsrecht, 3. Aufl. 2010, S. 39 ff.). Danach ist Arbeitnehmer, wer eine wirtschaftliche Leistung für einen anderen nach dessen Weisungen gegen Vergütung erbringt, wobei es auf den Umfang der Tätigkeit nicht ankommt. Arbeitnehmer sind auch **Grenzgänger** (EuGH, Rs. C-57/96 (Meints), Slg. 1997, I-6689 Rn. 50; Rs. C-337/97 (Meeusen), Slg. 1999, I-3289 Rn. 21). **Wohnortklauseln** können aber objektiv gerechtfertigt sein. Das ist insbesondere im Hinblick auf Leistungen i. S. d. Art. 3 Abs. 3 i. V. m. Art. 70 VO (EG) Nr. 883/2004 bedeutsam (vgl. dazu oben Rn. 26 ff.). Diese Leistungen stehen in der Regel in einer engen Verbindung mit dem sozialen und wirtschaftlichen Kontext des betreffenden Mitgliedstaates. Ist dies der Fall, liegt auch kein Verstoß gegen Art. 7 Abs. 2 VO (EWG) Nr. 1612/68 vor (vgl. EuGH, Rs. C-287/05 (Hendrix), Slg. 2007, I-6909). Allerdings darf die Umsetzung der nationalen Rechtsvorschriften die Rechte einer Person nicht in einem Maße beeinträchtigen, das über das hinausgeht, was zur Erreichung des von dem nationalen Gesetz verfolgten legitimen Zieles erforderlich ist.

180   Dass eine soziale Vergünstigung vom Wohnsitz in dem betreffenden Land abhängig gemacht wird (im konkreten Falle deutsches Erziehungsgeld), ist nach Auffassung des EuGH dann kein Verstoß gegen Art. 7 Abs. 2 VO (EWG) Nr. 1612/68, wenn das Wohnsitzelement nicht der einzige Anknüpfungspunkt ist, sondern auch die Arbeitnehmereigenschaft genügt, wobei der Arbeitnehmer allerdings eine Tätigkeit über den Umfang einer geringfügigen Tätigkeit hinaus haben muss, um die Integration in den gewährenden Staat bejahen zu können (EuGH, Rs. C-213/05 (Geven), Slg. 2007, I-6347). Obwohl sich Art. 7 Abs. 2 VO (EWG) Nr. 1612/68 dem Wortlaut nach ausschließlich auf Arbeitnehmer bezieht, ist der **Anwendungsbereich** der Vorschrift in der Rechtsprechung des EuGH auch auf **Familienangehörige** ausgedehnt worden. Der EuGH hat in der oben zitierten Entscheidung Cristini (Rn. 176) auch der Witwe und den Kindern den Anspruch auf Erteilung einer Ermäßigungskarte für kinderreiche Familien bei den französischen Staatsbahnen zuerkannt, auf die der verstorbene Ehegatte/Vater Anspruch gehabt hätte.

181   Diese Rechtsprechung des EuGH wird in der Literatur als konsequent angesehen, da das Grundrecht auf Freizügigkeit des Arbeitnehmers seine Schranken nicht darin finden könne, dass seinen Familienangehörigen eine Leistung versagt wird, die in einem vergleichbaren Fall den Angehörigen eines Inländers gewährt werden würde (so Steinmeyer in Fuchs (Hg.), Europäisches Sozialrecht, 5. Aufl. 2010, Art. 7, VO (EWG) Nr. 1612/68, Rn. 16). Allerdings darf nicht übersehen werden, dass trotz der extensiven Auslegung die **Rechte der Familienangehörigen** aus Art. 7 Abs. 2 VO (EWG) Nr. 1612/68 nur **vom Arbeitnehmer** selbst **abgeleitet** werden können. Wenn der betreffende Arbeitnehmer schon vor dem Beitritt seines Herkunftsstaates zur Gemeinschaft verstorben ist, kann sich später der Sohn nicht auf Rechte aus Art. 7 Abs. 2 VO (EWG) Nr. 1612/68 berufen (EuGH, Rs. C-131/96 (Romero), Slg. 1997, I-3659). Beantragt die Ehegattin eines in Deutschland arbeitenden Arbeitnehmers deutsches Erziehungsgeld, so ist die Antragstellerin nur mittelbare Nutznießerin der den Wanderarbeitnehmern gemäß Art. 7 Abs. 2 VO (EWG) Nr. 1612/68 zuerkannten Gleichbehandlung. Folglich kann sich die Gewährung des deutschen Erziehungsgelds auf die Antragstellerin nur erstrecken, wenn dieses für ihren in Deutschland arbeitenden Ehegatten eine soziale Vergünstigung darstellt. Das hat der EuGH bejaht (EuGH, Rs. C-212/05 (Hartmann), Slg. 2007, I-6303).

XX. Unionsbürgerschaft und nationales Sozialrecht

182   **1. Unionsbürgerschaft als anspruchsbegründendes Kriterium.** Die VO (EG) Nr. 883/2004 und VO (EWG) Nr. 1612/68 verlangen eine Gleichbehandlung von Inländern mit Personen aus anderen EU-Mitgliedstaaten. Da der persönliche und sachliche Geltungsbereich dieser VO aber beschränkt ist, ergibt sich aus ihnen kein unbegrenzter Zugang zu den Leistungen des Sozialrechts der Mitgliedstaaten. Der EuGH hat jedoch der dem mit dem Vertrag von Maastricht eingeführten Unionsbürgerschaft (jetzt Art. 20 AEUV) und der mit ihr verbundenen Freizügigkeit (jetzt Art. 21 AEUV) eine Dimension gegeben, die den **Zugang zu sozialen Leistungen** für Angehörige von EU-Mitgliedstaaten im EU-Ausland **erheblich erweitert**. Der dogmatische Ansatz hierzu war die Verknüpfung der Unionsbürgerschaft mit dem **Diskriminierungsverbot des Art. 12 EG** (jetzt Art. 18 AEUV). Unionsbürger, die von ihrem Recht der Freizügigkeit aus Art. 18 EG Gebrauch machen, dürfen gegenüber Inländern, was den Zugang zu sozialen Leistungen anbelangt, nicht schlechter behandelt werden. Zuletzt hat der EuGH die Gleichstellung auch ohne Rekurs auf Art. 12 EG (jetzt Art. 18 AEUV) bewältigt und differenzierende Behandlungen bereits als im Widerspruch zu Art. 17

und 18 EG (jetzt Art. 20, 21 AEUV) stehend behandelt (siehe dazu unten 2.). Die Rechtsprechung des EuGH ist gerade von deutscher Seite erheblich kritisiert worden (vgl. Hailbronner NJW 2004, 2185 ff.). Unabhängig davon ist mittlerweile von einer ständigen Rechtsprechung des EuGH zu diesem Fragenkreis zu sprechen.

2. Grundsätze der EuGH-Rechtsprechung. Die richtungweisende Entscheidung war der Beschluss in der Rechtssache Martinez Sala (EuGH, Rs. C-85/96, Slg. 1998 I-2691). In Frage stand die Gewährung deutschen Erziehungsgeldes. Da es möglicherweise an der Arbeitnehmereigenschaft der Klägerin fehlte und damit die VO (EWG) Nr. 1408/71 bzw. VO (EWG) Nr. 1612/68 nicht zur Anwendung gelangte, konnte der Klägerin ein Anspruch nur zukommen, wenn die Voraussetzungen des BErzGG vorlag. Die zuständige deutsche Stelle verlangte von der Klägerin die Vorlage einer Aufenthaltserlaubnis. Hierin sah der EuGH einen **Verstoß gegen das Diskriminierungsverbot des Art. 12 EG** (jetzt Art. 18 AEUV), da für deutsche Staatsangehörige ein solches Erfordernis nicht bestand, sondern lediglich das Bestehen eines Wohnsitzes oder des gewöhnlichen Aufenthaltes. Diese Rechtsprechung hat der EuGH in zahlreichen Entscheidungen fortgeführt (EuGH, Rs. C-184/99 (Grzelczyk), Slg. 2001, I-6193; Rs. C-222/98 (D'Hoop), Slg. 2002, I-6212; Rs. C-413/99 (Baumbast), Slg. 2002, I-7136; Rs. C-138/02 (Collins), Slg. 2004, I-2703; Rs. C-456/02 (Trojani), Slg. 2004, I-7573; Rs. C-209/03 (Bidar), Slg. 2005, I-2119; C-258/04 (Ioannides), Slg. 2005, I-8275). 183

Dogmatisch gesehen stellte sich in all diesen Fällen das Problem, ob die von den nationalen Rechten gewählten Kriterien den Tatbestand einer **mittelbaren Diskriminierung** erfüllten. Stets mussten also Ausländer von dem Erfordernis stärker betroffen sein als Inländer. Und darüber hinaus war stets zu prüfen, ob das Kriterium nicht objektiv gerechtfertigt war. Wohnsitzerfordernisse müssen deshalb stets daraufhin überprüft werden, ob sie im Hinblick auf ein schützenswertes Interesse verhältnismäßig sind, also nicht über das zur Erreichung dieses Interesses oder Ziels Erforderliche hinausgehen. Dies hat der EuGH im Falle einer Beihilfe für Arbeitsuchende bejaht. Denn das Wohnorterfordernis ist ein objektives, von der Staatsangehörigkeit unabhängiges Kriterium, um eine Verbindung zum nationalen Arbeitsmarkt herzustellen (EuGH, Rs. C-138/02 (Collins), Slg. 2004, I-2703 Rn. 70 ff.). 184

In einigen neueren Entscheidungen hat der EuGH nicht mehr ausdrücklich auf Art. 12 EG (jetzt Art. 18 AEUV) Bezug genommen. Er sieht bestimmte Kriterien, die den Zugang zu einer Sozialleistung bestimmen, bereits als unvereinbar mit der durch die **Unionsbürgerschaft gewährleisteten Freizügigkeit** an. In der Rechtssache Morgan und Bucher betonte der EuGH, dass die Art. 17 und 18 EG (jetzt Art. 20, 21 AEUV) dem Erfordernis des deutschen BAföG entgegenstehen, wonach Auszubildende, die Ausbildungsförderung für eine Ausbildung in einem anderen Mitgliedstaat als demjenigen beantragen, dessen Staatsangehörige sie sind, die Förderung nur erhalten können, wenn diese Ausbildung die Fortsetzung einer im Hoheitsgebiet ihres Herkunftsmitgliedstaats absolvierten mindestens einjährigen Ausbildung darstellt. Auch ohne ausdrücklichen Bezug zu Art. 12 EG (jetzt Art. 18 AEUV) ändert sich aber der Inhalt der Prüfung nicht. Das jeweils in Frage stehende Erfordernis muss daraufhin überprüft werden, ob es über das zur Erreichung des verfolgten Ziels Erforderliche hinausgeht und deshalb als nicht verhältnismäßig angesehen werden muss (EuGH, Rs. C-11 und 12/06 (Morgan/Bucher), Slg. 2007, I-9161 Rn. 43 ff.; siehe ferner mit gleichgearteter Argumentation zu einem Wohnsitzerfordernis bei einer **Leistung für zivile Kriegs- und Repressionsopfer** EuGH, Rs. C-499/06 (Nerkowska), Slg. 2008, I-3993.; ebenso Rs. C-221/07 (Zablocka-Weyhermüller), Slg. 2008, I-9029). 185

6. Bundesgesetz über individuelle Förderung der Ausbildung (Bundesausbildungsförderungsgesetz – BAföG)

In der Fassung der Bekanntmachung vom 7. Dezember 2010
(BGBl. I S. 1952)
FNA 2212-2

§ 1 Grundsatz

Auf individuelle Ausbildungsförderung besteht für eine der Neigung, Eignung und Leistung entsprechende Ausbildung ein Rechtsanspruch nach Maßgabe dieses Gesetzes, wenn dem Auszubildenden die für seinen Lebensunterhalt und seine Ausbildung erforderlichen Mittel anderweitig nicht zur Verfügung stehen.

Abschnitt I. Förderungsfähige Ausbildung

§ 2 Ausbildungsstätten

(1) ¹Ausbildungsförderung wird geleistet für den Besuch von
1. weiterführenden allgemeinbildenden Schulen und Berufsfachschulen, einschließlich der Klassen aller Formen der beruflichen Grundbildung, ab Klasse 10 sowie von Fach- und Fachoberschulklassen, deren Besuch eine abgeschlossene Berufsausbildung nicht voraussetzt, wenn der Auszubildende die Voraussetzungen des Absatzes 1 a erfüllt,
2. Berufsfachschulklassen und Fachschulklassen, deren Besuch eine abgeschlossene Berufsausbildung nicht voraussetzt, sofern sie in einem zumindest zweijährigen Bildungsgang einen berufsqualifizierenden Abschluss vermitteln,
3. Fach- und Fachoberschulklassen, deren Besuch eine abgeschlossene Berufsausbildung voraussetzt,
4. Abendhauptschulen, Berufsaufbauschulen, Abendrealschulen, Abendgymnasien und Kollegs,
5. Höheren Fachschulen und Akademien,
6. Hochschulen.

²Maßgebend für die Zuordnung sind Art und Inhalt der Ausbildung. ³Ausbildungsförderung wird geleistet, wenn die Ausbildung an einer öffentlichen Einrichtung – mit Ausnahme nichtstaatlicher Hochschulen – oder einer genehmigten Ersatzschule durchgeführt wird.

(1 a) ¹Für den Besuch der in Absatz 1 Nummer 1 bezeichneten Ausbildungsstätten wird Ausbildungsförderung nur geleistet, wenn der Auszubildende nicht bei seinen Eltern wohnt und
1. von der Wohnung der Eltern aus eine entsprechende zumutbare Ausbildungsstätte nicht erreichbar ist,
2. einen eigenen Haushalt führt und verheiratet oder in einer Lebenspartnerschaft verbunden ist oder war,
3. einen eigenen Haushalt führt und mit mindestens einem Kind zusammenlebt.

²Die Bundesregierung kann durch Rechtsverordnung mit Zustimmung des Bundesrates bestimmen, dass über Satz 1 hinaus Ausbildungsförderung für den Besuch der in Absatz 1 Nummer 1 bezeichneten Ausbildungsstätten auch in Fällen geleistet wird, in denen die Verweisung des Auszubildenden auf die Wohnung der Eltern aus schwerwiegenden sozialen Gründen unzumutbar ist.

(2) ¹Für den Besuch von Ergänzungsschulen und nichtstaatlichen Hochschulen wird Ausbildungsförderung nur geleistet, wenn die zuständige Landesbehörde anerkennt, dass der Besuch der Ausbildungsstätte dem Besuch einer in Absatz 1 bezeichneten Ausbildungsstätte gleichwertig ist. ²Die Prüfung der Gleichwertigkeit nach Satz 1 erfolgt von Amts wegen im Rahmen des Bewilligungsverfahrens oder auf Antrag der Ausbildungsstätte.

(3) Das Bundesministerium für Bildung und Forschung kann durch Rechtsverordnung mit Zustimmung des Bundesrates bestimmen, dass Ausbildungsförderung geleistet wird für den Besuch von
1. Ausbildungsstätten, die nicht in den Absätzen 1 und 2 bezeichnet sind,
2. Ausbildungsstätten, an denen Schulversuche durchgeführt werden,

wenn er dem Besuch der in den Absätzen 1 und 2 bezeichneten Ausbildungsstätten gleichwertig ist.

(4) ¹Ausbildungsförderung wird auch für die Teilnahme an einem Praktikum geleistet, das in Zusammenhang mit dem Besuch einer der in den Absätzen 1 und 2 bezeichneten oder nach Absatz 3 bestimmten Ausbildungsstätten gefordert wird und dessen Inhalt in Ausbildungsbestimmungen geregelt ist. ²Wird das Praktikum in Zusammenhang mit dem Besuch einer in Absatz 1 Nummer 1 bezeichneten Ausbildungsstätte gefordert, wird Ausbildungsförderung nur geleistet, wenn der Auszubildende nicht bei seinen Eltern wohnt.

(5) ¹Ausbildungsförderung wird nur geleistet, wenn der Ausbildungsabschnitt mindestens ein Schul- oder Studienhalbjahr dauert und die Ausbildung die Arbeitskraft des Auszubildenden im Allgemeinen voll in Anspruch nimmt. ²Ausbildungsabschnitt im Sinne dieses Gesetzes ist die Zeit, die an Ausbildungsstätten einer Ausbildungsstättenart einschließlich der im Zusammenhang hiermit geforderten Praktika bis zu einem Abschluss oder Abbruch verbracht wird. ³Ein Masterstudiengang nach § 7 Absatz 1a gilt im Verhältnis zu dem Studiengang, auf den er aufbaut, in jedem Fall als eigener Ausbildungsabschnitt.

(6) Ausbildungsförderung wird nicht geleistet, wenn der Auszubildende
1. Unterhaltsgeld, Arbeitslosengeld bei beruflicher Weiterbildung nach dem Dritten Buch Sozialgesetzbuch oder Arbeitslosengeld II bei beruflicher Weiterbildung nach dem Zweiten Buch Sozialgesetzbuch erhält,
2. Leistungen von den Begabtenförderungswerken erhält,
3. als Beschäftigter im öffentlichen Dienst Anwärterbezüge oder ähnliche Leistungen aus öffentlichen Mitteln erhält oder
4. als Gefangener Anspruch aus Ausbildungsbeihilfe nach den §§ 44, 176 Abs. 4 des Strafvollzugsgesetzes hat.

§ 3 Fernunterricht

(1) Ausbildungsförderung wird für die Teilnahme an Fernunterrichtslehrgängen geleistet, soweit sie unter denselben Zugangsvoraussetzungen auf denselben Abschluss vorbereiten wie die in § 2 Absatz 1 bezeichneten oder nach § 2 Absatz 3 bestimmten Ausbildungsstätten.

(2) Ausbildungsförderung wird nur für die Teilnahme an Lehrgängen geleistet, die nach § 12 des Fernunterrichtsschutzgesetzes zugelassen sind oder, ohne unter die Bestimmungen des Fernunterrichtsschutzgesetzes zu fallen, von einem öffentlich-rechtlichen Träger veranstaltet werden.

(3) ¹Ausbildungsförderung wird nur geleistet, wenn
1. der Auszubildende in den sechs Monaten vor Beginn des Bewilligungszeitraumes erfolgreich an dem Lehrgang teilgenommen hat und er die Vorbereitung auf den Ausbildungsabschluss in längstens zwölf Monaten beenden kann,
2. die Teilnahme an dem Lehrgang die Arbeitskraft des Auszubildenden voll in Anspruch nimmt und diese Zeit zumindest drei aufeinanderfolgende Kalendermonate dauert.

²Das ist durch eine Bescheinigung des Fernlehrinstituts nachzuweisen.

(4) ¹Die zuständige Landesbehörde entscheidet, den Auszubildenden welcher Ausbildungsstätten die Teilnehmer an dem jeweiligen Fernunterrichtslehrgang gleichzustellen sind. ²Auszubildende, die an Lehrgängen teilnehmen, die
1. auf den Hauptschulabschluss vorbereiten, werden nach Vollendung des 17. Lebensjahres den Schülern von Abendhauptschulen,
2. auf den Realschulabschluss vorbereiten, werden nach Vollendung des 18. Lebensjahres den Schülern von Abendrealschulen,
3. auf die Fachhochschulreife vorbereiten, werden nach Vollendung des 19. Lebensjahres den Schülern von Fachoberschulklassen, deren Besuch eine abgeschlossene Berufsausbildung voraussetzt,
4. auf die allgemeine oder eine fachgebundene Hochschulreife vorbereiten, werden nach Vollendung des 21. Lebensjahres den Schülern von Abendgymnasien

gleichgestellt.

(5) § 2 Absatz 4 und 6 ist entsprechend anzuwenden.

§ 4 Ausbildung im Inland

Ausbildungsförderung wird vorbehaltlich der §§ 5 und 6 für die Ausbildung im Inland geleistet.

6 BAföG

§ 5 Ausbildung im Ausland

(1) Der ständige Wohnsitz im Sinne dieses Gesetzes ist an dem Ort begründet, der nicht nur vorübergehend Mittelpunkt der Lebensbeziehungen ist, ohne dass es auf den Willen zur ständigen Niederlassung ankommt; wer sich lediglich zum Zwecke der Ausbildung an einem Ort aufhält, hat dort nicht seinen ständigen Wohnsitz begründet.

(2) [1] Auszubildenden, die ihren ständigen Wohnsitz im Inland haben, wird Ausbildungsförderung geleistet für den Besuch einer im Ausland gelegenen Ausbildungsstätte, wenn

1. er der Ausbildung nach dem Ausbildungsstand förderlich ist und außer bei Schulen mit gymnasialer Oberstufe und bei Fachoberschulen zumindest ein Teil dieser Ausbildung auf die vorgeschriebene oder übliche Ausbildungszeit angerechnet werden kann oder
2. im Rahmen der grenzüberschreitenden Zusammenarbeit einer deutschen und mindestens einer ausländischen Ausbildungsstätte die aufeinander aufbauenden Lehrveranstaltungen einer einheitlichen Ausbildung abwechselnd von den beteiligten deutschen und ausländischen Ausbildungsstätten angeboten werden oder
3. eine Ausbildung an einer ausländischen Ausbildungsstätte in einem Mitgliedstaat der Europäischen Union oder in der Schweiz aufgenommen oder fortgesetzt wird.

[2] Bei Berufsfachschulen und Fachschulen gilt Satz 1 Nummer 1 nur, wenn der Besuch im Unterrichtsplan vorgeschrieben ist. [3] Die Ausbildung muss mindestens sechs Monate oder ein Semester dauern; findet sie im Rahmen einer mit der besuchten Ausbildungsstätte vereinbarten Kooperation statt, muss sie mindestens zwölf Wochen dauern. [4] Satz 1 Nummer 3 gilt für die in § 8 Absatz 1 Nummer 6 und 7, Absatz 2 und 3 bezeichneten Auszubildenden nur, wenn sie die Zugangsvoraussetzungen für die geförderte Ausbildung im Inland erworben haben oder eine Aufenthaltserlaubnis nach § 25 Absatz 1 und 2 des Aufenthaltsgesetzes besitzen.

(3) (weggefallen)

(4) [1] Absatz 2 Nummer 1 und 2 gilt nur für den Besuch von Ausbildungsstätten, der dem Besuch von folgenden im Inland gelegenen Ausbildungsstätten gleichwertig ist:

1. Schulen mit gymnasialer Oberstufe ab Klasse 11,
2. Schulen mit gymnasialer Oberstufe ab Klasse 10, soweit die Hochschulzugangsberechtigung nach 12 Schuljahren erworben werden kann,
3. Berufsfachschulklassen nach § 2 Absatz 1 Nummer 2,
4. mindestens zweijährigen Fach- und Fachoberschulklassen,
5. Höheren Fachschulen, Akademien oder Hochschulen;

Absatz 2 Nummer 3 gilt nur für den Besuch von Ausbildungsstätten, der dem Besuch der Ausbildungsstätten in den Nummern 3 bis 5 gleichwertig ist, wobei die Fachoberschulklassen ausgenommen sind. [2] Die Prüfung der Gleichwertigkeit erfolgt von Amts wegen im Rahmen des Bewilligungsverfahrens.

(5) [1] Wird im Zusammenhang mit dem Besuch einer im Inland gelegenen Berufsfachschule nach § 2 Absatz 1 Nummer 2, einer mindestens zweijährigen Fachschulklasse, einer Höheren Fachschule, Akademie oder Hochschule oder mit dem nach Absatz 2 Satz 1 Nummer 3 geförderten Besuch einer in einem Mitgliedstaat der Europäischen Union gelegenen vergleichbaren Ausbildungsstätte ein Praktikum gefordert, so wird für die Teilnahme an einem Praktikum im Ausland Ausbildungsförderung nur geleistet, wenn die Ausbildungsstätte oder die zuständige Prüfungsstelle anerkennt, dass diese fachpraktische Ausbildung den Anforderungen der Prüfungsordnung an die Praktikantenstelle genügt; bei dem Besuch einer Berufsfachschule oder einer mindestens zweijährigen Fachschulklasse muss zudem nach deren Unterrichtsplan die Durchführung des Praktikums zwingend im Ausland vorgeschrieben sein. [2] Das Praktikum im Ausland muss der Ausbildung nach dem Ausbildungsstand förderlich sein und mindestens zwölf Wochen dauern.

§ 5a Unberücksichtigte Ausbildungszeiten

[1] Bei der Leistung von Ausbildungsförderung für eine Ausbildung im Inland bleibt die Zeit einer Ausbildung, die der Auszubildende im Ausland durchgeführt hat, längstens jedoch bis zu einem Jahr, unberücksichtigt. [2] Wenn während einer Ausbildung, die im Inland begonnen wurde und nach § 5 Absatz 2 Nummer 1 im Ausland fortgesetzt wird, die Förderungshöchstdauer erreicht würde, verlängert sich diese um die bis zu diesem Zeitpunkt bereits im Ausland verbrachte Ausbildungszeit, höchstens jedoch um ein Jahr. [3] Insgesamt bleibt nach den Sätzen 1 und 2 höchstens ein Jahr unberücksichtigt; dies gilt auch bei mehrfachem Wechsel zwischen In- und Ausland. [4] Die Sätze 1 und 2 gelten nicht, wenn der Auslandsaufenthalt in Ausbildungsbestimmungen als ein notwendig im Ausland durchzuführender Teil der Ausbildung vorgeschrieben ist.

Bundesausbildungsförderungsgesetz BAföG 6

§ 6 Förderung der Deutschen im Ausland

¹Deutschen im Sinne des Grundgesetzes, die ihren ständigen Wohnsitz in einem ausländischen Staat haben und dort oder von dort aus in einem Nachbarstaat eine Ausbildungsstätte besuchen, kann Ausbildungsförderung geleistet werden, wenn die besonderen Umstände des Einzelfalles dies rechtfertigen. ²Art und Dauer der Leistungen sowie die Anrechnung des Einkommens und Vermögens richten sich nach den besonderen Verhältnissen im Aufenthaltsland. ³§ 9 Absatz 1 und 2 sowie § 48 sind entsprechend, die §§ 36 bis 38 sind nicht anzuwenden.

§ 7 Erstausbildung, weitere Ausbildung

(1) ¹Ausbildungsförderung wird für die weiterführende allgemeinbildende und zumindest für drei Schul- oder Studienjahre berufsbildender Ausbildung im Sinne der §§ 2 und 3 bis zu einem daran anschließenden berufsqualifizierenden Abschluss geleistet. ²Berufsqualifizierend ist ein Ausbildungsabschluss auch dann, wenn er im Ausland erworben wurde und dort zur Berufsausübung befähigt. ³Satz 2 ist nicht anzuwenden, wenn der Auszubildende eine im Inland begonnene Ausbildung fortsetzt, nachdem er im Zusammenhang mit einer nach § 5 Absatz 2 Nummer 1 und 2 dem Grunde nach förderungsfähigen Ausbildung einen berufsqualifizierenden Abschluss erworben hat.

(1 a) ¹Für einen Master- oder Magisterstudiengang im Sinne des § 19 des Hochschulrahmengesetzes oder für einen postgradualen Diplomstudiengang im Sinne des § 18 Absatz 1 Satz 1 bis 3 des Hochschulrahmengesetzes sowie für vergleichbare Studiengänge in Mitgliedstaaten der Europäischen Union und der Schweiz wird Ausbildungsförderung geleistet, wenn
1. er auf einem Bachelor- oder Bakkalaureusstudiengang aufbaut oder im Rahmen einer Ausbildung nach § 5 Absatz 2 Nummer 1 oder Nummer 3 erfolgt und auf einem noch nicht abgeschlossenen einstufigen Inlandsstudium aufbaut, das von der aufnehmenden Hochschule als einem Bachelorabschluss entsprechend anerkannt wird, und
2. der Auszubildende bislang ausschließlich einen Bachelor- oder Bakkalaureusstudiengang abgeschlossen oder im Sinne der Nummer 1 eine Anerkennung des bisherigen Studiums als einem solchen Abschluss entsprechend erreicht hat.

²Für nach Satz 1 förderungsfähige Ausbildungen findet Absatz 3 Satz 1 Nummer 1 bei Ausbildungsabbrüchen und Fachrichtungswechseln nach dem 31. März 2001 keine Anwendung.

(2) ¹Für eine einzige weitere Ausbildung wird Ausbildungsförderung längstens bis zu einem berufsqualifizierenden Abschluss geleistet,
1. (weggefallen)
2. wenn sie eine Hochschulausbildung oder eine dieser nach Landesrecht gleichgestellte Ausbildung insoweit ergänzt, als dies für die Aufnahme des angestrebten Berufs rechtlich erforderlich ist,
3. wenn im Zusammenhang mit der vorhergehenden Ausbildung der Zugang zu ihr eröffnet worden ist, sie in sich selbständig ist und in derselben Richtung fachlich weiterführt,
4. wenn der Auszubildende
   a) eine Fachoberschulklasse, deren Besuch eine abgeschlossene Berufsausbildung voraussetzt, eine Abendhauptschule, eine Berufsaufbauschule, eine Abendrealschule, ein Abendgymnasium oder ein Kolleg besucht oder
   b) die Zugangsvoraussetzungen für die zu fördernde weitere Ausbildung an einer der in Buchstabe a genannten Ausbildungsstätten erworben hat, auch durch eine Nichtschülerprüfung oder eine Zugangsprüfung zu einer Hochschule, oder
5. wenn der Auszubildende als erste berufsbildende eine zumindest dreijährige Ausbildung an einer Berufsfachschule oder in einer Fachschulklasse, deren Besuch eine abgeschlossene Berufsausbildung nicht voraussetzt, abgeschlossen hat.

²Im übrigen wird Ausbildungsförderung für eine einzige weitere Ausbildung nur geleistet, wenn die besonderen Umstände des Einzelfalles, insbesondere das angestrebte Ausbildungsziel, dies erfordern.

(3) ¹Hat der Auszubildende
1. aus wichtigem Grund oder
2. aus unabweisbarem Grund

die Ausbildung abgebrochen oder die Fachrichtung gewechselt, so wird Ausbildungsförderung für eine andere Ausbildung geleistet; bei Auszubildenden an Höheren Fachschulen, Akademien und Hochschulen gilt Nummer 1 nur bis zum Beginn des vierten Fachsemesters. ²Ein Auszubildender bricht die Ausbildung ab, wenn er den Besuch von Ausbildungsstätten einer Ausbildungsstättenart einschließlich der im Zusammenhang hiermit geforderten Praktika endgültig aufgibt. ³Ein Auszubildender wechselt die Fachrichtung, wenn er einen anderen berufsqualifizierenden Abschluss oder ein anderes bestimmtes Ausbildungsziel eines rechtlich geregelten Ausbildungsganges an einer Ausbildungsstätte derselben Ausbildungsstättenart anstrebt. ⁴Beim erstmaligen Fachrichtungswechsel oder Abbruch der Ausbildung wird in der Regel vermutet, dass die Voraussetzungen nach Nummer 1 erfüllt sind; bei Auszubildenden an Höheren Fachschulen, Akademien und Hochschulen gilt dies nur, wenn der Wechsel oder Abbruch bis zum Beginn des dritten Fachsemesters erfolgt. ⁵Bei der Bestimmung des nach den Sätzen 1 und 4 maßgeblichen Fachsemesters wird die Zahl der Semester abgezogen, die nach Entscheidung der Ausbildungsstätte aus der ursprünglich betriebenen Fachrichtung auf den neuen Studiengang angerechnet werden.

(4) Für Auszubildende, die die abgebrochene Ausbildung oder die Ausbildung in der dem Fachrichtungswechsel vorausgegangenen Fachrichtung vor dem 1. August 1996 begonnen haben, findet Absatz 3 Satz 1 in der am 31. Juli 1996 geltenden Fassung Anwendung.

Abschnitt II. Persönliche Voraussetzungen

§ 8 Staatsangehörigkeit

(1) Ausbildungsförderung wird geleistet
1. Deutschen im Sinne des Grundgesetzes,
2. Unionsbürgern, die ein Recht auf Daueraufenthalt im Sinne des Freizügigkeitsgesetzes/EU besitzen sowie anderen Ausländern, die eine Niederlassungserlaubnis oder eine Erlaubnis zum Daueraufenthalt-EG nach dem Aufenthaltsgesetz besitzen,
3. Ehegatten oder Lebenspartnern und Kindern von Unionsbürgern, die unter den Voraussetzungen des § 3 Absatz 1 und 4 des Freizügigkeitsgesetzes/EU gemeinschaftsrechtlich freizügigkeitsberechtigt sind oder denen diese Rechte als Kinder nur deshalb nicht zustehen, weil sie 21 Jahre oder älter sind und von ihren Eltern oder deren Ehegatten oder Lebenspartnern keinen Unterhalt erhalten,
4. Unionsbürgern, die vor dem Beginn der Ausbildung im Inland in einem Beschäftigungsverhältnis gestanden haben, dessen Gegenstand mit dem der Ausbildung in inhaltlichem Zusammenhang steht,
5. Staatsangehörigen eines anderen Vertragsstaates des Abkommens über den Europäischen Wirtschaftsraum unter den Voraussetzungen der Nummern 2 bis 4,
6. Ausländern, die ihren gewöhnlichen Aufenthalt im Inland haben und die außerhalb des Bundesgebiets als Flüchtlinge im Sinne des Abkommens über die Rechtsstellung der Flüchtlinge vom 28. Juli 1951 (BGBl. 1953 II S. 559) anerkannt und im Gebiet der Bundesrepublik Deutschland nicht nur vorübergehend zum Aufenthalt berechtigt sind,
7. heimatlosen Ausländern im Sinne des Gesetzes über die Rechtsstellung heimatloser Ausländer in der im Bundesgesetzblatt Teil III, Gliederungsnummer 243-1, veröffentlichten bereinigten Fassung, zuletzt geändert durch Artikel 7 des Gesetzes vom 30. Juli 2004 (BGBl. I S. 1950).

(2) Anderen Ausländern wird Ausbildungsförderung geleistet, wenn sie ihren ständigen Wohnsitz im Inland haben und
1. eine Aufenthaltserlaubnis nach den §§ 22, 23 Absatz 1 oder 2, den §§ 23 a, 25 Absatz 1 oder 2, den §§ 28, 37, 38 Absatz 1 Nummer 2, § 104 a oder als Ehegatte oder Lebenspartner oder Kind eines Ausländers mit Niederlassungserlaubnis eine Aufenthaltserlaubnis nach § 30 oder den §§ 32 bis 34 des Aufenthaltsgesetzes besitzen,
2. eine Aufenthaltserlaubnis nach § 25 Absatz 3, Absatz 4 Satz 2 oder Absatz 5, § 31 des Aufenthaltsgesetzes oder als Ehegatte oder Lebenspartner oder Kind eines Ausländers mit Aufenthaltserlaubnis eine Aufenthaltserlaubnis nach § 30 oder den §§ 32 bis 34 des Aufenthaltsgesetzes besitzen und sich seit mindestens vier Jahren in Deutschland ununterbrochen rechtmäßig, gestattet oder geduldet aufhalten.

(2a) Geduldeten Ausländern (§ 60 a des Aufenthaltsgesetzes), die ihren ständigen Wohnsitz im Inland haben, wird Ausbildungsförderung geleistet, wenn sie sich seit mindestens vier Jahren ununterbrochen rechtmäßig, gestattet oder geduldet im Bundesgebiet aufhalten.

(3) Im Übrigen wird Ausländern Ausbildungsförderung geleistet, wenn
1. sie selbst sich vor Beginn des förderungsfähigen Teils des Ausbildungsabschnitts insgesamt fünf Jahre im Inland aufgehalten haben und rechtmäßig erwerbstätig gewesen sind oder
2. zumindest ein Elternteil während der letzten sechs Jahre vor Beginn des förderungsfähigen Teils des Ausbildungsabschnitts sich insgesamt drei Jahre im Inland aufgehalten hat und rechtmäßig erwerbstätig gewesen ist, im Übrigen von dem Zeitpunkt an, in dem im weiteren Verlauf des Ausbildungsabschnitts diese Voraussetzungen vorgelegen haben. Die Voraussetzungen gelten auch für einen einzigen weiteren Ausbildungsabschnitt als erfüllt, wenn der Auszubildende in dem vorhergehenden Ausbildungsabschnitt die Zugangsvoraussetzungen erworben hat und danach unverzüglich den Ausbildungsabschnitt beginnt. Von dem Erfordernis der Erwerbstätigkeit des Elternteils während der letzten sechs Jahre kann abgesehen werden, wenn sie aus einem von ihm nicht zu vertretenden Grunde nicht ausgeübt worden ist und er im Inland mindestens sechs Monate erwerbstätig gewesen ist.

(4) Auszubildende, die nach Absatz 1 oder 2 als Ehegatten oder Lebenspartner persönlich förderungsberechtigt sind, verlieren den Anspruch auf Ausbildungsförderung nicht dadurch, dass sie dauernd getrennt leben oder die Ehe oder Lebenspartnerschaft aufgelöst worden ist, wenn sie sich weiterhin rechtmäßig in Deutschland aufhalten.

(5) Rechts- und Verwaltungsvorschriften, nach denen anderen Ausländern Ausbildungsförderung zu leisten ist, bleiben unberührt.

§ 9 Eignung

(1) Die Ausbildung wird gefördert, wenn die Leistungen des Auszubildenden erwarten lassen, dass er das angestrebte Ausbildungsziel erreicht.

(2) ¹Dies wird in der Regel angenommen, solange der Auszubildende die Ausbildungsstätte besucht oder an dem Praktikum teilnimmt und bei dem Besuch einer Höheren Fachschule, Akademie oder Hochschule die den jeweiligen Ausbildungs- und Prüfungsordnungen entsprechenden Studienfortschritte erkennen lässt. ²Hierüber sind die nach § 48 erforderlichen Nachweise zu erbringen.

(3) Bei der Teilnahme an Fernunterrichtslehrgängen wird dies angenommen, wenn der Auszubildende die Bescheinigung nach § 3 Absatz 3 beigebracht hat.

§ 10 Alter

(1) (weggefallen)

(2) (weggefallen)

(3) ¹Ausbildungsförderung wird nicht geleistet, wenn der Auszubildende bei Beginn des Ausbildungsabschnitts, für den er Ausbildungsförderung beantragt, das 30. Lebensjahr, bei Studiengängen nach § 7 Absatz 1a das 35. Lebensjahr vollendet hat. ²Satz 1 gilt nicht, wenn
1. der Auszubildende die Zugangsvoraussetzungen für die zu fördernde Ausbildung in einer Fachoberschulklasse, deren Besuch eine abgeschlossene Berufsausbildung voraussetzt, an einer Abendhauptschule, einer Berufsaufbauschule, einer Abendrealschule, einem Abendgymnasium, einem Kolleg oder durch eine Nichtschülerprüfung oder eine Zugangsprüfung zu einer Hochschule erworben hat,
1 a. der Auszubildende ohne Hochschulzugangsberechtigung auf Grund seiner beruflichen Qualifikation an einer Hochschule eingeschrieben worden ist,
1 b. der Auszubildende eine weitere Ausbildung nach § 7 Absatz 2 Nummer 2 oder 3 aufnimmt,
2. (weggefallen)
3. Auszubildende aus persönlichen oder familiären Gründen gehindert waren, den Ausbildungsabschnitt rechtzeitig zu beginnen; dies ist insbesondere der Fall, wenn sie bei Erreichen der Altersgrenzen bis zur Aufnahme der Ausbildung ein eigenes Kind unter zehn Jahren ohne Unterbrechung erziehen und während dieser Zeit bis zu höchstens 30 Wochenstunden im Monatsdurchschnitt erwerbstätig sind; Alleinerziehende dürfen auch mehr als 30 Wochenstunden erwerbstätig sein, um dadurch Unterstützung durch Leistungen der Grundsicherung zu vermeiden, oder
4. der Auszubildende infolge einer einschneidenden Veränderung seiner persönlichen Verhältnisse bedürftig geworden ist und noch keine Ausbildung, die nach diesem Gesetz gefördert werden kann, berufsqualifizierend abgeschlossen hat.

³ Satz 2 Nummer 1, 1 b, 3 und 4 gilt nur, wenn der Auszubildende die Ausbildung unverzüglich nach Erreichen der Zugangsvoraussetzungen, dem Wegfall der Hinderungsgründe oder dem Eintritt einer Bedürftigkeit infolge einschneidender Veränderungen seiner persönlichen Verhältnisse aufnimmt.

Abschnitt III. Leistungen

§ 11 Umfang der Ausbildungsförderung

(1) Ausbildungsförderung wird für den Lebensunterhalt und die Ausbildung geleistet (Bedarf).

(2) ¹Auf den Bedarf sind nach Maßgabe der folgenden Vorschriften Einkommen und Vermögen des Auszubildenden sowie Einkommen seines Ehegatten oder Lebenspartners und seiner Eltern in dieser Reihenfolge anzurechnen; die Anrechnung erfolgt zunächst auf den nach § 17 Absatz 2 Satz 1 als Zuschuss und Darlehen, dann auf den nach § 17 Absatz 3 als Bankdarlehen und anschließend auf den nach § 17 Absatz 1 als Zuschuss zu leistenden Teil des Bedarfs. ²Als Ehegatte oder Lebenspartner im Sinne dieses Gesetzes gilt der nicht dauernd Getrenntlebende, sofern dieses Gesetz nichts anderes bestimmt.

(2 a) Einkommen der Eltern bleibt außer Betracht, wenn ihr Aufenthaltsort nicht bekannt ist oder sie rechtlich oder tatsächlich gehindert sind, im Inland Unterhalt zu leisten.

(3) ¹Einkommen der Eltern bleibt ferner außer Betracht, wenn der Auszubildende
1. ein Abendgymnasium oder Kolleg besucht,
2. bei Beginn des Ausbildungsabschnitts das 30. Lebensjahr vollendet hat,
3. bei Beginn des Ausbildungsabschnitts nach Vollendung des 18. Lebensjahres fünf Jahre erwerbstätig war oder
4. bei Beginn des Ausbildungsabschnitts nach Abschluss einer vorhergehenden, zumindest dreijährigen berufsqualifizierenden Ausbildung drei Jahre oder im Falle einer kürzeren Ausbildung entsprechend länger erwerbstätig war.

²Satz 1 Nummer 3 und 4 gilt nur, wenn der Auszubildende in den Jahren seiner Erwerbstätigkeit in der Lage war, sich aus deren Ertrag selbst zu unterhalten.

(4) ¹Ist Einkommen des Ehegatten oder Lebenspartners, der Eltern oder eines Elternteils außer auf den Bedarf des Antragstellers auch auf den anderer Auszubildender anzurechnen, die in einer Ausbildung stehen, die nach diesem Gesetz oder nach § 59 des Dritten Buches Sozialgesetzbuch gefördert werden kann, so wird es zu gleichen Teilen angerechnet. ²Dabei sind auch die Kinder des Einkommensbeziehers zu berücksichtigen, die Ausbildungsförderung ohne Anrechnung des Einkommens der Eltern erhalten können und nicht ein Abendgymnasium oder Kolleg besuchen oder bei Beginn der Ausbildung das 30. Lebensjahr vollendet haben. ³Nicht zu berücksichtigen sind Auszubildende, die eine Universität der Bundeswehr oder Verwaltungsfachhochschule besuchen, sofern diese als Beschäftigte im öffentlichen Dienst Anwärterbezüge oder ähnliche Leistungen aus öffentlichen Mitteln erhalten.

§ 12 Bedarf für Schüler

(1) Als monatlicher Bedarf gelten für Schüler
1. von Berufsfachschulen und Fachschulklassen, deren Besuch eine abgeschlossene Berufsausbildung nicht voraussetzt,   216 Euro,
2. von Abendhauptschulen, Berufsaufbauschulen, Abendrealschulen und von Fachoberschulklassen, deren Besuch eine abgeschlossene Berufsausbildung voraussetzt,   391 Euro.

(2) Als monatlicher Bedarf gelten, wenn der Auszubildende nicht bei seinen Eltern wohnt, für Schüler
1. von weiterführenden allgemeinbildenden Schulen und Berufsfachschulen sowie von Fach- und Fachoberschulklassen, deren Besuch eine abgeschlossene Berufsausbildung nicht voraussetzt,   465 Euro,
2. von Abendhauptschulen, Berufsaufbauschulen, Abendrealschulen und von Fachoberschulklassen, deren Besuch eine abgeschlossene Berufsausbildung voraussetzt,   543 Euro.

(3) (weggefallen)

(3 a) Ein Auszubildender wohnt auch dann bei seinen Eltern, wenn der von ihm bewohnte Raum im Eigentum der Eltern steht.

(4) ¹Bei einer Ausbildung im Ausland wird für die Hinreise zum Ausbildungsort sowie für eine Rückreise ein Reisekostenzuschlag geleistet. ²Der Reisekostenzuschlag beträgt jeweils 250 Euro bei einer Reise innerhalb Europas, sonst jeweils 500 Euro. ³In besonderen Härtefällen können die notwendigen Aufwendungen für eine weitere Hin- und Rückreise geleistet werden.

§ 13 Bedarf für Studierende

(1) Als monatlicher Bedarf gelten für Auszubildende in
1. Fachschulklassen, deren Besuch eine abgeschlossene Berufsausbildung voraussetzt, Abendgymnasien und Kollegs — 348 Euro,
2. Höheren Fachschulen, Akademien und Hochschulen — 373 Euro.

(2) Die Bedarfe nach Absatz 1 erhöhen sich für die Unterkunft, wenn der Auszubildende
1. bei seinen Eltern wohnt, um monatlich — 49 Euro,
2. nicht bei seinen Eltern wohnt, um monatlich — 224 Euro.

(3) (weggefallen)

(3 a) Ein Auszubildender wohnt auch dann bei seinen Eltern, wenn der von ihm bewohnte Raum im Eigentum der Eltern steht.

(4) Bei einer Ausbildung im Ausland nach § 5 Absatz 2 wird, soweit die Lebens- und Ausbildungsverhältnisse im Ausbildungsland dies erfordern, bei dem Bedarf ein Zu- oder Abschlag vorgenommen, dessen Höhe die Bundesregierung durch Rechtsverordnung mit Zustimmung des Bundesrates bestimmt.

§ 13 a Kranken- und Pflegeversicherungszuschlag

(1) ¹Für Auszubildende, die ausschließlich beitragspflichtig versichert sind
1. in der gesetzlichen Krankenversicherung nach § 5 Absatz 1 Nummer 9, 10 oder 13 des Fünften Buches Sozialgesetzbuch oder als freiwilliges Mitglied oder
2. bei einem Krankenversicherungsunternehmen, das die in § 257 Absatz 2a des Fünften Buches Sozialgesetzbuch genannten Voraussetzungen erfüllt, und aus dieser Versicherung Leistungen beanspruchen können, die der Art nach den Leistungen des Fünften Buches Sozialgesetzbuch mit Ausnahme des Kranken- und Mutterschaftsgeldes entsprechen,

erhöht sich der Bedarf um monatlich 62 Euro. ²Sind die in Satz 1 Nummer 2 genannten Vertragsleistungen auf einen bestimmten Anteil der erstattungsfähigen Kosten begrenzt, erhöht sich der Bedarf stattdessen um die nachgewiesenen Krankenversicherungskosten, höchstens aber um den in Satz 1 genannten Betrag. ³Von den nachgewiesenen Kosten werden nur neun Zehntel berücksichtigt, wenn die Vertragsleistungen auch gesondert berechenbare Unterkunft und wahlärztliche Leistungen bei stationärer Krankenhausbehandlung umfassen. ⁴Maßgebend sind die Kosten im Zeitpunkt der Antragstellung.

(2) Für Auszubildende, die ausschließlich beitragspflichtig
1. in der sozialen Pflegeversicherung nach § 20 Absatz 1 Nummer 9, 10, 12 oder Absatz 3 des Elften Buches Sozialgesetzbuch oder
2. bei einem privaten Versicherungsunternehmen, das die in § 61 Absatz 6 des Elften Buches Sozialgesetzbuch genannten Voraussetzungen erfüllt, nach § 23 des Elften Buches Sozialgesetzbuch

versichert sind, erhöht sich der Bedarf um monatlich 11 Euro.

§ 14 Bedarf für Praktikanten

¹Als monatlicher Bedarf für Praktikanten gelten die Beträge, die für Schüler und Studenten der Ausbildungsstätten geleistet werden, mit deren Besuch das Praktikum in Zusammenhang steht. ²§ 13 Absatz 4 ist entsprechend anzuwenden.

§ 14 a Zusatzleistungen in Härtefällen

¹Die Bundesregierung kann durch Rechtsverordnung mit Zustimmung des Bundesrates bestimmen, dass bei einer Ausbildung im Inland Ausbildungsförderung über die Beträge nach § 12 Absatz 1 und 2, § 13 Absatz 1 und 2 sowie § 13 a hinaus geleistet wird zur Deckung besonderer Aufwendungen des Auszubildenden

6 BAföG Bundesausbildungsförderungsgesetz

1. für seine Ausbildung, wenn sie hiermit in unmittelbarem Zusammenhang stehen und soweit dies zur Erreichung des Ausbildungszieles notwendig ist,
2. für seine Unterkunft, soweit dies zur Vermeidung unbilliger Härten erforderlich ist.

²In der Rechtsverordnung können insbesondere Regelungen getroffen werden über

1. die Ausbildungsgänge, für die ein zusätzlicher Bedarf gewährt wird,
2. die Arten der Aufwendungen, die allgemein als bedarfserhöhend berücksichtigt werden,
3. die Arten der Lern- und Arbeitsmittel, deren Anschaffungskosten als zusätzlicher Bedarf anzuerkennen sind,
4. die Verteilung des zusätzlichen Bedarfs auf den Ausbildungsabschnitt,
5. die Höhe oder die Höchstbeträge des zusätzlichen Bedarfs und die Höhe einer Selbstbeteiligung.

§ 14 b Zusatzleistung für Auszubildende mit Kind (Kinderbetreuungszuschlag)

(1) ¹Für Auszubildende, die mit mindestens einem eigenen Kind, das das zehnte Lebensjahr noch nicht vollendet hat, in einem Haushalt leben, erhöht sich der Bedarf um monatlich 113 Euro für das erste und 85 Euro für jedes weitere dieser Kinder. ²Der Zuschlag wird für denselben Zeitraum nur einem Elternteil gewährt. ³Sind beide Elternteile nach diesem Gesetz dem Grunde nach förderungsfähig und leben in einem gemeinsamen Haushalt, bestimmen sie untereinander den Berechtigten.

(2) ¹Der Zuschlag nach Absatz 1 bleibt als Einkommen bei Sozialleistungen unberücksichtigt. ²Für die Ermittlung eines Kostenbeitrags nach § 90 des Achten Buches Sozialgesetzbuch gilt dies jedoch nur, soweit der Kostenbeitrag für eine Kindertagesbetreuung an Wochentagen während der regulären Betreuungszeiten erhoben wird.

§ 15 Förderungsdauer

(1) Ausbildungsförderung wird vom Beginn des Monats an geleistet, in dem die Ausbildung aufgenommen wird, frühestens jedoch vom Beginn des Antragsmonats an.

(2) ¹Ausbildungsförderung wird für die Dauer der Ausbildung – einschließlich der unterrichts- und vorlesungsfreien Zeit – geleistet, bei Studiengängen jedoch grundsätzlich nur bis zum Ende der Förderungshöchstdauer nach § 15 a. ²Für die Teilnahme an Einrichtungen des Fernunterrichts wird Ausbildungsförderung höchstens für 12 Kalendermonate geleistet.

(2 a) Ausbildungsförderung wird auch geleistet, solange die Auszubildenden infolge von Erkrankung oder Schwangerschaft gehindert sind, die Ausbildung durchzuführen, nicht jedoch über das Ende des dritten Kalendermonats hinaus.

(3) Über die Förderungshöchstdauer hinaus wird für eine angemessene Zeit Ausbildungsförderung geleistet, wenn sie

1. aus schwerwiegenden Gründen,
2. (weggefallen)
3. infolge einer Mitwirkung in gesetzlich vorgesehenen Gremien und satzungsmäßigen Organen der Hochschulen und der Länder sowie in satzungsmäßigen Organen der Selbstverwaltung der Studierenden an diesen Ausbildungsstätten sowie der Studentenwerke,
4. infolge des erstmaligen Nichtbestehens der Abschlussprüfung,
5. infolge einer Behinderung, einer Schwangerschaft oder der Pflege und Erziehung eines Kindes bis zu zehn Jahren

überschritten worden ist.

(3 a) ¹Auszubildenden an Hochschulen, die sich in einem in sich selbständigen Studiengang befinden, wird als Hilfe zum Studienabschluss für höchstens zwölf Monate Ausbildungsförderung auch nach dem Ende der Förderungshöchstdauer oder der Förderungsdauer nach Absatz 3 Nummer 1, 3 oder 5 geleistet, wenn der Auszubildende spätestens innerhalb von vier Semestern nach diesem Zeitpunkt zur Abschlussprüfung zugelassen worden ist und die Prüfungsstelle bescheinigt, dass er die Ausbildung innerhalb der Abschlusshilfedauer abschließen kann. ²Ist eine Abschlussprüfung nicht vorgesehen, gilt Satz 1 unter der Voraussetzung, dass der Auszubildende eine Bestätigung der Ausbildungsstätte darüber vorlegt, dass er die Ausbildung innerhalb der Abschlusshilfedauer abschließen kann.

§ 15 a Förderungshöchstdauer

(1) Die Förderungshöchstdauer entspricht der Regelstudienzeit nach § 10 Absatz 2 des Hochschulrahmengesetzes oder einer vergleichbaren Festsetzung.

(2) ¹Auf die Förderungshöchstdauer sind anzurechnen
1. Zeiten, die der Auszubildende vor Förderungsbeginn in der zu fördernden Ausbildung verbracht hat,
2. Zeiten, die durch die zuständige Stelle auf Grund einer vorangegangenen Ausbildung oder berufspraktischen Tätigkeit oder eines vorangegangenen Praktikums für die zu fördernde Ausbildung anerkannt werden,
3. in Fällen der Förderung eines nach dem 31. Dezember 2007 aufgenommenen Masterstudiengangs nach § 5 Absatz 2 Nummer 1 und 3 Zeiten, die der Auszubildende in einem gemäß § 7 Absatz 1a Nummer 1 als einem Bachelorabschluss entsprechend anerkannten einstufigen Studiengang über das achte Fachsemester hinaus verbracht hat.

²Zeiten, in denen der Auszubildende eine Teilzeitausbildung durchgeführt hat, sind in Vollzeitausbildungszeiten umzurechnen. ³Legt der Auszubildende eine Anerkennungsentscheidung im Sinne des Satzes 1 Nummer 2 nicht vor, setzt das Amt für Ausbildungsförderung die anzurechnenden Zeiten unter Berücksichtigung der jeweiligen Studien- und Prüfungsordnungen sowie der Umstände des Einzelfalles fest. ⁴Weicht eine spätere Anerkennungsentscheidung der zuständigen Stelle von der Festsetzung nach Satz 3 ab, so ist sie zu berücksichtigen, wenn der Auszubildende nachweist, dass er den Antrag auf Anerkennung zu dem für ihn frühestmöglichen Zeitpunkt gestellt hat.

(3) ¹Setzt ein Studiengang Sprachkenntnisse über die Sprachen Deutsch, Englisch, Französisch oder Latein hinaus voraus und werden diese Kenntnisse von dem Auszubildenden während des Besuchs der Hochschule erworben, verlängert sich die Förderungshöchstdauer für jede Sprache um ein Semester. ²Satz 1 gilt für Auszubildende, die die Hochschulzugangsberechtigung vor dem 1. Oktober 2001 in dem in Artikel 3 des Einigungsvertrages genannten Gebiet erworben haben, mit der Maßgabe, dass auch der Erwerb erforderlicher Lateinkenntnisse während des Besuchs der Hochschule zu einer Verlängerung der Förderungshöchstdauer führt.

§ 15 b Aufnahme und Beendigung der Ausbildung

(1) Die Ausbildung gilt im Sinne dieses Gesetzes als mit dem Anfang des Monats aufgenommen, in dem Unterricht oder Vorlesungen tatsächlich begonnen werden.

(2) ¹Liegt zwischen dem Ende eines Ausbildungsabschnitts und dem Beginn eines anderen nur ein Monat, so gilt die Ausbildung abweichend von Absatz 1 als bereits zu Beginn dieses Monats aufgenommen. ²Der Kalendermonat ist in den ersten Bewilligungszeitraum des späteren Ausbildungsabschnitts einzubeziehen.

(2 a) ¹Besucht ein Auszubildender zwischen dem Ende einer Ausbildung im Ausland und dem frühestmöglichen Beginn der anschließenden Ausbildung im Inland für längstens vier Monate keine Ausbildungsstätte, so wird ihm längstens für die Dauer der beiden Monate vor Beginn der anschließenden Ausbildung Ausbildungsförderung geleistet. ²Die beiden Kalendermonate sind in den folgenden Bewilligungszeitraum einzubeziehen.

(3) ¹Die Ausbildung endet mit dem Bestehen der Abschlussprüfung des Ausbildungsabschnitts oder, wenn eine solche nicht vorgesehen ist, mit der tatsächlichen planmäßigen Beendigung des Ausbildungsabschnitts. ²Abweichend von Satz 1 ist, sofern ein Prüfungs- oder Abgangszeugnis erteilt wird, das Datum dieses Zeugnisses maßgebend; für den Abschluss einer Hochschulausbildung ist stets der Zeitpunkt des letzten Prüfungsteils maßgebend.

(4) Die Ausbildung ist ferner beendet, wenn der Auszubildende die Ausbildung abbricht (§ 7 Absatz 3 Satz 2) und sie nicht an einer Ausbildungsstätte einer anderen Ausbildungsstättenart weiterführt.

§ 16 Förderungsdauer im Ausland

(1) ¹Für eine Ausbildung im Ausland nach § 5 Absatz 2 Nummer 1 oder Absatz 5 wird Ausbildungsförderung längstens für die Dauer eines Jahres geleistet. ²Innerhalb eines Ausbildungsabschnitts gilt Satz 1 nur für einen einzigen zusammenhängenden Zeitraum, soweit nicht der Besuch von Ausbildungsstätten in mehreren Ländern für die Ausbildung von besonderer Bedeutung ist.

6 BAföG

(2) Darüber hinaus kann während drei weiterer Semester Ausbildungsförderung geleistet werden für den Besuch einer Ausbildungsstätte, die den im Inland gelegenen Hochschulen gleichwertig ist, wenn er für die Ausbildung von besonderer Bedeutung ist.

(3) In den Fällen des § 5 Absatz 2 Nummer 2 und 3 wird Ausbildungsförderung ohne die zeitliche Begrenzung der Absätze 1 und 2 geleistet, in den Fällen des § 5 Absatz 2 Nummer 3 jedoch nur dann über ein Jahr hinaus, wenn der Auszubildende bei Beginn eines nach dem 31. Dezember 2007 aufgenommenen Auslandsaufenthalts bereits seit mindestens drei Jahren seinen ständigen Wohnsitz im Inland hatte.

§ 17 Förderungsarten

(1) Ausbildungsförderung wird vorbehaltlich der Absätze 2 und 3 als Zuschuss geleistet.

(2) [1] Bei dem Besuch von Höheren Fachschulen, Akademien und Hochschulen sowie bei der Teilnahme an einem Praktikum, das im Zusammenhang mit dem Besuch dieser Ausbildungsstätten steht, wird der monatliche Förderungsbetrag vorbehaltlich des Absatzes 3 zur Hälfte als Darlehen geleistet, das für Ausbildungsabschnitte, die nach dem 28. Februar 2001 beginnen, höchstens bis zu einem Gesamtbetrag von 10.000 Euro zurückzuzahlen ist. [2] Satz 1 gilt nicht
1. für den Zuschlag zum Bedarf nach § 13 Absatz 4 für nachweisbar notwendige Studiengebühren,
2. für die Ausbildungsförderung, die nach § 15 Absatz 3 Nummer 5 über die Förderungshöchstdauer hinaus geleistet wird,
3. für den Kinderbetreuungszuschlag nach § 14 b.

(3) [1] Bei dem Besuch von Höheren Fachschulen, Akademien und Hochschulen sowie bei der Teilnahme an einem Praktikum, das im Zusammenhang mit dem Besuch dieser Ausbildungsstätten steht, erhält der Auszubildende Ausbildungsförderung als Bankdarlehen nach § 18c
1. für eine weitere Ausbildung nach § 7 Absatz 2 Nummer 2 und 3 sowie Satz 2,
2. für eine andere Ausbildung nach § 7 Absatz 3, soweit die Semesterzahl der hierfür maßgeblichen Förderungshöchstdauer, die um die Fachsemester der vorangegangenen, nicht abgeschlossenen Ausbildung zu kürzen ist, überschritten wird,
3. nach Überschreiten der Förderungshöchstdauer in den Fällen des § 15 Absatz 3 a.

[2] Nummer 2 gilt nicht, wenn der Auszubildende erstmalig aus wichtigem Grund oder aus unabweisbarem Grund die Ausbildung abgebrochen oder die Fachrichtung gewechselt hat. [3] Satz 1 gilt nicht für den Kinderbetreuungszuschlag nach § 14 b und die Ausbildungsförderung, die nach § 15 Absatz 3 Nummer 5 über die Förderungshöchstdauer hinaus geleistet wird.

§ 18 Darlehensbedingungen

(1) Für Darlehen, die nach § 17 Absatz 2 Satz 1 gleistet werden, gelten die Absätze 2 bis 6 sowie die §§ 18 a und 18 b.

(2) [1] Das Darlehen ist nicht zu verzinsen. [2] Abweichend von Satz 1 ist das Darlehen – vorbehaltlich des Gleichbleibens der Rechtslage – mit 6 vom Hundert für das Jahr zu verzinsen, wenn der Darlehensnehmer den Zahlungstermin um mehr als 45 Tage überschritten hat. [3] Aufwendungen für die Geltendmachung der Darlehensforderung sind hierdurch nicht abgegolten.

(3) [1] Das Darlehen und die Zinsen nach der bis zum 31. März 1976 geltenden Fassung des Absatzes 2 Nummer 1 sind – vorbehaltlich des Gleichbleibens der Rechtslage – in gleichbleibenden monatlichen Raten, mindestens solchen von 105 Euro innerhalb von 20 Jahren zurückzuzahlen. [2] Für die Rückzahlung gelten alle nach Absatz 1 an einen Auszubildenden geleisteten Darlehensbeträge als ein Darlehen. [3] Die erste Rate ist fünf Jahre nach dem Ende der Förderungshöchstdauer oder bei Ausbildungen an Akademien fünf Jahre nach dem Ende der in der Ausbildungs- und Prüfungsordnung vorgesehenen Ausbildungszeit des zuerst mit Darlehen geförderten Ausbildungs- oder Studienganges zu leisten. [4] Von der Verpflichtung zur Rückzahlung ist der Darlehensnehmer auf Antrag freizustellen, solange er Leistungen nach diesem Gesetz erhält.

(4) Nach Aufforderung duch das Bundesverwaltungsamt sind die Raten für jeweils drei aufeinanderfolgende Monate in einer Summe zu entrichten.

(5) Die Zinsen nach Absatz 2 sind sofort fällig.

(5a) ¹Nach dem Ende der Förderungshöchstdauer erteilt das Bundesverwaltungsamt dem Darlehensnehmer – unbeschadet der Fälligkeit nach Absatz 3 Satz 3 – einen Bescheid, in dem die Höhe der Darlehensschuld und die Förderungshöchstdauer festgestellt werden. ²Eine Überprüfung dieser Feststellungen findet nach Eintritt der Unanfechtbarkeit des Bescheides nicht mehr statt; insbesondere gelten die Vorschriften des § 44 des Zehnten Buches Sozialgesetzbuch nicht. ³Ist ein Darlehensbetrag für ein Kalenderjahr geleistet worden, auf das sich die Feststellung der Höhe der Darlehensschuld nach Satz 1 nicht erstreckt, so wird diese insoweit durch einen ergänzenden Bescheid festgestellt; Satz 2 gilt entsprechend.

(5b) ¹Das Darlehen kann ganz oder teilweise vorzeitig zurückgezahlt werden. ²Wird ein Darlehen vorzeitig getilgt, so ist auf Antrag ein Nachlass von der Darlehens(rest)schuld zu gewähren.

(5c) ¹Mit dem Tod des Darlehensnehmers erlischt die Darlehens(rest)schuld, soweit sie noch nicht fällig ist.

(6) Das Bundesministerium für Bildung und Forschung bestimmt durch Rechtsverordnung mit Zustimmung des Bundesrates das Nähere über
1. Beginn und Ende der Verzinsung sowie den Verzicht auf Zinsen aus besonderen Gründen,
2. die Verwaltung und Einziehung der Darlehen – einschließlich der Maßnahmen zur Sicherung der Rückzahlungsansprüche – sowie ihre Rückleitung an Bund und Länder und über
3. die pauschale Erhebung der Kosten für die Ermittlung der Anschrift des Darlehensnehmers und für das Mahnverfahren.

§ 18a Einkommensabhängige Rückzahlung

(1) ¹Von der Verpflichtung zur Rückzahlung ist der Darlehensnehmer auf Antrag freizustellen, soweit sein Einkommen monatlich den Betrag von 1.070 Euro nicht übersteigt. ²Der in Satz 1 bezeichnete Betrag erhöht sich für

1. den Ehegatten oder Lebenspartner um 535 Euro,
2. jedes Kind des Darlehensnehmers um 485 Euro,

wenn sie nicht in einer Ausbildung stehen, die nach diesem Gesetz oder nach § 59 des Dritten Buches Sozialgesetzbuch gefördert werden kann. ³Die Beträge nach Satz 2 mindern sich um das Einkommen des Ehegatten oder Lebenspartners und des Kindes. ⁴Als Kinder des Darlehensnehmers gelten außer seinen eigenen Kindern die in § 25 Absatz 5 Nummer 1 bis 3 bezeichneten Personen. ⁵§ 47 Absatz 4 und 5 gilt entsprechend. ⁶Auf besonderen Antrag erhöht sich der in Satz 1 bezeichnete Betrag
1. bei Behinderten um den Betrag der behinderungsbedingten Aufwendungen entsprechend § 33b des Einkommensteuergesetzes,
2. bei Alleinstehenden um den Betrag der notwendigen Aufwendungen für die Dienstleistungen zur Betreuung eines zum Haushalt gehörenden Kindes, das das 16. Lebensjahr noch nicht vollendet hat, bis zur Höhe von monatlich 175 Euro für das erste und je 85 Euro für jedes weitere Kind.

(2) ¹Auf den Antrag nach Absatz 1 Satz 1 erfolgt die Freistellung vom Beginn des Antragsmonats an in der Regel für ein Jahr, rückwirkend erfolgt sie für längstens vier Monate vor dem Antragsmonat (Freistellungszeitraum). ²Das im Antragsmonat erzielte Einkommen gilt vorbehaltlich des Absatzes 3 als monatliches Einkommen für alle Monate des Freistellungszeitraums. ³Der Darlehensnehmer hat das Vorliegen der Freistellungsvoraussetzungen glaubhaft zu machen.

(3) ¹Ändert sich ein für die Freistellung maßgeblicher Umstand nach der Antragstellung, so wird der Bescheid vom Beginn des Monats an geändert, in dem die Änderung eingetreten ist. ²Nicht als Änderung im Sinne des Satzes 1 gelten Regelanpassungen gesetzlicher Renten und Versorgungsbezüge.

(4) (weggefallen)

(5) ¹Der Ablauf der Frist von 20 Jahren nach § 18 Absatz 3 wird, höchstens jedoch bis zu 10 Jahren, durch Zeiten gehemmt, in denen der Darlehensnehmer von der Rückzahlungspflicht freigestellt worden ist. ²Dies gilt nicht, soweit das Darlehen nach § 18b Absatz 5 in der bis zum 31. Dezember 2009 geltenden Fassung erlassen worden ist.

§ 18b Teilerlass des Darlehens

(1) (weggefallen)

6 BAföG

(2) ¹Auszubildenden, die die Abschlussprüfung bis zum 31. Dezember 2012 bestanden haben und nach ihrem Ergebnis zu den ersten 30 vom Hundert aller Prüfungsabsolventen gehören, die diese Prüfung in demselben Kalenderjahr abgeschlossen haben, wird auf Antrag der für diesen Ausbildungsabschnitt geleistete Darlehensbetrag teilweise erlassen. ²Der Erlass beträgt von dem nach dem 31. Dezember 1983 für diesen Ausbildungsabschnitt geleisteten Darlehensbetrag

1. 25 vom Hundert, wenn innerhalb der Förderungshöchstdauer,
2. 20 vom Hundert, wenn innerhalb von sechs Monaten nach dem Ende der Förderungshöchstdauer,
3. 15 vom Hundert, wenn innerhalb von zwölf Monaten nach dem Ende der Förderungshöchstdauer

die Abschlussprüfung bestanden wurde. ³Der Antrag ist innerhalb eines Monats nach Bekanntgabe des Bescheids nach § 18 Absatz 5 a zu stellen. ⁴Abweichend von Satz 1 erhalten Auszubildende, die zu den ersten 30 vom Hundert der Geförderten gehören, unter den dort genannten Voraussetzungen den Erlass

a) in Ausbildungs- und Studiengängen, in denen als Gesamtergebnis der Abschlussprüfung nur das Bestehen festgestellt wird, nach den in dieser Prüfung erbrachten Leistungen,
b) in Ausbildungs- und Studiengängen ohne Abschlussprüfung nach den am Ende der planmäßig abgeschlossenen Ausbildung ausgewiesenen Leistungen; dabei ist eine differenzierte Bewertung über die Zuordnung zu den ersten 30 vom Hundert der Geförderten hinaus nicht erforderlich.

⁵Auszubildende, die ihre Ausbildung an einer im Ausland gelegenen Ausbildungsstätte bestanden haben, erhalten den Teilerlass nicht. ⁶Abweichend von Satz 5 wird den Auszubildenden, die eine nach § 5 Absatz 1 oder 3 in der bis zum 31. Dezember 2007 geltenden Fassung des Gesetzes oder eine nach § 6 förderungsfähige Ausbildung vor dem 1. April 2001 aufgenommen haben, die Abschlussprüfung an einer im Ausland gelegenen Ausbildungsstätte bestanden haben und zu den ersten 30 vom Hundert der Geförderten gehören, der Teilerlass nach Satz 1 gewährt, wenn der Besuch der im Ausland gelegenen Ausbildungsstätte dem einer im Inland gelegenen Höheren Fachschule, Akademie oder Hochschule gleichwertig ist. ⁷Die Funktion der Prüfungsstelle nimmt in diesen Fällen das nach § 45 zuständige Amt für Ausbildungsförderung wahr.

(2a) Für Auszubildende an Akademien gilt Absatz 2 mit der Maßgabe, dass der Teilerlass unabhängig vom Zeitpunkt des Bestehens der Abschlussprüfung 20 vom Hundert beträgt.

(3) ¹Beendet der Auszubildende bis zum 31. Dezember 2012 die Ausbildung vier Monate vor dem Ende der Förderungshöchstdauer mit dem Bestehen der Abschlussprüfung oder, wenn eine solche nicht vorgesehen ist, nach den Ausbildungsvorschriften planmäßig, so werden auf seinen Antrag 2.560 Euro des Darlehens erlassen. ²Beträgt der in Satz 1 genannte Zeitraum nur zwei Monate, werden 1.025 Euro erlassen. ³Der Antrag ist innerhalb eines Monats nach Bekanntgabe des Bescheides nach § 18 Absatz 5 a zu stellen.

(4) (weggefallen)

(5) (weggefallen)

(6) ¹Das Bundesministerium für Bildung und Forschung bestimmt durch Rechtsverordnung mit Zustimmung des Bundesrates das Nähere über das Verfahren, insbesondere über die Mitwirkung der Prüfungsstellen. ²Diese sind zur Auskunft und Mitwirkung verpflichtet, soweit dies für die Durchführung dieses Gesetzes erforderlich ist.

§ 18 c Bankdarlehen

(1) ¹Die Kreditanstalt für Wiederaufbau schließt in den Fällen des § 17 Absatz 3 mit dem Auszubildenden auf dessen Antrag einen privatrechtlichen Darlehensvertrag über die im Bewilligungsbescheid genannte Darlehenssumme nach Maßgabe der Absätze 2 bis 11. ²Der Auszubildende und die Kreditanstalt für Wiederaufbau können von den Absätzen 2 bis 11 abweichende Darlehensbedingungen vereinbaren.

(2) ¹Das Bankdarlehen nach Absatz 1 ist von der Auszahlung an zu verzinsen. ²Bis zum Beginn der Rückzahlung werden die Zinsen gestundet. ³Die Darlehensschuld erhöht sich jeweils zum 31. März und 30. September um die gestundeten Zinsen.

(3) ¹Als Zinssatz für den jeweiligen Darlehensgesamtbetrag gelten – vorbehaltlich des Gleichbleibens der Rechtslage – ab 1. April und 1. Oktober jeweils für ein halbes Jahr die Euro Interbank Offered Rate-Sätze für die Beschaffung von Sechsmonatsgeld von ersten

Adressen in den Teilnehmerstaaten der Europäischen Währungsunion (EURIBOR) mit einer Laufzeit von sechs Monaten zuzüglich eines Aufschlags von 1 vom Hundert. ²Falls die in Satz 1 genannten Termine nicht auf einen Tag fallen, an dem ein EURIBOR-Satz ermittelt wird, so gilt der nächste festgelegte EURIBOR-Satz.

(4) ¹Vom Beginn der Rückzahlung an ist auf Antrag des Darlehensnehmers ein Festzins für die (Rest-)Laufzeit, längstens jedoch für zehn Jahre zu vereinbaren. ²Der Antrag kann jeweils zum 1. April und 1. Oktober gestellt werden und muss einen Monat im Voraus bei der Kreditanstalt für Wiederaufbau eingegangen sein. ³Es gilt – vorbehaltlich des Gleichbleibens der Rechtslage – der Zinssatz für Bankschuldverschreibungen mit entsprechender Laufzeit, zuzüglich eines Aufschlags von eins vom Hundert.

(5) § 18 Absatz 3 Satz 2 und 4 und Absatz 5 c ist entsprechend anzuwenden.

(6) ¹Das Bankdarlehen ist einschließlich der Zinsen – vorbehaltlich des Gleichbleibens der Rechtslage – in möglichst gleichbleibenden monatlichen Raten von mindestens 105 Euro innerhalb von 20 Jahren zurückzuzahlen. ²Die erste Rate ist achtzehn Monate nach dem Ende des Monats, für den der Auszubildende zuletzt mit Bankdarlehen gefördert worden ist, zu zahlen.

(7) ¹Hat der Darlehensnehmer Darlehen nach § 18 Absatz 1 und Absatz 1 erhalten, ist deren Rückzahlung so aufeinander abzustimmen, dass Darlehen nach Absatz 1 vor denen nach § 18 Absatz 1 und beide Darlehen einschließlich der Zinsen in möglichst gleichbleibenden monatlichen Raten von – vorbehaltlich des Gleichbleibens der Rechtslage – mindestens 105 Euro innerhalb von 22 Jahren zurückzuzahlen sind. ²Die erste Rate des Darlehens nach § 18 Absatz 1 ist in dem Monat zu leisten, der auf die Fälligkeit der letzten Rate des Darlehens nach Absatz 1 folgt. ³Wird das Darlehen nach Absatz 1 vor diesem Zeitpunkt getilgt, ist die erste Rate des Darlehens nach § 18 Absatz 1 am Ende des Monats zu leisten, der auf den Monat der Tilgung folgt. ⁴§ 18 Absatz 3 Satz 3 bleibt unberührt.

(8) ¹Vor Beginn der Rückzahlung teilt die Kreditanstalt für Wiederaufbau dem Darlehensnehmer – unbeschadet der Fälligkeit nach Absatz 6 – die Höhe der Darlehensschuld und der gestundeten Zinsen, die für ihn geltende Zinsregelung, die Höhe der monatlichen Zahlungsbeträge sowie den Rückzahlungszeitraum mit. ²Nach Aufforderung durch die Kreditanstalt für Wiederaufbau sind die Raten für jeweils drei aufeinanderfolgende Monate in einer Summe zu entrichten.

(9) Das Darlehen kann jederzeit ganz oder teilweise zurückgezahlt werden.

(10) ¹Auf Verlangen der Kreditanstalt für Wiederaufbau ist ihr die Darlehens- und Zinsschuld eines Darlehensnehmers zu zahlen, von dem eine termingerechte Zahlung nicht zu erwarten ist. ²Dies ist insbesondere der Fall, wenn

1. der Darlehensnehmer fällige Rückzahlungsraten für sechs aufeinanderfolgende Monate nicht geleistet hat oder für diesen Zeitraum mit einem Betrag in Höhe des Vierfachen der monatlichen Rückzahlungsrate im Rückstand ist,
2. der Darlehensvertrag von der Kreditanstalt für Wiederaufbau entsprechend den gesetzlichen Bestimmungen wirksam gekündigt worden ist,
3. die Rückzahlung des Darlehens infolge der Erwerbs- oder Arbeitsunfähigkeit oder einer Erkrankung des Darlehensnehmers von mehr als einem Jahr Dauer nachhaltig erschwert oder unmöglich geworden ist,
4. der Darlehensnehmer zahlungsunfähig geworden ist oder seit mindestens einem Jahr Hilfe zum Lebensunterhalt nach dem Zwölften Buch Sozialgesetzbuch oder Leistungen zur Sicherung des Lebensunterhalts nach dem Zweiten Buch Sozialgesetzbuch erhält oder
5. der Aufenthalt des Darlehensnehmers seit mehr als sechs Monaten nicht ermittelt werden konnte.

³Mit der Zahlung nach Satz 1 geht der Anspruch aus dem Darlehensvertrag auf den Bund über.

(11) Das Bundesministerium für Bildung und Forschung bestimmt durch Rechtsverordnung mit Zustimmung des Bundesrates das Nähere über die Anpassung der Höhe der Aufschläge nach den Absätzen 3 und 4 an die tatsächlichen Kosten.

§ 18 d Kreditanstalt für Wiederaufbau

(1) Die nach § 18 c Absatz 10 auf den Bund übergegangenen Darlehensbeträge werden von der Kreditanstalt für Wiederaufbau verwaltet und eingezogen.

(2) Der Kreditanstalt für Wiederaufbau werden erstattet:

1. die Darlehensbeträge, die in entsprechender Anwendung von § 18 Absatz 5 c erlöschen, und
2. die Darlehens- und Zinsbeträge nach § 18 c Absatz 10 Satz 1.

(3) Verwaltungskosten werden der Kreditanstalt für Wiederaufbau nur für die Verwaltung der nach § 18 c Absatz 10 auf den Bund übergegangenen Darlehensbeträge erstattet, soweit die Kosten nicht von den Darlehensnehmern getragen werden.

(4) [1] Die Kreditanstalt für Wiederaufbau übermittelt den Ländern nach Ablauf eines Kalenderjahres eine Aufstellung über die Höhe der nach Absatz 1 für den Bund eingezogenen Beträge und Zinsen sowie über deren Aufteilung nach Maßgabe des § 56 Absatz 2 a. [2] Sie zahlt zum Ende des jeweiligen Kalenderjahres jedem Land einen Abschlag in Höhe des ihm voraussichtlich zustehenden Betrages, bis zum 30. Juni des folgenden Jahres den Restbetrag.

§ 19 Aufrechnung

[1] Mit einem Anspruch auf Erstattung von Ausbildungsförderung (§ 50 des Zehnten Buches Sozialgesetzbuch und § 20) kann gegen den Anspruch auf Ausbildungsförderung für abgelaufene Monate abweichend von § 51 des Ersten Buches Sozialgesetzbuch in voller Höhe aufgerechnet werden. [2] Ist der Anspruch auf Ausbildungsförderung von einem Auszubildenden an einen Träger der Sozialhilfe zum Ausgleich seiner Aufwendungen abgetreten worden, kann das Amt für Ausbildungsförderung gegenüber dem Träger der Sozialhilfe mit einem Anspruch auf Erstattung von Ausbildungsförderung nicht aufrechnen. [3] Die Sätze 1 und 2 gelten nicht für Bankdarlehen nach § 18 c.

§ 20 Rückzahlungspflicht

(1) [1] Haben die Voraussetzungen für die Leistung von Ausbildungsförderung an keinem Tage des Kalendermonats vorgelegen, für den sie gezahlt worden ist, so ist – außer in den Fällen der §§ 44 bis 50 des Zehnten Buches Sozialgesetzbuch – insoweit der Bewilligungsbescheid aufzuheben und der Förderungsbetrag zu erstatten, als
1. (weggefallen)
2. (weggefallen)
3. der Auszubildende Einkommen im Sinne des § 21 erzielt hat, das bei der Bewilligung der Ausbildungsförderung nicht berücksichtigt worden ist; Regelanpassungen gesetzlicher Renten und Versorgungsbezüge bleiben hierbei außer Betracht,
4. Ausbildungsförderung unter dem Vorbehalt der Rückforderung geleistet worden ist.

[2] Die Regelung über die Erstattungspflicht gilt nicht für Bankdarlehen nach § 18 c.

(2) [1] Der Förderungsbetrag ist für den Kalendermonat oder den Teil eines Kalendermonats zurückzuzahlen, in dem der Auszubildende die Ausbildung aus einem von ihm zu vertretenden Grund unterbrochen hat. [2] Die Regelung über die Erstattungspflicht gilt nicht für Bankdarlehen nach § 18 c.

Abschnitt IV. Einkommensanrechnung

§ 21 Einkommensbegriff

(1) [1] Als Einkommen gilt – vorbehaltlich der Sätze 3 und 4, der Absätze 2 a, 3 und 4 – die Summe der positiven Einkünfte im Sinne des § 2 Absatz 1 und 2 des Einkommensteuergesetzes. [2] Ein Ausgleich mit Verlusten aus anderen Einkunftsarten und mit Verlusten des zusammenveranlagten Ehegatten ist nicht zulässig. [3] Abgezogen werden können:
1. der Altersentlastungsbetrag (§ 24 a des Einkommensteuergesetzes),
2. die Beträge, die für ein selbstgenutztes Einfamilienhaus oder eine selbstgenutzte Eigentumswohnung als Sonderausgaben nach § 10 e oder § 10 i des Einkommensteuergesetzes berücksichtigt werden; diese Beträge können auch von der Summe der positiven Einkünfte des nicht dauernd getrennt lebenden Ehegatten oder Lebenspartners abgezogen werden,
3. die für den Berechnungszeitraum zu leistende Einkommensteuer, Kirchensteuer und Gewerbesteuer,
4. die für den Berechnungszeitraum zu leistende Pflichtbeiträge zur Sozialversicherung und zur Bundesagentur für Arbeit sowie die geleisteten freiwilligen Aufwendungen zur

Sozialversicherung und für eine private Kranken-, Pflege-, Unfall- oder Lebensversicherung in angemessenem Umfang und
5. geförderte Altersvorsorgebeiträge nach § 82 des Einkommensteuergesetzes, soweit sie den Mindesteigenbeitrag nach § 86 des Einkommensteuergesetzes nicht überschreiten.

⁴Der Abzug nach Satz 3 Nummer 2 ist bei miteinander verheirateten oder in einer Lebenspartnerschaft verbundenen Eltern, wenn sie nicht dauernd getrennt leben, nur für ein Objekt zulässig; bei der Ermittlung des Einkommens des Auszubildenden, des Darlehensnehmers sowie deren Ehegatten oder Lebenspartner ist er nicht zulässig. ⁵Leibrenten, einschließlich Unfallrenten, und Versorgungsrenten gelten in vollem Umfang als Einnahmen aus nichtselbständiger Arbeit.

(2) ¹Zur Abgeltung der Abzüge nach Absatz 1 Nummer 4 wird von der – um die Beträge nach Absatz 1 Nummer 1 und 2 und Absatz 4 Nummer 4 geminderten – Summe der positiven Einkünfte ein Betrag in Höhe folgender Vomhundertsätze dieses Gesamtbetrages abgesetzt:
1. für rentenversicherungspflichtige Arbeitnehmer und für Auszubildende 21,3 vom Hundert, höchstens jedoch ein Betrag von jährlich 12.100 Euro,
2. für nichtrentenversicherungspflichtige Arbeitnehmer und für Personen im Ruhestandsalter, die einen Anspruch auf Alterssicherung aus einer renten- oder nichtrentenversicherungspflichtigen Beschäftigung oder Tätigkeit haben, 14,4 vom Hundert, höchstens jedoch ein Betrag von jährlich 6.300 Euro,
3. für Nichtarbeitnehmer und auf Antrag von der Versicherungspflicht befreite oder wegen geringfügiger Beschäftigung versicherungsfreie Arbeitnehmer 37,3 vom Hundert, höchstens jedoch ein Betrag von jährlich 20.900 Euro,
4. für Personen im Ruhestandsalter, soweit sie nicht erwerbstätig sind, und für sonstige Nichterwerbstätige 14,4 vom Hundert, höchstens jedoch ein Betrag von jährlich 6.300 Euro.

²Jeder Einkommensbezieher ist nur einer der in den Nummern 1 bis 4 bezeichneten Gruppen zuzuordnen; dies gilt auch, wenn er die Voraussetzungen nur für einen Teil des Berechnungszeitraums erfüllt. ³Einer Gruppe kann nur zugeordnet werden, wer nicht unter eine in den jeweils vorhergehenden Nummern bezeichnete Gruppe fällt.

(2a) ¹Als Einkommen gelten auch nur ausländischem Steuerrecht unterliegende Einkünfte eines Einkommensbeziehers, der seinen ständigen Wohnsitz im Ausland hat. ²Von dem Bruttobetrag sind in entsprechender Anwendung des Einkommensteuergesetzes Beträge entsprechend der jeweiligen Einkunftsart, gegebenenfalls mindestens Beträge in Höhe der Pauschbeträge für Werbungskosten nach § 9a des Einkommensteuergesetzes, abzuziehen. ³Die so ermittelte Summe der positiven Einkünfte vermindert sich um die gezahlten Steuern und den nach Absatz 2 entsprechend zu bestimmenden Pauschbetrag für die soziale Sicherung.

(3) ¹Als Einkommen gelten ferner in Höhe der tatsächlich geleisteten Beträge
1. Waisenrenten und Waisengelder, die der Antragsteller bezieht,
2. Ausbildungsbeihilfen und gleichartige Leistungen, die nicht nach diesem Gesetz gewährt werden; wenn sie begabungs- und leistungsabhängig nach von dem Geber allgemeingültig erlassenen Richtlinien ohne weitere Konkretisierung des Verwendungszwecks vergeben werden, gilt dies jedoch nur, soweit sie im Berechnungszeitraum einen Gesamtbetrag übersteigen, der einem Monatsdurchschnitt von 300 Euro entspricht; Absatz 4 Nummer 4 bleibt unberührt;
3. (weggefallen)
4. sonstige Einnahmen, die zur Deckung des Lebensbedarfs bestimmt sind, mit Ausnahme der Unterhaltsleistungen der Eltern des Auszubildenden und seines Ehegatten oder Lebenspartners, soweit sie das Bundesministerium für Bildung und Forschung in einer Rechtsverordnung mit Zustimmung des Bundesrates bezeichnet hat.

²Die Erziehungsbeihilfe, die ein Beschädigter für ein Kind erhält (§ 27 des Bundesversorgungsgesetzes), gilt als Einkommen des Kindes.

(4) Nicht als Einkommen gelten
1. Grundrenten und Schwerstbeschädigtenzulage nach dem Bundesversorgungsgesetz und nach den Gesetzen, die das Bundesversorgungsgesetz für anwendbar erklären,
2. ein der Grundrente und der Schwerstbeschädigtenzulage nach dem Bundesversorgungsgesetz entsprechender Betrag, wenn diese Leistungen nach § 65 des Bundesversorgungsgesetzes ruhen,
3. Renten, die den Opfern nationalsozialistischer Verfolgung wegen einer durch die Verfolgung erlittenen Gesundheitsschädigung geleistet werden, bis zur Höhe des Betrages,

der in der Kriegsopferversorgung bei gleicher Minderung der Erwerbsfähigkeit als Grundrente und Schwerstbeschädigtenzulage geleistet würde,
4. Einnahmen, deren Zweckbestimmung einer Anrechnung auf den Bedarf entgegensteht; dies gilt insbesondere für Einnahmen, die für einen anderen Zweck als für die Deckung des Bedarfs im Sinne dieses Gesetzes bestimmt sind.

§ 22 Berechnungszeitraum für das Einkommen des Auszubildenden

(1) ¹Für die Anrechnung des Einkommens des Auszubildenden sind die Einkommensverhältnisse im Bewilligungszeitraum maßgebend. ²Sind bei ihrer Ermittlung Pauschbeträge für Werbungskosten nach § 9a des Einkommensteuergesetzes zu berücksichtigen, so ist der Betrag abzuziehen, der sich ergibt, wenn ein Zwölftel des Jahrespauschbetrages mit der Zahl der Kalendermonate des Bewilligungszeitraumes vervielfacht wird.

(2) Auf den Bedarf jedes Kalendermonats des Bewilligungszeitraums wird der Betrag angerechnet, der sich ergibt, wenn das Gesamteinkommen durch die Zahl der Kalendermonate des Bewilligungszeitraums geteilt wird.

(3) Die Absätze 1 und 2 gelten entsprechend für die Berücksichtigung des Einkommens
1. der Kinder nach § 23 Absatz 2,
2. der Kinder, der in § 25 Absatz 5 Nummer 1 bis 3 bezeichneten Personen und der sonstigen Unterhaltsberechtigten nach § 25 Absatz 3.

§ 23 Freibeträge vom Einkommen des Auszubildenden

(1) ¹Vom Einkommen des Auszubildenden bleiben monatlich anrechnungsfrei
1. für den Auszubildenden selbst   255 Euro,
2. für den Ehegatten oder Lebenspartner des Auszubildenden,   535 Euro,
3. für jedes Kind des Auszubildenden   485 Euro.

²Satz 1 Nummer 2 und 3 findet keine Anwendung auf Ehegatten oder Lebenspartner und Kinder, die in einer Ausbildung stehen, die nach diesem Gesetz oder nach § 59 des Dritten Buches Sozialgesetzbuch gefördert werden kann.

(2) Die Freibeträge nach Absatz 1 Nummer 2 und 3 mindern sich um Einnahmen des Auszubildenden sowie Einkommen des Ehegatten oder Lebenspartners und des Kindes, die dazu bestimmt sind oder üblicher- oder zumutbarerweise dazu verwendet werden, den Unterhaltsbedarf des Ehegatten oder Lebenspartners und der Kinder des Auszubildenden zu decken.

(3) Die Vergütung aus einem Ausbildungsverhältnis wird abweichend von den Absätzen 1 und 2 voll angerechnet.

(4) Abweichend von Absatz 1 werden
1. von der Waisenrente und dem Waisengeld der Auszubildenden, deren Bedarf sich nach § 12 Absatz 1 Nummer 1 bemisst, monatlich 170 Euro, anderer Auszubildender 125 Euro monatlich nicht angerechnet,
2. Ausbildungsbeihilfen und gleichartige Leistungen aus öffentlichen Mitteln oder von Förderungseinrichtungen, die hierfür öffentliche Mittel erhalten, sowie Förderungsleistungen ausländischer Staaten voll auf den Bedarf angerechnet; zu diesem Zweck werden Ausbildungsbeihilfen und gleichartige Leistungen, die zugleich aus öffentlichen und privaten Mitteln finanziert und dem Empfänger insgesamt als eine Leistung zugewendet werden, als einheitlich aus öffentlichen Mitteln erbracht behandelt. Voll angerechnet wird auch Einkommen, das aus öffentlichen Mitteln zum Zweck der Ausbildung bezogen wird,
3. (weggefallen)
4. Unterhaltsleistungen des geschiedenen oder dauernd getrennt lebenden Ehegatten voll auf den Bedarf angerechnet; dasselbe gilt für Unterhaltsleistungen des Lebenspartners nach Aufhebung der Lebenspartnerschaft oder des dauernd getrennt lebenden Lebenspartners.

(5) Zur Vermeidung unbilliger Härten kann auf besonderen Antrag, der vor dem Ende des Bewilligungszeitraums zu stellen ist, abweichend von den Absätzen 1 und 4 ein weiterer Teil des Einkommens des Auszubildenden anrechnungsfrei gestellt werden, soweit er zur Deckung besonderer Kosten der Ausbildung erforderlich ist, die nicht durch den Bedarfssatz gedeckt sind, höchstens jedoch bis zu einem Betrag von 205 Euro monatlich.

§ 24 Berechnungszeitraum für das Einkommen der Eltern und des Ehegatten oder Lebenspartners

(1) Für die Anrechnung des Einkommens der Eltern und des Ehegatten oder Lebenspartners des Auszubildenden sind die Einkommensverhältnisse im vorletzten Kalenderjahr vor Beginn des Bewilligungszeitraums maßgebend.

(2) ¹Ist der Einkommensbezieher für diesen Zeitraum zur Einkommensteuer zu veranlagen, liegt jedoch der Steuerbescheid dem Amt für Ausbildungsförderung noch nicht vor, so wird unter Berücksichtigung der glaubhaft gemachten Einkommensverhältnisse über den Antrag entschieden. ²Ausbildungsförderung wird insoweit – außer in den Fällen des § 18c – unter dem Vorbehalt der Rückforderung geleistet. ³Sobald der Steuerbescheid dem Amt für Ausbildungsförderung vorliegt, wird über den Antrag abschließend entschieden.

(3) ¹Ist das Einkommen im Bewilligungszeitraum voraussichtlich wesentlich niedriger als in dem nach Absatz 1 maßgeblichen Zeitraum, so ist auf besonderen Antrag des Auszubildenden bei der Anrechnung von den Einkommensverhältnissen im Bewilligungszeitraum auszugehen; nach dessen Ende gestellte Anträge werden nicht berücksichtigt. ²Der Auszubildende hat das Vorliegen der Voraussetzungen des Satzes 1 glaubhaft zu machen. ³Ausbildungsförderung wird insoweit – außer in den Fällen des § 18c – unter dem Vorbehalt der Rückforderung geleistet. ⁴Sobald sich das Einkommen in dem Bewilligungszeitraum endgültig feststellen lässt, wird über den Antrag abschließend entschieden.

(4) ¹Auf den Bedarf für jeden Kalendermonat des Bewilligungszeitraums ist ein Zwölftel des im Berechnungszeitraum erzielten Jahreseinkommens anzurechnen. ²Abweichend von Satz 1 ist in den Fällen des Absatzes 3 der Betrag anzurechnen, der sich ergibt, wenn die Summe der Monatseinkommen des Bewilligungszeitraums durch die Zahl der Kalendermonate des Bewilligungszeitraums geteilt wird; als Monatseinkommen gilt ein Zwölftel des jeweiligen Kalenderjahreseinkommens.

§ 25 Freibeträge vom Einkommen der Eltern und des Ehegatten oder Lebenspartners

(1) Es bleiben monatlich anrechnungsfrei

1. vom Einkommen der miteinander verheirateten oder in einer Lebenspartnerschaft verbundenen Eltern, wenn sie nicht dauernd getrennt leben,   1.605 Euro,
2. vom Einkommen jedes Elternteils in sonstigen Fällen sowie vom Einkommen des Ehegatten oder Lebenspartners des Auszubildenden   je 1.070 Euro.

(2) (weggefallen)

(3) ¹Die Freibeträge des Absatzes 1 erhöhen sich

1. für den nicht in Eltern-Kind-Beziehung zum Auszubildenden stehenden Ehegatten oder Lebenspartner des Einkommensbeziehers um   535 Euro,
2. für Kinder des Einkommensbeziehers sowie für weitere dem Einkommensbezieher gegenüber nach dem bürgerlichen Recht Unterhaltsberechtigte um je   485 Euro,

wenn sie nicht in einer Ausbildung stehen, die nach diesem Gesetz oder nach § 59 des Dritten Buches Sozialgesetzbuch gefördert werden kann. ²Die Freibeträge nach Satz 1 mindern sich um das Einkommen des Ehegatten oder Lebenspartners, des Kindes oder des sonstigen Unterhaltsberechtigten.

(4) Das die Freibeträge nach den Absätzen 1, 3 und 6 übersteigende Einkommen der Eltern und des Ehegatten oder Lebenspartners bleibt anrechnungsfrei

1. zu 50 vom Hundert und
2. zu 5 vom Hundert für jedes Kind, für das ein Freibetrag nach Absatz 3 gewährt wird.

(5) Als Kinder des Einkommensbeziehers gelten außer seinen eigenen Kindern

1. Pflegekinder (Personen, mit denen er durch ein familienähnliches, auf längere Dauer berechnetes Band verbunden ist, sofern er sie in seinen Haushalt aufgenommen hat und das Obhuts- und Pflegeverhältnis zu den Eltern nicht mehr besteht),
2. in seinen Haushalt aufgenommene Kinder seines Ehegatten oder Lebenspartners,
3. in seinen Haushalt aufgenommene Enkel.

(6) ¹Zur Vermeidung unbilliger Härten kann auf besonderen Antrag, der vor dem Ende des Bewilligungszeitraums zu stellen ist, abweichend von den vorstehenden Vorschriften

ein weiterer Teil des Einkommens anrechnungsfrei bleiben. ²Hierunter fallen insbesondere außergewöhnliche Belastungen nach den §§ 33 bis 33 b des Einkommensteuergesetzes sowie Aufwendungen für behinderte Personen, denen der Einkommensbezieher nach dem bürgerlichen Recht unterhaltspflichtig ist.

Abschnitt V. Vermögensanrechnung

§ 26 Umfang der Vermögensanrechnung

Vermögen des Auszubildenden wird nach Maßgabe der §§ 27 bis 30 angerechnet.

§ 27 Vermögensbegriff

(1) ¹Als Vermögen gelten alle
1. beweglichen und unbeweglichen Sachen,
2. Forderungen und sonstige Rechte.

²Ausgenommen sind Gegenstände, soweit der Auszubildende sie aus rechtlichen Gründen nicht verwerten kann.

(2) Nicht als Vermögen gelten
1. Rechte auf Versorgungsbezüge, auf Renten und andere wiederkehrende Leistungen,
2. Übergangsbeihilfen nach den §§ 12 und 13 des Soldatenversorgungsgesetzes in der Fassung der Bekanntmachung vom 21. April 1983 (BGBl. I S. 457) sowie nach § 13 Absatz 1 Satz 1 des Bundespolizeibeamtengesetzes in der Fassung des Artikels 1 des Gesetzes über die Personalstruktur des Bundesgrenzschutzes vom 3. Juni 1976 (BGBl. I S. 1357), geändert durch § 94 des Gesetzes vom 24. August 1976 (BGBl. I S. 2485), in Verbindung mit § 18 dieses Gesetzes in der bis zum 30. Juni 1976 geltenden Fassung und die Wiedereingliederungsbeihilfe nach § 4 Absatz 1 Nummer 2 des Entwicklungshelfer-Gesetzes,
3. Nießbrauchsrechte,
4. Haushaltsgegenstände.

§ 28 Wertbestimmung des Vermögens

(1) Der Wert eines Gegenstandes ist zu bestimmen
1. bei Wertpapieren auf die Höhe des Kurswertes,
2. bei sonstigen Gegenständen auf die Höhe des Zeitwertes.

(2) Maßgebend ist der Wert im Zeitpunkt der Antragstellung.

(3) ¹Von dem nach den Absätzen 1 und 2 ermittelten Betrag sind die im Zeitpunkt der Antragstellung bestehenden Schulden und Lasten abzuziehen. ²Dies gilt nicht für das nach diesem Gesetz erhaltene Darlehen.

(4) Veränderungen zwischen Antragstellung und Ende des Bewilligungszeitraums bleiben unberücksichtigt.

§ 29 Freibeträge vom Vermögen

(1) ¹Von dem Vermögen bleiben anrechnungsfrei
1. für den Auszubildenden selbst   5.200 Euro,
2. für den Ehegatten oder Lebenspartner des Auszubildenden   1.800 Euro,
3. für jedes Kind des Auszubildenden   1.800 Euro.

²Maßgebend sind die Verhältnisse im Zeitpunkt der Antragstellung.

(2) (weggefallen)

(3) Zur Vermeidung unbilliger Härten kann ein weiterer Teil des Vermögens anrechnungsfrei bleiben.

§ 30 Monatlicher Anrechnungsbetrag

Auf den monatlichen Bedarf des Auszubildenden ist der Betrag anzurechnen, der sich ergibt, wenn der Betrag des anzurechnenden Vermögens durch die Zahl der Kalendermonate des Bewilligungszeitraums geteilt wird.

§§ 31–34 (weggefallen)

Abschnitt VI. [Anpassung der Bedarfssätze und Freibeträge]

§ 35 Anpassung der Bedarfssätze und Freibeträge

¹Die Bedarfssätze, Freibeträge sowie die Vomhundertsätze und Höchstbeträge nach § 21 Absatz 2 sind alle zwei Jahre zu überprüfen und durch Gesetz gegebenenfalls neu festzusetzen. ²Dabei ist der Entwicklung der Einkommensverhältnisse und der Vermögensbildung, den Veränderungen der Lebenshaltungskosten sowie der finanzwirtschaftlichen Entwicklung Rechnung zu tragen. ³Die Bundesregierung hat hierüber dem Deutschen Bundestag und dem Bundesrat zu berichten.

Abschnitt VII. Vorausleistung und Anspruchsübergang

§ 36 Vorausleistung von Ausbildungsförderung

(1) Macht der Auszubildende glaubhaft, dass seine Eltern den nach den Vorschriften dieses Gesetzes angerechneten Unterhaltsbetrag nicht leisten, und ist die Ausbildung – auch unter Berücksichtigung des Einkommens des Ehegatten oder Lebenspartners im Bewilligungszeitraum – gefährdet, so wird auf Antrag nach Anhörung der Eltern Ausbildungsförderung ohne Anrechnung dieses Betrages geleistet; nach Ende des Bewilligungszeitraumes gestellte Anträge werden nicht berücksichtigt.

(2) Absatz 1 ist entsprechend anzuwenden, wenn

1. der Auszubildende glaubhaft macht, dass seine Eltern den Bedarf nach den §§ 12 bis 14a nicht leisten, und die Eltern entgegen § 47 Absatz 4 die für die Anrechnung ihres Einkommens erforderlichen Auskünfte nicht erteilen oder Urkunden nicht vorlegen und darum ihr Einkommen nicht angerechnet werden kann, und wenn
2. Bußgeldfestsetzung oder Einleitung des Verwaltungszwangsverfahrens nicht innerhalb zweier Monate zur Erteilung der erforderlichen Auskünfte geführt haben oder rechtlich unzulässig sind, insbesondere weil die Eltern ihren ständigen Wohnsitz im Ausland haben.

(3) Ausbildungsförderung wird nicht vorausgeleistet, soweit die Eltern bereit sind, Unterhalt entsprechend einer gemäß § 1612 Absatz 2 des Bürgerlichen Gesetzbuches getroffenen Bestimmung zu leisten.

(4) Von der Anhörung der Eltern kann aus wichtigem Grund oder, wenn der Auszubildende in demselben Ausbildungsabschnitt für den vorhergehenden Bewilligungszeitraum Leistungen nach Absatz 1 oder 2 erhalten hat, abgesehen werden.

§ 37 Übergang von Unterhaltsansprüchen

(1) ¹Hat der Auszubildende für die Zeit, für die ihm Ausbildungsförderung gezahlt wird, nach bürgerlichem Recht einen Unterhaltsanspruch gegen seine Eltern, so geht dieser zusammen mit dem unterhaltsrechtlichen Auskunftsanspruch mit der Zahlung bis zur Höhe der geleisteten Aufwendungen auf das Land über, jedoch nur soweit auf den Bedarf des Auszubildenden das Einkommen der Eltern nach diesem Gesetz anzurechnen ist. ²Die Zahlungen, welche die Eltern auf Grund der Mitteilung über den Anspruchsübergang erbringen, werden entsprechend § 11 Absatz 2 angerechnet. ³Die Sätze 1 und 2 gelten nicht, soweit der Auszubildende Ausbildungsförderung als Bankdarlehen nach § 18c erhalten hat.

(2) (weggefallen)

(3) (weggefallen)

(4) Für die Vergangenheit können die Eltern des Auszubildenden nur von dem Zeitpunkt an in Anspruch genommen werden, in dem

1. die Voraussetzungen des bürgerlichen Rechts vorgelegen haben oder
2. sie bei dem Antrag auf Ausbildungsförderung mitgewirkt haben oder von ihm Kenntnis erhalten haben und darüber belehrt worden sind, unter welchen Voraussetzungen dieses Gesetz eine Inanspruchnahme von Eltern ermöglicht.

(5) (weggefallen)

(6) ¹Der Anspruch ist von der Fälligkeit an mit 6 vom Hundert zu verzinsen. ²Zinsen werden jedoch erst vom Beginn des Monats an erhoben, der auf die Mitteilung des Amtes für Ausbildungsförderung über den erfolgten Anspruchsübergang folgt.

§ 38 Übergang von anderen Ansprüchen

¹ Hat der Auszubildende für die Zeit, für die ihm Ausbildungsförderung gezahlt wird, gegen eine öffentlich-rechtliche Stelle, die nicht Leistungsträger ist, Anspruch auf Leistung, die auf den Bedarf anzurechnen ist oder eine Leistung nach diesem Gesetz ausschließt, geht dieser mit der Zahlung in Höhe der geleisteten Aufwendungen auf das Land über. ² Die §§ 104 und 115 des Zehnten Buches Sozialgesetzbuch bleiben unberührt.

Abschnitt VIII. Organisation

§ 39 Auftragsverwaltung

(1) Dieses Gesetz wird vorbehaltlich des Absatzes 2 im Auftrag des Bundes von den Ländern ausgeführt.

(2) ¹ Die nach § 18 Absatz 1 geleisteten Darlehen werden durch das Bundesverwaltungsamt verwaltet und eingezogen. ² Die zuständige Bundeskasse nimmt die Aufgaben der Kasse beim Einzug der Darlehen und deren Anmahnung für das Bundesverwaltungsamt wahr.

(3) Jedes Land bestimmt die zuständigen Behörden für die Entscheidungen nach § 2 Absatz 2 und § 3 Absatz 4 hinsichtlich der Ausbildungsstätten und Fernlehrinstitute, die ihren Sitz in diesem Land haben.

(4) Die Bundesregierung kann durch Allgemeine Verwaltungsvorschrift mit Zustimmung des Bundesrates eine einheitliche maschinelle Berechnung, Rückrechnung und Abrechnung der Leistungen nach diesem Gesetz in Form einer algorithmischen Darstellung materiellrechtlicher Regelungen (Programmablaufplan) regeln.

§ 40 Ämter für Ausbildungsförderung

(1) ¹ Die Länder errichten für jeden Kreis und jede kreisfreie Stadt ein Amt für Ausbildungsförderung. ² Die Länder können für mehrere Kreise und/oder kreisfreie Städte ein gemeinsames Amt für Ausbildungsförderung errichten. ³ Im Land Berlin können mehrere Ämter für Ausbildungsförderung errichtet werden. ⁴ In den Ländern Berlin, Bremen und Hamburg kann davon abgesehen werden, Ämter für Ausbildungsförderung zu errichten.

(2) ¹ Für Auszubildende, die eine im Inland gelegene Hochschule besuchen, richten die Länder abweichend von Absatz 1 Ämter für Ausbildungsförderung bei staatlichen Hochschulen oder bei Studentenwerken ein; diesen kann auch die Zuständigkeit für andere Auszubildende übertragen werden, die Ausbildungsförderung wie Studierende an Hochschulen erhalten. ² Die Länder können bestimmen, dass ein bei einer staatlichen Hochschule errichtetes Amt für Ausbildungsförderung ein Studentenwerk zur Durchführung seiner Aufgaben heranzieht. ³ Ein Studentenwerk kann Amt für Ausbildungsförderung nur sein, wenn

1. es eine Anstalt des öffentlichen Rechts ist und
2. ein Bediensteter die Befähigung zu einem Richteramt nach dem Deutschen Richtergesetz oder für den höheren allgemeinen Verwaltungsdienst hat.

(3) Für Auszubildende, die eine im Ausland gelegene Ausbildungsstätte besuchen, können die Länder abweichend von Absatz 1 Ämter für Ausbildungsförderung bei staatlichen Hochschulen, Studentenwerken oder Landesämtern für Ausbildungsförderung einrichten.

§ 40a Landesämter für Ausbildungsförderung

¹ Die Länder können Landesämter für Ausbildungsförderung errichten. ² Mehrere Länder können ein gemeinsames Landesamt für Ausbildungsförderung errichten. ³ Im Falle der Errichtung eines Landesamtes für Ausbildungsförderung nach Satz 1 findet § 40 Absatz 2 Satz 3 Nummer 2 keine Anwendung.

§ 41 Aufgaben der Ämter für Ausbildungsförderung

(1) ¹ Das Amt für Ausbildungsförderung nimmt die zur Durchführung dieses Gesetzes erforderlichen Aufgaben wahr, soweit sie nicht anderen Stellen übertragen sind. ² Bei der Bearbeitung der Anträge können zentrale Verwaltungsstellen herangezogen werden.

(2) ¹ Es trifft die zur Entscheidung über den Antrag erforderlichen Feststellungen, entscheidet über den Antrag und erlässt den Bescheid hierüber. ² Es wirkt bei Abschluss der

Darlehensverträge der Auszubildenden mit der Kreditanstalt für Wiederaufbau durch Entgegennahme und Übermittlung der für die Durchführung dieses Gesetzes erforderlichen Daten und Willenserklärungen mit.

(3) Das Amt für Ausbildungsförderung hat die Auszubildenden und ihre Eltern über die individuelle Förderung der Ausbildung nach bundes- und landesrechtlichen Vorschriften zu beraten.

(4) ¹Die Ämter für Ausbildungsförderung dürfen Personen, die Leistungen nach diesem Gesetz beziehen, auch regelmäßig im Wege des automatisierten Datenabgleichs daraufhin überprüfen, ob und welche Daten nach § 45 d Absatz 1 des Einkommensteuergesetzes dem Bundeszentralamt für Steuern übermittelt worden sind. ²Die Ämter für Ausbildungsförderung dürfen zu diesem Zweck Namen, Vornamen, Geburtsdatum und Anschrift der Personen, die Leistungen nach diesem Gesetz beziehen, sowie die Amts- und Förderungsnummer an das Bundeszentralamt für Steuern übermitteln. ³Die Übermittlung kann auch über eine von der zuständigen Landesbehörde bestimmte zentrale Landesstelle erfolgen. ⁴Das Bundeszentralamt für Steuern hat die ihm überlassenen Daten und Datenträger nach Durchführung des Abgleichs unverzüglich zurückzugeben, zu löschen oder zu vernichten. ⁵Die Ämter für Ausbildungsförderung dürfen die ihnen übermittelten Daten nur zur Überprüfung nach Satz 1 nutzen. ⁶Die übermittelten Daten der Personen, bei denen die Überprüfung zu keinen abweichenden Feststellungen führt, sind unverzüglich zu löschen.

§§ 42 und 43 (weggefallen)

§ 44 Beirat für Ausbildungsförderung

(1) Das Bundesministerium für Bildung und Forschung kann durch Rechtsverordnung mit Zustimmung des Bundesrates einen Beitrag für Ausbildungsförderung bilden, der es bei
1. der Durchführung des Gesetzes,
2. der weiteren Ausgestaltung der gesetzlichen Regelung der individuellen Ausbildungsförderung und
3. der Berücksichtigung neuer Ausbildungsformen
berät.

(2) In den Beirat sind Vertreter der an der Ausführung des Gesetzes beteiligten Landes- und Gemeindebehörden, des Deutschen Studentenwerkes e. V., der Bundesagentur für Arbeit, der Lehrkörper der Ausbildungsstätten, der Auszubildenden, der Elternschaft, der Rechts-, Wirtschafts- oder Sozialwissenschaften, der Arbeitgeber sowie der Arbeitnehmer zu berufen.

Abschnitt IX. Verfahren

§ 45 Örtliche Zuständigkeit

(1) ¹Für die Entscheidung über die Ausbildungsförderung ist das Amt für Ausbildungsförderung zuständig, in dessen Bezirk die Eltern des Auszubildenden oder, wenn nur noch ein Elternteil lebt, dieser den ständigen Wohnsitz haben. ²Das Amt für Ausbildungsförderung, in dessen Bezirk der Auszubildende seinen ständigen Wohnsitz hat, ist zuständig, wenn
1. der Auszubildende verheiratet oder in einer Lebenspartnerschaft verbunden ist oder war,
2. seine Eltern nicht mehr leben,
3. dem überlebenden Elternteil die elterliche Sorge nicht zusteht oder bei Erreichen der Volljährigkeit des Auszubildenden nicht zustand,
4. nicht beide Elternteile ihren ständigen Wohnsitz in dem Bezirk desselben Amtes für Ausbildungsförderung haben,
5. kein Elternteil einen Wohnsitz im Inland hat,
6. (weggefallen)
7. der Auszubildende Ausbildungsförderung für die Teilnahme an Fernunterrichtslehrgängen erhält (§ 3).

³Hat in den Fällen des Satzes 2 der Auszubildende im Inland keinen ständigen Wohnsitz, so ist das Amt für Ausbildungsförderung zuständig, in dessen Bezirk die Ausbildungsstätte liegt.

6 BAföG

(2) Abweichend von Absatz 1 ist für die Auszubildenden an
1. Abendgymnasien und Kollegs,
2. Höheren Fachschulen und Akademien

das Amt für Ausbildungsförderung zuständig, in dessen Bezirk die Ausbildungsstätte gelegen ist, die der Auszubildende besucht.

(3) [1] Abweichend von den Absätzen 1 und 2 ist das bei einer staatlichen Hochschule errichtete Amt für Ausbildungsförderung für die an dieser Hochschule immatrikulierten Auszubildenden zuständig; diese Zuständigkeit gilt auch für Auszubildende, die im Zusammenhang mit dem Hochschulbesuch ein Vor- oder Nachpraktikum ableisten. [2] Die Länder können bestimmen, dass das an einer staatlichen Hochschule errichtete Amt für Ausbildungsförderung auch zuständig ist für Auszubildende, die an anderen Hochschulen immatrikuliert sind, und andere Auszubildende, die Ausbildungsförderung wie Studierende an Hochschulen erhalten. [3] Ist das Amt für Ausbildungsförderung bei einem Studentenwerk errichtet, so wird dessen örtliche Zuständigkeit durch das Land bestimmt.

(4) [1] Für die Entscheidung über Ausbildungsförderung für eine Ausbildung im Ausland nach § 5 Absatz 2 und 5 sowie § 6 ist ausschließlich das durch das zuständige Land bestimmte Amt für Ausbildungsförderung örtlich zuständig. [2] Das Bundesministerium für Bildung und Forschung bestimmt durch Rechtsverordnung mit Zustimmung des Bundesrates, welches Land das für alle Auszubildenden, die die in einem anderen Staat gelegenen Ausbildungsstätten besuchen, örtlich zuständige Amt bestimmt.

§ 45a Wechsel in der Zuständigkeit

(1) [1] Wird ein anderes Amt für Ausbildungsförderung zuständig, so tritt dieses Amt für sämtliche Verwaltungshandlungen einschließlich des Vorverfahrens an die Stelle des bisher zuständigen Amtes. [2] § 2 Absatz 2 des Zehnten Buches Sozialgesetzbuch bleibt unberührt.

(2) Hat die örtliche Zuständigkeit gewechselt, muss das bisher zuständige Amt die Leistungen noch solange erbringen, bis sie von dem nunmehr zuständigen Amt fortgesetzt werden.

(3) Sobald ein Amt zuständig ist, das in einem anderen Land liegt, gehen die Ansprüche nach § 50 Absatz 1 des Zehnten Buches Sozialgesetzbuch und § 20 auf dieses Land über.

§ 46 Antrag

(1) [1] Über die Leistung von Ausbildungsförderung sowie über die Höhe der Darlehenssumme nach § 18c wird auf schriftlichen Antrag entschieden. [2] Der Auszubildende kann die Höhe des Darlehens nach § 18c begrenzen; die Erklärung ist für den Bewilligungszeitraum unwiderruflich.

(2) Der Antrag ist an das örtlich zuständige Amt für Ausbildungsförderung zu richten.

(3) Die zur Feststellung des Anspruchs erforderlichen Tatsachen sind auf den Formblättern anzugeben, die die Bundesregierung durch Allgemeine Verwaltungsvorschrift mit Zustimmung des Bundesrates bestimmt hat.

(4) (weggefallen)

(5) [1] Auf Antrag hat das Amt für Ausbildungsförderung dem Grunde nach vorab zu entscheiden, ob die Förderungsvoraussetzungen für eine nach Fachrichtung und Ausbildungsstätte bestimmte bezeichnete

1. Ausbildung im Ausland nach § 5 Absatz 2 und 5,
2. weitere Ausbildung nach § 7 Absatz 2,
3. andere Ausbildung nach § 7 Absatz 3,
4. Ausbildung nach Überschreiten der Altersgrenze nach § 10 Absatz 3

vorliegen. [2] Die Entscheidung nach den Nummern 2 bis 4 ist für den ganzen Ausbildungsabschnitt zu treffen. [3] Das Amt ist an die Entscheidung nicht mehr gebunden, wenn der Auszubildende die Ausbildung nicht binnen eines Jahres nach Antragstellung beginnt.

§ 47 Auskunftspflichten

(1) [1] Ausbildungsstätten, Fernlehrinstitute und Prüfungsstellen sind verpflichtet, die nach § 3 Absatz 3, § 15 Absatz 3a sowie den §§ 48 und 49 erforderlichen Bescheinigungen, Bestätigungen und gutachterlichen Stellungnahmen abzugeben. [2] Das jeweils nach Landesrecht zuständige hauptamtliche Mitglied des Lehrkörpers der Ausbildungsstätte stellt die

Eignungsbescheinigung nach § 48 Absatz 1 Nummer 2 aus und legt für den Nachweis nach § 48 Absatz 1 Nummer 3 die zum jeweils maßgeblichen Zeitpunkt übliche Zahl an ECTS-Leistungspunkten fest.

(2) Ausbildungsstätten und Fernlehrinstitute sowie deren Träger sind verpflichtet, den zuständigen Behörden auf Verlangen alle Auskünfte zu erteilen und Urkunden vorzulegen sowie die Besichtigung der Ausbildungsstätte zu gestatten, soweit die Durchführung dieses Gesetzes, insbesondere des § 2 Absatz 2 und des § 3 Absatz 2 es erfordert.

(3) Ist dem Auszubildenden von einer der in § 2 Absatz 1 Nummer 1 bis 4 bezeichneten oder diesen nach § 2 Absatz 3 als gleichwertig bestimmten Ausbildungsstätten für Zwecke dieses Gesetzes bescheinigt worden, dass er sie besucht, so unterrichtet die Ausbildungsstätte das Amt für Ausbildungsförderung unverzüglich, wenn der Auszubildende die Ausbildung abbricht.

(4) § 60 des Ersten Buches Sozialgesetzbuch gilt auch für die Eltern und den Ehegatten oder Lebenspartner, auch den dauernd getrennt lebenden, des Auszubildenden.

(5) Soweit dies zur Durchführung des Gesetzes erforderlich ist, hat
1. der jeweilige Arbeitgeber auf Verlangen dem Auszubildenden, seinen Eltern und seinem Ehegatten oder Lebenspartner sowie dem Amt für Ausbildungsförderung eine Bescheinigung über den Arbeitslohn und den auf der Lohnsteuerkarte eingetragenen steuerfreien Jahresbetrag auszustellen,
2. die jeweilige Zusatzversorgungseinrichtung des öffentlichen Dienstes oder öffentlich-rechtliche Zusatzversorgungseinrichtung dem Amt für Ausbildungsförderung Auskünfte über die von ihr geleistete Alters- und Hinterbliebenenversorgung des Auszubildenden, seiner Eltern und seines Ehegatten oder Lebenspartners zu erteilen.

(6) Das Amt für Ausbildungsförderung kann den in den Absätzen 2, 4 und 5 bezeichneten Institutionen und Personen eine angemessene Frist zur Erteilung von Auskünften und Vorlage von Urkunden setzen.

§ 47 a Ersatzpflicht des Ehegatten oder Lebenspartners und der Eltern

[1] Haben der Ehegatte oder Lebenspartner oder die Eltern des Auszubildenden die Leistung von Ausbildungsförderung an den Auszubildenden dadurch herbeigeführt, dass sie vorsätzlich oder fahrlässig falsche oder unvollständige Angaben gemacht oder eine Anzeige nach § 60 Absatz 1 Nummer 2 des Ersten Buches Sozialgesetzbuch unterlassen haben, so haben sie dem Betrag, der nach § 17 Absatz 1 und 2 dem Auszubildenden als Förderungsbetrag zu Unrecht geleistet worden ist, dem Land zu ersetzen. [2] Der Betrag ist vom Zeitpunkt der zu Unrecht erfolgten Leistung an mit 6 vom Hundert für das Jahr zu verzinsen.

§ 48 Mitwirkung von Ausbildungsstätten

(1) [1] Vom fünften Fachsemester an wird Ausbildungsförderung für den Besuch einer Höheren Fachschule, Akademie oder einer Hochschule nur von dem Zeitpunkt an geleistet, in dem der Auszubildende vorgelegt hat
1. ein Zeugnis über eine bestandene Zwischenprüfung, die nach den Ausbildungsbestimmungen erst vom Ende des dritten Fachsemesters an abgeschlossen werden kann und vor dem Ende des vierten Fachsemesters abgeschlossen worden ist,
2. eine nach Beginn des vierten Fachsemesters ausgestellte Bescheinigung der Ausbildungsstätte darüber, dass er die bei geordnetem Verlauf seiner Ausbildung bis zum Ende des jeweils erreichten Fachsemesters üblichen Leistungen erbracht hat, oder
3. einen nach Beginn des vierten Fachsemesters ausgestellten Nachweis über die bis dahin erworbene Anzahl von Leistungspunkten nach dem Europäischen System zur Anrechnung von Studienleistungen (ECTS), wenn die bei geordnetem Verlauf der Ausbildung bis zum Ende des jeweils erreichten Fachsemesters übliche Zahl an ECTS-Leistungspunkten nicht unterschritten wird.

[2] Wenn die Ausbildungs- und Prüfungsordnungen eine Zwischenprüfung oder einen entsprechenden Leistungsnachweis bereits vor Beginn des dritten Fachsemesters verbindlich vorschreiben, wird abweichend von Satz 1 für das dritte und vierte Fachsemester Ausbildungsförderung nur geleistet, wenn die entsprechenden Nachweise vorgelegt werden. [3] Die Nachweise gelten als zum Ende des vorhergehenden Semesters vorgelegt, wenn sie innerhalb der ersten vier Monate des folgenden Semesters vorgelegt werden und sich aus ihnen ergibt, dass die darin ausgewiesenen Leistungen bereits in dem vorhergehenden Semester erbracht worden sind.

(2) Liegen Tatsachen vor, die voraussichtlich eine spätere Überschreitung der Förderungshöchstdauer nach § 15 Absatz 3 oder eine Verlängerung der Förderungshöchstdauer nach § 15 a Absatz 3 rechtfertigen, kann das Amt für Ausbildungsförderung die Vorlage der Bescheinigung zu einem entsprechend späteren Zeitpunkt zulassen.

(3) Während des Besuchs einer Höheren Fachschule, Akademie und Hochschule kann das Amt für Ausbildungsförderung bei begründeten Zweifeln an der Eignung (§ 9) des Auszubildenden für die gewählte Ausbildung eine gutachtliche Stellungnahme der Ausbildungsstätte einholen, die der Auszubildende besucht.

(4) In den Fällen des § 5 Absatz 2 Nummer 2 und 3 sind die Absätze 1 und 2 entsprechend anzuwenden.

(5) In den Fällen des § 7 Absatz 2 Satz 2 und Absatz 3 kann das Amt für Ausbildungsförderung eine gutachtliche Stellungnahme der Ausbildungsstätte einholen.

(6) Das Amt für Ausbildungsförderung kann von der gutachtlichen Stellungnahme nur aus wichtigem Grund abweichen, der dem Auszubildenden schriftlich mitzuteilen ist.

§ 49 Feststellung der Voraussetzungen der Förderung im Ausland

(1) Der Auszubildende hat auf Verlangen des Amtes für Ausbildungsförderung eine gutachtliche Stellungnahme der Ausbildungsstätte, die er bisher besucht hat, darüber beizubringen, dass

1. die fachlichen Voraussetzungen für eine Ausbildung im Ausland vorliegen (§ 5 Absatz 2 Nummer 1),
2. (weggefallen)
3. der Besuch einer im Ausland gelegenen Hochschule während drei weiterer Semester für die Ausbildung von besonderer Bedeutung ist (§ 16 Absatz 2).

(1 a) Der Auszubildende hat eine Bescheinigung der Ausbildungsstätte, die er besuchen will oder besucht hat, oder der zuständigen Prüfungsstelle darüber beizubringen, dass das von ihm beabsichtigte Auslandspraktikum den Erfordernissen des § 5 Absatz 5 entspricht.

(2) § 48 Absatz 6 ist anzuwenden.

§ 50 Bescheid

(1) [1]Die Entscheidung, einschließlich der Bestimmung der Höhe der Darlehenssumme nach § 18 c, ist dem Antragsteller schriftlich mitzuteilen (Bescheid). [2]In den Fällen des § 18 c wird der Bescheid unwirksam, wenn der Darlehensvertrag innerhalb eines Monats nach Bekanntgabe des Bescheids nicht wirksam zustande kommt. [3]Unter dem Vorbehalt der Rückforderung kann ein Bescheid nur ergehen, soweit dies in diesem Gesetz vorgesehen ist. [4]Ist in einem Bescheid dem Grunde nach über

1. eine weitere Ausbildung nach § 7 Absatz 2,
2. eine andere Ausbildung nach § 7 Absatz 3 oder
3. eine Ausbildung nach Überschreiten der Altersgrenze nach § 10 Absatz 3

entschieden worden, so gilt diese Entscheidung für den ganzen Ausbildungsabschnitt.

(2) [1]In dem Bescheid sind anzugeben

1. die Höhe und Zusammensetzung des Bedarfs,
2. die Höhe des Einkommens des Auszubildenden, seines Ehegatten oder Lebenspartners und seiner Eltern sowie des Vermögens des Auszubildenden,
3. die Höhe der bei der Ermittlung des Einkommens berücksichtigten Steuern und Abzüge zur Abgeltung der Aufwendungen für die soziale Sicherung,
4. die Höhe der gewährten Freibeträge und des nach § 11 Absatz 4 auf den Bedarf anderer Auszubildender angerechneten Einkommens des Ehegatten oder Lebenspartners und der Eltern,
5. die Höhe der auf den Bedarf angerechneten Beträge vom Einkommen und Vermögen des Auszubildenden sowie vom Einkommen seines Ehegatten oder Lebenspartners und seiner Eltern.

[2]Satz 1 gilt nicht, wenn der Antrag auf Ausbildungsförderung dem Grunde nach abgelehnt wird. [3]Auf Verlangen eines Elternteils oder des Ehegatten oder Lebenspartners, für das Gründe anzugeben sind, entfallen die Angaben über das Einkommen dieser Personen mit Ausnahme des Betrages des angerechneten Einkommens; dies gilt nicht, soweit der Auszubildende im Zusammenhang mit der Geltendmachung seines Anspruchs auf Leistungen nach diesem Gesetz ein besonderes berechtigtes Interesse an der Kenntnis hat.

⁴Besucht der Auszubildende eine Hochschule, so ist in jedem Bescheid das Ende der Förderungshöchstdauer anzugeben.

(3) Über die Ausbildungsförderung wird in der Regel für ein Jahr (Bewilligungszeitraum) entschieden.

(4) ¹Endet ein Bewilligungszeitraum und ist ein neuer Bescheid nicht ergangen, so wird innerhalb desselben Ausbildungsabschnitts Ausbildungsförderung nach Maßgabe des früheren Bewilligungsbescheids unter dem Vorbehalt der Rückforderung geleistet. ²Dies gilt nur, wenn der neue Antrag im Wesentlichen vollständig zwei Kalendermonate vor Ablauf des Bewilligungszeitraums gestellt war und ihm die erforderlichen Nachweise beigefügt wurden.

§ 51 Zahlweise

(1) ¹Der Förderungsbetrag ist unbar monatlich im Voraus zu zahlen. ²Die Auszahlung der Bankdarlehen nach § 18 c erfolgt durch die Kreditanstalt für Wiederaufbau.

(2) Können bei der erstmaligen Antragstellung in einem Ausbildungsabschnitt oder nach einer Unterbrechung der Ausbildung die zur Entscheidung über den Antrag erforderlichen Feststellungen nicht binnen sechs Kalenderwochen getroffen oder Zahlungen nicht binnen zehn Kalenderwochen geleistet werden, so wird für vier Monate Ausbildungsförderung bis zur Höhe von 360 Euro monatlich unter dem Vorbehalt der Rückforderung geleistet.

(3) Monatliche Förderungsbeträge, die nicht volle Euro ergeben, sind bei Restbeträgen bis zu 0,49 Euro abzurunden und von 0,50 Euro an aufzurunden.

(4) Nicht geleistet werden monatliche Förderungsbeträge unter 10 Euro.

§ 52 (weggefallen)

§ 53 Änderung des Bescheides

¹Ändert sich ein für die Leistung der Ausbildungsförderung maßgeblicher Umstand, so wird der Bescheid geändert
1. zugunsten des Auszubildenden vom Beginn des Monats, in dem die Änderung eingetreten ist, rückwirkend jedoch höchstens für die drei Monate vor dem Monat, in dem sie dem Amt mitgeteilt wurde,
2. zuungunsten des Auszubildenden vom Beginn des Monats an, der auf den Eintritt der Änderung folgt.

²Nicht als Änderung im Sinne des Satzes 1 gelten Regelanpassungen gesetzlicher Renten und Versorgungsbezüge. ³§ 48 des Zehnten Buches Sozialgesetzbuch findet keine Anwendung; Erstattungen richten sich nach § 50 des Zehnten Buches Sozialgesetzbuch. ⁴Abweichend von Satz 1 wird der Bescheid vom Beginn des Bewilligungszeitraums an geändert, wenn in den Fällen des § 22 Absatz 1 und des § 24 Absatz 3 eine Änderung des Einkommens oder in den Fällen des § 25 Absatz 6 eine Änderung des Freibetrages eingetreten ist. ⁵In den Fällen des § 22 Absatz 3 gilt Satz 1 mit der Maßgabe, dass das Einkommen ab dem Zeitpunkt, ab dem der Bescheid zu ändern ist, durch die Zahl der verbleibenden Kalendermonate des Bewilligungszeitraums geteilt und auf diese angerechnet wird.

§ 54 Rechtsweg

Für öffentlich-rechtliche Streitigkeiten aus diesem Gesetz ist der Verwaltungsrechtsweg gegeben.

§ 55 Statistik

(1) Über die Ausbildungsförderung nach diesem Gesetz wird eine Bundesstatistik durchgeführt.

(2) Die Statistik erfasst jährlich für das vorausgegangene Kalenderjahr für jeden geförderten Auszubildenden folgende Erhebungsmerkmale:
1. von dem Auszubildenden: Geschlecht, Geburtsjahr, Staatsangehörigkeit, Familienstand, Unterhaltsberechtigtenverhältnis der Kinder, Wohnung während der Ausbildung, Art eines berufsqualifizierenden Ausbildungsabschlusses, Ausbildungsstätte nach Art und rechtlicher Stellung, Klasse bzw. (Fach-)Semester, Monat und Jahr des Endes der För-

derungshöchstdauer, Höhe und Zusammensetzung des Einkommens nach § 21 und den Freibetrag nach § 23 Absatz 1 Satz 2 sowie, wenn eine Vermögensanrechnung erfolgt, die Höhe des Vermögens nach § 27 und des Härtefreibetrags nach § 29 Absatz 3,
2. von dem Ehegatten oder Lebenspartner des Auszubildenden: Berufstätigkeit oder Art der Ausbildung, Höhe und Zusammensetzung des Einkommens nach § 21 und des Härtefreibetrags nach § 25 Absatz 6, Unterhaltsberechtigtenverhältnis der Kinder und der weiteren nach dem bürgerlichen Recht Unterhaltsberechtigten, für die ein Freibetrag nach diesem Gesetz gewährt wird,
3. von den Eltern des Auszubildenden: Familienstand, Bestehen einer Ehe oder Lebenspartnerschaft zwischen den Eltern, Berufstätigkeit, Höhe und Zusammensetzung des Einkommens nach § 21 und des Härtefreibetrags nach § 25 Absatz 6, Unterhaltsberechtigtenverhältnis und Art der Ausbildung der weiteren unterhaltsberechtigten Kinder sowie der nach dem bürgerlichen Recht Unterhaltsberechtigten, für die ein Freibetrag nach diesem Gesetz gewährt wird,
4. Höhe und Zusammensetzung des monatlichen Gesamtbedarfs des Auszubildenden, auf den Bedarf anzurechnende Beträge von Einkommen und Vermögen des Auszubildenden sowie vom Einkommen seines Ehegatten oder Lebenspartners und seiner Eltern, von den Eltern tatsächlich geleistete Unterhaltsbeträge, Monat und Jahr des Beginns und Endes des Bewilligungszeitraums, Monat des Zuständigkeitswechsels im Berichtszeitraum sowie Art und Höhe des Förderungsbetrags, gegliedert nach Monaten.

(3) Hilfsmerkmale sind Name und Anschrift der Ämter für Ausbildungsförderung.

(4) ¹Für die Durchführung der Statistik besteht Auskunftspflicht. ²Auskunfspflichtig sind die Ämter für Ausbildungsförderung.

Abschnitt X. [Aufbringung der Mittel]

§ 56 Aufbringung der Mittel

(1) ¹Die für die Ausführung dieses Gesetzes erforderlichen Mittel, einschließlich der Erstattungsbeträge an die Kreditanstalt für Wiederaufbau nach § 18 d Absatz 2, tragen der Bund zu 65 vom Hundert, die Länder zu 35 vom Hundert. ²Die vom Bund anteilig zu tragenden Mittel für die Darlehen nach § 17 Absatz 2 können von der Kreditanstalt für Wiederaufbau bereitgestellt werden. ³In diesen Fällen trägt der Bund die der Kreditanstalt für Wiederaufbau entstehenden Aufwendungen für die Bereitstellung der Mittel und das Ausfallrisiko.

(2) Das Bundesverwaltungsamt führt 35 vom Hundert des in einem Kalenderjahr eingezogenen Darlehensbetrages in dem Verhältnis an die Länder ab, in dem die in den drei vorangegangenen Jahren an das Bundesverwaltungsamt gemeldeten Darlehensleistungen der einzelnen Länder zueinander stehen.

(2 a) Die Kreditanstalt für Wiederaufbau führt 35 vom Hundert der von ihr nach § 18 d Absatz 1 für den Bund eingezogenen Darlehens- und Zinsbeträge in dem Verhältnis an die Länder ab, in dem die in den drei vorangegangenen Jahren auf Bewilligungsbescheide von Ämtern für Ausbildungsförderung der einzelnen Länder gezahlten Darlehensbeträge zueinander stehen.

(3) Das Land führt 65 vom Hundert der auf Grund des § 50 des Zehnten Buches Sozialgesetzbuch sowie der §§ 20, 37, 38 und 47 a eingezogenen Beträge an den Bund ab.

(4) ¹Die Länder untereinander führen bei der Ausführung dieses Gesetzes keine Einnahmen ab; sie erstatten vorbehaltlich des Satzes 2 keine Ausgaben. ²Im Falle der Förderung nach § 5 Absatz 2 bis 5 erstattet das Land, in dem der Auszubildende seinen ständigen Wohnsitz hat, dem nach der Rechtsverordnung auf Grund des § 45 Absatz 4 Satz 2 zuständigen Land 35 vom Hundert der Ausgaben.

Abschnitt XI. Bußgeldvorschriften, Übergangs- und Schlussvorschriften

§ 57 (weggefallen)

§ 58 Ordnungswidrigkeiten

(1) Ordnungswidrig handelt, wer vorsätzlich oder fahrlässig
1. entgegen § 60 Absatz 1 des Ersten Buches Sozialgesetzbuch, jeweils auch in Verbindung mit § 47 Absatz 4, eine Angabe oder eine Änderungsmitteilung nicht, nicht richtig,

nicht vollständig oder nicht rechtzeitig macht oder eine Beweisurkunde nicht, nicht richtig, nicht vollständig oder nicht rechtzeitig vorlegt;
2. entgegen § 47 Absatz 2 oder 5 Nummer 1 eine Auskunft nicht, nicht richtig, nicht vollständig oder nicht rechtzeitig erteilt oder eine Urkunde nicht oder nicht rechtzeitig vorlegt oder nicht oder nicht rechtzeitig ausstellt;
2a. entgegen § 47 Absatz 3 das Amt für Ausbildungsförderung nicht oder nicht rechtzeitig unterrichtet oder
3. einer Rechtsverordnung nach § 18 Absatz 6 Nummer 2 zuwiderhandelt, soweit sie für einen bestimmten Tatbestand auf diese Bußgeldvorschrift verweist.

(2) Die Ordnungswidrigkeit kann mit einer Geldbuße bis zu 2.500 Euro geahndet werden.

(3) Verwaltungsbehörde im Sinne des § 36 Absatz 1 Nummer 1 des Gesetzes über Ordnungswidrigkeiten ist in den Fällen des Absatzes 1 Nummer 1, 2 und 2a das Amt für Ausbildungsförderung, in den Fällen des Absatzes 1 Nummer 3 das Bundesverwaltungsamt.

§ 59 (weggefallen)

§ 60 Opfer politischer Verfolgung durch SED-Unrecht

Verfolgten nach § 1 des Beruflichen Rehabilitierungsgesetzes oder verfolgten Schülern nach § 3 des Beruflichen Rehabilitierungsgesetzes vom 23. Juni 1994 (BGBl. I S. 1311, 1314) wird für Ausbildungsabschnitte, die vor dem 1. Januar 2003 beginnen,
1. Ausbildungsförderung ohne Anwendung der Altersgrenze des § 10 Absatz 3 Satz 1 geleistet, sofern sie eine Bescheinigung nach § 17 oder § 18 des Beruflichen Rehabilitierungsgesetzes erhalten haben; § 10 Absatz 3 Satz 2 Nummer 3 bleibt unberührt,
2. auf Antrag der nach dem 31. Dezember 1990 nach § 17 Absatz 2 geleistete Darlehensbetrag erlassen, sofern in der Bescheinigung nach § 17 des Beruflichen Rehabilitierungsgesetzes eine Verfolgungszeit oder verfolgungsbedingte Unterbrechung der Ausbildung vor dem 3. Oktober 1990 von insgesamt mehr als drei Jahren festgestellt wird; der Antrag ist innerhalb eines Monats nach Bekanntgabe des Bescheides nach § 18 Absatz 5a zu stellen,
3. auf Antrag der nach dem 31. Juli 1996 nach § 17 Absatz 3 geleistete Darlehensbetrag unter den Vorraussetzungen der Nummer 2 erlassen; der Antrag ist innerhalb eines Monats nach Erhalt der Mitteilung nach § 18c Absatz 8 an die Kreditanstalt für Wiederaufbau zu richten.

§§ 61 bis 64 (weggefallen)

§ 65 Weitergeltende Vorschriften

(1) Die Vorschriften über die Leistung individueller Förderung der Ausbildung nach
1. dem Bundesversorgungsgesetz,
2. den Gesetzen, die das Bundesversorgungsgesetz für anwendbar erklären,
3. (weggefallen)
4. dem Bundesentschädigungsgesetz sowie
5. dem Häftlingshilfegesetz in der Fassung der Bekanntmachung vom 2. Juni 1993 (BGBl. I S. 838), zuletzt geändert durch Artikel 4 des Gesetzes vom 17. Dezember 1999 (BGBl. I S. 2662)
werden durch dieses Gesetz nicht berührt.

(2) Die in Absatz 1 bezeichneten Vorschriften haben Vorrang vor diesem Gesetz.

§ 66 (weggefallen)

§ 66a Übergangs- und Anwendungsvorschrift aus Anlass des Zweiundzwanzigsten und des Dreiundzwanzigsten Gesetzes zur Änderung des Bundesausbildungsförderungsgesetzes

(1) ¹Für Auszubildende, denen am 31. Dezember 2007 für den Besuch einer im Ausland gelegenen Ausbildungsstätte Ausbildungsförderung nach § 5 Absatz 2 Nummer 3 geleistet

6 BAföG

wurde, sind § 5 Absatz 2 Satz 4 und Absatz 4 Satz 2 sowie § 16 Absatz 3 in der bis zu diesem Tag geltenden Fassung bis zum Ende des bereits begonnenen Auslandsaufenthalts anzuwenden. ²Für Auszubildende, denen am 31. Dezember 2007 Ausbildungsförderung nach § 5 Absatz 1 oder 3 geleistet wurde, sind § 5 Absatz 1, 3 und 4 Satz 1 und 3, § 13 Absatz 4, die §§ 14 a, 16, 18 b Absatz 2 sowie die §§ 45 und 48 Absatz 4 in der bis zu diesem Tag geltenden Fassung in dieser Ausbildung auch für später beginnende Bewilligungszeiträume anzuwenden, wenn eine Förderung nicht nach § 5 Absatz 2 geleistet werden kann. ³Abweichend von § 45 Absatz 4 bleibt für die in Satz 2 genannten Auszubildenden bis zum Ende des bereits begonnenen Auslandsaufenthalts auch dann das Amt für Ausbildungsförderung zuständig, in dessen Bezirk der Auszubildende seinen ständigen Wohnsitz hat, wenn eine Förderung nach § 5 Absatz 2 geleistet werden kann.

(2) ¹Für Bewilligungszeiträume, die vor dem 28. Oktober 2010 begonnen haben, sind die §§ 11, 12, 13, 13 a, 17, 21 Absatz 2 und 3, die §§ 23, 25, 29, 36 und 45 sowie die Verordnung zur Bezeichnung der als Einkommen geltenden sonstigen Einnahmen nach § 21 Absatz 3 Nummer 4 des Bundesausbildungsförderungsgesetzes in der bis zum 28. Oktober 2010 geltenden Fassung weiter anzuwenden; § 21 Absatz 1 Satz 3 Nummer 5 ist dabei nicht anzuwenden. ²Ab dem 1. Oktober 2010 sind die §§ 11, 12 Absatz 1, 2 und 3, die §§ 13 und 13 a, 17, 21 Absatz 1 Satz 3 Nummer 5, Absatz 2 und 3, die §§ 23, 25, 29, 36 und 45 sowie die Verordnung zur Bezeichnung der als Einkommen geltenden sonstigen Einnahmen nach § 21 Absatz 3 Nummer 4 des Bundesausbildungsförderungsgesetzes in der ab dem 28. Oktober 2010 geltenden Fassung anzuwenden.

§ 67 (weggefallen)

§ 68 (Inkrafttreten)

Übersicht

	Rn.
A. Allgemeines	1
B. Anspruch auf BAföG	3
I. Voraussetzungen (§§ 2 ff. BAföG)	5
1. Überblick	5
2. Förderungsfähige Ausbildung (§§ 2 ff. BAföG)	8
a) Überblick	8
b) Förderungsfähige Ausbildungen nach § 2 BAföG	9
aa) Bildungseinrichtung iSv. § 2 Abs. 1, 2, 3 BAföG oder Praktikum	10
bb) Mindestdauer der Ausbildung	25
cc) Inanspruchnahme der vollen Arbeitskraft des Auszubildenden	26
c) Förderungsfähige Fernausbildung (§ 3 BAföG)	27
d) Zusätzliche Voraussetzungen bei Auslandsausbildungen (§§ 5, 6 BAföG)	28
e) Erstausbildung (§ 7 Abs. 1 BAföG)	30
3. Zugehörigkeit zum förderungsfähigen Personenkreis (§§ 8 ff. BAföG)	31
4. Ausschluss des BAföG durch andere Leistungen (§ 2 Abs. 6 BAföG)	35
II. Leistungsinhalt	36
1. Anspruch auf BAföG	36
2. Höhe des BAföG (§§ 11 ff., 21 ff. BAföG)	37
a) Bedarf (§§ 12 ff. BAföG)	38
b) Berücksichtigung von Einkommen und Vermögen (§§ 11, 21 ff. BAföG)	44
aa) Einkommen und Vermögen des Auszubildenden	45
bb) Anrechnung des Einkommens der Ehegatten/Lebenspartners	48
cc) Anrechnung des Einkommens der Eltern	49
c) Minderung des BAföG durch Aufrechnung	51
3. Beginn und Dauer der Förderung	52
4. Art der Förderung	56
III. Zuständigkeit und Verfahren (§§ 39 ff. BAföG)	60
1. Zuständigkeit	60
2. Verfahren	63
a) Antrag	63
b) Sachverhaltsaufklärung	64
3. Form der Entscheidung	68
C. Vorausleistung und Vorschuss	69
I. Vorausleistung (§§ 36 f. BAföG)	69
II. Vorschuss (§§ 50 f. BAföG)	81
D. Erstattung und Ersatz von BAföG	86
I. Erstattung von BAföG	89
1. Voraussetzungen der Aufhebung	89
a) Änderung eines für die Leistung maßgeblichen tatsächlichen oder rechtlichen Umstandes	89

	Rn.
b) Nach Erlass des Bewilligungsbescheides	90
c) Kein entgegenstehender Vertrauensschutz	91
2. Rechtsfolge	92
II. Ersatz von BAföG durch den Ehegatten oder die Eltern (§ 47 a BAföG)	96
1. Voraussetzungen	98
a) Nicht dauernd getrennt lebender Ehegatte/Eltern	98
b) Pflichtverletzung	99
c) Kausalität	100
d) Verschulden	101
2. Rechtsfolge	102
3. Zuständigkeit und Verfahren	104
E. Rechtsweg (§ 54 BAföG)	105
F. Finanzierung (§ 56 BAföG)	106

A. Allgemeines

Das BAföG regelt Einzelheiten der Ausbildungsförderung der **Schüler** ab Klasse 10 und der **Studierenden** an **Fachschulen** und an **Hochschulen** und an **Fernlehrinstituten**. Nicht Gegenstand des BAföG sind die einkommens- und vermögensunabhängigen Stipendien für besonders begabte Studierende (vgl. hierzu das Gesetz zur Schaffung eines nationalen Stipendienprogramms (Stipendienprogrammgesetz – StiPG). 1

Nicht im BAföG geregelt wird die **Förderung von Ausbildungen nach dem BBiG, der HWO** und dem **SeemannsG** sowie **berufsvorbereitende Bildungsmaßnahmen** (s. insoweit die §§ 59 ff. SGB III), die **berufliche Weiterbildung** (s. §§ 77 ff. SGB III) und die Aufstiegsfortbildung, z.B. zum Meister, Techniker (sog. Meister-BAföG; s. AFBG). 2

Ziele des BAföG sind einerseits, Menschen in die Lage zu versetzen, eine **angemessene Ausbildung** zu absolvieren, die diese nicht selbst finanzieren können, und andererseits das allgemeine **Ausbildungsniveau zu heben** und eine **ausreichende Nutzung** der **Ausbildungskapazitäten** sicherzustellen. 3

Das BAföG ist die wichtigste **Rechtsgrundlage** der Ausbildungsförderung für Schüler und Studierende. Es wird durch folgende Rechtsverordnungen ergänzt: EinkommensV, HärteV, BAföG-AuslandszuschlagV, DarlehensV und BAföG-TeilerlaßV. Da das BAföG über § 68 Nr. 1 in das SGB einbezogen wird, sind ferner die allgemeinen Teile des SGB, also das SGB I und das SGB X, zu berücksichtigen, soweit das BAföG keine abweichende Regelung enthält (§ 37 S. 1 SGB I). Zum BAföG wurden Allgemeine Verwaltungsvorschriften (BAföG VwV) erlassen, die für die BAföG-Ämter, nicht aber für die Gerichte verbindlich sind. 4

B. Anspruch auf BAföG

I. Voraussetzungen (§§ 2 ff. BAföG)

1. Überblick. Anspruchsgrundlage des Anspruchs auf BAföG sind die **§§ 1, 11 Abs. 1 BAföG**. Mit § 1 BAföG stellt der Gesetzgeber insbesondere klar, dass auf BAföG – anders als bei den dem BAföG vorausgehenden Ausbildungsförderleistungen – ein Rechtsanspruch besteht (vgl. Ramsauer/Stallbaum/Sternal, BAföG, § 1 Rn. 1). Hieraus folgt indessen nicht, dass es im BAföG keine Ermessensleistungen gäbe. So ist zB die Förderung von Deutschen mit Wohnsitz im Ausland nach § 6 BAföG ins Ermessen des BAföG-Trägers gestellt. 5

Formelle Voraussetzungen sind die Zuständigkeit der entscheidenden Behörde, ein ordnungsgemäßes Verfahren und die Entscheidung in der richtigen Form. Näher zu diesen Voraussetzungen die Rn. 60 ff., 63 ff. und 68. 6

Die **materiellen Voraussetzungen** des Anspruchs auf BAföG lassen sich nicht § 1 BAföG entnehmen (BVerwGE DÖV 90, 115), sondern ergeben sich aus den nachfolgenden Vorschriften. Der Anspruch auf BAföG setzt danach voraus: 7
- eine förderungsfähige Ausbildung (§ 2 ff. BAföG) (s. Rn. 8 ff.),
- das Vorliegen der persönlichen Voraussetzungen (§§ 8 ff. BAföG (s. Rn. 31 ff.),
- das Fehlen von Ausschlussgründen (§ 2 Abs. 6 BAföG; s. Rn. 35) und
- einen Antrag auf BAföG (§ 46 Abs. 1 BAföG; s. Rn. 63).

2. Förderungsfähige Ausbildung (§§ 2 ff. BAföG). a) Überblick. Förderungsfähig sind einerseits die Ausbildungen nach § 2 BAföG, andererseits Fernausbildungen nach § 3 BAföG, wenn sie in der Bundesrepublik Deutschland oder nach den §§ 5, 6 BAföG im Ausland durchgeführt werden und es sich um die Erstausbildung bzw. in Ausnahmefällen um die Zweitausbildung handelt (§ 7 BAföG). 8

b) Förderungsfähige Ausbildung nach § 2 BAföG. § 2 BAföG listet mit BAföG förderbare Ausbildungen an öffentlichen oder anerkannten nichtöffentlichen Bildungseinrichtungen auf. Zusätz- 9 lich können durch Rechtsverordnung bestimmte Ausbildungen mit BAföG gefördert werden. Schließlich werden mit den genannten Ausbildungen zusammenhängende Praktika gefördert. Voraussetzung der Förderungsfähigkeit dieser Ausbildungen ist, dass sie mindestens ein Schul- oder ein Studienhalbjahr dauern und in Vollzeit erfolgen. Weiter müssen die Voraussetzungen der §§ 5–7 BAföG erfüllt sein (s. Rn. 28 ff.).

10 **aa) Bildungseinrichtung iSv. § 2 Abs. 1, 2, 3 BAföG oder Praktikum.** Mit BAföG förderbar sind zunächst Ausbildungen an den in § 2 Abs. 1 BAföG aufgezählten **öffentlichen Bildungseinrichtungen**:

11 **Weiterführende allgemein bildende Schule** (§ 2 Abs. 1 S. 1 Nr. 1 BAföG) ist eine Schule, die einen Bildungsabschluss über der Grundschule vermittelt. Weiterbildende Schulen sind Hauptschule, Realschule, Gymnasium und Gesamtschule. Der Besuch dieser Schulen wird erst **ab Klasse 10** gefördert. Der Besuch dieser Schulen wird nur gefördert, wenn der Auszubildende **nicht** bei seinen **Eltern** oder bei einem Elternteil **wohnt** und eine entsprechende zumutbare Ausbildungsstätte von der Wohnung der Eltern/des Elternteils nicht erreichbar ist. Andernfalls wird BAföG nur gewährt, wenn der Auszubildende einen eigenen Haushalt führt und entweder verheiratet ist oder war oder mit mindestens einem Kind zusammenlebt oder aus überwiegend sozialen Gründen nicht auf die Wohnung der Eltern verwiesen werden kann (§ 2 Abs. 1 a BAföG).

12 **Berufsfachschulen** sind Schulen, in denen die Schüler in Vollzeitunterricht mindestens ein Jahr zum Abschluss in einem anerkannten Ausbildungsberuf, der nur in Schulen erworben werden kann, geführt werden. Setzt der Besuch der Berufsfachschule keine abgeschlossene Berufsausbildung voraus, wird er nur mit BAföG gefördert, wenn die Voraussetzungen von § 2 Abs. 1a BAföG (s. Rn. 11) erfüllt sind (§ 2 Abs. 1. S. 1 Nr. 1 BAföG). Setzt der Besuch der Berufsfachschule einen mindestens zweijährigen eine berufsqualifizierende Ausbildung vermittelnden Bildungsgang voraus, kommen die einschränkenden Voraussetzungen des § 2 Abs. 1a BAföG nicht zur Anwendung (§ 2 Abs. 1 S. 1 Nr. 2 BAföG). Das Gleiche gilt, wenn die Zulassung eine abgeschlossene Berufsausbildung voraussetzt.

13 **Fachschulen** sind Schulen, die neben einem mittleren Bildungsabschluss den Abschluss einer einschlägigen Berufsausbildung oder eine entsprechende praktische Tätigkeit voraussetzen. Setzt der Besuch der Schule keine abgeschlossene Berufsausbildung voraus, wird er nur gefördert, wenn die Voraussetzungen des § 2 Abs. 1a BAföG (s. Rn. 11) erfüllt sind (§ 2 Abs. 1. S. 1 Nr. 1 BAföG). Diese Voraussetzungen müssen nicht erfüllt werden, wenn die Fachschule einen berufsqualifizierenden Abschluss vermittelt (§ 2 Abs. 1 S. 1 Nr. 2 BAföG) oder die Zulassung zur Fachschule eine abgeschlossene Berufsausbildung voraussetzt (Zweiter Bildungsweg) (§ 2 Abs. 1 S. 1 Nr. 3 BAföG).

14 **Fachoberschulen** sind Schulen, die auf einem mittleren Bildungsabschluss aufbauen und neben allgemeinen fachtheoretische und fachpraktische Kenntnisse und Fähigkeiten vermitteln und zur Fachhochschulreife führen. Der Besuch der Fachoberschule ist nur dann mit BAföG förderungsfähig, wenn die einschränkenden Voraussetzungen des § 2 Abs. 1a BAföG (s. Rn. 11) erfüllt sind (§ 2 Abs. 1 S. 1 Nr. 1 BAföG). Diese Voraussetzungen müssen nicht erfüllt werden, wenn der Zugang zur Fachoberschule eine abgeschlossene Berufsausbildung voraussetzt. Dann ist die Ausbildung nach § 2 Abs. 1 S. 1 Nr. 3 BAföG förderbar.

14 **Abendhauptschule** ist eine Bildungseinrichtung, an der Berufstätige in Abendkursen den Hauptschulabschluss nachholen können. Der Besuch der Schule ist mit BAföG förderbar (§ 2 Abs. 1 S. 1 Nr. 4 BAföG).

15 **Berufsaufbauschulen** führen neben der Berufsschule oder nach Beendigung der Berufsschulpflicht neben der Berufsschule oder nach Abschluss der Berufsausbildung zu einem mittleren Bildungsabschluss (mittlere Reife, Fachschulreife). Der Besuch der Berufsfachschule ist mit BAföG förderbar (§ 2 Abs. 1 S. 1 Nr. 4 BAföG).

16 **Abendrealschule** führt Berufstätige zu einem mittleren Bildungsabschluss. Der Besuch der Schule ist mit BAföG förderbar (§ 2 Abs. 1 S. 1 Nr. 4 BAföG).

17 **Abendgymnasium** ist eine Bildungseinrichtung, an der die Auszubildenden zur allgemeinen oder zur Fachhochschulreife geführt werden. Der Besuch der Schule ist mit BAföG förderbar (§ 2 Abs. 1 S. 1 Nr. 4 BAföG).

18 **Kolleg** ist eine Bildungseinrichtung, die die Auszubildenden zur Hochschulreife führt. Der Besuch des Kollegs ist mit BAföG förderbar (§ 2 Abs. 1 S. 1 Nr. 4 BAföG).

19 **Höhere Fachschule** ist eine Bildungseinrichtung, die Schüler mit einem mittleren Bildungsabschluss oder einer gleichwertigen Vorbildung zu einem weiterführenden Bildungsabschluss führt. Der Besuch der Schule ist mit BAföG förderbar (§ 2 Abs. 1 S. 1 Nr. 5 BAföG).

20 **Akademie** ist eine Bildungseinrichtung, die Studierenden mit mittlerem Bildungsabschluss, einer abgeschlossenen Berufsausbildung, einem zweijährigen Praktikum oder mehrjähriger beruflicher Praxis einen gehobenen Bildungsabschluss vermittelt. Der Besuch der Akademie ist mit BAföG förderbar (§ 2 Abs. 1 S. 1 Nr. 5 BAföG).

21 **Hochschule** ist eine Bildungseinrichtung, die Studierenden mit Hochschulreife, Fachhochschulreife oder mit qualifizierter beruflicher Ausbildung die Anwendung wissenschaftlicher Erkenntnisse und

Methoden oder die Fähigkeit zu künstlerischem Gestalten vermittelt. Der Besuch einer Hochschule ist nach § 2 Abs. 1 Nr. 6 mit BAföG förderbar.

Die Bildungseinrichtung iSv. § 2 Abs. 1 BAföG muss eine **öffentliche Einrichtung**, eine **genehmigte Ersatzschule**, eine **Ergänzungsschule** oder eine **nichtstaatliche Hochschule**, deren Ausbildung die zuständige Landesbehörde als gleichwertig anerkannt hat (§ 2 Abs. 2 BAföG), sein. 22

Durch Rechtsverordnung können weitere förderungsfähige Ausbildungen anerkannt werden (§ 2 Abs. 3 BAföG). 23

Förderungsfähig sind neben dem Besuch der Ausbildungsstätte selbst auch Zeiten eines mit dem Besuch einer Ausbildungsstätte zusammenhängenden **Praktikums** (§ 2 Abs. 4 S. 1 BAföG). Schüler erhalten während eines Praktikums nur BAföG, wenn sie nicht bei den Eltern wohnen (§ 2 Abs. 4 S. 2 BAföG). 24

bb) Mindestdauer der Ausbildung. Die Ausbildung muss **mindestens ein Schul-** oder ein **Studienhalbjahr** dauern (§ 2 Abs. 5 S. 1 BAföG). 25

cc) Inanspruchnahme der vollen Arbeitskraft des Auszubildenden (§ 2 Abs. 5 S. 1 BAföG). Die Ausbildung nimmt die **Arbeitskraft** des Auszubildenden **voll** in Anspruch (§ 2 Abs. 5 S. 1 BAföG), wenn er sich ihr 40 Stunden die Woche widmen muss. Dies ist der Fall, wenn der Studiengang so angelegt ist, dass je Semester 30 Creditpoints à 30 Zeitstunden erbracht werden müssen. Bei Teilzeitstudierenden kann kein BAföG gezahlt werden; bei ihnen kommt aber ein Anspruch auf Arbeitslosengeld II in Betracht (vgl. §§ 7 Abs. 5, 6, 27 SGB II). 26

c) Förderungsfähige Fernausbildung (§ 3 BAföG). Die Ausbildung an Fernunterrichtsstätten wird nur mit BAföG gefördert, wenn der Lehrgang nach dem **Fernunterrichtsgesetz** zugelassen ist oder von einem öffentlich-rechtlichen Träger veranstaltet wird. Gefördert werden nur Auszubildende, die in den der Bewilligung vorausgegangenen sechs Monaten erfolgreich an dem Lehrgang teilgenommen haben, den Ausbildungsabschluss innerhalb von 12 Monaten erreichen können und deren Arbeitskraft durch die Ausbildung für zumindest 3 Monate voll in Anspruch genommen wird (§ 3 BAföG). Die Ausbildung im Ausland muss gleichwertig sein. Dies ist bei der Bewilligung des BAföG zu entscheiden (§ 5 Abs. 4 BAföG). 27

d) Zusätzliche Voraussetzungen bei Auslandsausbildungen (§§ 5, 6 BAföG). BAföG wird für Ausbildungen im **Inland** gezahlt (§ 4 BAföG). Ausbildungen im **Ausland** sind mit BAföG förderungsfähig, wenn der Auszubildende seinen ständigen Wohnsitz (vgl. dazu die Definition in § 5 Abs. 1 BAföG) in der Bundesrepublik Deutschland hat, die Auslandsausbildung nach dem Ausbildungsstand förderlich ist und zumindest teilweise auf die vorgeschriebene oder übliche Ausbildungszeit angerechnet werden kann, die Ausbildung im Rahmen einer grenzüberschreitenden Zusammenarbeit einer deutschen Ausbildungsstätte mit einer ausländischen Bildungseinrichtung erfolgt oder die Ausbildung in einem Mitgliedstaat der Europäischen Union oder der Schweiz aufgenommen oder fortgesetzt wird (§ 5 Abs. 2 S. 1 BAföG). Die Ausbildung im Ausland muss mindestens sechs Monate oder ein Semester dauern (§ 5 Abs. 2 S. 2 BAföG). Bei einer mit der Ausbildungsstätte vereinbarten Kooperation genügen 12 Wochen (§ 5 Abs. 2 S. 2 BAföG). Bei ausländischen Antragstellern ist die Förderung der Ausbildung im Ausland eingeschränkt (§ 5 Abs. 2 S. 4 BAföG). Ein **Praktikum im Ausland** wird gefördert, wenn die Ausbildungsstätte oder die zuständige Prüfungsstelle anerkennt, dass die fachpraktische Ausbildung den Anforderungen der Prüfungsordnung genügt und das Praktikum im Ausland für die Ausbildung förderlich ist. Es muss mindestens 12 Wochen dauern (§ 5 Abs. 2 BAföG). Die Zeiten der Ausbildung einschließlich der Praktika werden bis zu einem Jahr nicht als Ausbildungszeit berechnet, so dass sich die Förderungshöchstdauer entsprechend verlängert (§ 5 a BAföG). 28

Zur Förderung von Deutschen mit Wohnsitz im Ausland s. § 6 BAföG. 29

e) Erstausbildung (§ 7 Abs. 1 BAföG). Mit BAföG förderbare **Erstausbildungen** (§ 7 Abs. 1 BAföG) sind die allgemeinbildende Schulausbildung und die berufsbildende Ausbildung sowie Master-, Magister- und postgraduale Diplomstudiengänge und vergleichbare Studiengänge in Mitgliedstaaten der Europäischen Union und der Schweiz, die auf einen Bachelor- oder Bakkalaureusstudiengang aufbauen (§ 7 Abs. 1 a BAföG). Das Masterstudium ist nur förderungsfähig, wenn es auf einem Bachelor-/Bakkarauleusstudiengang aufbaut (OVG Berlin-Brandenburg 27. 2. 2009 – OVG 6 S 22/08 – BeckRS 33.443). Eine betriebliche Ausbildung steht einer Förderung mit BAföG nicht entgegen, weil diese dem Grunde nach nicht mit BAföG förderungsfähig ist. In welchen Fällen ausnahmsweise eine **Zweitausbildung** (Drittausbildungen sind nicht förderungsfähig) mit BAföG gefördert werden kann, legt § 7 Abs. 2 S. 3, 4 BAföG fest. Nach einem **Abbruch** einer vorausgegangenen Ausbildung oder einem **Fachrichtungswechsel** wird BAföG nur noch gezahlt, wenn die bisherige Ausbildung aus **wichtigem Grund** aufgegeben wurde (§ 7 Abs. 3 BAföG). Ein wichtiger Grund für den Abbruch bzw. den Ausbildungswechsel liegt nach der Rechtsprechung des BVerwG nur vor, wenn dem Auszubildenden die Fortsetzung der bisherigen Ausbildung nach verständigem Urteil unter Berücksichtigung aller im Rahmen des BAföG erheblichen Umstände einschließlich der mit der Förderung verbundenen persönlichen und öffentlichen Interessen nicht mehr zugemutet werden kann (vgl. 30

BVerwG 27. 11. 1976 – III C 4.75 – E 50, 161). Gründe i. d. S. sind zB mangelnde intellektuelle, psychische oder körperliche Eignung oder der Neigungswechsel. Wird ein Studium an einer höheren Fachschule, an einer Akademie oder einer Hochschule nach dem dritten Semester abgebrochen oder gewechselt, muss hierfür ein **unabweisbarer Grund** vorliegen. Unabweisbar ist ein Grund, wenn eine Interessenabwägung ergibt, dass die Fortsetzung der Ausbildung für den Studierenden „schlechterdings unerträglich" ist (Ramsauer u. a. BAföG, § 7 Rn. 81). Der Ausbildungswechsel muss unverzüglich angestrebt werden (OVG Bremen 16. 11. 1993 – 2 BA 26/93 – FamRZ 1994, S. 1070; OVG Brandenburg 31. 8. 1994 – 4 A 483/93 – FamRZ 1995, 382).

31   **3. Zugehörigkeit zum förderungsfähigen Personenkreis (§§ 8 ff. BAföG).** Mit BAföG können Deutsche und Ausländer, die die Voraussetzungen des § 8 BAföG erfüllen (s. Rn. 32) gefördert werden, wenn sie für die Ausbildung geeignet sind (§ 9 BAföG; s. Rn. 33) und das 30. bzw. bei Masterstudiengängen das 35. Lebensjahr bei Beginn des Ausbildungsabschnittes noch nicht vollendet haben (§ 10 BAföG; s. Rn. 34).

32   Wer **Deutscher** ist, ergibt sich aus Art. 116 GG. BAföG erhalten ferner privilegierte **Ausländer** (insb. Angehörige der Mitgliedstaaten der Europäischen Union, Asylberechtigte und Ausländer mit einem deutschen Elternteil) mit gewöhnlichem Aufenthalt in der Bundesrepublik Deutschland (§ 8 Abs. 1 BAföG) und Ausländer, die sich selbst oder deren Elternteil sich die in § 8 Abs. 2 BAföG bestimmte Zeit rechtmäßig in der Bundesrepublik Deutschland aufgehalten und eine sozialversicherungspflichtige Beschäftigung ausgeübt haben. Geduldete Ausländer erhalten unter den in § 8 Abs. 2 a BAföG genannten Voraussetzungen BAföG. **Auslandsdeutsche** können im Einzelfall auf Grund einer Ermessensentscheidung gefördert werden (§ 6 BAföG).

33   Die **Eignung** für die Ausbildung iSv. § 9 Abs. 1 BAföG erfordert keine überdurchschnittlichen Leistungen; das bloße Bestehen der Prüfungen ist ausreichend. Die Eignung wird unterstellt, solange der Auszubildende die Ausbildungsstätte besucht oder an einem Praktikum teilnimmt (§ 9 Abs. 2 BAföG). Auszubildende an höheren Fachschulen, Akademien und Hochschulen erhalten ab dem 5. Fachsemester nur BAföG, wenn sie ein Zwischenprüfungszeugnis oder eine Bescheinigung der Ausbildungsstätte vorlegen, in der die Ausbildungsstätte bescheinigt, dass der Auszubildende „die bei geordnetem Verlauf seiner Ausbildung bis zum Ende des jeweils erreichten Fachsemesters üblichen Leistungen erbracht hat" (sog. 48 er-Bescheinigung) (§ 48 BAföG). Die sich aus der Vorlage der 48-er Bescheinigung ergebende Vermutung ausreichender Eignung und Leistungsfähigkeit kann widerlegt werden (§ 48 Abs. 3, 6 BAföG); dies hat indessen in der Praxis praktische Bedeutung.

34   Ist die **Altersgrenze** überschritten, kann nur noch ausnahmsweise BAföG geleistet werden (§ 10 Abs. 3 S. 2 BAföG).

35   **4. Ausschluss des BAföG durch andere Leistungen (§ 2 Abs. 6 BAföG).** Kein BAföG erhalten Bezieher der in § 2 Abs. 6 BAföG genannten Leistungen.

II. Leistungsinhalt

36   **1. Anspruch auf BAföG.** Liegen die in den Rn. 5 ff. dargestellten Voraussetzungen vor, hat der Auszubildende einen Anspruch auf BAföG (vgl. § 1 BAföG).

37   **2. Höhe des BAföG (§§ 11 ff., 21 ff. BAföG).** BAföG wird in Höhe des Bedarfs des Auszubildenden (§ 11 ff. BAföG; s. Rn. 38 ff.) gezahlt, soweit dieser nicht mit seinem eigenen Einkommen und Vermögen (s. Rn. 44 ff.), dem Einkommen seines Ehegatten oder seines Lebenspartners (s. Rn. 48) und dem Einkommen seiner Eltern (s. Rn. 49) gedeckt ist (vgl. §§ 11 Abs. 2–4, 21 ff. BAföG).

38   **a) Bedarf (§§ 12 ff. BAföG).** Der Bedarf des Auszubildenden wird beim BAföG pauschaliert anhand gesetzlich festgelegter Bedarfssätze ermittelt. In diesen **Bedarfssätzen** sind die Aufwendungen des Auszubildenden für den Lebensunterhalt und für die Ausbildung (zB für Literatur) berücksichtigt. Die Höhe der Bedarfssätze ist von der Ausbildungsart und von der Unterbringung abhängig. Die Bedarfssätze für Schüler ergeben sich aus § 12 BAföG, die für Studierende aus § 13 BAföG. Diese Bedarfssätze sind alle zwei Jahre zu überprüfen und ggf. entsprechend der Entwicklung der Lebenshaltungskosten und der finanzwirtschaftlichen Entwicklung anzupassen (§ 35 BAföG). Bei Praktikanten wird der Bedarf der Ausbildung angesetzt, mit der das Praktikum zusammenhängt (§ 14 BAföG).

39   Studierende erhalten für die **Unterkunft** zusätzlich 49 Euro, wenn sie bei den Eltern wohnen, sonst 224 Euro (§ 13 Abs. 2 BAföG).

40   Nicht bei den Eltern beitragsfrei kranken- und pflegeversicherte Auszubildende erhalten außerdem 62 Euro für die Kosten einer gesetzlichen oder privaten **Krankenversicherung** und 11 Euro für die soziale und private **Pflegeversicherung** (§ 13 a BAföG).

41   Bei einem **Auslandsstudium** wird, soweit die Ausbildungs- und Lebensverhältnisse im Ausland dies erfordern, ein Zuschlag oder ein Abschlag gemäß der BAföG-AuslandszuschlagsV vorgenommen (§ 13 Abs. 4 BAföG).

42   In **Härtefällen** können **Zusatzleistungen** gewährt werden (§ 14 a BAföG). Einzelheiten regelt die HärteV. Dort werden heute nur noch Zuschläge für die Unterkunft geregelt. Nach dieser sind

erhöhte Unterkunftskosten nur zu zahlen, wenn sie in unmittelbarem Zusammenhang mit der Ausbildung stehen. Dies ist der Fall, wenn ein behinderter Auszubildender seine Ausbildung nur bei einer Internatsunterbringung absolvieren kann (BVerwG 2. 12. 2009 – 5 C 33/08 – NVwZ-RR 2010, 357). Die früher vorgesehenen Zuschüsse für Schulgeld und Studiengebühren wurden gestrichen.

Der Bedarf Auszubildender, die mit mindestens einem eigenen **Kind**, das das zehnte Lebensjahr 43
noch nicht vollendet hat, in einem Haushalt leben, ist bei einem der beiden Elternteile um 113 Euro für das erste und um 85 Euro für jedes weitere dieser Kinder zu erhöhen (§ 14 b S. 1 BAföG).

b) Berücksichtigung von Einkommen und Vermögen (§§ 11, 21 ff. BAföG). Auf den Be- 44
darf wird das Einkommen und Vermögen des Auszubildenden, – wenn dieses nicht ausreicht – das Einkommen des Ehegatten und – soweit auch dieses nicht ausreicht – das Einkommen der Eltern angerechnet (§ 11 Abs. 2 BAföG). Das Einkommen des eheähnlichen bzw. des lebenspartnerschaftsähnlichen Partners des Auszubildenden wird nicht angerechnet.

aa) Einkommen und Vermögen des Auszubildenden. Bei der **Ermittlung** des anzurechnen- 45
den **Einkommens** des Auszubildenden ist von den positiven Einkünften iSv. § 2 Abs. 1, 2 EStG auszugehen (§ 21 Abs. 1 BAföG). Zum Einkommen gehören zusätzlich ausländische Einkünfte (§ 21 Abs. 2 a BAföG), die Waisenrente und Waisengelder des Auszubildenden (§ 21 Abs. 3 BAföG). **Kein Einkommen** sind die in § 21 Abs. 4 BAföG aufgezählten Einnahmen. Von der Einkommensanrechnung ausgenommen ist u. a. ein nach landesrechtlichen Vorschriften gezahltes Blindengeld (VGH Kassel 20. 10. 2009 – 10 A 1701/08 – BeckRS 2009, 42.052). Bei der Berechnung des Einkommens des Auszubildenden wird vom Einkommen im Zeitpunkt der Berechnung ausgegangen. Einkommen des Auszubildenden iSv. § 21 Abs. 1 BAföG sind inbesondere Einkünfte aus einer Nebenbeschäftigung oder einem Ferienjob.

Von den positiven Einkünften werden die in § 21 Abs. 1 S. 3 BAföG aufgezählten Ausgaben **abge-** 46
setzt. Für die Versicherungsbeiträge werden pauschal 21,5% des bereinigten Einkommens abgezogen (§ 21 Abs. 2 BAföG). Ein Verlustausgleich findet nicht statt (§ 21 Abs. 1 S. 2 BAföG). Zusätzlich wird von den familiären Verhältnissen des Auszubildenden abhängiger Freibetrag abgezogen (§ 23 Abs. 1 BAföG). Diese Absetzungen bewirken, dass der Auszubildende bis zu 4.800 Euro brutto im Bewilligungszeitraum anrechnungsfrei verdienen darf. Bei Ausbildungsvergütungen (z. B. aus einem Praktikum) gilt der Freibetrag nicht (§ 23 Abs. 3 BAföG). Voll anrechenbar sind Ausbildungsbeihilfen und gleichartige Leistungen aus öffentlichen Mitteln oder von mit öffentlichen Mitteln finanzierten Förderungseinrichtungen sowie Unterhaltsleistungen des dauernd getrennt lebenden oder geschiedenen Ehegatten (§ 23 Abs. 3 Nr. 4 BAföG). In besonderen Härtefällen kann ein Freibetrag eingeräumt werden (§ 23 Abs. 5 BAföG). Kein Härtefall besteht, wenn der Auszubildende Studiengebühren zahlen muss, für deren Finanzierung er nach landesrechtlichen Vorschriften ein zinsloses Darlehen in Anspruch nehmen kann (OVG Lüneburg 19. 8. 2010 – 4 LC 757/07 – BeckRS 2010, 52099).

Neben dem Einkommen wird auch das **Vermögen** des Auszubildenden berücksichtigt (§ 11 47
Abs. 2 BAföG). Das Vermögen umfasst alle beweglichen und unbeweglichen Sachen, Forderungen und sonstigen Vermögenswerte (§ 27 Abs. 1 S. 1 BAföG). Wer Inhaber des Vermögens ist, ist nach zivilrechtlichen Grundsätzen zu entscheiden (BVerwG 4. 9. 2008 – 5 C 12/08 – BVerwGE 132, 21). Deshalb bleibt ein naher Angehöriger Inhaber eines Sparbuches, das er für den Auszubildenden anlegt, das Sparbuch aber nicht übergibt, um bis zu seinem Tode selbst über das Konto zu verfügen (OVG Berlin-Brandenburg 14. 10. 2009 – OVG 6 M 20/09 – BeckRS 2009, 41.246). Bei einer rechtsmissbräuchlichen Übertragung von Vermögen des Auszubildenden an eine andere Person, wird das Vermögen fiktiv dem Auszubildenden zugerechnet. Rechtsmissbräuchlich ist die Vermögensübertragung, wenn sie objektiv unentgeltlich und rechtsgrundlos und subjektiv in der Absicht erfolgt, eine Vermögensberücksichtigung beim BAföG zu verhindern (OVG Bautzen 26. 11. 2009 – 1 A 288/08 – BeckRS 2010, 46.504). Rechtsmissbräuchlich ist z. B. die Vermögensübertragung, wenn der Auszubildende einem Dritten Vermögen zur grundlegenden Renovierung einer in dessen Eigentum stehenden Wohnung überträgt ohne eine angemessene Gegenleistung zu erhalten (OVG Lüneburg – 25. 3. 2010 – 4 ME 38/10 – BeckRS 2010, 48.047). Wird dem Auszubildenden für die Vermögensübertragung das Recht eingeräumt, mietfrei zu wohnen, kann dies nicht als rechtsmissbräuchlich eingestuft werden (VG Stuttgart 24. 11. 2009 – 11 K 2370/09 – NJW 2010, 1159). Kein Vermögen sind Werte, die aus rechtlichen Gründen nicht verwertbar sind (§ 27 Abs. 1 S. 2 BAföG), ferner die in § 27 Abs. 2 BAföG genannten Werte, zB Haushaltsgegenstände. Kein Haushaltsgegenstand idS. ist ein Kraftfahrzeug (BVerwG 30. 6. 2010 – 5 C 3/09 – BeckRS 52827). Weiter bleiben Vermögensbestandteile unberücksichtigt, wenn der Einsatz des Vermögens eine unbillige Härte bedeuten würde (§ 29 Abs. 3 BAföG). Wertpapiere werden mit dem Kurswert im Zeitpunkt der Antragstellung (BVerwG 14. 5. 2009 – 5 C 14/08 – BeckRS 2009, 36351) und sonstige Gegenstände einschließlich Grundstücke mit dem Zeitwert angerechnet (§ 28 Abs. 1 BAföG). Das Vermögen des Auszubildenden wird berücksichtigt, soweit es einen Freibetrag in Höhe von 5.200 Euro übersteigt (§ 29 Abs. 1 S. 1 Nr. 1 BAföG). Dieser Freibetrag erhöht sich um einen Freibetrag für den Ehegatten in Höhe von 1.800 Euro und je Kind in Höhe von 1.800 Euro (§ 29 Abs. 1 S. 1 Nr. 2 und 3 BAföG). Der monat-

liche Anrechnungsbetrag wird durch Division des über dem Freibetrag liegenden Vermögens durch die Kalendermonate des Bewilligungszeitraums ermittelt (§ 30 BAföG).

48 **bb) Anrechnung des Einkommens des Ehegatten/Lebenspartners.** Bei Auszubildenden, deren Einkommen und Vermögen nicht zur Deckung des Bedarfs ausreicht, wird zusätzlich das Einkommen des Ehegatten/Lebenspartners angerechnet (§ 11 Abs. 2 BAföG); Vermögen wird dagegen nicht berücksichtigt. Beim Ehegatten/Lebenspartner ist das Einkommen des vorletzten Kalenderjahres der Berechnung zu Grunde zu legen (§ 24 Abs. 1 BAföG). Ist das aktuelle Einkommen des Ehegatten wesentlich niedriger, ist auf Antrag des Auszubildenden dieses heranzuziehen. Stellt sich später heraus, dass das Einkommen des Ehegatten doch höher war, muss der Auszubildende das zuviel erhaltene BAföG zurückzahlen (§ 20 Abs. 1 S. 1 BAföG). Der Ehegatte hat einen Freibetrag von 1.040 Euro (25 Abs. 1 Nr. 2 BAföG). Im Übrigen gelten die obigen Ausführungen zur Einkommensanrechnung entsprechend (s. Rn. 45 f.).

49 **cc) Anrechnung des Einkommens der Eltern.** Kann der Bedarf des Auszubildenden weder mit eigenem Einkommen und Vermögen noch mit dem Einkommen des Ehegatten/Lebenspartners gedeckt werden, ist das Einkommen der Eltern des Auszubildenden anzurechnen (§ 11 Abs. 2 BAföG). Einkommen der Eltern wird nicht angerechnet – sog. **elternunabhängiges BAföG** –, wenn der Auszubildende keinen Unterhaltsanspruch gegen die Eltern hat oder dieser gegen die Eltern nicht geltend gemacht werden kann, weil deren Aufenthaltsort nicht bekannt ist oder sie rechtlich oder tatsächlich gehindert sind, Unterhalt zu gewähren. Elternunabhängiges BAföG erhalten außerdem Auszubildende, die ein Abendgymnasium oder ein Kolleg besuchen oder bei Beginn des Ausbildungsabschnitts das 30. Lebensjahr vollendet haben oder nach Vollendung des 18. Lebensjahres fünf Jahre berufstätig waren (§ 11 Abs. 2a, 3 BAföG). Bei der Berechnung wird von dem Einkommen des vorletzten Kalenderjahres ausgegangen (§ 24 Abs. 1 BAföG). Auf Antrag des Auszubildenden wird das aktuelle Einkommen herangezogen, wenn dieses erheblich niedriger ist als das des vorletzten Kalenderjahres (§ 24 Abs. 3 BAföG). Stellt sich später heraus, dass das Einkommen der Eltern höher war, muss überzahltes BAföG zurückgezahlt werden (§ 20 Abs. 1 S. 1 Nr. 4 BAföG).

50 Vom Einkommen der **Eltern** ist bei verheirateten zusammenlebenden Eltern ein Sockel**freibetrag** von 1.555 Euro und bei einem alleinstehenden Elternteil von 1.040 Euro anrechnungsfrei (§ 25 Abs. 1 Nr. 1 BAföG). Bei einem Stiefelternteil sind 520 Euro von der Anrechnung ausgenommen (§ 25 Abs. 1 Nr. 2 BAföG). Diese Sockelbeträge werden um Freibeträge für Kinder erhöht. Von dem nach Abzug des Freibetrages verbleibenden Einkommen werden 50% – je Kind erhöht sich dieser Prozentsatz um weitere 5% – auf das BAföG angerechnet (§ 25 Abs. 4 BAföG). Zur Vermeidung unbilliger **Härten** zB durch außergewöhnliche Belastungen kann weiteres Einkommen anrechnungsfrei bleiben (§ 25 Abs. 6 BAföG).

51 **c) Minderung des BAföG durch Aufrechnung.** Das BAföG wird gemindert, wenn das Amt für Ausbildungsförderung berechtigterweise aufrechnet. Mit dem Anspruch auf BAföG für abgelaufene Monate kann das BAföG-Amt einen Anspruch auf Erstattung von BAföG (§ 50 SGB X) voll **aufrechnen** (§ 19 BAföG). Mit Ansprüchen auf BAföG für den laufenden Monat kann dagegen nur im Rahmen von § 51 SGB I aufgerechnet werden.

52 **3. Beginn und Dauer der Förderung.** BAföG wird **ab** dem **Monat** der **Antragstellung** gezahlt, frühestens aber ab dem Beginn der Ausbildung (§ 15 Abs. 1 BAföG). Rückwirkend wird es nicht gezahlt.

53 Bei Schülern wird BAföG während der tatsächlichen **Dauer** der Ausbildung – auch bei Wiederholung einer Klasse – einschließlich der unterrichtsfreien Zeit gezahlt (§ 15 Abs. 2 S. 1 BAföG). Besucher an Abendgymnasien erhalten BAföG nur, solange sie nicht zur Ausübung einer Berufstätigkeit verpflichtet sind – dies ist regelmäßig in den letzten drei Schulhalbjahren der Fall.

54 Bei Studierenden wird BAföG grundsätzlich nur bis zum Erreichen der **Förderungshöchstgrenze** gezahlt (§ 15 Abs. 2 S. 1 BAföG). Diese entspricht der in der Studien- und Prüfungsordnung des Studiengangs festgelegten Regelstudienzeit (§ 15a Abs. 1 BAföG). Nach Erreichen der Förderungshöchstgrenze wird BAföG nur weiter geleistet, wenn einer der Gründe des § 15 Abs. 3 BAföG vorliegt. In diesen Fällen wird die angemessen verlängert (s. insoweit die VwV zum BAföG).

55 Nach Erreichen der Förderungshöchstgrenze kann für höchstens zwei Semester eine sog. **Abschlussförderung** geleistet werden, wenn ansonsten das Studium abgebrochen werden müsste (§ 15 Abs. 3 a BAföG). Voraussetzung ist, dass der Studierende sich in einem selbständigen Studiengang befindet, innerhalb von vier Monaten nach Überschreiten der Förderungshöchstdauer zur Prüfung zugelassen wird und die Hochschule bescheinigt, dass die Ausbildung innerhalb des Zeitraums der Abschlussförderung abgeschlossen werden kann. Die Abschlussförderung wird als Bankdarlehen geleistet.

56 **4. Art der Förderung.** Das BAföG wird bei **Schülern** als nicht rückzahlbarer **Zuschuss** gezahlt (§ 17 Abs. 1 BAföG).

57 Bei **Studierenden** höherer Fachschulen, Akademien und Hochschulen wird BAföG zu 50% als **Zuschuss** und zu 50% des Förderbetrages als **unverzinsliches Darlehen** gewährt (§ 17 Abs. 2 BAföG). Hiervon abweichend werden die Zuschläge zum Bedarf bei einer Auslandsausbildung oder

einem Auslandspraktikum sowie die wegen einer Behinderung, einer Schwangerschaft oder der Pflege und Erziehung eines Kindes bis zu 10 Jahren über die Förderungshöchstgrenze hinausgehende Förderung als Zuschuss gezahlt (§ 17 Abs. 3 BAföG).

Die **Rückzahlung** des **Staatsdarlehens** richtet sich nach den §§ 18 ff. BAföG. Bei Ausbildungsabschnitten, die ab März 2001 begonnen wurden, ist die Rückzahlung auf höchstens 10.000 Euro begrenzt (§ 17 Abs. 2 S. 1 BAföG). Die Rückzahlung des staatlichen Darlehens beginnt 5 Jahre nach dem Ende der Förderungshöchstdauer. Ab diesem Zeitpunkt beginnt eine 20-Jahresfrist, während der das Darlehen in gleichbleibenden Monatsraten zurückzuzahlen ist. Die Raten betragen mindestens 105 Euro monatlich. Die Rückzahlungspflicht verlängert sich, wenn die Rückzahlung wegen geringen Einkommens des Verpflichteten (höchstens 960 Euro monatlich) gestundet ist, entsprechend dieses Zeitraums, höchstens jedoch bis auf 30 Jahre (§ 18a BAföG). Das Darlehen ist nur bei Rückstand mit der regelmäßigen Tilgung zu verzinsen (§ 18 Abs. 1 S. 2 BAföG). Bei vorzeitiger Beendigung der Ausbildung vor der Förderungshöchstdauer erfolgt ein Teilerlass (§ 18b BAföG). Bei bis Ende 2012 beendeten Ausbildungen erfolgt zudem ein Teilerlass bei einem besonders guten Prüfungsergebnis. Für die Einziehung des Staatsdarlehens ist das **Bundesverwaltungsamt** in Köln zuständig. 58

Nur als **verzinsliches Bankdarlehen** wird BAföG gezahlt, wenn die Förderung über die Grundausstattung hinausgeht (zB die Förderung nach § 7 Abs. 2 BAföG, die Förderung nach Studienabbruch und/oder Fachwechsel oder bei Überschreiten der Förderungshöchstdauer). Einzelheiten regeln insoweit die §§ 18c, d BAföG. 59

III. Zuständigkeit und Verfahren (§§ 39 ff. BAföG)

1. Zuständigkeit. Die Länder führen das BAföG im Auftrag des Bundes aus (§ 39 Abs. 1 BAföG). 60

Für die Ausbildungsförderung nach dem BAföG sind die **Ämter für Ausbildungsförderung** zuständig (§ 40 BAföG). Diese werden von den Ländern für jeden Kreis bzw. für jede kreisfreie Stadt sowie bei jeder staatlichen Hochschule oder deren Studentenwerk eingerichtet (§ 40 BAföG). 61

Örtlich zuständig ist bei Auszubildenden an Abendgymnasien, Kollegs, Höheren Fachschulen, Akademien das Amt für Ausbildungsförderung, in dessen Bezirk die Ausbildungsstätte ihren Sitz hat (§ 45 Abs. 2 BAföG). Für an einer Hochschule immatrikulierte Studierende ist das an der Hochschule eingerichtete Amt für Ausbildungsförderung bzw. das vom Bundesland bestimmte Amt für Ausbildungsförderung zuständig (§ 45 Abs. 3 BAföG). Bei einer Auslandsausbildung ist das Amt für Ausbildungsförderung zuständig, das für den betroffenen Staat für zuständig erklärt wurde (§ 45 Abs. 4 BAföG). Im Übrigen ist das Amt für Ausbildungsförderung zuständig, in dessen Bezirk die Eltern ihren Wohnsitz haben (§ 45 Abs. 1 S. 1 BAföG). 62

2. Verfahren. a) Antrag. Das BAföG muss beim örtlich zuständigen Amt für Ausbildungsförderung **schriftlich beantragt** werden (§ 46 Abs. 1 S. 1 BAföG). Der Antrag muss für jeden Bewilligungszeitraum erneut gestellt werden. Dabei müssen die hierfür bereit gestellten Formblätter verwendet werden (§ 46 Abs. 3 BAföG). 63

b) Sachverhaltsaufklärung. Bezüglich der Sachverhaltsaufklärung gelten die **allgemeinen Vorschriften** des SGB I und des SGB X. 64

Die **Ausbildungsstätten**, Fernlehrinstitute und die Prüfungsstellen sind verpflichtet, die erforderlichen Bescheinigungen, Bestätigungen und gutachterlichen Stellungnahmen abzugeben (§ 47 Abs. 1 S. 1 BAföG). Insbesondere muss von der Hochschule bescheinigt werden, ob der Auszubildende innerhalb der ersten vier Fachsemester die üblichen Leistungen erbracht hat (§§ 47 Abs. 1 S. 2, 48 BAföG). Weiter müssen die Ausbildungsstätten und Fernlehrinstitute und ihre Träger den zuständigen Behörden auf Verlangen Auskünfte erteilen und Urkunden vorlegen und erforderlichenfalls die Besichtigung ihrer Ausbildungsstätte erlauben. Ferner muss die Ausbildungsstätte das Amt für Ausbildungsförderung über den Abbruch der Ausbildung informieren (§ 47 Abs. 3 BAföG). 65

Die Mitwirkungspflichten des § 60 SGB I gelten nicht nur für den Auszubildenden, sondern auch für seine **Eltern** und den **Ehegatten/Lebenspartner** des Auszubildenden, selbst wenn dieser dauernd von ihm getrennt lebt (§ 47 Abs. 4 BAföG). 66

Arbeitgeber sind verpflichtet, auf Verlangen dem Auszubildenden, seinen Eltern und seinem Ehegatten bzw. Lebenspartner eine Bescheinigung über den Arbeitslohn und steuerfreien Jahresbetrag auszustellen (§ 47 Abs. 5 BAföG). 67

3. Form der Entscheidung. Über den Antrag entscheidet das BAföG-Amt durch schriflichen **Bescheid** (§ 50 Abs. 1 BAföG). 68

D. Vorausleistung und Vorschuss

I. Vorausleistung (§§ 36 f. BAföG)

Die Vorausleistung nach § 36 BAföG soll Auszubildenden die Ausbildung ermöglichen, deren Ausbildung gefährdet ist, weil die Eltern den nach dem BAföG anzurechnenden Unterhaltsbetrag nicht 69 erbringen (vgl. BT-Drucks 6/1975 S. 35). Außerdem werden Lücken geschlossen, die dadurch entstehen, dass der nach dem BAföG zu berücksichtigende Unterhaltsbeitrag pauschaliert, der bürgerlich-rechtliche Unterhaltsanspruch dagegen individuell berechnet wird (vgl. Ramsauer/Stallbaum/Sternal, BAföG, § 36 Rn. 2).

70   Die Vorausleistung wird in folgenden **Fällen** geleistet:
– Die Eltern leisten den anzurechnenden Betrag nicht (§ 36 Abs. 1 BAföG)
– Die Eltern verweigern Angaben (§ 36 Abs. 2 BAföG)

71   Die **Vorausleistung** nach § 36 Abs. 1 BAföG **setzt voraus**:
– **Anspruch auf BAföG.** § 36 Abs. 1 BAföG kommt nur zur Anwendung, wenn alle Voraussetzungen des Anspruches auf BAföG erfüllt sind (vgl. Ramsauer/Stallbaum/Sternal, BAföG, § 36 Rn 26).
– **Anrechnung eines Unterhaltsbetrages beim BAföG** („nach den Vorschriften dieses Gesetzes angerechneter Unterhaltsbetrag"): Ein Unterhaltsbeitrag der Eltern ist nur anzurechnen, wenn das eigene Einkommen und Vermögen des Auszubildenden und ggf. das Einkommen des Ehegatten bzw des Lebenspartners des Auszubildenden nicht zur Deckung des BAföG-Bedarfs ausreicht. Ist der im Einzelfall anzurechnende Unterhaltsbetrag nicht feststellbar, scheidet eine Vorausleistung nach § 36 Abs. 1 BAföG aus. Es kommt aber ggf. eine Vorausleistung nach § 36 Abs. 2 BAföG in Betracht.
– **Nichtleistung des Unterhaltsbetrags** („seine ... nicht leisten"): Ausreichend ist, dass die Eltern den Unterhaltsbetrag nicht in voller Höhe leisten (vgl. Ramsauer/Stallbaum/Sternal, BAföG, § 36 Rn. 7). Die Leistung der Eltern kann als Geldleistung oder als Sachleistung erfolgen. Die Sachleistung wird nach der ArEV umgerechnet. Bei kostenloser Unterkunft wird der Betrag nach § 13 angesetzt (vgl. Ramsauer/Stallbaum/Sternal, BAföG, § 36 Rn. 7).
– **Gefährdung der Ausbildung** („die Ausbildung ... gefährdet"): Eine abstrakte Gefährdung des Abschlusses der Ausbildung wegen der ausbleibenden Unterhaltsleistungen ist ausreichend. Eine solche Gefährdung besteht auch dann, wenn der Auszubildende Kredite oder darlehensweise gewährte Sozialleistungen erhalten kann (vgl. Ramsauer/Stallbaum/Sternal, BAföG, § 36 Rn. 9). Freiwillige, nicht zurückzuzahlende Leistungen Dritter schließen die Gefährdung dagegen aus (vgl. VGH Mannheim FamRZ 97, 1309). Bei der Entscheidung über die Gefährdung der Ausbildung ist das Einkommen des Ehegatten bzw. Lebenspartners des Auszubildenden zu berücksichtigen („auch unter Berücksichtigung des Einkommens des Ehegattens/Lebenspartners im Bewilligungszeitraum"). Dieses schließt die Gefährdung aus, wenn es im Bewilligungszeitraum deutlich höher ist als in dem nach den §§ 24, 25 BAföG maßgeblichen Zeitraum. Das Vermögen des Ehegattens bzw Lebenspartners ist dagegen nicht zu berücksichtigen. Eigenes Einkommen und Vermögen des Auszubildenden schließt die Gefährdung der Ausbildung dagegen nicht aus, da dieses bereits den Anspruch auf BAföG ausschließen würde (vgl. Ramsauer/Stallbaum/Sternal, BAföG, § 36 Rn. 11).

72   Liegen diese Voraussetzungen vor, hat der Auszubildende einen **Anspruch** auf die Vorausleistung („so wird ... geleitset").

73   Die Vorausleistung muss bis spätestens Ende des Bewilligungsabschnitts gesondert **beantragt** werden (§ 36 Abs. 1 BAföG). Hierbei handelt es sich um eine materielle Ausschlussfrist, bei der eine Wiedereinsetzung in den vorigen Stand nicht möglich ist (BVerwG 23. 2. 2010 – 5 C 13/09 – NVwZ-RR 2010, 570). Der Antrag kann bereits vor Erlass des Förderungsbescheides bzw. rückwirkend gestellt werden (vgl. Ramsauer/Stallbaum/Sternal, BAföG, § 36 Rn. 12). Er muss bis spätestens vor Ablauf des Bewilligungszeitraumes eingereicht werden (§ 36 Abs. 1 BAföG).

74   Dass die Eltern den Unterhaltsbeitrag nicht oder nicht in voller Höhe erbringen, muss der Auszubildende lediglich **glaubhaft machen** (§ 36 Abs. 1 BAföG). Die übrigen Voraussetzungen des Anspruches auf Vorausleistung muss er dagegen nachweisen (vgl. Ramsauer/Stallbaum/Sternal, BAföG, § 36 Rn. 13).

75   Vor der Entscheidung über die Vorausleistung müssen die **Eltern** grundsätzlich **angehört** werden (§ 36 Abs. 1 BAföG). Keine Anhörung ist erforderlich, wenn ein wichtiger Grund vorliegt (§ 36 Abs. 4 BAföG). Ein solcher besteht ua., wenn ein Unterhaltstitel aus neuerer Zeit vorliegt und keine wesentlichen Änderungen eingetreten sind oder die Eltern gegenüber dem Amt für Ausbildungsförderung erklärt haben, dass sie unter Unterhaltspflicht nicht nachkommen werden (vgl. Ramsauer/Stallbaum/Sternal, BAföG, § 36 Rn. 14).

76   Ein Anspruch auf eine Vorausleistung besteht ferner, wenn die Eltern keine Angaben machen (§ 36 Abs. 2 BAföG). Folgende Voraussetzungen müssen hierfür erfüllt sein:
– **Anspruch auf BAföG.** S. Rn. 71.
– **der Bedarf des Auszubildenden ist weder anderweitig noch durch Leistungen der Eltern gedeckt.** Anderweitig ist der Bedarf des Auszubildenden gedeckt, wenn er selbst ausreichend Einkommen und Vermögen oder wenn der Ehegatte bzw. Lebenspartner des Auszubildenden über ausreichend Einkommen verfügt.
– der Unterhaltsbeitrag der Eltern kann nicht berechnet werden, weil die Eltern trotz Festsetzung einer Geldbuße oder der Einleitung eines Verwaltungszwangsverfahrens ihrer **Auskunftspflicht nicht nachkommen** oder **erforderliche Urkunden nicht vorlegen**. Nach der Festsetzung der Geldbuße bzw. der Einleitung des Verwaltungszwangsverfahrens müssen mindestens 2 Monate verstrichen sein.

– **Gefährdung der Ausbildung.** Str. ist, ob die Vorausleistung nach § 36 Abs. 2 BAföG zusätzlich voraussetzt, dass die in § 36 Abs. 2 BAföG nicht genannten Voraussetzungen des § 36 Abs. 1 BAföG erfüllt sein müssen (so Ramsauer/Stallbaum/Sternal, BAföG, § 36 Rn 21; aA VG Hamburg 9. 7. 1985 – 11 VG 3298/84).

Liegen die genannten Voraussetzungen vor, hat der Auszubildende einen **Anspruch auf Vorausleistung**. Die Vorausleistung kann auch rückwirkend erbracht werden. 77

Die Vorausleistung muss **gesondert beantragt** werden (vgl. Ramsauer/Stallbaum/Sternal, BAföG, § 36 Rn. 20). Der Auszubildende muss **glaubhaft machen**, dass seine Eltern seinen Bedarf nicht mit Unterhaltsleistungen decken. 78

Erteilen die **Eltern nachträglich** die geforderten **Auskünfte**, liegt eine Änderung in den Verhältnissen nach § 53 Abs. 1 BAföG vor. 79

Die Gewährung von BAföG als Vorausleistung hat zur Folge, dass der Unterhaltsanspruch des Auszubildenden und der Anspruch auf Auskunft gegen die Eltern auf das Bundesland **kraft Gesetzes übergeht** (§ 37 BAföG). Das Land kann diese Ansprüche zivilrechtlich geltend machen. 80

II. Vorschuss (§§ 50 f. BAföG)

§ 51 Abs. 2 BAföG soll sicherstellen, dass auch bei Verzögerungen im Bewilligungsverfahren bei Erstanträgen sowie bei Anträgen nach einer Ausbildungsunterbrechung Leistungen an den Auszubildenden erfolgen können. Gegenüber der Vorschussregelung in § 42 SGB I hat § 51 Abs. 2 BAföG als lex specialis Vorrang. 81

Der Anspruch auf Vorschuss nach § 51 Abs. 2 BAföG **setzt voraus**: 82
– **Erstmals beantragtes BAföG in einem Ausbildungsabschnitt oder nach einer Ausbildungsunterbrechung.** Bei der Weiterbewilligung gilt § 50 Abs. 4 BAföG.
– **Verzögerung in der Auszahlung der Leistung.** Vorschuss wird zunächst gewährt, wenn es bei der **Feststellung der Voraussetzungen** des BAföG-Anspruches zu Verzögerungen kommt, weil die erforderlichen Tatsachen nicht rechtzeitig festgestellt werden können. Weiter ist ein Vorschuss möglich, wenn das BAföG nicht innerhalb von zehn Wochen ausbezahlt werden kann. Hierbei sind auch andere Gründe ausreichend, zB Arbeitsüberlastung, lange dauerndes Auszahlungsverfahren (vgl. Ramsauer/Stallbaum/Sternal, BAföG, § 51 Rn. 5).
– **Erfüllen der Mitwirkungspflichten nach §§ 60 ff. SGB I durch den Auszubildenden** (vgl. Ramsauer/Stallbaum/Sternal, BAföG, § 51 Rn. 4).

Der Vorschuss ist spätestens nach Ablauf der Sechs- bzw. Zehn-Wochenfrist zu zahlen. Er wird längstens 4 Monate gezahlt (§ 51 Abs. 2 BAföG). Er beträgt bis zu 360 EUR und wird kraft Gesetzes unter Vorbehalt gezahlt (§ 51 Abs. 2 BAföG). 83

Steht der **Anspruch** auf **BAföG fest**, wird dieser mit dem Vorschuss verrechnet. Ist der Vorschuss niedriger als die zustehende Leistung, wird der Differenzbetrag nachgezahlt. Übersteigt er den BAföG-Anspruch, ist der zu Unrecht erhaltene Betrag zu erstatten (§ 20 Abs. 1 Nr. 4 BAföG).

BAföG wird unter dem Vorbehalt der Rückforderung in bisheriger Höhe **weitergewährt**, wenn der Auszubildende die Ausbildung im selben Ausbildungsabschnitt fortsetzt und spätestens zwei Monate von Ablauf des Bewilligungsabschnitts der Weiterbewilligungsantrag im Wesentlichen vollständig gestellt wurde (§ 50 Abs. 4 BAföG). Der Antrag ist im Wesentlichen vollständig, wenn die Einkommens- und Vermögenserklärung des Auszubildenden, die Einkommenserklärung des Ehegatten/Lebenspartners und/oder der Eltern und der Nachweis nach § 48 BAföG vorliegt. 84

Die Leistung nach § 50 Abs. 4 BAföG wird kraft Gesetzes unter Vorbehalt geleistet. Nach Erlass des Bewilligungsbescheides wird der Differenzbetrag nachgezahlt bzw. muss erstattet werden (§ 20 Abs. 1 Nr. 4 BAföG). 85

D. Ersatz und Erstattung von BAföG

Die allgemeinen Vorschriften des SGB I und des SGB X zur Erstattung von Sozialleistungen gelten grundsätzlich auch beim BAföG (§ 37 S. 1 SGB I). Der Auszubildende hat damit BAföG zu erstatten, das er aufgrund eines zurückgenommenen (§ 45 SGB X) Bewilligungsbescheides erhalten hat (§ 50 Abs. 1 SGB X; zu Besonderheiten s. unten Rn 88 ff.). Das BAföG ist zu erstatten, wenn der Auszubildende Einkommen erzielte und deshalb an keinem Tag Anspruch auf BAföG bestand (§ 20 Abs. 1 S. 1 Nr. 3 BAföG). Bei den sonstigen bereits bei Erlass rechtswidrigen Bewilligungsbescheiden gilt § 45 SGB X. 86

§ 48 SGB X ist nicht anwendbar (§ 53 S. 3 Hs. 2 BAföG). Die Aufhebung des Bewilligungsbescheides bei Änderung der Verhältnisse richtet sich nach § 53 BAföG.

Das BAföG ist in den Fällen des § 47 a BAföG zu ersetzen (§ 47 a BAföG; s. Rn. 96 ff.). 87

I. Aufhebung nach § 53 BAföG und Erstattung nach § 50 Abs. 1 SGB X

Ändern sich die tatsächlichen oder rechtlichen Verhältnisse, die bei Erlass des BAföG-Bewilligungsbescheides vorlagen, ist dieser aufzuheben (§ 53 BAföG). 88

89 **1. Voraussetzungen der Aufhebung. a) Änderung eines für die Leistung maßgeblichen tatsächlichen oder rechtlichen Umstandes. Tatsächliche Umstände** sind zB Abbruch der Ausbildung, Wechsel der Fachrichtung und Auszug bei den Eltern. **Rechtliche Umstände** sind zB die Neufestsetzung von Freibeträgen durch Gesetz. Der Bewilligungsbescheid ist nicht aufzuheben, wenn die Änderung eine Regelanpassung von Rente oder Versorgungsbezügen zum Inhalt hat (§ 53 S. 2 BAföG).

90 **b) Nach Erlass des Bewilligungsbescheides.** Bei bereits bei seinem Erlass rechtswidrigen Bewilligungsbescheiden kommen die §§ 44, 45 SGB X zur Anwendung.

91 **c) Kein entgegenstehender Vertrauensschutz.** § 53 BAföG selbst sieht keinen Vertrauensschutz zu Gunsten des Auszubildenden bei der Aufhebung des Bewilligungsbescheides vor. Nach Auffassung des BVerwG ist dennoch aus verfassungsrechtlichen Gründen der Vertrauensschutz zu beachten (BVerwGE 91, 306).

92 **2. Rechtsfolge.** Das BAföG-Amt ist verpflichtet, den Bescheid bei Vorliegen der genannten Voraussetzungen aufzuheben.

93 Bei einer Änderung **zu Gunsten des Auszubildenden** wird der Bescheid vom Beginn des Monats an, in dem die Änderung eingetreten ist, aufgehoben (§ 53 Abs. 1 S. 1 Nr. 1 BAföG). Eine rückwirkende Aufhebung erfolgt nur für die letzten drei Monate vor dem Monat, in dem dem Amt für Ausbildungsförderung die Änderung bekannt wurde. Ab Beginn des Bewilligungszeitraums muss der Bescheid in folgenden Fällen aufgehoben werden (§ 53 Abs 1 S 4 BAföG):
 – das Einkommen des Auszubildenden, das seiner Kinder, der Kinder seines Ehegatten/Lebenspartners oder der Kinder seiner Eltern ist niedriger, als prognostiziert wurde.
 – bei einem Aktualisierungsantrag ist das Einkommen der Eltern bzw. eines Elternteils niedriger als im Vorbehaltsbescheid zu Grunde gelegt wurde.
 – für den Ehegatten/Lebenspartner oder die Eltern ist ein Härtefreibetrag erhöht worden (§ 53 Abs. 1 S. 4 BAföG).

94 Bei einer **Änderung zu Ungunsten des Auszubildenden** wird der Bewilligungsbescheid grundsätzlich vom Beginn des folgenden Monats aufgehoben (§ 53 Abs. 1 Nr. 2 BAföG). Ab Beginn des Bewilligungszeitraums wird der Bescheid aufgehoben, wenn (§ 53 Abs. 1 S. 4 BAföG)
 – sich das Einkommen des Auszubildenden, seiner Kinder oder Kinder oder sonstigen Unterhaltsberechtigten seiner Eltern gegenüber dem im Bewilligungsbescheid zu Grunde gelegten so erhöht, dass der Freibetrag sich verringert oder wegfällt,
 – bei einem Aktualisierungsantrag das Einkommen der Eltern, eines Elternteils oder des Ehegatten/Lebenspartners höher ist, als bei Erlass des Bescheides angenommen wurde oder
 – der Härtefreibetrag nach § 25 Abs. 6 BAföG sich verringert.

95 Wurde der Bescheid aufgehoben und wurde deshalb zuviel BAföG gezahlt, muss der Auszubildende den überzahlten Betrag **erstatten** (§ 50 Abs. 1 SGB X). Für das Bankdarlehen gilt dies nicht (vgl. Ramsauer/Stallbaum/Sternal, BAföG, § 53 Rn. 12). Bei diesem ist der Darlehensvertrag zu kündigen.

II. Ersatz von BAföG durch den Ehegatten oder die Eltern (§ 47 a BAföG)

96 § 47 a S. 1 BAföG verpflichtet den Ehegatten bzw. die Eltern des Auszubildenden zum Ersatz von wegen vorsätzlich oder fahrlässig falscher oder unvollständiger Angaben oder einer verspäteten Änderungsanzeige zu Unrecht gewährten BAföG. Die Vorschrift enthält einen eigenständigen Schadenersatzanspruch des öffentlichen Rechts (BVerwG FamRZ 93, 739). Bei dem Anspruch kommen deshalb § 254 BGB (str.) und die §§ 194 ff. BGB zur Anwendung.

97 Der Ersatzanspruch aus § 47 a S. 1 BAföG steht neben den Erstattungsansprüchen gegen den Auszubildenden. Das Amt für Ausbildungsförderung kann grundsätzlich frei entscheiden, ob es Ersatz/Erstattung gegen alle Verpflichteten als Gesamtschuldner geltend macht oder nur gegen einen Verpflichteten vorgeht (VGH Hessen FamRZ 92, 1363; VGH Baden-Württemberg FamRZ 97, 975).

98 **1. Voraussetzungen. a) Nicht dauernd getrennt lebender Ehegatte/Eltern.** Nicht ersatzpflichtig ist der nicht getrennt lebende Ehegatte und der geschiedene Ehegatte.

99 **b) Pflichtverletzung.** Der Ersatzpflichtige muss falsche oder unvollständige Angaben gemacht haben oder Änderungen in den Verhältnissen nicht unverzüglich mitgeteilt haben (§ 60 Abs. 1 S. 1 Nr. 2 SGB I).

100 **c) Kausalität.** Die Pflichtverletzung muss die Gewährung der Ausbildungsförderungsleistungen herbeigeführt haben. Sie muss zumindest mitursächlich sein. Dies ist nicht der Fall, wenn die Leistung auch ohne den Verstoß geleistet worden wäre. Nicht erforderlich ist, dass das Verhalten einen Verwaltungsakt herbeigeführt hat (OVG Schleswig 20. 2. 2009 – 2 LB 24/08 – NJOZ 2009, 2798).

101 **d) Verschulden.** Vorsätzlich handelt, wer mit Wissen und Wollen handelt. Fahrlässig handelt, wer die im Verkehr erforderliche Sorgfalt nicht beachtet (§ 276 Abs. 2 BGB).

2. Rechtsfolge. Der Ehegatte/Lebenspartner bzw. die Eltern sind zum **Ersatz** der zu Unrecht gezahlten Leistungen nach § 17 Abs. 1, 2 BAföG **verpflichtet**. Es besteht kein Ermessensspielraum (OVG Schleswig 20. 2. 2009 – 2 LB 24/08 – NJOZ 2009, 2798). Nicht zu ersetzen ist das Darlehen nach § 17 Abs. 3 BAföG. 102

Der zu ersetzende Betrag ist zu **verzinsen** (§ 47 a S. 2 BAföG). 103

3. Zuständigkeit und Verfahren. Die Entscheidung über den Ersatz des BAföG trifft das im Zeitpunkt der Entscheidung zuständige Amt. 104

Die Entscheidung wird durch Verwaltungsakt getroffen.

E. Rechtsweg

Für Streitigkeiten nach dem BAföG ist der **Verwaltungsrechtsweg** eröffnet. 105

F. Finanzierung (§ 56 BAföG)

Das BAföG wird aus **Steuermitteln finanziert.** Die Ausgaben für das BAföG werden zu 65% vom Bund und zu 35% von den Ländern getragen (§ 56 BAföG). 106

7. Gesetz zum Elterngeld und zur Elternzeit (Bundeselterngeld- und Elternzeitgesetz – BEEG)

Vom 5. Dezember 2006 (BGBl. I S. 2748)

Zuletzt geändert durch Art. 14 des Haushaltbegleitgesetzes 2011 vom 9. 12. 2010
(BGBl. 2010 I, Nr. 63, S. 1895)

BGBl. III/FNA 85-5

Einleitung:

A. Entstehung und Zielsetzung

1 Das Gesetz zum Elterngeld und zur Elterzeit (Bundeselterngeld- und Elternzeitgesetz – BEEG) ist gemäß Art. 3 I des Gesetzes zur Einführung des Elterngeldes vom 5. 12. 2006 (BGBl. I S. 2748) am 1. 1. 2007 in Kraft getreten (grundlegend Brosius-Gersdorf FPR 2007, S. 334; Scholz FamRZ 2007, S. 7; Birk ZFSH/SGB 2007, S. 3; zur Zwischenbilanz Röhl NJW 2010, S. 1418; Dau SGb 2009, S. 261, Dau SGb 2011, S. 198). Es ersetzt das Bundeserziehungsgeldgesetz (BErzGG) vom 6. 12. 1985 in der Fassung der Neubekanntmachung vom 9. 2. 2004 (BGBl. I S. 206). Durch die grundlegend andersartige Konzeption des Elterngeldes gegenüber dem früheren Erziehungsgeld kann auf die zum BErzGG ergangene Rechtsprechung nur teilweise zurückgegriffen werden (Wiegand BEEG Einf. Rn. 41). Zielsetzung des Elterngeldes ist eine nachhaltige finanzielle Absicherung für Familien in den ersten Lebensmonaten des Kindes und die Förderung der Vereinbarkeit von Kindererziehung und Erwerbstätigkeit. Die durch eine auf Grund der Kindererziehung eingetretene Einschränkung der Erwerbstätigkeit erfolgte Einkommenseinbuße soll teilweise kompensiert werden. Insoweit stellt das Elterngeld eine Lohnersatzleistung dar. Durch die Gewährung eines Mindestelterngeldes (§ 2 Abs. 5 S. 1) in Höhe von 300 Euro bleibt unabhängig von früherer Erwerbstätigkeit ein Teil der sozialpolitischen Zwecksetzung des Erziehungsgeldes erhalten; eine Bedürftigkeitsprüfung findet allerdings nicht statt. Als gleichstellungspolitisches Ziel ist die Förderung der Beteiligung beider Elternteile durch die Partnerbonusmonate nach § 4 Abs. 2 S. 3 zu nennen (vgl. Gesetzesbegründung BT-Drucks. 16/1889, S. 2). Neben der übergreifenden und weitgehend dem politischen Konsens entsprechenden Verbesserung der finanziellen Situation junger Familien waren Einzelheiten des BEEG während des Gesetzgebungsprozesses sehr umstritten. Hervorzuheben ist die Kontroverse um die Partnermonate zwischen Gleichstellungsgesichtspunkten und Vorbehalten gegen Eingriffe in die Wahlfreiheit sowie die effektive Leistungskürzung für einkommensschwache Familien durch die Reduzierung des Bezugszeitraums. Das BEEG zeichnet sich im Hinblick auf seine Zielsetzung daher durch seinen Kompromisscharakter aus.

2 Das Bundesministerium für Familie, Senioren, Frauen und Jugend hat umfangreiche Verwaltungsrichtlinien zur Durchführung des BEEG erlassen (BMFSFJ/204 vom 5. 1. 2010), die allerdings keine unmittelbare rechtliche Außenwirkung haben (abgedruckt zB bei Wiegand BEEG Anhang Nr. 8).

3 Durch das Erste Gesetz zur Änderung des BEEG vom 17. 1. 2009 (BGBl. I S. 61), wurde ua. eine Mindestelterngeldbezugszeit von zwei Monaten und eine erleichterte Änderungsmöglichkeit nach Antragstellung für die Verteilung der Elterngeldmonate durch die Eltern eingeführt. Durch Art. 14 des Haushaltbegleitgesetzes 2011 (HBeglG 2011, BGBl. 2010 I, Nr. 63, S. 1895) wurde unter anderem ein Ausschluss des Elterngeldanspruchs für vermögende Eltern (§ 1 Abs. 8 nF) sowie eine Kürzung des Elterngeldsatzes auf bis zu 65% bei Erwerbseinkommen von mehr als 1.200 Euro vor der Geburt (§ 2 Abs. 2 S. 2 nF) normiert; ferner wurde § 10 um einen Abs. 5 ergänzt, der die Anrechnungsfreiheit des Elterngeldes bei Bezug von Leistungen nach dem SGB II, SGB XII und nach § 6a BKGG aufhebt.

B. Systematik und Verhältnis zum sonstigen Sozialrecht

4 Das Elterngeld ist gem. § 25 SGB I eine Sozialleistung im Sinne des § 11 SGB I (zweifelnd Seiler NVwZ 2007, S. 130) und konkretisiert das soziale Recht des § 6 SGB I. Gem. § 68 Nr. 15a SGB I gilt der erste Abschnitt des BEEG (§§ 1–14) als besonderer Teil des SGB. Für das Verwaltungsverfahren ist das SGB X anzuwenden (§ 26 Abs. 1); es gelten die Grundsätze des SGB I, insbesondere die des Leistungsrechts nach § 38 SGB I (Wiegand BEEG § 1 Rn. 4). Gem. § 13 Abs. 1 S. 1 sind die Sozialgerichte bei Streitigkeiten im Zusammenhang mit dem Elterngeld zuständig (siehe Kommentierung dort).

C. Auswirkungen auf das Sozialversicherungsrecht

Während des Bezugs von Elterngeld bleibt eine Mitgliedschaft in der GKV gem. § 192 Abs. 1 Nr. 2 SGB V erhalten; für das Elterngeld werden gem. § 224 Abs. 1 SGB V keine Beiträge erhoben. Gem. § 26 Abs. 2a Nr. 1 SGB III bleibt die Versicherungspflicht in der Arbeitslosenversicherung bestehen, u. a. sofern unmittelbar vor der Kindererziehung ein Versicherungspflichtverhältnis bestanden hat. Zeiten des Elterngeldbezugs bleiben für den Bemessungszeitraum für die Höhe des Arbeitslosengeldes nach § 130 Abs. 2 Nr. 3 SGB III unberücksichtigt. Unabhängig von der Inanspruchnahme von Elterngeld werden Kindererziehungszeiten von bis zu drei Jahren in der Gesetzlichen Rentenversicherung gem. § 56 SGB VI wie Pflichtbeitragszeiten berücksichtigt. 5

Abschnitt 1. Elterngeld

§ 1 Berechtigte

(1) Anspruch auf Elterngeld hat, wer
1. einen Wohnsitz oder seinen gewöhnlichen Aufenthalt in Deutschland hat,
2. mit seinem Kind in einem Haushalt lebt,
3. dieses Kind selbst betreut und erzieht und
4. keine oder keine volle Erwerbstätigkeit ausübt.

(2) [1]Anspruch auf Elterngeld hat auch, wer, ohne eine der Voraussetzungen des Absatzes 1 Nr. 1 zu erfüllen,
1. nach § 4 des Vierten Buches Sozialgesetzbuch dem deutschen Sozialversicherungsrecht unterliegt oder im Rahmen seines in Deutschland bestehenden öffentlich-rechtlichen Dienst- oder Amtsverhältnisses vorübergehend ins Ausland abgeordnet, versetzt oder kommandiert ist,
2. Entwicklungshelfer oder Entwicklungshelferin im Sinne des § 1 des Entwicklungshelfer-Gesetzes ist oder als Missionar oder Missionarin der Missionswerke und -gesellschaften, die Mitglieder oder Vereinbarungspartner des Evangelischen Missionswerkes Hamburg, der Arbeitsgemeinschaft Evangelikaler Missionen e. V., des Deutschen katholischen Missionsrates oder der Arbeitsgemeinschaft pfingstlich-charismatischer Missionen sind, tätig ist oder
3. die deutsche Staatsangehörigkeit besitzt und nur vorübergehend bei einer zwischen- oder überstaatlichen Einrichtung tätig ist, insbesondere nach den Entsenderichtlinien des Bundes beurlaubte Beamte und Beamtinnen, oder wer vorübergehend eine nach § 123a des Beamtenrechtsrahmengesetzes oder § 29 des Bundesbeamtengesetzes zugewiesene Tätigkeit im Ausland wahrnimmt.

[2]Dies gilt auch für mit der nach Satz 1 berechtigten Person in einem Haushalt lebende Ehegatten, Ehegattinnen, Lebenspartner oder Lebenspartnerinnen.

(3) [1]Anspruch auf Elterngeld hat abweichend von Absatz 1 Nr. 2 auch, wer
1. mit einem Kind in einem Haushalt lebt, das er mit dem Ziel der Annahme als Kind aufgenommen hat,
2. ein Kind des Ehegatten, der Ehegattin, des Lebenspartners oder der Lebenspartnerin in seinen Haushalt aufgenommen hat oder
3. mit einem Kind in einem Haushalt lebt und die von ihm erklärte Anerkennung der Vaterschaft nach § 1594 Abs. 2 des Bürgerlichen Gesetzbuchs noch nicht wirksam oder über die von ihm beantragte Vaterschaftsfeststellung nach § 1600d des Bürgerlichen Gesetzbuchs noch nicht entschieden ist.

[2]Für angenommene Kinder und Kinder im Sinne des Satzes 1 Nr. 1 sind die Vorschriften dieses Gesetzes mit der Maßgabe anzuwenden, dass statt des Zeitpunktes der Geburt der Zeitpunkt der Aufnahme des Kindes bei der berechtigten Person maßgeblich ist.

(4) Können die Eltern wegen einer schweren Krankheit, Schwerbehinderung oder Tod der Eltern ihr Kind nicht betreuen, haben Verwandte bis zum dritten Grad und ihre Ehegatten, Ehegattinnen, Lebenspartner oder Lebenspartnerinnen Anspruch auf Elterngeld, wenn sie die übrigen Voraussetzungen nach Absatz 1 erfüllen und von anderen Berechtigten Elterngeld nicht in Anspruch genommen wird.

(5) Der Anspruch auf Elterngeld bleibt unberührt, wenn die Betreuung und Erziehung des Kindes aus einem wichtigen Grund nicht sofort aufgenommen werden kann oder wenn sie unterbrochen werden muss.

(6) Eine Person ist nicht voll erwerbstätig, wenn ihre wöchentliche Arbeitszeit 30 Wochenstunden im Durchschnitt des Monats nicht übersteigt, sie eine Beschäftigung zur Berufsbildung ausübt oder sie eine geeignete Tagespflegeperson im Sinne des § 23 des Achten Buches Sozialgesetzbuch ist und nicht mehr als fünf Kinder in Tagespflege betreut.

(7) Ein nicht freizügigkeitsberechtigter Ausländer oder eine nicht freizügigkeitsberechtigte Ausländerin ist nur anspruchsberechtigt, wenn diese Person
1. eine Niederlassungserlaubnis besitzt,
2. eine Aufenthaltserlaubnis besitzt, die zur Ausübung einer Erwerbstätigkeit berechtigt oder berechtigt hat, es sei denn, die Aufenthaltserlaubnis wurde
   a) nach § 16 oder § 17 des Aufenthaltsgesetzes erteilt,
   b) nach § 18 Abs. 2 des Aufenthaltsgesetzes erteilt und die Zustimmung der Bundesagentur für Arbeit darf nach der Beschäftigungsverordnung nur für einen bestimmten Höchstzeitraum erteilt werden,
   c) nach § 23 Abs. 1 des Aufenthaltsgesetzes wegen eines Krieges in ihrem Heimatland oder nach den §§ 23 a, 24, 25 Abs. 3 bis 5 des Aufenthaltsgesetzes erteilt,
   d) nach § 104 a des Aufenthaltsgesetzes erteilt oder
3. eine in Nummer 2 Buchstabe c genannte Aufenthaltserlaubnis besitzt und
   a) sich seit mindestens drei Jahren rechtmäßig, gestattet oder geduldet im Bundesgebiet aufhält und
   b) im Bundesgebiet berechtigt erwerbstätig ist, laufende Geldleistungen nach dem Dritten Buch Sozialgesetzbuch bezieht oder Elternzeit in Anspruch nimmt.

(8) ¹Ein Anspruch entfällt, wenn die berechtigte Person im letzten abgeschlossenen Veranlagungszeitraum ein zu versteuerndes Einkommen nach § 2 Absatz 5 des Einkommensteuergesetzes in Höhe von mehr als 250.000 Euro erzielt hat. ²Ist auch eine andere Person nach den Absätzen 1, 3 oder 4 berechtigt, entfällt abweichend von Satz 1 der Anspruch, wenn die Summe des zu versteuernden Einkommens beider berechtigter Personen mehr als 500.000 Euro beträgt.

A. Einführung

1 § 1 bestimmt den berechtigten Personenkreis; die Regelung entspricht weitgehend dem bisherigen § 1 BErzGG. Änderungen betreffen den Aufbau und Wortlaut der Vorschrift (vgl. Wiegand BEEG § 1 Rn. 3). Durch Art. 14 des HBeglG 2011 (BGBl. 2010 I, Nr. 63, S. 1895) ist § 1 um einen Abs. 8 ergänzt worden.

B. Anspruchsvoraussetzungen

2 Die in § 1 Abs. 1 Nr. 1–4 normierten Anspruchsvoraussetzungen müssen kumulativ vorliegen. Die Abs. 3, 5 und 6 normieren Ausnahmen von bzw. Erweiterungen zu den Voraussetzungen des Abs. 1; die Abs. 2, 4 und 7 erweitern den elterngeldberechtigten Personenkreis.

I. Wohnsitz oder gewöhnlicher Aufenthalt in Deutschland (Nr. 1)

3 Mit der Voraussetzung, dass der Berechtigte einen Wohnsitz oder seinen gewöhnlichen Aufenthalt in Deutschland haben muss (Abs. 1 Nr. 1), übernimmt der Gesetzgeber das im Sozialrecht geltende Territorialitätsprinzip (§ 30 SGB I). Es kommt damit nicht auf die Staatsangehörigkeit des Antragstellers an (Hambüchen/Irmen BEEG § 1 Rn. 21). Ausnahmen von dem Erfordernis des Abs. 1 Nr. 1 sind in Abs. 2 und 7 geregelt.

4 Gem. § 30 Abs. 3 S. 1 SGB I, der gem. § 37 SGB I auch für das BEEG als besonderen Teil des SGB gilt, ist der Wohnsitz einer Person dort gegeben, wo diese eine Wohnung unter Umständen innehat, die darauf schließen lassen, dass die Wohnung beibehalten und benutzt wird. Die §§ 7–11 BGB oder steuerrechtliche Vorschriften sind nicht anwendbar (Hambüchen/Irmen BEEG § 1 Rn. 23). Die polizeiliche Meldung genügt für die Begründung des Wohnsitzes nicht, vielmehr ist ein „reales Verhalten in Bezug auf einen Lebensmittelpunkt" erforderlich (BSG 10. 12. 1985 – 10 RKg 14/85 – SozR 5870 § 2 Nr. 44). Bei mehreren Wohnsitzen im Sinne des § 30 Abs. 3 S. 1 SGB I genügt es für § 1, wenn sich einer davon in Deutschland befindet (BSG 27. 4. 1978 – 8 RKg 2/77 – SozSich 1978, S. 221).

5 Den gewöhnlichen Aufenthalt hat jemand gem. § 30 Abs. 3 S. 2 SGB I dort, wo er sich unter Umständen aufhält, die erkennen lassen, dass er an diesem Ort oder in diesem Gebiet nicht nur vorübergehend verweilt. Entscheidend ist die Dauerhaftigkeit des tatsächlichen Aufenthalts an einem bestimmten Ort, die über eine vorübergehende Verweildauer (zB während eines Urlaubs, zur Durch-

reise, aufgrund von Krankenbehandlung) hinausgehen und sich in bestimmten Umständen manifestieren muss (Schlegel/Voelzke SGB I § 30 Rn. 34 ff.). Ausreichend ist ein nicht auf Beendigung angelegter Aufenthalt, der zukunftsoffen ist (BSG 27. 1. 1994 – 5 RJ 16/93 – SozR 3–2600 § 56 Nr. 7). Demgegenüber ist ein Aufenthalt nur vorübergehend, wenn der Betreffende aufgrund rechtlicher oder wirtschaftlicher Verhältnisse in absehbarer Zeit wieder ausreisen muss, z. B. aufgrund einer Befristung des Arbeitsverhältnisses, des Studiums oder der Ausbildung (Hk-MuSchG/BEEG/Lenz § 1 Rn. 5). Entsprechendes gilt bei rechtswidrigem bzw. illegalem Aufenthalt in Deutschland; wegen der drohenden Gefahr einer Ausweisung ist auch in diesem Fall der Aufenthalt nur ein vorübergehender (Wiegand BEEG § 1 Rn. 13).

II. Elterngeldberechtigende Kinder (Abs. 1 Nr. 2, Abs. 3)

1. Eigene Kinder, die mit dem Berechtigten in einem gemeinsamen Haushalt leben (Abs. 1 Nr. 2). Gem. § 1 Abs. 1 Nr. 2 muss der Berechtigte mit seinem Kind in einem Haushalt leben. Der Kreis der Kinder, deren Betreuung und Erziehung einen Eltergeldanspruch begründen kann, wird in Abs. 3 erweitert (siehe unten Rn. 8 ff.). Kinder iSd. § 1 I Nr. 2 sind leibliche (vgl. §§ 1591, 1592 BGB) und adoptierte Kinder (§§ 1741, 1754, 1755 BGB). Unerheblich ist, ob die Kinder ehelich oder nichtehelich sind. Anders als noch § 1 Abs. 1 S. 1 Nr. 2 BErzGG setzt § 1 Abs. 1 Nr. 2 BEEG das Sorgerecht des Antragstellers nicht voraus. Im Regelfall ist aber die Ausübung der Personensorge (§§ 1626 ff. BGB) bei einem Zusammenleben mit seinem Kind in einem Haushalt anzunehmen. Pflegeeltern fallen ebenso wenig unter Abs. 1 Nr. 2 wie Pflegekinder zum erweiterten Kreis der zum Elterngeld berechtigenden Kinder des Abs. 3 zählen (vgl. Hambüchen/Irmen BEEG § 1 Rn. 63). Ein Anspruch auf Elterngeld besteht nur, wenn das Kind nach dem 31. 12. 2006 geboren wurde; ansonsten kann die Leistung von Erziehungsgeld in Betracht kommen (vgl. § 27 Abs. 1; die Stichtagsregelung ist verfassungsgemäß (BSG – 23. 1. 2008 – B 10 EG 3/07 R); allerdings ist eine Verfassungsbeschwerde noch anhängig (Az. 1 BvR 1897/08)).

Das Zusammenleben in einem Haushalt, der nicht der Haushalt eines Elternteils sein muss, setzt eine häusliche, wohnungsmäßige, familienhafte Wirtschaftsführung voraus (BSG 23. 3. 1983 – 3 RK 66/81 – SozR 220 § 199 Nr. 3), wozu die Nutzung gemeinsamer Räume, die materielle Versorgung und seelische Zuwendung gehören (Hk-MuSchG/BEEG/Lenz § 1 Rn. 6). Eine vorübergehende räumliche Trennung, etwa wegen eines Krankenhausaufenthalts oder wegen Urlaubsabwesenheit, ist unschädlich, solange ein ortsbezogener Mittelpunkt gemeinschaftlicher Lebensinteressen bestehen bleibt oder in absehbarer Zeit wieder hergestellt wird (BSG 8. 12. 1993 – 10 RKg 8/92 – SozR 3–5870 § 2 Nr. 22).

2. Andere als eigene Kinder (Abs. 3). Unter der Voraussetzung, dass auch hier ein Zusammenleben in einem gemeinsamen Haushalt gegeben ist, was durch die Meldebescheinigung nachzuweisen ist (Hk-MuSchG/BEEG/Lenz § 1 Rn. 14), dehnt Abs. 3 den Kreis der zum Elterngeld berechtigenden Kinder aus auf Kinder in der Adoptionspflege (Abs. 3 S. 1 Nr. 1, S. 2), Kinder des Ehegatten oder Lebenspartners (Abs. 3 S. 1 Nr. 2) und Kinder vor der Vaterschaftsanerkennung bzw. -feststellung (Abs. 3 S. 1 Nr. 3).

Eine Aufnahme mit dem Ziel der Annahme als Kind iSd. Abs. 3 S. 1 Nr. 1 setzt voraus, dass eine Adoption noch nicht erfolgt ist; in diesem Fall ist Abs. 1 Nr. 2 unmittelbar anwendbar (vgl. § 1754 BGB und § 9 VII 1 LPartG). Abs. 3 S. 1 Nr. 1 betrifft der Probezeit gem. § 1744 BGB. Da auch in dieser Phase schon eine rechtlich verfestigte Familienbeziehung besteht, soll trotz der (noch) fehlenden Verwandtschaftsbeziehung bereits eine Elterngeldberechtigung gegeben sein (BT-Drucks. 16/1889, S. 19). Im Falle einer (geplanten) Adoption sind die Vorschriften des BEEG gem. Abs. 3 S. 2 mit der Maßgabe anzuwenden, dass an Stelle des Geburtszeitpunktes der Zeitpunkt der Aufnahme des Kindes entscheidend ist. Für den Fall eines Berechtigtenwechsels, etwa infolge des Abbruchs der Probezeit gem. § 1744 BGB, gelten die §§ 4 und 5.

Gem. Abs. 3 S. 1 Nr. 2 können auch die in den Haushalt des Berechtigten aufgenommenen Kinder des Ehe- oder Lebenspartners wie eigene Kinder einen Anspruch auf Elterngeld begründen. Kinder des Partners einer eheähnlichen Gemeinschaft fallen nicht unter Abs. 3 S. 1 Nr. 2, denn anders als bei den „Stiefkindern", dh. den Kindern des Ehe- oder Lebenspartners, fehlt es in einer nichtehelichen Gemeinschaft an einer rechtlich verfestigten Familienbeziehung, die aber für die Erweiterung des Berechtigtenkreises in Abs. 3 vorausgesetzt wird (BT-Drucks. 16/1889, S. 19).

Dem Umstand Rechnung tragend, dass Vaterschaftsfeststellungs- und -anerkennungsverfahren ohne eigenes Verschulden langwierig sein können und dadurch die Anspruchsvoraussetzungen für das Elterngeld erst verspätet erfüllt sein können, begründet Abs. 3 S. 1 Nr. 3 eine Elterngeldberechtigung bereits vor rechtswirksamer Bestätigung der Vaterschaft. Voraussetzung sind eine Meldebescheinigung über das Zusammenleben mit seinem leiblichen Kind in einem Haushalt, ferner die gem. § 1594 Abs. 2 BGB erklärte Anerkennung oder gem. § 1600 d BGB beantragte Feststellung der Vaterschaft. Bei Ablehnung der Anerkennung oder Feststellung der Vaterschaft entfällt nur der künftige Anspruch auf Elterngeld (Hk-MuSchG/BEEG/Lenz § 1 Rn. 17).

von Koppenfels-Spies

III. Persönliche Betreuung und Erziehung (Abs. 1 Nr. 3)

12 **1. Grundsatz der Betreuung und Erziehung durch den Berechtigten selbst gem. Abs. 1 Nr. 3.** Gem. Abs. 1 Nr. 3 ist der Anspruch auf Elterngeld daran geknüpft, dass der Berechtigte persönlich die Betreuung und Erziehung des Kindes übernimmt. Betreuung und Erziehung sind Ausfluss des verfassungsrechtlich geschützten Elternrechts aus Art. 6 Abs. 2 S. 1 GG. Betreuung umfasst die allgemeine Beaufsichtigung, Pflege und Versorgung des Kindes; Erziehung meint die Sorge für die Ausbildung und Bildung durch Entfaltung der Fähigkeiten des Kindes (Maunz/Dürig/Herzog/Scholz/Badura GG Art. 6 Rn. 107). Betreuung und Erziehung durch den Berechtigten werden beim Bestehen einer Haushaltsgemeinschaft vermutet, sofern keine entgegenstehenden Anhaltspunkte gegeben sind (Hk-MuSchG/BEEG/Lenz § 1 Rn. 7). Die Qualität von Betreuung und Erziehung unterliegt keiner Kontrolle (Wiegand BEEG § 1 Rn. 20).

13 Betreuung und Erziehung müssen vom Berechtigten „selbst" erbracht werden, was aber nicht „ständig" oder „völlig allein" bedeutet (Hk-MuSchG/BEEG/Lenz § 1 Rn. 7). Eine vorübergehende Unterbringung des Kindes bei Dritten (zB während des Urlaubs oder wegen einer Erkrankung) schadet nicht (Wiegand BEEG § 1 Rn. 20). Wirken bei Betreuung und Erziehung des Kindes andere Personen, etwa Angehörige, Tagesmütter oder Betreuer in Kinderkrippen mit, wird uneinheitlich beurteilt, wann das Merkmal „selbst betreuen" noch gegeben ist. Selbst bei einer mehrtägigen Abwesenheit oder ganztägigen Erwerbstätigkeit betreut der Berechtigte das Kind noch „selbst", wenn die persönliche Betreuungs- und Erziehungsleistung nicht von ganz untergeordneter Bedeutung (Hambüchen/Irmen BEEG § 1 Rn. 77) und anerkennenswürdig ist (Wiegand BEEG § 1 Rn. 20). Eine zeitlich überwiegende Betreuung und Erziehung durch den Berechtigten verlangt das Gesetz nicht. Ausnahmen von der erforderlichen selbst vorgenommenen Betreuung und Erziehung regeln die Abs. 5 und 4 (siehe unten Rn. 15 und Rn. 22).

14 **2. Verhinderung bzw. Unterbrechung der Betreuung und Erziehung gem. Abs. 5.** Nach Abs. 5 bleibt der Elterngeldanspruch bestehen, wenn die Betreuung und Erziehung des Kindes aus einem wichtigen Grund nicht sofort aufgenommen werden kann oder wenn sie unterbrochen werden muss. Abs. 5 erfasst Fälle der vorübergehenden Verhinderung des Berechtigten; diese muss so lange andauern, dass von einer persönlichen Betreuung und Erziehung iSd. Abs. 1 Nr. 3 an sich nicht die Rede sein kann. Hinsichtlich der Dauer der Verhinderung entscheiden die Umstände des Einzelfalles, wobei der Zweck und die Gesamtbezugsdauer des Elterngeldes zu berücksichtigen sind (Wiegand BEEG § 1 Rn. 36). In Betracht kommen Zeiträume von einem bis maximal zwei Monaten (vgl. Wiegand BEEG § 1 Rn. 36; Hk-MuSchG/BEEG/Lenz § 1 Rn. 20). Eine vorübergehende Verhinderung setzt voraus, dass das Kind nach dem Unterbrechungstatbestand wieder betreut wird und die Gesamtdauer des Elterngeldanspruchs noch nicht abgelaufen ist. Ist dies nicht der Fall, ist die Weitergewährung von Elterngeld ausgeschlossen (BT-Drucks. 16/1889, S. 19).

15 Für die vorübergehende Verhinderung muss ein wichtiger Grund gegeben sein, der nicht in den Verantwortungsbereich des Berechtigten fällt; dies ist der Fall bei einem längeren Krankenhausaufenthalt des Berechtigten oder des Kindes, bei einer notwendigen Kur, einer Wehrübung oder beim Ablegen einer Prüfung (BT-Drucks. 16/1889, S. 19).

16 Liegen die Voraussetzungen des Abs. 5 vor, bleibt die Anspruchsberechtigung sowohl der Eltern als auch der anderen nach Abs. 2–4 elterngeldberechtigten Personen für den Verhinderungszeitraum aufrechterhalten.

IV. Keine oder keine volle Erwerbstätigkeit
(Abs. 1 Nr. 4 i. V. m. Abs. 6)

17 **1. Erwerbstätigkeit i. S. d. Abs. 1 Nr. 4.** Gem. Abs. 1 Nr. 4 darf der Berechtigte keine oder keine volle Erwerbstätigkeit ausüben. Erwerbstätigkeit ist jede auf Einkünfte gerichtete Tätigkeit, sei es als unselbständige Beschäftigung gegen Entgelt in einem Arbeitsverhältnis oder als selbständige Tätigkeit zur Erzielung eines wirtschaftlichen Erfolges (BSG 13. 5. 1998 – B 14 EG 2/97 R – SozR 3-7833 § 2 Nr. 6). Auf die Rechtsnatur des zugrundeliegenden Rechtsverhältnisses kommt es dabei nicht an. Wann keine volle Erwerbstätigkeit gegeben ist, umschreibt Abs. 6 (siehe unten Rn. 18). Auch wenn die Gesetzesbegründung davon ausgeht, dass der Zweck des Elterngeldes darin besteht, den Eltern die vorübergehende Aufgabe oder Reduzierung der Erwerbstätigkeit zugunsten der Kinderbetreuung und -erziehung zu erleichtern (BT-Drucks. 16/1889, S. 18), setzt ein Anspruch auf Elterngeld nicht voraus, dass der Berechtigte vor dem Bezugszeitraum überhaupt erwerbstätig war und dann mit der Geburt des Kindes diese Erwerbstätigkeit ganz oder teilweise reduziert hat. Dies ergibt sich zum einen aus dem Wortlaut des Abs. 1 Nr. 4 und zum anderen aus § 2 Abs. 5 S. 2, wonach der Sockelbetrag des Elterngeldes i. H. v. 300 Euro auch dann gezahlt wird, wenn der Berechtigte in den 12 Kalendermonaten vor der Geburt des Kindes kein Einkommen aus Erwerbstätigkeit erzielt hat (siehe unten § 2 Rn. 9). Dementsprechend sind auch Schüler, Studenten, Hausfrauen, Arbeitnehmer/

-innen in Elternzeit, unbezahlte Praktikanten und Volontäre sowie Arbeitslose (ggf. mit Ein-Euro-Jobs) grundsätzlich anspruchsberechtigt.

2. Keine volle Erwerbstätigkeit i. S. d. Abs. 6 (30 Wochenstunden, Beschäftigung zur Berufsbildung oder als Tagespflegeperson). Keine volle Erwerbstätigkeit iSd. Abs. 1 Nr. 4 liegt gem. Abs. 6 vor, wenn die Wochenarbeitszeit des Berechtigten nicht mehr als 30 Stunden beträgt. Dies gilt für jede Form der Erwerbstätigkeit. Maßgebend sind die Umstände bei Beginn der Tätigkeit; ein Überschreiten der Höchstwochenstundenzahl kann im Einzelfall unschädlich sein, wenn die durchschnittliche monatliche Arbeitszeit die Grenze der 30 Wochenstunden einhält (Hk-MuSchG/BEEG/Lenz § 1 Rn. 21). Insoweit ist ein Unterschied zur entsprechenden Regelung bei der Elternzeit in § 15 Abs. 4 gegeben, denn hier ist keine Durchschnittsbetrachtung vorgesehen. Arbeitszeit ist gem. § 2 Abs. 1 S. 1, 1. Hs. ArbZG die Zeit zwischen Beginn und Ende der Arbeit ohne die Ruhepausen; ausgenommen sind auch die Wegezeiten zwischen Wohnung und Betrieb (BAG 8. 12. 1960 – 5 AZR 304/58 – AP Nr. 1 zu § 611 BGB „Wegezeit"). Die Arbeitszeiten mehrerer Beschäftigungsverhältnisse werden gem. § 2 Abs. 1 S. 1, 2. Hs. ArbZG addiert. Wird neben einer Erwerbstätigkeit, die isoliert betrachtet die 30-Wochenstunden-Grenze nicht überschreiten darf, noch eine Beschäftigung zur Berufsbildung, etwa ein Studium, ausgeübt, soll insgesamt eine Höchstwochenstundenzahl von 48 Stunden gelten (BSG 13. 5. 1998 – B 14 EG 2/97 R – SozR 3–7833 § 2 Nr. 6). Bei der Wochenarbeitszeit von Lehrern ist zu berücksichtigen, dass diese nicht nur durch die zu unterrichtenden Schulstunden, sondern auch durch den Zeitaufwand für die Vor- und Nachbereitung des Unterrichts sowie sonstige berufstypische Aufgaben ausgefüllt wird (Hambüchen/Irmen BEEG § 1 Rn. 89). Für die Frage, wie viele Stunden Lehrer wöchentlich unterrichten dürfen, ohne die 30-Wochenstunden-Grenze des Abs. 6 zu überschreiten, ist die reguläre Pflichtstundenzahl vollzeitbeschäftigter Lehrer in dem jeweiligen Bundesland mit 30 zu multiplizieren und dann durch die Regelwochenarbeitszeit des jeweiligen Bundeslandes zu dividieren (BSG 10. 2. 2005 – B 10 EG 5/03 R – SozR 4–7833 § 1 Nr. 8). Beispiel: Die Pflichtstundenzahl beträgt 27 und die Regelarbeitszeit 38,5 Wochenstunden; die sich hieraus ergebende Unterrichtsstundenzahl von 21,04 Stunden pro Woche entspricht der zulässigen Höchstarbeitszeit des Abs. 6 von 30 Wochenstunden.

Ein tatsächliches Problem stellt sich bei der Arbeitszeiterfassung selbständig Tätiger. Nach Ziffer 1.6.1.3 der Richtlinien zum BEEG (BMFSFJ/204) haben die Antragsteller zu erklären und glaubhaft zu machen, dass sie die Arbeitszeit von 30 Stunden nicht überschreiten. Dazu soll dargelegt werden, welchen Umfang die Arbeitszeit bisher hatte und welche Vorkehrungen für deren Reduzierung getroffen wurden (zum Elterngeldbezug für Bezieher eines Gründungszuschusses nach § 57 SGB III siehe Zorn NZS 2007, 581 ff.).

Auch bei einer Beschäftigung zur Berufsbildung liegt gem. Abs. 6 keine volle Erwerbstätigkeit vor, auch wenn sie 30 Wochenstunden überschreitet. Berufsbildung ist gem. § 1 Abs. 1 BBiG die Berufsausbildungsvorbereitung, die Berufsausbildung, die berufliche Fortbildung und die berufliche Umschulung. Berufsbildung iSd. Abs. 6 umfasst neben der beruflichen auch die betriebliche Ausbildung und auch die auf einem bestehenden Abschluss aufbauende weitere Ausbildung. Unter Berufsbildung fallen etwa auch studentische Praktika, sofern sie in Ausbildungs- und Prüfungsordnungen vorgeschrieben sind, der Vorbereitungsdienst in den Beamtenlaufbahnen sowie das Freiwillige Soziale oder Ökologische Jahr (Hk-MuSchG/BEEG/Lenz § 1 Rn. 21).

Unabhängig von der 30-Stunden-Grenze liegt gem. Abs. 6 eine volle Erwerbstätigkeit auch dann nicht vor, wenn ein Berechtigter als geeignete Tagespflegeperson nach § 23 SGB VIII tätig ist und nicht mehr als 5 Kinder in Tagespflege betreut; die mitbetreuten eigenen Kinder werden dabei nicht mitgerechnet. Die Eignung der Tagespflegeperson ergibt sich aus § 23 III SGB VIII.

C. Berechtigte Verwandte bis zum dritten Grad (Abs. 4)

In bestimmten Härtefällen, in denen den Eltern die Betreuung und Erziehung ihres Kindes nicht möglich ist, haben Verwandte bis zum dritten Grad einen Anspruch auf Elterngeld, wenn die übrigen Voraussetzungen des Abs. 1 erfüllt sind und Elterngeld nicht von anderen Berechtigten beansprucht wird. § 1 Abs. 4 orientiert sich an § 1 Abs. 5 BErzGG, ist aber deutlich enger gefasst. Zum einen sind die Härtefälle abschließend aufgeführt; dies sind nur „schwere Krankheit", „Schwerbehinderung" und „Tod". Die schwere Krankheit muss länger andauern, eine Schwerbehinderung ist gem. § 2 Abs. 2 SGB IX nur bei einem GdB von mehr als 50% gegeben. Eine weitere Verschärfung gegenüber dem BErzGG liegt darin, dass der Härtefall beide Elternteile betreffen muss. Unter diesen Voraussetzungen eines Härtefalls erweitert Abs. 4 den Kreis der Elterngeldberechtigten auf Verwandte des Kindes bis zum dritten Grad und deren Ehegatten oder Partner; berechtigt sind somit etwa Großeltern, ältere Geschwister, Urgroßeltern, Onkel und Tanten des Kindes.

Anders als im BErzGG ist eine wirtschaftliche Härte nicht erfasst, denn ausweislich der Gesetzesbegründung soll das Elterngeld dem betreuenden Elternteil eine grundsätzlich ausreichende wirtschaftliche Absicherung bieten (BT-Drucks. 16/1889 S. 19). Diese Änderung ist im Hinblick auf die Neukonzeption konsequent.

D. Erweiterung des Berechtigtenkreises bei Auslandstätigkeit (Abs. 2)

24 Bei fehlendem Wohnsitz oder gewöhnlichem Aufenthalt in Deutschland (vgl. Abs. 1 Nr. 1) besteht unter den Voraussetzungen des Abs. 2 gleichwohl ein Anspruch auf Elterngeld, sofern die übrigen Voraussetzungen des Abs. 1 gegeben sind. Die Erweiterung des Abs. 2 betrifft Personen, die ihren Lebensmittelpunkt in Deutschland hatten und nunmehr aus beruflichen Gründen, etwa als Entwicklungshelfer oder Beschäftigter einer zwischen- oder überstaatlichen Einrichtung, im Ausland leben. Gem. Abs. 2 S. 2 wird die Elterngeldberechtigung auch auf deren in einem gemeinsamen Haushalt lebenden Ehe- und Lebenspartner erstreckt, unabhängig von deren Staatsangehörigkeit und Aufenthaltsstatus in Deutschland (vgl. BT-Drucks. 16/1889 S. 19).

25 Abs. 2 S. 1 Nr. 1 erstreckt die Elterngeldberechtigung auf Personen, die gem. § 4 SGB IV dem deutschen Sozialversicherungsrecht unterliegen (zu den Voraussetzungen vgl. Kommentierung dort) oder die vorübergehend bei fortbestehendem Dienst- oder Amtsverhältnis ins Ausland abgeordnet, versetzt oder kommandiert sind.

26 Auch wer als Entwicklungshelfer oder als Missionar tätig ist, ist gem. Abs. 2 S. 1 Nr. 2 elterngeldberechtigt. Voraussetzung ist, dass sich diese Personen iSd. § 1 des Entwicklungshelfergesetzes für die Dauer von mindestens zwei Jahren gegenüber einem anerkannten Träger der Entwicklungshilfe zur gemeinnützigen Tätigkeit in einem Entwicklungsland verpflichtet haben. Ebenfalls erfasst sind Missionare der in Abs. 2 S. 1 Nr. 2 aufgeführten Gesellschaften, die zu ausländischen Organisationen versetzt werden (vgl. BT-Drucks. 16/2785, S. 37).

27 Auch wer vorübergehend als deutscher Staatsangehöriger bei einer zwischen- oder überstaatlichen Einrichtung tätig ist, etwa als beurlaubter Beamter aufgrund der Entsenderichtlinien des Bundes, behält seine Elterngeldberechtigung gem. Abs. 2 S. 1 Nr. 3. Dies gilt auch für Beamte, die unter den Voraussetzungen des § 123a BRRG vorübergehend bei einer Einrichtung im Ausland tätig sind.

28 Anders als § 1 Abs. 7 BErzGG enthält § 1 keine Grenzgänger-Regelung; da das Elterngeld aber eine Familienleistung iSd. Verordnung (EG) Nr. 883/2004 (vorangegangene VO: (EWG) Nr. 1408/71; BT-Drucks. 16/1889, S. 18; dazu Wiegand BEEG Einf. Rn. 51) ist, gilt § 1 auch für Grenzgänger mit einem Beschäftigungsverhältnis in Deutschland und Wohnsitz im Gebiet eines anderen Mitgliedstaats (vgl. Art. 67 VO (EG) Nr. 883/2004; ehemals Art. 73 VO (EWG) Nr. 1408/71). Umgekehrt haben im EU und EWR-Ausland und in der Schweiz beschäftigte alleinerziehende Eltern auf Grund des Beschäftigungslandprinzips des Art. 11 Abs. 3a) VO (EG) Nr. 883/2004 (ehemals Art. 13 Abs. 2a) VO (EWG) Nr. 1408/71) keinen Anspruch auf Elterngeld nach deutschem Recht. Entsprechendes gilt gem. Art. 11 Abs. 3a) VO (EG) Nr. 883/2004 (ehemals Art. 13 Abs. 2b) VO (EWG) Nr. 1408/71) für Selbständige (Sitzstaatsprinzip). Mit der Durchführungs-VO (EG) Nr. 987/2009 wurde die VO (EWG) Nr. 1408/71 am 1. 5. 2010 durch die VO (EG) Nr. 883/2004 ersetzt. Diese entspricht in ihren Grundprinzipien zur Koordinierung der Sozialsysteme in Europa sowie in ihren wichtigsten Elementen und Regelungen der Vorgängerverordnung.

E. Anspruchsberechtigung ausländischer Eltern (Abs. 7)

29 Abs. 7 erweitert den Kreis der Anspruchsberechtigten um nicht freizügigkeitsberechtigte Ausländer, die entweder eine Niederlassungserlaubnis oder eine Aufenthaltserlaubnis besitzen müssen. Für freizügigkeitsberechtigte EU- bzw. EWR-Bürger gilt § 1 Abs. 1–6, da die Elterngeldberechtigung unabhängig von der Staatsangehörigkeit besteht. Nicht freizügigkeitsberechtigte Ausländer sind nur dann elterngeldberechtigt, wenn sie sich voraussichtlich dauerhaft in Deutschland aufhalten; dies ist nicht der Fall bei einem Studium, Sprachkurs oder Schulbesuch (Abs. 7 Nr. 2a), §§ 16, 17 AufenthG), bei Saisonarbeitskräften, Hausangestellten oder Aupairkräften (Abs. 7 Nr. 2b), § 18 II AufenthG), ferner wenn es sich um eine Aufenthaltsgenehmigung etwa aus völkerrechtlichen, politischen oder humanitären Gründen nach §§ 23 I, 23a, 24, 25 III–V des Aufenthaltsgesetzes handelt (Abs. 7 Nr. 2c)). Von den Fällen des Abs. 7 Nr. 2c) macht Abs. 2 Nr. 3 wiederum eine Ausnahme, wenn doch ein dauerhafter Aufenthalt (mindestens 3 Jahre) und eine gewisse Integration in das Arbeitsleben (zB aufgrund des Bezugs von Leistungen nach dem SGB III) besteht (BT-Drucks. 16/1368, S. 8). Das BSG sieht in dem Ausnahmetatbestand des § 1 Abs. 7 Nr. 2c iVm. Nr. 3b jedoch vor allem insoweit einen Verstoß gegen das Gleichbehandlungsgebot, als ein aktueller, eng umschriebener Arbeitsmarktbezug gefordert wird. Am 30. 9. 2010 hat es deshalb das BVerfG angerufen (B 10 EG 9/09 R; zu der im Kern identischen Vorläuferregelung des § 1 Abs. 6 BErzGG bereits BSG Vorlagebeschluss 3. 12. 2009 – B 10 EG 5–7/08 R). Durch das Gesetz zur Umsetzung aufenthalts- und asylrechtlicher Richtlinien der Europäischen Union vom 19. 8. 2007 (BGBl. I S. 1970) wurde Abs. 7 Nr. 2d) eingeführt, der Ausländer, die unter die Altfallregelung des § 104a AufenthG fallen, vom Elterngeldbezug ausschließt (zur Verfassungsmäßigkeit dieser Regelung: LSG Rheinland-Pfalz 2. 12. 2010 – L 5 EG 3/10).

F. Anspruchsausschluss bei vermögenden Eltern (Abs. 8)

Der durch Art. 14 des HBeglG 2011 (BGBl. 2010 I, Nr. 63, S. 1895) neu eingeführte Abs. 8 sieht einen Anspruchsausschluss dann vor, wenn die berechtigte Person im letzten abgeschlossenen Veranlagungszeitraum ein zu versteuerndes Einkommen nach § 2 Abs. 5 EStG in Höhe von mehr als 250.000 Euro erzielt hat. Ist auch eine andere Person nach den Abs. 1, 3 oder 4 berechtigt, entfällt abweichend von S. 1 der Anspruch, wenn die Summe des zu versteuernden Einkommens beider berechtigter Personen mehr als 500.000 Euro beträgt. Zwar kommt es für den Anspruch auf Elterngeld nicht auf die Bedürftigkeit des Berechtigten an; dennoch entspricht es dem Sinn und Zweck des Elterngeldes, besonders vermögende Eltern von dem Berechtigtenkreis auszunehmen. Diese sind in den ersten Lebensmonaten des Kindes nämlich ausreichend finanziell abgesichert und können so Kindererziehung und Erwerbstätigkeit leichter in Einklang bringen.

§ 2 Höhe des Elterngeldes

(1) [1] Elterngeld wird in Höhe von 67 Prozent des in den zwölf Kalendermonaten vor dem Monat der Geburt des Kindes durchschnittlich erzielten monatlichen Einkommens aus Erwerbstätigkeit bis zu einem Höchstbetrag von 1.800 Euro monatlich für volle Monate gezahlt, in denen die berechtigte Person kein Einkommen aus Erwerbstätigkeit erzielt. [2] Als Einkommen aus Erwerbstätigkeit ist die Summe der positiven im Inland zu versteuernden Einkünfte aus Land- und Forstwirtschaft, Gewerbebetrieb, selbständiger Arbeit und nichtselbstständiger Arbeit nach § 2 Abs. 1 Satz 1 Nr. 1 bis 4 des Einkommensteuergesetzes nach Maßgabe der Absätze 7 bis 9 zu berücksichtigen.

(2) [1] In den Fällen, in denen das durchschnittlich erzielte monatliche Einkommen aus Erwerbstätigkeit vor der Geburt geringer als 1.000 Euro war, erhöht sich der Prozentsatz von 67 Prozent um 0,1 Prozentpunkte für je 2 Euro, um die das maßgebliche Einkommen den Betrag von 1.000 Euro unterschreitet, auf bis zu 100 Prozent. [2] In den Fällen, in denen das durchschnittlich erzielte monatliche Einkommen aus Erwerbstätigkeit vor der Geburt höher als 1.200 Euro war, sinkt der Prozentsatz von 67 Prozent um 0,1 Prozentpunkte für je 2 Euro, um die das maßgebliche Einkommen den Betrag von 1.200 Euro überschreitet, auf bis zu 65 Prozent.

(3) [1] Für Monate nach der Geburt des Kindes, in denen die berechtigte Person ein Einkommen aus Erwerbstätigkeit erzielt, das durchschnittlich geringer ist als das nach Absatz 1 berücksichtigte durchschnittlich erzielte Einkommen aus Erwerbstätigkeit vor der Geburt, wird Elterngeld in Höhe des nach Absatz 1 oder 2 maßgeblichen Prozentsatzes des Unterschiedsbetrages dieser durchschnittlich erzielten monatlichen Einkommens aus Erwerbstätigkeit gezahlt. [2] Als vor der Geburt des Kindes durchschnittlich erzieltes monatliches Einkommen aus Erwerbstätigkeit ist dabei höchstens der Betrag von 2.700 Euro anzusetzen.

(4) [1] Lebt die berechtigte Person mit zwei Kindern, die das dritte Lebensjahr noch nicht vollendet haben, oder mit drei oder mehr Kindern, die das sechste Lebensjahr noch nicht vollendet haben, in einem Haushalt, so wird das nach den Absätzen 1 bis 3 zustehende Elterngeld um zehn Prozent, mindestens um 75 Euro, erhöht. [2] Zu berücksichtigen sind alle Kinder, für die die berechtigte Person die Voraussetzungen des § 1 Abs. 1 und 3 erfüllt und für die sich das Elterngeld nicht nach Absatz 6 erhöht. [3] Für angenommene Kinder und Kinder im Sinne von § 1 Abs. 3 Satz 1 Nr. 1 gilt als Alter des Kindes der Zeitraum seit der Aufnahme des Kindes bei der berechtigten Person. [4] Die Altersgrenze nach Satz 1 beträgt bei behinderten Kindern im Sinne von § 2 Abs. 1 Satz 1 des Neunten Buches Sozialgesetzbuch jeweils 14 Jahre. [5] Der Anspruch auf den Erhöhungsbetrag endet mit dem Ablauf des Monats, in dem eine der in Satz 1 genannten Anspruchsvoraussetzungen entfallen ist.

(5) [1] Elterngeld wird mindestens in Höhe von 300 Euro gezahlt. [2] Dies gilt auch, wenn in dem nach Absatz 1 Satz 1 maßgeblichen Zeitraum vor der Geburt des Kindes kein Einkommen aus Erwerbstätigkeit erzielt worden ist. [3] Der Betrag nach Satz 1 wird nicht zusätzlich zu dem Elterngeld nach den Absätzen 1 bis 3 gezahlt.

(6) Bei Mehrlingsgeburten erhöht sich das nach den Absätzen 1 bis 5 zustehende Elterngeld um je 300 Euro für das zweite und jedes weitere Kind.

(7) [1] Als Einkommen aus nichtselbstständiger Arbeit ist der um die auf die Einnahmen aus nichtselbstständiger Arbeit entfallenden Steuern und die aufgrund dieser Erwerbstätigkeit geleisteten Pflichtbeiträge zur Sozialversicherung in Höhe des gesetzlichen Anteils der beschäftigten Person einschließlich der Beiträge zur Arbeitsförderung verminderte

Überschuss der Einnahmen in Geld oder Geldeswert über die mit einem Zwölftel des Pauschbetrags nach § 9a Abs. 1 Satz 1 Nr. 1 Buchstabe a des Einkommensteuergesetzes anzusetzenden Werbungskosten zu berücksichtigen. ²Im Lohnsteuerabzugsverfahren als sonstige Bezüge behandelte Einnahmen werden nicht berücksichtigt. ³Als auf die Einnahmen entfallende Steuern gelten die abgeführte Lohnsteuer einschließlich Solidaritätszuschlag und Kirchensteuer, im Falle einer Steuervorauszahlung der auf die Einnahmen entfallende monatliche Anteil. ⁴Grundlage der Einkommensermittlung sind die entsprechenden monatlichen Lohn- und Gehaltsbescheinigungen des Arbeitgebers; in Fällen, in denen der Arbeitgeber das Einkommen nach § 97 Abs. 1 des Vierten Buches Sozialgesetzbuch vollständig und fehlerfrei gemeldet hat, treten an die Stelle der monatlichen Lohn- und Gehaltsbescheinigungen des Arbeitgebers die entsprechenden elektronischen Einkommensnachweise nach dem Sechsten Abschnitt des Vierten Buches Sozialgesetzbuch. ⁵Kalendermonate, in denen die berechtigte Person vor der Geburt des Kindes ohne Berücksichtigung einer Verlängerung des Auszahlungszeitraums nach § 6 Satz 2 Elterngeld für ein älteres Kind bezogen hat, bleiben bei der Bestimmung der zwölf für die Einkommensermittlung vor der Geburt des Kindes zu Grunde zu legenden Kalendermonate unberücksichtigt. ⁶Unberücksichtigt bleiben auch Kalendermonate, in denen die berechtigte Person Mutterschaftsgeld nach der Reichsversicherungsordnung oder dem Gesetz über die Krankenversicherung der Landwirte bezogen hat oder in denen während der Schwangerschaft wegen einer maßgeblich auf die Schwangerschaft zurückzuführenden Erkrankung Einkommen aus Erwerbstätigkeit ganz oder teilweise weggefallen ist. ⁷Das Gleiche gilt für Kalendermonate, in denen die berechtigte Person Wehrdienst nach Maßgabe des Wehrpflichtgesetzes oder des Vierten Abschnitts des Soldatengesetzes oder Zivildienst nach Maßgabe des Zivildienstgesetzes geleistet hat, wenn dadurch Erwerbseinkommen ganz oder teilweise weggefallen ist.

(8) ¹Als Einkommen aus Land- und Forstwirtschaft, Gewerbebetrieb und selbstständiger Arbeit ist der um die auf dieses Einkommen entfallenden Steuern und die aufgrund dieser Erwerbstätigkeit geleisteten Pflichtbeiträge zur gesetzlichen Sozialversicherung einschließlich der Beiträge zur Arbeitsförderung verminderte Gewinn zu berücksichtigen. ²Grundlage der Einkommensermittlung ist der Gewinn, wie er sich aus einer mindestens den Anforderungen des § 4 Abs. 3 des Einkommensteuergesetzes entsprechenden Berechnung ergibt. ³Kann der Gewinn danach nicht ermittelt werden, ist von den Einnahmen eine Betriebsausgabenpauschale in Höhe von 20 Prozent abzuziehen. ⁴Als auf den Gewinn entfallende Steuern gilt im Falle einer Steuervorauszahlung der auf die Einnahmen entfallende monatliche Anteil der Einkommensteuer einschließlich Solidaritätszuschlag und Kirchensteuer. ⁵Auf Antrag der berechtigten Person ist Absatz 7 Satz 5 und 6 entsprechend anzuwenden.

(9) ¹Ist die dem zu berücksichtigenden Einkommen aus Land- und Forstwirtschaft, Gewerbebetrieb und selbstständiger Arbeit zu Grunde liegende Erwerbstätigkeit sowohl während des gesamten für die Einkommensermittlung vor der Geburt des Kindes maßgeblichen Zeitraums als auch während des gesamten letzten abgeschlossenen steuerlichen Veranlagungszeitraums ausgeübt worden, gilt abweichend von Absatz 8 als vor der Geburt des Kindes durchschnittlich erzieltes monatliches Einkommen aus dieser Erwerbstätigkeit der durchschnittlich monatlich erzielte Gewinn, wie er sich aus dem für den Veranlagungszeitraum ergangenen Steuerbescheid ergibt. ²Dies gilt nicht, wenn im Veranlagungszeitraum die Voraussetzungen des Absatzes 7 Satz 5 und 6 vorgelegen haben. ³Ist in dem für die Einkommensermittlung vor der Geburt des Kindes maßgeblichen Zeitraum zusätzlich Einkommen aus nichtselbstständiger Arbeit erzielt worden, ist Satz 1 nur anzuwenden, wenn die Voraussetzungen der Sätze 1 und 2 auch für die dem Einkommen aus nichtselbstständiger Arbeit zu Grunde liegende Erwerbstätigkeit erfüllt sind; in diesen Fällen gilt als vor der Geburt durchschnittlich erzieltes monatliches Einkommen nach Absatz 7 das in dem Veranlagungszeitraum nach Satz 1 zu Grunde liegenden Gewinnermittlungszeitraum durchschnittlich erzielte monatliche Einkommen aus nichtselbstständiger Arbeit. ⁴Als auf den Gewinn entfallende Steuern ist bei Anwendung von Satz 1 der auf die Einnahmen entfallende monatliche Anteil der im Steuerbescheid festgesetzten Einkommensteuer einschließlich Solidaritätszuschlag und Kirchensteuer anzusetzen.

A. Einführung

1 § 2 regelt die Berechnung und Höhe des Elterngeldes. Abs. 1 bestimmt die grundsätzliche Höhe und Berechnung des Elterngeldes; ergänzt wird diese Regelung durch die Abs. 7–9, die bestimmen, was als berücksichtigungsfähiges Erwerbseinkommen gilt und wie es ermittelt wird. Abs. 4 und 6

sehen Erhöhungen des Elterngeldes bei kurzer Geburtenfolge und Mehrlingsgeburten vor. Bei Monatseinkommen unter 1.000 Euro steigt der Elterngeldbetrag unter den Voraussetzungen des Abs. 2 S. 1 gestaffelt auf 100% an. Liegt das Monatseinkommen jedoch über 1.200 Euro, wird das Elterngeld entsprechend den Vorgaben des Abs. 2 S. 2 gesenkt. Abs. 3 regelt die Höhe des Elterngeldes bei einer Teilzeittätigkeit nach der Geburt des Kindes. Von den Bestimmungen des BErzGG wird damit grundlegend abgewichen. Das Elterngeld soll – anders als das Erziehungsgeld – keine Mindestsicherung der Familie gewährleisten, sondern das vor der Geburt des Kindes erzielte und nach der Geburt (zumindest teilweise) wegfallende Einkommen ersetzen. Insoweit ähnelt das Elterngeld den Entgeltersatzleistungen (Hambüchen/Pauli BEEG § 2 Rn. 3), ist aber als steuerfinanzierte Leistung besonderer Art einzuordnen (BT-Drucks. 16/1889 S. 18; kritisch hierzu Seiler NVwZ 2007, 129 ff.; zur verfassungsrechtlichen Würdigung s. a. Brosius-Gersdorf NJW 2007, 177 ff.).

Das Elterngeld ist gem. § 3 Nr. 67 EStG steuerfrei, unterliegt aber in voller Höhe gem. § 32 b **2** Abs. 1 Nr. 1 j EStG dem Progressionsvorbehalt (BFH 21. 9. 2009 – VI B 31/09).

B. Grundsätzliche Höhe des Elterngeldes (Abs. 1 S. 1)

Das Elterngeld beträgt gem. Abs. 1 S. 1 grundsätzlich 67% des in dem Jahr vor der Geburt des Kin- **3** des durchschnittlich erzielten monatlichen Nettoeinkommens (dies entspricht dem erhöhten Leistungssatz des ALG I, § 129 SGB III). Mit diesem Betrag soll die Lebensgrundlage der Familie in der Frühphase der Elternschaft abgesichert werden (BT-Drucks. 16/1889, S. 19). Der Höchstbetrag des Elterngeldes liegt gem. Abs. 1 S. 1 allerdings bei 1.800 Euro. Dieser Elterngeldhöchstbetrag wird bei einem vorherigen monatlichen Nettoeinkommen von 2.700 Euro erreicht. Zur Zeit des Inkrafttretens des BEEG entsprach diese Einkommensobergrenze einem Bruttoeinkommen, das im Recht der Sozialversicherung in etwa die Beitragsbemessungsgrenze ausmacht; diese wurde als eine Obergrenze angesehen, die auch für staatliche Familienleistungen wie das Elterngeld maßgeblich sein sollte (BT-Drucks. 16/1889 S. 20). Dieser Begründungsansatz wird umso fragwürdiger, je weiter sich die Beitragsbemessungsgrenzen (im Jahr 2010 für die GKV: 3750,– monatlich, für die GRV: 5500,– monatlich) von diesem Wert entfernen.

C. Einkommensbegriff (Abs. 1 S. 2)

Die Einkommensermittlung beim Elterngeld richtet sich gem. Abs. 1 S. 2 nach den Vorschriften **4** des EStG und nicht – wie ursprünglich vorgesehen – nach der ALG II/Sozialgeld-Verordnung. Gem. § 2 Abs. 1 S. 2 BEEG iVm. § 2 Abs. 1 S. 1 Nr. 1–4 EStG sind Einkommen aus Erwerbstätigkeit die positiven im Inland zu versteuernden Einkünfte aus Land- und Forstwirtschaft, aus Gewerbebetrieb, aus selbständiger und nichtselbständiger Arbeit. Abs. 1 S. 2 wurde zuletzt durch Art. 14 des HBeglG 2011 (BGBl. 2010 I, Nr. 63, S. 1895) insofern geändert, dass nach dem Wort „positiven" die Wörter „im Inland zu versteuernden" eingefügt und die Wörter „im Sinne von" durch das Wort „nach" ersetzt wurden. Diese Nichtberücksichtigung von nicht im Inland zu versteuernden Einnahmen folgt dem Gedanken, bei der Berechnung des Elterngeldes nur Einkünfte zu berücksichtigen, die im Inland von der antragstellenden Person versteuert werden (BT-Drucks. 17/3030 S. 48). Die Einzelheiten der Einkommensermittlung ergeben sich aus Abs. 7–9 (vgl. unten Rn. 11 ff.). Die negativen Einkünfte bzw. Verluste (§§ 2a, 2b, 10d EStG) bleiben gem. Abs. 1 S. 2 unberücksichtigt. Die Steuerfreiheit von Einnahmen nach § 3 EStG und Zuschlägen nach § 3b EStG schließt im Einklang mit Ziffer 2.1.4 der Richtlinien zum BEEG (BMFSFJ/204) die Berücksichtigung als Einkommen aus, da zu Grunde zu legende Einkommen nur steuerpflichtige positive Einkünfte umfasst (BSG 25. 6. 2009 – B 10 EG 9/08 R; Hambüchen/Pauli BEEG § 2 Rn. 7; anders: LSG Hessen 24. 11. 2010 – L 6 EG 10/08; SG Aachen 8. 4. 2008 – S 13 EG 19/07). Demnach sind steuerfreie Leistungen wie das Streikgeld, Krankengeld oder Arbeitslosengeld nicht als Einkommen aus Erwerbstätigkeit anzusehen (zur Verfassungsmäßigkeit der Elterngeldberechnung, die sich ausschließlich am tatsächlich erzielten Erwerbseinkommen orientiert: BSG 17. 2. 2011 – B 10 EG 17/09 R, B 10 EG 20/09 R, B 10 EG 21/09 R).

D. Geringes durchschnittliches Erwerbseinkommen vor der Geburt (Abs. 2 S. 1)

Zur gezielten Unterstützung gering verdienender Eltern und zur Förderung der Ausübung gering **5** bezahlter Teilzeit- oder Kurzzeitbeschäftigungen (vgl. BT-Drucks. 18/1889, S. 20) erhöht sich der in Abs. 1 vorgesehene Prozentsatz von 67% nach Abs. 2, wenn das durchschnittliche monatliche Nettoeinkommen vor der Geburt geringer als 1.000 Euro war. Der Faktor 67% erhöht sich schrittweise um 0,1 Prozentpunkte für je zwei Euro, um die das maßgebliche Einkommen unterhalb von 1.000 Euro liegt, auf bis zu 100%. Dies wird bei einem Nettoeinkommen vor der Geburt von 340 Euro erreicht.

von Koppenfels-Spies 119

E. Erwerbseinkommen von mehr als 1.200 Euro vor der Geburt (Abs. 2 S. 2)

6 Durch Art. 14 des HBeglG 2011 (BGBl. 2010 I, Nr. 63, S. 1895) wurde Abs. 2 um einen zweiten Satz ergänzt. Übersteigt danach das durchschnittliche monatliche Nettoeinkommen vor der Geburt 1.200 Euro, sinkt der Prozentsatz von 67% um 0,1 Prozentpunkte für je zwei Euro, um die das maßgebliche Einkommen den Betrag von 1.200 Euro überschreitet, auf bis zu 65 Prozent. Die Abschmelzrate entspricht der Zuwachsrate im Geringverdienerbereich nach S. 1. Diese Änderung wurde vor dem Hintergrund der erforderlichen Einsparungen zur Konsolidierung des Bundeshaushalts als moderat und angemessen angesehen (BT-Drucks. 17/3030 S. 47).

F. Anteiliges Elterngeld bei Erwerbstätigkeit nach der Geburt (Abs. 3)

7 Für den Fall, dass der Elterngeldberechtigte nach der Geburt eine Teilzeittätigkeit (in den Grenzen des § 1 Abs. 6) ausübt und damit weniger verdient als vor der Geburt, erhält er als Elterngeld den sich aus Abs. 1 (67%) und Abs. 2 (erhöhter Prozentsatz bei Einkommen unter 1.000 Euro, bzw. erniedrigter Prozentsatz bei Einkommen von mehr als 1.200 Euro) ergebenden Prozentsatz der Einkommensdifferenz vor und nach der Geburt. Gem. Abs. 3 S. 2 wird als vor der Geburt erzieltes Einkommen jedoch ein maximaler Betrag von 2.700 Euro berücksichtigt (der entsprechende Nettoeinkommensbetrag, aus dem sich der Elterngeldhöchstbetrag von 1.800 Euro gem. § 2 Abs. 1 ergäbe). Für die Vergleichsberechnung kommt es auf das durchschnittlich erzielte Einkommen an. Die Regelung des Abs. 2 zur Erhöhung des Prozentsatzes bei Einkommen unter 1.000 Euro ist nicht auf den sich im Rahmen des Abs. 3 ergebenden Differenzbetrag anwendbar (BT-Drucks. 16/1889, S. 20). Für die Berechnung des Einkommens im Bezugszeitraum nach § 2 Abs. 3 S. 1 gilt auch bei Freiberuflern und Selbständigen das Zuflussprinzip (SG Freiburg 23. 2. 2010 – S 9 EG 3918/09; aA SG München 15. 1. 2009 – S 30 EG 37/08).

G. Geschwisterbonus (Abs. 4)

8 Lebt der Elterngeldberechtigte mit zwei Kindern, die das dritte Lebensjahr noch nicht vollendet haben, bzw. mit drei oder mehr Kindern unter sechs Jahren in einem Haushalt zusammen, erhöht sich der Elterngeldanspruch für das jüngste Kind um 10%, mindestens um 75 Euro. Haushalt ist eine auf gewisse Dauer angelegte und durch familienhaftes Zusammenleben geprägte Gemeinschaft (BSG 23. 3. 1983 – 3 RK 66/81 – SozR 2200 § 199 Nr. 3). Es muss sich nicht um den eigenen Haushalt handeln, vorausgesetzt wird das Zusammenleben in einem gemeinsamen Haushalt (Hambüchen/Pauli BEEG § 2 Rn. 15).

9 Berücksichtigt werden alle Kinder, für die die Voraussetzungen des § 1 Abs. 1–3 erfüllt sind. Bei adoptierten bzw. mit dem Ziel der Adoption aufgenommenen Kindern beginnt die in Abs. 4 S. 1 genannte Altersgrenze mit der Aufnahme des Kindes in den Haushalt. Bei behinderten Kindern i. S. d. § 2 Abs. 1 SGB IX erhöht sich die Altersgrenze des Abs. 4 S. 1 gem. Abs. 4 S. 4 auf das 14. Lebensjahr. Scheidet ein i. S. d. Abs. 4 berücksichtigungsfähiges Kind aus dem Haushalt aus oder erreicht es die in Abs. 4 S. 1 genannte Altersgrenze, entfällt mit dem jeweils folgenden Monat die Erhöhung des Elterngeldes gem. Abs. 4 S. 5.

H. Mindestbetrag des Elterngeldes (Abs. 5)

10 Gem. Abs. 5 beträgt die Höhe des Elterngeldes mindestens 300 Euro monatlich. Damit wurde der Betrag des früheren Erziehungsgeldes übernommen (das allerdings für 24 Monate gezahlt wurde, wohingegen ein Anspruch auf Elterngeld für maximal 14 Monate besteht). Diese Untergrenze betrifft Elternteile, die entweder vor der Geburt gar nicht erwerbstätig waren (zB Hausfrauen oder ALG I- oder ALG II-Empfänger) oder die ein so geringes Einkommen erzielt haben, dass sich eigentlich ein unter 300 Euro liegendes Elterngeld ergeben würde. Weiterhin betrifft die Mindesthöhe des Elterngeldes in Abs. 5 Elternteile, die vor der Geburt nur eine Erwerbstätigkeit bis zu 30 Stunden ausgeübt haben und deren Einkommen sich nach der Geburt des Kindes nicht verringert (vgl. Abs. 3). Der Mindestbetrag erhöht sich unter den Voraussetzungen der Abs. 4 und 6.

I. Mehrlingsgeburten (Abs. 6)

11 Um die besondere Belastung der Eltern bei Mehrlingsgeburten zu berücksichtigen, erhöht sich das Elterngeld in diesen Fällen um monatlich je 300 Euro für das zweite und jedes weitere Kind. Für das (fiktiv) erste der Mehrlingskinder ist der Elterngeldanspruch nach den Abs. 1–5 zu berechnen. Die

Regelung des Geschwisterbonus gem. Abs. 4 kommt bei Mehrlingsgeburten gem. Abs. 4 S. 2 nicht zur Anwendung. Der Maximalbetrag von 1.800 Euro (vgl. Abs. 1 S. 1) kann bei Mehrlingsgeburten überschritten werden (vgl. Hk-MuSchG/BEEG/Lenz § 2 Rn. 17).

J. Einkommen aus nichtselbständiger Arbeit (Abs. 7)

Abs. 7 regelt, wie das für das Elterngeld berücksichtigungsfähige Nettoeinkommen aus nichtselbständiger Arbeit ermittelt wird. Dies gilt sowohl für das vor der Geburt (Abs. 1 und 2) als auch für das nach der Geburt (vgl. Abs. 3) maßgebliche Einkommen. Einkommen aus nichtselbständiger Arbeit ist gem. S. 1 der Überschuss der Einnahmen in Geld oder Geldeswert über die Werbungskosten. Die Werbungskosten werden mit einem Zwölftel des jeweils geltenden Pauschbetrags gem. § 9a Abs. 1 S. 1 Nr. 1 EStG (z. Zt. 920 Euro, so dass monatlich 76,67 Euro abzuziehen sind) berücksichtigt. Von dem so ermittelten Überschuss sind die auf die Einnahmen aus nichtselbstständiger Arbeit entfallenden Steuern (gem. S. 3 sind dies der Lohn- und Kirchensteuer einschließlich des Solidaritätszuschlags) sowie der Arbeitnehmeranteil am Gesamtsozialversicherungsbeitrag einschließlich der sozialen Pflegeversicherung (§ 28d S. 1, 2 SGB IV) abzuziehen. Durch Art. 14 des HBeglG 2011 (BGBl. 2010 I, Nr. 63, S. 1895) wurden die Wörter „dieses Einkommen" durch die Wörter „die Einnahmen aus nichtselbstständiger Arbeit" ersetzt. Ein Wechsel der Steuerklasse mit dem Ziel eines höheren Elterngeldes ist nun möglich (BSG 25. 6. 2009 – B 10 EG 3/08 R und 4/08 R; Hk-MuSchG/BEEG/Lenz § 2 Rn. 19; Röhl NJW 2010, 1418 ff.) und nicht länger wegen rechtsmissbräuchlicher Rechtsausübung als unbeachtlich anzusehen (so noch BSG 13. 8. 1996 – 12 RK 76/94 – SozR 3–2400 § 25 Nr. 6; zur Steuerklassenwahl vgl. Schramm FPR 2007, 343 ff.).

Seit dem 1. 1. 2011 (HBeglG 2011, BGBl. 2010 I, Nr. 63, S. 1895) werden gem. Abs. 7 S. 2 die im Lohnsteuerabzugverfahren als sonstige Bezüge behandelten oder pauschal besteuerten Einnahmen – und nicht mehr nur „sonstige Bezüge iSv § 38a Abs. 1 S. 3 EStG" (Abs. 7 S. 2 aF) – nicht berücksichtigt. Dieser Rechtsänderung liegt der Gedanke zugrunde, dass bei der Berechnung des Elterngeldes nur Einkünfte berücksichtigt werden sollen, die im Inland von der antragstellenden Person versteuert werden (BT-Drucks. 17/3030 S. 48). Unter „sonstige Bezüge" fallen etwa das 13. oder 14. Monatsgehalt, Weihnachts- und Urlaubsgeld, Prämien, Abfindungen und Entschädigungen (vgl. LSG NRW 12. 12. 2008 – L 13 EG 32/08; SG Münster 25. 9. 2007 – S 2 EG 26/07). Nunmehr sind auch die vom Arbeitgeber abgeführten steuer- und abgabenfreien Beiträge zu Pensionskassen nicht als Einkommen zu berücksichtigen (BSG 25. 6. 2009 – B 10 EG 9/08 R; anders noch SG Aachen 8. 4. 2008 – S 13 EG 19/07). Fortlaufend und wiederkehrend gezahlte Umsatzbeteiligungen, die sich auf bestimmte Zahlungszeiträume beziehen, hat das BSG allerdings elterngeldsteigernd berücksichtigt (BSG 3. 12. 2009 – B 10 EG 3/09 R).

Grundlage der Einkommensermittlung sind gem. Abs. 7 S. 4 die Lohn- und Gehaltsbescheinigungen des Arbeitgebers, womit das Verfahren der Einkommensermittlung deutlich erleichtert wird. Die Lohn- und Gehaltsbescheinigungen sind jedoch keinesfalls maßgeblich oder bindend, so dass die Behörde insbesondere bei steuerrechtlichen oder anderen Einordnungen bestimmter Vergütungsbestandteile eigene Ermittlungen durchführen muss (LSG Berlin-Brandenburg 20. 1. 2009 – L 12 EG 7/08).

Zur Ermittlung des maßgebenden Einkommens wird grundsätzlich auf den Zeitraum der letzten 12 Monate vor der Geburt abgestellt, weil dieser Zeitraum am besten die durchschnittlichen finanziellen Verhältnisse vor der Geburt abbildet. Diesen Grundsatz modifizieren die S. 5 und 6 dahingehend, dass Monate, in denen Elterngeld für ein älteres Kind (S. 5) oder Mutterschaftsgeld (gem. § 13 Abs. 1 MuSchG, § 200 RVO oder § 29 KVdL) bezogen wird, unberücksichtigt bleiben. Entsprechendes gilt für Monate während der Schwangerschaft, in denen aufgrund einer schwangerschaftsbedingten Erkrankung Einkommen ganz oder teilweise weggefallen ist (S. 6). Mit diesen Regelungen soll ein Absinken des Elterngeldes durch das in diesen Monaten infolge familiärer Umstände geringere oder ganz entfallende Einkommen verhindert werden. Demgegenüber sind Kalendermonate, in denen – anstelle von Arbeitsentgelt – Streikgeld, Krankengeld oder Arbeitslosengeld bezogen wurde, bei der Bestimmung der zwölf für die Einkommensermittlung maßgebenden Kalendermonate vor der Geburt des Kindes zu berücksichtigen; Arbeitsentgelt aus weiter zurückliegenden Kalendermonaten kann damit nicht herangezogen werden. Das BSG entschied, dass sich der Gesetzgeber mit dem Verzicht auf einen Ausgleich von Arbeitsentgeltausfällen wegen Streiks, Krankheit oder Arbeitslosigkeit im Rahmen seiner Gestaltungsfreiheit gehalten habe und die in Abs. 7 S. 5 bis 7 BEEG verfassungsgemäß seien (BSG 17. 2. 2011 – B 10 EG 17/09 R, B 10 EG 20/09 R, B 10 EG 21/09 R). Mangels Einkommenseinbuße sind Beamtinnen bei weiterlaufenden Dienstbezügen und Arbeitnehmerinnen während der Entgeltfortzahlung gem. § 3 EFZG nicht von dieser Regelung betroffen. Für den Fall, dass eine Nichtberücksichtigung der in S. 5 und S. 6 genannten Zeiten einen geringeren Einkommensbetrag ergibt (bspw. wenn erst relativ kurz vor der Schwangerschaft eine Beschäftigung aufgenommen wurde) als im Falle der Berücksichtigung, gibt es keine gesetzliche Regelung. Ein Wahlrecht besteht im Unterschied zur Regelung für Selbständige (s. u.) nicht. Demnach wird der hieraus erwachsende Nachteil im Einzelfall hinzunehmen sein. Gehaltsnachzahlungen, die erst nach Ablauf des Bemessungszeitraums zufließen, sind im Rahmen der Elterngeldberechnung bei der Ermittlung des in den zwölf Kalendermonaten vor der Geburt des Kindes durchschnittlich erzielten monatlichen Einkommens nicht zu berücksichtigen (so LSG Niedersachsen-Bremen 3. 6. 2010 – L 8 EG 14/09; LSG NRW 26. 8. 2009 –L 13 EG 5/09; aA LSG Hessen 3. 3. 2010 – L 6 EG 16/09).

16   Abs. 7 S. 5 ist nicht analog auf Zeiten mit Erziehungsgeldbezug oder auf Zeiten der Inanspruchnahme von Elternzeit anwendbar (LSG Baden-Württemberg 22. 6. 2010 – L 11 EG 3115/09; BSG 25. 6. 2009 – B 10 EG 8/08 R; BSG 19. 2. 2009 – B 10 EG 2/08 R; SG Freiburg 6. 5. 2008 – S 9 EL 5779/07). Vielmehr ist die Berücksichtigung von Elternzeit bei der Berechnung des Elterngeldes verfassungsgemäß (BVerfG 6. 6. 2011 – 1 BvR 2712/09).

17   Gemäß dem mit Gesetz vom 17. 1. 2009 (BGBl. I S. 61) eingeführten Abs. 7 S. 7 werden auch Zeiten des Wehr- und Zivildienstes nicht berücksichtigt, soweit hierdurch Erwerbseinkommen weggefallen ist. Umfassend zur Berechnung des Elterngeldes Oyda NZS 2010, 194 ff.

K. Einkommen aus sonstiger Erwerbstätigkeit (Abs. 8, Abs. 9)

18   Abs. 8 regelt die Ermittlung des maßgeblichen Einkommens aus Land- und Forstwirtschaft, Gewerbebetrieb und selbständiger Arbeit. Berücksichtigt wird der Gewinn, d. h. der Überschuss der Betriebseinnahmen über die Betriebsausgaben (§ 4 EStG). Sofern diese Berechnung nicht möglich ist, werden als Gewinn gem. Abs. 8 S. 3 die um eine Betriebsausgabenpauschale in Höhe von 20% verminderten Betriebseinnahmen angenommen.

19   Abzuziehen ist von dem insoweit ermittelten Gewinn die auf ihn entfallende Einkommensteuer einschließlich des Solidaritätszuschlags und der Kirchensteuer bzw. im Falle der notwendigen Steuervorauszahlung der entsprechende monatliche anteilige steuerliche Anteil. Abzuziehen sind ferner die aufgrund der Erwerbstätigkeit geleisteten Pflichtbeiträge zur gesetzlichen Sozialversicherung einschließlich der Beiträge zur BA; nicht abzugsfähig sind Beiträge für Versicherungen und Altersvorsorge außerhalb der sozialen Pflichtversicherung (BT-Drucks. 16/2785, S. 38) sowie Beiträge für freiwillige Versicherungen in der gesetzlichen oder privaten Krankenkasse (BT-Drucks. 16/1889 S. 22), da nur solche Aufwendungen abgezogen werden sollen, die bei einer im Elterngeldzeitraum unterbrochenen oder eingeschränkten Tätigkeit entfallen oder reduziert sind (BT-Drucks. 16/2785 S. 38).

20   Auf Antrag der Berechtigten können auch im Falle des Abs. 8 die Regelungen des Abs. 7 S. 5 und 6 Anwendung finden (Abs. 8 S. 5). Hier hat der Berechtigte ein Wahlrecht, weil der Wechsel auf frühere Kalendermonate z. B. für junge Mütter mit einem Betrieb in der Aufbauphase durchaus auch negativ ausfallen kann (BT-Drucks. 16/2785, S. 38).

21   Für den Fall, dass der Berechtigte längere Zeit vor der Geburt, d. h. in den letzten 12 Kalendermonaten und im gesamten letzten abgeschlossenen steuerlichen Veranlagungszeitraum, ohne wesentliche finanzielle Einbußen ununterbrochen erwerbstätig war, gilt aus Gründen der Verwaltungsvereinfachung abweichend von Abs. 8 gem. Abs. 9 S. 1 der durchschnittliche monatliche Gewinn, wie er sich aus dem Steuerbescheid für den letzten Veranlagungszeitraum ergibt. Ist dieser noch nicht erteilt worden, wird das Elterngeld gem. § 8 Abs. 3 vorläufig unter Berücksichtigung des glaubhaft gemachten Einkommens gezahlt. Zusätzlich muss für die Anwendung des § 2 Abs. 9 S. 1 die in beiden Zeiträumen durchgängig ausgeübte Erwerbstätigkeit nach Art und (zeitlichem) Umfang im Wesentlichen übereinstimmen. Weicht der (zeitliche) Umfang in beiden Zeiträumen um mindestens 20 Prozent voneinander ab, kann nicht nach § 2 Abs. 9, sondern muss vielmehr nach § 2 Abs. 8 vorgegangen werden (BSG 17. 2. 2011 – B 10 EG 1/10 R; BSG 3. 12. 2009 – B 10 EG 2/09 R; aA SG Koblenz – S 10 EG 6/08). Eine ununterbrochene Erwerbstätigkeit liegt nicht vor beim Bezug von Elterngeld oder Mutterschaftsgeld sowie bei einer mit einem Einkommensverlust verbundenen schwangerschaftsbedingten Erkrankung (Abs. 9 S. 2 i. V. m. Abs. 7 S. 5 und 6).

22   Hat ein Berechtigter in dem für die Einkommensermittlung maßgeblichen Zeitraum zusätzlich Einkommen aus nichtselbständiger Arbeit erzielt, ist Abs. 9 S. 1 nur anzuwenden, wenn die Voraussetzungen von Abs. 9 S. 1 und 2 auch im Hinblick auf die nichtselbständige Arbeit erfüllt sind (Abs. 9 S. 3). Damit soll sichergestellt werden, dass das Erfordernis der kontinuierlichen Erwerbstätigkeit bei beiden Einkommensarten erfüllt ist und der gleiche Zeitraum zugrunde gelegt wird (BT-Drucks. 16/2785, S. 38).

§ 3 Anrechnung von anderen Leistungen

(1) [1]Mutterschaftsgeld, das der Mutter nach der Reichsversicherungsordnung oder dem Gesetz über die Krankenversicherung der Landwirte für die Zeit ab dem Tag der Geburt zusteht, wird mit Ausnahme des Mutterschaftsgeldes nach § 13 Abs. 2 des Mutterschutzgesetzes auf das ihr zustehende Elterngeld nach § 2 angerechnet. [2]Das Gleiche gilt für Mutterschaftsgeld, das der Mutter im Bezugszeitraum des Elterngeldes für die Zeit vor dem Tag der Geburt eines weiteren Kindes zusteht. [3]Die Sätze 1 und 2 gelten auch für den Zuschuss zum Mutterschaftsgeld nach § 14 des Mutterschutzgesetzes sowie für

Dienstbezüge, Anwärterbezüge und Zuschüsse, die nach beamten- oder soldatenrechtlichen Vorschriften für die Zeit der Beschäftigungsverbote zustehen. ⁴Stehen die Leistungen nach den Sätzen 1 bis 3 nur für einen Teil des Lebensmonats des Kindes zu, sind sie nur auf den entsprechenden Teil des Elterngeldes anzurechnen.

(2) ¹Soweit Berechtigte an Stelle des vor der Geburt des Kindes erzielten Einkommens aus Erwerbstätigkeit nach der Geburt andere Einnahmen erzielen, die nach ihrer Zweckbestimmung dieses Einkommen aus Erwerbstätigkeit ganz oder teilweise ersetzen, werden diese Einnahmen auf das für das ersetzte Einkommen zustehende Elterngeld angerechnet, soweit letzteres den Betrag von 300 Euro übersteigt; dieser Betrag erhöht sich bei Mehrlingsgeburten um je 300 Euro für das zweite und jedes weitere Kind. ²Absatz 1 Satz 4 ist entsprechend anzuwenden.

(3) ¹Dem Elterngeld vergleichbare Leistungen, auf die eine nach § 1 berechtigte Person außerhalb Deutschlands oder gegenüber einer zwischen- oder überstaatlichen Einrichtung Anspruch hat, werden auf das Elterngeld angerechnet, soweit sie für denselben Zeitraum zustehen und die auf der Grundlage des Vertrages zur Gründung der Europäischen Gemeinschaft erlassenen Verordnungen nicht anzuwenden sind. ²Solange kein Antrag auf die in Satz 1 genannten vergleichbaren Leistungen gestellt wird, ruht der Anspruch auf Elterngeld bis zur möglichen Höhe der vergleichbaren Leistung.

A. Einführung

§ 3 regelt die Anrechnung bestimmter Leistungen auf das Elterngeld, die denselben Zweck wie das Elterngeld verfolgen, derselben berechtigten Person und jeweils für denselben Zeitraum gewährt werden (vgl. zum Ganzen Jung SGb 2007, 449 ff.). Hierzu zählen etwa das Mutterschaftsgeld und entsprechende ausländische Leistungen (Anrechnung gem. Abs. 1 bzw. Abs. 3), ferner Erwerbsersatzeinkommen wie Arbeitslosengeld, Krankengeld und Renten (Anrechnungsregelung in Abs. 2). Die von § 3 erfassten Leistungen können nicht neben dem Elterngeld gewährt werden, weil der Zweck des Elterngeldes, Eltern individuell bei der Sicherung ihrer Lebensgrundlage zu unterstützen, wenn sie nach einer Geburt die Betreuung ihres Kindes übernehmen, bei derartigen Leistungen bereits erfüllt ist (BT-Drucks. 16/1889 S. 22). Die Vorschrift übernimmt wesentliche Teile der §§ 7 Abs. 1, 3 Abs. 3 S. 1, 8 Abs. 3 BErzGG.

B. Anrechnung des Mutterschaftsgeldes (Abs. 1)

Für die Dauer der Schutzfristen des § 3 Abs. 2 MuSchG (sechs Wochen vor der Entbindung) und § 6 Abs. 1 MuSchG (acht Wochen nach der Entbindung) haben Frauen, die Mitglied einer gesetzlichen Krankenkasse sind, § 13 MuSchG einen Anspruch auf Mutterschaftsgeld gegen ihre Krankenkasse. Das Mutterschaftsgeld beträgt gem. § 200 Abs. 2 RVO bzw. § 29 KVdLG pro Tag höchstens 13 Euro. Gem. § 3 Abs. 1 S. 1 wird das Mutterschaftsgeld für die Zeit ab dem Tag der Geburt auf das Elterngeld voll angerechnet. Dies gilt nicht für das (einmalige) Mutterschaftsgeld gem. § 13 Abs. 2 MuSchG, das Frauen, die nicht Mitglied einer gesetzlichen Krankenkasse sind, für die Zeit der Schutzfristen erhalten und das höchstens 210 Euro beträgt.

Ebenfalls auf das Elterngeld angerechnet wird gem. Abs. 1 S. 2 Mutterschaftsgeld, das in den Schutzfristen gem. § 3 Abs. 2 MuSchG vor der Geburt eines weiteren Kindes gezahlt wird. Insoweit handelt es sich eigentlich nicht um eine Leistung, die für denselben Leistungszeitraum aus demselben Anlass, nämlich der Geburt des Kindes, dieselben Einkommenseinbußen ausgleichen bzw. ersetzen soll (BT-Drucks. 16/2785, S. 39). Vor dem Hintergrund der vergleichbaren Anrechnung von Erwerbseinkommen während des laufenden Elterngeldes ist diese Regelung aber zu rechtfertigen.

Angerechnet werden gem. Abs. 1 S. 3 auf das Elterngeld auch der Arbeitgeberzuschuss zum Mutterschaftsgeld, der gem. § 14 MuSchG in Höhe der Differenz zwischen dem Mutterschutzgeld gem. § 13 und dem durchschnittlichen Nettoentgelt gezahlt wird, sowie die für die Zeit der Schwangerschaftsschutzfristen gezahlten Dienst- und Anwärterbezüge und Zuschüsse für Beamtinnen und Soldatinnen. Diese Anrechnung betrifft die entsprechenden Zahlungen sowohl in den Schutzfristen nach der Geburt des Kindes, für das Elterngeld bezogen wird, als auch in den Schutzfristen vor der Geburt eines weiteren Kindes. Die gesamten Mutterschutzleistungen, d.h. Mutterschaftsgeld und Arbeitgeberzuschuss ersetzen im Regelfall das ausfallende Nettoeinkommen in voller Höhe, so dass (das im Regelfall niedrigere) Elterngeld in den Schutzfristen voll angerechnet wird, d.h. entfällt. Ist das Elterngeld ausnahmsweise höher als die Mutterschutzleistungen, wird die Differenz zwischen diesem und dem Mutterschaftsgeld einschließlich des Arbeitgeberzuschusses gezahlt.

Für den Fall, dass Mutterschaftsleistungen nur für den Teil eines Monats bezogen werden, etwa für sieben Tage, wird das Elterngeld gem. Abs. 1 S. 4 nur zeitanteilig gekürzt, also um $7/30$ bzw. $7/31$ (vgl. BT-Drucks. 16/1889 S. 22).

6 Die Anrechnungsregelungen des § 3 gelten nur, wenn die Mutter Elterngeld in Anspruch nehmen will; nimmt der Vater das Elterngeld für Zeiten nach der Geburt des Kindes in Anspruch, für die der Mutter Mutterschaftsgeld zusteht, erfolgt keine Anrechnung (Hambüchen/Hambüchen BEEG § 3 Rn. 5).

7 Die Anrechnung hat die Kürzung des Bezugszeitraums vom Elterngeld gem. § 4 Abs. 3 S. 2 um die entsprechende Anzahl an Monaten zur Folge.

C. Anrechnung anderer Einnahmen (Abs. 2)

8 Abs. 2 regelt die Anrechnung von Entgeltersatzleistungen, die nicht mit der Geburt des Kindes im Zusammenhang stehen. Die Gesetzesbegründung nennt als derartige Leistungen das Arbeitslosengeld (§§ 117 ff. SGB III), das Krankengeld (§§ 44 ff. SGB V) sowie Renten (z.B. gem. § 43 SGB VI), vgl. BT-Drucks. 16/1889, S. 22 (eine Auflistung der anzurechnenden bzw. nicht anzurechnenden Leistungen enthält Ziffer 3.2. der Richtlinien zum BEEG des BMFSFJ/204). Da durch derartige Entgeltersatzleistungen derselbe Zweck wie mit dem Elterngeld verfolgt wird, nämlich eine Hilfe zur Sicherung der Lebensgrundlage bei Wegfall des früheren Einkommens zu gewährleisten, erfolgt grundsätzlich deren Anrechnung.

9 Anrechnungsfrei bleibt jedoch stets ein Betrag von 300 Euro, d.h. neben Arbeitslosengeld, Krankengeld etc. wird stets Elterngeld in Höhe von 300 Euro gezahlt. Gem. Abs. 2 S. 1, 2. HS erhöht sich dieser Sockelbetrag bei Mehrlingsgeburten um 300 Euro für die weiteren Kinder. Dieser Sockel- bzw. Freibetrag ist angesichts der Regelungen in § 10 und § 2 Abs. 5 S. 1 gerechtfertigt. Soweit der Betrag der Entgeltersatzleistung geringer ist als das Elterngeld, wird letzteres in Höhe des Unterschiedsbetrages gezahlt. Gem. Abs. 2 S. 2 erfolgt auch bei Entgeltersatzleistungen eine teilweise Anrechnung nach Abs. 1 S. 4.

D. Anrechnung von dem Elterngeld vergleichbaren ausländischen Leistungen (Abs. 3)

10 Auch im Falle ausländischer Leistungen, die denselben Zweck wie das Elterngeld verfolgen, soll es nicht zu Doppelzahlungen kommen. Daher werden dem Elterngeld vergleichbare ausländische Familienleistungen, sofern eine tatsächliche Zahlung erfolgt, gem. Abs. 3 S. 1 angerechnet. Erfolgen mangels Antrag keine Zahlungen und besteht insoweit nur ein Anspruch auf derartige ausländische Leistungen, ruht der Anspruch auf Elterngeld gem. Abs. 3 S. 2, da der Berechtigte zunächst die vergleichbare ausländische Leistung in Anspruch nehmen soll (BT-Drucks. 16/1889 S. 23). Betroffen sind nur ausländische Leistungen, auf die ein Anspruch besteht; freiwillige Leistungen werden zusätzlich gezahlt.

11 Die Anrechnungsregelungen des Abs. 3 gelten aber nur, soweit nicht europäisches Gemeinschaftsrecht (z.B. die VO (EWG) Nr. 883/2004) vorrangig anzuwenden ist. Da das Gemeinschaftsrecht diesbezüglich auch im Verhältnis zu den EWR-Staaten und zur Schweiz gilt, spielt Abs. 3 praktisch nur eine sehr geringe Rolle.

12 Die Anrechnung nach Abs. 3 führt gem. § 4 Abs. 3 S. 2 zur Kürzung des Bezugszeitraums von Elterngeld.

§ 4 Bezugszeitraum

(1) ¹Elterngeld kann in der Zeit vom Tag der Geburt bis zur Vollendung des 14. Lebensmonats des Kindes bezogen werden. ²Für angenommene Kinder und Kinder im Sinne des § 1 Abs. 3 Nr. 1 kann Elterngeld ab Aufnahme bei der berechtigten Person für die Dauer von bis zu 14 Monaten, längstens bis zur Vollendung des achten Lebensjahres des Kindes bezogen werden.

(2) ¹Elterngeld wird in Monatsbeträgen für Lebensmonate des Kindes gezahlt. ²Die Eltern haben insgesamt Anspruch auf zwölf Monatsbeträge. ³Sie haben Anspruch auf zwei weitere Monatsbeträge, wenn für zwei Monate eine Minderung des Einkommens aus Erwerbstätigkeit erfolgt. ⁴Die Eltern können die jeweiligen Monatsbeträge abwechselnd oder gleichzeitig beziehen.

(3) ¹Ein Elternteil kann mindestens für zwei und höchstens für zwölf Monate Elterngeld beziehen. ²Lebensmonate des Kindes, in denen nach § 3 Abs. 1 oder 3 anzurechnende Leistungen zustehen, gelten als Monate, für die die berechtigte Person Elterngeld bezieht. ³Ein Elternteil kann abweichend von Satz 1 für 14 Monate Elterngeld beziehen, wenn eine Minderung des Einkommens aus Erwerbstätigkeit erfolgt und mit der Betreuung durch den anderen Elternteil eine Gefährdung des Kindeswohls im Sinne von § 1666

Abs. 1 und 2 des Bürgerlichen Gesetzbuchs verbunden wäre oder die Betreuung durch den anderen Elternteil unmöglich ist, insbesondere weil er wegen einer schweren Krankheit oder Schwerbehinderung sein Kind nicht betreuen kann; für die Feststellung der Unmöglichkeit der Betreuung bleiben wirtschaftliche Gründe und Gründe einer Verhinderung wegen anderweitiger Tätigkeiten außer Betracht. ⁴Elterngeld für 14 Monate steht einem Elternteil auch zu, wenn

1. ihm die elterliche Sorge oder zumindest das Aufenthaltsbestimmungsrecht allein zusteht oder er eine einstweilige Anordnung erwirkt hat, mit der ihm die elterliche Sorge oder zumindest das Aufenthaltsbestimmungsrecht für das Kind vorläufig übertragen worden ist,
2. eine Minderung des Einkommens aus Erwerbstätigkeit erfolgt und
3. der andere Elternteil weder mit ihm noch mit dem Kind in einer Wohnung lebt.

(4) **Der Anspruch endet mit dem Ablauf des Monats, in dem eine Anspruchsvoraussetzung entfallen ist.**

(5) ¹Die Absätze 2 und 3 gelten in den Fällen des § 1 Abs. 3 und 4 entsprechend. ²Nicht sorgeberechtigte Elternteile und Personen, die nach § 1 Abs. 3 Nr. 2 und 3 Elterngeld beziehen können, bedürfen der Zustimmung des sorgeberechtigten Elternteils.

A. Einführung

§ 4 regelt Beginn und Ende des Anspruchs auf Elterngeld sowie die Modalitäten der Auszahlung des Elterngeldes. 1

B. Beginn und Ende des Anspruchs auf Elterngeld (Abs. 1 und Abs. 2)

Gem. Abs. 1 S. 1 wird Elterngeld nur in den ersten 14 Lebensmonaten eines Kindes gewährt; mit diesem Zeitraum wird an den besonderen Betreuungsbedarf neugeborener Kinder angeknüpft (BT-Drucks. 16/1889, S. 23). Die Fristberechnung erfolgt gem. § 26 Abs. 1 i. V. m. §§ 26 Abs. 1 SGB X, 187 ff. BGB. 2

Für adoptierte Kinder und Kinder, die mit dem Ziel der Adoption in den Haushalt des Berechtigten aufgenommen werden (vgl. § 1 Abs. 3 Nr. 1) beginnt die 14-monatige Frist gem. Abs. 1 S. 2 mit dem Tag der Aufnahme bei der berechtigten Person und endet spätestens mit Vollendung des achten Lebensjahres des Kindes. Damit wird dem Umstand Rechnung getragen, dass der Beginn des Zusammenlebens mit einem aufgenommenen Kind regelmäßig mit besonderen Anforderungen an die fürsorglichen Leistungen der Eltern verbunden ist (BT-Drucks. 16/1889, S. 23). Für den Fall, dass die leiblichen Eltern für ihr Kind, das später vom Elterngeldberechtigten adoptiert wird, schon Erziehungs- oder Elterngeld bezogen haben, erfolgt keine Verrechnung mit den Monatsbeträgen beim Berechtigten (vgl. Hk-MuSchG/BEEG/Lenz § 4 Rn. 4). 3

Gem. Abs. 4 endet der Anspruch auf Elterngeld (uU auch vorzeitig), wenn eine der Anspruchsvoraussetzungen wegfällt, z. B. weil der gemeinsame Haushalt durch einen Elternteil aufgegeben wird oder das Kind stirbt. Um Rückforderungen der Leistung zu vermeiden, wenn dies im Laufe eines Bezugsmonats erfolgt, endet das Elterngeld nicht sofort, sondern erst mit dem Ablauf des entsprechenden Monats (BT-Drucks. 16/1889, S. 24). 4

C. Modalitäten der Auszahlung des Elterngeldes, Abs. 2

Gem. Abs. 2 S. 1, 2 haben die Eltern insgesamt für zwölf Monate einen Anspruch auf Elterngeld, wenn mindestens ein Elternteil in dieser Zeit keine oder keine volle Erwerbstätigkeit ausübt; unerheblich ist, in welchem Umfang vor der Geburt eine Erwerbstätigkeit ausgeübt wurde (BT-Drucks. 16/1889, S. 23). Die Eltern können gem. Abs. 2 S. 3 zwei weitere Monatsbeträge Elterngeld beziehen (sog. Partnermonate), wenn innerhalb des Gesamtbezugszeitraums von 14 Monaten nach der Geburt des Kindes bei einem Partner eine Einkommensminderung eintritt, also eine vor der Geburt des Kindes ausgeübte Erwerbstätigkeit für zwei Monate unterbrochen oder eingeschränkt wird (krit. zu dieser Einschränkung Nebe Streit 2007, 83). Diese Regelung gilt nur bei einer Einschränkung für mindestens zwei Monate, d. h. es kann nicht nur ein Partnermonat in Anspruch genommen werden (vgl. Hk-MuSchG/BEEG/Lenz § 4 Rn. 6; zur Verfassungsmäßigkeit dieser Regelung LSG NRW 12. 10. 2009 – L 13 EG 27/09). Wann, bei welchem Berechtigten und in welcher Höhe die Einkommensminderung eintritt, ist irrelevant. 5

Die Eltern können die zwölf bzw. vierzehn Monatsbeträge Elterngeld gem. Abs. 2 S. 4 abwechselnd oder gleichzeitig beziehen; in letzterem Fall verkürzt sich der Bezugszeitraum wegen des doppelten 6

Verbrauchs von Monatsbeträgen entsprechend (BT-Drucks. 16/1889, S. 23; SG Karlsruhe 27. 10. 2009 – S 11 EG 2280/08; vgl. zu den Kombinationsmöglichkeiten Schramm FPR 2007, 342 ff.).

7 Diese Grundsätze der Auszahlung des Elterngeldes gelten nicht nur für leibliche Eltern, sondern gem. Abs. 5 S. 1 auch für die Berechtigten nach § 1 Abs. 3 und 4.

D. Auszahlung des Elterngeldes an einen Elternteil (Abs. 3 und Abs. 5)

8 Gem. Abs. 3 kann ein Elternteil mindestens für 2 und längstens für 12 Monate Elterngeld beziehen. Die zwei weiteren Monate der insgesamt 14 Monate Elterngeldanspruch sind dem anderen Elternteil vorbehalten (Partnermonate). Diese Regelung wird nicht als unzulässiger Eingriff in die Verfassungsrechte von Ehe und Familie gesehen, sondern als Ausdruck echter Wahlfreiheit der Partner in der Familie und als Maßnahme gegen die auf der einseitigen Zuweisung der Betreuungsarbeit an die Frauen beruhende berufliche Benachteiligung (BT-Drucks. 16/1889, S. 23; vgl. Müller-Terpitz JZ 2006, 994; krit. Seiler NVwZ 2007, 132).

9 Ausnahmsweise kann ein Elternteil bei einer Minderung seines Erwerbseinkommens für die vollen 14 Monate allein Elterngeld beziehen, wenn die Kindesbetreuung durch den anderen Elternteil nicht möglich oder zumutbar ist. Dies ist gem. Abs. 3 S. 3 der Fall, wenn die Betreuung durch den anderen Elternteil das Kindeswohl iSd. § 1666 Abs. 1 und 2 BGB gefährden würde. Dies muss sich der Elternteil, der die vollen 14 Elterngeldmonate für sich beanspruchen möchte, durch das Jugendamt bescheinigen lassen; nicht erforderlich sind entsprechende familiengerichtliche Maßnahmen. Weiterhin stehen einem Elternteil allein 14 Monate Elterngeld zu, wenn die Betreuung durch den anderen Elternteil unmöglich ist, etwa wegen langer schwerer Krankheit, Schwerbehinderung, Tod oder Inhaftierung (vgl. BT-Drucks. 16/1889 S. 23). Dass ein Elternteil die zwei Partnermonate wegen Gefährdung seines Arbeitsplatzes, aus wirtschaftlichen Gründen oder weil er keinen Anspruch auf Elternzeit hat, nicht nimmt, begründet keine Verlängerungsmöglichkeit auf 14 Monate für den anderen Elternteil (BT-Drucks. 16/1889, S. 23). Weiterhin steht einem Elternteil bei einer Minderung seines Erwerbseinkommens gem. Abs. 3 S. 4 ausnahmsweise Elterngeld für 14 Monate zu, wenn ihm die elterliche Sorge oder das Aufenthaltsbestimmungsrecht für das Kind allein zusteht und weder er selbst noch das Kind mit dem anderen Elternteil zusammenlebt. Letzteres setzt eine räumliche Trennung durch zwei verschiedene Wohnungen voraus; ein getrennter Haushalt reicht dazu nicht aus (Hk-MuSchG/BEEG/Lenz § 4 Rn. 13). Ausweislich der Gesetzesbegründung hat ein Elternteil auch dann Anspruch auf 14 Monate Elterngeld, wenn er mit einem neuen Lebensgefährten, der nicht Elternteil des Kindes ist, zusammenlebt; diese Bevorzugung von unverheirateten Paaren erscheint im Hinblick auf Art. 6 Abs. 1 GG problematisch (Wiegand BEEG § 4 Rn. 14).

10 In Ergänzung zu § 3 stellt Abs. 3 S. 2 klar, dass Monate mit Mutterschaftsgeld nicht den Gesamtbezugszeitraum des Elterngeldes verlängern, sondern für die Mutter als Teil der Bezugsdauer gelten. Abs. 3 S. 2 ist verfassungskonform dahingehend auszulegen, dass Lebensmonate des Kindes, in denen anzurechnende Leistungen wie das Mutterschaftsgeld nur anteilig zustehen, auch nur anteilig als fiktive Elterngeldbezugszeit der Mutter des Kindes gelten (LSG Hessen 22. 6. 2010 – L 6 EG 2/08; aA LSG NRW 8. 1. 2010 – L 13 EG 34/09). Darüber hinaus ist eine Anwendung des § 4 Abs. 3 S. 2 ausgeschlossen, wenn der Elternteil, dem in einem bestimmten Lebensmonat des Kindes Mutterschaftsgeld zusteht, in diesem Monat aufgrund objektiver Gegebenheiten nicht zum anspruchsberechtigten Personenkreis iSd. § 1 gerechnet werden kann (BSG 26. 5. 2011 – B 10 EG 11/10 R). Allerdings gelten Lebensmonate des Kindes, in denen die berechtigte Person Mutterschaftsgeld bezieht, nach Abs. 3 S. 2 auch dann als Monate, für die die berechtigte Person Elterngeld bezieht, wenn sich der Elterngeldbezug nicht unmittelbar an den Zeitraum des Bezugs von Mutterschaftsgeld anschließt (LSG Rheinland-Pfalz 6. 5. 2010 – L 5 EG 8/09).

11 Vor dem Hintergrund, dass der Kreis der Elterngeldberechtigten in § 1 bewusst weit gefasst ist und damit Elterngeldberechtigung und Familienrecht auseinanderfallen können, kann eine Person, die aufgrund der tatsächlichen Übernahme der Betreuungsarbeit gem. § 1 Abs. 3 S. 1 Nr. 2, und 3 elterngeldberechtigt ist, nur mit Zustimmung des sorgeberechtigten Elternteils Elterngeld beziehen.

§ 5 Zusammentreffen von Ansprüchen

(1) **Erfüllen beide Elternteile die Anspruchsvoraussetzungen, bestimmen sie, wer von ihnen welche Monatsbeträge in Anspruch nimmt.**

(2) [1]**Beanspruchen beide Elternteile zusammen mehr als die ihnen zustehenden zwölf oder 14 Monatsbeträge Elterngeld, besteht der Anspruch eines Elternteils, der nicht über die Hälfte der Monatsbeträge hinausgeht, ungekürzt; der Anspruch des anderen Elternteils wird gekürzt auf die verbleibenden Monatsbeträge.** [2]**Beanspruchen beide Elternteile Elterngeld für mehr als die Hälfte der Monate, steht ihnen jeweils die Hälfte der Monatsbeträge zu.**

(3) ¹Die Absätze 1 und 2 gelten in den Fällen des § 1 Abs. 3 und 4 entsprechend. ²Wird eine Einigung mit einem nicht sorgeberechtigten Elternteil oder einer Person, die nach § 1 Abs. 3 Nr. 2 und 3 Elterngeld beziehen kann, nicht erzielt, kommt es abweichend von Absatz 2 allein auf die Entscheidung des sorgeberechtigten Elternteils an.

A. Verbindliche Einigung der Eltern (Abs. 1 und Abs. 3)

Erfüllen beide Elternteile die Voraussetzungen für den Elterngeldanspruch, sollen sie gem. § 5 Abs. 1 grundsätzlich eine einvernehmliche und verbindliche Entscheidung über die Verteilung der Elterngeldmonate treffen. Dies ist eine Änderung gegenüber dem BErzGG, das die Erziehungsgeldzahlung nur an einen Elternteil vorsah und bei Uneinigkeit zwischen den Eltern eine Zahlung an die Mutter vorschrieb. Das BEEG bezweckt demgegenüber, beide Elternteile stärker in die Betreuung und Erziehung ihrer Kinder einzubinden (BT-Drucks. 426/06, S. 3, 30, 39). **1**

Die getroffene Entscheidung der Eltern war bis zum Inkrafttreten des Ersten Gesetzes zur Änderung des BEEG vom 17. 1. 2009 (BGBl. I S. 61) gem. Abs. 1 S. 2 aF verbindlich und konnte lediglich bei besonderer Härte gem. S. 3 insgesamt einmal geändert werden. Hierin bestand eine Erschwernis gegenüber der Regelung des § 3 II BErzGG, nach der eine Änderung der Aufteilung schon möglich war, wenn die Betreuung oder Erziehung des Kindes nicht mehr sichergestellt werden kann. Die restriktive Regelung konnte dem Gesetzeszweck zuwiderlaufende Konsequenzen haben, wenn bspw. arbeitslose Elterngeldbezieher eine Arbeitstätigkeit aufnehmen wollten, ihr Partner auf Grund des wegfallenden Elterngeldes aber nicht die Erziehung übernehmen konnte oder wollte (zu Recht kritisch Bönker SozSich 2008, 135). Eine besondere Härte lag entsprechend der Beispiele in Abs. 1 S. 2 aF bei einer schweren Krankheit, einer Schwerbehinderung oder im Falle des Todes eines Elternteiles oder Kindes vor; ferner fällt darunter die nach der Antragstellung eintretende erhebliche wirtschaftliche Gefährdung der Eltern. Eine entsprechende Regelung wurde inzwischen für den Fall einer zweiten Änderung in § 7 II 3 eingeführt. **2**

Mit dem Ersten Gesetz zur Änderung des BEEG vom 17. 1. 2009 (BGBl. I S. 61) wurde in § 7 II 2 nF die einmalige Änderung der Verteilung der Elterngeldmonate ohne Angabe von Gründen ermöglicht. **3**

Die Festlegung der Monatsbeträge erfolgt bei der Antragstellung und muss gem. § 7 Abs. 1 S. 1 schriftlich erfolgen. **4**

B. Kürzung der Ansprüche (Abs. 2)

Falls die Eltern keine einvernehmliche Bestimmung nach Abs. 1 treffen, regelt Abs. 2 die Aufteilung des Elterngeldes auf beide Elternteile, wenn sie mehr als die ihnen zustehenden 12 bzw. 14 Monatsbeträge beanspruchen. Geht der Anspruch eines Elternteils nicht über die ihm grds. zustehende Hälfte der Monatsbeträge hinaus, bleibt sein Anspruch ungekürzt bestehen, und der andere Elternteil erhält dann die verbleibenden Monatsbeträge. Eine verhältnismäßige Kürzung findet nicht statt, um dem zu viel beanspruchenden Elternteil keinen Vorteil auf Kosten des anderen Elternteils zu verschaffen. Überschreiten die Ansprüche beider Elternteile jeweils die Hälfte der Monatsbeträge, steht ihnen gem. Abs. 2 S. 1 jeweils die Hälfte der Monatsbeträge, also jeweils sechs bzw. sieben Monate, zu. Dies gilt auch für den Fall, dass die Eltern versehentlich keine Festlegung über die Verteilung der Bezugsmonate treffen. Wünschen sie eine andere als die in Abs. 2 S. 2 vorgesehene Aufteilung der Bezugsmonate, könnte eine Korrektur analog Abs. 1 S. 3 erfolgen, wenn ein besonderer Härtefall vorliegt (Hambüchen/Hambüchen BEEG § 5 Rn. 34). **5**

C. Regelung für andere Angehörige

Grundsätzlich gelten die Abs. 1 und 2 auch für die in § 1 Abs. 3 und 4 genannten Berechtigten untereinander sowie im Verhältnis zu den leiblichen Eltern der Kinder, die einen Anspruch auf Elterngeld vermitteln. Wird zwischen einem sorgeberechtigten Elternteil und einer nicht sorgeberechtigten Person keine einvernehmliche Regelung getroffen, gilt grundsätzlich die Verteilung gem. Abs. 2. Bei Berechtigten gem. § 1 Abs. 3 Nr. 2 (Stiefkindaufnahme) und Nr. 3 (noch nicht anerkannte oder festgestellte Vaterschaft) schützt Abs. 3 S. 2 die Interessen des sorgeberechtigten Elternteils, indem ihm das Alleinentscheidungsrecht zugewiesen wird; elterliche Streitigkeiten um die Verteilung der Elterngeldmonate können die Auszahlung des Elterngeldes zum Schutze des sorgeberechtigten Elternteils somit nicht verzögern. Der sorgeberechtigte Elternteil ist nicht auf die Zustimmung des anderen Berechtigten angewiesen, wohingegen die andere berechtigte Person gem. § 4 Abs. 5 nur mit seiner Zustimmung Elterngeld beziehen kann (vgl. dort Rn. 11). **6**

§ 6 Auszahlung und Verlängerungsmöglichkeit

¹**Das Elterngeld wird im Laufe des Monats gezahlt, für den es bestimmt ist.** ²**Die einer Person zustehenden Monatsbeträge werden auf Antrag in jeweils zwei halben Monatsbe-**

trägen ausgezahlt, so dass sich der Auszahlungszeitraum verdoppelt. ³Die zweite Hälfte der jeweiligen Monatsbeträge wird beginnend mit dem Monat gezahlt, der auf den letzten Monat folgt, für den der berechtigten Person ein Monatsbetrag der ersten Hälfte gezahlt wurde.

A. Auszahlung des Elterngeldes

1   Gem. § 41 SGB I werden Ansprüche auf Sozialleistungen mit ihrem Entstehen, dh. gem. § 40 Abs. 1 SGB I bei Vorliegen aller Anspruchsvoraussetzungen, fällig, soweit die besonderen Teile des SGB keine Sonderregelung enthalten. Eine derartige Sonderregelung enthält § 6. Dieser legt aus Gründen der Verwaltungsvereinfachung fest, dass das Elterngeld im Laufe des Monats, für den es bestimmt ist, in vollen Monatsbeträgen gezahlt wird. Eine einheitliche Auszahlung am Monatsanfang würde wegen des unterschiedlichen Laufs der Lebensmonate und der aufwändigen Prüf- und Berechnungsverfahren zur Höhe des Elterngeldes eine Erschwernis für die Elterngeldstellen bedeuten (BT-Drucks. 16/1889, S. 25).

B. Verlängerungsmöglichkeit

2   Gem. § 6 S. 2 kann sich eine elterngeldberechtigte Person die ihr zustehenden Monatsbeträge auf Antrag auch in jeweils zwei halben Monatsbeträgen auszahlen lassen, wodurch sich dann der Auszahlungszeitraum verdoppelt und ein regelmäßigerer und längerfristiger, allerdings finanziell eingeschränkter Ausgleich der Einkommenseinbußen ermöglicht wird. Nicht zu einer Verlängerung führen Monate, für die wegen der Anrechnung anderer Leistungen nach § 3 kein Elterngeld gezahlt wird (BT-Drucks. 16/1889, S. 25). Die in den §§ 3 Abs. 2 und 11 S. 1 geregelten Freibeträge in Höhe von jeweils 300 Euro reduzieren sich bei Auszahlung des Elterngeldes in halben Monatsbeträgen auch auf jeweils 150 Euro (vgl. §§ 10 Abs. 3, 11 S. 2).

3   § 6 S. 3 geht davon aus, dass im Falle der Wahl der Verlängerungsmöglichkeit der gesamte Elterngeldzeitraum in einen Zeitraum der ersten Hälfte der Monatsbeträge und in einen Zeitraum der zweiten Hälfte aufgeteilt wird. Dementsprechend legt die Vorschrift fest, dass die zweite Hälfte der jeweiligen Monatsbeträge im Anschluss an den letzten Monat der ersten Hälfte des Auszahlungszeitraums gezahlt wird. Während des verlängerten Auszahlungszeitraums müssen die Anspruchsvoraussetzungen nicht mehr vorliegen (Hk-MuSchG/BEEG/Lenz § 6 Rn. 4). Der Antrag auf Verlängerung des Auszahlungszeitraums kann noch während der Elterngeldbezugszeit gestellt werden (Hambüchen/Irmen BEEG § 6 Rn. 9).

§ 7 Antragstellung

(1) ¹Das Elterngeld ist schriftlich zu beantragen. ²Es wird rückwirkend nur für die letzten drei Monate vor Beginn des Monats geleistet, in dem der Antrag auf Elterngeld eingegangen ist.

(2) ¹In dem Antrag ist anzugeben, für welche Monate Elterngeld beantragt wird. ²Die im Antrag getroffene Entscheidung kann bis zum Ende des Bezugszeitraums ohne Angabe von Gründen einmal geändert werden. ³In Fällen besonderer Härte, insbesondere bei Eintritt einer schweren Krankheit, Schwerbehinderung oder Tod eines Elternteils oder eines Kindes oder bei erheblich gefährdeter wirtschaftlicher Existenz der Eltern nach Antragstellung ist bis zum Ende des Bezugszeitraums einmal eine weitere Änderung zulässig. ⁴Eine Änderung kann rückwirkend nur für die letzten drei Monate vor Beginn des Monats verlangt werden, in dem der Änderungsantrag eingegangen ist. ⁵Sie ist außer in den Fällen besonderer Härte unzulässig, soweit Monatsbeträge bereits ausgezahlt sind. ⁶Im Übrigen finden die für die Antragstellung geltenden Vorschriften auch auf den Änderungsantrag Anwendung.

(3) ¹Der Antrag ist außer in den Fällen des § 4 Abs. 3 Satz 3 und 4 und der Antragstellung durch eine allein sorgeberechtigte Person von der Person, die ihn stellt, und zur Bestätigung der Kenntnisnahme auch von der anderen berechtigten Person zu unterschreiben. ²Die andere berechtigte Person kann gleichzeitig einen Antrag auf das von ihr beanspruchte Elterngeld stellen oder der Behörde anzeigen, für wie viele Monate sie Elterngeld beansprucht, wenn mit ihrem Anspruch die Höchstgrenze nach § 4 Abs. 2 Satz 2 und 3 überschritten würde. ³Liegt der Behörde weder ein Antrag noch eine Anzeige der anderen berechtigten Person nach Satz 2 vor, erhält der Antragsteller oder die Antragstellerin die Monatsbeträge ausgezahlt; die andere berechtigte Person kann bei einem späteren Antrag abweichend von § 5 Abs. 2 nur für die unter Berücksichtigung von § 4 Abs. 2 Satz 2 und 3 verbleibenden Monate Elterngeld erhalten.

A. Antragserfordernis

§ 7 normiert die Modalitäten der Antragstellung und ergänzt die §§ 4 und 5. Das Elterngeld ist an- **1** tragsabhängig. Erforderlich ist gem. § 7 Abs. 1 S. 1 ein schriftlicher Antrag. Gem. § 126 Abs. 1 BGB setzt die Schriftform eine eigenhändige Unterschrift oder ein notariell beglaubigtes Handzeichen voraus. Das Unterschriftserfordernis wird auch durch Abs. 2 S. 2 wiederholt. Eine fernmündliche Übermittlung reicht dementsprechend nicht aus. Im Regelfall werden Antragsformulare verwendet (vgl. § 60 Abs. 2 SGB I), dies ist aber nicht zwingend. Der Antrag ist grundsätzlich bei der zuständigen Elterngeldstelle einzureichen, kann aber – wie sich aus § 16 Abs. 1 S. 2 SGB I ergibt – auch bei jedem anderen Sozialleistungsträger, bei Gemeinden und amtlichen Vertretungen der Bundesrepublik Deutschland im Ausland eingereicht werden. Bei minderjährigen Antragstellern bis zur Vollendung des 15. Lebensjahres (§ 36 Abs. 1 SGB I) ist für die Antragstellung die Einwilligung des gesetzlichen Vertreters erforderlich.

Gem. Abs. 1 S. 2 kann Elterngeld auch rückwirkend geleistet werden, dies allerdings nur für die **2** letzten drei Monate vor Beginn des Antragsmonats. Damit wollte der Gesetzgeber den zeitlichen Zusammenhang der Auszahlung mit dem Grund der Leistung, insbesondere dem Ersatz des wegfallenden Einkommens, gewährleisten (BT-Drucks. 16/1889, S. 25). Maßgebend ist der Zeitpunkt des Antragseingangs bei der zuständigen Elterngeldstelle bzw. einem anderen Leistungsträger. Bei der Frist des Abs. 1 S. 2 handelt es sich um eine gesetzliche materiell-rechtliche Ausschlussfrist, so dass eine Fristverlängerung nicht möglich ist. Bei Versäumnis ist unter den Voraussetzungen des § 27 SGB X aber die Wiedereinsetzung in den vorigen Stand in Betracht zu ziehen sowie, wenn der zuständigen Behörde eine Pflichtverletzung, etwa mangelnde oder fehlerhafte Beratung, vorzuwerfen ist, ein sozialrechtlicher Herstellungsanspruch (Wiegand BEEG § 7 Rn. 6; Hambüchen/Irmen BEEG § 7 Rn. 31).

B. Inhalt des Antrags

Im Antrag muss die Anzahl der Monate, für die Elterngeld bezogen werden soll, sowie deren Fest- **3** legung erfolgen. Monate iSd. Abs. 2 S. 1 sind Lebensmonate des Kindes vom Tage dessen Geburt bzw. Aufnahme in die Familie (vgl. § 4) bis zur Vollendung des 14. Lebensmonats. Abgesehen von dem Fall, dass es nur einen Elterngeldberechtigten gibt (§ 4 Abs. 3 S. 3 und 4 und bei allein sorgeberechtigten Elternteilen), ist der Antrag gem. Abs. 3 S. 1 von beiden Berechtigten zu unterschreiben. Damit wird gewährleistet, dass beide Kenntnis von der Antragstellung haben und keinem Berechtigten durch die Antragstellung Nachteile entstehen können (BT-Drucks. 16/1889 S. 25). Verweigert eine berechtigte Person die Unterschrift, fehlt eine Anspruchsvoraussetzung, das Elterngeld kann nicht ausgezahlt werden (aA Fuchsloch/Scheiwe Leitfaden Elterngeld Rn. 423, die Abs. 2 S. 4 aF (jetzt Abs. 3 S. 3) für anwendbar halten, der sich jedoch nicht auf die fehlende Unterschrift, sondern auf den fehlenden Antrag bzw. die fehlende Anzeige bezieht). Berechtigte können unter Umständen familienrechtlich zur Unterschrift verpflichtet sein. In Betracht kommt bis zur Klärung eine Vorschussleistung nach § 42 Abs. 1 SGB I. Die Verteilung der Monate nach Abs. 2 S. 1 kann einmalig ohne Angabe von Gründen geändert werden (siehe hierzu § 5 Rn. 2 f.).

C. Antrag bzw. Anzeige des anderen Elternteils

Von der obligatorischen gemeinsamen Unterschrift zu unterscheiden ist die Möglichkeit der eige- **4** nen Antragstellung bzw. Anzeige durch den anderen Elternteil gem. Abs. 3 S. 2. Die Anzeige erfordert lediglich die Mitteilung, wie viele Monate Elterngeld durch den zweiten Elternteil beansprucht werden. Sie ist gem. Abs. 3 S. 2 aE nur dann erforderlich, wenn insgesamt die Höchstgrenze des § 4 Abs. 2 S. 2, 3 überschritten würde. In diesem Fall würde gem. § 5 Abs. 2 verfahren (siehe dort Rn. 4). Wird weder ein eigener Antrag gestellt noch ein Anspruch angezeigt, erhält die erste antragstellende Person antragsgemäß Elterngeld, der andere Berechtigte kann dann nur noch für ggf. verbleibende Monate Elterngeld beanspruchen, § 5 Abs. 2 kommt gem. Abs. 3 S. 3 2. HS nicht zur Anwendung. Die Anzeige nach Abs. 3 S. 2 stellt insofern eine Obliegenheit im eigenen Interesse des zweiten Berechtigten dar.

Auf Grund des in dieser Hinsicht keine Ausnahme zulassenden Wortlauts des Abs. 3 S. 1 ist auch **5** der Zweitantrag grundsätzlich von beiden Berechtigten zu unterschreiben. Dies gilt jedenfalls bei gleichzeitigem Antrag oder im Falle der dem Erstantrag widersprechenden Anzeige, da andernfalls die erste berechtigte Person ohne Grund benachteiligt wäre. Sofern sich die Anzeige und der Erstantrag inhaltlich nicht widersprechen, ist für den später folgenden zweiten Antrag die Unterschrift von beiden Berechtigten jedoch nicht mehr notwendig (Hambüchen/Irmen BEEG § 7 Rn. 38), da der Informations- und Koordinationszweck erreicht ist. Wenn weder zeitgleich ein Zweitantrag gestellt

von Koppenfels-Spies

wird noch eine Anzeige vorliegt, bedarf der Zweitantrag ebenfalls keiner doppelten Unterschrift, da der zuerst beantragenden Person wegen Abs. 3 S. 3 2. HS kein Nachteil hierdurch entstehen kann (vgl. Ziffer 7.3 der Richtlinien zum BEEG, BMFSFJ/204).

§ 8 Auskunftspflicht, Nebenbestimmungen

(1) Soweit im Antrag Angaben zum voraussichtlichen Einkommen aus Erwerbstätigkeit gemacht wurden, ist nach Ablauf des Bezugszeitraums das in dieser Zeit tatsächlich erzielte Einkommen aus Erwerbstätigkeit nachzuweisen.

(2) [1]Elterngeld wird in den Fällen, in denen nach den Angaben im Antrag im Bezugszeitraum voraussichtlich kein Einkommen aus Erwerbstätigkeit erzielt wird, unter dem Vorbehalt des Widerrufs für den Fall gezahlt, dass entgegen den Angaben im Antrag Einkommen aus Erwerbstätigkeit erzielt wird. [2]In den Fällen, in denen zum Zeitpunkt der Antragstellung der Steuerbescheid der berechtigten Person oder einer anderen nach § 1 Absatz 1, 3 oder 4 anspruchsberechtigten Person für den letzten abgeschlossenen Veranlagungszeitraum nicht vorliegt und nach den Angaben im Antrag die Beträge nach § 1 Absatz 8 voraussichtlich nicht überschritten werden, wird Elterngeld unter dem Vorbehalt des Widerrufs für den Fall gezahlt, dass entgegen den Angaben im Antrag die Beträge nach § 1 Absatz 8 überschritten werden.

(3) [1]Kann das vor der Geburt des Kindes erzielte Einkommen aus Erwerbstätigkeit nicht ermittelt werden oder wird nach den Angaben im Antrag im Bezugszeitraum voraussichtlich Einkommen aus Erwerbstätigkeit erzielt, wird Elterngeld bis zum Nachweis des tatsächlich erzielten Einkommens aus Erwerbstätigkeit vorläufig unter Berücksichtigung des glaubhaft gemachten Einkommens aus Erwerbstätigkeit gezahlt. [2]Das Gleiche gilt in Fällen, in denen zum Zeitpunkt der Antragstellung der Steuerbescheid der berechtigten Person oder einer anderen nach § 1 Absatz 1, 3 oder 4 anspruchsberechtigten Person für den letzten abgeschlossenen Veranlagungszeitraum nicht vorliegt und in denen noch nicht angegeben werden kann, ob die Beträge nach § 1 Absatz 8 überschritten werden.

A. Einführung

1   § 8 enthält Vorschriften, die das Verfahren bei unklaren Einkommensverhältnissen vor der Geburt des Kindes und während des Elterngeldbezugs regeln. Es handelt sich dabei um Ergänzungen der Regelungen der §§ 44 ff. SGB X und der §§ 42 und 60 SGB I. Durch Art. 14 des HBeglG 2011 wurden die Abs. 2 und 3 des § 8 jeweils um einen Satz 2 ergänzt (BGBl. 2010 I, Nr. 63, S. 1895).

B. Nachweispflicht (Abs. 1)

2   Für den Fall, dass im Antrag auf Elterngeld Angaben über das voraussichtliche Erwerbseinkommen während des Elterngeldbezugs gemacht worden sind, sieht Abs. 1 die Pflicht vor, das während des Bezugszeitraums tatsächlich erzielte Erwerbseinkommen im Nachhinein nachzuweisen. Dies stellt eine Sonderregelung im Verhältnis zu § 60 Abs. 1 S. 1 Nr. 2 SGB I insofern dar, als der Einkommensnachweis auch im Falle der zutreffenden Prognose zu erbringen ist. Abs. 1 kommt immer dann zur Anwendung, wenn im Antrag die Absicht bekundet wurde, in der Zeit des Elterngeldbezugs einer Erwerbstätigkeit nachzugehen.

C. Widerrufsvorbehalt bei Angabe fehlenden Erwerbseinkommens (Abs. 2)

3   Abs. 2 sieht einen Widerrufsvorbehalt im Sinne des § 47 Abs. 1 Nr. 1 SGB X für den Fall vor, dass im Antrag angegeben wird, dass während des Elterngeldbezugs voraussichtlich kein Erwerbseinkommen erzielt wird. § 48 Abs. 1 SGB X ermöglicht unter der Voraussetzung, dass die Änderung in den tatsächlichen Verhältnissen bereits eingetreten ist, eine Aufhebung des bewilligenden Verwaltungsaktes. Die Vorschrift des Abs. 2 dient demgegenüber der Arbeitserleichterung der Elterngeldstelle, da diese bereits bei Kenntnisnahme der Änderung den Elterngeldbescheid aufheben kann, unabhängig davon, ob die Änderung schon eingetreten ist. Der Widerruf muss im Bewilligungsbescheid selbst festgehalten werden (vgl. von Wulffen/Engelmann SGB X § 32 Rn. 31). Nach dem neu eingeführten S. 2 wird in den Fällen, in denen zum Zeitpunkt der Antragstellung der Steuerbescheid der berechtigten Person oder einer anderen nach § 1 Abs. 1, 3 oder 4 anspruchsberechtigten Person für den letzten abgeschlossenen Veranlagungszeitraum nicht vorliegt und nach den Angaben im Antrag die Beträge nach § 1 Abs. 8 voraussichtlich nicht überschritten werden, Elterngeld unter dem Vorbehalt des Wi-

derrufs für den Fall gezahlt, dass entgegen den Angaben im Antrag die Beträge nach § 1 Abs. 8 doch überschritten werden.
Der Widerrufsvorbehalt greift nicht, wenn das Erwerbseinkommen höher ausfällt als im Antrag angegeben (Wiegand BEEG § 8 Rn. 6).

D. Vorläufige Zahlung (Abs. 3)

Kann das vor der Geburt des Kindes erzielte Erwerbseinkommen noch nicht ermittelt werden (zB bei ausbleibender Lohnbescheinigung oder noch nicht erteiltem Steuerbescheid), erfolgt die Elterngeldberechnung durch Schätzung. Abs. 3 Alt. 1 schreibt für diesen Fall die vorläufige Leistung von Elterngeld vor. Im Fall des § 8 Abs. 2 S. 2 liegt eine abgeschlossene Ermittlung des Einkommens vor, Abs. 3 ist nicht anwendbar (Hk-MuSchG/BEEG/Lenz § 8 Rn. 4). Abs. 3 Alt. 2 regelt Entsprechendes für den Fall der beabsichtigten Erwerbstätigkeit während des Elterngeldbezugs und ergänzt somit die Regelung in Abs. 1. Gemäß dem neu eingeführten S. 2 gilt Gleiches in den Fällen, in denen zum Zeitpunkt der Antragstellung der Steuerbescheid der berechtigten Person oder einer anderen nach § 1 Abs. 1, 3 oder 4 anspruchsberechtigten Person für den letzten abgeschlossenen Veranlagungszeitraum nicht vorliegt und in denen noch nicht angegeben werden kann, ob die Beträge nach § 1 Abs. 8 überschritten werden.

In beiden Fällen handelt es sich um eine gebundene Entscheidung, der Elterngeldstelle steht kein Ermessen zu. Berechnungsgrundlage ist jeweils das glaubhaft gemachte Einkommen (§ 294 ZPO). Die Regelung ist eine Verbesserung gegenüber der Möglichkeit nach § 42 Abs. 1 SGB I einen Vorschuss zu erhalten, da dessen Höhe nach pflichtgemäßem Ermessen bestimmt wird. Stellt sich im Nachhinein heraus, dass zuviel Elterngeld geleistet worden ist, erfolgt die Rückzahlung nach § 50 Abs. 1 SGB X. Wenn hingegen schon dem Grunde nach kein Anspruch auf Elterngeld bestand, kann der Bewilligungsbescheid gem. § 45 SGB X zurückgenommen werden (Wiegand BEEG § 8 Rn. 12).

§ 9 Einkommens- und Arbeitszeitnachweis, Auskunftspflicht des Arbeitgebers

¹Soweit es zum Nachweis des Einkommens aus Erwerbstätigkeit oder der wöchentlichen Arbeitszeit erforderlich ist, hat der Arbeitgeber der nach § 12 zuständigen Behörde für bei ihm Beschäftigte das Arbeitsentgelt, die abgezogene Lohnsteuer und den Arbeitnehmeranteil der Sozialversicherungsbeiträge sowie die Arbeitszeit auf Verlangen zu bescheinigen. ²Für die in Heimarbeit Beschäftigten und die ihnen Gleichgestellten (§ 1 Abs. 1 und 2 des Heimarbeitsgesetzes) tritt an die Stelle des Arbeitgebers der Auftraggeber oder Zwischenmeister.

A. Inhalt der Auskunftspflicht

§ 9 belastet den Arbeitgeber mit einer Auskunftspflicht. Die Verpflichtung erstreckt sich auf den Nachweis des Arbeitsentgelts einschließlich abgezogener Lohnsteuer, Sozialversicherungsbeiträgen und der wöchentlichen Arbeitszeit, soweit diese für die Einkommensermittlung oder Feststellung der Wochenarbeitszeit erforderlich sind. Da sonstige Bezüge im Sinne des § 38a Abs. 1 S. 3 EStG nach § 2 Abs. 7 S. 2 nicht als Einkommen berücksichtigt werden, sind diese zu kennzeichnen. Die Wochenarbeitszeit ist wegen § 1 Abs. 6 für die Zeit des Elterngeldbezuges relevant.

B. Art der Verpflichtung; verpflichtete Personen

Die Verpflichtung des Arbeitgebers stellt nach der Gesetzesänderung vom 17. 1. 2009 (BGBl. I S. 61) eine öffentlich-rechtliche Mitwirkungspflicht gegenüber der Elterngeldstelle dar. Nach § 9 S. 1 aF konnte die Elterngeldstelle den Nachweis nicht selbst verlangen (aA Hk-MuSchG/BEEG/Lenz § 9 Rn. 3). Der Nachweis war explizit nur auf Verlangen des Beschäftigten von diesem auszuhändigen. Der Arbeitgeber handelt gem. § 14 I Nr. 1 ordnungswidrig, wenn er die Angaben nicht rechtzeitig bescheinigt. Die Verpflichtung erstreckt sich auch auf ehemalige Arbeitgeber bzw. bei in Heimarbeit beschäftigten Personen auf den Auftraggeber oder Zwischenmeister.

Bei selbstständiger oder freiberuflicher Tätigkeit ist gem. § 60 Abs. 1 S. 1 Nr. 1 SGB I hinsichtlich der wöchentlichen Arbeitszeit eine eigene Erklärung des Berechtigten erforderlich (Wiegand BEEG § 9 Rn. 5).

§ 10 Verhältnis zu anderen Sozialleistungen

(1) **Das Elterngeld und vergleichbare Leistungen der Länder sowie die nach § 3 auf das Elterngeld angerechneten Leistungen bleiben bei Sozialleistungen, deren Zahlung von**

anderen Einkommen abhängig ist, bis zu einer Höhe von insgesamt 300 Euro im Monat als Einkommen unberücksichtigt.

(2) Das Elterngeld und vergleichbare Leistungen der Länder sowie die nach § 3 auf das Elterngeld angerechneten Leistungen dürfen bis zu einer Höhe von 300 Euro nicht dafür herangezogen werden, um auf Rechtsvorschriften beruhende Leistungen anderer, auf die kein Anspruch besteht, zu versagen.

(3) In den Fällen des § 6 Satz 2 bleibt das Elterngeld nur bis zu einer Höhe von 150 Euro als Einkommen unberücksichtigt und darf nur bis zu einer Höhe von 150 Euro nicht dafür herangezogen werden, um auf Rechtsvorschriften beruhende Leistungen anderer, auf die kein Anspruch besteht, zu versagen.

(4) Die nach den Absätzen 1 bis 3 nicht zu berücksichtigenden oder nicht heranzuziehenden Beträge vervielfachen sich bei Mehrlingsgeburten mit der Zahl der geborenen Kinder.

(5) [1]Die Absätze 1 bis 4 gelten nicht bei Leistungen nach dem Zweiten Buch Sozialgesetzbuch, dem Zwölften Buch Sozialgesetzbuch und § 6a des Bundeskindergeldgesetzes. [2]Bei den in Satz 1 bezeichneten Leistungen bleibt das Elterngeld in Höhe des nach § 2 Absatz 1 berücksichtigten durchschnittlich erzielten Einkommens aus Erwerbstätigkeit vor der Geburt bis zu 300 Euro im Monat als Einkommen unberücksichtigt. [3]In den Fällen des § 6 Satz 2 verringern sich die Beträge nach Satz 2 um die Hälfte.

A. Einführung

1 § 10 regelt die Modalitäten der Anrechnung des Elterngeldes auf andere Sozialleistungen. Die Regelung ist das Gegenstück zu § 3, in dem die Anrechnung anderer Sozialleistungen auf das Elterngeld normiert ist. Die Vorschrift übernimmt im Wesentlichen die Regelung des § 8 BErzGG und führt dessen Grundgedanken weiter, indem lediglich der Mindestelterngeldbetrag, der dem zuletzt gültigen Erziehungsgeldbetrag entspricht, von der Anrechnung freigestellt wird. Das Elterngeld soll in der Höhe von 300 Euro dem Berechtigten als Anerkennung für die Betreuungsleistung in jedem Fall zusätzlich zufließen (vgl. BT-Drucks. 16/1889 S. 26). Durch Art. 14 des HBeglG 2011 (BGBl. 2010 I, Nr. 63, S. 1895) wurde ein neuer Abs. 5 angefügt, der die Anrechnungsfreiheit des Elterngeldes beim Bezug von Leistungen nach dem SGB II, dem SGB XII und nach § 6a des BKGG aufhebt.

B. Freibetrag bei Sozialleistungen (Abs. 1)

2 Elterngeld darf bei einkommensabhängigen Sozialleistungen in Höhe des Mindestbetrags nach § 2 Abs. 5 von 300 Euro nicht als Einkommen berücksichtigt werden. Darüber hinausgehende Beträge werden hingegen als Einkommen berücksichtigt. Wichtigste Beispiele für einkommensabhängige Sozialleistungen sind die Grundsicherung für Arbeitsuchende nach dem SGB II und die Hilfe zum Lebensunterhalt nach dem SGB XII, des Weiteren Wohngeld, Leistungen nach dem BAföG und nach dem Asylbewerberleistungsgesetz. Der Begriff der Sozialleistung ist auf Grund der gesetzgeberischen Zwecksetzung weit auszulegen, um der Anerkennungsfunktion Geltung zu verschaffen. Sozialleistungen sind daher nicht nur die in den §§ 18 ff. SGB I genannten, sondern bspw. auch Prozesskostenhilfe (zum Erziehungsgeld OLG München 5. 5. 2004 – 12 WF 1039/04 – FamRZ 2004, S. 1498) und die landesrechtliche Befreiung von der Rundfunkgebührenpflicht (so zum Erziehungsgeld VG Hannover 5. 12. 1989 – 3 A 413/88 – FamRZ 1990, S. 1164; dagegen aus kompetenziellen Erwägungen OVG Niedersachsen 26. 6. 1991 – 4 L 27/90). Die Freibetragsregelung erstreckt sich auch auf die gem. § 3 auf das Elterngeld angerechneten Leistungen und mit dem Elterngeld vergleichbare landesrechtliche Regelungen. Gemeint ist hiermit das in Baden-Württemberg, Bayern, Sachsen und Thüringen auf unterschiedlichen Rechtsgrundlagen gewährte Landeserziehungsgeld (vgl. hierzu Wiegand BEEG Einf. Rn. 37 ff.).

C. Erweiterung für Ermessensleistungen (Abs. 2)

3 In Abs. 2 wird die Regelung des Abs. 1 auf Ermessensleistungen erweitert. Abs. 1 gilt hinsichtlich einer Einkommensanrechnung bei einkommensabhängigen Sozialleistungen zwar auch für Ermessensentscheidungen (Hk-MuSchG/BEEG/Lenz § 10 Rn. 3). Auf der Rechtsfolgenseite könnte bei Ermessensentscheidungen aber wieder das Einkommen einschließlich Elterngeld eine negative Rolle spielen. Dies wird durch Abs. 2 vermieden. Darüber hinaus darf das Elterngeld im Umfang von 300 Euro auch bei nicht einkommensabhängigen Leistungen nicht negativ bei der Ermessensentscheidung zu Buche schlagen. Beispiele für solche Leistungen lassen sich in Gestalt freiwilliger Leistungen in Satzungen von Krankenkassen finden (Hambüchen/Irmen BEEG § 10 Rn. 12). Auf Grund

der amtlichen Überschrift muss es sich auch bei den Leistungen des Abs. 2 um Sozialleistungen handeln (aA Hk-MuSchG/BEEG/Lenz § 10 Rn. 4).

D. Freibetrag bei Verlängerung des Bezugszeitraums (Abs. 3)

Sofern von der Regelung des § 6 S. 2 (Verdoppelung des Bezugszeitraums bei Halbierung des Elterngeldbetrags) Gebrauch gemacht wird, verringert sich der Freibetrag nach Abs. 1 und Abs. 2 auf 150 Euro. 4

E. Freibeträge bei Mehrlingsgeburten (Abs. 4)

Bei Mehrlingsgeburten vervielfacht sich der Freibetrag um die Anzahl der Kinder. 5

F. Ausschluss der Anrechnungsfreiheit (Abs. 5)

Der durch Art. 14 des HBeglG 2011 (BGBl. 2010 I, Nr. 63, S. 1895) neu eingeführte Abs. 5 hebt 6 die Anrechnungsfreiheit des Elterngeldes beim Bezug von Leistungen nach dem SGB II, dem SGB XII und nach § 6a des BKGG auf. Dies soll dem Umstand Rechnung tragen, dass der Bedarf des betreuenden Elternteils und der des Kindes im System der Grundsicherung durch die Regelsätze und die Zusatzleistungen, gegebenenfalls einschließlich des Mehrbedarfszuschlags für Alleinerziehende, bereits umfassend gesichert ist und dem betreuenden Elternteil eine Erwerbstätigkeit nicht zugemutet wird. Außerdem vermeidet die vollständige Berücksichtigung des Elterngeldes im System der Grundsicherung gerade auch im Vergleich zum Berechtigten untereinander die Relativierung der durch die Erwerbstätigenfreibeträge bezweckten Anreizwirkung und führt damit auch zu einer stärkeren Konturierung des differenzierten Anreiz- und Unterstützungssystems in der Grundsicherung (BT-Drucks. 17/3030 S. 48; die Verfassungsmäßigkeit der Regelung bejahend: SG Detmold 19. 1. 2011 – S 8 AS 37/11 ER; kritisch: Lenze info also 2011, S. 3).

§ 11 Unterhaltspflichten

¹Unterhaltsverpflichtungen werden durch die Zahlung des Elterngeldes und vergleichbarer Leistungen der Länder nur insoweit berührt, als die Zahlung 300 Euro monatlich übersteigt. ²In den Fällen des § 6 Satz 2 werden die Unterhaltspflichten insoweit berührt, als die Zahlung 150 Euro übersteigt. ³Die in den Sätzen 1 und 2 genannten Beträge vervielfachen sich bei Mehrlingsgeburten mit der Zahl der geborenen Kinder. ⁴Die Sätze 1 bis 3 gelten nicht in den Fällen des § 1361 Abs. 3, der §§ 1579, 1603 Abs. 2 und des § 1611 Abs. 1 des Bürgerlichen Gesetzbuchs.

A. Einführung

§ 11 regelt das Verhältnis des Elterngeldes zu familienrechtlichen Unterhaltsansprüchen (Beispiele 1 bei Scholz FamRZ 2007, 7). Die Vorschrift entspricht im Wesentlichen der Vorgängerregelung des § 9 BErzGG.

B. Familienrechtliche Unterhaltsverpflichtungen nach BGB und LPartG

Die in § 11 genannten Unterhaltsverpflichtungen betreffen Unterhaltsansprüche zwischen zusam- 2 menlebenden Ehegatten gem. §§ 1360–1360b BGB, zwischen getrennt lebenden Ehegatten gem. §§ 1361–1361b BGB, zwischen geschiedenen Ehegatten gem. §§ 1569–1586b BGB und zwischen Verwandten der aufsteigenden Linie, insbesondere Kinder gegenüber ihren Eltern, gem. §§ 1601–1615o BGB. Hinzu kommen Ansprüche zwischen eingetragenen Lebenspartnern nach §§ 5, 12, 16 LPartG, die im Wesentlichen den Regelungen für Ehegatten entsprechen.

C. Nichtanrechenbarkeit des Elterngeldes

S. 1 normiert die Nichtanrechenbarkeit des Elterngeldes bis zu einem Betrag von 300 Euro bei der 3 Berechnung von Unterhaltsverpflichtungen. Dieser Betrag wird weder als Einkommen des Unterhaltsberechtigten noch als Einkommen des Unterhaltsverpflichteten berücksichtigt (Hambüchen/Irmen BEEG § 11 Rn. 4). Die Zwecksetzung entspricht der des § 10 (Wiegand BEEG § 11 Rn. 5; BT-Drucks. 16/1889 S. 26). Den Berechtigten soll der Mindestbetrag des Elterngeldes nach § 2

Abs. 5 S. 1 als Anerkennung für ihre Erziehungsleistung grundsätzlich verbleiben. Die Sätze 2 und 3 enthalten den Abs. 3 und 4 des § 10 entsprechende Modifikationen hinsichtlich des halbierten Elterngeldbetrags gem. § 6 S. 2 und des Zuschlags für Mehrlingsgeburten nach § 2 Abs. 6.

4 Der Teil des Elterngeldes, der über den Betrag von 300 Euro hinausgeht, wird als Einkommen sowohl auf Seiten des Unterhaltsberechtigten als auch des Verpflichteten berücksichtigt (Scholz FamRZ 2007, 9).

D. Ausnahmen (Satz 4)

5 In voller Höhe als Einkommen berücksichtigt wird das Elterngeld jedoch in den Ausnahmefällen des Satzes 4. Dies betrifft zum einen die Herabsetzung des Unterhaltsanspruchs bei grober Unbilligkeit nach § 1579 BGB, beim Geschiedenenunterhalt bzw. gem. § 1361 Abs. 3 BGB beim Getrenntlebendenunterhalt und die Beschränkung der Unterhaltspflicht zwischen Verwandten bei grobem Fehlverhalten des Berechtigten nach § 1611 Abs. 1 BGB; in diesen Varianten wird der Unterhaltsanspruch aus Billigkeitsgründen begrenzt. Zum anderen gilt die Ausnahme von der Nichtanrechenbarkeit für die erweiterte Unterhaltspflicht von Eltern gegenüber minderjährigen Kindern nach § 1603 Abs. 2 BGB. Es ist zu beachten, dass nach der ratio der Vorschrift im Falle von §§ 1361 Abs. 3, 1579 und 1611 Abs. 1 BGB das Elterngeld beim Berechtigten zum Einkommen gerechnet wird, im Falle des § 1603 Abs. 2 BGB aber beim Verpflichteten (BGH 21. 6. 2006 – XII ZR 147/04 – FamRZ 2006, S. 1182, 1184 zum Erziehungsgeld). Ob die durch die ausnahmsweise Anrechnung des Elterngeldes verdoppelte Sanktionierung eines Fehlverhaltens zwischen den unterhaltsrechtlich verbundenen Personen nach §§ 1361 Abs. 3, 1579 und 1611 Abs. 1 BGB angesichts der Zielrichtung des Elterngeldes (Anerkennung der Erziehungsleistung) gerechtfertigt ist, erscheint zweifelhaft (zu Recht kritisch Fuchsloch/Scheiwe Leitfaden Elterngeld Rn. 303; bestätigt durch BGH FamRZ aaO zum Erziehungsgeld). Jedenfalls ist Satz 4 als abschließende Ausnahmeregelung eng auszulegen und nicht analogiefähig (Hambüchen/Irmen BEEG § 11 Rn. 11).

6 Wegen einer gesteigerten Unterhaltspflicht gegenüber minderjährigen Kindern nach § 1603 Abs. 2 BGB kommt eine vollständige Anrechnung des Elterngeldes nur in Betracht, wenn dem Unterhaltsschuldner selbst das Elterngeld zusteht und nicht etwa dessen Ehegatten (BGH aaO, 1185).

§ 12 Zuständigkeit; Aufbringung der Mittel

(1) ¹**Die Landesregierungen oder die von ihnen beauftragten Stellen bestimmen die für die Ausführung dieses Gesetzes zuständigen Behörden.** ²**Diesen Behörden obliegt auch die Beratung zur Elternzeit.** ³**In den Fällen des § 1 Abs. 2 ist die von den Ländern für die Durchführung dieses Gesetzes bestimmte Behörde des Bezirks zuständig, in dem die berechtigte Person ihren letzten inländischen Wohnsitz hatte; hilfsweise ist die Behörde des Bezirks zuständig, in dem der entsendende Dienstherr oder Arbeitgeber der berechtigten Person oder der Arbeitgeber des Ehegatten, der Ehegattin, des Lebenspartners oder der Lebenspartnerin der berechtigten Person den inländischen Sitz hat.**

(2) **Der Bund trägt die Ausgaben für das Elterngeld.**

A. Zuständigkeit

1 Bei der Ausführung des BEEG handelt es sich um Bundesauftragsverwaltung im Sinne des Art. 85 GG. Die Landesregierungen bzw. die von ihnen beauftragten Stellen sind demnach für die Bestimmung der zur Ausführung des BEEG zuständigen Stellen zuständig. Infolgedessen sind die Zuständigkeiten in den verschiedenen Bundesländern sehr unterschiedlich geregelt (Aufzählungen bei Wiegand BEEG § 12 Rn. 5; Hk/MuschG/BEEG/Lenz § 12 Rn. 2). Zu den Aufgaben der Elterngeldstellen gehört – in Ergänzung zur Beratungspflicht über das Elterngeld gem. §§ 13 ff. SGB I – gem. Abs. 1 S. 2 auch die Beratung über die Elternzeit. Die Elterngeldstellen sind nicht mit den Landesbehörden nach § 18 BEEG identisch, die über die Zulässigkeit von Kündigungen während der Elternzeit entscheiden (Wiegand BEEG § 12 Rn. 4). Die Regelungen in Abs. 1 S. 1 und S. 2 entsprechen denen des § 10 BErzGG. Im Falle der Verletzung der Beratungspflicht kann ein sozialrechtlicher Herstellungsanspruch entstehen.

2 Abs. 1 S. 3 regelt die sachliche Zuständigkeit für Fälle, in denen der Berechtigte eine vorübergehende Tätigkeit im Ausland ausübt (§ 1 Abs. 2). Zuständig ist dann die nach Landesrecht bestimmte Behörde, die für den Ort des letzten Wohnsitzes des Berechtigten zuständig wäre. Die örtliche Zuständigkeit richtet sich nach § 2 SGB X.

B. Finanzierung des Elterngeldes

3 Das Elterngeld ist gem. Abs. 2 ausschließlich eine Geldleistung des Bundes. Die Auszahlung erfolgt zunächst auf Kosten der ausführenden Länder (HkMuschG/BEEG/Conradis/Lenz § 12 Rn. 7). Die

Kosten werden vom Bund erstattet, soweit nicht unrechtmäßig zuviel ausgezahlt wurde. Die Verwaltungskosten für die Durchführung des BEEG tragen die Länder (Art. 104a V GG).

§ 13 Rechtsweg

(1) ¹Über öffentlich-rechtliche Streitigkeiten in Angelegenheiten der §§ 1 bis 12 entscheiden die Gerichte der Sozialgerichtsbarkeit. ²§ 85 Abs. 2 Nr. 2 des Sozialgerichtsgesetzes gilt mit der Maßgabe, dass die zuständige Stelle nach § 12 bestimmt wird.
(2) Widerspruch und Anfechtungsklage haben keine aufschiebende Wirkung.

A. Rechtsweg

Gem. Abs. 1 S. 1 ist für öffentlich-rechtliche Streitigkeiten in Angelegenheiten der §§ 1–12 der Rechtsweg zur Sozialgerichtsbarkeit gegeben. Somit liegt eine Rechtswegverweisung im Sinne des § 51 Abs. 1 Nr. 10 SGG vor. **1**

Für Streitigkeiten nach dem zweiten Abschnitt sind die Arbeitsgerichte zuständig, für die Frage der Zustimmung zur Kündigung nach § 18 jedoch die Verwaltungsgerichte (Hambüchen/Appel/Kaiser BEEG § 18 Rn. 86). **2**

Gegen die im dritten Abschnitt geregelte vorläufige Zahlungseinstellung gem. §§ 331 SGB III, 26 Abs. 2 sind mangels Verwaltungsaktes Widerspruch und Anfechtungsklage nicht statthaft; es ist vielmehr eine isolierte Leistungsklage zu erheben (Niesel/Düe SGB III § 331 Rn. 7; aA wohl Hk/MuSchG/BEEG/Conradis § 13 Rn. 6 ff.). Da diese unmittelbar auf Erfüllung des Anspruchs nach § 1 gerichtet ist, bleibt es auch in diesem Fall bei der Rechtswegzuständigkeit der Sozialgerichte gem. § 13 Abs. 1 S. 1. **3**

B. Widerspruchsverfahren

Gem. § 78 SGG ist vor Erhebung der Anfechtungsklage oder der Verpflichtungsklage in Form der Versagungsgegenklage (§ 78 Abs. 3 SGG) die Durchführung eines Vorverfahrens erforderlich. Das Vorverfahren wird gem. § 83 SGG mit Einlegung eines Widerspruchs bei der Ausgangsbehörde eingeleitet. Sofern dem Widerspruch nicht abgeholfen wird, hat die zuständige Widerspruchsbehörde den Widerspruchsbescheid zu erlassen (§ 85 SGG). Abs. 1 S. 2 bestimmt die für die Widerspruchsentscheidung zuständige Stelle analog der Regelung des § 12 Abs. 1; die Widerspruchsstelle wird demnach durch Landesrecht bestimmt. Der in Abs. 1 S. 2 enthaltene Verweis auf § 85 Abs. 2 Nr. 2 SGG ist irreführend, da hier das Verfahren zur Bestimmung der Widerspruchsstelle in der Sozialversicherung durch die Vertreterversammlung genannt wird, Elterngeld aber keine Sozialversicherungsleistung ist und daher auch keine Selbstverwaltungselemente im Vorverfahren zu berücksichtigen sind. **4**

C. Wegfall der aufschiebenden Wirkung; einstweiliger Rechtsschutz

Widerspruch und Anfechtungsklage haben gem. § 86a Abs. 1 SGG grundsätzlich aufschiebende Wirkung. Abs. 2 regelt deren Wegfall entsprechend der Vorgabe des § 86a Abs. 2 Nr. 4 SGG. Nach § 86a Abs. 3 SGG kann die Elterngeldstelle, nach § 86b Abs. 1 Nr. 2 SGG das Sozialgericht, die aufschiebende Wirkung anordnen. Dies wird insbesondere bei der Rückforderung von (vermeintlich) überzahltem Elterngeld in Betracht kommen. Daneben kann das Gericht einstweilige Anordnungen nach § 86b Abs. 2 SGG erlassen. Beide Möglichkeiten bestehen gem. § 86b Abs. 3 SGG bereits vor Klageerhebung. **5**

§ 14 Bußgeldvorschriften

(1) Ordnungswidrig handelt, wer vorsätzlich oder fahrlässig
1. entgegen § 9 eine dort genannte Angabe nicht, nicht richtig, nicht vollständig oder nicht rechtzeitig bescheinigt,
2. entgegen § 60 Abs. 1 Satz 1 Nr. 1 des Ersten Buches Sozialgesetzbuch, auch in Verbindung mit § 8 Abs. 1 Satz 1, eine Angabe nicht, nicht richtig, nicht vollständig oder nicht rechtzeitig macht,
3. entgegen § 60 Abs. 1 Satz 1 Nr. 2 des Ersten Buches Sozialgesetzbuch eine Mitteilung nicht, nicht richtig, nicht vollständig oder nicht rechtzeitig macht oder
4. entgegen § 60 Abs. 1 Satz 1 Nr. 3 des Ersten Buches Sozialgesetzbuch eine Beweisurkunde nicht, nicht richtig, nicht vollständig oder nicht rechtzeitig vorlegt.

(2) Die Ordnungswidrigkeit kann mit einer Geldbuße von bis zu zweitausend Euro geahndet werden.

(3) Verwaltungsbehörden im Sinne des § 36 Abs. 1 Nr. 1 des Gesetzes über Ordnungswidrigkeiten sind die in § 12 Abs. 1 Satz 1 und 3 genannten Behörden.

A. Ordnungswidrigkeiten

1 § 14 Abs. 1 normiert vier Bußgeldtatbestände die jeweils an die Nichteinhaltung verschiedener Auskunfts- und Nachweispflichten durch die berechtigte Person oder deren Arbeitgeber anknüpfen.

2 Nr. 1 richtet sich gegen Arbeitgeber, die nicht, nicht richtig, nicht vollständig oder nicht rechtzeitig nach § 9 erforderliche Nachweise bringen. Problematisch ist die mangelnde Bestimmtheit des Bußgeldtatbestands im Hinblick darauf, ab welchem Zeitpunkt der Nachweis nach § 9 S. 1 nicht rechtzeitig erbracht wurde, da für die Auskunfterteilung keine Frist bestimmt ist. Offen ist daher, ob schon eine geringe Verzögerung der Elterngeldzahlung durch den nicht unverzüglich erbrachten Nachweis zur Verwirklichung des Tatbestands führt, oder ob erhebliche bzw. dauerhafte Nachteile für den Elterngeldberechtigten entstanden sein müssen. Nicht mehr rechtzeitig dürfte die Auskunft jedenfalls erteilt sein, wenn durch die Verzögerung der Antrag erst während des Bezugszeitraums vollständig gestellt werden kann, auch wenn durch die Möglichkeit der rückwirkenden Gewährung nach § 7 Abs. 1 S. 2 kein dauerhafter Schaden beim Berechtigten entsteht. Gem. § 9 OWiG kann auch gegen den gesetzlichen Vertreter oder den für die Erteilung der Bescheinigung Beauftragten ein Bußgeld verhängt werden, gem. § 30 OWiG auch gegen eine juristische Person als Arbeitgeber (Wiegand BEEG § 14 Rn. 7).

3 Nr. 2 bis Nr. 4 regeln Bußgeldtatbestände gegen Antragsteller, die ihre Mitwirkungspflichten gem. § 60 Abs. 1 SGB I in Verbindung mit Vorschriften des BEEG verletzen. Nr. 2 bezieht sich auf im Verwaltungsverfahren gemachte Angaben, Nr. 3 auf Mitteilungen über Änderungen in den leistungserheblichen tatsächlichen Verhältnissen, Nr. 4 auf die Vorlegung von Beweisurkunden.

B. Höhe der Geldbuße

4 Die Geldbuße beträgt gem. Abs. 2 höchstens 2.000 Euro, gem. § 17 Abs. 1 OWiG mindestens 5 Euro, bei Fahrlässigkeit gem. § 17 Abs. 2 OWiG iVm. § 14 Abs. 2 höchstens 1.000 Euro.

C. Zuständige Verwaltungsbehörde; Rechtsweg

5 Verwaltungsbehörde, dh. für die Verhängung der Geldbuße zuständige Behörde, ist nach Abs. 3 die Elterngeldstelle gem. § 12 Abs. 1 S. 1, 3. Es gilt das Verfahrensrecht des OWiG. Für das Gerichtsverfahren ist der Rechtsweg zur ordentlichen Gerichtsbarkeit gegeben (§§ 13 GVG, 68 Abs. 1 S. 1 OWiG).

Abschnitt 2. Elternzeit für Arbeitnehmerinnen und Arbeitnehmer

§ 15 Anspruch auf Elternzeit

(1) [1]Arbeitnehmerinnen und Arbeitnehmer haben Anspruch auf Elternzeit, wenn sie
1.
 a) mit ihrem Kind,
 b) mit einem Kind, für das sie die Anspruchsvoraussetzungen nach § 1 Abs. 3 oder 4 erfüllen, oder
 c) mit einem Kind, das sie in Vollzeitpflege nach § 33 des Achten Buches Sozialgesetzbuch aufgenommen haben,
in einem Haushalt leben und
2. dieses Kind selbst betreuen und erziehen.
[2]Nicht sorgeberechtigte Elternteile und Personen, die nach Satz 1 Nr. 1 Buchstabe b und c Elternzeit nehmen können, bedürfen der Zustimmung des sorgeberechtigten Elternteils.

(1a) [1]Anspruch auf Elternzeit haben Arbeitnehmer und Arbeitnehmerinnen auch, wenn sie mit ihrem Enkelkind in einem Haushalt leben und dieses Kind selbst betreuen und erziehen und

1. ein Elternteil des Kindes minderjährig ist oder

2. ein Elternteil des Kindes sich im letzten oder vorletzten Jahr einer Ausbildung befindet, die vor Vollendung des 18. Lebensjahres begonnen wurde und die Arbeitskraft des Elternteils im Allgemeinen voll in Anspruch nimmt.
²Der Anspruch besteht nur für Zeiten, in denen keiner der Elternteile des Kindes selbst Elternzeit beansprucht.

(2) ¹Der Anspruch auf Elternzeit besteht bis zur Vollendung des dritten Lebensjahres eines Kindes. ²Die Zeit der Mutterschutzfrist nach § 6 Abs. 1 des Mutterschutzgesetzes wird auf die Begrenzung nach Satz 1 angerechnet. ³Bei mehreren Kindern besteht der Anspruch auf Elternzeit für jedes Kind, auch wenn sich die Zeiträume im Sinne von Satz 1 überschneiden. ⁴Ein Anteil der Elternzeit von bis zu zwölf Monaten ist mit Zustimmung des Arbeitgebers auf die Zeit bis zur Vollendung des achten Lebensjahres übertragbar; dies gilt auch, wenn sich die Zeiträume im Sinne von Satz 1 bei mehreren Kindern überschneiden. ⁵Bei einem angenommenen Kind und bei einem Kind in Vollzeit- oder Adoptionspflege kann Elternzeit von insgesamt bis zu drei Jahren ab der Aufnahme bei der berechtigten Person, längstens bis zur Vollendung des achten Lebensjahres des Kindes genommen werden; die Sätze 3 und 4 sind entsprechend anwendbar, soweit sie die zeitliche Aufteilung regeln. ⁶Der Anspruch kann nicht durch Vertrag ausgeschlossen oder beschränkt werden.

(3) ¹Die Elternzeit kann, auch anteilig, von jedem Elternteil allein oder von beiden Elternteilen gemeinsam genommen werden. ²Satz 1 gilt in den Fällen des Absatzes 1 Satz 1 Nr. 1 Buchstabe b und c entsprechend.

(4) ¹Der Arbeitnehmer oder die Arbeitnehmerin darf während der Elternzeit nicht mehr als 30 Wochenstunden erwerbstätig sein. ²Eine im Sinne des § 23 des Achten Buches Sozialgesetzbuch geeignete Tagespflegeperson kann bis zu fünf Kinder in Tagespflege betreuen, auch wenn die wöchentliche Betreuungszeit 30 Stunden übersteigt. ³Teilzeitarbeit bei einem anderen Arbeitgeber oder selbstständige Tätigkeit nach Satz 1 bedürfen der Zustimmung des Arbeitgebers. ⁴Dieser kann sie nur innerhalb von vier Wochen aus dringenden betrieblichen Gründen schriftlich ablehnen.

(5) ¹Der Arbeitnehmer oder die Arbeitnehmerin kann eine Verringerung der Arbeitszeit und ihre Ausgestaltung beantragen. ²Über den Antrag sollen sich der Arbeitgeber und der Arbeitnehmer oder die Arbeitnehmerin innerhalb von vier Wochen einigen. ³Der Antrag kann mit der schriftlichen Mitteilung nach Absatz 7 Satz 1 Nr. 5 verbunden werden. ⁴Unberührt bleibt das Recht, sowohl die vor der Elternzeit bestehende Teilzeitarbeit unverändert während der Elternzeit fortzusetzen, soweit Absatz 4 beachtet ist, als auch nach der Elternzeit zu der Arbeitszeit zurückzukehren, die vor Beginn der Elternzeit vereinbart war.

(6) Der Arbeitnehmer oder die Arbeitnehmerin kann gegenüber dem Arbeitgeber, soweit eine Einigung nach Absatz 5 nicht möglich ist, unter den Voraussetzungen des Absatzes 7 während der Gesamtdauer der Elternzeit zweimal eine Verringerung seiner oder ihrer Arbeitszeit beanspruchen.

(7) ¹Für den Anspruch auf Verringerung der Arbeitszeit gelten folgende Voraussetzungen:
1. Der Arbeitgeber beschäftigt, unabhängig von der Anzahl der Personen in Berufsausbildung, in der Regel mehr als 15 Arbeitnehmer und Arbeitnehmerinnen,
2. das Arbeitsverhältnis in demselben Betrieb oder Unternehmen besteht ohne Unterbrechung länger als sechs Monate,
3. die vertraglich vereinbarte regelmäßige Arbeitszeit soll für mindestens zwei Monate auf einen Umfang zwischen 15 und 30 Wochenstunden verringert werden,
4. dem Anspruch stehen keine dringenden betrieblichen Gründe entgegen und
5. der Anspruch wurde dem Arbeitgeber sieben Wochen vor Beginn der Tätigkeit schriftlich mitgeteilt.

²Der Antrag muss den Beginn und den Umfang der verringerten Arbeitszeit enthalten. ³Die gewünschte Verteilung der verringerten Arbeitszeit soll im Antrag angegeben werden. ⁴Falls der Arbeitgeber die beanspruchte Verringerung der Arbeitszeit ablehnen will, muss er dies innerhalb von vier Wochen mit schriftlicher Begründung tun. ⁵Soweit der Arbeitgeber der Verringerung der Arbeitszeit nicht oder nicht rechtzeitig zustimmt, kann der Arbeitnehmer oder die Arbeitnehmerin Klage vor den Gerichten für Arbeitssachen erheben.

§ 16 Inanspruchnahme der Elternzeit

(1) ¹Wer Elternzeit beanspruchen will, muss sie spätestens sieben Wochen vor Beginn schriftlich vom Arbeitgeber verlangen und gleichzeitig erklären, für welche Zeiten inner-

halb von zwei Jahren Elternzeit genommen werden soll. ²Bei dringenden Gründen ist ausnahmsweise eine angemessene kürzere Frist möglich. ³Nimmt die Mutter die Elternzeit im Anschluss an die Mutterschutzfrist, wird die Zeit der Mutterschutzfrist nach § 6 Abs. 1 des Mutterschutzgesetzes auf den Zeitraum nach Satz 1 angerechnet. ⁴Nimmt die Mutter die Elternzeit im Anschluss an einen auf die Mutterschutzfrist folgenden Erholungsurlaub, werden die Zeit der Mutterschutzfrist nach § 6 Abs. 1 des Mutterschutzgesetzes und die Zeit des Erholungsurlaubs auf den Zweijahreszeitraum nach Satz 1 angerechnet. ⁵Die Elternzeit kann auf zwei Zeitabschnitte verteilt werden; eine Verteilung auf weitere Zeitabschnitte ist nur mit der Zustimmung des Arbeitgebers möglich. ⁶Der Arbeitgeber hat dem Arbeitnehmer oder der Arbeitnehmerin die Elternzeit zu bescheinigen.

(2) Können Arbeitnehmerinnen und Arbeitnehmer aus einem von ihnen nicht zu vertretenden Grund eine sich unmittelbar an die Mutterschutzfrist des § 6 Abs. 1 des Mutterschutzgesetzes anschließende Elternzeit nicht rechtzeitig verlangen, können sie dies innerhalb einer Woche nach Wegfall des Grundes nachholen.

(3) ¹Die Elternzeit kann vorzeitig beendet oder im Rahmen des § 15 Abs. 2 verlängert werden, wenn der Arbeitgeber zustimmt. ²Die vorzeitige Beendigung wegen der Geburt eines weiteren Kindes oder wegen eines besonderen Härtefalles im Sinne des § 7 Abs. 2 Satz 3 kann der Arbeitgeber nur innerhalb von vier Wochen aus dringenden betrieblichen Gründen schriftlich ablehnen. ³Die Arbeitnehmerin kann ihre Elternzeit nicht wegen der Mutterschutzfristen des § 3 Abs. 2 und § 6 Abs. 1 des Mutterschutzgesetzes vorzeitig beenden; dies gilt nicht während ihrer zulässigen Teilzeitarbeit. ⁴Eine Verlängerung kann verlangt werden, wenn ein vorgesehener Wechsel in der Anspruchsberechtigung aus einem wichtigen Grund nicht erfolgen kann.

(4) Stirbt das Kind während der Elternzeit, endet diese spätestens drei Wochen nach dem Tod des Kindes.

(5) Eine Änderung in der Anspruchsberechtigung hat der Arbeitnehmer oder die Arbeitnehmerin dem Arbeitgeber unverzüglich mitzuteilen.

§ 17 Urlaub

(1) ¹Der Arbeitgeber kann den Erholungsurlaub, der dem Arbeitnehmer oder der Arbeitnehmerin für das Urlaubsjahr zusteht, für jeden vollen Kalendermonat der Elternzeit um ein Zwölftel kürzen. ²Dies gilt nicht, wenn der Arbeitnehmer oder die Arbeitnehmerin während der Elternzeit bei seinem oder ihrem Arbeitgeber Teilzeitarbeit leistet.

(2) Hat der Arbeitnehmer oder die Arbeitnehmerin den ihm oder ihr zustehenden Urlaub vor dem Beginn der Elternzeit nicht oder nicht vollständig erhalten, hat der Arbeitgeber den Resturlaub nach der Elternzeit im laufenden oder im nächsten Urlaubsjahr zu gewähren.

(3) Endet das Arbeitsverhältnis während der Elternzeit oder wird es im Anschluss an die Elternzeit nicht fortgesetzt, so hat der Arbeitgeber den noch nicht gewährten Urlaub abzugelten.

(4) Hat der Arbeitnehmer oder die Arbeitnehmerin vor Beginn der Elternzeit mehr Urlaub erhalten, als ihm oder ihr nach Absatz 1 zusteht, kann der Arbeitgeber den Urlaub, der dem Arbeitnehmer oder der Arbeitnehmerin nach dem Ende der Elternzeit zusteht, um die zu viel gewährten Urlaubstage kürzen.

§ 18 Kündigungsschutz

(1) ¹Der Arbeitgeber darf das Arbeitsverhältnis ab dem Zeitpunkt, von dem an Elternzeit verlangt worden ist, höchstens jedoch acht Wochen vor Beginn der Elternzeit, und während der Elternzeit nicht kündigen. ²In besonderen Fällen kann ausnahmsweise eine Kündigung für zulässig erklärt werden. ³Die Zulässigkeitserklärung erfolgt durch die für den Arbeitsschutz zuständige oberste Landesbehörde oder die von ihr bestimmte Stelle. ⁴Die Bundesregierung kann mit Zustimmung des Bundesrates allgemeine Verwaltungsvorschriften zur Durchführung des Satzes 2 erlassen.

(2) Absatz 1 gilt entsprechend, wenn Arbeitnehmer oder Arbeitnehmerinnen

1. während der Elternzeit bei demselben Arbeitgeber Teilzeitarbeit leisten oder
2. ohne Elternzeit in Anspruch zu nehmen, Teilzeitarbeit leisten und Anspruch auf Elterngeld nach § 1 während des Bezugszeitraums nach § 4 Abs. 1 haben.

§ 19 Kündigung zum Ende der Elternzeit

Der Arbeitnehmer oder die Arbeitnehmerin kann das Arbeitsverhältnis zum Ende der Elternzeit nur unter Einhaltung einer Kündigungsfrist von drei Monaten kündigen.

§ 20 Zur Berufsbildung Beschäftigte, in Heimarbeit Beschäftigte

(1) ¹Die zu ihrer Berufsbildung Beschäftigten gelten als Arbeitnehmer oder Arbeitnehmerinnen im Sinne dieses Gesetzes. ²Die Elternzeit wird auf Berufsbildungszeiten nicht angerechnet.

(2) ¹Anspruch auf Elternzeit haben auch die in Heimarbeit Beschäftigten und die ihnen Gleichgestellten (§ 1 Abs. 1 und 2 des Heimarbeitsgesetzes), soweit sie am Stück mitarbeiten. ²Für sie tritt an die Stelle des Arbeitgebers der Auftraggeber oder Zwischenmeister und an die Stelle des Arbeitsverhältnisses das Beschäftigungsverhältnis.

§ 21 Befristete Arbeitsverträge

(1) Ein sachlicher Grund, der die Befristung eines Arbeitsverhältnisses rechtfertigt, liegt vor, wenn ein Arbeitnehmer oder eine Arbeitnehmerin zur Vertretung eines anderen Arbeitnehmers oder einer anderen Arbeitnehmerin für die Dauer eines Beschäftigungsverbotes nach dem Mutterschutzgesetz, einer Elternzeit, einer auf Tarifvertrag, Betriebsvereinbarung oder einzelvertraglicher Vereinbarung beruhenden Arbeitsfreistellung zur Betreuung eines Kindes oder für diese Zeiten zusammen oder für Teile davon eingestellt wird.

(2) Über die Dauer der Vertretung nach Absatz 1 hinaus ist die Befristung für notwendige Zeiten einer Einarbeitung zulässig.

(3) Die Dauer der Befristung des Arbeitsvertrags muss kalendermäßig bestimmt oder bestimmbar oder den in den Absätzen 1 und 2 genannten Zwecken zu entnehmen sein.

(4) ¹Der Arbeitgeber kann den befristeten Arbeitsvertrag unter Einhaltung einer Frist von mindestens drei Wochen, jedoch frühestens zum Ende der Elternzeit, kündigen, wenn die Elternzeit ohne Zustimmung des Arbeitgebers vorzeitig endet und der Arbeitnehmer oder die Arbeitnehmerin die vorzeitige Beendigung der Elternzeit mitgeteilt hat. ²Satz 1 gilt entsprechend, wenn der Arbeitgeber die vorzeitige Beendigung der Elternzeit in den Fällen des § 16 Abs. 3 Satz 2 nicht ablehnen darf.

(5) Das Kündigungsschutzgesetz ist im Falle des Absatzes 4 nicht anzuwenden.

(6) Absatz 4 gilt nicht, soweit seine Anwendung vertraglich ausgeschlossen ist.

(7) ¹Wird im Rahmen arbeitsrechtlicher Gesetze oder Verordnungen auf die Zahl der beschäftigten Arbeitnehmer und Arbeitnehmerinnen abgestellt, so sind bei der Ermittlung dieser Zahl Arbeitnehmer und Arbeitnehmerinnen, die sich in der Elternzeit befinden oder zur Betreuung eines Kindes freigestellt sind, nicht mitzuzählen, solange für sie aufgrund von Absatz 1 ein Vertreter oder eine Vertreterin eingestellt ist. ²Dies gilt nicht, wenn der Vertreter oder die Vertreterin nicht mitzuzählen ist. ³Die Sätze 1 und 2 gelten entsprechend, wenn im Rahmen arbeitsrechtlicher Gesetze oder Verordnungen auf die Zahl der Arbeitsplätze abgestellt wird.

A. Einführung

1 Der zweite Abschnitt des BEEG über die Elternzeit für Arbeitnehmer (§§ 15–21) enthält größtenteils zwingende arbeitsrechtliche Regelungen und ist nicht Teil des Sozialgesetzbuches (§ 68 Nr. 15 lit. a SGB I). Die Elternzeit hat zum 1. 1. 2001 den Erziehungsurlaub ersetzt und ist seit dem 1. 1. 2007 im BEEG geregelt. Die Änderungen gegenüber dem BErzGG sind gering. Zur Entstehungsgeschichte siehe HkMuschG/BEEG/Rancke § 15 Rn. 5.

B. Anspruchsvoraussetzungen

2 Das Gesetz definiert in § 15 Abs. 1a und § 20 den Kreis der Anspruchsberechtigten. Voraussetzung ist stets das Zusammenleben mit einem (in der Regel) eigenen (Enkel-)Kind in einem Haushalt. Die Berechtigten müssen mit Beginn der Elternzeit in einem Arbeitsverhältnis stehen, zur Berufsbildung beschäftigt sein, in Heimarbeit beschäftigt oder den in Heimarbeit Beschäftigten nach Maßgabe des § 1 Abs. 1, Abs. 2 HeimArbG gleichgestellt sein. Die Elternzeit gibt Arbeitnehmern einen Anspruch auf unbezahlte Freistellung für längstens drei Jahre nach der Geburt des Kindes (§ 15 Abs. 2

S. 1). Die Mutterschutzfrist nach § 6 Abs. 1 MuSchG wird hierauf angerechnet (§ 15 Abs. 2 S. 2). Beide Elternteile haben einen eigenen Anspruch. In welcher Weise und für welchen Zeitraum dieser geltend gemacht wird, steht im Belieben der Berechtigten. Auch die gleichzeitige Inanspruchnahme ist möglich (HkMuschG/BEEG/Rancke § 15 Rn. 40 ff.). Mit Zustimmung des Arbeitgebers kann ein Anteil von bis zu 12 Monaten auf einen Zeitraum bis zur Vollendung des 8. Lebensjahres des Kindes übertragen werden (§ 15 Abs. 2 S. 4). Unter engeren Voraussetzungen kann eine Verringerung der Arbeitszeit verlangt werden (§ 15 Abs. 5–7). § 15 Abs. 7 S. 1 Nr. 3 trägt hierbei der Einführung der Partnermonate in § 4 Abs. 3 Rechnung. § 16 regelt die Einzelheiten der Inanspruchnahme der Elternzeit. Diese ist grundsätzlich sieben Wochen vor ihrem Beginn dem Arbeitgeber schriftlich zu erklären. Eine vorzeitige Beendigung der Elternzeit ist unter den Voraussetzungen des § 16 Abs. 3, 4 möglich.

C. Rechtsfolgen

3   Das Arbeitsverhältnis ruht während der Elternzeit, die Hauptpflichten aus dem Arbeitsverhältnis, die Arbeitspflicht des Arbeitnehmers und die Entgeltzahlungspflicht des Arbeitgebers sind suspendiert (BAG 19. 4. 2005 – 9 AZR 233/04 – NZA 2005, S. 1354 ff.). § 17 enthält Kollisionsvorschriften zum Urlaubsanspruch. § 18 gewährt Arbeitnehmern in Elternzeit und elternzeitberechtigten Arbeitnehmern in Teilzeitarbeit Sonderkündigungsschutz. § 19 gewährt elternzeitberechtigten Arbeitnehmern ein Sonderkündigungsrecht zum Ende der Elternzeit mit Dreimonatsfrist (ErfKom/Gallner § 19 BEEG Rn. 1). § 21 enthält Regelungen zur Sachgrundbefristung wegen Elternzeit- und Mutterschutzvertretung.

Abschnitt 3. Statistik und Schlussvorschriften

§ 22 Bundesstatistik

(1) ¹Zur Beurteilung der Auswirkungen dieses Gesetzes sowie zu seiner Fortentwicklung ist eine laufende Erhebung zum Bezug von Elterngeld als Bundesstatistik durchzuführen. ²Die Erhebung erfolgt zentral beim Statistischen Bundesamt.

(2) **Die Statistik erfasst nach Maßgabe des Absatzes 3 vierteljährlich für die vorangegangenen drei Kalendermonate erstmalig zum 31. März 2007 folgende Erhebungsmerkmale:**
1. **Bewilligung oder Ablehnung des Antrags,**
2. **Monat und Jahr des ersten Leistungsbezugs,**
3. **Monat und Jahr des letzten Leistungsbezugs,**
4. **Art der Berechtigung nach § 1,**
5. **Grundlagen der Berechnung des zustehenden Monatsbetrags (§ 2 Abs. 1, 2, 3, 4, 5 oder 6),**
6. **Höhe des ersten vollen zustehenden Monatsbetrags,**
7. **Höhe des letzten zustehenden Monatsbetrags,**
8. **tatsächliche Bezugsdauer des Elterngeldes,**
9. **Art und Höhe anderer angerechneter Leistungen nach § 3,**
10. **Ausübung der Verlängerungsmöglichkeit (§ 6),**
11. **Inanspruchnahme und Anzahl der Partnermonate (§ 4 Abs. 2 und 3),**
12. **Geburtstag des Kindes,**
13. **für die Antragstellerin oder den Antragsteller:**
    a) **Geschlecht, Geburtsjahr und -monat,**
    b) **Staatsangehörigkeit,**
    c) **Wohnsitz oder gewöhnlicher Aufenthalt,**
    d) **Familienstand und unverheiratetes Zusammenleben mit dem anderen Elternteil und**
    e) **Anzahl der im Haushalt lebenden Kinder.**

(3) **Die Angaben nach Absatz 2 Nr. 1, 2, 4 bis 6 und 8 bis 13 sind für das Jahr 2007 für jeden Antrag, nach Absatz 2 Nr. 2 bis 13 ab 2008 für jeden beendeten Leistungsbezug zu melden.**

(4) **Hilfsmerkmale sind:**
1. **Name und Anschrift der zuständigen Behörde,**
2. **Name und Telefonnummer sowie Adresse für elektronische Post der für eventuelle Rückfragen zur Verfügung stehenden Person und**
3. **Kennnummer des Antragstellers oder der Antragstellerin.**

§ 23 Auskunftspflicht; Datenübermittlung

(1) ¹Für die Erhebung nach § 22 besteht Auskunftspflicht. ²Die Angaben nach § 22 Abs. 4 Nr. 2 sind freiwillig. ³Auskunftspflichtig sind die nach § 12 Abs. 1 zuständigen Stellen.

(2) ¹Der Antragsteller oder die Antragstellerin ist gegenüber den nach § 12 Abs. 1 zuständigen Stellen zu den Erhebungsmerkmalen nach § 22 Abs. 2 auskunftspflichtig. ²Die zuständigen Stellen nach § 12 Abs. 1 dürfen die Angaben nach § 22 Abs. 2 Nr. 13, soweit sie für den Vollzug dieses Gesetzes nicht erforderlich sind, nur durch technische und organisatorische Maßnahmen getrennt von den übrigen Daten nach § 22 Abs. 2 und nur für die Übermittlung an das Statistische Bundesamt verwenden und haben diese unverzüglich nach Übermittlung an das Statistische Bundesamt zu löschen.

(3) Die in sich schlüssigen Angaben sind als Einzeldatensätze elektronisch bis zum Ablauf von 30 Arbeitstagen nach Ablauf des Berichtszeitraums an das Statistische Bundesamt zu übermitteln.

§ 24 Übermittlung

¹An die fachlich zuständigen obersten Bundes- oder Landesbehörden dürfen für die Verwendung gegenüber den gesetzgebenden Körperschaften und für Zwecke der Planung, jedoch nicht für die Regelung von Einzelfällen, vom Statistischen Bundesamt Tabellen mit statistischen Ergebnissen übermittelt werden, auch soweit Tabellenfelder nur einen einzigen Fall ausweisen. ²Tabellen, deren Tabellenfelder nur einen einzigen Fall ausweisen, dürfen nur dann übermittelt werden, wenn sie nicht differenzierter als auf Regierungsbezirksebene, im Falle der Stadtstaaten auf Bezirksebene, aufbereitet sind.

§ 25 Bericht

¹Die Bundesregierung legt dem Deutschen Bundestag bis zum 1. Oktober 2008 einen Bericht über die Auswirkungen dieses Gesetzes sowie über die gegebenenfalls notwendige Weiterentwicklung dieser Vorschriften vor. ²Er darf keine personenbezogenen Daten enthalten.

§ 26 Anwendung der Bücher des Sozialgesetzbuches

(1) Soweit dieses Gesetz zum Elterngeld keine ausdrückliche Regelung trifft, ist bei der Ausführung des Ersten Abschnitts das Erste Kapitel des Zehnten Buches Sozialgesetzbuch anzuwenden.

(2) § 331 des Dritten Buches Sozialgesetzbuch gilt entsprechend.

§ 27 Übergangsvorschrift

(1) Für die vor dem 1. Januar 2007 geborenen oder mit dem Ziel der Adoption aufgenommenen Kinder sind die Vorschriften des Ersten und Dritten Abschnitts des Bundeserziehungsgeldgesetzes in der bis zum 31. Dezember 2006 geltenden Fassung weiter anzuwenden; ein Anspruch auf Elterngeld besteht in diesen Fällen nicht.

(2) ¹Der Zweite Abschnitt ist in den in Absatz 1 genannten Fällen mit der Maßgabe anzuwenden, dass es bei der Prüfung des § 15 Abs. 1 Satz 1 Nr. 1 Buchstabe b auf den Zeitpunkt der Geburt oder der Aufnahme des Kindes nicht ankommt. ²Ein vor dem 1. Januar 2007 zustehender Anspruch auf Elternzeit kann bis zum 31. Dezember 2008 geltend gemacht werden.

(3) In den Fällen des Absatzes 1 ist § 18 Abs. 2 Satz 1 Nr. 2 des Bundeserziehungsgeldgesetzes in der bis zum 31. Dezember 2006 geltenden Fassung weiter anzuwenden.

(4) Für die dem Erziehungsgeld vergleichbaren Leistungen der Länder sind § 8 Abs. 1 und § 9 des Bundeserziehungsgeldgesetzes in der bis zum 31. Dezember 2006 geltenden Fassung weiter anzuwenden.

1 Der dritte Abschnitt des BEEG enthält in §§ 22–25 Regelungen zur Statistik und zum Berichtswesen. § 26 Abs. 1 erklärt für den ersten Abschnitt das erste Kapitel des SGB X für anwendbar. Nach § 68 Nr. 15a SGB I gilt der erste Abschnitt ohnehin als Teil des Sozialgesetzbuches. Die ausdrückliche Bezugnahme ist wegen § 1 Abs. 1 S. 2 SGB X erforderlich.

2   § 26 Abs. 2 ermöglicht durch Verweis auf § 331 SGB III eine vorläufige Zahlungseinstellung, wenn der Sozialleistungsträger von Tatsachen Kenntnis erlangt, die zum Ruhen oder Wegfall des Anspruchs führen würden, soweit der Bewilligungsbescheid mit Wirkung für die Vergangenheit aufzuheben wäre.

3   § 27 Abs. 1 enthält die Regelung, nach der für die Kinder, die vor dem 1. 1. 2007 geboren worden sind, das BErzGG in der bis zum 31. 12. 2006 geltenden Fassung anzuwenden ist. Diese Regelung ist verfassungsgemäß (BVerfG 5. 5. 2011 – 1 BvR 1811/08, 1 BvR 1897/08, BSG 23. 1. 2008 – B 10 EG 5/07 R; SG Aachen 10. 11. 2009 – S 13 EG 13/09).

Verhältnissen seines Wohnsitzstaates notwendig und angemessen sind. ⁵Für jeden Kalendermonat, in dem die Voraussetzungen für einen Freibetrag nach den Sätzen 1 bis 4 nicht vorliegen, ermäßigen sich die dort genannten Beträge um ein Zwölftel. ⁶Abweichend von Satz 1 wird bei einem unbeschränkt einkommensteuerpflichtigen Elternpaar, bei dem die Voraussetzungen des § 26 Absatz 1 Satz 1 nicht vorliegen, auf Antrag eines Elternteils der dem anderen Elternteil zustehende Kinderfreibetrag auf ihn übertragen, wenn er, nicht jedoch der andere Elternteil seiner Unterhaltspflicht gegenüber dem Kind für das Kalenderjahr im Wesentlichen nachkommt; bei minderjährigen Kindern wird der dem Elternteil, in dessen Wohnung das Kind nicht gemeldet ist, zustehende Freibetrag für den Betreuungs- und Erziehungs- oder Ausbildungsbedarf auf Antrag des anderen Elternteils auf diesen übertragen. ⁷Die den Eltern nach den Sätzen 1 bis 6 zustehenden Freibeträge können auf Antrag auch auf einen Stiefelternteil oder Großelternteil übertragen werden, wenn dieser das Kind in seinen Haushalt aufgenommen hat; dies kann auch mit Zustimmung des berechtigten Elternteils geschehen, die nur für künftige Kalenderjahre widerrufen werden kann.

X. Kindergeld

§ 62 Anspruchsberechtigte

(1) Für Kinder im Sinne des § 63 hat Anspruch auf Kindergeld nach diesem Gesetz, wer
1. im Inland einen Wohnsitz oder seinen gewöhnlichen Aufenthalt hat oder
2. ohne Wohnsitz oder gewöhnlichen Aufenthalt im Inland
   a) nach § 1 Absatz 2 unbeschränkt einkommensteuerpflichtig ist oder
   b) nach § 1 Absatz 3 als unbeschränkt einkommensteuerpflichtig behandelt wird.

(2) Ein nicht freizügigkeitsberechtigter Ausländer erhält Kindergeld nur, wenn er
1. eine Niederlassungserlaubnis besitzt,
2. eine Aufenthaltserlaubnis besitzt, die zur Ausübung einer Erwerbstätigkeit berechtigt oder berechtigt hat, es sei denn, die Aufenthaltserlaubnis wurde
   a) nach § 16 oder § 17 des Aufenthaltsgesetzes erteilt,
   b) nach § 18 Absatz 2 des Aufenthaltsgesetzes erteilt und die Zustimmung der Bundesagentur für Arbeit darf nach der Beschäftigungsverordnung nur für einen bestimmten Höchstzeitraum erteilt werden,
   c) nach § 23 Absatz 1 des Aufenthaltsgesetzes wegen eines Krieges in seinem Heimatland oder nach den §§ 23 a, 24, 25 Absatz 3 bis 5 des Aufenthaltsgesetzes erteilt
oder
3. eine in Nummer 2 Buchstabe c genannte Aufenthaltserlaubnis besitzt und
   a) sich seit mindestens drei Jahren rechtmäßig, gestattet oder geduldet im Bundesgebiet aufhält und
   b) im Bundesgebiet berechtigt erwerbstätig ist, laufende Geldleistungen nach dem Dritten Buch Sozialgesetzbuch bezieht oder Elternzeit in Anspruch nimmt.

§ 63 Kinder

(1) ¹Als Kinder werden berücksichtigt
1. Kinder im Sinne des § 32 Absatz 1,
2. vom Berechtigten in seinen Haushalt aufgenommene Kinder seines Ehegatten,
3. vom Berechtigten in seinen Haushalt aufgenommene Enkel.

²§ 32 Absatz 3 bis 5 gilt entsprechend. ³Kinder, die weder einen Wohnsitz noch ihren gewöhnlichen Aufenthalt im Inland, in einem Mitgliedstaat der Europäischen Union oder in einem Staat, auf den das Abkommen über den Europäischen Wirtschaftsraum Anwendung findet, haben, werden nicht berücksichtigt, es sei denn, sie leben im Haushalt eines Berechtigten im Sinne des § 62 Absatz 1 Nummer 2 Buchstabe a. ⁴Kinder im Sinne von § 2 Absatz 4 Satz 2 des Bundeskindergeldgesetzes werden nicht berücksichtigt.

(2) Die Bundesregierung wird ermächtigt, durch Rechtsverordnung, die nicht der Zustimmung des Bundesrates bedarf, zu bestimmen, dass einem Berechtigten, der im Inland erwerbstätig ist oder sonst seine hauptsächlichen Einkünfte erzielt, für seine in Absatz 1 Satz 3 erster Halbsatz bezeichneten Kinder Kindergeld ganz oder teilweise zu leisten ist, soweit dies mit Rücksicht auf die durchschnittlichen Lebenshaltungskosten für Kinder in deren Wohnsitzstaat und auf die dort gewährten dem Kindergeld vergleichbaren Leistungen geboten ist.

8 EStG

§ 64 Zusammentreffen mehrerer Ansprüche

(1) Für jedes Kind wird nur einem Berechtigten Kindergeld gezahlt.

(2) ¹Bei mehreren Berechtigten wird das Kindergeld demjenigen gezahlt, der das Kind in seinen Haushalt aufgenommen hat. ²Ist ein Kind in den gemeinsamen Haushalt von Eltern, einem Elternteil und dessen Ehegatten, Pflegeeltern oder Großeltern aufgenommen worden, so bestimmen diese untereinander den Berechtigten. ³Wird eine Bestimmung nicht getroffen, so bestimmt das Familiengericht auf Antrag den Berechtigten. ⁴Den Antrag kann stellen, wer ein berechtigtes Interesse an der Zahlung des Kindergeldes hat. ⁵Lebt ein Kind im gemeinsamen Haushalt von Eltern und Großeltern, so wird das Kindergeld vorrangig einem Elternteil gezahlt; es wird an einen Großelternteil gezahlt, wenn der Elternteil gegenüber der zuständigen Stelle auf seinen Vorrang schriftlich verzichtet hat.

(3) ¹Ist das Kind nicht in den Haushalt eines Berechtigten aufgenommen, so erhält das Kindergeld derjenige, der dem Kind eine Unterhaltsrente zahlt. ²Zahlen mehrere Berechtigte dem Kind Unterhaltsrenten, so erhält das Kindergeld derjenige, der dem Kind die höchste Unterhaltsrente zahlt. ³Werden gleich hohe Unterhaltsrenten gezahlt oder zahlt keiner der Berechtigten dem Kind Unterhalt, so bestimmen die Berechtigten untereinander, wer das Kindergeld erhalten soll. ⁴Wird eine Bestimmung nicht getroffen, so gilt Absatz 2 Satz 3 und 4 entsprechend.

§ 65 Andere Leistungen für Kinder

(1) ¹Kindergeld wird nicht für ein Kind gezahlt, für das eine der folgenden Leistungen zu zahlen ist oder bei entsprechender Antragstellung zu zahlen wäre:
1. Kinderzulagen aus der gesetzlichen Unfallversicherung oder Kinderzuschüsse aus den gesetzlichen Rentenversicherungen,
2. Leistungen für Kinder, die im Ausland gewährt werden und dem Kindergeld oder einer der unter Nummer 1 genannten Leistungen vergleichbar sind,
3. Leistungen für Kinder, die von einer zwischen- oder überstaatlichen Einrichtung gewährt werden und dem Kindergeld vergleichbar sind.

²Soweit es für die Anwendung von Vorschriften dieses Gesetzes auf den Erhalt von Kindergeld ankommt, stehen die Leistungen nach Satz 1 dem Kindergeld gleich. ³Steht ein Berechtigter in einem Versicherungspflichtverhältnis zur Bundesagentur für Arbeit nach § 24 des Dritten Buches Sozialgesetzbuch oder ist er versicherungsfrei nach § 28 Nummer 1 des Dritten Buches Sozialgesetzbuch oder steht er im Inland in einem öffentlich-rechtlichen Dienst- oder Amtsverhältnis, so wird sein Anspruch auf Kindergeld für ein Kind nicht nach Satz 1 Nummer 3 mit Rücksicht darauf ausgeschlossen, dass sein Ehegatte als Beamter, Ruhestandsbeamter oder sonstiger Bediensteter der Europäischen Gemeinschaften für das Kind Anspruch auf Kinderzulage hat.

(2) Ist in den Fällen des Absatzes 1 Satz 1 Nummer 1 der Bruttobetrag der anderen Leistung niedriger als das Kindergeld nach § 66, wird Kindergeld in Höhe des Unterschiedsbetrags gezahlt, wenn er mindestens 5 Euro beträgt.

§ 66 Höhe des Kindergeldes, Zahlungszeitraum

(1) ¹Das Kindergeld beträgt monatlich für erste und zweite Kinder jeweils 184 Euro, für dritte Kinder 190 Euro und für das vierte und jedes weitere Kind jeweils 215 Euro. ²Darüber hinaus wird für jedes Kind, für das im Kalenderjahr 2009 mindestens für einen Kalendermonat ein Anspruch auf Kindergeld besteht, für das Kalenderjahr 2009 ein Einmalbetrag in Höhe von 100 Euro gezahlt.

(2) Das Kindergeld wird monatlich vom Beginn des Monats an gezahlt, in dem die Anspruchsvoraussetzungen erfüllt sind, bis zum Ende des Monats, in dem die Anspruchsvoraussetzungen wegfallen.

§ 67 Antrag

¹Das Kindergeld ist bei der zuständigen Familienkasse schriftlich zu beantragen. ²Den Antrag kann außer dem Berechtigten auch stellen, wer ein berechtigtes Interesse an der Leistung des Kindergeldes hat.

§ 68 Besondere Mitwirkungspflichten

(1) ¹Wer Kindergeld beantragt oder erhält, hat Änderungen in den Verhältnissen, die für die Leistung erheblich sind oder über die im Zusammenhang mit der Leistung Erklärungen abgegeben worden sind, unverzüglich der zuständigen Familienkasse mitzuteilen. ²Ein Kind, das das 18. Lebensjahr vollendet hat, ist auf Verlangen der Familienkasse verpflichtet, an der Aufklärung des für die Kindergeldzahlung maßgebenden Sachverhalts mitzuwirken; § 101 der Abgabenordnung findet insoweit keine Anwendung.

(2) (weggefallen)

(3) Auf Antrag des Berechtigten erteilt die das Kindergeld auszahlende Stelle eine Bescheinigung über das für das Kalenderjahr ausgezahlte Kindergeld.

(4) Die Familienkassen dürfen den die Bezüge im öffentlichen Dienst anweisenden Stellen Auskunft über den für die jeweilige Kindergeldzahlung maßgebenden Sachverhalt erteilen.

§ 69 Überprüfung des Fortbestehens von Anspruchsvoraussetzungen durch Meldedaten-Übermittlung

Die Meldebehörden übermitteln in regelmäßigen Abständen den Familienkassen nach Maßgabe einer auf Grund des § 20 Absatz 1 des Melderechtsrahmengesetzes zu erlassenden Rechtsverordnung die in § 18 Absatz 1 des Melderechtsrahmengesetzes genannten Daten aller Einwohner, zu deren Person im Melderegister Daten von minderjährigen Kindern gespeichert sind, und dieser Kinder, soweit die Daten nach ihrer Art für die Prüfung der Rechtmäßigkeit des Bezuges von Kindergeld geeignet sind.

§ 70 Festsetzung und Zahlung des Kindergeldes

(1) Das Kindergeld nach § 62 wird von den Familienkassen durch Bescheid festgesetzt und ausgezahlt.

(2) ¹Soweit in den Verhältnissen, die für den Anspruch auf Kindergeld erheblich sind, Änderungen eintreten, ist die Festsetzung des Kindergeldes mit Wirkung vom Zeitpunkt der Änderung der Verhältnisse aufzuheben oder zu ändern. ²Ist die Änderung einer Kindergeldfestsetzung nur wegen einer Anhebung der in § 66 Absatz 1 genannten Kindergeldbeträge erforderlich, kann von der Erteilung eines schriftlichen Änderungsbescheides abgesehen werden.

(3) ¹Materielle Fehler der letzten Festsetzung können durch Neufestsetzung oder durch Aufhebung der Festsetzung beseitigt werden. ²Neu festgesetzt oder aufgehoben wird mit Wirkung ab dem auf die Bekanntgabe der Neufestsetzung oder der Aufhebung der Festsetzung folgenden Monat. ³Bei der Neufestsetzung oder Aufhebung der Festsetzung nach Satz 1 ist § 176 der Abgabenordnung entsprechend anzuwenden; dies gilt nicht für Monate, die nach der Verkündung der maßgeblichen Entscheidung eines obersten Gerichtshofes des Bundes beginnen.

(4) Eine Kindergeldfestsetzung ist aufzuheben oder zu ändern, wenn nachträglich bekannt wird, dass die Einkünfte und Bezüge des Kindes den Grenzbetrag nach § 32 Absatz 4 über- oder unterschreiten.

§ 71 (weggefallen)

§ 72 Festsetzung und Zahlung des Kindergeldes an Angehörige des öffentlichen Dienstes

(1) ¹Steht Personen, die
1. in einem öffentlich-rechtlichen Dienst-, Amts- oder Ausbildungsverhältnis stehen, mit Ausnahme der Ehrenbeamten, oder
2. Versorgungsbezüge nach beamten- oder soldatenrechtlichen Vorschriften oder Grundsätzen erhalten oder
3. Arbeitnehmer des Bundes, eines Landes, einer Gemeinde, eines Gemeindeverbandes oder einer sonstigen Körperschaft, einer Anstalt oder einer Stiftung des öffentlichen Rechts sind, einschließlich der zu ihrer Berufsausbildung Beschäftigten,

Kindergeld nach Maßgabe dieses Gesetzes zu, wird es von den Körperschaften, Anstalten oder Stiftungen des öffentlichen Rechts festgesetzt und ausgezahlt. ²Die genannten juristischen Personen sind insoweit Familienkasse.

(2) Der Deutschen Post AG, der Deutschen Postbank AG und der Deutschen Telekom AG obliegt die Durchführung dieses Gesetzes für ihre jeweiligen Beamten und Versorgungsempfänger in Anwendung des Absatzes 1.

(3) Absatz 1 gilt nicht für Personen, die ihre Bezüge oder Arbeitsentgelt
1. von einem Dienstherrn oder Arbeitgeber im Bereich der Religionsgesellschaften des öffentlichen Rechts oder
2. von einem Spitzenverband der Freien Wohlfahrtspflege, einem diesem unmittelbar oder mittelbar angeschlossenen Mitgliedsverband oder einer einem solchen Verband angeschlossenen Einrichtung oder Anstalt

erhalten.

(4) Die Absätze 1 und 2 gelten nicht für Personen, die voraussichtlich nicht länger als sechs Monate in den Kreis der in Absatz 1 Satz 1 Nummer 1 bis 3 und Absatz 2 Bezeichneten eintreten.

(5) Obliegt mehreren Rechtsträgern die Zahlung von Bezügen oder Arbeitsentgelt (Absatz 1 Satz 1) gegenüber einem Berechtigten, so ist für die Durchführung dieses Gesetzes zuständig:
1. bei Zusammentreffen von Versorgungsbezügen mit anderen Bezügen oder Arbeitsentgelt der Rechtsträger, dem die Zahlung der anderen Bezüge oder des Arbeitsentgelts obliegt;
2. bei Zusammentreffen mehrerer Versorgungsbezüge der Rechtsträger, dem die Zahlung der neuen Versorgungsbezüge im Sinne der beamtenrechtlichen Ruhensvorschriften obliegt;
3. bei Zusammentreffen von Arbeitsentgelt (Absatz 1 Satz 1 Nummer 3) mit Bezügen aus einem der in Absatz 1 Satz 1 Nummer 1 bezeichneten Rechtsverhältnisse der Rechtsträger, dem die Zahlung dieser Bezüge obliegt;
4. bei Zusammentreffen mehrerer Arbeitsentgelte (Absatz 1 Satz 1 Nummer 3) der Rechtsträger, dem die Zahlung des höheren Arbeitsentgelts obliegt oder – falls die Arbeitsentgelte gleich hoch sind – der Rechtsträger, zu dem das zuerst begründete Arbeitsverhältnis besteht.

(6) ¹Scheidet ein Berechtigter im Laufe eines Monats aus dem Kreis der in Absatz 1 Satz 1 Nummer 1 bis 3 Bezeichneten aus oder tritt er im Laufe eines Monats in diesen Kreis ein, so wird das Kindergeld für diesen Monat von der Stelle gezahlt, die bis zum Ausscheiden oder Eintritt des Berechtigten zuständig war. ²Dies gilt nicht, soweit die Zahlung von Kindergeld für ein Kind in Betracht kommt, das erst nach dem Ausscheiden oder Eintritt bei dem Berechtigten nach § 63 zu berücksichtigen ist. ³Ist in einem Fall des Satzes 1 das Kindergeld bereits für einen folgenden Monat gezahlt worden, so muss der für diesen Monat Berechtigte die Zahlung gegen sich gelten lassen.

(7) ¹In den Abrechnungen der Bezüge und des Arbeitsentgelts ist das Kindergeld gesondert auszuweisen, wenn es zusammen mit den Bezügen oder dem Arbeitsentgelt ausgezahlt wird. ²Der Rechtsträger hat die Summe des von ihm für alle Berechtigten ausgezahlten Kindergeldes dem Betrag, den er insgesamt an Lohnsteuer einzubehalten hat, zu entnehmen und bei der nächsten Lohnsteuer-Anmeldung gesondert abzusetzen. ³Übersteigt das insgesamt ausgezahlte Kindergeld den Betrag, der insgesamt an Lohnsteuer abzuführen ist, so wird der übersteigende Betrag dem Rechtsträger auf Antrag von dem Finanzamt, an das die Lohnsteuer abzuführen ist, aus den Einnahmen der Lohnsteuer ersetzt.

(8) ¹Abweichend von Absatz 1 Satz 1 werden Kindergeldansprüche auf Grund über- oder zwischenstaatlicher Rechtsvorschriften durch die Familienkassen der Bundesagentur für Arbeit festgesetzt und ausgezahlt. ²Dies gilt auch für Fälle, in denen Kindergeldansprüche sowohl nach Maßgabe dieses Gesetzes als auch auf Grund über- oder zwischenstaatlicher Rechtsvorschriften bestehen.

§ 73 (weggefallen)

§ 74 Zahlung des Kindergeldes in Sonderfällen

(1) ¹Das für ein Kind festgesetzte Kindergeld nach § 66 Absatz 1 kann an das Kind ausgezahlt werden, wenn der Kindergeldberechtigte ihm gegenüber seiner gesetzlichen Unterhaltspflicht nicht nachkommt. ²Kindergeld kann an Kinder, die bei der Festsetzung des Kindergeldes berücksichtigt werden, bis zur Höhe des Betrags, der sich bei entsprechender Anwendung des § 76 ergibt, ausgezahlt werden. ³Dies gilt auch, wenn der Kinder-

geldberechtigte mangels Leistungsfähigkeit nicht unterhaltspflichtig ist oder nur Unterhalt in Höhe eines Betrags zu leisten braucht, der geringer ist als das für die Auszahlung in Betracht kommende Kindergeld. ⁴Die Auszahlung kann auch an die Person oder Stelle erfolgen, die dem Kind Unterhalt gewährt.

(2) Für Erstattungsansprüche der Träger von Sozialleistungen gegen die Familienkasse gelten die §§ 102 bis 109 und 111 bis 113 des Zehnten Buches Sozialgesetzbuch entsprechend.

§ 75 Aufrechnung

(1) Mit Ansprüchen auf Rückzahlung von Kindergeld kann die Familienkasse gegen Ansprüche auf laufendes Kindergeld bis zu deren Hälfte aufrechnen, wenn der Leistungsberechtigte nicht nachweist, dass er dadurch hilfebedürftig im Sinne der Vorschriften des Zwölften Buches Sozialgesetzbuch über die Hilfe zum Lebensunterhalt oder im Sinne der Vorschriften des Zweiten Buches Sozialgesetzbuch über die Leistungen zur Sicherung des Lebensunterhalts wird.

(2) Absatz 1 gilt für die Aufrechnung eines Anspruchs auf Erstattung von Kindergeld gegen einen späteren Kindergeldanspruch eines mit dem Erstattungspflichtigen in Haushaltsgemeinschaft lebenden Berechtigten entsprechend, soweit es sich um laufendes Kindergeld für ein Kind handelt, das bei beiden berücksichtigt werden kann oder konnte.

§ 76 Pfändung

¹Der Anspruch auf Kindergeld kann nur wegen gesetzlicher Unterhaltsansprüche eines Kindes, das bei der Festsetzung des Kindergeldes berücksichtigt wird, gepfändet werden. ²Für die Höhe des pfändbaren Betrags gilt:
1. ¹Gehört das unterhaltsberechtigte Kind zum Kreis der Kinder, für die dem Leistungsberechtigten Kindergeld gezahlt wird, so ist eine Pfändung bis zu dem Betrag möglich, der bei gleichmäßiger Verteilung des Kindergeldes auf jedes dieser Kinder entfällt. ²Ist das Kindergeld durch die Berücksichtigung eines weiteren Kindes erhöht, für das einer dritten Person Kindergeld oder dieser oder dem Leistungsberechtigten eine andere Geldleistung für Kinder zusteht, so bleibt der Erhöhungsbetrag bei der Bestimmung des pfändbaren Betrags des Kindergeldes nach Satz 1 außer Betracht;
2. der Erhöhungsbetrag nach Nummer 1 Satz 2 ist zugunsten jedes bei der Festsetzung des Kindergeldes berücksichtigten unterhaltsberechtigten Kindes zu dem Anteil pfändbar, der sich bei gleichmäßiger Verteilung auf alle Kinder, die bei der Festsetzung des Kindergeldes zugunsten des Leistungsberechtigten berücksichtigt werden, ergibt.

§ 76a Kontenpfändung und Pfändung von Bargeld

(1) ¹Wird Kindergeld auf das Konto des Berechtigten oder in den Fällen des § 74 Absatz 1 Satz 1 bis 3 bzw. § 76 auf das Konto des Kindes bei einem Geldinstitut überwiesen, ist die Forderung, die durch die Gutschrift entsteht, für die Dauer von sieben Tagen seit der Gutschrift der Überweisung unpfändbar. ²Eine Pfändung des Guthabens gilt als mit der Maßgabe ausgesprochen, dass sie das Guthaben in Höhe der in Satz 1 bezeichneten Forderung während der sieben Tage nicht erfasst.

(2) ¹Das Geldinstitut ist dem Schuldner innerhalb der sieben Tage zur Leistung aus dem nach Absatz 1 Satz 2 von der Pfändung nicht erfassten Guthaben nur soweit verpflichtet, als der Schuldner nachweist oder als dem Geldinstitut sonst bekannt ist, dass das Guthaben von der Pfändung nicht erfasst ist. ²Soweit das Geldinstitut hiernach geleistet hat, gilt Absatz 1 Satz 2 nicht.

(3) ¹Eine Leistung, die das Geldinstitut innerhalb der sieben Tage aus dem nach Absatz 1 Satz 2 von der Pfändung nicht erfassten Guthaben an den Gläubiger bewirkt, ist dem Schuldner gegenüber unwirksam. ²Das gilt auch für eine Hinterlegung.

(4) Bei Empfängern laufender Kindergeldleistungen sind die in Absatz 1 genannten Forderungen nach Ablauf von sieben Tagen seit der Gutschrift sowie Bargeld insoweit nicht der Pfändung unterworfen, als ihr Betrag dem unpfändbaren Teil der Leistungen für die Zeit von der Pfändung bis zum nächsten Zahlungstermin entspricht.

§ 77 Erstattung von Kosten im Vorverfahren

(1) ¹Soweit der Einspruch gegen die Kindergeldfestsetzung erfolgreich ist, hat die Familienkasse demjenigen, der den Einspruch erhoben hat, die zur zweckentsprechenden

Rechtsverfolgung oder Rechtsverteidigung notwendigen Aufwendungen zu erstatten. ²Dies gilt auch, wenn der Einspruch nur deshalb keinen Erfolg hat, weil die Verletzung einer Verfahrens- oder Formvorschrift nach § 126 der Abgabenordnung unbeachtlich ist. ³Aufwendungen, die durch das Verschulden eines Erstattungsberechtigten entstanden sind, hat dieser selbst zu tragen; das Verschulden eines Vertreters ist dem Vertretenen zuzurechnen.

(2) Die Gebühren und Auslagen eines Bevollmächtigten oder Beistandes, der nach den Vorschriften des Steuerberatungsgesetzes zur geschäftsmäßigen Hilfeleistung in Steuersachen befugt ist, sind erstattungsfähig, wenn dessen Zuziehung notwendig war.

(3) ¹Die Familienkasse setzt auf Antrag den Betrag der zu erstattenden Aufwendungen fest. ²Die Kostenentscheidung bestimmt auch, ob die Zuziehung eines Bevollmächtigten oder Beistandes im Sinne des Absatzes 2 notwendig war.

§ 78 Übergangsregelungen

(1) bis (4) (weggefallen)

(5) ¹Abweichend von § 64 Absatz 2 und 3 steht Berechtigten, die für Dezember 1990 für ihre Kinder Kindergeld in dem in Artikel 3 des Einigungsvertrages genannten Gebiet bezogen haben, das Kindergeld für diese Kinder auch für die folgende Zeit zu, solange sie ihren Wohnsitz oder gewöhnlichen Aufenthalt in diesem Gebiet beibehalten und die Kinder die Voraussetzungen ihrer Berücksichtigung weiterhin erfüllen. ²§ 64 Absatz 2 und 3 ist insoweit erst für die Zeit vom Beginn des Monats an anzuwenden, in dem ein hierauf gerichteter Antrag bei der zuständigen Stelle eingegangen ist; der hiernach Berechtigte muss die nach Satz 1 geleisteten Zahlungen gegen sich gelten lassen.

A. Allgemeines

1 Seit dem Jahressteuergesetz 1996 wird das kumulativ-duale System einer Familienförderung durch Kindergeldzahlung nach dem BKGG **und** Gewährung von steuerlichem Kinderfreibetrag nach dem EStG durch ein alternativ-duales System ersetzt, wonach entweder Kindergeld gezahlt **oder** ein steuerlicher Kinderfreibetrag gewährt wird (MüKo BGB/Born § 1612b Rn. 3).

2 Das Kindergeldrecht ist in den **§§ 31 f., 62–78 EStG** und im **BKGG** geregelt. Das steuerrechtliche Kindergeld in Form eines **Kinderfreibetrags (§ 32 EStG)** oder einer **monatlich zu zahlenden Steuervergütung (§§ 62 ff. EStG)** erhalten etwa 99% der Anspruchsberechtigten. Das **sozialrechtliche Kindergeld** nach dem **BKGG** erhält ca. 1% der Anspruchsberechtigten. Wichtigstes **Abgrenzungskriterium** für den Erhalt des Kindergeldes nach dem EStG oder dem BKGG ist die **Anspruchsberechtigung** (dazu Rn. 7 ff.). In der Höhe des Kindergeldes unterscheiden sich diese beiden Gesetze nicht; auch ihre sonstigen Vorschriften entsprechen sich weitgehend (vgl. Hk-MuSchG/EStG/Conradis Vorbemerkung Kindergeldrecht Rn. 3).

3 Das Kindergeldrecht bezweckt die **Förderung der Familie** (BT-Drucks. 14/6160, S. 8) und ist wesentlicher Teil des **Familienleistungsausgleichs** (§§ 6, 25 SGB I, § 31 EStG). Es enthält zwar Elemente des Steuerrechts – namentlich bei den Kinderfreibeträgen und in der administrativen Ausgestaltung –, ist aber insbesondere wegen seines Ursprungs als Sozialleistung der **sozialrechtlichen Familienförderung** zuzuordnen. Daneben dient es der Kompensation der durch Kinder geminderten steuerlichen **Leistungsfähigkeit** und verwirklicht dadurch die **horizontale Steuergerechtigkeit** (Blümich/Selder EStG § 31 Rn. 25 f.; Kirchhof/Seiler EStG § 31 Rn. 1). Nach der Rechtsprechung des BVerfG (10. 11. 1998 – 2 BvR 1057/91 – BVerfGE 99, 216 (231 ff.)) muss der Gesetzgeber dafür das Existenzminimum des Kindes steuerfrei stellen. Zum **Existenzminimum eines Kindes** zählt neben dem durch den Kinderfreibetrag berücksichtigten sächlichen Mindestbedarf der darüber hinausgehende Betreuungs- und Erziehungsbedarf des Kindes. Die steuerliche Freistellung des Existenzminimums des Kindes erfolgt durch die Freibeträge gem. § 32 Abs. 6 EStG oder das Kindergeld (§ 31 S. 1 EStG). Soweit das steuerrechtliche Kindergeld für diese Freistellung nicht erforderlich ist, dient es gem. § 31 S. 2 EStG der Förderung der Familie. Betrachtet man das steuerrechtliche Kindergeld – ebenso wie das Kindergeld nach dem BKGG – als eine Sozialleistung, muss die Einordnung in das EStG als systemwidrig angesehen werden (Hk-MuSchG/EStG/Conradis § 62 Rn. 2).

4 Den Anspruchsberechtigten, die dem EStG unterfallen, werden entweder das Kindergeld (§§ 62 ff. EStG) oder die Freibeträge (§ 32 VI EStG, Mindestfreibetrag und Betreuungsfreibetrag) gewährt. Das Kindergeld wird monatlich als vorweggenommene Steuervergünstigung ausgezahlt (§§ 31 S. 3, 62 ff. EStG). Die Voraussetzungen für Kinderfreibetrag und Kindergeld nach dem EStG entsprechen sich im Wesentlichen. Die Aussage, der Gesetzgeber habe sich dabei für ein sog. „**Optionsmodell**" entschieden, ist deswegen irreführend, weil man daraus auf eine Wahlmöglichkeit schließen könnte, die

jedoch nicht besteht. Vielmehr wird jedem Berechtigten zunächst das Kindergeld ausgezahlt; erst bei der Einkommensteuerveranlagung prüft das Finanzamt von Amts wegen (§ 31 S. 4 EStG), ob die Freibeträge günstiger sind als das Kindergeld. Ist die durch den Freibetrag bewirkte Steuerentlastung geringer als das gezahlte Kindergeld, wird die Einkommensteuer ohne Berücksichtigung des Kinderfreibetrags festgesetzt. Das monatliche Kindergeld wird nicht angerechnet. Ist die Steuerentlastung durch den Freibetrag höher als das gezahlte Kindergeld, wird die Einkommensteuer unter Anrechnung des Kinderfreibetrags festgesetzt. Hierauf wird dann allerdings das Kindergeld angerechnet. Damit ist sichergestellt, dass die Steuerentlastung mindestens in Höhe des Kindergeldes dem Steuerpflichtigen bleibt (MüKo BGB/Born § 1612b Rn. 5f.).

Zusätzlich zum Kindergeld kann seit dem 1. 1. 2005 gem. § 6a BKGG ein Kinderzuschlag beansprucht werden, wenn dadurch Hilfebedürftigkeit nach § 9 SGB II vermieden wird.

B. Anspruchsvoraussetzungen

Voraussetzung für einen Anspruch auf Kindergeld sowohl nach dem EStG als auch nach dem BKGG ist, dass die **Anspruchsberechtigung** (I.) besteht und die **Kinder berücksichtigungsfähig** (II.) sind. Mit Ausnahme der **behinderten** Kinder (V.) steht ein Anspruch auf Kindergeld allen **volljährigen** Kindern nur dann zu, wenn einerseits **bestimmte gesetzlich vorgesehene persönliche Voraussetzungen** (III.) vorliegen und sie andererseits nicht über Einkommen verfügen, das eine bestimmte **Einkommensgrenze** (IV.) überschreitet.

I. Anspruchsberechtigte

§ 62 EStG normiert den Kreis der Anspruchsberechtigten für die monatlich zu zahlende Steuervergütung. Anspruchsberechtigt sind grundsätzlich nur die Eltern von Kindern, die nach § 63 EStG zu berücksichtigen sind, und nicht die Kinder selbst. Gem. § 74 EStG kann das Kind das Kindergeld zwar abzweigen, um es selbst zu erhalten; jedoch bleiben die Eltern auch in diesem Fall Berechtigte. Eine eigene Anspruchsberechtigung des Kindes sieht allein **§ 1 Abs. 2 BKGG** vor.

Anspruchsberechtigte gem. § 62 Abs. 1 Nr. 1 EStG sind Steuerpflichtige mit Wohnsitz oder gewöhnlichem Aufenthalt im Inland. Wer seinen Wohnsitz oder gewöhnlichen Aufenthalt nicht im Inland hat, ist anspruchsberechtigt, wenn er nach § 1 Abs. 2 EStG (**§ 62 Abs. 1 Nr. 2a EStG**) unbeschränkt einkommensteuerpflichtig oder nach § 1 Abs. 3 EStG (**§ 62 Abs. 1 Nr. 2b EStG**) als unbeschränkt einkommensteuerpflichtig zu behandeln ist. Damit wiederholt Abs. 1 die Voraussetzungen des **persönlichen Anwendungsbereichs des EStG** gem. § 1 Abs. 1–3 EStG. Diese Voraussetzungen gelten auch für die Kinderfreibeträge gem. § 32 EStG. Zu den Voraussetzungen des § 62 Abs. 1 Nr. 1 vgl. Kommentierung zu § 1 Abs. 1 Nr. 1 BEEG. § 1 Abs. 2 EStG erweitert für einen beschränkten Personenkreis die unbeschränkte Steuerpflicht kraft Fiktion (Kirchhof/Gosch EStG § 1 Rn. 9). Dieser Personenkreis umfasst natürliche Personen mit deutscher Staatsangehörigkeit, die nicht im Inland ansässig sind, zugleich aber zu einer inländischen juristischen Person des öffentlichen Rechts in einem Dienstverhältnis stehen und dafür Arbeitslohn aus einer inländischen öffentlichen Kasse beziehen (zB deutsche Diplomaten im Auslandsdienst, Auslandslehrer). Nach § 1 Abs. 3 EStG können Personen auf Antrag als unbeschränkt einkommenssteuerpflichtig behandelt werden, sofern sie inländische Einkünfte nach § 49 EStG erzielen. Für diese beschränkt Steuerpflichtigen ist der Anknüpfungspunkt der Besteuerung die Quelle, aus der die Einkünfte stammen. Dies gilt gem. § 1 Abs. 3 S. 2 EStG nur, wenn die Einkünfte im Kalenderjahr zu mindestens 90% der deutschen Einkommensteuer unterliegen oder den Grundfreibetrag nach § 32a Abs. 1 S. 2 Nr. 1 EStG (Veranlagungszeitraum (VZ) 2009: 7.834 €; ab VZ 2010: 8.004 € (§ 52 Abs. 41 EStG)) nicht übersteigen. (Kirchhof/Gosch EStG § 1 Rn. 17ff. und 22).

Demgegenüber findet das **BKGG** auf Personen mit einem sog. Auslandsbezug **Anwendung**. Gem. § 1 Abs. 1 BKGG wird das sozialrechtliche Kindergeld demjenigen gewährt, der nicht gem. § 1 Abs. 1 und 2 EStG unbeschränkt steuerpflichtig ist, nicht gem. § 1 Abs. 3 EStG so behandelt wird und zusätzlich eine der Voraussetzungen des § 1 Abs. 1 Nr. 1–4 BKGG erfüllt. Darunter fallen Personen, die in einem Versicherungsverhältnis zur Bundesagentur für Arbeit nach dem SGB III stehen oder gem. § 28 Abs. 1 Nr. 1 SGB III versicherungsfrei sind (Nr. 1), Personen, die als Entwicklungshelfer Unterhaltsleistungen iSd. § 4 Abs. 1 Nr. 1 EhfG erhalten oder als Missionar bei einem der in § 1 Abs. 1 Nr. 2 BKGG genannten Missionswerke tätig ist (Nr. 2), Personen, die eine außerhalb Deutschlands zugewiesene Tätigkeit nach § 123a BRRG, § 29 BBG oder § 20 BeamtStG ausüben (Nr. 3) oder die als Ehegatte eines Mitglieds der Truppe oder des zivilen Gefolges eines NATO-Mitgliedstaates die Staatsangehörigkeit eines EU/EWR-Mitgliedstaates besitzen und in Deutschland ihren Wohnsitz oder gewöhnlichen Aufenthalt haben (Nr. 4).

Gem. **§ 62 Abs. 2 EStG (vgl. für BKGG: § 1 Abs. 3)** haben auch Ausländer Anspruch auf Kindergeld. Ausländer sind anspruchsberechtigt, wenn sie eine Niederlassungserlaubnis (Nr. 1), eine Aufenthaltserlaubnis zum Zwecke der Erwerbstätigkeit (Nr. 2) oder eine Aufenthaltserlaubnis wegen eines Krieges im Heimatland (§ 23 Abs. 1 AufenthG), in einem Härtefall (§ 23a AufenthG), zum vorübergehenden Schutz (§ 24 AufenthG) oder aus den in § 25 Abs. 3 bis 5 AufenthG genannten humanitären Gründen besitzen und sich mindestens drei Jahre rechtmäßig, gestattet oder geduldet im Bundesgebiet aufhalten und berechtigt erwerbstätig sind, laufende Geldleistungen nach dem SGB III (zB Arbeitslosengeld) beziehen oder Elternzeit in Anspruch nehmen (Nr. 3a, b).

11 Auch anerkannte Flüchtlinge, asylberechtigte Ausländer und sonstige politisch Verfolgte sind kindergeldberechtigt. Saisonarbeiter, Werkvertragsarbeiter und Arbeitnehmer, die nur zur vorübergehenden Dienstleistung ins Inland entsandt sind, erhalten kein Kindergeld (Heiß/Born, Unterhaltsrecht, 44. Kapitel Rn. 31).

II. Berücksichtigungsfähige Kinder

12 **§ 63 EStG (vgl. für BKGG: § 2)** definiert die bei der Kindergeldgewährung berücksichtigungsfähigen Kinder. Dabei nimmt § 63 Abs. 1 S. 1 Nr. 1 EStG auf § 32 Abs. 1 EStG Bezug, erweitert in seinen Nr. 2 und 3 allerdings den Kreis der nach § 32 Abs. 1 EStG berücksichtigungsfähigen Kinder um die zum Haushalt des Berechtigten gehörenden Stief- und Enkelkinder.

13 **Berücksichtigungsfähige Kinder gem. § 63 Abs. 1 S. 1 Nr. 1** sind solche iSd. § 32 Abs. 1 EStG. Dies sind im ersten Grad mit dem Kindergeldberechtigten verwandte Kinder (§ 32 Abs. 1 Nr. 1 EStG) und Pflegekinder (§ 32 Abs. 1 Nr. 2 EStG, vgl. für BKGG: **§ 2 Abs. 1 Nr. 2**; Hambüchen/Pauli EStG § 63 Rn. 7). Die Vorschrift des § 32 Abs. 1 Nr. 1 EStG knüpft bei der Bestimmung des Kinderbegriffs an die bürgerlich-rechtlichen Vorschriften an. **„Verwandte Kinder"** sind demnach **leibliche Kinder** (§§ 1589, 1591, 1592 BGB), soweit das Verwandtschaftsverhältnis nicht durch Adoption erloschen ist, und **Adoptivkinder** (§§ 1754, 1755 BGB) (Hambüchen/Pauli EStG § 32 Rn. 27 ff.). § 32 Abs. 1 Nr. 2 EStG enthält einen eigenständigen einkommensteuerrechtlichen Begriff des **Pflegekindes** (Blümich/Selder EStG § 32 Rn. 41 ff.; Kirchhof/Seiler EStG § 32 Rn. 3). Für das Pflegekindschaftsverhältnis ist entscheidend, dass die Pflegeeltern sich **tatsächlich** wie Eltern um das Kind **kümmern**, eine rechtliche Absicherung ist nicht bedeutsam (BFH 7. 9. 95 – III R 95/93 – BStBl II 96, 63). Zwischen den Pflegeeltern bzw. dem Pflegeelternteil und dem Kind muss ein Aufsichts-, Betreuungs- und Erziehungsverhältnis bestehen, das sich durch eine **familienähnliche, ideelle und auf längere Dauer angelegte Bindung** auszeichnet. Dazu muss das Kind aus dem natürlichen und rechtlichen **Obhuts- und Betreuungsverhältnis zu den leiblichen Eltern** oder Adoptiveltern **ausgeschieden** sein und stattdessen tatsächliche und kontinuierliche Personensorge durch die Pflegeeltern erfahren. Ist das Kind zu **Erwerbszwecken** in den Haushalt aufgenommen worden, ist eine Berücksichtigung als Pflegekind nicht möglich, so etwa bei den sog. Kostkindern (vgl. BT-Drucks. 15/1945 S. 9). Allerdings wird erst bei einer Aufnahme von mehr als sechs Kindern in einen Haushalt vermutet, dass es sich um Kostkinder handelt (Kirchhof/Seiler EStG § 32 Rn. 5). Ausnahmsweise kann auch zu volljährigen Kindern ein Pflegekindverhältnis bestehen (Hk-MuSchG/EStG/Conradis § 63 Rn. 8). Das Merkmal der **Haushaltsaufnahme** deckt sich regelmäßig mit der Voraussetzung des familienähnlichen Bandes. Für eine Haushaltsaufnahme muss das Kind in die Familiengemeinschaft mit einem dort begründeten Betreuungs- und Erziehungsverhältnis aufgenommen worden sein; neben dem örtlich gebundenen Zusammenleben müssen Voraussetzungen materieller Art (Versorgung, Unterhaltsgewährung) und immaterieller Art (Fürsorge, Betreuung) erfüllt sein (BFH 20. 6. 01 – VI R 224/98 – BStBl II 01, 713; Blümich/Treiber EStG § 64 Rn. 18 f.). Der Haushalt des Steuerpflichtigen muss Lebensmittelpunkt des Kindes sein (BFH 5. 8. 77 – VI R 187/74 – BStBl II 77, 832). Daran fehlt es bei einer auf Dauer angelegten räumlichen Trennung (zB Heimunterbringung, BFH 14. 11. 01 – X R 24/99 – BStBl II 02, 244; nicht aber zB Internatsbesuch, FG München 20. 3. 2002 – 9 K 2904/01). Diesem Begriff der Haushaltsaufnahme entspricht derjenige in § 63 Abs. 1 S. 1 Nr. 2, Nr. 3 EStG und § 64 Abs. 2 S. 1, Abs. 3 S. 1 EStG.

14 Des Weiteren kommen für die Gewährung von Kindergeld gem. **§ 63 Abs. 1 S. 1 Nr. 2 EStG** die in den Haushalt aufgenommenen Kinder des Ehegatten des Kindergeldberechtigten (sog. Stiefkinder; **vgl. für BKGG: § 2 Abs. 1 Nr. 1**) und gem. **§ 63 Abs. 1 S. 1 Nr. 3 EStG** die Enkelkinder (**vgl. für BKGG: § 2 Abs. 1 Nr. 3**) in Betracht. Unter **Stiefkinder** sind die Kinder des anderen Ehegatten iSd. §§ 1589, 1591, 1592 f., 1754 BGB, die nicht gleichzeitig Kinder des Berechtigten sind, zu verstehen. **Enkelkinder** sind die im zweiten Grad mit dem Kindergeldberechtigten verwandten Kinder, mithin eheliche, nichteheliche und für ehelich erklärte Kinder der Abkömmlinge des Kindergeldberechtigten. Die Berücksichtigung von Stief- und Enkelkindern setzt die Aufnahme des Kindes in den Haushalt des Kindergeldberechtigten voraus (dazu Rn. 13).

15 **§ 63 Abs. 1 S. 2 EStG** erklärt § 32 Abs. 3–5 (**vgl. für BKGG: § 2 Abs. 2, 3**) für entsprechend anwendbar. Sowohl beim Kindergeld als auch beim Kinderfreibetrag sind bestimmte **Altersgrenzen** zu beachten. Wie der Kinderfreibetrag kann das Kindergeld grundsätzlich **bis zur Vollendung des 18. Lebensjahres** gewährt werden. Ältere Kinder können nur unter den zusätzlichen Voraussetzungen des § 32 Abs. 4 und 5 berücksichtigt werden (dazu Rn. 18 ff.).

16 Nicht berücksichtigt werden Kinder nach **§ 63 Abs. 1 S. 3 EStG**, wenn sie weder einen Wohnsitz noch einen gewöhnlichen Aufenthalt im Inland, in einem Mitgliedstaat der Europäischen Union

oder in einem Staat haben, auf den das Abkommen über den europäischen Wirtschaftsraum Anwendung findet. Dies gilt nicht, wenn sie im Haushalt eines Berechtigten iSv. § 62 Abs. 1 Nr. 2 a leben. Hierbei handelt es sich um Eltern, die nach § 1 Abs. 2 unbeschränkt einkommensteuerpflichtig sind, zB Diplomaten. Anders als § 63 Abs. 1 S. 1 Nr. 2 und 3 verlangt das Gesetz, dass diese Kinder im Haushalt des nach § 62 Abs. 1 Nr. 2 a Berechtigten „**leben**", wobei dies im Vergleich zur Haushaltsaufnahme keine Abweichung bezüglich der Intensität der Einbindung in den Haushalt des Berechtigten bedeuten soll (Blümich/Treiber EStG § 63 Rn. 40). Die Frage des **Wohnsitzes** richtet sich nach § 8 AO, der wörtlich mit der Legaldefinition des § 30 Abs. 3 S. 1 SGB I übereinstimmt. Danach ist entscheidend, ob das Kind eine Wohnung unter Umständen innehat, die darauf schließen lassen, dass es die Wohnung beibehalten oder benutzen wird. Seinen **gewöhnlichen Aufenthalt** hat das Kind dort, wo es sich unter Umständen aufhält, die erkennen lassen, dass es an dem entsprechenden Ort nicht nur vorübergehend verweilt (Legaldefinition in § 9 S. 1 AO, § 30 Abs. 3 S. 2 SGB I). Das Wesen eines Wohnsitzes im steuerrechtlichen Sinne besteht darin, dass die Wohnung ihrem Inhaber objektiv jederzeit als Bleibe zur Verfügung steht und subjektiv auch zur entsprechenden Nutzung bestimmt ist. In dieser zur objektiven Nutzung hinzutretenden subjektiven Bestimmung liegt der Unterschied zwischen dem bloßen Aufenthaltnehmen in einer Wohnung und dem Wohnsitz (BFH 23. 11. 2000 – VI R 165/99 – BFHE 193, 569).

Nach **§ 63 Abs. 1 S. 4 EStG** sind Kinder iSd. § 2 Abs. 4 S. 2 BKGG nicht zu berücksichtigen. **17** Gem. § 2 Abs. 4 S. 1 BKGG werden Kinder, für die einer anderen Person nach dem EStG Kindergeld oder ein Kinderfreibetrag zusteht, nicht nach dem BKGG berücksichtigt. § 2 Abs. 4 S. 1 BKGG regelt den Vorrang des steuerrechtlichen Kindergeldes nach dem EStG im Verhältnis zum sozialrechtlichen Kindergeld nach dem BKGG. Dieser Vorrang wird allerdings durch § 2 Abs. 4 S. 2 BKGG aufgehoben. Danach sind Kinder nach dem BKGG zu berücksichtigen, die in den Haushalt des Anspruchsberechtigten nach § 1 BKGG aufgenommen sind oder für die dieser die höhere Unterhaltsrente zahlt, wenn sie weder in seinen Haushalt noch in den Haushalt eines nach § 62 EStG Anspruchsberechtigten aufgenommen sind. Durch die Regelungen des § 63 Abs. 1 S. 4 EStG wird sichergestellt, dass für das nach dem BKGG zu berücksichtigende Kind nicht gleichzeitig steuerrechtliches Kindergeld gezahlt wird (Hambüchen/Pauli EStG § 63 Rn. 18).

III. Volljährige Kinder

Durch das Steueränderungsgesetz 2007 vom 19. Juli 2006 wurde das Höchstalter für einen Anspruch auf Kindergeld von 27 auf 25 Jahre herabgesetzt. Für Kinder, die im Jahre 2006 das 24., 25. oder 26. Lebensjahr vollendet hatten, wurde in § 52 Abs. 40 S. 7 EStG eine Übergangsvorschrift aufgenommen, die § 20 Abs. 4 S. 1 BKGG entspricht. Bei **volljährigen** Kindern wird unterschieden zwischen der Vollendung des 21. und 25. Lebensjahres. Die Regelungen hierzu ergeben sich gem. **§ 63 Abs. 1 S. 2 EStG** aus der entsprechenden Anwendung von **§ 32 Abs. 4 und 5 EStG (vgl. für BKGG: § 2 Abs. 2, Abs. 3).** **18**

Gem. **§ 32 Abs. 4 S. 1 Nr. 1 EStG (vgl. für BKGG: § 2 Abs. 2 S. 1 Nr. 1, Abs. 3)** werden **19** Kinder **bis zur Vollendung des 21. Lebensjahres** berücksichtigt, wenn sie in keinem Beschäftigungsverhältnis stehen und bei einer Agentur für Arbeit im Inland als arbeitsuchend gemeldet sind. Vorausgesetzt werden also die **Beschäftigungslosigkeit** (§ 119 Abs. 1 Nr. 1 SGB III) sowie die **Arbeitslosmeldung** (§ 122 SGB III). Eigene Bemühungen, einen Arbeitsplatz zu finden, sind nach dem Gesetzeswortlaut nicht ausreichend. Leistungen wie Arbeitslosengeld oder Arbeitslosengeld II nach dem SGB II müssen nicht bezogen werden, allerdings gilt der Nachweis der Arbeitslosigkeit oder des Bezugs von Arbeitslosengeld als Nachweis der Meldung als Arbeitsuchender (DA-FamEStG 63.3.1 Abs. 2). Zwar ist eine **geringfügige Tätigkeit iSd. § 8 SGB IV** vom Wortlaut der Vorschrift erfasst, gem. § 119 Abs. 3 SGB III schließt jedoch die Ausübung einer weniger als 15 Stunden wöchentlich umfassenden Beschäftigung die Beschäftigungslosigkeit nicht aus, sodass eine solche Tätigkeit des Kindes der Vorschrift nicht entgegensteht (Blümich/Selder EStG § 32 Rn. 67a; so auch DA-FamEStG 63.3.1 Abs. 1 und 3).

Gem. **§ 32 Abs. 4 S. 1 Nr. 2 a–d EStG (vgl. für BKGG: § 2 Abs. 2 S. 1 Nr. 2 a–d, Abs. 3)** **20** werden Kinder **bis zur Vollendung des 25. Lebensjahres** berücksichtigt, wenn sie sich in der Berufsausbildung (a) oder in der Übergangszeit zwischen zwei Ausbildungsabschnitten von höchstens vier Monaten befinden (b), eine Berufsausbildung mangels Ausbildungsplatz nicht beginnen oder fortsetzen können (c), ein freiwilliges soziales oder ökologisches Jahr oder einen Freiwilligendienst iSd. Beschlusses Nr. 1031/2000/EG oder einen anderen Dienst im Ausland iSv. § 14b ZDG leisten (d). Eine **Berufsausbildung** ist eine Ausbildung für einen künftigen Beruf, der dauerhaft geeignet ist, den Lebensunterhalt zu sichern (Kirchhof/Seiler EStG § 32 Rn. 12). Dabei ist der Berufsausbildungsbegriff des BFH weiter als derjenige des BSG. Anders als das BSG fordert der BFH nicht, dass der Erwerb der jeweils vermittelten Kenntnisse für die Ausübung des Berufs notwendig ist (BSG 22. 11. 94 – 10 RKg 17/92 – SozR 3–5870 § 2 Nr. 29), sondern lässt genügen, dass es sich um Kenntnisse, Fähigkeiten oder Erfahrungen handelt, die als Grundlage für die Ausübung des angestrebten Berufs geeignet sind (BFH 9. 6. 99 – VI R 33/98 – BStBl II 99, 701; BFH 16. 4. 02 – VIII R 58/01 –

BStBl II 02, 523; DA-FamEStG 63.3.2). Dass ein Kind eine **Berufsausbildung mangels Ausbildungsplatz nicht beginnen oder fortsetzen** kann, setzt (objektiv) das Fehlen eines Ausbildungsplatzes und (subjektiv) seine Ausbildungswilligkeit voraus (Blümich/Selder EStG § 32 Rn. 88). Ausbildungsplätze sind neben betrieblichen und überbetrieblichen insbesondere solche an Fach- und Hochschulen sowie Stellen, an denen eine in der Ausbildungs- oder Prüfungsordnung vorgeschriebene praktische Tätigkeit abzuleisten ist (EStR 32.7 Abs. 2). Es fehlt ein Ausbildungsplatz, wenn das Kind noch keinen Ausbildungsplatz gefunden hat oder wenn dem Kind ein Ausbildungsplatz zwar bereits zugesagt wurde, es diesen aber aus schul-, studien- oder betriebsorganisatorischen Gründen erst zu einem späteren Zeitpunkt antreten kann (BFH 15. 7. 03 – VIII R 77/00 – BStBl II 03, 845). Um seine Arbeitswilligkeit zu zeigen, muss sich das Kind ernsthaft um einen Ausbildungsplatz bemühen (BFH 15. 7. 03 – VIII R 71/99 – BFH/NV 04, 473). Die Meldung bei der Agentur für Arbeit ist dafür keine Tatbestandvoraussetzung. Bewerbungsschreiben unmittelbar an Ausbildungsstellen, deren Zwischennachricht oder Ablehnungen genügen als Nachweis für ernsthafte Bemühungen (Blümich/Selder EStG § 32 Rn. 91). Eine Vollerwerbstätigkeit steht nicht entgegen, wenn mit den Einkünften der (anteilige) Jahresgrenzbetrag gem. § 32 Abs. 4 S. 2 iHv. 8.004 € nicht erreicht wird (BFH 16. 11. 2006 – III R 15/06).

21   Nach **§ 32 Abs. 5 EStG (vgl. für BKGG: § 2 Abs. 3)** verlängert sich der Zeitpunkt des 21. bzw. 25. Lebensjahres in den Fällen des Abs. 4 S. 1 Nr. 1 oder Nr. 2 Buchstabe a und b EStG **(vgl. für BKGG: § 2 Abs. 2 S. 1 Nr. 1 oder Nr. 2 Buchstabe a und b)** um die Zeit des gesetzlichen Grundwehrdienstes oder Zivildienstes oder eines anderen Dienstes, der an die Stelle des gesetzlichen Grundwehrdienstes tritt. Die Altersgrenzen können sich hierdurch also hinausschieben.

IV. Anzurechnendes Einkommen bei volljährigen Kindern

22   Für volljährige Kinder – mit Ausnahme der behinderten Kinder – besteht nach **§ 63 Abs. 1 S. 2 EStG** in entsprechender Anwendung von **§ 32 Abs. 4 S. 2–9 EStG (vgl. für BKGG: § 2 Abs. 2 S. 2–9)** kein Anspruch auf Kindergeld, wenn deren Einkommen und Bezüge die **Einkommensgrenze** von jährlich 8.004 € (ab Veranlagungszeitraum 2010) überschreiten. Wird der Grenzbetrag auch nur um einen Cent überschritten, entfällt das Kindergeld für den gesamten Zeitraum, für den das Einkommen anzurechnen ist (sog. „Fallbeilregelung"; Kirchhof/Seiler EStG § 32 Rn. 16). Oft wird die Höhe des Einkommens erst später festgestellt. Dann kann es gem. § 70 S. 4 EStG zu einer auch rückwirkenden Aufhebung der Kindergeldfestsetzung kommen.

23   Einkünfte und Bezüge, die zur Bestreitung des Unterhalts oder der Berufsausbildung bestimmt sind, sind **als Einkommen zu berücksichtigen, § 32 Abs. 4 S. 2 EStG (vgl. für BKGG: § 2 Abs. 2 S. 2)**. Der Begriff der **Einkünfte** entspricht der Definition des § 2 Abs. 2 EStG und umfasst bei Land- und Forstwirtschaft, Gewerbebetrieb und selbständiger Arbeit den Gewinn (§§ 4 bis 7k EStG) und iÜ den Überschuss der Einnahmen über die Werbungskosten (§§ 8 bis 9a EStG). Den Relativsatz „die zur Bestreitung des Unterhalts oder der Berufsausbildung bestimmt und geeignet sind" bezieht das BVerfG (11. 1. 2005 – 2 BvR 167/02 – DStR 05, 911) nicht nur – wie bislang der BFH (4. 11. 2003 – VIII R 59/03) – auf „Bezüge", sondern auch auf „Einkünfte" (Blümich/Selder EStG § 32 Rn. 114). Dies soll vermeiden, dass Sozialversicherungsbeiträge in die Bemessungsgrundlage einbezogen werden und damit ein Verstoß gegen den allgemeinen Gleichheitsgrundsatz (Art. 3 Abs. 1 GG) vorliegt. Jedoch hat das BVerfG offen gelassen, in welchen Fällen der Relativsatz im Einzelfall auf Einkünfte anzuwenden ist. Jedenfalls sind diejenigen Beträge, die, wie die gesetzlichen Sozialversicherungsbeiträge, von Gesetzes wegen dem einkünfteerzielenden Kind oder dessen Eltern nicht verfügbar sind und deshalb keine Entlastung bei den Eltern bewirken können, sondern anderen Zwecken als der Bestreitung des Unterhalts zu dienen bestimmt sind, nicht in die Bemessungsgröße des § 32 Abs. 4 S. 2 EStG einzubeziehen. Demgegenüber sind zB die Lohn- (BFH 26. 9. 07 – III R 4/07 – BStBl II 08, 738) und die Kirchensteuer (BFH 25. 9. 08 – III R 29/07 – BFH/NV 09, 372) zu berücksichtigen. **Bezüge** sind alle Einnahmen in Geld oder Geldeswert, die nicht iRd. Einkünfteermittlung einkommensteuerrechtlich erfasst werden (EStR 32.10 Abs. 2; Kirchhof/Seiler EStG § 32 Rn. 17), also nicht steuerbare Vermögenszugänge (zB Erbschaft, Schenkung) oder gem. §§ 3 bis 3b steuerfreie Einnahmen. Zweckgebundene Bezüge und solche, die einen über das übliche Maß hinausgehenden besonderen außergewöhnlichen Bedarf decken sollen, sind **nicht zu berücksichtigen**. Darunter fallen zB steuerfreie Einnahmen gem. § 3 Nr. 1a EStG (Leistungen aus einer Krankenversicherung, Pflegeversicherung und der gesetzlichen Unfallversicherung), gem. Nr. 26 (Aufwandsentschädigungen für nebenberufliche Tätigkeiten, Leistungen der Pflegeversicherung) und im Rahmen der Sozialhilfe gewährte Beiträge für die Hilfe zur Gesundheit gem. §§ 47ff. SGB XII. Ferner gehören dazu auch die Blindenhilfe nach § 72 SGB XII sowie die Grundrente und die Schwerstbeschädigtenzulage nach dem BVG. Nach **§ 32 Abs. 4 S. 4 EStG (vgl. für BKGG: § 2 Abs. 2 S. 4)** gehören zu den Bezügen auch steuerfreie Gewinne nach den §§ 14, 16 Abs. 4, § 17 Abs. 3 und § 18 Abs. 3, die nach § 19 Abs. 2 steuerfrei bleibenden Einkünfte sowie Sonderabschreibungen und erhöhte Absetzungen, soweit sie die höchstmöglichen Absetzungen für Abnutzung nach § 7 übersteigen. Gem. **§ 32 Abs. 4 S. 5 EStG (vgl. für BKGG: § 2 Abs. 2 S. 5)** werden Bezüge für besondere

Ausbildungszwecke (zB Zuschläge für ein Studium im Ausland) nicht berücksichtigt. Für die Ermittlung der Einkünfte und Bezüge gilt das Zuflussprinzip (Kirchhof/Seiler EStG § 32 Rn. 17).

Nach § 32 Abs. 4 S. 3 EStG (vgl. für BKGG: § 2 Abs. 2 S. 3) ist der **Grenzbetrag zu kürzen**, soweit es nach den Verhältnissen im Wohnsitzstaat notwendig und angemessen ist (Blümich/Selder EStG § 32 Rn. 124). Für die Feststellung der maßgeblichen Beträge sind die Wohnsitzstaaten von der Finanzverwaltung entsprechend einer Verwaltungsanweisung zu § 33a Abs. 1 S. 5 EStG (BStBl I S. 1323) in vier Ländergruppen eingeteilt worden. Je nach Zugehörigkeit zur einzelnen Ländergruppe werden die Einkünfte und Bezüge des Kindes in vollem Umfang (zB Länder der EU), zu ¾ (zB Israel, Malta), zu ½ (zB Argentinien, Polen), oder ¼ (zB Afghanistan, Indien) nach dem für das Inland maßgeblichem Betrag berücksichtigt. 24

Wird eine Tätigkeit bzw. eine Ausbildung erst zu einem **bestimmten Zeitpunkt** aufgenommen und fällt das anzurechnende Einkommen deshalb nicht in jedem Kalendermonat an, ermäßigt sich der Betrag für jeden Monat, an dem die Voraussetzungen nicht vorliegen, um ein Zwölftel, **§ 32 Abs. 4 S. 7 EStG** (vgl. für BKGG: § 2 Abs. 2 S. 7) (Kirchhof/Seiler EStG § 32 Rn. 19). 25

Gem. § 32 Abs. 4 S. 9 EStG ist ein **Verzicht** auf Teile der zustehenden Einkünfte und Bezüge des Kindes nicht zulässig. Er wirkt sich nicht auf die Einkommensgrenze aus. Eine Vereinbarung, die dazu führt, dass ein Anspruch auf Weihnachtsgeld nicht geltend gemacht werden kann, stellt einen solchen Verzicht dar. Kein Verzicht ist hingegen anzunehmen, wenn sozialrechtliche Ansprüche nicht geltend gemacht werden (zB Leistungen nach dem Bafög), da dabei nicht auf Teile zustehender Einkünfte und Bezüge verzichtet wird (Hk-MuSchG/EStG/Conradis § 63 Rn. 26). 26

V. Kindergeld für volljährige behinderte Kinder

Gem. **§ 63 Abs. 1 S. 2 EStG** werden behinderte Kinder in entsprechender Anwendung von § 32 Abs. 4 S. 1 Nr. 3 EStG (vgl. für BKGG: § 2 Abs. 2 S. 1 Nr. 3) über das 25. Lebensjahr hinaus berücksichtigt, wenn sie wegen der Behinderung außerstande sind, sich selbst zu unterhalten. Dies setzt voraus, dass die Behinderung vor Vollendung des 25. Lebensjahres eingetreten ist. 27

In Anlehnung an § 2 Abs. 1 SGB IX sind Menschen behindert, wenn ihre körperliche Funktion, geistige Fähigkeit oder seelische Gesundheit mit hoher Wahrscheinlichkeit länger als 6 Monate von dem für das Lebensalter typischen Zustand abweicht und deshalb die Teilhabe am Leben in der Gesellschaft beeinträchtigt ist. Der Nachweis der Behinderung kann zB durch die Vorlage des Schwerbehindertenausweises gem. § 69 Abs. 5 SGB IX sowie durch Feststellungs- oder Rentenbescheide geführt werden (Blümich/Selder EStG § 32 Rn. 104). 28

Fraglich ist allerdings, ob ein Anspruch auch dann besteht, wenn zwar die Behinderung vor Ablauf des 25. Lebensjahres eingetreten ist, die Unfähigkeit zum Selbstunterhalt jedoch erst zu einem späteren Zeitpunkt eingetreten ist. Das Gesetz regelt das Tatbestandsmerkmal „**außerstande ist, sich selbst zu unterhalten**" nicht näher. Jedenfalls muss die **Behinderung ursächlich** sein (Kirchhof/Seiler EStG § 32 Rn. 15). In seiner Grundsatzentscheidung vom 15. 10. 1999 stellte der BFH (VI R 40/98 – NJW 2000, 1356) klar, dass ein volljähriges behindertes Kind, das im Rahmen der Eingliederungshilfe nach dem SGB XII untergebracht ist, einen Anspruch auf Kindergeld hat, solange es wegen seiner Behinderung außerstande ist, sich selbst zu unterhalten. Die Ursächlichkeit für die Unfähigkeit, sich selbst zu unterhalten, kann grundsätzlich angenommen werden, wenn im Schwerbehindertenausweis das Merkmal H (Hilflos) eingetragen ist oder der Grad der Behinderung 50 vH oder mehr beträgt und besondere Umstände hinzutreten, auf Grund derer eine Erwerbstätigkeit unter den üblichen Bedingungen des allgemeinen Arbeitsmarktes ausgeschlossen erscheint. Es reicht aus, wenn die Behinderung des Kindes für seine mangelnde Fähigkeit zum Selbstunterhalt mitursächlich ist und diese Mitursächlichkeit erheblich ist. Ob ein Kind in der Lage ist, sich selbst zu unterhalten, ist nach **objektiven Kriterien** zu beurteilen (Hk-MuSchG/EStG/Conradis § 63 Rn. 28 ff.). 29

VII. Zusammentreffen mehrerer Anspruchsberechtigter

Sind dem Grunde nach mehrere Personen bezugsberechtigt, regelt **§ 64 EStG** (vgl. für BKGG: § 3), welche von mehreren Personen Kindergeld erhält. Gem. Abs. 1 wird für jedes Kind nur einem Berechtigten Kindergeld gezahlt. Bei mehreren Berechtigten wird gem. Abs. 2 S. 1 demjenigen Kindergeld gezahlt, der das Kind in seinen Haushalt aufgenommen hat. Lebt das Kind in einem gemeinsamen Haushalt mit beiden Elternteilen, bestimmen gem. Abs. 2 S. 2 die Berechtigten, wer das Kindergeld erhält. Können sie sich nicht einigen, entscheidet gem. Abs. 2 S. 3 das Familiengericht. Ist das Kind in keinen Haushalt aufgenommen, erhält nach Abs. 3 S. 1 und 2 derjenige das Kindergeld, der dem Kind Unterhalt bzw. höheren Unterhalt zahlt. Wird in gleicher Höhe Unterhalt gezahlt, treffen die Berechtigten gem. Abs. 3 S. 3 die Entscheidung, wer das Kindergeld erhalten soll, andernfalls das Familiengericht gem. Abs. 3 S. 3. 30

Eine Regelung der Eltern, dass der Elternteil, bei dem das Kind nicht im Haushalt lebt, weiter das Kindergeld erhält, ist ausgeschlossen. Zieht das Kind getrennt lebender Eltern auf eigenen Entschluss von dem Haushalt des einen Elternteils in den Haushalt des anderen Elternteils um, so ist eine **Haus- 31

haltsaufnahme (Rn. 13) anzunehmen, wenn das Kind dort länger als drei Monate lebt und eine Rückkehr nicht von vornherein feststeht (BFH 25. 6. 2009 – III R 2/07 – NJW 2009, 3472). Lebt das Kind in beiden Haushalten der Eltern etwa in gleichem Umfang, kommt eine analoge Anwendung von § 64 Abs. 2 S. 2–4 EStG in Betracht (Kirchhof/Felix EStG § 64 Rn. 2). Auch wenn das Kind auswärts untergebracht ist, muss geprüft werden, ob nicht doch eine Unterbringung im Haushalt eines Elternteils gegeben ist; dies ist anzunehmen, wenn die Gesamtdauer des Aufenthaltes des Kindes im Haushalt mehr als sechs Wochen im Jahr beträgt. Bei einem Aufenthalt von mehr als drei Monaten im Jahr ist stets von einer Haushaltsaufnahme auszugehen (BFH 26. 8. 2003 – VIII R 91/98 – NV 2004, 324).

32   Der Anspruch auf Kindergeld kann von dem Elternteil, bei dem das Kind verblieben ist und der kein Kindergeld erhalten hat, rückwirkend geltend gemacht werden. Dann besteht allerdings die Gefahr, dass die Familienkasse das Kindergeld vom Nichtberechtigten für mehrere Jahre zurückverlangt. Dies kann der Nichtberechtigte nur dann vermeiden, wenn er beweisen kann, dass er das Kindergeld an den anderen Ehegatten weitergeleitet hat.

33   In der Regel ist es für die Eltern ohne Bedeutung, wer das Kindergeld erhält, weil das gesamte Kindergeld vorab auf den Bedarf des Kindes anzurechnen ist. Damit ist das Kindergeld vorab für den Unterhaltsbedarf einzusetzen; die anteilige Unterhaltsverpflichtung richtet sich dann nach der Leistungsfähigkeit ohne Berücksichtigung des Kindergeldes. Sind aber weitere Rechtsfolgen an den Bezug von Kindergeld geknüpft (zB höheres Einkommen im öffentlichen Dienst durch Zahlung eines Zuschlags), so besteht ein erhebliches wirtschaftliches Interesse daran, kindergeldberechtigt zu sein (Hk-MuschG/EStG/Conradis § 64 Rn. 2 ff.).

VIII. Kein Kindergeld bei Gewährung anderer Leistungen

34   **§ 65 EStG** regelt das **Verhältnis** von Kindergeld zu Leistungen, die **dem Kindergeld ähnlich** sind, wie etwa Kinderzulagen aus der gesetzlichen Unfallversicherung (Abs. 1 S. 1 Nr. 1) oder im Ausland bzw. von zwischen- oder überstaatlichen Einrichtungen gewährte kindergeldähnliche Leistungen (Abs. 1 S. 1 Nr. 2 und 3). Inhaltlich entspricht die Vorschrift **§ 4 BKGG**. Beim Verhältnis von Kindergeld zu vergleichbaren Leistungen ist in **dreifacher Weise zu differenzieren**. Liegen die Voraussetzungen des Abs. 1 S. 1 Nr. 2 und 3 vor, so scheidet die Zahlung von Kindergeld aus. Bei Leistungen nach Abs. 1 Nr. 1 entfällt das Kindergeld nur in der Höhe dieser gezahlten Leistung. In diesem Fall besteht nach Abs. 2 ein Anspruch auf den Differenzbetrag, wenn er mindestens 5 Euro beträgt. Der in Abs. 1 S. 3 geregelte Sonderfall schränkt die kindergeldausschließende Wirkung in den Fallgestaltungen des Abs. 1 S. 1 Nr. 3 mit Blick auf die Rechtsprechung des EuGH aus (Kirchhof/Felix EStG § 65 Rn. 5). Ob und wie Kindergeld bei anderen Sozialleistungen gewährt wird, ist nicht geregelt.

35   Im Unterhaltsrecht mindert das Kindergeld den Barbedarf des Kindes und somit die Höhe des Unterhaltsanspruchs des Kindes gem. § 1601 BGB. Gem. § 1612 b BGB ist grundsätzlich das Kindergeld in voller Höhe für den Barbedarf des Kindes zu verwenden. Erfüllt ein Elternteil seine Unterhaltspflicht durch Betreuung des Kindes, ist das Kindergeld von diesem allerdings nur zur Hälfte zur Deckung des Barbedarfs des Kindes zu verwenden.

C. Höhe des Kindergeldes, Zahlungszeitraum

36   Seit dem 1. 1. 2010 beträgt das Kindergeld gem. **§ 66 Abs. 1 S. 1 EStG (vgl. für BKGG: § 6 Abs. 1)** für die ersten beiden Kinder jeweils 184 € monatlich, für das dritte Kind 190 € und für jedes weitere Kind 215 €. **Gem. § 66 Abs. 1 S. 2 EStG (vgl. für BKGG: § 6 Abs. 3)** wird außerdem für jedes Kind, für das im Kalenderjahr 2009 mindestens für einen Kalendermonat ein Anspruch auf Kindergeld besteht, für das Kalenderjahr 2009 ein **Einmalbetrag iHv. 100 €** gezahlt.

37   Die Reihenfolge der Geburten bestimmt die **Höhe** des Kindergeldes, so dass das älteste Kind stets auch das erste Kind ist. In der Reihe der Kinder werden auch **Zählkinder** mitgezählt (Kirchhof/Felix EStG § 66 Rn. 1). Dies sind nach § 63 EStG berechtigte Kinder, für die der Berechtigte jedoch kein Kindergeld erhält, weil das Kindergeld vorrangig einem anderen Elternteil zusteht oder nach § 65 EStG ausgeschlossen ist. Zählkinder werden deshalb berücksichtigt, weil der Berechtigte in der Regel auch durch ein Zählkind finanziell belastet wird.

38   Gem. **§ 66 Abs. 2 EStG (vgl. für BKGG: §§ 5 Abs. 1 S. 1, 11 Abs. 1)** wird das Kindergeld **monatlich** vom **Beginn** des Monats an gezahlt, in dem die Anspruchsvoraussetzungen erfüllt sind, bis zum **Ende** des Monats, in dem die Anspruchsvoraussetzungen wegfallen.

39   Gemäß der allgemeinen Festsetzungsverjährung nach § 169 Abs. 2 Nr. 2 AO kann Kindergeld seit dem 1. 1. 1998 rückwirkend für einen Zeitraum von bis zu vier Jahren gewährt werden. Da es eine dem § 44 SGB X vergleichbare Vorschrift im Steuerrecht nicht gibt, kommt eine rückwirkende Überprüfung von zu Unrecht abgelehntem Kindergeld nicht in Betracht. § 11 Abs. 4 BKGG hingegen ermöglicht eine nachträgliche Überprüfung in eingeschränktem Umfang.

D. Verfahren – Antrag, Rechtsbehelf und Rechtsmittelverfahren

Das Kindergeld ist bei der zuständigen **Familienkasse der Bundesagentur für Arbeit** schriftlich zu beantragen, § 67 S. 1 EStG (vgl. für BKGG: § 9 Abs. 1 S. 1). Diese hat über das Kindergeld zu entscheiden und es auszuzahlen, § 70 Abs. 1 EStG (vgl. für BKGG: § 7 Abs. 1). Ist das Kindergeld für **Angehörige des öffentlichen Dienstes** zu zahlen, ist dieses nicht bei der Familienkasse der Bundesagentur für Arbeit, sondern bei der jeweiligen Körperschaft, Anstalt oder Stiftung des öffentlichen Rechts zu beantragen, § 72 Abs. 1 EStG. Die **örtliche Zuständigkeit** der Familienkassen im Rahmen des EStG richtet sich gem. § 19 AO nach dem Wohnsitz. § 13 BKGG enthält wegen des besonderen Personenkreises des sozialrechtlichen Kindergeldes eine differenziertere Regelung der Zuständigkeit. Nur für die erstmalige Zahlung des Kindergeldes muss ein **Antrag** gestellt werden. Für diesen Antrag ist Schriftform erforderlich. Das Kindergeld wird dann bis zur Vollendung des 18. Lebensjahres gezahlt. Entfallen die Anspruchsvoraussetzungen jedoch für mehr als einen vollen Kalendermonat, muss ein erneuter Antrag gestellt werden. 40

Durch § 67 S. 2 EStG (vgl. für BKGG: § 9 Abs. 1 S. 2) wird der Personenkreis der **berechtigten Antragsteller** erweitert. Grundsätzlich können Berechtigte iSd. § 62 EStG **(vgl. für BKGG: § 1)** einen Antrag auf Kindergeld stellen (zum Kreis der Anspruchsberechtigten siehe Rn. 7 ff.). Darüber hinaus können aber auch Personen und Stellen, die ein **berechtigtes Interesse** an der Leistung des Kindergeldes haben, einen Antrag auf Kindergeld stellen, etwa **Personen**, die **unterhaltsverpflichtet** sind oder **zu deren Gunsten eine Auszahlung** erfolgen kann (zB das Kind selbst nach § 74 EStG), ferner **Sozialleistungsträger**, die für die Bewilligung von Leistungen nach dem SGB II zuständig sind, wenn Hilfebedürftige trotz Aufforderung keinen Antrag gestellt haben (§ 5 Abs. 3 SGB II). 41

Bei **Vollendung des 18. Lebensjahres** muss ein neuer Antrag nur dann gestellt werden, wenn die Kindergeldbewilligung zum 18. Lebensjahr förmlich aufgehoben wurde (Kirchhof/Felix EStG § 67 Rn. 1). Allerdings müssen dann die Voraussetzungen des § 32 Abs. 4 EStG nachgewiesen werden. § 9 Abs. 2 BKGG bestimmt, das ein Anspruch auf Kindergeld nach dem BKGG nur dann weiter besteht, wenn der Berechtigte **anzeigt**, dass die entsprechenden Voraussetzungen vorliegen. 42

Über den Einspruch nach § 347 AO entscheidet die Familienkasse. Das Einspruchsverfahren ist kostenfrei. Ist der Einspruch erfolgreich, gilt für die Kostenerstattung die Regelung des § 77 EStG. Bei Zurückweisung des Einspruchs steht der Rechtsweg zu den Finanzgerichten offen. Wenn **Kindergeld nach dem BKGG** gewährt wird, ist der Rechtsweg zu den Sozialgerichten eröffnet, § 15 BKGG. Im Gegensatz zum steuerrechtlichen Kindergeld gibt es drei Instanzen. Das Vorverfahren richtet sich nach den §§ 77–86 SGG. 43

10. Sozialgesetzbuch (SGB) Erstes Buch (I)
– Allgemeiner Teil –

Vom 11. Dezember 1975

(BGBl. I S. 3015)

FNA 860-1

Zuletzt geänd. durch Art. 12 Abs. 2a G zur Ermittlung von Regelbedarfen und zur Änd. des Zweiten und Zwölften Buches Sozialgesetzbuch v. 24. 3. 2011 (BGBl. I S. 453).

Erster Abschnitt. Aufgaben des Sozialgesetzbuchs und soziale Rechte

§ 1 Aufgaben des Sozialgesetzbuchs

(1) [1]Das Recht des Sozialgesetzbuchs soll zur Verwirklichung sozialer Gerechtigkeit und sozialer Sicherheit Sozialleistungen einschließlich sozialer und erzieherischer Hilfen gestalten. [2]Es soll dazu beitragen,

ein menschenwürdiges Dasein zu sichern,

gleiche Voraussetzungen für die freie Entfaltung der Persönlichkeit, insbesondere auch für junge Menschen zu schaffen,

die Familie zu schützen und zu fördern,

den Erwerb des Lebensunterhalts durch eine frei gewählte Tätigkeit zu ermöglichen und besondere Belastungen des Lebens, auch durch Hilfe zur Selbsthilfe, abzuwenden oder auszugleichen.

(2) Das Recht des Sozialgesetzbuchs soll auch dazu beitragen, daß die zur Erfüllung der in Absatz 1 genannten Aufgaben erforderlichen sozialen Dienste und Einrichtungen rechtzeitig und ausreichend zur Verfügung stehen.

§ 2 Soziale Rechte

(1) [1]Der Erfüllung der in § 1 genannten Aufgaben dienen die nachfolgenden sozialen Rechte. [2]Aus ihnen können Ansprüche nur insoweit geltend gemacht oder hergeleitet werden, als deren Voraussetzungen und Inhalt durch die Vorschriften der besonderen Teile dieses Gesetzbuchs im einzelnen bestimmt sind.

(2) Die nachfolgenden sozialen Rechte sind bei der Auslegung der Vorschriften dieses Gesetzbuchs und bei der Ausübung von Ermessen zu beachten; dabei ist sicherzustellen, daß die sozialen Rechte möglichst weitgehend verwirklicht werden.

§ 3 Bildungs- und Arbeitsförderung

(1) Wer an einer Ausbildung teilnimmt, die seiner Neigung, Eignung und Leistung entspricht, hat ein Recht auf individuelle Förderung seiner Ausbildung, wenn ihm die hierfür erforderlichen Mittel nicht anderweitig zur Verfügung stehen.

(2) Wer am Arbeitsleben teilnimmt oder teilnehmen will, hat ein Recht auf
1. Beratung bei der Wahl des Bildungswegs und des Berufs,
2. individuelle Förderung seiner beruflichen Weiterbildung,
3. Hilfe zur Erlangung und Erhaltung eines angemessenen Arbeitsplatzes und
4. wirtschaftliche Sicherung bei Arbeitslosigkeit und bei Zahlungsunfähigkeit des Arbeitgebers.

§ 4 Sozialversicherung

(1) Jeder hat im Rahmen dieses Gesetzbuchs ein Recht auf Zugang zur Sozialversicherung.

(2) [1]Wer in der Sozialversicherung versichert ist, hat im Rahmen der gesetzlichen Kranken-, Pflege-, Unfall- und Rentenversicherung einschließlich der Alterssicherung der Landwirte ein Recht auf

1. die notwendigen Maßnahmen zum Schutz, zur Erhaltung, zur Besserung und zur Wiederherstellung der Gesundheit und der Leistungsfähigkeit und
2. wirtschaftliche Sicherung bei Krankheit, Mutterschaft, Minderung der Erwerbsfähigkeit und Alter.

²Ein Recht auf wirtschaftliche Sicherung haben auch die Hinterbliebenen eines Versicherten.

§ 5 Soziale Entschädigung bei Gesundheitsschäden

¹Wer einen Gesundheitsschaden erleidet, für dessen Folgen die staatliche Gemeinschaft in Abgeltung eines besonderen Opfers oder aus anderen Gründen nach versorgungsrechtlichen Grundsätzen einsteht, hat ein Recht auf
1. die notwendigen Maßnahmen zur Erhaltung, zur Besserung und zur Wiederherstellung der Gesundheit und der Leistungsfähigkeit und
2. angemessene wirtschaftliche Versorgung.

²Ein Recht auf angemessene wirtschaftliche Versorgung haben auch die Hinterbliebenen eines Beschädigten.

§ 6 Minderung des Familienaufwands

Wer Kindern Unterhalt zu leisten hat oder leistet, hat ein Recht auf Minderung der dadurch entstehenden wirtschaftlichen Belastungen.

§ 7 Zuschuß für eine angemessene Wohnung

Wer für eine angemessene Wohnung Aufwendungen erbringen muß, die ihm nicht zugemutet werden können, hat ein Recht auf Zuschuß zur Miete oder zu vergleichbaren Aufwendungen.

§ 8 Kinder- und Jugendhilfe

¹Junge Menschen und Personensorgeberechtigte haben im Rahmen dieses Gesetzbuchs ein Recht, Leistungen der öffentlichen Jugendhilfe in Anspruch zu nehmen. ²Sie sollen die Entwicklung junger Menschen fördern und die Erziehung in der Familie unterstützen und ergänzen.

§ 9 Sozialhilfe

¹Wer nicht in der Lage ist, aus eigenen Kräften seinen Lebensunterhalt zu bestreiten oder in besonderen Lebenslagen sich selbst zu helfen, und auch von anderer Seite keine ausreichende Hilfe erhält, hat ein Recht auf persönliche und wirtschaftliche Hilfe, die seinem besonderen Bedarf entspricht, ihn zur Selbsthilfe befähigt, die Teilnahme am Leben in der Gemeinschaft ermöglicht und die Führung eines menschenwürdigen Lebens sichert. ²Hierbei müssen Leistungsberechtigte nach ihren Kräften mitwirken.

§ 10 Teilhabe behinderter Menschen

Menschen, die körperlich, geistig oder seelisch behindert sind oder denen eine solche Behinderung droht, haben unabhängig von der Ursache der Behinderung zur Förderung ihrer Selbstbestimmung und gleichberechtigten Teilhabe ein Recht auf Hilfe, die notwendig ist, um
1. die Behinderung abzuwenden, zu beseitigen, zu mindern, ihre Verschlimmerung zu verhüten oder ihre Folgen zu mildern,
2. Einschränkungen der Erwerbsfähigkeit oder Pflegebedürftigkeit zu vermeiden, zu überwinden, zu mindern oder eine Verschlimmerung zu verhüten sowie den vorzeitigen Bezug von Sozialleistungen zu vermeiden oder laufende Sozialleistungen zu mindern,
3. ihnen einen ihren Neigungen und Fähigkeiten entsprechenden Platz im Arbeitsleben zu sichern,
4. ihre Entwicklung zu fördern und ihre Teilhabe am Leben in der Gesellschaft und eine möglichst selbständige und selbstbestimmte Lebensführung zu ermöglichen oder zu erleichtern sowie
5. Benachteiligungen auf Grund der Behinderung entgegenzuwirken.

Übersicht

	Rn.
A. Sozialrecht als Rechtsgebiet	1
I. Aufgaben des Sozialgesetzbuchs (§ 1)	1
II. Begriff des Sozialrechts (§§ 1 und 68)	8
III. Sozialrecht im Rechtssystem	9
1. Disziplinäre Einordnung	9
2. Rechtsquellen des Sozialrechts	10
IV. Rechtsschutz	13
V. Inneres System des Sozialrechts	14
B. Das Sozialgesetzbuch als Kodifikation	16
I. Entstehung und Entwicklung des SGB	16
II. Der Allgemeine Teil	19
C. Soziale Rechte (§§ 2–10)	23
I. Begriff und Bedeutung der „sozialen Rechte" (§ 2)	23
II. Bildungs- und Arbeitsförderung (§ 3)	26
III. Sozialversicherung (§ 4)	28
IV. Soziale Entschädigung bei Gesundheitsschäden (§ 5)	32
V. Minderung des Familienaufwands (§ 6)	34
VI. Zuschuss für eine angemessene Wohnung (§ 7)	35
VII. Kinder- und Jugendhilfe (§ 8)	36
VIII. Sozialhilfe/soziale Grundsicherung (§ 9)	37
IX. Teilhabe behinderter Menschen (§ 10)	39

A. Sozialrecht als Rechtsgebiet

I. Aufgaben des Sozialgesetzbuchs (§ 1)

1 § 1 gleicht einer Präambel und formuliert **„Leitvorstellungen"**, die den einzelnen Regelungen des Sozialgesetzbuchs zugrunde liegen (BT-Drs. 7/868 S. 22). Abs. 1 S. 1 benennt in allgemeiner Form die Verwirklichung sozialer Gerechtigkeit und sozialer Sicherheit als Ziele des Sozialgesetzbuchs und bezeichnet daneben als spezifisch sozialrechtliches Instrument zur Verwirklichung dieser Ziele die Gewährung von Sozialleistungen. Abs. 1 S. 2 konkretisiert auf einer niedrigeren Abstraktionsstufe die sehr allgemein gefassten Ziele des ersten Satzes. Abs. 2 widmet sich der Bereitstellung der für die Gewährung von sozialen Dienstleistungen notwendigen Infrastruktur.

2 Mit der Leitvorstellung **sozialer Gerechtigkeit** verweist das Gesetz zugleich auf dem einfachen Gesetz vor- bzw. übergelagerte Dimensionen. So wird zum einen die Brücke zum Prinzip des sozialen Rechtsstaats (Art. 20 Abs. 1 S. 1 und 28 Abs. 1 S. 1 GG) geschlagen und damit deutlich gemacht, dass die Entscheidung des Gesetzgebers für ein umfassendes Sozialleistungsrecht nicht als beliebige, sondern als verfassungsrechtlich erwünschte und gebotene Entscheidung erscheint. Zugleich verweist der Terminus auf rechtlicher Verfestigung vorgelagerte ethisch-moralische und rechtsphilosophische Überlegungen, die meist bis zu den Schriften des Aristoteles zurückverfolgt werden, aber auch in jeder Epoche wieder neue Ausprägungen erfahren (Überblick bei Eichenhofer JZ 2005, 209 ff.). Im übrigen weckt das Gerechtigkeitsziel auch theologisch-eschatologische Assoziationen.

3 Klassische Dimensionen des Gerechtigkeitsbegriffs, die Aspekte ausgleichender und austeilender Gerechtigkeit (iustitia commutativa, iustitia distributiva), auch der Aspekt gesetzesbasierter Gerechtigkeit (iustitia legalis), lassen sich systematisierend auf die Strukturen des Sozialrechts beziehen (Zacher FS Maihofer 669, 682 ff.), wobei dem Aspekt der distributiven Gerechtigkeit besondere Bedeutung zukommt. Mit Blick auf das Sozialrecht wird der Begriff der sozialen Gerechtigkeit aufgefächert in die Aspekte Bedarfsgerechtigkeit, Leistungsgerechtigkeit, Chancengerechtigkeit und Besitzstandsgerechtigkeit (Zacher aaO 686 f.). Das der Gerechtigkeit beigelegte Attribut „sozial" verweist zum einen auf die der Gesellschaft bzw. deren im Staate verfasster Gestalt zugeschriebene Verantwortung, auf die Realisierung von Gerechtigkeit hinzuwirken, und zwar in Bezug auf Problemlagen, an die der Begriff des „Sozialen" als Reminiszenz an die „soziale Frage" ebenfalls denken läßt, nämlich Wechselfälle des Lebens wie etwa Arbeitsunfähigkeit und Invalidität, die den einzelnen und seine Angehörigen in individuell nicht zu bewältigende Notlagen stürzen können. Allerdings ist die Palette der „sozialen" Problemlagen, auf die das Sozialgesetzbuch reagiert, inzwischen sehr viel breiter geworden, so dass heute viele Leistungen nicht mehr nur der Überwindung elementarer Not dienen, sondern eben auch der Bewältigung anderweitiger Probleme, mit denen die jeweilige Zeit die Menschen von Gesetzes wegen nicht alleine lassen will.

4 Die zweite Leitvorstellung der Verwirklichung **sozialer Sicherheit** bezieht sich auf wirtschaftliche Planungssicherheit in Bezug auf Lebenslagen, für die typischerweise Vorsorge geboten erscheint. In erster Linie ist dieses Ziel auf die von den verschiedenen Zweigen der Sozialversicherung abgedeckten Risiken zu beziehen, wie es etwa auch dem Begriff der sozialen Sicherheit in einschlägigen europarechtlichen Normen entspricht (Art. 12 ESC; Art. 34 GrCH). Insofern Vorsorge auf Vorleistungen beruht, etwa auf Beiträgen zur Sozialversicherung, spielt insbesondere die Gerechtigkeitsfacette der Leistungsgerechtigkeit eine Rolle, die als Ausprägung ausgleichender Gerechtigkeit aufzufassen ist. Der Aspekt der Sicherheit verweist jedoch gleich auf den bedeutsamen Aspekt rechtlicher Absicherung sozialer Leistungen, wie sie durch deren gesetzesförmige Verankerung und ihre regelmäßige Ausgestaltung als „Anspruchsleistungen" verwirklicht wird (dazu § 38). Das Moment sozialleistungsbezogener Rechtssicherheit, eine Ausprägung der iustitia legalis, ist nicht allein für die Leistungen der Sozialversicherung, sondern für Leistungen aller Sozialleistungsbereiche von Bedeutung.

Die Konkretisierungen der beiden Leitvorstellungen in S. 2 verweisen in ihren Formulierungen überwiegend erneut auf grundgesetzlich verankerte Wertungen. Sie lassen sich in erster Linie den Kategorien der Bedarfs- und der Chancengerechtigkeit zuordnen. Am Beginn (S. 2, erster Aspekt) steht das Ziel, ein menschenwürdiges Dasein zu sichern. Damit schlägt das Gesetz eine Brücke zum Grundrecht auf Gewährleistung eines menschenwürdigen Existenzminimums, das die physische Existenz des Menschen und ein Mindestmaß an Teilhabe am gesellschaftlichen, kulturellen und politischen Leben umfasst (BVerfG 9. 2. 2010 – 1 BvL 1, 3 u. 4/09). Bei diesem Ziel steht der Gesichtspunkt der Bedarfsgerechtigkeit ebenso im Vordergrund wie bei dem weiteren Ziel, besondere Belastungen des Lebens abzuwenden und auszugleichen (S. 2, fünfter Aspekt). In erster Linie um Chancengerechtigkeit geht es, insofern das Sozialrecht gleiche Voraussetzungen für die freie Entfaltung der Persönlichkeit (Art. 2 Abs. 1 S. 1 GG), schaffen und den Erwerb des Lebensunterhalts durch eine frei gewählte Tätigkeit, grundrechtlich verankert in Art. 12 GG, ermöglichen soll (S. 2, zweiter und vierter Aspekt). Der verfassungsrechtliche Hintergrund des Ziels, die Familie zu schützen und zu fördern (S. 2, dritter Aspekt), ist Art. 6 GG; auch insoweit spielt der Gesichtspunkt der Chancengerechtigkeit eine Rolle.

Die in § 1 formulierten Ziele haben allererst im Blick, dass die Menschen gerechtes und verlässliches Verhalten der Gemeinschaft erwarten können. Die umgekehrte Perspektive, dass nämlich auch Menschen, die die Solidarität der anderen erwarten können und wollen, ihrerseits gewissen Verhaltensanforderungen gerecht werden sollen, lässt das Gesetz nur anklingen, indem es angesichts besonderer Belastungen des Lebens auch auf Hilfe zur Selbsthilfe verweist (§ 1 Abs. 1 S. 2 am Ende; außerdem § 9 S. 2). Im Übrigen hat der Gesetzgeber bewusst sozialrechtliche Pflichten an späterer Stelle geregelt, etwa Mitwirkungspflichten in den §§ 60 ff. oder die Beitragspflicht im SGB IV und in den Büchern zur Sozialversicherung (SGB V, VI, VII, XI; auch SGB III). Außerdem wird vor allem in neueren Vorschriften der besonderen Teile des SGB der Aspekt der Eigenverantwortung der Leistungsberechtigten zunehmend betont, etwa in § 2 SGB II („Grundsatz des Forderns") oder in § 68 Abs. 2 SGB VI („Altersvorsorgeanteil" als Aufforderung zu privater Vorsorge für das Alter).

Abs. 2 schließlich formuliert ein Ziel, das sich auf die Bedingungen der Verwirklichung sozialer Dienstleistungen bezieht, indem hier die Bereitstellung der erforderlichen **Infrastruktur** in Form sozialer Dienste und Einrichtungen als besonderes Ziel des Gesetzes hervorgehoben wird. Damit wird deutlich, dass sich die Gesellschaft ihrer sozialen Verpflichtungen nicht allein durch die Zahlung von Geld entledigen darf, dass es vielmehr auch um Hilfe in Form von Dienstleistungen gehen soll, mit denen – dank einer ausreichenden Infrastruktur eben – rechtzeitig und wirksam auf die sozialen Problemlagen reagiert werden kann (vgl. auch § 17 Abs. 1 Nr. 2).

II. Begriff des Sozialrechts (§§ 1 und 68)

§ 1 ist eine Norm, die für die Gewinnung eines Begriffs vom Sozialrecht fruchtbar gemacht werden kann. Insofern Abs. 1 S. 1 vom Recht des Sozialgesetzbuchs spricht, lässt sich unter Sozialrecht dasjenige Recht verstehen, das in das Sozialgesetzbuch aufgenommen wurde (**formeller Begriff** des Sozialrechts, vgl. etwa Bley/Kreikebohm/Marschner S. 2 f.). In diesem Sinne ist Sozialrecht das Recht, das in den zwölf Büchern des SGB und in denjenigen Gesetzen geregelt ist, die nach § 68 als besondere Teile des SGB gelten. Auch ein **materieller Begriff** des Sozialrechts lässt sich aus § 1 ableiten. In dessen Konzeption hat zum einen einzufließen, dass das SGB auf Hilfe in individuellen Problemlagen zielt, zu denen neben Not im existenziellen Sinne auch weitere Belastungssituationen zählen, angesichts derer nach den jeweils geltenden gesetzlichen Regelungen Hilfe geboten erscheint. Zum anderen ist als instrumenteller Aspekt von Bedeutung, dass es um Hilfe und Unterstützung in Form von Leistungen geht, die deswegen als „sozial" bezeichnet werden, weil die erforderlichen Mittel öffentlich aufgebracht und ihre Verwendung öffentlich organisiert wird. Danach ist Sozialrecht im materiellen Sinn das Rechtsgebiet, das auf Hilfen zur Überwindung individueller Not und überdies auf Unterstützung angesichts sonstiger Bedarfslagen abzielt, die den einzelnen typischerweise überfordern, wobei Hilfe und Unterstützung im Wege öffentlich organisierter Umverteilung bewerkstelligt werden (ähnlich Bley/Kreikebohm/Marschner S. 4 f.).

III. Sozialrecht im Rechtssystem

1. Disziplinäre Einordnung. Die rechtliche Grundfigur des Sozialrechts ist das Sozialrechtsverhältnis, also das Rechtsverhältnis zwischen einem – potentiell oder aktuell – Leistungsberechtigten und einem Leistungsträger. Leistungsträger sind die in den §§ 18–29 genannten Körperschaften, Anstalten und Behörden (§ 12 S. 1). Da am Sozialrechtsverhältnis notwendig öffentlich-rechtlich verfasste Stellen beteiligt sind, ist das Recht des Sozialleistungsverhältnisses **öffentliches Recht,** besonderes Verwaltungsrecht, in erster Linie Recht leistender Verwaltung (Bley/Kreikebohm/Marschner S. 6 f.). Soweit es um rechtlich geregelte Beziehungen zwischen Leistungsträgern und Dritten, die nicht Leistungsberechtigte sind, geht, können sozialrechtlich geregelte Rechtsverhältnisse allerdings auch bürgerlich-rechtlicher Natur sein, etwa beim Übergang bürgerlich-rechtlicher Ansprüche auf Leistungsträger zum Zwecke des Rückgriffs (z. B. §§ 115, 116 SGB X); die Rechtsbeziehungen zwischen Leistungsträgern und Dritten, die für Leistungsträger soziale Dienstleistungen ausführen sollen („Leistungserbringer"), werden heute überwiegend dem öffentlichen Recht zugeordnet (vgl. etwa § 69 SGB V; allgemein zu Drittverhältnissen Bley/Kreikebohm/Marschner S. 37).

10 **2. Rechtsquellen des Sozialrechts.** Sozialrecht ist ein Rechtsgebiet mit einer überaus hohen Regelungsdichte. Neben dem gesetzten Recht spielt deshalb Gewohnheitsrecht kaum eine Rolle, auch wegen des sozialrechtlichen Gesetzesvorbehalts (§ 31; vgl. BSG 11. 7. 1991 – 12 RK 30/89 – E 69, 131 ff.: grundsätzliche Anerkennung von Gewohnheitsrecht auch im Sozialrecht, aber strenge Anforderungen an Gewohnheitsrecht zu Ungunsten der Betroffenen oder mit „gesetzesänderndem" Charakter).

11 Die höchstrangige innerstaatliche Rechtsquelle des Sozialrechts ist das Grundgesetz (Überblick SRH/Papier § 3). Die zentrale Rechtsquelle des Sozialrechts ist das förmliche Gesetz in Gestalt des SGB einschließlich derjenigen Leistungsgesetze, die nach § 68 als besondere Teile des SGB gelten. In besonderer Weise typisch für das Sozialrecht ist die Vielfalt der Rechtsquellen mit Rang unterhalb des Gesetzesrechts (eingehend Hänlein, Rechtsquellen; Axer, Normsetzung). Insoweit spielen einerseits eher klassische Rechtsquellen wie Rechtsverordnungen oder autonomes Satzungsrecht (dazu § 34 SGB IV) eine Rolle. Zum anderen gibt es im Recht der Leistungserbringung vielfach kollektive Normenverträge (Beispiele: Gesamtverträge und Bundesmantelverträge im Vertragsarztrecht, §§ 83 bzw. 87 SGB V) sowie eine Reihe weiterer spezifischer Regelungsformen, die der klassischen Rechtsquellenlehre unbekannt sind. Besonders große praktische Bedeutung haben etwa die Richtlinien des Gemeinsamen Bundesausschusses (§ 92 SGB V; dazu Hänlein aaO S. 453 ff.).

12 Neben dem innerstaatlichen Recht sind auch Regelungen des über- und zwischenstaatlichen Rechts zu beachten (vgl. §§ 30 Abs. 2 SGB I und 6 SGB IV). Zwischenstaatliches Recht meint insbesondere völkerrechtliche Verträge, die aufgrund der jeweiligen Zustimmungsgesetze (vgl. Art. 59 Abs. 2 S. 1 GG) den Rang eines förmlichen Gesetzes erhalten. Bedeutsam für das Sozialrecht sind etwa die EMRK (ZustimmungsG v 7. 8. 1952, BGBl II 685, 953) und die ESC (ZustimmungsG v 19. 9. 1964, BGBl. II 1261). In der Sozialversicherung spielen Sozialversicherungsabkommen eine beachtliche Rolle (näher §§ 1–6 SGB IV Rn. 28). Überstaatliches Recht ist das Recht der EG. Primäres Gemeinschaftsrecht – v. a. AEUV – wie auch sekundäres Gemeinschaftsrecht in Form von Verordnungen – insbesondere: VO (EG) 883/2004 – und Richtlinien spielen seit langem im Sozialrecht eine erhebliche Rolle (eingehend Eichenhofer Sozialrecht der EU; vgl. auch §§ 1–6 SGB IV Rn. 28).

IV. Rechtsschutz

13 Der sozialrechtliche Rechtsschutz ist in erster Linie der **Sozialgerichtsbarkeit** anvertraut (zum Rechtsweg § 51 SGG). Seit 2005 ist die Sozialgerichtsbarkeit auch für die öffentlich-rechtlichen Streitigkeiten in Angelegenheiten der Sozialhilfe und des Asylbewerberleistungsgesetzes zuständig (§ 51 Abs. 1 Nr. 6 a SGG). In einigen Bereichen ist aber auch noch heute der Rechtsweg zur allgemeinen **Verwaltungsgerichtsbarkeit** eröffnet (§ 40 VwGO). Zuständigkeiten der allgemeinen Verwaltungsgerichtsbarkeit gibt es vor allem in folgenden Bereichen: Ausbildungsförderung nach dem BAföG, Unterhaltsvorschussrecht, Wohngeld, Jugendhilfe, Schwerbehindertenrecht und Kriegsopferfürsorge. Soweit das Recht der Leistungserbringung auf Regeln des Kartell- oder Vergaberechts Bezug nimmt (z. B. § 69 SGB V oder § 46 SGB III), ist Rechtsschutz durch die **ordentliche Gerichtsbarkeit** vorgesehen (§§ 87 ff. und § 116 ff. GWB; vgl. auch § 51 Abs. 3 und 207 SGG).

V. Inneres System des Sozialrechts

14 Ein inneres System des Sozialrechts lässt sich zum einen entwickeln, indem man an den Zielen der Sozialleistungen ansetzt. Dieser Ansatz liegt der klassischen Dreiteilung des Sozialrechts in **Sozialversicherung, Versorgung und Fürsorge** zugrunde, die zugleich die historischen Wurzeln des Sozialrechts widerspiegelt (Bley/Kreikebohm/Marschner S. 7 f.). Diese Begriffstrias des Sozialrechts lässt sich auch in den Regeln des GG über die Gesetzgebungskompetenzen identifizieren (Art. 73 Abs. 1 Nr. 13, 74 Nrn. 7 u. 12 GG). Ein jüngerer Ansatz schlägt eine abgewandelte Dreiteilung in **Vorsorge, soziale Entschädigung sowie soziale Hilfen und Förderungen** vor (Zacher, Wahlfach Sozialrecht S. 17; ders., FS Maihofer, 669, 676 ff.). Angesichts der jüngsten Entwicklung der Gesetzgebung erscheint nun eine erneute Modifizierung des Systematisierungskonzepts angebracht, die von vier Typen des Sozialrechts ausgehen sollte: **soziale Vorsorge, soziale Entschädigung, soziale**

Förderung und soziale Grundsicherung. Soziale Vorsorge bezieht sich auf die Sozialversicherung einschließlich der Arbeitslosenversicherung; soziale Entschädigung meint den Ausgleich von Schäden, für die die Allgemeinheit eine besondere Verantwortung trägt, wie etwa bei Kriegs- oder Regimefolgen oder bei Schäden im Zusammenhang mit dem Wehr- oder Zivildienst; soziale Förderung spricht die auf spezifische Gruppen ausgerichteten Fördermaßnahmen an, wie etwa Ausbildungsförderung oder Jugendhilfe; bei sozialer Grundsicherung geht es um die Sicherung der Existenz, wie sie durch die Grundsicherung für Arbeitsuchende und die Sozialhilfe erfolgt.

Zum anderen lässt sich der Rechtsbestand des Sozialrechts quer zu den einzelnen Sozialleistungsbereichen systematisieren, indem man auf die unterschiedlichen Aufgaben blickt, die Sozialleistungsträger grundsätzlich in allen Leistungsbereichen zu erfüllen haben. So gesehen sind Leistungsrecht, Finanzierungsrecht, Organisationsrecht und Infrastrukturrecht zu unterscheiden. Zum **Leistungsrecht** gibt es neben den „Grundsätzen des Leistungsrechts" in den §§ 38–67 zahlreiche Regelungen in den besonderen Teilen des SGB. Das **Finanzierungsrecht** im Sinne derjenigen Regelungen, die sich auf die Aufbringung der notwendigen finanziellen Mittel beziehen, ist nur insoweit umfassend im SGB geregelt, wie die Finanzierung durch Beiträge erfolgt. Hierzu finden sich allgemeine Regelungen im SGB IV (§§ 20 ff.) sowie in den Büchern des SGB über die Sozialversicherung einschließlich der Arbeitslosenversicherung. Soweit die Finanzierung der Sozialleistungen aus Steuermitteln erfolgt, enthält das SGB nur vereinzelt Regelungen über die Aufbringung der Mittel (z. B. § 46 SGB II). Das **Organisationsrecht** der Sozialleistungsträger ist insoweit eingehend sozialrechtlich reguliert, wie die Zuständigkeit bei Stellen der mittelbaren Staatsverwaltung liegt. Allgemeine Regelungen organisationsrechtlicher Natur enthält das SGB I in Abschnitt III über die Träger der Sozialversicherung (§§ 29 ff.); im Übrigen ist auf zahlreiche besondere Vorschriften in den jeweiligen Gesetzen des Sozialversicherungsrechts zu verweisen. Unter **Infrastrukturrecht** sollen diejenigen Regelungen verstanden werden, die sich um die Erbringung von Sach- und Dienstleistungen durch Dritte bemühen. Hinsichtlich der Regulierung dieser überaus bedeutsamen Form der Leistungserbringung fehlen allgemeine Vorschriften fast völlig (vgl. aber auch: § 1 Abs. 2, 17 Abs. 1 Nr. 2; § 19 SGB IX; § 97 SGB X); Regelungsort sind vielmehr die besonderen Leistungsgesetze (z. B. §§ 69 ff. SGB V).

B. Das Sozialgesetzbuch als Kodifikation

I. Entstehung und Entwicklung des SGB

Der Startschuss für das Kodifikationsprojekt Sozialgesetzbuch war die Regierungserklärung des Bundeskanzlers Willy Brandt am 28. 10. 1969, in der der Kanzler ankündigte, die Bundesregierung werde „mit den Arbeiten für ein den Anforderungen der Zeit entsprechendes Sozialgesetzbuch beginnen" (zit. bei Zacher RsDE 47 [2001] 1; zur Vorgeschichte ebd., 3 ff.). Zur Vorbereitung wurde 1970 eine Sachverständigen-Kommission eingesetzt, die sich zehn Jahre lang um das Projekt bemühte (eingehend Zacher aaO S. 6 ff.). Man verständigte sich auf eine **„Kodifikation bei begrenzter Sachreform",** die die „zukunftsoffenen Sozialleistungssysteme" erfassen sollte (Zacher aaO 9 ff.). Das Ziel der Kodifikation sollte darin bestehen, das zuvor „in zahlreichen Einzelgesetzen unübersichtlich geregelte Sozialrecht (zu vereinfachen), um das Rechtsverständnis des Bürgers und damit sein Vertrauen in den sozialen Rechtsstaat zu fördern, die Rechtsanwendung der Verwaltung und Rechtsprechung zu erleichtern und die Rechtssicherheit zu gewährleisten" (BT-Drs. 7/868 Vorblatt).

Die Verwirklichung des Vorhabens begann mit dem Allgemeinen Teil (SGB I), der 1975 verabschiedet wurde (Gesetz vom 11. 12. 1975, BGBl. I 3015; dazu BT-Drs. VI/ 3764, 7/868 und 7/3738). Es folgten sehr bald die Gemeinsamen Vorschriften für die Sozialversicherung im SGB IV (1976), das nach damaliger Planung später auch die Vorschriften über die einzelnen Sozialversicherungszweige hätte aufnehmen sollen. 1980 schließlich wurden die ersten beiden Kapitel des SGB X betreffend das Verwaltungsverfahren und den Sozialdatenschutz verabschiedet, 1981 dann das dritte Kapitel des SGB X betreffend die Zusammenarbeit der Leistungsträger und ihre Beziehungen zu Dritten (in Kraft 1982). Im Verlauf der weiteren Entwicklung des SGB erfolgten eine ganze Reihe der Kodifikationsschritte – abweichend vom ursprünglichen Konzept – geradezu „aus Anlass drängender Sachreform" (Köbl FS Zacher 389, 390). Die Einbeziehung der Regelungen über die besonderen Sozialleistungsbereiche begann 1989 mit dem SGB V (Gesetzliche Krankenversicherung) und dem SGB VI (Gesetzliche Rentenversicherung, in Kraft getreten 1992). 1990 folgte das SGB VIII (Kinder- und Jugendhilfe). Die nächsten Kodifikationsschritte betrafen wiederum die Sozialversicherung: SGB XI (Soziale Pflegeversicherung, 1995/1996), SGB VII (Gesetzliche Unfallversicherung, 1996/1997) sowie SGB III (Arbeitsförderung, 1997/1998). Mit SGB IX über Rehabilitation und Teilhabe behinderter Menschen (2001), SGB II (Grundsicherung für Arbeitsuchende, 2003/2005) und SGB XII (Sozialhilfe, 2003/2005) erreichte der Kodifikationsprozess seinen derzeitigen Stand. Gemessen an der in den sozialen Rechten der §§ 2–10 anklingenden Programmatik harren insbesondere noch folgende Bereiche der Integration in das SGB: Ausbildungsförderung, soziale Entschädigung bei Gesundheitsschäden, Leistungen zur Minderung des Familienaufwandes und Wohngeld (vgl. auch Zacher RsDE 47 [2001] 25 f.).

18 Ob das Kodifikationsprojekt seine Ziele erreichen konnte, wird weithin kritisch beurteilt (sehr kritisch Thieme, FS Zacher, 1101 ff.; freundlicher Köbl, FS Zacher, 389 ff). Jedenfalls ist die Kodifikation verbesserungswürdig und bedarf der Pflege durch einen wissenschaftlich beratenen Gesetzgeber (Köbl, ebd.; ähnlich Zacher, RsDE 47 [2001], 1, 26 ff.).

II. Der Allgemeine Teil

19 Das SGB I, der Allgemeine Teil des SGB, enthält zunächst **Vorschriften programmatischer Natur,** nach Art einer „innerstaatlichen Sozialcharta" (GK-SGB I/v. Maydell Einleitung Rn. 48). Hierzu zählen v. a. die §§ 1–10 über die Aufgaben des Sozialgesetzbuchs und die sozialen Rechte; diese Regelungen werden ergänzt durch die Einweisungsvorschriften über einzelne Sozialleistungen und die zuständigen Leistungsträger in den §§ 18–29.

20 Des weiteren enthält das SGB I **allgemeine und grundsätzliche Regelungen,** die im AT gewissermaßen „vor die Klammer" gezogen sind und grundsätzlich für alle besonderen Teile des Sozialgesetzbuchs Geltung beanspruchen. Derartige Vorschriften finden sich in den §§ 11–17 („Allgemeines über Sozialleistungen und Leistungsträger"), in den §§ 30–37 („Allgemeine Grundsätze") und §§ 38–59 („Grundsätze des Leistungsrechts") sowie schließlich in den §§ 60–67 („Mitwirkung der Leistungsberechtigten"). In diesen Regelungen finden sich auch einige **Begriffsbestimmungen,** die Definitionen folgender Begriffe geben: Sozialleistungen (§ 11 S. 1); Leistungsträger (§ 12 S. 1); Wohnsitz (§ 30 Abs. 3 S. 1); gewöhnlicher Aufenthalt (§ 30 Abs. 3 S. 2); Lebenspartnerschaft (§ 33 b); Geldleistungen für Kinder (§ 48 Abs. 1 S. 2).

21 Der **Geltungsanspruch** des Allgemeinen Teils – wie auch des SGB X – wird in § 37 formuliert: Danach gilt das SGB I „für alle Sozialleistungsbereiche dieses Gesetzbuchs, soweit sich aus den übrigen Büchern nichts anderes ergibt." (§ 37 S. 1 Hs. 1). Hinsichtlich der §§ 1–17 und der §§ 30–36 wird gar ein absoluter Vorrang gegenüber den Regelungen der besonderen Teile statuiert (§ 37 S. 2). Zum Sozialgesetzbuch gehören außer den ausdrücklich so genannten Büchern des SGB I auch die in § 68 genannten Gesetze. Systematisch verfehlt erscheint es, dass im Katalog des § 68 nicht auch das AsylbLG genannt wird (vgl. dazu auch § 51 Abs. 1 Nr. 6 a SGG).

22 Der Geltungsanspruch der SGB I und X, wie er in § 37 zum Ausdruck kommt, ist bisweilen in der Rechtsprechung mit unterschiedlichen Konstruktionen in Frage gestellt worden. So wurde in der Rechtsprechung des BSG die Auffassung vertreten, der in § 30 definierte Begriff des gewöhnlichen Aufenthalts sei unter Berücksichtigung des Zwecks des jeweils auf ihn Bezug nehmenden Leistungsgesetzes zu interpretieren; auf diesem Wege konnten Ausländer mit prekärem Aufenthaltsstatus vom Bezug gewisser Leistungen ausgeschlossen werden (sog. **Einfärbungslehre,** z. B. BSG 27. 9. 1990 – 4 REg 30/89 – E 67, 243 betr. BErzGG; ferner BSG 28. 7. 1992 – 5 RJ 24/91 – E 71, 78 betr. Kindererziehungszeiten). Eine andere Konstruktion findet sich in der Rechtsprechung des BVerwG zum Sozialhilferecht. Das BVerwG hat mit **„Strukturprinzipien des Sozialhilferechts"** Abweichungen von allgemeinen Vorschriften gerechtfertigt (BVerwG 15. 12. 1983 – 5 C 65/82 – E 68, 285 betr. § 44 SGB X; 5. 5. 1994 – 5 C 43/91 – E 96, 18 betr. Unvererblichkeit von Sozialhilfeansprüchen). Diese Lehren untergraben den Geltungsanspruch des Allgemeinen Teils; richtigerweise sind demgegenüber Begriffe und Regeln in SGB I und X einheitlich auszulegen bzw. anzuwenden. Abweichungen in einzelnen Leistungsgesetzen können nur angenommen werden, wenn sie sich konkret und deutlich aus den spezialgesetzlichen Regeln ergeben (BSG 18. 2. 1998 – B 5 RJ 12/97 R – E 82, 23, 24 f.; 4. 11. 1998 – B 13 RJ 9/98 R –; jetzt auch BSG 17. 6. 2008 – B 8 AY 5/07 R –; grundlegend Spellbrink in Eicher/Spellbrink, vor § 1 SGB II; ferner jurisPK/Schlegel § 30 Rn. 51).

C. Soziale Rechte (§§ 2–10)

I. Begriff und Bedeutung der „sozialen Rechte" (§ 2)

23 Die Formulierung „sozialer Rechte" an prominenter Stelle des Gesetzes soll die Stellung des Bürgers im sozialen Rechtsstaat zum Ausdruck bringen und deutlich machen, „dass das Sozialrecht nicht von abstrakten sozialpolitischen Zielen, sondern von den Bedürfnissen des einzelnen bestimmt ist" (BT-Drs. 7/868 S. 21). Die Regelungen über soziale Rechte stellen sich einerseits als Konkretisierungen der in § 1 ausgedrückten Verheißung sozialer Gerechtigkeit dar; andererseits sind sie ihrerseits noch sehr abstrakt und weiter konkretisierungsbedürftig; weitere Konkretisierung erhalten sie über den Katalog der Sozialleistungen in den §§ 18–29, der in seinem Aufbau demjenigen der sozialen Rechte folgt und letztlich durch die Vorschriften der besonderen Teile des SGB rechtspraktische Handhabbarkeit erfährt (vgl. auch das sechsstufige Konkretisierungskonzept bei jurisPK-SGB I/ Voelzke § 1 Rn. 4).

24 Die sozialen Rechte der einzelnen werden in § 2 Abs. 1 S. 1 grundrechtsähnlich formuliert und teilen damit die Problematik sozialer Grundrechte, dass nämlich verfassungsunmittelbare Leistungsansprüche unvermeidlich unter dem Vorbehalt des finanziell Möglichen stünden, so dass konkretisierende politische Entscheidungen unumgänglich blieben. Dementsprechend stellt das Gesetz umgehend

(Abs. 1 S. 2) klar, dass der Begriff „Rechte" nicht im Sinne von Rechtsansprüchen verstanden werden darf, dass vielmehr Rechtsansprüche nur auf Vorschriften der besonderen Teile des SGB gestützt werden können, die deren Voraussetzungen und Inhalt näher bestimmen.

Ungeachtet dessen bemüht sich Abs. 2 dennoch um eine gewisse rechtliche Relevanz der sozialen Rechte, indem deren Beachtlichkeit bei der Auslegung der Vorschriften des SGB und bei der Ausübung von Ermessen vorgeschrieben wird, wobei eine möglichst weitgehende Verwirklichung der sozialen Rechte sichergestellt werden soll. Auslegungsregel und Ermessensvorgabe haben in der Rechtsprechung eine nicht ganz unbeachtliche Rolle gespielt (Bürck FS 50 Jahre BSG 139 ff.; jurisPK-SGB I/Voelzke § 2 Rn. 27 ff.). Beispiele zur **Auslegungsregel:** BSG 2. 2. 2006 – B 10 EG 9/05 – E 96, 44 ff. betr. Verhältnis eines Wiedereinsetzungsantrags gem. § 27 SGB X zum sozialrechtlichen Herstellungsanspruch; BSG 24. 5. 2006 – B 3 KR 12/05 R – SozR 4–2500 § 33 Nr. 11 zum Umfang des Anspruchs auf Versorgung mit Hilfsmitteln gem. § 33 SGB V; Beispiel zur **Ermessensvorgabe:** BSG 9. 12. 1998 – B 9 V 41/97 R – HVBG-INFO 1999, 937 betr. Rücknahme eines rechtswidrigen Verwaltungsakts nach § 45 I SGB X). 25

II. Bildungs- und Arbeitsförderung (§ 3)

Der Katalog sozialer Rechte beginnt mit dem Recht auf individuelle **Ausbildungsförderung** (§ 3 Abs. 1). Die Förderung soll allerdings davon abhängen, dass die für die Ausbildung – gemeint ist Erstausbildung – erforderlichen Mittel nicht anderweitig zur Verfügung stehen („Subsidiarität"). Wie § 18 zeigt, hat das Gesetz die Förderung der Schulausbildung durch Zuschüsse und Darlehen nach dem BAföG im Blick (dazu auch § 68 Nr. 1). Angesprochen ist daneben auch die Förderung beruflicher Ausbildung nach dem SGB III (§§ 59 ff. SGB III). Als förderungsfähig wird eine Ausbildung bezeichnet, die „Neigung, Eignung und Leistung" der geförderten Person entspricht. Das Kriterium der „Neigung" vermittelt den Bezug zum Grundrecht der freien Berufswahl (Art. 12 Abs. 1 GG; dazu BSG 28. 3. 1990 – 9 b/7 RAr 92/88 – E 66, 275; 3. 7. 1991 – 9 b/7 RAr 142/89 – E 69, 128). 26

§ 3 nennt das weiteren das Recht auf **Arbeitsförderung**, das sodann in vier Teilrechte aufgefächert wird, die freilich das Spektrum der einschlägigen Leistungen keineswegs ausschöpfen (Abs. 2). Konkretisiert wird dieses Recht – vgl. §§ 19–19 b) – durch das Recht der Arbeitsförderung des SGB III und durch das Recht der Grundsicherung für Arbeitsuchende des SGB II. Ausdrücklich erwähnt werden folgende Einzelrechte: Recht auf Beratung bei der Wahl des Bildungswegs und des Berufs (Abs. 2 Nr. 1; dazu §§ 29 ff. SGB III, ggf. i. V. m. § 16 Abs. 1 S. 2 SGB II); Recht auf Förderung der beruflichen Weiterbildung (Abs. 2 Nr. 2; dazu §§ 77 ff. SGB III, ggf. i. V. m. § 16 Abs. 1 S. 2 SGB II); Recht auf Hilfe zur Erlangung und Erhaltung eines angemessenen Arbeitsplatzes (Abs. 2 Nr. 3; dazu §§ 35 ff. SGB III, ggf. mit § 16 Abs. 1 S. 1 SGB II – Arbeitsvermittlung –); wirtschaftliche Sicherung bei Arbeitslosigkeit (Abs. 2 Nr. 4 Var. 1, dazu v. a. §§ 117 ff. SGB III [Alg] und §§ 19 SGB II ff. [Alg II]) und bei Zahlungsunfähigkeit des Arbeitgebers (Abs. 2 Nr. 4 Var. 2, dazu §§ 183 ff. SGB III [InsG]). 27

III. Sozialversicherung (§ 4)

§ 4 geht es um soziale Rechte in Bezug auf die Sozialversicherung. Der Begriff der Sozialversicherung wird aus der einschlägigen Kompetenznorm des GG (Art. 74 Nr. 12) abgeleitet. Danach besteht das Typische für die Sozialversicherung in der gemeinsamen Deckung eines möglichen, in seiner Gesamtheit schätzbaren Bedarfs durch Verteilung auf eine organisierte Vielheit, wobei hinsichtlich organisatorischer Durchführung und abzudeckender Risiken eine gewisse Nähe zur „klassischen" Sozialversicherung gegeben sein muss (BVerfG 8. 4. 1987 – 2 BvR 909 u. a./82 – E 75, 108, 146). Die gemeinsame Deckung erfolgt im Wesentlichen durch die Erhebung von Beiträgen, die grundsätzlich von denjenigen aufgebracht werden, die dem jeweiligen Zweig der Sozialversicherung angehören. Die institutionelle Zugehörigkeit vermittelt zugleich den vom jeweiligen System verheißenen Schutz. Deshalb erschien es dem Gesetzgeber notwendig, zunächst ein Recht auf **Zugang zur Sozialversicherung** als Institution zu formulieren (§ 4 Abs. 1; dazu BT-Drs. 7/868 S. 23, zu § 4). 28

In einem zweiten Schritt formuliert das Gesetz für vier Zweige der Sozialversicherung Rechte, die den in der Sozialversicherung versicherten Personen zustehen sollen. Diese Rechte beziehen sich auf beispielhaft aufgezählte **Leistungen** aus Anlass bestimmter Lebenssituationen. Als Zweige der Sozialversicherung werden die gesetzliche **Kranken-, Pflege-, Unfall- und Rentenversicherung** (einschließlich der Alterssicherung der Landwirte) erwähnt. Die Arbeitslosenversicherung, die ebenfalls vorsorgenden Charakter aufweist, ist nicht in den Katalog aufgenommen (vgl. aber § 3 Abs. 2) – ungeachtet der Maßgeblichkeit der meisten allgemeinen Vorschriften des Sozialversicherungsrechts auch für die Arbeitslosenversicherung (vgl. § 1 Abs. 1 S. 2 und 3 SGB IV). Abs. 2 benennt in sehr allgemeiner Form wichtige Leistungen der Sozialversicherungssysteme. Ausführlichere Leistungskataloge der einzelnen Versicherungszweige finden sich dann in den einschlägigen Einweisungsvorschriften (gesetzliche Krankenversicherung: § 21; soziale Pflegeversicherung: § 21 a; gesetzliche Unfallversicherung: § 22; gesetzliche Rentenversicherung: § 23). 29

30 Abs. 2 S. 1 Nr. 1 gibt den Versicherten ein Recht auf die notwendigen Maßnahmen zum Schutz, zur Erhaltung, zur Besserung und zur Wiederherstellung der Gesundheit und der Leistungsfähigkeit. Hier geht es um präventive und curative bzw. rehabilitative Leistungen, also ganz überwiegend um Dienstleistungen, wie insbesondere die folgenden: gesetzliche Krankenversicherung: §§ 20 ff. SGB V (Prävention); §§ 27 ff. SGB V (Krankenbehandlung); gesetzliche Rentenversicherung: §§ 9 ff. SGB VI (medizinische und berufliche Rehabilitation); gesetzliche Unfallversicherung: §§ 14 ff. SGB VII (Prävention); §§ 27 ff. SGB VII (Heilbehandlung); soziale Pflegeversicherung: §§ 3, 36 ff. SGB XI (Leistungen bei häuslicher Pflege); vgl. auch §§ 26 ff. SGB IX (Leistungen zur medizinischen Rehabilitation) und §§ 33 ff. SGB IX (Leistungen zur Teilhabe am Arbeitsleben). Beispiel für praktische Relevanz von Abs. 2 S. 1 Nr. 1 (mit § 2 Abs. 2): BSG 24. 5. 2006 – B 3 KR 12/05 R – SozR 4–2500 § 33 Nr. 11.

31 Des Weiteren haben die Versicherten (Abs. 2 S. 1 Nr. 2) und ihre Hinterbliebenen (Abs. 2) ein Recht auf wirtschaftliche Sicherung bei Krankheit, Mutterschaft, Minderung der Erwerbsfähigkeit und Alter (zu Abs. 2 S. 2 BSG 29. 1. 2004 – B 4 RA 29/03 R – E 92, 113). Der wirtschaftlichen Sicherung dienen insbesondere folgende Geldleistungen: gesetzliche Krankenversicherung: §§ 44 ff. SGB V (Krankengeld); § 200 RVO (Mutterschaftsgeld); gesetzliche Rentenversicherung: §§ 33 ff. SGB VI (Renten wegen Alters oder wegen verminderter Erwerbsfähigkeit und Renten wegen Todes); gesetzliche Unfallversicherung: §§ 45 ff., 56 ff. und 63 ff. SGB VII (Verletztengeld; Renten wegen Erwerbsminderung; Leistungen an Hinterbliebene).

IV. Soziale Entschädigung bei Gesundheitsschäden (§ 5)

32 § 5 betrifft Leistungen der sozialen Entschädigung bei Gesundheitsschäden, in der klassischen Terminologie also Leistungen des **Versorgungsrechts**. S. 1 sieht Rechte vor für diejenigen, die einen Gesundheitsschaden erleiden, für dessen Folgen die staatliche Gemeinschaft „in Abgeltung eines besonderen Opfers oder aus sonstigen Gründen" einsteht. Aufopferungsansprüche (Var. 1) sind insbesondere die Ansprüche der Kriegs- und Regimeopfer; Ansprüche aus „sonstigen Gründen" (Var. 2) stehen etwa Opfern einer Gewalttat zu, denen sich die öffentliche Hand wegen unvollkommenen Funktionierens der staatlichen Verbrechensbekämpfung verpflichtet sieht (BSG 23. 10. 1985 – 9 a RVG 4/83 – E 59, 40, 44). Es geht nur um die Einstandspflicht „nach versorgungsrechtlichen Grundsätzen", also nicht im Rahmen der Staatshaftung oder nach unfallversicherungsrechtlichen Grundsätzen (BT-Drs. 7/868 S. 23 f. zu § 5).

33 § 5 S. 1 benennt in allgemeiner Form Leistungen des Rechts der sozialen Entschädigung. Einen ausführlicheren Leistungskatalog bietet § 24. Einschlägige Leistungsgesetze sind (§ 68 Nr. 7) das BVG und weitere Gesetze, die auf die Leistungsvorschriften des BVG verweisen (etwa § 1 OEG). Nach S. 1 Nr. 1 haben die Leistungsberechtigten ein Recht auf die notwendigen Maßnahmen zur Erhaltung, zur Besserung und zur Wiederherstellung der Gesundheit und der Leistungsfähigkeit. Hier geht es um Dienstleistungen wie Heilbehandlung, Versehrtenleibesübungen und Krankenbehandlung nach § 10 BVG. S. 2 regelt ein Recht auf angemessene wirtschaftliche Versorgung, das auch den Hinterbliebenen eines Beschädigten eingeräumt wird. Damit sind Geldleistungen angesprochen wie insbesondere Beschädigten- und Hinterbliebenenrenten (§§ 29 ff. und 38 ff. BVG).

V. Minderung des Familienaufwands (§ 6)

34 § 6 gibt denjenigen, die Kindern Unterhalt leisten oder leisten müssen, ein Recht auf Minderung der dadurch entstehenden Lasten. Dieses Recht hat einen verfassungsrechtlichen Bezug zum Gebot der **Familienförderung** in Art. 6 Abs. 1 GG. In jüngerer Zeit hat das BVerfG zudem vor allem aus Art. 6 Abs. 1 i. V. m. Art. 3 Abs. 1 GG abgeleitet, dass Personen, die Kinder erziehen, infolge der Erziehung nicht gegenüber nicht erziehenden Personen benachteiligt werden dürfen (vgl. BVerfG 7. 7. 1992 – 1 BvR 51/86 u. a. – E 87, 1; 3. 4. 2001 – 1 BvR 1629/94 – E 103, 242). Die konkretisierende Regelung in § 25 benennt als Leistungen zur Minderung des Familienaufwandes Kindergeld, Erziehungsgeld und Elterngeld (im einzelnen: § 68 Nr. 9 i. V. m. dem BKiGG; § 68 Nrn. 15 und 15 a i. V. m. jeweils den ersten Abschnitten des BErzGG und des BEEG). Daneben gibt es zahlreiche weitere Leistungen, die als Ausgleich für Kindererziehungsaufwand aufzufassen sind; Beispiele: gesetzliche Krankenversicherung: beitragsfreie Familienversicherung (§ 10 SGB V); gesetzliche Rentenversicherung: Berücksichtigung von Kindererziehungszeiten (§ 56 SGB VI).

VI. Zuschuss für eine angemessene Wohnung (§ 7)

35 Wer für eine angemessene Wohnung Aufwendungen erbringen muss, die ihm nicht zugemutet werden können, hat nach § 7 ein Recht auf Zuschuss zur Miete oder zu vergleichbaren Aufwendungen. Die Regelung hat in erster Linie das **Wohngeld** nach dem WohngeldG im Blick (§ 26 mit § 68 Nr. 10). Zu bedenken sind aber auch ähnliche Leistungen nach weiteren Gesetzen, insbesondere Leistungen der Grundsicherungssysteme für Unterkunft und Heizung, die die tatsächlichen Aufwendungen abdecken, soweit diese angemessen sind (§§ 22 SGB II, 29 SGB XII), und die regelmäßig anstelle von Wohngeld erbracht werden (§ 1 Abs. 2 WohngeldG).

VII. Kinder- und Jugendhilfe (§ 8)

Bereits § 1 Abs. 1 erwähnt erzieherische Hilfen und proklamiert das Ziel, es sollten gleiche Voraussetzungen für die freie Entfaltung der Persönlichkeit auch junger Menschen geschaffen werden. Damit korrespondiert das Recht junger Menschen (und der Personensorgeberechtigten), Leistungen der öffentlichen Jugendhilfe in Anspruch zu nehmen (§ 8 S. 1). Diese Leistungen sollen die Entwicklung junger Menschen fördern und die Erziehung in der Familie unterstützen und ergänzen (§ 8 S. 2). Ein konkretisierender Katalog von Leistungen ist Gegenstand von § 27 Abs. 1. Das wichtigste Leistungsgesetz der Kinder- und Jugendhilfe ist das SGB VIII. 36

VIII. Sozialhilfe/soziale Grundsicherung (§ 9)

Wer sich nicht selbst helfen kann, dem spricht § 9 S. 1 über die Sozialhilfe ein Recht auf Hilfe zu. Die Regelung wird konkretisiert durch § 28, der auf das Recht der Sozialhilfe Bezug nimmt, das heute im SGB XII geregelt ist. Systematisch unbefriedigend wurde § 9 bei Einführung der Grundsicherung für Arbeitsuchende nicht angepasst. Jedenfalls soweit das SGB II Leistungen zur Sicherung des Lebensunterhalts vorsieht, der anderweitig nicht gedeckt werden kann, ist auch dieses Leistungssystem bei § 9 zu verorten. 37

Als **Leistungen der Sozialhilfe** benennt § 9 persönliche und wirtschaftliche Hilfen. Persönliche Hilfen beziehen sich auf Beratung und persönliche Förderung (vgl. §§ 11 SGB XII, 14 SGB II). Wirtschaftliche Hilfen zielen auf die Sicherung des Lebensunterhalts (§§ 27 ff., 42 SGB XII, 19 ff. SGB II). Das Ziel dieser Leistungen sieht das Gesetz in der Deckung des jeweils „besonderen Bedarfs", in der Befähigung zur Selbsthilfe, der Ermöglichung der Teilnahme am Leben der Gemeinschaft und in der Sicherung eines menschenwürdigen Lebens (vgl. oben Rn. 5). In diesen Formulierungen kommt u. a. der **Grundsatz individualisierter Leistungserbringung** zum Ausdruck, der vor allem für die Sozialhilfe im eigentlichen Sinn bedeutsam ist (§ 9 SGB XII). Im Bereich der Grundsicherung für Arbeitsuchende ist dieser Grundsatz heute weithin durch eine pauschale Festlegung der Leistungshöhe (§ 20 SGB II) relativiert, zumal diese Grundsicherungsleistungen im Gesetz abschließend festgeschrieben sind (§ 3 Abs. 3 SGB II). Zudem bringt § 9 den **Grundsatz des Nachrangs** von Grundsicherungsleistungen zum Ausdruck: Hilfen erhält nur, wer sich nicht aus eigenen Kräften helfen kann und auch von anderer Seite keine Hilfe erhält („Subsidiarität"; vgl. §§ 2 SGB XII, 9 SGB II). 38

IX. Teilhabe behinderter Menschen (§ 10)

Behinderte Menschen und Menschen, denen eine Behinderung droht (vgl. § 2 Abs. 1 SGB IX), haben ein Recht auf Hilfe zur Förderung ihrer Selbstbestimmung und gleichberechtigten Teilhabe (§ 10). Ein Katalog in Betracht kommender Leistungen findet sich in § 29. Die konkret handhabbaren Vorschriften enthält das SGB IX als Querschnittsgesetz und daneben die jeweiligen speziellen Gesetze, die Leistungen für behinderte Menschen vorsehen, wie insbesondere SGB III, V, VI und VII. 39

Die Ziele der Hilfen entfaltet – weitgehend gleichlautend mit § 4 Abs. 1 SGB IX – § 10 in fünffacher Hinsicht. Nr. 1 thematisiert Hilfen, die notwendig sind, um die Behinderung abzuwenden, zu beseitigen, zu mindern, ihre Verschlimmerung zu verhüten oder ihre Folgen zu mindern. Damit sind Leistungen der medizinischen Rehabilitation angesprochen, wie sie etwa die §§ 27 Abs. 1 S. 2 Nr. 6, 40 ff. SGB V, 9 ff. SGB VI oder 26 ff. SGB VII vorsehen. Nr. 2 zielt darauf ab, Einschränkungen der Erwerbsfähigkeit oder Pflegebedürftigkeit zu vermeiden, zu überwinden, zu mindern oder Verschlimmerungen zu verhüten und den Bezug von Sozialleistungen zu vermeiden oder zu vermindern (vgl. auch den Grundsatz vom „Vorrang von Teilhabeleistungen", § 8 Abs. 2 SGB IX). Angesprochen sind damit Leistungen der medizinischen Rehabilitation z. B. nach dem SGB V und der Teilhabe am Arbeitsleben z. B. nach §§ 97–111 SGB III. Nr. 3 geht es um die Sicherung eines neigungsgemäßen und fähigkeitsadäquaten Platzes im Arbeitsleben (etwa §§ 33 ff. SGB IX). Nach Nr. 4 sollen Hilfen erbracht werden, die die Entwicklung fördern (etwa §§ 30 oder 56 SGB IX) und die Teilhabe am Leben in der Gemeinschaft ermöglichen und erleichtern sollen (vgl. §§ 55 ff. SGB IX). Nach Nr. 5 schließlich sollen die Hilfen Benachteiligungen auf Grund der Behinderung entgegenwirken, wie es bereits Art. 3 Abs. 2 S. 2 GG vorgibt (vgl. auch § 1 SGB IX). 40

Zweiter Abschnitt. Einweisungsvorschriften

Erster Titel. Allgemeines über Sozialleistungen und Leistungsträger

§ 11 Leistungsarten

¹Gegenstand der sozialen Rechte sind die in diesem Gesetzbuch vorgesehenen Dienst-, Sach- und Geldleistungen (Sozialleistungen). ²Die persönliche und erzieherische Hilfe gehört zu den Dienstleistungen.

§ 12 Leistungsträger

¹Zuständig für Sozialleistungen sind die in den §§ 18 bis 29 genannten Körperschaften, Anstalten und Behörden (Leistungsträger). ²Die Abgrenzung ihrer Zuständigkeit ergibt sich aus den besonderen Teilen dieses Gesetzbuchs.

§ 13 Aufklärung

Die Leistungsträger, ihre Verbände und die sonstigen in diesem Gesetzbuch genannten öffentlich-rechtlichen Vereinigungen sind verpflichtet, im Rahmen ihrer Zuständigkeit die Bevölkerung über die Rechte und Pflichten nach diesem Gesetzbuch aufzuklären.

A. Normzweck

1   Die Aufklärung verfolgt das Ziel, die Bevölkerung oder eine Personengruppe (z. B. die Krankenversicherten, die Rentenversicherten) durch allgemeine Informationen in die Lage zu versetzen, die Rechten und Pflichten nach dem SGB erkennen und in Anspruch nehmen zu können. Die Vorschrift trägt der Ausdifferenzierung des Sozialrechts Rechnung, die dazu geführt hat, dass die im SGB geregelten Rechte und Ansprüche für den Einzelnen nur schwer überschaubar und verständlich sind. Um die möglichst weitgehende Verwirklichung der sozialen Rechte sicherstellen zu können (§ 2 Abs. 2, 2. HS SGB I), bedarf es der Aufklärung, Beratung und Auskunft (§§ 13–15 SGB I).

B. Anwendungsbereich und Abgrenzung

I. Anwendungsbereich

2   Aufklärung ist die allgemeine und abstrakte Information der Bevölkerung über die Sozialrechtsordnung und/oder einzelne Teilbereiche (ähnlich BSG SozR 3–1200 § 14 Nr. 12; *Hase*, in Rolfs/Giesen/Kreikebohm/Udsching, Beck'scher Online-Kommentar, SGB I § 13 Rn. 5). Der Begriff der „Bevölkerung" umfasst die deutsche Inlandsbevölkerung, die im Ausland lebenden Deutschen sowie diejenigen Personen, die nach deutschem Sozialrecht Träger von Rechten und Pflichten sein können (*Seewald*, in Kasseler Kommentar, § 13 Rn. 7; *Reinhardt*, in Krahmer, SGB I, 2008, § 13 Rn. 10). Soweit sich die Aufklärung an Ausländer richtet, besteht grds. eine Pflicht zur Verwendung der Sprache der betroffenen Personengruppe (*Reinhardt*, in Krahmer, SGB I, 2008, § 13 Rn. 10), soweit (krit. *Klattenhoff*, in Hauck/Noftz § 13 Rn. 12). Aufklärung umfasst nicht Werbung (*Reinhardt*, in: Krahmer, SGB I § 13 Rn. 8), wobei die Abgrenzung Schwierigkeiten bereiten kann (vgl. OLG Hamburg, GRUR-RR 2008, 245; LSG Saarl, Beschl. v. 21. 6. 2006, L 2 B 5/06 KR, Rn. 35 ff.).

3   Die Aufklärungspflicht besteht nur **im Rahmen der Zuständigkeit**, die sich aus dem SGB ergibt. Vereinzelt wird angenommen, dass sich eine weitere Begrenzung aus dem Gebot ergebe, nur solche Aufklärungsmaßnahmen zu betreiben, die „voraussichtlich wirksam" sind (Seewald, in Kasseler Kommentar SGB I § 13 Rn. 9). Dieses Kriterium ist als Begrenzung nicht geeignet, weil sich eine „voraussichtliche Wirksamkeit" in der Praxis stets ergibt. Es besteht keine Pflicht, den Betroffenen dahingehend zu beraten, einer für ihn ungünstigen Gesetzesänderung durch ein Handeln zwischen Verkündigung und Inkrafttreten des Gesetzes auszuweichen (BSG SozR 1200 § 13 Nr. 2). **Mittel/ Form der Aufklärung.** Welche Mittel (Broschüren, Merkblätter, Plakate, Zeitungsanzeigen, Filme, Werbespots, Vorträge, Seminare, Medien wie z. B. CD-ROMS oder das Internet) zur Aufklärung eingesetzt wird, steht im Ermessen der Aufklärungspflichtigen. In dieses Ermessen fallen auch **Zeitpunkt/Art und Umfang** der Aufklärung (*Hase*, in Rolfs/Giesen/Kreikebohm/Udsching, Beck'scher Online-Kommentar, SGB I, § 13 Rn. 6).

II. Abgrenzung zu §§ 14, 15 nach dem Adressatenkreis

Aufklärung richtet sich an „die Bevölkerung", während Beratung (§ 14 SGB I) und Auskunft (§ 15   4
SGB I) aufgrund eines Beratungs-/Auskunftsanlasses gegenüber dem Einzelnen erbracht werden (*Hase*, in Rolfs/Giesen/Kreikebohm/Udsching, Beck'scher Online-Kommentar, SGB I § 13 Rn. 1, 5). Die Aufklärung kann – genauso wie die Auskunft – nach der Vorgehensweise (einseitig) von der Beratung (interaktiv) abgegrenzt werden (vgl. *Reinhardt*, in Krahmer SGB I, 2008, Vorbem. zu §§ 13–15 Rn. 2).

III. Verhältnis zu anderen Vorschriften

Die allgemeine Aufklärungspflicht wird von bereichsspezifischen Vorschriften (z. B. §§ 22–25   5
SGB IX, § 93 SGB IV, § 11 Abs. 5 SGB XII) zur Beratung (§ 14) und Auskunft (§ 15) nicht berührt. Leges speziales sind § 47 KSVG – Pflicht zur Aufklärung der Versicherten durch die Künstlersozialkasse, § 7 Abs. 2 SGB XI – Pflicht zur Aufklärung der Versicherten durch die Pflegekassen; §§ 1 S. 3, 20 Abs. 1 S. 1 SGB V – Pflicht zur Aufklärung durch die Krankenkassen.

C. Verpflichtete zur Aufklärung

Verpflichtete zur Aufklärung sind die **Leistungsträger**, die in den §§ 12, 18–29 SGB I benannt   6
werden, sowie die Verbände und sonstigen im SGB genannten öffentlich-rechtlichen Vereinigungen.
Aufklärungspflichtige **Verbände** sind öffentlich-rechtliche Verbände, z. B. Verbände der Krankenkassen und Pflegekassen (*Lilge*, in *Lilge*, SGB I, Stand: April 2007, § 13 Anm. 3); *Reinhardt*, in *Krahmer*, SGB I, 2008, § 13 Rn. 6; *Trenk-Hinterberger*, in: *Giese/Krahmer*, SGB I § 13 Rn. 4.2; *Seewald*, in Kasseler Kommentar SGB I § 13 Rn. 5; *Rüfner*, in: *Wannagat* SGB I Rn. 6). Sonstige im SGB genannte **öffentlich-rechtliche Vereinigungen** sind insbesondere die Kassen(zahn)ärztlichen Vereinigungen, vgl. §§ 77 ff. SGB V (BT-Drucks 7/868, 25; *Rüfner*, in Wannagat SGB I § 13 Rn. 7). Die Träger der freien Wohlfahrtspflege gehören hierzu nicht (vgl. *Reinhardt*, in Krahmer, SGb I, 2008, § 13 Rn. 6).

Umstritten ist, ob auch privatrechtlich verfasste Verbände – z. B. der Deutsche Verein für öffentliche   7
und private Fürsorge (DV) – zu den Verpflichteten zählen (grds. bejahend: *Rüfner*, in: Wannagat, SGB I Rn. 6; in der Tendenz auch *Seewald*, in Kasseler Kommentar SGB I § 13 Rn. 5; verneinend: *Reinhardt*, in *Krahmer*, SGB I, 2008, § 13 Rn. 6; *Trenk-Hinterberger*, in: *Giese/ Krahmer/* SGB I § 13 Rn. 5). Richtigerweise unterscheidet der Wortlaut der Vorschrift nicht nach der Rechtsform, wie dies bei der eindeutigen Formulierung der weiteren Verpflichteten, den „öffentlich-rechtlichen Vereinigungen", der Fall ist (wie hier auch: *Hase*, in Rolfs/Giesen/Kreikebohm/Udsching, Beck'scher Online-Kommentar, SGB I, § 13 Rn. 7; a. M. *Reinhardt*, in Krahmer, SGB I, 2008, § 13 Rn. 6). Allerdings muss der jeweilige Verband noch einen funktionalen Bezug zu den Leistungsträgern haben, d. h. es müssen sich in diesen Verbänden die Leistungsträger gerade als solche verbinden. Der DV scheidet schon deshalb aus, weil dort auch Verbände der freien Wohlfahrtspflege Mitglied sind.

D. Kein subjektives Recht

Aus dem Wortlaut der Vorschrift („die Bevölkerung") folgt, dass die Verpflichtung der Leistungsträ-   8
ger und der anderen benannten Stellen zur Aufklärung kein subjektiv einklagbares Recht des Einzelnen beinhaltet (BSGE 67, 90, 94 = SozR 3–1200 § 10 Nr. 1 m. w. N.; BSG SozR 2200 § 1324 Nr. 3 = BSGE 42, 224, 225 = SGB 1977, 355; *Kreikebohm/von Koch*, in: *von Maydell/Ruland/Becker*, Sozialrechtshandbuch, 2008, § 6 Rn. 23; *Seewald*, in Kasseler Kommentar, SGB I, Stand: April 2008, § 13 Rn. 11; *Hase*, in Rolfs/Giesen/Kreikebohm/Udsching, Beck'scher Online-Kommentar, SGB I, § 13 Rn. 8; *Mrozynski*, SGB I, 2003, § 13 Rn. 6; *Reinhardt*, in Krahmer, SGB I, § 13 Rn. 9; *Klattenhoff*, in Hauck/Noftz Rn. 8). „Die Bevölkerung" ist eine unbestimmte Vielzahl von Personen, die nicht Träger von Rechten und Pflichten sein kann. Die in § 13 geregelte „Verpflichtung" ist daher als Aufgabenzuweisung zu verstehen (*Hase*, in Rolfs/Giesen/Kreikebohm/Udsching, Beck'scher Online-Kommentar, SGB I, § 13 Rn. 5).

E. Rechtsfolgen bei Verstößen gegen die Aufklärungspflicht

I. Unterlassene Aufklärung

Da die Aufklärungspflicht kein subjektiv einklagbares Recht ist (BSGE 42, 224, 225 f.; BSG SozR   9
3–5750 Art. 2 § 6 Nr. 15; BSG SozR 3–4100 § 105 Nr. 1, S. 6), scheidet die Geltendmachung eines Amtshaftungsanspruchs aus (*Rüfner*, in Wannagat, SGB I, § 13 Rn. 13; *Hase*, in Rolfs/Giesen/

Kreikebohm/Udsching, Beck'scher Online-Kommentar, SGB I, § 13 Rn. 8. A. M.: Seewald, in: Kasseler Kommentar SGB I § 13 Rn. 14). Aus demselben Grund besteht auch kein sozialrechtlicher Herstellungsanspruch (vgl. *Rüfner*, in Wannagat, SGB I § 13 Rn. 13 m.w.N.; *Hase*, in Rolfs/Giesen/Kreikebohm/Udsching, Beck'scher Online-Kommentar,, SGB I § 13 Rn. 8; Reinhardt, in Krahmer, SGB I, 2008, § 13 Rn. 11. A. M.: Seewald, in Kasseler Kommentar, § 13 Rn. 14).

II. Falsche oder irreführende Information

10 Im Fall der **falschen Auskunft** ist zwischen der Möglichkeit eines Amtshaftungsanspruchs und eines sozialrechtlichen Herstellungsanspruchs zu unterscheiden. Nur vereinzelt werden beide Ansprüche abgelehnt (*Hase*, Rolfs/Giesen/Kreikebohm/Udsching, Beck'scher Online-Kommentar,, SGB I § 13 Rn. 9; VerbKomm SGB I vor §§ 13 bis 15 Rn 6, § 13 Rn 5; den Amtshaftungsanspruch ablehnend: *Trenk-Hinterberger*, in Giese/Krahmer, SGB I § 13 Rn. 10.1). Die ganz überwiegende Ansicht hält einen Amtshaftungsanspruch und einen sozialrechtlichen Herstellungsanspruch für möglich (*Rüfner*, in: Wannagat SGB I § 13 Rn. 13; Seewald, in: Kasseler Kommentar, SGB I § 13 Rn. 12 und 14).

III. Rechtsprechung

11 Die Rechtsprechung nimmt eine rechtsdogmatisch nicht überzeugende Ansicht ein. Zwar lehnt sie grundsätzlich einen sozialrechtlichen Herstellungsanspruch ab, ausnahmsweise soll ein solcher jedoch bestehen, wenn der Einzelne aufgrund einer unvollständigen, unrichtigen oder missverständlichen Allgemeininformation eine ihm vorteilhafte Disposition unterlassen (z.B. verspäteter Antrag) oder eine ihm nachteilige Rechtshandlung vorgenommen hat (BSGE 67, 90, 92 ff. = BSG SozR 3–1200, § 13 Nr. 1; BSGE 72, 80, 83 = SozR 3–1300 27 Nr. 3; zuvor dahingestellt in BSGE 55, 257, 261 = SozR 1200 § 13 Nr. 2. Zu den Ausnahmefällen vgl. BSG SozR 5428 § 4 Nr. 10, S. 26; BSGE 87, 280 ff = SozR 3–1200 § 14 Nr. 31; BSG, NZA 1987, 112; kritisch dazu: Reinhardt, in Krahmer, SGB I 2008, § 13 Rn. 11). Zur weiteren Begründung eines sozialrechtlichen Herstellungsanspruchs bei unterlassener Aufklärung wegen Verstoßes gegen Art. 3 Abs. 1 GG vgl. § 14 Rn. 18. Die Ausnahmen der Rechtsprechung sind ergebnisorientiert geprägt und stehen im Widerspruch zu der Verpflichtungsnatur der Vorschrift, die Aufgabenzuweisung, aber nicht einklagbarer Rechtsanspruch ist. Aus diesem Grund ist nicht nur ein sozialrechtlicher Herstellungsanspruch, sondern auch ein Amtshaftungsanspruch abzulehnen (ähnlich: *Hase*, in Rolfs/Giesen/Kreikebohm/Udsching, Beck'scher Online-Kommentar,, SGB I § 13 Rn. 9; den Herstellungsanspruch wie hier ablehnend: Reinhardt, in Krahmer, SGB I, 2008, § 13 Rn. 11). Zu Recht wird darauf hingewiesen (*Hase*, in Rolfs/Giesen/Kreikebohm/Udsching, Beck'scher Online-Kommentar, SGB I § 13 Rn. 10), dass beim Amtshaftungsanspruch in der Regel die Kausalität scheitern wird, weil der Beweis, dass aufgrund einer falschen Information (und nicht wegen eigener Nachlässigkeit) eine Handlung oder eine nachteilige Disposition nicht vorgenommen wurde, nicht gelingen dürfte.

F. Durchsetzung der Aufklärungsverpflichtung

12 Die Durchsetzung der Aufklärungsverpflichtung ist durch aufsichtsrechtliche Maßnahmen möglich (BSGE 42, 224, 226 = SozR 22.200 § 1324 Nr. 3 = SGb 1977, 355 ff. mit Anm *Rüfner*, *Kreikebohm/von Koch* Teil 2 § 6 Rn. 23 m.w.N. in Fn. 23; Seewald, in Kasseler Kommentar, Stand: April 2008, § 13 Rn. 9; Trenk-Hinterberger, in Giese/Krahmer, SGB I § 13 Rn. 6). Die Aufsichtsbehörde kann den Verpflichteten – etwa veranlasst durch eine Aufsichtsbeschwerde – zur Aufklärung anhalten.

§ 14 Beratung

[1]Jeder hat Anspruch auf Beratung über seine Rechte und Pflichten nach diesem Gesetzbuch. [2]Zuständig für die Beratung sind die Leistungsträger, denen gegenüber die Rechte geltend zu machen oder die Pflichten zu erfüllen sind.

A. Normzweck und Rechtsnatur

1 Die Beratung soll sicherstellen, dass der Einzelne die ihm eingeräumten sozialen Rechte verwirklichen kann. § 14 gewährt jedem einen Rechtsanspruch auf Beratung.

B. Anwendungsbereich und Verhältnis zu anderen Vorschriften

I. Anwendungsbereich

2 Beratung ist eine individuelle und umfassende Information des Einzelnen zu konkreten Rechtsfragen, tatsächlichen Umständen und Gestaltungsmöglichkeiten durch die zuständigen Leistungsträger

(ähnlich *Kreikebohm/von Koch*, in: von Maydell/Ruland/Becker, Sozialrechtshandbuch, 2008, § 6 Rn. 27; *Seewald*, in: Kasseler Kommentar § 13 Rn. 2; ähnlich *Reinhardt*, in Krahmer, SGB I § 13 Rn. 7).

II. Abgrenzung zur Aufklärung und Auskunft

Abgrenzung zur Aufklärung vgl. § 13 Rn. 2; Abgrenzung zur Auskunft vgl. § 15 Rn 2. **c.) Verhältnis zu anderen Vorschriften.** Allgemeine Beratungspflichten finden sich in: § 4 Abs. 1 Nr. 1 SGB II (Beratung als Leistung der Grundsicherung für Arbeitssuchende), § 7 SGB XI (Aufklärung und Beratung durch Pflegekassen). Spezielle oder weitergehende Beratungspflichten: §§ 29–34 SGB III (Berufs- und Arbeitsmarktberatung); § 39 Abs. 3 SGB IV (Beratungspflicht der Versichertenältesten), 93 SGB IV (Auskunftspflicht der Versicherungsämter); § 25 b Abs. 3 BVG (i. V. m. § 68 Nr. 7 SGB I); §§ 109 SGB VI (Renteninformation und Rentenauskunft), 115 Abs. 6 SGB VI (Hinweispflicht der Träger der Rentenversicherung); besonders ausgeprägt im SGB VIII (Kinder- und Jugendhilfe): §§ 1 Abs. 3 Nr. 2, 4 Abs. 3, 11 Abs. 3 Nr. 6, 16 Abs. 2 Nr. 2, 17 Abs. 1, 18 Abs. 1, Abs. 3 und Abs. 4, 21 S. 1, 25, 28, 36 Abs. 1 S. 1, 37 Abs. 1 S. 2 und 3, Abs. 2, 41 Abs. 2 und 3, 51, 53); §§ 22, 60–62 SGB IX (Beratung von behinderten oder von Behinderung bedrohten Menschen, Vertrauenspersonen und Personensorgeberechtigten); §§ 8, 11 SGB XII (Beratung als Leistung der Sozialhilfe). 2a

C. Kein Antragserfordernis, aber konkreter Anlass zur Beratung

Die Beratung kann auf Antrag erfolgen, setzt einen solchen aber nicht ausdrücklich voraus. Ausreichend ist ein Beratungsbegehren oder mindestens ein konkreter Anlass zur Beratung (BSGE 46, 124, 126 = SozR 2220 § 1290 Nr 11; BSGE 66, 258, 266: „Wunsch erkennen lässt" = SozR 3–4100 § 125 Nr 1; BSG SozR 3–1200 § 14 Nr 12, 15, 18 und 22; Urteile vom 19. 1. 2005 – B 11 a/11 AL 11 und 35/04 R – letzteres in SozR 4–4300 § 147 Nr. 3; BSG SozR 4–1200 § 14 Nr. 5; BSG NZS 1994, 414; BSG, Urt. v. 28. 9. 2010, B 1 KR 31/09 R, Rn. 19; BSG, Urt. v. 18. 1. 2011, B 4 AS 29/10 R, Rn. 14 ff.; *Hase*, in Rolfs/Giesen/Kreikebohm/Udsching, Beck'scher Online-Kommentar, SGB I § 13 Rn. 1: vorausgesetzt wird ein individuelles Begehren). Als konkreter Anlass nicht ausreichend ist eine bloße Rechtsänderung (BSG SozR 3–2600 § 197 Nr 4). Ebenfalls nicht ausreichend ist ein früher gestellter und endgültig beschiedener Nachentrichtungsantrag, wenn eine Nachentrichtungsmöglichkeit später eingeführt wird (BSG 11. 5. 2000 – B 13 RJ 19/99 R – Die Beiträge, Beilage 2001, 56; kein sozialrechtlicher Herstellungsanspruch; Wiedereinsetzungsantrag nach § 27 Abs. 5 SGB X in diesem Fall unzulässig; vgl. BSG SozR 3–1200 § 14 Nr. 9 und 22 und BSGE 64, 153 = SozR 1300 § 27 Nr. 4). 3

Eine Beratungspflicht kann sich auch **spontan** erst im Laufe des Verfahrens ergeben, wenn sich klar zutage liegende Gestaltungsmöglichkeiten zeigen, deren Wahrnehmung offensichtlich so zweckmäßig ist, dass sie jeder verständige Betroffene mutmaßlich nutzen würde (BSG, Urteil v. 8. 2. 2007, NZS 2008, 49, 51 m. w. N.; BSGE 46, 124; 60, 79, 86; SozR 3–1200 § 14 Nr. 22, S 74 m. w. N.; BSG SozR 3–5870 § 11 a Nr. 3; BSG SozR 4–1200 § 14 Nr. 5; SG Chemnitz, Urt. v. 20. 1. 2011, S 6 AL 986/09, Rn. 17). Die Beratungspflicht muss sich auf den ersten Blick aufdrängen (BSG SozR 4–1200 § 14 Nr. 5; BSG SozR 3–1200 § 14 Nr. 22, S. 74 m. w. N.). **Zuständig** sind die Leistungsträger, denen gegenüber die Rechte geltend zu machen oder die Pflichten zu erfüllen sind. 4

D. Formen der Beratung

Beratung ist formfrei (*Reinhardt*, in Krahmer, SGB I, 2008, § 14 Rn. 13) und kann daher mündlich wie auch schriftlich stattfinden. Sie muss – ausgerichtet an ihrem Sinn und Zweck – derart erfolgen, dass der Einzelne die Informationen in richtiger, sachgerechter, unmissverständlicher und vollständiger Form und in einer leicht verständlichen Sprache erhält, die auf unerfahrene und unkundige Rechtsuchende Rücksicht nimmt (*Kreikebohm/von Koch*, in: von Maydell/Ruland/Becker, Sozialrechtshandbuch, 2008, § 6 Rn. 28). Einer individuellen schriftlichen Beratung können Hilfsmittel beigefügt werden (*Kreikebohm/von Koch*, in: von Maydell et al., Sozialrechtshandbuch, 2008, § 6 Rn. 28). Eine Beratung ausschließlich durch Merkblätter ist nicht genügend, wenn der Ratsuchende in schwierigen Fragen um Beratung gebeten und seine Unsicherheit deutlich gemacht hat (BSG SozR 3–1200 § 14 Nr. 5; BSG 8. 12. 1988 – 12 RK 7/87 – Juris). 5

E. Inhalt der Beratung: „Rechte und Pflichten"

Beratung beinhaltet Hinweise zur Rechtslage, zu tatsächlichen Umständen des Ratsuchenden sowie zu spezifischen Gestaltungsmöglichkeiten. Die Beratung über **Rechte** darf sich nicht auf die Darstel- 6 lung der Rechte beschränken, sondern muss auch die Voraussetzungen für Ansprüche und Berechtigungen enthalten (Reinhardt, in Krahmer, SGB I, 2008, § 14 Rn. 9). **Pflichten** sind die im SGB Genannten: z. B. Mitwirkungspflichten gem. §§ 60 ff, Meldepflichten gem. § 28 a SGB IV, Beitragspflichten gem. §§ 28 e-g SGB IV, Auskunftspflichten gem. §§ 98–100 SGB.

7   Der Verpflichtete muss über die gesetzlichen Regelungen (einschließlich zu erwartender Rechtsänderungen, vgl. dazu BSG SozR 3–3200 § 86 a SVG Nr. 2 – keine Beratungspflicht, wenn Neuregelung noch nicht in Kraft und noch kein Beratungsabschluss durch die beratenden Ausschüsse), über eine bestehende Verwaltungspraxis und Ermessensrichtlinien informieren (Seewald, in Kasseler Kommentar, SGB I, Stand: April 2008, § 14 Rn. 15). Ist eine Rechtsfrage umstritten, so darf sich der Beratende nicht auf die von der Behörde vertretene Rechtsansicht beschränken, sondern muss auch andere ernst zu nehmende Ansichten einbeziehen oder darauf hinweisen, dass zu einer Rechtsfrage eine höchstrichterliche Klärung zu erwarten ist (*Kreikebohm/von Koch*, in: von Maydell/Ruland/ Becker, Sozialrechtshandbuch, 2008, § 6 Rn. 32). Zur Beratung gehören auch Fragen zu zweckmäßigem Verhalten (*Kreikebohm/von Koch*, in: von Maydell/Ruland/Becker, Sozialrechtshandbuch, 2008, § 6 Rn. 35): z. B. die Empfehlung, Beiträge zur Erfüllung der Wartezeit oder Erhaltung der Anspruchsvoraussetzungen für eine Rente wegen verminderter Erwerbsfähigkeit zu zahlen (*Seewald*, in Kasseler Kommentar, § 14 SGB I Rn. 16 m. w. N.); *Klattenhoff*, in: Hauck/Noftz, SGB I § 14 Rn. 23 Fn. 76; *Kreikebohm/von Koch*, in: von Maydell/Ruland/Becker, Sozialrechtshandbuch, 2008, § 6 Rn. 35).

8   Eine Begrenzung erfährt die Beratung durch die **Zuständigkeit**: Die Beratungspflicht besteht grundsätzlich nur im Rahmen der Zuständigkeit der beratenden Stelle (BSG SozR 3–1200 § 14 Nr. 9 (S. 28), Nr. 22 (S. 75); BSG SozR 1200 § 14 Nr. 24, S. 58, Nr. 29); zur u. U. bestehenden Beratungspflicht über die eigene Zuständigkeit hinaus (bei arbeitsteilig gestaltetem Verwaltungsverfahren) vgl. Rn. 13. Der Sozialleistungsträger ist nicht verpflichtet, den Einzelnen so zu beraten, dass er für sich in allen Fällen „das Optimale" erreicht (Erlenkämper/Fichte, Sozialrecht 2007, III 8 Rn. 23 m. w. N.). Es besteht keine Verpflichtung zum Hinweis auf für den Einzelnen günstige Gesetzeslücken oder rechtlich nicht verbotene Gestaltungsmöglichkeiten (BSGE 55, 257; Erlenkämper/Fichte, Sozialrecht 2007, III 8 Rn. 23 m. w. N.; LSG Celle 19. 4. 1994 – L 10 J 93/93).

9   **Einzelne Hinweispflichten**: Pflicht zum Hinweis auf bestehende Möglichkeiten zur Rehabilitation (z. B. Umschulung), wenn ein Versicherter seine bisherige berufliche Tätigkeit nicht weiter verrichten kann (Erlenkämper/Fichte, Sozialrecht 2007, 123 Rn. 14); Pflicht der Berufsgenossenschaft, den Versicherten frühzeitig darauf hinzuweisen, dass er unter Umständen einen Rentenanspruch auch gegen den Rentenversicherungsträger hat (LSG Celle 10. 11. 1994 – L 10 J 75/92); Pflicht der Rentenversicherung, auf Wartezeitfüllung durch Anerkennung von Kindererziehungszeiten hinzuweisen; ggü. Selbstständigen besteht bei Antrag auf Zulassung zur freiwilligen Weiterversicherung die Pflicht darauf hinzuweisen, dass die besonderen versicherungsrechtlichen Voraussetzungen nur durch Pflichtbeiträge erfüllt werden können und dies durch Beitritt zur Antragspflichtversicherung möglich wäre (BSG SozR 3–1200 § 14 Nr 15); Pflicht der Rentenversicherungsträger, betroffene Versicherte darauf aufmerksam zu machen, dass ein Antrag auf Regelaltersrente wegen Vollendung des 65. Lebensjahrs innerhalb der Dreimonatsfrist des § 99 Abs. 1 S 1 SGB VI gestellt werden muss, um den frühestmöglichen Rentenbeginn zu erreichen (BSGE 79, 168 = SozR 3–2600 § 15 Nr 1; BSG SozR 3–2600 § 115 Nr. 5 mit Anm. Ulmer NJ 2000, 222 f.); Pflicht der Krankenkasse zur Beratung über die Möglichkeiten häuslicher Krankenpflege (BSGE 89, 50); Pflicht zum Hinweis auf einen Lohnsteuerklassenwechsel von Ehegatten wegen der in § 137 Abs. 4 S 1 Nr. 1 und Nr. 2 SGB III normierten arbeitsförderungsrechtlichen Auswirkungen (BSGE 92, 267 = SozR 4–4300 § 137 Nr. 1); Verpflichtung der BA, einen über 50jährigen Arbeitslosen bei der Arbeitslosmeldung auf das in das SGB III eingefügte Förderinstrument der Entgeltsicherung für ältere Arbeitnehmer hinzuweisen (BSG, Urteil v. 8. 2. 2007 – B 7 a AL 22/06 NZS 2008, 49 ff.).

F. Gerichtliche Durchsetzung

10   des Beratungsanspruchs mittels der allgemeinen Leistungsklage gem. § 54 Abs. 5 SGG. Beratung ist schlichtes Verwaltungshandeln (Reinhardt, in Krahmer, SGB I, § 14 Rn. 12; Trenk-Hinterberger, in Giese/Krahmer, SGB I und X, Stand: Juni 2007, § 14 Rn. 5.4). Für einen Verwaltungsakt fehlt es an der Regelungswirkung (§ 31 SGB X) der Beratung. Umstritten ist, ob dies auch für die Ablehnung einer Beratung gilt (für einen Verwaltungsakt bei ablehnendem Bescheid BSG SozR 1200 § 14 Nr. 9. Den Verwaltungsakt verneinend: *Reinhardt*, in Krahmer, SGB I, 2008, § 14 Rn. 12). Rechtsweg für die allgemeine Leistungsklage: Sozialgericht (§ 51 SGG) oder Verwaltungsgericht (§ 40 Abs. 1 VwGO), je nach Sozialleistungsbereich (*Reinhardt*, in Krahmer, SGB I, 2008, § 14 Rn. 12; *Trenk-Hinterberger*, in Giese/Krahmer, SGB I und X, Stand: Juni 2007, § 14 Rn. 4.8; *Bley* in Gesamtkommentar, Buch I Anm. 3) m. w. N.).

G. Rechtsfolge bei unterlassener oder fehlerhafter Beratung: Sozialrechtlicher Herstellungsanspruch

I. Herleitung/dogmatische Begründung des sozialrechtlichen Herstellungsanspruchs

Für den Fall der Verletzung der Beratungspflicht fehlt eine gesetzliche Regelung (zu den Gründen für diese Regelungslücke vgl. *Kreikebohm/von Koch*, in von Maydell et al., Sozialrechtshandbuch, 2008, § 6 Rn. 60; *Klattenhoff*, in: Hauck/Noftz SGB I § 14 Rn. 85). Der Amtshaftungsanspruch (§ 839 BGB i. V. m. Art. 34 GG) scheitert oft am Nachweis des Verschuldens oder der Kausalität (allerdings nicht immer, zu neueren Entwicklungen Rn. 21). Der Folgenbeseitigungsanspruch zielt auf die durch die Eingriffsverwaltung geschaffenen rechtswidrigen Folgen abzielt. Das BSG hat diese Lücke im Wege der richterlichen Rechtsfortbildung mit dem verschuldensunabhängigen sozialrechtlichen Herstellungsanspruch geschlossen (st. Rspr., vgl. u. a. BSGE 41, 126; 41, 260; 46, 124; 46, 175, 177; 49, 76; 50, 88, 91; 51, 89; 79, 168; zum staatshaftungsrechtlichen Rahmen vgl. *Ossenbühl*, SDSRV 39, 7 ff.; zur Entwicklung, Begründung und zu Fallgruppen des Herstellungsanspruchs vgl. *Kreßel*, SDSRV 39, 31; zur dogmatischen Begründung vgl. auch *Kreikebohm/von Koch*, in: von Maydell/Ruland/Becker, Sozialrechtshandbuch, 2006 § 6 Rn. 66 ff.). Der Herstellungsanspruch ist keine Sanktion für ein subjektiv vorwerfbares Fehlverhalten des Sozialleistungsträgers. Der Anspruch dient § 2 Abs. 2 SGB I, wonach die Rechte des einzelnen möglichst weitgehend verwirklicht werden sollen (BSGE 51, 89 ff., 95; BSG SozR 1200 § 14 Nr. 13; SozR 2200 § 381 Nr. 44; SozR 2200 § 545 Nr. 8; BSG SozR 5070 § 10 Nr 30; ausführlich auch Funk, Der sozialrechtliche Herstellungsanspruch aus Sicht der Sozialgerichtsbarkeit, SDSRV 39 (1994), 51 ff.).

11

II. Voraussetzungen

1. Regelungslücke. Eine gesetzliche Grundlage für einen Ausgleich in der Krankenversicherung besteht mit § 13 III SGB V. Dieser Anspruch hat Ähnlichkeiten mit dem sozialrechtlichen Herstellungsanspruch (BSGE 79, 125, 126 = SozR 3–2500 § 13 Nr. 11 S 51). Die Vorschrift verfolgt den Zweck, den Versicherten so zu stellen, wie er bei Gewährung einer Sachleistung stehen würde. § 13 III SGBV schließt aber lediglich in Fällen des sog. Systemversagens eine Lücke in dem durch das Sachleistungssystem der gesetzlichen Krankenversicherung garantierten Versicherungsschutz (BSG NZS 2007, 84). Soweit eine Leistung zu Unrecht abgelehnt wurde und dem Versicherten dadurch für die selbstbeschaffte notwendige Leistung Kosten entstanden sind, kann diese Kostenerstattung ausschließlich nach § 13 III SGB V gewährt werden (BSG SozR3-26000, § 58 Nr. 2 S 4 unter Hinweis auf BSGE 79, 271, 273 = SozR 3–2500 § 13 Nr. 4 S 12; BSG NZS 2007, 84, 86). Wortlaut („nur", § 13 I SGB V), Systematik und die Gesetzesmaterialien sprechen eindeutig für den abschließenden Charakter der Vorschrift (vgl. BSG NZS 2007, 84, 86). Im entschiedenen Fall hatte die Krankenkasse den Antrag auf Übernahme der Kosten für eine Uterus-Arterien-Embolisation zur Behandlung eines Myoms abgelehnt und der Klägerin, die den Antrag wörtlich nur auf Übernahme der Kosten für eine ambulante Behandlung gestellt hatte, nicht mitgeteilt, dass sie die Leistung bei stationärer Behandlung in einem zugelassenen Krankenhaus übernommen hätte oder auch eine Kostenübernahme für eine stationäre Leistung außerhalb Deutschlands in Betracht gekommen wäre. Da § 13 III SGB V abschließend die Kostenerstattung regelt, können nur systembedingte Kosten geltend gemacht werden. Dazu zählen nicht fiktive Kosten oder die Ersparnis der Krankenkasse. Diese können nicht über den allgemeinen sozialrechtlichen Herstellungsanspruch geltend gemacht werden (BSG NZS 2007, 84, 86).

12

2. Pflichtwidriges/rechtswidriges Verhalten. Pflichtwidriges/rechtswidriges Verhalten **eines Sozialleistungsträgers** oder zurechenbares Verhalten eines Dritten. Teilweise wird in der Rspr. statt „Pflichtwidrigkeit" der Begriff „Rechtswidrigkeit" verwendet (vgl. dazu *Erlenkämper/Fichte*, 2007, II 7 Rn. 13 Fn. 24). Terminologisch überzeugender ist der Begriff „pflichtwidrig", weil der Anspruch an die Verletzung einer **Beratungs- oder Hinweispflicht** anknüpft, die sich aus dem Gesetz oder aufgrund eines bestehenden Sozialrechtsverhältnisses ergibt. Verhalten umfasst Tun und Unterlassen (z. B. Unterlassung eines sich nach Sachlage aufdrängenden Hinweises). **Zurechnung von pflichtwidrigem/rechtswidrigem Verhalten Dritter** ist anzunehmen, wenn eine andere Behörde vom Gesetzgeber als Funktionseinheit arbeitsteilig in das Verwaltungsverfahren eingeschaltet ist und eine notwendige Beratung nicht, nur unvollständig oder unrichtig durchführt (BSGE 51, 89 ff., 95; 58, 283, 284; 59, 190, 191; 64, 89, 94; 71, 217 ff., 218; BSG Breith 1985, 586 und 1986, 151; BSG SozR 1200 § 14 Nrn. 18, 19, 28 und 29; BSG SozR 3–1200 § 14 Nr. 22 und Nr. 24; BSG SozR 4–1200 § 14 Nr 5; *Erlenkämper/Fichte* 2007, II 7 Rn. 7). Dritter in diesem Sinne ist die Bundesagentur für Arbeit, die im Zusammenhang mit der Beratung zum Bezug von Arbeitslosengeld verpflichtet ist, einen Hinweis auf den Zusammenhang mit Leistungen der Rentenversicherung zu geben (BSG 15. 12. 1994 SozR 3–2600, § 58 Nr. 2, S. 6 f.: fehlender Hinweis auf mögliche Anrechnungszeit der Arbeits-

13

losigkeit). Dritter ist auch die Behörde, die eine Leistung gewährt, die zu einem Anspruch auf Kindergeld in einem Konkurrenzverhältnis steht, so dass sich aus der Verknüpfung für die andere Behörde eine Fürsorge- und Beratungspflicht ergibt (BSGE 51, 89 ff.; BSG Breith 1985, 586 und 1986, 151).
Ein **nicht erteilter Hinweis** auf den zuständigen Sozialleistungsträger kann dem Zuständigen zugerechnet werden z. B. fehlende Auskunft der Krankenkasse zur Zuständigkeit des Rentenversicherungsträgers (Zurechnung an die Rentenversicherung, BSG SozR 4–2600 § 4 Nr. 2). Behörden, die in eine Funktion nachgefolgt sind, müssen sich das Fehlverhalten des Behörden-Vorgängers zurechnen lassen (BSGE 58, 283; BSG 16. 12. 2004 – B 9 Vj 2/03 R – juris). Das zeitliche Nacheinander steht dem arbeitsteiligen Nebeneinander gleich. Für den Verpflichteten muss die Fehlerhaftigkeit seines Verhaltens erkennbar gewesen sein, wobei sich die Erkennbarkeit nicht nach dem Verschuldensmaßstab bestimmt, sondern nach objektiven Kriterien (*Erlenkämper/Fichte*, Sozialrecht 2007, 125 Rn. 17; BSG SozR 5070 § 10 Nr 30).

14   **3. Vorliegen eines Nachteils oder Schadens.** Vorliegen eines Nachteils oder Schadens beim Sozialleistungsberechtigten (BSG 22. 2. 1972 SozR Nr. 12 zu § 242 BGB). Schaden ist das Ausbleiben von Vorteilen oder Ansprüchen, z. B. eine an sich zustehende Leistung wird zu Unrecht nicht gewährt bzw. abgelehnt, in geringerer Höhe, von einem späteren Zeitpunkt an oder für einen kürzeren Zeitraum (*Erlenkämper/Fichte*, Sozialrecht, 2007, II 7 Rn. 5; *Reinhardt*, in Krahmer, SGB I, 2008, § 14 Rn. 20). Der Schaden kann aber auch in der rechtwidrigen Auferlegung von Pflichten bestehen.

15   **4. Schutzzweckzusammenhang.** Schutzzweckverletzung zwischen der verletzten Pflicht und dem entstandenen Nachteil / Schaden für den Betroffenen (vgl. auch BSG SozR 3–2600 § 58 Nr. 2).

15a   **5. Kausalität.** Kausalität des Verhaltens für den Eintritt des Schadens (*Kreikebohm/von Koch*, sozialrechtshandbuch 2008, § 6 Rn. 81). Die Pflichtverletzung des Leistungsträgers muss wesentliche Bedingung für den Schadenseintritt sein. Maßgebend ist die sozialrechtliche Kausallehre (BSGE 41, 126, 128; 59, 60, 67; 62, 96).

16   **6. Rechtsfolge.** Der Nachteil muss durch eine rechtmäßige Amtshandlung des Leistungsträgers ausgeglichen werden können (BSG 27. 1. 2000 SozR 3–2400 § 28 h Nr. 11). Der Anspruch ist auf **Naturalrestitution** gerichtet und nicht auf Schadensersatz in Geld (*Erlenkämper/Fichte*, Sozialrecht, 2007, II 7 Rn. 7; BSGE 55, 261, 263). Der Betroffene ist in den Rechtszustand zu versetzen, der bestehen würde, wenn der Sozialleistungsträger die ihm im Sozialrechtsverhältnis erwachsene Beratungs- und Auskunftspflicht ordnungsgemäß wahrgenommen hätte (BSG SozR 3–2400 § 28 h Nr. 11; *Funk*, DAngVers 1981, 28, 34). Das zu ersetzende Handeln muss im Gesetz nach Art, Bezeichnung, Struktur und Inhalt vorgesehen sein (BSG SozR 2600 § 58 Nr. 3). Dazu können unterschiedliche Maßnahmen nachzuholen sein, angefangen bei der ordnungsgemäßen Beratung, über die Entgegennahme von Willenserklärungen bis hin zum Erlass des Bescheids. Nachholbar sind nur solche Maßnahmen, die der Gestaltung durch die Verwaltung zugänglich sind (BSG SozR 3–2600 § 58 Nr 2). Dazu zählen nicht die persönlich durch den Betroffenen vorzunehmenden Handlungen, z. B. die Arbeitsuchend-Meldung bei der Agentur für Arbeit i. S. d. § 58 I 1 Nr. 3 SGBVI (BSGE 92, 241 = SozR 4–2600 § 58 Nr 3; SozR 3–2600 § 58 Nr 2; a. A. nun: LSG Rheinland-Pfalz, Urteil v. 28. 2. 2008 – L 1 AL 59/07, Breith 2008, 614 ff.). Weil der Anspruch Ausdruck des Rechtsstaatsprinzips ist, umfasst er keine Leistungen, auf die objektive kein Anspruch besteht, auch wenn früher diesbezüglich eine falsche Auskunft oder sogar eine Zusicherung erteilt worden ist (BSG SozR 1200 § 14 Nr. 5; BSG SozR 2200 § 1291 Nr 11; BVerfG SozR 2200 § 1304 Nr 4 – falsche Auskunft der LVA zum Wiederaufleben einer Witwenrente; BSGE 44, 114, 121; 49, 76).

III. Verjährung/Rückwirkende Leistungserbringung

17   Der Anspruch fällt nicht unter die Verjährungsregelung des § 45 SGB I, sondern unterliegt der Schranke rückwirkender Rechtsausübung: Mit Ausnahme für den Bereich des Rentenversicherungsrechts wird die Frist des § 44 Abs. 4 S. 1 SGB X analog angewandt, so dass die Sozialleistung rückwirkend nur für einen Zeitraum von bis zu vier Jahren zu erbringen ist, berechnet von dem Jahr der Entscheidung bzw. der Antragstellung (BSG, Urteil v. 27. 3. 2007 – B 13 R 58/06 R NZS 2008, 274 ff.; BSG SozR 1300 § 44 Nr. 17, 24 und 25; BSG Breith 1987, 742; BSG SozR 3–1300 § 44 Nr. 25; BSGE 87, 280 = SozR 3–1200 § 14 Nr 31; zusammenfassend BSG 27. 3. 2007 – B 13 R 58/06 R – SGb 2007, 289; zustimmend: *Erlenkämper/Fichte* Sozialrecht 2007, S. 126 Rn. 20; zur Nichtanwendbarkeit der Analogie für das Rentenversicherungsrecht wegen der insoweit lückenfreien spezialgesetzlichen Regelungen der §§ 99 SGBVI und § 44 Abs. 4 S. 1 SGB X i. V. m. § 45 SGB I: BSGE 91,1 = SozR 4–2600 § 115 Nr. 1). § 44 SGB X darf nach der Rsp. des BSG nicht zu einem Ausschluss oder einer inhaltlichen Begrenzung des Anspruchs führen (BSG Breith 1986, 47, 49; BSG SozR 3–2600 § 99 Nr 5), wenn die Mittel dieser Vorschrift für eine befriedigende Lösung nicht ausreichen (zu einer insoweit besonderen Sachverhaltskonstellation vgl. BSG Breith 1986, 47; BSG SozR 1300 § 44 Nr. 18).

IV. Sozialrechtlicher Herstellungsanspruch

Ein **sozialrechtlicher Herstellungsanspruch** kann auch **auf Grund** einer gegen **Art. 3 Abs. 1 GG** verstoßenden Ungleichbehandlung beratungsbedürftiger Personen durch die Leistungsträger begründet werden (BSG 14. 2. 2001 SozR 3–1200 § 14 Nr. 31). 18

V. Beweis

Es gelten die allgemeinen Beweislastregeln: Die Beweislast für die nicht erweislichen tatsächlichen Voraussetzungen des Anspruchs (z. B. unrichtige oder fehlerhafte Beratung oder Auskunft) trägt der sich auf den Anspruch Berufende. Liegt ein pflichtwidriges Verhalten des Sozialleistungsträgers in einem Unterlassen (z. B. unterlassene Beratung, Beratungspflicht war nicht zu erkennen), muss der Sozialleistungsträger beweisen, dass er sich pflichtgemäß verhalten hat (*Erlenkämper/Fichte*, Sozialrecht 2007, II 7 Rn. 23). 19

VI. Verhältnis zur gesetzlichen Wiedereinsetzung gem. § 27 SGB X

Der sozialrechtliche Herstellungsanspruch ist neben § 27 SGB X anwendbar (BSGE 96, 44 = SozR 4–1300 § 27 Nr 2; Abgrenzung zu BVerwG NJW 1997, 2966 = Buchholz 454.71 § 27 WoGG Nr. 2; BSG NZS 2006, 551). 20

H. Rechtsfolge: Amtshaftungsanspruch

Die Beratungspflicht ist eine drittbezogene Amtspflicht im Sinne des § 839 BGB und kann daher bei Vorliegen der übrigen Voraussetzungen des Amtshaftungsanspruchs vor den ordentlichen Gerichten geltend gemacht werden (OLG Hamm NJW 1989, 462; OLG Düsseldorf NZA-RR 1997, 33; OLG Karlsruhe FamRZ 1997, 554; BGH NVwZ 1997, 1243). Der Beweis der Pflichtverletzung und des Verschuldens obliegt nach den allgemeinen Regeln zur Darlegungs- und Beweislast dem Verletzten, weshalb der Anspruch häufig scheitert (Rn. 11). Allerdings bejaht kommt gerade die jüngere Rspr., u. a. durch Ausschöpfung der Möglichkeiten richterlicher Beweiswürdigung, zu einem **Amtshaftungsanspruch** (ThürOLG, Beschl. v. 11. 6. 2009, 4 U 121/09 [BA]; OLG Hamm, Urt. v. 5. 6. 2009, 11 U 193/08, Rd L 2010, 128 [Krankenkasse]; LG Essen, Urt. v. 25. 1. 2007 – 4 O 586/03 – ASR 2008, 115 [BA]; LG Wiesbaden, Urt. v. 11. 5. 2006 – 2 O 278/05 – ASR 2008, 117 [Krankenkasse]). 21

§ 15 Auskunft

(1) **Die nach Landesrecht zuständigen Stellen, die Träger der gesetzlichen Krankenversicherung und der sozialen Pflegeversicherung sind verpflichtet, über alle sozialen Angelegenheiten nach diesem Gesetzbuch Auskünfte zu erteilen.**

(2) **Die Auskunftspflicht erstreckt sich auf die Benennung der für die Sozialleistungen zuständigen Leistungsträger sowie auf alle Sach- und Rechtsfragen, die für die Auskunftsuchenden von Bedeutung sein können und zu deren Beantwortung die Auskunftsstelle imstande ist.**

(3) **Die Auskunftsstellen sind verpflichtet, untereinander und mit den anderen Leistungsträgern mit dem Ziel zusammenzuarbeiten, eine möglichst umfassende Auskunftserteilung durch eine Stelle sicherzustellen.**

(4) **Die Träger der gesetzlichen Rentenversicherung können über Möglichkeiten zum Aufbau einer nach § 10a oder Abschnitt XI des Einkommensteuergesetzes geförderten zusätzlichen Altersvorsorge Auskünfte erteilen, soweit sie dazu im Stande sind.**

A. Normzweck, Rechtsnatur und Verhältnis zu anderen Vorschriften

I. Normzweck

Die Auskunft soll den Einzelnen möglichst schnell zu den zuständigen Leistungsträgern verweisen, um den Weg zur sachgemäßen Beratung zu verkürzen (*Kreikebohm/von Koch*, in: von Maydell/Ruland/Becker, Sozialrechtshandbuch, 2008, § 6 Rn. 24, 25). Die Vorschrift dient der Sicherstellung der möglichst weitgehenden Verwirklichung der sozialen Rechte (§ 2 Abs. 2 SGB I). Sie gewährt dem Einzelnen einen Rechtsanspruch auf Auskunft (vgl. *Lilge*, in Lilge, SGB I, Stand: April 2007, § 15 Anm 4a; *Trenk-Hinterberger*, in Giese/Krahmer, SGB I und X, Juni 2007, § 15 Rn. 5;). Der Anspruch ergibt sich aus dem Regelungszusammenhang und dem Zweck der Vorschrift (*Seewald*, in 1

Kasseler Kommentar, April 2008, SGB I § 15 Rn. 5; *Kreikebohm/von Koch*, Sozialrechtshandbuch, 2008, § 6 Rn. 26).

II. Rechtsnatur

2   Die Auskunft ist mangels Regelungswirkung kein Verwaltungsakt, sondern eine unverbindliche Wissenserklärung (Reinhardt, in Krahmer, SGB I, 2008, § 15 Rn. 10; Seewald, in Kasseler Kommentar, April 2008, SGB I § 15 Rn. 12). Der Anspruch kann im Rahmen der allgemeinen Leistungsklage vor den Verwaltungsgerichten geltend gemacht werden (vgl. § 14 Rn. 10).

III. Verhältnis zu anderen Vorschriften

3   Bereichsspezifische Hinweis- und Auskunftspflichten bestehen vor allem für Träger der Rentenversicherung: § 109 Abs. 1 und 2 SGB VI – Auskunft über Rentenanwartschaften, § 76 a SGB VI – Auskunft zur Erhöhungsmöglichkeit der Entgeltpunkte, § 109 Abs. 3 SGB VI – Auskunft für während der Ehezeit erhaltene Rentenanwartschaften, § 109 Abs. 2 SGB VI Berechnung der Rentenanwartschaft, § 109 Abs. 3 SGB VI – jährliche Renteninformation; § 109 a SGB VI, §§ 41 ff. SGB XII. Der allgemeinen Auskunftspflicht geht die Hinweispflicht des § 115 Abs. 6 SGB VI als Sonderfall der sog. Spontanberatung vor (SozR 3–2600 § 115 Nr. 9; vgl. zu dieser Pflicht auch *Furtner*, NZS 2000, 498 ff.).

B. Abgrenzung und Verpflichtete

I. Abgrenzung

4   Zur Aufklärung vgl. § 13 Rn. 12. Zur Beratung (= Information über Einzelheiten aufgrund eines konkreten Beratungsbegehrens), vgl. § 14 Rn. 2. Soweit Auskunft über Sach- und Rechtsfragen ersucht wird, ist eine trennscharfe Abgrenzung zur Beratung nicht möglich, weil sich beide in diesem Bereich überschneiden.

II. Verpflichtete

5   1. **„nach Landesrecht zuständigen Stellen".** Zu den **„nach Landesrecht zuständigen Stellen"** zählen die Landkreise, die kreisfreien Städte, die Gemeinden sowie die Bezirksämter in den Stadtstaaten.

6   2. **Träger der gesetzlichen Krankenversicherung und der sozialen Pflegeversicherung.** Weiterhin verpflichtet sind **die Träger der gesetzlichen Krankenversicherung** (insb. Die Krankenkassen) und **der sozialen Pflegeversicherung** (Pflegekassen). Zu den Verpflichteten gehören auch die Versicherungsämter. Sie dürfen sich nicht auf die Position als „weiterleitende Stelle" i. S. v. § 16 Abs. 2 S. 1 SGB I zurückziehen, sondern haben die Pflicht zur Beratung in Sozialversicherungsangelegenheiten (BSG SozR 3–5910 § 91 a Nr. 7).

C. Auskunft

7   Auskunft setzt einen entsprechenden Informationsbedarf voraus, der für die Leistungsträger offen zu Tage treten muss (BSG SozR 2200 § 1324 Nr. 3; BSG SozR 3–1200 § 14 Nr. 12 und 15; BSG 16. 9. 1998 – B 11 AL 17/98 R). Es besteht kein Anspruch auf Spontanauskunft, weil die Auskunftsstellen nicht zuständige Leistungsträger sind (allgemeine Ansicht, vgl. *Bley*, in Gesamtkommentar, Buch I, § 15 Anm. 4a; *Lilge*, in Lilge, SGB I, § 15 Anm. 4a). Die Auskunft umfasst die Benennung der für die Sozialleistung zuständigen Leistungsträger (**Abs. 1**) sowie alle Sach- und Rechtsfragen, die für die Auskunftssuchenden von Bedeutung sein können und zu deren Beantwortung deren Beantwortung die Auskunftsstelle imstande ist (**Abs. 2**). Gegenstand sind nur die Gewährleistung der sozialen Rechte nach dem SGB, nicht jedoch auf außerhalb des SGB existierende Sicherungssysteme anderer Art (beamtenrechtliches Versorgungs- und Beihilferecht, BSG SozR 4–1200 § 46 Nr 1). Es besteht kein Formzwang: Auskunft kann mündlich und schriftlich erteilt werden (*Reinhardt*, in Krahmer, SGB I, 2008, § 15 Rn. 11; *Trenk-Hinterberger*, in Giese/Krahmer, SGB I, § 15 Rn. 11)

D. Rechtsfolge bei fehlerhafter Auskunft

8   Amtshaftungsanspruch gem. § 839 BGB i. V. m. Art. 24 GG (*Reinhardt*, in Krahmer, SGB I 2008, § 15 Rn. 12; *Trenk-Hinterberger*, in Giese/Krahmer, SGB I, § 15 Rn. 12). Ein sozialrechtlicher Herstellungsanspruch ist möglich (Reinhardt, in Krahmer, SGB I, § 15 Rn. 12.; *Trenk-Hinterberger*, in

Giese/Krahmer, SGB I, § 15 Rn. 12; a. M. *Erlenkämper/Fichte*, Sozialrecht 2007, III 8 Rn. 28), gleichwohl wird er zumeist ausscheiden, weil der Rechtsträger der Auskunftsstelle in der Regel mangels Zuständigkeit nicht zur Vornahme der im Gesetz vorgesehenen Handlung in der Lage ist, um den Nachteil/Schaden zu beheben (so zu Recht *Trenk-Hinterberger*, in Giese/Krahmer, SGB I, § 15 Rn. 12).

E. Absatz 3

Absatz 3 enthält die Verpflichtung zur Zusammenarbeit der Auskunftsstellen untereinander sowie mit den Leistungsträgern. Möglichkeiten der Zusammenarbeit sind gegenseitige Mitteilungen, gegenseitiges Aufsuchen, Abhaltung gemeinsamer Sprechtage und Einrichtung gemeinsamer Auskunftsstellen (BT-Drucks. 7/868, S. 25). Eine Spezialregelung findet sich etwa in § 31 Abs. 2 SGB XI. 9

F. Nicht verpflichtet nach Abs. 4

Nicht verpflichtet zur Auskunft sind nach **Abs. 4** die Träger der gesetzlichen Rentenversicherung. Es steht in ihrem Ermessen („können"), über Möglichkeiten zum Aufbau einer nach § 10 a oder Abschnitt XI des Einkommensteuergesetzes (§§ 79 ff. EStG) geförderten zusätzlichen Altersvorsorge Auskünfte zu erteilen, soweit sie dazu im Stande sind. **Inhalt dieser Auskunft**: grundsätzlich alle Regelungen des § 10 a und der §§ 79 ff. EStG, soweit sie nicht spezielle steuerrechtliche Sachverhalte betreffen. „**Zusätzliche Altersvorsorge**" erfasst die betriebliche und die private Altersvorsorge (Bsp.: „Riester-Rente" und „Rürup-Rente", §§ 10 a, 79–99 EStG). 10

§ 16 Antragstellung

(1) ¹Anträge auf Sozialleistungen sind beim zuständigen Leistungsträger zu stellen. ²Sie werden auch von allen anderen Leistungsträgern, von allen Gemeinden und bei Personen, die sich im Ausland aufhalten, auch von den amtlichen Vertretungen der Bundesrepublik Deutschland im Ausland entgegengenommen.

(2) ¹Anträge, die bei einem unzuständigen Leistungsträger, bei einer für die Sozialleistung nicht zuständigen Gemeinde oder bei einer amtlichen Vertretung der Bundesrepublik Deutschland im Ausland gestellt werden, sind unverzüglich an den zuständigen Leistungsträger weiterzuleiten. ²Ist die Sozialleistung von einem Antrag abhängig, gilt der Antrag als zu dem Zeitpunkt gestellt, in dem er bei einer der in Satz 1 genannten Stellen eingegangen ist.

(3) Die Leistungsträger sind verpflichtet, darauf hinzuwirken, daß unverzüglich klare und sachdienliche Anträge gestellt und unvollständige Angaben ergänzt werden.

§ 17 Ausführung der Sozialleistungen

(1) Die Leistungsträger sind verpflichtet, darauf hinzuwirken, daß
1. jeder Berechtigte die ihm zustehenden Sozialleistungen in zeitgemäßer Weise, umfassend und zügig erhält,
2. die zur Ausführung von Sozialleistungen erforderlichen sozialen Dienste und Einrichtungen rechtzeitig und ausreichend zur Verfügung stehen,
3. der Zugang zu den Sozialleistungen möglichst einfach gestaltet wird, insbesondere durch Verwendung allgemein verständlicher Antragsvordrucke und
4. ihre Verwaltungs- und Dienstgebäude frei von Zugangs- und Kommunikationsbarrieren sind und Sozialleistungen in barrierefreien Räumen und Anlagen ausgeführt werden.

(2) ¹Hörbehinderte Menschen haben das Recht, bei der Ausführung von Sozialleistungen, insbesondere auch bei ärztlichen Untersuchungen und Behandlungen, Gebärdensprache zu verwenden. ²Die für die Sozialleistung zuständigen Leistungsträger sind verpflichtet, die durch die Verwendung der Gebärdensprache und anderer Kommunikationshilfen entstehenden Kosten zu tragen; § 19 Abs. 2 Satz 4 des Zehnten Buches gilt entsprechend.

(3) ¹In der Zusammenarbeit mit gemeinnützigen und freien Einrichtungen und Organisationen wirken die Leistungsträger darauf hin, daß sich ihre Tätigkeit und die der genannten Einrichtungen und Organisationen zum Wohl der Leistungsempfänger wirksam ergänzen. ²Sie haben dabei deren Selbständigkeit in Zielsetzung und Durchführung ihrer Aufgaben zu achten. ³Die Nachprüfung zweckentsprechender Verwendung bei der Inanspruchnahme öffentlicher Mittel bleibt unberührt. ⁴Im übrigen ergibt sich ihr Verhältnis zueinander aus den besonderen Teilen dieses Gesetzbuchs; § 97 Abs. 1 Satz 1 bis 4 und Abs. 2 des Zehnten Buches findet keine Anwendung.

Zweiter Titel. Einzelne Sozialleistungen und zuständige Leistungsträger

§ 18 Leistungen der Ausbildungsförderung

(1) Nach dem Recht der Ausbildungsförderung können Zuschüsse und Darlehen für den Lebensunterhalt und die Ausbildung in Anspruch genommen werden.

(2) Zuständig sind die Ämter und die Landesämter für Ausbildungsförderung nach Maßgabe der §§ 39, 40, 40a und 45 des Bundesausbildungsförderungsgesetzes.

§ 19 Leistungen der Arbeitsförderung

(1) Nach dem Recht der Arbeitsförderung können in Anspruch genommen werden:
1. Berufsberatung und Arbeitsmarktberatung,
2. Ausbildungsvermittlung und Arbeitsvermittlung,
3. Leistungen zur
   a) Vermittlungsunterstützung,
   b) *(aufgehoben)*
   c) Förderung der Aufnahme einer Beschäftigung und einer selbständigen Tätigkeit,
   d) Förderung der Berufsausbildung und der beruflichen Weiterbildung,
   e) Förderung der Teilhabe behinderter Menschen am Arbeitsleben,
   f) Eingliederung von Arbeitnehmern,
   g) Förderung der Teilnahme an Transfermaßnahmen und Arbeitsbeschaffungsmaßnahmen,
4. Wintergeld in Betrieben des Baugewerbes und in Betrieben solcher Wirtschaftszweige, die von saisonbedingtem Arbeitsausfall betroffen sind,
5. als Entgeltersatzleistungen Arbeitslosengeld, Teilarbeitslosengeld, Übergangsgeld, Kurzarbeitergeld und Insolvenzgeld.

(2) Zuständig sind die Agenturen für Arbeit und die sonstigen Dienststellen der Bundesagentur für Arbeit.

§ 19a Leistungen der Grundsicherung für Arbeitsuchende

(1) Nach dem Recht der Grundsicherung für Arbeitsuchende können in Anspruch genommen werden
1. Leistungen zur Eingliederung in Arbeit,
2. Leistungen zur Sicherung des Lebensunterhalts.

(2) ¹Zuständig sind die Agenturen für Arbeit und die sonstigen Dienststellen der Bundesagentur für Arbeit, sowie die kreisfreien Städte und Kreise, soweit durch Landesrecht nicht andere Träger bestimmt sind. ²In den Fällen des § 6a des Zweiten Buches ist abweichend von Satz 1 der zugelassene kommunale Träger zuständig.

§ 19b Leistungen bei gleitendem Übergang älterer Arbeitnehmer in den Ruhestand

(1) Nach dem Recht der Förderung eines gleitenden Übergangs älterer Arbeitnehmer in den Ruhestand können in Anspruch genommen werden:
1. Erstattung der Beiträge zur Höherversicherung in der gesetzlichen Rentenversicherung und der nicht auf das Arbeitsentgelt entfallenden Beiträge zur gesetzlichen Rentenversicherung für ältere Arbeitnehmer, die ihre Arbeitszeit verkürzt haben.
2. Erstattung der Aufstockungsbeträge zum Arbeitsentgelt für die Altersteilzeitarbeit.

(2) Zuständig sind die Agenturen für Arbeit und die sonstigen Dienststellen der Bundesagentur für Arbeit.

§ 20 *(aufgehoben)*

§ 21 Leistungen der gesetzlichen Krankenversicherung

(1) Nach dem Recht der gesetzlichen Krankenversicherung können in Anspruch genommen werden:
1. Leistungen zur Förderung der Gesundheit, zur Verhütung und zur Früherkennung von Krankheiten,

2. bei Krankheit Krankenbehandlung, insbesondere
   a) ärztliche und zahnärztliche Behandlung,
   b) Versorgung mit Arznei-, Verband-, Heil- und Hilfsmitteln,
   c) häusliche Krankenpflege und Haushaltshilfe,
   d) Krankenhausbehandlung,
   e) medizinische und ergänzende Leistungen zur Rehabilitation,
   f) Betriebshilfe für Landwirte,
   g) Krankengeld,
3. bei Schwangerschaft und Mutterschaft ärztliche Betreuung, Hebammenhilfe, stationäre Entbindung, häusliche Pflege, Haushaltshilfe, Betriebshilfe für Landwirte, Mutterschaftsgeld,
4. Hilfe zur Familienplanung und Leistungen bei durch Krankheit erforderlicher Sterilisation und bei nicht rechtswidrigem Schwangerschaftsabbruch.

(2) Zuständig sind die Orts-, Betriebs- und Innungskrankenkassen, die landwirtschaftlichen Krankenkassen, die Deutsche Rentenversicherung Knappschaft-Bahn-See und die Ersatzkassen.

§ 21 a Leistungen der sozialen Pflegeversicherung

(1) Nach dem Recht der sozialen Pflegeversicherung können in Anspruch genommen werden:
1. Leistungen bei häuslicher Pflege:
   a) Pflegesachleistung,
   b) Pflegegeld für selbst beschaffte Pflegehilfen,
   c) häusliche Pflege bei Verhinderung der Pflegeperson,
   d) Pflegehilfsmittel und technische Hilfen,
2. teilstationäre Pflege und Kurzzeitpflege,
3. Leistungen für Pflegepersonen, insbesondere
   a) soziale Sicherung und
   b) Pflegekurse,
4. vollstationäre Pflege.

(2) Zuständig sind die bei den Krankenkassen errichteten Pflegekassen.

§ 21 b Leistungen bei Schwangerschaftsabbrüchen

(1) Nach dem Fünften Abschnitt des Schwangerschaftskonfliktgesetzes können bei einem nicht rechtswidrigen oder unter den Voraussetzungen des § 218 a Abs. 1 des Strafgesetzbuches vorgenommenen Abbruch einer Schwangerschaft Leistungen in Anspruch genommen werden.

(2) Zuständig sind die Orts-, Betriebs- und Innungskrankenkassen, die landwirtschaftliche Krankenkasse, die Deutsche Rentenversicherung Knappschaft-Bahn-See und die Ersatzkassen.

§ 22 Leistungen der gesetzlichen Unfallversicherung

(1) Nach dem Recht der gesetzlichen Unfallversicherung können in Anspruch genommen werden:
1. Maßnahmen zur Verhütung von Arbeitsunfällen, Berufskrankheiten und arbeitsbedingten Gesundheitsgefahren und zur Ersten Hilfe sowie Maßnahmen zur Früherkennung von Berufskrankheiten und arbeitsbedingten Gesundheitsgefahren,
2. Heilbehandlung, Leistungen zur Teilhabe am Arbeitsleben und andere Leistungen zur Erhaltung, Besserung und Wiederherstellung der Erwerbsfähigkeit sowie zur Erleichterung der Verletzungsfolgen einschließlich wirtschaftlicher Hilfen,
3. Renten wegen Minderung der Erwerbsfähigkeit,
4. Renten an Hinterbliebene, Sterbegeld und Beihilfen,
5. Rentenabfindungen,
6. Haushaltshilfe,
7. Betriebshilfe für Landwirte.

(2) Zuständig sind die gewerblichen und die landwirtschaftlichen Berufsgenossenschaften, die Gemeindeunfallversicherungsverbände, die Feuerwehr-Unfallkassen, die Eisenbahn-Unfallkasse, die Unfallkasse Post und Telekom, die Unfallkassen der Länder und Gemeinden, die gemeinsamen Unfallkassen für den Landes- und kommunalen Bereich und die Unfallkasse des Bundes.

§ 23 Leistungen der gesetzlichen Rentenversicherung einschließlich der Alterssicherung der Landwirte

(1) Nach dem Recht der gesetzlichen Rentenversicherung einschließlich der Alterssicherung der Landwirte können in Anspruch genommen werden:
1. in der gesetzlichen Rentenversicherung:
   a) Heilbehandlung, Leistungen zur Teilhabe am Arbeitsleben und andere Leistungen zur Erhaltung, Besserung und Wiederherstellung der Erwerbsfähigkeit einschließlich wirtschaftlicher Hilfen,
   b) Renten wegen Alters, Renten wegen verminderter Erwerbsfähigkeit und Knappschaftsausgleichsleistung,
   c) Renten wegen Todes,
   d) Witwen- und Witwerrentenabfindungen sowie Beitragserstattungen,
   e) Zuschüsse zu den Aufwendungen für die Krankenversicherung,
   f) Leistungen für Kindererziehung,
2. in der Alterssicherung für Landwirte:
   a) Heilbehandlung und andere Leistungen zur Erhaltung, Besserung und Wiederherstellung der Erwerbsfähigkeit einschließlich Betriebs- oder Haushaltshilfe,
   b) Renten wegen Erwerbsminderung und Alters,
   c) Renten wegen Todes,
   d) Beitragszuschüsse,
   e) Betriebs- und Haushaltshilfe oder sonstige Leistungen zur Aufrechterhaltung des Unternehmens der Landwirtschaft.

(2) Zuständig sind
1. in der allgemeinen Rentenversicherung die Regionalträger, die Deutsche Rentenversicherung Bund und die Deutsche Rentenversicherung Knappschaft-Bahn-See,
2. in der knappschaftlichen Rentenversicherung die Deutsche Rentenversicherung Knappschaft-Bahn-See,
3. in der Alterssicherung der Landwirte die landwirtschaftlichen Alterskassen.

§ 24 Versorgungsleistungen bei Gesundheitsschäden

(1) Nach dem Recht der sozialen Entschädigung bei Gesundheitsschäden können in Anspruch genommen werden:
1. Heil- und Krankenbehandlung sowie andere Leistungen zur Erhaltung, Besserung und Wiederherstellung der Leistungsfähigkeit einschließlich wirtschaftlicher Hilfen,
2. besondere Hilfen im Einzelfall einschließlich Leistungen zur Teilhabe am Arbeitsleben,
3. Renten wegen anerkannten Schädigungsfolgen,
4. Renten an Hinterbliebene, Bestattungsgeld und Sterbegeld,
5. Kapitalabfindung, insbesondere zur Wohnraumbeschaffung.

(2) ¹Zuständig sind die Versorgungsämter, die Landesversorgungsämter und die orthopädischen Versorgungsstellen, für die besonderen Hilfen im Einzelfall die Kreise und kreisfreien Städte sowie die Hauptfürsorgestellen. ²Bei der Durchführung der Heil- und Krankenbehandlung wirken die Träger der gesetzlichen Krankenversicherung mit.

§ 25 Kindergeld, Kinderzuschlag, Leistungen für Bildung und Teilhabe, Erziehungsgeld und Elterngeld

(1) ¹Nach dem Bundeskindergeldgesetz kann nur dann Kindergeld in Anspruch genommen werden, wenn nicht der Familienleistungsausgleich nach § 31 des Einkommensteuergesetzes zur Anwendung kommt. ²Nach dem Bundeskindergeldgesetz können auch der Kinderzuschlag und Leistungen für Bildung und Teilhabe in Anspruch genommen werden.

(2) ¹Nach dem Recht des Erziehungsgeldes kann grundsätzlich für jedes Kind Erziehungsgeld in Anspruch genommen werden. ²Anspruch auf Elterngeld besteht nach dem Recht des Bundeselterngeld- und Elternzeitgesetzes.

(3) Für die Ausführung des Absatzes 1 sind die nach § 7 des Bundeskindergeldgesetzes bestimmten Stellen, für die Ausführung des Absatzes 2 Satz 1 die nach § 10 des Bundeserziehungsgeldgesetzes bestimmten Stellen und für die Ausführung des Absatzes 2 Satz 2 die nach § 12 des Bundeselterngeld- und Elternzeitgesetzes bestimmten Stellen zuständig.

§ 26 Wohngeld

(1) Nach dem Wohngeldrecht kann als Zuschuß zur Miete oder als Zuschuß zu den Aufwendungen für den eigengenutzten Wohnraum Wohngeld in Anspruch genommen werden.

(2) Zuständig sind die durch Landesrecht bestimmten Behörden.

§ 27 Leistungen der Kinder- und Jugendhilfe

(1) Nach dem Recht der Kinder- und Jugendhilfe können in Anspruch genommen werden:
1. Angebote der Jugendarbeit, der Jugendsozialarbeit und des erzieherischen Jugendschutzes,
2. Angebote zur Förderung der Erziehung in der Familie,
3. Angebote zur Förderung von Kindern in Tageseinrichtungen und in Tagespflege,
4. Hilfe zur Erziehung, Eingliederungshilfe für seelisch behinderteKinder und Jugendliche sowie Hilfe für junge Volljährige.

(2) Zuständig sind die Kreise und die kreisfreien Städte, nach Maßgabe des Landesrechts auch kreisangehörige Gemeinden; sie arbeiten mit der freien Jugendhilfe zusammen.

§ 28 Leistungen der Sozialhilfe

(1) Nach dem Recht der Sozialhilfe können in Anspruch genommen werden:
1. Hilfe zum Lebensunterhalt,
1a. Grundsicherung im Alter und bei Erwerbsminderung,
2. Hilfen zur Gesundheit,
3. Eingliederungshilfe für behinderte Menschen,
4. Hilfe zur Pflege,
5. Hilfe zur Überwindung besonderer sozialer Schwierigkeiten,
6. Hilfe in anderen Lebenslagen
sowie die jeweils gebotene Beratung und Unterstützung.

(2) Zuständig sind die Kreise und kreisfreien Städte, die überörtlichen Träger der Sozialhilfe und für besondere Aufgaben die Gesundheitsämter; sie arbeiten mit den Trägern der freien Wohlfahrtspflege zusammen.

§ 28a *(aufgehoben)*

§ 29 Leistungen zur Rehabilitation und Teilhabe behinderter Menschen

(1) Nach dem Recht der Rehabilitation und Teilhabe behinderter Menschen können in Anspruch genommen werden
1. Leistungen zur medizinischen Rehabilitation, insbesondere
   a) Frühförderung behinderter und von Behinderung bedrohter Kinder,
   b) ärztliche und zahnärztliche Behandlung,
   c) Arznei- und Verbandmittel sowie Heilmittel einschließlich physikalischer, Sprach- und Beschäftigungstherapie,
   d) Körperersatzstücke, orthopädische und andere Hilfsmittel,
   e) Belastungserprobung und Arbeitstherapie,
2. Leistungen zur Teilhabe am Arbeitsleben, insbesondere
   a) Hilfen zum Erhalten oder Erlangen eines Arbeitsplatzes,
   b) Berufsvorbereitung, berufliche Anpassung, Ausbildung und Weiterbildung,
   c) sonstige Hilfen zur Förderung der Teilhabe am Arbeitsleben,
3. Leistungen zur Teilhabe am Leben in der Gemeinschaft, insbesondere Hilfen
   a) zur Entwicklung der geistigen und körperlichen Fähigkeiten vor Beginn der Schulpflicht,
   b) zur angemessenen Schulbildung,
   c) zur heilpädagogischen Förderung,
   d) zum Erwerb praktischer Kenntnisse und Fähigkeiten,
   e) zur Ausübung einer angemessenen Tätigkeit, soweit Leistungen zur Teilhabe am Arbeitsleben nicht möglich sind,
   f) zur Förderung der Verständigung mit der Umwelt,
   g) zur Freizeitgestaltung und sonstigen Teilhabe am gesellschaftlichen Leben,

4. unterhaltssichernde und andere ergänzende Leistungen, insbesondere
   a) Krankengeld, Versorgungskrankengeld, Verletztengeld, Übergangsgeld, Ausbildungsgeld oder Unterhaltsbeihilfe,
   b) Beiträge zur gesetzlichen Kranken-, Unfall-, Renten- und Pflegeversicherung sowie zur Bundesagentur für Arbeit,
   c) Reisekosten,
   d) Haushalts- oder Betriebshilfe und Kinderbetreuungskosten,
   e) Rehabilitationssport und Funktionstraining,
5. besondere Leistungen und sonstige Hilfen zur Teilhabe schwerbehinderter Menschen am Leben in der Gesellschaft, insbesondere am Arbeitsleben.

(2) Zuständig sind die in den §§ 19 bis 24, 27 und 28 genannten Leistungsträger und die Integrationsämter.

Dritter Abschnitt. Gemeinsame Vorschriften für alle Sozialleistungsbereiche dieses Gesetzbuchs

Erster Titel. Allgemeine Grundsätze

§ 30 Geltungsbereich

(1) **Die Vorschriften dieses Gesetzbuchs gelten für alle Personen, die ihren Wohnsitz oder gewöhnlichen Aufenthalt in seinem Geltungsbereich haben.**

(2) **Regelungen des über- und zwischenstaatlichen Rechts bleiben unberührt.**

(3) ¹Einen Wohnsitz hat jemand dort, wo er eine Wohnung unter Umständen innehat, die darauf schließen lassen, daß er die Wohnung beibehalten und benutzen wird. ²Den gewöhnlichen Aufenthalt hat jemand dort, wo er sich unter Umständen aufhält, die erkennen lassen, daß er an diesem Ort oder in diesem Gebiet nicht nur vorübergehend verweilt.

A. Normzweck

1 Die Regelung ist ein wesentliches Element des deutschen internationalen Sozialrechts. Dabei werden unter internationalem Sozialrecht diejenigen Rechtssätze verstanden, die Sachverhalte mit Auslandsberührung im Bereich des Sozialrechts regeln (GK-SGB I/v. Maydell § 30 Rn. 9). Teil des internationalen Sozialrechts sind kollisionsrechtliche Regelungen, die insbesondere bei Sachverhalten mit Auslandsberührung die anzuwendende Rechtsordnung bestimmen. Um eine solche Regelung handelt es sich bei § 30 Abs. 1. Dort wird der Grundsatz statuiert, dass das deutsche Sozialrecht in Gestalt des SGB für alle Personen gilt, die im räumlichen Geltungsbereich des SGB, also im Gebiet der Bundesrepublik Deutschland, ihren Wohnsitz oder gewöhnlichem Aufenthalt haben. Damit wird zugleich zum Ausdruck gebracht, dass es in der Regel nicht auf die Staatsangehörigkeit ankommen soll (BT-Drs. 7/868 S. 27). Abs. 2 stellt klar, dass Regelungen des über- und zwischenstaatlichen Rechts unberührt bleiben. Abs. 3 liefert Definitionen der Begriffe des Wohnsitzes und des gewöhnlichen Aufenthalts. Die Begriffsbestimmungen lehnen sich an die §§ 8 und 9 AO an und sind so ausgestaltet, dass die Anwendbarkeit sozialrechtlicher Regeln davon abhängt, ob jemand tatsächlich in Deutschland lebt. Auf diese Weise soll bei Sozialleistungen, deren Gewährung von einem inländischen Wohnsitz abhängig ist, ein Missbrauch durch eine nur formale Begründung des Wohnsitzes ausgeschlossen werden (BT-Drs. 7/3786 S. 4). Die Legaldefinitionen in Abs. 3 sind jedoch nicht lediglich für Abs. 1 von Bedeutung, sondern auch für sonstige Vorschriften des SGB, die diese Begriffe verwenden (BT-Drs. 7/3786 S. 5).

B. Der Wohnsitzgrundsatz

I. Gehalt und Tragweite des Wohnsitzgrundsatzes

2 Die Vorschriften des Sozialgesetzbuchs gelten im Grundsatz für Personen, die in Deutschland wohnen oder sich in Deutschland gewöhnlich aufhalten. Dabei ist in erster Linie an natürliche Personen gedacht. Das SGB kann aber auch für juristische Personen von Bedeutung sein; insoweit ist auf den Sitz abzustellen. Der Wohnsitzgrundsatz wird allerdings durch zahlreiche abweichende Vorschriften modifiziert oder verdrängt (vgl. auch §§ 37 S. 1 u. 68). In manchen Fällen wird der Anknüpfungs-

punkt des Wohnsitzes oder des gewöhnlichen Aufenthalts durch einen gänzlich anderen ersetzt, insbesondere durch denjenigen des Beschäftigungsortes; andere Vorschriften machen die Anwendbarkeit sozialrechtlicher Rechte oder Pflichten von zusätzlichen Kriterien abhängig, die zum Wohnsitz oder gewöhnlichen Aufenthalt im Inland hinzutreten (näher Rn. 7 ff.).

Wenn allerdings sonstige Vorschriften des SGB die Begriffe des Wohnsitzes oder des gewöhnlichen Aufenthaltes verwenden, sind sie einheitlich im Sinne der Definition in Abs. 3 zu verstehen. Dies wird in der Rechtsprechung des BSG teilweise anderes gesehen (für eine bereichsspezifische Deutung [sog. Einfärbungslehre]: z. B. BSG 27. 9. 1990 – 4 REg 30/89 – E 67, 243 –; anders aber BSG 23. 2. 1988 – 10 RKg 17/87 – E 63, 47 betr. BKiGG a. F.; 18. 2. 1998 – B 5 RJ 12/97 R – E 82, 23 betr. Anrechnung von Kindererziehungszeiten; KassKomm/Seewald § 30 SGB I Rn. 12; vgl. auch die §§ 1–10, Rn. 22). 3

II. Begriff des Wohnsitzes (Abs. 3 S. 1)

Seinen Wohnsitz hat jemand nach der Legaldefinition des Abs. 3 S. 1 „dort", d. h., in der politischen Gemeinde (vgl. Palandt/Ellenberger § 7 Rn. 1), wo er eine Wohnung unter Umständen innehat, die darauf schließen lassen, dass er die Wohnung beibehalten und nutzen wird. Erforderlich ist also, dass jemand Wohnräume – allein oder mit anderen – innehat und tatsächlich als Lebensmittelpunkt nutzt. Dies muss im maßgeblichen Zeitpunkt der Fall sein; überdies müssen die Umstände die Prognose erlauben, dass die Wohnung auch dauerhaft (vgl. insoweit Abs. 3 S. 2: „nicht nur vorübergehend") weiterhin verfügbar sein und genutzt werden wird. Nicht entscheidend ist der Wille, an einem Ort einen Wohnsitz zu begründen; ausschlaggebend sind vielmehr die tatsächlichen Gegebenheiten (anders § 7 BGB). Wegen dieser objektiven Betrachtungsweise ist es ohne Bedeutung, wo jemand polizeilich gemeldet ist; Minderjährige können auch ohne den Willen ihres gesetzlichen Vertreters selbstständig einen Wohnsitz begründen; sozialrechtliche Handlungsfähigkeit (§ 36) ist nicht erforderlich (anders § 8 BGB; vgl. BSG 17. 12. 1981 – 10 RKg 12/81 – E 53, 49, 52). 4

Bei nicht zu langem Auslandsaufenthalt ist der Inlandswohnsitz nicht aufgegeben, wenn die Wohnung jederzeit zur Benutzung zur Verfügung steht, der Berechtigte nicht die Absicht hat, sich auf unabsehbare Zeit im Ausland aufzuhalten, und seiner Rückkehr keine tatsächlichen Hindernisse entgegenstehen (BSG 26. 7. 1979 – 8b RKg 12/78 – SozR 5870 § 1 Nr. 4 betr. zweijährigen Auslandsaufenthalt; strenger bei Auslandsaufenthalten von mehr als einem Jahr: BSG 28. 5. 1997 – 14 RKg 14/94 – SozR 3–5870 § 2 Nr. 36: zusätzliche Indizien erforderlich; für Zweijahresfrist in Anlehnung an Art. 12 VO [EG] 883/2000 überzeugend jurisPK-SGB I/Schlegel § 30 Rn. 47). Denkbar ist auch, dass sowohl im Ausland wie in Deutschland ein Wohnsitz besteht; wird eine Zweitwohnung in Deutschland jedoch nur gelegentlich besucht, wird auf diese Weise kein Wohnsitz in Deutschland begründet (BSG 24. 6. 1998 – B 14 KG 2/98 R – SozR 3–5870 § 2 Nr. 40). 5

III. Begriff des gewöhnlichen Aufenthalts (Abs. 3 S. 2)

Hat jemand keinen Wohnsitz in Deutschland, hängt die Anwendbarkeit des Sozialgesetzbuchs davon ab, dass zumindest ein gewöhnlicher Aufenthalt in Deutschland vorhanden ist. Den gewöhnlichen Aufenthalt hat jemand nach der Legaldefinition in Abs. 3 S. 2 dort, wo er sich unter Umständen aufhält, die erkennen lassen, dass er an diesem Ort oder in diesem Gebiet nicht nur vorübergehend verweilt. Insoweit ist also ein tatsächliches Verweilen an einem bestimmten Ort oder in einem bestimmten Gebiet erforderlich, wobei die Umstände die Prognose gestatten müssen, dass dieses Verweilen von Dauer sein wird (vgl. BSG 25. 6. 1987 – 11a REg 1/87 – E 62, 67, 68 f.). Dauerhaft ist ein Aufenthalt, wenn und solange er nicht auf Beendigung angelegt und daher „zukunftsoffen" ist (BSG 27. 1. 1994 – 5 RJ 16/93 – SozR 3–2600 § 56 Nr. 7; vgl. auch BSG 3. 4. 2001 – B 4 RA 90/00 R – SozR 3–1200 § 30 Nr. 21 betr. Displaced Person). 6

C. Abweichungen vom Wohnsitzgrundsatz

Vom Wohnsitzgrundsatz des Abs. 1 wird vielfach abgewichen. Insoweit ist zum einen denkbar, dass der Grundsatz im Ausgangspunkt erhalten bleibt, aber durch zusätzliche Merkmale modifiziert wird; zum anderen kann der Wohnsitz als Anknüpfungspunkt gänzlich ersetzt werden (zur Systematik GK-SGB I/v. Maydell § 30 Rn. 46 ff. bzw. 64 ff.). Derartige Abweichungen können sich entweder aus Regelungen in den besonderen Teilen des SGB ergeben, die wegen § 37 S. 1 gegenüber der Regelung des allgemeinen Teils vorrangig sind, oder aber sie können auf Vorschriften des über- oder zwischenstaatlichen Rechts beruhen, die dem nationalen Recht vorgehen, wie es der deklaratorischen Vorschrift des Abs. 2 zu entnehmen ist. 7

I. Abweichende Regelungen des deutschen Sozialrechts

Abweichende Regeln der besonderen Teile, die den Wohnsitzgrundsatz modifizieren, sind insbesondere die folgenden: § 6 Abs. 2 SGB VIII (Anforderungen an Aufenthaltsstatus bei Ausländern); 8

§ 69 SGB IX (Inlandsbezug genügt, BSG 29. 4. 2010 – B 9 SB 2/09 R); § 1 Abs. 6 BErzGG 2006; § 1 Abs. 7 BEEG; § 1 Abs. 3 BKGG (Anforderungen an Aufenthaltsstatus bei nicht freizügigkeitsberechtigten Ausländern); § 8 BAföG (Anforderungen an Aufenthaltsstatus oder -dauer bei bestimmten Ausländergruppen). Bisweilen ist auch vorgesehen, dass Leistungen als Deutsche im Ausland erbracht werden können (§ 6 Abs. 3 SGB VIII; § 24 SGB XII; §§ 64 ff. BVG).

9   Verdrängt wird der Wohnsitzgrundsatz weithin im Sozialversicherungsrecht. Dort hängt die Anwendbarkeit der Vorschriften über Versicherungspflicht und Versicherungsberechtigung meist von der Beschäftigung oder Tätigkeit in Deutschland ab (§ 3 Abs. 1 Nr. 1 SGB IV; Ausnahmen: §§ 4 und 5 SGB IV). Der Versicherungsstatus zieht dann bei gegebenen Voraussetzungen im übrigen – auch aus verfassungsrechtlichen Gründen (BSG 7. 10. 2009 – B 11 AL 25/08 R –) – die Leistungspflicht des jeweiligen Trägers nach sich. Die Leistungspflicht kann allerdings bei Auslandsaufenthalt des Berechtigten besonderen Regeln unterliegen (z. B. §§ 16 Abs. 1 Nr. 1, Abs. 4, 17, 18 SGB V; § 34 Abs. 1 Nr. 1 SGB XI; § 97 SGB VII; §§ 110 ff. SGB VI; § 18 SGB IX; vgl. auch BSG 27. 8. 2008 – B 11 AL 22/07 R – zu § 4211 SGB III). Wo Versicherungspflicht oder Versicherungsberechtigung allerdings eine Beschäftigung oder selbständige Tätigkeit nicht voraussetzen, kommt es auch im Sozialversicherungsrecht auf Wohnsitz oder gewöhnlichen Aufenthalt an (§ 3 Abs. 1 Nr. 2 SGB IV; Beispiel: § 5 Abs. 1 Nr. 13 SGB V mit Modifikation in § 5 Abs. 11 SGB V).

II. Abweichende Regelungen des über- und zwischenstaatlichen Rechts

10   Regelungen des über- und zwischenstaatlichen Rechts bleiben unberührt (Abs. 2; gleichlautend §§ 6 SGB IV und 6 Abs. 4 SGB VIII). Aussagen über die Behandlung von Sachverhalten mit Auslandsberührung in den genannten Regelwerken können mithin den Wohnsitzgrundsatz des Abs. 1 ebenfalls modifizieren oder verdrängen. Mit überstaatlichem (= supranationalem) Recht sind die einschlägigen Regelungen des EG-Rechts gemeint, insbesondere Art. 48 AEUV sowie die VOen (EG) 883/2004, ABl. L 166, 1 und 987/2009, ABl. L 284. Bei zwischenstaatlichem Recht handelt es sich um bilaterale oder multilaterale völkerrechtliche Verträge, die durch das Zustimmungsgesetz innerstaatliche Wirkung erlangen (Art. 59 Abs. 2 GG). Insoweit sind insbesondere die zahlreichen bilateralen Sozialversicherungsabkommen der Bundesrepublik Deutschland bedeutsam (Überblick bei SRH/ Petersen § 35), aber etwa auch einige Abkommen über die Kriegsopferversorgung (GK-SGB I/ v. Maydell § 30 Rn. 59). Wichtige multilaterale Abkommen sind etwa das Europäische Fürsorgeabkommen v. 11. 12. 1953 mit Zusatzprotokoll v. 15. 5. 1956, BGBl. 1956 II S. 559 oder einige Konventionen der Internationalen Arbeitsorganisation (näher SRH/Nußberger § 4 Rn. 21 f., 33 ff., 82 ff.).

§ 31 Vorbehalt des Gesetzes

Rechte und Pflichten in den Sozialleistungsbereichen dieses Gesetzbuchs dürfen nur begründet, festgestellt, geändert oder aufgehoben werden, soweit ein Gesetz es vorschreibt oder zuläßt.

§ 32 Verbot nachteiliger Vereinbarungen

Privatrechtliche Vereinbarungen, die zum Nachteil des Sozialleistungsberechtigten von Vorschriften dieses Gesetzbuchs abweichen, sind nichtig.

§ 33 Ausgestaltung von Rechten und Pflichten

¹Ist der Inhalt von Rechten oder Pflichten nach Art oder Umfang nicht im einzelnen bestimmt, sind bei ihrer Ausgestaltung die persönlichen Verhältnisse des Berechtigten oder Verpflichteten, sein Bedarf und seine Leistungsfähigkeit sowie die örtlichen Verhältnisse zu berücksichtigen, soweit Rechtsvorschriften nicht entgegenstehen. ²Dabei soll den Wünschen des Berechtigten oder Verpflichteten entsprochen werden, soweit sie angemessen sind.

§ 33 a Altersabhängige Rechte und Pflichten

(1) Sind Rechte oder Pflichten davon abhängig, daß eine bestimmte Altersgrenze erreicht oder nicht überschritten ist, ist das Geburtsdatum maßgebend, das sich aus der ersten Angabe des Berechtigten oder Verpflichteten oder seiner Angehörigen gegenüber einem Sozialleistungsträger oder, soweit es sich um eine Angabe im Rahmen des Dritten oder Sechsten Abschnitts des Vierten Buches handelt, gegenüber dem Arbeitgeber ergibt.

(2) Von einem nach Absatz 1 maßgebenden Geburtsdatum darf nur abgewichen werden, wenn der zuständige Leistungsträger feststellt, daß

1. ein Schreibfehler vorliegt, oder
2. sich aus einer Urkunde, deren Original vor dem Zeitpunkt der Angabe nach Absatz 1 ausgestellt worden ist, ein anderes Geburtsdatum ergibt.

(3) Die Absätze 1 und 2 gelten für Geburtsdaten, die Bestandteil der Versicherungsnummer oder eines anderen in den Sozialleistungsbereichen dieses Gesetzbuchs verwendeten Kennzeichens sind, entsprechend.

§ 33 b Lebenspartnerschaften

Lebenspartnerschaften im Sinne dieses Gesetzbuches sind Lebenspartnerschaften nach dem Lebenspartnerschaftsgesetz.

§ 33 c Benachteiligungsverbot

[1] Bei der Inanspruchnahme sozialer Rechte darf niemand aus Gründen der Rasse, wegen der ethnischen Herkunft oder einer Behinderung benachteiligt werden. [2] Ansprüche können nur insoweit geltend gemacht oder hergeleitet werden, als deren Voraussetzungen und Inhalt durch die Vorschriften der besonderen Teile dieses Gesetzbuchs im Einzelnen bestimmt sind.

§ 34 Begrenzung von Rechten und Pflichten

(1) Soweit Rechte und Pflichten nach diesem Gesetzbuch ein familienrechtliches Rechtsverhältnis voraussetzen, reicht ein Rechtsverhältnis, das gemäß Internationalem Privatrecht dem Recht eines anderen Staates unterliegt und nach diesem Recht besteht, nur aus, wenn es dem Rechtsverhältnis im Geltungsbereich dieses Gesetzbuchs entspricht.

(2) Ansprüche mehrerer Ehegatten auf Witwenrente oder Witwerrente werden anteilig und endgültig aufgeteilt.

§ 35 Sozialgeheimnis

(1) [1] Jeder hat Anspruch darauf, daß die ihn betreffenden Sozialdaten (§ 67 Abs. 1 Zehntes Buch) von den Leistungsträgern nicht unbefugt erhoben, verarbeitet oder genutzt werden (Sozialgeheimnis). [2] Die Wahrung des Sozialgeheimnisses umfaßt die Verpflichtung, auch innerhalb des Leistungsträgers sicherzustellen, daß die Sozialdaten nur Befugten zugänglich sind oder nur an diese weitergegeben werden. [3] Sozialdaten der Beschäftigten und ihrer Angehörigen dürfen Personen, die Personalentscheidungen treffen oder daran mitwirken können, weder zugänglich sein noch von Zugriffsberechtigten weitergegeben werden. [4] Der Anspruch richtet sich auch gegen die Verbände der Leistungsträger, die Arbeitsgemeinschaften der Leistungsträger und ihrer Verbände, die Datenstelle der Träger der Rentenversicherung, die Zentrale Speicherstelle bei der Datenstelle der Träger der Deutschen Rentenversicherung, soweit sie Aufgaben nach § 99 des Vierten Buches, und die Registratur Fachverfahren bei der Informationstechnischen Servicestelle der Gesetzlichen Krankenversicherung, soweit sie Aufgaben nach § 100 des Vierten Buches wahrnimmt, die in diesem Gesetzbuch genannten öffentlich-rechtlichen Vereinigungen, gemeinsame Servicestellen, Integrationsfachdienste, die Künstlersozialkasse, die Deutsche Post AG, soweit sie mit der Berechnung oder Auszahlung von Sozialleistungen betraut ist, die Behörden der Zollverwaltung, soweit sie Aufgaben nach § 2 des Schwarzarbeitsbekämpfungsgesetzes und § 66 des Zehnten Buches durchführen, die Versicherungsämter und Gemeindebehörden sowie die anerkannten Adoptionsvermittlungsstellen (§ 2 Abs. 2 des Adoptionsvermittlungsgesetzes), soweit sie Aufgaben nach diesem Gesetzbuch wahrnehmen, und die Stellen, die Aufgaben nach § 67c Abs. 3 des Zehnten Buches wahrnehmen. [5] Die Beschäftigten haben auch nach Beendigung ihrer Tätigkeit bei den genannten Stellen das Sozialgeheimnis zu wahren.

(2) Eine Erhebung, Verarbeitung und Nutzung von Sozialdaten ist nur unter den Voraussetzungen des Zweiten Kapitels des Zehnten Buches zulässig.

(3) Soweit eine Übermittlung nicht zulässig ist, besteht keine Auskunftspflicht, keine Zeugnispflicht und keine Pflicht zur Vorlegung oder Auslieferung von Schriftstücken, nicht automatisierten Dateien und automatisiert erhobenen, verarbeiteten oder genutzten Sozialdaten.

(4) Betriebs- und Geschäftsgeheimnisse stehen Sozialdaten gleich.

(5) [1] Sozialdaten Verstorbener dürfen nach Maßgabe des Zweiten Kapitels des Zehnten Buches verarbeitet oder genutzt werden. [2] Sie dürfen außerdem verarbeitet oder genutzt

werden, wenn schutzwürdige Interessen des Verstorbenen oder seiner Angehörigen dadurch nicht beeinträchtigt werden können.

Überblick Datenschutz des Sozialrechts

A. Regelungssystematik und Zweck

I. Regelungssystematik

1   § 35 SGB I ist die „**Grundnorm**" (BT-Dr. 8/4022, 80) des Sozialdatenschutzes, die durch die §§ 67–85 a SGB X ergänzt und konkretisiert wird. § 35 Abs. 1 SGB I stellt einen umfassenden Schutz von „Sozialdaten" (Definition in § 67 SGB X) heraus, die nach der Verweisung in § 35 Abs. 2 SGB I nur unter näheren Voraussetzungen erhoben (§ 67 a SGB X), verarbeitet und genutzt (§ 67 b SGB X), gespeichert (§ 67 c SGB X) und übermittelt (§§ 67 d ff. SGB X) werden dürfen. Der Schutz des Sozialgeheimnisses wird durch eine Zweckbindungs- und Geheimhaltungspflicht für Dritte (§ 78 SGB X), durch organisatorische Vorkehrungen zum Schutz der Sozialdaten und besondere Datenverarbeitungsmaßnahmen (§§ 78 a–80 SGB X) sowie durch Vorschriften über die Rechte der Betroffenen, des Datenschutzbeauftragten und Schlussvorschriften (§§ 81–85 a SGB X) abgerundet. Dabei ist das **Zusammenspiel des SGB I mit den Ergänzungs- und Konkretisierungsvorschriften im SGB X** entstehungsgeschichtlich bedingt (vgl. *Lilge*: *Lilge*, SGB I, § 35, Anm. 1, 1 a). Diese Systematik wird durch die Vorschrift des § 37 SGB I ergänzt, die das Konkurrenzverhältnis zu anderen datenschutzrechtlichen Bestimmungen in besonderen Sozialleistungsbereichen regelt. Danach gilt § 35 vorbehaltlos für alle Sozialleistungsbereiche des SGB (§ 37 SGB I S. 1, S. 2 SGB X). Für die §§ 67–85 SGB X lässt § 37 S. 2 SGB I anderweitige Regelungen zu, so dass **bereichsspezifische Bestimmungen als Spezialvorschriften** den §§ 67 ff. SGB X vorgehen: Zu nennen sind insoweit die §§ 50 bis 56 SGB II der Grundsicherung für Arbeitsuchende, die §§ 394 bis 403 SGB III für die Arbeitsförderung, die §§ 284 bis 305 SGB V für die Krankenversicherung, die §§ 147 bis 152 SGB VI für die Rentenversicherung, die §§ 199 bis 208 SGB VII für die Unfallversicherungsträger, die §§ 61 bis 68 SGB VIII für die Kinder- und Jugendhilfe, § 130 SGB IX für das Recht der Rehabilitation und Teilhabe behinderter Menschen, die §§ 93 bis 110 SGB XI für die Pflegeversicherung und die §§ 117–120 SGB XII für die Sozialhilfe.

§ 37 S. 3 SGB I bestimmt den Vorrang der §§ 67–85 a SGB X vor dem ersten Kapitel des SGB X. Die Einhaltung des Sozialdatenschutz ist daher Voraussetzung für die Sachverhaltsaufklärung im sozialrechtlichen Kontext nach §§ 20, 21 SGB X sowie für die Heranziehung der Amtshilfe bei der Sachverhaltsaufklärung nach §§ 3 ff. SGB X. In diesem Sinne muss die Vorrangregelung als Primat des Datenschutzes verstanden werden, so dass nur bei Einhaltung der Anforderungen des § 67 ff. SGB X der Sachverhalt ermittelt werden darf (*Krahmer/Stähler* Sozialdatenschutz 2003, § 35 SGB I Rn 2).

Gegenüber den Normen des **Bundesdatenschutzgesetzes** (BDSG) und der **Landesdatenschutzgesetze** (LDSG) haben die Vorschriften des Sozialdatenschutzes im SGB Vorrang (vgl. § 1 Abs. 3 BDSG für das Verhältnis zwischen BDSG und SGB sowie ähnliche Regelungen in den LDSGen). Dem BDSG und dem LDSG kommt für Sozialdaten lediglich eine Auffangfunktion zu, die durch Verweisungen im SGB (Bsp.: §§ 80 Abs. 6, 81 Abs. 2, 4 und § 82 SGB X) aktiviert wird. Soweit Daten erhoben, verarbeitet oder genutzt werden, die nicht unter den Begriff der Sozialdaten gefasst werden, gelten das BDSG und die LDSG (zum Verhältnis SGB, BDSG und LDSG vgl. *Kunkel* ZfSH/SGB 1992, 345).

§ 35 steht neben dem **strafrechtlichen Geheimnisschutz gemäß § 203 StGB**. § 203 StGB sanktioniert Angehörige bestimmter Berufsgruppen, während sich § 35 SGB I an die Sozialleistungsträger richtet. Beide Vorschriften wenden sich daher an unterschiedliche Adressaten und tragen dadurch zu einem umfassenden Datenschutz bei (ähnlich *Mrozynski*, SGB I, § 35 Rn. 5; *Krahmer*, in Krahmer, SGB I, § 35 Rn. 5).

II. Zweck der Datenschutzvorschriften

2   Der Bürger, der Sozialleistungen in Anspruch nimmt, darf deshalb nicht mehr als jeder andere in seinem Grundrecht auf informationelle Selbstbestimmung beeinträchtigt werden (BT-Drucks. 8/4022, S. 80). Die §§ 35, 37 SGB I, 67–85 a. SGB X sowie die bereichsspezifischen Regelungen schützen den Bürger vor unzulässigen Eingriffen der Sozialverwaltung in dieses Grundrecht.

B. Verfassungsrechtlicher Maßstab und europarechtliche Vorgaben

I. Verfassungsrechtlicher Maßstab

3   Die Angehörigkeit zu einer Sozialversicherung und die Geltendmachung von Ansprüchen gegen die im SGB genannten Leistungsträger erfordern, dass der Einzelne der Sozialverwaltung Daten über persönliche und sachliche Verhältnisse zur Kenntnis bringt. Den verfassungsrechtlichen Maßstab für

die Erhebung, Verarbeitung, Nutzung und Übermittlung solcher Daten durch die (Sozial-)Verwaltung entfaltet das Allgemeine Persönlichkeitsrecht (Art. 2 Abs. 1 i. V. m. Art. 1 Abs. 1 GG) in der durch das vom BVerfG im Volkszählungsurteil (BVerfGE 65,1, 41 ff) herausgearbeiteten Ausprägung des Rechts auf informationelle Selbstbestimmung (BVerfGE 65,1 ff.; seither st. Rspr., vgl. z. B. 113, 29 ff.; 115, 166 ff.; 115, 320 ff.; ausführlich: *Stern*, Das Staatsrecht der Bundesrepublik Deutschland, Band IV/1, 2006, § 99 II 2. h) und VI; *Hofmann*, in *Schmidt-Bleibtreu*, GG, 2008, Art. 2 Rn. 26 ff.). Das Grundrecht trägt in dieser Ausprägung Gefährdungen und Verletzungen der Persönlichkeit Rechnung, die sich für den Einzelnen aus informationsbezogenen Maßnahmen, insbesondere unter Berücksichtigung moderner Datenverarbeitung ergeben (BVerfGE 65,1, 41 ff.; 113, 29, 46 – Beschlagnahme von Datenträgern; 115, 166, 188 – Telekommunikationsüberwachung; 115, 320, 341 f – präventive polizeiliche Rasterfahndung.). Es gewährt dem Einzelnen die Befugnis, „selbst über die Preisgabe und Verwaltung seiner persönlichen Daten zu bestimmen" (BVerfGE 65, 1, 43; 78, 77, 84; 84, 192,194; 113, 29, 46; 117, 203, 228). Der Schutzumfang des Grundrechts beschränkt sich dabei nicht auf solche Daten, die ihrer Art nach sensibel sind, sondern bezieht auch solche Daten ein, die für sich genommen nur geringen Informationsgehalt haben können (BVerfGE 65, 1, 45; NJW 2007, 2464, 2466 – automatisierte Abfrage von Kontostammdaten). Die Erhebung, Speicherung, Verwendung und die Weitergabe solcher Daten durch die Verwaltung stellen Eingriffe in dieses Recht dar (BVerfGE 65, 1, 43; 84, 239, 279; NJW 2006, 1939, 1940, 1941; *Murswiek*, in *Sachs* GG 2009, Art 2 Rn. 88), die zu ihrer Rechtfertigung – insbesondere durch die verfassungsmäßige Ordnung – einer gesetzlichen Grundlage bedürfen und nur zum Zweck überwiegender Allgemeininteressen erfolgen dürfen. Auf der Rechtfertigungsebene sind erhöhte Anforderungen an die Verhältnismäßigkeit und wegen des Bestimmtheitsgrundsatzes an das Gebot der Normenklarheit zu stellen (BVerfGE 65, 1, 44; seither st. Rspr., vgl dazu auch BVerfG NJW 2007, 2464 ff.). Diesen verfassungsrechtlichen Vorgaben ist der Gesetzgeber durch eine detaillierte Festlegung des Zwecks der Datenerhebung, -verarbeitung, -nutzung und -übermittlung, durch besondere Vorkehrungen für die Durchführung und Organisation der Datenerhebung und die Datenverarbeitung im allgemeinen und im bereichsspezifischen Sozialdatenschutz im SGB gefolgt. Auch der automatisierte elektronische Abruf von Kontostammdaten (dazu zählen Informationen darüber, bei welcher Bank, welches Konto oder Depot geführt wird, nicht aber der Kontostand oder einzelne Bewegungen auf dem Konto selbst) in Form der elektronischen Ermittlung fällt in den Schutzbereich des Rechts auf informationelle Selbstbestimmung (BVerfG NJW 2007, 2464 ff.). Die Ermächtigungsnorm (§ 93 Abs. 8 AO) für die nach dem SGB XII zum Zugriff auf Kontostammdaten berechtigten Sozialbehörden wurde durch den Gesetzgeber nunmehr im Sinne der verfassungsrechtlich geforderten Bestimmtheit geändert (zu den Vorgaben vgl. BVerfG NJW 2007, 2464, 2467 ff., 2473). Zu dem im Zusammenhang vom BVerfG entwickelten subsidiären neuen Grundrecht auf Gewährleistung der Vertraulichkeit und Integrität informationstechnischer Systeme vgl. BVerfG, NJW 2008, 822 ff (*Eifert* NVwZ 2008, 521 ff.; *Hornung* CR 2008, 299 ff.; *Sachs/Krings* JuS 2008, 481 ff.).

II. Europarechtliche Vorgaben

Europäische Vorgaben für den Sozialdatenschutz ergeben sich aus der EG-Datenschutzrichtlinie („Richtlinie 96/46/EG des Europäischen Parlaments und des Rates vom 24. Oktober 1995 zum Schutz natürlicher Personen bei der Verarbeitung personenbezogener Daten und zum freien Datenverkehr", Abl. EG L 281 vom 23./24. 11. 1995, 31 ff.). Sie legt ein Mindestschutzniveau für die Mitgliedstaaten fest, das durch die Änderung der Datenschutzvorschriften des SGB im Jahr 2001 in das deutsche Recht umgesetzt worden ist (vgl. dazu *Krahmer*, in *Krahmer*, SGB I, 3. Aufl. 2011, § 35 Rn. 5.2; *Binne*, in: *von Maydell/Ruland/Becker* Sozialrechtshandbuch 2008, § 10 Rn. 6; *Steinbach* NZS 2002, 15 ff.). 4

C. Überblick über den allgemeinen Sozialdatenschutz

I. Die Grundnorm § 35 SGB I

Abs. 1 gibt jedermann einen Rechtsanspruch auf Wahrung des Sozialgeheimnisses gegen den Leistungsträger und die sonstigen in Abs. 1 S. 4 genannten Stellen. Abs. 2 bestimmt, dass sich die Voraussetzungen für die in Abs. 1 genannten Handlungen des Erhebens, Verarbeitens und der Nutzung von Sozialdaten aus den §§ 67 ff. SGB X ergeben. Liegen diese Voraussetzungen nicht vor, so sieht Abs. 3 ein umfassendes Auskunfts-, Zeugnis- und Übermittlungsverbot vor. Abs. 4 erstreckt das Sozialgeheimnis des Abs. 1 auf Betriebs- und Geschäftsgeheimnisse. Abs. 5 enthält Vorgaben zum Schutz der Sozialdaten Verstorbener. 5

1. Abs. 1 S. 1 und 2: Rechtsanspruch auf Wahrung des Sozialgeheimnisses. Abs. 1 S. 1 und S. 2 enthalten einen Rechtsanspruch darauf, dass Sozialdaten nicht unbefugt erhoben, verarbeitet und genutzt werden (S. 1) und dieses Sozialgeheimnis auch gewahrt wird (S. 2). **aa) Anspruchsbe-** 6

rechtigter Hinsichtlich der Anspruchsberechtigten ist zwischen Betroffenen von Sozialdaten i. S. v. Abs. 1 S. 1 und solchen Personen zu unterscheiden, auf die sich Betriebs- und Geschäftsgeheimnisse beziehen, die gem. Abs. 4 den Sozialdaten gleichstehen. Der Anspruch auf Wahrung des Sozialgeheimnisses von Sozialdaten steht jedermann zu. „Jeder" können in diesem Sinne nur natürliche Personen sein. Dagegen steht der Anspruch auf Wahrung von Betriebs- und Geschäftsgeheimnissen auch juristischen Personen zu (*Mrozynski*, SGB I, § 35 Rn. 18; *Seewald*, in Kasseler Kommentar, Band 1, § 35 Rn. 7; *Fanselow*, in Jahn/Klose, SGB I, § 35 Rn. 21). **S. 3** stellt sicher, dass Sozialdaten Personen, die Personalentscheidungen treffen oder daran mitwirken, nicht zugänglich sind. Zu diesem Personenkreis gehören: Personalsachbearbeiter, Betriebsräte, Personalräte (*Krahmer*, in Krahmer, SGB I, § 35 Rn. 12 ff.). Mitwirkende Personen sind nur die an der Entscheidung Beteiligten und nicht diejenigen, die die Entscheidung vorbereiten (BT-Drucks 12/5187, S. 28).

7 **2. Sozialdaten.** Der Anspruch des § 35 Abs. 1 S. 1 SGB I setzt **Sozialdaten** voraus, die durch eine in Abs. 1 genannten Stellen erhoben, verarbeitet oder genutzt werden. Der Begriff der Sozialdaten wird durch § 67 Abs. 1 SGB X definiert. Persönliche Verhältnisse im Sinne des § 67 Abs. 1 S. 1 sind Angaben über die Person selbst wie Identifikationsangaben, z. B. Name, Geburtsdatum, Anschrift, Familienstand, Konfessionszugehörigkeit, Staatsangehörigkeit, Gesundheitszustand, bisherige Lebensverhältnisse (vgl. *Bieresborn*, in von Wulffen, SGB X, § 67 Rn. 6 mit zahlreichen Beispielen; *Krahmer*, in Krahmer, SGB I, 3. Aufl. 2011, § 35 Rn. 6; Liste mit Beispielen bei Steinbach, in Hauck/Noftz, SGB I § 35 Rn 46). Sachliche Verhältnisse sind z. B. Einkommen und Vermögen, Grundbesitz, etc. (*Krahmer*, in Krahmer, SGB I, § 35 Rn. 6; *Steinmeyer*, in Wannagat, SGB X/2 § 67 Rn. 14; ausführlich *Dammann*, in Simitis, BDSG, § 3 Rn. 7 ff.). Einer exakten Differenzierung kommt dennoch keine grundlegende Bedeutung zu, weil es kein „belangloses Datum" im Sozialbereich gibt (BSG NJW 2003, 2892; *Steinmeyer*, in Wannagat, SGB X/2, § 67 Rn. 5). Vom Anspruch auf Wahrung des Sozialgeheimnisses sind nur Einzelangaben erfasst. Nicht darunter fallen Sammelangaben und anonymisierte Angaben, die keinen Bezug zu einer Person erkennen lassen (*Krahmer*, in Krahmer, SGB I, § 35 Rn. 6; *Steinbach*, in Hauck/Noftz, SGB I § 35 Rn. 49; *Bieresborn*, in: von Wulffen, SGB X, § 67 Rn. 5). Dies gilt auch für anonymisierte betriebs- und geschäftsbezogene Daten. **cc) Anspruchsverpflichtete** sind die Sozialleistungsträger (*Krahmer*, in Krahmer, SGB I, § 35 Rn. 13; *Mrozynski*, SGB I, § 35 Rn. 9) sowie die in Abs. 1 **S. 4** abschließend genannten Stellen.

8 **3. Keine zeitliche Befristung, Abs. 1 S. 5.** Die bei den genannten Stellen beschäftigten Personen sind auch nach dem Ende ihrer beruflichen Tätigkeit für den Normadressaten zur Wahrung des Sozialgeheimnisses verpflichtet.

II. Absatz 2

9 Absatz 2 kommt über die Verweisung in die §§ 67 ff. SGB X keine eigenständige Bedeutung zu.

III. Absatz 3

10 Die Vorschrift sichert die Wahrung des Sozialgeheimnisses durch ein umfassendes Auskunftsverbot ab, indem sie auf die Voraussetzungen für eine zulässige Übermittlung nach §§ 67 d ff. SGB X Bezug nimmt. Abs. 3 kommt vor allem für die Erteilung einer Aussagegenehmigung nach § 62 Abs. 1 BBG (§ 37 Abs. 3 BeamtStG) Bedeutung zu. Die entscheidende Person muss neben den dort geregelten Voraussetzungen ebenfalls prüfen, ob Sozialdaten im Sinne des § 35 SGB I vorliegen und die §§ 67 d ff. SGB X eingehalten sind (vgl. *Krahmer*, in Krahmer, SGB I, § 35 Rn. 19).

IV. Betriebs- und Geschäftsgeheimnisse

11 Betriebs- und Geschäftsgeheimnisse im Sinne des **Abs. 4** sind in § 67 Abs. 1 S. 2 SGB X insoweit lückenhaft definiert, als das der Begriff der betriebs- und geschäftsbezogenen Daten offen bleibt. Betriebs- und Geschäftsgeheimnis im Sinne des § 35 Abs. 4 ist jede Tatsache, die in Zusammenhang mit einem Geschäftsbetrieb steht, nur einem beschränkten Personenkreis bekannt ist und an der ein schutzwürdiges Interesse auf Geheimhaltung oder der ausdrücklich vom Betroffene bekundete Willen zur Geheimhaltung besteht (ähnlich: *Seidel*, in Diering/Timme/Waschull, SGB X, 3. Aufl 2011, § 67 Rn. 7; *Bieresborn*, in: von Wulffen, SGB X, § 67 Rn. 14).

V. Sozialdaten von Verstorbenen

12 Für die Verarbeitung oder Nutzung der **Sozialdaten von Verstorbenen, Abs. 5,** müssen grundsätzlich die Anforderungen des § 67 b SGB X (gesetzliche Ermächtigung oder vorherige Einwilligung des Betroffenen) erfüllt sein (**S. 1**). Das Fehlen dieser Voraussetzungen steht einer Verarbeitung oder Nutzung gem. **S. 2** nicht im Wege, wenn eine Abwägung mit den schutzwürdigen Interessen des Betroffenen oder der Angehörigen ergeben hat, dass diese nicht beeinträchtigt sind. Interessen sind Rechtspositionen, ideelle und wirtschaftliche Positionen (*Rombach*, Hauck/Noftz, SGB X, Band 2,

2008, § 68 Rn. 37). Schutzwürdig sind Interessen des Betroffenen, wenn sie als Rechtsgüter von der Rechtsordnung oder als schlichte Interessen nach der gesellschaftlichen Wertordnung staatlichen Schutz verdienen (*Rombach*, Hauck/Noftz, SGB X, Band 2, 2008, § 68 Rn. 37). In diesen Fällen dürfen Sozialdaten Verstorbener nicht nur verarbeitet und genutzt, sondern auch erhoben werden, auch wenn die rechtliche Begründung dafür unterschiedlich ausfällt (Überblick dazu bei *Steinbach*, in Hauck/Noftz, SGB I § 35 Rn. 147: erweiternde Auslegung des Abs. 5 oder Qualifizierung der Daten Verstorbener als eigene Sozialdaten der Angehörigen).

D. Die Schutzvorschriften im SGB X

§ 67 SGB X ist als allgemeine Definitionsnorm vor die Klammer gezogen. Sie enthält die grundlegenden Begriffsbestimmungen (Abs. 1: Sozialdaten, Abs. 2: Aufgaben nach diesem Gesetzbuch, Abs. 3: Automatisierung, Abs. 5: Erheben, Abs. 6: Verarbeiten, Abs. 7: Nutzen, Abs. 8 Anonymisieren, Abs. 8 a: Pseudonymisieren, Abs. 9 Verantwortliche Stellen, Abs. 10 Empfänger, Abs. 11 Nichtöffentliche Stellen, Abs. 12: Besondere Arten personenbezogener Daten). Im Anschluss folgen die Modalitäten der Datenerhebung, -verarbeitung und -nutzung sowie weitere Details (vgl. dazu im Einzelnen *Binne*, in von Maydell/Ruland/Becker, Sozialrechtshandbuch, 2008, § 10, S. 384–424). 13

I. Zulässige Erhebung von Sozialdaten

Voraussetzung für die zulässige Erhebung von Sozialdaten ist, dass ihre Kenntnis zur Erfüllung einer Aufgabe der erhebenden Stelle nach dem SGB erforderlich ist, § 67 a Abs. 1 S. 1 SGB X. Vorrangig sind Sozialdaten unter Mitwirkung des Betroffenen zu erheben (§ 67 a Abs. 2 S. 1 SGB X). § 67 a Abs. 2 S. 1 SGB X sieht Ausnahmetatbestände vor, bei deren Vorliegen die Datenerhebung auch ohne Mitwirkung des Betroffenen zulässig ist, also heimlich erfolgen darf. Der Betroffene ist stets über die Zweckbestimmung der Erhebung, Verarbeitung oder die Nutzung und die Identität der zuständigen Stelle zu informieren (§ 67 a Abs. 3 SGB X). 14

II. Die Verarbeitung und Nutzung von Sozialdaten

Die Verarbeitung und Nutzung von Sozialdaten ist in § 67 b SGB X als Verbot mit Erlaubnis- bzw. Einwilligungsvorbehalt geregelt (ähnlich § 4 BDSG). Diese Phase der Datenbehandlung schließt an die erste Phase der Erhebung an. Die Verarbeitung und Nutzung ist nur zulässig, soweit dies in den §§ 67–85 a SGB X erlaubt oder angeordnet ist oder soweit der Betroffene eingewilligt hat. Zur Definition „Verarbeitung" vgl. § 67 Abs. 6 SGB X, zur „Nutzung" vgl. § 67 Abs. 7. Rechtsvorschriften, die zum Speichern und Verändern ermächtigen, finden sich in §§ 67 c ff. SGB X. Für das Übermitteln gelten die §§ 68–77 SGB X. Einwilligung ist vorherige Zustimmung (*Seidel*, in Diering/Timme/Waschull, SGB X, 2007, § 67 b Rn. 3; *Binne*, in: von Maydell/Ruland/Becker, Sozialrechtshandbuch, 2008, § 10 Rn. 69). Der Einwilligende muss einsichtsfähig sein (vgl. § 67 b Abs. 2 SGB X; *Seidel*, in Diering/Timme/Waschull, SGB X, § 67 b Rn. 3). Die Einwilligung ist grds. schriftlich zu erteilen, es sei denn es liegen besondere Umstände vor, die eine andere Form als angemessen erscheinen lassen (§ 67 b Abs. 2 und Abs. 3). 15

III. §§ 78–80 SGB X

Die §§ 78–80 SGB X enthalten Vorgaben zu organisatorischen Vorkehrungen und Datenverarbeitungsmaßnahmen zur Sicherung des Datenschutzes. Hierzu zählen Datenvermeidung und Datensparsamkeit (§ 78 b: Datensparsamkeit, Anonymisierung und Pseudonymisierung), die Möglichkeit des Datenschutzaudits § 78 c (Prüfung und Bewertung des Datenschutzsystems durch unabhängige Gutachter), die Einrichtung automatisierter Abrufverfahren (§ 79 SGB X) nur unter folgenden Voraussetzungen: zu dem in § 79 SGB X genannten Zweck, nach einer Abwägung schutzwürdiger Interessen und bei Genehmigung durch die Aufsicht; für die Erhebung, Verarbeitung und Nutzung von Sozialdaten im Auftrag (§ 80 SGB X) ist eine detaillierte Regelung des Zwecks und der Zulässigkeitsvoraussetzungen geschaffen worden. 16

IV. Straf- und Bußgeldvorschriften

§§ 85, 85 a SGB X sollen die Einhaltung der datenschutzrechtlichen Vorgaben im SGB durch Bußgeld- und Strafandrohungen sicherstellen. 17

E. Rechte und Ansprüche der Betroffenen

I. Die den Betroffenen im Zusammenhang mit der Datenerhebung, -verarbeitung und -nutzung zustehenden Rechte sind **unabdingbar** (§ 84 a Abs. 1 SGB X). 18

19 **II. Rechte der Betroffenen:** Anrufung des Datenschutzbeauftragten (§ 81 SGB X), Schadensersatz (§ 82 SGB X), Auskunftsrecht (§ 83 SGB X), Berichtigung, Löschung, Sperrung von Daten und Widerspruchsrecht (§ 84 SGB X).

F. Bereichsspezifische Besonderheiten des Sozialdatenschutzes

20 Bereichsspezifische Datenschutzvorschriften gehen den allgemeinen Regelungen vor (§ 37 S. 1 SGB I). Im Folgenden werden zwei Bereiche beispielhaft herausgestellt:

I. §§ 284 ff. SGB V (Gesetzliche Krankenversicherung)

21 **1. Erhebung und Speicherung.** Vorgaben für die **Erhebung und Speicherung** von Sozialdaten und von Einzelangaben über persönliche und sachliche Verhältnisse der Ärzte und der Versicherten der kassenärztlichen Vereinigung sind in §§ 284, 285 SGB V geregelt. § 284 Abs. 1 und § 285 Abs. 1 SGB V enthalten einen jeweils abschließenden Katalog an Aufgaben.
Datengrundlagen: Die Krankenkassen führen gem. § 288 SGB V ein **Versichertenverzeichnis**, die Kassen(zahn)ärztliche Bundesvereinigung (§ 293 Abs. 4 SGB V) und der Spitzenorganisation der Apotheker (§ 293 Abs. 5 SGB V) ein **bundesweites Verzeichnis** mit den gem. § 293 Abs. 4 und 5 SGB V aufzunehmenden Angaben. In dem Versichertenverzeichnis wird jeder Versicherte mit einer Krankenversicherungsnummer aufgeführt, für deren Aufbau und Vergabe besondere datenschutzrechtliche Vorgaben in § 290 SGB V existieren. Datenschutzrechtliche Anforderungen für die **Krankenversichertenkarte** und die **elektronische Gesundheitskarte** enthalten die §§ 291, 291 a SGB V.

22 **2. Gebot der Kontrolle durch Transparenz.** Es gilt das **Gebot der Kontrolle durch Transparenz**. Ausdruck des Gebots ist § 286 SGB V, dem zufolge die Krankenkasse und kassenärztliche Vereinigungen jährlich aktualisierte Übersichten über die Art der von ihnen oder in ihrem Auftrag gespeicherten Sozialdaten zu erstellen haben, die der Aufsichtsbehörde vorzulegen (Abs. 1) und zu veröffentlichen (Abs. 2) sind. §§ 303 a ff. SGB V dienen ebenfalls der Kontrolle durch besondere organisatorische Maßnahmen (§ 303 a – 303 f SGB V) sowie durch besondere Datenverarbeitungsvorgaben (§§ 304–305 a SGB V).

23 **3. Besondere Datenaufbereitungs- und -übermittlungspflichten.** Gem. §§ 294–303 SGB V bestehen besondere Datenaufbereitungs- und Datenübermittlungspflichten für die Leistungserbringer.

II. §§ 61 ff. SGB VIII. (Kinder- und Jugendhilfe)

24 Für die Träger der öffentlichen Jugendhilfe gelten ergänzende oder spezialgesetzliche Datenschutzregelungen (vgl. § 61 SGB VIII).

25 **1. Datenerhebung.** Maßgebende Vorschrift ist § 62 SGB VIII, der Datenerhebung auf Einwilligungsbasis zulässt und nur in Ausnahmefällen ohne Mitwirkung des Betroffenen oder bei Dritten.

26 **2. Besonderheiten bei der Datenspeicherung und der Datenübermittlung.** Ermächtigungsnorm für die Datenspeicherung ist § 63 Abs. 1 SGB VIII; eine Dokumentationspflicht des Jugendsamtes besteht nicht (*Zilkens*, ZfF 2008, 25, 30); Daten sind getrennt, d. h. für jeden Fall separat zu speichern. Eine Zusammenführung von Daten ist grundsätzlich unzulässig und nur bei unmittelbarem Sachzusammenhang erlaubt (§ 63 Abs. 2 S. 1 SGB VIII). **Datenübermittlungsvorgaben** sind in den §§ 64, 65 SGB VIII enthalten. Eine Besonderheit enthält § 64 Abs. 2 SGB VIII, wonach eine Übermittlung an eine andere Stelle nach § 69 SGB X nur zulässig ist, wenn dadurch der Erfolg der gewährten Jugendhilfeleistung nicht gefährdet wird. Hier ist besonders abzuwägen. Wichtig ist § 65 SGB VIII, dem zufolge Sozialdaten einen besonderen Vertrauensschutz genießen (vgl. abschließender Katalog des Abs. 1 Nr. 1–5). Weiterführend: *Krahmer/Stähler* Sozialdatenschutz 2003, § 35 SGB I Rn. 23 f.; *Zilkens* ZfF 2008, 25, 29 ff.

§ 36 Handlungsfähigkeit

(1) ¹Wer das fünfzehnte Lebensjahr vollendet hat, kann Anträge auf Sozialleistungen stellen und verfolgen sowie Sozialleistungen entgegennehmen. ²Der Leistungsträger soll den gesetzlichen Vertreter über die Antragstellung und die erbrachten Sozialleistungen unterrichten.

(2) ¹Die Handlungsfähigkeit nach Absatz 1 Satz 1 kann vom gesetzlichen Vertreter durch schriftliche Erklärung gegenüber dem Leistungsträger eingeschränkt werden. ²Die Rücknahme von Anträgen, der Verzicht auf Sozialleistungen und die Entgegennahme von Darlehen bedürfen der Zustimmung des gesetzlichen Vertreters.

§ 36a Elektronische Kommunikation

(1) Die Übermittlung elektronischer Dokumente ist zulässig, soweit der Empfänger hierfür einen Zugang eröffnet.

(2) ¹Eine durch Rechtsvorschrift angeordnete Schriftform kann, soweit nicht durch Rechtsvorschrift etwas anderes bestimmt ist, durch die elektronische Form ersetzt werden. ²In diesem Fall ist das elektronische Dokument mit einer qualifizierten elektronischen Signatur nach dem Signaturgesetz zu versehen. ³Die Signierung mit einem Pseudonym, das die Identifizierung der Person des Signaturschlüsselinhabers nicht ermöglicht, ist nicht zulässig.

(3) ¹Ist ein der Behörde übermitteltes elektronisches Dokument für sie zur Bearbeitung nicht geeignet, teilt sie dies dem Absender unter Angabe der für sie geltenden technischen Rahmenbedingungen unverzüglich mit. ²Macht ein Empfänger geltend, er könne das von der Behörde übermittelte elektronische Dokument nicht bearbeiten, übermittelt sie es ihm erneut in einem geeigneten elektronischen Format oder als Schriftstück.

(4) ¹Die Träger der Sozialversicherung einschließlich der Bundesagentur für Arbeit, ihre Verbände und Arbeitsgemeinschaften verwenden unter Beachtung der Grundsätze der Wirtschaftlichkeit und Sparsamkeit im jeweiligen Sozialleistungsbereich Zertifizierungsdienste nach dem Signaturgesetz, die eine gemeinsame und bundeseinheitliche Kommunikation und Übermittlung der Daten und die Überprüfbarkeit der qualifizierten elektronischen Signatur auf Dauer sicherstellen. ²Diese Träger sollen über ihren jeweiligen Bereich hinaus Zertifizierungsdienste im Sinne des Satzes 1 verwenden. ³Die Sätze 1 und 2 gelten entsprechend für die Leistungserbringer nach dem Fünften und dem Elften Buch und die von ihnen gebildeten Organisationen.

§ 37 Vorbehalt abweichender Regelungen

¹Das Erste und Zehnte Buch gelten für alle Sozialleistungsbereiche dieses Gesetzbuchs, soweit sich aus den übrigen Büchern nichts Abweichendes ergibt; § 68 bleibt unberührt. ²Der Vorbehalt gilt nicht für die §§ 1 bis 17 und 31 bis 36. ³Das Zweite Kapitel des Zehnten Buches geht dessen Erstem Kapitel vor, soweit sich die Ermittlung des Sachverhaltes auf Sozialdaten erstreckt.

Zweiter Titel. Grundsätze des Leistungsrechts

§ 38 Rechtsanspruch

Auf Sozialleistungen besteht ein Anspruch, soweit nicht nach den besonderen Teilen dieses Gesetzbuchs die Leistungsträger ermächtigt sind, bei der Entscheidung über die Leistung nach ihrem Ermessen zu handeln.

A. Normzweck

Mit dem Satz, auf Sozialleistungen bestehe ein Anspruch, kodifiziert die Vorschrift einen „allgemein anerkannten Grundsatz des sozialen Rechtsstaats" (BT-Drs. 7/868 S. 29), der Geltung für das gesamte Sozialrecht beansprucht. Es verschränken sich hier das öffentlich-rechtliche Konzept vom subjektiv-öffentlichen Recht und das zivilrechtliche Konzept vom Anspruch. Historisch wurzelt der Grundsatz in den „Bismarckschen" Sozialversicherungsgesetzen der Jahre nach 1881 und in der fürsorgerechtlichen Rechtsprechung der Verwaltungsgerichte nach 1945 (insb. BVerwG 24. 6. 1954 – V C 78.54 – E 1, 159, 161; Gagel/Hänlein, SGB III/SGB II, § 3 SGB III Rn. 41 ff.). Soweit es um die Gewährleistung des Existenzminimums geht, bedarf es von Verfassungs wegen durch Parlamentsgesetz festgelegter Rechtsansprüche (Art. 1 Abs. 1 GG, BVerfG 9. 2. 2010 – 1 BvL 1, 3 u. 4/09). Rechtstechnisch handelt es sich bei § 38 um eine **Auslegungsregel,** die den Grundsatz effektiver Verwirklichung sozialer Rechte (§ 2 Abs. 2 HS. 2) konkretisiert. 1

B. Begriff des „Anspruchs auf Sozialleistungen"

Auf Sozialleistungen besteht ein Anspruch, soweit die besonderen Teile des SGB dem Träger nicht Ermessen einräumen. Anspruch ist das Recht, von einem anderen ein Tun oder Unterlassen zu verlangen (§ 194 Abs. 1 BGB). Gegenstand des Anspruchs sind „Sozialleistungen", also die im SGB vorgesehenen Dienst-, Sach- und Geldleistungen (§ 11 S. 1). Schuldner sind die für die Erbringung von 2

Sozialleistungen zuständigen Körperschaften, Anstalten und Behörden, die Leistungsträger i. S. d. § 12 S. 1. Gläubiger von Sozialleistungsansprüchen, Leistungsberechtigte, sind in der Regel natürliche Personen. Dies gilt bei Ansprüchen auf Sach- und Dienstleistungen stets; eine Übertragung solcher Ansprüche ist ausgeschlossen (§§ 53 Abs. 1, 54 Abs. 1). Bei Ansprüchen auf Geldleistungen können auch juristische Personen Gläubiger sein, sei es originär (z. B. als Arbeitgeber, §§ 217 ff. SGB III, oder als Träger, §§ 21, 240 ff. SGB III), sei es derivativ (§§ 53, 54). Sozialleistungsansprüche sind Personen als individuelle Gläubiger zugewiesen, und zwar auch in der „Bedarfsgemeinschaft" des SGB II (§§ 7 und 9 SGB II; näher Gagel/Hänlein, SGB III/SGB II, § 7 SGB II Rn. 9).

3   Von einem Leistungsträger Sozialleistungen beanspruchen zu können, besagt, dass die jeweilige Leistung notfalls im Klagewege durchgesetzt werden kann. Zunächst werden Sozialleistungen allerdings meist in einem Verwaltungsverfahren geltend gemacht, das vom Leistungsberechtigten durch einen Antrag oder vom Träger von Amts wegen eingeleitet werden kann (§ 18 SGB X; zur Verfahrenseinleitung durch Antrag insb. §§ 19 SGB IV, 323 SGB III, 115 SGB VI, 33 SGB XI, 37 SGB II; vgl. aber auch § 18 SGB XII). Die Inanspruchnahme von Dienstleistungen erfolgt bisweilen auch unmittelbar, bzw. allenfalls im Konfliktfall nach Durchführung eines Verwaltungsverfahrens (zur unmittelbaren Inanspruchnahme von Leistungen nach dem SGB V LPK-SGB V/Hänlein, Anhang Verfahren, Rn. 4). Nach erfolglosem Abschluss eines Verwaltungs- und ggf. auch eines Widerspruchsverfahrens kann der Sozialleistungsanspruch regelmäßig mit einer Verpflichtungsklage geltend gemacht werden (§ 54 Abs. 4 SGG; § 42 VwGO; zum Vorverfahren: §§ 78 ff. SGG, 68 ff. VwGO; zur Vollstreckung §§ 198 ff. SGG, 167 ff. VwGO). Im übrigen ist ein bestehender Rechtsanspruch auf Sozialleistungen ein (materieller) rechtlicher Grund (causa) für das Behaltendürfen einer erhaltenen Leistung (vgl. v. a. § 50 Abs. 2 SGB X), ggf. neben dem weiteren (formellen) rechtlichen Grund eines bewilligenden Verwaltungsakts.

C. Bedeutung der Auslegungsregel

4   Der Gehalt der Auslegungsregel besteht darin, dass eine eingehende Prüfung entbehrlich wird, ob einer gesetzlich vorgesehenen Sozialleistung nach dem Schutzzweck des Gesetzes ein Anspruch des Begünstigten entspricht, wenn nicht ausdrücklich Ermessen eingeräumt ist (BSG 29. 1. 2004 – B 4 RA 29/03 R – E 92, 113, 126). Allerdings ist die praktische Bedeutung der Auslegungsregel heute eher gering (vgl. aber BSG 8. 9. 2005 – B 13 RJ 10/04 R – E 95, 112, 116), denn – im Unterschied noch zur RVO – sehen die besonderen Teile des SGB ganz überwiegend ausdrücklich Ansprüche vor, wo sie Sozialleistungen gewähren, deren Gewährung nicht im Ermessen der Träger stehen soll (z. B. § 117 SGB III oder § 27 Abs. 1 S. 1 SGB V).

D. Rechtliche Behandlung des Sozialleistungsanspruchs

I. Materiellrechtliche Behandlung

5   Allgemeine Regeln über das Schicksal von Sozialleistungsansprüchen finden sich in den § 38 nachfolgenden Vorschriften. Diese Regelungen sind freilich nicht vollständig. So gibt es etwa keinen umfassenden Abschnitt über das Erlöschen von Sozialleistungsansprüchen, sondern lediglich Vorschriften über Aufrechnung und Verrechnung (§§ 51, 52). Wo es an Regeln fehlt, dürften vielfach die jeweils einschlägigen Vorschriften des BGB als Ausdruck allgemeiner Rechtsgrundsätze weiterhelfen (etwa § 362 Abs. 1 BGB, allerdings unter Beachtung der Modifikationen in den §§ 48 und 49).

II. Prozessrechtliche Behandlung

6   Im gerichtlichen Verfahren dringt der Anspruchsinhaber mit seinem Sozialleistungsanspruch durch, wenn die tatbestandlichen Voraussetzungen der Anspruchsgrundlage erfüllt sind, wenn keine Einwendungen oder Einreden des Schuldners durchgreifen und wenn sich schließlich aus der Anspruchsgrundlage die jeweils gewünschte Rechtsfolge ableiten lässt. Lassen sich die relevanten Tatsachen nicht zur Überzeugung des Gerichts feststellen, sind die Folgen der objektiven Beweislosigkeit bzw. des Nichtfestgestelltseins einer Tatsache von dem Beteiligten zu tragen, der aus dieser Tatsache ein Recht herleiten will (**Grundsatz der objektiven Beweislast;** BSG 28. 8. 1991 – 13/5 RJ 47/90 – SozR 3–2200 § 1247 Nr. 8).

7   Zur rechtsstaatlich fundierten Klagbarkeit der Sozialleistungsansprüche (vgl. auch Art. 19 Abs. 4 GG) gehört, dass das Gericht das Vorliegen der Tatbestandsvoraussetzungen ungeachtet des in aller Regel vorangegangenen Verwaltungsverfahrens in vollem Umfang überprüft, selbst dann, wenn das Gesetz **„unbestimmte Rechtsbegriffe"** verwendet (vgl. etwa BSG 8. 2. 2007 – B 7a AL 22/06 R –). Nur ganz ausnahmsweise wird die Verwendung eines unbestimmten Rechtsbegriffs als Einräumung eines **„Beurteilungsspielraums"** aufgefasst (dazu § 39 Rn. 5).

E. Besondere Erscheinungsformen des Anspruchs auf Sozialleistungen

In Bezug auf regelmäßig wiederkehrende Sozialleistungen wird zwischen dem subjektiven **8** „**Stammrecht**" und den daraus erwachsenden Einzelansprüchen unterschieden: Nur Einzelansprüche können fällig werden (BSG 23. 6. 1994 – 4 RA 70/93 – SozR 3–2600 § 300 Nr. 3); nur Einzelansprüche können übertragen werden (BSG 26. 4. 1979 – 5 RKnU 7/77 – E 48, 159 ff.); Ruhensvorschriften hindern die Zahlbarkeit von Einzelansprüchen, lassen aber das Stammrecht unberührt (BSG 29. 6. 1994 – 1 RK 45/93 – E 74, 287, 291). Auf das Stammrecht kann nicht verzichtet werden (BSG 8. 11. 1989 – 1 RA 23/86 – E, 66, 44, 49; 11. 11. 2003 – B 12 KR 3/03 R – SozR 4–2500 § 8 Nr. 1).

In der Arbeitslosen- und in der Rentenversicherung wird die Rechtsposition Versicherter, die bei **9** Erfüllung weiterer Voraussetzungen wie etwa des Ablaufs einer Wartezeit und des Eintritts des Versicherungsfalls zum Vollrecht erstarken können, als **Anwartschaft** bezeichnet (z. B. § 123 SGB III; § 2 Abs. 1 VersAusglG; § 8 Abs. 1 S. 1 Nr. 2, 76 SGB VI). Rentenanwartschaften können im Rahmen von Versorgungsausgleich oder Rentensplitting übertragen werden. Das BVerfG hat nicht nur Ansprüche, sondern auch Anwartschaften der Arbeitslosen- und der Rentenversicherung dem Schutz des Art. 14 GG unterstellt (BVerfG 28. 2. 1980 – 1 BvL 17/77 u. a. –, E 53, 257, 289 ff. betr. Rentenanwartschaft; BVerfG 12. 2. 1986 – 1 BvL 39/83 – E 72, 9, 18 betr. Anwartschaft auf Arbeitslosengeld).

§ 39 Ermessensleistungen

(1) ¹Sind die Leistungsträger ermächtigt, bei der Entscheidung über Sozialleistungen nach ihrem Ermessen zu handeln, haben sie ihr Ermessen entsprechend dem Zweck der Ermächtigung auszuüben und die gesetzlichen Grenzen des Ermessens einzuhalten. ²Auf pflichtgemäße Ausübung des Ermessens besteht ein Anspruch.

(2) Für Ermessensleistungen gelten die Vorschriften über Sozialleistungen, auf die ein Anspruch besteht, entsprechend, soweit sich aus den Vorschriften dieses Gesetzbuchs nichts Abweichendes ergibt.

A. Normzweck

§ 39 Abs. 1 S. 1 kodifiziert für das Sozialrecht den Grundsatz, dass die Behörden Ermessen, das ih- **1** nen gesetzlich eingeräumt ist, pflichtgemäß auszuüben haben. Die Regelung bezieht sich auf Ermessen, das Leistungsträgern bei der Entscheidung über Sozialleistungen eingeräumt ist. Sozialleistungen sind „die in diesem Gesetzbuch vorgesehenen Dienst-, Sach- und Geldleistungen" (§ 11 S. 1). Leistungsträger sind die in den §§ 18–29 genannten Stellen (§ 12 S. 1). In Abs. 1 S. 2 stellt das Gesetz klar, dass auf die pflichtgemäße Ausübung des Ermessens ein Anspruch besteht. Damit ist für das Sozialleistungsrecht vorentschieden, dass Ermessensermächtigungen ein **subjektives Recht auf rechtsfehlerfreie Ermessensbetätigung** gewähren. Die in anderen Zweigen des Verwaltungsrechts bisweilen schwierig zu beantwortende Auslegungsfrage nach der eventuellen Gewährung eines solchen Rechts gegenüber der Verwaltung erübrigt sich damit für den Bereich des Sozialleistungsrechts (BSG 14. 12. 1994 – 4 RA 42/94 – SozR 3–1200 § 39 Nr. 1, S. 7 f.). Abs. 2 stellt klar, dass die Vorschriften über Sozialleistungen, auf die ein Anspruch besteht, grundsätzlich auch für Ermessensleistungen gelten.

B. Begriff und Erscheinungsformen des Ermessens

Den **Begriff des Ermessens** setzt die Vorschrift voraus. Ermessen ist der Verwaltung eingeräumt, **2** wenn eine Rechtsnorm beim Vorliegen der tatbestandlichen Voraussetzungen das Eintreten einer bestimmten Rechtsfolge nicht zwingend vorsieht, wenn vielmehr der Behörde hinsichtlich der Rechtsfolge ein Entscheidungsspielraum verbleibt. Dieser Spielraum kann sich auf die Frage beziehen, ob die Behörde überhaupt handelt (**Entschließungsermessen**), oder aber auch oder nur auf die Frage, welche Rechtsfolge im konkreten Fall zum Zuge kommen, wie hoch etwa eine Geldleistung der Höhe nach ausfallen und ab welchem Zeitpunkt sie gezahlt werden soll (**Auswahlermessen**; zum Ermessen betr. den Leistungszeitpunkt § 40 Abs. 2 Hs. 2). Der Sinn des Ermessens besteht darin, den Behörden eine stärker auf den Einzelfall Bedacht nehmende Entscheidung zu ermöglichen, in die auch Zweckmäßigkeitsaspekte sowie u. U. haushaltswirtschaftliche Gesichtspunkte einfließen können (zur Berücksichtigung der Haushaltslage Gagel/Hänlein, SGB III/SGB II, § 3 SGB III Rn. 73 f.).

Ob einem Leistungsträger bei der Entscheidung über eine Leistung Ermessen eröffnet ist, ergibt **3** sich aus der jeweiligen Vorschrift des Leistungsrechts – ausdrücklich (z. B. § 3 Abs. 5 SGB III) oder durch Auslegung. In der Regel ist es das Wort „**kann**", das als Ermessensermächtigung zu verstehen ist (BSG 29. 2. 1972 – 2 RU 219/69 – E 34, 85, 86). Vor dem Hintergrund der Regel/Ausnahmestruktur der §§ 38 und 39 muss sich die Ermessensanordnung einigermaßen deutlich aus der jeweiligen leistungsrechtlichen Vorschrift ergeben, andernfalls ist – im Einklang auch mit § 2 Abs. 2 – von einer Anspruchsnorm auszugehen.

4   Eine besondere Erscheinungsform von Ermessensregeln sind die sog **„Soll-Vorschriften"**. Ist vorgesehen, dass eine Rechtsfolge eintreten „soll", ist damit üblicherweise gemeint, dass die Rechtsfolge im Regelfall eintritt und dass nur in atypischen Fällen Ermessen auszuüben ist. Ob ein atypischer Fall vorliegt, ist mit Blick auf den Zweck der Regelung und auf die Umstände des Einzelfalles zu beurteilen (BSG 27. 7. 2000 – B 7 AL 42/99 R – E 87, 31, 39).

5   Vom Ermessen ist der sog **„Beurteilungsspielraum"** zu unterscheiden. Es handelt sich hier um ein ermessensähnliches Phänomen auf der Tatbestandseite einer Rechtsnorm. Elemente des Tatbestandes können in besonderer Weise unscharf ausgestaltet sein. Nur ganz ausnahmsweise wird die Verwendung solchermaßen unbestimmter Rechtsbegriffe als Einräumung eines „Beurteilungsspielraums" aufgefasst. Die Folge ist eine lediglich zurückhaltende gerichtliche Kontrolle, die auf die Fragen begrenzt ist, „ob die Verwaltung von einem zutreffend und vollständig ermittelten Sachverhalt ausgegangen ist, ob sie die durch Auslegung des unbestimmten Rechtsbegriffs abstrakt ermittelten Grenzen eingehalten und beachtet hat und ob sie ihre Subsumtionserwägungen so verdeutlicht und begründet hat, dass im Rahmen des Möglichen die zutreffende Anwendung der Beurteilungsmaßstäbe erkennbar und nachvollziehbar ist" (BSG 3. 7. 2003 – B 7 AL 66/02 – SozR 4–4300 § 77 Nr. 1). Ein Beurteilungsspielraum kann angenommen werden, wenn eine Entscheidung nicht weisungsgebundenen, pluralistisch zusammengesetzten oder besonders fachkundigen Verwaltungsorganen obliegt, wenn es um unvertretbare Entscheidungen geht, wenn wertende Elemente geistig-seelisch-künstlerischer Art eine Rolle spielen, oder bei prognostischen Verwaltungsentscheidungen programmatischen, prozesshaften und gestaltenden Charakters (BSG 29. 7. 1993 – 11/9b RAr 5/92 – SozR 3–4100 § 60 Nr. 1; 3. 7. 2003 – B 7 AL 66/02 R –, SozR 4–4300 § 77 Nr. 1) oder wenn ein unbestimmter Rechtsbegriff im Tatbestand mit einer Ermessensermächtigung auf der Rechtsfolgenseite einer Vorschrift zusammentrifft (sog. Koppelungsvorschriften, BSG 4. 3. 1999 – B 11/10 AL 5/98 R – E 83, 292, 295 im Anschluss an GmSOGB 19. 10. 1971 – GmS-OGB 3/70 – BVerwGE 39, 355).

C. Pflichtgemäße Ermessensbetätigung und Ermessensfehler (Abs. 1)

6   Ist einem Leistungsträger Ermessen eingeräumt, so bedeutet dies nicht, dass die Entscheidung über die Rechtsfolge in seinem freien Belieben stünde. Es bleibt vielmehr gewissermaßen bei einer abgeschwächten Form der Gesetzesbindung: Das Ermessen ist nämlich „entsprechend dem Zweck der Ermächtigung auszuüben und (es sind) die gesetzlichen Grenzen des Ermessens einzuhalten" (Abs. 1 S. 1). In diesem Sinne ist das Ermessen „pflichtgemäß" auszuüben (Abs. 1 S. 2).

7   Der **Zweck einer Ermessensermächtigung** kann sich – im Wege der Auslegung – aus der betreffenden Vorschrift selbst ergeben oder aber aus anderen Vorschriften, die ausdrücklich oder implizit etwas für die Ausübung des Ermessens hergeben. Aus der Einräumung von Ermessen ergibt sich zunächst, dass von dem Handlungsspielraum auch Gebrauch gemacht werden muss. § 2 Abs. 2 Hs. 2 ist als allgemeine Maßgabe für die Ermessensbetätigung zu entnehmen, dass bei der Ausübung von Ermessen die möglichst weitgehende Verwirklichung der sozialen Rechte sicherzustellen ist. § 33 besagt, dass Wünschen des Berechtigten entsprochen werden soll, soweit diese angemessen sind. In den besonderen Teilen des SGB gibt es weitere Vorschriften, die den Zweck der jeweiligen Ermessensermächtigungen näher konkretisieren (Beispiel: § 7 SGB III).

8   **Gesetzliche Grenzen des Ermessens** können sich ebenfalls aus der Ermessensermächtigung selbst ergeben, wenn dort etwa für die jeweilige Ermessensleistung gewisse Höchst- oder Mindestgrenzen vorgesehen sind oder aber wenn gewisse Ermessenserwägungen ausdrücklich untersagt werden (z. B.: § 5 Abs. 1 S. 2 SGB II). Grenzen können aber auch in den Grundrechten begründet sein. Dabei spielt der Gleichheitssatz (Art. 3 Abs. 1 GG) eine hervorgehobene Rolle; er verpflichtet die Verwaltung auf eine gleichmäßige Ausübung des Ermessens (sog. Selbstbindung der Verwaltung). Auch andere Grundrechte können bei der Ermessensausübung Bedeutung erlangen, etwa das **Grundrecht der Berufsfreiheit** (Art. 12 Abs. 1 GG). Überdies sind verfassungsrechtliche Fundamentalprinzipien zu beachten, insbesondere das Rechtsstaatsprinzip. Im Rechtsstaatsprinzip wurzelt insbesondere das Gebot des Vertrauensschutzes.

9   Aus der rechtlichen Bindung, der die Verwaltung bei der Betätigung von Ermessen unterliegt, lässt sich umgekehrt auch eine Systematik möglicher Ermessensfehler ableiten. Allgemein anerkannt ist folgende Typologie der Ermessensfehler (vgl zB BSG 14. 12. 1994 – 4 RA 42/94 – SozR 3–1200 § 39 Nr. 1 S. 9): Als **Ermessensüberschreitung** wird es bezeichnet, wenn eine in der Ermessensermächtigung nicht vorgesehene Rechtsfolge angeordnet wird (= Grenzüberschreitung). Von **Ermessensnichtgebrauch** oder **Ermessensunterschreitung** spricht man, wenn die Behörde Ermessen überhaupt nicht ausübt, etwa weil sie sich irrig zum Handeln verpflichtet sieht (= Zweckverfehlung). **Ermessensmissbrauch** oder **Ermessensfehlgebrauch** schließlich liegt vor, wenn die für die Er-

messensausübung nach dem Gesetz maßgeblichen Gesichtspunkte nicht oder nicht alle oder nicht hinreichend oder wenn sachwidrige oder unzulässige Gesichtspunkte berücksichtigt werden oder aber wenn der einschlägige Sachverhalt nicht vollständig ermittelt ist (= Zweckverfehlung; Beispiel: BSG 20. 8. 1970 – 1 RA 211/68 – E 31, 258, 265).

Denkbar ist schließlich, dass in einem konkreten Fall nur eine einzige Art der Ermessensausübung als pflichtgemäß angesehen werden kann. In einem solchen Fall der **„Ermessensreduzierung auf Null"** oder der **„Ermessensschrumpfung"** ist der Leistungsträger verpflichtet, im Sinn der einzig ermessensfehlerfreien Variante zu entscheiden (z. B. BSG 18. 8. 2005 – B 7a/7 AL 66/04 R – SozR 4–4300 § 415 Nr. 1: Ermessensreduzierung durch mündliche Zusage; BSG 8. 2. 2007 – B 7a AL 22/06 R – SozR 4–4300 § 324 Nr. 3). 10

Die Ausübung von Ermessen wird vielfach durch allgemeine Vorgaben vorgesetzter Stellen gesteuert, die den Handlungsspielraum des einzelnen Sachbearbeiters begrenzen. Solche Ermessensrichtlinien, die auf einheitliche und gleichmäßige Betätigung des Ermessens abzielen, werden als **„ermessenlenkende Verwaltungsvorschriften"** eingeordnet (vgl. Wolff/Bachof/Stober Verwaltungsrecht I, 10. Aufl, 1994, § 24 Abs. 4; Hänlein Rechtsquellen S. 199 ff. m. w. N.). Ermessenlenkende Verwaltungsvorschriften binden im Ausgangspunkt nur die nachgeordneten Behörden und Bediensteten, wirken jedoch grundsätzlich nicht für und gegen den Bürger. Außenwirkung entfalten sie allerdings vermittelt über den Gleichheitssatz (Art. 3 Abs. 1 GG; „Selbstbindung"): Die Verwaltung ist danach verpflichtet, ein einmal rechtmäßig konzipiertes und ins Werk gesetztes Handlungsprogramm konsequent beizubehalten, sofern nicht Besonderheiten des Einzelfalles eine abweichende Behandlung gebieten und sofern nicht das Programm allgemein aufgegeben wird (vgl. Hänlein ebd.). 11

Der Verwaltungsakt, in dem die Behörde ihre Ermessensentscheidung ausdrückt, muss in seiner **Begründung** auch die Gesichtspunkte erkennen lassen, von denen die Behörde bei der Ausübung des Ermessens ausgegangen ist (§ 35 Abs. 1 S. 3 SGB X). 12

D. Rechtliche Behandlung von Ermessensleistungen (Abs. 2)

I. Materiellrechtliche Behandlung

Für Ermessensleistungen gelten die Vorschriften über Sozialleistungen, auf die ein Anspruch besteht, entsprechend, soweit sich aus den Vorschriften des SGB nichts anderes ergibt. Die abweichende Regel des § 40 Abs. 2 hängt damit zusammen, dass der Inhalt einer Ermessensleistung regelmäßig erst feststeht, wenn ein Verwaltungsverfahren durchgeführt und abgeschlossen ist. Deshalb kann als Entstehungszeitpunkt eines Anspruchs auf eine Ermessensleistung nur der Zeitpunkt der Bekanntgabe des jeweiligen Verwaltungsaktes angenommen werden, wie es § 40 Abs. 2 ausdrücklich vorsieht. 13

II. Prozessrechtliche Behandlung

Bei Versagung einer Ermessensleistung kommt nach Durchführung des regelmäßig zunächst durchzuführenden Vorverfahrens (§§ 78 ff. SGG, 68 ff. VwGO) idR eine **kombinierte Anfechtungs- und Verpflichtungsklage** in Betracht (§§ 54 Abs. 1 SGG, 42 VwGO; vgl. auch BSG 25. 7. 1985 – 7 RAr 33/84 – E 58, 291). Die Prüfung des Gerichts ist in Bezug auf die Ausübung des Ermessens darauf beschränkt, ob die Grenzen des Ermessens überschritten oder ob von dem Ermessen in einer dem Zweck der Ermächtigung nicht entsprechenden Weise Gebrauch gemacht ist; eigene Zweckmäßigkeitserwägungen darf das Gericht nicht anstellen (§§ 54 Abs. 2 SGG, 114 VwGO; dazu etwa BSG 5. 12. 1978 – 7 RAr 40/77 – E 47, 278, 281; 17. 7. 1985 – 1 RA 11/84 – E 58, 263, 270). Ist die Klage begründet, erlässt das Gericht ein **Bescheidungsurteil** (§§ 131 Abs. 3 SGG, 113 Abs. 5 S. 2 VwGO). Kommt nach Lage der Dinge nur eine einzige fehlerfreie Ermessensentscheidung in Betracht, kann im sozialgerichtlichen Verfahren auch bei Versagung einer Ermessensleistung eine kombinierte Anfechtungs- und Leistungsklage erhoben werden (zB. BSG 20. 3. 1959 – 3 RK 13/55 –). 14

§ 40 Entstehen der Ansprüche

(1) **Ansprüche auf Sozialleistungen entstehen, sobald ihre im Gesetz oder auf Grund eines Gesetzes bestimmten Voraussetzungen vorliegen.**

(2) **Bei Ermessensleistungen ist der Zeitpunkt maßgebend, in dem die Entscheidung über die Leistung bekanntgegeben wird, es sei denn, daß in der Entscheidung ein anderer Zeitpunkt bestimmt ist.**

A. Normzweck

Auf Sozialleistungen besteht im Grundsatz ein Rechtsanspruch (§ 38). Angesichts dessen ist die Feststellung in Abs. 1 konsequent, dass Sozialleistungsansprüche entstehen, wenn die gesetzlichen 1

Voraussetzungen erfüllt sind, ohne dass ein weiteres Tätigwerden der Verwaltung hinzukommen muss (BT-Drs. 7/868 S. 29). Diese Aussage ist an sich unspektakulär. Ihr Sinn erschließt sich, wenn man die Überlagerung des materiellen Sozialleistungsrechts durch das Verwaltungsverfahrensrecht bedenkt: In aller Regel werden Leistungen nicht unmittelbar in Anspruch genommen, sondern erst aufgrund eines bewilligenden Verwaltungsakts. Angesichts dessen ist die Klarstellung sinnvoll, dass ein Sozialleistungsanspruch nicht erst mit der Entscheidung über ihn entsteht. Anders verhält es sich bei Ermessensleistungen. Bei diesen ist angesichts häufig schwieriger Ermittlungs- und Bewertungsnotwendigkeiten die Feststellung schwierig, wann die Voraussetzungen erfüllt sind. Deshalb sieht Abs. 2 vor, dass für die Entstehung des Anspruchs auf eine Ermessensleistung der Zeitpunkt der Verwaltungsentscheidung maßgeblich ist, soweit in der Entscheidung nicht ein anderer Zeitpunkt bestimmt wird (BT-Drs. 7/868 S. 29).

2 Der Zeitpunkt der Entstehung von Sozialleistungsansprüchen ist insbesondere für die Fälligkeit (§ 41, daran anknüpfend die Verzinsungspflicht, § 44 Abs. 1) und die Verjährung (§ 45), modifiziert auch für die Vererblichkeit von Ansprüchen (§ 59 S. 2), von Bedeutung. Der Entstehungszeitpunkt spielt auch im intertemporalen Sozialrecht eine Rolle (vgl. etwa § 422 SGB III oder §§ 302b, 314b SGB VI und dazu BSG 31. 10. 2002 – B 4 RA 9/01 R – SozR 3–2600 § 101 Nr. 2).

B. Entstehung von Sozialleistungsansprüchen bei Rechtsanspruch auf die Leistung (Abs. 1)

3 Abs. 1 regelt den Entstehungszeitpunkt von Sozialleistungen, hinsichtlich derer ein Rechtsanspruch (§ 39) besteht. Sozialleistungen sind Dienst-, Sach- und Geldleistungen, die der Verwirklichung der in den §§ 2–10 genannten Rechte dienen. Nicht angesprochen sind also beispielsweise Beitragsansprüche (dazu vielmehr § 22 SGB IV).

4 Für die Entstehung kommt es darauf an, dass die im Gesetz oder auf Grund eines Gesetzes bestimmten Voraussetzungen vorliegen. Mit Gesetz ist das förmliche Parlamentsgesetz gemeint. Als Rechtsquellen, die Voraussetzungen für Sozialleistungsansprüche auf Grund eines Gesetzes festlegen, kommen insbesondere aufgrund gesetzlicher Ermächtigung ergangene Rechtsverordnungen, aber auch autonomes Recht der Leistungsträger (Satzungen oder sonstiges autonomes Recht, vgl. auch § 34 SGB IV; eingehend Hänlein Rechtsquellen § 7) in Betracht. Leistungsvoraussetzungen können aber etwa auch in Richtlinien festgelegt sein (etwa Richtlinien des Gemeinsamen Bundesausschusses, §§ 92, 135 Abs. 1 SGB V; näher Hänlein Rechtsquellen § 16).

5 Ob eine Sozialleistung beantragt wurde, spielt für die Entstehung des Anspruchs im Grundsatz keine Rolle. Selbst dort, wo Leistungen nur auf Antrag erbracht werden (vgl. auch § 19 SGB IV), kommt dem Antragserfordernis nicht zwingend materiellrechtliche Bedeutung zu (BSG 21. 6. 2001 – B 7 AL 54/00 R– BSGE 88, 180, 184: verfahrensrechtlicher Charakter des Antrags auf Alg; ebenso BSG 2. 8. 2000 – B 4 RA 54/99 R – SozR 3–2600 § 99 Nr. 5 zu Rentenansprüchen). In einigen Ausnahmefällen wird dem Antrag allerdings materiellrechtliche Bedeutung beigemessen, so dass die Entstehung des Anspruchs von der Antragstellung abhängt (BSG 23. 3. 1956 – 10 RV 385/55 – E 2, 289 betr. Versorgung nach BVG; BSG 8. 11. 2007 – 9/9a VG 3/05 R – Breith 2008, 507 betr. OEG; BSG 16. 12. 1975 – 11 RA 200/74 – E 41, 89, 90; und LSG Thüringen 14. 9. 2006 – L 2 RJ 343/04 – betr. Beitragserstattung gem. § 210 SGB VI; BVerwG 20. 2. 1992 – 5 C 74/88 – E 90, 37 betr. BAföG; BVerwG 28. 9. 2000 – 5 C 29/99 – E 112, 98 betr. Jugendhilfe). Der Anspruch auf Sozialhilfe entsteht, abgesehen von der Grundsicherung im Alter und bei Erwerbsminderung, bei Kenntnis des Trägers vom Vorliegen der Voraussetzungen der Anspruchs, § 18 Abs. 1 SGB XII.

6 Bei laufenden Geldleistungen entstehen der Anspruch im Sinne eines Stammrechts und die daraus folgenden Einzelansprüche regelmäßig zu unterschiedlichen Zeitpunkten, denn die Einzelansprüche entstehen jeweils mit dem Beginn der jeweiligen Zeitraums, auf den sie sich beziehen (BSG 24. 3. 1987 – 4b RV 33/86 – SozR 1200 § 44 Nr. 18).

7 Der jeweilige Anspruch entsteht, sobald alle Voraussetzungen erfüllt sind; geschieht dies sukzessive, entsteht der Anspruch, wenn auch die letzte Voraussetzung erfüllt ist (BSG 8. 11. 2007 – 9/9a VG 3/05 R – Breith 2008, 507).

C. Entstehung von Sozialleistungsansprüchen bei Ermessensleistungen (Abs. 2)

8 Bei Ermessensleistungen entsteht der Anspruch auf die Leistung in dem Zeitpunkt, in dem die Entscheidung über die Leistung bekannt gegeben wird (§ 37 SGB X). Dies gilt auch dann, wenn sich im Einzelfall der Ermessensspielraum auf eine einzige Entscheidungsmöglichkeit verdichtet (Ermessensreduzierung auf Null), denn auch in einem solchen Fall bedarf es regelmäßig einer komplexen Bewertung des Einzelfalles, die den Gesetzgeber zu der Sonderregelung für Ermessensleistungen motiviert hat (BSG 24. 6. 1987 – 5a RKnU 2/86 – SozR 1200 § 40 Nr. 3; a. A. Hauck/Rolfs K § 40 Rn. 21).

SGB I – Allgemeiner Teil §§ 41, 42 **SGB I 10**

In der Entscheidung kann allerdings auch ein früherer Zeitpunkt festgelegt werden (Abs. 2 a. E.). Auch insoweit besteht ein Ermessensspielraum; auch dieses Ermessen ist im Sinne von § 39 pflichtgemäß auszuüben.

D. Sondervorschriften

Eine gem. § 37 vorrangige Sondervorschrift findet sich in § 46 SGB V (Entstehen des Anspruchs 9 auf Krankengeld).

§ 41 Fälligkeit

Soweit die besonderen Teile dieses Gesetzbuchs keine Regelung enthalten, werden Ansprüche auf Sozialleistungen mit ihrem Entstehen fällig.

Die Vorschrift regelt die Fälligkeit von Sozialleistungsansprüchen, soweit die besonderen Teile des 1 SGB keine Regelungen enthalten. Da dies vielfach der Fall ist, hat die Vorschrift, wie es die Begründung des Gesetzes ausdrückt, „nur subsidiären Charakter" (BT-Drs. 7/868 S. 29). Das Gesetz knüpft – im Anspruch an die Rechtsprechung des BSG (BSG 21. 12. 1971 – GS 4/71 – E 34, 1, 18) – die Fälligkeit für Sozialleistungsansprüchen an deren Entstehung.

Geregelt ist das Eintreten der Fälligkeit von Ansprüchen auf Sozialleistungen. Sozialleistungen sind 2 Dienst-, Sach- und Geldleistungen, die der Verwirklichung der in den §§ 2–10 genannten Rechte dienen. Die Fälligkeit tritt ein mit der Entstehung des Anspruchs (dazu § 40). Es ist also kein Antrag erforderlich, um die Fälligkeit herbeizuführen. Bei regelmäßig wiederkehrenden Geldleistungen kann nicht das Stammrecht fällig werden, sondern allein die aus diesem folgenden Einzelansprüche; nur der erste Einzelanspruch kann zusammen mit dem Stammrecht entstehen (BSG 23. 6. 1994 – 4 RA 70/93 – SozR 3–2600 § 300 Nr. 3).

Fälligkeit bedeutet, dass der Berechtigte die Sozialleistung verlangen und dass der Leistungsträger sie 3 bewirken kann (§ 271 BGB). Allerdings begründet die Fälligkeit nicht schon deren Klagbarkeit, sondern die Möglichkeit, den betroffenen Anspruch im Verwaltungsverfahren geltend zu machen (BSG 21. 12. 1971 – GS 4/71 – E 34, 1, 17). Die Fälligkeit ist Voraussetzung der Verzinsungspflicht (§ 44). Fällige Ansprüche auf laufende Geldleistungen unterliegen der Sonderrechtsnachfolge § 56. Von Bedeutung ist die Fälligkeit überdies auch für den Anspruch auf einen Vorschuss (§ 42) oder auf eine vorläufige Leistung (§ 43), für die Aufrechung (§ 51) oder Verrechung (§ 52) sowie für die Vererblichkeit von Sozialleistungsansprüchen (§ 59).

In den besonderen Teilen finden sich insbesondere folgende spezielle Regelungen über die Fällig- 4 keit: SGB II: § 41 Abs. 1 S. 4; SGB III: § 337 Abs. 2, 3; SGB VI: §§ 99–101, 108, 118; SGB VII: §§ 72, 96; BAföG: § 15; BVG: §§ 18 a, 60; WoGG: § 26 Abs. 2.

§ 42 Vorschüsse

(1) ¹Besteht ein Anspruch auf Geldleistungen dem Grunde nach und ist zur Feststellung seiner Höhe voraussichtlich längere Zeit erforderlich, kann der zuständige Leistungsträger Vorschüsse zahlen, deren Höhe er nach pflichtgemäßem Ermessen bestimmt. ²Er hat Vorschüsse nach Satz 1 zu zahlen, wenn der Berechtigte es beantragt; die Vorschußzahlung beginnt spätestens nach Ablauf eines Kalendermonats nach Eingang des Antrags.

(2) ¹Die Vorschüsse sind auf die zustehende Leistung anzurechnen. ²Soweit sie diese übersteigen, sind sie vom Empfänger zu erstatten. ³§ 50 Abs. 4 des Zehnten Buches gilt entsprechend.

(3) Für die Stundung, Niederschlagung und den Erlaß des Erstattungsanspruchs gilt § 76 Abs. 2 des Vierten Buches entsprechend.

A. Normzweck

Die Möglichkeit der Vorschusszahlung (Abs. 1) soll Leistungsberechtigte bei längerer Bearbeitungs- 1 zeit vor Nachteilen bewahren; die Kehrseite der Gewährung von Vorschüssen ist eine scharfe Rückzahlungspflicht hinsichtlich überzahlter Beträge (Abs. 2), die allerdings nicht zu sozialen Härten führen darf (Abs. 3; BT-Drs. 7/868 S. 29). Zu unterscheiden ist die Vorschusszahlung wegen nicht vollends geklärter Sachlage nach § 42 von vorläufiger Leistungsgewährung wegen streitiger Leistungszuständigkeit (§ 43).

Hänlein 197

B. Voraussetzungen einer Vorschusszahlung

2   Die Bewilligung eines Vorschusses setzt zunächst voraus, dass dem Grund nach Anspruch auf eine Geldleistung besteht. Bei der Leistung, die beantragt ist oder von Amts wegen gewährt werden soll, muss es sich um eine Sozialleistung im Sinne von § 11 S. 1 handeln, die die Zahlung von Geld zum Gegenstand hat. Der Anspruch auf die Leistung muss dem Grunde nach „zur Überzeugung des Sozialleistungsträgers" feststehen (BSG 31. 8. 1983 – 2 RU 80/82 – E 55, 287). Es darf den Träger also lediglich fehlende Klarheit hinsichtlich der Höhe des Anspruchs an einer abschließenden Entscheidung hindern. Die Vorschrift ist – im Unterschied etwa zu § 328 Abs. 1 Nr. 3 SGB III – nicht auf Fälle gemünzt, in denen Ungewissheit auch hinsichtlich des Anspruchsgrundes besteht. In Ausnahmefällen hat die Rechtsprechung aber sog. Vorwegzahlungen zugelassen, wenn der Anspruch dem Grunde nach zwar noch nicht feststand, immerhin aber wahrscheinlich war (etwa BSG 29. 4. 1997 – 4 RA 46/96 – SozR 3–1200 § 42 Nr. 5; näher Gagel vor § 328 SGB III Rn. 44 ff.).

3   Des weiteren muss zur Feststellung der Höhe des Anspruchs voraussichtlich längere Zeit erforderlich sein. Wann von einer längeren Bearbeitungszeit auszugehen ist, ist nach den Umständen des Einzelfalles mit Blick auf den Zweck der in Rede stehenden Sozialleistung zu beurteilen; geht es um eine Leistung, die zur Sicherung des Lebensunterhalts dringend erforderlich ist, kann auch bei einer noch bevorstehenden eher kurzen Bearbeitungszeit die Zahlung eines Vorschusses geboten sein (BT-Drs. 7/868 S. 29). Eine voraussichtliche Bearbeitungszeit von mehr als zwei Monaten ist in der Regel als „länger" anzusehen (Hauck/Noftz/Rolfs K § 42 Rn. 22, arg.: Abs. 1 S. 2 a. E.).

C. Entscheidung über die Vorschusszahlung

4   Stellt der Leistungsberechtigte einen Antrag auf Gewährung eines Vorschusses, ist der Träger verpflichtet, einen Vorschuss zu gewähren (Abs. 1 S. 2 Hs. 1). Ist ein Vorschuss nicht beantragt, ist über die Bewilligung eines Vorschusses nach pflichtgemäß auszuübendem Ermessen zu entscheiden (Abs. 1 S. 1: „kann").

5   Die Entscheidung über die Höhe des Vorschusses ist stets nach pflichtgemäßem Ermessen zu treffen. Dabei ist die Höhe der zu erwartenden Leistung aber auch das für den Empfänger bestehende Rückzahlungsrisiko zu berücksichtigen.

6   Auch über den Beginn der Vorschussleistung ist nach Ermessen zu entscheiden. Eingeschränkt ist das Ermessen, wenn die Vorschussleistung beantragt wurde: in diesem Fall setzt die Vorschusszahlung zwingend spätestens nach Ablauf eines Kalendermonats nach Eingang des Antrags ein (Abs. 1 S. 2 a. E.).

D. Form der Entscheidung über die Vorschusszahlung

7   Über die Gewährung eines Vorschusses wird durch Verwaltungsakt entschieden. Diese Entscheidung entfaltet hinsichtlich der Voraussetzungen der endgültigen Leistung keine Bindungswirkung (BSG 31. 8. 1983 – 2 RV 80/82 – E 55, 287; vgl. auch BSG 24. 10. 1985 – 2 RU 53/84 – E 59, 51, 53 betr. § 43; dazu auch LSG Stgt. 23. 11. 2000 – L 10 U 2189/98 – SGb 2002, 53). Dem Tenor der Entscheidung muss zu entnehmen sein, dass es sich um einen Vorschuss handelt. Inhalt und Umfang der Vorläufigkeit der Entscheidung müssen deutlich werden; der Adressat muss deren vorläufigen Charakter, ihre auf eine Übergangszeit beschränkte Geltung, erkennen können (BSG 28. 6. 1990 – 4 RA 57/89 – E 67, 104, 119; 1. 7. 2010 – B 11 AL 19/09 R). Nur eine eindeutige Tenorierung führt dazu, dass sich der Bescheid erledigt (§ 39 Abs. 2 SGB X), wenn die endgültige Entscheidung ergeht (vgl. BSG 31. 5. 1989– 4 RA 19/88: Erledigung bei Anrechnung). Andernfalls wird der Bescheid über den (intendierten) Vorschuss bestandskräftig, so dass statt des Erstattungsanspruchs nach Abs. 2 ein solcher nach § 50 Abs. 1 SGB X (also: Vertrauensschutz, § 45 Abs. 4 SGB X!) in Frage kommt.

E. Endgültige Entscheidung, Anrechnung und Erstattung von Vorschüssen

8   Hat der Träger die hinsichtlich der Höhe der Sozialleistung noch offenen Fragen geklärt, erlässt er den abschließenden Bewilligungsbescheid. In diesem Bescheid hat er die gewährten Vorschüsse auf die zustehende Leistung anzurechnen (Abs. 2 S. 1; Folge: Erlöschen der bewilligten Leistung in Höhe des Anrechnungsbetrages: BSG 31. 5. 1989 – 4 RA 19/88 – SozR 1200 § 42 Nr. 4).

9   Soweit die gewährten Vorschüsse die bewilligte Leistung übersteigen, hat der Empfänger die Vorschüsse zu erstatten; Ermessen ist insoweit nicht eingeräumt (Abs. 2 S. 2; zur Verjährung des Erstattungsanspruchs: Abs. 2 S. 3 mit § 50 Abs. 4 SGB X). Der Erstattungsanspruch wird durch Verwal-

tungsakt geltend gemacht (BSG 31. 5. 1989 – 4 RA 19/88 – SozR 1200 § 42 Nr. 4). Einer Rücknahme des Bescheides über den Vorschuss bedarf es nicht, und zwar selbst dann nicht, wenn sich nachträglich das Nichtbestehen des Anspruchs herausstellt (BSG 1. 7. 2010 – B 11 AL 19/09 R).

Härten für den Leistungsempfänger, die durch den Erstattungsanspruch herbeigeführt werden, **10** können durch Stundung oder Erlass des Erstattungsanspruchs vermieden werden (Abs. 3 mit § 76 Abs. 2 SGB IV). Die Stundung (= Gewährung von Zahlungsaufschub) setzt voraus, dass die sofortige Einziehung mit erheblichen Härten für den Schuldner des Erstattungsanspruchs verbunden wäre und dass der Anspruch durch die Stundung nicht gefährdet wird (§ 76 Abs. 2 S. 1 Nr. 1 SGB IV). Die Stundung soll gegen angemessene Verzinsung gewährt werden (§ 76 Abs. 2 S. 2; nahe liegend: Basiszinssatz + 2%, Hauck/Noftz/Rolfs K § 42 Rn. 48; vgl auch BSG 23. 2. 1988 – 12 RK 50/86 – SozR 2100 § 76 Nr. 1). Ein Erlass des Anspruchs (= einseitiger Verzicht durch den Träger mit der Folge des Erlöschens des Anspruchs) erfolgt, wenn die Einziehung der Forderung nach Lage des konkreten Falles unbillig wäre (§ 76 Abs. 2 S. 1 Nr. 3 SGB IV, näher BSG 4. 3. 1999 – B 11/10 AL 5/98 R – E 83, 292, 295 f. im Anschluss an GmS-OBG 19. 10. 1971 – 3/70 – BVerwGE 39, 355).

Über Stundung und Erlass wird durch Verwaltungsakt entschieden; beantragt der Erstattungs- **11** schuldner Stundung oder Erlass, hat er Anspruch auf eine förmliche Entscheidung (BSG 13. 6. 1989 – 2 RV 32/88 – E 65, 133, 137; 29. 10. 1991 – 13/5 RJ 36/90 – E 69, 301, 306). Dieser Verwaltungsakt muss nicht mit demjenigen verbunden werden, der den Erstattungsanspruch geltend macht (BSG 23. 3. 1995 – 13 RJ 39/94 – SozR 3-1300 § 48 Nr. 37).

In Betracht kommt auch eine Niederschlagung des Erstattungsanspruchs. Die Niederschlagung **12** (= Absehen von der Durchsetzung) ermöglicht die Berücksichtigung fiskalischer Durchsetzungsprobleme (fehlende Erfolgsaussicht oder unverhältnismäßige Kosten, § 76 Abs. 2 S. 1 Nr. 2 SGB IV).

F. Sondervorschriften

SGB II: § 40 Abs. 2 Nr. 1 (vorläufiger Verwaltungsakt); SGB III: § 186 (Vorschuss auf Insolvenz- **13** geld); § 328 Abs. 1 S. 1 Nr. 3 (vorläufiger Verwaltungsakt); SGB VII: § 62 (Rente als vorläufige Entschädigung); BAföG: § 51 Abs. 2 (Leistung unter Vorbehalt der Rückforderung bei erstmaliger Antragstellung); BVG: § 60 a (vorläufig gezahlte Ausgleichsrente).

§ 43 Vorläufige Leistungen

(1) ¹Besteht ein Anspruch auf Sozialleistungen und ist zwischen mehreren Leistungsträgern streitig, wer zur Leistung verpflichtet ist, kann der unter ihnen zuerst angegangene Leistungsträger vorläufig Leistungen erbringen, deren Umfang er nach pflichtgemäßem Ermessen bestimmt. ²Er hat Leistungen nach Satz 1 zu erbringen, wenn der Berechtigte es beantragt; die vorläufigen Leistungen beginnen spätestens nach Ablauf eines Kalendermonats nach Eingang des Antrags.

(2) ¹Für die Leistungen nach Absatz 1 gilt § 42 Abs. 2 und 3 entsprechend. ²Ein Erstattungsanspruch gegen den Empfänger steht nur dem zur Leistung verpflichteten Leistungsträger zu.

A. Normzweck

Mit vorläufigen Leistungen nach § 43 sollen Nachteile abgewendet werden, die den Leistungsbe- **1** rechtigten aus der institutionellen Gliederung des Sozialleistungssystems erwachsen können. Steht fest, dass jemand eine Sozialleistung beanspruchen kann, ist jedoch zwischen mehreren Leistungsträgern streitig, welcher von ihnen für die Leistung zuständig ist, hat der zuerst angegangene Leistungsträger Leistungen vorläufig zu erbringen (Abs. 1; vgl. BT-Drs. 7/868 S. 29 f.). Auf diese Weise wird der Grundsatz konkretisiert, dass jeder Berechtigte die ihm zustehenden Sozialleistungen zügig erhalten soll (§ 17 Abs. 1 Nr. 1). Stellt sich nach Gewährung einer vorläufigen Leistung die Zuständigkeit eines anderen Trägers heraus, soll der notwendige Ausgleich in erster Linie unter den Trägern stattfinden, wobei sich der Umfang des Erstattungsanspruchs nach den für den vorleistenden Träger geltenden Rechtsvorschriften richtet (§ 102 Abs. 2 SGB X; zuvor Abs. 3). Hat der Leistungsempfänger vom vorleistenden Träger mehr erhalten, als ihm zusteht, kann nur der zuständige Träger Erstattung des überzahlten Betrages verlangen (Abs. 2).

Zu unterscheiden ist die vorläufige Leistung wegen streitiger Leistungszuständigkeit (§ 43) von der **2** Vorschusszahlung wegen nicht vollends geklärter Sachlage nach § 42. Verwandt mit dem Institut der vorläufigen Leistung ist die Regelung des § 125 SGB III („Nahtlosigkeitsregelung"), die einem in seiner Leistungsfähigkeit geminderten Arbeitslosen zunächst einen Anspruch auf Arbeitslosengeld verschafft, bis der Träger der Rentenversicherung eine Leistung zuerkennt. Diese Regelung ist für den Leistungsberechtigten u. a. deshalb günstiger als § 43, weil die Bundesagentur bereits aufgrund der abstrakten Möglichkeit eines negativen Kompetenzkonflikts zur Leistung verpflichtet ist (näher BSG 7. 11. 2006 B 7 b AS 10/06 – SozR 4–4200 § 22 Nr. 2). Weiterer Fall einer Nahtlosigkeitsregelung: § 44 a Abs. 1 S. 3 SGB II. In den Nahtlosigkeitsfällen findet der Ausgleich zwischen den Trägern nach § 103 SGB X statt.

B. Voraussetzungen einer vorläufigen Leistung

3   Die Bewilligung einer vorläufigen Leistung setzt zunächst voraus, dass ein Anspruch auf Sozialleistungen besteht. Sozialleistungen sind im SGB vorgesehene Dienst-, Sach- oder Geldleistungen, die der Verwirklichung sozialer Rechte dienen (§ 11 S. 1). Vorläufige Leistungen können – im Unterschied zu Vorschüssen gem. § 42 – mithin auch dann gewährt werden, wenn es nicht um Geldleistungen geht. Des weiteren muss hinsichtlich einer Sozialleistung ein Anspruch bestehen, wobei lediglich hinsichtlich der Frage der Leistungszuständigkeit Streit zwischen mindestens zwei Trägern bestehen darf. Dies bedeutet, dass – abgesehen von der Frage der Zuständigkeit – die Voraussetzungen unterschiedlicher Anspruchsgrundlagen erfüllt sein müssen (§ 40 Abs. 1). Da die Zuständigkeit für die vorläufige Leistung beim zuerst angegangenen Träger liegt, ist er es, der davon überzeugt sein muss, dass ein anderer Träger zur Leistung verpflichtet ist.

4   Vorläufige Leistungen setzen weiterhin voraus, dass zwischen mehreren Leistungsträgern im Sinne des § 12 S. 1 streitig ist, wer zur Leistung verpflichtet ist. Ein solcher Streit kann auch zwischen mehreren Trägern desselben Sozialleistungsbereichs bestehen (BVerwG 19. 11. 1992 – 5 C 33/90 – E 91, 177). Ein solcher negativer Kompetenzkonflikt zwischen dem zuerst angegangenem und einem anderen Träger liegt vor, wenn sich der andere Träger entgegen der Ansicht des zuerst angegangenen nicht für zuständig hält oder die Prüfung seiner Zuständigkeit nicht zügig abschließen kann (Anhaltspunkt: § 139 Abs. 1 SGB VII: 21 Tage). Die für einen negativen Kompetenzkonflikt erforderliche Ungewissheit hinsichtlich der Zuständigkeit kann schon dann gegeben sein, wenn ein Leistungsträger seine eigene Zuständigkeit für Leistungen der in Rede stehenden Art generell verneint (BSG 27. 4. 1989 – 9/9 a RV 44/87 – SozR 3100 § 11 Nr. 18).

C. Entscheidung über die vorläufige Leistung

5   Über eine vorläufige Leistung entscheidet der zuerst angegangene Leistungsträger. Zuerst angegangen ist derjenige Leistungsträger, der vom Berechtigten oder seinem Vertreter mündlich oder schriftlich zuerst mit dem Leistungsbegehren befasst wurde (BVerwG 19. 11. 1992 – 5 C 33/90 – E 91, 177, 179). Ein bloßes Beratungs- oder Auskunftsersuchen genügt dafür jedenfalls bei antragsabhängigen Leistungen nicht.

6   Stellt der Berechtigte einen Antrag auf Gewährung vorläufiger Leistungen, hat er einen Rechtsanspruch auf die vorläufige Leistungsgewährung (Abs. 1 S. 2 Hs. 1). Wird ein solcher Antrag nicht gestellt, entscheidet der zuerst angegangene Leistungsträger nach pflichtgemäßem Ermessen (§ 39).

7   Über die Höhe der vorläufigen Leistung entscheidet der Träger stets nach pflichtgemäßem Ermessen (Abs. 1 S. 1 a. E.). Dabei wird er sich im Rahmen der für ihn – bei gegebener Zuständigkeit – maßgeblichen Vorschriften halten (vgl. auch § 102 Abs. 2 SGB X, wonach sich der Umfang des Erstattungsanspruchs nach den für den vorleistenden Träger geltenden Rechtsvorschriften richtet).

8   Ebenfalls nach Ermessen ist über den Beginn der vorläufigen Leistung zu entscheiden. Eingeschränkt ist das Ermessen, wenn die vorläufige Leistung beantragt wurde: in diesem Fall setzt die Leistung zwingend spätestens nach Ablauf eines Kalendermonats nach Eingang des Antrags ein (Abs. 1 S. 2 a. E.).

9   Die Entscheidung über die vorläufige Leistung erfolgt durch Verwaltungsakt (dazu näher § 42 Rn. 7).

D. Endgültige Entscheidung, Anrechnung und Erstattung vorläufiger Leistungen

10   Steht die Zuständigkeit eines der Träger für die Gewährung der Sozialleistung fest, erlässt der zuständige Träger den abschließenden Bewilligungsbescheid. In diesem Bescheid hat er die gewährten vorläufigen Leistungen auf die zustehende Leistung anzurechnen (Abs. 2 S. 1 mit § 42 Abs. 2 S. 1; Folge: Erlöschen der bewilligten Leistung in Höhe des Anrechnungsbetrages: BSG 31. 5. 1989 – 4 RA 19/88 – SozR 1200 § 42 Nr. 4; vgl. auch § 107 Abs. 1 SGB X).

11   Soweit die vorläufige Leistung die bewilligte Leistung übersteigt, hat der Empfänger die Differenz zu erstatten; Ermessen ist insoweit nicht eingeräumt (Abs. 2 S. 1 mit § 42 Abs. 3 S. 2; zur Verjährung des Erstattungsanspruchs: Abs. 2 S. 1 mit § 42 Abs. 2 S. 3 und § 50 Abs. 4 SGB X). Der Erstattungsanspruch wird durch Verwaltungsakt geltend gemacht (BSG 31. 5. 1989 – 4 RA 19/88 – SozR 1200 § 42 Nr. 4). Inhaber des Erstattungsanspruchs ist allein der zur Leistung verpflichtete Träger (Abs. 2

S. 2). Zu Stundung, Niederschlagung und Erlass von Erstattungsansprüchen: Abs. 2 S. 1 mit § 42 Abs. 3 (dazu: § 42 Rn. 10–12).

Hat sich letztlich herausgestellt, dass nicht der vorleistende, sondern ein anderer Leistungsträger zuständig ist, kann der vorleistende Träger vom zuständigen Träger Erstattung fordern (§ 102 Abs. 1 SGB X). Der Umfang des Erstattungsanspruchs richtet sich nach den für den vorleistenden Träger geltenden Rechtsvorschriften (§ 102 Abs. 2 SGB X). Zum Erstattungsanspruch des vorleistenden Trägers im übrigen: §§ 106–114 SGB X). **12**

E. Sondervorschriften

SGB III: 23 Abs. 1 (Vorleistungspflicht der Arbeitsförderung); SGB VII: § 139 Abs. 1 (vorläufige Zuständigkeit in der Unfallversicherung); SGB VIII: § 86 d (Verpflichtung zum vorläufigen Tätigwerden in der Kinder- und Jugendhilfe); SGB IX: § 14 (Zuständigkeitsklärung); SGB XI: § 32 (vorläufige Leistungen zur medizinischen Rehabilitation); SGB XII: § 98 Abs. 2 S. 3 (ungeklärte örtliche Zuständigkeit für stationäre Leistungen der Sozialhilfe); vgl. auch oben Rn. 2. **13**

§ 44 Verzinsung

(1) **Ansprüche auf Geldleistungen sind nach Ablauf eines Kalendermonats nach dem Eintritt ihrer Fälligkeit bis zum Ablauf des Kalendermonats vor der Zahlung mit vier vom Hundert zu verzinsen.**

(2) **Die Verzinsung beginnt frühestens nach Ablauf von sechs Kalendermonaten nach Eingang des vollständigen Leistungsantrags beim zuständigen Leistungsträger, beim Fehlen eines Antrags nach Ablauf eines Kalendermonats nach der Bekanntgabe der Entscheidung über die Leistung.**

(3) [1]**Verzinst werden volle Euro-Beträge.** [2]**Dabei ist der Kalendermonat mit dreißig Tagen zugrunde zu legen.**

A. Normzweck

Die Vorschrift zieht aus dem Grundsatz, dass auf Sozialleistungen ein Rechtsanspruch besteht, die Konsequenz einer Pflicht zur Verzinsung rückständiger Sozialleistungen (BT-Drs. 7/868 S. 30) und bricht so mit der verzinsungsfeindlichen Tradition auf dem Gebiet des Sozialrechts (BSG 23. 7. 1992 – 7 RAr 98/90 – E 71, 72, 74); bei der Ausgestaltung der Einzelheiten legt die Regelung auf eine möglichst einfache Handhabung Wert (Verschuldensunabhängigkeit der Zinspflicht, einheitlicher Zinssatz von 4%; Verzinsung voller Kalendermonate à 30 Tage; Verzinsung voller Euro-Beträge). **1**

B. Voraussetzungen der Verzinsung

I. Ansprüche auf Geldleistungen

Der Zinspflicht unterliegen Ansprüche auf Geldleistungen. Mit Blick auf den Gesetzeszweck werden darunter Sozialleistungsansprüche im Sinne des §§ 11 und 18 ff. verstanden, die auf die – einmalige oder wiederkehrende – Zahlung von Geld gerichtet sind (BSG 20. 12. 1983 – 6 RKa 19/82 – E 56, 116; BSG 23. 7. 1992 – 7 RAr 98/90 – E 71, 72, 75). Zinspflichtig sind danach etwa Ansprüche auf die Zahlung von Renten der Renten- oder der Unfallversicherung, von Kranken- oder von Arbeitslosengeld. Der Zinspflicht unterliegt aber auch der Anspruch auf Kostenerstattung für selbstbeschaffte Leistungen gem. § 13 Abs. 3 SGB V (jurisPK-SGB I/Wagner § 44 Rn. 14). **2**

Nicht der Zinspflicht nach § 44 unterliegen hingegen: Erstattungsansprüche der Sozialleistungsträger untereinander (BSG 2. 2. 2010 – B 8 SO 22/08 R –), Erstattungsansprüche gegenüber Leistungsempfängern (BSG 23. 7. 1992 – 7 RAr 98/90 – E 71, 72, 73) oder Honoraransprüche von Ärzten gegen Kassenärztliche Vereinigungen (BSG 20. 12. 1983 – 6 RKa 19/82 – E 56, 116). **3**

Zu bedenken bleibt, dass Zahlungsansprüche, auf die § 44 nicht angewendet werden kann, zinspflichtig sein können, wenn andere gesetzliche Vorschriften dies vorsehen – Beispiele: § 27 Abs. 1 SGB IV (Erstattung zu Unrecht entrichteter Beiträge); § 50 Abs. 2 SGB X (Erstattung zu Unrecht erbrachter Leistungen); § 108 Abs. 2 SGB X (Erstattungsansprüche der Träger der Sozialhilfe, Kriegsopferfürsorge und Jugendhilfe gegen andere Leistungsträger); § 69 Abs. 1 S. 3 SGB V i. V. m. §§ 288, 291 BGB (z. B. Zinspflicht für Vergütungsansprüche von Apothekern gegen Krankenkassen, vgl. BSG 3. 8. 2006 – B 3 KR 7/06 R – E 97, 23; Prozesszinsen für Anspruch der Kassenärztlichen Vereinigung auf Zahlung der Gesamtvergütung, BSG 28. 9. 2005 – B 6 KA 71/04 R – E 95, 141). **4**

5   An der Zinspflicht ändert sich auch nichts durch Übertragung oder Übergang eines Sozialleistungsanspruchs auf einen anderen (zutreffend Hauck/Noftz/Rolfs K § 44 Rn. 1 unter Hinweis auf den akzessorischen Charakter der Zinspflicht). Dies sollte auch dann gelten, wenn der Zessionar ein Sozialleistungsträger ist; die gegenteilige Auffassung in der Gesetzesbegründung (BT-Drs. 7/868 S. 30) hat keinen Niederschlag im Gesetz gefunden (a. A. LPK-SGB I/Timme § 44 Rn. 7).

II. Fälligkeit

6   Die Zinspflicht entsteht nach Ablauf eines Kalendermonats nach dem Eintritt der Fälligkeit des Sozialleistungsanspruchs. Fälligkeit tritt ein, wenn der Anspruch entstanden ist (§ 41). Zur Entstehung: § 40.

III. Rückstand

7   Zu verzinsen ist ein Geldleistungsanspruch schließlich nur dann, wenn und solange er nicht erfüllt ist. Dass ein Rückstand vom Zahlungspflichtigen zu vertreten ist, verlangt das Gesetz aufgrund einer bewussten Entscheidung des Gesetzgebers nicht (BT-Drs. 7/868 S. 30).

C. Beginn und Ende der Verzinsung

I. Beginn der Verzinsung

8   Unabhängig von der Entstehung der Zinspflicht ist der Beginn der Verzinsung zu beurteilen, der sich aus Abs. 2 ergibt. Auch hinsichtlich aufgelaufener Rückstände sind erst ab dem hiernach maßgeblichen Zeitpunkt Zinsen zu entrichten. Hinsichtlich des Beginns der Verzinsung sind folgende Fälle zu unterscheiden:

9   **1. Beginn der Verzinsung bei Vorliegen eines Leistungsantrags.** Nach Abs. 2 Hs. 1 beginnt die Verzinsung frühestens nach Ablauf von sechs Kalendermonaten nach Eingang des vollständigen Leistungsantrags beim zuständigen Leistungsträger. Der Gesetzgeber ging auf der Grundlage von „Erfahrungs- und Durchschnittswerten" davon aus, dass innerhalb dieser Frist typischerweise ein Leistungsantrag bearbeitet werden könne (BT-Drs. 7/868 S. 30). Die Regelung bezieht sich auf Fälle, in denen eine Sozialleistung beantragt wurde; ob der Antrag auch erforderlich war, spielt keine Rolle (BSG 26. 6. 1980 – 8 a RU 62/79 – SozR 1200 § 44 Nr. 3; Hauck/Noftz/Rolfs K § 44 Rn. 20 u. 33; LPK-SGB I/Timme § 44 Rn. 12).

10 Der Berechtigte muss einen vollständigen Leistungsantrag stellen. Er muss also alle Tatsachen angeben, die für die Leistung erheblich sind (§ 60 Abs. 1 Nr. 1). Mit Blick auf die Amtsermittlungspflicht der Träger (§ 20 SGB X) dürfen allerdings hier keine zu strengen Anforderungen gestellt werden (BSG 13. 7. 2006 – B 7 a AL 24/05 R – E 65, 160, 162). Bei amtswegig zu gewährenden Leistungen der gesetzlichen Unfallversicherung genügt eine Kontaktaufnahme des Berechtigten mit dem Träger, um einen zureichenden Antrag annehmen zu können (SRH/Waltermann § 7 Rn. 54). Verwendet der Träger Vordrucke (vgl. §§ 17 Abs. 1 Nr. 3, 60 Abs. 2), ist ein Antrag als vollständig anzusehen, wenn die im Vordruck verlangten Angaben gemacht und die dort verlangten Urkunden beigefügt wurden (BSG 13. 7. 2006 – B 7 a AL 24/05 R – E 65, 160, 163). Bei unvollständigen Anträgen ist zu berücksichtigen, dass die Leistungsträger auf die unverzügliche Vervollständigung von Anträgen hinwirken müssen (§ 16 Abs. 3). Eine auf diesem Wege herbeigeführte Nachbesserung führt freilich zu einer Verschiebung des Beginns der sechsmonatigen Bearbeitungsfrist.

11 Maßgeblich für den Beginn der Bearbeitungsfrist ist der Eingang des vollständigen Antrags beim zuständigen Leistungsträger. Allerdings wendet das BSG auch in diesem Zusammenhang § 16 Abs. 2 S. 1 an, so dass als maßgeblicher Zeitpunkt ggf. auch der Zeitpunkt gilt, an dem der vollständige Antrag bei einem unzuständigen Träger oder bei einer der in § 16 Abs. 2 vorher genannten Stellen gestellt wird (BSG 28. 2. 1990 – 2 RU 41/89 – E 66, 234, 237; 18. 1. 1995 – 5 RJ 6/94 –).

12 Der Leistungsantrag löst den Fristlauf grundsätzlich auch dann aus, wenn er bereits vor Fälligkeit des Leistungsanspruchs gestellt wird (BSG 11. 8. 1993 – 5 a RKn 5/82 – E 55, 238, 240 f.).

13 **2. Beginn der Verzinsung bei Fehlen eines Leistungsantrags.** Nach Abs. 2 Hs. 2 beginnt die Verzinsung beim Fehlen eines Antrags nach Ablauf eines Kalendermonats nach der Bekanntgabe der Entscheidung. Diese Vorschrift kommt nach überzeugender Auslegung nur zum Zuge, soweit es um Sozialleistungen geht, deren Gewährung von einem Antrag abhängig ist, nicht jedoch bei solchen Leistungen, die von Amts wegen zu erbringen sind (z. B. § 19 S. 2 SGB IV betr. Leistungen der Unfallversicherung); wird bei amtswegig zu erbringenden Leistungen ein Antrag nicht gestellt, richtet sich der Beginn der Verzinsung nach Abs. 1; BSG 11. 8. 1993 – 5 a RKn 5/82 – E 55, 238, 239 für den Fall einer seitens des Unfallversicherungsträgers erfolgten Mitteilung, dass Ansprüche geprüft würden; Hauck/Noftz/Rolfs SGB I K § 44 Rn. 30 f.).

II. Ende der Verzinsung

Die Zinspflicht endet mit Ablauf des Kalendermonats vor der Zahlung durch den Träger (Abs. 1). Werden Geldleistungsansprüche teilweise beglichen, wie es insbesondere durch Zahlung von Vorschüssen oder vorläufigen Leistungen geschehen kann (zu deren Anrechnung: §§ 42 Abs. 2 S. 1, 43 Abs. 2 S. 1), endet die Zinspflicht jeweils im Umfang der Teilzahlung. Zur Zahlung durch Überweisung: § 47. **14**

D. Höhe und Berechnung der Zinsen

Der Zinssatz beträgt 4% (zur Verfassungsmäßigkeit: BVerfG-K 3. 12. 1997 – 1 BvR 1172/87 – SozR 4–1200 44 Nr. 1). Verzinst werden volle Euro-Beträge (Abs. 3 S. 1). Der Kalendermonat ist mit 30 Tagen anzusetzen (Abs. 3 S. 2). Zinsansprüche unterliegen nicht ihrerseits einer Verzinsung (§ 289 S. 1 BGB analog, Hauck-Noftz/Rolfs SGB I K § 44 Rn. 8). **15**

§ 45 Verjährung

(1) **Ansprüche auf Sozialleistungen verjähren in vier Jahren nach Ablauf des Kalenderjahrs, in dem sie entstanden sind.**

(2) **Für die Hemmung, die Ablaufhemmung, den Neubeginn und die Wirkung der Verjährung gelten die Vorschriften des Bürgerlichen Gesetzbuchs sinngemäß.**

(3) ¹**Die Verjährung wird auch durch schriftlichen Antrag auf die Sozialleistung oder durch Erhebung eines Widerspruchs gehemmt.** ²**Die Hemmung endet sechs Monate nach Bekanntgabe der Entscheidung über den Antrag oder den Widerspruch.**

A. Normzweck

Die Vorschrift regelt erstmals einheitlich, ob und unter welchen Voraussetzungen Ansprüche auf Sozialleistungen verjähren. Im Interesse des Rechtsfriedens und der Überschaubarkeit der öffentlichen Haushalte sollen Ansprüche auf Sozialleistungen binnen angemessener Frist geltend gemacht werden; zudem kann vielfach der sozialpolitische Zweck von Sozialleistungen nicht mehr erreicht werden, wenn Ansprüche für sehr weit zurückliegende Zeiten geltend gemacht werden (BT-Drs. 7/868 S. 30). Hinsichtlich der Dauer der Verjährungsfrist – vier Jahre (vgl. § 197 BGB a. F.) – sowie hinsichtlich einer Reihe verjährungsrechtlicher Details orientiert sich die Regelung in erster Linie am Verjährungsrecht des BGB. Nach der Reform des Verjährungsrechts durch die Schuldrechtsreform von 2001, die u. a. das Institut der Unterbrechung der Verjährung abgeschafft hatte, wurden die Abs. 2 u. 3 an die neu gefassten Vorschriften des Bürgerlichen Rechts angepasst (Art. 5 Nr. 3 des Gesetzes v. 21. 6. 2002 BGBl. I S. 2167). **1**

B. Gegenstand und Dauer der Verjährung

I. Gegenstand der Verjährung

Der vierjährigen Verjährung nach § 45 unterliegen Ansprüche auf Sozialleistungen, d. h., Ansprüche gegen Sozialleistungsträger, die sich auf Sozialleistungen im Sinne des § 11 S. 1 beziehen. Von praktischer Bedeutung ist allein die Verjährung von Ansprüchen auf Geldleistungen. Ob es sich um eine Sozialleistung handelt, hinsichtlich derer ein Rechtsanspruch (§ 38) besteht, oder ob es um eine Ermessensleistung geht (§ 39), spielt nur insofern eine Rolle, als der Lauf der Frist zu unterschiedlichen Zeitpunkten beginnt (vgl. unten Rn. 5). Bei wiederkehrenden Geldleistungen unterliegen die Einzelansprüche der Verjährung, nicht hingegen das Stammrecht (BSG 21. 12. 1971 – GS 4/71 – E 34, 1, 11; BSG 22. 10. 1996 – 13 RJ 17/96 – E 79, 177, 178). **2**

Auf sonstige sozialrechtliche Ansprüche ist § 45 grundsätzlich nicht anzuwenden. Insoweit sind jeweils spezifische weitere Verjährungsregelungen in Betracht zu ziehen, die allerdings vielfach ebenfalls eine vierjährige Frist vorsehen (§ 50 Abs. 4 SGB X: Erstattung von Leistungen; Beitragsansprüche: § 25 SGB IV; Erstattung von Beiträgen: § 27 Abs. 2 SGB IV; Erstattungsansprüche unter Leistungsträgern: § 113 SGB X). Das BSG versteht allerdings § 45 als Ausdruck eines allgemeinen sozialrechtlichen Rechtsprinzips und unterwirft deshalb gewisse sozialrechtliche Ansprüche der vierjährigen Verjährungsfrist des § 45, obwohl diese nicht als Sozialleistungsansprüche eingeordnet werden können. Diese – einleuchtende – Rechtsprechung zielt auf eine möglichst klare und einheitliche Handhabung des sozialrechtlichen Verjährungsrechts (vgl. BSG 17. 6. 1999 – B 3 KR 6/99 – SozR 3–1200 § 45 Nr. 8 betr. Vergütungsanspruch eines Krankenhauses gegen eine Krankenkasse; dort auch Hinweise zu weiteren ähnlichen Fällen). **3**

II. Dauer der Verjährung

4 Die Dauer der Verjährungsfrist beträgt vier Jahre; die betroffenen Ansprüche verjähren in vier Jahren nach Ablauf des Kalenderjahres, in dem sie entstanden sind (Abs. 1). Auch Ansprüche, über die durch Verwaltungsakt oder gerichtlich entschieden wurde, unterliegen der vierjährigen Verjährungsfrist (BSG 22. 6. 1994 – 10 RKg 32/93 – E 74, 267, 269, 270).

5 Für den Beginn der Verjährungsfrist kommt es nach dem Wortlaut des Gesetzes auf den Zeitpunkt der Entstehung des Anspruchs an (dazu § 40). Auf diese Weise wird vor allem klargestellt, dass die Verjährungsfrist in der Regel – wenn nämlich der Antrag nur verfahrensrechtliche Bedeutung hat – nicht (erst) durch einen Leistungsantrag in Lauf gesetzt wird (so BSG 21. 12. 1971 – GS 4/71 – E 34, 1, 11). Der Fristlauf beginnt nach Ablauf des Kalenderjahres, in dem der Anspruch entstanden ist. Entsteht ein Anspruch etwa am 15. 8. oder auch am 31. 12. 2008, läuft das Kalenderjahr am 31. 12. um 24 Uhr ab, so dass die Frist am 1. 1. 2009 beginnt (so die zutreffende hM, vgl. Rolfs NZS 2002, 169, 171). Fristende wäre dann der 31. 12. 2012, 24 Uhr.

C. Hemmung, Ablaufhemmung, Neubeginn der Verjährung

6 Für Hemmung, Ablaufhemmung und Neubeginn der Verjährung gelten die Vorschriften des Bürgerlichen Gesetzbuchs (Abs. 2). Maßgeblich sind also die §§ 203 ff. BGB. Bei Ansprüchen, die vor dem Inkrafttreten des im Rahmen der Schuldrechtsreform novellierten Verjährungsrechts am 1. 1. 2002 entstanden sind, kann nach der diesbezüglichen Überleitungsvorschrift u. U. auch das zuvor maßgebliche Verjährungsrecht von Bedeutung sein (vgl. Art. 229 § 6 EGBGB). Ergänzt werden die bürgerlich-rechtlichen Vorschriften durch die Sondervorschrift in Abs. 3.

I. Hemmung der Verjährung

7 Zur Hemmung der Verjährung von Sozialleistungsansprüchen kommt es vor allem aufgrund von Handlungen, mit denen der Inhaber eines Anspruchs diesen geltend macht. Zu diesen Handlungen gehört zunächst der schriftliche Antrag auf die Sozialleistung und auch die Erhebung eines Widerspruchs (Abs. 3 S. 1). Für diese beiden Fälle ist vorgesehen, dass die Hemmung sechs Monate nach Bekanntgabe der behördlichen Entscheidung endet (Abs. 3 S. 2). Bezieht sich der Antrag auf eine Leistung, die für einen begrenzten Zeitraum bewilligt werden kann (vgl. etwa § 41 Abs. 1 S. 5 SGB II: maximal 12-monatiger Bewilligungszeitraum für Leistungen zur Sicherung des Lebensunterhalts im Rahmen der Grundsicherung für Arbeitsuchende), kann sich die hemmende Wirkung des Leistungsantrags nur auf diesen Zeitraum beziehen. Eine Hemmung über diesen Zeitpunkt hinaus kommt nur in Betracht, wenn der Berechtigte deutlich macht, dass er die Leistung auch weiterhin begehrt (BSG 15. 6. 2000 – B 7 AL 64/99 R – E 86, 182, 185; Rolfs NZS 2002, 169, 173).

8 Von den in § 204 BGB genannten Fällen der Hemmung durch Rechtsverfolgung sind vor allem bedeutsam: die Erhebung der Klage auf Leistung (§ 204 Abs. 1 Nr. 1 BGB, zur Klageerhebung auch § 253 ZPO), die Geltendmachung des Anspruchs durch Aufrechnung im Prozess (§ 204 Abs. 1 Nr. 5 BGB) oder die Zustellung des Antrags auf Erlass einer einstweiligen Anordnung (§ 204 Abs. 1 Nr. 9 BGB). In den Fällen der Hemmung der Verjährung durch Rechtsverfolgung nach § 204 BGB endet die Hemmung sechs Monate nach der rechtskräftigen Entscheidung oder anderweitigen Beendigung des jeweiligen Verfahrens (§ 204 Abs. 2 S. 1 BGB; die Sonderregelung für den Fall des Verfahrensstillstands infolge Nichtbetreibens des Verfahrens in § 204 Abs. 2 S. 2 u. 3 BGB kann in sozialrechtlichen Verfahren, die von der Offizialmaxime beherrscht werden, allerdings nicht angewendet werden, BSG 12. 2. 2004 – B 13 RJ 58/03 R –).

9 Auch die Hemmungstatbestände der §§ 203 und § 206 BGB können sozialrechtlich relevant sein. Zur Hemmung der Verjährung durch Verhandlungen zwischen Leistungsberechtigtem und Leistungsträger (§ 203 BGB) mag es kommen, wenn eine Sozialleistung nicht schriftlich beantragt wurde, wie es § 45 Abs. 3 S. 1 voraussetzt. Nach § 206 BGB ist die Verjährung gehemmt, wenn der Gläubiger innerhalb der letzten sechs Monate der Verjährungsfrist durch höhere Gewalt an der Rechtsverfolgung gehindert ist, wenn also die Verhinderung auf Ereignissen beruht, die auch durch die äußerste, billigerweise zu erwartende Sorgfalt nicht vorausgesehen und verhütet werden konnten; dabei schließt das geringste Verschulden des Gläubigers die Annahme höherer Gewalt aus (BGH 19. 12. 1980 – I ZR 126/78 – Z 81, 355 und 7. 5. 1997 – VIII ZR 253/96 – NJW 1997, 3164, näher Palandt/Ellenberger § 206 Rn. 4). Höhere Gewalt liegt etwa vor bei Stillstand der Rechtspflege (BT-Drs. 14/6040 S. 119). Zu denken ist auch an den Fall, dass sich der Berechtigte im Ausland aufhält und durch dort eintretende Ereignisse im besagten Sinne an der Rechtsverfolgung gehindert wird (Rolfs, NZS 2002, 169, 172 mit Hinweis auf BGH 13. 11. 1962 – VI ZR 228/60 – VersR 1963, 93, 94).

10 Die Hemmung der Verjährung bewirkt, dass der Zeitraum, während dessen die Verjährung gehemmt ist, in die Verjährungsfrist nicht eingerechnet wird (§ 209 BGB).

II. Ablaufhemmung

Zur Hemmung des Ablaufs der Verjährungsfrist kann es kommen, wenn eine geschäftsunfähige 11 oder in der Geschäftsfähigkeit beschränkte Person ohne gesetzlichen Vertreter ist, so dass die Hemmung der Verjährung nicht herbeigeführt werden kann. In diesem Fall tritt die Verjährung nicht vor Ablauf von sechs Monaten nach dem Zeitpunkt ein, in dem die Person geschäftsfähig geworden ist oder der Mangel der Vertretung behoben wird § 210 Abs. 1 S. 1 BGB). Zu beachten sind allerdings die besonderen sozialrechtlichen Vorschriften über die Handlungsfähigkeit Minderjähriger (§ 36 Abs. 1; § 71 Abs. 2 SGG; § 62 Abs. 1 Nr. 2 VwGO). § 211 BGB sieht überdies eine Ablaufhemmung in Nachlassfällen vor. Gehört ein Sozialleistungsanspruch zum Nachlass (dazu §§ 56 ff.), tritt Verjährung nicht vor dem Ablauf von sechs Monaten nach dem Zeitpunkt ein, in dem die Erbschaft von dem Erben angenommen oder das Insolvenzverfahren über den Nachlass eröffnet wird oder von dem an der Anspruch von einem Vertreter geltend gemacht werden kann.

III. Neubeginn der Verjährung

Zu einem Neubeginn der Verjährung kann es kommen, wenn der Sozialleistungsträger dem Berechtigten gegenüber den Anspruch anerkennt (§ 212 Abs. 1 Nr. 1 BGB). Hierfür ist es erforderlich 12 und genügend, dass der Träger eindeutig sein Bewusstsein vom Bestehen des Anspruchs zum Ausdruck bringt (BSG, 17. 6. 1999 – B 3 KR 6/99 R – SozR 3-1200 § 45 Nr. 8). Die Gewährung eines Vorschusses nach § 42 Abs. 1 ist als Anerkenntnis zu werten (Rolfs NZS 2002, 169, 174). Zum Neubeginn der Verjährung durch Antrag auf Vornahme einer Vollstreckungshandlung § 212 Abs. 1 Nr. 2 und Abs. 2 und 3 BGB. Die Verjährungsfrist beginnt in diesen Fällen am Tag nach dem maßgeblichen Ereignis zu laufen (§ 187 Abs. 1 BGB).

D. Wirkung der Verjährung

Auch die Wirkung der Verjährung richtet sich nach dem BGB (Abs. 2). Der Sozialleistungsträger 13 ist also nach dem Eintritt der Verjährung berechtigt, die Leistung zu verweigern (§ 214 Abs. 1 BGB). Die Einrede ist im Prozess, und zwar in aller Regel bis zum Schluss der letzten mündlichen Verhandlung zu erheben (BSG 11. 8. 1976 – 10 RV 165/75 – E 42, 135, 137). Leistet der Träger auf einen verjährten Anspruch, kann er die Leistung nicht zurückfordern (§ 214 Abs. 2 BGB). Die Verjährung schließt die Aufrechnung nicht aus, wenn der Anspruch zunächst unverjährt einem Anspruch des Leistungsträgers gegenüberstand (§ 215 BGB).

Ob der Leistungsträger die Einrede der Verjährung erhebt, entscheidet er nach pflichtgemäßen Ermessen (§ 39 Abs. 1; BSG 21. 12. 1971 – GS 4/71 – E 34, 1, 11; BSG 22. 10. 1996 – 13 RJ 17/96 – 14 E 79, 177, 178; Spiolek, BB 1998, 533 ff.). Die Leistungsträger sind in der Regel gehalten, die Einrede zu erheben (BSG 22. 10. 1996 – 13 RJ 17/96 – E 79, 177). Wenn der Leistungsberechtigte vom Vorliegen der Voraussetzungen des Anspruchs keine Kenntnis hatte, kann es nahe liegen, vom Erheben der Einrede abzusehen (BT-Drs. 7/868 S. 30). Als Ermessensgesichtspunkte sind im übrigen v. a. die wirtschaftliche Bedeutung des nachzuzahlenden Betrages für den Betroffenen und die Verantwortung für die eingetretene Verzögerung, insbesondere Fehler des Trägers und auch anderer Behörden zu bedenken (vgl. Rolfs NZS 2002, 169, 174 f.; BSG 22. 10. 1996 – 13 RJ 17/96 – E 79, 177). Im Einzelfall kann sich herausstellen, dass allein das Absehen von der Einrede ermessensfehlerfreie erscheint (Ermessensreduzierung auf Null, vgl. § 39 Rn. 10; BSG 22. 10. 1996 – 13 RJ 17/96 – E 79, 177: bei grober Unbilligkeit oder besonderer Härte; Beispiel: Bay LSG 18. 3. 1997 – L 6 AR 583/96 – NZS 1997, 527, 528: falsche Auskunft über rentenrelevante Zeiten als Ursache für verspäteten Rentenantrag). In weiteren Fällen hat die Rechtsprechung in der Erhebung der Einrede eine unzulässige Rechtsausübung wegen Verstoßes gegen Treu und Glauben angenommen, wenn es zuvor zu einer besonders krassen Pflichtverletzung des Leistungsträgers gekommen war (Beispiel: BSG 22. 10. 1996 – 13 RJ 17/96 – E 79, 177 m. w. N.). Es erscheint freilich naheliegend, auch in solchen Fällen eine Ermessensreduzierung anzunehmen.

§ 46 Verzicht

(1) **Auf Ansprüche auf Sozialleistungen kann durch schriftliche Erklärung gegenüber dem Leistungsträger verzichtet werden; der Verzicht kann jederzeit mit Wirkung für die Zukunft widerrufen werden.**

(2) **Der Verzicht ist unwirksam, soweit durch ihn andere Personen oder Leistungsträger belastet oder Rechtsvorschriften umgangen werden.**

A. Normzweck

1   Die Vorschrift regelt erstmals ausdrücklich die grundsätzliche Zulässigkeit eines Verzichts auf Sozialleistungen, der durch einseitige Erklärung des Berechtigten bewirkt werden kann (Abs. 1). Sie trägt so dem Selbstbestimmungsrecht des einzelnen Rechnung (vgl. BSG 23. 2. 1987 – 9a RVg 1/85 – E 61, 180, 182). Abs. 2 will unerwünschte Belastungen Dritter verhindern, die eine Verzichtserklärung nach sich ziehen kann. Angesichts der Möglichkeit, bereits von der Beantragung einer Sozialleistung abzusehen, ist die Bedeutung der Regelung vergleichsweise gering.

B. Gegenstand eines Verzichts

2   Ein Verzicht kann sich auf „Ansprüche auf Sozialleistungen" beziehen (Abs. 1 Hs. 1). Schuldner eines Sozialleistungsanspruchs sind die in den §§ 18–29 genannten Stellen (§ 12 S. 1). Sozialleistungen sind die im Sozialgesetzbuch vorgesehenen Dienst-, Sach- und – allein praktisch bedeutsam – Geldleistungen (§ 11 S. 1). Bei wiederkehrenden Geldleistungen kann sich ein Verzicht nur auf die jeweils fälligen oder fällig werdenden Einzelleistungen, nicht aber auf das Stammrecht beziehen; dieses kann vielmehr durch einen Widerruf des Verzichts (Abs. 1 Hs. 2) wieder aktiviert werden (BSG 8. 11. 1989 – 1 RA 23/86 – E, 66, 44, 49 betr. Rentenstammrecht; 24. 7. 2003 – B 4 RA 13/03 R – SozR 4–1200 § 46 Nr. 1; 11. 11. 2003 – B 12 KR 3/03 R – SozR 4–2500 § 8 Nr. 1). Auf Ansprüche in diesem Sinne kann ganz oder teilweise verzichtet werden. Ein Verzicht auf einzelne Berechnungselemente einer Rente freilich ist nicht möglich (BSG 8. 3. 1979 – 12 RK 32/78 –; vgl. aber auch BSG 26. 2. 1986 – 9a RVs 4/83 –: entsprechende Anwendung auf eingeschränkten Antrag auf Feststellung des Vorliegens einer Behinderung). Die Anwendung der Regelung auf Gestaltungsrechte hat das BSG mit Recht abgelehnt (BSG 14. 9. 1989 – 12 BK 13/89 –). Auch sozialrechtliche Ansprüche, die sich gegen andere Schuldner richten, können nicht zum Gegenstand eines Verzichts im Sinne der Vorschrift gemacht werden (BSG 8. 10. 1989 – B 12 KR 19/97 R – SozR 3–2500 § 257 Nr. 5 betr. Beitragszuschuss des Arbeitgebers zur privaten Krankenversicherung gem. § 257 SGB V).

C. Erklärung des Verzichts

3   Der Verzicht erfolgt „durch schriftliche Erklärung" des Sozialleistungsberechtigten „gegenüber dem Leistungsträger" (Abs. 1 Hs. 1). Es handelt sich um eine einseitige öffentlich-rechtliche Willenserklärung des Sozialleistungsberechtigten. Die Erklärung ist (amts-)empfangsbedürftig. Ihr Wirksamwerden hängt vom Zugang beim Leistungsträger ab (§ 130 Abs. 1 S. 1 mit Abs. 3 BGB; BSG 6. 3. 2003 – B 4 RA 15/02 R –). Das Erfordernis der Schriftform soll den einzelnen vor den Folgen übereilten Handelns schützen und dient zugleich der Beweiserleichterung (BT-Drs. 7/868 S. 31). Die Einhaltung der Schriftform ist nach § 126 Abs. 1 BGB zu beurteilen. Zur Ersetzung der Schriftform durch die elektronische Form §§ 126 Abs. 3, 126a BGB. Aus dem Text der Erklärung und ggf. den Begleitumständen muss sich ein klarer und eindeutiger Verzichtswille ergeben (BSG 25. 7. 1995 – 10 RKg 9/94 – E 76, 203, 206 betr. formularmäßigen Verzicht). Auf die Willenserklärung sind auch im übrigen die einschlägigen Vorschriften des BGB anzuwenden. Hinsichtlich der Handlungsfähigkeit ist § 36 zu beachten.

D. Wirkung eines Verzichts

4   Eine Verzichtserklärung bewirkt, dass der betroffene Anspruch auf Gewährung einer Sozialleistung erlischt. Die Reichweite dieser Wirkung ist der Verzichtserklärung durch Auslegung zu entnehmen. Die Wirkung des Erlöschens bezieht sich bei wiederkehrenden Geldleistungen allein auf die von der Erklärung betroffenen Einzelansprüche. Das „Stammrecht" wird hingegen nicht erfasst (siehe oben Rn. 2). Durch Widerruf im Sinne des Abs. 1 Hs. 2 kann es wieder aktiviert werden, so dass künftig wieder Ansprüche geltend gemacht werden können.

E. Widerruf eines Verzichts

5   Der Verzicht kann jederzeit mit Wirkung für die Zukunft widerrufen werden (Abs. 1 Hs. 2). Auch der Widerruf des Verzichts ist eine einseitige empfangsbedürftige Willenserklärung des öffentlichen Rechts, die mit Zugang beim Leistungsträger wirksam wird. Ab diesem Zeitpunkt kann die betroffene Sozialleistung wieder geltend gemacht werden. Schriftform ist für diese Erklärung nicht vorgeschrieben.

F. Unwirksamkeit eines Verzichts

Abs. 2 sieht vor, dass ein Verzicht unwirksam ist soweit durch ihn andere Personen oder Leistungsträger belastet oder Rechtsvorschriften umgangen werden. Außerdem kann sich Unwirksamkeit auch aus den §§ 134, 138 BGB ergeben. 6

Voraussetzung für die Unwirksamkeit wegen Belastung anderer Personen oder Leistungsträger ist es, dass der Verzicht unmittelbar Leistungsverpflichtungen anderer zur Folge hätte; es genügt nicht, wenn lediglich die Rechtsverfolgung Dritter beeinträchtigt wird (BT-Drs. 7/868 S. 31). Eine unmittelbare Belastung anderer – gemeint: natürlicher – Personen kommt in erster Linie (vgl. BT-Drs. 7/868 S. 31 und BSG 27. 11. 1991 – 4 RA 10/91 – SozR 3–1200 § 46 Nr. 3) in Betracht, wenn der Verzicht auf eine Sozialleistung dazu führt, dass Unterhaltspflichtige erstmals oder zusätzlich mit Unterhaltsansprüchen belastet werden, wenn also der Verzicht Bedürftigkeit im unterhaltsrechtlichen Sinne herbeiführt oder vergrößert (vgl. insbesondere §§ 1602, 1577 BGB). Denkbar ist aber auch, dass der Verzicht eines Unterhaltspflichtigen dessen Leistungsfähigkeit und damit die Recht derjenigen beeinträchtigt, denen er zum Unterhalt verpflichtet ist bzw. wäre (vgl. §§ 1603, 1581 BGB). Zur Unwirksamkeit führt es des weiteren, wenn der Verzicht unmittelbar andere Leistungsträger belastet. Insoweit soll verhindert werden, dass der Berechtigte durch einen (Teil-)Verzicht die durch das SGB geregelte Lastenverteilung zwischen den Leistungsträgern oder die gesetzliche Rangfolge der Ansprüche auf Sozialleistungen ändert (BSG 27. 11. 1991 – 4 RA 10/91 – SozR 3–1200 § 46 Nr. 3). Mit Leistungsträgern sind die Träger von Sozialleistungen im Sinne von § 12 gemeint. Nicht geschützt ist hingegen ein zur Leistung beamtenrechtlicher Beihilfen verpflichteter Dienstherr (so BSG 27. 11. 1991 – 4 RA 10/91 – SozR 3–1200 § 46 Nr. 3 betr. Verzicht auf Zuschuss zur KVdR [heute: § 106 SGB VI]). Danach ist etwa ein Verzicht auf eine Sozialleistung unwirksam, wenn dadurch Bedürftigkeit im Hinblick auf eine bedürftigkeitsabhängige Sozialleistung begründet wird (BSG 3. 5. 2005 – B 7 a/7 AL 40/04 R – SozR 4–4300 § 194 Nr. 8 betr. Arbeitslosenhilfe [zu § 194 Abs. 2 SGB III a. F.]). 7

Kraft ausdrücklicher gesetzlicher Regelung ist § 46 Abs. 2 nicht anzuwenden, wenn auf Leistungen nach SGB II oder XII verzichtet wird, um den Zugang zum Kinderzuschlag nach § 6a BKGG zu eröffnen (so § 6a Abs. 1 Nr. 4 S. 3 BKGG; zu dieser Regelung auch BT-Drs. 16/9792). In diesem Fall kann der Verzicht auch gegenüber der Familienkasse erklärt werden (§ 6a Abs. 1 Nr. 4 S. 4 BKGG). 8

§ 47 Auszahlung von Geldleistungen

Soweit die besonderen Teile dieses Gesetzbuchs keine Regelung enthalten, sollen Geldleistungen kostenfrei auf ein Konto des Empfängers bei einem Geldinstitut überwiesen oder, wenn der Empfänger es verlangt, kostenfrei an seinen Wohnsitz übermittelt werden.

A. Normzweck

Ansprüche auf Sozialleistungen erlöschen, wenn die geschuldete Leistung an den Berechtigten bewirkt wird (vgl. § 362 Abs. 1 BGB). § 47 regelt ausgewählte Modalitäten des Bewirkens von Geldleistungen: Ansprüche auf Geldleistungen sollen für den Berechtigten kostenfrei und regelmäßig bargeldlos erfüllt werden. Weitere Aspekte der Erfüllung von Geldschulden der Sozialleistungsträger sind hingegen nicht in § 47 geregelt; insoweit ist auf die allgemeinen zivilrechtlichen Vorschriften zurückzugreifen (BSG 14. 8. 2003 – B 13 RJ 11/03 R – SozR 4–7610 § 362 Nr. 1). Die Regelung kommt zum Zuge, soweit die besonderen Teile des SGB keine Regelungen über die Auszahlung von Geldleistungen erhalten (vgl. auch § 37; unten Rn. 7). 1

B. Überweisung von Geldleistungen

Die Vorschrift stellt klar, dass Geldleistungen regelmäßig durch Überweisung auf ein Konto des Empfängers bei einem Geldinstitut bewirkt werden. Kosten der Überweisung dürfen dem Empfänger nicht in Rechnung gestellt werden. Als Konto des Empfängers wird in der Regel ein Girokonto bei einer Bank benannt (§§ 675f ff. BGB). Grundsätzlich können jedoch auch andere Konten benannt werden (vgl. BSG 12. 9. 1984 – 10 RKg 15/83 – SozR 1200 § 47 Nr. 1 betr. Bausparkonto). Zur Erfüllungswirkung einer Überweisung kommt es, wenn die Geldleistung dem Konto, über das der Leistungsempfänger auch verfügungsberechtigt ist, gutgeschrieben wird. Verfügt der Gläubiger über mehrere Konten, hat er mit Blick auf § 33 grundsätzlich die Wahl, welches Konto er dem Leistungsträger benennt. Es können Konten im Inland oder grundsätzlich auch im Ausland benannt werden (Ausnahme: § 42 S. 1 SGB II). Die Zahlung eines Leistungsträgers auf ein anderes als von dem Leistungsempfänger bestimmtes Konto hat daher grundsätzlich keine Tilgungswirkung (BSG 14. 8. 2003 2

– B 13 RJ 11/03 R – SozR 4–7610 § 362 Nr. 1). Teilt der Berechtigte die Eröffnung eines neuen Kontos mit und wünscht er die Zahlung noch ausstehender Beträge ausschließlich auf das neue Konto, so muss der Träger dem im Regelfall Folge leisten. Der Überweisung des geschuldeten Zahlbetrages auf das ursprünglich genannte Konto kommt also regelmäßig keine Tilgungswirkung mehr zu (BSG 14. 8. 2003 – B 13 RJ 11/03 R – SozR 4–7610 § 362 Nr. 1).

C. Barauszahlung

3   Der Berechtigte hat auch die Möglichkeit, die kostenfreie Übermittlung der Geldleistung an seinen Wohnsitz zu verlangen. Die Erwähnung dieser Möglichkeit neben derjenigen der Überweisung zeigt, dass mit Übermittlung an den Wohnsitz nicht eine Überweisung gemeint sein kann; in Betracht kommen insoweit insbesondere Barzahlung, Postanweisung, Übersendung eines Schecks (GK-SGB I/Kretschmer § 47 Rn. 10; Ausnahme: § 51 Abs. 1 BAföG: „unbar"). Wohnsitz ist der Ort (= Gemeinde), an dem der Leistungsempfänger wohnt (§ 30 Abs. 1; § 7 Abs. 1 BGB), nicht hingegen die Wohnung (Palandt/Ellenberger,§ 7 Rn. 1). Es kann also regelmäßig keine Barauszahlung an der Haustür verlangt werden (h. M., z. B. Pflüger in: jurisPK-SGB I § 47 Rn. 30). Ist kein Wohnsitz vorhanden, kann Übermittlung an den Ort des gewöhnlichen Aufenthalts verlangt werden (arg. § 30 Abs. 1 u. 3). Wohnsitz oder Ort des gewöhnlichen Aufenthalts können auch im Ausland liegen (Ausnahme: § 42 SGB II).

4   Aus dem Recht, Übermittlung an den Wohnort zu verlangen, ergibt sich, dass Sozialleistungsberechtigte nicht verpflichtet sind, ein Konto einzurichten (vgl. auch BSG 24. 1. 1990 – 2 RU 42/89 – SozR 3–1200 § 47 Nr. 1).

D. Kostenfreiheit

5   Die Auszahlung von Geldleistungen ist kostenfrei, ob sie durch Überweisung auf ein Konto oder durch Übermittlung an den Wohnsitz erfolgt. Die dem Leistungsträger entstehenden Kosten können nicht auf den Leistungsempfänger abgewälzt werden können. Der Träger ist jedoch nicht verpflichtet, weitere durch die Entgegennahme der Auszahlung entstehende Kosten (z. B. Kontengebühren, Kosten für den Weg zur Zahlstelle o. ä.) zu übernehmen (BSG 24. 1. 1990 – 2 RU 42/89 – SozR 3–1200 § 47 Nr. 1). Allerdings werden Geldleistungen nach SGB II und SGB III und Wohngeld nur dann kostenfrei an den Wohnsitz übermittelt, wenn die Errichtung eines Kontos unverschuldet unterblieben ist (§ 42 S. 2 u. 3 SGB II; § 337 Abs. 1 SGB III; § 26 Abs. 2 WoGG).

E. Auszahlung in Sonderfällen

6   In § 47 heißt es, dass Geldleistungen entsprechend den dargestellten Regeln ausgezahlt werden „sollen". So wird zum Ausdruck gebracht, dass in atypischen Einzelfällen nach pflichtgemäß auszuübendem Ermessen von den gesetzlichen Vorgaben abgewichen werden kann (zur Bedeutung von „Sollvorschriften" auch § 39 Rn. 4). Dem Leistungsträger soll es ermöglicht werden, beim Vorliegen besonderer Umstände des Einzelfalles Geldleistungen auch auf andere Weise auszuzahlen, etwa durch Barzahlung in seinen Amtsräumen (so BT-Drs. 7/868 S. 31; vgl. auch § 66 Abs. 2 BVG). Abweichungen von den gesetzlichen Vorgaben kommen in Betracht, wenn der Auszahlungswunsch unangemessen erscheint (vgl. § 33 S. 2), etwa weil er unverhältnismäßige Kosten verursachen würde. Zu denken ist an Fälle, in denen Überweisung oder sonstige Übermittlung ins Ausland verlangt wird. Dies kann allerdings nur dann gelten, wenn die jeweilige Geldleistung nicht nach europäischem Recht exportpflichtig ist (dazu Art. 10 VO (EWG) 1408/71).

F. Sondervorschriften

7   Zur Auszahlung von Geldleistungen enthalten die besonderen Teile des SGB vielfältige Regelungen, die teils zusätzliche Details regeln, teils aber auch Abweichungen von § 47 vorsehen. Hinzuweisen ist insbesondere auf folgende Vorschriften: Grundsicherung für Arbeitsuchende: § 42 SGB II; Arbeitsförderung: § 337 SGB III; Rentenversicherung: §§ 118–120 SGB VI mit RentS V; Unfallversicherung: § 96 SGB VII mit RentS V; Ausbildungsförderung: § 51 Abs. 1 BAföG; Versorgung: § 66 Abs. 2 BVG; Wohngeld: § 26 Abs. 2 S. 2 WoGG. In den Bereichen Sozialhilfe und Kriegsopferfürsorge ist von vornherein mit Blick auf die Umstände des Einzelfalles zu entscheiden (§ 9 SGB XII; § 25 b Abs. 5 BVG; vgl. auch GK-SGB I/Kretschmer § 47 Rn. 16).

§ 48 Auszahlung bei Verletzung der Unterhaltspflicht

(1) ¹Laufende Geldleistungen, die der Sicherung des Lebensunterhalts zu dienen bestimmt sind, können in angemessener Höhe an den Ehegatten oder die Kinder des Leis-

tungsberechtigten ausgezahlt werden, wenn er ihnen gegenüber seiner gesetzlichen Unterhaltspflicht nicht nachkommt. ²Kindergeld, Kinderzuschläge und vergleichbare Rentenbestandteile (Geldleistungen für Kinder) können an Kinder, die bei der Festsetzung der Geldleistungen berücksichtigt werden, bis zur Höhe des Betrages, der sich bei entsprechender Anwendung des § 54 Abs. 5 Satz 2 ergibt, ausgezahlt werden. ³Für das Kindergeld gilt dies auch dann, wenn der Kindergeldberechtigte mangels Leistungsfähigkeit nicht unterhaltspflichtig ist oder nur Unterhalt in Höhe eines Betrages zu leisten braucht, der geringer ist als das für die Auszahlung in Betracht kommende Kindergeld. ⁴Die Auszahlung kann auch an die Person oder Stelle erfolgen, die dem Ehegatten oder den Kindern Unterhalt gewährt.

(2) Absatz 1 Satz 1, 2 und 4 gilt entsprechend, wenn unter Berücksichtigung von Kindern, denen gegenüber der Leistungsberechtigte nicht kraft Gesetzes unterhaltspflichtig ist, Geldleistungen erbracht werden und der Leistungsberechtigte diese Kinder nicht unterhält.

A. Normzweck

Ein Anspruch auf Sozialleistungen wird im Regelfall erfüllt und erlischt, wenn die Leistung an den Berechtigten erfolgt (vgl. § 362 Abs. 1 BGB). In Ausnahmefällen kann die Leistung an einen Dritten zur Erfüllung führen, ohne dass es auf die Zustimmung des Berechtigten ankommt. Derartige Ausnahmefälle sind in den §§ 48–50 geregelt. 1

Nach § 48 Abs. 1 S. 1 können laufende Geldleistungen, die der Sicherung des Lebensunterhalts dienen, insbesondere an unterhaltsberechtigte Ehegatten oder Kinder des Berechtigten ausgezahlt werden, wenn der Berechtigte seine Unterhaltspflicht verletzt. Die Regelung soll – im Sinne einer sozialrechtlichen „Soforthilfemaßnahme" – vor allem den nächsten Familienangehörigen einen raschen, kostensparenden Zugriff auf die auch teilweise der Befriedigung ihres Lebensunterhalts dienenden Leistungen ohne die Inanspruchnahme gerichtlichen Rechtsschutzes und die Durchführung von Vollstreckungsmaßnahmen im Zivilprozess ermöglichen (BT-Drs. 7/868 S. 31; BSG 7. 10. 2004 – B 11 AL 13/04 R – E 93, 203, 208; 13. 7. 2006 – B 7a AL 24/05 R – SozR 4–1200 § 48 Nr. 2). Die teilweise Übertragung der Empfangsberechtigung an Dritte wird als Abzweigung bezeichnet (BSG 18. 3. 1999 – B 14 KG 6/97 R – E 84, 16). 2

Ein entsprechend einfacher Weg wird für den Fall bereitgestellt, dass der Berechtigte für Kinder bestimmte Geldleistungen nicht weiterleitet (§ 48 Abs. 1 S. 2–4 und Abs. 2). Soweit es um die Abzweigung von Kindergeld geht, ist heute allerdings die Parallelvorschrift in § 74 EStG in der Praxis von erheblich größerer Bedeutung (zur Funktion des Kindergeldes, den Unterhaltsbedarf von Kindern zu decken, siehe auch § 1612b BGB n. F. und dazu Palandt/Diederichsen, BGB, Nachtrag zur 67. Aufl., § 1612b Rn. 10 u. 29). 3

B. Voraussetzungen der Abzweigung

I. Laufende Geldleistungen zur Sicherung des Lebensunterhalts

Gegenstand einer Auszahlung an Dritte sind laufende Geldleistungen zur Sicherung des Lebensunterhalts. 4

Eine Auszahlung an Dritte setzt voraus, dass es um eine laufende Geldleistung geht, d. h., um eine Leistung, die regelmäßig wiederkehrend für bestimmte Zeitabschnitte gezahlt wird; eine solche Leistung verliert die Abzweigungsfähigkeit nicht dadurch, dass sie verspätet oder als zusammenfassende Zahlung für mehrere Zeitabschnitte gezahlt wird (so BT-Drs 7/868 S. 31). 5

Mit Blick auf den Zweck der Vorschrift müssen die betreffenden Leistungen zur Sicherung des Lebensunterhalts des Berechtigten und seiner Familienmitglieder bestimmt sein. Als abzweigungsfähig werden Geldleistungen mit Lohnersatzfunktion angesehen: Renten der gesetzlichen Renten- und Unfallversicherung oder nach dem BVG, Arbeitslosengeld oder Krankengeld (vgl. BT-Drs. 7/868 S. 31; Hauck/Noftz/Moll K § 48 Rn. 3; GK-SGB I/Schellhorn § 48 Rn. 11; BSG 31. 3. 1982 – 4 RJ 64/81 – E 53, 218 betr. Rente wegen Erwerbsunfähigkeit; 7. 10. 2004 – B 11 AL 13/04 R – E 93, 203, 205 betr. Arbeitslosengeld). Aus Abs. 1 S. 2 folgt, dass auch eine Abzweigung der dort genannten Geldleistungen für Kinder möglich ist (Kindergeld nach dem BKGG, Kinderzuschläge und vergleichbare Rentenbestandteile). 6

Eine Abzweigung kommt demgegenüber nicht in Betracht, wenn eine Leistung allein die persönlichen Bedürfnisse des Berechtigten abdecken soll. Dies gilt insbesondere für Sozialleistungen, die Aufwendungen infolge eines Körper- oder Gesundheitsschadens abdecken sollen (vgl. § 1610a BGB), z. B. die Grundrente nach § 31 BVG (BT-Drs. 7/868 S. 31; Schellhorn aaO) oder die Pflegegelder gem. § 37 SGB XI oder § 64 SGB XII; weitere Beispiele bei Palandt/Diederichsen § 1610a Rn. 4). Weitere Leistungen, die im Hinblick auf spezifische Bedarfe des Berechtigten gewährt und deshalb 7 nicht abgezweigt werden können, sind Ausbildungsförderung und Wohngeld (Hauck/Noftz/Moll K § 48 Rn. 3; a. A. für Wohngeld z. B. SRH/Waltermann § 7 Rn. 194). Kurzarbeitergeld, das durch den Arbeitgeber ausgezahlt wird (§ 320 Abs. 1 S. 2 SGB III), kann nicht abgezweigt werden (so ausdrücklich § 181 Abs. 1 SGB III).

8 Die sozialhilferechtliche Hilfe zum Lebensunterhalt ist am Bedarf des Hilfebedürftigen ausgerichtet und wird deshalb allgemein als nicht abzweigungsfähig angesehen (LPK-SGBI/Diebold § 48 Rn. 8; Schellhorn aaO § 48 Rn. 53). Höchstpersönlich und bedarfsorientiert sind auch die Leistungen der Jugendhilfe und Kriegsopferfürsorge (LPK-SGB I/Diebold § 48 Rn. 8).

9 Für das Arbeitslosengeld II hingegen soll anderes gelten (Waltermann aaO; Hauck/Noftz/ Moll K § 48 Rn. 3; jurisPK-SGB I/Didong § 48 Rn. 10; LSG BW 19. 7. 2007 – L 7 5570/06 –). Das BSG hatte zwar die Arbeitslosenhilfe II als Geldleistung zur Sicherung des Lebensunterhalts im Sinne von § 48 eingeordnet (BSG 20. 6. 1984 – 7 RAr 18/83 – E 57, 59; 7. 10. 2004 – B 11 AL 13/04 R – E 93, 203, 205). Anders als die Arbeitslosenhilfe dient jedoch das Arbeitslosengeld II der Deckung des individuellen Bedarfs (vgl. § 20 SGB II). Der Bedarf getrennt lebender Ehegatten und auch der Bedarf von Kindern begründet ggf. eigene Ansprüche auf Arbeitslosengeld II bzw. Sozialgeld (§ 28 SGB II). Vor diesem Hintergrund kommt in der Regel eine Abzweigung von Teilen des Arbeitslosengeldes II nicht in Betracht (vgl. auch Palandt/Diederichsen § 1361 Rn. 24: der Bezug von Arbeitslosengeld II begründe keine Leistungsfähigkeit im Sinne des Unterhaltsrechts; andere Beurteilung m. E. allenfalls bei bestehender Bedarfsgemeinschaft und Leistungsberechtigung infolge von § 9 Abs. 2 S. 3 SGB II). Hinsichtlich des bedarfsunabhängig gezahlten befristeten Zuschlags (§ 24 SGB II) ist hingegen eine Abzweigung möglich.

II. Begünstigte

10 Eine Auszahlung an Dritte kommt nur hinsichtlich der in § 48 genannten Personen in Betracht. Dies sind im einzelnen:

11 – der Ehegatte. Relevant sind also nur Unterhaltsansprüche nach § 1360 und vor allem nach § 1361 BGB. Ein geschiedener Ehegatte kann demgegenüber wegen seiner Ansprüche auf Scheidungsunterhalt (§§ 1569 ff. BGB) auf Sozialleistungen nur im Wege der Pfändung zugreifen (§§ 54, 55);

12 – Kinder. In erster Linie sind dies Kinder, die mit dem Leistungsberechtigten verwandt oder von ihm adoptiert sind (§§ 1589 ff., 1741 ff. BGB) und deshalb Gläubiger eines Unterhaltsanspruchs gem. §§ 1601 BGB sein können. Aus Abs. 2 folgt jedoch, dass eine Abzweigung auch zugunsten von Stief-, Pflege- oder Enkelkindern möglich ist.

13 – Unterhalt gewährende Personen oder Stellen. Abs. 1 S. 4 ermöglicht eine Auszahlung an Personen und Stellen, die dem Ehegatten oder Kindern Unterhalt gewähren. Als begünstigte Personen kommen Verwandte oder Pflegeeltern in Betracht; dies soll selbst dann gelten, wenn Pflegeltern Leistungen der Jugendhilfe erhalten (BSG 31. 8. 1982 – 4 RJ 64/81 – E 53, 218). Seit Inkrafttreten der §§ 102 ff. SGB X ist jedoch zu beachten, dass der Sozialleistungsanspruch des Berechtigten, der seine Unterhaltspflicht verletzt, nach § 107 Abs. 1 SGB X erloschen sein kann, wenn deshalb ein Sozialleistungsträger eingesprungen ist, dem infolgedessen ein Erstattungsanspruch nach § 104 SGB X zusteht.

14 Als begünstigte Stellen können etwa Pflege- oder Kinderheime in den Genuss der Abzweigung kommen. Auch an Sozialleistungsträger, insbesondere an Träger der Sozial- und Jugendhilfe, sollen als „Stellen" im Sinne von Abs. 1 S. 4 Sozialleistungen ausgezahlt werden können. Insoweit ist zu beachten, dass diesen Trägern ein Erstattungsanspruch nach § 104 Abs. 1 und 2 SGB X zustehen kann, der ihnen im Ergebnis bereits den Sozialleistungsanspruch des Unterhaltspflichtigen zuweist. Dem Erstattungsanspruch kommt Vorrang gegenüber der Abzweigung zu (BSG 25. 4. 1990 – 5 RJ 12/89 E 67, 6; GK-SGB I/Schellhorn K § 48 Rn. 55). Im übrigen können Sozialleistungsträger vielfach auf Unterhaltsansprüche zugreifen (§§ 95 SGB VIII, 94 SGB XII SGB, § 7 UVG). Daneben sollte man ihnen nicht auch den Weg über § 48 eröffnen, denn die titellose Quasi-Vollstreckung, die § 48 eröffnet, ist nicht unbedenklich (vgl. auch BSG 13. 7. 2006 – B 7 a AL 24/05 R – SozR 4–1200 § 48 Nr. 2).

III. Gestörte Unterhaltszahlung

15 **1. Verletzung der Unterhaltspflicht.** Die Auszahlung an Ehegatten oder Kinder setzt voraus, dass der Berechtigte seiner gesetzlichen Unterhaltspflicht nicht nachkommt (Abs. 1 S. 1). Es kommt mithin darauf an, ob der Berechtigte nach den Vorschriften des bürgerlichen Rechts unterhaltspflichtig ist, dieser Pflicht jedoch nicht nachkommt (§§ 1360 ff., §§ 1602 ff.). Deshalb ist eine konkrete Prüfung der unterhaltsrechtlichen Voraussetzungen erforderlich (BSG 17. 1. 1991 – 7 RAr 72/90 – E 68, 107; 7. 10. 2004 – B 11 AL 13/04 R – E 93, 203). Es ist nicht nur festzustellen, ob ein Ehegatte oder ein Kind bedürftig ist, sondern auch, ob der Leistungsberechtigte im Stande ist, Unterhalt zu gewähren. Hinsichtlich der Höhe des Unterhalts sowie hinsichtlich der Bemessung des die Leistungsfähigkeit begrenzenden notwendigen Eigenbedarfs (Selbstbehalt) kann regelmäßig die jeweils maßgebliche „Düsseldorfer Tabelle" (Stand 1. 1. 2011) zugrunde gelegt werden (BSG 20. 6. 1984 – 7 RAr

18/83 – E 57, 590; 23. 10. 1985 – 7 RAr 32/84 – E 59, 30; zu ggf. individueller Bemessung des Selbstbehalts BSG 20. 6. 1984 – 7 RAr 18/83 – E 57, 59; 13. 5. 1987 – 7 RAr 13/86 – SozR 1200 § 48 Nr. 11; 26. 6. 1986 – 7 RAr 44/84 – FamRZ 1987, 274; ferner: BSG 13. 7. 2006 – B 7 a AL 24/05 R – SozR 4–1200 § 48 Nr. 2: „kleiner Selbstbehalt" bei Teilnahme an einer Maßnahme). Reicht das für Unterhaltsleistungen verfügbare Einkommen zur vollen Befriedigung mehrerer gleichrangiger Berechtigter nicht aus, führt dies nicht etwa zur Verneinung der Leistungsfähigkeit. Vielmehr ist in einem derartigen Fall unterhaltsrechtlich in der Regel eine Verteilung des nach Abzug des notwendigen Eigenbedarfs noch verfügbaren Betrags auf die gleichrangig Berechtigten vorzunehmen (BSG 7. 10. 2004 – B 11 AL 13/04 R – E 93, 203). Der Rang konkurrierender Unterhaltsansprüche ergibt sich aus § 1609 BGB n. F.

Eine detaillierte Prüfung des zivilrechtlichen Unterhaltsanspruchs ist entbehrlich bei Vereinbarungen, die den gesetzlichen Unterhaltsanspruch konkretisieren sowie bei titulierten Unterhaltsansprüchen. Ein rechtskräftiger Unterhaltstitel legt die gesetzliche Unterhaltspflicht im Sinne des § 48 fest und begrenzt sie nach oben (BSG 17. 9. 1981 – 4 RJ 105/80 – SozR 1200 § 48 Nr. 3; 23. 10. 1985 – 7 RAr 32/84 – E 59, 30; 26. 6. 1986 – 7 RAr 44/84 – FamRZ 1987, 274; 7. 10. 2004 – B 11 AL 13/04 R – E 93, 203; 17. 3. 2009 – B 14 AS 34/07 R –). **16**

Der Leistungsberechtigte kommt seiner Unterhaltspflicht nicht nach, wenn aufgrund der Art und Weise seiner bisherigen Unterhaltsleistungen oder aus anderem Grunde – etwa durch Bestreiten der Verpflichtung – erkennbar ist, dass eine laufende Erfüllung der Unterhaltspflicht künftig nicht erwartet werden kann BSG 23. 10. 1985 – 7 RAr 22/84 – E 59, 30). **17**

2. Unzureichende Weiterleitung von Geldleistungen für Kinder. Die Abzweigung von Kindergeld kommt auch dann in Betracht, wenn der Kindergeldberechtigte mangels Leistungsfähigkeit nicht unterhaltspflichtig ist (Abs. 1 S. 3). Dies gilt auch bei Geldleistungen, die unter Berücksichtigung von Kindern erbracht werden, für die der Leistungsberechtigte nicht unterhaltspflichtig ist, wenn der Leistungsberechtigte diese Kinder nicht unterhält (Abs. 2). Eine Abzweigung nach Abs. 2 kommt auch in Betracht, wenn die Unterhaltspflicht an fehlender Leistungsfähigkeit scheitert (BSG 8. 7. 2009 – B 11 AL 30/08 R – betr. Abzweigung des Differenzbetrags zwischen allgemeinem und erhöhtem Leistungssatz der ehemaligen Alhi). **18**

C. Entscheidung über die Abzweigung

I. Ermessensentscheidung

Die Entscheidung über die Abzweigung steht im pflichtgemäß auszuübenden Ermessen (§ 39) des zuständigen Leistungsträgers (BSG 23. 10. 1985 – 7 RAr 32/84 –E 59, 30; 29. 10. 1987 – 11b RAr 61/86 – SozR 1200 § 48 Nr. 13). Die Ermessensentscheidung bezieht sich auf das Ob der Abzweigung. Findet eine Abzweigung statt, muss dies in angemessener Höhe geschehen (zu beachten auch: Abs. 1 S. 2: Höchstbetrag bei Abzweigung von Kindergeld). Insoweit besteht nur ein Beurteilungsspielraum (BSG 18. 8. 1983 – 7 RAr 101/81 – E 55, 245). Erforderlichenfalls muss auch über die Verteilung des abzweigungsfähigen Betrages auf mehrere Unterhaltsberechtigte nach Ermessen entschieden werden (BSG 20. 6. 1984 – 7 RAr 18/83 – E 57, 59, 71; 7. 10. 2004 – B 11 AL 13/04 R – E 93, 203: kein Vorrang titulierter Unterhaltsansprüche; 13. 7. 2006 – B 7 a AL 24/05 R – SozR 4–1200 § 48 Nr. 2). **19**

II. Verwaltungsverfahren

Die Auszahlungsanordnung erfolgt durch Verwaltungsakt (Bekanntgabe, § 37 SGB X, gegenüber Leistungsberechtigtem und Begünstigtem, BSG 17. 1. 1991 – 7 RAr 72/90 – E 68, 107). Regelmäßig wird das Verwaltungsverfahren durch einen Antrag des Begünstigten ausgelöst (BSG 12. 5. 1982 – 7 RAr 20/81 – E 53, 260). Vor Erlass des Bescheides ist der Leistungsberechtigte anzuhören (§ 24 SGB X; 29. 10. 1987 – 11 b RAr 61/86 – SozR 1200 § 48 Nr. 13). Die maßgeblichen Ermessenserwägungen sind in der Begründung des Bescheides mitzuteilen (§ 35 Abs. 1 S. 3 SGB X). Es ist auf eine hinreichend bestimmte Tenorierung des Bescheides zu achten (§ 33 Abs. 1 SGB X; vgl. BSG 13. 7. 2006 – B 7 a AL 24/05 R – SozR 4–1200 § 48 Nr. 2: ausdrückliche Festlegung der Beträge bei mehreren Abzweigungsbegünstigten). **20**

III. Rechtsschutz

Um Rechtsschutz kann bei derjenigen Gerichtsbarkeit nachgesucht werden, die für die abgezweigte bzw. abzuzweigende Sozialleistung zuständig ist (z. B. BSG 12. 5. 1982 – 7 RAr 20/81 – E 53, 26). Der Leistungsberechtigte wehrt sich gegen die Abzweigung mit der isolierten Anfechtungsklage (§ 54 Abs. 1 S. 1 Var. 1 SGG; BSG 13. 7. 2006 – B 7 AL 24/05 R – SozR 4–1200 § 48 Nr. 2). Geht es darum, eine Abzweigung durchzusetzen, ist regelmäßig die kombinierte Anfechtungs- und Verpflichtungsklage die richtige Klageart (§ 54 Abs. 1 S. 1 Var. 2 SGG). **21**

D. Sondervorschrift

22 Auf das Kurzarbeitergeld ist § 48 nicht anzuwenden (§ 181 Abs. 1 SGB III). Dem Arbeitgeber, der das Kurzarbeitergeld auszuzahlen hat (§ 320 Abs. 1 S. 2 SGB III), bleiben so die Mühen der Abzweigung erspart.

§ 49 Auszahlung bei Unterbringung

(1) **Ist ein Leistungsberechtigter auf Grund richterlicher Anordnung länger als einen Kalendermonat in einer Anstalt oder Einrichtung untergebracht, sind laufende Geldleistungen, die der Sicherung des Lebensunterhalts zu dienen bestimmt sind, an die Unterhaltsberechtigten auszuzahlen, soweit der Leistungsberechtigte kraft Gesetzes unterhaltspflichtig ist und er oder die Unterhaltsberechtigten es beantragen.**

(2) **Absatz 1 gilt entsprechend, wenn für Kinder, denen gegenüber der Leistungsberechtigte nicht kraft Gesetzes unterhaltspflichtig ist, Geldleistungen erbracht werden.**

(3) **§ 48 Abs. 1 Satz 4 bleibt unberührt.**

A. Normzweck

1 § 49 regelt eine Sonderform der Abzweigung von Sozialleistungen. Die Regelung soll sicherstellen, dass Unterhaltsberechtigte, für die Sozialleistungen erbracht werden, den für sie bestimmten Teil laufender Geldleistungen, die der Sicherung des Lebensunterhalts zu dienen bestimmt sind, ohne Schwierigkeiten auch dann erhalten, wenn der Leistungsberechtigte auf Grund richterlicher Anordnung in einer Anstalt oder Einrichtung untergebracht ist (BT-Drs. 7/868 S. 31). Im Unterschied zu § 48 sind alle Unterhaltsberechtigten begünstigt, eine Unterhaltspflichtverletzung wird nicht vorausgesetzt und hinsichtlich der Abzweigung besteht ein Rechtsanspruch.

B. Voraussetzungen der Abzweigung

I. Laufende Geldleistungen zur Sicherung des Lebensunterhalts

2 Gegenstand einer Auszahlung an Dritte sind, wie im Fall der Abzweigung nach § 48, laufende Geldleistungen zur Sicherung des Lebensunterhalts (vgl. § 48 Rn. 4 ff.).

II. Begünstigte

3 Die Vorschrift ermöglicht eine Auszahlung von Sozialleistungen an Unterhaltsberechtigte. Es kommen mithin nicht nur Ehegatten und Kinder als Begünstigte in Betracht, sondern insbesondere auch geschiedene Ehegatten. Denkbar ist auch eine Auszahlung an unterhaltsberechtigte Eltern. Aus Abs. 2 folgt, dass eine Auszahlung auch zugunsten nicht unterhaltsberechtigter Kinder (v. a. Stief- oder Pflegekinder) möglich ist, wenn der Leistungsberechtigte für diese Kinder Geldleistungen erhält.

4 Eine Auszahlung an Unterhalt gewährende Personen oder Stellen ist – im Unterschied zu § 48 Abs. 1 S. 4 – nicht vorgesehen. Allerdings kann § 48 Abs. 1 S. 4 auch im Fall einer Unterbringung angewendet werden, wie Abs. 2 ausdrücklich klarstellt.

III. Gefährdung des Unterhalts durch Unterbringung

5 Die Auszahlung von Sozialleistungen an Unterhaltsberechtigte nach § 49 hängt nicht von einer Verletzung der Unterhaltspflicht durch den Leistungsberechtigten ab. Das Gesetz unterstellt vielmehr für den Fall einer längeren zwangsweisen Unterbringung eines Leistungsberechtigten unwiderleglich eine Gefährdung der Unterhaltszahlungen.

6 Der Gefährdungsfall besteht in der Unterbringung des Berechtigten in einer Anstalt oder Einrichtung auf Grund richterlicher Anordnung (v. a. Untersuchungshaft, § 112 StPO; einstweilige Unterbringung, § 126 a StPO; Vollzug einer Freiheitsstrafe (§ 38 StGB) oder von freiheitsentziehenden Maßnahmen der Besserung und Sicherung (§§ 63–66 StGB); Unterbringung psychisch kranker Personen in einem psychiatrischen Krankenhaus nach den einschlägigen Gesetzen der Bundesländer). Die angeordnete Unterbringung muss länger als einen Kalendermonat dauern.

7 Entbehrlich ist allein die Feststellung einer Verletzung der Unterhaltspflicht. Das Bestehen einer konkreten Unterhaltsberechtigung ist hingegen notwendig. Auch im Rahmen von § 49 ist mithin zu prüfen, ob der Leistungsberechtigte nach den Vorschriften des Bürgerlichen Rechts zur Zahlung von Unterhalt verpflichtet ist (vgl. auch § 48 Rn. 15). Hinsichtlich der Unterhaltsberechtigung geschiedener Ehegatten sind die Vorschriften über den nachehelichen Unterhalt anzuwenden (§§ 1569 ff.

BGB). Die Feststellung eines konkreten Unterhaltsanspruch ist allein bei nicht unterhaltsberechtigten Kindern entbehrlich, für die der Leistungsberechtigte eine Geldleistung erhält (Abs. 2).

C. Entscheidung über die Abzweigung

Die Entscheidung über die Abzweigung nach § 49 ist eine gebundene Entscheidung. Dies gilt sowohl hinsichtlich der Entscheidung, ob überhaupt an den Dritten ausgezahlt werden soll, wie auch hinsichtlich derjenigen zur Höhe der Auszahlungsbeträge. Insoweit bestimmt das Gesetz, dass der Auszahlungsbetrag durch die Höhe des Unterhaltsanspruchs und durch den Antrag des Unterhaltsberechtigten bestimmt wird. Kinderbezogene Leistungen sind den Kindern zuzuweisen. 8

Das Verfahren wird, wie sich aus dieser Vorgabe des Gesetzes zugleich ergibt, durch einen Antrag des oder der Unterhaltsberechtigten in Gang gesetzt (vgl. zum Verfahren im übrigen § 48 Rn. 20; zum Rechtsschutz § 48 Rn. 21). 9

§ 50 Überleitung bei Unterbringung

(1) **Ist der Leistungsberechtigte untergebracht (§ 49 Abs. 1), kann die Stelle, der die Kosten der Unterbringung zur Last fallen, seine Ansprüche auf laufende Geldleistungen, die der Sicherung des Lebensunterhalts zu dienen bestimmt sind, durch schriftliche Anzeige an den zuständigen Leistungsträger auf sich überleiten.**

(2) **Die Anzeige bewirkt den Anspruchsübergang nur insoweit, als die Leistung nicht an Unterhaltsberechtigte oder die in § 49 Abs. 2 genannten Kinder zu zahlen ist, der Leistungsberechtigte die Kosten der Unterbringung zu erstatten hat und die Leistung auf den für die Erstattung maßgebenden Zeitraum entfällt.**

(3) **Die Absätze 1 und 2 gelten entsprechend, wenn für ein Kind (§ 56 Abs. 1 Satz 1 Nr. 2, Abs. 2), das untergebracht ist (§ 49 Abs. 1), ein Anspruch auf eine laufende Geldleistung besteht.**

A. Normzweck

Für den Fall einer richterlich angeordneten Unterbringung eröffnet die Vorschrift der Stelle, der die Kosten der Unterbringung zur Last fallen, den Zugriff auf Sozialleistungsansprüche der untergebrachten Person (dazu BT-Drs. 7/868 S. 31). Da der Lebensunterhalt des Betroffenen in einem solchen Fall von der Einrichtung gestellt wird, liegt es nahe, ihm zustehende Sozialleistungen zur Sicherung des Lebensunterhalts zur Refinanzierung der mit den Unterbringungskosten belasteten Stelle zu verwenden. Dabei stellt die Vorschrift zugleich klar, dass eine Refinanzierung nur in Betracht kommt, soweit die Sozialleistungen nicht für Unterhaltsberechtigte oder von § 49 Abs. 2 begünstigte Kinder benötigt werden. Darüber hinaus ermöglicht die Regelung im Fall der Unterbringung eines Kindes der mit den Kosten belasteten Stelle den Zugriff auf Geldleistungen, die für das untergebrachte Kind gezahlt werden. Rechtstechnisch wird die Refinanzierung in beiden Fällen mit dem Instrument einer Magistralzession bewerkstelligt (Überleitung des Sozialleistungsanspruchs durch Verwaltungsakt). 1

B. Voraussetzungen der Überleitung

Die Rechtmäßigkeit einer Überleitung hängt von folgenden Voraussetzungen ab: 2
– dem Leistungsberechtigten muss ein Anspruch auf laufende Geldleistungen zustehen, die der Sicherung des Lebensunterhalts zu dienen bestimmt sind (Abs. 1; dazu § 48 Rn. 4ff.); es kann sich auch um eine Leistung handeln, die dem Leistungsberechtigten für ein untergebrachtes Kind zusteht (Abs. 3 mit § 56 Abs. 1 S. 1 Nr. 2 u. Abs. 2: ggf. auch für Stiefkinder, Pflegekinder oder Geschwister); 3
– der Leistungsberechtigte (Abs. 1) oder ein Kind, für das ihm eine Leistung zusteht (Abs. 3), muss im Sinne des § 49 Abs. 1 in einer Einrichtung untergebracht sein (§ 49 Rn. 6); 4
– der „Stelle" (= öffentlicher Träger einer Einrichtung zur zwangsweisen Unterbringung, z.B. Bundesländer als Träger von Justizvollzugsanstalten, vgl. GK-SGBI/Schellhorn § 50 Rn. 11), die den Anspruch sich überleitet, müssen die Kosten der Unterbringung zur Last fallen; 5
– der Stelle muss gegenüber dem untergebrachten Leistungsberechtigten ein Anspruch auf Erstattung der Kosten der Unterbringung zustehen (dazu Abs. 2); als Grundlage für Erstattungsansprüche kommen insbesondere die §§ 50 u. 138 Abs. 2 StVollzG in Betracht; 6
– der überzuleitende Anspruch und der Kostenerstattungsanspruch müssen sich auf denselben Zeitraum beziehen (zeitliche Kongruenz; Abs. 2); 7
– der überzuleitende Anspruch darf schließlich nicht durch nach § 49 für Unterhaltszwecke abzuzweigende Beträge ausgeschöpft sein (Abs. 2). 8

C. Überleitungsanzeige

9   Die Entscheidung über die Überleitung steht im pflichtgemäß auszuübenden Ermessen der mit den Kosten der Unterbringung belasteten Stelle. Sie erfolgt durch „schriftliche Anzeige" gegenüber dem zuständigen Leistungsträger. Die Anzeige ändert nicht nur die Empfangszuständigkeit, sondern überträgt den betroffenen Sozialleistungsanspruch des Leistungsberechtigten ganz oder teilweise auf die überleitende Stelle überträgt (Gläubigerwechsel, vgl. auch §§ 398, 412 BGB). Zur Reichweite des Forderungsübergangs: Abs. 2. Die Anzeige muss hinsichtlich der Höhe des überzuleitenden Anspruchs nicht beziffert werden. Es genügt eine Überleitung dem Grunde nach (LPK-SGB I/Diebold § 50 Rn. 10).

10 Im Verhältnis zum Leistungsberechtigten ist die Überleitungsanzeige ein Verwaltungsakt (h. M., vgl. LPK-SGB I/Diebold § 50 Rn. 9 m. w. N.). Der Leistungsberechtigte ist vor Erlass der Anzeige anzuhören (§ 28 VwVfGe). Sie ist ihm gegenüber bekanntzugeben (§ 41 VwVfGe). Zu Fragen des Rechtsschutzes: jurisPK-SGB I/ Pflüger § 50 Rn. 38 ff.

§ 51 Aufrechnung

(1) **Gegen Ansprüche auf Geldleistungen kann der zuständige Leistungsträger mit Ansprüchen gegen den Berechtigten aufrechnen, soweit die Ansprüche auf Geldleistungen nach § 54 Abs. 2 und 4 pfändbar sind.**

(2) **Mit Ansprüchen auf Erstattung zu Unrecht erbrachter Sozialleistungen und mit Beitragsansprüchen nach diesem Gesetzbuch kann der zuständige Leistungsträger gegen Ansprüche auf laufende Geldleistungen bis zu deren Hälfte aufrechnen, wenn der Leistungsberechtigte nicht nachweist, dass er dadurch hilfebedürftig im Sinne der Vorschriften des Zwölften Buches über die Hilfe zum Lebensunterhalt oder der Grundsicherung für Arbeitsuchende nach dem Zweiten Buch wird.**

A. Normzweck

1   Schuldverhältnisse erlöschen außer durch Erfüllung u. a. auch durch Aufrechnung. Dies gilt auch im Sozialrecht, auch wenn eine umfassende Regelung über die Aufrechnung fehlt. Indem sich das Gesetz in den §§ 51 u. 52 auf die Regelung einzelner Aspekte der Aufrechnung im Sozialrecht beschränkt, setzt es die Gültigkeit des bürgerlich-rechtlichen Modells der Aufrechnung (§§ 387 ff., 215 BGB) für das Sozialrecht voraus. Gegenstand der Vorschriften des § 51 ist allein der Ausschluss bzw. die Beschränkung der Aufrechnung, die ein Leistungsträger gegen Ansprüche von Sozialleistungsberechtigten auf die Gewährung von Geldleistungen erklären will. Dabei geht Abs. 1 davon aus, dass die Aufrechnung der Leistungsträger durch Bindung an die Pfändungsgrenzen beschränkt ist, weil die Kürzung von Leistungsansprüchen unter die Pfändungsgrenzen in vielen Fällen sozialpolitisch bedenklich ist; Abs. 2 lässt sodann aus sozialpolitischen und verwaltungstechnischen Gründen gewisse Ausnahmen zu (BT-Drs. 7/868 S. 32). § 51 ist mithin als sozialrechtliche Spezialvorschrift im Verhältnis zu § 394 BGB zu verstehen.

B. Voraussetzungen der Aufrechnung im allgemeinen

2   Die Voraussetzungen der Aufrechnung ergeben sich aus den Vorschriften des bürgerlichen Rechts über die Aufrechnung (§§ 387 ff. BGB). Durch die Erklärung der Aufrechnung wird eine Forderung unter folgenden Voraussetzungen zum Erlöschen gebracht: Gegenseitigkeit der Forderungen (dazu: BSG 7. 2. 2007 – B 6 KA 6/06 R – SozR 4–2500 § 85 Nr. 31; vgl. aber auch § 52 [Verrechnung] sowie § 406 BGB mit § 53 Abs. 5 [Aufrechnung trotz Übertragung der Hauptforderung]) und Gleichartigkeit der Forderungen; Vollwirksamkeit und Fälligkeit der Gegenforderung; Erfüllbarkeit der – entstandenen – Hauptforderung; kein Ausschluss der Aufrechnung (näher Palandt/Grüneberg § 387 BGB). Aus dem Erfordernis der Gleichartigkeit folgt, dass eine Aufrechnung gegen Ansprüche auf Sach- und Dienstleistungen nicht in Betracht kommt, denn Leistungsträgern können nur Ansprüche auf Geldleistungen gegen Sozialleistungsberechtigte zustehen. Ein Sozialleistungsträger kann auch mit einer bürgerlich-rechtlichen Forderung aufrechnen. Im Rechtsstreit um den durch eine solche Aufrechnung eventuell erloschenen Sozialleistungsanspruch kann das Sozialgericht Zulässigkeit und Wirkung der Aufrechnung nur annehmen, wenn diese unbestritten oder rechtskräftig festgestellt ist; andernfalls muss das Verfahren ausgesetzt werden (BSG 10. 3. 1982 – 5 b RJ 30/81 – SozR 1200 § 51 Nr. 13).

C. Ausschluss und Beschränkung der Aufrechnung (Abs. 1)

Abs. 1 lässt sich der Grundsatz entnehmen, dass der zuständige Leistungsträger (§ 12 S. 1) gegen 3
Ansprüche eines Sozialleistungsberechtigten auf die Gewährung von Geldleistungen (gemeint: Ansprüche auf Sozialleistungen im Sinne von § 11 S. 1, BSG 7. 2. 2007 – B 6 KA 6/06 R – SozR 4– 2500 § 85 Nr. 31) (sc.: nur) aufrechnen kann, soweit die Ansprüche des Leistungsberechtigten auf Geldleistungen pfändbar sind.

I. Ausschluss der Aufrechnung gegen unpfändbare Ansprüche

Ausgeschlossen ist die Aufrechnung mithin, wenn die Hauptforderung unpfändbar ist; die Unpfändbarkeit einer Reihe von Sozialleistungsansprüchen ergibt sich auf § 54 Abs. 3 (BSG 27. 3. 1996 4
– 14 REg 10/95 – E 78, 132). Angesprochen sind dort insbesondere Erziehungs- und Elterngeld (Nr. 1, u. U. nur teilweise unpfändbar), Mutterschaftsgeld (Nr. 2, u. U. nur teilweise unpfändbar), Wohngeld (Nr. 2a) und Geldleistungen, die Mehraufwand aufgrund eines Körper- oder Gesundheitsschadens ausgleichen sollen (Nr. 3). Auch Ansprüche auf Sozialhilfe sind unpfändbar (§ 17 Abs. 1 S. 2 SGB XII).

Im Hinblick auf Kindergeld und andere Geldleistungen für Kinder kommt nach § 54 Abs. 5 eine 5
Pfändung nur wegen Unterhaltsansprüchen der begünstigten Kinder in Frage. Angesichts dessen liegt es nahe, eine Aufrechnung von Leistungsträgern wegen ihnen zustehender Ansprüche gegen Kindergeldansprüche auszuschließen (vgl. BSG 25. 3. 1982 – 10 RKg 2/81 – E 53, 208; skeptisch GK-SGB I/v. Maydell § 51 Rn. 35; vgl. aber auch zur Aufrechnung mit Ansprüchen auf Erstattung von Geldleistungen für Kinder: § 12 BKGG).

II. Beschränkte Aufrechung gegen Ansprüche auf einmalige Geldleistungen

Ansprüche auf einmalige Geldleistungen können nur gepfändet werden, soweit die Pfändung im 6
Einzelfall der Billigkeit entspricht. Nur in diesem Umfang kann gegen derartige Sozialleistungsansprüche aufgerechnet werden (Abs. 1 mit § 54 Abs. 2).

III. Beschränkte Aufrechnung gegen Ansprüche auf laufende Geldleistungen

Soweit die Pfändung von Ansprüchen auf laufende Geldleistungen im Sinne regelmäßig wieder- 7
kehrender, auf bestimmte Zeitabschnitte bezogener Geldleistungen (einschließlich Voraus- und Nachzahlungen, BSG 27. 3. 1996 – 14 REg 10/95 – E 78, 132, 135 f.) nicht ausgeschlossen ist (§ 54 Abs. 3), können solche Geldleistungsansprüche wie Arbeitseinkommen gepfändet werden (§ 54 Abs. 4 mit §§ 850 ff. ZPO). In eben diesem Umfang kann ein Leistungsträger auch gegen Ansprüche auf laufende Geldleistungen aufrechnen (Abs. 1 mit § 54 Abs. 4).

D. Aufrechnung mit Erstattungs- und Beitragsansprüchen (Abs. 2)

Im Hinblick auf gewisse Ansprüche, die Leistungsträgern gegen Sozialleistungsberechtigte zustehen 8
können, ermöglicht Abs. 2 in begrenztem Umfang und unter spezifischen Voraussetzungen eine Aufrechnung, die nach Abs. 1 ausgeschlossen wäre (BSG 27. 3. 1996 – 14 REg 10/95 – E 78, 132). Die Regelung ermöglicht ausschließlich eine Aufrechnung gegen Ansprüche auf laufende Geldleistungen.

I. Erstattungs- und Beitragsansprüche

Das Aufrechnungsprivileg des Abs. 2 bezieht sich zum einen auf Ansprüche des zuständigen Sozial- 9
leistungsträgers auf Erstattung zu Unrecht erbrachter Sozialleistungen. Von Bedeutung sind insbesondere Erstattungsansprüche nach § 50 Abs. 1 und 2 SGB X. In Frage kommen ferner Ansprüche auf Erstattung überzahlter Vorschüsse oder vorläufiger Leistungen (§§ 42 Abs. 2 S. 2, 43 Abs. 2 S. 2) oder der Anspruch auf Erstattung seitens der BA gezahlter Beiträge zur Kranken-, Renten- und Pflegeversicherung (§ 335 SGB III).

Zum anderen werden Beitragsansprüche nach dem SGB privilegiert. Beitragsansprüche sind An- 10
sprüche der Träger der Sozialversicherung, die Privaten zur Finanzierung der Aufgaben dieser Träger auferlegt werden (BSG 30. 6. 1981 – 5 b/5 RJ 18/80 – SozR 1200 § 51 Nr. 10 betr. Winterbauumlage gem. § 186 a AFG a. F. [vgl. auch § 356 SGB III]). Zu den Beitragsansprüchen zählen auch Ansprüche auf Säumniszuschläge und Zinsen für gestundete Beiträge (§ 28 e Abs. 4 SGB IV). Die Selbstliquidation im Wege der Aufrechnung kann allerdings nur insoweit in Betracht kommen, wie die Pflicht zur Beitragszahlung den Sozialleistungsberechtigten trifft, nicht jedoch dann, wenn sein Arbeitgeber den Beitrag abzuführen hat (§ 28 e SGB IV).

II. Umfang der privilegierten Aufrechnung

11   Der zuständige Leistungsträger kann Erstattungs- oder Beitragsansprüche gegen Ansprüche auf laufende Geldleistungen „bis zu deren Hälfte" aufrechnen.

III. Keine Hilfebedürftigkeit des Berechtigten

12   Die privilegierte Aufrechnung nach Abs. 2 darf außerdem nicht dazu führen, dass der Leistungsberechtigte hilfebedürftig wird – entweder im Sinne der Vorschriften des SGB XII über die Hilfe zum Lebensunterhalt (§§ 19, 27 ff., 82 ff., 90 ff. SGB XII) oder im Sinne der Vorschriften des SGB II über die Grundsicherung für Arbeitsuchende (§§ 9, 11, 12, 19 ff. [ohne § 24] SGB II). Diese Klausel soll eine Befriedigung der Leistungsträger vermeiden, die sich letztlich zu Lasten der Sozialhilfeträger oder der Träger der Grundsicherung für Arbeitsuchende auswirkt (BT-Drs. 8/2034 S. 42; BSG 18. 12. 1980 – 8 RU 12/78 – E 51, 98). Die Aufrechnung ist mit Blick auf diesen Gesetzeszweck nicht nur ausgeschlossen, wenn sie erstmals zur Hilfebedürftigkeit führen würde, sondern auch dann, wenn bereits bestehende Hilfebedürftigkeit verstärkt würde (BSG 16. 9. 1981 – 4 RJ 107/78 – E 52, 98, 101). Zur Handhabung bei Ausländern mit Wohnsitz im Ausland: BSG 12. 4. 1995 – 5 RJ 12/94 – SozR 3–1200 § 51 Nr. 4.

13   Die Beschränkung der privilegierten Aufrechnung durch Hilfebedürftigkeit kommt nur zum Zuge, wenn der Sozialleistungsberechtigte die bestehende oder drohende Hilfebedürftigkeit nachweist, etwa durch Vorlage eines Leistungsbescheides des Trägers der Grundsicherung für Arbeitsuchende oder des Sozialhilfeträgers (dazu BT-Drs. 15/1516 S. 68). Dies ist im Sinne einer Pflicht zu verstärkter Mitwirkung des Leistungsberechtigten an der von Amts wegen vorzunehmenden Ermittlung durch den aufrechnungswilligen Träger zu verstehen (Spellbrink in: Eicher/Spellbrink, § 43 SGB II Rn. 11).

E. Aufrechnungserklärung

14   Die Aufrechnung erfolgt durch (öffentlich-rechtliche) empfangsbedürftige Willenserklärung des aufrechnenden Trägers gegenüber dem Sozialleistungsberechtigten (§ 388 S. 1 BGB; zur Aufrechnung gegenüber Zessionar: §§ 406 BGB, 53 Abs. 5). Die Erklärung darf keine Bedingung oder Zeitbestimmung enthalten (§ 389 S. 2 BGB). Der auf Aufrechnung gerichtete Wille muss für einen objektiven Dritten klar erkennbar sein; Art und Umfang der Forderungen müssen eindeutig bezeichnet werden (BSG 24. 7. 2003 – B 4 RA 60/02 R – SozR 4–1200 § 52 Nr. 1). Mit Blick auf künftige Rentenauszahlungsansprüche kann die Aufrechnung einheitlich mit Wirkung für den jeweiligen Zeitpunkt erklärt werden, an dem die auf einem Rentenstammrecht beruhenden Ansprüche jeweils entstehen (BSG 26. 9. 1991 – 4/1 RA 33/90 – E 69, 238, 243). Die Aufrechnung muss nicht in Form eines Verwaltungsaktes erklärt werden, denn einer „Regelung" im Sinne von § 31 SGB X bedarf es nicht. Diese Frage ist allerdings innerhalb des BSG und in der Literatur lebhaft umstritten (wie hier BSG SozR 4–1200 § 52 Nr. 1; ebenso unter Hinweis auf die den Bürger belastende Bestandskraft von Verwaltungsakten Lang/Blüggel in: Eicher/Spellbrink, § 23 SGB II Rn. 45; zahlreiche Nachweise bei Eicher ebd. § 43 Rn. 6 f.; a. A. BAG, Vorlagebeschluss v. 25. 2. 2010 – B 13 R 76/09 R – betr. Verrechnung gem. § 52, zust. Rath DÖV 2010, 180).

15   Es steht im pflichtgemäß auszuübenden Ermessen des aufrechnungswilligen Trägers, ob und in welchem Umfang er die Aufrechnung erklärt (BSG 9. 11. 1989 – 11 RAr 7/89 – SozR 1200 § 51 Nr. 17; Spellbrink in: Eicher/Spellbrink, § 43 SGB II Rn. 27 ff.).

F. Wirkung der Aufrechnung

16   Die Aufrechnung bewirkt, dass die Forderungen, soweit sie sich decken, als in dem Zeitpunkt erloschen gelten, in dem sie zur Aufrechnung geeignet einander gegenübergetreten sind (§ 389 BGB). Bei laufenden Geldleistungen bewirkt die Aufrechnung das Erlöschen der betroffenen monatlichen Auszahlungsansprüche, nicht aber des diesen Ansprüchen zugrunde liegenden Stammrechts (BSG 26. 9. 1991 – 4/1 RA 33/90 – E 69, 238, 242). Zur Aufrechnung bei Insolvenz des Sozialleistungsberechtigten § 114 Abs. 2 InsO (dazu BSG 10. 12. 2003 – 5 B RJ 18/03 R – E 92, 1; BGH 29. 5. 2008 – IX ZB 51/07 – NJW 2008, 2705).

G. Sondervorschriften

17   Hinsichtlich der Aufrechnung gegen Sozialleistungsansprüche sind folgende Spezialregelungen zu beachten: § 57 Abs. 2 S. 3: Aufrechnung gegen den Sonderrechtsnachfolger eines Sozialleistungsberechtigten ohne die in § 51 genannten Beschränkungen der Höhe; § 333 Abs. 1 SGB III: keine Beschränkung der Aufrechnung gewisser Erstattungsansprüche der Agentur für Arbeit gegen Ansprüche

auf Entgeltersatzleistungen; § 333 Abs. 3 SGB III: Aufrechnung wegen gewisser Ansprüche gegen Arbeitgeber, der als anspruchsberechtigt gilt; § 42a Abs. 2 SGB II: Tilgung von Darlehen der Agentur für Arbeit; § 43 SGB II: Aufrechnung gegen Ansprüche auf Geldleistungen zur Sicherung des Lebensunterhalts nach dem SGB II durch die Träger von Leistungen nach diesem Buch; § 26 Abs. 2 SGB XII: Aufrechung durch Sozialhilfeträger („...bis auf das jeweils Unerlässliche ..."); § 12 BKGG: Aufrechnung bei Ansprüchen auf Kindergeld (vgl. auch § 75 EStG); § 19 BAföG: Aufrechnung mit Anspruch auf Erstattung von Ausbildungsförderung.

§ 52 Verrechnung

Der für eine Geldleistung zuständige Leistungsträger kann mit Ermächtigung eines anderen Leistungsträgers dessen Ansprüche gegen den Berechtigten mit der ihm obliegenden Geldleistung verrechnen, soweit nach § 51 die Aufrechnung zulässig ist.

A. Normzweck

Aufgrund der Vorschrift kann ein Sozialleistungsträger, der eine Sozialleistung zu erbringen hat, mit einer Forderung aufrechnen, die einem anderen Sozialleistungsträger gegen den Berechtigten zusteht. Diese Erscheinungsform der Aufrechnung, bei der das Erfordernis der Gegenseitigkeit der Forderungen entfällt, bezeichnet das Gesetz als Verrechnung (zur Einordnung als Sonderfall der Aufrechnung: BSG 24. 7. 2003 – B 4 RA 60/02 R – SozR 4–1200 § 52 Nr. 1). Auf das Erfordernis der Gegenseitigkeit kann nach der Vorstellung des Gesetzgebers verzichtet werden, weil alle Leistungsträger zur engen Zusammenarbeit verpflichtet sind (BT-Drs. 7/868, S. 32; rechtspolitische Bedenken bei GK-SGB I/von Maydell § 52 Rn. 5: fehlende Transparenz für die Betroffenen). Hinsichtlich der Voraussetzungen der Aufrechnung verweist das Gesetz auf § 51 – abgesehen davon, dass das Erfordernis der Gegenseitigkeit der Forderungen durch die Ermächtigung des aufrechnenden Trägers seitens desjenigen Trägers ersetzt wird, mit dessen Forderung aufgerechnet werden soll. Die Verrechnung ähnelt einer Aufrechung aufgrund einer Konzernverrechnungsklausel (dazu BGH 29. 5. 2008 – IX ZB 51/07 – NJW 2008, 2705). 1

B. Ermächtigung

Ein für eine Geldleistung zuständiger Leistungsträger (d. h. ein „Schuldner" einer Sozialleistung) kann gegen den Sozialleistungsanspruch des Berechtigten mit einer Forderung aufrechnen, die einem anderen Leistungsträger gegen den Berechtigten zusteht, vorausgesetzt der andere Leistungsträger hat den zur Leistung verpflichteten Träger zur Verrechnung/Aufrechnung ermächtigt. Die Ermächtigung ist eine (öffentlich-rechtliche) empfangsbedürftige Willenserklärung, die die zur Aufrechnung vorgesehene Forderung nach Art und Umfang hinreichend bestimmt bezeichnen muss; sie verschafft dem ermächtigten Leistungsträger die Befugnis, im eigenen Namen über eine Forderung des ermächtigenden Trägers durch Aufrechnung zu verfügen (BSG 24. 7. 2003 – B 4 RA 60/02 R – SozR 4–1200 § 52 Nr. 1). Bei Insolvenz des Sozialleistungsberechtigten bleibt eine zuvor erteilte Ermächtigung grundsätzlich wirksam (BGH 29. 5. 2008 – IX ZB 51/07 – NJW 2008, 2705). 2

C. Innenverhältnis zwischen den Leistungsträgern

Im Innenverhältnis zwischen den beteiligten Leistungsträgern liegt einer Ermächtigung regelmäßig ein öffentlich-rechtlicher Vertrag zugrunde (§ 53 Abs. 1 S. 1 SGB X; dazu näher BSG 26. 9. 1991 – 4/1 RA 33/90 – E 69, 238, 239). Der dem ermächtigenden Träger nach erfolgter Aufrechnung zustehende Anspruch auf Erstattung des Verrechnungsbetrages (so BT-Drs. 7/868 S. 32) lässt sich am besten mit § 667 BGB begründen (etwa: SRH/ Waltermann § 7 Rn. 156). 3

§ 53 Übertragung und Verpfändung

(1) **Ansprüche auf Dienst- und Sachleistungen können weder übertragen noch verpfändet werden.**

(2) **Ansprüche auf Geldleistungen können übertragen und verpfändet werden**
1. **zur Erfüllung oder zur Sicherung von Ansprüchen auf Rückzahlung von Darlehen und auf Erstattung von Aufwendungen, die im Vorgriff auf fällig gewordene Sozialleistungen zu einer angemessenen Lebensführung gegeben oder gemacht worden sind oder,**
2. **wenn der zuständige Leistungsträger feststellt, daß die Übertragung oder Verpfändung im wohlverstandenen Interesse des Berechtigten liegt.**

(3) Ansprüche auf laufende Geldleistungen, die der Sicherung des Lebensunterhalts zu dienen bestimmt sind, können in anderen Fällen übertragen und verpfändet werden, soweit sie den für Arbeitseinkommen geltenden unpfändbaren Betrag übersteigen.

(4) Der Leistungsträger ist zur Auszahlung an den neuen Gläubiger nicht vor Ablauf des Monats verpflichtet, der dem Monat folgt, in dem er von der Übertragung oder Verpfändung Kenntnis erlangt hat.

(5) Eine Übertragung oder Verpfändung von Ansprüchen auf Geldleistungen steht einer Aufrechnung oder Verrechnung auch dann nicht entgegen, wenn der Leistungsträger beim Erwerb des Anspruchs von der Übertragung oder Verpfändung Kenntnis hatte.

(6) ¹Soweit bei einer Übertragung oder Verpfändung Geldleistungen zu Unrecht erbracht worden sind, sind sowohl der Leistungsberechtigte als auch der neue Gläubiger als Gesamtschuldner dem Leistungsträger zur Erstattung des entsprechenden Betrages verpflichtet. ²Der Leistungsträger hat den Erstattungsanspruch durch Verwaltungsakt geltend zu machen.

A. Normzweck

1 Die Vorschrift regelt in differenzierter Form, ob und in welchem Umfang Ansprüche auf Sozialleistungen i. S. v. § 11 S. 1 übertragen (= abgetreten) und verpfändet werden können (Abs. 1–3). Indem sie es dem Sozialleistungsberechtigten ermöglicht, über seinen Anspruch zu verfügen, soll unter Beachtung des sozialen Schutzes des Leistungsberechtigten dem Grundsatz Rechnung getragen werden, dass auf Sozialleistungen ein Rechtsanspruch besteht (§ 38; vgl. BT-Drs. 7/ 868 S. 32). Zudem enthält die Vorschrift einige Regelungen zu den rechtlichen Wirkung der Abtretung und Verpfändung von Sozialleistungsansprüchen (Abs. 4–6). Im übrigen sind hinsichtlich der Voraussetzungen und der Wirkungen von Abtretung und Verpfändung grundsätzlich die §§ 398 ff., 1273 ff., 1280 ff. BGB anzuwenden.

B. Voraussetzungen von Abtretung und Verpfändung im Allgemeinen

2 Die Abtretung von Ansprüchen auf Sozialleistungen erfolgt durch Vertrag zwischen dem Inhaber der Forderung und deren Erwerber (§ 398 S. 1 BGB), sofern diese Ansprüche nach Maßgabe der Abs. 1–3 übertragbar sind. Der Vertrag, vom BSG als öffentlich-rechtlicher Vertrag im Sinne von § 53 Abs. 1 S. 1 SGB X eingeordnet, bedarf der Schriftform (§ 56 SGB X; BSG 18. 7. 2006 – B 1 KR 24/05 R – E 97, 6; a. A. BSG 15. 6. 2010 – B 2 U 26/09 R –). Ansprüche auf Sozialleistungen, auch künftige, können auch zur Sicherung von Krediten abgetreten werden (vgl. auch Abs. 2 Nr. 1); bei Abtretung künftiger Ansprüche muss deren Entstehung zum Zeitpunkt der Abtretung möglich erscheinen, und der abgetretene Anspruch muss bestimmt oder jedenfalls bestimmbar bezeichnet sein (BSG 19. 3. 1992 – 7 RAr 26/91 – E 70, 186; 29. 6. 1995 – 11 RAr 109/94 – E 76, 184, 187). Die Abtretung darf nicht gegen die guten Sitten verstoßen (§ 138 Abs. 1 BGB, BSG 7. 9. 1988 – 10 RKg 18/87 – SozR 1200 53 Nr. 8; LSG Celle 24. 1. 2007 – L 2 R 105/06 – betr. Vereitelung der Vollstreckungsmöglichkeiten Dritter).

3 Die Verpfändung von Ansprüchen auf Sozialleistungen erfordert ebenfalls einen Vertrag (§§ 1274 Abs. 1 S. 1, 398 S. 1 BGB).Überdies ist eine Anzeige an den Leistungsträger erforderlich (§ 1280 BGB). Die Verpfändung von Ansprüchen auf Sozialleistungen spielt in der Praxis keine Rolle.

C. Ausschluss der Abtretung und Verpfändung von Ansprüchen auf Dienst- und Sachleistungen (Abs. 1)

4 Die Abtretung und Verpfändung von Sozialleistungsansprüchen, die sich auf die Gewährung von Dienst- und Sachleistungen richten, ist wegen der Ausrichtung solcher Ansprüche auf die persönlichen Bedürfnisse des Berechtigten generell ausgeschlossen. Der Abtretungsausschluss gilt nicht für Kostenerstattungsansprüche, die an die Stelle von Ansprüchen treten, die sich auf die Gewährung von Dienst- oder Sachleistungen beziehen (BSG 18. 7. 2006 – B 1 KR 24/05 R – E 97, 6 zu § 13 Abs. 3 SGB V).

D. Abtretung und Verpfändung von Ansprüchen auf Geldleistungen

5 Übertragbarkeit und Verpfändbarkeit von Sozialleistungsansprüchen, die sich auf Geldleistungen richten, sind in den Abs. 2 und 3 geregelt. Die beiden Absätze können unabhängig voneinander angewendet werden (BSG 29. 6. 1995 – 11 RAr 109/94 – E 76, 184, 193). Abs. 3 betrifft ausschließlich

Ansprüche auf laufende Geldleistungen zur Sicherung des Lebensunterhalts. In Abs. 2 – praktisch bedeutsam v. a. Nr. 2 – geht es um alle Geldleistungen, also auch um einmalige Leistungen (z. B. Kostenerstattungsansprüche, siehe oben Rn. 4) und um laufende Geldleistungen ohne unterhaltsichernde Funktion.

I. Pfändungsgrenze bei Ansprüchen auf laufende Geldleistungen zur Sicherung des Lebensunterhalts (Abs. 3)

Abs. 3 ermöglicht die Abtretung und Verpfändung von Ansprüchen auf laufende Geldleistungen, **6** die der Sicherung des Lebensunterhalts zu dienen bestimmt sind (dazu § 48 Rn. 4 ff.). Die Übertragung und Verpfändung dieser Ansprüche ist ohne nähere Voraussetzungen möglich und lediglich der Höhe nach durch die Pfändungsgrenzen der ZPO beschränkt. Eine Übertragung oder Verpfändung ist möglich, soweit die betroffene Geldleistung den für Arbeitseinkommen geltenden unpfändbaren Betrag übersteigt. Maßgeblich sind insoweit in erster Linie die §§ 850 c und 850 d ZPO.
Soweit die Übertragung oder Verpfändung der Erfüllung oder Sicherung gesetzlicher Unterhaltsan- **7** sprüche dient, ist auf § 850 d ZPO abzustellen, im übrigen auf § 850 c ZPO (BT-Drs. 7/868 S. 32). Bei der Ermittlung der Pfändungsgrenze nach § 850 c ZPO sind etwaige Erhöhungen der Grenze wegen Unterhaltspflichten des Zedenten, aber auch § 850 c Abs. 4 ZPO zu beachten (BSG 27. 11. 1991 – 4 RA 80/90 – E 70, 37, 41 ff.). Die betreffenden Beträge müssen sich nicht aus dem Abtretungsvertrag ergeben. Blankettabtretungen sind zulässig; es ist dann Sache des Sozialleistungsträgers, den Umfang der Abtretung festzustellen (BSG 27. 11. 1991 – 4 RA 80/90 – E 70, 37, 40). Zur Anwendung von § 805 e Nr. 2 a ZPO: BSGE 9. 4. 1987 – 5 b RJ 4/87 – E 61, 274, 276; 23. 5. 1995 – 13 RJ 43/93 – SozR 3–1200 § 53 Nr. 7; zur Anwendung von § 850 f ZPO: BSG 23. 5. 1995 – 13 RJ 43/93 – SozR 3–1200 § 53 Nr. 7; 29. 6. 1995 – 11 RAr 109/94 – E 76, 184, 194).

II. Vorfinanzierung der Lebensführung durch Dritte (Abs. 2 Nr. 1)

Die Regelung ermöglicht die Übertragung oder Verpfändung eines Geldleistungsanspruchs an ei- **8** nen Dritten, wenn dieser den Sozialleistungsberechtigten durch Gewährung eines Darlehens oder durch sonstige Bereitstellung von Mitteln unterstützt hat. Diese Unterstützung, die sich nur auf eine angemessen Lebensführung beziehen darf, muss im Vorgriff auf fällig gewordene (§ 41) Sozialleistungen erfolgt sein. Durch die Abtretung kann der Sozialleistungsberechtigte den Rückzahlungs- oder Aufwendungsersatzanspruch des Dritten erfüllen oder sichern.

III. Wohlverstandenes Interesse des Leistungsberechtigten (Abs. 2 Nr. 2)

Ein Sozialleistungsanspruch kann schließlich übertragen oder verpfändet werden, wenn dies im **9** wohlverstandenen Interesse des Berechtigten liegt. Dieser soll vor unüberlegten und nachteiligen Übertragungen geschützt werden. Ob ein wohlverstandenes Interesse (= unbestimmter Rechtsbegriff) gegeben ist, bedarf einer Feststellung durch den zuständigen Leistungsträger in Form eines Verwaltungsakts, die gerichtlich in vollem Umfang überprüfbar ist; Ermessen ist dem Träger nicht eingeräumt (BSG 6. 4. 2000 – B 11 AL 47/99 R – SozR 3–1200 § 53 Nr. 9). Eine vor der Feststellung erfolgte Abtretung ist schwebend unwirksam (BSG ebd.).
Ein wohlverstandenes Interesse des Zedenten an der Abtretung setzt voraus, dass er einen gleich- **10** wertigen Vorteil erhält. Dies ist etwa in folgenden Fällen angenommen worden: Abtretung eines Anspruchs auf eine laufende Geldleistung zur Sicherung des Lebensunterhalts durch einen Obdachlosen, der in einem Obdachlosenheim untergebracht war und dafür eine angemessene Nutzungsentschädigung zu zahlen hatte (BSG 6. 4. 2000 – B 11 AL 47/99 R – SozR 3–1200 § 53 Nr. 9); Abtretung von Kindergeld, um den notwendigen Lebensunterhalt (Miet- und Energiekosten) zu decken (BSG 8. 12. 1993 – 10 RKg 1/92 – SozR 3–1200 § 53. Nr. 6).
Es fehlte hingegen am wohlverstandenen Interesse des Berechtigten in folgenden Fällen: Abtretung **11** eines Kindergeldanspruchs zur Deckung eines Anwaltshonorars (BSG 8. 12. 1993 – 10 RKg 1/92 – SozR 3–1200 § 53. Nr. 6); Abtretung eines Anspruchs auf Leistungen für Unterkunft und Heizung (§ 22 SGB II) an Vermieter (LSG Berlin-Brandenburg 24. 5. 2006 – L 5 B 147/06 AS ER: arg.: § 22 Abs. 4 SGB II).

E. Rechtsfolgen der Übertragung bzw. Verpfändung von Sozialleistungsansprüchen

I. Rechtsfolgen im allgemeinen

Durch die Abtretung eines Sozialleistungsanspruchs wird der Zessionar dessen Inhaber. Im übrigen **12** wird das Sozialrechtsverhältnis zwischen Zedent und Leistungsträger nicht verändert. So verbleibt bei

Hänlein

Abtretung von Rentenansprüchen das Stammrecht beim Zedenten (BSG 26. 4. 1979 – 5 RKnU 7/77 – E 48, 159, 163). Ebenso verbleiben ihm auf die Leistung bezogene Antragsbefugnisse (BSG 6. 2. 1991 – 13/ 5 RJ 18/89 – E 68, 144, 146 f. betr. Anspruch auf Erstattung von Beiträgen zur Rentenversicherung [§ 210 SGB VI]; vgl. auch BSG 18. 7. 2006 – B 1 KR 24/05 R – E 97, 6 betr. Kostenerstattungsanspruch gem. § 13 Abs. 3 SGB V). Zu den rechtlichen Wirkungen der Verpfändung: §§ 1281 ff. BGB.

13 Grundsätzlich gelten nach erfolgter Abtretung die Regeln des BGB, insbesondere § 404 (Erhalt der Einwendungen des Leistungsträgers), § 407 (Wirkung von Leistungen und Rechtshandlungen des Leistungsträgers, der Abtretung nicht kennt, gegenüber dem bisherigen Gläubiger auch für Zessionar), § 409 (Schutz des Vertrauens auf Abtretungsanzeige bei nicht erfolgter oder unwirksamer Abtretung, dazu BSG 29. 6. 1995 – 11 RAr 109/94 – E 76, 184, 188). Abweichungen von den Regeln des BGB finden sich in Abs. 4 und 5.

14 Nach erfolgter Abtretung eines Sozialleistungsanspruchs kann der zuständige Leistungsträger nicht mehr nach § 104 SGB X in Anspruch genommen werden (BSG 14. 11. 1984 – 1/4 RJ 57/84 – E 57, 218; Ausnahme: § 113 SGB XII).

II. Auszahlungsfrist (Abs. 4)

15 Der Leistungsträger ist zur Auszahlung an den Zessionar nicht vor Ablauf des Monats verpflichtet, der dem Monat folgt, in dem er von der Abtretung bzw. Pfändung Kenntnis erlangt hat (Abs. 4). Die Vorschrift hat § 1587 p BGB a. F. zum Vorbild und soll Doppelleistungen vermeiden (BT-Drs. 11/ 2460 S. 15). Kenntnis erhält der Träger regelmäßig durch eine Abtretungsanzeige (§ 409 Abs. 1 S. 1 oder 2 BGB).

III. Privilegierte Aufrechnung gegen abgetretenen/verpfändeten Sozialleistungsanspruch (Abs. 5)

16 Rechnet ein Leistungsträger gegenüber einem Leistungsberechtigten auf, nachdem dieser seinen Sozialleistungsanspruch abgetreten hat, so muss der Zessionar die Aufrechnung nach § 407 Abs. 1 BGB nur dann gegen sich gelten lassen, wenn dem Leistungsträger die Abtretung zur Zeit der Aufrechnung unbekannt war. § 406 BGB ermöglicht dem Leistungsträgers eine Aufrechnung gegenüber dem Zessionar, wenn er beim Erwerb seiner Forderung die Abtretung nicht kannte. Abweichend hiervon kann der Träger nach Abs. 5 auch dann seine Forderung durch Erklärung gegenüber dem Zessionar aufrechnen, wenn er die Abtretung beim Erwerb seiner Forderung kannte (dazu BT-Drs. 11/1004 S. 12).

IV. Gesamtschuldnerschaft bei Erstattungsansprüchen (Abs. 6)

17 Leistet ein Sozialleistungsträger auf einen vermeintlichen, in Wirklichkeit jedoch nicht bestehenden Sozialleistungsanspruch, kann er die Leistung vom Empfänger zurückfordern (§ 50 Abs. 1 bzw. u. U. Abs. 2 SGB X). Ein solcher Erstattungsanspruch ist durch Verwaltungsakt geltend zu machen (§ 50 Abs. 3 SGB X). Für den Fall, dass ein Träger an einen (vermeintlich) Sozialleistungsberechtigen leistet, nachdem dieser den (vermeintlichen) Anspruch an einen Dritten abgetreten hat, stellt sich die Frage, ob die Leistung auch vom Zessionar zurückgefordert und durch Verwaltungsakt geltend gemacht werden kann. Insoweit sieht Abs. 6 vor, dass sowohl Zedent wie Zessionar Schuldner des Erstattungsanspruchs sind und als Gesamtschuldner haften (S. 1) und dass der Erstattungsanspruch durch Verwaltungsakt geltend zu machen ist (Abkehr von BSG 30. 1. 2002 – B 5 RJ 26/01 R – SozR 3-1300 § 50 Nr. 25; vgl. BT-Drs. 15/4228 S. 25). Abs. 6 ist nur auf Geldleistungen anzuwenden, soweit diese nach dem 30. 3. 2005 zu Unrecht erbracht werden (§ 71).

F. Sondervorschriften

18 Zur Abtretung und Verpfändung von Sozialleistungsansprüchen sind folgende Sonderregeln zu beachten: SGB III: § 181 Abs. 2 S. 2 (Abtretung und Verpfändung von Kurzarbeitergeld erfordert Anzeige gegenüber Arbeitgeber); § 189 (Verpfändung und Übertragung von Insolvenzgeld ab Antragstellung); SGB XII: § 17 Abs. 1 S. 2 (Keine Übertragung und Verpfändung von Ansprüchen auf Sozialhilfe); § 113, s. Rn. 14.

§ 54 Pfändung

(1) **Ansprüche auf Dienst- und Sachleistungen können nicht gepfändet werden.**

(2) **Ansprüche auf einmalige Geldleistungen können nur gepfändet werden, soweit nach den Umständen des Falles, insbesondere nach den Einkommens- und Vermögensverhält-**

nissen des Leistungsberechtigten, der Art des beizutreibenden Anspruchs sowie der Höhe und der Zweckbestimmung der Geldleistung, die Pfändung der Billigkeit entspricht.

(3) Unpfändbar sind Ansprüche auf
1. Erziehungsgeld und vergleichbare Leistungen der Länder sowie Elterngeld bis zur Höhe der nach § 10 des Bundeselterngeld- und Elternzeitgesetzes anrechnungsfreien Beträge,
2. Mutterschaftsgeld nach § 13 Abs. 1 des Mutterschutzgesetzes, soweit das Mutterschaftsgeld nicht aus einer Teilzeitbeschäftigung während der Elternzeit herrührt, bis zur Höhe des Erziehungsgeldes nach § 5 Abs. 1 des Bundeserziehungsgeldgesetzes oder des Elterngeldes nach § 2 des Bundeselterngeld- und Elternzeitgesetzes, soweit es die anrechnungsfreien Beträge nach § 10 des Bundeselterngeld- und Elternzeitgesetzes nicht übersteigt,
2a. Wohngeld, soweit nicht die Pfändung wegen Ansprüchen erfolgt, die Gegenstand der §§ 9 und 10 des Wohngeldgesetzes sind,
3. Geldleistungen, die dafür bestimmt sind, den durch einen Körper- oder Gesundheitsschaden bedingten Mehraufwand auszugleichen.

(4) Im übrigen können Ansprüche auf laufende Geldleistungen wie Arbeitseinkommen gepfändet werden.

(5) ¹Ein Anspruch des Leistungsberechtigten auf Geldleistungen für Kinder (§ 48 Abs. 1 Satz 2) kann nur wegen gesetzlicher Unterhaltsansprüche eines Kindes, das bei der Festsetzung der Geldleistungen berücksichtigt wird, gepfändet werden. ²Für die Höhe des pfändbaren Betrages bei Kindergeld gilt:
1. Gehört das unterhaltsberechtigte Kind zum Kreis der Kinder, für die dem Leistungsberechtigten Kindergeld gezahlt wird, so ist eine Pfändung bis zu dem Betrag möglich, der bei gleichmäßiger Verteilung des Kindergeldes auf jedes dieser Kinder entfällt. Ist das Kindergeld durch die Berücksichtigung eines weiteren Kindes erhöht, für das einer dritten Person Kindergeld oder dieser oder dem Leistungsberechtigten eine andere Geldleistung für Kinder zusteht, so bleibt der Erhöhungsbetrag bei der Bestimmung des pfändbaren Betrages des Kindergeldes nach Satz 1 außer Betracht.
2. Der Erhöhungsbetrag (Nummer 1 Satz 2) ist zugunsten jedes bei der Festsetzung des Kindergeldes berücksichtigten unterhaltsberechtigten Kindes zu dem Anteil pfändbar, der sich bei gleichmäßiger Verteilung auf alle Kinder, die bei der Festsetzung des Kindergeldes zugunsten des Leistungsberechtigten berücksichtigt werden, ergibt.

(6) In den Fällen der Absätze 2, 4 und 5 gilt § 53 Abs. 6 entsprechend.

A. Normzweck

Die Vorschrift regelt, ob und ggf. in welchem Umfang Sozialleistungsansprüche (§ 11 S. 1) dem Zugriff der Gläubiger der Sozialleistungsberechtigten unterliegen. Anders als im bürgerlichen Recht (§§ 400, 1274 BGB, 851 ZPO) gelten hier nur teilweise dieselben Regeln wie für Übertragung und Pfändung: die Pfändung von Ansprüchen auf Geldleistungen ist eigenständig geregelt (Abs. 2–5). Nicht Gegenstand der Vorschrift ist das Pfändungsverfahren. Hinsichtlich Wirksamkeit, Inhalt und Umfang der Pfändung gelten die Regelungen der ZPO über die Zwangsvollstreckung wegen Geldforderungen in Forderungen (§§ 829ff. ZPO). Soweit es um die Vollstreckung wegen öffentlich-rechtlicher Forderungen geht, sind die jeweils einschlägigen Regeln des Verwaltungsvollstreckungsrechts (vgl. z.B. § 66 SGB X) anzuwenden.

B. Voraussetzungen der Pfändung im allgemeinen

Die Pfändung setzt – abgesehen von den allgemeinen Voraussetzungen der Zwangsvollstreckung – einen Antrag des Gläubigers beim zuständigen Vollstreckungsgericht voraus, in dem Schuldner und Leistungsträger als Drittschuldner, jeweils mit Anschrift, sowie der zu pfändende Anspruch zu benennen sind. Der Antrag richtet sich auf Pfändung und Überweisung des Sozialleistungsanspruchs. Im Pfändungs- und Überweisungsbeschluss des Vollstreckungsgerichts (§§ 829, 835 ZPO) ist der zu pfändende Sozialleistungsanspruch so genau zu bezeichnen, dass feststeht, welcher konkrete Anspruch Gegenstand der Zwangsvollstreckung sein soll (BSG 12. 5. 1982 7 RAr 20/81 – E 53, 260, 264; 12. 3. 1986 – 5a RKn 22/84 – E 60, 34). Auch künftige Ansprüche können Gegenstand einer Pfändung sein, sofern sie in einem bereits bestehenden Sozialversicherungsverhältnis wurzeln (z.B. BGH 10. 10. 2003 – IXa ZB 180/03 – NJW 2003, 3774 betr. Erwerbsminderungsrente).

C. Ausschluss der Pfändung von Ansprüchen auf Dienst- und Sachleistungen (Abs. 1)

3 Die Pfändung von Sozialleistungsansprüchen, die sich auf die Gewährung von Dienst- und Sachleistungen richten, ist – wie auch deren Abtretung und Verpfändung (§ 53 Abs. 1) – wegen der Ausrichtung solcher Ansprüche auf die persönlichen Bedürfnisse des Berechtigten generell ausgeschlossen (Abs. 1).

D. Pfändung von Ansprüchen auf Geldleistungen

I. Pfändung von Ansprüchen auf einmalige Geldleistungen nach Billigkeit (Abs. 2)

4 Ansprüche auf einmalige Geldleistungen (Beispiel: Witwenrentenabfindung, BSG 12. 3. 1986 – 5 a RKn 22/84 – E 60, 34, 36) können nach Abs. 2 gepfändet werden, wenn die Pfändung nach den Umständen des Einzelfalles der Billigkeit entspricht; dabei sind insbesondere folgende Umstände zu berücksichtigen: Einkommens- und Vermögensverhältnisse des Leistungsberechtigten, die Art des beizutreibenden Anspruchs sowie Höhe und Zweckbestimmung der Geldleistung, deren Pfändung beantragt wird (Abs. 2; Vorbild: § 850b Abs. 2 ZPO, vgl. BT-Drs. 7/868 S. 32). Die Pfändung eines Anspruchs auf Kostenerstattung dürfte der Billigkeit entsprechen, wenn sie der Befriedigung der Honorarforderung des Leistungserbringers dient, auf dessen Kosten sich der Kostenerstattungsanspruch bezieht (vgl. auch BSG 18. 7. 2006 – B 1 KR 24/05 R – E 97, 6 zur Abtretung eines Anspruchs nach § 13 Abs. 3 SGB V). Die Entscheidung über die Billigkeit einer Pfändung trifft die für die Pfändung zuständige Stelle, bei der Vollstreckung wegen bürgerlich-rechtlicher Forderungen also das Vollstreckungsgericht.

II. Ausschluss der Pfändung von Ansprüchen auf Geldleistungen mit besonderer Zweckbestimmung (Abs. 3)

5 Ansprüche auf laufende Geldleistungen sind wie Arbeitseinkommen pfändbar. Von dieser Regel des Abs. 4 nimmt Abs. 3 eine Reihe von Sozialleistungsansprüchen mit Blick auf deren spezifische Zweckbestimmung aus. Im einzelnen können danach Ansprüche nicht gepfändet werden, die sich auf die folgenden Leistungen beziehen:
– Abs. 3 Nr. 1: Erziehungsgeld (§§ 4, 5 BErzGG) und vergleichbare Leistungen der Länder sowie Elterngeld (§§ 1 ff. BEEG), letzteres bis zur Höhe der anrechnungsfreien Beträge nach § 10 BEEG;
– Abs. 3 Nr. 2 (dazu BT-Drs. 12/5187 S. 29): Mutterschaftsgeld (§ 13 Abs. 1 MuSchG) bis zur Höhe des Erziehungsgeldes (§ 5 Abs. 1 BErzGG) oder des Elterngeldes (§ 2 BEEG), jeweils im Rahmen der Beträge nach § 10 BEEG; von der Unpfändbarkeit ausgenommen ist Mutterschaftsgeld, das aus einer Teilzeitbeschäftigung während der Elternzeit (vgl. § 15 Abs. 4 BEEG) herrührt;
– Abs. 3 Nr. 2a (dazu BT-Drs. 15/1516 S. 68): Wohngeld, soweit die Pfändung nicht wegen Ansprüchen des Vermieters im Sinne von § 9 WoGG oder wegen Ansprüchen eines Darlehensgebers im Sinne von § 10 WoGG erfolgt;
– Abs. 3 Nr. 3: Geldleistungen, die dazu bestimmt sind, den durch einen Körper- oder Gesundheitsschaden bedingten Mehraufwand auszugleichen; Beispiele (vgl. BT-Drs. 12/5187 S. 29): Grundrente und Schwerstbeschädigtenzulage (§ 31 BVG), Pflegezulage (§ 35 BVG), Kleiderverschleisszulage (§ 15 BVG), Beihilfe für fremde Führung oder Blindenhundführung (§ 14 BVG), Hilfen für die Beschaffung eines KFZ nach der KfzHV; Hilfen an Schwerbehinderte (§ 19 f SchwbAV).

III. Pfändung der Ansprüche auf laufende Geldleistungen wie Arbeitseinkommen (Abs. 4)

6 Ist die Pfändung von Ansprüchen auf laufende Geldleistungen (§ 48 Rn. 5) nicht nach Abs. 3 ausgeschlossen, können diese Ansprüche wie Arbeitseinkommen gepfändet werden. Eine Pfändung ist also möglich, soweit die betroffene Geldleistung den für Arbeitseinkommen geltenden unpfändbaren Betrag übersteigt. Maßgeblich sind insoweit die §§ 850 ff. ZPO (BGH 12. 2. 2003 – IX a ZB 207/03 – FamRZ 2004, 439).

7 Soweit die Pfändung der Erfüllung oder Sicherung gesetzlicher Unterhaltsansprüche dient, ist auf § 850d ZPO abzustellen, im übrigen auf § 850c ZPO (BT-Drs. 7/868 S. 32). Bei der Ermittlung der Pfändungsgrenze nach § 850c ZPO sind etwaige Erhöhungen der Grenze wegen Unterhaltspflichten des Schuldners, aber auch § 850c Abs. 4 ZPO zu beachten (BSG 27. 11. 1991 – 4 RA 80/90 – E 70, 37, 41).

Führt die Pfändung zu Hilfebedürftigkeit des Schuldners im Sinne des SGB XII bzw. des SGB II, **8** oder bei besonderen Bedürfnissen des Schuldners aus persönlichen oder beruflichen Gründen kann beim Vollstreckungsgericht eine Erhöhung des unpfändbaren Betrages beantragt werden (§ 850f ZPO; vgl. BT-Drs. 12/5187 S. 29; zu § 850f ZPO auch BGH 12. 2. 2003 – IXa ZB 207/03 – FamRZ 2004, 439).

IV. Pfändung von Ansprüchen auf Geldleistungen für Kinder (Abs. 5)

Ansprüche auf Geldleistungen für Kinder (Begriff: § 48 Abs. 1 S. 2) können nur gepfändet werden, **9** wenn die Pfändung wegen des Unterhaltsanspruchs eines Kindes erfolgt, das bei der betreffenden Leistung berücksichtigt wird (Abs. 5 S. 1).

Nähere Vorgaben, bis zu welcher Höhe eine solche Pfändung erfolgen kann, ergeben sich aus S. 2. **10** Danach ist die Pfändung von Ansprüchen auf Kindergeld bis zu dem Betrag möglich, der sich bei gleichmäßiger Verteilung des Kindergeldes auf alle kindergeldrelevanten Kinder ergibt (S. 2 Nr. 1 S. 1). Dabei hat der sog. Zählkindervorteil außer Betracht zu bleiben (S. 2 Nr. 1 S. 2). Das heißt aber nicht, dass er nicht gepfändet werden kann; der jeweils pfändbare Anteil ist jedoch unter Berücksichtigung aller kindergeldrelevanten Kinder, Zählkinder eingeschlossen, zu berechnen (S. 2 Nr. 2).

E. Rechtsfolgen von Pfändung und Überweisung

I. Rechtsfolgen im allgemeinen

Die Pfändung bewirkt, dass dem Leistungsträger als Drittschuldner verboten wird, die Leistung an **11** den Berechtigten auszuzahlen (§ 829 Abs. 1 S. 1 ZPO), und dass die Sozialleistung dem Pfändungsgläubiger zur Einziehung oder zur Einziehung an Zahlungs Statt zu überweisen ist (§ 835 Abs. 1 ZPO). Der Leistungsträger unterliegt als Drittschuldner der Auskunftspflicht nach § 840 ZPO. Bei der in der Praxis allein bedeutsamen (§ 835 Abs. 2 ZPO) Überweisung zur Einziehung bleibt der Sozialleistungsberechtigte Inhaber des Anspruchs, an dessen rechtlicher Natur sich nichts ändert. Nach erfolgter Pfändung eines Sozialleistungsanspruchs kann der zuständige Leistungsträger nicht mehr nach § 104 SGB X in Anspruch genommen werden (BSG 14. 11. 1984 – 1/4 RJ 57/84 – E 57, 218; Ausnahme: § 113 SGB XII). Im Streitfall ist der Anspruch bei dem Gericht einzuklagen, bei dem auch der Leistungsberechtigte den Anspruch einklagen müsste, also in aller Regel beim Sozialgericht (vgl. z. B. BSG 12. 3. 1986 – 5a RKn 22/84 – E 60, 34, 35). Geht der Streit um eine bereits bewilligte Leistung, kann ohne vorheriges Vorverfahren eine Leistungsklage erhoben werden (§ 54 Abs. 4 SGG; vgl. BSG 21. 7. 1988 – 7 RAr 51/86 – E 64, 17, 19 f.).

II. Gesamtschuldnerschaft bei Erstattungsansprüchen (Abs. 6)

Wird ein ganz oder teilweise nicht bestehender Sozialleistungsanspruch gepfändet und zur Einziehung überwiesen, kann der Leistungsträger Erstattung einer auf den vermeintlichen Anspruch erfolgten Leistung verlangen (§ 50 Abs. 1 bzw. 2 SGB X). Dieser Erstattungsanspruch kann gegen den Leistungsberechtigen und gegen den Pfändungsgläubiger als Gesamtschuldner (durch Verwaltungsakt) geltend gemacht werden. Dies folgt aus der Verweisung in Abs. 6 auf § 53 Abs. 6). Abs. 6 ist nur auf Geldleistungen anzuwenden, soweit diese nach dem 30. 3. 2005 zu Unrecht erbracht werden (§ 71). **12**

F. Sondervorschriften

Zur Pfändung von Sozialleistungsansprüchen sind folgende Sonderregeln zu beachten: SGB III: **13** § 181 Abs. 2 S. 1 (bei Pfändung von Kurzarbeitergeld gilt Arbeitgeber als Drittschuldner); § 189 (Pfändung von Insolvenzgeld wirkte erst ab Antragstellung); § 334: Agentur für Arbeit, die über den gepfändeten Geldleistungsanspruch entschieden hat, gilt als Drittschuldner; SGB XII: § 17 Abs. 1 S. 2 (Keine Pfändung von Ansprüchen auf Sozialhilfe); zu § 113 s. Rn. 11. Der Vorschlag, die Unpfändbarkeit von Sozialhilfeansprüchen durch entsprechende Anwendung des § 17 Abs. 1 S. 2 SGB XII auch auf die Leistungen nach dem SGB II zu übertragen (so Eicher in: Eicher/Spellbrink, § 43 SGB II Rn. 8), überzeugt mit Blick auf § 37 Abs. 1 nicht ohne weiteres (so auch Gagel/Rothkegel § 19 SGB II Rn. 16). Zumindest gegen eine Pfändung des Anspruchs auf den befristeten Zuschlag (§ 24 SGB II) kaum etwas einzuwenden, zumal insoweit kann von einem höchstpersönlichen Charakter keine Rede sein (LSG Berlin-Brandenburg 30. 6. 2006 – L 10 B 406/06 AS ER –; ebenso zum Anspruch auf Mehraufwandentschädigung nach § 16 Abs. 3 S. 2 SGB II [1 €] LG Görlitz 15. 5. 2006 – 2 T 61/06 – FamRZ 2007, 299).

§ 55 Kontenpfändung und Pfändung von Bargeld

(1) ¹**Wird eine Geldleistung auf das Konto des Berechtigten bei einem Kreditinstitut überwiesen, ist die Forderung, die durch die Gutschrift entsteht, für die Dauer von 14**

Hänlein

Tagen seit der Gutschrift der Überweisung unpfändbar. ²Eine Pfändung des Guthabens gilt als mit der Maßgabe ausgesprochen, daß sie das Guthaben in Höhe der in Satz 1 bezeichneten Forderung während der 14 Tage nicht erfaßt.

(2) ¹Das Kreditinstitut ist dem Schuldner innerhalb der 14 Tage zur Leistung aus dem nach Absatz 1 Satz 2 von der Pfändung nicht erfaßten Guthaben nur soweit verpflichtet, als der Schuldner nachweist oder als dem Kreditinstitut sonst bekannt ist, daß das Guthaben von der Pfändung nicht erfaßt ist. ²Soweit das Kreditinstitut hiernach geleistet hat, gilt Absatz 1 Satz 2 nicht.

(3) ¹Eine Leistung, die das Kreditinstitut innerhalb der 14 Tage aus dem nach Absatz 1 Satz 2 von der Pfändung nicht erfaßten Guthaben an den Gläubiger bewirkt, ist dem Schuldner gegenüber unwirksam. ²Das gilt auch für eine Hinterlegung.

(4) Bei Empfängern laufender Geldleistungen sind die in Absatz 1 genannten Forderungen nach Ablauf von 14 Tagen seit der Gutschrift sowie Bargeld insoweit nicht der Pfändung unterworfen, als ihr Betrag dem unpfändbaren Teil der Leistungen für die Zeit von der Pfändung bis zum nächsten Zahlungstermin entspricht.

(5) ¹Pfändungsschutz für Kontoguthaben besteht nach dieser Vorschrift nicht, wenn der Schuldner ein Pfändungsschutzkonto im Sinne von § 850k Abs. 7 der Zivilprozessordnung führt. ²Hat das Kreditinstitut keine Kenntnis von dem Bestehen eines Pfändungsschutzkontos, leistet es nach dem Absätzen 1 bis 4 mit befreiender Wirkung an den Schuldner. ³Gegenüber dem Gläubiger ist das Kreditinstitut zur Leistung nur verpflichtet, wenn ihm das Bestehen des Pfändungsschutzkontos nachgewiesen ist.

A. Normzweck

1   Der Schutz von Forderungen vor einer Pfändung kann nur so lange Wirkung entfalten, wie Forderungen nicht durch Zahlung erfüllt werden. Auch danach aber besteht ein Bedürfnis, den Zugriff der Gläubiger auf die als Sozialleistungen zugewandten Mittel zu beschränken. § 55 erweitert deshalb den Pfändungsschutz durch eine vorübergehende Beschränkung des Zugriffs der Gläubiger auf Sozialleistungen, die einem Konto des Berechtigten gutgeschrieben wurden (Abs. 1–4) oder die er als Bargeld in Händen hält (Abs. 4). Die Regelung ist Spezialregelung im Verhältnis zu §§ 835 Abs. 3 S. 2, 850k ZPO a. F. bzw. § 850l ZPO. Die Vorschrift wurde geändert durch das Gesetz zur Reform des Kontopfändungsschutzes v. 7. 7. 2009, BGBl I, 1707 (dazu BT-Drs. 16/7615 und 16/12.714). Seit dem 1. 7. 2010 gilt sie nur noch, wenn der Empfänger der Sozialleistung kein Pfändungsschutzkonto eingerichtet hat (Abs. 5 S. 1). Überdies gilt § 55 nur noch für eine Übergangszeit (bis zum 31. 12. 2011, vgl. Art. 7 Abs. 5 und 10 Abs. 1 des Gesetzes zur Reform des Kontopfändungsschutzes).

B. Voraussetzungen des Pfändungsschutzes

2   Der Pfändungsschutz bezieht sich auf Sozialleistungen in Form von Geldleistungen im Sinne von § 11 S. 2, die von einem Sozialleistungsträger im Sinne des § 12 S. 1 ausgezahlt werden (BGH 30. 5. 1988 – II ZR 373/87 – Z 104, 309; 20. 12. 2006 – VII ZR 56/06 – NJW 2007, 604 betr. Alg II). Geschützt sind sowohl einmalige wie auch laufende Geldleistungen (anders Abs. 4); die Zweckbestimmung der Geldleistung spielt keine Rolle. Erforderlich ist des Weiteren, dass die Geldleistung auf das Konto des Berechtigten bei einem Kreditinstitut überwiesen wurde. In der Regel erfolgen Überweisungen der Sozialleistungsträger auf ein Girokonto; geschützt sind aber auch Überweisungen auf andere Konten des Berechtigten, etwa auf ein Bausparkonto (BSG 12. 9. 1984 – 10 RKg 15/83 – SozR 1200 § 7 Nr. 1; vgl. auch § 47 Rn. 2). Der Berechtigte muss Inhaber oder zumindest Mitinhaber des Kontos sein (BGH 12. 10. 1987 – II ZR 98/87 – NJW 1988, 709 f.).

C. Wirkungen des Pfändungsschutzes

I. Vierzehntägige Schutzfrist

3   Für eine Schutzfrist von vierzehn Tagen, die am Tag nach der Gutschrift beginnt (§ 187 Abs. 1 BGB), bleibt dem Sozialleistungsberechtigten die Möglichkeit, über die gutgeschriebenen Mittel zu verfügen. Dies erreicht das Gesetz, indem es die Forderung, die aus der Gutschrift entsteht, für diese Zeit für unpfändbar erklärt (Abs. 1 S. 1). Bei einem Girokonto mit Kontokorrentvereinbarung sind demnach der Saldo i. S. v. § 357 HGB, aber auch Salden zwischen den Rechnungsabschlüssen (zum „Tagessaldo", vgl. BGH 30. 6. 1982 – VIII ZR 129/81 – Z 84, 325, 327 ff.) in Höhe der gutgeschriebenen Sozialleistung unpfändbar. Dies verhindert zwar nicht, dass ein Pfändungsbeschluss er-

geht, ein solcher erfasst jedoch die Forderung des Berechtigten gegen sein Kreditinstitut in Höhe der gutgeschriebenen Sozialleistung nicht (Abs. 1 S. 2). Ungeachtet einer etwaigen Pfändung kann der Sozialleistungsberechtigte innerhalb der Schutzfrist durch Abheben oder Überweisung zu Lasten des geschützten Guthabens verfügen, sofern er nur dem Kreditinstitut die Herkunft der Mittel nachweist, falls diese nicht ohnehin bekannt ist (Abs. 2). Er wird daran auch nicht durch eine etwaige Leistung des Kreditinstituts an seinen Gläubiger gehindert, denn dem Schuldner/Sozialleistungsberechtigten gegenüber ist eine solche Leistung unwirksam (Abs. 3). Unwirksam ist auch eine kontokorrentmäßige Aufrechnung oder Verrechnung durch die kontenführende Bank (§ 394 BGB; BGH 12. 10. 1987 – II ZR 98/87 – NJW 1988, 709 f.). Der Pfändungsschutz nach Abs. 1–3 wirkt unmittelbar kraft Gesetzes, ohne dass es einer Entscheidung durch das Vollstreckungsgericht bedarf (BGH 20. 12. 2006 – VII ZB 56/06 – NJW 2007, 604).

II. Verlängerter Pfändungsschutz: beschränkter Schutz bis zum nächsten Zahlungstermin

Nach Ablauf der Schutzfrist werden Gutschriften, die aus laufenden Geldleistungen stammen, weiterhin, für die Zeit von der Pfändung bis zum nächsten Zahlungstermin, dem Zugriff der Gläubiger entzogen, allerdings nur in dem Umfang, wie ihr Betrag dem (nach §§ 54 Abs. 4 mit 850 ff. ZPO) unpfändbaren Teil der Leistungen entspricht (Details: BGH 16. 7. 2004 – IX a ZB 44/04 – NJW 2004, 3262). Die Freigabe von Forderungen des Berechtigten nach dieser Vorschrift bedarf einer Entscheidung durch das Vollstreckungsgericht, die im Wege der Vollstreckungserinnerung (§ 766 ZPO) herbeizuführen ist (BGH 16. 7. 2004 – IX a ZB 44/04 – NJW 2004, 3262). Insoweit ist § 850 k ZPO a. F. (= § 850 l ZPO) entsprechend anzuwenden (BGH 20. 12. 2006 – VII ZB 56/06 – NJW 2007, 604).

4

D. Schutz bei Pfändung von Bargeld (Abs. 4 Var. 2)

Bargeld, das ein Sozialleistungsberechtigter in seinem Gewahrsam hat, kann gepfändet werden, indem es der Gerichtsvollzieher in Besitz nimmt (§ 808 Abs. 1 ZPO). Handelt es sich um Bargeld, das aus einer laufenden Geldleistung eines Sozialleistungsträgers stammt, ist es der Pfändung für die Zeit von der Pfändung bis zum nächsten Zahlungstermin im Umfang des Betrages nicht unterworfen, der dem – nach § 54 Abs. 4 mit §§ 850 ff. ZPO – unpfändbaren Teil der Leistungen entspricht (vgl. BGH 16. 7. 2004 – IX a ZB 44/04 – NJW 2004, 3262). Die Last der Darlegung der Herkunft des Bargeldes trifft den Sozialleistungsberechtigten (LG Regensburg 5. 6. 1979 – 2 T 80/79 – Rpfleger 1979, 467). Auch die Freigabe von Bargeld nach Abs. 4 bedarf einer durch Vollstreckungserinnerung herbeizuführenden Entscheidung des Vollstreckungsgerichts (BGH 16. 7. 2004 – IX a ZB 44/04 – NJW 2004, 3262).

5

E. Vorrang des Schutzes durch Pfändungsschutzkonto (Abs. 5)

Das Gesetz zur Reform des Kontopfändungsschutzes v. 7. 7. 2010 (BGBl. I, 1707) hat den herkömmlichen Kontopfändungsschutz durch das neue Pfändungsschutzkonto (P-Konto) ersetzt (§ 850 k Abs. 7 ZPO; dazu Ahrens NJW 2010, 2001 ff.). Für eine Übergangszeit – bis zum 31. 12. 2011 – gilt daneben auch noch die bisherige Schutzvorschrift des § 55, allerdings nur, wenn der Schuldner kein Pfändungsschutzkonto führt. Führt ein Schuldner, dem eine Sozialleistung überwiesen wurde, hingegen ein P-Konto, kann § 55 nicht mehr angewendet werden (Abs. 5 S. 1). Zugunsten des kontoführenden Kreditinstituts sieht Abs. 5 S. 2 einen Gutglaubensschutz vor: hat dieses Institut keine Kenntnis vom Bestehen eines Pfändungsschutzkontos seines Kunden, kann es diesem das Guthaben nach den – in diesem Fall an sich durch Abs. 5 S. 1 verdrängten – Abs. 1–4 mit befreiender Wirkung auszahlen (Abs. 5 S. 2). An den Gläubiger, der das Guthaben gepfändet hat, muss das Kreditinstitut das aus der Sozialleistung stammende Guthaben nur auszahlen, wenn dieser nachweist, dass sein Schuldner über ein Pfändungsschutzkonto verfügt (Abs. 5 S. 3). Vgl. zum neuen Recht der Kontopfändung auch Weinhold NDV 2010, 251 ff.

6

§ 56 Sonderrechtsnachfolge

(1) ¹**Fällige Ansprüche auf laufende Geldleistungen stehen beim Tode des Berechtigten nacheinander**
1. **dem Ehegatten,**
1 a. **dem Lebenspartner,**
2. **den Kindern,**
3. **den Eltern,**
4. **dem Haushaltsführer**

zu, wenn diese mit dem Berechtigten zur Zeit seines Todes in einem gemeinsamen Haushalt gelebt haben oder von ihm wesentlich unterhalten worden sind. ²Mehreren Personen einer Gruppe stehen die Ansprüche zu gleichen Teilen zu.

(2) **Als Kinder im Sinne des Absatzes 1 Satz 1 Nr. 2 gelten auch**
1. Stiefkinder und Enkel, die in den Haushalt des Berechtigten aufgenommen sind,
2. Pflegekinder (Personen, die mit dem Berechtigten durch ein auf längere Dauer angelegtes Pflegeverhältnis mit häuslicher Gemeinschaft wie Kinder mit Eltern verbunden sind),
3. Geschwister des Berechtigten, die in seinen Haushalt aufgenommen worden sind.

(3) **Als Eltern im Sinne des Absatzes 1 Satz 1 Nr. 3 gelten auch**
1. sonstige Verwandte der geraden aufsteigenden Linie,
2. Stiefeltern,
3. Pflegeeltern (Personen, die den Berechtigten als Pflegekind aufgenommen haben).

(4) **Haushaltsführer im Sinne des Absatzes 1 Satz 1 Nr. 4** ist derjenige Verwandte oder Verschwägerte, der an Stelle des verstorbenen oder geschiedenen oder an der Führung des Haushalts aus gesundheitlichen Gründen dauernd gehinderten Ehegatten oder Lebenspartners den Haushalt des Berechtigten mindestens ein Jahr lang vor dessen Tod geführt hat und von diesem überwiegend unterhalten worden ist.

A. Normzweck

1   Die §§ 56–59 regeln das Schicksal von Ansprüchen auf Sozialleistungen im Fall des Todes des Berechtigten. Diese Regeln weichen vom Erbrecht des BGB deutlich ab und sollen der besonderen Funktion der betroffenen Ansprüche Rechnung tragen (vgl. BT-Drs. 7/868 S. 33). Systematischer Ausgangspunkt ist § 59. Dort ist geregelt, wann eine Rechtsnachfolge in Sozialleistungsansprüche überhaupt möglich ist. Für Ansprüche, die nicht mit dem Tode des Berechtigten erlöschen, kommt grundsätzlich eine Sonderrechtsnachfolge zugunsten bestimmter Personengruppen in Betracht (§ 56 Abs. 1). Fallen vererbliche Sozialleistungsansprüche nicht einem Sonderrechtsnachfolger zu, werden sie nach den Vorschriften des bürgerlichen Rechts vererbt (§ 58 S. 1). Aus dieser Systematik folgt, dass die Prüfung der Rechtsnachfolge hinsichtlich eines Sozialleistungsanspruchs beim Tode eines Berechtigten zwingend mit den Voraussetzungen des § 59 zu beginnen hat. Sodann ist das Vorliegen der Voraussetzungen des § 56 zu prüfen, bei deren Nichtvorliegen schließlich die Voraussetzungen der §§ 58 S. 1 mit §§ 1922 bzw. 1931, 1941 BGB (prägnant: BSG 5. 2. 2008 – B 2 U 18/06 R –).

2   Hinter der Anordnung einer Sonderrechtsnachfolge steht die Überlegung, dass nicht nur der Verstorbene, sondern auch die mit ihm zusammenlebenden oder von ihm unterhaltenen Angehörigen in ihrer Lebensführung beeinträchtigt wurden, wenn ein Anspruch auf eine laufende Geldleistung nicht rechtzeitig erfüllt wurde; deshalb sollen solche ausstehenden Leistungen nach dem Tod des Berechtigten den besagten Angehörigen zufließen (vgl. BT-Drs. 7/868 S. 33). Abs. 1 beschreibt den Personenkreis, der – bei gegebenen Voraussetzungen im übrigen – in den Genuss der Sonderrechtsnachfolge kommen kann. Abs. 2–4 enthalten nähere Konkretisierungen zu den in Frage kommenden Personengruppen.

B. Voraussetzungen der Sonderrechtsnachfolge

I. Fälliger Anspruch auf laufende Geldleistung

3   Voraussetzung einer Sonderrechtsnachfolge ist zunächst, dass dem Berechtigten im Zeitpunkt seines Todes ein fälliger Anspruch auf eine laufende Geldleistung zustand. Geldleistungen (vgl. § 59 Rn. 6) sind laufend, wenn sie regelmäßig wiederkehren und sich auf bestimmte Zeitabschnitte beziehen; erfasst werden auch Voraus- und Nachzahlungen (BSG 27. 3. 1996 – 14 REg 10/95 – E 78, 132, 136). Auch eine Kostenerstattung, die eine primär in natura über einen längeren Zeitraum zu erbringende Dienst- oder Sachleistung ersetzt, ist mit Blick auf den Zweck der Sonderrechtsnachfolge (Rn. 1 f.) als laufende Geldleistung zu behandeln (BSG 26. 9. 2006 – B 1 KR 1/06 R – E 97, 112 betr. § 13 Abs. 3 SGB V u. § 15 Abs. 1 SGB IX).

4   Regelmäßig werden Sozialleistungsansprüche mit ihrem Entstehen fällig (§ 41), d. h., sobald die Voraussetzungen des Anspruchs gegeben sind (§ 40 Abs. 1). Abweichendes gilt bei Ermessensleistungen, die entstehen, wenn die Entscheidung über die Leistung bekanntgegeben wird, es sei denn in der Entscheidung ist ein anderer Zeitpunkt bestimmt (§ 40 Abs. 2). Ist Ermessen lediglich hinsichtlich des Inhalts der Entscheidung eröffnet, genügt für die Annahme eines fälligen Anspruchs im Sinne von § 56 Abs. 1 S. 1, wenn die Entscheidung über die Leistung dem Grunde nach dem Berechtigten zu Lebzeiten bekanntgegeben wurde (BSG 5. 2. 2008 – B 2 U 18/06 R).

II. Existenz eines Sonderrechtsnachfolgers

Zu einer Sonderrechtsnachfolge kann es nur kommen, wenn es mindestens eine Person gibt, die 5
einer der in Abs. 1 S. 1 bezeichneten Personengruppen angehört. Die in Abs. 1 S. 1 genannten Personen(gruppen) kommen „nacheinander" zum Zuge. Ist also etwa ein Ehegatte (Nr. 1) oder Lebenspartner (Nr. 1 a) vorhanden, der auch die weiteren Voraussetzungen (Rn. 11) erfüllt, sind die weiteren in der Liste genannten Personen nicht zur Nachfolge berufen. Als Sonderrechtsnachfolger kommen danach in Betracht:
- **der Ehegatte** (S. 1 Nr. 1); zum Todeszeitpunkt muss eine rechtsgültige Ehe mit dem Berechtigten 6
  bestanden haben (vgl. auch § 34 Abs. 1).
- **der Lebenspartner** (S. 1 Nr. 1 a); gemeint sind im Todeszeitpunkt bestehende gleichgeschlechtliche 7
  Lebenspartnerschaften im Sinne des LPartG (§ 33 b).
- **Kinder** (S. 1 Nr. 2); Kinder sind zunächst Kinder des verstorbenen Sozialleistungsberechtigten im 8
  Sinne des bürgerlichen Rechts (§§ 1591 ff., 1741 ff. BGB). Abs. 2 erweitert den Kreis der für die Sonderrechtsnachfolge in Betracht kommenden Kinder um folgende Personen: Stiefkinder und Enkel, die in den Haushalt des Berechtigten (d.h.: Berechtigter als Haushaltsvorstand) aufgenommen sind (Abs. 2 Nr. 1); Pflegekinder, unter denen das Gesetz Personen versteht, die mit dem Berechtigten durch ein auf längere Dauer (= erheblicher Zeitraum, bei Säugling genügen drei Jahre, BSG 23. 4. 1992 – 5 RJ 70/90 – SozR 3–1200 § 56 Nr. 5) angelegtes Pflegeverhältnis mit häuslicher Gemeinschaft wie Kinder mit Eltern verbunden waren (Abs. 2 Nr. 2); mit Blick auf § 2 Abs. 1 Nr. 2 BKGG verlangt das BSG, dass kein Obhuts- und Pflegeverhältnis zu den Eltern mehr besteht (BSG 28. 11. 1990 – 5 RJ 64/89 – SozR 3–1200 § 56 Nr. 2). Dies erfordert aber nicht das Fehlen jeglicher Art von Beziehungen (BSG 15. 5. 1991 – 5 RJ 58/90 – SozR 3–1200 § 56 Nr. 3; 23. 4. 1992 – 5 RJ 70/90 – SozR 3–1200 § 56). Kinder sind schließlich auch Geschwister des Berechtigten, die in seinen Haushalt aufgenommen waren (Abs. 2 Nr. 3).
- **Eltern** (S. 1 Nr. 3); Abs. 3 stellt den Eltern weitere Personen gleich: sonstige Verwandte der gera- 9
  den aufsteigenden Linie, also Großeltern oder Urgroßeltern (Abs. 3 Nr. 1; vgl. auch § 1589 Abs. 1 S. 1 BGB); Stiefeltern (Abs. 3 Nr. 2); Pflegeeltern (Abs. 3 Nr. 3), unter denen das Gesetz Personen versteht, die den Berechtigten als Pflegekind (sc.: im Sinne von Abs. 2 Nr. 2) aufgenommen haben.
- **Haushaltsführer** (S. 1 Nr. 4); Haushaltsführer(in) ist nach der Definition in Abs. 4 eine mit dem 10
  verstorbenen Berechtigten verwandte (vgl. § 1589 BGB) oder verschwägerte (vgl. § 1590 BGB) Person, die den für die Haushaltsführung ausgefallenen Ehegatten oder Lebenspartner für mindestens ein Jahr ersetzt hatte und vom Berechtigten überwiegend (also: zu mehr als 50%) unterhalten wurde.

III. Gemeinsame Haushaltsführung oder Unterhaltsbeitrag

Auf die in der Liste des S. 1 genannten Personen kann ein Anspruch des Verstorbenen nur dann 11
übergehen, wenn die betreffende Person mit dem Verstorbenen entweder (sc.: für eine gewisse Dauer) in einem gemeinsamen Haushalt gelebt hatte oder wenn sie von diesem wesentlich unterhalten worden ist (Abs. 1 S. 1 a. E.); ein wesentlicher Unterhaltsbeitrag ist von dem in Abs. 4 erwähnten überwiegenden Unterhaltsbeitrag zu unterscheiden. Nach älterer Rechtsprechung des BSG genügt ein Beitrag von 25% (BSG 25. 6. 1964 – 4 RJ 439/61 – E 21, 122 betr. Kindergeld).

C. Wirkungen der Sonderrechtsnachfolge

Liegen die Voraussetzungen für die Sonderrechtsnachfolge vor, gehen die davon betroffenen Sozial- 12
leistungsansprüche mit dem Tod des Berechtigten auf den oder die Sonderrechtsnachfolger über. Die nach § 56 übergehenden Ansprüche werden also von der Gesamtrechtsnachfolge nach § 1922 BGB ausgenommen; sie fallen dementsprechend nicht in den Nachlass. Die Sonderrechtsnachfolge vollzieht sich kraft Gesetzes. Sie kann nicht durch letztwillige Verfügung ausgeschlossen werden. Mehreren Personen einer Gruppe stehen die Ansprüche zu gleichen Teilen zu (Abs. 1 S. 2; Bruchteilsgemeinschaft gem. § 741 BGB, so die h. M., vgl. auch jurisPK-SGB I/Wagner § 56 Rn. 37). Stirbt ein Sonderrechtsnachfolger, auf den ein Anspruch (ganz oder teilweise) übergegangen war, bevor dieser Anspruch erfüllt wurde, geht der Anspruch auf den (oder die) Sonderrechtsnachfolger des vorverstorbenen Berechtigten über, der (oder die) gleich- oder nachrangig zum Zuge gekommen wäre(n), hätte der verstorbene Sonderrechtsnachfolger nicht zunächst berücksichtigt werden müssen (Gedanke des § 57 Abs. 1 S. 3; BSG 11. 5. 2000 – B 13 RJ 85/98 R – E 86, 153). Ansprüche gehen in dem Zustand über, in dem sie sich zum Zeitpunkt des Todes des Berechtigten befanden; so bleiben dem zuständigen Leistungsträger insbesondere Einwendungen erhalten (LSG Celle 26. 9. 2002 – L 1 RA 107/02 – HVBG-INFO 2003, 1100). Einzelheiten der rechtlichen Stellung des Sonderrechtsnachfolgers sind in § 57 geregelt.

§ 57 Verzicht und Haftung des Sonderrechtsnachfolgers

(1) ¹Der nach § 56 Berechtigte kann auf die Sonderrechtsnachfolge innerhalb von sechs Wochen nach ihrer Kenntnis durch schriftliche Erklärung gegenüber dem Leistungsträger verzichten. ²Verzichtet er innerhalb dieser Frist, gelten die Ansprüche als auf ihn nicht übergegangen. ³Sie stehen den Personen zu, die ohne den Verzichtenden nach § 56 berechtigt wären.

(2) ¹Soweit Ansprüche auf den Sonderrechtsnachfolger übergegangen sind, haftet er für die nach diesem Gesetzbuch bestehenden Verbindlichkeiten des Verstorbenen gegenüber dem für die Ansprüche zuständigen Leistungsträger. ²Insoweit entfällt eine Haftung des Erben. ³Eine Aufrechnung und Verrechnung nach den §§ 51 und 52 ist ohne die dort genannten Beschränkungen der Höhe zulässig.

A. Normzweck

1   Die Norm regelt einige Aspekte der rechtlichen Stellung des Sonderrechtsnachfolgers.

B. Verzicht des Sonderrechtsnachfolgers

2   In Anlehnung an § 1942 BGB wird dem Sonderrechtsnachfolger, zunächst ipso iure Inhaber des übergehenden Anspruchs, die Möglichkeit eingeräumt, sich des Anspruchs zu entledigen (Abs. 1 S. 1 u. 2). Er hat die Möglichkeit, innerhalb von sechs Wochen nach Kenntnis von der Sonderrechtsnachfolge auf diese zu verzichten. Der Verzicht erfolgt durch schriftliche Erklärung gegenüber dem zuständigen Leistungsträger. Infolge des Verzichts steht der Anspruch (rückwirkend, vgl. auch § 1953 Abs. 2 Hs. 2 BGB) der oder den Personen zu, die ohne den Verzichtenden Sonderrechtsnachfolger geworden wären (Abs. 1 S. 3).

C. Haftung des Sonderrechtsnachfolgers

3   Geht ein Sozialleistungsanspruch auf einen Sonderrechtsnachfolger über, haftet dieser gegenüber dem zuständigen Leistungsträger für gewisse bestehende Verbindlichkeiten des Verstorbenen. In dem Umfang, in dem der Sonderrechtsnachfolger für eine Forderung des zuständigen Leistungsträgers haftet, entfällt eine Haftung des Erben (Abs. 2 S. 2). Insoweit verliert die Forderung mithin ihre Eigenschaft als Nachlassverbindlichkeit (§ 1967 BGB).

I. Voraussetzungen der Haftung (Abs. 2 S. 1)

4   Die Haftung setzt zunächst voraus, dass überhaupt ein Sozialleistungsanspruch nach § 56 auf einen Sonderrechtsnachfolger übergegangen ist. Außerdem muss dem zuständigen Leistungsträger als Schuldner des übergegangenen Sozialleistungsanspruchs gegen den Verstorbenen ein Anspruch „nach diesem Gesetzbuch" zugestanden haben. Die Haftung bezieht sich also nur auf sozialrechtliche Ansprüche, die ihre Grundlage im SGB haben. Von Bedeutung sind insbesondere Erstattungsansprüche, insbesondere gem. § 50 Abs. 1 SGB X, oder Ansprüche auf Zahlung von Beiträgen.

II. Umfang der Haftung (Abs. 2 S. 1)

5   Der Sonderrechtsnachfolger haftet nur, „soweit" ein Sozialleistungsanspruch auf ihn übergegangen ist. Die Haftung ist mithin der Höhe nach auf den Betrag des auf den Sonderrechtsnachfolger übergegangenen Anspruchs beschränkt.

III. Durchsetzung der Ansprüche des Leistungsträgers gegenüber dem Sonderrechtsnachfolger (Abs. 2 S. 3)

6   Für den Leistungsträger, dem ein Sonderrechtsnachfolger haftet, ist es am einfachsten, wenn er Befriedigung für seine Forderung durch Aufrechnung erlangen kann. Dies liegt deshalb sehr nahe, weil eine Haftung des Sonderrechtsnachfolgers zwingend voraussetzt, dass diesem seinerseits ein (übergegangener) Sozialleistungsanspruch gegen den Leistungsträger zusteht. Die damit gegebene Aufrechnungslage kann der Leistungsträger nutzen. Dies ergibt sich bereits aus § 51. Die Selbstexekution wird dem Träger dadurch noch erleichtert, dass die in § 51 genannten Beschränkungen der Aufrechnung dem Sonderrechtsnachfolger nicht zugute kommen (Abs. 2 S. 3 Var. 1).

7   Der Leistungsträger hat überdies die Möglichkeit, gegenüber dem übergegangenen Leistungsanspruch auch mit Ansprüchen eines anderen Leistungsträgers, die dem anderen Träger nach dem SGB

gegen den Verstorbenen zustanden, aufzurechnen, vorausgesetzt eine entsprechende Ermächtigung ist vorhanden (vgl. § 52). Im Falle einer solchen Verrechnung gegenüber dem Sonderrechtsnachfolger entfallen ebenfalls die Beschränkungen, die § 52 mit § 51 ansonsten vorsieht. Die Möglichkeit derartiger Verrechnungen ergibt sich aus der ausdrücklichen Erwähnung der Verrechnung in Abs. 2 S. 3 (so auch LSG Celle 26. 9. 2002 – L 1 RA 107/02 – HVBG-INFO 2003. 1100).

§ 58 Vererbung

¹ Soweit fällige Ansprüche auf Geldleistungen nicht nach den §§ 56 und 57 einem Sonderrechtsnachfolger zustehen, werden sie nach den Vorschriften des Bürgerlichen Gesetzbuchs vererbt. ² Der Fiskus als gesetzlicher Erbe kann die Ansprüche nicht geltend machen.

Die Vorschrift sieht vor, dass fällige Ansprüche auf Geldleistungen, Vererblichkeit vorausgesetzt (§ 59), die nicht der Sonderrechtsnachfolge (§ 56) unterliegen, nach den Regeln des BGB vererbt werden (S. 1). Allerdings kann der Fiskus als gesetzlicher Erbe abweichend von § 1936 BGB Ansprüche nicht geltend machen (S. 2). 1

Zur Anwendung des regulären Erbrechts kann es in folgenden Fällen kommen: 2
– bei fälligen Ansprüchen auf einmalige Geldleistungen, denn diese können nicht Gegenstand einer Sonderrechtsnachfolge sein; 3
– bei fälligen Ansprüchen auf laufende Geldleistungen, wenn diese nicht auf einen Sonderrechtsnachfolger übergehen, sei es, weil die Voraussetzungen des § 56 nicht vorliegen, sei es, weil ein Sonderrechtsnachfolger auf einen Anspruch verzichtet hat (§ 57 Abs. 1), ohne dass dies zu einem Übergang des Anspruchs auf einen anderen Sonderrechtsnachfolger führt.
– bei Ansprüchen auf Geldleistungen, die zwar nach § 59 S. 2 nicht erlöschen, gleichwohl aber noch nicht fällig sind, etwa weil die Leistung im Bewilligungsbescheid vom Eintritt einer Bedingung oder der Erfüllung einer Auflage abhängig gemacht wird. Insoweit sollte angesichts des Fehlens einer ausdrücklichen Regelung § 58 entsprechend angewendet werden, um das wenig plausible Phänomen eines Anspruchs ohne Inhaber zu vermeiden (ebenso Hauck/Noftz/Lebich K § 59 Rn. 6; aA. KassKomm/Seewald § 59 SGB I Rn. 7). 4

§ 59 Ausschluß der Rechtsnachfolge

¹ Ansprüche auf Dienst- und Sachleistungen erlöschen mit dem Tode des Berechtigten. ² Ansprüche auf Geldleistungen erlöschen nur, wenn sie im Zeitpunkt des Todes des Berechtigten weder festgestellt sind noch ein Verwaltungsverfahren über sie anhängig ist.

A. Normzweck

Die Vorschrift regelt in differenzierter Form, in welchen Fällen eine Rechtsnachfolge in Sozialleistungsansprüche überhaupt möglich ist. Erst, wenn geklärt ist, ob ein Sozialleistungsanspruch im Erbfall übergehen kann, stellt sich die Frage, nach welchen Regeln die Person des Rechtsnachfolgers zu ermitteln ist. § 59 bezieht sich in aller Regel auf Sozialleistungsansprüche, die bis zum Tod des Sozialleistungsberechtigten bereits entstanden sind und sich auf die Zeit vor dem Tod beziehen. Nach dem Tod eines Menschen können für diesen keine Sozialleistungsansprüche mehr entstehen. Allerdings besteht bisweilen ein im Todeszeitpunkt bereits entstandener Anspruch aus Gründen erleichterter Abwicklung noch bis zum Ende des Sterbemonats fort (etwa: Rente für den Sterbemonat: §§ 102 Abs. 5 SGB VI, 73 Abs. 6 SGB VII). 1

B. Gegenstand der Regelung: Vererblichkeit von Sozialleistungsansprüchen

§ 59 regelt die Vererblichkeit von Ansprüchen auf Sozialleistungen im Sinne des § 11 S. 1. Die Vorschrift bezieht sich nicht auf sozialrechtliche Ansprüche mit sonstigem Inhalt wie etwa Honoraransprüche von Leistungserbringern oder wie den Anspruch auf Erstattung zu Unrecht gezahlter Beiträge nach § 26 Abs. 2 SGB IV (anders, aber ohne Begründung BSG 6. 9. 2001 – B 12 KR 5/01 R – 3–2500 § 240 Nr. 40). Erfasst wird allerdings der Anspruch auf Erstattung rechtmäßig gezahlter Beiträge nach § 23 Abs. 1 Nr. 1 d mit § 210 SGB VI, der als Sozialleistungsanspruch einzuordnen ist (vgl. BSG 30. 10. 1990 – 4 RLW 2/90 – SozR 3–5850 § 27a Nr. 1). Hinsichtlich nicht von den §§ 56–59 erfasster Ansprüche ist ggf. § 1922 BGB anzuwenden. 2

Dem Wortlaut nach regelt § 59 allein die materiellrechtliche Frage der Vererblichkeit von Sozialleistungsansprüchen. Soweit sich danach ergibt, dass ein Sozialleistungsanspruch vererblich ist, sollte 3 man aus der Regelung zugleich – in Ermangelung anderweitiger Regelung dieser Frage – in verfahrensrechtlicher Hinsicht ableiten, dass ein Verwaltungsakt über die Leistung auch im Verhältnis zum Rechtsnachfolger wirkt (vgl. bereits Hänlein, JuS 1992, 559, 561).

C. Genereller Ausschluss der Vererblichkeit bei höchstpersönlichen Sozialleistungen (S. 1)

4 Wegen ihres höchstpersönlichen Charakters sind Ansprüche auf Dienst- und Sachleistungen nicht vererblich und erlöschen deshalb mit dem Tode des Berechtigten. Dies gilt jedoch nicht für Ansprüche auf Erstattung der Kosten, mit denen ein Sozialleistungsberechtigter belastet ist, weil der zuständige Träger eine von ihm geschuldete Dienst- oder Sachleistung nicht erbracht hat; die Kostenerstattung ist eine Geldleistung (BSG 18. 7. 2006 – B 1 KR 24/05 R – E 97, 6).

5 Nach der Rechtsprechung des früher für die Sozialhilfe zuständigen BVerwG (BVerwG 10. 5. 1979 – V C 79/77 – E 58, 68) sollten auch Ansprüche auf Leistungen der Sozialhilfe wegen ihrer höchstpersönlichen Natur nicht vererblich sein (Ausnahme: Vorleistung durch Dritte: BVerwG 5. 5. 1994 – 5 C 43/91 – E 96, 18 –). Entsprechendes wird neuerdings für Leistungen nach dem SGB II vertreten (LPK-SGB I/Diebold/Schiffer-Werneburg § 59 Rn. 7 mit § 56 Rn. 6). Mangels gesetzlicher Hinweise in SGB XII und SGB II kann jedoch kaum angenommen werden, dass sich aus diesen beiden Büchern „Abweichendes" von der allgemeinen Regelung ergibt (vgl. § 37 S. 1). Deshalb sollte die Sozialgerichtsbarkeit diese Rechtsprechung nicht fortführen (ebenso jurisPK-SGB I/Wagner § 59 Rn. 19; anders aber SG Berlin, 6. 2. 2008 – S 125 AS 6462/07).

D. Vererblichkeit von Ansprüchen auf Geldleistungen (S. 2)

6 S. 2 bestimmt, dass Ansprüche auf Geldleistungen „nur" in den dort genannten Fällen erlöschen. Geldleistungen sind alle an Sozialleistungsberechtigte zu erbringende Sozialleistungen in Geld, mit denen soziale Rechte im Sinne der §§ 1–10, 18 ff., 38 ff. erfüllt werden; dies gilt auch für die Erstattung von Kosten, die an die Stelle einer primär geschuldeten Naturalleistung tritt (BSG 18. 7. 2006 – B 1 KR 24/05 R – E 97, 6). Aus der auf bestimmte Fälle beschränkten Anordnung des Erlöschens von Ansprüchen auf Geldleistungen folgt als Grundsatz die Vererblichkeit dieser Ansprüche. Allerdings muss zum Zeitpunkt des Todes des Berechtigten ein Verwaltungsverfahren über den Anspruch entweder anhängig oder – positiv – abgeschlossen gewesen sein, denn andernfalls erlöschen die Ansprüche mit dem Tod des Berechtigten.

7 Vererblich ist ein Anspruch auf eine Geldleistung mithin, wenn er im Todeszeitpunkt festgestellt ist. Dies setzt voraus, dass ein wirksamer Verwaltungsakt (§§ 31, 39 SGB X) erlassen oder ein wirksamer öffentlich-rechtlicher Vertrag (§§ 53 Abs. 1 S. 2, 58 SGB X) über den Anspruch geschlossen ist.

8 Ist ein Anspruch nicht in diesem Sinne festgestellt, hängt seine Vererblichkeit davon ab, dass über ihn zum Todeszeitpunkt ein Verwaltungsverfahren anhängig war. Die Anhängigkeit eines Verwaltungsverfahrens (§§ 8 ff. SGB X) wird i. d. R. durch einen Antrag des Berechtigten begründet, der bei der Behörde eingegangen sein muss (überzeugend GK-SGB I/von Maydell § 59 Rn. 8 [arg.: Wortlaut]; str., a. A. jurisPK-SGB I/Wagner § 59 Rn. 14 [arg.: § 130 Abs. 1 S. 2 BGB]; zur Antragstellung: § 16 Abs. 1 u. 2; zum Antrag bei unzuständigem Träger auch BSG 8. 10. 1998 – B 8 Kn 1/97 U R – E 83, 30). Fehlt es an einem Antrag, kann Anhängigkeit auch durch behördliches Tätigwerden von Amts wegen begründet werden (vgl. auch § 18 SGB X und BSG 8. 10. 1998 – B 8 Kn 1/97 U R – E 83, 30 betr. Ansprüche wegen Berufskrankheit). Dabei kommt es darauf an, ob die Behörde tatsächlich tätig geworden ist, eine bestehende Verpflichtung zum Tätigwerden genügt nicht (BSG 25. 10. 1984 – 11 RA 18/84 – E 57, 215). Die Anhängigkeit eines Verwaltungsverfahrens endet mit Eintritt der Bestandskraft des Verwaltungsakts, der das Verfahren abschließt.

9 Das BSG hat im Übrigen gewisse Situationen anerkannt, in denen rückwirkend die Anhängigkeit eines Verwaltungsverfahrens fingiert wird: Zugunstenbescheid nach § 44 Abs. 1 S. 1 SGB X auf Antrag des Rechtsnachfolgers: BSG 15. 10. 1987 – 1 Ra 15/86 – SozSich 1988, 127; Herstellungsanspruch: BSG 8. 10. 1998 – B 8 KN 1/97 U R – E 83, 30.

Dritter Titel. Mitwirkung des Leistungsberechtigten

§ 60 Angabe von Tatsachen

(1) ¹**Wer Sozialleistungen beantragt oder erhält, hat**
1. **alle Tatsachen anzugeben, die für die Leistung erheblich sind, und auf Verlangen des zuständigen Leistungsträgers der Erteilung der erforderlichen Auskünfte durch Dritte zuzustimmen,**

2. **Änderungen in den Verhältnissen**, die für die Leistung erheblich sind oder über die im Zusammenhang mit der Leistung Erklärungen abgegeben worden sind, unverzüglich mitzuteilen,
3. **Beweismittel** zu bezeichnen und auf Verlangen des zuständigen Leistungsträgers Beweisurkunden vorzulegen oder ihrer Vorlage zuzustimmen.
² Satz 1 gilt entsprechend für denjenigen, der Leistungen zu erstatten hat.

(2) Soweit für die in Absatz 1 Satz 1 Nr. 1 und 2 genannten Angaben Vordrucke vorgesehen sind, sollen diese benutzt werden.

A. Normzweck

Die Vorschrift konstituiert eine entscheidende Mitwirkungspflicht des Leistungsberechtigten und ist die **Einleitungsnorm** zur Regelung seiner Mitwirkungspflichten insgesamt in den §§ 60–67 SGB I, denen allerdings, trotz ihrer herausgehobenen und gebündelten Regelung an dieser Stelle, spezielere Vorschriften in den besonderen Teilen des SGB vorgehen (vgl. die Zusammenstellung bei Mrozynski, § 60 SGB I Rn. 1 ff.). Die Mitwirkungspflichten aus §§ 60 ff. SGB I haben insofern nur ergänzenden Charakter (BSG 19. 2. 2009 – B 4 AS 10/08 R – ZFSH/SGB 2009, 282; BSG 19. 9. 2008 – B 14 AS 45/07 R – SGb 2009, 665), sie gelten also auch in Ergänzung zu den Mitwirkungspflichten etwa im Bereich der Grundsicherung für Arbeitsuchende: Fehlt dort eine spezifische Mitwirkungspflicht, ist daher auf die §§ 60 ff. SGB I zurückzugreifen (vom Rath, WzS 2009, 321). Gerichtet ist die Mitwirkungspflicht, die juristisch als Obliegenheit zu qualifizieren und nicht eigenständig einklagbar ist (BSG 23. 3. 1972 – 5 RJ 63/70 – BSGE 34, 124), hier auf die Angabe von Tatsachen, die für die Leistungserbringung erheblich sind. Sie ist inhaltlich als eine Ergänzung zum Amtsermittlungs- bzw. Untersuchungsgrundsatz des § 20 SGB X zu werten. Durch die Obliegenheit soll der Leistungsträger in die Lage versetzt werden, eine zutreffende Entscheidung über eine zu gewährende Leistung zu treffen. Zugleich macht das sehr fein austarierte System der Mitwirkungspflichten in den §§ 60 ff. SGB I deutlich, dass die leistungsauslösende Wirkung des Antrags von einem Sozialleistungsträger regelmäßig nicht durch eine Berufung auf Verwirkung beseitigt werden kann: Der Sozialleistungsträger wird insbesondere verpflichtet, eine Mitwirkung des Klägers auch anzumahnen, ggf. verbunden mit Sanktionsandrohung. Darauf kann der Betroffene vertrauen, so dass es dem Träger in der Regel versagt ist, sich auf eine Verwirkung zu berufen (BSG 28. 10. 2009 – B 14 AS 56/08 R – SozR 4–4300 § 37 Nr. 1).

B. Pflichteninhalt (Abs. 1)

Abs. 1 enthält die zentrale Anordnung der von § 60 SGB I vorgesehenen Obliegenheit. Von dieser betroffen ist derjenige, der Sozialleistungen im Sinne von § 11 SGB I beantragt (§ 16 SGB I) oder erhält, also der **Antragsteller oder Empfänger** einer Leistung. Fallen diese auseinander, trifft die Obliegenheit beide; sie kann insbesondere nach Ansicht der BSG nicht rechtswirksam auf einen Dritten übertragen werden (BSG 18. 9. 1991 – 10 RKg 5/91 – SozR 3–5870 § 20 Nr. 3). Ist der Antragsteller oder Empfänger als Minderjähriger in der Geschäftsfähigkeit beschränkt oder geschäftsunfähig, trifft die Obliegenheit zur Mitwirkung nach § 60 SGB I den gesetzlichen Vertreter, zumindest, soweit nach § 36 SGB I der Minderjährige nicht oder nur eingeschränkt handlungsfähig ist (Reinhardt, in: LPK-SGB I, § 60 Rn. 6; KassKomm/Seewald, § 60 SGB I Rn. 6). Nach Abs. 1 S. 2 trifft die Pflicht (Obliegenheit) auch denjenigen, der Leistungen zu erstatten hat. Erfasst ist damit, angesichts der offenen Formulierung, jeder Empfänger einer Leistung.

Die Obliegenheit nach § 60 SGB I ist in **zeitlicher Hinsicht** umfassend angelegt. Sie beginnt mit Eröffnung des Verwaltungsverfahrens, also auch schon zum Zeitpunkt, in dem die Leistung noch nicht gewährt wird, der Empfänger sie aber erhalten soll, und dauert – abhängig von der einzelnen Tatbestandsalternative in § 60 I 1 SGB I – während aller Phasen des Sozialleistungsverhältnisses an, das heißt bis zur Zustellung des Bewilligungsbescheides, sofern es um die Variante „beantragt" geht bzw. bis zum Ablauf des Leistungsbezugs, sofern es die Variante „erhält" betrifft. In seltenen Fällen ist sogar denkbar, dass die Mitwirkungspflicht über die Beendigungen der Leistungsgewährung selbst hinausgeht; dieser Rechtsprechung (BSG 10. 11. 1977 – 3 RK 44/75 – SozR 2200 § 1542 Nr. 1) kann jedoch nur für wirkliche Ausnahmefälle gefolgt werden (vgl. auch Kampe, in: jurisPK-SGB I, § 60 Rn. 24). Stirbt der zur Obliegenheit Verpflichtete, geht diese regelmäßig auf den Rechtsnachfolger über, jedenfalls dann, wenn die Mitwirkungspflicht vom Erben erfüllbar ist (im Einzelnen str., vgl. OLG Köln 10. 10. 1978 – 1 Ss 542/78 – NJW 1979, 278; ebenso tendenziell bejahend KassKomm/Seewald, § 60 SGB I Rn. 12; generell einen Übergang verneinen Kretschmer, in: GK-SGB I, § 60 Rn. 6; Wannagat-Jung, SGB I, § 60 Rn. 3; differenzierend Mrozynski, § 60 SGB I Rn. 42).

I. Angabe von Tatsachen (Abs. 1 S. 1 Nr. 1)

4   Nach Abs. 1 S. 1 Nr. 1 ist der Antragsteller oder Empfänger zur Angabe von Tatsachen verpflichtet sowie zur Zustimmung zur Erteilung von Auskünften durch Dritte. Hinsichtlich der ersten Tatbestandsvariante bezieht sich die Obliegenheit auf alle (dazu Reinhardt, in: LPK-SGB I, § 60 Rn. 7) Tatsachen, die für die Leistung erheblich sind. Der Begriff der **Tatsachen** ist umfassend zu verstehen und abhängig von der jeweiligen Leistung. Allgemein handelt es sich um Sachverhalte, die sich aus unterschiedlichen Lebensbereichen ergeben können und den Leistungsträger in die Lage versetzen, eine rechtmäßige Entscheidung zu treffen; als Beispiele lassen sich die persönlichen Lebensumstände wie Geburtsdatum, Familienstand etc. nennen oder auch die gesundheitliche bzw. finanzielle Situation. **Erheblich** und damit angabepflichtig ist die Tatsache, wenn sich dies aus der konkret beantragten bzw. gewährten Leistung sowie aus deren Tatbestandsvoraussetzungen ergibt. Die Erheblichkeit setzt damit regelmäßig voraus, dass die anzugebende Tatsache für die Leistungsentstehung, ihre Höhe oder ihren Fortbestand von Bedeutung ist. Der von der Obliegenheit Betroffene muss die Angaben grundsätzlich ohne Aufforderung machen, doch trifft den Leistungsträger nach § 17 I SGB I eine Pflicht, den Antragsteller auf die Auskunftsobliegenheit hinzuweisen. Der Umfang der anzugebenden Tatsachen ergibt sich, über die Erfordernisse der jeweiligen Tatbestände hinaus, zusätzlich aus allgemeinen Rechtsgrundsätzen, die angegebenen Tatsachen müssen infolgedessen vollständig sein. Auch unterliegt die Tatsachenangabe der Wahrheitspflicht, wie sich indirekt auch aus § 66 SGB I ergibt (vgl. Kommentierung dort; s. auch BayObLG 29. 5. 1985 – 3 Ob OWi 31/85 – ZfSH/SGB 1985, 369). Zum Teil wird vertreten, daraus leite sich auch eine Erkundigungspflicht des Antragstellers über ihm selbst nicht bekannte Tatsachen ab (BayObLG 29. 5. 1985 – 3 Ob OWi 31/85 – ZfSH/SGB 1985, 369; BayObLG 30. 7. 1993 – 3 Ob OWi 63/93 – NZS 1993, 559; KassKomm/Seewald, § 60 SGB I Rn. 15); dies ist jedoch zu weitgehend und schon vom Wortlaut der Norm nicht gedeckt. Der zur Mitwirkung Verpflichtete hat daher nur diejenigen Tatsachen anzugeben, die ihm selbst bekannt sind. Die Behörde kann insbesondere von ihm nicht verlangen, Beweismittel – etwa Nachweise über Einkommensverhältnisse – von einem privaten Dritten zu beschaffen und ihr vorzulegen (BSG 10. 3. 1993 – 14b/4 REg 1/91 – NZS 1994, 43; vgl. auch den Leitsatz in LSG Schleswig 26. 3. 1998 – L 5 Kg 8/97 – SGb 1999, 30; Reinhardt, in: LPK-SGB I, § 60 Rn. 7; differenzierend Mrozynski, § 60 SGB I Rn. 37).

5   Ebenfalls in Nr. 1 enthalten und als Ergänzung zur Angabe von Tatsachen anzusehen ist die Obliegenheit zur **Zustimmung zur Erteilung von Auskünften durch Dritte**. Diese Zustimmung muss – anders als die Angabe von Tatsachen – nicht unverlangt erfolgen, sondern erst dann, wenn der Leistungsträger ein entsprechendes Verlangen äußert. Wie die erstgenannte Tatbestandsalternative ist auch diese Obliegenheit nur auf die Auskunftserteilung solcher Tatsachen gerichtet, die für die Leistungserbringung erheblich sind. Der „Dritte" im Sinne dieser Vorschrift ist nicht näher spezifiziert, daher ist der Begriff weit zu verstehen: Dritter kann infolgedessen jeder sein, der über leistungserhebliche Tatsachen Auskunft geben kann. Ziel dieser Obliegenheit ist es primär, den Dritten von seiner Geheimhaltungspflicht zu befreien. In erster Linie wird die Zustimmung zur Auskunftserteilung durch einen Arzt über Einzelheiten des Gesundheitszustandes gehen; ähnlich bedeutsam ist auch die Zustimmung zu einer Auskunft durch den Arbeitgeber oder durch andere Sozialleistungsträger. Aus Abs. 1 S. 1 Nr. 1 ergibt sich jedoch lediglich eine Obliegenheit zur Zustimmung durch den Leistungsempfänger; keinesfalls kann hieraus eine Pflicht des Dritten zur Auskunftserteilung hergeleitet werden. Eine solche Pflicht müsste vielmehr aus anderen Vorschriften hergeleitet werden, etwa aus § 98 SGB X.

II. Änderungsmitteilung (Abs. 1 S. 1 Nr. 2)

6   Nach Nr. 2 besteht des Weiteren eine Verpflichtung zur **unverzüglichen Mitteilung von Änderungen** für die Leistungserbringung erheblicher Verhältnisse, betroffen ist damit vor allem der Zeitraum, der der Erteilung des Leistungsbescheids und ihrer erstmaligen Gewährung folgt. Betroffen sind somit besonders Dauerleistungen. Der Erheblichkeitsbegriff entspricht dem der Nr. 1 (vgl. Rn. 4) und ist auf die Nr. 2 entsprechend anzuwenden (kritisch Mrozynski, § 60 SGB I Rn. 26). Es müssen infolgedessen alle Veränderungen der Verhältnisse angegeben werden, die für die Leistung und ihrer Gewährung bedeutsam sind; erfasst sind damit besonders, aber nicht nur Änderungen in den finanziellen und denjenigen (etwa persönlichen oder gesundheitlichen) Verhältnissen, die die Voraussetzungen für die Leistungsgewährung bilden. Nicht einheitlich beurteilt wird in diesem Zusammenhang, inwiefern der Leistungsberechtigte sich erkundigen muss, ob eine Leistungserheblichkeit und damit eine Mitteilungspflicht bestehen (so etwa BayObLG 11. 1. 1985 – 3 Ob OWi 172/84 – NJW 1985, 2657; KassKomm/Seewald, § 60 SGB I Rn. 26). Dem kann jedoch schon im Hinblick auf den Wortlaut der Norm nicht gefolgt werden. Zudem würde die Unsicherheit, die eine entsprechende Erkundigungspflicht mit sich brächte, zu groß (so auch Mrozynski, § 60 SGB I Rn. 29). Eine Aufforderung zur Mitteilung ist nahe liegender Weise nicht erforderlich, da der Leistungsträger von den Änderungen regelmäßig keine Kenntnis hat. Der Leistungsberechtigte ist daher ohne entsprechendes Verlangen zur

Mitteilung verpflichtet, und zwar auch dann, wenn der Leistungsträger von den Änderungen auf andere Weise Kenntnis erlangen könnte (BSG 12. 2. 1980 – 7 RAr 13/79 – SGb 1982, 159). Die Pflicht ist unverzüglich zu erfüllen, also gemäß § 121 BGB ohne schuldhaftes Zögern. Verletzt der Leistungsberechtigte diese Pflicht aus Nr. 2, kann dies zur Rechtsfolge des § 48 I 2 Nr. 2 SGB X führen, also zur Aufhebung des der Leistung zugrunde liegenden Verwaltungsaktes mit Wirkung vom Zeitpunkt der Änderung der Verhältnisse an.

III. Beweismittel und Beweisurkunden (Abs. 1 S. 1 Nr. 3)

Nach Nr. 3 besteht schließlich die Verpflichtung, Beweismittel zu bezeichnen und auf Verlangen des Leistungsträgers Beweisurkunden vorzulegen oder ihrer Vorlage zuzustimmen. Als Beweisurkunden, jedenfalls aber als Beweismittel gelten auch Kontoauszüge (BSG 19. 2. 2009 – B 4 AS 10/08 R – ZFSH/SGB 2009, 282 mwN). Ausschlaggebend ist für den Beweisbegriff ein untechnischer Begriff: Es sind die „Beweismittel" im untechnischen Sinne vorzulegen, die für den Anspruch relevant sind (BT-Drucks. 7/868 zu § 60; BSG 19. 2. 2009 – B 4 AS 10/08 R – ZFSH/SGB 2009, 282). Aus Gründen des Personendatenschutzes können dann aber auf Kontoauszügen Zahlungen geschwärzt werden, wenn andernfalls besondere personenbezogene Daten wie Parteizugehörigkeit oder ein konfessionelles Bekenntnis o. ä. offengelegt werden müssten (BSG 19. 9. 2008 – B 14 AS 45/07 R – SGb 2009, 665). Diese Pflicht ist in Zusammenhang mit §§ 20, 21 SGB X und dem dort enthaltenen **Untersuchungsgrundsatz** zu sehen, der allerdings nicht durch die Verpflichtung in Nr. 3 verdrängt wird (BSG 26. 5. 1983 – 10 RKg 13/82 – SozR 1200 § 66 Nr. 10). Zwar hat der Leistungsträger den entscheidungserheblichen Sachverhalt von Amts wegen festzustellen und dabei auch die erforderlichen Beweise selbst zu erheben. Das schließt aber nicht aus, dass sich der Leistungsträger zur Erfüllung der ihm obliegenden Amtsermittlungspflicht primär der Mitwirkung des Leistungsempfängers bedient. Die in § 60 I SGB I normierte Mitwirkungspflicht des Leistungsempfängers steht daher nicht im Widerspruch zur Amtsermittlungspflicht, sondern enthält eine Modifizierung dieses Grundsatzes. Zwar kann der Leistungsträger nur die Vorlage solcher Urkunden verlangen, die der Feststellung einer rechtserheblichen Tatsache dienen. Daraus folgt, dass der Leistungsberechtigte zum einen – ohne Aufforderung des Leistungsträgers – entsprechende Beweismittel bezeichnen muss, also etwa die Namen und Anschriften von Dritten (Ärzten, Arbeitgebern etc.) oder sonstigen Zeugen. Zum anderen muss er auf Verlangen des Leistungsträgers (für den Leistungsgewährung erhebliche) Beweisurkunden vorlegen und sie begriffsnotwendig, wenn erforderlich, im Sinne des § 65 I Nr. 3 SGB I (vgl. Kommentierung dort) zuvor beschaffen (so zu Recht BSG 26. 5. 1983 – 10 RKg 13/82 – SozR 1200 § 66 Nr. 10; zu eng KassKomm/Seewald, § 60 SGB I Rn. 29) bzw. ihrer Vorlage zustimmen. Als Beweisurkunden sind diejenigen Urkunden anzusehen, die selbst den zu beweisenden Vorgang enthalten bzw. verkörpern oder die über einen außerhalb von ihnen liegenden Umstand berichten (Hauck/Noftz/Freischmidt, § 60 SGB I Rn. 18). Beweisurkunden, die der Antragsteller gar nicht in den Händen hat, müssen daher – außer in den Grenzen des § 65 SGB I – nicht vorgelegt werden. Sie stehen als Erkenntnisquelle für die Ermittlung eines Sachverhalts noch nicht zur Verfügung, die Behörde muss sich dann ggf. mit der eigenen Erklärung des Antragstellers im Sinne des § 60 I 1 Nr. 1 und 2 SGB I begnügen (ähnlich BVerwG 11. 2. 2009 – 3 PKH 1/09). Bietet sich dann später ein anderes Bild, muss sie dann möglicherweise einen ergangenen Bescheid wieder zurücknehmen (BVerwG 10. 9. 1992 – BVerwG 5 C 71.88 – BVerwGE 91, 13).

C. Benutzung von Vordrucken (Abs. 2)

Die **Sollvorschrift** in Abs. 2 dient der Verwaltungsvereinfachung und zudem einer Erleichterung zugunsten des Leistungsberechtigten: Anhand entsprechender vom Leistungsträger vorgehaltener Vordrucke erschließt sich dem Antragsteller einfacher die Entscheidung darüber, welche Angaben von ihm im Rahmen seiner Obliegenheit nach § 60 SGB I anzugeben sind. Schon die Verwendung des Begriffes „sollen" macht deutlich, dass die Verwendung der Anträge keine Leistungsvoraussetzung ist; dies gilt nicht nur in den Fällen, in denen der Antragsteller mangels Sprachkenntnissen die Anträge gar nicht nutzen kann. Umgekehrt ist jedoch regelmäßig davon auszugehen, dass der Antragsteller, der einen Vordruck vollständig und wahrheitsgemäß ausfüllt, seiner Obliegenheit nach § 60 SGB I ausreichend nachkommt. Neben der Sollvorschrift bestehen in verschiedenen besonderen Teilen des SGB vorrangige ausdrückliche Verpflichtungen zur Nutzung von Vordrucken, etwa in § 46 III BAföG („Die zur Feststellung des Anspruchs erforderlichen Tatsachen sind auf den Formblättern anzugeben, die (...)").

§ 61 Persönliches Erscheinen

Wer Sozialleistungen beantragt oder erhält, soll auf Verlangen des zuständigen Leistungsträgers zur mündlichen Erörterung des Antrags oder zur Vornahme anderer für die Entscheidung über die Leistung notwendiger Maßnahmen persönlich erscheinen.

A. Normzweck

1 Die **Sollvorschrift** dient vor allem dazu, dem Leistungsträger eine Möglichkeit zu eröffnen, für die Leistungsentscheidung erhebliche Tatsachen in einem persönlichen Gespräch mit dem Antragsteller zu ermitteln. Sie ergänzt somit den Amtsermittlungs- bzw. Untersuchungsgrundsatz und dient vor allem auch der Beschleunigung und Vereinfachung des Verfahrens zur Leistungsgewährung. Dazu enthält sie eine – nicht einklagbare – Obliegenheit des Antragstellers, deren Verletzung zu den Rechtsfolgen des § 66 SGB I führen kann (nicht muss, s. BSG 20. 3. 1980 – 7 RAr 21/79 – SozR 4100 § 132 Nr. 1; ausführlich zu den Rechtsfolgen unterbliebener Mitwirkung s. in der Kommentierung zu § 66 SGB I; zu den Rechtsfolgen verbleibender Zweifel nach einem erfolgten persönlichen Erscheinen Mrozynski, § 61 SGB I Rn. 10).

B. Inhalt der Mitwirkungspflicht

2 Von der Obliegenheit betroffen ist wie im Rahmen des § 60 SGB I derjenige, der gemäß § 11 SGB I eine Sozialleistung beantragt oder erhält (vgl. Kommentierung in § 60 SGB I Rn. 2). Anders als in der vorangehenden Norm scheidet regelmäßig bei § 61 SGB I eine Vertretung aus; dies ergibt sich schon aus der Überschrift der Norm, die das **persönliche Erscheinen** vorsieht. Der Verpflichtete soll demnach persönlich erscheinen, das bedeutet insbesondere, dass er zur Erfüllung der Obliegenheit keinen Vertreter schicken darf (KassKomm/Seewald, § 61 SGB I Rn. 10; Mrozynski, § 61 SGB I Rn. 7). Doch gilt diese Einschränkung nicht, sofern das Handeln eines Vertreters entscheidend ist, also insbesondere bei Minderjährigen und sonstigen nicht geschäftsfähigen Personen. Entstehen durch das persönliche Erscheinen Aufwendungen beim Verpflichteten, sind ihm diese unter den Voraussetzungen des § 65a SGB I zu erstatten (vgl. Kommentierung dort).

3 Die Mitwirkungspflicht nach § 61 SGB I entsteht mit dem entsprechenden **Verlangen** des Leistungsträgers, dem insofern ein Spielraum zum pflichtgemäßen Ermessen zusteht. Unter „Verlangen" ist eine Aufforderung zu verstehen, sich zur Erörterung oder Vornahme erforderlicher Maßnahmen persönlich einzufinden, insbesondere dann, wenn unklare Anträge gestellt wurden oder ein schriftliches Klärungsverfahren erfolglos war oder wahrscheinlich erfolglos sein wird. Das Ermessen des Leistungsträgers ist insofern eingeschränkt, als eine Aufforderung jedenfalls daran gebunden ist, dass die begehrte **Erörterung** oder **Vornahme** der Maßnahme leistungserheblich ist; dies folgt aus der Systematik der §§ 60–67 SGB I. Die Grenzen für die Pflicht, dem Verlangen nachzukommen, ergeben sich aus § 65 SGB I (vgl. Kommentierung dort). Eine Form ist für die Aufforderung im Gesetz nicht vorgeschrieben, sie kann also insbesondere auch (fern-)mündlich oder per Mail erfolgen. Es handelt sich bei der Aufforderung mangels ausreichender Rechtsfolgenregelung auch nicht um einen Verwaltungsakt, jedenfalls die Konsequenz in § 66 SGB I genügt in diesem Zusammenhang nicht; stattdessen wird es sich bei dem Verlangen um einen Realakt handeln, dem ein eigenständiger Regelungscharakter im Sinne eines Verwaltungsaktes fehlt (so auch Mrozynski, § 61 SGB I Rn. 3; Kampe, in: jurisPK-SGB I, § 61 Rn. 36; zweifelnd auch BSG 20. 3. 1980 – 7 RAr 21/79 – SozR 4100 § 132 Nr. 1, auch wenn dort zu Recht auf die fehlende selbstständige Erzwingbarkeit verwiesen wird). In **zeitlicher Hinsicht** ist davon auszugehen, dass sich der Anwendungsbereich des § 61 SGB I nicht auf den Zeitraum bis zur ersten (bewilligenden) Entscheidung über den Antrag beschränkt, sondern auch auf Sachverhalte erstreckt, in denen es um die Frage der Weitergewährung bereits bewilligter Leistungen geht, wie sich insbesondere aus der Kennzeichnung der zum persönlichen Erscheinen aufforderbaren Personen ergibt („Wer Sozialleistungen beantragt oder erhält (...)"; BSG 20. 3. 1980 – 7 RAr 21/79 – SozR 4100 § 132 Nr. 1; vgl. auch Hauck/Noftz/Freischmidt, § 60 SGB I Rn. 4; Peters, § 61 SGB I Rn. 7).

4 Das Verlangen des Leistungsträgers muss ausdrücklich und **unmissverständlich** auf die Erörterung des Antrags oder die Vornahme anderer Maßnahmen gerichtet sein, die für die Entscheidung über die Leistung notwendig sind; darunter fallen etwa die Inaugenscheinnahme von Urkunden oder sonstigen Gegebenheiten, deren subjektive Wahrnehmung und Einschätzung für die Entscheidung über die Leistungsgewährung relevant sind (vgl. BSG 26. 1. 1994 – 9 RV 25/93 – SozR 3–1750 § 372 Nr. 1), die Beobachtung des gesundheitlichen Zustands oder die Beantwortung von Fragen, die noch unklar sind (vgl. die Beispiele in der Gesetzesbegründung BT-Drucks. 7/868, S. 33). Die Anforderungen an die Unmissverständlichkeit sind dabei sehr hoch. Entscheidend ist, nicht nur nach Ansicht des BSG, dass der Sozialleistungsträger sowohl nach seinem Willen als auch nach dem geäußerten Inhalt des Verlangens unmissverständlich eine Mitwirkung im Sinne von § 61 SGB I begehrt. Diese hohe Aufforderung rechtfertigt sich einmal aus den Grenzen der Mitwirkungspflicht des § 61 SGB I, die nach § 65 SGB I von den Grundsätzen der Notwendigkeit, Zumutbarkeit und Verhältnismäßigkeit bestimmt sind, und deren Einhaltung der Sozialleistungsträger folglich vor Kundgabe seines Verlangens auf persönliches Erscheinen der Betroffenen zu prüfen hat. Zum anderen ist sie aus den Folgen einer Verletzung der Mitwirkungspflicht nach § 66 SGB I gerechtfertigt, für deren Eintritt dessen Abs. 3 zwingend vorschreibt, dass der Leistungsberechtigte hierauf vorher schriftlich hingewiesen sein muss. Der schriftliche Hinweis auf die möglichen Folgen einer unterlassenen Mitwirkung muss in Anbetracht der zu erwartenden Rechtsnachteile aus § 66 I, II SGB I die erforderliche Bestimmtheit aufweisen, damit der Leistungsberechtigte unzweideutig erkennen kann, was ihm bei Unterlassung der geforderten Mitwirkung drohen wird (BSG 20. 3. 1980 – 7 RAr 21/79 – SozR 4100 § 132 Nr. 1; Hauck/Noftz/Hauck, § 66 SGB I Rn. 18; Peters, § 66 SGB I Rn. 16). Demzufolge muss sich schon aus dem Inhalt des Verlangens zum persönlichen Erscheinen nicht nur das tatsächlich, sondern auch das rechtlich Gewollte im Sinne von § 61 SGB I eindeutig ergeben: Denn der zur Mitwirkung Aufgeforderte darf sich nicht im Geringsten im Unklaren darüber befinden, was von ihm verlangt wird und welche Folgen ihm bei unterlassener Mitwirkung drohen.

Die auf das Verlangen hin erfolgende, wie angesprochen nicht eigenständig erzwingbare, Mitwirkungshandlung des Antragstellers bzw. Leistungsbeziehers muss hinsichtlich des **Ortes** nicht notwendigerweise beim verlangenden Leistungsträger selbst erfolgen. Der Wortlaut des § 61 SGB I enthält insofern keine näheren Angaben. Es ist nicht einmal erforderlich, dass die Erörterung bzw. Vornahme von Maßnahmen beim oder vom verlangenden Leistungsträger durchgeführt wird, vielmehr ist im Sinne von §§ 3 ff. SGB X auch eine Amtshilfe möglich, die durch einen anderen Leistungsträger erfolgen kann. Davon ist insbesondere Gebrauch zu machen, wenn sich der Antragsteller bzw. Leistungsbezieher dauerhaft im Ausland aufhält. Zur Amtshilfe berufen ist dann vor allem die Botschaft oder ein Konsulat (zu einem besonderen Fall insofern BSG 22. 2. 1995 – 4 RA 44/94 – SozR 3-1200 § 66 Nr. 3; dazu Mey, DAngVers 2001, 330). Gegebenfalls kann sogar in Betracht kommen, dass die Erörterung in der Wohnung des Leistungsberechtigten stattfinden muss, wenn dieser krankheitsbedingt nicht erscheinen kann. Aus der Erscheinenspflicht des § 61 SGB I kann dann eine Duldungspflicht werden, nämlich den Besuch in der Wohnung zu dulden (BSG 22. 2. 1995 – 4 RA 44/94 – SozR 3-1200 § 66 Nr. 3). 5

§ 62 Untersuchungen

Wer Sozialleistungen beantragt oder erhält, soll sich auf Verlangen des zuständigen Leistungsträgers ärztlichen und psychologischen Untersuchungsmaßnahmen unterziehen, soweit diese für die Entscheidung über die Leistung erforderlich sind.

A. Normzweck

Die **Sollvorschrift** ergänzt die Mitwirkungshandlungen, die auf Verlangen des Leistungsträgers von 1 demjenigen, der eine Sozialleistung beantragt oder erhält, vorgenommen werden sollen und bezieht sich auf ärztliche und psychologische Untersuchungen. Auch hier ist wieder eine Obliegenheit vorgesehen, eigenständig einklagbar ist sie nicht; sie soll primär dem Leistungsträger ermöglichen, seine Entscheidung auf der Grundlage belastbarer Fakten zu treffen. Insofern steht auch diese Vorschrift in engem Zusammenhang mit der den Leistungsträger treffenden Amtsermittlungspflicht.

B. Inhalt der Mitwirkungspflicht

Wie bei den Mitwirkungspflichten der §§ 60 und 61 SGB I ist Adressat der Obliegenheit derjenige, 2 der Sozialleistungen beantragt oder erhält (vgl. die Kommentierung in § 60 SGB I Rn. 2). Angesichts des Inhalts der Obliegenheit ist jedoch einschränkend zu bemerken, dass es sich um eine höchstpersönliche Pflicht handelt; dies ergibt sich unmittelbar aus ihrem Inhalt (dazu sogleich). Nicht geklärt ist dabei, inwieweit Dritte von der Mitwirkungspflicht erfasst sind. Der Gesetzeswortlaut ist insofern eindeutig und erlegt die Obliegenheit ausschließlich dem Antragsteller oder Leistungsbezieher auf. Streitig ist, ob „Dritte", die nicht leistungsberechtigt und damit nicht Anspruchsinhaber im Sinne der §§ 60 ff. SGB I sind, ebenfalls untersuchen lassen müssen. Der Streit ist vor allem bei der Erkrankung von Kindern relevant, bezüglich derer ein Anspruch der Eltern in Rede steht, etwa gemäß § 38 I SGB V, § 2 II Nr. 3 BKKG). Aufgrund der eindeutigen Gesetzessystematik wird man eine Pflicht der Kinder in diesen Fällen aus § 62 SGB I nicht herleiten können (so auch Reinhardt, in: LPK-SGB I § 62 Rn. 9; aA Hauck/Noftz/Freischmidt, § 62 SGB I Rn. 3; differenzierend KassKomm/Seewald, § 62 SGB I Rn. 4).

In zeitlicher Hinsicht kann sich die Obliegenheit vor Leistungsgewährung, das heißt in der An- 3 tragsphase, ergeben, aber auch während der Gewährung, also zur Überprüfung des Fortbestehens der Voraussetzungen, die zur Leistung gegeben sein müssen. Die Obliegenheit ergibt sich erst, wenn ein entsprechendes **Verlangen** des Leistungsträgers vorliegt, insofern gelten die Ausführungen zu § 61 SGB I entsprechend, insbesondere hinsichtlich der Unmissverständlichkeit (auch im Hinblick auf die Rechtsgrundlage des Verlangens, s. BSG 20. 3. 1980 – 7 RAr 21/79 – SozR 4100 § 132 Nr. 1) und der Rechtsnatur des Verlangens, das auch hier nicht als Verwaltungsakt zu qualifizieren sein wird. Auch die Rechtsfolgen einer unterbleibenden Befolgung des Verlangens entsprechen denjenigen in

§ 61 SGB I: Die Obliegenheit ist nicht erzwingbar, das heißt auch nicht einklagbar, Rechtsfolgen können sich allerdings in Hinblick auf § 66 SGB I ergeben. Dabei ist jedoch auch im Rahmen des § 62 SGB I zu beachten, dass sich für die Mitwirkungspflicht die Grenzen des § 65 SGB I ergeben.

I. Untersuchungen

4   Die erste Mitwirkungspflicht richtet sich darauf, dass sich der Antragsteller bzw. Leistungsbezieher auf Verlangen des Leistungsträgers einer Untersuchung unterziehen soll. Angesprochen sind gleichermaßen von der Vorschrift ärztliche wie psychologische Untersuchungsmaßnahmen. Als **ärztliche Untersuchungsmaßnahmen** sind diejenigen Maßnahmen zu verstehen, die nach dem Stand der medizinischen Wissenschaft zur Feststellung des Gesundheitszustandes des Untersuchten angezeigt und erforderlich sind (KassKomm/Seewald, § 62 SGB I Rn. 8). „Sich unterziehen", als Inhalt der Mitwirkungspflicht, erstreckt sich sowohl auf eine aktive als auch auf eine passive Mitwirkung: Der Verpflichtete soll daher sowohl Untersuchungshandlungen dulden (etwa Messung des Blutdrucks) als auch aktiv an ihnen mitwirken, wo dies erforderlich ist, etwa zur Erstellung eines EKG. Die Untersuchung ist durch einen Arzt durchzuführen. Ausreichend ist dabei, dass sie unter ärztlicher Aufsicht erfolgt, also etwa durch Hilfskräfte; § 28 I 2 SGB V kann insofern entsprechend herangezogen werden (vgl. dazu erläuternd auch BeckOKSozR/Knispel, § 28 SGB V Rn. 11). Die Auswahl des untersuchenden Arztes obliegt dem jeweiligen Leistungsträger, als Grenze dieser Einschränkung der freien Arztwahl kommt jedoch § 33 SGB I in Betracht (zu diesem BSG 14. 8. 2003 – B 13 RJ 11/03 R – SGb 2004, 634 Anmerkung Joussen; Krasney, FS Maydell, 2003, 365). In Betracht kommt, je nach Fallgestaltung, auch eine stationäre Untersuchung, dann ist allerdings besonderer Wert auf die Tatbestandsvoraussetzung der „Erforderlichkeit" zu legen (s. Rn. 5). Entstehende Kosten sind vom Leistungsträger aufzubringen, hinsichtlich entstehender Aufwendungen des Leistungsempfängers bzw. Antragstellers gilt § 65 SGB I, insbesondere hinsichtlich der Fahrtkosten. **Psychologische Untersuchungen,** die ebenfalls als Mitwirkungstatbestand in § 62 SGB I geregelt sind, sind solche Maßnahmen, die nach dem Stand der psychologischen Wissenschaft von einem ausgebildeten Psychologen zur Feststellung der geistig seelischen Funktionen durchgeführt werden (Hauck/Noftz/Freischmidt, § 62 SGB I Rn. 6).

II. Erforderlichkeit

5   Eine Mitwirkungspflicht besteht nur, soweit die Untersuchungsmaßnahme für die Entscheidung über die Leistung erforderlich ist. Auf diese Weise wird zunächst deutlich, dass die in Rede stehende Maßnahme **leistungserheblich** sein muss, also nicht rein vorsorglich sein darf. Sie muss vielmehr zur Klärung der konkret erforderlichen Voraussetzungen für den Leistungsanspruch durchgeführt werden. Aufgrund der besonderen verfassungsrechtlichen Sensibilität ärztlicher und psychologischer Untersuchungen ist darüber hinaus gerade im Rahmen des § 62 SGB I besonders vorsichtig zu argumentieren. Eine **erneute Untersuchung** wird daher insbesondere dort nicht erforderlich sein (und der von der Obliegenheit Betroffene wird sie dann unter Hinweis auf § 65 SGB I verweigern können, ohne die Sanktionen des § 66 SGB I zu riskieren), wenn die mit der Untersuchung beabsichtigten Daten und Ergebnisse auch anderweitig zu beschaffen sind, etwa durch einen Rückgriff auf Ergebnisse, die bereits ein anderer Leistungsträger vorliegen hat. Insofern schränkt § 65 I Nr. 3 SGB I (vgl. Kommentierung dort) die Erforderlichkeit gemäß § 62 SGB I ein. Der Leistungsberechtigte, so das BSG, soll sich nicht mehrfach derselben Untersuchung durch verschiedene Sozialleistungsträger unterziehen müssen, mag auch die einzelne Untersuchung für sich genommen erforderlich sein (aus dem Bereich des Schwerbehindertenrechts BSG 6. 10. 1981 – 9 RVs 3/81 – SozR 3870 § 3 Nr. 13). An einer Erforderlichkeit fehlt es auch dann, wenn die festzustellende Tatsache evident ist. Gleiches gilt, wenn bei einer Entscheidung über die Fortgewährung der Leistung unstreitig und unzweifelhaft erkennbar ist, dass sich der in Frage stehende (Dauer-)Zustand nicht verbessert hat (in einer ähnlichen Sachverhaltsgestaltung in diesem Sinne BSG 13. 3. 2001 – B 3 P 20/00 R – SozR 3–3300 § 18 Nr. 2).

§ 63 Heilbehandlung

Wer wegen Krankheit oder Behinderung Sozialleistungen beantragt oder erhält, soll sich auf Verlangen des zuständigen Leistungsträgers einer Heilbehandlung unterziehen, wenn zu erwarten ist, daß sie eine Besserung seines Gesundheitszustands herbeiführen oder eine Verschlechterung verhindern wird.

A. Normzweck

1   Die **Sollvorschrift** ergänzt die Mitwirkungshandlungen, die auf Verlangen des Leistungsträgers von demjenigen, der eine Sozialleistung beantragt oder erhält, vorgenommen werden sollen und bezieht sich auf Heilbehandlungen. Bei der nicht selbstständig einklagbaren Obliegenheit geht es um die me-

dizinische, im Gegensatz zur beruflichen Rehabilitation, die ihrerseits in § 64 SGB I geregelt ist. Beide Normen bringen den Grundgedanken der Schadensminderungspflicht zum Ausdruck: Der Leistungsberechtigte soll daran mitwirken, dass die ihm zu gewährenden Leistungen möglichst gering bleiben. Rehabilitation und Prävention haben Vorrang vor weitergehenden, dauerhaften Leistungen, etwa aus einer Rente.

B. Inhalt der Mitwirkungspflicht

Adressat ist wie bei den anderen Vorschriften dieses Teils derjenige, der Sozialleistungen beantragt 2 oder empfängt, insofern gilt das zu §§ 60 ff. SGB I Gesagte grundsätzlich entsprechend (vgl. § 60 SGB I Rn. 2). Da es sich jedoch um eine höchstpersönliche Obliegenheit handelt, bei der die Mitwirkung nur den Betroffenen Sinn macht, müssen insbesondere auch Minderjährige der Mitwirkungsobliegenheit selber nachkommen. Eine Einschränkung liegt hier jedoch insofern vor, als der Antrag oder Empfang nicht allgemein auf Leistungen jedweder Art gerichtet sein muss, sondern die betreffende Sozialleistung muss „wegen **Krankheit** oder **Behinderung**" beantragt oder erhalten werden. Diesbezüglich gilt für den Krankheitsbegriff derjenige des SGB V und des jeweiligen Leistungsrechts, bezüglich der Behinderung ist § 2 SGB IX Anknüpfungspunkt. Aufgrund der weiten Formulierung des § 63 SGB I genügt, dass eine Krankheit oder Behinderung droht, sie muss noch nicht vorliegen (str., wie hier KassKomm/Seewald, § 63 SGB I Rn. 8; Hauck/Noftz/Freischmidt, § 63 SGB I Rn. 6; aA Mrozynski, § 63 SGB I Rn. 1; Reinhardt, in: LPK-SGB I, § 63 Rn. 6).

In **zeitlicher Hinsicht** entsteht die Obliegenheit mit dem entsprechenden **Verlangen** des Leis- 3 tungsträgers, also dann, wenn dieser den Betroffenen zur Mitwirkung bei der Bearbeitung des Antrags für eine Sozialleistung in Gestalt der Heilbehandlung wirksam verpflichtet hat. Zur rechtlichen Einordnung des Verlangens und den Anforderungen an ihre Bestimmtheit (vgl. dazu auch BSG 20. 3. 1980 – 7 RAr 21/79 – SozR 4100 § 132 Nr. 1) gilt das zu § 62 SGB I Gesagte entsprechend (vgl. § 61 SGB I Rn. 3 f.). Sie besteht solange, wie zu **erwarten** ist, dass die Heilbehandlung eine Besserung des Gesundheitszustands herbeizuführen imstande ist. Grundsätzlich sind an die Erwartbarkeit hohe Anforderungen zu stellen, insbesondere dort, wo es um körperliche Eingriffe geht. Insofern wirkt der Grundrechtsschutz in die Auslegung der Norm ein. Die Rechtsprechung verlangt diesbezüglich zum einen, dass die zu erwartende Besserung nicht allein auf den beruflichen Bereich beschränkt sein darf (BSG 20. 3. 1983 – 8/8a RU 46/80 – SozR 1200 § 63 Nr. 1); zum anderen soll die Erwartung einer Besserung nicht allein nach objektiven Maßstäben zu bestimmen sein; entscheidend seien vielmehr auch die (subjektiven) Vorstellungen des Antragstellers/Empfängers der Leistung (BSG 19. 5. 1983 – 2 RU 17/82 – SGb 1984, 354). In diesem Fall entsteht entweder schon keine Mitwirkungsobliegenheit oder sie entfällt mangels Zumutbarkeit nach § 65 SGB I. Der Begriff der Erwartbarkeit macht insgesamt deutlich, dass es um eine Prognoseentscheidung geht; maßgeblich ist aber gleichwohl, dass eine Besserung bzw. Verhinderung der Verschlechterung nicht lediglich möglich, sondern (zumindest) wahrscheinlich ist (Hauck/Noftz/Freischmidt, § 63 SGB I Rn. 8). Letzteres ist der Fall, wenn die Chancen auf Besserung bzw. Verhinderung der Verschlechterung diejenigen eines gleich bleibenden oder verschlechternden Zustandes überwiegen, sofern eine Heilbehandlung durchgeführt wird.

Die Mitwirkungsobliegenheit besteht im Hinblick darauf, sich einer **Heilbehandlung** zu unter- 4 ziehen: Unter diesen Begriff fallen insbesondere medizinische Maßnahmen der Rehabilitation sowie sämtliche Maßnahmen der medizinischen Behandlung, die zum Ziel haben, den Gesundheitszustand des Antragstellers bzw. Leistungsempfängers dadurch zu verbessern oder alternativ ihre Verschlechterung zu verhindern, dass vorhandene oder drohende Störungen des Körper- oder Geisteszustands behoben, gemildert oder verhindert werden (Hauck/Noftz/Freischmidt, § 63 SGB I Rn. 6; Kampe, in: jurisPK-SGB I, § 63 Rn. 23). Zu diesem Zweck erstreckt sich die Obliegenheit sowohl auf eine aktive Unterstützung des Verpflichteten (durch Befolgung ärztlicher Gebote, Einnahme verschriebener Medikamente etc.) als auch in passiver Hinsicht auf ein Dulden, etwa von Anwendungen.

Hinsichtlich des **Ortes** und der ausübenden **Person** der Heilbehandlung verfügt der Leistungsträ- 5 ger über ein Ermessen, das er auszuüben hat. Zwar besteht auch unter Geltung des § 63 SGB I der Grundsatz der freien Arztwahl nach § 76 SGB V fort, doch fällt gerade die Auswahl einer Rehabilitationsstätte, die hier einschlägig ist, nicht unter das Wahlrecht des SGB V (KassKomm/Seewald, § 63 SGB I Rn. 12). Wie stets ist jedoch § 33 SGB I zu beachten. Entstehende **Kosten** sind vom Leistungsträger zu übernehmen, hinsichtlich der Aufwendungen gilt § 65 a SGB I nicht: § 63 SGB I ist in diesem nicht erwähnt. Doch geht schon der Gesetzgeber davon aus, dass der Leistungsberechtigte von Kosten nicht belastet sein soll (BT-Drucks. 7/868, S. 33). Daher sind sämtliche anfallenden Kosten vom Träger zu übernehmen, wie sich im Ergebnis auch aus § 31 SGB I herleiten lässt.

§ 64 Leistungen zur Teilhabe am Arbeitsleben

Wer wegen Minderung der Erwerbsfähigkeit, anerkannten Schädigungsfolgen oder wegen Arbeitslosigkeit Sozialleistungen beantragt oder erhält, soll auf Verlangen des zustän-

digen Leistungsträgers an Leistungen zur Teilhabe am Arbeitsleben teilnehmen, wenn bei angemessener Berücksichtigung seiner beruflichen Neigung und seiner Leistungsfähigkeit zu erwarten ist, daß sie seine Erwerbs- oder Vermittlungsfähigkeit auf Dauer fördern oder erhalten werden.

A. Normzweck

1   Die **Sollvorschrift** ergänzt die Mitwirkungshandlungen, die auf Verlangen des Leistungsträgers von demjenigen, der eine Sozialleistung beantragt oder erhält, vorgenommen werden sollen und bezieht sich auf berufsfördernde Maßnahmen. Anders als bei § 63 SGB I, bei der die medizinische Rehabilitation betroffen war, geht es im Rahmen dieser ebenfalls nicht selbstständig einklagbaren Obliegenheit allein um die berufliche Rehabilitation. Auch hier kommt der Grundgedanke der Schadensminderungspflicht zum Ausdruck: Der Leistungsberechtigte soll daran mitwirken, dass die ihm zu gewährenden Leistungen möglichst gering bleiben, indem er dazu beiträgt, die Chancen seiner Einsatzfähigkeit oder Vermittelbarkeit auf dem Arbeitsmarkt zu verbessern oder der Verschlechterung eben dieser Chancen entgegenzuwirken. Die Vorschrift macht deutlich, dass den Leistungen zur Teilhabe ein Vorrang vor weitergehenden, dauerhaften Leistungen zukommt.

B. Inhalt der Mitwirkungspflicht

2   Adressat ist auch hier, wie bei den weiteren Vorschriften dieses Teils, derjenige, der Sozialleistungen beantragt oder empfängt, insofern gilt das zu §§ 60 ff. SGB I Gesagte grundsätzlich entsprechend (vgl. § 60 SGB I Rn. 2). Da es sich jedoch wiederum um eine höchstpersönliche Obliegenheit handelt, bei der die Mitwirkung nur des Betroffenen Sinn macht, müssen insbesondere auch Minderjährige der Mitwirkungsobliegenheit selber nachkommen. Ähnlich wie bei § 63 SGB I ist hinsichtlich des Kreises der Verpflichteten eine Einschränkung zu machen. Eine solche liegt hier insofern vor, als der Antrag oder Empfang nicht allgemein auf Leistungen jedweder Art gerichtet sein muss, sondern es geht allein um einen Antrag bzw. den Erhalt von Sozialleistungen „wegen **Minderung der Erwerbsfähigkeit** oder wegen **Arbeitslosigkeit**".

3   Der Begriff der **Minderung der Erwerbsfähigkeit** ist vom Gesetz nicht genau umschrieben. Die Begrifflichkeit wird auch an anderen Stellen des SGB verwendet und ist hier in einem umfassenden Sinn zu verstehen. Erfasst sind damit sämtliche Leistungen, die eine Verminderung der Einsatzfähigkeit im allgemeinen Erwerbsleben auszugleichen bestimmt sind und an eine körperliche, seelische oder geistige Funktionsstörung anknüpfen. Hierunter fallen nicht nur Leistungen nach § 43 SGB VI, also die Rente wegen Erwerbsminderung, sondern auch solche nach § 30 BVG oder § 56 SGB VII sowie weiterer Leistungen ähnlicher Natur und Zielrichtung. Der Begriff der **Arbeitslosigkeit** ist derjenige des SGB III; das Gesetz knüpft inhaltlich an die Definition des § 119 I SGB III an. Sofern die Obliegenheit denjenigen trifft, der Leistungen „wegen" Arbeitslosigkeit beantragt oder erhält, ist damit primär Bezug genommen auf die gesetzlichen Leistungen des Arbeitslosengeldes und des Arbeitslosengeldes II. Erfasst sind aber auch sämtliche anderen Leistungen des Arbeitsförderungsrechts. Vom Wortlaut nicht erfasst, wohl aber systematisch geboten ist die Ausdehnung der Obliegenheit auf denjenigen, dem die Arbeitslosigkeit droht (Hauck/Noftz/Freischmidt, § 64 SGB I Rn. 4; Peters, § 64 SGB I Rn. 8; KassKomm/Seewald, § 64 SGB I Rn. 4; differenzierend Reinhardt, in: LPK-SGB I, § 64 Rn. 6; aA Mrozynski, § 64 SGB I Rn. 6).

4   Die Obliegenheit ist auf die Teilnahme an einer **Maßnahme zur Teilhabe am Arbeitsleben** gerichtet. Damit nimmt das Gesetz Bezug auf die Legaldefinition in § 33 I SGB IX. Gemeint sind Maßnahmen, die – aus Sicht der nach Ermessen entscheidenden Leistungsträger – erforderlich sind, um die Erwerbsfähigkeit behinderter oder von Behinderung bedrohter Menschen entsprechend ihrer Leistungsfähigkeit zu erhalten, zu verbessern, herzustellen oder wiederherzustellen und ihre Teilhabe am Arbeitsleben möglichst auf Dauer zu sichern. Exemplarisch gilt auch hier der Katalog des § 33 II SGB IX. Der von der Obliegenheit Betroffene muss aktiv an den entsprechenden Maßnahmen teilnehmen. Die Maßnahme ihrerseits muss jedoch, um eine Mitwirkungspflicht nach § 64 SGB I zu begründen, die Erwerbs- oder Vermittlungsfähigkeit auf Dauer fördern und erhalten können. Insofern gilt auch hier, dass die Maßnahme diese Förderung bzw. Erhaltung „erwarten" lässt. Begrifflichkeit und Inhalt des „Erwartenlassens" entsprechen denjenigen in § 63 SGB I (vgl. § 63 SGB I Rn. 3). Entscheidend ist wiederum eine Prognose. Ausgangspunkt für die Prognose und damit für die Beurteilung, ob eine Maßnahme mitwirkungspflichtig ist, sind, wie vom Gesetzeswortlaut eindeutig vorgegeben, die berufliche Neigung sowie die Leistungsfähigkeit des Antragstellers bzw. Leistungsbeziehers; insbesondere die Rechtsprechung geht insofern davon aus, dass beim Anspruch auf berufsfördernde Leistungen zur Rehabilitation den Neigungen des Behinderten – aufgrund der Wertung des Art. 12 GG – große Beachtung zu widmen ist (BSG 28. 3. 1990 – 9 b/7 RAr 92/88 – SozR 3–4100 § 56 Nr. 1). Die beruflichen Neigungen ergeben sich besonders aus den persönlichen und sozialen Verhältnissen des Antragstellers/Leistungsbeziehers, seiner Gesundheit, aus seinem beruflichen Werde-

gang und seinem Alter. Entspricht eine Maßnahme zur Teilhabe am Arbeitsleben in diesem Sinne nicht ausreichend den Neigungen (und der Leistungsfähigkeit) des Betroffenen, ist sie nicht nur nicht mitwirkungspflichtig. Eine nicht erfolgende Mitwirkung durch den Antragsteller/Leistungsbezieher führt dann auch insbesondere nicht zu den Konsequenzen des § 66 SGB I.

In **zeitlicher Hinsicht** entsteht die Obliegenheit wie auch die des § 63 SGB I erst mit dem entsprechenden **Verlangen** des Leistungsträgers, also dann, wenn dieser den Betroffenen zur Mitwirkung bei der Bearbeitung des Antrags für eine Sozialleistung zur berufsfördernden Maßnahme wirksam verpflichtet hat. Zur rechtlichen Einordnung des Verlangens und den Anforderungen ihrer Bestimmtheit (vgl. dazu auch BSG 20. 3. 1980 – 7 RAr 21/79 – SozR 4100 § 132 Nr. 1) gilt das zu § 61 SGB I Gesagte entsprechend (vgl. § 61 SGB I Rn. 3 f.). Die Obliegenheit besteht auch hier so lange, wie zu **erwarten** ist, dass sie die Erwerbs- oder Vermittlungsfähigkeit auf Dauer fördern oder halten wird. Wie auch bei den vorangehenden Vorschriften muss das Verlangen vom objektiven Empfängerhorizont aus unmissverständlich und eindeutig sein. Kommt der Verpflichtete seiner Obliegenheit nach, sind die dadurch entstehenden **Kosten** nicht von ihm zu tragen; insofern gilt, auch hinsichtlich der Nichtanwendbarkeit des § 65 a SGB I, das zu § 63 SGB I Gesagte entsprechend (vgl. § 63 SGB I Rn. 5). 5

§ 65 Grenzen der Mitwirkung

(1) **Die Mitwirkungspflichten nach den §§ 60 bis 64 bestehen nicht, soweit**
1. ihre Erfüllung nicht in einem angemessenen Verhältnis zu der in Anspruch genommenen Sozialleistung oder ihrer Erstattung steht oder
2. ihre Erfüllung dem Betroffenen aus einem wichtigen Grund nicht zugemutet werden kann oder
3. der Leistungsträger sich durch einen geringeren Aufwand als der Antragsteller oder Leistungsberechtigte die erforderlichen Kenntnisse selbst beschaffen kann.

(2) Behandlungen und Untersuchungen,
1. bei denen im Einzelfall ein Schaden für Leben oder Gesundheit nicht mit hoher Wahrscheinlichkeit ausgeschlossen werden kann,
2. die mit erheblichen Schmerzen verbunden sind oder
3. die einen erheblichen Eingriff in die körperliche Unversehrtheit bedeuten,

können abgelehnt werden.

(3) Angaben, die dem Antragsteller, dem Leistungsberechtigten oder ihnen nahestehende Personen (§ 383 Abs. 1 Nr. 1 bis 3 der Zivilprozeßordnung) die Gefahr zuziehen würde, wegen einer Straftat oder einer Ordnungswidrigkeit verfolgt zu werden, können verweigert werden.

A. Normzweck

Die Vorschrift gilt übergreifend für sämtliche Mitwirkungstatbestände der §§ 60 bis 64 SGB I und zieht den dort enthaltenen Obliegenheiten einheitlich bestimmte Grenzen. Sind diese überschritten, entfällt die Mitwirkungspflicht des Betroffenen; infolgedessen kommt es dann auch nicht, bei fehlender Mitwirkung, zu einer Sanktionsmöglichkeit gemäß § 66 SGB I. Die in der Norm enthaltenen Grenzen konkretisieren die allgemein und für jedes staatliches Handeln geltenden Grundsätze der **Verhältnismäßigkeit (Übermaßverbot)** und der **Zumutbarkeit** für das Sozialrecht. In deren Licht sollen die Amtsermittlungspflicht des Leistungsträgers auf der einen und die durch die §§ 60 ff. SGB I niedergelegten Mitwirkungspflichten des Antragstellers/Leistungsbeziehers auf der anderen Seite bewertet werden, wobei je nach Variante des § 65 SGB I absolute oder relative Grenzen für die jeweiligen Obliegenheiten eingreifen. 1

B. Systematik der Vorschrift

Der Aufbau der Vorschrift ist streng systematisch: Sie erfasst in Abs. 1 umfassend die Grenzen für jegliches Mitwirkungshandeln des Betroffenen; Abs. 2 bezieht sich darüber hinaus zusätzlich auf die absolut geltenden Grenzen für den Mitwirkungstatbestand der §§ 62, 63 SGB I (Behandlung und Untersuchung), die regelmäßig den Rückgriff auf die bloß relativ wirkenden Grenzen des Abs. 1 überflüssig machen werden; Abs. 3 zielt auf die Mitwirkungspflicht bei Angaben (§ 60 SGB I). Die **Rechtsfolgen** bei Überschreiten der Grenzen der Mitwirkungspflicht hängen von der Art der Grenzen ab: In Abs. 1 entfällt die Mitwirkungspflicht selbst, das gilt für alle Mitwirkungstatbestände. Eine Sanktion nach § 66 SGB I kommt daher nicht mehr in Betracht. Die Abs. 2 und 3 geben dem Betroffenen ein Mitwirkungsverweigerungsrecht, in der Rechtsfolge ergibt sich allerdings das Gleiche wie zu Abs. 1. Zur Beweislastverteilung vgl. insgesamt BSG 2. 9. 2004 – B 7 AL 88/03 R – SozR 4–1500 § 128 Nr. 5. 2

Joussen

C. Grenzen der Mitwirkungspflicht (Abs. 1)

3   Abs. 1 normiert allgemein die aus dem Verhältnismäßigkeitsgrundsatz und der Zumutbarkeit resultierenden Grenzen der Mitwirkungspflicht des Antragstellers/Leistungsempfängers für alle in den §§ 60–64 SGB I geregelten Obliegenheiten. Die Beweislast dafür, dass die Voraussetzungen für das Entfallen einer Mitwirkungspflicht nach Abs. 1 vorliegen, trifft den Antragsteller/Leistungsbezieher. Die Mitwirkungspflicht entfällt nach der gesetzlichen Konzeption, wenn er darlegt und gegebenenfalls beweist, dass einer oder auch mehrere Tatbestände des Abs. 1 Nr. 1 bis 3 eingreifen. Dem Rechtsgedanken des § 65 SGB I kann jedoch – weder vom Wortlaut noch insgesamt – entnommen werden, dass zunächst ein konkreter Verdacht auf einen Leistungsmissbrauch vorliegen müsse, damit ein entsprechendes Mitwirkungsbegehren rechtmäßig sein kann (BSG 19. 2. 2009 – B 4 AS 10/08 R – ZFSH/SGB 2009, 282; BSG 19. 9. 2008 – B 14 AS 45/07 R – SGb 2009, 665; aA Hessisches LSG 22. 8. 2005 – L 7 AS 32/05 ER). Vielmehr bestehen die Mitwirkungsrechte unabhängig von Verdachtsmomenten.

I. Absatz 1 Nr. 1

4   Nach **Abs. 1 Nr. 1** entfällt die Mitwirkungspflicht, wenn ihre Erfüllung nicht in einem angemessenen Verhältnis zu der in Anspruch genommenen Sozialleistung oder ihrer Erstattung steht. Damit zielt dieser Ausnahmetatbestand auf die **Zweck-Mittel-Relation** und konkretisiert maßgeblich den allgemeinen Verhältnismäßigkeitsgrundsatz. Dies gilt entsprechend dem Gesetzeswortlaut für Leistungen wie Erstattungen. Es ist daher abzuwägen, inwieweit die Interessen des Leistungsträgers an der Mitwirkungshandlung in einer angemessenen Relation zum Interesse des Antragstellers/Leistungsbeziehers steht, wobei die Abwägung nach Ansicht des BSG nicht allein an objektiven Kriterien vorzunehmen ist, sondern vor allem auch anhand subjektiver Bewertungen des Betroffenen, der im Mittelpunkt der Leistung steht (BSG 20. 3. 1981 – 8/8 a RU 46/80 – SozR 1200 § 65 Nr. 1). Maßgeblich ist wie stets bei der Ermittlung des Inhalts eines unbestimmten Rechtsbegriffes („angemessen") eine Einzelfallbetrachtung. Diese wird sich entscheidend auch an der in Frage stehenden Mitwirkungspflicht zu orientieren haben; bei der Mitwirkungspflicht nach § 60 oder § 61 SGB I wird (sofern § 65 Abs. 1 SGB I nicht ohnehin durch Abs. 3 verdrängt ist) das Interesse des Antragstellers/Leistungsempfängers regelmäßig weniger hoch zu bewerten sein als bei gesundheitlichen Eingriffen. Bei diesen ist daher sehr viel eher von einer Unangemessenheit auszugehen. Nach Ansicht der Rechtsprechung können auf Seiten des Leistungsträgers und seiner Interessen auch die Interessen der Solidargemeinschaft mit in die Abwägung einbezogen werden, also insbesondere die Überlegung, ob eine Heilbehandlung, der sich ein Antragsteller nach § 63 SGB I unterziehen soll, erforderlich ist und damit eine entsprechende Mitwirkungshandlung besteht (BSG 19. 5. 1983 – 2 RU 17/82 – SGb 1984, 354). Unverhältnismäßig kann ein Mitwirkungsverlangen auch sein, weil der Aufwand für den Betroffenen in keiner Relation zu der erstrebten, möglicherweise nur sehr geringen Sozialleistung steht (zu Recht Mrozynski, § 65 SGB I Rn. 8).

II. Absatz 1 Nr. 2

5   Nach **Abs. 1 Nr. 2** entfällt die Mitwirkungsobliegenheit auch dann, wenn die Erfüllung dem Betroffenen aus wichtigem Grund nicht zugemutet werden kann. Gerade hier liegt eine lex generalis zu Abs. 2 vor, die allgemein Zumutbarkeitserwägungen für die Mitwirkungspflicht statuiert. Dogmatisch handelt es sich nach zutreffender allgemeiner Auffassung um einen Unterfall der Verhältnismäßigkeit. Entscheidend für das Entfallen der Mitwirkungspflicht ist, dass ein **„wichtiger Grund"** vorliegt, der dazu führt, dass dem Mitwirkenden die Erbringung der Obliegenheit **nicht zumutbar** ist. Auch hier kommt es zu einem Abwägungsvorgang, der sowohl bei der Ermittlung des wichtigen Grundes als auch bei derjenigen der Unzumutbarkeit zum Tragen kommt. Bei beiden handelt es sich um unbestimmte Rechtsbegriffe, deren Ausfüllung (durch den Leistungsträger) der vollen gerichtlichen Kontrolle unterliegt. Wie bei der Angemessenheit können auch hier auf Seiten des Leistungsträgers die Interessen auch der Solidargemeinschaft zu berücksichtigen sein (BSG 2. 9. 2004 – B 7 AL 88/03 R – SozR 4–1500 § 128 Nr. 5). Ansonsten stehen auf der Seite der Interessen des Antragstellers/Leistungsbeziehers nicht nur objektive, sondern vor allem auch subjektive Interessen, die zu beachten sind und die sich etwa aus seinen persönlichen Umständen in familiärer wie beruflicher Hinsicht ergeben können (BSG 23. 8. 1972 – 5 RKnU 16/70 – SozR Nr. 3 zu § 624 RVO). Durch die Aufnahme des Tatbestandsmerkmals „wichtiger Grund" wird jedoch deutlich, dass auf Seiten des Antragstellers/Leistungsbeziehers nur schwerwiegende, gewichtige Umstände in Betracht kommen, die zu einer Unzumutbarkeit führen können. Daher reicht es, wie das BSG zu Recht betont hat, nicht aus, wenn von ihm geltend gemacht wird, er könne eine Mitwirkungshandlung in Form des § 60 SGB I nicht vornehmen, weil ihn an der Angabe einer für den Antrag auf Sozialleistung relevanten Person ein diesbezüglich abgegebenes (Schweige-)Versprechen hindere (BSG 2. 8. 2004 – B 7 AL 88/03 R – SozR 4–

1500 § 128 Nr. 5; zur Zumutbarkeit der Vorlage eines Steuerbescheids s. BSG 10. 3. 1993 – 14 b/4 Reg 1/91 – NZS 1994, 43). Die Vorlage von Kontoauszügen eines verhältnismäßig kurzen Zeitraums vor der Antragstellung (drei Monate) oder auch der Lohnsteuerkarte begegnet insofern keinen Bedenken (BSG 19. 9. 2008 – B 14 AS 45/07 R – SGb 2009, 665).

Insofern § 65 Abs. 1 SGB I für alle Mitwirkungspflichten gilt, ist die Grenze der Zumutbarkeit **für jede** einzelne **Obliegenheit eigens zu bestimmen.** Wie bei der Angemessenheit nach Abs. 1 Nr. 1 gilt auch hier, dass eine Unzumutbarkeit desto schneller erreicht ist, umso einschneidender die verlangte Mitwirkung ist. Ist die Angabe von Tatsachen, wie soeben aufgezeigt, vom Leistungsträger sehr weitgehend verlangbar, ist die Unzumutbarkeit im Rahmen des § 61 SGB I schneller erreicht. Hier kann ein wichtiger Grund zur Nichtvornahme der Mitwirkung etwa gegeben sein, wenn es dem Antragsteller/Leistungsempfänger infolge Gebrechlichkeit oder Krankheit nur unter erheblichen eigenen Aufwendungen möglich ist, persönlich zu erscheinen. Noch enger ist die Zumutbarkeit bei §§ 62, 63 SGB I zu fassen, wobei hier ohnehin § 65 II SGB V vorrangig eingreift (vgl. Rn. 8). Erst wenn diese Verweigerungsgründe nicht eingreifen, kommt ein Rückgriff auf die Unzumutbarkeitsregelung in Nr. 1 in Betracht. Sie kann, etwa wie angesprochen, einschlägig sein, wenn der Untersuchung oder Heilbehandlung private, besonders im familiären Umfeld liegende oder auch sonst ausschließlich subjektiv wirkende Gründe entgegenstehen, die so gewichtig sind, dass eine Mitwirkung unzumutbar wird (s. besonders BSG 19. 5. 1983 – 2 RU 17/82 – SGb 1983, 354; vgl. auch BSG 22. 6. 1971 – 11 RA 279/69 R – BSGE 33, 16; zur Problematik der aus religiösen Gründen verweigerten Operation auch BSG 9. 12. 2003 – B 2 U 8/03 R – SozR 4-2200 § 589 Nr. 1). Dies kann etwa der Fall sein, wenn eine Erkrankung derart offensichtlich ist, dass eine erneute Untersuchung von vornherein überflüssig ist (zu einem Fall dieser Art, bei etwas anderer Schwerpunktsetzung BSG 13. 3. 2001 – B 3 P 20/00 R – NZS 2001, 538). Entscheidend für die Abwägung bleibt gerade auch hier eine Abwägung hinsichtlich der Gesamtheit der Umstände (Rüfner, VSSR 1977, 347, 359).

III. Absatz 1 Nr. 3

Nach **Abs. 1 Nr. 3** ist schließlich eine Mitwirkungspflicht zu verneinen, wenn der Leistungsträger die erforderlichen Kenntnisse mit einem geringeren Aufwand als der Antragsteller oder Leistungsberechtigte beschaffen kann. Auch wenn diese Variante nach dem Gesetzeswortlaut für alle Mitwirkungshandlungen gilt, ist sie primär für diejenige nach § 60 SGB I von eigenständiger Bedeutung, auch noch für die nach §§ 61, 62 SGB I, bei letzterer Norm insbesondere im Hinblick auf wiederholte Untersuchungen. Erfüllt ist dieser Tatbestand dann, wenn der Leistungsträger, der ohnehin zur Amtsermittlung verpflichtet ist, über eine Möglichkeit verfügt, sich die Kenntnisse, die für die Leistungsgewährung erforderlich sind, eigenständig und einfacher zu besorgen, wobei Maßstab nicht allein ein geringerer finanzieller Aufwand ist (KassKomm/Seewald, § 65 SGB I Rn. 14). Dies kann namentlich der Fall sein, wenn er durch ein entsprechendes Auskunftsersuchen Urkunden oder sonstige Informationen von einer anderen Behörde oder einem anderen Leistungsträger erhalten kann. Doch ist davon auszugehen, dass die Pflicht des Antragstellers zur Vorlage von Beweisurkunden, die er bereits im Besitz hat, dann nicht nach § 65 I Nr. 3 SGB I entfällt, wenn die Behörde die erforderlichen Kenntnisse nur durch Nachfrage bei einer anderen Stelle, und sei es bei einer anderen Stelle desselben Verwaltungsträgers, erlangen kann (BVerwG 11. 2. 2009 – 3 PKH 1/09). Denn die Vorschrift geht erkennbar davon aus, dass weder der Antragsteller noch der Träger über die erforderlichen Kenntnisse verfügt. Offen gelassen hat die Rechtsprechung bislang, wie zu entscheiden ist, wenn sowohl Antragsteller als auch Leistungsträger (wenngleich vielleicht eine andere Stelle der Behörde) über die erforderlichen Kenntnisse verfügen (BSG 13. 3. 2001 – B 3 P 20/00 R – NZS 2001, 538; BVerwG 11. 2. 2009 – 3 PKH 1/09). In diesen Fällen dürfte jedoch der Aufwand für die Behörde, ein ihr vorliegendes Dokument einzusehen, regelmäßig geringer sein als dieses nochmals anzufordern. Daher wird in diesen Fällen die Mitwirkungspflicht entfallen. Ein geringerer Aufwand für den Leistungsträger dürfte auch dann regelmäßig vorliegen, wenn er einen schon vorhandenen Arztbefund vom entsprechenden Arzt einfordern kann, so dass er die erforderlichen Kenntnisse nicht mehr durch eine eigenständige Untersuchung des Antragstellers bzw. Leistungsberechtigten erhalten muss. Dann muss aber von diesem eine Mitwirkungshandlung nach § 60 Abs. 1 Nr. 1 SGB I erfolgen. Kein geringer Aufwand ist mit dem Hinweis zu vermuten, der Leistungsträger der Grundsicherung könne über das Bundeszentralamt für Steuern auf die Stammdaten der Leistungsempfänger zugreifen, so dass die Vorlage von Kontoauszügen entbehrlich sei. Denn zum einen ist der Zugriff mit erheblichem Aufwand verbunden, zum anderen wird nur die Einsichtnahme in Stammdaten ermöglicht (BSG 19. 2. 2009 – B 4 AS 10/08 R – ZFSH/SGB 2009, 282).

D. Zumutbarkeit von Behandlungen und Untersuchungen (Abs. 2)

Bei gleicher Rechtsfolge (Entfallen der Mitwirkungspflicht), aber anderer systematischer Konstruktion enthält Abs. 2 eine spezielle Regelung für die Grenzen der Mitwirkung bei Untersuchungen und

Behandlungen. Anders als Abs. 1 ist hier die Grenze nicht von Amts wegen, sondern erst auf Einrede des Berechtigten zu beachten (so auch Kampe, in: jurisPK-SGB I, § 65 Rn. 28; Mrozynski, § 65 SGB I Rn. 14): Wenn er eine entsprechende Mitwirkungshandlung nach §§ 62, 63 SGB I aus einem der in Abs. 2 genannten Gründe ablehnt, aber auch erst dann, entfällt die Mitwirkungspflicht. Gerade hier ist deutlich, dass der Schadensminderungspflicht Grenzen zu ziehen sind, die sich insbesondere aus verfassungsrechtlichen Aspekten ergeben. Insofern ist bedeutsam, dass gerade die Fragen für die Duldungspflicht bezüglich einer Operation bzw. eines Eingriffes in die körperliche Unversehrtheit Ausgangspunkt für die Grenzziehungen in Abs. 2 sind (s. bereits BVerfG 10. 6. 1963 – 1 BvR 790/58 – NJW 1963, 1597; eingehend zur „wechselvollen Geschichte" des Abs. 2 Mrozynski, § 65 SGB I Rn. 16 ff.). Das Ablehnungsrecht nach Abs. 2 steht dem Antragsteller bzw. Leistungsberechtigten zu, auch wenn dieser minderjährig ist.

I. Absatz 2 Nr. 1

9   Nach **Abs. 2 Nr. 1** kann die Mitwirkung abgelehnt werden, wenn im Einzelfall ein Schaden für Leben oder Gesundheit nicht mit hoher Wahrscheinlichkeit ausgeschlossen werden kann. Während der Schaden für das Leben als Risiko eines tödlichen Ausgangs eindeutig zu definieren ist, ist beim Schaden für die Gesundheit zu differenzieren, insbesondere im Hinblick auf Bagatellschäden. Zum Teil wird vertreten, dass als Schaden insofern bereits das Hervorrufen bzw. Steigern eines von den normalen körperlichen Funktionen abweichenden Zustandes ausreicht (unter Verweis auf BGH 30. 4. 1991 – VI ZR 178/90 – NJW 1991, 1948, Reinhardt, in: LPK-SGB I, § 65 Rn. 11). Dies kann jedoch nicht überzeugen. Schon aus systematischen Gründen ist, da der Schaden für die Gesundheit auf einer Stufe zu dem Schaden für das Leben gesehen wird, davon auszugehen, dass ein Ablehnungsrecht nur bei stärkerer Belastung eingreifen kann, wenn also eine auf Dauer angelegte und nicht völlig unwesentliche Verschlechterung des körperlichen oder geistigen Zustandes droht. Für eine solch enge Auslegung spricht auch, dass anders das gesamte Mitwirkungsrecht hinsichtlich der §§ 62, 63 SGB I praktisch leer liefe, was nicht dem Sinn und Zweck der gesetzlichen Regelung entspräche (wie hier auch Mrozynski, § 65 SGB I Rn. 19; Kampe, in: jurisPK-SGB I, § 65 Rn. 30; Vetter, SGb 1978, 223; dazu erwidernd Frik, SGb 1979, 254; von Maydell, SGb 1987, 392). Für einen derartigen drohenden Schaden muss eine „hohe Wahrscheinlichkeit" sprechen. Diese ist gegeben, wenn die Gefahr einer solchen Schädigung nicht nur ganz gering ist. Dabei muss aber die Erwartbarkeit über einer bloß einfachen Wahrscheinlichkeit liegen. Grundlage für die Bewertung ist eine Prognoseentscheidung auf der Grundlage vorangehender Untersuchungen, bekannter Befunde oder bestimmter einschlägiger Erfahrungswerte. Entscheidend ist letztlich, wie der Wortlaut deutlich macht, der konkrete Einzelfall, in dem abzuwägen ist. Während auf der Basis schon der Nr. 1 neuartige, unkalkulierbare Operationsmethoden, die bereits mehrfach zu bleibenden Schäden geführt haben, abgelehnt werden können, lassen sich die mit Röntgenuntersuchungen verbundenen Schadensrisiken regelmäßig durch geeignete Vorsorgemaßnahmen (insbesondere durch Schutzkleidung) so minimieren, dass ein Ablehnungsrecht nach Nr. 1 in der Regel nicht mehr in Betracht kommt (dazu eingehend auch Vetter, SGb 1978, 223).

II. Absatz 2 Nr. 2

10   Nach **Abs. 2 Nr. 2** können Behandlungen und Untersuchungen auch verweigert werden, wenn sie mit erheblichen Schmerzen verbunden sind. Auch wenn dies nicht ausdrücklich im Gesetzeswortlaut angelegt ist, ist auch hier der Einzelfall maßgeblich. Entscheidend ist das Vorliegen **erheblicher** Schmerzen. Der Begriff der Erheblichkeit ist nicht definiert, man wird nicht allein von einem subjektiven Begriff ausgehen können, auch wenn das Empfinden des einzelnen Betroffenen eine zentrale Bewertungsrolle spielt. Überwiegend wird insofern auch auf einen gemischt objektiv-subjektiven Begriff abgestellt. Erheblich sind aber nur beträchtliche, nachhaltige Reizungen des Schmerzempfindens (Hauck/Noftz/Hauck, § 65 SGB I Rn. 13; KassKomm/Seewald, § 65 SGB I Rn. 27). Dabei können gegebenenfalls auch psychische Beeinträchtigungen als Schmerzen angesehen werden.

III. Absatz 2 Nr. 3

11   Nach **Abs. 2 Nr. 3** können Behandlungen und Untersuchungen schließlich auch verweigert werden, sofern sie einen erheblichen Eingriff in die körperliche Unversehrtheit bedeuten. Die Formulierung lässt schon deutlich werden, dass eine gewisse Nähe zum Ablehnungsgrund des Abs. 1 Nr. 1 vorliegt. Wie dort kann auch aus dieser Vorschrift ein Ablehnungsrecht im Hinblick gerade auf Operationen resultieren. Der Begriff der „körperlichen Unversehrtheit" ist dabei weit zu verstehen und erfasst auch den seelischen Gesamtzustand. Der Rückgriff auf Art. 2 Abs. 2 GG ist insofern geboten. Ein **Eingriff** in die Unversehrtheit liegt bei jeder von außen (Operationen, Blutentnahme etc.) wie von innen wirkenden (insbesondere Medikamenteneinnahme) Einwirkung, sofern dadurch der körperliche Zustand verändert bzw. verschlechtert wird. Das Verweigerungsrecht verlangt jedoch, dass der Eingriff **erheblich** ist. Jedenfalls ist insofern objektiv zu verlangen, dass eine dauerhafte, schwer-

wiegende Beeinträchtigung die Folge ist. Zusätzlich können auch, wie bei Nr. 2, subjektive Gesichtspunkte hinzukommen, wobei hier jedoch, wie schon im Rahmen des Gesundheitsschadens nach Abs. 2 Nr. 1, restriktiv vorzugehen ist, um die Funktionsfähigkeit des Mitwirkungsrechts insgesamt nicht in Frage zu stellen. Einheitliche Vorstellungen und Einschätzungen bezüglich der Erheblichkeit einzelner Eingriffe bestehen nicht, weder hinsichtlich einer Blutentnahme noch hinsichtlich des Einführens eines Magenschlauchs, noch im Hinblick auf – einfache – Operationen (vgl. die Zusammenstellung der unterschiedlichen Ansichten in der Literatur bei Kampe, in: jurisPK-SGB I, § 65 Rn. 40). Entscheidend bleibt daher ausschließlich der Einzelfall. Als grobe Leitlinie ist in der Rechtsprechung allenfalls erkennbar, dass einfache körperliche Eingriffe mit lokaler Betäubung zumutbar, also nicht erheblich sind, bei ihnen ist eine Verweigerungsmöglichkeit eher abzulehnen (zumindest nach Nr. 3, nach Nr. 2 hingegen im Einzelfall denkbar); demgegenüber sind weitergehende (operative) Eingriffe eher, aber nicht immer von Nr. 3 erfasst, etwa die Amputation bzw. Versteifung eines Fingers und ähnlich weit reichende Eingriffe (vgl. etwa BSG 20. 3. 1981 – 8/8 a RU 46/80 – SozR 1200 § 63 Nr. 1; BSG 19. 5. 1983 – 2 RU 17/82 – SGb 1984, 354; OLG Hamm 26. 2. 1992 – 20 U 51/91 – VersR 1992, 1120).

E. Recht zur Verweigerung von Angaben (Abs. 3)

Schließlich kann die Mitwirkungshandlung, bei der es um bestimmte Angaben geht, gemäß Abs. 3 verweigert werden, wenn die betreffende Angabe den Antragsteller, die Leistungsberechtigten oder, zusätzlich, ihnen nahe stehende Personen der Gefahr aussetzen würden, wegen einer Straftat oder Ordnungswidrigkeit verfolgt zu werden. Der Schutzbereich der Norm ist ausgedehnt auf den gemäß § 383 Abs. 1 Nr. 1 bis 3 ZPO relevanten Personenkreis, also auf Verlobte, (ehemalige) Ehegatten, (ehemalige) Lebenspartner sowie diejenigen, die mit dem Betroffenen in gerader Linie verwandt oder verschwägert bzw. in der Seitenlinie bis zum dritten Grad verwandt oder bis zum zweiten Grad verwandt oder verschwägert sind oder waren. Ein Verweigerungsrecht besteht aber nur hinsichtlich solcher Angaben, deren Mitteilung ein Verfahren nach der StPO oder nach dem OwiG nach sich zöge. Der Betroffene muss die jeweiligen Gründe für seine Verweigerung ausreichend darlegen und gegebenenfalls auch beweisen, ein unsubstantiiertes Vortragen genügt keinesfalls (BSG 10. 11. 1977 – 3 RK 44/75 – SozR 2200 § 1542 Nr. 1). Zu beachten ist aber, dass im Einzelfall genau zu prüfen ist, ob eine Auskunft überhaupt strafrechtlich bzw. im Hinblick auf das Ordnungswidrigkeitsrecht relevant werden kann, da ja auch der Leistungsträger regelmäßig zur Geheimhaltung verpflichtet ist, wie aus § 35 SGB I folgt (s. dazu BSG 10. 11. 1977 – 3 RK 44/75 – SozR 2200 § 1542 Nr. 1). **12**

§ 65 a Aufwendungsersatz

(1) ¹Wer einem Verlangen des zuständigen Leistungsträgers nach den §§ 61 oder 62 nachkommt, kann auf Antrag Ersatz seiner notwendigen Auslagen und seines Verdienstausfalles in angemessenem Umfang erhalten. ²Bei einem Verlangen des zuständigen Leistungsträgers nach § 61 sollen Aufwendungen nur in Härtefällen ersetzt werden.

(2) Absatz 1 gilt auch, wenn der zuständige Leistungsträger ein persönliches Erscheinen oder eine Untersuchung nachträglich als notwendig anerkennt.

A. Normzweck

Die Vorschrift dient der Regelung des finanziellen Ausgleichs für den Fall, dass dem Antragsteller bzw. Leistungsbezieher infolge seiner gemäß §§ 61, 62 SGB I ausgeübten Mitwirkungshandlungen Aufwendungen entstanden sind. Der Aufwendungsersatzanspruch soll verhindern, dass dem Betroffenen seine Mitwirkung allein aus wirtschaftlichen Gründen unzumutbar ist. Da der Amtsermittlungsgrundsatz durch die Mitwirkungsobliegenheiten letztlich abgestützt wird, soll der Betroffene nicht auch noch zusätzlich finanziell über Gebühr belastet werden. Infolgedessen gibt die Vorschrift ihm auf Antrag einen Ersatzanspruch, der nach § 37 SGB I grundsätzlich in allen Leistungsbereichen für die genannten Mitwirkungshandlungen gilt, sofern nicht speziellere Vorschriften eingreifen; Kosten, die für Untersuchungen, Heilbehandlungen und sonstige Maßnahmen nach den §§ 62–64 SGB I entstehen, sind nicht erfasst, da sie ohnehin vom Leistungsträger zu übernehmen sind. **1**

B. Voraussetzung für den Ersatzanspruch

Voraussetzung für einen Aufwendungsersatzanspruch ist die Vornahme einer **Mitwirkungshandlung** nach §§ 61 und 62 SGB I. Wer die Mitwirkung auszuüben hat, ist unerheblich: § 65 a SGB I **2** beschränkt den Aufwendungsersatz insofern nicht, so dass auch das persönliche Erscheinen eines Dritten, wo erforderlich, zu einem Anspruch dieses Dritten führen kann. Für diese Mitwirkungshandlung muss jedoch jedenfalls ein entsprechendes **Verlangen** des Leistungsträgers gegeben sein; dies folgt schon aus dem Wortlaut des § 65a SGB I, ist aber ohnehin zwingend deshalb geboten, weil ansonsten schon keine Mitwirkungspflicht besteht (vgl. die Kommentierungen in § 61 SGB I Rn. 3 und § 62 SGB I Rn. 3). Ein Verlangen für eine Mitwirkungshandlung nach § 60 SGB I führt nicht zu einem Ersatzanspruch; hier sind die entstehenden Kosten regelmäßig ohnehin so gering, dass der Normzweck einen Aufwendungsersatz nicht gebietet. Werden die Kosten zu hoch, kann gegebenenfalls § 65 SGB I eingreifen.

3   Nach Abs. 2 kommt ein Ersatzanspruch auch in Betracht, wenn der zuständige Leistungsträger ein persönliches Erscheinen oder eine Untersuchung **nachträglich** als notwendig anerkennt. Erfasst sind damit besonders diejenigen Situationen, in denen der Antragsteller bzw. Leistungsberechtigte auf eigene Initiative, das heißt ohne entsprechendes Verlangen des Leistungsträgers bei diesem oder bei einer zur Untersuchung beauftragten Person vorstellig wird und nachträglich der Leistungsträger die Notwendigkeit der Vorstellung bzw. Untersuchung anerkennt. Der Verweis auf die „Notwendigkeit" macht deutlich, dass zur Anerkennung nicht die bloße Sachdienlich- oder Förderlichkeit zur Aufklärung eines Sachverhalts genügt. Vielmehr ist davon auszugehen, dass mit „notwendig" gemeint ist, dass das persönliche Erscheinen oder die Untersuchung unabdingbar zur Aufklärung des Sachverhalts ist bzw. diese ohne entsprechende Mitwirkung nicht unerheblich erschwert worden wäre (vgl. Reinhardt, in: LPK-SGB I, § 65a Rn. 11; differenzierend Mrozynski, § 65a SGB I Rn. 14).

C. Rechtsfolgen

4   Liegen die Voraussetzungen vor, kommt grundsätzlich ein Ersatz der notwendigen Auslagen und des Verdienstausfalls in Betracht. Dies ist zunächst an einen entsprechenden **Antrag** an den Leistungsträger gebunden. § 16 SGB I kommt insofern zur Anwendung. Regelmäßig erfolgt der Ersatz nachträglich, es kann aber auch eine Vorschussleistung in Betracht kommen.

5   Der Umfang des Anspruchs erstreckt sich zunächst auf den Ersatz von **notwendigen Auslagen**. Auslagen sind Geldausgaben, die für den Mitwirkenden infolge seiner Mitwirkung anfallen und von ihm aufgewendet werden, also insbesondere Fahrtkosten, Unterbringungskosten oder die Kosten für die Mitnahme einer Begleitperson oder der Verpflegung. Die Auslage muss notwendig sein. Dies ist objektiv zu bestimmen und abhängig vom konkreten Einzelfall. Insbesondere hinsichtlich der Fahrtkosten ist eine Notwendigkeit dann zu verneinen, wenn dem Betroffenen eine günstigere Möglichkeit (zumutbar) offen gestanden hätte, etwa den Ort der Untersuchung zu erreichen. Ob Kosten für einen Vertreter zu erstatten sind, ist ebenfalls einzelfallabhängig und möglich, wenn der Vertreter ausnahmsweise die Mitwirkung ausreichend erbringen kann (verneinend in einem bestimmten Fall, dass nämlich durch den Vertreter die Mitwirkungsobliegenheit nicht erfüllt werden kann, BSG 12. 12. 1990 – 9a/9 RVs 13/89 – SozR 3–1300 § 63 Nr. 1).

6   Ebenfalls vom Anspruch erfasst ist der **Verdienstausfall**, also die tatsächliche Vermögenseinbuße bei verhinderter Erwerbstätigkeit. Damit kann sowohl das entgangene Arbeitsentgelt als auch, bei selbstständiger Tätigkeit, das entgehende Einkommen gemeint sein. Zu erstatten ist, da eine nähere Eingrenzung in § 65a SGB I nicht gegeben ist, der tatsächlich ausgefallene Verdienst. Ein Rückgriff auf die pauschalierenden und regelmäßig geringeren Werte des JVEG ist daher abzulehnen, ihm fehlt die gesetzliche Grundlage, entscheidend bleibt infolgedessen der Einzelfall (so auch Reinhardt, in: LPK-SGB I, § 65a Rn. 8; Mrozynski, § 65a SGB I Rn. 8; Kampe, in: jurisPK-SGB I, § 65a Rn. 21; KassKomm/Seewald, § 65a SGB I Rn. 11; aA Hauck/Noftz/Hauck, § 65a SGB I Rn. 9).

7   Eine **Einschränkung** hinsichtlich der Erstattung von Aufwendungen, also von Auslagen und Verdienstausfall, enthält **Abs. 1 S. 2** für die Mitwirkung in Form des persönlichen Erscheinens nach § 61 SGB I. Hier soll ein Ersatz nur in Härtefällen in Betracht kommen. Dies gilt für Abs. 1 wie Abs. 2 gleichermaßen. Ein Härtefall ist, mangels näherer Regelung im Gesetz, einzelfallabhängig und nur dann zu vermuten, wenn die finanzielle Belastung dem Antragstellenden bzw. Leistungsberechtigten unzumutbar ist, weil seine Vermögenssituation eine Mitwirkung grundsätzlich nicht ermöglicht.

8   Der Ersatz der Aufwendungen ist keine zwingende Rechtsfolge, sondern steht – unbeschadet der Härtefallregelung in Abs. 1 S. 2 – im **Ermessen** des Leistungsträgers. Der Wortlaut („kann ... erhalten") ist insofern unmissverständlich. Die Ermessensentscheidung muss sich insbesondere auch an den Vorgaben des § 39 SGB I orientieren. Maßgeblich für die Ermessensausübung wird vor allem sein, wie die Vermögensverhältnisse des Betroffenen gestaltet sind und um welche Erstattungsbeträge es sich handelt. Beide Parameter sind vom Leistungsträger für seine Entscheidung in angemessenen Ausgleich zu bringen. Zu berücksichtigen ist dabei auch, inwiefern ein Fehlverhalten des Betroffenen die Kosten verursacht oder doch zumindest erhöht hat, also etwa bewusst widersprüchliche oder falsche Angaben (wie hier Reinhardt, in: LPK-SGB I, § 65a Rn. 9; Mrozynski, § 65a SGB I Rn. 5; Peters, § 65a SGB I Anm. 2d; aA Hauck/Noftz/Hauck, § 65a SGB I Rn. 14).

§ 66 Folgen fehlender Mitwirkung

(1) ¹Kommt derjenige, der eine Sozialleistung beantragt oder erhält, seinen Mitwirkungspflichten nach den §§ 60 bis 62, 65 nicht nach und wird hierdurch die Aufklärung des Sachverhalts erheblich erschwert, kann der Leistungsträger ohne weitere Ermittlungen die Leistung bis zur Nachholung der Mitwirkung ganz oder teilweise versagen oder entziehen, soweit die Voraussetzungen der Leistung nicht nachgewiesen sind. ²Dies gilt entsprechend, wenn der Antragsteller oder Leistungsberechtigte in anderer Weise absichtlich die Aufklärung des Sachverhalts erheblich erschwert.

(2) Kommt derjenige, der eine Sozialleistung wegen Pflegebedürftigkeit, wegen Arbeitsunfähigkeit, wegen Gefährdung oder Minderung der Erwerbsfähigkeit, anerkannten Schädigungsfolgen oder wegen Arbeitslosigkeit beantragt oder erhält, seinen Mitwirkungspflichten nach den §§ 62 bis 65 nicht nach und ist unter Würdigung aller Umstände mit Wahrscheinlichkeit anzunehmen, daß deshalb die Fähigkeit zur selbständigen Lebensführung, die Arbeits-, Erwerbs- oder Vermittlungsfähigkeit beeinträchtigt oder nicht verbessert wird, kann der Leistungsträger die Leistung bis zur Nachholung der Mitwirkung ganz oder teilweise versagen oder entziehen.

(3) Sozialleistungen dürfen wegen fehlender Mitwirkung nur versagt oder entzogen werden, nachdem der Leistungsberechtigte auf diese Folge schriftlich hingewiesen worden ist und seiner Mitwirkungspflicht nicht innerhalb einer ihm gesetzten angemessenen Frist nachgekommen ist.

A. Normzweck

Die Vorschrift regelt einheitlich für alle Mitwirkungstatbestände die sich aus einer fehlenden Mitwirkung ergebenden Rechtsfolgen. Sie macht zum einen negativ deutlich, dass es sich bei allen Mitwirkungstatbeständen der §§ 60–64 SGB I um Obliegenheiten handelt, sie also insbesondere nicht zwangsweise durchgesetzt werden können. Zum anderen wird aber durch § 66 SGB I insofern ein Ausgleich für die fehlende Möglichkeit der zwangsweisen Durchsetzung vorgenommen, als dem jeweiligen Leistungsträger andere Reaktionsmöglichkeiten auf die unterbleibende Mitwirkung eröffnet werden (zur Abgrenzung gegenüber § 48 SGB X Reinhardt, in: LPK-SGB I, § 66 Rn. 8; Dörr/Groß, DAngVers 1994, 175). Die „Sanktion" (der Begriff ist in diesem Zusammenhang umstritten, gegen seine Verwendung vor allem durch den Gesetzgeber und die Rechtsprechung etwa Mrozynski, § 66 SGB I Rn. 1, der stattdessen von „Zurückbehaltungsrecht" spricht – gegen den Sanktionscharakter spricht insbesondere die Nachholbarkeit der Mitwirkungshandlung), durch die auf den Leistungsberechtigten zumindest mittelbar Druck ausgeübt werden soll (BSG 26. 5. 1983 – 10 RKg 13/82 – SozR 1200 § 66 Nr. 10), liegt insofern in der Versagung oder dem Entzug der Sozialleistung und ist in den Abs. 1 und 2 abhängig von der konkret unterbleibenden Mitwirkungshandlung geregelt. Abs. 3 sieht darüber hinaus für die Versagung oder den Entzug ein bestimmtes Verfahren vor (näher hierzu vom Rath, WzS 2009, 321).

1

B. Fehlende Mitwirkung und ihre Folgen (Abs. 1)

I. Nichterfüllung der Pflicht

Von Abs. 1 sind die Handlungsmöglichkeiten des Leistungsträgers bei einer fehlenden Mitwirkung gemäß §§ 60–62 SGB I erfasst. Erforderlich ist zunächst, wie Abs. 1 S. 1 unmittelbar deutlich macht, dass der Antragsteller oder Leistungsbezieher seine nach §§ 60–62 SGB I obliegende Mitwirkungspflicht nicht erfüllt, obwohl sie ihm, wie der Verweis auf § 65 SGB I deutlich macht, zumutbar ist. Als eine relevante Nichterfüllung der Pflicht ist auch jede nur teilweise oder unzulängliche bzw. schleppende Erfüllung zu werten, auch passives Verhalten bei einer Untersuchung kann insofern genügen (Mrozynski, § 66 SGB I Rn. 7; Benz, BG 1978, 245; Krasney, BKK 1987, 384). Des Weiteren muss durch die unterbleibende Mitwirkung die Aufklärung des Sachverhalts **erheblich erschwert** werden. Dies ist der Fall, wenn infolge der fehlenden Mitwirkung der Leistungsträger aufgrund der ihn unverändert treffenden Amtsermittlungspflicht einen beträchtlichen, eigenständigen Verwaltungsaufwand betreiben müsste (BSG 26. 5. 1983 – 10 RKg 13/82 – SozR 1200 § 66 Nr. 10; Rüfner, VSSR 1977, 340, 366). Entscheidend ist insofern der Einzelfall. An der Erheblichkeit fehlt es jedenfalls dann, wenn dem Leistungsträger ohne nennenswerten Mehraufwand die Ermittlungen anderweitig möglich sind; in diesem Fall scheidet die Rechtsfolge des § 66 SGB I daher aus. Zwischen der Nichterfüllung der Mitwirkungspflichten nach den §§ 60–62 SGB I und der erheblichen Erschwerung der Aufklärung des Sachverhalts muss schließlich ein ursächlicher Zusammenhang bestehen (BVerwG 17. 1. 1985 – 5 C 133/81 – BVerwGE 71, 8). Führt die Nichtmitwirkung zu keiner erheb-

2

lichen Erschwerung, bleibt sie ohne Konsequenz. Umgekehrt ist Abs. 1 S. 1 – auf der Grundlage eines „Erst-recht-Schlusses" – auch betroffen, wenn die Aufklärung mangels Mitwirkung nicht nur erheblich erschwert, sondern sogar unmöglich ist.

3   Nach Abs. 1 S. 2 gilt S. 1 entsprechend, wenn der Antragsteller bzw. Leistungsberechtigte **absichtlich** die Aufklärung des Sachverhalts **in anderer Weise erheblich erschwert** (oder, vgl. Rn. 2, unmöglich macht). Dies kann dadurch geschehen, dass der Betroffene etwa absichtlich Beweisunterlagen vernichtet oder Zeugen beeinflusst. Der Begriff der Absicht ist weiter als der des bloßen Vorsatzes, es muss insofern eine bewusste Zielrichtung vorhanden sein (zum Begriff der Absicht grundlegend schon BGH 6. 2. 1963 – 3 Str 58/62 – NJW 1963, 916). Die strafrechtliche Terminologie und der dortige Inhalt des dolus directus können entsprechend herangezogen werden.

II. Rechtsfolgen

4   Unter den zusätzlichen Verfahrensvoraussetzungen des Abs. 3 (dazu Rn. 10) kann der Leistungsträger im Wege einer Ermessensentscheidung die Leistung bis zur Nachholung der Mitwirkung ganz oder teilweise versagen oder entziehen (zu den verfassungsrechtlichen Implikationen der Rechtsfolgen Frohn, SGb 2006, 253). Diese „Sanktionsmöglichkeit" (zu dem Begriff vgl. Rn. 1) besteht jedoch nur insoweit, wie die Voraussetzungen der Leistungen nicht nachgewiesen sind.

5   **1. Ermessensentscheidung.** Eine **Ermessensentscheidung** hinsichtlich einer Versagung oder eines Entzugs scheidet von vornherein aus, wenn der Ausnahmetatbestand des Abs. 1 S. 1 a. E. gegeben ist, also wenn die Leistungsvoraussetzungen anderweitig nachgewiesen sind. In diesen Fällen darf der Träger die „Sanktion" nicht anwenden. Ist dies aber nicht der Fall, steht dem Leistungsträger ein Ermessen hinsichtlich einer Versagung bzw. eines Entzugs sowohl hinsichtlich des „Ob" als auch des „Wie" zu. Er muss daher sein Auswahl- und sein Entscheidungsermessen ermessensfehlerfrei ausüben und die Entscheidung ausreichend begründen. Da die Reaktionsmöglichkeiten des Leistungsträgers in der Norm weit angelegt sind, muss er nicht nur entscheiden, ob er überhaupt die Leistung entziehen bzw. versagen möchte, sondern auch, ob er dies in vollem Umfang oder nur teilweise anordnet. Bei der im Rahmen der Ermessensentscheidung vorzunehmenden Abwägung muss er insbesondere auch berücksichtigen, inwieweit der Betroffene infolge seiner persönlichen (Gesundheits-)Umstände zur Mitwirkung befähigt war – sofern nicht bereits der Tatbestand der Mitwirkungspflicht infolge dieses Umstandes ausscheidet (§ 65 SGB I).

6   **2. Zeitliche Hinsicht.** Die Versagung einer beantragten Leistung kann **in zeitlicher Hinsicht**, wenn sie nur befristet erfolgt, mehrfach ausgesprochen werden. Sie besagt inhaltlich nicht, dass der Leistungsanspruch nicht besteht. Denn der ist ja mangels Angaben noch unklar. In gleicher Weise enthält auch die Entziehung einer bereits gewährten Leistung keine Aussage über die Berechtigung der Entziehung. Steht die fehlende Berechtigung zur Leistung schon fest, kommt nicht eine Entziehung/Versagung nach § 66 I SGB I in Betracht, sondern nur eine Aufhebung der Bewilligung nach § 48 SGB X (BSG 18. 9. 1991 – 10 RKg 5/91 – SozR 3–5870 § 20 Nr. 3). Versagung und Entziehung wirken nur bis zur **Nachholung** der dem Betroffenen obliegenden Mitwirkungshandlung. Erfolgt sie, endet die Befugnis des Verwaltungsträgers zur Versagung bzw. Entziehung. Die Nachholung, für die der Verwaltungsträger regelmäßig keine Fristen setzen darf (BSG 22. 10. 1987 – 12 RK 49/86 – SozR 1300 § 21 Nr. 3), verlangt die volle Erfüllung der Mitwirkungshandlung, ein bloßes Angebot genügt nicht (Hauck/Noftz/Hauck, § 66 SGB I Rn. 16; aA KassKomm/Seewald, § 66 SGB I Rn. 29; differenzierend Rüfner, VSSR 1977, 347, 364). Eine rückwirkende Leistungsentziehung ermöglicht § 66 SGB I keinesfalls (BSG 31. 1. 2006 – B 11 a AL 13/05 R – n. v.).

6a **3. Klage.** Gegen einen Versagungsbescheid, das heißt gegen die Versagung einer Sozialleistung wegen fehlender Mitwirkung ist grundsätzlich nur die Anfechtungsklage eröffnet (BSG 17. 2. 2004 – B 1 KR 4/02 R – SozR 4–1200 § 66 Nr. 1; BSG 1. 7. 2009 – B 4 AS 78/08 R – SozR 4–1200 § 66 Nr. 5). Ausnahmsweise kann auch eine Ausnahme von dem Grundsatz, dass lediglich eine isolierte Anfechtung des Versagungsbescheids statthaft ist, möglich sein, was regelmäßig mit Gründen der Prozessökonomie und des effektiven Rechtsschutzes begründet wird. Das bedeutet, dass eine zusätzliche Klage auf Leistungsgewährung dann zulässig ist, wenn die anderweitige Klärung der Leistungsvoraussetzungen zwischen den Beteiligten unstreitig ist oder vom Kläger behauptet wird (BSG 1. 7. 2009 – B 4 AS 78/08 R – SozR 4–1200 § 66 Nr. 5, mit noch etwas weitergehenden, aber zutreffenden und auf Prozessökonomie beruhenden Erwägungen, wenn sich nämlich bei einer Aufhebung der Entscheidung über die Versagung wegen fehlender Mitwirkung nach § 66 SGB I das Verwaltungsverfahren lediglich wiederholen würde).

C. Fehlende Mitwirkung und ihre Folgen (Abs. 2)

I. Obliegenheit

7   Nach Abs. 2 wird dem Leistungsträger eine der Befugnis des Abs. 1 vergleichbare Reaktionsmöglichkeit an die Hand gegeben, wenn der Antragsteller bzw. Leistungsempfänger eine **Obliegenheit**

im Sinne der §§ 62–64 SGB I verletzt, ihr also nicht nachkommt und es um eine der in Abs. 2 genannten Sozialleistungen geht. Auch hier liegt eine Verletzung der Obliegenheit vor, wenn die verlangte Mitwirkungshandlung ganz oder teilweise nicht vorgenommen wird. Das gilt auch für Untersuchungen nach § 62 SGB I, sofern sie der Feststellung der Voraussetzungen der §§ 63, 64 SGB I dienen.

Zusätzliche Voraussetzung für einen auch hier möglichen Entzug bzw. eine Versagung ist, dass mit Wahrscheinlichkeit anzunehmen ist, dass wegen der Nichtmitwirkung (Kausalität) die Fähigkeit zur selbstständigen Lebensführung, die Arbeits-, Erwerbs- oder Vermittlungsfähigkeit nicht verbessert wird. Entscheidend ist insofern eine Prognose, die unter Würdigung aller Umstände des Einzelfalls vorzunehmen ist. Die Prognoseentscheidung obliegt dem Leistungsträger, der abschätzen muss, inwieweit die Weigerung des Betroffenen, sich einer Heilbehandlung zu unterziehen oder an einer Maßnahme der beruflichen Förderung teilzunehmen, zu den angesprochenen Folgen („deshalb") geführt hat. Die Wahrscheinlichkeit, die vom Tatbestand nicht näher klassifiziert ist, ist zu bejahen, wenn bei vernünftiger Abwägung der Mitwirkung für den Eintritt der genannten Folgen so großes Gewicht zukommt, dass die gegen sie sprechenden Umstände vernachlässigt werden können (wie hier Reinhardt, in: LPK-SGB I, § 66 Rn. 17; strenger Kampe, in: jurisPK-SGB I, § 66 Rn. 22). Ausschlaggebend ist für die Prognoseentscheidung über die Wahrscheinlichkeit ein objektiver Maßstab.

II. Rechtsfolgen

Die **Rechtsfolgen** entsprechen denen in Abs. 1, vgl. Rn. 4 ff. Eine Versagung oder Entziehung kommt jedoch, weitergehend als bei Abs. 1, auch dann in Betracht, wenn die Leistungsvoraussetzungen nachgewiesen sind. Eine entsprechende Einschränkung fehlt nämlich in Abs. 2.

D. Hinweispflicht (Abs. 3)

Bevor der Leistungsträger infolge der fehlenden Mitwirkungshandlung eine Versagung oder Entziehung anordnen darf, erlegt ihm Abs. 3 noch eine Hinweispflicht zugunsten des Betroffenen auf. Eine der genannten „Sanktionen" ist demnach erst zulässig, wenn der Träger den Mitwirkungspflichtigen schriftlich (nicht: mündlich, s. den eindeutigen Wortlaut; BSG 20. 10. 2005 – B 7 a/7 AL 102/04 R – SozR 4–1500 § 103 Nr. 5) auf die Rechtsfolgen hingewiesen und ihm eine angemessene Frist zur Nachholung gesetzt hat. Inhaltlich ist die **Hinweispflicht** nach Abs. 3 als eine Form des rechtlichen Gehörs zu werten (BSG 22. 2. 1995 – 4 RA 44/94 – SozR 3–1200 § 66 Nr. 3). Die Anforderungen an die Hinweispflicht werden von der Rechtsprechung sehr hoch angesetzt. So muss der entsprechende Hinweis, der nach § 31 SGB X als Verwaltungsakt zu qualifizieren ist (BVerwG 24. 6. 1976 – 5 C 39.74 – ZfSH 1977, 177 f.), dem Betroffenen die Möglichkeit geben, sich über die Folgen einer unterbleibenden, aber verlangten Mitwirkung klar zu werden. Dies führt dazu, dass der Hinweis sich nicht als allgemeine, unspezifische Rechtsbehelfsbelehrung zeigen darf, sondern konkret und unmissverständlich auf den individuellen Fall zugeschnitten sein muss; es muss deutlich werden, warum gerade vom Betroffenen in seinem konkreten Fall die Mitwirkung vorzunehmen ist (BSG 25. 10. 1988 – 7 RAr 70/87 – SozR 1200 § 66 Nr. 13). Hinweis und Fristsetzung können zeitgleich und in einem Schreiben erfolgen. Die einmal gesetzte Frist, deren (nach dem Gesetzeswortlaut erforderliche) „Angemessenheit" sich danach bemisst, ob sie hinreichend Überlegungs- und Informationsmöglichkeiten zulässt, kann auch verlängert werden. Auch wenn sich keine ausdrückliche Regelung findet, kann der Hinweis ausnahmsweise entbehrlich sein, wenn nämlich unzweifelhaft feststeht, dass der Mitwirkungspflichtige um seine Pflicht und die Konsequenzen ihrer Nichterbringung weiß und gleichwohl schon von vornherein daran festhält, die Obliegenheit nicht zu erfüllen (BSG 31. 1. 1979 – 11 BA 129/78 – SozR 1500 § 160 Nr. 34). Fehlt es an einem erforderlichen Hinweis, ist die Versagung bzw. Entziehung der Leistung durch den Leistungsträger unzulässig. Auch eine Verwirkung kommt dann nicht in Betracht: Insbesondere § 66 III SGB I zeigt, dass ein Leistungsberechtigter nach Einleitung des Verwaltungsverfahrens darauf vertrauen kann, dass er auf Mitwirkungsversäumnisse schriftlich hingewiesen wird und Gelegenheit erhält, das Versäumte nachzuholen. Der Leistungsträger muss also primär die Mitwirkung des Berechtigten anmahnen, eine Verwirkung des Antragsrechts kann es daher regelmäßig nicht geben (BSG 28. 10. 2009 – B 14 AS 56/08 R – SozR 4–4200 § 37 Nr. 1).

§ 67 Nachholung der Mitwirkung

Wird die Mitwirkung nachgeholt und liegen die Leistungsvoraussetzungen vor, kann der Leistungsträger Sozialleistungen, die er nach § 66 versagt oder entzogen hat, nachträglich ganz oder teilweise erbringen.

A. Normzweck

1 Durch die Bestimmung wird dem Leistungsträger eine zusätzliche Reaktionsmöglichkeit für den Fall eingeräumt, dass die Mitwirkungshandlung des Antragstellers bzw. Leistungsempfängers zunächst nicht erfolgt, dann aber nachgeholt wird. Die auf die Zukunft gerichteten Möglichkeiten des § 66 SGB I (Versagung und Entzug) werden flankiert mit der **Befugnis der nachträglichen (Weiter-) Gewährung** einer nach § 66 SGB I entzogenen oder versagten Leistung. Voraussetzung dafür ist die Nachholung der Mitwirkungshandlung. Auf diese Weise setzt § 67 SGB I, der sich primär an den Leistungsträger richtet, auch für den Leistungsempfänger einen Anreiz zur Mitwirkung und gleicht so die fehlende direkte Sanktionierung einer ausbleibenden Erfüllung der Obliegenheit aus.

B. Voraussetzungen

2 Um nachträglich eine zuvor versagte bzw. entzogene Leistung zu gewähren, müssen nach § 67 SGB I **drei Voraussetzungen** vorliegen: Es muss ursprünglich eine Entscheidung nach § 66 SGB I vorgelegen haben. Die ausgebliebene Mitwirkung muss nachgeholt worden sein. Schließlich müssen die Leistungsvoraussetzungen vorliegen. Ist dies der Fall, kann der Leistungsträger eine Ermessensentscheidung über die nachträgliche Leistungsgewährung treffen.

I. Zuvor Entzug oder Versagung nach § 66 SGB I

3 Es muss vor einer Ermessensentscheidung nach § 67 SGB I vorab eine Situation vorgelegen haben, in der eine Leistung durch Entscheidung des Leistungsträgers entzogen oder versagt worden ist; insbesondere darf § 67 SGB I zudem nicht durch speziellere Vorschriften verdrängt sein, etwa durch § 37 III a. F. SGB XI (BSG 24. 7. 2003 – B 3 P 4/02 R – NZS 2004, 428). Unklar ist, ob der Bescheid **bestandskräftig** sein muss. Dafür spricht jedoch, dass es dem Betroffenen ansonsten offen stünde, direkt gegen den Bescheid vorzugehen. In diesem Fall bedarf es einer korrigierenden Ermessensentscheidung nicht (wie hier BayVGH 23. 4. 1979 – 695 XII 78 – FEVS 28, 116; Kampe, in: jurisPK-SGB I, § 67 Rn. 12; aA KassKomm/Seewald, § 67 SGB I Rn. 3; Humborg, ZfSH/SGB 1985, 390; ausführlich zu dieser Frage Mrozynski, § 67 SGB I Rn. 4 ff.). In anderen Fällen der Versagung oder Entziehung, die nicht auf eine fehlende Mitwirkung gestützt sind, kommt § 67 SGB I nicht in Betracht, stattdessen gelten dann die allgemeinen Regeln zur Rücknahme von Verwaltungsakten und zur rückwährenden Gewährung, etwa § 44 SGB X.

II. Nachholung der Mitwirkung

4 Weitere Voraussetzung für eine Entscheidung des Leistungsträgers ist, dass die Mitwirkungshandlung, die bislang ausgeblieben ist, nachgeholt worden ist. Wie im Rahmen des § 66 SGB I wird man auch hier verlangen müssen, dass die Mitwirkungshandlung **tatsächlich erbracht** worden ist, eine bloße Ankündigung reicht nicht aus (vgl. § 66 SGB I Rn. 6 und die dort angegebenen Nachweise); an dieser Stelle spricht auch der eindeutige Wortlaut gegen die Einschätzung, schon die bloße Ankündigung zur Nachholung könne ausreichen. Der Nachholung gleich steht die anderweitige Erledigung der geforderten Mitwirkung; dies ist beispielhaft insbesondere anzunehmen, wenn der Leistungsträger auf anderem Weg Kenntnis von der Tatsache erlangt, die der Betroffene hätte angeben müssen. § 67 SGB I findet dann zumindest entsprechende Anwendung (wie hier KassKomm/Seewald, § 67 SGB I SGB I Rn. 6; Hauck/Noftz/Hauck, § 67 SGB I Rn. 4; aA Reinhardt, in: LPK-SGB I, § 67 Rn. 8).

III. Vorliegen der Leistungsvoraussetzungen

5 Schließlich müssen die Leistungsvoraussetzungen insgesamt vorliegen. Die ursprünglich aufgrund der fehlenden Mitwirkung entzogenen oder versagten Leistungen dürfen also, vorbehaltlich der Ermessensentscheidung, überhaupt nur dann gewährt werden, wenn die Leistungsvoraussetzungen – **in dem entsprechenden Zeitraum** – vorlagen.

IV. Rechtsfolgen

6 Sind die drei Voraussetzungen erfüllt, hat der Leistungsträger eine Ermessensentscheidung zu treffen. Ihm wird durch § 67 SGB I die Befugnis eingeräumt, die versagten oder entzogenen Leistungen nachträglich zu gewähren. Bezüglich des „Ob" und „Wie" steht ihm dabei ein **Ermessen** zu, welches sich somit auf die Leistungsgewährung dem Grunde nach, aber auch in Hinblick auf ihre Höhe richtet. Gerade auf den letzten Aspekt verweist der Wortlaut, wenn er von „ganz oder teilweise" spricht. Entscheidend ist eine Abwägung, wobei § 39 SGB I Richtschnur ist. Als zu berücksichtigende Gesichtspunkte kommen insbesondere der Zweck der Sozialleistung, um die es geht, die wirt-

schaftliche Situation des Betroffenen und die Gründe für die zeitweilige Nichtmitwirkung in Betracht. Auch spielt eine Rolle, wie lange die erforderliche Mitwirkungshandlung nicht vorgenommen worden ist. Gegebenenfalls kann das Ermessen auch auf Null reduziert sein. Regelmäßig wird man bei Geldleistungen eine vollständige Nachzahlung als erforderlich ansehen müssen, wenn nicht dem Leistungsträger durch die nicht erfolgte Mitwirkung besondere Kosten entstanden sind (Dörr/Groß, DAngVers 1994, 175, 180). Demgegenüber wird eine nachträgliche Gewährung einer Sach- oder Dienstleistung häufig nicht mehr in Betracht kommen (Rüfner, VSSR 1977, 347, 364; Wannagat/Jung, § 67 SGB I Rn. 10).

Vierter Abschnitt. Übergangs- und Schlussvorschriften

§ 68 Besondere Teile dieses Gesetzbuches

Bis zu ihrer Einordnung in dieses Gesetzbuch gelten die nachfolgenden Gesetze mit den zu ihrer Ergänzung und Änderung erlassenen Gesetzen als dessen besondere Teile:
1. das Bundesausbildungsförderungsgesetz,
2. *(aufgehoben)*
3. die Reichsversicherungsordnung,
4. das Gesetz über die Alterssicherung der Landwirte,
5. das Gesetz über die Krankenversicherung der Landwirte,
6. das Zweite Gesetz über die Krankenversicherung der Landwirte,
7. das Bundesversorgungsgesetz, auch soweit andere Gesetze, insbesondere
    a) § 80 des Soldatenversorgungsgesetzes
    b) § 59 Abs. 1 des Bundesgrenzschutzgesetzes,
    c) § 47 des Zivildienstgesetzes,
    d) § 60 des Infektionsschutzgesetzes,
    e) §§ 4 und 5 des Häftlingshilfegesetzes,
    f) § 1 des Opferentschädigungsgesetzes
    g) §§ 21 und 22 des Strafrechtlichen Rehabilitierungsgesetzes,
    h) §§ 3 und 4 des Verwaltungsrechtlichen Rehabilitierungsgesetzes,
    die entsprechende Anwendung der Leistungsvorschriften des Bundesversorgungsgesetzes vorsehen,
8. das Gesetz über das Verwaltungsverfahren der Kriegsopferversorgung,
9. das Bundeskindergeldgesetz,
10. das Wohngeldgesetz,
11. *(aufgehoben)*
12. das Adoptionsvermittlungsgesetz,
13. *(aufgehoben)*
14. das Unterhaltsvorschussgesetz,
15. der Erste Abschnitt des Bundeserziehungsgeldgesetzes,
15 a. der erste Abschnitt des Bundeselterngeld- und Elternzeitgesetzes,
16. das Altersteilzeitgesetz,
17. der Fünfte Abschnitt des Schwangerschaftskonfliktgesetzes.

§ 69 Stadtstaaten-Klausel

Die Senate der Länder Berlin, Bremen und Hamburg werden ermächtigt, die Vorschriften dieses Buches über die Zuständigkeit von Behörden dem besonderen Verwaltungsaufbau ihrer Länder anzupassen.

§ 70 Überleitungsvorschrift zum Verjährungsrecht

Artikel 229 § 6 Abs. 1 und 2 des Einführungsgesetzes zum Bürgerlichen Gesetzbuche gilt entsprechend bei der Anwendung des § 45 Abs. 2 und 3 in der seit dem 1. Januar 2002 geltenden Fassung.

§ 71 Überleitungsvorschrift zur Übertragung, Verpfändung und Pfändung

§ 53 Abs. 6 und § 54 Abs. 6 sind nur auf Geldleistungen anzuwenden, soweit diese nach dem 30. März 2005 ganz oder teilweise zu Unrecht erbracht werden.

20. Sozialgesetzbuch (SGB) Zweites Buch (II)
– Grundsicherung für Arbeitsuchende –

In der Fassung der Bekanntmachung vom 13. Mai 2011 (BGBl. I S. 850)

BGBl. III/FNA 860-2

Kapitel 1. Fördern und Fordern

§ 1 Aufgabe und Ziel der Grundsicherung für Arbeitsuchende

(1) Die Grundsicherung für Arbeitsuchende soll es Leistungsberechtigten ermöglichen, ein Leben zu führen, das der Würde des Menschen entspricht.

(2) ¹Die Grundsicherung für Arbeitsuchende soll die Eigenverantwortung von erwerbsfähigen Leistungsberechtigten und Personen, die mit ihnen in einer Bedarfsgemeinschaft leben, stärken und dazu beitragen, dass sie ihren Lebensunterhalt unabhängig von der Grundsicherung aus eigenen Mitteln und Kräften bestreiten können. ²Sie soll erwerbsfähige Leistungsberechtigte bei der Aufnahme oder Beibehaltung einer Erwerbstätigkeit unterstützen und den Lebensunterhalt sichern, soweit sie ihn nicht auf andere Weise bestreiten können. ³Die Gleichstellung von Männern und Frauen ist als durchgängiges Prinzip zu verfolgen. ⁴Die Leistungen der Grundsicherung sind insbesondere darauf auszurichten, dass

1. durch eine Erwerbstätigkeit Hilfebedürftigkeit vermieden oder beseitigt, die Dauer der Hilfebedürftigkeit verkürzt oder der Umfang der Hilfebedürftigkeit verringert wird,
2. die Erwerbsfähigkeit einer leistungsberechtigten Person erhalten, verbessert oder wieder hergestellt wird,
3. geschlechtsspezifischen Nachteilen von erwerbsfähigen Leistungsberechtigten entgegengewirkt wird,
4. die familienspezifischen Lebensverhältnisse von erwerbsfähigen Leistungsberechtigten, die Kinder erziehen oder pflegebedürftige Angehörige betreuen, berücksichtigt werden,
5. behindertenspezifische Nachteile überwunden werden,
6. Anreize zur Aufnahme und Ausübung einer Erwerbstätigkeit geschaffen und aufrechterhalten werden.

(3) Die Grundsicherung für Arbeitsuchende umfasst Leistungen
1. zur Beendigung oder Verringerung der Hilfebedürftigkeit insbesondere durch Eingliederung in Arbeit und
2. zur Sicherung des Lebensunterhalts.

A. Normgeschichte

1 Abs. 1 ist durch das Gesetz zur Ermittlung von Regelbedarfen und zur Änderung des SGB II und SGB XII vom 24. 3. 2011 (BGBl I, 453) nach der Entscheidung des BVerfG vom 9. 2. 2010 (1 BvL 1/09, 3/09, 4/09, BVerfGE 125, 175) in den Normtext aufgenommen worden. Das BVerfG leitet den Anspruch des – nach der neuen Normfassung nicht mehr „Hilfebedürftigen", sondern Leistungsberechtigten – auf Grundsicherungsleistungen als solche zur Sicherung der Existenz, aus Art 1 Abs. 1 (Menschenwürde) iVm Art 20 Abs. 1 GG (Sozialstaatsprinzip) ab, was sich nun im Normtext widerspiegelt. Der bisherige Abs. 1 wurde Abs. 2, Abs. 2 zu Abs. 3. In Abs. 2 ist der Aufgabenkatalog um Nr. 6, die Schaffung und Aufrechterhaltung von Anreizen zur Aufnahme und Ausübung einer Erwerbstätigkeit ergänzt worden. Inkrafttreten nach Art. 14 Abs. 3 RegelbedarfsÄndG am 1. 4. 2011.

B. Normzweck

2 § 1 Abs. 1 und 2 definieren Ziele und Aufgaben der Grundsicherung für Arbeitsuchende. Vorschrift ist **programmatische Klammer** des SGB II und normiert **Grundsätze** die bei Leistungsgewährung und Ermessensausübung sowie Auslegung unbestimmter Rechtsbegriffe des SGB II zu berücksichtigen sind (so auch Bieback in Gagel, § 1 SGB II Rn 8; Münder in LPK-SGB II, § 1 Rn. 4; Spellbrink in Eicher/Spellbrink, § 1 Rn. 12; Voelzke in Hauck/Noftz, § 1 Rn 9). Oberstes Ziel der Grundsicherung ist nach Abs. 1 – nach der Entscheidung des BVerfG vom 9. 2. 2010 (1 BvL 1/09,

3/09, 4/09, BVerfGE 125, 175) – die Ermöglichung der Führung eines menschenwürdigen Lebens. In diesem Kontext dürfte auch die in der BT-Drucks zum Gesetzentwurf (17/3404, S. 91) lediglich als redaktionelle Änderung bezeichnete Umbenennung des „Hilfebedürftigen" in „Leistungsberechtigten" stehen. Hilfebedürftigkeit bleibt jedoch weiterhin Leistungsvoraussetzung (s. § 7 Abs. 1 Nr. 3; § 9). Leistungsansprüche können auch nach der Entscheidung des BVerfG aus § 1 nicht abgeleitet werden. **§ 1 Abs. 3** benennt – eingekleidet in Aufgaben der Grundsicherungsträger – die beiden verschiedenen Leistungstypen des SGB II: Leistungen zur Eingliederung in Arbeit und zur Sicherung des Lebensunterhalts. Aus Konzeption (s. Rn. 3), Programmsätzen (s. Rn. 4 ff.), Gesetzessystematik und Gesetzesbegründung (s. BT-Drs. 15/1516, S. 44) folgt, dass vorrangig Leistungen zur Eingliederung in Arbeit zu gewähren sind (Bieback in Gagel, § 1 SGB II, Rn 14; Spellbrink in Eicher/Spellbrink, § 1 Rn. 11; Voelzke in Hauck/Noftz SGB II, § 1 Rn. 15). Vom erwerbsfähigen Leistungsberechtigen wird erwartet (ggf. mit Nachdruck durch Sanktionen – s. § 31–32), dass er Hilfebedürftigkeit (§ 9) durch Aufnahme von Erwerbstätigkeit überwindet. Misslingt dieses – sofern kein zu berücksichtigendes Einkommen (§§ 11 ff) oder verwertbares Vermögen (§ 12) vorhanden ist und die erforderliche Hilfe nicht von anderen, insbesondere von Angehörigen oder von Trägern anderer Sozialleistungen gewährt wird (§ 9 Abs. 1) – ist der Lebensunterhalt durch Leistungen nach § 1 Abs. 3 Nr. 2 zu sichern. Leistungen sind nach § 4 Abs. 1 (neu) Dienst, Geld- und Sachleistungen . Gutscheine sollten nach dem Gesetzentwurf zum RegelbedarfsÄndG zunächst als neue – eigenständige – Leistungsform in § 4 Abs. 1 Nr. 3 aufgenommen werden, soweit unbare Formen der Leistungserbringung weder der Geld- noch der Sach- oder der Dienstleistung unmittelbar zugeordnet werden könnten. Gutscheine sollten Versprechen des Trägers beinhalten, für Erbringung der im Gutschein genannten Leistungen durch einen Dritten die im Gutschein genannte oder in Rahmenverträgen vereinbarte Vergütung zu zahlen (BT-Drucks 17/3404, S. 91). Im Vermittlungsverfahren ist die Erwähnung der Gutscheine als eigenständige Leistungsform wieder gestrichen worden (BT-Drs. 17/4719).

B. Kommentierung im Einzelnen

I. Grundsätze

1. Konzeption. In § 1 Abs. 1 wird nunmehr – unter Bezug auf Art. 1 Abs. 1 iVm Art, 20 Abs. 1 GG und parallel zu § 1 S. 1 SGB XII – der Verweis auf das oberste Ziel der Grundsicherung für Arbeitsuchende vorangestellt, den erwerbsfähigen Leistungsberechtigten und ihren Familien die Führung eines Lebens zu ermöglichen, das der **Würde des Menschen** entspricht. § 1 Abs. 2 S. 1 legt den vom SGB II angesprochenen **Personenkreis** fest: Erwerbsfähige (s. § 8) Leistungsberechtigte (s. § 7) und Personen, die mit ihnen in einer Bedarfsgemeinschaft (s. § 7 Abs. 3, 3 a) leben (zu den gleichwohl von den Leistungen ausgeschlossenen Personen s. § 7 Abs. 1 S. 2, Abs. 4, 4 a, 5). In erster Linie wird jedoch an dieser Stelle das **Konzept des Forderns und Förderns** durch das SGB II konkretisiert, also die Idee des aktivierenden Sozialstaats (hierzu Abig, SGF 2005, 133; Kingreen SDSRV 52, 7; Spindler SF 2003, 296; Trube SF 2003, 301; ders SF 2004l, 62; s. auch Voelzke in Hauck/Noftz SGB II, Einf. Rn. 70 ff.), nach dessen Ansatz der Sozialleistungsempfänger aktiv unterstützt werden muss, um vom passiven Objekt staatlicher Hilfe zum aktiven Gesellschaftsmitglied und eigenverantwortlichen Gestalter seines Lebens zu werden (so S. Knickrehm/Krauß in SRH, § 24 Rn. 4 ff.; S. Knickrehm/U. Rust, FS für Biebach, 2010, S. 33 ff.). In **§ 1 Abs. 2 S. 1** geht es zunächst um das „Fordern" (z Grundsatz des Forderns s. § 2), das Anhalten zur Eigenverantwortung - zum Bestreiten des Lebensunterhalts durch Erwerbstätigkeit, unabhängig von Leistungen nach dem SGB II. Dem entsprechend sollen Leistungen nach dem SGB II temporäre sein, nur in einer Situation der Hilfebedürftigkeit einsetzen – bis durch Aktivierung des Anspruchsberechtigten dieser wieder aus dem Leistungssystem des SGB II entlassen werden kann (vorrangig in Erwerbstätigkeit – s. aber auch § 5 Abs. 1 S. 1 [Nachrangprinzip gegenüber Leistungen anderer Sozialleistungsträger, s. auch S. Knickrehm, § 5 Rn. 2; dieselbe in Eicher/Spellbrink § 5 Rn. 2, 15 ff.; Münder in LPK-SGB II, § 5 Rn. 9; S. Knickrehm, SozSich 2008, 192.] und Abs. 3 sowie § 3 Abs. 3 – beachte insoweit Streichung des § 3 Abs. 3 S. 2 im Zusammenhang mit der Einführung der „Härtebedarfsregelung" des § 21 Abs. 6 nach der Entscheidung des BVerfG durch das Gesetz zur Abschaffung des Finanzplanungsrates vom 27. 5. 2010, BGBl I, 672; zum Systemwechsel – von Alhi und Sozialhilfe zur Grundsicherung – s. Münder in LPK-SGB II, Einf. Rn. 7 ff.; Spellbrink in Eicher/Spellbrink, § 1 Rn. 10 ff.; ders. Ausführlich, aaO, Vor § 1; Voelzke in Hauck/Noftz SGB II, Einf. Rn. 70 ff.; zu den Grundprinzipien von Alhi und Sozialhilfe s. Spellbrink, SGb 2000, 296, mwN; z. Verfassungsmäßigkeit der Abschaffung der Alhi s. BVerfG 7. 12. 2010 – 1 BvR 2628/07; BVerfG 7. 11. 2006 – 1 BvR 1840/07; BSG 23. 11. 2006 – B 11b AS 1/06 R, SozR 4-4200 § 20 Nr. 3; 23. 11. 2006 – B 11b AS 9/06 R, SozR 4-4300 § 428 Nr. 3; 21. 3. 2007 – B 11a AL 43/06 R; 10. 5. 2007 – B 7a AL 48/06 R; Bieresborn Sozialrecht aktuell 2007, 88; BSG 23. 11. 2006 – B 11b AS 9/06 R; 29. 3. 2007 – B 7b AS 2/06 R; 6. 9. 2007 – B 14/7b AS 30/06 R; 28. 11. 2007 – B 11 a/7a AL 62/06 R; O'Sullivan, SGb 2005, 369, jeweils mwN; nach Abgabe einer Erklärung nach § 428 SGB III:

O'Sullivan SGb 2005, 369; Mayer NZS 2005, 568). **Abs. 2 S. 2** greift gesetzessystematisch erst an zweiter Stelle den weiteren Gedanken des „Förderns" auf (vgl. zur Frage des Rangverhältnisses von Fordern und Fördern: Meyerhoff in juris-PK-SGB II, § 1 Rn. 14; Münder in LPK-SGB II, § 1 Rn. 1; Spellbrink in Eicher/Spellbrink SGB II, § 1 Rn. 5 ff.; Voelzke in Hauck/Noftz SGB II, Einf. 212; Vor in Estelmann, SGB II, § 2 Rn. 11 ff.; kritisch: Berlit info also 2003, 195; Spellbrink, SGb 2008, 445), indem der anspruchsberechtigte Personenkreis einerseits bei der Aufnahme und Beibehaltung einer Erwerbstätigkeit unterstützt und andererseits – sofern nicht aus eigenen Kräften möglich – deren Lebensunterhalt durch Leistungen nach dem SGB II gesichert werden soll (Zum Konzept des Forderns und Förderns s. auch Münder in LPK-SGB II, Einl. Rn. 16; Spellbrink in Eicher/Spellbrink SGB II, § 1 Rn. 1 ff.; Voelzke in Hauck/Noftz SGB II, Einf Rn. 210 ff, alle mwN).

4 **2. Gleichstellung.** Sowohl in **Abs. 2 S. 3,** als auch im Programmsatz **Abs. 1 S. 4 Nr. 3** (s. Rn. 7) betont § 1 die Gleichstellung von Männern und Frauen. Abs. 1 S. 4 erklärt sie zum durchgängigen Prinzip, das als gesetzliches Postulat im Sinne des **gender mainstreaming** zu verstehen ist, also der Verwirklichung der Geschlechtergerechtigkeit (s. BT-Drs. 15/1516, S. 5; vgl. auch Bieback in Gagel, § 1 SGB II Rn 16 ff; Münder in LPK-SGB II, § 1 Rn. 7; zum Fördergebot des Art. 3 Abs. 2 GG s. Spellbrink in Kasseler Handbuch des Arbeitsförderungsrechts, § 39 Rn. 172 ff.). s. auch die zahlreichen sprachlichen Änderungen des Gesetzestextes iS des Gender Mainstrengami z.B. durch die geschlechtsneutrale Bezeichnung „erwerbsfähige leistungsberechtigte Person" (BT-Drs. 17/3404, zB S. 91, 96). Wenn Voelzke dem Gleichstellungsprinzip auch nur deklaratorischen Charakter beimisst (Voelzke in Hauck/Noftz SGB II, § 1 Rn. 16) – weder aus § 1 Abs. 2 S. 3, noch Abs. 2 S. 4 Nr. 3 können individuelle Rechte hergeleitet werden, wie etwa eine individuelle Anpassung der Regelleistung (s. hierzu auch BSG 27. 2. 2008 – B 14/7 b AS 32/06 R; zur Frage der geschlechtsspezifischen Benachteiligung von Frauen durch das SGB II s. Rust, Aktivierende und geschlechtergerechte Arbeitsmarktpolitik – den Anforderungen des Art 3 Abs 2 und 3 GG ist erst noch Rechnung zu tragen, djbZ 2009, 116; Spindler, Abhängig oder unabhängig?, in Schweiwe (Hrsg), Soziale Sicherungsmodelle revisited, 1. Aufl. 2007) – so verankert § 16 Abs. 1 S. 4 SGB II iVm. §§ 1 Abs. 2 Nr. 4 und 8 Abs. 2 SGB III den Gleichstellungsgedanken jedoch auch im Leistungsrecht. Danach sind Frauen entsprechend ihrem Anteil an den Arbeitslosen und ihrer relativen Betroffenheit durch Arbeitslosigkeit bei der Bereitstellung von Eingliederungsleistungen zu fördern (vgl. hierzu Voelzke in Hauck/Noftz SGB II, § 1 Rn. 17).

II. Programmsätze

5 Aus den Programmsätzen des § 1 Abs. 2 S. 4 lassen sich zwar keine individuellen Leistungsansprüche herleiten, sie entfalten jedoch insoweit **normative Wirkung,** als sie zumindest für die Grundsicherungsträger eine verbindliche Handlungsanleitung darstellen (s. oben unter 2; so wohl auch Meyerhoff in juris-PK-SGB II, § 1 Rn. 27; s. ebenso S. Knickrehm in Eicher/Spellbrink, § 5 Rn. 39 zum Grundsatz des Forderns nach § 2; Spellbrink in Eicher/Spellbrink, § 1 Rn. 12).

6 **1. Erwerbstätigkeit.** Ausrichtung auf **Erwerbstätigkeit: § 1 Abs. 2 S. 4 Nr. 1** bestätigt den Vorrang von Bedarfsdeckung durch Entgelt aus Erwerbstätigkeit, um den Bezug von Leistungen nach dem SGB II zu vermeiden oder zu beseitigen (s. Rn. 2). Leistungen nach dem SGB II (wohl nur zur Eingliederung in Arbeit) sollen dabei zumindest auf eine Verkürzung der Bezugsdauer oder des Umfangs abzielen (s. auch Meyerhoff in juris-PK-SGB II, § 1 Rn. 28). Es handelt sich um ein erwerbszentriertes Leistungssystem (vgl. S. Knickrehm/Krauß, SRH 2011, 5. Aufl., § 24 Rn. 1).

7 **2. Erwerbsfähigkeit.** Ausrichtung auf **Erwerbsfähigkeit: § 1 Abs. 2 S. 4 Nr. 2** ist denknotwendige Voraussetzung für den Grundsatz der Bedarfsdeckung durch Erwerbstätigkeit. Die Leistungen der Grundsicherung sind darauf auszurichten, die Erwerbsfähigkeit des Leistungsberechtigten (s. § 8 – Abgrenzung zu Leistungen nach dem SGB XII; s. auch § 5 Abs. 2) zu erhalten, zu verbessern oder wieder herzustellen (kritisch zur „Wiederherstellung", weil der Erwerbsunfähige von Leistungen nach dem SGB II ausgeschlossen ist [es sei denn als Angehöriger der Bedarfsgemeinschaft mit Anspruch auf Sozialgeld nach §§ 19 Abs. 1 S. 2 und 23] und § 7 in Abs. 2, 3 und 4 nur ein eingeschränktes Leistungsspektrum vorsieht (Spellbrink in Eicher/Spellbrink, § 1 Rn. 14). Die angesprochenen Leistungen dürften in erster Linie die des § 16 a (zB Suchtberatung und psychosoziale Betreuung) und Förderung der beruflichen Eingliederung Behinderter (s. § 16 Abs. 1 iVm. §§ 97 ff. SGB III; Meyerhoff in juris-PK-SGB II, § 1 Rn. 30) sein; Grundsicherungsträger erbringen keine Leistungen zur med. Reha.

8 **3. Gleichstellung.** Ausrichtung auf **Gleichstellung** durch das Entgegenwirken geschlechterspezifischer Nachteile – **§ 1 Abs. 2 S. 4 Nr. 3** (s. Rn. 4).

9 **4. Familienspezifische Lebensverhältnisse.** Ausrichtung auf die Berücksichtigung **familienspezifischer Lebensverhältnisse: § 1 Abs. 2 S. 4 Nr. 4** erlegt dem Grundsicherungsträger (auch Einrichtungen und Dienste) auf, familienspezifische Belange bei der Leistungsgewährung zu beachten (s. zu den Leistungsgrundsätzen auch § 3 Abs. 1 S. 1 Nr. 2), also die Leistungsgewährung auf diese auszurichten (im Unterschied zum bloßen „Fördern" s. Spellbrink in Eicher/Spellbrink, § 1 Rn. 16).

Zu berücksichtigen sind Kindererziehung und Betreuung pflegebedürftiger (§ 14 SGB XI, § 61 SGB XII) Angehöriger (§ 1 Abs. 1 SGB I iVm. § 8 Abs. 1 SGB III, s. auch BSG 21. 10. 2003 – B 7aL 88/02 R; BSGE 91, 226, SozR 3–4300 § 147 Nr. 1; Münder in LPK-SGB II § 1 Rn. 12; Spellbrink in Eicher/Spellbrink, § 1 Rn. 17). Die konkrete Ausgestaltung iS eines „Abwehrrechts" findet sich in der Zumutbarkeitsregelung des § 10 Abs. 1 Nr. 3, 4 und iS eines Leistungsanspruchs in § 16a Nr. 1.

5. Behindertenspezifische Nachteile. Ausrichtung auf Überwindung **behindertenspezifischer Nachteile: § 1 Abs. 2 S. 4 Nr. 5** bleibt insoweit Programmsatz, als das SGB II kein behindertenspezifisches Normprogramm im Hinblick auf die Erwerbstätigkeit enthält (s. Spellbrink in Eicher/Spellbrink, § 1 Rn. 18). Es gilt der Vorrang des SGB IX (vgl. Münder in LPK-SGB II, § 1 Rn. 13). Die Ausrichtung hat ihre Konkretisierung in dem „Abwehrrecht" des § 10 Abs. 1 S. 1 Nr. 1, dem Leistungsanspruch aus § 16 Abs. 1 S. 3 – soweit der Leistungsberechtigte die Anspruchsvoraussetzungen des SGB III (Förderung der Teilhabe behinderter Menschen am Arbeitsleben) erfüllt – und § 23 Nr. 4, gefunden (zur Problematik der Anwendung der Regel des vormaligen § 28 Abs. 1 S. 3 Nr. 4 – nun § 23 Nr. 4 – auch auf erwerbsfähige Hilfebedürftige s. S. Knickrehm in Eicher/Spellbrink, § 21 Rn. 6, nun aber BSG 18. 2. 2010 – B 4 AS 29/09 R, BSGE 105, 279). **10**

6. Erwerbsanreize. Während im Hinblick auf den „Aufforderungscharakter" der Nr. 6, Anreize zur Aufnahme und Ausübung einer Erwerbstätigkeit zu schaffen und dessen Einordnung in die Programmsätze des § 1 die Vorschrift auf den ersten Blick so als eine solche verstanden werden könnte, die eng mit der Verpflichtung des Grundsicherungsträgers zum Fördern durch aktive Leistungen in Verbindung steht wird in der Gesetzesbegründung zuvörderst auf die Verknüpfung mit den passiven Leistungen abgestellt. So heißt es dort, dass das vorrangige Ziel der Eingliederung der erwerbsfähigen Leistungsberechtigten in Arbeit nur wirksam erreicht werden könne, wenn die Aufnahme und Ausübung von Erwerbstätigkeit attraktiver bleibe als die Inanspruchnahme existenzsichernder Leistungen zur Sicherung des Lebensunterhalts. Deshalb seien die Leistungen der Grundsicherung so auszugestalten, dass Anreize für die Aufnahme und Ausdehnung der Erwerbstätigkeit erhalten blieben, insbesondere dadurch, dass erwerbstätige Leistungsberechtigte finanziell besser gestellt würden als vergleichbare erwerbsfähige Leistungsberechtigte, die keiner Erwerbstätigkeit nachgingen. Dieses Ziel werde vorrangig durch die Freibeträge für Erwerbseinkommen erreicht. Lediglich in einem Nebensatz wird darauf hingewiesen, dass auch die Eingliederungsleistungen so auszugestalten seien, dass sie Anreize für die Aufnahme und Ausdehnung der Erwerbstätigkeit setzten (BT- Drucks 17/3404, S 91). **11**

§ 2 Grundsatz des Forderns

(1) ¹Erwerbsfähige Leistungsberechtigte und die mit ihnen in einer Bedarfsgemeinschaft lebenden Personen müssen alle Möglichkeiten zur Beendigung oder Verringerung ihrer Hilfebedürftigkeit ausschöpfen. ²Eine erwerbsfähige leistungsberechtigte Person muss aktiv an allen Maßnahmen zu ihrer Eingliederung in Arbeit mitwirken, insbesondere eine Eingliederungsvereinbarung abschließen. ³Wenn eine Erwerbstätigkeit auf dem allgemeinen Arbeitsmarkt in absehbarer Zeit nicht möglich ist, hat die erwerbsfähige leistungsberechtigte Person eine ihr angebotene zumutbare Arbeitsgelegenheit zu übernehmen.

(2) ¹Erwerbsfähige Leistungsberechtigte und die mit ihnen in einer Bedarfsgemeinschaft lebenden Personen haben in eigener Verantwortung alle Möglichkeiten zu nutzen, ihren Lebensunterhalt aus eigenen Mitteln und Kräften zu bestreiten. ²Erwerbsfähige Leistungsberechtigte müssen ihre Arbeitskraft zur Beschaffung des Lebensunterhalts für sich und die mit ihnen in einer Bedarfsgemeinschaft lebenden Personen einsetzen.

§ 3 Leistungsgrundsätze

(1) ¹Leistungen zur Eingliederung in Arbeit können erbracht werden, soweit sie zur Vermeidung oder Beseitigung, Verkürzung oder Verminderung der Hilfebedürftigkeit für die Eingliederung erforderlich sind. ²Bei den Leistungen zur Eingliederung in Arbeit sind
1. die Eignung,
2. die individuelle Lebenssituation, insbesondere die familiäre Situation,
3. die voraussichtliche Dauer der Hilfebedürftigkeit und
4. die Dauerhaftigkeit der Eingliederung
der erwerbsfähigen Leistungsberechtigten zu berücksichtigen. ³Vorrangig sollen Maßnahmen eingesetzt werden, die die unmittelbare Aufnahme einer Erwerbstätigkeit ermöglichen. ⁴Bei der Leistungserbringung sind die Grundsätze von Wirtschaftlichkeit und Sparsamkeit zu beachten.

(2) ¹Erwerbsfähige Leistungsberechtigte, die das 25. Lebensjahr noch nicht vollendet haben, sind unverzüglich nach Antragstellung auf Leistungen nach diesem Buch in eine

Arbeit, eine Ausbildung oder eine Arbeitsgelegenheit zu vermitteln. ²Können Leistungsberechtigte ohne Berufsabschluss nicht in eine Ausbildung vermittelt werden, soll die Agentur für Arbeit darauf hinwirken, dass die vermittelte Arbeit oder Arbeitsgelegenheit auch zur Verbesserung ihrer beruflichen Kenntnisse und Fähigkeiten beiträgt.

(2 a) Erwerbsfähige Leistungsberechtigte, die das 58. Lebensjahr vollendet haben, sind unverzüglich in Arbeit oder in eine Arbeitsgelegenheit zu vermitteln.

(2 b) ¹Die Agentur für Arbeit hat darauf hinzuwirken, dass erwerbsfähige Leistungsberechtigte, die nicht über deutsche Sprachkenntnisse entsprechend dem Niveau B1 des Gemeinsamen Europäischen Referenzrahmens für Sprachen verfügen und die

1. zur Teilnahme an einem Integrationskurs nach § 44 des Aufenthaltsgesetzes berechtigt sind,
2. nach § 44 a des Aufenthaltsgesetzes verpflichtet werden können oder
3. einen Anspruch nach § 9 Absatz 1 Satz 1 des Bundesvertriebenengesetzes haben,

an einem Integrationskurs nach § 43 des Aufenthaltsgesetzes teilnehmen, sofern sie nicht unmittelbar in eine Ausbildung oder Arbeit vermittelt werden können und ihnen eine Teilnahme an einem Integrationskurs daneben nicht zumutbar ist. ²Eine Verpflichtung zur Teilnahme ist in die Eingliederungsvereinbarung als vorrangige Maßnahme aufzunehmen.

(3) Leistungen zur Sicherung des Lebensunterhalts dürfen nur erbracht werden, soweit die Hilfebedürftigkeit nicht anderweitig beseitigt werden kann; die nach diesem Buch vorgesehenen Leistungen decken den Bedarf der erwerbsfähigen Leistungsberechtigten und der mit ihnen in einer Bedarfsgemeinschaft lebenden Personen.

§ 4 Leistungsformen

(1) **Die Leistungen der Grundsicherung für Arbeitsuchende werden erbracht in Form von**

1. Dienstleistungen,
2. Geldleistungen und
3. Sachleistungen.

(2) ¹Die nach § 6 zuständigen Träger wirken darauf hin, dass erwerbsfähige Leistungsberechtigte und die mit ihnen in einer Bedarfsgemeinschaft lebenden Personen die erforderliche Beratung und Hilfe anderer Träger, insbesondere der Kranken- und Rentenversicherung, erhalten. ²Die nach § 6 zuständigen Träger wirken darauf hin, dass Kinder und Jugendliche Zugang zu geeigneten vorhandenen Angeboten der gesellschaftlichen Teilhabe erhalten. ³Sie arbeiten zu diesem Zweck mit Schulen und Kindertageseinrichtungen, den Trägern der Jugendhilfe, den Gemeinden und Gemeindeverbänden, freien Trägern, Vereinen und Verbänden und sonstigen handelnden Personen vor Ort zusammen. ⁴Sie sollen die Eltern unterstützen und in geeigneter Weise dazu beitragen, dass Kinder und Jugendliche Leistungen für Bildung und Teilhabe möglichst in Anspruch nehmen.

§ 5 Verhältnis zu anderen Leistungen

(1) ¹Auf Rechtsvorschriften beruhende Leistungen Anderer, insbesondere der Träger anderer Sozialleistungen, werden durch dieses Buch nicht berührt. ²Ermessensleistungen dürfen nicht deshalb versagt werden, weil dieses Buch entsprechende Leistungen vorsieht.

(2) ¹Der Anspruch auf Leistungen zur Sicherung des Lebensunterhalts nach diesem Buch schließt Leistungen nach dem Dritten Kapitel des Zwölften Buches aus. ²Leistungen nach dem Vierten Kapitel des Zwölften Buches sind gegenüber dem Sozialgeld vorrangig.

(3) ¹Stellen Leistungsberechtigte trotz Aufforderung einen erforderlichen Antrag auf Leistungen eines anderen Trägers nicht, können die Leistungsträger nach diesem Buch den Antrag stellen sowie Rechtsbehelfe und Rechtsmittel einlegen. ²Der Ablauf von Fristen, die ohne Verschulden der Leistungsträger nach diesem Buch verstrichen sind, wirkt nicht gegen die Leistungsträger nach diesem Buch; dies gilt nicht für Verfahrensfristen, soweit die Leistungsträger nach diesem Buch das Verfahren selbst betreiben.

A. Normzweck

1 § 5 Abs. 1 und 2 regeln Verhältnis von SGB II-Leistungen zu Leistungen Anderer, insb. anderer Sozialleistungsträger. Zugleich wird Grundsicherungsträger in Abs. 3 ein besonderes Recht zu An-

tragstellung und Einlegung von Rechtsbehelfen und -mitteln an Stelle des Hilfebedürftigen eingeräumt. § 5 selbst stellt nur Grundsatz des Nachrangs von SGB II-Leistungen auf – abgesehen durch § 33 (kein normiertes Rangverhältnis in § 5, s. Luthe in Hauck/Noftz SGB II, § 5 Rn. 17). Wiederholung des Grundsatzes in § 12a Abs. 1, jedoch ohne eigenständigen Regelungsgehalt (Inkrafttreten: rückwirkend zum 1. 1. 2008, BGBl. I, 681; vgl. hierzu Hengelhaupt in Hauck/Noftz SGB II, Stand VI/08, § 12a Rn. 4, 9, 18; grundlegend, insb. zum Altersrentenanspruch u. dem Verhältnis zu § 5 Abs. 3: S. Knickrehm SozSich 2008, 192); konkretes Verhältnis von **Vorrang** oder **Nachrang** ist idR in jeweiligem anderen LeistungsG geregelt. Reichweite des Nachranggrundsatzes ergibt sich im SGB II aus §§ 2, 3 Abs. 3, 7 Abs. 1 Nr. 3, 9, 10, 11, 12, 13 iVm. der Alg II–V und wird flankiert durch die Sanktionsnormen der §§ 31 bis 32 (zu Nachranggrundsatz in § 3 s. BSG 30. 9. 2008 – B 4 AS 19/07 R). Soweit sich aus anderen SozialleistungsG oder SGB II keine speziellen Regelungen zum Verhältnis zwischen anderen Leistungen und denen des SGB II ergibt greift die allgemeine Regel des § 5 Abs. 1. Hieraus folgt auch, dass Verpflichtung anderer Rehabilitationsträger gegenüber behindertem Menschen, der hilfebedürftig ist, nicht berührt wird (Spellbrink in Eicher/Spellbrink, § 1 Rn. 18 f.) – grundsätzlich gilt SGB IX, modifiziert durch § 16 Abs. 1 (s. § 6a SGB IX). Abs. 2 widmet sich besonderem Verhältnis von SGB II-Leistungen und Sozialhilfe nach SGB XII (zur Abschaffung der Arbeitslosenhilfe sowie Zusammenführung von Arbeitslosen- und Sozialhilfe, s. auch unter § 1 Rn. 3). Parallelvorschrift: § 21 SGB XII. Abgrenzungskriterium ist insoweit die Erwerbsfähigkeit (§ 8), es sei denn Erwerbsunfähiger lebt in Bg. mit erwerbsfähigem Leistungsberechtigen (§ 7 Abs. 3). Über den erwerbsfähigen „Kopf" der Bg. werden auch nicht hilfebedürftige (s. § 9 Abs. 2 S. 3) und erwerbsunfähige Angehörige in das SGB II hineingezogen.

B. Vorrang/Nachrang

Leistungen nach dem SGB II sind grundsätzlich **nachrangig** gegenüber Leistungen Anderer, insb. anderer Sozialleistungsträger (BT-Drs. 15/1516, S. 51; s. hierzu auch Brühl in LPK-SGB II, § 5 Rn. 8; Luthe in Hauck/Noftz SGB II, § 5 Rn. 17; S. Knickrehm in Eicher/Spellbrink, § 5 Rn. 7). Betrifft sowohl Eingliederungsleistungen, als auch solche zur Sicherung des Lebensunterhalts. Nachrang gegenüber anderen Sozialleistungsträgern ist vom Grundsicherungsträger im Rahmen der Erstattungsansprüche gem. §§ 102 ff. SGB X durchsetzbar. § 33 gilt nicht für Sozialleistungsträger; nur bei Leistungen Anderer ist dem Grundsicherungsträger Anspruchsübergang nach § 33 erlaubt (s. Rn. 1). Insoweit kann § 5 ebenso wenig wie § 2 SGB XII als eine isolierte Ausschlussnorm im Hinblick auf Leistungen der Grundsicherung verstanden werden. Auch hier ist eine Ausschlusswirkung nur unter Rückgriff auf andere Normen des SGB II möglich und wenn die Leistungen Anderer tatsächlich zufließen (zu seltenen Ausnahmefällen, in denen sich „der Bedürftige generell eigenen Bemühungen verschließt und Ansprüche ohne weiteres realisierbar sind" vgl BSG 29. 9. 2009 – B 8 SO 23/08 R). 2

I. Leistungen Anderer

Leistungen Anderer, die auf Rechtsvorschriften beruhen – sind insb. **Leistungen Unterhaltspflichtiger** (s. Luthe in Hauck/Noftz SGB II, § 5 Rn. 14; S. Knickrehm in Eicher/Spellbrink, § 5 Rn. 7; Meyerhoff in juris-PK-SGB II, § 5 Rn. 19), wobei Unterhaltpflichtige im SGB II, anders als in § 2 Abs. 2 SGB XII nicht ausdrücklich benannt werden. Rechtsvorschriften iSd. § 5 Abs. 1: Gesetze, sonstige Rechtsnormen, Verträge (s. Brühl in LPK-SGB II, § 5 Rn. 4; Luthe in Hauck/Noftz SGB II, 5 Rn. 15; S. Knickrehm in Eicher/Spellbrink, § 5 Rn. 8; einschränkend für Verträge Reinhard in Kruse/Reinhard/Winkler, § 5 Rn. 3). Leistet Unterhaltsverpflichteter trotz bestehender Unterhaltsverpflichtung nicht oder noch nicht (weil noch Ermittlungen erforderlich sind oder der Unterhaltsanspruch streitig ist), besteht bei Hilfebedürftigkeit Anspruch nach SGB II; vorrangig sind nur **„bereite Unterhaltsmittel"** (s. S. Knickrehm in Eicher/Spellbrink, § 5 Rn. 7; Luthe in Hauck/Noftz SGB II, § 5 Rn. 20; Mecke in Eicher/Spellbrink, § 11 Rn. 14; Meyerhoff in juris-PK-SGB II, § 5 Rn. 19; s auch Rn 2 und BSG 29. 9. 2009 – B 8 SO 23/08 R). Erbringt SGB II-Träger Leistungen und besteht Leistungsverpflichtung eines Anderen, geht Anspruch nach den Regeln des § 33 Abs. 1 und 2 über (s. § 33 Rn. 1). Der Leistungsträger kann durch Rechtswahrungsanzeige einen öffentlich-rechtlichen Verzugstatbestand gegenüber Unterhaltsverpflichtetem schaffen oder ggf. auf zukünftige Unterhaltsleistungen klagen § 33 Abs. 3 (zu den Einzelheiten s. § 33 Rn. 12 ff.). 3

II. Leistungen anderer Sozialleistungsträger

Verhältnis von SGB II-Leistungen und Leistungen anderer Sozialleistungsträger ist in § 5 Abs. 1 nicht im Einzelnen geregelt; ergibt sich aus sonstigen Normen des SGB II oder idR aus einzelnen SozialleistungsG. Verhältnis von SGB II-Leistungen zu Leistungen nach **SGB XII** bestimmt sich nach § 5 Abs. 2 (s. Rn. 6 f.). Kein Vorrang-/Nachrangverhältnis – Abgrenzungskriterium: Erwerbsfähigkeit (s. Rn. 6 f.). Leistungen nach dem SGB III sind dem. § 22 Abs. 4 **SGB III** nachrangig gegenüber denen des SGB II; für erwerbsfähige Leistungsberechtigte gelten insoweit §§ 16 ff. Entgeltersatzleistungen nach dem SGB III sind jedoch uneingeschränkt vorrangig gegenüber Alg II, auch bei „Auf- 4 stockern". Anspruch auf Vermittlungsgutschein besteht für alle erwerbsfähigen Hilfebedürftigen, soweit sie Voraussetzungen (§ 421g SGB III) hierfür erfüllen, nicht nur für Aufstocker (entgegen BT-Drs. 16/1410 S. 32; iE S. Knickrehm in Eicher/Spellbrink § 5 Rn. 10). Durchlaufen einer Weiterbildungsmaßnahme auf Grund eines Vermittlungsgutscheins führt nicht zum Leistungsausschluss nach dem SGB II, auch dann nicht, wenn die Maßnahme, würde sie als Ausbildung durchgeführt, grundsätzlich nach dem BAföG förderfähig wäre (BSG 30. 8. 2010 – B 4 AS 97/09 R). Doppelte Zuständigkeit und unterschiedliche Leistungsgrundsätze bei Aufstockern zwingen zu enger Zusammenarbeit von BA und SGB II-Leistungsträger – s. §§ 9a SGB III und 18a SGB II. Eine Umkehrung des Vorrang-/Nachrangverhältnisses erfolgt bei **Wohngeld.** Sind bei Berechnung von SGB II-Leistungen KdU berücksichtigt worden ist Wohngeldanspruch ausgeschlossen (§ 1 Abs. 2 Nr. 1 WoGG). VA muss Leistungen für KdU daher im Einzelnen aus- und personell zuweisen (s. auch BSG 7. 11. 2006 – B 7b AS 8/06 R, SozR 4–3200 § 22 Nr. 1; BSG 27. 2. 2008 – B 14/11b AS 55/06 R; iE Wrackmeyer NDV 2007, 45). Nach dem durch das RegelbedarfsÄndG vom 24. 3. 2011 (BGBl I, 453) eingefügten § 12a S. 2 Nr. 2 sind Leistungsberechtigte allerdings nicht verpflichtet Wohngeld nach dem WoGG oder Kinderzuschlag nach dem BKGG in Anspruch zu nehmen, wenn dadurch nicht die Hilfebedürftigkeit aller Mitglieder der Bedarfsgemeinschaft für einen zusammenhängenden Zeitraum von mindestens 3 Monaten beseitigt würde. Weitere Umkehrungen des Nachrangs von SGB II-Leistungen: **Kinder- und Jugendhilfe:** § 10 Abs. 3 S. 2 SGB VIII regelt Vorrang der SGB II-Leistungen gem. § 3 Abs. 2 (vorrangige Vermittlung und Verbesserung der beruflichen Kenntnisse und Fähigkeiten) und §§ 14–16 (Eingliederungsleistungen – wohl versehentlich auch durch RegelbedarfsÄndG nicht geändert, denn Neufassung der Eingliederungsleistungen durch Gesetz zur Neuausrichtung arbeitsmarktpolitischer Instrumente v. 21. 12. 2008, BGBl. I, 2917, mit Aufgliederung von § 16 in: §§ 16–16g, 19 Abs. 2 [Teilhabe- und Bildungsleistungen] iVm § 28 Abs. 6 [Mittagsverpflegung] und nicht Leistungen zur Teilhabe und Bildung nach § 6b BKGG [idF des Art 5 RegelbedarfsÄndG v. 24. 3. 2011, BGBl I, 453] vor SGB VIII-Leistungen. Grundsätzlich gehen ansonsten Leistungen nach dem SGB VIII denen nach dem SGB II vor (§ 10 Abs. 3 S. 1 SGB VIII); ggf. ergänzend Sozhi. **Kinderzuschlag** (§ 6a BKGG): Auf Kinderzuschlag kann zu Lasten von SGB II-Leistungen verzichtet werden (§ 6a Abs. 5 BKGG; s. hierzu iE S. Knickrehm in Eicher/Spellbrink, § 24 Rn. 6, 9; vgl. auch § 24; ausführlich: Spellbrink in Eicher/Spellbrink, § 6a BKGG Rn. 23) – s auch oben zum WoGG – § 12a. Ansonsten gilt: Wird Kinderzuschlag gewährt besteht kein Anspruch auf Leistungen zum Lebensunterhalt nach SGB II (s. BSG 18. 6. 2008 – B 14/11b AS 11/07 R). Bei der Prüfung der Hilfebedürftigkeit im Rahmen der Leistungsvoraussetzungen gem. der Kinderzuschlag bleiben Bedarfe nach § 28 SGB II außer Betracht. Kinder von Kinderzuschlagsberechtigten erhalten auch Leistungen zur Bildung und Teilhabe, die denen des § 28 Abs. 2–7 SGB II entsprechen (§ 6b Abs 2 S. 1 BKGG). **UV-Leistungen:** Verletztenrente – Unterschiedsbetrag nach § 58 S. 2 SGB VII wird beim Alg II nicht als Einkommen berücksichtigt. Verletztenrente an sich ist gegenüber SGB II-Leistungen kein privilegiertes Einkommen (BSG 5. 9. 2007 – B 11b AS 15/06 R; 6. 12. 2007 – B 14/7b AS 62/06 R, BverfG 16. 3. 2011 – 1 BvR 591/08). Verletztengeld ist bei gleichzeitigem Bezug von Alg II durch den Grundsicherungsträger in Höhe des Alg II zu zahlen. Es besteht nach § 25 Erstattungsanspruch des Grundsicherungsträgers gegenüber dem UV-Träger. **GKV-Leistungen:** Alg II-Empfänger haben keinen Anspruch auf Geldleistung aus GKV im Krankheitsfall (– § 44 Abs. 2 Nr. 1 SGB V – seit VerwaltungsvereinfachungsG, BGBl. I, 2005, 818); Alg II dann alleinige Leistung (iE S. Knickrehm in Eicher/Spellbrink § 25 Rn. 2). Zur „Zuzahlung" zu GKV-Leistungen BSG 22. 4. 2008 – B 1 KR 10/07 R. Den Beitrag zur GKV zahlen BA oder kommunaler Träger nach § 252 Abs. 1 SGB V für Bezieher von Alg II – mit Ausnahme des Zusatzbeitrags. Letzterer wird für Mitglieder nach § 5 Abs. 2a SGB V nicht erhoben soweit es sich um den durchschnittlichen Zusatzbeitrag handelt (§ 242 Abs. 4 SGB V). Dies gilt auch dann, wenn sie weitere beitragspflichtige Einnahmen haben. Zusatzbeitrag wird für Alg II-Bezieher aus der Liquiditätsreserve des Gesundheitsfonds finanziert (§ 251 Abs. 6 SGB V). Etwas Anderes gilt nur dann, wenn der Zusatzbeitrag der betreffenden Kasse höher als der durchschnittliche Zusatzbeitrag nach § 242a SGB V ist. Dann kann die Kasse durch Satzung regeln, dass Mitglied Differenzbetrag selbst zu tragen hat. **GRV-Leistungen:** Für Übergangsgeld bei medizinischer Reha gilt das gleiche wie für Verletztengeld der UV (s. oben). Rentenleistungen gehen dem Bezug von Alg II u. Sozialgeld grundsätzlich vor. Bezug von Altersrente schließt – unabhängig von Höhe der Leistung – SGB II-Leistungen aus (§ 7 Abs. 4); Erwerbsunfähigkeit wird fingiert. Etwas Anderes gilt allerdings dann, wenn aus „Arbeitsmarktgründen" eine Erwerbsminderungsrente gewährt wird, soweit ein Leistungsvermögen von mind. 3 Stunden täglich vorhanden ist (BSG 21. 12. 2009 – B 14 AS 42/08 R). Altersrente ist ebenso wie Erwerbsminderungsrente bei aufgehobenem Leistungsvermögen als Einkommen der Bg. nach §§ 11 Abs. 1 u. 9 Abs. 2 zu berücksichtigen (Rentner als Mitglied der Bg.: BSG 29. 3. 2007 – B 7b AS 2/06 R; zur Berücksichtigung der Altersrente als Einkommen der Bg.: BSG 23. 11. 2006 – B 11b AS 1/06 R, SozR 4–4200 § 20 Nr. 3; 15. 4. 2008 – B 14//b As 58/06 R; S. Knickrehm § 7 Rn. 27; vgl. auch Mecke in Eicher/Spellbrink, § 9 Rn. 38a ff; Spellbrink in Eicher/Spellbrink, § 7 Rn. 57, 64 ff; zu den prozessualen Folgen: Eicher in Eicher/Spellbrink, § 40 Rn. 106 n ff.). **Pflegeversicherung:** Pflegegeld aus privater u. sozialer Pflegeversicherung bleiben bei der Berechnung von SGB II-Leistungen als Ein-

kommen unberücksichtigt (§ 13 Abs. 5 SGB XI). Gilt auch für das an Pflegeperson weitergegebene Pflegegeld, soweit es sich nicht um steuerpflichtiges Einkommen der Pflegeperson handelt (§ 1 Abs. 1 Nr. 4 AlG II–V v. 17. 12. 2007, BGBl. I, 2942). **Soziales Entschädigungsrecht:** SGB II-Leistungen sind gegenüber allen Leistungen nach BVG und Gesetzen, die auf das BVG verweisen, nachrangig. Ausnahme: Grundrente nach BVG und den Gesetzen, die eine entsprechende Anwendung des BVG vorsehen sowie Renten und Beihilfen, die nach BEG für Schaden an Leben sowie Körper oder Gesundheit erbracht werden, bis zur Höhe einer vgl. Grundrente nach dem BVG (§ 11 Abs. 1 S. 1).
Kindergeld: Als Einkommen bei Berechnung von Leistungen nach dem SGB II zu berücksichtigen. Lebt das Kind – für das Kindergeldanspruch besteht – in Bg. mit Hilfebedürftigem, ist es abweichend von den Regelungen des EStG dem Kind als Einkommen zuzurechnen (§ 11 Abs. 1 S. 4; s. auch BSG 19. 3. 2008 – B 11b AS 7/06 R), solange es zur Sicherung seines Lebensunterhalts verwendet wird und fließt alsdann auch nicht in Bedarfsberechnung der übrigen Bg-Mitglieder nach § 9 Abs. 2 S. 3 ein (BSG 18. 6. 2008 – B 14 AS 55/07 R). Gilt seit 1. 7. 2006 auch für volljährige Kinder in der Bg (BSG 28. 8. 2009 – B 14 AS 71/09 B; s auch BSG 13. 5. 2009 – B 4 AS 39/08 R). In temporärer Bg ist Kindergeld nur dann als Einkommen eines minderjährigen Kindes zu berücksichtigen, wenn der Kindergeldberechtigte selbst Mitglied der temporären Bg ist (BSG 2. 7. 2009 – B 14 AS 75/08 R). Lebt volljähriges Kind außerhalb der Bg und wird Kindergeld nachweislich an das Kind weitergeleitet – kein Einkommen des Kindergeldberechtigten (s. § 1 Abs. 1 Nr. 8 Alg II–V). Anders, wenn volljähriges Kind in häuslicher Gemeinschaft mit Kindergeldberechtigten lebt (BSG 6. 12. 2007 – B 14/7b AS 54/06 R). **Elterngeld:** SGB II-Leistungen sind seit dem 1. 1. 2011 (HaushaltsbegleitG 2011, BGBl I, 1885) nicht mehr nachrangig gegenüber Elterngeld. Elterngeld wird insoweit (§ 10 Abs. 5 BEEG), als Einkommen berücksichtigt. Das Elterngeld bleibt lediglich dann unberücksichtigt, wenn vor der Geburt Erwerbseinkommen bezogen worden ist, und zwar in Höhe des nach § 2 Abs. 1 BEEG berücksichtigten durchschnittlich erzielten Einkommens aus Erwerbstätigkeit vor der Geburt bis zu 300 Euro im Monat. Mutterschaftsgeld im Rahmen des § 7 Abs. 1 S. 1, 2 BErzGG sowie BErzg wurden unter den Bedingungen des § 8 BErzGG ebenso wenig als Einkommen berücksichtigt, wie Elterngeld bis 31. 12. 2010 iH von 300 Euro monatlich. **Ausbildungsförderung nach SGB III und BAföG:** Bezug dieser Leistungen oder Absolvieren einer dem Grunde nach förderungsfähigen Ausbildung – ohne Anspruch auf BAföG oder Ausbildungsförderung nach SGB III – führen zum Ausschluss von Leistungen zur Sicherung des Lebensunterhalts – nicht Eingliederungsleistungen (BSG 6. 9. 2007 – B 14 AS 36/06 R) nach SGB II und SGB XII (§ 7 Abs. 5 und 22 SGB XII). Nunmehr § 27 – Leistungen für Auszubildende, auch Leistungen für Mehrbedarf (§ 27 Abs. 2) gelten nicht als Alg II. Im Falle bes. Härte (zur bes. Härte s. BSG 6. 9. 2007 – B 14/7b AS 28/06 R u. B 14/7b AS 36/06 R; 30. 9. 2008 – B 4 AS 28/07 R) kann Nachrang der SGB II-Leistungen aufgehoben und Darlehen gewährt werden (§ 27 Abs. 4); auch Zuschuss zu den KdU nach § 27 Abs. 3 (neu durch RegelbedarfsÄndG vom 24. 3. 2011, BGBl I, 453 – bis dahin § 22 Abs. 7) möglich; Ausnahme: § 7 Abs. 6 - Dann sind Leistungen der Ausbildungsförderung in Höhe von 20 Prozent des Betrags, der nach dem BAföG insgesamt als bedarfsdeckend angesehen wird, zweckbestimmte Einnahmen und daher von der Einkommensberücksichtigung nach § 11a Abs 3 SGB II ausgenommen (BSG 17. 3. 2009 – B 14 AS 63/07 R). **AsylbewerberleistungsG:** Leistungen nach dem AsylblG schließen Leistungen nach dem SGB II gänzlich aus (§ 7 Abs. 1 S. 2 Nr. 3). **Unterhaltsvorschuss:** Unterhaltsvorschuss nach dem UnterhaltsvorschussG ist vorrangig gegenüber SGB II-Leistungen und zu berücksichtigendes Einkommen des Kindes; Unterhaltsvorschuss nimmt wie Kindergeld nicht an Bedarfsberechnung nach § 9 Abs. 2 S. 3 teil (so wohl BSG 18. 6. 2008 – B 14 AS 55/07 R; zum Unterhalt s BSG 13. 5. 2009 – B 4 AS 39/08 R).

III. Ermessensleistungen (Abs. 1 S. 2)

Auch Ermessensleistungen anderer Sozialleistungsträger gehen Leistungen nach SGB II grundsätzlich vor, wenn nicht das Vorrang- Nachrangverhältnis umgekehrt ist (s. oben Rn. 4). Sie haben Vorrang auch gegenüber den Pflichtleistungen nach dem SGB II, wobei Bestehen eines Anspruchs auf SGB II-Leistungen kein Ermessensgesichtspunkt ist – anderenfalls: Ermessensfehlgebrauch und Rechtswidrigkeit der Entscheidung (vgl. Brühl in LPK-SGB II, § 5 Rn. 7; S. Knickrehm in Eicher/Spellbrink, § 5 Rn. 15; Luthe in Hauck/Noftz SGB II, § 5 Rn. 62; Meyerhoff in Juris-PK-SGB II, § 5 Rn. 22). 5

C. Verhältnis von SGB II-Leistungen zu Leistungen nach dem SGB XII (Abs. 2)

I. Hilfe zum Lebensunterhalt nach dem SGB XII (Abs. 2 Satz 1)

Anspruch auf Leistungen zur Sicherung des Lebensunterhalts nach dem SGB II schließt Gewährung von Hilfe zum Lebensunterhalt nach SGB XII (§§ 27–40 SGB XII) aus – kein Vorrang-/Nachrangverhältnis. Hieraus folgt dreierlei: **1)** Aufstockung der SGB II-Leistungen durch **Leistungen** 6 nach dem 3. Kapitel des SGB XII ist – anders als noch bei der Alhi – rechtlich nicht zulässig. Leistungen nach dem SGB II sollen bedarfsdeckend sein (s. § 3 Abs. 3 2. Hs.; § 3 Abs. 3 S. 2, der keine abweichende Festlegung der Bedarfe zuließ [BGBl. I, 2006, 1706] ist zum 3. 6. 2010 – mit der Einführung der Härtefallleistung auf Grund der Entscheidung des BVerfG vom 9. 2. 2010 – 1 BvL 1/09, 3/09, 4/09, BVerfGE 125, 175 [Gesetz zur Aufhebung des Finanzplanungsrates, BGBl I, 671] aufgehoben worden; s. nun § 21 Abs. 6 und § 24). § 5 Abs. 2 „korrespondiert" (BT-Drs. 15/1514, S. 57 zu § 21) mit § 21 SGB XII. In der Gesetzesbegründung hierzu wird auf das abgestimmte Leistungsniveau zwischen SGB II und SGB XII – pauschalierte Regelleistung nach SGB II/Regelsatz nach SGB XII – verwiesen (BT-Drcs. 15/1514 S. 57 zu § 21). § 27 a Abs. 4 S. 1 SGB XII idF des RegelbedarfsÄndG, in Kraft getreten am 1. 1. 2011 (bis dahin – § 28 Abs. 1 S. 2 SGB XII) gewährleistet jedoch, anders als § 20 eine individuelle Abweichung von der Pauschale, wenn der Bedarf anderweitig gedeckt wird oder unabweisbar seiner Höhe nach erheblich von einem durchschnittlichen Bedarf abweicht. Derartige Regelung fehlt im SGB II. Daher möglich, dass erwerbsunfähiger Leistungsberechtigter, weil er mit erwerbsfähigem Leistungsberechtigter in Bg. lebt und deswegen dem Regime des SGB II unterfällt, uU eine niedrigere Leistung erhält als alleinstehender Erwerbsunfähiger mit vergleichbarem Bedarf (vgl. hierzu S. Knickrehm in Eicher/Spellbrink, § 5 Rn. 19 f s. hierzu auch bei Kindern bis zur Vollendung des 14. Lbj.: Gleichheitsverstoß BSG 27. 1. 2009 – B 14/11 b AS 5/07 l + B 14 AS 5/08 f, Vorlage am BVerfG). Das BVerfG hat sich mit Gleichheitsgesichtspunkt in der Entscheidung vom 9. 2. 2010, mit der es dem Gesetzgeber aufgegeben hat die Höhe der Regelleistung bis zum 31. 12. 2010 neu zu bestimmen, weil diese zwar nicht evident zu niedrig, jedoch verfassungswidrig nicht in einem transparenten Verfahren, mit einem nachvollziehbar realitätsgerechten Ergebnis festgestellt worden sei, nicht befasst (BVerfG 1 BvL 1/09, 3/09, 4/09, BVerfGE 125, 175). Im Hinblick auf Leistungen zum Lebensunterhalt ist Leistungsberechtigter also ausschließlich einem System zugewiesen – entweder dem SGB II, bei Erwerbsfähigkeit oder SGB XII, bei Erwerbsunfähigkeit oder bei fingierter Erwerbsunfähigkeit (s. § 7 Abs. 4 – zB Altersrentner oder § 7 Abs. 5 – zB Student, s. hierzu jedoch auch Ausschluss nach § 22 SGB XII). Nicht fingiert erwerbsunfähiger Hilfebedürftiger, der mit Erwerbsfähigem Bg. bildet, erhält jedoch anstatt Alg II Sozialgeld (§§ 19 Abs. 1 S. 2, 23). Umgekehrt kann Erwerbsunfähiger seinen erwerbsunfähigen oder noch nicht erwerbsfähigen Angehörigen keinen Anspruch auf Leistungen nach dem SGB II vermitteln, selbst bei „Haushaltsgemeinschaft". **2)** Aus Formulierung von § 5 Abs. 2 S. 1 (Leistungen nach dem 3. Kapitel des SGB XII) folgt: **Leistungen außerhalb des 3. Kapitels des SGB XII** können ergänzend zu den Leistungen zum Lebensunterhalts nach dem SGB II gewährt werden – insb. nach **§ 73 SGB XII**. Voraussetzung ist, dass ein nicht von der Regelleistung nach dem SGB II erfasster Bedarf besteht, der vom SGB XII als atypischer (nicht allgemeiner) Bedarf erfasst wird und gewisse Nähe zu den in §§ 47–74 SGB XII geregelten Bedarfslagen aufweist (BSG 7. 11. 2006 – B 7 b AS 14/06 R, SozR 4–4200 § 20 Nr. 1; s. auch BSG 11. 12. 2007 – B 8/9 b SO 12/06 R; BSG 19. 8. 2010 – B 14 AS 13/10 R). In Betracht kommen folgende Bedarfslagen: Bedarf durch Ausübung des Umgangsrechts mit dem getrenntlebenden Kind; Kosten der Haushaltshilfe für einen erwerbsfähigen behinderten Hilfebedürftigen; Zusatzkosten für medizinische Versorgung, Hygienebedarf für HIV-Infizierte (BSG 19. 8. 2010 – B 14 AS 13/10 R; vgl. auch S. Knickrehm, Sozialrecht aktuell 2006, 159; dies. NZS 2007, 128; dies. Soziales Recht 2011, Heft 2; Schütze, SozSich 2007, 113). Rechtslage insofern seit dem 3. 6. 2010 nach der Entscheidung des BVerfG vom 9. 2. 2010 (1 BvL 1/09 u. a., BVerfGE 125, 175) anders, als **§ 21 Abs. 6** nunmehr abweichende Leistungserbringung im Falle des Vorliegens eine „Härtebedarfs" ermöglicht (BGBl I, 2010, 671). Nicht ausgeschossen, dass gleichwohl Leistungsgewährung nach dem SGB XII erforderlich, weil möglicherweise nicht alle „besonderen Bedarfe" auf Grund der Enge der Formulierung des § 21 Abs. 6 durch „Härteleistungen" nach dieser Vorschrift gedeckt werden können. Anders als zum Teil in der Rechtspr. vertreten, steht die Aufhebung des § 3 Abs 3 S. 2 – mit der Einfügung des § 21 Abs. 6 – einer Leistungsgewährung nach dem SGB XII neben den Leistungen nach dem SGB II, soweit sie auf Anspruchsgrundlagen außerhalb von 3. und 4. Kapitel des SGB XII beruhen, nicht entgegen (s. ausführlich S. Knickrehm, Soziales Recht 2011, Heft 2; so aber LSG Berlin-Brandenburg, 9. 6. 2010 – L 34 AS 2009/09 NZB; LSG Schleswig-Holstein 26. 10. 2010 – L 3 AS 181/10 B ER; LSG Rheinland-Pfalz 24. 11. 2010 – L 1 SO 133/10 B ER; SG Bremen 6. 1. 2011 – S 21 AS 2626/10 ER). § 5 Abs. 2 ist in seiner Formulierung unverändert geblieben. Bewusste Entscheidung des Gesetzgebers, denn Bundesrat hatte in seiner Stellungnahme zum Entwurf des RegelbedarfsÄndG v. 24. 3. 2011, ausdrücklich die Erwähnung des Ausschlusses von Leistungen nach „§ 73 a SGB XII" in § 5 Abs. 2 befürwortet (BT-Drs. 17/3958, S. 11). Hat Bundesregierung abgelehnt, unter Hinweis darauf, dass das SGB II nach den Anforderungen des BVerfG durch § 21 Abs. 6 abschließend ausgestaltet sei (BT-Drucks. 17/3982, S. 6). Daraus kann zwar geschlossen werden, dass die Bundesregierung davon ausgig, des Rückgriffes auf § 73 SGB II bedürfe es nun nicht mehr. Dogmatisch ausgeschlossen ist er damit jedoch nicht. **3)** Schon **Anspruch auf Leistungen zum Lebensunterhalts** nach dem SGB II führt jedoch zum Ausschluss von Leistungen nach dem 3. Kapitel des SGB XII, unabhängig davon, ob Leistungen nach dem SGB II tatsächlich gewährt werden. Leistung von Alg II nur auf **Antrag** (§ 37). Auch vor Antragstellung bei Hilfebedürftigkeit keine Leistungsverpflichtung des Sozialhilfeträgers (Grube in Grube/Wahrendorf SGB XII, 2. Aufl. 2008,

§ 21 Rn. 4; Meyerhoff in Juris-PK-SGB II, § 5 Rn. 50; Voelzke in Hauck/Noftz SGB XII, § 21 Rn. 11; noch aA S. Knickrehm in Eicher/Spellbrink § 5 Rn. 18; aA Brühl in LPK-SGB II, § 5 Rn. 45, der die Auffassung vertritt, der Sozialhilfeträger habe im „Notfall" einen Vorschuss oder eine vorläufige Leistung zu erbringen; Luthe in Hauck/Noftz, § 5 Rn. 9; Rothkegel, ZfSH/SGB 2004, 396, 400). Antrag hat nach § 37 zwar konstitutive Wirkung (anspruchsauslösend) ist jedoch nicht anspruchsbegründend (vgl. Link in Eicher/Spellbrink § 37 Rn. 3, 23 f.; Luthe in Hauck/Noftz SGB II , § 5 Rn. 93), so dass Leistungserbringung und Anspruch auf Alg II – vor Antragstellung – auseinander fallen können (s. auch BSG 18. 1. 2011 – B 4 AS 29 und 99/10 R). S. auch Formulierung des § 21 S. 1 SGB XII; Danach sind Leistungen zum Lebensunterhalt bereits dann ausgeschlossen, wenn dem Grunde nach Leistungsberechtigung nach dem SGB XII besteht. Praktische Relevanz bleibt allerdings fraglich. Zwar unterschiedliche Zugangsvoraussetzungen nach SGB II und SGB XII (Antragsprinzip – Kenntnisgrundsatz). Es ist jedoch davon auszugehen, dass der Sozialhilfeträger bereits bei dem ersten Kontakt mit dem seiner Ansicht nach, nach dem SGB II Leistungsberechtigten auf Erfordernis der Antragstellung nach dem SGB II hinweisen wird (§ 2 SGB XII). Lehnt der Sozialhilfeträger SGB XII-Leistungen ab, so wirkt nach § 40 Abs. 5 iVm. § 28 S. 1 SGB X der innerhalb von einem Monat nach Ablauf des Monats, in dem die Ablehnung der SGB XII-Leistung bindend geworden ist, gestellte Antrag auf SGB II-Leistungen bis zu einem Jahr zurück. Gleiches gilt nach § 28 S. 2 SGB X, wenn der rechtzeitige Antrag auf SGB II-Leistungen aus Unkenntnis über deren Anspruchsvoraussetzungen unterlassen wurde (s. BSG 19. 10. 2010 – B 14 AS 16/09 R). Allerdings ist insoweit Voraussetzung, dass die zweite Leistung – hier SGB XII-Leistung – gegenüber der ersten Leistung (SGB II-Leistung), wenn diese erbracht worden wäre, nachrangig gewesen wäre. Hiervon kann im Verhältnis von SGB II- zu SGB XII-Leistungen nur dann ausgegangen werden (zweifelhaft, so aber Bieback in Gagel SGB II/SGB III, § 5 Rn. 71), wenn man annehmen wollte, das Differenzierungskriterium „Erwerbsfähigkeit" konstituiere ein Vorrang- Nachrangverhältnis (hiervon geht wohl von Wulffen in von Wulffen, SGB X, § 28 Rn. 6 aus). LSG Berlin-Brandenburg nimmt bei unterlassener SGB II-Antragstellung und Arbeitslosmeldung bei AA Verpflichtung der AA an, den Anspruchsteller auf Alg II-Ansprüche im Falle der Ablehnung des Alg-Antrags hinzuweisen. Bei Unterlassung der Beratung und Nachteil in Form der Nichtzahlung von Alg II könne rückwirkend SGB II-Leistung im Wege des sozialrechtlichen Herstellungsanspruchs gewährt werden (vgl. LSG Berlin-Brandenburg 12. 4. 2006 – L 10 B 134/06 AS ER; zum Herstellungsanspruch auch bei unterlassener Stellung eines Fortzahlungsantrags, BSG 18. 1. 2011 – B 4 AS 29/10 R). Der 14. Senat des BSG geht auf Grundlage von § 28 SGB X von einer Rückwirkung des Alg II-Antrags auf den Tag der erstmaliger Vorsprache beim Jobcenter aus, auch wenn zwischen diesem Tag und der späteren Antragstellung rund ein halbes Jahr vergangen ist, in dem ein Alg-Anspruch bestanden hatte, jedoch ergänzend Leistungen nach dem SGB II zu gewähren gewesen wären (BSG 19. 10. 2010 – B 14 AS 16/09 R). Bei Streit über Bestehen von Erwerbsfähigkeit zwischen den beiden Leistungsträgern gilt § 44 a (s. auch § 21 S. 2 SGB XII). Es ist die gemeinsame Einigungsstelle anzurufen und der SGB II-Träger ist bis zur Entscheidung der Einigungsstelle zur Leistung verpflichtet (BSG 7. 11. 2006 – B 7 b AS 2/06 R und 10/06 R, SozR 4–4200 § 22 Nr. 2). Hat Sozialhilfeträger bereits Leistungen nach SGB XII bewilligt, wird er, wenn Hilfebedürftiger selbst einen Antrag nach dem SGB II stellt, nach § 95 SGB XII vorgehen. Aus §§ 5 Abs. 2, 31 b Abs. 2 und § 21 SGB XII folgt zugleich, dass bei Absenkung oder Wegfall von Alg II wegen einer Sanktion nach §§ 31 ff keine Sozialhilfe – auch nicht aufstockend – zu erbringen ist (s. auch Luthe in Hauck/Noftz, § 5 Rn. 74, 91). In Bg lebende Angehörige erhalten, wenn sie nicht selbst Sanktion der §§ 31–32 unterliegen weiterhin SGB II-Leistungen. Kein Anspruch auf ergänzende Sozialhilfe nur weil die Gesamtleistung der Bg durch die Sanktionsmaßnahme abgesenkt worden ist.

II. Leistungen der Grundsicherung (im Alter und) bei Erwerbsunfähigkeit (Abs. 2 Satz 2)

Vorschrift regelt ausschließlich Verhältnis von Sozialgeld und Leistungen der Grundsicherung im Alter und bei Erwerbsunfähigkeit, wobei wegen des Leistungsausschlusses nach § 7 Abs. 1 S. 1 Nr. 1 (Altersgrenze) die Grundsicherungsleistung im Alter nicht mit einem Sozialgeldanspruch konkurriert. Bezieher von Grundsicherungsleistungen im Alter (ab Vollendung des 65. Lebensjahres) kann zwar Mitglied der Bg. mit erwerbsfähigem Hilfebedürftigen sein, ist jedoch nicht leistungsberechtigt nach dem SGB II. Ansonsten gilt: Auch wer Sozialgeld erhält hat nach § 5 Abs. 2 S. 1 keinen Anspruch auf Hilfe zum Lebensunterhalt nach dem SGB XII. Etwas Anderes gilt für das Verhältnis von Sozialgeld und Grundsicherung bei Erwerbsunfähigkeit – Leistungen nach dem Vierten Kapitel des SGB XII (§§ 41 ff. SGB XII). § 5 Abs. 2 S. 2 beinhaltet insoweit keine Ausschlussregelung. Sozialgeld nach § 19 und § 23 ist nachrangig gegenüber den Leistungen nach §§ 41 ff. SGB XII (S. auch Formulierung des § 19 Abs. 1 S. 2, „... *soweit* sie keinen Anspruch auf Leistungen nach dem Vierten Kapitel des SGB XII haben."). Wenn Leistungen der Grundsicherung bei Erwerbsunfähigkeit niedriger als Sozialgeld besteht Anspruch auf ergänzende Leistung nach §§ 19, 23. Zu berücksichtigen sind allerdings Unterschiede in Leistungshöhe durch modifizierte und uU für den Leistungsberechtigten ungünstigere Vermögensberücksichtigung nach § 43 SGB XII (s. hierzu Luthe in Hauck/Noftz SGB II,

7

Stand XII/06, § 5 Rn. 112) und Möglichkeit der Absenkung des Regelsatzes nach § 27a Abs. 4 S. 1 SGB XII. Andererseits können wegen Möglichkeit der individuellen Bedarfsdeckung über § 27a Abs. 4 S. 1 SGB XII Leistungen nach §§ 41 ff. SGB XII höher als Sozialgeld nach §§ 19, 23 sein (vgl. zur Problematik der gemischten Bg. [nach dem SGB II leistungsberechtigter Hilfebedürftiger und nach dem SGB II nicht leistungsberechtigter Hilfebedürftiger, der einen Leistungsanspruch nach dem SGB XII hat] BSG 16. 10. 2007 – B 8/9b SO 2/06 R; 18. 3. 2008 – B 8/9b SO 11/06 R; s auch BSG 19. 5. 2009 – B 8 SO 8/08 R – keine Reduzierung des Regelsatzes auf den für einen Haushaltsangehörigen; 18. 3. 2008 – B 8/9b SO 11/06 R – Keine Pflicht zur Vertwertung eines nach dem SGB II angemessenen Pkw).

D. Antragstellung, Rechtsbehelfe und Rechtsmittel – Befugnisse des Grundsicherungsträgers (Abs. 3)

I. Allgemeines

8 Abs. 3 Satz 1 gibt dem SGB II-Träger verfahrensrechtliches Instrumentarium an die Hand, um Ansprüche des Hilfebedürftigen gegen andere Träger und in der Folge hiervon die Minderung der SGB II-Leistung bzw. den Ausschluss von SGB II-Leistungen realisieren zu können. Hierdurch soll letztendlich Nachrang der SGB II-Leistungen sichergestellt werden (BT-Drs. 15/1516, S. 51 f.; BT-Drs. 16/1410, S. 18). Seit 1. 1. 2008 ausdrückliche Verpflichtung des Hilfebedürftigen durch § 12a S. 1, Sozialleistungen anderer Träger in Anspruch zu nehmen und dafür erforderliche Anträge zu stellen, sofern zur Vermeidung, Beseitigung, Verkürzung oder Verminderung der Hilfebedürftigkeit erforderlich. Besondere Bedeutung hat die Möglichkeit der Antragstellung durch den Grundsicherungsträger vor Allem im Hinblick auf Leistungen nach §§ 41 ff. SGB XII, Altersrente (s. auch § 12a S. 2), Kinderzuschlag nach § 6a BKGG und Wohngeld (s. Rn. 4). Grundsicherungsleistungen bei Erwerbsunfähigkeit führen idR zu Minderung oder Wegfall des Sozialgeldanspruchs (s. Rn. 7), ebenso wie Wohngeld und Kinderzuschlag. Bezug von Altersrente zieht Leistungsausschluss nach § 7 Abs. 4 nach sich. Neuregelung des § 12a S. 2 Nr 2 soll zwar einen Beitrag zum Bürokratieabbau leisten, indem damit die Zahl der Vorprüfungen im Hinblick auf die Inanspruchnahme vorrangiger Leistungen reduziert werden (BT-Drs. 17/3404, S. 95). Allerdings bleibt angesichts der weiterhin in § 6a Abs. 6 BKGG (BGBl I, 2011, 453) normierten Möglichkeit auf den Kinderzuschlag zu verzichten, wenn mit dem Kinderzuschlag der Verlust höherer anderer Sozialleistungen verbunden ist, fraglich, wie diese Möglichkeit mit der Verpflichtung nach § 12a Satz 1 SGB II in Einklang zu bringen ist Kinderzuschlag in Anspruch zu nehmen, wenn durch den Kinderzuschlag Hilfebedürftigkeit vermieden werden kann. Letztlich kann dieser Dissens wohl nur dadurch behoben werden, dass das Ermessen des Grundsicherungsträgers (s. Rn. 9) im Rahmen des § 5 Abs. 3 S. 1 2. Hs. in dem Sinne auf Null reduziert wird, dass der Träger die eigene Antragstellung zu unterlassen hat, wenn der Zuschlagsberechtigte von dem ihm in § 6a Abs. 6 BKGG eingeräumten Recht auf den Kinderzuschlag zu verzichten Gebrauch gemacht hat. § 5 Abs. 3 S. 1 ermöglicht den Durchgriff des Trägers für alle Leistungsberechtigten, also auch den Erwerbsunfähigen der Partner eines Erwerbsfähigen in Bg. ist.

II. Antragstellung

9 Vor Antragstellung durch SGB II-Träger bei anderem Sozialleistungsträger muss SGB II-Leistungsberechtigter erfolglos zur Antragstellung aufgefordert worden sein. § 5 Abs. 3 S. 1 – Antragstellung – ist eine Kombination der Regelungselemente aus § 91a BSHG/§ 95 SGB XII und § 202 SGB III. **Aufforderung** ist **Verwaltungsakt** (Brühl in LPK-SGB II, § 5 Rn. 56; S. Knickrehm in Eicher/Spellbrink § 5 Rn. 33; Luthe in Hauck/Noftz SGB II, Rn. 122). Widerspruch und Klage gegen den Aufforderungsbescheid haben keine aufschiebende Wirkung (so auch Luthe in Hauck/Noftz § 5 Rn. 122, unter Berufung auf den hier allerdings nicht mehr einschlägigen § 39 Nr. 1). Nunmehr (geändert durch Art. 2 Nr. 14 des Gesetzes zur Neuausrichtung arbeitsmarktpolitischer Instrumente vom 21. 12. 2008, BGBl. I, 2317, mit Wirkung vom 1. 1. 2009) Fall des § 39 Nr. 3 SGB II – Aufforderung selbst bewirkt keinen Anspruchsübergang. Entscheidung über Aufforderung nach pflichtgemäßem **Ermessen – Verhältnismäßigkeitsprüfung** (Geeignetheit, Erforderlichkeit, Angemessenheit der Antragstellung im Verhältnis zu dem Ziel Hilfebedürftigkeit zu mindern oder abzuwenden; vgl. hierzu iE. S. Knickrehm, SozSich 2008, 192; s. auch Rn. 8). Mögliche Ermessenserwägungen: Leistungsberechtigter ist „Aufstocker", geht also (noch) Erwerbstätigkeit nach/bezieht Alg nach SGB III; Absehbar, dass Hilfebedürftigkeit durch demnächst zufließende Geldmittel abgewendet oder gemindert werden kann; SGB II-Leistungen werden gewährt, weil erwerbsfähiger Hilfebedürftiger zwar seinen Bedarf, nicht jedoch den weiterer Mitglieder der Bg. decken kann – Verstoß gegen Art. 2 Abs. 1 GG (s. S. Knickrehm § 7 Rn. 12); Zu beantragende Sozialleistung wirkt sich nachteilig auf den späteren Bezug von anderen Leistungen aus. Zur vorgezogenen Altersrente s. § 12a S. 2 iVm. § 13 Abs. 2 (idF v. 1. 1. 2008, BGBl. I, 681) und ab 1. 1. 2008 geltende „Verordnung zur Vermeidung unbilliger Härten durch Inanspruchnahme einer vorgezogenen Altersrente" – Unbilligkeitsverordnung (BGBl. I 2008, 734). Wird kein Antrag bei anderem Träger gestellt, sind weiterhin SGB II-Leistungen zu erbringen; Sanktionstatbestände der §§ 31 ff greifen nicht ein. Kommt Hilfebedürftiger im Verwaltungsverfahren des anderen Trägers seinen **Mitwirkung**spflichten nicht nach, so verletzt er in erster Linie seine Pflichten im Verhältnis zu dem anderen Träger. Eine Leistungsversagung des anderen Trägers nach § 66 SGB I dürfte jedoch, wenn der Hilfebedürftige die beantragte Leistung nicht beziehen will kaum Wirkung zeigen. Es könnte sich jedoch insoweit auch um eine Verletzung der Mitwirkungspflichten gegenüber dem SGB II-Leistungsträger handeln, wollte man §§ 2 und 12a S. 1 als eine allgemeine Interpretationsgrundlage zur Ausfüllung der Rechte und Pflichten des Leistungsberechtigten ansehen – Verpflichtung an der Beseitigung der Hilfebedürftigkeit mitzuwirken (vgl. hierzu S. Knickrehm in Eicher/Spellbrink, § 5 Rn. 39; so wohl Luthe in Hauck/Noftz SGB II, § 5 Rn. 119a). Versagung von Leistungen des SGB II wegen mangelnder Mitwirkung setzt allerdings voraus, dass der Grundsicherungsträger selbst die Voraussetzungen des § 66 Abs. 3 SGB I erfüllt. Bei Versagung von SGB II-Leistungen wegen mangelnder Mitwirkung ist jedoch zu beachten, dass es sich um Leistungen zur Existenzsicherung handelt, die verfassungsrechtlich zwingend zu gewährleisten ist. Für den Übergang in andere Leistungsarten, wie zB Sachleistungen anstatt der pauschalierten Regelleistung fehlt es bei der Versagung von Leistungen nach § 66 SGB I, anders als nach § 31a Abs 3, an einer Rechtsgrundlage.

III. Rechtsbehelfe und Rechtsmittel

Rechtsbehelfe, die SGB II-Träger einlegen kann sind: Widerspruch, Klage, Antrag im vorläufigen Rechtsschutz. Rechtsmittel sind: Berufung, Revision und Beschwerde. Wie unter Rn. 9 – vor Einlegung des Rechtsbehelfs oder -mittels: Aufforderung zur Antragstellung. Auch Einlegung von Rechtsbehelf oder -mittel darf erst nach Ausübung pflichtgemäßen Ermessens erfolgen. Hat Hilfebedürftiger zwar Antrag bei anderem Sozialleistungsträger gestellt und lehnt dieser die Leistung ab, muss SGB II-Träger vor Einlegung von Rechtsbehelf oder -mittel Hilfebedürftigen hierzu auffordern. Auch in diesem Fall ist Aufforderung Verwaltungsakt, so dass Hilfebedürftiger sich mit Rechtsbehelfen oder -mitteln auch hiergegen zur Wehr setzen kann. Soweit Rechtsbehelfs- oder -mittelfristen gegen den die Sozialleistung ablehnenden Bescheid abzulaufen drohen, besteht Möglichkeit für SGB II-Träger Rechtsbehelf oder -mittel fristwahrend einzulegen. Anderer Sozialleistungsträger hat vor Entscheidung über Rechtsbehelf Verfahren wegen Rechtmäßigkeit der Aufforderung abzuwarten. Dahinter steht Gedanke, dass Ablehnung der Leistungsgewährung gegenüber dem Prozessstandschafter auch dann in Betracht kommen kann, wenn Voraussetzungen der Prozessstandschaft ansich nicht gegeben sind (vgl. hierzu BSG 19. 12. 1991 – 12 RK 24/90, BSGE 70, 72). Im Übrigen gilt: Regeln der Prozessstandschaft sind zu beachten. Hilfebedürftiger bleibt Inhaber des Anspruchs auch gegenüber anderem Sozialleistungsträger. Grundsicherungsträger kann Anspruch zwar im eigenen Namen, jedoch nur für den Berechtigten geltend machen. Berechtigter ist im gerichtlichen Verfahren ggf. notwendig beizuladen (BSG 4. 8. 1981 – 5a/5 RKn 6/80).

IV. Verstreichen von Fristen (Abs. 3 S. 2)

Versäumt Hilfebedürftiger Rechtsbehelfs- oder -mittelfristen muss sich Grundsicherungsträger dieses nicht zurechnen lassen. Wirkung dieser Regelung im Verhältnis zwischen SGB II-Leistungsberechtigtem und SGB II-Leistungsträger erschließt sich nicht. Sanktionen sind an das Versäumen von Verfahrensfristen durch Leistungsberechtigten nicht geknüpft. SGB II-Leistungsträger bleibt zur Leistung verpflichtet, es sei denn Voraussetzungen des § 31 Abs. 2 Nr. 1 (absichtliche Minderung des Einkommens) liegen vor. Im Rahmen von Erstattungsstreitigkeiten zwischen Leistungsträgern nach §§ 102 ff. SGB X muss sich SGB II-Träger ggf. nicht auf Fristversäumnis verweisen lassen. Betreibt Grundsicherungsträger das Verfahren hingegen als Prozessstandschafter, muss er den von ihm verschuldeten Fristablauf gegen sich gelten lassen.

§ 6 Träger der Grundsicherung für Arbeitsuchende

(1) ¹**Träger der Leistungen nach diesem Buch sind:**
1. **die Bundesagentur für Arbeit (Bundesagentur), soweit Nummer 2 nichts Anderes bestimmt,**
2. **die kreisfreien Städte und Kreise für die Leistungen nach § 16a, das Arbeitslosengeld II und das Sozialgeld, soweit Arbeitslosengeld II und Sozialgeld für den Bedarf für Unterkunft und Heizung geleistet wird, die Leistungen nach § 24 Absatz 3 Satz 1 Nummer 1 und 2, § 27 Absatz 3 sowie für die Leistungen nach § 28, soweit durch Landesrecht nicht andere Träger bestimmt sind (kommunale Träger).**

²**Zu ihrer Unterstützung können sie Dritte mit der Wahrnehmung von Aufgaben beauftragen; sie sollen einen Außendienst zur Bekämpfung von Leistungsmissbrauch einrichten.**

(2) ¹Die Länder können bestimmen, dass und inwieweit die Kreise ihnen zugehörige Gemeinden oder Gemeindeverbände zur Durchführung der in Absatz 1 Satz 1 Nummer 2 genannten Aufgaben nach diesem Gesetz heranziehen und ihnen dabei Weisungen erteilen können; in diesen Fällen erlassen die Kreise den Widerspruchsbescheid nach dem Sozialgerichtsgesetz. ²§ 44 b Absatz 1 Satz 3 bleibt unberührt. ³Die Sätze 1 und 2 gelten auch in den Fällen des § 6 a mit der Maßgabe, dass eine Heranziehung auch für die Aufgaben nach § 6 b Absatz 1 Satz 1 erfolgen kann.

(3) Die Länder Berlin, Bremen und Hamburg werden ermächtigt, die Vorschriften dieses Gesetzes über die Zuständigkeit von Behörden für die Grundsicherung für Arbeitsuchende dem besonderen Verwaltungsaufbau ihrer Länder anzupassen.

§ 6 a Zugelassene kommunale Träger

(1) Die Zulassungen der aufgrund der Kommunalträger-Zulassungsverordnung vom 24. September 2004 (BGBl. I S. 2349) anstelle der Bundesagentur als Träger der Leistungen nach § 6 Absatz 1 Satz 1 Nummer 1 zugelassenen kommunalen Träger werden vom Bundesministerium für Arbeit und Soziales durch Rechtsverordnung über den 31. Dezember 2010 hinaus unbefristet verlängert, wenn die zugelassenen kommunalen Träger gegenüber der zuständigen obersten Landesbehörde die Verpflichtungen nach Absatz 2 Satz 1 Nummer 4 und 5 bis zum 30. September 2010 anerkennen.

(2) ¹Auf Antrag wird eine begrenzte Zahl weiterer kommunaler Träger vom Bundesministerium für Arbeit und Soziales als Träger im Sinne des § 6 Absatz 1 Satz 1 Nummer 1 durch Rechtsverordnung ohne Zustimmung des Bundesrates zugelassen, wenn sie
1. geeignet sind, die Aufgaben zu erfüllen,
2. sich verpflichten, eine besondere Einrichtung nach Absatz 5 zu schaffen,
3. sich verpflichten, mindestens 90 Prozent der Beamtinnen und Beamten, Arbeitnehmerinnen und Arbeitnehmer der Bundesagentur, die zum Zeitpunkt der Zulassung mindestens seit 24 Monaten in der im Gebiet des kommunalen Trägers gelegenen Arbeitsgemeinschaft oder Agentur für Arbeit in getrennter Aufgabenwahrnehmung im Aufgabenbereich nach § 6 Absatz 1 Satz 1 tätig waren, vom Zeitpunkt der Zulassung an, dauerhaft zu beschäftigen,
4. sich verpflichten, mit der zuständigen Landesbehörde eine Zielvereinbarung über die Leistungen nach diesem Buch abzuschließen, und
5. sich verpflichten, die in der Rechtsverordnung nach § 51 b Absatz 1 Satz 2 festgelegten Daten zu erheben und gemäß den Regelungen nach § 51 b Absatz 4 an die Bundesagentur zu übermitteln, um bundeseinheitliche Datenerfassung, Ergebnisberichterstattung, Wirkungsforschung und Leistungsvergleiche zu ermöglichen.

²Für die Antragsberechtigung gilt § 6 Absatz 3 entsprechend. ³Der Antrag bedarf in den dafür zuständigen Vertretungskörperschaften der kommunalen Träger einer Mehrheit von zwei Dritteln der Mitglieder sowie der Zustimmung der zuständigen obersten Landesbehörde. ⁴Die Anzahl der nach den Absätzen 1 und 2 zugelassenen kommunalen Träger beträgt höchstens 25 Prozent der zum 31. Dezember 2010 bestehenden Arbeitsgemeinschaften nach § 44 b in der bis zum 31. Dezember 2010 geltenden Fassung, zugelassenen kommunalen Trägern sowie der Kreise und kreisfreien Städte, in denen keine Arbeitsgemeinschaft nach § 44 b in der bis zum 31. Dezember 2010 geltenden Fassung errichtet wurde (Aufgabenträger).

(3) Das Bundesministerium für Arbeit und Soziales wird ermächtigt, Voraussetzungen der Eignung nach Absatz 2 Nummer 1 und deren Feststellung sowie die Verteilung der Zulassungen nach den Absätzen 2 und 4 auf die Länder durch Rechtsverordnung mit Zustimmung des Bundesrates zu regeln.

(4) ¹Der Antrag nach Absatz 2 kann bis zum 31. Dezember 2010 mit Wirkung zum 1. Januar 2012 gestellt werden. ²Darüber hinaus kann vom 30. Juni 2015 bis zum 31. Dezember 2015 mit Wirkung zum 1. Januar 2017 ein Antrag auf Zulassung gestellt werden, soweit die Anzahl der nach den Absätzen 1 und 2 zugelassenen kommunalen Träger 25 Prozent der zum 1. Januar 2015 bestehenden Aufgabenträger nach Absatz 2 Satz 4 unterschreitet. ³Die Zulassungen werden unbefristet erteilt.

(5) Zur Wahrnehmung der Aufgaben anstelle der Bundesagentur errichten und unterhalten die zugelassenen kommunalen Träger besondere Einrichtungen für die Erfüllung der Aufgaben nach diesem Buch.

(6) ¹Das Bundesministerium für Arbeit und Soziales kann mit Zustimmung der zuständigen obersten Landesbehörde durch Rechtsverordnung ohne Zustimmung des Bundesrates die Zulassung widerrufen. ²Auf Antrag des zugelassenen kommunalen Trägers, der

der Zustimmung der zuständigen obersten Landesbehörde bedarf, widerruft das Bundesministerium für Arbeit und Soziales die Zulassung durch Rechtsverordnung ohne Zustimmung des Bundesrates. ³Die Trägerschaft endet mit Ablauf des auf die Antragstellung folgenden Kalenderjahres.

(7) ¹Auf Antrag des kommunalen Trägers, der der Zustimmung der obersten Landesbehörde bedarf, widerruft, beschränkt oder erweitert das Bundesministerium für Arbeit und Soziales die Zulassung nach Absatz 1 oder 2 durch Rechtsverordnung ohne Zustimmung des Bundesrates, wenn und soweit die Zulassung aufgrund einer kommunalen Neugliederung nicht mehr dem Gebiet des kommunalen Trägers entspricht. ²Absatz 2 Satz 1 Nummer 2 bis 5 gilt bei Erweiterung der Zulassung entsprechend. ³Der Antrag nach Satz 1 kann bis zum 1. Juli eines Kalenderjahres mit Wirkung zum 1. Januar des folgenden Kalenderjahres gestellt werden.

§ 6b Rechtsstellung der zugelassenen kommunalen Träger

(1) ¹Die zugelassenen kommunalen Träger sind anstelle der Bundesagentur im Rahmen ihrer örtlichen Zuständigkeit Träger der Aufgaben nach § 6 Absatz 1 Satz 1 Nummer 1 mit Ausnahme der sich aus den §§ 44b, 48b, 50, 51a, 51b, 53, 55, 56 Absatz 2, §§ 64 und 65d ergebenden Aufgaben. ²Sie haben insoweit die Rechte und Pflichten der Agentur für Arbeit.

(2) ¹Der Bund trägt die Aufwendungen der Grundsicherung für Arbeitsuchende einschließlich der Verwaltungskosten mit Ausnahme der Aufwendungen für Aufgaben nach § 6 Absatz 1 Satz 1 Nummer 2. ²§ 46 Absatz 1 Satz 4, Absatz 2 und 3 Satz 1 gilt entsprechend. ³§ 46 Absatz 5 bis 8 bleibt unberührt.

(2a) Für die Bewirtschaftung von Haushaltsmitteln des Bundes durch die zugelassenen kommunalen Träger gelten die haushaltsrechtlichen Bestimmungen des Bundes, soweit in Rechtsvorschriften des Bundes oder Vereinbarungen des Bundes mit den zugelassenen kommunalen Trägern nicht etwas anderes bestimmt ist.

(3) Der Bundesrechnungshof ist berechtigt, die Leistungsgewährung zu prüfen.

(4) ¹Das Bundesministerium für Arbeit und Soziales prüft, ob Einnahmen und Ausgaben in der besonderen Einrichtung nach § 6a Absatz 5 begründet sind und belegt sind und den Grundsätzen der Wirtschaftlichkeit und Sparsamkeit entsprechen. ²Die Prüfung kann in einem vereinfachten Verfahren erfolgen, wenn der zugelassene kommunale Träger ein Verwaltungs- und Kontrollsystem errichtet hat, das die Ordnungsmäßigkeit der Berechnung und Zahlung gewährleistet und er dem Bundesministerium für Arbeit und Soziales eine Beurteilung ermöglicht, ob Aufwendungen nach Grund und Höhe vom Bund zu tragen sind. ³Das Bundesministerium für Arbeit und Soziales kündigt örtliche Prüfungen bei einem zugelassenen kommunalen Träger gegenüber der nach § 48 Absatz 1 zuständigen Landesbehörde an und unterrichtet sie über das Ergebnis der Prüfung.

(5) ¹Das Bundesministerium für Arbeit und Soziales kann von dem zugelassenen kommunalen Träger die Erstattung von Mitteln verlangen, die er zu Lasten des Bundes ohne Rechtsgrund erlangt hat. ²Der zu erstattende Betrag ist während des Verzugs zu verzinsen. ³Der Verzugszinssatz beträgt für das Jahr 3 Prozentpunkte über dem Basiszinssatz.

§ 6c Personalübergang bei Zulassung weiterer kommunaler Träger und bei Beendigung der Trägerschaft

(1) ¹Die Beamtinnen und Beamten, Arbeitnehmerinnen und Arbeitnehmer der Bundesagentur, die am Tag vor der Zulassung eines weiteren kommunalen Trägers nach § 6a Absatz 2 und mindestens seit 24 Monaten Aufgaben der Bundesagentur als Träger nach § 6 Absatz 1 Satz 1 Nummer 1 in dem Gebiet des kommunalen Trägers wahrgenommen haben, treten zum Zeitpunkt der Neuzulassung kraft Gesetzes in den Dienst des kommunalen Trägers über. ²Für die Auszubildenden bei der Bundesagentur gilt Satz 1 entsprechend. ³Die Versetzung eines nach Satz 1 übergetretenen Beamtinnen und Beamten vom kommunalen Träger zur Bundesagentur bedarf nicht der Zustimmung der Bundesagentur, bis sie 10 Prozent der nach Satz 1 übergetretenen Beamtinnen und Beamten, Arbeitnehmerinnen und Arbeitnehmer wieder aufgenommen hat. ⁴Bis zum Erreichen des in Satz 3 genannten Anteils ist die Bundesagentur zur Wiedereinstellung von nach Satz 1 übergetretenen Arbeitnehmerinnen und Arbeitnehmern verpflichtet, die auf Vorschlag des kommunalen Trägers dazu bereit sind. ⁵Die Versetzung und Wiedereinstellung im Sinne der Sätze 3 und 4 ist innerhalb von drei Monaten nach dem Zeitpunkt der Neuzulassung abzuschließen. ⁶Die Sätze 1 bis 5 gelten entsprechend für Zulassungen nach § 6a Absatz 4 Satz 2 sowie Erweiterungen der Zulassung nach § 6a Absatz 7.

(2) ¹Endet die Trägerschaft eines kommunalen Trägers nach § 6a, treten die Beamtinnen und Beamten, Arbeitnehmerinnen und Arbeitnehmer des kommunalen Trägers, die am Tag vor der Beendigung der Trägerschaft Aufgaben anstelle der Bundesagentur als Träger nach § 6 Absatz 1 Nummer 1 durchgeführt haben, zum Zeitpunkt der Beendigung der Trägerschaft kraft Gesetzes in den Dienst der Bundesagentur über. ²Für die Auszubildenden bei dem kommunalen Träger gilt Satz 1 entsprechend.

(3) ¹Treten Beamtinnen und Beamte aufgrund des Absatzes 1 oder 2 kraft Gesetzes in den Dienst eines anderen Trägers über, wird das Beamtenverhältnis mit dem anderen Träger fortgesetzt. ²Treten Arbeitnehmerinnen und Arbeitnehmer aufgrund des Absatzes 1 oder 2 kraft Gesetzes in den Dienst eines anderen Trägers über, tritt der neue Träger unbeschadet des Satzes 3 in die Rechte und Pflichten aus den Arbeitsverhältnissen ein, die im Zeitpunkt des Übertritts bestehen. ³Vom Zeitpunkt des Übertritts an sind die für Arbeitnehmerinnen und Arbeitnehmer des neuen Trägers jeweils geltenden Tarifverträge ausschließlich anzuwenden. ⁴Den Beamtinnen und Beamten, Arbeitnehmerinnen oder Arbeitnehmern ist die Fortsetzung des Beamten- oder Arbeitsverhältnisses von dem aufnehmenden Träger schriftlich zu bestätigen. ⁵Für die Verteilung der Versorgungslasten hinsichtlich der aufgrund des Absatzes 1 oder 2 übertretenden Beamtinnen und Beamten gilt § 107b des Beamtenversorgungsgesetzes entsprechend. ⁶Mit Inkrafttreten des Versorgungslastenteilungs-Staatsvertrags sind für die jeweils beteiligten Dienstherrn die im Versorgungslastenteilungs-Staatsvertrag bestimmten Regelungen entsprechend anzuwenden.

(4) ¹Beamtinnen und Beamten, die nach Absatz 1 oder 2 kraft Gesetzes in den Dienst eines anderen Trägers übertreten, soll ein gleich zu bewertendes Amt übertragen werden, das ihrem bisherigen Amt nach Bedeutung und Inhalt ohne Berücksichtigung von Dienststellung und Dienstalter entspricht. ²Wenn eine dem bisherigen Amt entsprechende Verwendung im Ausnahmefall nicht möglich ist, kann ihnen auch ein anderes Amt mit geringerem Grundgehalt übertragen werden. ³Verringert sich nach Satz 1 oder 2 der Gesamtbetrag von Grundgehalt, allgemeiner Stellenzulage oder entsprechender Besoldungsbestandteile und anteiliger Sonderzahlung (auszugleichende Dienstbezüge), hat der aufnehmende Träger eine Ausgleichszulage zu gewähren. ⁴Die Ausgleichszulage bemisst sich nach der Differenz zwischen den auszugleichenden Dienstbezügen beim abgebenden Träger und beim aufnehmenden Träger zum Zeitpunkt des Übertritts. ⁵Auf die Ausgleichszulage werden alle Erhöhungen der auszugleichenden Dienstbezüge beim aufnehmenden Träger angerechnet. ⁶Die Ausgleichszulage ist ruhegehaltfähig. ⁷Als Bestandteil der Versorgungsbezüge vermindert sich die Ausgleichszulage bei jeder auf das Grundgehalt bezogenen Erhöhung der Versorgungsbezüge um diesen Erhöhungsbetrag. ⁸Im Fall des Satzes 2 dürfen die Beamtinnen und Beamten neben der neuen Amtsbezeichnung die des früheren Amtes mit dem Zusatz „außer Dienst" („a. D.") führen.

(5) ¹Arbeitnehmerinnen und Arbeitnehmern, die nach Absatz 1 oder 2 kraft Gesetzes in den Dienst eines anderen Trägers übertreten, soll grundsätzlich eine tarifrechtlich gleichwertige Tätigkeit übertragen werden. ²Wenn eine derartige Verwendung im Ausnahmefall nicht möglich ist, kann ihnen eine niedriger bewertete Tätigkeit übertragen werden. ³Verringert sich das Arbeitsentgelt nach den Sätzen 1 und 2, ist eine Ausgleichszahlung in Höhe des Unterschiedsbetrages zwischen dem Arbeitsentgelt bei dem abgebenden Träger zum Zeitpunkt des Übertritts und dem jeweiligen Arbeitsentgelt bei dem aufnehmenden Träger zu zahlen.

§ 6d Jobcenter

Die gemeinsamen Einrichtungen nach § 44b und die zugelassenen kommunalen Träger nach § 6a führen die Bezeichnung Jobcenter.

Art 91e GG

(1) Bei der Ausführung von Bundesgesetzen auf dem Gebiet der Grundsicherung für Arbeitsuchende wirken Bund und Länder oder die nach Landesrecht zuständigen Gemeinden und Gemeindeverbände in der Regel in gemeinsamen Einrichtungen zusammen.

(2) Der Bund kann zulassen, dass eine begrenzte Anzahl von Gemeinden und Gemeindeverbänden auf ihren Antrag und mit Zustimmung der obersten Landesbehörde die Aufgaben nach Absatz 1 allein wahrnimmt. Die notwendigen Ausgaben einschließlich der Verwaltungsausgaben trägt der Bund, sowie die Aufgaben bei einer Ausführung von Gesetzen nach Abs.atz 1 vom Bund wahrzunehmen sind.

(3) Das Nähere regelt ein Bundesgesetz, das der Zustimmung des Bundesrates bedarf.

A. Die Ausgangslage in § 6 Abs. 1 S. 1 – Trennungsmodell

§ 6 ist die verwaltungsorganisatorische Grundnorm des SGB II (Rixen in Eicher/Spellbrink, § 6 Rn. 1). Im politischen Raum war bei Einführung des SGB II bis zum Jahre 2005 heftig umstritten, ob die Verwaltungsträgerschaft für die Grundsicherungsträger dezentral auf der kommunalen Ebene (Sozialhilfemodell; favorisiert von der CDU/CSU) oder zentral von der BA, die ein organisatorisch verselbständigter Teil der mittelbaren Bundesverwaltung ist (vgl. § 367 SGB III; Arbeitsförderungsmodell, favorisiert von der SPD), wahrgenommen werden soll (grundlegend A. Robra, Organisation der SGB II-Leistungsträger, 2007). Aufgrund der politischen Machtverhältnisse wurde im Vermittlungsausschuss im Dezember 2003 ein Kompromiss erzielt, der dann im Kommunalen Optionsgesetz vom 30. 7. 2004 in §§ 6 a–c und § 44 b aF umgesetzt wurde. Letztlich resultierte aus diesem Kompromiss ein unübersichtlicher **Flickenteppich der Modelle** und Zuständigkeiten.

Nach der Experimentierklausel des § 6 a wurden zunächst im Wege der Erprobung kommunale Träger an Stelle der Agenturen für Arbeit zugelassen. Die Zulassung der insgesamt **69 sog. Optionskommunen** erfolgte durch VO des BMAS (Kommunalträger-Zulassungsverordnung vom 24. 9. 2004, BGBl. I 2349), die als Anlage alle Optionskommunen im einzelnen aufzählt. § 6 b Abs. 1 bestimmte, dass die zugelassenen kommunalen Träger die gesamten Aufgaben nach dem SGB II eigenständig wahrnehmen (bei vollständiger Ausschaltung der Agenturen für Arbeit). Daneben und quantitativ vorrangig normierte aber § 44 b Abs. 1 S. 1 und Abs. 3 S. 2, aF innerhalb des Trennungsmodells eine Verpflichtung beider Verwaltungsträger zu einer Zusammenarbeit in Form von **Arbeitsgemeinschaften (Arge)**. Die Arge nahm gem. § 44 b Abs. 3 S. 1 die Aufgaben der BA wahr und die kommunalen Träger sollten nach § 44 b Abs. 3 S. 2 aF ihre Aufgaben auf die Arge übertragen. Es handelte sich mithin um eine gemeinschaftliche Einrichtung des Bundes (bzw. der diesem zuzuordnenden Agenturen für Arbeit) und der kommunalen Träger. Das BSG hatte hierzu klargestellt, dass in der Arge lediglich die Kompetenz zur Wahrnehmung der Aufgaben gebündelt wurden (und nicht die Befugnisse selbst; vgl. BSG 7. 11. 2006 – B 7 b AS 6/06 R = BSGE 97, 211, 213 f = SozR 4-4200 § 20 Nr. 2). Schließlich gab es noch insgesamt 23 Fälle, bei denen sich die Kommunen und die Agenturen für Arbeit nicht auf die Bildung einer gemeinsamen Arge einigen konnten. In diesen Fällen wurden die Aufgaben von den Trägern jeweils **getrennt** wahrgenommen.

B. Die Entscheidung des BVerfG vom 20. 12. 2007 und die Reaktion des Verfassungsgesetzgebers in Art 91 e GG

Das BVerfG hat am 20. 12. 2007 die Regelungen über die Bildung der Arge in § 44 b für **verfassungswidrig** erklärt (BVerfG 20. 12. 2007 – 12 BvR 2433/04 und 2 BvR 2434/04 = BVerfGE 199, 331 = NZS 2008, 198 = DVBl. 2008, 173), weil auch bei einer weiterbestehenden formalen Unabhängigkeit der Träger der Grundsicherung in den Argen ein gemeinschaftlicher Vollzug von Aufgaben des Bundes und der kommunalen Träger stattfindet, der an den Kompetenznormen der Art. 83 ff. GG zu messen ist (BVerfG, Rn. 165 ff.). Die Argen widersprachen als Gemeinschaftseinrichtung der Bundesagentur und der kommunalen Träger der Kompetenzordnung des Grundgesetzes (BVerfG, aaO, Rn. 167 ff.). Es existieren – so das BVerfG – auch keine besonderen Gründe, die die gemeinschaftliche Aufgabenwahrnehmung in den Argen ausnahmsweise rechtfertigen könnten (aaO, Rn. 170 ff.). Die Einrichtung der Arge in § 44 b widerspricht dem Grundsatz eigenverantwortlicher Aufgabenwahrnehmung, der die zuständigen Verwaltungsträger verpflichtet, diese Aufgaben grundsätzlich durch eigene Verwaltungseinrichtungen, also mit eigenem Personal, eigenen Sachmitteln und eigener Organisation wahrzunehmen. Den Gemeinden ist durch Art. 28 II GG die eigenverantwortliche Führung der Geschäfte garantiert, was in der Arge (auch für die BA) nicht gewährleistet ist.

Das BVerfG hatte dem Gesetzgeber allerdings zur Neuregelung der Verwaltungsträgerschaft im SGB II eine **Umsetzungsfrist bis zum 31. 12. 2010** (aaO, Rn. 207) eingeräumt. Dies bedeutete zunächst, dass die Arge bis zu diesem Zeitpunkt, bzw bis zum Zeitpunkt einer gesetzlichen Neuregelung, weiterhin Beteiligtenfähig im SGG-Prozess war gem § 70 SGG (grundlegend BSG 7. 11. 2006 – B 7 b AS 8/06 R = BSGE 97, 217 = SozR 4-4200 § 22 Nr. 1 Rn. 30; BSG 23. 11. 2006 – B 11 b AS 1/06 R = BSGE 97, 265 = SozR 4-4200 § 20 Nr. 3, Rn. 16), dh. sie konnte weiterhin selbständig als Kläger oder Beklagter auftreten und Verwaltungsakte erlassen. In der Folgezeit wurden mehrere Gesetzesentwürfe erarbeitet, die teils heftig kritisiert wurden (hierzu Meßling in Spellbrink, Das SGB II in der Praxis der Sozialgerichte, 2010, 140 und Luik in Spellbrink, Verfassungsrechtliche Probleme des SGB II, 2011, 56). Durch das Gesetz zur Änderung des Grundgesetzes vom 1. 7. 2010 (BGBl. I, 944) wurde sodann **Art 91 e GG** in das Grundgesetz eingefügt. Zugleich wurde dieser neue GG-Artikel durch das Gesetz zur Weiterentwicklung der Organisation der Grundsicherung für Arbeitsuchende vom 3. 8. 2010 (BGBL. I, 1112) ins SGB II umgesetzt.

Art 91 e Abs. 1 GG bestimmt, dass Bund und Länder oder die nach Landesrecht zuständigen Gemeinden und Gemeindeverbände bei der Ausführung von Bundesgesetzen auf dem Gebiet der

Grundsicherung für Arbeitsuchende in der Regel in **gemeinsamen Einrichtungen** zusammenwirken. Art 91 e Abs. 1 GG schafft damit die bisher fehlende verfassungsrechtliche Grundlage für eine weitere gemeinsame Aufgabenwahrnehmung der Leistungsträger des § 6 Abs. 1 in gemeinsamen Einrichtungen. Art 91 e Abs. 2 GG enthält in Zukunft die verfassungsrechtliche Grundlage für die kommunale Option (§§ 6 a,6 b). Art 91 e Abs. 2 GG stellt eine Ausnahme vom Verbot einer bundesgesetzlichen Aufgabenübertragung auf Gemeinden und Gemeindeverbände gem. Art 84 Abs. 1 S. 7, Art 85 Abs. 1 S. 2 GG dar. Art 91 e Abs. 1 und Abs. 2 GG sind für den gesamten Bereich der Grundsicherung für Arbeitsuchende nach dem SGB II Sonderregelungen gegenüber Art 83 ff GG. Es handelt sich um einen neue Art der Ausführung von Bundesgesetzen. Die Zusammenarbeit von Kommunen und BA in gemeinsamen Einrichtungen ist in Zukunft der verfassungsrechtlich definierte Regelfall der Mischverwaltung im SGB II. Eine getrennte Aufgabenwahrnehmung mit zwei Trägern wird es in Zukunft nicht mehr geben. Alle Grundsicherungsstellen tragen nach § 6 d in Zukunft einheitlich den Namen **„Jobcenter"**, weil dieser Begriff bundesweit breite Akzeptanz erfahren hatte (BT-Drucks 17/2188, S. 18).

6   Art 91 e GG selbst enthält keine genauen Angaben über das zukünftige Zahlenverhältnis von gemeinsamen Einrichtungen nach § 44 b SGB II und Optionskommunen nach § 6 a. Allerdings findet sich in den Materialien zur Verfassungsänderung ein klarer Hinweis auf das Verhältnis von 75 : 25 (BT-Drucks 17/1554,S. 5). Dieses Verhältnis wurde auch in § 6 a Abs. 2 S. 4 SGB II zugrundegelegt. Danach beträgt die Zahl zugelassener kommunaler Träger höchstens 25% der Aufgabenträger. Allerdings ist Art 91 e Abs. 2 S. 1 GG so formuliert („kann zulassen, dass eine begrenzte Zahl"), dass der Gesetzgeber auch frei ist, den Anteil der Optionskommunen zu einem späteren Zeitpunkt wieder abzusenken bzw. das Optionsmodell gänzlich auslaufen zu lassen (so Volkmann in v. Mangoldt/Klein/Strack, GG, 6. Aufl. 2010, Band 3, § 91 e GG, Rn 10; Luik in Spellbrink, Verfassungsrechtliche Probleme im SGB II, 2011,S. 60).

C. Gemeinsame Einrichtungen nach § 44 b

7   Die gemeinsamen Einrichtungen als Rechtsnachfolger der Argen (§ 76 SGB II) entstehen im Gebiet jedes kommunalen Trägers zum 1. 1. 2011 kraft Gesetzes als teil- rechtsfähige öffentlich-rechtliche Gesellschaften sui generis (Luik in Spellbrink, Verfassungsrechtliche Probleme im SGB II, 2011, S. 64) und nehmen die Aufgaben der Träger wahr, indem sie Verwaltungsakte und Widerspruchsbescheide erlassen (§ 44 b Abs. 1 S. 3). Eine Errichtung als GmbH oder Anstalt des öffentlichen Rechts ist nicht möglich, weil einer Verkörperschaftung im Sinne einer verselbständigten Verwaltungseinheit vom Gesetzgeber nicht gewollt ist. Das BSG hat bereits klargestellt, dass das Jobcenter gem. § 76 Abs. 3 S. 1 SGB II **Rechtsnachfolger** der bisherigen Arge ist und damit kraft Gesetzes ein Beteiligtenwechsel im Prozess stattfindet, der keine (im Revisionsverfahren unzulässige) Klageänderung darstellt (BSG, 18. 1. 2011, B 4 AS 90/10 R). Die BA und die Kommunen bleiben weiterhin Träger der Leistungen nach §§ 6 ff, und verantwortlich für die rechtmäßige und zweckmäßige Erbringung ihrer Leistungen (§ 44 b Abs. 3 S. 1). Die Wahrnehmung der Geschäfte obliegt in Zukunft einem Geschäftsführer, der für fünf Jahre bestellt wird (§ 44 d Abs. 2), Beschäftigter eines der beiden Träger ist und dessen Dienstaufsicht untersteht (§ 44 d Abs. 3). Er führt die Geschäfte hauptamtlich (§ 44 d Abs. 1). Zudem wird bei jeder gemeinsamen Einrichtung eine Trägerversammlung gebildet, die über die in § 44 c Abs. 2 genannten Angelegenheiten entscheidet. Die Trägerversammlung entscheidet durch Beschluss mit Stimmenmehrheit (§ 44 c Abs. 1 S. 6). Zwischen der Verantwortung der Träger für eine rechtmäßige und zweckmäßige Leistungserbringung und den Kompetenzen der Trägerversammlung kann sich zukünftig ein Spannungsverhältnis ergeben(Luik in Spellbrink, Verfassungsrechtliche Probleme im SGB II, 2011, S. 67), Die gemeinsame Einrichtung erhält allerdings kein eigenes Personal. Dieses wird ausschließlich über eine Zuweisung durch die Träger zur Verfügung gestellt (§ 44 b Abs. 1 S. 4, 44 g). Die gemeinsamen Einrichtungen werden zudem von örtlichen Beiräten gem. § 18 d beraten. Die Aufsicht über die gemeinsamen Einrichtungen bzw die Trägerversammlung wird schließlich in § 47 geregelt.

D. Zugelassene kommunale Träger nach §§ 6 a, 6 b

8   Die Zulassungen der bislang bestehenden zugelassenen kommunalen Träger sind durch die Verordnung zur Änderung der Kommunalträger- Zulassungsverordnung vom 1. 12. 2010 (BGBl. I, S. 1758) entfristet worden. Mit Wirkung zum 1. 1. 2011 wird außerdem die Zulassung von einigen Optionskommunen wegen Gebietsreformen erweitert (§ 6 a Abs. 7 iVm § 75 Abs.). Dies ist Bestandteil der Anlage 3 zur soeben genannten VO. Bis zu 41 neue Optionskommunen können ihre Zulassung zum 1. 1. 2012 erhalten (§ 6 a Abs. 2 iVm §§ 1 ff der Kommunalträger- Eignungsfeststellungsverordnung vom 12. 8. 2010 (BGBl. I, S. 1155). Falls die Zahl nicht ausgeschöpft wird, ist gem. § 6 a Abs. 4 S. 2 ein nochmaliger Antrag zum 1. 1. 2017 möglich. Nach § 1 Abs. 2 der Kommunalträger- Eignungs-

feststellungsverordnung verständigen sich die Länder untereinander auf Landeskontingente. Voraussetzung für die Antragstellung ist nach § 6a Abs. 2 S. 3 zunächst eine ⅔ Mehrheit in den kommunalen Gremien. Außerdem müssen sich die antragstellenden Kommunen verpflichten, besondere Einrichtungen zur Erfüllung der Aufgaben zu errichten und zu unterhalten (§ 6a Abs. 2 S. 1 Nr. 2 iVm § 6a Abs. 5).Weiterhin müssen mindestens 90% des Personals der BA, das in der heutigen Arge tätig ist, übernommen werden (§ 6a Abs. 2 S. 1 Nr. 3). Maßgebend für das Zulassungsverfahren ist der Eignungstest gem. § 6a Abs. 2 S. 1 Nr. 1 iVm der Kommunalträger- Eignungsfeststellungsverordnung. Die jeweilige Kommune muss ein Konzept für den Übergang und die Aufgabenwahrnehmung erstellen, das nach der genannten Verordnung bewertet wird. Auch die Optionskommunen werden in Zukunft die Bezeichnung Jobcenter führen (§ 6d). §§ 18e und d über die hauptamtliche Beauftragte für Chancengleichheit und die örtlichen Beiräte gelten ebenso wie für die gemeinsamen Einrichtungen nach § 44b für die Optionskommunen. Die Aufsicht regelt § 48.

Kapitel 2. Anspruchsvoraussetzungen

§ 7 Leistungsberechtigte

(1) ¹Leistungen nach diesem Buch erhalten Personen, die
1. das 15. Lebensjahr vollendet und die Altersgrenze nach § 7a noch nicht erreicht haben,
2. erwerbsfähig sind,
3. hilfebedürftig sind und
4. ihren gewöhnlichen Aufenthalt in der Bundesrepublik Deutschland haben

(erwerbsfähige Leistungsberechtigte). ²Ausgenommen sind
1. Ausländerinnen und Ausländer, die weder in der Bundesrepublik Deutschland Arbeitnehmerinnen, Arbeitnehmer oder Selbständige noch aufgrund des § 2 Absatz 3 des Freizügigkeitsgesetzes/EU freizügigkeitsberechtigt sind, und ihre Familienangehörigen für die ersten drei Monate ihres Aufenthalts,
2. Ausländerinnen und Ausländer, deren Aufenthaltsrecht sich allein aus dem Zweck der Arbeitsuche ergibt, und ihre Familienangehörigen,
3. Leistungsberechtigte nach § 1 des Asylbewerberleistungsgesetzes.

³Satz 2 Nummer 1 gilt nicht für Ausländerinnen und Ausländer, die sich mit einem Aufenthaltstitel nach Kapitel 2 Abschnitt 5 des Aufenthaltsgesetzes in der Bundesrepublik Deutschland aufhalten. ⁴Aufenthaltsrechtliche Bestimmungen bleiben unberührt.

(2) ¹Leistungen erhalten auch Personen, die mit erwerbsfähigen Leistungsberechtigten in einer Bedarfsgemeinschaft leben. ²Dienstleistungen und Sachleistungen werden ihnen nur erbracht, wenn dadurch Hemmnisse bei der Eingliederung der erwerbsfähigen Leistungsberechtigten beseitigt oder vermindert werden. ³Zur Deckung der Bedarfe nach § 28 erhalten die dort genannten Personen auch dann Leistungen für Bildung und Teilhabe, wenn sie mit Personen in einem Haushalt zusammenleben, mit denen sie nur deshalb keine Bedarfsgemeinschaft bilden, weil diese aufgrund des zu berücksichtigenden Einkommens oder Vermögens selbst nicht leistungsberechtigt sind.

(3) **Zur Bedarfsgemeinschaft gehören**
1. die erwerbsfähigen Leistungsberechtigten,
2. die im Haushalt lebenden Eltern oder der im Haushalt lebende Elternteil eines unverheirateten erwerbsfähigen Kindes, welches das 25. Lebensjahr noch nicht vollendet hat, und die im Haushalt lebende Partnerin oder der im Haushalt lebende Partner dieses Elternteils,
3. als Partnerin oder Partner der erwerbsfähigen Leistungsberechtigten
   a) die nicht dauernd getrennt lebende Ehegattin oder der nicht dauernd lebende Ehegatte,
   b) die nicht dauernd getrennt lebende Lebenspartnerin oder der nicht dauernd getrennt lebende Lebenspartner,
   c) eine Person, die mit der erwerbsfähigen leistungsberechtigten Person in einem gemeinsamen Haushalt so zusammenlebt, dass nach verständiger Würdigung der wechselseitige Wille anzunehmen ist, Verantwortung füreinander zu tragen und füreinander einzustehen.
4. die dem Haushalt angehörenden unverheirateten Kinder der in den Nummern 1 bis 3 genannten Personen, wenn sie das 25. Lebensjahr noch nicht vollendet haben, soweit sie die Leistungen zur Sicherung ihres Lebensunterhalts nicht aus eigenem Einkommen oder Vermögen beschaffen können.

(3a) Ein wechselseitiger Wille, Verantwortung füreinander zu tragen und füreinander einzustehen, wird vermutet, wenn Partner
1. länger als ein Jahr zusammenleben,
2. mit einem gemeinsamen Kind zusammenleben,
3. Kinder oder Angehörige im Haushalt versorgen oder
4. befugt sind, über Einkommen oder Vermögen des anderen zu verfügen.

(4) [1]Leistungen nach diesem Buch erhält nicht, wer in einer stationären Einrichtung untergebracht ist, Rente wegen Alters oder Knappschaftsausgleichsleistung oder ähnliche Leistungen öffentlich-rechtlicher Art bezieht. [2]Dem Aufenthalt in einer stationären Einrichtung ist der Aufenthalt in einer Einrichtung zum Vollzug richterlich angeordneter Freiheitsentziehung gleichgestellt. [3]Abweichend von Satz 1 erhält Leistungen nach diesem Buch,
1. wer voraussichtlich für weniger als sechs Monate in einem Krankenhaus (§ 107 des Fünften Buches) untergebracht ist, oder
2. wer in einer stationären Einrichtung untergebracht und unter den üblichen Bedingungen des allgemeinen Arbeitsmarktes mindestens 15 Stunden wöchentlich erwerbstätig ist.

(4a) [1]Erwerbsfähige Leistungsberechtigte erhalten keine Leistungen, wenn sie sich ohne Zustimmung des zuständigen Trägers nach diesem Buch außerhalb des zeit- und ortsnahen Bereichs aufhalten und deshalb nicht für die Eingliederung in Arbeit zur Verfügung stehen. [2]Die Zustimmung ist zu erteilen, wenn für den Aufenthalt außerhalb des zeit- und ortsnahen Bereichs ein wichtiger Grund vorliegt und die Eingliederung in Arbeit nicht beeinträchtigt wird. [3]Ein wichtiger Grund liegt insbesondere vor bei
1. Teilnahme an einer ärztlich verordneten Maßnahme der medizinischen Vorsorge oder Rehabilitation,
2. Teilnahme an einer Veranstaltung, die staatspolitischen, kirchlichen oder gewerkschaftlichen Zwecken dient oder sonst im öffentlichen Interesse liegt, oder
3. Ausübung einer ehrenamtlichen Tätigkeit.
[4]Die Zustimmung kann auch erteilt werden, wenn für den Aufenthalt außerhalb des zeit- und ortsnahen Bereichs kein wichtiger Grund vorliegt und die Eingliederung in Arbeit nicht beeinträchtigt wird. [5]Die Dauer der Abwesenheiten nach Satz 4 soll in der Regel insgesamt drei Wochen im Kalenderjahr nicht überschreiten.

(5) Auszubildende, deren Ausbildung im Rahmen des Bundesausbildungsförderungsgesetzes oder der §§ 60 bis 62 des Dritten Buches dem Grunde nach förderungsfähig ist, haben über die Leistungen nach § 27 hinaus keinen Anspruch auf Leistungen zur Sicherung des Lebensunterhalts.

(6) Absatz 5 findet keine Anwendung auf Auszubildende,
1. die aufgrund von § 2 Absatz 1a des Bundesausbildungsförderungsgesetzes keinen Anspruch auf Ausbildungsförderung oder aufgrund von § 64 Absatz 1 des Dritten Buches keinen Anspruch auf Berufsausbildungsbeihilfe haben,
2. deren Bedarf sich nach § 12 Absatz 1 Nummer 1 des Bundesausbildungsförderungsgesetzes, nach § 66 Absatz 1 oder § 106 Absatz 1 Nummer 1 des Dritten Buches bemisst oder
3. die eine Abendhauptschule, eine Abendrealschule oder ein Abendgymnasium besuchen, sofern sie aufgrund von § 10 Absatz 3 des Bundesausbildungsförderungsgesetzes keinen Anspruch auf Ausbildungsförderung haben.

Übersicht

	Rn.
A. Normgeschichte	1
B. Normzweck	1a
C. Kommentierung im Einzelnen	2
I. Leistungsberechtigung	2
1. Alter	2
2. Erwerbsfähigkeit und Hilfebedürftigkeit	3
3. Gewöhnlicher Aufenthalt	4
a) Inlandsaufenthalt	4
b) Exportfähigkeit	5
4. Ausländer	6
a) Leistungsausschlüsse	6
b) Ausschluss von Ausländern während der ersten 3 Monate des Aufenthalts (§ 7 Abs. 1 S. 2 Nr. 1)	7
c) Ausschluss von Ausländern allein zum Zwecke der Arbeitssuche (§ 7 Abs. 1 S. 2 Nr. 2)	9

	Rn.
d) Ausschluss von Beziehern von Leistungen nach dem AsylbLG (§ 7 Abs. 1 S. 2 Nr. 3)	10
e) Aufenthaltsrechtliche Bestimmungen	11
II. Bedarfsgemeinschaft	12
1. Grundkonzept	12
2. Leistungen an Personen, die mit erwerbsfähigen Hilfebedürftigen in einer Bedarfsgemeinschaft leben – Abs. 2	13
3. Mitglieder der Bedarfsgemeinschaft – Abs. 3	14
a) Einordnung	14
b) Erwerbsfähiger Hilfebedürftiger – Abs. 3 Nr. 1	15
c) Unverheiratetes erwerbsfähiges Kind bis zur Vollendung des 25. Lebensjahres – Abs. 3 Nr. 2	16
d) Partner der erwerbsfähigen Hilfebedürften – Abs. 3 Nr. 3 und Abs. 3 a	17
e) Kinder unter 25 Jahren – Abs. 3 Nr. 4	18
4. Haushaltsgemeinschaft	21
III. Leistungsausschlüsse	22
1. Unterbringung in stationärer Einrichtung, JVA oder Krankenhaus	23
a) Begriff der stationären Einrichtung	23
b) JVA	24
c) Krankenhaus	25
d) Rückausschluss – Erwerbstätigkeit von mind. 15. Stunden wöchentlich	26
2. Leistungen wegen Alters	27
a) Altersrente	27
b) Knappschaftsausgleichsleistung	28
c) Ähnliche Leistung öffentlich-rechtlicher Art	29
3. Aufenthalt außerhalb des zeit- und ortsnahen Bereichs	30 a
a) Neustrukturierung der Vorschrift	30 a
b) Erreichbarkeitsanordnung	30 b
c) Definition des orts- und zeitnahen Bereichs	31
d) Ortsabwesenheit	32
e) Zustimmung	33
f) Vorliegen wichtiger Gründe	33 a
g) Abwesenheit ohne wichtigen Grund	33 b
h) Zulässige Abwesenheitsdauer	33 c
i) Betroffener Personenkreis und Rechtsfolgen	34
IV. Auszubildende	35
1. Grundsätzlicher Leistungsausschluss in SGB II und SGB XII	36
2. Dem Grunde nach förderungsfähige Ausbildung (Abs. 5 S. 1)	37
3. Ansprüche auf Leistungen nach § 27 Abs. 2 bis 5 – Mehrbedarf	40
4. Ausnahme vom Leistungsausschluss wegen besonderer Härte (§ 27 Abs. 4)	41
5. Übernahme der Kosten der Unterkunft (§ 27 Abs. 3)	42
6. Schuldenübernahme (§ 27 Abs. 5)	43
7. Rückausschluss nach § 7 Abs. 6	44

A. Normgeschichte

§ 7 ist seit dem Inkrafttreten des SGB II mehrfach geändert worden. Die Regelungen zur Leistungseinschränkung bzw. zum Leistungsausschluss für Ausländerinnen und Ausländer in § 7 Abs. 1 S. 2 bis 4 haben ihre entscheidende Änderung durch das Gesetz zur Umsetzung aufenthalts- und asylrechtlicher Richtlinien der Europäischen Union zum 28. 8. 2007 (BGBl. I, 1970) erfahren. Durch das Gesetz zur Änderung des SGB II und anderer Gesetze vom 24. 3. 2006 (BGBl I; 558) ist mit Wirkung zum 1. 7. 2006 die Altersgrenze für Kinder in der Bg. bis auf die Vollendung des 25. Lbj. angehoben worden (§ 7 Abs. 3 Nr. 2 und Nr. 4). Die Regelungen zur Bg. durch „eheähnliche Lebensgemeinschaft" sind durch das Gesetz zur Fortentwicklung der Grundsicherung für Arbeitsuchende vom 20. 7. 2006 (BGBl I, 1706) eingeführt (Abs. 3a) und geändert (Abs. 3 Nr. 3) worden. Ebenfalls durch das Fortentwicklungsgesetz ist Abs. 4 im Hinblick auf die Unterbringung in einer stationären Einrichtung geändert worden (Einrichtung des Vollzugs, Reduzierung der Prognoseentscheidung auf den Krankenhausaufenthalt und Ausnahme vom Ausschluss bei mind. 15 Stunden wöchentlicher Erwerbstätigkeit). Abs. 4a (Erreichbarkeitsregelung) ist gleichfalls durch das Fortentwicklungsgesetz in § 7 gelangt. Die Ausnahmeregelung hinsichtlich des Leistungsausschlusses für Auszubildende findet sich seit dem 1. 1. 2008 in Abs. 6 (21. Änderungsgesetz zur Änderung des BAföG vom 23. 12. 2007, BGBl I, 3254). § 7 ist auch durch das RegelbedarfsÄndG v. 24. 3. 2011 (BGBl. I, 453) erneut umgestaltet worden. Inkrafttreten am 1. 4. 2011, mit Ausnahme von Abs. 2 S. 3, der rückwirkend zum 1. 1. 2011 in Kraft getreten ist (Art. 14 Abs. 1 iVm Abs. 3 RegelbedarfsÄndG) und Abs. 4a – s. u. Abgesehen von den das gesamte SGB II betreffenden redaktionellen Änderungen und der sprachlichen Anpassung an das Gender Mainstreaming, treffen die Änderungen insb. § 7 Abs. 2, also die nicht erwerbsfähigen Mitglieder der Bg., wegen der auf Grund der Kritik in der Entscheidung des BVerfG vom 9. 2. 2010 (BVerfGE 125, 175) eingeführten Leistungen für Bildung und Teilhabe (§ 28). Abs. 4a hat eine völlig neue Fassung erhalten – insb. ist die Bezugnahme auf die Erreichbarkeitsanordnung der BA entfallen und in § 13 Abs. 3 eine Ermächtigungsgrundlage für den Erlass einer entsprechenden VO durch das BMAS für das SGB II eingeführt worden. Nach § 77 Abs. 1 gilt § 7 Abs. 4a in der bis zum 31. 12. 2010 geltenden Fassung weiter bis zum Inkrafttreten einer nach § 13 erlassenen Rechtsverordnung. Der Leistungsausschluss für Auszubildende (Abs. 5) hat eine Präzisierung im Hinblick auf die nach dem SGB II zustehenden Leistungen neben den Ausbildungsförderungsleistungen durch die neuen Bildungs- und Teilhabeleistungen erhalten. Die Ausnahme vom Leistungsausschluss auf Grund einer besonderen Härte (bisher Abs. 5 S. 2) ist als Abs. 4 in die zentrale Norm für Leistungen für Auszubildende (§ 27) verschoben worden.

B. Normzweck

1a § 7 ist Einweisungsnorm und eine der zentralen Vorschriften des SGB II. Über § 7 wird die Leistungsberechtigung für alle Leistungen der Grundsicherung für Arbeitsuchende (Eingliederungsleistungen – § 1 Abs. 3 Nr. 1 und Leistungen zur Sicherung des Lebensunterhalts – § 1 Abs. 3 Nr. 2) gesteuert. § 7 Abs. 1 Nr. 1 iVm. § 7a (unselbstständiger Teil von § 7 Abs. 1 Nr. 1 – vgl. hierzu Spellbrink in Eicher/Spellbrink § 7 Rn. 1) begrenzt Leistungsberechtigung nach Alter (15 Jahre – jüngere Kinder sind nur als Mitglieder der Bg. nach dem SGB II leistungsberechtigt – bis Erreichen der Regelaltersgrenze). Erwerbsfähigkeit und Hilfebedürftigkeit werden nicht in § 7 Abs. 1 definiert, sondern Voraussetzungen von §§ 8 und 9 müssen für Leistungsberechtigung erfüllt sein. Gewöhnlicher Aufenthalt bestimmt sich nach § 30 SGB I (s. hierzu auch BSG 16. 12. 2008 – B 4 AS 40/07 R, unter Aufgabe von BSG 16. 5. 2007 – B 11b AS 37/06 R, BSGE 98, 243 = SozR 4-4200 § 12 Nr. 4), wobei Ausnahmen für Ausländer in § 7 Abs. 1 S. 2, 3 und 4 geregelt sind (Gesetz zur Änderung des SGB II und anderer Gesetze – BGBl. I, 558). Anwesenheit in orts- und zeitnahen ist in § 7 Abs. 4a geregelt, wobei mit dem Inkrafttreten des RegelbedarfsÄndG 2011 die ausdrückliche Bezugnahme auf die „Erreichbarkeitsanordnung" zum SGB III im Gesetzestext entfallen ist. Dafür Verordnungsermächtigung für BMAS in § 13 Abs. 3. Institut der Bedarfsgemeinschaft wird in § 7 Abs. 2 und 3 umschrieben. Nur erwerbsunfähiger Leistungsberechtigter, der der Bg angehört, also nach § 7 Abs. 2 an einen erwerbsfähigen Leistungsberechtigten gebunden ist, unterfällt dem Regime des SGB II. Damit kann er Leistungen, insb. Sozialgeld (§ 19 Abs. 1 S. 2 iVm § 23) erhalten, ist jedoch auch dem Grundsatz des Forderns iSd. § 2 ausgesetzt und hat zur Finanzierung der Bg. beizutragen. Auch wenn er eigenen Bedarf durch sein Einkommen decken kann wird er ggf. als Mitglied der Bg. Hilfebedürftiger iSd. SGB II (§ 9 Abs. 2 S. 3). § 7 Abs. 3a definiert die Verantwortungs- und Einstandsgemeinschaft des § 7 Abs. 3 Nr. 3 Buchst. c – vormals „eheähnliche Lebensgemeinschaft". § 7 Abs. 4 regelt den Ausschluss von Leistungsberechtigung unter zwei Gesichtspunkten. Einerseits wegen Aufenthalts in einer stationären Einrichtung und andererseits wegen Bezugs von Leistungen auf Grund Alters. In beiden Fällen wird Erwerbsunfähigkeit fingiert und scheidet die hilfebedürftige Person daher vollständig aus dem Leistungssystem des SGB II aus, bleibt jedoch Mitglied der Bg. Einkommen der ausgeschlossenen Person fließt nach § 9 Abs. 2 S. 3 in die Berechnung der SGB II-Leistung des verbleibenden Mitglieds der Bg. ein (z Problematik der „gemischten Bg." s. Rn. 14, 27). Auszubildende und Studenten sollen grundsätzlich weder SGB II- noch SGB XII-Leistungen (s. § 22 SGB XII) erhalten. Neben BAföG und Leistungen nach §§ 60ff. SGB III soll kein weiteres System den Lebensunterhalt während der förderungsfähigen Ausbildung sichern. Zu den Ausnahmen s. § 7 Abs. 5 und § 7 Abs. 6 sowie § 27 (s. Rn. 40; zur alten Rechtslage BSG 6. 9. 2007 – B 14/7b AS 36/06 R u. 28/06 R).

C. Kommentierung im Einzelnen

I. Leistungsberechtigung

2 **1. Alter.** Erwerbsfähiger Leistungsberechtigter erhält zwischen dem vollendeten 15. Lbj. (keine Volljährigkeit erforderlich [§ 11 Abs. 1 Nr. 2 SGB X], auch nicht mehr für Ausscheiden des Kindes aus der Bg. mit den Eltern/einem Elternteil [Änderung des § 7 Abs. 3 Nr. 2, 4 durch Fortentwicklungsgesetz, BGBl. I, 558 – seitdem Vollendung des 25. Lbj.]) und dem Erreichen der Altersgrenze nach § 7a SGB II-Leistungen. Zwischen Geburt und vollendetem 15. Lbj. nur Leistungsberechtigung, wenn Mitglied der Bg. (§ 23 Nr. 1 iVm. § 7 Abs. 3 Nr. 4). Zu den Altersgrenzen s. § 7a, als unselbstständiger Normteil von § 7 Abs. 1 S. 1 Nr. 1. Entfaltet Wirkung ab Jahrgang 1947, also erstmals im Jahre 2012 (§ 7a S. 1). Berechnung des Lebensalters: §§ 187 Abs. 2 S. 2, 188 Abs. 2 BGB iVm. § 26 SGB X – Vollendung des Lbj. mit Ablauf des letzten Tages vor Geburtstag.

3 **2. Erwerbsfähigkeit und Hilfebedürftigkeit. Erwerbsfähigkeit** ist entscheidendes Abgrenzungskriterium zwischen den Systemen SGB II und SGB XII. Nur wer erwerbsfähig ist kann SGB II-

Leistungen erhalten, es sei denn er ist als Erwerbsunfähiger Mitglied einer Bg. Insoweit kann Erwerbsunfähiger seinen SGB II-Anspruch zwar nur von einem Erwerbsfähigen ableiten, hat dann allerdings einen eigenständigen, etwa von Sanktionen gegenüber dem Erwerbsfähigen unabhängigen Anspruch. IE z. Erwerbsunfähigkeit s. bei § 8, der Legaldefinition des § 7 Abs. 1 S. 1 Nr. 2 beinhaltet. Voraussetzungen der **Hilfebedürftigkeit** in erster Linie in § 9 geregelt. Vorschrift wird flankiert von §§ 11–13 und Alg II-V. Hilfebedürftig ist immer nur einzelne Person, nicht Bg. Einzelnes Mitglied muss sich allerdings Einkommen, Vermögen und Gesamtbedarf aller Mitglieder Bg. zur Ermittlung der individuellen Leistungshöhe zurechnen lassen (s. zur Bg. iE unter Rn. 14/s. Rn. 18 – Ausnahme hinsichtlich des Einkommens eines Kindes, das dessen Existenzsicherung dient). Nach § 9 Abs. 2 S. 3 gilt: Ist in einer Bg. nicht der gesamte Bedarf aus eigenen Kräften und Mitteln gedeckt, gilt jede Person der Bg. im Verhältnis des eigenen Bedarfs zum Gesamtbedarf als hilfebedürftig. Zur Hilfebedürftigkeit iE s. Kommentierung zu § 9.

3. Gewöhnlicher Aufenthalt. a) Inlandsaufenthalt. § 7 Abs. 1 S. 1 Nr. 4 soll sicherstellen, dass 4 nur bei **nicht nur vorübergehendem Aufenthalt** in der BRD SGB II-Leistungen gewährt werden. Nach § 30 Abs. 3 S. 2 SGB I hat jemand seinen gewöhnlichen Aufenthaltsort, wo er sich unter Umständen aufhält, die erkennen lassen, dass er an diesem Ort in diesem Gebiet nicht nur vorübergehend verweilt. Vorschrift ist unter Berücksichtigung des Regelungszwecks der jeweils anzuwendenden Vorschrift auszulegen (vgl. BSG 28. 7. 1992 – 5 RJ 24/91, BSGE 71, 78; 27. 9. 1990 – 4 REg 30/89 – BSGE 67, 243; Link in Eicher/Spellbrink § 36 Rn. 16 ff.). **Auslandsaufenthalt/**Auslandsaufenthalt führt daher nicht zwangsläufig zum Ausschluss von der Leistungsberechtigung – Lebensmittelpunkt kann bei vorausschauender Betrachtung auch weiterhin das Inland sein (vgl. Hänlein in Gagel, § 7 SGB II Rn. 24). Insoweit ist allerdings der Leistungsausschluss nach § 7 Abs. 4 a zu beachten. **Deutsche** mit **gewöhnlichem Aufenthalt im Ausland** können unter Voraussetzungen des § 24 SGB XII Anspruch auf Sozialhilfe haben, auch wenn sie erwerbsfähig sind. § 24 SGB XII ist besondere Form der „Nothilfe" (im Ergebnis auch Hänlein in Gagel, § 7 Rn. 26). Auch für **Ausländer** ist der gewöhnliche Aufenthalt Anspruchsvoraussetzung. Für sie gelten ferner § 7 Abs. 1 S. 2 und 3. Für gewöhnlichen Aufenthalt in der BRD nicht erforderlich, dass sie über einen Aufenthaltstitel verfügen, der den persönlichen Aufenthalt zulässt (vgl. BSG 16. 12. 2008 – B 4 AS 40/07 R, unter Aufgabe von BSG 16. 5. 2007 – B 11 b AS 37/06 R). Vor dem Hintergrund des neu eingeführten § 7 Abs. 4 a, mit dem nunmehr die ungenehmigte Ortsabwesenheit durch Leistungsausschluss sanktioniert wird (keine echte Voraussetzung für Leistungsberechtigung, s. Spellbrink in Eicher/Spellbrink § 7 Rn. 10; z. den Einzelheiten s. Rn. 30–34) ist fraglich geworden, ob **Nichtsesshafte** und **Wohnungslose** nach dem SGB II leistungsberechtigt sein können. Leistungsberechtigung wird in der Literatur bejaht, insb im Hinblick § 36 S. 4 – Für die örtliche Zuständigkeit des Grundsicherungsträgers kommt es danach darauf an, ob sie Leistungsberechtigter im Bereich des Trägers aufhält. Entscheidend ist mithin, dass Lebensmittelpunkt die BRD ist (s. hierzu BT-Drs. 16/1410, S. 27; Brühl/Schoch in LPK-SGB II, § 7 Rn. 15; Hänlein in Gagel, § 7 SGB II Rn. 23; Peters in Estelmann, § 7 Rn. 7; Spellbrink in Eicher/Spellbrink § 7 Rn. 10). Lösung ist auch vom Zweck der Regelung getragen, denn Ziel des SGB II ua. Aufnahme einer Erwerbstätigkeit, also Integration in den Arbeitsmarkt, soweit Erwerbsfähigkeit gegeben ist. Bezug von Sozialhilfe kommt nur bei Erwerbsunfähigkeit in Betracht. Feststellung dessen ist jedoch keine Frage des gewöhnlichen Aufenthalts.

b) Exportfähigkeit. Leistungsexport v. SGB II-Leistungen ist grundsätzlich ausgeschlossen. Nach 5 § 30 Abs. 2 SGB I bleiben hinsichtlich der Bestimmung des gewöhnlichen Aufenthalts Regelungen des über- und zwischenstaatlichen Rechts unberührt. Leistungen nach dem SGB II sind als beitragsunabhängige Geldleistungen in den Anhang II a lit D der EWG-VO 1408/71 aufgenommen (vgl. BSG 18. 1. 2011 – B 4 AS 14/10 R) und nach Art. 10 a EWG-VO 1408/71 nicht exportfähig. Anders, war die Rechtslage solange noch die Gewährung eines Zuschlags nach § 24 idF des SGB II bis zum 31. 12. 2010 in Betracht kam, denn auf Grund des Zuschlags nach § 24 war Alg II als eine Leistung bei Arbeitslosigkeit iSv. Art. 4 Abs. 1 g EWG-VO 1408/71 zu bewerten und unter Beachtung von Art. 69 EWG-VO 1408/71 für max. 3 Monate exportfähig (vgl. hierzu Hähnlein in Gagel, § 7 SGB II, Rn. 27; S. Knickrehm in Eicher/Spellbrink, § 24 Rn. 30; Kretschmer in Niesel, Anh A vor Art. 67–71a, Rn. 29; Schlegel in Eicher/Schlegel, EWG-VO 1408/71, Art. 67–71, Rn. 45 ff.; Spellbrink in Eicher/Spellbrink § 7 Rn. 12; Fuchs NZS 2007, 1). Zwar kann Alg II auch als soziale Vergünstigung iS des Art. 7 Abs. 2 EWG-VO 1612/68 angesehen werden und kommt bei einem Grenzgänger ggf auch Zahlung in den Wohnortstaat in Betracht – offengelassen in BSG 18. 1. 2011 – B 4 AS 14/10 R. Allerdings setzt Zahlung in den Wohnortstaat im Hinblick auf den Verhältnismäßigkeitsgrundsatz zumindest die Aufrechterhaltung der Verbindung zum deutschen Arbeitsmarkt voraus.

4. Ausländer. a) Leistungsausschlüsse. Regelung des § 7 Abs. 1 S. 2 bestimmt Leistungsaus- 6 schluss für Ausländer, die an sich leistungsberechtigt nach dem SGB II sind (vgl. Hackethal in Juris-PK-SGB II, § 7 Rn. 28 f.; Hänlein in Gagel, § 7 SGB II Rn. 68; Spellbrink in Eicher/Spellbrink, § 7 Rn. 13; so wohl zur Neuregelung durch G zur Umsetzung aufenthalts- und asylrechtlicher RL der EU v. 19. 8. 2006, BGBl. I, 1970; so wohl auch: Valgolio in Hauck/Noftz-SGB II, § 7 Rn. 101).

Daher von Tatbestandsvoraussetzung des gewöhnlichen Aufenthalts zu trennen (z. gewöhnlichen Aufenthalt v. Ausländern, s. Rn. 4). Angesichts v. § 7 Abs. 1 S. 2 Nr. 2 mit der Folge des Leistungsausschlusses ist Regelung des § 8 Abs. 2 bedeutungslos geworden, wenn Aufenthalt allein zum Zwecke der Arbeitssuche (s. Spellbrink in Eicher/Spellbrink § 7 Rn. 13). Da § 7 Abs. 1 S. 2 Leistungsausschuss regelt, auch kein Anspruch auf Leistungen nach dem SGB XII, denn Leistungsberechtigung nach SGB II (§ 7 Abs. 1 S. 1 Nr. 1–4) besteht dem Grunde nach [§ 21 S. 1 SGB XII] (a. A. Brühl/Schoch, LPK-SGB II, § 7 Rn. 20, die allerdings den Ausschlusscharakter von § 7 Abs. 1 S. 2 verkennen).

7 **b) Ausschluss von Ausländern während der ersten 3 Monate des Aufenthalts (§ 7 Abs. 1 S. 2 Nr. 1).** § 7 Abs. 1 S. 2 Nr. 1 bestimmt Ausschluss v. SGB II-Leistungen für Ausländer und ihre Familienangehörigen, in den ersten drei Monaten ihres Aufenthalts, wenn sie weder in der BRD Arbeitnehmer oder Selbstständige noch auf Grund des § 2 Abs. 3 FreizügG/EU feizügigkeitsberechtigt sind. Regelung betrifft in erster Linie **Unionsbürger**, die sich bis zu 3 Monate in der BRD ausschließlich mit Reisepass oder Personalausweis zum Zwecke der Arbeitssuche befinden (§ 2 Abs. 2 Nr. 2, Abs. 5 FreizügG iVm. Art. 24 Abs. 2 und Art. 14 Abs. 4 Buchst b RL 2004/38/EG, ABl L 158 v. 30. 4. 2004, 77; so auch Valgolio § 7 Rn. 110). Wenn EU-Ausländer aus anderem Grund von Freizügigkeitsrecht Gebrauch macht, kein Fall des § 7 Abs. 1 S. 2 Nr. 1, zB wenn Vorbeschäftigung in BRD – dann bereits AN-Status oder Nachzug von Familienangehörigen (s. § 2 Abs. 3 FreizügG) des AN oder eines Deutschen oder Aufstockers (vgl. Hänlein in Gagel, Stand I/2008, Rn. 68 a; Spellbrink in Eicher/Spellbrink § 7 Rn. 16). Aufenthaltsrecht nach § 2 Abs. 1 FreizügG bleibt aufrecht erhalten, bei unfreiwilliger Alo oder Einstellung einer selbstständigen Tätigkeit infolge von Umständen, auf die der Selbstständige keinen Einfluss hatte, nach mehr als einem Jahr Tätigkeit. Bei unfreiwilliger Alo nach weniger als einem Jahr der Beschäftigung bleibt Recht aus Abs. 1 während der Dauer von sechs Monaten unberührt (§ 2 Abs. 3 S. 2 FreizügG). Von diesen Regelungen nicht betroffen: Ausländer mit Aufenthaltsrecht aus humanitären, völkerrechtlichen oder politischen Gründen (§ 7 Abs. 1 S. 3 iVm Kapitel 2 Abschn. 5 aufenthG). Europarechtskonformität des Leistungsausschlusses für Angehörige von EU-Mitgliedsstaaten zweifelhaft, weil fraglich, ob Ermächtigungsgrundlage in Art. 24 Abs. 2 RL 2004/38/EG nicht gegen Art. 12 und 18 EGV verstößt. Auch wenn mit nationaler Vorschrift von „Öffnungsklausel/Option" aus europäischem Sekundärrecht Gebrauch gemacht wird, muss nationales Recht europäischem Primärrecht entsprechen (vgl. hierzu ausführlich: Spellbrink in Eicher/Spellbrink § 7 Rn. 17; s. auch Brühl/Schoch, LPK-SGB II, § 7 Rn. 19; Valgolio in Hauck/Noftz SGB II, § 7 Rn. 115 f; kritisch: LSG BW 23. 7. 2008, L 7 AS 3031/08 ER-B; Leistungsausschluss gilt für Unionsbürger nur, wenn diese bereits zur Ausreise aufgefordert worden sind: LSG BE-BB 30. 5. 2008, L 14 B 282/08 AS ER; LSG BE-BB 25. 4. 2007, L 19 B 16/07 AS ER, ZfSH/SGB 2007, 482; LSG NS-HB 14. 1. 2008, L 8 SO 88/07 ER; Leistungsausschluss bejahend: LSG HE 3. 4. 2008, L 9 AS 59/08 B ER, ZFSH/SGB 2008, 348; SG NW 15. 6. 2007, L 20 B 59/07 ER; polnischer Staatsangehöriger: LSG NW 7. 11. 2007, L 20 B 184/07 AS ER; bei Leistungsausschluss allerdings Anspruch auf SGB XII-Leistungen: LSG NW 27. 6. 2007, L 9 B 81/07 AS – problematisch angesichts v.§ 23 Abs. 3 S. 1 SGB XII, s. hierzu auch Spellbrink in Eicher/Spellbrink § 7 Rn. 14). Allerdings weißt Hänlein unter Bezug auf die Rechtsprechung des EuGH, wonach der Leistungsausschluss keine ungerechtfertigte Diskriminierung darstelle, wenn es ein legitimes Anliegen des betreffenden Mitgliedsstaates gebe Leistungen zur Erleichterung des Zugangs zum Arbeitsmarkt davon abhängig zu machen, dass es eine tatsächliche Beziehung des betreffenden EU-Ausländers zum betroffenen räumlichen Arbeitsmarkt gebe (Hänlein in Gagel, 3 7 SGB II, Rn. 68 c; EuGH 23. 3. 2004 – C-138/02; 15. 9. 2005 – C-258/05). Auf dieser Linie bewegt sich letztlich auch die Entscheidung Vatsouras/Koupatanze (EuGH 4. 6. 2009 – C-22/08 und C-23/98). In beiden Fällen waren die betreffenden Antragsteller vor dem SGB II-Leistungsbezug bzw daneben in der BRD erwerbstätig. Daher ist es wohl nicht möglich von einem grundsätzlichen Verstoß gegen das Diskriminierungsverbot wegen der Staatsangehörigkeit und einer Unverhältnismäßigkeit des Leistungsausschlusses in den ersten drei Monaten auszugehen, weil es sich beim SGB II – auch – um ein Arbeitsmarktgesetz handele (in der Tendenz aber wohl anders Valgolio in Hauck/Noftz SGB II, § 7 Rn. 121). Umgekehrt ist der Leistungsausschluss dann wohl unverhältnismäßig, wenn der Bezug zum deutschen Arbeitsmarkt besteht oder bestanden hat (vgl. Hänlein in Gagel, § 7 SGB II, Rn. 68 c; in der Tendenz, allerdings im Zusammenhang der Exportfähigkeit s. auch BSG 18. 1. 2011 – B 4 AS 14/10 R). Keine Differenzierung zwischen Eingliederungsleistungen und Leistungen z. Sicherung des Lebensunterhalts (vgl. Spellbrink in Eicher/Spellbrink § 7 Rn. 18).

8 „**Gegenausnahme**" zu Leistungsausschluss nach § 7 Abs. 1 S. 2 Nr. 1 ist in § 7 Abs. 1 S. 3 für alle diejenigen geregelt, die sich mit einem Aufenthaltstitel nach Kapitel 2 Abschnitt 5 AufenthG in der BRD aufhalten (Aufenthalt aus völkerrechtlichen, humanitären oder politischen Gründen).

9 **c) Ausschluss von Ausländern allein zum Zwecke der Arbeitssuche (§ 7 Abs. 1 S. 2 Nr. 2).** Zur europarechtlichen Problematik s. Rn. 7. Allerdings stellt sich Problematik für Unionsbürger nach dem Wortlaut von § 7 Abs. 1 S. 2 Nr. 2 noch schärfer als bei Satz 2 Nr. 1 (ausführlich dazu Rn. 7), da sie auch über den Zeitraum von drei Monaten hinaus von SGB II-Leistungen ausge-

schlossen sein sollen, wenn sie zum Zwecke der Arbeitsuche eingereist sind. Zur Europarechtswidrigkeit s. Rn. 7. In diesem Zusammenhang ist zudem zu beachten, dass sich alle Staatsangehörigen, deren Heimatländer dem Europäischen Fürsorgeabkommen (EFA) v. 11. 12. 1953 (BGBl. II, 1956, 564) beigetreten sind, auf das Gleichheitsgebot des Art 1 EFA, als unmittelbar geltendes Bundesrecht berufen können (vgl. BSG 19. 10. 2010 – B 14 AS 23/10 R). Danach ist jeder der Vertragschließenden verpflichtet, den Staatsangehörigen der anderen Vertragsstaaten, die sich in irgendeinem Teil seines Gebietes, auf das dieses Abkommen Anwendung findet, erlaubt aufhalten und nicht über ausreichende Mittel verfügen, in gleicher Weise wie seinen eigenen Staatsangehörigen und unter den gleichen Bedingungen die Leistungen der sozialen und Gesundheitsfürsorge zu gewähren, die in der in diesem Teil seines Gebietes geltenden Gesetzgebung vorgesehen sind. Das Aufenthaltsrecht eines Ausländers soll nach BT-Drucks. 16/688 (S. 13) auch dann vom Zweck der Arbeitsuche geprägt sein, wenn er nach Studienabschluss eine Arbeit sucht und deshalb eine Arbeitserlaubnis nach § 16 Abs. 4 AufenthG erhält (Hänlein in Gagel, Stand I/2008, § 7 SGB II Rn. 71; Spellbrink in Eicher/Spellbrink § 7 Rn. 15; Valogolio in Hauck/Noftz SGB II, Stand IV/2008, § 7 Rn. 29).

d) Ausschluss von Beziehern von Leistungen nach dem AsylbLG (§ 7 Abs. 1 S. 2 Nr. 3). 10
Nach § 1 AsylbLG Anspruchsberechtigte sind von SGB II-Leistungen ausgeschlossen. AsylbLG ist eigenständiges und abgeschlossenes Sicherungssystem für den in § 1 AsylbLG benannten Personenkreis. Auch wenn nach § 2 AsylbLG das SGB XII entsprechend anzuwenden ist (BSG 17. 6. 2008 – B 8/9b AY 1/07 R) und/oder ihnen eine Beschäftigung erlaubt worden ist oder werden kann, ist für sie der SGB XII-Leistungsbezug ausgeschlossen. Asylbewerber verliert mit dem Leistungsbezug nach § 2 AsylbLG nicht die formale Stellung eines Leistungsempfängers iSv. § 1 AsylbLG, so dass ein Anspruch nach dem SGB II nicht besteht (BSG 16. 12. 2008 – B 4 AS 40/07 R; s. auch Brühl/Schoch LPK-SGB II, § 7 Rn. 23; Spellbrink in Eicher/Spellbrink § 7 Rn. 20; Valogolio in Hauck/Noftz, Stand IV/2008, § 7 Rn. 31). Dieses gilt selbst dann, wenn zuvor ein Anspruch auf Alg nach dem SGB III bestanden hat (wird problematisiert von Spellbrink in Eicher/Spellbrink § 7 Rn. 22). SGB II-Leistungsanspruch nur dann, wenn Flüchtling einen anderen Aufenthaltstitel als nach §§ 23 Abs. 1, 24, 25 Abs. 4 oder 5, 60 AufenthG erhält und für länger als sechs Monate erteilt worden ist (vgl. Hänlein in Gagel Stand I/2008, § 7 SGB II, Rn. 75). Der Ausschluss von Leistungen nach SGB II für Leistungsberechtigte nach dem AsylbLG gilt auch für nicht erwerbsfähige Hilfebedürftige, die mit einem Leistungsempfänger nach dem SGB II in Bedarfsgemeinschaft leben (BSG 21. 12. 2009 – B 14 AS 66/08 R). Nach Auffassung des BSG verletzt der Ausschluss von Leistungsberechtigten nach dem AsylbLG von Leistungen nach dem SGB II nicht den allgemeinen Gleichheitssatz nach Art 3 Abs 1 GG (vgl BSG 13. 11. 2008 – B 14 AS 24/07 R; 16. 12. 2008 – B 4 AS 40/07 R; 7. 5. 2009 – B 14 AS 41/07 R). Beachte: Vorlage des LSG NRW an das BVerfG zur Höhe der abgesenkten Regelleistung nach dem AsylbLG – 1 BvL 10/10 (Entscheidung in 2011 beabsichtigt).

e) Aufenthaltsrechtliche Bestimmungen. Aufenthaltsrechtliche Bestimmungen bleiben unberührt bedeutet einerseits, dass der Bezug von SGB II-Leistungen aufenthaltsbeendende Maßnahmen 11 nicht hindern kann und andererseits alleine der Bezug von SGB II-Leistungen nicht zur Ausweisung führt – anders als Sozialhilfe nach § 55 Abs. 2 Nr. 6 AufenthG (vgl. hierzu Spellbrink in Eicher/Spellbrink § 7 Rn. 23).

II. Bedarfsgemeinschaft

1. Grundkonzept. Bg. ist mit dem SGB II neu geschaffenes **Rechtsinstitut**, das von Einsatz- 12
(§ 19 Abs. 1 S. 2 SG XII) o. Haushaltsgemeinschaft (§ 39 SGB XII u. § 9 Abs. 5) abzugrenzen ist. Begründung von **Ansprüche**n und **Pflichten** über Bg. für alle ihre Mitglieder durch mind. einen erwerbsfähigen Hilfebedürftigen (zu den einzelnen Mitgliedern der Bg. vgl. Rn. 13, 14 ff.). Bg. kann mithin als rechtliches Annex des erwerbsfähigen Hilfebedürftigen verstanden werden (s. Spellbrink in Eicher/Spellbrink § 7 Rn. 27). Vom erwerbsfähigen Hilfebedürftigen wird vermutet, dass er auch für seine Angehörigen bevollmächtigt ist zB Leistungen nach dem SGB II zu **beantrag**en [s. § 38]. S. nunmehr auch der umgangsberechtigte Elternteil für Kind in temporärer Bg. (§ 38 Abs. 2; zur Problematik der Prozessführungsbefugnis durch den umgangsberechtigten Elternteil s. BSG 2. 7. 2009 – B 14 AS 75/08 R und 54/08 R). Zu **Individualanspruch** und Vertretung der Bg. im sozialgerichtlichen Verfahren ansonsten: s. BSG 7. 11. 2006 – B 7b AS 8/06 R, BSGE 97, 217 = SozR 4-4200 § 22 Nr. 1) – danach hat jedes einzelne Mitglied der Bg. selbst Widerspruch gegen den ihn betreffenden Teil des VA zu einzulegen und Klage zu erheben. Während bei **Einsatzgemeinschaft** des SGB XII der einzelne, wenn er seinen Bedarf selbst decken kann nicht sozialhilfebedürftig wird und auch nur mit dem überschießenden Teil seines Einkommens oder Vermögens zum Unterhalt seiner Familienangehörigen beizutragen hat, sind nach dem SGB II alle Bedarfe und Einkommen zusammenzufassen, ohne Aufteilung nach Personen So wird auch das Mitglied der Bg., das isoliert betrachtet seinen Bedarf zB durch eigenes Einkommen decken kann, uU hilfebedürftig. Nach § 9 Abs. 2 S. 3 gilt: Ist in einer Bg. nicht der gesamte Bedarf – aller Mitglieder der Bg. zusammengenommen – aus eigenen Kräften und Mitteln – aller Mitglieder der Bg. – gedeckt, gilt jede Person der Bg. im Verhältnis des eigenen Bedarfs zum **Gesamtbedarf** als hilfebedürftig (horizontale Berechnungsmethode,

s. BSG 18. 6. 2008 – B 14 AS 55/07 R; zur Verfassungsmäßigkeit s. BSG 28. 10. 2009 – B 14 AS 55/08 R). Somit kann über die Konstruktion der Bg. auch ein an sich nicht Hilfebedürftiger z. „Leistungsberechtigtem" nach dem SGB II werden. Um den Zweck der Integration des erwerbsfähigen Hilfebedürftigen in den Arbeitsmarkt zu erreichen wird seine Bg. in Mitverantwortung genommen (so Spellbrink in Eicher/Spellbrink § 7 Rn. 37). Aus verfassungsrechtlichen Gründen muss Zuordnungsgrund zur Bg. allerdings hinreichend klar und nachvollziehbar sein (insb. im Hinblick auf Einstands- und Verantwortungsgemeinschaft, Spellbrink in Eicher/Spellbrink § 7 Rn. 34). Aber auch als Gesichtspunkt der Ermessensprüfung nach § 5 Abs. 3 S. 1 zu beachten, wenn Beantragung von anderer Sozialleistung von einem erwerbsfähigen Hilfebedürftigen gefordert wird, der nur deswegen Leistungen nach dem SGB II erhält, weil die mit ihm in Bg. lebenden Angehörigen ihren Bedarf nicht selbst decken können (s. hierzu § 5 Rn. 9). Gleichwohl hat das einzelne Mitglied der Bg einen **individuellen Leistungsanspruch;** es gibt keinen Anspruch der Bg. (vgl. hierzu BSG 7. 11. 2006 – B 7 b AS 8/06 R, BSGE 97, 217 = SozR 4–4200 § 22 Nr. 1; z. den sich aus § 9 Abs. 2 S. 3 ergebenden Konsequenzen für die Berechnung der Leistung iE s. BSG 18. 6. 2008 – B 14 AS 55/07 R). **Rückabwicklung** bei Aufhebung und Rückforderung von SGB II-Leistungen hat daher im jeweiligen Individualverhältnis zu erfolgen (vgl. iE Eicher in Eicher/Spellbrink § 40 und Link in Eicher/Spellbrink § 38 Rn. 23 b; s. auch Udsching/Link SGb 2007, 513). VA muss eindeutig erkennen lassen, welches Mitglied der Bg welche Leistung zu Unrecht erhalten und von wem sowie in welcher Höhe sie von ihm zurückgefordert wird (§ 40 Abs. 1 Nr. 1 iVm. § 330 SGB III und § 45 SGB X). Erstattung überzahlter Leistungen nach § 50 SGB X kann nur von dem einzelnen Mitglied der Bg. begehrt werden, auch wenn vermutet wird erwerbsfähiger Hilfebedürftiger habe Leistungsantrag für die anderen Mitglieder der Bg. (§ 38 1) gestellt. Vermuteter Antragsteller ist nicht zur Erstattung der von anderen bezogenen Leistungen verpflichtet (s. nunmehr aber § 34 a). Ohne Mitglied der Bg. zu sein, sind unter den in § 9 Abs. 5 geregelten Umständen auch die Mittel von Mitgliedern der **Haushaltsgemeinschaft** zur Deckung des Bedarfs der Bg. heranzuziehen, ohne dass Mitglieder der Haushaltsgemeinschaft eine Leistungsberechtigung nach dem SGB II erwerben (z Haushaltsgemeinschaft innerhalb der Bedarfsgemeinschaft, s. Hänlein in Gagel, § 7 Rn. 32).

13   **2. Leistungen an Personen, die mit erwerbsfähigen Hilfebedürftigen in einer Bedarfsgemeinschaft leben – Abs. 2.** Bg. bewirkt **Leistungs- und Zugangsberechtigung** zum SGB II. Ausgangspunkt der Bg. ist der nach dem SGB II erwerbsfähige Leistungsberechtigte; ohne ihn kann keine Bg. entstehen. Erwerbsunfähige oder Erwerbsfähige, die die Altersgrenze des § 7 Abs. 1 S. 1 Nr. 1 (Vollendung der 15. Lbj.) noch nicht erreicht haben, können nur als Mitglied der Bg. Leistungen nach dem SGB II erhalten, also nur, wenn sie mit einem Erwerbsfähigen zusammen leben (Vom erwerbsfähigen Mitglied der Bg. abgeleitete, akzessorische Ansprüche, s. Valgolio in Hauck/Noftz § 7 Rn. 139; s. auch Rn. 12). Allerdings können auch mehrere Erwerbsfähige eine Bg. bilden (zB zwei erwerbsfähige Partner iSv. § 7 Abs. 3 Nr. 1 iVm. Nr. 3, Erwerbsfähiger und Kind zwischen Vollendung des 15. und 25. Lbj., welches seinen Lebensunterhalt nicht aus eigenem Einkommen und Vermögen sichern kann). Abs. 2 beinhaltet keine Leistungseinschränkung im Hinblick auf **Geldleistungen** für mit dem erwerbsfähigen Leistungsberechtigten in der Bg. lebende Personen (zur Konzeption der Bg. s. Rn. 12) – erwerbsunfähige Mitglieder der Bg. haben Anspruch auf **Sozialgeld** nach §§ 19 Abs. 1 S. 2 iVm § 23 anstatt auf Alg II. Einschränkung des Abs. 2 bezieht sich nur auf **Dienstleistungen** iSv. § 4 Abs. 1 Nr. 1 (= nach § 11 SGB I alle Leistungen, die eine Tätigkeit beinhalten, ohne dass es sich um Zahlung von Geld oder die Hingabe [oder das Zurverfügungstellen] von Sachen handelt [Seewald in KasselerKomm § 11 SGB I Rn. 8], zB Information, Beratung und umfassende Unterstützung durch einen pAP) und **Sachleistungen** nach § 4 Abs. 1 Nr. 3 (Hingabe oder Zurverfügungstellen von Sachen oder Sachgesamtheiten, wie zB Naturalleistungen in Form v. Essensausgabe, Abgabe von Kleidung oder Gutscheine, wenn diese nicht in Geld umgesetzt werden können, Kinderbetreuung [Seewald in KasselerKomm § 11 Rn. 7; s. auch Spellbrink in Eicher/Spellbrink § 4 Rn. 14]). Dienst- und Sachleistungen werden erwerbsunfähigen Mitgliedern der Bg. nur erbracht, wenn dadurch Hemmnisse bei Eingliederung der erwerbsfähigen Leistungsberechtigten beseitigt oder vermindert werden (es sei denn iR des § 31 a Abs. 3). Die bisherige weitere altenative Reduzierung von Dienst- und Sachleistungen für erwerbsunfähige Leistungsberechtigte nach SGB II auf den Fall, dass dadurch die Hilfebedürftigkeit der Angehörigen der Bg. beendet oder verringert wird, ist durch das RegelbedarfsÄndG v. 24. 3. 2011 (BGBl I, 453) entfallen, weil nun leistungsberechtigte Schüler auch Gutscheine im Rahmen der Leistungen für Teilhabe und Bildung erhalten können (§§ 28, 30). Zugleich ist mit dem RegelbedarfsÄndG mit rückwirkenden Inkrafttreten zum 1. 1. 2011(Art. 14 Abs. 3 RBEG) geregelt worden, dass auch ein Kind, dessen Bedarf durch eigenes Einkommen und das Einkommen der mit ihm in Bg. lebenden Mitglieder bis auf die Bedarfe für Teilhabe und Bildung gedeckt ist gleichwohl Leistungen nach dem neuen § 28 erhält (s. hierzu auch BT-Drs. 17/3404). Der Gesetzgeber hat damit auf eine entsprechende Kritik des BVerfG in der Entscheidung vom 9. 2. 2010 (1 BvL 1/09, 3/09, 4/09, BVerfGE 125, 175; Rn. 203) am damaligen § 24 a reagiert, der eine Hilfebedürftigkeit und damit Leistungsberechtigung allein wegen der Teilhabe- und Bildungsbedarfe ausgeschlossen hatte. Dieses bedeutet Zweierlei: Der kindliche Bedarf umfasst neben dem in § 19 Abs. 1

benannten Regelbedarf, Mehrbedarf und solchen für Unterkunft und Heizung – auch den Bedarf für Bildung und Teilhabe. Einen ungedeckten Bedarf für Bildung und Teilhabe hat allerdings nicht das Kind dessen Bedarf insoweit durch Einkommen und Vermögen der Eltern gedeckt ist. § 7 Abs. 2 S. 3 könnte zwar zu entnehmen sein, dass jedes Kind, auch wenn die Eltern nicht hilfebedürftig sind, einen Anspruch auf Bildungs- und Teilhabeleistungen haben könnte, also Hilfebedürftigkeit insoweit keine Leistungsvoraussetzung ist. § 19 Abs. 3 S. 3 verdeutlicht jedoch, dass das was für die Leistungen zur Sicherung des Lebensunterhalts gilt, auch für Teilhabe- und Bildungsleistungen gelten soll. Nur wenn der Bedarf nicht durch Einkommen oder Vermögen gedeckt werden kann, ist die entsprechende Leistung zur Bedarfsdeckung zu erbringen. § 19 Abs. 3 S. 3 legt fest, dass dann, wenn nur noch Leistungen für Bildung und Teilhabe zu erbringen sind, weiteres zu berücksichtigendes Einkommen und Vermögen die Bedarfe in der Reihenfolge der Abs. 2 bis 7 des § 28 deckt.

3. Mitglieder der Bedarfsgemeinschaft – Abs. 3. a) Einordnung. Zur Grundkonzeption der 14 Bg. s. Rn. 12. Bg. setzt immer voraus, dass ein Mitglied erwerbsfähig (§ 8), leistungsberechtigt iSd. SGB II (zu den Leistungsausschlüssen s. Rn. 6 ff. u. 22 ff.) u. hilfebedürftig (§ 9) ist. Angehörige, mit denen er die Bg. bildet brauchen selbst weder hilfebedürftig, noch erwerbsfähig zu sein. Auch die untere Altersgrenze des § 7 Abs. 1 Nr. 1 gilt für sie nicht. Der gewöhnliche Aufenthalt in der BRD ist allerdings zumindest temporär erforderlich (dann allerdings auch nur temporäre Bg. – s. hierzu BSG 7. 11. 2006 – B 7b AS 14/06 R, BSGE 97, 242 = SozR 4–4200 § 20 Nr. 1; Bei Auslandsaufenthalt des Partners bleibt für die Angemessenheit der KdUH die Anzahl der Mitglieder der Bedarfsgemeinschaft jedenfalls dann maßgeblich, wenn der auswärtige Aufenthalt eines der Partner im Vorhinein auf einen Zeitraum von weniger als sechs Monate beschränkt ist – BSG 19. 10. 2010 – B 14 AS 50/10 R; s. auch Rn. 19), denn aus § 7 Abs. 3 ergibt sich, dass Angehöriger mit erwerbsfähigem Hilfebedürftigen in einem Haushalt leben muss, um mit diesem eine Bg. zu bilden (Ausnahme nicht dauernd getrennt lebende Ehegatten, selbst wenn sie getrennte Wohnungen haben – s. BSG 18. 2. 2010 – B 4 AS 49/09R). Personen, die ihren gewöhnlichen Aufenthalt dauerhaft im Ausland haben können hingegen keine Grundsicherungsleistungen erhalten, nur weil sie Angehörige eines nach dem SGB II-Leistungsberechtigten iSv. § 7 Abs. 1 iVm. § 7 Abs. 3 Nr. 1 sind. Zur Bg. gehören auch die von Leistungen nach dem SGB II Ausgeschlossen (BSG 23. 11. 2006 – B 11b AS 1/06 R, BSGE 97, 265; 29. 3. 2007 = SozR 4–4200 § 20 Nr. 3; B 7b AS 2/06 R, SozR 4–4200 § 7 Nr. 4; Ausnahme: volljähriges Kind, das Lebensunterhalt selbst decken kann – BSG 27. 2. 2008 – B 14/11b AS 55/06 R), ohne dass sie jedoch einen Leistungsanspruch über den erwerbsfähigen leistungsberechtigten Hilfebedürftigen erwerben können. Einkommen und Vermögen des von den Leistungen Ausgeschlossenen ist allerdings gleichwohl zur Bedarfsdeckung der anderen leistungsberechtigten Mitglieder der Bg. heranzuziehen (vgl. gemischte Bg. – BSG 15. 4. 2008, B 14/7b AS 58/06 R und 21. 12. 2009 – B 14 AS 66/08 R; s. auch BSG 19. 5. 2009 – B 8 SO 8/08 R – keine Reduzierung des Regelsatzes auf den für reine Haushaltsangehörigen; 18. 3. 2008 B 8/9b SO 11/06 R – Keine Pflicht zur Verwertung eines nach dem SGB II angemessenen Pkw).

b) Erwerbsfähiger Hilfebedürftiger – Abs. 3 Nr. 1. Von ihm leitet sich die Bg. ab und ohne 15 mind. einen erwerbsfähigen Hilfebedürftigen, der nach § 7 leistungsberechtigt ist (kein Ausschluss nach § 7 Abs. 4 und 5 oder Abs. 1 S. 2) entsteht keine Bg. (s. auch oben Rn. 12, 13, 14). Seine Leistungsberechtigung ist mithin konstitutiv für die Bg. und Bg. wiederum ist konstitutiv für die Ansprüche der nicht erwerbsfähigen Angehörigen nach dem SGB II (vgl. Spellbrink in Eicher/Spellbrink § 7 Rn. 37; Valgolio in Hauck/Noftz SGB II§ 7 Rn. 139). Erwerbsunfähiger Hilfebedürftige haben aber als Partnerin eines Altersrentners (Ausschluss nach § 7 Abs. 4) keinen Anspruch auf Sozialgeld. Bisher war davon auszugehen, dass erwerbsfähige Studentin, die ansich auf Grund v. § 7 Abs. 5 nicht leistungsberechtigt nach dem SGB II war, jedoch Leistungen wegen Mehrbedarf erhielt (zB § 21 Abs. 3) ihren erwerbsunfähigen Kindern, Anspruch auf Sozialgeld vermitteln konnte (BSG 6. 9. 2007 – B 14/7b AS 36/06 R). Durch die Neufassung des § 27 (RegelbedarfsÄndG v. 24. 3. 2011, BGBl I, 453) dürfte dies nunmehr ausgeschlossen sein, denn nach § 27 Abs. 1 S. 1 erhalten Auszubildende iS des § 7 Abs. 5 Leistungen zur Sicherung des Lebensunterhalts nach Maßgabe der folgenden Abs. Nach Abs. 2 dieser Vorschrift zählen hierzu zwar auch die Leistungen für Mehrbedarfe, allerdings gilt nach Abs. 1 S. 2 die Leistung für Auszubildende nicht als Alg II. Hintergrund ist, dass der Gesetzgeber den Leistungsausschluss nach § 7 Abs. 5 vollständig umsetzen wollte, insb. den Eintritt von Sozialversicherungspflicht durch den Bezug von Mehrbedarfsleistungen, die nach wie vor nach § 19 Abs. 1 S. 3 Bestandteil des Alg II sind (vgl. BT-Drs. 17/3404, S. 103). Wenn die Auszubildende jedoch nicht leistungsberechtigt nach dem SGB II ist und die ihr gleichwohl gewährten Leistungen kein Alg II sind, ist sie keine erwerbsfähige Leistungsberechtigte, die als „Kopf" der Bg. ihren Angehörigen einen Leistungsanspruch nach dem SGB II vermitteln kann. Erwerbsfähiger Hilfebedürftiger, der in stationärer Einrichtung untergebracht ist, ist wg. § 7 Abs. 4 möglicherweise von SGB II-Leistungen ausgeschlossen. Seine erwerbsunfähigen Angehörigen verlieren vor stationärer Unterbringung bestehende Leistungsberechtigung nach dem SGB II und müssen ggf. ins System des SGB XII wechseln (vgl. zu der angemessenen KdUH im Falle der längeren stationären Unterbringung BSG 19. 19. 2010 – B 14 AS 50/10 R). Der Bg. können auch mehrere erwerbsfähige und nach dem SGB II leistungsberechtigte Mitglieder angehören (s. oben Rn. 13, 14; vgl. auch § 20 Abs. 2 – sonstige *erwerbsfähige* Angehörige erhalten nach § 20 Abs. 2 S. 2 80% der Regelleistung nach § 20 Abs. 2 S. 1).

16 **c) Unverheiratetes erwerbsfähiges Kind bis zur Vollendung des 25. Lebensjahres – Abs. 3 Nr. 2.** Das unverheiratete erwerbsfähige und leistungsberechtigte Kind, das mit einem erwerbsunfähigen hilfebedürftigen Elternteil und ggf. Partner des Elternteils zusammen lebt, vermittelt diesen einen Anspruch auf SGB II-Leistungen über die Bg., die es mit ihnen bildet (sofern kein Ausschluss nach § 7 Abs. 1 S. 2 oder Abs. 4, 5). Lebte der erwerbsunfähige hilfebedürftige Elternteil alleine oder nur mit seinem ebenfalls erwerbsunfähigen Partner unterfiele er dem System des SGB XII. Wären der Elternteil o. der Partner o. beide erwerbsfähig, bildete er nach § 7 Abs. 3 Nr. 1 oder der Partner mit ihm nach § 7 Abs. 3 Nr. 3 bereits selbst eine Bg. Das unverheiratete Kind, welches das 25. Lbj. noch nicht vollendet hat und seinen Lebensunterhalt nicht aus eigenem Einkommen o. Vermögen beschaffen kann, wäre dann Mitglied dieser Bg. (§ 7 Abs. 3 Nr. 4). Ursprünglich lag die Altersgrenze bei 18 Jahren. Das hatte zur Konsequenz, dass das Kind mit dem Eintritt der Volljährigkeit aus der Bg. mit den Eltern u./o. dem Elternteil u./o. Partner ausschied und Anspruch auf den vollen Regelsatz des Alleinstehenden nach § 20 Abs. 2 S. 1 hatte, selbst wenn es weiterhin im Haushalt der Familie lebte. Auch um den Anreiz für den Auszug aus dem Elternhaus mit Vollendung des 18. Lbj. zu senken, wurde das Lebensalter auf das 25. Lbj. heraufgesetzt und flankierend die Regelungen der § 22 Abs. 5 und § 20 Abs. 3 (bis zum 1. 1. 2011 – Art 14 Abs. 1 RegelbedarfsÄndG – bei beiden Normen Abs. 2 a) geschaffen. Nach § 22 Abs. 5 bedürfen Personen, die das 25. Lbj. noch nicht vollendet haben und erstmalig eine Wohnung beziehen wollen, vorher der Zusicherung des Leistungsträgers. § 20 Abs. 3 senkt die Regelleistung für Jugendliche unter 25 Jahre, die ohne Zusicherung des Trägers umziehen bis zur Vollendung des 25. Lbj. auf 80% der Regelleistung nach § 20 Abs. 2 S. 1.

17 **d) Partner der erwerbsfähigen Hilfebedürftigen – Abs. 3 Nr. 3 und Abs. 3 a.** Grundsätzlich gehört der Partner des erwerbsfähigen und leistungsberechtigten Hilfebedürftigen zur Bg., unabhängig davon, ob er erwerbsfähig ist und unabhängig von dessen eigener Hilfebedürftigkeit (s. dazu Rn. 12; wg. Leistungsberechtigung des Partners s. Rn. 14). Das Gesetz differenziert zwischen drei Arten von „Partnerschaften". Zum Einen gehört zur Bg. der nicht dauernd getrennt lebende **„Ehegatte"** (Abs. 3 Nr. 3 a). Wer Ehegatte iSd. § 7 Abs. 3 Nr. 3 a ist bestimmt sich nach §§ 11 ff. EheG; bei Ausländern gilt deutsches internationales Privatrecht – Ehe muss danach als gültig anerkannt sein. Getrenntleben liegt vor, wenn zwischen den Eheleuten keine häusliche Gemeinschaft mehr besteht und ein Ehegatte diese erkennbar nicht herstellen will, weil er die eheliche Gemeinschaft ablehnt (§ 1567 BGB). Da mit dem Moment der Verwirklichung des Tatbestandes des § 1567 Abs. 1 BGB die ehelichen Unterhaltspflichten in Unterhalt bei Getrenntleben umschlagen (§§ 1360 ff. BG), folgt konsequenter Weise auch die „Aufhebung" der Bg. oder umgekehrt: Es besteht eine Bg. bis zu dem Moment der Realisierung des Trennungswillens. Bg. mit Ehegatten setzt demnach voraus: Bestehen einer häuslichen Gemeinschaft oder wenn eine solche nicht besteht, dass räumliche Trennung nicht auf Trennungswillen beruht (vgl. BSG 18. 2. 2010 – B 4 AS 49/09 R). Reine örtliche Trennung etwa aus beruflichen Gründen löst die Bg. nicht auf; Zuflucht in Frauenhaus ist hingegen als Wille zur Trennung und Auflösung der ehelichen Gemeinschaft zu werten, ebenso Verweisung aus der ehelichen Wohnung (vgl. auch Spellbrink in Eicher/Spellbrink § 7 Rn. 41). Z. Erfordernis des gewöhnlichen Aufenthalts in der BRD s. Rn. 14. Häusliche Gemeinschaft kann auch dann aufgehoben sein, wenn Ehegatten innerhalb der Ehewohnung getrennt leben (§ 1567 S. 2 BGB) – dann muss Nachweis erbracht werden, dass keine wesentlichen ökonomischen Gemeinsamkeiten mehr bestehen (so wohl auch Hänlein in Gagel, § 7 SGB II, Rn. 38). Diese Grundsätze gelten gleichfalls für gleichgeschlechtliche **Lebenspartner** (Abs. 3 Nr. 3 b), also Partner einer eingetragenen Lebenspartnerschaft nach dem LPartG (§ 31 b SGB I). Auch die Lebenspartner schulden einander Unterhalt (§ 5 LPartG). An Stelle der Ehescheidung tritt die Aufhebung der Lebenspartnerschaft nach §§ 15 ff. LPartG. Um auch die Partner einer gleichgeschlechtlichen, nicht eingetragenen Lebensgemeinschaft als Angehörige einer Bg. erfassen zu können, ist mit dem Fortentwicklungs G (BGBl. I 2006, 1706) die vormalige **„eheähnliche Lebensgemeinschaft"** (ausschließlich heterosexuelle Beziehung, s. BVerfG 17. 11. 1992 – 1 BvL 8/87, SozR 3–4100 § 137 Nr. 3 = BVerfGE 87, 234) durch die sog. **Verantwortungs- und Einstehensgemeinschaft** (§ 7 Abs. 3 Nr. 3 c) ersetzt worden (Zu den Voraussetzungen der VEg s. BSG 27. 2. 2008 – B 14 AS 23/07 R). Hingegen war es nicht Intention des Gesetzgebers auch andere Personen, die zusammenleben, wie etwa Geschwister oder studentische Wohngemeinschaft in eine Bg. – mit allen Konsequenzen – zu „zwingen" (s. auch Hänlein in Gagel, Stand 1/2008, § 7 Rn. 45; Spellbrink in Eicher/Spellbrink § 7 Rn. 45). Vorschlag v. Spellbrink zur Abgrenzung insoweit: Ob Partner grundsätzlich heiraten o. eine eingetragene Lebenspartnerschaft eingehen können (s. aber Hänlein für den Fall, dass Eheverbot deswegen besteht, weil einer der Partner noch verheiratet ist, in Gagel, § 7 SGB II Rn. 47). Zur Haushaltsgemeinschaft s. Rechtsfolgen des § 9 Abs. 5 (Wirtschaften aus einem Topf – BSG 18. 2. 2010 – B 4 AS 5/09 R; BSG 27. 1. 2009 – B 14 AS 6/08 R; vgl. auch BSG 7. 11. 2006 – B 7 b AS 6/06 R). Für VEg müssen drei Voraussetzungen *kumulativ* gegeben sein: Es muss sich um Partner (s. oben – keine Geschwister) handeln, sie müssen in einem Haushalt zusammenleben und den gemein. Willen haben füreinander Verantwortung zu tragen und für einander

einzustehen. Eine Partnerschaft iSd. § 7 Abs. 3 Nr. 3 c wird nicht durch das bloße Zusammenleben konstituiert (Studenten, Arbeitskollegen); es muss eine gewisse „Ausschließlichkeit" der Beziehung, eine innere Bindung hinzukommen (vgl. Spellbrink in Eicher/Spellbrink § 7 Rn. 45). Grundsätzlich ist von dem Leben in einem Haushalt auszugehen, wenn die Personen in einer Wohnung zusammenleben und im weitesten Sinne „aus einem Topf wirtschaften" (s. hierzu BSG 24. 3. 1988 – 7 Rar 81/86, BSGE 63, 120 = SozR 4100 § 138 Nr. 17). Insoweit kommt es immer auf die Umstände des Einzelfalls an, denn die Ausgestaltung der Wohn- und Wirtschaftsgemeinschaft kann sehr unterschiedlich sein (vgl. iE Hänlein in Gagel, § 7 SGB II Rn. 48 f, nach dessen A. es darauf ankommt, dass beide Partner z. gemein. Haushalt beitragen). Der gemein. Wille für einander Verantwortung zu tragen und für einander einzustehen, kann nach § 7 Abs. 3 a in vier Fällen vermutet werden. Bei der **Vermutung** iS dieser Norm handelt es sich um die gesetzliche Vermutung von Tatsachen – es wird aus einer tbfremden Tatsache auf das Vorliegen des gesetzlichen Tbmerkmals geschlossen. Aus dem Vorliegen des Vermutungstb wird auf den Willen zum Führen einer VEg und daraus wiederum auf das Vorliegen der Voraussetzungen des § 7 Abs. 3 Nr. 3 c geschlossen, also auf das Vorliegen einer Bg. wenn es sich um Partner handelt, die zusammenleben (s. oben). Gegenbeweis der vermuteten Tatsache möglich – richterliche Überzeugungsbildung nach Amtsermittlung im Hinblick auf die Vermutungstatsache bzw die gegen die Vermutungstatsache sprechenden Tatsachen. Leistungsberechtigter muss Tatsachen darlegen und nachweisen (nicht nur behaupten), die der Vermutung widersprechen (Verschiebung der Darlegungslast [Glaubwürdigkeit der Person und Glaubhaftigkeit der Angaben sind v. Gericht zu prüfen]; s. hierzu ausführlich Spellbrink in Eicher/Spellbrink § 7 Rn. 48; zum Übergehen eines in Termin zur mündlichen Verhandlung gestellten Beweisantrages auf Vernehmung der in der Wohnung mitlebenden Person zum Nichtvorliegen einer VEg s. BSG 16. 5. 2007 – B 11 b AS 37/06 B). Allerdings sind die Kriterien des Abs. 3 a nicht abschließend. Es ist durchaus möglich, dass aus anderen Tatsachen auf das Vorliegen einer VEg geschlossen wird; insoweit nur Erleichterung in der Amtsermittlung: Wenn einer der Vermutungstb vorliegt kann in dem Fall, in dem keine gegenteiligen Tatsachen dargelegt werden, die die Vermutung erschüttern könnten, auf weitere Ermittlungen verzichtet werden. Gleichwohl erforderlich: Begründung, warum nach Ansicht des Trägers oder Gerichts VEg vorliegt (vgl. Spellbrink in Eicher/Spellbrink § 7 Rn. 49). Ist einer der Vermutungstb erfüllt sollte auch schon im einstweiligen Rechtsschutz vom Arbeitsuchenden Gegentatsache dargelegt und Gegenbeweis angeboten werden (so auch Hänlein in Gagel, Stand I/2008, § 7 Rn. 58 b; Spellbrink, Sozialrecht aktuell 2007, 1). Fraglich, ob Antragsteller Hausbesuch des Grundsicherungsträgers zur Ermittlung der Vermutungstatsachen dulden muss. Zumindest kann aus der Weigerung der Wohnungsbesichtigung oder der Vorlage von Kontoauszügen des Partners nicht auf das Vorliegen des Vermutungstb geschlossen werden (vgl. Blüggel SGb 2007, 336; Hänlein in Gagel, Stand I/2008, § 7 SGB II Rn. 57; z. Weigerung Kontoauszüge vorzulegen s. BSG 19. 9. 2008 – B 14 AS 45/07 R). Auskunftspflicht des Partners nach § 60 Abs. 4 in Abgrenzung zu Versagung von Leistungen nach § 66 SGB I (BSG 1. 7. 2009 – B 4 AS 78/08 R). Vermutungstatsachen iE: Dauer des Zusammenlebens (Abs. 3 a Nr. 1) – Rechtsprechung z. Alhi (zu deren Anwendung auch im Hinblick auf die VEg des SGB II s. BSG 27. 2. 2008 – B 14 AS 23/07 R) ging davon aus, dass ein Zeitraum von drei Jahren idR erforderliche Ernsthaftigkeit und Kontinuität der Beziehung bestätige (BSG 29. 4. 1998 – B 7 AL 56/97 R, SozR 3–410 § 119 Nr. 15). Allerdings war dieses keine Mindestgrenze (BSG 17. 10. 2002 – B 7 AL 72/00 R, SozR 3–4100 § 144 Nr. 10). Ist Vermutungstb des Zusammenlebens von länger als einem Jahr nicht gegeben kann nicht bereits deswegen eine VEg verneint werden. Zum Einen handelt es sich bei Vermutungstb des Abs. 3 a nicht um Mindestvoraussetzung zum Zweiten kommt es auch dann auf die Umstände des Einzelfalls an (s. BSG 17. 10. 2002 – B 7 AL 72/00 R, SozR 3–4100 § 144 Nr. 10; z. Rechtscharakter der Vermutungstb s. oben). Zusammenleben mit einem gemeinsamen Kind und Versorgung von Kindern und Angehörigen im Haushalt (Abs. 3 a Nr. 2 und 3) – Zusammenleben mit Kindern erfordert ein hohes Maß an Koordination und Abstimmung der Lebensabläufe, so dass hierin ein starkes Indiz für eine VEg gesehen werden kann. Nicht ausgeschlossen ist auch hier der Gegenbeweis, etwa in der gemeinsamen Wohnung einer der erwachsenen Bewohner keinerlei Verantwortung für die Kinder übernimmt und deren Versorgung ganz dem anderen Mitbewohner überlassen bleibt (vgl. für diesen Fall auch Anspruch auf Leistungen für Mehrbedarf durch „Alleinerziehung", S. Knickrehm in Eicher/Spellbrink, 2. Aufl, 2008, § 21 Rn. 29 f.). Ähnliches gilt für die Versorgung eines Angehörigen, zB pflegebedürftigen Menschen. Befugnis über Einkommen und Vermögen des anderen zu verfügen (Abs. 3 a Nr. 4) – Wird diese Befugnis eingeräumt oder werden gemeinsame Investitionen getätigt (Abschluss gemeinsamer Versicherungen, gemeinsamer Erwerb eines Pkw oder einer Immobilie) liegt ein Vermutungstb vor, der einen Rückschluss auf den Willen einer VEg zulässt. Ebenso wie bei allen anderen Vermutungstb auch hier der Gegenbeweis denkbar, wenn zB zwei Studenten, die eine gemein. Wohnung bewohnen (zur Wohngemeinschaft s. auch BSG 18. 6. 2008 – B 14/11 b AS 61/06 R) sich aus Kostengründen gemein. ein Auto anschaffen, und dieses ggf. unter Beweis zu stellen (z. Gegenbeweis s. oben).

e) Kinder unter 25 Jahren – Abs. 3 Nr. 4. Von Nr. 4 werden **erwerbsfähige** und **-unfähige Kinder** erfasst (aA. Brühl/Schoch, LPK SGB II, § 7 Rn. 77). Zwar sind die erwerbsfähigen Kinder bereits dem Personenkreis des Abs. 3 Nr. 1 zuzuordnen. Gleichwohl bedarf es des Abs. 3 Nr. 4, um sicher zu stellen, dass sie auch als Erwerbsfähige nur dann der Bg. angehören, wenn sie das 25. Lbj. noch nicht vollendet haben und nicht in der Lage sind ihren Lebensunterhalt selbst zu sichern (s. z. erwerbsfähigen Kind, das mit erwerbsunfähigem Elternteil zusammenlebt § 7 Abs. 3 Nr. 2 – Rn. 16). Höhe der Regelleistung s § 20 Abs. 2 S. 2–80%. Seit der Änderung durch das FortentwicklungsG werden nunmehr auch alle erwerbsunfähigen Kinder bis zur Vollendung des 25. Lbj. der Bg. zugeordnet (vgl. Rn. 16). Vollenden sie das 25. Lbj. scheiden sie aus der Bg. aus und unterfallen als Erwerbsunfähige dem System des SGB XII. Erwerbsfähige, als auch Kinder vor der Vollendung des 15. Lbj. scheiden auch dann aus Bg aus, wenn sie ihren Lebensunterhalt durch eigenes Einkommen oder Vermögen decken können (vgl. BSG 13. 5. 2009 – B 4 AS 39/98 R, auch zur Problematik der Zurechnung überschießenden Einkommens des Kindes als zu berücksichtigendes Einkommen des Elternteils). Um der Bg. anzugehören muss es sich um ein **unverheiratetes Kind** der unter Abs. 3 Nr. 1 bis 3 benannten Personen handeln. Hieraus folgt: Das **Kind des Kindes** iSd. § 7 Abs. 3 Nr. 4 ist nicht Mitglied der Bg. (BSG 29. 3. 2007 – B 7b AS 12/06 R). Ist das über § 7 Abs. 3 Nr. 4 in die Bg. vermittelte Kind erwerbsfähig, so bildet es mit seinem Kind zusammen eine eigene Bg. (§ 7 Abs. 3 Nr. 1) und Mutter oder Vater des Enkelkindes scheidet aus Bg. mit seinen Eltern aus (Brühl/Schoch gehen unzutreffend von Mitgliedschaft in zwei Bg. aus, LPK SGB II, § 7 Rn. 76); ist das erstere Kind erwerbsunfähig hat deren Kind bei Hilfebedürftigkeit einen Anspruch nach dem SGB XII. Vermittelt ein erwerbsunfähiges Kind seinen erwerbsunfähigen Elternteil oder dessen Partner in Bg. nach § 7 Abs. 3 Nr. 2 sind auch die weiteren Kinder des Erwerbsunfähigen Mitglieder der Bg. (s. auch Hänlein in Gagel, § 7 Rn. 61; Spellbrink in Eicher/Spellbrink § 7 Rn. 52af). Derart begründete Bg. endet mit Vollendung des 25. Lbj. des Kindes nach § 7 Abs. 3 Nr. 2 oder 4 oder wenn das Kind heiratet. Kind ist dann bei fortbestehender Hilfebedürftigkeit entweder selbst Leistungsberechtigter iSd. § 7 Abs. 3 S. 1 (Regelleistung nach § 20 Abs. 2 S. 1) o. bildet mit seinem Partner eine eigene Bg., auch wenn die Eheleute weiter im Haushalt der Eltern wohnen (Regelleistung nach § 20 Abs. 4 ab Vollendung des 18. Lbj.; auch insoweit keine Mitgliedschaft in 2 Bg.). Bei Verbleib im Elternhaus ist allerdings ggf. § 9 Abs. 5 (Haushaltsgemeinschaft) zu beachten. Voraussetzung nach Abs. 3 Nr. 4 ist ferner, dass das Kind seinen Lebensunterhalt nicht durch **eigenes Einkommen u./o. Vermögen** decken kann (s. BSG 18. 6. 2008 – B 14 AS 55/07 R; vgl. BSG 13. 5. 2009 – B 4 AS 39/98 R). Umgekehrt bedeutet dieses, dass es kein Mitglied der Bg. ist, wenn es seinen Lebensunterhalt selbst sichern kann, zB durch Kindergeld, Unterhalt pp. Daher gilt, wenn es als Erwerbsfähiger (zwischen Vollendung des 15. und 25. Lbj.) seinem erwerbsunfähigen Elternteil und dessen Partner einen Zugang zum SGB II vermittelt, ist zunächst zu prüfen, ob das Kind mit seinem Einkommen den eigenen Bedarf decken kann. Verbleibt danach kein Hilfebedarf des Kindes nach dem SGB II mehr scheidet es aus der Bg. aus und der erwerbsunfähige Elternteil und dessen Partner fallen ins SGB XII. Ist der Elternteil erwerbsfähig, ist beim Einkommen des Kindes zwischen Kindergeld und sonstigem Einkommen zu unterscheiden. Kindergeld, welches nicht zur Deckung des Bedarfs des Kindes benötigt wird, ist als Einkommen beim Kindergeldberechtigten Elternteils zu berücksichtigen, anderes Einkommen – etwa Entgelt aus einer Beschäftigung des Kindes – nur im begrenzteren Rahmen des Konstrukts der Haushaltsgemeinschaft nach § 9 Abs. 5 (BSG 19. 2. 2009 – B 4 AS 68/07 R).

19 Die Bg. nach § 7 Abs. 3 Nr. 4 kann auch eine **temporäre** sein, etwa in dem Fall, in dem die Kinder zeitweise bei dem getrenntlebenden (geschiedenen) oder nur umgangsrechtigten Elternteil wohnen. Der Gesetzgeber hat diese von der Rechtsprechung geformte Rechtskonstruktion zwischenzeitlich anerkannt und zumindest auf ein mit dieser verbundenes rechtliches Problem reagiert, die Befugnis zur Beantragung von SGB II-Leistungen für das Kind durch den umgangsberechtigten Elternteil (§ 38 Abs. 2; zur Problematik der Prozessführungsbefugnis durch den umgangsberechtigten Elternteil s. BSG 2. 7. 2009 – B 14 AS 75/08 R und 54/08 R; s. zur Problematik der KdUH für temporäre Bg. BSG 2. 7. 2009 – B 14 AS 36/08 R). Diese Konstellation ist allerdings auf den Personenkreis nach Abs. 3 Nr. 4 beschränkt, denn Abs. 3 Nr. 2 spricht ebenso wie Abs. 3 Nr. 3c von in dem Haushalt lebenden Personen. Nach § 7 Abs. 3 Nr. 4 brauchen die Kinder hingegen lediglich dem Haushalt anzugehören. Zur Begründung der temporären Bg. hat das BSG gefordert: Es müsse sich um einen dauerhaften Zustand in der Form handeln, dass die Kinder mit einer gewissen Regelmäßigkeit bei dem Grundsicherungsempfänger länger als einen Tag wohnen, also nicht nur sporadische Besuche vorliegen (BSG 7. 11. 2006 – B 7b AS 14/06 R, SozR 4–4200 § 20 Nr. 1). Anspruchsinhaber sind in dieser Fallkonstellation die jeweiligen Kinder (z. Individualanspruch s. Rn. 12) und nicht der Kopf der Bg., der Elternteil, bei dem sie sich temporär aufhalten.

20 Die Zugehörigkeit zur Bg. korrespondiert nicht unbedingt mit den **zivilrechtlichen Unterhaltspflichten.** So bewirkt die Regelung des § 7 Abs. 3 Nr. 2, dass ein unter 25-jähriges erwerbsfähiges unverheiratetes Kind, das Kopf einer Bg. mit seinem Elternteil und dessen Partner ist, auch das Kind des Partners in die Bg. vermittelt (s. iE Rn. 16, 18). Zivilrechtliche Unterhaltspflichten dieses „Kopfes der Bg." gegenüber dem Kind des Partners des Elternteils bestehen ebenso wenig, wie des „Stiefvaters" gegenüber dem unverheirateten Kind der neuen Lebenspartnerin. Gleichwohl ist im letzteren Fall das Einkommen und Vermögen des „Stiefvaters" bei der Berechnung der Leistung der Bg. u.

damit auch der Leistung für das unverheirateten Kindes der neuen Lebenspartnerin zu berücksichtigen (s. § 9 Abs. 2 S. 2). BSG hält diese Regelung für verfassungsgemäß, gerechtfertigt aus dem Schutz der Ehe gem Art. 6 Abs. 1 GG, dem Nichtvorliegen eines schützenwerten Interesses, bei der Wahl eines Partners mit (fremden) Kindern die Kosten dieser Kinder auf die Allgemeinheit abzuwälzen und weil Existenzminimum des Kindes durch Unterhaltsverpflichtung der Mutter gegenüber dem Kind gedeckt werde – Mutter habe aus dem vom Partner ihr Zugewendeten in erster Linie den Bedarf des Kindes zu decken (s. BSG 13. 11. 2008 – B 14 AS 2/08 R).

4. Haushaltsgemeinschaft. Haushaltsgemeinschaft iSv. § 9 Abs. 5 ist von der Bg. zu unterscheiden. Mitglieder der Haushaltsgemeinschaft können nur solche sein, die keine Bg. mit einander bilden können. Geschwister, die zusammen in einer Wohnung leben und wirtschaften werden nicht von § 7 Abs. 3 Nr. 3 c erfasst (s. Rn. 17), sondern sind bei Erwerbsfähig- und Hilfebedürftigkeit beide als Alleinstehende leistungsberechtigt nach dem SGB II (Regelleistung nach § 20 Abs. 2 S. 1). Wenn ein Geschwisterteil hingegen über Einkommen und Vermögen verfügt wird nach § 9 Abs. 5 vermutet, dass der andere Geschwisterteil von ersterem Leistungen erhält, soweit dies nach dessen Einkommen und Vermögen zu erwarten ist. Konstellation allerdings nur bei Verwandten oder Verschwägerten denkbar, nicht bei bloßem Mitbewohner oder reinen Arbeitskollegen in einer Wohngemeinschaft. Haushaltsgemeinschaft auch zwischen erwerbsfähigem Kind unter 25 Jahren, das seinen Lebensunterhalt durch eigenes Einkommen sichern kann und erwerbsfähigen Eltern oder Elternteil und dessen Partner (s. Rn. 18). 21

III. Leistungsausschlüsse

Zu den Leistungsausschlüssen nach § 7 Abs. 1 S. 2 (Ausländer) s. Rn. 6–10. Weitere Leistungsausschlüsse, mit der Konsequenz, dass die betroffenen Personen zwar Mitglieder der Bg. bleiben (s. Rn. 14), jedoch keinen Anspruch auf Leistungen nach dem SGB II haben gelten nach § 7 Abs. 4, 5 unter den dort genannten Bedingungen für Menschen in stationären Einrichtungen und Altersrentner sowie Studenten, Schüler o. Auszubildende. Gleichwohl bildet die erwerbsfähige hilfebedürftige Partnerin eines Altersrentners mit diesem eine Bg. (s. BSG 23. 11. 2006 – B 11b AS 1/06 R; 29. 3. 2007 – B 7b AS 2/06 R; 15. 4. 2008 – B 14/7b AS 58/06 R; vgl. zudem z. gemischten Bg. – BSG 21. 12. 2009 – B 14 AS 66/08 R; BSG 19. 5. 2009 – B 8 SO 8/08 R – keine Reduzierung des Regelsatzes auf den für einen Haushaltsangehörigen; 18. 3. 2008 – B 8/9b SO 11/06 R – Keine Pflicht zur Verwertung eines nach dem SGB II angemessenen Pkw; s auch Rn. 14), anders als die Mutter einer volljährigen Studentin, die Bafög bezieht (Zu Rechtslage bis 31. 7. 2006: BSG 15. 4. 2008 – B 14/11b 55/06R: nunmehr § 27 ABs. 1 S. 2; S. Knickrehm, § 27 Rn. 1). Aus diesem Grunde wird auch das Einkommen und Vermögen des leistungsberechtigten Altersrentners bei der Berechnung der Leistung der Bg. berücksichtigt (§ 9 Abs. 2 S. 3), nicht hingegen das BAföG der Studentin. Der von Leistungen nach dem SGB II Ausgeschlossene kann seinen Angehörigen keinen Leistungsanspruch nach dem SGB II mehr vermitteln, auch nicht auf Sozialgeld nach §§ 19 Abs. 1 S. 2 iVm 23 (s. auch Rn. 15, 40). Hier fehlt es ebenso wie beim Altersrentner, der mit einem erwerbsunfähigen Partner zusammenlebt an dem „Kopf" der Bg. iSv. § 7 Abs. 3 Nr. 1. Alle diese Personen sind auf das SGB XII zu verweisen. Gleiches gilt für in einer stationären Einrichtung iSd. § 7 Abs. 4 untergebrachte Person, die einzige erwerbsfähiges Mitglied der Bg. ist. Nunmehr keine Ausnahme mehr bei Studenten und Auszubildenden (s. § 27 Abs. 1 S. 2), die zwar nach § 7 Abs. 5 von der Regelleistung ausgeschlossen sind, aber Anspruch auf Mehrbedarfsleistungen haben. Sie waren bis zum Inkrafttreten des RegelbedarfsÄndG am 1. 4. 2011 (BGBl. I, 453) gleichwohl leistungsberechtigt nach dem SGB II und konnten daher ihren erwerbsunfähigen Angehörigen einen Leistungsanspruch nach dem SGB II als Mitglieder einer Bg. verschaffen (vgl. hierzu Rn. 15, 40 bei § 7 1. Aufl.). 22

1. Unterbringung in stationärer Einrichtung, JVA oder Krankenhaus. a) Begriff der stationären Einrichtung. Der unbestimmte Rechtsbegriff der stationären Einrichtung ist nach den Entscheidungen des BSG v. 6. 9. 2007 (B 14/7b AS 60/06 R und B 14/7b AS 16/07 R) in Abgrenzung zur Rechtsprechung des BVerwG (s. 24. 2. 1994 – 5 C 24/92, BVerwGE 95, 149) wie folgt auszufüllen: Eine stationäre Einrichtung iSv. § 7 Abs. 4 S. 1 liegt vor, wenn die **objektive Struktur der Einrichtung** es nicht zulässt, dass ein Hilfebedürftiger 3 Stunden täglich auf dem allgemeinen Arbeitsmarkt einer Erwerbstätigkeit nachgeht. Umgekehrt ist mithin zu prüfen, ob auf Grund v. Struktur, Art, Verfasstheit und Charakters der Einrichtung (so Spellbrink in Eicher/Spellbrink § 7 Rn. 62), insb. auf Grund des Therapie**konzept**s zeitlich und inhaltlich (iS der Rechtsprechung des BVerwG: Übernahme der Gesamtverantwortung für das tägliche Leben), es dem dort Untergebrachten objektiv möglich ist mind. 5 × 3 (§ 8 Abs. 1) = 15 Stunden wöchentlich einer Erwerbstätigkeit auf dem allgemeinen Arbeitsmarkt nachzugehen oder ob der Bewohner der Einrichtung derart in die Abläufe der Einrichtung eingebunden ist, dass er objektiv nicht erwerbstätig in diesem Sinne sein kann. Dahinter steht der Gedanke, dass die Auslegung des Einrichtungsbegriffs sich vorrangig am Sinn und Zweck des SGB II orientieren muss. Ziel aller Leistungen nach dem SGB II soll die Integration des erwerbsfähigen Hilfebedürftigen in den allgemeinen Arbeitsmarkt 23 sein (vgl. S. Knickrehm § 1 Rn. 3). Daraus folgt, dass ein Leistungsausschluss nach dem SGB II dann gerechtfertigt ist, wenn das Ziel der Integration in den Arbeitsmarkt auf Grund der Unterbringung in einer stationären Einrichtung nicht erreicht werden kann. Bei Unterbringung in einer stationären Einrichtung iS der obigen Definition ist von **fiktiver Erwerbsunfähigkeit** des Hilfebedürftigen auszugehen, so dass die Anspruchsvoraussetzungen (§ 5 Abs. 2)/die Leistungsberechtigung (§ 21 S. 1 SGB XII) für Leistungen der Grundsicherung für Arbeitsuchende entfallen sind und eine Zuweisung zum System der Sozialhilfe erfolgen kann (s. zu § 5 Abs. 2, § 21 S. 1 SGB XII–Verhältnis von Leistungen der Sozialhilfe zu Leistungen nach dem SGB II, S. Knickrehm § 5 Rn. 6). Diese Auslegung wird bestätigt durch **§ 7 Abs. 4 S. 3 Nr. 2.** Danach erhält abweichend von Satz 1 der Vorschrift Leistungen nach dem SGB II wer in einer stationären Einrichtung untergebracht und unter den üblichen Bedingungen des allgemeinen Arbeitsmarktes mind. 15 Stunden wöchentlich erwerbstätig sein kann. Leistungen in einer stationären Einrichtung erhält mithin auch, wer erwerbsfähig iSv. § 8 Abs. 1 ist und tatsächlich einer Erwerbstätigkeit nachgeht, obwohl er sich in einer Einrichtung aufhält, die von ihren objektiven Gegebenheiten her keine Erwerbstätigkeit auf den allgemeinen Arbeitsmarkt zulässt (s. hierzu auch Rn. 26). Ist eine in einer Einrichtung untergebrachte Person leistungsberechtigt nach dem SGB II können neben den **Leistungen zur Sicherung des Lebensunterhalts** nach dem SGB II auch Leistungen nach dem **SGB XII** erbracht werden, soweit es sich nicht um Leistungen nach dem 3. Kapitel des SGB XII handelt (s. § 5 Abs. 2 S. 1, vgl. auch S. Knickrehm § 5 Rn. 6 f.; s. auch § 7 Rn. 26).

24   **b) JVA.** Dem Aufenthalt in einer stationären Einrichtung ist der Aufenthalt in einer Einrichtung zum Vollzug richterlich angeordneter Freiheitsentziehung gleichgestellt. BSG hat durch Urteil vom 6. 9. 2007 (B 14/7 b AS 60/06 R) klargestellt, dass auch nach Rechtszustand vor dem 1. 8. 2006 (Einfügung des § 7 Abs. 4 S. 2 durch das FortentwicklungsG – BGBl. I, 1706) der Aufenthalt in einer JVA zu einem Leistungsausschluss iSd. § 7 Abs. 4 S. 1 führte. Auch der Strafgefangene ist rein institutionell nicht in der Lage einer Erwerbstätigkeit auf dem allgemeinen Arbeitsmarkt nachzugehen (vgl. zum Begriff der stationären Einrichtung iSd. § 7 Abs. 4 S. 1 und seine Herleitung Rn. 23). Alte Rechtslage erforderte allerdings eine Prognoseentscheidung (ausführlich hierzu BSG 6. 9. 2007 – B 14/7 b AS 60/06 R; s. auch BSG 16. 12. 2008 – B 4 AS 9/08 R; zur Unterbringung im Krankenhaus, s. Rn. 25). Richterlich angeordnete Freiheitsentziehung: Vollzug von Strafhaft, Untersuchungshaft, Maßregeln der Besserung und Sicherung, einstweilige Absonderung nach dem BSeuchG, GeschlKrG, Unterbringung psychisch Kranker und Suchtkranker nach der UbrG der Länder, Maßnahmen nach § 1666 BGB und Gleichstellung bei Genehmigung durch den Vormundschaftsrichter nach §§ 1631b, 1800, 1906 BGB (s. Hackethal in Juris-PK-SGB II, § 7 Rn. 54; Hänlein in Gagel, § 7 SGB II Rn. 76; Spellbrink in Eicher/Spellbrink § 7 Rn. 64). Vom Leistungsausschluss nach § 7 Abs. 4 S. 2 war nach der Rechtsprechung des BSG zunächst ausgenommen, wer als Freigänger (Spellbrink in Eicher/Spellbrink § 7 Rn. 65: Auch Insasse der von Vollzugslockerungen bei Maßnahmen zur Besserung und Sicherung Gebrauch machen kann; s. auch Valgolio in Hauck/Noftz SGB II, § 7 Rn. 206 f) sich tagsüber außerhalb der JVA aufhalten durfte (BSG 7. 5. 2009 – B 14 AS 16/08 R). Für denjenigen galt das unter Rn. 23 Ausgeführte: Die objektive Möglichkeit einer Erwerbstätigkeit auf dem allgemeinen Arbeitsmarkt nachgehen zu können sollte dem Leistungsausschluss unter Zugrundelegung des funktionalen Einrichtungsbegriffs entgegenstehen. Diese Rechtsprechung hat der 14. Senat für die Rechtslage ab dem 1. 8. 2006 (BGBl. I, 1706) nunmehr geändert und scheint bei jeder Form der Unterbringung in einer JVA auf Grund der gesonderten Erwähnung der Vollzugseinrichtung in Abs. 4 S. 2 einen generellen Leistungsausschluss für Insassen einer derartigen Einrichtung – auch soweit es sich nur um eine Ersatzfreiheitsstrafe handelt – annehmen zu wollen (BSG B 24. 2. 2011 – 14 AS 81/09 R).

25   **c) Krankenhaus.** Vom Leistungsausschluss des § 7 Abs. 4 ist ebenfalls nicht betroffen, wer voraussichtlich weniger als sechs Monate in einem Krankenhaus iSv. § 107 SGB V untergebracht ist **(§ 7 Abs. 4 S. 3 Nr. 1).** Krankenhaus iSd. § 7 Abs. 4 S. 3 Nr. 1 ist somit eine der **Krankenbehandlung** iSv. § 107 Abs. 1 SGB V dienende Einrichtung, aber auch eine **Vorsorge- oder Rehabilitationseinrichtung** (§ 107 Abs. 2 SGB V), denn § 7 Abs. 4 S. 3 Nr. 1 verweist auf § 107 SGB V insgesamt. Anderseits schließt der ausschließliche Verweis auf § 107 SGB V die Einbeziehung weiterer Einrichtungen, wie zB der Jugendhilfe oder der sozialpädagogischen Betreuung aus (s. auch Valgolio in Hauck/Noftz SGB II, § 7 Rn. 211). Für in solchen Einrichtungen Untergebrachte gilt der Grundsatz des § 7 Abs. 4 S. 1. Bei Zweifeln Anfrage bei zuständiger Kk, der nur SGB V-Leistungen erbringen darf, wenn es sich um eine Einrichtung iSv. § 107 SGB V handelt. Bei Unterbringung im Krankenhaus ist **Prognoseentscheidung** erforderlich. Nur für denjenigen, der voraussichtlich für weniger als sechs Monate in Krankenhaus untergebracht ist gilt der Leistungsausschluss des § 7 Abs. 4 S. 1 nicht. Ausgangspunkt der prognostischen Bewertung ist die **Aufnahme in die Einrichtung.** Von diesem Zeitpunkt ab ist abzuschätzen wie lange aus ärztlicher Sicht der Aufenthalt voraussichtlich erforderlich sein wird (Anfrage beim behandelnden Krankenhausarzt). Der Ausgangspunkt für die prognostische Bewertung kann sich allerdings dann zeitlich verschieben, wenn Leistungen nach dem SGB II erst im Verlaufe des Krankenhausaufenthalts beantragt werden. Da Leistungen der Grundsicherung für Ar-

beitsuchende nur auf **Antrag** und auch erst ab dem Tag der Antragstellung gewährt werden (§ 37 – Antrag ist konstitutiv, vgl. Link in Eicher/Spellbrink § 37 Rn. 3; s auch in Abgrenzung zu SGB XII-Leistungen: § 5 Rn. 6), ist der Prognosezeitraum bei späterer Antragstellung auf die Zeit zwischen Antragstellung und prognostischem Ende der Unterbringung zu begrenzen, auch wenn der Aufenthalt insgesamt länger als sechs Monate andauert. Insoweit gilt auch hier: Es ist eine Bewertung nach dem Sinn und Zweck des SGB II vorzunehmen, dem Ziel der Integration des ansich erwerbsfähigen Arbeitsuchenden in den allgemeinen Arbeitsmarkt (BSG 6. 9. 2007 – B 14/7b AS 60/06 R), so dass das Argument der vermeintlichen Manipulierbarkeit des Prognosezeitraums nicht durchgreift (so auch Spellbrink in Eicher/Spellbrink § 7 Rn. 67). Während des Prognosezeitraums besteht ein Anspruch auf SGB II-Leistungen, auch wenn sich die Prognose nachträglich als unrichtig erweisen sollte. Es kommt nach dem Wortlaut des § 7 Abs. 4 S. 3 Nr. 1 nicht auf die **objektive Dauer des Krankenhausaufenthalts** an, sondern ob dieser prognostisch mehr oder weniger als sechs Monate andauern wird (aA wohl Hänlein in Gagel, Stand I/2008, § 7 SGB II, Rn. 78; s. auch Peters in Estelmann, § 7 Rn. 75; Valgolio in Hauck/Noftz SGB II, § 7 Rn. 209). Bei **falscher Prognose** erfolgt mithin kein Wechsel in das System des SGB XII, es sei denn die Vorausschau ergibt einen voraussichtlichen Krankenhausaufenthalt von weiteren 6 Monaten oder mehr. Eine **Addition** der Krankenhausaufenthalte oder Prognosezeiträume kommt demnach nicht in Betracht, es sei denn die an einander anschließenden Krankenhausaufenthalte waren von vornherein auf mehr als 6 Monate dauernd prognostiziert worden. Wird ein längerer Aufenthalt als 6 Monate prognostiziert, ist der Kranke von vornherein von den Leistungen nach dem SGB II ausgeschlossen. Ist keine Prognose möglich soll nach Spellbrink unter Heranziehung des Gedankens des **§ 44a** der Grundsicherungsträger zur Leistung verpflichtet bleiben (Spellbrink in Eicher/Spellbrink § 7 Rn. 67; so wohl auch Peters in Estelmann, Stand X/2006, § 7 Rn. 75; aA Valgolio in Hauck/Noftz SGB II, § 7 Rn. 210, da hier die Erwerbsfähigkeit nicht im Streit stehe).

d) Rückausschluss – Erwerbstätigkeit von mind. 15 Stunden wöchentlich. Ist der erwerbsfähige Hilfebedürftige in einer Einrichtung stationär untergebracht, die nach den unter Rn. 23 dargelegten Kriterien als **stationäre Einrichtung** iSd. § 7 Abs. 4 S. 1 zu bewerten ist und geht er trotzdem einer Erwerbstätigkeit von mind. 15. Stunden wöchentlich nach, so ist er nicht von Leistungen nach dem SGB II ausgeschlossen. Die Regelungsbreite des § 7b Abs. 4 S. 3 Nr. 2 beschränkt sich mithin auf die Unterbringung in Einrichtungen, die von ihrem Konzept her eine Erwerbstätigkeit außerhalb der Einrichtung – auf dem allgemeinen Arbeitsmarkt nicht zulassen. Vor dem Hintergrund des Ziels der Integration aller erwerbsfähigen Hilfebedürftigen sollen allerdings demjenigen, der trotz dieser Umstände seine Integration betreibt und mind. 15 Stunden wöchentlich auf dem allgemeinen Arbeitsmarkt tätig ist, Leistungen nach dem SGB II, also auch und insb. Eingliederungsleistungen nicht verwehrt werden. Umgekehrt muss es sich jedoch um eine Tätigkeit unter den üblichen **Bedingungen des allgemeinen Arbeitsmarktes** handeln, was im Einzelfall an Hand der Ausgestaltung des Arbeitsverhältnisses (Arbeitsentgelt, Arbeitsort und Arbeitszeit) zu beurteilen ist (vgl. Spellbrink in Eicher/Spellbrink § 7 Rn. 69). Die untere Begrenzung der wöchentlichen Arbeitszeit folgt aus § 8 Abs. 1 (5 × 3 = Stunden; s. auch § 119 SGB III). Bei einem „Ein-€-Job" (**Arbeitsgelegenheit nach § 16 Abs. 3 S. 2**) handelt es sich üblicherweise nicht um eine Beschäftigung, die unter den üblichen Bedingungen des Arbeitsmarktes verrichtet wird. Wird eine solche Arbeitsgelegenheit wahrgenommen könnte dieses allerdings bereits einen Hinweis dafür bieten, dass es sich bei der Einrichtung in der der erwerbsfähige Hilfebedürftige untergebracht ist, nicht um eine stationäre Einrichtung iSd. § 7 Abs. 4 S. 1 handelt (iE hierzu Rn. 23). Ist eine in einer Einrichtung untergebrachte Person leistungsberechtigt nach dem SGB II können neben den **Leistungen zur Sicherung des Lebensunterhalts** nach dem SGB II auch Leistungen nach dem **SGB XII** erbracht werden, soweit es sich nicht um Leistungen nach dem 3. Kapitel des SGB XII handelt (s. § 5 Abs. 2 S. 1, vgl. S. Knickrehm § 5 Rn. 6 f.; aA wohl Brühl/Schoch in LPK-SGB II § 7 Rn. 92).

2. Leistungen wegen Alters. a) Altersrente. Altersrenten iSv. § 7 Abs. 4 S. 1 sind alle Renten wg. Alters aus der GRV, also nicht nur wg. Vollendung des 65. Lbj. (s. die Anhebung der Altersgrenzen nach § 7 Abs. 1 S. 1 Nr. 1 iVm. § 7a), sondern auch vorgezogene Altersrenten, wie für langjährige Versicherte gem. § 36 S. 2 SGB VI, für Schwerbehinderte gem. § 37 S. 2 SGB VI, nach Arbeitslosigkeit und Altersteilzeit gem. § 237 SGB VI, für Frauen gem. § 237a SGB VI und langjährig unter Tage tätige Bergleute gem. § 40 SGB VI. Da nach dem Wortlaut des § 7 Abs. 4 S. 1 keine Begrenzung auf eine Altersrente aus der GRV erfolgt, ist ein Leistungsausschluss auch dann gegeben, wenn der Hilfebedürftige eine ausländische Rente wg. Alters bezieht. Zur Bestimmung, wann von einer leistungsausschließenden ausländischen Altersrente auszugehen ist, kann auf die Rechtsprechung des BSG zu § 142 Abs. 1 S. 1 Nr. 4 SGB III zugegriffen werden (BSG 3. 11. 1976 – 7 RAr 104/75; 8. 7. 1993 – 7 RAr 64/92). § 7 Abs. 1 S. 1 Hs. 2 lehnt sich erkennbar an die Regelung des § 142 SGB III an (vgl. Spellbrink in Eicher/Spellbrink § 7 Rn. 72, 74). Die ausländische Altersrente muss der deutschen vergleichbar sein, nicht unbedingt hinsichtlich der Höhe, sondern hinsichtlich der Struktur, als Leistung die zur Sicherung bei endgültigem Ausscheiden aus dem Erwerbsleben dienen soll (s. Peters in Estelmann, Stand X/2006, § 7 Rn. 82). Daher kommt es nicht darauf an, ob ausländisches Recht einen früheren Renteneintritt ermöglicht als deutsches Recht (so auch Spellbrink in Eicher/Spellbrink § 7 Rn. 72; aA Hackethal in Juris-PK-SGB II, § 7 Rn. 55). Dieses gilt umso mehr, als auch Bezieher von deutschen vorgezogenen Altersrenten tatsächlich noch erwerbsfähig sein können, sie jedoch gleichwohl von SGB II-Leistungen ausgeschlossen sind. Eine Differenzierung zwischen Deutschen und Ausländern im Hinblick auf das Kriterium Lebensalter erscheint insoweit nicht gerechtfertigt. Mit dem Bezug der Altersrente wird daher ebenso wie bei der Unterbringung in einer stationären Einrichtung von „fiktiver Erwerbsunfähigkeit" auszugehen sein (vgl. hierzu oben Rn. 23). Diese Fiktion ist insb. deswegen notwendig, um in dieser Situation Bedarfsunterdeckung – bei Bezug einer „Kleinstrente" – und Ausschluss auch von Leistungen nach dem SGB XII zu vermeiden (z. Problematik des § 5 Abs. 2 s. S. Knickrehm § 5 Rn. 6 f.). Anspruchsausschluss nach § 7 Abs. 4 S. 1 Alt. 2 bezieht den Sozialgeldanspruch ein (aA Hänlein in Gagel, Stand I/2008, § 7 Rn. 84). Altersrentner ist trotz des Ausschlusses von Leistungen nach dem SGB II Mitglied der Bg. mit einem erwerbsfähigen Partner und die Altersrente ist Einkommen dieser Bg., was zu Lasten des Partners gehen würde, wenn nicht die an sich nach § 9 Abs. 2 S. 3 anzuwendende horizontale Berechnungsmethode für die Berechnung von Leistungen nach dem SGB II (BSG 18. 6. 2007 – B 14 AS 55/07 R) bei Vorliegen einer „gemischten Bg." modifiziert würde (s. hierzu BSG 15. 4. 2008, B 14/7 b AS 58/06 R; s. auch Rn. 15 und iE Spellbrink, § 9). Es steht im Ermessen des Grundsicherungsträgers nach erfolgloser Aufforderung des erwerbsfähigen Hilfebedürftigen nach § 5 Abs. 3 S. 1 für den erwerbsfähigen Hilfebedürftigen Antrag auf Altersrente bei dem zuständigen Rentenversicherungsträger zu stellen. Zu den Bedingungen hierfür iE s. § 5 Rn. 8 f.; beachte auch § 12a S. 2 iVm. § 13 Abs. 2 (idF v. 1. 1. 2008, BGBl. I, 681) und die ab 1. 1. 2008 geltende „Verordnung zur Vermeidung unbilliger Härten durch Inanspruchnahme einer vorgezogenen Altersrente" – Unbilligkeitsverordnung (BGBl. I 2008, 734).

28 **b) Knappschaftsausgleichsleistung.** S. § 239 SGB VI – Möglichkeit des Ausscheidens aus dem Erwerbsleben mit dem Bezug v. Knappschaftsausgleichsleistung ab Vollendung des 55. Lbj. Hinsichtlich fiktiver Erwerbsfähigkeit, Mitgliedschaft in Bg., Einkommensberücksichtigung und Antragstellung durch den Grundsicherungsträger s. Rn. 27.

29 **c) Ähnliche Leistung öffentlich-rechtlicher Art.** S. Rechtsprechung des BSG zu § 142 SGB III (s. Rn. 27; BSG 11. 2. 1976 – 7 RAr 107/73, BSGE 41, 177 = SozR 4100 § 118 Nr. 2; BSG 23. 9. 1980 – 7 RAr 66/79, SozR 4100 § 118 Nr. 9; BSG 9. 11. 1983 – 7 RAr 58/82, SozR 4100 § 118 Nr. 12; BSG 22. 2. 1984 – 7 RAr 55/82, SozR 4100 § 118 Nr. 13; BSG 4. 7. 1991 – 7 RAr 8/90, SozR 3–4100 § 118 Nr. 2; BSG 8. 7. 1993 – 7 RAr 64/92, BSGE 73, 10 = SozR 3–4100 § 118 Nr. 4; BSG 24. 7. 1997 – 11 RAr 95/96, BSGE 80, 295 = SozR 3–4100 § 142 Nr. 1; BSG 3. 12. 1998 – B 7 AL 94/97 R, BSGE 83, 166 = SozR 3–4100 § 118 Nr. 7; BSG 18. 12. 2003 – B 11 AL 25/03 R, SozR 4–4300 § 142 Nr. 2; s. zu den Kriterien iE auch Rn. 27; Spellbrink in Eicher/Spellbrink § 7 Rn. 74). In Betracht kommen insb. Beamtenpensionen und Renten berufsständischer Versorgungssysteme. Leistung muss von einem öffentlich-rechtlichen Träger erbracht werden (vgl. Valgolio in Hauck/Noftz SGB II, § 7 Rn. 203).

30a **3. Aufenthalt außerhalb des zeit- und ortsnahen Bereichs a) Neustrukturierung der Vorschrift.** Mit dem RegelbedarfsÄndG (BGBl. I, 453) ist § 7 Abs. 4a vollständig neu gefasst worden. Nach § 77 Abs. 1 gilt § 7 Abs. 4a in der bis zum 31. 12. 2010 geltenden Fassung weiter bis zum Inkrafttreten einer nach § 13 erlassenen Rechtsverordnung. Die frühere Bezugnahme auf die Erreichbarkeitsanordnung der BA soll dann entfallen. Die Voraussetzungen für den Verlust des Leistungsanspruchs werden nunmehr im SGB II selbst geregelt. Hinzukommen ist die Ermächtigung des BMAS zum Erlass einer Rechtsverordnung in § 13 Abs. 3 Nach der Begründung zum Gesetzentwurf soll mit der Neufassung klargestellt werden, dass nur erwerbsfähige Leistungsberechtigte bei unerlaubter Ortsabwesenheit ihren Leistungsanspruch verlieren und als weitere Voraussetzung für den Verlust des Anspruchs das „Nichtzuverfügungstehen" für Eingliederungsleistungen ist, so dass derjenige, der ausnahmsweise keine Eigenbemühungen zu erbringen habe, keiner Zustimmung des Trägers zur Ortsabwesenheit bedürfe (BT-Drs. 17/3404, S. 92).

30b **b) Erreichbarkeitsanordnung.** Nach § 7 Abs. 4a in der bis zum Inkrafttreten der Rechtsverordnung nach § 13 geltenden Fassung (s. Rn. 30a) war von Leistungen nach dem SGB II ausgeschlossen, wer sich ohne Zustimmung des pAP außerhalb des Erreichbarkeitsbereichs iS der EAO aufhielt. Die EAO idF vom 16. 11. 2001 (s. u. und nicht in der geänderten Fassung vom 26. 9. 2008, ANBA Nr. 12, S. 5, denn § 7 Abs. 4a nimmt ausdrücklich auf die Fassung von 2001 Bezug) ist im SGB II bis zum Inkrafttreten der Rechtsversordnung nach § 13 Abs 3 entsprechend anzuwenden (§ 77 Abs. 1 idF des RegelbedarfsÄndG vom 24. 3. 2011, BGBl I, 453). Sie ist AO der BA zu § 119 Abs. 5 Nr. 2 SGB III (Verfügbarkeit) – ... den Vermittlungsbemühungen der Agentur für Arbeit steht ua zur Verfügung, wer: ... 2. Vorschlägen der Agentur für Arbeit zur beruflichen Eingliederung zeit- und ortsnah Folge leisten kann.

Anordnung des Verwaltungsrats der Bundesanstalt für Arbeit zur Pflicht des Arbeitslosen, Vorschlägen des Arbeitsamtes zur beruflichen Eingliederung zeit- und ortsnah Folge leisten zu können (Erreichbarkeits-Anordnung − EAO −)
Vom 23. Oktober 1997
(Amtliche Nachrichten der Bundesanstalt für Arbeit 1997 S. 1685, ber. S. 1100)
zuletzt geändert durch
Art. 1 Zweite ÄndAnO vom 26. 9. 2008 (ANBANr. 12 S. 5)

Aufgrund der §§ 152 Nr. 2, 376 Abs. 1 Satz 1 des Dritten Buches Sozialgesetzbuch erlässt der Verwaltungsrat der Bundesanstalt für Arbeit mit Genehmigung des Bundesministeriums für Arbeit und Sozialordnung folgende Anordnung:

§ 1 Grundsatz. (1) [1] Vorschlägen des Arbeitsamtes zur beruflichen Eingliederung kann zeit- und ortsnah Folge leisten, wer in der Lage ist, unverzüglich

1. Mitteilungen des Arbeitsamtes persönlich zur Kenntnis zu nehmen,
2. das Arbeitsamt aufzusuchen,
3. mit einem möglichen Arbeitgeber oder Träger einer beruflichen Eingliederungsmaßnahme in Verbindung zu treten und bei Bedarf persönlich mit diesem zusammenzutreffen und
4. eine vorgeschlagene Arbeit anzunehmen oder an einer beruflichen Eingliederungsmaßnahme teilzunehmen.

[2] Der Arbeitslose hat deshalb sicherzustellen, dass das Arbeitsamt ihn persönlich an jedem Werktag an seinem Wohnsitz oder gewöhnlichen Aufenthalt unter der von ihm benannten Anschrift (Wohnung) durch Briefpost erreichen kann. [3] Diese Voraussetzung ist auch erfüllt, wenn der Arbeitslose die an einem Samstag oder an einem Tag vor einem gesetzlichen Feiertag eingehende Post erst am folgenden Sonn- bzw. Feiertag zur Kenntnis nehmen kann.

(2) [1] Über Ausnahmen von diesem Grundsatz entscheidet das Arbeitsamt im Rahmen der nachfolgenden Vorschriften. [2] Es läßt sich von dem Ziel leiten, den Arbeitslosen beruflich einzugliedern und Leistungsmissbrauch zu vermeiden.

(3) Kann der Arbeitslose Vorschlägen des Arbeitsamtes zur beruflichen Eingliederung wegen der nachgewiesenen Wahrnehmung eines Vorstellungs-, Beratungs- oder sonstigen Termins aus Anlass der Arbeitsuche nicht zeit- oder ortsnah Folge leisten, steht dies der Verfügbarkeit nicht entgegen.

§ 2 Aufenthalt innerhalb des zeit- und ortsnahen Bereichs. [1] Der Arbeitslose kann sich vorübergehend auch von seinem Wohnsitz oder gewöhnlichen Aufenthalt entfernen, wenn

1. er dem Arbeitsamt rechtzeitig seine Anschrift für die Dauer der Abwesenheit mitgeteilt hat,
2. er auch an seinem vorübergehenden Aufenthaltsort die Voraussetzungen des § 1 Abs. 1 erfüllen kann und
3. er sich im Nahbereich des Arbeitsamtes aufhält. [2] Zum Nahbereich gehören alle Orte in der Umgebung des Arbeitsamtes, von denen aus der Arbeitslose erforderlichenfalls in der Lage wäre, das Arbeitsamt täglich ohne unzumutbaren Aufwand zu erreichen.

§ 3 Aufenthalt außerhalb des zeit- und ortsnahen Bereichs. (1) [1] Erfüllt der Arbeitslose nicht die Voraussetzungen des § 2 Nrn. 1 bis 3, steht dies der Verfügbarkeit bis zu drei Wochen im Kalenderjahr nicht entgegen, wenn das Arbeitsamt vorher seine Zustimmung erteilt hat. [2] Die Zustimmung darf jeweils nur erteilt werden, wenn durch die Zeit der Abwesenheit die berufliche Eingliederung nicht beeinträchtigt wird.

(2) Abs. 1 ist entsprechend anzuwenden

1. bei Teilnahme des Arbeitslosen an einer ärztlich verordneten Maßnahme der medizinischen Vorsorge oder Rehabilitation,
2. bei Teilnahme des Arbeitslosen an einer Veranstaltung, die staatspolitischen, kirchlichen oder gewerkschaftlichen Zwecken dient oder sonst im öffentlichen Interesse liegt. Der Arbeitslose muss sicherstellen, dass er während der Teilnahme werktäglich persönlich unter der dem Arbeitsamt benannten Anschrift durch Briefpost erreichbar ist; er muß die Teilnahme jederzeit abbrechen können und sich vor der Teilnahme für den Fall der beruflichen Eingliederung glaubhaft zum jederzeitigen Abbruch bereit erklärt haben,
3. bei Ausübung einer ehrenamtlichen Tätigkeit.

(3) In Fällen außergewöhnlicher Härten, die aufgrund unvorhersehbarer und für den Arbeitslosen unvermeidbarer Ereignisse entstehen, kann die Drei-Wochenfrist nach Abs. 1 und 2 vom Arbeitsamt tageweise, höchstens um drei Tage verlängert werden.

(4) Abs. 1 und 2 finden keine Anwendung, wenn sich der Arbeitslose zusammenhängend länger als sechs Wochen außerhalb des zeit- und ortsnahen Bereiches aufhalten will.

§ 4 Sonderfälle. [1] In Fällen des § 428 und § 429 des Dritten Buches Sozialgesetzbuch beträgt die Frist nach § 3 Abs. 1 siebzehn Wochen. [2] In besonderen Fällen kann der Zeitraum nach Satz 1 mit Zustimmung des Ar-

beitsamtes im notwendigen Umfang überschritten werden. ³ *Das Arbeitsamt kann den Arbeitslosen aus gegebenem Anlaß in der Verlängerungszeit vorladen.* ⁴ *Der Vorladung ist innerhalb eines Zeitraums von vier Wochen Folge zu leisten.*

§ 5 Inkrafttreten. *Diese Anordnung tritt am 1. 1. 1998 in Kraft.*

Die Erreichbarkeit, also die „Ortsanwesenheit" des Antragstellers war bis zur Einfügung des Abs. 4 a in § 7 durch das FortentwicklungsG zum 1. 8. 2006 (BGBl. I, 1706) nicht als gesetzlich normierte Tatbestandsvoraussetzung für den Leistungsanspruch nach dem SGB II vorgesehen. Derartige Regelungen sollten den Abmachungen zwischen Hilfebedürftigem und pAP (§ 14) im Rahmen der Eingliederungsvereinbarung (§ 15) überlassen bleiben. Als Folge eines Verstoßes gegen die Regelung in der Eingliederungsvereinbarung war lediglich eine Sanktion in Gestalt der Absenkung des Alg II vorgesehen. Um missbräuchliche Inanspruchnahme von „Fürsorgeleistungen" bei einem nicht genehmigten vorübergehenden auswärtigen Aufenthalt zu vermeiden hat der Ausschuss für Arbeit und Soziales im Mai 2006 vorgeschlagen den Leistungsanspruch bei Verstoß gegen die Erreichbarkeitsregelung des Abs. 4 a entfallen zu lassen. Die „Erreichbarkeit" ist damit keine neue Tatbestandsvoraussetzung für den Leistungsanspruch nach dem SGB II (s. auch Spellbrink in Eicher/Spellbrink § 7 Rn. 78), sondern schließt bei Verstoß gegen die EAO – soweit die in das SGB II übernommen werden soll – von Leistungen nach dem SGB II aus (s. insoweit auch systematischer Standort der Regelung bei den Leistungsausschlüssen). An dieser grundsätzlichen Konstruktion hat sich mit der Änderung des Abs. 4 a durch das RBEG (BGBl. I, 453) nichts geändert.

31   **b) Definition des orts- und zeitnahen Bereichs.** Zur Bestimmung des orts- und zeitnahen Bereichs iSd. § 7 Abs. 4 a findet sich noch keine Regelung im Rechtskreis des SGB II. Abs. 4 a enthält keine Definition insoweit und die Rechtsverordnung nach § 13 Abs. 3, die eine solche Definition vornehmen könnte (wörtlich: ...nähere Bestimmungen zum zeit- und ortsnahen Bereich) ist noch nicht erlassen. Es ist nach § 77 Abs. 1 vielmehr bis zum Inkrafttreten der Rechtsverordnung auf die EAO zurück zu greifen. Nach § 2 S. 2 EAO gehören zum Nahbereich alle Orte in der Umgebung des Grundsicherungsträgers, von denen aus der SGB II-Leistungsempfänger erforderlichenfalls in der Lage wäre, den Träger täglich ohne unzumutbaren Aufwand zu erreichen. Spellbrink will die für die Arbeitsförderung herauskristallisierte Zeitgrenze von 2,5 Stunden für tägliche Hin- und Rückfahrt zum Arbeitsamt im Hinblick auf die schärferen Zumutbarkeitskriterien des § 10 eingeen, also den Nahbereich weiter eingrenzen, was angesichts der wachsenden Mobilität der Arbeitnehmer nicht der gesellschaftlichen Realität entsprechen dürfte. Auch er hält es allerdings nicht für erforderlich, dass sich der Leistungsempfänger im Zuständigkeitsbereich des Grundsicherungsträgers aufhält; auch ein Auslandsaufenthalt ist unschädlich (zB. Sogenannter Grenzgänger), so lange die Erreichbarkeit des Trägers ohne unzumutbaren Aufwand gewährleistet ist (s. auch Spellbrink in Eicher/Spellbrink § 7 Rn. 79; s. zum Auslandsaufenthalt auch Valgolio in Hauck/Noftz SGB II, Stand IV/2008, § 7 Rn. 77).

32   **c) Ortsabwesenheit.** Nach **§ 3 Abs. 1 S. 1 EAO** kann der Leistungsberechtigte sich bis zu drei Wochen (**21 Tage** – § 41 Abs. 1 S. 1) innerhalb eines Kalenderjahres außerhalb des Nahbereichs iSd. § 2 S. 2 EAO aufhalten. Der Gesetzgeber hat diese Regelung nachvollzogen, indem er in Satz 5 des Abs. 4 a die Ortsabwesenheit für einen Zeitraum von drei Wochen im Kalenderjahr auch im Falle des Nichtvorliegens eines wichtigen Grundes für die Abwesenheit als nicht zum Anspruchsverlust führend bestimmt hat. Als Beispiel wird in den Gesetzesmaterialien insoweit die Urlaubsabwesenheit benannt (BT-Drs. 17/3404, S. 92). In der EAO sind zudem Fälle außergewöhnlicher Härte benannt, die zu einer Verlängerung der zulässigen Ortsabwesenheitsdauer führen können. In Abs. 4 a hat sich der Gesetzgeber auch hieran orientiert. Dort wird die Zustimmung zur Ortsabwesenheit von dem Vorliegen eines wichtigen Grundes abhängig gemacht und drei wichtige Gründe, die ohne zeitliche Eingrenzung bleiben, beispielhaft aufgeführt (zum wichtigen Grund s. unter Rn. 33 a). Inwieweit Abs. 4 a auch für Aufstocker gilt, ist differenziert danach zu beantworten, ob dem Leistungsberechtigten überhaupt Eingliederungsbemühungen abverlangt werden dürfen. Da ggf einem **Aufstocker** keine anderweitigen Eingliederungsbemühungen zuzumuten sind, etwa wenn er sozialversicherungspflichtig beschäftigt ist, seinen eigenen Lebensunterhalt durch sein Einkommen decken kann, nicht jedoch den der gesamten Bedarfsgemeinschaft und er mehr als drei Wochen Urlaub im Jahr hat, folgt bereits aus den kumulativ genannten Voraussetzungen des Abs. 4 a S. 1 2. Hs. (... und deshalb nicht für die Eingliederung in Arbeit zur Verfügung stehen), dass er keiner Zustimmung des zuständigen Trägers zur Ortsabwesenheit bedarf.

33   **d) Zustimmung.** Während bis zur Änderung des Abs. 4 a durch das RegelbedarfsÄndG (BGBl. I, 453) der pAP die Zustimmung zu erteilen hatte, ist es nunmehr der zuständige Träger. Damit entfällt die mit der alten Gesetzesfassung einhergehende Problematik, dass die Zulässigkeit der Ortsabwesenheit nur dessen „Genehmigung" und der keines anderen Mitarbeiters des Grundsicherungsträgers oblag. Keiner Zustimmung bedarf es nunmehr, wenn keine Verpflichtung besteht zur Eingliederung in Arbeit zur Verfügung zu stehen (s. Rn. 32; BT-Drs. 17/3404, S. 92). Die Zustimmung ist abhängig von dem Vorliegen eines wichtigen Grundes. Zugleich steht es im **Ermessen** des Grundsicherungsträgers die Zustimmung auch ohne wichtigen Grund zu erteilen (Abs. 4a S. 4), wenn die Eingliederung in Arbeit nicht beeinträchtigt wird. Für die Zeitdauer von S. 5 dürfte insoweit das Ermessen des Grundsicherungsträger idR auf „Null" reduziert sein, es sei denn es besteht eine konkrete Aussicht auf Eingliederung in Arbeit (fraglich, ob hier auch Eingliederungsmaßnahmen selbst zu berücksichtigen sind, wie etwa Ein-Euro-Job und auch geringfügige Beschäftigungen oder nur sozialversicherungspflichtige Tätigkeiten), die durch die Ortsabwesenheit prognostisch zu Nichte gemacht werden würde. Im Rahmen der Ermessenserwägungen können auch Gesichtspunkte der EAO heranzuziehen sein (solange keine Rechtsverordnung iS des § 13 Abs. 3 erlassen worden ist), wie etwa, dass die Zustimmung nach § 3 Abs. 1 S. 1 S. 2 EAO in den ersten 3 Monaten der Alo nur in begründeten Ausnahmefällen erteilt werden soll, weil davon ausgegangen wird, dass Vermittlungschancen in diesem Zeitraum am größten sind. Entsprechende Anwendbarkeit im SGB II unter dem Gesichtspunkt, dass in den ersten 3 Monaten des SGB II-Leistungsbezugs die Eingliederungsvereinbarung nach § 15 abgeschlossen und notwendige Maßnahmen abgeklärt werden sollten (s. Spellbrink in Eicher/Spellbrink § 7 Rn. 82). Allerdings kommt es insoweit auf den Einzelfall an, denn gerade bei denjenigen Leistungsbeziehern, die zuvor bereits Alg erhalten haben, wird ein großer Teil dieser Maßnahmen uU schon ergriffen oder abgesprochen worden sein.

f) Vorliegen wichtiger Gründe. Der Begriff des wichtigen Grundes ist ein unbestimmter Rechtsbegriff, dessen Ausfüllung der vollständigen Überprüfung durch die Gerichte unterliegt. Das Vorliegen eines wichtigen Grundes alleine führt nach dem Wortlaut von Abs. 4a S. 2 jedoch noch nicht zur Verpflichtung des Grundsicherungsträgers zur Zustimmung zur Ortsabwesenheit, sondern es darf kumulativ der Voraussetzung, dass auch nicht die Eingliederung in Arbeit beeinträchtigt sein dürfe, gemeint ist wohl durch der Ortsabwesenheit (z. Kausalität s. Rn. 33b). Anhaltspunkte zur Ausfüllung des unbestimmten Rechtsbegriffs des „wichtigen" Grundes finden sich in den Regelbeispielen des S. 3, wie Teilnahme an einer ärztlich verordneten Maßnahme der med. Versorgung oder Reha, Teilnahme an Veranstaltungen, die staatspolitischen, kirchlichen oder gewerkschaftlichen Zwecken dienen oder sonst im öffentlichen Interesse liegen oder die Ausübung einer ehrenamtlichen Tätigkeit. Die Zustimmung ist mithin bei Gründen von vergleichbarer Art und vergleichbarem Gewicht unter der weiteren Bedingung der mangelnden Beeinträchtigung der Eingliederung zu erteilen. **33a**

g) Abwesenheit ohne wichtigen Grund. Nicht nur bei dem Vorliegen eines wichtigen Grundes kann die Zustimmung zur Ortsabwesenheit erteilt werden, sondern auch wenn kein wichtiger Grund vorhanden ist. Nach Abs. 4a S. 4 steht die Zustimmung dann allerdings im Ermessen des Grundsicherungsträgers. Zum Ermessen s. Rn. 33. Auch die Ortsabwesenheit ohne wichtigen Grund ist allerdings davon abhängig, dass dadurch die Eingliederung in Arbeit nicht beeinträchtigt wird. Die Kausalität zwischen Ortsabwesenheit und Beeinträchtigung von Eingliederung ist zwingendes ungeschriebenes Tatbestandsmerkmal, denn wenn die Eingliederung auch ohne die Ortsabwesenheit zum Zeitpunkt des Zustimmungsbegehrens beeinträchtigt ist, kann die Zustimmung nicht deswegen verweigert werden. Dieses folgt auch aus der Abs. 4a S. 1 ausdrücklich normierten Kausalität (…deshalb nicht für Eingliederung in Arbeit zur Verfügung stehen). **33b**

h) Zulässige Abwesenheitsdauer. Liegt ein wichtiger Grund für die Ortsabwesenheit vor, hat die Zustimmung zur Abwesenheit für den Zeitraum des Vorliegens des wichtigen Grundes zu erfolgen. Eine zeitliche Begrenzung ist insoweit nicht vorgesehen. Bei Ortsabwesenheit ohne wichtigen Grund (S. 5) ist der Regelzeitraum für den die Zustimmung erteilt werden soll drei Wochen im Kalenderjahr. Aus der Verwendung des Wortes „soll" folgt, dass in atypischen Fällen dieser Zeitraum auch verlängert oder verkürzt werden kann. In zeitlicher Hinsicht besteht mithin kein dem Grundsicherungsträger eingeräumtes Ermessen. **33c**

i) Betroffener Personenkreis und Rechtsfolgen. Peters hat bereits im Hinblick auf die alte Rechtslage den Personenkreis, der von dem Leistungsausschluss nach § 7 Abs. 4a betroffen sein kann auf diejenigen Leistungsempfänger, die **erwerbsfähig** sind und denen eine **Arbeit zumutbar** ist als begrenzt angesehen (Peters in Estelmann, § 7 Rn. 87). Diese Auslegung fand im Wortlaut des § 7 Abs. 4a keinen Rückhalt. Spellbrink hatte insofern zu Recht darauf hingewiesen, dass Peters Auslegung zwar dann dem Sinn und Zweck der Vorschrift entspricht, wenn man die Regelung des § 7 Abs. 4a als eine solche der **Residenzpflicht** bewertet. Wie oben bereits dargelegt (s. Rn. 30) liege der Nutzen der Vorschrift jedoch nach der Vorstellung der Ausschussmitglieder in der **Missbrauchskontrolle**. In diese seien jedoch auch die nicht erwerbsfähigen Mitglieder der Bg. einzubeziehen. Hieraus hat der Gesetzgeber nunmehr Konsequenzen gezogen und den Kreis derjenigen, die der Zustimmung bei Ortsabwesenheit bedürfen auf den erwerbsfähigen Leistungsberechtigten begrenzt, indem er ausdrücklich diese als betroffene Personengruppe in Abs. 4a S. 1 benennt sowie im dortigen 2. Hs. den Kausalzusammenhang zwischen der Zustimmungsbedürftigkeit der Ortsabwesenheit und dem Zurverfügungstehen für Eingliederung in Arbeit herstellt (BT-Drs. 17/3404, S. 92). Aus der nicht eingeholten Genehmigung kann mithin für den erwerbsfähigen Leistungsberechtigten ein Leistungsausschluss, also eine **Aufhebung der Leistungsbewilligung** wegen einer wesentlichen Änderung iSd. § 48 SGB X (§§ 40 SGB II iVm. 330 SGB III) und Forderung nach **Erstattung** (§ 40 **34**

Abs. 2 iVm. § 50 SGB X) der gewährten Leistungen folgen. § 48 Abs. 1 Nr. 2 SGB X setzt allerdings voraus, dass der Leistungsempfänger seiner Verpflichtung zur Mitteilung, für ihn nachteiliger Veränderungen zumindest grobfahrlässig nicht nachgekommen ist. Dem Leistungsempfänger muss die Verpflichtung zur Einholung einer Genehmigung für den Fall der Ortsabwesenheit mithin bekannt gewesen sein (zB aus EinV); er muss darüber **aufgeklärt** worden sein (z den Mitteilungspflichten des Grundsicherungsträgers vgl. BSG 31. 10. 2007 – B 14/11 b AS 63/06 R). Allerdings kann auch im Fall einer nicht grobfahrlässigen Unterlassung der Abwesenheitsmitteilung, eine **Sanktion** nach § 32 in Betracht kommen, wenn der Leistungsberechtigte während der Abwesenheit eine Meldeaufforderung erhalten hat und der Aufforderung, weil er ortsabwesend war, nicht nachgekommen ist. Ebenso wie im Falle des Leistungsausschlusses ist die bei der Belegung mit einer Sanktion entstehende Minderung der SGB II-Leistung nicht durch Leistungen nach dem **SGB XII** auszugleichen. Der erwerbsfähige Hilfebedürftige hat auch weiterhin einen Anspruch nach dem SGB II dem Grunde nach (§ 5 Abs. 2 S. 1) und ist leistungsberechtigt nach diesem G iSv. § 21 S. 1 SGB XII (vgl. auch § 5 Rn. 6).

IV. Auszubildende

35   Abs. 5 ist durch das RegelbedarfsÄndG vom 24. 3. 2011 (BGBl I, 453) zwar geändert worden. Die Grundstruktur des Leistungsausschlusses von Auszubildenden und den ihnen gleichwohl zu gewährenden Leistungen nach dem SGB II ist jedoch erhalten geblieben. Klarstellend hat der Gesetzgeber nun allerdings in § 27 Abs. 1 S. 2 festgelegt, dass die den Auszubildenden trotz des Ausschlusses zu gewährenden Leistungen – jetzt zusammengefasst in § 27 – kein Alg II sind (Regelung des vormaligen § 7 Abs. 5 S. 2 – besondere Härte – findet sich nun in § 27 Abs. 4). Dieser ausdrücklichen Festlegung bedurfte es, denn nach alter und neuer Rechtslage waren und sind Leistungen für Mehrbedarf Teil des Alg II (§ 19 Abs. 1) und zwar unabhängig davon, wem die Mehrbedarfsleistung zu gewähren war und ist. Hieraus war rechtliche Konsequenz gezogen worden, dass die Studentin mit Anspruch auf Leistungen für Mehrbedarf wegen Alleinerziehung als Kopf einer Bg. nur die Kinder in den Leistungsbezug nach dem SGB II bringen konnte (vgl. Rn. 15). Dieses gilt nach neuer Rechtslage nicht mehr, wenn es auch in § 7 Abs. 5 S. 1 auf Grund der Formulierung „... haben über § 27 hinaus keinen Anspruch auf Alg II, Sozialgeld und Leistungen für Teilhabe und Bildung" zunächst noch anders klingt. § 7 Abs. 5 muss jedoch im Zusammenhang mit § 27, der Anspruchsgrundlage für Leistungen an Auszubildende, betrachtet werden. Wenn Auszubildende iSv. § 7 Abs. 5 – nunmehr nur noch S. 1 – von Leistungen nach dem SGB II ausgeschlossen sind, erstreckt sich dieser Ausschluss grundsätzlich auch auf Ansprüche nach dem SGB XII (1.). Allerdings ist ihr Ausschluss von Leistungen nach dem SGB II weniger absolut, als in den vorher behandelten Fallkonstellationen. So sind Auszubildende grundsätzlich nur dann mit einem Leistungsausschluss belegt, wenn die Ausbildung dem Grunde nach förderungsfähig nach dem BAföG oder §§ 60–62 SGB III ist (2.). Außerdem gilt dieser Ausschluss nur soweit nicht Ansprüche auf Leistungen nach § 27 Abs. 2 bis 5 bestehen (3.) oder wenn die Ausnahmen des Abs. 6 gegeben sind (4.).

36   **1. Grundsätzlicher Leistungsausschluss in SGB II und SGB XII.** Anders als Altersrentner oder in einer stationären Einrichtung Untergebrachte sind Auszubildende, die eine nach dem BAföG oder §§ 60–62 SGB III dem Grunde nach förderungsfähige Ausbildung durchlaufen, nicht nur von den Leistungen nach dem SGB II, sondern ebenso von denen nach dem SGB XII ausgeschlossen. Auch nach § 22 SGB XII haben Auszubildende, deren Ausbildung im Rahmen des BAföG oder der §§ 60 bis 62 SGB III dem Grunde nach förderungsfähig ist, keinen Anspruch auf Leistungen nach dem Dritten und Vierten Kapitel des SGB XII. Dieser grundsätzliche Leistungsausschluss wird von BVerwG und BSG damit gerechtfertigt, dass keine weitere (nunmehr dritte) Ausbildungsförderung neben BAföG und SGB III über Grundsicherung und Sozialhilfe erfolgen soll (BVerwG 14. 10. 1993 – 5 C 16/91, BVerwGE 94, 224; BSG 6. 9. 2007 – B 14 AS 28/06 R u. B 14/7b AS 36/06 R). Hieraus folgt: Der Auszubildende, dessen Ausbildung zwar dem Grunde nach förderungsfähig ist, der jedoch keine Förderleistung zur Lebensunterhaltssicherung erhält, weil er die weiteren Leistungsvoraussetzungen nach dem BAföG oder SGB III nicht erfüllt – zB zulässige Höchststudiendauer o. Regelaltersgrenze (BSG 1. 7. 2009 – B 4 AS 67/08 R) wurden überschritten, die Fachrichtung wurde gewechselt oder eine Zweitausbildung begonnen (BSG 30. 8. 2008 – B 4 AS 28/07 R) – erhält bei Hilfebedürftigkeit keine Fürsorgeleistungen, sondern muss entweder die Ausbildung aufgeben oder sich seinen Lebensunterhalt durch Erwerbstätigkeit neben der Ausbildung sichern (s. BSG 6. 9. 2007 – B 14/7b AS 36/06 R).

37   **2. Dem Grunde nach förderungsfähige Ausbildung (Abs. 5 S. 1).** Ob eine Ausbildung dem Grunde nach förderungsfähig nach dem BAföG oder §§ 60–62 SGB III ist, ist an Hand der **sachlichen Förderkriterien** zu entscheiden. Entscheidend ist die Förderungsfähigkeit der Ausbildung dem Grunde nach, nicht aus welchen persönlichen Gründen im konkreten Fall keine Leistungen nach BAföG oder SGB III erbracht werden (Berücksichtigung der persönlichen Situation ggf. im Härtefall nach § 27 Abs. 4, s. Rn. 42).

Wer eine der in § 2 Abs. 1 Nr. 1–6 **BAföG** benannten – anerkannten – Ausbildungsstätten besucht **38** hat keinen Anspruch auf Alg II; dieses trifft vor Allem Studenten an einer Hochschule. Für Schüler an einer weiterführenden allgemeinbildenden Schule o. Berufsfachschule (§ 2 Abs. 1 Nr. 1) gilt insoweit die Ausnahmeregelung des § 7 Abs. 6 Nr. 1 (s. Rn. 41), wenn sie im Elternhaus wohnen (s. auch gem. § 7 Abs. 6 Nr. 2 für Auszubildende deren Ausbildungsgeld sich nach § 66 Abs. 1 SGB III und § 106 Abs. 1 Nr. 1 SGB III bemisst). Jedoch auch wenn sie nicht im Elternhaus wohnen (§ 2 Abs. 1a BAföG) und nur deswegen SchülerBAföG erhalten, weil es keinen Rechtfertigungsgrund für den Auszug gibt, sind sie wie Schüler zu behandeln, die noch im Elternhaus wohnen (BSG 21. 12. 2009 – B 14 AS 61/08 R). Ist dieses jedoch nicht der Fall oder der Auszubildende ist verheiratet oder lebt mit einem Kind zusammen, erhalten Schüler mit eigener Wohnung den höheren Bedarfssatz nach § 12 Abs 2 Satz 2 iVm § 2 Abs 1a BAföG und sind damit von (ergänzenden) Leistungen zur Sicherung des Lebensunterhalts nach § 7 Abs 5 Satz 1 SGB II ausgeschlossen (BSG 21. 12. 2009 – B 14 AS 61/08 R). Weiterer individueller Ausschlussgrund iSd. § 7 Abs. 5 S. 1 folgt aus **§ 8 BAföG,** wonach persönliche Anspruchsvoraussetzungen vor dem Hintergrund ausländer- und aufenthaltsrechtlicher Bestimmungen normiert werden (vgl. hierzu BSG 6. 9. 2007 – B 14/7b AS 28/96 R). Ist die Ausbildung nicht dem Grunde nach förderungsfähig iSv. BAföG oder SGB III besteht grundsätzlich zumindest nicht deswegen ein Leistungsausschluss nach dem SGB II. Es wird alsdann jedoch neben dem Vorliegen der Tatbestandsvoraussetzungen des § 7 Abs. 1 zu prüfen sein, ob die betreffende Ausbildung tatsächlich der Eingliederung in den Arbeitsmarkt dienlich ist.

Nach **§§ 60–62 SGB III** förderungsfähige berufliche Ausbildungsformen sind: **39**
– Berufsausbildung in Form der Erstausbildung in einem anerkannten Ausbildungsberuf, die betrieblich oder außerbetrieblich durchgeführt wird und für die der vorgeschriebene Ausbildungsvertrag abgeschlossen worden ist – § 60 SGB III – (vgl. Niewald in Kasseler Handbuch des Arbeitsförderungsrechts, § 3 Rn. 15 ff.).
– Berufsvorbereitende Bildungsmaßnahmen – § 61 SGB III – (s. iE Niewald in Kasseler Handbuch des Arbeitsförderungsrechts, § 3 Rn. 35 ff.).
– Bildungsmaßnahmen der zuvor beschriebenen Art im Ausland – § 62 SGB III – (ausführlich Niewald in Kasseler Handbuch des Arbeitsförderungsrechts, § 3 Rn. 55 ff.).

Dienen Teilhabeleistungen zur Ausbildungsförderung (§§ 97 ff. SGB III) den gleichen Zielen wie die nach §§ 60–62 SGB III können auch sie zum Leistungsausschluss nach § 7 Abs. 5 führen. Beachte insoweit § 27 Abs. 3.

3. Ansprüche auf Leistungen nach § 27 Abs. 2 bis 5 – Mehrbedarf. Der Ausschluss von **40** Fürsorgeleistungen galt nach der Rechtsprechung des BVerwG für das BSHG nicht ausnahmslos (BVerwG 17. 1. 1985 – 5 C 29/84, BVerwGE 71, 12; 3. 12. 1992 – 5 C 15/90, BVerwGE 91, 254; 14. 10. 1993 – 5 C 16/91, BVerwGE 94, 224) und greift auch im SGB II nicht ohne Einschränkung Raum (BSG 6. 9. 2007 – B 14/7b AS 36/06 R). Hintergrund: Ausbildungsförderung soll den Lebensunterhalt sichern, der wg. der Ausbildung nicht gesichert ist, weil der Auszubildende neben der Ausbildung nicht in der Lage ist seinen Lebensunterhalt durch die Erwerbstätigkeit zu gewährleisten. Der dadurch entstandene ausbildungsbedingte o. – geprägte Bedarf wird durch die Ausbildungsförderung gedeckt. Wenn nun neben dem BAföG oder dem SGB III durch das SGB II kein weiteres System der Ausbildungsförderung installiert werden soll, so ist es konsequent, wenn ein Bedarf, der nicht ausbildungsbedingt ist, etwa weil die Studentin/der Student alleinerziehend ist oder kostenaufwändiger Ernährung bedarf, durch Leistungen nach dem SGB II gedeckt wird (s. hierzu auch unter Bezugnahme auf die Rechtsprechung des BSG, hierzu auch BT-Drs. 17/3404, S. 103; vgl. auch Brühl/ Schoch in LPK-SGB II, § 7 Rn. 117; Hänlein in Gagel, § 7 Rn. 90; Peters in Estelmann, § 7 Rn. 97; Spellbrink in Eicher/Spellbrink § 7 Rn. 91 f.; Valgolio in Hauck/Noftz SGB II, § 7 Rn. 237). So hat das BSG umgekehrt den ausbildungsbedingten Anteil am SchülerBAföG als zweckbestimmte Einnahme iS des § 11 Abs. 3 in der Fassung bis zum 31. 3. 2011 – Art 14 Abs. 3 RegelbedarfsÄndG – (BGBl. I, 453) angesehen (17. 3. 2009 – B 14 AS 63/07 R). In Kenntnis dieser systematischen Überlegungen hat der Gesetzgeber mit der Regelung des § 7 Abs. 5 S. 1 im SGB II an diese Rechtslage angeknüpft und mit § 27 SGB II eine spezifische Anspruchsgrundlage für Leistungen an Auszubildende geschaffen. Nach § 27 Abs. 2 werden nunmehr **Leistungen für Mehrbedarfe** des § 21 Abs. 2 (Schwangerschaft), 3 (Alleinerziehung), 5 (kostenaufwändige Ernährung) und 6 (Härtebedarf) an Auszubildende erbracht, soweit der Bedarf nicht durch zu berücksichtigendes Einkommen und Vermögen gedeckt ist. Im Hinblick auf das zu berücksichtigende Einkommen wird es insoweit darauf ankommen zwischen dem Anteil an der „Ausbildungsleistung", der der Lebensunterhaltssicherung dient und dem der den ausbildungsbedingten Bedarf sicher stellt zu unterscheiden (vgl. BSG 17. 3. 2009 – B 14 AS 63/07 R; 22. 3. 2010 – B 4 AS 69/09 R). Die Gewährung von Leistungen nach § 21 Abs. 4 an Auszubildende scheidet aus, weil es sich insoweit wiederum um einen ausbildungsbedingten Bedarf handelt (s. auch BT-Drs. 17/3404, S. 103). Leistungen für Mehrbedarf sind als Zuschuss und nicht als Darlehen zu erbringen, denn es liegt insoweit kein Härtefall iSd. § 27 Abs. 4 vor. Dort wird die Darlehensgewährung ausdrücklich beschränkt auf den Regelbedarf, Bedarfe für Unterkunft und Heizung und notwendige Beiträge zur KV- und PflegeVers. Der Ausschluss von Leistungen nach § 7 Abs. 5

bezieht sich vom Wortlaut her nur auf Leistungen zur Sicherung des Lebensunterhalts. Dieses gilt auch für die Leistungen nach § 27. Hieraus folgt: Eingliederungsleistungen sind auch Auszubildenden iSd. § 7 Abs. 5– sofern alle Tatbestandsvoraussetzungen hierfür erfüllt werden (§ 16) zu gewähren (vgl. BSG 6. 9. 2007 – B 14/7b AS 36/06 R).

41 **4. Ausnahme vom Leistungsausschluss wegen besonderer Härte (§ 27 Abs. 4).** Auszubildende können unter den Bedingungen des § 27 Abs. 4 über die Leistungen für Mehrbedarfe hinaus Grundsicherungsleistungen erhalten, wenn der Leistungsausschluss des § 7 Abs. 5 eine „besondere Härte" für sie bedeutet. Die Leistung wird als Darlehen gewährt. Bedarfe nach § 27 Abs. 2 und 3 lösen keinen „besonderen Härtefall" aus. § 27 Abs. 4 beschränkt die Bedarfssituationen für die darlehensweise Leistungen erbracht werden können auf Regelbedarfe, Bedarfe für Unterkunft und Heizung sowie notwendige Beiträge zur K- und PflegeVers. Nach § 27 Abs. 4 S. 3 sind Darlehensleistungen gegenüber denen nach Abs. 2 und 3 nachrangig. Bei Anspruch auf Leistung für Mehrbedarf ist diese Leistung mithin als Zuschuss nach § 27 Abs. 2 zu erbringen. Leistungen für Unterkunft und Heizung können nur dann darlehensweise gewährt werden, wenn die Voraussetzungen des § 27 Abs. 3 nicht erfüllt sind. Die Regelung des § 27 Abs. 4 S. 1 lehnt sich an den bisherigen § 7 Abs. 5 S. 2 an (s. BT-Drs. 17/3404, S. 103), so dass insb. auf die bisherige Rechtsprechung des BSG zur Ausfüllung des unbestimmten Rechtsbegriffs der „besonderen Härte" zurückgegriffen werden kann. Das BSG hat sich insoweit der Rechtsprechung des BVerwG – mit sich aus dem System des SGB II ergebenden Unterschieden – angeschlossen (s. zusammenfassend BSG 1. 7. 2009 – B 4 AS 67/08 R). Danach müssen zum Härtefall an sich im Einzelfall Umstände hinzutreten, die einen Ausschluss von der Ausbildungsförderung durch Hilfe zum Lebensunterhalt auch mit Rücksicht auf den Gesetzeszweck, die „Sozialhilfe" von den finanziellen Lasten einer Ausbildungsförderung freizuhalten, als übermäßig hart, dh. als unzumutbar oder in hohem Maße unbillig erscheinen lassen (vgl. nur 14. 10. 1993, 5 C 16/91, BVerwGE 94, 224). Im Hinblick auf das Ziel der Integration der Hilfebedürftigen in den Arbeitsmarkt und der gezielten Förderung zu diesem Zweck hat es das BSG allerdings als für das SGB II nicht vertretbar angesehen, wenn es das BVerwG uneingeschränkt als Konsequenz ansieht, dass die Ausbildung ggf. ganz oder vorübergehend aufgegeben werden muss, um Hilfebedürftigkeit abzuwenden. Das BSG folgert aus dem System des SGB II vielmehr, dass von einem „besonderen Härtefall" ausgegangen werden kann, wenn wegen einer Ausbildungssituation Hilfebedarf (Bedarf an Hilfe zur Sicherung des Lebensunterhalts) entstanden ist, der nicht durch BAföG oder Ausbildungsbeihilfe gedeckt werden kann und deswegen begründeter Anlass für die Annahme besteht, die vor dem Abschluss stehende Ausbildung werde nicht beendet und damit drohe das Risiko zukünftiger Erwerbslosigkeit, verbunden mit weiter bestehender Hilfebedürftigkeit. Zur Umsetzung des Grundsatzes des Forderns verlangt das BSG allerdings, dass eine durch objektive Umstände belegbare Aussicht bestehen müsse – nachweisbar beispielsweise durch Meldung zur Prüfung, wenn alle Prüfungsvoraussetzungen bereits erfüllt sind – die Ausbildung werde mit Leistungen zur Sicherung des Lebensunterhalts in absehbarer Zeit durch einen Abschluss zum Ende gebracht. Als denkbare Fallkonstellationen benennt das BSG: Wenn der Lebensunterhalt während der Ausbildung durch Förderung auf Grund von BAföG/SGB III-Leistungen oder anderen finanziellen Mittel – sei es Elternunterhalt, Einkommen aus eigener Erwerbstätigkeit oder möglicherweise bisher zu Unrecht gewährte Hilfe zur Sicherung des Lebensunterhalts (Vertrauensschutz) – gesichert war, die nun kurz vor Abschluss der Ausbildung entfallen oder Unterbrechung der bereits weit fortgeschrittenen und bisher kontinuierlich betriebenen Ausbildung auf Grund der konkreten Umstände des Einzelfalls wegen einer Behinderung/Erkrankung oder die nicht mehr nach den Vorschriften des BAföG oder der §§ 60–62 SGB III geförderte Ausbildung stellt objektiv belegbar die einzige Zugangsmöglichkeit zum Arbeitsmarkt dar (vgl. BSG 6. 9. 2007 – B 14/7b AS 36/06 R, nunmehr auch 30. 9. 2008 – B 4 AS 28/07 R). Bei Vorliegen eines Härtefalls wird das Ermessen des Grundsicherungsträgers idR auf Null reduziert sein (so wohl auch Peters in Estelmann, § 7 Rn. 103). Neu ist die ausdrückliche Erwähnung der notwendigen Beiträge zur K- und PflegeVers. Grundsätzlich ist die Beitragsentrichtung durch den Grundsicherungsträger eine Annexleistung zum Alg II (s. nur BSG 1. 6. 2010 – B 4 AS 67/09 R). Da die Leistungen für Auszubildende nach § 27 jedoch nicht als Alg II gelten, gerade um zu verhindern, dass durch diese Leistungen Sozialversicherungspflicht eintritt, war es notwendig im Falle der besonderen Härte insoweit eine ausdrückliche Regelung zu schaffen (s. BT-DRs. 17/3404, S. 103). Da Ausbildungsvergütung, Berufsausbildungsbeihilfe/Ausbildungsgeld erst am Ende des ersten Ausbildungsmonats gezahlt werden, besteht nun mit der Regelung in Abs. 4 S. 2 die Möglichkeit den ersten Ausbildungsmonat durch Leistungen zur Sicherung des Lebensunterhalts nach § 24 Abs. 4 zu überbrücken. Es werden hier also nicht nur Leistungen für Mehrbedarfe, sondern Alg II insgesamt an Auszubildende, allerdings ebenfalls nur darlehensweise – um Doppelzahlungen zu vermeiden – erbracht. Nach den Gesetzesmaterialien soll die Darlehensrückzahlung idR erst für die Zeit nach der abgeschossenen oder beendeten Ausbildung vorgesehen werden (BT-Drs. 17/3404, S. 104). Insoweit findet sich nun eine ausdrückliche Regelung in § 42a Abs. 5. Danach sollen Rückzahlungsansprüche aus Darlehen nach § 27 Abs. 4 abweichend von der allgemeinen Regel, dass nach Beendigung des Leistungsbezugs der noch nicht getilgte Darlehensbetrag sofort fällig wird, erst nach Abschluss der Ausbildung fällig werden und eine Vereinbarung mit dem Darlehensnehmer über die Rückzahlung getroffen werden. Zugleich ist § 42a Abs. 2 S. 3 zu beachten, wonach die ansich verpflichtende monatliche Tilgung während des Leistungsbezugs nach § 42a Abs. 2 S. 1 ausgesetzt wird.

6. Übernahme der Kosten der Unterkunft (§ 27 Abs. 3 SGB II). Nach § 27 Abs. 3 erhalten Auszubildende, die Berufsausbildungsbeihilfe oder Ausbildungsgeld nach dem SGB III oder Leistungen nach dem BAföG erhalten bzw nur wegen der Vorschriften zur Berücksichtigung von Einkommen und Vermögen nicht erhalten und deren Bedarf sich nach § 65 Abs. 1, § 66 Abs. 3, § 101 Abs. 3, § 105 Abs. 1 Nr. 1, 4, § 106 Abs. 1 Nr. 2 SGB III oder nach § 12 Abs. 1 Nr. 2, Abs. 2 und § 13 Abs. 1 iVm. Abs. 2 Nr. 1 BAföG bemisst, einen Zuschuss zu ihren angemessenen Kosten für Unterkunft und Heizung soweit ihr Bedarf nicht durch Einkommen oder Vermögen gedeckt ist. Satz 1 gilt nicht, wenn die Übernahme der Leistungen für Unterkunft und Heizung nach § 22 Abs. 5 (unter 25-jährige die ohne Zustimmung aus dem Elternhaus ausgezogen sind) ausgeschlossen ist. Diese zunächst in § 22 Abs. 7 getroffene Regelung wurde mit dem FortentwicklungsG zum 1. 8. 2006 (BGBl. I, 1706) eingefügt, weil erkannt worden war, dass die Leistungen für Auszubildende teilweise Unterkunftskosten in nicht bedarfsdeckender Höhe beinhalten. Die Aufnahme der Vorschrift in den Regelungsbereich der Leistungen für Auszubildende nach § 27 durch das RBEG (BGBl. I, 453) mit Wirkung zum 1. 4. 2011 stellt klar, dass aus dem Bezug des Zuschusses keine Einbeziehung des Auszubildenden in das System des SGB II folgt und auch den nicht erwerbsfähigen Angehörigen dieses Auszubildenden hierüber kein Anspruch nach dem SGB II vermittelt wird. Außer der Aufnahme auch derjenigen, die nur wegen Einkommens und Vermögens keinen Anspruch auf Ausbildungsleistungen haben in den Kreis der Zuschussberechtigten, ist keine wesentliche inhaltliche Änderung gegenüber dem alten § 22 Abs. 7 erfolgt (vgl. BT-Drs. 17/3404, S. 103). Mit der Aufnahme dieses weiteren Zuschussberechtigten soll, so die Gesetzesmaterialien, der Grundsicherungsträger von der Prüfung entbunden werden, ob es sich noch um eine grundsätzlich förderungsfähige Ausbildung handelt (BT-Drs. 17/3404, S. 103). Zu den Einzelheiten der Berechnung des Zuschusses s. daher weiterhin BSG 22. 3. 2010 – B 4 AS 69/09 R (s. iE S. Knickrehm § 27 Rn. 4).

7. Schuldenübernahme (§ 27 Abs. 5). Ergänzend zu der Zuschussleistung für KdUH nach § 27 Abs. 3 können nun auch Schulden im Zusammenhang mit den KdUH übernommen werden, soweit die Voraussetzungen des § 22 Abs. 8 erfüllt sind.

8. Ausnahmen vom Leistungsausschluss nach Abs. 6. In drei Fällen sieht das SGB II einen Rückausschluss vor, sind Auszubildende leistungsberechtigt und können Alg II erhalten. Zum Einen gilt der Rückausschluss, wenn der Auszubildende deswegen keinen Anspruch auf BAföG oder Berufsausbildungsbeihilfe hat, weil er auf Grund von § 2 Abs. 1a BAföG bzw. dem fast gleichlautenden § 64 Abs. 1 SGB III von Ausbildungsförderungsleistungen ausgeschlossen ist. Das ist der Fall, wenn er nicht wg. der Entfernung zur Ausbildungsstätte, weil er verheiratet war oder ist oder mit einem Kind zusammenlebt nicht mehr in der elterlichen Wohnung lebt oder nach § 64 Abs. 1 Nr. 4 nicht aus schwerwiegenden sozialen Gründen nicht auf die Wohnung der Eltern oder eines Elternteils verwiesen werden kann. Umgekehrt: Der Schüler einer der in § 2 Abs. 1 Nr. 1 BAföG genannten Schulen oder der in §§ 60, 61 SGB III genannten Ausbildungsarten erhält Alg II, wenn er zu Hause wohnt oder „SchülerBAföG" erhält, obwohl er nicht mehr zu Hause wohnt (BSG 21. 12. 2009 – B 14 AS 61/08 R). Die zweite Ausnahme (nunmehr Nr. 2) gilt Schülern deren Bedarf sich nach § 12 Abs. 1 Nr. 1 BAföG o. § 66 Abs. 1 S. 1 SGB III bemisst. IVm. § 7 Abs. 6 Nr. 1 bedeutet dieses: Bekommen Schüler von Berufsfachschulen und Fachschulklassen oder Teilnehmer einer berufsvorbereitenden Bildungsmaßnahme wg. der Unterbringung im Elternhaus nur die abgesenkte Leistung der Ausbildungsförderung (§ 12 Abs. 1 Nr. 1 BAföG und § 66 Abs. 1 S. 1 SGB III = 212 €) so haben auch sie Anspruch auf Leistungen nach dem SGB II. Durch das RegelbedarfsÄndG (BGBl. I, 453) ist auch die Gruppe der behinderten Menschen unter den gleichen Bedingungen ausdrücklich als ausnahmsweise leistungsberechtigt aufgenommen worden (vgl. BT-Drs. 17/3404, S. 93), was bisher bereits Praxis war. Ferner erhalten bei Hilfebedürftigkeit Alg II Schüler an einer Abendhaupt-, einer Abendrealschule oder einem Abendgymnasium, sofern sie nach § 10 Abs. 3 von Leistungen nach dem BAföG ausgeschlossen sind, weil sie bei Beginn des Ausbildungsabschnitts, für den sie Ausbildungsförderung beantragt haben, das 30. Lebensjahr, bei Studiengängen nach § 7 Absatz 1a das 35 bereits vollendet hatten.

§ 7a Altersgrenze

¹Personen, die vor dem 1. Januar 1947 geboren sind, erreichen die Altersgrenze mit Ablauf des Monats, in dem sie das 65. Lebensjahr vollenden. ²Für Personen, die nach dem 31. Dezember 1946 geboren sind, wird die Altersgrenze wie folgt angehoben:

für den Geburtsjahrgang	erfolgt eine Anhebung um Monate	den Ablauf des Monats, in dem ein Lebensalter vollendet wird von
1947	1	65 Jahren und 1 Monat
1948	2	65 Jahren und 2 Monaten
1949	3	65 Jahren und 3 Monaten
1950	4	65 Jahren und 4 Monaten
1951	5	65 Jahren und 5 Monaten
1952	6	65 Jahren und 6 Monaten
1953	7	65 Jahren und 7 Monaten
1954	8	65 Jahren und 8 Monaten
1955	9	65 Jahren und 9 Monaten
1956	10	65 Jahren und 10 Monaten
1957	11	65 Jahren und 11 Monaten
1958	12	66 Jahren
1959	14	66 Jahren und 2 Monaten
1960	16	66 Jahren und 4 Monaten
1961	18	66 Jahren und 6 Monaten
1962	20	66 Jahren und 8 Monaten
1963	22	66 Jahren und 10 Monaten
ab 1964	24	67 Jahren.

§ 8 Erwerbsfähigkeit

(1) Erwerbsfähig ist, wer nicht wegen Krankheit oder Behinderung auf absehbare Zeit außerstande ist, unter den üblichen Bedingungen des allgemeinen Arbeitsmarktes mindestens drei Stunden täglich erwerbstätig zu sein.

(2) ¹Im Sinne von Absatz 1 können Ausländerinnen und Ausländer nur erwerbstätig sein, wenn ihnen die Aufnahme einer Beschäftigung erlaubt ist oder erlaubt werden könnte. ²Die rechtliche Möglichkeit, eine Beschäftigung vorbehaltlich einer Zustimmung nach § 39 des Aufenthaltsgesetzes aufzunehmen, ist ausreichend.

Übersicht

	Rn.
A. Normzweck	1
B. Kommentierung im Einzelnen	3
I. Gesundheitlicher Begriff der Erwerbsfähigkeit	3
1. Vorbemerkung	3
2. Gesundheitszustand	5
3. Leistungsvermögen	7
4. Wechselwirkung mit den Bedingungen des Arbeitsmarktes	9
5. Auf nicht absehbare Zeit	11
C. Begriff der rechtlichen Erwerbsfähigkeit	12
I. Vorbemerkung	12
II. Erlaubnis der Beschäftigungsaufnahme bei EU-Bürgern	13
III. Erlaubnis der Beschäftigungsaufnahme bei sonstigen Ausländern	14
IV. Erlaubnisprognose	15

A. Normzweck

1 Die in § 8 Abs. 1 definierte Erwerbsfähigkeit aus gesundheitlicher Sicht ist – bei Hilfebedürftigkeit (§ 9) – Schaltstelle für die **Systemzuweisung**, dh. in erster Linie der Zuweisung zu den Systemen **SGB II** und **SGB XII**. Nach § 7 Abs. 1 S. 1 Nr. 2 erhält Leistungen nach dem SGB II wer erwerbsfähig ist (zu fiktiver Erwerbsunfähigkeit ansich Erwerbsfähiger iVm. Leistungsausschluss nach SGB II, s S. Knickrehm § 7 Rn. 23, 27). Umgekehrt bedeutet dieses zwar grundsätzlich, jedoch nicht zwangläufig: Wer erwerbsunfähig ist, erhält Sozialhilfe. Lebt Erwerbsunfähiger in Bg. (iE z. Bg. s. S. Knickrehm § 7 Rn. 12 ff.) mit Erwerbsfähigem, hat Erwerbsunfähiger Anspruch auf Leistungen nach dem SGB II (Sozialgeld – §§ 19 Abs. 1 S. 2 iVm 23) und ist gem. § 5 Abs. 2/§ 21 SGB XII (s. dort: Leistungsberechtigung nach SGB II) von Leistungen nach dem SGB XII ausgeschlossen (s. iE S. Knickrehm § 5 Rn. 6). Zugleich können sowohl Erwerbsfähiger, als auch mit ihm in Bg. lebende erwerbsunfähige Angehörige ergänzend Leistungen außerhalb des 3. Kapitels des SGB XII erhalten (s. iE S. Knickrehm § 5 Rn. 6). Abgesehen davon beschreibt jedoch die Erwerbsfähigkeit im gesundheitlichen Sinne die Systemgrenze zwischen SGB II und SGB XII. So hat auch ein erwerbsfähiger Hilfebedürftiger, anders als noch beim Bezug von Alg oder Alhi, keinen ergänzenden Anspruch auf Sozialhilfe in Gestalt der Hilfe zum Lebensunterhalt, sondern kann als „Aufstocker" neben dem Alg/SGB III nunmehr Leistungen zur Sicherung des Lebensunterhalts nach dem SGB II erhalten. Können sich SGB XII- und SGB II-Träger nicht über den gesundheitlichen Status des Hilfebedürftigen verständigen, so haben sie die **Einigungsstelle** anzurufen – der SGB II-Leistungsträger bleibt bis zur Entscheidung der Einigungsstelle leistungsverpflichtet (§ 44a, s. auch BSG 7. 11. 2006 – B 7 b AS 10/06 R, BSGE 97, 231, SozR 4–4200 § 22 Nr. 2). Dieses gilt auch, wenn ein anderer Leistungsträger (zB Träger der GRV oder Kk), der bei Erwerbsunfähigkeit leistungsverpflichtet wäre, der Entscheidung über die Erwerbsfähigkeit eines Hilfebedürftigen widerspricht (§ 44a Abs. 1 Nr. 2, 3). Die nach § 8 Abs. 1 zu bestimmende Erwerbs*un*fähigkeit des Hilfebedürftigen kann mithin leistungsrechtlich auch zu einer Zuweisung zu einem Sozialversicherungssystem führen, zB verbunden mit dem Bezug einer Rente wg. voller Erwerbsminderung aus der GRV (§§ 43 f **SGB VI**).

Der Begriff der Erwerbsfähigkeit wird in § 8 auf zweifache Weise benutzt. Zum Einen definiert § 8 **2** Abs. 1 die Erwerbsfähigkeit aus **gesundheitlich**er Sicht und zum Anderen § 8 Abs. 2 aus **rechtlich**er Sicht, hier allerdings nur bezogen auf die Gruppe der „Ausländer". Der „gesundheitliche" Erwerbsfähigkeitsbegriff des § 8 Abs. 1 ist eng an den der Erwerbsminderung aus § 43 Abs. 2 S. 2 SGB VI angelehnt. Gleichwohl kann die Auslegung des Begriffs nicht ohne Weiteres aus dem Rentenrecht übernommen werden, sondern es sind die systematischen Besonderheiten des SGB II zu beachten (s. hierzu iE Rn. 3 f.). Bei Ausländern wird die Erwerbsfähigkeit nicht durch das gesundheitliche „Können", sondern auch durch das rechtliche „Dürfen" bestimmt (vgl. Blüggel in Eicher/Spellbrink § 8 Rn. 3). Ihre Erwerbstätigkeit in der BRD steht grundsätzlich unter einem Erlaubnisvorbehalt (s. iE Rn. 12 f.).

B. Kommentierung im Einzelnen

I. Gesundheitlicher Begriff der Erwerbsfähigkeit

1. Vorbemerkung. Der Begriff der Erwerbsunfähigkeit ist abzugrenzen von den Begriffen **Ar- 3 beitsunfähigkeit** (GKV – Wenn der in der GKV Versicherte wg. eines regelwidrigen Körper- oder Geisteszustandes nicht o. nur unter der Gefahr einer Verschlimmerung seines Zustandes der bisher ausgeübten Erwerbstätigkeit oder einer vertraglich geschuldeten Tätigkeit nachgehen kann, vgl. Waltermann, Rn. 176 mwN), der **Minderung der Erwerbsfähigkeit** (GUV – Nach § 56 Abs. 2 S. 1 SGB VII richtet sich die MdE grundsätzlich nach dem Umfang der sich aus der Beeinträchtigung des körperlichen und geistigen Leistungsvermögens ergebenden verminderten Arbeitsmöglichkeiten auf dem gesamten Gebiet des Erwerbslebens), dem **Grad der Behinderung** (Schwerbehindertenrecht – Nach § 69 Abs. 1 SGB IX werden die Auswirkungen auf die Teilhabe am Leben in der Gesellschaft als GdB bemessen) und **Grad der Schädigungsfolgen** (soziales Entschädigungsrecht – Nach § 30 Abs. 1 S. 1 BVG bemisst sich der GdS nach den allgemeinen Auswirkungen der Funktionsbeeinträchtigungen, die durch die als Schädigungsfolge anerkannten körperlichen, geistigen oder seelischen Gesundheitsstörungen bedingt sind, in allen Lebensbereichen). Während sich die Erwerbsunfähigkeit des SGB II also auf den allgemeinen Arbeitsmarkt bezieht, umfassen die zuvor benannten Begriffe mit Ausnahme der MdE entweder nur Teilelemente des Arbeitsmarktes o. beziehen sich auf alle gesellschaftlichen Lebensbereiche. Der Begriff der Erwerbsunfähigkeit als Spiegelbild zum Begriff der Erwerbsfähigkeit iSd. § 8 Abs. 1 stimmt am ehesten mit dem der **vollen Erwerbsminderung** iSd. § 43 Abs. 2 SGB VI überein. Danach sind voll erwerbsgemindert Versicherte, diejenigen, die wg. Krankheit oder Behinderung auf nicht absehbare Zeit außerstande sind, unter den üblichen Bedingungen des allgemeinen Arbeitsmarktes mindestens drei Stunden täglich erwerbstätig zu sein. Die Begriffe sind mithin bis auf ein redaktionelle Versehen (In die Fassung des § 8 Abs. 1 ist das Wort „nicht" vor dem Wort „absehbar" nicht übernommen worden ist – vgl. hierzu Blüggel in Eicher/Spellbrink , § 8 Rn. 26 f.) identisch. Gleichwohl ist der Begriff der Erwerbsfähigkeit des SGB II jedoch von dem der GRV abzugrenzen. Es handelt sich im SGB II insoweit um einen eigenständigen Begriff, der nach Struktur und Besonderheiten des SGB II auszufüllen ist (s. BSG 7. 11. 2006 – B 7 b AS 10/06 R, BSGE 97, 231, SozR 4–4200 § 22 Nr. 2; so auch Blüggel in Eicher/Spellbrink § 8 Rn. 7; Brühl in LPK-SGB II, § 8 Rn. 4; aA Valgolio in Hauck/Noftz SGB II, § 8 Rn. 9). Dabei ist zu beachten, dass das SGB II nach § 1 Abs. 2 S. 1 darauf ausgerichtet ist die Hilfebedürftigen in die Lage zu versetzen ihren Lebensunterhalt unabhängig von den Leistungen der Grundsicherung aus eigenen Mitteln und Kräften zu bestreiten (vgl. S. Knickrehm, § 1 Rn. 3). So soll die Erwerbsfähigkeit nach § 1 Abs. 2 S. 4 Nr. 2 erhalten, verbessert oder wieder hergestellt werden. Es ist also anders als im Recht der GRV nicht die Erwerbsunfähigkeit Leistungsvoraussetzung, sondern umgekehrt die im weitesten Sinne wiederherzustellende Erwerbsfähigkeit um die Integration des Hilfebedürftigen in den Arbeitsmarkt zu erreichen; ggf. durch Reha-Leistungen. Andererseits ist zumindest die „Wiederherstellbarkeit" der Erwerbsfähigkeit erforderlich, um die Ziele des SGB II zu gewährleisten – daher auch die Notwendigkeit die versehentlich nicht aus dem SGB VI übernommene Abgrenzung zur Erwerbsunfähigkeit in § 8 Abs. 1 hineinzulesen. Erforderlich ist nämlich insoweit, dass der Hilfebedürftige auf *nicht* absehbare Zeit außer Stande ist, einer Erwerbstätigkeit nachzugehen. Ein Rückschluss von einem der zuvor benannten anderen Tatbestände auf das der Erwerbsfähigkeit iSd. § 8 Abs. 1 ist demnach nicht möglich (vgl. auch Blüggel in Eicher/Spellbrink, § 8 Rn. 9). Erwerbsfähig iS des § 8 Abs. 1 ist zudem auch, wer eine sogenannte Arbeitsmarktrente nach § 43 SGB VI bezieht, weil er noch mind. drei Stunden täglich erwerbstätig sein kann (BSG 21. 12. 2009 – B 14 AS 42/08 R).

4   Um feststellen zu können, ob der Hilfebedürftige erwerbsfähig iSd. § 8 Abs. 1 ist, sind im Zweifelsfall – bei der überwiegenden Zahl der Hilfebedürftigen wird die Erwerbsfähigkeit außer Frage stehen – sein **Gesundheitszustand** und **Leistungsvermögen** festzustellen sowie zu klären, ob er mit diesen gesundheitlichen Voraussetzungen in der Lage ist einer Erwerbstätigkeit unter den **Bedingungen des allgemeinen Arbeitsmarktes** nachzugehen. Zur Feststellung von Gesundheitszustand und Leistungsvermögen ist es erforderlich auf medizinische Erkenntnisse, sei es Auskünfte **(Befundberichte)** der behandelnden Ärzte oder auf medizinische **Sachverständigengutachten** zurück zu greifen. Aus der Kenntnis des Gesundheitszustandes und Leistungsvermögens kann jedoch noch nicht ohne weiteres auf die Erwerbsfähigkeit geschlossen werden. Es ist vielmehr darüber hinaus zu untersuchen, ob unter diesen gesundheitlichen Bedingungen eine Einsatzmöglichkeit auf dem Arbeitsmarkt besteht. Im Einzelfall kann es insoweit erforderlich sein, auch **berufskundliche Auskünfte** einzuholen. Schlussendlich hat eine rechtliche Wertung über das Vorliegen von Erwerbsfähigkeit zu erfolgen, die nicht vom medizinischen Sachverständigen geleistet werden kann. Der medizinische Sachverständige sollte daher weder selbst rechtliche Wertungen vornehmen, noch vom Auftraggeber zu einer solchen aufgefordert werden. Das medizinische Sachverständigengutachten selbst, als Grundlage der rechtlichen Würdigung, ist darauf hin zu untersuchen, ob der Sachverständige den Sachverhalt zutreffend festgestellt hat und die Leistungsbeurteilung schlüssig und folgerichtig ist, ob sich die vom Sachverständigen benannten qualitativen und quantitativen Einschränkungen also eindeutig aus den festgestellten Gesundheitsstörungen ergeben (vgl. hierzu auch Blüggel in Eicher/Spellbrink § 8 Rn. 16).

5   **2. Gesundheitszustand.** Die Erwerbsfähigkeit iSd. § 8 Abs. 1 darf nicht durch **Krankheit o. Behinderung** auf „nicht" absehbare Zeit soweit eingeschränkt sein, dass sie den auf dem Arbeitsmarkt gesetzten quantitativen Anforderungen nicht mehr genügt, also nicht für mind. 3 Stunden täglich noch eine Erwerbstätigkeit auf dem allgemeinen Arbeitsmarkt ermöglicht. Die Einschränkung der Erwerbsfähigkeit kann auf physische oder psychische Faktoren zurückgehen und dadurch das **qualitative und quantitative Leistungsbild** begrenzen (vgl. Rn. 6, 7). Krankheit und Behinderung müssen aus medizinischer Sicht **tatsächlich** vorliegen. Eine Verdachtsdiagnose führt daher für sich alleine genommen ebenso wenig, wie die sog. Heilungsbewährung aus dem Schwerbehindertenrecht (zB zeitlich begrenzte Phase nach Tumor-Op, während der der Patient unter ärztlicher Beobachtung steht, weil statistisch gesehen die Möglichkeit eines Rezidivs besteht) zur Annahme von Erwerbsunfähigkeit. Nicht auszuschließen ist allerdings, dass wg. der Auswirkungen der nicht genau festzustellenden Erkrankung oder der Grunderkrankung das Leistungsvermögen eingeschränkt ist. **Krankheit** wird nach Rechtsprechung und Lehre krankenversicherungsrechtlich als ein regelwidriger Körper- und Geisteszustand beschrieben (vgl. Waltermann, Rn. 171). Im SGB II sind die krankenversicherungsrechtlich weiteren definitorischen Bestandteile des Begriffs der Krankheit: Behandlungsbedürftigkeit und Arbeitsunfähigkeit, nicht von Bedeutung. Dafür muss die Krankheit zu einer Einschränkung der Erwerbsfähigkeit führen. Soweit in der Literatur problematisiert wird wie mit Einschränkungen der Erwerbsfähigkeit durch psychische Erkrankungen umzugehen sei (s. Brühl in LPK-SGB II, § 8 Rn. 8; Hänlein in Gagel, § 8 Rn. 19), kann auf die Erkenntnisse und Erfahrungen aus der GRV zurückgegriffen werden. Im Übrigen gilt auch hier, die Feststellung des seelischen Gesundheitszustandes, also das Vorliegen einer psychischen Erkrankung, obliegt dem medizinischen Sachverständigen. Er muss bewerten, ob der Untersuchte in der Lage ist aus eigener Willensanstrengung eine etwaige „Hemmung" zu überwinden und schlussendlich beurteilen, welche Leistungseinschränkungen ggf. aus der psychischen Erkrankung folgen. Dieses ist nicht Aufgabe desjenigen, der die rechtliche Entscheidung über das Vorliegen von Erwerbsfähigkeit zu treffen hat; hierzu muss er sich des Sachverstandes eines Mediziners bedienen. **Behinderung** ist nach § 2 Abs. 1 S. 1 SGB IX gegeben, wenn die körperliche Funktion, geistige Fähigkeit oder seelische Gesundheit mit hoher Wahrscheinlichkeit länger als sechs Monate von dem für das Lebensalter typischen Zustand abweicht. Zusätzlich fordert § 2 Abs. 1 SGB IX, dass dadurch die Teilhabe am gesellschaftlichen Leben beeinträchtigt sein muss. Die Teilhabebeeinträchtigung umfasst zwar auch die Beeinträchtigung im Erwerbsleben, geht jedoch weit darüber hinaus, so dass dieser Teil der Definition im SGB II nicht herangezogen werden kann (s. auch

Rn. 3). Insoweit bedeutend sind eher die dem Behinderungsbegriff innewohnende zeitliche Komponente, einerseits (wahrscheinlich länger als 6 Monate andauernder Zustand) und andererseits der altersmäßigen Abweichung. Letztendlich sind die Übergänge zwischen Krankheit und Behinderung fließend und nicht entscheidungsrelevant (s. auch Valgolio in Hauck/Noftz SGB II, § 8 Rn. 31); jedenfalls soweit es sich um die Auswirkungen dieser Zustände auf die Erwerbsfähigkeit handelt.

Erwerbsfähig ist, wer nicht durch Krankheit oder Behinderung in dem in § 8 Abs. 1 umschriebenen Maße eingeschränkt ist. Umgekehrt bedeutet dieses: Die Erwerbsunfähigkeit muss **ursächlich** auf eine **gesundheitliche Beeinträchtigung** zurückgehen, sonst liegt Erwerbsfähigkeit vor. **Soziale Faktoren** spielen mithin keine Rolle. Einschränkungen der Erwerbstätigkeit in zeitlicher Hinsicht, etwa durch Kinderbetreuung und -erziehung sind nicht im Rahmen der Feststellung des Vorliegens von Erwerbsfähigkeit und damit bei der Systemzuweisung zu beachten. Leistungen aus dem System der Grundsicherung für Arbeitsuchende sind nach § 1 Abs. 2 S. 4 Nr. 4 unter Berücksichtigung der familienspezifischen Verhältnisse zu erbringen. Nach § 10 Abs. 1 Nr. 3 kann die Zumutbarkeit einer konkret angebotenen Arbeit wegen Kindererziehung als unzumutbar bewertet werden. Dieses führt jedoch nicht zur Erwerbsunfähigkeit und damit Leistungsberechtigung nach dem SGB XII. Auf Grund der rein gesundheitlichen Betrachtung der Erwerbsfähigkeit war es auch erforderlich im Bereich der stationären Unterbringung beispielsweise mit **fiktiver Erwerbsunfähigkeit** zu arbeiten. Es ist durchaus denkbar, dass ein Hilfebedürftiger, der in einer stationären Einrichtung untergebracht ist, erwerbsfähig oder zwischenzeitlich wieder erwerbsfähig ist (vgl. z. Prognosezeitraum bei Krankenhausaufenthalt S. Knickrehm § 7 Rn. 25). Gleichwohl kann es auf Grund des engen Therapiekonzepts der Einrichtung für diesen Menschen unmöglich sein einer Erwerbstätigkeit nachzugehen. Wenn er nach dem gesetzgeberischen Konzept von Leistungen nach dem SGB II ausgeschlossen sein soll, dann muss dieses mithin ausdrücklich geregelt werden (§ 7 Abs. 4 S. 1 Alt 1 und S. 3 Nr. 1; vgl. S. Knickrehm § 7 Rn. 23–26). Fiktiv von Erwerbsunfähigkeit (diesen Begriff ablehnend Valgolio in Hauck/Noftz SGB II, § 8 Rn. 8) geht das SGB II ferner bei Altersrentnern, auch solchen, die eine vorgezogene Altersrente beziehen aus (vgl. S. Knickrehm § 7 Rn. 27) und Jugendlichen vor der Vollendung des 15. Lbj. (§ 7 Abs. 1 S. 1 Nr. 1), nicht hingegen bei Auszubildenden, die zumindest in Teilbereichen leistungsberechtigt nach dem SGB II sein können (iE S. Knickrehm § 7 Rn. 40).

3. Leistungsvermögen. Das Leistungsvermögen ist in **qualitativer und quantitativer Hinsicht** zu bewerten. **Qualitative Faktoren** sind in erster Linie: Die **Arbeitsschwere**, dh. Erwerbsfähigkeit in qualitativer Hinsicht ist anzunehmen, wenn der Hilfebedürftige zumindest noch leichte Tätigkeiten verrichten kann (Raster: leichte bis mittelschwere, zeitweilig mittelschwere o. schwere Arbeiten). Eine Einschränkung des qualitativen Leistungsbildes kann sich auch daraus ergeben, dass die Arbeiten nur noch unter **besonderen Einschränkungen oder Umweltbedingungen** durchgeführt werden können (zB ohne die Benutzung öffentlicher Verkehrsmittel, ohne besonderen Zeitdruck, nicht im Stehen, nur im Sitzen, nur im Gehen und Stehen, nur in wechselnder Körperhaltung, ohne Zwangshaltung, ohne Über-Kopf-Arbeiten, nicht im Hocken, ohne Hebe- und Bückarbeiten, ohne volle Gebrauchsfähigkeit der Hände, ohne Absturzgefahr, nur geistig einfache Arbeiten, nicht im Freien bzw. nur in geschlossenen warmen Räumen, ohne Gefährdung durch Kälte, Nässe und Zugluft, ohne Gefährdung durch Lärm, ohne Gefährdung durch Staub oder andere Reizstoffe, ohne besondere Anforderungen an das Sehvermögen, ohne besondere Anforderungen an das Hörvermögen, ohne besondere nervliche Belastungen). Angesichts der 3-Stunden-Grenze des § 8 Abs. 1 dürfte die Frage nach der zeitlichen Verteilung der Arbeitszeit über den Tag für die Bewertung des qualitativen Leistungsvermögens keine zentrale Rolle spielen; anders in der GRV für die Frage, ob teilweise Erwerbsminderung iSd. § 43 Abs. 1 S. 2 SGB VI gegeben ist.

Quantitative Faktoren. Auch im Hinblick auf die tägliche Dauer der Erwerbstätigkeit hat sich der Gesetzgeber eng an § 43 Abs. 2 S. 2 SGB VI angelehnt. Danach ist voll erwerbsgemindert, wer nicht mehr in der Lage ist 3 Stunden täglich zu arbeiten. Umgekehrt folgt hieraus: Erwerbsfähigkeit ist gegeben, wenn das gesundheitliche Leistungsvermögen mind. 3 Stunden täglich ausmacht. Ferner bedeutet dieses: Wer teilweise erwerbsgemindert iSd. § 43 Abs. 1 S. 2 SGB VI ist, also noch fähig ist, einer Erwerbstätigkeit für 3 bis 6 Stunden (mind. 6 Stunden) täglich nachzugehen, ist erwerbsfähig iSd. SGB II (BSG 21. 12. 2009 – B 14 AS 42/08 R). Er hat zwar – wenn die Wartezeit und die versicherungsrechtlichen Voraussetzungen des § 43 Abs. 1 S. 1 Nr. 2 und 3 SGB VI ebenfalls erfüllt sind – einen Anspruch auf eine Rente wg. teilweiser Erwerbsminderung. Kann er mit dieser jedoch seinen grundsicherungsrechtlich zu bestimmenden Bedarf nicht decken, erhält er ergänzend SGB II-Leistungen. Dabei bleibt er folglich leistungsberechtigtes Mitglied der Bg. und kann auch als „Kopf" einer solchen Bg. seinen ansonsten erwerbsunfähigen Angehörigen, insb. seinen Kindern einen Leistungsanspruch nach dem SGB II vermitteln (s. hierzu iE S. Knickrehm § 7 Rn. 13, 14 ff.).

4. Wechselwirkung mit den Bedingungen des Arbeitsmarktes. Liegen qualitative und quantitative Leistungseinschränkungen vor, kann gleichwohl Erwerbsfähigkeit gegeben sein. Beide Faktoren dürfen nicht isoliert betrachtet werden. Ebenso ist die Möglichkeit der **Umsetzung eines eingeschränkten Leistungsvermögens in geldwerte Güter** auf dem allgemeinen Arbeitsmarkt in die Bewertung einzubeziehen. So mag ein Hilfebedürftiger zwar keine Arbeiten im Hocken mehr verrichten können und hat insoweit ein zeitlich eingeschränktes Leistungsvermögen von unter 3 Stunden. Möglicherweise ist er trotzdem unter den üblichen Bedingungen des allgemeinen Arbeitsmarktes noch mehr als 3 Stunden einsetzbar, etwa in einer ausschließlich sitzenden Tätigkeit. Umgekehrt können sich die qualitativen Leistungseinschränkungen „aufsummen". Die Anforderungen an einen geeigneten Arbeitsplatz sind dann ggf. zu hoch – § 10 Abs. 1 Nr. 1: Dem erwerbsfähigen Hilfebedürftigen ist jede Arbeit zumutbar, es sei denn, dass er zu der bestimmten Arbeit körperlich, geistig oder seelisch nicht in der Lage ist –, um auf dem allgemeinen Arbeitsmarkt einen Arbeitsplatz zu finden, der diesem Leistungsvermögen entspricht. Das Ziel der Integration des Hilfebedürftigen in den Arbeitsmarkt kann dann uU nicht mehr erreicht werden. Die in Rn. 7 und 8 benannten Anforderungen bedürfen demnach der Bewertung, ob mit ihnen noch ein Einsatz der Arbeitskraft **unter den üblichen Bedingungen des allgemeinen Arbeitsmarktes** möglich ist (so auch Brühl in LPK-SGB II, § 8 Rn. 15 ff.; Hänlein in Gagel, § 8 SGB II Rn. 28 ff.; Valgolio in Hauck/Noftz SGB II, § 8 Rn. 39 ff; Vor in Estelmann, § 8 Rn. 10 ff.; differenzierend Blüggel in Eicher/Spellbrink, § 8 Rn. 30). In der Rechtsprechung zum Recht der Erwerbsminderung im SGB VI hat sich eine Kasuistik herausgebildet nach der, selbst wenn die quantitativen Voraussetzungen der Erwerbsfähigkeit nicht gegeben sind, dennoch volle Erwerbsminderung angenommen wird, weil die qualitativen Einschränkungen ein solches Maß erreichen, dass sie für sich allein genommen den allgemeinen Arbeitsmarkt verschließen. Zu nennen sind hier nur: **Summierung ungewöhnlicher Leistungseinschränkungen** oder **schwere spezifische Leistungseinschränkungen** o. mangelnde **Wegefähigkeit** (vgl. nur Niesel in Kasseler Kommentar zum Sozialversicherungsrecht, § 43 SGB VI, Rn. 35 ff. mwN). Soweit Blüggel hierzu die Auffassung vertritt, es sei im SGB II eine restriktive Handhabung bei der Ausnahme von den üblichen Bedingungen des Arbeitsmarktes geboten, vermag die Begründung wenig zu überzeugen (Blüggel in Eicher/Spellbrink, § 8 Rn. 30). Zwar ist mit der hM davon auszugehen, dass der Begriff der Erwerbsfähigkeit im SGB II ein eigenständiger ist – unabhängig von den Vorgaben des SGB VI. Gerade vor dem Hintergrund der Ziele des SGB II folgt hieraus jedoch, dass in jedem Einzelfall einerseits zu überprüfen ist, ob nicht doch noch ein Einsatz des Hilfebedürftigen auf dem Arbeitsmarkt in Betracht kommt, um ihn von staatlichen Fürsorgeleistungen unabhängig zu machen. Andererseits kann dieses jedoch nur erreicht werden, wenn unter Berücksichtigung des festgestellten Gesundheitszustandes und Leistungsvermögens, noch eine **„nennenswerten Zahl"** von leistungsgerechten Arbeitsplätzen tatsächlich vorhandenen sind (vgl. hierzu BSG 14. 5. 1996 – 4 RA 69/94, BSGE 78, 207 = SozR 3–2600 § 43 Nr. 13), was zu ermitteln dem Grundsicherungsträger, der selbst mit der „Arbeitsvermittlung" betraut ist und den Arbeitsmarkt von daher genau kennt, durchaus leichter fällt als dem Träger der GRV. Hieraus folgt: Ein Hilfebedürftiger, bei dem eine Summierung ungewöhnlicher Leistungseinschränkungen gegeben ist, dessen quantitatives Leistungsvermögen die Dreistundengrenze jedoch noch nicht unterschritten hat, kann erwerbsunfähig iSd. SGB II sein (so wohl auch Valgolio in Hauck/Noftz SGB II, § 8 Rn. 44).

10 Aus den Ausführungen unter Rn. 9 kann hingegen nicht geschlossen werden, dass auch die Bedingungen für eine sog. **„Arbeitsmarktrente"** der GRV zur Erwerbsunfähigkeit iSd. § 8 Abs. 1 führen können (BSG 21. 12. 2009 – B 14 AS 42/08 R; so auch Blüggel in Eicher/Spellbrink, § 8 Rn. 36 f.; Hänlein in Gagel, § 8 SGB II, Rn. 17). Sie ist zu gewähren, wenn der Versicherte noch ein quantitatives Leistungsvermögen von 3–6 Stunden aufweist, ihm jedoch kein geeigneter (gesundheitlich zumutbarer Teilzeit)-Arbeitsplatz angeboten werden kann (vgl. z. Arbeitsmarktrente: BSG 14. 5. 1996 – 4 RA 60/94, BSGE 78, 207 = SozR 3–2600 § 43 Nr. 13 mwN). Die klare Grenze zur Erwerbsunfähigkeit liegt nach § 8 Abs. 1 bei 3 Stunden. Jeder Hilfebedürftige, der einer Erwerbstätigkeit in zeitlich größerem Umfang nachgehen kann ist nach der Ausrichtung des SGB II in Arbeit zu vermitteln, es sei denn, dieses ist auf Grund der qualitativen Leistungseinschränkungen nicht möglich (s. Rn. 9).

11 **5. Auf nicht absehbare Zeit.** Zum Redaktionsversehen bei der Übertragung der Umkehrung der Regelung des § 43 Abs. 2 S. 2 s. Rn. 3. Auch im Rahmen der Überarbeitung durch das RegelbedarfsÄndG (BGBl. I, 453) ist diese redaktionelle Unstimmigkeit nicht behoben worden. Die nicht absehbare Zeit ist wie im Rentenversicherungsrecht (§ 101 Abs. 1 SGB VI) oder nach § 2 Abs. 1 SGB IX mit einem Zeitraum von mind. 6 Monaten zu bestimmen (so auch Blüggel in Eicher/Spellbrink, § 8 Rn. 28; Brühl in LPK-SGB II § 8 Rn. 20; Hackethal in Juris-PK-SGB II, § 8 Rn. 20; Hänlein in Gagel, § 8 SGB II, Rn. 33; Valgolio in Hauck/Noftz SGB II, § 8 Rn. 37; Vor in Estelmann, § 8 Rn. 9). Zudem geht auch das SGB II bei Unterbringung in einem Krankenhaus etwa erst nach einem Zeitraum von mehr als 6 Monaten von dem Vorliegen „fiktiver Erwerbsunfähigkeit" aus (vgl. S. Knickrehm § 7 Rn. 25).

C. Begriff der rechtlichen Erwerbsfähigkeit

I. Vorbemerkung

12 Bei Ausländern macht das SGB II den Leistungszugang neben der gesundheitlichen Erwerbsfähigkeit zusätzlich von der **Erlaubnis der Beschäftigung** abhängig (§ 8 Abs. 2). Während bis zum

31. 12. 2004 Aufenthalts- und Arbeitserlaubnis in einem doppelten Genehmigungsverfahren erteilt wurden (Ausländerbehörde und Arbeitsagentur), wird nun beides nach dem **AufenthG** von der Ausländerbehörde, mit Zustimmung der Arbeitsagentur, durchgeführt. Ausländer, die keine Unionsbürger sind bedürfen aber nach wie vor eines Aufenthaltstitels zur Beschäftigungsaufnahme, die damit unter einem **Verbot mit Erlaubnisvorbehalt** steht. Der Erlaubnisvorbehalt des § 8 Abs. 2 geht jedoch zwischenzeitlich in all den Fällen ins Leere, in denen sich der Ausländer nur zum Zweck der Arbeitsuche in der BRD aufhält. Nach § **7 Abs. 1 S. 2 Nr. 2** sind diese Ausländern und ihre Familienangehörigen von Leistungen nach dem SGB II ausgeschlossen (vgl. S. Knickrehm § 7 Rn. 6, 9). Soweit auch **Unionsbürger nach § 7 Abs. 1 S. 2 Nr. 1** davon betroffen sind, s. S. Knickrehm § 7 Rn. 7–8. Gleiches gilt für Ausländer, die leistungsberechtigt nach dem **AsylbLG** sind. Sie sind nach § 7 Abs. 1 S. 2 Nr. 3 ebenfalls von Leistungen nach dem SGB II ausgeschlossen (s. iE S. Knickrehm § 7 Rn. 10). Abs. 2 ist durch das RegelbedarfsÄndG (BGBl. I, 453) zum 1. 4. 2011 durch Einfügung eines Satzes 2 geändert worden, der verdeutlichen soll, dass die rechtliche Erwerbsfähigkeit eine zumindest rechtlich-theoretische Zustimmung zur Aufnahme einer Beschäftigung durch die BA voraussetzt, auch wenn in Bezug auf den konkreten Arbeitsplatz das Ergebnis der Vorrangprüfung dieses verhindert. Ein nachrangiger Arbeitsmarktzugang soll mithin ausreichend sein, um von rechtlicher Erwerbsfähigkeit iS des § 8 ausgehen zu können (BT-Drs. 17/3404, S. 93).

II. Erlaubnis der Beschäftigungsaufnahme bei EU-Bürgern

Für Unionsbürger gilt grundsätzlich die Freizügigkeit des EGV, die ihre nationale Umsetzung im **FreizügG** gefunden hat. Unionsbürger haben freien Zugang zum bundesdeutschen Arbeitsmarkt. Eine Ausnahme hiervon sieht § 2 Abs. 2 Nr. 2, Abs. 5 FreizügG iVm. Art. 24 Abs. 2 und Art. 14 Abs. 4 Buchst b RL 2004/38/EG (ABl L 158 v. 30. 4. 2004, 77) vor. Zur europarechtlichen Problematik vgl. S. Knickrehm § 7 Rn. 7 (s. auch § 7 Abs. 1 S. 2 Nr. 1). Eine weitere Ausnahme gilt für Arbeitnehmer aus einem der **„neuen" Mitgliedsstaaten** der EU (Tschechische Republik, Republik Estland, Republik Lettland, Republik Litauen, Republik Ungarn, Republik Polen, Republik Slowenien, Republik Slowakei sowie Republik Bulgarien und Republik Rumänien). Sie benötigen übergangsweise eine von der BA erteilten **Arbeitserlaubnis-EU o. Arbeitsberechtigung-EU** (§ 284 SGB III). Für sie ist Abs. 2 S. 2 im Hinblick auf die Regelung des § 39 Abs. 6 AufenthG von Bedeutung.

III. Erlaubnis der Beschäftigungsaufnahme bei sonstigen Ausländern

Der Aufenthaltstitel muss ihnen die Beschäftigung erlauben. Ist eine **Niederlassungserlaubnis** – unbefristeter Aufenthaltstitel – erteilt worden, ist damit unmittelbar Kraft G eine **unbeschränkte Ausübung einer Beschäftigung** verbunden, die in den durch das AufenthG ausdrücklich zugelassenen Fällen mit einer Nebenbestimmung versehen werden darf (§ 9 Abs. 1 AufenthG). Allgemeine Niederlassungserlaubnis, s. § 9 Abs. 2 und 3 AufenthG. Besondere Niederlassungserlaubnis: § 19 AufenthG – für Hochqualifizierte (Def. dieser Gruppe, s. § 9 Abs. 2 AufenthG); § 28 AufenthG – für Familiennachzug unter den Einschränkungen des § 28 Abs. 2 AufenthG (Dem Ausländer ist in der Regel eine Niederlassungserlaubnis zu erteilen, wenn er drei Jahre im Besitz einer Aufenthaltserlaubnis ist, die familiäre Lebensgemeinschaft mit dem Deutschen im Bundesgebiet fortbesteht, kein Ausweisungsgrund vorliegt und er sich auf einfache Art in deutscher Sprache verständigen kann. Im Übrigen wird die Aufenthaltserlaubnis verlängert, solange die familiäre Lebensgemeinschaft fortbesteht.); § 35 AufenthG – für minderjährige Ausländer unter den Bedingungen des § 35 Abs. 1 AufenthG; § 38 Abs. 1 S. 1 Nr. 1 AufenthG – für ehemalige Deutsche. Auch die **Erlaubnis zum Daueraufenthalt-EG** ist nach § 9a AufenthG als unbefristeter Aufenthaltstitel ausgestaltet. Sie betrifft die sog. Drittstaatsangehörigen (z. Umsetzung der RL 2003/109/EG). Für diese Erlaubnis gilt nach § 9a Abs. 1 AufenthG: Soweit das AufenthG nichts anderes regelt, ist die Erlaubnis zum Daueraufenthalt-EG der **Niederlassungserlaubnis gleichgestellt**. Die **Aufenthaltserlaubnis** ist hingegen ein befristeter Aufenthaltstitel (§ 7 Abs. 1 S. 1 AufenthG). Sie ist nach § 7 Abs. 2 S. 1 AufenthG unter Berücksichtigung des beabsichtigten Aufenthaltszwecks zu befristen. An die unterschiedlichen Zwecke des Aufenthalts sind auch unterschiedliche Bedingungen für die Beschäftigungserlaubnis geknüpft (s. hierzu iE §§ 16–18 und 20–29 sowie 36–38 AufenthG). So ist zB Ausländern, denen eine Aufenthaltserlaubnis zum Zwecke der Ausbildung erteilt worden ist, Kraft G eine Aufnahme einer Beschäftigung unter den Bedingungen v. §§ 7 Abs. 1 iVm. 16 Abs. 3 AufenthG gestattet. Betroffen von der nachfolgend darzulegenden Erlaubnisprognose sind Neuzuwanderer, die den Aufenthaltserlaubnis zum Zwecke der Ausübung einer Erwerbstätigkeit (§ 18) beantragen (Abs 2), in Deutschland lebende Ausländer mit einer Aufenthaltserlaubnis zu einem anderen Aufenthaltszweck (Abs 3), die nicht bereits kraft Gesetzes zur Ausübung einer Erwerbstätigkeit berechtigt sind sowie auf geduldete Ausländer (s. zum Personenkreis nach § 30 AufenthG Renner, AuslR, § 39, Rn. 4).

IV. Erlaubnisprognose

Welche Anforderungen an die Erlaubnisprognose, also an die 2. Alt des § 8 Abs. 2 S. 1 aF zu stellen sind, war umstritten. Die Auffassung, die abstrakt-generelle Möglichkeit eine Beschäftigungserlaubnis zu erhalten (vgl. Valgolio in Hauck/Noftz SGB II, § 8 Rn. 74; so wohl auch Hackethal in Juris-PK-SGB II, § 8 Rn. 34; Hänlein in Gagel, Stand V/2005, § 8 SGB II, Rn. 24; aA ist in der Vorauflage an dieser Stelle vertreten worden) sei ausreichend um die Voraussetzungen des § 8 Abs. 2 Alt. 2 zu erfüllen, hat durch den Gesetzgeber auf Grund der Einfügung des S. 2 iS der Konkretisierung der Erlaubnisprognose ihre Bestätigung gefunden. Es soll nach den Gesetzesmaterialien auf die rechtlich-theoretische Möglichkeit eine Zustimmung zur Aufnahme einer Beschäftigung zu erhalten ankommen (BT-Drs. 17/3404, S. 93). Systematisch und praktisch bleibt diese Konkretisierung insoweit problematisch, als zum Einen der Aufenthalt allein zum Zwecke der Arbeitssuche nach § 7 Abs. 1 S. 2 Nr. 2 bereits leistungsausschließend ist. Gerade im Fall des § 18 AufenthG (Aufenthalt zum Zwecke der Beschäftigung) kommt zumindest dann, wenn vor der Erteilung der Aufenthaltserlaubnis kein konkretes Arbeitsangebot nachgewiesen werden konnte, eine Leistungsgewährung nach dem SGB II ohnehin nicht in Betracht; es kann auf die Erlaubnisprognose des § 8 Abs. 2 Alt. 2 nicht mehr ankommen. Unter Berücksichtigung der komplexen Zusammenhänge, die eine Prüfung nach § 39 AufenthG erfordert, stellt sich zudem die Frage, wie das Ergebnis dieser Ermessensprüfung prognostizierbar sein soll.

§ 9 Hilfebedürftigkeit

(1) **Hilfebedürftig ist, wer seinen Lebensunterhalt nicht oder nicht ausreichend aus dem zu berücksichtigenden Einkommen oder Vermögen sichern kann und die erforderliche Hilfe nicht von anderen, insbesondere von Angehörigen oder von Trägern anderer Sozialleistungen, erhält.**

(2) **¹Bei Personen, die in einer Bedarfsgemeinschaft leben, sind auch das Einkommen und Vermögen des Partners zu berücksichtigen. ²Bei unverheirateten Kindern, die mit ihren Eltern oder einem Elternteil in einer Bedarfsgemeinschaft leben und die ihren Lebensunterhalt nicht aus eigenem Einkommen oder Vermögen sichern können, sind auch das Einkommen und Vermögen der Eltern oder des Elternteils und dessen in Bedarfsgemeinschaft lebender Partnerin oder lebenden Partners zu berücksichtigen. ³Ist in einer Bedarfsgemeinschaft nicht der gesamte Bedarf aus eigenen Kräften und Mitteln gedeckt, gilt jede Person der Bedarfsgemeinschaft im Verhältnis des eigenen Bedarfs zum Gesamtbedarf als hilfebedürftig, dabei bleiben die Bedarfe nach § 28 außer Betracht. ⁴In den Fällen des § 7 Absatz 2 Satz 3 ist Einkommen und Vermögen, soweit es die nach Satz 3 zu berücksichtigenden Bedarfe übersteigt, im Verhältnis mehrerer Leistungsberechtigter zueinander zu gleichen Teilen zu berücksichtigen.**

(3) **Absatz 2 Satz 2 findet keine Anwendung auf ein Kind, das schwanger ist oder sein Kind bis zur Vollendung des sechsten Lebensjahres betreut.**

(4) **Hilfebedürftig ist auch derjenige, dem der sofortige Verbrauch oder die sofortige Verwertung von zu berücksichtigendem Vermögen nicht möglich ist oder für den dies eine besondere Härte bedeuten würde.**

(5) **Leben Hilfebedürftige in Haushaltsgemeinschaft mit Verwandten oder Verschwägerten, so wird vermutet, dass sie von ihnen Leistungen erhalten, soweit dies nach deren Einkommen und Vermögen erwartet werden kann.**

A. Der Begriff der Hilfebedürftigkeit (Abs. 1)

I. Kriterien der Hilfebedürftigkeit

1   Bislang war gemäß § 9 Abs. 1 hilfebedürftig, wer seinen Lebensunterhalt, seine Eingliederung in Arbeit und den Lebensunterhalt der mit ihm in einer Bedarfsgemeinschaft lebenden Personen nicht oder nicht ausreichend aus eigenen Kräften und Mitteln, vor allem nicht durch Aufnahme einer zumutbaren Arbeit (§ 9 Abs. 1 Nr. 1) oder aus dem zu berücksichtigenden Einkommen und Vermögen (§ 9 Abs. 1 Nr. 2) sichern kann und die erforderliche Hilfe auch nicht von Dritten erhält. Mit Wirkung zum 1. 1. 2011 wurde durch das Gesetz zur Ermittlung von Regelbedarfen und zur Änderung des Zweiten und Zwölften Buches Sozialgesetzbuch vom 24. 3. 2011 (BGBl I. S. 453) § 9 Abs. 1 neu gefasst und das Kriterium der Aufnahme einer zumutbaren Arbeit aus dem Begriff der Hilfebedürftigkeit ausgeschieden. Der Gesetzgeber wollte mit der Neufassung klarstellen, dass Hilfebedürftigkeit nur vorliegt, wenn das vorhandene, zu berücksichtigende Einkommen und Vermögen nicht zur Sicherung des Lebensunterhalts ausreicht. Die bisherige Formulierung, wonach auch die mögliche Aufnahme einer zumutbaren Arbeit die Hilfebedürftigkeit entfallen ließ, war missverständlich. Sie berücksichtige nicht, dass es Fallkonstellationen geben kann, in denen im Monat einer möglichen Arbeitsaufnahme überhaupt noch kein Einkommenszufluss erfolgt. Weiterhin deckt ein rein theoretisch erwartbares oder erzielbares Einkommen nicht zwingend den Bedarf des Leistungsberechtigten oder dessen Be-

darfsgemeinschaft. (BT- Drucks. 17/3404, S. 93 zu § 9). Mit der Streichung soll keine weitere inhaltliche Änderung verbunden sein. Es verbleibt bei dem in § 2 normierten Grundsatz, wonach Leistungsberechtigte alle Möglichkeiten zur Verringerung oder Beendigung ihrer Hilfebedürftigkeit, insbesondere durch Aufnahme einer Erwerbstätigkeit auszuschöpfen haben. Auch die weitere Formulierung, wonach Personen allein aufgrund ihrer Eingliederung in Arbeit hilfebedürftig werden können, wurde gestrichen. Maßnahmen zur Eingliederung in Arbeit führen grundsätzlich nicht zu Hilfebedürftigkeit. Ausgaben, die mit einer Erwerbstätigkeit in unmittelbarem Zusammenhang stehen, können nach Maßgabe insbesondere des neuen § 11b SGB II zur Hilfebedürftigkeit führen (BT-Drs. 17/3404, S. 93 zu § 9; vgl. zu den Neuregelungen insgesamt auch Groth/Siebel-Huffmann, NJW 2011, S. 1105 ff. und Becker, ZFSH/SGB 2011, S. 185 ff.).

§ 9 definiert mit der Hilfebedürftigkeit eine der in § 7 Abs. 1 genannten Anspruchsvoraussetzungen (dort § 7 Abs. 1 S. 1 Nr. 3) und konkretisiert den in § 3 Abs. 1 und 3 niedergelegten Grundsatz der Subsidiarität. Der Begriff der Hilfebedürftigkeit bezieht sich ausschließlich auf die Möglichkeit der Sicherung des Lebensunterhalts (vgl. Mecke in Eicher/Spellbrink, § 9 Rn. 13; Hänlein in Gagel, § 9 Rn. 10, Stand 06/06). Mithin ist nicht hilfebedürftig i. S. d. SGB II, wer seinen Lebensunterhalt aus eigenen Mitteln bestreiten kann.

Im Übrigen zeigte bereits § 9 Abs. 1 a. F., dass die Hilfebedürftigkeit immer unter Berücksichtigung des Bedarfs der gesamten Bedarfsgemeinschaft zu ermitteln ist. Hilfebedürftig war daher bislang nach der Grunddefinition in § 9 Abs. 1 S. 1 a. F. derjenige, der zwar seinen eigenen Bedarf decken kann, dessen Mittel aber nicht ausreichen, den Bedarf der gesamten Bedarfsgemeinschaft zu decken. Nach der Systematik des mit dem Gesetz zur Ermittlung von Regelbedarfen und zur Änderung des Zweiten und Zwölften Buches Sozialgesetzbuch vom 24. 3. 2011 (BGBl I S. 453) neu gefassten § 9 soll nunmehr (erst) aus der Regelung des § 9 Abs. 2 deutlich werden, ob und inwieweit ein Mitglied der Bedarfsgemeinschaft unter Berücksichtigung eigenen und fremden Einkommens und Vermögens hilfebedürftig ist. Die Regelung des § 9 Abs. 2 ist insofern für die verschiedenen Konstellationen, in denen mehrere Personen in einer Bedarfsgemeinschaft leben, eine von § 9 Abs. 1 abweichende und insofern ergänzende Sonderregelung. Die sprachlichen Änderungen des § 9 Abs. 1 sollen nach dem Willen des Gesetzgebers jedoch zu **keiner Änderung der materiellen Rechtslage** führen (BT-Drucks 17/3404, S. 93 zu § 9) Für die (normative) Einbeziehung eines – isoliert betrachtet – Nicht-Leistungsberechtigten in das SGB II bedarf es mithin nunmehr des Rückgriffs auf die umstrittene Regelung des § 9 Abs. 2 S. 3 (vgl. dazu unten Rn. 11 ff.).

II. Kein ausreichendes zu berücksichtigendes Einkommen und Vermögen

Nach § 9 Abs. 1 ist zunächst zu ermitteln, in welchem Umfang bei dem Leistungsberechtigten und den Personen, deren Einkommen und Vermögen einzusetzen ist (vgl. § 9 Abs. 2; hierzu unten Rn. 8), berücksichtigungsfähiges Einkommen und Vermögen vorhanden ist. Den Begriff des zu berücksichtigenden Einkommens i. s. d. SGB II definiert § 11, das zu berücksichtigende Vermögens § 12. § 11a regelt nunmehr, welches Einkommen nicht zu berücksichtigen ist und § 11b die Absetzbeträge vom Einkommen. Die Regelung des § 11b Abs. 3 integriert dabei die bisherige Freibetragsregelung des § 30. Diese Normen werden ergänzt durch die Regelungen der Alg II–V (in der ab 1. 4. 2011 geltenden Fassung vom 29. 3. 2011, BGBl. I, S. 453; abgedruckt unter § 13). Abzustellen ist dabei jeweils auf den Leistungszeitraum, der durch den Antrag gemäß § 37 SGB II konstituiert wird. Einkommen ist demnach alles, was im Leistungszeitraum zufließt, Vermögen das, was zu Beginn des Leistungszeitraums bereits vorhanden ist (grundlegend BSG, Urt. v. 30. 7. 2008 – B 14 AS 26/07 R, SozR 4–4200 § 11 Nr. 17, FEVS 60, S. 404 ff; B 14 AS 43/07 R, info also 2009, S. 38 und B 14/7b AS 12/07 R, DVP 2010, S. 128; vgl. ferner daran anknüpfend BSG, Urteile vom 18. 2. 2010 – B 14 AS 86/08 R, info also 2010, S. 137 f.; vom 30. 8. 2010 – B 4 AS 70/09 R, SGb 2010, S. 593 sowie vom 24. 2. 2011 – B 14 AS 45/09 R). Maßgebender Berechnungs- bzw. Vergleichszeitraum ist der jeweilige Kalendermonat (BSG, Urt. v. 30. 7. 2008 – B 14 AS 26/07 R, SozR 4–4200 § 11 Nr. 17, Rn. 27).

III. Erhalt der erforderlichen Hilfe von Angehörigen

Nicht hilfebedürftig ist gemäß § 9 Abs. 1 letzte Variante, wer die erforderliche Hilfe von Angehörigen oder Trägern anderer Sozialleistungen erhält. Dieser – nochmalige – Subsidiaritätsgrundsatz wird virulent, wenn der Grundsicherungsempfänger von in einem Haushalt lebenden Verwandten und Verschwägerten unstreitig Unterstützungsleistungen erhält, ohne dass eine Bedarfsgemeinschaft besteht. Dabei wird es sich zumeist um Sachleistungen in Form von Unterkunft und Verpflegung handeln. Das BSG hat in seinem Urt. v. 18. 2. 2010 – B 14 AS 32/08 R, FEVS 62, S. 168 ff. das Verhältnis der Regelung des Abs. 1 zu der des § 9 Abs. 5 geklärt. § 9 Abs. 1 enthält **keine Vermutungsregelung**. Vielmehr muss feststehen und darf nicht vermutet werden, dass der Angehörige tatsächlich Unterstützungsleistungen gewährt. Insofern ist § 9 Abs. 5 abschließend, d. h. nur beim Vorliegen einer Haushaltsgemeinschaft im Sinne dieser Norm dürfen Unterhaltsleistungen vermutet werden. § 9

Abs. 5 schließt aber die Berücksichtigung von weitergehenden, tatsächlich zufließenden Unterstützungsleistungen innerhalb einer Haushaltsgemeinschaft nicht von vorneherein aus. § 9 Abs. 5 enthält lediglich die entsprechende Wertung des Gesetzgebers, dass unter Angehörigen einer Haushaltsgemeinschaft eine gegenseitige Unterstützung erwartet und ein Zufluss an Leistungen/Einkommen vermutet werden kann, wenn dem Verwandten oder Verschwägerten ein deutlich über den Leistungen zur Sicherung des Lebensunterhalts liegendes Leistungsniveau verbleibt (siehe hierzu die Freibeträge in § 1 Abs. 2 Alg II –V). Soweit allerdings Zuflüsse tatsächlich nachgewiesen sind, räumt § 9 Abs. 5 keine weitere Privilegierung des Einkommens auf Seiten des Leistungsberechtigten ein (BSG, Urt. v. 18. 2. 2010 – B 14 AS 32/08 R, Rn. 17 f., FEVS 62, S. 168 ff.). § 9 Abs. 1 enthält also – wie oben schon angesprochen – keine Vermutungsregelung für eine Unterhaltsdeckung durch Angehörige. Ist allerdings der tatsächliche Zufluss von Angehörigen nachgewiesen, auch wenn diese über ihre Leistungsfähigkeit hinaus leisten, so sind nach § 9 Abs. 1 diese Leistungen bedarfsmindernd zu berücksichtigen. Allerdings ist zu beachten, dass nach § 1 Abs. 1 Nr. 11 Alg II–V Verpflegung, die innerfamiliär gewährt wird, nicht (mehr) als Einkommen berücksichtigt werden kann (vgl. dazu auch unten Rn. 22 sowie zu § 1 Abs. 1 Nr. 11 Alg II-V auch § 11, Rn. 2 und § 11 a, Rn. 18). Es wird also im Rahmen des § 9 Abs. 1 maßgebend auf Geldzuwendungen durch Angehörige ankommen.

B. Grundstruktur der Prüfung der Hilfebedürftigkeit

6 Die Leistungen zum Lebensunterhalt des SGB II sollen bedarfsorientiert und bedürftigkeitsabhängig gewährt werden. Dementsprechend regelt § 19 Abs. 3, dass die Leistungen zur Sicherung des Lebensunterhalts in Höhe der Bedarfe nach § 19 Abs. 1 und Abs. 2 erbracht werden, soweit diese Bedarfe nicht durch das zu berücksichtigende Einkommen und Vermögen gedeckt sind. Hilfebedürftigkeit besteht mithin nur dann, wenn die Mittel des Antragstellers seinen Bedarf nicht decken. Es sind also zwei Rechengrößen gegenüberzustellen: Der gemäß §§ 19 ff. zu ermittelnde Bedarf und das gemäß §§ 9, 11, 11 a, 11 b, 12 und 13 i. V. m. der Alg II–V zu ermittelnde berücksichtigungsfähige Einkommen und Vermögen (grundlegend BSG, Urt. v. 23. 11. 2006 – B 11 b AS 1/06 R, SozR 4–4200 § 20 Nr. 3, Rn. 23 ff = BSGE 97, 265). Zum Bedarf gehört im Prinzip alles, was nach § 19 Abs. 1 als Alg II vom Grundsicherungsträger gefordert werden kann. Als Alg II werden gewährt: die Regelbedarfe gemäß § 20 (nach § 19 Abs. 1 S. 3 i. V. m. § 23 als Sozialgeld bei nichterwerbsfähigen Leistungsberechtigten, die mit erwerbsfähigen Leistungsberechtigten in einer Bedarfsgemeinschaft leben (soweit sie keinen Anspruch auf Leistungen nach dem 4. Kapitel des SGB XII haben), Mehrbedarfe gemäß § 21, die Kosten der Unterkunft gemäß § 22 sowie die Leistungen gemäß § 24 Abs. 1 und § 24 Abs. 3 (vgl. Spellbrink in Eicher/Spellbrink, § 19, Rn. 9). Von dem so ermittelten Bedarf ist das zu berücksichtigende Einkommen abzuziehen. Übersteigt das Einkommen den Bedarf, so liegt keine Hilfebedürftigkeit vor. Im Rahmen des § 12 ist hingegen zu prüfen, ob berücksichtigungsfähiges Vermögen vorliegt. Ist – nach Prüfung aller Freibeträge und Schutznormen – noch verwertbares Vermögen vorhanden, so ist dieses zunächst zu verbrauchen. Erst wenn das nicht geschützte Vermögen aufgebraucht ist, besteht Hilfebedürftigkeit.

7 Liegt eine Bedarfsgemeinschaft iSd § 7 Abs. 3 vor, verkompliziert sich die Situation. Es ist dann grundsätzlich der gesamte Bedarf **aller Mitglieder der Bedarfsgemeinschaft** zu addieren. Dieser Gesamtbedarf ist sodann dem Einkommen und Vermögen aller Personen gegenüberzustellen, die dieses gemäß § 9 Abs. 2 S. 1 einzusetzen haben. Reichen die zu berücksichtigenden finanziellen Mittel zur Bedarfsdeckung aller Mitglieder der Bedarfsgemeinschaft nicht aus, so ist der ungedeckte Teil des Gesamt- Bedarfs auf alle Mitglieder der Bedarfsgemeinschaft (im Verhältnis des eigenen Bedarfs zum Gesamtbedarf) aufzuteilen. Nach § 9 Abs. 2 S. 3 ist mithin jedes Mitglied einer Bedarfsgemeinschaft hilfebedürftig i. S. d. § 9, soweit nur der Gesamtbedarf nicht gedeckt ist (also unabhängig von der individuellen Leistungsfähigkeit; sog. horizontale Methode vgl. unten Rn. 11 ff.).

C. Prüfung der Hilfebedürftigkeit in Bedarfsgemeinschaften

I. Die Einsatzgemeinschaft (Abs. 2 S. 1)

8 Nach § 9 Abs. 2 S. 1 sind bei Personen, die in einer Bedarfsgemeinschaft leben, auch Einkommen und Vermögen des Partners zu berücksichtigen. „**Partner**" sind nach der ausdrücklichen Definition in § 7 Abs. 3 Nr. 3 a) der nicht dauernd getrennt lebende Ehegatte, b) Personen, die mit dem erwerbsfähigen Leistungsberechtigten in einer Einstandsgemeinschaft leben und c) der nicht dauernd getrennt lebende Lebenspartner. Nur diese gehören zur Einstandsgemeinschaft des § 9 Abs. 2 S. 1 (Begriff nach Mecke in Eicher/Spellbrink, § 9 Rn. 8 und Rn. 26 f.), die mit der Bedarfsgemeinschaft des § 7 Abs. 3 nicht identisch sein muss. Aus § 9 Abs. 2 S. 1 folgt mithin, dass das Einkommen und Vermögen von der der Bedarfsgemeinschaft angehörenden Kindern nicht bei den Eltern zu berücksichtigen ist (vgl. BSG, Urt. v. 18. 6. 2008 – B 14 AS 55/07 R, SozR 4–4200 § 9 Nr. 4, Rn. 22).

II. Berücksichtigung von Einkommen und Vermögen der Eltern bzw. Stiefeltern bei Kindern

1. Die Grundregel des § 9 Abs. 2 S. 2. Bei unverheirateten Kindern, die mit ihren Eltern oder einem Elternteil in einer Bedarfsgemeinschaft leben, sind auch das Einkommen und Vermögen der Eltern oder des Elternteils oder dessen in Bedarfsgemeinschaft lebenden Partners zu berücksichtigen. Mit Wirkung zum 1. 1. 2011 hat der Gesetzgeber in Abs. 2 S. 2 eine sprachliche Ungenauigkeit beseitigt und klargestellt, dass es für die Feststellung von Hilfebedürftigkeit von im Haushalt der Eltern lebenden Kindern – vorbehaltlich des elterlichen Einkommens – darauf ankommt, ob sie aus eigenem Einkommen und Vermögen ihren Lebensunterhalt bestreiten und nicht – wie es vorher missverständlich hieß – die Leistungen zur Sicherung ihres Lebensunterhaltes beschaffen können. Voraussetzung des § 9 Abs. 2 S. 2 ist auch weiterhin zunächst, dass eine Bedarfsgemeinschaft besteht, das Kind mithin unter 25 Jahre alt ist (vgl. § 7 Abs. 3 Nr. 4). Probleme bereitet die zum 1. 8. 2006 erfolgte Erweiterung des § 9 Abs. 2 S. 2 um die Einstandspflicht sog. (mit dem Kind nicht verwandter und verschwägerter) Stiefeltern. Begründet wurde diese Neuregelung u. a. damit, dass ansonsten im Rahmen des § 9 Abs. 5 verheiratete Paare bzw. Partner einer Lebenspartnerschaft schlechter gestellt worden seien (vgl. Mecke in Eicher/Spellbrink, § 9 Rn. 26 a). Andererseits stellt § 9 Abs. 2 S. 2 einen Bruch mit der unterhaltsrechtlichen Praxis und Rechtslage dar. Obwohl kein durchsetzbarer Anspruch des Stiefkindes besteht, wird das Einkommen und Vermögen des Stiefelternteils vermögensmindernd berücksichtigt. § 9 Abs. 2 S. 2 wird verfassungsrechtlich für bedenklich gehalten, weil dem Kind keine Möglichkeit offen stehe, seinen Anspruch auf Existenzsicherung (Art. 1 i. V. m. Art. 20 GG) durchzusetzen (SG Berlin, 8. 1. 2007 – S 103 AS 10.869/06 ER, ASR 2007, S. 77 ff., nachgehend LSG Berlin-Brandenburg, 22. 5. 2007 – L 5 B 240/07 AS ER; vgl. auch Wenner, SozSich 2006, S. 146, 150). Das BSG hat diese sog. **Stiefkinderregelung** grundsätzlich verfassungsrechtlich gebilligt (Urt. v. 13. 11. 2008 – B 14 AS 2/08 R, SozR 4–4200 § 9 Nr. 7 = BSGE 102, 76 f.; hiergegen Verfassungsbeschwerde anhängig: 1 BvR 1083/09; vgl. auch später BSG, Urt. v. 18. 2. 2010 – B 4 AS 5/09 R, info also 2010, S. 185). Zum einen ist es der Argumentation gefolgt, § 9 Abs. 2 S. 2 sei zum Schutz der Ehe (Art. 6 Abs. 1 GG) erforderlich gewesen. Weiterhin hat es argumentiert, der Partnerwahl- und Eheschließungsfreiheit (Art. 2 Abs. 1 GG) schütze nicht das Interesse, bei der Wahl eines Partners mit (fremden) Kindern die Kosten dieser Kinder auf die Allgemeinheit abzuwälzen, wenn innerhalb der Bedarfsgemeinschaft durch den neuen Partner mit bedarfsdeckendem Einkommen ausreichende Mittel zur Verfügung stehen (zustimmend Schürmann SGb 2009, S. 741 ff.; ablehnend Münder/Geiger, NZS 2009, S. 593 ff.; vgl. auch Wenner, SozSich 2008, S. 391 ff.).

2. Die Ausnahme gemäß § 9 Abs. 3. Nach § 9 Abs. 3 ist im Rahmen der Prüfung der Hilfebedürftigkeit eines unter 25-jährigen Kindes, das in einer Bedarfsgemeinschaft lebt, entgegen § 9 Abs. 2 S. 2 kein Elterneinkommen zu berücksichtigen, wenn das Kind schwanger ist oder sein eigenes Kind bis zur Vollendung des 6. Lebensjahres betreut. Die Vorschrift dient dem Schutz des ungeborenen Lebens. Im Fall des § 9 Abs. 3 ist auch ein Rückgriff auf die Vermutungsregelung des § 9 Abs. 5 ausgeschlossen.

III. Die sog. horizontale Ermittlung der Hilfebedürftigkeit (Abs. 2 S. 3)

1. Unterschiede zwischen vertikaler und horizontaler Betrachtungsweise. Das BSG hat mehrfach die in § 9 Abs. 2 S. 3 vom Gesetzgeber vorgesehene sog horizontale Methode der Bedarfsermittlung gebilligt (Urt. v. 7. 11. 2006 – B 7b AS 8/06 R, SozR 4–4200 § 22 Nr. 1 = BSGE 97, 217, 221; Urt. v. 15. 4. 2008 – B 14/7b AS 58/06 R, SozR 4–4200 § 9 Nr. 5; Urt. v. 18. 6. 2008 – B 14 AS 55/07 R, SozR 4–4200 § 9 Nr. 4; Urt. v. 28. 10. 2009 – B 14 AS 55/08 R, FEVS 61, S. 439 ff. sowie Urt. v. 18. 1. 2011 – B 4 AS 90/10 R; vgl. dazu auch Spellbrink NZS 2007, 121 und Spellbrink, Sozialrecht aktuell 2008, 10) An der horizontalen Betrachtungsweise hat der Gesetzgeber auch mit dem zum 1. 1. 2011 in Kraft getretenen Gesetz zur Ermittlung von Regelbedarfen und zur Änderung des Zweiten und Zwölften Buches Sozialgesetzbuch vom 24. 3. 2011 (BGBl I. S. 453) festgehalten (vgl. zur Kritik der kommunalen Träger wegen der kostenmäßigen Auswirkungen der Methode im Rahmen des § 19 S. 3 a. F. nur Gerenkamp ZfF 2007, S. 106 sowie Rosenow SGb 2008, S. 282). Hiernach gilt bei insgesamt ungedecktem Bedarf **jede Person** der Bedarfsgemeinschaft im Verhältnis ihres Bedarfs zum Gesamtbedarf als **hilfebedürftig**, wobei allerdings die Bedarfe nach § 28 außer Betracht bleiben. Die Aussparung der Bedarfe nach § 28 bei der horizontalen Betrachtungsweise beruht nach dem Willen des Gesetzgebers darauf, die bisherige Reihenfolge der Berechnung des Leistungsanspruchs durch Aufteilung von Einkommen und Vermögen erst auf Regelbedarfe, Mehrbedarfe und dann auf Bedarfe für Unterkunft und Heizung beizubehalten. Es soll zum einen sichergestellt bleiben, dass sich die Bedarfsanteilsmethode nur auf die bereits bislang geregelten Bedarfe bezieht und zum anderen, dass die Leistungen für Bildung und Teilhabe (denen damit ein besonderer Stellenwert eingeräumt wird) auch dann noch zu gewähren sind, wenn keine weitere Person leistungsberechtigt, der Bedarf für Bildung und Teilhabe jedoch noch nicht vollständig gedeckt ist (BT-Drs. 17/34/04, S. 93 zu § 9).

Die horizontale Betrachtungsweise hat nach der Neuregelung damit weiterhin zur Konsequenz, dass auch eine Person, die ihren eigenen Bedarf (isoliert betrachtet) durch ihr Einkommen und Vermögen decken kann, hilfebedürftig wird, wenn nur der Bedarf der Bedarfsgemeinschaft insgesamt nicht gedeckt ist. Diese Person wird dann Leistungsberechtigter nach dem SGB II (mit allen Rechten und Pflichten). Anders stellt sich die Rechtslage nach § 19 Abs. 1 SGB XII dar. Jedenfalls kann aber der als unbillig empfundenen Einbeziehung des isoliert betrachtet Nicht-Bedürftigen in das „Regime" des SGB II (vgl. auch Brühl in LPK-SGB II, § 9, Rn. 24) durch eine Reduktion seiner Pflichtenstellung nach dem SGB II (Zumutbarkeit im Rahmen des § 10) und der ggf. angedrohten Sanktionen gemäß §§ 31, 32 (wichtiger Grund) Rechnung getragen werden.

12 Die unterschiedlichen Auswirkungen der beiden Methoden sollen an einem einfachen Rechenbeispiel verdeutlicht werden (vgl. Spellbrink, Sozialrecht aktuell 2008, 10): A und B sind Ehepartner. A erzielt ein zu berücksichtigendes (bereits nach § 11b) bereinigtes Einkommen von 600 Euro. Die Kosten der angemessenen Unterkunft (§ 22 Abs. 1) betragen 344 Euro. Folglich besteht in der Bedarfsgemeinschaft insgesamt ein Bedarf von 1.000 Euro (zwei mal 328 Euro gemäß § 20 Abs. 4; 344 Euro gemäß § 22 Abs. 1). Das zu berücksichtigende Einkommen gemäß § 9 Abs. 1 und Abs. 2 S. 1 beträgt 600 Euro. Bei der vom Gesetz vorgeschriebenen **horizontalen Berechnung** wird das Gesamteinkommen dem Gesamtbedarf gegenübergestellt. Bei Berücksichtigung von 600 Euro Einkommen besteht ein ungedeckter Bedarf von 400 Euro, der im Verhältnis 50 zu 50 (jeder der Partner hat einen Anteil von 50 vH am Gesamtbedarf) aufzuteilen ist. A und B haben also je einen Individualanspruch auf 200 Euro nach dem SGB II.

13 Bei der **vertikalen Methode** (die nach wie vor § 19 SGB XII zugrunde liegt), werden A und B isoliert betrachtet. A hat einen Bedarf von 500 Euro und ein Einkommen von 600 Euro. Sein Einkommen deckt also (isoliert betrachtet) seinen Bedarf. Sein Anspruch wäre dann 0. Das Einkommen von 100 Euro, das den individuellen Bedarf des A übersteigt, ist bei B einzusetzen). B hat dann einen Anspruch von 500 Euro (328 plus ein halb der Miete in Höhe von 172 Euro). Hiervon abzuziehen sind die 100 Euro überschießendes Einkommen des A, die B einzusetzen hat. B steht nach der vertikalen Methode mithin ein Anspruch auf 400 Euro zu, A hat keinen Anspruch. Beide Berechnungsmethoden führen mithin zu einem Anspruch der Bedarfsgemeinschaft (als wirtschaftliche Einheit betrachtet) von 400 Euro. Bei der horizontalen Methode wird der – isoliert betrachtet – nicht hilfebedürftige A zum Grundsicherungsempfänger nach dem SGB II. Bei der vertikalen Methode ist A hingegen nicht Leistungsempfänger nach dem SGB II. Lediglich B hat einen Anspruch auf 400 Euro. Geht ein Grundsicherungsträger nun von der – falschen – vertikalen Methode aus, so verweigert er dem A den ihm zustehenden Anspruch auf 200 Euro. Zur Vermeidung solcher Ergebnisse hat das BSG entschieden, dass auch der jeweilige Inhaber des Einzelanspruchs auf höhere Individualleistung klagen kann, wenn der Grundsicherungsträger die Individualansprüche falsch errechnet hat, auch wenn der Anspruch der Bedarfsgemeinschaft dadurch insgesamt nicht höher wird (vgl. BSG, Urt. v. 18. 6. 2008 – B 14 AS 55/07 R, SozR 4–4200 § 9 Nr. 4 = SGb 2009, S. 548 ff.).

14 **2. Berechnung bei sog. gemischten Bedarfsgemeinschaften.** Von einer gemischten Bedarfsgemeinschaft spricht man, wenn Mitglieder der in § 7 Abs. 3 näher normierten Bedarfsgemeinschaft vom Leistungsbezug nach dem SGB II ausgeschlossen sind (etwa als Altersrentner, Studenten etc gemäß § 7 Abs. 4 f.). Ist in dem Beispiel (soeben Rn. 12) der 600 Euro erzielende A Altersrentner, so ist er zwar gemäß § 7 Abs. 3 Nr. 3 a) als Ehepartner Mitglied einer Bedarfsgemeinschaft mit B, kann aber wegen § 7 Abs. 4 S. 1 selbst keine Leistungen nach dem SGB II erhalten. Geht man wieder von einem Bedarf der Bedarfsgemeinschaft von 400 Euro aus, so würde die konsequente Anwendung des § 9 Abs. 2 S. 3 dazu führen, dass der Bedarf je zu 50 vH auf A und B aufgeteilt wird. A und B hätten also jeder einen Anspruch auf 200 Euro. A kann hingegen wegen des Leistungsausschlusses in § 7 Abs. 4 S. 1 keine Leistungen erhalten, so dass nur ein Anspruch der B auf 200 Euro verbliebe. Das Einkommen des A in Höhe von 600 Euro (Altersrente) wird aber bedarfsmindernd in voller Höhe berücksichtigt. A kann auch keine Sozialhilfe erhalten, weil sein Einkommen seinen Bedarf deckt und § 19 SGB XII insofern im Rahmen des SGB XII die vertikale Methode zugrunde legt. Sozialhilferechtlich betrachtet deckt A mit seinem Einkommen seinen Bedarf. Das BSG hat aufgrund der Bedarfsunterdeckung einer solchen gemischten Bedarfsgemeinschaft (diese würde insgesamt nur 800 Euro verfügen – 200 Euro Alg II des A und 600 Euro Einkommen des B) **§ 9 Abs. 2 S. 3 verfassungskonform eingeschränkt** (BSG, Urt. v. 15. 4. 2008 – B 14/7 b AS 58/06 R, SozR 4–4200 § 9 Nr. 5, Rn. 48 ff.; vgl. ferner zur Klagebefugnis des vom Leistungsbezug nach dem SGB II Ausgeschlossenen: BSG, Urt. v. 19. 10. 2010 – B 14 AS 51/09 R, Rn. 11, SGb 2010, S. 711). Bei dem von der Leistung ausgeschlossenen Rentner ist sein eigener Bedarf vom Einkommen abzuziehen, so dass im Beispielsfalle lediglich 100 Euro des A als Einkommen gelten. Hieraus resultiert dann ein Anspruch des B auf 400 Euro und der Bedarf (auch der gemischten) Bedarfsgemeinschaft in Höhe von 1.000 Euro ist durch diese Berechnungsweise gedeckt. Der Bedarf des vom SGB II ausgeschlossenen Rentners ist dabei unter Zugrundelegung der Regelungen des SGB II zu ermitteln und nicht nach dem SGB XII (BSG, aaO, Rn. 40 ff.).

15 **3. Konsequenzen für die Leistungsträger gemäß § 19 Abs. 3 S. 2 (§ 19 S. 3 a. F.).** Die Wahl der Methode der Bestimmung der Hilfebedürftigkeit hat erhebliche Konsequenzen für die **Kos-**

tenbelastung der Grundsicherungsträger. Nach § 19 Abs. 3 S. 2, der der Vorgängerregelung des § 19 S. 3 nachgebildet ist, deckt zu berücksichtigendes Einkommen und Vermögen zunächst die Bedarfe nach den §§ 20, 21 und 23, darüber hinaus die Bedarfe nach § 22; daher mindert zu berücksichtigendes Einkommen und Vermögen nach wie vor zunächst die Geldleistungen der BA. Erst soweit darüber hinaus Einkommen und Vermögen vorhanden ist, mindert dieses die Geldleistungen der kommunalen Träger. Im Falle der horizontalen Methode hat dies in dem Ausgangsbeispiel (Rn. 12) zur Konsequenz, dass von den insgesamt zu leistenden 400 Euro von der BA lediglich 56 Euro zu tragen sind. Zwei Regelleistungen gemäß § 20 Abs. 4 (a 328 Euro insgesamt also 656 Euro) stehen Einkommen von 600 Euro gegenüber. Die Kommunen hätten hingegen aufgrund des § 19 Abs. 3 S. 2 von den 400 Euro 344 Euro zu übernehmen. Bei der vertikalen Berechnungsmethode wären lediglich 100 Euro Einkommen des A zu berücksichtigen (bei B einzusetzen). B erhielte in diesem Falle 328 Euro Regelleistung von der BA, auf die gemäß § 19 Abs. 3 S. 2 100 Euro anzurechnen wären. Die BA trüge mithin von den 400 Euro Leistungen an B 228 Euro, der kommunale Träger 172 Euro. Dies erklärt, wieso die kommunalen Träger so vehement gegen die vertikale Methode kämpfen. Allerdings sind die Kommunen nicht befugt, deshalb direkt gegen die BA bzw. die zuständige Agentur für Arbeit zu klagen. § 44a Abs. 6 schreibt mit Wirkung ab dem 1. 1. 2011 bei Streit über die Hilfebedürftigkeit ein Widerspruchsverfahren vor, wenn der kommunale Träger mit der gemäß § 44a Abs. 4 S. 1 von der Agentur für Arbeit festzustellenden Hilfebedürftigkeit nicht einverstanden ist. Ohne eine vorherige Befassung der Agentur für Arbeit ist eine Klage unzulässig (vgl. zur Vorgängerregelung des § 19: Spellbrink in Eicher/Spellbrink, § 19 Rn. 15).

IV. Die Sonderregelung des Abs. 2 S. 4

Zum 1. 1. 2011 hat der Gesetzgeber an § 9 Abs. 2 einen Satz 4 angefügt. Danach ist in den Fällen des **15a** § 7 Abs. 2 S. 3 Einkommen und Vermögen, soweit es die nach § 9 Abs. 2 S. 3 zu berücksichtigenden Bedarfe übersteigt, im Verhältnis mehrerer Leistungsberechtigter zueinander zu gleichen Teilen zu berücksichtigen. Die Regelung baut auf der Vorschrift des § 7 Abs. 2 S. 3 auf, die ihrerseits klarstellt, dass **Leistungsberechtigte nach § 28** zur Deckung ihrer Bedarfe auch dann Leistungen erhalten, wenn sie mit Personen in einem Haushalt zusammenleben, mit denen sie nur deshalb keine Bedarfsgemeinschaft bilden, weil diese auf Grund des zu berücksichtigenden Einkommens und Vermögens selbst nicht leistungsberechtigt sind. In diesen Fällen fehlt es an einer erwerbsfähigen hilfebedürftigen Person zur Bildung einer Bedarfsgemeinschaft. Daher wird in § 7 Abs. 2 S. 3 die Leistungsberechtigung desjenigen Kindes, bei dem nur die Bedarfe für Bildung und Teilhabe nicht gedeckt sind, ausdrücklich geregelt. § 9 Abs. 2 S. 4 soll dementsprechend gewährleisten, dass in Fällen, in denen aus dem zu berücksichtigenden Einkommen und Vermögen die Regelbedarfe, Mehrbedarfe und Bedarfe für Unterkunft und Heizung vollständig gedeckt sind, weiteres zu berücksichtigendes Einkommen die Leistungen für Bildung und Teilhabe mindert und diese nicht etwa – entgegen dem Bedürftigkeits- und Bedarfsabhängigkeitsgrundsatz – ohne weiteren Einkommenseinsatz zu leisten sind. Insofern wird Einkommen und Vermögen von nicht leistungsberechtigten Personen, sofern es nicht zur Deckung der vorrangig zu berücksichtigenden Bedarfe benötigt wird, bei der Berechnung des Anspruchs auf Leistungen für Bildung und Teilhabe berücksichtigt (vgl. zur Neukonzeption der Leistungen für Bildung und Teilhabe nach den §§ 28, 29: Groth/Siebel-Huffmann, NJW 2011, S. 1105, 1107 ff.). Sind schließlich mehrere Personen nur im Umfang der Bildungs- und Teilhabeleistung leistungsberechtigt, wird das übersteigende Einkommen kopfteilig bei jeder Person berücksichtigt, womit in gewisser Weise das Grundprinzip der horizontalen Betrachtungsweise durchbrochen wird.

D. Hilfebedürftigkeit trotz Vermögens gemäß § 9 Abs. 4

Hilfebedürftig ist nach § 9 Abs. 4 auch derjenige, dem der sofortige Verbrauch oder die sofortige **16** Verwertung von Vermögen nicht möglich ist oder für den die sofortige Verwertung eine besondere Härte bedeuten würde. Mit Wirkung zum 1. 4. 2006 wurde der in § 9 Abs. 4 enthaltene Zusatz „in diesem Falle sind die Leistungen als Darlehen zu erbringen" gestrichen und die Darlehensgewährung in § 23 Abs. 5 a. F. geregelt; diese Vorschrift findet sich aufgrund des Gesetzes zur Ermittlung von Regelbedarfen und zur Änderung des Zweiten und Zwölften Buches Sozialgesetzbuch vom 24. 3. 2011 (BGBl I. S. 453) mit Wirkung zum 1. 1. 2011 nunmehr in § 24 Abs. 5. § 9 Abs. 4 kommt letztlich nur noch die Funktion zu, den Begriff der Hilfebedürftigkeit auf Fälle zu erweitern, in denen die Hilfebedürftigkeit andernfalls wegen des Vorhandenseins verwertbaren Vermögens ausgeschlossen wäre. Voraussetzung des § 9 Abs. 4 ist mithin zunächst, dass überhaupt **verwertbares Vermögen** iSd § 12 Abs. 1 vorliegt. Ist Vermögen nicht oder nicht in absehbarer Zeit verwertbar, ist § 9 Abs. 4 nicht anwendbar, weil überhaupt kein verwertbares Vermögen vorliegt.

Das BSG hat klargestellt, dass bereits dem Begriff der Verwertbarkeit gemäß § 12 Abs. 1 ein zeitli- **17** ches Moment (absehbare Verwertbarkeit) innewohnt (BSG, Urt. v. 6. 12. 2007 – B 14/7b AS 46/06 R = BSGE 99, 248 ff. = SozR 4–4200 § 12 Nr. 6). Ist etwa ein mit einem Nießbrauch belastetes Grundstück erst verwertbar, wenn der Nießbrauchsnehmer stirbt, so hängt die Verwertbarkeit von einer so ungewissen Bedingung ab, dass überhaupt keine Verwertbarkeit iSd § 12 Abs. 1 vorliegt und mithin die Ausnahme des § 9 Abs. 4 nicht greift. Die Rechtsprechung hat bislang keine exakte **Zeitgrenze** dafür benannt, wann die bloß sofortige Unverwertbarkeit in eine **generelle Unverwertbarkeit** gemäß § 12 Abs. 1 umschlägt (BSG, Urt. v. 6. 12. 2007, aaO diskutiert den sechsmonatigen Bewilligungszeitraum gemäß § 41 S. 4 als Grenze; ebenso BSG, Urt. v. 27. 1. 2009 – B 14 AS 42/07 R – SozR 4–4200 § 12 Nr. 12 Rn. 23 sowie BSG, Urt. v. 30. 8. 2010 – B 4 AS 70/09 R; siehe dazu auch Spellbrink/G. Becker, § 12, Rn. 4 ff.).

18   Der sofortige Verbrauch bzw. die sofortige Verwertung kann jedenfalls aus tatsächlichen und rechtlichen Gründen ausgeschlossen sein. Die besondere Härte i. s d. § 9 Abs. 4 bezieht sich ausschließlich auf die sofortige Verwertbarkeit. Mit der besonderen Härte in § 12 Abs. 3 S. 1 Nr. 6 besteht insofern keine Kongruenz (so auch Hengelhaupt in Hauck/Noftz K § 9, Rn. 135 unter Bezugnahme auf BVerwG, Urt. v. 14. 5. 1969 – V C 167.67, BVerwGE 32, 89), weil bei Vorliegen einer besonderen Härte i. S. d. § 12 Abs. 3 S. 1 Nr. 6 bereits die Verwertbarkeit des Vermögensgegenstands als solche ausscheidet. Die Härte muss also nicht in der geforderten Verwertung als solcher, sondern in der geforderten Verwertung gerade zum jetzigen Zeitpunkt begründet sein. Liegen die Tatbestandsvoraussetzungen des § 9 Abs. 4 vor, so besteht ein Rechtsanspruch auf das Darlehen gemäß § 23 Abs. 5 (Lang/Blüggel in Eicher/Spellbrink, § 23, Rn. 125).

E. Die Haushaltsgemeinschaft (Abs. 5)

19   § 9 Abs. 5 enthält eine gesetzliche Vermutung, dass Leistungsberechtigte (das Gesetz verwendet fälschlich noch den Begriff des Hilfebedürftigen) von Verwandten und Verschwägerten im nach deren Verhältnissen zumutbaren Umfang mit unterhalten werden, wenn sie einen gemeinsamen Haushalt führen. Zunächst muss also eine Haushaltsgemeinschaft vorliegen. Dies ist dann der Fall, wenn über das bloße gemeinsame Wohnen hinaus (dies charakterisiert die Wohngemeinschaft) **„aus einem Topf"** gewirtschaftet wird (BT-Drs. 15/1516, S. 53). Neben einer gemeinsamen Wohnung muss also auch ein gemeinsames Wirtschaften erfolgen (Wirtschaftsgemeinschaft; vgl. Mecke in Eicher/Spellbrink, § 9 Rn. 52 f.). Das Vorliegen einer Haushaltsgemeinschaft i. S. d. § 9 Abs. 5 ist vom Grundsicherungsträger (positiv) festzustellen. Er trägt hierfür ggf. auch die **Beweislast**, weil § 9 Abs. 5 anders als § 39 S. 1 SGB XII gerade keine Vermutung auch für das Vorliegen einer Haushaltsgemeinschaft ausspricht (ebenso jetzt BSG, Urt. v. 27. 1. 2009 – B 14 AS 6/08 R, SozR 4–4200 § 9 Nr. 6 = NZS 2009, S. 681 ff.). Diese Haushaltsgemeinschaft muss zwischen Verwandten (§ 1589 BGB) oder Verschwägerten (§ 1590 BGB) bestehen. Die Schwierigkeiten, in einem Haushalt gemeinsam wirtschaftende Partner nichtehelicher Lebensgemeinschaften in die Fiktion des § 9 Abs. 5 einzubeziehen (für eine entsprechende Anwendung des § 9 Abs. 5 auf Partner einer eheähnlichen Gemeinschaft: Mecke in Eicher/Spellbrink § 9 Rn. 55), hat den Gesetzgeber zur Einführung der sog. Stiefkinderregelung in § 9 Abs. 2 S. 2 veranlasst (s. oben Rn. 9), so dass dem Problem einer ausweitenden Auslegung des Verwandtenbegriffs im Rahmen des § 9 Abs. 5 ab 1. 8. 2006 keine Bedeutung mehr zukommt (vgl. auch Hengelhaupt in Hauck/Noftz, K § 9, Rn. 166 a m. w. N.). Die Haushaltsgemeinschaft des § 9 Abs. 5 unterscheidet sich von der Bedarfsgemeinschaft des § 7 Abs. 3 dadurch, dass die überhaupt möglichen Mitglieder der Bedarfsgemeinschaft in den einzelnen Nrn. des § 7 Abs. 3 abschließend aufgezählt sind. Zwischen einem über 25 Jahre alten Kind und dessen Eltern kann nach § 7 Abs. 3 Nr. 4 keine Bedarfsgemeinschaft bestehen, wohl aber eine Haushaltsgemeinschaft (vgl. BSG, Urt. v. 7. 11. 2006 – B 7b AS 6/06 R = SozR 4–4200 § 20 Nr. 2 = BSGE 97, 211 ff.).

20   Das Tatbestandsmerkmal „soweit dies nach deren Einkommen und Vermögen erwartet werden kann", zielt auf die **Leistungsfähigkeit der Verwandten** oder verschwägerten Person ab, die mit dem Leistungsberechtigten gemeinsam in einem Haushalt wirtschaftet. Für die Unterhaltsvermutung durch Einkommensgewährung enthält § 1 Abs. 2 Alg II–V (abgedruckt unter § 13) einen gesonderten, höheren Freibetrag. Hiernach ist Einkommen erst zu berücksichtigen, wenn es den doppelten Regelbedarf des § 20 Abs. 2 S. 1 (zweimal 364 Euro) plus die anteilige Wohnungskosten plus einen Freibetrag von 50% des Einkommen übersteigenden Betrags überschreitet. Durch **§ 1 Abs. 2 Alg II–V** soll klargestellt werden, dass Leistungen von Verwandten pp in Haushaltsgemeinschaft erst erwartet bzw. fingiert werden können, wenn diesen Angehörigen ein deutlich über den Leistungen zur Sicherung des Lebensunterhalts liegendes Leistungsniveau verbleibt (so BSG, Urt. v. 7. 11. 2006 – B 7b AS 6/06 R = SozR 4–4200 § 20 Nr. 2, Rn. 16). Der in § 1 Abs. 2 Alg II–V vorgesehene Selbstbehalt ist nicht in ermächtigungswidriger Weise zu niedrig angesetzt (vgl. BSG, Urt. v. 19. 2. 2009 – B 4 AS 68/07 R, SozR 4–4225 § 1 Nr. 1 = BSGE 102, 258 ff.). Einen Rückgriff auf den höheren unterhaltsrechtlichen Selbstbehalt – etwa der Düsseldorfer Tabelle – fordert Mecke in Eicher/Spellbrink, § 9 Rn. 60). Dabei ist auch zu berücksichtigen, dass zunächst ein bereinigtes Einkommen des Verwandten pp entsprechend der Einkommensermittlung in § 11 b zu bestimmen und erst auf dieses bereinigte Einkommen der Selbstbehalt des § 1 Abs. 2 Alg II–V anzulegen ist. Die Berücksichtigung von Vermögen des Verwandten oder Verschwägerten ist in § 7 Abs. 2 Alg II–V geregelt. Hier erfolgt allerdings keine Privilegierung des Verwandten oder Verschwägerten, was ermächtigungsrechtlich problematischer erscheint.

Die **Vermutung** des § 9 Abs. 5, die erst eingreift, wenn das Vorliegen einer Haushaltsgemeinschaft positiv festgestellt wurde (vgl. hierzu BSG, Urt. v. 27. 1. 2009 – B 14 AS 6/08 R, SozR 4–4200 § 9 Nr. 6 SozR 4–4200 § 9 Nr. 6 = NZS 2009, S. 681 ff.), ist im übrigen **widerlegbar** (vgl. dazu etwa BSG, Urt. v. 18. Februar 2010 – B 14 AS 32/08 R = FEVS 62, S. 168 ff.;), selbst wenn dies im Gesetzeswortlaut nicht deutlich zum Ausdruck kommt (Hänlein in Gagel, § 9 Rn. 79 unter Hinweis auf BT-Drs. 15/1516, S. 53). Hinsichtlich der Anforderungen an den Gegenbeweis wird danach differenziert, ob gesetzliche Unterhaltspflichten bestehen. Die BA lässt bei fehlender Unterhaltspflicht regelmäßig eine schriftliche Erklärung des Leistungsberechtigten ausreichen, dass er keine Leistungen erhalte (so Hengelhaupt in Hauck/Noftz, K § 9, Rn. 183; Mecke in Eicher/Spellbrink § 9 Rn. 67). Dabei ist auch zu berücksichtigen, dass ein potentiell Leistungsberechtigter jedenfalls Verwandte und Verschwägerte, die ihm nicht unterhaltspflichtig sind, nicht zu Nachweisen und Erklärungen zwingen kann, die ihm die Führung des Gegenbeweises erleichtern könnten. Andernfalls – bei bestehender gesetzlicher Unterhaltspflicht – sind nachvollziehbare und überprüfbare Tatsachen glaubhaft zu machen (vgl. Hänlein in Gagel, § 9, Rn. 79 f. m. w. N.). 21

Ist die Vermutung des § 9 Abs. 5 widerlegt, insbesondere wegen fehlender Leistungsfähigkeit des Verwandten oder Verschwägerten aufgrund der besonderen Freibeträge in § 1 Abs. 2 Alg II-V, so dürfte § 9 Abs. 5 auch als Sperre wirken, tatsächlichen Verwandtenunterhalt (in Form von Naturalien wie Essen oder Unterkunft) gemäß § 9 Abs. 1 S. 1 als Einkommen zu berücksichtigen (vgl. die Nachweise oben Rn. 5). 22

§ 10 Zumutbarkeit

(1) Einer erwerbsfähigen leistungsberechtigten Person ist jede Arbeit zumutbar, es sei denn, dass
1. sie zu der bestimmten Arbeit körperlich, geistig oder seelisch nicht in der Lage ist,
2. die Ausübung der Arbeit die künftige Ausübung der bisherigen überwiegenden Arbeit wesentlich erschweren würde, weil die bisherige Tätigkeit besondere körperliche Anforderungen stellt,
3. die Ausübung der Arbeit die Erziehung ihres Kindes oder des Kindes ihrer Partnerin oder ihres Partners gefährden würde; die Erziehung eines Kindes, das das dritte Lebensjahr vollendet hat, ist in der Regel nicht gefährdet, soweit die Betreuung in einer Tageseinrichtung oder in Tagespflege im Sinne der Vorschriften des Achten Buches oder auf sonstige Weise sichergestellt ist; die zuständigen kommunalen Träger sollen darauf hinwirken, dass erwerbsfähigen Erziehenden vorrangig ein Platz zur Tagesbetreuung des Kindes angeboten wird,
4. die Ausübung der Arbeit mit der Pflege einer oder eines Angehörigen nicht vereinbar wäre und die Pflege nicht auf andere Weise sichergestellt werden kann,
5. der Ausübung der Arbeit ein sonstiger wichtiger Grund entgegensteht.

(2) Eine Arbeit ist nicht allein deshalb unzumutbar, weil
1. sie nicht einer früheren beruflichen Tätigkeit entspricht, für die die erwerbsfähige leistungsberechtigte Person ausgebildet ist oder die früher ausgeübt wurde,
2. sie im Hinblick auf die Ausbildung der erwerbsfähigen leistungsberechtigten Person als geringerwertig anzusehen ist,
3. der Beschäftigungsort vom Wohnort der erwerbsfähigen leistungsberechtigten Person weiter entfernt ist als ein früherer Beschäftigungs- oder Ausbildungsort,
4. die Arbeitsbedingungen ungünstiger sind als bei den bisherigen Beschäftigungen der erwerbsfähigen leistungsberechtigten Person,
5. sie mit der Beendigung einer Erwerbstätigkeit verbunden ist, es sei denn, es liegen begründete Anhaltspunkte vor, dass durch die bisherige Tätigkeit künftig die Hilfebedürftigkeit beendet werden kann.

(3) Die Absätze 1 und 2 gelten für die Teilnahme an Maßnahmen zur Eingliederung in Arbeit entsprechend.

A. Grundfragen der Zumutbarkeitsregelung

I. Zumutbarkeit jeder Arbeit und Eingliederungsmaßnahme gemäß § 10 Abs. 1 und 3

1. Begriff der Arbeit. § 10 ist zu Recht als „Schlüsselnorm" im gesetzlichen Konzept des „Forderns" bezeichnet worden (Rixen in Eicher/Spellbrink, § 10, Rn. 1). Das SGB II als eines der „Gesetze für moderne Dienstleistungen am Arbeitsmarkt" geht insgesamt von einem Vorrang der Eingliederung der Leistungsempfänger in Arbeit aus (vgl. Spellbrink in Eicher/Spellbrink, § 1, Rn. 9 ff.). Mit dem Zentral für die Frage der Zumutbarkeit ist, was unter dem Begriff „Arbeit" zu verstehen ist (vgl. 1

Hänlein in Gagel § 10 Rn. 11, Stand: 12/2009). Hier schwankt der Gesetzgeber zwischen einem **„workfare"** Ansatz, nach dem jede (i. s v. irgendeine) Arbeit als Gegenleistung für die staatliche Unterstützung aus Steuermitteln zumutbar ist und einem Arbeitsmarktansatz, nach dem Ziel des SGB II eine vollständige Integration des Leistungsberechtigten in den sog. **Ersten Arbeitsmarkt** ist, auf dem er dann durch reguläre, unsubventionierte Erwerbsarbeit seinen Unterhalt (und den seiner Bedarfsgemeinschaft) decken kann (hierzu i. E. Spellbrink, SGb 2008, S. 445). Es leuchtet unmittelbar ein, dass die Zumutbarkeit einer Arbeit (und über § 10 Abs. 3 entsprechend einer Eingliederungsmaßnahme) anders zu beurteilen ist, je nachdem, ob die Tätigkeit zielführend für eine Beschäftigung auf dem ersten Arbeitsmarkt sein soll, oder ob nur eine Gegenleistung auch symbolischer Art iSd workfare-Ansatzes gefordert werden wird. Dies hat etwa erhebliche Auswirkungen für die Zumutbarkeit etwa von sog. Ein-Euro-Jobs gemäß § 16 Abs. 2 S. 3 a. F. bzw. § 16 d S. 2 n. F. iVm § 10 Abs. 3 (ähnlich Stahlmann in ders (Hrsg), Handbuch Ein-Euro-Jobs, 2006, S. 41 ff.). Solange der Gesetzgeber nicht ausdrücklich – auch normativ sich im Gesetzestext widerspiegelnd – den workfare-Ansatz zugrunde legt, wird im Rahmen der Zumutbarkeit weiterhin der sich aus den Gesetzesmaterialien ergebende Integrationsansatz zugrundezulegen sein, so dass alle angebotenen Maßnahmen, Arbeiten etc wie auch Ein-Euro-Jobs gemäß § 16 d S. 2 jeweils auf ihre Zweckmäßigkeit für eine dauerhafte Integration ins Erwerbsleben zu überprüfen sind (vgl. Spellbrink SGb 2008, S. 445; JZ 2007, S. 28, 31; zur Zumutbarkeit von „Ein-Euro-Jobs" grundlegend BSG, Urt. v. 16. 12. 2008 – B 4 AS 60/07 R, SozR 4-4200 § 16 Nr. 4 = BSGE 102, 201 ff., wonach der Ein-Euro-Job auch ein Zwischenschritt auf dem Weg zur endgültigen Integration in den Arbeitsmarkt sein kann).

2 **2. Grundrechtliche Einschränkungen des Arbeitszwangs.** § 10 Abs. 1 S. 1 enthält den unbestimmten Rechtsbegriff der Zumutbarkeit, § 10 Abs. 1 S. 1 Nr. 5 den des wichtigen Grundes. Bei der Auslegung beider Begriffe sind **verfassungsrechtliche Gesichtspunkte** zu beachten (grundlegend Estelmann, § 10 Rn. 132 ff.; Rixen in Eicher/Spellbrink, § 10, Rn. 15 ff.). Zu berücksichtigen ist, dass über die drohende Sanktionierung mit einer Absenkung des Alg II in § 31 Abs. 1 S. 1 Nr. 2 und Nr. 3 ein mittelbarer Zwang ausgeübt wird, eine bestimmte Berufstätigkeit zu ergreifen, so dass der Schutzbereich des Art. 12 Abs. 1 GG berührt ist. Grundsätzlich wird dieser Eingriff durch den sanktionsbewehrten Zwang, eine bestimmte Tätigkeit aufzunehmen, im Rahmen eines steuerfinanzierten Systems zur Sicherung des Existenzminimums gerechtfertigt sein (Estelmann § 10, Rn. 138). Art. 12 Abs. 1 GG ist dabei insbesondere bei den explizit normierten Ausnahmetatbeständen der Zumutbarkeit gemäß § 10 Abs. 1 Nr. 1 bis Nr. 4 als Interpretationsfolie zu berücksichtigen. Im Rahmen der Erstreckung der Zumutbarkeitskriterien auf Maßnahmen der Eingliederung in Arbeit (§ 10 Abs. 3) ist zu beachten, dass diese Maßnahmen primär fördernden Charakter im Hinblick auf eine Integration in den ersten Arbeitsmarkt haben sollen und de lege lata nicht als Sanktion oder Gegenleistung für die gewährte Existenzsicherung zu betrachten sind (s. Rn. 1). Bei dem sanktionsbewehrten Zwang (§ 31), eine bestimmte Tätigkeit aufzunehmen, handelt es sich auch nicht um **Arbeitszwang (Art. 12 Abs. 2 GG)** bzw. **Zwangsarbeit (Art. 12 Abs. 3 GG)** (vgl. m. w. N. Rixen in Eicher/Spellbrink, § 10, Rn. 24 ff.). Auch internationales Recht (ILO-Übereinkommen Nr. 29 und Nr. 105) stehen dem nicht entgegen (Rixen a. a. O.). Besonders virulent können verfassungsrechtliche Wertungen werden, soweit im Rahmen des § 10 Abs. 1 Nr. 5 das Vorliegen eines wichtigen Grundes festzustellen ist. Bei der hier erforderlichen Abwägung zwischen den Interessen des Leistungsberechtigten und den Interessen der Allgemeinheit wird um so eher ein wichtiger Grund zu bejahen sein, als der Leistungsberechtigte Grundrechte für sich ins Feld führen kann (etwa den Schutz von Ehe und Familie nach Art. 6 GG).

II. Verhältnis von § 10 zu § 31

3 Die Sanktionen der § 31 Abs. 1 S. 1 Nr. 2 und Nr. 3 setzen beide die **Zumutbarkeit** der angebotenen Arbeit, Arbeitsgelegenheit etc voraus. Liegt Unzumutbarkeit iSd § 10 vor, so scheidet eine Sanktion bereits deshalb aus. Darüber hinaus enthält § 31 Abs. 1 S. 2 das rechtfertigende Merkmal des wichtigen Grundes, der insbesondere bei den Sanktionen nach § 31 Abs. 1 S. 1 Nr. 1 in Betracht kommt. Insofern überschneidet sich der Regelungsgehalt von § 31 Abs. 1 S. 2 – wichtiger Grund – und § 10 – Zumutbarkeit –, zumal § 10 Abs. 1 Nr. 5 ebenfalls den wichtigen Grund als Zumutbarkeitskriterium kennt. Es erscheint nicht zwingend und auch wenig plausibel, begriffsanalytisch zwischen dem **wichtigen Grund iSd § 31 Abs. 1 S. 2** und dem allgemeinen Kriterium der Zumutbarkeit zu differenzieren, etwa derart, dass vom wichtigen Grund i. s d. § 31 Abs. 1 S. 2 nur die Phase nach einem angenommenen Angebot einer Arbeit oder Eingliederungsmaßnahme umfasst sein soll (so aber Rixen in Eicher/Spellbrink, § 10, Rn. 8).

B. Gesetzlich anerkannte Unzumutbarkeitsgründe gemäß § 10 Abs. 1

I. Körperlich, geistiges oder seelisches nicht in der Lage sein (Abs. 1 Nr. 1)

4 Eine Arbeit ist ausnahmslos unzumutbar, wenn der erwerbsfähige Leistungsberechtigte zu der bestimmten Arbeit körperlich, geistig **oder seelisch nicht in der Lage ist. Allerdings darf** nicht

Erwerbsunfähigkeit iSd § 8 vorliegen, weil andernfalls der Leistungsberechtigte in den Zuständigkeitsbereich des SGB XII fallen würde. Auch bei bestehender Erwerbsfähigkeit kann es allerdings sein, dass eine bestimmte Tätigkeit einen Arbeitslosen körperlich oder geistig überfordert. Die Voraussetzungen sind im Wege der Amtsermittlung festzustellen. Der Leistungsberechtigte hat an der Aufklärung mitzuwirken (§§ 60 ff. SGB I), ggf. mit der Sanktion des § 32.

II. Erschwerung der künftigen Berufsausübung (Abs. 1 Nr. 2)

Unzumutbar ist eine Arbeit ferner dann, wenn die Ausübung der Arbeit dem Leistungsberechtigten 5
die künftige Ausübung seiner bisherigen überwiegenden Arbeit wesentlich erschweren würde, weil die bisherige Arbeit besondere körperliche Anforderungen stellte. § 10 Abs. 1 Nr. 2 geht damit noch über § 18 Abs. 3 S. 1 BSHG hinaus, weil er die Unzumutbarkeit darauf beschränkt, dass die bisherige Tätigkeit besondere körperliche Anforderungen stellt (vgl. Hänlein in Gagel, § 10, Rn. 6). Um besondere körperliche Fähigkeiten handelt es sich, wenn diese regelmäßiges Training oder Talent erfordern. In der Literatur wird hierzu gerne auf den Konzertpianisten verwiesen, der nicht als Bauhelfer oder Waldarbeiter arbeiten darf, weil er ansonsten seine Fingerfertigkeit verlöre (Hänlein, a.a.O., Rixen in Eicher/Spellbrink, § 10, Rn. 56). Zu Recht wird daher ausgeführt, § 10 Abs. 1 Nr. 2 umfasse untypische Fälle (Hackethal in JurisPK, § 10, Rn. 18). Die Vorschrift bietet insbesondere **keinen Berufsschutz** und schützt nicht vor Dequalifikationsrisiken anderer Art (etwa für Akademiker etc.). Dies zeigt auch eine Zusammenschau mit den Regelungen in § 10 Abs. 2 Nr. 1 und Nr. 2, die den Berufsschutz im Hinblick auf frühere berufliche Tätigkeiten und Ausbildungen ausschließen.

III. Erziehungsgefährdung (Abs. 1 Nr. 3)

Durch die Aufnahme der Arbeit muss die **Erziehung des Kindes gefährdet** sein. Kindererzie- 6
hung bedeutet also nicht generell die Unzumutbarkeit von Erwerbstätigkeit, vielmehr ist anhand der konkreten Familienumstände die Gefährdung konkret zu ermitteln. Das Postulat eines generellen Interpretationsprimats der Eltern (so Rixen in Eicher/Spellbrink, § 10, Rn. 58) erscheint in einem reinen Fürsorgesystem als zu weitgehend. Allerdings wird man im Umkehrschluss aus § 10 Abs. 1 Nr. 3 Hs. 2 entnehmen können, dass es i.d.R. der Zumutbarkeit einer Arbeitsaufnahme entgegen stehen dürfte, wenn das Kind das 3. Lebensjahr noch nicht vollendet hat (so Hackethal in JurisPK, § 10, Rn. 19; Hänlein in Gagel, § 10, Rn. 22). Ob dies bei einem weiteren Ausbau von Kinderkrippen für unter 3 Jährige uneingeschränkt gelten kann, bleibt abzuwarten.

§ 10 Abs. 1 Nr. 3 regelt, inwiefern sich aus der Tatsache der Erziehung eines Kindes die Unzumut- 7
barkeit einer Arbeit oder einer Eingliederungsmaßnahme ergeben kann. Voraussetzung ist zunächst, dass der erwerbsfähige Leistungsberechtigte sein Kind oder das eines Partners erzieht. Der Begriff des Partners entspricht § 7 Abs. 3 Nr. 3. Beide Partner können die Erziehungsperson sein. Ergibt sich für einen Partner eine Arbeitsmöglichkeit und kann der andere das Kind betreuen, so kann er sich in der Regel nicht auf § 10 Abs. 1 Nr. 3 berufen (Hänlein in Gagel, § 10, Rn. 20 unter Hinweis auf BSG; Urt. v. 25. 4. 1991 – 11 Rar 9/90, SozR 3–4100 § 134 Nr. 7). Das Recht aus § 10 Abs. 1 Nr. 3 kommt jeweils nur einem von zwei Partnern zu Gute.

Bei Kindern ab Vollendung des dritten Lebensjahres ist nach dem Gesetz jedenfalls regelmäßig eine 8
Gefährdung der Erziehung ausgeschlossen, wenn die Betreuung des Kindes anderweitig sichergestellt ist. § 10 Abs. 1 Nr. 3 Hs. 2 erwähnt namentlich Tageseinrichtungen nach dem SGB VIII (§ 22 Abs. 1 SGB VIII) und die Tagespflege, d.h. die **Betreuung** durch eine im Rahmen der Jugendhilfe vermittelte Person, die gemäß § 23 Abs. 1 SGB VIII das Kind betreut. Die Betreuung kann auch auf sonstige Weise sichergestellt werden, d.h. durch Großeltern, andere Verwandte oder Bekannte. Fremdbetreuung macht in der Regel eine Erwerbstätigkeit zumutbar. Einen Rechtsanspruch, vorhandene Betreuungsmöglichkeiten abzulehnen, gibt es in der Regel nicht. Dies zeigt auch § 10 Abs. 1 Nr. 3 Hs. 3., nach dem die kommunalen Träger darauf hinwirken sollen, erwerbsfähigen Leistungsberechtigte vorrangig Plätze in der Tagesbetreuung des Kindes anzubieten. Ob entgegen auch von Schulkindern Unzumutbarkeit gemäß § 10 Abs. 1 Nr. 3 entstehen kann (so Hänlein in Gagel, § 10, Rn. 26 unter Hinweis auf BVerwG, Urt. v. 15. 5. 1995 – 5 C 20/93, BVerwGE 98, 203) mag bezweifelt werden. Jedenfalls ist jeweils vorrangig zu prüfen, inwieweit nicht zumindest eine Teilzeittätigkeit zumutbar ist.

IV. Pflege eines Angehörigen (Abs. 1 Nr. 4)

Nach § 10 Abs. 1 Nr. 4 ist die Aufnahme einer Arbeit unzumutbar, wenn die Arbeit mit der Pflege 9
eines Angehörigen nicht vereinbar wäre und wenn dessen **Pflege** nicht auf andere Weise sichergestellt werden kann. Pflege bedeutet Hilfe bei den gewöhnlichen und regelmäßig wiederkehrenden Verrichtungen im Ablauf des täglichen Lebens in den Bereichen Körperpflege, Ernährung, Mobilität und hauswirtschaftliche Versorgung (vgl. § 14 SGB XI; Hänlein in Gagel § 10, Rn. 28a; Rixen in Eicher/Spellbrink, § 10, Rn. 65). Ob der Begriff des Angehörigen auf die Mitglieder der Bedarfsgemeinschaft gemäß § 7 Abs. 3 begrenzt werden kann, ist zweifelhaft. Abzustellen ist vielmehr auf die Legaldefinition des Angehörigen in § 16 Abs. 5 SGB X.

10 Ob die Ausübung einer Arbeit mit der Pflege unvereinbar wäre, hängt von der **Pflegeintensität** ab. Hierfür ist mit der BA grundsätzlich auf den zeitlichen Umfang der Pflegestufen nach § 15 SGB XI abzustellen. Allerdings darf dieses Schema nicht zu mechanisch angewandt werden. Die Umstände des Einzelfalles sind zu beachten (vgl. SG Berlin, Urt. v. 31. 8. 2005 – S 37 AS 707/05 ER, NDV RD 2005, 104). Ob bei der sog. Pflegestufe Null eine Arbeit immer zumutbar ist, ist von daher zweifelhaft (anders Hackethal in JurisPK, § 10, Rn. 21). Die Sicherstellung der Pflege durch eine andere Person macht ebenfalls nicht in jedem Falle die Aufnahme einer Tätigkeit zumutbar. Hier sind ggf. Schutzbedürfnisse und das Selbstbestimmungsrecht des Pflegebedürftigen (etwa bei Intimpflege etc) angemessen zu berücksichtigen (so zu Recht Rixen in Eicher/Spellbrink, § 10, Rn. 67).

V. Sonstiger wichtiger Grund (Abs. 1 Nr. 5)

11 Bei § 10 Abs. 1 Nr. 5 handelt es sich um einen **allgemeinen Auffangtatbestand**, der nach dem Willen des Gesetzgebers restriktiv ausgelegt werden soll. Der einer Erwerbstätigkeit des Leistungsberechtigten entgegenstehende individuelle Grund müsse im Verhältnis zu den Interessen der Allgemeinheit, die die Leistungen des SGB II aus Steuermitteln finanziere, besonderes Gewicht haben (BT-Drs. 15/1516, S. 53). Andererseits wird zu Recht eingewandt, dass sich über § 10 Abs. 1 Nr. 5 der Gedanke der Einheit der Rechtsordnung realisiere, nach dem nicht im SGB II gefordert werden dürfe, was in anderen Teilgebieten des Rechts verboten oder untersagt werde (so Rixen in Eicher/Spellbrink, § 12, Rn. 69). Schließlich ist auch zu berücksichtigen, ob der zugemuteten Arbeit im SGB II generell der Charakter einer Gegenleistung des Leistungsberechtigten für die staatliche Unterstützung zukommen soll (sog. workfare-Ansatz; vgl. Rn. 1), was ggf. die Zumutbarkeitsschwellen nach unten senken könnte, weil der Hilfeempfänger mit der Arbeit nur etwas zurückgibt von dem, was er zuvor erhalten hat. De lege lata wird man jedoch vom Leitbild des Normalarbeitsverhältnisses auch für Alg II-Empfänger auszugehen haben, weshalb sich insbesondere Schutznormen des Arbeitsrechts über § 10 Abs. 1 Nr. 5 zu Gunsten des Leistungsberechtigten auswirken müssen.

12 Zwar fehlt im SGB II eine Vorschrift, die § 121 Abs. 2 SGB III entspricht – Unzumutbarkeit bei Verstoß der angebotenen Beschäftigung gegen gesetzliche, tarifliche oder in Betriebsvereinbarungen festgelegte Bestimmungen über Arbeitsbedingungen oder gegen Bestimmungen des Arbeitsschutzes – dennoch wird man den Rechtsgedanken des § 121 Abs. 2 auch im SGB II anzuwenden haben. Verstöße gegen öffentlich-rechtliches **Arbeitsschutzrecht** wie etwa das MuSchG oder gegen den Jugendarbeitsschutz machen die Tätigkeit aus wichtigem Grund unzumutbar. Dies gilt auch bei Sittenwidrigkeit (§ 138 BGB) des Arbeitsverhältnisses. Hingegen ist die Tätigkeit als Leiharbeitnehmer (auch in Personal-Service-Agenturen – PSA) wie auch im SGB III grundsätzlich zumutbar (zur Zumutbarkeit von Leiharbeit bereits im SGB III vgl. BSG, Urt. v. 8. 11. 2001 – B 11 AL 31/01 R, SozR 3–4300 § 144 Nr. 7). Ebenso sind geringfügige Beschäftigungen i. s d. § 8 SGB IV und Teilzeitbeschäftigungen nach dem TzBfG zumutbar (Einzelfälle bei Estelmann, § 10, Rn. 76ff.; Hänlein in Gagel, § 10, Rn. 30 ff. und Rixen in Eicher/Spellbrink, § 10, Rn. 70 ff.).

13 Problematisch kann bei der Prüfung des wichtigen Grundes im Rahmen des § 10 Abs. 1 Nr. 5 die Höhe des vom Leistungsberechtigten noch zu akzeptierenden Entgelts werden. Im Verlauf des Gesetzgebungsverfahrens wurde noch im Vermittlungsausschuss die ursprünglich vorgesehene Formulierung aus Nr. 5 wieder gestrichen, dass ein wichtiger Grund vorliege, wenn für die Arbeit nicht das maßgebliche **tarifliche Arbeitsentgelt** oder mangels einer tariflichen Regelung das ortsübliche Arbeitsentgelt gezahlt werde (vgl. BT-Drs. 15/2259, S. 2). Zu Recht ist daher ausgeführt worden, dass die Rechtsgedanken aus § 121 Abs. 3 SGB III über die zeitlich abgestufte Hinnehmbarkeit von Lohneinbußen nicht unbesehen auf das SGB II übernommen werden können (Hänlein in Gagel, § 12, Rn. 33 ff.). Vielmehr dürfte gerade aus der Funktion der Freibetragsregelung des § 30 im SGB II, der i. V. m. § 11 Abs. 2 S. 2 wie eine Regelung zur Subventionierung im Niedriglohnbereich wirkt (vgl. § 30 Rn. 1) und dazu führt, dass zahlreiche Normalarbeitnehmer als sog Aufstocker ergänzend Leistungen nach dem SGB II erhalten, folgen, dass auch niedrig entlohnte Tätigkeiten anzunehmen sind, zumal die Differenz zur Existenzsicherung bei einem Niedriglohn in jedem Falle durch das SGB II aufgefüllt wird. Als Untergrenze kann hier allerdings der sog **Lohnwucher** gemäß § 138 Abs. 2 BGB dienen. Unterschreitet das gewährte Entgelt mithin das ortsübliche Entgelt um 50–70%, so dürfte ein wichtiger Grund vorliegen (vgl. Hänlein in Gagel § 10 Rn. 37 unter Hinweis auf BAG, Urt. v. 24. 3. 2004 – 5 AZR 2003/03 = AP Nr. 59 zu § 138; vgl. auch Estelmann § 10 Rn. 91 ff.).

14 § 10 Abs. 1 Nr. 5 ist zudem in einem Zusammenhang zu sehen mit den ausdrücklichen Regelungen in § 10 Abs. 2. Dort wird klargestellt, dass gewisse Gründe nicht (allein) für eine Unzumutbarkeit sprechen. Nach § 10 Abs. 2 Nr. 1 und Nr. 2 ist eine Tätigkeit nicht alleine deshalb unzumutbar, wenn sie für den erwerbstätigen Leistungsberechtigten einen beruflichen Abstieg darstellt. Hieraus ist abzuleiten, dass die berufliche Dequalifizierung für sich betrachtet noch keinen wichtigen Grund iSd. § 10 Abs. 1 Nr. 5 markieren kann, vielmehr ist ein gewisser beruflicher Abstieg gerade in einem steuerfinanzierten System hinzunehmen. Probleme mit der Berufsfreiheit gemäß Art. 12 Abs. 1 GG bestehen insofern nicht (vgl. Hänlein in Gagel, § 10, Rn. 44 ff.).

In § 121 Abs. 4 SGB III wird explizit die Zumutbarkeit von Pendelzeiten zu der neuen Arbeitsstätte geregelt. Nach § 121 Abs. 4 S. 1 ist einem Arbeitslosen eine Beschäftigung nicht zumutbar, wenn die **täglichen Pendelzeiten** zwischen seiner Wohnung und der Arbeitsstätte im Vergleich zur Arbeitszeit unverhältnismäßig lang sind. Nach § 121 Abs. 4 S. 2 SGB III ist dies etwa bei einer Arbeitszeit von mehr als sechs Stunden bei Pendelzeiten von mehr als zweieinhalb Stunden der Fall. Teilweise wird diese Regelung im Wege der Analogie in § 10 Abs. 1 Nr. 5 hineingelesen (Estelmann, § 10, Rn. 98). Zu beachten ist hier aber § 10 Abs. 2 Nr. 3, der einem erwerbsfähigen Leistungsberechtigten auch weitere Entfernungen zur neuen Arbeitsstelle als zur bisherigen zumutet. § 121 SGB III ist in einem Regelungszusammenhang zu sehen mit dem Eigentumsschutz des Anspruchs auf Alg nach dem SGB III gemäß Art. 14 GG aufgrund eigener Beitragszahlung des Beschäftigten (vgl. nur BVerfG, Urt. v. 12. 2. 1986 – 1 BvL 39/83, BVerfGE 72, 9, 20 f.). Von daher wird man aufgrund des Fürsorgecharakters des Alg II auch hinsichtlich der Zumutbarkeit von Pendelzeiten im SGB II Abstriche machen müssen. Teilweise wird eine Zumutbarkeitsgrenze bei Pendelzeiten von mehr als drei Stunden täglich gesehen (Hänlein in Gagel, § 10, Rn. 40 f.). Ob die Regelungen aus § 121 Abs. 4 S. 4 und S. 5 SGB III über die Zumutbarkeit eines Umzuges unbesehen ins SGB II übernommen werden können (so offenbar aber Estelmann, § 10, Rn. 117 ff.) bleibt ebenfalls zu bezweifeln. Insofern sticht das Argument der Einheit der Rechtsordnung nicht und es muss einen Unterschied machen, ob eine Fürsorgeleistung bezogen wird oder eine Versicherungsleistung. Ein wichtiger Grund kann aber gegeben sein, wenn besondere Gesichtspunkte des Kindeswohls oder familiäre Bindungen einem Umzug entgegenstehen. Eine doppelte Haushaltsführung wird dem Leistungsberechtigten im Regelfall zuzumuten sein.

Weitere wichtige Gründe können sich aus widrigen Arbeitsumständen ergeben. So wird richtigerweise ein Verweis auf die **Tätigkeit als Prostituierte** unzumutbar sein, obwohl es sich mittlerweile um einen legalisierten Beruf handelt (Arg. aus Art. 1 GG; ebenso Hänlein in Gagel, § 10, Rn. 48 a; Rixen in Eicher/Spellbrink, § 10, Rn. 113 – dort wird ein wichtiger Grund bejaht bei Verletzung des Selbstwert- und Schamgefühls). Teilweise wird „Mobbing" als wichtiger Grund anerkannt (Rixen in Eicher/Spellbrink, § 10, Rn. 15 ff.) oder die Verletzung religiöser oder weltanschaulicher Gefühle (Art. 4 GG; vgl. Rixen in Eicher/Spellbrink, § 10, Rn. 119 ff.). Bedenken bestehen allerdings, soweit ein wichtiger Grund bereits dann vorliegen soll, wenn einem bisher abhängig Beschäftigten eine selbständige Tätigkeit angeboten wird (vgl. i. E. Hänlein in Gagel, § 10, Rn. 49).

C. Gesetzlich ausgeschlossene Unzumutbarkeitsgründe (Abs. 2)

I. Allgemeines

Nach § 10 Abs. 2 ist eine Arbeit „nicht allein" deshalb unzumutbar, weil einer der Gründe in Nr. 1 bis 5 vorliegt. Hieraus folgt, dass diese Gründe nicht isoliert betrachtet zur Unzumutbarkeit führen können. Im Rahmen des § 10 Abs. 1 Nr. 5 wird bei der Frage des Vorliegens eines wichtigen Grundes aber ohnehin eine Gesamtschau und Abwägung aller Facetten und Gesichtspunkte erfolgen. Hier können die in § 10 Abs. 2 Nr. 1 bis 5 genannten Gründe jeweils gegen das Vorliegen eines wichtigen Grundes ins Feld geführt werden. Insofern handelt es sich auch um allgemeine Abwägungsgesichtspunkte, weshalb teilweise in Kommentaren eine thematische Gliederung – welche Pendelzeiten sind zumutbar – an Stelle einer am Normaufbau orientierten Gliederung gewählt wird. § 10 Abs. 1 und 2 sind also jeweils zusammen zu betrachten.

II. Frühere berufliche Tätigkeit (Abs. 2 Nr. 1)

Nach § 10 Abs. 2 Nr. 1 (ggf. gemeinsam zu lesen mit der Ausnahme des § 10 Abs. 1 Nr. 2) ist eine Arbeit nicht allein deshalb unzumutbar, wenn sie nicht einer früheren beruflichen Tätigkeit des erwerbsfähigen Leistungsberechtigten entspricht, für die er ausgebildet ist oder die er ausgeübt hat. Teilweise wird die Regelung für redundant gehalten, weil sich der fehlende Berufsschutz bereits aus § 10 Abs. 1 S. 1 – jede Arbeit – und dem Fehlen einer § 121 SGB III entsprechenden Norm ergebe (so Estelmann, § 10, Rn. 34). Die Regelung verdeutlicht, dass im SGB II grundsätzlich kein Berufsschutz besteht und in den Grenzen der Erwerbsfähigkeit (§ 8) grundsätzlich jede Tätigkeit aufgenommen werden muss.

III. Geringwertige Tätigkeit (Abs. 2 Nr. 2)

Eine Arbeit ist nicht allein deshalb unzumutbar, weil sie im Hinblick auf die Ausbildung des Leistungsberechtigten als geringerwertig anzusehen ist. Entsprechend § 121 Abs. 5 SGB III können verschiedene Qualifikationsniveaus von Tätigkeiten unterschieden werden. In die Beurteilung der Geringerwertigkeit fließen auch Aspekte sozialer Anerkennung ein. Das SGB II gibt mithin keinen Berufsschutz und auch keine abgestufte Zumutbarkeit, etwa derart, dass jeweils nur auf die nächst niedrige Stufe verwiesen werden kann (etwas missverständlich insoweit Rixen in Eicher/Spellbrink, § 10,

Rn. 37; vgl. auch LSG Nordrhein-Westfalen, Beschluss vom 11. 11. 2005 – L 19 B AS 89/05 ER). Auch einem promovierten Akademiker sind mithin Handarbeiten zumutbar, es sei denn die Gesamtbewertung aller Umstände ergibt – wie bei jedem anderen Leistungsberechtigten auch – das Vorliegen eines wichtigen Grundes gemäß § 10 Abs. 1 Nr. 5.

IV. Entfernung des Beschäftigungsortes (Abs. 2 Nr. 3)

20   Nach § 10 Abs. 2 Nr. 3 ist eine Arbeit nicht schon deshalb unzumutbar, weil der Beschäftigungsort vom Wohnort des erwerbsfähigen Leistungsberechtigten weiter entfernt ist als ein früherer Beschäftigungs- oder Ausbildungsort. § 10 Abs. 2 Nr. 3 steht Tendenzen entgegen, in § 10 Abs. 1 Nr. 5 ohne Umschweife den Regelungsgehalt des § 121 Abs. 4 SGB III hineinzulesen (siehe oben Rn. 15). § 10 Abs. 2 Nr. 3 etabliert vielmehr einen grundsätzlichen Zwang zum „Job-Nomadentum" (so Rixen in Eicher/Spellbrink, § 10, Rn. 40). Von daher wird in den Grenzen des § 10 Abs. 1 Nr. 5 auch der Zwang bestehen, eine Tätigkeit im Ausland aufzunehmen (i. E. Rixen in Eicher/Spellbrink, § 10, Rn. 41 f.). Auch eine doppelte Haushaltsführung ist – allerdings unter Berücksichtigung von Art. 6 Abs. 1 GG – hinzunehmen (so auch Hackethal in JurisPK, § 10, Rn. 31).

V. Ungünstigere Arbeitsbedingungen (Abs. 2 Nr. 4)

21   Eine neue Arbeit ist nicht schon deshalb unzumutbar, wenn die Arbeitsbedingungen ungünstiger sind als bei den bisherigen Beschäftigungen. Zu den Arbeitsbedingungen gehören alle Aspekte, die den konkret innegehabten Arbeitnehmerstatus rechtlich vorteilhaft kennzeichnen. Dazu gehört jedenfalls das Arbeitsentgelt; Nebenleistungen aus betrieblicher Übung etc. wie etwa Krankengeld und vor allem Art und Lage der Arbeitszeit (vgl. mit weiteren Beispielen Rixen in Eicher/Spellbrink, § 10, Rn. 43). So kann über § 10 Abs. 2 Nr. 4 auch Nacht- oder Schichtarbeit in den Grenzen ihrer gesetzlichen Zulässigkeit gefordert werden. Auch aus § 10 Abs. 2 Nr. 4 (eventuell iVm § 10 Abs. 2 Nr. 2) ist zu folgern, dass eine geringer vergütete Tätigkeit angenommen werden muss.

VI. Beendigung einer Erwerbstätigkeit (Abs. 2 Nr. 5)

22   Mit Wirkung zum 1. 1. 2009 wurde durch das sog. Instrumentengesetz vom 21. 12. 2008 (BGBl. I, S. 2917) an § 10 Abs. 2 eine neue Nr. 5 angefügt. Hierdurch soll klargestellt werden, dass der Grundsicherungsträger einen erwerbsfähigen Leistungsberechtigten, der bereits eine abhängige Beschäftigung wie beispielsweise einen Mini-Job oder auch eine selbständige Erwerbstätigkeit ausübt, auf eine andere Tätigkeit verweisen kann, wenn diese mit höherer Wahrscheinlichkeit zur Vermeidung von Hilfebedürftigkeit führt (vgl. BT-Drs. 16/10.810, zu Art. 2 Nr. 4 – § 10 –). Die Aufnahme einer Arbeit ist mithin nicht allein deshalb unzumutbar, weil dadurch eine bereits ausgeübte, aber nicht Existenz sichernde Erwerbstätigkeit aufgegeben werden muss. Das persönliche Interesse an einer bestimmten Tätigkeit ist nicht geschützt, wenn diese keine hinreichende Existenzgrundlage bietet. Insofern unterstreicht der neue § 10 Abs. 2 Nr. 5 nochmals das Ziel des Gesetzgebers, die Leistungsberechtigten in bedarfsdeckende „Normalarbeitsverhältnisse" zu integrieren.

§ 11 Zu berücksichtigendes Einkommen

(1) [1] Als Einkommen zu berücksichtigen sind Einnahmen in Geld oder Geldeswert abzüglich der nach § 11 b abzusetzenden Beträge mit Ausnahme der in § 11 a genannten Einnahmen. [2] Als Einkommen zu berücksichtigen sind auch Zuflüsse aus darlehensweise gewährten Sozialleistungen, soweit sie dem Lebensunterhalt dienen. [3] Der Kinderzuschlag nach § 6 a des Bundeskindergeldgesetzes ist als Einkommen dem jeweiligen Kind zuzurechnen. [4] Dies gilt auch für das Kindergeld für zur Bedarfsgemeinschaft gehörende Kinder, soweit es bei dem jeweiligen Kind zur Sicherung des Lebensunterhalts, mit Ausnahme der Bedarfe nach § 28, benötigt wird.

(2) [1] Laufende Einnahmen sind für den Monat zu berücksichtigen, in dem sie zufließen. [2] Zu den laufenden Einnahmen zählen auch Einnahmen, die an einzelnen Tagen eines Monats aufgrund von kurzzeitigen Beschäftigungsverhältnissen erzielt werden. [3] Für laufende Einnahmen, die in größeren als monatlichen Zeitabständen zufließen, gilt Absatz 3 entsprechend.

(3) [1] Einmalige Einnahmen sind in dem Monat, in dem sie zufließen, zu berücksichtigen. [2] Sofern für den Monat des Zuflusses bereits Leistungen ohne Berücksichtigung der einmaligen Einnahme erbracht worden sind, werden sie im Folgemonat berücksichtigt. [3] Entfiele der Leistungsanspruch durch die Berücksichtigung in einem Monat, ist die einmalige Einnahme auf einen Zeitraum von sechs Monaten gleichmäßig aufzuteilen und monatlich mit einem entsprechenden Teilbetrag zu berücksichtigen.

Übersicht

	Rn.
A. Definition des Einkommens in § 11 Abs. 1	1
B. Die Abgrenzung von Einkommen und Vermögen	5
C. Zuordnung von Kinderzuschlag und Kindergeld nach § 11 Abs. 1 S. 3 und S. 4	8
D. Laufende und einmalige Einnahmen gemäß § 11 Abs. 2	11

A. Definition des Einkommens (Abs. 1)

Bislang enthielten die §§ 11, 30 sowie die Alg II-V die Regelungen zur Definition des Einkommens und zu dessen Anrechenbarkeit auf die Leistungen nach dem SGB II. Durch das Gesetz zur Ermittlung von Regelbedarfen und zur Änderung des Zweiten und Zwölften Buches Sozialgesetzbuch vom 24. 3. 2011 (BGBl. I S. 453) hat der Gesetzgeber umfangreiche redaktionelle Änderungen vorgenommen und dabei § 11 neu gefasst sowie § 11a und § 11b neu eingefügt. § 11 regelt nunmehr in Absatz 1 das zur Feststellung der Hilfebedürftigkeit und zur Berechnung des Leistungsanspruches zu berücksichtigende Einkommen. Die nicht als Einkommen zu berücksichtigenden Einnahmen werden nunmehr in § 11a benannt. Von den zu berücksichtigenden Einnahmen in Geld oder Geldeswert sind die Absetzbeträge nach § 11b – der auch die Vorschrift des § 30 integriert – abzusetzen. Nach § 11 Abs. 1 S. 1 sind als Einkommen zu berücksichtigen alle Einnahmen in Geld oder Geldeswert abzüglich der nach § 11b abzusetzenden Beträge mit Ausnahme der in § 11a ausdrücklich genannten Einnahmen (vgl. hierzu § 11a, Rn. 1ff.). Einnahmen in Geld sind nicht nur Einnahmen in Form von Bargeld, sondern auch alle unbaren Zahlungen (Überweisung, Scheck). Diese sind gemäß § 2 Abs. 1 Alg II–V (abgedruckt unter § 13) mit ihrem Bruttogeldwert anzusetzen. Ein **Verlustausgleich** zwischen mehreren Personen oder Einkunftsarten findet nicht statt (vgl. § 5 S. 2 Alg II–V; Hengelhaupt in Hauck/Noftz, K § 13, Rn. 237ff., Stand 03/2010). Auch sind Verbindlichkeiten (die Zahlung von Schulden) grundsätzlich nicht vom Einkommen abzusetzen, auch wenn ggf. eine besondere moralische Verpflichtung zur Schuldentilgung besteht (vgl. BSG, Urt. v. 19. 9. 2008 – B 14/7b AS 10/07 R, SozR 4–4200 § 11 Nr. 18 sowie BSG, Urt. vom 30. 9. 2008 – B 4 AS 29/07 R, SozR 4–4200 § 11 Nr. 15 = BSGE 131, 291ff., Rn. 19).

Einnahmen in Geldeswert liegen vor, wenn die Einnahmen einen bestimmten in Geld ausdrückbaren **wirtschaftlichen Wert** besitzen. Soweit vertreten wird, dass eine Einnahme nur dann Geldeswert habe, sofern ihr ein „**Marktwert**" zukomme, d. h. die tatsächliche, reale Chance auf eine Umsetzung der Einnahme in Geld – „Versilberung" – auf dem Markt besteht (insbesondere Söhngen in JurisPK, § 11, Rn. 36; vgl. auch LSG Niedersachsen-Bremen, Beschl. v. 30. 7. 2007 – L 8 AS 186/07 ER, info also 2007, S. 263; offen gelassen vom BSG, Urt. v. 18. 6. 2008 – B 14 AS 22/07 R, SozR 4–4200 § 11 Nr. 11 = BSGE 101, 70ff., jeweils Rn. 14), vermag dies nicht zu überzeugen (ähnlich Hengelhaupt in Hauck/Noftz, K § 11, Rn. 290f, Stand: 06/2010; vgl. ferner auch SG Lüneburg, Urteile v. 23. 8. 2007 – S 25 AS 1445/06 und S 25 AS 1455/06 sowie Urteile vom 19. 5. 2008 – S 25 AS 1825/07 und S 25 AS 25/08). Die Frage belastet die Bewertung einer Einnahme mit zusätzlichen Ermittlungsschwierigkeiten und Wertungsfragen (Kommt etwa dem vom Arbeitgeber zur Verfügung gestellten Essen ein „Marktwert" zu, d. h. ist es real verkaufbar?). Vielmehr ist zunächst zu prüfen, inwieweit eine **spezialgesetzliche Norm** auffindbar ist, die eine Umrechnung der Einnahme in Geld erlaubt. Bis 31. 12. 2007 war lediglich für die Berechnung des Einkommens aus nichtselbständiger Arbeit in § 2 Abs. 4 Alg II–V (a. F.; abgedruckt u. a. bei Eicher/Spellbrink, 2. Auflage, zu § 13) geregelt, dass Sachleistungen nach der Sozialversicherungsentgeltverordnung in der jeweiligen Fassung zu bewerten seien. Nach § 2b Alg II–V galt für die Berechnung des Einkommens in sonstigen Fällen § 2 Alg II–V entsprechend. Das BSG hat unter dem Gesichtspunkt des Vorbehalts des Gesetzes (§ 31 SGB I) diese Normen nicht als ausreichende Ermächtigungsgrundlage betrachtet, während eines Krankenhausaufenthaltes erhaltenes Essen in Geldeswert umzurechnen (Urt. v. 18. 6. 2008 – B 14 AS 22/07 R, SozR 4–4200 § 11 Nr. 11; zur Bewertung von **Essen als Einkommen** vgl. auch Peters NDV 2007, S. 425). Durch die insgesamt neu gefasste Alg II–V vom 17. 12. 2007 (BGBl. I S. 2942) regelte der neu eingefügte § 2 Abs. 5 Alg II–V (iVm § 4 Alg II–V) diesen Sachverhalt mit Wirkung ab dem 1. 1. 2008 detaillierter. Nach § 2 Abs. 5 S. 1 a.F. war bereitgestellte Vollverpflegung pauschal in Höhe von 35 Prozent der nach § 20 maßgebenden Regelleistung als Einkommen zu berücksichtigen, was nach § 2 Abs. 5 S. 3 Alg II–Va.F. allerdings erst galt, wenn der Wert der Nahrung die Belastungsgrenze von monatlich 83,28 Euro überstieg. Nur in diesem Rahmen erfolgte unter Abzug der Versicherungspauschale gemäß § 6 Abs. 1 Nr. 1 Alg II–V eine Berücksichtigung, Das BSG hatte in diesem Zusammenhang angedeutet, dass auch gegen diese Neuregelung in § 2 Abs. 5 Alg II–V ermächtigungsrechtliche Bedenken bestehen (vgl. zur Krankenhausverpflegung BSG, Urt. v. 18. 6. 2008 – B 14 AS 22/07 R, SozR 4–4200 § 11 Nr. 11, Rn. 22ff. und zur Anstaltsverpflegung eines JVA-Häftlings BSG, Urt. v. 16. 12. 2008 – B 4 AS 9/08 R, SGb 2009, S. 93; vgl. ferner auch BT-Drs. 16/10.714). Durch die erste Verordnung zur Änderung der Alg II–V vom 18. 12. 2008 (BGBl. I S. 2780) hat der Verordnungsgeber zumindest diesen Streit entschärft und § 1 Abs. 1 Nr. 11 Alg II–V rückwirkend zum 1. 1. 2008 angefügt sowie § 2 Abs. 5 Alg II–V neu gefasst. Nach

§ 1 Abs. 1 Nr. 11 Alg II-V wird Verpflegung, **die außerhalb von Arbeitsverhältnissen bereitgestellt wird**, fortan **nicht** mehr als Einkommen berücksichtigt (vgl. zu dieser Neuregelung auch Hengelhaupt in Hauck/Noftz, K § 13, Rn. 259 und 263, Stand: 03/2010 und § 11 a, Rn. 18). Im Übrigen geht der Verordnungsgeber aber weiterhin davon aus, dass es sich bei bereitgestellter Verpflegung grundsätzlich um eine Einnahme in Geldeswert handelt, die nach § 11 Abs. 1 S. 1 als Einkommen zu berücksichtigen ist (vgl. hierzu die nichtamtliche Begründung des Referentenentwurfs, abgedruckt bei Hengelhaupt in Hauck/Noftz, K § 13, Rn. 259, Stand: 03/2010). Daher sind die ermächtigungsrechtlichen Bedenken des BSG nur für außerhalb von Arbeitsverhältnissen bereitgestellte Verpflegung vollständig ausgeräumt worden.

3   Zur Vermeidung von Abgrenzungsschwierigkeiten sollte der Einkommensbegriff in § 11 Abs. 1 S. 1 gerade unter dem Blickwinkel **restriktiv** ausgelegt werden, dass nach dem Gesetz alle Einnahmen nach dem SGB II nicht als Einkommen i. S. d § 11 a Abs. 1 Nr. 1 gelten. Erhält der Grundsicherungsempfänger einen Teil der in der Regelleistung bereits pauschaliert enthaltenen Bestandteile (vgl. § 20 Abs. 1 S. 1: Ernährung, Kleidung, Körperpflege, Hausrat etc.) in natura geschenkt, so darf dies aufgrund des pauschalierten und abschließenden Charakters der Regelleistung **niemals** zu einer Reduktion der Regelleistung führen. Es ist im System des SGB II auch im umgekehrten Falle nicht vorgesehen (anders als in § 27 a Abs. 4 S. 1 SGB XII), die Regelleistung bei nicht gedecktem **individuellen Bedarf** zu erhöhen. Von daher ist eine Regelleistungskürzung über den Weg der Berücksichtigung von **Naturalien als Einkommen** grundsätzlich ausgeschlossen, soweit diese Sachleistungen sich im Rahmen der Deckung des Regelbedarfs halten. Die Vorschrift des § 11 a Abs. 4 weist in dieselbe Richtung, insofern sie etwa Kleiderkammern und Essenstafeln der Träger freier Wohlfahrtspflege ausdrücklich aus der Einkommensberücksichtigung ausnimmt. Mit Wirkung zum 1. 1. 2011 wurde durch das Gesetz zur Ermittlung von Regelbedarfen und zur Änderung des Zweiten und Zwölften Buches Sozialgesetzbuch vom 24. 3. 2011 (BGBl. I. S. 453) durch die Einfügung des § 11 Abs. 1 S. 2 klargestellt, dass auch zufließende **Darlehensbeträge aus Sozialleistungen**, die dem Lebensunterhalt dienen, Einnahmen in Geldeswert darstellen und daher grundsätzlich zur Bestreitung des Lebensunterhalts einzusetzen sind.

4   Die Einnahmen müssen „**bereite Mittel**" sein, dem Grundsicherungsempfänger also **aktuell** zur Verfügung stehen. Von daher ist es nicht zulässig, rein fiktives Einkommen aufgrund ungenügender oder ungenutzter Selbsthilfemöglichkeiten (vgl. § 2 Abs. 1 S. 1 und § 3 Abs. 3) zu berücksichtigen (so wohl Hengelhaupt in Hauck/Noftz, K § 11, Rn. 98, Stand: 06/2010; Mecke in Eicher/Spellbrink, § 11, Rn. 13 ff.). Hierfür stehen die Sanktionsmechanismen der §§ 31 ff. zur Verfügung, sowohl bei Nichtbereitschaft, die eigene Arbeitskraft einzusetzen (§ 31 Abs. 1 S. 1 Nr. 2 und Nr. 3) wie auch bei unwirtschaftlichem Verhalten (§ 31 Abs. 2). Hinsichtlich der Nicht-Realisierung von Unterhaltsansprüchen vgl. § 33. Neben diesem Instrumentarium besteht kein Bedarf für die Berücksichtigung fiktiver Einnahmen, die auch dem **Faktizitätsprinzip** (nach dem ein Anspruch auf Leistungen zur Grundsicherung für Arbeitsuchende auch grundsätzlich bei einer schuldhaft herbeigeführten Hilfebedürftigkeit besteht) widerspricht, was das BSG im Zusammenhang mit der begehrten Gewährung von Leistungen zur Erstausstattung gemäß § 23 Abs. 3 S. 1 Nr. 1 a.F. [nunmehr § 24 Abs. 3 S. 1 Nr. 1] zwischenzeitlich auch bestätigt hat (eher tendenziell noch BSG, Urt. v. 20. 8. 2009 – B 14 AS 45/08 R, SozR 4–4200 § 23 Nr. 5, Rn. 15; ausdrücklich aber später BSG, Urt. v. 19. 8. 2010 – B 14 AS 36/09 R, info also 2011, S. 40 f.). Ob dem § 2 Abs. 1 S. 1 und dem § 3 Abs. 3 überhaupt eine von den weiteren Vorschriften des SGB II unabhängige Sanktions- bzw. Kürzungsmöglichkeit entnommen werden kann, hat das BSG bislang offen gelassen (vgl. Urt. v. 9. 11. 2010 – B 4 AS 78/10 R, Rn. 23, ZFE 2011, S. 155 ff.). Eine mit dem Bestimmtheitsgebot des Art. 20 Abs. 3 GG zu vereinbarende Ermächtigungsgrundlage zum Eingriff in Rechtsgüter der Betroffenen wird man diesen Regelungen nicht entnehmen können.

B. Die Abgrenzung von Einkommen und Vermögen

5   Das BSG ist mit seinen grundlegenden Urteilen vom 30. 7. 2008 – B 14 AS 26/07 R (SozR 4–4200 § 11 Nr. 17); B 14 AS 43/07 R (info also 2009, S. 38) sowie B 14/7 b AS 12/07 R (SGb 2008, S. 531 f.) der Rechtsprechung des BVerwG zur sog. **Zuflusstheorie** beigetreten (BVerwG, Urt. v. 18. 2. 1999 – 5 C 35/97, BVerwGE 108, 296 und Urt. v. 22. 4. 2004 – 5 C 68/03, BVerwGE 120, 339), die im wesentlichen der Rechtsprechung des BSG zur Alhi entsprach (vgl. zuletzt BSG, Urt. v. 12. 12. 1996 – 11 RAr 57/96, SozR 3–4100 § 138 Nr. 9 = BSGE 79, 297; BSG, Urt. v. 9. 8. 2001 – B 11 AL 15/01, SozR 3–4300 § 193 Nr. 3 = BSGE 88, 258). Einkommen sind demnach alle **tatsächlichen Zuflüsse** an Geld oder Geldeswert während des Bedarfszeitraums. Mittel, die der Hilfesuchende früher als Einkommen erhalten hatte, sind – soweit sie zu Beginn der aktuellen Bedarfszeit noch vorhanden waren – Vermögen. Die Abgrenzung hat erhebliche Konsequenzen aufgrund der tendenziell günstigeren Regelungen über den Schutz von Vermögen in § 12 (vgl. etwa die Freibeträge gemäß § 12 Abs. 2). Es kommt also nicht auf den Zeitraum an, in dem die Zuflüsse erarbeitet wurden oder ggf. zustanden (etwa bei verspätet ausgezahlten Sozialleistungen; vgl. hierzu aber die

Regelung in § 11 Abs. 3; hierzu auch unten Rn. 11 und Rn. 14) – sog. Identitätstheorie. Maßgebend ist allein der tatsächliche Zufluss.

Abweichendes gilt, wenn der Zufluss zuvor **normativ** bereits **Vermögen** war. Läuft etwa ein als **6** Vermögen geschützter Sparvertrag ab, so ist die Sparsumme im Moment ihrer Gutschrift auf dem Konto eigentlich Einkommen, dennoch aber als Vermögen weiter geschützt. Anderes gilt allerdings für Zinszuflüsse aus geschütztem Vermögen, diese stellen Einkommen dar. Auch eine Einkommenssteuererstattung stellt Einkommen iSd § 11 Abs. 1 dar, weil sie nicht zuvor als Vermögen beim Empfänger geschützt war (BSG, Urt. v. 30. 7. 2008 – B 14/7b AS 12/07 R, SGb 2008, S. 531 f. sowie BSG, Urt. v. 30. 9. 2008 – B 4 AS 29/07 R, SozR 4–4200 § 11 Nr. 15 und BSG, Urt. v. 28. 10. 2009 – B 14 AS 64/38 R, SGb 2009, S. 714). Ebensolches gilt grundsätzlich für Erbschaften. Die vererbten Gegenstände etc waren zwar in der Hand des Erblassers Vermögen, ändern diesen Rechtscharakter aber im Zeitpunkt des Zuflusses an den Grundsicherungsempfänger. Werden etwa Grundstücke oder Häuser vererbt, so haben diese einen Geldeswert, der realisiert und gemäß § 11 Abs. 3 iVm § 4 AlgII–V umgerechnet werden kann (vgl. zur Frage der Einordnung einer Erbschaft – § 1922 BGB – als Vermögen einerseits und eines Vermächtnisanspruches gegen den Nachlass – § 1939 BGB – als Einkommen andererseits: BSG, Urt. v. 24. 2. 2011 – B 14 AS 45/09 R und zur Einordnung eines Vertrages zugunsten Dritter – § 328 BGB –: BSG, Urt. v. 28. 10. 2009 – B 14 AS 62/08 R, SGb 2009, S. 713).

Maßgebend für die Eingrenzung des Bedarfszeitraums ist aufgrund des § 37 Abs. 1 zunächst der **7** **Antrag** des Leistungsempfängers. Zuflüsse vor Antragstellung stellen grundsätzlich Vermögen dar. Bislang galt dies auch für einen Zufluss im Monat der Antragstellung, aber zeitlich vor Antragstellung (vgl. hierzu BSG, Urt. v. 30. 7. 2008 – B 14 AS 26/07 R, SozR 4–4200 § 11 Nr. 17; BSG, Urt. v. AS 43/07 R, info also 2009, S. 38 und B 14/7b AS 12/07 R, SGb 2008, S. 531 f.) Dies war Konsequenz der strikt formalen Abgrenzung von Einkommen und Vermögen nach dem Zeitpunkt des Zuflusses. Mit Wirkung ab dem 1. 1. 2011 wird durch das Gesetz zur Ermittlung von Regelbedarfen und zur Änderung des Zweiten und Zwölften Buches Sozialgesetzbuch vom 24. 3. 2011 (BGBl. I. S. 453) durch **§ 37 Abs. 2 S. 2** nunmehr ergänzend zur bisherigen Rechtslage geregelt, dass ein Antrag auf Leistungen zur Sicherung des Lebensunterhalts auf den Ersten des Monats der Antragstellung **zurückwirkt** und damit der Grundsatz der Abgrenzung anhand des Zeitpunktes des tatsächlichen Zuflusses **durchbrochen**: Auch Einnahmen, die vor Antragstellung im Antragsmonat zufließen, sind als Einkommen bei der Feststellung des Leistungsanspruchs zu berücksichtigen, auf den tatsächlichen Zufluss im Antragsmonat kommt es daher letztlich nicht an. Nach dem Willen des Gesetzgebers soll damit dem geltenden Nachranggrundsatz stärker als bislang Rechnung getragen werden (BT-Drs. 17/3404, S. 114 zu § 37). Im Ergebnis werden mit dieser **Rückwirkungsfiktion** Konstruktionsmöglichkeiten im Hinblick auf den Zeitpunkt der Antragstellung erst nach dem Einkommenszufluss verhindert. Durch die Regelung des § 37 Abs. 2 S. 2 ist im Falle einer (nachträglichen) Antragstellung im laufenden Monat nunmehr für die Abgrenzung von Einkommen und Vermögen der maßgebliche Zeitpunkt nicht mehr der Zeitpunkt des Zuflusses, sondern der Zeitpunkt des Monatsersten. Im Übrigen verbleibt es jedoch bei der Abgrenzung nach dem Zeitpunkt des Zuflusses (vgl. zum ganzen auch Spellbrink/G. Becker, §§ 36 ff., Rn. 1, 2 a).

C. Zuordnung von Kinderzuschlag und Kindergeld (Abs. 1 S. 3 und S. 4)

§ 11 Abs. 1 S. 3 und S. 4 enthalten i. e. S. keine Begriffsbestimmung des Einkommens, sondern Re- **8** gelungen über die Zuordnung von bestimmten Einkommen zu Personen. Der **Kinderzuschlag** nach § 6a BKGG soll verhindern, dass Familien allein wegen der Unterhaltsbelastung durch Kinder in das Alg II überwechseln müssen. § 6a BKGG stellt einen eigenständigen Anspruch dar, der unabhängig vom SGB II bei den Familienkassen geltend zu machen ist. Der Kinderzuschlag (maximal 140 Euro pro Kind im Monat) soll so bemessen sein, dass er den Bedarf des Kindes genau deckt, ohne dass die Familie in das System SGB II fällt. Dieser Zweck soll durch die Zuordnung des Kinderzuschlags als Einkommen des Kindes gemäß § 11 Abs. 1 S. 3 sichergestellt werden.

Das **Kindergeld** steht dem Kindergeldberechtigten gemäß § 62 EStG zu. Dies ist im Regelfall ein **9** Elternteil des Kindes. Es wird auch gezahlt, wenn die Bedarfsgemeinschaft Leistungen nach dem SGB II erhält. § 11 Abs. 1 S. 4 bestimmt, dass – entgegen der Zuordnung nach § 62 EStG – für zur Bedarfsgemeinschaft gehörende Kinder (vgl. § 7 Abs. 3 Nr. 4 – vor Vollendung des 25. Lebensjahres) – das Kindergeld als Einkommen des Kindes gilt, soweit es bei dem Kind zur Sicherung des Lebensunterhalts benötigt wird. Übersteigt das Einkommen des Kindes seinen eigenen Bedarf (etwa wegen Unterhaltsleistungen), so ist der übersteigende Teil – entsprechend der Grundregel des EStG – wieder dem Kindergeldberechtigten als Einkommen zuzurechnen (BSG, Urt. v. 7. 11. 2006 – B 7b AS 18/06 R, SozR 4–4200 § 22 Nr. 3, Rn. 25, 30 = BSGE 97, 254; BSG, Urt. v. 18. 6. 2008 – B 14 AS 55/07 R, SozR 4–4200 § 9 Nr. 4, BSG, Urt. v. 13. 5. 2009 – B 4 AS 39/08 R, SozR 4–4200 § 11 Nr. 23, Rn. 18). Vom **Kindergeld als Einkommen** des minderjährigen Kindes konnte die **Versicherungspauschale** in Höhe von 30 Euro monatlich gemäß § 6 Abs. 1 Nr. 1 der ursprünglichen Fassung der Alg II–V vom 17. 12. 2007 (BGBl. S. 2942) in der Fassung vom 18. 12. 2008 (BGBl. I, S. 2780) nur dann abgesetzt werden, wenn das Kind nicht zur Bedarfsgemeinschaft gehörte (also insbesondere den eigenen Bedarf durch eigenes Einkommen und Vermögen selbst decken konnte – vgl. § 7 Abs. 3 Nr. 4 a. E.). Stellte das Kindergeld des Kindes das einzige Einkommen der Bedarfsgemeinschaft dar, so war der Abzug der Pauschale nach dem klaren Wortlaut des § 6 Abs. 1 Nr. 1 Alg II–V, wonach Voraussetzung der Absetzbarkeit der Versicherungspauschale war, dass der Minderjährige **nicht** mit volljährigen Leistungsberechtigten in Bedarfsgemeinschaft lebt, nicht möglich. Verfassungsrechtliche Bedenken hiergegen bestanden nicht (vgl. BSG, Urt. v. 18. 6. 2008 – B 14/11 b AS 61/06 R, SozR 4–4200 § 22 Nr. 12 = SGb 2009, S. 614 ff.). Mit Wirkung zum 1. 8. 2009 (BGBl. I S. 2340) hat der Verordnungsgeber § 6 Abs. 1 Nr. 2 Alg II–V eingefügt, der nunmehr regelt, dass vom Einkommen eines Minderjährigen die Versicherungspauschale in Höhe von monatlich 30 Euro jedenfalls dann abzusetzen ist, wenn der Minderjährige – unabhängig davon, ob er mit volljährigen Leistungsberechtigten in Bedarfsgemeinschaft lebt – eine entsprechende **Versicherung** auch tatsächlich **abgeschlossen** hat (vgl. zu den Motiven des Verordnungsgebers Hengelhaupt in Hauck/Noftz, K § 13, Rn. 273, Stand: 03/2010).

10 Leben volljährige Kinder **nicht** mehr **im Haushalt der Eltern** und wird das Kindergeld nachweislich an dieses Kind **weitergeleitet**, so ist das Kindergeld aufgrund der Sonderregelung des § 1 Abs. 1 Nr. 8 Alg II–V nicht als Einkommen des Kindergeldberechtigten (also des Elternteils) zu berücksichtigen. Beantragt dieses Kind allerdings selbst Grundsicherungsleistungen, so ist das Kindergeld wiederum bei ihm als Einkommen zu berücksichtigen (s. auch unter § 11 a, Rn. 15).

D. Laufende und einmalige Einnahmen (Abs. 2 und Abs. 3)

11 Grundlegend für die Berücksichtigung von Einkommen ist die Unterscheidung von **laufenden** (§ 11 Abs. 2) und **einmaligen Einnahmen** (§ 11 Abs. 3). Bislang war dies insbesondere in § 2 Abs. 2 bis Abs. 4 der Alg II-V normiert. Durch das Gesetz zur Ermittlung von Regelbedarfen und zur Änderung des Zweiten und Zwölften Buches Sozialgesetzbuch vom 24. 3. 2011 (BGBl. I. S. 453) hat der Gesetzgeber entsprechende Regelungen mit Wirkung zum 1. 4. 2011 in § 11 Abs. 2 und § 11 Abs. 3 verankert. Leistungen sind nach wie vor laufend, wenn sie auf demselben Rechtsgrund beruhen und regelmäßig erbracht werden (BSG, Beschl. v. 28. 1. 1999 – B 12 KR 51/98 B, SozR 3–1500 § 144 Nr. 16). Einmalige Leistungen werden nur einmal gewährt und sind ein Geschehen, das sich seiner Natur nach in einer bestimmten kurzen Zeitspanne abspielt und im wesentlichen in einer einzigen Gewährung erschöpft (BSG, Urt. v. 30. 7. 2008, B 14/7b AS 12/07 R, DVP 2010, S. 128; BSG, Urt. v. 30. 9. 2008 – B 4 AS 29/07 R, SozR 4–4200 § 11 Nr. 15 = BSGE 101, 291 ff.; BSG, Urt. v. 22. 9. 1976 – 7 RAr 107/75, SozR 1500 § 144 Nr. 5 = BSGE 42, 212, 214 und BSG, Urt. v. 21. 4. 1988, 7 RAr 49/86, SozR 4100 § 138 Nr. 18). Zu den einmaligen Einnahmen zählen etwa Steuererstattungen, die Eigenheimzulage oder Zinserträge. Auch eine einmalig gezahlte Abfindung gemäß §§ 9, 10 KSchG stellt eine einmalige Einnahme dar, auch wenn sich in ihr – zumindest teilweise – laufendes Arbeitsentgelt abbildet (vgl. BSG, Urt. v. 3. 3. 2009 – B 4 AS 47/08 R, SozR 4–4200 § 11 Nr. 24 = BSGE 102, 295 ff. und BSG, Urt. v. 28. 10. 2009 – B 14 AS 64/08 R, info also 2010, S. 134). Nach § 11 Abs. 2 S. 2 zählen zu den laufenden Einnahmen auch Einnahmen, die an einzelnen Tagen eines Monats aufgrund eines kurzzeitigen Beschäftigungsverhältnisses zufließen.

12 Nach § 11 Abs. 2 S. 1 sind laufende Einnahmen für den Monat zu berücksichtigen, in dem sie zufließen. Auch bei Arbeitsentgelt kommt es mithin nur auf den Zuflussmonat an, nicht auf den Zeitraum, für den es erarbeitet ist (BSG, Urt. v. 30. 7. 2008 – B 14 AS 43/07 R, info also 2009, S. 38). Das SGB II i. V. m der Alg II–V geht insgesamt vom **Monatsprinzip** aus (vgl. auch BSG, Urt. v. 30. 7. 2008 – B 14 AS 26/07 R, SozR 4–4200 § 11 Nr. 17 = NVwZ-RR 2009, S. 963 ff.), d. h. Einnahmen und Bedarf sind jeweils monatsweise gegenüberzustellen. Fließen die laufenden Einnahmen im Bewilligungszeitraum in unterschiedlicher Höhe zu, so kann gemäß § 2 Abs. 3 S. 1 Alg II–V ein durchschnittliches Monatseinkommen zugrunde gelegt werden. Fließen laufende Einnahmen in größeren als monatlichen Abständen zu, so sind sie gemäß § 11 Abs. 2 wie einmalige Einnahmen nach § 11 Abs. 3 zu berücksichtigen.

13 Gemäß § 11 Abs. 3 S. 1 sind einmalige Einnahmen von dem Monat an zu berücksichtigen, in dem sie zufließen. Wenn Leistungen für den Monat des Zuflusses bereits erbracht worden sind, sind sie zwingend im Folgemonat zu berücksichtigen (§ 11 Abs. 2 S. 2). Einmalige Einnahmen waren bislang gemäß § 2 Abs. 2 S. 3 Alg II–V a. F. – soweit nicht im Einzelfall eine andere Regelung angezeigt ist – auf einen angemessenen **Zeitraum aufzuteilen** und monatlich mit einem angemessenen Teilbetrag zu berücksichtigen. Hieraus folgte zunächst, dass einmalige Einnahmen nicht mit Ablauf des Zuflussmonats zu Vermögen wurden, sondern weiterhin als Einkommen zu berücksichtigen waren (auf einen vom BSG nunmehr sog. „**Verteilzeitraum**" umzulegen waren; so BSG, Urt. v. 30. 9. 2008 – B 4 AS 29/07 R, SozR 4–4200 § 11 Nr. 15 = BSGE 101, 291 ff.). Allerdings räumte die Vorschrift dem Grundsicherungsträger durch die Formulierung „soweit nicht im Einzelfall eine andere Regelung

angezeigt ist" einen gewissen Spielraum ein, etwa von der Berücksichtigung einer einmaligen Einnahme auch ganz abzusehen. Dies konnte beispielsweise der Fall sein, wenn eine Sozialleistung für einen früheren Zeitraum bestimmt war und – aus Verschulden des Sozialleistungsträgers – verspätet ausbezahlt wurde und bei rechtzeitiger Zahlung nicht als Einkommen berücksichtigt worden wäre (so auch Mecke in Eicher/Spellbrink, § 11, Rn. 67). Auch hinsichtlich der Dauer des angemessenen Zeitraums, auf den die einmalige Einnahme gemäß § 2 Abs. 4 S. 3 Alg II–V a. F. umgelegt wurde, stand dem Grundsicherungsträger ein Ermessensspielraum zu (Hengelhaupt in Hauck/Noftz K § 11, Rn. 132, Stand: 06/2010; vgl. hierzu auch BSG, Urt. v. 30. 9. 2008 – B 4 AS 29/07 R, SozR 4–4200 § 11 Nr. 15 = BSGE 101, 291 ff.). Die Länge des Aufteilungszeitraums hatte erhebliche Konsequenzen für die Höhe der Grundsicherungsleistungen, denn die Absetzbeträge gemäß § 11 Abs. 2 a. F. waren jeweils jeden Monat neu abzusetzen (ebenso Mecke in Eicher/Spellbrink, § 11 Rn. 68). Wenn der Grundsicherungsträger die einmalige Einnahme entsprechend § 41 Abs. 1 S. 4 auf den Bewilligungszeitraum von sechs Monaten aufteilte (so auch die Hinweise der BA zu § 11, Rn. 11.62), musste er zugleich berücksichtigen, dass am **Ende des Bewilligungszeitraums** noch nicht verbrauchtes Einkommen dann aber Vermögen darstellte (ebenso Mecke in Eicher/Spellbrink, § 11 Rn. 68; anders offenbar aber BSG, Urt. v. 30. 9. 2008 – B 4 AS 29/07 R, SozR 4–4200 § 11 Nr. 15 = BSGE 101, 291 ff: Einmaliges Einkommen wandelt sich nur dann in Vermögen um, wenn die Hilfebedürftigkeit zwischenzeitlich für länger als einen Monat entfallen ist). Dieser Gesichtspunkt konnte eine längere Aufteilung als für 6 Monate rechtfertigen. Die Aufteilungsentscheidung war dabei auch nicht notwendig an den Bewilligungszeitraum gebunden (so offenbar auch: BSG, Urt. v. 30. 9. 2008 – B 4 AS 29/07 R, SozR 4–4200 § 11 Nr. 15 = BSGE 101, 291 ff). Berücksichtigung finden sollte bei der Entscheidung über die zeitliche Erstreckung des Aufteilungszeitraums vielmehr auch und gerade, dass der Krankenversicherungsschutz an den Leistungsbezug gekoppelt ist und dieser nicht durch § 2 Abs. 4 S. 3 Alg II–V a. F. [nunmehr § 11 Abs. 3] auf unzumutbare Weise entfiel (vgl. hierzu BSG, Urt. v. 13. 5. 2009 – B 4 AS 49/08 R, Rn. 16, info also 2009, S. 230 und BSG, Urt. v. 30. 9. 2009 – B 4 AS 57/07 R, SozR 4–4200 § 11 Nr. 16, Rn. 29 f, FEVS 60, S. 392 ff.; so auch Hengelhaupt in Hauck/Noftz, K § 11, Rn. 133, Stand: 06/2010).

Durch das Gesetz zur Ermittlung von Regelbedarfen und zur Änderung des Zweiten und Zwölften **14** Buches Sozialgesetzbuch vom 24. 3. 2011 (BGBl. I. S. 453) hat der Gesetzgeber die Behandlung einmaliger Einnahmen in § 11 Abs. 3 geregelt und insbesondere die Frage des **angemessenen Verteilzeitraumes** eindeutig beantwortet: Nunmehr ist gemäß **§ 11 Abs. 3 S. 3** die einmalige Einnahme dann **zwingend** auf einen Zeitraum von **sechs Monaten** aufzuteilen, wenn der Leistungsanspruch durch die Berücksichtigung in dem Zuflussmonat vollständig entfiele, was nach der Gesetzesbegründung auch dann gilt, wenn die Leistungsberechtigung absehbar innerhalb einer kürzeren Frist endet (vgl. hierzu BT-Drs. 17/3404, S. 94 zu § 11). Die vom BSG in den Mittelpunkt gerückte Überlegung, dass von einem angemessenen Verteilzeitraum jedenfalls dann ausgegangen werden kann, wenn aufgrund des Bestehens eines geringen Leistungsanspruches der Krankenversicherungsschutz erhalten bleibt (vgl. hierzu BSG, Urt. v. 13. 5. 2009 – B 4 AS 49/08 R, Rn. 16, info also 2009, S. 230 und BSG, Urt. v. 30. 9. 2009 – B 4 AS 57/07 R, SozR 4–4200 § 11 Nr. 16, Rn. 29 f, FEVS 60, S. 392 ff.) dürfte damit wohl obsolet sein.

Bei der Verteilung einer einmaligen Einnahme ist schließlich zu berücksichtigen, dass die auf die **15** einmalige Einnahme im Zuflussmonat entfallenden Beträge gemäß § 11 b Abs. 1 S. 1 Nr. 1, 2, 5 und 6 (mithin die auf den Zuflussmonat entfallenden Steuern, die Pflichtbeiträge zur Sozialversicherung, die mit der Einkommenserzielung notwendig verbundenen Aufwendungen sowie – bei einmaligen Einkommen aus Erwerbstätigkeit – die darauf entfallenden Freibeträge) aufgrund des mit Wirkung zum 1. 4. 2011 neu eingefügten Regelung des **§ 11 b Abs. 1 S. 2** – anders als bisher möglich (siehe dazu oben Rn. 13) – **vorweg** und damit nur **einmalig** abzusetzen sind. Mit der Neuregelung wird daher eine doppelte Gewährung von Absetz- und Freibeträgen auf dasselbe Einkommen ausgeschlossen (vgl. BT-Drs. 17/3404, S. 95 zu § 11 b).

§ 11 a Nicht zu berücksichtigendes Einkommen

(1) Nicht als Einkommen zu berücksichtigen sind

1. Leistungen nach diesem Buch,
2. die Grundrente nach dem Bundesversorgungsgesetz und nach den Gesetzen, die eine entsprechende Anwendung des Bundesversorgungsgesetzes vorsehen,
3. die Renten oder Beihilfen, die nach dem Bundesentschädigungsgesetz für Schaden an Leben sowie an Körper oder Gesundheit erbracht werden, bis zur Höhe der vergleichbaren Grundrente nach dem Bundesversorgungsgesetz.

(2) Entschädigungen, die wegen eines Schadens, der kein Vermögensschaden ist, nach § 253 Absatz 2 des Bürgerlichen Gesetzbuchs geleistet werden, sind nicht als Einkommen zu berücksichtigen.

(3) ¹Leistungen, die aufgrund öffentlich-rechtlicher Vorschriften zu einem ausdrücklich genannten Zweck erbracht werden, sind nur so weit als Einkommen zu berücksichtigen, als die Leistungen nach diesem Buch im Einzelfall demselben Zweck dienen. ²Abweichend von Satz 1 sind als Einkommen zu berücksichtigen

1. die Leistungen nach § 39 des Achten Buches, die für den erzieherischen Einsatz erbracht werden,
   a) für das dritte Pflegekind zu 75 Prozent,
   b) für das vierte und jedes weitere Pflegekind vollständig,
2. die Leistungen nach § 23 des Achten Buches.

(4) Zuwendungen der freien Wohlfahrtspflege sind nicht als Einkommen zu berücksichtigen, soweit sie die Lage der Empfängerinnen und Empfänger nicht so günstig beeinflussen, dass daneben Leistungen nach diesem Buch nicht gerechtfertigt wären.

(5) Zuwendungen, die ein anderer erbringt, ohne hierzu eine rechtliche oder sittliche Pflicht zu haben, sind nicht als Einkommen zu berücksichtigen, soweit
1. ihre Berücksichtigung für die Leistungsberechtigten grob unbillig wäre oder
2. sie die Lage der Leistungsberechtigten nicht so günstig beeinflussen, dass daneben Leistungen nach diesem Buch nicht gerechtfertigt wären.

A. Privilegierte Einnahmen gemäß § 11 a

1   Die mit Wirkung zum 1. 4. 2011 durch das Gesetz zur Ermittlung von Regelbedarfen und zur Änderung des Zweiten und Zwölften Buches Sozialgesetzbuch vom 24. 3. 2011 (BGBl I. S. 453) neu eingefügte Vorschrift des § 11 a regelt, unter welchen Voraussetzungen Einnahmen in Geld oder Geldeswert **ausnahmsweise** nicht als Einkommen zu berücksichtigen und daher **privilegiert** sind.

I. Ausnahmen nach Absatz 1

2   Die mit Wirkung zum 1. 4. 2011 in § 11 a Abs. 1 genannten Einnahmen entsprechen den in § 11 Abs. 1 S. 1 a. F. geregelten Einnahmen. Nicht als Einkommen zu berücksichtigen sind nach § 11 a Abs. 1 Nr. 1 dementsprechend zunächst alle Leistungen nach dem SGB II (Alg II, Sozialgeld, Leistungen für die KdUH nach § 22, aber auch Leistungen nach § 16). Insbesondere gilt dies für die Mehraufwandsentschädigung nach § 16 d S. 2 („Ein-Euro-Job"), auch diese ist nicht als Einkommen leistungsmindernd zu berücksichtigen. Privilegiertes Einkommen stellt nach § 11 a Abs. 1 Nr. 2 weiterhin die **Grundrente nach § 31 BVG** dar sowie nach den Gesetzen, die eine entsprechende Anwendung des BVG vorsehen. Die Grundrente ist zum Ausgleich von Schäden vorgesehen, für die die Allgemeinheit eine besondere Verantwortung trägt (§ 5 SGB I). Sie dient gleichzeitig der Deckung eines schädigungsbedingten Mehrbedarfs und der Abgeltung immaterieller Schäden (BSG, Urt. v. 20. 11. 2003 – B 13 RJ 5/03 R, SozR 4–2600 § 93 Nr. 3). Die Grundrente nach dem BVG wird ab einer MdE von 30 vH gezahlt. Renten in entsprechender Anwendung des BVG werden u. a. nach § 1 Abs. 1 S. 1 OEG; § 80 SVG; § 47 ZDG; § 60 InfektionsschutzG; § 4 HHG sowie nach § 3 Unterhaltsbeihilfegesetz gezahlt (vgl. i. E. Mecke in Eicher/Spellbrink, § 11, Rn. 30 und Hengelhaupt in Hauck/Noftz,K § 11, Rn. 336 ff., Stand: 06/2010). Die **Verletztenrente** aus der **gesetzlichen Unfallversicherung** ist in voller Höhe als Einkommen gemäß § 11 Abs. 1 S. 1 zu berücksichtigen. Eine direkte und auch eine analoge Anwendung der privilegierenden Ausnahmeregelungen in § 11 a Abs. 1 scheidet aus (BSG, Urt. v. 5. 9. 2007 – B 11 b AS 15/06 R, SozR 4–4200 § 11 Nr. 5). Hierin ist auch kein Verstoß gegen Art. 3 Abs. 1 GG zu sehen (nicht gerechtfertigte Ungleichbehandlung der Verletztenrente gegenüber den in § 11 Abs. 1 S. 1 a. F. genannten Einnahmen; vgl. BSG, Urt.e vom 6. 12. 2007 – B 14/7b AS 62/06 R, SGb 2008, S. 94 und B 14/7b AS 20/07 R, UV-Recht Aktuell 2008, S. 888 ff.; die Verfassungsbeschwerden gegen die Urt.e wurden nicht zur Entscheidung angenommen – BVerfG, Beschluss vom 16. 3. 2011 – 1 BvR 591/08 und 1 BvR 593/08).

II. Ausnahmen nach Absatz 2

3   § 11 a Abs. 2 enthält eine gesonderte Privilegierung des **Schmerzensgeldes**. Entschädigungen, die gemäß § 253 Abs. 2 BGB wegen eines Schadens, der nicht Vermögensschaden ist, geleistet werden, sind nicht als Einkommen zu berücksichtigen. § 12 enthält keine entsprechende Privilegierung für Vermögen, das aus einer Schmerzensgeldzahlung herrührt. Das BSG hat aber – entsprechend der schon zum BSHG vertretenen Position – entschieden, dass aufgrund der Privilegierung von Schmerzensgeld als Einkommen gemäß § 11 a Abs. 2 auch aus einer solchen Zahlung aufgebautes Vermögen gemäß § 12 Abs. 3 S. 1 Nr. 6 – besondere Härte des Vermögensverbrauchs – privilegiert sein muss (BSG, Urt. v. 15. 4. 2008 – B 14/7b AS 6/07 R, SozR 4–4200 § 12 Nr. 9).

III. Ausnahmen nach Absatz 3

Mit der Neuregelung in § 11a Abs. 3 S. 1 wird zum einen gegenüber der bisherigen Rechtslage die **4** unterschiedliche Rechtslage im SGB II und SGB XII aufgegeben und zum anderen wird klargestellt, dass Einnahmen nur dann **nicht** als Einkommen zu berücksichtigen sind, wenn sie aufgrund von **Vorschriften des öffentlichen Rechts** erbracht werden (vgl. hierzu schon zur alten Rechtslage BSG, Urt. v. 6. 12. 2007 – B 14/7b AS 62/06 R, Rn. 25, SGb 2008, S. 94) **und** die erbrachten Leistungen einem **ausdrücklich genannten** (anderen) **Zweck** als die Leistungen nach dem SGB II zu dienen bestimmt sind. Daher reicht nun einerseits nicht mehr jedweder Rechtsgrund aus, vielmehr muss es sich nach dem eindeutigen Wortlaut des § 11a Abs. 3 S. 1 um eine **öffentlich-rechtliche Vorschrift** handeln (vgl. zu anderen Zuwendungen (privater) Dritter die Regelung des § 11a Abs. 5; dazu unten Rn. 8). Andererseits muss es sich um eine konkrete Zweckrichtung handeln, an der es jedenfalls dann fehlt, wenn der Einkommensbezieher weder rechtlich noch tatsächlich daran gehindert ist, die Leistungen zur Deckung von Bedarfen nach dem SGB II einzusetzen (vgl. zu § 11 Abs. 3 a. F. noch BSG, Urt. v. 6. 12. 2007 – B 14/7b AS 62/06 R, SGb 2008, S. 94 und BSG, Urt. v. 30. 9. 2008 – B 4 AS 19/07 R, SozR 4–4200 § 11 Nr. 14 = BSGE 101, 281 ff. sowie m. z. w. N. Hengelhaupt in Hauck/Noftz, K § 11, Rn. 559 ff., Stand: 06/2010). Es sind also jeweils der ausdrückliche Zweck der gewährten Leistung und der Zweck der Leistungen nach dem SGB II zu vergleichen (so bereits BSG, Urt. v. 29. 3. 2007 – B 7b AS 12/06 R, SozR 4–4200 § 11 Nr. 3). Entscheidendes Kriterium für die Privilegierung einer Einnahme im Rahmen des § 11a Abs. 3 ist damit die **Zweckidentität** der Leistung mit den Grundsicherungsleistungen nach dem SGB II. Eine **steuerliche Privilegierung** stellt nach der Gesetzesbegründung für sich genommen **keine ausreichende Zweckbestimmung** dar. Dies soll insbesondere für Aufwandsentschädigungen gelten, die steuerfrei geleistet werden (BT-Drs. 17/3404, S. 94 zu § 11a). Nach der bisherigen Rechtsprechung zu § 11 Abs. 3 a. F. [nunmehr in deutlich veränderter Fassung die Regelung des § 11a Abs. 3] stellte – nur im Hinblick auf öffentlich-rechtliche Leistungen – beispielsweise **keine privilegierte Einnahme** dar: die **Verletztenrente** aus der gesetzlichen Unfallversicherung (BSG, Urt. v. 5. 9. 2007, B 11b AS 15/06 R = SozR 4–4200 § 11 Nr. 5; BSG, Urt.e vom 6. 12. 2007 – B 14/7b AS 62/06 R, SGb 2008, S. 94 und B 14/7b AS 20/07 R, UV-Recht Aktuell 2008, S. 888 ff.; die hiergegen erhobenen Verfassungsbeschwerden hat das BVerfG nicht zur Entscheidung angenommen, Nichtannahmebeschluss vom 16. 3. 2011 – 1 BvR 591/08, 1 BvR 591/08, ZAP EN-Nr. 306/2011); der **Existenzgründungszuschuss** gemäß § 421l SGB III (BSG, Urt. v. 6. 12. 2007 – B 14/7b AS 16/06 R, SozR 4–4200 § 11 Nr. 8 = BSGE 99, 240 ff.); das **Überbrückungsgeld** gemäß § 57 SGB III i. d. bis zum 31. 7. 2006 geltenden Fassung und der **Gründungszuschuss** gemäß § 57 SGB III i. d. ab dem 1. 8. 2006 geltenden Fassung (vgl. zum Überbrückungsgeld eindeutig und zum Gründungszuschuss tendenziell BSG, Urt. v. 1. 6. 2010 – B 4 AS 67/09 R, SozR 4–4200 § 11 Nr. 28, SGb 2010, S. 481; anders aber für den Gründungszuschuss, der nicht gemäß § 58 Abs. 1 SGB III in Höhe des zuletzt bezogenen Alg, sondern in den ersten 9 Monaten zusätzlich und danach ggf. für weitere 9 Monate als Ermessensleistung in Höhe von 300 Euro geleistet werden kann: Hengelhaupt in Hauck/Noftz, K § 11, Rn. 599 und Rn. 666, Stand: 06/2010 unter Bezugnahme auf die Gesetzesmaterialien [BT-drucks. 16/1696, S. 31 f. zu Nr. 4]); die **BAB-Leistungen** nach den §§ 59 ff. SGB III BSG, Urt. v. 22. 3. 2010 – B 4 AS 69/09 R, SozR 4–4200 § 22 Nr. 32, Rn. 31); die **Rente wegen Berufsunfähigkeit** (BSG, Urt. v. 5. 9. 2007 – B 11b AS 51/06 R, SozR 4–4200 § 11 Nr. 6 = Breithaupt 2008, S. 515 ff.; **Rente wegen Erwerbsunfähigkeit** (BSG, Urt. v. 16. 5. 2007 – B 11b AS 27/06 R, SGb 2007, S. 421); die Altersrente für schwerbehinderte Menschen (BSG, Urt. v. 23. 11. 2006 – B 11b AS 17/06 R, SozR 4–4200 § 20 Nr. 3); das **Insolvenzgeld** nach den §§ 183 ff. SGB III (BSG, Urt. v. 13. 5. 2009 – B 4 AS 29/08 R, SozR 4–4200 § 11 Nr. 22, Rn. 14); das **Ausbildungsgeld** bei Maßnahmen in Werkstätten für behinderte Menschen (BSG, Urt. v. 23. 3. 2010 – B 8 SO 17/09 R, BSGE 106, 62 ff., Rn. 24 ff.) sowie freilich das **Kindergeld** und der **Kinderzuschlag** gemäß § 6a BKGG, was indes bereits aus § 11 Abs. 1 S. 3 und S. 4 folgt (siehe dazu § 11, Rn. 8).

Bislang waren – wiederum hinsichtlich öffentlich-rechtlicher Vorschriften – **gemäß § 11 Abs. 3** **5** **a. F. [nunmehr § 11a Abs. 3] privilegiert** und damit nicht berücksichtigungsfähiges Einkommen: **Leistungen der Ausbildungsförderung** nach den §§ 12 und 13 BAföG in Höhe eines **Anteils von 20 Prozent** (BSG, Urt. v. 17. 3. 2009 – B 14 AS 63/07, SozR 4–4200 § 11 Nr. 21, Rn. 27; siehe auch die Parallelentscheidungen vom gleichen Tage: B 14 AS 61/07 R und B 14 AS 62/07 R); **Aufwandsentschädigungen** für Mitglieder kommunaler Vertretungen oder sonstiger ehrenamtlicher Tätigkeiten (wie freiwillige Feuerwehr etc.) sowie gemäß § 11 Abs. 3 a. F. [nunmehr § 11a Abs. 3 S. 2 Nr. 1] das Pflegegeld nach dem SGB VIII für zwei Kinder (vgl. hierzu BSG, Urt. v. 29. 3. 2007 – B 7b AS 12/06 R, SozR 4–4200 § 11 Nr. 3; siehe zur Neuregelung der Anrechnungsfreiheit für das Pflegegeld nach dem SGB VIII sogleich Rn. 6).

Mit Wirkung zum 1. 4. 2011 ist die Regelung des **§ 11a Abs. 3 S. 2 Nr. 1** eingefügt worden, die **6** die bisherige Regelung des § 11 Abs. 4 ersetzte. Danach sind (weiterhin) Leistungen für den erzieherischen Einsatz nach dem Achten Buch Sozialgesetzbuch **nur** für die ersten beiden Pflegekinder nicht als Einkommen zu berücksichtigen, sofern es sich um **Vollzeitpflege** handelt. Dagegen sind nach

§ 11 a Abs. 3 S. 2 Nr. 2 die Leistungen, die nach § 23 SGB VIII für die **Kindertagespflege** erbracht werden, als Einkommen zu berücksichtigen. Leistungen an die Pflegeperson nach § 23 SGB VIII und nach § 39 SGB VIII enthalten jeweils einen Betrag, der die durch die Betreuung des Kindes entstehenden Kosten decken, sowie einen Betrag, der einen „angemessenen Beitrag zur Anerkennung der Förderleistung" bzw. die „Kosten der Erziehung" (so § 39 Abs. 1 S. 2 SGB VIII) abdecken soll. Dieser Betrag wird nach § 11 a Abs. 3 Nr. 1 a für das dritte Pflegekind zu 75 vom Hundert und nach § 11 a Abs. 3 Nr. 1 b für das vierte und jedes weitere Pflegekind in voller Höhe als Einkommen berücksichtigt werden. Der Gesetzgeber hat damit die zuvor umstrittene Frage, inwieweit der Erziehungsbeitrag des Pflegegeldes bereits gemäß § 11 Abs. 3 Nr. 1 a) a. F. (mit Wirkung zum 1. 4. 2011 nunmehr modifiziert in § 11 a Abs. 3 S. 1, siehe dazu oben Rn. 4) privilegiert war, entschieden. Das BSG hat u. a. aus der Neuregelung geschlossen, dass auch für vergangene Zeiträume das Pflegegeld einem anderen Zweck diente als der Sicherung des Lebensunterhalts der Pflegeeltern und dieses – jedenfalls bei der Betreuung von nur zwei Pflegekindern – als gemäß § 11 Abs. 3 a. F. privilegiertes Einkommen behandelt (BSG, Urt. v. 29. 3. 2007 – B 7 b AS 12/06 R, SozR 4–4200 § 11 Nr. 3).

IV. Ausnahmen nach Absatz 4

7   In § 11 a Abs. 4 wird gegenüber der bisherigen Regelung in § 11 Abs. 3 a. F. für Zuwendungen der freien Wohlfahrtspflege ebenso wie im SGB XII geregelt, dass nicht der Zweck der Zuwendung, sondern deren **Auswirkung auf den Lebensunterhalt** für die Berücksichtigung maßgeblich ist. Zu berücksichtigen ist demnach im Rahmen der Gerechtfertigkeitsprüfung Art, Wert, Umfang und Häufigkeit der Zuwendungen (BT-Drs. 17/3404, S. 94 zu § 11 a).

V. Ausnahmen nach Absatz 5

8   Die Regelung des § 11 a Abs. 5 übernimmt die Anrechnungsfreiheit von Zuwendungen, die ein anderer erbringt, ohne eine rechtliche oder sittliche Pflicht zu haben, aus § 84 Abs. 2 SGB XII in modifizierter Form. **§ 11 a Abs. 5 Nr. 1** betrifft daher im Wesentlichen (private) Zuwendungen (zu Leistungen aufgrund öffentlich-rechtlicher Vorschriften vgl. § 11 a Abs. 3 und oben Rn. 4 ff.), bei denen die Berücksichtigung grob unbillig wäre. Dies sind Fälle, bei denen eine Berücksichtigung des zugewendeten Betrages – ohne Rücksicht auf die Höhe der Zuwendung – nicht akzeptabel wäre und die Zuwendung erkennbar nicht auch zur Deckung des physischen Existenzminimums verwendet werden soll. Dies betrifft beispielsweise Soforthilfen bei Katastrophen, gesellschaftliche Preise zur Ehrung von Zivilcourage, Ehrengaben aus öffentlichen Mitteln (z. B. bei Alters- oder Ehejubiläum, Lebensrettung), Spenden aus Tombolas für bedürftige Menschen, insbesondere in der Vorweihnachtszeit). Auch die teilweise erbrachten „Begrüßungsgelder" für Neugeborene fallen nach dem Willen des Gesetzgebers unter § 11 a Abs. 4 Nr. 1; durch die Nichtberücksichtigung als Einkommen kann aber der Bedarf für die Erstausstattung bei Geburt (teilweise) gedeckt sein. **Obergrenze** für die Nichtberücksichtigung derartiger Zuwendungen sind die geltenden Vermögensfreibeträge, da die Zuwendung im Monat nach dem Zufluss Vermögen darstellt. Eine Berücksichtigung der Zuwendung als Vermögen ist nicht automatisch „besonders hart" im Sinne des § 12 Abs. 3 S. 1 Nr. 6. Die Regelung in **§ 11 a Abs. 5 Nr. 2** ist erforderlich, damit gelegentliche oder regelmäßige Zuwendungen Anderer, die üblich und auch gesellschaftlich akzeptiert sind, ohne Berücksichtigung bleiben (zum Beispiel ein geringfügiges monatliches Taschengeld der Großeltern oder Urgroßeltern). Die Anrechnung entfällt deshalb dann, wenn die Zuwendung die Lage der oder des Leistungsberechtigten nur **unmaßgeblich** beeinflusst (BT-Drucks. 17/3404, S. 94 f. zu § 11 a).

B. Privilegierte Einnahmen gemäß § 1 Abs. 1 Alg II–V

9   **§ 1 Abs. 1 Alg II–V** nennt weitere Einnahmen, die über § 11 a hinaus **nicht** als Einkommen im SGB II zu berücksichtigen sind. Die Norm (Alg II–V abgedruckt unter § 13) beruht auf der Ermächtigungsgrundlage des § 13 Abs. 1 Nr. 1. Durch **§ 1 Abs. 1 Nr. 1 Alg II-V** wird eine Bagatellgrenze von 10 Euro monatlich festgelegt. Damit soll für derart geringfügige Einnahmen Verwaltungsaufwand vermieden werden, der im Vergleich zur Höhe der berücksichtigten Einnahmen unwirtschaftlich wäre (BT-Drucks. 17/3404, S. 136 zu Artikel 7 (Änderung der Arbeitslosengeld II/Sozialgeld-Verordnung). Übersteigen die Einnahmen diesen Betrag, so sind sie insgesamt als Einkommen zu berücksichtigen (Mecke in Eicher/Spellbrink, § 13, Rn. 8).

10   Die mit Wirkung zum 1. 1. 2011 aufgehobene Regelung des **§ 1 Abs. 1 Nr. 2 Alg II-V** ist nunmehr teilweise von § 11 a Abs. 3 S. 1 umfasst, **§ 1 Abs. 1 Nr. 3 Alg II-V** ist in § 11 a Abs. 4 SGB II geregelt.

11   **§ 1 Abs. 1 Nr. 4 Alg II–V** nimmt die nicht steuerpflichtigen **Einnahmen einer Pflegeperson** für Leistungen der Grundpflege und der hauswirtschaftlichen Versorgung aus der Berücksichtigung als Einkommen aus. Pflegebedürftige können gemäß § 37 Abs. 1 SGB XI als Pflegesachleistung ein Pflegegeld verlangen und die häusliche Pflege durch Angehörige selbst finanzieren. Handelt es sich um

eine nichtprofessionelle Pflegeperson iSd § 19 SGB XI, so sind deren Einnahmen steuerfrei und gemäß § 1 Nr. 4 Alg II–V privilegiert.

§ 1 Abs. 1 Nr. 5 Alg II–V stellt den **Leistungszuschlag** iSd § 8a WSG und den **Auslandsverwendungszuschlag** gemäß § 8f WSG berücksichtigungsfrei, um für humanitäre Auslandseinsätze von Reservisten Anreize zu schaffen. 12

§ 1 Abs. 1 Nr. 6 Alg II–V regelt die Nichtberücksichtigung der **Überbrückungsbeihilfe** nach dem Nato-Truppenstatut an ehemalige Beschäftigte bei den Stationierungsstreitkräften. Die Regelung wurde aus dem Recht der Alhi übernommen (vgl. § 11 S. 1 Nr. 6 Alhi-V; hierzu BSG, Urt. v. 7. 9. 2000 – B 7 AL 72/99 R, SozR 3–4220 § 11 Nr. 3). 13

Erhebliche Probleme bereitete in der Rechtspraxis die in **§ 1 Abs. 1 Nr. 7 Alg II–V** genannte **Eigenheimzulage**. Diese stellt aufgrund des zum 1. 10. 2005 nachträglich in die Alg II–V eingefügten Nr. 7 dann privilegiertes Einkommen dar, wenn die Eigenheimzulage nachweislich zur Finanzierung einer nach § 12 Abs. 3 S. 1 Nr. 4 nicht als Vermögen zu berücksichtigenden Immobilie verwendet wird. Es ist davon auszugehen, dass dieser Privilegierungstatbestand als Klarstellung des Verordnungsgebers auch rückwirkend Anwendung findet (ebenso Hengelhaupt in Hauck/Noftz, K § 11, Rn. 614ff., 758 und K § 13, Rn. 132ff., Stand: 06/2010). Die Immobilie muss aber ein **angemessenes Hausgrundstück** iSd § 12 Abs. 3 S. 1 Nr. 4 und damit nicht zu verwertendes Vermögen sein (zu den entsprechenden Anforderungen siehe § 12, Rn. 26ff.). Nach dem Wortlaut der Nr. 7 ist ein **enger Zusammenhang** zwischen der Verwendung der Eigenheimzulage und der Finanzierung der Immobilie erforderlich. Die Eigenheimzulage muss zwar nicht an Bausparkassen etc abgetreten sein. Zweifel an dem Nachweis bestehen aber, wenn die Eigenheimzulage nur irgendwie in das Finanzierungskonzept der Familie/Bedarfsgemeinschaft eingebaut ist und konkret zur Finanzierung anderer Konsumartikel etc. verwendet wird. Das BSG hat hierzu entschieden, dass die Eigenheimzulage auch dann privilegiertes Einkommen darstellt, wenn diese – ohne Abtretung an eine Bank – direkt dazu verwendet wird, Handwerker zu bezahlen bzw. **Baumaterial für das Haus** zu erwerben (Urt. v. 30. 9. 2008 – B 4 AS 19/07 R, SozR 4–4200 § 11 Nr. 14; vgl. hierzu auch Urt. v. 3. 3. 2009 – B 4 AS 38/08 R, SozR 4–4200 § 22 Nr. 17 sowie Urt. v. 18. 2. 2010 – B 14 AS 74/08 R, SozR 4–4200 § 22 Nr. 31). 14

§ 1 Abs. 1 Nr. 8 Alg II–V ergänzt § 11 Abs. 1 S. 4. Das Kindergeld für volljährige im Haushalt lebende Kinder ist grundsätzlich als Einkommen des Kindergeldberechtigten (in der Regel Elternteil) zu berücksichtigen (vgl. BSG, Urt. v. 31. 10. 2007 – B 14/11b AS 7/07 R; Urt. v. 23. 11. 2006 – B 11b AS 17/06 R, SozR 4–4200 § 20 Nr. 3). Durch die am 1. 10. 2005 eingefügte Norm des § 1 Abs. 1 Nr. 8 wurde klargestellt, dass das Kindergeld für volljährige Kinder, die nicht im Haushalt des Leistungsberechtigten leben, kein Einkommen darstellt, soweit das Kindergeld nachweislich an das volljährige Kind weitergeleitet wird. Der Nachweis kann in einfachster Form erbracht werden. Es ist keine Abzweigung gemäß § 74 EStG erforderlich. Ist das volljährige Kind, an das weitergeleitet wird, selbst hilfebedürftig, so ist das Kindergeld bei ihm aber als Einkommen zu berücksichtigen. Für Zeiträume bis zum 1. 10. 2005 ist § 1 Abs. 1 Nr. 8 nach dem BSG nicht rückwirkend anwendbar (Urt. v. 27. 1. 2009 – B 14/7b AS 14/07 R, SGb 2009, S. 154). 15

§ 1 Abs. 1 Nr. 9 Alg II–V überträgt den **Einkommensfreibetrag** von 100 Euro monatlich gemäß § 11 Abs. 2 S. 1 auf Sozialgeldempfänger. Auch bei **unter 15-jährigen** bleiben 100 Euro monatlich aus Erwerbstätigkeit (Zeitungsaustragen etc) unberücksichtigt. 16

Nach dem zum 1. 1. 2008 eingefügten **§ 1 Abs. 1 Nr. 10 Alg II–V** werden Leistungen der Ausbildungsförderung nicht als Einkommen berücksichtigt, soweit sie für Fahrkosten zur Ausbildung oder für Ausbildungsmaterial verwendet werden. Ist bereits der Erwerbstätigenfreibetrag von 100 Euro gemäß § 11b Abs. 3 von der Ausbildungsvergütung absetzbar, gilt die Privilegierung aber nur für den 100 Euro übersteigenden Betrag (vgl. zu den Motiven des Verordnungsgebers: Eicher/Spellbrink, Anhang, S. 1272). 17

Nach dem mit Wirkung zum 1. 1. 2008 (rückwirkend) eingefügten **§ 1 Abs. 1 Nr. 11 Alg II–V** bleibt Verpflegung bzw. der damit verbundene geldwerte Vorteil anrechnungsfrei, der außerhalb der in den §§ 2, 3 und 4 genannten Einkommensarten, mithin außerhalb des Einkommens aus nichtselbständiger und selbständiger Arbeit, des Einkommens aus Gewerbebetrieb oder aus Land- oder Forstwirtschaft, bereitgestellt wird. Hierdurch ist auch der Streit entschärft, ob Krankenhaus- oder Anstaltsverpflegung als Einkommen angerechnet werden kann (vgl. hierzu auch oben § 11, Rn. 2 und zur Krankenhausverpflegung BSG, Urt. v. 18. 6. 2008 – B 14 AS 22/07 R, Rn. 22ff., SozR 4–4200 § 11 Nr. 11, Rn. 22ff. sowie zur Anstaltsverpflegung eines JVA-Häftlings BSG, Urt. v. 16. 12. 2008 – B 4 AS 9/08 R, SGb 2009, S. 93). 18

Die zum 1. 1. 2009 eingefügte Regelung des **§ 1 Abs. 1 Nr. 12 Alg II–V** privilegiert Zuwendungen an Minderjährige anlässlich der Firmung, Konfirmation oder vergleichbarer religiöser Feste sowie Zuwendungen anlässlich der Jugendweihe, begrenzt den anrechnungsfreien Betrag indes auf den Kinderfreibetrag des § 12 Abs. 2 S. 1 Nr. 1a in Höhe von 3.100 Euro (vgl. hierzu auch Spellbrink/G. Becker, § 12, Rn. 11). 19

Die ebenfalls mit Wirkung zum 1. 1. 2009 neu eingefügte Regelung des **§ 1 Abs. 1 Nr. 13 Alg II–V** lässt schließlich bei der Einkommensberücksichtigung einen Betrag in Höhe von 60 Euro des 20 gemäß § 2 Abs. 1 Nr. 3 des Jugendfreiwilligendienstegesetzes oder des gemäß § 2 Nr. 4 des Bundesfreiwilligendienstgesetzes gewährten Taschengeldes anrechnungsfrei (vgl. näher hierzu Hengelhaupt in Hauck/Noftz, K § 13, Rn. 260, Stand: 03/2010).

C. Privilegierte Einnahmen gemäß § 1 Abs. 4 Alg II–V

21 Der mit Wirkung zum 1. 6. 2010 neu eingefügte **§ 1 Abs. 4 Alg II–V** privilegiert Einnahmen von Schülern allgemein- oder berufsbildender Schulen, die das 25. Lebensjahr noch nicht vollendet haben, aus Erwerbstätigkeiten, die in den Schulferien für höchstens vier Wochen je Kalenderjahr ausgeübt werden, soweit diese einen Betrag von 1.200 Euro nicht übersteigen. Zu beachten ist in diesem Zusammenhang, dass nach § 1 Abs. 4 S. 2 Alg II-V auf den Zeitraum von vier Wochen Erwerbstätigkeiten, aus denen nur anrechnungsfreie Einnahmen erzielt werden, nicht angerechnet werden. Damit sollen Unbilligkeiten vermieden werden, die anderenfalls entstehen könnten, wenn eine auch während der Schulzeit ausgeübte, sehr geringfügige Beschäftigung („Taschengeldjob") in den Schulferien weiter ausgeübt wird (so die nichtamtliche Begründung des Verordnungsentwurfs vom 19. 4. 2010). Ausgenommen von dieser Privilegierung sind jedoch Schüler, die einen Anspruch auf Ausbildungsvergütung haben.

D. Elterngeld nach § 10 BEEG

22 Bislang hatte der zum 1. 1. 2007 eingefügte § 11 Abs. 3 a a. F. auf § 10 BEEG verwiesen. Dieser Verweis ist durch das Gesetz zur Ermittlung von Regelbedarfen und zur Änderung des Zweiten und Zwölften Buches Sozialgesetzbuch vom 24. 3. 2011 (BGBl I. S. 453) aufgehoben worden. Bis zum 31. Dezember 2010 war nach § 10 Abs. 1 bis Abs. 4 BEEG das Elterngeld grundsätzlich bis zu einem Betrag von 300 Euro monatlich von der Berücksichtigung im Rahmen des SGB II freigestellt. Wurde das Elterngeld gestreckt bezogen (halbe Leistung für den doppelten Zeitraum) betrug die Obergrenze nicht berücksichtigungsfähiger Leistungen 150 Euro monatlich. Diese Beträge entsprechen zugleich den Mindestbeträgen des Elterngelds, das zwar grundsätzlich ausfallendes Einkommen ersetzen soll (67%), mindestens aber 300 Euro bzw. 150 Euro im Monat beträgt (vgl. § 2 Abs. 4, 5 BEEG). § 11 Abs. 3 a a. F. enthielt insofern eine nachteilige Regelung, als klargestellt worden war, dass für die die Freibeträge des § 10 BEEG übersteigenden Beträge § 11 Abs. 1–3 a. F. nicht gelten, also auch keine weiteren Absetzbeträge gemäß § 11 Abs. 2 a. F. geltend gemacht werden konnte wie etwa der Abzug für die Versicherungspauschale gemäß § 11 Abs. 2 S. 1 Nr. 3 a. F. i. V. m. § 6 Abs. 1 Nr. 1 Alg II–V (ebenso Hengelhaupt in Hauck/Noftz, K § 11, Rn. 595, Stand: 06/2010). Mit Artikel 14 des Haushaltsbegleitgesetzes 2011 (HBeglG 2011) vom 9. 12. 2010 (BGBl. I S. 1885) ist mit **Wirkung zum 1. 1. 2011** die Anrechnungsvorschrift des § 10 Abs. 5 BEEG angefügt und mit ihr die bisherige grundsätzliche Anrechnungsfreiheit des Elterngeldes bis zu einer Höhe von 300 Euro bzw. 150 Euro auf Leistungen nach dem SGB II eingeschränkt worden. Nunmehr bleibt gemäß § 10 Abs. 5 S. 2 und S. 3 BEEG ein Betrag in Höhe von bis zu 300 Euro (S. 2) bzw. von bis zu 150 Euro (S. 3) nur noch für diejenigen Personen, die vor der Geburt eines Kindes einer Erwerbstätigkeit nachgegangen sind, **anrechnungsfrei**. Die ursprüngliche von der Bundesregierung geplante vollständige Berücksichtigung des Elterngeldes als Einkommen (vgl. hierzu den Entwurf eines Haushaltsbegleitgesetzes 2011 (HBeglG 2011) vom 27. 9. 2010 (BT-Drucks. 17/3030 S. 1 ff.) ist damit im Gesetzgebungsverfahren durch die zusätzlich aufgenommenen Regelungen des § 10 Abs. 5 S. 2 und S. 3 BEEG abgemildert worden (vgl. hierzu die Beschlussempfehlung des Haushaltsausschusses vom 26. 10. 2010, BT-drucks. 17/3406, S. 1 ff., 27 und seinen Bericht vom 27. 10. 2010, BT-Drucks. 17/3452, S. 1 ff., 8). Die bislang fehlende Möglichkeit, zumindest die Versicherungspauschale in Höhe von 30 Euro nach § 11b Abs. 1 Nr. 3 i. V. m. § 6 Abs. 1 Nr. 1 und Nr. 2 Alg II–V geltend zu machen, dürfte durch die Aufhebung des § 11 Abs. 3 a. F. nunmehr eröffnet sein (vgl. aber auch die Übergangsvorschrift des § 1 Abs. 5 Alg II-V).

§ 11 b Absetzbeträge

(1) ¹Vom Einkommen abzusetzen sind
1. auf das Einkommen entrichtete Steuern,
2. Pflichtbeiträge zur Sozialversicherung einschließlich der Beiträge zur Arbeitsförderung,
3. Beiträge zu öffentlichen oder privaten Versicherungen oder ähnlichen Einrichtungen, soweit diese Beiträge gesetzlich vorgeschrieben oder nach Grund und Höhe angemessen sind; hierzu gehören Beiträge
   a) zur Vorsorge für den Fall der Krankheit und der Pflegebedürftigkeit für Personen, die in der gesetzlichen Krankenversicherung nicht versicherungspflichtig sind,
   b) zur Altersvorsorge von Personen, die von der Versicherungspflicht in der gesetzlichen Rentenversicherung befreit sind,
soweit die Beiträge nicht nach § 26 bezuschusst werden,

4. geförderte Altersvorsorgebeiträge nach § 82 des Einkommensteuergesetzes, soweit sie den Mindesteigenbeitrag nach § 86 des Einkommensteuergesetzes nicht überschreiten,
5. die mit der Erzielung des Einkommens verbundenen notwendigen Ausgaben,
6. für Erwerbstätige ferner ein Betrag nach Absatz 3,
7. Aufwendungen zur Erfüllung gesetzlicher Unterhaltsverpflichtungen bis zu dem in einem Unterhaltstitel oder in einer notariell beurkundeten Unterhaltsvereinbarung festgelegten Betrag,
8. bei erwerbsfähigen Leistungsberechtigten, deren Einkommen nach dem Vierten Abschnitt des Bundesausbildungsförderungsgesetzes oder nach § 71 oder § 108 des Dritten Buches bei der Berechnung der Leistungen der Ausbildungsförderung für mindestens ein Kind berücksichtigt wird, der nach den Vorschriften der Ausbildungsförderung berücksichtigte Betrag.

²Bei der Verteilung einer einmaligen Einnahme nach § 11 Absatz 3 Satz 3 sind die auf die einmalige Einnahme im Zuflussmonat entfallenden Beträge nach den Nummern 1, 2, 5 und 6 vorweg abzusetzen.

(2) ¹Bei erwerbsfähigen Leistungsberechtigten, die erwerbstätig sind, ist anstelle der Beträge nach Absatz 1 Satz 1 Nummer 3 bis 5 ein Betrag von insgesamt 100 Euro monatlich abzusetzen. ²Beträgt das monatliche Einkommen mehr als 400 Euro, gilt Satz 1 nicht, wenn die oder der erwerbsfähige Leistungsberechtigte nachweist, dass die Summe der Beträge nach Absatz 1 Satz 1 Nummer 3 bis 5 den Betrag von 100 Euro übersteigt. ³Erhält eine leistungsberechtigte Person mindestens aus einer Tätigkeit Bezüge oder Einnahmen, die nach § 3 Nummer 12, 26, 26a oder 26b des Einkommensteuergesetzes steuerfrei sind, gelten die Sätze 1 und 2 mit den Maßgaben, dass jeweils an die Stelle des Betrages von 100 Euro monatlich der Betrag von 175 Euro monatlich und an die Stelle des Betrages von 400 Euro der Betrag von 175 Euro tritt. ⁴§ 11a Absatz 3 bleibt unberührt.

(3) ¹Bei erwerbsfähigen Leistungsberechtigten, die erwerbstätig sind, ist von dem monatlichen Einkommen aus Erwerbstätigkeit ein weiterer Betrag abzusetzen. ²Dieser beläuft sich
1. für den Teil des monatlichen Einkommens, das 100 Euro übersteigt und nicht mehr als 1.000 Euro beträgt, auf 20 Prozent und
2. für den Teil des monatlichen Einkommens, das 1.000 Euro übersteigt und nicht mehr als 1.200 Euro beträgt, auf 10 Prozent.

³Anstelle des Betrages von 1.200 Euro tritt für erwerbsfähige Leistungsberechtigte, die entweder mit mindestens einem minderjährigen Kind in Bedarfsgemeinschaft leben oder die mindestens ein minderjähriges Kind haben, ein Betrag von 1.500 Euro.

Übersicht

	Rn.
A. Die Durchführung der Einkommensberücksichtigung	1
I. Einkommen aus nicht selbständiger Arbeit gemäß § 2 Alg II–V	1
II. Einkommen aus sebständiger Arbeit, Gewerbebetrieb oder Land- und Forstwirtschaft	4
B. Vom Einkommen abzusetzende Beträge	7
I. Allgemeines	7
II. Auf das Einkommen entrichtete Steuern gemäß § 11b Abs. 1 S. 1 Nr. 1	8
III. Pflichtbeiträge zur Sozialversicherung gemäß § 11b Abs. 1 S. 1 Nr. 2	9
IV. Weitere Versicherungsbeiträge gemäß § 11b Abs. 1 S. 1 Nr. 3	10
V. Geförderte Altersvorsorgebeiträge gemäß § 11b Abs. 1 S. 1 Nr. 4	15
VI. Notwendige Ausgaben zur Erzielung des Einkommens § 11b Abs. 1 S. 1 Nr. 5	16
VII. Der Freibetrag gemäß § 11b Abs. 1 S. 1 Nr. 6 iVm § 11b Abs. 3	22
VIII. Aufwendungen wegen Unterhaltspflichten gem § 11b Abs. 1 S. 1 Nr. 7	34
IX. Bereits im Rahmen der Ausbildungsförderung nach dem BAföG oder SGB III berücksichtigtes Einkommen gemäß § 11b Abs. 1 S. 1 Nr. 8	35

A. Die Durchführung der Einkommensberücksichtigung

I. Einkommen aus nichtselbständiger Arbeit gemäß § 2 Alg II–V

Bei der Berechnung des Einkommens aus nichtselbständiger Arbeit (§ 14 SGB IV) ist von den **Bruttoeinnahmen** auszugehen (§ 2 Abs. 1 Alg II–V). Dieses Bruttoeinkommen ist sodann um die Absetzbeträge des durch das Gesetz zur Ermittlung von Regelbedarfen und zur Änderung des Zweiten und Zwölften Buches Sozialgesetzbuch vom 24. 3. 2011 (BGBl I. S. 453) neu eingefügten § 11b zu bereinigen. Nach § 14 Abs. 1 SGB IV sind **Arbeitsentgelt** alle laufenden oder einmaligen Leis-   1 tungen aus einer Beschäftigung, gleichgültig, ob ein Rechtsanspruch auf diese Einnahmen besteht, unter welcher Bezeichnung oder in welcher Form sie geleistet werden und ob sie unmittelbar aus der Beschäftigung oder im Zusammenhang mit ihr erzielt werden. Dies sind also insbesondere Löhne und Gehälter, sowie andere Bezüge und Vorteile, die für eine – auch geringfügige i. S d. § 8 SGB IV – Beschäftigung gezahlt werden.

2   § 2 Abs. 5 Alg II–V regelt die Anrechnung von durch den **Arbeitgeber** bereitgestellter **Voll-** (§ 2 Abs. 5 S. 1 Alg II–V) und **Teilverpflegung** (§ 2 Abs. 5 S. 2 Alg II–V). § 2 Abs. 6 Alg II-V regelt die Berechnung des Einkommens, wenn dem Leistungsberechtigten andere Einnahmen in Geldeswert als die in § 2 Abs. 5 Alg II–V genannten zufließen. Über § 4 Alg II–V findet diese Berechnung auch Anwendung, wenn die Einnahme außerhalb von Arbeitsverhältnissen gewährt wird (vgl. aber zur Anrechnungsfreiheit von Verpflegung, die außerhalb von Arbeitsverhältnissen gewährt wird die Regelung des § 1 Abs. 1 Nr. 11 Alg II–V; näher dazu auch § 11, Rn. 2).

3   Die Regelungen des § 2 Alg II–V gelten gemäß § 4 S. 1 Alg II–V entsprechend für die Berechnung von Einnahmen, die nicht unter die §§ 2 und 3 Alg II–V fallen. Erst über § 4 S. 1 Alg II–V wird § 2 Alg II–V überhaupt auf sonstige Einnahmen anwendbar. Nach § 4 S. 2 Alg II–V gehören zu diesen sonstigen Einnahmen insbesondere auch Einnahmen aus Sozialleistungen, Vermietung und Verpachtung sowie Kapitalvermögen. § 4 S. 2 Alg II–V steht in einem Zusammenhang mit § 5 S. 2 Alg II–V. Eine Verrechnung der Verluste zwischen diesen Einnahmearten soll nicht stattfinden.

II. Einkommen aus selbständiger Arbeit, Gewerbetrieb oder Land- und Forstwirtschaft

4   Der Verordnungsgeber hat gerade im Bereich der Berücksichtigung selbständiger Einnahmen mehrfach die Alg II–V grundlegend geändert (vgl. auch BSG, Urt. v. 30. 7. 2008 – B 14 AS 44/ 07 R, info also 2009, S. 38). Im Zeitraum vom 1. 10. 2005 bis zum 31. 12. 2007 knüpfte § 2 a Abs. 1 S. 1 Alg II–V (a. F; abgedruckt bei Eicher/Spellbrink, 2. Auflage, S. 408 ff. zu § 13) über § 15 SGB IV an das **Einkommenssteuerrecht** an. Nach der amtlichen Begründung zur Neufassung des § 3 Alg II–V mit Wirkung zum 1. 1. 2008 (abgedruckt bei Eicher/Spellbrink, 2. Auflage, Anhang, S. 1276) hat die praktische Anwendung des alten § 2 a Alg II–V gezeigt, dass durch die Berücksichtigung aller steuerlich möglichen Absetzungen vom Einkommen das zu berücksichtigende Einkommen der Selbständigen vielfach geringer war als das tatsächlich zur Verfügung stehende Einkommen. § 3 Abs. 1 Alg II–V geht daher seit dem 1. 1. 2008 von den **Betriebseinnahmen** als Ausgangswert aus. Betriebseinnahmen sind nach § 3 Abs. 1 S. 2 Alg II–V alle aus selbständiger Arbeit, Gewerbebetrieb oder Land- und Forstwirtschaft erzielten Einnahmen, die im sechsmonatigen Bewilligungszeitraum gemäß § 41 Abs. 1 S. 4 tatsächlich zufließen. Diese Regelung, dass das Einkommen für jeweils sechs Monate zugrunde zulegen ist, bewirkt, dass die Bewilligung für Selbständige etc in der Regel nur **vorläufig** sein kann (§ 40 Abs. 2 Nr. 1 iVm § 328 SGB III). Nach § 3 Abs. 6 Alg II–V kann nach einer vorläufigen Entscheidung auch das Einkommen für die abschließende Entscheidung geschätzt werden, wenn das tatsächliche Einkommen nicht innerhalb von zwei Monaten nach Ende des Bewilligungszeitraums nachgewiesen wird. Wird eine Erwerbstätigkeit nur für einen Teil des Bewilligungszeitraums ausgeübt, so ist das Einkommen allerdings nur für diesen Teil-Zeitraum zu berechnen (§ 3 Abs. 1 S. 3 Alg II–V).

5   § 3 Abs. 2 Alg II–V regelt den Abzug der Ausgaben bei der Berechnung des Einkommens Selbständiger. Künftig sollen nur noch **tatsächlich geleistete Ausgaben** abziehbar sein. Steuerliche Regelungen, wie z. B. Abschreibungen oder pauschalierte Abzüge finden keine Berücksichtigung mehr (zur Berücksichtigung von sog. **Privatentnahmen** nach früherem Recht vgl. BSG, Urt. v. 30. 7. 2008 – B 14 AS 44/07 R, info also 2009, S. 38). § 3 Abs. 3 S. 1 Alg II–V bestimmt nunmehr, dass auch tatsächliche Ausgaben nicht absetzbar sein sollen, soweit sie vermeidbar sind oder offensichtlich nicht den Lebensumständen während des Leistungsbezugs entsprechen. Nach Abzug der **Betriebsausgaben** ergibt sich das dem Arbeitnehmereinkommen vergleichbare Bruttoeinkommen, von dem dann erst die Absetzbeträge des § 11 b abzusetzen sind. § 3 Abs. 3 S. 2 und S. 3 Alg II–V enthalten weitere Regelungen zur Vermeidung des Leistungsmissbrauchs. Die Einnahmen können ggf. erhöht werden, wenn anzunehmen ist, dass die nachgewiesenen Einnahmen offensichtlich nicht den tatsächlichen Einnahmen entsprechen (§ 3 Abs. 3 S. 2 Alg II–V). Ausgaben können nicht abgesetzt werden, soweit das Verhältnis der Ausgaben zu den jeweiligen Einnahmen in einem auffälligen Missverhältnis steht (§ 3 Abs. 3 S. 3 Alg II–V). Ferner können Ausgaben nicht abgesetzt werden, soweit sie für Darlehen oder Zuschüsse nach dem SGB II erbracht worden sind (§ 3 Abs. 3 S. 4 Alg II–V). Wenn also eine leistungsberechtigte Person im Bewilligungszeitraum Leistungen – Zuschüsse oder Darlehen – etwa nach § 16 c Abs. 2 SGB II erhalten hat und die Anschaffung, für die diese Leistungen erbracht worden ist, in demselben Bewilligungszeitraum auch tätigt, kann diese Ausgabe dann nicht von den Betriebseinnahmen abgesetzt werden. Dies ist sachgerecht, da die Leistungen nach § 16 c andererseits auch gemäß § 11 a Abs. 1 Nr. 1 nicht als Einkommen zu berücksichtigen sind (vgl. BT-Drucksache 17/3404, S. 137 zu § 3 Alg II–V).

Das Einkommen nach § 3 Abs. 1 Alg II–V wird gemäß § 3 Abs. 4 Alg II–V auf die Monate im 6
Bewilligungszeitraum aufgeteilt (Gesamteinkommen geteilt durch Anzahl der Monate im Bewilligungszeitraum). Von diesem monatlichen Bruttoeinkommen sind dann die Absatzbeträge gemäß § 11 b abzusetzen (§ 3 Abs. 4 S. 3 Alg II–V). § 3 Abs. 5 Alg II–V enthält die Möglichkeit einer jährlichen Berechnungsweise etwa bei Saisonbetrieben wie Eisdielen etc.

B. Vom Einkommen abzusetzende Beträge (Abs. 1)

I. Allgemeines

Mit Wirkung zum 1. 4. 2011 werden in § 11 b nunmehr alle Absetzbeträge und alle Freibeträge zur 7
Berechnung des zu berücksichtigenden Einkommens geregelt, d. h. welche Ausgaben und Posten vom grundsätzlich zu berücksichtigenden Bruttoeinkommen wieder abgezogen werden können. § 6 Alg II–V normiert für einzelne Abzugsposten hierfür **Pauschbeträge**. Bislang wurde § 11 Abs. 2 S. 1 Nr. 6 a. F. durch § 30 a. F. ausgefüllt, der durch das Gesetz zur Ermittlung von Regelbedarfen und zur Änderung des Zweiten und Zwölften Buches Sozialgesetzbuch vom 24. 3. 2011 (BGBl I. S. 453) in moderat veränderter Form in § 11 b Abs. 3 integriert worden ist. Der Freibetrag gemäß § 11 b Abs. 3 wird als **weiterer Freibetrag** zusätzlich zu dem Erwerbstätigengrundfreibetrag von 100 Euro gemäß § 11 b Abs. 2 S. 1 gewährt, der seinerseits an die Stelle der in § 11 b Abs. 1 S. 1 Nr. 3 bis 5 genannten Absetzbeträge tritt (zum Zusammenhang siehe unten Rn. 22 f.).

II. Auf das Einkommen entrichtete Steuern (Abs. 1 S. 1 Nr. 1)

Auf das Einkommen entrichtete Steuern sind nur Steuern, die wie die Lohn- und Einkommensteuer, der Solidaritätszuschlag und die Kirchensteuer, einschließlich der sog. Kapitalertragssteuer an der Erzielung von Einnahmen anknüpfen. Andere Steuern wie Umsatz- und Mehrwertsteuer oder die Grunderwerbsteuer knüpfen nicht am Einkommen sondern an bestimmten Vorgängen (Umsätzen) an und können daher allenfalls gemäß § 11 b Abs. 1 S. 1 Nr. 5 als notwendige Ausgaben zur Erzielung des Einkommens berücksichtigt werden. Abzusetzen sind nur die tatsächlich entrichteten Steuern. Aufgrund von Freibeträgen nicht geleistete Steuern sind nicht fiktiv abzusetzen. Jährlich festgesetzte Einkommensteuer ist jeweils in einen Monatsbetrag für die Monate umzurechnen, in denen Einkommen erzielt wurde. Steuernachzahlungen für vergangene Zeiträume fallen nicht unter § 11 b Abs. 1 S. 1 Nr. 1, weil diese nicht auf das aktuelle Einkommen entrichtet werden (so zur Alhi, BSG, Urt. v. 26. 10. 2004 – B 7 AL 2/04 R = SozR 4–4300 § 194 Nr. 5). Insofern handelt es sich hier um die Zahlung von (Steuer-)**Schulden,** die grundsätzlich nicht vom Einkommen abzuziehen sind (so BSG, Urt. v. 19. 9. 2008 – B 14/7b AS 10/07 R, SozR 4–4200 § 11 Nr. 18, info also 2009, S. 88).

III. Pflichtbeiträge zur Sozialversicherung (Abs. 1 S. 1 Nr. 2)

Abzusetzen sind Pflichtbeiträge zur Sozialversicherung einschließlich der Beiträge zur Arbeitsförde- 9
rung. Abzusetzen sind auch die Sozialversicherungsbeiträge pflichtversicherter Selbständiger, wie z. B. von Künstlern nach KSVG. Verzichtet ein geringfügiger Beschäftigter auf die Versicherungsfreiheit in der gesetzlichen Rentenversicherung (§ 5 Abs. 2 S. 2 SGB VI), handelt es sich bei dem dann vom Beschäftigten gemäß § 168 Abs. 1 Nr. 1 b SGB VI zu tragenden Beitrag ebenfalls um Pflichtbeiträge i. S. d. § 11 b Abs. 1 S. 1 Nr. 2. Das bis zum 31. 7. 2006 bestehende Problem, dass durch die Beitragstragung durch den Bund für die Bezieher von Alg II möglicherweise gerade Hilfebedürftigkeit verhindert wurde (eingehend Hänlein in Gagel, § 11, Rn. 34 a mit Nachweis der unterschiedlichen Lösungsansätze – Zahlung eines Symbolbetrags von 1 Cent – etc.) dürfte durch die mit Wirkung zum 1. 8. 2006 angefügte Neuregelung des § 26 Abs. 3 behoben sein (ebenso Hegelhaupt in Hauck/Noftz, K § 11, Rn. 404, Stand: 06/2010). Seit dem 1. 1. 2009 finden sich vergleichbare Regelungen in § 26 Abs. 2 Nr. 2 Hs. 2 sowie in § 12 Abs. 1 c S. 5 VVG (Hänlein in Gagel, § 11, Rn. 34 a).

IV. Weitere Versicherungsbeiträge (Abs. 1 S. 1 Nr. 3)

Nach § 11 b Abs. 1 S. 1 Nr. 3 sind Beiträge zu privaten und öffentlichen Versicherungen und ähnli- 10
chen Einrichtungen absetzbar. Der Gesetzgeber unterscheidet sodann weiter, ob die Beiträge gesetzlich vorgeschriebenen sind. Ist dies der Fall, so sind sie vom Einkommen abzusetzen. Sind Beiträge nicht gesetzlich vorgeschrieben, so ist eine Absetzung nur möglich, soweit die Beiträge nach Grund und Höhe angemessen sind. **Gesetzlich vorgeschrieben** sind Beiträge privat Krankenversicherter zur privaten Pflegeversicherung, die Berufshaftpflichtversicherung für bestimmte Berufsgruppen und teilweise die Gebäudebrandversicherung. Nach § 11 b Abs. 1 S. 1 Nr. 3 a) und b) gehören zu diesen Beiträgen jedenfalls solche zur Vorsorge für den Fall der Krankheit und der Pflegebedürftigkeit für Personen, die in der gesetzlichen Krankenversicherung nicht versicherungspflichtig sind, sowie Bei-

träge zur Altersvorsorge für Personen, die von der Versicherungspflicht in der gesetzlichen Rentenversicherung befreit sind. Die Beiträge können aber nur vom Einkommen abgesetzt werden, soweit sie nicht ihrerseits bereits gemäß § 26 bezuschusst werden (§ 11 b Abs. 1 S. 1 Nr. 3 letzter Hs.; vgl. auch BSG, Urt. v. 30. 7. 2008 – B 14 AS 44/07 R, SGb 2008, S. 532).

11 Gesetzlich vorgeschrieben ist auch eine **Kfz-Haftpflichtversicherung** sein (so auch BSG, Urt. v. 7. 11. 2006 – B 7 b AS 18/06, SozR 4–4200 § 22 Nr. 3, Rn. 26 = BSGE 97, 254), jedenfalls dann, wenn der PKW seinerseits als Vermögensgegenstand geschützt ist gemäß § 12 Abs. 3 S. 1 Nr. 2 (7.500 Euro; vgl. BSG, Urt. v. 6. 9. 2007 – B 14/7 b AS 66/06R, SozR 4–4200 § 12 Nr. 5 und unter § 12, Rn. 21). Allerdings nicht gesetzlich vorgeschrieben ist eine Voll-Kaskoversicherung, deren Kosten nur berücksichtigt werden, wenn sie nach Grund und Höhe angemessen sind, was bei Grundsicherungsempfängern regelmäßig nicht der Fall sein dürfte (BSG, Urt. v. 15. 2. 2008 – B 14/7 b AS 32/06 R, SozR 4–4200 § 20 Nr. 6 = BSGE 100, 83 ff.). Nach Grund und Höhe angemessen sind gesetzlich nicht vorgeschriebene Versicherungen, die bei in einfachen wirtschaftlichen Verhältnissen in Deutschland lebenden Bürgern allgemein üblich sind (Söhngen in Juris PK, § 11, Rn. 83; ebenso zur Alhi BSG, Urt. v. 8. 2. 2007 – B 7 a AL 2/06 R, SozR 4–4300 § 330 Nr. 4). Dies dürfte etwa bei Hausratsversicherungen und privaten Haftpflichtversicherungen der Fall sein.

12 § 6 Abs. 1 Nr. 1 und Nr. 2 Alg II–V) enthalten eine **Pauschalierung** für die absetzbaren Versicherungsbeiträge zu **privaten Versicherungen.** Hierfür sind pauschal **30 Euro** monatlich abzusetzen. Die Beträge müssen nicht nachgewiesen werden oder tatsächlich anfallen, was dem Wesen einer Pauschale entspricht (BSG, Urt. v. 19. 9. 2008 – B 14 AS 56/07 R). Die Pauschale begegnet in ihrer konkreten Höhe keinen verfassungsrechtlichen Bedenken (so BSG, Urt. v. 7. 11. 2006, B 7 b AS 18/06 R, SozR 4–4200 § 22 Nr. 3, Rn. 26 = BSGE 97, 254; BSG, Urt. v. 18. 6. 2008 – B 14 AS 55/07 R, SozR 4–4200 § 9 Nr 4 und BSG, Urt. v. 19. 9. 2008 – B 14 AS 56/07 R, info also 2009, S. 38). Bei Minderjährigen kann gemäß § 6 Abs. 1 Nr. 2 Alg II-V (der mit Wirkung zum 1. 8. 2009 eingefügt worden ist) ein pauschaler Betrag von 30 Euro für Beiträge zu privaten Versicherungen jedenfalls dann abgesetzt werden, wenn der Minderjährige tatsächlich eine entsprechende Versicherung abgeschlossen hat (vgl. zur vorherigen Rechtslage, wonach die Pauschale nicht abgesetzt werden konnte, wenn das Kindergeld eines minderjährigen Kindes das einzige Einkommen der Bedarfsgemeinschaft war BSG, Urt. v. 18. 6. 2008 – B 14 AS 55/07 R, SozR 4–4200 § 9 Nr. 4 und § 11, Rn. 9 f.). Zu berücksichtigen ist ferner, dass neben und zusätzlich zur Pauschale des § 6 Abs. 1 Alg II–V gesetzlich vorgeschriebene Beiträge abgezogen werden können (BSG, Urt. v. 7. 11. 2006, B 7 b AS 18/06 R, SozR 4–4200 § 22 Nr. 3, Rn. 26 = BSGE 97, 254).

13 Das BSG hat ferner in diesem Zusammenhang entschieden, dass **freiwillige Beiträge zur gesetzlichen Kranken-, Pflege- oder Rentenversicherung** keine vom Einkommen absetzbaren angemessenen Beiträge i. S. d. § 11 Abs. 2 S. 1 Nr. 3 a. F. [nunmehr § 11 b Abs. 1 S. 1 Nr. 3] darstellen, wenn aufgrund des Alg II-Leistungsbezuges ohnehin ein Pflichtversicherungstatbestand – vgl. § 5 Abs. 1 Nr. 2 a SGB V, § 3 S. 1 Nr. 3 a SGB VI a. F. und § 20 Abs. 1 Nr. 2 a SGB XI – besteht (BSG, Urt. v. 1. 6. 2010 – B 4 AS 67/09 R, SozR 4–4200 § 11 Nr. 28, Rn. 23). Bei freiwillig gezahlten Beiträgen zur **Arbeitslosenversicherung** (§ 28 a SGB III) handelt es sich jedoch um dem Grunde nach angemessene Beiträge, die vom Einkommen abgesetzt werden können. (vgl. BSG, Urt. v. 1. 6. 2010 – B 4 AS 67/09 R, SozR 4–4200 § 11 Nr. 28, Rn. 25). Im Hinblick auf die mit dem Haushaltsbegleitgesetz 2011 (HBeglG 2011) vom 09. Dezember 2010 (BGBl. I S. 1885) zum 1. 1. 2011 erfolgte Abschaffung der Versicherungspflicht in der gesetzlichen Rentenversicherung für Leistungsempfänger nach dem SGB II dürfte es sich bei freiwilligen Beiträgen zur gesetzlichen Rentenversicherung aber in Konsequenz dieser Entscheidung nunmehr um dem Grunde nach angemessene Beiträge handeln.

14 Ferner sind auch die auf Grund von Entgeltumwandlung vom Arbeitgeber abgeführten **Beiträge an die Pensionskasse** als eine die betriebliche Altersversorgung durchführende Einrichtung um dem Grunde nach angemessene Beiträge i. S. d. § 11 b Abs. 1 Nr. 3 (BSG, Urt. v. 9. 11. 2010 – B 4 AS 7/10 R, DB 2011, S. 715 f.). Nach Auffassung des BSG sind diese Beiträge sogar bis zur ersten objektiv rechtlichen Möglichkeit der Änderung der Beitragshöhe nach Beginn des SGB II-Leistungsbezugs im Sinne einer „Schonfrist" in **tatsächlicher Höhe** vom zu berücksichtigenden Einkommen abzusetzen, danach bis zur Höhe des Mindesteigenbetrags nach § 86 EStG (BSG, Urt. v. 9. 11. 2010 – B 4 AS 7/10 R, Rn. 29, DB 2011, S. 715 f.; siehe auch unten Rn. 16).

15 § 11 b Abs. 2 S. 1 fasst die gemäß § 11 b Abs. 1 S. 1 Nr. 3–5 geltend gemachten Absetzbeträge seinerseits zu einem **Grundfreibetrag von 100 Euro** zusammen, wenn der Grundsicherungsempfänger erwerbstätig ist. Der Nachweis höherer tatsächlicher Beiträge ist gemäß § 11 b Abs. 2 S. 2 erst dann möglich, wenn das monatliche Einkommen mehr als 400 Euro beträgt.

V. Geförderte Altersvorsorgebeiträge (Abs. 1 S. 1 Nr. 4)

16 Nach § 11 b Abs. 1 S. 1 Nr. 4 sind geförderte Altersvorsorgebeiträge nach § 82 EStG – sog Riesterrente – vom Einkommen absetzbar, soweit sie den Mindesteigenbetrag nach § 86 EStG (ab 2008 4% der Einnahmen, höchstens 2.100 Euro) nicht überschreiten.

VI. Notwendige Ausgaben zur Erzielung des Einkommens (Abs. 1 S. 1 Nr. 5)

Nach § 11 Abs. 2 S. 1 Nr. 5 sind die mit der Erzielung des Einkommens verbundenen notwendigen Ausgaben vom Einkommen abzusetzen. Die Bedeutung des § 11 b Abs. 1 S. 1 Nr. 5 wird durch den **Erwerbstätigengrundfreibetrag** in § 11 b Abs. 2 S. 1 deutlich abgeschwächt (Hänlein in Gagel § 11 Rn. 42), weil bei Einkommen bis 400 Euro monatlich nur der Pauschbetrag von 100 Euro zur Abgeltung der in § 11 b Abs. 1 S. 1 Nr. 3–5 genannten Absetzbeträge geltend gemacht werden kann. Der Gesetzgeber hat den steuerrechtlichen Begriff der **Werbungskosten** in § 11 b Abs. 1 S. 1 Nr. 5 bewusst vermieden (so auch Hengelhaupt in Hauck/Noftz, K § 11, Rn. 462, Stand: 06/2010) und den eigenständigen Einkommensbegriff des SGB II betont, bei dem ein Verlustausgleich etwa zwischen verschiedenen Einkommensarten nicht stattfinden soll (vgl. § 5 S. 2 Alg II–V; vgl. auch BT-Drucksache 8/2624, S. 30). Das BSG hat bei der Frage, ob Krankenhauskost als Einnahme in Geldeswert Berücksichtigung finden kann auch diskutiert, inwieweit die nach dem SGB V geforderte tägliche Zuzahlung für den Krankenhausaufenthalt gemäß § 11 Abs. 2 S. 1 Nr. 5 [nunmehr § 11 b Abs. 1 S. 1 Nr. 5] berücksichtigt werden kann (BSG, Urt. v. 18. 6. 2008, B 14 AS 22/07 R, SozR 4–4200 § 11 Nr. 11 = BSGE 101, 70 ff.; vgl. zu diesem Themenkomplex auch § 11, Rn. 2 f.). 17

Weitere mögliche Ausgaben, die gemäß § 11 b Abs. 1 S. 1 Nr. 5 zu einem Abzug führen können sind **Kinderbetreuungskosten**, wenn die Betreuungsaufwendungen infolge der Erwerbstätigkeit entstanden sind (BSG, Urt. v. 9. 11. 2010 – B 4 AS 7/10 R, Rn. 17, DB 2011, S. 715 f.; vgl. auch Hänlein in Gagel, § 11 Rn. 47) oder **Gewerkschaftsbeiträge** (Söhngen in JurisPK SGB II, § 11, Rn. 92; vgl. zu weiteren Einzelbeispielen Hengelhaupt in Hauck/Noftz, K § 11, Rn. 478 ff., Stand: 06/2010). 18

§ 6 Abs. 1 Nr. 3 a) Alg II–V regelt für unselbständige Tätigkeiten – für selbständige Tätigkeiten gilt § 3 Alg II–V (vgl. auch § 6 Abs. 1 Nr. 3 a) 2. Hs. Alg II–V) – die Geltendmachung einer monatlichen Pauschale in Höhe von einem Sechzigstel der steuerrechtlichen Werbungskostenpauschale (920 Euro gemäß § 9 a Abs. 1 S. 1 Nr. 1 a) EStG). Ein Sechzigstel von 920 Euro bedeutet einen monatlichen Pauschbetrag von 15,33 Euro (vgl. zur Herleitung des Betrags Hänlein in Gagel, § 11, Rn. 44). Der erwerbsfähige Leistungsberechtigte kann allerdings höhere notwendige Kosten nachweisen. 19

Für die Benutzung eines KfZ für Fahrten zwischen Wohnung und Arbeitsstätte können gemäß § 6 Abs. 1 Nr. 3 b) Alg II–V 0,20 Euro für jeden **Entfernungskilometer** der kürzesten Straßenverbindung angesetzt werden. Die Geltendmachung des steuerrechtlichen Satzes von 0,30 Euro pro Kilometer lehnte der Verordnungsgeber mit der Begründung ab, von der steuerrechtlichen Pauschale würden auch Kosten umfasst, die bei einer Fürsorgeleistung nicht absetzbar seien, wie etwa Prämien für die Haftpflichtversicherung (die aber nach § 11 b Abs. 1 S. 1 Nr. 3 absetzbar sind) und die Kosten für die Finanzierung des PKW oder einer Garage (vgl. Söhngen in JurisPK, § 11, Rn. 89). Auch hier kann der erwerbsfähige Leistungsberechtigte höhere notwendige Kosten nachweisen. Nach § 6 Abs. 2 Alg II–V können die Fahrtkosten auch auf die Kosten der Benutzung von öffentlichen Verkehrsmitteln begrenzt werden, wenn die Berücksichtigung des Pauschbetrags gemäß § 6 Abs. 1 Nr. 3 b) – 20 Cent pro Kilometer – im Vergleich zu den Kosten des öffentlichen Verkehrsmittels unangemessen hoch sind; Voraussetzung dieser Begrenzung ist indes aber, dass die Strecke **zumutbar** auch mit öffentlichen Verkehrsmitteln zu bewältigen ist (vgl. verneinend bei einer **Einsatzwechseltätigkeit** SG Neuruppin, Urt. v. 18. 8. 2010 – S 26 AS 2002/08, info also 2010, S. 267 ff.; siehe dazu auch Hänlein in Gagel, § 11, Rn. 45 a). 20

§ 6 Abs. 3 Alg II–V sieht schließlich einen Pauschbetrag für Mehraufwendungen für Verpflegung bei auswärtiger Erwerbstätigkeit vor (6 Euro bei Abwesenheit von mindestens 12 Stunden täglich). 21

VII. Der Freibetrag gemäß § 11 b Abs. 1 S. 1 Nr. 6 iVm § 11 b Abs. 3

Nach § 11 b Abs. 1 S. 1 Nr. 6 kann von Erwerbstätigen ein weiterer Freibetrag geltend gemacht werden, der gemäß § 11 b Abs. 3 zusätzlich zu dem Pauschalbetrag für erwerbstätige Leistungsberechtigte in § 11 b Abs. 2 S. 1 bzw. den höheren nachgewiesenen Beträgen nach § 11 b Abs. 2 S. 2 gewährt wird (vgl. für bestimmte einkommensteuerfreie Einnahmen auch § 11 b Abs. 2 S. 3 und unten Rn. 29). 22

1. Systematische Stellung und Regelungszweck der Norm. Bislang war § 30 die Ausführungsnorm zu § 11 Abs. 2 S. 1 Nr. 6 a. F., nach dem vom Einkommen abzusetzen war „für Erwerbstätige ferner ein Betrag nach § 30". Mit Wirkung zum 1. 1. 2011 wurde durch das Gesetz zur Ermittlung von Regelbedarfen und zur Änderung des Zweiten und Zwölften Buches Sozialgesetzbuch vom 24. 3. 2011 (BGBl I. S. 453) die vorherige Regelung des § 30 in § 11 b Abs. 3 integriert. § 11 b Abs. 1 S. 1 Nr. 6 stellt wie seine Vorgängervorschrift klar, dass der Freibetrag gemäß § 11 b Abs. 3 als „weiterer" Betrag vom Einkommen abgesetzt werden kann. Er nimmt damit Bezug auf § 11 b Abs. 2 S. 1, der bereits einen **Grundfreibetrag von 100 Euro** bei Erwerbstätigkeit (zur pauschalen Abgeltung der in § 11 b Abs. 1 S. 1 Nr. 3 bis 5 genannten Aufwendungen) gewährt. Zusätzlich zu diesem Grundfreibe- 23 trag von 100 Euro nach § 11 b Abs. 2 S. 1 kann also als **weiterer Freibetrag** derjenige nach § 11 b Abs. 3 geltend gemacht werden. Im Gegensatz zum früheren § 30 ist § 11 b Abs. 3 nunmehr ein Normbestandteil des § 11 b und steht nicht mehr in dem Unterabschnitt „Anreize und Sanktionen". Dass mit dem Freibetrag nach § 11 b Abs. 3 ein Anreiz zur Aufnahme und Beibehaltung einer auch nicht bedarfsdeckenden Erwerbstätigkeit gegeben werden soll (zu § 30 a. F. siehe BT-Drucksache 15/1516, S. 59 und BT-Drucksache 15/5446, S. 5 zum sog Freibetragsneuregelungsgesetz vom 14. 8. 2005, BGBl. I, S. 2407 und zu § 11 b siehe BT-Drucksache, S. 95), hat daran nichts geändert. Auch § 11 b Abs. 3 verstärkt – wie auch seine Vorgängervorschrift des § 30 a. F. – die Wirkung des **Alg II als Kombilohn** und führt dazu, dass zahlreiche Vollzeitbeschäftigte im Niedriglohnsektor als sog. **Aufstocker** zusätzlich zu ihrem Lohn Alg II erhalten können. Andererseits prämiert § 11 b Abs. 3. insbesondere die Aufnahme geringfügiger Beschäftigungen (sog. 400 Euro-Jobs gemäß § 8 SGB IV), die gerade nicht den vollen Bedarf decken (vgl. Spellbrink in Eicher/Spellbrink, § 29 Rn. 1; Adamy SozSich 2007, 180; Sachverständigenrat zur Begutachtung der gesamtwirtschaftlichen Entwicklung, Arbeitslosengeld II reformieren: Ein zielgerichtetes Kombilohnmodell, 2006). Bislang betrug die maßgebliche Einkommensgrenze des § 30 S. 1 Nr. 1 a. F. lediglich 800 Euro. Mit Wirkung zum 1. 4. 2011 hat der Gesetzgeber diese Grenze auf einen Betrag in Höhe von 1.000 angehoben. Nach den Gesetzesmaterialien soll die Neuregelung der die Anreize zur Aufnahme einer voll sozialversicherungspflichtigen Beschäftigung für Bedarfsgemeinschaften mit Alg II – Bezug stärken. Hiermit will der Gesetzgeber einen Einstieg zur Reform der Erwerbstätigenfreibeträge schaffen. Er will durch die Regelung beurteilen, ob und gegebenenfalls welche weiteren Schritte zur Verbesserung der Hinzuverdienstes ergriffen werden sollen und die Entwicklung des Arbeitsmarktes unter Berücksichtigung dieser Veränderung im Jahr 2011 zunächst weiter beobachten und im Jahr 2012 gegebenenfalls die erforderlichen Maßnahmen ergreifen. Die Neuregelung führt dazu, dass Bedarfsgemeinschaften mit Erwerbseinkommen über 800 Euro monatlich mehr von ihrem Verdienst verbleibt. Das vorhandene System der Erwerbstätigenfreibeträge wird weiterentwickelt. Durch Ausweitung des Freibetrages soll ein Anreiz geschaffen werden, die Arbeitszeit auszudehnen und in eine Vollzeitbeschäftigung zu wechseln; die Schwelle zur Aufnahme einer voll sozialversicherungspflichtigen Tätigkeit soll hierdurch letztlich verringert werden (BT-Drucksache 17/3404, S. 95 zu § 11 b).

24   **2. Einkommen aus Erwerbstätigkeit.** § 11 b Abs. 3 bezieht sich nach seinem klaren Wortlaut nur auf **Einkommen aus Erwerbstätigkeit** und ist damit enger gefasst als § 11 Abs. 1 S. 1, der alle Einnahmen in Geldeswert, gleichgültig aus welcher Quelle als Einkommen definiert. Zur Abgrenzung von Erwerbseinkommen zu sonstigem Einkommen kann auf das Steuerrecht zurückgegriffen werden (so Birk in LPK-SGB II, § 30, Rn. 5). **Erwerbseinkommen** liegt danach vor, wenn Einkünfte aus Land- und Forstwirtschaft, Gewerbebetrieb und selbständiger Arbeit erzielt werden (vgl. §§ 2 Abs. 1 Nr. 1–13, 13 Abs. 1 und 2, 15 Abs. 1, 18 Abs. 1 EStG – vgl. auch § 3 Alg II–V; abgedruckt bei § 13). Insbesondere aber liegt Erwerbseinkommen bei Einkünften aus abhängiger, nichtselbständiger Arbeit (§§ 2 Abs. 1 Nr. 4, 19 Abs. 1 EStG und § 2 Alg II–V) vor.

25   Auszugehen ist gemäß § 11 b Abs. 3 von dem **Bruttoeinkommen** des erwerbsfähigen Leistungsberechtigten (vgl. zu § 30 a. F. BT-Drucksache 15/5446, S. 5). Eine vorherige Bereinigung des Einkommens um die weiteren absetzbaren Beträge nach § 11 b Abs. 1 S. 1 ist nicht erforderlich (vgl. Hänlein in Gagel, § 30, Rn. 12; Mecke in Eicher/Spellbrink, § 30, Rn. 10).

26   Weiterhin ist die **monatliche Bruttoeinnahme** zugrunde zu legen (vgl. § 11, Rn. 1). Nach § 11 Abs. 2 sind bei nichtselbständiger Arbeit laufende Einnahmen für den Monat zu berücksichtigen, in dem sie zufließen. Nach § 11 Abs. 3 sind einmalige Einnahmen von dem Monat an zu berücksichtigen, in dem sie zufließen und ggf. nach § 11 Abs. 3 S. 3 auf einen Sechsmonatszeitraum aufzuteilen und monatlich mit einem entsprechenden Teilbetrag zu berücksichtigen. Für die Aufteilung bei selbständiger Arbeit vgl. § 3 Abs. 4 Alg II–V (siehe auch oben Rn. 4 ff.).

27   **3. Berechnung der Freibeträge. a) Grundfreibetrag von 100 Euro (Abs. 2 S. 1).** Bei erwerbstätigen Leistungsberechtigten ist gemäß § 11 b Abs. 2 S. 1 an Stelle der Beträge in § 11 b Abs. 1 S. 1 Nr. 3 bis 5 ein Betrag von 100 Euro monatlich abzusetzen. Dieser, jedem Erwerbstätigen – unabhängig von der Höhe des Bruttoverdienstes – zustehende Grundfreibetrag umfasst somit die Beiträge zu öffentlichen und privaten Versicherungen (§ 11 b Abs. 1 S. 1 Nr. 3; zur Pauschale von 30 Euro hierfür vgl. § 6 Abs. 1 S. 1 Nr. 1 und Nr. 2 Alg II–V und oben Rn. 12), die geförderten Altersvorsorgebeiträge (§ 11 b Abs. 1 S. 1 Nr. 4 und oben Rn. 16) sowie die Werbungskosten (§ 11 b Abs. 1 S. 1 Nr. 5 und oben Rn. 17). Der Grundfreibetrag in § 11 b Abs. 2 S. 2 bewirkt im Ergebnis, dass Erwerbseinkommen bis zu 100 Euro monatlich gänzlich von der Berücksichtigung als Einkommen freigestellt ist.

28   **b) Erhöhung des Grundfreibetrags (Abs. 2 S. 2).** Der Grundfreibetrag gemäß § 11 b Abs. 2 S. 1 wird bei Einkommen bis 400 Euro pauschal gewährt. D. h. es ist **keinerlei Nachweis** zu erbringen, dass überhaupt entsprechende Beiträge gezahlt wurden bzw. angefallen sind (vgl. BSG, Urt. v. 19. 9. 2008 – B 14 AS 56/07 R, info also 2009, S. 38). Beträgt das monatliche Einkommen mehr als 400 Euro, so gilt § 11 b Abs. 2 S. 1 nicht, wenn der erwerbstätige Leistungsberechtigte **nachweist**,

dass die Summe der Beträge nach § 11b Abs. 1 S. 1 Nr. 3 bis 5 den Betrag von 100 Euro übersteigt. In diesem Falle erhöht sich der Erwerbstätigenfreibetrag gemäß § 11b Abs. 2 S. 2 um die zusätzlich nachgewiesenen Belastungen. Dieser Betrag bleibt dem Erwerbstätigen dann auch erhalten, d. h. die weiteren Beträge nach § 11b Abs. 3 S. 2 Nr. 1 und ggf. Nr. 2 werden diesem Betrag nach § 11b Abs. 2 S. 2 hinzuaddiert.

c) Veränderte Grundfreibeträge für bestimmte steuerfreie Einnahmen (Abs. 2 S. 3). Soweit Bezüge oder Einnahmen nach § 3 Nr. 12, 26, 26a oder 26b EStG erzielt werden, erhöht sich der ohne Nachweis zu berücksichtigende Grundfreibetrag des § 11b Abs. 2 S. 1 aufgrund der Regelung des § 11b Abs. 2 S. 3 von 100 Euro auf **175 Euro**. Übersteigt das steuerfreie Einkommen den Betrag von monatlich 175 Euro, so können bei entsprechendem Nachweis auch höhere Beträge als 175 Euro abgesetzt werden. Diese Regelung wird jedoch nur dann relevant, wenn es sich bei den Einnahmen nicht bereits um ohnehin privilegierte Einnahmen nach § 11a Abs. 3 handelt (§ 11b Abs. 2 S. 4).   29

d) Weiterer Freibetrag gemäß § 11b Abs. 3 S. 2 Nr. 1 (Erwerbseinkommen bis 1.000 Euro). Übersteigt das Einkommen des Leistungsberechtigten 100 Euro, so steht ihm im Einkommensbereich zwischen 100,01 und 1.000 Euro ein **Freibetrag in Höhe von 20 Prozent** zu, der sich jeweils auf den 100 Euro übersteigenden Betrag bezieht. Beträgt das monatliche Bruttoeinkommen also 200 Euro, so beträgt der weitere Freibetrag gemäß § 11b Abs. 3 S. 2 Nr. 1 20 Euro (200 – 100 = 100 Euro und hiervon 20 Prozent). Der Gesamtfreibetrag aus § 11b Abs. 2 S. 1 und § 11b Abs. 3 S. 2 Nr. 1 mithin 120 Euro, so dass insgesamt nur 80 Euro als Einkommen zu berücksichtigen sind. Dies zeigt, dass durch § 11b Abs. 3 ein Anreiz gesetzt wird, möglichst niedrig entlohnte Tätigkeiten auszuüben (vgl. oben Rn. 23).   30

4. Weiterer Freibetrag gemäß § 11b Abs. 3 S. 2 Nr. 2 (Erwerbseinkommen bis 1.200 Euro). Für den Teil des monatlichen Einkommens, das 1.000 Euro übersteigt und nicht mehr als 1.200 Euro beträgt, wird ein weiterer Freibetrag in Höhe von 10 Prozent des Betrags über 1.000 Euro anerkannt. Beträgt das monatliche Einkommen 1.100 Euro, so liegt der Freibetrag gemäß § 11b Abs. 3 S. 2 Nr. 2 mithin bei 10 Euro (10 Prozent von 100). Der Gesamtfreibetrag beträgt bei einem monatlichen Bruttoeinkommen von 1.100 Euro dann 290 Euro (100 Euro gemäß § 11b Abs. 2 S. 1; 180 Euro = 20 Prozent von 900 Euro gemäß § 11b Abs. 3 S. 2 Nr. 1 und 10 Euro gemäß § 11b Abs. 3 S. 2 Nr. 2). Weist der erwerbsfähige Leistungsberechtigte gemäß § 11b Abs. 2 S. 2 tatsächlich höhere Beträge nach (etwa 130 Euro), so werden die gemäß § 11b Abs. 2 S. 2 anzuerkennenden 30 Euro hinzuaddiert, d. h. der Gesamtfreibetrag läge dann bei 320 Euro.   31

5. Höhere Einkommensgrenze bei minderjährigem Kind gemäß § 11b Abs. 3 S. 3. An Stelle der Obergrenze von 1.200 Euro tritt gemäß § 11b Abs. 3 S. 3 für erwerbsfähige Leistungsberechtigte, die entweder mit einem minderjährigen Kind in Bedarfsgemeinschaft leben oder ein minderjähriges Kind haben, ein Betrag von 1.500 Euro. Der durch § 11b Abs. 3 S. 3 privilegierte erwerbsfähige Leistungsberechtigte kann daher **maximal weitere 30 Euro** (10 Prozent von 300 Euro) Freibetrag geltend machen. Genau so wie § 30 S. 3 a. F. auch § 11b Abs. 3 S. 3 die Erhöhung der Altersgrenze für die Einbeziehung im Haushalt lebenden unverheirateten Kindern gemäß § 7 Abs. 3 Nr. 4 auf 25 Jahre nicht nachvollzogen. Ferner bleibt fraglich, wieso nicht generell ein höherer Freibetrag für erwerbsfähige Leistungsberechtigte mit einem Kind eingeräumt wurde, unabhängig von der Einkommensstufe (so auch Mecke in Eicher/Spellbrink, § 30, Rn. 27). Hinsichtlich der Variante „mit einem minderjährigen Kind in Bedarfsgemeinschaft leben" ist nicht erforderlich, dass es sich um eigene Kinder handelt. Es ist lediglich erforderlich, dass überhaupt ein minderjähriges Kind gemäß § 7 Abs. 3 Nr. 4 Mitglied der Bedarfsgemeinschaft ist (also insbesondere Stief- oder Adoptivkinder). Für die Variante „die ein minderjähriges Kind haben", ist ausschließlich die Vater- oder Mutterschaft ausschlaggebend. Das Kind muss weder in einer Bedarfsgemeinschaft mit dem erwerbsfähigen Leistungsberechtigten leben, noch Unterhaltsleistungen erhalten.   32

VIII. Aufwendungen wegen Unterhaltspflichten
(Abs. 1 S. 1 Nr. 7)

§ 11 Abs. 2 S. 1 Nr. 7 a. F. wurde mit Wirkung zum 1. 8. 2006 durch das sog Fortentwicklungsgesetz eingefügt. Für Zeiträume vor dem 1. 8. 2006 ist die Norm nicht (entsprechend) anwendbar (so tendentiell BSG, Urt. v. 29. 3. 2007, B 7b AS 2/06 R, SozR 4–4200 § 7 Nr. 4, Rn. 21). Mit Wirkung zum 1. 4. 2011 ist diese Regelung wortlautgleich in § 11b Abs. 1 Nr. 7 übernommen worden. Danach sind Mittel, die aufgrund eines titulierten Unterhaltsanspruchs oder einer notariellen Unterhaltsvereinbarung an Dritte gezahlt werden, vom Einkommen des Leistungsberechtigten abzuziehen, weil sie dem Betroffenen nicht zur Bestreitung seines Lebensunterhalts zur Verfügung stehen (zu § 11 Abs. 2 S. 1 Nr. 7 a. F. vgl. BT-Drucksache 16/1410, S. 20). Bei den Unterhaltstiteln kann es sich auch um gemäß § 59 Abs. 1 S. 1 Nr. 3 und Nr. 4 iVm § 60 SGB VIII kostenfrei beim Jugendamt ausgestellte Unterhaltsurkunden handeln (BSG, Urt. v. 9. 11. 2010 – B 4 AS 78/10 R, Rn. 14, JAmt 2011,   33

S. 226 ff.). Eine freiwillige Leistung von Unterhalt (ohne Titel) ist nach dem klaren Wortlaut des § 11 b Abs. 1 S. 1 Nr. 7 nicht vom Einkommen abzusetzen. Die **tatsächliche Zahlung** ist nachzuweisen. Ob es sich um Unterhaltspflichten gegenüber Personen handelt, die gegenüber den Mitgliedern der Bedarfsgemeinschaft des Unterhaltsverpflichteten vorrangig sind, ist unbeachtlich (so Mecke in Eicher/Spellbrink, § 11, Rn. 128). Das BSG hat noch zu der Vorschrift des § 11 Abs. 2 S. 1 Nr. 7 a. F. bereits entschieden, dass vom Einkommen der in einer Jugendamtsurkunde titulierte Unterhaltsanspruch regelmäßig in der dort festgelegten Höhe **unabhängig von seiner Pfändbarkeit** abzusetzen ist, weil der Wortlaut der Regelung und dessen Entstehungsgeschichte für die zusätzliche Berücksichtigung der Pfändbarkeit des Unterhaltsanspruchs im Sinne eines weiteren „hinzuzudenkenden Tatbestandsmerkmals" keine Anhaltspunkte ergeben (BSG, Urt. v. 9. 11. 2010 – B 4 AS 78/10 R, Rn. 20 ff., JAmt 2011, S. 226 ff.). Auch wenn durch die tatsächliche Leistung des Unterhalts erst Hilfebedürftigkeit des Unterhaltsverpflichteten eintritt, kann ein Außerbetrachtlassen der Unterhaltsverpflichtung nicht aus seiner Pflicht zur Eigenaktivität nach § 2 Abs. 1 S. 1 bzw. dem Subsidiaritätsgrundsatz des § 3 Abs. 3 abgeleitet werden, weil § 11 b Abs. 1 S. 1 Nr. 7 eine entsprechende Gestaltungsform ausdrücklich zulässt (BSG, Urt. v. 9. 11. 2010 – B 4 AS 78/10 R, Rn. 20 ff., JAmt 2011, S. 226 ff, wobei das BSG offen gelassen hat, inwieweit § 2 Abs. 1 S. 1 bzw. § 3 Abs. 3 eine von den weiteren Vorschriften des SGB II unabhängige Sanktions- bzw Kürzungsmöglichkeit entnommen werden kann; siehe dazu auch § 11, Rn. 4).

Im Zusammenhang mit der Regelung des § 11 Abs. 2 S. 1 Nr. 7 a. F. hat das BSG klargestellt, dass **freiwillige Zahlungen zur Tilgung von Schulden** nicht vom Einkommen abgesetzt werden können (BSG, Urt. v. 19. 9. 2008 – B 14/7 b AS 10/07 R, SozR 4–4200 § 11 Nr. 18, Rn. 25; vgl. auch Mecke in Eicher/Spellbrink, § 11, Rn. 29), dabei aber offen gelassen, ob die Vorschrift abschließend ist oder ob auch aus anderen Gründen bestehende und titulierte Ansprüche oder gepfändete oder auf andere Weise der Disposition entzogene Einkommensteile das zu berücksichtigende Einkommen mindern können (vgl. auch BSG, Beschluss vom 1. 7. 2009 – B 4 AS 17/09 B, Rn. 14).

IX. Bereits im Rahmen der Ausbildungsförderung nach dem BAföG oder SGB III berücksichtigtes Einkommen (Abs. 1 S. 1 Nr. 8)

35 § 11 b Abs. 1 S. 1 Nr. 8 regelt schließlich einen Absetzbetrag für den Fall der Berücksichtigung von Einkommen im Rahmen der Berechnung von Leistungen der Ausbildungsförderung für Kinder. Voraussetzung ist, dass Einkommen eines erwerbsfähigen Leistungsberechtigten – gleich welcher Art – bei der Berechnung von Leistungen der Ausbildungsförderung nach dem BAföG, der Berufsausbildungsbeihilfe oder dem Ausbildungsgeld nach §§ 71, 108 SGB III berücksichtigt wurde. Der Gesetzgeber geht hierbei davon aus, dass das Ergebnis der Einkommensberücksichtigung in der Ausbildungsförderung in etwa die unterhaltsrechtlich zustehenden (und damit einklagbaren) Ansprüche widerspiegelt (vgl. Hengelhaupt in Hauck/Noftz, § 11, Rn. 542 unter Bezugnahme auf BT-Drucksache 16/1410, S. 20 f. zu Art. 1 Nr. 9 Buchstabe a), Stand: 06/2010). Die Höhe des abzusetzenden Betrags ist auf das im Förderbescheid ausgewiesene, berücksichtigte Einkommen begrenzt. Maßgeblich ist der tatsächlich im Bescheid berücksichtigte Betrag. Der Bescheid entfaltet insofern Feststellungswirkung (Mecke in Eicher/Spellbrink § 11, Rn. 131 unter Hinweis auf BSG, Urt. v. 19. 3. 1998 – B 7 AL 86/96 R, SozR 3–4100 § 112 Nr. 29, Rn. 21).

§ 12 Zu berücksichtigendes Vermögen

(1) Als Vermögen sind alle verwertbaren Vermögensgegenstände zu berücksichtigen.

(2) ¹Vom Vermögen sind abzusetzen

1. ein Grundfreibetrag in Höhe von 150 Euro je vollendetem Lebensjahr für jede in der Bedarfsgemeinschaft lebende volljährige Person und deren Partnerin oder Partner, mindestens aber jeweils 3.100 Euro; der Grundfreibetrag darf für jede volljährige Person und ihre Partnerin oder ihren Partner jeweils den nach Satz 2 maßgebenden Höchstbetrag nicht übersteigen,
1 a. ein Grundfreibetrag in Höhe von 3.100 Euro für jedes leistungsberechtigte minderjährige Kind,
2. Altersvorsorge in Höhe des nach Bundesrecht ausdrücklich als Altersvorsorge geförderten Vermögens einschließlich seiner Erträge und der geförderten laufenden Altersvorsorgebeiträge, soweit die Inhaberin oder der Inhaber das Altersvorsorgevermögen nicht vorzeitig verwendet,
3. geldwerte Ansprüche, die der Altersvorsorge dienen, soweit die Inhaberin oder der Inhaber sie vor dem Eintritt in den Ruhestand aufgrund einer unwiderruflichen vertraglichen Vereinbarung nicht verwerten kann und der Wert der geldwerten Ansprüche 750 Euro je vollendetem Lebensjahr der erwerbsfähigen leistungsberechtigten Person und deren Partnerin oder Partner, höchstens jedoch jeweils den nach Satz 2 maßgebenden Höchstbetrag nicht übersteigt,

4. ein Freibetrag für notwendige Anschaffungen in Höhe von 750 Euro für jeden in der Bedarfsgemeinschaft lebenden Leistungsberechtigten.

²Bei Personen, die
1. vor dem 1. Januar 1958 geboren sind, darf der Grundfreibetrag nach Satz 1 Nummer 1 jeweils 9.750 Euro und der Wert der geldwerten Ansprüche nach Satz 1 Nummer 3 jeweils 48.750 Euro,
2. nach dem 31. Dezember 1957 und vor dem 1. Januar 1964 geboren sind, darf der Grundfreibetrag nach Satz 1 Nummer 1 jeweils 9.900 Euro und der Wert der geldwerten Ansprüche nach Satz 1 Nummer 3 jeweils 49.500 Euro,
3. nach dem 31. Dezember 1963 geboren sind, darf der Grundfreibetrag nach Satz 1 Nummer 1 jeweils 10.050 Euro und der Wert der geldwerten Ansprüche nach Satz 1 Nummer 3 jeweils 50.250 Euro

nicht übersteigen.

(3) ¹Als Vermögen sind nicht zu berücksichtigen
1. angemessener Hausrat,
2. ein angemessenes Kraftfahrzeug für jede in der Bedarfsgemeinschaft lebende erwerbsfähige Person,
3. von der Inhaberin oder dem Inhaber als für die Altersvorsorge bestimmt bezeichnete Vermögensgegenstände in angemessenem Umfang, wenn die erwerbsfähige leistungsberechtigte Person oder deren Partnerin oder Partner von der Versicherungspflicht in der gesetzlichen Rentenversicherung befreit ist,
4. ein selbst genutztes Hausgrundstück von angemessener Größe oder eine entsprechende Eigentumswohnung,
5. Vermögen, solange es nachweislich zur baldigen Beschaffung oder Erhaltung eines Hausgrundstücks von angemessener Größe bestimmt ist, soweit dieses zu Wohnzwecken behinderter oder pflegebedürftiger Menschen dient oder dienen soll und dieser Zweck durch den Einsatz oder die Verwertung des Vermögens gefährdet würde,
6. Sachen und Rechte, soweit ihre Verwertung offensichtlich unwirtschaftlich ist oder für den Betroffenen eine besondere Härte bedeuten würde.

²Für die Angemessenheit sind die Lebensumstände während des Bezugs der Leistungen zur Grundsicherung für Arbeitsuchende maßgebend.

(4) ¹Das Vermögen ist mit seinem Verkehrswert zu berücksichtigen. ²Für die Bewertung ist der Zeitpunkt maßgebend, in dem der Antrag auf Bewilligung oder erneute Bewilligung der Leistungen der Grundsicherung für Arbeitsuchende gestellt wird, bei späterem Erwerb von Vermögen der Zeitpunkt des Erwerbs. ³Wesentliche Änderungen des Verkehrswertes sind zu berücksichtigen.

Übersicht

	Rn.
A. Begriff des Vermögens in § 12 Abs. 1	1
I. Die zum Vermögen gehörenden Gegenstände	1
II. Die Verwertbarkeit von Vermögen	4
B. Vermögensfreibeträge gemäß § 12 Abs. 2	8
I. Allgemeines	8
II. Grundfreibetrag gemäß § 12 Abs. 2 S. 1 Nr. 1 iVm S. 2	9
III. Grundfreibetrag für Kinder gemäß § 12 Abs. 2 S. 1 Nr. 1a	11
IV. Gefördertes Altersvorsorgevermögen gemäß § 12 Abs. 2 S. 1 Nr. 2	12
V. Sonstiges Altersvorsorgevermögen gemäß § 12 Abs. 2 S. 1 Nr. 3 iVm Abs. 2 S. 2	13
VI. Freibetrag für notwendige Anschaffungen gemäß § 12 Abs. 2 S. 1 Nr. 4	16
C. Nicht zu berücksichtigende Vermögensgegenstände gemäß § 12 Abs. 3	17
I. Allgemeines	17
1. Verhältnis der Vermögensprivilegierung des § 12 zueinander	17
2. Der Maßstab der Angemessenheit gemäß § 12 Abs. 3 S. 2	18
II. Angemessener Hausrat gemäß § 12 Abs. 3 S. 1 Nr. 1	20
III. Angemessenes Kraftfahrzeug gemäß § 12 Abs. 3 S. 1 Nr. 2	21
IV. Zur Altersvorsorge bestimmte Vermögensgegenstände bei Befreiung von der Rentenversicherungspflicht gemäß § 12 Abs. 3 S. 1 Nr. 3	23
V. Selbst genutzte Immobilie gemäß § 12 Abs. 3 S. 1 Nr. 4	26
VI. Vermögen zur Befriedigung der Wohnbedürfnisse behinderter oder pflegebedürftiger Menschen gemäß § 12 Abs. 3 S. 1 Nr. 5	31
VII. Gegenstände für Berufsausbildung oder Erwerbstätigkeit gem § 7 Abs. 1 Alg II–V	34
VIII. Offensichtliche Unwirtschaftlichkeit der Verwertung gemäß § 12 Abs. 3 S. 1 Nr. 6 1. Alt.	35
IX. Besondere Härte der Verwertung gemäß § 12 Abs. 3 S. 1 Nr. 6 2. Alt.	40
D. Zugrundelegung des Verkehrswertes gemäß § 12 Abs. 4	43

A. Begriff des Vermögens (Abs. 1)

I. Die zum Vermögen gehörenden Gegenstände

1   Mit Wirkung zum 1. 1. 2011 bzw. 1. 4. 2011 wurden durch das Gesetz zur Ermittlung von Regelbedarfen und zur Änderung des Zweiten und Zwölften Buches Sozialgesetzbuch vom 24. 3. 2011 (BGBl. I. S. 453) umfangreiche Änderungen der Regelungen des SGB II vorgenommen. Die Vorschrift des § 12 blieb dabei aber im Wesentlichen **unverändert**. Der Gesetzgeber hat insoweit lediglich den Begriff der oder des Leistungsberechtigten redaktionell angepasst (BT-Drs. 17/3404, S. 95 zu § 12). Daher kann als Vermögen unter Bezug auf die Rechtsprechung des BSG zur Alhi auch weiterhin die Gesamtheit bzw. der **Bestand an Sachen** oder **Rechten** in **Geld oder Geldeswert** in der Hand des jeweils Berechtigten definiert werden (BSG, Urt. v. 11. 2. 1976 – 7 RAr 159/74, BSGE 41, 187, 188; BSG, Urt. v. 8. 6. 1989 – 7 RAr 34/88, SozR 4100 § 138 Nr. 25; BSG, Urt. v. 12. 5. 1993 – 7 RAr 56/92, BSGE 72, 248, 250 = SozR 3–4100 § 137 Nr. 49; BSG, Urt. v. 2. 11. 2000 – B 11 AL 35/00, BSGE 87, 143 = SozR 3–4220 § 6 Nr. 8; vgl. ferner Hänlein in Gagel, § 12, Rn. 17; Stand 07/10; Mecke in Eicher/Spellbrink, § 12 Rn. 13). Hierzu gehören dementsprechend Sachen, Sachgesamtheiten und Rechte, also Immobilien, Kunstgegenstände, Guthaben auf Konten, Forderungen etc. soweit sie nicht gemäß § 12 Abs. 3 unverwertbar sind. Im Unterschied zum Vermögen ist Einkommen alles, was dem Hilfeberechtigten nach Antragstellung (§ 37) zufließt (vgl. § 11 Rn. 5 ff.), was er mithin vor Antragstellung noch nicht hatte (vgl. hierzu auch jüngst BSG, Urt. v. 24. 2. 2011 – B 14 AS 45/09 R). Ob die Vermögensgegenstände dem Antragsteller „gehören", richtet sich grundsätzlich nach den zivilrechtlichen Vorschriften. Es ist unerheblich, ob die Gegenstände unentgeltlich erworben wurden. Ausschlaggebend ist allein, ob den Gegenständen aktuell ein Verkehrswert (vgl. § 12 Abs. 4) zukommt. Wird ein bisher (geschützter) Vermögensgegenstand veräußert, so sind die aus der Veräußerung zufließenden Geldmittel formal betrachtet Einkommen iSd § 11. Andererseits findet keine Werterhöhung statt, vielmehr wird lediglich Vermögen umgeschichtet (vgl. auch Hengelhaupt in Hauck/Noftz K § 12, Rn. 71, Stand 09/2008). Wird etwa ein geschützter PKW mit einem Wert von 5.000 Euro verkauft, so ist der Betrag von 5.000 Euro weiterhin Vermögen, nimmt aber natürlich nicht mehr am Schutz des § 12 Abs. 3 S. 1 Nr. 2 teil (vgl. hierzu BSG, Urt. v. 6. 9. 2007 – B 14/7b AS 66/06 R, SozR 4–4200 § 12 Nr. 5 sowie zur Frage der Einordnung einer Erbschaft – § 1922 BGB – als Vermögen einerseits und eines Vermächtnisanspruches gegen den Nachlass – § 1939 BGB – als Einkommen andererseits: BSG, Urt. v. 24. 2. 2011 – B 14 AS 45/09 R und zur Einordnung eines Vertrages zugunsten Dritter – § 328 BGB –: BSG, Urt. v. 28. 10. 2009 – B 14 AS 62/08 R, SGb 2009, S. 713). Werden hingegen aus Vermögen Zinseinnahmen erzielt, so sind diese Einkommen i. S d. § 11 (vgl. BSG, Urt. v. 30. 9. 2008 – B 4 AS 57/07 R mit Anmerkung Jaritz, jurisPR–SozR 16/2009 Anm. 3, SozR 4–4200 § 11 Nr. 16 = FEVS 60, S. 392 ff.).

2   Als Vermögen ist die Summe der **aktiven Vermögenswerte** zu betrachten (BSG, Urt. v. 2. 11. 2000 – B 11 AL 35/00 R = BSGE 87, 143 = SozR 3–4220 § 6 Nr. 8; BSG, Urt. v. 18. 2. 2010 – B 4 AS 28/09 R, Rn. 22, info also 2010, S. 186). Eine **Bilanzierung mit** den vorhandenen **Schulden** scheidet auf der Stufe des zu ermittelnden Vermögens zwar regelmäßig aus. Hierzu wird vertreten, im Rahmen der fürsorgerechtlichen Grundsätzen gehorchenden Grundsicherung für Arbeitsuchende könne kein Vermögensbegriff gelten, der von vorneherein auf eine Saldierung von Aktiva und Passiva abstelle (Mecke in Eicher/Spellbrink § 12, Rn. 14; Radüge in JurisPK § 12 Rn. 34) und kritisiert, dass das BSG teilweise unmittelbar auf dem Vermögen liegende Belastungen (Hypotheken auf Hausgrundstück: BSG, Urt. v. 25. 3. 1999 – B 7 AL 28/98 R, BSGE 84, 48, 53 = SozR 3–4200 § 6 Nr. 8; kreditfinanzierter Erwerb des Vermögensgegenstands: BSG, Urt. v. 21. 11. 2002 – B 11 AL 10/02, SozR 3–4220 § 6 Nr. 9; Rückgabeanspruch eines deliktisch erworbenen Kfz: BSG, Urt. v. 6. 4. 2000 – B 11 AL 31/99 R, SozR 3–4100 § 137 Nr. 12) bei der Ermittlung des Vermögensbestands berücksichtigt hat (Mecke a. a. O.). Die Berücksichtigung von Verbindlichkeiten bei der Feststellung vorhandener Vermögenswerte ist jedenfalls geboten, wenn eine Verbindlichkeit unmittelbar auf dem fraglichen Vermögensgegenstand (z. B. eine auf einem Grundstück eingetragene Hypothek) lastet, da der Vermögensgegenstand in diesem Fall nicht ohne Abzüge veräußert werden kann (BSG, Urt. v. 15. 4. 2008 – B 14/7b AS 52/06 R, Rn. 39, FEVS 60, S. 297 ff.). Letztlich ist dies aber von untergeordneter Bedeutung, weil nach § 12 Abs. 4 S. 1 das Vermögen ohnehin mit seinem Verkehrswert zu berücksichtigen ist. Der **aktuelle Verkehrswert** des Vermögensgegenstands für den erwerbsfähigen Leistungsberechtigten wird gerade durch die Schuldenbelastung mitbestimmt, so dass eine Berücksichtigung des Vermögens immer nur in Höhe seines Verkehrswertes erfolgen kann. Hier ist dann doch eine Vermögensbilanzierung vorzunehmen, wobei gemäß § 12 Abs. 4 S. 3 wesentliche Änderungen des Verkehrswertes zu berücksichtigen sind (siehe unten Rn. 45).

3   Fiktives Vermögen kann nicht berücksichtigt werden. Es geht jeweils um das aktuell und tatsächlich vorhandene Vermögen, das für den erwerbsfähigen Leistungsberechtigten verwertbar ist. Hat der Antragsteller sein zuvor vorhandenes Vermögen verschleudert (etwa seinen Lottogewinn „verprasst" – hierzu BSG, Urt. v. 4. 9. 1979 – 7 RAr 63/78, SozR 4100 § 134 Nr. 16), so kann ihm dies allenfalls

im Rahmen einer Absenkungsentscheidung gemäß § 31 Abs. 2 Nr. 1 entgegengehalten werden. Auch vor Beginn des Leistungsbezugs verschenkte Gegenstände gehören nicht mehr zum aktuellen Vermögensbestand. Allerdings ist hier der Wert des Rückforderungsanspruchs des verarmten Schenkers gemäß § 528 BGB ggf. als Vermögenswert zu berücksichtigen (hierzu Mecke in Eicher/Spellbrink, § 12, Rn. 24). Vereinzelte Schenkungen bis zur Höhe des maßgeblichen Regelsatzes gemäß § 20 Abs. 2 sollen nach 1.1 Abs. 3 zu § 12 der Durchführungshinweise der BA unberücksichtigt bleiben. Nicht als Vermögen gelten nicht realisierte Unterhaltsansprüche, was aus der Sonderregelung des § 33 folgt. Macht der Anspruchsteller geltend, der Vermögensgegenstand gehöre nicht ihm (sog. Treuhandfälle), so sind die rechtlichen Verhältnisse am Konto (der Forderung) jeweils genau zu ermitteln (i. E. auch Mecke in Eicher/Spellbrink, § 12, Rn. 26 ff.). Im Rahmen der Alhi hat das BSG für den Fall **verdeckter fremdnütziger Treuhand** die Zugehörigkeit zum Vermögen des Treuhänders nicht automatisch bejaht (Anspruchsteller verwalten Konto für den Bruder, ohne dies gegenüber der Bank offenzulegen (BSG, Urt. v. 24. 5. 2006 – B 11a AL 7/05 R, SozR 4–4220 § 6 Nr. 4, Rn. 24: der Arbeitslose müsse sich nicht gemäß § 771 ZPO am „Rechtsschein der Kontoinhaberschaft" festhalten lassen; vgl. für die Anwendbarkeit dieses Grundsatzes im Recht des SGB II: LSG Nordrhein-Westfalen, Beschl. vom 17. 7. 2008 – L 20 B 42/08 AS, L 20 B 32/08 AS ER, ASR 2008, S. 216 ff.). Legt der Antragsteller eigenes Vermögen auf Sparbüchern auf den Namen Dritter (etwa seiner minderjährigen Kinder) an, so bleibt dieses Sparbuch Vermögen des erwerbsfähigen Leistungsberechtigten, solange er sich den Besitz am Buch vorbehält und dem Dritten kein eigenes Forderungsrecht gegenüber der Bank einräumt (zum BSHG OVG Sachsen, Urt. v. 30. 10. 1997 – 2 S 235/95, FEVS 48, S. 199).

II. Die Verwertbarkeit von Vermögen

Vermögen ist verwertbar, wenn es für den Lebensunterhalt verwendet oder sein Geldwert durch Verbrauch, Verkauf, Beleihung, Vermietung oder Verpachtung für den Lebensunterhalt in dem Zeitraum, in dem Hilfebedürftigkeit besteht, nutzbar gemacht werden kann (Radüge, JurisPK § 12 Rn. 37). Es geht also bei der Verwertung von Vermögen um die **Umwandlung eines Vermögensgegenstands in Geld,** das dann seinerseits verbraucht werden kann (i. E. Hänlein in Gagel, § 12, Rn. 28). Grundsätzlich steht es dem Leistungsberechtigten frei, welche von mehreren Verwertungsarten er wählt. Allerdings muss er den höchstmöglichen Deckungsbetrag erzielen (so wohl BSG, Urt. v. 16. 5. 2007 – B 11 b AS 37/06 R, SozR 4–4200 § 12 Nr. 4, Rn. 28). 4

Der Begriff der Verwertbarkeit ist ein rein formaler (etwas missverständlich aber Mecke in Eicher/Spellbrink § 12 Rn. 30: rein „wirtschaftliche" Betrachtungsweise). Es geht bei der Frage der Verwertbarkeit nur darum, ob der Gegenstand in rechtlich zulässiger Weise **„versilbert"** werden kann, was etwa nicht der Fall ist, wenn Sachen oder Rechte Verfügungsbeschränkungen unterliegen. Fragen des wirtschaftlichen Verlusts bei der Verwertung und der Zumutbarkeit (Härte) sind ausschließlich im Rahmen des § 12 Abs. 3 S. 1 Nr. 6 (siehe unten Rn. 35 ff.) zu berücksichtigen. Dort kann ein grundsätzlich verwertbarer Gegenstand iSd § 12 Abs. 1 unter wirtschaftlichen bzw. Zumutbarkeitsgesichtspunkten wieder von der Verwertungspflicht ausgenommen werden (zur Verwertbarkeit von **Erbteilen** eines Miterben: BSG, Urt. v. 27. 1. 2009 – B 14 AS 42/07 R, SozR 4–4200 § 12 Nr. 12 mit Anmerkung Radüge, jurisPR-SozR 7/2010 Anm. 1 und B 14 AS 52/07 R, SGb 2009, S. 153 ff.; vgl. zur Einordnung einer Erbschaft als Vermögen auch oben Rn. 1 a. E.; zur Verwertbarkeit **künftig fällig werdender Forderungen** vgl. BSG, Urt. v. 30. 8. 2010 – B 4 AS 70/09 R, SGb 2010, S. 593). 5

Verwertet der Antragsteller sein Vermögen nicht, obwohl dies gemäß § 12 geboten ist, so steht ihm so lange kein Anspruch auf Grundsicherungsleistungen zu, bis die Verwertung erfolgt. Einen „normativen Verbrauch" des Vermögens gibt es – anders etwa als unter Geltung von § 9 AlhiV (vgl. hierzu BSG, Urt. v. 9. 12. 2004 – B 7 AL 30/04 R, SozR 4–4300 § 193 Nr. 2) – nicht mehr. Nach dieser Norm war nämlich eine doppelte Berücksichtigung von Vermögen nicht möglich und man konnte durch Zeitablauf (Nicht- Geltendmachung von Alhi für eine dem umgerechneten Vermögen entsprechende Anzahl von Wochen) wieder einen Alhi – Anspruch (unter Erhalt des dann – lediglich – „normativ verbrauchten" Vermögens) erwerben. Das BSG hat inzwischen klargestellt, dass diese Grundsätze zu § 12 nicht gelten und betont, dass weder das SGB II noch die Alg II-V (abgedruckt unter § 13) eine Vorschrift enthalten würden, die der wiederholten Berücksichtigung von Vermögen entgegenstehe. Der in § 2 Abs. 1 und 3 sowie § 9 Abs. 1 statuierte Grundsatz der Subsidiarität spreche vielmehr dafür, dass tatsächlich vorhandenes Vermögen bis zu den in § 12 vorgegebenen Grenzen zu berücksichtigen sei (BSG, Beschl. vom 30. 7. 2008 – B 14 AS 14/08 B). 6

Die Verwertbarkeit von Vermögen hat weiterhin eine **zeitliche Komponente.** Dabei ist der rechtliche Zusammenhang mit § 9 Abs. 4 zu berücksichtigen (s. dort Rn. 15). Hiernach ist auch hilfebedürftig, wer sich über berücksichtigungsfähiges Vermögen verfügt, dessen sofortige Verwertung oder Verbrauch aber eine besondere Härte bedeuten würde (Folge: Darlehensgewährung gemäß § 23 Abs. 5). Mithin ist zwischen (a) sofort verwertbarem Vermögen, (b) Vermögen, dessen Verwertung nicht sofort möglich ist und (c) Vermögen, dessen Verwertung von einer so ungewissen Bedingung 7 abhängt, dass schon keine Verwertbarkeit iSd § 12 Abs. 1 vorliegt, zu unterscheiden. Das BSG hat im Falle eines mit einem **lebenslangen Nießbrauchsrecht** zu Gunsten der Mutter des Klägers am Hausgrundstück die Verwertbarkeit dieses Hauses bereits im Rahmen des § 12 Abs. 1 verneint, weil feststand, dass das Haus erst verwertbar war (einen Verkehrswert hatte), wenn die Mutter stirbt und damit der Nießbrauch erlischt. Damit hing die Verwertbarkeit aber von einem so völlig ungewissen Bedingungseintritt ab, dass nicht davon ausgegangen werde konnte, dass überhaupt verwertbares Vermögen vorlag (BSG, Urt. v. 6. 12. 2007 – B 14/7 b AS 46/06 R = SozR 4–4200 § 12 Nr. 6). Das BSG hat später klargestellt, dass maßgebend für die Prognose, dass ein rechtliches oder tatsächliches Verwertungshindernis wegfällt, im Regelfall der Zeitraum ist, für den die Leistungen bewilligt werden, also der sechsmonatige Bewilligungszeitraum des § 41 Abs. 1 S. 4 (Urt. v. 27. 1. 2009 – B 14 AS 42/07 R, SozR 4–4200 § 12 Nr. 12 = SGb 2010, S. 53 ff. sowie Urt. v. 6. 5. 2010 – B 14 AS 2/09 R = FamRZ 2010, S. 1729 ff.). Für diesen Zeitraum muss im Vorhinein eine Prognose getroffen werden, ob und welche Verwertungsmöglichkeiten bestehen, die geeignet sind, Hilfebedürftigkeit abzuwenden. Eine Festlegung für darüber hinaus gehende Zeiträume ist demgegenüber nicht erforderlich und wegen der Unsicherheiten, die mit einer langfristigen Prognose verbunden sind, auch nicht geboten. Nach Ablauf des jeweiligen Bewilligungszeitraumes ist bei fortlaufendem Leistungsbezug erneut und ohne Bindung an die vorangegangene Einschätzung zu überprüfen, wie für einen weiteren Bewilligungszeitraum die Verwertungsmöglichkeiten zu beurteilen sind (BSG, Urt. v. 27. 1. 2009 – B 14 AS 42/07 R, Rn. 23, SozR 4–4200 § 12 Nr. 12 = SGb 2010, S. 53 ff.). Eine nur gegenwärtige Unverwertbarkeit mit der Folge der lediglich darlehensweisen Gewährung von Leistungen (§ 24 Abs. 5) liegt vor, wenn bei einem sicheren Zeitablauf (insbesondere also etwa bei einer Befristung) der Eintritt der Bedingung klar berechenbar ist. Dann ist es auch gerechtfertigt, Leistungen ggf. bis zu einem weit in der Zukunft liegenden – klar berechenbaren – Zeitpunkt als Darlehen zu gewähren. Jedenfalls dürfte es mit der Aktualität der Hilfebedürftigkeit aber – anders als in den Fällen eines klar berechenbaren Zeitpunktes – nicht vereinbar sein, über Jahre hinweg im Hinblick auf § 24 Abs. 5 Leistungen als Darlehen zu gewähren. Im Übrigen kann jedoch nicht schon ohne weitere Feststellungen allein der Umstand, dass ein Nießbrauchsrecht auf einem Haus lastet, den Grundsicherungsträger (und die Tatsachengerichte) von der Prüfung der tatsächlichen Verwertbarkeit eines von dem Leistungsberechtigten nicht selbst bewohnten Hausgrundstücks entbinden (BSG, Urt. v. 18. 2. 2010 – B 4 AS 5/09 R, Rn. 12, info also 2010, S. 185).

B. Vermögensfreibeträge (Abs. 2)

I. Allgemeines

8 § 12 Abs. 2 normiert vom Vermögen abzusetzende Freibeträge. In § 12 Abs. 3 sind hingegen einzelne Gegenstände privilegiert, die überhaupt nicht zu verwerten sind (etwa ein angemessener Hausrat gemäß § 12 Abs. 3 S. 1 Nr. 1). Ist ein bestimmter Hausratsgegenstand aber verwertbar (nicht geschützt gemäß § 12 Abs. 3 S. 1 Nr. 1) und stellt er das einzige Vermögen des Leistungsberechtigten dar, so können die Freibeträge des § 12 Abs. 2 Nr. 1 auf diesen Gegenstand angelegt werden. Ein **Kombinationsverbot** zwischen den Freibeträgen nach § 12 Abs. 2 und den privilegierten Vermögensgegenständen nach § 12 Abs. 3 besteht nicht (anders jedoch – mit unzutreffender Begründung – der frühere 11 b. Senat des BSG, Urt. v. 16. 5. 2007 – B 11 b AS 37/06 R, = 4–4200 § 12 Nr. 4, Rn. 45; zutreffend später: BSG, Urt. v. 6. 9. 2007 – B 14/7 b AS 66/06 R, SozR 4–4200 § 12 Nr. 5, Rn. 19; zustimmend Hengelhaupt in Hauck/Noftz K § 12, Rn. 131, Stand: 09/2008). Anderenfalls würde man Leistungsempfänger zum „Versilbern" von Vermögensgegenständen zwingen, deren Erlös in Geld dann aber gemäß § 12 Abs. 2 Nr. 1 wegen Nichterreichens der Freibetragsgrenze wieder geschützt wäre. Die **Freibeträge** nach § 12 Abs. 2 sind **kumulativ,** also jeweils in voller Höhe nebeneinander vom Vermögen abzusetzen.

II. Grundfreibetrag (Abs. 2 S. 1 Nr. 1 iVm S. 2)

9 Nach § 12 Abs. 2 S. 1 Nr. 1 ist zunächst vom Vermögen der in der Bedarfsgemeinschaft lebenden volljährigen Person und dessen Partner ein Grundfreibetrag in Höhe von **150 Euro je vollendetem Lebensjahr,** jedoch mindestens in Höhe von 3.100 Euro abzusetzen. Der Mindestfreibetrag von 3.100 Euro wird also überschritten, sobald der jeweilige Leistungsberechtigte das 21. Lebensjahr vollendet hat. Der Freibetrag steigt dann mit zunehmendem Alter. Mit Wirkung zum 1. 1. 2008 wurde durch § 12 Abs. 2 S. 2 der Anhebung der Altersgrenzen in der Rentenversicherung Rechnung getragen. Nunmehr beträgt der Höchstbetrag für vor dem 1. 1. 1958 Geborene jeweils 9.750 Euro, für nach dem 31. 12. 1957 und vor dem 1. 1. 1964 Geborene 9.900 Euro und für nach dem 31. 12. 1963 Geborene jeweils 10.050 Euro (vgl. Abs. 2 S. 2 Nr. 1 bis 3). Vollendet ein Antragsteller während des Leistungsbezuges ein weiteres Lebensjahr (Anwendung der §§ 187, 188 BGB), so steht ihm jeweils ab diesem Zeitpunkt (Geburtstag 1. 9.: Vollendung des Lebensjahres am 31. 8.) ein weiterer Freibetrag von 150 Euro zu (wesentliche Änderung iSd § 48 Abs. 1 S. 1 SGB X). Hat nur der eine Partner Ver-

mögen, so kann er den Freibetrag seines vermögenslosen Partners mit ausschöpfen. Insofern sind die Grundfreibeträge zu addieren und dem Gesamtvermögen gegenüberzustellen (vgl. auch § 9 Abs. 2 S. 1).

Für Personen, die vor dem 1. 1. 1948 geboren sind, wird nach der **Übergangsvorschrift des § 65 Abs. 5** iVm § 4 Abs. 2 S. 2 AlhiV ein höherer Freibetrag von 520 Euro je Lebensjahr eingeräumt, insgesamt also maximal 33.800 Euro. Dies gilt aber bei Partnern nur für den jeweiligen Partner, der vor dem Stichtag geboren wurde und ist nicht auf Ehepaare bezogen zu verstehen, so dass es ausreichen könnte, wenn nur einer der Partner vor dem Stichtag geboren wäre. Verfassungsrechtliche Probleme hinsichtlich dieser Stichtagsregelung bestehen nicht (BSG, Urt. v. 28. 11. 2007 – B 11a AL 59/06 R = SozR 4–4220 § 4 Nr. 2; ebenso BSG, Urt.e vom 15. 4. 2008 – B 14 AS 27/07 R, Rn. 22 ff., info also 2008, 278 f.; B 14/7b AS 52/06 R, Rn. 17 f., FEVS 60, S. 297 ff. sowie B 14/7b AS 56/06 R, Rn. 25, info also 2008, S. 278 f.). 10

Im Rahmen der Prüfung, ob Schulden zur Beseitigung von Wohnungslosigkeit oder einer vergleichbaren Notlage durch den Leistungsträger zu übernehmen sind, ist gemäß § 22 Abs. 8 S. 3 Vermögen im Umfang des Grundfreibetrages und des Freibetrages für notwendige Anschaffungen gemäß § 12 Abs. 2 S. 1 Nr. 4 (vgl. dazu unten Rn. 16) vorrangig einzusetzen (BSG, Urt. v. 17. 6. 2010 – B 14 AS 58/09 R, Rn. 33, SGb 2010, S. 483). 10a

III. Grundfreibetrag für Kinder (Abs. 2 S. 1 Nr. 1 a)

§ 12 Abs. 2 S. 1 Nr. 1 a ist kein Kinderfreibetrag, der additiv zu den Freibeträgen nach § 12 Abs. 2 S. 1 Nr. 1 beim Vorhandensein von Kindern in der Bedarfsgemeinschaft für alle Mitglieder der Bedarfsgemeinschaft geltend gemacht werden kann. Der Grundfreibetrag von 3.100 Euro steht **nur dem hilfebedürftigen minderjährigen Kind** und **für dessen Vermögen** zu (BSG, Urt. v. 13. 5. 2009 – B 4 AS 58/08 R, SozR 4–4200 § 12 Nr. 13, BSGE 103, 153 ff. und B 4 AS 79/08 [Parallelentscheidung]). Nach Auffassung des BSG ließe zwar der Wortlaut der Vorschrift auch eine andere Auslegung zu. Entstehungsgeschichte, Systematik sowie der Sinn und Zweck der Regelung sprächen jedoch dafür, dass der Freibetrag nach § 12 Abs 2. S. 1 Nr. 1 a nur dem jeweiligen Kind zu Gute kommen soll, soweit es Vermögen hat. Es geht also ausschließlich um die Schonung des Vermögens des minderjährigen Kindes, das sein Vermögen nicht zu Gunsten der Eltern einsetzen muss (vgl. dazu auch Spellbrink/Becker, § 9, Rn. 8). Eine Übertragung des Grundfreibetrages für Kinder auf die erwachsenen Mitglieder der Bedarfsgemeinschaft ist ebenso wenig möglich, wie eine Erhöhung des Kinderfreibetrags durch Übertragung von den Eltern (Hengelhaupt in Hauck/Noftz K § 12, Rn. 139 h, Stand: 09/2008; Mecke in Eicher/Spellbrink, § 11, Rn. 42; Radüge in Juris PK § 12, Rn. 57 ff.). Das Vermögen, das unter § 12 Abs. 2 S. 1 Nr. 1 a fällt, muss folglich rechtlich und wirtschaftlich eindeutig dem Kind zuordenbar sein. Der Kindergrundfreibetrag steht mit dem Tag der Geburt in voller Höhe zu. 11

IV. Gefördertes Altersvorsorgevermögen (Abs. 2 S. 1 Nr. 2)

Durch § 12 Abs. 2 S. 1 Nr. 2 wird das nach Bundesrecht ausdrücklich zur Altersvorsorge geförderte Vermögen geschützt. Dies gilt einschließlich der Erträge und der geförderten laufenden Altersvorsorgebeiträge. Die Gesetzesmaterialien verweisen ausdrücklich auf die **„Riester-Anlageformen"** (BT-Drs. 15/1516, S. 53), also das nach § 10 a oder dem XI. Abschnitt des EStG geförderte Altersvorsorgevermögen. Die sog. Rürup-Rente fällt folglich nicht unter § 12 Abs. 2 S. 1 Nr. 2 (so Mecke in Eicher/Spellbrink § 12, Rn. 44). Um ein nach Bundesrecht gefördertes Altersvorsorgevermögen handelt es sich nur, wenn ein nach § 5 Altersvorsorgeverträge-Zertifizierungsgesetz zertifizierter Altersvorsorgevertrag vorliegt. Das § 12 Abs. 2 S. 1 Nr. 2 unterfallende Vermögen ist ohne Begrenzung nach oben geschützt. Eine verfassungswidrige Privilegierung der Riesteranlage gegenüber anderen Sparmethoden für das Alter liegt hierin nicht (so BSG, Urt. v. 15. 4. 2008 – B 14/7b AS 68/06 R, Rn. 19 f., SozR 4–4200 § 12 Nr. 8 = NZS 2009, S. 332 ff.). Eine vorzeitige Verwendung der Anlage lässt den Vermögensschutz entfallen. Das zufließende Kapital dürfte dann weiterhin Vermögen sein (siehe oben Rn. 1, tendenziell ebenso Hengelhaupt in Hauck/Noftz, K § 12, Rn. 146, Stand: 09/2008), ist allerdings nur im Rahmen der allgemeinen Freibeträge des Abs. 2 S. 1 Nr. 1 geschützt. 12

V. Sonstiges Altervorsorgevermögen (Abs. 2 S. 1 Nr. 3 iVm Abs. 2 S. 2)

§ 12 Abs. 2 S. 1 Nr. 3 berücksichtigt, dass die Anlageform der Riester-Rente erst ab 2002 möglich war und privilegiert gewisse Anlagen zur Altersvorsorge. Geschützt sind zunächst nur geldwerte Ansprüche, also Ansprüche, die im allgemeinen Rechts- und Wirtschaftsleben ohne weiteres zu realisieren sind (vgl. hierzu Hengelhaupt in Hauck/Noftz, K § 12, Rn. 149, Stand: 09/2008). Erforderlich ist weiterhin, dass der Inhaber diese vor Eintritt in den Ruhestand auf Grund einer vertraglichen Vereinbarung nicht verwerten kann. Bei Kapitallebensversicherungen fehlte es zumeist an der von § 12 13

Abs. 2 S. 1 Nr. 3 geforderten Nichtverwertbarkeit vor Eintritt in den Ruhestand. Deshalb wurde das **Versicherungsvertragsgesetz** (VVG) entsprechend geändert. § 168 Abs. 3 (zuvor § 165 Abs. 3) sieht jetzt eine **privatrechtliche Vereinbarung** zwischen Versichertem und Versicherungsunternehmen vor, die den Schutz des § 12 Abs. 2 S. 1 Nr. 3 konstitutiv (nicht mit Wirkung für die Vergangenheit) eröffnet (grundlegend BSG, Urt. v. 31. 10. 2007 – B 14/11 b AS 63/06 R, SozR 4–1200 § 14 Nr. 10). Weigert sich ein Arbeitsloser, eine Vereinbarung gemäß § 168 Abs. 3 VVG zu schließen, so kann er nicht unter den Schutzbereich des § 12 Abs. 2 S. 1 Nr. 3 fallen (BSG, Urt. v. 15. 4. 2008 – B 14/7 b AS 68/06 R, Rn. 28 = NZS 2009, S. 332 ff.). Der durch § 12 Abs. 2 S. 1 Nr. 3 statuierte Zwang, die Verwertung einer Lebensversicherung bis zum Eintritt in den Ruhestand auszuschließen, ist auch verfassungsrechtlich nicht zu beanstanden (BSG, a. a. O.). Die Grundsicherungsträger müssen im Rahmen ihrer Hinweis- und Beratungspflichten aber auf die Möglichkeit bzw. die Notwendigkeit einer Vereinbarung gemäß § 168 Abs. 3 VVG hinweisen. Ein **sozialrechtlicher Herstellungsanspruch** scheitert insoweit jedoch regelmäßig, weil eine in der Gestaltungsmacht ausschließlich des Bürgers liegende vertragliche Disposition nicht auf diesem Wege nachgeholt bzw. fingiert werden kann; sie liegt außerhalb des Sozialrechtsverhältnisses (vgl. hierzu BSG, Urt. v. 31. 10. 2007 – B 14/11 b AS 63/06 R, SozR 4–1200 § 14 Nr. 10 sowie BSG, Beschl. vom 16. 12. 2008 – B 4 AS 77/08 B).

14   Anwartschaften, die der betrieblichen Altersvorsorge dienen, erfüllen die Voraussetzungen des Abs. 2 S. 1 Nr. 3, weil idR **vor Eintritt des Versorgungsfalls** keine Möglichkeit besteht, den Versicherungsvertrag zu beleihen, zu verpfänden oder abzutreten. Als maßgeblichen Zeitpunkt für den „Eintritt in den Ruhestand" wird man die **Vollendung des 60. Lebensjahres** ansetzen können (ebenso Hengelhaupt in Hauck/Noftz, K § 12, Rn. 150, Stand: 09/2008; Mecke in Eicher/Spellbrink § 12, Rn. 52), weil dies den frühesten Zeitpunkt für die Möglichkeit Altersrente in Anspruch zu nehmen darstellt. Liegt eine entsprechende (vertragliche) Einschränkung des Vertrags vor, so muss nicht mehr einzeln ermittelt werden, ob der Vertrag auch zur Alterssicherung bestimmt ist (objektiv und subjektiv). Die Frage, ob ein bestimmter Vermögensbestandteil tatsächlich zur Altervorsorge bestimmt ist, war unter Geltung der alten Alhi-V in der Tat zu prüfen (eingehend BSG, Urt. v. 22. 10. 1998 – B 7 AL 118/97 R, BSGE 83, 88, 91 = SozR 3–4220 § 6 Nr. 6; für eine Weiteranwendung dieser Kriterien auch im SGB II offenbar Mecke in Eicher/Spellbrink § 12, Rn. 51), dürfte sich aber bei Vorliegen der Voraussetzungen des § 168 Abs. 3 VVG im Rahmen des Abs. 2 S. 1 Nr. 3 eher erübrigen; was auch der Formulierung des Abs. 2 S. 1 Nr. 3 zeigt, denn dort müssen die privilegierten Gegenstände vom Inhaber (ausdrücklich) für die Altersvorsorge „bestimmt" sein, was eine Fortgeltung der früheren Kriterien aus der Alhi-V nahelegt.

15   Nach § 12 Abs. 2 S. 1 Nr. 3 sind je vollendetem Lebensjahr der erwerbsfähigen leistungsberechtigten Person und seines Partners 750 Euro von dem Vermögen abzusetzen. Übersteigt das gemäß Abs. 2 S. 1 Nr. 3 angelegte Vermögen diesen Freibetrag, kommen zusätzlich die Freibeträge gemäß § 12 Abs. 2 S. 1 Nr. 1 zum Zuge. Andernfalls ist eine Teil-Verwertung angeboten. § 12 Abs. 2 S. 2 schreibt die Höchstbeträge für Freistellungen nach § 12 Abs. 2 S. 1 Nr. 3 differenziert nach Altersstufen vor. Bei Personen, die vor dem 1. 1. 1958 geboren sind, darf der Wert der geldwerten Ansprüche iSd Abs. 2 S. 1 Nr. 3 jeweils 48.750 Euro nicht übersteigen. Für Personen, die nach dem 31. 12. 1957 und vor dem 1. 1. 1964 geboren sind, beträgt der Freibetrag 49.500 Euro und für nach dem 31. 12. 1963 Geborene jeweils 50.250 Euro.

VI. Freibetrag für notwendige Anschaffungen (Abs. 2 S. 1 Nr. 4)

16   Der Freibetrag für notwendige Anschaffungen beträgt für jedes Mitglied der Bedarfsgemeinschaft **750 Euro**. Hier sind Kinder (bzw. Empfänger von Sozialgeld) also wieder eingeschlossen. Dieser Freibetrag korrespondiert mit dem Konzept der pauschalierten und abschließenden Regelleistung in § 20 (BT-Drs. 15/1516, S. 3, 53). Der Bedarfsgemeinschaft (bestehend etwa aus vier Personen = Freibetrag von 3.000 Euro gemäß § 12 Abs. 2 S. 1 Nr. 4) soll es ermöglicht werden, **Rücklagen** für größere Anschaffungen zu bilden, wie etwa für Haushaltsgeräte etc. Diese größeren Anschaffungen sollen im Prinzip aus der Regelleistung angespart werden. Bevor ein Darlehen nach § 24 Abs. 1 für einen solchen (Haushalts-)Gegenstand gefordert werden kann, ist mithin der Freibetrag von 750 Euro einzusetzen. Der Freibetrag von 750 Euro ist allerdings von Beginn des Leistungsbezugs an zu gewähren und nicht erst nach einer (fiktiven) Ansparphase (Mecke in Eicher/Spellbrink § 12, Rn. 55). Im Rahmen der Prüfung, ob Schulden zur Beseitigung von Wohnungslosigkeit oder einer vergleichbaren Notlage durch den Leistungsträger zu übernehmen sind, ist gemäß § 22 Abs. 8 S. 3 vorrangig Vermögen zunächst im Umfang des Grundfreibetrages einzusetzen (vgl. oben Rn. 10 a). Darüber hinaus soll nach Auffassung des BSG in diesen Fällen aber auch der Freibetrag für notwendige Anschaffungen gemäß § 12 Abs. 2 S. 1 Nr. 4 zu berücksichtigen sein, weil dieser Betrag auch und gerade zum Einsatz in unvorhergesehenen Bedarfslagen gedacht und nicht ersichtlich sei, weshalb er in Ansehung von Mietschulden geschützt sein solle (Urt. v. 17. 6. 2010 – B 14 AS 58/09 R, Rn. 33, SGb 2010, S. 483).

C. Nicht zu berücksichtigende Vermögensgegenstände (Abs. 3)

I. Allgemeines

1. Verhältnis der Vermögensprivilegierungen des § 12 zueinander. § 12 Abs. 3 S. 1 enthält 17
in seinen Nr. 1 bis 5 im Einzelnen enumerierte Sachen und Gegenstände, deren Verwertung generell nicht zumutbar ist. Hierbei ist im Grunde nur die Obergrenze der Angemessenheit zu beachten. Bis zur Grenze der Angemessenheit, die für den Hausrat, das KfZ und das Hausgrundstück jeweils zu bestimmen ist (vgl. sogleich Rn. 18), ist das Vermögen absolut vor Verwertung geschützt. § 12 Abs. 3 S. 1 Nr. 6 stellt darüber hinaus eine subsidiär wirkende Generalklausel dar (Hengelhaupt spricht insofern von einem zweistufigen Normaufbau des § 12 Abs. 3; vgl. in Hauck/Noftz K § 12, Rn. 157 f., Stand: 09/2008), d. h. selbst wenn ein Gegenstand iSd § 12 Abs. 3 S. 1 Nr. 1 bis 5 unangemessen und vor dem Bezug von Alg II zu verwerten ist, kann seine Verwertung noch über § 12 Abs. 3 S. 1 Nr. 6 als offensichtlich unwirtschaftlich oder wegen besonderer Härte unzumutbar sein. Zu verwerten ist dann jeweils der Betrag, der über die Angemessenheit hinaus geht (so auch Mecke in Eicher/Spellbrink § 12, Rn. 60; anders offenbar – aber nicht überzeugend -: BSG, Urt. v. 16. 5. 2007, B 11 b AS 37/06 R, SozR 4-4200 § 12 Nr. 4, Rn. 42). Darüber hinaus kann auf den ggf. überschießenden Anteil aus der Verwertung des Vermögens die Freibetragsregelung des § 12 Abs. 2 S. 1 Nr. 1 anzulegen sein (vgl. unten Rn. 21 den Beispielsfall bei der Verwertung eines „unangemessenen" Kfz). Die Vermögensprivilegierungen des § 12 sind jeweils **kumulativ** anwendbar (BSG, Urt. v. 6. 9. 2007 – B 14/7b AS 66/06 R, SozR 4-4200 § 12 Nr. 5, Rn. 19; zustimmend Hengelhaupt in Hauck/Noftz K § 12, Rn. 131, Stand: 09/2008).

2. Der Maßstab der Angemessenheit gemäß § 12 Abs. 3 S. 2. Nach § 12 Abs. 3 S. 2 sind 18
für die Beurteilung der Angemessenheit die Lebensumstände während des Bezugs der Leistungen zur Grundsicherung für Arbeitsuchende maßgebend. Dies stellt eine Abkehr vom im Recht der Arbeitslosenhilfe (vgl. § 195 iVm § 193 Abs. 2 SGB III a. F.) geltenden **„Lebensstandardprinzip"** dar, das sogar das BVerfG betont hatte (vgl. m. w. N. Spellbrink in Spellbrink/Eicher, Kassler Handbuch § 13, Rn. 17; BVerfGE 87, 234, 257; BVerfGE 92, 53, 72). Nach dem Willen des Gesetzgebers soll es nun nicht mehr auf die vorherigen Lebensverhältnisse bzw. den früher einmal erreichten Sozialstatus des Vermögensinhabers ankommen, sondern darauf, was nach dem Lebenszuschnitt vergleichbarer Transferleistungsbezieher in quantitativer und qualitativer Hinsicht der Üblichkeit entspricht (BT-Drs. 15/1516, S. 53). Da über die Regelleistung des § 20 der Bezieher von Alg II dem unteren Segment der Normalhaushalte (vgl. § 20 Abs. 5 S. 2 iVm § 28 SGB XII iVm § 4 S. 2 Nr. 1 und 2 RBEG: untere 15% bis 20%) zugewiesen wird, ist also angemessen immer nur ein Standard, der **„einfachen" Lebensverhältnissen** entspricht und im soziokulturelles Auffälligwerden verhindert.

Allerdings sind hier auch Brüche in der Gesetzessystematik zu berücksichtigen. § 90 SGB XII ent- 19
hält für das Sozialhilferecht teilweise abweichende Regelungen über die Verwertung von Vermögen. Zu Recht wurde eingewandt, dass eine **Besserstellung von Sozialhilfebeziehern** im Bereich der Vermögenswertung gegenüber Alg II-Beziehern kaum zu rechtfertigen sein dürfte (so insbesondere zu § 12 Abs. 3 S. 1 Nr. 1 – angemessener Hausrat – Hengelhaupt in Hauck/Noftz, K § 12 Rn. 163, Stand: 09/2008; Radüge in JurisPK, § 12, Rn. 81). Dies gilt insbesondere, weil der Gesetzgeber ausdrücklich für den Schutz des Vermögens an das Recht der Alhi anknüpfen wollte und damit einen erhöhten Vermögensschutz intendierte (vgl. BT-Drs. 15/1516, S. 53 zu § 12; hierzu auch BSG, Urt. v. 6. 9. 2007 – B 14/7b AS 66/06 R, SozR 4-4200 § 12 Nr. 5, Rn. 21). Nach § 90 Abs. 2 Nr. 4 SGB XII darf die Sozialhilfe nicht vom Einsatz eines angemessenen Hausrats abhängig gemacht werden. Nach der ausdrücklichen Regelung in Hs. 2 sind dabei „die bisherigen Lebensverhältnisse der nachfragenden Person zu berücksichtigen". Diesen Grundsatz wird man einschränkend auch in § 12 Abs. 3 S. 1 Nr. 1 hineinlesen müssen. § 90 Abs. 2 Nr. 6 SGB XII privilegiert Familien- und Erbstücke, deren Veräußerung für die nachfragende Person eine besondere Härte bedeuten würde. Dabei wird auf eine Begrenzung des Werts des Gegenstands iSd Angemessenheit ganz verzichtet. Dieser Gesichtspunkt wird ebenfalls im Rahmen der § 12 Abs. 3 S. 1 Nr. 1 und ggf. auch der Nr. 6 zu berücksichtigen sein.

II. Angemessener Hausrat (Abs. 3 S. 1 Nr. 1)

Unter den Begriff des Hausrats lassen sich alle Sachen fassen (Anlehnung an §§ 1361a, 1369 BGB; 20
vgl. Mecke in Eicher/Spellbrink § 12, Rn. 61), die der Hauswirtschaft und dem familiären Zusammenleben dienen. Das sind neben der Wohnungseinrichtung, wie beispielsweise Möbel, Teppiche, Bilder, Bücher usw. auch Rundfunk- und Fernsehgeräte, aber auch die Haushaltswäsche, Geschirr etc. Die Regelung bezweckt, die Gegenstände vor Verwertung zu schützen, die als Teil der Grundsicherung für Arbeitsuchende vom Grundsicherungsträger auch wieder zu leisten wären. Der Begriff der Angemessenheit ist im Lichte des § 90 Abs. 2 Nr. 4 SGB XII großzügig auszulegen (siehe oben Rn. 19; Hänlein in Gagel § 12, Rn. 40), so dass nur absolute Luxusgegenstände zu verwerten sind

(Meissner Porzellan; Picasso etc). Freilich wäre dann jeweils noch zu prüfen, ob nicht offensichtliche Unwirtschaftlichkeit oder eine besondere Härte gemäß § 12 Abs. 3 S. 1 Nr. 6 vorliegt.

III. Angemessenes Kraftfahrzeug (Abs. 3 S. 1 Nr. 2)

21   Nach § 12 Abs. 3 S. 1 Nr. 2 ist für jede in der Bedarfsgemeinschaft lebende erwerbsfähige Person ein angemessenes Kraftfahrzeug nicht als Vermögen zu berücksichtigen. Die „Angemessenheit" eines Kfz wird damit sogleich im Normtext selbst in Beziehung gesetzt zur Erwerbstätigkeit bzw. Erwerbsfähigkeit, denn einem nicht erwerbsfähigen Mitglied steht grundsätzlich kein Kfz zu. Sinn und Zweck der Privilegierung ist es mithin, der erwerbsfähigen Person im Falle seiner Vermittlung in Arbeit die Chance zu erhalten, eine (ggf. auch weit entfernte, vgl. § 10 Abs. 2 Nr. 3) **Arbeitsstelle erreichen** zu können (so BSG, Urt. v. 6. 9. 2007 – B 14/7b AS 66/06 R, SozR 4–4200 § 12 Nr. 5, Rn. 14). Das BSG hat unter Rückgriff auf Werte aus der KfzHilfeV den Grenzwert der Angemessenheit für einen PKW auf den Verkehrswert von **7.500 Euro** festgesetzt. Der Verkehrswert bestimmt sich danach, welchen Preis der Inhaber für seinen privaten PKW auf dem Markt erzielen könnte. Maßgebend ist also nicht ein „Händlerverkaufspreis", sondern der vom Privaten realisierbare Preis, etwa bei Inzahlunggabe des PKW (BSG, Urt. v. 6. 9. 2007 – B 14/7b AS 66/06 R = SozR 4–4200 § 12 Nr. 5, Rn. 17). Zur Ermittlung des Wertes stehen verschiedene Listen, wie etwa die Schwacke-Liste, als Anhaltspunkte zur Verfügung.

22   Besitzt ein erwerbsfähiger Leistungsberechtigter einen PKW, dessen Verkehrswert die Grenze von 7.500 Euro überschreitet, so ist lediglich der **überschießende Betrag** als Vermögen einzusetzen (so ausdrücklich BSG, Urt. v. 6. 9. 2007 – B 14/7b AS 66/06 R = SozR 4–4200 § 12 Nr. 5, Rn. 18). Beträgt der Verkehrswert des PKW 10.000 Euro, so verfügt der Antragsteller über verwertbares Vermögen in Höhe von 2.500 Euro. Hat er keine weiteren Vermögenswerte, so folgt aus § 12 Abs. 2 S. 1 Nr. 1, dass der PKW nicht zu verwerten ist, weil von den 2.500 Euro zusätzlich der Vermögensfreibetrag (mindestens 3.100 Euro) abzusetzen ist. Liegt demgegenüber noch ein Sparbuch mit 5.000 Euro Spareinlage vor, so sind 7.500 Euro verwertbares Vermögen vorhanden. Unter Zugrundelegung des Freibetrags gemäß § 12 Abs. 2 S. 1 Nr. 4 (750 Euro) muss der Antragsteller mithin das 45. Lebensjahr vollendet haben (45 mal 150 Euro gemäß § 12 Abs. 2 S. 1 Nr. 1), ansonsten liegt keine Hilfebedürftigkeit vor.

IV. Zur Altersvorsorge bestimmte Vermögensgegenstände bei Befreiung von der Rentenversicherungspflicht (Abs. 3 S. 1 Nr. 3)

23   Über die Freibeträge des § 12 Abs. 2 S. 1 Nr. 2 und Nr. 3 hinaus ist Vermögen, das vom Inhaber **zur Altersvorsorge bestimmt** wurde, in einem angemessenen Umfang gänzlich nicht als Vermögen zu berücksichtigen, wenn die erwerbsfähige leistungsberechtigte Person oder ihr Partner von der Versicherungspflicht in der gesetzlichen Rentenversicherung befreit ist. Die Voraussetzungen hierfür sind in §§ 6, 231, 231a SGB VI normiert. Betroffen sind Angestellte, Handwerker und bestimmte Angehörige von berufsständischen Versorgungseinrichtungen sowie bestimmte Selbständige, die einen befreienden privaten Lebens- oder Rentenversicherungsvertrag abgeschlossen haben. Das BSG sieht diese Tatbestandsvoraussetzung als zwingend an: Die Vorschrift ist über die Regelungen der §§ 6, 231, 231a SGB VI hinaus nicht erweiterbar auf **untypische** oder **ungesicherte Lebensverläufe** bzw. Erwerbsbiographien (vgl. insbesondere Urt. v. 15. 4. 2008 – B 14/7b AS 68/06 R, SozR 4–4200 § 12 Nr. 8, Rn. 22ff. sowie Urt. v. 15. 4. 2008 – B 14 AS 27/07 R, Rn. 35ff., info also 2008, 278 f.). Ein verfassungsrechtliches Problem (Art. 3 Abs. 1 GG) besteht auch dann nicht, wenn ein Kläger aufgrund seiner Selbständigkeit zu keinem Zeitpunkt versicherungspflichtig war und die Lebensversicherungen seine einzige Altersvorsorge darstellen (BSG, Urt. v. 15. 4. 2008 – B 14/7b AS 68/06 R, SozR 4–4200 § 12 Nr. 8, Rn. 22ff.). Anders als unter Geltung des § 1 Abs. 3 Nr. 4 AlhiV – a. F. (dort hatte das BSG noch eine erweiternde Auslegung auf atypische Lebensläufe gefordert- vgl. BSG, Urt. v. 9. 12. 2004 – B 7 AL 44/04 R, BSGE 94, 121 = SozR 4–4300 § 193 Nr. 3) enthält § 12 Abs. 3 S. 1 Nr. 6 jetzt eine Härteklausel. Die Verwertung von nicht unter § 12 Abs. 3 S. 1 Nr. 3 subsumierbaren Vermögensanlagen kann bei Lücken im Versicherungsschutz etc ggf. eine besondere Härte für den Betroffenen darstellen (so auch BSG, Urt. v. 15. 4. 2008 – B 14/7b AS 68/06, Rn. 26, SozR 4–4200 § 12 Nr. 8).

24   Anders als beim Freibetrag nach § 12 Abs. 2 S. 1 Nr. 3 ist im Rahmen des § 12 Abs. 3 S. 1 Nr. 3 wohl zu fordern, dass das Vermögen entsprechend den vom BSG entwickelten Kriterien zu § 6 Abs. 3 S. 2 Nr. 3 AlhiV zur Altersvorsorge bestimmt sein muss (grundlegend BSG, Urt. v. 22. 10. 1998 – B 7 AL 118/97 R, SozR 3–4220 § 6 Nr. 6 = BSGE 83, 88, 91 m. w. N.). Es ist daher zunächst die subjektive **Zweckbestimmung** zu ermitteln und anschließend festzustellen, ob diese mit den objektiven Gegebenheiten der Anlageform übereinstimmen (i. E. auch Mecke in Eicher/Spellbrink § 12, Rn. 66 und Radüge in JurisPK § 12 Rn. 99 f.), d. h. ob die Bestimmung eines Vermögensgegenstandes für die Alterssicherung in einer auch **für Dritte erkennbaren Weise** zum Ausdruck gekommen ist (Hänlein in Gagel, § 12, Rn. 45 – Stand 04/2010). Ist – wie in § 12 Abs. 2 S. 1 Nr. 3 vorausge-

setzt – die Verwertung vertraglich ohnehin auf den Zeitpunkt des Eintritts in den Ruhestand verschoben, erübrigen sich allerdings solche Feststellungen.

Die Angemessenheit einer solchen Alterssicherung hat sich gemäß § 12 Abs. 3 S. 2 an den Lebensumständen während des Bezugs der Grundsicherungsleistung zu orientieren. Es ist daher sehr großzügig, wenn in der Kommentarliteratur als angemessen ein Vermögen angesehen wird, das dem Leistungsberechtigten die sog. Standarddeckrente sichert, die dem monatlichen Betrag einer Rente auf der Basis von 45 Beitragsjahren mit Durchschnittsverdienst entspricht (so Hengelhaupt in Hauck/Noftz K § 12, Rn. 192, Stand: 09/2008; Mecke in Eicher/Spellbrink § 12 Rn. 68; Radüge in Juris PK § 12, Rn. 102). Eine solche Rente wird empirisch kaum je mehr erreicht und dürfte schon gar nicht dem Vergleichsmaßstab des § 12 Abs. 3 S. 2 entsprechen.

V. Selbst genutzte Immobilie (Abs. 3 S. 1 Nr. 4)

Nach § 12 Abs. 3 S. 1 Nr. 4 sind von der Verwertung ausgenommen ein selbst bewohntes **angemessenes Hausgrundstück** oder eine entsprechende **Eigentumswohnung.** Schutzzweck der Norm ist die Erhaltung des Lebensmittelpunktes für die Betroffenen. Es geht mithin um den Schutz der Wohnung zur Erfüllung des Grundbedürfnisses „Wohnen" (BSG, Urt. v. 7. 11. 2006 – B 7 b AS 18/06 R, BSGE 97, 254 = SozR 4–4200 § 12 Nr. 3, Rn. 13). Das SGB II hat dabei (leider) – anders als § 90 Abs. 2 Nr. 8 S. 2 SGB XII – darauf verzichtet, den **wirtschaftlichen Wert der Immobilie** in die Frage ihrer Verwertbarkeit einzubeziehen. Das Gesetz nennt in § 12 Abs. 3 S. 1 Nr. 4 als einziges Kriterium der Angemessenheit die **Größe** der Wohnung und privilegiert damit die Bezieher von Alg II gegenüber den Sozialhilfebeziehern. Hierdurch ggf. entstehende Probleme der Ungleichbehandlung iSd Art. 3 Abs. 1 GG wären aber im Sozialhilferecht zu lösen (vgl. auch Hänlein in Gagel § 12, Rn. 52 unter Hinweis auf ein obiter dictum des BSG, Urt. v. 7. 11. 2006 – B 7 b AS 2/05 R, SozR 4–4200 § 12 Nr. 3 = NZS 2007, S. 428 ff.). Abzustellen ist immer auf die reale Größe des Objekts. Machen die Grundsicherungsempfänger geltend, sie bewohnten nur einen Teil des Objekts, so ändert dies nichts an der unangemessenen, objektiven Größe des Hausgrundstücks (ebenso Hengelhaupt in Hauck/Noftz, K § 12 Rn. 209, Stand: 09/2008).

Das BSG hat zu Recht darauf abgestellt, dass ein **bundeseinheitlicher Standard** für die Angemessenheit der Größe einer Immobilie zu finden ist (BSG, Urt. v. 7. 11. 2006 – B 7 b AS 18/06 R, SozR 4–4200 § 12 Nr. 3, Rn. 19 ff. = BSGE 97, 254 ff.), weil es sich beim Alg II um eine bundeseinheitliche Leistung handelt. Das BSG orientiert sich daher weiterhin an den Wohnflächengrenzen des Zweiten Wohnungsbaugesetzes (so bereits auch BSG, Urt. v. 17. 12. 2002 – B 7 AL 126/01 R, SGb 2003, S. 279 zur Alhi), die nach der Anzahl der Personen zu differenzieren ist. Hiernach sind Eigentumswohnungen angemessen für vier Personen mit einer Größe von 120 qm, für jede weitere Person sind dann 20 qm hinzuzuaddieren. Bei einer Bewohnerzahl von weniger als vier Personen ist die angemessene Wohnfläche einer **Eigentumswohnung** jeweils um 20 qm zu mindern, wobei nach dem BSG der Wert von **80 qm** die unterste Grenze markiert. Eine weitere Reduzierung auf nur noch einer Person (auf 60 qm) kommt nach dem BSG im Regelfall schon aus Gründen der Verwaltungspraktikabilität nicht in Betracht (BSG, Urt. v. 7. 11. 2006 – B 7 b AS 18/06 R, SozR 4–4200 § 12 Nr. 3, Rn. 22 = BSGE 97, 203). Die genannten Grenzwerte können jedoch nicht als quasi normative Größen herangezogen werden. Es muss Entscheidungsraum für außergewöhnliche, vom Einzelfall abweichende Bedarfslagen geben (BSG, a. a. O.).

Später hat das BSG diese Grundsätze auf die Bestimmung der Angemessenheit der Größe eines Hauses übertragen (BSG, Urt. v. 16. 5. 2007 – B 11 b AS 37/06 R = SozR 4–4200 § 12 Nr. 4) und unter Zugrundelegung des Zweiten Wohnungsbaugesetzes für einen Vier-Personenhaushalt eine angemessene **Hausgröße von 130 qm** angesetzt. Dementsprechend dürfte die Untergrenze der Angemessenheit der Hausgröße im Rahmen des § 12 Abs. 3 S. 1 Nr. 3 bei 90 qm liegen. Jedenfalls bei einem Zwei-Personenhaushalt wurden 91,89 qm Wohnfläche im eigenen Haus als noch angemessen betrachtet (BSG, Urt. v. 15. 4. 2008 – B 14/7 b AS 34/06 R, SozR 4–4200 § 12 Nr. 10 sowie Urt. v. 19. 9. 2008 – B 14 AS 54/07 R, FEVS 60, S. 490 ff.). Bei einem Drei-Personenhaushalt hielt das BSG eine Wohnfläche von 104 qm für angemessen (Urt. v. 2. 7. 2009 – B 14 AS 33/08 R, SozR 4–4200 § 22 Nr. 25, Rn. 14). Hinsichtlich der angemessenen Größe des Grundstücks liegt bislang keine höchstrichterliche Rechtsprechung vor. Das BSG hat die von der BA zur Alhi zugrunde gelegten Grundstücksgrößen von 500 qm im städtischen und 800 qm im ländlichen Bereich diskutiert (BSG, Urt. v. 16. 5. 2007 – B 11 b AS 37/06 R, SozR 4–4200 § 12 Nr. 4, Rn. 24) und später (Urt. v. 15. 4. 2008 – B 14/7 b AS 34/06 R, Rn. 29, SozR 4–4200 § 12 Nr. 10) betont, dass bei einer **Grundstücksgröße** von 1003 qm regelmäßig Anlass bestehe, zu überprüfen, ob diese Größe nach den örtlichen Gegebenheiten als angemessen angesehen werden könne. Zu beachten ist in diesem Zusammenhang jedenfalls aber, dass das Grundstück am Schutzzweck des Wohnens nicht unbedingt teilnehmen muss, so dass auch eine getrennte Angemessenheitsprüfung von Haus und Grundstück in Betracht zu ziehen ist, es sei denn Haus und Grundstück bilden eine untrennbare Einheit (BSG, a. a. O.).

Im Rahmen der Prüfung des Vermögensschutzes werden vom BSG hinsichtlich der Angemessenheit der Wohnflächen großzügigere Maßstäbe angelegt als bei der Prüfung der Angemessenheit der

Größe einer Mietwohnung gemäß § 22 Abs. 1. Damit es nicht zu einer nicht zu rechtfertigenden **Privilegierung von Haus- und Wohnungseigentümern** kommt, hat das BSG mehrfach betont, dass bei den Kosten der Unterkunft, die auch Hauseigentümer gemäß § 22 Abs. 1 geltend machen können, eine Ungleichbehandlung nicht stattfinden darf (BSG, Urt. v. 7. 11. 2006 – B 7 b AS 18/ 06 R, SozR 4–4200 § 12 Nr. 3, Rn. 24 = BSGE 97, 203; BSG, Urt. v. 15. 4. 2008 – B 14/7 b AS 34/06 R, Rn. 35, SozR 4–4200 § 12 Nr. 10; BSG, Urt. v. 24. 2. 2011 – B 14 AS 61/10 R, Rn. 20). Bei der Prüfung der Angemessenheit der Unterkunftskosten ist der Hauseigentümer mithin auf die Wohnfläche beschränkt, die ihm auch als Mieter zustünde. Höhere (laufende) Kosten für sein unter Verwertungsschutz liegendes Haus kann er nicht entsprechend der in § 12 Abs. 3 S. 1 Nr. 4 geschützten Quadratmeterzahl geltend machen, weil § 12 Abs. 3 S. 1 Nr. 4 und § 22 Abs. 1 unterschiedliche Schutzzwecke verfolgen. In diesem Zusammenhang hat das BSG der Bildung einer Gesamtangemessenheitsgrenze für Unterkunfts- und Heizkosten im Sinne einer sog. **erweiterten Produkttheorie** eine Absage erteilt und hinsichtlich der Gewährung von **Heizkosten** gemäß § 22 Abs. 1 hervorgehoben, dass die Anwendung des sog. **Flächenüberhangprinzips** mit der Funktion der Angemessenheitsgrenze, lediglich die Übernahme unverhältnismäßig hoher Heizkosten auszuschließen, nicht zu vereinbaren ist und entschieden, dass eine – entsprechend den Wohnraumgrößen von Mietwohnungen – nur anteilige Übernahme der tatsächlichen Heizkosten nicht gerechtfertigt ist. Als Obergrenze sollen vielmehr die von der co2online gGmbH in Kooperation mit dem Deutschen Mieterbund erstellten und durch das Bundesministerium für Umwelt, Naturschutz und Reaktorsicherheit geförderten „Kommunalen Heizspiegel" bzw. – soweit diese für das Gebiet des jeweiligen Trägers fehlen – der „Bundesweite Heizspiegel" dienen, wobei (nur) die Wohnflächengrenzen für Mietwohnungen den Maßstab bilden (vgl. zu den Einzelheiten: BSG, Urt. v. 2. 7. 2009 – B 14 AS 33/08 R, SozR 4–4200 § 22 Nr. 25, Rn. 29 ff.)

30 Ist die Immobilie unangemessen groß, so ist sie zu verwerten. Ist dies nicht sofort möglich, kommt eine darlehensweise Gewährung gemäß § 9 Abs. 4 in Betracht. Dem Leistungsberechtigten bleibt es unbenommen, den Veräußerungserlös in eine kleinere, von der Größe her angemessene Immobilie zu investieren, die dann wieder geschützt wäre. § 31 Abs. 2 Nr. 1 greift hier nicht ein (vgl. Hänlein in Gagel § 12, Rn. 56 – Stand: 04/2010 –, wobei dort § 12 Abs. 3 S. 1 Nr. 4 und nicht Nr. 2 gemeint sein dürfte). Da die Wohnung als Lebensmittelpunkt geschützt wird, ist allen Verwertungsmöglichkeiten der Vorzug einzuräumen, die die Immobilie dem Arbeitsuchenden erhalten, wie etwa Teil-Vermietung, Beleihung etc. Hiervon geht auch die BA aus (Durchführungshinweise zu § 12, Nr. 12.27; vgl. Mecke in Eicher/Spellbrink § 12 Rn. 73). Aus der Untervermietung erzielte Einnahmen stellen dann wohl Einkommen iSd § 11 dar und sind nicht bedarfsmindernd von den Kosten der Unterkunft abzuziehen.

VI. Vermögen zur Befriedigung der Wohnbedürfnisse behinderter oder pflegebedürftiger Menschen (Abs. 3 S. 1 Nr. 5)

31 § 12 Abs. 3 S. 1 Nr. 5 schützt Vermögen, das nachweislich zur baldigen Beschaffung oder Erhaltung eines Hausgrundstücks von angemessener Größe bestimmt ist, soweit dieses zu Wohnzwecken behinderter oder pflegebedürftiger Menschen dienen soll und dieser Zweck durch den Einsatz oder die Verwertung gefährdet würde. Hausgrundstücke sind Häuser und Eigentumswohnungen (Mecke in Eicher/Spellbrink § 12 Rn. 75; Radüge in Juris PK § 12 Rn. 114). Unter Beschaffung ist nicht nur der Erwerb, sondern auch der behinderungs- und pflegegerechte Um- oder Ausbau einer bereits vorhandenen Wohnung zu verstehen. Zur Erhaltung gehören alle Maßnahmen der Instandsetzung und Sanierung, also auch der Einbau von neuen Heizungsanlagen. Ebenfalls umfasst sind in vertretbarem Umfang Schönheitsreparaturen.

32 Privilegiert ist ausschließlich eine Beschaffungs- oder Erhaltungsmaßnahme, die den Wohnzwecken behinderter oder pflegebedürftiger Menschen dient. § 12 Abs. 3 S. 1 Nr. 5 entspricht nach dem Willen des Gesetzgebers von der Begrifflichkeit her der Regelung des § 90 Abs. 2 Nr. 3 SGB XII (vgl. BT-Drs. 15/1749, S. 31; Hänlein in Gagel § 12, Rn. 57). Der Begriff der **Behinderung** wird in § 53 Abs. 1 S. 1 SGB XII bzw. § 2 Abs. 1 S. 1 SGB IX definiert (Schwerbehinderung ist jedenfalls nicht erforderlich), der Begriff der Pflegebedürftigkeit in § 14 SGB XI, wobei aus § 61 Abs. 1 S. 1 SGB XII geschlossen werden kann, dass eine Pflegestufe nicht vorliegen muss, weil das SGB XII insofern eine Pflegstufe „Null" kennt (Hänlein, a. a. O.). Der behinderte oder pflegebedürftige Mensch muss nicht Mitglied der Bedarfsgemeinschaft sein, genügt, wenn die geplante Maßnahme überhaupt einem solchen Adressaten zugute kommt. Soweit unter Ziffer 3.5 Abs. 5 der Hinweise der BA zu § 12 (12.34) etwas missverständlich gefordert wird, dass der Adressat zumindest Angehöriger iSd § 16 Abs. 5 SGB X sein müsse, kann dieses Erfordernis dem eindeutigen Wortlaut des Abs. 3 S. 1 Nr. 5 jedoch nicht entnommen werden.

33 **Nachweislich** zur Beschaffung eines entsprechenden Hausgrundstücks ist ein Vermögen bestimmt, wenn im Zeitpunkt der Vermögensprüfung ein **hinreichend konkretisiertes Vorhaben** vorliegt. Der bloße Wille (subjektive Zweckbestimmung), das Vermögen zu dem Zweck des Abs. 3 S. 1 Nr. 5 einzusetzen, genügt nicht, soweit dieser sich nicht durch die Einleitung konkreter Maßnahmen objek-

tivieren lässt (vgl. Radüge in JurisPK § 12, Rn. 121). Die Vermögensverwendung muss ferner **baldig** erfolgen. Der Gesetzgeber hat bewusst auf die Forderung einer „alsbaldigen" Verwendung verzichtet (Hänlein in Gagel § 12 Rn. 61), so dass die Anforderungen hier nicht allzu hoch anzusetzen sind. Ob etwa ein konkreter Notartermin oder weit fortgeschrittene Vertragsverhandlungen über ein Kaufobjekt gefordert werden können, wird mit Recht bezweifelt (so Mecke in Eicher/Spellbrink § 12, Rn. 78). Allerdings wird nach einer gewissen Phase erfolglosen Bemühens das Tatbestandsmerkmal der „baldigen" Verwendung schärferen Kriterien genügen müssen. Zum früheren Recht der Alhi wurde jedenfalls von der BA gefordert, dass innerhalb eines Jahres ein Kaufvertrag abgeschlossen worden sein musste (vgl. Hengelhaupt in Hauck/Noftz K § 12, Rn. 237 a, Stand: 09/2008; vgl. ferner auch BSG, Urt. v. 25. 3. 1999 – B 7 AL 28/98 R, SozR 3–4220 § 6 Nr. 7 = BSGE 84, 48 ff.). Im Recht des SGB II liegt es nahe, nach einem Bewilligungsabschnitt (6 Monate gemäß § 41 Abs. 1 S. 4) konkret zu prüfen, ob das Kriterium der „Baldigkeit" noch vorliegt. Das Vermögen ist nur dann gemäß § 12 Abs. 3 S. 1 Nr. 5 nicht zu verwerten, wenn sein Einsatz den Schutzzweck dieser Norm gefährden würde. Dies wäre dann der Fall, wenn die Maßnahme ohne den geschützten Vermögensbetrag nicht durchgeführt werden könnte. Geschützt ist das Vermögen aber nur, soweit und solange es dem Schutzzweck dient (i. E. Mecke in Eicher/Spellbrink, § 12, Rn. 79).

VII. Gegenstände für Berufsausbildung oder Erwerbstätigkeit gemäß § 7 Abs. 1 Alg II–V

Ergänzend zu den in § 12 Abs. 3 S. 1 Nr. 1–5 enumerierten Tatbeständen werden durch § 7 Alg II–V (abgedruckt unter § 13) Gegenstände, die zur Aufnahme oder Fortsetzung einer Erwerbstätigkeit unentbehrlich sind, von der Berücksichtigung als Vermögen freigestellt. Die Regelung entspricht § 90 Abs. 2 Nr. 5 SGB XII und soll verhindern, dass Vermögensgegenstände verwertet werden müssen, die später ggf. als Leistungen zur Eingliederung in Arbeit neu beschafft werden müssten. Erwerbstätigkeit ist jede legale Form der abhängigen oder selbständigen Beschäftigung gegen Entgelt, die geeignet ist, einen Beitrag zum Lebensunterhalt des Leistungsberechtigten zu leisten. Eine Berufsausbildung liegt nur vor, wenn es sich um eine anerkannte und geregelte Ausbildung handelt, die dazu dient Fähigkeiten zu erlangen, die die Ausübung eines zukünftigen Berufes ermöglichen (hierzu Mecke in Eicher/Spellbrink, § 12 Rn. 81 und BSG, Urt. v. 21. 3. 1996 – 11 RAr 95/95, SozR 3–4100 § 137 Nr. 5). Abgelehnt wurde dies im Recht der Alhi bei der Vorbereitung auf eine Promotion oder Habilitation (BSG, Urt. v. 27. 9. 1994, 10 RKg 1/93, SozR 3–5870 § 2 Nr. 28). Diese Entscheidungen vermögen unter den geänderten Voraussetzungen des SGB II nicht mehr voll zu überzeugen. Die durch § 7 Abs. 1 geschützten Gegenstände können sowohl Werkzeuge als auch Arbeitsgeräte oder -materialien sein, die direkt bei der Berufsausbildung oder Erwerbstätigkeit Verwendung finden (vgl. auch BSG, Urt. v. 23. 11. 2006, B 11b AS 3/05 R, SozR 4–4200 § 16 Nr. 1, Rn. 22 ff.). Allerdings müssen sie **unentbehrlich** sein, was nur dann der Fall ist, wenn ohne sie die Ausbildung oder Erwerbstätigkeit nicht in fachgerechter Weise aufgenommen oder durchgeführt werden kann.

VIII. Offensichtliche Unwirtschaftlichkeit der Verwertung (Abs. 3 S. 1 Nr. 6 1. Alt.)

Aus der Normstruktur, dem Wortlaut und der Gesetzgebungsgeschichte des § 12 Abs. 3 S. 1 Nr. 6 folgt, dass diese Norm **zwei Ausnahmetatbestände** von dem Verwertungszwang normiert: die **offensichtliche Unwirtschaftlichkeit** und die **besondere Härte**. Die offensichtliche Unwirtschaftlichkeit regelt das Gesetz in bewusster Anbindung an § 1 Abs. 2 Nr. 6 AlhiV und grenzt sich damit zum Recht der Sozialhilfe ab, das in § 88 BSHG und auch jetzt in § 90 SGB XII den Tatbestand der „offensichtlichen Unwirtschaftlichkeit" nicht kennt (hierzu i. E. BSG, Urt. v. 6. 9. 2007 – B 14/7 b AS 66/06 R, SozR 4–4200 § 12 Nr. 5, Rn. 21). Zur Bestimmung des Begriffs der offensichtlichen Unwirtschaftlichkeit kann daher auch nicht auf die Rechtsprechung des BVerwG zurückgegriffen werden, die ausschließlich zum Begriff der „Härte" ergangen ist (vgl. Mecke a. a. O. unter Hinweis auf BVerwGE 106, 105, 110; BVerwGE 121, 34, 35 ff.). Nach dieser Rechtsprechung wurde eine Härte erst im wirtschaftlichen Ausverkauf des Leistungsberechtigten gesehen, so dass selbst Verluste von über 50% gegenüber den investierten Beträgen noch nicht als hart iSd § 88 Abs. 2 Nr. 8 BSHG betrachtet wurden.

Im Rahmen des § 12 Abs. 3 S. 1 Nr. 6 1. Alt ist die Wirtschaftlichkeit der Verwertung eines bestimmten Vermögensgegenstands ausschließlich **nach objektiven Kriterien** zu bestimmen. Nach der Rechtsprechung des BSG zur Alhi lag eine offensichtliche Unwirtschaftlichkeit dann vor, wenn der zu erzielende Gegenwert in einem deutlichen Missverhältnis zum wirklichen Wert des zu verwertenden Vermögensgegenstands steht (BSG, Urt. v. 17. 10. 1990 – 11 Rar 133/88, DBlR Nr. 3785a zu § 137 AFG; Urt. v. 24. 4. 2002 – B 11 AL 69/01, DBlR Nr. 4750a zu § 137 AFG). Umgekehrt ist offensichtliche Unwirtschaftlichkeit der Vermögensverwertung nicht gegeben, wenn das Ergebnis der Verwertung vom wirklichen Wert nur geringfügig abweicht (BSG, Urt. v. 17. 10. 1996 – 7 RAr 2/96, SozR 3–4100 § 137 Nr. 7). Hinsichtlich der Wirtschaftlichkeit der Verwertung ist auf das ökonomische Kalkül eines rational handelnden Marktteilnehmers abzustellen (Spellbrink in Spellbrink/ Eicher, Kassler Handbuch Arbeitsförderung, § 13, Rn. 208). Es ist mithin zu ermitteln, welchen Verkehrswert der Vermögensgegenstand gegenwärtig auf dem Markt hat. Dieser gegenwärtige Verkaufspreis ist dem sog **Substanzwert** gegenüberzustellen (Mecke in Eicher/Spellbrink § 12, Rn. 84). Bei einer **Lebensversicherung** ergibt sich der Substanzwert aus den eingezahlten Beiträgen (BSG, Urt. v. 6. 9. 2007 – B 14/7 b AS 66/06 R, SozR 4–4200 § 12 Nr. 5, Rn. 22). Ob es nach Sinn und Zweck des § 12 Abs. 3 S. 1 Nr. 6 1. Alt geboten ist, zur Bestimmung dieses Substanzwerts auch auf das bereits erreichte Garantiekapital nebst gesicherter Überschussbeteiligung abzustellen, hat das BSG offen gelassen (BSG, Urt. v. 15. 4. 2008, B 14/7 b AS 52/06 R, Rn. 37, FEVS 60, S. 297 ff.).

37 Die BA geht unter Ziffer 3.6 Abs. 1 ihrer Hinweise zu § 12 (12.37) nach wie vor von einer **Verlustgrenze von idR 10 vH** aus. Das BSG hatte zunächst angedeutet, dass es im SGB II ggf. von einer höheren Verlustgrenze ausgegangen wird, was unter dem Gesichtspunkt der nicht mehr zwingenden Lebensstandardsicherung des Alg II (vgl. § 12 Abs. 3 S. 2; oben Rn. 18 f.) auch nachvollziehbar ist (BSG, Urt. v. 23. 11. 2006 – B 11b AS 17/06 R, Rn. 24a. E.). Später hat der 14. Senat des BSG bei einem Verlust von 12,9% (Vergleich eingezahlter Beiträge mit Rückkaufwert der Lebensversicherung) das Vorliegen einer offensichtlichen Unwirtschaftlichkeit verneint (Urt. v. 6. 9. 2007 – B 14/7 b AS 66/06 R, SozR 4–4200 § 12 Nr. 5, Rn. 23) und es zugleich offen gelassen, ob er bei einem Verlust von 18,5% bereits eine offensichtliche Unwirtschaftlichkeit der Verwertung bejahen würde. Angenommen wurde die offensichtliche Unwirtschaftlichkeit der Verwertung iSd § 12 Abs. 3 S. 1 Nr. 6 1. Alt aber jedenfalls bei einem Verlust von 48,2% gegenüber den eingezahlten Beiträgen. Folglich waren auch Verluste von 5,95% und 11,48% hinzunehmen (BSG, Urt. v. 15. 4. 2008 – B 14/7 b AS 52/06 R, Rn. 38, FEVS 60, S. 297 ff.). In der Zusammenschau dieser Rechtsprechung wird man davon ausgehen können, dass jedenfalls **Verluste von über 20 vH** als offensichtlich unwirtschaftlich **nicht** hinzunehmen sind.

38 Andererseits gebietet die rein ökonomische Betrachtungsweise auch, dass die Vermögensanlageform nicht „moralisch" bewertet wird. Es ist daher nicht ausschlaggebend, ob der Antragsteller sich mit Aktien oder Immobilien verspekuliert hat. Maßgeblich ist allein, ob der Verkauf zum jetzigen Zeitpunkt von einem rational Handelnden wegen des niedrigen Verkehrswerts nicht vorgenommen würde (so wohl auch jetzt: BSG, Urt. v. 27. 8. 2008, B 11 AL 25/07 R, SozR 4–4220 § 1 Nr. 5 – Spekulation mit Wertpapieren; Abgrenzung zu BSG, Urt. v. 3. 5. 2005 – B 7 a/7 AL 84/04 R, SozR 4–4220 § 1 Nr. 4). Maßgebend sind grundsätzlich die Vermögensverhältnisse zum Zeitpunkt der Antragstellung. Dass der Antragsteller bereits früher wirtschaftlichen Nutzen aus dem Gegenstand gezogen oder sich unwirtschaftlich bzw. unvernünftig verhalten hat, ist nur im Rahmen des § 31 Abs. 2 zu prüfen (ähnlich BSG, Urt. v. 15. 4. 2008, B 14/7 b AS 68/06 R, Rn. 35 SozR 4–4200, § 12 Nr. 8 – BSGE 190, 196 ff.).

39 Wird nach Antragstellung der **Substanzwert einer Lebensversicherung** durch **Beleihung** o. ä. verändert, so hat dies bei der Bewertung, ob eine offensichtliche Unwirtschaftlichkeit gegeben ist, Berücksichtigung zu finden. Allerdings wird durch eine Beleihung der Versicherung, anders als etwa durch eine Beitragsfreistellung, auch in deren Substanz eingegriffen. Eine nach der Antragstellung erfolgte Beleihung muss mithin sowohl beim Substanz-, als auch beim Verkehrswert Berücksichtigung finden. Dies geschieht – in Ausfüllung des Tatbestandsmerkmals der Offensichtlichkeit – nach dem BSG (dadurch, dass die vor der Beleihung gezahlten Beiträge, wie sie zunächst bei der Antragstellung festgestellt worden sind, im Verhältnis zu der während des streitigen Zeitraums aufgenommenen Beleihungssumme zu dem bei der Antragstellung festgestellten Rückkaufwert reduziert werden. Nach dem Verhältnis von so festgestellten Beiträgen und neuem Rückkaufwert bestimmt sich alsdann, ob die Verwertung der Lebensversicherung offensichtlich unwirtschaftlich ist (Urt. v. 15. 4. 2008 – B 14/7 b AS 68/06 R, SozR 4–4200 § 12 Nr. 8, Rn. 35 mit Anmerkung Fahlbusch, jurisPR-SozR 26/2008 Anm. 1).

IX. Besondere Härte der Verwertung (Abs. 3 S. 1 Nr. 6 2. Alt.)

40 Nach § 12 Abs. 3 S. 1 Nr. 6 2. Alt sind Sachen oder Rechte nicht als Vermögen zu berücksichtigen, soweit ihre Verwertung für den Betroffenen eine **besondere Härte** bedeuten würde. Die „besondere Härte" ist ein unbestimmter Rechtsbegriff, der der vollen gerichtlichen Überprüfung unterliegt (vgl. hierzu etwa BSG, Urt. v. 8. 2. 2007 – B 7a AL 34/06 R, SozR 4–5765 § 9 Nr. 1, Rn. 13; Urt. v. 16. 5. 2007 – B 11b AS 37/06 R, SozR 4–4200, § 12 Nr. 4, Rn. 36; Urt. v. 15. 4. 2008 – B 14/7 b AS 68/06 R, SozR 4–4200 § 12 Nr. 8, Rn. 31 sowie Urt. v. 6. 5. 2010 – B 14 AS 2/09 R, Rn. 25, FamRZ 2010, S. 1729 ff.). Maßgebend sind jeweils die Umstände des Einzelfalls, wobei nur außergewöhnliche Umstände, die nicht schon durch die ausdrücklichen gesetzlichen Freistellungen über das Schonvermögen (vgl. § 12 Abs. 3 S. 1 Nr. 1–5 und § 7 Abs. 1 Alg II–V; soeben Rn. 20 ff.) privilegiert sind, in Betracht zu ziehen sind (BSG, Urt. v. 16. 5. 2007 – B 11b AS 37/06 R, SozR 4– 4200 § 12 Nr. 4). Das BSG hat mit dieser Entscheidung zugleich klargestellt, dass es nicht auf die weicheren Kriterien des Sozialhilferechts zurückgreifen will, die in § 90 Abs. 3 S. 1 SGB XII nur allgemein von einer Härte der Vermögensverwertung spricht (vgl. hierzu Hengelhaupt in Hauck/

Noftz, K § 12, Rn. 260, Stand: 09/2008). § 12 Abs. 3 S. 1 Nr. 6 Alt. 2 setzt daher nach dem BSG solche Umstände voraus, die dem Betroffenen ein deutlich größeres Opfer abverlangen als eine einfache Härte und erst recht als die mit einer Vermögensverwertung stets verbundenen Einschnitte (BSG, Urt. v. 15. 4. 2008 – B 14/7b AS 56/06 R, Rn. 35, info also 2008, S. 278f.; BSG, Urt. v. 15. 4. 2008 – B 14/7b AS 68/06 R, SozR 4–4200 § 12 Nr. 8, Rn. 31; BSG, Urt. v. 15. 4. 2008, B 14 AS 27/07 R, Rn. 45, info also 2008, S. 278f. sowie BSG, Urt. v. 30. 8. 2010 – B 4 AS 70/09 R, Rn. 20, SGb 2010, S. 593). Genannt wird hier etwa die Betreuungspflege bedürftiger Personen (BSG, Urt. v. 15. 4. 2008 – B 14/7b AS 56/06 R, Rn. 35, info also 2008, S. 278f unter Hinweis auf Brühl in LPK-SGB II, § 12, Rn. 55). Nach den Gesetzesmaterialien liegt ein Härtefall vor, wenn ein erwerbsfähiger Leistungsberechtigter kurz vor dem Rentenalter seine **Ersparnisse für die Altersvorsorge einsetzen** muss, obwohl seine Ansprüche aus der gesetzlichen Rentenversicherung Lücken wegen selbständiger Tätigkeit aufweisen (BT-Drs. 15/1749, S. 32). Dem kann entnommen werden, dass nach den Vorstellungen des Gesetzgebers im Beispielsfall nicht allein der Verlust der Altersvorsorge und dessen Zeitpunkt, sondern beides auch nur **zusammen mit der Versorgungslücke** eine besondere Härte darstellt. Es sind also bei einer besonderen, bei anderen Leistungsberechtigten regelmäßig nicht anzutreffende Umstände beachtlich und in ihrem Zusammenwirken zu prüfen (BSG, Urt. v. 16. 5. 2007 – B 11b AS 37/06 R, SozR 4–4200 § 12 Nr. 4, Rn. 35; allgemein zur Verwendung dieses Maßstabs siehe auch z. B. § 9 Abs. 4 a. E., § 24 Abs. 5 S. 1 und § 35 Abs. 2 Nr. 2).

Das BSG hat allerdings klargestellt, dass ein Altersvorsorgevermögen im Rahmen des besonderen Härtetatbestands des § 12 Abs. 3 S. 1 Nr. 6 2. Alt. nur gesichert werden kann, wenn dieses Vermögen iSd § 12 Abs. 3 S. 1 Nr. 3 tatsächlich zur Altersvorsorge bestimmt ist (BSG, Urt. v. 15. 4. 2008 – B 14/7b AS 56/06 R, Rn. 36, info also 2008, S. 278f). Von daher ist auch beim Härtetatbestand erforderlich, dass der Leistungsberechtigte das Vermögen erst nach Eintritt in den Ruhestand zur Bestreitung seines Lebensunterhalts für sich verwenden will und eine der Bestimmung entsprechende Vermögensdisposition getroffen hat. Dabei hat das BSG betont, dass die durch bloße Zeiten der Arbeitslosigkeit entstandenen **Rentenlücken** noch keine „besondere" Härte darstellen (vgl. hierzu insbesondere BSG, Urt. v. 15. 4. 2008 – B 14 AS 27/07 R, Rn. 47, info also 2008, S. 278). Das Risiko der Arbeitslosigkeit werde im Rahmen der gesetzlichen Rentenversicherung durch rentenrechtliche Zeiten abgedeckt und könne grundsätzlich keinen Fall besonderer Härte darstellen. 41

Anerkannt ist das Vorliegen einer besonderen Härte gemäß § 12 Abs. 3 S. 1 Nr. 6 Alt. 2 jedoch für die Verschonung von Vermögen, das aus einer **Schmerzensgeldzahlung** herrührt (BSG, Urt. v. 15. 4. 2008 – B 14/7b AS 6/07 R, SozR 4–4200 § 12 Nr. 9, Rn. 16ff.). Das SGB II setzt auch nach den mit Wirkung zum 1. 1. 2011 bzw. zum 1. 4. 2011 durch das Gesetz zur Ermittlung von Regelbedarfen und zur Änderung des Zweiten und Zwölften Buches Sozialgesetzbuch vom 24. 3. 2011 (BGBl I. S. 453) umfangreich vorgenommenen Änderungen (vgl. hierzu Groth/Siebel-Huffmann, NJW 2011, S. 1105 ff.) einen **Wertungswiderspruch** des Sozialhilferechts fort, nach dem – nur – die Zahlung von Schmerzensgeld privilegiertes Einkommen darstellte (so jetzt im SGB II § 11a Abs. 2, siehe hierzu § 11a, Rn. 3). Folglich muss auch das aus einer in der Vergangenheit erfolgten Schmerzensgeldzahlung herrührende Vermögen geschützt sein. Das BSG hat insofern in den Ausnahmetatbestand der besonderen Härte auch eine Korrektur gesetzgeberischer Widersprüche als Fallgruppe der besonderen Härte aufgenommen. Anerkennung kann eine besondere Härte auch im Rahmen der Verwertung von Hausgrundstücken finden, etwa wenn ältere Hilfesuchende ein unangemessen großes Haus bewohnen, das faktisch nicht teilweise vermietet werden kann (vgl. Hengelhaupt in Hauck/Noftz K § 12, Rn. 264, Stand: 09/2008). In angemessenem Umfang können auch Sterbeversicherungen oder Mittel für eine würdige Bestattung und Grabpflege unter § 12 Abs. 3 S. 1 Nr. 6 2. Alt. fallen. Zu denken ist schließlich an eine besondere Härte auch bei der Verwertung von Schrebergärten und Lauben. 42

D. Zugrundelegung des Verkehrswertes (Abs. 4)

Nach § 12 Abs. 4 S. 1 ist Vermögen mit seinem **Verkehrswert** zu berücksichtigen. § 8 Alg II–V bestimmt hierzu, dass das Vermögen ohne Rücksicht auf steuerrechtliche Vorschriften mit seinem Verkehrswert zu berücksichtigen ist. Verkehrswert ist mithin der Betrag, der im freien Geschäftsverkehr für den Gegenstand erlangt werden kann (so Hengelhaupt in Hauck/Noftz, K § 12 Rn. 292, Stand: 09/2008). Steuerrechtliche Abschreibungsmöglichkeiten etc. bleiben außer Betracht. Der Verkehrswert ist zu schätzen. Das BSG hat es nicht beanstandet, sich zur Bestimmung des Verkehrswertes eines Grundstückes auf ein **Verkehrswertgutachten nach § 194 BauGB** zu stützen, jedoch zugleich darauf hingewiesen, dass solche Gutachten nicht die einzig denkbare Möglichkeit zur Ermittlung des Verkehrswertes darstellen (Urt. v. 27. 1. 2009 – B 14 AS 42/07 R, SozR 4–4200 § 12 Nr. 12 unter Bezugnahme auf die Beispiele bei Mecke in Eicher/Spellbrink, § 12, Rn. 94 und Radüge in jurisPK, § 12, Rn. 162). Die auf einem Gegenstand liegenden Belastungen (Hypotheken, Grundschulden) mindern jedenfalls den Verkehrswert des Objekts gemäß Abs. 4 S. 1 (Zum Vermögensbegriff oben Rn. 2). Erforderlich ist allerdings ein unmittelbarer Zusammenhang von Verbind- 43 lichkeit und Vermögensgegenstand. Eine allgemeine Schuldensaldierung findet auch im Rahmen des § 12 Abs. 4 S. 1 nicht statt (Hengelhaupt in Hauck/Noftz, K § 12, Rn. 294, Stand: 09/2008). Bleibt der Verkehrswert zu deutlich hinter dem Substanzwert zurück, so kann eine offensichtliche Unwirtschaftlichkeit der Verwertung gemäß § 12 Abs. 3 S. 1 Nr. 6 1. Alt gegeben sein.

44   Nach § 12 Abs. 4 S. 2 ist maßgeblicher Zeitpunkt für die Wertermittlung die **Antragstellung** gemäß § 37. Vorherige unwirtschaftliche Dispositionen über den Vermögensgegenstand sind allenfalls gemäß § 31 Abs. 2 sanktioniert. Nach Antragstellung erworbenes Vermögen wird ab dem Zeitpunkt des Erwerbs berücksichtigt. Zur Beleihung von Lebensversicherungen nach Antragstellung vgl. oben Rn. 39; zur Ermittlung des Verkehrswerts von Grundstücken jetzt BSG, Urt.e vom 27. 1. 2009 – B 14 AS 42/07 R, SozR 4–4200 § 12 Nr. 12 und B 14 AS 52/07 R, SGb 2009, S. 153 f.).

45   Wesentliche Änderungen des Verkehrswerts sind gemäß § 12 Abs. 4 S. 3 zu berücksichtigen. Wesentlich ist jede Änderung, die die Leistungsvoraussetzungen ändert (das Tatbestandsmerkmal der Hilfebedürftigkeit entfällt etc.). Liegt eine Bewilligung vor, ist der Bescheid gemäß § 48 SGB X iVm § 40 Abs. 1 S. 1 (und § 330 Abs. 3 SGB III) zu ändern, weil es sich bei der Bewilligung von Alg II um einen Verwaltungsakt mit Dauerwirkung handelt.

§ 12 a Vorrangige Leistungen

¹**Leistungsberechtigte sind verpflichtet, Sozialleistungen anderer Träger in Anspruch zu nehmen und die dafür erforderlichen Anträge zu stellen, sofern dies zur Vermeidung, Beseitigung, Verkürzung oder Verminderung der Hilfebedürftigkeit erforderlich ist.**
²**Abweichend von Satz 1 sind Leistungsberechtigte nicht verpflichtet,**
1. **bis zur Vollendung des 63. Lebensjahres eine Rente wegen Alters vorzeitig in Anspruch zu nehmen oder**
2. **Wohngeld nach dem Wohngeldgesetz oder Kinderzuschlag nach dem Bundeskindergeldgesetz in Anspruch zu nehmen, wenn dadurch nicht die Hilfebedürftigkeit aller Mitglieder der Bedarfsgemeinschaft für einen zusammenhängenden Zeitraum von mindestens drei Monaten beseitigt würde.**

§ 13 Verordnungsermächtigung

(1) **Das Bundesministerium für Arbeit und Soziales wird ermächtigt, im Einvernehmen mit dem Bundesministerium der Finanzen ohne Zustimmung des Bundesrates durch Rechtsverordnung zu bestimmen,**
1. **welche weiteren Einnahmen nicht als Einkommen zu berücksichtigen sind und wie das Einkommen im Einzelnen zu berechnen ist,**
2. **welche weiteren Vermögensgegenstände nicht als Vermögen zu berücksichtigen sind und wie der Wert des Vermögens zu ermitteln ist,**
3. **welche Pauschbeträge für die von dem Einkommen abzusetzenden Beträge zu berücksichtigen sind,**
4. **welche durchschnittlichen monatlichen Beträge für einzelne Bedarfe nach § 28 für die Prüfung der Hilfebedürftigkeit zu berücksichtigen sind und welcher Eigenanteil des maßgebenden Regelbedarfs bei der Bemessung des Bedarfs nach § 28 Absatz 6 zugrunde zu legen ist.**

(2) **Das Bundesministerium für Arbeit und Soziales wird ermächtigt, ohne Zustimmung des Bundesrates durch Rechtsverordnung zu bestimmen, unter welchen Voraussetzungen und für welche Dauer Leistungsberechtigte nach Vollendung des 63. Lebensjahres ausnahmsweise zur Vermeidung von Unbilligkeiten nicht verpflichtet sind, eine Rente wegen Alters vorzeitig in Anspruch zu nehmen.**

(3) **Das Bundesministerium für Arbeit und Soziales wird ermächtigt, durch Rechtsverordnung ohne Zustimmung des Bundesrates nähere Bestimmungen zum zeit- und ortsnahen Bereich (§ 7 Absatz 4 a) sowie dazu zu treffen, wie lange und unter welchen Voraussetzungen sich erwerbsfähige Leistungsberechtigte außerhalb des zeit- und ortsnahen Bereichs aufhalten dürfen, ohne Ansprüche auf Leistungen nach diesem Buch zu verlieren.**

1   **Vorbemerkung:** Die Bedeutung der Ermächtigungsnorm des § 13 Abs. 1 ist enorm, enthält die auf ihrer Grundlage erlassene Alg II–V doch wesentliche Elemente der Bestimmung von Einkommen und Vermögen, wie etwa die Pauschbeträge gemäß § 13 Abs. 1 Nr. 3. § 13 Abs. 2 wurde erst zum 1. 1. 2008 angefügt, § 13 Abs. 3 erst mit Wirkung zum 1. 4. 2011. Aufgrund der Ermächtigung wurde zunächst die Alg II–V vom 20. 10. 2004 (BGBl. I, S. 2622) erlassen (abgedruckt bei Mecke in Eicher/Spellbrink, SGB II, 1. Auflage 2005, Anhang zu § 13), die durch die erste Verordnung zur Änderung der Alg II–V vom 22. 8. 2005 (BGBl. I, S. 2499) mit Wirkung zum 1. 10. 2005 massiv

geändert wurde (abgedruckt und kommentiert bei Mecke in Eicher/Spellbrink zu § 13). Am 17. 12. 2007 ist die Alg II-V mit Wirkung zum 1. 1. 2008 vollständig neu gefasst (BGBl. I, S. 2942) und am 18. 12. 2008 mit Wirkung zum 1. 1. 2009 (BGBl. I S. 2780 sowie am 23. 7. 2009 mit Wirkung zum 1. 8. 2009 (BGBl. I, S. 2340) erneut geändert worden. Weitere Änderungen folgten am 4. 5. 2010 mit Wirkung zum 1. 6. 2010 (BGBl I, S. 541), am 21. 12. 2010 mit Wirkung zum 1. 1. 2011 (BGBl I, S. 2321), am 24. 3. 2011 mit Wirkung zum 1. 1. 2011 bzw. zum 1. 4. 2011 (BGBl I, S. 453) sowie schließlich am 28. 4. 2011 mit Wirkung zum 1. 5. 2011 (BGBl I, S. 687). Bei Anwendung der Alg II-V auf einzelne Rechtsprobleme ist jeweils der für den Zeitpunkt des Rechtsproblems **maßgebende Rechtszustand** – ggf. unter Berücksichtigung der jeweiligen Übergangsvorschriften – genau zu ermitteln (hierzu instruktiv Hengelhaupt in Hauck/Noftz, K § 13).

Letztlich unsystematisch beantwortet wird die Frage, ob jeweils eine Neuregelung der Alg II–V **2** auch **rückwirkend** auf Zeiträume vor ihrem Inkrafttreten Anwendung finden kann. Abgelehnt wurde dies zuletzt für die Regelung in § 1 S. 1 Nr. 8 Alg II–V (Kindergeld für volljährige Kinder außerhalb des Haushalts) für Zeiträume vor dem 1. 10. 2005 (BSG, Urt. v. 27. 1. 2009 – B 14/7b AS 14/07 R, SGb 2009, S. 154). Anders hinsichtlich der Berücksichtigung von Pflegegeld nach dem SGB VIII (allerdings hier rückwirkende Anwendung des Gesetzes: § 11 Abs. 4 a. F. [ab dem 1. 4. 2011: § 11a Abs. 3 S. 2] – vgl. oben § 11a Rn. 5). Zu § 2 Abs. 3 S. 3 Alg II–V i. d. F. vom 22. 8. 2005 (Anwendbarkeit ab 1. 10. 2005) vgl. BSG, Urt. v. 30. 9. 2008 – B 4 AS 29/07 R, SozR 4–4200 § 11 Nr. 15 = BSGE 101, 291 ff.).

Nach Art. 80 Abs. 1 S. 2 GG muss eine Verordnungsermächtigung Inhalt, Zweck und Ausmaß der **3** Normsetzungsbefugnis für die Exekutive hinreichend bestimmt regeln. Nach Art. 80 Abs. 1 S. 3 GG hat eine bundesrechtliche Verordnung ihre Rechtsgrundlage anzugeben. Insofern bestehen keine Bedenken gegen § 13 insgesamt unter **verfassungsrechtlichem Aspekt** (vgl. Mecke in Eicher/Spellbrink, § 13, Rn. 7; zur AlhiV vgl. BSG, Urt. v. 27. 5. 2003 – B 7 AL 104/02 R, SozR 4–4200 § 6 Nr. 1 = BSGE 91, 94 ff.). Eine andere Frage ist es, ob die jeweilige einzelne Norm der Alg II–V noch durch die Ermächtigungen in § 13 Abs. 1 Nr. 1 bis 3 gedeckt ist. Dies ist bei der jeweiligen Einzelnorm zu diskutieren. Beispielsweise bestehen ermächtigungsrechtliche Bedenken gegen die Regelung in § 2 Abs. 5 Alg II–V, nach der bereitgestellte Nahrung mit einem festen Betrag als Einkommen berücksichtigt wird (vgl. hierzu auch BSG, Urt. v. 18. 6. 2008 – B 14 AS 22/07 R, Rn. 22 ff., SozR 4–4200 § 11 Nr. 11; und oben § 11, Rn. 2). Hier könnte ein Verbot bestehen, die bereits in der Regelleistung des § 20 pauschaliert enthaltene Deckung von Grundbedürfnissen nachträglich wieder als Einkommen zu bewerten.

Verordnung zur Berechnung von Einkommen sowie zur Nichtberücksichtigung von Einkommen und Vermögen beim Arbeitslosengeld II / Sozialgeld (Arbeitslosengeld II / Sozialgeld-Verordnung – Alg II-V)

Vom 17. Dezember 2007 (BGBl I S. 2942)

zuletzt geändert durch Art. 17 des Gesetzes
zur Einführung eines Bundesfreiwilligendienstes vom 28. April 2011 (BGBl. I S. 687)

Auf Grund des § 13 des Zweiten Buches Sozialgesetzbuch – Grundsicherung für Arbeitsuchende – (Artikel 1 des Gesetzes vom 24. Dezember 2003, BGBl. I S. 2954, 2955), der durch Artikel 1 Nr. 11 des Gesetzes vom 20. Juli 2006 (BGBl. I S. 1706) geändert worden ist, verordnet das Bundesministerium für Arbeit und Soziales im Einvernehmen mit dem Bundesministerium der Finanzen:

§ 1. Nicht als Einkommen zu berücksichtigende Einnahmen (1) *Außer den in § 11a des Zweiten Buches Sozialgesetzbuch genannten Einnahmen sind nicht als Einkommen zu berücksichtigen:*

1. *Einnahmen, wenn sie innerhalb eines Kalendermonats 10 Euro nicht übersteigen,*
2. *(weggefallen)*
3. *(weggefallen)*
4. *nicht steuerpflichtige Einnahmen einer Pflegeperson für Leistungen der Grundpflege und der hauswirtschaftlichen Versorgung,*
5. *bei Soldaten der Auslandsverwendungszuschlag und der Leistungszuschlag,*
6. *die aus Mitteln des Bundes gezahlte Überbrückungsbeihilfe nach Artikel IX Abs. 4 des Abkommens zwischen den Parteien des Nordatlantikvertrages über die Rechtsstellung ihrer Truppen (NATO-Truppenstatut) vom 19. Juni 1951 (BGBl. 1961 II S. 1190) an ehemalige Arbeitnehmer bei den Stationierungsstreitkräften und nach Artikel 5 des Gesetzes zu den Notenwechseln vom 25. September 1990 und 23. September 1991 über die Rechtsstellung der in Deutschland stationierten verbündeten Streitkräfte und zu den Übereinkommen vom 25. September 1990 zur Regelung bestimmter Fragen in Bezug auf Berlin vom 3. Januar 1994 (BGBl. 1994 II S. 26) an ehemalige Arbeitnehmer bei den alliierten Streitkräften in Berlin,*
7. *die Eigenheimzulage, soweit sie nachweislich zur Finanzierung einer nach § 12 Abs. 3 Satz 1 Nr. 4 des Zweiten Buches Sozialgesetzbuch nicht als Vermögen zu berücksichtigenden Immobilie verwendet wird,*

8. *Kindergeld für Kinder des Hilfebedürftigen, soweit es nachweislich an das nicht im Haushalt des Hilfebedürftigen lebende Kind weitergeleitet wird,*
9. *bei Sozialgeldempfängern, die das 15. Lebensjahr noch nicht vollendet haben, Einnahmen aus Erwerbstätigkeit, soweit sie einen Betrag von 100 Euro monatlich nicht übersteigen,*
10. *Leistungen der Ausbildungsförderung, soweit sie für Fahrtkosten zur Ausbildung oder für Ausbildungsmaterial verwendet werden; ist bereits mindestens ein Betrag nach § 11b Absatz 2 des Zweiten Buches Sozialgesetzbuch von der Ausbildungsvergütung absetzbar, gilt dies nur für den darüber hinausgehenden Betrag,*
11. *Verpflegung, die außerhalb der in den §§ 2, 3 und 4 Nummer 4 genannten Einkommensarten bereitgestellt wird,*
12. *Geldgeschenke an Minderjährige anlässlich der Firmung, Kommunion, Konfirmation oder vergleichbarer religiöser Feste sowie anlässlich der Jugendweihe, soweit sie den in § 12 Absatz 2 Satz 1 Nummer 1a des Zweiten Buches Sozialgesetzbuch genannten Betrag nicht überschreiten,*
13. *vom Taschengeld nach § 2 Absatz 1 Nummer 3 des Jugendfreiwilligendienstegesetzes oder § 2 Nummer 4 des Bundesfreiwilligendienstgesetzes, das ein Teilnehmer an einem Jugendfreiwilligendienst oder Bundesfreiwilligendienst erhält, ein Betrag in Höhe von 60 Euro.*

(2) Bei der § 9 Abs. 5 des Zweiten Buches Sozialgesetzbuch zugrunde liegenden Vermutung, dass Verwandte und Verschwägerte an mit ihnen in Haushaltsgemeinschaft lebende Hilfebedürftige Leistungen erbringen, sind die um die Absetzbeträge nach § 11b des Zweiten Buches Sozialgesetzbuch bereinigten Einnahmen in der Regel nicht als Einkommen zu berücksichtigen, soweit sie einen Freibetrag in Höhe des doppelten Betrags des nach § 20 Absatz 2 Satz 1 maßgebenden Regelbedarfs zuzüglich der anteiligen Aufwendungen für Unterkunft und Heizung sowie darüber hinausgehend 50 Prozent der diesen Freibetrag übersteigenden bereinigten Einnahmen nicht überschreiten. § 11a des Zweiten Buches Sozialgesetzbuch gilt entsprechend.

(3) Für Bewilligungszeiträume, die vor dem 1. Januar 2009 begonnen haben, ist Kindergeld nicht als Einkommen zu berücksichtigen, soweit es die bis zum 31. Dezember 2008 geltenden Beträge nach § 66 Absatz 1 des Einkommensteuergesetzes und § 6 Absatz 1 und 2 des Bundeskindergeldgesetzes übersteigt. Satz 1 gilt bis zum Ende des Bewilligungszeitraums, längstens jedoch bis zum 31. Mai 2009.

(4) Nicht als Einkommen zu berücksichtigen sind Einnahmen von Schülerinnen und Schülern allgemein- oder berufsbildender Schulen, die das 25. Lebensjahr noch nicht vollendet haben, aus Erwerbstätigkeiten, die in den Schulferien für höchstens vier Wochen je Kalenderjahr ausgeübt werden, soweit diese einen Betrag in Höhe von 1 200 Euro kalenderjährlich nicht überschreiten. Für die Bemessung des Zeitraums nach Satz 1 bleiben in den Schulferien ausgeübte Erwerbstätigkeiten mit einem Einkommen, das monatlich den in § 11b Absatz 2 Satz 1 des Zweiten Buches Sozialgesetzbuch oder in Absatz 1 Nummer 9 genannten monatlichen Betrag nicht übersteigt, außer Betracht. Satz 1 gilt nicht für Schülerinnen und Schüler, die einen Anspruch auf Ausbildungsvergütung haben. Die Bestimmungen des Jugendarbeitsschutzgesetzes bleiben unberührt.

(5) Nicht als Einkommen zu berücksichtigen ist Elterngeld in Höhe von 150 Euro je Lebensmonat eines Kindes, der vor dem 1. Januar 2011 begonnen hat, soweit es auf Grund einer vor dem 1. Januar 2011 widerrufenen Verlängerungsmöglichkeit (§ 6 Satz 2 des Bundeselterngeld- und Elternzeitgesetzes) nachgezahlt wird.

§ 2. Berechnung des Einkommens aus nichtselbständiger Arbeit. *(1) Bei der Berechnung des Einkommens aus nichtselbständiger Arbeit (§ 14 des Vierten Buches Sozialgesetzbuch) ist von den Bruttoeinnahmen auszugehen.*

(2) (weggefallen)

(3) Ist bei laufenden Einnahmen im Bewilligungszeitraum zu erwarten, dass diese in unterschiedlicher Höhe zufließen, kann als Einkommen ein monatliches Durchschnittseinkommen zu Grunde gelegt werden. Als monatliches Durchschnittseinkommen ist für jeden Monat im Bewilligungszeitraum der Teil des Einkommens zu berücksichtigen, der sich bei der Teilung des Gesamteinkommens im Bewilligungszeitraum durch die Anzahl der Monate im Bewilligungszeitraum ergibt. Soweit über die Gewährung von Leistungen zum Lebensunterhalt nach § 40 Absatz 2 Nummer 1 des Zweiten Buches Sozialgesetzbuch vorläufig entschieden wurde, ist das bei der vorläufigen Entscheidung berücksichtigte monatliche Durchschnittseinkommen bei der abschließenden Entscheidung als Einkommen zu Grunde zu legen, wenn das tatsächliche monatliche Durchschnittseinkommen das bei der vorläufigen Entscheidung zu Grunde gelegte monatliche Durchschnittseinkommen um nicht mehr als 20 Euro übersteigt.

(4) (weggefallen)

(5) Bei der Berechnung des Einkommens ist der Wert der vom Arbeitgeber bereitgestellten Vollverpflegung mit täglich 1 Prozent des nach § 20 des Zweiten Buches Sozialgesetzbuch maßgebenden monatlichen Regelbedarfs anzusetzen. Wird Teilverpflegung bereitgestellt, entfallen auf das Frühstück ein Anteil von 20 Prozent und auf das Mittag- und Abendessen Anteile von je 40 Prozent des sich nach Satz 1 ergebenden Betrages.

(6) Sonstige Einnahmen in Geldeswert sind mit ihrem Verkehrswert als Einkommen anzusetzen. Ist die Einnahme in Geldeswert auch als Teil des Regelbedarfs nach § 20 des Zweiten Buches Sozialgesetzbuch berücksichtigt, ist als Wert der Einnahme in Geldeswert höchstens der Betrag anzusetzen, der für diesen Teil in dem maßgebenden Regelbedarf enthalten ist.

(7) Das Einkommen kann nach Anhörung geschätzt werden, wenn
1. *Leistungen der Grundsicherung für Arbeitsuchende einmalig oder für kurze Zeit zu erbringen sind oder Einkommen nur für kurze Zeit zu berücksichtigen ist oder*
2. *die Entscheidung über die Erbringung von Leistungen der Grundsicherung für Arbeitsuchende im Einzelfall keinen Aufschub duldet.*

§ 3. Berechnung des Einkommens aus selbständiger Arbeit, Gewerbebetrieb oder Land- und Forstwirtschaft. *(1) Bei der Berechnung des Einkommens aus selbständiger Arbeit, Gewerbebetrieb oder Land- und Forstwirtschaft ist von den Betriebseinnahmen auszugehen. Betriebseinnahmen sind alle aus selbständiger Arbeit, Gewerbebetrieb oder Land- und Forstwirtschaft erzielten Einnahmen, die im Bewilligungszeitraum (§ 41 Abs. 1 Satz 4 des Zweiten Buches Sozialgesetzbuch) tatsächlich zufließen. Wird eine Erwerbstätigkeit nach Satz 1 nur während eines Teils des Bewilligungszeitraums ausgeübt, ist das Einkommen nur für diesen Zeitraum zu berechnen.*

(2) Zur Berechnung des Einkommens sind von den Betriebseinnahmen die im Bewilligungszeitraum tatsächlich geleisteten notwendigen Ausgaben mit Ausnahme der nach § 11b des Zweiten Buches Sozialgesetzbuch abzusetzenden Beträge ohne Rücksicht auf steuerrechtliche Vorschriften abzusetzen.

(3) Tatsächliche Ausgaben sollen nicht abgesetzt werden, soweit diese ganz oder teilweise vermeidbar sind oder offensichtlich nicht den Lebensumständen während des Bezuges der Leistungen zur Grundsicherung für Arbeitsuchende entsprechen. Nachgewiesene Einnahmen können bei der Berechnung angemessen erhöht werden, wenn anzunehmen ist, dass die nachgewiesene Höhe der Einnahmen offensichtlich nicht den tatsächlichen Einnahmen entspricht. Ausgaben können bei der Berechnung nicht abgesetzt werden, soweit das Verhältnis der Ausgaben zu den jeweiligen Erträgen in einem auffälligen Missverhältnis steht. Ausgaben sind ferner nicht abzusetzen, soweit für sie Darlehen oder Zuschüsse nach dem Zweiten Buch Sozialgesetzbuch erbracht worden sind.

(4) Für jeden Monat ist der Teil des Einkommens zu berücksichtigen, der sich bei der Teilung des Gesamteinkommens im Bewilligungszeitraum durch die Anzahl der Monate im Bewilligungszeitraum ergibt. Im Fall des Absatzes 1 Satz 3 gilt als monatliches Einkommen derjenige Teil des Einkommens, der der Anzahl der in den in Absatz 1 Satz 3 genannten Zeitraum fallenden Monate entspricht. Von dem Einkommen sind die Beträge nach § 11b des Zweiten Buches Sozialgesetzbuch abzusetzen.

(5) Ist auf Grund der Art der Erwerbstätigkeit eine jährliche Berechnung des Einkommens angezeigt, soll in die Berechnung des Einkommens nach den Absätzen 2 bis 4 auch Einkommen nach Absatz 1 Satz 1 einbezogen werden, das der oder die erwerbsfähige Leistungsberechtigte innerhalb eines Zeitraums von sechs Monaten vor wiederholter Antragstellung erzielt hat, wenn der oder die erwerbsfähige Leistungsberechtigte darauf hingewiesen worden ist. Dies gilt nicht, soweit das Einkommen bereits in dem der wiederholten Antragstellung vorangegangenen Bewilligungszeitraum berücksichtigt wurde oder bei Antragstellung in diesem Zeitraum hätte berücksichtigt werden müssen.

(6) Soweit über die Gewährung von Leistungen zum Lebensunterhalt nach § 40 Abs. 1 Satz 2 Nr. 1a des Zweiten Buches Sozialgesetzbuch vorläufig entschieden wurde, kann das Einkommen im Bewilligungszeitraum für die abschließende Entscheidung geschätzt werden, wenn das tatsächliche Einkommen nicht innerhalb eines Zeitraums von zwei Monaten nach Ende des Bewilligungszeitraums nachgewiesen wird.

(7) Wird ein Kraftfahrzeug überwiegend betrieblich genutzt, sind die tatsächlich geleisteten notwendigen Ausgaben für dieses Kraftfahrzeug als betriebliche Ausgabe abzusetzen. Für private Fahrten sind die Ausgaben um 0,10 Euro für jeden gefahrenen Kilometer zu vermindern. Ein Kraftfahrzeug gilt als überwiegend betrieblich genutzt, wenn es zu mindestens 50 Prozent betrieblich genutzt wird. Wird ein Kraftfahrzeug überwiegend privat genutzt, sind die tatsächlichen Ausgaben keine Betriebsausgaben. Für betriebliche Fahrten können 0,10 Euro für jeden mit dem privaten Kraftfahrzeug gefahrenen Kilometer abgesetzt werden, soweit der oder die erwerbsfähige Leistungsberechtigte nicht höhere notwendige Ausgaben für Kraftstoff nachweist.

§ 4. Berechnung des Einkommens in sonstigen Fällen. *Für die Berechnung des Einkommens aus Einnahmen, die nicht unter die §§ 2 und 3 fallen, ist § 2 entsprechend anzuwenden. Hierzu gehören insbesondere Einnahmen aus*
1. *Sozialleistungen,*
2. *Vermietung und Verpachtung,*
3. *Kapitalvermögen sowie*
4. *Wehr- und Ersatzdienstverhältnissen.*

§ 5. Begrenzung abzugsfähiger Ausgaben. *Ausgaben sind höchstens bis zur Höhe der Einnahmen aus derselben Einkunftsart abzuziehen. Einkommen darf nicht um Ausgaben einer anderen Einkommensart vermindert werden.*

§ 5a. Beträge für die Prüfung der Hilfebedürftigkeit. *Bei der Prüfung der Hilfebedürftigkeit ist zugrunde zu legen*
1. *für die Schulausflüge (§ 28 Absatz 2 Satz 1 Nummer 1 des Zweiten Buches Sozialgesetzbuch) ein Betrag von drei Euro monatlich,*

2. für die mehrtägigen Klassenfahrten (§ 28 Absatz 2 Satz 1 Nummer 2 des Zweiten Buches Sozialgesetzbuch) monatlich der Betrag, der sich bei der Teilung der Aufwendungen, die für die mehrtägige Klassenfahrt entstehen, auf einen Zeitraum von sechs Monaten ab Beginn des auf den Antrag folgenden Monats ergibt,
3. für die ersparten häuslichen Verbrauchsausgaben bei Inanspruchnahme gemeinschaftlicher Mittagsverpflegung der in § 9 des Regelbedarfs-Ermittlungsgesetzes genannte Betrag.

§ 6. Pauschbeträge für vom Einkommen abzusetzende Beträge. *(1) Als Pauschbeträge sind abzusetzen*

1. *von dem Einkommen volljähriger Leistungsberechtigter ein Betrag in Höhe von 30 Euro monatlich für die Beiträge zu privaten Versicherungen nach § 11 Abs. 2 Satz 1 Nr. 3 des Zweiten Buches Sozialgesetzbuch, die nach Grund und Höhe angemessen sind,*
2. *von dem Einkommen Minderjähriger ein Betrag in Höhe von 30 Euro monatlich für die Beiträge zu privaten Versicherungen nach § 11b Absatz 1 Nummer 3 des Zweiten Buches Sozialgesetzbuch, die nach Grund und Höhe angemessen sind, wenn der oder die Minderjährige eine entsprechende Versicherung abgeschlossen hat,*
3. *von dem Einkommen Erwerbstätiger für die Beträge nach § 11b Absatz 1 Satz 1 Nummer 5 des Zweiten Buches Sozialgesetzbuch*
   a) *monatlich ein Sechzigstel der steuerrechtlichen Werbungskostenpauschale (§ 9a Abs. 1 Satz 1 Nr. 1 Buchstabe a des Einkommensteuergesetzes) als mit seiner Erzielung verbundene notwendige Ausgaben; dies gilt nicht für Einkommen nach § 3,*
   b) *zusätzlich bei Benutzung eines Kraftfahrzeugs für die Fahrt zwischen Wohnung und Arbeitsstätte für Wegstrecken zur Ausübung der Erwerbstätigkeit 0,20 Euro für jeden Entfernungskilometer der kürzesten Straßenverbindung,*

soweit der oder die erwerbsfähige Leistungsberechtigte nicht höhere notwendige Ausgaben nachweist.

(2) Sofern die Berücksichtigung des Pauschbetrags nach Absatz 1 Nummer 3 Buchstabe b im Vergleich zu den bei Benutzung eines zumutbaren öffentlichen Verkehrsmittels anfallenden Fahrtkosten unangemessen hoch ist, sind nur diese als Pauschbetrag abzusetzen.

(3) Für Mehraufwendungen für Verpflegung ist, wenn die erwerbsfähige leistungsberechtigte Person vorübergehend von seiner Wohnung und dem Mittelpunkt seiner dauerhaft angelegten Erwerbstätigkeit entfernt erwerbstätig ist, für jeden Kalendertag, an dem die erwerbsfähige leistungsberechtigte Person wegen dieser vorübergehenden Tätigkeit von seiner Wohnung und dem Tätigkeitsmittelpunkt mindestens zwölf Stunden abwesend ist, ein Pauschbetrag in Höhe von 6 Euro abzusetzen.

§ 7. Nicht zu berücksichtigendes Vermögen. *(1) Außer dem in § 12 Abs. 3 des Zweiten Buches Sozialgesetzbuch genannten Vermögen sind Vermögensgegenstände nicht als Vermögen zu berücksichtigen, die zur Aufnahme oder Fortsetzung der Berufsausbildung oder der Erwerbstätigkeit unentbehrlich sind.*

(2) Bei der § 9 Abs. 5 des Zweiten Buches Sozialgesetzbuch zu Grunde liegenden Vermutung, dass Verwandte und Verschwägerte an mit ihnen in Haushaltsgemeinschaft lebende Leistungsberechtigte Leistungen erbringen, ist Vermögen nicht zu berücksichtigen, das nach § 12 Abs. 2 des Zweiten Buches Sozialgesetzbuch abzusetzen oder nach § 12 Abs. 3 des Zweiten Buches Sozialgesetzbuch nicht zu berücksichtigen ist.

§ 8. Wert des Vermögens. *Das Vermögen ist ohne Rücksicht auf steuerrechtliche Vorschriften mit seinem Verkehrswert zu berücksichtigen.*

§ 9. Übergangsvorschrift. *Für Bewilligungszeiträume, die vor dem 1. Januar 2008 begonnen haben, ist § 2a der Arbeitslosengeld II/Sozialgeld-Verordnung vom 20. Oktober 2004 in der bis zum 31. Dezember 2007 geltenden Fassung weiterhin anzuwenden. § 2a Abs. 4 der Arbeitslosengeld II/Sozialgeld-Verordnung vom 20. Oktober 2004 in der bis zum 31. Dezember 2007 geltenden Fassung ist mit der Maßgabe anzuwenden, dass für den Teil des Bewilligungszeitraums, der im Berechnungsjahr 2007 liegt, bei der abschließenden Entscheidung als Einkommen der Teil des vom Finanzamt für das Berechnungsjahr festgestellten Gewinns zu berücksichtigen ist, der auf diesen Teil des Bewilligungszeitraums entfällt. Für den Teil des Bewilligungszeitraums, der nach dem 31. Dezember 2007 liegt, ist bei der abschließenden Entscheidung § 3 dieser Verordnung entsprechend anzuwenden.*

§ 10. Inkrafttreten, Außerkrafttreten. *Diese Verordnung tritt am 1. Januar 2008 in Kraft.*

Kapitel 3. Leistungen

Abschnitt 1. Leistungen zur Eingliederung in Arbeit

§ 14 Grundsatz des Förderns

[1]**Die Träger der Leistungen nach diesem Buch unterstützen erwerbsfähige Leistungsberechtigte umfassend mit dem Ziel der Eingliederung in Arbeit.** [2]**Die Agentur für Arbeit soll eine persönliche Ansprechpartnerin oder einen persönlichen Ansprechpartner für jede**

erwerbsfähige leistungsberechtigte Person und die mit dieser in einer Bedarfsgemeinschaft lebenden Personen benennen. ³Die Träger der Leistungen nach diesem Buch erbringen unter Beachtung der Grundsätze von Wirtschaftlichkeit und Sparsamkeit alle im Einzelfall für die Eingliederung in Arbeit erforderlichen Leistungen.

Norm ist durch das RegelbedarfsÄndG zum 1. 4. 2011 (BGBl I 2011, 453) iS des gender mainstreaming sprachlich angepasst worden.

A. Normzweck

Erst in § 14 greift das SGB II den in § 1 postulierten und das SGB II in der politischen Diskussion neben dem Grundsatz des „Forderns" prägenden Grundsatz des „Förderns" (§ 1 Abs. 1 S. 2) wieder auf (s. hierzu auch Berlit in LPK-SGB II, § 14 Rn. 1), während der Grundsatz des „Fordern" bereits in § 2 iE ausbuchstabiert wird (vgl. iE S. Knickrehm § 1 Rn. 1, 2, auch z. Frage, ob aus Anordnung im G auf Rangfolge geschlossen werden kann). Grundsätze der Leistungserbringung (§ 3 Abs. 1 S. 1, Abs. 1 S. 4) sind ebenfalls im 1. Kap. behandelt worden. Wiederholung macht jedoch Sinn. § 14 leitet das Kap. über die Leistungen zur Eingliederung ein und fasst die Grundsätze, die für alle Eingliederungsleistungen gelten zusammen (§ 14 als Einweisungsnorm s. Hänlein in Gagel, § 14 SGB II, Rn. 12; Spellbrink in Eicher/Spellbrink § 14 Rn. 1 ff.). **1**

B. Unterstützung

§ 14 S. 1 verpflichtet einerseits den Grundsicherungsträger zur **Unterstützung** des Leistungsberechtigten (Spellbrink in Eicher/Spellbrink § 14 Rn. 5: objektivrechtliche Pflicht des Trägers) und betont andererseits durch die Verwendung des Wortes: „unterstützen" die Mitwirkung/Eigenverantwortung dessen (§ 2 Abs. 1 S. 2; s. hierzu auch S. Knickrehm § 1 Rn. 1). Die Unterstützungsverpflichtung des Trägers sollte allerdings nicht nur als ein in rechtlichen Kategorien wenig fassbares Optimierungsgebot (Spellbrink in Eicher/Spellbrink § 14 Rn. 7) verstanden werden. Bedeutung erlangt § 14 Abs. 1 S. 1 vor Allem bei der Überprüfung der Ermessensbetätigung der Träger (insb. im Rahmen des § 16; Ermessensleitlinie – s. Hänlein in Gagel, § 14 Rn. 21) und der Ausfüllung unbestimmter Rechtsbegriffe. Eng im Zusammenhang mit der Unterstützung steht auch die Frage der Erteilung eines **Hausverbot**s für den Leistungsberechtigten iS des Ausschlusses von Unterstützungsleistungen in den Räumlichkeiten des Grundsicherungsträgers. Es steht von vornherein in einem gewissen inneren Widerspruch zum Aktivierungskonzept des SGB II. Nach Auffassung des 14. Sentas des BSG ist Beurteilung seiner Rechtmäßigkeit daher von den weiteren Ansprüchen und Pflichten des betroffenen Hilfeempfängers im Rahmen der „Dauerrechtsbeziehung" nach dem SGB II kaum zu trennen. Der Senat folgert hieraus, eine Rechtfertigung für die Zuweisung an die Gerichte der Sozialgerichtsbarkeit auf Grund deren besondere Sachkunde in Angelegenheiten des SGB II (BSG 1. 4. 2009 – B 14 SG 1/08 R). Ob auch Streitigkeiten über Hausverbote, die aufgrund des öffentlich-rechtlichen Hausrechts zum Schutz der widmungsgemäßen Nutzung einer öffentlichen Sache vor Störungen des Verwaltungsbetriebs durch unbefugte Dritte (zB Personen, die die Diensträume zum Schutz vor der Kälte betreten) ausgesprochen werden, öffentlich-rechtliche Streitigkeiten sind, die die notwendige Sachnähe zu den Angelegenheiten der Grundsicherung für Arbeitsuchende iS des § 51 Abs. 1 Nr. 4a SGG aufweisen, hat der Senat offen gelassen. Allgemeine Unterstützungs-, Beratungs- und Betreuungspflicht des Grundsicherungsträgers ist keine **Maßnahme zur Teilhabe am Erwerbsleben** iS des § 21 Abs. 4 SGB II iVm § 33 SGB IX oder sonstige Hilfe zur Erlangung eines geeigneten Arbeitsplatzes im Erwerbsleben (BSG 6. 4. 2011 – B 4 AS 3/10 R). **2**

C. Persönlicher Ansprechpartner

Der pAP ist ein Teil des sog. „**Casemanagements**" (vgl. hierzu Berlit in LPK-SGB II, § 7 Rn. 12), bei dem es sich um die Idee eines anspruchsvollen beraterischen Ansatzes handelt, der die bes. Lage des Hilfebedürftigen in einem kooperativ strukturierten Prozess feststellen und insb. dadurch verändern will, dass die individuellen Kompetenzen des Hilfebedürftigen, seine Lage zu verändern, gestärkt werden (vgl. Spellbrink in Eicher/Spellbrink § 14 Rn. 9 mwN). § 14 S. 2 ist jedoch keine Rechtsgrundlage für subjektiv-rechtlichen Anspruch auf Zuteilung eines pAP; pAP „soll" benannt werden – Berlit leitet hieraus eine objektiv-rechtliche Verpflichtung z. Benennung ab (Berlit in LPK-SGB II, § 14 Rn. 15), ohne Anspruch auf eine bestimmte Qualifikation. Anforderungsprofil des pAP, konkrete Aufgaben (außer in § 4 Abs. 1 Nr. 1 – Information, Beratung u. umfassende Unterstützung), Einbindung in Konzept, bestimmtes System oder organisatorischer Rahmen ergeben sich nicht aus G. EinV ist nach § 15 Abs. 1 S. 1 nicht zwingend mit pAP abzuschließen (s. S. Knickrehm § 15 Rn. 1). Spellbrink vertritt die Auffassung, die sich aus § 4 Abs. 1 Nr. 1 ergebende Beratungspflicht des **3** pAP könnte – als eine besondere Ausprägung der §§ 14, 15 SGB I begriffen –, dem Anwendungsbereich des **Herstellungsanspruch**s mehr Raum geben (Spellbrink in Eicher/Spellbrink § 7 Rn. 12). Hieran anknüpfend Entscheidung der BSG 31. 10. 2007 – B 14/11 b AS 63/06 R, wonach weitgehende Beratungs- und Aufklärungspflicht gegenüber dem erwerbsfähigen Hilfebedürftigen iS des SGB II über den jeweiligen Beratungsanlass hinaus besteht – dort im Hinblick auf die Möglichkeit durch einen Verwertungsausschluss die an sich zu verwertende Lebensversicherung zu geschütztem Vermögen werden zu lassen.(s. auch BSG 27. 7. 2004 – B 7 SF 1/03 R – Beratungspflichten des Jugendamtes). Anspruch auf **Benennung eines pAP** besteht für den Leistungsberechtigten nicht (BSG 22. 9. 2009 – B 4 AS 13/09 R).

D. Leistungserbringung

4   Grundsicherungsträger müssen die (zur Eingliederung in Arbeit) erforderlichen Leistungen nach den **Grundsätzen von Wirtschaftlichkeit und Sparsamkeit** erbringen. Ermessenslenkende Direktive (s. Spellbrink in Eicher/Spellbrink § 14 Rn. 13), wodurch eine Anspruchsbegrenzung im Verhältnis zum Leistungsberechtigten bewirkt wird (Haushaltslage wird hier zum Tatbestandsmerkmal, so dass fraglich ist, ob Grundsätze aus BSG 25. 10. 1990 – 7 RAr 14/90, BSGE 67, 279, wonach Ablehnung von Überbrückungsgeld wg. Erschöpfung von Haushaltsmitteln ermessensfehlerhaft ist, hier herangezogen werden können, s. aber Hänlein in Gagel, § 14 SGB II, Rn. 26). Die Leistungserbringung muss effektiv und effizient sein, wobei der Träger zu prüfen hat, ob das Ziel nicht durch sparsameren Mitteleinsatz erreicht werden kann.

§ 15 Eingliederungsvereinbarung

(1) ¹Die Agentur für Arbeit soll im Einvernehmen mit dem kommunalen Träger mit jeder erwerbsfähigen leistungsberechtigten Person die für ihre Eingliederung erforderlichen Leistungen vereinbaren (Eingliederungsvereinbarung). ²Die Eingliederungsvereinbarung soll insbesondere bestimmen,
1. welche Leistungen die oder der Erwerbsfähige zur Eingliederung in Arbeit erhält,
2. welche Bemühungen erwerbsfähige Leistungsberechtigte in welcher Häufigkeit zur Eingliederung in Arbeit mindestens unternehmen müssen und in welcher Form diese Bemühungen nachzuweisen sind,
3. welche Leistungen Dritter, insbesondere Träger anderer Sozialleistungen, erwerbsfähige Leistungsberechtigte zu beantragen haben.

³Die Eingliederungsvereinbarung soll für sechs Monate geschlossen werden. ⁴Danach soll eine neue Eingliederungsvereinbarung abgeschlossen werden. ⁵Bei jeder folgenden Eingliederungsvereinbarung sind die bisher gewonnenen Erfahrungen zu berücksichtigen. ⁶Kommt eine Eingliederungsvereinbarung nicht zustande, sollen die Regelungen nach Satz 2 durch Verwaltungsakt erfolgen.

(2) ¹In der Eingliederungsvereinbarung kann auch vereinbart werden, welche Leistungen die Personen erhalten, die mit der oder dem erwerbsfähigen Leistungsberechtigten in einer Bedarfsgemeinschaft leben. ²Diese Personen sind hierbei zu beteiligen.

(3) Wird in der Eingliederungsvereinbarung eine Bildungsmaßnahme vereinbart, ist auch zu regeln, in welchem Umfang und unter welchen Voraussetzungen die oder der erwerbsfähige Leistungsberechtigte schadenersatzpflichtig ist, wenn sie oder er die Maßnahme aus einem von ihr oder ihm zu vertretenden Grund nicht zu Ende führt.

Übersicht

	Rn.
A. Normzweck	1
B. Kommentierung im Einzelnen	3
I. Rechtsform der EinV	3
1. Öffentlich-rechtlicher Vertrag	4
2. Normsetzende öffentlich-rechtliche Handlungsform sui generis	5
3. Verwaltungsakt	6
4. Rechtsschutz des Hilfebedürftigen	7
a) Ersetzung durch VA	7
b) Verweigerung des Abschlusses der EinV	8
c) Nichteinhaltung der Vereinbarung	9
d) Sanktionen	10
e) Vorgehen gegen Regelungen aus EinV	11
II. Beteiligte der Eingliederungsvereinbarung	12
1. Erwerbsfähiger Leistungsberechtigter	12

	Rn.
2. Mitglieder der Bg. (Abs. 2)	13
3. Grundsicherungsträger	14
III. Inhalt der EinV	15
1. Regelungsgegenstand	15
2. Rechte und Pflichten des Grundsicherungsträgers	16
3. Pflichten des erwerbsfähigen Leistungsberechtigten	17
a) Eigenbemühungen	17
b) Verpflichtung zur Antragstellung	19
4. Pflichten der Mitglieder der Bg.	19
IV. Befristung und Änderung	20
V. Schadensersatz	21

Die Vorschrift ist durch RegelbedarfsÄndG mit Wirkung zum 1. 4. 2011 (Art 14 Abs. 3, BGBl. I, 453) im Sinne des Gender Mainstreaming und redaktionell an den Begriff der oder des Leistungsberechtigten angepasst worden.

A. Normzweck

Die EinV soll als rechtlich sowie im Hinblick auf das Verhältnis von Mittel und Ziel umstrittene **neuartige Form des Verwaltungshandelns** die zielgenaue Gewährung von **Eingliederungsleistungen** steuern. Ziel ist es die Eingliederungsleistungen – als Ausdruck der **Grundsätze des Forderns u. Förderns** – zwischen Grundsicherungsträger und Hilfebedürftigem individuell zu vereinbaren (§ 15 Abs. 1 S. 1); „Ob" und „Wie" der Leistungsgewährung sollen nicht mehr abstrakt-generell vorgegeben, sondern auf Grundlage eines „Profilings" auf den einzelnen erwerbsfähigen Leistungsberechtigten zugeschnitten werden (vgl. Fuchsloch in Gagel, § 15 Rn. 30 f.). Nach der Begründung in der BT-Drucks 17/3404 (S. 96) soll zwar auch nach der Neuformulierung auf Grund des RegelbedarfsÄndG mit jeder leistungsberechtigten Person eine Eingliederungsvereinbarung abgeschlossen werden können, dem kann angesichts des endgültigen Wortlauts der Norm allerdings nicht gefolgt werden. Danach soll die EinV nur mit erwerbsfähigen Leistungsberechtigten geschlossen werden. Auf tatsächlicher Ebene stellt sich die Frage, ob die Bestimmungen der EinV wirklich ausgehandelt oder wie § 15 Abs. 1 S. 6 zu erkennen gibt, doch nur im Mantel eines motivierenden Prozesses „Regelungen" nach Vorgaben des Grundsicherungsträgers festgelegt werden (vgl. hierzu iE Berlit in LPK-SGB II, § 15 Rn. 7; Müller in Hauck/Noftz SGB II, 14 ff.; Spellbrink in Eicher/Spellbrink § 15 Rn. 3 mwN; angedeutet bei Stark in Estelmann, § 15 Rn. 11). Bei Nichtzustandekommen der EinV haben die Regelungen der EinV durch Verwaltungsakt zu erfolgen (§ 15 Abs. 1 S. 6). Die Möglichkeit der Sanktionierung eines Leistungsberechtigten wegen des Nichtabschlusses einer angebotenen EinV (§ 31 Abs. 1 S. 1 Nr. 1 a) ist durch das RegelbedarfsÄndG vom 24. 3. 2011 (BGBl. I, 453) gestrichen worden. Es handelt sich insoweit um eine Reaktion auf die an dieser Sanktionsmöglichkeit geäußerte Kritik (vgl. nur Rixen in Eicher/Spellbrink, § 31 Rn. 12 ff; s. auch S. Knickrehm in der Vorauflage an dieser Stelle). In der Begründung zum Gesetzentwurf des RegelbedarfsÄndG wird dieses aufgegriffen und ausgeführt, dass die EinVg bereits nach geltendem Recht durch einen VA nach § 15 Absatz 1 Satz 6 ersetzt werden solle, wenn eine EinV nicht zustande komme. Mit der Möglichkeit, einen Verwaltungsakt zu erlassen, stehe den Grundsicherungsstellen ein milderes Mittel zur Verfügung, um verbindliche Pflichten für den erwerbsfähigen Leistungsberechtigten zu regeln. Gleichzeitig werde klargestellt, dass bei einem Verstoß gegen die im Verwaltungsakt nach § 15 Absatz 1 Satz 6 festgelegten Pflichten die gleichen Rechtsfolgen wie bei einem Verstoß gegen die in einer EinV festgelegten Pflichten einträten (BT-Drucks 7/3404, S. 111). PAP, der nach § 4 Abs. 1 Nr. 1 den Leistungsberechtigten bei dem Ziel der Eingliederung in den Arbeitsmarkt unterstützen soll und EinV stehen konzeptionell mithin in einem engen Zusammenhang, müssen über sie die Leistungserbringung auf den Einzelfall zugeschnitten werden soll. Allerdings muss nicht der pAP auf Seiten des Grundsicherungsträgers die EinV abschließen (Zum Anspruch auf pAP s. BSG 22. 9. 2009 – B 4 AS 13/09 R). Ein Anspruch auf Abschluss einer EinV besteht nicht, denn EinV und Erlass sie ersetzender VA sind grundsätzlich gleichwertige Wege des Verwaltungshandelns (BSG 22. 9. 2009 – B 4 AS 13/09 R). Für den Fall des Abbruchs einer vereinbarten **Bildungsmaßnahme** aus einem vom Leistungsberechtigten zu vertretenden Grund soll die EinV Regelungen über die Schadensersatzpflicht des Hilfebedürftigen enthalten (§ 15 Abs. 3). 1

Vergleichbare Konstruktionen finden sich in **§ 35 Abs. 4 SGB III** und **§ 12 SGB XII**. Auch nach § 35 Abs. 4 SGB III sollen in einer EinV zwischen AA und Arbeitslosen o. Ausbildungsuchenden Maßnahmen zur Eingliederung in Arbeit vereinbart werden. Im SGB III wird mit einer Sperrzeit belegt, wer nach Belehrung über die Rechtsfolgen durch die AA die geforderten Eigenbemühungen – die Beschäftigungslosigkeit zu überwinden – nicht nachweist (§ 144 Abs. 1 S. 2 Nr. 3 SGB III; vgl. Spellbrink in Eicher/Spellbrink § 15 Rn. 5; aA möglicherweise Müller in Hauck/Noftz SGB II, Stand VI/2007, § 15 Rn. 7 a). Dieses können auch in der EinV festgelegte Eigenbemühungen sein, 2

Voraussetzung für den Eintritt der Sperrzeit ist das jedoch nicht (Spellbrink in Eicher/Spellbrink § 15 Rn. 5; s. nun auch § 31 Abs. Nr. 1; S. Knickrehm § 31 Rn. 4 ff).

B. Kommentierung im Einzelnen

I. Rechtsform der EinV

3 Wie die Konstruktion der EinV **rechtlich einzuordnen** ist, ist in Rechtsprechung und Literatur **umstritten** (vgl. hierzu Stark in Estelmann, Stand II/2005, § 15 Rn. 19 ff.). Die Bestimmung der Rechtsform hat für die Beteiligten jedoch erhebliche Konsequenzen. Ordnet man die EinV als öffentlich-rechtlichen Vertrag ein, sei es als **subordinationsrechtlichen Vertrag** nach §§ 53 ff. SGB X, als **Vergleichsvertrag sui generis** (§ 54 SGB X) oder als **Austauschvertrag** nach § 55 SGB X, so ist insb. fraglich, welche Folgen Störungen des Vertrags haben und wie Forderungen gerichtlich durchgesetzt werden können. Betrachtet man die EinV als normsetzende **öffentlich-rechtliche Handlungsform sui generis,** dann beantworten sich diese Fragen relativ einfach. Zugleich werden die Folgen von Störungen bei Abschluss und Durchführung der Vereinbarung der EinV allerdings auf das Handeln durch Verwaltungsakt verlagert. Die Idee des aktivierenden Sozialstaats fällt dahinter zurück. Das BSG hat die rechtliche Einordnung offen gelassen und lediglich ausgeführt, § 15 Abs 1 Satz 1 SGB II gebe dem Grundsicherungsträger allenfalls eine unverbindliche Handlungsanweisung, wie er verfahrenstechnisch mit dieser Regelungsoffenheit umgehen könne. Ein subjektiv-öffentliches Recht des erwerbsfähigen Hilfebedürftigen korrespondiert damit nicht (BSG 22. 9. 2009 – B 4 AS 13/09 R; vgl. Spellbrink in Eicher/Spellbrink, SGB II, § 3 Rn. 13).

4 **1. Öffentlich-rechtlicher Vertrag.** Soweit in der Literatur die Auffassung vertreten wird, bei der EinV handele es sich um einen subordinationsrechtlichen, Vergleichs- oder Austauschvertrag wird auf §§ 53 ff. SGB X zurückgegriffen. Wirklich passend ist angesichts von Sanktionsbewährung und fehlender Vertragsparität keine der zuvor benannten Vertragsformen. Nach **§ 53 Abs. 1 SGB X** kann ein Rechtsverhältnis auf dem Gebiet des öffentlichen Rechts durch Vertrag begründet, geändert oder aufgehoben werden (öffentlich-rechtlicher Vertrag), soweit Rechtsvorschriften nicht entgegenstehen. Insbesondere kann die Behörde, anstatt einen Verwaltungsakt zu erlassen, einen öffentlich-rechtlichen Vertrag mit demjenigen schließen, an den sie sonst den Verwaltungsakt richten würde. Ein öffentlich-rechtlicher Vertrag über Sozialleistungen kann nur geschlossen werden, soweit die Erbringung der Leistungen im Ermessen des Leistungsträgers steht (§ 53 Abs. 2 SGB X). Für die Einordnung der EinV als **subordinationsrechtlicher Vertrag** spricht insb. die Parallele zu der Möglichkeit der Ausgestaltung durch VA oder alternativ Vertrag (§ 15 Abs. 1 S. 6 EinV als subordinationsrechtlicher Vertrag, s Berlit in LPK-SGB II, § 15 Rn. 8). Ferner sind die meisten, wenn auch nicht alle Eingliederungsleistungen Ermessensleistungen. Letzteres spielt keine Rolle, wenn die EinV als **„Vergleichsvertrag"** iSd. **§ 54 SGB X** eingeordnet würde (vgl. zur EinV als Vergleichsvertrag sui generis: Eicher in Eicher/Schlegel, § 144 SGB III Rn. 347 c ff). Nach § 54 Abs. 2 SGB X gilt § 53 Abs. 2 SGB X nicht. § 54 Abs. 1 SGB X regelt: Ein öffentlich-rechtlicher Vertrag im Sinne des § 53 Abs. 1 S. 2, durch den eine bei verständiger Würdigung des Sachverhalts oder der Rechtslage bestehende Ungewissheit durch gegenseitiges Nachgeben beseitigt wird (Vergleich), kann geschlossen werden, wenn die Behörde den Abschluss des Vergleichs zur Beseitigung der Ungewissheit nach pflichtgemäßem Ermessen für zweckmäßig hält. Angesichts der Grundkonzeption des SGB II, insb. im Hinblick auf die an den Leistungsberechtigten gerichtete Forderung alle Möglichkeiten zur Beendigung oder Verringerung der Hilfsbedürftigkeit auszuschöpfen (§ 2 Abs. 1 S. 1) erscheint es fraglich, worin das in § 54 Abs. 1 SGB X betonte gegenseitige Nachgeben bestehen soll. Ähnliches gilt für den **Austauschvertrag** nach **§ 55 Abs. 1 SGB X** im Hinblick auf die Verpflichtung des Vertragspartners der Behörde zu einer Gegenleistung (EinV als hinkender Austauschvertrag s. Müller in Hauck/Noftz SGB II, § 15 Rn. 13 a). § 55 Abs. 1 SGB X lautet: Ein öffentlich-rechtlicher Vertrag im Sinne des § 53 Abs. 1 S. 2, in dem sich der Vertragspartner der Behörde zu einer Gegenleistung verpflichtet, kann geschlossen werden, wenn die Gegenleistung für einen bestimmten Zweck im Vertrag vereinbart wird und der Behörde zur Erfüllung ihrer öffentlichen Aufgaben dient. Die Gegenleistung muss den gesamten Umständen nach angemessen sein und im sachlichen Zusammenhang mit der vertraglichen Leistung der Behörde stehen. Im Hinblick auf die Ermessensleistungen im Rahmen der Eingliederungsmaßnahmen nach dem SGB II gilt das zum subordinationsrechtlichen Vertrag gesagte entsprechend (§ 55 Abs. 2 SGB X). Diesen drei Vertragstypen ist jedoch als Grundlage die Vertragsfreiheit gemein, deren Bestehen bei der EinV auf Grund der dem Grundsicherungsträger an die Hand gegebenen Möglichkeit Zwang ausüben zu können fraglich sein dürfte. Berlit hält angesichts dessen die Abschlussbedingungen auch für nicht verfassungsgemäß (vgl. LPK-SGB II, § 15 Rn. 8). Stark macht darauf aufmerksam, dass die EinV nicht wie § 53 Abs. 1 SGB X es vorsieht ein **Rechtsverhältnis begründet, ändert oder aufhebt;** idR bestehe bereits ein öffentlich-rechtliches Rechtsverhältnis zwischen den Beteiligten der EinV, dessen Rechte und Pflichten nicht zur Disposition stünden und auch durch eine anderweitige Regelung in einer EinV nicht geändert werden könnten (Stark in

Estelmann, § 15 Rn. 20). Spellbrink gibt zudem zu bedenken, dass die EinV, wenn sie als öffentlichrechtlicher Vertrag einzuordnen sei, die **Richtigkeitsgewähr** ihres Inhalts in sich trage, was auch darin zum Ausdruck komme, dass nach § 58 SGB X eine Nichtigkeit nur ausnahmsweise in Betracht komme (Spellbrink in Eicher/Spellbrink § 15 Rn. 9). Soweit der Versuch unternommen werde § 58 Abs. 2 Nr. 4 SGB X (Verlangen der unzulässigen Gegenleistung durch den Grundsicherungsträger) erweiternd auszulegen, um die Enge der „Nichtigkeit" zu verlassen, werde übersehen, dass mit dem Beschreiten des Weges zum öffentlich-rechtlichen Vertrag auch dessen Regeln anzuwenden seien.

2. Normsetzende öffentlich-rechtliche Handlungsform sui generis. Von den Gegnern der „Vertragsvariante" wird insb. darauf hingewiesen, dass es sich bei der EinV um normsetzendes Handeln in pseudokonsensuellem Gewand handele, was sich bereits daran zeige, dass deren Inhalt letztendlich nicht frei ausgehandelt, sondern idR durch den Grundsicherungsträger bestimmt werde. So gebe § 14 S. 3 bereits vor, dass die erforderlichen Eingliederungsleistungen nach den Grundsätzen von Sparsamkeit und Wirtschaftlichkeit zu erbringen seien, was dem Hilfebedürftigen wenig Verhandlungsspielraum lasse. Es wird daher vorgeschlagen die EinV als Absprache zu sehen, die das bestehende öffentlich-rechtliche Rechtsverhältnis zu Grunde legt und einen Teil hiervon überformt bzw näher ausgestaltet – **normkonkretisierend** (Stark in Estelmann, Stand II/2005, § 15 Rn. 23). Spellbrink schlägt vor die EinV als **normsetzende öffentlich-rechtliche Handlungsform sui generis** einzuordnen (Sepllbrink in Eicher/Spellbrink § 15 Rn. 10). 5

3. Verwaltungsakt. Nach § 15 Abs. 1 S. 6 soll die Regelung des § 15 Abs. 1 S. 2 durch VA erfolgen, wenn die EinV nicht zu Stande kommt. Aus dem Wortlaut des **§ 15 Abs. 1 S. 6** folgt, dass per ersetzendem VA geregelt werden darf, welche Leistungen der Erwerbsfähige zur Eingliederung erhalten soll, welche Bemühungen zur Eingliederung in Arbeit er in welcher Häufigkeit mindestens unternehmen muss und in welcher Form er die Bemühungen nachzuweisen hat sowie welche Leistungen Dritter der erwerbsfähige Hilfebedürftige zu beantragen hat. Der Wortlaut des § 15 Abs. 1 S. 6 begrenzt die Regelung von Eingliederungsleistungen durch VA an Stelle einer EinV auf den erwerbsfähigen Hilfebedürftigen. Bei Störungen im Verhältnis zwischen den nicht erwerbsfähigen Mitgliedern der Bg. und Grundsicherungsträger (Einbeziehung nach § 15 Abs. 2) ist die Ersetzung der EinV durch VA nicht vorgesehen. Auch hier gilt jedoch: Soll über Eingliederungsleistungen für nicht erwerbsfähige Mitglieder der Bg. entschieden werden, kann dieses ohne Weiteres durch VA erfolgen. Die Einbeziehung von nicht erwerbsfähigen Mitgliedern in die EinV steht ohnehin im Ermessen des Grundsicherungsträgers (s. Rn. 13). 6

4. Rechtsschutz des Hilfebedürftigen. a) Ersetzung durch VA. Soweit die EinV durch VA ersetzt wird und der Hilfebedürftige sich nur gegen eine ihm dort **auferlegte Pflicht** wendet genügt nach Durchführung des Vorverfahrens die **Anfechtungsklage**. Damit im Falle des Obsiegens letztendlich die Beseitigung des belastenden VA erreicht. Begehrt der Hilfebedürftige eine **andere Leistung** zur Eingliederung in Arbeit als im VA bewilligt, so ist nach negativem Abschluss des Vorverfahrens, die **kombinierte Anfechtungs- und Leistungs- oder Verpflichtungsklage** angezeigt. Ein Anspruch auf Abschluss einer EinV oder das Verhandeln des Beklagten mit dem erwerbsfähigen Leistungsberechtigten über seine Eingliederung besteht nicht. Nach Auffassung des BSG handelt es sich bei § 15 Abs 1 SGB II um eine reine Verfahrensvorschrift, die das Verhalten und Vorgehen der Grundsicherungsträger – Arbeitsagentur und kommunaler Träger – steuern soll. Der Grundsicherungsträger treffe insoweit eine nicht justiziable Opportunitätsentscheidung darüber, welchen Verfahrensweg er zur Erfüllung des Ziels der Eingliederung des erwerbsfähigen Hilfebedürftigen wähle, ohne dass der erwerbsfähige Hilfebedürftige dadurch einen Rechtsverlust erleide. EinV und ersetzender VA seien grundsätzlich zwei gleichwertig neben einander bestehende Wege, mit denen das Konzept des Forderns und Förderns umgesetzt werden könne (BSG 22. 9. 2009 – B 4 AS 13/09 R). Der 4. Senat ist damit nicht den in der Literatur vertretenen sehr differenzierten Auffassung vom Verhältnis EinV zu VA und den entsprechenden Rechtsschutzmöglichkeiten gefolgt. Insbesondere hat er es abgelehnt, von dem grundsätzlich Erfordernis des Abschlusses einer EinV auszugehen und nur in atypischen Fällen einen ersetzenden VA als zulässig anzusehen (s. hierzu Berlit in LPK-SGB II, § 15 Rn. 16; Fuchsloch in Gagel, § 15 Rn. 44; Müller in Hauck/Noftz, SGB II, § 15 Rn. 10; Stark in Estelmann, § 15 Rn. 59f). 7

b) Verweigerung des Abschlusses der EinV. Weigert sich der Leistungsberechtigte eine EinV abzuschließen gilt zunächst einmal das unter Rn. 7 bereits ausgeführte. Die AA soll eine EinV ersetzende VA erlassen (§ 15 Abs. 1 S. 6), den der Leistungsberechtigte anfechten kann. Der VA ist dann einer materiell-rechtlichen Kontrolle zu unterziehen, je nach Begehren des Leistungsberechtigten (zB andere Leistung, Bestreiten der Rechtmäßigkeit der auferlegten Pflichten, Maßstab der Verpflichtung zum Nachweis von Bemühungen). Die bis zum 1. 4. 2011 vorgesehene Sanktion wegen der Verweigerung des Abschlusses einer EinV ist durch das RegelbedarfsÄndG aufgehoben worden (BGBl I, 453). 8

c) Nichteinhaltung der Vereinbarung. Der Nichteinhaltung der EinV folgt idR ein Sanktionsbescheid nach § 31 Abs. 1 Nr. 1 (geändert durch Art. 2 Nr. 31 RegelbedarfsÄndG vom 24. 3. 2011, 9

BGBl I, 453). Auch diesen Bescheid kann der Hilfebedürftige anfechten. Er ist insb. unter dem Gesichtspunkt des § 31 Abs. 1 S. 2, also des Vorliegens eines wichtigen Grundes für das Verhalten des Hilfebedürftigen zu überprüfen (s. hierzu iE bei § 31).

10 **d) Sanktionen.** Der Leistungsträger kann den Abschluss der EinV durch VA ersetzen und für die inhaltliche Durchsetzung der EinV stehen ihm die Sanktionen des **§ 31** zur Verfügung. Gegen den Sanktionsbescheid – reine Anfechtungsklage. § 31 sieht nunmehr nur noch einen Sanktionstatbestand für den Fall vor, dass die in der EinV festgelegten Pflichten nicht eingehalten werden. Dieses gilt nun ausdrücklich auch dann, wenn die Pflicht in einem die EinV ersetzenden VA festgelegt worden ist (s. § 31 Abs. 1 Nr. 1). Da § 31 Abs. 1 Nr. 1 mangelnde Mitwirkung des Hilfebedürftigen sanktioniert, zugeschnitten auf die besondere rechtliche Situation der EinV/des ersetzenden VA kommt daneben eine Versagung oder Entziehung der Leistungen wg. mangelnder Mitwirkung nach den allgemeinen Regeln – § 66 SGB I nicht mehr in Betracht (aA wohl Sonnhoff in Juris-PK-SGB II § 15 Rn. 39). § 31 Abs. 1 Nr. 1 ist insoweit Spezialnormen.

11 **e) Vorgehen gegen Regelungen aus EinV.** Auch wenn die EinV nicht durch VA ersetzt worden ist, kann angesichts der fehlenden Vertragsparität ein Bedürfnis des Hilfebedürftigen bestehen gegen eine Regelung der EinV vorzugehen. Ordnet man der EinV den Charakter der normersetzenden öffentlich-rechtlichen Handlungsform sui generis zu (s. oben Rn. 5), so muss in entsprechender Anwendung des § 54 Abs. 1 SGG die Möglichkeit der Anfechtungsklage eröffnet werden (so Vorschlag Spellbrink in Eicher/Spellbrink § 15 Rn. 39). Folgt man dem nicht ist der Weg über die Feststellungsklage zu beschreiten (§ 55 SGG). Anders bei Vertragsvariante (s. Rn. 4, 5), denn dann ist von einem ausgehandelten Ergebnis in Gestalt der EinV auszugehen, dessen Änderung den Regeln des § 58 SGB X unterliegt. Berlit verneint bei Streit um Reichweite einzelner Regelungen der EinV Zulässigkeit der Feststellungsklage, weil Rechtsschutz gegen den potenziellen Sanktionsbescheid möglich sei (Anfechtungsklage) (Berlit in LPK-SGB II, § 15 Rn. 55). Dieses dürfte auch insoweit gelten, als idR die Eingliederungsmaßnahme selbst durch weiteren VA bewilligt wird, der wiederum anfechtbar ist.

II. Beteiligte der Eingliederungsvereinbarung

12 **1. Erwerbsfähiger Leistungsberechtigter.** Beteiligter ist der erwerbsfähige Leistungsberechtigte iSv. § 7 Abs. 1. Sind in einer Bg. **mehrere erwerbsfähige** Leistungsberechtigte vorhanden, ist mit ihnen von jedem eine EinV abzuschließen, also auch mit dem über **15-jährigen Kind** der Familie, das nach § 7 Abs. 1 Nr. 1 iVm. § 11 Abs. 1 Nr. 2 fähig zur Vornahme von Verfahrenshandlungen ist (Sozialrechtliche Spezialnorm zur Handlungsfähigkeit, anders als bürgerlich-rechtliche unbeschränkte Geschäftsfähigkeit).

13 **2. Mitglieder der Bg. (Abs. 2).** Eine Einbeziehung der Mitglieder der Bg. in die EinV mit dem erwerbsfähigen Leistungsberechtigten kann nur unter den folgenden Bedingungen erfolgen: 1) Es muss sich um **erwerbsunfähige** Mitglieder handeln – mit erwerbsfähigen Mitglied der BG ist eigene EinV abzuschließen (s. Rn. 11; s. auch Berlit in LPK-SGB II § 15 Rn. 42; zu Struktur u. Mitgliedern der Bg. s. S. Knickrehm § 7 Rn. 12–21); 2) Mitgliedern der Bg. müssen **Leistungen zur Eingliederung** zu gewähren sein: Nach § 7 Abs. 2 nur in beschränktem Umfang vorgesehen, vgl. § 7 Abs. 2 Nr. 2: Nur wenn durch die Gewährung von Leistungen an den erwerbsunfähigen Angehörigen Hemmnisse bei der Eingliederung des erwerbsfähigen Leistungsberechtigten beseitigt oder vermindert werden (iE S. Knickrehm § 7 Rn. 13). § 15 Abs. 1 S. 1 erfasst nach seinem eindeutigen Wortlaut nur Leistungen die für die Eingliederung des erwerbsfähigen Leistungsberechtigten erforderlich sind (vgl. auch Berlit in LPK-SGB II § 15 Rn. 43; Fuchsloch in Gagel, § 15 SGB II Rn. 80). Nichts anderes gilt nach § 15 Abs. 2 für die nicht erwerbsfähigen Mitglieder der Bg. Regelungsgegenstand des die Mitglieder der Bg. betreffenden Teils der EinV können hingegen nur Leistungen, keine Pflichten sein; 3). Eine **Vereinbarung zu Lasten Dritter** folgt aus § 15 Abs. 2 nicht (so auch Spellbrink in Eicher/Spellbrink § 15 Rn. 20). Zum Einen gilt: Kommt keine EinV mit dem Mitglied der Bg. zu Stande hat der Grundsicherungsträger keine Möglichkeiten eine solche durch VA durchzusetzen. Grundsicherungsträger kann aber VA über die Gewährung von Eingliederungsleistungen an erwerbsunfähiges Mitglied der Bg erlassen; Sanktionstatbestand des § 31a Abs. 4 sieht keine Sanktion für erwerbsfähige Mitglieder der Bg für die Nichtbefolgung von Pflichten aus EinV vor (s. § 31a). Zum Zweiten greift die Bevollmächtigungsregelung des § 38 hier nicht (vgl. hierzu S. Knickrehm § 7 Rn. 12; s. auch Spellbrink in Eicher/Spellbrink § 15 Rn. 20). Die erwerbsunfähigen Mitglieder der Bg. sind nach § 15 Abs. 2 S. 2 zu beteiligen (vgl. hierzu auch Fuchsloch in Gagel, § 15 SGB II Rn. 83; Müller in Hauck/Noftz SGB II, § 15 Rn. 48); Sie können in die EinV einbezogen werden, wenn sie ein berechtigtes Interesse an dem Abschluss der EinV haben.

14 **3. Grundsicherungsträger.** Auf Seiten des Trägers ist die AA im Einvernehmen mit dem kommunalen Träger Beteiligter (§ 15 Abs. 1 S. 1; s. ausführlich Müller in Hauck/Noftz SGB II, § 15 Rn. 24 f, insb. auch zu KdU, für die Zuständigkeit des kommunalen Trägers begründet ist). Handelt es sich bei Leistungsträger um eine gemeinsame Einrichtung iS des § 44b nimmt sie die Aufgaben

einheitlich wahr (§ 44b Abs. 1 S. 2), so dass es nicht auf das Einvernehmen ankommt (nach Spellbrink ebenso bei Optionskommune nach § 6b aF in Eicher/Spellbrink § 15 Rn. 16). Konkreter Verhandlungspartner auf Seiten des Trägers wird in § 15 Abs. 1 S. 1 nicht benannt – pAP hätte nahe gelegen (s. oben Rn. 1).

III. Inhalt der EinV

1. Regelungsgegenstand. Nach § 15 Abs. 1 S. 1 iVm. 2 können Regelungsgegenstand der EinV ausschließlich Eingliederungsleistungen sein, sei es eine Bestimmung über die zu gewährenden Leistungen selbst (§ 15 Abs. 1 S. 2 Nr. 1), sei es im Hinblick auf die Pflichten des erwerbsfähigen Leistungsberechtigten (§ 15 Abs. 1 S. 2 Nr. 2) oder die bei einem Dritten zu beantragenden Leistungen (§ 15 Abs. 1 S. 2 Nr. 3) (s. auch Rn. 12). Soweit erwerbsunfähige Mitglieder der Bg. in die EinV einbezogen werden, gilt das auch für sie (s. Rn. 12). Leistungen zur Sicherung des Lebensunterhalts können nicht Gegenstand der EinV werden; sie ist ausschließlich ein Instrument zur Förderung der Eingliederung in Arbeit, verbunden mit Forderungen zur Durchsetzung dieses Ziels (so auch Berlit in LPK-SGB II, § 15 Rn. 22; Müller in Hauck/Noftz SGB II, § 15 Rn. 23; Spellbrink in Eicher/Spellbrink § 15 Rn. 22; Stark in Estelmann, § 15 Rn. 40 ff.; wohl auch Fuchsloch in Gagel, § 15 Rn. 55 f.). 15

2. Rechte und Pflichten des Grundsicherungsträgers. Die **Pflichten** des Leistungsträgers im Rahmen der EinV beziehen sich auf die Erbringung von Leistungen. Zu den Leistungen des **§ 15 Abs. 1 S. 2 Nr. 1** gehören neben denen in § 16 auch das Einstiegsgeld nach § 16b (iE Müller in Hauck/Noftz SGB II, § 15 Rn. 29 ff.). Besonders erwähnt werden in § 15 Abs. 3 die **Bildungsmaßnahmen**. Es gelten die Leistungsgrundsätze des § 14 S. 3 (s. S. Knickrehm § 14 Rn. 4). Umstritten ist Konkretisierungsgrad und Verbindlichkeit der Regelung über Leistungen nach §§ 16 ff, insb. im Hinblick auf die Überprüfbarkeit der daraus resultierenden Verpflichtungen des Hilfebedürftigen (z Meinungsstand s. Spellbrink in Eicher/Spellbrink § 15 Rn. 23). Hierbei dürfte es sich letztendlich jedoch um ein nur scheinbar auf der Ebene der Vertragsverhandlungen anzusiedelndes Problem handeln. Kommt der Leistungsberechtigte nach Ansicht des Trägers seinen Verpflichtungen aus der EinV nur unzureichend nach, so kann ein Sanktionsbescheid nach § 31 Abs. 1 Nr. 1 erlassen werden, der eine inhaltliche Kontrolle der EinV erlaubt, also auch zur Überprüfung stellt, ob dem Leistungsberechtigten seine Pflichten aus der EinV hinreichend genau bekannt sein konnten. Zur Problematik, wann der Träger zu ersetzendem VA übergehen darf s. Rn. 7). 16

3. Pflichten des erwerbsfähigen Leistungsberechtigten. a) Eigenbemühungen. Die Verpflichtung des Leistungsberechtigten zu Eigenbemühungen ist wichtiger Bestandteil des Forderns im Rahmen des Gesamtkonzepts des SGB II (§ 2 Abs. 1 Rn. 1, 2; S. Knickrehm § 1 Rn. 1, 2; Fuchsloch in Gagel, § 15 SGB II, Rn. 59 f.). § 15 Abs. 1 S. 2 Nr. 2 konkretisiert die Eigenbemühungen im Hinblick auf **Art** (welche Bemühungen), **Umfang** (in welcher Häufigkeit) u. **Nachweispflicht** (Form des Nachweises). Was iE von dem Hilfebedürftigen gefordert werden kann, ist **individuell** zu bestimmen, unter Berücksichtigung seiner Kenntnisse und Erkenntnisfähigkeit, seiner Persönlichkeit und seines persönlichen und familiären Umfeldes, aber auch der Möglichkeiten des regionalen Arbeitsmarktes, iE Berlit in LPK-SGB II, § 15 Rn. 25 ff.; Fuchsloch in Gagel, § 15 SGB II, Rn. 61 ff.; Spellbrink in Eicher/Spellbrink § 15 Rn. 24). Soweit idR Anzahl v. **Bewerbungen** als Eigenbemühungen in der EinV festgelegt werden, bedarf es ebenfalls der individuellen Betrachtung. Zu beachten ist insoweit, dass die finanzielle Belastung durch Bewerbungen nur in einem begrenzten Umfang über § 46 Abs. 1 SGB III iVm. § 16 Abs. 1 S. 1 bis zur Höhe von 260,– € p. a. abgefangen werden kann. Nach überwiegender Meinung ist Rest v. Regelleistung zu erbringen. Fraglich, ob erhebliches Übersteigen der Pauschale des § 46 SGB III wichtiger Grund iSd. § 31 Abs. 1 S. 2 (so Spellbrink in Eicher/Spellbrink § 15 Rn. 25). Genaue Regelung der Pflichten im Hinblick auf Sanktion des § 31 Abs. 1 Nr. 1 erforderlich (vgl. Rixen in Eicher/Spellbrink § 31 Rn. 13 b). Regelung der Erreichbarkeit nicht mehr Gegenstand der EinV, da nunmehr normative Regelung in § 7 Abs. 4a (S. Knickrehm § 7 Rn. 30 ff.). 17

Nachweispflicht bedeutet keine Umkehr der Darlegungs- und Beweisführungspflichten des Sozialverwaltungsverfahrensrechts; Regelung beinhaltet vielmehr besondere Mitwirkungspflicht bei der Ermittlung des Sachverhalts iS v. § 40 Abs. 1 S. 1 iVm. § 20 Abs. 1, 2 SGB X. Es muss daher genügen, wenn der Leistungsberechtigte Angaben zu seinen Bemühungen macht, die den Sozialleistungsträger in die Lage versetzen seiner Amtsermittlungspflicht nachzukommen. Vorlage von Arbeitgeberbescheinigungen häufig nicht zumutbar, weil ihre Vorlage von Bereitschaft der Arbeitgeber abhängt eine derartige Bescheinigung auszufüllen. 18

b) Verpflichtung zur Antragstellung. § 15 Abs. 1 S. 2 Nr. 3 bezieht sich lediglich auf **Eingliederungsleistungen** (so auch Müller in Hauck/Noftz SGB II, § 15 Rn. 36 d; unklar Fuchsloch in Gagel, § 15 SGB II, Rn. 69 a f, wenn dort als Leistungen der GRV auch Renten benannt werden). Regelung in § 15 Abs. 1 S. 2 Nr. 3 kommt Funktion der Aufforderung iSv. **§ 5 Abs. 3** zu (vgl. zu den Voraussetzungen S. Knickrehm § 5 Rn. 9). Bei Verletzung der Pflichten aus § 15 Abs. 1 S. 2 19

Nr. 3 scheidet Sanktion nach § 31 Abs. 1 Nr. 1 aus. Grundsicherungsträger kann nach § 5 Abs. 3 vorgehen, das Verfahren an sich ziehen und ggf. als Prozessstandschafter das Verfahren betreiben. Daneben ist eine Sanktion nicht vorgesehen (vgl. S. Knickrehm § 5 Rn. 9).

4. Pflichten der Mitglieder der Bg (s. Rn. 12).

IV. Befristung und Änderung

20 Regelhafte Befristung der EinV auf Zeitdauer v. **6 Monaten** korrespondiert mit § 41 Abs. 1 S. 3. Die Anpassungsbedürfnis wg. geänderter Verhältnisse innerhalb des 6-Monatszeitraums: Bei Vertragsvariante wären Kündigung und Änderungsverlangen wg. Unzumutbarkeit des bisherigen Regelungen iS v. § 59 Abs. 1 SGB X die zutreffenden Rechtsgrundlagen. Um dortige erschwerte Bedingungen zu umgehen wird eine entsprechende Anwendung des § 48 SGB X vorgeschlagen. § 48 SGB X ist ohnehin einschlägig, wenn EinV als normersetzende öffentlich-rechtliche Handlungsform sui generis angesehen wird.

V. Schadensersatz

21 Die Schadensersatzpflicht bei Nichtbeendigung einer Bildungsmaßnahme aus einem vom Hilfebedürftigen zu vertretendem Grund steht neben den Sanktionen des § 31 Abs. 1. Die Regelung der Schadensersatzpflicht ist zwingend vorgesehen, wenn in EinV Bildungsmaßnahme vereinbart worden ist. Entscheidend ist die „Nichtbeendigung" der Maßnahme (z Nichtteilnahme von Beginn an und Nichtbeendigung wg. Entfallens der Hilfebedürftigkeit, vgl. Müller in Hauck/Noftz Rn. 50; Spellbrink in Eicher/Spellbrink, § 15 Rn. 35). Grundsicherungsträger kann als Gläubiger Schadensersatz vom Hilfebedürftigen (Schuldner) verlangen, wobei den Gläubiger auch hier eine Schadensminderungspflicht trifft (zB Nachbesetzung der Maßnahme, s. Müller in Hauck/Noftz Rn. 51). EinV ist konstitutiv für Schadensersatzanspruch (Berlit in LPK-SGB II, § 15 Rn. 47, allerdings unklar, soweit er die Vertragsabwicklung über §§ 53 ff. SGB X vornehmen will; Spellbrink in Eicher/Spellbrink § 15 Rn. 36). Hieraus folgt besondere Brisanz der Notwendigkeit einer gerichtlichen Überprüfbarkeit der EinV (s. Rn. 4, 5, 11). Durchsetzbarkeit des Schadensersatzanspruchs durch den Träger über Leistungsklage nach § 54 Abs. 5 SGG gegen den Hilfebedürftigen. Ersetzender VA ist auf Grund der ausschließlichen Bezugnahme in § 15 Abs. 1 S. 6 auf die Reglungen nach S. 2 nicht möglich. § 15 Abs. 3 selbst räumt auch keine Befugnis zum Erlass eines VA ein, um Schadensersatzanspruch zu realisieren.

§ 15 a Sofortangebot

Erwerbsfähigen Personen, die innerhalb der letzten zwei Jahre laufende Geldleistungen, die der Sicherung des Lebensunterhalts dienen, weder nach diesem Buch noch nach dem Dritten Buch bezogen haben, sollen bei der Beantragung von Leistungen nach diesem Buch unverzüglich Leistungen zur Eingliederung in Arbeit angeboten werden.

A. Normzweck

1 Durch das frühzeitige Angebot von Leistungen zur Eingliederung in Arbeit soll zweierlei bewirkt werden. Einerseits soll länger andauernder Hilfebedürftigkeit durch **frühzeitige Wiedereingliederung** o. Maßnahmen, die eine schnelle Wiedereingliederung erwarten lassen, vorgebeugt werden. Andererseits soll die Bereitschaft des Leistungsberechtigten zur Arbeitsaufnahme überprüft werden (Instrument zur Bekämpfung des **Leistungsmissbrauch**s; vgl. Müller in Hauck/Noftz SGB II, § 15 a Rn. 3; Spellbrink in Eicher/Spellbrink, § 15 a Rn. 2; s. auch Wolf, SozSich 2008, 372, der im Sofortangebot workfare-Elemente erkennt). Der **systematische Standort** der Norm ist erstaunlich, sind doch weitere „Sofortangebote" in § 3 Abs. 2 (erwerbsfähige hilfebedürftige Jugendliche unter 25 Jahren) und § 3 Abs. 2a (erwerbsfähige Hilfebedürftige, die das 58. Lbj. vollendet haben) normiert. Zudem ist der Anhang an die Regelung der EinV (§ 15) nicht erklärlich, denn eine EinV wird mit dem Sofortangebot nicht angeboten (z Inhalt der EinV, s. Knickrehm § 15 Rn. 15 ff.).

B. Kreis der Anspruchsberechtigten

2 § 15 a erweitert den Kreis der nach dem SGB II Leistungsberechtigten. Noch bevor die Voraussetzungen von **§ 7 Abs. 1 S. 1 Nr. 2 und 3** zumindest endgültig festgestellt worden sind – bereits bei Beantragung von SGB II-Leistungen (unabhängig davon welche Leistungen beantragt werden) – soll das Sofortangebot unterbreitet werden (Müller in Hauck/Noftz SGB II, § 15 a Rn. 7 f und Niewald in LPK-SGB II, § 15 a Rn. 3 gehen davon aus, dass § 15 a sich an Erwerbsfähige richte, deren Erwerbsfähigkeit abschätzbar, summarisch als gegeben angesehen werden könne. Normiert ist lediglich,

dass Antragsteller in den letzten zwei Jahren – beginnend vor dem Tag der **Antragstellung** u. rückwärts gerechnet bis zu dem Tag, dem Tag der Antragstellung numerisch entspricht (§ 26 SGB X iVm. §§ 187, 188 BGB) – keine **laufenden Geldleistungen zur Sicherung des Lebensunterhalts** nach dem SGB II o. SGB III bezogen haben darf. Dabei ist es bedeutungslos, warum keine Leistungen bezogen wurden (zB wg. mangelnder Bedürftigkeit – § 9, Leistungsausschlusses etwa wg. Ausbildung – § 7 Abs. 5, Aufenthalt in stationärer Einrichtung – § 7 Abs. 4). Kreis der Anspruchsberechtigten daher sehr heterogen (vgl. Spellbrink in Eicher/Spellbrink § 15a Rn. 2). Laufende Geldleistungen nach SGB II: Alg II (§ 19), Einstiegsgeld (§ 16b, s. Spellbrink in Eicher/Spellbrink § 15a Rn. 8); nach dem SGB III: § 116 Nr. 1–7 SGB III.

C. Leistung – Sofortangebot

Das Sofortangebot ist unverzüglich, also ohne schuldhaftes Zögern (§ 121 BGB – Obergrenze: 1 Woche, s. Niewald in LPK-SGB II, § 15a Rn. 10) des Grundsicherungsträger zu unterbreiten. Unverschuldet ist das Handeln des Grundsicherungsträges solange Mitwirkungshandlungen des Antragstellers erforderlich sind. Sofortangebot ist objektives Handlungsgebot der Verwaltung – ein Rechtsanspruch hierauf besteht nicht (so überzeugend Spellbrink in Eicher/Spellbrink § 15a Rn. 12f.; aA Niewald in LPK-SGB II, § 15a Rn. 8, wovon er nur in atypischen Fällen *[soll]* eine Ausnahme zulassen will). Nach SG Berlin müssen Gegenstand des Sofortangebotes Ermessensleistungen zur Eingliederung sein. Dies ergebe sich aus dem Wort „soll", der lediglich das Entschließungsermessen im Regelfall binde, nicht jedoch das Auswahlermessen (13. 11. 2007 – S 1C2 AS 24.426/07 ER; s. auch Meßling in juris-PK-SGB II, § 15a Rn. 23). **3**

Niewald hält die als Sofortangebot erbrachte Leistung als für endgültig – nicht vorläufig – erbracht, weshalb sie auch nicht zurückgefordert werden könne. (Niewald in LPK-SGB II, § 15a Rn. 11). Spellbrink meint, Sofortangebot sei schlichtes Verwaltungshandeln, weil Rechtmäßigkeit erst im Absenkungsbescheid wg. Sanktion (§ 31 Abs. 1 Nr. 2 oder 3) überprüft werden könne, denn erst dann stehe fest, ob die Leistungsvoraussetzungen für Eingliederungsleistungen, die alle samt die Hilfebedürftigkeit voraussetzten gegeben seien (Spellbrink in Eicher/Spellbrink § 15a Rn. 14). Spätere Feststellung, dass Hilfebedürftigkeit nicht besteht ist keine wesentliche Änderung iSv. § 48 SGB X. Problematisch allerdings im Hinblick auf die Gewährung von Eingliederungsleistungen nach §§ 16ff., die Hilfebedürftigkeit voraussetzen. Im Einzelfall wird ein Feststellungsinteresse oder Fortsetzungsfeststellungsinteresse an der Feststellung der Rechtwidrigkeit des Angebots nicht zu verneinen sein, wenn sich Antragsteller gegen ein Sofortangebot als „unzumutbar" zur Wehr setzt. **4**

§ 16 Leistungen zur Eingliederung

(1) ¹Zur Eingliederung in Arbeit erbringt die Agentur für Arbeit Leistungen nach § 35 des Dritten Buches. ²Sie kann die übrigen im Dritten Kapitel, im Ersten und Sechsten Abschnitt des Vierten Kapitels, im Fünften Kapitel, im Ersten Abschnitt des Sechsten Kapitels und die in den §§ 417, 421f, 421g, 421k, 421n, 421o, 421p, 421q und 421t Absatz 4 bis 6 des Dritten Buches geregelten Leistungen erbringen. ³Für Eingliederungsleistungen an erwerbsfähige behinderte Leistungsberechtigte nach diesem Buch gelten die §§ 97 bis 99, 100 Nummer 1 und 4, § 101 Absatz 1, 2 und 5, die §§ 102, 103 Satz 1 Nummer 3, Satz 2 und die §§ 109 und 111 des Dritten Buches entsprechend. ⁴§ 1 Absatz 2 Nummer 4, die §§ 36, 46 Absatz 3 und § 77 Absatz 3 des Dritten Buches sind entsprechend anzuwenden.

(2) ¹Soweit dieses Buch nichts Abweichendes regelt, gelten für die Leistungen nach Absatz 1 die Voraussetzungen und Rechtsfolgen des Dritten Buches mit Ausnahme der Verordnungsermächtigung nach § 47 des Dritten Buches sowie der Anordnungsermächtigungen für die Bundesagentur und mit der Maßgabe, dass an die Stelle des Arbeitslosengeldes das Arbeitslosengeld II tritt. ²§ 45 Absatz 3 Satz 3 des Dritten Buches gilt mit der Maßgabe, dass die Förderung aus dem Vermittlungsbudget auch die anderen Leistungen nach dem Zweiten Buch nicht aufstocken, ersetzen oder umgehen darf. ³Die Arbeitsgelegenheiten nach diesem Buch stehen den in § 421f Absatz 1 Nummer 1 des Dritten Buches genannten Maßnahmen der öffentlich geförderten Beschäftigung und den in § 421g Absatz 1 Satz 1 des Dritten Buches genannten Arbeitsbeschaffungs- und Strukturanpassungsmaßnahmen gleich.

(3) Abweichend von § 45 Absatz 1 Satz 1 des Dritten Buches können Leistungen auch für die Anbahnung und Aufnahme einer schulischen Berufsausbildung erbracht werden.

(4) ¹Die Agentur für Arbeit als Träger der Grundsicherung für Arbeitsuchende kann die Ausbildungsvermittlung durch die für die Arbeitsförderung zuständigen Stellen der Bundesagentur wahrnehmen lassen. ²Das Bundesministerium für Arbeit und Soziales wird

ermächtigt, durch Rechtsverordnung ohne Zustimmung des Bundesrates das Nähere über die Höhe, Möglichkeiten der Pauschalierung und den Zeitpunkt der Fälligkeit der Erstattung von Aufwendungen bei der Ausführung des Auftrags nach Satz 1 festzulegen.

(5) Die Entscheidung über Leistungen und Maßnahmen nach §§ 45, 46 des Dritten Buches trifft der nach § 6 Absatz 1 Satz 1 Nummer 1 oder der nach § 6b Absatz 1 zuständige Träger.

Bis zum 31. 12. 2008 geltende Fassung – weiterhin anzuwenden nach § 66 SGB II idF des Gesetzes zur Neuausrichtung der arbeitsmarktpolitischen Instrumente vom 21. 12. 2008 (BGBl. I, 2917):

§ 66 Rechtsänderungen bei Leistungen zur Eingliederung in Arbeit

(1) Wird dieses Gesetz geändert, so sind, soweit nichts Abweichendes bestimmt ist, auf Leistungen zur Eingliederung in Arbeit bis zum Ende der Leistungen oder der Maßnahme die Vorschriften in der vor dem Tag des Inkrafttretens der Änderung geltenden Fassung weiter anzuwenden, wenn vor diesem Tag

1. *Der Anspruch entstanden ist,*
2. *Die Leistung zuerkannt worden ist oder*
3. *Die Maßnahme begonnen hat, wenn die Leistung bis zum Beginn der Maßnahme beantragt worden ist.*

(2) Ist eine Leistung nur für einen begrenzten Zeitraum zuerkannt worden, richtet sich eine Verlängerung nach den zum Zeitpunkt der Entscheidung über die Verlängerung geltenden Vorschriften.

(1) [1] Zur Eingliederung in Arbeit erbringt die Agentur für Arbeit Leistungen nach § 35 des Dritten Buches. [2] Sie kann die übrigen im Dritten Kapitel, im Ersten bis Dritten und Sechsten Abschnitt des Vierten Kapitels, im Fünften Kapitel, im Ersten, Fünften und Siebten Abschnitt des Sechsten Kapitels und die in den §§ 417, 421f, 421g, 421i, 421k, 421m, 421n, 421o, 421p und 421q des Dritten Buches geregelten Leistungen erbringen. [3] Für Eingliederungsleistungen an erwerbsfähige behinderte Hilfebedürftige nach diesem Buch gelten die §§ 97 bis 99, 100 Nr. 1 bis 3 und 6, § 101 Abs. 1, 2 und 5, die §§ 102, 103 Satz 1 Nr. 3, die §§ 109 und 111 des Dritten Buches entsprechend. [4] Die §§ 8, 36, 37 Abs. 4 und § 41 Abs. 3 Satz 4 des Dritten Buches sind entsprechend anzuwenden. [5] Aktivierungshilfen nach § 241 Abs. 3a und § 243 Abs. 2 des Dritten Buches können in Höhe der Gesamtkosten gefördert werden. [6] Die Arbeitsgelegenheiten nach diesem Buch stehen den in § 421f Abs. 1 Nr. 1 des Dritten Buches genannten Maßnahmen der öffentlich geförderten Beschäftigung und den in § 421g Abs. 1 Satz 1 des Dritten Buches genannten Arbeitsbeschaffungs- und Strukturanpassungsmaßnahmen gleich.

(1a) Soweit dieses Buch nichts Abweichendes regelt, gelten für die Leistungen nach Absatz 1 die Voraussetzungen und Rechtsfolgen des Dritten Buches mit Ausnahme der Anordnungsermächtigungen für die Bundesagentur und mit der Maßgabe, dass an die Stelle des Arbeitslosengeldes das Arbeitslosengeld II tritt.

(1b) [1] Die Agentur für Arbeit als Träger der Grundsicherung für Arbeitsuchende kann die Ausbildungsvermittlung durch die für die Arbeitsförderung zuständigen Stellen der Bundesagentur wahrnehmen lassen. [2] Das Bundesministerium für Arbeit und Soziales wird ermächtigt, durch Rechtsverordnung ohne Zustimmung des Bundesrates das Nähere über die Höhe, Möglichkeiten der Pauschalierung und den Zeitpunkt der Fälligkeit der Erstattung von Aufwendungen bei der Ausführung des Auftrags nach Satz 1 festzulegen.

(2) [1] Über die in Absatz 1 genannten Leistungen hinaus können weitere Leistungen erbracht werden, die für die Eingliederung des erwerbsfähigen Hilfebedürftigen in das Erwerbsleben erforderlich sind; die weiteren Leistungen dürfen die Leistungen nach Absatz 1 nicht aufstocken. [2] Zu den weiteren Leistungen gehören insbesondere

1. *die Betreuung minderjähriger oder behinderter Kinder oder die häusliche Pflege von Angehörigen,*
2. *die Schuldnerberatung,*
3. *die psychosoziale Betreuung,*
4. *die Suchtberatung,*
5. *das Einstiegsgeld nach § 29,*
6. *(weggefallen)*
7. *Leistungen zur Beschäftigungsförderung nach § 16a.*

(3) [1] Für erwerbsfähige Hilfebedürftige, die keine Arbeit finden können, sollen Arbeitsgelegenheiten geschaffen werden. [2] Werden Gelegenheiten für im öffentlichen Interesse liegende, zusätzliche Arbeiten nicht nach Absatz 1 als Arbeitsbeschaffungsmaßnahmen gefördert, ist den erwerbsfähigen Hilfebedürftigen zuzüglich zum Arbeitslosengeld II eine angemessene Entschädigung für Mehraufwendungen zu zahlen; diese Arbeiten begründen kein Arbeitsverhältnis im Sinne des Arbeitsrechts; die Vorschriften über den Arbeitsschutz und das Bundesurlaubsgesetz mit Ausnahme der Regelungen über das Urlaubsentgelt sind entsprechend anzuwenden; für Schäden bei der Ausübung ihrer Tätigkeit haften erwerbsfähige Hilfebedürftige nur wie Arbeitnehmerinnen und Arbeitnehmer.

(4) Entfällt die Hilfebedürftigkeit des Erwerbsfähigen während einer Maßnahme zur Eingliederung nach den Absätzen 1 bis 3, kann sie durch Darlehen weiter gefördert werden, wenn dies wirtschaftlich erscheint und der Erwerbsfähige die Maßnahme voraussichtlich erfolgreich abschließen wird.

(5) ¹Leistungen nach dem Dritten Kapitel des Dritten Buches oder nach Absatz 2 Satz 2 Nr. 1 bis 5 können auch für die Dauer einer Förderung des Arbeitgebers oder eines Trägers durch eine Geldleistung nach Absatz 1, Absatz 3 Satz 1 oder § 16a erbracht werden, wenn die Hilfebedürftigkeit des Erwerbsfähigen auf Grund des zu berücksichtigenden Einkommens entfallen ist. ²Während der Förderdauer nach Satz 1 gilt § 15 entsprechend.

Erste Verordnung über die Erstattung von pauschalierten Aufwendungen bei Ausführung der Ausbildungsvermittlung
(Ausbildungsvermittlungs-Erstattungs-Verordnung)
Vom 20. Dezember 2006 (BGBl. I, 3322)
BGBl. III/FNA 860-2-8-1

Auf Grund des § 16 Abs. 1b Satz 2 – **nunmehr § 16 Abs. 4 Satz 2** (Gesetz zur Neuausrichtung der arbeitsmarktpolitischen Instrumente vom 21. 12. 2008, BGBl. I, 2917) – des Zweiten Buches Sozialgesetzbuch – Grundsicherung für Arbeitsuchende – (Artikel 1 des Gesetzes vom 24. Dezember 2003, BGBl. I S. 2954, 2955), der durch Artikel 1 Nr. 14 des Gesetzes vom 20. Juli 2006 (BGBl. I S. 1706) eingefügt worden ist, verordnet das Bundesministerium für Arbeit und Soziales:

§ 1 Pauschalierung. Lässt die Agentur für Arbeit als Träger der Grundsicherung für Arbeitsuchende als Auftraggeber die Ausbildungsvermittlung durch die für die Arbeitsförderung zuständige Stelle der Bundesagentur für Arbeit als Auftragnehmer wahrnehmen, erstattet sie dieser die notwendigen Aufwendungen in einem monatlichen Pauschbetrag.

§ 2 Berechnungsgrundlage. (1) Der monatliche Erstattungsbetrag errechnet sich, indem
1. die Anzahl der Ausbildungsuchenden, für die die für die Arbeitsförderung zuständige Stelle der Bundesagentur für Arbeit die Ausbildungsvermittlung im jeweiligen Monat für die Agentur für Arbeit als Träger der Grundsicherung für Arbeitsuchende wahrgenommen hat,
2. mit den durchschnittlichen monatlichen Aufwendungen für die Ausbildungsvermittlung je Ausbildungsuchendem multipliziert wird.

(2) Die für die Arbeitsförderung zuständige Stelle der Bundesagentur für Arbeit übermittelt die Anzahl der Ausbildungsuchenden nach Absatz 1 Nr. 1 an die beauftragende Agentur für Arbeit als Träger der Grundsicherung.

(3) Die durchschnittlichen monatlichen Aufwendungen für die Ausbildungsvermittlung je Ausbildungsuchendem nach Absatz 1 Nr. 2 sind jährlich von der für die Arbeitsförderung zuständigen Stelle der Bundesagentur für Arbeit neu festzusetzen. Die Festsetzung erfolgt bis zum 30. Juni eines jeden Jahres und gilt jeweils ab dem 1. Juli des betreffenden Jahres.

§ 3 Fälligkeit des Erstattungsbetrages. Die Kostenpauschale im Sinne von § 2 Abs. 3 wird erstmalig für den Monat fällig, in dem der zugewiesene Jugendliche Bewerberstatus hat bzw. erhält. Die Abrechnung erfolgt monatlich nachträglich für die Gesamtzahl der Personen,
die im Vormonat vom Auftragnehmer im Rahmen des Auftrags als Bewerber geführt wurden.

§ 4 Inkrafttreten. Diese Verordnung tritt am Tag nach der Verkündung in Kraft. (Anm.: 28. 12. 2006)

A. Normgeschichte

§ 16 ist durch das Gesetz zur Neuausrichtung der arbeitsmarktpolitischen Instrumente vom 21. 12. 2008 (BGBl. I, 2917) grundlegend geändert worden. In der Neufassung gliedert sich die Norm von § 16 bis § 16g. Ziel dieser Änderung soll die Herstellung der besseren Überschaubarkeit der Eingliederungsinstrumente sein, insb. die klare Trennung der auch dem Leistungsberechtigten der Grundsicherung für Arbeitsuchende zu erbringenden Leistungen nach dem SGB III und der speziellen Förderleistungen des SGB II (s. BT-Drs. 16/10.810, Allgemeiner Teil – Ziele und Inhalt des Gesetzes, Grundsicherung für Arbeitsuchende). § 16 regelt nunmehr ausschließlich welche Leistungen der Arbeitsförderung nach dem SGB II eingesetzt werden können und welche Abweichungen von den im SGB III geregelten Voraussetzungen und Rechtsfolgen gelten. Es ist dabei – grobstrukturiert und ohne Berücksichtigung der zugleich zT erfolgten Detailänderungen – zu folgender neuen Aufgliederung der Norm gekommen:

1

bisher Teil von § 16, insb. Abs. 1, 1a, 1b ⇒ § 16 – ausschließlich Förderinstrumente des SGB III
bisher § 16 Abs. 2 S. 2 Nr. 1 bis 4 ⇒ § 16a – Kommunale Eingliederungsleistungen
bisher § 29 ⇒ § 16b – Einstiegsgeld

neu	⇒ § 16 c – Leistungen zur Eingliederung von Selbstständigen
bisher § 16 Abs. 3	⇒ § 16 d – Arbeitsgelegenheiten, ohne ABM
bisher § 16 a	⇒ § 16 e – Leistungen zur Beschäftigungsförderung
neu bzw. bisher § 16 Abs. 2 Satz 1	⇒ § 16 f – freie Förderung
bisher § 16 Abs. 4 und 5	⇒ § 16 g – Förderung bei Wegfall der Hilfebedürftigkeit

§ 16 Abs. 1 S. 2 ist durch das Gesetz zur Sicherung von Beschäftigung und Stabilität in Deutschland vom 2. 3. 2009 (BGBl I, 416) um den Verweis auf § 421 n und § 421 t Abs. 4 mit Wirkung zum 1. 2. 2009 bzw. 1. 8. 2009 bis 6 erweitert worden. Durch RegelbedarfsÄndG vom 24. 3. 2011 (BGBl I, 453) nur redaktionelle Änderung in § 16 Abs. 1 S. 3.

B. Normzweck

2   § 16 dient dazu durch aktive Leistungen der Grundsicherung den **Nachranggrundsatz** zu verwirklichen – Umsetzung von § 1 Abs. 1 (s. S. Knickrehm § 1 Rn. 2) und Grundsatz des **„Förderns"** (zu „Fördern" und „Fordern" vgl. S. Knickrehm § 1 Rn. 2 u. § 14 Rn. 1 ff.). Schnelle und wirksame Eingliederung in den Arbeitsmarkt soll die Notwendigkeit der Gewährung von Leistungen zur Sicherung des Lebensunterhalts verhindern o. zumindest mindern. Eingliederungsleistungen dienen mithin dazu Hilfebedürftigkeit zu überwinden und sollen den Leistungsberechtigten in die Lage versetzen sein Leben unabhängig von Grundsicherungsleistungen, aus eigenen Kräften zu bestreiten – insoweit sind sie vorrangig gegenüber Leistungen zur Sicherung des Lebensunterhalts. Bei den Eingliederungsleistungen des SGB II hat der Gesetzgeber weitestgehend auf das Leistungsspektrum des SGB III zurück gegriffen – auch den SGB II-Leistungsberechtigten soll der Zugang zu den wesentlichen Instrumenten der Eingliederung nach dem SGB III eröffnet werden (BT-Drs. 16/10.810, Nr. 5 zu Art. 2 § 16) –, zugleich wird durch **§ 22 Abs. 4 SGB III** sicher gestellt, dass die dort benannten Leistungen nicht als SGB III-Leistungen erbracht werden. Das dortige Leistungsspektrum ist in § 16 übernommen worden. Darüber hinaus können dem Leistungsberechtigten **weitere Leistungen** erbracht werden, die für seine Eingliederung erforderlich sind (§ 16 a – kommunale Eingliederungsleistungen, s. aber auch §§ 16 b, 16 c, 16 f.). In erster Linie soll Eingliederung in den allgemeinen Arbeitsmarkt und erst dann in öffentlich geförderten Sektor des Arbeitsmarktes erfolgen – **Arbeitsgelegenheit gegen Mehraufwandsentschädigung** – „Ein-Euro-Job" – (vgl. Voelzke in Hauck/Noftz SGB II, § 16 Rn. 45). Verknüpft mit den Leistungen des § 16 ist jedoch immer **Forderung**, gebotene Gelegenheit unter den Bedingungen des § 10 (zur Zumutbarkeit s. dort) tatsächlich wahrzunehmen, was ggf. mittels Sanktion nach § 31 – Absenkung der Leistungen zur Sicherung des Lebensunterhalts – durchgesetzt werden kann.

C. Kommentierung im Einzelnen

I. Leistungsberechtigte

3   Leistungsberechtigte nach § 16 sind zunächst alle diejenigen, die die **Voraussetzungen des § 7 Abs. 1** (Alter, **Erwerbsfähigkeit, Hilfebedürftigkeit,** gewöhnlicher Aufenthalt, s. hierzu iE S. Knickrehm § 7 Rn. 2–5) erfüllen. Ein spezieller Bedarf für die Eingliederung ist nicht erforderlich, auch nicht dass Leistungen zur Sicherung des Lebensunterhalts rechtmäßig erbracht werden (vgl. auch Eicher in Eicher/Spellbrink § 16 Rn. 38; Voelzke in Hauck/Noftz SGB II, § 16 Rn. 54; aA wohl Brühl/Schoch in LPK-SGB II, § 9 Rn. 6). Hilfebedürftigkeit (§ 7 Abs. 1 S. 1 Nr. 3) muss jedoch gegeben sein. Beachte hier: § 9 Abs. 2 S. 3 (vgl. S. Knickrehm § 7 Rn. 3, 12; Spellbrink § 9). Eingliederungsbedarf begründet umgekehrt keinen Leistungsanspruch nach dem SGB II. Kein Anspruch auf Leistungen nach § 16 mithin auch dann, wenn Hilfebedarf durch Einkommen o. Vermögen anderer Angehöriger der Bg. gedeckt werden kann, obwohl persönlich „Eingliederungsbedarf" vorhanden (vgl. auch Voelzke in Hauck/Noftz SGB II, § 16 Rn. 57 f). Zu Folgen des Entfallens der Hilfebedürftigkeit während einer Maßnahme zur Eingliederung – s. § 16 g (s. dort). Dann ggf. Aufhebung des Bewilligungsbescheides nach § 48 SGB X erforderlich. Abweichung möglich nach § 16 Abs. 1 iVm. SGB III für Leistungen, die bereits bei drohender Arbeitslosigkeit gewährt werden können (1. Abschnitt des 3. Kapitels, zB §§ 45, 46 SGB III [s Neufassung durch Gesetz zur Neuausrichtung der arbeitsmarktpolitischen Instrumente vom 21. 12. 2008, BGBl. I, 2917], nach § 16 Abs. 1 S. 2 als Ermessensleistung –), wenn bei Eintritt der Arbeitslosigkeit kein Anspruch auf Alg nach SGB III besteht u. voraussichtlich die Voraussetzungen des § 7 gegeben sind (vgl. Harks in Juris-PK-SGB II, § 16 Rn. 30; Voelzke in Hauck/Noftz SGB II, § 16 Rn. 60). Umgekehrt kann bei Eintritt der Hilfebedürftigkeit ein Anspruch auf Eingliederungsleistungen nach dem SGB III entfallen – § 22 Abs. 4 SGB III. Dann Restförderung nach den Vorschriften des SGB II – Problem in zeitlicher Hinsicht ggf. fehlende Antragstellung – hier Abhilfe über „Meistbegünstigungsprinzip zu erwägen (vgl. Eicher in

Eicher/Spellbrink § 16 Rn. 45) oder § 40 Abs. 3 iVm. 28 S. 1 SGB X. **Erwerbsunfähige** Mitglieder der Bg. erhalten nur unter den Bedingungen des **§ 7 Abs. 2** – wenn dadurch Hemmnisse bei der Eingliederung der erwerbsfähigen Hilfebedürftigen beseitigt oder vermindert werden (vgl. iE S. Knickrehm § 7, Rn. 13) – Eingliederungsleistungen nach §§ 16 ff., auch wenn ihnen Sozialgeld gewährt wird (vgl. Eicher in Eicher/Spellbrink § 16 Rn. 39; Stark in Estelmann, § 16 Rn. 2). Leistungsberechtigt können auch Alg-Bezieher nach SGB III sein, wenn als „**Aufstocker**" ein ergänzender SGB II-Anspruch besteht. Sie werden allerdings soweit es Leistungen nach §§ 35, 46 Abs. 4, 102, 103, Nr. 1 und 3, 109, 111, 223 Abs. 4 S. 5 SGB III weiterhin dem Regime des SGB III unterstellt. Gleichwohl verbleibt Problematik, dass etwa nachträglich ein Zuständigkeitswechsel des Leistungsträger eintreten kann (zB Alg-Anspruch und keine Aufstockung wegen zu verwertenden Vermögens, wenn Vermögen aufgebraucht oder wenn SGB III-Leistung endet). Deshalb Ermessensreduktion auf Null im Rahmen der Leistungen nach § 16 Abs. 1 S. 2 und/ oder restriktive Auslegung des § 22 Abs. 4 SGB III zu erwägen (vgl. hierzu Voelzke in Hauck/ Noftz, SGB III, § 16 Rn. 37 f). Leistungsberechtigte auch **Dritte**, also Arbeitgeber und Träger (s. § 21 SGB III), solange mittelbare Begünstigung eines Leistungsberechtigten gegeben ist, wobei es regelmäßig ausreicht, wenn Hilfebedürftigkeit zu Beginn der Förderung vorlag – späteres Entfallen kann grundsätzlich keinen Einfluss auf Anspruch des Dritten haben – § 16 g Abs. 2 (iE auch Eicher in Eicher/Spellbrink § 16 Rn. 43, 255 a ff.; Voelzke in Hauck/Noftz SGB II, § 16 Rn. 63 und § 16 g Rn. 19–26).

II. Eingliederungsleistungen nach § 16 Abs. 1 iVm dem SGB III

1. Allgemeines. § 16 Abs. 1 ist **dynamische** (Regelungen des SGB III sind in der jeweiligen Fassung für Leistungsempfänger nach dem SGB II anzuwenden) **Rechtsgrundverweisung** auf die einschlägigen Vorschriften des SGB III. Leistungsvoraussetzungen der einzelnen Eingliederungsleistungen sind mithin grundsätzlich dem SGB III zu entnehmen (**§ 16 Abs. 2**) – auch wenn es sich um ergänzende Hilfsnormen handelt (s. auch Verweis auf ganze Abschnitte oder Kapitel des SGB III) – soweit das SGB II nichts Abweichendes regelt. Ist eine Leistung nach dem SGB III nach § 16 Abs 1 S. 2 (in Ausübung des Ermessens) bewilligt worden („Ob" der Leistungsgewährung), dann hat der Grundsicherungsträger hinsichtlich des Umfangs der Leistung nur noch dann ein Ermessen, wenn der Umfang auch nach den Vorschriften des SGB III im Ermessen des Trägers steht – ansonsten gebundene Entscheidung der AA (s. BSG 6. 4. 2011 – B 4 AS 117/10 R – Fahrtkostenerstattung im Rahmen einer Weiterbildungsmaßnahme iS des § 77 SGB III; s. auch unter Rn. 8). Voraussetzungen v. § 7 Abs. 1 S. 1 Nr. 1–4 müssen erfüllt sein. Leistungen nach dem SGB III werden vollwertige Leistungen des SGB II. Auch **Rechtsfolgen** des SGB III gelten, nicht jedoch **Verordnungsermächtigung nach § 47 SGB III** (geändert durch Gesetz zur Neuausrichtung der arbeitsmarktpolitischen Instrumente vom 21. 12. 2008, BGBl. I, 2917) und **Anordnungsermächtigungen** der BA und **an Stelle von Alg tritt Alg II** (Abs. 2 S. 1). Letzteres hat insbesondere dann Bedeutung, wenn die Eingliederungsleistung nach dem SGB III den Vorbezug von Alg nach dem SGB III voraussetzt. Vorhergehende **Arbeitslosigkeit iSd. SGB III** als Anspruchsvoraussetzung für die Eingliederungsleistung ist allerdings im SGB II nur insoweit erforderlich, als Beschäftigungslosigkeit vorliegen muss. Verfügbarkeit und Arbeitslosmeldung müssen nach dem System des SGB II nicht gegeben sein (vgl. Eicher in Eicher/Spellbrink § 16 Rn. 6; Voelzke in Hauck/Noftz SGB II, § 16 Rn. 430). Zur Erreichbarkeit s. nunmehr § 7 Abs. 4 a (vgl. S. Knickrehm § 7 Rn. 30). **Abweichung** bei der Entscheidung über die Leistungsgewährung allerdings möglich, wenn in EinV oder ersetzendem VA festgelegt. Gesetzlich normierte Abweichung: Die in **§ 16 Abs. 1 S. 2** benannten Eingliederungsleistungen sind **Ermessensleistungen,** auch dann, wenn die betreffende Leistung nach dem SGB III Pflichtleistung ist (zu den Einzelheiten Pflicht- und Ermessensleistungen, s. Rn. 8). Für Eingliederungsleistungen von erwerbsfähigen behinderten Hilfebedürftigen wird über **§ 16 Abs. 1 S. 3** eine Zuständigkeit der Grundsicherungsträger begründet (zu den einzelnen Leistungen s. Rn. 5–7). Der Verweis in **§ 16 Abs. 1 S. 4** auf § 1 Abs. 2 Nr. 4 SGB III (**Frauenförderung** – neu durch Neuausrichtung der arbeitsmarktpolitischen Instrumente vom 21. 12. 2008, BGBl. I, 2917 – Abgrenzung des Ziels der Frauenförderung von den in den bisherigen §§ 8 a und 8 b SGB III geregelten Grundsätzen der aktiven Arbeitsförderung zur Vereinbarkeit von Familie und Beruf und zur besonderen Berücksichtigung von Berufsrückkehrerinnen und Berufsrückkehrern, s. BT-Drs. 16/10.810, Nr. 6 zu Art. 1 § 8) bedeutet für sämtliche Eingliederungsleistungen eine Erweiterung der Grund- und Programmsätze des § 1 Abs. 3 und 4 Nr. 3 (vgl. zu § 1 S. Knickrehm § 1 Rn. 3, 7). Geschlechtsspezifische Nachteile sollen durch den gezielten Einsatz von Eingliederungsmaßnahmen überwunden werden (Eicher dehnt § 16 Abs. 4 auf alle Leistungen des § 16 aus, s. in Eicher/Spellbrink § 16 Rn. 50). Allerdings ergibt sich hieraus kein subjektives Recht gegenüber dem SGB II-Leistungsträger (vgl. auch Eicher in Eicher/Spellbrink § 16, Rn. 49; Spellbrink in Kasseler Handbuch des Arbeitsförderungsrechts, § 39, Rn. 173; Voelzke in Hauck/Noftz SGB II, § 16 Rn. 403). Dem Hinweis auf die **Grundsätze der Arbeitsvermittlung** in § 36 SGB III kommt lediglich klarstellende Wirkung zu (§ 16 Abs. 1 S. 4). Anderes gilt für den Hinweis auf § 46 Abs. 3 SGB III. § 46 Abs. 3 SGB III ist eine Regelung, die aus

4

der mit dem Job-AQTIV-Gesetz einführten Vorschrift zur Beauftragung Dritter mit der Vermittlung übernommenen wurde, die demjenigen einen Rechtsanspruch auf Maßnahmen zur Aktivierung und beruflichen Eingliederung gewährt, der sich selbst aktiv um die Beseitigung seiner Vermittlungshemmnisse bemüht (vgl. BT-Drs. 16/10.810, Nr. 22 zu Art. 1 § 46). Durch den Hinweis auf die „entsprechende Anwendung" dieser Vorschrift wird die grundsätzlich nach § 16 Abs. 1 S. 2 als Ermessensleistung ausgestaltete Aufgabe von AA und kommunalem Träger zu einer Pflichtaufgabe (s. oben und Rn. 8, Verhältnis SGB III-Leistung als Pflichtleistung zu Ermessensleistung nach § 16 Abs. 1 S. 2). Die Wandlung zur Pflichtaufgabe gilt auch für die Leistung nach § 77 Abs. 3 SGB III. Danach besteht zur Verbesserung der beruflichen Eingliederungschancen ein Rechtsanspruch auf Maßnahmen zum nachträglichen Erwerb des Hauptschulabschlusses im Rahmen von Maßnahmen der beruflichen Weiterbildung und unter den in § 77 Abs. 3 SGB III im Einzelnen genannten Bedingungen (vgl. BT-Drs. 16/10.810, Nr. 32 zu Art. 1 § 77).

5   2. **Leistungen im Einzelnen. a) Unmittelbare Leistungen an Leistungsberechtigte. Berufsberatung** idG von Leistungsberatung und Auskünften (§§ 29–31 SGB III). **Eignungsfeststellung** idG von ärztlicher und psychologischer Untersuchung und Begutachtung zur Feststellung der Berufseignung o. Vermittlungsfähigkeit (§ 32 SGB III). **Berufsorientierung** idG von Vorbereitung auf Berufswahl (§ 33 SGB III, § 421 q). **Vermittlung** von Ausbildungsplatz- und Arbeitsvermittlung (§ 35 SGB III). **Beauftragung von Dritten** mit der Vermittlung und Maßnahmen zur Aktivierung und beruflichen Eingliederung (Die bisher in §§ 37 Abs. 4, 37 c, 48 ff., 421 i, 241 Abs. 3 a SGB III geregelten Möglichkeiten und Maßnahmen sind durch das Gesetz zur Neuausrichtung der arbeitsmarktpolitischen Instrumente [BGBl. I, 2917] in § 46 SGB III zusammengefasst worden). **Selbstinformationseinrichtungen** (§ 41 Abs. 2, 3 SGB III). **Förderung aus dem Vermittlungsbudget** (§ 45 SGB III; s. dazu auch § 16 Abs. 3 – Danach können diese Leistungen auch zur Anbahnung und Aufnahme einer schulischen Berufsausbildung erbracht werden) und **Maßnahmen zur Aktivierung und beruflichen Eingliederung** (§ 46 SGB III). Der Verweis in § 16 Abs. 1 S. 2 auf die Vorschriften des zweiten und dritten Abschnitts des Vierten Kapitels des SGB III ist durch das Gesetz zur Neuordnung der arbeitsmarktpolitischen Instrumente entfallen. Die dortigen Förderungen sollen durch die nunmehr nach § 45 SGB III vorgesehenen Möglichkeit der Förderung aus dem Vermittlungsbudget flexibler, bedarfsgerechter und unbürokratischer erfolgen (vgl. BT-Drs. 16/10.810, Nr. 22 zu Art. 1 § 45). **Weiterbildungsförderung** idG der Übernahme von Weiterbildungskosten für den Lehrgang, die Fahrten, die auswärtige Unterbringung, Verpflegung und Betreuung von Kindern (§§ 77–86 SGB III; s. auch § 417 SGB III, jeweils idF des Gesetzes zur Neuausrichtung arbeitsmarktpolitischer Instrumente, BGBl. I, 2917). Nunmehr auch zur Vorbereitung auf den Hauptschul- oder gleichwertigen Schulabschluss (§ 77 Abs. 3 SGB III). Wird in der Gesetzesbegründung als wichtiger Baustein für weitere Qualifizierungsschritte bezeichnet, da eine gute Ausbildung der beste Schutz gegen Arbeitslosigkeit sei (BT-Drs. 16/10.810, A Allgemeiner Teil, I Ziele und Inhalte des Gesetzes). **Allgemeine Leistungen zur Teilhabe** idG der Unterstützung der Beratung und Vermittlung, Verbesserung der Aussichten auf Teilhabe und Förderung der Beschäftigungsaufnahme und beruflichen Weiterbildung für erwerbsfähige behinderte Hilfebedürftige (§§ 100, 101 SGB III). **Besondere Leistungen zur Teilhabe** idG von Übernahme der Teilnahmekosten, eingliederungsbegleitender Dienste, Sonderfällen der Unterbringung und Verpflegung (§§ 109, 111 SGB III). **Förderung beschäftigter Arbeitnehmer** idG von Übernahme der Weiterbildungskosten und Lohnkostenzuschuss (§ 417 SGB III). **Eingliederungszuschuss für ältere Arbeitnehmer** idG von Lohnkostenzuschuss (§ 421 f SGB III). **Vermittlungsgutschein** in Höhe von 2.000 € (§ 421 g SGB III). **Außerbetriebliche Berufsausbildung ohne vorherige Teilnahme an einer auf einen Beruf vorbereitenden Maßnahme** (§ 421 n SGB III). **Qualifizierungszuschuss für jüngere Arbeitnehmer** idG von Zuschuss zum Arbeitsentgelt (§ 421 o SGB III). **Eingliederungszuschuss für jüngere Arbeitnehmer** idG von Zuschuss zum Arbeitsentgelt (§ 421 p SGB III). **Erweiterte Berufsorientierung** idG von Berufsorientierungsmaßnahmen über vier Wochen hinaus und außerhalb der unterrichtsfreien Zeit (§ 421 q SGB III). **Sonderregelungen zur Qualifizierung** nach § 421 t Abs. 4 bis 6 SGB III.

6   b) **Leistungen an Arbeitgeber. Arbeitsmarktberatung** idG von Unterstützung bei Besetzung von Ausbildungs- und Arbeitsstellen (§ 34 SGB III, s. auch §§ 29, 33 SGB III). **Vermittlung** (§ 35 SGB III, s. o.). **Eingliederungszuschüsse** idG von Lohnkostenzuschüssen (§§ 217–219 SGB III). **Eingliederungszuschuss für ältere Arbeitnehmer** idG von Lohnkostenzuschuss (§ 421 f SGB III). **Vermittlungsgutschein** in Höhe von 2.000 € (§ 421 g SGB III). **Qualifizierungszuschuss für jüngere Arbeitnehmer** idG von Zuschuss zum Arbeitsentgelt (§ 421 o SGB III). **Eingliederungszuschuss für jüngere Arbeitnehmer** idG von Zuschuss zum Arbeitsentgelt (§ 421 p SGB III). Die Regelungen über den **Einstellungszuschuss** bei Neugründungen idG von Lohnkostenzuschüssen (§§ 225–228 SGB III) und die **Förderung der beruflichen Weiterbildung durch Vertretung** idG des Lohnkostenzuschusses für die Beschäftigung eines Vertreters für den sich weiterbildenden Arbeitnehmer (§§ 229–233 SGB III) sind durch das Gesetz zur Neuordnung der arbeitsmarktpolitischen Instrumente (BGBl. I, 2917) aufgehoben worden, weil sie einerseits bereits in anderen Fördermöglichkeiten aufgehen bzw die in sie gesetzten arbeitsmarktpolitischen Erwartungen nicht erfüllt haben

(BT-Drs. 16/10.810, Nr. 42 zu Art. 1 5. Kapitel, 1. Abschnitt, 3. und 4. Unterabschnitt). Ebenso ist die Regelung über die Zuschüsse zur Ausbildungsvergütung aufgehoben worden. **Förderung der Berufsausbildung und der beruflichen Weiterbildung** nach §§ 235a–235c SGB III kann jedoch auch nach dem Gesetz über die Neuausrichtung der arbeitsmarktpolitischen Instrumente, unter den dort formulierten neuen Bedingungen weiterhin erfolgen. **Förderung der Teilhabe am Arbeitsleben** idG von Zuschüssen zur Ausbildungsvergütung, Sachausstattung der Ausbildungs- und Arbeitsplätze, Kosten bei einer befristeten Probebeschäftigung (§§ 236–239 SGB III). **Beitragsbefreiung bei der Beschäftigung älterer Arbeitnehmer** (§ 421k SGB III).

c) Leistungen an Träger. Unterstützung und Förderung der Berufsausbildung idG von **7** Zuschüssen, der Erstattung von Maßnahmekosten, sonstiger Kosten, Aktivierungshilfen, ausbildungsbegleitender, administrativer u. organisatorischer Hilfen (§§ 240–246 SGB III – jeweils in der Neufassung druch das Gesetz zur Neuausrichtung der arbeitsmarktpolitischen Instrumente, BGBl. I, 2917; §§ 246a–246d SGB III gestrichen durch dieses Gesetz, wegen geringer Nutzung des bisherigen Instrumentariums, BT-Drs. 16/10.810, Nr. 52 zu Art. 1 §§ 246a–246d). Durch die Maßnahmen der Träger sollen förderungsbedürftige Jugendliche eingegliedert, nicht jedoch die Träger gefördert werden (BT-Drs. 16/10.810, Nr. 49 zu Art. 1 § 240 Abs. 1). **Arbeitsbeschaffungsmaßnahmen** idG von Zuschüssen zu den Lohnkosten und Zuschüsse in pauschalierter Form (§§ 260–271 SGB III) sollen nicht mehr als Eingliederungsleistungen nach § 16 Abs. 1 S. 2 erbracht werden. Zur Begründung wird im Entwurf des Gesetzes zur Neuausrichtung arbeitsmarktpolitischer Instrumente lediglich ausgeführt: „Um die Instrumentenvielfalt im Bereich der öffentlichen Beschäftigung im SGB II zu straffen und den Instrumenteneinsatz im SGB II zu vereinfachen, wird das Instrument der ABM im SGB II gestrichen Der Förderungsinhalt wird durch die Arbeitsgelegenheiten (in Entgeltvarianten) ersetzt werden, weil sie auch zu den Konditionen der bisherigen ABM möglich seie. (BT-Drs. 16/10.810, Nr. 5 zu Art. 2 § 16 Abs. 1). Der BR hat sich gegen die Streichung der ABM als Eingliederungsmaßnahme im SGB II ausgesprochen, vor Allem mit dem Hinweis auf deren Strukturwirksamkeit und förderungspraktische Relevanz insb. in den neuen Bundesländern (BT-Drs. 16/11.196, Nr. 16 zu Art. 2 Nr. 5).

3. Pflichtleistung/Ermessensleistung. Als **Pflichtleistung** nach § 16 Abs. 1 S. 1 erbringt die **8** AA Arbeitsvermittlung nach § 35 SGB III. Hilfebedürftige haben mithin einen Rechtsanspruch auf Arbeits- und Ausbildungsvermittlung. Ebenso wie Voelzke aus der in § 16 Abs. 1 S. 4 aF normierten entsprechenden Anwendung des § 37 Abs. 4 SGB III (nunmehr gestrichen) geschlossen hat, dass auch auf die Vermittlung durch beauftragte Dritte nach Ablauf von 6 Monaten ein Rechtsanspruch besteht (s. oben Rn. 3; Voelzke in Hauck/Noftz SGB II, Stand IV/2008, § 16 Rn. 66; s. auch Niewald in LPK-SGB II § 16 Rn. 6) besteht nach diesseitiger Auffassung ein solcher Rechtsanspruch nunmehr auf Maßnahmen zur Aktivierung und beruflichen Eingliederung nach § 46 Abs. 3 SGB III insgesamt, was jedoch auch weiterhin solche durch Dritte umfasst (vgl. Rn. 4). Auch besteht ein Rechtsanspruch auf Übernahme der Weiterbildungskosten von nachträglichen Erwerb des Hauptschulabschlusses oder eines gleichwertigen Schulabschlusses. Anders als nach § 16 Abs. 1 S. 2 also keine Ermessensleistung (s. auch Rn. 4). Ausdrücklich nach § 16 Abs. 1 S. 4 „entsprechende" Anwendung des § 77 Abs. 3 SGB III – dort Rechtsanspruch. Der überwiegende Teil der Eingliederungsleistungen ist als **Ermessensleistung** ausgestaltet. Das Ermessen ist regelmäßig auf Entschließungsermessen des Leistungsträgers begrenzt („Ob" der Leistungsgewährung). Auswahlermessen („Wie" der Leistungsgewährung) nur dann, wenn dieses auch im SGB III so vorgesehen ist (vgl. Eicher in Eicher/Spellbrink § 16 Rn. 62; Harks in Juris-PK-SGB II, § 16 Rn. 36, s. auch Rn. 4 – BSG 6. 4. 2011 – B 4 As 117/10 R). Keine von den allgemeinen Grundsätzen der Ausübung und Überprüfung des Ermessen abweichende Leistungsvereinbarung wg. der Möglichkeit eine **EinV** abschließen zu können. Einerseits ist bereits die Vertragsparität fraglich (vgl. zu dieser Problematik: S. Knickrehm § 15 Rn. 5–8), andererseits können die Regelungen der EinV auch durch VA erfolgen (§ 15 Abs. 1 S. 6).

III. Weitere Grundsätze im Verhältnis SGB II/SGB III (Abs. 2)

Vormals § 16 Abs. 1 S. 6 und jetzt § 16 Abs. 2, eingefügt, an Stelle des bisherigen Abs. 1a. S. zu **9** Leistungen und Rechtsfolgen nach dem SGB II unter Rn. 4 und 8; An die Stelle des Arbeitslosengeldanspruchs tritt der auf Alg II (**§ 16 Abs. 1 S. 1**). Zur vorhergehenden Arbeitslosigkeit vgl. ebenfalls § 16 Rn. 4. Nach **§ 16 Abs. 2 S. 2** darf Förderung aus dem Vermittlungsbudget, nicht nur die an Stelle der nach dem SGB III gewährten Leistungen nicht aufstocken, ersetzen oder umgehen (s. § 45 Abs. 3 SGB III), sondern auch nicht die anderen Leistungen des SGB II. Leistungen aus dem Vermittlungsbudget sollen demnach weder zur Sicherung des Lebensunterhalts dienen, also nicht Alg II oder Sozialgeld aufstocken oder ersetzen, noch dazu genutzt werden können, andere Instrumente aufzustocken, zu ersetzen oder zu umgehen (vgl. BT-Drs. 16/10.810, Nr. 5 zu Art. 2 § 16 Abs. 2). Durch **§ 16 Abs. 2 S. 3** werden die Ausübung von Arbeitsgelegenheiten nach § 16d der Ausübung von Arbeitsbeschaffungs- oder Strukturanpassungsmaßnahmen sowie einer öffentlich geförderten Beschäftigung bei Erfüllung der Voraussetzungen für einen Eingliederzuschusses für ältere

Arbeitnehmer gleichgestellt. Eine Förderung durch eine Maßnahme nach § 16 d (Arbeitsgelegenheit) führt mithin ebenfalls zu einem Anspruch auf eine Vermittlungsgutschein (§ 421 g Abs. 1 S. 1 SGB III).

IV. Schulische Berufsausbildung (Abs. 3)

10   Leistungsberechtigte nach dem SGB II können nach § 16 Abs. 1 S. 2 iVm. § 45 SGB III auch Förderung aus dem Vermittlungsbudget erhalten. Anders als in § 45 Abs. 1 SGB III kann Vermittlungsbudget jedoch nicht nur für Anbahnung oder Aufnahme eines versicherungspflichtigen Beschäftigungsverhältnisses genutzt werden, sondern auch für Anbahnung oder Aufnahme einer schulischen Berufsausbildung. Diese Regelung ist nach der Begründung des Entwurfs des Gesetzes zur Neuausrichtung arbeitsmarktpolitischer Instrumente dem „weitgehenden Integrationsansatz" des SGB II geschuldet, bei dem, anders als im SGB III nicht der Versicherungsgedanke, sondern die Aufnahme einer Erwerbstätigkeit im Vordergrund stehe (BT-Drs. 16/10.810, Nr. 5 zu Art. 2 § 16 Abs. 3). Da Abweichung von § 45 Abs. 1 S. 1 SGB III ausdrücklich normiert, gelten ansonsten die Regeln des Vermittlungsbudgets im SGB III auch für SGB II-Leistungsberechtigte. Fraglich bleibt, ob, wie in der Gesetzesbegründung ausdrücklich erwähnt, mit Abs. 3 tatsächlich die Abweichung von den Voraussetzungen und Rechtsfolgen des SGB III abschließend geregelt worden ist. Alle Leistungen des SGB III müssen unter Berücksichtigung von Sinn und Zweck des SGB II, insbesondere dem in der Gesetzesbegründung ausdrücklich erwähnten Ziel der Überwindung der Hilfebedürftigkeit (s. auch § 3), vom Grundsicherungsträger erbracht werden. Hieraus kann sich im Einzelfall die Notwendigkeit von Abweichungen ergeben.

V. Beauftragung der AA mit Ausbildungsvermittlung (Abs. 4)

11   Unabhängig von der Frage, ob die Regelung des § 16 Abs. 4 den richtigen Standort erfahren hat (vgl. zur Vorgängerregelung in Abs. 1 b iE Eicher in Eicher/Spellbrink, § 16 Rn. 172a ff. – besser Sonderregelung zum Verwaltungsverfahren unter § 40; Voelzke in Hauck/Noftz SGB II, Stand IV/2008, § 16 Rn. 322), besteht in der Literatur Einigkeit, dass die Übertragung der Aufgaben nach § 16 Abs. 4 im Einzelfall **durch öffentlich-rechtlichen Auftrag** (über öffentlich-rechtlichen Vertrag § 53 ff. SGB X) erfolgt – mit Kontrahierungszwang (anders als nach § 88 SGB X), denn Ermessen, ob Auftrag erteilt werden soll liegt ausschließlich bei SGB II-Leistungsträger (vgl. Eicher in Eicher/Spellbrink § 16 Rn. 172c; Voelzke in Hauck/Noftz SGB II, § 16 Rn. 441). Regelung in Abs. 4 entspricht der bisherigen in Abs. 1b. Standortänderung lediglich redaktionelle Änderung zur Anpassung an neue Struktur des § 16 (BT-Drs. 16/10.810, Nr. 5 zu Art. 2 § 16 Abs. 4). Einzelheiten betreffend Höhe, Pauschalierung und Zeitpunkt der Fälligkeit von Aufwendungen bei der Ausführung des Auftrags sind in oben abgedruckter **Rechtsverordnung** geregelt. Nicht von Abs. 4 erfasst werden Leistungen zur Unterstützung der Ausbildungsvermittlung (§§ 45 ff. SGB III), Beratung in Ausbildungsfragen und Arbeitsvermittlung, sie obliegt dem Grundsicherungsträger.

VI. Zuständigkeit des SGB II-Leistungsträgers (Abs. 5)

12   Abs. 5 ist auf Vorschlag des Ausschusses für Arbeit und Soziales (11. Ausschuss) vom 3. 12. 2008 in die Vorschrift eingefügt worden (BT-Drs. 16/11.233, S. 7, 17). Die Regelung ist überflüssig, denn die Verweise in § 16 Abs. 1 S. 2 und 4 ziehen keinen Wechsel der Zuständigkeit des Trägers nach sich, sondern sichern nur die Anwendbarkeit der Vorschriften des SGB III und die Nutzung des dort benannten Instrumentariums auch für die Zwecke Grundsicherung. Der Zuständigkeitswechsel per se gilt nicht einmal für § 16 Abs. 4, denn auch dort kann die BA lediglich mit der Durchführung von Aufgaben der Eingliederung – der Ausbildungsvermittlung – beauftragt werden. Leistungsträger ist zunächst der Grundsicherungsträger und er entscheidet über den Auftrag. Dieses scheint der Ausschuss auch erkannt zu haben, wenn er zur Begründung der Einfügung ausführt: „Die Regelung stellt klar, dass die bisherige Zuständigkeit der Träger der Grundsicherung auch für die neuen Maßnahmen nach §§ 45 und 46 SGB III gilt, die auch in diesem Buch Anwendung finden" (BT-Drs. 16/11.233, S. 17).

§ 16 a Kommunale Eingliederungsleistungen

Zur Verwirklichung einer ganzheitlichen und umfassenden Betreuung und Unterstützung bei der Eingliederung in Arbeit können die folgenden Leistungen, die für die Eingliederung der oder des erwerbsfähigen Leistungsberechtigten in das Erwerbsleben erforderlich sind, erbracht werden:
1. **die Betreuung minderjähriger oder behinderter Kinder oder die häusliche Pflege von Angehörigen,**
2. **die Schuldnerberatung,**
3. **die psychosoziale Betreuung,**
4. **die Suchtberatung.**

A. Normgeschichte und Normzweck

§ 16a ist durch das Gesetz zur Neuausrichtung der arbeitsmarktpolitischen Instrumente vom 21. 12. 2008 (BGBl. I, 2917) als eigenständige Vorschrift aus § 16 herausgelöst worden. Zuvor § 16 Abs. 2, allerdings nunmehr ohne Einstiegsgeld und Leistungen zur Beschäftigungsförderung nach dem vormaligen § 16a. Jetzt Beschränkung auf kommunale Eingliederungsleistungen. Es gilt folgende neue Aufgliederung des § 16 bis zu dieser Regelung:

bisher Teil von § 16, insb. Abs. 1, 1a, 1b   ⇒ § 16 – ausschließlich Förderinstrumente des SGB III
bisher § 16 Abs. 2 S. 2 Nr. 1 bis 4   ⇒ § 16a – Kommunale Eingliederungsleistungen

§ 16a ist eingefügt worden, um die Übersichtlichkeit der Eingliederungsinstrumente des SGB II zu verbessern. Instrumente der Arbeitsförderung und kommunale Instrumente sollen eindeutig von einander abgegrenzt werden, ohne den kommunalen Trägern neue Förderaufgaben zu übertragen. In der Gesetzesbegründung heißt es daher, die Vorschrift sei lediglich redaktionell angepasst worden. Gestrichen worden ist allerdings die „Generalklausel" als Anspruchsgrundlage für die Erbringung von Eingliederungsleistungen über die nach § 16 hinaus, vormals § 16 Abs. 1. Nach § 16a können dem Hilfebedürftigen **weitere Leistungen,** die für seine Eingliederung **erforderlich** sind – neben denen nach den Vorschriften des SGB III – durch die kommunalen Träger erbracht werden (kommunale Eingliederungsleistungen), s. daneben als Leistungen des Grundsicherungsträgers zu Lasten der Agentur für Arbeit: §§ 16b (Einstiegsgeld), 16c (Leistungen zur Eingliederung von Selbstständigen), 16f (Freie Förderung). Um welche Leistungen es sich handelt wird in § 16a klar umrissen. Eine Erweiterung des dortigen Katalogs erscheint nach der Streichung des Wortes „insbesondere" im Einleitungssatzteil auf Empfehlung des Ausschusses für Arbeit und Soziales (11. Ausschuss) nicht mehr möglich zu sein (vgl. BT-Drs. 16/11.233, S. 17 – „abgeschlossener Leistungskatalog"; s. auch Voelzke in Hauck/Noftz, SGB II, § 16a Rn. 13). Ziel der Leistungen nach § 16a ist es die Eingliederung des Hilfebedürftigen in den allgemeinen Arbeitsmarkt durch den kommunalen Träger zu unterstützen oder ggf. erst zu ermöglichen. Die Vorschrift ist durch Art. 2 RegelbedarfsÄndG mit Wirkung zum 1. 4. 2011 iS des Gender Mainstreaming angepasst worden (BGBl I, 453).

B. Kommentierung im Einzelnen

I. Allgemeines/Erforderlichkeit der Maßnahmen

Nach § 16a können kommunale Eingliederungsleistungen, neben denen nach den Vorschriften des SGB III (s. § 16) erbracht werden. Es handelt sich nicht um zusätzliche Leistungen, sondern sie können unabhängig von den Leistungen nach § 16 vom kommunalen Träger erbracht werden, wenn sie erforderlich sind. Betont wird insoweit nunmehr bereits im Gesetzestext die Erforderlichkeit zur Verwirklichung der ganzheitlichen, umfassenden Betreuung und Unterstützung des Leistungsberechtigten bei der Eingliederung in Arbeit. Die Leistungen müssen mithin erforderlich sein, um den Hilfebedürftigen bei der Arbeitsaufnahme oder Beibehaltung der bereits ausgeübten Erwerbstätigkeit (auch selbstständige Tätigkeit) zu unterstützen. Erforderlichkeit liegt nach BSG vor (BSG 23. 11. 2006 – B 11b AS 3/05 R = SozR 4–4200 § 16 Nr. 1), wenn ein Eingliederungserfolg im zuvor benannten Sinne mit hinreichender Sicherheit vorhergesagt werden kann; Prognose setzt nach BSG wiederum eine Plausibilitätsprüfung voraus (aA Eicher in Eicher/Spellbrink § 16 Rn. 179, der dem Träger einen gerichtlich nicht voll überprüfbaren Beurteilungsspielraum, gekoppelt mit dem auszuübenden Ermessen einräumen will). Zudem muss die zusätzliche Eingliederungsleistung den Zielen und Leistungsgrundsätzen des SGB II (§§ 1, 3) entsprechen. Auch hier allerdings kein Leistungsanspruch, wenn die Voraussetzungen des § 7 Abs. 1 vorliegen (BSG 23. 11. 2006 – B 11b AS 3/05 R = SozR 4–4200 § 16 Nr. 1). Bisherige Regelung, dass Eingliederungsleistungen nach § 16 Abs. 2 aF Leistungen nach § 16 Abs. 1 aF nicht aufstocken dürften ist hinfällig geworden. Zum Einen ist nicht erkennbar, wie die in § 16 Abs. 2 nF benannten Maßnahmen die Leistungen nach § 16 aufstocken könnten. Zum Anderen bietet § 16a eigenständige Anspruchsgrundlage, allerdings nicht mehr iS einer Generalklausel für Eingliederungsleistungen (s. zur alten Regelung: BSG 23. 11. 2006 – B 11b AS 3/05 R = SozR 4–4200 § 16 Nr. 1), da der Katalog der Nr. 1 bis 4 abschließend ist (s. auch BT-Drs. 16/11.233, S. 17; iE § 16 Rn. 1 – beachte: nunmehr Vermittlungsbudget nach § 45 SGB III iVm. § 16 und freie Förderung nach § 16f. Leitungsgewährung steht im Ermessen des Trägers (Entschließungs- und Auswahlermessen [Art, Dauer und Höhe der Maßnahme]; BSG 23. 11. 2006 – B 11b AS 3/05 R = SozR 4–4200 § 16 Nr. 1). Allerdings wenn Voraussetzungen für Leistungsgewährung erfüllt kaum Entschließungsermessen des Trägers denkbar, denn Leistungen können nur zu erbracht werden, wenn sie zur Eingliederung erforderlich sind (s. auch Voelzke in Hauck/Noftz SGB II, § 16a Rn. 14). Leistungserbringung als Dienst-, Sach- oder Geldleistung möglich.

II. Einzelne Eingliederungsleistungen (2. Hs Nr. 1 bis 4)

3 Die in Nr. 1–4 aufgeführten Leistungen können, wenn sie zur Erreichung der Ziele des § 7 Abs. 2 Nr. 1 oder 2 durchgeführt werden sollen, auch **erwerbsunfähigen Angehörigen** der Bg. erbracht werden (vgl. S. Knickrehm § 7 Rn. 13). Bei diesen Leistungen besteht wenig Spielraum für Ermessensausübung, wenn die Leistungen notwendige Voraussetzung und einzige Möglichkeit der Eingliederung des SGB II-Leistungsberechtigten sind (so Voelzke in Hauck/Noftz SGB II, § 16a Rn. 14). **aa) Betreuung minderjähriger oder behinderter Kinder oder die häusliche Pflege von Angehörigen (Nr. 1).** Ausfüllung des Programmsatzes der Berücksichtigung familienspezifischer Lebensverhältnisse nach § 1 Abs. 1 S. 4 Nr. 4 (vgl. S. Knickrehm § 1 Rn. 8) und Ausgleich der Zumutbarkeitsregelung in § 10 Abs. 1 Nr. 3. Kann als Geld-, Dienst- oder Sachleistung erbracht werden. Anwendungsbereich insb.: Unterstützung während der Durchführung einer anderen Eingliederungsmaßnahme; allerdings nicht zwingend darauf zu reduzieren (weder als begleitende Maßnahme, noch im zeitlichen Umfang). Möglich aber auch als Maßnahme nach § 16 Abs. 1 im Rahmen der Maßnahmekosten bei Förderung der beruflichen Weiterbildung und Trainingsmaßnahmen (§ 16 Abs. 1 SGB II iVm. § 83 SGB III). Ebenso als Maßnahme zur Förderung der Arbeitsaufnahme – hier aber § 11a Abs. 1 S. 1 Nr. 5 zu beachten (Freibetrag enthält auch Kinderbetreuungskosten soweit nicht Leistungen nach dem SGB VIII zu erbringen sind – s. § 10 Abs. 3 S. 1; vgl. hierzu Mecke in Eicher/Spellbrink § 11 Rn. 116). Maßstab ist insoweit die dauerhafte Eingliederung in das Erwerbsleben. Leistung nach § 16a Nr. 1 geht Kinderbetreuungsleistung nach SGB VIII vor (§ 10 Abs. 3 S. 2); Pflegebetreuungsleistung des SGB XI hingegen vorrangig (vgl. S. Knickrehm § 5 Rn. 4). **bb) Schuldnerberatung (Nr. 2).** Leistung wird nur gewährt, wenn Hilfebedürftigkeit bereits eingetreten ist – keine präventive Leistung. Anspruchsvoraussetzung: Verschuldung muss arbeitsmarktspezifisches Eingliederungshemmnis sein. Ansonsten keine Erforderlichkeit iSv. § 16a (vgl. Voelzke in Hauck/Noftz SGB II, § 16a Rn. 24a). Eine vorbeugende Schuldnerberatung nach dem SGB XII kann ihm nur im Zusammenhang mit Leistungen, die auch Erwerbsfähigen nach diesem Gesetz zustehen, erbracht werden; dies trifft für Leistungen zur Sicherung des Lebensunterhalts nicht zu (§ 5 Abs. 2; BSG 13. 7. 2010 – B 8 SO 14/09 R). In der Regel als Dienstleistung durch Beratungsstellen freier Träger zu erbringen. **cc) Psychosoziale Betreuung (Nr. 3).** Abgrenzung zu GKV-Leistung – Voraussetzung dort: In Folge psychotherapeutischer Behandlungsbedürftigkeit Behandlung durch Arzt oder Psychotherapeuten erforderlich. Überschneidung mit Maßnahmen zur Überwindung besonderer sozialer Schwierigkeiten nach §§ 67–69 SGB XII. Allerdings unproblematisch, da SGB XII-Leistungen nach § 5 Abs. 2 für SGB II-Leistungsberechtigte nicht ausgeschlossen sind (vgl. S. Knickrehm § 5 Rn. 6). Rückgriff für Leistungen nach Nr. 3 auf – allerdings nicht abschließenden – Katalog des § 33 Abs. 6 SGB IX. Psychosoziale Betreuung nach Nr. 3 muss nicht Bestandteil einer Eingliederungsmaßnahme sein. Es reicht, wenn sie zur Unterstützung der Eingliederung erforderlich ist. **dd) Suchtberatung (Nr. 4).** Lediglich Beratung, insb. durch Träger der freien Wohlfahrtsverbände – keine Behandlung (§ 29 SGB V). Auch hier Überschneidung mit Leistungen nach §§ 53ff. SGB XII unproblematisch (s. unter cc). **dd) Einstiegsgeld** nach § 16 Abs. 2 S. 2 Nr. 5 aF, durch Gesetz zur Neuordnung der arbeitsmarktpolitischen Instrumente (BGBl. I, 2917) aus dem Maßnahmekatalog gestrichen. Allerdings ohnehin nur Klarstellung, dass es sich bei dem Einstiegsgeld um eine Eingliederungsleistung und nicht um eine Leistung zur Sicherung des Lebensunterhalts handelt (iE s. Spellbrink § 16b) **ee) Leistungen der Beschäftigungsförderung** nach § 16 Abs. 2 S. 2 Nr. 7 aF, durch Gesetz zur Neuordnung der arbeitsmarktpolitischen Instrumente (BGBl. I, 2917) aus dem Maßnahmekatalog gestrichen. Auch hier diente Aufnahme in den Katalog des § 16 Abs. 2 S. 2 aF nur der Klarstellung, dass es sich bei den Leistungen nach § 16a aF (nunmehr § 16e) um solche zur Eingliederung handelt.

§ 16b Einstiegsgeld

(1) [1] Zur Überwindung von Hilfebedürftigkeit kann erwerbsfähigen Leistungsberechtigten, die arbeitslos sind, bei Aufnahme einer sozialversicherungspflichtigen oder selbständigen Erwerbstätigkeit ein Einstiegsgeld erbracht werden, wenn dies zur Eingliederung in den allgemeinen Arbeitsmarkt erforderlich ist. [2] Das Einstiegsgeld kann auch erbracht werden, wenn die Hilfebedürftigkeit durch oder nach Aufnahme der Erwerbstätigkeit entfällt.

(2) [1] Das Einstiegsgeld wird, soweit für diesen Zeitraum eine Erwerbstätigkeit besteht, für höchstens 24 Monate erbracht. [2] Bei der Bemessung der Höhe des Einstiegsgeldes sollen die vorherige Dauer der Arbeitslosigkeit sowie die Größe der Bedarfsgemeinschaft berücksichtigt werden, in der die oder der erwerbsfähige Leistungsberechtigte lebt.

(3) [1] Das Bundesministerium für Arbeit und Soziales wird ermächtigt, im Einvernehmen mit dem Bundesministerium der Finanzen ohne Zustimmung des Bundesrates durch Rechtsverordnung zu bestimmen, wie das Einstiegsgeld zu bemessen ist. [2] Bei der Bemessung ist neben der Berücksichtigung der in Absatz 2 Satz 2 genannten Kriterien auch ein

Bezug zu dem für die oder den erwerbsfähigen Leistungsberechtigten jeweils maßgebenden Regelbedarf herzustellen.

Anpassung der Vorschrift iS des Gender Mainstreaming und redaktionelle Anpassung an den Begriff der oder des Leistungsberechtigten durch Art. 2 RegelbedarfsÄndG vom 24. 3. 2011 zum 1. 4. 2011 (BGBl I, 453).

A. Systematische Stellung und Regelungszweck der Norm

§ 16 b entsprach bis zur Änderung durch das Gesetz zur Neuausrichtung arbeitsmarktpolitischer Instrumente vom 21. 12. 2008 (BGBl. I, 2017) dem bisherigen § 29, der zum 1. 9. 2009 aufgehoben wurde. Das Einstiegsgeld war bis zum 31. 12. 2008 in § 16 Abs. 2 S. 2. Nr. 5 als Leistung zur Eingliederung in Arbeit erwähnt, jedoch in § 29 in dem Unterabschnitt Anreize und Sanktionen neben den Freibeträgen des § 30 – jetzt 11 b Abs. 3 (RegelbedarfsÄndG vom 24. 3. 2011, BGBl I, 453) bei Erwerbstätigkeit platziert. Mit § 16 c wurden zudem die Voraussetzungen für die Gewährung von Eingliederungsleistungen für Selbständige neu und zusätzlich geregelt, wobei aber nach § 16 b weiterhin Selbständige auch Einstiegsgeld erhalten können. Nach § 16 c kann – anders als nach § 16 b – aber nur derjenige Selbständige gefördert werden, der eine hauptberufliche Tätigkeit ausübt. Anders als § 16 b bestimmt § 16 c zudem, dass auch derjenige gefördert werden kann, der bereits eine selbständige Tätigkeit ausübt (und nicht nur derjenige, der diese neu aufnimmt, wie es § 16 b Abs. 1 S. 1 für das Einstiegsgeld voraussetzt). 1

Das Einstiegsgeld wurde zunächst vor allem als Instrument zur Förderung der Aufnahme von selbständigen Beschäftigungen verstanden, später wurde klargestellt, dass das Einstiegsgeld auch neben und zusätzlich zu einer sozialversicherungspflichtigen Beschäftigung bezahlt werden kann (vgl. im Einzelnen Spellbrink in Eicher/Spellbrink § 29 Rn. 1 ff. mit weiteren Ausführungen zum Wesen des Einstiegsgeldes). Diesen **Doppelcharakter** als **Kombilohn** (s. hierzu ausführlich Spellbrink in S. Knickrehm/Rust, Arbeitsmarktpolitik in der Krise, 2010, FS für Bieback, S. 163, 175 f) und als Instrument zur **Förderung der Selbständigkeit** behält das Einstiegsgeld auch gem. § 16 b bei (vgl. auch Noll/Nivorozhkin/Wolff, IAB- Forschungsbericht Nr. 23/2006), wenngleich § 16 c für hauptberuflich Selbständige die Möglichkeit weiterer Förderung durch Leistungen zur Eingliederung enthält. 2

B. Anspruchsvoraussetzungen für die Gewährung von Einstiegsgeld

I. Erwerbsfähige Leistungsberechtigte

Erste Voraussetzung einer Gewährung von Einstiegsgeld nach Abs. 1 S. 1 ist, dass es sich bei dem Antragsteller um einen erwerbsfähigen Leistungsberechtigten iSd. § 7 Abs. 1 handelt. Allerdings löst Abs. 1 S. 2 diese Voraussetzung sofort wieder auf, soweit die Einstiegsgeld auch gezahlt werden kann, wenn die Hilfebedürftigkeit durch oder nach Aufnahme einer Erwerbstätigkeit wieder entfällt. Diese Ausnahme bezieht sich nur auf laufende Einkünfte aus Erwerbstätigkeit. Fällt die Bewilligung von Einstiegsgeld aus anderen Gründen weg (etwa Lottogewinn oÄ), so ist sie mit der Alg II-Bewilligung aufzuheben. § 16 b enthält damit neben § 15 a eine Möglichkeit, im SGB II auch an Nicht-Hilfebedürftige Leistungen zu gewähren. Bedenkt man, dass aufgrund der Freibeträge in § 11 a Abs. 3 auch weit in den Bereich der Normalverdiener hinein weiterhin Hilfebedürftigkeit nach dem SGB II vorliegen kann, so stellt eine Vergabe von Einstiegsgeld an überhaupt nicht mehr Hilfebedürftige eine erhebliche Privilegierung dar, die nur selten zum Zuge kommen wird. 3

II. Arbeitslosigkeit

§ 16 b S. 1 setzt weiterhin voraus, dass der Antragsteller arbeitslos ist. § 53 a definiert den Begriff des Arbeitslosen für das SGB II. Gem. § 53 a Abs. 1 sind die Voraussetzungen des § 16 SGB III sinngemäß anzuwenden. Bei einer solchen sinngemäßen Anwendung des Begriffs des „Arbeitslosen" im Rahmen des § 16 b darf nicht gefordert werden, dass zwangsläufig eine **Arbeitslosmeldung** iSd. § 122 SGB III bei der Agentur erfolgen muss (insbesondere, wenn eine Optionskommune in alleiniger Zuständigkeit handelt). Auch die Zeitgrenze des § 119 Abs. 3 SGB III kann nicht angewandt werden, weil Einstieggeld gerade auch gewährt werden soll, wenn der Antragsteller eine länger als 15 Stunden wöchentlich dauernde Beschäftigung ausübt (vgl. Spellbrink in Eicher/Spellbrink § 29 Rn. 14; zu § 53 a Valgolio in Hauck/Noftz K § 53 a, Stand 12/08; so aber LSG Nordrhein-Westfalen 30. 8. 2010 – L 19 AS 60/09). 4

III. Aufnahme einer Erwerbstätigkeit

1. Sozialversicherungspflichtige abhängige Beschäftigung. Die aufzunehmende Beschäftigung muss nach Abs. 1. S. 1 sozialversicherungspflichtig sein iSd. §§ 7, 8 SGB IV. Nach § 8 Abs. 1 SGB IV darf es sich mithin nicht um eine geringfügige, dh. mit weniger als **400 Euro** monatlich 5 vergütete Beschäftigung handeln. Eine Zeitgrenze (Zeitgeringfügigkeit von 15 Stunden in der Woche) enthält § 8 Abs. 1 SGB IV nicht mehr. Erzielt der Antragsteller mithin weniger als 400 Euro monatlich aus seiner Tätigkeit, so scheidet eine Förderung mit Einstiegsgeld mangels Sozialversicherungspflicht aus. Gefördert wird dieses geringe Nebeneinkommen aber ohnehin gem. § 11 b Abs. 2 iVm. Abs. 3 über die Freibeträge bei Erwerbstätigkeit. Eine Förderobergrenze hinsichtlich des aus der Beschäftigung erzielten Entgelts enthält § 16 b nicht mehr. Auch bei Aufnahme einer sehr gut bezahlten Arbeit kann mithin Einstiegsgeld geleistet werden, wenn dieses zur Eingliederung in den allgemeinen Arbeitsmarkt erforderlich ist.

6   **2. Selbständige Tätigkeit.** Eine selbständige Tätigkeit löst gem. §§ 7, 8 SGB IV grundsätzlich keine Sozialversicherungspflicht aus, denn die 400 Euro – Grenze gilt nur für abhängige Beschäftigungen. § 16 b Abs. 1 S. 1 verzichtet auf jegliche inhaltliche Qualifizierung der zu fördernden selbständigen Tätigkeit. Zu § 29 Abs. 1 war hierzu diskutiert worden, inwiefern das Tatbestandsmerkmal der **Hauptberuflichkeit** (ebenso wie für den Gründungszuschuss gem. § 57 SGB III) ergänzend als qualifizierendes Merkmal der selbständigen Tätigkeit als Tatbestandsvoraussetzung in § 29 hineingelesen werden könne (Spellbrink in Eicher/Spellbrink § 29, Rn. 16). Die Voraussetzung, dass es sich bei der zu fördernden Tätigkeit um eine hauptberufliche selbständige Tätigkeit handeln muss, enthält aber ausdrücklich § 16 c, der eigenständige Leistungen für die Eingliederung Selbständiger vorsieht. Es wird daher zu § 16 b nicht mehr vertreten werden können, dass auch für das Einstiegsgeld eine hauptberufliche selbständige Tätigkeit vorliegen muss. Allerdings ist dann aus Gleichheitsgründen wohl zu fordern, dass die selbständige Tätigkeit des § 16 b materiell die Geringfügigkeitsschwelle, die für abhängig Beschäftigte gilt, ebenfalls erreichen muss, dh. aus der selbständigen Tätigkeit sollten mindestens 400 Euro im Monat erzielt werden.

7   Aus dem Wortlaut des § 16 b Abs. 1 S. 1 „bei Aufnahme" folgt, dass eine bereits ausgeübte bzw. in Gang gesetzte Tätigkeit grundsätzlich nicht mit Einstiegsgeld gefördert werden kann. Dies hat das BSG bestätigt (23. 11. 2006 – B 11 b AS 3/05 R– Künstleratelier). Anders regelt dies § 16 c für die Förderung hauptberuflicher selbständiger Tätigkeiten. Dort genügt es in Abs. 1 S. 1, dass die Hilfebedürftigen die Tätigkeit „aufnehmen oder ausüben".

IV. Erforderlichkeit der Leistung

8   § 16 b Abs. 1 enthält in S. 1 zwei Präzisierungen der Voraussetzungen, unter denen Einstiegsgeld gewährt werden kann. Zum einen muss die Leistung zur **„Überwindung von Hilfebedürftigkeit"** erbracht werden. Völlig aussichtslose und unsinnige Projekte und Tätigkeiten können mithin nicht gefördert werden. Soweit hinsichtlich der Beurteilung der Geschäftsidee eines Selbständigen vertreten worden war, in Entsprechung zu § 57 SGB III die **Stellungnahme einer fachkundigen Stelle** über die Tragfähigkeit des Vorhabens einzuholen (Spellbrink in Eicher/Spellbrink, § 29 Rn. 18), kann dies für das Einstiegsgeld nicht gefordert werden (so aber LSG Nordrhein-Westfalen 11. 10. 2010 – L 19 AS 1626/10 B ER; dasselbe 30. 8. 2010 – L 19 AS 60/09), weil § 16 c die Einholung einer solchen Stellungnahme ausdrücklich voraussetzt (vgl. Spellbrink § 16 c Rn. 4), ohne dass § 16 b entsprechend geändert wurde.

9   Die Bewilligung von Einstiegsgeld ist ferner nur möglich, wenn dies zur **Eingliederung in den allgemeinen Arbeitsmarkt** erforderlich ist (Abs. 1 S. 1). Hier dürfte es nicht nur um eine Eingliederung in das Erwerbsleben iwS gehen, sondern gerade darum, auf dem unsubventionierten ersten Arbeitsmarkt eine feste Anstellung zu finden. Erforderlich ist eine Maßnahme dann, wenn es kein milderes Mittel gibt, keine andere Maßnahme denkbar ist, um das Ziel der Integration zu erreichen (vgl. Spellbrink in Eicher/Spellbrink § 29 Rn. 19). Diese enge und strenge Fassung des Begriffs der Erforderlichkeit ist auch deshalb geboten, weil das Einstiegsgeld nicht unerhebliche Gerechtigkeitsprobleme aufwirft; vgl. noch unten Rn. 14 f.).

C. Höhe und Dauer des Einstiegsgelds

I. Höhe des Einstiegsgelds

10   **1. Bei abhängiger Beschäftigung.** Abs. 3 sieht eine Verordnungsermächtigung für den BMAS zum Erlass einer Rechtsverordnung darüber, „wie das Einstiegsgeld zu bemessen" ist, vor. Abdruck s. unten (ESGV idF des Art. 8 Nr. 1 Buchst. a Doppelbuchst. aa RegelbedarfsÄndG v. 24. 3. 2011, BGBl I S. 453, mWv 1. 4. 2011).

11   **2. Bei selbständiger Tätigkeit.** Grundsätzlich gelten diese Fördersätze auch bei Aufnahme einer selbständigen Tätigkeit. Nach § 29 a. F. war es denkbar, dass als Einstiegsgeld auch Zuschüsse und Darlehen zum Aufbau der selbständigen Existenz erbracht werden. Dies dürfte angesichts der Sonderregelung in § 16 c Abs. 2 nicht mehr der Fall sein, der nunmehr Regelungen über Darlehen und Zuschüsse (Höchstbetrag von 5.000 Euro) für die Beschaffung von Sachgütern vorsieht (vgl. Spellbrink

§ 16 c Rn. 6 ff.). Insofern wird sich das Einstiegsgeld bei Selbständigen zukünftig auch auf einen monatlichen Zahlbetrag entsprechend den Hinweisen der BA (soeben Rn. 10) beschränken.

II. Dauer des Einstiegsgelds

Aus Abs. 2 S. 1 folgt, dass das Einstiegsgeld als Dauerleistung für höchsten 24 Monate erbracht wird. Da das Einstiegsgeld kein Zuschuss zum Alg II ist, ist eine Bewilligung jeweils parallel zur sechsmonatigen Alg II-Bewilligung gem. § 41 Abs. 1 S. 3 nicht mehr zwingend. Das Einstiegsgeld kann daher auch von vorneherein für einen längeren Zeitraum bewilligt werden. Dann kann ggf. aber ein degressiver Fördersatz festgelegt werden. **12**

§ 16 b enthält keine Regelung über eine **Rückforderung** des Einstiegsgeldes. Es ist davon auszugehen, dass es sich insoweit um einen verlorenen Zuschuss handelt. Scheitert die Existenzgründung oder wird die sozialversicherungspflichtige Beschäftigung wieder aufgegeben, so kommt nur eine Aufhebung mit Wirkung ex nunc in Betracht. Aus Abs. 2 S. 1 kann eine Zweckbindung des Einstiegsgeldes an das Bestehen einer Erwerbstätigkeit gefordert werden, die eine sofortige Zahlungseinstellung bei Zweckverfehlung ermöglicht. Beruht die Bewilligung von Anfang auf falschen Angaben oder einer Täuschung durch den Hilfebedürftigen, so ist eine Aufhebung der Bewilligung gem. § 45 Abs. 2 S. 3 SGB X iVm. § 330 SGB II und § 40 Abs. 2 SGB II denkbar. **13**

D. Gerechtigkeitsprobleme des Einstiegsgelds

Das SGB II ist dadurch geprägt, dass (anders auch als etwa in § 9 SGB XII) der Individualisierungsgrundsatz nicht ausdrücklich normiert wurde. Der Regelbedarf soll **abschließend und pauschal** sein, was durch § 3 Abs. 3 und § 24 Abs. 1 S. 3 nochmals unterstrichen wird. Angesichts dieser Rigidität des abschließenden Leistungssystems in der Grundsicherung für Arbeitsuchende erstaunt, mit welch lockerer Hand in § 16 b dann doch bis zu einer vollen Regelleistung ausgeworfen wird und das auch und gerade an Nicht- Hilfebedürftige. Dabei weist § 16 b von den Tatbestandsvoraussetzungen her eher eine geringe Regelungsdichte auf, so dass das Ermessen bei der Vergabe dieser Zusatzleistung einer strikten Kontrolle unterliegen sollte. **14**

Zudem wird der Empfänger des Einstiegsgelds gegenüber anderen Beschäftigten, die als sog. Aufstocker SGB II-Leistungen zusätzlich zu ihrer Berufstätigkeit erhalten bevorzugt. Diese sog. Aufstocker müssen sich nach Abzug der **Erwerbstätigenfreibeträge** gem. § 11 b Abs. 3 (siehe dort Spellbrink/G. Becker) einen erheblichen Teil ihres aufgenommenen Einkommens als leistungsminderndes Einkommen bei der Höhe der Leistungen nach dem SGB II anrechnen lassen. Wird die Beschäftigungsaufnahme mit Einstiegsgeld gem. § 16 b gefördert, so wirkt das Einstiegsgeld im Ergebnis wie ein weiterer Freibetrag nach § 11 b Abs. 3. Denn von jedem Erwerbseinkommen (auch des mit Einstiegsgeld geförderten) ist der Freibetrag gem. § 11 b Abs. 3 zu berechnen. Anschließend wird das Einstiegsgeld wieder aufgeschlagen, so dass auch hier durch klare Ermessensbindungen sichergestellt werden muss, welche Geringverdiener im Niedriglohnsektor durch § 16 b zusätzliche subventioniert werden sollen. **15**

Verordnung zur Bemessung von Einstiegsgeld
Einstiegsgeld-Verordnung
IdF des Art. 8 Nr. 1 Buchst. a Doppelbuchst. aa RegelbedarfsÄndG v. 24. 3. 2011, BGBl I S. 453
(mWv 1. 4. 2011 – s. Art. 14 Abs. 3 RBEG)

§ 1 Einzelfallbezogene Bemessung des Einstiegsgeldes

(1) Bei der einzelfallbezogenen Bemessung des Einstiegsgeldes ist ein monatlicher Grundbetrag zu bestimmen, dem Ergänzungsbeträge hinzugefügt werden sollen. Der monatliche Grundbetrag berücksichtigt den für erwerbsfähige Leistungsberechtigte jeweils maßgebenden Regelbedarf. Die Ergänzungsbeträge berücksichtigen die vorherige Dauer der Arbeitslosigkeit und die Größe der Bedarfsgemeinschaft, in der die oder der erwerbsfähige Leistungsberechtigte lebt.

(2) Der Grundbetrag des Einstiegsgeldes darf höchstens 50 vom Hundert des für erwerbsfähige Leistungsberechtigte maßgebenden Regelbedarfs nach § 20 des Zweiten Buches Sozialgesetzbuch betragen. Bei der Bemessung kann festgelegt werden, dass sich die Höhe des Grundbetrages innerhalb des Förderzeitraums in Abhängigkeit von der Förderdauer verändert.

(3) Bei erwerbsfähigen Leistungsberechtigten, die vor Aufnahme der mit Einstiegsgeld geförderten sozialversicherungspflichtigen oder selbständigen Erwerbstätigkeit bereits zwei Jahre oder länger arbeitslos waren, soll ein Ergänzungsbetrag gezahlt werden. Der Ergänzungsbetrag entspricht 20 vom Hundert des Regelbedarfs zur Sicherung des Lebensunterhalts nach § 20 Absatz 2 Satz 1 des Zweiten Buches Sozialgesetzbuch. Bei Personen, deren Eingliederung in Arbeit wegen in ihrer Person liegender Umstände erschwert ist, soll der Ergänzungsbetrag nach Satz 2 bereits nach einer vorherigen Dauer der Arbeitslosigkeit von mindestens sechs Monaten gezahlt werden. § 18 Absatz 2 des Dritten Buches Sozialgesetzbuch gilt für Satz 1 und Satz 3 entsprechend.

(4) Bei erwerbsfähigen Leistungsberechtigten, die mit weiteren Personen in einer Bedarfsgemeinschaft leben, soll je weiterer leistungsberechtigter Person ein Ergänzungsbetrag gezahlt werden. Der Ergänzungsbetrag entspricht 10 vom Hundert des Regelbedarfs zur Sicherung des Lebensunterhalts nach § 20 Absatz 2 Satz 1 des Zweiten Buches Sozialgesetzbuch.

(5) Das Einstiegsgeld für erwerbsfähige Leistungsberechtigte darf bei der einzelfallbezogenen Bemessung monatlich einen Gesamtbetrag nicht überschreiten, der dem Regelbedarf zur Sicherung des Lebensunterhalts nach § 20 Absatz 2 Satz 1 des Zweiten Buches Sozialgesetzbuch entspricht.

§ 2 Pauschale Bemessung des Einstiegsgeldes bei besonders zu fördernden Personengruppen

(1) Das Einstiegsgeld kann abweichend von § 1 pauschal bemessen werden, wenn dies zur Eingliederung von besonders zu fördernden Personengruppen in den allgemeinen Arbeitsmarkt erforderlich ist. Bei der Bemessung kann festgelegt werden, dass sich die Höhe des Einstiegsgeldes innerhalb des Förderzeitraums in Abhängigkeit von der Förderdauer verändert.

(2) Das Einstiegsgeld für erwerbsfähige Leistungsberechtigte darf in den Fällen des Absatzes 1 monatlich einen Betrag nicht überschreiten, der 75 vom Hundert des Regelbedarfs zur Sicherung des Lebensunterhalts nach § 20 Absatz 2 Satz 1 des Zweiten Buches Sozialgesetzbuch entspricht.

§ 16 c Leistungen zur Eingliederung von Selbständigen

(1) [1]Leistungen zur Eingliederung von erwerbsfähigen Leistungsberechtigten, die eine selbständige, hauptberufliche Tätigkeit aufnehmen oder ausüben, können nur gewährt werden, wenn zu erwarten ist, dass die selbständige Tätigkeit wirtschaftlich tragfähig ist und die Hilfebedürftigkeit durch die selbständige Tätigkeit innerhalb eines angemessenen Zeitraums dauerhaft überwunden oder verringert wird. [2]Zur Beurteilung der Tragfähigkeit der selbständigen Tätigkeit soll die Agentur für Arbeit die Stellungnahme einer fachkundigen Stelle verlangen.

(2) [1]Erwerbsfähige Leistungsberechtigte, die eine selbständige, hauptberufliche Tätigkeit aufnehmen oder ausüben, können Darlehen und Zuschüsse für die Beschaffung von Sachgütern erhalten, die für die Ausübung der selbständigen Tätigkeit notwendig und angemessen sind. [2]Zuschüsse dürfen einen Betrag von 5.000 Euro nicht übersteigen.

Sprachliche Anpassung durch Art. 2 Nr. 24 RegelbedarfsÄndG vom 24. 3. 2011 (BGBl I, 453).

A. Systematische Stellung und Regelungszweck der Norm

1 § 16 c wurde durch das Gesetz zur Neuausrichtung arbeitsmarktpolitischer Instrumente vom 21. 12. 2008 (BGBl. I, 2017) in das SGB II eingefügt. § 16 c benennt inhaltlich – mit Ausnahme von Abs. 2 – keine **Leistungen zur Eingliederung,** die Selbständigen offen stehen sollen. Abs. 1 normiert lediglich Voraussetzungen für Förderung der Selbstständigkeit. Abs. 2 befasst sich mit einem Sonderproblem bei der Selbstständigkeit, der häufig fehlenden oder unzureichenden sächlichen Ausstattung für eine Existenzgründung oder -ausübung (vgl. Winkler in Gagel, § 16 c SGB II, Rn. 2). Leistungen für Selbstständige sieht § 16 Abs. 1 S. 2 nur im Hinblick auf § 46 Abs. 1 S. 1 Nr. 4 vor. Ansonsten lassen sich aus dem Katalog des § 16 Abs. 1 S. 2 iVm mit den Vorschriften des SGB III keine Leistungen zur Sicherung der selbständigen Tätigkeit herleiten (BSG 1. 6. 2010 – B 4 AS 63/09 R). Eine Förderung Selbständiger ist allerdings auch mit dem Einstiegsgeld des § 16 b möglich. Hinzu kommt die freie Förderung nach § 16 f. Voelzke verweist zudem auf Förderleistungen zur Aufnahme einer selbstständigen Tätigkeit aus den Mitteln des Europäischen Sozialfonds sowie Unterstützungsmöglichkeiten aus einzelnen Länderprogrammen hin (Voelzke in Hauck/Noftz, § 16 c SGB II, Rn. 6, 7).

B. Voraussetzungen für die Erbringung von Leistungen für Selbständige (Abs. 1)

I. Erwerbsfähige Hilfebedürftige

2 Leistungen zur Eingliederung iSd. § 16 Abs. 1 iVm. den einzelnen (jeweils ans SGB II angepassten, vgl. hierzu S. Knickrehm § 16 Rn. 4) Anspruchsvoraussetzungen des SGB III bzw SGB II (s. Rn. 1) können gem. Abs. 1 S. 1 zunächst nur dann an Selbständige gewährt werden, wenn diese erwerbsfähige Hilfebedürftige iSd. §§ 7, 8, 9 SGB II sind. Decken die Einnahmen bereits den Bedarf des Selbständigen (und ggf. den Bedarf seiner Bedarfsgemeinschaft) gem. § 9 Abs. 1, so scheidet eine Förderung aus. Leistungen nach § 16 c sind Eingliederungsleistungen, die neben Leistungen zur Sicherung

des Lebensunterhalts gewährt werden können. Sie ersetzen nicht die Regelleistung. Abs. 1. S. 1 geht ausdrücklich davon aus, dass auch solche Selbständige gefördert werden können, die bereits die zu fördernde Tätigkeit ausüben, allerdings als Aufstocker weiterhin Anspruch auf Leistungen nach dem SGB II haben. Anders als beim Einstiegsgeld gem. § 16 b ist mithin nicht Voraussetzung, dass die selbständige Tätigkeit erst aufgenommen wird (vgl. Spellbrink § 16 b, Rn. 7). § 16 c eröffnet also Leistungen für Existenzgründer und für solche Selbständige, die ihre bereits aufgenommene Tätigkeit ausweiten/expandieren wollen, wobei zu berücksichtigen ist, dass die nach Abs. 1 S. 1 erforderliche Prognose der wirtschaftlichen Tragfähigkeit und Überwindung der Hilfebedürftigkeit im Hinblick auf eine bereits ausgeübte selbständige Erwerbstätigkeit, die aufstockende SGB II-Leistungen nach sich zieht, eher ungünstig sein dürfte. Es kommt insoweit auf die Umstände des Einzelfalls an.

II. Hauptberufliche selbständige Tätigkeit

Voraussetzungen des Abs. 1 betreffen nur **selbstständige Tätigkeit** – in Abgrenzung zu einer abhängigen Beschäftigung. Zur Abgrenzung ist auf § 7 SGB IV zurück zu greifen (Umkehrschluss aus dem Begriff der Beschäftigung; s. zur Abgrenzung: BSG 11. 3. 2009 – B 12 KR 21/07 R; 22. 6. 2005 – B 12 KR 28/03 R; Berchtold § 7 Rn. 23). Keine Differenzierung nach der Art der selbständigen Tätigkeit. Erforderlich nur, dass sie nicht gesetzeswidrig ist. **Hauptberuflichkeit** ist weitere Fördervoraussetzung (vgl. Voelzke in Hauck/Noftz SGB II, § 16 c, Rn. 15). Zum Begriff der Hauptberuflichkeit kan auf Gründungszuschuss nach § 57 SGB III verwiesen werden, der auch eine hauptberufliche selbständige Tätigkeit voraussetzt. Nach den Gesetzesmaterialien zum früheren Existenzgründungszuschuss verlangt Hauptberuflichkeit, dass der **zeitliche Schwerpunkt** auf der selbständigen Tätigkeit liegt (BT-Drs. 15/3674, S. 10 zu Nr. 18).Weiterhin darf eine eventuell zusätzlich ausgeübte abhängige Beschäftigung nur Nebensache sein (Link/Kranz, Der Gründungszuschuss, 2007, Rn. 67) oder umgekehrt, muss die selbständige Tätigkeit das Maß einer Nebentätigkeit überschreiten (Winkler in Gagel, § 16 c SGB II, Rn. 5). Die Höhe des aus der Tätigkeit erzielten Einkommens ist nur bedingt als Indiz der Hauptberuflichkeit tauglich (anders Link/Kranz, aaO), weil bei ausreichend hohem Verdienst ja bereits keine Hilfebedürftigkeit mehr gegeben wäre. Maßgeblich ist mithin vorrangig der Zeitfaktor. Die selbständige Tätigkeit kann **ausgeübt** oder **aufgenommen** werden. Aufnahme liegt vor, wenn unternehmerische Tätigkeit nach außen hin – zB für potenzielle Kunden – sichtbar wird (vgl. Winkler in Gagel, § 16 c SGB II, Rn. 6). Allerdings ist die Abgrenzung als Fördervoraussetzung nicht von Bedeutung (s. o. Rn. 2 zur Frage der Überwindung der Hilfebedürftigkeit, wenn selbständige Tätigkeit gefördert werden soll, die bereits ausgeübt wird; vgl. auch Voelzke in Hauck/Noftz SGB II, § 16 c, Rn. 13).

III. Wirtschaftliche Tragfähigkeit der selbständigen Tätigkeit

Abs. 1 verlangt Prognose in zweierlei Hinsicht: Wirtschaftliche Tragfähigkeit und Überwindung der Hilfebedürftigkeit. Die Prognose zur wirtschaftlichen Tragfähigkeit des Unternehmens und zur darauf gründenden Existenzsicherung muss hinreichend sicher sein. **Wirtschaftliche Tragfähigkeit** ist gegeben, wenn der erzielte Gewinn wenigsten die Betriebsausgaben deckt (vgl. Thie in LPK-SGB II, § 16 c Rn. 2; Sächsisches LSG 13. 10. 2009 – B 3 AS 318/09 B ER). Im Hinblick auf das Tatbestandsmerkmal der Verringerung der Hilfebedürftigkeit (s. LSG Berlin-Brandenburg 30. 6. 2010 – L 14 AS 933/10 B ER, L 14 AS 936/10 B PKH) ist prognostisch auch erforderlich, dass in absehbarer Zeit so viel Gewinn vorhanden ist, dass dieser zumindest auch zur Bestreitung des Lebensunterhalts eingesetzt werden kann (so auch Voelzke in Hauck/Noftz SGB II, § 16 c Rn. 15 a; aA Thie in LPK-SGB II § 16 c Rn. 2). Nicht erforderlich ist angesichts dessen Prognose der Überwindung der Hilfebedürftigkeit der gesamten Bg (aA wohl SG Marburg 29. 6. 2009 – S 8 AS 149/09 ER; s. auch Rn. 5). Nach BSG setzt **Prognose** eine Plausibilitätsprüfung voraus und deshalb ein schlüssiges Konzept, wie aus der in Aussicht genommen Tätigkeit der Lebensunterhalt bestritten werden soll (vgl. BSG 23. 11. 2006 – B 11 b AS 3/05 R). Faktoren sind subjektive und objektive Rahmenbedingungen. Die Arbeitshilfe der BA zu § 16 b v. 22. 3. 2010 benennt: Konkurrenzfähigkeit der Geschäftsidee, fachliche und branchenspezifische Kenntnisse und Fertigkeiten des Leistungsberechtigten, Zulassungsvoraussetzungen, kaufmännisches und unternehmerisches Know-how, Kapitalbedarf, voraussichtlichen Ertrags- und Gewinnerwartungen. Zutreffend weist Voelzke auf die vormalige Arbeitshilfe zu § 16 c hin, die auch noch Elemente wie Ziele und Motivation der beruflichen Selbständigkeit, Bereitschaft zu überdurchschnittlichen Arbeitszeiten, Umgang mit seelischen und körperlichen Belastungen, Unterstützung durch die Familie und Teilnahme an Existenzgründerseminar enthielt (vgl. Voelzke in Hauck/Noftz SGB II, § 16 c Rn. 16). Kein Beurteilungsspielraum wegen erforderlicher Marktkenntnisse, denn im Regelfall ist von Grundsicherungsträger Stellungnahme einer fachkundigen Stelle zu verlangen, mit der der Ermessensausübung Grundlage verschafft werden soll (Einen Beurteilungsspielraum bejahend Voelzke in Hauck/Noftz SGB II, § 16 c Rn. 18) – es verbleibt bei Überprüfung der Ermessensentscheidung des Trägers durch das Gericht (zum einstweiligen Rechtsschutz s. LSG Nordrhein-Westfalen 11. 10. 2010 – L 19 AS 1626/10 B ER).

4a Abs. 1 S. 2 sieht vor, dass die Agentur für Arbeit die **Stellungnahme** einer fachkundigen Stelle zur Tragfähigkeit der der aufzunehmenden oder ausgeübten selbständigen Tätigkeit verlangen soll. „Soll" – Einholung im Regelfall – Abweichung in atypischen Fällen möglich (s. auch Rn. 4). Atypische Fälle, wenn Scheitern der Geschäftsidee auf der Hand liegt oder wegen geringer Höhe der Leistung nach Abs. 2 oder wenn er selbst über die hinreichenden Fachkenntnisse verfügt (vgl. Voelzke in Hauck/Noftz SGB II, § 16c Rn. 20). Kosten für Stellungnahme in der Regel vom Grundsicherungsträger zu übernehmen, denn Abs. 1 S. 2 Teil der Amtsermittlung als Grundlage für Ermessensausübung – nur ausnahmsweise können Leistungsberechtigten Kosten auferlegt werden (Winkler in Gagel, § 16c SGB II, Rn. 8; wohl auch Voelzke in Hauck/Noftz SGB II, § 16c Rn. 23). § 16c Abs. 1 S. 2 nennt keine solchen **fachkundigen Stellen**. Auch notwendiger **Inhalt** der Stellungnahme nicht im Gesetz benannt. Der Grundsicherungsträger ist auch nicht an Ergebnis der Stellungnahme gebunden. Diese ist nur Grundlage für Ermessensausübung. Amtsermittlungspflicht besteht darüber hinaus, so dass Weigerung des Leistungsberechtigten nicht in jedem Fall zur Versagung der Leistungen führt. Fachkundige Stellen s. § 57 Abs. 2 S. 2 SGB III – Beurteilung der Tragfähigkeit wie im Rahmen des SGB III-Gründungszuschusses etwa durch Industrie- und Handelskammern, Handwerkskammern, Fachverbände oder Kreditinstitute (vgl. Link/Kranz, aaO, Rn. 99ff.). Soweit in den Gesetzesmaterialien darauf hingewiesen wird, dass auf die Einschaltung einer externen Stelle verzichtet werden könne, sofern die SGB II-Leistungsträger eigene Kompetenzen zur Bewertung von Unternehmen aufgebaut hätten (BT-Drs. 16/10.810 zu § 16c), spiegelt sich dies im Gesetzestext selbst nicht wieder. Allerdings ist § 16c Abs. 1 S. 2 insofern weicher gefasst als § 57 SGB III, weil nicht so deutlich ausgesprochen wird, dass der jeweilige Antragsteller die Tragfähigkeit des Unternehmens etc. nachzuweisen bzw. darzulegen habe. Insofern kann es im Interesse der Kostenreduktion nur begrüßenswert sein, wenn die Grundsicherungsträger entsprechende Kapazitäten zur Beurteilung von Vorhaben im Rahmen ihrer Amtsermittlungsplicht gem. § 20 SGB X bereitstellen.

IV. Überwindung oder Verringerung der Hilfebedürftigkeit

5 Die Träger haben sodann eine Prognose zu erstellen, ob die Hilfebedürftigkeit durch die selbständige Tätigkeit innerhalb eines **angemessenen Zeitraums** dauerhaft überwunden oder verringert werden kann. Nach den Gesetzesmaterialien ist hinsichtlich des angemessenen Zeitraums zu differenzieren, ob bereits seit längerem Selbständigkeit oder ob eine Existenzgründung vorliegt. Bei bereits seit längerer Zeit selbständig Tätigen wird in der Regel ein Zeitraum von 12 Monaten angemessen sein. Da Existenzgründungen aus der Arbeitslosigkeit heraus unter schwierigen Bedingungen erfolgen, sollte bei Existenzgründern ein Zeitraum bis 24 Monate zugrundegelegt werden (BT-Drs. 16/10.810 zu § 16c). Welche Anforderungen an eine **Dauerhaftigkeit** der Überwindung von Hilfebedürftigkeit zu stellen sind, lässt das Gesetz offen. Da nach dem Gesetz bereits jede Verringerung der Hilfebedürftigkeit als Erfolg zählt (und nicht nur deren Beseitigung) wird man an die Prognose der Dauerhaftigkeit keine allzu großen Anforderungen stellen dürfen (s. auch Rn. 4).

C. Beschaffung von Sachgütern (Abs. 2)

6 Bereits zum früheren Einstiegsgeld gem. § 29 war diskutiert worden, ob diese Leistung auch die Bereitstellung oder Finanzierung von Sachmitteln für Existenzgründer umfassen kann (wie etwa früher § 30 BSHG). Abs. 2 schafft hierfür nunmehr eine Sonderregelung, so dass eine Finanzierung von sächlicher Ausstattung für Existenzgründer über das Einstiegsgeld gem. § 16b nicht mehr möglich ist (vgl. Spellbrink § 16b Rn. 11). Der Gesetzgeber ging davon aus, dass insbesondere Selbstständige, die ihre Tätigkeit bereits ausüben und hilfebedürftig sind oder werden, häufig lediglich als Bezieher von Leistungen zum Lebensunterhalt wahrgenommen werden. Somit blieben ihnen Fördermöglichkeiten häufig verschlossen. Durch die Einführung von begleitenden Hilfen nach Abs. 2 werde diese Personengruppe künftig gezielter in die Förderung einbezogen (BT-Drs. 16/10.810 zu § 16c). Dasselbe gelte für Existenzgründer mit guten und tragfähigen Geschäftsideen.

7 Gefördert werden kann nach Abs. 2 die Beschaffung von Sachgütern, die für die Ausübung der selbständigen Tätigkeit **notwendig und angemessen** sind. Beide Voraussetzungen sind restriktiv auszulegen. Notwendig sind nur solche Betriebsmittel, ohne die der Betrieb nicht (fort-)geführt bzw. die neue Geschäftsidee nicht umgesetzt werden kann. Für die Angemessenheit sind die Lebensumstände eines SGB II-Leistungsempfängers während des Leistungsbezugs maßgebend (Argument aus § 12 Abs. 3 S. 2, vgl. hierzu Spellbrink § 12 Rn. 18f.). Keinesfalls können über § 16c Abs. 2 Luxusgegenstände wie spezifische Büroeinrichtungen etc. finanziert werden. Die Leistung muss auf das funktional Notwendige begrenzt bleiben, weil andernfalls das System des SGB II gesprengt wird, das insgesamt durch ein pauschaliertes und restriktives Leistungssystem geprägt ist.

Hieraus folgt zugleich, dass im Regelfall die Leistung als Darlehen zu gewähren ist (ebenso der Gesetzgeber, BT-Drs. 16/10.810 zu § 16c). Denn ist das Unternehmen tragfähig, dann wird das Darlehen auch zurückgefordert werden dürfen. Abs. 2 S. 2 begrenzt die Höhe des (verlorenen) Zuschusses auf 5.000 Euro. Auch hierbei sollte jeweils berücksichtigt werden, dass dieser Betrag etwa 15 Monatsregelleistungen für allein stehende Erwachsene entspricht. Ein Höchstbetrag für die Darlehenssumme ist nicht vorgesehen, jedoch muss auch hier berücksichtigt werden, dass § 16c in einem Fürsorgesystem platziert ist. Die Tilgungsmodalitäten des Darlehens richten sich nunmehr nach § 42a idF des RegelbedarfsÄndG (BGBl I, 453). Zur vorherigen Rechtslage s. Voelzke in Hauck/Noftz SGB II, § 16c Rn. 32 und Winkler in Gagel, § 16c SGB II, Rn. 15.

§ 16d Arbeitsgelegenheiten

¹**Für erwerbsfähige Leistungsberechtigte, die keine Arbeit finden können, sollen Arbeitsgelegenheiten geschaffen werden.** ²**Werden Gelegenheiten für im öffentlichen Interesse liegende, zusätzliche Arbeiten gefördert, ist den erwerbsfähigen Leistungsberechtigten zuzüglich zum Arbeitslosengeld II eine angemessene Entschädigung für Mehraufwendungen zu zahlen; diese Arbeiten begründen kein Arbeitsverhältnis im Sinne des Arbeitsrechts; die Vorschriften über den Arbeitsschutz und das Bundesurlaubsgesetz mit Ausnahme der Regelungen über das Urlaubsentgelt sind entsprechend anzuwenden; für Schäden bei der Ausübung ihrer Tätigkeit haften erwerbsfähige Leistungsberechtigte nur wie Arbeitnehmerinnen und Arbeitnehmer.**

A. Normgeschichte

§ 16d ist durch das Gesetz zur Neuausrichtung der arbeitsmarktpolitischen Instrumente vom 21. 12. 2008 (BGBl. I, 2917) aus § 16 (§ 16 Abs. 3 aF.) herausgelöst und verselbstständigt worden. Der in der zuvor geltenden Fassung enthaltene Hinweis auf den Ausschluss von Förderung durch Arbeitsgelegenheiten im Falle der Möglichkeit der Förderung durch ABM ist gestrichen worden, da ABM nicht mehr zum Förderungskatalog der Eingliederungsleistungen nach dem SGB II gehören (vgl. ausführlich S. Knickrehm § 16 Rn. 7). Durch das Gesetz zur Neuausrichtung der arbeitsmarktpolitischen Instrumente ist es im Hinblick auf die Arbeitsgelegenheiten zu folgender Neugliederung gekommen: 1

bisher § 16 Abs. 3   ⇒ § 16d – Arbeitsgelegenheiten, ohne ABM

Ziel ist auch hier die klare Trennung zwischen den dem Leistungsberechtigten der Grundsicherung für Arbeitsuchende zu erbringenden Leistungen nach dem SGB III und den speziellen Förderleistungen des SGB II.
Sprachliche Anpassung durch Art. 2 Nr. 24 RegelbedarfsÄndG vom 24. 3. 2011 (BGBl I, 453).

B. Kommentierung im Einzelnen

I. Arbeitsgelegenheiten

§ 16d benennt zwei verschiedene Formen der Arbeitsgelegenheiten: Einerseits nach Satz 1 Arbeitsgelegenheiten in einem **regulären Arbeitsverhältnis** gegen Arbeitsentgelt (Entgeltvariante) und andererseits **zusätzliche** und **im öffentliche Interesse** liegende Arbeitsgelegenheiten mit Mehrwandsentschädigung – Ein-€-Job – in einem Sozialrechtsverhältnis (Satz 2), die gleichrangig nebeneinander stehen. Vorrang allerdings Eingliederung in den allgemeinen Arbeitsmarkt und damit die diesem Ziel dienenden Leistungen des § 16 (s. Tatbestandsmerkmal: „… die keine Arbeit finden können." und § 3 Abs. 1 S. 3). Die personellen Anspruchsvoraussetzungen beider Formen sind identisch. Arbeitsgelegenheit nach S. 1 braucht allerdings keine zusätzliche und im öffentlichen Interesse liegende zu sein. **Ermessensleistung** des Grundsicherungsträgers – Auswahl unter den Gesichtspunkten: Zumutbarkeit, Erforderlichkeit, Eignung und Eingliederungsaussichten des erwerbsfähigen Hilfebedürftigen (vgl. hierzu BSG 16. 12. 2008 – B 4 AS 60/07 R; s. auch Voelzke in Hauck/Noftz SGB II, § 16d Rn. 13). Keine unzulässige Zwangsarbeit (Art. 12 II, III GG und Übereinkommen der ILO vom 1. 6. 1956 – BGBl. II, 640 u. Nr. 105 BGBl. II 1959, 443 sowie Art. 4 II Europäische Menschenrechtskonvention; s. auch Arbeitsgelegenheit und Mehraufwandsentschädigung als Sozialleistung BSG 13. 11. 2008 – B 14 AS 66/07 R), trotz Sanktionierung bei Verweigerung (§ 31 Abs. 1 Nr. 2). Frage ob Arbeitsgelegenheit gegen Mehraufwandsentschädigung Ausdruck von work fare umstritten (vgl. nur S. Knickrehm in Knickrehm/Rust, Arbeitsmarktpolitik in der Krise, FS für Bieback, 2010, S. 27 ff; Voelzke in Hohmann-Dennhardt/Masuch/Villinger, Grundrechte und Solidarität, FS für Jäger, 2011, S. 347 ff). 2

II. Begünstigte

Erwerbsfähige Leistungsberechtigte, die **keine Arbeit finden können** (nach Eicher im Sinne von: Nichtfinden von Arbeit ohne fremde Hilfe, in Eicher/Spellbrink § 16 Rn. 207). Ausgeschossen 3

von Leistungen nach § 16 d sind mithin erwerbsunfähige Angehörige der Bg (Sozialgeldempfänger). Anders Jugendliche nach § 3 Abs. 2 S. 2, wobei hier in erster Linie auf die Qualifizierung – Verbesserung von beruflichen Kenntnissen und Fähigkeiten – abzustellen ist. Tatbestandsmerkmal: „keine Arbeit finden können" beinhaltet keine „Wartezeit" bis Leistungen nach § 16 d gewährt werden dürfen. Träger muss nur feststellen, dass Integration in den ersten Arbeitsmarkt (zur Zeit) oder Durchlaufen einer anderen Eingliederungsleistung, mit der die Integration in den ersten Arbeitsmarkt bewirkt werden kann, nicht möglich – **Eingliederungsprognose** (vgl. Bieback, NZS 2005, 337; Kohte in Gagel § 16 d SGB II, Rn. 24). Insofern reicht reines Abstellen auf Dauer der vorhergehenden Arbeitslosigkeit nicht aus. Leistung muss zur Eingliederung geeignet und auch erforderlich sein. Letzteres bereits dann nicht gegeben, wenn der Hilfebedürftige **in den allgemeinen Arbeitsmarkt** eingegliedert werden kann (Voelzke in Hauck/Noftz SGB II, § 16 d Rn. 17). Arbeitsgelegenheit muss zudem zumutbar iS des § 10 sein. Hilfebedürftiger hat Anspruch auf sachgerechte Ermessensbetätigung des Grundsicherungsträgers im Hinblick auf die Gewährung einer Arbeitsgelegenheit – aber keinen Anspruch auf Schaffung einer Arbeitsgelegenheit (vgl. Eicher in Eicher/Spellbrink § 16 Rn. 205 a; Voelzke in Hauck/Noftz SGB II, § 16 d Rn. 25).

III. Arbeitsgelegenheiten in der Entgeltvariante (Satz 1)

4   Umstritten, ob § 16 d Satz 1 eigenständige Bedeutung zukommt. Eicher vertrat zu dem insoweit gleichlautenden § 16 Abs. 3 S. 1 aF. die Auffassung, dieser beziehe sich lediglich auf die Entgeltvariante eines Arbeitsverhältnisses beim Leistungsträger (vgl. Eicher in Eicher/Spellbrink § 16 Rn. 209). aA Voelzke, der dieser Auffassung § 19 Abs. 1 S. 1 BSHG und die zu dieser Vorschrift entwickelte Praxis entgegenhält. Er kommt allerdings zu dem Ergebnis, dass § 16 d S. 1 wegen der Kostenintensität rechtstatsächlich nur eine untergeordnete Bedeutung zukomme (Voelzke in Hauck/Noftz SGGB II, § 16 d Rn. 27). Mit Blick auf § 19 BSHG gelangt er zu dem Ergebnis: Die Dauer einer Arbeitsgelegenheit nach § 16 d S. 1 sei zu begrenzen (Befristung des Arbeitsverhältnisses auf max. 12 Monate – danach Auslaufen) und gleichzeitig seien auch die Kosten für die Schaffung und Erhaltung von Arbeitsgelegenheiten vom Grundsicherungsträger zu finanzieren (Voelzke in Hauck/Noftz SGB II, § 16 d Rn. 28 f). Es entsteht jedoch sowohl nach Eichers, als auch Voelzkes Auffassung ein vollwertiges Arbeitsverhältnis mit Entgeltanspruch. Wenn gleichwohl weiterhin Hilfebedürftigkeit besteht, ist Entgelt als Einkommen iSd. § 11 Abs. 1 S. 1 iVm § 9 unter Herausrechnung des Erwerbstätigenfreibetrags nach § 11 b Abs. 3 (bis zum 1. 4. 2011 § 30) leistungsmindernd zu berücksichtigen. Förderumfang ist abhängig von den konkreten Umständen des Einzelfalls (Lohnkosten bis Sachkosten). Arbeitsgelegenheit nach § 16 d S. 1 unterliegt der Sozialversicherungspflicht, soweit Arbeitsentgelt die Geringfügigkeitsgrenze (§ 8 SGB IV) überschreitet. Dadurch kann uU erneuter Anspruch auf Alg nach dem SGB III erworben werden.

IV. Arbeitsgelegenheit mit Mehraufwandsentschädigung – „Ein-€-Job" (Satz 2)

5   Arbeitsgelegenheiten nach § 16 d S. 2 sind daran geknüpft, dass es sich um im **öffentlichen Interesse liegende** und **zusätzliche Arbeiten** handeln muss. Konkretisierung dieser beiden unbestimmten Rechtsbegriffe im Wesentlichen über **§ 261 Abs. 2 und 3 SGB III** (unter Bezugnahme auf die zu § 19 BSHG entwickelten Grundsätze nur, soweit sich die dortige Auslegung im Rahmen des § 261 Abs. 2, 3 SGB III hält). Besondere Bedeutung erhalten diese beiden Tatbestandsmerkmale vor dem Hintergrund der Gefahr einer Verdrängung regulärer Arbeits- durch subventionierte Beschäftigungsverhältnisse. Ziel ist Integration des Hilfebedürftigen in den regulären Arbeitsmarkt durch Stärkung seiner Arbeitsfähigkeit (s. Eicher in Eicher/Spellbrink § 16 Rn. 213 a mwN). Zur Frage des „Ein-€-Jobs" als **Gegenleistung für Alg II** vgl. S. Knickrehm in Knickrehm/Rust, Arbeitsmarktpolitik in der Krise, FS für Bieback, 2010, S. 27 ff; Spellbrink (zum wokfare-Ansatz) in SGb 2008, 445 (s. auch Harks in Juris-PK-SGB II, § 16 Rn. 91; verneinend BSG 16. 12. 2008 – B 4 AS 60/07 R, das die Arbeitsgelegenheit klar den Förderleistungen zuordnet). Frage, ob weitere **Rechtmäßigkeitsvoraussetzung** für Leistung nach § 16 d, dass **zeitlicher Umfang der angebotenen Arbeit** hinter der eines normalen Arbeitsverhältnisses zurückbleiben muss, ist durch BSG vom 16. 12. 2008 geklärt (B 4 AS 60/07 R). Maßgebliches Kriterium für die Dauer der zulässigen Arbeitszeit ist danach das individuelle Erfordernis des Einzelfalls, gemessen an dem Förderungsbedarf des jeweiligen Leistungsberechtigten. Es komme daher nicht darauf an, ob und in welchem Umfang während des Zeitraums der Ausübung der Tätigkeit die Relation von Leistung und Gegenleistung gewahrt werde. Gegen eine zeitliche Inanspruchnahme im Umfang von beispielsweise 30 Stunden wöchentlich könne nicht ins Feld geführt werden, dass durch eine zeitliche Begrenzung die Gefahr einer Verdrängung regulärer Arbeitsverhältnisse verhindert werde. Die Verdrängungsgefahr resultiere nicht aus dem Umfang, sondern allein aus der Art der Tätigkeit. Auch **inhaltlich** muss danach Tätigkeit geeignet und erforderlich sein – zur Eingliederung in den Arbeitsmarkt dienen. Insoweit ist auf die persönlichen Bedingungen der einzugliedernden Personen abzustellen (Eignung und Befähigung, aber zB auch Dauer der „Arbeitsentwöhnung"). Arbeitsgelegenheit muss daher mehr als nur Beschäftigung sein und Elemente der konkreten Förderung im Einzelfall beinhalten (vgl. Kohte in Gagel, § 16 d SGB II, Rn. 8, 23 f; Voelzke in Hauck/Noftz

SGB II, § 16d Rn. 52). Auch zur zulässigen **Höhe der gezahlten Entschädigung** hat sich das BSG zwischenzeitlich geäußert (BSG 13. 11. 2008 – B 14 AS 66/07 R): Aus § 16 Abs. 3 S. 2 folge lediglich ein Anspruch des Teilnehmers an einer Maßnahme auf eine angemessene Entschädigung für Mehraufwendungen. Bei der Durchführung eines sog Ein-Euro-Jobs handele es sich um einen Anspruch gegen den Grundsicherungsträger und damit um eine (Sozial-)Leistung nach dem SGB II, die zusätzlich zum Alg II gezahlt werde. Mithin stehe den Teilnehmern an einer Maßnahme gemäß § 16 Abs. 3 Satz 2 SGB II lediglich ein Anspruch auf Entschädigung für alle Aufwendungen zu, die gerade deshalb anfallen, weil eine Arbeitsgelegenheit wahrgenommen wird. Allerdings darf die Aufwandsentschädigung nicht so hoch bemessen sein, dass sie zusammen mit dem Alg II einen Stundenlohn wie in einem regulären Arbeitsverhältnis ergibt – Stichwort: Lohnabstandsgebot (vgl. Eicher in Eicher/Spellbrink § 16 Rn. 228; Voelzke in Hauck/Noftz SGB II, § 16d Rn. 38). Ferner soll **Dauer der Tätigkeit** zur Vermeidung des Verdrängungsprozesses beschränkt bleiben – durchschnittlich 6 Monate (Eicher in Eicher/Spellbrink § 16 Rn. 229; Thie in LPK-SGB II, § 16d Rn. 19). Unter Beachtung der Linie des 4. Senats dürfte auch hier die Grenze nach dem Integrationserfolg zu bestimmen sein. Die Leistungen nach Satz 2 werden von **drei verschiedenen Rechtsverhältnissen** geprägt: Grundsicherungsträger und erwerbsfähiger Hilfebedürftiger – für die Heranziehung wird eine Mehraufwandsentschädigung gewährt; Grundsicherungsträger und leistungserbringender Dritter – Leistungsangebot und Finanzierung dessen; Maßnahmeträger und hilfebedürftigem Leistungsempfänger (s. hierzu Rn. 8).

1. Im öffentlichen Interesse liegende zusätzliche Arbeiten. Nach § 261 Abs. 3 SGB III liegen **Arbeiten im öffentlichen Interesse,** wenn das Arbeitsergebnis der Allgemeinheit dient. Das Vorliegen des öffentlichen Interesses wird nicht allein dadurch ausgeschlossen, dass das Arbeitsergebnis auch den in der Maßnahme beschäftigten Arbeitnehmern zu Gute kommt, wenn sichergestellt ist, dass die Arbeiten nicht zu einer Bereicherung einzelner führen. Das schließt die Durchführung der zu erledigenden Arbeiten durch einen privatrechtlich organisierten Träger nicht aus. Auch er kann zusätzliche Aufgaben im öffentlichen Interesse erledigen, also gemeinwohlfördernde Ergebnisse erzielen – allerdings keine Identität mit Gemeinnützigkeit und umgekehrt kann allein aus Gemeinnützigkeit des Maßnahmeträgers nicht auf öffentliches Interesse geschlossen werden (Kohte in Gagel, § 16d SGB II, Rn. 20; s. auch Bieback in Gagel, § 261 SGB III, Rn. 44, Beispiele s. dort unter Rn. 51; Voelzke in Hauck/Noftz SGB II, § 16d Rn. 42). Nicht im öffentlichen Interesse liegen Arbeiten, die überwiegend erwerbswirtschaftlichen Interessen oder Interessen eines begrenzten Personenkreises dienen. Nicht ausreichend, wenn Arbeit für den erwerbsfähigen Leistungsberechtigten sinnvoll ist (vgl. Thie in LPK-SGB II, § 16d, Rn. 13; Voelzke in Hauck/Noftz SGB II, § 16d Rn. 40). Die Maßnahme selbst begründet ebenso wenig wie arbeitsmarktpolitische Zweckmäßigkeit selbst ein öffentliches Interesse. Beurteilung nach dem Gegenstand der ausgeübten Tätigkeit im Einzelfall und unabhängig vom Träger der Maßnahme. **Zusätzlich** sind die Arbeiten nach § 261 Abs. 2 SGB III, wenn sie ohne die Förderung nicht, nicht in diesem Umfang oder erst zu einem späteren Zeitpunkt durchgeführt werden. Hier ist auch zu bedenken, dass der Leistungsberechtigte eine seiner Eingliederung dienende sowie sinnvolle und gesellschaftlich anerkannte Tätigkeit erhalten soll; sie muss Bezug zum Arbeitsmarkt aufweisen, ohne dass die geförderte Tätigkeit ansonsten in einem regulären Beschäftigungsverhältnis erledigte Aufgaben ersetzt. Nach der Rechtsprechung des BSG zur Förderung von Arbeitsbeschaffungsmaßnahmen spricht dafür die Zusätzlichkeit, dass zu ihrer Durchführung ansonsten nicht ausreichend Mittel vorhanden sind oder ihre privatwirtschaftliche Erledigung nicht rentabel ist (BSG 12. 7. 1989 – 7 RAr 36/88, SozR 4100 § 91 Nr. 4; 30. 9. 1992 – 11 RAr 3/92). Regelmäßig wiederkehrende Wartungs- oder Instandhaltungsarbeiten sind in der Regel nicht zusätzlich; gilt auch für Vertretung eines ausgefallenen regulär beschäftigten Arbeitnehmers. Allerdings gilt nach § 263 Abs. 2 S. 2 SGB III, wonach Arbeiten, die auf Grund einer rechtlichen Verpflichtung durchzuführen sind oder die üblicherweise von juristischen Personen des öffentlichen Rechts durchgeführt werden, dass sie auch dann förderungsfähig sind, wenn sie ohne die Förderung voraussichtlich erst nach zwei Jahren durchgeführt werden (so wohl auch Voelzke in Hauck/Noftz SGB II, § 16d Rn. 49). Auch insoweit jedoch Einzelfallbetrachtung. Fraglich, ob bei Verletzung der zuvor dargestellten Tatbestandsvoraussetzungen, wettbewerbsrechtliche Ansprüche von privaten Anbietern, etwa auf Unterlassung der Erledigung durch „Ein-€-Jobber" gegeben sind.

2. Angemessene Aufwandsentschädigung. Kein Entgelt sondern **Sozialleistung,** die vom Grundsicherungsträger gewährt wird (BSG 13. 11. 2008 – B 14 AS 66/07 R). Anspruch richtet sich also gegen SGB II-Leistungsträger. Wenn Bewilligung durch VA, Widerspruch und kombinierte Anfechtungs- und Leistungsklage nach § 54 Abs. 4 SGG (s. Rn. 17). Zusätzlich zum Alg II zu gewähren – wird nicht bei der Berechnung des Alg II als Einkommen iSv. § 11 Abs. 1 berücksichtigt. Nach h. M. in der Literatur umfasst **Aufwandsentschädigung** Fahrtkosten (s. auch BSG 13. 11. 2008 – B 14 AS 66/07 R), Arbeitsbekleidung, Wäsche und zusätzliche Ernährung, die durch die Arbeitsgelegenheit als Mehrbedarf gegenüber dem von der Regelleistung abgedeckten Bedarf entstehen (vgl. Eicher in Eicher/Spellbrink § 16 Rn. 230; Thie in LPK-SGB II, § 16d Rn. 29; Voelzke in Hauck/Noftz SGB II, § 16d Rn. 79). Bei der Bestimmung der **Angemessenheit** (gerichtlich voll überprüfbarer unbestimmter Rechtsbegriff) der Entschädigung spielt Höhe der üblichen Entlohnung keine Rolle.

Aufwandsentschädigung soll keinen angemessenen Stundenlohn zusammen mit Alg II ergeben (s. auch Rn. 5). Unterliegt auch nicht der Pfändbarkeit (§§ 54 Abs. 4 iVm. 850a Nr. 3 ZPO; so auch Voelzke in Hauck/Noftz SGB II, § 16d Rn. 80; aA Thie in LPK-SGB II, § 16d Rn. 32). Aufwandentschädigung ist von der Höhe her an dem tatsächlichen Aufwand zu orientieren, muss folglich so bemessen sein, dass die durch die Arbeitsgelegenheit entstehenden zusätzlichen Aufwendungen nicht durch das Alg II bestritten werden müssen. Voelzke hält pauschalierte Höhe gleichwohl für angemessen, wenn sich Größenordnung nach tatsächlichem Bedarf bemisst (Voelzke in Hauck/Noftz SGB II, § 16d Rn. 81). Konkreter Aufwendungsersatz, wenn Nachweis, dass tatsächliche arbeitsbedingte Aufwendungen höher als Pauschale (s. auch BSG 13. 11. 2008 – B 14 AS 66/07 R). Anspruch auf angemessene Entschädigung nur für tatsächliche Tätigkeit, nicht für ausgefallene, wie zB während des Urlaubs (**BUrlG** ist anwendbar – Urlaubsanspruch besteht). Aufstockung der Aufwandsentschädigung durch Maßnahmeträger möglich. Aufstockungsbetrag ist allerdings keine Mehraufwandsentschädigung, sondern Entgelt und als solches zu berücksichtigen. In solchen Fällen ist besonderes Augenmerk auf „Zusätzlichkeit" zu legen. Keine Sozialversicherungspflicht während Verrichtung einer Arbeitsgelegenheit mit Mehraufwandsentschädigung. Weitere Eingliederungsleistungen neben Mehraufwandsentschädigung möglich, wie zB kommunale Eingliederungsleistungen nach § 16a – Kinderbetreuungskosten während der Maßnahme oder Kosten der häuslichen Pflege von Angehörigen.

8   **3. Rechtsbeziehungen. a) Grundsicherungsträger und erwerbsfähiger Hilfebedürftiger. Heranziehung zu Arbeitsgelegenheit** iSv. § 16d S. 2 nach hM durch **VA oder EinV** (vgl. Voelzke in Hauck/Noftz SGB II, § 16d Rn. 53ff.; so auch Harks in Juris-PK-SGB II, § 16 Rn. 96; die unterschiedlichen Rechtsauffassung abwägend: Kohte in Gagel, § 16d SGB II, Rn. 30). VA müsse zu leistende Arbeit genau bezeichnen, ebenso Zuweisung zu einer bestimmten Einrichtung, Zeitpunkt und Ort der Aufnahme der Tätigkeit, zeitlicher Umfang und Verteilung der Arbeitszeit sowie Höhe der Aufwandsentschädigung. Bescheid müsse zudem Belehrung über die Rechtsfolgen bei Verweigerung der Aufnahme dieser konkreten Arbeitsgelegenheit enthalten. VA erhalte damit Doppelfunktion als belastender und begünstigender VA. Mängel hierbei führten dazu, dass kein ordnungsgemäßes Arbeitsangebot vorliege und die Rechtsfolgen des § 31 nicht einträten. VA entfalte Wirkung nur gegenüber dem Hilfebedürftigen, nicht gegenüber dem Maßnahmeträger. Widerspruch und Anfechtungsklage gegen den heranziehenden VA haben keine aufschiebende Wirkung (§ 39) – vorläufiger Rechtsschutz. Erfolgt die Heranziehung unmittelbar durch EinV müsse diese dieselben Kriterien hinsichtlich der Bestimmtheit erfüllen. Kommt EinV nicht zu Stande, folgt hieraus Erlass von VA nach § 15 Abs. 1 S. 6 (s. S. Knickrehm § 15 Rn. 6). Umstritten, ob fehlerhafter HeranziehungsVA zu faktischem Arbeitsverhältnis, mit daraus resultierenden Entgeltansprüchen führt (verneinend Voelzk in Hauck/Noftz SGB II, § 16d, Rn. 65). Differenzierend: Eicher (Eicher/Spellbrink § 16 Rn. 232ff.) – Nur wenn Arbeitsgelegenheit bei Leistungsträger selbst angesiedelt ist soll angebotener „Ein-€-Job" durch VA begründet werden können, wenn jedoch nicht möglich, wie bei Dritten. Dritten dürfe nicht durch VA Rechtsverhältnis mit Hilfebedürftigem aufgezwungen werden. Gleiches gelte auch für EinV zwischen Hilfebedürftigem und SGB II-Leistungsträger. Eicher schlägt vor, dass Leistungsträger zunächst Hilfebedürftigem und Maßnahmeträger das **Angebot einer Arbeitsgelegenheit** nach § 16d S. 2 unterbreiten müsse, das dann von beiden „ratifiziert" werden könne. Angebot sei Vorbereitungshandlung für eventuelle spätere Sanktionsentscheidung nach § 31. Begründung des „Ein-€-Jobs" durch privatrechtlichen Vertrag sui generis. Rechtsverhältnis zwischen SGB II-Leistungsträger und Leistungsberechtigtem bleibt im Sozialrechtsverhältnis (s. auch BSG 13. 11. 2008 – B 14 AS 66/07 R). SGB II-Leistungsträger schuldet Alg II und Mehraufwandsentschädigung. Letztere darf jedoch auch über den Maßnahmeträger gezahlt werden. Mehraufwandsentschädigung wird bei der Berechnung von Alg II nicht als Einkommen iSd. § 11 berücksichtigt. Umstritten allerdings, ob unangemessener Betrag (den angemessenen Betrag übersteigender Anteil) zu berücksichtigen ist (Voelzke in Hauck/Noftz SGB II, § 16d Rn. 80; aA Eicher in Eicher/Spellbrink § 16 Rn. 243; s. auch Rn. 5). Umstritten, welche **Folgen** aus einer **Arbeitsgelegenheit** resultieren, **die nicht den Voraussetzungen des S. 2 entspricht**. Eindeutig, eine **Sanktion** nach § 31 Abs. 1 Nr. 2 dürfte im Regelfall wegen eines wichtigen Grundes rechtswidrig sein. Allerdings ist insoweit Vorsicht angebracht, als je nach den Umständen des Einzelfalls auch eine nicht zusätzliche Tätigkeit der Eingliederung dienlich sein kann. Fraglich, ob dann Entgeltanspruch des erwerbsfähigen Leistungsberechtigten gegen den Maßnahmeträger in Höhe des örtlichen Tariflohnes besteht. Verneinend Voelzke, der mit dem BAG (BAG 8. 11. 2006 – 5 AZB 36/06) auf Grund fehlender privatrechtlicher vertraglicher Beziehungen zwischen dem Leistungsberechtigten und dem Maßnahmeträger und der Bestimmung des Inhalts der Arbeitsgelegenheit sowie der Heranziehung durch den Grundsicherungsträger, den Maßnahmeträger allenfalls als Verwaltungshelfer ansieht. Er bejaht alsdann einen **öffentlich-rechtlichen Erstattungsanspruch** des Leistungsberechtigten gegen den Grundsicherungsträger, wenn Arbeitsgelegenheit nicht den Voraussetzungen des S. 2 entspricht (so nunmehr auch BSG 13. 4. 2011 – B 14 AS 98/10 R). Höhe soll sich an der Ersparnis der Aufwendungen zur Erlangung einer Arbeitsgelegenheit orientieren. Gegenüberzustellen sollen die erbrachten SGB II-Leistungen sein (Voelzke in Hauck/Noftz SGB II, § 16d Rn. 63). BSG nimmt dabei tageweise Zuordnung vor (BSG 13. 4. 2011 – B 14 AS 98/10 R). Frag-

lich ist hier inwieweit beim Grundsicherungsträger ein Vermögenszuwachs eingetreten sein kann, wenn er die Arbeitsgelegenheit nicht selbst durchgeführt hat. Vermögenszuwachs nur auf Seiten des Maßnahmeträgers. Grundsicherungsträger eher durch nicht rechtmäßige Arbeitsgelegenheit geschädigt, denn im Regelfall zusätzlich Förderung des Maßnahmeträgers für die Durchführung der Arbeitsgelegenheit. Konstruktion lässt sich nur dann halten, wenn man das Verhalten des Maßnahmeträgers als Verwaltungshelfer dem Grundsicherungsträger zurechnet, so dass dieser für das rechtswidrige Handeln des Maßnahmeträgers haftet und der Grundsicherungsträger sich im Innenverhältnis sodann beim Maßnahmeträger schadlos halten kann. Arbeitsverhältnis und damit **Entgeltanspruch** gegen den Maßnahmeträger bejahend Kohte, der gleichwohl eine vertragliche Beziehung zwischen dem Leistungsberechtigten und dem Maßnahmeträger annimmt, wenn im Mittelpunkt der verrichteten Arbeit nicht Eingliederungsleistung, sondern Tätigkeit stand, die sich nicht von einer arbeitsvertraglich vereinbarten unterscheidet. Soweit fehlende Willenserklärungen im Hinblick auf ein Arbeitsverhältnis angenommen würden, sei dieses insofern unzutreffend, als die erbrachte Arbeitsleistung auf Willenserklärungen von Maßnahmeträger und Leistungsberechtigten fußten (Kohte in Gagel, § 16 d SGB II, Rn. 43). Letzteres ist allerdings immer nur dann anzunehmen, wenn es zu einem wie auch immer gearteten Vertrag zwischen dem Maßnahmeträger und dem Leistungsberechtigten gekommen ist. Erstens dürfte dieses nicht immer der Fall sein und zweitens ist fraglich welchen Inhalt dieser Vertrag hat. In der Regel dürfte er nur zusätzliche, über die durch den Grundsicherungsträger bereits bestimmten Einzelheiten der Abwicklung der Arbeitsgelegenheit umfassen. Problematisch daher, dass es wohl zumeist an einer fehlerhaften Vertragsgrundlage mangelt, die aber auch für ein faktisches Arbeitsverhältnis zwingende Voraussetzung ist. Konsequenz aus dem Scheitern beider Lösungsansätze wäre, dass der Leistungsberechtigte keinen Anspruch auf das tatsächliche Entgelt oder einen Erstattungsanspruch in Höhe dessen, unter Abzug der erbrachten Sozialleistung hat. Dann greifen nur noch aufsichtsrechtliche Maßnahmen gegenüber Maßnahmeträger und/oder auch Grundsicherungsträger, die jedoch nicht in die Rechtsbeziehung zum Leistungsberechtigten durchschlagen.

b) Grundsicherungsträger und leistungserbringender Dritter. Rechtliche Beziehungen werden durch **öffentlich-rechtlichen Vertrag** (Austauschvertrag iSv. § 55 SGB X) ausgestaltet, der mind. die Voraussetzungen des § 17 Abs. 2 erfüllen muss. Insb. Finanzierung der Trägerkosten für Beschäftigung und Betreuung des Hilfebedürftigen sind in dem Vertrag festzulegen (so auch Thie in LPK-SGB II, § 16 d Rn. 36; Voelzke in Hauck/Noftz SGB II, § 16 d Rn. 97 f); ggf. auch Erstattung der Mehraufwandsentschädigung, wenn sie über den Träger der Maßnahme ausgezahlt wird. Art, Umfang und Dauer der Arbeitsgelegenheit sind jedoch gleichwohl im HeranziehungsVA zu regeln. Dieses darf nicht dem Verhältnis Maßnahmeträger/Hilfebedürftigem überlassen bleiben. HeranziehungsVA bindet Maßnahmeträger nicht – Drittem kann nicht gegen seinen Willen ein Leistungsberechtigter zugewiesen werden (somit auch keine Drittwirkung des VA – stimmt Maßnahmeträger Zuweisung nicht zu, ist VA nichtig iSv. § 40 Abs. 2 Nr. 3 SGB X). Maßnahmeträger kann damit Einfluss nehmen auf konkrete Zuweisungs-/Heranziehungsentscheidung (s. auch BVerwG 21. 3. 2007 – 6 P 4/06, BVerwGE 128, 212). Für Streitigkeiten aus diesem Verhältnis sind die Sozialgerichte zuständig. 9

c) Maßnahmeträger und Leistungsberechtigter. Rechtsbeziehung **kein Arbeitsverhältnis**. **BurlG** und **arbeitsschutzrechtliche Regelungen** (ArbSchG, MuSchG, AZG, JArbSchG; GewO und Unfallverhütungsvorschriften) sind gleichwohl entsprechend anwendbar. Auch gelten die Haftungsmaßstäbe für Arbeitnehmer. Verhältnis ist nach hM **öffentlich-rechtlicher Natur; öffentlich-rechtliches Beschäftigungsverhältnis** (vgl. Harks in Juris-PK-SGB II, § 16 Rn. 112; Thie LPK-SGB II, § 16 d Rn. 37; Voelzke in Hauck/Noftz SGB II, § 16 d Rn. 65; BAG 8. 11. 2006 – 5 AZB 36/06, BAGE 120, 92; BAG 17. 1. 2007 – 5 AZB 43/06; BAG 26. 9. 2007 – 5 AZR 857/06). Träger der Maßnahme ist dann Verwaltungshelfer – Weisungsrecht hinsichtlich der Einzelheiten der auszuübenden Tätigkeit. Einzelne Rechte und Pflichten während der Wahrnehmung der Arbeitsgelegenheit können durch Vertrag zwischen Maßnahmeträger und Hilfebedürftigem geregelt werden, soweit sie sich nicht aus dem HeranziehungsVA oder der EinV ergeben und sich in dem dort gesteckten Rahmen halten. Leistungsberechtigte in Arbeitsgelegenheit unterfallen nur teilweise den betriebsverfassungsrechtlichen Regelungen (vgl. iE Voelzke in Hauck/Noftz SGB II, § 16 d Rn. 74). Für Rechtsstreitigkeiten sind folglich die Sozialgerichte zuständig. Nach aA soll es sich um **privatrechtliches Beschäftigungsverhältnis eigener Art** handeln (s. nur Eicher in Eicher/Spellbrink § 16 Rn. 239 – Zustimmung zur hM nur für den Fall, dass Arbeitsgelegenheit bei dem Leistungsträger selbst geschaffen worden ist). Zur Frage eines Entgeltanspruchs bzw eines Erstattungsanspruchs des erwerbsfähigen Leistungsberechtigten gegenüber dem Maßnahmeträger bei einer Arbeitsgelegenheit, die nicht den Voraussetzungen des S. 2 entspricht – s. Rn. 8. 10

§ 16 e Leistungen zur Beschäftigungsförderung

(1) ¹**Arbeitgeber** können zur Eingliederung von erwerbsfähigen Leistungsberechtigten mit Vermittlungshemmnissen in Arbeit einen Beschäftigungszuschuss als Ausgleich der zu erwartenden Minderleistungen des Arbeitnehmers und einen Zuschuss zu sonstigen Kosten erhalten. ²Voraussetzung ist, dass

1. die oder der erwerbsfähige Leistungsberechtigte das 18. Lebensjahr vollendet hat, langzeitarbeitslos im Sinne des § 18 des Dritten Buches ist und in ihren oder seinen Erwerbsmöglichkeiten durch mindestens zwei weitere in ihrer oder seiner Person liegende Vermittlungshemmnisse besonders schwer beeinträchtigt ist,
2. die oder der erwerbsfähige Leistungsberechtigte auf der Grundlage einer Eingliederungsvereinbarung für einen Zeitraum von mindestens sechs Monaten betreut wurde und Eingliederungsleistungen unter Einbeziehung der übrigen Leistungen nach diesem Buch erhalten hat,
3. eine Erwerbstätigkeit auf dem allgemeinen Arbeitsmarkt voraussichtlich innerhalb der nächsten 24 Monate ohne die Förderung nach Satz 1 nicht möglich ist und
4. zwischen dem Arbeitgeber und der oder dem erwerbsfähigen Leistungsberechtigten ein Arbeitsverhältnis mit in der Regel voller Arbeitszeit unter Vereinbarung des tariflichen Arbeitsentgelts oder, wenn eine tarifliche Regelung keine Anwendung findet, des für vergleichbare Tätigkeiten ortsüblichen Arbeitsentgelts begründet wird. Die vereinbarte Arbeitszeit darf die Hälfte der vollen Arbeitszeit nicht unterschreiten.

(2) [1]Die Höhe des Beschäftigungszuschusses richtet sich nach der Leistungsfähigkeit der oder des erwerbsfähigen Leistungsberechtigten und kann bis zu 75 Prozent des berücksichtigungsfähigen Arbeitsentgelts betragen. [2]Berücksichtigungsfähig sind

1. das zu zahlende tarifliche Arbeitsentgelt oder, wenn eine tarifliche Regelung keine Anwendung findet, das für vergleichbare Tätigkeiten ortsübliche zu zahlende Arbeitsentgelt und
2. der pauschalierte Anteil des Arbeitgebers am Gesamtsozialversicherungsbeitrag abzüglich des Beitrags zur Arbeitsförderung.

[3]Wird dem Arbeitgeber aufgrund eines Ausgleichssystems Arbeitsentgelt erstattet, ist für den Zeitraum der Erstattung der Beschäftigungszuschuss entsprechend zu mindern.

(3) Ein Zuschuss zu sonstigen Kosten kann erbracht werden

1. für Kosten für eine begleitende Qualifizierung in pauschalierter Form bis zu einer Höhe von 200 Euro monatlich sowie
2. in besonders begründeten Einzelfällen einmalig für weitere notwendige Kosten des Arbeitgebers für besonderen Aufwand beim Aufbau von Beschäftigungsmöglichkeiten. Die Übernahme von Investitionskosten ist ausgeschlossen.

(4) Die Förderdauer beträgt

1. für den Beschäftigungszuschuss bis zu 24 Monate. Der Beschäftigungszuschuss soll anschließend ohne zeitliche Unterbrechung unbefristet erbracht werden, wenn eine Erwerbstätigkeit auf dem allgemeinen Arbeitsmarkt ohne die Förderung nach Absatz 1 Satz 1 voraussichtlich innerhalb der nächsten 24 Monate nicht möglich ist,
2. für die sonstigen Kosten nach Absatz 3 Nummer 1 bis zu zwölf Monate je Arbeitnehmerin oder Arbeitnehmer.

(5) Bei einer Fortführung der Förderung nach Absatz 4 Nummer 1 Satz 2 kann der Beschäftigungszuschuss gegenüber der bisherigen Förderhöhe um bis zu 10 Prozentpunkte vermindert werden, soweit die Leistungsfähigkeit der oder des erwerbsfähigen Leistungsberechtigten zugenommen hat und sich die Vermittlungshemmnisse verringert haben.

(6) Werden erwerbsfähige Leistungsberechtigte für die Dauer der Erbringung des Beschäftigungszuschusses eingestellt, liegt ein sachlicher Grund vor, der die Befristung des Arbeitsverhältnisses rechtfertigt.

(7) [1]Die Förderung ist aufzuheben, wenn feststeht, dass die Arbeitnehmerin oder der Arbeitnehmer in eine konkrete zumutbare Arbeit ohne eine Förderung nach Absatz 1 Satz 1 vermittelt werden kann. [2]Die Förderung ist auch aufzuheben, wenn nach jeweils zwölf Monaten der Förderdauer feststeht, dass die Arbeitnehmerin oder der Arbeitnehmer eine zumutbare Arbeit ohne eine Förderung nach Absatz 1 Satz 1 aufnehmen kann. [3]Eine Förderung ist nur für die Dauer des Bestehens des Arbeitsverhältnisses möglich.

(8) Das Arbeitsverhältnis kann ohne Einhaltung einer Frist gekündigt werden

1. von der Arbeitnehmerin oder vom Arbeitnehmer, wenn sie oder er eine Erwerbstätigkeit auf dem allgemeinen Arbeitsmarkt aufnehmen kann,
2. vom Arbeitgeber zu dem Zeitpunkt, zu dem die Förderung nach Absatz 7 Satz 1 oder 2 aufgehoben wird.

(9) Eine Förderung ist ausgeschlossen, wenn zu vermuten ist, dass der Arbeitgeber

1. die Beendigung eines anderen Beschäftigungsverhältnisses veranlasst hat, um einen Beschäftigungszuschuss zu erhalten, oder

2. eine bisher für das Beschäftigungsverhältnis erbrachte Förderung ohne besonderen Grund nicht mehr in Anspruch nimmt.

(10) Das Bundesministerium für Arbeit und Soziales untersucht die Auswirkungen auf die erwerbsfähigen Leistungsberechtigten mit besonderen Vermittlungshemmnissen, den Arbeitsmarkt und die öffentlichen Haushalte in den Jahren 2008 bis 2010 und berichtet dem Deutschen Bundestag hierüber bis zum 31. Dezember 2011.

A. Normgeschichte

§ 16 a ist durch das Gesetz zur Neuausrichtung arbeitsmarktpolitischer Instrumente vom 21. 12. 2008 (BGBl. I, 2917, 2929) in § 16 e umbenannt worden. Die Norm ist ansonsten wortidentisch geblieben. Hintergrund der Änderung ist die Neustrukturierung der Eingliederungsleistungen. Dabei sind insbesondere die bisher in § 16 gemeinsam geregelten SGB III-Förderinstrumente, kommunale Leistungen sowie weitere Eingliederungsleistungen (Freie Förderung – § 16 f.) und die Regelungen bei Wegfall der Hilfebedürftigkeit in jeweils eigene Normen aufgespalten sowie zum Teil geändert und ergänzt worden.

bisher § 16 a ⇒ § 16 e – Leistungen zur Beschäftigungsförderung

Die Vorschrift ist durch Art. 2 Nr. 31 RegelbedarfsÄndG mit Wirkung zum 1. 4. 2011 iS des Gender Mainstreaming angepasst worden (BGBl I, 453).

B. Normzweck und -struktur

Die als **Arbeitgeberleistung** mit **mittelbarer** Begünstigung des Leistungsberechtigten iSd. SGB II (zum **Rechtsreflex** s. Eicher in Eicher/Spellbrink § 16 Rn. 15), ausgestaltete Sozialleistung (keine Klagebefugnis des Hilfebedürftigen) in Gestalt von **Beschäftigungszuschuss** und **Zuschuss zu den sonstigen Kosten,** trägt dem von den Regierungsfraktionen im Herbst 2007 erkannten Problem Rechnung, dass trotz anhaltend guter konjunktureller Entwicklung und einer deutlichen Entspannung des Arbeitsmarktes eine Gruppe von Menschen – **arbeitsmarktferne Personen** – weiterhin nur schwer in den allgemeinen Arbeitsmarkt zu integrieren sind (Gesetzentwurf BT-Drs. 16/5715, S. 1). Bei Einstellung von förderungsbedürftigen Leistungsberechtigten wird der Arbeitgeber um einen Teil seiner Lohnkosten entlastet, wobei Missbrauch durch den Ausschlusstatbestand des § 16 e Abs. 9 ausgeschlossen werden soll. Bei den förderungsfähigen Personen muss es sich um solche handeln, die das 18. Lebensjahr vollendet haben, langzeitarbeitslos sind und mehrfache Vermittlungshemmnisse aufweisen, bei denen eine mindestens sechsmonatige Aktivierung nicht zum Eingliederungserfolg geführt hat und eine Erwerbstätigkeit auf dem allgemeinen Arbeitsmarkt innerhalb der nächsten 24 Monate nicht zu erwarten ist. Gefördert werden Arbeitgeber mit einem Lohnkostenzuschuss von bis zu 75 Prozent, bei einer regelmäßigen Förderdauer von 24 Monaten. Der Wechsel von einer geförderten Beschäftigung in eine nicht geförderte Beschäftigung auf dem allgemeinen Arbeitsmarkt soll nach den Vorstellungen des Gesetzgebers vorrangiges Ziel bleiben (BT-Drs. aaO). Ferner können pauschalierte Kostenzuschüsse für eine begleitende Qualifizierung gewährt sowie in Einzelfällen Einmalzahlungen für einen besonderen Aufwand zum Aufbau der förderfähigen Beschäftigungsmöglichkeiten erbracht werden. Neben Leistungsarten, -dauer und -berechtigung trifft § 16 e auch eine Regelung zur Modifizierung des § 48 SGB X (Abs. 7) und normiert Auswirkungen der § 16 e-Leistungen auf das Arbeitsverhältnis (Abs. 6 und 8). Daneben wird in Abs. 10 eine Verpflichtung zur Wirkungsforschung durch das Bundesministerium für Arbeit und Soziales statuiert. Leistungen nach § 16 e sind Bestandteil der **Eingliederungsleistungen** iSd. Gesamtkonzepts der Förderleistungen nach §§ 16 ff. – eine Rangordnung ergibt sich nur insoweit, als die (dauerhafte) Integration in den ersten Arbeitsmarkt grundsätzlich Vorrang genießt (s. oben). § 16 e unterliegt den allgemeinen Leistungsgrundsätzen für Eingliederungsleistungen (§ 3 – vgl. Eicher in Eicher/Spellbrink § 16 Rn. 20; Voelzke in Hauck/Noftz SGB II, § 16 e Rn. 10). Weigerung eine zumutbare mit einem Beschäftigungszuschuss nach § 16 e geförderte Arbeit aufzunehmen erfüllt Sanktionstatbestand des § 31 Abs. 1 Satz 1 Nr. 2 – Zumutbarkeit richtet sich nach den allgemeinen Regeln des § 10. Entfallen von Hilfebedürftigkeit durch eine nach § 16 e geförderte Arbeit zieht Anwendung von § 16 g Abs. 2 – Weiterförderung bei Entfallen von Hilfebedürftigkeit (vgl. hierzu S. Knickrehm § 16 g Rn. 5) – nach sich.

C. Kommentierung im Einzelne

I. Leistungsvoraussetzungen (Abs. 1 Satz 1)

1. Arbeitgeber. Bis 31. 3. 2008 Beschränkung des Kreises der förderungsfähigen Arbeitgeber auf Träger (§ 71 Abs. 1). Hieraus kann der Schluss gezogen werden, dass auch eine nicht ausschließlich erwerbswirtschaftlich ausgerichtete Beschäftigung und deren Zwischenformen in die Förderung einbezogen sein sollen. Fehlen jeder erwerbswirtschaftlichen Zielsetzung schließe Leistungen nach § 16 e – jedoch aus (Voelzke in Hauck/Noftz SGB II, § 16 e Rn. 20; aA Eicher in Eicher/Spellbrink § 16 a Rn. 13). Auch Förderung in **Integrationsprojekt**en möglich – soweit Fördermöglichkeiten nach dem SGB IX nicht beeinträchtigt werden und Zweckbindung der Schwerbehindertenausgleichsabgabe nicht unterlaufen wird. Ansonsten **Arbeitgeber im arbeitsrechtlichen Sinne** – jede natürliche oder juristische Person, die mind. einen Arbeitnehmer beschäftigt. Zwar nach Gesetzesbegründung in erster Linie Arbeitgeber, die bereits über Erfahrungen mit Integration verfügen, aber keine zwingende Voraussetzung für Leistungsberechtigung. **Leistungsberechtigter** nach dem SGB II nur mittelbar Begünstigter (s. Rn. 2).

4 2. **Minderleistung.** Bedeutung dieses Tatbestandsmerkmals **umstritten**. Bezweifelt wird, ob zu erwartende Minderleistung des Arbeitnehmers **Anspruchsvoraussetzung** ist. Insoweit wird vorgebracht, Umfang der Minderleistung bestimme nur Förderhöhe und Förderdauer. Typisierend könne jedoch angenommen werden, ein langzeitarbeitsloser erwerbsfähiger Hilfebedürftiger, der mind. zwei weitere in seiner Person liegende Vermittlungshemmnisse aufweise und dadurch besonders schwer beeinträchtigt und dem eine Erwerbstätigkeit auf dem allgemeinen Arbeitsmarkt voraussichtlich innerhalb der nächsten 24 Monate ohne Förderung nicht möglich sei, erbringe Minderleistungen im Verhältnis zu einem in seinem Leistungsvermögen nicht eingeschränkten Angehörigen derselben oder einer vergleichbaren Berufsgruppe (Eicher in Eicher/Spellbrink § 16 a Rn. 12). Dagegen wird vorgebracht, Minderleistung sei zwingende Leistungsvoraussetzung, denn ansonsten Konflikt mit europarechtlichem Beihilfeverbot, weil dem Arbeitgeber ein Ausgleich für die Einstellung eines Arbeitnehmers gewährt würde, obwohl dieser eine volle Arbeitsleistung an seinem Arbeitsplatz erbringe. Maßstab (s. BSG 28. 3. 1990 – 9 b/11 RAr 67/88, SozR 3–4100 § 49 Nr. 1) sei der Wert des Verhältnisses von tatsächlicher Arbeitsleistung zu tatsächlich gezahltem Arbeitsentgelt, geprägt durch Vermittlungshemmnisse (§ 16 e Abs. 1 Nr. 1). Keine Minderleistung, wenn Arbeitsentgelt bereits der Leistungseinschränkung angepasst sei oder Berufsanfängern erste berufspraktische Kenntnisse für Berufseinstieg vermittelt werden sollten (Voelzke in Hauck/Noftz SGB II, § 16 e Rn. 22 f.).

5 3. **Ermessen.** Entschließungs- und Auswahlermessen des Grundsicherungsträgers (s. BSG 6. 5. 2008 – B 7/7 a AL 16/07 R). Arbeitgeber hat nur Anspruch auf fehlerfreie Ermessensbetätigung. Bei Ermessensbetätigung sind sowohl Ausschlussgründe des Abs. 9 (s. Rn. 23), als auch Verstoß des Leistungsberechtigten gegen Obliegenheit aus EinV zu beachten (s. Rn. 7). Zweck der Integration von arbeitsmarktfernen Personen und Leistungsgrundsätze nach § 3 sind in die Ermessenerwägungen einzubeziehen. Zur Höhe auch Rn. 10, 11, 13, 14.

6 4. **Förderungsfähiger Leistungsberechtigter (Abs. 1 Satz 2 Nr. 1).** Förderungsfähig ist nur wer **erwerbsfähig** und **hilfebedürftig** ist (§§ 8, 9). Im Übrigen gilt auch hier – wie für alle Eingliederungsleistungen – weitere Voraussetzungen des **§ 7** Abs. 1 müssen vorliegen (vgl. § 16 Rn. 3). **Vollendung 18. Lbj.** – spezielle Erwachsenenförderung. **Langzeitarbeitslos** – § 18 SGB III (§ 18 Abs. 1 SGB III: Arbeitslose, die ein Jahr und länger arbeitslos sind). Arbeitslosigkeit s. § 16 SGB III, soweit die dortigen Voraussetzungen mit dem System des SGB II kompatibel sind (s. auch S. Knickrehm, § 16 f Rn. 12); Bezug von SGB II-Leistungen nicht erforderlich und bei Aufstockern auch nicht unbedingt ausreichend. Zeitraum muss zusammenhängend mind. 12 Monate ausmachen (so Voelzke in Hauck/Noftz SGB II, § 16 e Rn. 28) – differenzierend: Voraussetzungen liegen auch vor, wenn Voraussetzungen des § 18 Abs. 2 SGB III gegeben sind, wobei Unterbrechungstatbestand der aktiven Arbeitsförderung durch Gewährung von Eingliederungsleistungen (insb.) nach § 16 zu ersetzen sei (Eicher in Eicher/Spellbrink § 16 a Rn. 16; s. auch Voelzke in Hauck/Noftz SGB II, § 16 e Rn. 29). S. auch § 18 Abs. 3 SGB III – Glaubhaftmachung der unschädlichen Unterbrechung. **Beeinträchtigung in Erwerbsfähigkeit durch mind. zwei weitere Vermittlungshemmnisse** – Defizite in der Person des Leistungsberechtigten. Beispiele aus Gesetzesbegründung: Migrationshintergrund, fehlende berufliche oder schulische Qualifikation, gesundheitliche Einschränkungen (nicht abschließend, s. BT-Drs. 16/5715, S. 7). Aber weder objektive Hindernisse, wie Arbeitsmarktlage oder subjektive, wie zB räumliche Einschränkung der Vermittelbarkeit. Vermittlungshemmnisse in ihrer Gesamtheit müssen Erwerbsmöglichkeiten besonders schwer beeinträchtigen, also erhebliches Defizit auf der Nachfrageseite hervorrufen. Allerdings insoweit kein Beurteilungsspielraum der AA (vgl. Eicher in Eicher/Spellbrink § 16 a Rn. 18; Voelzke in Hauck/Noftz SGB II, § 16 e Rn. 32).

7 5. **Betreuung auf Grundlage von Eingliederungsvereinbarung (Abs. 1 Satz 2 Nr. 2).** Betreuung auf Grundlage einer **EinV** – auch in Form des VA nach § 15 Abs. 1 S. 6 (vgl. hierzu S. Knickrehn § 15 Rn. 6) – für mind. 6 Monate und Erhalt von anderen **Eingliederungsleistungen** sowie Bezug von **Regelleistung** nach SGB II (Ausschluss von Hilfebedürftigen nach § 7 Abs. 5 iVm § 27 Abs. 1 S. 2). Betreuung auf Grundlage der EinV iVm. Gewährung von Eingliederungsleistungen soll gewährleisten, dass vor der Beschäftigungsförderung nach § 16 e sichergestellt worden ist, dass nicht durch andere Maßnahmen Integration möglich und der Nachweis der mangelnden Integrationsfähigkeit als erbracht angesehen werden kann. Andere Integrationsmaßnahmen müssen mithin ge-

scheitert sein. **Mind. 6 Monate** – kann durch Obliegenheitsverletzung des Hilfebedürftigen und daraus folgender Sanktion (§ 31) unterbrochen werden. Dann erneuter Zeitraum von 6 Monaten erforderlich (Voelzke in Hauck/Noftz SGB II, § 16 e Rn. 35).

6. Prognose der mangelnden Integrationsfähigkeit (Abs. 1 Satz 2 Nr. 3). Prognose des 8 Grundsicherungsträgers, ob Erwerbstätigkeit des Hilfebedürftigen auf dem allgemeinen Arbeitsmarkt innerhalb der nächsten 24 Monate ohne Förderung nach Satz 1 möglich. Träger hat **Beurteilungsspielraum**, der nicht voll gerichtlich überprüfbar ist (vgl. BSG 6. 4. 2006 – B 7 a AL 20/05 R, SozR 4–4300 § 324 Nr. 2; s. auch BSG 6. 5. 2008 – B 7/7 a AL 16/07 R). In Prognose einzubeziehen: Umstände in der **Person des Leistungsberechtigten** sowie **Lage und Entwicklung auf dem Arbeitsmarkt**. Der gegenwärtigen beruflichen Situation und weiteren beruflichen Entwicklung des Leistungsberechtigten ist die gegenwärtige und voraussichtliche Situation am Arbeitsmarkt gegenüber zu stellen. Vergleichsmaßstab ist nur allgemeiner, dh. unsubventionierter Arbeitsmarkt und Bezugspunkt sind nur Tätigkeiten mit denen der Leistungsberechtigte seinen Lebensunterhalt mind. in Höhe der ihm zu gewährenden Regelleistung sicher stellen kann (vgl. hierzu auch Voelzke in Hauck/Noftz SGB II, Stand III/2008, § 16 a Rn. 34). Ferner kausaler Zusammenhang zwischen Förderung und Eingliederung erforderlich – besteht nicht, wenn Leistungsberechtigter auch ohne Förderung eingestellt worden wäre (vgl. Eicher in Eicher/Spellbrink § 16 a Rn. 24).

7. Arbeitsverhältnis (Abs. 1 Satz 2 Nr. 4). Zwischen Leistungsberechtigtem und Arbeitgeber 9 muss ein **Arbeitsverhältnis im arbeitsrechtlichen Sinne** zu Stande kommen, das der Versicherungspflicht, mit Ausnahme der nach dem SGB III (§ 27 Abs. 3 Nr. 6 SGB III) unterliegt. Kann befristet sein – Folgerung aus Abs. 6. **Arbeitsentgelt** muss **tariflichen Voraussetzungen** entsprechen oder für vergleichbare Tätigkeit – unter Außerachtlassung der Minderleistung (vgl. Rn. 4) ortsüblich sein. Arbeitsentgelt ist nach der **Ortsüblichkeit** zu bestimmen, wenn die tarifliche Entgeltregelung weder aufgrund beiderseitiger Verbandszugehörigkeit, Allgemeinverbindlichkeitserklärung oder vertraglicher Einbeziehung auf das zu fördernde Arbeitsverhältnis Anwendung findet (so Eicher in Eicher/Spellbrink § 16 a Rn. 15; Voelzke in Hauck/Noftz SGB II, § 16 e Rn. 44 f). Arbeitszeit soll die volle tarifvertraglich vereinbarte oder ortsübliche sein. Im Regelfall ist volle Arbeitszeit zu vereinbaren. Nur in Ausnahmefällen Reduzierung, etwa aus in der Person des Leistungsberechtigten liegenden Gründen möglich (Nach Gesetzesbegründung: Alleinerziehung, Versorgung pflegebedürftiger Personen oder gesundheitliche Beeinträchtigungen des Hilfebedürftigen – BT-Drs. 16/5715, S. 8). Allerdings Minimum: Hälfte der so bestimmten vollen Arbeitszeit.

II. Höhe des Beschäftigungszuschusses (Abs. 2 und Abs. 5)

1. Abhängigkeit von Leistungsfähigkeit des Hilfebedürftigen (Abs. 2 Satz 1). Leistungs- 10 **fähigkeit** des Hilfebedürftigen in Bezug auf den konkreten Arbeitsplatz ist für Höhe des Beschäftigungszuschusses maßgebend. Es kommt auf Art und Umfang der Vermittlungshemmnisse iSd. Abs. 1 Satz 1 Nr. 1 an (vgl. Rn. 5). Hieran hat sich Ermessen des Leistungsträgers zu orientieren. Max. **75 vH** des zu berücksichtigenden Arbeitsentgelts (s. Rn. 11). Ist auch absolute Obergrenze. Sie wird wegen des für das „Ob" der Bewilligung bereits erforderlichen Vermittlungshemmnisses wohl der Regelfall sein.

2. Berücksichtigungsfähiges Arbeitsentgelt (Abs. 2 Satz 2). Nach Abs. 2 Satz 2 Nr. 1 ist be- 11 rücksichtigungsfähig Arbeitsentgelt iSv. **Abs. 1 Satz 2 Nr. 4** (s. Rn. 8) – **Bruttobetrag incl. Einmalzahlungen** (BT-Drs. 16/5715, S. 8). Zusätzlich nach Abs. 2 Satz Nr. 2 auch **pauschalierter Anteil des Arbeitgebers am Gesamtsozialversicherungsbeitrag** (Renten-, Kranken- und Pflegeversicherung) – unter Abzug des Beitrags zur Arbeitslosenversicherung – in das berücksichtigungsfähige Arbeitsentgelt einzubeziehen. Pauschalierung dient der Verwaltungspraktikabilität, um bei Schwankungen des Arbeitsentgelts nicht jedes Mal eine aufwendige Neuberechnung des Beschäftigungszuschusses vornehmen zu müssen. Pauschalierung unbedenklich, denn Höhe des Beschäftigungszuschusses steht insgesamt im Ermessen (hierzu Rn. 4) des Grundsicherungsträgers (vgl. hierzu Eicher in Eicher/Spellbrink § 16 a Rn. 39).

3. Ausgleichssystem (Abs. 2 Satz 3). Minderung des Beschäftigungszuschusses, wenn Arbeitge- 12 ber Arbeitsentgelt aus einem **Ausgleichssystem** erstattet wird. Ausgleichssystem zB: Umlagefinanzierte Entgelterstattung in Kleinbetrieben nach AAG (bei Arbeitsunfähigkeit oder Mutterschaft – iVm. EFZG).

III. Zuschuss zu den sonstigen Kosten (Abs. 3)

1. Begleitende Qualifizierung (Abs. 3 Nr. 1). Angesichts des mittelbar begünstigten Perso- 13 nenkreises (vgl. Rn. 1, 2) wird Beschäftigungskostenzuschuss für Arbeitsmarktintegration häufig nicht ausreichen. **Weitere Qualifizierung** wird daher bezuschusst. Weder Anforderungen, noch Art der Qualifizierung werden in der Vorschrift bestimmt. Wird allerdings nur gewährt, wenn begleitende

Integration **erforderlich** (§ 3 Abs. 1 S. 1). Erforderlichkeit muss sich auf den konkreten Beruf oder Arbeitsplatz und die angestrebte berufliche Eingliederung beziehen (vgl. Eicher in Eicher/Spellbrink § 16 a Rn. 31). **Begrenzung der Höhe** des Qualifizierungszuschusses auf max. 200 Euro monatlich. Gewährung in pauschalierter Form. Daneben sind nach § 16 g Abs. 2 weitere Eingliederungsleistungen möglich. Gewährung steht im Ermessen des Grundsicherungsträgers (s. Rn. 5).

14   2. **Besonderer Aufwand (Abs. 3 Nr. 2).** Zuschuss zu den weiteren notwendigen Kosten des Arbeitgebers für besonderen Aufwand beim **Aufbau von Beschäftigungsmöglichkeiten** wird nur in begründeten Einzelfällen gewährt. Wird nur **einmalig** gewährt und kommt wohl nur in Betracht, wenn erstmals Leistungsberechtigte beschäftigt werden sollen. Besondere Kosten nur solche, die über die normalen Kosten für die Einrichtung eines Arbeitsplatzes hinausgehen. Es können nur notwendige Kosten bezuschusst werden. Nach Voelzke nur wenn sie zur ordnungsgemäßen Beschäftigung des förderungsfähigen Arbeitnehmers erforderlich sind (vgl. Voelzke in Hauck/Noftz SGB II, § 16 e Rn. 64). Daher sind von der Förderung ausgenommen: **Investitionskosten** (Satz 2). Höhe orientiert sich an tatsächlichen Aufwendungen – anders als bei Abs. 3 Nr. 1 keine Pauschalierung. Gewährung steht im Ermessen des Grundsicherungsträgers (s. Rn. 5).

IV. Förderdauer (Abs. 4 und Abs. 7)

15   1. **Beschäftigungszuschuss (Abs. 4 Nr. 1).** Nr. 1 betrifft nur Beschäftigungszuschuss. Beschäftigungszuschuss ist Dauerleistung. Zunächst Förderdauer bis zu 24 Monate (Regeldauer) danach unbefristet – in Abhängigkeit von dem **Bestehen des Arbeitsverhältnisses** (Abs. 7 – s. Rn. 17). Dauer ist in der Regel zu begrenzen, um dem Ziel der Integration in den allgemeinen Arbeitsmarkt Ausdruck zu verleihen. Grundsicherungsträger ist gehalten Eingliederungsfähigkeit des Hilfebedürftigen nach Ablauf des Bewilligungszeitraums erneut zu **überprüfen**. Dauer kann auch kürzer als **24 Monate** sein, wenn das Arbeitsverhältnisses von vornherein auf einen kürzeren Zeitraum befristet ist (z. Befristung s. Abs. 6 – Rn. 19) oder prognostisch die Minderleistung früher entfällt (vgl. Eicher in Eicher/Spellbrink § 16 a Rn. 34; Voelzke in Hauck/Noftz SGB II, § 16 e Rn. 68). Befristung lässt Möglichkeit des Grundsicherungsträgers zur Aufhebung der Leistungsbewilligung unberührt (Abs. 7 – s. Rn. 17). Erweist sich nach Ablauf des ersten Bewilligungszeitraums, dass eine Erwerbstätigkeit auf dem allgemeinen Arbeitsmarkt ohne die Förderung nach Abs. 1 Satz 1 voraussichtlich innerhalb der nächsten 24 Monate nicht möglich ist, soll der Beschäftigungszuschuss **unbefristet** erbracht werden – nahtlos im Anschluss an den ersten Förderzeitraum. Dann erneute Prognose erforderlich. Unbefristete Fortführung ist der Regelfall – in atypischen Fällen („soll") kann hiervon abgewichen werden. Atypischer Fall: Voraussetzungen für eine Rentengewährung werden in absehbarer Zeit erfüllt (vgl. Eicher in Eicher/Spellbrink § 16 a Rn. 35; Voelzke in Hauck/Noftz SGB II, § 16 e Rn. 70). Wird Beschäftigungszuschuss unbefristet gewährt ist nur noch Aufhebung wegen veränderter Verhältnisse möglich. Abs. 7 Satz 2 ist jedoch zu entnehmen, dass nach jeweils 12 Monaten eine Überprüfung erfolgen soll, ob Leistungsberechtigter in den allgemeinen Arbeitsmarkt eingegliedert werden kann.

16   2. **Qualifizierungszuschuss (Abs. 4 Nr. 2).** Sonstige Kosten nach Abs. 3 Nr. 1 (pauschalierter Zuschuss) können bis zu max. 12 Monaten je Arbeitnehmer übernommen werden. Innerhalb dieses Rahmens allerdings **Dauerleistung.** Nach der Gesetzesbegründung wird davon ausgegangen, dass sich Arbeitsverhältnis innerhalb von 12 Monaten stabilisiert und dann begleitende Qualifizierung nicht mehr erforderlich ist (BT-Drs. 16/5715, S. 8).

17   3. **Aufhebung der Förderungsbewilligung (Abs. 7).** § 16 e Abs. 7 S. 3 koppelt Förderung an das **Bestehen des Beschäftigungsverhältnisses** (s. Rn. 14). Nach Abs. 7 Satz 1 erhalten Grundsicherungsträger die Möglichkeit Bestandskraft der Förderungsentscheidung durch Aufhebung der Bewilligung zu durchbrechen, wenn feststeht, dass Ziel der Förderung erreicht wird, nämlich Vermittlung des Hilfebedürftigen in den allgemeinen Arbeitsmarkt, also bei Erlangung eines ungeförderten Arbeitsplatzes – **kein Ermessen.** Es muss sich um eine **konkrete zumutbare** (§ 10) **Arbeit** handeln, in die vermittelt werden kann – abstrakte Möglichkeit ist nicht ausreichend. Nach Abs. 7 Satz 2 ist hingegen eine Aufhebung der Förderungsentscheidung vorgesehen, wenn auf **abstrakter Ebene** Vermittlung auf Grund verbesserter Vermittlungsfähigkeit erfolgen kann. Insoweit hoher Grad der Wahrscheinlichkeit der Vermittlung erforderlich, denn nach dem Wortlaut muss feststehen, dass Hilfebedürftiger zumutbare ungeförderte Beschäftigung aufnehmen kann. Prüfung ist an Zwölfmonatsrhythmus gekoppelt. Abs. 7 beinhaltet Ergänzung **der allgemeinen verfahrensrechtlichen Regelungen zur Aufhebung des Förderungsbescheides** (§ 40 Abs. 1 Nr. 1 iVm. § 330 SGB III iVm. §§ 45 ff. SGB X). § 16 e Abs. 7 schafft jedoch keine eigenständige Aufhebungsregelung. Das Feststehen der konkreten und abstrakten Vermittlungsfähigkeit ist eine wesentliche Änderung iSd. § 48 I SGB X. Abs. 7 bestimmt daher Verhältnisse, die die Rechtsfolgen des § 48 SGB X auslösen sollen. Im Übrigen gelten die allgemeinen Regelungen der §§ 45 ff. SGB X (vgl. auch Eicher in Eicher/Spellbrink § 16 a Rn. 47; Voelzke in Hauck/Noftz SGB II, § 16 e Rn. 79).

V. Leistungshöhe bei Fortführung der Förderung (Abs. 5)

Abs. 5 betrifft nur die Leistungshöhe im Anschluss an die erste Förderung und die Höhe des Beschäftigungszuschusses bei unbefristeter Fortführung der Förderung. Soweit die **Leistungsfähigkeit des Hilfebedürftigen** zugenommen hat und (kumulativ) sich die **Vermittlungshemmnisse** verringert haben, steht es im **Ermessen** des Grundsicherungsträgers den Beschäftigungszuschuss gegenüber der bisherigen Förderhöhe um bis zu 10 vH zu mindern. Umfang der Verbesserung bestimmt Höhe des Minderungsbetrags (Auswahlermessen). 18

VI. Auswirkungen auf das Arbeitsverhältnis (Abs. 6 und Abs. 8)

1. Befristung (Abs. 6). Befristung des Arbeitsverhältnisses nach § 14 Abs. 1 TzBfG nur zulässig, wenn durch sachlichen Grund gerechtfertigt. Nach Abs. 6 Abschluss eines befristeten Arbeitsvertrags für die Dauer der Förderung durch Beschäftigungszuschuss möglich. Sachlicher Grund liegt darin, dass Arbeitsverhältnis nur zu Stande kommt, weil und so lange Arbeitgeber Beschäftigungszuschuss für die Beschäftigung eines Hilfebedürftigen mit Vermittlungshemmnissen erhält. Befristungsabrede kann wiederholt werden. 19

2. Besonderes Kündigungsrecht (Abs. 8). Abs. 8 schafft ein zusätzliches – **außerordentliches** – **Kündigungsrecht** zu dem ansonsten arbeitsrechtlich bestehenden. Für Kündigung ist Schriftform erforderlich. Abs. 8 trägt dem Umstand Rechnung, dass das Beschäftigungsverhältnis nur zu Stande gekommen ist, weil ein Beschäftigungszuschuss gezahlt wird. Abs. 8 Nr. 1 normiert außerordentliches Kündigungsrecht für Arbeitnehmer und Nr. 2 für Arbeitgeber. 20

Außerordentliches **Kündigungsrecht für Arbeitnehmer** nach Abs. 8 Nr. 1 – Wenn Leistungsberechtigter eine Erwerbstätigkeit auf dem allgemeinen Arbeitsmarkt aufnehmen kann. Dann ist Ziel des Beschäftigungszuschusses erreicht, die **Eingliederung in den allgemeinen Arbeitsmarkt zu** bewirken. Zugleich wird auch dem grundsätzlichen Vorrang der Überwindung der Hilfebedürftigkeit durch Erzielung von Erwerbseinkommen ohne Leistungen nach dem SGB II Rechnung getragen. Erwerbstätigkeit auf dem allgemeinen Arbeitsmarkt muss mindestens den **Voraussetzungen des § 16e Abs. 1 Satz 3** entsprechen, allerdings kann es sich auch um ein befristetes Arbeitsverhältnis handeln (vgl. Voelzke in Hauck/Noftz SGB II, § 16e Rn. 83; Eicher will ein mehr als geringfügiges Beschäftigungsverhältnis für mind. 15 Stunden wöchentlich ausreichen lassen – in Eicher/Spellbrink § 16a Rn. 49). Begriff der „Erwerbstätigkeit" erfasst auch selbstständige Tätigkeit (so auch Eicher in Eicher/Spellbrink § 16a Rn. 49; Voelzke in Hauck/Noftz SGB II, § 16e Rn. 84). Kündigungsrecht setzt voraus, dass Arbeitnehmer eine Beschäftigung auf dem allgemeinen Arbeitsmarkt aufnehmen kann. Es muss sich insoweit um eine hinreichend **konkretisierte Option** handeln. Dieses ist etwa dann der Fall, wenn bereits ein Arbeitsvertrag abgeschlossen worden ist. Bloße Möglichkeit reicht nicht (Kriterien vgl. zur Sperrzeit: BSG 20. 4. 1977 – 7 RAr 112/75, SozR 4100 § 119 Nr. 2; LSG TH 28. 3. 2000 – L 3 AL 690/98). 21

Außerordentliches **Kündigungsrecht für Arbeitgeber** zum Zeitpunkt des Endes der Förderung durch Aufhebung der Förderentscheidung. Wenn Arbeitsentgelt nicht mehr gefördert wird, soll Arbeitgeber nicht verpflichtet sein dieses weiterhin zu zahlen, allerdings nur dann, wenn **Förderung wegen des Vorliegens der Gründe nach Abs. 7 Satz 1 oder 2 aufgehoben** wird. Andere Gründe rechtfertigen keine außerordentliche Kündigung nach Abs. 8 Nr. 2. Zeitpunkt der Beendigung ist Ende der Förderung und nicht Zeitpunkt der Aufhebungsentscheidung – Aufhebungsbescheid muss allerdings nicht schon bindend geworden sein (vgl. Voelzke in Hauck/Noftz SGB II, § 16e Rn. 88). 22

VII. Ausschlussgründe (Abs. 9)

Mit der Normierung von Ausschlussgründen soll eine missbräuchliche Inanspruchnahme von Förderleistungen vermieden werden, um Wettbewerbsverzerrungen durch die Gewährung von Förderleistungen zu verhindern. Vermutung der Ausschlussgründe beinhaltet **Beweiserleichterung;** es ist ein geringer Grad an Sicherheit erforderlich, um auf Missbrauchsabsicht des Arbeitgebers schließen zu können. Arbeitgeber braucht demnach auch keinen Gegenbeweis zur Erschütterung der Vermutung zu erbringen (vgl. Eicher in Eicher/Spellbrink § 16a Rn. 29; Voelzke in Hauck/Noftz SGB II, § 16e Rn. 91). Vermutungsgründe sind: 1) **Beendigung** eines **anderen Beschäftigungsverhältnisses**, um Beschäftigungszuschuss zu erhalten und 2) bisher für das Beschäftigungsverhältnis erbrachte **Förderung ohne besonderen Grund nicht in Anspruch nehmen.** Zu 1): Ausschließlich zeitlicher Zusammenhang reicht nicht. Es müssen Anhaltspunkte hinzukommen, dass ursächlicher Zusammenhang zwischen der Beendigung des Arbeitsverhältnisses mit anderem Arbeitnehmer und Einstellung des erwerbsfähigen Hilfebedürftigen besteht und Beendigung erfolgt ist, weil der Arbeitgeber die Absicht hatte den Beschäftigungszuschuss zu erlangen. Es genügt jede Form der Beendigung des Beschäftigungsverhältnisses. Nachweis allerdings bei Arbeitnehmerkündigung schwierig zu führen. Beweislosigkeit geht zu Lasten des Grundsicherungsträgers. Zu 2) Andere Förderung soll nicht durch Förderung nach § 16e 23 ersetzt werden. Allerdings muss andere Förderung bereits beansprucht worden sein. Wenn Arbeitgeber besonderen Grund „für Nichtmehrinanspruchnahme" der anderen Förderung hat, dann steht vorherige Förderung Leistungen nach § 16e nicht entgegen. Gilt auch wenn andere Förderleistungen keine hinreichend Aussicht auf dauerhafte Eingliederung des Leistungsberechtigten bieten (vgl. Eicher in Eicher/Spellbrink § 16a Rn. 28; Voelzke in Hauck/Noftz SGB II, § 16e Rn. 97).

§ 16 f Freie Förderung

(1) [1]Die Agentur für Arbeit kann bis zu 10 Prozent der nach § 46 Absatz 2 auf sie entfallenden Eingliederungsmittel für Leistungen zur Eingliederung in Arbeit einsetzen, um die Möglichkeiten der gesetzlich geregelten Eingliederungsleistungen durch freie Leistungen zur Eingliederung in Arbeit zu erweitern. [2]Die freien Leistungen müssen den Zielen und Grundsätzen dieses Buches entsprechen.

(2) [1]Die Ziele der Maßnahmen sind vor Förderbeginn zu beschreiben. [2]Eine Kombination oder Modularisierung von Maßnahmeinhalten ist zulässig. [3]Die Maßnahmen dürfen gesetzliche Leistungen nicht umgehen oder aufstocken. [4]Ausgenommen hiervon sind Maßnahmen für Langzeitarbeitslose, bei denen in angemessener Zeit von in der Regel sechs Monaten nicht mit Aussicht auf Erfolg auf einzelne Gesetzesgrundlagen dieses Buches oder des Dritten Buches zurückgegriffen werden kann. [5]In Fällen des Satzes 4 ist ein Abweichen von den Voraussetzungen und der Förderhöhe gesetzlich geregelter Maßnahmen zulässig. [6]Bei Leistungen an Arbeitgeber ist darauf zu achten, Wettbewerbsverfälschungen zu vermeiden. [7]Projektförderungen im Sinne von Zuwendungen sind nach Maßgabe der §§ 23 und 44 der Bundeshaushaltsordnung zulässig. [8]Bei längerfristig angelegten Maßnahmen ist der Erfolg regelmäßig zu überprüfen und zu dokumentieren.

A. Normgeschichte und -zweck

1 § 16f ist durch das Gesetz zur Neuausrichtung der arbeitsmarktpolitischen Instrumente vom 21. 12. 2008 (BGBl. I, 2917) eingefügt worden:

Neu bzw. bisher § 16 Abs. 2 Satz 1 ⇒ § 16f – freie Förderung

Die Norm ist Ausdruck der Flexibilisierung der Eingliederungsleistungen (vgl. BT-Drs. 10.810, Nr. 8 zu Art 2 § 16 f.), indem es dem Grundsicherungsträger überlassen wird die Leistung dem Bedarf des einzelnen Hilfebedürftigen anzupassen. Sie ist „Ersatz" für die bisherige Vorschrift des § 16 Abs. 2 S. 1 und steht nunmehr in einem unmittelbaren Zusammenhang mit den Leistungen nach §§ 45, 46 SGB III iVm. § 16 Abs. 1 (Förderung aus dem Vermittlungsbudget und Maßnahmen zur Aktivierung und beruflichen Eingliederung). Sowohl Vermittlungsbudget, als auch freie Förderung sind nach Ansicht des Gesetzgebers passgenaue Eingliederungsleistungen. Sie gehen jedoch mit einem Verzicht auf abstrakt-generelle Regelungen einher (vgl. zu dieser Problematik im System der Grundsicherung: S. Knickrehm/Spellbrink in SRH, 4. Aufl. 2008, § 24, Rn. 4). Dieses Problem scheint im Gesetzgebungsverfahren durchaus erkannt worden zu sein. In der Gesetzesbegründung werden daher die Sicherungs- und Prüfmechanismen des § 16f besonders hervorgehoben, die eine dem Demokratieprinzip und dem darauf beruhenden Gesetzesvorbehalt (s. auch § 31 SGB I) entsprechende Regelung gewährleisten. Zu diesem Zwecke seien die grundlegenden Maßstäbe für die Leistungserbringung gesetzlich festgelegt, sei zu prüfen und dokumentieren, warum gesetzliche Regelinstrumente nicht zum erwünschten Ziel führten, sei ein Aufstockungs- und Umgehungsverbot normiert sowie eine Deckelung des Leistungsvolumens vorgesehen (BT-Drs. 16/10.810, Nr. 8 zu Art 2 § 16 f.).

2 Vorbild des § 16f war die durchaus nicht unumstrittene Vorschrift des § 10 SGB III (vgl. hierzu nur Armbrust in Spellbrink/Eicher, Kasseler Handbuch des Arbeitsförderungsrechts, 2003, § 23, Rn. 12 ff.; Leitherer in Eicher/Schlegel, SGB III, Stand 2/2007, § 10 Rn. 33; Wendtland in Gagel, SGB III, Stand 2008, § 10 Rn. 11 ff.). § 10 SGB III ist allerdings durch das Gesetz zur Neuausrichtung der arbeitsmarktpolitischen Instrumente vom 21. 12. 2008 (BGBl. I, 2917) aufgehoben worden. Zur Begründung hierfür wird im Gesetzentwurf ausgeführt, die Individualförderung durch „freie Förderung" sei in der Förderung aus dem Vermittlungsbudget (§ 45 SGB III) integriert worden. Betont wird, die vermittlungsunterstützenden Leistungen aus dem Vermittlungsbudget griffen die mit der freien Förderung gesammelten Erfahrungen auf und trügen dazu bei, dass die für die Vermittlung notwendige Unterstützung zum richtigen Zeitpunkt gewährt und den spezifischen Bedürfnissen der Arbeit- und Ausbildungsuchenden Rechnung getragen werde (BT-Drs. 16/10.810, Nr. 22 zu Art 1 § 45 Abs. 1). Bemerkenswert insoweit ist, dass die Förderung aus dem Vermittlungsbudget auch für Leistungsberechtigte nach dem SGB II in Betracht kommen kann – § 16 Abs. 1 S. 2 (Erster Abschnitt, 4. Kapitel). § 16 Abs. 3 weitet die Anwendungsmöglichkeit des § 45 Abs. 1 S. 1 SGB III zudem insofern aus, als Leistungen aus dem Vermittlungsbudget auch für die Anbahnung und Aufnahme einer schulischen Ausbildung erbracht werden können (vgl. hierzu S. Knickrehm § 16 Rn. 5).

Gleichwohl bleibt wohl für die freie Förderung im Rahmen des SGB II Raum, sowohl bei der Individualförderung, als auch der Arbeitgeber- und Projektförderung. Förderung aus dem Vermittlungsbudget nach § 45 Abs. 1 SGB III erfolgt bei der Anbahnung oder Aufnahme einer versicherungspflichtigen Beschäftigung, wenn diese zur beruflichen Eingliederung erforderlich ist. Abgesehen von der Erweiterung durch § 16 Abs. 3 SGB III geht die Freie Förderung darüber hinaus. Sie kann im Rahmen der Individualförderung auch Unterstützung bei der Eingliederung iS der Vorbereitung der Anbahnung einer versicherungspflichtigen Beschäftigung gewährleisten, solange damit keine Umgehung oder Aufstockung der Eingliederungsleistung oder anderer Leistungen nach dem SGB II erfolgt.

Mit Hilfe der Leistungen der freien Förderung können (Ermessensleistung) die „Regelleistungen" 3 der Eingliederung, also die gesetzlich festgelegten Leistungen, erweitert werden (§ 16f Abs. 1 S. 1). Eine Grenze findet diese „Erweiterung" an dem in § 16f Abs. 2 S. 3 normierten Verbot der Umgehung oder Aufstockung der gesetzlichen Leistungen. Von diesem Aufstockungs- und Umgehungsverbot kann allerdings abgewichen werden bei Langzeitarbeitslosen, bei denen in angemessener Zeit von in der Regel sechs Monaten nicht mit Aussicht auf Erfolg auf gesetzlich normierte Maßnahmen nach SGB II oder SGB III zurückgegriffen werden kann. Beschränkt wird diese Möglichkeit des Abweichens in § 16f Abs. 2 S. 5 auf die Voraussetzungen und die Förderhöhe der gesetzlich geregelten Maßnahmen. Auch in diesen Fällen verbleibt es allerdings dabei, dass die als „freie Leistung" gewährte Eingliederungshilfe den Zielen und Grundsätzen der Grundsicherung für Arbeitsuchende entsprechen muss (§ 16f Abs. 1 S. 2). Leistungen der „Freien Förderung" können sowohl Leistungsberechtigten, als auch zu ihrer Förderung Arbeitgebern (§ 16f Abs. 2 S. 6) gewährt werden. Zugleich ist Projektförderung möglich (§ 16f Abs. 2 S. 7), soweit mittelbar Begünstigter ein SGB II-Leistungsberechtigter ist.

B. Kommentierung im Einzelnen

I. Leistungen der freien Förderung (Abs. 1)

1. Leistungsträger. Leistungsträger der freien Förderung sind die AA und die Optionskommunen. Letzteres folgt aus dem Verweis in § 16f Abs. 1 S. 1 Halbsatz 1 auf § 46 Abs. 2, der nach § 6b Abs. 2 S. 2 für die zugelassenen kommunalen Träger entsprechend anzuwenden ist (vgl. zur Kostentragung durch den Bund: Rixen in Eicher/Spellbrink 2. Aufl., 2008, § 6b Rn. 5). Die Möglichkeiten der freien Förderung stehen den Kommunen im Rahmen ihrer Leistungen nach § 16a nicht zu; der Leistungskatalog des § 16a darf nicht durch Leistungen nach § 16f ergänzt werden (vgl. auch S. Knickrehm § 16a, Rn. 1; aA Voelzke in Hauck/Noftz, SGB II, § 16f Rn. 39), da ansonsten ein Verstoß gegen das Umgehungsverbot des § 16f Abs. 2 S. 3 SGB II gegeben wäre (vgl. auch BT-Drs. 16/10.810, Nr. 5 zu Art 2 § 16a).

2. Umfang des Leistungsvolumens. Die Höhe des insgesamt zur Verfügung stehenden Volumens für Leistungen nach § 16f besteht aus einem prozentualen Anteil von bis zu 10 vH des nach den Regeln des § 46 Abs. 2 ermittelten „Budgets" (Erhöhung von 2 auf 10% während des Gesetzgebungsverfahrens [Beschlussempfehlung des Ausschusses für Arbeit und Soziales v. 3. 12. 2008], mit der Begründung des Erfordernisses eines weiterreichenden Gestaltungsspielraums, vgl. BT-Drs. 16/11.233, S. 17.). Mittel zur Gewährung „freier Förderung" sind mithin keine Zusätzlichen. Freie Eingliederungsleistungen sind vielmehr aus dem bereits vorhandenen „Topf" der Mittel für Eingliederungsleistungen, also den gesetzlich normierten Leistungen zu finanzieren. Es muss demnach, soll das Instrumentarium der freien Förderung eingesetzt werden, von den einzelnen Träger an anderer Stelle „umgeschichtet oder eingespart" werden (vgl. zu § 10 SGB III, Leitherer in Eicher/Schlegel, SGB III, Stand 2/2006, § 10 Rn. 30). Grundlage für die Ermittlung der Höhe des „Eingliederungsbudgets" ist § 46 Abs. 1. Nach § 46 Abs. 1 S. 1 trägt der Bund die Aufwendungen der Grundsicherung für Arbeitsuchende, soweit die Leistungen von der BA (oder der Optionskommune, s. Rn. 4) erbracht werden. Die Höhe des Volumens für Eingliederungsleistungen kann pauschaliert werden (§ 46 Abs. 1 S. 4) und Mittel für die Erbringung von Eingliederungsleistungen werden in einem Gesamtbudget veranschlagt (§ 46 Abs. 1 S. 5). Der Bund kann dann wiederum festlegen, nach welchem Maßstäben diese Mittel auf die AA zu verteilen sind (§ 46 Abs. 2 S. 1). Nach § 46 Abs. 2 S. 2 werden bei der Zuweisung der Mittel zur einzelnen Agentur die Zahl der erwerbsfähigen Bezieher von Leistungen zur Grundsicherung zugrunde gelegt (Erwerbsfähigenanteil). Andere oder ergänzende Verteilungsmaßstäbe für Eingliederungsleistungen (zB Ab- und Zuschläge nach der Grundsicherungsquote = zahlenmäßiges Verhältnis der erwerbsfähigen Bezieher von Leistungen der Grundsicherung für Arbeitsuchende zur Anzahl der Personen im erwerbsfähigen Alter pro Agentur und zugelassenem kommunalen Träger) können durch die auf Grund der Ermächtigungsgrundlage des § 46 Abs. 2 S. 4 erlassene „Verordnung über und ergänzende Maßstäbe für die Verteilung der Mittel für Leistungen der Eingliederung in Arbeit und der Verwaltungskosten der Grundsicherung für Arbeitsuchende im Jahr 2009" (EinglMV 2009; vom 16. Dezember 2008, BAnz. 2008 Nr. 197 S. 4733; EinglMV ist bisher jährlich erlassen worden – BGBl. I, 2004, S. 3645; BGBl. I, 2005, S. 3695; BGBl.

I, 2006, S. 3190; BAnz 2007, S. 8377) festgelegt werden (vgl. zu den Einzelheiten Oppermann in Eicher/Spellbrink, § 46 Rn. 12). Hier Berechnung nach dem in § 1 der EinglMV 2011 (BAnz 2010, Nr 197, 4331) festgelegten Verteilungsschlüssel und dem im Bundeshaushalt veranschlagten Ansatz für Leistungen der Eingliederung (BT-Drs. 16/10.810, Nr. 8 zu Art 2 § 16 f.). Bereits aus der Formulierung von § 16 f Abs. 1 S. 1 folgt, dass der Anteil von 10% an den zur Verfügung stehenden Eingliederungsmitteln nicht überschritten werden darf, jedoch unterschritten werden kann.

6   **3. Inhalt der Leistungen aa) Erweiterung (Abs. 1 Satz 1).** Durch die Leistungen der „freien Förderung" wird dem Leistungsträger die Möglichkeit an die Hand gegeben, unter Ausübung pflichtgemäßen Ermessens (vgl. Rn. 8), den gesetzlich vorgesehenen Katalog der Eingliederungsleistungen, der jedenfalls soweit es Leistungen nach § 16 Abs. 1 S. 2 iVm. §§ 45, 46 SGB III betrifft ohnehin nicht abschließend ist, nochmals zu erweitern. Wie sich bereits aus dem Wortlaut ergibt, ist der einzelne Leistungsträger bei der Wahl der Mittel frei. Aus dem systematischen Zusammenhang ergibt sich jedoch, dass es sich um Leistungen zur Eingliederung handeln muss, also Leitungen die letztendlich dazu angetan sind Hilfebedürftigkeit „aktiv" zu überwinden und damit eine Gewährung von Leistungen zur Sicherung des Lebensunterhalts überflüssig zu machen. Die Begrenzung der „Freiheit" erfolgt einerseits durch die Grundsätze der Ermessensausübung und des Gleichheitsgrundsatzes sowie andererseits durch § 16 f Abs. 1 S. 2. Auch die „freien" Leistungen müssen den Zielen und Grundsätzen des SGB II entsprechen (s. § 3 SGB II; s. auch Rn. 7). Zugleich wird die Möglichkeit der Erweiterung auch durch das begrenzte zur Verfügung stehende finanzielle Leistungsvolumen eingeschränkt. Der Leistungsträger kann nur bis zu zehn Prozent der nach § 46 Abs. 2 auf ihn entfallenden Eingliederungsmittel für freie Leistungen zur Eingliederung in Arbeit einsetzen (s. Rn. 5). Als weitere Grenze ist das Verbot der Umgehung und Aufstockung (§ 16 f Abs. 2 S. 3) zu beachten. Andererseits „genehmigt" § 16 f (Abs. 1 Abs. S. 2) eine Kombination und Modularisierung von Leistungsinhalten. Ebenfalls aus dem systematischen Standort des § 16 f sowie dem Wortlaut des § 16 f Abs. 1 S. 1 folgt, dass freie Leistungen alle Bereiche der gesetzlichen Eingliederungsleistungen, wie sie in §§ 16 ff. normiert sind erweitern können. Nicht zulässig ist hingegen, wenn die Leistungsvoraussetzungen oder die Leistungen selbst nur modifiziert werden (vgl. hierzu Eicher in Eicher/Spellbrink § 16 Rn. 177); s. aber Abs. 2 Satz 2 (Rn. 10). Zu denken ist etwa an völlig neue Eingliederungsmodelle und Hilfen. Leistungen der „freien Förderung" nach dem SGB II stehen Leistungen der gesetzlichen Eingliederungsförderung gleich. Die Notwendigkeit einer Differenzierung, wie wen BSG für die Leistungen nach § 10 SGB III im Hinblick auf die rechtliche Einordnung oder Bewertung in anderem Zusammenhang erkannt (vgl. BSG 26. 5. 2004 – B 12 AL 4/03 R, SozR 4–2500 § 5 Nr. 2; 19. 1. 2005 – B 11a/11 AL 17/04 R, SozR 4–4300 § 196 Nr. 2; vgl. hierzu auch ausführlich Leitherer in Eicher/Schlegel, SGB III, Stand 2/2006, § 10 Rn. 32) erschließt sich für das SGB II nicht. Es ist auszuschließen, dass als Geldleistungen der freien Förderung Alg II oder Sozialgeld gewährt werden. Anderenfalls würde gegen das Umgehungs- und Aufstockungsverbot des § 16 f Abs. 2 S. 3 verstoßen. Weitere Geldleistungen nach dem SGB II (zB Einstiegsgeld – § 16b) entfalten jedoch keine anspruchsbegründende oder -erhöhende Wirkung in Bezug auf andere Sozialleistungen, so dass die Bedenken des BSG für freie Förderleistungen nach dem SGB II nicht greifen. Leistungen der freien Förderung können dem Leistungsberechtigten selbst, aber auch Arbeitgebern (§ 16 f Abs. 2 S. 5) gewährt werden. Der Grundsicherungsträger kann Träger mit der Durchführung von Maßnahmen beauftragen. Ist das der Fall sind das wettbewerbsrechtliche Vergabeverfahrens (§§ 97 ff. GWB) oder die Grundsätze der öffentlichen Ausschreibung zwingend einzuhalten.

7   **4. Kompatibilität mit den Zielen und Grundsätzen des SGB II (Abs. 1 Satz 2).** Die freien Eingliederungsleistungen müssen den Zielen und Grundsätzen des SGB II entsprechen. Die wesentlichen Ziele der Eingliederung nach dem SGB II ergeben sich aus § 3. Demnach müssen auch die freien Eingliederungsleistungen dem Ziel der Vermeidung, Beseitigung, Verkürzung oder Verminderung von Hilfebedürftigkeit (§ 3 Abs. 1 S. 1) dienen, wobei Vorrang solche Maßnahmen haben, die die unmittelbare Aufnahme einer Erwerbstätigkeit ermöglichen (§ 3 Abs. 1 S. 3). Diese Grundsatzentscheidungen des Gesetzgebers dürfen nach der Gesetzesbegründung nicht durch Leistungen der freien Förderung unterlaufen werden. Daneben bedeutet Hinweis in Abs. 1 Satz 2, dass freie Förderung nur dann erfolgen darf, wenn die sonstigen Leistungsvoraussetzungen des § 7 SGB II gegeben sind (insb. Hilfebedürftigkeit und Erwerbsfähigkeit – Leistungen an erwerbsunfähige Mitglieder der Bg nur unter den Voraussetzungen des § 7 Abs. 2). Aber auch den Grundsatzentscheidungen des Gesetzgebers zur Arbeitsmarktpolitik, wie sie sich aus dem SGB III ergeben, darf nicht zu wider gehandelt werden. Dieses folgt aus dem Verweis in § 16 Abs. 1 auf die Leistungen nach dem SGB III. Mit diesem Verweis inkooperiert der Gesetzgeber die Grundsätze der im SGB III niedergelegten Arbeitsmarktpolitik (vgl. hierzu BT-Drs. 16/10.810, Nr. 5 zu Art 2 § 16).

8   **5. Ermessensleistung.** Die Gewährung freier Förderleistungen steht im Ermessen des Grundsicherungsträgers. Der Leistungsträger hat die allgemeinen Grundsätze der pflichtgemäßen Ermessensausübung zu beachten (§ 39 SGB I). Verwirklichung des Gleichbehandlungsgrundsatzes problematisch, da einerseits freie Förderung den Besonderheiten des Einzelfalls angepasst sein soll und

andererseits auch regionale Unterschiede zu berücksichtigen sind (s. Struktur der Argen und Optionskommunen als Leistungsträger „vor Ort"). Ein Anspruch auf Leistungen der freien Förderung besteht nicht. Sowohl Entschließungs-, als auch Auswahlermessen des Leistungsträgers. Allerdings Begrenzung der Ermessensentscheidung durch Kompatibilität des „Ob" sowie des „Wie" mit den Zielen des SGB II, den Grundsätzen der Arbeitsmarktpolitik und des Umgehungs- oder Aufstockungsverbots.

II. Grundsätze (Abs. 2)

1. Beschreibung der Ziele zu Förderbeginn (Satz 1). Abs. 2 Satz 1 steht in engem Zusammenhang mit Abs. 2 Satz 8 (s. Rn. 15). Die Beschreibung der Ziele zu Förderbeginn gewährleistet die Überprüfbarkeit der Zielsetzung im Verlaufe der Maßnahme, aber auch eine Erfolgskontrolle, wie sie bei längerfristig angelegten Maßnahmen vorgesehen ist. Auch für den Hilfebedürftigen selbst hat die Obliegenheit der Verwaltung zur Beschreibung der Ziele zu Förderbeginn eine Kontrollfunktion; ggf. sogar im Hinblick auf eine Rechtfertigung im Falle einer drohenden Sanktion nach § 31 Abs. 1. Dieses betrifft nicht nur Maßnahmen iSd. Abs. 2 Satz 8, sondern auch kurzfristige oder einmalige Eingliederungsleistungen. Kommt der Leistungsträger seiner Obliegenheit insoweit nicht nach und macht der Leistungsberechtigte geltend, er nehme die freie Eingliedermaßnahme nicht wahr, weil sie für ihn zu keinem erkennbar sinnvollen Ziel führe (wichtiger Grund), so kann der Leistungsträger eine Minderung des Alg II nicht auf eine Pflichtverletzung des Hilfebedürftigen iSv. § 31 Abs. 1 Nr. 2 oder Nr. 3 SGB II stützen. 9

2. Kombination und Modularisierung (Satz 2). Abs. 2 Satz 2 modifiziert den Begriff der „Erweiterung" in Abs. 1 Satz 1 sowie das Umgehung- und Aufstockungsverbot des Abs. 2 Satz 3 in dem Sinne, dass Maßnahmeinhalte kombiniert und modularisiert werden dürfen. Weder Kombination, noch Modularisierung sind daher als Umgehung oder Aufstockung zu verstehen. Allerdings darf wohl auch mit der Kombination oder Modularisierung keine versteckte Umgehung oder Aufstockung erfolgen. Inwieweit dieses der Fall ist, ist unter Berücksichtigung aller Umstände des Einzelfalls zu beurteilen. 10

3. Verbot von Umgehung und Aufstockung gesetzlicher Leistungen (Satz 3). Keine Erhöhung der Regelleistung durch Leistungen der freien Förderung, weder der Leistungen zur Sicherung des Lebensunterhalts, noch etwa Mehraufwandsentschädigung nach § 16 d. Freie Förderung nur, wenn Leistungsberechtigung nach § 7 SGB II gegeben ist. Grundsätzlich keine Gewährung anderweitig gesetzlich normierter Eingliederungsleistungen nach § 16 f, auch keine „Aufstockung" in zeitlicher Hinsicht. Nach der Gesetzesbegründung, sollen insb. dort, wo der Gesetzgeber Fördervoraussetzungen, Zielgruppen, Art und Umfang sowie Qualitätsanforderungen für Eingliederungsleistungen geregelt habe, keine Leistungen der freien Förderung eingesetzt werden, um dem Zwecke nach gleichgerichtete Eingliederungsleistungen zu erbringen. Betont wird, dass die Entscheidung bestimmte Eingliederungsleistungen für erwerbsfähige Leistungsberechtigte ausschließlich aus Beitragsmitteln der BA zu erbringen, nicht unterlaufen werden dürfe (BT-Drs. 16/10.810, Nr. 8 zu Art. 2 § 16 f.). Auch keine Finanzierung kommunaler Leistungen (s. Rn. 4). In der Gesetzesbegründung werden als gegen das Umgehungs- und Aufstockungsverbot verstoßende Maßnahmen benannt: Gewährung von Arbeitgeberzuschüssen in anderer als in §§ 217 ff. SGB III geregelter Förderhöhe, für einen anderen als den gesetzlich festgelegten Förderzeitraum oder unter Umgehung der Nachbeschäftigungspflicht. Auch eine Ausweitung der im Gesetz genannten Zielgruppen sei, so die Gesetzesbegründung verboten, wenn dadurch etwa nicht förderungsbedürftige Jugendliche iSd. § 245 SGB III Eingliederungsleistungen über die freie Förderung erhalten würden (BT-Drs. 16/10.810, Nr. 8 zu Art. 2 § 16 f.). Eine Ausnahme vom Umgehungs- und Aufstockungsverbot gilt unter den Voraussetzungen des Abs. 2 Satz 4 nur für Langzeitarbeitslose (s. Rn. 12). Durch freie Förderung darf auch SGB III-Leistung, die über § 16 Abs. 1 S. 2 gewährt wird nicht umgangen oder modifiziert werden – also keine Fahrtkostenerstattung in durch den Grundsicherungsträger frei bestimmbarer Höhe, wenn Weiterbildungsleistung (§ 77 SGB III) bewilligt. Dann ist Fahrtkostenerstattung nach § 81 SGB III iVm § 5 BRKG zu gewähren (gebundene Entscheidung – s. BSG 6. 4. 2011 – B 4 AS 117/10 R). 11

4. Ausnahmen (Satz 4 und 5). Das Umgehungs- und Aufstockungsverbot gilt nicht für Langzeitarbeitslose, bei denen in angemessener Zeit von in der Regel sechs Monaten nicht mit Aussicht auf Erfolg auf gesetzliche Maßnahmen der Eingliederung nach dem SGB II oder SGB III zurückgegriffen werden kann. Langzeitarbeitslose sind nach § 18 Abs. 1 SGB III die Arbeitslosen, die ein Jahr und länger arbeitslos sind. Die Grundsätze des § 18 Abs. 2 SGB III sind entsprechend anzuwenden (vgl. auch S. Knickrehm, § 16 e Rn. 6). Für den Anspruch auf Eingliederungsleistungen nach dem SGB II müssen auch die in diesem Sinne Langzeitarbeitslosen die Voraussetzungen des § 7 SGB II erfüllen. Hingegen sind die Voraussetzungen des § 16 SGB III für Hilfebedürftige nach dem SGB II zu modifizieren (sinngemäße Anwendung von § 16 SGB III nach § 53 a Abs. 1). Auch bei Langzeit- 12 arbeitslosen iSd. § 16f Abs. 2 S. 4 und 5 wird zwar davon auszugehen sein, dass sie vorübergehend, also mehr als zwölf Monate nicht in einem Beschäftigungsverhältnis gestanden haben dürfen. Verfügbarkeit ist jedoch keine Voraussetzung für den Leistungsbezug nach dem SGB II, obwohl letztlich unterstellt wird, dass jeder erwerbsfähige Leistungsberechtigte grundsätzlich arbeitsuchend ist, also die Hilfebedürftigkeit durch eine iSd. § 10 SGB II zumutbare abhängige oder selbstständige Tätigkeit beenden will. Im Hinblick darauf, dass „Langzeitarbeitslosigkeit" an einem „Anfangspunkt" zu messen ist, wird auf das Erfordernis des § 16 Abs. 1 Nr. 3 SGB III zurückzugreifen sein, die Meldung bei der AA oder im Falle der langzeitigen Hilfebedürftigkeit bei dem zuständigen SGB II-Leistungsträger. Nach § 16f Abs. 2 Satz 5 wird das Umgehungs- oder Aufstockungsverbot für diesen Personenkreis und unter der Bedingung, dass nicht kurzfristig auf eine geeignete gesetzliche Maßnahme zurück gegriffen werden kann, insoweit außer Kraft gesetzt, als es die Voraussetzungen und die Förderhöhe der gesetzlich geregelten Maßnahmen betrifft, also den Kernbereich des Umgehungs- und Aufstockungsverbots. Diese auf Grund des Vorschlags des Ausschusses für Arbeit und Soziales (11. Ausschuss) in das Gesetz zur Neuausrichtung arbeitsmarktpolitischer Instrumente übernommene Regelung soll dazu dienen, dass Langzeitarbeitslosen frühzeitig eine Leistung oder Maßnahme der freien Förderung zur Verfügung gestellt werden kann (BT-Drs. 16/11.233, S. 17).

13   **5. Leistungen an Arbeitgeber (Satz 6).** Neben den Leistungen zur Beschäftigungsförderung nach § 16e (zu den Einzelheiten s. S. Knickrehm, § 16e) können auch im Rahmen der freien Förderung Leistungen zur Eingliederung erwerbsfähiger Hilfebedürftiger an Arbeitgeber erbracht werden. Leistungen an Arbeitgeber unterliegen dem Verbot von Wettbewerbsverfälschungen. Mit dieser Regelung will der Gesetzgeber dem europäischen Beihilferecht (Art. 87 bis 89 EGV) Geltung verschaffen. Daneben gilt auch für Arbeitgeberleistungen das Umgehungs- und Aufstockungsverbot. Insoweit wird in der Gesetzesbegründung ausdrücklich darauf hingewiesen, dass eine Aufstockung oder Umgehung der in §§ 217ff. SGB III geregelten Arbeitgeberzuschüsse unzulässig sei, um Mitnahmeeffekte und Wettbewerbsverfälschungen zu vermeiden (BT-Drs. 16/10.810, Nr. 8 zu Art. 2 § 16f.).

14   **6. Projektförderung (Satz 7).** Wie es bereits nach § 10 Abs. 1 Satz 4 SGB III möglich war, kann auch im Rahmen der freien Förderung nach dem SGB II Projektförderung betrieben werden. Es soll dem Leistungsträger die Möglichkeit eröffnete werden sowohl Programme anderer Träger iSd. § 21 SGB III mit zu finanzieren, als auch Projekte in eigener Trägerschaft durchzuführen. Aus dem Verweis auf §§ 23 und 44 BHO folgt, dass vor der Projektförderung die Voraussetzungen des Zuwendungsrechts zu prüfen sind. Dieses bedeutet, dass Zuwendungen an Projekte nur erfolgen dürfen, wenn ein erhebliches Interesse hieran – zB im Sinne der Möglichkeit durch dieses Projekt schwer vermittelbare erwerbsfähige Hilfebedürftige der Eingliederung in den Arbeitsmarkt zu ermöglichen – besteht, welches ohne die Zuwendungen an das Projekt nicht oder nicht im notwendigen Umfang befriedigt werden kann (§ 23 BHO). In der Gesetzesbegründung zu § 16f wird darauf hingewiesen, dass wegen der Komplexität des Zuwendungsrechts die Durchführung rechtmäßiger Projektförderung schwierig sei, so dass angeraten werde Abwicklungs- bzw. Abrechnungsstellen zu errichten (BT-Drs. 16/10.810, Nr. 8 zu § 16f.).

15   **7. Überprüfung und Dokumentation bei längerfristig angelegten Maßnahmen (Satz 8).** Die auf Anregung des Ausschusses für Arbeit und Soziales (11. Ausschuss) eingefügte Regelung ist an die Stelle der im ursprünglichen Gesetzentwurf vorhandenen zeitlichen Begrenzung der Maßnahmen der freien Förderung auf maximal 24 Monate (vgl. BT-Drs. 16/10.810, Nr. 8 zu Art. 2 § 16f.) getreten. Als Korrektiv, um zu vermeiden, dass Teilnehmer nunmehr langfristig in arbeitsmarktpolitischen Maßnahmen „verharren", ist die Verpflichtung zur regelmäßigen Erfolgskontrolle und Dokumentation getreten (vgl. BT-Drs. 16/11.233, S. 17). Wenn auch die Verpflichtung zur Erfolgskontrolle und Dokumentation nach Satz 8 nur für längerfristig angelegte Maßnahmen ausdrücklich geregelt ist, so folgt hieraus nicht, dass eine Erfolgskontrolle nicht auch bei kurzzeitigen oder einmaligen Leistungen zu erfolgen hat. Die in Abs. 2 Satz 1 benannte Obliegenheit des Grundsicherungsträgers zur Beschreibung der Ziele der Maßnahmen vor Förderbeginn (s. Rn. 9) impliziert – soll sie einen Sinn ergeben, sowohl die normative, als auch die tatsächliche Kontrolle.

§ 16g Förderung bei Wegfall der Hilfebedürftigkeit

(1) ¹Entfällt die Hilfebedürftigkeit der oder des Erwerbsfähigen während einer Maßnahme zur Eingliederung, kann sie weiter gefördert werden, wenn dies wirtschaftlich erscheint und die oder der Erwerbsfähige die Maßnahme voraussichtlich erfolgreich abschließen wird. ²Die Förderung soll als Darlehen erbracht werden.

(2) ¹Für die Dauer einer Förderung des Arbeitgebers oder eines Trägers durch eine Geldleistung nach § 16 Absatz 1, § 16d Satz 1 oder § 16e können auch Leistungen nach dem Dritten Kapitel und § 46 Absatz 1 Satz 1 Nummer 5 des Dritten Buches oder nach § 16a Nummer 1 bis 4 und § 16b erbracht werden, wenn die Hilfebedürftigkeit der oder

des Erwerbsfähigen aufgrund des zu berücksichtigenden Einkommens entfallen ist. ²Während der Förderdauer nach Satz 1 gilt § 15 entsprechend.

A. Normgeschichte

§ 16g ist durch das Gesetz zur Neuausrichtung der arbeitsmarktpolitischen Instrumente vom 21. 12. 2008 (BGBl. I, 2917, 2929) eingefügt worden. Die bisherigen Regelungen des § 16 Abs. 4 und 5 zur weiteren Förderung bei Wegfall der Hilfebedürftigkeit sind in der Regelung des § 16g zusammengefasst und an die neue Strukturierung der Eingliederungsleistungen angepasst worden (BT-Drs. 16/10.810, Nr. 8 zu Art. 2 § 16g). Nach § 16 Abs. 4 lag die Weiterförderung als Darlehen im Ermessen des Grundsicherungsträgers. Nunmehr soll die Förderung als Darlehen erbracht werden.

bisher § 16 Abs. 4 und 5 ⇒ § 16g – Förderung bei Wegfall der Hilfebedürftigkeit

Die Vorschrift ist durch Art. 2 Nr. 31 RegelbedarfsÄndG mit Wirkung zum 1. 4. 2011 iS des Gender Mainstreaming angepasst worden (BGBl I, 453).

B. Kommentierung im Einzelnen

I. Darlehensweise Weiterförderung (Abs. 1)

Entfällt im Verlaufe der Maßnahme die Hilfebedürftigkeit, kann die Maßnahme weiter gefördert werden. Dadurch wird gewährleistet, dass Teilnehmer **Maßnahme beenden** kann und die **Weiterfinanzierung sicher gestellt** ist. Bedingungen für Weiterförderung nach § 16g Abs. 1 sind: Weiterförderung muss wirtschaftlich sein und der Teilnehmer muss die Maßnahme prognostisch **erfolgreich abschließen**. Die Weiterförderung soll durch Darlehen erfolgen (Satz 2), sie kann mithin im Einzelfall (Atypik) abweichend vom Regelfall als Zuschuss erbracht werden (vgl. BT-Drs. 16/10.810, Nr. 8 zu Art. 2 § 16g). Entfällt die Hilfebedürftigkeit nur vorübergehend, beispielsweise durch einmalige Einnahme, dürfte zumindest ein atypischer Fall gegeben sein (Eicher in Eicher/Spellbrink wollte für diesen Fall eine Ausnahme von § 16 Abs. 4 machen, § 16 Rn. 249a – beachte aber Verhältnis zu §§ 11, 13). Auf Grund der Rückzahlungsverpflichtung, die mit der darlehensweisen Weiterförderung verbunden ist, greift die Regelung allerdings nur dann, wenn der Teilnehmer damit einverstanden ist. „Ob" der Weiterförderung steht im **Ermessen** des Leistungsträgers, nicht hingegen der Umfang der Leistungsgewährung. Insoweit ist durch das Wegfallen der Hilfebedürftigkeit keine Änderung eingetreten. Bedingungen und Konditionen des **Darlehens** sind in § 16g nicht ausdrücklich normiert – es gilt nunmehr § 42a. Hier allerdings Modifizierung iS der vorangegangenen Ausführungen insoweit erforderlich, als nach § 42a Abs. 1 Darlehen nur bei Hilfebedürftigkeit erbracht werden und nach Abs. 4 nach Beendigung des Leistungsbezugs nicht getilgter Darlehensbetrag sofort fällig wird. Hieraus folgt auch, dass eine Verzinsung oder Forderung einer Sicherheitsleistung für Leistungen iS des § 16g ausgeschlossen sind. Darlehensgewährung durch VA oder öffentlich-rechtlichen Vertrag zwischen Teilnehmer und Grundsicherungsträger. Insoweit § 42a Abs. 4 S. 2 von besonderer Bedeutung.

Weiterförderung nach § 16g Abs. 1 betrifft grundsätzlich alle **Maßnahmen** nach §§ 16ff. Allerdings nur Maßnahmen, die nicht auch nach dem SGB III (ohne entsprechende Vorversicherungszeit) förderungsfähig sind. Umgekehrt bedeutet dieses, dass Entfallen der Hilfebedürftigkeit dann eine Weiterförderung nach dem SGB III zuzulassen ist (vgl. Eicher in Eicher/Spellbrink § 16 Rn. 247; Voelzke in Hauck/Noftz SGB II, § 16g Rn. 10). Abgrenzung erfolgt nach § 22 Abs. 4 SGB III über das Kriterium der „Hilfebedürftigkeit". Regelung betrifft ansonsten alle Maßnahmen, die nicht nur als einmalige Leistung gewährt werden und durch die nicht die Hilfebedürftigkeit durch die Erzielung von Arbeitsentgelt beendet worden ist. Voelzke vertritt darüber hinaus – bestätigt durch § 16g Abs. 2 – die Auffassung, dass Eingliederungsleistungen, die von vornherein auf eine Fortsetzung nach der Beendigung der Hilfebedürftigkeit angelegt sind, nicht dem Anwendungsbereich des § 16g Abs. 1 unterfielen (Voelzke in Hauck/Noftz SGB II, § 16g Rn. 19; so auch Eicher In Eicher/Spellbrink § 16 Rn. 250; Harks in Juris-PK-SGB II, § 16 Rn. 118; Niewald in LPK-SGB II § 16 Rn. 72). Als Beispiele benennt er ua. Einstiegsgeld und Arbeitsgelegenheiten nach § 16d. Regelung des § 16g Abs. 1 ist – soweit es die Weiterförderung durch Darlehen betrifft – nur für Leistungen an den Hilfebedürftigen anzuwenden. Die ansonsten ggf. vorzunehmende Weiterförderung durch darlehensweise zu gewährende Zuschüsse an einen Arbeitgeber oder Träger dürfte nicht im Interesse dieser Leistungsempfänger liegen.

Einschätzungsprärogative des Leistungsträgers, ob **Weiterführung** der Maßnahme wirtschaftlich, denn nach dem Wortlaut von § 16g Abs. 1 S. 1 muss die Weiterführung **wirtschaftlich** „erscheinen". Komplexe Abschätzung, die nicht durch die Gerichte erfolgen kann. Erforderlich ferner Prognose – ohne Beurteilungsspielraum des Leistungsträgers – des **erfolgreichen Abschlusses** der

Maßnahme. Abschluss muss nicht zwingend Prüfung sein – planmäßige Beendigung reicht. Prognosezeitpunkt ist der Erlass des Widerspruchsbescheides. Allerdings muss Prognose des erfolgreichen Abschlusses bereits vor Antritt der Maßnahme geprüft worden sein, so dass es idR nur auf Veränderungen im Verlaufe der bisherigen Durchführung der Maßnahme oder ggf. durch die Beendigung der Hilfebedürftigkeit ankommen kann (zB Eingliederung in den allgemeinen Arbeitsmarkt mit einer Arbeitszeit, die die weitere Teilnahme an einer Maßnahme nicht zulässt).

II. Eingliederungsleistungen nach Entfallen der Hilfebedürftigkeit (Abs. 2)

5   Regelung betrifft Weiterförderung bestimmter Eingliederungsmaßnahmen, wenn die Hilfebedürftigkeit des Teilnehmers der Eingliederungsmaßnahme durch die subventionierte Geldleistung eines Arbeitgebers oder Maßnahmeträgers entfallen ist. Weiterförderung allerdings nur dann, wenn Hilfebedürftigkeit durch eine Geldleistung nach § 16 Abs. 1, § 16 d Satz 1 oder § 16 e entfällt. Geldleistungen aus Arbeitsgelegenheit mit Mehraufwandsentschädigung nach § 16 d Satz 2 führen nicht zur Weiterförderung. Dieses ist auch nicht notwendig, denn durch Aufwandsentschädigung kann von vornherein Hilfebedürftigkeit nicht entfallen (vgl. S. Knickrehm § 16 d Rn. 5). Eingliederungsleistungen, die weiter gewährt werden können: Leistungen nach dem 3. Kapitel des SGB III – Folge lediglich, dass ein Trägerwechsel nicht eintritt; Leistungen nach § 16 a Nr. 1 bis 4; Einstiegsgeld nach § 16 b I nur dann, wenn dem Arbeitnehmer für die Aufnahme einer Beschäftigung, für die gleichzeitig Arbeitgeber oder Träger durch eine Geldleistung gefördert wird, ein Einstiegsgeld gezahlt wird; Leistungen zur Stabilisierung einer Beschäftigungsaufnahme nach § 46 Abs. 1 S. 1 Nr. 5 SGB III. Die Anordnung der entsprechenden Geltung des § 15 bedeutet, dass die Weiterförderung zum Bestandteil der Eingliederungsvereinbarung gemacht werden soll. Eine Sanktionierung nach § 31 Abs. 1 kommt für Leistungsgewährung nach § 16 g Ab. 2 nicht in Betracht.

§ 17 Einrichtungen und Dienste für Leistungen zur Eingliederung

(1) ¹Zur Erbringung von Leistungen zur Eingliederung in Arbeit sollen die zuständigen Träger der Leistungen nach diesem Buch eigene Einrichtungen und Dienste nicht neu schaffen, soweit geeignete Einrichtungen und Dienste Dritter vorhanden sind, ausgebaut oder in Kürze geschaffen werden können. ²Die zuständigen Träger der Leistungen nach diesem Buch sollen Träger der freien Wohlfahrtspflege in ihrer Tätigkeit auf dem Gebiet der Grundsicherung für Arbeitsuchende angemessen unterstützen.

(2) ¹Wird die Leistung von einem Dritten erbracht und sind im Dritten Buch keine Anforderungen geregelt, denen die Leistung entsprechen muss, sind die Träger der Leistungen nach diesem Buch zur Vergütung für die Leistung nur verpflichtet, wenn mit dem Dritten oder seinem Verband eine Vereinbarung insbesondere über

1. Inhalt, Umfang und Qualität der Leistungen,
2. die Vergütung, die sich aus Pauschalen und Beträgen für einzelne Leistungsbereiche zusammensetzen kann, und
3. die Prüfung der Wirtschaftlichkeit und Qualität der Leistungen

besteht. ²Die Vereinbarungen müssen den Grundsätzen der Wirtschaftlichkeit, Sparsamkeit und Leistungsfähigkeit entsprechen.

A. Normzweck

1   § 17 ist Ausdruck eines umfassenden Subsidiaritätsgedankens im Verhältnis von Grundsicherungsträgern zu anderen Einrichtungen und Diensten bei der Erbringung von Eingliederungsleistungen (vgl. Rixen in Eicher/Spellbrink, § 17 Rn. 1). Es wird einerseits die Pflicht zur Einbeziehung Dritter in die Erbringung von Eingliederungsleistungen ausbuchstabiert (§ 17 Abs. 1). Der Grundsicherungsträger soll zur Erbringung von Eingliederungsleistungen keine eigenen Einrichtungen und Dienste neu schaffen. Andererseits werden die Voraussetzungen für die Vergütung von Leistungen Dritter für die im SGB III keine Anforderungen geregelt sind (§ 17 Abs. 2) bestimmt.

B. Einbeziehung Dritter in die Leistungserbringung (Abs. 1)

2   Der Grundsicherungsträger soll sich bereits vorhandener o. in Kürze zu geschaffener o. ausgebauter Einrichtungen und Dienste bedienen, insb. der Träger der freien Wohlfahrtspflege, soweit in ihnen (Gebäude/Räumlichkeiten) oder durch sie (Organisationseinheiten) Leistungen der Eingliederung erbracht werden. Insb. die Träger und Verbände der freien Wohlfahrtspflege sollen in ihrer Tätigkeit auf dem Gebiet der Grundsicherung für Arbeitsuchende von den Grundsicherungsträgern unterstützt werden. Zu den Arten der Unterstützung s. iE Luthe in Hauck/Noftz SGB II, § 17 Rn. 23 ff.; zu den

Fördergrundsätzen, ders. aaO § 17 Rn. 29 ff. sowie Subvention und Auftrag auch im Hinblick auf europäisches Recht – Luthe, aaO, § 17 Rn. 39 ff.

C. Vergütungspflicht (Abs. 2)

Wenn von einem Dritten eine Leistung erbracht wird, für die im SGB III keine Anforderungen geregelt sind, sind Träger der Grundsicherung zur Vergütung nur verpflichtet, wenn mit dem Dritten o. seinem Verband eine den Leistungsgegenstand näher qualifizierende Vereinbarung getroffen worden ist. Zugleich ist damit die Anforderung an den Träger der Grundsicherung verbunden, bei Nichtvorhandensein einer Vereinbarung eine solche abzuschließen, die insb. den in § 17 Abs. 1 Nr. 1–3 geregelten Inhalt hat. Erfüllen die Vereinbarungen diese Anforderungen nicht, besteht keine Vergütungspflicht. Für den Grundsicherungsträger wird vorgegeben, dass die Vereinbarungen den Grundsätzen der Wirtschaftlichkeit, Sparsamkeit und Leistungsfähigkeit entsprechen müssen (vgl. zu den Grundsätzen für die Erbringung v. Eingliederungsleistungen: § 14 S. 3). 3

§ 18 Örtliche Zusammenarbeit

(1) ¹**Die Agenturen für Arbeit arbeiten bei der Erbringung von Leistungen zur Eingliederung in Arbeit unter Berücksichtigung ihrer Aufgaben nach dem Dritten Buch mit den Beteiligten des örtlichen Arbeitsmarktes, insbesondere den Gemeinden, den Kreisen und Bezirken, den Trägern der freien Wohlfahrtspflege, den Vertretern der Arbeitgeber sowie der Arbeitnehmerinnen und Arbeitnehmer sowie den Kammern und berufsständischen Organisationen zusammen, um die gleichmäßige oder gemeinsame Durchführung von Maßnahmen zu beraten oder zu sichern und Leistungsmissbrauch zu verhindern oder aufzudecken.** ²**Die örtlichen Träger der Sozialhilfe sind verpflichtet, mit den Agenturen für Arbeit zusammenzuarbeiten.**

(1a) **Absatz 1 gilt für die kommunalen Träger und die zugelassenen kommunalen Träger entsprechend.**

(2) **Die Leistungen nach diesem Buch sind in das regionale Arbeitsmarktmonitoring der Agenturen für Arbeit nach § 9 Absatz 2 des Dritten Buches einzubeziehen.**

(3) ¹**Die Agenturen für Arbeit sollen mit Gemeinden, Kreisen und Bezirken auf deren Verlangen Vereinbarungen über das Erbringen von Leistungen zur Eingliederung nach diesem Gesetz mit Ausnahme der Leistungen nach § 16 Absatz 1 schließen, wenn sie den durch eine Rechtsverordnung festgelegten Mindestanforderungen entsprechen.** ²**Satz 1 gilt nicht für die zugelassenen kommunalen Träger.**

(4) **Das Bundesministerium für Arbeit und Soziales wird ermächtigt, ohne Zustimmung des Bundesrates durch Rechtsverordnung zu bestimmen, welchen Anforderungen eine Vereinbarung nach Absatz 3 mindestens genügen muss.**

Verordnung über die Mindestanforderungen an die Vereinbarungen
über Leistungen der Eingliederung nach dem Zweiten Buch Sozialgesetzbuch
(Mindestanforderungs-Verordnung)

vom 4. November 2004, BGBl. I, 2768
BGBl. III/FNA 860-2-3

Auf Grund des § 18 Abs. 4 in Verbindung mit § 18 Abs. 3 des Zweiten Buches Sozialgesetzbuch – Grundsicherung für Arbeitsuchende – (Artikel 1 des Gesetzes vom 24. Dezember 2003, BGBl. I S. 2954, 2955), von denen § 18 Abs. 3 durch Artikel 1 des Gesetzes vom 30. Juli 2004 (BGBl. I S. 2014) geändert worden ist, verordnet das Bundesministerium für Wirtschaft und Arbeit:

*§ 1 **Grundsatz***. *Die Agenturen für Arbeit sollen mit Gemeinden, Kreisen und Bezirken ohne Vergabeverfahren auf deren Verlangen zur Durchführung der Grundsicherung für Arbeitsuchende Vereinbarungen über das Erbringen von Leistungen zur Eingliederung in Arbeit mit Ausnahme der Leistungen nach § 16 Abs. 1 des Zweiten Buches Sozialgesetzbuch schließen, wenn die Vereinbarungen den Mindestanforderungen des § 2 entsprechen.*

*§ 2 **Mindestanforderungen***. *Eine Vereinbarung über das Erbringen von Eingliederungsleistungen muss mindestens*
1. eine Beschreibung von Inhalt, Umfang und Qualität der Leistungen (Leistungsvereinbarung),
2. eine verbindliche Regelung über die Vergütung, die sich aus Pauschalen und Beträgen für einzelne Leistungsbereiche zusammensetzt (Vergütungsvereinbarung),
3. überprüfbare Anforderungen an die Überprüfung von Wirtschaftlichkeit und Qualität der Leistungen (Prüfungsvereinbarung) sowie Regelungen über Mitteilungspflicht, Befristung und Kündigung beinhalten.

§ 3 Leistungsvereinbarung. Die Leistungsvereinbarung muss die wesentlichen Leistungsmerkmale festlegen. Dies sind mindestens

1. die Beschreibung der zu erbringenden Leistung,
2. Ziel und Qualität der Leistung,
3. die Qualifikation des Personals,
4. die erforderliche räumliche, sächliche und personelle Ausstattung und
5. die Verpflichtung, im Rahmen des Leistungsangebotes Leistungsberechtigte aufzunehmen.

§ 4 Vergütungsvereinbarung. Die Vergütungsvereinbarung muss den Grundsätzen der Wirtschaftlichkeit und Sparsamkeit entsprechen. Die Gemeinde, der Kreis oder der Bezirk haben jeweils nach längstens sechs Monaten die Kosten für die erbrachten Leistungen abzurechnen.

§ 5 Prüfungsvereinbarung. Die Prüfungsvereinbarung muss mindestens das Recht der Agentur für Arbeit beinhalten, die Wirtschaftlichkeit und die Qualität der Leistung zu prüfen und mit Leistungen zu vergleichen, die von Dritten zur Erreichung des mit der Leistung verfolgten Ziels angeboten oder durchgeführt werden; sie muss insbesondere das Recht auf

1. das Betreten von Grundstücken und Geschäftsräumen während der üblichen Öffnungszeit,
2. Einsicht in maßnahmebetreffende Unterlagen und Aufzeichnungen und
3. Befragung der Maßnahmeteilnehmer zur Prüfung der Leistungen umfassen.

§ 6 Mitteilungspflicht. Eine Vereinbarung über das Erbringen von Eingliederungsleistungen muss mindestens die Verpflichtung der Gemeinde, des Kreises oder des Bezirkes enthalten, der Agentur für Arbeit alle Tatsachen mitzuteilen, von denen sie oder er Kenntnis erhält und die für die in § 31 des Zweiten Buches Sozialgesetzbuch vorgesehenen Rechtsfolgen erheblich sind.

§ 7 Befristung. Die Befristung darf fünf Jahre nicht übersteigen. Eine neue Vereinbarung darf nur abgeschlossen werden, wenn

1. die Prüfung nach § 5 ergeben hat, dass die Anforderungen an Wirtschaftlichkeit und Qualität erfüllt worden sind und
2. das mit der Leistung angestrebte Ziel auf dem Arbeitsmarkt, die Beschäftigung und die individuelle Beschäftigungsfähigkeit erreicht wurde; dies wird vermutet, wenn die erbrachten Eingliederungsleistungen in einem Leistungsvergleich unter Berücksichtigung regionaler Besonderheiten wenigstens durchschnittliche Ergebnisse erzielt haben.

§ 8 Kündigung. Eine Vereinbarung über das Erbringen von Eingliederungsleistungen muss vorsehen, dass die Vereinbarung

1. bei einer wesentlichen und voraussichtlich nachhaltigen Änderung der Verhältnisse, die im Zeitpunkt der Vereinbarung vorgelegen haben, mit einer Frist von höchstens einem Jahr und
2. aus wichtigem Grund ohne Frist gekündigt werden kann.

§ 9 Inkrafttreten. Diese Verordnung tritt am Tag nach der Verkündung in Kraft.

Die Vorschrift ist durch Art. 2 Nr. 31 RegelbedarfsÄndG mit Wirkung zum 1. 4. 2011 iS des Gender Mainstreaming angepasst worden (BGBl I, 453).

§ 18 verpflichtet zur **Zusammenarbeit** (Abs. 1) und **Kooperation** (Abs. 3) bei der Erbringung von Leistungen zur Eingliederung in Arbeit. Die Zusammenarbeit soll erfolgen zwischen einerseits den AA **(§ 18 Abs. 1 S. 1),** den kommunalen Trägern iSv. § 6 Abs. 1 S. 1 Nr. 2, § 6a **(§ 18 Abs. 1a)** bzw der für sie handelnden Arge (§ 44 b) und andererseits den Beteiligten des örtlichen Arbeitsmarktes, insb. den Gemeinden, Kreisen und Bezirken, den Trägern der freien Wohlfahrtspflege, den Vertretern der Arbeitgeber, den Vertretern der Arbeitnehmer, den Kammern, den berufsständischen Organisationen sowie den örtlichen Trägern der Sozialhilfe **(§ 18 Abs. 1 S. 2),** mit dem Ziel der Optimierung der Eingliederungsleistungen und der Bekämpfung des Leistungsmissbrauchs (z Problem der Datenübermittlung zu diesem Zweck vgl. Rixen in Eicher/Spellbrink, § 18 Rn. 4 mwN). Die Zusammenarbeit zwischen den AA und den Gemeinden (nur nicht zugelassene kommunale Träger), den Kreisen und Bezirken *soll* auf deren Verlangen auf Grundlage von Vereinbarungen über die Erbringung von Eingliederungsleistungen mit Ausnahme der Leistungen nach § 16 Abs. 1 erfolgen, wenn die Vereinbarungen den durch die oben abgedruckte Rechtsverordnung **(§ 18 Abs. 4)** festgelegten Mindestanforderungen entsprechen **(§ 18 Abs. 3).** Die Leistungen zur Eingliederung in Arbeit nach dem SGB II sind in das regionale Arbeitsmarktmonitoring iSd. § 9 Abs. 2 SGB III einzubeziehen. Nach § 9 Abs. 2 S. 5 SGB III handelt es sich bei dem Arbeitsmarktmonitoring um ein System wiederholter Beobachtungen, Bilanzierungen, Trendbeschreibungen und Bewertungen der Vorgänge auf dem Arbeitsmarkt einschließlich der den Arbeitsmarktausgleich unterstützenden Maßnahmen.

§ 18 a Zusammenarbeit mit den für die Arbeitsförderung zuständigen Stellen

¹Beziehen erwerbsfähige Leistungsberechtigte auch Leistungen der Arbeitsförderung, so sind die Agenturen für Arbeit, die zugelassenen kommunalen Träger und die gemeinsamen Einrichtungen verpflichtet, bei der Wahrnehmung der Aufgaben nach diesem Buch mit den für die Arbeitsförderung zuständigen Dienststellen der Bundesagentur für Arbeit eng zusammenzuarbeiten. ²Sie unterrichten diese unverzüglich über die ihnen insoweit bekannten, für die Wahrnehmung der Aufgaben der Arbeitsförderung erforderlichen Tatsachen, insbesondere über
1. die für erwerbsfähige Leistungsberechtigte, die auch Leistungen der Arbeitsförderung beziehen, vorgesehenen und erbrachten Leistungen zur Eingliederung in Arbeit,
2. den Wegfall der Hilfebedürftigkeit bei diesen Personen.

Geändert durch Gesetz zur Weiterentwicklung der Organisation der Grundsicherung für Arbeitsuchende vom 3. 8. 2010 (BGBl I, 112) zum 1. 1. 2011 – Arbeitsgemeinschaften ausgetauscht gegen gemeinsame Einrichtungen und redaktionelle Anpassung an die neue Terminiologie – Leistungsberechtigter anstatt Hilfebedürftiger – durch RegelbedarfsÄndG mit Wirkung zum 1. 4. 2011 (BGBl I, 453).

A. Normzweck

§ 18a normiert die Verpflichtung zur engen Zusammenarbeit zwischen AA und SGB II-Leistungsträger für den Fall, dass der Leistungsberechtigte gleichzeitig Entgeltersatzleistungen nach dem SGB III und Grundsicherungsleistungen nach dem SGB II bezieht (sog. Aufstocker, vgl. S. Knickrehm § 5 Rn. 4). Inhaltlich entsprechende Vorschrift: § 9a SGB III (idF des Art. 12 Abs. 8 RegelbedarfsÄndG vom 24. 3. 2011, BGBl I, 453 – sprachliche Anpassung: Leistungsberechtigter anstatt Hilfebedürftiger). Diese Leistungsberechtigten unterliegen zwei unterschiedlichen Systemen, dem sozialversicherungsrechtlich geprägten des SGB III und dem fürsorgerechtlichen des SGB II, mit sich hieraus ergebenden durchaus unterschiedlichen Rechten und Pflichten, so dass ein erhöhter Abstimmungsbedarf besteht (vgl. Rixen in Eicher/Spellbrink § 18a Rn. 1). Aufstocker erhalten neben den Leistungen zur Sicherung des Lebensunterhalts aus beiden Systemen auch bestimmte Leistungen der aktiven Arbeitsmarktförderung, die „Nichtaufstockern" als SGB III-Leistungen verwehrt sind – s. § 22 Abs. 4 S. 5 SGB III (idF des Art. 12 Abs. 8 RegelbedarfsÄndG vom 24. 3. 2011, BGBl I, 453). Abweichend von § 22 Abs. 4 S. 1 SGB III werden die Leistungen nach den §§ 35, 37 Abs. 4, den §§ 102, 103 Nr. 1 und 3, den §§ 109 und 111 SGB III auch an oder für erwerbsfähige Hilfebedürftige im Sinne des Zweiten Buches erbracht, die einen Anspruch auf Arbeitslosengeld haben.).

B. Verpflichtung zur Zusammenarbeit (Satz 1)

Aus der Verpflichtung zur Zusammenarbeit nach § 18a S. 1 folgt kein subjektiv-rechtlicher Anspruch für den Leistungsberechtigten – auch nicht für Leistungsträger (vgl. Luthe in Hauck/Noftz SGB II, § 18a Rn. 11; in LPK-SGB II, § 18a Rn. 4; Rixen in Eicher/Spellbrink § 18a Rn. 4). Kooperationsverpflichtung besteht nur im Hinblick auf Aufstocker – nicht für andere Leistungsberechtigte nach dem SGB II. Verpflichtung zur Zusammenarbeit in § 18a verdrängt Amtshilfepflicht nach §§ 3ff. SGB X und § 86 SGB X (bereichsspezifische Sonderregelung, s. Luthe in Hauck/Noftz SGB II, § 18a Rn. 10; Rixen in Eicher/Spellbrink § 18a Rn. 10, 11).

C. Verpflichtung zur Unterrichtung (Satz 2)

Rechtlich verbindliche Pflicht zur Unterrichtung der AA, Argen und Optionskommunen gegenüber SGB III-Leistungsträgern. Keine Formerfordernisse und Verpflichtung zu unverzüglicher (ohne schuldhaftes Zögern) und umfassender Information. Zur datenschutzrechtlichen Problematik vgl. Rixen in Eicher/Spellbrink § 18a Rn. 14. Unterrichtungspflicht nach § 18a S. 2 Nr. 1 – nicht abschließend und nur bezogen auf erforderliche Tatsachen (s. Münder in LPK-SGB II, § 18a Rn. 7) – betrifft insb. Leistungen zur Eingliederung in Arbeit (daher systematischer Standort). Nach § 18a Nr. 2 ist über den Wegfall der Hilfebedürftigkeit zu informieren (zB: Aufnahme eines Erwerbstätigkeit, auch eines anderen Bg-Mitglieds, denn dessen Einkommen fließt der Bg. insgesamt zu – § 9 Abs. 2). Nicht erfasst von § 18a S. 2 Nr. 1 und 2: Information über Sanktionen iSv. § 31. Für das SGB II durchaus von Interesse, weil Sperrzeit Steigen des grundsicherungsrechtlichen Hilfebedarfs bewirkt, zugleich jedoch Sanktionstatbestand des § 31 Abs. 2 Nr. 3 darstellt.

§ 18b Kooperationsausschuss

(1) ¹Die zuständige oberste Landesbehörde und das Bundesministerium für Arbeit und Soziales bilden einen Kooperationsausschuss. ²Der Kooperationsausschuss koordiniert die Umsetzung der Grundsicherung für Arbeitsuchende auf Landesebene. ³Im Kooperationsausschuss vereinbaren das Land und der Bund jährlich die Ziele und Schwerpunkte der Arbeitsmarkt- und Integrationspolitik in der Grundsicherung für Arbeitsuchende auf Landesebene. ⁴§ 48b bleibt unberührt. ⁵Die Verfahren zum Abschluss der Vereinbarungen zwischen Bund und Ländern werden mit den Verfahren zum Abschluss der Zielvereinbarungen zwischen dem Bundesministerium für Arbeit und Soziales und der Bundesagentur sowie deren Konkretisierung in den Zielvereinbarungen der Bundesagentur und den gemeinsamen Einrichtungen abgestimmt. ⁶Der Kooperationsausschuss kann sich über die Angelegenheiten der gemeinsamen Einrichtungen unterrichten lassen. ⁷Der Kooperationsausschuss entscheidet darüber hinaus bei einer Meinungsverschiedenheit über die Weisungszuständigkeit im Verfahren nach § 44e, berät die Trägerversammlung bei der Bestellung und Abberufung eines Geschäftsführers nach § 44c Absatz 2 Nummer 1 und gibt in den Fällen einer Weisung in grundsätzlichen Angelegenheiten nach § 44b Absatz 3 Satz 4 eine Empfehlung ab.

(2) ¹Der Kooperationsausschuss besteht aus sechs Mitgliedern, von denen drei Mitglieder von der zuständigen obersten Landesbehörde und drei Mitglieder vom Bundesministerium für Arbeit und Soziales entsandt werden. ²Die Mitglieder des Kooperationsausschusses können sich vertreten lassen. ³An den Sitzungen soll in der Regel jeweils mindestens eine Mitarbeiterin oder ein Mitarbeiter der zuständigen obersten Landesbehörde und des Bundesministeriums für Arbeit und Soziales teilnehmen.

(3) ¹Die Mitglieder wählen eine Vorsitzende oder einen Vorsitzenden. ²Kann im Kooperationsausschuss keine Einigung über die Person der oder des Vorsitzenden erzielt werden, wird die oder der Vorsitzende von den Vertreterinnen und Vertretern des Bundesministeriums für Arbeit und Soziales oder den Vertreterinnen und Vertretern der zuständigen obersten Landesbehörde abwechselnd jeweils für zwei Jahre bestimmt; die erstmalige Bestimmung erfolgt durch die Vertreterinnen und Vertreter des Bundesministeriums für Arbeit und Soziales. ³Der Kooperationsausschuss gibt sich eine Geschäftsordnung.

§ 18c Bund-Länder-Ausschuss

(1) ¹Beim Bundesministerium für Arbeit und Soziales wird ein Ausschuss für die Grundsicherung für Arbeitsuchende gebildet. ²Er beobachtet und berät die zentralen Fragen der Umsetzung der Grundsicherung für Arbeitsuchende und Fragen der Aufsicht nach den §§ 47 und 48, Fragen des Kennzahlenvergleichs nach § 48a Absatz 2 sowie Fragen der zu erhebenden Daten nach § 51b Absatz 1 Satz 2 und erörtert die Zielvereinbarungen nach § 48b Absatz 1.

(2) ¹Bei der Beobachtung und Beratung zentraler Fragen der Umsetzung der Grundsicherung für Arbeitsuchende sowie Fragen des Kennzahlenvergleichs nach § 48a Absatz 2 und Fragen der zu erhebenden Daten nach § 51b Absatz 1 Satz 2 ist der Ausschuss besetzt mit Vertreterinnen und Vertretern der Bundesregierung, der Länder, der kommunalen Spitzenverbände und der Bundesagentur. ²Der Ausschuss kann sich von den Trägern berichten lassen.

(3) ¹Bei der Beratung von Fragen der Aufsicht nach den §§ 47 und 48 ist der Ausschuss besetzt mit Vertreterinnen und Vertretern der Bundesregierung und der Aufsichtsbehörden der Länder. ²Bund und Länder können dazu einvernehmlich Vertreterinnen und Vertreter der kommunalen Spitzenverbände und der Bundesagentur einladen, sofern dies sachdienlich ist.

§ 18d Örtlicher Beirat

¹Bei jeder gemeinsamen Einrichtung nach § 44b wird ein Beirat gebildet. ²Der Beirat berät die Einrichtung bei der Auswahl und Gestaltung der Eingliederungsinstrumente und -maßnahmen. ³Die Trägerversammlung beruft die Mitglieder des Beirats auf Vorschlag der Beteiligten des örtlichen Arbeitsmarktes, insbesondere den Trägern der freien Wohlfahrtspflege, den Vertreterinnen und Vertretern der Arbeitgeber und Arbeitnehmer sowie den Kammern und berufsständischen Organisationen. ⁴Vertreterinnen und Vertreter von Beteiligten des örtlichen Arbeitsmarktes, die Eingliederungsleistungen nach diesem Buch anbieten, dürfen nicht Mitglied des Beirats sein. ⁵Der Beirat gibt sich eine Geschäftsord-

nung. ⁶Die Sätze 1 bis 5 gelten entsprechend für die zugelassenen kommunalen Träger mit der Maßgabe, dass die Berufung der Mitglieder des Beirats durch den zugelassenen kommunalen Träger erfolgt.

§ 18e Beauftragte für Chancengleichheit am Arbeitsmarkt

(1) ¹Die Trägerversammlungen bei den gemeinsamen Einrichtungen bestellen Beauftragte für Chancengleichheit am Arbeitsmarkt aus dem Kreis der Beamtinnen und Beamten, Arbeitnehmerinnen und Arbeitnehmer, denen in den gemeinsamen Einrichtungen Tätigkeiten zugewiesen worden sind. ²Sie sind unmittelbar der jeweiligen Geschäftsführerin oder dem jeweiligen Geschäftsführer zugeordnet.

(2) ¹Die Beauftragten unterstützen und beraten die gemeinsamen Einrichtungen in Fragen der Gleichstellung von Frauen und Männern in der Grundsicherung für Arbeitsuchende, der Frauenförderung sowie der Vereinbarkeit von Familie und Beruf bei beiden Geschlechtern. ²Hierzu zählen insbesondere Fragen der Beratung, der Eingliederung in Arbeit und Ausbildung sowie des beruflichen Wiedereinstiegs von Frauen und Männern nach einer Familienphase.

(3) ¹Die Beauftragten sind bei der Erarbeitung des örtlichen Arbeitsmarkt- und Integrationsprogramms der Grundsicherung für Arbeitsuchende sowie bei der geschlechter- und familiengerechten fachlichen Aufgabenerledigung der gemeinsamen Einrichtung zu beteiligen. ²Sie haben ein Informations-, Beratungs- und Vorschlagsrecht in Fragen, die Auswirkungen auf die Chancengleichheit von Frauen und Männern haben.

(4) ¹Die Beauftragten unterstützen und beraten erwerbsfähige Leistungsberechtigte und die mit diesen in einer Bedarfsgemeinschaft lebenden Personen, Arbeitgeber sowie Arbeitnehmer- und Arbeitgeberorganisationen in übergeordneten Fragen der Gleichstellung von Frauen und Männern in der Grundsicherung für Arbeitsuchende, der Frauenförderung sowie der Vereinbarkeit von Familie und Beruf bei beiden Geschlechtern. ²Zur Sicherung der gleichberechtigten Teilhabe von Frauen und Männern am Arbeitsmarkt arbeiten die Beauftragten mit den in Fragen der Gleichstellung im Erwerbsleben tätigen Stellen im Zuständigkeitsbereich der gemeinsamen Einrichtung zusammen.

(5) Die gemeinsamen Einrichtungen werden in den Sitzungen kommunaler Gremien zu Themen, die den Aufgabenbereich der Beauftragten betreffen, von den Beauftragten vertreten.

(6) Die Absätze 1 bis 5 gelten entsprechend für die zugelassenen kommunalen Träger.

Abschnitt 2. Leistungen zur Sicherung des Lebensunterhalts

Unterabschnitt 1. Leistungsanspruch

§ 19 Arbeitslosengeld II, Sozialgeld und Leistungen für Bildung und Teilhabe

(1) ¹Erwerbsfähige Leistungsberechtigte erhalten Arbeitslosengeld II. ²Nichterwerbsfähige Leistungsberechtigte, die mit erwerbsfähigen Leistungsberechtigten in einer Bedarfsgemeinschaft leben, erhalten Sozialgeld, soweit sie keinen Anspruch auf Leistungen nach dem Vierten Kapitel des Zwölften Buches haben. ³Die Leistungen umfassen den Regelbedarf, Mehrbedarfe und den Bedarf für Unterkunft und Heizung.

(2) ¹Leistungsberechtigte haben unter den Voraussetzungen des § 28 Anspruch auf Leistungen für Bildung und Teilhabe, soweit sie keinen Anspruch auf Leistungen nach dem Vierten Kapitel des Zwölften Buches haben. ²Soweit für Kinder Leistungen zur Deckung von Bedarfen für Bildung und Teilhabe nach § 6b des Bundeskindergeldgesetzes gewährt werden, haben sie keinen Anspruch auf entsprechende Leistungen zur Deckung von Bedarfen nach § 28.

(3) ¹Die Leistungen zur Sicherung des Lebensunterhalts werden in Höhe der Bedarfe nach den Absätzen 1 und 2 erbracht, soweit diese nicht durch das zu berücksichtigende Einkommen und Vermögen gedeckt sind. ²Zu berücksichtigendes Einkommen und Vermögen deckt zunächst die Bedarfe nach den §§ 20, 21 und 23, darüber hinaus die Bedarfe nach § 22. ³Sind nur noch Leistungen für Bildung und Teilhabe zu leisten, deckt weiteres zu berücksichtigendes Einkommen und Vermögen die Bedarfe in der Reihenfolge der Absätze 2 bis 7 nach § 28.

A. Normzweck und Regelungsgehalt

1   Mit § 19 wird der erste Unterabschnitt der Leistungen zur Sicherung des Lebensunterhalts eröffnet. Die Norm enthält in § 19 Abs. 1 S. 3 eine **Legaldefinition des Arbeitslosengeldes II,** das die zentrale Geldleistung der Leistungen zur Sicherung des Lebensunterhalts darstellt. Parallel zu dieser Leistung wird das Sozialgeld (§ 23) für nicht erwerbsfähige Personen erbracht und definiert. Die Legaldefinition des Arbeitslosengelds II ist von Bedeutung für den Zuschuss zu den Versicherungsbeiträgen nach § 26 SGB II und die Versicherungspflicht nach § 5 Abs. 1 Nr. 2a SGB V, weil beide an den Anspruch auf die Leistung von Arbeitslosengeld II anknüpfen. Im alltäglichen Sprachgebrauch erscheint vordergründig der Regelbedarf (§ 20) als das Arbeitslosengeld II; die Konstruktion des Gesetzes ist anders, sämtliche Leistungen der §§ 20 bis 24 SGB II werden „als Arbeitslosengeld II" geleistet (zur bisherigen Terminologie Spellbrink in Eicher/Spellbrink 2. Aufl. SGB II § 19 Rn. 9). Dagegen wurde der Zuschuss nach § 24 SGB II aF bis zum 31. 12. 2010 nicht als Arbeitslosengeld II geleistet (§ 24 aF Rn. 4). Als gesonderter Anspruch wird in dem neu eingefügten Absatz 2 der Anspruch auf Leistungen für Bildung und Teilhabe hervorgehoben, der sowohl in den Voraussetzungen als auch in der Art der Leistungen spezifisch geregelt ist (BT-Drs. 17/3404 S. 159). Weiter enthält § 19 Abs. 3 zusammen mit der allgemeinen Aussage, dass Einkommen und Vermögen der Berechtigten anzurechnen sind, eine Rangfolge, dass zunächst Anrechnungen bei den Leistungen der BA vorzunehmen sind. Auf den Anspruch des Berechtigten wirkt sich dies nicht aus, da in jedem Fall die Leistung durch den einen oder den anderen Leistungsträger erfolgt (zum bisherigen Recht Söhngen, jurisPK-SGB II § 19 Rn. 24).

B. Gesetzgebungsgeschichte

2   Der wesentliche Kern der Regelung in § 19 Abs. 1 war bereits im ersten Regierungsentwurf 2003 (BT-Drs. 15/1516, S. 56) enthalten. Damals hatte man zusätzlich auch den Zuschuss nach § 24 SGB II in die Regelung einbezogen. Die Leistung des Arbeitslosengelds II wurde als eine Leistung bezeichnet, „die am **Niveau der sozialhilferechtlichen Hilfe zum Lebensunterhalt** außerhalb von Einrichtungen ausgerichtet ist". Damit war deutlich eine Abkehr von der Struktur der Arbeitslosenhilfe bezweckt, die als Entgeltersatzleistung in ihrer Bemessung immer noch eine gewisse Verbindung zum früheren Arbeitseinkommen enthielt. Für das Arbeitslosengeld II ist dagegen kennzeichnend, dass die Höhe ausschließlich am Bedarf ausgerichtet ist. Durch das Gesetz vom 20. 7. 2006 ist dann verdeutlicht worden, dass der Zuschuss nach § 24 aF kein Teil des Arbeitslosengeldes II darstellen sollte. Dies ist in der späteren Judikatur des BSG entsprechend aufgenommen worden (BSG 31. 10. 2007, B 14/7b AS 42/06 R, ZfSH/SGB 2008, 221). Die jetzige Struktur des § 19 entspricht der Regierungsvorlage vom Herbst 2010 (BT-Drs. 17/3404, S. 24 und 159). Redaktionelle Folgeänderungen in Abs. 2 und 3 wurden durch die Beschlüsse vom 9. 2. 2011 (BT-Drucks. 17/4719) in das am 29. 3. 2011 verkündete Gesetz aufgenommen (BGBl. I S. 453, 464).

C. Das Arbeitslosengeld II im System des SGB II

3   Das Arbeitslosengeld II als die **wichtigste Leistung zur Sicherung des Lebensunterhaltes** ist in der gesetzlichen Gliederung erst nach dem Abschnitt zu den Leistungen zur Eingliederung (§§ 16 ff. SGB II) eingeordnet. Mit dieser Reihenfolge wird eine Systematik aufgenommen, die in den letzten Jahren auch in anderen Sozialgesetzen vorgezeichnet worden ist, in denen **Eingliederungsleistungen und präventive Leistungen einen Vorrang vor Geldleistungen** haben, weil Eingliederungsleistungen besser geeignet sind, die wesentlichen Ziele sozialer Gesetze zu erreichen. Bereits früh ist eine solche Struktur im Unfallversicherungsrecht normiert worden; wir finden sie inzwischen auch im Recht der gesetzlichen Krankenversicherung, der gesetzlichen Pflegeversicherung und im SGB IX. In Übereinstimmung mit diesen Gesetzen hat dieser Vorrang allerdings nicht die Konsequenz, dass gesetzlich angeordnete Geldleistungen aus diesem Grund gekürzt werden dürfen (Düring in Gagel SGB II § 19 Rn. 8). Der Vorrang hat allerdings nicht nur objektiv – rechtlichen Gehalt, sondern ist auch ein wichtiges Strukturmerkmal, das bei der Auslegung von Rechtsbegriffen im SGB II herangezogen werden kann (anschaulich dazu BSG 6. 9. 2007 – B 14/7b AS 16/07 R – NZS 2008, 536, 538 zu § 7 Abs. 4 SGB II).

4   Das Arbeitslosengeld II wird als Geldleistung erbracht. Anders als im Recht der Sozialhilfe (deutlich zum früheren Recht: § 4 BSHG) ist die Art der Leistung nicht dem Ermessen des Trägers überlassen, sondern gesetzlich festgelegt. Mit Ausnahme – hoch problematischer – Sondernormen in § 31 a Abs. 2 und 3 SGB II ist diese Leistung zur Sicherung des Lebensunterhalts regelmäßig als Geldleistung zu erbringen. § 31 b SGB II ist als zwingendes Leistungshindernis konstruiert (zur bisherigen Rechtslage Düring in Gagel vor § 19 Rn. 6), wobei jedoch der zuständige Träger verpflichtet ist, Sachleis-

tungen weiter zu erbringen (§ 31 Abs. 5 i. V. m. Abs. 3 SGB II). Dies steht im Zusammenhang mit einer Stärkung der Typisierung der zu erbringenden Leistungen und einer **Abkehr vom sozialhilferechtlichen Grundsatz der Individualisierung.**

Dieser Prinzipienwechsel ist folgenreich. Zwar ist auch im Recht der früheren Arbeitslosenhilfe 5 nach §§ 190 ff. SGB III ausschließlich eine pauschale Geldleistung geschuldet worden, doch eröffnete die damalige Rechtslage die individualisierende Aufstockung durch Leistungen der Sozialhilfe. Nach § 5 SGB II trennt die heutigen Rechtslage beide Systeme, so dass für die Leistungen nach dem SGB II eine Orientierung am jeweils persönlich bestehenden Bedarf ausschließlich im Bereich der §§ 21 bis 24 SGB II vorgesehen ist; auch insoweit ist allerdings die sozialhilferechtliche Individualisierung, die bis heute nach § 28 Abs. 1 S. 2 SGB XII auch weiterhin Ermessensleistungen ermöglicht, nicht intendiert.

Diese **Typisierung im SGB II ist problematisch,** weil individueller Bedarf nur schwierig zu ty- 6 pisieren ist. Im Gesetzgebungsverfahren hatte man daher 2003 die bisherigen einmaligen Bedarfsleistungen rechnerisch ermittelt und den damaligen Regelsatz um einen bestimmten Betrag erhöht (s. u. § 20 Rn. 23 ff.). Auf diese Weise sollte der geplante Abschied vom Individualisierungsprinzip ohne durchgreifende Einbußen in der Sicherung des Existenzminimums erreicht werden. Von Anfang an wurde dieses Konzept überwiegend kritisch aufgenommen, weil die Pauschalen als zu gering bewertet wurden (Spindler info also 2004, 149) und weil angesichts diverser atypischer Fallkonstellationen **zumindest Öffnungsklauseln erforderlich** seien (Stellungnahme des DV in NDV 2003, 369, 371 sowie 496, 501).

Nach wenigen Jahren liess sich bald feststellen, dass die Kritik zutreffend war, weil immer wieder 7 **individuelle Bedarfslagen** auftreten, die mit dem neuen Konzept der §§ 19 ff. SGB II nicht zutreffend erfasst werden können. Die Gerichtspraxis hatte daher als eine erste Antwort auf eine Verweisung nach §§ 5 SGB II, 73 SGB XII zurückgegriffen, um in besonders einschneidenden Einzelfällen eine bedarfsgerechte Lösung finden zu können. Anerkannt wurde dies zuerst für überdurchschnittlich hohe Kosten bei der Ausübung des Umgangrechts (BSG 7. 11. 2006, B 7 b AS 14/06 R, SozR 4–4200 § 20 Nr. 1). Diese Lösung war normsystematisch möglich, weil § 5 SGB II nur den Zugriff auf die ersten Kapitel des SGB XII sperrt, so dass ein Rückgriff auf § 73 SGB XII methodisch zutreffend realisiert werden kann (Einzelheiten bei Knickrehm in Eicher/Spellbrink §5 SGB II Rn. 21). Dieser Rückgriff öffnet den Zugriff auf die vom Sozialhilfeträger zu tragende Hilfe in sonstigen Lagen nach § 73 SGB XII (zuletzt BSG 19. 8. 2010 – B 14 AS 13/10 R).

Zutreffend hat das Bundesverfassungsgericht in seinem Urteil vom 9. 2. 2010 (NJW 2010, 505) in 8 der ausschließlichen Typisierung des Arbeitslosengeldes II eine Verletzung der Art. 1, 20 GG gesehen. Der Anspruch auf das physische und soziokulturelle Existenzminimum kann sich nicht nur auf einen allgemeinen Durchschnittswert beziehen, sondern bedarf notwendigerweise in bestimmten Situationen der Individualisierung. Atypischer Bedarf kann von den Durchschnittswerten der Statistik nicht erfasst werden (BVerfG NJW 2010, 505, 517, Rn. 206). Das BVerfG sieht auch, dass die bisherige sozialgerichtliche Judikatur, die sich auf § 73 SGB II stützte, der verfassungskonformen Auslegung diente, kritisiert jedoch zu Recht, dass durch Richterrecht keine umfassende und verlässliche Lösung möglich ist, so dass insoweit eine gesetzliche Korrektur erforderlich war. Diese wurde im Juni 2010 durch die Einführung der Norm des § 21 Abs. 6 SGB II (dazu Lauterbach ZfSH/SGB 2010, 403) vorgenommen. Insoweit ist eine erste Öffnung der strikten Typisierung der Leistungen nach §§ 19 ff. SGB II erfolgt (s. u. § 21 Rn. 3).

D. Leistungen zur Bildung und Teilhabe

Mit dem neu eingefügten Absatz 2 wird als weiterer Anspruch der Anspruch auf Leistungen für 9 Bildung und Teilhabe definiert, für den spezifische Voraussetzungen gelten. Der Personenkreis wird in § 28 Abs. 1 SGB II auf Kinder, Jugendliche und junge Erwachsene bis zur Vollendung des 25. Lebensjahrs beschränkt, die eine allgemein- oder berufsbildende Schule besuchen. Dieser Anspruch ist allerdings subsidiär gegen Leistungen der Grundsicherung nach dem vierten Kapitel des SGB XII (dazu BT-Drs. 17/3404, S. 159). Leistungen der Grundsicherung erfolgen nach § 41 Abs. 3 SGB XII auch an Personen, die das 18. Lebensjahr vollendet haben und dauerhaft voll erwerbsgemindert sind. Da die Leistungen nach § 28 SGB XII auch an junge Erwachsene bis zur Vollendung des 25. Lebensjahres erbracht werden, ergibt sich hieraus eine erste Schnittmenge. Diese wird verdeutlicht, wenn man die Leistungen der Grundsicherung näher betrachtet. Zu diesen Leistungen gehören nach § 42 S. 1 Nr. 1 SGB XII auch die zusätzlichen Leistungen für die Schule nach § 28 a SGB XII, sowie auf einmalige Bedarfe nach § 42 S. 1 Nr. 3 iVm § 31 SGB XII. Zu diesen gehören nach § 31 Abs. 1 Nr. 3 SGB XII auch Leistungen für mehrtägige Klassenfahrten im Rahmen der schulrechtlichen Bestimmungen (dazu Grube/Wahrendorf SGB XII § 31 Rn. 12). Diese Leistungen für eine spezifische Zielgruppe haben Vorrang vor § 28 SGB XII.

Leistungen für Bildung und Teilhabe werden ergänzend zu § 19 Abs. 2 SGB II auch in § 6 b Bun- 10 deskindergeldgesetz verankert. Somit erhalten zusätzlich alle Kindergeldberechtigten bei Bezug von

Kinderzuschlag oder Wohngeld auch Leistungen für Bildung und Teilhabe. Die Leistungen für Bildung und Teilhabe entsprechen den Leistungen zur Deckung der Bedarfe nach § 28 Absatz 2 bis 7 SGB II für Kinder, Jugendliche und junge Erwachsene unter 25 Jahren. Die neuen Leistungen für Bildung und Teilhabe werden von den Bundesländern durchgeführt und finanziert. Gemäß § 5 BKGG werden diese Leistungen auch rückwirkend gewährt. Diese Leistungen werden nicht nur als Geldleistungen gewährt; nach § 29 Abs. 1 S. 1 SGB II werden vorrangig Sach- oder Dienstleistungen erbracht.

11 § 19 Abs. 3 S. 1 SGB II betont den **Nachrang der Leistungen der Grundsicherung**, der sich grundsätzlich bereits aus § 3 Abs. 3 SGB II ergibt. Einen eigenständigen Regelungsgehalt hat jedoch § 19 Abs. 3 S. 2, weil mit dieser Norm eine spezifische Reihenfolge der Anrechnung von Einkommen und Vermögen festgelegt wird. Vorbild dieser Regelung war die frühere Fassung des § 19 S. 3 SGB II, die in den Beratungen des Vermittlungsausschusses im Jahr 2004 erarbeitet worden war (BT-Drs. 15/2259, S. 3). Angesichts der gespaltenen Trägerschaft für die verschiedenen Leistungen der Grundsicherung war es geboten, eine klare Reihenfolge der Anrechnung von Einkommen und Vermögen festzulegen. Nach dieser Reihenfolge ist eine Anrechnung zunächst auf die Regelleistung und die Mehrbedarfe vorzunehmen; danach erfolgt eine Anrechnung auf die Kosten der Unterkunft, zuletzt auf Leistungen zur Bildung und Teilhabe. Diese Reihenfolge begünstigt wirtschaftlich den Bund. Aus dieser Reihenfolge hat das BSG weiter abgeleitet, dass es den Leistungsberechtigten möglich sein muss, den Streitgegenstand ihrer Klage auf die Kosten der Unterkunft zu beschränken (BSG 7. 11. 2006 – B 7 b AS 8/06 R, NZS 2007, 550; Söhngen in Juris-PK SGB II § 19 Rn. 26). Solch eine Beschränkung ist prozessökonomisch und erfolgt in der Praxis in zahlreichen Verfahren. Bereits im Widerspruchsverfahren, spätestens mit Klageerhebung ist eine solche Beschränkung regelmäßig zu prüfen.

E. Einstweiliger Rechtsschutz

12 Die in der Gesetzgebung gewünschte Abschottung der beiden Systeme SGB II und SGB XII hat den Druck auf den einstweiligen Rechtsschutz nachhaltig erhöht. Während bei negativen Bescheiden in der Welt der Arbeitslosenhilfe die Aufstockung nach BSHG-Regeln möglich war und in der Praxis auch genutzt wurde, fehlt in der jetzigen Normstruktur ein solches kurzfristiges Regelungs- und Lösungsverfahren. Es ist daher nicht verwunderlich, dass die Beteiligten den einstweiligen Rechtsschutz, der früher in der Sozialgerichtsbarkeit nur sehr selten war, als die geeignete Rechtsschutzform ansehen und nutzen (dazu ausführlich Spellbrink Sozialrecht aktuell 2007, 1 ff.; vgl. bereits Berlit Info also 2005, 3 ff.). Bereits früh hat das Bundesverfassungsgericht in rechtsgrundsätzlicher Weise betont, dass die **Sicherstellung menschenwürdigen Lebens durch Leistungen der Grundsicherung** zu den elementaren staatlichen Aufgaben gehört, die einen **effektiven** und **zeitnahen Rechtsschutz** benötigen. Ein solcher Rechtsschutz ist jedoch ohne Eilverfahren nicht möglich, so dass Antragsteller, denen Einkommen bzw. verwertbares Vermögen nicht in ausreichendem Umfang zur Verfügung stehen, eine einstweilige Leistungsgewährung erlangen können, wenn eine **offene Güter- und Folgenabwägung** ergibt, dass ihre Interessen überwiegen (BVerfG 12. 5. 2005, 1 BvR 569/05, NVwZ 2005, 927). Die instanzgerichtliche Praxis ist inzwischen dieser Aufforderung in breitem Umfang nachgekommen; für die Beratung der Antragsteller ergibt sich daraus die Notwendigkeit zu zügigem und konzentriertem Handeln, da der Gegenwartsbezug der Existenzsicherung dem einstweiligen Rechtsschutz strukturelle Grenzen setzt (LSG Baden-Württemberg 28. 3. 2007, L 7 AS 1214/07 ER-B).

13 Einstweiliger Rechtsschutz kann zunächst erfolgen durch die Nutzung der aufschiebenden Wirkung von Widerspruch und Klage nach § 86 a SGG. Diese Konstellation ist allerdings restriktiv geregelt in § 39 SGB II, so dass hier darauf nicht näher einzugehen ist (su. zu den verschiedenen Fallgruppen Spellbrink §§ 36–45 Rn. 12 ff.). Daneben gibt es in wachsender Zahl Verfahren, die darauf gerichtet sind, das Arbeitslosengeld bzw. Teile dieser Leistung im Rahmen einstweiliger Regelungsanordnungen gewähren zu lassen. Maßstab des Anordnungsanspruchs ist das materielle Recht, das als solches nicht summarisch zu prüfen ist. Insoweit findet eine vollständige Prüfung der Rechtsfragen statt, jedoch fehlt in aller Regel noch eine umfassende Klärung der jeweiligen Tatsachen (zu weiteren Fragen des einstweiligen Rechtsschutzes Krodel NZS 2006, 637; NZS 2007, 20; NZS 2009, 18, 19). Der Anordnungsgrund ist in den meisten Fällen eindeutig gegeben (vgl. LSG Baden-Württemberg 25. 8. 2010 – L 7 AS 3769/10 ER-B, NZS 2011, 149, 153; s. u. Wenner SGG § 86 b Rn. 22 f). Ein solcher Rechtsschutz ist auch verfassungsrechtlich geboten. Zutreffend hat das Bundesverfassungsgericht in seinem Beschluss vom 9. 2. 2010 (BVerfG NJW 2010, 505, 508, Rn. 140) darauf hingewiesen, dass der elementare Lebensbedarf eines Menschen grundsätzlich in dem Augenblick zu befriedigen ist, in dem er besteht (BVerfG NVwZ 2005, 927) und dass der Gesetzgeber dafür geeignete Vorkehrungen zu treffen hat. **Effektiver einstweiliger Rechtsschutz** ist eine wichtige Vorkehrung.

Ein Anordnungsgrund für die Gewährung von Leistungen zur Sicherung des Lebensunterhalts nach den §§ 19 ff SGB II wird in der Gerichtspraxis verneint, wenn die Antragsgegnerin dem Antragsteller die darlehensweise Bewilligung von Leistungen anbietet. (Bayerisches Landessozialgericht 23. 7. 2009 L 11 AS 433/09 B ER).

Unterabschnitt 2. Arbeitslosengeld II und Sozialgeld

§ 20 Regelbedarf zur Sicherung des Lebensunterhalts

(1) ¹Der Regelbedarf zur Sicherung des Lebensunterhalts umfasst insbesondere Ernährung, Kleidung, Körperpflege, Hausrat, Haushaltsenergie ohne die auf die Heizung und Erzeugung von Warmwasser entfallenden Anteile sowie persönliche Bedürfnisse des täglichen Lebens. ²Zu den persönlichen Bedürfnissen des täglichen Lebens gehört in vertretbarem Umfang eine Teilhabe am sozialen und kulturellen Leben in der Gemeinschaft. ³Der Regelbedarf wird als monatlicher Pauschalbetrag berücksichtigt. ⁴Über die Verwendung der zur Deckung des Regelbedarfs erbrachten Leistungen entscheiden die Leistungsberechtigten eigenverantwortlich; dabei haben sie das Eintreten unregelmäßig anfallender Bedarfe zu berücksichtigen.

(2) ¹Als Regelbedarf werden bei Personen, die alleinstehend oder alleinerziehend sind oder deren Partnerin oder Partner minderjährig ist, monatlich 364 Euro anerkannt. ²Für sonstige erwerbsfähige Angehörige der Bedarfsgemeinschaft werden als Regelbedarf anerkannt
1. monatlich 275 Euro, sofern sie das 18. Lebensjahr noch nicht vollendet haben,
2. monatlich 291 Euro in den übrigen Fällen.

(3) Abweichend von Absatz 2 Satz 1 ist bei Personen, die das 25. Lebensjahr noch nicht vollendet haben und ohne Zusicherung des zuständigen kommunalen Trägers nach § 22 Absatz 5 umziehen, bis zur Vollendung des 25. Lebensjahres der in Absatz 2 Satz 2 Nummer 2 genannte Betrag als Regelbedarf anzuerkennen.

(4) Haben zwei Partner der Bedarfsgemeinschaft das 18. Lebensjahr vollendet, ist als Regelbedarf für jede dieser Personen ein Betrag in Höhe von monatlich 328 Euro anzuerkennen.

(5) ¹Die Regelbedarfe nach den Absätzen 2 bis 4 sowie nach § 23 Nummer 1 werden jeweils zum 1. Januar eines Jahres entsprechend § 28a des Zwölften Buches in Verbindung mit der Verordnung nach § 40 Satz 1 Nummer 1 des Zwölften Buches angepasst. ²Für die Neuermittlung der Regelbedarfe findet § 28 des Zwölften Buches in Verbindung mit dem Regelbedarfs-Ermittlungsgesetz entsprechende Anwendung. ³Das Bundesministerium für Arbeit und Soziales gibt jeweils spätestens zum 1. November eines Kalenderjahres die Höhe der Regelbedarfe, die für die folgenden zwölf Monate maßgebend sind, im Bundesgesetzblatt bekannt.

Übersicht

	Rn.
A. Normzweck und -systematik	1
B. Rechtsentwicklung	6
C. Das Schutzpflichtkonzept des Bundesverfassungsgerichts	10
I. Grundlagen der Konzeption	10
II. Konsequenzen der verfassungsrechtlichen Kontrolle	17
1. Vollständige, realitätsnahe und folgerichtige Bedarfsdeckung	18
2. Typisierung und Individualisierung	23
D. Berechnungsgrundlage für die Regelbedarfe	31
I. Grundlagen der Regelbedarfsermittlung	32
II. Regelbedarfstypen	37
III. Verfassungsrechtliche und sozialpolitische Bewertung	46
E. Art und Höhe der Regelleistung	49
I. Allein stehend	50
II. Allein erziehend	52
III. Zwei volljährige Partner der Bedarfsgemeinschaft	53
IV. Sonstige erwerbsfähige Angehörige der Bedarfsgemeinschaft	55
V. Unter 25-jährige, die ohne Zustimmung des kommunalen Trägers umziehen	56
VI. Nichterwerbsfähige Angehörige der Bedarfsgemeinschaft	57

A. Normzweck und -systematik

In § 20 wird der **Regelbedarf** als Leistungsbestandteil des Arbeitslosengeldes II **definiert** und somit von sonstigen Leistungen und Leistungsbestandteilen abgegrenzt. Zudem wird die Höhe des Regelbedarfs gesetzlich festgesetzt. Damit kommt § 20 eine Schlüsselrolle in der Systematik des SGB II zu; daher gehört § 20 zu den sowohl in der Öffentlichkeit als auch im verfassungsgerichtlichen Verfahren meistdiskutierten Normen des Sozialrechts.

2   In Absatz 1 sind die vom Regelbedarf umfassten Bedarfspositionen aufgeführt. Aus Absatz 2, 3 und 4 der Vorschrift ergibt sich die Höhe des Regelbedarfs für verschiedene Mitglieder der Bedarfsgemeinschaft. Die Neubemessung und Anpassung der Regelleistung erfolgt nach Maßgabe des Absatzes 5.

3   Der **Regelbedarf** nach § 20 stellt **keine Entgeltersatzleistung** dar. Insbesondere knüpft er in keiner Weise an den früheren Verdienst des Hilfebedürftigen an (insoweit ergeben sich deutliche Unterschiede zur abgeschafften Arbeitslosenhilfe nach §§ 190 ff. SGB III, deren Abschaffung und Ersetzung durch die pauschalierte Regelleistung in mehreren Urteilen für verfassungskonform erachtet wurde – BSG 23. 11. 2006 – B 11 b AS 1/06 – SozR 4–4200 § 20 Nr. 3, Rn. 43 ff.; 21. 3. 2007 – B 11 a AL 43/06 R – juris; BSG 10. 5. 2007 – B 7 a AL 48/06 R; BVerfG 7. 12 .2010 – 1 BvR 2628/07, NJW 2011, 1058). Der Regelbedarf soll im Rahmen des ALG II das „ soziokulturelle" Existenzminimum der insoweit als Referenzsystem für alle Bedarfsorientierten und bedürftigkeitsabhängigen staatlichen Fürsorgeleistungen fungierenden Sozialhilfe abbilden (Behrend/jurisPK-SGB II, § 20 Rn. 14). Die Höhe des Regelbedarfs zur Sicherung des Lebensunterhaltes wird deshalb in weitgehender Übereinstimmung mit den sozialhilferechtlichen Regelsätzen zur Deckung des notwendigen Lebensunterhaltes (§§ 27 Abs. 1, 28 SGB XII) festgesetzt.

4   Das **Leistungskonzept** des SGB II beruht auf einem **Konzept pauschaler Bedarfsdeckung,** indem es davon ausgeht, dass die Grund- und Einzelbedarfe durch den pauschalen Geldbetrag der Regelleistung nach § 20 abgedeckt sind und zusätzliche einmalige Zahlungen bis auf gesetzlich definierte Ausnahmen nicht erforderlich sind (Eicher/Spellbrink SGB II § 20 Rn. 1). Aufgrund der insoweit in § 20 Abs. 1 enthaltenen Definition wird in § 3 Abs. 3 davon ausgegangen, dass mit der in § 20 Abs. 2 vorgesehenen Pauschale alle wesentlichen Bedürfnisse und Bedarfslagen des täglichen Lebens befriedigt sind. Das SGB II folgt mit § 20 in keiner Weise dem Individualisierungsgrundsatz. Zwar wird in Abs. 4 Satz 2 auf die Regelsatzverordnung Bezug genommen, dennoch ist das Leistungsniveau des SGB II mit dem des SGB XII nicht völlig kohärent (S. Knickrehm NZS 2007, 128). Der mangelnden Individualisierbarkeit nach dem SGB II liegt der Zielgedanke zu Grunde, die möglichst zügige Eingliederung von Erwerbsfähigen in Arbeit herbeizuführen, während das SGB XII auf die Sicherung des Lebensunterhaltes von in der Regel nicht erwerbsfähigen Personen gerichtet ist (zu dieser Wertentscheidung vgl. Spellbrink JZ 2007, 28). Insoweit ist der Leistungsempfänger nach § 20 SGB II tendenziell schlechter gestellt als der Leistungsempfänger nach dem SGB XII (Eicher/Spellbrink SGB II § 20 Rn. 35). So ermöglicht § 28 Abs. 1 Satz 2 SGB XII im Einzelfall eine genauere, den individuellen Bedarf berücksichtigende Erhöhung des Regelsatzes, wenn beispielsweise der Leistungsempfänger teurere Unter- oder Übergrößen tragen muss (BT-Drs. 15/1514, S. 59). Für einen Leistungsempfänger nach § 20 kam bei Vorliegen des identischen den durchschnittlichen Bedarf unabweisbar erhöhenden Sachverhaltsaspekts keine Erhöhung der Regelleistung in Betracht. Zudem steht dem Sozialhilfeempfänger nach § 30 Abs. 1 Satz 1 SGB XII bei Mehrbedarf eine höhere Leistung zu; während der Hilfebedürftige im Sinne des SGB II ausschließlich auf die Regelleistung nach § 20 verwiesen wird, zuzüglich der gegebenenfalls gem. §§ 21 und 24 zu gewährenden Leistungen. Aufgrund der Regelung in § 5 Abs. 2 SGB II ist die zusätzliche Inanspruchnahme von Leistungen nach § 28 SGB XII durch Hilfebedürftige im Sinne des SGB II ausgeschlossen. Den **bedarfsdeckenden und pauschalierenden Charakter** hat der Gesetzgeber des **Gesetzes zur Fortentwicklung der Grundsicherung für Arbeitsuchende vom 20. 7. 2006** (BGBl. I S. 1706) nochmals ausdrücklich unterstrichen, indem er § 3 Abs. 3 SGB II in einer auch für die Interpretation des § 20 bedeutsamen Weise geändert hat: „Die nach diesem Buch vorgesehenen Leistungen decken die Bedarfe der erwerbsfähigen Hilfebedürftigen und der mit ihnen in Bedarfsgemeinschaft lebenden Personen. Eine davon abweichende Festlegung der Bedarfe ist ausgeschlossen."

5   Die **Pauschalierung** der Regelleistung soll die Selbstverantwortung und Eigenständigkeit der Leistungsempfänger fördern. Diese sind darauf angewiesen, mit dem in der Regelleistung enthaltenen Betrag ihre grundlegenden Bedürfnisse zu decken. Der Grundsatz, dass eine individuelle Bedarfsermittlung bzw. abweichende Bestimmung der Höhe der Regelleistung gesetzlich nicht vorgesehen ist, gilt sowohl **zu Gunsten wie auch zu Lasten des Grundsicherungsempfängers** (BSG 18. 6. 2008 – B 14 AS 22/07 R – juris). Insoweit ist es konsequent, dass eine dem § 28 Abs. 1 Satz 1 SGB XII entsprechende Norm im SGB II fehlt. Nach § 9 SGB XII i. V. m. § 28 Abs. 1 Satz 1 SGB XII ist es möglich, den Regelsatz abweichend zu bemessen, wenn der Hilfebedürftige einzelne Leistungen, wie unentgeltliches Essen, von dritter Stelle erhält. So kann ein Hilfebedürftiger im Sinne des SGB II beispielsweise für einen Krankenhausaufenthalt keinen erhöhten Bedarf geltend machen, weil er etwa zusätzlich entsprechender Kleidung bedarf oder erhöhte Fahrkosten anfallen. Umgekehrt ist es dem Leistungsträger aufgrund der gesetzlichen Pauschalierung auch verwehrt, einen individuell geringeren Bedarf des Leistungsempfängers anzunehmen, weil dieser im Krankenhaus voll verpflegt ist (BSG 18. 6. 2008 – B 14 AS 22/07 R – NZS 2009, 452).

B. Rechtsentwicklung

6   § 20 SGB II trat, wie das gesamte SGB II, durch das Vierte Gesetz für moderne Dienstleistungen am Arbeitsmarkt vom 24. 12. 2003 mit Wirkung zum 1. 1. 2005 in Kraft (BGBl. I S. 2954). Noch

vor Inkrafttreten des SGB II wurde der unrichtige Verweis in Absatz 4 Satz 2 auf § 29 Abs. 3 Satz 5 SGB XII durch das Kommunale Optionsgesetz vom 30. 7. 2004 (BGBl. I S. 2014; Gesetzesmaterialien: BT-Drs. 15/1516, S. 46, 55 ff.) redaktionell in § 28 Abs. 3 Satz 5 SGB XII korrigiert.

Durch das Gesetz vom 24. 3. 2006 (BGBl. I S. 558) erfuhr § 20 erhebliche Änderungen. Mit Wirkung zum 1. 7. 2006 wurde Absatz 1 Satz 2 aufgehoben, Absatz 2 neu gefasst, Absatz 2a eingefügt und Absatz 3 geändert. Das Änderungsgesetz ging zurück auf den Gesetzentwurf der Bundesregierung eines „Ersten Gesetzes zur Änderung des Zweiten Buches Sozialgesetzbuch" vom 29. 11. 2005 (BT-Drs. 16/99). Inhalt der Änderung war zum einen die Angleichung der Regelleistung in den alten und neuen Bundesländern auf einheitlich 345 €. Bis zum Inkrafttreten des Änderungsgesetzes betrug die **Regelleistung** gem. § 20 Abs. 2 in den alten Bundesländern 345 € und in den neuen Bundesländern 331 € (vgl. zu den Gründen der Angleichung: BT-Drs. 16/99 S. 6). Im Gesetzgebungsverfahren wurde des Weiteren § 20 Abs. 1 Satz 2, der auf den früheren § 5 Abs. 2 Satz 2 SGB II Bezug nahm, aufgehoben (vgl. insoweit BT-Drs. 16/688). Der bisherige Absatz 3 Satz 2, nach welchem sonstige **erwerbsfähige Angehörige** der Bedarfsgemeinschaft 80 von hundert der Eckregelleistung erhalten, wurde zu Absatz 2 Satz 2. § 20 Abs. 3 Satz 1 wurde insoweit geändert, dass nicht mehr „Angehörige" sondern nur noch „Partner" einer Bedarfsgemeinschaft, die das 18. Lebensjahr vollendet haben, 90% der Eckregelleistung erhalten. Die Regelung steht in direktem Zusammenhang zu § 7 Abs. 3 Nr. 2 und Nr. 4. Danach sind die im Haushalt der Eltern lebenden **unverheirateten erwerbsfähigen Kinder bis zur Vollendung des 25. Lebensjahres** Angehörige der Bedarfsgemeinschaft der Eltern. Nach der bis dahin bestehenden Regelung bildeten Kinder, sobald sie volljährig geworden waren, eine eigene Bedarfsgemeinschaft und hatten damit einen Anspruch auf 100% der Eckregelleistung. Die Gesetzesänderung wurde damit begründet, dass Kinder, die das 18. aber noch nicht das 25. Lebensjahr vollendet haben und im Haushalt der Eltern leben nicht die Generalkosten des Haushaltes trügen, so dass eine Reduzierung der Regelleistung für diesen Personenkreis auf 80% der Eckregelleistung gerechtfertigt sei (BT-Drs. 16/1688, S. 13 zu Nr. 2 Buchstabe b). Ebenfalls durch das Gesetz zur Änderung des zweiten Buches Sozialgesetzbuch und anderer Gesetze vom 24. 3. 2006 (BGBl. I S. 558) ist § 20 Abs. 2a SGB II eingefügt worden. Die Regelung soll die Errichtung von eigenständigen neuen Bedarfsgemeinschaften junger Erwachsener erschweren. Dadurch, dass Personen, die das 25. Lebensjahr noch nicht vollendet haben und ohne Zusicherung des kommunalen Trägers umziehen, nur 80% der Eckregelleistung erhalten, soll der Anreiz gemindert werden, auf Kosten der Allgemeinheit eine eigene Wohnung bei gleichzeitigem Bezug der vollen Regelleistung zu beziehen (BT-Drs. 16/1688, S. 14 zu Nr. 5 Buchstabe c).

Mit dem Gesetz zur Fortentwicklung der Grundsicherung für Arbeitsuchende vom 20. 7. 2006 (BGBl. I S. 1706) hat § 20 Abs. 1 und 4 eine Änderung erfahren. In Absatz 1 ist klargestellt worden, dass die Regelleistung auch die Bedarfe für **Haushaltsenergie**, ohne die auf die Heizung entfallenden Anteile, umfasst. Inwieweit die Haushaltenergie Teil der Regelleistung ist, war umstritten und hat die Sozialgerichtsbarkeit umfänglich beschäftigt (Vgl. Rn. 43). Mit dem Gesetz zur Fortentwicklung der Grundsicherung für Arbeitsuchende vom 20. 7. 2006 wurde die Zuständigkeit für die Bekanntmachung der Neubemessung der Regelleistung nach § 20 Abs. 4 dem Bundesministerium für Arbeit und Soziales übertragen. § 20 Abs. 4 S. 4 wurde geändert durch Gesetz vom 10. 10. 2007 (BGBl. I S. 2326). Die letzte Bekanntmachung nach § 20 Abs. 4 zur Höhe der Regelsätze erfolgte am 30. 6. 2008 (BGBl. I 1102). Zu diesem Zeitpunkt betrug die Höhe der monatlichen Regelleistung 351 Euro.

Da das Verfahren zur Ermittlung und Bestimmung des Regelbedarfs nicht für Kinder und Jugendliche, sondern auch für Erwachsene vom Bundesverfassungsgericht als verfassungswidrig qualifiziert worden ist, war § 20 notwendigerweise zu ändern. Wesentliche Änderungen wurden allerdings im Rahmen eines neuen Gesetzes, des Regelbedarfermittlungsgesetzes (RBEG) vorgenommen; in diesem Gesetz wurde das **Verfahren zur Ermittlung des Regelbedarfs** strukturiert. Daher konnten die Änderungen im Text des § 20 auf einen geringeren Umfang beschränkt werden. Die Struktur der fünf Absätze blieb weitgehend erhalten. In der Öffentlichkeit wurde vor allem die Änderung der bezifferten Werte des Regelbedarfs auf **364 Euro** wahrgenommen und diskutiert. Diese Änderung erfolgte bereits in der Vorlage des Gesetzes zur Ermittlung von Regelbedarfen und zur Änderung des SGB II und XII (BT-Drs. 17/3404, S. 14 sowie Begründung auf S. 97). Die in diesem Entwurf enthaltenen Regelungen wurden überwiegend in das Gesetz übernommen. Die Zahlenwerte für erwerbsfähige erwachsene Familienangehörige wurden bereits in den Ausschussberatungen im Bundestag im November 2010 modifiziert (BT-Drs. 17/4032, S. 10 und Begründung in BT-Drs. 17/4095, S. 33). Im Vermittlungsverfahren wurden die Kosten für die Erzeugung von Warmwasser aus dem Regelbedarf in § 20 Abs. 1 herausgenommen und als gesondert abzurechnender Sonderbedarf anerkannt (BT-Drs. 17/4719, S. 4). Schließlich wurden im zweiten Vermittlungsverfahren regelbedarfsrelevante Änderungen in § 138 SGB XII vorgenommen, die sich auch auf die Höhe des Regelbedarfs nach § 20 SGB II auswirken (BT-Drs. 17/4830, S. 5). Die Änderungen wurden im Bundesgesetzblatt vom 29. 3. 2011 verkündet (BGBl. I S. 453 ff.).

C. Das Schutzpflichtkonzept des Bundesverfassungsgerichts

I. Grundlagen der Konzeption

10   Leistungen der Grundsicherung erfolgen zwar auf der Basis des SGB II als eines einfachen Gesetzes, doch dient dieses Gesetz der verfassungsrechtlichen Pflicht des Staates, durch Geldleistungen ein menschenwürdiges Leben sicherzustellen. Diese Schutzpflicht folgt nach der ständigen Rechtsprechung des BVerfG aus dem Gebot zum Schutz der Menschenwürde in Verbindung mit dem Sozialstaatsgebot (BVerfG 12. 5. 2005 – 1 BvR 569 05 – NVwZ 2005, 927, 928). Damit knüpft das Gericht an die Judikatur des Bundesverwaltungsgerichts an, das bereits seit 1954 die Auslegung der damaligen Fürsorgevorschriften auf eine solche aus Art. 1, 20 GG abgeleitet Schutzpflicht stützte (BVerwG 24. 6. 1954 – VC 78.54 – BVerwGE 1, 159, 161). Mit der weiteren Entwicklung der Schutzpflichtdoktrin ist inzwischen weitgehend anerkannt, dass es sich hierbei **nicht nur um eine objektivrechtliche Schutzpflicht** handelt, sondern dass zugleich den **Berechtigten ein subjektives Recht vermittelt** wird, das sie selbst in Anspruch nehmen können, so dass bei entsprechenden Defiziten auch eine Verfassungsbeschwerde möglich ist, die von den Betroffenen erhoben werden kann (zur Entwicklung der Rechtsprechung Bieritz-Harder, Menschenwürdig Leben, 2001 S. 189 ff.).

11   Diese Konzeption des Bundesverfassungsgerichts ist vor allem entwickelt worden in mehreren Entscheidungen zur **Sicherung des Existenzminimums im Steuerrecht**. Maßgeblich sind vor allem die Urteile BVerfG 29. 5. 1990 – 1 BvL 20/84 – NJW 1990, 2869; 25. 9. 1992 – 2 BvL 5, 8, 14/91 – NJW 1992, 3153; 10. 11. 1998 – 2 BvL 42/93 – NJW 1999, 561; 13. 2. 2008 – 2 BvL 1/06 – NJW 2008, 1868. In diesen Entscheidungen sind jeweils steuerrechtliche Normen verworfen worden, weil Steuern aus einem Einkommen verlangt wurden, das zur Sicherung des Existenzminimums benötig wurde. Das Bundesverfassungsgericht entwickelt in diesen Entscheidungen den heute allgemein anerkannten Grundsatz, dass der Steuerstaat nicht hoheitlich auf Einkommen zugreifen dürfe, das zur Sicherung des Existenzminimums notwendig sei. Damit war in diesen Entscheidungen jeweils herauszuarbeiten, wie das verfassungsrechtlich gesicherte Existenzminimum zu bestimmen sei. Das Gericht griff dabei jeweils auf das Sozialhilferecht als Referenzsystem zurück, wobei allerdings in den sehr eingehenden Berechnungen des Gerichts eine spezifische Auslegung der sozialhilferechtlichen Normen vorgenommen wurde.

12   Diese eher eingriffsorientierte Sicht wurde fast zeitgleich in der Gesetzgebung zum **Zwangsvollstreckungs- und Insolvenzrecht** aufgegriffen. Nachdem bereits parallel zu den ersten finanzgerichtlichen Vorlageverfahren zur Verfassungswidrigkeit der Steuerlast einzelne Vollstreckungsgerichte entschieden hatten, dass staatlich organisierter Zugriff auf Einkommen im Wege der Zwangsvollstreckung den Teil des Einkommens frei halten müsse, der für das Existenzminimum erforderlich sei (OLG Stuttgart 15. 1. 1987 – 8 W 406/86 – Rpfleger 1987, 207; LG Hamburg 26. 8. 1991 – 302 T 72/91 – Rpfleger 1991, 515; Kohte Rpfleger 1990, 9, 10), wurde durch das 5. Gesetz zur Änderung der Pfändungsfreigrenzen 1992 nicht nur eine Anhebung der typisierenden Pfändungsfreigrenzen, sondern auch eine zusätzliche Antragsmöglichkeit in § 850f Abs. 1a ZPO normiert, wonach im Einzelfall das sozialhilferechtliche Existenzminimum vom Pfändungszugriff freigestellt werden müsse (BT-Drs. 12/1754, S. 17; dazu Kohte Rpfleger 1991, 513 f.). Dieser inzwischen allgemein anerkannte, in der zwangsvollstreckungsrechtlichen Judikatur hinreichend konkretisierte (zB BGH 23. 7. 2009 – VII ZB 103/08 – NZI 2009, 655; 5. 8. 2010 – VII ZB 17/09 – VuR 2010, 437) Grundsatz wurde auch auf das Insolvenzrecht übertragen, nachdem sich dort ebenfalls seit 1999 in zunehmendem Maße das Problem gestellt hatte, ob zur Insolvenzmasse Arbeits- und Sozialeinkommen gezogen werden könne, das zur Existenzsicherung benötigt werde (dazu OLG Frankfurt 29. 8. 2000 – 26 W 61/00 – DZWiR 2001, 32 m. Anm. *Kohte;* ausführlich Grote, Einkommensverwertung und Existenzminimum des Schuldners in der Verbraucherinsolvenz, S. 9 ff.). Die Antragsmöglichkeit des § 850f Abs. 1a ZPO wurde im Dezember 2001 in insolvenzspezifischer Weise in §§ 36, 292 InsO implementiert, so dass auch hier eine entsprechende Schutzpflicht in das Verfahrensrecht integriert wurde (zB AG Braunschweig 10. 1. 2007 – 272 IN 422/02a – VuR 2007, S. 353 m. Anm. Kohte). Diese Beispiele zeigen deutlich, dass hier die **Schutzpflicht zur Abwehr hoheitlicher Eingriffe in das Existenzminimum eingesetzt wurde** und dass insoweit eine strikte Abwehrposition geboten war und ist, die in der Gesetzgebung der letzten 15 Jahre in systematischer Weise fortgesetzt worden ist. Zutreffend wird in der Literatur darauf hingewiesen (Luthe SGB 2006, 637, 643), dass diese Entscheidungen daher nicht unmittelbar für die Verfassungsmäßigkeitsprüfung von § 20 SGB II eingesetzt werden können.

13   Eine erste Differenzierung zeigt sich auch in der Rechtsprechung des Bundesverfassungsgerichts zu einem strukturell differenzierten Problem, dem **Recht der Prozesskostenhilfe**. Auch hier war – ähnlich wie im Recht der Einkommenspfändung – durch längere Untätigkeit in der Gesetzgebung eine ursprünglich auskömmliche Typisierung der Tabellenwerte für Prozesskostenhilfe in die Problemzone der Gefährdung des Existenzminimums geraten, so dass das Bundesverfassungsgericht rechtsgrundsätzlich entschied, dass es gegen das Prinzip des sozialen Rechtsstaats und gegen den Gleichheitssatz verstoße, wenn die Kostenbeteiligung einer bedürftigen Partei, die Prozesskostenhilfe erhält,

deren Existenzminimum gefährdet (BVerfG 26. 4. 1988 – 1 BvL 84/86 – NJW 1988, 2231; vgl. auch ArbG Bochum 26. 8. 1992 – 2 Ca 2536/91 – EzA § 114 ZPO Nr. 5). In der konkreten Situation sah das Gericht, das einen eingehenden Vergleich mit den Werten des Sozialhilferechts als Referenzsystem vornahm, die Zone der Verfassungswidrigkeit als noch nicht erreicht an, **zumal bei verfassungskonformer Auslegung noch Individualisierungsmöglichkeiten bestanden, um Probleme der typisierenden Tabellenwerte auszugleichen.** Anders als bei den steuerrechtlichen Entscheidungen mit ihrer Eingriffstruktur betonte das Gericht hier die Gestaltungsfreiheit der Gesetzgebung, die weiter sei als bei der gesetzlichen Regelung staatlicher Eingriffe. Den Gerichten obliege größte Zurückhaltung, über den Gleichheitssatz zusätzliche Leistungsverpflichtungen aufzuerlegen. Maßstab sei hier das Willkürverbot. Dies sei erst dann verletzt, wenn sich ein vernünftiger, sich aus der Natur der Sache ergebender oder sonst wie einleuchtender Grund nicht finden lasse. An diese Rechtsprechungslinie haben die ersten Entscheidungen des BSG zur Verfassungsmäßigkeit der Regelleistung für erwerbsfähige Erwachsene nach § 20 SGB II offenkundig angeknüpft (BSG 23. 11. 2006 – B 11 b AS 1/06 R – SozR 4-4200 § 20 Nr. 3).

Mit der bekannten Dichotomie von Eingriff und Leistung ist allerdings die Problematik der Sicherung des soziokulturellen Existenzminimums noch nicht hinreichend ausgeschöpft. Die **staatliche Schutzpflicht besteht auch im Leistungsbereich,** zentrale Kategorien sind das **Untermaßverbot** und der **Gleichheitssatz,** mit dessen Hilfe zB der Ausschluss von Sozialhilfeempfängern vom Wohngeldrecht bereits vor fast 40 Jahren vom Bundesverfassungsgericht verworfen wurde, wobei ausdrücklich auf die fehlende Relevanz rein fiskalischer Betrachtungen verwiesen wurde (BVerfG 14. 11. 1969 – 1 BvL 4/69 – BVerfGE 27, 220). Insofern ist es wiederum geboten, auf die steuerrechtlichen Entscheidungen zurückzugreifen, diese jedoch auf ihre methodische Argumentation zu untersuchen. Maßgeblich ist vor allem für die Prüfung von Art. 3 GG in diesem Kontext für das Gericht der **Grundsatz der Folgerichtigkeit** (BVerfG 10. 11. 1998 – 2 BvR 1057/91 – NJW 1999, 561, 564; 9. 12. 2008 – 2 BvL 1/07 – NJW 2009, 48). Dieser verlangt zunächst, dass das gesetzgeberische Konzept in seiner immanenten Logik nachgezeichnet und auf mögliche Bruchlinien untersucht wird. Dabei ergeben sich **abgestufte Intensitäten der Kontrolle.** 14

Anschaulich demonstrieren die beiden Entscheidungen zur verfassungswidrigen Einschränkung der Beratungshilfe (BVerfG 2. 12. 1992 – 1 BvR 296/88 – NZA 1993, 427 = BVerfGE 88, 5 ff. und 14. 10. 2008 – 1 BvR 2310/06 – FamRZ 2008, 2179) eine solche **verfassungsrechtliche Kontrolle im Bereich der Schutzpflichten durch Gewährung sozialstaatlich veranlasster Hilfen.** In beiden Fällen war auch im Leistungsbereich ein relativ strikter Maßstab anzulegen, denn je weniger der Betroffene das Problem durch eigenes Verhalten vermeiden kann, desto gewichtiger muss die Begründung für die Ungleichbehandlung sein. Hier fiel jeweils **die existentielle Betroffenheit** der benachteiligten Gruppe ins Gewicht (dazu FK-InsO/Kohte § 311 Rn. 22), die auf eine adäquate Hilfe im außergerichtlichen Bereich verzichten musste. Daher prüfte das Gericht wiederum die Folgerichtigkeit der gesetzlichen Konzeption (BVerfG 14. 10. 2008 – FamRZ 2008, 2179, 2183), die nicht nachgewiesen und auch nicht durch verfassungskonforme Auslegung gesichert werden konnte, so dass trotz Anerkennung eines gesetzlichen Gestaltungsspielraums Verfassungswidrigkeit zu attestieren war. In aktuellen Judikaten wird auch die Bedeutung aktiver Rechtswahrnehmungsgleichheit für die Sicherung des Existenzminimums hervorgehoben (BVerfG 28. 9. 2010 – 1BvR 623/10, VuR 2011, 70). 15

Ein weiteres methodisches Problem besteht in der **Rechtskontrolle einer durch Zahlenwerte und Rechenoperationen geprägten gesetzlichen Konzeption.** Rechtskontrolle führt hier in aller Regel nicht zur Ersetzung einer Zahl durch eine andere Zahl (dazu ausführlich Spellbrink, Archiv für Wissenschaft und Praxis der sozialen Arbeit 2008, S. 4, 15). Dies ist zutreffend, doch kann Rechtskontrolle nicht entfallen, wenn der Gesetzgeber auf Zahlen statt auf Worte zurückgreift. In der Rechtsprechung zum Kapazitätsrecht hat das Bundesverfassungsgericht zur **Sicherung der Teilhaberechte** der Studienbewerber ebenfalls eingeräumt, dass es nicht einen einzigen Rechenweg gibt, der „allein zutreffend" ist, gleichwohl aber verlangt, dass die grundrechtsrelevanten Modellrechnungen richterlicher Kontrolle unterworfen werden, indem die **tatsächlichen Annahmen,** auf denen die Berechnungen beruhen, auf **Irrtümer und offensichtliche Abwägungsdefizite,** denen eine rationale Abwägung fehlt, untersucht werden (BVerfG 22. 10. 1991 – 1 BvR 393, 610/85 – NVwZ 1992, 361 = BVerfGE 85, 36; Sachs JuS 1992, 1060; Redeker NVwZ 1992, 305). 16

II. Konsequenzen der verfassungsrechtlichen Kontrolle

Diese Linien der verfassungsrechtlichen Judikatur wurden nachgezeichnet und präzisiert in dem **Urteil des Bundesverfassungsgerichts vom 9. 2. 2010** (1 BvL 1/09, NJW 2010, 505), mit dem die **Verfassungswidrigkeit der §§ 20 Abs. 2 und Abs. 3, 28 Abs. 1 Nr. 3 des damaligen SGB II** festgestellt wurde. Ausgangspunkt war für das Gericht das Grundrecht auf Gewährleistung eines menschenwürdigen Existenzminimums aus Art. 1 GG, dessen Sicherung durch das Sozialstaatsgebots des Art. 20 Abs. 1 GG verlangt wird. Dieses Grundrecht wird als ein Gewährleistungsrecht verstanden, das dem Grunde nach unverfügbar ist, jedoch der Konkretisierung und stetigen Aktualisierung 17 durch den Gesetzgeber bedarf. Das **Existenzminimum** wird danach gewährleistet durch eine **einheitliche grundrechtliche Garantie**, die sowohl die physische Existenz des Menschen, also Nahrung, Kleidung, Hausrat, Unterkunft, Heizung, Hygiene und Gesundheit als auch die Sicherung der Möglichkeit der Pflege zwischenmenschlicher Beziehungen und seinem Mindestmaß an Teilhabe am gesellschaftlichen, kulturellen und politischen Leben umfasst (NJW 2010, 505, 508 Rn. 135). Diese Gewährleitung eines menschenwürdigen Existenzminimums muss durch einen gesetzlichen Anspruch gesichert sein, der so ausgestaltet ist, dass er stets den gesamten existenznotwendigen Bedarf jedes individuellen Grundrechtsträgers deckt (Rn. 137). Zur Konkretisierung dieses Anspruchs hat der Gesetzgeber **alle existenznotwendigen Aufwendungen** in einem transparenten und sachgerechten Verfahren nach dem tatsächlichen Bedarf, also realitätsgerecht, zu bemessen.

18   **1. Vollständige, realitätsnahe und folgerichtige Bedarfsdeckung.** Danach ist für die Auslegung von § 20 SGB II maßgeblich, dass zunächst die gesetzliche Konzeption immanent nachgezeichnet wird. Gesetz und Gesetzesbegründung orientieren sich zunächst an dem bisherigen Sozialhilferecht und knüpfen mit den verschiedenen in § 20 genannten Kategorien an den **Bedarfsdeckungsgrundsatz** und den Schutz des **soziokulturellen Existenzminimums** an. Sowohl der Wortlaut der Norm als auch die Gesetzesbegründung machen deutlich, dass hier nicht nur das physische oder elementare Existenzminimum (zB nach dem Vorbild von § 25 BSHG: Das zum Lebensunterhalt „Unerlässliche") geschützt werden soll, sondern die auch in § 9 SGB I betonte **Teilhabe am Leben in der Gemeinschaft** realisiert werden soll. Die Begründung (BT-Drs. 15/1516, S. 56) nahm bereits 2003 ausdrücklich Bezug auf die Kategorie der „bedarfsorientierten und bedürftigkeitsabhängigen" Leistung.

19   Die verfassungsrechtliche Überprüfung einer Bedarfsdeckung lässt sich in aller Regel nicht mit der schlichten Nennung oder Ermittlung einer Zahl erreichen; auf der anderen Seite haben die steuerrechtlichen Entscheidungen des Bundesverfassungsgerichts deutlich gezeigt, dass eine präzise und realitätsnahe Prüfung nicht ohne empirische Bezugnahme und bezifferte Konkretisierungen auskommen kann. Grundsatz des Bedarfsdeckungsprinzips ist jedoch zunächst die kategoriale Präzisierung. Hier hat das Bundesverwaltungsgericht in den letzten 15 Jahren deutlich zur Klärung beigetragen. Danach soll dem Hilfeempfänger die Führung eines menschenwürdigen Lebens und die Teilnahme am Leben in der Gemeinschaft (§ 9 SGB I) ermöglicht werden; damit ist es **Aufgabe der Sozialhilfe, der sozialen Ausgrenzung des Hilfebedürftigen zu begegnen**. Diesen muss es möglich sein, in der Umgebung von Nichthilfeempfängern ähnlich wie diese zu leben (BVerwG 21. 1. 1993 – 5 C 34/92 – BVerwGE 92, 6 = NJW 1993, 2192; BVerwG 9. 2. 1995 – 5 C 2/93 – BVerwGE 97, 376, 378; BVerwG 18. 12. 1997 – 5 C 7.95 – BVerwGE 106, 99, 104). Das Gericht hat daher gerade die **Außenwirkung von Armut und die Möglichkeit kommunikativer Teilhabe** in differenzierter Weise untersucht und den Verzicht auf die Schultüte zutreffend strenger bewertet als die Verweisung auf bestimmte gebrauchte Möbel, deren Zustand der Außenwelt kaum erkennbar war (BVerwG 5. 11. 1992 – 5 C 15/92 – NJW 1993, 1218). Damit ist eine wichtige materielle Kategorie herausgearbeitet (dazu auch Däubler NZS 2005, 225, 227), die noch nicht unmittelbar einen Rückgriff auf die Höhe von Regelsätzen, aber immerhin auf die Struktur von Leistungen ermöglicht.

20   Das Urteil vom 9. 2. 2010 nutzt letztlich ebenfalls diese Kategorien. Bei der Bestimmung des Existenzminimums von Kindern werden die notwendigen Aufwendungen zur Erfüllung schulischer Pflichten als existenzieller Bedarf klassifiziert, weil hilfsbedürftigen Kindern ohne Deckung dieser Kosten der **Ausschluss von Lebenschancen** droht. Dieser sei jedoch mit Art. 1 GG nicht vereinbar (Rn. 192). An anderer Stelle wird die enge Sicht der Bundesregierung gerügt, die bestimmte schulische Bedarfe dem Existenzminimum nicht zuordnen wollte. Auch eine so enge Sicht des Existenzminimums werde der grundrechtlichen Schutzfrist nicht gerecht (Rn. 203). Schließlich sieht es das Gericht als Vorteil des Statistikmodells an, dass dieses eher geeignet sei, realitätsgerechte Ergebnisse zur Bestimmung des erforderlichen Umfangs an „**gesellschaftlicher Teilhabe**" zu liefern (Rn. 166).

21   Die verfassungsrechtliche Kontrolle muss nach Ansicht des BVerfG einen **Gestaltungsspielraum des Gesetzgebers** berücksichtigen, da sich unmittelbar aus der Verfassung kein eindeutiger und bezifferbarer Umfang des Existenzminimums ergibt. Diese Kontrolle erfolgt auf zweifache Weise. Zunächst erfolgt eine **Evidenzkontrolle**, die sich auf die **Vertretbarkeit der gefundenen Ergebnisse** bezieht. Nach der Entscheidung vom 9. 2. 2010 sind die im damaligen Gesetz definierten Leistungen nicht evident unzureichend (Rn. 151).

22   Eine ausschließliche Evidenzkontrolle würde allerdings die verfassungsgerichtliche Kontrolle zu weit zurücknehmen, daher wird sie ergänzt durch eine **Kontrolle der Sachgerechtigkeit und Folgerichtigkeit des Verfahrens**. Es wird verlangt, dass das vom Gesetzgeber gewählte Verfahren zur Bestimmung der Regelleistungsbeträge im Grundsatz geeignet ist, die zur Sicherung eines menschenwürdigen Existenzminimums notwendigen Leistungen **realitätsgerecht zu bemessen**. Weiter wird verlangt, dass dieses Verfahren in einer konsistenten und nachvollziehbaren Weise angewandt worden ist (Rn. 173). Eine solche **Folgerichtigkeit** enthielt das 2004 gewählte Verfahren nach Ansicht des Gerichts nicht, da in mehrfacher Weise von den eigenen Vorgaben abgewichen worden ist. Diese Abweichungen wurden als hinreichend gewichtig qualifiziert, so dass aus diesem Grund die Bestimmung der Regelleistung im § 20 Abs. 2 und 3 SGB II als verfassungswidrig qualifiziert worden ist (NJW 2010,

505, 514 Rn. 180, 188). Diese den verfassungsrechtlichen Vorgaben nicht genügende Ermittlung der Regelleistung nach § 20 Abs. 2 und 3 SGB I wirkte sich auch auf die Festsetzung der Regelleistung für Kinder nach § 28 SGB II aus. Zusätzlich enthielt diese Festsetzung weitere Inkonsistenzen, die ebenfalls die Verfassungswidrigkeit begründeten (BVerfG NJW 2010, 505, 514 Rn. 190 ff.).

2. Typisierung und Individualisierung. Ein weiteres kategoriales Element betrifft das **Verhältnis von Typisierung und Individualisierung.** Bereits im früheren Sozialhilferecht war durch die Regelsätze und die konkrete Entscheidung, welche Gegenstände zum Regelbedarf rechnen (BVerwG 13. 12. 1990 – 5 C 17/88 – NJW 1991, 2304) ein gewisser Spielraum für Typisierung anerkannt, der sich zu bewähren hatte in der Abgrenzung zum geschützten Bedarf, der durch einmalige Leistungen sicherzustellen war. Wiederum betrafen die maßgeblichen Entscheidungen die Situation von Kindern. Hinsichtlich des Schulbedarfs hatte das Gericht für einmalige Leistungen solche Schulmaterialien anerkannt, die von den jeweiligen Hilfeempfängern nicht frei ausgesucht, sondern ihnen auch ohne ihren Willen und ohne ihre Entscheidung als zu beschaffende Gegenstände vorgeschrieben worden waren (BVerwG 29. 10. 1997 – 5 C 34/95 – BVerwGE 105, 281, 284). Auch hier wirkt das Verbot der sozialen Ausgrenzung auf die Entscheidung ein, wenn der durch Armut erzwungene Verzicht auf die Anschaffung von Schulbüchern bzw. die Teilnahme an Klassenfahrten zur Ausgrenzung von Kindern aus dem schulischen Alltag führt. 23

Gerade auf diesem Feld hat jedoch ein deutlicher Paradigmenwechsel stattgefunden (s. o. § 19 Rn. 6). Die einmaligen Leistungen sind auf wenige Kategorien in §§ 21, 23 SGB II zurückgeführt worden. Das 2004 beschlossene Konzept der Grundsicherung bestand aus einer **grundlegenden Typisierung,** der nur wenige individuelle Gestaltungs- und Entfaltungsmöglichkeiten gegenüberstehen sollen. Eine weitreichende Typisierung gehört grundsätzlich zu den Möglichkeiten gesetzlicher Gestaltung, doch ist bereits in den steuerrechtlichen Entscheidungen insoweit wieder methodisch zutreffend herausgearbeitet worden, dass im Rahmen einer Typisierung das Existenzminimum grundsätzlich so zu bemessen ist, dass es in möglichst allen Fällen den existenznotwendigen Bedarf abdeckt, denn Typisierung muss sich realitätsgerecht am typischen Fall orientieren (BVerfG 16. 3. 2005 – 2 BvL 7/00 – BVerfGE 112, 268, 280 = FamRZ 2005, 1058; BVerfG 25. 9. 1992 – 2 BvL 5/91 – NJW 1992, 3153, 3154; 13. 2. 2008 – 2 BvL 1/06 – NJW 2008, 1868). Je strenger die Typisierung ist, umso dringlicher ist entweder eine großzügige Berechnung oder die Notwendigkeit individueller Öffnungsklauseln (dazu Wallerath JZ 2008, 157, 164; Münder NJW 2004, 3209, 3212). 24

Die von der steuerrechtlichen Judikatur zum Existenzminimum verlangte **Realitätsnähe der Schutzkonzeption** erfordert eine möglichst breite, alle betroffenen Gruppen und Regelungsgegenstände einschließende Beobachtung (BVerfG NJW 1993, 643). Vor allem darf dem Gesetz für eine gesetzliche Typisierung kein atypischer Fall als Leitbild dienen; realitätsgerecht muss der typische Fall als Maßstab zugrunde gelegt werden (BVerfG 9. 12. 2008 – 2 BvL 1/07 – NJW 2009, 48, 50). 25

Nach dem Grundsatz der Folgerichtigkeit ist damit das Kalkül der typisierenden gesetzlichen Regelung nachzuvollziehen. Hier waren **Mittelwerte für einmalige Beihilfen** in Höhe von 16% ermittelt und zu den früheren Regelsätzen dazu addiert worden, damit die bisher anerkannten einmaligen Bedarfe auch weiterhin erfüllt werden könnten. Problematisch ist dabei auf einer ersten Ebene, dass das Bundesverfassungsgericht bereits 1992 mit einmaligen Bedarfsleistungen von 20% gerechnet hat und nicht nachvollziehbar ist, dass diese Werte zu hoch angesetzt waren. Vor allem ist aber problematisch, dass hier nur mit **knapp bemessenen Durchschnittswerten** gearbeitet wurde, weil auf diese Weise bereits alle Hilfeempfänger, die über dem Durchschnitt liegen, in Probleme bei dem Bedarfsdeckungsprinzip kommen müssen. Dies ist aber mit den Anforderungen an die allgemeine – und nicht nur durchschnittliche – Deckung des elementaren Bedarfs (BVerfG 13. 2. 2008 – 2 BvL 1/06 – NJW 2008, 1868, 1875) schwer zu vereinbaren. 26

Die gesetzliche Konzeption ging 2004 weiter davon aus, dass den einzelnen Hilfeempfängern die Möglichkeit offen stünde, den zu den früheren Regelsätzen dazu addierten Bedarf von etwas mehr als 30 Euro monatlich **anzusparen.** Diese Annahme ist in der Entscheidung des BVerfG „im Grundsatz" nicht beanstandet worden, da der Gesetzgeber mit § 23 SGB II aF (jetzt § 24) „versucht" habe, eine verfassungswidrige Unterdeckung einmaligen Bedarfs zu vermeiden (Rn. 150). Dies sind problematische, letztlich jedoch vorsichtige Formulierungen, die eine **verfassungskonforme Auslegung des jetzigen § 24 SGB II** nicht ausschließen. Die Gesetzgebung hatte mehrere Jahre in § 101a BSHG Modellversuche installiert, um diese offene Frage zu klären. Dies ist ein plausibles Vorgehen, an dessen Logik sich jedoch auch die Gesetzgebung zu halten hat. Eine Auswertung dieser Versuche durch die für die Gesetzgebung zuständigen Bundesministerien ist zumindest nicht öffentlich erfolgt. Die zu diesem Thema bekannt gewordenen Untersuchungen kamen zu dem Ergebnis, dass für einen großen Teil der Hilfeempfänger ein solches **Ansparen nicht real möglich** war (Nothbaum/Lübker/Kämper NDV 2004, 353; vgl. Grube/Wahrendorf SGB XII § 28 Rn. 43). Diese Ergebnisse sind in der von der Bundesregierung selbst eingesetzten Kommission zur Arbeit am 3. Armuts- und Reichtumsbericht bestätigt worden. In einer umfassenden Untersuchung über unterschiedliche Sparmöglichkeiten in den verschiedenen Einkommensgruppen ist für die unterste Einkommensgruppe eine „negative Sparquote" festgestellt worden (Hauser ua., Integrierte Analyse der Einkommens- und Vermögensver- 27 teilung, 2007, S. 282 ff.). Wiederum zeigen sich diese Probleme besonders deutlich bei Kindern und Jugendlichen, bei denen einmalige Beihilfen typischerweise eine sehr viel größere Rolle spielten, weil sich der Bedarf von Kindern weniger geplant, weniger gleichmäßig und weniger verschiebbar darstellt (vgl. bereits Kohte NJW 1992, 393, 396). Diese Erkenntnisse sind bei der Auslegung des heutigen § 24 SGB II zu berücksichtigen, denn Aussagen zum existentiellen Bedarf müssen auf zutreffenden tatsächlichen Annahmen beruhen.

28 Schließlich fehlt diesem starren und in die Vergangenheit gerichteten typisierenden System das notwendige Instrumentarium, um auf **neue und unbekannte Bedarfslagen** reagieren zu können, weil man in § 3 Abs. 3 SGB II einen kategorialen Fehler gemacht hat. Dort wird auch im neuen Recht als gesetzliches Diktum erklärt, dass die gesetzlichen Leistungen den „Bedarf decken" – aber das ist eine Aussage über Wirklichkeit, die ein Gesetz nicht machen kann. Die verwaltungsgerichtliche Judikatur zwischen 1954 und 2004 hatte anschaulich dokumentiert, dass immer wieder neue Bedarfslagen entstehen, für die jeweils entsprechende Kategorien entwickelt werden müssen. Dies war durch den Individualisierungsgrundsatz ermöglicht; man kann das Verhältnis zwischen Typisierung und Individualisierung verschieben, aber die **fast völlige Aufhebung der Individualisierung ist nicht mehr realitätsgerecht und nicht mehr vertretbar.** Dies zeigt vor allem die Entwicklung im Bereich des Gesundheitswesens, in dem das von der Gesetzlichen Krankenversicherung nicht mehr übernommene Leistungsspektrum deutlich zugenommen hat (dazu generell Wendtland ZSR 2007, 423 ff.; konkret zB BayLSG 16. 10. 2008 – L 7 B 668/08 AS PKH; LSG Nordrhein-Westfalen 22. 6. 2007 – L 1 B 7/07 AS ER – Sozialrecht aktuell 2007, 238 ff.; zum Sozialhilferecht BSG 16. 12. 2010 – B 8 S 07/09 R, ZFSH SGB 2011, 338 ff.).

29 Der Beschluss des BVerfG vom 7. 11. 2007 (– 1 BvR 1840/07 – SGb 2008, 409 m. Anm. Bieback) macht deutlich, dass das Gericht diese Problemlage früh gesehen hat, indem es besonders hervorhebt, dass darzulegen ist, dass der Bedarf auch mit **„anderen Anspruchsgrundlagen innerhalb und außerhalb des SGB II"** gedeckt werden könne. Damit wird unterstrichen, dass die monistische Konzeption des § 3 Abs. 3 SGB II, wonach der gesamte Bedarf der Hilfebedürftigen durch das SGB II gedeckt wird, als nicht realitätsgerecht eingestuft wird. Die verschiedenen Wege, die die Sozialgerichtsbarkeit eingeschlagen hat (s. o. § 19 Rn. 6; vgl. S. Knickrehm o. §§ 2–5 Rn. 6) stellen sich dann aber bereits als **Modalitäten verfassungskonformer Auslegung dar, mit denen das unzureichende Schutzkonzept des SGB II nachgebessert werden soll.** Im Urteil vom 9. 2. 2010 (BVerfG NJW 2010, 505, 516, Rn. 204 ff.) entschied das Bundesverfassungsgericht daher zutreffend, dass es mit Art. 1 Abs. 1 iVm Art. 20 GG unvereinbar sei, dass im SGB II eine Regelung fehle, die einen Anspruch auf Leistungen zur Sicherstellung eines zur Deckung des menschenwürdigen Existenzminimums unabweisbaren, laufenden, nicht nur einmaligen, besonderen Bedarfs vorsieht. Das Gericht räumte ein, dass in der Sozialgesetzgebung eine Typisierung und Pauschalierung zulässig sei. Zur Gewährleistung des Existenzminimums müsse jedoch für **atypische individuelle Bedarfslagen** vorgesorgt werden. Die Rechtsprechung des BSG und der Fachgerichtsbarkeit zur Nutzung von § 73 SGB XII biete keine Gewähr, dass sämtliche atypischen Bedarfslagen berücksichtigt werden. Daher sei eine gesetzliche Neuregelung erforderlich. Diese ist inzwischen durch die Einfügung von § 21 Abs. 6 erfolgt (zu den Problemen dieser Regelung § 21 Rn. 18 ff).

30 Diese Passage des BVerfG-Urteils darf allerdings nicht so verstanden werden, dass in Zukunft eine verfassungskonforme Auslegung, zB mit Hilfe von § 73 SGB XII ausgeschlossen sei. Die aktuelle Literaturdiskussion hat gezeigt, dass es neben der Neufassung des in § 21 Abs. 6 geregelten atypischen laufenden Bedarfs auch einmalige Bedarfe gibt, die ebenfalls zur Gewährleistung des Existenzminimums realisiert werden müssten. Hier ist weiterhin die Nutzung von § 73 SGB XII ein mögliches Mittel der verfassungskonformen Auslegung (§ 21 Rn. 20; vgl. Mrozynski 2010, 677). Nach den bisherigen Erfahrungen ist das Konzept des SGB II deutlich defizitär bei der Sicherung aktueller Bedarfe im Bereich der Gesundheit. und der Beschaffung, Ersatzbeschaffung und Reparatur größerer Haushaltsgüter und Kommunikationsgeräte, so dass insoweit regelmäßig zu prüfen ist, ob das **Untermaßverbot verletzt** ist und ob dies durch verfassungskonforme Auslegung vermieden werden kann.

D. Berechnungsgrundlage für die Regelbedarfe

31 Als das Referenzmodell bei der Ermittlung der Regelleistung betrachtete der Gesetzgeber 2004 die Sozialhilfe (Begründung des Gesetzesentwurfs eines Vierten Gesetzes für moderne Dienstleistungen am Arbeitsmarkt: BT-Drs. 15/1516, S. 56 zu § 20). Inhaltlich lehnte sich § 20 insoweit weitgehend an §§ 27, 28 SGB XII an. Den formalen Anknüpfungspunkt an diese Normen bot Abs. 4 Satz 2, der auf das Konzept des § 28 SGB XII verwies. Diese Verweisung ist jetzt in Abs. 5 S. 2 durch den Verweis auf das Regelbedarfs-Ermittlungsgesetz (RBEG) ergänzt worden.

I. Grundlagen der Regelbedarfsermittlung

32 Grundlage der Ermittlung der Regelleistung sollten die tatsächlichen aus statistischen Erhebungen hervorgehenden Verbrauchsausgaben von Haushalten unterer Einkommensgruppen sein. Als Aus-

gangspunkt wurde daher nicht mehr der frühere Warenkorb, sondern die **Einkommens- und Verbrauchsstichprobe** gewählt. Die Bemessung sollte im Fünfjahresrhythmus überprüft und weiterentwickelt werden. Basis der Festlegungen im SGB II waren die Untersuchungsergebnisse aus dem Jahre 1998. Die Ermittlungen des Jahres 2003 brachten gegenüber denen aus 1998 keine Veränderungen. **Kritisiert** wurde hinsichtlich des Ermittlungsverfahrens insbesondere die **Auswahl der der Ermittlung zugrunde liegenden Referenzgruppe,** die ausschließlich aus Alleinstehenden und dabei zum überwiegenden Teil aus verwitweten Rentnerinnen bestehe und damit kaum repräsentativ für die Ermittlung des Bedarfs der Arbeitsuchenden sein könne (Kofner Wohnungswirtschaft und Mietrecht 2006, 288, 289). Außerdem enthalte die Referenzgruppe verdeckte Arme, die Sozialleistungsansprüche nicht wahrnehmen und deshalb aus methodischer Sicht heraus gerechnet werden müssten (Becker, Bedarfsgerechtigkeit und soziokulturelles Existenzminimum, Arbeitspapier zu einer Studie im Auftrag der Hans-Böckler-Stiftung, (2006). Zudem sei nicht sichergestellt, dass die Referenzgruppe zumindest überwiegend bedarfsdeckend lebe. Ein großer Anteil der Bevölkerung sei verschuldet, insbesondere die unteren Einkommensgruppen. Soweit Konsum aber durch Kreditaufnahmen finanziert wird, könne er kein Indikator für wirtschaftliches Leistungsvermögen und Unabhängigkeit von staatlichen Leistungen sein (Hannes in Gagel, SGB III, SGB II § 20 Rn. 42). Bezüglich weiterer in der Bedarfsgemeinschaft lebender Personen bzw. Partnern und Ehegatten liege der Festsetzung des Regelsatzes bzw. ihrer prozentualen Bestimmung keine empirische Untersuchung zugrunde. Zudem wurde kritisiert, dass die von der durch die EVS ermittelten Beträge abweichende Festlegung der einzelnen Bedarfspositionen nicht nachvollziehbar und das Verfahren nicht transparent sei (Frommann NDV 2004, 246, 253).

Im Urteil vom 9. 2. 2010 (NJW 2010, 505, 513 ff.) hat das Bundesverfassungsgericht grundsätzlich die **Wahl des Statistikmodells** als eine **vertretbare Methode** bewertet, die gegenüber dem früheren Warenkorbmodell auch den Vorteil habe, dass Bedarfe zur gesellschaftlichen Teilhabe auf diese Weise zeitgerechter erfasst werden könnten (Rn. 166). Das Statistikmodell müsse allerdings methodisch zutreffend, realitätsgerecht, folgerichtig und transparent angewandt werden. Dies sei 2004 in einer Reihe von Einzelpunkten nicht beachtet worden (Rn. 173 ff.). Diese Defizite an Folgerichtigkeit und Transparenz hätten ein so gewichtiges Ausmaß erreicht, dass das Gericht, das fehlerhafte Rechnung nicht durch eigene Rechnung ersetzen kann, sich daher konsequent auf das Verdikt der Verfassungswidrigkeit zu konzentrieren hatte. 33

Als verfassungswidrig bewertete das Gericht weiter die bisherigen Regelungen zur Anpassung der Regelleistungen. In § 20 Abs. 4 Satz 1 war bestimmt, dass die **Regelleistung jährlich zum 1. Juli durch Bekanntmachung des BMAS** um den Vomhundertsatz **angepasst** wird, um den sich der aktuelle Rentenwert in der gesetzlichen Rentenversicherung verändert. Die Orientierung an den Entwicklungen des aktuellen Rentenwerts wurde in Bezug auf die Regelleistung, die den erforderlichen Bedarf decken soll, als problematisch bzw. sachfremd angesehen (Eicher/Spellbrink SGB II § 20 Rn. 6 und eingehender Rn. 56). Der aktuelle Rentenwert bestimmt sich gemäß § 68 SGB VI auf der Grundlage von Berechnungen, die unter anderem den Nachhaltigkeitsfaktor einbeziehen, der das Verhältnis von Renten und Beitragszahlern abbildet. Die **Entwicklungen des aktuellen Rentenwertes** stehen somit **in keinem unmittelbaren Bezug zu den Kosten,** die notwendig sind, **um den Grundbedarf zu decken.** Aus den Reihen der sachnäheren Wohlfahrtsverbände wurde substantielle Kritik an der Höhe der Regelsätze geäußert. (Martens Soziale Sicherheit 2006, 182 ff.; Bieback NSZ 2005, 337 ff.). Es war daher konsequent, dass diese Orientierung an der Entwicklung des aktuellen Rentenwerts, die nicht allein oder vorrangig an elementare Kategorien der Bedarfsdeckung anknüpft, im Urteil vom 9. 2. 2010 verworfen worden ist (Rn. 184). 34

Daraus ergab sich die Notwendigkeit, in einem neuen Gesetzgebungsverfahren die Bedarfslagen zutreffend zu erfassen und zu bestimmen. Nach der Diktion der Begründung erschien dies ausschließlich oder vorrangig eine prozedurale Frage zu sein. Dies greift allerdings zu kurz. Wie Ebsen (Bieback/Fuchsloch/Kohte, Arbeitsmarkt und Sozialpolitik, 2011, S. 17, 23 ff.) in einer ausführlichen Analyse gezeigt hat, geht es nicht um Verhaltenspflichten „des Gesetzgebers". Letztlich geht es um die Verfassungsmäßigkeit eines Gesetzes, so dass die Begründung des Gerichts in materielle Kategorien – realitätsgerechte und transparente Bedarfsermittlung, Definition des vollständigen physischen und soziokulturellen Existenzminimums und folgerichtige Konzeption der Bedarfsbemessung – „rückzuübersetzen" sind. An diesen Kategorien ist das Gesetz vom 24. 3. 2011 zu messen. 35

Die Bemessung der Regelbedarfsbeträge und der Vergleichsgruppen wird nunmehr in einem eigenständigen Gesetz, dem **Regelbedarfsermittlungsgesetz (RBEG)** normiert. Ausgangspunkt jedes Statistikmodells muss die **Bestimmung einer Vergleichsgruppe** sein. Das Statistikmodell geht davon aus, dass aus dem realen Verbrauch und Konsum von Haushalten auf deren Bedarf geschlossen werden kann. Diese Aussage führt notwendigerweise zu Zirkelschlüssen, wenn in der Vergleichsgruppe Personen enthalten sind, die Leistungen nach dem SGB II bzw. SGB XII erhalten, weil dann unter der Hand der Ist-Zustand verfassungsrechtlich verpflichtend Regelbedarf umdefiniert würde. Daher werden in § 3 RBEG Haushalte aus der Vergleichsgruppe herausgenommen, die Hilfen zum Lebensunterhalt nach § 28 SGB XII, Grundsicherung nach § 41 SGB XII sowie Arbeitslosengeld II nach dem SGB II erhalten. Aufstockerhaushalte und Haushalte, die ihren Bedarf durch 36 das BEEG decken, werden nach § 3 Abs. 2 RBEG allerdings nicht ausgeschlossen. Aus dieser Vergleichsgruppe werden ausschließlich die unteren Einkommensschichten als Vergleichsmaßstab herausgenommen. Dies waren bisher die untersten 20% (unterstes Quintil). Diese Abgrenzung ist nunmehr modifiziert worden. Für Familienhaushalte gilt weiterhin das unterste Quintil, für Einpersonenhaushalte dagegen nur die Haushalte mit den niedrigsten 15% des Einkommens. Dies wird in der Gesetzesbegründung mit der Zahl der Haushalte nach § 3 Abs. 1 RBEG gerechtfertigt (BT-Drs. 17/3404, S. 89 zustimmend Mogwitz ZFSH SGB 2011, 323, 326). Dies ist problematisch (Rothkegel ZFSH SGB 2011, 69, 71; Palsherm SozSich 2011, 63, 69), denn damit ist die Gruppe zu klein und vermeidet nicht ausreichend Zirkelschlüsse.

II. Regelbedarfstypen

37 § 20 Abs. 1 zählt auf, welche Bedarfstypen dem Regelbedarf zuzuordnen und damit dem Anwendungsbereich anderer Normen, wie §§ 21 und 22, entzogen sind. Nach **§ 20 Abs. 1 umfasst der Regelbedarf zur Sicherung des Lebensunterhaltes** insbesondere Ernährung, Kleidung, Körperpflege, Hausrat, Haushaltsenergie, ohne die auf die Heizung und die Erzeugung von Warmwasser entfallenden Anteile, Bedürfnisse des täglichen Lebens sowie in „vertretbarem Umfang" auch eine Teilnahme am sozialen und kulturellen Leben in der Gemeinschaft. Grundsätzlich werden dieselben Bedarfstatbestände zugrunde gelegt wie bei der Bewilligung von Sozialhilfeleistungen nach dem SGB XII. Umfasst sind sowohl laufende Bedarfe, die ihrer Natur und Zweckbestimmung nach mit gewisser Regelmäßigkeit wiederkehren, als auch solche, die einmalig oder in größeren Zeitabständen auftreten.

38 Als vollständig von der Regelleistung erfasst gelten die **Kosten für die Ernährung.** Dazu gehören Nahrungsmittel und Getränke. Einschließlich Tabakwaren waren hierfür bisher nach der EVS 2003 innerhalb der Regelsatzleistung für einen allein stehenden Erwachsenen 127,31 € vorgesehen. Daraus errechnet sich ein täglicher Bedarf von durchschnittlich 4,24 €. Trotz der Preiserhöhungen ergab sich auf der Basis der EVS 2008 nur eine minimale Erhöhung auf 128,46 €. Dies wurde durch die vollständige Eliminierung alkoholischer Getränke erreicht; an deren Stelle trat pro Monat Mineralwasser zum Preis von 2,99 € (BT-Drs. 17/3404 S. 53). Gemessen am Regelsatz ist also davon auszugehen, dass 37% für Nahrung, Getränke und Tabakwaren aufzuwenden sind. Darüber hinausgehende Leistungen kommen nur bei der Notwendigkeit kostenaufwändiger Ernährung aus medizinischer Sicht in Betracht (§ 21 Abs. 5 SGB II). Bei der Veranschlagung des Pauschalbetrages für den Regelbedarf für Kinder wurde bisher ohne konkretere Differenzierung davon ausgegangen, dass für sie bis zur Vollendung des 14. Lebensjahres lediglich 60% der Kosten, die für einen allein stehenden Erwachsenen für Nahrungsmittel, Getränke und Tabakwaren aufzuwenden sind, notwendig wären und für Kinder ab Beginn des 15. Lebensjahres 80%. Daraus ergab sich für Kinder bis zur Vollendung des 14. Lebensjahres ein monatlicher Betrag von 78,04 €, das heißt täglich durchschnittlich 2,60 €, und für Kinder ab dem 15. Lebensjahr ein monatlicher Betrag von 104,06 €, das heißt täglich durchschnittlich 3,47 €. Inzwischen sind als Werte für Kinder bis 6 Jahren ein Bedarf für Ernährung von 78,67 €, von 6 bis 14 Jahren von 96, 55 € und von 14 bis 18 Jahren von 124,02 € angesetzt. Bei einer Studie des Forschungsinstituts für Kinderernährung Dortmund wurde jedoch festgestellt, dass diese Beträge in der Regel für eine ausgewogene Ernährung von Kindern keinesfalls ausreichen (Pressemitteilung der Universität Bonn vom 1. 8. 2007; Roth/Thomé, Leitfaden Alg II/Sozialhilfe, S. 179 erläutern auf der Grundlage einer Studie des Fachbereichs 9 der Universität Gießen, dass auch Erwachsene sich allenfalls 20 Tage vom monatlichen Regelsatz gesund ernähren können; vgl. Lenze NZS 2010, 534, 536; Heinz ZfF 2010, 73). Beispielsweise beliefen sich die tatsächlichen Kosten für eine ausgewogene Ernährung eines 15-Jährigen im Sommer 2007 auf mindestens 4,68 €, also fast 140 € im Monat. Dem Zweck der Regelleistung entsprechend muss der auf die Ernährung entfallende Anteil im Grundsatz jedoch so bemessen sein, dass dieser entsprechend dem Forschungsstand und den Folgerungen der Ernährungswissenschaften eine vollwertige Ernährung sichert und die notwendigen Nährstoffe ausreichend deckt (Behrend/jurisPK-SGB II, § 20 Rn. 16; vgl. Hannes in Gagel SGB II § 20 Rn. 38; Spellbrink in Eicher/Spellbrink § 20 Rn. 43). Aufgrund der Pauschalierung der Regelleistung darf die Regelleistung nicht um den für Ernährung veranschlagten Betrag bzw. einen Anteil davon gekürzt werden, wenn der Hilfebedürftige während eines Krankenhausaufenthalts voll verpflegt wird. Auf diese Überlegungen stützt das BSG in seinem Urteil vom 18. 6. 2008 (– B14 AS 22/07 R – juris, Rn. 22 ff.) seine Zweifel an der Minderung der Regelleistung durch anderweitige Bedarfsdeckung im Rahmen der ALG II-Verordnung.

39 Soweit Kleidung als Teil des von der Regelleistung zu deckenden Bedarfes aufgeführt wird, ist damit, angesichts der Regelung bezüglich der Erstausstattung in § 24 Abs. 3 Satz 1 Nr. 2 SGB II, der laufende Ergänzungsbedarf an jedweder Bekleidung einschließlich der regelmäßig wiederkehrenden Aufwendungen für Reinigung und Ausbesserung gemeint (Hauck/Noftz/Kahlhorn SGB II § 20 Rn. 10). Die Möglichkeit, sich mit **angemessener Kleidung** auszustatten, soll den Hilfebedürftigen davor bewahren, sich äußerlich sichtbar von der übrigen Bevölkerung zu unterscheiden. Für Kleidung und Schuhe sind ca. 10% der Regelleistung veranschlagt worden. Damit ist für einen allein stehenden Erwachsenen ein monatlicher Betrag von 30,40 € – bisher 34,24 € – vorgesehen. Für Kinder bis zur

Vollendung des 14. Lebensjahres sind monatlich 33,32 € – bisher 20,99 € – und für Jugendliche ab der Vollendung des 14. Lebensjahres 37,21 € – bisher 27,99 € – veranschlagt worden. Diese Daten sind bei der Auslegung von § 24 SGB II zu berücksichtigen.

In den zugrunde gelegten Regelbedarf sind auch die Kosten für die **Körperpflege** einbezogen. **40** Dazu gehören Reinigung, Körperhygiene und Frisierbedarf, für den bei Erwachsenen immerhin 6,81 € im Monat (Kinder 1,78 €, Jugendliche 2,87 €) angesetzt werden (BT-Drs. 17/3404, S. 63, 80, 86). Ebenfalls Teil des Regelbedarfs sind in einer Höhe von 15,55 € die Kosten für die **Gesundheitspflege** (dazu bereits die Kritik von Däubler NZS 2005, 225, 229). Spezielle medizinisch notwendige Heil- und Hilfsmittel sind hingegen nicht vom Regelsatz erfasst und insoweit abzugrenzen. Jedoch geht der 1. Senat des BSG davon aus, dass **Zuzahlungen, die im Rahmen des SGB V** zu erbringen sind, in den Regelsatz einbezogen sind (BSG 22. 4. 2008 – B 1 KR 10/07 R – SozR 4–2500 § 62 Nr. 6). Dies soll auch für Praxisgebühr und Medikamente nach § 34 SGB V gelten (vgl. BSG 31. 12. 2010 – B 8 SO 7/09, ZFSH SGB 2011, 338).

Teil des Regelbedarfs sind auch die Kosten für den **Hausrat**. Teil des Regelsatzes sind jedoch nicht **41** die Ausgaben für Erstausstattungen; insoweit ist § 24 Abs. 3 einschlägig. Entsprechend sind vom Regelsatz nur die laufenden und regelmäßig anfallenden Kosten für notwendige Hausratsgegenstände umfasst. Für Einrichtungsgegenstände, Möbel, Apparate, Geräte und Ausrüstungen für den Haushalt sowie deren Instandhaltung sind pro Monat 27,41 € veranschlagt.

Vom Regelbedarf sind **Schönheitsreparaturen,** die der Mieter periodisch durchzuführen hat, **42** nicht umfasst (BSG 19. 3. 2008 – B 11b AS 31/06 R – juris). Dabei handelt es sich um Kosten der Unterkunft. Damit sind im Regelsatz nur die dem Mieter obliegenden sog. Kleinreparaturen enthalten, für die insgesamt 1,92 € vorgesehen sind (BT-Drs. 17/3404 S. 55).

Durch das **Gesetz zur Fortentwicklung der Grundsicherung für Arbeitsuchende vom** **43** **20. 7. 2006** (BGBl. I S. 1706) wurde entschieden, inwieweit die Kosten für Strom, Kochfeuer und Beleuchtung von der Regelleistung zu bestreiten waren oder zu den Kosten für Unterkunft im Sinne des § 22 gehörten. Von dem **Regelbedarf** ist **Haushaltsenergie,** ohne die auf die Heizung entfallenden Anteile, zu decken. Dazu gehören insbesondere der Stromverbrauch, die Kochenergie und Beleuchtung (BT-Drs. 16/1410, S. 23). Als Teil der Regelleistung wurden bisher auch die Kosten für die Warmwasserbereitung angesehen (BT-Drs. 16/1410, S. 23; BSG 27. 2. 2008 – B 14/11b AS 15/07 R – SozR 4–4200 § 22 Nr. 5). Soweit die insoweit entstehenden Kosten nicht separiert von den Heizungskosten gemessen werden können, war bei Alleinstehenden monatlich ein Betrag von 6,63 € von den Heizkosten abzuziehen und als Kosten der Warmwasserbereitung, die von der Regelleistung gedeckt sind, zu betrachten. Diesem Betrag lag eine vom BSG vorgenommene Berechnung zugrunde, die davon ausging, dass 30% der für den Regelsatz veranschlagten Energiekosten für die Warmwasserbereitung aufgewandt werden (BSG 27. 2. 2008 – B 14/11b AS 15/07 R – SozR 4–4200 § 22 Nr. 5; vgl. auch Schwabe ZfF 2008, 45, 148). Diese Rechnungen werden in Zukunft nicht mehr erforderlich sein. Im Vermittlungsverfahren sind die Kosten der Warmwasserzubereitung den Kosten der Unterkunft zugeschlagen worden. In Fällen zentraler Warmwasserzubereitung, in denen eine konkrete Ermittlung nicht möglich ist, werden Mehrbedarfspauschalen nach § 21 Abs. 7 SGB II geleistet (vgl. § 21 Rn. 24)

Teil des Regelbedarfs sind zudem auch „in vertretbarem Umfang" die Kosten **der Teilhabe am** **44** **sozialen und kulturellen Leben in der Gemeinschaft.** Abgedeckt sind damit die Mittel zur Aufrechterhaltung der sozialen Außenkontakte, mit denen eine Ausgrenzung und soziale Stigmatisierung des Hilfebedürftigen vermieden werden soll. Dazu gehört die Teilnahme am Verkehr. Insoweit sind Kosten für die Nutzung von Verkehrsdienstleistungen im Straßen- und Schienenverkehr für Erwachsene in Höhe von 20,41 € einbezogen. Zudem sind Fahrräder mit 1,51 €, bei Kindern und Jugendlichen mit 0,42 €, berücksichtigt (BT-Drs. 17/3404 S. 59, 77, 84). Nicht einbezogen sind hingegen Kraftfahrzeuge, Motorräder und deren Reparatur (BR-Drucksache 206/04, S. 8 zu § 2; BT-Drs. 17/3404 S. 59). Zur Beziehung zur Umwelt und Teilnahme am kulturellen Leben gehört auch die Nachrichtenübermittlung. Umfasst sind die Anschaffungs- und regelmäßig anfallenden Nutzungskosten für Telefon, Fax, Post- und Kurierdienste (BR-Drucksache 635/06, S. 7 zu Nr. 1). Hierfür sind monatlich 31, 96 € vorgesehen. Auch die Möglichkeit, Radio und Fernsehen zu empfangen und eine Tageszeitung für 6,53 € im Monat zu beziehen, ist als Teil des Regelbedarfs anerkannt. Zudem sind von der Regelleistung Kosten für Spielwaren und Hobbys, den Besuch von Sport- und Kulturveranstaltungen (3,16 € sowie 4,52 € im Monat), Sportartikel, Bücher, Schreibwaren, Ausleihgebühren, Zeichenmaterial, Datenverarbeitungsgeräte und Software eingeschlossen (BT-Drs. 17/3404 S. 61). Das gilt auch für schulpflichtige Kinder. Insoweit ist bei der Ermittlung der Regelleistung davon ausgegangen worden, dass 11% des jeweils zu beziehenden Satzes ausreichen. Zur Teilnahme am kulturellen Leben gehört auch die Inanspruchnahme von Beherbergungs- und Gaststättendienstleistungen. Insoweit wurde bei der Ermittlung der Regelleistung ein Betrag, der ca. 2% der Grundleistung entspricht, zugrunde gelegt.

Teil des Regelsatzes ist auch eine Pauschale aus dem Durchschnittswert der früheren einmaligen **45** Beihilfen. Da das Gesetz, abgesehen von § 24, keine Leistungen für den Einzelfall vorsieht, meinte man, dass der Hilfebedürftige gehalten sei, einen Teil der Regelleistung für Situationen anzusparen, in denen er beispielsweise Haushaltsgeräte ersetzen muss, deren Anschaffungskosten aus den jeweiligen monatlichen Regelleistungen nicht finanziert werden können. Diese Erwartung widerspricht den Modellversuchen nach § 101a BSHG, in denen solche Ansparmodelle empirisch überprüft werden sollten (Nothbaum/Lübker/Kämper NDV 2004, 353 ff.).

III. Verfassungsrechtliche und sozialpolitische Bewertung

46 Es bestehen nachhaltige Zweifel, dass mit der jetzt im RBEG normierten Methode der Regelbedarfsermittlung die erforderliche Konsistenz und Realitätsnähe erreicht ist. In der Literatur wird keine nachhaltige Verbesserung in den neuen „Begründungsungetümen" (Ebsen in Bieback/Fuchsloch/Kohte, Arbeitsmarktpolitik und Sozialrecht, S. 17, 30) gesehen. Bedenklich ist vor allem der Zuschnitt der Referenzgruppe. Die Rückführung auf die untersten 15% der Einpersonenhaushalte ist bereits nicht hinreichend begründet (dazu Rothkegel ZfSH SGB 2011, 69, 71) und führt angesichts der relativ geringen Gruppengrößen zu einer deutlichen Fehleranfälligkeit. Die bereits jetzt vorgenommenen Kürzungen und Modifikationen, mit denen Besonderheiten der jetzigen Referenzgruppe (z.B. die jetzt eliminierten Schnittblumen – BT-Drs. 17/3404, S. 62) herausgerechnet worden sind, belegen nachhaltig dass statistisch- methodische Dilemma. Noch deutlicher ist dies bei der Kapitulation vor der Eliminierung von Fallgruppen versteckter Armut. Sachlich ist es geboten, diese Gruppe zu eliminieren bzw. zu neutralisieren. Wenn dies in der herkömmlichen Weise nicht möglich ist, muss mit entsprechend statistisch-methodisch vertretbaren Schätzabschlägen gearbeitet werden (Rothkegel ZfSH SGB 2011, 69, 73). Damit **überwiegen die Bedenken gegen den quantitativen und qualitativen Zuschnitt der Referenzgruppe** (Münder in Spellbrink (Hrsg.), Verfassungsrechtliche Probleme im SGB II, 2011, S. 19 ff.; Adamy/Kolf SozSich 2011, 85, 86). Dies ist aber nicht nur ein Begründungsmangel, sondern ein deutliches Defizit an hinreichender Realitätsnähe, denn die Referenzgruppe muss zur Vermeidung von Zirkelschlüssen „statistisch zuverlässig" über der Sozialhilfeschwelle liegen (BVerfG aaO Rn. 169; Hannes in Gagel SGB II § 20 Rn. 41). Ebenso ist eine Überprüfung mit Hilfe eines „Kontrollwarenkorbs" unverzichtbar . Hannes in Gagel SGB II § 20 Rn. 44).

47 Ebenso wenig akzeptabel sind **Kategorien „fürsorglicher" Beschaffungsentscheidungen**. So sind zum Beispiel sämtliche Alkoholika aus der Stichprobe herausgenommen worden; dies ist mit dem Ziel einer integrativen Politik schwer vereinbar. Nichtrauchern und Nichtalkoholikern ist bisher gewünschte Möglichkeit des „internen Ausgleichs" genommen worden (Rothkegel ZfSH SGB 2011, 69, 77; Münder aaO S. 26 ff; aA Mogwitz ZFSH SGB 2011, 323, 330). Auch der Zuschnitt der Bedarfslagen im sozialen und kulturellen Bereich bleibt deutlich hinter dem rechtlichen Anforderungen zurück. Wiederum ist dies besonders deutlich bei Kindern und Jugendlichen, deren Bedürfnisse zB auf Mobilität und Teilnahme an Konzerten schwerlich mit den Kategorien der EVS-Stichprobe erfüllt werden können.

48 Mit der Formulierung der **Härtefallklauseln** in § 21 Abs. 6 SGB II hat die Gesetzgebung ihre Aufgabe einer „einfache" Gesetzgebung verfehlt und sich ausschließlich an einer vom Gericht verfassungsrechtlich und verfassungsunmittelbar begründeten Untergrenze orientiert. Die Referenzgruppe soll jedoch sicherstellen, dass das Gebot fehlender Ausgrenzung effektiv realisiert wird. Auch insoweit wird die Entscheidung materiell den erforderlichen integrativen Kategorien nicht gerecht. Angesichts der weiterhin strengen Typisierung können die Sozialgerichte den Appell an „Deeskalation" und „Entspannung" allenfalls in der Weise aufnehmen, dass sie die Möglichkeiten einer verfassungskonformen Individualisierung der §§ 21, 24 SGB II nutzen. Gerade im Bereich der Gesundheitskosten kann nur auf diese Weise eine verfassungswidrige Unterdeckung vermieden werden (SG Bremen 18. 2. 2011 – S 22 AS 2474/10 ER, ZFSH SGB 2011, 296, 299).

E. Art und Höhe der Regelleistung

49 Die Leistung des Regelbedarfs ist vom SGB II als **Geldleistung** ausgestaltet, § 4 Abs. 1 Nr. 2 Var. 2 SGB II. Die Grundregeln bezüglich der Höhe der Regelleistung im SGB II finden sich in § 20 Abs. 2 . Das Gesetz staffelt die Leistungshöhe je nach dem, ob die leistungsberechtigte Person allein stehend, allein erziehend ist, mit einem minderjährigen oder volljährigen Partner lebt, erwerbsfähig ist oder das 15. Lebensjahr noch nicht vollendet hat.

I. Allein stehend

50 Gem. § 20 Abs. 2 Satz 1 beträgt die im Gesetz genannte monatliche Regelleistung für Personen, die allein stehend sind 364 €. Trotz dieser gesetzlichen Festschreibung der Höhe des Regelbedarfs in § 20 Abs. 2 erfolgt eine idR jährliche Anpassung des Regelbedarfs gem. Abs. 5. Damit ist die bisherige, als verfassungswidrig qualifizierte (o. Rn. 36) Orientierung der Anpassung an den Rentenwerten zutreffend korrigiert worden (Groth/Siebel-Huffmann NJW 2011, 1105, 1106).

51 Den vollen Regelbedarf in Höhe von 364 €, das heißt 100%, erhalten zunächst **allein stehende Personen.** Eine solche allein stehende Person im Sinne von § 20 Abs. 2 Satz 1 ist jede leistungsbe-

rechtigte – früher **hilfebedürftige – Person, die keiner Bedarfsgemeinschaft angehört** bzw. die allein für sich eine Bedarfsgemeinschaft konstituiert (BSG 7. 11. 2006 – B 7 b AS 6/06 R – SozR 4–4200 § 20 Nr. 2 Rn. 18 ff.). Maßgebend ist insoweit nicht, ob die betreffende Person alleiniger Inhaber einer Wohnung ist. So bildet eine Person, die im Haushalt der Eltern lebt, mit Vollendung des 25. Lebensjahres eine eigene Bedarfsgemeinschaft, ohne dass zusätzlich die Begründung einer Alleininhaberschaft bezüglich einer Wohnung erforderlich wäre (So BSG 7. 11. 2006 – B 7 b AS 6/06 R – SozR 4–4200 § 20 Nr. 2 Rn. 18 ff.). Ab diesem Zeitpunkt erhält der 25-jährige 100% des Regelbedarfs, auch wenn er weiterhin bei den Eltern wohnen bleibt. Den vollen Regelbedarf, dass heißt 100%, erhalten auch unter 25-jährige, die mit Zustimmung des kommunalen Trägers aus der Wohnung der Eltern ausziehen und eine eigene Bedarfsgemeinschaft begründen oder die vor Vollendung des 25. Lebensjahres leistungsberechtigt werden, während sie bereits allein stehend sind, das heißt weder im Haushalt der Eltern leben oder mit einer anderen Person eine Bedarfsgemeinschaft bilden.

II. Allein erziehend

Den vollen Regelbedarf, das heißt 100% und damit 364 €, erhalten auch allein erziehende Hilfebedürftige. Allein erziehend ist eine Person, die **allein stehend ist und mit einem oder mehreren Kindern im gemeinsamen Haushalt** lebt und **allein für die Erziehung sorgt.** Die Regelung gilt unabhängig vom Alter der Kinder; sie kann auch bei einer Großmutter anwendbar sein, die mit ihrem Enkel in einem Haushalt lebt (Hannes in Gagel § 20 Rn. 63 e). Lebt ein Elternteil mit seinem 18 bis 25-jährigen Kind allein zusammen, so gilt dieser Elternteil auch als allein erziehend im Sinne des § 20 und erhält die volle Regelleistung. Teilweise wird insoweit jedoch vertreten, dass bei einem Elternteil, das mit einem volljährigen Kind in einem Haushalt lebt, nicht von einem allein Erziehenden gesprochen werden kann. Stattdessen handle es sich sowohl bei dem Elternteil als auch bei dem volljährigen Kind um „sonstige Angehörige einer Bedarfsgemeinschaft" im Sinne des § 20 Abs. 2 Satz 2; mit der Folge, dass sowohl der Elternteil als auch das volljährige Kind nur 80% des Regelbedarfs beziehen dürften (Behrend/jurisPK SGB II § 20 Rn. 28). Damit bleiben bei der Bemessung der Regelleistung jedoch die Generalkosten des Haushaltes in dem Zeitraum, in dem das Kind das 18., aber noch nicht das 25. Lebensjahr vollendet hat, unberücksichtigt. Da sich dafür jedoch aus der Natur der Sache oder auch sonst kein nachvollziehbarer Grund ergibt, liegt ein Verstoß gegen den Gleichbehandlungsgrundsatz des Art. 3 GG vor. In der Folge ist § 20 Abs. 2 Satz 1 im Wege der teleologischen Extension verfassungskonform dahin auszulegen, dass auch Elternteile, die mit einem oder mehreren volljährigen Kindern in einer Bedarfsgemeinschaft leben, die Eckregelleistung erhalten (Spellbrink in Eicher/Spellbrink § 20 Rn. 14).

52

III. Zwei volljährige Partner der Bedarfsgemeinschaft

Gem. Absatz 4 erhalten zwei Partner der Bedarfsgemeinschaft, die das 18. Lebensjahr vollendet haben, **jeweils 90% der Regelleistung** nach Absatz 2 Satz 1, dh. je 328,00 €. Es muss sich um Partner im Sinne des § 7 Abs. 3 Nr. 3 handeln. Voraussetzung ist, dass die Partner volljährig sind. Die Regelung findet auch Anwendung, wenn die Partner das 25. Lebensjahr noch nicht vollendet haben und im Haushalt der Eltern bzw. eines Elternteils leben.

53

Indem beiden Partnern damit zusammen 180% der Eckregelleistung gewährt werden, wird dem Umstand Rechnung getragen, dass mehrere Personen mit einem gemeinsamen Haushalt günstiger wirtschaften können als eine allein stehende Person. Das BSG hat entschieden, dass die nach § 20 Abs. 3 nur 90% zu berücksichtigende Regelleistung keinen verfassungsmäßigen Bedenken entgegenstünden (BSG 23. 11. 2006 – B 11 b AS 1/06 R – SozR 4–4200 § 20 Nr. 3). So sei nicht zu beanstanden, dass der Gesetzgeber bezüglich der zu berücksichtigenden Kostenersparnis, die sich beim Zusammenleben von zwei Personen ergeben, typisierend vorgeht.

54

IV. Sonstige erwerbsfähige Angehörige der Bedarfsgemeinschaft

Für „Sonstige erwerbsfähige Angehörige der Bedarfsgemeinschaft" wird gem. § 20 Abs. 2 Satz 2 ein niedrigerer Regelbedarf anerkannt. Für erwerbsfähige Personen nach Vollendung des 15. Lebensjahres bis zur Vollendung des 18. Lebensjahres beträgt dieser Betrag 275,00 €. Für die anderen erwerbsfähigen Angehörigen der Bedarfsgemeinschaft beträgt der Regelbedarf **in Höhe von 80% der Eckregelleistung** nach Abs. 2 Satz 1, dh. 291,00 €. Sonstige Angehörige der Bedarfsgemeinschaft sind Kinder ohne Partner im Sinne des § 7 Abs. 3 Nr. 3, die das 18., aber noch nicht das 25. Lebensjahr vollendet haben sowie minderjährige Partner eines volljährigen Hilfebedürftigen. Die Festsetzung des Regelsatzes in Höhe von 80% der Eckregelleistung nach Absatz 2 Satz 1 sollte dem Umstand Rechnung tragen, dass Kinder, die weiterhin im Haushalt der Eltern leben, nicht die Generalkosten eines Haushalts zu tragen haben. Dabei handele es sich um Kosten, die bei gemeinsamer Haushaltsführung nur einmal anfallen, wie für Versicherungen, Zeitungen und kleinere Instandhaltungskosten für individuell nicht zurechenbare Haushaltsgegenstände. In der Literatur wird diese Festsetzung des Regelbedarfs als verfassungsrechtlich problematisch qualifiziert, da ihr keine hinreichenden Ermittlungen über Bedarf und Ausgabeverhalten junger Erwachsener zugrunde liege (Münder S. 15, 31).

55

V. Unter 25-Jährige, die ohne Zustimmung des kommunalen Trägers umziehen

56 Personen, die das 25. Lebensjahr noch nicht vollendet haben und ohne Zustimmung des kommunalen Trägers aus dem Haushalt der Eltern ausziehen, erhalten gem. § 20 Abs. 3 einen **reduzierte Regelbedarf in Höhe von 80% der Eckregelleistung** nach Absatz 2 Satz 1, dh. 291,00 €. Im Ergebnis werden die Jugendlichen so gestellt, als wären sie im Haushalt der Eltern verblieben. Gemeint sind Umzüge, die Jugendliche unter 25 Jahren als hilfebedürftige Leistungsempfänger durchführen. Berücksichtigungsfähig sind im Rahmen des Absatz 2 a nur Umzüge, die dazu geführt haben, dass nunmehr bezüglich des Jugendlichen die Voraussetzungen für eine Leistung in Höhe des Regelsatzes nach Absatz 2 Satz 1 vorliegen. In Absatz 2 a ist ausdrücklich vorgesehen, dass die Regelung abweichend von Absatz 2 gilt. Daraus folgt, dass eine Verringerung des Regelbedarfs nur möglich ist, wenn mit dem Auszug ein Anspruch auf die volle Regelleistung begründet würde. Absatz 3 bezieht sich jedoch nicht auf Absatz 4, so dass die Vorschrift auf das Zusammenziehen von zwei Partnern, die das 25. Lebensjahr noch nicht vollendet haben, in eine gemeinsame Wohnung, nicht unter Absatz 2 a subsumiert werden kann. Demgemäß kommt in diesem Fall keine Reduktion der Leistung auf 80% in Betracht (vgl. Rn. 25).

VI. Nichterwerbsfähige Angehörige der Bedarfsgemeinschaft

57 Nichterwerbsfähige Angehörige, die mit erwerbsfähigen Hilfebedürftigen in einer Bedarfsgemeinschaft leben, erhalten **Sozialgeld** nach § 23 SGB II, soweit sie keinen Anspruch auf Leistungen nach dem vierten Kapitel des SGB XII haben. Zu den nichterwerbsfähigen Angehörigen der Bedarfsgemeinschaft gehören **minderjährige Kinder, die das 15. Lebensjahr noch nicht vollendet** haben. Für diese Personengruppe regelt § 23 Abs. 1 Nr. 1 SGB II, dass **bis zur Vollendung des 6. Lebensjahrs 213 € und des 14. Lebensjahres** 242,00 € und während **des 15. Lebensjahres 275,00 €** gezahlt werden. Mit Vollendung des 15. Lebensjahres gelten Kinder als erwerbsfähige Angehörige der Bedarfsgemeinschaft im Sinne von § 20 Abs. 2 und erhalten damit ebenfalls 275 €. Andere erwerbsunfähige Angehörige der Bedarfsgemeinschaft erhalten Sozialgeld in Höhe von 80% der Eckregelleistung, soweit sie keinen Anspruch auf Leistungen nach dem vierten Kapitel des SGB XII haben.

58 Im Unterschied zum SGB II wurde in der Regelsatzverordnung weiterhin von der **Figur des Haushaltsvorstandes** ausgegangen. Nach § 3 Abs. 1 Satz 2 RS V betrug der Regelsatz für den Haushaltsvorstand 100% des Eckregelsatzes. § 3 Abs. 2 RS V sah zudem eine Abstufung hinsichtlich der Regelleistung für sonstige Angehörige des Haushaltes vor. So erhielten Kinder bis zur Vollendung des 14. Lebensjahres 60% und ab der Vollendung des 14. Lebensjahres 80% der Eckregelleistung. Ehegatten oder Lebenspartner erhielten gem. § 3 Abs. 3 RS V, der seit dem 1. 1. 2007 anzuwenden war, jeweils 90% der Eckregelleistung. Insoweit hatte der Gesetzgeber eine Übereinstimmung des § 20 Abs. 3 SGB II mit den sozialhilferechtlichen Vorschriften sicherstellen wollen (Behrend/jurisPK-SGB II, § 20 Rn. 31). Obgleich das BSG zutreffend erkannt hat, dass dem SGB II der Begriff des „Haushaltsvorstands" fremd ist, hat es entschieden, dass in dieser Konstellation 90% des Eckregelsatzes zu leisten sind, da anderenfalls eine nicht zu rechtfertigende Ungleichbehandlung gegenüber „reinen Bedarfsgemeinschaften" nach dem SGB II oder XII entstünde (BSG 7. 11. 2006 – B 7 b AS 6/06 R – NZS 2007, 550). Ehegatten oder Lebenspartnern, die beide Leistungen nach dem SGB II beziehen, stehen zusammen 180% der Eckregelleistung zu. Gleiches galt auch für Ehegatten oder Lebenspartner, die beide Leistungen nach dem SGB XII bezogen (100% für den Haushaltsvorstand und 80% für den Lebenspartner). Bei „gemischten Partnerschaften" ergab sich rechnerisch ein Gesamtbetrag von 170% oder 190% der Eckregelleistung je nach dem, welcher Partner Haushaltsvorstand war. Mit Art. 12 Abs. 1 des Gesetzes vom 24. 3. 2011 (BGBl. I S. 453, 495) ist die RS V ersatzlos aufgehoben worden, so dass damit auch die Kategorie des „Haushaltsvorstands" endgültig obsolet ist.

§ 21 Mehrbedarfe

(1) **Mehrbedarfe umfassen Bedarfe nach den Absätzen 2 bis 6, die nicht durch den Regelbedarf abgedeckt sind.**

(2) **Bei werdenden Müttern wird nach der zwölften Schwangerschaftswoche ein Mehrbedarf von 17 Prozent des nach § 20 maßgebenden Regelbedarfs anerkannt.**

(3) **Bei Personen, die mit einem oder mehreren minderjährigen Kindern zusammenleben und allein für deren Pflege und Erziehung sorgen, ist ein Mehrbedarf anzuerkennen**
1. **in Höhe von 36 Prozent des nach § 20 Absatz 2 maßgebenden Bedarfs, wenn sie mit einem Kind unter sieben Jahren oder mit zwei oder drei Kindern unter 16 Jahren zusammenleben, oder**
2. **in Höhe von 12 Prozent des nach § 20 Absatz 2 maßgebenden Bedarfs für jedes Kind, wenn sich dadurch ein höherer Prozentsatz als nach der Nummer 1 ergibt, höchstens jedoch in Höhe von 60 Prozent des nach § 20 Absatz 2 maßgebenden Regelbedarfs.**

(4) ¹Bei erwerbsfähigen behinderten Leistungsberechtigten, denen Leistungen zur Teilhabe am Arbeitsleben nach § 33 des Neunten Buches sowie sonstige Hilfen zur Erlangung eines geeigneten Platzes im Arbeitsleben oder Eingliederungshilfen nach § 54 Absatz 1 Satz 1 Nummer 1 bis 3 des Zwölften Buches erbracht werden, wird ein Mehrbedarf von 35 Prozent des nach § 20 maßgebenden Regelbedarfs anerkannt. ²Satz 1 kann auch nach Beendigung der dort genannten Maßnahmen während einer angemessenen Übergangszeit, vor allem einer Einarbeitungszeit, angewendet werden.

(5) Bei Leistungsberechtigten, die aus medizinischen Gründen einer kostenaufwändigen Ernährung bedürfen, wird ein Mehrbedarf in angemessener Höhe anerkannt.

(6) ¹Bei Leistungsberechtigten wird ein Mehrbedarf anerkannt, soweit im Einzelfall ein unabweisbarer, laufender, nicht nur einmaliger besonderer Bedarf besteht. ²Der Mehrbedarf ist unabweisbar, wenn er insbesondere nicht durch die Zuwendungen Dritter sowie unter Berücksichtigung von Einsparmöglichkeiten der Leistungsberechtigten gedeckt ist und seiner Höhe nach erheblich von einem durchschnittlichen Bedarf abweicht.

(7) ¹Bei Leistungsberechtigten wird ein Mehrbedarf anerkannt, soweit Warmwasser durch in der Unterkunft installierte Vorrichtungen erzeugt wird (dezentrale Warmwassererzeugung) und deshalb keine Bedarfe für zentral bereitgestelltes Warmwasser nach § 22 anerkannt werden. ²Der Mehrbedarf beträgt für jede im Haushalt lebende leistungsberechtigte Person jeweils

1. 2,3 Prozent des für sie geltenden Regelbedarfs nach § 20 Absatz 2 Satz 1 oder Satz 2 Nummer 2, Absatz 3 oder 4,
2. 1,4 Prozent des für sie geltenden Regelbedarfs nach § 20 Absatz 2 Satz 2 Nummer 1 oder § 23 Nummer 1 bei Leistungsberechtigten im 15. Lebensjahr,
3. 1,2 Prozent des Regelbedarfs nach § 23 Nummer 1 bei Leistungsberechtigten vom Beginn des siebten bis zur Vollendung des 14. Lebensjahres oder
4. 0,8 Prozent des Regelbedarfs nach § 23 Nummer 1 bei Leistungsberechtigten bis zur Vollendung des sechsten Lebensjahres,

soweit nicht im Einzelfall ein abweichender Bedarf besteht oder ein Teil des angemessenen Warmwasserbedarfs nach § 22 Absatz 1 anerkannt wird.

(8) Die Summe des insgesamt anerkannten Mehrbedarfs nach den Absätzen 2 bis 5 darf die Höhe des für erwerbsfähige Leistungsberechtigte maßgebenden Regelbedarfs nicht übersteigen.

Übersicht

	Rn.
A. Normzweck	1
B. Gesetzgebungsgeschichte	3
C. Allgemeine Grundsätze	4
D. Leistungen bei Schwangerschaft	6
E. Leistungen an Alleinerziehende	9
F. Gesundheitsbezogene Leistungen	14
G. Mehrbedarf in Härtefällen	18
H. Begrenzung der Leistungen	26

A. Normzweck

Im Anschluss an die sozialhilferechtliche Tradition der gesetzlichen Anerkennung typisierter Mehrbedarfe (§ 23 BSHG, vgl. auch § 30 SGB XII) ist bereits von Anfang an neben der Regelleistung für bestimmte typisierte Bedarfslagen ein wiederum **pauschalierter Anspruch auf Mehrbedarf** normiert worden, der insoweit auch unabhängig von der Regelleistung zu erbringen ist (BSG 6. 9. 2007 – B 14B/7B AS 36/06 R-SozR 4–4200 § 7 Nr. 6). Mit diesem Konzept soll auch dem verfassungsrechtlich geschützten soziokulturellen Existenzminimum Rechnung getragen werden, weil typisierten Bedarfslagen, die erkennbar nicht allein durch die Regelleistung abgedeckt sind, Rechnung getragen werden muss. Die Konzeption des § 21 bestand darin, dass die hier normierten Bedarfslagen abschließend normiert sind. Diese **Typisierung** ist jedoch nur im Ansatz akzeptabel, denn sie führt bei atypischem Bedarf sowie bei überdurchschnittlichem Bedarf zu einer verfassungswidrigen Bedarfsunterdeckung (vgl. KSW/Kohte, 1. Aufl. § 20 Rn. 40 ff), weil auch ein unabweisbarer laufender besonderer Bedarf zu decken ist, wenn dies für ein menschenwürdiges Existenzminimum erforderlich ist (BVerfG v. 9. 2. 2010 – 1 BvL 1, 3, 4/09 – NJW 2010, 505, 517 Rn. 206). Das SGB II war daher, wenn man am Konzept der Typisierung festhalten wollte, um eine **Härtefallregelung** zu ergänzen (Gagel/Düring § 21 Rn. 44; Lauterbach ZfSH/SGB 2010, 403, 404), die seit dem 3. 6. 2010 in § 21 Abs. 6 SGB II verankert ist.

2 Die Personengruppen und Lebenssituationen, auf die sich die ursprüngliche Fassung des § 21 SGB II bezogen hatte, sind die bereits in § 23 BSHG anerkannten Gruppen. Erfasst sind **werdende Mütter** ab der 12. Schwangerschaftswoche, **allein erziehende Personen**, die mit einem oder mehreren minderjährigen Kindern zusammenleben, sowie **erwerbsfähige behinderte Hilfebedürftige**, denen Leistungen zur Teilnahme am Arbeitsleben oder Eingliederungshilfen erbracht werden. Schließlich wird ein Mehrbedarf für erwerbsfähige Hilfsbedürftige anerkannt, die aus medizinischen Gründen einer kostenaufwändigen Ernährung bedürfen. Die anderen in §§ 23 BSHG, 30 SGB XII anerkannten Gruppen, vor allem ältere Menschen und erwerbsunfähige Menschen, sind nach der strukturellen Aufteilung von SGB II und SGB XII grundsätzlich dem sozialhilferechtlichen System zugewiesen worden, in dem Mehrbedarfsleistungen in ähnlicher, jedoch nicht identischer Form in § 30 SGB XII geregelt sind (vgl. LPK-*Münder* § 21 Rn. 3). In § 19 Abs. 1 S. 3 SGB II ist anerkannt, dass auch den Beziehern von Sozialgeld Anspruch auf Mehrbedarfsleistungen zustehen kann (o. *Kohte* § 19 Rn. 1; vgl. BT-Drs. 17/1465, S. 9); Sonderregelungen zum Mehrbedarf sind inzwischen in § 23 Nr. 2–4 SGB II normiert.

B. Gesetzgebungsgeschichte

3 Im ursprünglichen Regierungsentwurf (BT-Drs. 15/1516, S. 57) war das Konzept typisierter Mehrbedarfe bereits enthalten. Die konkreten Regelungen sind allerdings während des Gesetzgebungsverfahrens 2004 deutlich geändert worden (BT-Drs. 15/1749, S. 32). Eine erste Ergänzung erfolgte durch das Fortentwicklungsgesetz im Juli 2006 (BGBl. I S. 1706, 1709). In der Begründung wurde die Ergänzung als Berichtigung eines Redaktionsversehens bezeichnet (BT-Drs. 16/1410, S. 23). Es ging jedoch um eine wichtige Erweiterung bei dem Mehrbedarf behinderter Menschen, in dem nicht nur Fälle der beruflichen Ausbildung, sondern auch Fallgruppen der Schulbildung nach § 54 Abs. 1 S. 1 Nr. 1 SGB XII erfasst wurden (Gagel/*Düring* § 21 Rn. 4; *Münder* in LPK-SGB II § 21 Rn. 23). Eine wichtige Ergänzung erfuhr § 21 im Juni 2010. Die Entscheidung des BVerfG v. 9. 2. 2010 – 1 BvL 1, 3, 4/09 – Rn. 204 ff. – JZ 2010, 515, 523 ff = NJW 2010, 505, 517 hatte zutreffend (o. Rn. 1) festgestellt, dass bei atypischem dauerhaften Bedarf eine verfassungswidrige Bedarfsunterdeckung eintreten könne, so dass eine normative Härtefallregelung unverzichtbar sei. Diese wurde mit dem Gesetz zur Abschaffung des Finanzplanungsrates im Juni 2010 eingefügt (BGBl. I 2010, S. 671, 672). Der Wortlaut des neu eingefügten Abs. 6 lehnt sich eng an die Formulierungen des Bundesverfassungsgerichts an. Die Begründung (BT-Drs. 17/1465, S. 8) bestätigt diese Orientierung; mit der Härtefallklausel sollte das verfassungsrechtlich Unabdingbare normiert, jedoch keine weitergehende Regelung getroffen werden. Man orientierte sich an den Beispielen der sozialgerichtlichen Judikatur, wie z. B. Hilfen gegen Neurodermitis und hygienisch erforderlichen Maßnahmen sowie Kosten des Umgangsrechts, die man bisher mit Hilfe von § 73 SGB II bewältigt hatte (BSG 7. 11. 2006, B 7 b AS 14/06 R, BSGE 97, 242). Zutreffend wird in der Begründung darauf hingewiesen, dass die in der Begründung genannten Beispiele nicht abschließend seien. Im Gesetzentwurf zur Ermittlung von Regelbedarfen vom Oktober 2010 wurde § 21 ausschließlich redaktionell an die veränderte Terminologie angepasst (BT-Drs. 17/3404, S. 97). Erst im Vermittlungsverfahren im Februar 2011 erfolgte eine weitere Änderung mit der Einfügung des jetzigen Abs. 7, der Kosten dezentraler Warmwassererzeugung als einen weiteren typisierten Mehrbedarf anerkennt (BT-Drs. 17/4719, S. 4). Diese Entscheidung war eine Folgeänderung zur Integration der Kosten der Warmwassererzeugung in den Regelbedarf nach § 20 (§ 20 Rn. 43). Für die spezifischen Berechnungsprobleme dezentraler Warmwassererzeugung wurde eine typisierende und prozentual operierende Regelung normiert (Groth/Siebel-Huffmann NJW 2011, 1105, 1106).

C. Allgemeine Grundsätze

4 Der Mehrbedarf wird nach § 21 Abs. 1 für Bedarfslagen erbracht, die **nicht durch die Regelleistung abgedeckt** sind. Daraus hat die Gerichtspraxis des BSG konsequent abgeleitet, dass ein Anspruch auf Mehrbedarf auch denjenigen erwerbsfähigen hilfebedürftigen Menschen zukommt, die im Übrigen von Leistungen des SGB II ausgenommen sind. Dazu gehören z. B. Auszubildende und Studierende nach § 7 Abs. 5 SGB II. Der typisierte Mehrbedarf z. B. bei Schwangerschaft ist kein ausbildungsgeprägter Bedarf, so dass auch für diese Personengruppen Leistungen zum Mehrbedarf anerkannt worden sind, auch wenn sie von der Regelleistung ausgenommen sind (BSG 6. 9. 2007 B14/7b AS 28/06 R- SozR 4–4200 § 7 Nr. 8; *Spellbrink* SozSich 2008, 30, 31). Diese Rechtsentwicklung ist jetzt in § 27 Abs. 2 SGB II ausdrücklich normiert worden (BT-Drs. 17/3404, S. 103).

5 Die Mehrbedarfsleistungen nach § 21 Abs. 2 bis Abs. 4 sowie nach Abs. 7 werden **in Prozentsätzen** festgesetzt, die bereits im Gesetz normiert sind. Die Leistungen zum Mehrbedarf bei kostenaufwändiger Ernährung bedürfen einer Entscheidung der Verwaltung im Einzelfall, mit der Leistungen in „angemessener Höhe" erbracht werden. In der Praxis greifen die Träger regelmäßig auf die Empfehlungen des deutschen Vereins für die Gewährung von Krankenkostzulagen zurück (dazu BSG

27. 2. 2008 – B 14/7 b AS 64/06 R – SozR 4–4200 § 21 Nr. 2; s. u. Rn. 17). Die durch unbestimmte Rechtsbegriffe geprägte Härtefallregelung in § 21 Abs. 6 erfordert eine Einzelfallentscheidung des Trägers der Grundsicherung, die gerichtlich vollständig überprüfbar ist. Nach der von den Instanzgerichten gebilligten Rechtsprechung des BSG können Leistungen für Mehrbedarf nicht als gesonderter Streitgegenstand von den anderen Leistungen zur Sicherung des Lebensunterhalts abgetrennt werden (BSG 3. 3. 2009 – B 4 AS 50/07 R, BSGE 102, 290; BSG 18. 2. 2010 – B 4 AS 29/09 R, BSGE 105, 279). Die Mehrbedarfsleistungen werden **auf Antrag** erbracht, jedoch erfasst der Antrag auf die Regelleistung auch alle einschlägigen Mehrbedarfsleistungen (BSG 4. 3. 2011 – B 4 AS 3/10 R, SGb 2011, 325).

D. Leistungen bei Schwangerschaft

§ 21 Abs. 2 SGB II gewährt einen **Rechtsanspruch für werdende Mütter**, die nach der 12. Schwangerschaftswoche einen Mehrbedarf von 17% der nach § 20 maßgeblichen Regelleistung erhalten. Die Ausgestaltung im BSHG hatte ihre damalige Form im Kontext des Schwangeren- und Familienhilfegesetzes aus dem Jahr 1992 gefunden und gehört als sozialrechtliche Umsetzung zur Erfüllung der aus Art. 6 Abs. 4 GG folgenden staatlichen Schutzpflicht (BVerfG 10. 3. 1992 – 1 BvR 454/91– BVerfG 85, 360, 372). Die Regelung ist von großer praktischer Bedeutung, weil für werdende Mütter nur in geringem Umfang staatliche Hilfeleistungen zur Verfügung stehen, die den eindeutig erhöhten Bedarf in der Zeit der Schwangerschaft aufgreifen. 6

Der Mehrbedarf ist **antragsbezogen**; in aller Regel werden die Antragstellerinnen eine ärztliche Bescheinigung beifügen, so dass die 13. Schwangerschaftswoche gut zu errechnen ist. Weitere Ermittlungen hat der Träger der Grundsicherung insoweit nicht zu treffen. Die Leistung wird erbracht bis zum tatsächlichen Entbindungstermin. Sie wird ergänzt durch einen Anspruch auf Erstausstattung für Schwangerschaftsbekleidung (LPK-*Münder* § 21 Rn. 7; vgl. u. § 24 Rn. 19). 7

Dieser Mehrbedarf ist auch an Personen zu erbringen, die bisher nach § 7 Abs. 5 SGB II aus den Leistungen der Grundsicherung ausgeschlossen waren, wie sich jetzt aus § 27 Abs. 2 SGB II ergibt (Becker ZFSH SGB 2011, 185, 192). Der Verweis in § 19 Abs. 1 S. 3 SGB II macht deutlich, dass auch Angehörige von Bedarfsgemeinschaften, die Sozialgeld erhalten, Anspruch auf Mehrbedarf nach § 21 Abs. 2 SGB II haben können (*Kohte* § 19 Rn. 1). 8

E. Leistungen an Alleinerziehende

Der Tatbestand, dass eine Person mit einem oder mehreren minderjährigen Kindern zusammenlebt und allein für deren Pflege und Erziehung sorgt, ist in § 21 Abs. 3 als Mehrbedarfssituation anerkannt. Diese typisierte Belastung ist auch in anderen Normen des Sozialrechts aufgenommen worden, so z. B. in § 45 SGB V und § 48 SGB VI. Die Rechtsprechung greift vor allem auf die Begründung zur 1985 normierten Fassung des § 23 Abs. 2 BSHG (BT-Drs 10/3079 S. 5) zurück. Auslegungsprobleme ergeben sich vor allem aus der neueren familienrechtlichen Gesetzgebung, die auch nach der Trennung von Paaren Modalitäten einer gemeinsamen Sorge fördert. 9

Diese Mehrbedarfslage verlangt zunächst eine **räumliche Komponente**, die mit dem Tatbestandsmerkmal des „Zusammenlebens" umschrieben wird. Es ist in der Regel **das Zusammenleben in einer Wohnung** gemeint. Schwierige Zuordnungsfragen können sich ergeben bei getrennt lebenden bzw. geschiedenen Eltern, die sich in einem bestimmten Umfang die Pflege und Erziehung ihrer Kinder teilen. Dabei betrifft § 21 Abs. 3 SGB II nur den typisierten Mehrbedarf; dieser ist zu unterscheiden von den Kosten des Umgangsrechts, die bisher § 73 SGB XII zugeordnet wurden (§ 19 Rn. 6) und den Leistungen für die Kinder, wenn diese mit dem nicht alleinerziehenden Elternteil zeitweilig eine Bedarfsgemeinschaft bilden (BSG v. 2. 7. 2009 – B 14 AS 54/08 R, Rn. 31 – NJW 2010, 1306, 1309; zu rechtspolitischen Optionen: *Düring* in Spellbrink, Das SGB II in der Praxis der Sozialgerichte, 2010, S. 59, 64 ff.). 10

Verlangt wird vor allem **die alleinige Sorge für Pflege und Erziehung** des Kindes. Auch bei gemeinschaftlicher Sorge geschiedener Eltern kann die praktische Ausgestaltung so erfolgen, dass eine Person weitgehend für Pflege und Erziehung zuständig ist, so dass sie dann auch als alleinerziehend qualifiziert werden kann. Die entsprechende Rechtsprechung zum verlängerten Anspruch auf Kinderkrankenpflegegeld gem. § 45 Abs. 2 SGB V kann auf § 21 Abs. 3 SGB II übertragen werden; danach kommt es zutreffend allein auf die **faktische Situation** an, dass die Erziehungsarbeit überwiegend allein von einer Person erbracht wird; dass daneben auch einer weiteren, aber nicht im Haushalt mit dem Kind zusammenlebende Person das Personensorgerecht zusteht, ändert an der Alleinerziehung nichts; auch dann nicht, wenn von diesem Sorgerecht regelmäßig Gebrauch gemacht wird, z. B. durch ein alle zwei Wochen zu verbringendes Wochenende bei der anderen Person (BSG, 26. 6. 2007 – B 1 KR 33/06 R – Rn. 13 ff. SozR 4–2500 § 45 SGB V Nr. 2; jurisPK-FuB/*Kemper* § 45 SGB V Rn. 18). Wenn ein Elternteil zeitweilig abwesend ist (zB wegen der Verbüßung einer Freiheitsstrafe, eines längeren Krankenhaus- oder Kuraufenthalts oder einer Beschäftigung im Ausland, ist ebenfalls 11 ein Mehrbedarf anzuerkennen (LPK-*Münder* § 21 Rn. 13; HN-*Krauß* § 21 Rn. 44 aE; LSG Niedersachsen-Bremen 13. 5. 2008 – L 9 AS 119/08 ER).

12 Ein **Mehrbedarf für Alleinerziehende in halber Höhe** kommt nach der Rechtsprechung des BSG in den Fällen, in denen geschiedene oder getrenntlebende Elternteile die Pflege und Erziehung der Kinder gemeinsam – wenn auch je für sich – besorgen, **für beide Eltern** in Betracht, wenn sich die Eltern in größeren, mindestens eine Woche umfassenden Intervallen abwechseln und sich die anfallenden Kosten auch in etwa hälftig teilen (BSG v. 2. 7. 2009 – B 14 AS 54/08 R – Rn. 15 – NJW 2010, 1306 = SozR 4–1500 § 71 Nr. 2 Anm. *Hannes* SGb 2010, 543). Bei einem deutlich geringeren als einem hälftigen zeitlichen Anteil steht die Leistung allein dem Elternteil zu, der den Großteil der Pflege und Erziehung übernimmt (BSG v. 2. 7. 2009 – B 14 AS 54/08 R – Rn. 15 – NJW 2010, 1306 = SozR 4–1500 § 71 Nr. 2 Anm. *Hannes* SGb 2010, 543; BSG v. 3. 3. 2009 – B 4 AS 50/07 R – NZS 2010, 106 = SozR 4–4200 § 22 Nr. 5).

13 Eine solche Zuständigkeit für Pflege und Erziehung muss nicht notwendig bei den Eltern liegen. Auch **Geschwister, Großeltern, oder andere Verwandte** können durch tatsächliche Zuständigkeit als alleinerziehend qualifiziert werden. Erfasst werden auch Mehrbedarfe für die Alleinerziehung von **Pflegekindern** (BSG v. 27. 1. 2009 – B 14/7 b AS 8/07 R – SozR 4–4200 § 21 Nr. 4). Dabei geht es um eine tatsächliche Situation, so dass nicht verlangt wird, dass diese Person auch Inhaberin der Personensorge ist (§§ 1671 ff. BGB ist (Gagel/*Düring* § 21 Rn. 21; HN-*Krauß* § 21 Rn. 40). Auch Leistungen nach § 39 SGB VIII stehen einer solchen Anerkennung nicht im Wege, weil zwischen diesen Leistungen keine Zweckidentität besteht (*Lang/Knickrehm* in Eicher/Spellbrink § 21 Rn. 28). Der Anspruch auf diesen Mehrbedarf kann nicht nur von den Empfängern des Arbeitslosengeldes II, sondern auch von den **Anspruchsberechtigten für das Sozialgeld** verlangt werden. Der bisherige **Leistungsausschluss nach § 7 Abs. 5 SGB II griff hier nicht ein**, weil es sich bei dieser Fallgruppe des Mehrbedarfs nicht um einen ausbildungsgeprägten Bedarf handelt (BSG 6. 9. 2007 – B 14/7 b AS 36/06 R a.a.O.; *Spellbrink* SozSich 2008, 30, 31; Steck/Kossens, Hartz IV-Reform 2011, Rn. 122). Dies ist inzwischen durch § 27 Abs. 2 SGB II klargestellt.

F. Gesundheitsbezogene Leistungen

14 § 21 Abs. 4 SGB II erkennt **als Mehrbedarfssituation die Lage behinderter Menschen** an, wenn diese Leistungen zur Teilhabe am Arbeitsleben oder Leistungen der Eingliederungshilfe nach § 54 SGB XII erhalten. Insoweit ist der Tatbestand der Behinderung allein nicht ausreichend. Nach dem insoweit deutlichen Wortlaut des § 21 Abs. 4 werden zusätzliche Anforderungen verlangt, die wiederum an die frühere Fassung des § 23 Abs. 3 BSHG anknüpfen. Diese sind inzwischen allerdings erweitert worden, denn der Mehrbedarf knüpft nicht nur an Maßnahmen der Teilhabe am Arbeitsleben nach § 33 SGB IX, sondern inzwischen auch an Maßnahmen der Eingliederungshilfe sowie an sonstige Hilfen an. Durch das Fortentwicklungsgesetz 2006 wurden die bereits damals anerkannten Mehrbedarfslagen Beihilfen zur angemessenen Ausbildung ergänzt um die Hilfen zu angemessener Schulbildung und schulischer Ausbildung für einen angemessenen Beruf. Dadurch wurde eine verfassungsrechtlich problematische Schieflage (dazu LSG Niedersachsen Bremen 23. 3. 2006 – L 8 AS 350/05, ZFSH/SGB 2006, 555) korrigiert. In der Judikatur wird auch die Gewährung eines Eingliederungszuschusses akzeptiert (SG Berlin 16. 9. 2005 – S 37 AS 5525/05). Nach der Rechtsprechung des BSG setzt die Gewährung des Mehrbedarfs die Teilnahme an einer regelförmigen besonderen Maßnahme voraus (BSG v. 22. 3. 2010 – B 4 AS 59/09 R – Rn. 17 ff. – SozR 4–4200 § 21 Nr. 9; *Reichel* jurisPR-SozR 16/2010 Anm. 2; zu restriktiv LSG Schleswig-Holstein 24. 11. 2010, L 11 AS 36/07 zu Fragen der Kfz-Hilfe). Neben Maßnahmen nach § 33 SGB IX kommen auch sonstige Hilfen zur Teilhabe am Arbeitsleben in Betracht (BSG 4. 3. 2011 – B 4 AS 3/10 R, SGb 2011, 325). Der Mehrbedarfszuschlag hat insoweit eine integrative und motivationale Komponente; dies zeigt die Möglichkeit einer nachwirkenden Leistung nach dem Ende der Hilfsbedürftigkeit, um die Einarbeitungszeit an einem neuen Arbeitsplatz abzusichern (LPK-*Münder* § 21 Rn. 21).

15 Das Tatbestandsmerkmal der Behinderung ist **nicht identisch mit der Schwerbehinderung nach §§ 68 ff. SGB IX**. Ausreichend ist vielmehr eine Behinderung iSd § 2 SGB IX, da diese Voraussetzung für Leistungen zur Teilhabe am Arbeitsleben nach §§ 33 ff. SGB IX ausreichend ist. Daher entfällt auch die Notwendigkeit der Vorlage eines Schwerbehindertenausweises nach § 69 SGB IX (*Behrend* in jurisPK-SGB II § 21 Rn. 45). In § 30 SGB XII wird ein Mehrbedarf auch gewährt, wenn der erwerbsunfähige Leistungsberechtigte einen Bescheid nach § 69 Abs. 5 SGB IX zur Anerkennung des Merkzeichens G nachweisen kann. Eine solche Regelung fehlt in § 21 SGB II. In der Rechtsprechung des BSG wird eine Verletzung von Art. 3 Abs. 1 GG abgelehnt, da erwerbsfähigen SGB II-Leistungsberechtigten die Möglichkeit des Mehrbedarfs durch Eingliederung offen steht (BSG 18. 2. 2010 B 4 AS 29/09 R – SozZ 4–1100 Art. 1 Nr. 7). Dies setzt natürlich voraus, dass die Eingliederungsaufgabe nach § 6 a SGB IX tatsächlich wahrgenommen wird. Im Übrigen ist gerade bei Ablehnung dieses streng typisierten Bedarfs umso genauer zu prüfen, ob ein behinderungsbedingter Mehrbedarf besteht, der mit Hilfe von § 21 Abs. 6 SGB II oder von § 73 SGB XII gedeckt werden kann (BSG 15. 12. 2010 B 14 AS 44/09 R Rn. 22).

Schließlich erhalten nach § 21 Abs. 5 erwerbsfähige Hilfebedürftige – aber auch Auszubildende und Studierende (*Spellbrink* SozSich 2008, 30, 32), vgl. jetzt § 27 Abs. 2 SGB II -, die aus **medizinischen Gründen einer kostenaufwändigen Ernährung bedürfen**, einen **Mehraufwand** in angemessener Höhe. Damit greift man wiederum auf die klassische sozialhilferechtliche Norm aus § 23 BSHG zurück. Dies ist ein Zeichen für die wenig systematische Regelung im Bereich gesundheitsgeprägter Bedarfslagen, denn die heutigen Problemlagen der Gesundheitskosten armer Menschen beruhen nur zu einem relativ geringen Teil auf der Notwendigkeit kostenaufwändiger Ernährung. Angesichts der Rücknahme der Leistungen der gesetzlichen Krankenversicherung sind inzwischen einfache Arzneimittel sowie Heilmittel von mindestens vergleichbarer Wichtigkeit, jedoch durch diese Norm nicht hinreichend erfasst (*Wendtland* ZSR 2008, 423 ff.). Angesichts der engen Grenzen der Regelleistung sind auch die weiteren gesundheitsbedingten Zuzahlungen, wie z. B. Aufwendungen für bestimmte zahnmedizinische Leistungen (BayLSG 16. 10. 2008 – L 7 B 668/06 AS PKH), für hilfebedürftige Menschen nicht unproblematisch. Der Rückgriff auf § 73 SGB XII bzw. auf §§ 48 ff. SGB XII konnte nur einen Teil dieser Probleme decken (*Schütze* SozSich 2007, 113, 115), so dass sich hier vor allem der Wert der Härtefallregelung in Abs. 6 erweisen muss.

16

Die Kosten zusätzlicher Ernährung werden in der Praxis anhand der **Empfehlungen des Deutschen Vereins für öffentliche und private Fürsorge** beurteilt. Zutreffend hat das BSG Anfang 2008 entschieden, dass die damals zu beurteilenden Empfehlungen nicht den Charakter eines antizipierten Sachverständigengutachtens hatten (BSG 27. 2. 2008 – B 14/7 b AS 64/06R SGb 2009, 161 m. Anm. Busse sowie B 14/7 b AS 32/06 R, BSGE 100, 83). Inzwischen sind die Empfehlungen zum 1. 10. 2008 neu erarbeitet worden (Löher NDV 2008, 503; Überblick bei *Behrend* in juris PK-SGB II § 21 Rn. 65 ff.). Teile der Instanzgerichte vertreten die Ansicht, dass die Empfehlungen nunmehr als antizipiertes Sachverständigengutachten zu qualifizieren sind (LSG Neubrandenburg 19. 12. 2008 – L 8 B 386/08 sowie 9. 3. 2009 – L 8 AS 68/08). Hier werden offenkundig die Anforderungen an diese aus dem Umweltrecht nicht ohne weiteres übernehmbare Rechtsfigur verkannt. Dazu müssten die Empfehlungen den heutigen Stand der medizinischen und ernährungswissenschaftlichen Erkenntnisse in einer hinreichend repräsentativen und gefestigten Form Form abbilden (vgl. zur rechtsstaatlich gebotenen Zurückhaltung im Technikrecht, den Beratungsergebnissen privater Gremien den Charakter eines antizipierten Sachverständigengutachtens zuzuerkennen: *Jarass* NJW 1987, 1225, 1228; *Wimmer* NVwZ 1988, 130, 131; *Bücker/Feldhoff/Kohte*, Vom Arbeitsschutz zur Arbeitsumwelt Rn. 95 f). Richtigerweise sind die Empfehlungen als Orientierungswerte heranzuziehen, die bestimmte Typizitäten beschreiben, ohne jedoch abweichende individuelle Situationen auszuschließen (Gagel/*Düring* § 21 Rn. 40; HN/*Krauß* § 21 Rn. 64). Bei substantiierten Anträgen ist daher auch weiterhin der Sachverhalt nach § 20 SGB X bzw. nach § 106 SGG zu ermitteln und zunächst ein Befundbericht einzuholen, der eine entsprechende Bewertung des Sachverhalts ermöglicht (LSG Berlin-Brandenburg 3. 2. 2011 – L 34 AS 1509/10 B PKH – zur Bewilligung von PKH in solchen Verfahren, in denen der Träger der Grundsicherung den Sachverhalt nicht ermittelt, sondern direkt die Empfehlungen zur Begründung der Ablehnung herangezogen hat). Dabei bedarf es in der Regel auch ernährungswissenschaftlicher Erfahrungen und Kenntnisse (BSG 24. 2. 2011 – B 14 AS 49/10 R).

17

G. Mehrbedarf in Härtefällen

Das auf Typisierung angelegte Konzept des SGB II war von Anfang an umstritten; bereits im Gesetzgebungsverfahren hatte der DV in NDV 2003, 369, 371 für atypische Situationen und Härtefälle Öffnungsklauseln nach dem Vorbild des bisherigen Sozialhilferechts verlangt. Die Parlamentsmehrheit glaubte 2004 diese Erfahrungen der Sozialhilfepraxis ignorieren zu können. Dies war verfehlt; von Anfang an zeigten sich in der Gerichtspraxis diverse Härtefälle, für die Lösungen gesucht werden mussten (dazu bereits Erstauflage § 19 SGB II Rn. 6 ff.). In der Praxis haben sich inzwischen **verschiedene Fallgruppen** herausgebildet, die zusätzliche Leistungen rechtfertigen und die **§ 73 SGB XII** zugeordnet werden konnten. Dazu gehören z. B. die Kosten des Umgangsrechts für geschiedene bzw. getrennt lebende Personen; solche Kosten sind angesichts der heutigen Mobilitätsstrukturen durchaus erheblich und sind in den Regelsätzen nicht enthalten (dazu LSG Baden-Württemberg 27. 10. 2006, L 7 AS 4806/06 ER-B, juris; LSG Thüringen 12. 11. 2007, L 8 SO 90/07 ER, juris). Eine wichtige Fallgruppe sind Gesundheitskosten; die Gesundheitspolitik der letzten Jahre hat den Bereich der Leistungen, für die die gesetzliche Krankenversicherung einsteht, reduziert und im größeren Umfang auf individuelle Finanzierung gesetzt. Auch diese Entwicklung ist durch die Regelsätze und die Umrechnung der früheren einmaligen Beihilfen nach Durchschnittswerten nicht zu erfassen. Ähnliches gilt für Pflege- und Betreuungskosten (dazu ausführlich S. *Knickrehm* NZS 2007, 128 ff.; *Schütze* SozSich 2007, 113 ff.; zustimmend *Wallerath* FS Krause 2006, S. 187, 204). Dagegen ist für Bildungsleistungen ein Rückgriff auf § 73 SGB XII in der Regel verneint worden (BSG 19. 8. 2010, B 14 AS 47/09 – SozR 4–3500 § 73 Nr. 2 = SGb 2010, 281).

18

Auf der anderen Seite ist zu bedenken, dass § 73 SGB XII relativ eng gefasst ist und nur für wenige Fallgruppen unmittelbar zur Anwendung kommen kann. Typische Fälle einmaliger Leistungen aus der

19

früheren Rechtsprechung, wie z. B. der Erwerb langlebiger Haushaltsgüter (BVerwG 18. 12. 1997, – 5 C 7/95 –, BVerwGE 106,99 – Fernsehgerät; 1. 10. 1998 – 5 C 19/97, BVerwGE 107, 234 – Waschmaschine) ließen sich dieser Norm nur schwer zuordnen. Eine ausdehnende oder gar analoge Auslegung widerspricht den in der Gesetzgebung bewusst vorgenommenen Abgrenzungen zwischen SGB II und SGB XII und würde im Übrigen eine Kostenverlagerung zu den Kommunen bewirken, die im Gesetzgebungsverfahren bewusst abgelehnt wurden (dazu *Münder* NZS 2008, S. 169, 172). Insoweit ist festzuhalten, dass die **Nutzung von § 73 SGB XII** zwar **für einzelne Konstellationen** eine geeignete kurzfristige Lösung (zu möglichen Gesetzesänderungen *Münder* NZS 2008, 169, 172 und mit kritischen Überlegungen *Münder* NZS 2008, 617, 620 f.) darstellt, jedoch noch zahlreiche offene Probleme hinterlässt (dazu § 20 Rn. 30), in denen die strenge Typisierung des Arbeitslosengeldes II hinter dem individuellen Bedarf zurückbleibt (vgl. § 19 Rn. 7).

20   Nachdem das Bundesverfassungsgericht zutreffend in seinem Urteil vom 9. 2. 2010 die Verfassungswidrigkeit der bisherigen Rechtslage auch auf das Fehlen einer Härtefallregelung für atypische laufende und unabweisbare Bedarfslagen gestützt hatte, ist bereits wenige Monate später die **Härtefallklausel des § 21 Abs. 6** in das Gesetz eingefügt worden (o. Rn. 3). Damit ist eine durch die weitere Gerichtspraxis zu konkretisierende Grundlage geschaffen worden, um im Einzelfall in spezifischen Bedarfslagen den erforderlichen Bedarf sicherstellen zu können. Erfasst werden **laufende** Bedarfslagen. Dies ist bereits bei absehbar mehrfachen Bedarf zu bejahen, auch wenn er zeitlich in größeren Abständen zu realisieren ist; HN/*Krauß* § 21 Rn. 74). Die Kategorie der **Unabweisbarkeit** des Bedarfs erfasst situative Fälle, aber auch quantitative Bedarfslagen, in denen, was nicht selten der Fall sein dürfte (*Lauterbach* ZfSH SGB 2010, 403, 406), Ansparmöglichkeiten nicht real zur Verfügung stehen (*Klerks* info also 2010, 205, 206). Mit dieser Norm können zunächst die in der Rechtsprechung mithilfe von § 73 SGB XII beantworteten Fallgruppen atypischen laufenden Bedarfs aufgegriffen werden, so dass jetzt die bekannten Kosten des Umgangsrechts vom Träger der Grundsicherung – und nicht vom Träger der Sozialhilfe – nach § 21 Abs. 6 zu gewährleisten sind (*Klerks* info also 2010, 56, 59; LSG NRW 20. 9. 2010 – L 6 AS 1097/10 B).

21   Der **Umfang der Kosten des Umgangsrechts** ergibt sich regelmäßig aus den familienrechtlichen und familiengerichtlichen Entscheidungen, so dass der Träger der Grundsicherung nicht von sich aus festlegen kann, ob das Umgangsrecht einmal im Monat oder einmal im Quartal zu gewährleisten ist. Maßgeblich ist insoweit vielmehr das Kindeswohl (*Lauterbach* ZfSH/SGB 2010, 403, 407). Mithilfe des Merkmals der Unabweisbarkeit ist festzulegen, welche kürzeren Entfernungen noch mithilfe der Regelleistung erbracht werden können und in welchen Fällen ein Mehrbedarf anzuerkennen ist. Die ausführlichen Tabellen, die im Gesetzgebungsverfahren herangezogen wurden, zeigen, dass nur geringe Mobilitätskosten aus dem Regelbedarf erbracht werden können. Bei internationalen Familienverbindungen sind, wenn auch in größeren Abständen, die Kosten eines interkontinentalen Umgangsrechts zu übernehmen (LSG Rheinland-Pfalz 24. 11. 2010 – L 1 SO 133/10 B).

22   Als weitere Fallgruppe sind auch **Gesundheitskosten**, die im System des SGB V nicht getragen bzw. erstattet werden, als Mehrbedarf anzuerkennen (SG Detmold 11. 1. 2011 – S 21 AS 926/10, ZFSH SGB 2011, 364; SG Bremen 18. 2. 2011 – S 22 AS 2474/10, ZFSH SGB 2011, 296). In der Rechtsprechung des BSG ist dies, damals noch gestützt auf § 73 SGB XII, 2010 anerkannt worden (BSG 19. 8. 2010 – B 14 AS 13/10 R). Auch wenn vorrangig die Leistung durch die GKV ist (Stromkosten der C-Leg BSG 15. 12. 2010 – B 14 AS 44/09 R, SGb 2011, 91), sind von der GKV nicht gedeckte Mehrbedarfslagen möglich (*Behrend* in juris PK-SGB II § 21 Rn. 117). Dies gilt auch für **elementare Bedarfslagen, die sich aus Behinderung ergeben**. Der in Abs. 4 typisierte Mehrbedarf ist ausschließlich auf die Flankierung von Teilhabeleistungen gerichtet; damit ist der Mehrbedarf von Menschen mit Behinderungen jedoch nicht abschließend beschrieben (HN-*Krauß* § 21 Rn. 92). In der Gesetzesbegründung wurde ausdrücklich auf eine Haushaltshilfe für Rollstuhlfahrer verwiesen wird (BT-Drs. 17/1465, S. 9); in der Rechtsprechung des BSG für Mobilitätsprobleme von Menschen mit Behinderungen auf die Möglichkeit der Härtefallklausel verwiesen wird (BSG 15. 12. 2010 – B 14 AS 44/09 R, Rn. 22).

23   In der Gerichtspraxis wird seit Juni 2010 auch die damals noch nicht normierte Teilhabe bei **Bildungsleistungen** der Härtefallklausel im Prinzip zugeordnet, auch wenn die Judikatur bisher noch restriktiv war (z. B. LSG Schleswig-Holstein 26. 10. 2010 – L 3 AS 181/10 B, SG Bremen 6. 1. 2011 – S 21 AS 2626/10 ER; weitere Beispiele bei *Klerks* info also 2010, 205, 207). Seit Anfang 2011 sind Leistungen nach § 28 SGB II vorrangig, doch darf weiterhin nicht ausgeschlossen werden, dass in spezifischen Situationen ein Rückgriff auf § 21 Abs. 6 möglich ist (vgl. *Lauterbach* ZfSH/SGB 2010, 403, 407).

24   Auch wenn die vom Bundesverfassungsgericht festgestellte gesetzlich gegebene Bedarfsunterdeckung für Härtefälle von Anfang an bestanden hat, greift die Norm des § 21 Abs. 6 SGB II erst **seit dem 3. 6. 2010** ein. Für die davor liegende Zeit ist der richterrechtliche Lösung mithilfe von § 73 SGB XII anzuerkennen (BSG 19. 8. 2010 – B 14 AS 47/09 R). Die minimalistische Normierung des § 21 Abs. 6 deckt jedoch auch weiterhin nicht alle Formen der Bedarfsunterdeckung ab. Zutreffend ist in der Literatur auf die Probleme des **einmaligen**, unabweisbar gebotenen und atypischen **Bedarfs** hingewiesen worden (*Mrozynski* SGb 2010, 677). Zu diesen Fällen gehören zum Beispiel die Teil-

nahme an Familienfeiern, insbesondere Trauerfeiern an weit entfernten Orten, ebenso familienrechtlich bzw. sittlich gebotene Krankenbesuche naher Angehöriger an entfernten Orten. Dies gilt auch für einmalig entstehende Fahrtkosten zur Passbeschaffung und zu anderen administrativ vorgesehenen Terminen (vgl. LSG NRW 28. 7. 2010 – L 7 AS 864/10 B, LSG NRW 3. 1. 2011 – L 7 AS 460/10 B) Hier wird typischerweise kein laufender Bedarf sondern ein eher einmaliger Bedarf vorliegen. Für diese Fallgruppe ist weiterhin **§ 73 SGB XII als Instrument der verfassungskonformen Auslegung unverzichtbar.**

Nach der bisherigen Rechtlage wurde die Haushaltsenergie als ein Kostenelement angesehen, das aus dem Regelbedarf zu decken sei. Daher ging die Judikatur (BSG 27. 2. 2008, B 14/11 b AS 15/07 R, BSGE 100, 94 = NZS 2009, 53) davon aus, dass die Kosten der Warmwasserbereitung aus dem Regelsatz zu erbringen seien. Das war wenig praktikabel, weil diese Kosten nur schwer identifiziert und berechnet werden konnten. Die gerichtliche Praxis orientierte sich an Empfehlungen des Deutschen Vereins (Tabelle bei Brünner in LPK-SGB II § 20 Rn. 11). Im Vermittlungsverfahren wurde eine neue Regelung gefunden. Danach gehören nunmehr die Kosten der Warmwassererzeugung zu den Kosten der Unterkunft und Heizung, die direkt nach Verbrauch abzurechnen sind. Probleme traten nunmehr jedoch bei dezentraler Warmwassererzeugung auf, weil sich bei dieser Variante auch weiterhin Berechnungsprobleme ergaben. Im Interesse der Verwaltungsvereinfachung sind entsprechende **Prozentsätze als typisierter Mehrbedarf** in § 21 Abs. 7 nunmehr kodifiziert (BT-Drs. 17/4719, S. 4). Dies ist im Ansatz sachgerecht; es wird aber zu beobachten sein, ob die im Gesetz normierten Prozentsätze hinreichend realistisch sind. 25

H. Begrenzung der Leistungen

Aus § 21 Abs. 6 a. F. und jetzt. § 21 Abs. 8 n. F. ergibt sich, dass die Leistungen für Mehrbedarfe zum Lebensunterhalt nach Abs. 2 bis 5 kumulativ angewandt werden können; dies ist aber nicht grenzenlos, da bei der Zusammenrechnung der Mehrbedarfe die Höhe der für erwerbsfähige Hilfebedürftige maßgebenden Regelleistung nicht überschritten werden darf. Es kommt auf die für den jeweiligen Hilfebedürftigen maßgebende Regelleistung an (BT-Drs. 15/1516, S. 57). 26

§ 22 Bedarfe für Unterkunft und Heizung

(1) ¹Bedarfe für Unterkunft und Heizung werden in Höhe der tatsächlichen Aufwendungen anerkannt, soweit diese angemessen sind. ²Erhöhen sich nach einem nicht erforderlichen Umzug die angemessenen Aufwendungen für Unterkunft und Heizung, wird nur der bisherige Bedarf anerkannt. ³Soweit die Aufwendungen für die Unterkunft und Heizung den der Besonderheit des Einzelfalles angemessenen Umfang übersteigen, sind sie als Bedarf so lange anzuerkennen, wie es der oder dem alleinstehenden Leistungsberechtigten oder der Bedarfsgemeinschaft nicht möglich oder nicht zuzumuten ist, durch einen Wohnungswechsel, durch Vermieten oder auf andere Weise die Aufwendungen zu senken, in der Regel jedoch längstens für sechs Monate. ⁴Eine Absenkung der nach Satz 1 unangemessenen Aufwendungen muss nicht gefordert werden, wenn diese unter Berücksichtigung der bei einem Wohnungswechsel zu erbringenden Leistungen unwirtschaftlich wäre.

(2) ¹Als Bedarf für die Unterkunft werden auch unabweisbare Aufwendungen für Instandhaltung und Reparatur bei selbst bewohntem Wohneigentum im Sinne des § 12 Absatz 3 Satz 1 Nummer 4 anerkannt, soweit diese unter Berücksichtigung der im laufenden sowie den darauffolgenden elf Kalendermonaten anfallenden Aufwendungen insgesamt angemessen sind. ²Übersteigen unabweisbare Aufwendungen für Instandhaltung und Reparatur den Bedarf für die Unterkunft nach Satz 1, kann der kommunale Träger zur Deckung dieses Teils der Aufwendungen ein Darlehen erbringen, das dinglich gesichert werden soll.

(3) Rückzahlungen und Guthaben, die dem Bedarf für Unterkunft und Heizung zuzuordnen sind, mindern die Aufwendungen für Unterkunft und Heizung nach dem Monat der Rückzahlung oder der Gutschrift; Rückzahlungen, die sich auf die Kosten für Haushaltsenergie beziehen, bleiben außer Betracht.

(4) ¹Vor Abschluss eines Vertrages über eine neue Unterkunft soll die erwerbsfähige leistungsberechtigte Person die Zusicherung des für die Leistungserbringung bisher örtlich zuständigen kommunalen Trägers zur Berücksichtigung der Aufwendungen für die neue Unterkunft einholen. ²Der kommunale Träger ist zur Zusicherung verpflichtet, wenn der Umzug erforderlich ist und die Aufwendungen für die neue Unterkunft angemessen sind; der für den Ort der neuen Unterkunft örtlich zuständige kommunale Träger ist zu beteiligen.

(5) ¹Sofern Personen, die das 25. Lebensjahr noch nicht vollendet haben, umziehen, werden Bedarfe für Unterkunft und Heizung für die Zeit nach einem Umzug bis zur Vollendung des 25. Lebensjahres nur anerkannt, wenn der kommunale Träger dies vor Abschluss des Vertrages über die Unterkunft zugesichert hat. ²Der kommunale Träger ist zur Zusicherung verpflichtet, wenn
1. die oder der Betroffene aus schwerwiegenden sozialen Gründen nicht auf die Wohnung der Eltern oder eines Elternteils verwiesen werden kann,
2. der Bezug der Unterkunft zur Eingliederung in den Arbeitsmarkt erforderlich ist oder
3. ein sonstiger, ähnlich schwerwiegender Grund vorliegt.

³Unter den Voraussetzungen des Satzes 2 kann vom Erfordernis der Zusicherung abgesehen werden, wenn es der oder dem Betroffenen aus wichtigem Grund nicht zumutbar war, die Zusicherung einzuholen. ⁴Bedarfe für Unterkunft und Heizung werden bei Personen, die das 25. Lebensjahr noch nicht vollendet haben, nicht anerkannt, wenn diese vor der Beantragung von Leistungen in eine Unterkunft in der Absicht umziehen, die Voraussetzungen für die Gewährung der Leistungen herbeizuführen.

(6) ¹Wohnungsbeschaffungskosten und Umzugskosten können bei vorheriger Zusicherung durch den bis zum Umzug örtlich zuständigen kommunalen Träger als Bedarf anerkannt werden; eine Mietkaution kann bei vorheriger Zusicherung durch den am Ort der neuen Unterkunft zuständigen kommunalen Träger als Bedarf anerkannt werden. ²Die Zusicherung soll erteilt werden, wenn der Umzug durch den kommunalen Träger veranlasst oder aus anderen Gründen notwendig ist und wenn ohne die Zusicherung eine Unterkunft in einem angemessenen Zeitraum nicht gefunden werden kann. ³Eine Mietkaution soll als Darlehen erbracht werden.

(7) ¹Soweit Arbeitslosengeld II für den Bedarf für Unterkunft und Heizung geleistet wird, ist es auf Antrag der leistungsberechtigten Person an den Vermieter oder andere Empfangsberechtigte zu zahlen. ²Es soll an den Vermieter oder andere Empfangsberechtigte gezahlt werden, wenn die zweckentsprechende Verwendung durch die leistungsberechtigte Person nicht sichergestellt ist. ³Das ist insbesondere der Fall, wenn
1. Mietrückstände bestehen, die zu einer außerordentlichen Kündigung des Mietverhältnisses berechtigen,
2. Energiekostenrückstände bestehen, die zu einer Unterbrechung der Energieversorgung berechtigen,
3. konkrete Anhaltspunkte für ein krankheits- oder suchtbedingtes Unvermögen der leistungsberechtigten Person bestehen, die Mittel zweckentsprechend zu verwenden, oder
4. konkrete Anhaltspunkte dafür bestehen, dass die im Schuldnerverzeichnis eingetragene leistungsberechtigte Person die Mittel nicht zweckentsprechend verwendet.

⁴Der kommunale Träger hat die leistungsberechtigte Person über eine Zahlung der Leistungen für die Unterkunft und Heizung an den Vermieter oder andere Empfangsberechtigte schriftlich zu unterrichten.

(8) ¹Sofern Arbeitslosengeld II für den Bedarf für Unterkunft und Heizung erbracht wird, können auch Schulden übernommen werden, soweit dies zur Sicherung der Unterkunft oder zur Behebung einer vergleichbaren Notlage gerechtfertigt ist. ²Sie sollen übernommen werden, wenn dies gerechtfertigt und notwendig ist und sonst Wohnungslosigkeit einzutreten droht. ³Vermögen nach § 12 Absatz 2 Satz 1 Nummer 1 ist vorrangig einzusetzen. ⁴Geldleistungen sollen als Darlehen erbracht werden.

(9) ¹Geht bei einem Gericht eine Klage auf Räumung von Wohnraum im Falle der Kündigung des Mietverhältnisses nach § 543 Absatz 1, 2 Satz 1 Nummer 3 in Verbindung mit § 569 Absatz 3 des Bürgerlichen Gesetzbuchs ein, teilt das Gericht dem örtlich zuständigen Träger nach diesem Buch oder der von diesem beauftragten Stelle zur Wahrnehmung der in Absatz 8 bestimmten Aufgaben unverzüglich Folgendes mit:
1. den Tag des Eingangs der Klage,
2. die Namen und die Anschriften der Parteien,
3. die Höhe der monatlich zu entrichtenden Miete,
4. die Höhe des geltend gemachten Mietrückstandes und der geltend gemachten Entschädigung und
5. den Termin zur mündlichen Verhandlung, sofern dieser bereits bestimmt ist.

²Außerdem kann der Tag der Rechtshängigkeit mitgeteilt werden. ³Die Übermittlung unterbleibt, wenn die Nichtzahlung der Miete nach dem Inhalt der Klageschrift offensichtlich nicht auf Zahlungsunfähigkeit der Mieterin oder des Mieters beruht.

Übersicht

	Rn.
A. Normgeschichte, Norminhalt und Normzweck	1
I. Normgeschichte	1
II. Norminhalt	2
III. Normzweck	3
B. Kommentierung im Einzelnen	4
I. Angemessener Bedarf für Unterkunft und Heizung (**Abs. 1 S. 1**)	4
1. Unterkunft	4
2. Heizung	5
a) Heizenergie	5
b) Haushaltsenergie und Warmwasser	6
3. Tatsächliche Aufwendungen	7
a) Grundsatz	7
b) Satzung	8
c) Kopfteilung	9
4. Angemessenheit des Unterkunftsbedarfs	10
a) abstrakte Angemessenheit	10
b) konkrete Angemessenheit	11
c) Maßstab	12
aa) Wohnungsgröße und -standard	13
bb) Vergleichsraum und soziales Umfeld	14
cc) Referenzgruppe	15
dd) Referenzmiete – Produkttheorie	16
ee) schlüssiges Konzept	17
5. Haus- und Wohnungseigentümer (**Abs. 1 S. 1 und Abs. 2**)	18
a) Anzuerkennender Bedarf für Unterkunft und Heizung	18
b) Höhe der Aufwendungen	19
c) Instandhaltung und Reparatur	19 a
6. Angemessene Heizkosten (**Abs. 1 S. 1**)	20
II. Unangemessene Bedarfe und Kostensenkung (**Abs. 1 S. 3**)	21
1. Nicht angemessene Aufwendungen für Unterkunft	21
2. Kostensenkungsaufforderung	22
3. Nicht mögliche oder zumutbare Kostensenkung	23
4. Unwirtschaftlichkeit Kostensenkungsmaßnahme (**Abs. 1 S. 4**)	23 a
5. Zeitliche Begrenzung	24
III. Nicht erforderlicher Umzug (**Abs. 1 S. 2**)	25
1. Umzug	25
2. Erhöhung der Aufwendungen	26
3. Fehlende Erforderlichkeit	27
4. Anerkennung des bisherigen angemessenen Bedarfs	28
IV. Rückzahlungen und Guthaben (**Abs. 3**)	29
1. Unterkunft und Heizung	29
2. Haushaltsenergie	30
V. Zusicherung bei Wohnungswechsel (**Abs. 4**)	31
1. Zusicherung vor Abschluss des Vertrages	31
2. Erforderlichkeit des Umzugs und Angemessenheit der Aufwendungen	32
3. Zuständiger Träger	33
VI. Wohnungswechsel von unter 25-Jährigen (**Abs. 5**)	34
1. Zusicherung	34
2. Verpflichtung zur Zusicherung	35
a) Schwerwiegende soziale Gründe	35
b) Eingliederung in den Arbeitsmarkt	36
c) Sonstiger schwerwiegender Grund	37
3. Ausnahme – wichtiger Grund	38
4. Absichtliche Leistungsherbeiführung	39
VII. Wohnungsbeschaffungs- und Umzugskosten sowie Mietkaution (**Abs. 6**)	40
1. Wohnungsbeschaffungskosten	40
2. Umzugskosten	41
3. Mietkaution	42
4. Zusicherung	43
5. Zuständiger Träger	44
VIII. Zahlung an den Vermieter oder andere Empfangsberechtigte (**Abs. 7**)	45
1. Grundsatz	45
2. Beispielsfälle	46
IX. Schuldenübernahme (**Abs. 8**)	47
1. Mieter und Schuldenübernahme	47
2. Haus- und Wohnungseigentümer und Schuldenübernahme	48
3. Ermessensleistung und „Soll"-Vorschrift	49
4. Vermögenseinsatz	50
5. Darlehen	51

	Rn.
X. Räumungsklage (**Abs. 9**)	52
1. Räumungsklage	52
2. Mitteilung des Gerichts	53

A. Normgeschichte, Norminhalt, Normzweck

I. Normgeschichte

1 § 22 ist bereits mehrfach geändert worden. Durch **Gesetz zur Änderung des Zweiten Buchs Sozialgesetzbuch und anderer Gesetze** vom 24. 3. 2006 (BGBl. I, 558) wurde Abs. 2 a eingefügt – nunmehr Abs. 5 (Art. 2 Nr. 31 RegelbedarfsÄndG vom 24. 3. 2011; BGBl I, 453), mit dem die Übernahme von Aufwendungen von Unterkunft und Heizung (KdU) bei einem Umzug für Menschen unter 25 Jahren von der Zusicherung des Grundsicherungsträgers abhängig gemacht wird. Zudem wird die nach § 22 Abs. 3 zu erbringende Mietkaution seit dem nur noch als Darlehen gewährt – durch Art. 12 Nr. 31 RegelbedarfsÄndG vom 24. 3. 2011 (BGBl I, 453) verschoben in Abs. 6 S. 3. Ebenfalls mit dem eingangs benannten ÄnderungsG ist die Doppelzuständigkeit von SGB XII- und SGB II-Leistungsträger bei der Übernahme von Mietschulden abgeschafft worden. Es ist nunmehr für Leistungsberechtigte nach dem SGB II insoweit nur noch der Grundsicherungsträger zuständig und der alte Abs. 6 – nach dem RegelbedarfsÄndG vom 24. 3. 2011 – Abs. 9 – gewährleistet, dass er Kenntnis von Räumungsklagen erhält. Durch das **Gesetz zur Fortentwicklung der Grundsicherung für Arbeitsuchende** vom 20. 7. 2006 (BGBl. I, 1706) ist die Regelung über die Höhe der zu übernehmenden KdU im Falle des nicht erforderlichen Umzugs eingefügt (§ 22 Abs. 1 S. 2) sowie eine Regelung zum Umgang mit Guthaben und Rückzahlungen (Abs. 1 S. 4) geschaffen worden – letztere durch Art. 12 Nr. 31 RegelbedarfsÄndG vom 24. 3. 2011 zu eigenem Abs. 3 geworden (BGBl I, 453). Neben der Veränderung der Zuständigkeitsbestimmungen nach § 22 Abs. 2 S. 1 und 2 sowie Abs. 3 ist durch das FortentwicklungsG auch Bestimmung des Abs. 2 a nochmals verschärft worden. Nunmehr sollen keine Leistungen nach § 22 erbracht werden, wenn der unter 25-jährige umzieht, um die Leistungsgewährung herbeizuführen – unverändert durch RegelbedarfsÄndG. Der Zuschusses zu den KdU, der durch das Fortentwicklungsgesetz als Abs. 7 angefügt worden ist, findet sich nun in § 27 Abs. 3 systematisch zutreffend bei den Leistungen für Auszubildende (s. dort S. Knickrehm § 27 Rn. 5 und § 7 Rn. 42). Mit dem **Gesetz zur Neuausrichtung arbeitsmarktpolitischer Instrumente** vom 21. 12. 2008 (BGBl. I, 2917, 2929) ist in Abs. 1 S. 2 Hs. 2 das Wort „angemessen" eingefügt worden. Nach der Gesetzesbegründung handelt es sich insoweit um eine „Präzisierung" auf Anregung der Praxis (BT-Drs. 16/10.810, Nr. 9 zu Art. 2 § 22). Mit dem **RegelbedarfsÄndG** vom 24. 3. 2011 (BGBl I, 453) ist neben den oben bereits benannten Änderungen eine eigene Regelung für die umstrittenen Aufwendungen für Instandhaltung und Reparatur bei selbst bewohntem Wohnungseigentum durch Abs. 2 eingefügt worden. Zudem ist die Möglichkeit der direkten Zahlung der Unterkunfts- und Energiekosten an den Vermieter oder anderen Empfangsberechtigten auf Antrag des Leistungsberechtigten sowie für den Fall der Veranlassung durch den Träger durch Fallbeispiele konkretisiert und die Verpflichtung des Trägers zur schriftlichen Information des Leistungsberechtigten hierüber ergänzt worden (Abs. 7 S. 3). Die Kostensenkungsobliegenheit nach Abs. 1 S. 3 ist auf die Heizkosten, entsprechend der Rechtsprechung des BSG, ausgedehnt worden. Zudem hat die in der Literatur geforderte Wirtschaftlichkeitsbetrachtung der Kostensenkungsmaßnahme als Abs. 1 S. 4 in das Gesetz Eingang gefunden. Insgesamt **Neuordnung** des § 22 durch RegelbedarfsÄndG. Die Vorschrift über Erbringung der Leistungen für Unterkunft und Heizung in tatsächlicher Höhe, soweit angemessen, wird zudem nunmehr durch die sog. „Satzungslösung" in den §§ 22 a bis c ergänzt. Außerdem Vorschrift an § 19 angepasst. Leistungen für Unterkunft und Heizung sind nunmehr Bestandteil des Alg II. Hieraus folgt, dass es sich insoweit prozessual nicht mehr um einen abtrennbaren Streitgegenstand handelt (anders als bisher aufbauend auf BSG 7. 11. 2006 – B 7 b AS 8/06 R). Folge zudem, dass Aufwendungen für Unterkunft und Heizung als Bedarf in die Bestimmung der Höhe des Alg II einfließen. Daher auch geänderte Formulierung „Bedarfe.... werden in Höhe....anerkannt" (BT-Drs. 17/3404, S. 98). Nach Begründung zum Gesetzentwurf folgt hieraus jedoch keine veränderte Prüfung der Höhe der Unterkunftskosten. Weiterhin, seien zunächst die Aufwendungen zu ermitteln und sie alsdann auf ihre Angemessenheit hin zu prüfen. Seien sie angemessen, würden sie in der Folge als Bedarf für Unterkunft und Heizung berücksichtigt. Bei abstrakt unangemessenen Kosten erfolge wie bisher eine Einzelfallprüfung (Abs. 1 S. 3). Geänderte Fassung des § 22 nach Art. 14 Abs. 1 iVm Abs. 3 RegelbedarfsÄndG vom 24. 3. 2011 (BGBl I, 453, 496) zum 1. 1. 2011 in Kraft getreten (Bei den Unterkunftsbedarfen Inkrafttreten zum 1. 4. 2011 nach Art. 14 Abs. 3 RegelbedarfsÄndG nur §§ 22 a–22 c betreffend).

II. Norminhalt

§ 22 bestimmt, unter welchen **Bedingungen** und in welcher **Höhe** der Grundsicherungsträger die **Bedarfe für Unterkunft und Heizung** anzuerkennen bzw. wann der Leistungsberechtigte Anspruch auf die Übernahme seiner Aufwendungen nur in abgesenktem Umfang hat. Grundsätzlich werden nur die angemessenen Bedarfe (iE Rn. 10–20) anerkannt, diese allerdings anders als die pauschalierte Regelleistung nach §§ 20, 21 in tatsächlicher Höhe. Der unbestimmte Rechtsbegriff der „Angemessenheit" kann nunmehr auf Grundlage einer Satzung nach den §§ 22 a–c näher bestimmt werden, wovon bisher allerdings noch kein Bundesland und kein kommunaler Träger Gebrauch gemacht haben. Die Begrenzung des Bedarfs für Unterkunft und Heizung erfolgt in § 22 zudem für den Fall der Kostensteigerung bei einem nicht erforderlichen Umzug (s. Rn. 25–27), auch bei jungen Menschen unter 25 Jahren (vgl. Rn. 34–40) und der Kostensenkungsobliegenheit bei unangemessenen tatsächlichen Aufwendungen (iE Rn. 21–24). Bedarfe iSd. § 22 sind der kalte Mietzins für eine Wohnung, die Nebenkosten und Heizkosten. Nicht von § 22 umfasst sind die Kosten für Haushaltsenergie – nunmehr allerdings Warmwasserbereitung (s. Rn. 6). Letzteres folgt aus dem Umkehrschluss der Neuformulierung des § 20 Abs. 1: „Der Regelbedarf zur Sicherung des Lebensunterhalts umfasst ... Haushaltsenergie ohne die auf die Heizung und die Erzeugung von Warmwasser entfallenden Anteile ..." sowie der Aufnahme als Leistung für Mehrbedarf in § 21 Abs. 7 als Ergebnis des abschließenden Vermittlungsverfahrens zum RegelbedarfsÄndG. Bei Haus- oder Wohnungseigentümern können die Darlehenszinsen und unter bestimmten Umständen auch Tilgungsraten bis zur Höhe der vergleichbaren angemessenen Miete übernommen werden (s. iE unter Rn. 18, 19, 20). Nunmehr auch Instandhaltungs- und Reparaturmaßnahmen bei der selbst bewohnten Immobilie (Rn. 19a). Ebenfalls zu den KdU gehören Wohnungsbeschaffungs- und Umzugskosten sowie die Mietkaution (s. Rn. 41–45). Da Wohnen zu den existenziellen Grundbedürfnissen, die der Staat aus Art. 1 Abs. 1 iVm Art. 20 Abs. 1 GG zu gewährleisten hat (vgl. S. Knickrehm in Sozialrecht aktuell 2011, Heft 4; dieselbe, SozSich 2010, 190; Jens Löcher, TuP 2010, Heft 5, 330) gehört und Wohnungslosigkeit für den Fall des Eintritts von Hilfebedürftigkeit vermieden werden soll, ist in § 22 ebenfalls die Möglichkeit der direkten Zahlung der KdU an den Vermieter oder sonstigen Empfangsberechtigten (vgl. Rn. 46f), die Schuldenübernahme (s. Rn. 48ff) und die Information des Grundsicherungsträgers über eine anhängige Räumungsklage (iE Rn. 53f) geregelt. Bei den Aufwendungen für Unterkunft und Heizung handelt es sich um kommunale Leistungen (§ 6 Abs. 1 Nr. 2 Nr. 2), an denen sich der Bund nach Maßgabe des § 46 Abs. 5 bis 8 beteiligt. Die Entscheidung über die KdU ist nach § 19 in der Fassung des RegelbedarfsÄndG vom 24. 3. 2011 (BGBl I, 453) nunmehr keine rechtlich von der über die Regelleistung unabhängige mehr, die im Rahmen des Gesamtbescheides selbstständig angefochten oder als Streitgegenstand abgetrennt werden kann, sondern Bestandteil des Alg II (vgl. zum abtrennbaren Streitgegenstand nach dem bis zum 31. 12. 2010 geltenden Recht BSG 6. 11. 2006 – B 7 b AS 8/06 R, seit dem st. Rspr.).

III. Normzweck

Mit der Deckung der Bedarfe nach § 22 soll das **existenzielle Bedürfnis „Wohnen"** iS des Art. 1 Abs. 1 iVm Art. 20 Abs. 1 GG (s. BVerfG 9. 2. 2010 – 1 BvL 1/09, 3/09, 4/09) gewährleistet (vgl. S. Knickrehm in Sozialrecht aktuell 2011, Heft 4; dieselbe, SozSich 2010, 190; Jens Löcher, TuP 2010, Heft 5, 330) und vermieden werden, dass Eintritt von Hilfebedürftigkeit das „Verlassenmüssen" des räumlichen Lebensmittelpunktes nach sich zieht – soweit die Kosten zur Erhaltung dessen angemessen sind. § 22 setzt den Verfassungsauftrag um (vgl. BSG 23. 11. 2006 – B 11b AS 1/06 R; s. auch Lang/Link in Eicher/Spellbrink § 22 Rn. 5). Der das Grundsicherungssystem finanzierende Steuerzahler soll einerseits nicht verpflichtet sein den für einen Fürsorgeleistungsempfänger als zu „luxuriös" bewerteten Standard zu gewährleisten. Andererseits sollen der Leistungsberechtigte und die mit ihm in einer Bedarfsgemeinschaft lebenden Menschen in der Regel nicht gezwungen sein ihr soziales Umfeld zu verlassen (s. BSG 7. 11. 2006 – B 7b AS 10/06 R; 18. 6. 2007 – B 14/7b AS 44/06 R). KdU sind Bestandteil der Leistungen zur Sicherung des Lebensunterhalts nach § 19 Abs. 1 S. 3 (Alg II oder Sozialgeld), nicht jedoch der Regelleistung nach § 20; Bei wiederholter Erfüllung eines Sanktionstatbestandes sind nach § 31a auch die Leistungen für KdU zu mindern; ggf. ist der Mietzins bei ansonsten drohender Wohnungslosigkeit als Sachleistung direkt an den Vermieter oder sonstigen Empfangsberechtigten zu zahlen (vgl. iE Rixen in Eicher/Spellbrink, § 31 Rn. 45ff, insb. 45c, 49; zur Lücke in § 31 Abs. 3: Berlit in LPK-SGB II, § 31 Rn. 109; s. auch Piepenstock in Juris-PK-SGB II, § 22 Rn. 17).

B. Kommentierung im Einzelnen

I. Angemessener Bedarf für Unterkunft und Heizung (Abs. 1 S. 1)

1. Unterkunft. Unterkunft iSd. § 22 ist **privater Wohnraum** – erforderlich: vor Witterung schützend und ein Mindestmaß an Privatheit sicher stellend (s. Berlit in LPK-SGB II, § 22 Rn. 12;

Lang/Link in Eicher/Spellbrink § 22 Rn. 15) –, keine Geschäftsräume (betreff. Künstleratelier: BSG 23. 11. 2006 – B 11 b AS 3/05 R; 6. 4. 2011 – B 4 AS 119/10 R zum Arbeitszimmer). Auch nur Übernahme der Aufwendungen für eine Wohnung. Anderes gilt jedoch, wenn die Unterkunft derart klein und beengt ist, dass die auch für ein Leben und Wohnen in bescheidenen Verhältnissen erforderlichen Möbel und persönlichen Gegenstände darin nicht vollständig untergebracht werden können. Dann umfasst der Anspruch auf Grundsicherungsleistungen auch angemessene Kosten für die vorübergehende Unterbringung oder Einlagerung der persönlichen Habe (BSG 16. 12. 2008 – B 4 AS 1/08 R). Für zusätzliche Räume neben einer ausreichend großen Unterkunft kommt die Übernahme der KdU nur in Betracht, wenn die Wohnung wie bei einer Garage nicht ohne diese zu mieten ist. Auch dann dürfen die Aufwendungen einschließlich der Garagenmiete jedoch die Angemessenheitsgrenze nicht überschreiten (BSG 7. 11. 2006 – B 7 b AS 10/06 R).

5   **2. Heizung. a) Heizenergie.** Kosten für Heizung nach § 22 umfassen die Kosten für alle Formen der Heizenergie, unabhängig davon, ob sie als einmalige oder laufende Lieferung erfolgt (vgl. BSG 16. 5. 2007 – B 7 b AS 40/06 R; 17. 6. 2010 – B 14 AS 79/09 R – Propangas für Wohnmobil). Allerdings nur Aufwendungen, die erforderlich sind, um Wohnraum zu erwärmen. Keine Differenzierung zwischen Mietern und Eigentümern (BSG 19. 9. 2008 – B 14 AS 54/07 R; 2. 7. 2009 – B 14 AS 32/07 R).

6   **b) Haushaltsenergie und Warmwasser.** Haushaltsenergie soweit sie nicht zum Heizen der Wohnung benötigt wird ist nicht Bestandteil des vom Grundsicherungsträger anzuerkennenden Bedarfs nach § 22 Abs. 1. Sie ist normativ und tatsächlich von der **Regelleistung** nach § 20 Abs. 1 umfasst. Bis zum 31. 12. 2010 (Änderung durch Art. 2 Nr. 31 iVm Art. 14 Abs. 1 RegelbedarfsÄndG vom 24. 3. 2011 zum 1. 1. 2011, BGBl I, 453 – § 20 Abs. 1 S. 1 und § 21 Abs. 7) gehörten auch die Aufwendungen für Warmwasserbereitung zu den nicht zu übernehmenden Kosten im Rahmen des § 22 SGB II, weil Teil des Regelbedarfs in Gestalt der Haushaltsenergie. Konnten die Kosten der Warmwasserbereitung nicht konkret nachgewiesen werden, weil kein gesonderter Zähler hierfür vorhanden war, sondern wurden sie mit der Heizkostenabrechnung gemeinsam vom Vermieter geltend gemacht, so war von den vom kommunalen Träger zu übernehmenden Aufwendungen für Heizung nur der Anteil der Kosten für Warmwasserbereitung in Abzug zu bringen, der durch die Regelleistung gedeckt wurde (Für Nachweis genügt nicht Umlegung auf den qm ohne Vorrichtung zur Messung des konkreten Bedarfs – BSG 6. 4. 2011 – B 4 AS 16/10 R). Unter Berücksichtigung der Regelleistung für Alleinstehende nach § 20 Abs. 2 idF vom 1. 1. 2005 in Höhe von 345,– Euro ergab dieses einen Abzugsbetrag von 6,22 Euro von den konkret angefallenen Heizkosten. Alle weiteren Beträge (nach Erhöhung der Regelleistung oder für größere Bg) berechneten sich auf dieser Grundlage – vgl. hierzu iE BSG 27. 2. 2008 – B 14/11 b AS 15/07 R; unveränderte Berechnung auch für spätere Zeiträume, da EVS 2003 die Höhe der Regelleistung nicht verändert hat s. 22. 9. 2009 – B 4 AS 8/09 R). Wies ein Leistungsberechtigter nach, dass seine Kosten für Warmwasserbereitung oder die der Bg niedriger waren oder war ein konkreter höherer Kostenanteil festzustellen als der in der Regelleistung vorgesehene Betrag, so waren die nachgewiesenen Kosten von den Heizkosten in Abzug zu bringen. Da pauschalierte Höhe der Kosten der Warmwasserbereitung sehr umstritten war, werden nunmehr Warmwasserbereitungskosten als der Teil des Bedarfs für Unterkunft nach § 22 Abs. 1 anerkannt. Nach § 20 Abs. 1 S. 1 werden vom Regelbedarf erfasst: Haushaltsenergie ohne die auf die Heizung und Erzeugung von Warmwasser entfallenden Anteile. Für den Fall, dass Warmwasser durch in der Unterkunft installierte Vorrichtungen erzeugt wird (dezentrale Warmwasserversorgung) und deshalb keine Bedarfe für zentral bereitgestelltes Warmwasser nach § 22 anerkannt werden, wird nunmehr eine Mehrbedarfsleistung nach § 21 Abs. 7 erbracht (eingefügt in das RegelbedarfsÄndG vom 24. 3. 2011 zum 1. 1. 2011 [Art. 14 Abs. 1 RegelbedarfsÄndG, BGBl I, 453, 496] während des Vermittlungsverfahrens auf Grund der Beschlussempfehlung des Vermittlungsausschusses vom 9. 2. 2011, BT-Drs. 17/4719, S. 4).

7   **3. Tatsächliche Aufwendungen. a) Grundsatz.** Der Bedarf nach § 22 bemisst sich nach den tatsächlichen Aufwendungen für Unterkunft und Heizung – im Gegensatz zur **Pauschale** der Regelleistung nach §§ 20, 21 (mit Ausnahme von § 21 Abs. 5 und 6). Jedoch nur Tragung von Aufwendungen für aktuellen Bedarf – kein Anspruch auf Anerkennung von Bedarfen, die vor der Leistungsbewilligung angefallen sind (BSG 16. 5. 2007 – B 7 b As 40/06 R; 7. 1. 2006 – B 7 b AS 8/06 R). Grenze des vom Grundsicherungsträger anzuerkennenden tatsächlichen Bedarfs: **Angemessenheit.** Hat der Leistungsberechtigte geringere Aufwendungen, als die die in seiner konkreten Situation angemessen wären, so sind vom Grundsicherungsträger auch nur die niedrigeren Aufwendungen zu übernehmen (Unterschied zur Pauschale). Bei höheren Aufwendungen: Soweit zumutbar oder möglich Kosten zu senken hat das – zu den Bedingungen s. Abs. 1 S. 3 – Obliegenheit zur **Kostensenkung** zur Folge (s. Rn. 21–24). Auch nur Anerkennung des angemessenen und zudem bisherigen Bedarfs, wenn Umzug und dadurch verursachte höhere Kosten nicht erforderlich waren und bei Umzug innerhalb des Vergleichsraums (Abs. 1 S. 2 – s. Rn. 25–28). Tatsächliche Aufwendungen für Unterkunft umfassen **Kaltmiete, Nebenkosten** (s. § 2 Betriebskostenverordnung; s. zu den kalten Betriebskosten BSG 19. 10. 2010 – B 14 AS 65/09 R: In den angemessenen Quadratmeterpreis sind iS

der Produkttheorie neben der Nettokaltmiete auch die sog kalten Betriebskosten iS des § 556 BGB einzubeziehen. Dabei erscheint es zulässig, zur Erstellung eines Konzeptes bezüglich der „Angemessenheit" auf bereits vorliegende Daten aus örtlichen Betriebskostenübersichten und insoweit auf die sich daraus ergebenden Durchschnittswerte zurückzugreifen. Nur wenn sich konkret Anhaltspunkte dafür ergeben, dass vom Deutschen Mieterbund für das gesamte Bundesgebiet aufgestellte Übersichten gerade das örtliche Niveau besser abbilden, kann auf diese zurückgegriffen werden.) und solche für **Heizung.** Auch Kosten der **Einzugsrenovierung** sind KdU, soweit sie erforderlich und angemessen sind (BSG 16. 12. 2008 – B 4 AS 49/07 R). Für **Kabelfernsehanschluss und -nutzung** gilt: Ist Wohnraum nur mit zusätzlich zu zahlendem Kabelfernsehanschluss zu mieten und hält sich die Miete gleichwohl im Rahmen der Angemessenheit, sind auch Aufwendungen hierfür zu übernehmen (vgl. z. Garage, BSG 7. 11. 2006 – B 7b AS 10/06 R; s. auch S. Knickrehm/Voelzke/Spellbrink, Leitfaden Kosten der Unterkunft, 2009, S. 33; s. auch BVerwG 28. 11. 2001–5 C 9/01, BVerwGE 115, 256; Kahlhorn in Hauck/Noftz, SGB II, § 22 Rn. 13; Lang/Link in Eicher/Spellbrink § 22 Rn. 23; BSG 19. 2. 2009 – B 4 AS 48/08 R: Angemessener Bedarf, wenn kraft Mietvertrags zu tragen und es sich um angemessene Aufwendungen handelt, nicht jedoch, wenn das Fernsehen bereits anderweitig technisch gewährleistet ist). Bei **Unterkünften für Nichtsesshafte** richtet sich Bedarf für Unterkunft nach der zu zahlenden Nutzungsentschädigung (s. BSG 16. 12. 2008 – B 4 AS 1/08 R); ebenso könnte es sich beim betreuten Wohnen im Hinblick auf die sogenannten nicht disponiblen „Hotelkosten" verhalten. Problem: Kosten zur Sicherung angemessener Unterkunft während **freiheitsentziehender Maßnahme** oder Aufenthalts in einer **Einrichtung,** denn in beiden Fällen gemäß § 7 Abs. 4 S. 1 und 2 keine Leistungsberechtigung nach dem SGB II, es sei denn prognostisch kürzer als sechs monatiger Aufenthalt in einem Krankenhaus iSv. § 107 SGB V oder gleichwohl Erwerbstätigkeit unter den üblichen Bedingungen des Arbeitsmarktes für mind. 15 Std. wöchentlich (§ 7 Abs. 4 S. 3 Nr. 1 und 2).

b) Satzung nach §§ 22 a–c. Nachdem immer wieder Kritik an der dogmatischen Konstruktion des BSG im Hinblick auf die Ausfüllung des unbestimmten Rechtsbegriffs der „Angemessenheit" in Abs. 1 S. 1 durch Verfahrensvorgaben an den Grundsicherungsträger – Stichwort: „schlüssiges Konzept" (s. nur Berlit, Archiv für Wissenschaft und Praxis der sozialen Arbeit, 2010, 84 ff; Butzer, NZS 2009, 65 ff; Groth, SozSich 2009, 393; Keller, NDV 2009, 1 ff – zur Rechtfertigung dieses Vorgehens unter Bezug auf die Entscheidung des BVerfG vom 9. 2. 2010 – 1 BvL 1/09, 3/09, 4/09, s. S. Knickrehm, Sozialrecht aktuell 2011, Heft 4; dies. SozSich 2010, 167) laut geworden war, setzte sich die Vorstellung durch, diese Verfahrensvorgaben könnten dogmatisch „sauberer" durch die Kommunen in Satzungen bestimmt werden. Aus diesem Grunde ist den Bundesländern durch das RegelbedarfsÄndG mit Wirkung 1. 4. 2011 (Art. 14 Abs. 3 RegelbedarfsÄndG, BGBl I, 453, 496) die Möglichkeit eröffnet worden, die Kreise und kreisfreien Städte zu ermächtigen oder verpflichten durch Satzung zu bestimmen, in welcher Höhe Aufwendungen für Unterkunft und Heizung in ihrem Gebiet angemessen sind (§ 22 a). Die Bestimmung des Inhalts der Satzung und die Grundbedingungen der Datenerhebung, – auswertung und -überprüfung sind in §§ 22 b und c geregelt. Dieses Vorgehen war erforderlich, denn der Bundesgesetzgeber delegiert hier Normsetzung an die Träger funktionaler Selbstverwaltung. Wenn er von dieser Möglichkeit Gebrauch macht, muss er wesentliche Regelungsgegenstände selbst festlegen, gerade wenn wie hier ggf grundrechtsbeschränkende Regelungen (Anerkennung nur der angemessenen Bedarfe, die nicht mit den tatsächlichen übereinstimmen müssen) durch die Kreise und kreisfreien Städte geschaffen werden können. Im Hinblick darauf, dass „Wohnen" Teil des existenzsichernden Bedarfs ist, der nach Art. 1 As. 1 iVm Art. 20 Abs. 1 GG vom Staat zu gewährleisten ist, müssen die Setzungen der Satzung dem Transparenz- und Realitätsgebot des BVerfG genügen. Trotz aller demokratischer Legitimation der Festlegungen in einer Satzung ist der Satzungsgeber nicht frei davon die verfassungsrechtlichen Vorgaben zu beachten (vgl. hierzu ausführliche S. Knickrehm, Sozialrecht aktuell 2011, Heft 4). Mit dieser Lösung hat der Gesetzgeber zugleich die Vorstellung aufgegeben, die Angemessenheitsgrenze durch bundesrechtliche Vorgaben selbst bestimmen zu können. Die Regelung des vormaligen § 27 Nr. 1 findet sich in dem neuen § 13 (Ermächtigungsgrundlage für eine Verordnung) nicht mehr. Mit § 27 Nr. 1 wurde das BMAS ermächtigt durch Rechtsverordnung zu bestimmen, welche Aufwendungen für Unterkunft und Heizung angemessen seien und unter welchen Voraussetzungen die Kosten für Unterkunft und Heizung pauschaliert werden können. Der Verordnungsgeber hatte wegen der regionalen Determiniertheit der Unterkunftsbedarfe hiervon jedoch keinen Gebrauch gemacht.

c) Kopfteilung. Lebt der Hilfebedürftige alleine, so sind seine Bedarfe für angemessene tatsächliche Aufwendungen für Unterkunft und Heizung anzuerkennen. Leben mehrere Personen zusammen, so gilt es die Konstellationen von Bg oder Haushaltsgemeinschaft und Wohngemeinschaft zu unterscheiden. In Bg oder Haushaltsgemeinschaft sind die Bedarfe des Einzelnen **anteilig pro Kopf** zu ermitteln, auch wenn kleine oder volljährige Kinder oder nicht nach dem SGB II Leistungsberechtigte im Haushalt leben (BSG 31. 10. 2007 – B 14/11b AS 7/07 R; 23. 11. 2006 – B 11b AS 1/06 R). In einer reinen **Wohngemeinschaft** hingegen ist jeder Hilfebedürftige wie ein alleinstehender, auch hinsichtlich der KdU zu bewerten. D. h. er hat Anspruch auf die Übernahme der KdU, die nach Anwendung der Produkttheorie (iE Rn. 15) als für diesen angemessen anzusehen sind (s. BSG 18. 6. 2008 – B 14/11 b AS 61/06 R), begrenzt durch die tatsächliche Höhe der Unterkunftskosten in der konkreten Konstellation.

10 **4. Angemessenheit der Unterkunftskosten. a) Abstrakte Angemessenheit.** Bei dem Begriff der „Angemessenheit" handelt es sich um einen unbestimmten Rechtsbegriff, der der vollen gerichtlichen Überprüfbarkeit unterliegt (s. nur BSG 7. 11. 2006 – B 7 b AS 8/06 R). Es ist zu dessen Ausfüllung ein **konkret-individueller Maßstab** anzulegen und ein Abstellen auf die Tabellenwerte des § 8 WoGG abzulehnen (BSG 7. 11. 2006 – B 7 b S. 18/06 R; 22. 9. 2009 – B 4 AS 18/09 R); 17. 12. 2009 – B 4 AS 19/09 R). Bei der Angemessenheitsprüfung ist zunächst die abstrakte Angemessenheit zu bestimmen, dh. die abstrakt angemessene Wohnungsgröße und der abstrakt angemessene Wohnungsstandard festzulegen. Alsdann ist der maßgebliche Wohnungsmarkt zu bestimmen, also auf welche konkreten räumlichen Gegebenheiten als Vergleichsmaßstab abzustellen ist (Vergleichsraum). Danach ist die Referenzmiete (Vergleichsmiete) zu ermitteln. Es ist zu ermitteln, welche Aufwendungen erforderlich sind, auf dem für den Hilfebedürftigen maßgeblichen Wohnungsmarkt, nach der **Produkttheorie** (s. iE Rn. 16).

11 **b) konkrete Angemessenheit.** Ist die abstrakte Angemessenheit bestimmt, gilt es festzustellen, ob für den erwerbsfähigen Hilfebedürftigen im konkreten Einzelfall eine bedarfsgerechte und kostengünstige Wohnung tatsächlich verfügbar und zugänglich ist. Diese Prüfung ist allerdings nur dann von rechtlicher Relevanz, wenn die tatsächlichen Aufwendungen des Leistungsberechtigten die Angemessenheitsgrenze überschreiten, also im Rahmen der Kostensenkungsobliegenheit nach Abs. 1 S. 3. Alsdann kann aus subjektiven oder objektiven Gründen die „Angemessenheitsgrenze" überschritten werden (iE s. Rn. 21 ff).

12 **c) Maßstab.** Maßstab der konkreten Angemessenheit sind Wohnungsgröße und -standard, Wohnumfeld und die Referenzgruppe.

13 **aa) Wohnungsgröße und -standard.** Nach der Rechtsprechung des BSG bestimmt sich die angemessene Wohnungsgröße nach **§ 10 WoFG** und den von den Ländern im geförderten Wohnungsbau festgelegten Grenzen, bis zu denen eine Förderung in Betracht kommt, wobei die Größe der zu fördernden Wohnung entsprechend ihrer Zweckbestimmung angemessen sein muss (BSG 7. 11. 2006 – 7 b AS 18/06 R; 22. 9. 2009 – B 4 AS 70/08 R). Dabei gilt nach der Rspr. des BSG: Der Rückgriff auf die Werte der landesrechtlichen Wohnraumförderungsbestimmungen (§ 10 WoFG) erfolgt aus Praktikabilitätsgründen. Anzuwenden sind die bezogen auf den Bewilligungszeitraum aktuell im Land festgesetzten Werte. Eine Heranziehung anderer Verwaltungsregelungen wird vom BSG nur dann als vertretbar angesehen, wenn aktuelle Verwaltungsvorschriften zu § 10 WoFG nicht existieren (22. 9. 2009 – B 4 AS 70/08 R). Überschreitete die konkret angemietete Wohnung diesen Maßstab, so ist sie nicht zwingend unangemessen, denn der Preis und damit die zu tragenden Aufwendungen, bestimmen sich auch nach dem Wohnungsstandard (s. Berlit, NDV 2006, S. 5 – Lage, Infrastruktur, Wohnumfeld, Verkehrsanbindung, Umweltbelastung, Bausubstanz, Ausstattung, Zuschnitt der Wohnung, Belichtung, Belüftung, Balkon, Bad, sanitäre Einrichtungen, Heizung usw.). Der Wohnungsstandard darf nur **einfachen und grundlegenden Bedürfnissen** entsprechen (BSG 7. 11. 2006 – B 7 b As 10/06 R – Wohnung mit bescheidenem Zuschnitt im unteren Wohnsegment).

14 **bb) Vergleichsraum und soziales Umfeld.** Wohnungsgröße und -standard bestimmen sich nach dem **räumlichen Vergleichsmaßstab.** Es ist dem Recht des Leistungsberechtigten auf Verbleib im bisherigen sozialen Umfeld Rechnung zu tragen; ihm ist die freie Wohnortwohl zuzubilligen (BSG 7. 11. 2006 – B 7 b AS 18/06 R; 18. 6. 2008 – B 14/7 b AS 44/06 R). Es ist mithin als räumlicher Vergleichsmaßstab vom Wohnort des Hilfebedürftigen auszugehen. Der räumliche Vergleichsmaßstab bestimmt sich dabei nicht nach den kommunalen Grenzen, sondern kann je nach bisheriger Wohnung – im ländlichen oder städtischen Raum – im Hinblick auf das Recht im sozialen Umfeld zu verbleiben, unterschiedlich groß bestimmt sein. Dabei bezieht sich das soziale Umfeld nicht auf das konkrete Umfeld (die konkrete Wohngegend), sondern die Gemeinde oder Stadt, den Vergleichsraum, in dem die abstrakt angemessene Vergleichsmiete zu bestimmen ist (BSG angedeutet: München gesamtes Stadtegebiet, um einer Ghettoisierung vorzubeugen 19. 2. 2009 – B 4 AS 30/08 R – nunmehr nach Satzungslösung möglicherweise kleiner, wenn den Kommunen nach § 22 b Abs. 1 S. 4 die Möglichkeit eingeräumt wird ihr Gebiet in mehrere Vergleichsräume zu unterteilen. S. S. Knickrehm § 22 a–c Rn. 8). Erst im Rahmen der konkreten Angemessenheit (Kostensenkungsobliegenheit, wenn die konkreten tatsächlichen Aufwendungen die abstrakt angemessene Vergleichsmiete überschreiten – Abs. 1 S. 3) ist dann zu prüfen, ob wegen besonderer persönlicher Umstände (subjektive Unzumutbarkeit der Kostensenkung durch Umzug) – zB Pflegebedürftige Angehörige oder Kinder mit Handicaps, ein Verbleib in einem engeren Umfeld – dem sozialem Umfeld – angezeigt ist (grundlegend BSG 19. 2. 2009 – B 4 AS 30/08 R – obiter dictum).

15 **cc) Referenzgruppe.** Referenzgruppe ist die **untere Einkommensschicht** und deren wohnraumbezogene Lebensgewohnheiten (unteres Quintil – s BVerfG 1 BvL 1/09, 3/09, 4/09; s. auch S. Knickrehm, Sozialrecht aktuell 2011, Heft 4). Maßstab für die Leistungen der KdU sind mithin

nicht die bloß unentbehrlichen Unterkunftskosten, sondern das sozio-kulturelle Existenzminimum bezogen auf das „Wohnen", also der der unteren Einkommensschicht angemessene Wohnstandard (zum Standard s. auch BSG 17. 12. 2009 – B 4 As 27/09 R).

dd) **Produkttheorie**. Maßstab der angemessenen Unterkunftskosten im konkreten Einzelfall ist ein **16** Produkt aus einer von der Zahl der Personen abhängigen, abstrakt ermittelten Quadratmeterzahl und einem nach den örtlichen Verhältnissen zu ermittelnden Quadratmeterpreis. Es ist zu ermitteln, welcher Preis für eine abstrakt als angemessen zu bewertende Wohnung auf dem für den Hilfebedürftigen räumlichen Vergleichswohnungsmarkt zu zahlen ist. Dabei ist auf die konkreten örtlichen Gegebenheiten auf dem örtlich in Betracht zu ziehenden Wohnungsmarkt abzustellen und der aktuelle Wohnungsbestand, bestehend aus vermieteten und vermietbaren Wohnungen einzubeziehen (nunmehr auch § 22c Abs. 1 S. 3). Der Grundsicherungsträger kann zur Ermittlung dessen insb. örtliche Mietspiegel (§ 558c, d BGB), Mietdatenbanken (§ 558e BGB; BSG 18. 6. 2008 – B 14/7b AS 44/06 R; 17. 12. 2009 – B 4 As 27/09 R; 19. 10. 2010 – B 14 AS 50/10 R, B 14 AS 65/09 R), Wohnungsmarktanzeigen aus den Medien, Auskünften von Maklern, Wohnungsbaugenossenschaften, Mieterverein, Haus- und Grundstückseigentümerverband heranziehen (s. nun auch § 22c Abs. 1 im Rahmen der Satzung – sie sollen einzeln oder kombiniert berücksichtigt werden; S. Knickrehm § 22a–c, Rn. 14). Die Produkttheorie hat für den Leistungsberechtigten den Vorteil, dass er den Wohnkomfort innerhalb des Rahmens des Produktes selbst bestimmen kann, also beispielsweise eine die Größenbegrenzungen der Wohnraumfördervorschriften der Länder überschreitende Wohnungsgröße mit einem vergleichsweise niedrigeren Standard, deren Mietzins jedoch nicht die angemessene Vergleichsmiete überschreitet.

ee) **Schlüssiges Konzept**. Das BSG füllt den unbestimmten Rechtsbegriff der „Angemessenheit" **17** durch Verfahrensvorgaben aus (s. Rn. 8). Verfahrensvorgaben, die in erster Linie den Grundsicherungsträger betreffen. Er muss die **abstrakte Vergleichsmiete** – die Angemessenheitsgrenze – durch ein schlüssiges Konzept bestimmen. Liegt kein schlüssiges Konzept vor, hat das Gericht im Rahmen der Amtsermittlung die Vorgaben für die Erstellung eines solchen an den Grundsicherungsträger zurück zu geben und soweit zugänglich ggf. selbst vorhandene Daten auszuwerten. Eigene Datenerhebung durch das Gericht ist nicht erforderlich. Das schlüssige Konzept bietet Gewähr dafür, dass die aktuellen Verhältnisse auf dem Wohnungsmarkt widergespiegelt werden (BSG 18. 6. 2008 – B 14/7b AS 44/06 R). Ein **Konzept** liegt vor, wenn der Grundsicherungsträger planmäßig vorgegangen ist, im Sinne der systematischen Ermittlung und Bewertung genereller, wenngleich orts- und zeitbedingter Tatsachen im maßgeblichen Vergleichsraum für sämtliche Anwendungsfälle und nicht nur punktuell im Einzelfall. **Schlüssig** ist das Konzept, wenn es mindestens die folgenden Voraussetzungen der Datenerhebung und der Datenauswertung im Sinne der Folgerichtigkeit erfüllt: a) Die Datenerhebung darf ausschließlich in dem genau eingegrenzten und muss über den gesamten Vergleichsraum erfolgen; b) Es bedarf einer nachvollziehbaren Definition des Gegenstandes der Beobachtung. So muss die Vergleichsbasis der einbezogenen Mieten identisch sein; c) Es müssen Angaben über den Beobachtungszeitraum gemacht werden; d) Es bedarf der Festlegung der Art und Weise der Datenerhebung. Der Grundsicherungsträger kann auf Daten, aber auch Konzepte anderer Einrichtungen zurückgreifen, soweit die oben benannten Anforderungen erfüllt werden; e) Die Repräsentativität des Umfangs der eingezogenen Daten ist zu belegen; f) Es bedarf einer Validität der Datenerhebung. Dazu muss ein breites Spektrum der Mietwohnungen in die Datenerhebung Eingang gefunden haben. Es dürfen nicht ausschließlich die an Grundsicherungsempfänger vermieteten oder von Wohngeldempfängern gemieteten Wohnungen oder zur Vermietung anstehenden Wohnungen in die Auswertung einbezogen werden – Stichwort: unteres Quintil; g) Erforderlich ist ferner die Einhaltung anerkannter mathematisch- statistischer Grundsätze bei der Datenauswertung; h) Schließlich bedarf es Ausführungen und einer hinreichenden Begründung zu den gezogenen Schlüssen (Zusammenfassung aus S. Knickrehm, SozSich 2010, 167, 170). Wenn keine derartigen Erkenntnisse vorhanden sind – auch nicht auf Daten aus Datenbanken oder zB Mietspiegeln zurückgegriffen werden kann, haben die Träger die für die Angemessenheit erforderlichen Daten selbst zu ermitteln und entsprechende Tabellen oder Übersichten zu erstellen. Nur soweit lokale Erkenntnismöglichkeiten ausfallen, kann Rückgriff auf **§ 8 WoGG/§ 12 WoGG** erfolgen (BSG 7. 11. 2006 – B 7b AS 18/06 R; 17. 12. 2009 – B 4 AS 50/09 R), wobei nach der Rechtsprechung des BSG ein „Sicherheitszuschlag" zu den Tabellenwerten (rechte Spalte § 8 WoGG) erforderlich ist (Höhe des Zuschlags von 10%, s. nur LSG Ns 11. 3. 2008 – L7 AS 332/07). Angemessen ist der konkrete Mietzins der Wohnung im Einzelfall, der dem der hypothetisch angemessenen Wohnung, ermittelt nach dem zuvor beschriebenen Produkt entspricht. Übersteigt das Produkt im Einzelfall die angemessenen Mietkosten ist weiter zu prüfen, ob der Hilfebedürftige auf dem örtlichen Vergleichswohnungsmarkt eine abstrakt als angemessen zu bewertende Wohnung konkret anmieten kann (Voraussetzungen des § 22 Abs. 1 S. 3). Ist eine solche Unterkunftsalternative nicht vorhanden (nicht zumutbar oder unmöglich), sind die tatsächlichen Unterkunftskosten zu übernehmen; sie sind allerdings auch dann nicht als angemessene Aufwendungen iSd. § 22 Abs. 1 S. 1 anzusehen (18. 6. 2008 – B 14/7b AS 44/06 R; 17. 12. 2009 – B 4 AS 19/09 R). Auch im Hinblick auf die **kalten Nebenkosten** (§ 556 BGB) ist die Angemessenheit zu bestimmen. Nach Auffassung des 14. Senats des BSG ist es dabei zulässig auf möglichst aktuelle Daten aus regionalen bzw örtlichen Betriebskostenübersichten und die sich daraus ergebenden Durchschnittswerte zurückzugreifen. Nur wenn sich konkrete Anhaltspunkte dafür ergeben, dass die vom Deutschen Mieterbund für das gesamte Bundesgebiet aufgestellten Übersichten (Betriebskostenspiegel) das örtliche Niveau besser abbilden, kann auf diese zurückgegriffen werden. Die Einbeziehung der kalten Nebenkosten und der Heizkosten in die Ermittlung der Vergleichsmiete als Gegenüberstellung der tatsächlichen Aufwendungen (sog. Bruttowarmvergleichsmiete) ist nach der bisherigen Rechtsprechung des BSG nicht zulässig (vgl. hierzu jedoch S. Knickrehm/Voelzke/Spellbrink, Leitfaden – Kosten der Unterkunft, 2009, S. 31 f.). Hintergrund ist allerdings, dass es an zuverlässigen Methoden der Datenerhebung und – auswertung insoweit fehlt. Der Vorteil für den Hilfebedürftigen wäre eine größere persönliche Flexibilität, weil mehr Faktoren in die Bildung des Gesamtprodukts „konkreter Mietzins" gemessen an der abstrakt angemessenen Miete einfließen würden. Die Satzungslösung in § 22 b Abs. 1 S. 3 sieht die Möglichkeit der Bestimmung einer Gesamtangemessenheitsgrenze vor. Es bleibt abzuwarten, ob es den satzungsgebenden Kommunen gelingt, eine mathematisch-statisch korrekte und nachvollziehbare Bestimmung dieser Grenze vorzunehmen. Für eine Pauschalierung der vom Grundsicherungsträger anzuerkennenden Bedarfe für Aufwendungen nach § 22 bietet die Vorschrift nur dann eine Grundlage, wenn die Pauschale so hoch ist, dass sie der durch ein schlüssiges Konzept ermittelten Vergleichsmiete entspricht (BSG 7. 11. 2006 – B 7b AS 10/06 R; 27. 2. 2008 – B 14/7b AS 70/06 R; 18. 6. 2008 – B 14/7b AS 44/06 R). Dieses dürfte den Vorteil, den sich die kommunalen Träger von einer Pauschale versprechen ebenso aufwiegen, wie die Tatsache, dass eine Pauschale auch dann zu zahlen ist, wenn die tatsächlichen Aufwendungen niedriger sind, als die durch die Pauschale anerkannten. § 22a Abs. 2 sieht zwar nunmehr die Möglichkeit einer Pauschalierung durch Satzung vor. Angesichts des „Wirtschaftlichkeitsvorbehalts" in § 22a Abs. 2 S. 1 erscheint die Umsetzung dessen – soll verfassungsrechtlich nicht das zur Existenzsicherung zu gewährleistende Mindestniveau gefährdet werden – jedoch eher fraglich (s. auch S. Knickrehm Sozialrecht aktuell 2011, Heft 4).

18 **5. Haus- und Wohnungseigentümer (Abs. 1 S. 1 und Abs. 2). a) Zu übernehmende Aufwendungen.** Nach § 22 sind auch Aufwendungen von Haus- und Wohnungseigentümern zu übernehmen, soweit es sich um ein als Vermögen geschütztes Objekt iSv. § 12 Abs. 3 S. 1 Nr. 4 handelt. Zu den erforderlichen Aufwendungen zählen: **Schuldzinsen**, sowie zB Beiträge zur Wohngebäudeversicherung, Grundsteuern, Wasser- und Abwassergebühren. Zu übernehmen sind alle notwendigen Ausgaben, die bei der Berechnung der Einkünfte aus Vermietung und Verpachtung abzusetzen sind (vgl. BSG 15. 4. 2008 – B 14/7b AS 34/06 R; BSG 7. 7. 2011 – B 14 AS 51/10 R; s. auch vgl. Krauß in Hauck/Noftz, § 22 Rn. 76; Lang/Link in Eicher/Spellbrink, SGB II, § 22 Rn. 26). § 7 Abs. 2 der Verordnung zu § 82 SGB XII findet insoweit entsprechende Anwendung. Auch Kosten für die Kanalanschlüsse sind bei Eigentümern dem Grunde nach – kopfteilig – berücksichtigungsfähige Kosten der der Leistungsberechtigten für Unterkunft im Sinne des § 22 Abs 1 SGB II (BSG 24. 2. 2011 – B 14 AS 61/10 R).Wie bei Mietwohnungen sind auch bei Wohnungseigentum die angemessenen Heizkosten zu übernehmen. Die Übernahme von **Tilgungsraten** ist umstritten, da sie zur Vermögensbildung dienen (BSG 7. 11. 2006 – B 7b As 8/06 R; 23.11. – B 11b AS 3/06 R; s. nunmehr BSG 7. 7. 2011 – B 14 AS 79/10 R: Berücksichtigung nur in Ausnahmefällen). Das BSG vertritt jedoch die Auffassung, dass dieser Gesichtspunkt zurück zu treten hat, wenn ohne Übernahme der Tilgungsleistungen durch den Grundsicherungsträger der Verlust des selbstgenutzten Wohneigentums droht (18. 6. 2008 – B 14/11b AS 67/06 R). Voraussetzung ist, dass die Kosten in Form von Tilgungsleistungen zur Erhaltung des Wohneigentums unvermeidbar sind. Der Hilfebedürftige muss deshalb vor einer Inanspruchnahme staatlicher Leistungen alles unternehmen, um die Tilgungsverpflichtung während des Bezugs von Grundsicherungsleistungen so niedrig wie möglich zu halten. Zum anderen können Finanzierungskosten einschließlich der Tilgungsleistungen insgesamt vom Grundsicherungsträger nur bis zu der Höhe übernommen werden, die er auch bei einer **angemessenen Mietwohnung** als Kosten der Unterkunft zu tragen hätte (s. Rn. 19).

19 **b) Höhe der Aufwendungen.** Auch bei Eigenheimen oder Eigentumswohnungen sind nur Aufwendungen angemessen, die durch ein Objekt entstehen, dass nach Ausstattung, Lage und Baussubstanz **einfachen und grundlegenden Bedürfnissen** genügt und keinen gehobenen Wohnstandard aufweist (BSG 15. 4. 2007 – B 14/7b AS 34/06 R). Insoweit sind Mieter und Eigentümer gleich zu behandeln. Die Kosten für die Eigentumswohnung oder das Eigenheim sind daher immer nur in Höhe der angemessenen Referenzmiete zu übernehmen (vgl. zuletzt BSG 2. 7. 2009 – B 14 AS 33/08 R). Dieses gilt auch für die Heizkosten (BSG 7. 11. 2006 – B 7b AS 18/06 R; 15. 4. 2008 – B 14/7b AS 34/06 R; iE BSG 2. 7. 2009 – B 14 AS 33/08 R).

19a **c) Instandhaltung und Reparatur.** Bisher ist das BSG davon ausgegangen, dass bei einem Wohneigentümer zwar konkrete Kosten für Instandhaltung und Reparatur als Leistungen nach § 22 SGB II übernommen werden können – ein Anspruch auf eine „**Erhaltungspauschale**" besteht hingegen nicht (BSG 3. 3. 2009 – B 4 AS 38/08 R; 17. 6. 2010 – B 14 AS 79/09 R). Ein Verweis auf die Verordnung zur Durchführung des § 82 SGB XII führt lediglich zu einer „entsprechenden" Anwendung der Verordnung. Zwar sieht § 7 Abs 2 Satz 1 Nr 4 der Verordnung zu § 82 SGB XII vor, dass zu den notwendigen Ausgaben auch der Erhaltungsaufwand gehört. Allerdings handelt es sich hier um eine Bestimmung zur Einkommensberücksichtigung im Sozialhilferecht, die nur dann zur Anwendung kommt, wenn der Leistungsberechtigte Einkünfte aus Vermietung und Verpachtung erzielt. Insoweit liegen bei einer selbst genutzten Immobilie mangels Einkommenserzielung schon die Voraussetzungen für die Anwendung der Pauschale nicht vor. Im Übrigen kann diese sich schon deshalb nicht bedarfserhöhend auswirken, weil § 22 Abs. 1 S. 1 von dem Grundsatz ausgeht, dass nur tatsächliche Aufwendungen berücksichtigungsfähig sind und auch nur die Aufwendungen, die für einen Mieter angemessen wären (s. oben Rn. 18, 19). Mit der Einfügung eines Abs. 2 hat der Gesetzgeber des RegelbedarfsÄndG vom 24. 3. 2011 (BGBl I, 453) diese Rechtsprechung nun nachvollzogen und die Übernahme der Instandhaltungskosten und Reparatur für Wohneigentum iS des § 12 Abs. 3 S. 1 Nr. 4 als Zuschuss ausdrücklich normiert. Die Worte „Instandhaltung" und „Reparatur" drücken bereits aus, dass es sich um Aufwendungen handeln muss, die nicht zur Verbesserung des Wohnstandards ansich eingesetzt werden, sondern am Arbeiten zur Erhaltung des Wohneigentums zu finanzieren. In der Gesetzesbegründung wird das Wort „unerlässlich" verwendet (BT-Drs. 17/3404, S. 98) – Gesetzeswortlaut definiert den Bedarf als unabweisbar. Es sollen allerdings nur solche Aufwendungen als Zuschuss übernommen werden, die im laufenden und den darauf folgenden 11 Kalendermonaten angemessen sind. Insoweit verweist die Gesetzesbegründung auf die von der Rechtsprechung des BSG geforderte Gleichbehandlung von Mietern und Eigentümern bei der Bestimmung der „Angemessenheit", so dass nur die Instandhaltungs- und Reparaturbedarfe anerkannt werden können, die zu keiner Überschreitung der Angemessenheitsgrenze innerhalb von 12 Monaten führen. Das bedeutet jedoch nicht, dass unabweisbare höhere Aufwendungen nicht getätigt werden könnten. Wenn die Aufwendungen hierfür die Angemessenheitsgrenze überschreiten, können sie in Form eines dinglich gesicherten Darlehens übernommen werden (Abs. 2 S. 2).

6. Angemessene Heizkosten. Auch Heizkosten sind in angemessener Höhe vom Grundsicherungsträger als Leistung nach § 22 zu erbringen. Eine **Pauschalierung** bei Einzelenergielieferungen (zB Heizöl, feste Brennstoffe, Kohle oder Briketts) ist nicht zulässig (BSG 16. 5. 2007 – B 7b AS 40/06 R, s. auch Rn. 17). Für Mieter sowie Haus- und Wohnungseigentümer sind die gleichen Maßstäbe anzulegen (Rn. 19). Die Einbeziehung der Heizkosten in die Referenzmiete ist umstritten (s. iE Rn. 16). Bezieht man die Heizkosten in das Produkt ein, so wären Aufwendungen für eine Wohnung etwa dann weiterhin als angemessen anzusehen, die im konkreten Gesamtprodukt (Kaltmiete, Nebenkosten, Heizkosten) die abstrakte Referenzmiete nicht übersteigen, etwa bei sehr niedrigen Kaltmietzins jedoch unverhältnismäßig hohen Heizkosten (s. zur Produkttheorie Rn. 16). BSG hat auf Grundlage der Ausführungen unter Rn. 16 bisher die Auffassung vertreten, dass die Angemessenheitsprüfung im Hinblick auf Unterkunfts- und Heizkosten getrennt zu erfolgen hat (BSG 2. 7. 2009 – B 14 AS 36/08 R). Bemessung der Angemessenheit nach Heizkostenspiegel. Liegen die tatsächlichen Aufwendungen für Heizung innerhalb der Grenzen der rechten Spalte des regionalen oder bundesweiten Heizkostenspiegels, sind sie angemessen, ohne dass es der konkreten Überprüfung im Einzelfall bedürfte. Erst wenn sie über einem aus einem bundesweiten oder kommunalen Heizspiegel zu ermittelnden Grenzbetrag liegen, so sind sie im Regelfall nicht mehr als angemessen zu betrachten. Dann ist die Angemessenheitsgrenze unter Berücksichtigung der angemessenen qm-Zahl (s. Rn. 13) und des benannten Heizspiegels zu berechnen (BSG 2. 7. 2009 – B 14 AS 36/08 R). Gleichwohl Übernahme auch der höheren Heizkosten möglich, wenn Kostensenkung iS des § 22 Abs. 1. S. 3 unzumutbar (zB gesundheitliche Gründe) oder unmöglich (bauliche Gegebenheiten). Kostensenkungsobliegenheit bezieht sich auch auf Heizkosten – insoweit Klarstellung durch Neuformulierung des S. 3 in Abs. 1 durch das RegelbedarfsÄndG vom 24. 3. 2011 (BGBl I, 453). Heizkosten kein eigener Streitgegenstand – Leistungen für Unterkunft und Heizung nunmehr nicht abtrennbarer Bedarf im Rahmen des Alg II/Sozialgeldes. **20**

II. Unangemessene Bedarfe und Kostensenkung (Abs. 1 S. 3)

1. Nicht angemessene Aufwendungen für Unterkunft. Übersteigen die Aufwendungen für die Unterkunft die als angemessen bestimmten Kosten **(Referenz- oder Vergleichsmiete)** (s. zur Angemessenheit: Rn. 10–20) besteht grundsätzlich des Hilfebedürftigen die **Obliegenheit die Kosten zu senken** (BSG 27. 2. 2008 – B 14/7b AS 70/06 R; vgl. auch S. Knickrehm/Voelzke/Spellbrink, Leitfaden – Kosten der Unterkunft, S. 39). Dieser Obliegenheit sind jedoch subjektive und objektive Grenzen gesetzt. Ist dem Hilfebedürftigen die Kostensenkung nicht möglich oder nicht zuzumuten, sind die Aufwendungen gleichwohl vom Grundsicherungsträger zu übernehmen, idR jedoch längstens für 6 Monate. Dieses gilt auch für den Heizungsbedarf, soweit die unter Rn. 20 benannten Grenzen überschritten worden sind. Durch Art 2 Nr. 31 RegelbedarfsÄndG vom 24. 3. 2011 wird nunmehr in Abs. 1 S. 3 klargestellt, dass sich die Kostensenkungsobliegenheit auch auf die Heizkosten bezieht (BGBl I, 453). **21**

2. Kostensenkungsaufforderung. Im Gegenzug zur Obliegenheit des Hilfebedürftigen unangemessene Unterkunftskosten zu senken, hat der Grundsicherungsträger seine Obliegenheit den Hilfebedürftigen zur Kostensenkung in Form eines **Informationsschreibens** aufzufordern oder ihn über diese Obliegenheit zu informieren. Allerdings ist „Kostensenkungsaufforderung" keine formelle Vor- **22**

aussetzung für die Beschränkung der zu erbringenden Aufwendungen (vgl. S. Knickrehm/Voelzke/ Spellbrink, Leitfaden – Kosten der Unterkunft, S. 39). Ein derartiges Informationsschreiben des Leistungsträgers hat allein **Aufklärungs- und Warnfunktion** (BSG 27. 2. 2008 – B 14/7 b AS 70/06 R; 17. 12. 2009 – B 4 As 19/09 R) – keine Verwaltungsaktqualität. Erforderlich ist lediglich, dass Leistungsberechtigter Rechtslage und die vom Grundsicherungsträger ermittelte Angemessenheitsgrenze kennt (BSG 7. 11. 2006 – B 7 b AS 10/06 R). Daher insb. kein Informationsschreiben erforderlich, wenn Hilfebedürftiger maßgebliche Gesichtspunkte kennt; Es genügt, wenn eine Person der Bg informiert ist; Angabe des angemessenen Mietpreises ist immer ausreichend; keine Konkretisierung der Eigenbemühungen erforderlich; keine unterschiedlichen Anforderungen für Mieter und Eigentümer. Gilt grundsätzlich auch bei Erstantragstellung, wenn Angemessenheitsgrenze des Trägers aus anderen Umständen nachweislich bekannt. Anderenfalls kann Kostensenkung erst erfolgen, wenn sechsmonatige Schutzfrist nach Information abgelaufen (BSG 17. 12. 2009 – B 4 AS 19/09 R).

23   **3. Nicht mögliche oder zumutbare Kostensenkung.** Grundsätzlich werden auch unangemessen hohe Unterkunftskosten (zu Heizkosten s. Rn. 25) vom Grundsicherungsträger übernommen, wenn eine Kostensenkung unmöglich oder unzumutbar ist (z zeitlichen Begrenzung s. Rn. 24). Als Möglichkeiten der Kostensenkung werden in § 22 Abs. 1 S. 3 benannt: Wohnungswechsel, Vermieten und „auf andere Weise" (Öffnungstatbestand). Vermietung als Kostensenkungsmöglichkeit gilt nicht nur für Eigentümer, auch Untervermietung denkbar, soweit sie im Einzelfall zumutbar ist. Doppelte Prüfung: Zunächst fraglich, ob **Möglichkeit der Kostensenkung** gegeben ist und dann, ob diese zugemutet werden kann. Im Hinblick auf § 22 Abs. 1 S. 2 findet Schutz des S. 3 nur dann Anwendung, wenn der Leistungsberechtigte bei Eintritt des Hilfebedarfs bereits in der unangemessen teuren Wohnung gelebt hat – Gedanke des Schutzes des bisherigen Wohnumfeldes (vgl. auch BSG 7. 11. 2006 – B 7 b As 10/06 R, unter Hinweis auf die Rspr. des BVerwG; BSG 17. 12. 2009 – B 4 AS 19/09 R) –, die Wohnung sich während des Leistungsbezugs so verteuert hat, dass die Angemessenheitsgrenze überschritten wird, bei dem Tod eines Haushaltsangehörigen (vgl. Berlit in LPK-SGB II, § 22 Rn. 58) oder nach einem erforderlichen Umzug in eine unangemessene Unterkunft (s. Rn. 25). Möglichkeit der Kostensenkung durch Wohnungswechsel: Hilfebedürftiger muss sich um angemessene Wohnung innerhalb des Vergleichsraums (s. hierzu andeutungsweise: BSG 18. 4. 2008 – B 14 44/06 R; kritisch S. Knickrehm/Voelzke/Spellbrink in Leitfaden – Kosten der Unterkunft, S. 18) bemühen; keine Vorprüfung des Leistungsträgers nach Information über Kostensenkungserfordernis, ob der Leistungsberechtigte tatsächlich angemessene Unterkunft finden wird (s. hierzu Fuchsloch SGb 2007, 501; S. Knickrehm/Voelzke/Spellbrink, Leitfaden – Kosten der Unterkunft, S. 40). Bemüht sich der Leistungsberechtigte allerdings erfolglos um Unterkunftsalternative hat der Grundsicherungsträger dieses im eigentlichen Kostensenkungsverfahren zu beachten und hat ggf. eine konkrete Alternative zu benennen (BSG 19. 3. 2008 – B 11 b AS 41/06 R). Zumutbarkeit des Unterkunftswechsels: Voraussetzung zunächst, dass Kostensenkungsmöglichkeit besteht. Keine **Unzumutbarkeit** wegen allein typischerweise mit dem Umzug verbundenen Belastungen. Ebenso wenig wegen gerade erfolgter Renovierung der unangemessen teuren Unterkunft oder befristetem Mietvertrag, wenn nicht Befristung innerhalb der nächsten sechs Monate endet (vgl. Berlit in LPK-SGB II, § 22 Rn. 59; Lang/Link in Eicher/Spellbrink § 22 Rn. 55 ff.; Piepenstock in Juris-PK-SGB II, § 22 Rn. 82). Unzumutbarkeit kann folgen zB aus (s. obiter dictum in BSG 19. 2. 2009 – B 4 AS 30/08 R): Gesundheitlichen Gründen (akute Erkrankung oder Behinderung), Schwangerschaft und ggf. daraus folgend größerem Wohnraumbedarf durch Kind (auch Pflegschaft oder bevorstehende Adoption), hohem Alter, voraussichtlich nur kurzer Zeit des Leistungsbezugs oder sonstigen schwerwiegenden persönlichen, objektiv gegebenen Gründen (Ausübung des Umgangsrecht mit dem Kind, Examensvorbereitung, Pflege eines nahen Angehörigen usw.).

23a   **4. Unwirtschaftlichkeit der Kostensenkungsmaßnahme (Abs. 1 S. 4).** S. 4 stellt eine Ausnahme zu der aus dem Gesetz zwingend folgenden Umsetzung der Kostensenkungsobliegenheit des Leistungsberechtigten durch den Grundsicherungsträger dar. Der Träger ist im Falle des Vorliegens der Voraussetzungen der Kostensenkung verpflichtet nur noch die niedrigeren, von ihm als angemessen befundenen Bedarfe für Unterkunft und Heizung anzuerkennen. S. 4 eröffnet dem Träger die Möglichkeit von der Umsetzung dessen abzusehen, wenn die Aufforderung zur Kostensenkung unter Berücksichtigung der beim Wohnungswechsel zu erbringenden Leistungen unwirtschaftlich wäre. Der Gesetzgeber hat damit einem vielfach in der Praxis geäußerten Bedürfnis nachgegeben, den Kostenaufwand eines Umzugs mit der Ersparnis durch niedrigere anzuerkennende Bedarfe für Unterkunft und Heizung in Relation zu stellen und bei einem „unwirtschaftlichen" Ergebnis dieser Betrachtung den Träger von der Verpflichtung zur Durchsetzung der Kostensenkungsmaßnahme zu entbinden. Nach der Vorstellung des Gesetzgebers ist mit der Regelung kein subjektiver Anspruch des Leistungsberechtigten verbunden. Die Vorschrift richte sich ausschließlich an den Grundsicherungsträger (BT-Drs. 17/3404, S. 98). Soweit in der Begründung zu Abs. 1 S. 4 jedoch als Fallkonstellation die Absehbarkeit des baldigen Ausscheidens des Leistungsberechtigten aus dem Leistungsbezug oder der unmittelbar bevorstehende Rentenbezug benannt werden, handelt es sich nicht um die einschlägigen und von der Praxis zur Behebung als erforderlich angesehenen Fälle. In einer derartigen Situation wäre dem Leistungsberechtigten idR ein Umzug ohnehin schon nicht zumutbar iS des Abs. 1 S. 3; eine Kostensenkungsobliegenheit wäre nicht gegeben. Aus der Verwendung des Wortes **„unwirtschaftlich"** in Abs. 1 S. 4 folgt vielmehr, dass es sich um Fallkonstellationen handeln muss, in denen ausschließlich wirtschaftliche Gründe, ohne dass eine Unzumutbarkeit des Umzugs vorliegt, ein Absehen von der Durchsetzung der Kostensenkung nahelegen. Zu denken ist an eine Situation in der die Kosten eines Umzugs, einschließlich etwa einer „Einzugsrenovierung" (s. Rn. 7) und/oder möglicherweise neuer Möbel (Küchenmöbel, wenn diese in der bisherigen Wohnung eingebaut waren und das Nutzungsentgelt für diese die Miete in den Bereich der Unangemessenheit haben steigen lassen – 7. 5. 2009 – B 14 AS 14/08 R) höher sind, als die Einsparungen durch abgesenkte Aufwendungen für Unterkunft und Heizung. Ähnliches könnte für den Fall gelten, dass eine behindertengerechte Ausstattung der Wohnung erforderlich ist, die jedoch nicht zu einer Unzumutbarkeit des Umzugs geführt hat.

5. Zeitliche Begrenzung. Wenn Voraussetzungen einer Kostensenkungsobliegenheit gegeben sind, sind die unangemessenen Kosten vom Grundsicherungsträger weiter zu übernehmen, allerdings nicht unbegrenzt, sondern **in der Regel nur für 6 Monate.** Sechsmonatsfrist ist Schutzfrist für den Leistungsberechtigten in der ihm die Möglichkeit eröffnet ist sich um angemessenen Wohnraum zu bemühen. Ist auch vor der Durchsetzung von Kostensenkungsmaßnahmen in Gestalt einer niedrigeren Leistung vom Grundsicherungsträger abzuwarten, es sei denn Leistungsberechtigter hat etwa in Kenntnis des eintretenden Leistungsbezugs und der Angemessenheitsgrenze bewusst eine unangemessene Wohnung angemietet (BSG 17. 12. 2009 – B 4 AS 19/09 R). Demnach ausnahmsweise auch für einen längeren Zeitraum, z. B. wenn objektiv keine Unterkunftsalternative vorhanden oder Umzug subjektiv nicht zumutbar. Umstritten, ob das auch gilt, wenn es dem Hilfebedürftigen nicht gelingt im Vergleichsraum eine Wohnungsalternative innerhalb des Sechs-Monats-Zeitraums zu realisieren. Ist es dem Hilfebedürftigen objektiv möglich und subjektiv zumutbar die Kosten zu senken und zieht er nicht um, so sind vom Grundsicherungsträger nur die Kosten der Unterkunft in Höhe der angemessenen hypothetischen Vergleichsmiete zu übernehmen.

III. Nicht erforderlicher Umzug (Abs. 1 S. 2)

1. Umzug. Nach § 22 Abs. 1 S. 2 hat der Grundsicherungsträger die Aufwendungen für Unterkunft und Heizung, die sich nach einen nicht erforderlichen Umzug erhöhen nur bis zur Höhe der bis dahin zu tragenden angemessenen Aufwendungen zu übernehmen. Nach der Rspr. des 4. Senats des BSG betrifft Abs. 1 S. 2 nur Umzüge innerhalb des kommunalen Vergleichsraums (1. 6. 2010 – B 4 AS 60/09 R). Hieraus folgt: Leistungen für Unterkunft und Heizung nach dem SGB 2 sind nach einem Umzug über die Grenzen des kommunalen Vergleichsraums hinaus nicht auf die Aufwendungen am bisherigen Wohnort begrenzt. Das BSG folgert dieses aus Art. 3 Abs. 1 GG iVm Art. 11 Abs. 1 GG. Dieser Maßstab gebiete es, den Gestaltungsspielraum des Gesetzgebers zumindest bei den aus § 22 Abs. 1 S. 2 folgenden Umzugsbeschränkungen auf die Überschreitung der Grenzen des Vergleichsraums zu begrenzen. Eine Ausweitung der nur begrenzten Übernahme der Aufwendungen für Unterkunfts- und Heizkosten nach einem Umzug über die Grenzen des bisherigen Vergleichsraums hinaus würde zu einer unterschiedlichen Behandlung von Hilfebedürftigen führen, die in Bereichen mit niedrigen Mieten wohnten, gegenüber solchen, in deren Vergleichsraum die Mieten deutlich höher seien. Während letztere ungehindert durch die Beschränkung des § 22 Abs. 1 S. 2 sich einen neuen Wohnort suchen könnten, weil in dem Bereich des „neuen" Grundsicherungsträgers die Angemessenheitsgrenze ohnehin niedriger sei als die bisherige angemessene Miete, würden Hilfebedürftige aus Vergleichsräumen mit niedrigeren Mieten anders behandelt, weil sie an diesem niedrigeren Mietniveau festgehalten würden. Eine verfassungsfeste Rechtfertigung für diese Ungleichbehandlung gebe es nicht. Im Gegenteil, die Gruppe der SGB II-Leistungsempfänger, die am Zuzugsort höhere Leistungen für Unterkunft und Heizung beanspruchen würde als an ihrem Ausgangsort, habe auch nur Anspruch auf Leistungen innerhalb der Grenzen der Angemessenheit am Zuzugsort und damit nach einem SGB II-Leistungsempfängern angemessenen Standard. Die Belastungen des dortigen Trägers – der neuen zuständigen Kommune – würden sich mithin in den Grenzen seiner „normalen" Belastung durch Gewährung existenzsichernder Leistungen halten. Es gehöre nicht zu den Funktionen des Grundsicherungsrechts, die aufnehmende Kommune durch § 22 Abs. 1 S. 2 vor arbeitsuchenden Hilfebedürftigen zu schützen. Innerhalb des kommunalen Vergleichsraums kommt eine Anwendung des Abs. 1 S. 2 allerdings auch nur dann in Betracht, wenn zum Zeitpunkt der Anmietung der neuen teureren Unterkunft Hilfebedürftigkeit bestand. Nur wer leistungsberechtigt nach dem SGB II ist, unterfällt auch dem Regime dieses Gesetzes (BSG 30. 8. 2010 – B 4 AS 10/10 R). Das bedeutet, wer seine Hilfebedürftigkeit nach dem SGB II durch Erwerbstätigkeit im Monat der Eingehung des Mietvertrags überwunden hat, kann nicht an der Regelung des Abs. 1 S. 2 festgehalten werden.

2. Erhöhung der Aufwendungen. Die Erhöhung der Aufwendungen durch einen Umzug – unabhängig davon, ob er erforderlich ist – ist nur dann für die Leistungshöhe relevant, wenn die Aufwendungen für Unterkunft und Heizung für die neue Unterkunft höher sind als die bisher zu tragenden angemessenen Aufwendungen. Bei diesem Mehrkostenvergleich (vgl. hierzu Berlit in LPK-

SGB II, § 22 Rn. 44; Lang/Link in Eicher/Spellbrink § 22 Rn. 47 c) kommt es nicht darauf an, ob sich die einzelnen Elemente der Unterkunftskosten erhöht haben, sondern nur darauf, ob das **Gesamtprodukt** (s. Produkttheorie Rn. 16), also Kaltmietzins, Nebenkosten und Aufwendungen für Heizung, teurer geworden ist. War das Produkt der Aufwendungen für die bisherige Wohnung angemessen und wird nach dem Umzug die Angemessenheitsgrenze am neuen Wohnort bei Tragung der bisherigen Kosten überschritten, sind die Aufwendungen für die neue Unterkunft nur bis zur Höhe der angemessenen Kosten am neuen Wohnort zu übernehmen, denn es sind immer nur die angemessenen Aufwendungen bezogen auf den jeweiligen Vergleichsraum vom Grundsicherungsträger zu erstatten (s. Änderung des S. 2 durch das Gesetz zur Neuausrichtung arbeitsmarktpolitischer Instrumente vom 29. 12. 2008, BGBl. I, 2917), es sei denn es ist ein Fall des § 22 Abs. 1 S. 3 gegeben. Bei einem nicht erforderlichen Umzug, der zu höheren Aufwendungen führt, als denjenigen, die als angemessene für die bisherige Unterkunft zu erbringen waren greift § 22 Abs. 1 S. 2 iS einer Deckelung. Es soll damit der Ausschöpfung der durch den jeweiligen kommunalen Träger festgelegten Angemessenheitsgrenze entgegen gewirkt werden (BT-Drs. 16/1410, S. 23).

27 **3. Fehlende Erforderlichkeit.** Auch wenn der Umzug erforderlich ist, besteht zwar nach § 22 Abs. 2 S. 1 eine Obliegenheit des Hilfebedürftigen vor dem Umzug eine Zusicherung vom Grundsicherungsträger zu den Aufwendungen der neuen Unterkunft einzuholen. Umgekehrt ist der Grundsicherungsträger nur zur Zusicherung verpflichtet, wenn der Umzug erforderlich ist (§ 22 Abs. 2 S. 2). Unterlässt der Hilfebedürftige die Einholung der Zusicherung jedoch ist der Grundsicherungsträger – bei erforderlichem Umzug – gleichwohl verpflichtet die Aufwendungen für die neue Unterkunft bis zur Höhe der abstrakt angemessenen Kosten des neuen Wohnortes oder unter den Bedingungen des § 22 Abs. 1 S. 3 zumindest vorübergehend die höheren Aufwendungen zu übernehmen. Die **Deckelung** des § 22 Abs. 1 S. 2 greift bei einem erforderlichen Umzug nicht. Die fehlende Erforderlichkeit des Umzugs und Erhöhung der KdU für die neue Unterkunft führt auch nicht zum gänzlichen Entfallen der Leistungen für Unterkunft und Heizung, sondern lediglich zur Weitergewährung in Höhe der bisher als angemessen zu bewertenden Aufwendungen. Der unbestimmte Rechtsbegriff der **„Erforderlichkeit"** ist vor dem Hintergrund des Art. 11 Abs. 2 Variante 1 GG unter Beachtung des Verhältnismäßigkeitsgrundsatzes (Verhältnis von Belastungen der Allgemeinheit zu höheren Aufwendungen durch Wahrnehmung des Rechts auf freie Wohnortwahl) auszulegen (s. Rn. 22). Nach der Gesetzesbegründung ist der Umzug dann als erforderlich anzusehen, wenn er der „Eingliederung in Arbeit", also den Zielen des SGB II dient oder aus sozialen oder gesundheitlichen Gründen erfolgt ist (BT-Drs. 16/1410, S. 23). Zu denken ist auch an Trennung vom Partner/zerrüttete Verhältnisse in der Haushaltsgemeinschaft (vgl. § 22 Abs. 2 a S. 2 Nr. 1 – s. auch Krauß in Hauck/Noftz SGB II, § 22 Rn. 100), Eintritt von Pflegebedürftigkeit eines nahen Angehörigen, der vom Hilfebedürftigen versorgt werden soll, Verbesserung der Möglichkeit das elterliche Besuchsrecht wahrzunehmen (Arg. aus Art. 6 GG – s. Lang/Link in Eicher/Spellbrink § 22 Rn. 47d) oder Verbesserung von Betreuungsmöglichkeiten für kleinere Kinder, um die Aufnahme einer Erwerbstätigkeit zu ermöglichen. Ferner ist der Umzug immer dann erforderlich, wenn die bisherige Unterkunft nicht mindestens dem Wohnstandard des unteren Wohnungssegments entsprach, wie zB bei einem Zimmer in einer Unterkunft für Nichtsesshafte (vgl. BSG 16. 12. 2008 – B 4 AS 1/08 R) oder ohne hinreichende Beheizbarkeit oder ohne Warmwasseranschluss (so wohl auch Piepenstock in Juris-PK-SGB II, § 22 Rn. 71). Ergibt sich die Erforderlichkeit erst nachträglich, sind ab diesem Zeitpunkt die höheren Aufwendungen bis zur Angemessenheitsgrenze am neuen Wohnort oder nach § 22 Abs. 1 S. 3 vom Grundsicherungsträger zu übernehmen (s. auch Berlit in LPK-SGB II, § 22 Rn. 47). Die Deckelung wirkt auch beim nächsten Umzug fort. Dient der weitere Umzug der Kostensenkung greift zwar nicht die Regelung des § 22 Abs. 1 S. 3, jedoch ist der weitere Umzug erforderlich iSd. § 22 Abs. 4 S. 2 (vgl. Berlit in LPK-SGB II, § 22 Rn. 48). Erforderlich ist der erste Umzug auch dann, wenn er der Kostensenkung dient.

28 **4. Anerkennung des bisherigen angemessenen Bedarfs.** Für die neue Unterkunft sind als Leistungen der KdU nach dem nicht erforderlichen Umzug die bis dahin vom Grundsicherungsträger für die alte Unterkunft angemessenen Bedarfe anzuerkennen. Die Deckelung ist allerdings keine statische (vgl. Berlit in LPK_SGB II, § 22 Rn. 46), sondern bedarf der regelmäßigen Überprüfung an Hand der Kriterien der **abstrakten Angemessenheit** bezogen auf den bisherigen Wohnort. Konkret bedeutet dieses: Steigen die als angemessen anzusehenden Aufwendungen für Mietwohnungen am bisherigen Wohnort und wären auch höhere Aufwendungen für die „alte" Unterkunft zu tragen, sind folglich höhere Aufwendungen am neuen Wohnort zu erstatten, sofern die dortige Angemessenheitsgrenze damit nicht überschritten wird. Ist die abstrakte Vergleichsmiete am neuen Wohnort niedriger als am alten sind auch am neuen Wohnort nur die Aufwendungen bis zur dortigen Angemessenheitsgrenze zu übernehmen. Zum nachträglichen Eintritt der Erforderlichkeit, s. Rn. 27.

IV. Rückzahlung und Guthaben (Abs. 3)

29 **1. Unterkunft und Heizung (Abs. 3 Hs. 1).** Bis zum 31. 12. 2010 § 22 Abs 1 S. 4 (RegelbedarfsÄndG vom 24. 3. 2011, BGBl I, 453). Mit der Verschiebung der Regelung innerhalb des § 22

keine inhaltliche Änderung verbunden (s. auch BT-Drs. 17/3404, S. 98). Rückzahlungen und Guthaben aus dem Mietzins (zB Betriebskostenabrechnung) und den Heizkosten (zB Heizkostenvorauszahlung) mindern die nach dem Monat der Realisierung entstehenden Aufwendungen für Unterkunft und Heizung. Gemeint sind die Folgemonate nach Gutschrift, bis Guthaben oder Rückzahlung aufgebraucht ist. „**Verrechnung**" von Guthaben oder Rückzahlung immer mit den vollen KdU, einschließlich Heizung, also auch Guthaben aus Heizkostenvorschuss ggf. mit Kaltmietzins. „Verrechnung" aber auch nur mit den KdU – keine Berücksichtigung als Einkommen iSd. § 11. § 22 Abs. 1 S. 4 gilt nicht für Rückzahlungen aus Mietkaution oder für aus der Regelleistung erbrachte Aufwendungen. Auch keine „Verrechnung" von Guthaben oder Rückzahlungen soweit sie auf dem Anteil an den KdU beruhen, der vom Grundsicherungsträger wegen „Unangemessenheit" nicht erstattet wird; ggf. anteilige Aufteilung in verrechnungsfähigen und – sofern nicht aus der Regelleistung erbrachten – als Einkommen zu berücksichtigenden Teil.

2. **Haushaltsenergie (Abs. 3 Hs. 2).** Konsequenterweise bezieht sich die Regelung des Satz 4 Halbsatz 1 nicht auf die Aufwendungen für Haushaltsenergie. Kosten für Haushaltsenergie sind keine KdU, sondern Bestandteil der Regelleistung (s. Rn. 6). Ebensowenig, wie sie als Leistungen nach § 22 vom Grundsicherungsträger in tatsächlicher Höhe zu übernehmen sind, sind auch Guthaben oder Rückzahlungen aus Abschlagszahlungen für Haushaltsenergie mit den Leistungen nach § 22 zu verrechnen. 30

V. Zusicherung bei Wohnungswechsel (Abs. 4)

1. **Zusicherung vor Abschluss des Vertrags.** § 22 Abs. 4 S. 1 begründet eine Obliegenheit des erwerbsfähigen Leistungsberechtigten. Auch die Obliegenheit zur Einholung einer Zusicherung iS des Abs. 4 S. 1 trifft nach dem ausdrücklichen Wortlaut des Abs 4 S 1 nur erwerbsfähige Leistungsberechtigte, also den der hilfebedürftig ist und der die Unterkunft wechseln will (vgl BSG 17. 12. 2009 – B 4 AS 19/09 R: s. auch 30. 8. 2010 – B 4 AS 10/10 R; s. auch Rn. 25 f). Nur mit dem tatsächlichen Eintritt von Hilfebedürftigkeit, nicht bereits mit der (subjektiven) Erwartung einer Leistungsberechtigung oder einer Antragstellung hat der Gesetzgeber die Obliegenheit zur Einholung einer Zusicherung und damit die Möglichkeit einer Kürzung der tatsächlichen Unterkunftskosten auf die bisherigen Aufwendungen iS des Abs 1 S 2 verbunden. Der Antrag gem § 37 ist ein leistungskonstituierender Akt, dem (nur) die Bedeutung zukommt, dass Leistungen (frühestens) ab Antragstellung zustehen, soweit die Leistungsvoraussetzungen zum Antragszeitpunkt gegeben sind (vgl BSG 23. 3. 2010 – B 14 AS 6/09 R). Die Einholung einer Zusicherung vor Abschluss eines neuen Mietvertrags ist keine Anspruchsvoraussetzung für die Übernahme der angemessenen KdU (s. auch BSG 7. 11. 2006 – B 7 b AS 10/06 R). Gleichwohl dürfte es sinnvoll sein, wenn der Hilfebedürftige vor Abschluss eines konkreten neuen Vertrags – keine abstrakte Zusicherung, dass Umzug erforderlich oder Bedarfe für Unterkunft und Heizung in einer bestimmten Höhe übernommen würden (BSG 6. 4. 2011 – B 4 AS 5/10 R) – sich eine Zusicherung vom Leistungsträger geben lässt. Einerseits wird der Leistungsberechtigte durch die Zusicherung bewahrt ggf. auf KdU „sitzen zu bleiben", weil sie unangemessen hoch sind. Andererseits dient dieses Vorgehen auch der Allgemeinheit indem sie vor der Übernahme von ggf. unangemessenen Mietkosten geschützt wird. Zusicherung iSd. **§ 34 SGB X**, also Zusage der zuständigen Behörde, einen bestimmten Verwaltungsakt später zu erlassen (hier auf Übernahme der KdU und Heizung für eine konkrete Unterkunft). Zusicherung bedarf nach § 34 Abs. 1 S. 1 der Schriftform. 31

2. **Erforderlichkeit des Umzugs und Angemessenheit der Aufwendungen.** Ist der Umzug erforderlich und sind die Aufwendungen für die neue Unterkunft angemessen, ist der Leistungsträger zur Abgabe der **Zusicherung verpflichtet**. Zur Erforderlichkeit selbst und Fallkonstellationen s. Rn. 25 f – hinzukommt, dass Umzug erforderlich sein kann, um KdU mind. auf Angemessenheitsgrenze zu senken, wenn keine andere Kostensenkungsmöglichkeit in Betracht kommt (s. hierzu auch Rn. 27). Angemessenheit nach § 22 Abs. 4 S. 2 bezieht sich auf die Referenzmiete am neuen Wohnort – anders als bei § 22 Abs. 1. S. 2 (s. dazu Rn. 25 ff). Hieraus folgt: Ist der Umzug an einen Wohnort außerhalb des bisherigen Referenzgebietes erforderlich und erhöhen sich dadurch die KdUH (Heizung wird zwar nicht ausdrücklich erwähnt – ist im Hinblick auf Kostensenkungsobliegenheit insoweit nach Abs. 1 S. 3 wohl dennoch ebenfalls einzubeziehen) gegenüber den bisherigen bestimmt sich die Angemessenheit ausschließlich nach der Referenzmiete des neuen Wohnortes. 32

3. **Zuständiger Träger.** Für die Zusicherung zuständig ist der Träger des bisherigen Wohnortes. Der Träger des Zuzugsortes ist zwar zu beteiligen, jedoch auch bei anderer Auffassung an die vom Träger des bisherigen Wohnortes abgegebene Zusicherung gebunden und hat auf deren Grundlage die Leistungen für KdUH zu erbringen. 33

VI. Wohnungswechsel von unter 25-jährigen (Abs. 5)

1. **Zusicherung (Abs. 5 S. 1).** Vorschrift durch RegelbedarfsÄndG (Art. 2 Nr. 31 vom 24. 3. 2011, BGBl I, 453) aus Abs. 2a in Abs. 5 verschoben, ohne inhaltliche Änderung. Anders als bei § 22 34

Abs. 1 S. 2 und Abs. 4 ist die Übernahme der Aufwendungen für Unterkunft und Heizung bei jungen Menschen bis zur Vollendung des 25. Lebensjahres – also auch der angemessenen KdU – nach einem Umzug davon abhängig, dass der kommunale Träger dieses vor dem Abschluss des Vertrages zugesichert hat – materiell-rechtliche Tatbestandsvoraussetzung. Regelung gilt nach § 68 Abs. 2 allerdings nicht für Personen, die am 17. 2. 2006 nicht mehr zum Haushalt der Eltern oder eines Elternteils gehörten (s. hierzu auch LSG Mecklenburg-Vorpommern 6. 12. 2007 – L 8 B 75/07). Regelung gilt nur für **KdU (einschließlich Heizung)**, nicht jedoch für die Regelleistung (s. aber § 20 Abs. 3). Allerdings mit Altersgrenze (25 Jahre) nicht nur negativ geregelt, dass unter 25-Jährige besondere Gründe für den Auszug aus dem elterlichen Haus benötigen, vielmehr auch, dass Erreichen dieser Altersgrenze den Zeitpunkt markiert, ab dem ohne besondere zusätzliche Gründe der Weg in die Selbstständigkeit von den Eltern und der Auszug aus dem Elternhaushalt gestattet ist (LSG Mecklenburg-Vorpommern 22. 7. 2008 – L 10 B 203/08). Greift nur, wenn junger Mensch selbst den Mietvertrag abschließt oder der Mietvertrag bei noch nicht Volljährigen durch gesetzlichen Vertreter für ihn abgeschlossen wird, nicht wenn er mit Eltern oder Elternteil umzieht, denn **Sinn und Zweck der Regelung** ist es den unkontrollierten Anstieg von Bg oder alleinstehenden erwerbsfähigen Leistungsberechtigten, die somit kostenträchtige bzw. auf Kosten der Allgemeinheit durchgeführte räumliche Lösung vom Elternhaus zu begrenzen (vgl. hierzu ausführlich Lang/Link in Eicher/Spellbrink, § 22 Rn. 80 d ff.) – fraglich, ob Zusicherung auch für erneuten Umzug des jungen Menschen Leistungsvoraussetzung, wenn bereits einmal Zusicherung erteilt worden war (verneinend: Berlit in LPK-SGB II, § 22 Rn. 89; Lang/Link in Eicher/Spellbrink, § 22 Rn. 80 e; bejahend: Piepenstock in Juris-PK-SGB II, § 22 Rn. 104). Zusicherung nur erforderlich, wenn nach Umzug Leistungsgewährung im Raume steht, zumindest für Unterkunft. Tritt Hilfebedürftigkeit erst ein, nachdem der junge Mensch bereits das Elternhaus verlassen hatte und zunächst nicht hilfebedürftig war, ist Anwendungsbereich von Abs. 5 nicht berührt (SG Gießen 30. 4. 2010 – S 26 AS 352/10 ER; SG Dresden 3. 11. 2009 – S 10 AS 5249/09 ER; Sächsisches LSG 2. 7. 2009 – L 3 As 128/08), es sei denn es ist ein Fall den S. 4 gegeben (s. hierzu LSG Sachsen-Anhalt 3. 6. 2010 – L 5 As 155/10 B ER; SG Reutlingen 5. 3. 2008 – S 12 AS 22/08 ER). Zusicherung muss vor Vertragsabschluss erteilt worden sein. Wird Zusicherung rechtzeitig beantragt, jedoch nicht ohne schuldhaftes Zögern vom Grundsicherungsträger nicht beschieden, so kommt sozial-rechtlicher Herstellungsanspruch in Betracht, mit der Folge, dass sich Träger nicht auf Verspätung berufen kann. Leistungsträger ist nach Beantragung der Zusicherung verpflichtet unverzüglich über die Zusicherung zu entscheiden – Vertragsunterzeichnung vor Erteilung der Zusicherung allerdings zumindest in Fällen des Satz 3 nicht leistungsschädlich. Zusicherung ist **VA** iSv. §§ 31, 34 SGB X (s. Rn. 31). Gegenstand der Zusicherung ist Erbringung von Leistungen für Unterkunft und Heizung für eine konkrete Wohnung, soweit ein grundsicherungsrechtlicher Bedarf gegeben ist. Zusicherung steht nicht im Ermessen des Leistungsträgers (aA Berlit in LPK-SGB II, § 22 Rn. 94, für den Fall, dass Voraussetzungen des S. 2 nicht gegeben sind). Sie ist entweder zu erteilen, weil die Voraussetzungen von Satz 1 und 2 gegeben sind oder abzulehnen.

35 **2. Verpflichtung zur Zusicherung (Abs. 5 S. 2). a) schwerwiegende soziale Gründe (Satz 2 Nr. 1).** Bei Vorliegen schwerwiegender sozialer Gründe kann der junge Mensch nicht auf die Wohnung der Eltern oder eines Elternteils verwiesen werden, so dass eine Zusicherung zur Übernahme der KdU und Heizung, je nach Hilfebedarf zu erteilen ist. In den Gesetzesmaterialien wird zur Ausfüllung des unbestimmten Rechtsbegriffs der „schwerwiegenden sozialen Gründe" auf § 64 Abs. 1 S. 2 Nr. 4 SGB III und § 1612 Abs. 2 BGB verwiesen (BT-Drs. 16/688, S. 14). Nach SG Dresden reichen bloße Meinungsverschiedenheiten insoweit nicht aus (SG Dresden 3. 11. 2009 – S 10 AS 5249/09 ER; LSG Thüringen 23. 1. 2008 – L 9 AS 343/07 ER). Die **Eltern-Kind-Beziehung** muss dauerhaft schwerwiegend gestört sein. Die Einschaltung des Jugendamtes durch den Hilfebedürftigen stellt dabei ein Indiz für eine schwere Störung der Eltern-Kind-Beziehung dar (Sächsisches LSG 21. 1. 2008 – L 2 B 621/07 AS-ER). Nach Lang/Link soll auch eine tiefgreifende Entfremdung oder tiefe Abneigung zwischen Eltern/Elternteil und Kind genügen oder Gefährdung des körperlichen, geistigen oder seelischen Wohls des jungen Menschen, Herabwürdigung oder Gewalt gegenüber dem jungen Menschen, beengter Wohnraum oder fehlende Unterhaltsleistungen durch den oder die Unterhaltsverpflichteten (Lang/Link in Eicher/Spellbrink § 22 Rn. 80 q mit zahlreichen Nachweisen; s. auch Berlit in LPK-SGB II, § 22 Rn. 95; Krauß in Hauck/Noftz SGB II, § 22 Rn. 117 ff; Piepenstock in Juris-PK-SGB II, § 22 Rn. 110).

36 **b) Eingliederung in den Arbeitsmarkt (Satz 2 Nr. 2).** Ist eine Ausbildungsstätte oder ist der Arbeitsplatz von der bisherigen Wohnung der Eltern nur unter unzumutbaren Bedingungen erreichbar, ist ebenfalls eine Zusicherung zum Umzug zu erteilen. Gleiches gilt, wenn durch eine problematische Eltern-Kind-Beziehung die Integration in den Arbeitsmarkt gefährdet werden könnte.

37 **c) Sonstiger schwerwiegender Grund (Satz 2 Nr. 3).** Auffangtatbestand. Gründe müssen denen der Nr. 1 und 2 **vergleichbar** sein, nicht jedoch identisch. In Betracht kommen hier insbesondere Gründe, wie Begründung einer Ehe oder Lebenspartnerschaft oder Zusammenleben mit dem eigenen Kind.

3. **Ausnahme – wichtiger Grund (Abs. 5 S. 3).** Auf das Erfordernis der Zusicherung kann 38
verzichtet werden, wenn es dem jungen Menschen aus einem wichtigen Grund nicht zumutbar war,
die Zusicherung einzuholen. Allerdings unmittelbare Anknüpfung an die Voraussetzungen des S. 2,
also keine Erweiterung der dortigen Voraussetzungen (nach SG Stade religiöse Überzeugung der
Eltern 22. 4. 2009 – S 28 AS 793/08). Gründe für eine in **zeitlicher Hinsicht** schnelle Entscheidung über den Auszug – ohne vorherige Einholung einer Zusicherung – können sich sowohl aus der
Situation am Wohnungs- oder Arbeitsmarkt, als auch der sozialen Situation iS der Nr. 1 und 3 des
S. 2 ergeben. Fehleinschätzung der Dringlichkeit durch jungen Menschen reicht nicht aus.

4. **Absichtliche Leistungsherbeiführung (Abs. 5 S. 4).** Wenn unter 25-jährige vor der Bean- 39
tragung von SGB II-Leistungen in eine Unterkunft in der Absicht umziehen, die Voraussetzungen für
die Leistungsgewährung herbei zu führen, also Hilfebedürftigkeit eintreten zu lassen, werden ihnen
auch nicht die angemessenen Leistungen für Unterkunft und Heizung erbracht. Es soll mit dieser
Regelung verhindert werden, dass unter 25-jährige, die nicht im Leistungsbezug stehen, zunächst
umziehen und dann Auszug aus dem Elternhaus, also durch den Umzug hilfebedürftig werden.
Durch die Regelung soll sichergestellt werden, dass auch sie sich vor dem Umzug um eine Zusicherung des Grundsicherungsträgers bemühen. Ist der Antrag auf SGB II-Leistungen bereits vor dem
Umzug gestellt worden, liegt kein Fall des Satzes 4 vor; es sind die Sätze 1 bis 3 anzuwenden. Mit der
Absicht ist ein finales, auf den Erfolg – also die Herbeiführung des Leistungsbezugs – gerichtetes Handeln erforderlich (LSG Mecklenburg-Vorpommern 21. 5. 2008 – L 10 AS 72/07); zB endgültiger
Rauswurf des volljährigen Kindes aus elterlicher Wohnung und Abnahme der Wohnungsschlüssel
(Sächsisches LSG 21. 1. 2008 – L 2 B 621/07 AS-ER). Wenn dem unter 25-jährigen diese Absicht
nicht nachgewiesen werden kann, geht dieses zu Lasten des Grundsicherungsträgers. Das Eingehen
eines neuen Arbeits- oder Ausbildungsverhältnisses stellt im Hinblick auf die Probezeit nicht stets das
Risiko einer Kündigung dar, das iS des Abs. 5 S. 4 bei der Wohnungsanmietung zu berücksichtigen
wäre (LSG Hamburg 24. 1. 2008 – L 5 B 504/07 ER AS).

VII. Wohnungsbeschaffungs- und Umzugskosten sowie Mietkaution (Abs. 6)

1. **Wohnungsbeschaffungskosten.** Durch RegelbedarfsÄndG vom 24. 3. 2011 von Abs. 3 in 40
Abs. 6 verschoben. Neben den Umzugskosten und der Mietkaution können auch die Wohnungsbeschaffungskosten vom Grundsicherungsträger übernommen werden. Begriff der Wohnungsbeschaffungskosten ist **weit auszulegen**. Es handelt sich um Aufwendungen, die mit dem **Finden und
Anmieten der Wohnung** verbunden sind, wie zB Anzeigenkosten, Abstandszahlungen, ggf. doppelte Mietaufwendungen, Telefonkosten, Fahrtkosten, soweit angemessen Aufwendungen für den Erwerb von Genossenschaftsanteilen (vgl. BSG 16. 8. 2008 – B 4 AS 49/07; 18. 2. 2010 – B 4
AS 28/09 R). Die **Einzugsrenovierung** gehört hierzu nicht – sie ist Bestandteil der Leistungen nach
§ 22 Abs. 1 S. 1 (BSG 16. 12. 2008 – B 4 AS 49/07 R; s. auch Rn. 41; vgl. LSG Niedersachsen-Bremen, 10. 1. 2007 – L 13 AS 16/06 ER; ebenda, 11. 9. 2006 – L 9 AS 409/06 ER; Lang/Link in
Eicher/Spellbrink, § 22 Rn. 83; Piepenstock in Juris-PK-SGB II, § 22 Rn. 124; aA ohne nähere
Begründung: LSG Nordrhein-Westfalen, 16. 4. 2007 – L 20 B 57/07 AS ER). Der **Maklerlohn**
kann nur in Ausnahmefällen zu den Wohnungsbeschaffungskosten iS v. Abs. 6 gehören, wenn die
Beauftragung eines Maklers zum Finden und Anmieten einer angemessenen Wohnung unvermeidbar
ist (vgl LSG Baden-Württemberg 30. 7. 2008 – L 7 AS 2809/08 ER-B; Bayerisches LSG 16. 7. 2009
– L 11 AS 144/08; BSG 18. 2. 2010 – B 4 AS 28/09 R). Gilt nicht, wenn die Maklergebühr anlässlich der Veräußerung von Wohnungseigentum anfällt (BSG vom 18. 2. 2010 – B 4 AS 28/09 R).

2. **Umzugskosten.** (keine Verordnungsermächtigung mehr nach § 13 – vormals § 27 Nr. 2 – Än- 41
derung durch RegelbedarfsÄndG vom 24. 3. 2011, BGBl I, 453). Umzugskosten sind alle in Zusammenhang mit dem Umzug anfallenden Kosten, wie zB Aufwendungen für die Abgeltung einer Umzugshilfe, Transportkosten, Versicherungen, Fahrtkosten. Die Einzugsrenovierung unterfällt nicht den
Umzugskosten, sondern ist Bestandteil der KdU iSd § 22 Abs. 1 S. 1, soweit die Aufwendungen für
die Einzugsrenovierung angemessen sind (s. hierzu iE BSG 16. 12. 2008 – B 4 AS 49/07 R; vgl.
Rn. 40). Zur Höhenbegrenzung vgl. BSG 6. 5. 2010 – B 14 AS 7/09 R – Der erwerbsfähige Hilfebedürftige ist grundsätzlich gehalten, die Kosten eines Umzugs im Wege der Selbsthilfe zu minimieren. Übernahme der Kosten nach S. 1 steht im pflichtgemäßen Ermessen des Grundsicherungsträgers.

3. **Mietkaution (Abs. 3 S. 1 und 3).** Die Mietkaution **kann** und wenn der Umzug vom Grundsi- 42
cherungsträger veranlasst worden ist – **soll** (Ausnahme: atypischer Fall) – übernommen werden. Tatbestandsvoraussetzung ist eine **Zusicherung** zur Kostenübernahme durch den Grundsicherungsträger (s.
z. Zusicherung Rn. 43). Die Mietkaution soll in der Regel **darlehensweise** im Rahmen der Leistungen für Unterkunft erbracht werden, da sie als Mittel der Sicherung der Forderungen des Vermieters
nach dem Ende des Mietverhältnisses regelmäßig an den Mieter zurück gezahlt wird. Grundsicherungsträger kann sich Mietkaution durch Abtretung des Kautionsrückzahlungsanspruchs sichern lassen. Darlehensregelung durch Art. 2 Nr. 32 iVm Art. 14 Abs. 3 RegelbedarfsÄndG v. 24. 3. 2011 (BGBl I, 453)
zum 1. 4. 2011 eingeführt. Nach § 42a Abs. 3 S. 1 Rückzahlungsansprüche aus Darlehen nach § 22

Abs. 6 bei Rückzahlung durch den Vermieter sofort in Höhe des noch nicht getilgten Darlehensbetrags. Hieraus ist zu schließen, dass der Gesetzgeber davon ausgeht, auch die darlehensweise gewährte Mietkaution ist nach den Regeln des § 42a Abs. 2 während des laufenden Leistungsbezugs zu tilgen. Zur Rechtslage bis zum 1. 4. 2011 hatten Lang/Link noch geschlossen, dass Abzug monatlicher Tilgungsraten oder Aufrechnung mit dem laufenden Alg II unzulässig sei (Lang/Link in Eicher/Spellbrink SGB II, § 22 Rn. 92a; so wohl auch Berlit in LPK-SGB II, § 22 Rn. 110).

43 **4. Zusicherung.** Die Übernahme von Wohnungsbeschaffungs- und Umzugskosten sowie der Mietkaution ist immer von der **vorherigen Zusicherung** des Grundsicherungsträgers abhängig. Keine Blankozusage (BSG 6. 4. 2011 – B 4 AS 5/10 R; s. auch Berlit in LPK-SGB II, § 22 Rn. 105; Krauß in Hauck/Noftz SGB II, § 22 Rn. 114). Vorherige Zusicherung der Umzugskosten allerdings nicht erforderlich, wenn die fristgerecht mögliche Entscheidung vom Verwaltungsträger treuwidrig verzögert worden ist (BSG 6. 5. 2010 – B 14 AS 7/09 R). Der Grundsicherungsträger soll eine Zusicherung zur Übernahme der Wohnungsbeschaffungs- und Umzugskosten (idR zu übernehmen – s. BSG 6. 5. 2010 – B 14 AS 7/09 R) sowie der Mietkaution erteilen, wenn einer der nachfolgenden drei Gründe gegeben ist: **Veranlassung** durch den Träger – Der Träger muss zumindest konkludent auf den Umzug hingewirkt haben, was immer dann der Fall sein dürfte, wenn der Träger den Hilfebedürftigen zur Kostensenkung aufgefordert hat. Dabei muss der konkrete Umzug allerdings auch zusicherungsfähig sein, d. h. er muss zur Verminderung der tatsächlichen KdU oder zur Eingliederung in Arbeit geboten sein, was der 14. Senat bei einem Umzug über rund 500 km, um in der Nähe der Kinder zu wohnen verneint (BSG 6. 5. 2010 – B 14 AS 7/09 R); Notwendigkeit **aus anderen Gründen** – Auffangklausel – etwa bei Pflegebedürftigkeit oder beim Vorhandensein kleiner Kinder, wenn erwerbsfähiger Leistungsberechtigter auf Grund dieser Umstände gerade auf ein bestimmtes räumliches Umfeld in der Nähe von Verwandten und deren Betreuung angewiesen wären. Der bloße Wunsch sich räumlich wieder in die Nähe seiner erwachsenen Kinder zu bewegen, fällt dem rein privaten Bereich zu – keine Berücksichtigung der persönlichen Belange iS des § 33 SGB I (BSG 6. 5. 2010 – B 14 AS 7/09 R). Weitere Fallkonstellation: Umzug im Zusammenhang mit auswärtigen Arbeitsaufnahme (s. Berlit in LPK-SGB II, § 22 Rn. 107; Lang/Link in Eicher/Spellbrink § 22 Rn. 91); Unterkunft kann ohne die Zusicherung zur Übernahme der in der S. 1 benannten Kosten nicht **in einem angemessenen Zeitraum** gefunden werden – Angemessener Zeitraum ist in Anlehnung an Abs. 1 S. 3 zu bestimmen – Unterkunftskosten selbst müssen allerdings angemessen iSd. Abs. 1 S. 1 sein (zum Begriff der Angemessenheit Rn. 10–19). Liegen keine dieser Umstände vor, so greift zu Gunsten des erwerbsfähigen Leistungsberechtigten Auffangnorm des Abs. 6 S. 1 – Ermessensleistung des Trägers ein (BSG 6. 5. 2010 – B 14 AS 7/09 R).

44 **5. Zuständiger Träger.** Zuständig für die Zusicherung zur Übernahme der Wohnungsbeschaffungs- und Umzugskosten ist der bis zum Umzug örtlich zuständige kommunale Träger. Für die Zusicherung im Hinblick auf die Mietkaution ist der kommunale Träger am neuen Unterkunftsort zuständig (eingefügt durch Gesetz zur Fortentwicklung der Grundsicherung für Arbeitsuchende vom 20. 7. 2006, BGBl. I, S. 1706). Ergänzung der Regelung in Satz 2. Entscheidung nach S. 1 steht im pflichtgemäßen Ermessen des Trägers – betrifft auch die Höhe der zu übernehmenden Kosten.

VIII. Zahlung an den Vermieter oder andere Empfangsberechtigte (Abs. 7)

45 **1. Grundsatz.** Geändert durch Art. 2 Nr. 31 RegelbedarfsÄndG mit Wirkung zum 1. 1. 2011 (Art. 14 Abs. 1 iVm Abs. 3 RegelbedarfsÄndG vom 24. 3. 2011, BGBl I, 453) durch Verschiebung in Abs. 7 (vormals Abs. 4) und Ergänzung durch Konkretisierung insb. der Berechtigung des Trägers die Überweisung an Dritte vorzunehmen, um die Funktion des für die Aufwendungen für die Unterkunft geleisteten Teils des Alg II zu unterstreichen (BT-Drs. 17/3404, S. 98). § 22 Abs. 7 eröffnet dem Grundsicherungsträger die Möglichkeit Aufwendungen für Unterkunft und Heizung, wenn eine zweckentsprechende Verwendung der hierfür bestimmten Leistungen des Grundsicherungsträgers durch den Hilfebedürftigen nicht sichergestellt ist, nicht an den Hilfebedürftigen, sondern an den Vermieter oder eine andere empfangsberechtigte Person auszuzahlen. Bei der anderen empfangsberechtigten Person kann es sich beispielsweise um Energielieferanten – Heizöl, Briketts, Kohle usw. – handeln. Ausnahmeregelung – ausschließlich bezogen auf **KdU, einschließlich Heizung** (s. für die Regelleistung § 24 Abs. 2), soll nunmehr allerdings nach Abs. 7 S. 3 Nr. 2 auch für Lieferung von Energie gelten – keine **Haushaltsenergie**, denn diese ist Bestandteil der pauschalierten Regelleistung, s. Rn. 6. Um auch im Falle von Stromkostenrückständen durch Direktüberweisung „dunkles Wohnen" zu verhindern, schlägt Krauß vor in analoger Anwendung des § 24 Abs. 2 die Sachleistung durch Überweisung an den Energielieferanten zu erbringen (Krauß in Hauck/Noftz SGB II, § 22 Rn. 138: s. zu dieser Problematik auch S. Knickrehm § 31a Rn. 20). Grundsätzlich zwei Fallkonstellationen zu unterscheiden. Nach Abs. 7 Satz 1 erfolgt die Auszahlung der dem Leistungsberechtigten zu gewährenden Leistungen für KdUH bzw. Energiekosten an Vermieter oder anderen Empfangsberechtigten auf **Antrag** des Leistungsberechtigten; nach Satz 2 soll (Ausnahme hiervon nur in atypischen Fällen) diese Auszahlung an Vermieter oder anderen Empfangsberechtigten auf **Veranlassung**

des **Grundsicherungsträgers** erfolgen, wenn die zweckentsprechende Verwendung nicht sichergestellt ist. Damit erfolgt die Weiterleitung der SGB II-Leistung (lediglich Begründung einer Empfangsberechtigung für den Dritten – s. BT-Drs. 17/3404, S. 98) – unter Umgehung der Auszahlung an den Leistungsberechtigten – nur in dem Ausnahmefall, dass es an einer nachweisbar nicht zweckentsprechenden Verwendung zur Sicherstellung des Existenzminimums fehlt. Die Beispielsfälle in **S. 3** unterstreichen diesen Ausnahmefall. Dieses entspricht auch der Gesamtkonstruktion des SGB II, das von dem mündigen Bürger ausgeht, der in der Lage ist selbstbestimmt etwa die ihm als Pauschale zur Verfügung gestellte Regelleistung so einzusetzen, dass er seinen Lebensunterhalt damit sicher stellen kann. Gleiches gilt für die ihm gewährten Leistungen für KdUH. Es wird von ihm erwartet, dass er die **„zweckentsprechende" Verwendung** der Leistungen nach § 22 Abs. 1 für die Finanzierung von Unterkunft und Heizung sicherstellt. Durch **S. 4** – Information des Leistungsberechtigten – wird gewährleistet, dass die direkte Überweisung nicht ohne Kenntnis des Leistungsberechtigten erfolgt und eröffnet ihm Möglichkeiten der eigenständigen Beseitigung der Missstände.

2. Beispielsfälle nach S. 3. Nichtsicherstellen bedeutet, dass Hilfebedürftiger durch wiederholtes 46 Handeln zu erkennen gibt, die Leistungen für KdU zu anderen Zwecken, als zur Sicherung von Unterkunft und Heizung zu verwenden. Weder Verdacht auf, noch tatsächliches einmaliges anderweitiges Verwenden der Mittel reichen aus, um Voraussetzungen des Abs. 4 S. 2 als erfüllt anzusehen. Ebenso wenig dürfte mehrfach verzögerte Zahlung genügen, etwa wegen Minderung der Leistungen für Unterkunft auf Grund einer Sanktion (s. auch S. Knickrehm § 31a Rn. 20). Umgekehrt ist bei drohender Wohnungslosigkeit, indiziert durch Kündigung oder Räumungsklage wegen Mietrückständen davon auszugehen, dass eine zweckentsprechende Verwendung der SGB II-Leistungen nicht sichergestellt ist. Dann gewährleistet Abs. 4 S. 2 Ermächtigung für Grundsicherungsträger die Leistungen nach § 22 Abs. 1 direkt an den Vermieter oder anderen Empfangsberechtigen auszuzahlen, es sei denn es liegt ein atypischer Fall vor („soll"). Dieser Grundsatz wird nun durch die Beispielsfälle des S. 3 unterstrichen. Sie sollen dem Grundrecht des Leistungsberechtigten auf informationelle Selbstbestimmung und deren Schutz vor Wohnungslosigkeit sowie dem öffentlichen Interesse an der Vermeidung von hieraus resultierenden Doppelzahlungen aus Steuermitteln Rechnung tragen (BT-Drs. 17/3404, S. 98 f). Im Sinne der vorhergehenden Ausführungen wird die zweckentsprechende Verwendung nach **Nr. 1** dann als nicht mehr sichergestellt angesehen, wenn Mietrückstände bestehen, die zu einer außerordentlichen Kündigung des Mietverhältnisses nach § 543 Abs. 2 S. 1 Nr. 3 BGB berechtigten – Es droht alsdann Wohnungslosigkeit. Keine Wohnungslosigkeit droht idR bei dem Vorliegen von Energiekostenrückständen. Nach der Formulierung der **Nr. 2** ist unklar, ob sich die Regelung auf die Energiekosten zu Warmwasserbereitung und Heizung oder auch auf die Haushaltsenergie insgesamt bezieht (s. auch Rn. 45), denn nach dem Wortlaut soll dem Risiko einer Unterbrechung der Energieversorgung vorgebeugt werden. Bei reiner Energieversorgung durch Strom ohne Messgerät für Stromverbrauch im Hinblick auf Heiz- oder Warmwasserenergieversorgung ist Regelung der Nr. 2 problematisch, denn Unterbrechung der Energieversorgung betrifft auch Haushaltsenergie (gilt im Übrigen auch bei Versorgung mit Gas für Heizung/Warmwasser und Kochen). Anwendung des Abs. 7 Nr. 2 in diesen Fällen würde mithin dazu führen, dass Teile der pauschalierten Regelleistung zusätzlich gewährt würden. Daher Begrenzung dieses Beispielsfalles auf Fälle, in denen die Energieversorgung für Heizung und Warmwasserbereitung gesondert gemessen werden kann und nach Verbrauch abgerechnet wird. Der Beispielsfall des Abs. 4 **Nr. 3** lehnt sich an die Regelung des § 24 Abs. 2 an. Nach der Begründung zum Entwurf des RegelbedarfsÄndG soll nur dann von konkreten Anhaltspunkten für ein krankheits- oder suchtbedingtes Unvermögen des Leistungsberechtigten, die Mittel zweckentsprechend zu verwenden, ausgegangen werden können, wenn Leistungsberechtigten in der Vergangenheit Alg II für Unterkunft und Heizung gewährt und dieses nicht zweckentsprechend verwendet wurde. Es gelte einer Entmündigung vorzubeugen (BT-Drs. 17/3404, S. 99). Nach **Nr. 4** ist es für die direkte Überweisung der Leistungen an den Vermieter oder anderen Empfangsberechtigten erforderlich, dass der Leistungsberechtigte in das Schuldnerverzeichnis (§ 915 ZPO) eingetragen ist und in der Vergangenheit bereits KdUH erhalten sowie nicht zweckentsprechend verwendet hat. In der Begründung zum Entwurf des RegelbedarfsÄndG heißt es hierzu: Die Eintragung in das Schuldnerverzeichnis setze voraus, dass die Schuldnerin oder der Schuldner wegen einer festgestellten Verbindlichkeit die eidesstattliche Versicherung über das Vermögen abgegeben habe oder dass zur Erzwingung der Abgabe der eidesstattlichen Versicherung Haft angeordnet oder vollstreckt worden sei. Die Eintragung in das Schuldnerverzeichnis in Verbindung mit einer in der Vergangenheit wiederholt zweckwidrigen Verwendung begründe die konkrete Gefahr einer künftig missbräuchlichen Verwendung. Die Interessen Leistungsberechtigter seien durch die Regelungen zur Löschung der Eintragung (§ 915a ZPO) hinreichend gewahrt (BT-Drs. 17/3404, S. 99).

IX. Schuldenübernahme (Abs. 8)

1. Mieter und Schuldenübernahme. Regelung durch Art. 2 Nr. 31 RegelbedarfsÄndG vom 47 24. 3. 2001 (BGBl I, 453) aus Abs. 5 in Absatz 8 verschoben – Abs. 8 entspricht vormaligem Abs. 5. **Mietschulden** können oder sollen (s. Rn. 49) vom Grundsicherungsträger übernommen werden.

Gilt auch für Schulden bei **Heizenergiekosten/Warmwasserbereitungskosten** (s. vergleichbare Notlage). Vergleichbare Notlage, allerdings auch **Haushaltsenergiekosten- und Wasserkostenschulden**, denn auch sie können zur Unbewohnbarkeit der Wohnung führen (LSG Hessen 17. 5. 2010 – L 9 AS 69/09; LSG Nordrhein-Westfale12. 3. 2010 – L 12 SO 14/10 B ER; vgl. auch Berlit in LPK-SGB II § 22 Rn. 125 f; Krauß in Hauck/Noftz SGB II, § 22 Rn. 158 f). Zur Problematik der Trennung der Energiekostenfaktoren s. Rn. 45. LSG Berlin-Brandenburg gibt insoweit zu bedenken, dass bei Energiekostenrückständen keine der Wohnungslosigkeit vergleichbare Notlage drohe. Dem Leitungsberechtigten stehe neben der Begleichung seiner Schulden noch eine andere Möglichkeit offen die Gasversorgung/Stromversorgung und damit die Benutzbarkeit der Wohnung sicher zustellen. Nach der Liberalisierung des Gasmarktes etwa könnten Kunden grundsätzlich den Anbieter wechseln, ohne dass der bisherige Grundversorger die Möglichkeit hätte, wegen noch bestehender Schulden die Durchleitung zu verhindern (24. 3. 2010 – L 10 AS 393/10 B ER; s auch unten zur „Rechtfertigung der Schuldenübernahme"). Es kann sich auch um Schulden aus Schadensersatzpflicht gegenüber dem Vermieter handeln (s. iE Lang/Link in Eicher/Spellbrink SGB II, § 22 Rn. 102). Voraussetzung ist, dass Schuldenübernahme zur **Sicherung der Unterkunft** oder Behebung vergleichbarer Notlage (zB kalte Wohnung wegen mangelnder Heizenergie) gerechtfertigt ist – dann steht Schuldenübernahme im Ermessen des Leistungsträgers. Ist Schuldenübernahme notwendig, weil ansonsten Wohnungslosigkeit droht, soll sie erfolgen. Drohende Wohnungslosigkeit zB gegeben bei außerordentlicher Kündigung wegen Mietschulden (auch wenn Voraussetzungen des § 569 Abs. 3 Nr. 2 BGB gegeben sind) oder Räumungsklage deswegen. Auch Schulden gegenüber einem **Dritten**, die der Leistungsberechtigte eingegangen ist, um drohende Wohnungslosigkeit durch Zahlung rückständiger Miete abzuwenden, können vom Träger der Grundsicherung zu übernehmen sein, wenn die Übernahme der Mietschulden zuvor beantragt worden war (BSG 17. 6. 2010 – B 14 AS 58/09 R). Ob **Schulden** iS des Abs. 8 oder tatsächliche Aufwendungen für Unterkunft und Heizung nach Abs. 1 vorliegen, ist – unabhängig von deren zivilrechtlicher Einordnung – ausgehend vom dem Zweck der Leistungen nach dem SGB II zu beurteilen, einen tatsächlich eingetretenen und bisher noch nicht vom Grundsicherungsträger gedeckten Bedarf aufzufangen (vgl BSG vom 22. 3. 2010 – B 4 AS 62/09 R; 17. 6. 2010 – B 14 AS 58/09 R). Schulden sind nur in dem Umfang zu übernehmen, in dem ihre Übernahme gerechtfertigt, und in dem sie zur Abwendung der Wohnungslosigkeit notwendig sind (BSG 17. 6. 2010 – B 14 AS 58/09 R). Voraussetzung für Schuldenübernahme allerdings, dass Kosten für die konkret bewohnte Unterkunft abstrakt angemessen sind und der Verlust dieser **konkreten Unterkunft** droht. Neue angemessene Unterkunft darf nicht konkret verfügbar bzw anmietbar sein. Zudem dürfen die Schulden nicht durch unwirtschaftliches Verhalten des Hilfebedürftigen bzw zweckwidrige Verwendung der Leistungen entstanden sein. Dann ist Schuldenübernahme nicht mehr **gerechtfertigt** (zum unbestimmten Rechtsbegriff LSG Berlin-Brandenburg 8. 1. 2010 – L 34 AS 1936/09 B ER). Alsdann hat Leistungsberechtigter die an sich angemessene Unterkunft zu verlassen (BSG 17. 6. 2010 – B 14 AS 58/09 R).

48 **2. Haus- oder Wohnungseigentümer und Schuldenübernahme.** Mieter und Eigentümer sind grundsätzlich gleich zu behandeln. Es sind daher auch Darlehensschulden für ein im Eigentum des Hilfebedürftigen stehendes und selbst bewohntes Objekt als angemessene Kosten der Unterkunft zu übernehmen, soweit das Objekt angemessen iSd. § 12 Abs. 3 S. 1 Nr. 4 ist – allerdings nicht Schuldenübernahme iSd. § 22 Abs. 8, sondern als **Leistung iS § 22 Abs. 1 S. 1**. Das BSG hat es zunächst abgelehnt bei Hauseigentümer als Leistungen für Kosten der Unterkunft auch Tilgungsraten eine Kredits zur Finanzierung des Hauses zu übernehmen (s. BSG 7. 11. 2006 – B 7 b As 2/05 R). Hiervon ist es jedoch nunmehr in Ausnahmefällen abgewichen und hält auch die Übernahme von Tilgungsraten für grundsätzlich zulässig, jedenfalls dann, wenn der Leistungsberechtigte ohne (gegebenenfalls anteilige) Übernahme von Tilgungsraten gezwungen wäre, seine Wohnung aufzugeben (BSG 18. 6. 2008 – B 14/11 b AS 67/06 R; BSG 7. 7. 2011 – B 14 AS 79/10 R). Übernahme der gesamten Finanzierungskosten jedoch nur bis zur Höhe der abstrakt angemessenen Kosten einer Mietwohnung. Voraussetzungen sind: Tilgungsleistungen müssen zur Erhaltung des Wohneigentums unvermeidbar sein. Hilfebedürftiger muss vor einer Inanspruchnahme von SGB II-Leistungen alles unternehmen, um die Tilgungsverpflichtung während des Bezugs von Grundsicherungsleistungen so niedrig wie möglich zu halten. Auch Tilgungsleistungen sind insgesamt nur bis zur Höhe der bei einer angemessenen Mietwohnung als Kosten der Unterkunft zu tragenden Aufwendungen zu übernehmen (vgl. BSG 15. 4. 2008 – B 14/7 b AS 34/06 R). Wenn unvermeidliche Tilgungsleistung die angemessenen Kosten einer Mietwohnung übersteigt, ist darüber hinaus Gewährung eines Darlehens in Betracht zu ziehen.

49 **3. Ermessensleistung und „Soll"-Vorschrift.** Ermessen ist nach Sinn und Zweck der Vorschrift auszuüben. Liegen alle Tatbestandsmerkmale des Abs. 8 S. 2 vor, so bleibt dem Grundsicherungsträger für die Ausübung von Ermessen regelmäßig kein Spielraum in atypischen Ausnahmefällen kann die Übernahme der Schulden abgelehnt werden (BSG 17. 6. 2010 – B 14 AS 58/09 R). Insb. zu beachten, dass Schuldenübernahme zur **Sicherung der Unterkunft** erfolgen muss. Wenn also andere wirksame Kündigungsgründe als Mietrückstände im Raume stehen, ist zu prüfen, ob Schul-

denübernahme tatsächlich zur Sicherung der Unterkunft dient. Möglichkeiten des § 569 Abs. 3 Nr. 2 BGB sind grundsätzlich ebenfalls in die Abwägung einzubeziehen. Gebundenes Ermessen „soll" – also Schuldenübernahme im Regelfall (Ausnahme: Atypischer Fall) –, wenn notwendig und gerechtfertigt und ansonsten Wohnungslosigkeit droht. Schuldenübernahme muss tatsächlich **Wohnungslosigkeit verhindern** (gilt auch für Energiekosten LSG Niedersachsen-Bremen 9. 6. 2010 – L 13 AS 147/10 B ER). Das ist etwa dann nicht der Fall, wenn Vermieter auch bei Schuldenübernahme nicht bereit ist Mietverhältnis fortzusetzen. Auch keine Schuldenübernahme für nicht angemessene Wohnung iSd. § 22 Abs. 1 S. 1. Umgang mit Fällen, in denen Hilfebedürftiger es darauf „anlegt" s. unter Rn. 47 zur Rechtfertigung (vgl. auch zum sozialwidrigen Verhalten LSG Rheinland-Pfalz 27. 12. 2010 – L 3 AS 557/10 B ER, LSG Baden-Württemberg 1. 3. 2011 – L 12 AS 622/11 ER-B; LSG Nordrhein-Westfalen 14. 12. 2010 – L 7 AS 1536/10 B ER).

4. Vermögenseinsatz (Abs. 8 Satz 3). Regelung ist Ausfluss des § 9 Abs. 1. Durch Verweis auf 50 § 12 Abs. 2 Nr. 1 (Grundfreibetrag) wird deutlich, dass der Einsatz des gesamten und nicht nur des ungeschützten Vermögens verlangt wird, um Mietschulden zu decken. Verhältnis von unbedingtem Vermögenseinsatz nach § 22 Abs. 8 S. 3 und Vermögensschutz nach § 12 Abs. 3 S. 1, insb. bei Unwirtschaftlichkeit der Verwertung und besonderer Härte. unklar (vgl. hierzu Lang/Link in Eicher/Spellbrink SGB II § 22 Rn. 114). Allerdings gilt nach der Rspr. des BSG, der Freibetrag für notwendige Anschaffungen nach § 12 Abs 2 Nr 4 SGB II ist in Abs. 8 zwar nicht erwähnt. Dieser Betrag ist jedoch auch und gerade zum Einsatz in unvorhergesehenen Bedarfslagen gedacht, sodass nicht ersichtlich ist, weshalb er in Ansehung von Mietschulden geschützt sein sollte (BSG 17. 6. 2010 – B 14 AS 58/09 R).

5. Darlehen (Abs. 8 Satz 4). Die Mietschuldenübernahme soll typischerweise durch ein Darle- 51 hen des Grundsicherungsträgers erfolgen („Soll"). Rückzahlungsmodalitäten ergeben sich nunmehr allgemein aus § 42. Lediglich in atypischen Fällen kommt die Leistungsgewährung durch Zuschuss in Betracht. (vgl. auch Berlit in LPK-SGB II, § 22 Rn. 130; Lang/Link in Eicher/Spellbrink SGB II, § 22 Rn. 114).

X. Räumungsklage (Abs. 9)

1. Räumungsklage. Im Falle der anhängigen Räumungsklage ist das Gericht verpflichtet dem ört- 52 lich zuständigen Grundsicherungsträger von diesem Umstand sowie den in Abs. 9 S. 1 im Einzelnen aufgeführten Informationen Mitteilungen zu machen. Der Grundsicherungsträger soll dadurch in die Lage versetzt werden Maßnahmen nach Abs. 8 zu ergreifen. Zugleich wird hierdurch eine Gleichstellung der Berechtigten nach dem SGB II mit Berechtigten nach dem SGB XII erreicht, denn Parallelregelung in § 36 Abs. 2 SGB XII. Informationspflicht setzt ein, wenn es sich um Räumungsklage infolge Kündigung des Mietverhältnisses nach § 543 Abs. 1, Abs. 2 S. 1 Nr. 3 iVm. § 569 Abs. 3 BGB handelt.

2. Mitteilungen des Gerichts. Gericht hat die in Abs. 6 S. 1 iE aufgeführten Mitteilungen an den 53 Grundsicherungsträger vorzunehmen. Von besonderer Bedeutung: Mitteilung des Tages der Rechtshängigkeit (S. 2), damit der Grundsicherungsträger die Möglichkeit erhält noch rechtzeitig iSv. 569 Abs. 3 Nr. 2 S. 1 BGB intervenieren zu können. Die Mitteilung dessen steht im Ermessen des Gerichts. Die Übermittlung kann allerdings dann unterbleiben, wenn die Nichtzahlung der Miete nach dem Inhalt der Klageschrift offensichtlich nicht auf der Zahlungsunfähigkeit des Mieters beruht (S. 3).

§ 22 a Satzungsermächtigung

(1) ¹**Die Länder können die Kreise und kreisfreien Städte durch Gesetz ermächtigen oder verpflichten, durch Satzung zu bestimmen, in welcher Höhe Aufwendungen für Unterkunft und Heizung in ihrem Gebiet angemessen sind.** ²Eine solche Satzung bedarf der vorherigen Zustimmung der obersten Landesbehörde oder einer von ihr bestimmten Stelle, wenn dies durch Landesgesetz vorgesehen ist. ³Die Länder Berlin und Hamburg bestimmen, welche Form der Rechtsetzung an die Stelle einer nach Satz 1 vorgesehenen Satzung tritt. ⁴Das Land Bremen kann eine Bestimmung nach Satz 3 treffen.

(2) ¹**Die Länder können die Kreise und kreisfreien Städte auch ermächtigen, abweichend von § 22 Absatz 1 Satz 1 die Bedarfe für Unterkunft und Heizung in ihrem Gebiet durch eine monatliche Pauschale zu berücksichtigen, wenn auf dem örtlichen Wohnungsmarkt ausreichend freier Wohnraum verfügbar ist und dies dem Grundsatz der Wirtschaftlichkeit entspricht.** ²In der Satzung sind Regelungen für den Fall vorzusehen, dass die Pauschalierung im Einzelfall zu unzumutbaren Ergebnissen führt. ³Absatz 1 Satz 2 bis 4 gilt entsprechend.

(3) ¹**Die Bestimmung der angemessenen Aufwendungen für Unterkunft und Heizung soll die Verhältnisse des einfachen Standards auf dem örtlichen Wohnungsmarkt abbilden.** ²Sie soll die Auswirkungen auf den örtlichen Wohnungsmarkt berücksichtigen hinsichtlich:

1. der Vermeidung von Mietpreis erhöhenden Wirkungen,
2. der Verfügbarkeit von Wohnraum des einfachen Standards,
3. aller verschiedenen Anbietergruppen und
4. der Schaffung und Erhaltung sozial ausgeglichener Bewohnerstrukturen.

§ 22b Inhalt der Satzung

(1) ¹In der Satzung ist zu bestimmen,
1. welche Wohnfläche entsprechend der Struktur des örtlichen Wohnungsmarktes als angemessen anerkannt wird und
2. in welcher Höhe Aufwendungen für die Unterkunft als angemessen anerkannt werden.

²In der Satzung kann auch die Höhe des als angemessen anerkannten Verbrauchswertes oder der als angemessen anerkannten Aufwendungen für die Heizung bestimmt werden. ³Bei einer Bestimmung nach Satz 2 kann sowohl eine Quadratmeterhöchstmiete als auch eine Gesamtangemessenheitsgrenze unter Berücksichtigung der in den Sätzen 1 und 2 genannten Werte gebildet werden. ⁴Um die Verhältnisse des einfachen Standards auf dem örtlichen Wohnungsmarkt realitätsgerecht abzubilden, können die Kreise und kreisfreien Städte ihr Gebiet in mehrere Vergleichsräume unterteilen, für die sie jeweils eigene Angemessenheitswerte bestimmen.

(2) ¹Der Satzung ist eine Begründung beizufügen. ²Darin ist darzulegen, wie die Angemessenheit der Aufwendungen für Unterkunft und Heizung ermittelt wird. ³Die Satzung ist mit ihrer Begründung ortsüblich bekannt zu machen.

(3) ¹In der Satzung soll für Personen mit einem besonderen Bedarf für Unterkunft und Heizung eine Sonderregelung getroffen werden. ²Dies gilt insbesondere für Personen, die einen erhöhten Raumbedarf haben wegen
1. einer Behinderung oder
2. der Ausübung ihres Umgangsrechts.

§ 22c Datenerhebung, -auswertung und -überprüfung

(1) ¹Zur Bestimmung der angemessenen Aufwendungen für Unterkunft und Heizung sollen die Kreise und kreisfreien Städte insbesondere
1. Mietspiegel, qualifizierte Mietspiegel und Mietdatenbanken und
2. geeignete eigene statistische Datenerhebungen und -auswertungen oder Erhebungen Dritter

einzeln oder kombiniert berücksichtigen. ²Hilfsweise können auch die monatlichen Höchstbeträge nach § 12 Absatz 1 des Wohngeldgesetzes berücksichtigt werden. ³In die Auswertung sollen sowohl Neuvertrags- als auch Bestandsmieten einfließen. ⁴Die Methodik der Datenerhebung und -auswertung ist in der Begründung der Satzung darzulegen.

(2) Die Kreise und kreisfreien Städte müssen die durch Satzung bestimmten Werte für die Unterkunft mindestens alle zwei Jahre und die durch Satzung bestimmten Werte für die Heizung mindestens jährlich überprüfen und gegebenenfalls neu festsetzen.

Übersicht

	Rn.
A. Normgeschichte, Norminhalt, Normzweck	1
I. Normgeschichte	1
II. Norminhalt	2
III. Normzweck	3
B. Kommentierung im Einzelnen	4
I. Satzungsermächtigung (§ 22a)	4
1. Satzungsermächtigung durch Ländergesetze	4
2. Pauschalierung	8
3. Programmsätze	9
II. Satzungsinhalt (§ 22b)	9
1. Mindestvorgaben	10
2. Wohnungsgröße und Produkt	11
3. Begründung	12
4. Besonderheiten	13
III. Methoden (§ 22c)	14
1. Methode der Datenerhebung und -auswertung	14
2. Ausfall lokaler Erkenntnismöglichkeiten	15
3. Überprüfung	16

A. Normgeschichte, Norminhalt, Normzweck

I. Normgeschichte

Die sogenannte „Satzungslösung" zur Bestimmung der Angemessenheitsgrenzen der Bedarfe für 1
Unterkunft und Heizung ist durch Art. 2 Nr. 31 RegelbedarfsÄndG ist mit Wirkung zum 1. 4. 2011 geltendes Recht worden (Art. 14 Abs. 3 RegelbedarfsÄndG vom 24. 3. 2011, BGBl I, 453, 496). Ihre gesetzliche Verankerung war nicht unumstritten (vgl. nur Berlit, info also 2010, 195; S. Knickrehm SozSich 2010, 190, jeweils mwN). Für die Satzungslösung gibt es bisher kein praktisches Anwendungsbeispiel, denn es fehlt z. Zeit noch an einer gesetzlichen Ermächtigungsgrundlage iS v. § 22 a Abs. 1 S. 1 durch die Länder. Der Gesetzgeber hat Satzungslösung ins SGB II aufgenommen, weil sich erwiesen hat, dass die Bestimmung der Angemessenheitsgrenze bei den Aufwendungen für Unterkunft und Heizung von zahlreichen regionalen Faktoren determiniert ist. Eine zunächst einmal angedachte bundeseinheitliche Bestimmung kam, weil nach § 22 Abs. 1 S. 1 die „tatsächlichen" Aufwendungen als Bedarf anzuerkennen sind, daher nicht in Betracht. U. a. aus diesem Grunde ist auch die bis zum 31. 3. 2011 im Gesetz vorhandene Verordnungsermächtigung in § 27 Nr. 1, die dem BMAS die Möglichkeit eröffnet hätte durch Rechtsverordnung zu bestimmen, welche Aufwendungen für Unterkunft und Heizung angemessen sind und unter welchen Voraussetzungen die Kosten für Unterkunft und Heizung pauschaliert werden können durch das RegelbedarfsÄndG gestrichen worden (vgl. zur Kritik an der Verordnungsermächtigung Kohte in der Vorauflage § 27 Rn. 3 ff; S. Knickrehm in Eicher/Spellbrink § 27 Rn. 2 f, 6). Weiterer Gesichtspunkt für die Einführung der Satzungslösung war, dass die Praxis die Anforderungen des BSG an die Bestimmung der örtlichen Angemessenheitsgrenze (Vergleichsmiete oder Referenzmiete, s. hierzu iE S. Knickrehm, § 22 Rn. 4– 17, insb. 17) zunächst als sehr kompliziert bewertet hat. Zudem war Kritik an der dogmatischen Begründung des BSG zur Ausfüllung des unbestimmten Rechtsbegriffs der „Angemessenheit" durch Verfahrensvorgaben laut geworden (s. S. Knickrehm § 22 Rn. 8, 17). Die Bestimmung der Angemessenheitsgrenze soll nunmehr durch die Möglichkeit sie in einer Satzung festzulegen, auf der Ebene der Kreise und kreisfreien Städte – wie es in der Begründung zum Gesetzentwurf heißt – transparent und rechtssicher ausgestaltet werden (BT-Drs. 17/3404, S. 99). Mit der Satzungsmöglichkeit verbindet der Gesetzgeber eine einfachere Prüfung des zu berücksichtigenden Bedarfs (hierzu s. unten unter Rn. 3). Vorbild des rechtlichen Rahmens der Satzungslösung sind die Vorschriften zur Satzungsbefugnis der Gemeinden nach dem BauGB. Diese Parallelität ist bis in Prozessverfahrensrecht fortgesetzt worden, indem u. a. durch § 55 a SGG die Möglichkeit der Normenkontrolle der Satzungsreglungen durch LSG und BSG (§ 160 Abs. 1 SGG) eingefügt worden ist (s. unten unter Rn. 5, 6).

II. Norminhalt

§§ 22 a bis 22 c bieten den gesetzlichen Rahmen für die durch die Kreise und kreisfreien Städte 2
vorzunehmende konkrete Bestimmung der regionalen Vergleichsmiete (s. zur Rspr. des BSG, das auch bisher die regionale Bestimmung im Vergleichsraum vorsah, S. Knickrehm § 22 Rn. 14, 17). Der Bundesgesetzgeber delegiert mit § 22 a Normsetzung über die Bundesländer an die Träger funktionaler Selbstverwaltung. Im Hinblick auf den Verfassungsrang, den auch die Gewährleistung von Unterkunft und Heizung als Teil des Existenzminimums haben und die – soweit sie die tatsächlichen Aufwendungen des Leistungsberechtigten für „Wohnen" unterschreitet – grundrechtsbeschränkende Wirkung der Festlegung einer Angemessenheitsgrenze musste der Bundesgesetzgeber die wesentlichen Regelungsgegenstände zur Bestimmung der Vergleichsmiete jedoch selbst festlegen (Wesentlichkeitstheorie). Die Festlegung dieser Regelungsgegenstände ist wesentlicher Inhalt der §§ 22 a bis 22 c. Vor dem Hintergrund der Entscheidung des BVerfG vom 9. 2. 2010 (1 BVL 1/09, 3/09, 4/09) und des dort postulierten Transparenz- und Realitätsgebot der Bestimmung des existenzsichernden Bedarfs muss Erstellung und Inhalt der Satzung diesem Gebot folgen.

III. Normzweck

Nach den Vorgaben der § 22 a bis 22 c soll den Kreisen und kreisfreien Städten die Möglichkeit er- 3
öffnet werden, die regionale Angemessenheitsgrenze des § 22 Abs. 1 S. 1 zu bestimmen. Sie haben die Vorgaben der §§ 22 a bis c zu beachten. Diese **Vorgaben** orientieren sich ganz wesentlich an der Rechtsprechung des **BSG** zur Ausfüllung des unbestimmten Rechtsbegriffs der Angemessenheit durch „Verfahrensvorgaben" (s. hierzu ausführlich S. Knickrehm, Sozialrecht aktuell 2011, Heft 4; s. auch S. Knickrehm § 22 Rn. 4–17, insb. Rn. 17). § 22 a ermächtigt die Länder, die Kreise und kreisfreien Städte durch Gesetz zu ermächtigen oder verpflichten, durch Satzung zu bestimmen, in welcher Höhe die Aufwendungen für Unterkunft und Heizung regional angemessen sind. Das bedeutet §§ 22 a Abs. 2 zT und Abs. 3, 22 b und c werden erst dann praxisrelevant, wenn die Länder die entsprechenden **Ermächtigungsgrundlagen** geschaffen haben. Allerdings wird auch dann die von den Kreisen und kreisfreien Städten erstellte Satzung von der Zustimmung der obersten Landesbehörde oder einer von

dieser zu bestimmenden Stelle abhängig gemacht, wenn das Landesgesetz dieses – gleichsam präventiv – vorsieht. Den Ländern wird mithin durch § 22a Abs. 1 die Gestaltungsbefugnis eingeräumt zu bestimmen, ob die kommunalen Träger Satzungen erlassen dürfen, ob eine Verpflichtung zum Satzungserlass besteht, ob die zuständige oberste Landesbehörde vorab der Satzung zustimmen muss und ob der Bedarf für die Unterkunft und Heizung durch eine monatliche Pauschale (§ 22a Abs. 2) abgegolten werden kann (vgl. BT-Drs. 17/3404, S. 100). Nach der Begründung zum Entwurf des RegelbedarfsÄndG (BT-Drs. 17/3404, S. 100) verspricht sich der Gesetzgeber von der Satzungsermächtigung und deren Umsetzung, dass durch die Satzung transparent und rechtssicher bestimmt werden kann, welche Aufwendungen für Unterkunft und Heizung unter Berücksichtigung der örtlichen Gegebenheiten als angemessen anzusehen sind. Ziel ist eine **Vereinfachung der Prüfung** der konkreten Bedarfe für Unterkunft und Heizung nach § 22 Abs. 1 S. 1 im Verwaltungs- und Gerichtsverfahren. Insoweit ist Skepsis angezeigt, denn die Vorgaben zur Bestimmung der Angemessenheitsgrenze entsprechen in wesentlichen Teilen denen der Rechtsprechung des BSG zum unbestimmten Rechtsbegriff der Angemessenheit und stehen unter dem Gebot, dass durch die Leistungen nach § 22 Abs. 1 S. 1 – selbst wenn die Angemessenheitsgrenze durch Satzung auch in Form einer Pauschale festgelegt worden ist – ein wesentlicher Teil des Existenzminimums als Ausfluss von Art. 1 Abs. 1 iVm Art. 20 Abs. 1 GG gewährleistet werden muss. Dass bedeutet, die Festlegung der Angemessenheitsgrenze durch Ausfüllung des unbestimmten Rechtsbegriffs der „Angemessenheit" in § 22 Abs. 1 S. 1 und die Ausfüllung dessen durch Satzung stehen unter den selben Prämissen – der Ermittlungsaufwand unterscheidet sich kaum. Eine Rechtfertigung findet die unterschiedliche rechtliche Handhabung einzig in den regionalen Unterschieden auf dem Wohnungsmarkt. Deshalb kann eine iS des Art. 3 Abs. 1 GG verfassungsfeste unterschiedliche Behandlung der Leistungsberechtigten im Hinblick auf Leistungen für Unterkunft und Heizung auf Grund der Ausfüllung des unbestimmten Rechtsbegriffs der „Angemessenheit" nach § 22 Abs. 1 S. 1 oder Satzung auch nur durch diese regionalen Besonderheiten gerechtfertigt werden. Praktisch kann zwar durch die verfahrensrechtliche Ergänzung der Vorschriften durch § 55a SGG (**Normenkontrollverfahren** – § 47 VwGO nachgebildet) insoweit eine Vereinfachung eintreten, als zu erhoffen ist, dass dann, wenn die durch Satzung bestimmte Angemessenheitsgrenze einmal von dem LSG (im ersten Rechtszug und durch einen eigens hierfür gebildeten Senat – § 29 Abs. 2 Nr. 4 und § 31 Abs. 2 SGG; BSG – § 160 Abs. 1 SGG) überprüft und für rechtmäßig befunden worden ist, nicht in jedem einzelnen Verwaltungsverfahren oder Rechtsstreit mit dem Ziel u. a. höherer Leistungen für Unterkunft und Heizung diese Angemessenheitsgrenze erneut zu überprüfen sein wird. Gleichwohl ist die Angemessenheitsgrenze in jedem dieser Verfahren inzident zu prüfen (**inzidente Normenkontrolle**) und nur wenn der Kammern und Senate der Instanzgerichte der Entscheidung des zuständigen Senats des LSG/dem BSG folgen, soweit die Satzung vom LSG/BSG für rechtmäßig befunden worden ist, wird weiterer Streit um die Angemessenheitsgrenze vermieden. Ist die Satzung unwirksam ist die Entscheidung des LSG zwar allgemeinverbindlich, dann setzt sich der Streit um die zutreffende Angemessenheitsgrenze im einzelnen Verfahren jedoch ohnehin fort. Zudem gilt es zu bedenken, dass eine Aussetzung des Rechtsstreits während der Prüfung der Satzung durch LSG/BSG nach § 114 Abs. 2a SGG in vielen Fällen bereits deswegen nicht in Betracht kommt, weil Bedarfe für Unterkunft und Heizung nach der ausdrücklichen Regelung des § 19 Abs. 1 S. 2 Bestandteil des Alg II sind und damit keinen abtrennbaren Streitgegenstand mehr darstellen können. Sind also für den betreffenden Bewilligungszeitraum nicht nur Leistungen für Unterkunft und Heizung im Streit, so ist die Aussetzung des Rechtsstreits bis zur Entscheidung von LSG oder BSG angesichts dessen, dass existenzsichernde Leistungen im Streit stehen, kaum zu rechtfertigen – zu denken ist ggf. an ein Teilurteil. Als unzutreffend dürfte sich auch die in der Begründung zum Gesetzentwurf geäußerte Auffassung erweisen, dass dann, wenn der Angemessenheitswert durch Satzung bestimmt sei, die konkreten Umstände des Einzelfalls nur noch zu prüfen seien, wenn die festgesetzten Angemessenheitsgrenzen überschritten würden (BT-Drs. 17/3404, S. 100). Die Höhe der Unterkunfts- und Heizbedarfe ist immer in jedem Einzelfall zu prüfen, denn es sind die tatsächlichen Aufwendungen anzuerkennen. Diese tatsächlichen Aufwendungen gilt es jedoch unter Berücksichtigung des Einzelfalls festzustellen, denn die Angemessenheitsgrenze bewirkt nicht zugleich die pauschale Leistungsgewährung, die unabhängig von dem tatsächlichen Bedarf erfolgt. Zudem ist bisher unklar, inwieweit bereits aus Gründen der Datengrundlage (§ 22c) Nebenkosten und Heizkosten in die Bestimmung der Angemessenheitsgrenzen einbezogen werden können (s. unten unter Rn. 10).

B. Kommentierung im Einzelnen

I. Satzungsermächtigung (§ 22a)

4   **1. Satzungsermächtigung durch Ländergesetze. Abs. 1** normiert die Grundlage für den Erlass von Satzungen durch die Kreise und kreisfreien Städte, indem den Bundesländern die Möglichkeit eröffnet wird, die bundesgesetzliche Regelungsmaterie im Hinblick auf die Bestimmung der Höhe der als angemessen anzuerkennenden Bedarfe für Unterkunft und Heizung nach § 22 Abs. 1 S. 1

durch **Landesgesetz** an die Kreise und kreisfreie Städte (idR kommunaler Grundsicherungsträger, soweit dort in dem Gebiet nicht mehrere kommunale Träger angesiedelt sind) als Satzungsgeber zu delegieren. Die Gestaltungsbefugnis obliegt im Hinblick auf Art 84 Abs. 1 S. 7 GG insoweit jedoch zunächst den Ländern. Wegen des hier grundrechtsbetroffenen Bereichs einer bundesgesetzlichen Materie hatte der Bundesgesetzgeber in den §§ 22b und c die wesentlichen Regelungen zum Inhalt der Satzung und der Datengrundlage der Festlegungen in der Satzung selbst zu treffen (Gesetzesvorbehalt). Er beschränkt damit die Satzungsautonomie der Kreise und kreisfreien Städte. Zudem hat der Bundesgesetzgeber die Bundesländer ermächtigt im Hinblick auf die Satzungsbefugnis der Kreise und kreisfreien Städte weitere beschränkende Regelungen zu treffen. So obliegt es den Bundesländern nicht nur zu bestimmen, ob die kommunalen Träger Satzungen erlassen dürfen, sondern auch ob eine Verpflichtung zum Satzungserlass besteht, ob die zuständige oberste Landesbehörde vorab der Satzung zustimmen muss und ob der Bedarf für die Unterkunft und Heizung durch eine monatliche Pauschale (§ 22a Abs. 2) abgegolten werden kann (vgl. BT-Drs. 17/3404, S. 100).

Problematisch ist insoweit, dass der Erlass von Satzungen nur in **Selbstverwaltungsangelegenheiten** in Betracht kommt. Als Selbstverwaltungsangelegenheiten der Kreise und kreisfreien Städte ist die Ausführung des SGB II zwar in den meisten Bundesländern ausgestaltet – allerdings nicht im Freistaat Bayern und in Nordrhein-Westfalen. Nach Art. 2 Abs. 1 S. 2 Hs 2 Bayerisches Gesetz zur Ausführung der Sozialgesetze nehmen die Grundsicherungsträger die Aufgaben als Angelegenheit des übertragenen Wirkungskreises und in Nordrhein-Westfalen als Pflichtaufgaben zur Erfüllung nach Weisung wahr (§ 1 Gesetz zur Ausführung des Zweiten Buches Sozialgesetzbuch für das Land Nordrhein-Westfalen). In Auftragsangelegenheiten ist die Rechtssetzungsform der Satzung jedoch nicht zulässig. In der Begründung zum RegelbedarfsÄndG wird dieses Problem allerdings durch den Hinweis negiert, die Länder könnten die Kreise und kreisfreien Städte zum Satzungserlass unabhängig davon ermächtigen, ob diese die Aufgaben der Grundsicherung für Arbeitsuchende als Selbstverwaltungsaufgaben oder als Pflichtaufgaben bzw Auftragsangelegenheiten wahrnähmen (BT-Drs. 17/3404, S. 100). Es bleibt abzuwarten mit welcher rechtlichen Lösung die Bundesländer Bayern und Nordrhein-Westfalen aufwarten werden. Nach dem Wortlaut des § 22a sind sie allerdings auch nicht gezwungen den Kreisen und kreisfreien Städten die Möglichkeit der Festlegung der Angemessenheitsgrenze durch Satzung einzuräumen.

Den Besonderheiten der Rechtslage in den **Stadtstaaten** Berlin, Bremen und Hamburg trägt das Gesetz in Abs. 1 S. 2 und 3 bereits Rechnung. Die drei genannten Stadtstaaten kennen die den Flächenländern eigene Trennung von Gemeinden und Ländern nicht. Daher bestimmt § 22a Abs. 1 S. 3 und 4, dass die Länder Berlin und Hamburg bestimmen, welche Form der Rechtsetzung an die Stelle einer nach Satz 1 vorgesehenen Satzung tritt. Das Land Bremen kann eine Bestimmung nach Satz 3 treffen. In der Folge dessen kann sich bei diesen drei Bundesländern sodann das Problem der Zulässigkeit der Überprüfung der dortigen Regelungen durch die **Normenkontrolle** nach § 55a SGG stellen. Nach § 55a Abs. 1 SGG ist im Wege der Normenkontrolle über die Gültigkeit von Satzungen oder anderen im Rang unter einem Landesgesetz stehenden Rechtsvorschriften, die nach **§ 22a Abs. 1** und dem dazu ergangenen Landesgesetz erlassen worden sind zu entscheiden. Der Normenkontrolle durch LSG und BSG unterliegen nach dem Wortlaut der Vorschrift mithin nur untergesetzliche Normen. Soweit die Stadtstaaten an Stelle einer Satzungsermächtigung eine Ermächtigungsgrundlage für eine Rechtsverordnung schaffen, ist die Überprüfung der Rechtsverordnung im Wege der sozialgerichtlichen Normenkontrolle daher unproblematisch (vgl insoweit zu § 47 VwGO nur Ziekow in Sodan/Ziekow, VwGO, 3. Aufl, 2010 § 47 Rn. 80; Schmidt in Eyermann, VwGO 12. Aufl., 2006, § 47 Rn. 8). Tritt an die Stelle der Satzung hingegen ein **formelles Landesgesetz**, was von der Freien und Hansestadt Hamburg im Bereich der Satzungsermächtigungen des BauGB vollzogen wird, ist umstritten, ob das verwaltungs- bzw sozialgerichtliche Normenkontrollverfahren nach § 47 VwGO bzw § 55a SGG zur Anwendung kommen kann. Das BVerfG hat dieses zwar bejaht (BVerfG 14. 5. 1985 – 2 BvR 397–399 u.a., BverfGE 70, 39) und ausgeführt, es handele sich insoweit um satzungsersetzende Gesetze, die im Hinblick auf Art. 3 Abs. 1 GG der Normenkontrolle des § 47 VwGO unterliegen müssten. Den Gleichheitsverstoß hat es allerdings daran festgemacht, dass das hamburgische Gesetz über die Feststellung von Bauleitplänen und ihre Sicherung sowohl die Möglichkeit der Feststellung durch Rechtsverordnung des Senats, als auch förmliches Gesetz der Bürgerschaft vorsehe. Hieraus folge, dass in einem Stadtstaat, also in einem klar umgrenzten Gebiet der Rechtsschutz durch verwaltungsgerichtliche Normenkontrolle eröffnet oder verschlossen sei, je nach vom Bürger nicht zu beeinflussender Entscheidung der städtischen Gremien. Dieses sei angesichts der besonderen Regelung des § 47 VwGO nicht sachgerecht iS des allgemeinen Gleichheitssatzes. An dieser Rspr. hat das Hamburgische OVG zwar bis in die jüngste Zeit festgehalten (s. nur 27. 4. 2005 – 2 E 9/99.N). Die Rspr. des BVerfG ist jedoch in der verwaltungsgerichtlichen Literatur auf erhebliche Kritik gestoßen (s. nur van den Hövel, NVwZ 1993, 459; Schmidt in Eyermann, VwGO, 12. Aufl. 2006, § 47 Rn. 8; Kopp, VwGO 15. Aufl., 2007, § 47 Rn. 21 jeweils mwN; Schenke, DVBl 1985, 1367; ders. Verwaltungsprozessrecht, 11. Aufl., 2007, S. 297). Zudem belegt die Argumentation des BVerfG, dass die dortige Entscheidung nicht ohne Weiteres auf die Situation der „untergesetzlichen" Festlegung der Angemessenheitsgrenzen iS des § 22 Abs. 1 S. 1 übertragbar ist, obwohl die Regelung in § 22a Abs. 1 S. 3 und 4 wörtlich § 246 Abs. 2 S. 1 und 2 nachgebildet ist. Es ist nicht zu erwarten, dass Rechtsverordnung und Gesetz zur Bestimmung der Angemessenheitsgrenze nebeneinander als Rechtsgrundlage bestimmt werden. Zu bedenken sind daher insoweit eher die Überlegungen von Ziekow, der darauf hinweist, dass die Möglichkeit anstelle der Satzung formelle Landesgesetze zu erlassen den Vorgaben der jeweiligen Landesverfassung Rechnung trägt, nicht jedoch die gerichtliche Kontrolldichte einschränken wolle. Insoweit werde das Verwerfungsmonopol des BVerfG nach Art. 100 Abs. 1 GG nicht tangiert, denn auch bei der fachgerichtlichen Normenkontrolle handele es sich um die Ausübung materieller Verfassungsgerichtsbarkeit, die sowohl zur Verfassungsgerichtsbarkeit des BVerfG, als auch der Landesverfassungsgerichte durch § 47 Abs. 3 VwGO – gleichlautend mit § 55a Abs. 3 SGG – bereits normativ abgrenzt werde. Die Kontrolle eines Gesetzes anstelle der Satzung bedeute mithin keinen Systembruch. Vielmehr müsse das Normenkontrollverfahren seinem Bündelungszweck gerecht werden und daher seien auch satzungsersetzende Gesetze durch ein Normenkontrollverfahren einer fachgerichtlichen Überprüfung zu unterziehen (Ziekow in Sodan/Ziekow, VwGO 3. Aufl., 2010, § 47 Rn. 82f). **Materiellrechtlicher Prüfungsmaßstab** im Normenkontrollverfahren ist damit insb. die Vereinbarkeit der Satzungsnormen bzw des satzungsersetzenden Gesetzes mit höherrangigem Recht, vor Allem Bundesrecht und GG, hier also § 22 Abs. 1 S. 1 iVm Art. 3 Abs. 1 GG (s. oben unter Rn. 3) und Art. 1 Abs. 1 iVm Art. 20 Abs. 1 GG.

7   Vor dem Hintergrund der dem **Gesetzesvorbehalt** entspringenden Wesentlichkeitstheorie wird durch § 22a Abs. 1 zudem bundesgesetzlich als ausschließlicher Regelungsinhalt der Satzung der Festlegung der Höhe der angemessenen Aufwendungen für Unterkunft und Heizung in dem jeweiligen Gebiet bestimmt. Ergänzend regelt § 22b Abs. 1 S. 1 Nr. 1, dass auch die angemessene Wohnungsgröße (s. hierzu S. Knickrehm § 22 Rn. 13; s. unten Rn. 9f) in der Satzung zu bestimmen ist, wobei dieses nach der Rspr. des BSG ein Faktor für die Höhe der Angemessenheitsgrenze ist. Für Personen mit besonderem Unterkunfts – und/oder Heizbedarf soll (Abweichung nur in atypischen Fällen, die allerdings bei der Satzungsgebung kaum vorstellbar sind) in der Satzung eine Sonderregelung getroffen werden. Die Bestimmung aller weiteren Faktoren steht im Ermessen der Satzungsgeber (Heizbedarfe, Bruttowarmvergleichsmiete, Vergleichsräume – § 22b Abs. 1 S. 2).

8   **2. Pauschalierung.** Nach **Abs. 2** können die Kreise und kreisfreien Städte auch durch den Landesgesetzgeber ermächtigt werden, in der Satzung die Bedarfe für Unterkunft und Heizung in einer **Pauschale** zu berücksichtigen. Insoweit handelt es sich lediglich um eine andere Art der Bestimmung der Höhe der Angemessenheitsgrenze als nach den Regeln insb. des § 22c. Auch hier erfolgt die Bestimmung der Höhe der Pauschale jedoch in etwa unter Anwendung der Regeln des Abs. 1 (s. Abs. 2 S. 3), so dass auch die Pauschale im Wege des Normenkontrollverfahrens zu überprüfbar ist (s. oben unter Rn. 6). Auch im Hinblick auf die Pauschale gilt jedoch, sie muss die Finanzierung des grundsicherungsrechtlich angemessenen Wohnraums tatsächlich gewährleisten. Der Vorteil der Pauschale gegenüber dem Verfahren zur Ermittlung der Angemessenheitsgrenze nach § 22c ist zwar, dass der Grundsicherungsträger die durch § 22c entstehenden Kosten (Verwaltungsaufwand und ggf. Kosten für externe Gutachten) einsparen kann. Die Pauschale wird im Gegenzug jedoch relativ großzügig bemessen ein müssen, um sicher zu gehen, dass die tatsächlichen Gegebenheiten (realitätsgerechte Bestimmung des existenzsichernden Bedarfs nach BVerfG 9. 2. 2010 – 1 BvL 1/09, 3/09, 4/09) abgebildet werden (vgl. insoweit Rspr. des BSG zur Wohngeldtabelle bei Ausfall der lokalen Erkenntnismöglichkeiten, 22. 9. 2009 – B 4 AS 18/09 R). Die Pauschale ist zudem auch dann zu zahlen, wenn die tatsächlichen Aufwendungen im Einzelfall niedriger als die pauschaliert zugestandenen sind; die Pauschale ist schließlich zum eigenverantwortlichen Wirtschaften einzusetzen, wenn der Bedarf in einem Bereich höher und in dem anderen niedriger ist, so dass der Ausgleich auf individueller Ebene geschaffen werden kann. Will der Grundsicherungsträger mithin zu vermutende höhere Belastungen des Steuerzahlers vermeiden, so müsste er die tatsächliche angemessene Miethöhe ermitteln. Daher muss die Pauschale nach dem Gesetzeswortlaut auch wirtschaftlich sein, dh etwaige Mehrausgaben für die zu erbringenden Leistungen müssen durch Einsparungen bei den Verwaltungskosten kompensiert werden können (BT-Drucks 17/3404 S. 100). Im Endeffekt wird die Pauschale daher das abzubilden haben, was auch ansonsten als „angemessen" im Sinne des § 22 Abs 1 Satz 1 SGB II anzusehen wäre, soll auch sie nicht verfassungswidrig eine zu niedrige Leistung festsetzen (s. iE S. Knickrehm, Sozialrecht aktuell 2011, Heft 4). Diese Problematik erkennend sieht § 22a Abs. 2 auch zahlreiche „Sicherungsmechanismen vor. So ist nicht nur die Sicht des Steuerzahlers durch das Kriterium der „Wirtschaftlichkeit" zu berücksichtigen, sondern eine Pauschalierung nur zulässig, wenn auf dem örtlichen Wohnungsmarkt ausreichend freier Wohnraum verfügbar ist. Auch insoweit ist allerdings zu bedenken, dass „freier Wohnraum" per se noch keine Garantie dafür ist, dass angemessener Wohnraum zur Verfügung steht. Insofern ist dieses Tatbestandsmerkmal, wenn es „verfassungsfest" sein soll, um das Kriterium des „grundsicherungsrechtlich angemessenen" freien Wohnraums zu ergänzen. So wird in der Begründung zum Gesetzentwurf des RegelbedarfsÄndG auch darauf hingewiesen, bei der Bemessung der Pauschale seien die persönlichen und familiären Verhältnisse, die Größe und Beschaffenheit der Wohnung, die vorhandene Heizmöglichkeit und die örtlichen Gegebenheiten zu berücksichtigen (BT-Drs. 17/3404, S. 100). Mit Blick auf die verfassungsrechtlichen Untiefen einer Pauschalierung hat der Gesetzgeber zudem in Abs. 2 S. 2 die Pauschalierungsoption mit der Bedingung verknüpft,

dass in der Satzung zudem für den Fall Regelungen getroffen werden müssten, dass die Pauschalierung im Einzelfall zu unzumutbaren Ergebnissen führe. Vorsorglich heißt es in der Begründung zum Gesetzentwurf des RegelbedarfsÄndG denn auch, dass die Pauschalierungsregelung rechtswidrig sei, wenn es an diesen „Sonderregelungen" fehle (BT-Drs. 17/3404, S. 100). Die vom Gesetzgeber – jedenfalls nach der Begründung zum Entwurf des RegelbedarfsÄndG – erwünschte Evaluierung der Erfahrungen mit der Pauschalierung durch die Länder hat keinen unmittelbaren Eingang in die rechtlichen Regelungen gefunden.

3. **Programmsätze. Abs.** 3 enthält nach der Begründung zum Entwurf des RBEG „Programmsätze" (BT-Drs. 17/3404, S. 100). Dem kann im Hinblick auf S. 1 nicht gefolgt werden, wenn dort bestimmt wird, dass die Bestimmung der Angemessenheitsgrenze die Verhältnisse des einfachen Standards auf dem örtlichen Wohnungsmarkt abbilden solle. Nach der Rspr. des BSG haben SGB II-Leistungsberechtigte zwar „nur" Anspruch auf die Gewährleistung einer Wohnung einfachen Standards, eine solche muss ihnen jedoch auch tatsächlich gewährleistet werden. Gewährleistet wird sie ihnen tatsächlich jedoch nur, wenn sie auf dem örtlichen Wohnungsmarkt zu finden ist bzw sie eine solche inne haben (nicht einfachster Standard, dann ggf. Umzugsoption). Insoweit kommt es, soll die Angemessenheitsgrenze realitätsgerecht und damit verfassungsfest ermittelt werden, immer darauf an, wie der einfache Standard des örtlichen Wohnungsmarktes sich in der Realität darstellt. Damit handelt es sich bei Abs. 3 S. 1 nicht nur um einen Programmsatz, sondern einen grundlegenden **Faktor zur Bestimmung der Angemessenheit**. Vor diesem Hintergrund können die nachfolgenden „Programmsätze" des S. 2 Nr. 1 bis 4 auch nur als kommunalpolitisch „nebenbei" verfolgbare Ziele angesehen werden. Im Hinblick auf die in Abs. 3 S. 2 zu berücksichtigenden Auswirkungen ist insoweit zu bedenken, dass ihre Berücksichtigung nicht mit der Gewährleistungsgarantie aus Art. 1 Abs. 1 iVm Art. 20 Abs. 1 GG kollidieren darf. Das bedeutet, die Angemessenheitsgrenze darf zB nicht niedriger festgelegt werden, als der tatsächliche Mietzins für Wohnraum einfachen Standards im Vergleichsraum, nur um des kommunalpolitischen Zieles Willen mietpreiserhöhende Wirkungen der Leistungen für Unterkunft und Heizung nach dem SGB II zu vermeiden. Ähnliches gilt für Nr. 4, die Schaffung und Erhaltung sozial ausgeglichener Bewohnerstrukturen. Zwar hat auch das BSG die Vermeidung von Ghettoisierung als ein wesentliches Element bei der Feststellung der Angemessenheitsgrenze angesehen (BSG 19. 2. 2009 – B 4 AS 30/08 R), allerdings nur zur Begründung der Bestimmung der Größe des örtlichen **Vergleichsraums**. Danach soll der Ghettobildung dadurch begegnet werden, dass hinsichtlich der Referenzmieten zwar auf Mieten für „Wohnungen mit bescheidenem Zuschnitt" abgestellt wird, insoweit aber nicht einzelne, besonders heruntergekommene und daher „billige" Stadtteile herausgegriffen werden dürfen, sondern auf Durchschnittswerte des unteren Mietpreisniveaus im gesamten Stadtgebiet bzw räumlichen Vergleichsraum abzustellen ist. Das setzt die Bildung relativ großer Vergleichsräume voraus, was durch die Möglichkeit des § 22 b Abs. 1 S. 4 nunmehr allerdings unterlaufen werden kann, wenn dort vorgesehen wird, das Gebiet des Satzungsgebers in mehrere Vergleichsräume zu unterteilen, innerhalb derer jeweils eigene Angemessenheitswerte gebildet werden können. Ein solches Vorgehen kann deshalb zu einer unausgeglichenen Bewohnerstruktur führen, weil § 22 Abs. 1 S. 2 zugleich vorschreibt, dass bei einem nicht erforderlichen Umzug die angemessenen Aufwendungen für Unterkunft und Heizung nur in Höhe des bisherigen Bedarfs anerkannt werden. Wird die Vergleichsmiete nach dem Mietniveau eines sozialen Brennpunktgebietes bestimmt, so wird ein Umzug in einen beispielsweise anderen Stadtteil des Gebietes des Satzungsgebers wegen des dort höheren Mietpreisniveaus kaum möglich sein. Insoweit könnte nur die Rspr. des 4. Senats des BSG, die die Wirkung des § 22 Abs. 1 S. 2 auf den jeweiligen örtlichen Vegleichsraum beschränkt, der hier dann entsprechend kleiner ausfällt, Abhilfe iS des Programmsatzes des **§ 22 a Abs. 3 S. 2 Nr. 4** schaffen (BSG 1. 6. 2010 – B 4 AS 60/09 R), die jedoch von ihrer Intention her eher für Umzüge in das Gebiet eines anderen Grundsicherungsträgers gedacht war.

II. Satzungsinhalt (§ 22 b)

1. **Mindestvorgaben.** Mit § 22 b sollen der Rahmen und die Mindestvorgaben für die zu erlassende Satzung oder Rechtsverordnung festgelegt werden (zur Notwendigkeit dessen s. unter Rn. 7 f). Soweit in der Begründung zum Entwurf des RegelbedarfsÄndG zugleich darauf hingewiesen wird, dass § 22 b auch ermögliche darüber hinaus von der bisherigen Rechtslage **abweichende Regelungen** zu schaffen, betrifft die Abweichung nur eine solche von der bisherigen Rspr. des BSG, denn aus den oben dargelegten Gleichheitsgründen kann eine Abweichung von den Bestimmungen des § 22 nicht erfolgen (s. Rn 3; BT-DRs. 17/3404, S. 101). Die unterschiedliche rechtliche Form der Bestimmung der Angemessenheitsgrenze findet einzig den regionalen Unterschieden seine Rechtfertigung.

2. **Wohnungsgröße und Produkt.** Die Unterschiede betreffen dabei nicht nur das Mietpreisniveau, sondern zB auch die übliche **Wohnungsgröße** – insoweit kann sich auch innerhalb einer Region ein erhebliches Gefälle zwischen städtischer und ländlicher Wohnlage ergeben. Daher ist es konsequent, wenn die Festlegung der angemessenen Wohnungsgröße dem Satzungsgeber als Mindestgehalt der Satzung nach **Abs. 1** S. 1 Nr. 1 übertragen wird. Das BSG – das insoweit auf die Wohn-

raumfördervorschriften der Länder abgestellt hat – hat in seinen Entscheidungen von Anfang an betont, dass es sich bei dem Rückgriff auf diese Regelungen um einen „Notbehelf" handele. Bessere Erkenntnisgrundlagen, die insb. den regionalen Unterschieden gerecht werden, waren jedoch nicht vorhanden (BSG 7. 11. 2006 – B 7b AS 18/06 R, seit dem std. Rspr.). Gleichwohl bedeutet diese Abweichungsmöglichkeit von der bisherigen Rspr. nicht, dass der Satzungsgeber nun im Hinblick auf die als angemessen befundene Wohnungsgröße „frei schöpfen" kann, denn sie kann sich nur aus der Struktur des örtlichen Wohnungsmarktes ergeben und muss daher auf einer geeigneten Datengrundlage iS des § 22c beruhen. Dieses Problem scheint dem „Gesetzgeber" auch durchaus bewusst gewesen zu sein, wenn in der Begründung zum Entwurf des RegelbedarfsÄndG ausgeführt wird, dass dann, wenn keine belastbaren Daten zur Ermittlung der regional angemessenen Wohnfläche vorhanden seien, der Festsetzung hilfsweise die landesrechtlichen Wohnraumförderbestimmungen zugrundegelegt werden könnten. Zudem ändert die Möglichkeit der Bestimmung der angemessenen Wohnungsgröße in der Satzung nichts an der Geltung der **Produkttheorie**, nach der es dem Leistungsberechtigten obliegt, innerhalb der Grenzen des als angemessen befundenen Produkts sich den Wohnraum frei zu suchen. Es muss ihm mithin auch weiterhin möglich sein eine größere Wohnung mit einem niedrigeren Wohnungsstandard zu mieten, wenn der Mietpreis die Angemessenheitsgrenze nicht überschreitet. Insofern ist die Reihung in § 22b S. 1 missverständlich, wenn Nr. 2 dieses Satzes regelt dass in der Satzung kumulativ zu bestimmen ist, in welcher Höhe Aufwendungen für Unterkunft als angemessen anerkannt werden. Die Wohnfläche ist ein Faktor zur Bestimmung der Angemessenheitsgrenze und die Angemessenheitsgrenze ist das Produkt. Dieses Missverständnis setzt sich in der Entwurfsbegründung fort, indem es dort heißt, das Produkt von angemessener Wohnfläche und angemessenen Aufwendungen ergebe die Angemessenheitsgrenze pro qm (BT-Drs. 17/3404, S. 101; s. oben S. Knickrehm § 22, Rn. 13, 16). Gemeint ist hier wohl: Wohnungsgröße + Wohnlage + Standard + Ausstattung = Mietpreis = Produkt = Angemessenheitsgrenze). Bemerkenswert ist ferner, dass in der Entwurfsbegründung zudem die angemessenen Aufwendungen aus aus Kaltmiete und **Nebenkosten** bestehend bestimmt werden, was in dieser Allgemeinheit keinen Niederschlag im Gesetzestext gefunden hat und im Hinblick auf § 22c (Datenerhebung und Begründung) voraussetzt, dass auch die Höhe der regional angemessenen Nebenkosten ermittelbar sind (es fehlen nach wie vor in manchen Regionen etwa regionale Betriebskosten- und Heizspiegel; s. hierzu BSG 2. 7. 2009 – B 14 AS 36/08 R; 19. 10. 2010 – B 14 AS 15/09 R; 19. 10. 2010 – B 14 AS 65/09 R – Betriebskostenspiegel). Soweit zu den Nebenkosten auch die Heizkosten gehören sollen wird abzuwarten bleiben, auf welcher Datengrundlage die Satzungsgeber diese realitätsgerecht ermitteln wollen, ohne mit dem Ermittlungsaufwand jeden wirtschaftlichen Rahmen zu sprengen (zu den Heizkosten s. unter S. Knickrehm § 22 Rn. 20; zu den Betriebskosten s. S. Knickrehm § 22 Rn. 7). In § 22b Abs. 1 S. 3 wird es dem Satzungsgeber dem entsprechend auch konsequent freigestellt eine qm-**Höchstpreismiete** oder **Gesamtangemessenheitsgrenze** zu bilden. Soweit das BSG dieses Vorgehen bisher abgelehnt hat, beruht dieses weniger auf grundsätzlichen dogmatischen Überlegungen, denn den oben beschriebenen fehlenden Datengrundlagen (vgl. Krauß Sozialrecht aktuell 2011, Heft 4). Zu der Möglichkeit mehrere Vergleichsräume festzulegen s. unter Rn 8.

12 **3. Begründung.** Der Rspr. des BSG entsprechend und daher kaum weniger aufwendig, als die Ausfüllung des unbestimmten Rechtsbegriffs der Angemessenheit nach § 22 Abs. 1 S. 1 ist der Satzung nach § 22b **Abs. 2** eine **Begründung** beizufügen (BSG 22. 9. 2009 – B 4 AS 18/09 R; Ausfüllung durch Verfahrensvorgaben s. S. Knickrehm, Sozialrecht aktuell 2011, Heft 4) sowie die Satzung mit der Begründung öffentlich bekannt zu machen. Dieser Begründungs- und Veröffentlichungszwang ist an §§ 9 Abs. 8 und 10 Abs. 3 S. 1 BauGB angelehnt (s. zur gerichtsverfahrensrechtlichen Anlehnung an das BauGB unter Rn. 6). Zugleich kommt der Gesetzgeber damit dem vom BVerfG postulierten Transparentgebot (BVerfG 9. 2. 2010 – 1 BvL 1/09, 3/09, 4/09) bei der Bestimmung des zur Sicherung des Existenzminimums Erforderlichen nach. Die Begründung betrifft einerseits die Erläuterung dessen, wie der angemessene Wohnbedarf ermittelt worden ist und andererseits die aus den erhobenen Daten gezogenen Schlüsse iS des § 22c Abs. 1. Auch die Methode ist bekannt zu machen. Die Datenerhebung lässt unter Berücksichtigung von § 22c allerdings eine Offenheit der Methode zu – was auch der Rspr. des BSG bei der Ausfüllung des unbestimmten Rechtsbegriffs der Angemessenheit entspricht (BSG 22. 9. 2009 – B 4 AS 18/09 R). Soweit allerdings in der Begründung zum Entwurf des RegelbedarfsÄndG die methodische Offenheit auch auf die Datenauswertung übertragen wird, ist unklar was damit gemeint sein soll (BT-Drs. 17/3404, S. 101). Die Datenauswertung muss auch soweit sie die Grundlage für eine in einer Satzung oder Rechtsverordnung zu bestimmende Angemessenheitsgrenze darstellt, mathematisch-statistischen Grundsätzen entsprechen. Eine Varianz ist dabei kaum denkbar.

13 **4. Besonderheiten.** Den Besonderheiten des Einzelfalls Rechnung tragend sieht **Abs. 3** vor, die Satzung solle für Personen mit **besonderen Bedarfen** für Unterkunft und Heizung in der Satzung Sonderregelungen treffen. In Bezug auf die Verwendung des Wortes „soll" ist auch hier allerdings kaum vorstellbar, dass Ausnahmen in atypischen Fällen gegeben sein können – es Regionen gibt, in denen keine Menschen mit besonderem Unterkunftsbedarf wohnen. Als besonderer Bedarf werden beispielhaft in Abs. 3 S. 2 benannt: Behinderung (zu unterscheiden von dem nicht in der Satzung zu

regelnden Fall der Kostensenkungsobliegenheit und deren Unzumutbarkeit wegen einer bestehenden Behinderung, s. S. Knickrehm § 22 Rn. 23) oder Ausübung des Umgangsrechts (zur temporären Bedarfsgemeinschaft s. S. Knickrehm § 7). Letzteres ist zwar grundsätzlich zu begrüßen, war doch bisher ungeklärt, ob und wie die temporäre Bg auf die Höhe der Unterkunftskosten durchschlägt, insb. ob sie Auswirkungen auf die angemessene Wohnungsgröße hat. Allerdings ist zu bedenken, dass die Delegation an den Satzungsgeber ein regional unterschiedliches Ergebnis erbringen wird, was kaum zu rechtfertigen ist. Die Angemessenheit von Unterkunftskosten einer temporären Bg ist nicht durch regionale Unterschiede determiniert. Soweit ferner in der Begründung zum Entwurf des RegelbedarfsÄndG auch abgesenkte Bedarfe als Möglichkeit der Abweichung angegeben werden erscheint zumindest das benannte Beispiel nicht sehr erhellend. So wird ausgeführt, ein abgesenkter Bedarf könne während der Berufsfindungsphase bestehen (BT-Drs. 17/3404, S. 101). Lebt der junge Mensch vor Vollendung des 25. Lbj. noch zu Hause, so wird sein Unterkunftsbedarf kopfteilig über die Leistungen für Unterkunft und Heizung der Bg gedeckt – ein abgesenkter Bedarf ist nicht zu rechtfertigen. Ggf. kann auch eine Leistung nach § 27 Abs. 3 zu gewähren sein. Ansonsten greift § 22 Abs. 5. Dass darüber hinaus noch Raum für einen abgesenkten Bedarf verbleibt erschließt sich nicht. Die Rspr. des BSG zum Unterkunftsbedarf einer Wohngemeinschaft (BSG 18. 6. 2008 – B 14/11b AS 61/06 R; s. auch S. Knickrehm § 22 Rn. 9) darf durch die Satzung nicht umgangen werden. Insoweit handelt es sich nicht um die Bestimmung der Angemessenheitsgrenze für Unterkunftsbedarfe, sondern um eine Frage der Leistungsberechtigung iS des § 7, also ob eine Bg gegeben ist oder von einem leistungsberechtigten Alleinstehenden auszugehen ist, mit Folgen auch für den Unterkunftsbedarf.

III. Methoden (§ 22 c)

1. Methode der Datenerhebung und -auswertung. Datenerhebung und -auswertung sind nach 14 § 22 c Abs. 1 S. 3 nunmehr in der **Begründung** der Satzung darzulegen, wie von der Rspr. des BSG bereits in der ersten Entscheidung zum schlüssigen Konzept gefordert (BSG 22. 9. 2009 – B 4 AS 18/09 R). Damit wird **Transparenz** hergestellt, wie sie für die Ermittlung der existenzsichernden Bedarfe auch durch das BVerfG für zwingend gehalten worden ist (9. 2. 2010 – 1 BvL 1/09, 3/09, 4/09). Allerdings führt Transparenz alleine noch nicht dazu, dass die festgesetzten Grenzen dem Gewährleistungsanspruch aus der Verfassung entsprechen. Entscheidend ist, dass mit der gewählten **Methode** die Bedarfe so realitätsgerecht abgebildet werden (s. auch BT-Drs. 17/3404, S. 102), dass es dem einzelnen Leistungsberechtigten ermöglicht wird angemessenen Wohnraum zu bewohnen (eine Mietwohnung zu halten oder eine neue anzumieten). Die Methode kann allerdings durchaus unterschiedlich sein – Bedenken insoweit bestehen nicht (22. 9. 2009 – B 4 AS 18/09 R), solange die Ergebnisse realitätsgerecht sind. Es ist daher auch konsequent, wenn der Gesetzgeber die Satzungsgeber zwar auf vorhandene Mietspiegel, Mietdatenbanken oder geeignete eigene statistische Datenerhebungen oder solche Dritter verweist. Von besonderer Bedeutung ist jedoch, dass sie sie nach dem Wortlaut des § 22 c Abs. 1 S. 1 einzeln oder kombiniert **berücksichtigen** sollen. Dieses bedeutet, dass sie nur dann, wenn sie aus sich selbst heraus bereits eine realtitätsgerechte Darstellung grundsicherungsrechtlich angemessener Unterkunfts- und/oder Heizkosten ermöglichen, alleine zur Bestimmung der Angemessenheitsgrenze herangezogen werden können. Das dürfte bei Mietspiegeln selten der Fall sein, da sie für einen anderen Zweck als die grundsicherungsrechtliche Bestimmung der Angemessenheitsgrenze gefertigt worden sind (vgl. hierzu eingehend, Gautzsch, Sozialrecht aktuell 2011, Heft 4; s. nur BSG 19. 10. 2010 – B 14 AS 50/10 R zur Verwertbarkeit von Mietspiegeln im Rahmen des § 22). Die Datenbasis muss dabei nach der Begründung zum Entwurf des RegelbedarfsÄndGbelastbar sein. In der Satzung müsse dargestellt werden, dass die zugrundliegenden statistischen Daten – im Rahmen der Möglichkeiten des kommunalen Trägers – die Verhältnisse des einfachen, im unteren Marktsegment liegenden Standards auf dem örtlichen Wohnungsmarkt widerspiegelten und auf Basis dieser statistischen Daten ein nachvollziebarer Angemessenheitswert festgelegt worden sei, wobei eine Kombination verschiedener Erkenntnisquellen als sinnvoll bezeichnet wird (BT-Drs. 17/3404, S. 102). Soweit Abs. 1 S. 2 vorsieht in die Auswertung sollten sowohl **Neuvertrags-** als auch **Bestandsmieten** einfließen ist unklar was der Gesetzgeber damit meint. Die tatsächlichen Mietpreise neu vermieteter Wohnungen – zu klären wäre zunächst welchen zeitlichen Rahmen der Begriff „neu" umfasst – dürften relativ schwer gesondert zu ermitteln sein. Es fragt sich daher, ob nicht der Gesetzestext dahingehend zu verstehen sein soll, dass Neuvertragsmieten Angebotsmieten sind, also aktuelle Mietpreisforderungen für leerstehenden Wohnraum. Dieses entspräche zum einen der bisherigen Rechtsprechung des BSG und würde zum Anderen auch den Leistungsberechtigten gerecht, die eine neue Wohnung anmieten wollen.

2. Ausfall lokaler Erkenntnismöglichkeiten. Der Gesetzgeber hat nunmehr ausdrücklich in den 15 Gesetzestext übernommen, was nach der Rspr. des BSG als ultima ratio beim Ausfall lokaler Erkenntnismöglichkeiten bereits vorgesehen war, den Rückgriff auf Werte des **WoGG** (BSG 17. 12. 2009 – B 4 As 50/09 R). Bezug genommen wird in § 22 c **Abs. 1 S. 2** auf die Werte nach § 12 Abs. 1 WoGG, die derzeit wohl nicht die aktuelle Lage am Wohnungsmarkt widerspiegeln dürften, so dass es keines wie vom BSG für das alte Wohngeldrecht geforderten Zuschlags bedarf, um sicher zu stellen, dass die Angemessenheitsgrenze die tatsächlichen Verhältnisse auf dem Mietwohnungsmarkt abbildet.

16 3. Überprüfung. Ebenfalls der Forderung des BSG im Rahmen des schlüssigen Konzepts entsprechend (BSG 22. 9. 2009 – B 4 AS 18/09 R) wird nun in § 22 c **Abs. 2** bestimmt, dass die durch Satzung bestimmten Werte einer regelmäßigen **Überprüfung** unterzogen und ggf neu festgesetzt werden müssen. Die Fristen zur Überprüfung betragen für die Unterkunftskosten zwei Jahre in Anlehnung an die Fristen in §§ 558 c Abs. 3 und 558 d Abs. 2 BGB (BT-Drs. 17/3404, S. 102) und für die Heizkosten ein Jahr. Soweit in der Begründung zum Entwurf des RegelbedarfsÄndG alternativ ein sachgerechter Anpassungsmechanismus vorgesehen ist, hat dieses keinen Niederschlag in der Formulierung des Gesetzes gefunden und dürfte daher auch nicht zulässig sein. Insb. im Hinblick auf die Heizkosten unterliegt ein von vornherein festgelegter Anpassungsmechanismus auch der Schwierigkeit, dass die Energiepreise sich kaum realitätsgerecht für ein Jahr im Voraus bestimmen lassen.

Unterabschnitt 2. Sozialgeld

§ 23 Besonderheiten beim Sozialgeld

Beim Sozialgeld gelten ergänzend folgende Maßgaben:
1. **Der Regelbedarf beträgt bis zur Vollendung des sechsten Lebensjahres 213 Euro, bis zur Vollendung des 14. Lebensjahres 242 Euro und im 15. Lebensjahr 275 Euro;**
2. **Mehrbedarfe nach § 21 Absatz 4 werden auch bei behinderten Menschen, die das 15. Lebensjahr vollendet haben, anerkannt, wenn Leistungen der Eingliederungshilfe nach § 54 Absatz 1 Nummer 1 und 2 des Zwölften Buches erbracht werden;**
3. **§ 21 Absatz 4 Satz 2 gilt auch nach Beendigung der in § 54 Absatz 1 Nummer 1 und 2 des Zwölften Buches genannten Maßnahmen;**
4. **bei nicht erwerbsfähigen Personen, die voll erwerbsgemindert nach dem Sechsten Buch sind, wird ein Mehrbedarf von 17 Prozent der nach § 20 maßgebenden Regelbedarfe anerkannt, wenn sie Inhaberin oder Inhaber eines Ausweises nach § 69 Absatz 5 des Neunten Buches mit dem Merkzeichen G sind; dies gilt nicht, wenn bereits ein Anspruch auf einen Mehrbedarf wegen Behinderung nach § 21 Absatz 4 oder nach der vorstehenden Nummer 2 oder 3 besteht.**

A. Systematische Stellung und Regelungszweck der Norm

1 § 23 ist eine Konkretisierung des § 7 Abs. 2 S. 1 und bestimmt als Sonderregelung für die nicht erwerbsfähigen Angehörigen der Bedarfsgemeinschaft (S. Knickrehm in: Eicher/Spellbrink § 28 Rn. 2), dass die mit (zumindest) einem erwerbsfähigen Hilfebedürftigen in Bedarfsgemeinschaft Lebenden Sozialgeld erhalten. Alg II können sie wegen fehlender Erwerbsfähigkeit nicht erhalten. Eine Person kann also nur entweder Alg II oder Sozialgeld erhalten. Sozialgeld wird aber immer nur akzessorisch zu einem erwerbsfähigen Hilfebedürftigen gewährt. Ohne einen solchen scheidet die Person aus dem SGB II aus. Auf Sozialhilfe sollen die Betroffenen aber grundsätzlich deshalb nicht verwiesen werden, damit die **Leistungen aus einer Hand** (vom Grundsicherungsträger nach dem SGB II) gewährt werden.

B. Gesetzgebungsgeschichte

2 Das Sozialgeld wurde im Rahmen des Vierten Gesetzes für moderne Dienstleistungen am Arbeitsmarkt vom 24. 12. 2003 eingeführt. Die Regelung trat **als § 28 SGB II** am 1. 1. 2005 in Kraft. Die ursprüngliche Fassung wurde durch die Beschlussempfehlung des Ausschusses für Wirtschaft und Arbeit nur redaktionell geändert (BT-Drs. 15/1728, S. 184). Mit dem kommunalen Optionsgesetz vom 30. 7. 2004 wurde der Verweis in das SGB XII in Abs. 1 S. 3 Nr. 2 und 3 von § 49 Abs. 1 Nr. 1 und 2 in § 54 Abs. 1 Nr. 1 und 2 geändert (Entwurf BT-Drs. 15/2816, S. 4). Eine deutliche Änderung des § 28 a. F. erfolgte durch das Gesetz zur Fortentwicklung der Grundsicherung für Arbeitsuchende vom 20. 7. 2006. In Abs. 1 S. 3 Nr. 2 wurde in der Passus „an behinderte Menschen, die das 15. Lebensjahr vollendet haben" eingefügt und damit ein redaktioneller Fehler behoben. Zudem wurde Nr. 4 angefügt, deren Ziel es war, die bestehende Mehrbedarfsregelung des SGB XII in Hinblick auf den Gleichbehandlungsgrundsatz in das SGB II zu übertragen (BT-Drs. 16/1410, S. 25). Im weiteren Verlauf erfolgten redaktionelle Anpassungen des Gesetzes.

3 Mit dem Gesetz zur Ermittlung von Regelbedarfen und zur Änderung des Zweiten und Zwölften Buches Sozialgesetzbuch wurde 2011 die Regelung zum Sozialgeld nunmehr als § 23 formuliert. Die früheren Sätze 1 und 2 des ersten Absatzes des § 28 a. F. wurden nunmehr zusammen mit der Definition des Arbeitslosengelds II **in § 19 Abs. 1 aufgenommen**. Damit sind die Leistungsberechtigten aller drei Leistungsformen (Arbeitslosengeld II, Sozialgeld und Leistungen für Bildung und Teilhabe) in einem Paragraphen geregelt (o. § 19 Rn. 1). Diese Zusammenfassung mehrerer Bedarfe zu einer Leis-

tung soll dem Umstand Rechnung tragen, dass sich die Leistungshöhe grundsätzlich nur durch eine umfassende Berücksichtung der Bedarfe und der Reihenfolge der Berücksichtigung von Einkommen und Vermögen nach Absatz 3 feststellen lässt (BT-Drs. 17/3404 S. 97). Folgerichtig konnte Abs. 2 des ehemaligen § 28 SGB II gestrichen werden. Neu aufgenommen wurde in Nr. 1 die vor der Reform in § 74 a. F. geregelte Höhe des Regelbedarfs für Kinder ab dem 7. Lebensjahr, die jetzt in bestimmten Beträgen – und nicht mehr in Prozentsätzen – formuliert wurde, um die eigenständige Festsetzung der Werte für Kinder und Jugendliche hervorzuheben (BT-Drs. 17/3404 S. 102). Im weiteren Gesetzgebungsverfahren erfolgten keine Änderungen.

C. Anspruchsvoraussetzungen für die Gewährung von Sozialgeld

I. Nichterwerbsfähige Angehörige

Sozialgeld erhalten zunächst **nicht Erwerbsfähige.** Dies ergibt sich nunmehr aus § 19 I 2. Die Erwerbsfähigkeit definiert sich zum einen nach den Kriterien des § 8 (s. dort S. Knickrehm). Hierzu zählen allerdings auch Kinder vor Vollendung des 15. Lebensjahres, die zwar erwerbsfähig iSd. § 8 sein könnten, aber wegen der Altersgrenzen in § 7 Abs. 1 S. Nr. 1 nicht Leistungsberechtigte im SGB II sind. Sozialgeld können ebenfalls über 65-Jährige erhalten, soweit sie nicht als Altersrentner gem. § 7 Abs. 4 vom Leistungsbezug nach dem SGB II gänzlich ausgeschlossen sind. Die Ausschlusstatbestände des § 7 – Ausländer nach § 7 Abs. 1 S. 2, Studenten und Auszubildende nach § 7 Abs. 5, Rentner gem. § 7 Abs. 4 – führen grundsätzlich zu einem vollständigen Ausschluss aus dem SGB II. Es ist für diesen Personenkreis dann auch nicht möglich, einen Anspruch auf Sozialgeld geltend zu machen (vgl. S. Knickrehm in: Eicher/Spellbrink § 28 Rn. 8 mwN; BSG 29. 3. 2007 – B 7b AS 2/06 R = SozR 4–4200 § 7 Nr. 4).

Bestehen im Zeitpunkt der Antragstellung beim zuständigen Leistungsträger **Zweifel an** der fehlenden **Erwerbsfähigkeit** (im Hinblick auf das Leistungsvermögen oder den Gesundheitszustand), so hat der Leistungsträger die entsprechenden Ermittlungen zu veranlassen (§ 40 Abs. 1 S. 1 iVm. § 20 SGB X). Ggf. ist gem. § 44 a vorzugehen mit der Konsequenz, dass der antragstellende Hilfebedürftige so zu stellen ist, als wäre er erwerbsfähig (vgl. zum Verfahren bisher Spellbrink, §§ 36–45, Rn. 25 ff.). Bis zur Klärung der Erwerbsfähigkeit besteht Anspruch auf Alg II (hierzu BSG 7. 11. 2006 – B 7b AS 10/06 R = BSGE 97, 231 = SozR 4–4200 § 22 Nr. 2).

Der Begriff des **Angehörigen** ist nicht strikt formal iSd. § 16 Abs. 5 SGB X zu verstehen. Vielmehr ist in einem untechnischen Sinne jede Person gemeint, die einer Bedarfsgemeinschaft iSd. § 7 „angehört" (so wohl auch Birk in LPK-SGB II, Rn. 5; Hannes, in: Gagel § 28 SGB II aF Rn. 6).

II. In Bedarfsgemeinschaft mit erwerbsfähigem Hilfebedürftigen

Der Bedarfsgemeinschaft muss zumindest ein erwerbsfähiger Hilfebedürftiger iSd. § 7 Abs. 1 angehören. Es genügt, wenn die Person, von der sich die Ansprüche des Sozialgeldempfängers ableiten, **grundsätzlich leistungsberechtigt** ist. Tatsächliche Leistungen (Alg II) muss sie nicht beziehen (vgl. S. Knickrehm in: Eicher/Spellbrink § 28 Rn. 11). Der Anspruch auf Sozialgeld besteht mithin unabhängig von dem tatsächlichen Leistungsbezug des oder der anderen Leistungsberechtigten in der Bedarfsgemeinschaft. Bei grundsätzlich vom Leistungsbezug ausgenommenen Studierenden (§ 7 Abs. 5) mit erwerbsunfähigem Kind wird nach überwiegender Ansicht vertreten, dass diese Kinder Sozialgeld beziehen können, auch wenn der oder die Studentin keine Leistungen nach dem SGB II erhält (LSG Rheinland-Pfalz Beschluss vom 12. 2. 2010 – L 1 SO 84/09 B ER, L 1 SO 95/09 B; LSG Thüringen Beschluss vom 5. 8. 2008 – L 9 AS 112/08 ER; vgl. hierzu Spellbrink in: Eicher/Spellbrink § 7 Rn. 107; Hannes in Gagel § 28 Rn. 7). Möglich ist auch der Bezug von Sozialgeld im Rahmen einer **temporären Bedarfsgemeinschaft,** so zum Beispiel bei einem Kind, dass sich zeitweise bei seinem Vater aufhält (LSG Baden-Württemberg Urteil vom 20. 5. 2010 – L 7 AS 5263/08; LSG Nordrhein-Westfalen vom 20. 1. 2011 – L 7 AS 119/08; Birk in LPK – SGB II § 28 Rn. 5).

III. Soweit kein Anspruch nach dem Vierten Kapitel des SGB XII

Vom Anspruch auf Sozialgeld ausgeschlossen sind diejenigen, die einen realisierbaren Anspruch auf Leistungen nach dem Vierten Kapitel des SGB XII (§§ 41 ff. SGB XII, **Grundsicherung im Alter und bei dauerhafter Erwerbsminderung**) haben. Die Anspruchsvoraussetzungen nach den §§ 41 ff. SGB XII sind dabei vom Träger der Grundsicherung nach der Rechtsprechung des BSG **in vollem Umfang selbst zu überprüfen** (ggf. sogar die Antragstellung: BSG 7. 11. 2006 – B 7b AS 10/06 R = BSGE 97, 231, 235 = SozR 4–4200 § 22 Nr. 2). Anders als bei dem Ausschlusstatbestand des § 21 SGB XII genügt kein Anspruch auf Leistungen gem. §§ 41 ff. SGB XII „dem Grunde nach". Der Ausschluss des Sozialgeldes besteht nur „soweit" Leistungen nach dem Vierten Kapitel des SGB XII (tatsächlich) bezogen werden. Für einen von §§ 41 SGB XII ungedeckten Restanspruch

20 SGB II § 23 SGB II – Grundsicherung für Arbeitsuchende

mag – freilich in der Praxis kaum denkbar – ein Anspruch auf Sozialgeld bestehen (ebenso S. Knickrehm in: Eicher/Spellbrink § 28 Rn. 14; Hengelhaupt in: Hauck/Noftz K § 28 Rn. 44; Stand V/10; vgl. auch LSG Thüringen 7. 7. 2005 – L 7 AS 334/05 ER= SozSich 2006, 142).

C. Inhalt des Anspruchs

I. Allgemeines

9 Nach § 19 Abs. 1 S. 3 umfasst das Sozialgeld den Regelbedarf, Mehrbedarfe und den Bedarf für Unterkunft und Heizung. Abs. 1. S. 3 stellt dann noch im einzelnen ergänzende „Maßgaben" auf, unter denen die Leistungen des § 19 Abs. 1 S. 3 als Sozialgeld zu erbringen sind. Das Sozialgeld umfasst mithin den Regelbedarf, Mehrbedarfe, die Leistungen nach § 24 (sowohl Abs. 1 als auch Abs. 3), sowie die (anteiligen) Kosten der Unterkunft gem. § 22.

II. Höhe des Regelbedarfs (Nr. 1)

10 Gemäß § 23 Nr. 1 richtet sich die Höhe des Sozialgeldes nach verschiedenen Altersstufen. Wird während eines laufenden Monats eine Altersgrenze überschritten, so wird das Sozialgeld in unterschiedlicher Höhe bewilligt. Dabei werden die Zeiträume entsprechend § 41 Abs. 1 S. 3 SGB II gequotet, wobei auch bei Monaten mit 31 Tagen 30 Tage bei der Berechnung zugrunde zu legen sind (LSG Berlin-Brandenburg Urteil vom 12. 3. 2010 – L 5 AS 914/09).

1. Bis zur Vollendung des 6. Lebensjahres. Nach Nr. 1 beträgt der Regelbedarf für Kinder bis zur Vollendung des 6. Lebensjahres 213 Euro. Diese Altersgrenze wurde an dieser Stelle neu eingefügt. Sie war vorher geregelt in der später eingefügten Norm des § 74 a. F. (Hannes in Gagel § 28 Rn 16 c), welcher mit der Reform aufgehoben wurde.

11 **2. Bis zur Vollendung des 14. Lebensjahres.** Nach Nr. 1 beträgt die Regelleistung für **Kinder** bis zur Vollendung des 14. Lebensjahres 242 Euro. Ursprünglich betrug die Regelleistung für Kinder bis zur Vollendung des 14. Lebensjahres nach § 28 Abs. 1 S. 3 Nr. 1 a. F. **60 vom Hundert** der nach § 20 Abs. 2 a. F. maßgebenden Regelleistung für allein stehende Erwachsene. Die Höhe dieser Regelleistung betrug zum 1. 1. 2009 351 Euro, die Regelleistung für Kinder gem. Abs. 1 S. 3 Nr. 1 mithin 211 Euro (60% hiervon). Das BSG hatte in ständiger Rechtsprechung die Bemessung der Höhe der Regelleistung für Erwachsene gem. § 20 Abs. 2 a. F. in Auseinandersetzung mit der im Schrifttum geäußerten verfassungsrechtlichen Kritik (hierzu in der 1. Aufl. Kohte § 20 Rn. 38 ff; Spellbrink § 28 Rn. 8) für noch im **Gestaltungsspielraum des Gesetzgebers** liegend betrachtet (BSG 23. 11. 2006 – Urteil vom 23. November 2006 – B 11b AS 1/06 R = BSGE 97, 265 = SozR 4-4200 § 20 Nr. 3; vgl. weiterhin BSG 15. 2. 2008 – B 14/7 b AS 32/06 R; sowie 15. 4 2008 – B 14/11b AS 41/07 B – in Verfassungsbeschwerde beim BVerfG – 1 BvR 1523/08; sowie schließlich das Urteil des 1. Senats des BSG vom 22. 4. 2008 – B 1 KR 10/07 R; tendenziell ähnlich Beschluss des BVerfG vom 7. 11. 2007 – 1 BvR 1840/07). Dabei war für das BSG auch entscheidend, dass es innerhalb dieses gesetzgeberischen Gestaltungsspielraums keinen Rechtsanspruch des Bürgers auf eine statistisch-mathematisch richtige Regelleistung (und deren Einzelpositionen) geben könne (vgl. BSG 27. 2. 2008 – B14/11b AS 15/07 R). Anders hatte dies offenbar das Hessische LSG in seinem Vorlagebeschluss vom 29. 10. 2008 (L 6 AS 336/07, AuR 2008, 452) gesehen, das Defizite nicht nur im Verfahren, sondern auch in den materiellen Ergebnissen diagnostiziert hatte (vgl. Lenze Streit 2009, 76 ff).

12 Dagegen hatte das BSG am 27. 1. 2009 in zwei Beschlüssen gem. Art. 100 GG (B 14/11b AS 9/07 R; B 14 AS 5/08 R) dem BVerfG die Frage vorgelegt, ob die Höhe der **Regelleistung für Kinder** unter 14 Jahren mit 60 vH der Regelleistung für Erwachsene mit dem **Gleichheitsgrundsatz des Art. 3 Abs. 1 GG** vereinbar ist. Dabei hatte sich das BSG insbesondere von der Erwägung leiten lassen, dass die Ermittlung der Regelleistung für Erwachsene in § 20 Abs. 2 a. F. von einem relativ ausdifferenzierten empirischen Ansatz (Zugrundelegung der Einkommens- und Verbrauchsstichprobe-EVS – und wertende Festlegung in der Regelsatzverordnung nach § 28 SGB XII, in welchem Ausmaß die einzelnen Abteilungen der EVS in die Regelleistung einfließen) ausging, während die Festlegung der Prozentsätze für Kinder vor Vollendung des 14. Lebensjahres ohne weitere empirische Analysen und weitgehend ohne Begründung erfolgte (vgl. exemplarisch die Begründungen des Gesetz bzw. Verordnungsgebers in BT-Drucks. 15/1516, S. 59 zu § 28 und in BR-Drucks. 206/04 zu § 3 Regelsatzverordnung). Gefordert wurde daher im Rahmen des verfassungsrechtlichen Gebots der **Folgerichtigkeit** (vgl. zum Konzept der Folgerichtigkeit zuletzt mit zahlreichen weiteren Nachweisen BVerfG 9. 12. 2008 – 2 BvL 1/07, 2/07, 1/08 und 2/08 – Pendlerpauschale – NJW 2009, 48), dass der Gesetzgeber eine eigenständige **Ermittlung des spezifischen Bedarfs von Kindern** hätte vorsehen müssen. Weiterhin wurde für verfassungswidrig erachtet, dass nach § 28 Abs. 1 S. 2 a. F. SGB XII die Möglichkeit bestand, für Kinder von Sozialhilfeempfängern abweichende Bedarfe vorzusehen, während das SGB II aufgrund seines pauschalierenden Ansatzes jede Individualisierung des Bedarfs ausschloss. Auch hierin lag nach dem BSG ein Verstoß gegen Art. 3 Abs. 1 GG insofern keine Gründe von solcher Art

und solchem Gewicht erkennbar seien, die eine Bevorzugung der Kinder von Sozialhilfeempfängern gegenüber Kindern von SGB II-Leistungsempfängern rechtfertigen könnten (BSG 27. 1. 2009 B 14/11b AS 9/07 R; B 14 AS 5/08 R). Schließlich hatte das BSG noch die fehlende Binnendifferenzierung des § 28 Abs. 1 S. 3 Nr. 1 a. F. beanstandet, der pauschal und ohne jede Begründung für Kinder von 0 bis 14 Jahre denselben Bedarf festschreibe, während die VO zu § 22 BSHG in § 2 Abs. 2 hier mehr und andere Stufen vorgesehen hatte und auch die Unterhaltstabellen der OLGs von einer weiteren **Differenzierung nach Altersstufen** ausgingen (vgl. auch Berlit info also 2008, 243, 246).

Besonders schwerwiegend erwiesen sich die **Defizite im Bereich der Kinder und Jugendlichen,** weil **strikte Typisierung hier evident realitätswidrig** ist, weil der Bedarf von Kindern nicht gleichmäßig, nicht planbar und nur in geringem Umfang steuerbar ist. Wenn ein Gericht (SG Gelsenkirchen 22. 6. 2007 – S. 5 AS 153/06 – Sozialrecht aktuell 2007, 191 – n. rkr.) meint, dass ein kurzfristiger wachstumsbedingter Bekleidungsbedarf von zwei Kindern in Höhe von 450 Euro nur aus der Regelleistung gedeckt werden könne, obgleich in der gesetzlichen Konzeption dieser Bedarf mit monatlich 20,99 Euro eingesetzt ist und eine bedarfsdeckende Auslegung von § 23 Abs. 3 SGB II aF nicht möglich sei, dann war es nicht zur Klageabweisung, sondern zur Vorlage verpflichtet. Dies muss schon deshalb gelten, weil hier evident ein Bedarf nicht gedeckt werden kann, der zum Schutz der Kinder vor sozialer Ausgrenzung kurzfristig gedeckt werden muss (zur Frage der verfassungskonformen Auslegung von § 24 Abs. 3 SGB II Münder NZS 2008, 169, 171 sowie u. § 24 Rn. 11). **13**

In der Literatur war kritisiert worden, dass mit 60% der Regelleistung für Kinder bis zur Vollendung des 14. Lebensjahres und 80% ab Beginn des 15. Lebensjahres der tatsächliche Bedarf nicht gedeckt werden könne. Dabei wurde im Detail dargelegt, dass die Regelleistung für die jeweiligen Einzelbedarfe nicht ausreiche (Schneider SozSich 2006, 181). Abgestellt wurde insbesondere auf die Abteilungen Ernährung, Kleidung, Spielzeug und Bildung. So sei der wachstumsbedingte Kleiderbedarf (ständige Veränderung der Schuh- und Kleidergrößen) von Kindern mit monatlich 20,99 € bis zur Vollendung des 15. Lebensjahres und 27,99 € ab der Vollendung des 14. Lebensjahres nicht zu decken. Die Annahme sei nicht mehr vertretbar, dass Kinder, die noch wachsen und deren Kleidung, zB durch Stürze, Klettern und sonstige Aktivitäten vor allem auf Spielplätzen, einem spezifischen Verschleiß ausgesetzt ist, mit 20 bis 40% weniger Leistung in dieser Abteilung auskommen sollen, als Erwachsene, die wachstumsbedingt keine neue Kleidung benötigen und von denen ein sorgsamerer Umgang mit ihrer Kleidung erwartet werden kann. Besonders kritisiert wurde, dass auch bei schulpflichtigen Kindern in der dem Regelsatz zugrunde liegenden Berechnung Ausgaben für Bildung völlig unberücksichtigt bleiben (Eicher/Spellbrink SGB II § 20 Rn. 54). So waren zB Kosten für die Musikschule und den Erwerb oder die Miete eines Musikinstrumentes für Kinder hilfebedürftiger Eltern überhaupt nicht vorgesehen. Gleiches gelte für die Förderung im Sportverein (Däubler NZS 2005, 225, 230). Dadurch sei das Kind nicht nur in der Entfaltung seiner Persönlichkeit eingeschränkt, sondern in seiner Entwicklung gegenüber Gleichaltrigen erheblich beeinträchtigt. Insoweit sei die Achtung der Menschenwürde nach Art. 1 GG keineswegs hinreichend gewahrt, weil die gewährte Sicherung des Lebensunterhaltes durch staatliche Leistungen die Individualität der jeweiligen Persönlichkeit und deren soziale Integration berücksichtigen müsse (Wallerath, JZ 2008, 157; Vorauflage Kohte § 20 Rn. 47 ff). **14**

Das **BVerfG** (Urteil vom 9. 2. 2010 – 1 BvL 1/09, NJW 2010, 505) stellte fest, dass die **unzureichende Ermittlung der Regelleistung** nach § 20 Abs 2 Halbs 1 SGB 2 aF **auch im Sozialgeld** für Kinder nach § 28 Abs. 1 S. 3 Nr. 1 Alt. 1 SGB 2 aF **fortwirkt** mit der Folge, dass auch die hiervon abgeleiteten Beträge für Kinder nicht den verfassungsrechtlichen Anforderungen genügen. Damit zeigte sich bei Kindern nicht ein völlig anderes Problem, sondern nur eine besonders deutliche Zuspitzung der Defizite, die auch für die erwachsenen Hilfebedürftigen bestehen. Zusätzlich wurde die Methode zur Bestimmung des Existenzminimums eines Kindes als nicht vertretbar gerügt (Rn. 146), da es zu einem „völligen Ermittlungsausfall" gekommen ist (Hannes in Gagel § 28 Rn. 16c bb). Da Kinder keine „kleinen Erwachsenen" seien, sei die prozentuale Festsetzung verfehlt; es bedürfe einer eigenständigen kinderbezogenen Bedarfsermittlung (Rn. 191). Ebenso sei die Bildung der Altersgruppen rechtfertigungsbedürftig gewesen; es fehle daher an einer realitätsgerechten Bedarfsermittlung. Da bereits diese gravierenden Fehler zur Verfassungswidrigkeit führten, ging das BVerfG auf den gerügten Verstoß gegen Art. 3 GG nicht näher ein. Die Probleme der Typisierung wurden vom Gericht in Bezug auf den laufenden atypischen Bedarf als so schwerwiegend bewertet, dass daraus eine eigenständige Begründung für die Verfassungswidrigkeit entnommen wurde (Rn. 204 ff). **15**

Im Gesetzgebungsverfahren stand zunächst die Ermittlung des Regelbedarfs für Erwachsene im Mittelpunkt. Hier wurde das Verfahren der Ermittlung des Regelbedarfs korrigiert und durch neue Wertungen modifiziert (zur Kritik Rothkegel ZFSH SGB 2011, 69 ff). In diesem Rahmen wurden in § 6 RBEG eigenständige statistische Feststellungen zum kindbezogenen Bedarf getroffen (BT-Drs. 17/3404 S. 65 ff). Diese wurden zu bestimmten bezifferten Beträgen (213, 242, 275 Euro) geführt, die zur Betonung der eigenständigen Ermittlung (BT-Drs. 17/3404, S. 102) ausdrücklich das Gesetz übernommen wurden. Bei dieser Ermittlung wurden allerdings die Kosten der Teilhabe für Bildung ausgeklammert und gesondert geregelt. Damit ergeben sich neue verfassungsrechtliche Risiken, wenn diese Kosten nicht folgerichtig ermittelt und festgesetzt worden sind (Münder, in Spellbrink, Verfassungsrechtliche Probleme im SGB II, 2011, S. 15, 35 ff.; Rothkegel ZFSH/SGB 2011, **16**

69, 78 ff; Lenze NZS 2010, 534 ff; Adamy/Kolf SozSich 2011, 85, 89). Auf diese Fragen ist im Sachzusammenhang bei § 20 (Rn. 38 ff) sowie bei § 28 (Rn. 4) einzugehen. Auf die Probleme der Typisierung wurde mit der Kodifikation einer Härtefallklausel in § 21 Abs. 6 geantwortet (Kohte § 21 Rn. 18). Dies entbindet allerdings nicht von der verfassungskonformen Auslegung des § 24 SGB II (Kohte § 24 Rn. 19).

17 **2. Im 15. Lebensjahr.** Nach § 23 Nr. 1 beträgt der Regelbedarf für Kinder bzw. Jugendliche im 15. Lebensjahr 275 Euro. Diese Altersgruppe ist also der Höhe nach der Regelleistung für sonstige erwerbsfähige Angehörige bis zur Vollendung des 18. Lebensjahres gem. § 20 Abs. 2 S. 2 Nr. 1 gleichgestellt. Das BSG hatte in seinen Beschlüssen zur Verfassungsgemäßheit der Regelleistung für unter 15 Jährige (soeben Rn. 9) zu dieser Gruppe der **im 15. Lebensjahr Stehenden** keine Stellung bezogen, weil die dort betroffenen Kinder jeweils jünger waren. Geht man von dem verfassungsrechtlichen Ansatz einer fehlenden Begründung für die getroffene Altersabstufung iVm. Art. 3 Abs. GG aus, so bestehen allerdings auch insofern verfassungsrechtliche Bedenken. Offen bleibt insbesondere, wieso gerade Jugendliche im 15. Lebensjahr in gewisser Weise „privilegiert" wurden. Besteht insofern ein besonderer Bedarf in diesem Lebensjahr? Andererseits darf nicht verkannt werden, dass diese Altersgruppe sich in den praktischen Auswirkungen dem Normallregelleistungssystem des § 20 insgesamt annähert, das seinerseits vom BSG für verfassungsgemäß erachtet worden ist (oben Rn. 8).

18 Erwerbsunfähige Jugendliche zwischen 15 und 18 Jahren haben bereits nach § 19 Abs. 1 S. 2 einen Anspruch auf Sozialgeld. Eine zu schließende Regelungslücke besteht für diese Gruppe nicht (S. Knickrehm in Eicher/Spellbrink § 28 Rn. 13).

III. Mehrbedarfe

19 **1. Allgemeines.** Der Anspruch auf Sozialgeld umfasst über die Regelung des § 19 Abs. 1 S. 3 SGB II (vgl. oben Rn. 9) auch den Anspruch auf Mehrbedarfe gem. § 21 SGB II. § 23 Nr. 2 bis 4 enthalten insofern lediglich Maßgaben für den Mehrbedarf gem. § 21 Abs. 4 für erwerbsfähige Menschen mit Behinderungen. Die Mehrbedarfe gem. § 21 Abs. 2, 3 und 5 (also ua für kostenaufwändige Ernährung aus medizinischen Gründen) können über § 19 Abs. 1 S. 3 in voller Höhe auch vom Sozialgeldempfänger geltend gemacht werden (bis zur Grenze des § 21 Abs. 8).

20 **2. Sonderregelungen für den Mehrbedarf (§ 21 Abs. 4).** Nr. 2 bestimmt zunächst, dass die Mehrbedarfsleistung nach § 21 Abs. 4 (35 vom Hundert der nach § 20 maßgebenden Regelleistung) auch an **behinderte Menschen** gezahlt wird, die das 15. Lebensjahr vollendet haben, wenn Eingliederungshilfe nach § 54 Abs. 1 Nr. 1 und Nr. 2 SGB XII erbracht wird. Hierbei handelt es sich um Hilfen zu einer angemessenen Schulbildung, insbesondere im Rahmen der allgemeinen Schulpflicht und zum Besuch weiterführender Schulen einschließlich der Vorbereitung hierzu (§ 54 Abs. 1 S. 1 Nr. 1 SGB XII) oder um Hilfen zur schulischen Ausbildung für einen angemessenen Beruf einschließlich des Besuchs einer Hochschule in Form von Hilfen zu einer angemessenen Schulbildung oder schulischen Ausbildung (§ 54 Abs. 1 S. 1 Nr. 2 SGB XII).

21 Nach § 23 Nr. 3 kann die Mehrbedarfsleistung nach § 21 Abs. 4 auch nach Beendigung der in § 54 Abs. 1 S. 1 Nr. 1 und 2 SGB XII genannten Eingliederungsmaßnahmen für eine angemessene Übergangszeit, vor allem eine Einarbeitungszeit, weiter erbracht werden. Zu Recht wurde hierzu bemerkt, dass § 23 Nr. 3 keine eigenständige Funktion hat, weil er lediglich die in § 21 Abs. 4 S. 2 getroffene Regelung nochmals wiederholt (so S. Knickrehm in Eicher/Spellbrink § 28 Rn. 28). Sinn macht die Sonderregelung in § 23 Nr. 3 nur insofern, als nach Inkrafttreten des SGB II später (zum 1. 8. 2006 durch das sog. Fortentwicklungsgesetz) die **15 Jahres Grenze in** § 28 a. F. nunmehr in § 23 eingefügt wurde, um insofern Sozialgeld und Alg II-Bezieher gleich zu stellen (vgl. hierzu die Übergangsvorschrift des § 69 Abs. 1 SGB II).

22 § 23 Nr. 4 wurde ebenfalls durch das sog. Fortentwicklungsgesetz mit Wirkung zum 1. 8. 2006 als § 28 Abs. 1 S. 3 Nr. 4 in das Gesetz eingefügt. Danach konnten zunächst „nichterwerbsfähige" Sozialgeldbezieher, die Inhaber eines Ausweises nach § 69 Abs. 5 SGB IX mit dem **Merkzeichen G** sind, einen Mehrbedarf von 17 vom Hundert der nach § 20 maßgebenden Regelleistung geltend machen. Damit sollte nach den Vorstellungen des Gesetzgebers aus **Gleichheitsgründen** die im Sozialhilferecht geltende Mehrbedarfsregelung (dort § 30 SGB XII) auch in das SGB II übernommen werden (BT- Drs. 16/1410, S. 25).

23 Mit Wirkung zum 1. 1. 2009 wurde Nr. 4 durch das sog. Instrumentegesetz erneut geändert. Nunmehr wurde an das Wort nichterwerbsfähige Personen der Zusatz, „die **voll erwerbsgemindert nach dem Sechsten Buch** sind" angefügt. Zur Begründung führt der Gesetzgeber aus, dass hierdurch die durch das Fortentwicklungsgesetz angestrebte Gleichbehandlung (vgl. soeben Rn. 16) von Menschen mit Behinderungen im SGB II und SGB XII „sichergestellt" werden solle (BT-Drs. 16/ 10810, S. 49). Der im SGB XII geregelte Mehrbedarf werde nur bei nicht erwerbsfähigen Personen berücksichtigt, die voll erwerbsgemindert nach dem Sechsten Buch sind. Eine Berücksichtigung dieses Mehrbedarfs bei Angehörigen einer Bedarfsgemeinschaft, die aufgrund ihres Alters zwar nicht erwerbsfähig iSd. SGB II, aber nicht voll erwerbsgemindert nach dem Sechsten Buch sind, solle aus-

geschlossen sein (BT-Drs. 16/10810, S. 49). Damit hatte der Gesetzgeber zumindest implizit die Streitfrage zu § 23 Nr. 4 (§ 28 Abs. 1 S. 3 Nr. 4 a. F.) beantwortet, ob auch **Kinder unter 15 Jahren** diesen Mehrbedarf geltend machen können. Das LSG Nordrhein Westfalen (11. 12. 2008 – L 9 AS 13/08; in Revision des BSG Urteil vom 6. 5. 2010 – B 14 AS 3/09 R) hat dies verneint. Im Referenzsystem der Sozialhilfe sei der Mehrbedarf nur zu gewähren, wenn überhaupt dem Grunde nach Erwerbsfähigkeit bestehen könne, was bei Kindern unter 15 Jahren nicht der Fall sei. Dies folge aus der Systematik der Gesetzgebungsgeschichte und der systematischen Stellung der Norm. Man wird hier aber zu bedenken haben, dass der Gesetzgeber die 15 Jahresgrenze in Nr. 2 ausdrücklich aufgenommen hat und – wie die Materialien ausweisen – keine Notwendigkeit gesehen hat, auch die Gerechtigkeitslücke zum Zugangsalter zwischen den Normtexten des § 30 SGB XII und § 23 SGB II zu schließen. Ebenfalls können erwerbsfähige Schwerbehinderte, wenn sie Inhaber eines Schwerbehindertenausweises mit dem Merkzeichen G sind, Ansprüche aus § 23 Nr. 4 herleiten. Diese Ungleichbehandlung sei verfassungsrechtlich nicht zu beanstanden (BSG Urteil vom 21. 12. 2009 – B 14 AS 42/08 R, BSGE 105, 201, 208; BSG Urteil vom 18. 2. 2010 – B 4 AS 29/09 R; BSG Urteil vom 15. 12. 2010 – B 14 AS 44/09 R; HN-*Krauß* § 21 Rn. 56).

D. Systematische Zusammenhänge

Ebenfalls mit Wirkung zum 1. 1. 2009 war redaktionell klargestellt worden, dass sich § 28 Abs. 2 a. F. auf § 19 S. 3 a. F. bezog. Hiernach minderte zu berücksichtigendes Einkommen und Vermögen zunächst die Geldleistungen der Agentur für Arbeit. Soweit Einkommen und Vermögen darüber hinaus zu berücksichtigen war, minderte es die Geldleistungen der kommunalen Träger. Dies hatte zur Konsequenz, dass Einkommen und Vermögen zunächst auf die Regelleistung gem. § 28 Abs. 1 S. 3 Nr. 1 a. F. anzurechnen waren (§ 6 Abs. 1 Nr. 1 SGB II), was bei Kindern aufgrund der Berücksichtigung des Kindergeldes als Einkommen des Kindes gem. § 11 Abs. 1 S. 3 (hierzu Spellbrink § 11 Rn. 7 f.) im Falle von Aufstockerfamilien bei auf alle Mitglieder der Bedarfsgemeinschaft umzulegendem Einkommen der Eltern dazu führte, dass diese oftmals nur Kosten der Unterkunft vom kommunalen Träger erhielten, weil die Regelleistung in Höhe von 211 Euro durch eigenes Einkommen gedeckt war (154 Euro Kindergeld und Anteil aus elterlichem Erwerbseinkommen). § 19 S. 3 a. F. hatte in Verbindung mit der sog. horizontalen Methode der Bedarfsberechnung in § 9 erhebliche finanzielle Auswirkungen für die kommunalen Träger (hierzu Spellbrink § 9 Rn. 15). Diese Regelung ist mit weiteren Modifikationen inzwischen in § 19 Abs. 3 SGB II nF übernommen worden (Kohte § 19 Rn. 11). **24**

Unterabschnitt 3. Abweichende Leistungserbringung und weitere Leistungen

§ 24 Abweichende Erbringung von Leistungen

(1) ¹Kann im Einzelfall ein vom Regelbedarf zur Sicherung des Lebensunterhalts umfasster und nach den Umständen unabweisbarer Bedarf nicht gedeckt werden, erbringt die Agentur für Arbeit bei entsprechendem Nachweis den Bedarf als Sachleistung oder als Geldleistung und gewährt der oder dem Leistungsberechtigten ein entsprechendes Darlehen. ²Bei Sachleistungen wird das Darlehen in Höhe des für die Agentur für Arbeit entstandenen Anschaffungswertes gewährt. ³Weiter gehende Leistungen sind ausgeschlossen.

(2) Solange sich Leistungsberechtigte, insbesondere bei Drogen- oder Alkoholabhängigkeit sowie im Falle unwirtschaftlichen Verhaltens, als ungeeignet erweisen, mit den Leistungen für den Regelbedarf nach § 20 ihren Bedarf zu decken, kann das Arbeitslosengeld II bis zur Höhe des Regelbedarfs für den Lebensunterhalt in voller Höhe oder anteilig in Form von Sachleistungen erbracht werden.

(3) ¹Nicht vom Regelbedarf nach § 20 umfasst sind Bedarfe für
1. Erstausstattungen für die Wohnung einschließlich Haushaltsgeräten,
2. Erstausstattungen für Bekleidung und Erstausstattungen bei Schwangerschaft und Geburt sowie
3. Anschaffung und Reparaturen von orthopädischen Schuhen, Reparaturen von therapeutischen Geräten und Ausrüstungen sowie die Miete von therapeutischen Geräten.

²Leistungen für diese Bedarfe werden gesondert erbracht. ³Leistungen nach Satz 2 werden auch erbracht, wenn Leistungsberechtigte keine Leistungen zur Sicherung des Lebensunterhalts einschließlich der angemessenen Kosten für Unterkunft und Heizung benötigen, den Bedarf nach Satz 1 jedoch aus eigenen Kräften und Mitteln nicht voll decken können. ⁴In diesem Fall kann das Einkommen berücksichtigt werden, das die Leistungsberechtigte innerhalb eines Zeitraumes von bis zu sechs Monaten nach Ablauf des Monats erwerben, in dem über die Leistung entschieden wird. ⁵Die Leistungen für Bedarfe nach Satz 1

Nummer 1 und 2 können als Sachleistung oder Geldleistung, auch in Form von Pauschalbeträgen, erbracht werden. ⁶Bei der Bemessung der Pauschalbeträge sind geeignete Angaben über die erforderlichen Aufwendungen und nachvollziehbare Erfahrungswerte zu berücksichtigen.

(4) Leistungen zur Sicherung des Lebensunterhalts können als Darlehen erbracht werden, soweit in dem Monat, für den die Leistungen erbracht werden, voraussichtlich Einnahmen anfallen.

(5) ¹Soweit Leistungsberechtigten der sofortige Verbrauch oder die sofortige Verwertung von zu berücksichtigendem Vermögen nicht möglich ist oder für sie eine besondere Härte bedeuten würde, sind Leistungen als Darlehen zu erbringen. ²Die Leistungen können davon abhängig gemacht werden, dass der Anspruch auf Rückzahlung dinglich oder in anderer Weise gesichert wird.

(6) In Fällen des § 22 Absatz 5 werden Leistungen für Erstausstattungen für die Wohnung nur erbracht, wenn der kommunale Träger die Übernahme der Leistungen für Unterkunft und Heizung zugesichert hat oder vom Erfordernis der Zusicherung abgesehen werden konnte.

Übersicht

	Rn.
A. Normzweck und Normstruktur	1
B. Gesetzgebungsgeschichte	3
C. Anspruch auf ein Darlehen	4
I. Tatbestandliche Voraussetzungen	4
II. Rechtsfolgen	9
D. Sachleistungen	12
E. Einmalige Leistungen	14
F. Darlehen bei erwarteten Erwerbseinkommen	24
G. Darlehen bei fehlender sofortiger Vermögensverwertbarkeit	25
H. Ausschluss von Erstattungsleistungen	26

A. Normzweck und Normstruktur

1 Die strenge Typisierung der Regelleistung in § 20 sowie die restriktive Anerkennung von Mehrbedarfsituationen in § 21 einerseits und die mutige Selbstzuschreibung des Gesetzgebers in § 3 Abs. 3 SGB II, dass die Leistungen des SGB II den gesamten Bedarf hilfebedürftiger erwerbsfähiger Menschen decken, so dass eine anderweitige Leistungserbringung ausgeschlossen ist, stehen in einem deutlichen Spannungsverhältnis. § 24 versucht dieses Spannungsverhältnis zu verringern, indem für **spezifische Situationen eine abweichende Leistungserbringung** normiert wird. Angesichts der **verfassungsrechtlichen Bedeutung** des Bedarfsdeckungsgrundsatzes für die Einhaltung des verfassungsrechtlich geforderten soziokulturellen Existenzminimums (s. o. § 20 Rn. 31 ff.), wird § 24 zutreffend als ein Versuch verstanden, verfassungskonforme Ergebnisse zu erzielen, ohne die generellen Strukturmerkmale des Gesetzes und die Bedeutung der Härtefallregelung des § 21 Abs. 6 SGB II in Frage zu ziehen (*Gagel/Bender* § 23 Rn. 46). Damit wird zugleich verdeutlicht, dass für die Auslegung der verschiedenen Rechtsbegriffe in § 24 eine verfassungskonforme Auslegung geboten sein kann, die hier jeweils für spezifische Situationen zu diskutieren ist.

2 Unter der allgemeinen Kategorie der „abweichenden Leistungserbringung" werden in § 24 **drei unterschiedliche Regelungsinstrumente** eingesetzt. Zunächst enthält § 24 verschiedene Regelungen (Abs. 1, 4, 5), in denen für bestimmte zusätzliche Bedarfssituationen eine darlehensweise Leistungserbringung ermöglicht wird. In einer weiteren Fallgruppe regelt Abs. 2 Situationen, in denen anstelle einer Geldleistung eine Sachleistung erbracht werden kann. Schließlich regelt Abs. 3 Situationen, in denen wegen abweichenden Bedarfs eine zusätzliche Geldleistung als nicht verrechenbarer Zuschuss zu erbringen ist. In jedem Fall bedarf es bei der Auslegung dieser Norm der regelmäßigen **Überprüfung am Maßstab der verfassungskonformen Auslegung.**

B. Gesetzgebungsgeschichte

3 § 24 war zwar in der Grundstruktur bereits im Regierungsentwurf 2003 enthalten (BT-Drs. 15/1516, S. 57), doch wurde die Norm bereits im Gesetzgebungsverfahren nachhaltig umgestaltet und fand ihre endgültige Form erst in der Beschlussempfehlung des Vermittlungsausschusses (BT-Drs. 15/2259, S. 3). Bereits im kommunalen Optionsgesetz vom 30. 7. 2004 (BGBl. I S. 2014) wurde die Sonderregelung des § 24 Abs. 4 (§ 23 Abs. 4 a. F.) eingefügt. Durch das Gesetz vom 24. 3. 2006 (BGBl. I S. 558) wurden die Absätze 5 und 6 eingefügt. Mit dem Fortentwicklungsgesetz vom 28. 7. 2006 (BGBl. I S. 1709) wurden vor allem Änderungen im Recht der verlorenen Zuschüsse nach § 23

Abs. 3 vorgenommen. In den Zusammenhang dieser Änderungen gehört schließlich auch die zum 1. 1. 2009 eingefügt Norm des § 24a SGB II. Einzelne Änderungen der Norm, die allerdings die Struktur nicht korrigiert haben, sind durch das Gesetz zur Entwicklung von Regelbedarfen und zur Änderung des Zweiten und Zwölften Buches Sozialgesetzbuch erfolgt. Die Leistungen für mehrtägige Klassenfahrten sind in das neue „Bildungspaket" in § 28 Abs. 2 SGB II integriert worden; als neue atypische Bedarfslage sind Anschaffungen und Reparaturen orthopädischer Schuher sowie therapeutischer Geräte und Ausrüstungen anerkannt worden (BT-Drs. 17/3404, S. 103).

C. Anspruch auf ein Darlehen

I. Tatbestandliche Voraussetzungen

In der Praxis ist regelmäßig festzustellen, dass auch für Bedarfsdeckung im Rahmen des Regelbedarfs die **Regelleistung allein nicht ausreicht**. Dies kann sich ergeben aus den **einmalig aufzubringenden Kosten** oder aus der **regelmäßigen Belastung mit Kosten**, die im Budget der typischen Regelleistung (dazu bisher die Aufstellung von *Schwabe* in ZfF 2008, 157 ff. und ZfF 2011, 97 ff. zu §§ 5 ff. RBEG) nicht eingeplant sind, wie z. B. von der gesetzlichen Krankenversicherung nicht gedeckte Kosten bei chronischen Krankheiten oder durch die nicht effizienten Möglichkeiten des vom Gesetzgeber vorgestellten Ansparens. Gerade die zunehmenden Fallgestaltungen, in denen die Leistungen der gesetzlichen Krankenversicherung hinter dem **medizinischen Existenzminimum** (dazu Neumann NZS 2006, 393) zurückbleiben, können zu kurzfristiger Bedarfsunterdeckung führen (SG Lüneburg 11. 8. 2005 – S 30 AS 328/05, info also 2005, 225; Gagel/*Bender* § 23 Rn. 10f). In solchen Fällen räumt § 24 Abs. 1 den Leistungsberechtigten nicht mehr wie im Recht der Sozialhilfe einen Anspruch auf einmalige Leistungen (zur Ausnahmebestimmung des § 24 Abs. 3 s. u. Rn. 14 ff.), sondern nur einen **Anspruch auf Realisierung eines Darlehens** ein. Erforderlich ist in jedem Fall, dass es sich um einen **Bedarf** handelt, der **vom Regelbedarf nach § 20** erfasst ist. Insoweit ist die Argumentationsstruktur aus der Rechtsprechung des Bundesverwaltungsgerichts (BVerwGE vom 29. 10. 1997 – 5 C 34/95; NJW 1999, 438 zu einmaligen Leistungen für schulische Ausgaben, die § 12 BSHG zuzuordnen waren) aufgenommen und in die Begriffswelt des SGB II integriert worden. Erfasst hiervon sind allerdings nur **einmalige Bedarfe**, keine Dauerbedarfe, vielmehr werden solche laufende Bedarfe über einen Mehrbedarfszuschlag nach § 21 SGB II zur Regelleistung gedeckt (BSG vom 28. 2. 2010 – B 4 AS 29/09 R; Gagel/*Bender* § 23 Rn 4a; siehe auch BVerfG vom 9. 2. 2010 – 1 BvL 1/09, NJW 2010, 505, 509 Rn. 150). Dies ergibt sich zudem in Hinblick auf den Wortlaut der Norm sowie die Art der Leistungsgewährung durch ein Darlehen (Gagel/*Bender* § 23 Rn. 5; vgl. BSG 28. 10. 2009 – B 14 AS 44/08 R, SozR 4–4200 § 7 Nr. 15 Rn. 27).

Verlangt wird weiter, dass es sich – ebenso wie bei § 21 Abs. 6 (s. o. § 21 Rn. 20) – um einen **unabweisbaren Bedarf** handelt, der **nicht gedeckt werden kann**. Insoweit ist regelmäßig eine **Subsidiaritätsprüfung vorzunehmen**. Eine sonstige Deckung kann einerseits durch Verwertung des Vermögens erfolgen, dabei dürfen jedoch die Grenzen des § 12 SGB II nicht verschoben werden, so dass sich hier ein Anspruch in erster Linie in den Fällen ergeben kann, in denen dem Hilfeempfänger zwar die Verwertung von Vermögen zuzumuten ist, diese jedoch nur unter Berücksichtigung von Kündigungsfristen, von Sparbüchern und anderen einfachen Geldanlagen erreicht werden kann, so dass sich für einen **bestimmten Zeitraum ein Darlehensbedarf** ergibt.

Weiter wird in Rechtsprechung und Literatur diskutiert, in welchem Umfang die Hilfeempfänger auf **karitative Leistungen**, wie z. B. Kleiderkammer der Wohlfahrtsverbände **verwiesen werden können**. Eine solche Rechtspflicht zur Verweisung ist problematisch, da die Wohlfahrtsverbände mit ihren Angeboten zusätzliche Leistungen erbringen sollen und nicht die Aufgaben der Träger der Grundsicherung übernehmen oder diesen abnehmen (so auch *Münder* in LPK-SGB II § 23 Rn. 11). Aus der Sicht der Hilfeempfänger ist zu beachten, dass solche Leistungen der integrativen Grundaufgabe, wonach Hilfeempfänger die Möglichkeit haben müssen, in einer Weise zu leben, in der sie nicht unterscheidbar gegenüber Menschen vergleichbarer Einkommensgruppen sind (so BVerwGE vom 9. 2. 1995 – 5 C 2/93, NJW 1995, 2369 ff. = BVerwGE 97, 376). Insoweit ist der **Verweisung** auf die Kleiderkammer gerade bei Schulkindern **nur in außerordentlich engem Umfang möglich**.

Die **Unabweisbarkeit des Bedarfs** drückt sich im Übrigen regelmäßig in der **zeitlichen Dimension** aus, dass diese Leistung **nicht aufschiebbar** ist, bis Mittel angespart bzw. Vermögensgegenstände in zumutbarer Weise verwertet sind. Dies wird gerade bei Gegenständen im schulischen Bereich sowie bei Gesundheitsleistungen, z. B. bei Heil- und Körperpflegemitteln (dazu SG Lüneburg 11. 8. 2005 – S 30 AS 328/05 ER, ZfF 2006, 85 ff.) oft der Fall sein.

In der Literatur war teilweise vorgeschlagen worden, zur Interpretation auf die frühere Judikatur zum unerlässlichen Lebensunterhalt nach § 25 BSHG hinzuweisen. Dieser Parallele ist zu widersprechen. § 25 BSHG gehörte zu den Sanktionsvorschriften, die heute in umfangreicher Form in § 31 normiert sind. Dieser Zusammenhang ist für § 24 Abs. 1 SGB II verfehlt, so dass diese Norm **nicht am Vorbild des § 25 BSHG** ausgelegt werden kann. Zutreffend ist allerdings, dass nicht jede geringfügige Bedarfsunterdeckung direkt einen Anspruch auf ein Darlehen begründet. Insoweit ist es zutreffend, dass dieser Bedarf einen darlehensrelevanten Umfang enthält, der allerdings bereits **bei 10% der Regelleistung angesetzt** werden könnte, denn die Aufrechnungsgrenze in § 42 a Abs. 2 S. 1 SGB II soll gerade eine Bedarfsunterdeckung verhindern (so zum bisherigen Recht *Lang/Blüggel* in Eicher/Spellbrink § 23 Rn. 49).

II. Rechtsfolgen

9 § 24 Abs. 1 **gewährt den Hilfeempfängern einen Anspruch auf Darlehensgewährung**. Dazu ist ein Darlehensvertrag abzuschließen und das Darlehen zu gewähren. Es handelt sich insoweit um einen **öffentlich-rechtlichen Vertrag nach §§ 53 ff. SGB X**. Für die konkrete Ausgestaltung ist dann nach § 61 SGB X auf das Recht des Darlehensvertrags im BGB zurückzugreifen. Mit der Neugestaltung des Darlehensvertrags in §§ 488 ff. BGB ist endgültig Abschied genommen worden von der Vorstellung eines Darlehens als Realvertrag, so dass regelmäßig ein konsensualer Darlehensvertrag und eine tatsächliche Darlehensgewährung erforderlich, aber auch zu unterscheiden sind.

10 Das Darlehen ist seit 2005 nach den gesetzlichen Vorschriften als **unverzinsliches Darlehen zu gewähren** (*Däubler* NJW 2006, 1545, 1546; *Münder* in LPK-SGB II § 23 Rn. 17). Angesichts der Funktionsnähe von Darlehenszinsen und Darlehensgebühren, die im Zivilrecht regelmäßig als verdeckte Zinsen bewertet werden, sind auch **Verwaltungsgebühren oder ähnliche Modalitäten ausgeschlossen**. Die Laufzeit des Darlehens muss korrelieren mit der Zumutbarkeit der Höhe der monatlichen Raten. Dem Träger der Grundsicherung war in der ursprünglichen Fassung des § 23 SGB II aF das Recht eingeräumt worden, sich durch eine **Aufrechnung bis zu einer Höhe von 10% der Regelleistung monatlich** befriedigen zu können. Die Höhe von 10% stellt die Obergrenze dar, so dass im Regelfall ein niedriger Betrag von z. B. 5% in Betracht kommen kann. Hier bedarf es einer **geeigneten Ermessensausübung**. Dieses Aufrechnungsrecht ist jetzt verallgemeinert und ohne materielle Änderung in die Regelung des **neu formulierten § 42 a SGB II** transferiert worden (BT-Drs. 17/3404, S. 102; *Groth/Siebel-Huffmann* NJW 2011, 1105, 1109). Die mit § 367 BGB vergleichbare Norm des § 42 a Abs. 6 SGB II macht deutlich, dass auch weiter (*Bittner* in jurisPK-SGB II § 42 a Rn. 53) vom Leitbild des unverzinslichen Darlehens auszugehen ist (in BT-Drs. 17/3404, S. 116 fehlt jeglicher Bezug auf Zinsleistungen).

11 Angesichts der Kosten bestimmter langlebiger Haushaltsgüter kann, soweit § 24 Abs. 3 nicht eingreift, hier eine problematische Laufzeitdauer entstehen, so dass den Hilfeempfängern auch das Recht auf ermessensfehlerfreie Entscheidung über **Erlassverträge** zusteht (SG Lüneburg 11. 8. 2005 – S 30 AS 328/05, info also 2005, 225). In der Literatur wird ein solcher Erlass vor allem als eine **verfassungskonforme Auslegung für verfassungsrechtlich problematische Konstellationen** verstanden (*Rothkegel* ZfSH/SGB 2005, 391, 397). Auch wenn eine solche Auslegung im Einzelfall möglich ist, kann sie insgesamt nicht genügen, da die Betroffenen bereits bei Abschluss eines Darlehensvertrages Sicherheit über die jeweilige Laufzeit und die sich daraus ergebende Belastung haben müssen (*Münder* NZS 2008, 169, 171). In der Rechtsprechung des BSG wird jedoch ein mit der Darlehensgewährung zeitlich koordinierter Erlassbescheid abgelehnt (BSG 10. 5. 2011 – B 4 AS 11/10 R, Rn. 18 f.).

D. Sachleistungen

12 § 24 Abs. 2 ermöglicht dem Träger der Grundsicherung, im **Einzelfall** die Regelleistung nicht als Geldleistung, sondern **als Sachleistung** zu erbringen. Dieser Ausnahmefall setzt **mangelnde Eignung des Hilfeempfängers** voraus. Diese Möglichkeit bestand bereits im früheren Sozialhilferecht nach § 4 BSHG, so dass an die damalige Rechtsprechung angeknüpft werden kann. Grundlegend ist weiter die Entscheidung des Bundesverfassungsgerichts vom 18. 7. 1967 (BVerfGE 22, 180, 218; JZ 1967, 568). Danach kommt dem Sozialleistungsträger keine Kompetenz zu, Hilfeempfänger zu erziehen oder zu „bessern". Zutreffend hat daraus das Bundesverwaltungsgericht den Schluss gezogen, dass eine abweichende Leistungserbringung als Sachleistung weiter voraussetzt, dass in solchen Fällen ein **geeigneter Hilfeplan als Angebot an den Berechtigten** aufgestellt wird (BVerwGE vom 16. 1. 1986 – 5 C 72/84; BVerwGE 72, 354 = ZfS 1986, 177–180). Nur mit einer solchen Kombination von Sachleistung und Angebot kann den elementaren grundrechtlichen Wertungen vor allem des **Art. 2 Abs. 1 GG** gerecht werden (ebenso *Münder* in LPK-SGB II § 23 Rn 21; vgl. Gagel/Bender § 23 Rn 48). In diesem Zusammenhang können auch die Hilfen nach § 16 a SGB II (s. o. *Knickrehm* § 16 a Rn. 3) als Angebot – nicht als Auflage – vermittelt werden.

13 Der Wechsel von der üblichen **Geldleistung zur Sachleistung** darf nur erfolgen, wenn eindeutig festgestellt ist, dass der Leistungsberechtigte zur eigenständigen Mittelverwaltung **ungeeignet** ist. Dieser gerichtlich vollständig überprüfbare unbestimmte Rechtsbegriff kann nur bejaht werden, wenn anhand konkreter Tatsachen festgestellt werden kann, dass der Leistungsberechtigte in der Vergangenheit wiederholt vorwerfbar seinen Bedarf mit der Regelleistung nicht decken konnte. Angesichts der knappen Kalkulation der Regelleistung bedarf dies einer eindeutigen Feststellung (*Münder* in LPK-

SGB II § 23 Rn. 21). Da mit dieser Norm in die Selbstbestimmung des Leistungsberechtigten eingegriffen wird, ist eine enge Auslegung und zurückhaltende Bewertung geboten (Gagel/*Bender* § 23 Rn. 47; *Behrend* in jurisPK-SGB II § 24 Rn. 47). Will der Träger der Grundsicherung von seinem Ermessen Gebrauch machen, dann ist dazu ein entsprechend begründungsbedürftiger Verwaltungsakt erforderlich (Gagel/*Bender* § 23 Rn. 53); der Leistungsberechtigte ist vor der Entscheidung über die Erbringung als Sachleistung nach § 24 SGB X anzuhören (*Münder* in LPK-SGB II § 23 Rn. 23).

E. Einmalige Leistungen

Als eine spezifische Sonderregelung enthält § 24 Abs. 3 SGB II einen Anspruch der Hilfeempfänger auf **einmalige Geldleistungen in Form eines verlorenen Zuschusses**. Diese Möglichkeit war im Gesetzentwurf zunächst nicht vorgesehen, wurde dann aber im damaligen Vermittlungsverfahren eingefügt (BT-Drs. 15/2259 S. 3). Inzwischen ist diese Regelung von beachtlicher Bedeutung und gehört zu den Schwerpunkten der Gerichtspraxis. Im Wesentlichen handelt es sich hierbei um den **Anspruch auf „Erstausstattungen"**. Damit wird wiederum angeknüpft an die frühere sozialhilferechtliche Judikatur, die gerade Erstausstattungen als Beihilfen zum Umzug und zur Einrichtung einer Wohnung regelmäßig zur Verfügung gestellt hat. Während diese Regelungen jedoch im BSHG der Individualisierung des Bedarfs dienten, kommt § 24 Abs. 3 SGB II in der auf vorrangige Typisierung ausgelegten Struktur des SGB II eine Sonderrolle zu. Verlangt wird die Deckung eines speziellen Bedarfs, der erheblich vom Durchschnitt abweicht (BSG 1. 7. 2009 – B 4 AS 77/08 R, NJW 2010, 462). Maßgeblich ist daher, dass ein elementarer Bedarf nicht gedeckt ist; auf die Ursache der fehlenden Bedarfsdeckung kommt es nicht entscheidend an. Bei grob fahrlässigem Verhalten des Leistungsberechtigten kann im Einzelfall § 34 SGB II anwendbar sein (BSG 19. 8. 2010 – B 14 AS 36/09 R). 14

Der Begriff der Erstausstattung ist daher ebenfalls **bedarfsbezogen** zu verstehen. Nach der ständigen Rechtsprechung des BSG wird verlangt, dass ein Bedarf an Einrichtungsgegenständen oder Bekleidung nicht gedeckt ist; abzugrenzen ist diese Situation von der Ersatzbeschaffung, in der ein Bedarf bisher gedeckt war und durch Verschleiß oder Zeitablauf eine einfache Ersatzbeschaffung erfolgen soll (dazu auch *Münder* in LPK SGB II § 23 Rn. 25). Im Gesetzgebungsverfahren war für die Erstausstattung bei einem bisher nicht erfüllten Bedarf auf solche Situationen wie einen Wohnungsbrand oder eine Entlassung aus Freiheitsentzug verwiesen worden (BT-Drs. 15/1514, S. 60); damit sind allerdings nur spezifische Beispiele genannt, eine Erstausstattung kann sich auch als eine **Teilausstattung** darstellen und in bestimmten Einzelfällen auf einen einzigen Gegenstand, z. B. eine Waschmaschine beziehen (BSG 19. 9. 2008 – B 14 AS 64/07 R, BSGE 101, 268, 272). 15

Als erste Fallgruppe nennt das Gesetz die **Erstausstattung für Wohnungen** einschließlich von Haushaltsgeräten. Dies erfasst vor allem Möbel, aber auch Bettzeug, Matratzen und Gardinen. Maßgeblich ist nach der Rechtsprechung des BSG, dass der Leistungsberechtigte diese Einrichtungsgegenstände benötigt für eine geordnete Haushaltsführung, die ihm ein an den herrschenden Lebensgewohnheiten orientiertes Wohnen ermöglicht (BSG 20. 8. 2009 – B 14 AS 45/08 R; *Behrendt* in jurisPK-SGB II § 24 Rn. 80). Damit knüpft diese Rechtsprechung an die Integrationsfunktion des SGB II an. Die Leistungen der Grundsicherung sollen es den Leistungsberechtigten ermöglichen, dass sie ohne Ausgrenzung mit anderen Menschen in vergleichbarer Lebenslage zusammenleben können (s. o. *Kohte* § 20 Rn. 18 ff.; *Däubler* NZS 2005, 225, 227). Deswegen muss jeweils das Korrektiv der herrschenden Lebensgewohnheiten in realistischer Bewertung des Sachverhalts herangezogen werden. In der instanzgerichtlichen Judikatur ist aus dieser Funktion auch abgeleitet worden, dass daher auch Fernsehgeräte zur Erstausstattung einer Wohnung rechnen (LSG Niedersachsen 27. 4. 2010 – L 9 AS 267/09); diese Position fand allerdings nicht die Zustimmung des BSG (BSG 24. 2. 2011 – B 14 AS 75/10 R). 16

Ist ein solcher Bedarf festgestellt, dann ist der Anspruch nach § 24 Abs. 3 S. 1 Nr. 1 SGB II im Sinne eines unbedingten Rechtsanspruchs zu realisieren. Allerdings ist auch dieser Anspruch nach § 37 SGB II antragsgebunden, doch umfasst der allgemeine Antrag auf Leistungen nach dem SGB II regelmäßig auch den Anspruch auf Sonderbedarf (BSG 19. 8. 2010 – B 14 AS 10/09 R). Dem Träger der Grundsicherung kommt ein **Auswahlermessen** zu, das sich auf die Erbringung von Sachleistungen oder Geldleistungen beziehen kann. Bei Geldleistungen billigt die Judikatur auch Pauschalen, wenn diese dem erforderlichen Standard entsprechen und nachvollziehbar begründet sind (BSG 12. 4. 2011 – B 14 AS 53/10 R; info also 2011, 40). Die Gewährung von Pauschalbeträgen darf allerdings nicht zu einer Verkürzung des Leistungsanspruchs führen; der Träger der Grundsicherung hat daher im gerichtlichen Verfahren „nachvollziehbare Erfahrungswerte" für seine Pauschalen vorzulegen (BSG 19. 8. 2010 – B 14 AS 36/09 R und B 14 AS 10/09 R; info also 2011, 40). Der Anspruch auf eine solche Leistung ist ein **eigenständiger und abtrennbarer Streitgegenstand** (ständige Rechtsprechung seit BSG 19. 9. 2008 – B 14 AS 64/07 R, BSGE 101, 268, 271). Den Leistungsberechtigten steht die „Verpflichtungsbescheidungsklage" (BSG 1. 7. 2009 – B 4 AS 77/08 R, NJW 2010, 462 = SozR 4–4200 § 23 Nr. 4; 20. 8. 2009 – B 14 AS 45/08 R, SozR 4–4200 § 23 Nr. 5) und in dringenden Fällen der einstweilige Rechtsschutz nach § 86b SGG zu. Bei rechtswidriger Leistungsab- 17 lehnung und bei unaufschiebbaren Einrichtungsmaßnahmen in Eil- und Notfällen ist den Leistungsberechtigten auch der Weg der **Selbstbeschaffung** möglich, so dass ihnen danach ein Kostenerstattungsanspruch zustehen kann (BSG 19. 8. 2010 – B 14 AS 36/09 R, info also 2011, 40). Dieser ist mit der kombinierten Anfechtungs- und Leistungsklage zu verfolgen (BSG 19. 8. 2010, B 14 AS 10/09 R, info also 2011, 40 f.)

18   In der Judikatur stellt sich die Frage der Erstausstattung vor allem mit dem Wohnungsumzug sowie der Gründung eines neuen Hausstands. Hier kommt es nicht auf die jeweiligen Ursachen – z. B. der Gründe für die Trennung von Bedarfsgemeinschaften – an, sondern ausschließlich auf den nicht gedeckten Bedarf. Zu einer Erstausstattung gem. Nr. 1 umfasst die Ausstattung der Wohnung mit wohnraumbezogenen Gegenständen, die eine geordnete Haushaltführung und ein an den herrschenden Lebensgewohnheiten orientiertes Wohnen ermöglichen (BSG vom 16. 12. 2008 – B 4 AS 49/07 R, BSGE 102, 194, 199). Einen Anspruch auf Erstausstattung ist es gleichzusetzen, wenn Einrichtungsgegenstände des Leistungsempfängers bei einem Umzug zerstört werden, der allein vom Leistungsträger veranlasst wurde (BSG vom 1. 7. 2009 – B 14 AS 77/08 R, NJW 2010, 462).

19   Die Erstausstattung umfasst auch alle relevanten **Kosten, die sich während Schwangerschaft und nach der Geburt eines Kindes ergeben**. Dazu gehört sowohl die Schwangerschaftsbekleidung sowie die gesamte Ausstattung für neugeborene Kinder, die sowohl Kleidung als auch Möbel, Kinderwagen, Kindersitz und Spielzeug umfasst (BT-Drs. 16/1410, S. 24; Behrend in jurisPK-SGB II § 24 Rn. 60; anschaulich zur sozialgerichtlichen Kontrolle der Restriktionen der Praxis: SG München 22. 1. 2008 – S 51 AS 217/08; LSG Berlin-Brandenburg 3. 3. 2006 – L 10 B 106/06 AS ER – juris). Angesichts der problematisch abgesenkten Regelsätze von Kindern und Jugendlichen (dazu s. o. § 23 Rn. 10–18) wird regelmäßig versucht, Kosten für die **Bekleidung von Kindern**, die wachstumsbedingt ihre bisherigen Textilien nicht mehr tragen können, nach § 24 Abs. 3 zu erlangen. Nach der Rechtsprechung des BSG (23. 3. 2010 – B 14 AS 81/08 R; NJW 2011, 877) ist der wachstumsbedingte Bekleidungsbedarf von Kindern grundsätzlich dem Regelbedarf zuzuordnen, weil das typische Wachstum von Kindern nicht mit der Kategorie der „Erstausstattung" erfasst werden kann (anschaulich die Vorinstanz SG Gelsenkirchen vom 22. 6. 2007 – S 5 AS 153/06, Sozialrecht aktuell 2007, 191). Damit werden die Problemlagen nicht abschließend erfasst (so auch BSG aaO). Im Einzelfall muss geprüft werden, unter welchen Bedingungen ein kurzfristiger Wachstumsschub zu einer Situation so weitreichend fehlender Deckung führt, dass diese als „Erstausstattung" qualifiziert werden kann. Regelmäßig ist der im Einzelfall festgestellte Bedarf für Bekleidung und Schuhe mit den statistischen Grundannahmen im Gesetzgebungsverfahren (BT-Drs. 17/3404, S. 75) zu kontrastieren. Als Maßstab ist das Verbot der sozialen Ausgrenzung (BVerwG 9. 2. 1995 – 5 C 2/93, BVerwGE 97, 376 = NJW 1995, 2369; Däubler NZS 2005, 225, 227) heranzuziehen, das gerade für die Bekleidung von Kindern und Jugendlichen zu beachten ist. Diese Prüfung gehört zu den Aufgaben der **verfassungskonformen Auslegung**, die allerdings nicht alle Problemlagen ausräumen kann (*Münder* NZS 2008, 169, 171).

20   Der Anspruch auf Kosten für mehrtägige Klassenfahrten nach § 23 III Nr. 3 a. F. ist in das „Bildungspaket" in § 28 Abs. 2 Nr. 3 SGB II integriert worden (o. Rn. 3). Neu anerkannt wurden in § 24 Abs. 3 Nr. 3 SGB II die Bedarfe für Anschaffung und Reparaturen von orthopädischen Schuhen, Reparaturen von therapeutischen Geräten und Ausrüstungen sowie für die Miete von therapeutischen Geräten: Im Gegensatz zur bisherigen Rechtslage fließen diese Positionen nicht mehr in die Bemessung des Regelbedarf mit ein, da es sich hierbei um sehr untypische Bedarfslagen handelt. Daher wird diese Bedarfslage nun besonders berücksichtigt werden (BT-Drs. 17/3404 S. 103). Mit der Formulierung „soweit dies nicht durch vorrangige Leistungsträger zu erbringen ist" wird klargestellt, dass die Grundsicherung an dieser Stelle nachrangig ist (BT-Drs. 17/4095, S. 26). **Orthopädische Schuhe** gehören zu den klassischen Gegenständen, die seit vielen Jahren zur Deckung des sozialrechtlichen Existenzminimums zu leisten waren. In der Rechtsprechung zum BSHG waren sie sowohl als einmalige Beihilfen nach § 21 BSHG anerkannt (VG Magdeburg 19. 9. 2001 – 6 A 58/01 MD, RdLH 2001, 164 f.) als auch vor allem ein wichtiges Element der Eingliederungshilfe, das in §§ 9, 10 Eingliederungshilfe-VO besonders normiert worden war. In der verwaltungsgerichtlichen Rechtsprechung, die durch den Grundsatz der Individualisierung der Sozialhilfe geprägt war, wurde ein weiter Hilfsmittelbegriff favorisiert (BVerwG 16. 11. 1972 – V C 88/72, FEVS 21, 81; OVG Münster, 13. 4. 1994 – 8 A 2779/91, DÖV 1995, 122; *Fichtner/Meusinger* BSHG § 40 Rn. 16, 21). In der Rechtsprechung zum SGB II wurde diese Auslegung nicht korrigiert; wegen der typisierenden Struktur des SGB II wurde jetzt ein enger Hilfsmittelbegriff angewandt, der auch auf die Auslegung zu § 41 SGB XII ausstrahlte (BSG 29. 9. 2009 – B 8 SO 5/08 R, BSGE 104, 200, 206). Konsequent lehnte das BSG für den Bedarf an orthopädischen Schuhen sowohl die Anwendung von § 21 SGB II als auch von § 23 SGB II ab, weil diese Kosten dem Regelbedarf zuzuordnen seien (BSG 18. 2. 2010 – 4 AS 29/09 R, BSGE 105, 279, 290). Das SG Duisburg (18. 2. 2010 – S 41 AS 69/09, ZfF 2011, 9 f.) sah bei hochwertigen orthopädischen Schuhen mit zweijähriger Mindesttragedauer ein funktionales Äquivalent zu Straßenschuhen, deren Kosten von der Regelleistung umfasst seien. Das Gericht gab dem behinderten Kläger den wohlmeinenden Rat, er könne den erforderlichen Kostenanteil aus der Beihilfe für kostenaufwendige Ernährung bestreiten.

Diese Rechtsprechung hatte sich so weit von den Realitäten gelöst, dass die durch das Bundesverfassungsgericht verlangte Einfügung von § 21 Abs. 6 SGB II paradigmatisch auch für die einmaligen Bedarfe des § 24 SGB II eine Korrektur erforderlich machte. Auch wenn diese Korrektur wie § 24 Abs. 3 Nr. 3 SGB II nur punktuell erfolgt ist, dokumentiert sie doch, dass **Behinderung als atypische Lebenslage** auch im Bereich einmaliger Leistungen berücksichtigt werden muss. Mit der gesetzlichen Neuregelung wird zunächst die Anschaffung orthopädischer Schuhe als eine solche Bedarfslage anerkannt. Im Regelfall wird es dabei nicht um die vollen Kosten, sondern um den Eigenanteil gehen, da orthopädische Schuhe typischerweise zu den Hilfsmitteln zum Behinderungsausgleich nach § 33 SGB V gerechnet werden. Wegen der Pauschalierungen in § 36 SGB V verbleibt jedoch regelmäßig ein Eigenanteil, der nach der Neuregelung vom Träger der Grundsicherung zu übernehmen ist. In der Rechtsprechung zu § 33 SGB V sind der Anschaffung die Instandhaltung und Reparatur zugeordnet worden (BSG 10. 3. 2010 – B 3 KR 1/09 R, SozR 4–2500 § 33 Nr. 29), da der vom § 33 SGB V verlangte Behinderungsausgleich funktionsfähige Hilfsmittel erforderlich macht. Die Bezugnahme in § 33 Abs. 1 S. 4 SGB V auf die Instandsetzung von Hilfsmitteln ist daher vom BSG als eine Klarstellung der bereits vor 2007 bestehenden Rechtslage verstanden worden. Es ist daher folgerichtig, dass die aktuelle Fassung in § 24 SGB II nunmehr **sowohl Anschaffung als auch Reparatur orthopädischer Schuhe** umfasst. 21

Dagegen sind die Leistungen für **therapeutische Geräte** auf Reparatur und Instandsetzung beschränkt; hier sind Anschaffungskosten nicht vom Träger der Grundsicherung zu erstatten. Offensichtlich ging man davon aus, dass in diesen Fällen typischerweise die Anschaffung ohne Pauschalierung von der gesetzlichen Krankenversicherung geleistet wird. Dies ist nicht unproblematisch, so dass in Einzelfällen geprüft werden muss, ob und in welchem Umfang hier zumindest § 24 Abs. 1 SGB II zur Geltung kommen muss. Eine Auflistung therapeutischer Geräte enthält das Hilfsmittelverzeichnis der GKV nach § 139 SGB V; unproblematisch lassen sich dazu sowohl Inhalations- und Absauggeräte ebenso rechnen wie Rollstühle, Sitz-, Steh- und Gehhilfen. 22

Ein den vorgenannten Leistungen entsprechender Anspruch **steht auch Personen zu, die keine Hilfeempfänger sind, jedoch durch diese Kosten hilfebedürftig würden**. Auch diesem Personenkreis, der in der Literatur als „minderbemittelt" bezeichnet wird, steht ein Rechtsanspruch auf Leistungen einer Erstausstattung als verlorenen Zuschuss zu. Der Personenkreis ist in § 24 Abs. 3 nicht näher beschränkt (*Hauck/Noftz/Hengelhaupt* § 23 Rn. 395 ff.). Im Niedriglohnbereich, aber auch bei bestimmten Gruppen von Selbständigen, dürfte es eine beachtliche Grauzone geben. Der Träger der Grundsicherung kann das Einkommen innerhalb eines Zeitraums von 6 Monaten berücksichtigen. Werden diese Leistungen erbracht, dann entsteht aufgrund einer expliziten Ausnahmeregelung gleichwohl keine Versicherungspflicht nach § 5 Abs. 1 Nr. 2a SGB V. Schließlich ist nach § 27 Abs. 2 die Erstausstattung auch **Auszubildenden** und **Studierenden** zu gewähren. 23

F. Darlehen bei erwarteten Erwerbseinkommen

Nach Abs. 4 können **Leistungen zur Sicherung des Lebensunterhalts auch als Darlehen erbracht** werden, wenn voraussichtlich, aufgrund von Einkommenszufluss oder Vermögenszuwachs, sich die Hilfebedürftigkeit für diesen Monat vermindert oder ausgeschlossen wird. Dadurch soll gewährleistet werden, dass unabhängig von der Fälligkeit des Arbeitsentgeltes der Lebensunterhalt sichergestellt ist (vgl. BT-Drs. 15/2997, S. 24). Liegen Tatsachen vor, die die **Prognose** stützen, dass **Einnahmen anfallen** werden und eine **Liquiditätslücke** auftreten wird (LSG Berlin-Brandenburg 11. 8. 2010 – L 5 AS 1010/10 B PKH), hat der Träger der Grundsicherung ein solches Darlehen zu gewähren. Die Modalitäten der Rückzahlung (z. B. Ratenzahlung) sind mit dem Hilfebedürftigen unter Berücksichtigung der Höhe der zu erwartenden Einnahmen zu vereinbaren. Das Darlehen ist nach den DH der BA (bisher 23.21) zinslos zu gewähren; stellt sich heraus, dass keine oder geringere Einnahmen anfallen, ist der Bescheid über das Darlehen aufzuheben und die Leistung in einen Zuschuss umzuwandeln (*Münder* in LPK-SGB II § 23 Rn. 41). Zur Vermeidung lang dauernder Verschuldung kann auch von Anfang an ein Zuschuss zu gewähren sein (*Behrend* in jurisPK-SGB II § 24 Rn. 84). 24

G. Darlehen bei fehlender sofortiger Vermögensverwertbarkeit

Diese Möglichkeit der darlehensweisen Leistungserbringung nach Abs. 5 S. 1 war anfangs in § 9 Abs. 4 geregelt und wurde erst zum 1. 4. 2006 in § 23 Abs. 5 a. F. aufgenommen (siehe Rn. 3). Eine Darlehensgewährung nach Abs. 5 verlangt das **Vorhandensein von verwertbarem Vermögen** iSv § 12 beim Hilfebedürftigen. Kann eine Verwertung aus rechtlichen oder tatsächlichen Gründen nicht erfolgen (dazu BSG 27. 1. 2009 – B 14 AS 42/07 R, SGb 2010, 53 m. Anm. *Deinert*; BSG 30. 8. 2010 – B 4 AS 70/09 R, info also 2011, 41), kommt eine darlehensweise Leistungserbringung nicht in Betracht. Weiterhin muss der **sofortige Verbrauch oder die sofortige Verwertung des Ver-** 25 mögens für ihn nicht möglich sein, oder eine unbillige Härte bedeuten. Ausschlussgründe für den sofortigen Verbrauch oder die sofortige Verwertung können tatsächlicher oder rechtlicher Natur sein (Beispiele dazu *Lang/Blüggel* in Eicher/Spellbrink § 23 Rn. 122) Eine besondere Härte kann vorliegen, wenn z. B. aufgrund der ungünstigen Marktlage eine **Verwertung des Vermögens unwirtschaftlich** wäre, da ein Missverhältnis zwischen der vorübergehenden Bedürftigkeit und den Kosten der Verwertung entstünde. Nach der Rechtsprechung des BSG (vgl. BSG vom 25. 5. 2005 – B 11a/11 AL 51/04 R, NZS 2006, 381) liegt eine offensichtlich unwirtschaftliche Verwertung jedoch erst vor, wenn der dadurch erlangte bzw. zu erzielende Gegenwert in einem deutlichen Missverhältnis zum wirklichen Wert des verwerteten bzw. zu verwertenden Vermögensgegenstandes steht oder stehen würde. Wird die Verwertung privater Lebensversicherungen verlangt, ist regelmäßig zu prüfen, ob darin eine besondere Härte liegt (BSG 7. 5. 2009 – B 14 AS 35/08 R, BSGE 103, 146). Liegen die Voraussetzungen des Satz 1 vor, besteht ein **gebundener Anspruch** des Hilfebedürftigen **auf die Darlehensgewährung**. Dagegen liegt es im Ermessen des Leistungserbringers, ob die Darlehensgewährung von der **Sicherung des Rückzahlungsanspruchs** bedingt wird. Dieser kann durch den Abschluss eines zivilrechtlichen Rechtsgeschäfts, dinglich durch die Bestellung einer Hypothek oder Grundschuld bei Grundstücken, oder bei beweglichen Sachen in anderer Weise (z. B. Sicherungsübereignung § 930 BGB, Bürgschaft § 765 ff. BGB), gesichert werden. Für die Einzelheiten kann auf die Judikatur zu §§ 89 BSHG, 91 S. 2 SGB XII zurückgegriffen werden (*Grube/Wahrendorf* SGB XII § 91 Rn. 14 f).

H. Ausschluss von Erstattungsleistungen

26   Die Regelung ist im **Kontext mit §§ 22 Abs. 5; 20 Abs. 3** (näher § 20 Rn. 56) zu sehen und ist gerichtet auf Personen, die das 25. Lebensjahr noch nicht vollendet haben. Diese Regelungen für diese Gruppe sollen den Anreiz mindern, eine eigene Wohnung zu beziehen und den vollen Regelsatz zu erhalten. Die Erhöhung der Zahl der bestehenden Bedarfsgemeinschaften soll verhindert werden. Für die Übernahme der Erstausstattungskosten ist somit von Belang, dass nach **§ 22 Abs. 5 die Zusicherung des kommunalen Trägers** oder einer der in § 22 Abs. 5 normierten Ausnahmen vorliegt (dazu *Behrend* in jurisPK-SGB II § 24 Rn. 93).

§ 25 Leistungen bei medizinischer Rehabilitation der Rentenversicherung und bei Anspruch auf Verletztengeld aus der Unfallversicherung

¹Haben Leistungsberechtigte dem Grunde nach Anspruch auf Übergangsgeld bei medizinischen Leistungen der gesetzlichen Rentenversicherung, erbringen die Träger der Leistungen nach diesem Buch die bisherigen Leistungen als Vorschuss auf die Leistungen der Rentenversicherung weiter; dies gilt entsprechend bei einem Anspruch auf Verletztengeld aus der gesetzlichen Unfallversicherung. ²Werden Vorschüsse länger als einen Monat geleistet, erhalten die Träger der Leistungen nach diesem Buch von den zur Leistung verpflichteten Trägern monatliche Abschlagszahlungen in Höhe der Vorschüsse des jeweils abgelaufenen Monats. ³§ 102 des Zehnten Buches gilt entsprechend.

A. Normzweck

1   In seiner jetzigen Fassung wird durch § 25 das Verhältnis zwischen dem Anspruch auf ALG II und Übergangsgeld als Leistung der medizinischen Rehabilitation der gesetzlichen Rentenversicherung oder Verletztengeld aus der gesetzlichen Unfallversicherung geregelt (*Knickrehm* in Eicher/Spellbrink § 25 Rn. 5). Diese Leistungen sind gem. § 5 Abs. 1 SGB II grundsätzlich vorrangig gegenüber den Leistungen nach dem SGB II. In § 25 Satz 1 ist jedoch festgelegt, dass Bezieher von ALG II mit Anspruch auf Verletztengeld aus der gesetzlichen Unfallversicherung oder auf Übergangsgeld bei medizinischen Leistungen der gesetzlichen Rentenversicherung keinen Wechsel des Leistungsträgers hinnehmen müssen und stattdessen vorschussweise ALG II vom SGB II-Leistungsträger weiter beziehen (*Radüge*/jurisPK-SGB II, § 25 Rn. 11). Damit ist jedoch kein Wechsel der Verantwortung verbunden: § 25 Satz 3 stellt klar, dass die zur Leistung verpflichteten Träger der gesetzlichen Renten- oder Unfallversicherung die Leistungen dem Träger der Leistungen nach dem SGB II gem. § 102 SGB X zu erstatten haben. Folglich tritt durch die Regelung in § 25 Satz 1 keine endgültige Kostenverlagerung ein. § 25 hat damit den Zweck, einen Trägerwechsel zu vermeiden. Für den Leistungsbezieher ist eine **nahtlose Weitergewährung der Leistungen** sichergestellt, so dass auch ein eventueller Streit darüber, ob die Voraussetzungen eines Anspruchs gegen den Träger der Renten- oder Unfallversicherung tatsächlich erfüllt sind, nicht zu seinen Lasten geht; stattdessen sind derartige Differenzen direkt zwischen den Leistungsträgern auszutragen. Insoweit entspricht die Konstellation der Wertung des § 14 SGB IX (dazu *Ulrich* SGb 2008, 452), die dem **für die Rehabilitation so wichtigen Beschleunigungseffekt** dient (s. u. *Kreikebohm* SGB IX § 14 Rn. 1).

B. Rechtsentwicklung

In seiner ursprünglichen Fassung regelte § 25 in Anlehnung an § 126 SGB III die Leistungsfortzah- 2
lung bei Arbeitsunfähigkeit, d. h., wenn dem Grunde nach ein Anspruch auf Krankengeld bestand.
Durch das Gesetz zur Vereinfachung der Verwaltungsverfahren im Sozialrecht (Verwaltungsvereinfachungsgesetz) vom 21. 3. 2005 (BGBl. 818) hat § 25 rückwirkend zum 1. 1. 2005 seine jetzige Struktur erhalten (BT-Drs. 15/4751 S. 44). Die Änderung des § 25 stand in unmittelbarem Zusammenhang
mit der Streichung des Anspruchs Hilfebedürftiger auf Krankengeld, der mit der Neufassung des § 44
Abs. 1 Satz 2 SGB V entfallen ist (*Breitkreuz* in Rolfs/Giesen § 25 Rn. 1). Hilfebedürftige beziehen
seit 2005 auch im Falle ihrer krankheitsbedingten Arbeitsunfähigkeit weiter ALG II. Im Gesetzgebungsverfahren 2011 ist die Norm nur redaktionell verändert worden (BT-Drs. 17/3404, S. 169).

C. Leistungsfortzahlung bei Anspruch auf Übergangsgeld und Verletztengeld

I. Übergangsgeld bei medizinischen Leistungen der Rehabilitation

Nach § 3 Satz 1 Nr. 3a SGB VI waren Bezieher von ALG II grundsätzlich in der gesetzlichen Ren- 3
tenversicherung pflichtversichert (ausführlich s. u. § 26 Rn 7). Die Streichung dieser Norm durch das
Haushaltsbegleitgesetz 2011 hat bewirkt, dass für die Zukunft keine Rehabilitationsansprüche erworben werden können. Die Neufassung des § 58 SGB VI hat bewirkt, dass für eine Übergangszeit Rehabilitationsansprüche noch bestehen (Nakielski SozSich 2011, 24, 27; Steck/Kossens Hartz IV Reform
2011 Rn. 522). Sofern solche Bezieher von ALG II die persönlichen (§ 10 SGB VI) und versicherungsrechtlichen (§ 11 SGB VI) Voraussetzungen erfüllen, können sie Leistungen der medizinischen
Rehabilitation erhalten. Im Zusammenhang damit kann auch ein Anspruch auf Übergangsgeld nach
§ 20 Abs. 1 Nr. 3b SGB VI entstehen. Die Höhe des Übergangsgeldes entspricht nach § 21 Abs. 4 S. 1
Hs. 2 SGB VI dem Betrag des Arbeitslosengeldes II. Das Übergangsgeld stellt eine vorrangige Sozialleistung im Sinne von § 5 Abs. 1 SGB II dar, die gemäß § 9 Abs. 1, § 11 SGB II auf die Leistungen
nach dem SGB II anzurechnen sind. Infolge dessen entfällt der Anspruch auf das Arbeitslosengeld II.
§ 25 gilt allerdings nur für Maßnahmen der medizinischen Rehabilitation. Das Übergangsgeld, das bei
Maßnahmen der Teilhabe am Arbeitsleben zu zahlen ist, wird dagegen vom jeweils zuständigen Leistungsträger eigenständig berechnet und unmittelbar an den Berechtigten ausgezahlt (*Gagel/Winkler*
§ 25 Rn. 4). Wenn im Anschluss an eine Maßnahme der medizinischen Rehabilitation Leistungen zur
Teilhabe am Arbeitsleben notwendig, aber nicht nahtlos möglich sind, so ist Übergangsgeld nach § 51
SGB IX weiter zu zahlen. Auch diese Leistung hat der Träger der Grundsicherung als „Vorschuss" zu
erbringen; auch hierauf bezieht sich sein Erstattungsanspruch (*Gagel/Winkler* § 25 Rn. 15).

II. Verletztengeld

Gemäß § 2 SGB VII sind bei Vorliegen der entsprechenden Voraussetzungen auch Bezieher von ALG 4
II kraft Gesetzes in der gesetzlichen Unfallversicherung versichert (zur Unfallversicherung bei Arbeitsgelegenheiten nach § 16d SGB II: GK-SGB II/*Schellhorn* § 25 Rn. 6). Von Bedeutung ist insoweit insbesondere § 2 Abs. 1 Nr. 14 SGB VII. Danach sind Personen versichert, die nach den Vorschriften des
SGB II oder III der Meldepflicht unterliegen, wenn sie einer besonderen, an sie im Einzelfall gerichteten
Aufforderung des Leistungsträgers nachkommen, diesen oder eine andere Stelle aufzusuchen. Tritt während der versicherten Tätigkeit ein Versicherungsfall im Sinne der §§ 7 ff. SGB VII ein, kann unter den in
§ 45 SGB VII aufgeführten Voraussetzungen ein Anspruch auf Verletztengeld bestehen. Erwerbsfähige
Hilfebedürftige, die nur darlehensweise ALG II beziehen oder ausschließlich Leistungen nach § 24
Satz 1 SGB II erhalten, sind insoweit jedoch nicht anspruchsberechtigt (§ 47 Abs. 2 SGB VII). Die Höhe
des Verletztengeldes richtet sich gemäß § 47 Abs. 2 SGB VII nach dem ALG II, sofern der erwerbsfähige
Hilfebedürftige nicht nur darlehensweise Arbeitslosengeld II oder ausschließlich Leistungen nach § 24
Abs. 3 Satz 1 SGB II erhält. Das Verletztengeld stellt eine vorrangige Sozialleistung im Sinne von § 5
Abs. 1 SGB II dar, die gemäß § 9 Abs. 1, § 11 SGB II auf die Leistungen nach dem SGB II anzurechnen
sind. Infolge dessen entfällt der Anspruch auf das Arbeitslosengeld II.

III. Leistungsfortzahlung

§ 25 SGB II bewirkt, dass das Arbeitslosengeld II trotz des an sich vorrangigen Anspruchs auf 5
Übergangsgeld bzw. Verletztengeld „als Vorschuss" weiter erbracht wird. Allerdings sind vom Vorschuss nicht alle nach dem SGB II zu erbringenden Leistungen einbezogen, sondern nur die Leistungen nach den §§ 20 bis 22 (*Knickrehm* in Eicher/Spellbrink § 25 Rn. 11). Die nach § 24 SGB II nF
zu gewährenden Leistungen werden zusätzlich zum ALG II auch während der Rehabilitation gezahlt,
allerdings nicht „als Vorschuss" nach § 25 SGB II, sondern zur Bedarfsdeckung durch den weiterhin
direkt zuständigen Träger der Grundsicherung. Zuschüsse nach § 26 SGB II sind nach § 25 SGB II

ebenfalls fortzuzahlen (*Knickrehm* in Eicher/Spellbrink § 25 Rn. 18). Der Anspruch aus § 26 SGB II ist nur gegeben, wenn ein realisierbarer Anspruch auf ALG II gegeben ist. Da der Anspruch auf Übergangs- bzw. Verletztengeld nur in Höhe des ALG II besteht (§ 21 Abs. 4 SGB VI, § 47 Abs. 2 Satz 2 SGB VII) und sich damit nicht auf diese Zuschüsse erstreckt, besteht der Anspruch auf Vorschuss auch nur in dieser Höhe. Diese Fortzahlung dient allerdings nur der Verwaltungsvereinfachung, so dass es sich der Sache nach um Leistungen zur medizinischen Rehabilitation und nicht zur Grundsicherung handelt. Daher greift die Sanktionsregelung des § 31 SGB II hier nicht ein; Mitwirkungspflichten regeln sich nach den allgemeinen Vorschriften der §§ 60, 66 SGB I (*Gagel/Winkler* § 25 Rn. 25; *Hauck/Noftz/Krauß* § 25 Rn. 15).

IV. Vorschuss

6   Das ALG II wird vom SGB II-Leistungsträger als Vorschuss auf die Leistungen der gesetzlichen Renten- oder Unfallversicherung erbracht. Der erwerbsfähige Hilfebedürftige erhält also nicht mehr das originäre ALG II. Stattdessen wird ihm gegenüber als endgültige Leistung das Übergangs- oder Verletztengeld erbracht (*Brünner*, LPK 2009, § 25 Rn. 6), der Begriff des „Vorschusses" ist deshalb verfehlt (*Gagel/Winkler* § 25 Rn. 25). § 25 SGB II steht nicht in Zusammenhang mit § 42 SGB I und ist deutlich von dieser Vorschrift zu differenzieren. In § 42 SGB I ist die Gewährung von Vorschüssen allgemein geregelt. Danach kann der zuständige Leistungsträger Vorschüsse zahlen, deren Höhe er nach pflichtgemäßem Ermessen bestimmt, wenn ein Anspruch auf Geldleistung dem Grunde nach besteht und zur Feststellung seiner Höhe voraussichtlich längere Zeit erforderlich ist (*Radüge*/jurisPK-SGB II, § 25 Rn. 23). Im Unterschied zu § 42 zahlt im Falle des § 25 SGB II gerade nicht der zuständige Leistungsträger. Zudem steht die Anspruchshöhe im Fall des § 25 SGB II fest. § 25 SGB II ist aber auch nicht als Spezialfall des § 43 SGB I zu qualifizieren. § 43 SGB I regelt die Erbringung vorläufiger Leistungen, wenn zwischen mehreren Leistungserbringern streitig ist, wer zur Leistung verpflichtet ist. Die Leistungen nach § 25 SGB II sind auch dann zu gewähren, wenn die Leistungspflicht der Renten- oder Unfallversicherung endgültig feststeht. In dieser Norm wird eine eigenständige Terminologie gewählt, die vom Ziel der Nahtlosigkeit bestimmt wird; als „Vorschuss" fungiert sie allerdings bei „Aufstockern", die während der Rehabilitation einen eigenständigen Anspruch auf Übergangs- oder Verletztengeld haben (LPK-*Brünner* § 25 Rn. 8).

V. Abschlagszahlungen

7   Besteht der Anspruch auf das Übergangsgeld oder Verletztengeld länger als einen Monat und wird deshalb der Vorschuss ebenfalls länger als einen Monat erbracht, so haben die Träger der gesetzlichen Renten- bzw. Unfallversicherung monatliche Abschlagszahlungen in Höhe des Vorschusses des jeweiligen Vormonats an den Grundsicherungsträger zu zahlen (§ 25 Satz 2 SGB II). Durch die Regelung wird zum einen die vorrangige Zuständigkeit der Träger der Renten- bzw. Unfallversicherung verdeutlicht. Zum anderen wird vermieden, dass nach längerer Vorschussgewährung umfangreiche Erstattungsansprüche zwischen den Trägern auflaufen. Kritisiert wird insoweit jedoch auch, dass durch das gewählte Verfahren ein beträchtlicher Verwaltungsaufwand entsteht (*Knickrehm* in Eicher/Spellbrink § 25 Rn. 23).

VI. Erstattungsanspruch

8   § 25 Satz 3 SGB II ordnet eine entsprechende Anwendung des § 102 SGB X an. § 102 SGB X bestimmt, dass der zur Leistung verpflichtete Leistungsträger erstattungspflichtig ist, wenn ein Leistungsträger aufgrund gesetzlicher Vorschriften vorläufig Sozialleitungen erbracht hat. Der zuständige Leistungsträger nach dem SGB II kann danach vom zuständigen Träger der gesetzlichen Renten- bzw. Unfallversicherung die Erstattung aller Leistungen verlangen, die er nach Maßgabe des § 25 SGB II gegenüber dem Hilfebedürftigen erbracht hat – abzüglich der erhaltenen Abschlagszahlungen. Insoweit wird eine Kostenüberwälzung auf den SGB II-Leistungsträger vermieden (*Radüge*/jurisPK-SGB II, § 25 Rn. 24; *Knickrehm* in Eicher/Spellbrink § 25 Rn. 24).

9   Der Erstattungsanspruch besteht jedoch nur für das Mitglied der Bedarfsgemeinschaft, welches dem Grunde nach Anspruch auf das Übergangs- bzw. Verletztengeld hat, nicht jedoch für die übrigen Mitglieder der Bedarfsgemeinschaft, denn für diese ist der zuständige Leistungsträger nach dem SGB II nicht in Vorleistung für den Renten- bzw. Unfallversicherungsträger getreten (SG Fulda, 28. 10. 2009 – S 3 R 227/08 m. w. N.).

10 Im Erstattungsstreitverfahren zwischen den Sozialträgern findet § 14 Abs. 4 S. 1 SGB IX keine Anwendung. Dies ergibt sich vor allem aus dem Sinn und Zweck der Vorschrift, der darin besteht, zu verhindern, dass der rehabilitationsbedürftige Versicherte Opfer eines Zuständigkeitsstreits wird (SG Dortmund, 31. 3. 2009 – S 44 KR 265/08). Ein ähnliches Schutzbedürfnis besteht zwischen den Rehabilitationsträgern untereinander nicht. Daraus folgt, dass ein Erstattungsanspruch nach § 25 auch nur dann besteht, wenn die Voraussetzungen für den Bezug von Übergangs- und Verletztengeld tatsächlich vorlagen.

§ 26 Zuschuss zu Versicherungsbeiträgen

(1) ¹Für Bezieherinnen und Bezieher von Arbeitslosengeld II oder Sozialgeld, die in der gesetzlichen Krankenversicherung weder versicherungspflichtig noch familienversichert sind und die für den Fall der Krankheit

1. bei einem privaten Krankenversicherungsunternehmen versichert sind, gilt § 12 Absatz 1 c Satz 5 und 6 des Versicherungsaufsichtsgesetzes,
2. freiwillig in der gesetzlichen Krankenversicherung versichert sind, wird für die Dauer des Leistungsbezugs der Beitrag übernommen; für Personen, die allein durch den Beitrag zur freiwilligen Versicherung hilfebedürftig würden, wird der Beitrag im notwendigen Umfang übernommen.

²Der Beitrag wird ferner für Personen im notwendigen Umfang übernommen, die in der gesetzlichen Krankenversicherung versicherungspflichtig sind und die allein durch den Krankenversicherungsbeitrag hilfebedürftig würden.

(2) ¹Für Bezieherinnen und Bezieher von Arbeitslosengeld II oder Sozialgeld, die in der sozialen Pflegeversicherung weder versicherungspflichtig noch familienversichert sind, werden für die Dauer des Leistungsbezugs die Aufwendungen für eine angemessene private Pflegeversicherung im notwendigen Umfang übernommen. ²Satz 1 gilt entsprechend, soweit Personen allein durch diese Aufwendungen hilfebedürftig würden. ³Für Personen, die in der sozialen Pflegeversicherung versicherungspflichtig sind und die allein durch den Pflegeversicherungsbeitrag hilfebedürftig würden, wird der Beitrag im notwendigen Umfang übernommen.

(3) Die Bundesagentur zahlt den Zusatzbeitrag zur gesetzlichen Krankenversicherung nach § 242 des Fünften Buches für Personen, die allein durch diese Aufwendungen hilfebedürftig würden, in der erforderlichen Höhe.

A. Normzweck

Zu den Grundelementen der Leistungen der Grundsicherung gehört die **Sicherung einer kontinuierlichen Mitgliedschaft in den wesentlichen sozialen Sicherungssystemen**. Anders als im bisherigen Sozialhilferecht (§§ 48 SGB XII, 264 SGB V) waren Bezieher von Arbeitslosengeld II in dieser Eigenschaft versicherungspflichtig in der gesetzlichen Renten-, Kranken- und Pflegeversicherung (§ 3 Satz 1 Nr. 3a SGB VI aF; 5 SGB V, 20 Abs. 1 Nr. 2a SGB XI). Die Beiträge zahlt der Bund (§§ 251 Abs. 4 SGB V, 170 Abs. 1 Nr. 1 SGB VI, 59 Abs. 1 S. 1 SGB XI), so dass dieser Personengruppe ein wichtiger sozialer Versicherungsschutz zukommen sollte (zur prozessrechtlichen Bedeutung dieses Versicherungsschutzes BSG 6. 9. 2007 – B 14/7 b AS 16/07 R – NZS 2008, 536, 537).   1

§ 26 SGB II trifft Regelungen für Sonderfälle, in denen ein sozialversicherungsrechtlicher Schutz als funktionswidrig angesehen wird. Dazu gehören vor allem Situationen, in denen die Bezieher des Arbeitslosengelds II zuvor nicht in der gesetzlichen Sozialversicherung Mitglied waren, jedoch in privaten oder berufsständischen Versorgungssystemen Leistungsanwartschaften erworben haben, deren Verlust zweckwidrig und in der Regel auch nicht gewollt wäre. Durch die einzelnen Sozialversicherungssysteme wird dieser Personenkreis bei ALG II-Bezug aus der Versicherungspflicht herausgenommen (§ 6 Abs. 1 b SGB VI; 5 Abs. 5a SGB V i. V. m. § 5 Abs. 5 u. § 6 Abs. 1 u. 2 SGB V; §§ 22 Abs. 1, 23 Abs. 1 SGB XI), um so Nachteile zu vermeiden, die mit dem Wechsel der Versicherungssysteme verbunden sind. Für diese Konstellation regelt § 26 SGB II Zuschusspflichten des Trägers der Grundsicherung, mit denen eine kontinuierliche Sicherung des bisherigen Versicherungs- bzw. Versorgung ermöglicht werden soll. Damit lehnt sich diese Norm an das Vorbild der §§ 207, 207a SGB III an – allerdings ohne Regelungen für Selbstständige (*Krauß* in Hauck/Noftz, 2007, K § 26 Rn. 6).   2

Dieser Zuschuss wird auch Personen zuerkannt, die nur durch die Zahlung von Beiträgen zu einer angemessenen Kranken- und Pflegeversicherung hilfebedürftig würden. Mit dieser 2006 eingeführten Regelung wurde auf verschiedene Probleme reagiert, die sich nach 2005 in der Praxis gezeigt hatten (*Lauterbach* NJ 2006, 199, 202). Zeitweilig regelte § 26 Abs. 4 SGB II, wann die Zusatzbeiträge nach § 242 SGB V zu übernehmen waren.   3

B. Gesetzgebungsgeschichte

Die Norm war schon in der Regierungsvorlage zum SGB II enthalten (BT-Drs. 15/1516, S. 58), wurde jedoch bereits im Gesetzgebungsverfahren deutlich geändert. Sie hat in der Folgezeit mehrfache Veränderungen erfahren, da sowohl Änderungen im SGB II als auch Änderungen der Sozialversicherungsgesetze aus den anderen Zweigen der sozialen Sicherung zu Folgeänderungen im SGB II   4

Anlass gaben. Substantielle Änderungen enthielt zunächst das Fortentwicklungsgesetz vom 20. 7. 2006 (BGBl. I 2006, 1706), in dem die Beitragspflichten geändert wurden. Von großer praktischer Bedeutung sind schließlich die Änderungen, die durch das Gesetz zur Stärkung des Wettbewerbs der gesetzlichen Krankenversicherung (GKV-WSG vom 26. 3. 2007 BGBl. I, 378) eingeführt worden sind und die zum Teil erst zum 1. 1. 2009 in Kraft getreten sind. Nicht unwesentliche Änderungen erfolgten schließlich durch das Neuausrichtungsgesetz vom 21. 12. 2008 (BGBl. I 2917). Durch das Haushaltsbegleitgesetz 2011 wurde der frühere § 26 Abs. 1 SGB II, der Zuschüsse zur privaten Alterssicherung betraf, aufgehoben (BGBl. I 2010, 1885, 1895). Der frühere § 26 Abs. 4 SGB II wurde umgestaltet im Zusammenhang mit der Verabschiedung des GKV-Finanzierungsgesetzes vom 22. 12. 2010 (BGBl. I S. 2309). Im Gesetzgebungsverfahren 2011 erfolgten nur redaktionelle Änderungen (BT-Drs. 17/3404, S. 32, 169; 17/4095, S. 34).

C. Versicherungspflicht

I. Bezug von Arbeitslosengeld II

5   Der in § 26 SGB II normierte Zuschussanspruch ist genauso wie die Versicherungspflicht in Kranken- und Pflegeversicherung an den **Bezug von Arbeitslosengeld II** gebunden. Die gesetzliche Regelung schließt sich an die bisherige Norm des § 5 Abs. 1 Nr. 2 SGB V an, die die Versicherungspflicht der Bezieher von Arbeitslosengeld nach dem SGB III regelt. Das Tatbestandsmerkmal des „Bezugs" ist durch die Rechtsprechung des BSG hinreichend geklärt: **Bezug** liegt einerseits vor, wenn der Leistungsempfänger **Leistungen tatsächlich bezieht**, auch wenn er keinen Leistungsanspruch hatte; andererseits liegt **Bezug schon dann vor, wenn die Leistung durch Verwaltungsakt zuerkannt ist**, auch wenn die Zahlung noch nicht erfolgt ist (BSG 22. 5. 2003 – B 12 KR 20/02 R – SGb 2003, 398; s. o. *Berchtold* SGB V § 5 Rn. 12 ff). Konsequent ist in Übereinstimmung mit dieser Rechtsprechung in § 5 Abs. 1 Nr. 2 a SBG V nunmehr klargestellt, dass auch eine rückwirkende Aufhebung einer solchen Zahlung ohne Bedeutung ist, so dass Versicherungspflicht und Zuschussanspruch rückwirkend nicht entfallen. Der **Verwaltungsakt des Trägers der Grundsicherung** ist, sofern nicht das Einigungsverfahren nach § 44a SGB II durchgeführt wird, **für die Krankenkasse bindend**, so dass sie der Versicherungspflicht nachträglich nicht die Einwendung fehlender Erwerbsfähigkeit entgegensetzen kann (BSG 24. 6. 2008 – 12 KR 29/07 – SGb 2008, 467; vgl. den anschaulichen Fall SG Dortmund 19. 10. 2005 – S 40 KR 206/05 ER – ZfSH/SGB 2006, 91 m. Anm. *Hammel* S. 328 ff).

6   Die **Minderung des Arbeitslosengeldes II nach § 31** bei einer Sanktion nach Verletzung einer Obliegenheit ändert nicht die Tatsache, dass überhaupt Arbeitslosengeld II bezogen wird, so dass in dieser Konstellation auf jeden Fall die Versicherungspflicht sowie der Zuschussanspruch weiter bestehen müssen. Auch die **vollständige Kürzung des Arbeitslosengelds II nach § 31 a Abs. 1 S. 3 bzw. Abs. 2 S. 2 SGB II führt nicht zum Fortfall der Versicherungspflicht sowie des Zuschussanspruchs**. Die mehrfach geänderte Textfassung des § 31 SGB II erlaubt nur die Kürzung bzw. den Wegfall des Arbeitslosengelds II sowie des Zuschusses nach § 24, nicht dagegen die Einschränkung der Versicherungspflicht in der gesetzlichen Krankenversicherung, weil es insoweit an einer gesetzlichen Regelung fehlt, so dass hier bereits der Vorbehalt des Gesetzes einer solchen Rechtsfolge entgegensteht (SG Kassel 1. 2. 2005 – S 20 AS 3/05 ER; *Rixen* in Eicher/Spellbrink SGB II § 31 Rn 4, Rn 45 b sowie *Knickrehm* aaO § 26 Rn. 13; *Krauß* in Hauck/Noftz, 2007, § 26 Rn. 4). Dies entspricht dem Ziel der Integration seit längerer Zeit arbeitsloser Menschen in die gesetzliche Versicherungspflicht, mit der kontinuierliche sozialrechtliche Absicherungen ermöglicht werden sollen. Als **Ende der Versicherungspflicht** normiert § 190 Abs. 12 SGB V nicht die Sanktionsfolgen des § 31 a, sondern allein den letzten Tag des regulären Leistungsbezugs. In dieser Situation obliegt dem Träger eine **erhöhte Betreuungs- u. Beratungspflicht** (*Striebinger* in Gagel § 26 SGB II Rn. 22 mit Verweis *Striebinger* in Gagel § 207 SGB III Rn. 13), damit z. B. bei dem Übergang von Arbeitslosengeld II zu Leistungen der Sozialhilfe die Drei-Monats-Frist für den Beitritt zur freiwilligen Krankenversicherung beachtet wird (GK-SGB II/*Schellhorn* § 26 Rn. 20; einschlägiger Sachverhalt in BSG 24. 6. 2008 – 12 KR 29/07 – SGb 2008, 467).

II. Rentenversicherung

7   Im Bereich der gesetzlichen Rentenversicherung führte der Bezug von Arbeitslosengeld II nach § 3 S. 1 Nr. 3 a SGB VI zur **gesetzlichen Versicherungspflicht**. Ausgenommen wurden in der Norm die Fallgestaltungen einer darlehensweisen Gewährung sowie einer Beschränkung der Leistungen auf Leistungen nach § 24 Abs. 3 SGB II. Weitere **Ausnahmen** betrafen Berechtigte aus der Ausbildungsförderung sowie den Personenkreis der „Aufstocker", die einer nach § 1 SGB VI versicherungspflichtigen Tätigkeit nachgehen, gleichwohl als Angehörige der „Working Poor" einen zusätzlichen Anspruch auf Leistungen der Grundsicherung haben. Insgesamt war dieser Personenkreis relativ klar abgegrenzt; der Begriff des Bezugs von Arbeitslosengeld II war durch die bisherige Rechtsprechung

hinreichend geklärt (s. o. Rn. 5). Mit der Streichung des § 3 S. 1 Nr. 3a SGB VI durch das Haushaltsbegleitgesetz 2011 ist diese sachgerechte Versicherungspflicht eliminiert worden.

Für die versicherungspflichtigen Bezieher von Arbeitslosengeld II wurden bis zum 31. 12. 2010 die **8** Beiträge nach § 170 SGB VI durch den Bund getragen. Als **beitragspflichtige Einnahmen** wurden seit der Änderung des SGB II durch das Gesetz vom 24. 3. 2006 (BGBl. I S. 558) nur noch 205 Euro angesetzt, von denen ein monatlicher Rentenversicherungsbeitrag von 41,00 Euro zu entrichten war (§ 166 Abs. 1 Nr. 2a SGB VI). Damit bewirkte die Versicherungspflicht für die Betroffenen die Aufrechterhaltung von Pflichtbeitragszeiten iSd § 55 SGB VI, so dass keine Rechtsnachteile bei möglichen Anträgen auf Erwerbsminderungsrenten nach § 43 SGB VI eintreten. Für die Höhe der Renten ergab sich aus diesen Zahlungen nur ein minimaler Effekt; zuletzt wurde mit einer Erhöhung des monatlichen Rentenzahlbetrages von rund 2 Euro gerechnet (GK-SGB II/*Schellhorn* § 26 Rn. 12), so dass die Perspektiven künftiger Altersarmut bei längerer Arbeitslosigkeit deutlich erkennbar waren. Durch das Haushaltsbegleitgesetz 2011 wurden diese Zahlungen ersatzlos gestrichen und die Wege zur Altersarmut in sachwidriger Weise beschleunigt. Zeiten des ALG II-Bezugs gelten jetzt als Anrechnungszeit nach § 58 SGB VI; dies hat für die Betroffenen nur einen geringen Wert (*Nakielski* SozSich 2011, 24, 27).

Verschiedene Gruppen von Beziehern von Arbeitslosengeld II konnten sich nach § 6 Abs. 1 b **9** SGB VI von der gesetzlichen Rentenversicherungspflicht auf Antrag befreien lassen. Voraussetzung für alle Gruppen war es, dass sie im letzten Kalendermonat vor dem Bezug von Arbeitslosengeld II nicht in der gesetzlichen Rentenversicherung versichert waren. Die einzelnen Gruppen waren Angehörige berufsständischer Versorgungswerke, Selbstständige mit versicherungsvertraglicher Absicherung sowie Angehörige der Altersversorgung der Landwirte. Die **Befreiung erfolgte auf Antrag** durch Verwaltungsakt des Trägers der gesetzlichen Rentenversicherung; es handelt sich um einen konstitutiven Verwaltungsakt (LSG NRW 21. 11. 2007 – L 20 B 194/07 AS ER – juris), der für die Träger der Grundsicherung bindend war. Seit 2011 werden auch zur privaten Alterssicherung – mit Ausnahme der Altersvorsorge (Riester-Rente) – keine Zuschüsse geleistet.

III. Gesetzliche Krankenversicherung und soziale Pflegeversicherung

In der **gesetzlichen Krankenversicherung** ergibt sich die **Versicherungspflicht** aus § 5 Abs. 1 **10** Nr. 2a SGB V. Wiederum werden Personen ausgenommen, die Arbeitslosengeld II nur darlehensweise oder nur in Form der Sonderbedarfs nach § 24 Abs. 3 SGB II beziehen. Klarstellend ist im SGB V festgehalten worden, dass trotz Aufhebung der Leistungen der Grundsicherung die durch die tatsächliche Leistung veranlasste Versicherungspflicht nicht rückwirkend entfällt. Seit dem 1. 1. 2009 sind nach § 5 Abs. 5a SGB V Personen, die unmittelbar vor dem Bezug von Arbeitslosengeld II privat krankenversichert bzw. weder gesetzlich noch privat krankenversichert waren und entweder selbstständig erwerbstätig oder versicherungsfrei nach § 6 Abs. 1 und 2 SGB V waren, von Gesetzes wegen nicht versicherungspflichtig. Dies ist begründet worden mit der Existenz des Basistarifs nach § 12 VAG, der ab 1. 1. 2009 in solchen Fällen eingreift (vgl. § 5 Abs. 1 Nr. 13 SGB V, dazu *Geiger* info also 2008, S. 147). In den Beratungen zum GKV-WSG wurde die Position vertreten, dass für diese Personen keine gesetzliche Versicherungspflicht mehr bestehen solle (BT-Drs. 16/4247, S. 60; *Just* in Becker/Kingreen SGB V § 5 Rn. 22). Bezieher von Sozialgeld sind versicherungspflichtig nach § 5 Abs. 1 Nr. 13 SGB V, soweit sie nicht familienversichert nach § 10 SGB V sind (*Striebinger* in Gagel SGB II § 26 Rn. 5).

Für die **soziale Pflegeversicherung** folgt eine vergleichbare **gesetzliche Versicherungspflicht** **11** für Bezieher von Arbeitslosengeld II aus § 20 Abs. 1 S. 2 Nr. 2a SGB XI. Die Beitragszahlung erfolgt zu Lasten des Bundes nach § 59 Abs. 1 SGB XI. Eine Befreiung von der Versicherungspflicht erfolgt nur nach § 22 Abs. 1 SGB XI bzw. für Altverträge mit privaten Versicherungsunternehmen nach Art. 42 PflegeVG (GK-SGB II/*Schellhorn* § 26 Rn. 31).

D. Anspruch auf Zahlung eines Zuschusses

Diejenigen, die von der gesetzlichen Versicherungspflicht in der Kranken- und Pflegeversicherung **12** befreit sind, haben nach § 26 SGB II Anspruch auf Zahlung eines Zuschusses gegen den Träger der Grundsicherung. Der bis zum 31. 12. 2010 zu leistende Zuschuss zu Leistungen der **privaten Alterssicherung** ist durch das Haushaltsbegleitgesetz 2011 als Folgeänderung zu den §§ 166, 170 SGB VI ersatzlos gestrichen worden. Der Zuschuss war auf den Beitrag beschränkt, der in der gesetzlichen Rentenversicherung zu zahlen wäre. Bei berufsständischen Versorgungswerken konnte es sich ergeben, dass ein **höherer Beitrag** zu leisten war, so dass sich die Frage stellt, ob diese Zahlungen **nach § 11 SGB II vom Einkommen abgezogen** werden konnten (dazu am Beispiel des Versorgungswerkes der Architekten BSG 30. 7. 2008 – B 14 AS 44/07 R – juris).

In der **Krankenversicherung** steht der Anspruch auf Zuschuss Beziehern von Arbeitslosengeld II **13** oder seit dem 1. 1. 2009 auch von Sozialgeld zu, wenn diese in der gesetzlichen Krankenversicherung nicht versicherungspflichtig bzw. nicht familienversichert sind. Hier wurde und wird ausdrücklich auf den Basitarif in § 12 Abs. 1c VAG verwiesen (Zur Verfassungsmäßigkeit des Basistarifs BVerfG v. 10. 6. 2009 – 1 BvR 706/08 – NZS 2009, 436 = NJW 2009, 2033; *Klerks* info also 2009, 153). Die Verweisung auf diese Norm lässt sich so verstehen, dass den Leistungsberechtigten der Grundsicherung ausschließlich ein Beitrag von höchstens 130 Euro zustände. Dies würde im Regelfall zu einer markanten Deckungslücke von mehr als 150 Euro je Monat führen (zur finanziellen Belastung *Bastians-Osthaus* NDV 2010, 154). Dies führt zu nachhaltigen Friktionen, da für die große Mehrzahl der Empfänger der Grundsicherung dadurch neue Verbindlichkeiten angesammelt würden, die jeglicher Eingliederung in den Arbeitsmarkt zuwider laufen (so auch *Spekker* ZfSH/SGB 2010, 212, 219).

14 Angesichts dieser Unzuträglichkeiten hat sich sehr schnell eine lebhafte und kontroverse Diskussion ergeben, in welcher Höhe Zuschüsse zu den Beiträgen zur Krankenversicherung vom Träger der Grundsicherung verlangt werden können (zum Meinungsstand 2010 ausführlich *Striebinger* in Gagel SGB II § 26 Rn. 32). Im Wesentlichen werden folgende Positionen vertreten:
 – Ein Teil der Gerichte präferierte eine strikte Wortlautinterpretation, die zu einer nachhaltigen Verschuldung der Leistungsempfänger führen würde (z.B. SG Berlin 27. 11. 2009 – S 37 AS 31127/09 und SG Gotha 12. 7. 2010 – S 35 AS 3620/10).
 – Teilweise wurde eine Lösung zulasten der privaten Krankenversicherung präferiert, die von ihrem Basistarif abrücken und nicht mehr als den GKV-Tarif verlangen sollte (so z.B. *Bastians-Osthaus* NDV 2010, 154, 156).
 – Andere plädierten für eine teleologische Auslegung, wonach die Träger der Grundsicherung den halben Basistarif zu übernehmen hatten (dazu nur SG Düsseldorf 12. 4. 2010 – S 29 AS 547/10 und SG Chemnitz 16. 6. 2010 – S 3 AS 450/10 sowie *Striebinger* in Gagel SGB II § 26 Rn. 32a).

15 Im Gesetzgebungsverfahren zur Korrektur des SGB II im Winter 2010 hatte der Bundesrat eine Änderung des VAG eingebracht, mit der die Beiträge der ALG II-Bezieher zur privaten Krankenversicherung in der gleichen Weise wie bei der gesetzlichen Krankenversicherung gedeckelt werden sollten (BT-Drs. 17/3958, S. 23). Die Bundesregierung stimmte dem Bundesrat in der Diagnose einer Regelungslücke in § 26 SGB II zu, die unbedingt geschlossen werden müsse. Sie wollte allerdings den weiteren Verlauf des Gesetzgebungsverfahrens abwarten, um eine passende Lösung zu finden (BT-Drs. 17/3982, S. 13). Nachdem der 4. Senat des BSG mit Urteil vom 18. 1. 2011 – B 4 AS 108/10 R – ZFSH/SGB 2011, 266ff. eine eigenständige rechtsfortbildende Position formuliert hatte, verzichteten die Akteure im Vermittlungsausschuss auf eine konkrete Regelung.

16 Der 4. Senat des BSG hatte in sorgfältiger Analyse der Entstehungsgeschichte sowie der Interessenlagen herausgearbeitet, dass in § 26 SGB II eine Regelungslücke zur Höhe des vom Träger der Grundsicherung zu leistenden Zuschusses zu den Beiträgen der privaten Krankenversicherung vorliege. Diese sei durch eine analoge Anwendung von § 26 Abs. 2 Nr. 2 SGB II in der 2010 geltenden Fassung zu schließen. Die Diagnose einer Lücke ist überzeugend; nach dem Plan der bisherigen Gesetzgebung war die vom Senat gewählte Lösung zulasten der Staatskasse plausibel und konsequent, da für eine Lösung zulasten der privaten Krankenversicherung keine hinreichenden normativen Anhaltspunkte zu finden waren und auch 2011 nicht kodifiziert worden sind. Im Ergebnis hat daher der Träger der Grundsicherung die erforderlichen Kosten einer privaten Krankenversicherung zu tragen (so jetzt auch die Bundesregierung in BT-Drs. 17/4962). Angesichts des Verlaufs des Verfahrens im Vermittlungsausschuss, in dem keine Änderung des § 26 SGB II erfolgten, ist auch weiterhin von einer Lückenhaftigkeit von § 26 SGB II auszugehen; eine solche Lösung ist nahe liegender als eine weit ausholende Nutzung von § 21 Abs. 6 SGB II, zumal Bundesrat und Bundesregierung auch nach der Kodifikation des § 21 Abs. 6 SGB II eine Regelungslücke bejaht haben.

17 Eine wichtige Fallgruppe regelt **§ 26 Abs. 1 Nr. 2 SGB II nF**. Danach können Bezieher von Arbeitslosengeld II oder von Sozialgeld einen Zuschuss zu den Kosten ihrer Versicherung verlangen, wenn sie durch die alleinige **Tragung dieser Versicherungskosten hilfebedürftig iSd SGB II** würden. Mit dieser 2006 eingeführten und zum 1. 1. 2009 auf Bezieher von Sozialgeld ausgedehnten Regelung wurde auf Problemlagen geantwortet, in denen die Betroffenen z.B. keinen Schutz nach § 10 SGB V, aber auch keine Versicherungspflicht aufzuweisen hatten (dazu *Lauterbach* NJ 2006, 199, 202). Damit war eine Lösung kodifiziert worden, die bereits von einem Teil der Praxis aufgenommen worden war (*Welke* NDV 2005, 231).

18 Ein zusätzliches Problem, das durch das GKV-WSG geschaffen worden ist, beantwortete zeitweilig **§ 26 Abs. 4 S. 1 SGB II**. Nach dem neuen Krankenversicherungsrecht können Krankenkassen einen **Zusatzbeitrag nach § 242 SGB V erheben**. Für Bezieher von Arbeitslosengeld II ist dies problematisch, da ein solcher Beitrag im System des Regelbedarfs nicht vorgesehen ist (dazu die Übersicht bei *Schwabe* ZfF 2008, 145ff.) und Zahlungsverzug nach § 16 Abs. 3a S. 2 SGB V zu Leistungseinschränkungen führen kann (*Wrackmeyer-Schoene* info also 2010, 156). Die gesetzliche Regelung schränkte die Möglichkeit der Übernahme des Zusatzbeitrags auf wenige Fallgruppen ein und erwartete von den Betroffenen vielmehr, dass sie zügig die Kasse wechseln. Das war nicht unproblematisch, weil in dieser Personengruppe chronische Krankheiten häufiger anzutreffen sind und eines der Ziele des neueren Krankenversicherungsrechts darin besteht, dass Kassen für chronisch kranke Menschen spezifische Programme realisieren (§ 2a SGB V); dies setzt in aller Regel eine gewisse Verbindung zwischen Kasse und Patient voraus, die durch schnelle Wechsel nicht gefördert wird. Durch

das **GKV-Finanzierungsgesetz** vom 22. 12. 2010 (BGBl. I S. 2309, 2313) ist diese Regelung geändert worden. Der **Zusatzbetrag**, der nach § 242 Abs. 4 SGB V auch von den Leistungsberechtigten der Grundsicherung erhoben werden kann, ist für diese Gruppe im Regelfall nach § 251 Abs. 6 S. 2 SGB V aus der Liquiditätsreserve des Gesundheitsfonds aufzubringen. Die Krankenkassen können in ihren Satzungen eine Pflicht zur Zahlung eines Differenzzusatzbetrags regeln, den die Leistungsberechtigten der Grundsicherung persönlich zu tragen haben (BT-Drs. 17/3696, S. 69). Dementsprechend ist die frühere Norm des § 26 Abs. 4 S. 1 SGB II im Dezember 2010 ersatzlos gestrichen worden (BT-Drs. 17/4095, S. 34, 53).

Aus der früheren Norm des § 26 Abs. 4 SGB II ist daher ausschließlich der bisherige Satz 2 mit Wirkung vom 1. 1. 2011 als inzwischen **neuer Absatz 3** übernommen worden; danach sind entsprechende Zuschussleistungen zu erbringen, wenn der Leistungsberechtigte **durch Zahlungen an die private Krankenversicherung hilfsbedürftig** iSd § 8 SGB II werden könnte. Diese Zahlungen erfolgen wirtschaftlich allerdings nicht zulasten der Bundesagentur, sondern zulasten des Bundes, der nach § 221b SGB V für solche Ausgleichszahlungen einzustehen hat. 19

Für Bezieher von Arbeitslosengeld II oder Sozialgeld, die in der sozialen **Pflegeversicherung** nicht versicherungspflichtig und nicht familienversichert sind, werden die Aufwendungen für eine angemessene private Pflegeversicherung im notwendigen Umfang nach § 26 Abs. 2 SGB II übernommen. Allerdings enthält § 110 Abs. 2 SGB XI für privat Versicherte, die in der PKV zum Basistarif versichert sind, eine mit der PKV vergleichbare Regelungslücke, so dass auch hier die vom BSG praktizierte Lückenschließung (o. Rn. 16) in vergleichbarer Weise erforderlich ist (vgl. *Striebinger* in Gagel SGB II § 26 Rn. 45; LSG Niedersachsen-Bremen 3. 12. 2009 – L 15 AS 1048/09 B ER, ZfSH/SGB 2010, 107, 111, LSG NW 16. 5. 2011 – L 19 AS 2130/10). 20

§ 27 Leistungen für Auszubildende

(1) ¹Auszubildende im Sinne des § 7 Absatz 5 erhalten Leistungen zur Sicherung des Lebensunterhalts nach Maßgabe der folgenden Absätze. ²Die Leistungen für Auszubildende gelten nicht als Arbeitslosengeld II.

(2) Leistungen werden in Höhe der Mehrbedarfe nach § 21 Absatz 2, 3, 5 und 6 und in Höhe der Leistungen nach § 24 Absatz 3 Nummer 2 erbracht, soweit die Mehrbedarfe nicht durch zu berücksichtigendes Einkommen oder Vermögen gedeckt sind.

(3) ¹Erhalten Auszubildende Berufsausbildungsbeihilfe oder Ausbildungsgeld nach dem Dritten Buch oder Leistungen nach dem Bundesausbildungsförderungsgesetz oder erhalten sie diese nur wegen der Vorschriften zur Berücksichtigung von Einkommen und Vermögen nicht und bemisst sich deren Bedarf nach § 65 Absatz 1, § 66 Absatz 3, § 101 Absatz 3, § 105 Absatz 1 Nummer 1 und 4, § 106 Absatz 1 Nummer 2 des Dritten Buches oder nach § 12 Absatz 1 Nummer 2 und Absatz 2, § 13 Absatz 1 in Verbindung mit Absatz 2 Nummer 1 des Bundesausbildungsförderungsgesetzes, erhalten sie einen Zuschuss zu ihren angemessenen Aufwendungen für Unterkunft und Heizung (§ 22 Absatz 1 Satz 1), soweit der Bedarf in entsprechender Anwendung des § 19 Absatz 3 ungedeckt ist. ²Satz 1 gilt nicht, wenn die Berücksichtigung des Bedarfs für Unterkunft und Heizung nach § 22 Absatz 5 ausgeschlossen ist.

(4) ¹Leistungen können als Darlehen für Regelbedarfe, Bedarfe für Unterkunft und Heizung und notwendige Beiträge zur Kranken- und Pflegeversicherung erbracht werden, sofern der Leistungsausschluss nach § 7 Absatz 5 eine besondere Härte bedeutet. ²Für den Monat der Aufnahme einer Ausbildung können Leistungen entsprechend § 24 Absatz 4 erbracht werden. ³Leistungen nach den Sätzen 1 und 2 sind gegenüber den Leistungen nach den Absätzen 2 und 3 nachrangig.

(5) Unter den Voraussetzungen des § 22 Absatz 8 können Auszubildenden auch Leistungen für die Übernahme von Schulden erbracht werden.

Vormaliger § 27 (Verordnungsermächtigung) nun § 13 – § 27 neu durch Art. 2 Nr. 31 RegelbedarfsÄndG vom 24. 3. 2011 (BGBl I, 453) eingefügt. Zusammenfassung der Leistungen an Auszubildende trotz des Ausschlusses dieses Personenkreises von Leistungen zur Sicherung des Lebensunterhalts nach dem SGB II unter den Voraussetzungen des § 7 Abs. 5.

A. Normgeschichte und -zweck

§ 27 fasst die bisher verstreut im SGB II angesiedelten Leistungen und Leistungsvoraussetzungen für Auszubildende in einer Norm zusammen und begrenzt sie zugleich **(Abs. 1 S. 1)**. Grund für die spezielle Regelung ist der grundsätzliche Ausschluss von Auszubildenden von Leistungen zur Sicherung des Lebensunterhalts nach dem SGB II durch § 7 Abs 5 (s. iE S. Knickrehm § 7 Rn. 36f und 1 unten Rn. 2). Leistungen nach **Abs. 3** waren bisher in § 22 Abs. 7 normiert. Insoweit nur gewisse Modifikation der Tatbestandsvoraussetzungen. Darlehensgewährung nach **Abs. 4** war bisher an systematisch nicht nachvollziehbarer Stelle im § 7 Abs. 5 S. 2 geregelt und ist mit dem RegelbedarfsÄndG deutlich ergänzt worden. Nun auch auf Beiträge zur K- und PflegeVers und den Monat der Aufnahme der Ausbildung erstreckt. Neu: Möglichkeit der Schuldenübernahme für Unterkunfts- und Heizungsaufwendungen **(Abs. 5)** unter den Voraussetzungen des § 22 Abs. 8. Entsprechend der bisherigen Rechtsprechung ist in **Abs. 2** nunmehr ausdrücklich geregelt, dass Auszubildende auch Anspruch auf Mehrbedarfsleistungen als Teil der Leistungen zur Sicherung des Lebensunterhalts haben, soweit es sich nicht um ausbildungsbedingten Bedarf zur Lebensunterhaltssicherung handelt (s. S. Knickrehm § 7 Rn. 40). Deswegen auch Ausschluss von Leistungen nach § 21 Abs. 4 – Mehrbedarf wegen Teilnahme an Teilhabeleistungen. Leistungen nach § 27 sind kein Alg II. Dieser ausdrücklichen Festlegung in **Abs. 1 S. 2** bedurfte es, denn nach alter und neuer Rechtslage waren und sind Leistungen für Mehrbedarf Teil des Alg II (§ 19 Abs. 1) und zwar unabhängig davon, wem die Mehrbedarfsleistung zu gewähren war und ist. Hieraus war rechtliche Konsequenz gezogen worden, dass die Studentin mit Anspruch auf Leistungen für Mehrbedarf wegen Alleinerziehung als Kopf einer Bg. ihre Kinder in den Leistungsbezug nach dem SGB II bringen konnte (vgl. S. Knickrehm § 7 Rn. 15). Dieses gilt nach neuer Rechtslage nicht mehr, wenn es auch in § 7 Abs. 5 S. 1 auf Grund der Formulierung „… haben über § 27 hinaus keinen Anspruch auf Alg II, Sozialgeld und Leistungen für Teilhabe und Bildung" zunächst noch anders klingt. § 7 Abs. 5 muss im Zusammenhang mit § 27, der Anspruchsgrundlage für Leistungen an Auszubildende, betrachtet werden. Wenn Auszubildende iSv. § 7 Abs. 5 von Leistungen nach dem SGB II ausgeschlossen sind, erstreckt sich dieser Ausschluss grundsätzlich auch auf Ansprüche nach dem SGB XII. Ausdrückliche Festlegung, dass Leistungen an Auszubildende kein Alg II sind bewirkt zugleich auch, dass durch den Bezug der in § 27 benannten Leistungen **Versicherungspflicht in der K- und PflegeVers**. nicht eintritt.

B. Leistungen an Auszubildende

2 **1. Abs. 1 und grundsätzlicher Leistungsausschluss in SGB II und SGB XII.** Zum grundsätzlichen Leistungsausschluss s. unter Rn. 1. Leistungsausschluss ist abhängig von der **grundsätzlichen Förderfähigkeit der durchlaufenen Ausbildung** (zur Ausnahme vom Leistungsausschluss s. unter § 7 Abs. 6, S. Knickrehm § 7 Rn. 44). Ob eine Ausbildung dem Grunde nach förderungsfähig nach dem BAföG oder §§ 60–62 SGB III ist, ist an Hand der sachlichen Förderkriterien zu entscheiden. Entscheidend ist die Förderungsfähigkeit der Ausbildung dem Grunde nach, nicht aus welchen persönlichen Gründen im konkreten Fall keine Leistungen nach BAföG oder SGB III erbracht werden (Berücksichtigung der persönlichen Situation ggf. im Härtefall nach § 27 Abs. 4, s. S. Knickrehm § 7 Rn. 42 und zur Förderfähigkeit iE S. Knickrehm § 7 Rn. 38f). Hintergrund des grundsätzlichen Ausschlusses der Auszubildenden von Leistungen zur Sicherung des Lebensunterhalts nach dem SGB II ist darin zu erblicken, dass die **Ausbildungsförderung** den Lebensunterhalt sichern soll, der wg. der Ausbildung ungesichert ist, weil der Auszubildende neben der Ausbildung nicht in der Lage ist seinen Lebensunterhalt durch eine Erwerbstätigkeit zu gewährleisten. Der dadurch entstandene ausbildungsbedingte o. – geprägte Bedarf wird durch die Ausbildungsförderung gedeckt. Wenn nun neben dem BAföG oder dem SGB III durch das SGB II kein weiteres System der Ausbildungsförderung installiert werden soll, so ist es konsequent, wenn ein Bedarf, der nicht **ausbildungsbedingt** ist, etwa weil die Studentin/der Student alleinerziehend ist oder einer kostenaufwändiger Ernährung bedarf, durch Leistungen nach dem SGB II gedeckt wird (s. hierzu auch unter Bezugnahme auf die Rechtsprechung des BSG, hierzu auch BT-Drs. 17/3404, S. 103; vgl. auch Brühl/Schoch in LPK-SGB II, § 7 Rn. 117; Hänlein in Gagel, § 7 Rn. 90; Peters in Estelmann, § 7 Rn. 97; Spellbrink in Eicher/Spellbrink § 7 Rn. 91f.; Valgolio in Hauck/Noftz SGB II, § 7 Rn. 237). So hat das BSG umgekehrt den ausbildungsbedingten Anteil am SchülerBAföG als zweckbestimmte Einnahme iS des § 11 Abs. 3 in der Fassung bis zum 31. 3. 2011 – Art 14 Abs. 3 RegelbedarfsÄndG – (BGBl. I, 453) angesehen (17. 3. 2009 – B 14 AS 63/07 R). Die nach § 27 nunmehr Auszubildenden zustehenden Leistungen sind allerdings qua ausdrücklicher Festlegung in § 27 Abs. 1 S. 2 kein Alg II, so dass ein Leistungsanspruch nach § 27 weder Versicherungspflicht in der K- oder PflegeV auslöst, noch geeignet ist weitere Familienmitglieder in das Leistungssystem des SGB II zu verbringen. Kinder der Leistungen nach § 27 beziehenden Studentin bleiben mithin bei Hilfebedürftigkeit im System des SGB XII (Vgl. ausführlich S. Knickrehm § 7 Rn. 40 und oben unter Rn. 1). Auf Grund der Formulierungen in § 7 Abs. 5 und § 27 Abs. 1 S. 2, in denen ausdrücklich nur auf die Regel- und Mehrbedarfsleistungen Bezug genommen wird, ist davon auszugehen, dass Auszubildenden, wenn sie hilfebedürftig sind und die Leistungsvoraussetzungen erfüllen, jedoch **Eingliederungsleistungen** nach § 16ff erhalten können (vgl. BSG 6. 9. 2007 – B 14/7b AS 36/06 R).

3 **2. Ansprüche auf Leistungen nach § 27 Abs. 2 – Mehrbedarf.** In Kenntnis der unter Rn. 1 und 2 dargelegten systematischen Überlegungen hat der Gesetzgeber mit der Regelung des § 27 Abs. 2 nunmehr **Leistungen für Mehrbedarfe** iS des § 21 Abs. 2 (Schwangerschaft), 3 (Alleinerzie-

hung), 5 (kostenaufwändige Ernährung) und 6 (Härtebedarf) an Auszubildende ausdrücklich normiert, soweit der Bedarf nicht durch zu berücksichtigendes Einkommen und Vermögen gedeckt ist. Im Hinblick auf das zu berücksichtigende Einkommen wird es insoweit darauf ankommen zwischen dem Anteil an der „Ausbildungsleistung", der Lebensunterhaltssicherung dient und dem der den ausbildungsbedingten Bedarf sicherstellt zu unterscheiden (vgl. BSG 17. 3. 2009 – B 14 AS 63/07 R; 22. 3. 2010 – B 4 AS 69/09 R). Die Gewährung von Leistungen nach § 21 Abs. 4 an Auszubildende scheidet aus, weil es sich insoweit wiederum um einen ausbildungsbedingten Bedarf handelt (s. auch BT-Drs. 17/3404, S. 103). Leistungen für Mehrbedarf sind als Zuschuss und nicht als Darlehen zu erbringen, denn es liegt insoweit kein Härtefall iSd. § 27 Abs. 4 vor. Dort wird die Darlehensgewährung ausdrücklich beschränkt auf den Regelbedarf, Bedarfe für Unterkunft und Heizung und notwendige Beiträge zur K- und PflegeVers.

3. Ausnahme vom Leistungsausschluss wegen besonderer Härte (§ 27 Abs. 4). Auszubildende können unter den Bedingungen des § 27 Abs. 4 über die Leistungen für Mehrbedarfe hinaus Grundsicherungsleistungen erhalten, wenn der Leistungsausschluss des § 7 Abs. 5 eine „besondere Härte" für sie bedeutet. Die Leistung wird als Darlehen gewährt. Bedarfe nach § 27 Abs. 2 und 3 lösen keinen **besonderen Härtefall** aus. § 27 Abs. 4 beschränkt die Bedarfssituationen für die darlehensweise Leistungen erbracht werden können auf Regelbedarf, Bedarfe für Unterkunft und Heizung sowie notwendige Beiträge zur K- und PflegeVers. Nach § 27 Abs. 4 S. 3 sind Darlehensleistungen gegenüber denen nach Abs. 2 und 3 nachrangig. Bei Anspruch auf Leistung für Mehrbedarf ist diese Leistung mithin als Zuschuss nach § 27 Abs. 2 zu erbringen. Leistungen für Unterkunft und Heizung können nur dann darlehensweise gewährt werden, wenn die Voraussetzungen des § 27 Abs. 3 nicht erfüllt sind. Die Regelung des § 27 Abs. 4 S. 1 lehnt sich an den bisherigen § 7 Abs. 5 S. 2 an (s. BT-Drs. 17/3404, S. 103), so dass insb. auf die bisherige Rechtsprechung des BSG zur Ausfüllung des unbestimmten Rechtsbegriffs der „besonderen Härte" zurückgegriffen werden kann. Das BSG hat sich insoweit der Rechtsprechung des BVerwG – mit sich aus dem System des SGB II ergebenden Unterschieden – angeschlossen (s. zusammenfassend BSG 1. 7. 2009 – B 4 AS 67/08 R). Danach müssen zum Härtefall an sich im Einzelfall Umstände hinzutreten, die einen Ausschluss von der Ausbildungsförderung durch Hilfe zum Lebensunterhalt auch mit Rücksicht auf den Gesetzeszweck, die „Sozialhilfe" von den finanziellen Lasten einer Ausbildungsförderung freizuhalten, als übermäßig hart, dh. als unzumutbar oder in hohem Maße unbillig erscheinen lassen (vgl. nur 14. 10. 1993, 5 C 16/91). Im Hinblick auf das Ziel der Integration der Hilfebedürftigen in den Arbeitsmarkt und der gezielten Förderung zu diesem Zweck hat es das BSG allerdings als für das SGB II nicht vertretbar angesehen, wenn es das BVerwG uneingeschränkt als Konsequenz ansieht, dass die Ausbildung ggf. ganz oder vorübergehend aufgegeben werden muss, um Hilfebedürftigkeit abzuwenden. Das BSG folgert aus dem System des SGB II vielmehr, dass von einem „besonderen Härtefall" ausgegangen werden kann, wenn **wegen einer Ausbildungssituation Hilfebedarf** (Bedarf an Hilfe zur Sicherung des Lebensunterhalts) entstanden ist, der nicht durch BAföG oder Ausbildungsbeihilfe gedeckt werden kann und deswegen begründeter Anlass für die Annahme besteht, die vor dem Abschluss stehende Ausbildung werde nicht beendet und durch das Risiko zukünftiger Erwerbslosigkeit, verbunden mit weiter bestehender Hilfebedürftigkeit. Zur Umsetzung des Grundsatzes des Forderns verlangt das BSG allerdings, dass eine durch objektive Umstände belegbare Aussicht bestehen müsse – nachweisbar beispielsweise durch Meldung zur Prüfung, wenn alle Prüfungsvoraussetzungen bereits erfüllt sind – die Ausbildung werde mit Leistungen zur Sicherung des Lebensunterhalts in absehbarer Zeit durch einen Abschluss zum Ende gebracht. Als denkbare Fallkonstellationen benennt das BSG: Wenn der Lebensunterhalt während der Ausbildung durch Förderung auf Grund von BAföG/SGB III-Leistungen oder anderen finanziellen Mittel – sei es Elternunterhalt, Einkommen aus eigener Erwerbstätigkeit oder möglicherweise bisher zu Unrecht gewährte Hilfe zur Sicherung des Lebensunterhalts (Vertrauensschutz) – gesichert war, die nun kurz vor Abschluss der Ausbildung entfallen oder Unterbrechung der bereits weit fortgeschrittenen und bisher kontinuierlich betriebenen Ausbildung auf Grund der konkreten Umstände des Einzelfalls wegen einer Behinderung/Erkrankung oder die nicht mehr nach den Vorschriften des BAföG oder der §§ 60–62 SGB III geförderte Ausbildung stellt objektiv belegbar die einzige Zugangsmöglichkeit zum Arbeitsmarkt dar (vgl. BSG 6. 9. 2007 – B 14/7b AS 36/06 R, nunmehr auch 30. 9. 2008 – B 4 AS 28/07 R). Bei Vorliegen eines Härtefalls wird das Ermessen des Grundsicherungsträgers idR auf Null reduziert sein (so wohl auch Peters in Estelmann, § 7 Rn. 103). Neu ist die ausdrückliche Erwähnung der notwendigen Beiträge zur **K- und PflegeVers**. Grundsätzlich ist die Beitragsentrichtung durch den Grundsicherungsträger eine Annexleistung zum Alg II (s. nur BSG 1. 6. 2010 – B 4 AS 67/09 R). Da die Leistungen für Auszubildende nach § 27 jedoch nicht als Alg II gelten (s. oben Rn. 2), gerade um zu verhindern, dass durch diese Leistungen Sozialversicherungspflicht eintritt, war es notwendig im Falle der besonderen Härte insoweit eine ausdrückliche Regelung zu schaffen (s. BT-Drs. 17/3404, S. 103). Da Ausbildungsvergütung, Berufsausbildungsbeihilfe/Ausbildungsgeld erst am Ende des ersten Ausbildungsmonats gezahlt werden, besteht nun mit der Regelung in **Abs. 4 S. 2** die Möglichkeit den ersten Ausbildungsmonat durch Leistungen zur Sicherung des Lebensunterhalts nach § 24 Abs. 4 zu überbrücken. Es werden hier also nicht nur Leistungen für Mehrbedarfe, sondern Alg II insgesamt an Auszubildende, allerdings ebenfalls nur darlehensweise – um Doppelzahlungen zu vermeiden – erbracht. Nach den Gesetzesmaterialien soll die Darlehensrückzahlung idR erst für die Zeit nach der abgeschossenen oder beendeten Ausbildung vorgesehen werden (BT-Drs. 17/3404, S. 104). Insoweit findet sich nun eine ausdrückliche Regelung in § 42a Abs. 5. Danach sollen Rückzahlungsansprüche aus Darlehen nach § 27 Abs. 4 abweichend von der allgemeinen Regel, dass nach Beendigung des Leistungsbezugs der noch nicht getilgte Darlehensbetrag sofort fällig wird, erst nach Abschluss der Ausbildung fällig werden und eine Vereinbarung mit dem Darlehensnehmer über die Rückzahlung getroffen werden. Zugleich ist § 42a Abs. 2 S. 3 zu beachten, wonach die ansich verpflichtende monatliche Tilgung während des Leistungsbezugs nach § 42a Abs. 2 S. 1 ausgesetzt wird.

5 **4. Übernahme der Kosten der Unterkunft (§ 27 Abs. 3 SGB II).** Nach § 27 Abs. 3 erhalten Auszubildende, die Berufsausbildungsbeihilfe oder Ausbildungsgeld nach dem SGB III oder Leistungen nach dem BAföG erhalten bzw nur wegen der Vorschriften zur Berücksichtigung von Einkommen und Vermögen nicht erhalten und deren Bedarf sich nach § 65 Abs. 1, § 66 Abs. 3, § 101 Abs. 3, § 105 Abs. 1 Nr. 1, 4, § 106 Abs. 1 Nr. 2 SGB III oder nach § 12 Abs. 1 Nr. 2, Abs. 2 und 3, § 13 Abs. 1 iVm. Abs. 2 Nr. 1 BAföG bemisst, einen Zuschuss zu ihren angemessenen Kosten für Unterkunft und Heizung soweit ihr Bedarf nicht durch Einkommen oder Vermögen gedeckt ist. Satz 1 gilt nicht, wenn die Übernahme der Leistungen für Unterkunft und Heizung nach § 22 Abs. 5 (unter 25-Jährige die ohne Zustimmung aus dem Elternhaus ausgezogen sind) ausgeschlossen ist. Diese zunächst in § 22 Abs. 7 getroffene Regelung wurde mit dem FortentwicklungsG zum 1. 8. 2006 (BGBl. I, 1706) eingefügt, weil erkannt worden war, dass die Leistungen für Auszubildende teilweise Unterkunftskosten in nicht bedarfsdeckender Höhe beinhalten. Die Aufnahme der Vorschrift in den Regelungsbereich der Leistungen für Auszubildende nach § 27 durch das RegelbedarfsÄndG (BGBl. I, 453) mit Wirkung zum 1. 4. 2011 stellt klar, dass aus dem Bezug des Zuschusses keine Einbeziehung des Auszubildenden in das System des SGB II folgt und auch den nicht erwerbsfähigen Angehörigen dieses Auszubildenden hierüber kein Anspruch nach dem SGB II vermittelt wird. Außer der Aufnahme auch derjenigen, die nur wegen Einkommens und Vermögens keinen Anspruch auf Ausbildungsleistungen haben, in den Kreis der Zuschussberechtigten, ist keine wesentliche inhaltliche Änderung gegenüber dem alten § 22 Abs. 7 erfolgt (vgl. BT-Drs. 17/3404, S. 103). Mit der Aufnahme dieser weiteren Zuschussberechtigten soll, so die Gesetzesbegründung, der Grundsicherungsträger von der Prüfung entbunden werden, ob es sich noch um eine grundsätzlich förderungsfähige Ausbildung handelt (BT-Drs. 17/3404, S. 103). Zu den Einzelheiten der Berechnung des Zuschusses s. daher weiterhin BSG 22. 3. 2010 – B 4 AS 69/09 R. Zusammengefasst gilt nach dem dortigen Leitsatz: Der Zuschuss zu den Kosten für Unterkunft und Heizung eines von Leistungen nach dem SGB II ausgeschlossenen Auszubildenden, der Ausbildungsförderleistungen bezieht, bemisst sich nach dem ungedeckten Unterkunftsbedarf iS des SGB II unter Berücksichtigung von erzieltem Einkommen einschließlich der Ausbildungsförderleistungen, soweit mit denen nicht ausdrücklich ausbildungsbedingter Bedarf gedeckt wird (zB Lehrgangskosten), begrenzt durch die Differenz zwischen dem Unterkunftsbedarf nach dem SGB II und dem in der Ausbildungsförderungsleistung enthaltenen Unterkunftsanteil.

6 **5. Schuldenübernahme (§ 27 Abs. 5).** Ergänzend zu der Zuschussleistung für KdUH nach § 27 Abs. 3 können nun auch Schulden im Zusammenhang mit den KdUH übernommen werden, soweit die Voraussetzungen des § 22 Abs. 8 erfüllt sind.

Unterabschnitt 4. Leistungen für Bildung und Teilhabe

§ 28 Bedarfe für Bildung und Teilhabe

(1) ¹Bedarfe für Bildung und Teilhabe am sozialen und kulturellen Leben in der Gemeinschaft werden bei Kindern, Jugendlichen und jungen Erwachsenen neben dem Regelbedarf nach Maßgabe der Absätze 2 bis 7 gesondert berücksichtigt. ²Bedarfe für Bildung werden nur bei Personen berücksichtigt, die das 25. Lebensjahr noch nicht vollendet haben, eine allgemein- oder berufsbildende Schule besuchen und keine Ausbildungsvergütung erhalten (Schülerinnen und Schüler).

(2) ¹Bei Schülerinnen und Schülern werden die tatsächlichen Aufwendungen anerkannt für
1. Schulausflüge und
2. mehrtägige Klassenfahrten im Rahmen der schulrechtlichen Bestimmungen.
²Für Kinder, die eine Kindertageseinrichtung besuchen, gilt Satz 1 entsprechend.

(3) Für die Ausstattung mit persönlichem Schulbedarf werden bei Schülerinnen und Schülern 70 Euro zum 1. August und 30 Euro zum 1. Februar eines jeden Jahres berücksichtigt.

(4) Bei Schülerinnen und Schülern, die für den Besuch der nächstgelegenen Schule des gewählten Bildungsgangs auf Schülerbeförderung angewiesen sind, werden die dafür erforderlichen tatsächlichen Aufwendungen berücksichtigt, soweit sie nicht von Dritten übernommen werden und es der leistungsberechtigten Person nicht zugemutet werden kann, die Aufwendungen aus dem Regelbedarf zu bestreiten.

(5) Bei Schülerinnen und Schülern wird eine schulische Angebote ergänzende angemessene Lernförderung berücksichtigt, soweit diese geeignet und zusätzlich erforderlich ist, um die nach den schulrechtlichen Bestimmungen festgelegten wesentlichen Lernziele zu erreichen.

(6) ¹Bei Teilnahme an einer gemeinschaftlichen Mittagsverpflegung werden die entstehenden Mehraufwendungen berücksichtigt für
1. Schülerinnen und Schüler und
2. Kinder, die eine Tageseinrichtung besuchen oder für die Kindertagespflege geleistet wird.

²Für Schülerinnen und Schüler gilt dies unter der Voraussetzung, dass die Mittagsverpflegung in schulischer Verantwortung angeboten wird. ³In den Fällen des Satzes 2 ist für die Ermittlung des monatlichen Bedarfs die Anzahl der Schultage in dem Land zugrunde zu legen, in dem der Schulbesuch stattfindet.

(7) Bei Leistungsberechtigten bis zur Vollendung des 18. Lebensjahres wird ein Bedarf zur Teilhabe am sozialen und kulturellen Leben in der Gemeinschaft in Höhe von insgesamt 10 Euro monatlich berücksichtigt für
1. Mitgliedsbeiträge in den Bereichen Sport, Spiel, Kultur und Geselligkeit,
2. Unterricht in künstlerischen Fächern (zum Beispiel Musikunterricht) und vergleichbare angeleitete Aktivitäten der kulturellen Bildung und
3. die Teilnahme an Freizeiten.

§ 29 Erbringung der Leistungen für Bildung und Teilhabe

(1) ¹Leistungen zur Deckung der Bedarfe nach § 28 Absatz 2 und 5 bis 7 werden erbracht durch Sach- und Dienstleistungen, insbesondere in Form von personalisierten Gutscheinen oder Direktzahlungen an Anbieter von Leistungen zur Deckung dieser Bedarfe (Anbieter); die kommunalen Träger bestimmen, in welcher Form sie die Leistungen erbringen. ²Die Bedarfe nach § 28 Absatz 3 und 4 werden jeweils durch Geldleistungen gedeckt. ³Die kommunalen Träger können mit Anbietern pauschal abrechnen.

(2) ¹Werden die Bedarfe durch Gutscheine gedeckt, gelten die Leistungen mit Ausgabe des jeweiligen Gutscheins als erbracht. ²Die kommunalen Träger gewährleisten, dass Gutscheine bei geeigneten vorhandenen Anbietern oder zur Wahrnehmung ihrer eigenen Angebote eingelöst werden können. ³Gutscheine können für den gesamten Bewilligungszeitraum im Voraus ausgegeben werden. ⁴Die Gültigkeit von Gutscheinen ist angemessen zu befristen. ⁵Im Fall des Verlustes soll ein Gutschein erneut in dem Umfang ausgestellt werden, in dem er noch nicht in Anspruch genommen wurde.

(3) ¹Werden die Bedarfe durch Direktzahlungen an Anbieter gedeckt, gelten die Leistungen mit der Zahlung als erbracht. ²Eine Direktzahlung ist für den gesamten Bewilligungszeitraum im Voraus möglich.

(4) ¹Im begründeten Einzelfall kann ein Nachweis über eine zweckentsprechende Verwendung der Leistung verlangt werden. ²Soweit der Nachweis nicht geführt wird, soll die Bewilligungsentscheidung widerrufen werden.

A. Systematische Stellung und Regelungszweck der Normen

Zur Gewährleistung des soziokulturellen Existenzminimums gehört auch die Teilhabe an Bildungschancen und am Kulturleben. In der Entscheidung des Bundesverfassungsgerichts (BVerfG 9. 2. 2010 1 BvL 1/09, NJW 2010, 505, 514 – Rn. 192) hat das Gericht ausgeführt, dass gerade die Deckung notwendiger Aufwendungen zur Erfüllung schulischer Pflichten zum existentiellen Bedarf von Kindern gehört. Ohne Deckung dieser Kosten drohe hilfsbedürftigen Kindern ein **Ausschluss von Lebenschancen**, der mit Art. 1 in Verbindung mit dem Sozialstaatsprinzip nach Art. 20 GG nicht vereinbar ist. Daher muss bei der Gestaltung der Leistungen, insbesondere der Regelleistungen, Sorge dafür getragen werden, dass eine **effektive Teilhabe am kulturellen Leben und an Bildungschancen** gesichert ist. Die Verweisung auf das Schulrecht der Länder reicht dazu allein nicht aus (Rn. 197, dazu Lenze NZS 2010, 534, 538).

1

2   Bei der selektiven Nutzung des Statistikmodells der EVS 1998/2003 war im Gesetzgebungsverfahren 2003 der Kostenansatz für Bildungsleistungen ohne jede Begründung ausgeklammert worden (§ 20 Rn. 20; § 23 Rn. 14). Dies war verfassungswidrig und ist mit dem Verbot der sozialen Ausgrenzung, das zu den Bestandteilen der Gewährleistung des soziokulturellen Existenzminimums gehört, nicht vereinbar. Diese Fehlleistung des Gesetzgebers ist besonders bemerkenswert, weil in der früheren Rechtsprechung des Bundesverwaltungsgerichts das wichtige **Verbot der sozialen Ausgrenzung** (dazu Däubler NZS 2005, 225, 230) gerade anhand von schulbezogenen Bedarfslagen entwickelt worden war (exemplarisch BVerwG 21. 1. 1993 – 5 C 34/92 – BVerwGE 92, 6 = NJW 1993, 2192 – Schultüte).

3   Nach dem Urteil des Bundesverfassungsgerichts war daher eine nachhaltige Kurskorrektur geboten. Bereits in ersten Gesetzentwurf waren in den §§ 28, 29 des Entwurfes spezifische Regelungen für „Bedarfe für Bildung und Teilhabe" enthalten, mit denen der **in § 19 Abs. 2 normierte Teilhabeanspruch** (o. § 19 Rn. 9) näher konkretisiert wurde. Die Notwendigkeit einer solchen Regelung begründete die Bundesregierung in ihrem Entwurf unter direkter Bezugnahme auf die Entscheidung des Bundesverfassungsgerichts. Die materielle Ausstattung von Schülerinnen und Schülern, die Teilnahme an schulischen Aktivitäten sowie die außerschulische Bildung seien gesondert und zielgerichtet zu erbringen, **um gesellschaftliche Exklusionsprozesse zu beenden** (BT-Drs. 17/3404, S. 104). Die Bundesregierung griff weiter die aktuelle Formulierung des BVerfG auf, dass es um die **Teilhabe an „Bildungschancen"** gehe. Förderungsmaßnahmen zur Bildung und Teilhabe am sozialen und kulturellen Leben sind danach erforderlich, um die **„materielle Basis für Chancengerechtigkeit herzustellen"** (BT-Drs. 17/3404, S. 104). Vor allem Schülerinnen und Schüler aus einkommensschwachen Haushalten sollen durch Entwicklung und Entfaltung ihrer Fähigkeiten in die Lage versetzt werden, ihren Lebensunterhalt später aus eigenen Kräften bestreiten zu können. Im weiteren Gesetzgebungsverfahren ist dieser **Normzweck** nicht in Frage gestellt worden. In der Literatur ist er auf Zustimmung gestoßen (Groth/Siebel-Huffmann, NJW 2011, 1105, 1107; Leopold in jurisPK-SGB II § 28 Rn. 36). Er ist daher für die Auslegung der unbestimmten Rechtsbegriffe, die § 28 in bedeutender Zahl enthält, maßgeblich.

4   Diese grundlegenden Ziele sollen erreicht werden, indem **Teilhabeleistungen für sechs verschiedene Bedarfslagen**, die in § 28 Abs. 2 bis Abs. 7 normiert sind, erbracht werden. Nach der Begründung des Regierungsentwurfes sind diese sechs Bedarfslagen „abschließend" formuliert (BT-Drs. 17/3404, S. 104). Mit diesem apodiktischen Hinweis in der Begründung ist allerdings noch nicht die Frage beantwortet, ob die **Nutzung von § 21 Abs. 6 SGB II**, die seit dem Juni 2010 auch für Bildungsleistungen ermöglicht war (Lauterbach ZFSH SGB 2010, 403, 408; Klerks info also 2010, 56, 61 f.), rechtssystematisch ausgeschlossen ist. Dies wäre allenfalls anzunehmen, wenn mit den Pauschalen in § 28 Abs. 3 und 7 SGB II der verfassungsrechtliche gebotene Bedarf hinreichend „gedeckt" wäre (BVerfG 9. 2. 2010 – 1 BvL 1/09, NJW 2010, 505, 514 – Rn. 191). Gegen die Ermittlung dieser Daten im aktuellen Gesetzgebungsverfahren bestehen jedoch erhebliche methodische Bedenken (o. § 23 Rn. 16 mwN; Becker, Archiv 2011, 12 ff.), so dass bei entsprechenden Bedarfslagen auch weiterhin eine Nutzung von § 21 Abs. 6 und § 24 Abs. 1 SGB II möglich sein muss (o. § 21 Rn. 23, § 24 Rn. 2).

5   Nach dem Urteil des BVerfG vom 9. 2. 2010 war es rechtssystematisch denkbar, die 2003 negierten Bedarfe zur Teilhabe zu erfassen und dementsprechend die Regelbedarfsleistungen für Erwachsene und insbesondere für Kinder und Jugendliche aufzustocken. Die Regelung in §§ 28, 29 SGB II geht einen rechtssystematisch abweichenden Weg, der vom BVerfG eingeräumt worden war und mit dem Anschluss an frühere Traditionen des Sozialhilferechts gefunden worden ist, das in § 4 BSHG neben die Geldleistung auch die Möglichkeit der Sach- oder Dienstleistung eingeräumt hatte. Die in § 28 anerkannten Bedarfe für Bildung und Teilhabe sollen in einer spezifischen Form der Leistungserbringung **nach § 29 SGB II vorrangig durch Sach- oder Dienstleistungen** befriedigt werden. Für diese Leistungserbringung sind nach dem Vermittlungsverfahren die Landkreise und kreisfreien Städte zuständig, soweit sie nicht bereits als Optionskommunen generell für die Grundsicherung zuständig sind. Diese **gesonderte Form der Leistungserbringung,** die in § 29 Abs. 4 auch eine spezifische Verwendungskontrolle ermöglicht, wird mit dem Ziel gerechtfertigt, dass auf diese Weise die Leistungen tatsächlich bei den Kindern ankämen und die Bedarfe zielgenauer erfüllt würden (BT-Drs. 17/3404, S. 106). Die in der Öffentlichkeit diskutierten Schwierigkeiten einer flächendeckenden Information und Antragstellung, die die parlamentarischen Organe zügig zu einer Änderung von § 77 Abs. 8 SGB II (Rn. 11) veranlasst haben, lassen allerdings zweifeln, ob dieses Ziel mit dem Wechsel von Geld- zu antragsgebundenen Sachleistungen effektiv erreicht wird. Für diesen **paradigmatischen Wechsel**, mit dem die bisherige Dominanz der Geldleistungen, die nur in dem hier nicht einschlägigen Sonderfall des § 24 Abs. 2 (o. § 24 Rn. 13) eingeschränkt wird, **fehlt in den Materialien eine hinreichende Begründung**, denn in der Sachverständigenanhörung wurde die Hypothese, dass die SGB II-Eltern solche Leistungen nicht an ihre Kinder weiterleiten, nicht bestätigt (Lenze WSI-Mitteilungen 2010, 523, 527). Im Gegenteil wurden auch in der Regierungsbegründung die „positiven Erfahrungen" mit der Anwendung des bisherigen § 24a SGB II aF hervorgehoben (BT-Drs. 17/3404, S. 105). Da bei individuell geprägtem Bedarf eine Ersetzung von Geld- durch Sachleis-

tungen möglich ist, wäre § 4 BSHG aF ein besser geeignetes Leitbild gewesen. Soweit es durch die Form der Leistungserbringung zu einer **Stigmatisierung** der Betroffenen (Berlit KJ 2010, 145, 160) führen kann, ist diese zu korrigieren.

Bedarfe für Bildung und Teilhabe bestehen nicht nur im Bereich der Grundsicherung. In bewusster 6 und sprachlich identischer Parallele ist eine identische Regelung in § 34 SGB XII für den Bereich der **Sozialhilfe** getroffen worden (BT-Drs. 17/3404, S. 124), die mit einer vergleichbaren Form der Leistungserbringung in § 34a SGB XII ergänzt wird. Eine weitere parallele Regelung erfolgte in § 6b BKGG, mit der auch Kinder, die einen **Kinderzuschlag** nach dem BKGG erhalten, ebenso einen Anspruch auf Bildungs- und Teilhabeleistungen realisieren können. Im Vermittlungsverfahren ist dieser Anspruch auch erstreckt worden auf **Kinder von Wohngeldempfängern**, so dass auf diese Weise über das SGB II hinausreichende Regelungen für Kinder in Haushalten mit besonders niedrigem Einkommen normiert worden sind. Schließlich ist dieser Bedarf für Kinder von Leistungsberechtigten nach dem **AsylBLG** mindestens nach § 2 AsylBLG iVm. § 34 SGB XII zu erbringen (Groth jurisPR-SozR 8/2011, Anm. 1).

B. Gesetzgebungsgeschichte

Nachdem die Kritik an der fehlenden Berücksichtigung von Bildungsbedarfslagen im SGB II un- 7 überhörbar geworden war, wurde als eine **erste gesetzgeberische Reaktion die Norm des § 24a SGB II aF** durch das **Familienleistungsgesetz vom 22. 12. 2008** (BGBl. I, 2955) in das Gesetz eingefügt. Durch die Regelung wurde zugleich manifest, dass bislang in der Regelleistung für Kinder und Jugendliche der schulische Bedarf nicht hinreichend berücksichtigt worden war. Das BSG hatte in seinen Vorlagebeschlüssen vom 27. 1. 2009. – B 14 /11b AS 9/07 R; B 14 AS 5/08 R – zur Festsetzung der Höhe des Sozialgelds gem. § 28 Abs. 1 S. 3 Nr. 1 SGB II aF auch auf die Neuregelung des § 24a zum Beweis dafür verwiesen, dass der ursprüngliche Gesetzgeber des SGB II die besondere Bedarfssituation von Kindern nicht ausreichend ermittelt bzw. reflektiert hatte (vgl. 1. Aufl. § 24a Rn. 1).

Ursprünglich war dieser Anspruch beschränkt auf Schülerinnen und Schüler, die einen allgemein 8 bildenden Schulabschluss anstrebten und die allenfalls bis zur Jahrgangsstufe 10 gekommen waren. Eine Förderung von Schülerinnen und Schülern aus armen Familien, die die Oberstufe des Gymnasiums besuchten, war nicht vorgesehen (1. Aufl. § 24a Rn. 2). Diese Begrenzung stieß auf eine intensive öffentliche und parlamentarische Kritik (Fuchsloch in Gagel, § 24a Rn. 3). Gleichwohl wurde das Gesetz zunächst mit einem solchen beschränkten Umfang verabschiedet. Noch bevor es zum 1. 8. 2009 in Kraft trat, wurde es jedoch bereits durch das **Bürgerentlastungsgesetz vom 16. 7. 2009** (BGBl. I 1959) geändert und nunmehr **auf alle Schülerinnen und Schüler** erstreckt (Brünner in LPK-SGB II § 24a Rn. 2). Eine parallele Regelung wurde für Sozialhilfeempfänger in § 28a SGB XII normiert. Diese Änderungen, die auch vor dem Hintergrund der 2009 schwebenden Vorlageverfahren gesehen werden müssen, konnten allerdings nicht verhindern, dass das BVerfG die mangelnde Berücksichtigung von Bedarfslagen zur Bildung und zur Teilhabe am kulturellen Leben als ein wichtiges Argument zur Verfassungswidrigkeit der ursprünglichen Festsetzung der Regelbedarfe heranzog (BVerfG NJW 2010, 505, 514 Rn. 191; vgl. bereits die Prognose von Fuchsloch in Gagel § 24a Rn. 26).

Im 2010 eingeleiteten Gesetzgebungsverfahren, mit dem die vom BVerfG zutreffend attestierte Ver- 9 fassungswidrigkeit beseitigt werden sollte, wurde daher von Anfang an als ein wichtiges Element die Berücksichtigung der **Bedarfslagen für Bildung und Teilhabe am kulturellen Leben** genannt. Zentrale Normen waren bereits in ersten Entwurf der Bundesregierung die jetzigen §§ 28, 29 SGB II (dazu BT-Drs. 17/3404, S. 104 ff.), mit denen **Leistung und Leistungserbringung** auf eine besondere Weise verknüpft wurden Dieser Entwurf enthielt bereits die wesentlichen Grundzüge der später verabschiedeten Fassung. Eine wichtige Erweiterung erfolgte allerdings im parlamentarischen Verfahren. Als eine zusätzliche Bedarfslage wurden Mobilitätskosten in § 28 Abs. 3a SGB II – jetzt Abs. 4 – zusätzlich eingefügt, weil die Kosten für Schülermonatskarten in den EVS-Beträgen, die maximal 14,- € für Mobilitätskosten aufweisen, nicht hinreichend abgebildet würden (BT-Drs. 17/4095, S. 35).

In den folgenden **Vermittlungsverfahren** wurde § 28 nur geringfügig geändert. Die Vorschrift wur- 10 de redaktionell neu gefasst und nummeriert; die Leistungen zur gemeinschaftlichen Mittagsverpflegung im jetzt neu gefassten § 28 Abs. 6 SGB II wurden auch auf Kinder ausgedehnt, die in der Kindertagespflege an einer solchen Verpflegung teilnehmen (BT-Drs. 17/4719, S. 5). Dagegen wurden die **Vorschriften zur Leistungserbringung nachhaltig verändert** und vereinfacht. An die Stelle der diffizilen Regelungen in §§ 29 bis 30a des Entwurfs trat die jetzige Fassung des § 29 (BT-Drs. 17/ 4719, S. 5). Im Vermittlungsverfahren wurde weiter der Anspruch nach § 6b BKGG auch auf Kinder von Wohngeldempfängern erstreckt. In der Übergangsvorschrift des § 77 Abs. 11 S. 4 SGB II wurde bis zum 31. 12. 2013 auch die Mittagsverpflegung für Hortkinder in Einrichtungen nach § 22 SGB VIII anerkannt. Wichtiger waren schließlich die Änderungen in § 6 Abs. 1 S. 1 Nr. 2 SGB II, mit denen die Zuständigkeit für die Leistungserbringung nach § 28 grundsätzlich auf die **kommunalen Träger** übertragen wurde.

11 Eine erste gesetzliche Änderung des „Bildungspakets" erfolgte bereits im Juni 2011. Die in § 77 Abs. 8 SGB II ursprünglich bis zum 30. 4. 2011 bemessene **Antragsfrist**, mit der die Leistungen rückwirkend zum 1. 1. 2011 geltend gemacht werden konnten, wurde durch Art. 3a des Gesetzes zur Änderung des Bundesversorgungsgesetzes (BGBl. I S. 1114, 1121) **bis zum 3.6.2011 verlängert**. Außerdem wurden durch § 77 Abs. 11 S. 3 SGB II die Leistungen nach § 28 Abs. 7 für das erste Halbjahr 2011 abweichend von § 29 Abs. 1 SGB II den Geldleistungen zugeordnet. Diese Änderungen waren am „Runden Tisch Bildungspaket" verabredet und signalisierten, dass das Antragsverfahren bis zu diesem Zeitpunkt wenig erfolgreich war.

C. Generelle Anspruchsvoraussetzungen der Leistungen

I. Die Beteiligten

12 In der Struktur der §§ 28, 29 SGB II wird in der Regel ein **Dreiecksverhältnis zwischen Leistungsberechtigten, Leistungsträgern und Leistungsanbietern** zugrunde liegen (Leopold in jurisPK-SGB II § 29 Rn. 23 ff.). Das Rechtsverhältnis zwischen Leistungsberechtigten und Leistungsträgern ist öffentlichrechtlich verfasst, während zwischen den Leistungsberechtigten und den Anbietern privatrechtliche Rechtsformen, wie z. B. ein Dienstvertrag nach § 611 BGB oder eine Vereinsmitgliedschaft nach § 38 BGB vorliegen können. Angesichts der Vielgestaltigkeit der Bedarfslagen im Bereich der Bildung und kulturellen Teilhabe sind hier unterschiedliche Rechtsformen denkbar, die daher auch für das Verhältnis zwischen Anbieter und Leistungsträger von Bedeutung sein können.

13 Die Leistungsberechtigten werden in § 28 Abs. 1 S. 1 als „**Kinder, Jugendliche und junge Erwachsene**" definiert. Diese Personengruppe wird nicht näher definiert. Unter Rückgriff auf § 6 RBEG und § 7 SGB II lassen sich diese Gruppen nach Altersstufen in der Weise abgrenzen, dass Kinder alle Kinder bis zur Vollendung des 14. Lebensjahres sind, Jugendliche vom Beginn des 15. Lebensjahres bis zur Vollendung des 18. Lebensjahres erfasst werden und junge Erwachsene das 25. Lebensjahr noch nicht vollendet haben dürfen (vgl. Leopold in jurisPK-SGB II § 28 Rn. 39). Nähere Abgrenzungen werden in § 28 Abs. 1 S. 1 SGB II nicht vorgenommen, weil die Differenzierung den einzelnen Bedarfslagen zugeordnet wird. Die Teilhabe am kulturellen Leben nach § 28 Abs. 7 SGB II ist ausschließlich Kindern und Jugendlichen bis zur Vollendung des 18. Lebensjahres vorbehalten.

14 Für die Leistungen zur Teilhabe an Bildung in § 28 Abs. 2–6 ist dagegen der Rechtsbegriff der **Schülerinnen und Schüler** maßgeblich. Diese werden legal definiert in § 28 Abs. 1 S. 2 SGB II durch den Besuch einer allgemein- oder berufsbildenden Schule. Damit ist die Abgrenzung aus dem Bürgerentlastungsgesetz vom 16. 7. 2009 aufgenommen worden, das den untauglichen Versuch des Familienleistungsgesetzes vom Dezember 2008 mit einer Leistungsbeschränkung bis zur 10. Schulklasse beendet hatte (o. Rn. 8). Die Rechtsbegriffe der allgemeinbildenden und der berufsbildenden Schule sind dem jeweiligen Schulrecht der Bundesländer zu entnehmen; eine weitere Vereinheitlichung wird durch das SGB II nicht vorgenommen (Überblick bei Brünner in LPK-SGB II § 24a Rn. 4). Ausgeschlossen werden dagegen Auszubildende, die zwar eine berufsbildende Schule besuchen, jedoch eine Ausbildungsvergütung erhalten. Auf die Situation dieser Personengruppe wird in § 11 b Abs. 1 Nr. 8 SGB II spezifisch eingegangen; in der Rechtsprechung des BSG wird hier als sachnäheres Recht das Recht der Ausbildungsförderung oder Arbeitsförderung bzw. der Eingliederungsleistungen nach § 16 SGB II angesprochen (BSG 28. 10. 2009 – B 14 AS 44/08). Dies muss dann allerdings so ausgelegt werden, dass auch für diese Personengruppe eine effektive soziokulturelle Teilhabe ermöglicht wird.

15 Im Unterschied zur Regelung in § 28 Abs. 7 gilt für Schülerinnen und Schüler nicht die Altersbegrenzung bis zur Vollendung des 18. Lebensjahres, sondern die für diese Personengruppe in § 28 Abs. 1 S. 1 SGB II normierte **Altersgrenze von 25 Jahren**. Man ging davon aus, dass bis zu diesem Zeitpunkt Schulbesuch typischerweise abgeschlossen ist. In Einzelfällen kann es hier zu Problemen kommen (dazu Fuchsloch in Gagel § 24a Rn. 10). Soweit diese jedoch auf Krankheit bzw. Behinderung beruhen, sind regelmäßig die Möglichkeiten der nach § 5 Abs. 2 SGB II nicht ausgeschlossenen Eingliederungshilfe nach § 54 SGB XII zu prüfen.

16 Die Leistungsträger sind im Vermittlungsverfahren in § 6 Abs. 1 S. 1 Nr. 2 SGB II neu definiert worden. Sämtliche Leistungen nach § 28 SGB II sind den **kommunalen Trägern** – also den Kreisen und kreisfreien Städten - zugeordnet worden. Damit war der ursprüngliche Regierungsentwurf deutlich korrigiert worden. Mit dieser Regelung sollen Doppelstrukturen zwischen BA und kommunalen Trägern vermieden werden, da für diese Leistungen eine größere Sachnähe der kommunalen Träger angenommen wird.

17 Die **Wahrnehmungszuständigkeit** für diese Leistungen liegt jedoch nach § 44b SGB II bei den **gemeinsamen Einrichtungen**, die nach § 6d als Jobcenter bezeichnet werden; bei den Optionskommunen nach § 6a SGB II ist die Zuständigkeit den Trägern allein zugeordnet. Die gemeinsamen Einrichtungen nehmen die Rechte im eigenen Namen wahr, erlassen Bescheide und Widerspruchsbescheide und sind am gerichtlichen Verfahren nach § 70 SGG beteiligt (Luthe SGb 2011, 131, 134).

In der Rechtsprechung des BSG ist diese Konstruktion, die 2010 neu normiert worden ist, von Anfang an akzeptiert worden (BSG 18. 1. 2011 – B 4 AS 99/10 R Rn. 11).

Die **Anbieter** werden im SGB II nicht näher eingegrenzt, so dass eine breite Vielfalt denkbar ist. So werden die Leistungen bei den Klassenfahrten direkt an die Schulen erbracht, im Rahmen des § 28 Abs. 7 SGB II prägen privatrechtlich verfasste Vereine das Bild, während bei der Lernförderung nach § 28 Abs. 5 kommunale Akteure, privatrechtlich verfasste Unternehmen und Einzelpersonen (z. B. ältere Schüler) agieren können. **Vorschriften zur Qualitätssicherung** oder zur Zertifizierung nach dem Vorbild der §§ 84 ff SGB III oder zumindest des § 17 Abs. 2 SGB II **sind nicht aufgenommen worden**. Eine analoge Anwendung dieser Vorschriften ist angesichts der kontroversen Diskussion über Qualitätssicherung im Gesetzgebungsverfahren nicht angezeigt (Leopold in jurisPK-SGB II § 29 Rn. 29). Andererseits ist zu beachten, dass die kommunalen Träger nach § 4 Abs. 2 S. 2–4 SGB II eine spezifische Hinwirkungsverantwortung trifft. Im Gesetzgebungsverfahren ist diese Verantwortung abgegrenzt worden von einem Sicherstellungsauftrag, wie er z. B. im Krankenversicherungs- oder Pflegeversicherungsrecht bekannt ist (BT-Drs. 17/3404, S. 107). Gleichwohl ist diese Verantwortung der kommunalen Träger nicht ohne Bedeutung. Sie sind gehalten, die erforderlichen Absprachen mit den Anbietern zu treffen und Netzwerke aufzubauen bzw. zu vertiefen; insoweit sind natürlich auch Regelungen zur Qualitätssicherung möglich und im Einzelfall auch geboten, um die Ziele nach § 1 SGB II zu realisieren. Die Träger haben die Leistungsberechtigten und ihre Eltern aktiv zu informieren und zu beraten und können sich nicht allein auf das Verfassen von Merkblättern und die Internetpräsentation von Antragsformularen zurückziehen (Meyerhoff in jurisPK-SGB II § 4 Rn. 42 ff.). Die Bundesländer sind im Rahmen ihrer jeweiligen Kommunalaufsicht gehalten, die Erfüllung dieser Schutzpflichten durchzusetzen.

II. Der Anspruch

Anspruchsgrundlage für die Leistungen zur Bildung und Teilhabe am kulturellen Leben **ist § 19 Abs. 2 SGB II** (o. § 19 Rn. 9). Die Regelungen der §§ 28, 29 konkretisieren die jeweiligen Ansprüche, die in differenzierte Weise unterschiedlichen Personengruppen zustehen und in unterschiedlicher Form erbracht werden. Bei sämtlichen Leistungen handelt es sich um **Rechtsansprüche nach § 38 SGB I**; ein Ermessen kann den Trägern allenfalls bei der Auswahl der jeweiligen Leistungen nach § 29 Abs. 1 SGB II zustehen. Eine Kompetenz der BA zum Erlass von Verwaltungsvorschriften besteht nicht. Innerhalb weniger Monate ist eine Vielzahl von Verwaltungsvorschriften der einzelnen kommunalen Träger verfasst und im Internet publiziert worden. Ein erster Überblick zeigt, dass sie vor allem den Anspruch auf Lernförderung nach § 28 Abs. 5 SGB II restriktiv fassen und z. B. Nachhilfeunterricht in einzelnen Bereichen ausschließlich auf das zweite Schulhalbjahr begrenzen wollen. Da den kommunalen Trägern weder ein Ermessens- noch ein Beurteilungsspielraum zusteht, ist es Aufgabe der Sozialgerichte, die entsprechende Rechtskontrolle durchzuführen. Die Rechtsprechung kann hier anschließen an die Erfahrungen mit § 23 Abs. 3 SGB II aF, denn von Anfang an war hier eine Kontrolle von Obergrenzen und Pauschalen erforderlich (BSG 13. 11. 2008 – B 14 AS 36/07 R, BSGE 102, 68, 71; dazu Wenner SozSich 2008, 391, 393 und Kohte Vorauflage § 23 Rn. 16). Eine vergleichbare Kontrolle wird weiter erforderlich sein.

Die **Eigenständigkeit der Teilhabeansprüche** kommt auch in gesonderten Bestimmungen zur Einkommensanrechnung zum Ausdruck. In § 11 Abs. 1 S. 4 SGB II ist ausdrücklich bestimmt, dass für die Leistungen nach § 28 SGB II eine Anrechnung des Kindergeldes ausscheide. In § 5a Alg II-V finden sich gesonderte Pauschalen zur Berücksichtigung häuslicher Ersparnisse und des Eigenanteils. Im Zusammenhang mit der spezifischen Anrechnungsmodalität in § 19 Abs. 3 SGB II ist es daher möglich, dass ausschließlich Kindern ein Anspruch zusteht, während ihre Eltern keine Leistungen nach dem SGB II verlangen können. Insofern liegt hier auch keine Bedarfsgemeinschaft iSd § 9 SGB II vor. Anspruch auf eine Bildungsleistung kann auch das Kind haben, das gem. § 7 Abs. 3 Nr. 4 a. E. aus der Bedarfsgemeinschaft ausscheidet, weil es seinen Lebensunterhalt aus eigenem Vermögen und Einkommen decken kann. Dies wird vielen Beteiligten schwer zu vermitteln sein, so dass sich auch aus diesen – sachlich durchaus plausiblen – Regelungen eine weitere Erklärung ableiten lässt, warum ein nicht geringer Teil der Leistungsberechtigten noch keine Anträge gestellt hat. In der Praxis kann hier die Regelung in § 6b BKGG, wonach auch bei Kindern von Wohngeldempfängern (im Vermittlungsverfahren „Wohngeldkinder" genannt) Leistungen nach § 28 SGB II zu erbringen sind, als Auffangtatbestand fungieren.

Bereits zur Einordnung des Schulbedarfs nach § 24a SGB II aF war offen, ob es sich um ausgegliederte Teile des Regelbedarfs oder um einen Sonderbedarf handelt. Die besseren Gründe, insbesondere die verfassungskonforme Auslegung, sprachen bereits damals dafür, den Schulbedarf als einen **„ausgegliederten Teil der Regelleistung"** einzustufen (1. Auflage § 24a Rn. 1). Diese Fragen sind im aktuellen Gesetzgebungsverfahren nicht geklärt worden, denn die Aussagen zur Bedarfsbestimmung sind auch weiterhin durch Unklarheiten und methodische Defizite gekennzeichnet (o. § 23 Rn. 16 mwN). Einerseits sind die Leistungen des Bildungs- und Teilhabepakets einer gesonderten Regelung zugeführt worden. Sie nehmen nicht an der horizontalen Einkommensverteilung innerhalb der Bedarfsgemeinschaft teil (vgl. § 7 Abs. 2 S. 3, § 9 Abs. 2 S. 3 und § 11 Abs. 1 S. 4 SGB II). Sie bedürfen nach § 37 Abs. 1 S. 2 eines ausdrücklichen Antrags. Auf der anderen Seite ist zu beachten, dass mit diesen Leistungen die vom Bundesverfassungsgericht verlangte Teilhabe an Bildungschancen, die zum Existenzminimum rechnet, gewährleistet werden soll. Es spricht daher in verfassungskonformer Auslegung mehr dafür, diese Leistungen insoweit dem Regelbedarf zuzuordnen, dass bei entsprechenden Bedarfslücken eine verfassungskonforme Auslegung von § 21 Abs. 6 bei laufenden Bedarfslagen und § 24 Abs. 1 bei einmaligen Bedarfslagen ermöglicht wird (im Ergebnis ähnlich Leopold in jurisPK-SGB II § 28 Rn. 79 ff, 141).

D. Die konkreten Bedarfslagen

I. Ausflüge und Klassenfahrten

22 Bereits nach § 23 Abs. 3 a. F. waren die Kosten für „**mehrtägige Klassenfahrten im Rahmen der schulrechtlichen Bestimmungen**" zu übernehmen. Leistungsberechtigt waren allein der betreffende Schüler oder die betreffende Schülerin (BSG vom 13. 11. 2008 – B 14 AS 36/07, BSGE 102, 68, 70). Entgegen den Tendenzen der Träger der Grundsicherung, diese Kosten kontrollieren und auf „angemessene" Kosten beschränken zu wollen, hat das BSG zutreffend eine sozialrechtliche Kontrolle der Kosten von Klassenfahrten abgelehnt (BSG 13. 11. 2008 – B 14 AS 36/07R – BSGE 102, 68; dazu *Wenner* SozSich 2008, 391, 393). In der Gerichtspraxis waren zahlreiche Restriktionen der Verwaltungspraxis zu beantworten, die dem Ziel der Teilhabe an der Gemeinschaft (§ 9 SGB I) deutlich widersprechen (z.B. SG Detmold 9. 3. 2007 – S 7 AS 103/06 – juris; weitere Beispiele bei Bender in Gagel § 23 Rn. 78). Ebenso waren in der Praxis **Pauschalierungen und Obergrenzen** anzutreffen, die **nicht zulässig** waren, weil die Kostenübernahme sich an den real von der Schule verlangten Kosten zu orientieren hatte (Hauck/Noftz/Hengelhaupt § 23 Rn. 371; BSG vom 23. 3. 2010 – B 14 AS 1/09 R, SozR 4–4200 § 23 Nr. 9). Maßgeblich für die Rechtsprechung des BSG war das Gebot, die Ausgrenzung von Schülern aus einkommensschwachen Familien zu verhindern und die reale Teilnahme an den Schulfahrten zu sichern, da diese einen wichtigen Bestandteil der Erziehung durch die Schulen darstellen Dagegen konnte die Übernahme der Kosten eintägiger Ausflüge nach der bisherigen Rechtslage nicht übernommen werden (BSG vom 23. 3. 2010 – B 14 AS 6/09 R, BSGE 106, 78), sofern sie nicht der Vorbereitung mehrtägiger Klassenfahrten dienten.

23 Die in § 28 Abs. 2 SGB II nunmehr normierte Bedarfslage für Ausflüge und Klassenfahrten knüpft an die Rechtsprechung des BSG an. Sie übernimmt ausdrücklich als Leistungsziel die **reale und gleichberechtigte Teilnahme** aller Schülerinnen und Schüler an Klassenfahrten, um gesellschaftliche Exklusionsprozesse einzuschränken (BT-Drs. 17/3404, S. 104). In Orientierung an der sozialgerichtlichen Judikatur wird hervorgehoben und „klargestellt", dass die **Kosten in ihrer tatsächlichen Höhe zu übernehmen** sind (BT-Drs. 17/3404, S. 104). Schließlich wird die Bedarfslage auch auf eintägige Ausflüge erstreckt; in der Gesetzesbegründung wird auf Entwicklungen in der Praxis hingewiesen, dass in Schulen mit einem hohen Anteil von Kindern, die existenzsichernde Leistungen beziehen, eintägige Klassenausflüge teilweise nicht mehr stattfinden, weil eine relevante Zahl der Schüler aus finanziellen Gründen nicht teilnehmen kann. Dieser Entwicklung soll entgegengewirkt werden. Schließlich wird die Gruppe der Leistungsberechtigten erweitert: auch für Kinder, die eine **Kindertageseinrichtung** besuchen, wird nach § 28 Abs. 2 S. 2 SGB II eine vergleichbare Bedarfslage anerkannt.

24 Der neu in das Gesetz aufgenommene Begriff des **Schulausflugs** wird nicht an die schulrechtlichen Bestimmungen gekoppelt, zumal solche Ausflüge bisher nur in geringem Umfang schulrechtlich normiert sind. Der Begriff ist daher weit auszulegen (Leopold in jurisPK-SGB II § 28 Rn. 54) und umfasst z.B. Wandertage, Museumsbesuche und Besuche von kulturellen Veranstaltungen (so auch der Musicalbesuch in BSG 23. 3. 2010 – B 14 AS 6/09). Es geht allerdings, ebenso wie nach dem bisherigen Recht, um gruppenbezogene Aktivitäten, so dass der individuelle Schüleraustausch nicht erfasst wird. Auf der anderen Seite ist es nach dem Normzweck nicht erforderlich, dass der gesamte Klassenverband teilnimmt; ausreichend ist der Ausflug bzw. die Fahrt eines **Leistungskurses oder einer Seminargruppe** (so zum bisherigen Recht zutreffend SG Dortmund 9. 6. 2010 – S 29 AS 209/08).

25 Die mehrtägigen Klassenfahrten werden an die **schulrechtlichen Bestimmungen** gebunden. Diese sind regelmäßig landesrechtlich normiert und für die Rechtsprechung des BSG daher regelmäßig nicht revisibel (BSG 13. 11. 2008 – B 14 AS 36/07, BSGE 102, 68, 70). Diese schulrechtlichen Bestimmungen können die weiteren Anforderungen an die Teilnahme näher konkretisieren, so dass sich daraus auch ergeben kann, welche zusätzlichen Bedarfe, z.B. für Transportkosten, Verpflegung und Eintrittsgelder anzuerkennen sind (Bender in Gagel SGB II § 23 Rn. 77). Das Schulrecht kann auch Bestimmungen enthalten, wie schulische Förderfonds in einer nicht stigmatisierenden Weise Unterstützungsleistungen für einzelne Schülerinnen und Schüler erbringen können.

26 Leistungen zur Deckung der Bedarfe nach § 28 Abs. 2 werden nach § 29 Abs. 1 SGB II durch **Sach- und Dienstleistungen** erbracht, während sie **bisher** nach § 23 Abs. 3 SGB II aF **durch Geldleistungen an die Betroffenen** erfüllt wurden. Für diesen Wechsel der Leistungsart, der die

Leistungsberechtigten stigmatisieren kann (Berlit KJ 2010, 145, 160), gibt es bei dieser Bedarfslage keine empirische Begründung (Lenze WS I-Mitteilungen 2010, 523, 528). Im Gesetzgebungsverfahren sah man offensichtlich Schwierigkeiten bei der Umstellung und hat in § 77 Abs. 9 SGB II für eine Übergangsfrist noch direkte Zahlungen an die Betroffenen vorgesehen. In der Praxis sind die Kosten für die Ausflüge und Klassenfahrten daher durch Direktzahlungen an die Schulen als Anbieter nach § 29 Abs. 3 SGB II zu erbringen. Für die Erstattung der tatsächlichen Aufwendungen, die den Schülern entstehen können (dazu Leopold in jurisPK-SGB II § 28 Rn. 68) werden auch weiterhin Geldleistungen zu erbringen seien. Bei der Prüfung der Hilfebedürftigkeit ist § 5 a der Alg II-V zu beachten.

II. Schulbedarf

Im Anschluss an die 2008 erstmals beschlossene Norm des § 24a SGB II aF wird in § 28 Abs. 3 ein **persönlicher Schulbedarf in Höhe von pauschal 100 Euro** anerkannt. Abweichungen nach oben oder unten sind nicht vorgesehen. Nach den Gesetzesmaterialien aus dem Jahr 2008 sollen damit insbesondere Gegenstände zur persönlichen Ausstattung für die Schule (Schulranzen, Schulrucksack, Turnbeutel, Blockflöte) und für Schreib- Rechen- und Zeichenmaterialien (Geodreieck) erworben werden (BT-Drs. 16/10809, S. 16, nannte diese wenig zeitgemäße Auswahl, während der PC damals noch völlig fehlte). Eine irgendwie geartete Berechnung des heute üblichen schulischen Bedarfs lag dieser Schätzung von 100 Euro jedoch nicht zugrunde. Es war damals auch nicht klar, in welcher Höhe dieser über § 24a zu deckende schulische Bedarf bereits in die Regelleistung gem. § 28 Abs. 1 S. 3 Nr. 1 SGB II aF eingearbeitet war (Vorauflage § 24a Rn. 6).

27

In der Gesetzesbegründung zu § 28 Abs. 3 SGB II wird ausdrücklich an die „positiven Erfahrungen" mit § 24a SGB II angeknüpft. Geändert werden solle ausschließlich die Form der Auszahlung, da sich in der Praxis die **Notwendigkeit eines weiteren Auszahlungszeitpunktes** zum Schulhalbjahr gezeigt habe, wenn verbrauchte Gegenstände ersetzt werden sollen (BT-Drs. 17/3404, S. 105). Darauf beruht die pauschalierende Anordnung, dass **70 Euro** zum 1. August und **30 Euro** zum 1. Februar zu zahlen sind. Eine Anpassung an die jeweiligen Schuljahrestermine der einzelnen Bundesländer ist nicht vorgesehen und für die Erfordernisse einer Massenverwaltung auch nicht nahe liegend.

28

Erstmals erfolgt mithin die Zahlung für die Schule in Höhe von 70 € zum 1. 8. 2011 (vgl. § 77 Abs. 7 SGB II). Wer später leistungsberechtigt wird, kann den Anspruch für das Schuljahr 2011/12 nur noch in Höhe von 30 € zum 1.2. geltend machen Die Anspruchsberechtigung zum 1. August und 1. Februar ist feste Anspruchsvoraussetzung. Diese Regelung mag Härten mit sich bringen, ist aber aus Gründe der Verwaltungspraktikabilität wohl zu akzeptieren.

29

Die 2008 nicht näher begründete Höhe von 100 Euro ist im Gesetzgebungsverfahren 2010 unter Rückgriff auf die niedrigeren Werte der EVS 2008 gerechtfertigt worden. In der Literatur ist diese Argumentation auf Kritik gestoßen, da der persönliche Schulbedarf nur partiell in der EVS abgebildet wird. Verschiedene Positionen, wie z.B. Sportartikel oder PC, sind in anderen Rubriken der EVS erfasst (Klerks info also 2011, 147, 152), so dass auch in der Gesetzesbegründung auf die Schwierigkeiten einer konkreten Ermittlung des jeweiligen Bedarfs verwiesen worden ist (BT-Drs. 17/3404, S. 105). Daraus können sich Probleme ergeben, weil angesichts der unterschiedlichen Strukturen der Lernmittelfreiheit in den einzelnen Bundesländern und der z.T. höheren Kosten bei berufsbildenden Schulen sowie bei schulisch vorgeschriebenen betrieblichen Praktika deutliche Friktionen ergeben können. In der Regel wird es sich um einmalige Bedarfe handeln, so dass eine unmittelbare oder analoge Anwendung von § 24 Abs. 1 SGB II in Betracht gezogen werden muss (ausführlich Leopold in jurisPK-SGB II § 28 Rn. 79 ff.).

30

III. Schülerbeförderung

Vor 2010 war in der sozialgerichtlichen Judikatur überwiegend ein Anspruch auf Übernahme von Kosten der Schülerbeförderung abgelehnt worden. In einem Grundsatzurteil des BSG (BSG vom 28. 10. 2009 – B 14 AS 44/08 R, FEVS 61, 491) hatte der 14. Senat eine Erstattung der Kosten für eine Schülermonatskarte abgelehnt. Im geschlossenen SGB II-System fehle dafür eine Anspruchsgrundlage; ein Rückgriff auf § 73 SGB XII sei nicht möglich, weil es sich nicht um einen atypischen Bedarf handele. Die Darlehensregelung nach § 23 Abs. 1 SGB II aF müsse auch ausscheiden, weil diese Kosten nach den Materialien der Gesetzgebung nicht „regelsatzrelevant" seien (für eine Anwendung von § 73 SGB XII LSG Niedersachsen-Bremen vom 3. 12. 2007 – L 7 AS 666/07 ER, info also 2008, 227). Diese verfassungswidrige Negation wichtiger Bildungsbedarfslagen konnte nach der Entscheidung des BVerfG vom 9. 2. 2010 nicht fortgesetzt werden. Folgerichtig wurde in der Literatur zur Härtefallklausel des § 21 Abs. 6 SGB II überwiegend angenommen, dass **Schülermonatskarten nunmehr als laufender und unabweisbarer Bedarf** erstattungsfähig sein könnten (Lauterbach ZFSH SGB 2010, 403, 407; Klerks info also 2010, 56, 62). Da die Norm des § 21 Abs. 6 SGB II als Auffangtatbestand konzipiert ist und die Judikatur uneinheitlich war (SG Wiesbaden 26. 10. 2010 – S 15 AS 632/10 ER; SG Darmstadt 21. 10. 2010 – S 17 AS 1255/10 ER), war es nahe liegend,

31

eine explizite Regelung mit einem Anspruch auf Kostenerstattung zu schaffen. Da die Kosten der Schülerbeförderung nur bei einem geringen Teil der Schülerinnen und Schüler anfallen, erschien es nicht zweckmäßig, generell den Regelsatz zu erhöhen, sondern eine **bedarfsbezogene Regelung** zu schaffen (BT-Drs. 17/4095, S. 35). Im parlamentarischen Verfahren wurde daher ein Anspruch auf Übernahme der Aufwendungen zur Schülerbeförderung für den Besuch der nächstgelegenen Schule normiert.

32   Der Anspruch auf § 28 Abs. 4 SGB II steht zunächst **allen Schülerinnen und Schülern** zu, so dass auf die allgemeine Definition dieser Rechtsbegriffe für § 28 zurückgegriffen werden kann (o. Rn. 14). Er kommt für den Besuch sämtlicher allgemeinbildender und berufsbildender Schulen in Betracht. Eingeschränkt wird der Anspruch auf den Besuch der „**nächstgelegenen Schule des gewählten Bildungsganges**". Der „gewählte Bildungsgang" kann sich zunächst auf die Art der Schule, also eine allgemeinbildende oder eine berufsbildende Schule beziehen. Ebenfalls ist das Wahlrecht auch bezogen auf unterschiedliche Schultypen, wie z. B. den naturwissenschaftlichen oder den sprachlichen Bezug eines Gymnasiums. Das Gesetz ordnet das Wahlrecht den Leistungsberechtigten zu. Folgerichtig wird in der Literatur das Wahlrecht auch auf die Wahl zwischen Schulen unterschiedlichen religiösen Bekenntnisses erstreckt (Leopold in jurisPK-SGB II § 28 Rn. 87). Der Begriff der „nächstgelegenen Schule" ist ebenfalls interpretationsfähig, weil er sowohl auf die geografisch nächste Schule als auch auf die zeitlich am nächsten erreichbare Schule bezogen werden kann (zu diesen Alternativen Leopold in jurisPK-SGB II § 28 Rn. 85). Eine generelle Lösung ist für ein bundesweites Gesetz nicht praktikabel; sach- und systemgerecht ist es, wenn die Leistungsberechtigten auch zwischen der geografischen und zeitlichen Alternative wählen können, solange sich dadurch nicht gravierende finanzielle Unterschiede ergeben. Schließlich wird verlangt, dass die Schülerinnen und Schüler auf die Schülerbeförderung „**angewiesen**" sind, so dass ein Fußweg oder eine Radfahrt nicht in Betracht kommen. Wiederum ist keine einheitliche Grenzziehung möglich, da es auf das Alter der Schüler, die Verkehrsverhältnisse und die geografischen Rahmenbedingungen ankommt. Von zentraler Bedeutung ist die allgemeine Üblichkeit, da das mit der Gesetzgebung verfolgte Ziel, gesellschaftlichen Exklusionsprozessen entgegenzuwirken, den Schülerinnen und Schülern die Teilnahme an der **üblichen Form der Schülerbeförderung ermöglichen** muss. § 1 SGB II gebietet schließlich eine Rücksichtnahme auf Besonderheiten der individuellen Konstitution, die zB einer Radfahrt entgegenstehen können.

33   Den Leistungsberechtigten steht ein Anspruch auf Ersatz der tatsächlichen Aufwendungen zu, soweit diese **erforderlich** sind. Es sind also die jeweils günstigsten Tarife im öffentlichen Personennahverkehr sowie geeignete Schülermonatskarten zu nutzen. Die Ausgaben müssen tatsächlich anfallen und sind nach § 29 Abs. 1 S. 3 im Zweifelsfall nachzuweisen.

34   Schließlich wird verlangt, dass es den leistungsberechtigten Personen nicht zugemutet werden kann, die **Aufwendungen aus dem Regelbedarf zu bestreiten**. Im Regelbedarf sind für sieben- bis vierzehnjährige Kinder Mobilitätskosten von 14 € vorgesehen (zur Kritik Martens WS I-Mitteilungen 2010, 531, 536). Es wird nur wenige Fallgestaltungen geben, in denen die Kosten der Schülerbeförderung ausschließlich aus dem Regelbedarf bestritten werden können. Im übrigen ist zu berücksichtigen, dass der Regelbedarf für Mobilität auch bei Kindern nicht ausschließlich der Beförderung in die Schule dient, sondern natürlich auch die Teilnahme am kulturellen Leben, an den durch § 28 Abs. 7 geförderten Sportvereinen und Musikschulen sowie der Kommunikation mit Freunden und Verwandten. Die **Zumutbarkeit** ist in § 28 Abs. 4 als eine **Ausnahme vom Regelfall der Übernahmen der tatsächlichen Kosten** formuliert, so dass sie vom Träger der Grundsicherung geltend zu machen ist. Eine solche diffizile Aufteilung des bereits niedrigen Anteils von 14 € für Mobilität in verschiedene Kategorien ist problematisch und auch wenig verwaltungsökonomisch, so dass im Regelfall eine Berücksichtigung eines Eigenanteiles aus dem Regelbedarf für Mobilität zu unterbleiben hat (dazu Leopold in jurisPK-SGB II § 28 Rn. 96; vgl. Klerks info also 2011, 147, 153).

IV. Lernförderung

35   Besonders kontrovers wurde im Gesetzgebungsverfahren und bei den Anhörungen die Ausgestaltung der außerschulischen Lernförderung diskutiert. Der Regierungsentwurf bezog sich auch in der Begründung der in § 28 Abs. 5 SGB II anerkannten Bedarfslage der außerschulischen Lernförderung auf die Kategorien des Bundesverfassungsgerichts, das auch Kosten außerschulischer Bildung zum Regelbedarf rechnete und generell verlangte, dass ein **Ausschluss armer Kinder von Bildungschancen vermieden werden müsse** (BVerfG 9. 2. 2010 – 1 BVL 1/09, NJW 2010, 505, 514 – Rn. 192). Insoweit ist nicht umstritten, dass außerschulische Lernförderung eine verfassungsrechtlich geforderte Bedarfslage sein kann. Zutreffend wurde sie von Anfang an auch der Härteklausel in § 21 Abs. 6 SGB II zugeordnet (Lauterbach ZFSH SGB 2010, 403, 408; vgl. Klerks info also 2010, 205, 207).

36   Lernförderung ist **vorrangig Aufgabe der Schule**. Bei einem Ausfall oder Misserfolg schulischer Angebote kann jedoch die sozialrechtliche Grundsicherung nicht beiseite stehen, sondern muss diese Aufgabe insoweit aufnehmen, wie sie zur Sicherung des Existenzminimums geboten ist (BVerfG Rn. 182; Lenze NZS 2010, 534, 538). Ebenso wie bei der sozialrechtlichen Förderung des nachträg-

lichen Hauptschulabschlusses in § 77 SGB III ist auch § 28 Abs. 5 SGB II eine folgerichtige und notwendige sozialrechtliche Leistungspflicht.

In der konkreten Ausgestaltung wird verlangt, dass diese Lernförderung **schulische Angebote ergänzt**. Festzustellen ist daher zunächst, welche Angebote an der jeweiligen Schule realisiert werden können. Gerade an Schulen mit zahlreichen Schülerinnen und Schulen aus Familien, die auf Leistungen der Grundsicherung angewiesen sind, ist festzustellen, dass die schulischen Angebote nicht alle Herausforderungen hinreichend beantworten, so dass insoweit die Notwendigkeit ergänzender Lernförderung nicht selten zu bejahen sein dürfte. Bei dieser Lernförderung handelt es sich regelmäßig um einen individuellen Teil des Regelbedarfs, der nicht sinnvoll durch allgemeine Erhöhung des Regelbedarfs beantwortet werden kann. Es ist daher geboten, diesen Bedarf für die betroffenen Schülerinnen und Schüler gesondert zu realisieren. 38

Diese Lernförderung soll in der Lage sein, die nach den schulrechtlichen Bestimmungen **wesentlichen Lernziele** zu erreichen. In der Gesetzesbegründung und in der Literatur wird als ein Beispiel auf die **Versetzung in die nächste Klassenstufe** verwiesen. Gleichgestellt wird die Erreichung eines „ausreichenden Leistungsniveaus" (BT-Drs. 17/3404, S. 105; Steck/Kossens, Hartz IV-Reform 2011, Rn. 259). Diese Fallgruppe wird auch in den typischen Richtlinien und Antragsformularen hervorgehoben. Außerschulische Lernförderung ist geeignet und erforderlich, wenn sie rechtzeitig und mit der gebotenen möglichen Intensität einsetzt. 39

Diese Fallgruppe kann jedoch nicht abschließend sein. In der Rechtsprechung wird anerkannt, dass Nachhilfeunterricht auch geboten sein kann zur **Schließung von Wissenslücken infolge krankheitsbedingter Fehlzeiten** (LSG Sachsen-Anhalt 13. 5. 2011 – L 5 AS 498/10 B ER). Dagegen soll eine einfache Notenverbesserung nicht ausreichend sein. Umstritten ist die Frage, ob auch der **Wechsel auf eine höhere Schule** ein Grund für außerschulische Lernförderung sein kann. Wenn man die wesentlichen Lernziele in den Schulgesetzen durchsieht, dann beschränkt sich kein Schulgesetz auf ein Lernziel „Versetzung in die nächste Klassenstufe". Typisch sind vielmehr Formulierungen wie in § 4 des Berliner Schulgesetzes, wonach die Schule die Verantwortung trägt, dass Schülerinnen und Schüler unabhängig von ihren Lernausgangslagen zu ihrem **„bestmöglichen Schulabschluss"** geführt werden. In ähnlicher Weise verlangt § 3 des Hamburger Schulgesetzes, dass Schülerinnen und Schüler bis zur **„vollen Entfaltung ihrer Leistungsfähigkeit"** gefördert und gefordert werden. Dies sind sicherlich wesentliche Lernziele, so dass Lernförderung zum Wechsel auf eine geeignete höhere Schule auf keinen Fall generell von § 28 Abs. 5 ausgeschlossen werden kann. In solchen Fällen kann es an der Erforderlichkeit mangeln, wenn für diese Personengruppe ein geeignetes Förderangebot zur Verfügung steht. Die volle Entfaltung der Leistungsfähigkeit kann auch darin bestehen, dass zumindest das **Erlangen des Hauptschulabschlusses** gefördert und ein **Schulabbruch vermieden** wird. Auch dies gehört regelmäßig zu den wesentlichen Lernzielen. Zutreffend wird in der Literatur auch darauf hingewiesen, dass auch **unregelmäßiger Schulbesuch** außerschulischer Lernförderung nicht entgegensteht (Groth/Siebel-Huffmann, NJW 2011, 1105, 1108). Letztlich ist dies eine Frage nach der Eignung der Lernförderung, da bei dieser Personengruppe besondere pädagogische Anstrengungen erforderlich sind, so dass „klassischer Nachhilfeunterricht", der manchen im Gesetzgebungsverfahren wohl eher vorschwebte, hier nicht zielführend sein dürfte. Gerade unter dem Gesichtspunkt der Teilhabe an Bildungschancen ist die Förderung dieser Gruppe jedoch geboten. Zur Hinwirkungspflicht der kommunalen Träger nach § 4 Abs. 2 SGB II gehört es daher, die Quote und Struktur der Schulabbrecher zu analysieren und zu klären, ob außerschulische Angebote möglich sind und wer solche Angebote gewährleisten kann, solange die Schulen kein strukturiertes Schulabbrecherprogramm organisieren. 40

In der bisherigen Judikatur (SG Bremen 6. 1. 2011 – S 21 AS 2626/10 ER) ist die Notwendigkeit außerschulischer Lernförderung bei einem **Migrationshintergrund** reserviert beurteilt worden. Die neueren Schulgesetze verlangen gerade für diese Personengruppe besondere Förderung und definieren – so zB im Hamburger Schulgesetz – als ein wesentliches Lernziel die Ermöglichung aktiver Teilnahme am Unterrichtsgeschehen sowie den **„Erwerb und sicheren Gebrauch der deutschen Sprache"**. Soweit innerschulische Angebote fehlen oder nicht ausreichen und geeignete außerschulische Angebote für diese wesentlichen Lernziele zur Verfügung stehen, hat auch insoweit der kommunale Träger nach § 4 Abs. 2 SGB II auf die Nutzung solcher Angebote hinzuwirken. 41

Auch auf außerschulische Lernförderung besteht ein **Rechtsanspruch**, so dass die Entscheidung der gemeinsamen Einrichtung sowie natürlich auch die Gestaltung der kommunalen Verwaltungsleitlinien der **umfassenden rechtlichen Kontrolle** unterliegen. Anders als in schulischen Fragen, in denen für Prüfungen ein Beurteilungsspielraum anerkannt werden kann, ist hier die Entscheidung, die vom Jobcenter getroffen wird, umfassend zu überprüfen (dazu auch Leopold in jurisPK-SGB II § 28 Rn. 103). Außerschulische Lernförderung ist gerade auch in Fällen notwendig, in denen Konflikte zwischen Schüler und Schule bestehen, so dass ein Negativattest der Schule bei entgegenstehendem Antrag des Schülers bzw. der Eltern nicht per se zur Ablehnung führen kann; dies wäre auch mit § 20 SGB X nicht vereinbar (vgl. Leopold in jurisPK-SGB II § 28 Rn. 105). 42

Die Entscheidung über die Förderung betrifft auch deren **Dauer**. In der Praxis wird von Tendenzen berichtet, dass nur eine kurzfristige Förderung zwischen dem Halbjahrszeugnis und der Entscheidung über die Versetzung gefördert werden soll. Auch wenn in Einzelfällen eine solche kurzfris- 43 tige Förderung ausreichend sein kann, so ist doch bei realen Schulproblemen regelmäßig eine **nachhaltige Förderung** geboten (Lauterbach ZSFH SGB 2010, 403, 408; Leopold in jurisPK-SGB II § 28 Rn. 110).

44 Außerschulische Lernförderung soll im Interesse zielgenauer Steuerung für diese individuelle Bedarfslage nach § 29 Abs. 1 SGB II durch **Sach- und Dienstleistungen** insbesondere in Form von personalisierten Gutscheinen oder Direktzahlungen realisiert werden. Von den Anbietern wird verlangt, dass die Lernförderung „angemessen" ist. Dies soll so verstanden werden, dass „kostengünstige Angebote" (BT-Drs. 17/3404, S. 105) genutzt werden sollen. Der Terminus „angemessen" wird so jedoch nicht hinreichend umschrieben. In der Regel dürfte es um die Nutzung von Angeboten mit „ortsüblicher" Kostenstruktur gehen (Leopold in jurisPK-SGB II § 28 Rn. 115).

V. Mittagsverpflegung

45 Nach § 28 Abs. 6 werden die entstehenden Mehraufwendungen für die **Teilnahme an einer gemeinschaftlichen Mittagsverpflegung** berücksichtigt. Die Teilnahme an einer Gemeinschaftsverpflegung ist ein wichtiges Element der sozialen Teilhabe in der Schule. Zur Vermeidung von Ausgrenzungsprozessen ist daher auch dieser Bedarf von der Grundsicherung zu übernehmen (BT-Drs. 17/3404, S. 106). Bisher galt für die Teilnahme an solchen Verpflegungen und die Kostenerstattung der Vorrang der Jugendhilfe vor Leistungen nach dem SGB VI gemäß § 10 Abs. 3 SGB VIII. Dies ist 2011 durch **Änderung des SGB VIII** (BGBl. I S. 453, 489) korrigiert worden, um auf diese Weise eine einheitliche Leistungserbringung nach § 29 SGB II und den korrespondierenden sozialhilferechtlichen und kindergeldrechtlichen Normen zu ermöglichen.

46 Die Leistung steht wiederum allen **Schülerinnen und Schülern** (o. Rn. 14) zu, soweit an ihren Bildungseinrichtungen eine gemeinschaftliche Mittagsverpflegung erfolgt. Sie wird auch erstreckt auf Kinder in einer **Kindertageseinrichtung**, weil auch hier die soziale Teilhabe von größer praktischer Bedeutung ist. Im Vermittlungsverfahren sind weiter auch die Kinder integriert worden, die im Rahmen einer **Kindertagespflege** an einer entsprechenden Mittagsverpflegung teilnehmen. Dies ist konsequent, weil bei dem unzureichenden Ausbau von Ganztagsbetreuungsangeboten für Kinder vor allem in den alten Bundesländern der Kindertagespflege eine wichtige Funktion bei der Verringerung von Betreuungslücken zukommt. Schließlich sind durch § 77 Abs. 11 S. 4 SGB II für die Zeit bis 31. 12. 2013 auch **Hortkinder** als Leistungsberechtigte anerkannt worden, die in Einrichtungen nach § 22 SGB VIII gemeinschaftliche Mittagsverpflegung erhalten.

47 Die gemeinschaftliche Mittagsverpflegung verlangt einen gewissen **organisatorischen Rahmen**, so dass der individuelle Verkauf z. B. von belegten Brötchen an einem Kiosk auf dem Schulgelände hier nicht ausreichen kann (BT-Drs. 17/3404, S. 106). Im übrigen sind keine hohen organisatorischen Anforderungen zu stellen; maßgeblich ist jedoch, dass die Verpflegung **in schulischer Verantwortung** erfolgt, die allerdings auch bei der Einschaltung bei Elternvereinen bejaht werden kann, wenn deren Aktivitäten von der Schule befürwortet werden (Leopold in jurisPK-SGB II § 28 Rn. 123). Eine vergleichbare organisierte Verantwortung ist auch bei Kindertageseinrichtungen und Einrichtungen nach § 22 SGB VIII erforderlich, dort aber regelmäßig auch üblich.

48 Als Rechtsfolge werden die **„tatsächlichen Aufwendungen"** berücksichtigt. Dies kann in unterschiedlichen Formen erfolgen, wie sich aus § 29 SGB II ergibt. Möglich ist die Leistung von Gutscheinen ebenso wie die direkte Zahlung an den Betreiber der Schulverpflegung. In § 5a Nr. 3 Alg II-V ist ein Eigenanteil von 1 € pro Mittagessen normiert (dazu Groth/Siebel-Huffmann NJW 2011, 1105, 1108). Die konkrete Bedarfsbemessung erfolgt anhand der durchschnittlichen Anzahl der Tage, an denen Schülerinnen und Schüler an einer Schule mit angebotener Gemeinschaftsverpflegung die Leistungen in Anspruch nehmen können. Abweichungen aufgrund von unterrichtsfreien Tagen, schulinternen Fortbildungen und Klassenfahrten sind aus Gründen der Verwaltungspraktikabilität nicht zu berücksichtigen (BT-Drs. 17/3404, S. 106).

VI. Teilhabe am kulturellen und sozialen Leben

49 Nach den Kategorien des Bundesverfassungsgerichts gehört auch die **gesellschaftliche Teilhabe** zum anerkannten Existenzminimum, so dass es geboten ist, auch die Teilnahme am sozialen und kulturellen Leben zu gewährleisten. § 28 Abs. 7 SGB II enthält dafür einen Anspruch auf eine pauschale Leistung von 10 Euro je Monat, die in Form eines Budgets auch für Sonderaktivitäten, z. B. die Teilnahme an Freizeiten, angespart werden kann (BT-Drs. 17/3404, S. 106).

50 Leistungsberechtigt sind hier **alle Personen bis zur Vollendung des 18. Lebensjahrs**, so dass für junge Erwachsene dieser Anspruch nicht zur Verfügung steht. Er ist allerdings auch nicht auf Schülerinnen und Schüler beschränkt, so dass auch Jugendliche, die die Hauptschule abgeschlossen bzw. abgebrochen haben, zu den Leistungsberechtigten gehören.

51 Das Budget wird für **drei spezifische Teilhabeaktivitäten** zur Verfügung gestellt. Es handelt sich um die Mitgliedschaft in den Bereichen Sport, Spiel, Kultur und Gesellgkeit, um Unterricht in künstlerischen Fächern und vergleichbare Aktivitäten sowie um die Teilnahme an Freizeiten. Die Kategorien

SGB II – Grundsicherung für Arbeitsuchende §§ 28, 29 SGB II 20

Sport und Kultur sind insoweit weit auszulegen und sind nicht auf einzelne Sportarten beschränkt (Leopold in jurisPK-SGB II § 28 Rn. 133); soweit nicht die Eingliederungshilfe zuständig ist, sind auch gruppenorientierte Formen, wie zB Behindertensport oder Fördergruppen, förderfähig. Künstlerische Aktivitäten sind ebenso in einem weiten Sinn zu verstehen, so dass nicht nur Musikschulen, sondern auch Theaterworkshops, Mal- und Bastelkurse sowie Foto- und Videogruppen erfasst sind.

In der Literatur wird zu Recht problematisiert, dass die enumerative Fassung der Teilhabemöglichkeiten in § 28 Abs. 7 den Anwendungsbereich dieser Norm einschränkt und der Bedarfslage nicht gerecht wird. So sollen Fahrtkosten nicht übernahmefähig sein (BT-Drs. 17/3404, S. 106); ebenso sollen die Gegenstände, die zur Ausübung dieser Aktivitäten erforderlich sind, nicht z. B. Musikinstrument, Sportgeräte und Sportkleidung, nicht entsprechend förderfähig sein (zur Kritik Rothkegel ZSFH SGB 2011, 69, 81 f.). Wiederum stellt sich hier die Frage nach der Auslegung von § 24 Abs. 1 SGB II, in Einzelfällen bei laufendem Bedarf auch nach § 21 Abs. 6 SGB II. Wenn die Teilhabe am sozialen und kulturellen Leben zum geschützten Existenzminimum gehört, dann kann sie nicht an fehlenden Mitteln zum Erwerb eines Musikinstruments scheitern (dazu auch Leopold in jurisPK-SGB II § 28 Rn. 141). 52

Die Teilhabe am sozialen und kulturellen Leben soll nach § 29 Abs. 1 SGB II durch Sach- oder Dienstleistungen realisiert werden, insbesondere durch personalisierte Gutscheine oder Direktzahlungen an Anbieter. Bei dieser Bedarfslage zeigen sich die **Probleme möglicher Stigmatisierung** vor allem durch Gutscheine (Lenze WS I-Mitteilungen 2010, 523, 527; Berlit KJ 2010, 145, 160) besonders deutlich. Wer die übliche Klientel von Musikschulen kennt, wird sich unschwer Situationen vorstellen können, in denen die Vorlage eines Gutscheins des Jobcenters nicht den von der Gesetzesbegründung gewünschten sozialintegrativen Effekt hat. Gutscheine und Dienstleistungen sind in § 29 Abs. 1 SGB II allerdings nicht abschließend normiert, so dass insoweit eine abweichende Erbringung möglich und in Einzelfällen auch geboten ist. 53

E. Leistungserbringung

Die Regelung der §§ 28, 29 SGB II ist durch eine spezifische **Kombination von Leistung und Leistungserbringung** gekennzeichnet. Während im Gesetzgebungsverfahren 2003 die Dominanz pauschalisierter Geldleistungen im Mittelpunkt stand, die bei den individualisierenden Bedarfslagen für Bildung und Teilhabe am kulturellen Leben (dazu Rothkegel ZFSH SGB 2011, 69,81) versagte, soll jetzt insoweit eine zielgerichtete und zweckgebundene Leistung erfolgen. Daher sind Geldleistungen nur für zwei Bedarfslagen – Schulbedarf, Schülerbeförderung- vorgesehen; auch insoweit sind sie anders als andere Geldleistungen im SGB II mit einer **Zweckbindung** belegt, die nach § 29 Abs. 4 S. 2 SGB II bei fehlendem Nachweis zum **Widerruf der Geldleistung** führen kann. Für die anderen Bedarfslagen sind Sach- oder Dienstleistungen vorgesehen. Damit soll eine „zielgerichtete" Leistungserbringung gesichert werden (BT-DS 17/3404, S. 107). 54

Als mögliche – jedoch nicht ausschließliche - Instrumente für Sach- und Dienstleistungen sind **persönliche Gutscheine und Direktleistungen an Anbieter** vorgesehen. Die minuziösen und diffizilen Regelungen zur Ausgestaltung vor allem der Gutscheine im ursprünglichen Regierungsentwurf sind im Vermittlungsverfahren durch eine wesentlich einfachere Normierung ersetzt worden, die dem kommunalen Trägern einen weiten Gestaltungsraum eröffnen. Dieser kann genutzt werden zu einer bedarfsgerechten Konkretisierung, mit der auch die regionalen Angebotsstrukturen genutzt und ausgebaut werden können. Der Gestaltungsspielraum ist kein rechtlicher Freiraum, sodass die Ausgestaltung der Leistungen der vollständigen sozialgerichtlichen Kontrolle unterliegt (o. Rn. 19). 55

Der Entlastung der Leistungsträger dienen die Bestimmung in § 29 Abs. 2 und 3 SGB II, wonach die Erbringung der Leistungen bereits dann fingiert wird, wenn der Gutschein erstellt und übergeben bzw. die Anweisung an den Direktanbieter erfolgt ist. Regelungen für Leistungsstörungen beschränken sich auf eine, für die Praxis allerdings wichtige, Fallgruppe, nämlich das **Verlieren von Gutscheinen** und die Ausstellung eines Zweitgutscheins, die in § 29 Abs. 2 S. 4 SGB II – uU als Teilgutschein -ermöglicht wird. 56

Obgleich im Gesetz nicht ausdrücklich geregelt, so ist doch auch in anderen Fällen die Ausgabe von **Teilgutscheinen** möglich. Dies kann vor allem von Bedeutung sein, wenn die Berechtigten z. B. bei den Leistungen nach § 28 Abs. 7 SGB II – einen differenzierten Gebrauch von dieser Pauschale machen wollen. Ihnen muss für die vom Gesetzgeber ins Auge gefasste Budgetierung sowohl die Möglichkeit der Zusammenfassung von Einzelgutscheinen für zB einen Gutschein für 50 Euro für die Teilnahme an einer Freizeit ermöglicht werden ebenso wie die Aufteilung der Gutscheine für Beiträge zu unterschiedlichen Vereinen (Leopold in Juris PK SGB II § 29 Rn. 80). 57

Die Leistung für den Schulbedarf wird dagegen als **Geldleistung** erbracht (vgl. § 4 Abs. 1 Nr. 2). Der Bundesrat hatte 2008 gefordert, dass die Leistung bei nicht zweckentsprechender Verwendung auch als Sachleistung erbracht werden könne (BR-Drucks 753/08, S. 6 f.). Die Bundesregierung hatte damals eine Erbringung der Leistung für die Schule als **Sachleistung** in seiner Gegenäußerung generell abgelehnt (BT-Drs. 16/11 001, Nr. 4), weil dies nicht verwaltungspraktikabel sei. Es sei beispielsweise zu berücksichtigen, dass die Schulmaterialien je nach Schulform und Jahrgangsstufe unter- 58

Kohte (Sammelkommentierung)

schiedlich seien und über das ganze Schuljahr verteilt anfielen. Zudem sei ggf. bei der Auswahl der Anbieter das Vergaberecht anwendbar, so dass ggf. Ausschreibungen etc. zu erfolgen hätten.

59 § 24a S. 3 wählte zur **Kontrolle der zweckentsprechenden Verwendung** der 100 Euro für die Schule den Weg einer Nachweispflicht im „begründeten Einzelfall". Eine Überprüfung der Verwendung der Mittel des § 24a sollte nicht generell erfolgen, sondern nur einzelfallbezogen, wenn „konkrete Anhaltspunkte" dafür vorliegen, dass das Geld zweckwidrig verwendet wird bzw. wurde (vgl. BT-Drs. 16/11001, Nr. 4). Inzwischen ist diese Bestimmung **durch § 29 Abs. 4 verallgemeinert und erweitert** worden. Sie gilt jetzt generell, hat aber weiter reale Bedeutung bei den Geldleistungen nach Abs. 3 und 4. Wenn konkrete Anhaltspunkte vorliegen, kann ein Nachweis von Belegen durch **Verwaltungsakt** angeordnet werden, dessen Erlass im pflichtgemäßen Ermessen des Trägers liegt (Leopold in jurisPK-SGB II § 29 Rn. 73). Erfolgt kein Nachweis oder ist dieser unzureichend, kann nach § 29 Abs. 4 S. 2 ein Widerruf der Leistung erfolgen. Ein solcher Widerruf war nach dem bisherigen Recht nicht möglich (Groth/Siebel-Huffmann NJW 2011, 1105, 1107). Daneben sind im Einzelfall die allgemeinen Vorschriften der §§ 45 ff SGB X anwendbar.

§ 30 (weggefallen)

Unterabschnitt 5. Sanktionen

§ 31 Pflichtverletzungen

(1) ¹**Erwerbsfähige Leistungsberechtigte verletzen ihre Pflichten, wenn sie trotz schriftlicher Belehrung über die Rechtsfolgen oder deren Kenntnis**
1. sich weigern, in der Eingliederungsvereinbarung oder in dem diese ersetzenden Verwaltungsakt nach § 15 Absatz 1 Satz 6 festgelegte Pflichten zu erfüllen, insbesondere in ausreichendem Umfang Eigenbemühungen nachzuweisen,
2. sich weigern, eine zumutbare Arbeit, Ausbildung, Arbeitsgelegenheit nach § 16d oder eine mit einem Beschäftigungszuschuss nach § 16e geförderte Arbeit aufzunehmen, fortzuführen oder deren Anbahnung durch ihr Verhalten verhindern,
3. eine zumutbare Maßnahme zur Eingliederung in Arbeit nicht antreten, abbrechen oder Anlass für den Abbruch gegeben haben.

²Dies gilt nicht, wenn erwerbsfähige Leistungsberechtigte einen wichtigen Grund für ihr Verhalten darlegen und nachweisen.

(2) Eine Pflichtverletzung von erwerbsfähigen Leistungsberechtigten ist auch anzunehmen, wenn
1. sie nach Vollendung des 18. Lebensjahres ihr Einkommen oder Vermögen in der Absicht vermindert haben, die Voraussetzungen für die Gewährung oder Erhöhung des Arbeitslosengeldes II herbeizuführen,
2. sie trotz Belehrung über die Rechtsfolgen oder deren Kenntnis ihr unwirtschaftliches Verhalten fortsetzen,
3. ihr Anspruch auf Arbeitslosengeld ruht oder erloschen ist, weil die Agentur für Arbeit das Eintreten einer Sperrzeit oder das Erlöschen des Anspruchs nach den Vorschriften des Dritten Buches festgestellt hat, oder
4. sie die im Dritten Buch genannten Voraussetzungen für das Eintreten einer Sperrzeit erfüllen, die das Ruhen oder Erlöschen eines Anspruchs auf Arbeitslosengeld begründen.

Übersicht

	Rn.
A. Normgeschichte	1
B. Verfassungsrechtliche Relevanz	2
C. Sanktionsereignisse nach Abs. 1	3
I. Vorbemerkung	3
II. Nichterfüllung der in der EinV oder des sie ersetzenden VA festgelegten Pflichten gem. § 31 Abs. 1 S. 1 Nr. 1	4
III. Weigerung eine zumutbare Arbeit, Ausbildung, Arbeitsgelegenheit nach § 16d oder eine durch einen Beschäftigungszuschuss nach § 16e geförderte Arbeit aufzunehmen, fortzuführen oder deren Anbahnung durch eigenes Verhalten verhindern gem. § 31 Abs. 1 S. 1 Nr. 2	7
1. Weigerung, zumutbare Arbeit aufzunehmen bzw. fortzuführen	8
2. Ausbildung	13
3. Arbeitsgelegenheit	14
4. Sofortangebot gem § 15a	15
5. Mit einem Beschäftigungszuschuss nach § 16e geförderte Arbeit	16

III. Weigerung zumutbare Arbeit, Ausbildung, Arbeitsgelegenheit nach § 16 d oder eine durch einen Beschäftigungszuschuss nach § 16 e geförderte Arbeit aufzunehmen, fortzuführen oder deren Anbahnung durch eigenes Verhalten verhindern gem. § 31 Abs. 1 S. 1 Nr. 2

Die bisher in § 31 Abs. 1 S. Nr. 1 c enthaltene Formulierung „… oder eine sonstige in der EinV vereinbarte Maßnahme …" ist gestrichen worden, weil sie Anlass für Unklarheiten geboten hatte. So war vertreten worden, dass nur die Verletzung von Obliegenheiten auf Grund von in der EinV vereinbarten Maßnahmen den Sanktionstatbestand auslösen könnten (missverständlich BSG 17. 12. 2009 – B 4 AS 20/09 R – dort kam es jedoch letztlich nicht entscheidend auf diese Frage an). Diese Auslegung wird im Entwurf des RegelbedarfsÄndG als zu einschränkend bewertet, denn zumutbare Arbeitsangebote würden häufig kurzfristig mit der Aufforderung zur umgehenden Vorstellung beim Arbeitgeber unterbreitet, ohne eine vorherige Vereinbarung in einer EinV. erfolge Die Pflichtverletzung nach § 31 Abs. 1 S. 1 Nr. 2 umfasse daher sämtliche Obliegenheiten, die mit den dort benannten Eingliederungsleistungen verbunden seien, unabhängig davon auf welche Art und Weise sie vermittelt worden seien (BT-Drs. 17/3404, S. 111). Problematisch allerdings insofern dann ggf. fehlende Rechtsfolgenbelehrung. Gesetzgeber versucht dieses Problem durch die Erweiterung um „deren Kenntnis" nunmehr zu umgehen (s. dazu iE unter Rn 21). 7

1. Weigerung, zumutbare Arbeit aufzunehmen bzw fortzuführen. Es geht hier nicht nur um die **Aufnahme** einer sozialversicherungspflichtigen Beschäftigung iSd. § 7 SGB IV, sondern um jede – auch kurzzeitige und ggf. niedrigwertigere – Arbeit. Erforderlich, dass es sich bei der aufzunehmenden und fortzuführenden Arbeit um eine solche handelt, die dem Leistungsempfänger **vom Grundsicherungsträger angeboten** wurde, auch wenn nunmehr EinV als Voraussetzung entfallen ist. Es ist nach dem neuen Wortlaut des § 31 zwischen dem Sanktionsereignis des § 31 Abs. 1 S. 1 Nr. 2 und Abs. 2 Nr. 4 zu differenzieren (s. hierzu 17. 12. 2009 – B 4 AS 20/09 R; Aufgabe der in der Vorauflage an dieser Stelle vertretenen Auffassung). Sämtliche Sanktionsereignisses des § 31 Abs. 1 S. 1 setzen immer eine ausreichende konkrete und zeitnahe Rechtsfolgenbelehrung voraus bzw nunmehr die Kenntnis der Rechtsfolgen (hierzu iE Rn. 20 ff). Insoweit ist der vorherige Kontakt bezogen auf die konkrete Konstellation zwischen Träger und Leistungsberechtigten erforderlich. Dieses wird auch durch das Tatbestandsmerkmal des „Weigerns" unterstrichen, denn im Hinblick auf nicht vom Träger angebotene Arbeit kann bereits sprachlich nicht vom „Verweigern" ausgegangen werden. Sanktion wegen Nichtaufnahme einer selbst gesuchten Arbeit wird zudem idR bereits aus praktischen Gründen an fehlender Rechtsfolgenbelehrung scheitern (vgl. Valgolio in Hauck/Noftz, K § 31 Rn. 38; Winkler in Gagel § 31, Rn. 43). Allein wegen des Scheiterns an der Rechtsfolgenbelehrung auf die Sanktion nach § 31 Abs. 2 Nr. 4 zurückzugreifen ist jedoch unzulässig, denn der dortige Tatbestand betrifft nur Fälle in denen die Tatbestandsvoraussetzungen des § 144 SGB III erfüllt wären, also eine Beziehung zum Rechtskreis des SGB III vorhanden ist, eine Sperrzeit in Ermangelung etwa eines Anspruchs auf Alg jedoch nicht eintreten kann (BSG 17. 12. 2009 – B 4 AS 20/09 R; s. auch Rn. 34 f). 8

Weigerung des Fortführens ist nicht Beendigung eines bestehenden Arbeitsverhältnisses durch arbeitgeberseitige Kündigung (BSG 22. 3. 2010 – B 4 AS 68/09 R; so auch (Winkler in Gagel, SGB II/SGB III, § 31 SGB II Rn. 57; Sonnhoff in jurisPK-SGB II, § 31 Rn. 78; aA Berlit in LPK-SGB II, 3. § 31 Rn. 39). Eine Weigerung, Arbeit fortzuführen, liegt nach BSG (22. 3. 2010 – B 4 AS 68/09 R) nur vor, wenn erwerbsfähiger Leistungsberechtigter selbst kündigt, einen Aufhebungsvertrag schließt oder die abhängige oder selbständige Tätigkeit einfach aufgibt. Dass Gesetzgeber zwischen einer (aktiven) Auflösung des Beschäftigungsverhältnisses durch den Leistungsberechtigten und dessen Beendigung durch den Arbeitgeber wegen des Verhaltens des Hilfebedürftigen unterscheide, ergebe sich auch aus dem weiteren Absenkungstatbestand des § 31 Abs. 1 S. 1 Nr 3, der bei Teilnahme an einer Eingliederungsmaßnahme eine Absenkung des Alg II ausdrücklich auch dann vorsehe, wenn „Anlass für den Abbruch" gegeben worden sei. Auch im Sperrzeitenrecht des SGB III (§ 144 Abs 1 Satz 2 Nr 1) habe der Gesetzgeber für die Fallgestaltungen der Arbeitsaufgabe gesondert den Sachverhalt aufgenommen, dass der Arbeitslose „durch ein arbeitsvertragswidriges Verhalten Anlass für die Lösung des Beschäftigungsverhältnisses gegeben habe" (vgl auch BSG 19. 3. 1986 – 7 RAr 64/85; 16. 9. 1999 – B 7 AL 32/98). 9

Durch die ausdrückliche Erwähnung der verhaltensbedingten Verhinderung der **Anbahnung** eines Beschäftigungsverhältnisses oder einer Eingliederungsmaßnahme wird nun klargestellt, dass diesem Sanktionsereignis nicht nur über die erweiternde Auslegung des Begriffs der „Aufnahme" in § 31 Abs. 1 S. 1 Nr. 2 iVm § 144 Abs. 1 S. 2 Nr. 2 Alt. 3 SGB III bzw im Rahmen des § 31 Abs. 2 Nr. 3 und 4 (s. zum Verhältnis von Abs. 1 Nr. 2 und Abs. 2 Nr. 4 unter Rn. 6 – auch Eigenbemühungen) eine eigenständige Bedeutung zukommt. Was unter verhaltensbedingter Verhinderung der Anbahnung zu verstehen ist, kann mit Blick auf die parallele Rechtslage nach § 144 Abs. 1 S. 1 Nr. 2 Alt. 2 SGB III erschlossen werden. Bereits vom Wortlaut der SGB III-Vorschrift gehört hier insbesondere 10 das Zustandekommen eines Vorstellungsgespräches zur Anbahnung. Die Verhinderung der Anbahnung ist beispielsweise anzunehmen, wenn Leistungsberechtigter seine angebliche Nichteignung für die angebotene Arbeit in dem Bewerbungsschreiben unmissverständlich zum Ausdruck bringt (BSG 27. 4. 2004 – B 11 AL 43/04 B). Gleiches gilt nach der Rspr. des 7a. Senats des BSG, wenn ein Bewerbungsschreiben allein schon wegen seines objektiven Inhalts bzw seiner Form von Arbeitgebern gemeinhin als unbeachtlich oder offensichtlich unernst gemeint behandelt wird (s. BSG 9. 12. 2003 – B 7 AL 106/02 R; 27. 4. 2004 – B 11 AL 43/04 R). Dies sei vor allem dann der Fall, wenn der Inhalt oder die Form des Bewerbungsschreibens so abschreckend oder widersprüchlich seien, dass der Bewerber schon allein wegen des Schreibens aus der Auswahl für den Arbeitgeber ausscheide. Der Arbeitslose sei im Anbahnungsstadium gehalten, alle Bestrebungen zu unterlassen, die dieser Intention (Aufnahme eines Arbeitsverhältnisses) nach außen hin erkennbar entgegenliefen und den Arbeitgeber veranlassten, ihn schon vor einer persönlichen Vorstellung aus dem Bewerberkreis auszuscheiden. Abzustellen sei hierbei auf den objektiven Empfängerhorizont. Auf die innere Einstellung des Arbeitslosen, mithin die Frage, ob er das Beschäftigungsangebot tatsächlich zielgerichtet ablehnen wolle, komme es dagegen nicht an (BSG 5. 9. 2006 – B 7a AL 14/05 R). § 31 Abs. 1 S. 1 Nr. 2 setzt im Hinblick auf die Anbahnung ebenso wie § 144 Abs. 1 S. 2 Nr. 2 SGB III die Kausalität zwischen dem Verhalten und der Verhinderung der Anbahnung, also dem Zustandekommen des Beschäftigungsverhältnisses oder der Eingliederungsmaßnahme voraus. Das BSG hält hierbei keinen Kausalitätsnachweis durch die BA in dem Sinne für erforderlich, dass der Arbeitgeber den Arbeitslosen bei Erfüllung des von ihm geforderten Verhaltens auch tatsächlich eingestellt hätte; ausreichend sei grundsätzlich (im Sinne einer typisierenden Kausalität), dass der Arbeitslose nach seinen Vorkenntnissen für die angebotene Arbeit in Betracht kommt (14. 7. 2004 – B 11 AL 67/03 R, 5. 9. 2006 – B 7a AL 14/05 R).

11 **Zumutbarkeit** ist echtes Tatbestandsmerkmal. Den Begriff der zumutbaren Arbeit umschreibt § 10 Abs. 1 (dort Spellbrink Rn. 1 ff.; s hierzu auch BSG 15. 12. 2010 – B 14 AS 92/09 R). Ist die Arbeit, Ausbildung etc. unzumutbar, so braucht das Vorliegen eines wichtigen Grundes gem. § 31 Abs. 1 S. 2 überhaupt nicht mehr geprüft werden. Generell sind hier die in § 10 normierten Grundsätze fruchtbar zu machen (BSG 15. 12. 2010 – B 14 AS 92/09 R).

12 Sämtliche Varianten des § 31 Abs. 1 S. 1 Nr. 2 setzen voraus, dass der Hilfebedürftige sich weigert, die Arbeit, Ausbildung etc. aufzunehmen bzw. fortzuführen. Eine **Weigerung** setzt zunächst voraus, dass der Hilfebedürftige ausdrücklich ablehnt. Hierbei ist auch ein konkludentes Verhalten ausreichend, etwa in Form von unangemessenen oder ironischen Bewerbungsschreiben (hierzu BSG, 5. 9. 2006 – B 7a AL 14/05 R; ebenso Berlit in LPK-SGB II, § 31 Rn. 35; kritisch Winkler in Gagel § 31 Rn. 47; s. auch unter Rn. 10). Auch das einfache Vergessen eines Bewerbungsangebots oder Vorstellungstermins kann eine Weigerung darstellen (BSG, 14. 7. 2004 – B 11 AL 67/03 R). Ebenso liegt eine Weigerung iSd. § 31 Abs. 1 S. 1 Nr. 2 vor, wenn sich der Leistungsempfänger von vornehrein und generell weigert, bestimmte – zumutbare – Arbeiten, Ausbildungen etc. aufzunehmen.

13 **2. Ausbildung.** Sanktionsbewehrt ist gem. § 31 Abs. 1 S. 1 Nr. 2 auch die Weigerung, eine Ausbildung aufzunehmen. Der Begriff der Ausbildung sollte aufgrund des Aktivierungszwecks des SGB II nicht verengt betrachtet werden iS einer Ausbildung nach § 3 BBiG (so aber Winkler in Gagel, § 31 Rn. 32; wie hier Berlit in LPK-SGB II, § 31 Rn. 32). Ausbildung ist ein Tätigkeitsverhältnis, das keine allgemein bildenden, schulischen Zwecke verfolgt und gezielt berufliche Qualifikationen fördert. § 31 Abs. 1 S. 1 Nr. 2 ist im Zusammenhang zu sehen mit § 3 Abs. 2 S. 1, nach dem unter 25-Jährige sofort in eine Ausbildung zu vermitteln sind. Maßgebend ist, dass durch die Ausbildung iwS die Chancen auf Integration in den ersten Arbeitsmarkt erhöht werden können. Inwieweit das Grundrecht der Berufsfreiheit (Art. 12 Abs. 1 GG) die Zumutbarkeit der Aufnahme einer Ausbildung einschränkt (so Winkler in Gagel, § 31, Rn. 53 unter Hinweis auf BSG 13. 3. 1990 – 11 RAr 69/88), ist auch davon abhängig, inwieweit durch die angebotene Ausbildung endgültige berufliche Festlegungen (in einer vom Hilfebedürftigen nicht erwünschten Richtung) erfolgen. Geht man – wie hier – von einem **untechnischen Ausbildungsbegriff** aus, stellen sich solche Zumutbarkeitsfragen in geringerem Umfang.

14 **3. Arbeitsgelegenheit nach § 16 d.** Bei den Arbeitsgelegenheiten iSd. § 31 Abs. 1 S. 1 Nr. 2 handelt es sich um solche iS des § 16 d/Ein-Euro-Jobs (zu den Einzelheiten s. S. Knickrehm § 16 d). Um eine Sanktion nach § 31 auszulösen, weil eine Arbeitsgelegenheit iS des § 16 d nicht aufgenommen worden ist, ist Voraussetzung, dass das Angebot der Arbeitsgelegenheit hinreichend bestimmt war und der erwerbsfähige Leistungsberechtigte im zeitlichen Zusammenhang mit dem Angebot über die Rechtsfolgen einer Ablehnung belehrt wurde (BSG 16. 12. 2008 – B 4 AS 60/07 R). Die Ein-Euro-Jobs müssen nach § 16 d S. 2 im öffentlichen Interesse liegende und zusätzliche Arbeit darstellen (§ 261 SGB III; vgl. S. Knickrehm § 16 d Rn. 5). Genügen angebotene Tätigkeiten mit Mehraufwandsentschädigung diesen Anforderungen nicht – was nach einem Bericht des Bundesrechnungshofes in der Praxis häufig der Fall ist (vgl. Spellbrink, SGb 2008, 445, 449) –, so sind sie schon deshalb rechtswidrig und unzumutbar (s. zum öffentlich-rechtlichen Erstattungsanspruch bei mangelnder Zusätzlichkeit und Ausführung der Arbeitsgelegenheit, S. Knickrehm § 16 d Rn. 8). Schließlich ist de lege lata auch die Erforderlichkeit bzw Zweckmäßigkeit der Maßnahme zur dauerhaften Integration

des Hilfebedürftigen in den ersten Arbeitsmarkt (BSG 16. 12. 2008 – B 4 AS 60/07 R) Rechtmäßigkeitsvoraussetzung einer Sanktion gem. § 31 Abs. 1 S. 1 Nr. 2 (vgl. Spellbrink, SGb 2008, 445, 451). Solange der Gesetzgeber sich nicht normtextlich klar und eindeutig zu einem „workfare Ansatz" des SGB II bekennt, darf der Ein-Euro-Job nicht als bloßes Disziplinierungsmittel eingesetzt werden (ähnlich SG Berlin, 27. 6. 2005, – S. 37 AS 4507/05 ER). Jedenfalls muss der Grundsicherungsträger auch die Art und „Arbeitsbedingungen" des Ein-Euro-Jobs selbst festlegen und darf diese nicht dem Träger überlassen (ebenso Winkler in Gagel § 31 Rn. 65).

4. Sofortangebot gem. § 15a. Die bislang in Abs. 1 S. 1 Nr. 1c enthaltene Aufzählung des „zumutbaren Angebots nach § 15a" ist entfallen, da – so die Begründung zum Entwurf des RegelbedarfsÄndG, dieser Tatbestand durch die Konkretisierung der einzelnen Pflichtverletzungen in Abs. 1 bereits mit umfasst und eine besondere Aufzählung systematisch nicht erforderlich sei (BT-Drs. 17/3404, S. 111). Gemeint ist Abs. 1 S. 1 Nr. 2 mit dem Merkmal der „Aufnahme" und Abs. 1 S. 1 Nr. 3 mit dem des Antretens der jeweils dort bezeichneten Maßnahmen oder Arbeit. Zu beachten ist insoweit, dass ein ersichtlich nur zur Abschreckung neuer „Kunden" ausgesprochenes Sofortangebot jedenfalls unzumutbar sein dürfte, wenn es in keiner Form zur Integration in den Arbeitsmarkt beitragen kann (ähnlich Valgolio in Hauck/Noftz SGB II § 31, Rn. 44). 15

5. Mit einem Beschäftigungszuschuss nach § 16e geförderte Arbeit. Grundsätzlich handelt sich bei den Leistungen nach § 16e um Arbeitgeberleistungen, die nur mittelbar auf den erwerbsfähigen Leistungsberechtigten wirken (vgl. S. Knickrehm, § 16e Rn. 1). Mittelbar Wirkung insoweit, als dem Leistungsberechtigten ermöglicht wird einer Erwerbstätigkeit nachzugehen, obgleich auf Grund seiner Vermittlungshemmnisse eine Minderleistung zu erwarten ist. In eben diese mittelbare Wirkung greift die Sanktionsregelung des Abs. 1 S. 1 Nr. 2 ein, wenn ein solches Beschäftigungsverhältnis nicht aufgenommen, fortgeführt oder dessen Anbahnung verhaltensbedingt verhindert wird. Abgesehen davon, dass hier das zu Vermittlungshemmnissen führende Verhalten – soweit nicht oder schwer steuerbar – möglicherweise bereits einer Sanktionierung entgegensteht, sind insoweit auch die Regelungen zur Befristung nach § 16e Abs. 6, zur Aufhebung der Förderung wegen der Aussicht auf eine zumutbare Arbeit ohne Förderung nach § 16e Abs. 7 und die beiderseitigen Kündigungsmöglichkeiten nach § 16e Abs. 8 als wichtiger Grund zu beachten. 16

IV. Nicht Antreten, Abbruch oder Anlass geben für den Abbruch einer Maßnahme zur Eingliederung in Arbeit gem. § 31 Abs. 1 S. 1 Nr. 3

Sanktionstatbestand, wenn der erwerbsfähige Hilfebedürftige trotz Belehrung über die Rechtsfolgen eine zumutbare Eingliederungsmaßnahme nicht angetreten, abgebrochen oder Anlass für den Abbruch gegeben hat. Durch das RegelbedarfsÄndG ist eine Regelungslücke geschlossen worden – die Möglichkeit zur Sanktionierung eines zumutbaren **Nichtantritts** einer zumutbaren Eingliederungsmaßnahme (BT-Drs. 17/3404, S. 111; s auch BSG 17. 12. 2009 – B 4 AS 20/09 R). Zu den Eingliederungsmaßnahmen gehören sämtliche in §§ 16 und 16f geregelten Eingliederungsleistungen soweit sie zur Eingliederung in Arbeit unmittelbar geeignet (fraglich zT bei den kommunalen Eingliederungsleistungen nach § 16a; nicht Einstiegsgeld nach § 16b, denn keine regelförmige Maßnahme, sondern Geldleistung zur Eingliederung – bei Scheitern Aufhebung ex nunc, s. Spellbrink § 16b Rn. 13; gilt ebenso für Leistungen nach § 16c; Weigerung der Aufnahme, Fortführung oder verhaltensbedingte Verhinderung der Anbahnung von Maßnahmen nach § 16d und e ist bereits über § 31 Abs. 1 S. 1 Nr. 2 sanktionsbewehrt, insoweit allerdings andere Konstellationen als nach Nr. 3 – s. BSG 17. 12. 2009 – B 4 AS 20/09 R), einschließlich über § 16 Abs. 1 die wichtigsten Trainings- und Bildungsmaßnahmen des SGB III (Aufzählung bei S. Knickrehm § 16 Rn. 4ff.). Die Zumutbarkeit dieser Maßnahmen entscheidet sich nach § 10 Abs. 3, der die allgemeinen Zumutbarkeitsregelungen des § 10 Abs. 1 und 2 für die Maßnahmen zur Eingliederung in Arbeit für entsprechend anwendbar erklärt (zur Zumutbarkeit iE s. Rn. 11). 17

Der **Abbruch** einer Eingliederungsmaßnahme liegt vor, wenn der erwerbsfähige Hilfebedürftige das Vertragsverhältnis zum Maßnahmeträger gekündigt oder erklärt hat, an der Maßnahme nicht mehr teilnehmen zu wollen. Ein (einmaliges) unentschuldigtes Fehlen (etwa wegen Krankheit) dürfte nicht ausreichen. Es ist eine dem Leistungsempfänger zurechenbare und subjektiv vorwerfbare Erklärung erforderlich, die aber auch durch schlüssiges Verhalten erfolgen kann (Valgolio in Hauck/Noftz SGB II § 31 Rn. 66 unter Hinweis auf SG Koblenz, 30. 11. 2005 – S. 2 AS 72/05; vgl. auch BSG 16. 9. 1999 – B 7 AL 32/98 R). 18

Anlass für den Abbruch gibt, wer durch sein subjektiv zurechenbares Verhalten dem Maßnahmeträger Veranlassung und Grund gibt, die Eingliederungsmaßnahme zu beenden. Hierher gehören gezielte Obstruktionen (Rixen in Beckscher OnlineKommentar, § 31 Rn. 31) wie Musikhören mit Walkman, Telefonieren oder bewusstes und demonstratives Nichtbeantworten von einfachen Fragen etc. Das BSG forderte im Rahmen des § 144 SGB III eine **vorherige Abmahnung** durch den Maßnahmeträger (16. 9. 1999 – B 7 AL 32/98 R). Zu beachten ist, dass der Grundsicherungsträger seinerseits den Abbruch nicht vollziehen kann, weil er in der konkreten Eingliederungsmaßnahme nicht 19

Vertragspartner ist. Der Maßnahmeträger muss mithin die Maßnahme beenden. Ein Umsteigen auf den Sperrzeittatbestand des § 144 Abs. 1 S. 2 Nr. 5 SGB III ist – auch über § 31 Abs. 2 Nr. 4 nicht möglich – (s. oben unter Rn. 6).

V. Belehrung über die Rechtsfolgen als Sanktionsvoraussetzung

20 Die Sanktionstatbestände der §§ 31 Abs. 1 und Abs. 2 (allerdings nicht § 31 Abs. 2 Nr. 1) sowie 32 setzen jeweils ein Handeln bzw ein sich Weigern des Hilfebedürftigen trotz Vorliegens einer Rechtsfolgenbelehrung voraus. Nach der st. Rspr. des BSG setzt die Wirksamkeit einer Rechtsfolgenbelehrung voraus, dass sie konkret, richtig und vollständig ist, zeitnah im Zusammenhang mit dem jeweiligen Angebot erfolgt, sowie dem erwerbsfähigen Hilfebedürftigen in verständlicher Form erläutert, welche unmittelbaren und konkreten Auswirkungen aus seinem Verhalten folgen (BSG 17. 12. 2009 – B 4 AS 30/09 R und sich anschließend 18. 2. 2010 – B 14 AS 53/08 R; vgl schon 16. 12. 2008 – B 4 AS 60/07 R; Rixen in Eicher/Spellbrink, SGB II, § 31 RdNr 44; Berlit in LPK-SGB II, § 31 RdNr 68 ff; Sonnhoff in jurisPK-SGB II, § 31 RdNr 139 ff; Dauber in Mergler/Zink, SGB II, § 31 RdNr 16; zum Arbeitsförderungsrecht 16. 9. 1999 – B 7 AL 32/98 R mwN; 1. 6. 2006 – B 7a AL 26/05 R). Diese strengen Anforderungen ergeben sich aus ihrer Funktion, den erwerbsfähigen Leistungsberechtigten hinreichend über die gravierenden Folgen des § 31 Abs 1/2 und § 32 zu informieren und ihn in allgemeiner Form vorzuwarnen (**Warnfunktion**). Nur eine verständliche Rechtsfolgenbelehrung kann die mit den Sanktionen verfolgte Zweckbestimmung, das Verhalten des Leistungsberechtigten zu steuern, verwirklichen.

21 Bisher galt: In der Vergangenheit erteilte Rechtsfolgenbelehrungen waren bei neuen Arbeitsangeboten etc. verbraucht (so auch Valgolio in Hauck/Noftz SGB II § 31 Rn. 71). Dies galt auch, wenn in der Vergangenheit bereits mehrere Rechtsfolgenbelehrungen abgegeben worden waren (vgl. auch BSG 10. 12. 1981 – 7 RAr 2/80). Nunmehr reicht nach dem Gesetzeswortlaut (RegelbedarfsÄndG vom 24. 3. 2011, BGBl I, 453 ab dem 1. 4. 2011), dass **Kenntnis von den Rechtsfolgen** besteht. Der Gesetzgeber ist damit einem Bedürfnis aus der Praxis der Grundsicherungsträger nachgekommen, die die Anforderungen des BSG und der Rspr. der Sozialgerichte an die schriftliche Rechtsfolgenbelehrung als zu hoch angesehen haben. Der Nachweis über eine schriftliche Rechtsfolgenbelehrung soll im Falle der Kenntnis nicht geführt werden müssen. (BT-Drs. 17/3404, S. 111). Auch bisher war jedoch eine schriftliche Rechtsfolgenbelehrung nicht erforderlich. Gleichwohl bleibt es dabei, dass der Grundsicherungsträger die – objektive – Beweislast trägt, also hier die der positiven Kenntnis des Leistungsberechtigten. Mündliche Belehrungen sind daher zu protokollieren. Dabei ist zu beachten, dass auch „bei der Kenntnis von den Rechtsfolgen" ein enger zeitlicher Zusammenhang mit Rechtsfolgenbelehrung und Angebot bzw. Aufforderung erforderlich ist (vgl. jetzt auch BSG 16. 12. 2008 – B 4 AS 60/07 R). Andernfalls fehlt es an der subjektiven Vorwerfbarkeit – der Hilfebedürftige war nicht gewarnt und konnte sein Verhalten nicht überdenken.

22 Die Rechtsfolgenbelehrung muss insbesondere die Sanktionen gem. § 31b klar vor Augen führen. Die gravierenden Einschränkungen des Alg II-Anspruchs durch die Sanktionen des § 31a müssen deutlich werden. Im Regelfall wird eine einfache Wiedergabe des Gesetzeswortlauts nicht ausreichen. Insbesondere sollte zum Ausdruck kommen, dass gem. § 31b Abs. 2 auch der Anspruch auf Sozialhilfe entfallen kann. Die Bezugnahme auf Merkblätter scheidet daher idR aus, soweit nicht sichergestellt ist, dass der Leistungsberechtigte sich der Konsequenzen seines Handelns tatsächlich bewusst ist, er also positiv Kenntnis von den Rechtsfolgen hat (vgl. mwN Winkler in Gagel, § 31 Rn. 30, Sonnhoff in JurisPK § 31 Rn. 142 ff.).

VI. Wichtiger Grund für das Verhalten des Hilfebedürftigen
(§ 31 Abs. 1 S. 2 und § 32 Abs. 1 S. 2)

23 **1. Wegfall des Sanktionstatbestands.** Die Sanktionstatbestände entfallen, wenn der erwerbsfähige Hilfebedürftige einen wichtigen Grund für sein Verhalten darlegt und nachweist. Durch das RegelbedarfsÄndG vom 24. 3. 2011 (BGBl I, 453 mWv 1. 4. 2011) ist das Darlegungserfordernis des Leistungsberechtigten in den Gesetzeswortlaut aufgenommen worden. Eine Begründung hierfür findet sich in dem Entwurf des RegelbedarfsÄndG (BT-Drs. 17/3404, S. 111) zwar nicht. Ansich handelt es sich insoweit auch um eine Selbstverständlichkeit, denn der Leistungsberechtigte, der sich auf einen wichtigen Grund beruft muss zunächst einmal die Beweggründe für sein Handeln benennen. Eine Änderung der Beweislast tritt dadurch nicht ein (s. unter Rn. 24 f). Ein wichtiger Grund kann auch geltend gemacht werden, wenn eine Arbeitsstelle oder Maßnahme an sich zumutbar ist. Es ist nicht erforderlich, rechtsdogmatisch zwischen Aspekten der Zumutbarkeit gem. § 10 und des Vorliegens eines wichtigen Grundes zu differenzieren (zu einem Versuch Rixen in Eicher/Spellbrink, § 31 Rn. 8; vgl. auch Spellbrink § 10, Rn. 3). In beiden Fällen entfällt der Sanktionstatbestand.

24 Wichtige Gründe können alle Umstände des Einzelfalls sein, die unter Berücksichtigung der berechtigten Interessen des Hilfebedürftigen in Abwägung mit etwa entgegenstehenden Belangen der Allgemeinheit das Verhalten des Hilfebedürftigen rechtfertigen (BSG 9. 11. 2010 – B 4 AS 27/10 R;

vgl. auch Mutschler, § 144 SGB III; ABC des wichtigen Grundes bei Winkler in Gagel, § 144 SGB III- Anhang; ähnlich Valgolio in Hauck/Noftz SGB II, § 11 Rn. 74; zum SGB III BSG, 12. 7. 2006 – B 11a AL 55/05 R). Zum Vorliegen eines wichtigen Grundes gem. § 144 liegt eine entfaltete Judikatur der Sozialgerichtsbarkeit vor. Ein wichtiger Grund ist um so eher gegeben, als für ihn Grundrechte des Leistungsempfängers streiten. So wurde im Rahmen des Art. 6 Abs. 1 GG der Zuzug zum Ehepartner als wichtiger Grund anerkannt (BSG 29. 11. 1988, 11/7 RAr 91/87), ebenso derjenige zum Partner einer eheähnlichen Gemeinschaft (BSG 17. 10. 2002, B 7 AL 96/00 R). Weitere grundrechtlich gestützte wichtige Gründe können sich aus der Religions- und Gewissensfreiheit (Art. 4 GG) oder aus Einschränkungen des körperlichen Leistungsvermögens (Gesundheit und körperliche Unversehrtheit – Art. 2 Abs. 2 GG – ableiten) ergeben.

Im Rahmen des § 31 Abs. 1 S. 1 Nr. 2 liegt ein wichtiger Grund idR vor, wenn der angebotene **25** Ein-Euro-Job gem. § 16 d S. 2 nicht den gesetzlichen Vorschriften (zusätzliche, im öffentlichen Interesse liegende Arbeiten etc.) entspricht (vgl. oben Rn. 12). Bei der Prüfung des wichtigen Grundes ist auch zu berücksichtigen, ob der Hilfebedürftige nur über die Anwendung der sog. horizontalen Berechnungsmethode gem. § 9 Abs. 2 S. 3 zum Leistungsempfänger wurde, während sein Einkommen seinen individuellen Bedarf – isoliert betrachtet- decken würde (hierzu Spellbrink § 9 Rn. 11 f.). An einen insofern durch das SGB II „Zwangsbeglückten" können nicht dieselben Anforderungen gestellt werden, wie an einen „normalen" Hilfeempfänger.

2. Beweislast für das Vorliegen des wichtigen Grundes. Nach § 31 Abs. 1 S. 2 hat der **26** erwerbsfähige Leistungsberechtigte einen wichtigen Grund für sein Verhalten nachzuweisen und darzulegen (s. auch Rn. 21). Hiermit ist aber der grundsätzlich im SGB II geltende **Amtsermittlungsgrundsatz** (§ 40 Abs. 1 S. 1 iVm. § 20 SGB X) nicht aufgehoben. Bereits in der Gesetzesbegründung heißt es hierzu: „Der erwerbsfähige Hilfebedürftige muss die einen wichtigen Grund begründenden Tatsachen nachweisen, die sich aus seiner Sphäre oder seinem Verantwortungsbereich ergeben (BT-Drs. 15/1516, S. 60). Dieses wird mit der normierten Darlegungslast nochmals unterstrichen. Damit lehnt sich § 31 Abs. 1 S. 2 offensichtlich an § 144 Abs. 1 S. 4 SGB III an, der nunmehr lautet: Der Arbeitnehmer hat die für die Beurteilung eines wichtigen Grundes maßgebenden Tatsachen darzulegen und nachzuweisen, wenn diese in seiner Sphäre oder in seinem Verantwortungsbereich liegen. Wie im SGB III trifft also auch im Rahmen des § 31 Abs. 1 S. 2 den Grundsicherungsträger grundsätzlich die Verpflichtung, den Sachverhalt betr. den wichtigen Grund von Amts wegen aufzuklären. Lediglich bei Tatsachen aus der Sphäre und dem Verantwortungsbereich des Leistungsempfängers trifft diesen eine gesteigerte Darlegungspflicht bzw. -obliegenheit (vgl. auch die Nachweise bei Rixen in Beckscher online-Kommentar § 31 Rn. 52).

Erst wenn die in der Sphäre des erwerbsfähigen Hilfebedürftigen liegenden Tatsachen – trotz **27** durchgeführter Amtsermittlung – sich nicht erweisen lassen, führt § 31 Abs. 1 S. 2 zu einer **Beweislastumkehr** zu Lasten des Leistungsempfängers. Er trägt dann die objektive Beweislast für die Nichterweislichkeit der den wichtigen Grund stützenden Tatsachen und es kann nicht vom Vorliegen eines wichtigen Grundes ausgegangen werden (ebenso Valgolio in Hauck/Noftz SGB II, § 31 Rn. 73 f; Sonnhoff in JurisPK, § 31 Rn. 114). Diese Grundsätze werden im sozialgerichtlichen Verfahren nochmals modifiziert. Hier hat das SG den Sachverhalt gem. § 103 SGG von Amts wegen vollständig aufzuklären. Der zivilprozessuale Beibringungsgrundsatz ist dem SGG-Verfahren fremd (anders zum früheren § 128 Abs. 1 S. 2 AFG: BSG 21. 9. 2000 – B 11 AL 7/00 R).

D. Sanktionsereignisse nach Abs. 2

I. Vorbemerkung

§ 31 Abs. 2 enthält weitere, über Abs. 1 hinausgehende und teilweise ergänzende Sanktionstatbestände. Die in § 31 Abs. 2 zusammengefassten Sanktionsereignisse hatten bis zum 31. 3. 2011 ihren **28** Platz in § 31 Abs. 4. Die Regelung ist mit Ausnahme von redaktionellen Änderungen aus Abs. 4 in Abs. 2 verschoben worden. In der BT-Drs. 17/3404 wird zudem darauf hingewiesen, dass aus systematischen Gründen das Vorliegen von Pflichtverletzungen für die aufgeführten Fallkonstellationen teilweise fingiert werde (S. 111).

II. Absichtliche Herbeiführung der Hilfebedürftigkeit gem. § 31 Abs. 2 Nr. 1

Tatbestand betrifft den Fall, dass ein erwerbsfähiger Leistungsberechtigter nach Vollendung des **29** 18. Lebensjahres sein Einkommen oder Vermögen in der Absicht vermindert hat, die Voraussetzungen für die Gewährung oder Erhöhung des Alg II herbeizuführen. Unter **Absicht** ist hier eine gesteigerte Form des Vorsatzes zu verstehen. Es geht mithin nicht darum, dass der Leistungsberechtigte weiß und will (ggf. sogar nur billigend in Kauf nimmt), dass er durch sein Verhalten hilfebedürftig wird. Richtigerweise ist vielmehr zu fordern, dass der sog. Dolus directus 1. Grades vorliegt (vgl. Rixen in Beckscher online Kommentar § 31 Rn. 37 f.). Es muss also beim Handeln zielgerichtet **ge-**

rade der Zweck gezollt sein, die Hilfebedürftigkeit herbeizuführen (ähnlich auch die Gesetzesbegründung BT-Drs. 15/1516, S. 61; vgl. auch SG Aurich, 6. 10. 2006 – S. 15 AS 394/06 ER).

30 Mithin genügt es nicht, wenn bei einer Handlung die Verarmung gleichsam nur Nebenzweck ist. Liegen einleuchtende familiäre oder soziale Gründe für einen Verzicht auf Vermögen oder eine Schenkung etc. vor, so genügt es nicht, wenn man dem Hilfebedürftigen vorwirft, er hätte gleichsam aufgrund einer Parallelwertung in der Laiensphäre erkenn müssen, dass er das weggegebene Einkommen und Vermögen zur Sicherung seines Lebensunterhalts braucht (so aber und zu weitgehend LSG Schleswig-Holstein, 25. 8. 2005 – L 6 B 200/05 AS ER). Sinnvolle Lebensentscheidungen kann man dem Hilfebedürftigen nicht vorwerfen, wenn sie seine Hilfebedürftigkeit erhöhen oder herbeiführen (so auch Valgolio in Hauck/Noftz SGB II, § 31 Rn. 123). Über § 31 Abs. 2 Nr. 1 darf nicht eine allgemeine Fahrlässigkeitshaftung für ungeschicktes wirtschaftliches Verhalten eingeführt werden.

31 § 31 Abs. 2 Nr. 1 setzt als einziges Sanktionsereignis keine Rechtsfolgebelehrung voraus, was in sich logisch ist, denn mindert der Hilfebedürftige sein Vermögen und Einkommen absichtlich iS eines dolus directus, so wird ihn eine Rechtsfolgenbelehrung hieran nicht hindern – es wird im Sinne der Begründung zum Entwurf des RegelbedarfsÄndG die Pflichtverletzung gleichsam fingiert, denn er war zum Zeitpunkt des Eintritts des Sanktionsereignisses nicht im Leistungsbezug. Grundsätzlich mindert auch sein Einkommen, wer seinen Arbeitsplatz aufgibt. Eine **Arbeitsplatzaufgabe** mit Absicht, Alg II beziehen zu wollen, dürfte aber kaum realistisch und nachweisbar sein (ähnlich Winkler in Gagel § 31 Rn. 102).

III. Unwirtschaftliches Verhalten gem. § 31 Abs. 2 Nr. 2

32 Nach § 31 Abs. 4 Nr. 2 wird sanktioniert, wer sein vorsätzliches unwirtschaftliches Verhalten **trotz Belehrung über die Rechtsfolgen** fortsetzt. Nach der Gesetzesbegründung liegt unwirtschaftliches Verhalten vor, wenn „der Leistungsbezieher unter Berücksichtigung der ihm durch die Allgemeinheit gewährten Hilfe bei allen oder einzelnen seiner Handlungen jede wirtschaftlich vernünftige Betrachtungsweise vermissen lässt und hierbei ein Verhalten zeigt, das vom Durchschnitt wesentlich abweicht" (BT-Drs. 15/1516, S. 61). Das Sanktionsereignis kann – anders als nach Abs. 2 Nr. 1 – erst nach Beginn des Alg II-Bezugs eintreten, weil eine Rechtsfolgenbelehrung vorauszugehen hat. Zwar soll auch hier inzwischen die Kenntnis von den Rechtsfolgen des unwirtschaftlichen Verhaltens ausreichen. Wenn es vor dem Leistungsbezug jedoch keinen Kontakt zwischen dem Leistungsberechtigten und dem Grundsicherungsträger gab ist nur schwerlich vorstellbar, wie der Nachweis der Kenntnis von den Rechtsfolgen der Fortsetzung des unwirtschaftlichen Verhaltens nachweisbar sein soll (s. auch Rn. 31). Die Notwendigkeit, Ermittlungen über unwirtschaftliches Verhalten iSd. § 31 Abs. 2 Nr. 2 anzustellen, war für das BSG ein Grund dafür, von dem Leistungsempfänger im Rahmen seiner allgemeinen Mitwirkungspflichten gem. §§ 60 ff. SGB I die **Vorlage von Kontoauszügen** für die letzten drei Monate zu fordern (BSG 19. 9. 2008 – B 14 As 45/07 R; 19. 2. 2009 – B 4 AS 10/08 R).

33 Da der Hilfebedürftige und seine Bg ihren Lebensunterhalt durch die Regelleistung decken müssen (§ 20), folgt auch aus § 31 Abs. 2 Nr. 2 ein Zwang zu äußerst **sparsamer Lebensführung** und zum höchstmöglich durchdachten Mitteleinsatz (so Rixen in Beckscher Online-Kommentar § 31 Rn. 41). Die Pauschale des § 20 soll es dem Leistungsberechtigten ermöglichen nach individuellen Bedürfnissen den Mitteleinsatz vorzunehmen – mit der Regelleistung zu wirtschaften. Ist sein Bedarf in der einen Abteilung der Regelleistung größer als bei der Bemessung der Höhe der Regelleistung vorgesehen, so muss in einer anderen Abteilung eingespart werden können (Vgl. BVerfG 9. 2. 2010 – 1 BvL 1/09, 3/09, 4/09). Eine Einmischung durch den Grundsicherungsträger ist hier nicht zulässig. Fälle des § 31 Abs. 2 Nr. 2 sind daher nur dann denkbar, wenn der Leistungsberechtigte „Schulden" macht, wobei ihn die Konsequenzen dessen erst nach dem Ende des SGB II-Leistungsbezugs treffen werden, denn während dessen unterliegt er dem Pfändungsschutz. Lediglich im Falle von Mietschulden gelten § 22 Abs. 7 und 8. Ansonsten betrifft das unwirtschaftliche Verhalten den Steuerzahler im Rahmen des SGB II – das anders als das SGB XII weniger „Öffnungsmöglichkeiten" kennt – nicht, so dass auch eine Sanktion nicht zu rechtfertigen ist (s. oben unter Rn. 2). Dieses betrifft auch die Konstellation besonderer unabweisbarer Bedarfe iS des § 21 Abs. 6 (s. ausführlich S. Knickrehm, Soziales Recht 2011, Heft 2) und der abweichenden Bedarfe nach § 24.

IV. Sperrzeiten gem. § 144 SGB III als Sanktionsereignis im SGB II gem. § 31 Abs. 2

34 **1. Vorbemerkung.** Die Sanktionen nach § 31 Abs. 2 Nr. 3 und 4, die an das Sperrzeitenrecht des SGB III anknüpfen sind seit dem 1. 4. 2011 (RegelbedarfsÄndG vom 24. 3. 2011, BGBl I, 453) im Rahmen des nur die Pflichtverletzungen definierenden § 31 geregelt. Sie sind wörtlich übernommen worden aus § 31 Abs. 4 Nr. 3a) und b). Eine inhaltliche Änderung ist mit der Veränderung des Standortes nicht verbunden. Beiden Tatbeständen ist gemeinsam, dass sie nur solche Leistungsberechtigten erfassen, die sich im Rechtskreis des SGB III befinden, also eine sozialversicherungspflichtige Beschäftigung ausüben. Der Unterschied besteht lediglich darin, dass im Falle der Nr. 3 die BA den Eintritt der Sperrzeit feststellt und der Grundsicherungsträger hieran gebunden ist, während nach

Nr. 4 das Vorliegen der Tatbestandsvoraussetzungen der Sperrzeit vom Träger selbst festgestellt wird, weil der Leistungsberechtigte keinen Anspruch auf Alg hat (BSG 22. 3. 2009 – B 4 AS 68/09 R). Es darf nicht, weil einer der Tatbestände des § 31 Abs. 1 nicht greift, es insb. an einer entsprechenden Rechtsfolgenbelehrung mangelt, auf eine Minderung des Alg II nach § 31a iVm § 31 Abs. 2 Nr. 4 zurückgegriffen werden (BSG 17. 12. 2009 – B 4 AS 20/09 R).

2. Feststellung einer Sperrzeit und des Erlöschens des Anspruchs nach dem SGB III durch die Agentur für Arbeit gem. § 31 Abs. 2 Nr. 3. Soweit die Agentur für Arbeit den Eintritt einer Sperrzeit nach § 144 SGB III festgestellt hat, ist der Grundsicherungsträger nach § 31 Abs. 2 Nr. 3 an diese Feststellung der Agentur für Arbeit gebunden. Eine ähnliche Regelung enthielt früher § 25 Abs. 2 Nr. 2a) BSHG. Zweck der Regelung ist es, dass das Vorliegen eines Ruhens- oder Erlöschenstatbestand nicht folgenlos bleibt, wenn ein Leistungsempfänger ins SGB II wechselt. Der Bescheid der Arbeitsverwaltung hat insofern Tatbestandswirkung für den Grundsicherungsträger. Der Leistungsträger nach dem SGB II hat im Hinblick auf die Feststellung der Sperrzeit keine eigene Prüfkompetenz (vgl. auch BT-Drs. 15/1516, S. 81) mehr. Dies gilt auch, soweit die Arbeitsagentur das Vorliegen einer Sperrzeit durch Bescheid verneint hat (ebenso Winkler in Gagel, § 31 Rn. 113). Nach § 31b Abs. 1 S. 2 in der ab 1. 4. 2011 geltenden Fassung (RegelbedarfsÄndG vom 24. 3. 2011, BGBl I, 453 – eingeführt zum 1. 8. 2006) treten Absenkung und Wegfall nach dem SGB II mit Beginn der Sperrzeit oder dem Erlöschen des Anspruchs nach dem SGB III ein. Problematisch ist, ob die Absenkung nach dem SGB II länger dauern darf als die Sperrzeit nach dem SGB III. Dagegen spricht die vollständige Tatbestandswirkung des § 144 SGB III (anders Sonnhoff in JurisPK § 31 Rn. 225, der die längere Dauer der Absenkung nach dem SGB II mit dem fehlenden Charakter des Alg II als Versicherungsleistung begründet). Allerdings sieht § 31b Abs. 1 S. 3 keine Abweichung von der dreimonatigen Minderungsdauer vor. Dies kann durchaus relevant werden, weil § 144 SGB III zahlreiche kürzere Sperrzeiten vorsieht. Im Falle des Erlöschens des Anspruchs gem. § 147 Abs. 1 Nr. 2 SGB III dauert der Wegfall nach dem SGB II gem. § 31b Abs. 1 S. 2 jedenfalls drei Monate (Winkler in Gagel § 31 SGB II, Rn. 113).

3. Vorliegen der Voraussetzungen für den Eintritt einer Sperrzeit gem. § 144 gem. § 31 Abs. 2 Nr. 4. Nach § 31 Abs. 2 Nr. 4 ist eine Pflichtverletzung eines erwerbsfähigen Leistungsberechtigten auch dann anzunehmen, wenn die im SGB II genannten Voraussetzungen für den Eintritt einer Sperrzeit oder das Erlöschen des Anspruchs erfüllt werden. Die Grundsicherungsträger prüfen hier in eigener Kompetenz. Dies ist immer dann der Fall, wenn eine Entscheidung der Agentur für Arbeit gem. § 144 SGB III nicht in Betracht kommt, etwa weil der Leistungsempfänger die Anwartschaftszeit für den Bezug von Alg nach dem SGB III nicht erfüllt hat (§§ 123, 124 SGB III; BSG 22. 3. 2009 – B 4 AS 68/09 R). Voraussetzung ist jedoch, dass das Beschäftigungsverhältnis des Leistungsberechtigten dem Rechtskreis des SGB III zuzuordnen ist, es sich mithin um eine sozialversicherungspflichtige Beschäftigung handelt. An die Stelle der Sperrzeit selbst tritt dann der Minderung des Alg II wegen des Vorliegens des Sperrzeittatbestandes. Daher betrifft § 31 Abs. 2 Nr. 4 auch nicht nur Fälle, in denen das vorwerfbare Ereignis vor dem Alg II-Bezug liegt (aA Valgolio in Hauck/Noftz SGB II, § 31 Rn. 133).

Es ist in diesem Zusammenhang umstritten, ob § 31 Abs. 2 Nr. 4 den Grundsicherungsträgern einen Zugriff auf den gesamten Sperrzeittatbestand des § 144 eröffnet, der teilweise geringere Voraussetzungen aufweist als die zumeist strikt an eine Rechtsfolgenbelehrung geknüpften Absenkungstatbestände des § 31. Zumeist wird davon ausgegangen, dass § 31 Abs. 2 Nr. 4 die Sperrzeittatbestände des § 144 SGB III zumindest auf der Tatbestandsseite in vollem Umfang in das SGB II integriert (so wohl Winkler in Gagel, § 31 Rn. 114 ff.; Rixen in Eicher/Spellbrink § 31 Rn. 32; instruktiv Sonnhoff in JurisPK § 31 Rn. 226 ff). Allerdings wird man dem Wortlaut des § 31 Abs. 2 Nr. 4 schwerlich etwas anderes entnehmen können, als dass die Sperrzeittatbestände des SGB III in das SGB II integriert werden sollen (im Einzelnen überzeugend Sonnhoff in JurisPK § 31 Rn. 226 ff.). Zu bedenken ist jedoch, ob dann auch auf der Rechtsfolgenseite der Sanktionsmechanismus des SGB II (Absenkung für drei Monate) unreflektiert auf Fälle übertragen kann, in denen die Sperrzeittatbestände des SGB III gegeben sind (so Sonnhoff in JurisPK § 31 Rn. 232; s. oben unter Rn. 35).

§ 31a Rechtsfolgen bei Pflichtverletzungen

(1) ¹Bei einer Pflichtverletzung nach § 31 mindert sich das Arbeitslosengeld II in einer ersten Stufe um 30 Prozent des für die erwerbsfähige leistungsberechtigte Person nach § 20 maßgebenden Regelbedarfs. ²Bei der ersten wiederholten Pflichtverletzung nach § 31 mindert sich das Arbeitslosengeld II um 60 Prozent des für die erwerbsfähige leistungsberechtigte Person nach § 20 maßgebenden Regelbedarfs. ³Bei jeder weiteren wiederholten Pflichtverletzung nach § 31 entfällt das Arbeitslosengeld II vollständig. ⁴Eine wiederholte Pflichtverletzung liegt nur vor, wenn bereits zuvor eine Minderung festgestellt wurde. ⁵Sie liegt nicht vor, wenn der Beginn des vorangegangenen Minderungszeitraums länger als ein Jahr zurückliegt. ⁶Erklären sich erwerbsfähige Leistungsberechtigte nachträglich be-

reit, ihren Pflichten nachzukommen, kann der zuständige Träger die Minderung der Leistungen nach Satz 3 ab diesem Zeitpunkt auf 60 Prozent des für sie nach § 20 maßgebenden Regelbedarfs begrenzen.

(2) ¹Bei erwerbsfähigen Leistungsberechtigten, die das 25. Lebensjahr noch nicht vollendet haben, ist das Arbeitslosengeld II bei einer Pflichtverletzung nach § 31 auf die für die Bedarfe nach § 22 zu erbringenden Leistungen beschränkt. ²Bei wiederholter Pflichtverletzung nach § 31 entfällt das Arbeitslosengeld II vollständig. ³Absatz 1 Satz 4 und 5 gilt entsprechend. ⁴Erklären sich erwerbsfähige Leistungsberechtigte, die das 25. Lebensjahr noch nicht vollendet haben, nachträglich bereit, ihren Pflichten nachzukommen, kann der Träger unter Berücksichtigung aller Umstände des Einzelfalles ab diesem Zeitpunkt wieder die für die Bedarfe nach § 22 zu erbringenden Leistungen gewähren.

(3) ¹Bei einer Minderung des Arbeitslosengeldes II um mehr als 30 Prozent des nach § 20 maßgebenden Regelbedarfs kann der Träger auf Antrag in angemessenem Umfang ergänzende Sachleistungen oder geldwerte Leistungen erbringen. ²Der Träger hat Leistungen nach Satz 1 zu erbringen, wenn Leistungsberechtigte mit minderjährigen Kindern in einem Haushalt leben. ³Bei einer Minderung des Arbeitslosengeldes II um mindestens 60 Prozent des für den erwerbsfähigen Leistungsberechtigten nach § 20 maßgebenden Regelbedarfs soll das Arbeitslosengeld II, soweit es für den Bedarf für Unterkunft und Heizung nach § 22 Absatz 1 erbracht wird, an den Vermieter oder andere Empfangsberechtigte gezahlt werden.

(4) Für nichterwerbsfähige Leistungsberechtigte gilt Absatz 1 und 3 bei Pflichtverletzungen nach § 31 Absatz 2 Nummer 1 und 2 entsprechend.

Übersicht

	Rn.
A. Normgeschichte	1
B. Minderung des Alg II von erwerbsfähigen Leistungsberechtigten über 25 Jahren (Abs. 1)	2
I. Este Stufe (Abs. 1 S. 1)	2
1. Obliegenheitsverletzung nach § 31	2
2. Minderung des Alg II	3
II. Zweite Stufe (Abs. 1 S. 2)	5
III. Dritte Stufe (Abs. 1 S. 3)	8
IV. Begrenzung (Abs. 1 S. 6)	9
1. Bereiterklärung	9
2. Ermessen	10
3. Zeitpunkt	11
C. Gewährleistung des Existenzminimums (Abs. 3)	12
I. Vorbemerkung	12
II. Ergänzende Sach- und geldwerte Leistungen bei mehr als 30prozentiger Minderung des Alg II (Abs. 3 S. 1)	13
1. Vorbemerkung	13
2. Ergänzende Sach- und geldwerte Leistungen	14
3. Antrag	15
4. Ermessen Sach- und geldwerte Leistungen zu gewähren	16
5. Gebundene Entscheidung, wenn mindj. Kinder im Haushalt leben (Abs. 3 S. 2)	17
6. Angemessener Umfang	18
III. Unterkunfts- und Heizbedarf während des Minderungszeitraums (Abs. 3 S. 3)	19
1. Vorbemerkung	19
2. Bedarf für Unterkunft und Heizung nach § 22 Abs. 1	20
3. Zahlung an Vermieter oder andere Empfangsberechtigte	21
D. Minderung des Alg II von erwerbsfähigen Leistungsberechtigten unter 25 Jahren Abs. 2)	22
I. Verschärfte Sanktion bereits bei der ersten Pflichtverletzung (Abs. 2 S. 1)	22
1. Vorbemerkung	22
2. Erste Stufe	23
II. Wiederholte Pflichtverletzung	24
E. Minderung des Sozialgeldes (Abs. 4)	25

A. Normgeschichte

1 Einfügung der Vorschrift durch Art. 2 Nr. 31 RegelbedarfsÄndG vom 24. 3. 2011 (BGBl I, 453) zum 1. 4. 2011 (Art. 14 Abs. 3 RBEG). Rechtsfolgen bei Vorliegen eines Sanktionstatbestandes bisher systematisch im Zusammenhang mit jeweiligem Sanktionsereignis geregelt (§ 31 Abs. 1 und 2, 4), in gesondertem Abs. für den Fall der Wiederholung (§ 31 Abs. 3) und ebenfalls gesondert für Leistungsberechtigte vor Vollendung des 25. Lbj., allerdings ausschließlich in einer Norm. Nunmehr Zusam-

menfassung aller Rechtsfolgen bei **Sanktionsereignissen nach** § 31 in § 31a. Inhaltlich unverändert in den S. 1–3 des **Abs. 1** bisherige Rechtsfolgen für erste und erste wiederholte und weitere wiederholte Obliegenheitsverletzungen von **über 25jährigen**. IS der Rspr. des BSG ist in § 31 Abs. 1 S. 4 Klarstellung, dass Eintritt wiederholter Pflichtverletzung auf nächst höheren Stufe nur dann, wenn zeitlich vorher eine Minderung wegen einer Obliegenheitsverletzung auf der vorhergehenden Stufe bekannt gegeben (BSG 9. 11. 2010 – B 4 AS 27/10 R; s. zur Begründung BT-Drs. 17/3404, S. 11 f). Nach S. 5 des § 31a Abs. 1 wiederholte Pflichtverletzung weiterhin nur, wenn der Beginn des vorhergehenden Minderungszeitraums nicht mehr als ein Jahr zurückliegt (bisher § 31 Abs. 3 S. 4). § 31a Abs. 1 S. 6 sieht nun Abmilderungstatbestand vor dem Zeitpunkt der nachträglichen Bereiterklärung des Leistungsberechtigten seinen Obliegenheiten nachzukommen. **Abs. 2** ist den Rechtsfolgen von Obliegenheitsverletzungen der **unter 25-Jährigen** vorbehalten – ohne wesentliche Änderung gegenüber dem bisherigen Recht. Die **Gewährleistung des Existenzminimums** durch Sach- und geldwerte Leistungen bei einer Minderung um mehr als 30 Prozent, einschließlich der direkten Überweisung der Unterkunfts- und Energiekosten an den Vermieter oder sonstigen Empfangsberechtigten ist nun in § 31a **Abs. 3** geregelt. Änderung insofern, als bisherige Sollvorschrift im Hinblick auf die Gewährung von Sach- oder geldwerten Leistungen an Leistungsberechtigte mit Kindern in Verpflichtung zur Leistungserbringung umgewandelt worden ist. Keine Erwähnung findet in dem Entwurf zum RegelbedarfsÄndG, dass die Gewährung von Sach- und geldwerten Leistungen seit dem 1. 4. 2011 auf Antrag des Leistungsberechtigten erfolgt (s. zu den E. unter Rn. 15; Verpflichtung zur Prüfung der Gewährung von Sachleistung nach pflichtgemäßem Ermessen von Amts wegen wohl LSG Nordrhein-Westfalen 9. 9. 2009 – L 7 B 211/09 AS ER; LSG Berlin-Brandenburg 16. 12. 2008 – L 10 B 2154/08 AS ER; LSG Sachsen-Anhalt 5. 1. 2011 – L 2 AS 428/10 B ER), so dass mit Blick auf die Rspr. der Sozialgerichte die Aussage, der unveränderten Übernahme der bisherigen Regelung nicht ganz zutreffend ist (BT-Drs. 17/3404, S. 112). Die bisherige Regelung des § 32 (Obliegenheitsverletzungen von **Sozialleistungsbeziehern**) ist in **Abs. 4** des § 31a aufgegangen, soweit es die Obliegenheitsverletzungen nach § 31 Abs. 2 Nr. 1 und 2 betrifft. Folgen von Meldeversäumnissen gelten nach dem neuen § 32 (idF des RegelbedarfsÄndG vom 24. 3. 2011) für alle Leistungsberechtigten.

B. Minderung des Alg II von erwerbsfähigen Leistungsberechtigten über 25 Jahren (Abs. 1)

I. Erste Stufe (Abs. 1 S. 1)

1. **Obliegenheitsverletzung nach** § 31. Die in § 31a normierten Rechtsfolgen von Obliegenheitsverletzungen betreffen zunächst nur solche nach § 31. Allerdings sind nach § 32 Abs. 2 S. 2 §§ 31a und b für den Fall von Meldeversäumnissen entsprechend anwendbar. 2

2. **Minderung des Alg II**. Nach § 31a Abs. 1 S. 1 „wird" das Alg II in einer ersten Stufe um 30 Prozent des für den erwerbsfähigen Leistungsberechtigten maßgebenden Regelbedarfs gemindert. Von der Minderung ist mithin der **gesamte Anspruch auf Alg II** erfasst, der gem. § 19 Abs. 3 neben dem Regelbedarf auch Bedarf für Unterkunft und Heizung gem. § 22, Mehrbedarfe gem. § 21 und ev. Leistungen nach § 23 Abs. 3 umfasst. Nach dem klaren Wortlaut des § 31a Abs. 1 S. 1 ist in der ersten Sanktionsstufe aber der Höchstbetrag von 30 Prozent des nach § 20 jeweils maßgebenden Regelbedarfs die maximale Sanktion, dh. bei einem Regelbedarf von 364 Euro für einen Alleinstehenden zB 109,20 Euro. Relevant kann die Einbeziehung der **Kosten der Unterkunft pp** über den Begriff Alg II in den zu kürzenden Betrag nur werden, wenn der erwerbsfähige Hilfebedürftige etwa als Aufstocker relativ hohes Nebeneinkommen erzielt, so dass der ihm zugebilligte Regelbedarf niedriger ausfiele als der Minderungsbetrag (Beispiel bei Winkler in Gagel § 31, Rn. 128). Unter Anwendung der Vorschrift über die Reihenfolge bei der Deckung der Leistungen durch zu berücksichtigendes Einkommen – § 19 Abs. 3 S. 2 – könnte man davon ausgehen, dass Mehrbedarfe gem. § 21 vor den Kosten der Unterkunft auch im Falle der Absenkung des Alg II nach § 31a zu mindern sind. Eine Rechtsgrundlage für dieses Vorgehen ist § 19 allerdings nicht. 3

Nicht zulässig ist ein Rückgriff auf andere Leistungen wie etwa das Einstiegsgeld nach § 16b. Leistungen für Auszubildende gelten nicht als Alg II, so dass – obwohl Auszubildende von Eingliederungsleistungen nicht ausgeschlossen sind (s. S. Knickrehm § 27 Rn. 2 und § 7 Rn. 40) – sie bei Obliegenheitsverletzungen nicht sanktioniert werden können. Die Sanktion bezieht sich immer auf das jeweilige Mitglied der Bg, das den Sanktionstatbestand erfüllt hat und auch nur deren individuelle Leistung ist betroffen. Daher darf jeweils nur auf dessen Anteil am ungedeckten Bedarf der Bedarfsgemeinschaft (§ 9 Abs. 2 S. 3) zurückgegriffen werden. 4

II. Zweite Stufe (Abs. 1 S. 2)

In der zweiten Stufe, wenn eine **erste wiederholte Obliegenheitsverletzung nach** § 31 **eintreten** ist mindert sich das Alg II um **60 Prozent** des für den erwerbsfähigen Leistungsberechtigten 5 nach § 20 maßgeblichen Regelbedarfs. Zwar bezieht sich § 31 a Abs. 1 S. 2 nur auf Obliegenheitsverletzungen iS des § 31 – dort auf alle Obliegenheitsverletzungen –, so dass ein Meldeversäumnis keine wiederholte Obliegenheitsverletzung iS des § 31 a S. 2 ist. Durch § 32 Abs. 2 S. 1 wird jedoch sichergestellt, dass die Minderung nach § 32 zu einer Minderung nach § 31 a hinzutritt. Für einen erwerbsfähigen Leistungsberechtigten, der kein Einkommen erzielt, dass den Leistungsanspruch mindert, bedeutet die Minderung um 60 Prozent des für ihn maßgeblichen Regelbedarfs, dass seine Bedarfe für Unterkunft und Heizung gedeckt bleiben und ihm – außer im Falle der Tilgung eines grundsicherungsrechtlichen Darlehens – 40 Prozent seines Regelbedarfs und der Leistung ggf. für einen Mehrbedarf und abweichende Bedarfe verbleiben. Um dem Risiko vorzubeugen, dass die für Unterkunft und Heizung bestimmte Leistung zur Deckung der ausgefallenen Regelleistung eingesetzt wird, regelt § 31 a Abs. 3 S. 3 die Zahlung des Unterkunfts- und Heizteils der Leistung an den Vermieter oder andere Empfangsberechtigte (iE s. unter Rn. 19 ff.; vgl. hierzu auch S. Knickrehm § 22 Rn. 45).

6 Der Leistungsberechtigte muss auf die Gefahr einer wiederholten Sanktion gem. § 31 a Abs. 1 S. und 3 (weitere wiederholte Obliegenheitsverletzung) hingewiesen worden sein. Diese **Rechtsfolgenbelehrung** hat insbesondere in dem ersten Absenkungsbescheid zu erfolgen (vgl. auch LSG Baden-Württemberg, 21. 3. 2005 – L 8 AS 238/06 ER – B; Valgolio in Hauck/Noftz SGB II § 31 Rn. 103).

7 Keine **wiederholte** Obliegenheitsverletzung liegt vor, wenn durch das selbe Verhalten zum gleichen Zeitpunkt mehrere Sanktionstatbestände erfüllt werden. Insoweit stellt § 31 a Abs. 1 **S. 4** klar, dass eine wiederholte Pflichtverletzung nur dann vorliegt, wenn bereits zuvor eine Minderung festgestellt wurde (s. auch BSG 9. 11. 2010 – B 4 AS 27/10 R). Eine wiederholte Pflichtverletzung liegt nach § 31 a Abs. 1 **S. 5** auch dann nicht vor, wenn der Beginn des vorangegangenen Sanktionszeitraums länger als ein Jahr zurückliegt. Maßgebend ist also der Beginn des Sanktionszeitraums (nach § 31 b) nicht der Zeitpunkt der Pflichtverletzung.

III. Dritte Stufe (Abs. 1 S. 3)

8 Nach einer weiteren (also mind. dritten) Obliegenheitsverletzung entfällt das Alg II gem. § 31 a Abs. 1 S. 3 vollständig. Es werden also auch keine Leistungen für Unterkunft und Heizung und für einen Mehrbedarf mehr erbracht. Um dem Risiko der Obdachlosigkeit vorzubeugen findet auch hier § 31 a Abs. 3 S. 3 Anwendung (s. unter Rn. 5). Innerhalb einer Bg gilt sowohl das Entfallen des Alg II, als auch die „Direktüberweisung" wiederum nur für den Anteil des Sanktionierten am Gesamtbedarf. Auch die weitere wiederholte Obliegenheitsverletzung ist nur eine solche iS der S. 4 und 5 des § 31 a Abs. 1 (s. Rn. 7).

IV. Begrenzung (Abs. 1 S. 6)

9 **1. Bereiterklärung**. Im Falle des Entfallens des Alg II kann die Sanktion auf **60 Prozent** der für den erwerbsfähigen Leistungsberechtigten maßgebenden Regelleistung begrenzt werden, wenn der Leistungsempfänger sich nachträglich bereit erklärt, seinen Pflichten nachzukommen. Die Erklärung kann sich ihrer Natur nach immer nur auf ein künftiges Tun beziehen. Der Leistungsberechtigte muss glaubhaft erklären, von nun an seinen Pflichten nachzukommen. Eine bestimmte Form ist für die Erklärung nicht vorgeschrieben. Im Hinblick darauf, dass die Erklärung jedoch den Beginn des Zeitraumes markiert, ab dem der Träger nach Ausübung pflichtgemäßen Ermessens den Wegfall durch Begrenzung der Sanktion auf 60 Prozent abmildern kann, bietet sich die Schriftform an – zumindest sollte die Erklärung protokolliert werden.

10 **2. Ermessen**. Die Entscheidung über die Begrenzung steht im pflichtgemäßen Ermessen des Grundsicherungsträgers. Es handelt sich um Entschließungsermessen. Im Hinblick auf die Höhe der Begrenzung obliegt dem Träger kein Ermessen – er muss es bei einer Absenkung um 60 Prozent belassen. Auch der Zeitpunkt des Beginns der Begrenzung steht nicht im Ermessen des Trägers (s. unten unter Rn. 11). Da die Rechtsfolgen bei Obliegenheitsverletzungen nach § 31 keinen Raum für die individuellen Gegebenheiten lassen, haben nicht nur die persönlichen und wirtschaftlichen Verhältnisses des sanktionierten Leistungsberechtigten in die Ermessenserwägungen einzufließen, sondern auch beispielsweise die Beweggründe des Leistungsberechtigten für sein Handeln, selbst dann wenn diese nicht ausreichen, um das Vorliegen eines wichtigen Grundes zu bejahen oder um die wievielte wiederholte Obliegenheitsverletzung es sich im maßgeblichen Minderungszeitraum handelt. Keine zu beachtende Ermessenserwägung ist hingegen, ob der Pflichtverstoß noch geheilt werden kann, denn die Erklärung ist – wie oben dargelegt – auf zukünftiges Verhalten ausgerichtet (Rn. 9).

11 **3. Zeitpunkt**. Die Rücknahme des vollständigen Wegfalls des Alg II und die Begrenzung der Sanktion auf 60 Prozent des für den erwerbsfähigen Leistungsberechtigten maßgebenden Regelbedarfs haben ab dem Zeitpunkt der Bereiterklärung des Leistungsberechtigten seinen Pflichten nachzukommen zu erfolgen. Was jedoch der Zeitpunkt der Erklärung ist (BT-Drs. 17/3404, S. 112) ist fraglich. Da die Erklärung gegenüber dem Grundsicherungsträger abzugeben ist, kann es sich nur um den Zeitpunkt des Eingangs der Erklärung beim Träger handeln. Zur Form s. oben (Rn. 9).

C. Gewährleistung des Existenzminimums (Abs. 3)

I. Vorbemerkung

Nach der Begründung zum Entwurf des RegelbedarfsÄndG soll mit der Regelung des Abs. 3 sichergestellt werden, dass den Betroffenen stets ausreichende Mittel zur Verfügung stehen, um ihnen sein menschenwürdiges Existenzminimum zu gewährleisten (BT-Drs. 17/3404, S. 112). Hier klingt ein vermeintlich fürsorgerischer Aspekt der Reglung des Abs. 3 an, der der Tragweite der Regelung allerdings nicht gerecht wird. Der Staat hat nach Art. 1 Abs. 1 iVm Art. 20 Abs. 1 GG das Existenzminimum zu gewährleisten. Der vollständige Wegfall des Alg II als Sanktion steht im Gegensatz zu diesem Gewährleistungsauftrag. Vor dem Hintergrund der Entscheidung des BVerfG vom 9. 2. 2010 (1 BvL 1/09, 3/09, 4/09) haben daher auch zahlreiche Stimmen in der Literatur die Sanktionen, zumindest die 100-Prozent-Sanktion als verfassungswidrig bewertet (s. kritisch Davilla, SGb 2010,557; Rixen, Sozialrecht aktuell 2010, 81; Richers/Köpp DÖV 2010, 997; Spindler, info also 2010, 229; Differenzierend: Spellbrink, DVBl 2011, 661). Erwerbsfähige Leistungsberechtigte, die über kein Einkommen verfügen kommen durch den Wegfall des Alg II in die Situation, dass ihnen das zur Sicherung bereits ihrer physischen Existenz erforderliche nicht mehr zur Verfügung steht. Angesichts dessen ist es verfassungsrechtlich erforderlich hier „Sicherungsmechanismen" einzubauen, wenn man die Minderung des Alg II im Rahmen des „Forderns" als grundsätzlich zulässiges Instrumentarium anerkennt. Der Gesetzgeber hat diese „Sicherungsmechanismen" auf drei Arten vorgesehen. Zum Einen kann nach § 31a Abs. 3 der Grundsicherungsträger auf Antrag in angemessenem Umfang ergänzende Sach- und geldwerte Leistungen erbringen (Hohe Hürden, da Ermessensregelung mit unbestimmtem Rechtsbegriff und Antragserfordernis). Zum Zweiten wird der Situation mindj. Kinder besonders bedacht, indem dann, wenn sie mit dem sanktionierten Leistungsberechtigten in einem Haushalt leben, Sach- und geldwerte Leistungen als Pflichtleistung und ohne Antrag vom Grundsicherungsträger zu erbringen sind und zum Dritten durch die Auszahlung der Leistungen für Unterkunft und Heizung direkt an den Vermieter oder anderen Empfangsberechtigten bei einer Minderung des Alg II um mind. 60 Prozent.

II. Ergänzende Sach- und geldwerte Leistungen bei mehr als 30prozentiger Minderung des Alg II (Abs. 3 S. 1)

1. Vorbemerkung. Die Regelung, dass der Träger bei einer Minderung des Alg II um mehr als 30 Prozent des nach § 20 maßgebenden Regelbedarfs (s. dazu unter Rn. 3) in angemessenem Umfang ergänzende Sach- und geldwerte Leistungen erbringen kann, ist mit Ausnahme der redaktionellen Anpassung, ergänzt um ein „Antragserfordernis" unverändert aus § 31 Abs. 3 S. 6 übernommen worden. Mit der Regelung soll, so die Begründung zum Entwurf des RegelbedarfsÄndG vom 24. 3. 2011 (BGBl I, 453) sicher gestellt, dass die Betroffenen stets ausreichende Mittel zur Verfügung haben, um ihnen ein **menschenwürdiges Existenzminimum** zu gewährleisten (BT-Drs. 17/3404, S. 112). Bereits die vom Gesetzgeber gezogene Grenze bei einer 30-Prozent-Sanktion für die Erbringung von Sach- und geldwerten Leistungen ist zu hinterfragen, zumindest dann, wenn man eine Begründung iS der Entscheidung des BVerfG auch für solche Grenzen für erforderlich hält (vgl. Spellbrink, DVBl 2011, 661). Zu bedenken ist insoweit, dass die Grenze von **mehr als 30 Prozent** im Rahmen des ansonsten durch Ermessen und den unbestimmten Rechtsbegriff des angemessenen Umfangs geprägten S. 1 des Abs. 3 starr ist. Vor dem Hintergrund des Gewährleistungs- und Begründungsauftrags des BVerfG gilt es zu bedenken, dass es Konstellationen geben kann, in denen eine Absenkung bereits in der ersten Stufe eine Gefährdung des Existenzminimums darstellt. Dies kann etwa für Leistungsberechtigte gelten, die wegen eines unabweisbaren Mehrbedarfs, weil bei ihnen Einsparmöglichkeiten befunden worden sind, zwar keine Leistungen nach § 21 Abs. 6 erhalten, deren Einsparmöglichkeiten jedoch der 30prozentigen Minderung zum Opfer fallen, so dass der zur Existenzsicherung zwingend zu deckende Mehrbedarf ungedeckt bleibt.

2. Ergänzende Sach- und geldwerte Leistungen. Sach- und geldwerte Leistungen sind beispielsweise **Gutscheine** für vom Regelbedarf umfasste Bedarfe oder Dienstleistungen in Gestalt von **Beratungsleistungen**. In der BT-Drs. 15/1516 werden Lebensmittelgutscheine erwähnt. Diese Erwähnung verdeutlicht (BT-Drs. 15/1516, S. 61), dass im Rahmen des § 31a Abs. 3 S. 1 das physiologische Existenzminimum gewahrt werden muss (zum Begriff Martinez Soria, JZ 2005, 644). Die BA geht in ihren Fachlichen Hinweisen (31.27) davon aus, dass durch die angemessenen ergänzenden Leistungen zumindest der in der Regelleistung enthaltene Anteil für Ernährung und Gesundheitspflege und Hygiene sichergestellt werden müsse. Die Entscheidung des BVerfG vom 9. 2. 2010 (1 BvL 1/09, 3/09, 4/09) könnte eine derartige Auslegung nahelegen, denn dort wird davon ausgegangen, dass neben der physischen Existenz nur ein Mindestmaß an Teilhabe am gesellschaftlichen, kulturellen und politischen Leben durch den Staat zu gewährleisten ist. Allerdings wird auch vertreten, dass hier ein bereichsspezifischer vollständiger Verzicht auf Hausrat oder Kleidung hinzunehmen sei (so Rixen in Beckscher online Kommentar § 31 Rn. 72). Die ergänzenden Leistungen sind als **Zuschuss** zu erbringen. Eine darlehensweise Gewährung kommt nicht in Betracht – dazu hätte es zum Einen einer ausdrücklichen gesetzlichen Anordnung bedurft und wäre ein Darlehen zum Zweiten auch mit dem Existenzsicherungsauftrag durch laufende Leistungen nicht vereinbar (Ausnahme § 24 Abs. 5 bei verwertbarem Vermögen). Aus dem Tatbestandsmerkmal „ergänzend" schließt die BA nach ihren Fachlichen Hinweisen, dass die Leistungen sich von ihrem **Umfang** her ausschließlich auf den über 30 Prozent hinausgehenden Kürzungsbetrag beziehen und in der Höhe auf den in der Regelleistung ansich vorgesehenen Betrag beschränkt sei (31.27). Letzterem ist zuzustimmen, weil mit den ergänzenden Leistungen nach § 31a Abs. 3 S. 1 nicht mehr gewährt zu werden braucht, denn zur Gewährleistung des Existenzminimums als vom Gesetzgeber für ausreichend befunden. Das Tatbestandsmerkmal „ergänzend" bedeutet im Zusammenhang des § 31a Abs. 3 S. 1, dass es sich bei den Sach- und geldwerten Leistungen um solche handelt, die die durch die Minderung des Alg II niedrigere Geldleistung „ergänzen" sollen. Damit beschränkt sich jedoch auch die Bedeutung des Wortes „ergänzend". Es ist hierin nicht zugleich eine Höhenbegrenzung in dem Sinne zu erblicken, dass nur der über 30 Prozent hinausgehende Anteil zu ergänzen sei. Einer solchen Auslegung steht bereits der weitere Wortlaut des § 31a Abs. 3 S. 1 entgegen, denn die Vorschrift verhält sich zum Umfang der Leistungen, indem der Umfang der ergänzenden Leistung „angemessen" sein muss (zum angemessenen Umfang, s. unter Rn. 18). Dieser durch die Ausfüllung eines unbestimmten Rechtsbegriffs zu bestimmende Umfang erfordert jedoch die Betrachtung des Einzelfalls und steht damit der starren – wie soeben dargelegten – Grenzziehung entgegen.

15 **3. Antrag.** Das Antragserfordernis im Hinblick auf die das geminderte Alg II ergänzende Leistungen ist durch Art. 2 Nr. 31 RegelbedarfsÄndG vom 24. 3. 2011 (BGBl I, 453) mWv 1. 4. 2011 in den Sanktionskomplex aufgenommen worden. Damit dürfte einem Bedürfnis aus der Praxis der Grundsicherungsträger Rechnung getragen worden sein. Die Gerichte der Sozialgerichtsbarkeit hatten im Hinblick auf die mögliche Gefährdung der Existenzsicherung bei mehr als 30prozentigen Minderungen des Alg II zT auf eine **Verpflichtung** des Trägers zur Prüfung der Gewährung von Sachleistung nach pflichtgemäßem Ermessen **von Amts** wegen erkannt (wohl LSG Nordrhein-Westfalen 9. 9. 2009 – L 7 B 211/09 AS ER; LSG Berlin-Brandenburg 16. 12. 2008 – L 10 B 2154/08 AS ER; LSG Sachsen-Anhalt 5. 1. 2011 – L 2 AS 428/10 B ER). Vor dem Hintergrund der verfassungsrechtlichen Dimension der Sanktionierung durch Minderung der Geldleistungen erscheint es zwingend erforderlich, auch wenn nunmehr die Leistungen nur noch auf Antrag zu erbringen sind, so vorzugehen, wie die BA dieses in ihren Fachlichen Hinweisen auch bisher vorgesehen hat. Dort heißt es unter 31.28, um zeitnah eine Entscheidung bezüglich ergänzender Sachleistungen oder geldwerter Leistungen als Zuschuss treffen zu können, sei der erwerbsfähige Hilfebedürftige bereits in der **Anhörung** zur Sanktion (§ 24 SGB X) auf die Möglichkeit der Gewährung ergänzender Sachleistungen hinzuweisen. Dem Hilfebedürftigen sei auch zu verdeutlichen, dass Sachleistungen nur zu gewähren seien, wenn er diese begehre. Der Leistungsberechtigte ist auch darauf hinzuweisen, dass dann, wenn das Alg II vollständig wegfällt und keine Sach- oder geldwerte Leistungen gewährt werden der **Kranken**- (Nach § 5 Abs. 1 Nr. 2a SGB V ist die Versicherungspflicht von dem Bezug von Alg II abhängig) und **Pflegeversicherungsschutz** (§ 20 Abs. 1 Nr. 2a SGB XI) entfällt und auch keine **Anrechnungszeit** durch den Träger der gesetzlichen Rentenversicherung (§ 58 Abs. 1 Nr. 6 SGB VI) mehr anzuerkennen ist.

16 **4. Ermessen Sach- und geldwerte Leistungen zu gewähren.** Es handelt sich um Entschließungsermessen. Wenn der Träger sich in pflichtgemäßer Ermessensausübung entschlossen hat ergänzende Leistungen zu erbringen ist er hinsichtlich der Höhe gebunden. Er hat sie in angemessenem Umfang zu gewähren (s. Rn. 18). Die Höhe ist mithin durch die Ausfüllung des unbestimmten Rechtsbegriffs der Angemessenheit zu bestimmen, was der vollständigen Überprüfung durch die Sozialgerichte unterliegt. Bei der Ermessensausübung geht es mithin um die Frage, ob in der persönlichen und wirtschaftlichen Situation des betroffenen Leistungsberechtigten die Gewährung ergänzender Sach- und geldwerter Leistungen zur Existenzsicherung erforderlich ist. Im Rahmen der Ermessenserwägungen ist daher zu berücksichtigen, ob Einkommen oder Vermögen vorhanden ist, das zur Deckung der durch die Minderung eingetretenen Lücke eingesetzt werden kann. Voraussetzung ist insoweit, dass der Einsatz dessen tatsächlich erfolgen kann, also kein Verwertungshindernis etwa bei geschütztem Vermögen vorhanden ist. Bei berücksichtigungsfreiem Einkommen sind zweierlei Aspekte zu bedenken. Einerseits, ob der durch Absetzbeträge von der Berücksichtigung freigestellte Teil des Einkommens (§ 11b) tatsächlich zur Deckung einer „Verbindlichkeit" eingesetzt wird, wie etwa zu entrichtende Beiträge oder Beträge zur Erfüllung der gesetzlichen Unterhaltspflicht. Anderes mag für den „Erwerbstätigenfreibetrag" gelten, soweit er nicht „zweckgebunden" verwendet wird. Zweckbindung kann etwa angenommen werden beim Freibetrag vom Einkommen für Fahrtkosten, wenn diese Fahrtkosten aufgewendet werden, um etwa die Arbeitsstelle oder den Ort der Eingliederungsmaßnahme zu erreichen. Einkommen in dieser Höhe zur Deckung der Lücke durch die Minderung einsetzen zu müssen stünde im Gegensatz zum Ziel des SGB II, u.a. durch Arbeit/Eingliederung den Hilfebedarf zumindest zu mindern. Zum Zweiten sind zweckgebundene Einnahmen, die

von der Berücksichtigung als Einkommen bei der Berechnung des Alg II ausgenommen sind (§ 11a Abs. 2) und grundsätzlich von der Berücksichtigung ausgenommene Einkommensarten nach § 11a Abs. 1 und 2 im Rahmen der Ermessenserwägungen als Grund für die Nichtgewährung von Sach- oder geldwerten Leistungen auszuschließen. Die Überlegungen sind ähnliche wie bei den „zweckgebundenen" Absetzbeträgen. Diese Einkommensarten dienen einem anderen Zweck als das Alg II und damit zur Deckung eines Bedarfs, der ansonsten ungedeckt bliebe.

5. Gebundene Entscheidung, wenn minderjährige Kinder im Haushalt leben (Abs. 3 S. 2). Der Grundsicherungsträger hat ergänzende Sach- und geldwerte Leistungen in angemessenem Umfang zu erbringen, wenn der betroffene Leistungsberechtigte mit minderjährigen Kindern in einem Haushalt lebt. Diese Regelung war bisher als „**Sollvorschrift**" ausgestaltet (§ 3 Abs. 3 S. 7). Vor dem Hintergrund der vom BVerfG betonten Verpflichtung des Gesetzgebers gerade die Existenz von Kindern zu sichern, waren allerdings auch nach der alten Regelung kaum atypische Situationen denkbar, in denen eine ergänzende Leistungsgewährung nicht zu erfolgen gehabt hätte. Gebundene Entscheidung ist immer dann zu treffen, wenn die minderjährigen Kinder im **Haushalt** leben. Es ist also keine Bg erforderlich. Das Kind muss nicht ebenfalls hilfebedürftig sein (§ 7 Abs. 3 Nr. 4); gilt auch, wenn Kind Leistungen nach dem 4. Kapitel des SGB XII bezieht. Ebenso reicht Haushaltsgemeinschaft mit dem minderjährigen Kind iS des § 9 Abs. 5. Entscheidend ist insoweit das „Wirtschaften" aus einem Topf. Ein **Antrag** auf ergänzende Leistungen ist, wenn minderjährige Kinder im Haushalt leben nicht erforderlich (s. hierzu im Übrigen Rn. 15). 17

6. Angemessener Umfang. Die ergänzenden Sach- oder geldwerten Leistungen sind, wenn der Träger sich nach pflichtgemäßem Ermessen zu einer Gewährung entschieden hat (Entschließungsermessen, s. Rn. 16) in angemessenem Umfang zu erbringen. „Angemessen" ist ein unbestimmter Rechtsbegriff dessen Ausfüllung der vollständigen gerichtlichen Kontrolle unterliegt. Die Angemessenheit bezieht sich hier auf die Sicherung der Existenz. Die menschenwürdige Existenz ist trotz der Minderung des Alg II durch die ergänzenden Leistungen zu gewährleisten. Dies bedeutet, zumindest Ernährung, Gesundheitsversorgung und Hygiene sind in der Höhe ihres Anteils am Regelbedarf sicherzustellen. Weitere Bedarfe sind einzelfallbezogen in die Ausfüllung des Begriffs der Angemessenheit einzubeziehen. Insoweit kommen die Erwägungen der BA, wie sie unter Rn. 14 dargelegt worden sind, nicht als generelle Auslegungsregel in Betracht. Wenn trotz einsetzbarem Einkommen (s. Rn. 16) die Entscheidung für die Gewährung von ergänzenden Leistungen gefallen ist, so kann das vorhandene Einkommen jedoch die Angemessenheit im Einzelfall beeinflussen. 18

III. Unterkunfts- und Heizbedarf während des Minderungszeitraums (Abs. 3 S. 3)

1. Vorbemerkung. Die Direktüberweisung des Alg II an den Vermieter oder andere Empfangsberechtigte ist neu in die Regelungen des Sanktionskomplexes aufgenommen worden. Sie findet ihre Parallele in § 22 Abs. 7, der die Direktüberweisung auf Antrag (S. 1) oder als „Soll" dessen für den Fall vorsieht, dass die zweckentsprechende Verwendung des für KdUH vorgesehenen Anteils am Alg II nicht sichergestellt ist (s. S. Knickrehm § 22 Rn. 45). Die Ausgangssituation ist hier ähnlich. Erfolgt eine Minderung der Geldleistung um mehr als 60 Prozent, kann bei Vorhandensein von den Regelbedarf minderndem Einkommen auch der Bedarf für Unterkunft und Heizung (§ 31a Abs. 1 S. 2) ggf nicht mehr vollständig durch die Geldleistung gedeckt werden. Es besteht dann die Gefahr, dass das einzusetzende Einkommen nicht zur Zahlung der Bruttowarmmiete, sondern zum Lebensunterhalt genutzt wird. Ähnliches gilt auch, wenn die Regelleistung gemindert wird. Dann besteht das Risiko, dass die für KdUH an den Leistungsberechtigten ausgezahlten Leistungen zur Finanzierung des Regelbedarfs verwendet werden. Bei einem Entfallen des Alg II nach § 31a Abs. 1 S. 3 fällt der Betrag für KdUH ohnehin aus. In der Begründung zum Entwurf des RegelbedarfsÄndG wird angesichts dessen ausgeführt, es gelte insoweit durch die Direktüberweisung Obdachlosigkeit zu verhindern (BT-Drs. 17/3404, S. 112). Inwieweit, wie dort ferner ausgeführt wird, die Vorschrift dem Recht auf informationelle Selbstbestimmung des Leistungsberechtigten Rechnung trägt, erschließt sich nicht, es sei denn die Ausgestaltung der Regelung als „Sollvorschrift", mit der Folge in atypischen Fällen von der Direktüberweisung abweichen zu können, wird in diesem Sinne verstanden. Eher scheint der Hinweis auf die informationelle Selbstbestimmung dem Begründungstext zu § 22 Abs. 7 entnommen zu sein. Anders als § 22 Abs. 7 enthält § 31a Abs. 3 S. 3 jedoch keine Verpflichtung des Trägers den Leistungsberechtigten über die Direktüberweisung schriftlich zu informieren (§ 22 Abs. 7 S. 4). 19

2. Bedarf für Unterkunft und Heizung nach § 22 Abs. 1. Die Regelung des § 31a Abs. 3 S. 3 bezieht sich ausschließlich auf Leistungen für **Unterkunft und Heizung**. Soweit in den Fachlichen Hinweisen der BA ebenso wie in der Begründung zum Entwurf des RegelbedarfsÄndG (BT-Drs. 17/3404, S. 112) auch die Überweisung an Energieversorgungsunternehmen als „andere Empfangsberechtigte" verstanden wird, kann sich dieses nur auf die Aufwendungen beziehen, die für Energie getätigt werden, die der Heiz- und die **Warmwassererzeugung** dient. Andere Bedarfe 20 werden durch Leistungen nach § 22 Abs. 1 nicht gedeckt. Haushaltsenergie ist Teil des Regelbedarfs nach § 20 Abs. 1 (zur selben Problematik im Rahmen des § 22 s. S. Knickrehm § 22 Rn. 45). Stromschulden lassen sich daher durch die Regelung des § 31 a Abs. 3 S. 3 bei einer mehr als 60prozentigen Absenkung nicht generell vermeiden (aA Fachliche Hinweise der BA 31.27). Der Weg zur Direktüberweisung als Sachleistung iS des § 24 Abs. 2 ist bei Stromschulden wegen der Minderung des Alg II auf Grund einer Sanktion nicht gangbar, denn in diesem Fall kann nicht davon ausgegangen werden, dass der Leistungsberechtigte sich als ungeeignet erweist seinen Bedarf durch die Regelleitung nach § 20 zu decken. Die Direktüberweisung kommt auch nur in Höhe des dem **von der Sanktion betroffenen Leistungsberechtigten** zu gewährenden Anteils an den Leistungen für Unterkunft und Heizung/Warmwassererzeugung der Bg in Betracht (s. auch BT-Drs. 17/3404, S. 112). Ebenso wie nur seine Leistung von der Minderung nach § 31 a betroffen ist, kann auch nur sein Anteil an den Leistungen für KdUH der Bg vorab „entzogen" werden.

21   **3. Zahlung an Vermieter oder andere Empfangsberechtigte.** Die als Leistung nach § 22 Abs. 1 S. 1 anzuerkennenden Bedarfe für Unterkunft und Heizung sind direkt an den Vermieter zu zahlen. Grundsätzlich handelt es sich insoweit um die angemessenen Aufwendungen iS des § 22 Abs. 1 S. 1. Ist ein Kostensenkungsverfahren eingeleitet worden, die Kostensenkung allerdings noch nicht vollzogen worden, weil die sechsmonatige Schonfrist noch nicht abgelaufen ist oder die Kostensenkung unzumutbar oder unmöglich iS des § 22 Abs. 1 S. 3 hat die Zahlung an den Vermieter oder anderen Empfangsberechtigten in Höhe der tatsächlichen, wenn auch unangemessenen Aufwendungen zu erfolgen. Die Zahlung an andere Empfangsberechtigte betrifft insbes. Energieversorger – s. oben unter Rn. 20 zur Frage der Überweisung auch wegen Rückständen bei Haushaltsenergie.

D. Minderung des Alg II von erwerbsfähigen Leistungsberechtigten unter 25 Jahren

I. Verschärfte Sanktion bereits bei erster Pflichtverletzung (Abs. 2 S. 1)

22   **1. Vorbemerkung.** § 31 a Abs. 2 enthält insgesamt eine „schärfere Sanktionsregelung" (so BT-Drs. 15/1516, S. 61) für die Gruppe der 15 bis 24-Jährigen. Der Gesetzgeber will der Verweigerungshaltung in dieser Altersgruppe entgegen wirken. Zu berücksichtigen ist, dass § 3 Abs. 2 S. 1 den Grundsicherungsträgern eine Verpflichtung auferlegt, Jugendliche sofort in Ausbildung oder Arbeit zu vermitteln. Betrachtet man die strenge Sanktion des § 31 a Abs. 2 so spricht manches dafür, den betroffenen Jugendlichen einen korrespondierenden Rechtsanspruch auf sofortige Vermittlung gem. § 3 Abs. 2 zuzusprechen (zum ganzen Spellbrink in Eicher/Spellbrink § 3 Rn. 12 ff.). Andernfalls bestünden in der Tat Bedenken gegen die Verhältnismäßigkeit und damit die Verfassungsmäßigkeit dieser verschärften Sanktion (so Berlit in LPK-SGB II, § 31 Rn. 17; Krahmer ZfF 2004, 178, 179) gerade gegenüber Jugendlichen.

23   **2. Erste Stufe.** Nach § 31 a Abs. 2 S. 1 erhalten unter 25-Jährige bereits bei der ersten Pflichtverletzung nach § 31 kein Alg II mit Ausnahme der Leistungen für Bedarfe für Unterkunft und Heizung gem. § 22. Da es sich alsdann um eine Minderung des Alg II um mehr als 60 Prozent des Regelbedarfs handelt, gilt auch bei Leistungsberechtigten unter 25 Jahren § 31 a Abs. 3 S. 3 – also die Direktüberweisung an den Vermieter oder andere Empfangsberechtigte (s. auch unter Rn. 19–21). Die verschärfte Sanktionierung bereits in der ersten Stufe gilt nicht für ein Meldeversäumnis nach § 32. Meldeversäumnisse führen nun überhaupt nicht mehr zu einer Stufenveränderung (erste Stufe – wiederholte Pflichtverletzung – weitere wiederholte Pflichtverletzung), sondern die Minderungen um jeweils 10 Prozent des maßgebenden Regelbedarfs treten nach § 32 Abs. 2 zu der Minderung nach § 31 a hinzu. Aufgrund der verfassungsrechtlichen Bedenken wegen der Härte der Sanktion sind an die Rechtsfolgenbelehrung sowie den Nachweis der Kenntnis der Rechtsfolgen (§ 31 Abs. 1 und Abs. 2 Nr. 2 bis 4) erhöhte Anforderungen zu stellen (ebenso Valgolio in Hauck/Noftz SGB II § 31 Rn. 139). Es muss dabei insb. der Erkenntnishorizont der betroffenen Kreise Jugendlicher beachtet werden.

II. Wiederholte Pflichtverletzungen gem. § 31 a Abs. 2 S. 2 und S. 3, 4

24   Durch die Neufassung der S. 2 und 3 des § 31 Abs. 5 in der bis zum 31. 3. 2011 geltenden Fassung bezweckte der Gesetzgeber des Fortentwicklungsgesetzes die Einführung einer **abgestuften Sanktion** auch für unter 25-Jährige (BT-Drs. 16/1696, S. 25). Hierdurch sollte die erzieherische Wirkung der Sanktion erhöht werden. Gem. § 31 a Abs. 2 S. 2 entfällt das Alg II bei wiederholter Pflichtverletzung nach § 31. Hiervon sind nunmehr – anders als in 31 a Abs. 1 S. 1 – auch die Leistungen für Unterkunft und Heizung gem. § 22 betroffen. Nach § 31 a Abs. 2 S. 4 kann der Grundsicherungsträger in diesem Fall aber unter Berücksichtigung aller Umstände des Einzelfalles Leistungen für Unterkunft und Heizung erbringen, wenn der unter 25-Jährige sich nachträglich bereit erklärt, seinen Pflichten nachzukommen (zu der insoweit parallelen Regelung für Leistungsberechtigte über 25 Jah-

ren betreffend die Regelleistung s. Rn. 9–11). Auch für Leistungsberechtigte unter 25 Jahren gilt jedoch § 31a Abs. 3, also die Gewährung ergänzender Sach- und geldwerter Leistungen sowie die Direktüberweisung (s. iE unter Rn. 13–21). Nach S. 3 des § 31a Abs. 2 gelten auch für „Jugendliche" die Regeln zur Bestimmung des Minderungszeitraums nach § 31a Abs. 1 S. 4 und 5 (s. Rn. 7).

E. Minderung des Sozialgeldes (Abs. 4)

Bezieher von Sozialgeld werden nur für Obliegenheitsverletzungen nach § 31 Abs. 2 Nr. 1 (absichtliche Herbeiführung der Hilfebedürftigkeit) und Nr. 2 (Fortsetzung des unwirtschaftlichen Verhaltens – zu den Einzelheiten s. S. Knickrehm § 31 Rn. 29–31, 32) sanktioniert. Meldeversäumnisse durch Sozialgeldbezieher unterliegen ebenso wie bei erwerbsfähigen Leistungsberechtigten der Minderungen durch § 32. **25**

Auch für Sozialgeldbezieher gelten die Sanktionsstufen des § 31a Abs. 1 (s. Rn. 3ff) und die Voraussetzungen für die Gewährleistung des Existenzminimums nach Abs. 3 (vgl. Rn. 12ff). **26**

§ 31b Beginn und Dauer der Minderung

(1) ¹**Der Auszahlungsanspruch mindert sich mit Beginn des Kalendermonats, der auf das Wirksamwerden des Verwaltungsaktes folgt, der die Pflichtverletzung und den Umfang der Minderung der Leistung feststellt.** ²**In den Fällen des § 31 Absatz 2 Nummer 3 tritt die Minderung mit Beginn der Sperrzeit oder mit dem Erlöschen des Anspruchs nach dem Dritten Buch ein.** ³**Der Minderungszeitraum beträgt drei Monate.** ⁴**Bei erwerbsfähigen Leistungsberechtigten, die das 25. Lebensjahr noch nicht vollendet haben, kann der Träger die Minderung des Auszahlungsanspruchs in Höhe der Bedarfe nach den §§ 20 und 21 unter Berücksichtigung aller Umstände des Einzelfalls auf sechs Wochen verkürzen.** ⁵**Die Feststellung der Minderung ist nur innerhalb von sechs Monaten ab dem Zeitpunkt der Pflichtverletzung zulässig.**

(2) **Während der Minderung des Auszahlungsanspruchs besteht kein Anspruch auf ergänzende Hilfe zum Lebensunterhalt nach den Vorschriften des Zwölften Buches.**

1. Normgeschichte. § 31b Abs. 1 regelt Beginn und Dauer der Minderung der Leistungen auf Grund einer Sanktion. Regelung befand sich bis zum Inkrafttreten des RegelbedarfsÄndG am 1.4.2011 (Art. 14 Abs. 3 RBEG, BGBl I, 453, 496) in § 31 Abs. 6. Durch das RegelbedarfsÄndG im Wesentlichen Übernahme der Regelungen aus dem bisherigen Recht. Neu: Abs. 1 S. 5 – Ausschlussfrist für die wirksame Feststellung der Minderung, um einen zeitlichen Zusammenhang zwischen Pflichtverletzung und Eintritt der Sanktion zu gewährleisten (BT-Drs. 17/3404, S. 112). **1**

2. Wirksamwerden der Minderung. Die Rechtsfolgen der Absenkung treten **Kraft Gesetzes** ein (Selbstvollzug des Gesetzes). Eines vorgeschalteten, zusätzlichen feststellenden VA bedarf es nicht (BSG 17.12.2009 – B 4 AS 30/09 R). Nach Auffassung des BSG folgt die gegenteilige – in der Vorauflage vertretenen – Rechtsansicht auch nicht aus § 31 Abs 6 Satz 1 aF. Nunmehr klargestellt in Abs. 1 S. 1, indem geregelt ist, dass sich der Auszahlungsanspruch mit dem Beginn des Monats mindert, der auf das Wirksamwerden des VA folgt, der die Pflichtverletzung und den Umfang der Minderung der Leistung feststellt (s. auch BT-Drs. 17/3404, S. 112). Soweit nunmehr die Auffassung vertreten wird die Formulierung „Auszahlungsanspruch" ziehe die Konsequenz nach sich, dass es eines die Ursprungsbewilligung ändernden VA nicht mehr bedürfe, kann dem nicht gefolgt werden (vgl. Groth in Groth/Luik/Siebel-Huffmann, 2011, § 13 Rn. 421). Das SGB II kennt die Konstruktion des Grundlagenbescheids nicht. Leistungs- und Ausstattungsanspruch sind identisch. Es hat daher dabei zu verbleiben, dass die Minderung nur eintritt, wenn der Bewilligungbescheid nach § 48 SGB X geändert worden ist. Der Verweis in § 40 Abs. 2 Nr. 3 verdeutliche – so das BSG –, dass es sich bei der Bewilligung von Alg II um einen Dauerverwaltungsakt handele. Damit kann seine Bestandskraft auch nur durch eine gegenläufige Aufhebungsentscheidung – hier idR nach § 48 SGB X – durchbrochen werden. § 31b Abs 1 Satz 1 ist daher weiterhin lediglich eine Regelung zur kalendermäßigen Festlegung des Sanktionszeitraums zu entnehmen. **2**

Minderung und Wegfall beginnen mit Wirkung des Kalendermonats, der auf das Wirksamwerden des VA folgt. Die Aufhebungs- oder Änderungsentscheidung ihrerseits wird gem. § 40 Abs. 1 S. 1 iVm. § 39 Abs. 1 S. 1 SGB X zu dem Zeitpunkt wirksam, zu dem sie dem erwerbsfähigen Hilfebedürftigen bekannt gegeben wurde. Da der VA gem. § 31b Abs. 1 S. 1 konstitutiv ist und nicht wie § 144 SGB III der Beginn der Sperrzeit mit dem das die Sperrzeit auslösenden Ereignis zusammenfällt, kann ein Absenkungsbescheid auch zeitlich erst nach dem sanktionierten Verhalten erfolgen. So kann bei der Erfüllung eines Sanktionstatbestands außerhalb des Leistungsbezugs die Sanktion auch erst (später) mit Antragstellung einsetzen – nunmehr ist nach Abs. 1 S. 5 jedoch die Feststellung der Minderung nur innerhalb von sechs Monaten ab dem Zeitpunkt der Pflichtverletzung zulässig. In den Fällen einer Sperrzeit nach § 31 Abs. 2 Nr. 3 tritt die Minderung nach § 31b Abs. 1 S. 2 mit Beginn **3** der Sperrzeit oder dem Erlöschen des Anspruchs nach dem SGB III ein. Mithin sind Sperrzeitzeitraum nach dem SGB III und Minderungszeitraum nach dem SGB II deckungsgleich (BT-Drs. 16/1410, S. 26).

4   **3. Beginn und Dauer der Sanktion.** Die Dauer der Absenkung wird gem. § 31 b Abs. 1 S. 3 auf **drei Monate** festgelegt und zwar unabhängig davon, ob die Obliegenheitsverletzung zwischenzeitlich beendet wurde. Die generelle Dauer von drei Monaten ist im Verhältnis zum differenzierten Recht der Sperrzeiten im SGB III, das zahlreiche Möglichkeiten der Abkürzung der Regelsperrzeit vorsieht, nicht unproblematisch (s. zur Dauer iR des § 31 Abs. 2 Nr. 3 dort Rn. 35). Geht man davon aus, dass der Regelbedarf gem. § 20 gerade das Existenzminimum deckt, so stellen § 31 a und b mit seinen **strikten Absenkungsmechanismen** diese Existenzdeckung partiell zumindest in Frage (s. oben S. Knickrehm § 31 Rn. 2). Allerdings sieht § 31 b Abs. 1 S. 4 nunmehr die Möglichkeit vor, dass der Grundsicherungsträger – in Ausübung pflichtgemäßen Ermessens – bei erwerbsfähigen Leistungsberechtigten, die das 25. Lebensjahr noch nicht vollendet haben, unter Berücksichtigung aller Umstände des Einzelfalles die Minderung des Auszahlungsanspruchs der Bedarfe nach §§ 20 und 21 auf sechs Wochen verkürzen kann (Leistungen nach § 22 werden für unter 25jährige in der ersten Minderungsstufe noch erbracht – s. § 31 a Abs. 2 S. 1; iE S. Knickrehm, § 31 a Rn. 23; In der ersten und zweiten Stufe erfolgt jedoch die Direktüberweisung der Zahlungen für Unterkunft und Heizung an den Vermieter oder andere Empfangsberechtigte nach § 31 a Abs. 3 S. 3; iE S. Knickrehm § 31 a Rn. 23, 24, 21). Die Gesetzesbegründung geht davon aus, dass mit dieser Verkürzungsmöglichkeit für den persönlichen Ansprechpartner nach § 15 ein flexiblerer **Erziehungsspielraum** eingeräumt wird (BT-Drs. 16/1410, S. 26). Allerdings muss die Ermessensausübung durch den persönlichen Ansprechpartner den gesetzlichen Anforderungen an eine Ermessensentscheidung genügen und insbesondere nachvollziehbar sein.

5   **4. Kein Anspruch auf Sozialhilfe (Abs. 2).** § 31 b Abs. 2 ordnet an, dass während der Minderung oder des Wegfalls kein ergänzender Anspruch des Leistungsberechtigten nach dem SGB XII (Hilfe zum Lebensunterhalt) besteht. Diese Regelung korrespondiert mit § 5 Abs. 2 und § 21 SGB XII. Wer dem Grunde nach erwerbsfähig ist, was der Sanktionierte ist. § 31– § 32 ja auch bleibt, hat keine Ansprüche gegenüber dem System Sozialhilfe. Letzteres zeigt aber, dass die Ausnahmevorschriften des § 31 a Abs. 3 (Erbringung von Sach- und geldwerten Leistungen; vgl. S. Knickrehm § 31 a Rn. 12 ff) im Lichte von Art. 1 Abs. 1 iVm Art. 20 Abs. 1 GG großzügig auszulegen sind, weil das letzte Netz der Sozialhilfe bei der Absenkung gem. §§ 31 ff gerade nicht greift und ansonsten der Leistungsberechtigte gänzlich von staatlichen Leistungen ausgeschlossen wäre.

§ 32 Meldeversäumnisse

(1) ¹Kommen Leistungsberechtigte trotz schriftlicher Belehrung über die Rechtsfolgen oder deren Kenntnis einer Aufforderung des zuständigen Trägers, sich bei ihm zu melden oder bei einem ärztlichen oder psychologischen Untersuchungstermin zu erscheinen, nicht nach, mindert sich das Arbeitslosengeld II oder das Sozialgeld jeweils um 10 Prozent des für sie nach § 20 maßgebenden Regelbedarfs. ²Dies gilt nicht, wenn Leistungsberechtigte einen wichtigen Grund für ihr Verhalten darlegen und nachweisen.

(2) ¹Die Minderung nach dieser Vorschrift tritt zu einer Minderung nach § 31 a hinzu. ²§ 31 a Absatz 3 und § 31 b gelten entsprechend.

I. Normgeschichte

1   Die Minderung des Alg II wegen eines Meldeversäumnisses war bis zum 31. 3. 2011 in § 31 Abs. 2 geregelt. Durch Art. 2 Nr. 31 RegelbedarfsÄndG vom 24. 3. 2011 (BGBl I, 453) wurden diese Sanktionsereignisse von den anderen Sanktionsereignissen des § 31 separiert. Meldeversäumnisse nehmen insoweit eine besondere Stellung innerhalb des Systems der Sanktionsereignisse ein, als ihre Folgen sowohl erwerbsfähige, als auch nicht erwerbsfähige Leistungsberechtigte treffen und die Minderung je festgestellter Meldeversäumnis 10 Prozent des maßgebenden Regelbedarfs beträgt. Die Steigerung der Stufen, wie sie noch in § 31 Abs. 3 S. 3 vorgesehen war, ist durch das RegelbedarfsÄndG gestrichen worden (zur Problematik vgl. BSG 9. 11. 2010 – B 4 AS 27/10 R). Minderungszeiträume wegen Meldeversäumnissen können sich überlappen und es kann nunmehr auch zu einer Addition kommen (anders zur alten Rechtslage: BSG 9. 11. 2010 – B 4 AS 27/10 R). Nach § 32 Abs. 2 S. 1 tritt die Minderung wegen eines Meldeversäumnisses zu einer Minderung nach § 31 a hinzu.

II. Meldeversäumnis

2   **1. Meldepflicht.** Nach § 59 sind die Vorschriften über die allgemeine Meldepflicht gem. § 309 SGB III im SGB II entsprechend anzuwenden. § 32 sanktioniert Verstöße gegen die in § 309 SGB III iE geregelten Meldepflichten. Nach § 309 Abs. 1 S. 1 SGB III hat sich der Grundsicherungsempfänger ab Antragstellung **persönlich bei dem Grundsicherungsträger zu melden** oder zu einem ärztlichen

oder psychologischen Untersuchungstermin zu erscheinen, wenn der Grundsicherungsträger ihn dazu auffordert (sog. Allgemeine Meldepflicht). Nach § 309 Abs. 2 SGB III kann die Aufforderung zu den dort genannten Meldezwecken erfolgen. § 309 Abs. 2 SGB III nennt die Berufsberatung, die Vermittlung in Ausbildung und Arbeit, die Vorbereitung aktiver Arbeitsförderungsleistungen, Vorbereitung von Entscheidungen im Leistungsverfahren und die Prüfung des Vorliegens der Voraussetzungen für den Leistungsanspruch als Meldezwecke. Der Abschluss einer Eingliederungsvereinbarung stellt allenfalls im Rahmen der Vorbereitung aktiver Arbeitsförderungsmaßnahmen einen legitimen Meldezweck dar (noch enger SG Magdeburg, 6. 12. 2005 – S. 27 AS 702/05 ER).

2. Meldeaufforderung. In hohem Maße umstritten ist die Frage, ob es sich bei der sog. Meldeaufforderung um einen **Verwaltungsakt iSd. § 31 SGB X handelt** und welche Anforderungen an die Bestimmtheit und Begründetheit des Meldezwecks zu stellen sind (vgl. mzwN Blüggel in Eicher/Spellbrink, § 59 Rn. 10). Zu § 309 SGB III wird überwiegend vertreten, dass die Meldeaufforderung Verwaltungsakt sei (vgl. nur Behrend in Eicher/Schlegel, SGB III, § 309 Rn. 51; Düe in Niesel, SGB III, § 309 Rn. 6). Wird in der Meldeaufforderung ein bestimmter Termin genannt, zu dem der Leistungsempfänger zu erscheinen hat, und zugleich die Rechtsfolge einer Sanktion gem. § 32 angedroht, so besteht kein Zweifel, dass es sich hier um die „Regelung" eines Einzelfalls mit Außenwirkung iSd. § 31 SGB X handelt. Dies hat zur Konsequenz, dass bereits dieser Meldeaufforderungs-VA mit Widerspruch und Klage angefochten werden kann – so auch Folgerung aus § 39 Nr. 4. (Dies entspricht iÜ auch § 336 a S. 1 Nr. 4 SGB III; vgl. Eicher In Kassler Handbuch des Arbeitsförderungsrechts, 2003, § 40 Rn. 4). Danach haben Widerspruch und Klage keine aufschiebende Wirkung. Um die Rechtsfolgen des § 32 auslösen zu können, bedarf es des Nachweises der Meldeaufforderung. Wird der Zugang bestritten, trifft den Grundsicherungsträger die objektive Beweislast für den Zugang (LSG Baden-Württemberg 14. 3. 2008 – L 8 AS 5579/07; Sächsisches LSG 16. 12. 2008 – L 7 B 613/08 AS-ER).

3. Meldepflichtige. Alle Leistungsberechtigten. Die Pflicht gilt mithin auch für sog. Aufstocker, d. h Arbeitnehmer in einem sozialversicherungspflichtigen Beschäftigungsverhältnis im Niedriglohnbereich (eher zweifelnd SG Koblenz, 4. 9. 2006 – S 13 AS 190/06 ER). Ebenso gilt § 32 für lediglich über die sog. horizontale Berechnungsmethode gem. § 9 Abs. 2 S. 3 in das SGB II **einbezogene Mitglieder der Bedarfsgemeinschaft,** die isoliert betrachtet nicht hilfebedürftig wären (hierzu Spellbrink § 9 Rn. 11 ff.). Hier allerdings bei der Frage, ob der Leistungsberechtigte einen wichtigen Grund für sein Meldeversäumnis hat, in verfassungskonformer Weise großzügig vorzugehen. Aus § 32 folgt, dass auch Sozialgeldempfänger der Meldepflicht unterliegen (s. auch BT-Drs. 17/3404, S. 112). In Betracht kommt für diesen Personenkreis insbesondere eine Pflicht, sich einer Untersuchung zu unterziehen. **Kinder und Jugendliche** bis zum 16. Lebensjahr sind von der Sanktion des § 32 nicht betroffen. Dieses folgt aus der Bezugnahme auf den maßgebenden Regelbedarf nach § 20, der lediglich Leistungsberechtigte ab dem 16. Lebensjahr erfasst. Bis einschließlich des 15. Lebensjahres gilt § 23 Abs. 1 Nr. 1.

4. Meldeversäumnis. a) Sanktionsereignis. Das Meldeversäumnis liegt vor, wenn der Aufgeforderte sich nicht zum richtigen Zeitpunkt und an dem Ort meldet, der in der Aufforderung genannt ist. Nach Auffassung des Bayerischen LSG ist auch ein kurzes wortloses Erscheinen zum Meldetermin keine Erfüllung der Meldepflicht (3. 1. 2011 – L 7 AS 921/10 B ER).

b) Wichtiger Grund (Abs. 1 S. 2). Weiterhin darf der Leistungsberechtigte für sein Verhalten keinen wichtigen Grund haben (siehe zu diesem allgemeinen Gegenrecht s. § 31 Knickrehm Rn. 23 ff). Ggf. darf die **Frist zur Meldung** nicht zu kurz sein (etwa bei sog. Aufstockern, die einer Berufstätigkeit nachgehen). Auch hinsichtlich der Erforderlichkeit einer körperlichen oder psychologischen Untersuchung kann unter grundrechtlichen Gesichtspunkten (Eingriff in die körperliche Integrität gem. Art. 2 Abs. 2 GG) ein wichtiger Grund in Betracht kommen. Zu berücksichtigen ist auch, dass § 309 Abs. 4 SGB III eine Regelung enthält, nach der die notwendigen **Reisekosten zum Meldetermin** übernommen werden können. Im Rahmen des SGB II wird nicht davon ausgegangen werden können, dass die Reisekosten zu einem ggf. entfernt liegenden Grundsicherungsträger vom Regelbedarf des § 20 umfasst sind. Im Übrigen handelt es sich um Aufwendungen zur Eingliederung, die im Rahmens „Förderns" gesondert abzurechnen sind. Auch aus dem Mangel an finanziellen Mitteln für die Fahrt zum Grundsicherungsträger kann dem Grundsicherungsempfänger ein wichtiger Grund erwachsen (ebenso Winkler in Gagel § 31 Rn. 97; vgl. zu den Fahrkosten bei Meldeterminen nach § 59 auch BSG, 6. 12. 2007 – B 14/7b 50/06 R, keine Begrenzung/Budgetierung des Kostenersatzes auf 6 Euro). **Kein wichtiger Grund**: Abholung eines 12-jährigen Kindes von der Schule ohne Gründe für die Notwendigkeit der Begleitung, Hessisches LSG 5. 11. 2007 – L 6 AS 279/07 ER; beschädigte Kleidung, SG Koblenz 1. 6. 2006 – S 11 AS 317/05; Eigenmächtiges Verschieben eines Meldetermins ohne Absprache mit dem Leistungsträger, SG Potsdam 18. 8. 2009 – S 46 AS 218/09; Pauschaler Hinweis auf die Erkrankung eines Familienangehörigen, LSG Berlin-Brandenburg 9. 5. 2008 – L 28 B 519/08 AS PKH; Irrtum über Datum eines in einem Aufforderungsschreiben zur persönlichen Vorsprache genannten Termins, LSG Nordrhein-Westfalen 13. 7. 2007 – L 20 B

114/07 AS; Gesundheitliche Gründe, wenn Zweifel an der Arbeitsunfähigkeitsbescheinigung bestehen, BSG 9. 11. 2010 – B 4 AS 27/10 R; Aber **wichtiger Grund**: Pflegeverpflichtungen, Krankheiten und Todesfälle in der Familie, SG Reutlingen 20. 11. 2007 – S 12 AS 3858/07 ER.

III. Rechtsfolge

7   1. **Minderungsumfang.** Auf Grund der Neuregelung durch das RegelbedarfsÄndG (s. oben unter Rn. 1) folgt aus dem Vorliegen des Sanktionsereignisses des § 32 die Minderung des nach § 20 maßgebenden Regelbedarfs um 10 Prozent, ohne dass es eine weitere Stufe wie nach § 31a Abs. 1 für die Sanktionsereignisse nach § 31 gibt. Die geringere Sanktion gegenüber den Pflichtverletzungen nach § 31 wird damit begründet, dass **Meldeversäumnisse weniger schwer** wiegen (BT-Drs. 15/1516, S. 60). Allerdings tritt nunmehr die Minderung nach § 32 zu der des § 31a, auch kumulativ hinzu (§ 32 Abs. 2 S. 1). Sollte durch das Hinzutreten einer Minderung auf Grund eines Meldeversäumnisses eine Minderung von mehr als 30 Prozent eintreten, findet § 31a Abs. 3 entsprechend Anwendung, so dass die unter § 31a Rn. 12ff beschriebene Gewährleistung des Existenzminimums durch ergänzende Sach- und geldwerte Leistungen auch für die Folgen eines Meldeversäumnisses erfolgt.

8   2. **Sanktionszeitraum.** Er beträgt auch bei Meldeversäumnissen drei Monate (§ 32 Abs. 2 iVm § 31b Abs. 1 S. 3) und Sanktionszeiträume können sich überlappen (BT-Drs. 17/3404, S. 112). Auch im Übrigen gelten die Regeln des § 31b nach § 32 Abs. 2 S. 2 entsprechend (s. iE S. Knickrehm § 31b). Hinsichtlich der **Rechtsfolgenbelehrung** ist bei § 32 zu beachten, dass die Behörde auch deutlich machen muss, ob ein Mitwirkungsbegehren gem. §§ 60ff. SGB I (mit der Sanktion einer Versagung der Leistung gem. § 66 SGB I) oder eine Meldeaufforderung gem. § 59 iVm. § 309 SGB III ergeht (hierzu auch BSG, 1. 6. 2006 – B 7a AL 26/05 R). Zur Rechtsfolgenbelehrung und der Kenntnis der Rechtsfolgen s. S. Knickrehm § 31 Rn. 20f.

Unterabschnitt 6. Verpflichtungen Anderer

§ 33 Übergang von Ansprüchen

(1) ¹Haben Personen, die Leistungen zur Sicherung des Lebensunterhalts beziehen, für die Zeit, für die Leistungen erbracht werden, einen Anspruch gegen einen Anderen, der nicht Leistungsträger ist, geht der Anspruch bis zur Höhe der geleisteten Aufwendungen auf die Träger der Leistungen nach diesem Buch über, wenn bei rechtzeitiger Leistung des Anderen Leistungen zur Sicherung des Lebensunterhalts nicht erbracht worden wären. ²Satz 1 gilt auch, soweit Kinder unter Berücksichtigung von Kindergeld nach § 11 Absatz 1 Satz 4 keine Leistungen empfangen haben und bei rechtzeitiger Leistung des Anderen keine oder geringere Leistungen an die Mitglieder der Haushaltsgemeinschaft erbracht worden wären. ³Der Übergang wird nicht dadurch ausgeschlossen, dass der Anspruch nicht übertragen, verpfändet oder gepfändet werden kann. ⁴Unterhaltsansprüche nach bürgerlichem Recht gehen zusammen mit dem unterhaltsrechtlichen Auskunftsanspruch auf die Träger der Leistungen nach diesem Buch über.

(2) ¹Ein Unterhaltsanspruch nach bürgerlichem Recht geht nicht über, wenn die unterhaltsberechtigte Person

1. mit der oder dem Verpflichteten in einer Bedarfsgemeinschaft lebt,
2. mit der oder dem Verpflichteten verwandt ist und den Unterhaltsanspruch nicht geltend macht; dies gilt nicht für Unterhaltsansprüche
   a) minderjähriger Leistungsberechtigter,
   b) Leistungsberechtigter, die das 25. Lebensjahr noch nicht vollendet und die Erstausbildung noch nicht abgeschlossen haben,
   gegen ihre Eltern,
3. in einem Kindschaftsverhältnis zur oder zum Verpflichteten steht und
   a) schwanger ist oder
   b) ihr leibliches Kind bis zur Vollendung seines sechsten Lebensjahres betreut.

²Der Übergang ist auch ausgeschlossen, soweit der Unterhaltsanspruch durch laufende Zahlung erfüllt wird. ³Der Anspruch geht nur über, soweit das Einkommen und Vermögen der unterhaltsverpflichteten Person das nach den §§ 11 bis 12 zu berücksichtigende Einkommen und Vermögen übersteigt.

(3) ¹Für die Vergangenheit können die Träger der Leistungen nach diesem Buch außer unter den Voraussetzungen des bürgerlichen Rechts nur von der Zeit an den Anspruch geltend machen, zu welcher sie der oder dem Verpflichteten die Erbringung der Leistung

schriftlich mitgeteilt haben. ²Wenn die Leistung voraussichtlich auf längere Zeit erbracht werden muss, können die Träger der Leistungen nach diesem Buch bis zur Höhe der bisherigen monatlichen Aufwendungen auch auf künftige Leistungen klagen.

(4) ¹Die Träger der Leistungen nach diesem Buch können den auf sie übergegangenen Anspruch im Einvernehmen mit der Empfängerin oder dem Empfänger der Leistungen auf diese oder diesen zur gerichtlichen Geltendmachung rückübertragen und sich den geltend gemachten Anspruch abtreten lassen. ²Kosten, mit denen die Leistungsempfängerin oder der Leistungsempfänger dadurch selbst belastet wird, sind zu übernehmen. ³Über die Ansprüche nach Absatz 1 Satz 3 ist im Zivilrechtsweg zu entscheiden.

(5) **Die §§ 115 und 116 des Zehnten Buches gehen der Regelung des Absatzes 1 vor.**

Abs. 1 Satz 2 eingefügt durch Gesetz zur Neuausrichtung arbeitsmarktpolitischer Instrumente vom 21. 12. 2008, BGBl. I, 2917. Anpassung der Vorschrift im Sinne des Gender Mainstreaming und redaktionelle Anpassung an den Begriff der oder der Leistungsberechtigten sowie der geänderten Vorschriften (BT-Drucks 17/3404, S 112) durch Art 2 Nr. 31 RegelbedarfsÄndG (GBBl I, 2011, 453).

A. Normzweck

§ 33 dient dazu den **Nachrang**grundsatz v. § 3 Abs. 3 und § 9 Abs. 1 zu sichern (vgl. BSG 27. 1. 2009 – B 14 AS 42/07 R; BSG 18. 2. 2010 – B 4 AS 49/09 R). Zugleich ist er Spiegelbild zur Regelung des § 5 Abs. 1, nach der Leistungen Anderer – auch Unterhaltsleistungen – durch Leistungen nach dem SGB II nicht berührt werden (vgl. hierzu S. Knickrehm, § 5 Rn. 3; Spellbrink § 9). Da andererseits nur bereite Mittel der „Hilfebedürftigkeit" iSd. § 7 Abs. 1 Nr. 3 iVm. § 9 Abs. 1 letzter Hs. entgegenstehen, ist der Grundsicherungsträger, wenn der Leistungsberechtigte den Anspruch – insb. einen Unterhaltsanspruch bisher nicht realisieren konnte – zur Durchsetzung von § 3 Abs. 3 und § 9 Abs. 1 darauf angewiesen, dass dieser Anspruch auf ihn übergeht. Allerdings macht § 33 Abs. 1 zugleich deutlich, dass Unterhaltsansprüche, die der vermeintlich Unterhaltspflichtige nicht erfüllt, auf den Grundsicherungsträger übergehen. Sie können daher vom Grundsicherungsträger umgekehrt nicht zu Lasten des Leistungsberechtigten als Einkommen oder verwertbares Vermögen berücksichtigt werden (BSG 2. 7. 2009 – B 14 AS 75/08 R; s. auch LSG Hamburg 28. 1. 2008 – L 5 B 21/08 ER AS). Wendet sich ein Unterhaltsverpflichteter gegen die Überleitung vor dem SG, gehört er nicht zum kostenprivilegierten Personenkreis iS § 183 SGG (LSG Berlin-Brandenburg 15. 8. 2008 – L 26 B 360/08 AS). Die Regeln für diesen Anspruchsübergang legt § 33 fest, allerdings nur soweit es sich um zeitlich kongruente Ansprüche handelt (vgl. Link in Eicher/Spellbrink, § 33 Rn. 1). § 33 sichert dem Träger einen Anspruchsübergang kraft Gesetzes (Legalzession), wenn es sich nicht um einen Anspruch gegen einen anderen Leistungsträger iS v. § 12 SGB I handelt (Fassung des § 33 ab dem 1. 7. 2006 – zuvor cessio magistralis, also Überleitung durch öffentlich-rechtlichen Hoheitsakt). Mit Legalzession wird nunmehr Gleichklang mit § 94 SGB XII für bürgerlich-rechtliche Unterhaltsansprüche erreicht. Da § 33 jedoch nur die öffentlich-rechtlichen Voraussetzungen des Anspruchsübergangs regelt, sind Streitigkeit über das Bestehen des Anspruchs auf dem für den jeweiligen Anspruch zuständigen Rechtsweg zu klären. Übergang bewirkt Gläubigerwechsel, ohne die Rechtsnatur des übergegangenen Anspruchs zu tangieren. Anspruch des Leistungsberechtigten gegen Leistungsträger bleibt ebenfalls unberührt; er kann weiterhin alle Gestaltungsrechte ausüben, insbesondere auch Leistungsbewilligung anfechten (vgl. Link in Eicher/Spellbrink, § 33 Rn. 42). Schuldner kann seine Rechte im Übrigen gegenüber dem SGB II-Leistungsträger ohne Einschränkung durch den Übergang wahrnehmen. 1

B. Kommentierung im Einzelnen

I. Voraussetzungen des Anspruchsübergangs (§ 33 Abs. 1 S. 1, 2, 3)

1. Erbrachte Leistungen zur Sicherung des Lebensunterhalts. Der Anspruchsübergang des § 33 greift nur bei **Leistungen zur Sicherung** des Lebensunterhalts iSv. § 1 Abs. 2 Nr. 2 (Regelleistung [§ 20], Leistungen für Mehrbedarfe [§ 21], KdU [§ 22], einmaligen Leistungen [§ 23 Abs. 3, 6], Zuschuss zu freiwilligen Beiträgen [§ 26] und Beiträge zu GKV und soz. Pflegeversicherung [Annex z. Regelleistung]; Sozialgeld [§ 19 Abs. 1 iVm § 23]) nicht bei **Eingliederungsleistungen** iSv. § 1 Abs. 2 Nr. 1 (auch Einstiegsgeld – § 16b). Wird ein **Darlehen** für Leistungen zur Sicherung des Lebensunterhalts verbracht (zB § 24 Abs. 1, 4 oder 5) besteht der Anspruchsübergang nach § 33 vom Zeitpunkt der Darlehensgewährung an, allerdings kommt dem Anspruchsübergang hier nur eine die Rückzahlung sichernde Funktion zu. Nur soweit das Darlehen nicht getilgt wird, sind Leistungen iSv. § 33 Abs. 1 S. 1 erbracht worden – bei vollständiger Tilgung Anspruch des Leistungsverpflichteten auf Rückübertragung des übertragenen Anspruchs (vgl. Link in Eicher/Spellbrink § 33 Rn. 13a, mwN). 2

Erforderlich ist tatsächliche **Erbringung der Leistungen** – Bewilligung reicht nicht. Auf **Rechtmäßigkeit** der Gewährung kommt es nach dem Wortlaut von § 33 nicht an (so auch Fügemann in Hauck/Noftz, § 33 Rn. 56 f.; Wahrendorf in Grube/Wahrendorf, § 94 SGB XII Rn. 12; Münder in LPK-SGB II, § 33 Rn. 10). Schützenswerte Belange des Leistungsempfängers werden dadurch ebenso wenig, wie die des Schuldners verletzt (Gläubiger muss zu Unrecht empfangene Leistung zwar ggf. erstatten [§§ 45, 50 SGB X] u. vorrangig vor Inanspruchnahme des Dritten u. bei Erstattung ist übergegangene Forderung zurück zu übertragen – schlägt Rückforderung fehl, verbleibt der übergegangene Anspruch beim Leistungsträger und Gläubiger erleidet wirtschaftlich keinen Schaden; Schuldner sieht sich nur anderem Gläubiger gegenüber, an seiner Zahlungsverpflichtung ändert Anspruchsübergang nichts).

3   **2. Anspruch gegen Anderen, der nicht Leistungsträger ist.** Grundsatz der **Personenidentität** – Person der Hilfe gewährt wird u. die anspruchsberechtigt gegen einen Anderen ist, muss identisch sein (s. Wahrendorf in Grube/Wahrendorf, § 94 SGB XII, Rn. 13; s. allerdings S. 2, iE unter Rn. 7). In Bg. besteht Personenidentität grundsätzlich mithin nur, soweit der Anspruch auf Leistungen zur Sicherung des Lebensunterhalts der Person zusteht, die auch den Anspruch gegen den Anderen hat – Ausnahme nunmehr bei Kind, das keine Leistungen empfangen hat – Abs. 1 S. 2 (vgl. z. Individualanspruch, S. Knickrehm § 7 Rn. 12); grundsätzlich werden Ansprüche der anderen Bg.-Mitglieder nicht erfasst (vgl. Link in Eicher/Spellbrink § 33 Rn. 16). Wenn allerdings die Berechnung der Grundsicherungsleistung unter Berücksichtigung von **§ 9 Abs. 2 S. 3** erfolgt, das Mitglied der Bg. das einen Anspruch gegen einen Anderen hat, seinen eigenen Bedarf darüber hinaus durch Einkommen decken kann, der Bg. gleichwohl Leistungen gewährt werden, weil mit dem Einkommen nicht deren Gesamtbedarf gedeckt werden kann, geht der Anspruch gegen den Anderen ggf. dennoch auf den Leistungsträger über, und zwar in Höhe des individuellen Anteils des Anspruchsinhabers am Gesamtbedarf der Bg. (bisher als Regelungslücke vom Gesetzgeber bestritten, s. BT-Drs. 16/10.810, Nr. 13 zu § 33, anders jedoch Beschlussempfehlung s. Bericht des 11. Ausschusses, BT-Drs. 16/11.233, S. 17; zur Einsatzgemeinschaft s. Münder in LPK-SGB II, § 33 Rn. 11; z. verfassungsrechtlichen Problematik: Link in Eicher/Spellbrink § 33 Rn. 30 b) – s. Wortlaut: „... bis zur Höhe der erbrachten Leistung ...".

4   Anspruch gegen den Anderen geht auf **leistenden Träger** über, bei Optionskommunen anteilig zwischen AA und kommunalem Träger; Haben AA und kommunaler Träger Leistungen erbracht, erfolgt Aufteilung nach § 19 Abs. 3 (zunächst AA und dann kommunaler Träger), denn bei rechtzeitiger Leistung des Anderen wäre seine Leistung als Einkommen bei der Berechnung der Leistung zur Sicherung der Lebensunterhalts zu berücksichtigen (vgl. Link in Eicher/Spellbrink, § 33 Rn. 17). **Anderer** darf nicht Leistungsträger sein – ansonsten alle natürlichen und juristischen Personen des privaten und öffentlichen Rechts. Voraussetzung ist ferner das **Bestehen eines Anspruchs.** Kein Verzicht des SGB II-Leistungsberechtigten auf Anspruch mehr möglich, wenn Unterhaltsanspruch bereits nach § 33 Abs. 2 auf den Grundsicherungsträger übergegangen ist (S. SG Schwerin 15. 6. 2010 – S 19 AS 614/08). Anspruch kann **privat- oder öffentlichrechtlicher Natur, einmalig** oder **laufend** sein, ist unabhängig davon, ob er **übertragen, gepfändet** o. **verpfändet** werden kann (s. **§ 33 Abs. 1 S. 2**) und es sich um eine Geld- o. Naturalleistung handelt. Übertragungsfähig ist jedoch nur ein Anspruch der im Zeitpunkt des Zuflusses **berücksichtigungsfähigem Einkommen** iSd. § 11 oder **nicht privilegiertem Vermögen** iSd. § 12 entspricht (s Münder in LPK-SGB II, § 33 Rn. 29); anderenfalls fehlte es an der Kausalität (s. Rn. 7) zwischen überzuleitendem Anspruch u. Gewährung v. SGB II-Leistungen (überleitungsfähig sind: Bereicherungsansprüche, Leibrente, Pflichtteilsanspruch, Unterhaltsanspruch – künftige Ansprüche gehen mit Entstehung über, soweit weitere Voraussetzungen des § 33 erfüllt; nicht übertragungsfähig: Schmerzensgeld, Ansprüche die unter §§ 115, 116 SGB X fallen; fraglich: Wohnrecht – s. iE mit weiteren Beispielen, Link in Eicher/Spellbrink, § 33 Rn. 21 ff.; Münder in LPK-SGB II, § 33 Rn. 15 ff) Verzicht vor Übergang ist wirksam, wenn nicht sittenwidrig; Verzicht nach Übergang immer unwirksam.

5   Zeitraum in dem Leistung zur Sicherung des Lebensunterhalt erbracht wird, muss mit zeitlicher Leistungspflicht des Anderen übereinstimmen **(Zeitraumidentität).** Anspruch gegen den Anderen muss im Zeitpunkt der Gewährung der Grundsicherungsleistung fällig sein; nicht erforderlich, dass er für Zeitraum der Leistungsbewilligung bestimmt ist. Anspruch geht bis zur **Höhe** der erbrachten Leistung zur Sicherung des Lebensunterhalts über (Maximalhöhe). Bei Leistungen für **KdU**, ohne Kosten für Heizung und Warmwasserversorgung, gehen nur **44%** über. Höhe folgt aus entsprechender Anwendung v. § 40 Abs. 4 S. 1 (Rückforderung von Leistungen nach § 50 SGB X), dem der Gedanke zu Grunde liegt, SGB II-Leistungsempfänger solle nicht schlechter gestellt werden als Wohngeldempfänger. Wohngeld unterliegt nicht der Rückforderung, so dass auch Leistungen für KdU bis zur Höhe des Wohngeldes nicht erstattet werden müssen.

6   Übergang nur, wenn bei rechtzeitiger Leistung des Anderen Hilfebedürftigkeit nicht o. nur in geringer Höhe entstanden oder diese weggefallen wäre **(Kausalität).** Prüfungsreihenfolge: Zunächst ist zu unterstellen, der Andere hätte rechtzeitig geleistet. Dann ist zu ermitteln, ob der Hilfebedürftige in diesem Fall Leistungen zur Sicherung des Lebensunterhalts erhalten hätte, unter Beachtung der Gren-

zen von §§ 11, 12 (s. Rn. 5). Wenn Leistungen zu gewähren wären, Überleitung des Anspruchs, sofern er überleitungsfähig ist, in Höhe der Grundsicherungsleistung (s. Rn. 4–6).

3. **Anspruchsübergang, auch wenn für Kind keine Leistungen zur Sicherung des Lebensunterhalts 7 erbracht worden sind (Satz 2).** Nach Begründung im Gesetzentwurf (BT-Drs. 16/10.810, Nr. 13 zu § 33) – geändert auf Beschlussempfehlung des 11. Ausschusses (BT-Drs. 16/11.233, S. 17), soll mit der Einfügung von Satz 2 eine Regelungslücke geschlossen werden. Es soll auch dann ein Anspruchsübergang eintreten, wenn ein Kind des Anspruchsinhabers aufgrund eigenen Einkommens und Berücksichtigung des bei ihm zur Sicherung des Lebensunterhalts benötigten Kindergeldes trotz ausbleibender Leistungserfüllung nicht hilfebedürftig ist. Leistungsempfänger und Forderungsinhaber wären dann nicht identisch, so dass nach der in der Gesetzesbegründung vertretenen Rechtsauffassung ein Anspruchsübergang nicht eintreten würde (s. aber Rn. 3). Der Leistungsträger hätte dann höhere Aufwendungen zu tragen, als dieses bei rechtzeitiger Leistung an das Kind der Fall wäre. Das Kindergeld würde nämlich dann der Bg. als Einkommen zur Verfügung stehen und deren Leistungsanspruch insgesamt senken.

II. Besonderheiten bei bürgerlich-rechtlichen Unterhaltsansprüchen (§ 33 Abs. 1 S. 4 und Abs. 2)

1. **Bedarfsgemeinschaft (S. 1 Nr. 1).** Für bürgerlich-rechtliche Unterhaltsansprüche gelten **Be-** 8 **sonderheiten:** Kein Übergang, wenn die hilfebedürftige Person mit dem Unterhaltsverpflichteten in einer Bg. (z Bg. s. S. Knickrehm § 7 Rn. 12) lebt, denn innerhalb der Bg. wird das Einkommen der Angehörigen bei der Leistungsberechnung bereits berücksichtigt (§ 9 Abs. 2). Lebt jedoch Kind mit nur einem Elternteil in Bg. und hat Kind Unterhaltsanspruch gegen getrenntlebenden Elternteil, dann geht dieser auf den Leistungsträger über.

2. **Verwandte (S. 1 Nr. 2 und 3).** Grundsatz: Kein Übergang des Unterhaltsanspruchs gegen 9 Verwandte, wenn er nicht **geltend gemacht** wird (§ 33 Abs. 2 S. 1 Nr. 2 Hs. 1) – anders jedoch Ehegattenunterhalt, es sei denn **Zusammenleben in Bg.** (§ 33 Abs. 2 S. 1 Nr. 1). Umgekehrt bedeutet dieses: Unterhaltsansprüche, die tatsächlich geltend gemacht werden, gehen über (Geltendmachung bedeutet: Mahnung/Versetzen in Zahlungsverzug, Auskunftsverlangen o. Rechtshängigkeit – s. § 1613 Abs. 1 BGB, s. Hänlein in Gagel, § 33 SGB II, Rn. 32; Grote-Seifert in Juris-PK-SGB II, § 33 Rn. 53; Link in Eicher/Spellbrink, § 33 Rn. 34). Keine Privilegierung für Eltern Minderjähriger (§ 33 Abs. 2 S. 1 Nr. 2a), also Kinder **bis zur Vollendung des 18. Lebensjahres** (so auch Grot-Seifert in Juris-PK-SGB II, § 33 Rn. 55; aA wohl Link in Eicher/Spellbrink, § 33 Rn. 34, der nur 15- bis 18-jährigen hierunter fassen will), die nicht mit ihrem Kind in einer Bg. leben (ansonsten § 33 Abs. 2 S. 1 Nr. 1). Eltern sind ihren Kindern gegenüber verschärft unterhaltspflichtig. Von der Privilegierung ausgenommen auch Eltern von Jugendlichen **bis zur Vollendung des 25. Lbj.,** wenn die Erstausbildung noch nicht abgeschlossen ist (§ 33 Abs. 2 S. 1 Nr. 2b). Gilt – je nach den Umständen des Einzelfalls auch, wenn Erstausbildung nicht beendet und andere Ausbildung aufgenommen wird. Grenze: Nachhaltige Verletzung der Ausbildungsobliegenheit (vgl. Link in Eicher/Spellbrink § 33 Rn. 34). Nach Vollendung des 25. Lbj. nur Überleitung des Unterhaltsanspruchs, wenn er geltend gemacht wird (§ 33 Abs. 1 S. 1 Nr. 2 Hs. 1). Ferner kein Übergang des Unterhaltsanspruchs von **schwangeren Kindern** gegenüber ihren Eltern und Kindern, die ihr leibliches **Kind bis zur Vollendung des 6. Lebensjahres betreuen** (§ 33 Abs. 2 S. 1 Nr. 3a und 3b). Zwar mag der Grundgedanke auf § 9 Abs. 3 zurückgehen – kein Schwangerschaftsabbruch, weil zu befürchten ist, dass für SGB II-Leistungen Regress bei den Eltern genommen wird –, allerdings käme bei Zusammenleben der Eltern mit dem Kind in der Bg. ein Anspruchsübergang wg. § 33 Abs. 2 S. 1 Nr. 1 ohnehin nicht in Betracht (aA wohl Hänlein in Gagel, § 33 Rn. 35).

3. **Laufende Leistungen (Satz 2).** Übergang ist ausgeschlossen, wenn Unterhaltsanspruch durch 10 laufende Leistungen – regelmäßige Zahlungen für den aktuellen Leistungszeitraum – erfüllt wird, auch wenn Unterhaltszahlungen erst Mitte des Monats geleistet werden, der SGB II-Leistungszeitraum hingegen bereits zu Anfang des Monats begonnen hat. Folglich: Befreiende Leistung des Unterhaltsschuldners – ohne Überleitung – auch wenn Leistungsträger auf künftigen Unterhaltsanspruch geklagt hat (vgl. Link in Eicher/Spellbrink, § 33 Rn. 36).

4. **Beschränkung des Übergangs (Satz 3).** Vergleichsberechnung, die neben die Berechnung 11 des Selbstbehalts tritt. Einkommen und Vermögen des Unterhaltsberechtigten muss dessen nach §§ 11, 12 zu berücksichtigendes Einkommen übersteigen. Anderenfalls ist ein Übergang ausgeschlossen. Hintergrund: Vermeidung von Hilfebedürftigkeit des Unterhaltsverpflichteten. Problem: Unterschiedliche Maßstäbe für unterhalts- und grundsicherungsrechtliche Berechnung des Leistungsvermögens des Unterhaltsverpflichteten. Link schlägt daher vor, dass Leistungsträger sich an dem für den Unterhaltsverpflichteten günstigsten Ergebnis zu orientieren hätten. Nur der für den Unterhaltsverpflichteten günstigere Betrag gehe über (vgl. Link in Eicher/Spellbrink, § 33 Rn. 37a). Grundsätzlich ist zwar nur auf den Bedarf des Unterhaltsverpflichteten abzustellen, nach System des SGB II kann

sein Bedarf jedoch auch durch den Bedarf der Bg. – also auch der neuen Familie – geprägt sein, in dem der Unterhaltsverpflichtete als Mitglied der Bg. hilfebedürftig in dem Verhältnis seines Bedarfs zum Gesamtbedarf der Bg. ist (§ 9 Abs. 2 S. 3; aA Fügemann in Hauck/Noftz SGB II, § 33 Rn. 31; Münder in LPK-SGB II, § 33 Rn. 38, allerdings unter Zugrundelegung der sozialhilferechtlichen Konstruktion der Bg. als „Einsatzgemeinschaft"; wohl auch Link in Eicher/Spellbrink, § 33 Rn. 37b). Problem insoweit, dass durch Berücksichtigung des Bedarfs der anderen Angehörigen der Bedarfsgemeinschaft (s. auch für die Kinder des neuen Partners, BSG 13. 11. 2008 – B 14 AS 2/08 R, anhängig beim BVerfG 1 BvR 1083/09; s auch BSG zur alten Rechtslage 8. 2. 2010 – B 4 AS 5/09 R) die zivilrechtlichen Regelungen über die Unterhaltsrangfolge umgangen werden können.

III. Übergang vergangener und zukünftiger (Unterhalts-)Leistungen (Abs. 3 und Abs. 1 S. 3)

12 **1. Übergang für die Vergangenheit.** Leistungsträger können nach § 33 Abs. 3 S. 1, außer unter den Voraussetzungen des bürgerlichen Rechts (Geltendmachung bei Unterhaltsansprüchen [zur Begrenzung v. Abs. 3 auf Unterhaltsansprüche vgl. Fügeman in Hauck/Noftz SGB II, § 33 Rn. 107) durch Auskunftsverlangen, Herbeiführung des Verzugs, Rechtshängigkeit o. rechtskräftiger Titel, s. Rn. 9), den Übergang des Anspruchs von dem Moment an geltend machen, von dem an sie dem Verpflichteten die Erbringung der Leistung zur Sicherung des Lebensunterhalts schriftlich angezeigt haben (**Rechtswahrungsanzeige** – vgl. auch § 94 Abs. 4 SGB XII). Rechtswahrungsanzeige setzt öffentlich-rechtlichen Verzugstatbestand voraus, der allerdings erst zulässig ist, wenn Leistung zur Sicherung des Lebensunterhalts bewilligt worden ist (Erbringung ist mit Bewilligung gleichzusetzen, weil ansonsten Monat der Erstgewährung zur Herstellung des Nachrangs verloren ginge, s. Fügemann in Hauck/Noftz SGB II, § 33 Rn. 114; vgl. auch Link in Eicher/Spellbrink, § 33 Rn. 38b). Rechtswahrungsanzeige ist kein VA (so auch Münder in LPK-SGB II, § 33 Rn. 67) und verliert ihre Wirkung, wenn Leistungsberechtigter aus dem SGB II-Leistungsbezug ausscheidet (auch bei Wechsel der Zuständigkeit), unabhängig davon für welchen Zeitraum. Dann erneute Anzeige erforderlich. Rechtswahrungsanzeige muss schriftlich erfolgen und entfaltet Wirksamkeit erst mit Zustellung an Schuldner.

13 **2. Übergang für die Zukunft (Abs. 3 S. 2).** Klagemöglichkeit des Grundsicherungsträgers auf Leistungen für die Zukunft, wenn die Grundsicherungsleistung voraussichtlich auf längere Zeit erbracht werden muss (§ 33 Abs. 3 S. 2). Erforderlich ist mithin **Prognose**, die wohl über den Regelbewilligungszeitraum des § 41 Abs. 1 S. 4 (Leistungen sollen für jeweils 6 Monate bewilligt und erbracht werden) hinausgehen sollte, vglbar § 41 Abs. 1 S. 5 (bis zu 12 Monaten, wenn wesentliche Änderungen der Verhältnisse in diesem Zeitraum nicht zu erwarten sind). Übergang gleichwohl erst, wenn Grundsicherungsleistungen erbracht worden sind.

14 **3. Übergang des Auskunftsanspruchs (Abs. 1 S. 3).** Unterhaltsansprüche gehen mit dem unterhaltsrechtlichen Auskunftsanspruch (§§ 1361 Abs. 4, 1580, 1695 BGB) auf den Leistungsträger über. (s. zum Verhältnis von § 33 Abs. 1 S. 3 zu § 60, s. Fügemann in Hauck/Noftz SGB II, § 33 Rn. 103; Grote-Seifert in Juris-PK-SGB II, § 33 Rn. 72; 60, Link in Eicher/Spellbrink § 33 Rn. 40a).

IV. Rückübertragung und Kostenübernahme (Abs. 4)

15 **1. Rückübertragung (Abs. 4 S. 1).** Nach Übergang ist Anspruch vom Leistungsträger geltend zu machen; zur **gerichtlichen Geltendmachung** kann der Anspruch nach § 33 Abs. 4 S. 1 – zur Entlastung der Leistungsträger – auf den Hilfebedürftigen – mit dessen **Einvernehmen** – rückübertragen und an den Leistungsträger abgetreten werden (Abtretungsvertrag nach § 398 S. 1 BGB).

16 **2. Kostenübernahme (Abs. 4 S. 2).** Wird Leistungsberechtigter durch Rückübertragung mit Kosten belastet, hat er einen Anspruch auf Erstattung der dadurch entstandenen Kosten gegen den Leistungsträger (Gerichtskosten und die des Anwalts, ggf. auch der Gegenseite; zu den Anwaltskosten s. LSG Nordrhein-Westfalen 1. 12. 2009 – L 19 B 239/09 AS). Rückübertragung ist von Kostenübernahme abhängig. Umstritten, ob Vorschusspflicht oder Freistellungsanspruch (s. iE Link in Eicher/Spellbrink, § 33 Rn. 40d). Wg. Hilfebedürftigkeit spricht einiges für Kostenvorschuss, wobei dann die prozessuale Fürsorgeleistung – Prozesskostenhilfe entfällt. Bei Streit über Kostenübernahme sozialgerichtlicher Rechtsweg.

17 **3. Zivilrechtsweg (Abs. 4 S. 3).** Über Unterhaltsansprüche ist im Zivilrechtsweg zu entscheiden (s. auch LSG Nordrhein-Westfalen 17. 7. 2008 – L 20 B 42/08 AS, L 20 B 32/08 AS ER).

V. Vorrang von §§ 115, 116 SGB X (Abs. 5)

18 Sind die Leistungsansprüche bereits nach §§ 115, 116 SGB X auf den Leistungsträger übergegangen, ist für Übertragung iSd. § 33 Abs. 1, wegen des bereit erfolgten gesetzlichen Forderungsübergangs (Arbeitsentgelt und Schadensersatzanspruch) kein Raum mehr. Aus diesem Grunde auch An-

spruchsübergang der auf Zahlung einer in einem gerichtlichen Vergleich vereinbarten Abfindung gegen den vormaligen Arbeitgeber gerichtet ist (so SG Darmstadt 7. 2. 2011 – S 20 AS 258/08).

§ 34 Ersatzansprüche bei sozialwidrigem Verhalten

(1) ¹Wer nach Vollendung des 18. Lebensjahres vorsätzlich oder grob fahrlässig die Voraussetzungen für die Gewährung von Leistungen nach diesem Buch an sich oder an Personen, die mit ihr oder ihm in einer Bedarfsgemeinschaft leben, ohne wichtigen Grund herbeigeführt hat, ist zum Ersatz der deswegen gezahlten Leistungen verpflichtet. ²Der Ersatzanspruch umfasst auch die geleisteten Beiträge zur Kranken-, Renten- und Pflegeversicherung. ³Von der Geltendmachung des Ersatzanspruchs ist abzusehen, soweit sie eine Härte bedeuten würde.

(2) ¹Eine nach Absatz 1 eingetretene Verpflichtung zum Ersatz der Leistungen geht auf den Erben über. ²Sie ist auf den Nachlasswert zum Zeitpunkt des Erbfalls begrenzt.

(3) ¹Der Ersatzanspruch erlischt drei Jahre nach Ablauf des Jahres, in dem die Leistung erbracht worden ist. ²Die Bestimmungen des Bürgerlichen Gesetzbuchs über die Hemmung, die Ablaufhemmung, den Neubeginn und die Wirkung der Verjährung gelten sinngemäß; der Erhebung der Klage steht der Erlass eines Leistungsbescheides gleich.

Neufassung von Abs. 1 durch Art. 2 Nr. 31 RegelbedarfsÄndG vom 24. 3. 2011 (BGBl I, 453) mit Wirkung zum 1. 4. 2011.

A. Normzweck

§ 34 dient ebenso wie § 33 der Durchsetzung des **Nachrang**grundsatzes (s. S. Knickrehm § 33 Rn. 1). Derjenige Volljährige, der den Leistungsbezug nach dem SGB II (aktive und passive Leistungen, s. BT-Drucks. 17/3404, S. 113) schuldhaft u. ohne wichtigen Grund herbeigeführt hat, ist zum Ersatz der erbrachten Leistungen verpflichtet. Leistungsberechtigten sind unabhängig von der Ursache der Hilfebedürftigkeit Leistungen nach dem SGB II zu gewähren. Liegt Hilfebedürftigkeit vor, sind die Leistungen zu Recht erbracht worden, Rückforderung und Erstattung nach §§ 45 ff. SGB X scheiden aus (§ 34 Abs. 1 S. 1 Nr. 1). § 34 regelt ausschließlich Ersatzanspruch wegen **sozialwidrigen rechtmäßigen Verhaltens** (s. BT-Drucks 17/3404, S. 113), im Gegensatz zum Ersatz rechtswidrig erlangter Leistungen nach § 34a. Ist Hilfebedürftigkeit aus **sozialwidrigen Gründen** herbeigeführt worden, wird dem Leistungsträger eine Möglichkeit sich „Ersatz" zu verschaffen an die Hand gegeben. Wenn Leistungsgewährung selbst rechtswidrig – etwa wg. falscher Angaben eines Dritten – (Fall v. § 34 Abs. 1 S. 1 Nr. 2) scheidet ebenfalls Erstattungsanspruch nach § 50 SGB X aus und Ersatzanspruch nach § 34a tritt ein (iE Rn. 4). 1

B. Kommentierung im Einzelnen

I. Personenkreis

Ersatzpflichtig sind **volljährige Personen,** die die Gewährung von Leistungen nach dem SGB II für sich o. die Angehörigen der Bg. herbeigeführt haben (Abs. 1 S. 1 Nr. 2). Bg. muss zum Zeitpunkt der Zahlung von Leistungen bestanden haben (§ 34 Abs. 1 S. 1). Spätere Auflösung der Bg. ändert an Ersatzpflicht nichts. 2

Ersatzberechtigt sind **Optionskommune,** oder **gemeinsame Einrichtung.** Bei gemeinsamer Einrichtung richtet sich interne Aufteilung der zu ersetzenden Kosten nach den tatsächlichen Aufwendungen – kein Fall des § 19 S. 3, da es nicht um Berücksichtigung von Einkommen geht (anders bei § 33, s. S. Knickrehm § 33 Rn. 5). 3

II. Leistungsersatz

1. Leistungen. Abs. 1 S. 1 Nr. 1: Alle Leistungen iSv. § 1 Abs. 1. Gewährung der Leistung selbst muss **rechtmäßig** gewesen sein. Ansonsten bleibt nur Aufhebung und Rückforderung durch den Leistungsträger nach §§ 45 ff. SGB X bzw § 34a, wenn Dritter vorsätzlich oder fahrlässig den rechtswidrigen Leistungsbezug herbeigeführt hat. Bewilligungsbescheid verliert allerdings mit Bescheid über Kostenersatz seine Wirkung. 4

Abs. 1 S. 1: Regelung bezieht sich nunmehr auf **sämtliche Leistungen des SGB II,** also sowohl aktive, als auch passive Leistungen einschließlich der Annex-Leistungen „Sozialversicherungsbeiträge" (Abs. 1 S. 2; zur Annex-Leistung vgl. BSG 1. 6. 2010 – B 4 AS 67/09 R), während bis zum 31. 3. 2011 (s. oben Änderung durch das RegelbedarfsÄndG) nach § 34 Abs. 1 Nr. 2 Anknüpfung nur an Zahlung von Leistungen zur Sicherung des Lebensunterhalts erfolgte (vormals §§ 19–26, 28). 5

Zahlung muss **zu Recht** erfolgt sein. Beispiel: Anspruch auf Einkommensteuerrückerstattung während des SGB II-Leistungsbezug wird mehrere Monate vor seiner bescheidmäßigen Festsetzung an einen Dritten abgetreten und Auszahlung der Rückerstattung erfolgt direkt an den Dritten. Nicht zugeflossene Einkommenssteuererstattung ist kein Einkommen iS des § 11 SGB II und SGB II-Leistung ist zu Recht erbracht. Es kann dann nur Ersatzanspruch gegen den Leistungsberechtigten wegen ggf. grobfahrlässigen sozialwidrigen Verhaltens geltend gemacht werden (LSG Niedersachsen-Bremen 3. 2. 2010 – L 15 AS 1081/09 B; zur Entlassungsentschädigung s. LSG Berlin-Brandenburg 19. 11. 2007 – L 10 B 1845/07 AS ER, L 10 B 1853/07 AS PKH; zum Erwerb einer Eigentumswohnung LSG Berlin-Brandenburg 10. 7. 2007 – L 5 B 410/07 AS ER, L 5 B 410/07); anders bei an Bank abgetretenen Bausparvertrag (Sächsisches LSG 19. 1. 2009 – L 7 AS 66/07). Kostenersatzanspruch des § 34. Bewilligungsbescheide sind aufzuheben (so wohl auch Link in Eicher/Spellbrink § 34 Rn. 11; aA Fügemann in Hauck/Noftz SGB II, § 34 Rn. 39 f.; Hölzer in Estelmann, § 34, Rn. 39). Ersatzanspruch kann mithin ggf. neben den Erstattungsanspruch nach § 50 Abs. 1 SGB X treten. **Drittbeteiligung** möglich iS der Herbeiführung von Leistungen an Angehörige in der Bg,. Anwendungsbereich des § 34 allerdings nur dann, wenn auch insoweit Leistungsgewährung rechtmäßig war. Bei Herbeiführung der Leistungsgewährung durch falsche Angaben des Dritten (Eltern für minderjährige Kinder durch falsche Angaben zu Einkommens- und Vermögensverhältnissen) greift nunmehr in § 34 a. Verpflichteter Schuldner und Dritter haften dann gesamtschuldnerisch – § 34 a Abs. 4 (vgl. Link in Eicher/Spellbrink, § 34 Rn. 11), es sei denn einen Leistungsberechtigten trifft kein Verschulden. In beiden Fällen nicht von Bedeutung, ob Leistung als Darlehen oder Zuschuss gezahlt worden ist. Bei Darlehen allerdings Ersatzanspruch vorrangig – Tilgung ist ggf. nach § 44 zu erlassen (vgl. Link in Eicher/Spellbrink, § 34 Rn. 9 b).

6 **2. Ersatzanspruch.** Öffentlich-rechtlicher Natur. Ersatzanspruch ist auf **Geldersatz** gerichtet, denn nach dem Wortlaut v. § 34 Abs. 1 S. 1, letzter Hs. sind nur gezahlte Leistungen zu ersetzen. Allerdings sind hiervon umfasst auch die **Kosten für Sachleistungen**, denn es nicht einsichtig, warum der Ersatzpflichtige, allein aus der Tatsache, dass er eine Sach- anstatt einer Geldleistung erhalten hat, einen Vorteil ziehen soll (vgl. auch Link in Eicher/Spellbrink, § 34 Rn. 22; aA Conradis in LPK-SGB II, § 34 Rn. 14). Nunmehr auch Ersatzanspruch für geleistete Sozialversischerungsbeiträge (Abs. 1 S. 2 – s. auch Rn. 12). Keine **Begrenzung der Höhe** des entsprechend § 40 Abs. 4 S. 1 für erbrachte Leistungen für **KdU** auf 44% (Anteil, der dem Wohngeldanspruch entspricht) (vgl. Conradis in LPK-SGB II § 34, Rn. 16; Fügemann in Hauck/Noftz SGB II, § 34 Rn. 22 ff.; Link in Eicher/Spellbrink § 34 Rn. 22 a; s. aber zu § 33 S. Knickrehm, Rn. 6). Ersatzanspruch kann nicht entgegen gehalten werden, erzieltes Einkommen sei nicht berücksichtigungsfähig iSd. § 11 oder das Vermögen sei zu schonen iSv. § 12. Grenze lediglich § 34 Abs. 1 S. 3: Soweit die Geltendmachung des Ersatzanspruchs eine Härte bedeuten würde (s. Rn. 12).

III. Voraussetzungen für Ersatzanspruch

7 **1. Herbeiführen der Leistungsgewährung (Abs. 1 S. 1 und S. 2).** Grobfahrlässige oder schuldhafte Herbeiführung der Leistungsgewährung ohne wichtigen Grund. Steuerung im Hinblick auf die gesetzliche Missbilligung erfolgt über das Tatbestandsmerkmal „ohne wichtigen Grund" (s. hierzu auch Rn. 9). Leistungsgewährung nur für sich selbst o. Bg.-Mitglieder, nicht jedoch Dritte (s. insoweit § 34 a). Beispiele: Kündigung eines Arbeitsverhältnisses ohne wichtigen Grund; Verschleuderung von Vermögen. Bloße Antragstellung reicht nicht – Zahlung ist erforderlich, an Person selbst o. Mitgliederder Bg.

8 **2. Sozialwidrigkeit.** Nach der Rechtsprechung des BVerwG zu § 92 a BSHG musste das Verhalten, das zu einer Kostenersatzpflicht führte, sozialwidrig gewesen sein (vgl. BVerwG 24. 6. 1976 – V C 41.74, BVerwGE 51, 61; BVerwG 14. 1. 1982 – 5 C 70/80 BVerwGE 64, 318; BVerwG 5. 5. 1983 – 5 C 112/81, BVerwGE 67, 163; BVerwG 23. 9. 1999 – 5 C 22/99, BVerwGE 109, 331; BVerwG 10. 4. 2003 – 5 C 4/02, BVerwGE 118, 109). Dieses ungeschriebene Tatbestandsmerkmal ist in § 34 zu übernehmen. Auch ein schuldhaftes Herbeiführen des Leistungsbezugs, für das es keinen wichtigen Grund gibt, muss einen **objektiven Unwert** haben, um zu einem Kostenersatz führen zu können. Sozialwidrigkeit ist dann anzunehmen, wenn die betreffende Person in – sozialrechtlich – zu missbilligender Weise sich selbst o. ein Mitglied der Bg. in die Lage der Hilfebedürftigkeit gebracht hat o. den Anspruch auf Leistungen der Grundsicherung für Arbeitsuchende herbeigeführt hat. Beispiele: Verschwendungssucht, Auflösung eines Ausbildungsverhältnisses o. Aufgabe eines Arbeitsplatzes ohne wichtigen Grund; bei mangelnder Mitwirkung fraglich, weil §§ 66 ff. SGB I abschließende Regelung (s. Link in Eicher/Spellbrink, § 34 Rn. 23 ff.) – nicht hingegen die Auflösung einer Ehe – auch ohne wichtigen Grund – wenn dadurch Leistungsbezug herbeiführt wird, weil zB der Partner über Einkommen verfügte (so wohl auch Hölzer in Estelmann, § 34 Rn. 25).

9 **3. Ohne wichtigen Grund.** Ersatzpflicht ist davon abhängig, ob einer Person im konkreten Einzelfall, unter Abwägung aller Umstände des Einzelfalls ein anderes Verhalten zugemutet werden konnte. Auslegung des unbestimmten Rechtsbegriffs unter Heranziehung von § 10 (Zumutbarkeitsregeln).

Wichtiger Grund muss objektiv vorliegen – irrtümliche Annahme eines wichtigen Grundes reicht nicht (BSG 29. 11. 1989 – 7 RAr 86/88, SozR 4100 § 119 Nr. 36). Liegt ein wichtiger Grund vor, kann ein ansich als sozialwidrig – aus Sicht der Steuerzahler zu missbilligende Verhalten – **gerechtfertigt** sein, so dass trotz der Sozialwidrigkeit kein Ersatzanspruch besteht. Handelt es sich bei dem Verhalten der von § 34 erfassten Person von vornherein nicht um ein sozialwidriges scheidet der Ersatzanspruch bereits aus diesem Grunde aus. Umgekehrt führt ein sozialwidriges Verhalten ohne wichtigen Grund hierfür immer zum Ersatzanspruch, wenn das Verhalten zudem schuldhaft war.

4. Vorsatz oder grobe Fahrlässigkeit. Auch wenn Verhalten, durch das Hilfebedürftigkeit oder Leistungsbezug herbeigeführt worden ist, einen objektiven Unwert hat (sozialwidrig sind, s. Rn. 8) kann es nur dann zur Ersatzpflicht führen, wenn das Verhalten schuldhaft war (s. Bayerisches LSG 26. 8. 2009 – L 11 AS 362/09 B PKH) . Die betreffende Person muss sich der Sozialwidrigkeit des Verhaltens bewusst oder grob fahrlässig nicht bewusst gewesen sein. Vorsatz – direkter oder bedingter Vorsatz. Grobe Fahrlässigkeit, wenn die erforderliche Sorgfalt in besonders schwerem Maße verletzt worden ist, also nicht beachtet wurde, was unter den konkreten Umständen des Einzelfalls jedem hätte einleuchten müssen (s. Link in Eicher/Spellbrink, § 34 Rn. 19 mwN). Nach Auffassung des SG Braunschweig handelt zumindest grob fahrlässig, wer eine in Höhe von 40.000.- €. gemachte Erbschaft innerhalb von zwei Monaten verbraucht, wenn ihm eine weitere finanzielle Absicherung nicht zur Verfügung steht (23. 2. 2010 – S 25 AS 1128/08). 10

5. Kausalität. Sozialwidriges und schuldhaftes Verhalten muss wesentliche mitwirkende Bedingung für die Herbeiführung der Hilfebedürftigkeit o. den Leistungsbezug gewesen sein. 11

6. Umfang des Ersatzanspruchs (Abs. 1 S. 2). Nunmehr ausdrückliche gesetzliche Regelung, dass Ersatzanspruch auch geleistete Beiträge zur KV, RV und PflegeV umfasst (wurde zT bisher in der Literatur verneint: Conradis, LPK-SGB II, § 34 Rn. 14). Zu Eingliederungsleistungen s. auch Rn. 5 und zu Sachleistungen Rn. 6. Ersatzanspruch für geleistete RV-Beiträge ist Auslaufmodell, denn seit dem 1. 1. 2011 (Art. 15 Nr. 5 Haushaltsbegleitgesetz 2011, vom 9. 12. 2010, BGBl I, 1885) keine RV-Pflicht bei Bezug von Leistungen zur Sicherung des Lebensunterhalts nach dem SGB II mehr. Gilt ebenso für freiwillige Beiträge zur RV, die bis 1. 1. 2011 über § 26 Abs. 1 übernommen werden konnten. 12

IV. Absehen von Geltendmachung des Ersatzanspruchs (Abs. 1 S. 3)

Bis zum 1. 4. 2011 galt: Wird der Ersatzpflichtige – wegen der Geltendmachung des Ersatzanspruchs – künftig von Leistungen nach SGB II oder XII abhängig, ist **zwingend** von dem Ersatzanspruch abzusehen (kein Ermessen). Seit dem 1. 4. 2011 (Art 12 Nr. 31 RegelbedarfsÄndG, BGBl I, 453): Absehen bei **Härte**. Eintritt von Hilfebedürftigkeit beim Ersatzverpflichteten durch Geltendmachung des Eratzanspruchs in jedem Fall Härte, so dass Gründe des Absehens umfassender geworden sind. Nach Gesetzesbegründung wird dadurch Flexibilität im Hinblick auf das Absehen von der Geltendmachung des Ersatzanspruchs gewahrt (BT-Drucks 17/3404, S. 113). Härte ist unbestimmter Rechtsbegriff. Beachtlich, dass keine besondere Härte, sondern „nur" Härte verlangt wird (s. zum unbestimmten Rechtsbegriff der „besonderen Härte" – BSG 6. 9. 2007 – B 14/7b AS 36/06 R). Bei absehbarem oder tatsächlich später eingetretenem Entfallen der Härte vom Prüfungszeitpunkt aus betrachtet, kann Ersatzanspruch auch noch bis zu drei Jahre nach Ablauf des Jahres, in dem die Leistung erbracht worden ist geltend gemacht werden. **Erlöschen** des Ersatzanspruch nach drei Jahren (§ 34 Abs. 3 S. 1, s. auch Rn. 14). 13

V. Übertragung auf Erben (Abs. 2)

Eingetretene Verpflichtung auf Kostenersatz geht auf den Erben (nicht Sonderrechtsnachfolger nach § 56 SGB I) über (**unselbstständige Erbenhaftung** iSv. § 1967 Abs. 2 S. 1 BGB). Zwar muss Kostenersatzanspruch zu Lebzeiten des Erblassers entstanden sein, Geltendmachung durch SGB II-Leistungsträger jedoch nicht erforderlich (s. Frist des § 34 Abs. 3 S. 1, Rn. 14). Erbe hat keinen Anspruch auf **Verschonung** wg. Abs. 1 S. 2 (s. Rn. 12; vgl. Link in Eicher/Spellbrink, § 34 Rn. 33; aA Conradis in LPK-SGB II, § 34 Rn. 21). Haftung des Erben ist auf **Nachlasswert** z. Zeitpunkt des Erbfalls beschränkt – bei Ausschlagen des Erbes entfällt auch Ersatzpflicht – z. Unterscheidung von selbstständiger Erbenhaftung s. S. Knickrehm § 35 Rn. 1). 14

VI. Erlöschen des Ersatzanspruchs (Abs. 3)

Geltendmachung des Ersatzanspruchs muss innerhalb von **drei Jahren** nach Ablauf des Jahres, in dem die Leistung erbracht worden ist, erfolgen – nach Ablauf dieser Frist erlischt der Anspruch auf Kostenersatz. Beginn: Zeitpunkt zu dem Leistung erbracht worden ist (nicht Bewilligung o. Kenntnis der Ersatzpflicht durch den SGB II-Leistungsträger). Fristberechnung – § 188 Abs. 2 BGB. Entsprechende Anwendung der Vorschriften des BGB über Hemmung (§ 209 BGB), Ablaufhemmung (§ 211 BGB), Neubeginn (§ 212 BGB) und Wirkung der Verjährung. Erlass des Leistungsbescheides sub- 15 stituiert Klageerhebung im zivilrechtlichen Sinne. Leistungsbescheid muss hinreichend bestimmt iSd. § 31 SGB X sein; Grundlagenbescheid ist nicht ausreichend (s. auch Rn. 15).

VII. Rechtsschutz

16 Da Ersatzanspruch geltend zu machen ist, kann Durchsetzung durch Leistungsträger nur mit vollstreckungsfähigem **Leistungsbescheid** erfolgen. Auch reine **Leistungsklage** nicht ausreichend, denn Abs. 3 S. 2 ordnet reine Substitution der Klage iS der bürgerlich-rechtlichen Rechtsvorschriften an, auf die dort Bezug genommen wird (so auch Link in Eicher/Spellbrink § 34 Rn. 39a; wohl auch Hölzer in Estelmann, § 34 Rn. 36; aA Conradis in LPK-SGB II § 34 Rn. 30). Gegen Leistungsbescheid Widerspruch (§ 78 SGG) und **Anfechtungsklage** (§ 54 Abs. 1 SGG) möglich (aufschiebende Wirkung, da kein Fall des § 39; allerdings Anordnung der sofortigen Vollziehbarkeit – § 86a Abs. 2 Nr. 5 SGG – möglich). Keine Umdeutung des Ersatzbescheides in Rücknahme- u. Erstattungsbescheid nach §§ 45ff. **SGB X.** Klage auf Feststellung der Voraussetzungen des § 34 Abs. 1 S. 2 möglich (§ 55 SGG).

§ 34 a Ersatzansprüche für rechtswidrig erhaltene Leistungen

(1) ¹Zum Ersatz rechtswidrig erbrachter Leistungen nach diesem Buch ist verpflichtet, wer diese durch vorsätzliches oder grob fahrlässiges Verhalten an Dritte herbeigeführt hat. ²Der Ersatzanspruch umfasst auch die geleisteten Beiträge zur Kranken-, Renten- und Pflegeversicherung entsprechend § 335 Absatz 1, 2 und 5 des Dritten Buches.

(2) ¹Der Ersatzanspruch verjährt in vier Jahren nach Ablauf des Kalenderjahres, in dem der Verwaltungsakt, mit dem die Erstattung nach § 50 des Zehnten Buches festgesetzt worden ist, unanfechtbar geworden ist. ²Soweit gegenüber einer rechtswidrig begünstigten Person ein Verwaltungsakt nicht aufgehoben werden kann, beginnt die Frist nach Satz 1 mit dem Zeitpunkt, ab dem die Behörde Kenntnis von der Rechtswidrigkeit der Leistungserbringung hat. ³§ 34 Absatz 3 Satz 2 gilt entsprechend. ⁴§ 52 des Zehnten Buches bleibt unberührt.

(3) ¹§ 34 Absatz 2 gilt entsprechend. ²Auf den Ersatzanspruch gegenüber einem Erben ist § 35 Absatz 3 entsprechend anwendbar.

(4) Zum Ersatz nach Absatz 1 und zur Erstattung nach § 50 des Zehnten Buches Verpflichtete haften als Gesamtschuldner.

Eingefügt durch Art. 2 Nr. 31 RegelbedarfsÄndG vom 24. 3. 2011 (BGBl I, 3404).

A. Normzweck

1 Mit der Norm wird im SGB II eine Lücke geschlossen, da dort – anders als im SGB XII (s. dort § 104) – bisher keine Regelung des Ersatzanspruchs im Falle der Herbeiführung von **rechtswidriger SGB II-Leistungsgewährung an Dritte** vorhanden war. § 34a soll den Grundgedanken des § 104 SGB XII aufnehmen und den Gegebenheiten des SGB II anpassen (s. BT- Drucks 17/3404, S. 113). Die Vorschrift soll dabei dem praktischen Bedürfnis nach Inanspruchnahme des Verursachers Rechnung tragen, insbesondere wenn Leistungen an **minderjährige Kinder** erbracht worden sind. Zum Ersatzanspruch bei rechtmäßiger Erbringung auch an Dritte (in der Bg) s. § 34. Gegen den Leistungsberechtigten selbst besteht Erstattungsanspruch nach § 50 SGB X bei rechtswidriger Leistungsgewährung. § 50 SGB X greift jedoch nicht ein, wenn ein Dritter, etwa Ehegatte oder Eltern von minderjährigen Kindern den rechtswidrigen Leistungsbezug herbeigeführt haben. Nach der Gesetzesbegründung soll die Regelung zu einer Verbesserung der Durchsetzung von Forderungen führen, da deren Realisierung gegenüber einem volljährigen gesetzlichen Vertreter regelmäßig aussichtsreicher sei als gegenüber minderjährigen Personen (BT-Drucks 17/3404, S. 113). Zugleich wird den Wirkungen der Haftungsbegrenzung bei Eintritt der Volljährigkeit nach § 1629a BGB entgegengewirkt. Durch § 104 erfolgt damit **Haftungserweiterung** auf Grund vorsätzlichen oder fahrlässigen Verhaltens zu Gunsten eines Beziehers von rechtswidrigen Leistungen. Zugleich wird wie im SGB XII ein Wertungswiderspruch zu der Regelung des Ersatzes bei rechtmäßig erlangten Leistungen sowie gegenüber rechtswidrig begünstigten Leistungsberichtigten vermieden (vgl. Bieback in Grube/Wahrendorf, SGB XII, § 104 Rn. 1).

B. Kommentierung im Einzelnen

I. Personenkreis

2 § 34a richtet sich gegen die, den rechtswidrigen Leistungsbezug eines **Dritten** verursachende Person – **Ersatzverpflichtete**. Jede dritte Person kann ersatzpflichtig sein, also auch **Vormund, Sorge-**

rechtsinhaber oder **Betreuer** (vgl. Bieback in Grube/Wahrendorf SGB XII, § 104 Rn. 5). Zum Ersatz verpflichtet daher unter den Voraussetzungen des § 34a auch Elternteil eines minderjährigen Leistungsbeziehers. Nach der Gesetzesbegründung soll dadurch eine Gleichstellung erfolgen zwischen von minderjährigen Leistungsbeziehern, die selbst die Leistungsgewährung rechtswidrig herbeigeführt haben und die unter den Voraussetzungen der §§ 45, 48, 50 SGB X erstattungspflichtig sind und denjenigen Minderjährigen, die sich das Verschulden ihres Vertreters zurechnen lassen müssen (BT-Drucks 17/3404, S. 113). Ersatzverpflichtigung soll nicht auf Volljährige begrenzt sein. Ersatzanspruch setzt allerdings nicht Bestehen einer **Bg** voraus. Nach § 34a kann nicht der Leistungsberechtigte zum Ersatz verpflichtet werden. Bei rechtswidriger Leistungsgewährung greift gegenüber dem Leistungsberechtigten nur § 50 SGB X als Erstattungsanspruch.

II. Leistungsersatz

1. Leistungen. Von der Ersatzpflicht erfasst sind alle rechtswidrig erbrachten SGB II-Leistungen, 3 also sowohl **aktive, als auch passive Leistungen,** einschließlich der Annex-Leistungen „Sozialversicherungsbeiträge" (Abs. 1 S. 2; zur Annex-Leistung vgl. BSG 1. 6. 2010 – B 4 AS 67/09 R). Nach dem Wortlaut keine Beschränkung auf Leistungen zur Sicherung des Lebensunterhalts. Ist auch konsequent angesichts der Ausdehnung des Leistungskatalogs auch in § 34 durch die Neuformulierung des RegelbedarfsÄndG (BGBl. I, 2011, 453). Nur **rechtswidrig erbrachte Leistungen.** Erforderlich nicht die vorherige **Aufhebung des rechtswidrigen Bewilligungsbescheides** (vgl. BT-Drucks 17/3404, S. 113). Rechtswidrigkeit der Leistungserbringung reicht aus, denn anders als in § 104 SGB XII wird nicht darauf abgestellt, dass die Erbringung der Leistungen zu Unrecht erfolgt sein muss, woraus Bieback schließt, dass im SGB XII der Rechtsgrund für das Behaltendürfen – der bewilligende VA – zunächst beseitigt werden müsse (vgl. Bieback in Grube/Wahrendorf, SGB XII, § 104 Rn. 4). Beachte zudem Regelung in § 34a Abs. 2 S. 2, der für den Fristbeginn gegenüber dem Ersatzverpflichteten auf die Kenntnis der Behörde von der Rechtswidrigkeit der begünstigenden Entscheidung abstellt, wenn der VA gegenüber dem Begünstigten nach §§ 45, 48 SGB X aufgehoben werden kann. Schutz des Ersatzverpflichteten nur durch die Fristen des § 34a Abs. 2 S. 2.

2. Ersatzanspruch. Öffentlich-rechtlicher Natur. Ersatzanspruch ist auf **Geldersatz** gerichtet, 4 denn nach dem Wortlaut v. § 34 Abs. 1 S. 1, letzter Hs. sind nur erbrachte Leistungen zu ersetzen. Gilt auch für **Kosten für Sachleistungen** und keine **Begrenzung der Höhe** des entsprechend § 40 Abs. 4 S. 1 für erbrachte Leistungen für **KdU** auf 44% (s. insoweit § 34 Rn. 6). Keine Begrenzung des Ersatzanspruchs wie bei rechtmäßiger, allerdings sozialwidriger Leistungserbringung durch die Härte (s. hierzu § 34 Rn. 12). Lediglich Zeitbegrenzung des Ersatzanspruchs in § 34a Abs. 2. Anders als in § 104 SGB XII, der auf § 103 SGB XII verweist, keine Bezugnahme auf § 34 Abs. 1 S. 3.

III. Voraussetzungen für Ersatzanspruch

1. Herbeiführen der Leistungsgewährung (Abs. 1 S. 1). Grobfahrlässige oder schuldhafte 5 Herbeiführung der Leistungsgewährung. Erforderlich ist Leistungsgewährung an Dritte, nicht erforderlich, dass es sich um Bg.-Mitglieder handelt (Leistungsberechtigter selbst sein Bg-Mitglieder s. § 34). Bloße Antragstellung reicht nicht – tatsächliche Zahlung an Dritten ist Voraussetzung.

2. Sozialwidrigkeit. Nach der Rechtsprechung des BVerwG zu § 92a BSHG musste das Verhal- 6 ten, das zu einer Kostenersatzpflicht führte, sozialwidrig gewesen sein (vgl. BVerwG 24. 6. 1976 – V C 41.74, BVerwGE 51, 61; BVerwG 14. 1. 1982 – 5 C 70/80 BVerwGE 64, 318; BVerwG 5. 5. 1983 – 5 C 112/81, BVerwGE 67, 163; BVerwG 23. 9. 1999 – 5 C 22/99, BVerwGE 109, 331; BVerwG 10. 4. 2003 – 5 C 4/02, BVerwGE 118, 109). Dieses ungeschriebene Tatbestandsmerkmal wird in der Literatur überwiegend auch in § 34 übernommen (s. dort Rn. 8,9). Sozialwidrig ist das Verhalten dann, wenn dieses in – sozialrechtlich – zu missbilligender Weise kausal für die Gewährung von steuerfinanzierten SGB II-Leistungen an einen Dritten gewesen ist. Zudem schuldhafte, also vorsätzliche oder grobfahrlässige Herbeiführung der Leistungserbringung erforderlich. Sozialwidrigkeit des Verhaltens kann bei § 34a anders als bei § 34 nicht gerechtfertigt werden durch das Vorliegen eines wichtigen Grundes für das Verhalten, denn bei § 34a hat das Verhalten zu der rechtswidrigen Leistungsgewährung für einen Dritten geführt, was nach § 34a Abs. 2 auch eine Erweiterung der Haftung der verursachenden Person nach sich ziehen soll (vgl. BT-Drucks 17/3404, S. 113).

3. Kausalität. Sozialwidriges und schuldhaftes Verhalten muss wesentlich mitwirkende Bedingung 7 für die Herbeiführung des Leistungsbezugs des Dritten gewesen sein.

4. Vorsatz oder grobe Fahrlässigkeit. Auch wenn Verhalten, durch das Leistungsbezug des 8 Dritten herbeigeführt worden ist, einen objektiven Unwert hat (sozialwidrig sind, s. Rn. 6) kann es nur dann zur Ersatzpflicht führen, wenn das Verhalten schuldhaft war (s. Bayerisches LSG 26. 8. 2009 – L 11 AS 362/09 B PKH) . Die betreffende Person muss sich der Sozialwidrigkeit des Verhaltens bewusst oder grob fahrlässig nicht bewusst gewesen sein. Vorsatz – direkter oder bedingter Vorsatz.

Grobe Fahrlässigkeit, wenn die erforderliche Sorgfalt in besonders schwerem Maße verletzt worden ist, also nicht beachtet wurde, was unter den konkreten Umständen des Einzelfalls jedem hätte einleuchten müssen (s. Link in Eicher/Spellbrink, § 34 Rn. 19 mwN).

9 **6. Umfang des Ersatzanspruchs (Abs. 1 S. 2).** Ersatzanspruch umfasst auch geleistete Beiträge zur **KV, RV und PflegeV**. Zu Eingliederungsleistungen s. § 34 Rn. 5 und zu Sachleistungen § 34 Rn. 6. Ersatzanspruch für geleistete RV-Beiträge ist Auslaufmodell, denn seit dem 1. 1. 2011 (Art. 15 Nr. 5 Haushaltsbegleitgesetz 2011, vom 9. 12. 2010, BGBl I, 1885) keine RV-Pflicht bei Bezug von Leistungen zur Sicherung des Lebensunterhalts nach dem SGB II mehr. Gilt ebenso für freiwillige Beiträge zur RV, die bis 1. 1. 2011 über § 26 Abs. 1 übernommen werden konnten. Anders als § 34 Abs. 1 S. 2 beschränkt § 34a Abs. 1 S. 2 den Ersatzanspruch hinsichtlich der Sozialversicherungsbeiträge allerdings durch einen Verweis auf die entsprechende Anwendung des **§ 335 Abs. 1, 2 und 5 SGB III**. Das bedeutet, wenn auch für den übrigen Ersatzanspruch nach § 34a keine Aufhebung der rechtswidrigen Bewilligungsentscheidung erforderlich ist (s. Rn. 3), so setzt der Ersatz der Sozialversicherungsbeiträge eine Aufhebung des VA und Erstattung der rechtswidrig begünstigenden Leistungen voraus. § 335 Abs. 1 S. 1 fordert, dass die Entscheidung über die Leistung rückwirkend aufgehoben und die Leistung zurückgefordert worden ist. Hintergrund ist, dass es sich bei dem Ersatzanspruch nach § 34a um einen solchen für Leistungen handelt, die einem Dritten erbracht worden sind. Kann die Bewilligungsentscheidung ihm gegenüber nicht zurückgenommen werden, so bleibt Versicherungspflicht in der KV und PflegeV – vormals auch in der RV für diesen Dritten nicht nur bestehen, er hat auch ggf. eine Anwartschaft oder einen Leistungsanspruch gegen den Sozialversicherungsträger erworben. § 335 SGB III bezieht sich zwar nicht auf RV-Beiträge. Aus der Anweisung der entsprechenden Anwendung in Bezug auf Beiträge zu allen drei Sozialversicherungsträgern folgt jedoch, dass auch für den Ersatz der Beiträge zur RV die Aufhebung des Bewilligungsbescheides Voraussetzung ist.

IV. Verjährung des Ersatzanspruchs (Abs. 2)

10 Die Frist des § 34a Abs. 2 S. 1 orientiert sich an der des § 50 Abs. 4 SGB X. Danach verjährt der Erstattungsanspruch in **vier Jahren** nach Ablauf des Kalenderjahres, in dem der VA, in dem die zu erstattende Leistung festgesetzt worden ist (§ 50 Abs. 3 SGB X), unanfechtbar geworden ist. Damit gelten dann, wenn die rechtswidrige Bewilligung gegenüber dem Leistungsempfänger aufgehoben worden ist, sowohl für den Dritten, als auch den Leistungsempfänger die selben Verjährungsfristen, also für den Erstattungs- und den Ersatzanspruch. Oben ist bereits darauf hingewiesen worden (s. unter Rn. 3, 9), dass Ersatzanspruch des § 34a nicht zwingend die Aufhebung der rechtswidrigen Bewilligung voraussetzt, sondern auch dann eingreifen kann, diese Aufhebung aus Rechtsgründen nicht möglich ist. Für diesen Fall sieht § 34a Abs. 2 S. 2 vor, dass die Verjährungsfrist des S. 1 für den Ersatzanspruch mit dem Zeitpunkt beginnt, ab dem der Grundsicherungsträger **Kenntnis** von der Rechtswidrigkeit der Leistungserbringung hat. Im Hinblick auf die „Kenntnis" ist zT auf die Kommentierung und Rechtsprechung zu § 45 Abs. 4 S. 2 SGB X zurückzugreifen. Die Kenntnis muss sich, wenn auch insoweit ein Gleichklang zwischen dem Leistungsbezieher, dessen Leitungsbewilligung aufgehoben worden ist und dem zum Ersatz verpflichteten Dritten bewirkt werden soll, auf alle Tatsachen beziehen, aus denen sich ergibt, dass der begünstigende VA ohne Rechtsgrund erlassen worden ist, also rechtswidrig ist (vgl. Schütze in von Wulffen, SGB X, § 50 Rn. 81). Nicht kommt es im Rahmen des § 34a hingegen auf die Tatsachen an, die die Rücknahme für die Vergangenheit rechtfertigen, insbesondere das Verschulden, denn der Ersatzanspruch ist von der Rücknahmefähigkeit für die Vergangenheit unabhängig – der Dritte muss schuldhaft gehandelt haben. Gilt auch für Ermessen. Es kommt hier nach § 34a nur auf die Kenntnis von der Rechtswidrigkeit an und nicht der Aufhebbarkeit der Bewilligungsentscheidung. Im Hinblick auf den Zeitpunkt der Kenntnis vgl. Fichte, § 45 Rn. 35. Es muss sich auch hier um die Kenntnis der Rechtswidrigkeit der Bewilligung und nicht aller Voraussetzungen für die Rücknahme der Entscheidung handeln. **Fristberechnung** – § 188 Abs. 2 BGB. Entsprechende Anwendung der Vorschriften des BGB über Hemmung (§ 209 BGB), Ablaufhemmung (§ 211 BGB), Neubeginn (§ 212 BGB) und Wirkung der Verjährung. Zu Hemmung s. auch § 52 SGB X.

V. Übertragung auf Erben (Abs. 3)

11 **Eingetretene Verpflichtung** auf Kostenersatz geht auf den Erben (nicht Sonderrechtsnachfolger nach § 56 SGB I) über (**unselbstständige Erbenhaftung** iSv. § 1967 Abs. 2 S. 1 BGB). Zwar muss Kostenersatzanspruch zu Lebzeiten des Erblassers entstanden sein, Geltendmachung durch SGB II-Leistungsträger jedoch nicht erforderlich (s. Frist des § 35 Abs. 3 S. 1 – Erlöschen drei Jahre nach dem Tod des Leistungsempfängers). Erbe hat keinen Anspruch auf **Verschonung** wg. Abs. 1 S. 2 (s. Rn. 12; vgl. Link in Eicher/Spellbrink, § 34 Rn. 33; aA Conradis in LPK-SGB II, § 34 Rn. 21). Haftung des Erben ist auf **Nachlasswert** z. Zeitpunkt des Erbfalls beschränkt – bei Ausschlagen des Erbes entfällt auch Ersatzpflicht – z. Unterscheidung von selbstständiger Erbenhaftung s. S. Knickrehm § 35 Rn. 1).

VI. Gesamtschuldnerische Haftung (Abs. 4)

Ersatzverpflichteter oder Ersatzverpflichtete nach § 34a Abs. 1 und Erstattungsverpflichteter nach § 50 SGB X, also Leistungsberechtigter haften gesamtschuldnerisch – unabhängig von einander – bis zur Erfüllung des Gesamtanspruchs (Gesetzesbegründung insoweit missverständlich s. BT-Drucks 17/3404, S. 113). Dabei muss Erstattungsanspruch bei Durchsetzbarkeit beider Forderungen immer Vorrang haben, da es sich bei § 34a weder um eine Sanktionsnorm handelt, mit der sozialwidriges Verhalten Dritter geahndet werden soll, noch die Verantwortung des Leistungsbeziehers – wenn der Bescheid aufgehoben werden kann und ein Erstattungsanspruch besteht – über § 34a auf einen Dritten verlagert werden darf, auch nicht, wenn der Dritte die Herbeiführung der Leistungsbewilligung mitbewirkt hat. 12

§ 34b Ersatzansprüche nach sonstigen Vorschriften

Bestimmt sich das Recht des Trägers nach diesem Buch, Ersatz seiner Aufwendungen von einem anderen zu verlangen, gegen den die Leistungsberechtigten einen Anspruch haben, nach sonstigen gesetzlichen Vorschriften, die dem § 33 vorgehen, gelten als Aufwendungen auch solche Leistungen zur Sicherung des Lebensunterhalts, die an die nicht getrennt lebende Ehegattin oder Lebenspartnerin oder den nicht getrennt lebenden Ehegatten oder Lebenspartner der leistungsberechtigten Person erbracht wurden sowie an deren oder dessen unverheiratete Kinder, die das 25. Lebensjahr noch nicht vollendet hatten.

Bisheriger § 34a ist zu § 34b geworden. Anpassung der Vorschrift im Sinne des Gender Mainstreaming und Folgeänderung durch Einfügung des § 34a (BT-Drucks 17/3404, S 113) auf Grund von Art 2 Nr. 31 RegelbedarfsÄndG (BGBl I, 2011, 453).

Auch § 34b dient der Durchsetzung des **Nachrang**grundsatzes (s. S. Knickrehm § 33 Rn. 1) im Hinblick auf **Leistungen zur Sicherung des Lebensunterhalts** (s. hierzu iE S. Knickrehm § 34 Rn. 5 – dort auch Eingliederungsleistungen). Norm erweitert den **Umfang der Ersatz- und Erstattungsvorschriften**, ist jedoch keine eigenständige Anspruchsgrundlage. D.h. der Grundsicherungsträger muss über einen eigenständigen **Ersatz- o. Erstattungsanspruch auf gesetzlicher Grundlage** gegen einen Anderen (idR Arbeitgeber, Schadensersatzpflichtiger o. anderer Sozialleistungsträger – §§ 102–105 SGB X, auch § 44a Abs. 2 iVm. § 103 SGB X –) verfügen. Vertragliche oder unterhaltsrechtliche Ansprüche scheiden aus, da es sich um einen dem § 33 vorgehenden Ersatz- o. Erstattungsanspruch handeln muss (s. auch § 33 Abs. 5; vgl. S. Knickrehm § 33 Rn. 18). In diesem Fall fingiert § 34b, dass ersatzfähige Aufwendungen auch solche sind, die der SGB II-Leistungsträger dem **nicht getrenntlebenden Ehegatten** oder **Lebenspartner** des Hilfebedürftigen u. dessen **unverheirateten Kindern unter 25 Jahren** (nur in der Bg.) erbracht hat. Gilt nicht für alle Mitglieder der Bg. (vgl. Conradis in LPK-SGB II, § 34a Rn. 7). Nach Link ist in den Anwendungsbereich des § 34b – vormals § 34a auch Leistungen für die **Partner einer Verantwortungs- und Einstehensgemeinschaft** sowie **gleichgeschlechtliche Partner** einzubeziehen (Link in Eicher/Spellbrink § 34 Rn. 22), Diese Auffassung lässt sich wohl nicht mehr aufrechterhalten, nachdem in die Neufassung des Gesetzestextes durch das RegelbedarfsÄndG ausdrücklich wieder nur der nicht getrennt lebende Ehegatte und der Lebenspartner (eingetragene Lebenspartnerschaft) aufgenommen worden ist (s. bereits vorher Fügemann in Hauck/Noftz SGB II, § 34a Rn. 2). § 34b hilft mithin über den **Grundsatz der Personenidentität** (Personenidentität bedeutet: Person des Leistungsempfängers nach dem SGB II und Person, die Anspruch auf Leistungen gegen einen Anderen hat, muss identisch sein – gilt grundsätzlich bei Erstattungsansprüchen der §§ 102–105, 115, 116 SGB X) hinweg – Durchbrechung dieses Grundsatzes auf gesetzlicher Grundlage. Vergleichbar § 104 Abs. 2 SGB X, wenn vorrangig verpflichteter Leistungsträger angehörigenbezogene Sozialleistungen (zB Kindergeld) zu erbringen gehabt hätte. Durch § 34b jedoch Erweiterung auf den Fall, dass Sozialleistung ausschließlich für das grundsicherungsleistungsberechtigte Mitglied der Bg. bestimmt – nicht angehörigenbezogen – war. Durch § 34b soll für die „wirtschaftliche Einheit" der Zustand hergestellt werden, der bestanden hätte, wenn der andere Leistungsverpflichtete (zB Arbeitgeber, Schadensersatzpflichtiger oder anderer Sozialleistungsträger) rechtzeitig geleistet hätte, so dass der Grundsicherungsträger nicht verpflichtet gewesen wäre die nachrangigen Leistungen zu erbringen. Hintergrund dessen ist, dass nach § 9 Abs. 2 bei der Berechnung der SGB II-Leistung innerhalb der Bg. auch das Einkommen und Vermögen des Partners (§ 9 Abs. 2 S. 1) o. der Eltern/des Elternteils (§ 9 Abs. 2 S. 2) des unverheirateten Kindes unter 25 Jahren zu berücksichtigen ist. Arbeitsentgelt als Einkommen eines Partners der Bg. wäre ohne die Regelung des § 34b im Hinblick auf Leistungen zur Sicherung des Lebensunterhalts – bei Nichterfüllung des Anspruchs und Übergang auf den Leistungsträger nach § 115 SGB X – zB nur in dem Umfang ersatzfähig, als Grundsicherungsleistungen dem „Arbeitnehmer" erbracht worden sind (Individualanspruch), obwohl das Arbeitsentgelt – bei entsprechender Höhe – möglicherweise ausgereicht hätte die gesamte Bg. von Grundsicherungsleistungen frei zu halten (iE Maul-Sartori, BB 2010,

3021). Über § 34b kann der SGB II-Leistungsträger mithin Ersatz seiner Aufwendungen auch für die Mitglieder der Bg. verlangen, soweit es sich um den dort benannten Personenkreis (s. oben) handelt.

§ 35 Erbenhaftung

(1) ¹Der Erbe einer Person, die Leistungen nach diesem Buch erhalten hat, ist zum Ersatz der Leistungen verpflichtet, soweit diese innerhalb der letzten zehn Jahre vor dem Erbfall erbracht worden sind und 1.700 Euro übersteigen. ²Der Ersatzanspruch umfasst auch die geleisteten Beiträge zur Kranken-, Renten- und Pflegeversicherung. ³Die Ersatzpflicht ist auf den Nachlasswert zum Zeitpunkt des Erbfalls begrenzt.

(2) Der Ersatzanspruch ist nicht geltend zu machen,
1. soweit der Wert des Nachlasses unter 15.500 Euro liegt, wenn der Erbe der Partner der Person, die die Leistungen empfangen hat, war oder mit diesem verwandt war und nicht nur vorübergehend bis zum Tode der Person, die die Leistungen empfangen hat, mit dieser in häuslicher Gemeinschaft gelebt und sie gepflegt hat,
2. soweit die Inanspruchnahme des Erben nach der Besonderheit des Einzelfalles eine besondere Härte bedeuten würde.

(3) ¹Der Ersatzanspruch erlischt drei Jahre nach dem Tod der Person, die die Leistungen empfangen hat. ²§ 34 Absatz 3 Satz 2 gilt sinngemäß.

Anpassung der Vorschrift an die Änderung in § 34 (sämtliche SGB II-Leistungen unterfallen dem Ersatzanspruch, einschließlich der Annex-Leistung „Sozialversicherungsbeiträge") sowie sprachlich im Sinne des Gender Mainstreaming durch Art. 2 Nr. 31 RegelbedarfsÄndG vom 24. 3. 2011 (BGBl I, 453).

A. Normzweck

1 Mit § 35 soll eine nachträgliche Deckung der entstandenen Aufwendungen nach dem SGB II durch Kostenersatz möglichst umfassend, einfach und effektiv gegen die jeweils kostenersatzpflichtigen Erben durchgesetzt werden (vgl. auch BVerwG 10. 7. 2003 – 5 C 17/02, BVerwGE 118, 313 zu § 92 c BSHG, jetzt § 102 SGB XII). Kostenersatz soll aus dem Nachlass geleistet werden, dem Vermögen, das während des Leistungsbezugs den Schongrenzen des § 12 unterlag. Dieser Vermögensschutz endet mit dem Tod des Leistungsberechtigten.

B. Kommentierung im Einzelnen

I. Anwendungsbereich (Abs. 1 S. 1)

2 **Ersatzpflichtig** sind der Erbe (§ 1922 BGB), auch Vorerbe und die Erbengemeinschaft (§ 2032 BGB), unter den Voraussetzungen des Abs. 2 Nr. 1, 2, nicht jedoch Vermächtnisnehmer. Wird Erbe ausgeschlagen, kein Kostenersatz nach § 35. **Ersatzberechtigte:** Wie § 34 (S. Knickrehm § 34 Rn. 3). Zu ersetzen sind nur **Leistungen nach dem SGB II**, also aktive und passive Leistungen, einschließlich der Annex-Leistungen „Sozialversicherungsbeiträge" (Abs. 1 S. 2; iE S. Knickrehm § 34 Rn. 5, 12; zur Annex-Leistung vgl. BSG 1. 6. 2010 – B 4 AS 67/09 R). Auch Darlehen, soweit es noch nicht getilgt worden ist. Gilt nur für rechtmäßige Leistungsgewährung.

II. Voraussetzungen für Kostenersatz und Umfang (Abs. 1 S. 1 und 2)

3 Leistungen nach dem SGB II müssen innerhalb der letzten **10 Jahre vor dem Erbfall** erbracht worden sein – z. Fristberechnung § 188 Abs. 2 BGB. Bagatellgrenze für Ersatzpflicht bei aufgewendeten Leistungen von insgesamt 1.700 €. Bagatellbetrag ist zugleich Freibetrag bezogen auf den gesamten Nachlass. Gilt also für die gesamte Erbengemeinschaft und auch wenn mehrere Leistungsträger innerhalb des 10-Jahreszeitraums Leistungen erbracht haben (vgl. Hänlein in Gagel, § 35 SGB II, Rn. 13; Link in Eicher/Spellbrink § 35 Rn. 15 a). Kostenersatz ist auf den Wert des Nachlasses – zu bestimmen nach dem BGB – im Zeitpunkt des Erbfalls beschränkt. Aktivvermögen des Erblassers abzüglich seiner Schulden sowie der Erbfallschulden und sonstigen Nachlassverbindlichkeiten. Mindert der Erbe den Nachlass nach dem Zeitpunkt des Erbfalls hat er zur Begleichung des rechtmäßigen Kostenersatzes ggf. auf sein eigenes Vermögen zurück zu greifen. Für Reduzierung des Ersatzes bei Leistungen für KdU gelten Ausführungen zu § 34 entsprechend (vgl. S. Knickrehm § 34 Rn. 6).

III. Nichtgeltendmachung des Ersatzanspruchs (Abs. 2)

4 Zwei Tatbestände führen nach § 35 Abs. 2 zwingend zum Absehen von der Geltendmachung des Ersatzanspruchs gegenüber dem Erben. **Abs. 2 Nr. 1** setzt **kumulativ** voraus, dass der Wert des

Nachlasses unter **15.500 €** liegen muss und der **Partner** (auch nicht dauernd getrennt lebender Ehegatte o. Lebenspartner) **o. Verwandte** (§§ 1589 ff. BGB) mit dem Leistungsempfänger nicht nur vorübergehend **in häuslicher Gemeinschaft** gelebt (Mindestzeitraum wird nicht genannt, Zusammenleben in einem Haus/einer Wohnung muss auf Dauer angelegt gewesen sein u. bis zum Tod angedauert haben) und ihn **gepflegt** (bei den regelmäßig wiederkehrenden Verrichtungen im Ablauf des täglichen Lebens wesentliche unterstützt) hat. Nach **Abs. 2 Nr. 2** ist bei Vorliegen einer **besonderen Härte** von der Geltendmachung des Ersatzanspruchs abzusehen – kein Ermessen des Leistungsträgers. Besondere Härte ist unbestimmter Rechtsbegriff, der von den Gerichten voll überprüfbar ist. Wichtige Gründe wirtschaftlicher und persönlicher Art, die zum Umstand des Todes und der engen Beziehung zum Erblasser hinzutreten müssen. Es muss sich um einen atypischen Lebenssachverhalt handeln. Orientierung der Auslegung an den Gründen der Nr. 1. Folge bei Vorliegen dieser Tatbestandsmerkmale: Geltendmachung des Ersatzanspruchs unterbleibt vollständig oder teilweise. Entfällt die besondere Härte kann der Ersatzanspruch innerhalb der Erlöschensfrist, auch wenn von einer Durchsetzung zunächst abgesehen wurde, nunmehr geltend gemacht werden. Vorliegen der Tatbestandsvoraussetzungen ist für jeden Erben der Erbengemeinschaft gesondert zu prüfen.

IV. Erlöschen (Abs. 3) und Rechtsschutz

Zum Erlöschen vgl. S. Knickrehm § 34 Rn. 15. Vor der Geltendmachung des Ersatzanspruchs ist der Erbe nach § 24 SGB X anzuhören und Ersatzanspruch selbst kann nur durch vollstreckungsfähigen Leistungsbescheid geltend gemacht werden. Vgl. hierzu im Übrigen S. Knickrehm § 34 Rn. 16.

Kapitel 4. Gemeinsame Vorschriften für Leistungen

Abschnitt 1. Zuständigkeit und Verfahren

§ 36 Örtliche Zuständigkeit

[1] Für die Leistungen nach § 6 Absatz 1 Nummer 1 ist die Agentur für Arbeit zuständig, in deren Bezirk die erwerbsfähige leistungsberechtigte Person ihren gewöhnlichen Aufenthalt hat. [2] Für die Leistungen nach § 6 Absatz 1 Satz 1 Nummer 2 ist der kommunale Träger zuständig, in dessen Gebiet die erwerbsfähige leistungsberechtigte Person ihren gewöhnlichen Aufenthalt hat. [3] Für Leistungen nach den Sätzen 1 und 2 an Minderjährige, die Leistungen für die Zeit der Ausübung des Umgangsrechts nur für einen kurzen Zeitraum beanspruchen, ist der jeweilige Träger an dem Ort zuständig, an dem die umgangsberechtigte Person ihren gewöhnlichen Aufenthalt hat. [4] Kann ein gewöhnlicher Aufenthaltsort nicht festgestellt werden, so ist der Träger nach diesem Buch örtlich zuständig, in dessen Bereich sich die oder der erwerbsfähige Leistungsberechtigte tatsächlich aufhält. [5] Für nicht erwerbsfähige Personen, deren Leistungsberechtigung sich aus § 7 Absatz 2 Satz 3 ergibt, gelten die Sätze 1 bis 4 entsprechend.

§ 36a Kostenerstattung bei Aufenthalt im Frauenhaus

Sucht eine Person in einem Frauenhaus Zuflucht, ist der kommunale Träger am bisherigen gewöhnlichen Aufenthaltsort verpflichtet, dem durch die Aufnahme im Frauenhaus zuständigen kommunalen Träger am Ort des Frauenhauses die Kosten für die Zeit des Aufenthaltes im Frauenhaus zu erstatten.

§ 37 Antragserfordernis

(1) [1] Leistungen nach diesem Buch werden auf Antrag erbracht. [2] Leistungen nach § 24 Absatz 1 und 3 und Leistungen für die Bedarfe nach § 28 Absatz 2, Absatz 4 bis 7 sind gesondert zu beantragen.

(2) [1] Leistungen nach diesem Buch werden nicht für Zeiten vor der Antragstellung erbracht. [2] Der Antrag auf Leistungen zur Sicherung des Lebensunterhalts wirkt auf den Ersten des Monats zurück.

§ 38 Vertretung der Bedarfsgemeinschaft

(1) [1] Soweit Anhaltspunkte dem nicht entgegenstehen, wird vermutet, dass die oder der erwerbsfähige Leistungsberechtigte bevollmächtigt ist, Leistungen nach diesem Buch auch für die mit ihm in einer Bedarfsgemeinschaft lebenden Personen zu beantragen und ent-

gegenzunehmen. ²Leben mehrere erwerbsfähige Leistungsberechtigte in einer Bedarfsgemeinschaft, gilt diese Vermutung zugunsten der Antrag stellenden Person.

(2) Für Leistungen an Kinder im Rahmen der Ausübung des Umgangsrechts hat die umgangsberechtigte Person die Befugnis, Leistungen nach diesem Buch zu beantragen und entgegenzunehmen, soweit das Kind dem Haushalt angehört.

§ 39 Sofortige Vollziehbarkeit

Keine aufschiebende Wirkung haben Widerspruch und Anfechtungsklage gegen einen Verwaltungsakt,

1. der Leistungen der Grundsicherung für Arbeitsuchende aufhebt, zurücknimmt, widerruft, die Pflichtverletzung und die Minderung des Auszahlungsanspruchs feststellt oder Leistungen zur Eingliederung in Arbeit oder Pflichten erwerbsfähiger Leistungsberechtigter bei der Eingliederung in Arbeit regelt,
2. der den Übergang eines Anspruchs bewirkt,
3. mit dem zur Beantragung einer vorrangigen Leistung aufgefordert wird oder
4. mit dem nach § 59 in Verbindung mit § 309 des Dritten Buches zur persönlichen Meldung bei der Agentur für Arbeit aufgefordert wird.

§ 40 Anwendung von Verfahrensvorschriften

(1) ¹Für das Verfahren nach diesem Buch gilt das Zehnte Buch. ²Abweichend von Satz 1 gilt § 44 Absatz 4 Satz 1 des Zehnten Buches mit der Maßgabe, dass anstelle des Zeitraums von vier Jahren ein Zeitraum von einem Jahr tritt.

(2) Entsprechend anwendbar sind die Vorschriften des Dritten Buches über

1. die vorläufige Entscheidung (§ 328) mit der Maßgabe, dass auch dann vorläufig entschieden werden kann, wenn die Gültigkeit einer Satzung oder einer anderen im Rang unter einem Landesgesetz stehenden Rechtsvorschrift, die nach § 22a Absatz 1 und dem dazu ergangenen Landesgesetz erlassen worden ist, Gegenstand eines Verfahrens bei einem Landessozialgericht, dem Bundessozialgericht oder einem Verfassungsgericht ist;
2. die Aufhebung von Verwaltungsakten nach § 330 Absatz 1 mit der Maßgabe, dass bei der Unwirksamkeit einer Satzung oder einer anderen im Rang unter einem Landesgesetz stehenden Rechtsvorschrift, die nach § 22a Absatz 1 und dem dazu ergangenen Landesgesetz erlassen worden ist, auf die Zeit nach der Entscheidung des Landessozialgerichts abgestellt wird;
3. die Aufhebung von Verwaltungsakten (§ 330 Absatz 2, 3 Satz 1 und 4);
4. die vorläufige Zahlungseinstellung nach § 331 mit der Maßgabe, dass die Träger auch zur teilweisen Zahlungseinstellung berechtigt sind, wenn sie von Tatsachen Kenntnis erhalten, die zu einem geringeren Leistungsanspruch führen;
5. die Erstattung von Beiträgen zur Kranken-, Renten- und Pflegeversicherung (§ 335 Absatz 1, 2 und 5).

(3) ¹§ 50 Absatz 1 des Zehnten Buches ist mit der Maßgabe anzuwenden, dass Gutscheine in Geld zu erstatten sind. ²Die leistungsberechtigte Person kann die Erstattungsforderung auch durch Rückgabe des Gutscheins erfüllen, soweit dieser nicht in Anspruch genommen wurde. ³Eine Erstattung der Leistungen nach § 28 erfolgt nicht, soweit eine Aufhebungsentscheidung allein wegen dieser Leistungen zu treffen wäre.

(4) ¹Abweichend von § 50 des Zehnten Buches sind 56 Prozent der bei der Berechnung des Arbeitslosengeldes II und des Sozialgeldes berücksichtigten Bedarfe für Unterkunft nicht zu erstatten. ²Satz 1 gilt nicht in den Fällen des § 45 Absatz 2 Satz 3 des Zehnten Buches, des § 48 Absatz 1 Satz 2 Nummer 2 und 4 des Zehnten Buches sowie in Fällen, in denen die Bewilligung lediglich teilweise aufgehoben wird.

(5) § 28 des Zehnten Buches gilt mit der Maßgabe, dass der Antrag unverzüglich nach Ablauf des Monats, in dem die Ablehnung oder Erstattung der anderen Leistung bindend geworden ist, nachzuholen ist.

(6) Für die Vollstreckung von Ansprüchen der in gemeinsamen Einrichtungen zusammenwirkenden Träger nach diesem Buch gilt das Verwaltungs-Vollstreckungsgesetz des Bundes; im Übrigen gilt § 66 des Zehnten Buches.

§ 41 Berechnung der Leistungen

(1) ¹Anspruch auf Leistungen zur Sicherung des Lebensunterhalts besteht für jeden Kalendertag. ²Der Monat wird mit 30 Tagen berechnet. ³Stehen die Leistungen nicht für

einen vollen Monat zu, wird die Leistung anteilig erbracht. ⁴Die Leistungen sollen jeweils für sechs Monate bewilligt und monatlich im Voraus erbracht werden. ⁵Der Bewilligungszeitraum kann auf bis zu zwölf Monate bei Leistungsberechtigten verlängert werden, bei denen eine Veränderung der Verhältnisse in diesem Zeitraum nicht zu erwarten ist.

(2) ¹Berechnungen werden auf zwei Dezimalstellen durchgeführt, wenn nichts Abweichendes bestimmt ist. ²Bei einer auf Dezimalstellen durchgeführten Berechnung wird die letzte Dezimalstelle um eins erhöht, wenn sich in der folgenden Dezimalstelle eine der Ziffern 5 bis 9 ergeben würde.

§ 42 Auszahlung der Geldleistungen

¹Geldleistungen nach diesem Buch werden auf das im Antrag angegebene inländische Konto bei einem Geldinstitut überwiesen. ²Werden sie an den Wohnsitz oder gewöhnlichen Aufenthalt der Leistungsberechtigten übermittelt, sind die dadurch veranlassten Kosten abzuziehen. ³Dies gilt nicht, wenn Leistungsberechtigte nachweisen, dass ihnen die Einrichtung eines Kontos bei einem Geldinstitut ohne eigenes Verschulden nicht möglich ist.

§ 42 a Darlehen

(1) ¹Darlehen werden nur erbracht, wenn ein Bedarf weder durch Vermögen nach § 12 Absatz 2 Satz 1 Nummer 1, 1a und 4 noch auf andere Weise gedeckt werden kann. ²Darlehen können an einzelne Mitglieder von Bedarfsgemeinschaften oder an mehrere gemeinsam vergeben werden. ³Die Rückzahlungsverpflichtung trifft die Darlehensnehmer.

(2) ¹Solange Darlehensnehmer Leistungen zur Sicherung des Lebensunterhalts beziehen, werden Rückzahlungsansprüche aus Darlehen ab dem Monat, der auf die Auszahlung folgt, durch monatliche Aufrechnung in Höhe von 10 Prozent des maßgebenden Regelbedarfs getilgt. ²Die Aufrechnung ist gegenüber den Darlehensnehmern schriftlich durch Verwaltungsakt zu erklären. ³Satz 1 gilt nicht, soweit Leistungen zur Sicherung des Lebensunterhalts nach § 24 Absatz 5 oder § 27 Absatz 4 erbracht werden.

(3) ¹Rückzahlungsansprüche aus Darlehen nach § 24 Absatz 5 sind nach erfolgter Verwertung sofort in voller Höhe und Rückzahlungsansprüche aus Darlehen nach § 22 Absatz 6 bei Rückzahlung durch den Vermieter sofort in Höhe des noch nicht getilgten Darlehensbetrages fällig. ²Deckt der erlangte Betrag den noch nicht getilgten Darlehensbetrag nicht, soll eine Vereinbarung über die Rückzahlung des ausstehenden Betrags unter Berücksichtigung der wirtschaftlichen Verhältnisse der Darlehensnehmer getroffen werden.

(4) ¹Nach Beendigung des Leistungsbezuges ist der noch nicht getilgte Darlehensbetrag sofort fällig. ²Über die Rückzahlung des ausstehenden Betrags soll eine Vereinbarung unter Berücksichtigung der wirtschaftlichen Verhältnisse der Darlehensnehmer getroffen werden.

(5) ¹Rückzahlungsansprüche aus Darlehen nach § 27 Absatz 4 sind abweichend von Absatz 4 Satz 1 erst nach Abschluss der Ausbildung fällig. ²Absatz 4 Satz 2 gilt entsprechend.

(6) Sofern keine abweichende Tilgungsbestimmung getroffen wird, werden Zahlungen, die zur Tilgung der gesamten fälligen Schuld nicht ausreichen, zunächst auf das zuerst erbrachte Darlehen angerechnet.

§ 43 Aufrechnung

(1) Die Träger von Leistungen nach diesem Buch können gegen Ansprüche von Leistungsberechtigten auf Geldleistungen zur Sicherung des Lebensunterhalts aufrechnen mit ihren
1. Erstattungsansprüchen nach § 42 Absatz 2 Satz 2, § 43 Absatz 2 Satz 1 des Ersten Buches, § 328 Absatz 3 Satz 2 des Dritten Buches oder § 50 des Zehnten Buches oder
2. Ersatzansprüchen nach den §§ 34 oder 34 a.

(2) ¹Die Höhe der Aufrechnung beträgt bei Erstattungsansprüchen, die auf den §§ 42 und 43 des Ersten Buches, § 328 Absatz 3 Satz 2 des Dritten Buches oder § 48 Absatz 1 Satz 2 Nummer 3 in Verbindung mit § 50 des Zehnten Buches beruhen, 10 Prozent des für den Leistungsberechtigten maßgebenden Regelbedarfs, in den übrigen Fällen 30 Prozent. ²Die Höhe der monatlichen Aufrechnung ist auf insgesamt 30 Prozent des maßge-

benden Regelbedarfs begrenzt. ³Soweit die Erklärung einer späteren Aufrechnung zu einem höheren monatlichen Aufrechnungsbetrag als 30 Prozent führen würde, erledigen sich die vorherigen Aufrechnungserklärungen.

(3) ¹Sind in einem Monat Aufrechnungen nach Absatz 1 und § 42a Absatz 2 zu vollziehen, gilt Absatz 2 Satz 2 entsprechend. ²Würden die Aufrechnungen nach § 42a Absatz 2 und nach Absatz 1 den in Absatz 2 Satz 2 genannten Betrag übersteigen, erledigt sich die nach § 42a Absatz 2 erklärte Aufrechnung, soweit sie der Aufrechnung nach Absatz 1 entgegensteht.

(4) ¹Die Aufrechnung ist gegenüber der leistungsberechtigten Person schriftlich durch Verwaltungsakt zu erklären. ²Sie endet spätestens drei Jahre nach dem Monat, der auf die Bestandskraft der in Absatz 1 genannten Entscheidungen folgt. ³Zeiten, in denen die Aufrechnung nicht vollziehbar ist, verlängern den Aufrechnungszeitraum entsprechend.

§ 43 a Verteilung von Teilzahlungen

Teilzahlungen auf Ersatz- und Erstattungsansprüche der Träger nach diesem Buch gegen Leistungsberechtigte oder Dritte mindern die Aufwendungen der Träger der Aufwendungen im Verhältnis des jeweiligen Anteils an der Forderung zueinander.

§ 44 Veränderung von Ansprüchen

Die Träger von Leistungen nach diesem Buch dürfen Ansprüche erlassen, wenn deren Einziehung nach Lage des einzelnen Falles unbillig wäre.

Abschnitt 2. Einheitliche Entscheidung

§ 44 a Feststellung von Erwerbsfähigkeit und Hilfebedürftigkeit

(1) ¹Die Agentur für Arbeit stellt fest, ob die oder der Arbeitsuchende erwerbsfähig ist. ²Der Entscheidung können widersprechen:
1. der kommunale Träger,
2. ein anderer Träger, der bei voller Erwerbsminderung zuständig wäre, oder
3. die Krankenkasse, die bei Erwerbsfähigkeit Leistungen der Krankenversicherung zu erbringen hätte.

³Der Widerspruch ist zu begründen. ⁴Im Widerspruchsfall entscheidet die Agentur für Arbeit, nachdem sie eine gutachterliche Stellungnahme eingeholt hat. ⁵Die gutachterliche Stellungnahme erstellt der nach § 109a Absatz 2 des Sechsten Buches zuständige Träger der Rentenversicherung. ⁶Die Agentur für Arbeit ist bei der Entscheidung über den Widerspruch an die gutachterliche Stellungnahme nach Satz 5 gebunden. ⁷Bis zu der Entscheidung über den Widerspruch erbringen die Agentur für Arbeit und der kommunale Träger bei Vorliegen der übrigen Voraussetzungen Leistungen der Grundsicherung für Arbeitsuchende.

(1a) ¹Der Einholung einer gutachterlichen Stellungnahme nach Absatz 1 Satz 4 bedarf es nicht, wenn der zuständige Träger der Rentenversicherung bereits nach § 109a Absatz 2 Satz 2 des Sechsten Buches eine gutachterliche Stellungnahme abgegeben hat. ²Die Agentur für Arbeit ist an die gutachterliche Stellungnahme gebunden.

(2) Die gutachterliche Stellungnahme des Rentenversicherungsträgers zur Erwerbsfähigkeit ist für alle gesetzlichen Leistungsträger nach dem Zweiten, Dritten, Fünften, Sechsten und Zwölften Buch bindend; § 48 des Zehnten Buches bleibt unberührt.

(3) ¹Entscheidet die Agentur für Arbeit, dass ein Anspruch auf Leistungen der Grundsicherung für Arbeitsuchende nicht besteht, stehen ihr und dem kommunalen Träger Erstattungsansprüche nach § 103 des Zehnten Buches zu, wenn der oder dem Leistungsberechtigten eine andere Sozialleistung zuerkannt wird. ²§ 103 Absatz 3 des Zehnten Buches gilt mit der Maßgabe, dass Zeitpunkt der Kenntnisnahme der Leistungsverpflichtung des Trägers der Sozialhilfe, der Kriegsopferfürsorge und der Jugendhilfe der Tag des Widerspruchs gegen die Feststellung der Agentur für Arbeit ist.

(4) ¹Die Agentur für Arbeit stellt fest, ob und in welchem Umfang die erwerbsfähige Person und die dem Haushalt angehörenden Personen hilfebedürftig sind. ²Sie ist dabei und bei den weiteren Entscheidungen nach diesem Buch an die Feststellung der Angemessenheit der Kosten für Unterkunft und Heizung durch den kommunalen Träger ge-

bunden. ³Die Agentur für Arbeit stellt fest, ob die oder der erwerbsfähige Leistungsberechtigte oder die dem Haushalt angehörenden Personen vom Bezug von Leistungen nach diesem Buch ausgeschlossen sind.

(5) ¹Der kommunale Träger stellt die Höhe der in seiner Zuständigkeit zu erbringenden Leistungen fest. ²Er ist dabei und bei den weiteren Entscheidungen nach diesem Buch an die Feststellungen der Agentur für Arbeit nach Absatz 4 gebunden. ³Satz 2 gilt nicht, sofern der kommunale Träger zur vorläufigen Zahlungseinstellung berechtigt ist und dies der Agentur für Arbeit vor dieser Entscheidung mitteilt.

(6) ¹Der kommunale Träger kann einer Feststellung der Agentur für Arbeit nach Absatz 4 Satz 1 oder 3 innerhalb eines Monats schriftlich widersprechen, wenn er aufgrund der Feststellung höhere Leistungen zu erbringen hat. ²Der Widerspruch ist zu begründen; er befreit nicht von der Verpflichtung, die Leistungen entsprechend der Feststellung der Agentur für Arbeit zu gewähren. ³Die Agentur für Arbeit überprüft ihre Feststellung und teilt dem kommunalen Träger innerhalb von zwei Wochen ihre endgültige Feststellung mit. ⁴Hält der kommunale Träger seinen Widerspruch aufrecht, sind die Träger bis zu einer anderen Entscheidung der Agentur für Arbeit oder einer gerichtlichen Entscheidung an die Feststellung der Agentur für Arbeit gebunden.

§ 44 b Gemeinsame Einrichtung

(1) ¹Zur einheitlichen Durchführung der Grundsicherung für Arbeitsuchende bilden die Träger im Gebiet jedes kommunalen Trägers nach § 6 Absatz 1 Satz 1 Nummer 2 eine gemeinsame Einrichtung. ²Die gemeinsame Einrichtung nimmt die Aufgaben der Träger nach diesem Buch wahr; die Trägerschaft nach § 6 sowie nach den §§ 6a und 6b bleibt unberührt. ³Die gemeinsame Einrichtung ist befugt, Verwaltungsakte und Widerspruchsbescheide zu erlassen. ⁴Die Aufgaben werden von Beamtinnen und Beamten sowie Arbeitnehmerinnen und Arbeitnehmern wahrgenommen, denen entsprechende Tätigkeiten zugewiesen worden sind.

(2) ¹Die Träger bestimmen den Standort sowie die nähere Ausgestaltung und Organisation der gemeinsamen Einrichtung durch Vereinbarung. ²Die Ausgestaltung und Organisation der gemeinsamen Einrichtung sollen die Besonderheiten der beteiligten Träger, des regionalen Arbeitsmarktes und der regionalen Wirtschaftsstruktur berücksichtigen. ³Die Träger können die Zusammenlegung mehrerer gemeinsamer Einrichtungen zu einer gemeinsamen Einrichtung vereinbaren.

(3) ¹Den Trägern obliegt die Verantwortung für die rechtmäßige und zweckmäßige Erbringung ihrer Leistungen. ²Sie haben in ihrem Aufgabenbereich nach § 6 Absatz 1 Nummer 1 oder 2 gegenüber der gemeinsamen Einrichtung ein Weisungsrecht; dies gilt nicht im Zuständigkeitsbereich der Trägerversammlung nach § 44 c. ³Die Träger sind berechtigt, von der gemeinsamen Einrichtung die Erteilung von Auskunft und Rechenschaftslegung über die Leistungserbringung zu fordern, die Wahrnehmung der Aufgaben in der gemeinsamen Einrichtung zu prüfen und die gemeinsame Einrichtung an ihre Auffassung zu binden. ⁴Vor Ausübung ihres Weisungsrechts in Angelegenheiten grundsätzlicher Bedeutung befassen die Träger den Kooperationsausschuss nach § 18 b. ⁵Der Kooperationsausschuss kann innerhalb von zwei Wochen nach Anrufung eine Empfehlung abgeben.

(4) Die gemeinsame Einrichtung kann einzelne Aufgaben auch durch die Träger wahrnehmen lassen.

(5) Die Bundesagentur stellt der gemeinsamen Einrichtung Angebote an Dienstleistungen zur Verfügung.

(6) Die Träger teilen der gemeinsamen Einrichtung alle Tatsachen und Feststellungen mit, von denen sie Kenntnis erhalten und die für die Leistungen erforderlich sind.

§ 44 c Trägerversammlung

(1) ¹Die gemeinsame Einrichtung hat eine Trägerversammlung. ²In der Trägerversammlung sind Vertreterinnen und Vertreter der Agentur für Arbeit und des kommunalen Trägers je zur Hälfte vertreten. ³In der Regel entsenden die Träger je drei Vertreterinnen oder Vertreter. ⁴Jede Vertreterin und jeder Vertreter hat eine Stimme. ⁵Die Vertreterinnen und Vertreter wählen eine Vorsitzende oder einen Vorsitzenden für eine Amtszeit von bis zu fünf Jahren. ⁶Kann in der Trägerversammlung keine Einigung über die Person der oder des Vorsitzenden erzielt werden, wird die oder der Vorsitzende von den Vertreterinnen und Vertretern der Agentur für Arbeit und des kommunalen Trägers abwechselnd

jeweils für zwei Jahre bestimmt; die erstmalige Bestimmung erfolgt durch die Vertreterinnen und Vertreter der Agentur für Arbeit. [7]Die Trägerversammlung entscheidet durch Beschluss mit Stimmenmehrheit. [8]Bei Stimmengleichheit entscheidet die Stimme der oder des Vorsitzenden; dies gilt nicht für Entscheidungen nach Absatz 2 Satz 2 Nummer 1, 4 und 8. [9]Die Beschlüsse sind von der oder dem Vorsitzenden schriftlich niederzulegen. [10]Die Trägerversammlung gibt sich eine Geschäftsordnung.

(2) [1]Die Trägerversammlung entscheidet über organisatorische, personalwirtschaftliche, personalrechtliche und personalvertretungsrechtliche Angelegenheiten der gemeinsamen Einrichtung. [2]Dies sind insbesondere
1. die Bestellung und Abberufung der Geschäftsführerin oder des Geschäftsführers,
2. der Verwaltungsablauf und die Organisation,
3. die Änderung des Standorts der gemeinsamen Einrichtung,
4. die Entscheidungen nach § 6 Absatz 1 Satz 2 und § 44 b Absatz 4, ob einzelne Aufgaben durch die Träger oder durch Dritte wahrgenommen werden,
5. die Regelung der Ordnung in der Dienststelle und des Verhaltens der Beschäftigten,
6. die Arbeitsplatzgestaltung,
7. die Genehmigung von Dienstvereinbarungen mit der Personalvertretung,
8. die Aufstellung des Stellenplans und der Richtlinien zur Stellenbewirtschaftung,
9. die grundsätzlichen Regelungen der innerdienstlichen, sozialen und persönlichen Angelegenheiten der Beschäftigten.

(3) Die Trägerversammlung nimmt in Streitfragen zwischen Personalvertretung und Geschäftsführerin oder Geschäftsführer die Aufgaben einer übergeordneten Dienststelle und obersten Dienstbehörde nach den §§ 69 bis 72 des Bundespersonalvertretungsgesetzes wahr.

(4) [1]Die Trägerversammlung berät zu gemeinsamen Betreuungsschlüsseln. [2]Sie hat dabei die zur Verfügung stehenden Haushaltsmittel zu berücksichtigen. [3]Bei der Personalbedarfsermittlung sind im Regelfall folgende Anteilsverhältnisse zwischen eingesetztem Personal und Leistungsberechtigten nach diesem Buch zu berücksichtigen:
1. 1 : 75 bei der Gewährung der Leistungen zur Eingliederung in Arbeit von erwerbsfähigen Leistungsberechtigten bis zur Vollendung des 25. Lebensjahres,
2. 1 : 150 bei der Gewährung der Leistungen zur Eingliederung in Arbeit von erwerbsfähigen Leistungsberechtigten, die das 25. Lebensjahr vollendet und die Altersgrenze nach § 7 a noch nicht erreicht haben.

(5) [1]Die Trägerversammlung stellt einheitliche Grundsätze der Qualifizierungsplanung und Personalentwicklung auf, die insbesondere der individuellen Entwicklung der Mitarbeiterinnen und Mitarbeiter dienen und ihnen unter Beachtung ihrer persönlichen Interessen und Fähigkeiten die zur Wahrnehmung ihrer Aufgaben erforderliche Qualifikation vermitteln sollen. [2]Die Trägerversammlung stimmt die Grundsätze der Personalentwicklung mit den Personalentwicklungskonzepten der Träger ab. [3]Die Geschäftsführerin oder der Geschäftsführer berichtet der Trägerversammlung regelmäßig über den Stand der Umsetzung.

(6) In der Trägerversammlung wird das örtliche Arbeitsmarkt- und Integrationsprogramm der Grundsicherung für Arbeitsuchende unter Beachtung von Zielvorgaben der Träger abgestimmt.

§ 44 d Geschäftsführerin, Geschäftsführer

(1) [1]Die Geschäftsführerin oder der Geschäftsführer führt hauptamtlich die Geschäfte der gemeinsamen Einrichtung, soweit durch Gesetz nichts Abweichendes bestimmt ist. [2]Sie oder er vertritt die gemeinsame Einrichtung gerichtlich und außergerichtlich. [3]Sie oder er hat die von der Trägerversammlung in deren Aufgabenbereich beschlossenen Maßnahmen auszuführen und nimmt an deren Sitzungen beratend teil.

(2) [1]Die Geschäftsführerin oder der Geschäftsführer wird für fünf Jahre bestellt. [2]Für die Ausschreibung der zu besetzenden Stelle findet § 4 der Bundeslaufbahnverordnung entsprechende Anwendung. [3]Kann in der Trägerversammlung keine Einigung über die Person der Geschäftsführerin oder des Geschäftsführers erzielt werden, unterrichtet die oder der Vorsitzende der Trägerversammlung den Kooperationsausschuss. [4]Der Kooperationsausschuss hört die Träger der gemeinsamen Einrichtung an und unterbreitet einen Vorschlag. [5]Können sich die Mitglieder des Kooperationsausschusses nicht auf einen Vorschlag verständigen oder kann in der Trägerversammlung trotz Vorschlags keine Einigung erzielt werden, wird die Geschäftsführerin oder der Geschäftsführer von der Agentur für Arbeit und dem kommunalen Träger abwechselnd jeweils für zweieinhalb Jahre bestimmt.

⁶Die erstmalige Bestimmung erfolgt durch die Agentur für Arbeit; abweichend davon erfolgt die erstmalige Bestimmung durch den kommunalen Träger, wenn die Agentur für Arbeit erstmalig die Vorsitzende oder den Vorsitzenden der Trägerversammlung bestimmt hat. ⁷Die Geschäftsführerin oder der Geschäftsführer kann auf Beschluss der Trägerversammlung vorzeitig abberufen werden. ⁸Bis zur Bestellung einer neuen Geschäftsführerin oder eines neuen Geschäftsführers führt sie oder er die Geschäfte der gemeinsamen Einrichtung kommissarisch.

(3) ¹Die Geschäftsführerin oder der Geschäftsführer ist Beamtin, Beamter, Arbeitnehmerin oder Arbeitnehmer eines Trägers und untersteht dessen Dienstaufsicht. ²Soweit sie oder er Beamtin, Beamter, Arbeitnehmerin oder Arbeitnehmer einer nach § 6 Absatz 2 Satz 1 herangezogenen Gemeinde ist, untersteht sie oder er der Dienstaufsicht ihres oder seines Dienstherrn oder Arbeitgebers.

(4) Die Geschäftsführerin oder der Geschäftsführer übt über die Beamtinnen und Beamten sowie die Arbeitnehmerinnen und Arbeitnehmer, denen in der gemeinsamen Einrichtung Tätigkeiten zugewiesen worden sind, die dienst-, personal- und arbeitsrechtlichen Befugnisse der Bundesagentur und des kommunalen Trägers und die Dienstvorgesetzten- und Vorgesetztenfunktion, mit Ausnahme der Befugnisse zur Begründung und Beendigung der mit den Beamtinnen und Beamten sowie Arbeitnehmerinnen und Arbeitnehmern bestehenden Rechtsverhältnisse, aus.

(5) Die Geschäftsführerin ist Leiterin, der Geschäftsführer ist Leiter der Dienststelle im personalvertretungsrechtlichen Sinn und Arbeitgeber im Sinne des Arbeitsschutzgesetzes.

(6) Bei personalrechtlichen Entscheidungen, die in der Zuständigkeit der Träger liegen, hat die Geschäftsführerin oder der Geschäftsführer ein Anhörungs- und Vorschlagsrecht.

(7) ¹Bei der besoldungsrechtlichen Einstufung der Dienstposten der Geschäftsführerinnen und der Geschäftsführer sind Höchstgrenzen einzuhalten. ²Die Besoldungsgruppe A 16 der Bundesbesoldungsordnung A, in Ausnahmefällen die Besoldungsgruppe B 3 der Bundesbesoldungsordnung B, oder die entsprechende landesrechtliche Besoldungsgruppe darf nicht überschritten werden. ³Das Entgelt für Arbeitnehmerinnen und Arbeitnehmer darf die für Beamtinnen und Beamte geltende Besoldung nicht übersteigen.

§ 44e Verfahren bei Meinungsverschiedenheit über die Weisungszuständigkeit

(1) ¹Zur Beilegung einer Meinungsverschiedenheit über die Zuständigkeit nach § 44b Absatz 3 und § 44c Absatz 2 können die Träger oder die Trägerversammlung den Kooperationsausschuss anrufen. ²Stellt die Geschäftsführerin oder der Geschäftsführer fest, dass sich Weisungen der Träger untereinander oder mit einer Weisung der Trägerversammlung widersprechen, unterrichtet sie oder er unverzüglich die Träger, um diesen Gelegenheit zur Überprüfung der Zuständigkeit zum Erlass der Weisungen zu geben. ³Besteht die Meinungsverschiedenheit danach fort, kann die Geschäftsführerin oder der Geschäftsführer den Kooperationsausschuss anrufen.

(2) ¹Der Kooperationsausschuss entscheidet nach Anhörung der Träger und der Geschäftsführerin oder des Geschäftsführers durch Beschluss mit Stimmenmehrheit. ²Bei Stimmengleichheit entscheidet die Stimme der oder des Vorsitzenden. ³Die Beschlüsse des Ausschusses sind von der Vorsitzenden oder von dem Vorsitzenden schriftlich niederzulegen. ⁴Die oder der Vorsitzende teilt den Trägern, der Trägerversammlung sowie der Geschäftsführerin oder dem Geschäftsführer die Beschlüsse mit.

(3) ¹Die Entscheidung des Kooperationsausschusses bindet die Träger. ²Soweit nach anderen Vorschriften der Rechtsweg gegeben ist, wird er durch die Anrufung des Kooperationsausschusses nicht ausgeschlossen.

§ 44f Bewirtschaftung von Bundesmitteln

(1) ¹Die Bundesagentur überträgt der gemeinsamen Einrichtung die Bewirtschaftung von Haushaltsmitteln des Bundes, die sie im Rahmen von § 46 bewirtschaftet. ²Für die Übertragung und die Bewirtschaftung gelten die haushaltsrechtlichen Bestimmungen des Bundes.

(2) ¹Zur Bewirtschaftung der Haushaltsmittel des Bundes bestellt die Geschäftsführerin oder der Geschäftsführer eine Beauftragte oder einen Beauftragten für den Haushalt. ²Die Geschäftsführerin oder der Geschäftsführer und die Trägerversammlung haben die Beauftragte oder den Beauftragten für den Haushalt an allen Maßnahmen von finanzieller Bedeutung zu beteiligen.

(3) Die Bundesagentur hat die Übertragung der Bewirtschaftung zu widerrufen, wenn die gemeinsame Einrichtung bei der Bewirtschaftung wiederholt oder erheblich gegen Rechts- oder Verwaltungsvorschriften verstoßen hat und durch die Bestellung einer oder eines anderen Beauftragten für den Haushalt keine Abhilfe zu erwarten ist.

(4) ¹Näheres zur Übertragung und Durchführung der Bewirtschaftung von Haushaltsmitteln des Bundes kann zwischen der Bundesagentur und der gemeinsamen Einrichtung vereinbart werden. ²Der kommunale Träger kann die gemeinsame Einrichtung auch mit der Bewirtschaftung von kommunalen Haushaltsmitteln beauftragen.

(5) Auf Beschluss der Trägerversammlung kann die Befugnis nach Absatz 1 auf die Bundesagentur zurückübertragen werden.

§ 44 g Zuweisung von Tätigkeiten bei der gemeinsamen Einrichtung

(1) ¹Beamtinnen und Beamten sowie Arbeitnehmerinnen und Arbeitnehmern der Träger und der nach § 6 Absatz 2 Satz 1 herangezogenen Gemeinden und Gemeindeverbände, die bis zum 31. Dezember 2010 in einer Arbeitsgemeinschaft nach § 44 b in der bis zum 31. Dezember 2010 geltenden Fassung Aufgaben nach diesem Buch durchgeführt haben, werden mit Wirkung zum 1. Januar 2011 Tätigkeiten bei der gemeinsamen Einrichtung, die die Aufgaben der Arbeitsgemeinschaft weiterführt, für die Dauer von fünf Jahren zugewiesen. ²Wenn keine Arbeitsgemeinschaften nach § 44 b in der bis zum 31. Dezember 2010 geltenden Fassung eingerichtet waren, werden Beamtinnen und Beamten sowie Arbeitnehmerinnen und Arbeitnehmern, die am 31. Dezember 2010 die Aufgaben dieses Buches in Agenturen für Arbeit und Kommunen durchgeführt haben, mit Wirkung zum 1. Januar 2011 für die Dauer von fünf Jahren Tätigkeiten bei der gemeinsamen Einrichtung zugewiesen.

(2) Spätere Zuweisungen erfolgen im Einzelfall mit Zustimmung der Geschäftsführerin oder des Geschäftsführers der gemeinsamen Einrichtung nach den tarif- und beamtenrechtlichen Regelungen.

(3) ¹Die Rechtsstellung der Beamtinnen und Beamten bleibt unberührt. ²Ihnen ist eine ihrem Amt entsprechende Tätigkeit zu übertragen.

(4) ¹Die mit der Bundesagentur, dem kommunalen Träger oder einer nach § 6 Absatz 2 Satz 1 herangezogenen Gemeinde oder einem Gemeindeverband bestehenden Arbeitsverhältnisse bleiben unberührt. ²Werden einer Arbeitnehmerin oder einem Arbeitnehmer aufgrund der Zuweisung Tätigkeiten übertragen, die einer niedrigeren Entgeltgruppe oder Tätigkeitsebene zuzuordnen sind, bestimmt sich die Eingruppierung nach der vorherigen Tätigkeit.

(5) ¹Die Zuweisung kann
1. aus dienstlichen Gründen mit einer Frist von drei Monaten,
2. auf Verlangen der Beamtin, des Beamten, der Arbeitnehmerin oder des Arbeitnehmers aus wichtigem Grund jederzeit

beendet werden. ²Die Geschäftsführerin oder der Geschäftsführer kann der Beendigung nach Nummer 2 aus zwingendem dienstlichem Grund widersprechen.

§ 44 h Personalvertretung

(1) ¹In den gemeinsamen Einrichtungen wird eine Personalvertretung gebildet. ²Die Regelungen des Bundespersonalvertretungsgesetzes gelten entsprechend.

(2) Die Beamtinnen und Beamten sowie Arbeitnehmerinnen und Arbeitnehmer in der gemeinsamen Einrichtung besitzen für den Zeitraum, für den ihnen Tätigkeiten in der gemeinsamen Einrichtung zugewiesen worden sind, ein aktives und passives Wahlrecht zu der Personalvertretung.

(3) Der Personalvertretung der gemeinsamen Einrichtung stehen alle Rechte entsprechend den Regelungen des Bundespersonalvertretungsgesetzes zu, soweit der Trägerversammlung oder der Geschäftsführerin oder dem Geschäftsführer Entscheidungsbefugnisse in personalrechtlichen, personalwirtschaftlichen, sozialen oder die Ordnung der Dienststelle betreffenden Angelegenheiten zustehen.

(4) ¹Zur Erörterung und Abstimmung gemeinsamer personalvertretungsrechtlich relevanter Angelegenheiten wird eine Arbeitsgruppe der Vorsitzenden der Personalvertretungen der gemeinsamen Einrichtungen eingerichtet. ²Die Arbeitsgruppe hält bis zu zwei Sitzungen im Jahr ab. ³Sie beschließt mit der Mehrheit der Stimmen ihrer Mitglieder eine Geschäftsordnung, die Regelungen über den Vorsitz, das Verfahren zur internen Willens-

bildung und zur Beschlussfassung enthalten muss. ⁴Die Arbeitsgruppe kann Stellungnahmen zu Maßnahmen der Träger, die Einfluss auf die Arbeitsbedingungen aller Arbeitnehmerinnen und Arbeitnehmer sowie Beamtinnen und Beamten in den gemeinsamen Einrichtungen haben können, an die zuständigen Träger abgeben.

(5) Die Rechte der Personalvertretungen der abgebenden Dienstherren und Arbeitgeber bleiben unberührt, soweit die Entscheidungsbefugnisse bei den Trägern verbleiben.

§ 44i Schwerbehindertenvertretung; Jugend- und Auszubildendenvertretung

Auf die Schwerbehindertenvertretung und Jugend- und Auszubildendenvertretung ist § 44h entsprechend anzuwenden.

§ 44j Gleichstellungsbeauftragte

¹In der gemeinsamen Einrichtung wird eine Gleichstellungsbeauftragte bestellt. ²Das Bundesgleichstellungsgesetz gilt entsprechend. ³Der Gleichstellungsbeauftragten stehen die Rechte entsprechend den Regelungen des Bundesgleichstellungsgesetzes zu, soweit die Trägerversammlung und die Geschäftsführer entscheidungsbefugt sind.

§ 44k Stellenbewirtschaftung

(1) Mit der Zuweisung von Tätigkeiten nach § 44g Absatz 1 und 2 übertragen die Träger der gemeinsamen Einrichtung die entsprechenden Planstellen und Stellen sowie Ermächtigungen für die Beschäftigung von Arbeitnehmerinnen und Arbeitnehmern mit befristeten Arbeitsverträgen zur Bewirtschaftung.

(2) ¹Der von der Trägerversammlung aufzustellende Stellenplan bedarf der Genehmigung der Träger. ²Bei Aufstellung und Bewirtschaftung des Stellenplanes unterliegt die gemeinsame Einrichtung den Weisungen der Träger.

§ 45 (weggefallen)

Grundzüge des Verwaltungsverfahrens im SGB II

	Rn.
A. Das Antragsprinzip gemäß § 37	1
B. Zuständiger Leistungsträger gemäß § 36	5
C. Vertretung der Bedarfsgemeinschaft gemäß § 38	7
D. Inhalt und Umfang des Bewilligungsbescheids (§ 41)	9
E. Aufschiebende Wirkung des Widerspruchs gemäß § 39	12
F. Anwendung von Verfahrensvorschriften	16
G. Darlehen gemäß § 42a	20 a
H. Aufrechnung gemäß § 43	21
I. Interne Abstimmung der Verwaltungsträger	25

A. Das Antragsprinzip (§ 37)

Die Stellung eines Antrags auf Grundsicherungsleistungen ist zunächst ein Verfahrenserfordernis für die Einleitung eines Verwaltungsverfahrens nach § 8 SGB X und keine materielle Anspruchsvoraussetzung. Dies folgt u. a. aus § 7, der in seinem ersten Absatz den Antrag gerade nicht als materielle Anspruchsvoraussetzung für einen Anspruch auf Leistungen nach dem SGB II normiert. Andererseits hat der Antrag aber konstitutive Wirkung (BT-Drs. 15/1516, S. 62), denn ohne Antrag können keine Leistungen gewährt werden (Link in Eicher/Spellbrink, § 37, Rn. 24). Der Antrag ist eine einseitige, empfangsbedürftige öffentlich-rechtliche Willenserklärung, auf die – soweit sich nicht aus sozialrechtlichen Bestimmungen etwas anderes ergibt – die Regelungen des Bürgerlichen Gesetzbuches Anwendung finden (BSG, Urt. v. 28. 10. 2009 – B 14 AS 56/08 R, SozR 4-4200 § 37 Nr. 1, Rn. 14). Aus § 37 Abs. 2 S. 1 folgt, dass Leistungen nicht für die Zeit vor Antragstellung erbracht werden können, so dass Alg II grundsätzlich immer erst ab dem **Tag der Antragstellung** zusteht. Mit Wirkung ab dem 1. 1. 2011 wird durch das Gesetz zur Ermittlung von Regelbedarfen und zur Änderung des Zweiten und Zwölften Buches Sozialgesetzbuch vom 24. 3. 2011 (BGBl I. S. 453) durch § 37 Abs. 2 S. 2 nunmehr ergänzend zur bisherigen Rechtslage geregelt, dass ein Antrag auf Leistungen zur Sicherung des Lebensunterhalts auf den Ersten des Monats der Antragstellung **zurückwirkt**. Damit soll nach dem Willen des Gesetzgebers dem geltenden Nachranggrundsatz stärker als bislang Rechnung getragen werden (BT-Drs. 17/3404, S. 114 zu § 37). Nunmehr sind auch Einnahmen, die vor Antragstellung im Antragsmonat zufließen, als Einkommen bei der Feststellung des Leistungsanspruchs zu berücksichtigen (dazu sogleich unten Rn. 2a a. E.). Im Ergebnis werden mit dieser Rückwirkungsfiktion Konstruktionsmöglichkeiten im Hinblick auf den Zeitpunkt der Antragstellung erst nach dem Einkommenszufluss verhindert.

2 Zu berücksichtigen ist auch der über § 40 Abs. 5 modifiziert anwendbare **§ 28 SGB X**. Hat ein Leistungsberechtigter von der Stellung eines Antrags gemäß § 37 abgesehen, weil er einen Anspruch auf eine andere Sozialleistung geltend gemacht hat und wird diese Leistung dann abgelehnt oder ist zu erstatten, so wirkt der **nachgeholte Antrag** beim Grundsicherungsträger bis zu einem Jahr zurück, wenn er unverzüglich nach Ablauf des Monats, in dem die Ablehnung oder Erstattung der anderen Leistung bindend geworden ist, nachgeholt wird (vgl. hierzu BSG, Urt. v. 19. 10. 2010 – B 14 AS 16/09 R, SGb 2010, 709, sowie ferner i. E. Eicher in Eicher/Spellbrink, § 40, Rn. 106a ff.). Der im Sozialhilferecht propagierte Kenntnisgrundsatz, nach dem der Sozialhilfeträger von Amts wegen bei Kenntnis einer Notlage einzuschreiten hatte, gilt im SGB II nicht.

2a Der Antrag markiert grundsätzlich auch die zeitliche Grenze des sog. Leistungszeitraums. So wird bei der Berücksichtigung von Einkommen und Vermögen gemäß §§ 11, 11a, 11b und 12 regelmäßig danach unterschieden, ob ein Zufluss an Geldmitteln vor (dann Vermögen) oder nach (dann Einkommen) der Antragstellung erfolgte (vgl. zur Rechtslage bis zum 31. 12. 2010 BSG, Urt. v. 30. 7. 2008 – B 14 AS 26/07 R, SozR 4–4200 § 11 Nr. 17; B 14 AS 43/07 R, info also 2009, S. 38 und B 14/7b AS 12/07 R, DVP 2010, S. 128). Durch die Regelung des § 37 Abs. 2 S. 2 wird dieser Grundsatz **durchbrochen**: Im Falle einer (nachträglichen) Antragstellung im laufenden Monat ist nunmehr für die Abgrenzung von Einkommen und Vermögen der maßgebliche Zeitpunkt nicht mehr der Zeitpunkt des Zuflusses, sondern der Zeitpunkt des Monatsersten.

3 Eine bestimmte **Form des Antrags** ist nicht vorgeschrieben. Es genügt der eindeutig erkennbare Wille, Grundsicherungsleistungen erhalten zu wollen. Die Verwendung der umfangreichen Antragsformulare wird in § 37 nicht gefordert. Allerdings kann eine Obliegenheit zur Ausfüllung des Antragsformulars aus § 60 Abs. 2 SGB I gefolgert werden. Angesichts der im SGB II nur rudimentär ausformulierten **Mitwirkungspflichten** für den Grundsicherungsempfänger (vgl. u.a. § 59) gelten die §§ 60 ff. SGB I ergänzend (so BSG, Urt. v. 19. 9. 2008 – B 14 AS 45/07 – Pflicht des Leistungsempfängers zur Vorlage von Kontoauszügen aus § 60 SGB I; vgl. auch Blüggel in Eicher/Spellbrink, Vor §§ 56–62, Rn. 10ff.; vgl. zu Mitführungspflichten Dritter und deren Stellung im Verwaltungsverfahren auch BSG, Urt. v. 24. 2. 2011 – B 14 AS 87/09 R, ZFE 2011, S. 194). Ggf. kann die Leistung gemäß § 66 SGB I versagt werden, wenn der Antragsteller sich weigert, das Antragsformular zu verwenden (anders offenbar aber Schoch in LPK-SGB II, § 37, Rn. 10).

4 Fraglich ist, wann die **Wirkung** eines einmal gestellten **Antrags erlischt** (vgl. Link in Eicher/Spellbrink § 37 Rn. 19). Wird ein Antrag auf Grundsicherungsleistungen in vollem Umfang abgelehnt und klagt der Antragsteller nach erfolglosem Widerspruch gegen den Ablehnungsbescheid zum Sozialgericht, so ist Streitgegenstand der gesamte Zeitraum bis zum Abschluss der mündlichen Verhandlung vor dem LSG, ohne dass ein erneuter Antrag erforderlich wäre (BSG, Urt. v. 23. 11. 2006 – B 11b AS 1/06 R, SozR 4–4200 § 20 Nr. 3 = BSGE 97, 265, Rn. 19). Andererseits ist davon auszugehen, dass jeweils ein neuer Folge-Antrag erforderlich wird, wenn der Regelbewilligungszeitraum von 6 Monaten nach § 41 S. 4 abläuft (vgl. BSG, Urt. v. 18. 1. 2011 – B 4 AS 99/10 R, SGb 2011, 159f.). Ebenso ist ein erneuter Antrag erforderlich, wenn die ursprüngliche Bewilligung gemäß §§ 45, 48 SGB X iVm. § 40 Abs. 1 aufgehoben wurde.

4a Wird mit einem Antrag ein Hilfebedarf nach dem SGB II geltend gemacht, so waren damit nach der Rechtsprechung des BSG im Sinne des **Meistbegünstigungsgrundsatzes** alle Leistungen umfasst, die der Sicherung des Lebensunterhalts in Form des Arbeitslosengeldes II dienten, also regelmäßig alle im 1. und 2. Unterabschnitt des 2. Abschnitts des 3. Kapitels genannten Leistungen (vgl. BSG, Urt. v. 19. 8. 2010 – B 14 AS 10/09 R, SGb 2010, S. 591 f.). So wurde nach Auffassung des BSG einerseits gewährleistet, dass ein Leistungsberechtigter alle ihm zustehenden Leistungen auch tatsächlich erhält, ohne dass er von vornherein alle denkbaren Möglichkeiten eingeplant haben muss, andererseits ergaben sich aber auch Vereinfachungseffekte bei dem Träger, der bei Prüfung der Leistungen auf einen einheitlichen Zeitpunkt abstellen konnte und bei zeitlichen Verzögerungen der Streit ausgespart blieb, ob ggf. eine notwendige Beratung nicht oder nicht in dem notwendigen Umfang stattgefunden hat. Der Antrag auf Leistungen zur Sicherung des Lebensunterhalts beinhaltete damit diejenigen Leistungen, die nach Lage des Falls **ernsthaft** in Betracht kamen (vgl. Link in Eicher/Spellbrink, § 37, Rn. 21); dem Antrag auf Leistungen zur Sicherung des Lebensunterhalts kam insoweit eine „**Türöffner-Funktion**" für diese Leistungen zu (vgl. zur Funktion des Antrags bei der Grundsicherung im Alter und bei Erwerbsminderung auch BSG, Urt. v. 29. 9. 2009 – B 8 SO 13/08 R, SozR 4–3530 § 6 Nr. 1, Rn. 15 = BSGE 104, 207 ff.; vgl. zur „Türöffner-Funktion" der Arbeitslosmeldung im SGB III: BSG, Urt. v. 7. 10. 2004 – B 11 AL 23/04 R, SozR 4–4300 § 122 Nr. 2 = BSGE 93, 209 ff., Rn. 13). Mit Wirkung zum 1. 2011 ist nunmehr **§ 37 Abs. 1 S. 2** neu eingefügt worden, wonach Leistungen nach § 24 Abs. 1 [unabweisbarer Bedarf] und Abs. 3 [Erstausstattung und Reparaturen von orthopädischen Schuhen, therapeutischen Geräten, etc.] sowie Leistungen für die Bedarfe nach § 28 Abs. 2 und Abs. 4 bis 7 [Bedarfe für Bildung und Teilhabe mit Ausnahme des persönlichen

Schuldbedarfs gemäß § 28 Abs. 3] **gesondert** zu beantragen sind. Für diese Fälle hat der Gesetzgeber daher die insoweit großzügigen Rechtsprechungspraxis einen (moderaten) Riegel vorgeschoben (vgl. zur Wohnungserstausstattung nach § 23 Abs. 3 S. 1 Nr. 1 a. F. [nunmehr § 24 Abs. 3 S. 1 Nr. 1] noch: BSG, Urt. v. 19. 8. 2010 – B 14 AS 10/09 R, SGb 2010, S. 591 f. sowie zu Klassenfahrten nach § 23 Abs. 3 S. 1 Nr. 3 a. F. [nunmehr § 28 Abs. 2 S. 1 Nr. 2]: BSG, Urt. v. 23. 3. 2010 – B 14 AS 6/09 R, SozR 4–4200 § 37 Nr. 2, vgl. auch Spellbrink § 28 Rn 4). Soweit das BSG entschieden hat, dass der aufgrund einer **Betriebs- und Heizkostennachforderung des Vermieters** während eines laufenden Leistungsbezugs entstandene tatsächliche Bedarf an höheren Leistungen für Unterkunft und Heizung nicht gesondert durch Antrag geltend gemacht werden muss (vgl. hierzu BSG, Urt. v. 22. 3. 2010 – B 4 AS 62/09 R, SozR 4–4200 § 22 Nr. 38, Rn. 14, FEVS 62, 104) hat sich mangels Nennung der hierfür maßgeblichen Regelung des § 22 Abs. 1 S. 1 in § 37 Abs. 1 S. 2 keine Änderung ergeben.

Wiedereinsetzung in den vorigen Stand gemäß § 27 SGB X ist nicht möglich, denn § 37 **4b** SGB II setzt keine Frist fest, sondern regelt lediglich das Verhältnis zwischen Leistungsbeginn und Antragstellung. Die Antragstellung selbst ist nicht an eine Frist gebunden und der Ausschluss der Leistungsgewährung vor dem Tag der Antragstellung stellt keine materiell-rechtliche Ausschlussfrist dar (BSG, Urt. v. 18. 1. 2011 – B 4 AS 99/10 R, SGb 2011, 159 f. unter Bezugnahme auf Eicher in Eicher/Spellbrink, § 40, Rn. 106 b).

Grundsätzlich kann eine **fehlende Antragstellung** durch das Rechtsinstitut des **sozialrechtli-** **4c** **chen Herstellungsanspruches** fingiert werden, wenn der Leistungsträger es pflichtwidrig versäumt, den Leistungsberechtigten auf das Erfordernis der (Folge-)Antragstellung hinzuweisen (vgl. zu den Einzelheiten BSG, Urt. vom 18. 1. 2011 – B 4 AS 29/10 R, SGb 2011, S. 160 sowie B 4 AS 99/10 R, SGb 2011, S. 159 f.). Wenn der Leistungsträger oder das Gericht zu der Erkenntnis gelangen, dass der Antragsteller bei entsprechender Beratung seinen Antrag „rechtzeitig" gestellt hätte, müssen alle sonstigen Voraussetzungen des Alg II-Anspruchs geprüft werden. Nur wenn alle Voraussetzungen vorliegen, kommt ein Alg II-Zahlungsanspruch in Betracht (BSG, Urt. v. 18. 1. 2011 – B 4 AS 29/10 R, NDV-RD 2011, S. 62 ff.).

Für den Fall, dass eine Entscheidung des Trägers der Grundsicherung trotz Antragstellung **nicht** **4d** **mehr rechtzeitig** erfolgt ist oder der Träger der Grundsicherung die beantragte Leistung **rechtswidrig abgelehnt** hatte, kommt grundsätzlich auch eine Gewährung der begehrten Leistung aufgrund des **allgemeinen Kostenerstattungsanspruches**, der von der Rechtsprechung über den eigentlichen Anwendungsbereich des **§ 13 Abs. 3 SGB V** als allgemein gültiges Rechtsprinzip angesehen wird, in Betracht (vgl. BSG, Urt. v. 30. 10. 2001 – B 3 KR 27/01 R, SozR 3–3300 § 12 Nr. 1, Rn. 36 = BSGE 89, 50, 56 f.; vgl. für das Recht des SGB II etwa: BSG, Urt. v. 17. 6. 2010 – B 14 AS 58/09 R, BSGE 106, 190 ff.; BSG, Urt. v. 19. 8. 2010 – B 14 AS 10/09 R, SGb 2010, S. 591 f. und B 14 AS 36/09 R, info also 2011, S. 40 f.).

B. Zuständiger Leistungsträger (§ 36)

Der Antrag ist grundsätzlich beim zuständigen Leistungsträger zu stellen. Örtlich zuständig ist der **5** Grundsicherungsträger, in dessen Bezirk der Antragsteller seinen **gewöhnlichen Aufenthalt** hat. Nach § 30 Abs. 3 S. 2 SGB I hat jemand seinen gewöhnlichen Aufenthalt dort, wo er sich unter Umständen aufhält, die erkennen lassen, dass er an diesem Ort oder in diesem Gebiet nicht nur vorübergehend verweilt (vgl. i. E. Link in Eicher/Spellbrink, § 36, Rn. 16 ff.). Nach § 36 S. 4 ist der Grundsicherungsträger auch bei tatsächlichem Aufenthalt zuständig, wenn ein gewöhnlicher Aufenthalt nicht feststellbar ist. Von § 36 S. 4 werden Obdachlose und Nichtsesshafte erfasst.

§ 36 S. 1 bestimmt die **sachliche Zuständigkeit** nach der gespaltenen Trägerschaft des § 6 Abs. 1 **6** Nr. 1 (vgl. Spellbrink, §§ 6–6 c, Rn. 1). Diese Differenzierung wird allerdings nur relevant bei sog. gespalteter Trägerschaft, die jedoch ohnehin nur noch bis zum 31. 12. 2011 möglich ist (§ 76 Abs. 1 S. 1). Nimmt – was nach dem Willen des Gesetzgebers der Regelfall ist – eine gemeinsame Einrichtung gemäß § 44 b die Aufgaben insgesamt wahr, so ist der Antrag grundsätzlich bei dem Jobcenter (§ 6 d) zu stellen. Nimmt eine Optionskommune gemäß § 6 a andererseits die Aufgaben insgesamt wahr, so ist sie gemäß § 6 b auch für die Entgegennahme des einzigen Antrags zuständig.

Der durch das Gesetz zur Ermittlung von Regelbedarfen und zur Änderung des Zweiten und **6a** Zwölften Buches Sozialgesetzbuch vom 24. 3. 2011 (BGBl. I. S. 453) mit Wirkung zum 1. 1. 2011 neu eingefügte § 36 S. 3 setzt die Rechtsprechung des Bundessozialgerichts zur örtlichen Zuständigkeit bei der **Ausübung des Umgangsrechts** um (vgl. hierzu grundlegend BSG, Urt. v. 7. 11. 2006 – B 7b AS 14/06 R, SozR 4–4200 § 20 Nr. 1 = BSGE 97, 242 ff.). Sie ist dann relevant, wenn die umgangsberechtigte Person und die dazugehörigen Kinder nicht an einem Ort wohnen und unterschiedliche Jobcenter zuständig sind. Zugleich wird klargestellt, dass keine von der umgangsberechtigten Person abweichende örtliche Zuständigkeit begründet wird, wenn das minderjährige Kind der umgangsberechtigten Person erwerbsfähig wird. Diese ändert sich erst, wenn die Volljährigkeit erreicht wird. Satz 5 wird eingefügt, um Änderungen im materiellen Leistungsrecht Rechnung zu tragen. Bisher konnten nur Personen Leistungen der Grundsicherung für Arbeitsuchende beziehen, die mit erwerbsfähigen Leistungsberechtigten in einer Bedarfsgemeinschaft leben. Deshalb reichte es aus, für die Bestimmung der örtlichen Zuständigkeit auf den Aufenthalt der erwerbsfähigen Personen abzustellen. Weil die Leistungen jedoch für Bildung und Teilhabe nicht von der bedarfsanteiligen, horizontalen Berechnungsmethode erfasst werden (vgl. hierzu Spellbrink/G. Becker, § 9, Rn. 11), kann es Fälle geben, in denen lediglich nicht erwerbsfähige Kinder und Jugendliche Leistungen für Bildung und Teilhabe beanspruchen können. Für diesen Fall sind die Träger örtlich zuständig, die zuständig wären, würde es sich bei den Kinder und Jugendlichen um erwerbsfähige Personen handeln (BT-Drs., 17/3404, S. 114 zu § 36).

C. Vertretung der Bedarfsgemeinschaft (§ 38)

I. Absatz 1

7   Innerhalb der Bedarfsgemeinschaft besteht für jeden Grundsicherungsempfänger ein **Einzelanspruch auf Leistungen** nach dem SGB II (vgl. BSG, Urt. v. 7. 11. 2006, B 7 b AS 8/06 R = BSGE 97, 217 = SozR 4–4200 § 22 Nr. 1 Rn. 32; Spellbrink NZS 2007, 121, 123). § 38 schafft nun aus Gründen der Verwaltungspraktikabilität (so BT-Drs. 15/1516, S. 63) eine gesetzliche Vermutung, nach der, soweit Anhaltspunkte nicht entgegenstehen, vermutet wird, dass der erwerbsfähige Leistungsberechtigte bevollmächtigt ist, Leistungen auch für die mit ihm in Bedarfsgemeinschaft lebenden Personen zu beantragen und entgegenzunehmen. Erfasst von der Vermutungsregel ist über den Wortlaut des § 38 hinaus auch die **Einlegung des Widerspruchs** und die Durchführung des Widerspruchsverfahrens (BSG, 7. 11. 2006, B 7 b AS 8/06 R = BSGE 97, 217 = SozR 4–4200 § 22 Nr. 1, Rn. 29; Link in Eicher/Spellbrink § 38 Rn. 18). Deshalb ist auch ein Widerspruch eines Mitglieds der Bedarfsgemeinschaft gegen einen Alg II-Gesamtbescheid im Zweifel als Widerspruch gegen die alle Mitglieder der Bedarfsgemeinschaft betreffenden Verfügungen zu betrachten (Eicher in Eicher/Spellbrink § 40 Rn. 106 q). § 38 gilt aber nach der ausdrücklichen Rechtsprechung des BSG nicht im **Klageverfahren** vor dem SG (BSG, Urt. v. 7. 11. 2006, B 7 b AS 8/06 R = BSGE 97, 217 = SozR 4–4200 § 22 Nr. 1 Rn. 29; Spellbrink NZS 2007, 121, 124). Vor dem SG hat der Richter mithin darauf hinzuwirken (§ 106 SGG), dass die einzelnen Mitglieder der Bedarfsgemeinschaft klarstellen, wer Kläger sein will (vgl. hierzu BSG, Urt. v. 24. 2. 2011 – B 14 AS 45/09 R, ZEV 2011, S. 328 f.). Die vom BSG in seinem Urt. v. 7. 11. 2006 (B 7 b AS 8/06 R, SozR 4–4200 § 22 Nr. 1, Rn. 14 a. E.) in diesem Zusammenhang zur Vermeidung von Irritationen hinsichtlich des Rechtsinstituts der Bedarfsgemeinschaft „geschaffene" Übergangszeit (bis zum 30. 6. 2007) ist seit langem abgelaufen, so dass regelmäßig – zumindest bei professionell vertretenen Klägern – kein Anlass besteht, über die Ansprüche sämtlicher Mitglieder der Bedarfsgemeinschaft in der Sache zu entscheiden, wenn nur ausdrücklich für ein Mitglied der Bedarfsgemeinschaft Klage erhoben worden ist und im Hinblick auf das Prinzip der Meistbegünstigung (vgl. hierzu nur: BSG, Urt. v. 7. 11. 2006 – B 7 b AS 8/06 R, SozR 4–4200 § 22 Nr. 1, Rn. 11 m.w.N. sowie Eicher in Kasseler Handbuch des Arbeitsförderungsrechts, § 40, Rn. 16) auch sonst nicht erkennbar wird, dass sämtliche Mitglieder der Bedarfsgemeinschaft jeweils ihre eigenen Ansprüche verfolgen.

8   Liegen objektive Anhaltspunkte vor, die gegen eine Bevollmächtigung sprechen, so greift die Vermutungsregelung nicht ein. Bei Zweifeln gilt der Amtsermittlungsgrundsatz des § 20 SGB X. Anhaltspunkte liegen nach den Gesetzesmaterialien (BT-Drs. 15/1516, S. 63) etwa dann vor, wenn ein Mitglied der Bedarfsgemeinschaft gegenüber dem Grundsicherungsträger zum Ausdruck gebracht hat, dass er sich selbst vertreten will. Die **Entgegennahme der Leistungen** durch den erwerbsfähigen Leistungsberechtigten hat grundsätzlich Erfüllungswirkung, weil durch § 38 S. 1 auch eine Empfangsbevollmächtigung vermutet wird. Die Erfüllungswirkung richtet sich nach § 362 BGB. Hat der Leistungsträger allerdings trotz entgegenstehender Anhaltspunkte an den „Bevollmächtigten" iSd § 38 geleistet, so ist insoweit für die anderen Mitglieder der Bedarfsgemeinschaft keine Erfüllung eingetreten (vgl. Link in Eicher/Spellbrink, § 38, Rn. 17). Die vom erwerbsfähigen Leistungsberechtigten vorgenommenen Verfahrenshandlungen wirken grundsätzlich auch für die von ihm Vertretenen. Allerdings muss das vertretene Mitglied der Bedarfsgemeinschaft ein Verschulden des erwerbsfähigen Leistungsberechtigten nicht gegen sich gelten lassen. Das **Fehlverhalten eines Vertreters** ist jedenfalls bei einer bloß vermuteten Vertretung den anderen Leistungsempfängern (Mitgliedern der Bedarfsgemeinschaft) nicht zurechenbar (Eicher in Eicher/Spellbrink, § 40 Rn. 40). Dies ist auch bei Aufhebungsbescheiden gemäß §§ 45, 48 SGB X zu beachten.

II. Absatz 2

8a Die Regelung normiert für ein das Umgangsrecht wahrnehmenden Elternteil die Befugnis, die Gewährung von Leistungen nach dem SGB II für sein Kind an sich zu beantragen und diese entgegenzunehmen. Auch wenn Leistungen zur Existenzsicherung gewährt werden, muss die Ausübung des Umgangs ermöglicht werden. Minderjährige Kinder bilden für die Zeit des Aufenthalts beim umgangsberechtigten Elternteil mit diesem eine „temporäre Bedarfsgemeinschaft" und haben für diese Zeit bei bestehender Hilfebedürftigkeit einen Anspruch auf zeitlich anteilige Leistungen zur Sicherung des Lebensunterhalts. Die Ausübung des Umgangsrechts kann in vielfältiger Form erfolgen: Vom „Wechselmodell" (das Kind ist die Hälfte der Zeit bei der umgangsberechtigten Person) bis hin zum Aufenthalt an Wochenenden und in den Ferien sind viele Varianten denkbar. In allen diesen Fällen besteht ein Anspruch entsprechend der Dauer des Aufenthalts. Der Umgangsberechtigte, der das Sorgerecht nicht inne hat, ist bislang grundsätzlich nicht vertretungsbefugt und konnte damit einen Antrag auf Leistungen nach dem SGB II für das Kind nicht stellen. Die nun ausdrücklich normierte Antragsbefugnis nebst Empfangsberechtigung erfasst alle Verfahrenshandlungen, die mit der Antragstellung und der Entgegennahme der Leistungen zusammenhängen und der Verfolgung des Antrags dienen, mithin auch die Einlegung des Widerspruchs (BT-Drs. 17/3404, S. 114 zu § 38).

D. Inhalt und Umfang des Bewilligungsbescheids (§ 41)

Bei dem Bewilligungsbescheid handelt es sich um einen Verwaltungsakt iSd § 31 SGB X. Dieser muss gemäß § 33 SGB X hinreichend **bestimmt** sein. Da innerhalb einer Bedarfsgemeinschaft jedem Mitglied ein Einzelanspruch auf Alg II zusteht, muss aus dem Bescheid zumindest durch Auslegung hervorgehen, in welcher Höhe welche **Einzelansprüche der Mitglieder der Bedarfsgemeinschaft** bestehen. Dies verkennen die Grundsicherungsträger nach wie vor, die zumeist einen einheitlichen Gesamtbetrag für die Bedarfsgemeinschaft verfügen. Eine aus der Unbestimmtheit möglicherweise hervorgehende Rechtswidrigkeit nützt den Alg II-Beziehern aber relativ wenig, soweit das Ziel eine höhere Leistung ist (vgl. auch Eicher in Eicher/Spellbrink § 40, Rn. 106 o). Anders ist dies jedoch im Falle von Aufhebungsentscheidungen nach den §§ 45, 48 SGB X.   **9**

Die Leistungen der Grundsicherung sollen nach § 41 Abs. 1 S. 4 jeweils für **sechs Monate** bewilligt werden. § 41 Abs. 1 S. 5 sieht sogar vor, dass der Bewilligungszeitraum auf bis zu **zwölf Monate** verlängert werden kann, wenn eine Veränderung der Verhältnisse in diesem Zeitraum nicht zu erwarten ist. Bei der Bewilligung von Leistungen nach dem SGB II handelt es sich mithin um einen **Verwaltungsakt mit Dauerwirkung,** der jeweils aufzuheben ist, wenn eine wesentliche Änderung der Verhältnisse eintritt (§ 40 Abs. 1 S. 1 iVm § 48 SGB X und § 330 Abs. 3 SGB III). Die Rechtsprechung des BVerwG zum Sozialhilferecht, nach der dem Sozialhilfeanspruch kein Dauercharakter zukommt (BVerwG 13. 11. 2003 – 5 C 26/02) mit der Konsequenz, dass § 48 SGB X unanwendbar ist (vgl. mit Nachweisen Eicher in Eicher/Spellbrink, § 40, Rn. 4), ist also auf den Anspruch auf Alg II nicht übertragbar.   **10**

Der Anspruch für die Leistungen zur Sicherung des Lebensunterhalts besteht nach § 41 Abs. 1 S. 1 für **jeden Kalendertag.** Wird der Antrag im Laufe eines Monats gestellt, so ist der monatliche Anspruch entsprechend zu quoteln. Die Leistungen sind jeweils monatlich im Voraus zu erbringen (§ 41 Abs. 1 S. 4). Leistungen sind im Regelfall auf das Konto des Leistungsempfängers zu überweisen. Bei anderer Übermittlung (Barauszahlung) sind dem Berechtigten die dadurch verursachten Kosten abzuziehen.   **11**

E. Aufschiebende Wirkung des Widerspruchs (§ 39)

Nach § 84 Abs. 1 SGG ist binnen eines Monats nach Bekanntgabe des Bescheids Widerspruch einzulegen, wenn die Leistung abgelehnt wurde oder nach Überzeugung des Empfängers zu niedrig ausfällt. In diesen Fällen kann gemäß § 86 b SGG einstweiliger Rechtsschutz (Regelungsanordnung in Vornahmesachen) beim SG beantragt werden (vgl. hierzu Spellbrink, Sozialrecht aktuell 2007, S. 1 ff.). Nach § 86 a SGG haben Widerspruch und Klage grundsätzlich aufschiebende Wirkung. Dies betrifft sog. Anfechtungsbegehren, d. h. insbesondere die Fälle, in denen dem Bürger eine eingeräumte Rechtsposition wieder entzogen wird und er sich durch eine reine Anfechtungsklage gemäß § 54 Abs. 1 SGG gegen den Entzug der Position wehrt. Hat ein Rechtsbehelf aufschiebende Wirkung, so dürfen im Grundsatz keine Maßnahmen zur Durchsetzung des Verwaltungsakts (Bewirkungshandlungen) vorgenommen werden (vgl. i. E. Eicher in Eicher/Spellbrink, § 39, Rn. 4).   **12**

§ 39 enthält nun seinerseits Ausnahmen zur Grundnorm des § 86a SGG. Die aufschiebende Wirkung von Widerspruch und Klage entfällt in vier Fällen, die § 39 enumiert. Die bis zum 31. 12. 2008 geltende Regelung sah in Nr. 1 vor, dass die aufschiebende Wirkung entfiel gegenüber einem Verwaltungsakt, der „über Leistungen der Grundsicherung für Arbeitsuchende" entscheidet. Hierher gehörten auch Aufhebungsentscheidungen gemäß §§ 45, 48 SGB X, sowie die Versagung wegen fehlender Mitwirkung gemäß § 66 SGB I (vgl. Eicher in Eicher/Spellbrink § 39 Rn. 12 ff.). Auch die Absenkung der Leistung als Sanktion gemäß § 31 erfolgte jeweils im Wege eines insofern konstitutiven aufhebenden bzw. ändernden Verwaltungsakts (Argument aus § 31 Abs. 6 S. 1 a. F.). Legte ein Grundsicherungsempfänger gegen einen Absenkungsbescheid gemäß § 31 Widerspruch ein, so hatte bereits nach der bisherigen Rechtslage dieser Widerspruch nach § 39 Nr. 1 keine aufschiebende Wir-   **13** kung. Anderes galt allerdings bei einem Verwaltungsakt, mit dem dem Grundsicherungsempfänger ein Ein-Euro-Job angeboten wurde (vgl. § 16 d S. 2; zum Verwaltungsaktcharakter des Angebots einer Arbeitsgelegenheit vgl. S. Knickrehm, § 16 d, Rn. 8). Hier handelte es sich gerade nicht um eine Entscheidung über Leistungen, so dass der Widerspruch aufschiebende Wirkung hatte (vgl. auch Spellbrink, § 31 Rn. 15). Dasselbe galt bei einem Verwaltungsakt gemäß § 15 Abs. 1 S. 6" der an die Stelle der Eingliederungsvereinbarung trat. Auch der Widerspruch gegen einen solchen Verwaltungsakt gemäß § 15 Abs. 1 S. 6 hatte aufschiebende Wirkung. Genau diesen Effekt wollte der Gesetzgeber mit **§ 39 Nr. 1** in seiner Fassung zum 1. 1. 2009 beseitigen. Nunmehr hatte auch ein Widerspruch oder eine Klage gegen einen Verwaltungsakt, der „Leistungen zur Eingliederung in Arbeit oder Pflichten des erwerbsfähigen Leistungsberechtigten bei der **Eingliederung in Arbeit" regelt,** keine aufschiebende Wirkung mehr. In den Materialien wird betont (BT-Drs. 16/10810 zu § 39), dass damit dem Grundsatz des „Förderns und Fordern" effektiver Rechnung getragen werden soll. Die Eingliederung in Arbeit solle auch dann (sofort) erfolgen, wenn der Berechtigte die Rechtmäßigkeit der Maßnahme noch überprüfen lassen wolle. Die mit Wirkung zum 1. 1. 2011 erfolgte Änderung des Wortlautes der Nr. 1 soll nach der Gesetzesbegründung lediglich klarstellen, dass auch Widerspruch und Klage gegen einen die Pflichtverletzung und die Minderung des Auszahlungsanspruchs feststellenden Verwaltungsakt nach § 31 b Abs. 1 und § 31 c keine aufschiebende Wirkung haben (vgl. BT-Drs. 17/3404, S. 114 zu § 39).

14   Besonders strittig war nach dem Rechtszustand bis zum 31. 12. 2008 die aufschiebende Wirkung des Widerspruchs, wenn der Leistungsträger die **Aufrechnung** gemäß § 43 erklärte. Richtiger Ansicht nach enthielt die Erklärung über die Aufrechnung gerade keine Entscheidung über die Leistung i. s d. § 39 Nr. 1 a. F. (so Eicher in Eicher/Spellbrink, § 39 Rn. 15), so dass die aufschiebende Wirkung des Widerspruchs nicht entfiel (anders aber LSG Schleswig-Holstein, Beschluss vom 5. 7. 2006 – L 6 B 196/06 AS). Hieran dürfte auch die Neufassung zum 1. 1. 2009 nichts geändert haben (vgl. noch unten Rn. 22). Äußerst strittig war auch, inwieweit Erstattungsansprüche gemäß § 50 SGB X sofort vollziehbar sind. Die wohl überwiegende Meinung lehnte eine Anwendung des § 39 Nr. 1 ab (Pilz in Gagel § 39 Rn. 9, Stand 10/05; Conradis in LPK-SGB II § 39 Rn. 7; anders Hengelhaupt in Hauck/Noftz, K § 43 Rn. 46, Stand 07/07 mit zahlreichen Nachweisen). Mit der **Neufassung** hat der Gesetzgeber jetzt klargestellt, dass der Widerspruch gegen Erstattungsbescheide aufschiebende Wirkung haben soll (so ausdrücklich BT-Drs. 16/10810 zu § 39).

15   Zusätzlich geregelt wird in **§ 39 Nr. 3** und **Nr. 4** der Wegfall der aufschiebenden Wirkung in zwei weiteren Fallgruppen. Nach § 39 Nr. 3 entfällt die aufschiebende Wirkung gegen alle Verwaltungsakte, mit denen der Leistungsempfänger zur **Beantragung einer vorrangigen Leistung** aufgefordert wird. Nach der Gesetzesbegründung wird damit der zentralen Verpflichtung des Leistungsberechtigten, seine Hilfebedürftigkeit durch Inanspruchnahme vorrangiger Leistungen zu verringern oder zu beenden, Nachdruck verliehen (BT-Drs. 16/10810 zu § 39). Leistungsberechtigte sollen nicht durch die Einlegung von Rechtsmitteln für die Dauer eines Sozialgerichtsprozesses die Inanspruchnahme der vorrangigen Leistung vereiteln. Nach § 39 Nr. 4 entfällt zudem die aufschiebende Wirkung gegen **Meldeaufforderungen** nach § 59 SGB II iVm § 309 SGB III (vgl. auch Spellbrink, § 31, Rn. 20). Der Gesetzgeber geht davon aus, dass sich Leistungsberechtigte nach dem bisherigen Rechtszustand durch die Einlegung von Widersprüchen dauerhaft ihrer Meldepflicht entziehen konnten (BT-Drs. 16/10810 zu § 39). Die Regelung folgt § 336 a S. 1 Nr. 4 SGB III. Bei Nichtbefolgung einer Meldeaufforderung ohne wichtigen Grund können also zukünftig auch trotz Widerspruchs die Sanktionen des § 32 erfolgen.

F. Anwendung von Verfahrensvorschriften

16   § 40 Abs. 1 S. 1 verweist für das Verwaltungsverfahren auf die Geltung des SGB X. Folglich gelten etwa die Vorschriften über die **Amtsermittlung (§ 20 SGB X)** oder die **Anhörung** Beteiligter (§ 24 SGB X). § 40 Abs. 1 S. 2 Nr. 1 stellt klar, dass im Rahmen des SGB II die selben Modifikationen bei der Aufhebung von Bescheiden gemäß §§ 44 ff. SGB X gelten wie im SGB III. Auch § 40 Abs. 1 S. 2 Nr. 1a, 2 und 3 verweisen auf **Sonderregelungen im SGB III** hinsichtlich der vorläufigen Entscheidung gemäß § 328 SGB III, der vorläufigen Zahlungseinstellung gemäß § 331 Abs. 3 und der Erstattung von Beiträgen zur Kranken-, Renten- und Pflegeversicherung gemäß § 335 SGB III.

17   § 330 Abs. 1 SGB III knüpft an § 44 Abs. 1 S. 1 SGB X an, wonach ein (ggf. auch unanfechtbarer) nicht begünstigender Verwaltungsakt mit Wirkung für die Vergangenheit zurückzunehmen ist, soweit sich im Einzelfall ergibt, dass bei seinem Erlass das Recht nicht richtig angewandt oder von einem Sachverhalt ausgegangen worden ist, der sich als unrichtig erweist, und deshalb Sozialleistungen zu Unrecht nicht erbracht worden sind. Zu berücksichtigen ist in diesem Zusammenhang zunächst, dass § 40 Abs. 1 S. 2 mit **Wirkung ab dem 1. 4. 2011** eine **Sonderregelung** zur Anwendung des § 44 SGB X enthält und die „eigentliche" Vierjahresfrist des § 44 Abs. 4 SGB X für die Leistungen der Grundsicherung für Arbeitsuchende, die als steuerfinanzierte Leistungen der Sicherung des Lebensunterhalts und der Eingliederung in Arbeit dienen und dabei im besonderen Maße die Deckung

gegenwärtiger Bedarfe bewirken sollen (so genannter Aktualitätsgrundsatz), auf eine **Einjahresfrist verkürzt**. Leistungen zur Grundsicherung für Arbeitsuchende können damit längstens bis zum Beginn des Jahres rückwirkend erbracht werden, das dem Jahr der Rücknahme des rechtswidrigen Verwaltungsaktes oder der darauf gerichteten Antragstellung vorausgegangen ist (vgl. BT-Drs. 17/3404, S. 114 f. zu § 40); für Überprüfungsanträge, die bis einschließlich zum 31. 3. 2011 gestellt worden sind, gilt gemäß § 77 Abs. 13 weiterhin die Vierjahresfrist des § 44 Abs. 4 SGB X. § 330 Abs. 1 SGB III schränkt die Rückwirkung zu Lasten des Leistungsempfängers ein. Zum einen, wenn die maßgebliche Rechtsnorm nach Erlass des Verwaltungsakts vom BVerfG für unvereinbar mit dem GG erklärt worden ist, zum anderen, wenn die Norm in ständiger Rechtsprechung anders als durch die Agentur für Arbeit ausgelegt worden ist. Maßgeblich ist im Rahmen des § 330 Abs. 1 auf eine einheitliche Handhabung durch die BA abzustellen (vgl. Pilz in Gagel § 40, Rn. 15; Stand 12/06). Im SGB II ist eine einheitliche Handhabung schwerer festzustellen, weil teilweise eine möglichst dezentrale Trägervielfalt politisch gewünscht wird. Beispiel: Das BSG in seinen Urt. v. 18. 6. 2008 klargestellt, dass jedenfalls vor dem 1. 1. 2008 kostenlos gewährte Nahrung im Krankenhaus oder von Verwandten kein Einkommen i. S. d. § 11 darstellt (B 14 AS 22/07 R, SozR 4–4200 § 11 Nr. 11 = BSGE 101, 70 ff. und B 14 AS 46/07 R, info also 2009, S. 37 f.; vgl. auch Spellbrink/G. Becker § 11, Rn. 2). Haben Grundsicherungsempfänger Bescheide bestandskräftig werden lassen, die Nahrung als Einkommen berücksichtigen, so könnten sie gemäß § 44 Abs. 1 SGB X grundsätzlich eine Rücknahme dieser – rechtswidrigen – Entscheidungen fordern. Dem steht aber **§ 330 Abs. 1 SGB III** entgegen, weil bis zur Entscheidung des BSG vom 18. 6. 2008 wohl eine entgegenstehende Verwaltungspraxis der Träger bestand. Im Zusammenhang mit der Obliegenheit von Leistungsberechtigten ihre unangemessenen Kosten der Unterkunft und Heizung zu senken (vgl. § 22 Abs. 1 S. 3) hat das BSG indes bereits das Vorliegen einer einheitliche Praxis der Leistungsträger des SGB II bezogen auf den notwendigen Inhalt von **Kostensenkungsaufforderungen** verneint (BSG, Urt. v. 1. 6. 2010 – B 4 AS 78/09 R, SozR 4–4200 § 22 Nr. 36, Rn. 17). Verneint hat das BSG auch eine einheitliche Verwaltungspraxis bei dem Abzug von Warmwasserbereitungskosten von den Kosten der Heizung (vgl. BSG, Urt. v. 15. 12. 2010 – B 14 AS 61/09 R, SGb 2011, S. 92 f.). Aus § 330 Abs. 1 SGB III ist im Übrigen zu schließen, dass § 44 SGB X außerhalb des SGB II und SGB III anwendbar ist, wenn eine Norm durch das BVerfG für verfassungswidrig erklärt wurde (vgl. hierzu Spellbrink/Hellmich, SGb 2001, S. 605 ff.). § 330 Abs. 1 SGB III bewirkt aber, dass auch Entscheidungen des BVerfG nur zu Gunsten derjenigen Grundsicherungsempfänger wirken, die auch Widerspruch eingelegt haben.

18 Nach **§ 45 SGB X** kann ein begünstigender Verwaltungsakt zurückgenommen werden, soweit er von Beginn an rechtswidrig war. Nach § 45 Abs. 2 S. 3 SGB X kann sich ein Begünstigter auf ein Vertrauen auf den Fortbestand des Verwaltungsakts nicht berufen, wenn er u. a. den Verwaltungsakt durch arglistige Täuschung Drohung oder Bestechung erwirkt hat (Nr. 1) oder die Bewilligung auf Angaben beruht, die der Begünstigte vorsätzlich oder grob fahrlässig in wesentlicher Hinsicht unrichtig oder unvollständig gemacht hat (Nr. 2) oder er die Rechtswidrigkeit der Bewilligung kannte oder in Folge grober Fahrlässigkeit nicht kannte (Nr. 3). Nach § 330 Abs. 2 SGB III ist in diesen Fällen der Verwaltungsakt **ohne Ermessen** mit Wirkung für die Vergangenheit zurückzunehmen. Bei Bedarfsgemeinschaften ist allerdings zu beachten, dass die Voraussetzungen des § 45 Abs. 2 S. 3 SGB X **bei jedem Mitglied der Bedarfsgemeinschaft** gesondert zu prüfen sind und auch vorliegen müssen (vgl. Udsching/Link, SGb 2007, S. 513 ff.). Ein Verschulden des Bevollmächtigten gemäß § 38 wirkt hier nicht zu Lasten der übrigen Mitglieder der Bedarfsgemeinschaft (vgl. soeben Rn. 8).

19 Nach **§ 48 Abs. 1 SGB X** ist ein Verwaltungsakt mit Dauerwirkung (wie der Bewilligungsbescheid über Grundsicherungsleistungen gemäß § 41 Abs. 1 S. 4) mit Wirkung für die Zukunft aufzuheben, soweit in den tatsächlichen oder rechtlichen Verhältnissen die beim Erlass des Verwaltungsakts vorgelegen haben, eine **wesentliche Änderung** eintritt. Erbt der Leistungsempfänger oder gewinnt er im Lotto, so fällt die Anspruchsvoraussetzung der Hilfebedürftigkeit gemäß § 7 Abs. 1 Nr. 3 iVm § 9 weg und der Dauerverwaltungsakt ist mit Wirkung zum Zeitpunkt der Änderung aufzuheben. Nach § 48 Abs. 1 S. 2 soll der Verwaltungsakt bei Vorliegen der dort genannten Beispielsfälle mit Wirkung für die Vergangenheit aufgehoben werden. § 330 Abs. 3 SGB III verschärft diese Voraussetzung, weil nach § 330 Abs. 3 SGB III der Bescheid in den Fällen des § 48 Abs. 1 S. 2 SGB X mit Wirkung für die Vergangenheit aufzuheben ist. Die für § 48 Abs. 1 S. 2 SGB X grundlegende Unterscheidung zwischen typischen und atypischen Fällen spielt im SGB II daher keine Rolle.

20 Die meisten Grundsicherungsträger haben Schwierigkeiten mit der Aufhebung von Bewilligungsbescheiden bei einer wesentlichen Änderung der Verhältnisse. Zumeist wird § 48 SGB X übersehen und eine Aufhebung der ursprünglichen Bewilligung unterbleibt ganz. Bis zu gewissen Grenzen kann hier § 331 SGB III helfen, der über § 40 Abs. 1 Nr. 2 im SGB II gilt. § 331 SGB III lässt die **vorläufige Zahlungseinstellung** ohne Erteilung eines Bescheides gemäß § 48 SGB X zu, wenn der Grundsicherungsträger Kenntnis von Tatsachen erhält, die kraft Gesetzes zum Ruhen oder Wegfall des Anspruches führen und wenn der Bescheid, aus dem sich der Anspruch ergibt, mit Wirkung für die Vergangenheit aufzuheben ist. Die vorläufige Zahlungseinstellung nach § 331 SGB III kommt immer in Betracht, wenn die Voraussetzungen des § 330 Abs. 3 SGB III iVm. § 48 Abs. 1 S. 2 SGB X vorliegen. Entsprechendes wird für eine rückwirkende Aufhebung gemäß § 45 Abs. 2 S. 3 SGB X gelten, weil § 331 SGB III darauf abstellt, dass der Grundsicherungsträger (später) Kenntnis von Aufhebungstatsachen erhielt (ebenso Niesel, § 331 SGB III Rn. 5; Eicher in Eicher/Spellbrink § 40 Rn. 72 strittig). § 331 Abs. 1 S. 2 SGB III schreibt eine Mitteilungspflicht an den Grundsicherungsempfänger vor, soweit die Kenntnis der Behörde nicht gerade auf den Angaben des Leistungsempfängers beruhte. Nach § 331 Abs. 2 SGB III hat der Grundsicherungsträger eine vorläufig eingestellte Leistung unverzüglich nachzuzahlen, soweit der Bescheid über die Bewilligung nicht zwei Monate nach der vorläufigen Einstellung der Zahlung mit Wirkung für die Vergangenheit aufgehoben worden ist.

G. Darlehen (§ 42 a)

20a Der durch das Gesetz zur Ermittlung von Regelbedarfen und zur Änderung des Zweiten und Zwölften Buches Sozialgesetzbuch vom 24. 3. 2011 (BGBl. I. S. 453) mit Wirkung zum 1. 4. 2011 neu eingefügte § 42 a schafft bislang fehlende Rahmenvorgaben für alle Darlehen im SGB II (vgl. hierzu und zum Folgenden: BT-Drs. 17/3404, S. 115 f. zu § 42).

20b § 42 a Abs. 1 S. 1 stellt klar, dass Darlehen nach dem SGB II nur an hilfebedürftige Personen vergeben werden. Bei diesen wird grundsätzlich nach § 12 Abs. 2 S. 1 Nr. 1, 1 a und 4 geschütztes Vermögen berücksichtigt, da ihnen dieses Vermögen gerade belassen wird, um besondere Bedarfe zu decken und notwendige Anschaffungen zu tätigen. Nach § 42 a Abs. 1 S 2 können Darlehen wegen der individuellen Leistungsbeziehungen der Leistungsberechtigten an einzelne Mitglieder der Bedarfsgemeinschaft oder an mehrere gemeinsam vergeben werden. Zur Rückzahlung verpflichtet ist nach § 42 a Abs. 1 S. 3 der Darlehensnehmer oder sind die Darlehensnehmer als Gesamtschuldner gemeinsam (§ 421 BGB).

20c § 42 a Abs. 2 regelt Beginn und Höhe der Rückzahlungsverpflichtung während des Leistungsbezuges. Sie ist hinsichtlich der Höhe der Rückzahlungsverpflichtung (10 Prozent des maßgebenden Regelbedarfs gemäß § 20 Abs. 2 bis 5) inhaltlich an die früheren Vorgaben des § 23 Abs. 1 S. 3 a. F. angelehnt. Dabei ist das bisher eingeräumte Ermessen hinsichtlich der Höhe der Aufrechnung aus Vereinfachungsgründen entfallen.

20d § 42 a Abs. 3 schafft für Darlehen nach § 24 Abs. 5 für den Fall der Verwertung des Vermögens und für Darlehen nach § 22 Abs. 6 S. 3 für den Fall der Rückzahlung der Mietkaution eine Sonderbestimmung zur Fälligkeit des noch nicht getilgten Darlehensbetrages. Dieser soll sofort zurückgezahlt werden, sobald entsprechende finanzielle Mittel zur Verfügung stehen. Für den Fall, dass die erlangten Mittel nicht ausreichen, um den noch nicht getilgten Darlehensbetrag zu decken, soll eine Vereinbarung über die Rückzahlung des noch ausstehenden Betrages getroffen werden. Dies ermöglicht es den Darlehensnehmern, den noch ausstehenden Betrag über einen längeren Zeitraum aufzubringen. Es schützt sie vor der sofortigen Beitreibung der Forderung durch den zuständigen Träger. Beim Abschluss der Vereinbarung sind hinsichtlich des Beginns der Rückzahlung und der Höhe der beizubringenden Raten die wirtschaftlichen Verhältnisse der Darlehensnehmer zu berücksichtigen.

20e § 42 a Abs. 4 trifft eine Bestimmung zur Fälligkeit des noch nicht getilgten Darlehensbetrages bei Beendigung des Leistungsbezuges. Bestimmt wird ferner, dass zu diesem Zeitpunkt eine Vereinbarung über die Rückzahlung des noch nicht getilgten Betrages getroffen werden soll. Dies ermöglicht es den Darlehensnehmern, den noch ausstehenden Betrag über einen längeren Zeitraum aufzubringen und soll sie motivieren, den Leistungsbezug zu beenden. Eine Rückzahlungsvereinbarung schützt die Darlehensnehmer vor der sofortigen Beitreibung der Forderung durch den zuständigen Träger. Beim Abschluss der Vereinbarung sind hinsichtlich des Beginns der Rückzahlung und der Höhe der beizubringenden Raten die wirtschaftlichen Verhältnisse der Darlehensnehmer zu berücksichtigen. Im Interesse sowohl des Trägers als auch der Darlehensnehmer soll darauf hingewirkt werden, dass frühzeitig eine Rückzahlungsvereinbarung getroffen wird, sobald absehbar ist, dass der Leistungsbezug endet.

20f § 42 a Abs. 5 Darlehen an Auszubildende, die keinen Anspruch auf Arbeitslosengeld II und Sozialgeld haben, können während der Ausbildung nicht zurückgeführt werden, da die Ausbildungsförderung regelmäßig nicht höher ist als das Alg II und Sozialgeld, oder der Auszubildende gleichfalls auch keinen Anspruch mehr auf Ausbildungsvergütung hat. In diesem Fall sind die Darlehen deshalb erst nach Ende der Ausbildung zur Rückzahlung fällig.

20g § 42 a Abs. 6 bestimmt die Reihenfolge, in der mehrere gleichzeitig bestehende Darlehensforderungen getilgt werden, soweit keine abweichende Tilgungsbestimmung getroffen worden ist. Maßgeblich ist der Zeitpunkt der Begründung der Darlehensforderung.

H. Aufrechnung (§ 43)

21 § 43 regelt die Frage, wann ein SGB II-Leistungsträger gegen Geldleistungsansprüche des Leistungsberechtigten (Hauptforderung) mit eigenen Gegen-Ansprüchen (Gegenforderung) aufrechnen darf. § 43 weicht von der allgemeinen Aufrechnungsvorschrift des § 51 SGB I erheblich zu Lasten des

Grundsicherungsempfängers ab. § 51 Abs. 2 SGB I erlaubt eine **Aufrechnung von laufenden Sozialleistungen** mit Ansprüchen auf Erstattung zu Unrecht erbrachter Sozialleistungen bis zur Hälfte der laufenden Sozialleistung nur, soweit der Leistungsberechtigte hierdurch nicht nachweislich hilfebedürftig im Sinne des SGB XII oder SGB II wird. § 43 erlaubt eine Aufrechnung bis zu einem Betrag in Höhe von 30 vH der Regelleistung, die bereits in ihrer Höhe von 100 vH zum Teil für verfassungswidrig erachtet wird (vgl. Kohte, § 20).

Dass es sich bei der Aufrechnung im Sinne des § 43 um einen Verwaltungsakt handelt, war bislang wohl h. M. (Eicher in Eicher/Spellbrink, § 43, Rn. 6; Hengelhaupt in Hauck/Noftz, K § 43, Rn. 60; Radüge in Juris PK § 43 Rn. 28). Mit dem Gesetz zur Ermittlung von Regelbedarfen und zur Änderung des Zweiten und Zwölften Buches Sozialgesetzbuch vom 24. 3. 2011 (BGBl I., S. 453) ist dies nun auch normativ in § 43 Abs. 4 S. 1 verankert worden. Widerspruch und Anfechtungsklage gegen diesen Verwaltungsakt haben keine aufschiebende Wirkung, weil § 39 Nr. 1 die Aufrechnung gerade nicht erwähnt und diese wohl auch nicht unter die in § 39 Nr. 1 verwandten Begriffe subsumiert werden kann. Die Aufrechnung hat grundsätzlich eine Aufrechnungslage zur Voraussetzung (§ 387 BGB). Aufrechnungsberechtigter ist der Grundsicherungsträger, Aufrechnungsgegner der Grundsicherungsempfänger. Bei der Hauptforderung, gegen die aufgerechnet wird, handelte es sich bislang um den Anspruch auf die Regelleistung gemäß § 20, was aus dem eindeutigen Wortlaut des § 43 S. 1 a. F. folgte (ebenso Eicher in Eicher/Spellbrink, § 43, Rn. 14; Hengelhaupt in Hauck/Noftz, K § 43 Rn. 36). Mit Wirkung zum 1. 4. 2011 hat der Gesetzgeber die Hauptforderung auf die „Geldleistungen zur Sicherung des Lebensunterhaltes" insgesamt ausgeweitet und nimmt damit Bezug auf sämtliche Geldleistungsansprüche des 2. Abschnittes des 3. Kapitels des SGB II, die daher Gegenstand der Hauptforderung sein können. 22

Die in Betracht kommenden **Gegenforderungen** des Grundsicherungsträgers sind in Abs. 1 enumerativ aufgeführt. Nr. 1 regelt dabei, dass die Aufrechnung mit Forderungen der Träger aus Erstattungsansprüchen, die auf der Rücknahme oder Aufhebung rechtswidriger Verwaltungsakte oder auf der Überzahlung infolge vorläufiger oder vorschussweise erbrachter Leistungen beruhen, zulässig ist. In Nr. 2 werden Forderungen aus Ersatzansprüchen nach den §§ 34 und 34a als mögliche Gegenforderungen aufgeführt. 23

Nach § 43 Abs. 4 S. 2 ist die Aufrechnungsmöglichkeit **auf drei Jahre** beschränkt. Richtiger weise ist dies so zu verstehen, dass damit ein fester, kalendermäßig ablaufender Zeitrahmen gemeint ist, in dem die Aufrechnung erklärt und vollzogen sein muss. Der Drei-Jahres-Zeitraum beginnt mit der Entstehung der Gegenforderung des Trägers, mit der aufgerechnet wird (Hengelhaupt in Hauck/Noftz K § 43 Rn. 58). Ob und in welchem Umfang eine Aufrechnung erfolgt, liegt im Ermessen des Grundsicherungsträgers. § 43 S. 1 ist nicht so zu lesen, dass in Höhe von 30 vH für drei Jahre aufgerechnet werden muss. Hier handelt es sich vielmehr um Grenz- oder Höchstbeträge, so dass es ermessensfehlerhaft wäre, ohne Ausnahme in Höhe dieser Grenzbeträge aufzurechnen (Eicher in Eicher/Spellbrink § 43 Rn. 31). 24

I. Interne Abstimmung der Verwaltungsträger

Abschnitt 2 des 4. Kapitels ist seit jeher überschrieben mit „Einheitliche Entscheidung". Aufgrund des Urt. des Bundesverfassungsgerichts vom 20. 12. 2007 – 2 BvR 2433/04 und 2 BvR 2434/04 – (BVerfGE 119, 331 = NJW 2008, S. 1212), nach dem das bisherige Modell der Arbeitsgemeinschaften gemäß § 44b a. F. als Ausdruck einer „Mischverwaltung" dem Grundsatz eigenverantwortlicher Aufgabenwahrnehmung widersprach, fügte der Gesetzgeber im Rahmen der sog. „Jobcenter-Reform" (vgl. hierzu Luik, jurisPR-SozR 24/2010 Anm. 1) mit dem Gesetz zur Änderung des Grundgesetzes vom 21. 7. 2010 (BGBl. I S. 944) die Vorschrift des Art. 91e GG ein und ebnete damit den Weg für die sozialpolitisch gewünschte „Leistungserbringung aus einer Hand", die durch das Gesetz zur Weiterentwicklung der Organisation der Grundsicherung für Arbeitsuchende vom 3. 8. 2010 (BGBl. I, S. 1112) einfachgesetzlich ausgestaltet wurde. Das BSG hat keine verfassungsrechtlichen Bedenken gegen diese Neuregelungen (vgl. Urt. e vom 18. 1. 2011 – B 4 AS 14/10 R, SGb 2011, S. 160 f., B 4 AS 90/10 R, SGb 2011, S. 160, sowie B 4 AS 99/10 R, SGb 2011, S. 159 f.). 24a

§ 44a soll auch weiterhin gewährleisten, dass eventueller Streit über das Vorliegen der zentralen Anspruchsvoraussetzungen der Erwerbsfähigkeit und der Hilfebedürftigkeit (vgl. § 7 Abs. 1 Nr. 2 und Nr. 3) zwischen den Trägern und nicht auf dem Rücken des Leistungsempfängers ausgetragen werden. Allerdings wird ein solcher **Streit zwischen den Trägern des SGB II** verwaltungspraktisch nur noch relevant werden, wenn eine sog. **gespaltene Trägerschaft** vorliegt, die jedoch ohnehin nur noch bis zum 31. 12. 2011 möglich ist (§ 76 Abs. 1 S. 1). Ist eine gemeinsame Einrichtung gemäß § 44b gebildet, so entscheidet sie allein, indem sie insbesondere Verwaltungsakte und Widerspruchsbescheide erlässt (§ 44b Abs 1 S. 1 und 2). Ist eine Optionskommune gemäß § 6a zuständig, so entscheidet wiederum diese gemäß § 6b allein, so dass § 44a Abs. 1 S. 1, nach dem die Agentur für Arbeit feststellt, ob der Arbeitsuchende erwerbsfähig ist, insoweit kaum Relevanz hat. Interessant wird § 44a aber vor allem dann, wenn ein anderer Leistungsträger, der bei voller Erwerbsminderung zu- 25 ständig wäre, gemäß § 44a Abs. 1 S. 2 der Feststellung des Grundsicherungsträgers nach dem SGB II widerspricht. Dies wird vor allem bei der **Abgrenzung der Systemzuständigkeit** zwischen Sozialhilfe und Grundsicherung für Arbeitsuchende über das Unterscheidungskriterium der **Erwerbsfähigkeit** relevant (vgl. § 21 SGB XII und i. E. S. Knickrehm, § 5). Widerspricht der Sozialhilfeträger der Einschätzung des Grundsicherungsträgers, dass ein Antragsteller nicht mehr erwerbsfähig sei, so kam es bislang zum Verfahren vor der **Einigungsstelle** gemäß § 45a. F. Die Feststellung von Erwerbsfähigkeit und Hilfebedürftigkeit erfolgt nunmehr ohne die Einigungsstellen und richtet sich ausschließlich nach § 44a. Wie bisher ist die Agentur für Arbeit zuständig für die Feststellung der Erwerbsfähigkeit. Nunmehr soll in Konfliktfällen die **Letztverantwortung** für die Entscheidung über die Erwerbsfähigkeit eindeutig auch dieser zugewiesen sein. Widerspricht einer der in § 44a Abs. 1 S. 2 genannten anderen Träger der Feststellung der Erwerbsfähigkeit durch die Agentur für Arbeit, ist diese nach § 44a Abs. 1 S. 5 verpflichtet, eine gutachterliche Stellungnahme des nach § 109a Abs. 2 SGB VI zuständigen Trägers der Rentenversicherung einzuholen. Hat der zuständige Träger der Rentenversicherung bereits eine gutachterliche Stellungnahme zur Erwerbsfähigkeit abgegeben, bedarf es nach § 44a Abs. 1a keiner erneuten Stellungnahme. Die Agentur für Arbeit ist gemäß § 44a Abs. 1 S. 6 und § 44a Abs. 1a S. 2 an die sozialmedizinischen Feststellungen gebunden. Die vom Rentenversicherungsträger abgegebene Stellungnahme bindet gemäß § 44a Abs. 2 die Leistungsträger nach dem SGB II, SGB III, SGB V, SGB VI sowie SGB XII. Der Hinweis auf § 48 SGB X soll klarstellen, dass bei nachträglichen wesentlichen Änderungen in den tatsächlichen Verhältnissen der begutachteten Personen die Bindungswirkung der gutachterlichen Stellungnahme zeitlich und rechtlich nur bis zum Eintritt der wesentlichen Änderung gelten kann (BT-Drs. 17/2188, S. 15 zu Buchstabe f, Doppelbuchstabe aa und Dreifachbuchstabe aaa).

26   Aufgrund der Bindungswirkung dürfte auch eine direkte Klage des unterlegenen Trägers gegen die Entscheidung der Agentur für Arbeit (Feststellungsklage gemäß § 55 Abs. 1 Nr. 1 bzw. 2 SGG) unzulässig sein (so zum Einigungsstellenverfahren O'Sullivan in Estelmann, SGB II, § 45, Rn. 23; anders Berlit in LPK-SGB II, § 45, Rn. 7f.). Das Verfahren vor der Einigungsstelle und die jetzige Ausgestaltung der Letztverantwortlichkeit der Agentur für Arbeit dient doch gerade dazu, eine abschließende Klärung herbeizuführen und die internen Differenzen der Verwaltungsträger nicht vor Gericht zu zerren (so auch Blüggel in Eicher/Spellbrink, § 44a, Rn. 62 unter Hinweis auf BR-Drucksache 759/ 04, S. 6).

27   Zu beachten ist, dass für den Antragsteller **§ 44a Abs. 1 S. 7** gilt. Hiernach sind bis zur endgültigen Entscheidung über die Erwerbsfähigkeit Grundsicherungsleistungen nach dem SGB II zu erbringen. Es handelt sich um eine § 125 SGB III nachgebildete Norm, d. h. § 44a Abs. 1 S. 7 fingiert das Vorliegen von Erwerbsfähigkeit bis zur Entscheidung der Agentur für Arbeit gemäß § 44a Abs. 1 S. 4. Es handelt sich also nicht um eine vorläufige Leistung an den Antragsteller gemäß § 43 SGB I (Blüggel in Eicher/Spellbrink, § 44a, Rn. 29).

28   Das **Verfahren im Falle des Widerspruchs** ist kein (eigenständiges) Verwaltungsverfahren iSd § 8 SGB X. Dieses setzt eine nach außen wirkende Tätigkeit von Behörden voraus. Vielmehr handelt es sich bei diesem Widerspruchsverfahren um einen reinen internen Abstimmungs- und Entscheidungsprozess zwischen den verschiedenen Leistungsträgern. Die Entscheidung der Agentur für Arbeit ist daher mangels Außenwirkung auch kein Verwaltungsakt iSd § 31 SGB X (vgl. zum Einigungsstellenverfahren: Blüggel in Eicher/Spellbrink § 45, Rn. 9; Berlit in LPK-SGB II, § 45, Rn. 9). Die Rechtsstellung des betroffenen Bürgers ist entsprechend schwach. Er ist nicht zwingend anzuhören (§ 24 SGB X) und die Entscheidung ist ihm gegenüber nicht zu begründen (§ 35 SGB X) oder bekannt zu geben (§ 37 SGB X). Das Ergebnis des internen Abstimmungsprozesses zwischen den Leistungsträgern erhält Außenwirkung nur durch die Entscheidung des SGB II-Leistungsträgers gegenüber dem Arbeitsuchenden. Die Gefahr einer Rechtsschutzlücke ergibt sich hieraus indes nicht, weil im Rahmen der gerichtlichen Überprüfung des auf der Entscheidung der Einigungsstelle beruhenden Verwaltungsakts dieser in vollem Umfang überprüfbar ist. Ein Beurteilungsspielraum besteht nicht (Blüggel in Eicher/Spellbrink, § 44a, Rn. 54ff.).

29   § 44a Abs. 3 regelt die Abwicklung von **Erstattungsansprüchen**, wenn die Agentur für Arbeit entscheidet, dass Erwerbsfähigkeit nicht besteht. Entscheidet diese also, der Arbeitsuchende sei erwerbsunfähig, hat ihm der zuständige Träger der anderen Sozialleistung – bei Vorliegen der dortigen Anspruchsvoraussetzungen – entsprechende Leistungen zu gewähren. Der Grundsicherungsträger hat dann nach § 44a Abs. 3 S. 1 einen Erstattungsanspruch gemäß § 103 SGB X, wobei gemäß § 44a Abs. 3 S. 2 die Vorschrift des § 103 Abs. 3 SGB X mit der Maßgabe gilt, dass Zeitpunkt der Kenntnisnahme der Leistungsverpflichtung der anderen Sozialleistungsträger der Tag des Widerspruchs gegen die Feststellung der Agentur für Arbeit ist (vgl. zur alten Rechtslage Blüggel in Eicher/Spellbrink, § 44a, Rn. 64ff.; zu den Erstattungsansprüchen vgl. auch Hoehl in JurisPK, § 44a, Rn. 42ff.).

30   In § 44a Abs. 4 bis § 44a Abs. 6 ist nunmehr verankert, dass die Agentur für Arbeit **letztverantwortlich** auch über Bestehen und Umfang der **Hilfebedürftigkeit** aller Mitglieder der Bedarfsgemeinschaft und über deren **Leistungsberechtigung** (§ 7 SGB II) entscheidet (vgl. näher hierzu BT-Drs. 17/1555, S. 22f. zu § 44a). Ein Konfliktfall zwischen den Trägern des SGB II hinsichtlich der Hilfebedürftigkeit kann verwaltungspraktisch jedoch nur noch relevant werden, wenn eine sog. **ge-**

spaltene Trägerschaft vorliegt, die jedoch gemäß § 76 Abs. 1 S. 1 ohnehin nur noch bis zum 31. 12. 2011 möglich ist (siehe dazu schon oben Rn. 25).

Kapitel 5. Finanzierung und Aufsicht

§ 46 Finanzierung aus Bundesmitteln

(1) [1] Der Bund trägt die Aufwendungen der Grundsicherung für Arbeitsuchende einschließlich der Verwaltungskosten, soweit die Leistungen von der Bundesagentur erbracht werden. [2] Der Bundesrechnungshof prüft die Leistungsgewährung. [3] Dies gilt auch, soweit die Aufgaben von gemeinsamen Einrichtungen nach § 44 b wahrgenommen werden. [4] Eine Pauschalierung von Eingliederungsleistungen und Verwaltungskosten ist zulässig. [5] Die Mittel für die Erbringung von Eingliederungsleistungen und Verwaltungskosten werden in einem Gesamtbudget veranschlagt.

(2) [1] Der Bund kann festlegen, nach welchen Maßstäben die Mittel nach Absatz 1 Satz 4 auf die Agenturen für Arbeit zu verteilen sind. [2] Bei der Zuweisung wird die Zahl der erwerbsfähigen Leistungsberechtigten nach diesem Buch zugrunde gelegt. [3] Bei der Zuweisung sind die Mittel für die Leistungen nach § 16 e gesondert auszuweisen. [4] Das Bundesministerium für Arbeit und Soziales kann im Einvernehmen mit dem Bundesministerium der Finanzen durch Rechtsverordnung ohne Zustimmung des Bundesrates andere oder ergänzende Maßstäbe für die Verteilung der Mittel nach Absatz 1 Satz 4 festlegen.

(3) [1] Der Anteil des Bundes an den Gesamtverwaltungskosten der gemeinsamen Einrichtungen beträgt 84,8 Prozent. [2] Durch Rechtsverordnung mit Zustimmung des Bundesrates kann das Bundesministerium für Arbeit und Soziales im Einvernehmen mit dem Bundesministerium der Finanzen festlegen, nach welchen Maßstäben

1. kommunale Träger die Aufwendungen der Grundsicherung für Arbeitsuchende bei der Bundesagentur abrechnen, soweit sie Aufgaben nach § 6 Absatz 1 Satz 1 Nummer 1 wahrnehmen,
2. die Gesamtverwaltungskosten, die der Berechnung des Finanzierungsanteils nach Satz 1 zugrunde liegen, zu bestimmen sind.

(4) [1] Die Bundesagentur leistet an den Bund einen Eingliederungsbeitrag in Höhe der Hälfte der jährlichen, vom Bund zu tragenden Aufwendungen für Leistungen zur Eingliederung in Arbeit und Verwaltungskosten nach Absatz 1 Satz 5 und § 6 b Absatz 2. [2] Jeweils zum 15. Februar, 15. Mai, 15. August und 15. November leistet die Bundesagentur an den Bund Abschlagszahlungen in Höhe von einem Achtel des im Bundeshaushaltsplan veranschlagten Betrags für Leistungen zur Eingliederung in Arbeit und Verwaltungskosten nach Absatz 1 Satz 5 und § 6 b Absatz 2. [3] Abweichend von Satz 2 kann das Bundesministerium für Arbeit und Soziales im Einvernehmen mit dem Bundesministerium der Finanzen der Bundesagentur die Abschlagszahlungen bis zum letzten Bankarbeitstag des jeweiligen Jahres stunden, soweit dies zur Vermeidung von Liquiditätshilfen nach § 364 Absatz 1 des Dritten Buches erforderlich ist. [4] Bis zum 30. Januar des Folgejahres sind die geleisteten Abschlagszahlungen den hälftigen tatsächlichen Aufwendungen des Bundes für Eingliederungsleistungen und Verwaltungskosten des Vorjahres gegenüberzustellen. [5] Ein zu hoch gezahlter Eingliederungsbeitrag ist mit der Zahlung zum 15. Februar des Folgejahres zu verrechnen, ein zu gering gezahlter Eingliederungsbeitrag ist mit der Zahlung zum 15. Februar des Folgejahres zusätzlich an den Bund abzuführen. [6] Ist der Haushaltsplan des Bundes noch nicht in Kraft getreten, sind die Abschlagszahlungen nach Satz 2 auf der Grundlage des Haushaltsplans des Vorjahres zu bemessen.

(5) [1] Der Bund beteiligt sich zweckgebunden an den Leistungen für Unterkunft und Heizung nach § 22 Absatz 1. [2] Diese Beteiligung beträgt in den Jahren 2011 bis 2013 im Land Baden-Württemberg 34,4 vom Hundert, im Land Rheinland-Pfalz 40,4 vom Hundert und in den übrigen Ländern 30,4 vom Hundert der Leistungen nach Satz 1. [3] Ab dem Jahr 2014 beträgt diese Beteiligung im Land Baden-Württemberg 31,6 vom Hundert, im Land Rheinland-Pfalz 37,6 vom Hundert und in den übrigen Ländern 27,6 vom Hundert der Leistungen nach Satz 1.

(6) [1] Die in Absatz 5 Satz 2 und 3 genannten Prozentsätze erhöhen sich jeweils um einen Wert in Prozentpunkten. [2] Dieser entspricht den Gesamtausgaben für die Leistungen nach § 28 sowie nach § 6 b des Bundeskindergeldgesetzes des abgeschlossenen Vorjahres geteilt durch die Gesamtausgaben für die Leistungen nach Absatz 5 Satz 1 des abgeschlossenen Vorjahres multipliziert mit 100. [3] Bis zum Jahr 2013 beträgt dieser Wert 5,4 Prozentpunkte; Absatz 7 bleibt unberührt.

(7) ¹Das Bundesministerium für Arbeit und Soziales wird ermächtigt, den Wert nach Absatz 6 Satz 1 erstmalig im Jahr 2013 jährlich durch Rechtsverordnung mit Zustimmung des Bundesrates für das Folgejahr festzulegen und für das laufende Jahr rückwirkend anzupassen. ²Dabei legt es jeweils den Wert nach Absatz 6 Satz 2 für das abgeschlossene Vorjahr zugrunde. ³Für die rückwirkende Anpassung wird die Differenz zwischen dem Wert nach Satz 2 und dem für das abgeschlossene Vorjahr festgelegten Wert nach Absatz 6 Satz 1 im laufenden Jahr zeitnah ausgeglichen. ⁴Die Höhe der Beteiligung des Bundes an den in Absatz 5 Satz 1 genannten Leistungen beträgt höchstens 49 vom Hundert.

(8) ¹Der Anteil des Bundes an den in Absatz 5 Satz 1 genannten Leistungen wird den Ländern erstattet. ²Der Abruf der Erstattungen ist zur Monatsmitte und zum Monatsende zulässig. ³Soweit eine Bundesbeteiligung für Zahlungen geltend gemacht wird, die wegen des fristgerechten Eingangs beim Empfänger bereits am Ende eines Haushaltsjahres geleistet wurden, aber erst im folgenden Haushaltsjahr fällig werden, ist die für das folgende Haushaltsjahr geltende Bundesbeteiligung maßgeblich. ⁴Die Gesamtausgaben für die Leistungen nach § 28 sowie nach § 6b des Bundeskindergeldgesetzes sind durch die Länder bis zum 31. März des Folgejahres zu ermitteln und dem Bundesministerium für Arbeit und Soziales mitzuteilen. ⁵Die Länder gewährleisten, dass geprüft wird, dass die Ausgaben der kommunalen Träger begründet und belegt sind und den Grundsätzen der Wirtschaftlichkeit und Sparsamkeit entsprechen.

§ 47 Aufsicht

(1) ¹Das Bundesministerium für Arbeit und Soziales führt die Rechts- und Fachaufsicht über die Bundesagentur, soweit dieser nach § 44b Absatz 3 ein Weisungsrecht gegenüber den gemeinsamen Einrichtungen zusteht. ²Das Bundesministerium für Arbeit und Soziales kann der Bundesagentur Weisungen erteilen und sie an seine Auffassung binden; es kann organisatorische Maßnahmen zur Wahrung der Interessen des Bundes an der Umsetzung der Grundsicherung für Arbeitsuchende treffen.

(2) ¹Die zuständigen Landesbehörden führen die Aufsicht über die kommunalen Träger, soweit diesen nach § 44b Absatz 3 ein Weisungsrecht gegenüber den gemeinsamen Einrichtungen zusteht. ²Im Übrigen bleiben landesrechtliche Regelungen unberührt.

(3) ¹Im Aufgabenbereich der Trägerversammlung führt das Bundesministerium für Arbeit und Soziales die Rechtsaufsicht über die gemeinsamen Einrichtungen im Einvernehmen mit der zuständigen obersten Landesbehörde. ²Kann ein Einvernehmen nicht hergestellt werden, gibt der Kooperationsausschuss eine Empfehlung ab. ³Von der Empfehlung kann das Bundesministerium für Arbeit und Soziales nur aus wichtigem Grund abweichen. ⁴Im Übrigen ist der Kooperationsausschuss bei Aufsichtsmaßnahmen zu unterrichten.

(4) Das Bundesministerium für Arbeit und Soziales kann durch Rechtsverordnung ohne Zustimmung des Bundesrates die Wahrnehmung seiner Aufgaben nach den Absätzen 1 und 3 auf eine Bundesoberbehörde übertragen.

(5) Die aufsichtführenden Stellen sind berechtigt, die Wahrnehmung der Aufgaben bei den gemeinsamen Einrichtungen zu prüfen.

§ 48 Aufsicht über die zugelassenen kommunalen Träger

(1) Die Aufsicht über die zugelassenen kommunalen Träger obliegt den zuständigen Landesbehörden.

(2) ¹Die Rechtsaufsicht über die obersten Landesbehörden übt die Bundesregierung aus, soweit die zugelassenen kommunalen Träger Aufgaben anstelle der Bundesagentur erfüllen. ²Zu diesem Zweck kann die Bundesregierung mit Zustimmung des Bundesrates allgemeine Verwaltungsvorschriften zu grundsätzlichen Rechtsfragen der Leistungserbringung erlassen. ³Die Bundesregierung kann die Ausübung der Rechtsaufsicht auf das Bundesministerium für Arbeit und Soziales übertragen.

(3) Das Bundesministerium für Arbeit und Soziales kann mit Zustimmung des Bundesrates allgemeine Verwaltungsvorschriften für die Abrechnung der Aufwendungen der Grundsicherung für Arbeitsuchende erlassen.

§ 48a Vergleich der Leistungsfähigkeit

(1) Zur Feststellung und Förderung der Leistungsfähigkeit der örtlichen Aufgabenwahrnehmung der Träger der Grundsicherung für Arbeitsuchende erstellt das Bundesministerium für Arbeit und Soziales auf der Grundlage der Kennzahlen nach § 51b Absatz 3 Nummer 3 Kennzahlenvergleiche und veröffentlicht die Ergebnisse vierteljährlich.

(2) Das Bundesministerium für Arbeit und Soziales wird ermächtigt, durch Rechtsverordnung mit Zustimmung des Bundesrates die für die Vergleiche erforderlichen Kennzahlen sowie das Verfahren zu deren Weiterentwicklung und die Form der Veröffentlichung der Ergebnisse festzulegen.

§ 48 b Zielvereinbarungen

(1) ¹Zur Erreichung der Ziele nach diesem Buch schließen
1. das Bundesministerium für Arbeit und Soziales im Einvernehmen mit dem Bundesministerium der Finanzen mit der Bundesagentur,
2. die Bundesagentur und die kommunalen Träger mit den Geschäftsführerinnen und Geschäftsführern der gemeinsamen Einrichtungen,
3. das Bundesministerium für Arbeit und Soziales mit der zuständigen Landesbehörde sowie
4. die zuständige Landesbehörde mit den zugelassenen kommunalen Trägern

Vereinbarungen ab. ²Die Vereinbarungen nach Satz 1 Nummer 2 bis 4 umfassen alle Leistungen dieses Buches. ³Die Beratungen über die Vereinbarung nach Satz 1 Nummer 3 führen die Kooperationsausschüsse nach § 18 b. ⁴Im Bund-Länder-Ausschuss nach § 18 c wird für die Vereinbarungen nach diesem Absatz über einheitliche Grundlagen beraten.

(2) Die Vereinbarungen werden nach Beschlussfassung des Bundestages über das jährliche Haushaltsgesetz abgeschlossen.

(3) ¹Die Vereinbarungen umfassen insbesondere die Ziele der Verringerung der Hilfebedürftigkeit, Verbesserung der Integration in Erwerbstätigkeit und Vermeidung von langfristigem Leistungsbezug. ²Die Vereinbarungen nach Absatz 1 Satz 1 Nummer 2 bis 4 umfassen zusätzlich das Ziel der Verbesserung der sozialen Teilhabe.

(4) Die Vereinbarungen nach Absatz 1 Satz 1 Nummer 4 sollen sich an den Vereinbarungen nach Absatz 1 Satz 1 Nummer 3 orientieren.

(5) Für den Abschluss der Vereinbarungen und die Nachhaltung der Zielerreichung sind die Daten nach § 51 b und die Kennzahlen nach § 48 a Absatz 2 maßgeblich.

(6) Die Vereinbarungen nach Absatz 1 Satz 1 Nummer 1 können
1. erforderliche Genehmigungen oder Zustimmungen des Bundesministeriums für Arbeit und Soziales ersetzen,
2. die Selbstbewirtschaftung von Haushaltsmitteln für Leistungen zur Eingliederung in Arbeit sowie für Verwaltungskosten zulassen.

§ 49 Innenrevision

(1) ¹Die Bundesagentur stellt durch organisatorische Maßnahmen sicher, dass in allen Dienststellen und gemeinsamen Einrichtungen durch eigenes, nicht der Dienststelle angehörendes Personal geprüft wird, ob von ihr Leistungen nach diesem Buch unter Beachtung der gesetzlichen Bestimmungen nicht hätten erbracht werden dürfen oder zweckmäßiger oder wirtschaftlicher hätten eingesetzt werden können. ²Mit der Durchführung der Prüfungen können Dritte beauftragt werden.

(2) Das Prüfpersonal der Bundesagentur ist für die Zeit seiner Prüftätigkeit fachlich unmittelbar der Leitung der Dienststelle unterstellt, in der es beschäftigt ist.

(3) Der Vorstand legt die Berichte nach Absatz 1 unverzüglich dem Bundesministerium für Arbeit und Soziales vor.

Kapitel 6. Datenerhebung, -verarbeitung und -nutzung, datenschutzrechtliche Verantwortung

§ 50 Datenübermittlung

(1) Die Bundesagentur, die kommunalen Träger, die zugelassenen kommunalen Träger, gemeinsame Einrichtungen, die für die Bekämpfung von Leistungsmissbrauch und illegaler Beschäftigung zuständigen Stellen und mit der Wahrnehmung von Aufgaben beauftragte Dritte sollen sich gegenseitig Sozialdaten übermitteln, soweit dies zur Erfüllung ihrer Aufgaben nach diesem Buch oder dem Dritten Buch erforderlich ist.

(2) Die gemeinsame Einrichtung ist verantwortliche Stelle für die Erhebung, Verarbeitung und Nutzung von Sozialdaten nach § 67 Absatz 9 des Zehnten Buches sowie Stelle im Sinne des § 35 Absatz 1 des Ersten Buches.

(3) ¹Die gemeinsame Einrichtung nutzt zur Erfüllung ihrer Aufgaben durch die Bundesagentur zentral verwaltete Verfahren der Informationstechnik. ²Sie ist verpflichtet, auf einen auf dieser Grundlage erstellten gemeinsamen zentralen Datenbestand zuzugreifen. ³Verantwortliche Stelle für die zentral verwalteten Verfahren der Informationstechnik nach § 67 Absatz 9 des Zehnten Buches ist die Bundesagentur.

(4) ¹Die Zulässigkeit der Erhebung, Verarbeitung und Nutzung von personenbezogenen Sozialdaten durch die gemeinsame Einrichtung richtet sich nach dem Datenschutzrecht des Bundes, soweit nicht in diesem Buch und im Zweiten Kapitel des Zehnten Buches vorrangige Regelungen getroffen sind. ²Der Anspruch auf Zugang zu amtlichen Informationen gegenüber der gemeinsamen Einrichtung richtet sich nach dem Informationsfreiheitsgesetz des Bundes. ³Die Datenschutzkontrolle und die Kontrolle der Einhaltung der Vorschriften über die Informationsfreiheit bei der gemeinsamen Einrichtung sowie für die zentralen Verfahren der Informationstechnik obliegen nach § 24 des Bundesdatenschutzgesetzes der oder dem Bundesbeauftragten für den Datenschutz und die Informationsfreiheit.

§ 51 Erhebung, Verarbeitung und Nutzung von Sozialdaten durch nichtöffentliche Stellen

Die Träger der Leistungen nach diesem Buch dürfen abweichend von § 80 Absatz 5 des Zehnten Buches zur Erfüllung ihrer Aufgaben nach diesem Buch einschließlich der Erbringung von Leistungen zur Eingliederung in Arbeit und Bekämpfung von Leistungsmissbrauch nichtöffentliche Stellen mit der Erhebung, Verarbeitung und Nutzung von Sozialdaten beauftragen, auch soweit die Speicherung der Daten den gesamten Datenbestand umfasst.

§ 51 a Kundennummer

¹Jeder Person, die Leistungen nach diesem Gesetz bezieht, wird einmalig eine eindeutige, von der Bundesagentur oder im Auftrag der Bundesagentur von den zugelassenen kommunalen Trägern vergebene Kundennummer zugeteilt. ²Die Kundennummer ist vom Träger der Grundsicherung für Arbeitsuchende als Identifikationsmerkmal zu nutzen und dient ausschließlich diesem Zweck sowie den Zwecken nach § 51 b Absatz 3. ³Soweit vorhanden, ist die schon beim Vorbezug von Leistungen nach dem Dritten Buch vergebene Kundennummer der Bundesagentur zu verwenden. ⁴Die Kundennummer bleibt der jeweiligen Person auch zugeordnet, wenn sie den Träger wechselt. ⁵Bei erneuter Leistung nach längerer Zeit ohne Inanspruchnahme von Leistungen nach diesem Buch oder nach dem Dritten Buch wird eine neue Kundennummer vergeben. ⁶Diese Regelungen gelten entsprechend auch für Bedarfsgemeinschaften. ⁷Als Bedarfsgemeinschaft im Sinne dieser Vorschrift gelten auch ein oder mehrere Kinder eines Haushalts, die nach § 7 Absatz 2 Satz 3 Leistungen erhalten. ⁸Bei der Übermittlung der Daten verwenden die Träger eine eindeutige, von der Bundesagentur vergebene Trägernummer.

§ 51 b Datenerhebung und -verarbeitung durch die Träger der Grundsicherung für Arbeitsuchende

(1) ¹Die zuständigen Träger der Grundsicherung für Arbeitsuchende erheben laufend die für die Durchführung der Grundsicherung für Arbeitsuchende erforderlichen Daten. ²Das Bundesministerium für Arbeit und Soziales wird ermächtigt, durch Rechtsverordnung mit Zustimmung des Bundesrates die nach Satz 1 zu erhebenden Daten, die zur Nutzung für die in Absatz 3 genannten Zwecke erforderlich sind, einschließlich des Verfahrens zu deren Weiterentwicklung festzulegen.

(2) Die kommunalen Träger und die zugelassenen kommunalen Träger übermitteln der Bundesagentur die Daten nach Absatz 1 unter Angabe eines eindeutigen Identifikationsmerkmals, personenbezogene Datensätze unter Angabe der Kundennummer sowie der Nummer der Bedarfsgemeinschaft nach § 51 a.

(3) Die nach den Absätzen 1 und 2 erhobenen und an die Bundesagentur übermittelten Daten dürfen nur – unbeschadet auf sonstiger gesetzlicher Grundlagen bestehender Mitteilungspflichten – für folgende Zwecke verarbeitet und genutzt werden:
1. die zukünftige Gewährung von Leistungen nach diesem und dem Dritten Buch an die von den Erhebungen betroffenen Personen,
2. Überprüfungen der Träger der Grundsicherung für Arbeitsuchende auf korrekte und wirtschaftliche Leistungserbringung,

3. die Erstellung von Statistiken, Kennzahlen für die Zwecke nach § 48a Absatz 2 und § 48b Absatz 5, Eingliederungsbilanzen und Controllingberichten durch die Bundesagentur, der laufenden Berichterstattung und der Wirkungsforschung nach den §§ 53 bis 55,
4. die Durchführung des automatisierten Datenabgleichs nach § 52,
5. die Bekämpfung von Leistungsmissbrauch.

(4) ¹Die Bundesagentur regelt im Benehmen mit den kommunalen Spitzenverbänden auf Bundesebene den genauen Umfang der nach den Absätzen 1 und 2 zu übermittelnden Informationen, einschließlich einer Inventurmeldung, sowie die Fristen für deren Übermittlung. ²Sie regelt ebenso die zu verwendenden Systematiken, die Art der Übermittlung der Datensätze einschließlich der Datenformate sowie Aufbau, Vergabe, Verwendung und Löschungsfristen von Kunden- und Bedarfsgemeinschaftsnummern nach § 51a.

§ 51c (weggefallen)

§ 52 Automatisierter Datenabgleich

(1) Die Bundesagentur und die zugelassenen kommunalen Träger überprüfen Personen, die Leistungen nach diesem Buch beziehen, zum 1. Januar, 1. April, 1. Juli und 1. Oktober im Wege des automatisierten Datenabgleichs daraufhin,
1. ob und in welcher Höhe und für welche Zeiträume von ihnen Leistungen der Träger der gesetzlichen Unfall- oder Rentenversicherung bezogen werden oder wurden,
2. ob und in welchem Umfang Zeiten des Leistungsbezuges nach diesem Buch mit Zeiten einer Versicherungspflicht oder Zeiten einer geringfügigen Beschäftigung zusammentreffen,
3. ob und welche Daten nach § 45d Absatz 1 und § 45e des Einkommensteuergesetzes an das Bundeszentralamt für Steuern übermittelt worden sind,
4. ob und in welcher Höhe ein Kapital nach § 12 Absatz 2 Nummer 2 nicht mehr dem Zweck einer geförderten zusätzlichen Altersvorsorge im Sinne des § 10a oder des Abschnitts XI des Einkommensteuergesetzes dient,
5. ob und in welcher Höhe und für welche Zeiträume von ihnen Leistungen der Träger der Sozialhilfe bezogen werden oder wurden,
6. ob und in welcher Höhe und für welche Zeiträume von ihnen Leistungen der Bundesagentur als Träger der Arbeitsförderung nach dem Dritten Buch bezogen werden oder wurden,
7. ob und in welcher Höhe und für welche Zeiträume von ihnen Leistungen anderer Träger der Grundsicherung für Arbeitsuchende bezogen werden oder wurden.

(2) Zur Durchführung des automatisierten Datenabgleichs dürfen die Träger der Leistungen nach diesem Buch die folgenden Daten einer Person, die Leistungen nach diesem Buch bezieht, an die in Absatz 1 genannten Stellen übermitteln:
1. Name und Vorname,
2. Geburtsdatum und -ort,
3. Anschrift,
4. Versicherungsnummer.

(2a) ¹Die Datenstelle der Rentenversicherungsträger darf als Vermittlungsstelle die nach den Absätzen 1 und 2 übermittelten Daten speichern und nutzen, soweit dies für die Datenabgleiche nach den Absätzen 1 und 2 erforderlich ist. ²Sie darf die Daten der Stammsatzdatei (§ 150 des Sechsten Buches) und der bei ihr für die Prüfung bei den Arbeitgebern geführten Datei (§ 28p Absatz 8 Satz 2 des Vierten Buches) nutzen, soweit die Daten für die Datenabgleiche erforderlich sind. ³Die nach Satz 1 bei der Datenstelle der Rentenversicherungsträger gespeicherten Daten sind unverzüglich nach Abschluss des Datenabgleichs zu löschen.

(3) ¹Die den in Absatz 1 genannten Stellen überlassenen Daten und Datenträger sind nach Durchführung des Abgleichs unverzüglich zurückzugeben, zu löschen oder zu vernichten. ²Die Träger der Leistungen nach diesem Buch dürfen die ihnen übermittelten Daten nur zur Überprüfung nach Absatz 1 nutzen. ³Die übermittelten Daten der Personen, bei denen die Überprüfung zu keinen abweichenden Feststellungen führt, sind unverzüglich zu löschen.

(4) Das Bundesministerium für Arbeit und Soziales wird ermächtigt, durch Rechtsverordnung das Nähere über das Verfahren des automatisierten Datenabgleichs und die Kosten des Verfahrens zu regeln; dabei ist vorzusehen, dass die Zuleitung an die Auskunfts-

stellen durch eine zentrale Vermittlungsstelle (Kopfstelle) zu erfolgen hat, deren Zuständigkeitsbereich zumindest das Gebiet eines Bundeslandes umfasst.

§ 52a Überprüfung von Daten

(1) Die Agentur für Arbeit darf bei Personen, die Leistungen nach diesem Buch beantragt haben, beziehen oder bezogen haben, Auskunft einholen
1. über die in § 39 Absatz 1 Nummer 5 und 11 des Straßenverkehrsgesetzes angeführten Daten über ein Fahrzeug, für das die Person als Halter eingetragen ist, bei dem Zentralen Fahrzeugregister;
2. aus dem Melderegister nach § 21 des Melderechtsrahmengesetzes und dem Ausländerzentralregister,

soweit dies zur Bekämpfung von Leistungsmissbrauch erforderlich ist.

(2) [1] Die Agentur für Arbeit darf Daten von Personen, die Leistungen nach diesem Buch beantragt haben, beziehen oder bezogen haben und die Wohngeld beantragt haben, beziehen oder bezogen haben, an die nach dem Wohngeldgesetz zuständige Behörde übermitteln, soweit dies zur Feststellung der Voraussetzungen des Ausschlusses vom Wohngeld (§§ 7 und 8 Absatz 1 des Wohngeldgesetzes) erforderlich ist. [2] Die Übermittlung der in § 52 Absatz 2 Nummer 1 bis 3 genannten Daten ist zulässig. [3] Die in Absatz 1 genannten Behörden führen die Überprüfung durch und teilen das Ergebnis der Überprüfungen der Agentur für Arbeit unverzüglich mit. [4] Die in Absatz 1 und Satz 1 genannten Behörden haben die ihnen übermittelten Daten nach Abschluss der Überprüfung unverzüglich zu löschen.

Kapitel 7. Statistik und Forschung

§ 53 Statistik und Übermittlung statistischer Daten

(1) [1] Die Bundesagentur erstellt aus den bei der Durchführung der Grundsicherung für Arbeitsuchende von ihr nach § 51b erhaltenen und den ihr von den kommunalen Trägern und den zugelassenen kommunalen Trägern nach § 51b übermittelten Daten Statistiken. [2] Sie übernimmt die laufende Berichterstattung und bezieht die Leistungen nach diesem Buch in die Arbeitsmarkt- und Berufsforschung ein.

(2) Das Bundesministerium für Arbeit und Soziales kann Art und Umfang sowie Tatbestände und Merkmale der Statistiken und der Berichterstattung näher bestimmen.

(3) [1] Die Bundesagentur legt die Statistiken nach Absatz 1 dem Bundesministerium für Arbeit und Soziales vor und veröffentlicht sie in geeigneter Form. [2] Sie gewährleistet, dass auch kurzfristigem Informationsbedarf des Bundesministeriums für Arbeit und Soziales entsprochen werden kann.

(4) Die Bundesagentur stellt den statistischen Stellen der Kreise und kreisfreien Städte die für Zwecke der Planungsunterstützung und für die Sozialberichterstattung erforderlichen Daten und Tabellen der Arbeitsmarkt- und Grundsicherungsstatistik zur Verfügung.

(5) [1] Die Bundesagentur kann dem Statistischen Bundesamt und den statistischen Ämtern der Länder für Zwecke der Planungsunterstützung und für die Sozialberichterstattung für ihren Zuständigkeitsbereich Daten und Tabellen der Arbeitsmarkt- und Grundsicherungsstatistik zur Verfügung stellen. [2] Sie ist berechtigt, dem Statistischen Bundesamt und den statistischen Ämtern der Länder für ergänzende Auswertungen anonymisierte und pseudonymisierte Einzeldaten zu übermitteln. [3] Bei der Übermittlung von pseudonymisierten Einzeldaten sind die Namen durch jeweils neu zu generierende Pseudonyme zu ersetzen. [4] Nicht pseudonymisierte Anschriften dürfen nur zum Zwecke der Zuordnung zu statistischen Blöcken übermittelt werden.

(6) [1] Die Bundesagentur ist berechtigt, für ausschließlich statistische Zwecke den zur Durchführung statistischer Aufgaben zuständigen Stellen der Gemeinden und Gemeindeverbände für ihren Zuständigkeitsbereich Daten und Tabellen der Arbeitsmarkt- und Grundsicherungsstatistik sowie anonymisierte und pseudonymisierte Einzeldaten zu übermitteln, soweit die Voraussetzungen nach § 16 Absatz 5 Satz 2 des Bundesstatistikgesetzes gegeben sind. [2] Bei der Übermittlung von pseudonymisierten Einzeldaten sind die Namen durch jeweils neu zu generierende Pseudonyme zu ersetzen. [3] Dabei dürfen nur Angaben zu kleinräumigen Gebietseinheiten, nicht aber die genauen Anschriften übermittelt werden.

(7) ¹Die §§ 280 und 281 des Dritten Buches gelten entsprechend. ²§ 282a des Dritten Buches gilt mit der Maßgabe, dass Daten und Tabellen der Arbeitsmarkt- und Grundsicherungsstatistik auch den zur Durchführung statistischer Aufgaben zuständigen Stellen der Kreise und kreisfreien Städte sowie der Gemeinden und Gemeindeverbänden übermittelt werden dürfen, soweit die Voraussetzungen nach § 16 Absatz 5 Satz 2 des Bundesstatistikgesetzes gegeben sind.

§ 53a Arbeitslose

(1) Arbeitslose im Sinne dieses Gesetzes sind erwerbsfähige Leistungsberechtigte, die die Voraussetzungen des § 16 des Dritten Buches in sinngemäßer Anwendung erfüllen.

(2) Erwerbsfähige Leistungsberechtigte, die nach Vollendung des 58. Lebensjahres mindestens für die Dauer von zwölf Monaten Leistungen der Grundsicherung für Arbeitsuchende bezogen haben, ohne dass ihnen eine sozialversicherungspflichtige Beschäftigung angeboten worden ist, gelten nach Ablauf dieses Zeitraums für die Dauer des jeweiligen Leistungsbezugs nicht als arbeitslos.

§ 54 Eingliederungsbilanz

¹Jede Agentur für Arbeit erstellt für die Leistungen zur Eingliederung in Arbeit eine Eingliederungsbilanz. ²§ 11 des Dritten Buches gilt entsprechend. ³Soweit einzelne Maßnahmen nicht unmittelbar zur Eingliederung in Arbeit führen, sind von der Bundesagentur andere Indikatoren zu entwickeln, die den Integrationsfortschritt der erwerbsfähigen Leistungsberechtigten in geeigneter Weise abbilden.

§ 55 Wirkungsforschung

(1) ¹Die Wirkungen der Leistungen zur Eingliederung und der Leistungen zur Sicherung des Lebensunterhalts sind regelmäßig und zeitnah zu untersuchen und in die Arbeitsmarkt- und Berufsforschung nach § 282 des Dritten Buches einzubeziehen. ²Das Bundesministerium für Arbeit und Soziales und die Bundesagentur können in Vereinbarungen Einzelheiten der Wirkungsforschung festlegen. ³Soweit zweckmäßig, können Dritte mit der Wirkungsforschung beauftragt werden.

(2) Das Bundesministerium für Arbeit und Soziales untersucht vergleichend die Wirkung der örtlichen Aufgabenwahrnehmung durch die Träger der Leistungen nach diesem Buch.

Kapitel 8. Mitwirkungspflichten

§ 56 Anzeige- und Bescheinigungspflicht bei Arbeitsunfähigkeit

(1) ¹Erwerbsfähige Leistungsberechtigte, die Leistungen zur Sicherung des Lebensunterhalts beantragt haben oder beziehen, sind verpflichtet, der Agentur für Arbeit
1. eine eingetretene Arbeitsunfähigkeit und deren voraussichtliche Dauer unverzüglich anzuzeigen und
2. spätestens vor Ablauf des dritten Kalendertages nach Eintritt der Arbeitsunfähigkeit eine ärztliche Bescheinigung über die Arbeitsunfähigkeit und deren voraussichtliche Dauer vorzulegen.

²Die Agentur für Arbeit ist berechtigt, die Vorlage der ärztlichen Bescheinigung früher zu verlangen. ³Dauert die Arbeitsunfähigkeit länger als in der Bescheinigung angegeben, so ist der Agentur für Arbeit eine neue ärztliche Bescheinigung vorzulegen. ⁴Die Bescheinigungen müssen einen Vermerk des behandelnden Arztes darüber enthalten, dass dem Träger der Krankenversicherung unverzüglich eine Bescheinigung über die Arbeitsunfähigkeit mit Angaben über den Befund und die voraussichtliche Dauer der Arbeitsunfähigkeit übersandt wird. ⁵Zweifelt die Agentur für Arbeit an der Arbeitsunfähigkeit der oder des erwerbsfähigen Leistungsberechtigten, so gilt § 275 Absatz 1 Nummer 3b und Absatz 1a des Fünften Buches entsprechend.

(2) ¹Die Bundesagentur erstattet den Krankenkassen die Kosten für die Begutachtung durch den Medizinischen Dienst der Krankenversicherung nach Absatz 1 Satz 5. ²Die Bundesagentur und der Spitzenverband Bund der Krankenkassen vereinbaren das Nähere über das Verfahren und die Höhe der Kostenerstattung; der Medizinische Dienst des Spit-

zenverbands Bund der Krankenkassen ist zu beteiligen. ³In der Vereinbarung kann auch eine pauschale Abgeltung der Kosten geregelt werden.

§ 57 Auskunftspflicht von Arbeitgebern

¹Arbeitgeber haben der Agentur für Arbeit auf deren Verlangen Auskunft über solche Tatsachen zu geben, die für die Entscheidung über einen Anspruch auf Leistungen nach diesem Buch erheblich sein können; die Agentur für Arbeit kann hierfür die Benutzung eines Vordrucks verlangen. ²Die Auskunftspflicht erstreckt sich auch auf Angaben über das Ende und den Grund für die Beendigung des Beschäftigungsverhältnisses.

§ 58 Einkommensbescheinigung

(1) ¹Wer jemanden, der laufende Geldleistungen nach diesem Buch beantragt hat oder bezieht, gegen Arbeitsentgelt beschäftigt, ist verpflichtet, diesem unverzüglich Art und Dauer dieser Erwerbstätigkeit sowie die Höhe des Arbeitsentgelts oder der Vergütung für die Zeiten zu bescheinigen, für die diese Leistung beantragt worden ist oder bezogen wird. ²Dabei ist der von der Agentur für Arbeit vorgesehene Vordruck zu benutzen. ³Die Bescheinigung ist der- oder demjenigen, die oder der die Leistung beantragt hat oder bezieht, unverzüglich auszuhändigen.

(2) Wer eine laufende Geldleistung nach diesem Buch beantragt hat oder bezieht und gegen Arbeitsentgelt beschäftigt wird, ist verpflichtet, dem Arbeitgeber den für die Bescheinigung des Arbeitsentgelts vorgeschriebenen Vordruck unverzüglich vorzulegen.

§ 59 Meldepflicht

Die Vorschriften über die allgemeine Meldepflicht, § 309 des Dritten Buches, und über die Meldepflicht bei Wechsel der Zuständigkeit, § 310 des Dritten Buches, sind entsprechend anzuwenden.

§ 60 Auskunftspflicht und Mitwirkungspflicht Dritter

(1) Wer jemandem, der Leistungen nach diesem Buch beantragt hat oder bezieht, Leistungen erbringt, die geeignet sind, diese Leistungen nach diesem Buch auszuschließen oder zu mindern, hat der Agentur für Arbeit auf Verlangen hierüber Auskunft zu erteilen, soweit es zur Durchführung der Aufgaben nach diesem Buch erforderlich ist.

(2) ¹Wer jemandem, der eine Leistung nach diesem Buch beantragt hat oder bezieht, zu Leistungen verpflichtet ist, die geeignet sind, Leistungen nach diesem Buch auszuschließen oder zu mindern, oder wer für ihn Guthaben führt oder Vermögensgegenstände verwahrt, hat der Agentur für Arbeit auf Verlangen hierüber sowie über damit im Zusammenhang stehendes Einkommen oder Vermögen Auskunft zu erteilen, soweit es zur Durchführung der Aufgaben nach diesem Buch erforderlich ist. ²§ 21 Absatz 3 Satz 4 des Zehnten Buches gilt entsprechend. ³Für die Feststellung einer Unterhaltsverpflichtung ist § 1605 Absatz 1 des Bürgerlichen Gesetzbuchs anzuwenden.

(3) Wer jemanden, der

1. Leistungen nach diesem Buch beantragt hat oder bezieht oder dessen Partnerin oder Partner oder
2. nach Absatz 2 zur Auskunft verpflichtet ist,

beschäftigt, hat der Agentur für Arbeit auf Verlangen über die Beschäftigung, insbesondere über das Arbeitsentgelt, Auskunft zu erteilen, soweit es zur Durchführung der Aufgaben nach diesem Buch erforderlich ist.

(4) ¹Sind Einkommen oder Vermögen der Partnerin oder des Partners zu berücksichtigen, haben

1. dieser Partner,
2. Dritte, die für diese Partnerin oder diesen Partner Guthaben führen oder Vermögensgegenstände verwahren,

der Agentur für Arbeit auf Verlangen hierüber Auskunft zu erteilen, soweit es zur Durchführung der Aufgaben nach diesem Buch erforderlich ist. ²§ 21 Absatz 3 Satz 4 des Zehnten Buches gilt entsprechend.

(5) Wer jemanden, der Leistungen nach diesem Buch beantragt, bezieht oder bezogen hat, beschäftigt, hat der Agentur für Arbeit auf Verlangen Einsicht in Geschäftsbü-

cher, Geschäftsunterlagen und Belege sowie in Listen, Entgeltverzeichnisse und Entgeltbelege für Heimarbeiterinnen oder Heimarbeiter zu gewähren, soweit es zur Durchführung der Aufgaben nach diesem Buch erforderlich ist.

§ 61 Auskunftspflichten bei Leistungen zur Eingliederung in Arbeit

(1) ¹Träger, die eine Leistung zur Eingliederung in Arbeit erbracht haben oder erbringen, haben der Agentur für Arbeit unverzüglich Auskünfte über Tatsachen zu erteilen, die Aufschluss darüber geben, ob und inwieweit Leistungen zu Recht erbracht worden sind oder werden. ²Sie haben Änderungen, die für die Leistungen erheblich sind, unverzüglich der Agentur für Arbeit mitzuteilen.

(2) ¹Die Teilnehmerinnen und Teilnehmer an Maßnahmen zur Eingliederung sind verpflichtet,
1. der Agentur für Arbeit auf Verlangen Auskunft über den Eingliederungserfolg der Maßnahme sowie alle weiteren Auskünfte zu erteilen, die zur Qualitätsprüfung benötigt werden, und
2. eine Beurteilung ihrer Leistung und ihres Verhaltens durch den Maßnahmeträger zuzulassen.

²Die Maßnahmeträger sind verpflichtet, ihre Beurteilungen der Teilnehmerin oder des Teilnehmers unverzüglich der Agentur für Arbeit zu übermitteln.

§ 62 Schadenersatz

Wer vorsätzlich oder fahrlässig
1. eine Einkommensbescheinigung nicht, nicht richtig oder nicht vollständig ausfüllt,
2. eine Auskunft nach § 57 oder § 60 nicht, nicht richtig oder nicht vollständig erteilt,

ist zum Ersatz des daraus entstehenden Schadens verpflichtet.

Kapitel 9. Bußgeldvorschriften

§ 63 Bußgeldvorschriften

(1) Ordnungswidrig handelt, wer vorsätzlich oder fahrlässig
1. entgegen § 57 Satz 1 eine Auskunft nicht, nicht richtig, nicht vollständig oder nicht rechtzeitig erteilt,
2. entgegen § 58 Absatz 1 Satz 1 oder 3 Art oder Dauer der Erwerbstätigkeit oder die Höhe des Arbeitsentgelts oder der Vergütung nicht, nicht richtig, nicht vollständig oder nicht rechtzeitig bescheinigt oder eine Bescheinigung nicht oder nicht rechtzeitig aushändigt,
3. entgegen § 58 Absatz 2 einen Vordruck nicht oder nicht rechtzeitig vorlegt,
4. entgegen § 60 Absatz 1, 2 Satz 1, Absatz 3 oder 4 Satz 1 oder als privater Träger entgegen § 61 Absatz 1 Satz 1 eine Auskunft nicht, nicht richtig, nicht vollständig oder nicht rechtzeitig erteilt,
5. entgegen § 60 Absatz 5 Einsicht nicht oder nicht rechtzeitig gewährt oder
6. entgegen § 60 Absatz 1 Satz 1 Nummer 2 des Ersten Buches eine Änderung in den Verhältnissen, die für einen Anspruch auf eine laufende Leistung erheblich ist, nicht, nicht richtig, nicht vollständig oder nicht rechtzeitig mitteilt.

(2) Die Ordnungswidrigkeit kann in den Fällen des Absatzes 1 Nummer 6 mit einer Geldbuße bis zu fünftausend Euro, in den übrigen Fällen mit einer Geldbuße bis zu zweitausend Euro geahndet werden.

Kapitel 10. Bekämpfung von Leistungsmissbrauch

§ 64 Zuständigkeit

(1) Für die Bekämpfung von Leistungsmissbrauch gilt § 319 des Dritten Buches entsprechend.

(2) Verwaltungsbehörden im Sinne des § 36 Absatz 1 Nummer 1 des Gesetzes über Ordnungswidrigkeiten sind in den Fällen
1. des § 63 Absatz 1 Nummer 1 bis 5 die gemeinsame Einrichtung oder der nach § 6a zugelassene kommunale Träger,

2. des § 63 Absatz 1 Nummer 6
 a) die gemeinsame Einrichtung oder der nach § 6a zugelassene kommunale Träger sowie
 b) die Behörden der Zollverwaltung

jeweils für ihren Geschäftsbereich.

(3) ¹Soweit die gemeinsame Einrichtung Verwaltungsbehörde nach Absatz 2 ist, fließen die Geldbußen in die Bundeskasse. ²§ 66 des Zehnten Buches gilt entsprechend. ³Die Bundeskasse trägt abweichend von § 105 Absatz 2 des Gesetzes über Ordnungswidrigkeiten die notwendigen Auslagen. ⁴Sie ist auch ersatzpflichtig im Sinne des § 110 Absatz 4 des Gesetzes über Ordnungswidrigkeiten.

Kapitel 11. Übergangs- und Schlussvorschriften

§ 65 Allgemeine Übergangsvorschriften

(1) bis (3) (weggefallen)

(4) ¹Abweichend von § 2 haben auch erwerbsfähige Leistungsberechtigte Anspruch auf Leistungen zur Sicherung des Lebensunterhaltes, die das 58. Lebensjahr vollendet haben und die Regelvoraussetzungen des Anspruchs auf Leistungen zur Sicherung des Lebensunterhalts allein deshalb nicht erfüllen, weil sie nicht arbeitsbereit sind und nicht alle Möglichkeiten nutzen und nutzen wollen, ihre Hilfebedürftigkeit durch Aufnahme einer Arbeit zu beenden. ²Vom 1. Januar 2008 an gilt Satz 1 nur noch, wenn der Anspruch vor dem 1. Januar 2008 entstanden ist und der erwerbsfähige Leistungsberechtigte vor diesem Tag das 58. Lebensjahr vollendet hat. ³§ 428 des Dritten Buches gilt entsprechend. ⁴Satz 1 gilt entsprechend für erwerbsfähige Personen, die bereits vor dem 1. Januar 2008 unter den Voraussetzungen des § 428 Absatz 1 des Dritten Buches Arbeitslosengeld bezogen haben und erstmals nach dem 31. Dezember 2007 hilfebedürftig werden.

(5) § 12 Absatz 2 Nummer 1 gilt mit der Maßgabe, dass für die in § 4 Absatz 2 Satz 2 der Arbeitslosenhilfe-Verordnung vom 13. Dezember 2001 (BGBl. I S. 3734) in der Fassung vom 31. Dezember 2004 genannten Personen an die Stelle des Grundfreibetrags in Höhe von 150 Euro je vollendetem Lebensjahr ein Freibetrag von 520 Euro, an die Stelle des Höchstfreibetrags in Höhe von jeweils 9.750 Euro ein Höchstfreibetrag in Höhe von 33.800 Euro tritt.

§§ 65 a–65 c (weggefallen)

§ 65 d Übermittlung von Daten

(1) Der Träger der Sozialhilfe und die Agentur für Arbeit machen dem zuständigen Leistungsträger auf Verlangen die bei ihnen vorhandenen Unterlagen über die Gewährung von Leistungen für Personen, die Leistungen der Grundsicherung für Arbeitsuchende beantragt haben oder beziehen, zugänglich, soweit deren Kenntnis im Einzelfall für die Erfüllung der Aufgaben nach diesem Buch erforderlich ist.

(2) Die Bundesagentur erstattet den Trägern der Sozialhilfe die Sachkosten, die ihnen durch das Zugänglichmachen von Unterlagen entstehen; eine Pauschalierung ist zulässig.

§ 65 e Übergangsregelung zur Aufrechnung

¹Der zuständige Träger der Leistungen nach diesem Buch kann mit Zustimmung des Trägers der Sozialhilfe dessen Ansprüche gegen den Leistungsberechtigten mit Geldleistungen zur Sicherung des Lebensunterhalts nach den Voraussetzungen des § 43 Absatz 2, 3 und 4 Satz 1 aufrechnen. ²Die Aufrechnung wegen eines Anspruchs nach Satz 1 ist auf die ersten zwei Jahre der Leistungserbringung nach diesem Buch beschränkt.

§ 66 Rechtsänderungen bei Leistungen zur Eingliederung in Arbeit

(1) Wird dieses Gesetzbuch geändert, so sind, soweit nichts Abweichendes bestimmt ist, auf Leistungen zur Eingliederung in Arbeit bis zum Ende der Leistungen oder der Maßnahme die Vorschriften in der vor dem Tag des Inkrafttretens der Änderung geltenden Fassung weiter anzuwenden, wenn vor diesem Tag

1. der Anspruch entstanden ist,
2. die Leistung zuerkannt worden ist oder
3. die Maßnahme begonnen hat, wenn die Leistung bis zum Beginn der Maßnahme beantragt worden ist.

(2) Ist eine Leistung nur für einen begrenzten Zeitraum zuerkannt worden, richtet sich eine Verlängerung nach den zum Zeitpunkt der Entscheidung über die Verlängerung geltenden Vorschriften.

§ 67 Freibetragsneuregelungsgesetz

Die §§ 11 und 30 in der bis zum 30. September 2005 geltenden Fassung sind weiterhin anzuwenden für Bewilligungszeiträume (§ 41 Absatz 1 Satz 4), die vor dem 1. Oktober 2005 beginnen, längstens jedoch bis zur Aufnahme einer Erwerbstätigkeit.

§ 68 Gesetz zur Änderung des Zweiten Buches Sozialgesetzbuch und anderer Gesetze

(1) Die §§ 7, 9, 11 und 20 Absatz 1, 3 und 4 in der bis zum 30. Juni 2006 geltenden Fassung sind weiterhin anzuwenden für Bewilligungszeiträume (§ 41 Absatz 1 Satz 4), die vor dem 1. Juli 2006 beginnen.

(2) § 22 Absatz 2 a Satz 1 gilt nicht für Personen, die am 17. Februar 2006 nicht mehr zum Haushalt der Eltern oder eines Elternteils gehören.

§ 69 Gesetz zur Fortentwicklung der Grundsicherung für Arbeitsuchende

(1) § 28 Absatz 1 Satz 3 Nummer 2 in der bis zum 31. Juli 2006 geltenden Fassung ist weiterhin anzuwenden für Bewilligungszeiträume, die vor dem 1. August 2006 beginnen.

(2) § 31 Absatz 3 Satz 1 und 2 gilt mit der Maßgabe, dass Pflichtverletzungen vor dem 1. Januar 2007 keine Berücksichtigung finden.

§ 70 Übergangsregelung zum Gesetz zur Umsetzung aufenthalts- und asylrechtlicher Richtlinien der Europäischen Union

[1]Für Ausländerinnen und Ausländer, die einen Aufenthaltstitel nach § 104a Absatz 1 Satz 1 des Aufenthaltsgesetzes erhalten, am 1. März 2007 leistungsberechtigt nach § 1 Absatz 1 des Asylbewerberleistungsgesetzes waren und Sachleistungen erhalten haben, kann durch Landesgesetz bestimmt werden, dass sie weiterhin Sachleistungen entsprechend den Vorschriften des Asylbewerberleistungsgesetzes vom Land erhalten. [2]Insoweit erhalten diese Personen keine Leistungen zur Sicherung des Lebensunterhalts nach diesem Buch.

§ 71 Zweites Gesetz zur Änderung des Zweiten Buches Sozialgesetzbuch – Perspektiven für Langzeitarbeitslose mit besonderen Vermittlungshemmnissen – JobPerspektive

(1) § 16 e ist bis zum 31. März 2008 mit der Maßgabe anzuwenden, dass als Arbeitgeber nur Träger im Sinne des § 21 des Dritten Buches und nur Arbeiten im Sinne des § 260 Absatz 1 Nummer 2 und 3 des Dritten Buches gefördert werden können.

(2) [1]§ 16 e Absatz 1 Nummer 2 gilt mit der Maßgabe, dass der Zeitraum von sechs Monaten nach dem 30. September 2007 liegt. [2]In besonders begründeten Einzelfällen kann der Zeitraum von sechs Monaten auch vor dem 1. Oktober 2007 liegen.

§ 72 Siebtes Gesetz zur Änderung des Dritten Buches Sozialgesetzbuch und anderer Gesetze

[1]Abweichend von § 11 Absatz 1 Satz 1 ist an erwerbsfähige Leistungsberechtigte geleistetes Arbeitslosengeld nicht als Einkommen zu berücksichtigen, soweit es aufgrund des § 434r des Dritten Buches für einen Zeitraum geleistet wird, in dem sie und die mit ihnen in Bedarfsgemeinschaft lebenden Personen Leistungen nach diesem Buch ohne Berücksichtigung des Arbeitslosengeldes erhalten haben. [2]Satz 1 gilt entsprechend für erwerbsfähige Leistungsberechtigte, denen aufgrund des § 434r des Dritten Buches ein

20 SGB II

Gründungszuschuss nach § 57 des Dritten Buches oder Leistungen der Entgeltsicherung für Ältere nach § 421j des Dritten Buches geleistet wird.

§ 73 Gesetz zur Neuausrichtung der arbeitsmarktpolitischen Instrumente

§ 28 Absatz 1 Satz 3 Nummer 4 in der bis zum 31. Dezember 2008 geltenden Fassung ist weiterhin anzuwenden für Bewilligungszeiträume, die vor dem 1. Januar 2009 beginnen.

§ 74 (weggefallen)

§ 75 Gesetz zur Weiterentwicklung der Organisation der Grundsicherung für Arbeitsuchende – Anwendbarkeit des § 6a Absatz 7, des § 44d und des § 51b

(1) § 51b Absatz 1 bis 3a in der bis zum 10. August 2010 geltenden Fassung ist anstelle des § 51b Absatz 1 Satz 1 und Absatz 2 weiterhin anzuwenden, solange das Bundesministerium für Arbeit und Soziales keine Rechtsverordnung nach § 51b Absatz 1 Satz 2 erlassen hat.

(2) Abweichend von § 6a Absatz 7 Satz 3 kann der Antrag nach § 6a Absatz 7 Satz 1 im Jahr 2010 bis zum 1. September mit Wirkung zum 1. Januar 2011 gestellt werden.

(3) [1]Die Geschäftsführerin oder der Geschäftsführer einer Arbeitsgemeinschaft nach § 44b in der bis zum 31. Dezember 2010 geltenden Fassung nimmt die Aufgaben der Geschäftsführung in der gemeinsamen Einrichtung bis zum Ablauf der laufenden Amtsperiode wahr. [2]§ 44d Absatz 2 Satz 7 bleibt unberührt. [3]Endet die Amtsperiode der Geschäftsführerin oder des Geschäftsführers einer Arbeitsgemeinschaft nach § 44b in der bis zum 31. Dezember 2010 geltenden Fassung vor Bildung der gemeinsamen Einrichtung oder läuft ihre oder seine Amtsperiode nach Satz 1 ab, bevor die Trägerversammlung nach § 44c Absatz 2 Satz 2 Nummer 1 eine neue Geschäftsführerin oder einen neuen Geschäftsführer bestellt hat, bestimmt die Anstellungskörperschaft der bisherigen Geschäftsführerin oder des bisherigen Geschäftsführers eine kommissarische Geschäftsführerin oder einen kommissarischen Geschäftsführer, die oder der die Geschäfte führt, bis die Trägerversammlung eine Geschäftsführerin oder einen Geschäftsführer bestellt hat.

§ 76 Gesetz zur Weiterentwicklung der Organisation der Grundsicherung für Arbeitsuchende

(1) [1]Abweichend von § 44b Absatz 1 können die Aufgaben nach diesem Buch bis zum 31. Dezember 2011 getrennt wahrgenommen werden, wenn am 31. März 2010 in dem Bereich eines kommunalen Trägers keine Arbeitsgemeinschaft nach § 44b bestanden hat. [2]Mit der Bildung einer gemeinsamen Einrichtung erfolgt eine § 44g Absatz 1 Satz 2 entsprechende Zuweisung.

(2) Nimmt im Gebiet eines kommunalen Trägers nach § 6 Absatz 1 Satz 1 Nummer 2 mehr als eine Arbeitsgemeinschaft nach § 44b in der bis zum 31. Dezember 2010 geltenden Fassung die Aufgaben nach diesem Buch wahr, kann insoweit abweichend von § 44b Absatz 1 Satz 1 mehr als eine gemeinsame Einrichtung gebildet werden.

(3) [1]Bei Wechsel der Trägerschaft oder der Organisationsform tritt der zuständige Träger oder die zuständige Organisationsform an die Stelle des bisherigen Trägers oder der bisherigen Organisationsform; dies gilt auch für laufende Verwaltungs- und Gerichtsverfahren. [2]Die Träger teilen sich alle Tatsachen mit, die zur Vorbereitung eines Wechsels der Organisationsform erforderlich sind. [3]Sie sollen sich auch die zu diesem Zweck erforderlichen Sozialdaten in automatisierter und standardisierter Form übermitteln.

(4) [1]Besteht in einer Arbeitsgemeinschaft nach § 44b in der bis zum 31. Dezember 2010 geltenden Fassung ein Personal- oder Betriebsrat, nimmt dieser ab dem Zeitpunkt, zu dem Beamten und Arbeitnehmern in einer gemeinsamen Einrichtung Tätigkeiten zugewiesen werden, die Aufgaben der Personalvertretung als Übergangspersonalrat bis zur Konstituierung einer neuen Personalvertretung nach den Regelungen des Bundespersonalvertretungsgesetzes wahr, längstens jedoch bis zum 30. Juni 2012. [2]Satz 1 gilt entsprechend für die Jugend- und Auszubildendenvertretung sowie die Schwerbehindertenvertretung.

(5) Bestehen in einer Arbeitsgemeinschaft nach § 44b in der bis zum 31. Dezember 2010 geltenden Fassung Dienst- oder Betriebsvereinbarungen, gelten diese bis zu einer Neuregelung für die jeweilige gemeinsame Einrichtung als Dienstvereinbarungen fort, längstens jedoch bis zum 30. Juni 2012.

(6) Abweichend von § 44g Absatz 2 bedarf es keiner Zustimmung der Geschäftsführerin oder des Geschäftsführers, soweit einer gemeinsamen Einrichtung auf Veranlassung eines Trägers Beschäftigte Dritter zugewiesen werden, die bis zum Tag vor der Bildung einer gemeinsamen Einrichtung in einer Arbeitsgemeinschaft nach § 44b in der bis zum 31. Dezember 2010 geltenden Fassung oder in Agenturen für Arbeit und Kommunen Aufgaben nach diesem Buch durchgeführt haben.

§ 77 Gesetz zur Ermittlung von Regelbedarfen und zur Änderung des Zweiten und Zwölften Buches Sozialgesetzbuch

(1) § 7 Absatz 4a in der bis zum 31. Dezember 2010 geltenden Fassung gilt weiter bis zum Inkrafttreten einer nach § 13 Absatz 3 erlassenen Rechtsverordnung.

(2) Abweichend von § 11a Absatz 3 Satz 2 Nummer 2 sind bis zum 31. Dezember 2011 die Leistungen nach § 23 des Achten Buches als Einkommen zu berücksichtigen
1. für das erste und zweite Pflegekind nicht,
2. für das dritte Pflegekind zu 75 Prozent und
3. für das vierte und jedes weitere Pflegekind vollständig.

(3) § 30 in der bis zum 31. Dezember 2010 geltenden Fassung ist für Einkommen aus Erwerbstätigkeit, das im Zeitraum vom 1. Januar 2011 bis zum 31. März 2011 zufließt, weiter anzuwenden und gilt anstelle des § 11b Absatz 3 weiter für Bewilligungszeiträume (§ 41 Satz 4), die vor dem 1. Juli 2011 beginnen, längstens jedoch bis zur Aufnahme einer Erwerbstätigkeit ab dem 1. Juli 2011.

(4) Für die Regelbedarfe nach § 20 Absatz 2 Satz 2 Nummer 1 und § 23 Nummer 1 tritt an die Stelle der Beträge nach
1. § 20 Absatz 2 Satz 2 Nummer 1 der Betrag von 287 Euro,
2. § 23 Nummer 1 für Leistungsberechtigte bis zur Vollendung des sechsten Lebensjahres der Betrag von 215 Euro,
3. § 23 Nummer 1 für Leistungsberechtigte vom Beginn des siebten bis zur Vollendung des 14. Lebensjahres der Betrag von 251 Euro,
4. § 23 Nummer 1 für Leistungsberechtigte im 15. Lebensjahr der Betrag von 287 Euro,

solange sich durch die Fortschreibung der Beträge nach § 20 Absatz 2 Satz 2 Nummer 1 und § 23 Nummer 1 nach § 20 Absatz 5 jeweils kein höherer Betrag ergibt.

(5) § 21 ist bis zum 31. Dezember 2011 mit der Maßgabe anzuwenden, dass Beträge, die nicht volle Euro-Beträge ergeben, bei einem Betrag von unter 0,50 Euro abzurunden und von 0,50 Euro an aufzurunden sind.

(6) Sofern Leistungen ohne Berücksichtigung der tatsächlichen Aufwendungen für die Erzeugung von Warmwasser festgesetzt wurden, weil sie nach den §§ 20 und 28 in der bis zum 31. Dezember 2010 geltenden Fassung mit der Regelleistung zur Sicherung des Lebensunterhalts abgegolten waren, ist der Verwaltungsakt, auch nachdem er unanfechtbar geworden ist, bis zum Ablauf eines Monats nach dem Ende des Bewilligungszeitraums zurückzunehmen und die Nachzahlung zu erbringen.

(7) Der Bedarf nach § 28 Absatz 3 wird erstmals zum 1. August 2011 anerkannt.

(8) Werden Leistungen für Bedarfe nach § 28 Absatz 2, 4 bis 7 für den Zeitraum vom 1. Januar bis zum 31. März 2011 bis zum 30. April 2011 beantragt, gilt dieser Antrag abweichend von § 37 Absatz 2 Satz 2 als zum 1. Januar 2011 gestellt.

(9) ¹Leistungen für die Bedarfe nach § 28 Absatz 2 Satz 1 Nummer 1, Satz 2 und Absatz 5 sind für den Zeitraum vom 1. Januar bis zum 31. März 2011 abweichend von § 29 Absatz 1 Satz 1 durch Direktzahlung an den Anbieter zu erbringen, wenn bei der leistungsberechtigten Person noch keine Aufwendungen zur Deckung dieser Bedarfe entstanden sind. ²Soweit die leistungsberechtigte Person nachweist, dass ihr bereits Aufwendungen zur Deckung der in Satz 1 genannten Bedarfe entstanden sind, werden diese Aufwendungen durch Geldleistung an die leistungsberechtigte Person erstattet.

(10) Auf Klassenfahrten im Rahmen der schulrechtlichen Bestimmungen, an denen Schülerinnen und Schüler in der Zeit vom 1. Januar bis zum 29. März 2011 teilgenommen haben, ist § 23 Absatz 3 Satz 1 Nummer 3 und Satz 2 bis 4 in der bis zum 31. Dezember 2010 geltenden Fassung anstelle des § 19 Absatz 3 Satz 3 und des § 28 Absatz 2 Satz 1 Nummer 2 anzuwenden.

(11) ¹Für Schülerinnen und Schüler, die eine Schule besuchen, an der eine gemeinschaftliche Mittagsverpflegung in schulischer Verantwortung angeboten wird, sowie für Kinder, für die Kindertagespflege geleistet wird oder die eine Tageseinrichtung besuchen, an der eine gemeinschaftliche Mittagsverpflegung angeboten wird, werden die entstehenden Mehraufwendungen abweichend von § 28 Absatz 6 für die Zeit vom 1. Januar bis zum 31. März 2011 in Höhe von monatlich 26 Euro berücksichtigt. ²Bei Leistungsberechtigten bis zur Vollendung des 18. Lebensjahres werden die entstehenden Mehraufwendungen für Teilhabe am sozialen und kulturellen Leben abweichend von § 28 Absatz 7 für die Zeit vom 1. Januar bis zum 31. März 2011 in Höhe von monatlich 10 Euro berücksichtigt. ³Die entstehenden Mehraufwendungen nach den Sätzen 1 und 2 werden abweichend von § 29 Absatz 1 Satz 1 durch Geldleistung gedeckt. ⁴Bis zum 31. Dezember 2013 gilt § 28 Absatz 6 Satz 2 mit der Maßgabe, dass die Mehraufwendungen auch berücksichtigt werden, wenn Schülerinnen und Schüler das Mittagessen in einer Einrichtung nach § 22 des Achten Buches einnehmen.

(12) § 31 in der bis zum 31. März 2011 geltenden Fassung ist weiterhin anzuwenden für Pflichtverletzungen, die vor dem 1. April 2011 begangen worden sind.

(13) § 40 Absatz 1 Satz 2 ist nicht anwendbar auf Anträge nach § 44 des Zehnten Buches, die vor dem 1. April 2011 gestellt worden sind.

(14) § 41 Absatz 2 Satz 2 ist bis zum 31. Dezember 2011 mit der Maßgabe anzuwenden, dass bei einer auf zwei Dezimalstellen durchzuführenden Berechnung weitere sich ergebende Dezimalstellen wegfallen.

30. Sozialgesetzbuch (SGB) Drittes Buch (III) – Arbeitsförderung –

Vom 24. März 1997 (BGBl. I S. 594)

Zuletzt geändert durch Art. 7 G zur Einführung eines Bundesfreiwilligendienstes v. 28. 4. 2011 (BGBl. I S. 687)

BGBl. III/FNA 860-3

Erstes Kapitel. Allgemeine Vorschriften

Erster Abschnitt. Grundsätze

§ 1 Ziele der Arbeitsförderung

(1) ¹Die Arbeitsförderung soll dem Entstehen von Arbeitslosigkeit entgegenwirken, die Dauer der Arbeitslosigkeit verkürzen und den Ausgleich von Angebot und Nachfrage auf dem Ausbildungs- und Arbeitsmarkt unterstützen. ²Dabei ist insbesondere durch die Verbesserung der individuellen Beschäftigungsfähigkeit Langzeitarbeitslosigkeit zu vermeiden. ³Die Gleichstellung von Frauen und Männern ist als durchgängiges Prinzip der Arbeitsförderung zu verfolgen. ⁴Die Arbeitsförderung soll dazu beitragen, dass ein hoher Beschäftigungsstand erreicht und die Beschäftigungsstruktur ständig verbessert wird. ⁵Sie ist so auszurichten, dass sie der beschäftigungspolitischen Zielsetzung der Sozial-, Wirtschafts- und Finanzpolitik der Bundesregierung entspricht.

(2) Die Leistungen der Arbeitsförderung sollen insbesondere
1. die Transparenz auf dem Ausbildungs- und Arbeitsmarkt erhöhen, die berufliche und regionale Mobilität unterstützen und die zügige Besetzung offener Stellen ermöglichen,
2. die individuelle Beschäftigungsfähigkeit durch Erhalt und Ausbau von Fertigkeiten, Kenntnissen und Fähigkeiten fördern,
3. unterwertiger Beschäftigung entgegenwirken und
4. die berufliche Situation von Frauen verbessern, indem sie auf die Beseitigung bestehender Nachteile sowie auf die Überwindung eines geschlechtsspezifisch geprägten Ausbildungs- und Arbeitsmarktes hinwirken und Frauen mindestens entsprechend ihrem Anteil an den Arbeitslosen und ihrer relativen Betroffenheit von Arbeitslosigkeit gefördert werden.

(3) ¹Die Bundesregierung soll mit der Bundesagentur zur Durchführung der Arbeitsförderung Rahmenziele vereinbaren. ²Diese dienen der Umsetzung der Grundsätze dieses Buches. ³Die Rahmenziele werden spätestens zu Beginn einer Legislaturperiode überprüft.

§ 2 Zusammenwirken von Arbeitgebern und Arbeitnehmern mit den Agenturen für Arbeit

(1) Die Agenturen für Arbeit erbringen insbesondere Dienstleistungen für Arbeitgeber und Arbeitnehmer, indem sie
1. Arbeitgeber regelmäßig über Ausbildungs- und Arbeitsmarktentwicklungen, Ausbildungsuchende, Fachkräfteangebot und berufliche Bildungsmaßnahmen informieren sowie auf den Betrieb zugeschnittene Arbeitsmarktberatung und Vermittlung anbieten und
2. Arbeitnehmer zur Vorbereitung der Berufswahl und zur Erschließung ihrer beruflichen Entwicklungsmöglichkeiten beraten, Vermittlungsangebote zur Ausbildungs- oder Arbeitsaufnahme entsprechend ihren Fähigkeiten unterbreiten sowie sonstige Leistungen der Arbeitsförderung erbringen.

(2) ¹Die Arbeitgeber haben bei ihren Entscheidungen verantwortungsvoll deren Auswirkungen auf die Beschäftigung der Arbeitnehmer und von Arbeitslosen und damit die Inanspruchnahme von Leistungen der Arbeitsförderung einzubeziehen. ²Sie sollen dabei insbesondere

1. im Rahmen ihrer Mitverantwortung für die Entwicklung der beruflichen Leistungsfähigkeit der Arbeitnehmer zur Anpassung an sich ändernde Anforderungen sorgen,
2. vorrangig durch betriebliche Maßnahmen die Inanspruchnahme von Leistungen der Arbeitsförderung sowie Entlassungen von Arbeitnehmern vermeiden,
3. Arbeitnehmer vor der Beendigung des Arbeitsverhältnisses frühzeitig über die Notwendigkeit eigener Aktivitäten bei der Suche nach einer anderen Beschäftigung sowie über die Verpflichtung zur Meldung nach § 38 Abs. 1 bei der Agentur für Arbeit informieren, sie hierzu freistellen und die Teilnahme an erforderlichen Qualifizierungsmaßnahmen ermöglichen.

(3) ¹Die Arbeitgeber sollen die Agenturen für Arbeit frühzeitig über betriebliche Veränderungen, die Auswirkungen auf die Beschäftigung haben können, unterrichten. ²Dazu gehören insbesondere Mitteilungen über

1. zu besetzende Ausbildungs- und Arbeitsplätze,
2. geplante Betriebserweiterungen und den damit verbundenen Arbeitskräftebedarf,
3. die Qualifikationsanforderungen an die einzustellenden Arbeitnehmer,
4. geplante Betriebseinschränkungen oder Betriebsverlagerungen sowie die damit verbundenen Auswirkungen und
5. Planungen, wie Entlassungen von Arbeitnehmern vermieden oder Übergänge in andere Beschäftigungsverhältnisse organisiert werden können.

(4) ¹Die Arbeitnehmer haben bei ihren Entscheidungen verantwortungsvoll deren Auswirkungen auf ihre beruflichen Möglichkeiten einzubeziehen. ²Sie sollen insbesondere ihre berufliche Leistungsfähigkeit den sich ändernden Anforderungen anpassen.

(5) Die Arbeitnehmer haben zur Vermeidung oder zur Beendigung von Arbeitslosigkeit insbesondere

1. ein zumutbares Beschäftigungsverhältnis fortzusetzen,
2. eigenverantwortlich nach Beschäftigung zu suchen, bei bestehendem Beschäftigungsverhältnis frühzeitig vor dessen Beendigung,
3. eine zumutbare Beschäftigung aufzunehmen und
4. an einer beruflichen Eingliederungsmaßnahme teilzunehmen.

§ 3 Leistungen der Arbeitsförderung

(1) Arbeitnehmer erhalten folgende Leistungen:

1. Berufsberatung sowie Ausbildungs- und Arbeitsvermittlung und diese unterstützende Leistungen,
2. Förderung aus dem Vermittlungsbudget,
3. Maßnahmen zur Aktivierung und beruflichen Eingliederung,
4. Gründungszuschuss zur Aufnahme einer selbständigen Tätigkeit,
5. Berufsausbildungsbeihilfe während einer beruflichen Ausbildung oder einer berufsvorbereitenden Bildungsmaßnahme,
6. Übernahme der Weiterbildungskosten während der Teilnahme an einer beruflichen Weiterbildung,
7. allgemeine und als behinderte Menschen zusätzlich besondere Leistungen zur Teilhabe am Arbeitsleben und diese ergänzende Leistungen nach diesem und dem Neunten Buch, insbesondere Ausbildungsgeld, Übernahme der Teilnahmekosten und Übergangsgeld,
8. Arbeitslosengeld während Arbeitslosigkeit, Teilarbeitslosengeld während Teilarbeitslosigkeit sowie Arbeitslosengeld bei beruflicher Weiterbildung,
9. Kurzarbeitergeld bei Arbeitsausfall,
10. Insolvenzgeld bei Zahlungsunfähigkeit des Arbeitgebers,
11. Wintergeld,
12. Transferleistungen.

(2) Arbeitgeber erhalten folgende Leistungen:

1. Arbeitsmarktberatung sowie Ausbildungs- und Arbeitsvermittlung,
2. Zuschüsse zu den Arbeitsentgelten bei Eingliederung von leistungsgeminderten Arbeitnehmern sowie im Rahmen der Förderung der beruflichen Weiterbildung beschäftigter Arbeitnehmer,
3. Zuschüsse zur Ausbildungsvergütung für die betriebliche Aus- oder Weiterbildung und weitere Leistungen zur Teilhabe behinderter und schwerbehinderter Menschen,
4. Zuschüsse zur Vergütung bei einer Einstiegsqualifizierung,
5. Erstattung von Beiträgen zur Sozialversicherung für Bezieher von Saison-Kurzarbeitergeld.

(3) Träger von Arbeitsförderungsmaßnahmen erhalten folgende Leistungen:
1. Zuschüsse zu zusätzlichen Maßnahmen der betrieblichen Berufsausbildung, Berufsausbildungsvorbereitung und Einstiegsqualifizierung,
2. Übernahme der Kosten für die Berufsausbildung in einer außerbetrieblichen Einrichtung,
3. Darlehen und Zuschüsse für Einrichtungen der beruflichen Rehabilitation,
4. Zuschüsse zu Arbeitsbeschaffungsmaßnahmen.

(4) Leistungen der aktiven Arbeitsförderung sind alle Leistungen der Arbeitsförderung mit Ausnahme von Arbeitslosengeld bei Arbeitslosigkeit, Teilarbeitslosengeld und Insolvenzgeld.

(5) Ermessensleistungen der aktiven Arbeitsförderung sind alle Leistungen der aktiven Arbeitsförderung mit Ausnahme des Anspruchs auf Maßnahmen zur Aktivierung und beruflichen Eingliederung sechs Monate nach Eintritt der Arbeitslosigkeit, Gründungszuschuss, Eingliederungsgutschein für ältere Arbeitnehmer nach § 223 Abs. 1 Satz 2, Berufsausbildungsbeihilfe während einer erstmaligen beruflichen Ausbildung oder einer berufsvorbereitenden Bildungsmaßnahme, Vorbereitung auf den nachträglichen Erwerb des Hauptschulabschlusses oder eines gleichwertigen Schulabschlusses im Rahmen einer berufsvorbereitenden Bildungsmaßnahme nach § 61a, Weiterbildungskosten zum nachträglichen Erwerb des Hauptschulabschlusses oder eines gleichwertigen Schulabschlusses, besondere Leistungen zur Teilhabe am Arbeitsleben, Arbeitslosengeld bei beruflicher Weiterbildung, Kurzarbeitergeld, Wintergeld und Leistungen zur Förderung der Teilnahme an Transfermaßnahmen.

§ 4 Vorrang der Vermittlung

(1) Die Vermittlung in Ausbildung und Arbeit hat Vorrang vor den Leistungen zum Ersatz des Arbeitsentgelts bei Arbeitslosigkeit.

(2) Der Vermittlungsvorrang gilt auch im Verhältnis zu den sonstigen Leistungen der aktiven Arbeitsförderung, es sei denn, die Leistung ist für eine dauerhafte Eingliederung erforderlich.

§ 5 Vorrang der aktiven Arbeitsförderung

Die Leistungen der aktiven Arbeitsförderung sind entsprechend ihrer jeweiligen Zielbestimmung und den Ergebnissen der Beratungs- und Vermittlungsgespräche einzusetzen, um sonst erforderliche Leistungen zum Ersatz des Arbeitsentgelts bei Arbeitslosigkeit nicht nur vorübergehend zu vermeiden und dem Entstehen von Langzeitarbeitslosigkeit vorzubeugen.

§ 6 *(aufgehoben)*

§ 7 Auswahl von Leistungen der aktiven Arbeitsförderung

¹Bei der Auswahl von Ermessensleistungen der aktiven Arbeitsförderung hat die Agentur für Arbeit unter Beachtung des Grundsatzes der Wirtschaftlichkeit und Sparsamkeit die für den Einzelfall am besten geeignete Leistung oder Kombination von Leistungen zu wählen. ²Dabei ist grundsätzlich auf
1. die Fähigkeiten der zu fördernden Personen,
2. die Aufnahmefähigkeit des Arbeitsmarktes und
3. den anhand der Ergebnisse der Beratungs- und Vermittlungsgespräche ermittelten arbeitsmarktpolitischen Handlungsbedarf

abzustellen.

§ 8 Vereinbarkeit von Familie und Beruf

(1) Die Leistungen der aktiven Arbeitsförderung sollen in ihrer zeitlichen, inhaltlichen und organisatorischen Ausgestaltung die Lebensverhältnisse von Frauen und Männern berücksichtigen, die aufsichtsbedürftige Kinder betreuen und erziehen oder pflegebedürftige Angehörige betreuen oder nach diesen Zeiten wieder in die Erwerbstätigkeit zurückkehren wollen.

(2) ¹Berufsrückkehrer sollen die zu ihrer Rückkehr in die Erwerbstätigkeit notwendigen Leistungen der aktiven Arbeitsförderung unter den Voraussetzungen dieses Buches erhalten. ²Hierzu gehören insbesondere Beratung und Vermittlung sowie die Förderung der beruflichen Weiterbildung durch Übernahme der Weiterbildungskosten.

§§ 8a, 8b *(aufgehoben)*

§ 9 Ortsnahe Leistungserbringung

(1) ¹Die Leistungen der Arbeitsförderung sollen vorrangig durch die örtlichen Agenturen für Arbeit erbracht werden. ²Dabei haben die Agenturen für Arbeit die Gegebenheiten des örtlichen und überörtlichen Arbeitsmarktes zu berücksichtigen.

(2) ¹Die Agenturen für Arbeit sollen die Vorgänge am Arbeitsmarkt besser durchschaubar machen. ²Sie haben zum Ausgleich von Angebot und Nachfrage auf dem örtlichen und überörtlichen Arbeitsmarkt beizutragen. ³Der Einsatz der aktiven Arbeitsmarktpolitik ist zur Verbesserung der Wirksamkeit und Steuerung regelmäßig durch die Agenturen für Arbeit zu überprüfen. ⁴Dazu ist ein regionales Arbeitsmarktmonitoring einzurichten. ⁵Arbeitsmarktmonitoring ist ein System wiederholter Beobachtungen, Bilanzierungen, Trendbeschreibungen und Bewertungen der Vorgänge auf dem Arbeitsmarkt einschließlich der den Arbeitsmarktausgleich unterstützenden Maßnahmen.

(3) ¹Die Agenturen für Arbeit arbeiten zur Erfüllung ihrer Aufgaben mit den Gemeinden, Kreisen und Bezirken sowie den weiteren Beteiligten des örtlichen Arbeitsmarktes, insbesondere den Vertretern der Arbeitgeber und Arbeitnehmer, den Kammern und berufsständischen Organisationen, zusammen. ²Sie sollen ihre Planungen rechtzeitig mit Trägern von Maßnahmen der Arbeitsförderung erörtern.

§ 9a Zusammenarbeit mit den für die Wahrnehmung der Aufgaben der Grundsicherung für Arbeitsuchende zuständigen gemeinsamen Einrichtungen und zugelassenen kommunalen Trägern

¹Beziehen erwerbsfähige Leistungsberechtigte nach dem Zweiten Buch auch Leistungen der Arbeitsförderung, so sind die Agenturen für Arbeit verpflichtet, eng mit den für die Wahrnehmung der Aufgaben der Grundsicherung für Arbeitsuchende zuständigen gemeinsamen Einrichtungen und zugelassenen kommunalen Trägern zusammenzuarbeiten. ²Sie unterrichten diese unverzüglich über die ihnen insoweit bekannten, für die Wahrnehmung der Aufgaben der Grundsicherung für Arbeitsuchende erforderlichen Tatsachen, insbesondere über

1. die für erwerbsfähige Leistungsberechtigte im Sinne des Zweiten Buches vorgesehenen und erbrachten Leistungen der aktiven Arbeitsförderung, sowie
2. über die bei diesen Personen eintretenden Sperrzeiten.

§ 10 *(aufgehoben)*

§ 11 Eingliederungsbilanz

(1) ¹Jede Agentur für Arbeit erstellt über ihre Ermessensleistungen der aktiven Arbeitsförderung und Leistungen zur Förderung der Aufnahme einer selbständigen Tätigkeit nach Abschluß eines Haushaltsjahres eine Eingliederungsbilanz. ²Die Eingliederungsbilanzen müssen vergleichbar sein und sollen Aufschluß über den Mitteleinsatz, die geförderten Personengruppen und die Wirksamkeit der Förderung geben.

(2) ¹Die Eingliederungsbilanzen sollen insbesondere Angaben enthalten zu
1. dem Anteil der Gesamtausgaben an den zugewiesenen Mitteln sowie den Ausgaben für die einzelnen Leistungen und ihrem Anteil an den Gesamtausgaben,
2. den durchschnittlichen Ausgaben für die einzelnen Leistungen je geförderten Arbeitnehmer unter Berücksichtigung der besonders förderungsbedürftigen Personengruppen, insbesondere Langzeitarbeitslose, schwerbehinderte Menschen, Ältere mit Vermittlungserschwernissen, Berufsrückkehrer und Geringqualifizierte,
3. der Beteiligung besonders förderungsbedürftiger Personengruppen an den einzelnen Leistungen unter Berücksichtigung ihres Anteils an den Arbeitslosen,
4. der Beteiligung von Frauen an Maßnahmen der aktiven Arbeitsförderung unter Berücksichtigung des Frauenanteils an den Arbeitslosen und ihrer relativen Betroffenheit durch

Arbeitslosigkeit sowie über Maßnahmen, die zu einer gleichberechtigten Teilhabe von Frauen am Arbeitsmarkt beigetragen haben,
5. dem Verhältnis der Zahl der in eine nicht geförderte Beschäftigung vermittelten Arbeitslosen zu der Zahl der Abgänge aus Arbeitslosigkeit in eine nicht geförderte Beschäftigung (Vermittlungsquote). Dabei sind besonders förderungsbedürftige Personengruppen gesondert auszuweisen,
6. dem Verhältnis der Zahl der Arbeitnehmer, die sechs Monate im Anschluss an die Maßnahme nicht mehr arbeitslos sind sowie dem Verhältnis der Zahl der Arbeitnehmer, die nach angemessener Zeit im Anschluss an die Maßnahme sozialversicherungspflichtig beschäftigt sind, zu der Zahl der geförderten Arbeitnehmer in den einzelnen Maßnahmebereichen. Dabei sind besonders förderungsbedürftige Personengruppen gesondert auszuweisen,
7. der Entwicklung der Rahmenbedingungen für die Eingliederung auf dem regionalen Arbeitsmarkt,
8. der Veränderung der Maßnahmen im Zeitverlauf,
9. der Arbeitsmarktsituation von Personen mit Migrationshintergrund.
²Die Zentrale der Bundesagentur stellt den Agenturen für Arbeit zur Sicherstellung der Vergleichbarkeit der Eingliederungsbilanzen einheitliche Berechnungsmaßstäbe zu den einzelnen Angaben zur Verfügung.

(3) ¹Die Eingliederungsbilanz ist mit den Beteiligten des örtlichen Arbeitsmarktes zu erörtern. ²Dazu ist sie um einen Teil zu ergänzen, der weiteren Aufschluss über die Leistungen und ihre Wirkungen auf den örtlichen Arbeitsmarkt, Aufschluss über die Konzentration der Maßnahmen auf einzelne Träger sowie Aufschluss über die Zusammensetzung der Maßnahmen zur Aktivierung und beruflichen Eingliederung sowie die an diesen Maßnahmen teilnehmenden Personen und deren weitere Eingliederung in den Ausbildungs- und Arbeitsmarkt gibt.

(4) Die Eingliederungsbilanzen sind bis Mitte des nachfolgenden Jahres zu veröffentlichen.

Zweiter Abschnitt. Berechtigte

§ 12 Geltung der Begriffsbestimmungen

Die in diesem Abschnitt enthaltenen Begriffsbestimmungen sind nur für dieses Buch maßgeblich.

§ 13 Heimarbeiter

Arbeitnehmer im Sinne dieses Buches sind auch Heimarbeiter (§ 12 Abs. 2 des Vierten Buches).

§ 14 Auszubildende

Auszubildende sind die zur Berufsausbildung Beschäftigten und Teilnehmer an nach diesem Buch förderungsfähigen berufsvorbereitenden Bildungsmaßnahmen sowie Teilnehmer an einer Einstiegsqualifizierung.

§ 15 Ausbildung- und Arbeitsuchende

¹Ausbildungsuchende sind Personen, die eine Berufsausbildung suchen. ²Arbeitsuchende sind Personen, die eine Beschäftigung als Arbeitnehmer suchen. ³Dies gilt auch, wenn sie bereits eine Beschäftigung oder eine selbständige Tätigkeit ausüben.

§ 16 Arbeitslose

(1) Arbeitslose sind Personen, die wie beim Anspruch auf Arbeitslosengeld
1. vorübergehend nicht in einem Beschäftigungsverhältnis stehen,
2. eine versicherungspflichtige Beschäftigung suchen und dabei den Vermittlungsbemühungen der Agentur für Arbeit zur Verfügung stehen und
3. sich bei der Agentur für Arbeit arbeitslos gemeldet haben.

(2) Teilnehmer an Maßnahmen der aktiven Arbeitsmarktpolitik gelten als nicht arbeitslos.

§ 17 Von Arbeitslosigkeit bedrohte Arbeitnehmer

Von Arbeitslosigkeit bedrohte Arbeitnehmer sind Personen, die
1. versicherungspflichtig beschäftigt sind,
2. alsbald mit der Beendigung der Beschäftigung rechnen müssen und
3. voraussichtlich nach Beendigung der Beschäftigung arbeitslos werden.

§ 18 Langzeitarbeitslose

(1) Langzeitarbeitslose sind Arbeitslose, die ein Jahr und länger arbeitslos sind.

(2) Für Leistungen, die Langzeitarbeitslosigkeit voraussetzen, bleiben folgende Unterbrechungen der Arbeitslosigkeit innerhalb eines Zeitraums von fünf Jahren unberücksichtigt:
1. Zeiten einer Maßnahme der aktiven Arbeitsförderung oder zur Eingliederung in Arbeit nach dem Zweiten Buch,
2. Zeiten einer Krankheit, einer Pflegebedürftigkeit oder eines Beschäftigungsverbots nach dem Mutterschutzgesetz,
3. Zeiten der Betreuung und Erziehung aufsichtsbedürftiger Kinder oder der Betreuung pflegebedürftiger Angehöriger,
4. Beschäftigungen oder selbständige Tätigkeiten bis zu einer Dauer von insgesamt sechs Monaten,
5. Zeiten, in denen eine Beschäftigung rechtlich nicht möglich war, und
6. kurze Unterbrechungen der Arbeitslosigkeit ohne Nachweis.

(3) Ergibt sich der Sachverhalt einer unschädlichen Unterbrechung üblicherweise nicht aus den Unterlagen der Arbeitsvermittlung, so reicht Glaubhaftmachung aus.

§ 19 Behinderte Menschen

(1) Behindert im Sinne dieses Buches sind Menschen, deren Aussichten, am Arbeitsleben teilzuhaben oder weiter teilzuhaben, wegen Art oder Schwere ihrer Behinderung im Sinne von § 2 Abs. 1 des Neunten Buches nicht nur vorübergehend wesentlich gemindert sind und die deshalb Hilfen zur Teilhabe am Arbeitsleben benötigen, einschließlich lernbehinderter Menschen.

(2) Behinderten Menschen stehen Menschen gleich, denen eine Behinderung mit den in Absatz 1 genannten Folgen droht.

§ 20 Berufsrückkehrer

Berufsrückkehrer sind Frauen und Männer, die
1. ihre Erwerbstätigkeit oder Arbeitslosigkeit oder eine betriebliche Berufsausbildung wegen der Betreuung und Erziehung von aufsichtsbedürftigen Kindern oder der Betreuung pflegebedürftiger Angehöriger unterbrochen haben und
2. in angemessener Zeit danach in die Erwerbstätigkeit zurückkehren wollen.

§ 21 Träger

Träger sind natürliche oder juristische Personen oder Personengesellschaften, die Maßnahmen der Arbeitsförderung selbst durchführen oder durch Dritte durchführen lassen.

Dritter Abschnitt. Verhältnis der Leistungen aktiver Arbeitsförderung zu anderen Leistungen

§ 22 Verhältnis zu anderen Leistungen

(1) Leistungen der aktiven Arbeitsförderung dürfen nur erbracht werden, wenn nicht andere Leistungsträger oder andere öffentlich-rechtliche Stellen zur Erbringung gleichartiger Leistungen gesetzlich verpflichtet sind.

(2) ¹Allgemeine und besondere Leistungen zur Teilhabe am Arbeitsleben einschließlich der Leistungen an Arbeitgeber und der Leistungen an Träger dürfen nur erbracht werden, sofern nicht ein anderer Rehabilitationsträger im Sinne des Neunten Buches zuständig ist. ²Eingliederungszuschüsse nach § 219 und Zuschüsse zur Ausbildungsvergütung für schwerbehinderte Menschen nach § 235a dürfen auch dann erbracht werden, wenn ein

anderer Leistungsträger zur Erbringung gleichartiger Leistungen gesetzlich verpflichtet ist oder, ohne gesetzlich verpflichtet zu sein, Leistungen erbringt. ³In diesem Fall werden die Leistungen des anderen Leistungsträgers angerechnet.

(3) ¹Soweit Leistungen zur Förderung der Berufsausbildung und zur Förderung der beruflichen Weiterbildung der Sicherung des Lebensunterhaltes dienen, gehen sie der Ausbildungsbeihilfe nach § 44 des Strafvollzugsgesetzes vor. ²Die Leistungen für Gefangene dürfen die Höhe der Ausbildungsbeihilfe nach § 44 des Strafvollzugsgesetzes nicht übersteigen. ³Sie werden den Gefangenen nach einer Förderzusage der Agentur für Arbeit in Vorleistung von den Ländern erbracht und von der Bundesagentur erstattet.

(4) ¹Leistungen nach § 35, nach dem Ersten und Sechsten Abschnitt des Vierten Kapitels, nach den §§ 97 bis 99, 100 Nr. 1 und 4, § 101 Abs. 1, 2 und 5, den §§ 102, 103 Satz 1 Nr. 1 und 3, den §§ 109 und 111, § 116 Nr. 3, den §§ 160 bis 162, nach dem Fünften Kapitel, nach dem Ersten und Fünften Abschnitt des Sechsten Kapitels sowie nach den §§ 417, 421 f, 421 k, 421 n, 421 o, 421 p und 421 t Absatz 4 bis 6 werden nicht an oder für erwerbsfähige Leistungsberechtigte im Sinne des Zweiten Buches erbracht. ²Sofern die Bundesagentur für Arbeit für die Erbringung von Leistungen nach § 35 besondere Dienststellen nach § 367 Abs. 2 Satz 2 eingerichtet oder zusätzliche Vermittlungsdienstleistungen agenturübergreifend organisiert hat, erbringt sie die dort angebotenen Vermittlungsleistungen abweichend von Satz 1 auch an oder für erwerbsfähige Leistungsberechtigte im Sinne des Zweiten Buches. ³Eine Leistungserbringung an oder für erwerbsfähige Leistungsberechtigte im Sinne des Zweiten Buches nach den Grundsätzen der §§ 88 bis 92 des Zehnten Buches bleibt ebenfalls unberührt. ⁴Die Agenturen für Arbeit dürfen Aufträge nach Satz 3 zur Ausbildungsvermittlung nur aus wichtigem Grund ablehnen. ⁵Abweichend von Satz 1 werden die Leistungen nach den §§ 35, 46 Abs. 3, den §§ 102, 103 Nr. 1 und 3, den §§ 109 und 111 sowie dem § 223 Abs. 1 Satz 2 auch an oder für erwerbsfähige Leistungsberechtigte im Sinne des Zweiten Buches erbracht, die einen Anspruch auf Arbeitslosengeld haben.

A. § 22 Absatz 1

Absatz 1 regelt den **Nachrang** der BA für die Erbringung von Leistungen der aktiven Arbeitsförderung. Hierdurch soll eine Doppelförderung zu Lasten der BA vermieden werden (vgl. RegE-AFRG BT-Drs. 13/5676 S. 157 zu § 22). Dieser Grundsatz ist nicht strikt durchgehalten. Abs. 1 begrenzt ihn auf das Verhältnis zu anderweitigen gesetzlichen Pflichtleistungen, Absatz 2 stellt auf eine anderweitige Zuständigkeit bei Rehabilitationsleistungen ab, enthält dafür aber in Satz 2 und 3 spezielle Ausnahmen (Rn. 12). Für Strafgefangene gilt der Nachrang ebenfalls nicht, Abs. 3 (Rn. 13). 1

Leistungen der **aktiven Arbeitsförderung** sind nach § 3 Abs. 4 alle Leistungen der Arbeitsförderung mit Ausnahme von Arbeitslosengeld bei Arbeitslosigkeit, Teilarbeitslosengeld und Insolvenzgeld. Der Nachrang besteht nur gegenüber Leistungen anderer Leistungsträger und öffentlich-rechtlicher Stellen. Leistungsträger sind nach § 12 S. 1 SGB I die in §§ 18–29 SGB I genannten Körperschaften, Anstalten und Behörden. „Öffentlich-rechtliche Stellen" bezieht sich auf alle Leistungsträger öffentlich-rechtlicher Art (BSG 11. 11. 1993 – 7 RAr 8/93 – SozR 3–4100 § 37 Nr. 1 = BSGE 73, 204) mit Ausnahme der Sozialhilfeträger, für die wiederum ein Nachrang gilt (§ 2 Abs. 2 SGB XII), also Bund, Länder, Gemeinden, Anstalten und Stiftungen öffentlichen Rechts, die Leistungen im Bereich der beruflichen Förderung erbringen. Privatrechtlich organisierte Unternehmen fallen nicht hierunter, selbst wenn sie in öffentlichem Eigentum stehen. Ferner stehen auch privatrechtliche Leistungen etwa aus Stiftungen oder der Unterhalt der Eltern einem Leistungsanspruch gegen die BA nicht entgegen. 2

Ein Nachrang besteht nur, wenn die anderweitig zu erbringende Leistung gleichartig ist. **Gleichartigkeit** liegt vor, wenn Leistungsinhalt und Leistungsziel, also die nachhaltige Vermeidung von Arbeitslosigkeit und die Unterstützung einer Eingliederung in den Arbeitsmarkt (§ 1 Abs. 1, § 5), vergleichbar sind (BSG 22. 9. 1976 – 7 RAr 24/75 – SozR 4100 § 37 Nr. 2 = BSGE 42, 203). Völlige Gleichartigkeit ist nicht notwendig, entscheidend ist der **Zweck** der Leistung (BSG 11. 11. 1993 – 7 RAr 8/93 – SozR 3–4100 § 37 Nr. 1 = BSGE 73, 204: Ausbildungszuschuss für Soldaten auf Zeit im Rahmen einer ergänzenden Fachausbildung nach §§ 4, 5 und 5a SVG ist eine gleichartige und deshalb vorrangige Leistung; BSG 22. 9. 1976 – 7 RAr 24/75 – SozR 4100 § 37 Nr. 2 = BSGE 42, 203: Übergangsbeihilfe für Soldaten auf Zeit – unabhängig von der Teilnahme an einer beruflichen Bildungsmaßnahme – und Ausbildungszuschuss sind dem Zweck nach nicht gleichartig). 3

Der andere Träger muss zur Erbringung der Leistung gesetzlich verpflichtet sein. Die gesetzliche Pflicht kann sich nur aus Gesetzen im formellen und materiellen Sinn ergeben, in denen ein entsprechender Anspruch des Bürgers geregelt ist, ggf. mit entsprechender auf der Grundlage des Gesetzes erlassener **Satzung oder Rechtsverordnung**. Interne Anweisungen und Verwaltungsvorschriften sind nicht ausreichend. Die „Pflicht" zur Erbringung der Leistung ist bei **Ermessensleistungen** nicht gegeben. § 22 Abs. 1 meint mit der gesetzlichen Verpflichtung nur die bereits generell-abstrakt von 4 vornherein unbedingt statuierte Leistung (Eicher/Schlegel SGB III, Estelmann/Eicher § 22 Rn. 31). Damit greift der Nachrang selbst in Fällen nicht, in denen das Ermessen ausnahmsweise auf Null reduziert ist, oder wenn unbedingte Leistungspflicht zwar dem Grunde nach besteht, Art und Umfang der Leistung jedoch im Ermessen des Trägers zu konkretisieren sind.

5   Für den Eintritt des Nachrangs ist das Bestehen des **Anspruchs** ausreichend. Die Realisierung dieses Anspruchs ist nicht erforderlich. Ist der Anspruch auf eine gleichartige Leistung im Sinne des § 22 Abs. 1 gegenüber einem anderen Träger allein aus Gründen ausgeschlossen, die der Antragsteller zu verantworten hat, zB verspätete Antragstellung (BSG 11. 11. 1993 – 7 RAr 8/93 – SozR 3–4100 § 37 Nr. 1 für einen Förderanspruch, der nicht realisiert werden konnte, weil der erforderliche Antrag zu spät gestellt wurde), bleibt der Nachrang bestehen. Die gesetzlich vorgegebene Zuständigkeit könnte andernfalls durch den Leistungsempfänger umgangen werden.

6   Der Nachrang ist umfassend. Eine **Aufstockung** anderweitig bestehender Leistungsansprüche durch Mittel der BA soll hierdurch ausgeschlossen werden (vgl. BT-Drs. 12/5502 S. 29).

7   § 22 Abs. 1 kommt bei Leistungen im Rahmen der beruflichen Eingliederungsmaßnahmen für ehemalige Zeitsoldaten (§§ 4 ff. SVG) und Leistungen des **sozialen Entschädigungsrechts** (§ 27 BVG iVm. der einschlägigen DVO und §§ 4, 5 HHG, § 51 BSeuchG, § 1 OEG, § 80 SVG, § 6 BGSG oder § 47 ZDG) zur Anwendung.

B. § 22 Absatz 2

8   § 22 Abs. 2 S. 1 erweitert den Nachranggrundsatz speziell für Leistungen zur Teilhabe behinderter Menschen am Arbeitsleben dahin, dass der Nachrang schon eintritt, sobald ein anderer **Rehabilitationsträger** zuständig ist. Eine gesetzliche Leistungspflicht ist nicht erforderlich. Von dieser Grundregel macht § 22 Abs. 2 S. 2 eine Ausnahme bei Zuschüssen für **Schwerbehinderte** nach §§ 219, 235a (Rn. 12).

9   § 22 Abs. 2 S. 1 erfasst die allgemeinen (§ 100) und besonderen Leistungen (§ 103) zur Teilhabe am Arbeitsleben als Leistungen an Arbeitnehmer (§ 3 Abs. 1 Nr. 7). Daneben gehören zum **Regelungsbereich** der Vorschrift auch Leistungen an Arbeitgeber zur Unterstützung der Teilhabe behinderter Menschen am Arbeitsleben (§ 3 Abs. 2 Nr. 2), zB Eingliederungszuschüsse (§§ 218 Abs. 2, 219), Einstellungszuschüsse bei Neugründungen (§ 226 Abs. 1 Nr. 1 d), Zuschüsse für Arbeitshilfen (§ 237) und Erstattung von Kosten zur Probebeschäftigung (§ 238). Ferner umfasst die Vorschrift Leistungen an Träger, die der beruflichen Rehabilitation behinderter Menschen dienen, zB Einrichtungen der beruflichen Rehabilitation (§ 248).

10   Wer **anderer Reha-Träger** sein kann, regelt § 6 Abs. 1 iVm. § 5 SGB IX. Da § 22 Abs. 2 S. 1 Leistungen zur Teilhabe am Arbeitsleben erfasst (§ 5 Nr. 2 SGB IX), kommen neben der Bundesagentur (nach § 6a S. 1 SGB IX auch Reha-Träger für behinderte erwerbsfähige Hilfebedürftige iSd. SGB II) die Träger der gesetzlichen Unfallversicherung (Leistungen nach § 5 Nr. 1–4 SGB IX), die Träger der gesetzlichen Rentenversicherung (Leistungen nach § 5 Nr. 1–3 SGB IX), die Träger der Kriegsopferversorgung und die Träger der Kriegsopferfürsorge im Rahmen des Rechts der sozialen Entschädigung bei Gesundheitsschäden (Leistungen nach § 5 Nr. 1–4 SGB IX) und die Träger der öffentlichen Jugendhilfe (Leistungen nach § 5 Nr. 1, 2 und 4 SGB IX) in Betracht. Die Träger der Sozialhilfe (Leistungen nach § 5 Nr. 1, 2 und 4 SGB IX) erbringen zwar ebenfalls Leistungen zur Teilhabe am Arbeitsleben, hier gilt jedoch wiederum der Nachrang nach § 2 Abs. 1 SGB XII. Privatrechtliche Träger unterfallen nicht § 22.

11   § 22 Abs. 2 S. 1 stellt auf die Zuständigkeit ab. Damit ist nicht die Pflicht zur Erbringung der Leistung gemeint, sondern die **Zuständigkeit** für die Erbringung der Leistung überhaupt (BSG 15. 3. 1979 – 11 RA 36/78 – SozR 2200 § 1236 Nr. 15 = BSGE 48, 92; BSG 15. 11. 1979 – 11 RA 22/79 – SozR 4100 § 57 Nr. 9 und BSG 21. 5. 1980 – 7 RAr 19/79 – SozR 4100 § 57 Nr. 11; BSG 29. 3. 1990 – 4 RA 54/89 – SozR 3–2200 § 1236 Nr. 1 zur Vorgängernorm § 57 Abs. 1 AFG). Inwieweit die Zuständigkeit eines anderen Reha-Trägers gegeben ist, richtet sich nach den jeweils für diesen Reha-Träger geltenden materiellrechtlichen Normen und dem dort bestimmten Personenkreis. Derartige personenbezogene Merkmale können besondere persönliche Voraussetzungen (§ 10 SGB VI) oder die Ursache einer Behinderung (§ 7 iVm. § 35 SGB VII, soziales Entschädigungsrecht) sein. Nach § 6a S. 1 SGB IX ist zwar die BA für behinderte erwerbsfähige Hilfebedürftige iSd. SGB II Reha-Träger für die Leistungen zur Teilhabe am Arbeitsleben, die Zuständigkeit nach § 16 Abs. 1 SGB II bleibt hiervon jedoch nach Satz 2 unberührt, § 22 Abs. 2 ist mithin anwendbar. Wenn die Zuständigkeit noch nicht feststeht, gilt im Interesse der behinderten und auf Reha-Leistungen angewiesenen Menschen § 14 SGB IX, wonach der **zuerst angegangene Rehabilitationsträger** die Leistungen zu erbringen hat, es sei denn er kann kurzfristig eine anderweitige Zuständigkeit klären. Eine nach § 14 SGB IX begründete Zuständigkeit ist endgültig (BSG 29. 9. 2009 – B 8 SO 19/08 R – SozR 4–3500 § 54 Nr. 6 Rn. 12 mwN).

12   Der Grundsatz des Nachranges des § 22 Abs. 2 S. 1 gilt nach den Sätzen 2 und 3 nicht für den Eingliederungszuschuss für **besonders betroffene schwerbehinderte Menschen** nach § 219 und den Zuschuss zur Ausbildungsvergütung schwerbehinderter Menschen nach § 235a. Leistungen kön-

nen hiernach auch erbracht werden, wenn ein anderer Reha-Träger zur Erbringung gleichartiger Leistungen verpflichtet ist oder, ohne gesetzlich dazu verpflichtet zu sein, gleichartige Leistungen erbringt. Damit kommt auch eine **Aufstockung** in Betracht. Nach Satz 3 sind die Leistungen anderer Träger anzurechnen, dh. die Leistung der BA ist in der Höhe der Differenz zwischen der an sich zu erbringenden Leistung und der von anderen Trägern erbrachten Leistung zu gewähren.

C. § 22 Absatz 3

§ 22 Abs. 3 ermöglicht Leistungen zur Förderung der Berufsausbildung bzw. der beruflichen Weiterbildung von **Strafgefangenen,** die der Sicherung des Lebensunterhaltes dienen. Zweck ist die Unterstützung der **Resozialisierung.** Der Strafgefangene soll nicht dadurch, dass er wegen der Aus- oder Weiterbildung finanziell schlechter gestellt wäre als bei Wahrnehmung seiner Arbeitspflicht (§ 43 StVollzG), von einer Qualifizierung abgehalten werden. Die Leistungen nach § 22 Abs. 3 gehen, soweit sie der Sicherung des Lebensunterhalts dienen, in Abweichung von § 22 Abs 1, der einen Nachrang der Leistungen der aktiven Arbeitsförderung gegenüber Leistungen anderer Leistungsträger oder anderer öffentlich-rechtlicher Stellen zur Erbringung gleichartiger Leistungen vorsieht, der Ausbildungsbeihilfe nach § 44 StVollzG vor (Satz 1). Da die Leistungen für Gefangene die Höhe der Ausbildungsbeihilfe nach § 44 StVollzG nicht übersteigen dürfen (Satz 2), bestimmt sich diese nach § 43 Abs. 2 iVm. § 200 StVollzG iVm. § 18 SGB IV.

§ 22 Abs 3 belässt die Kompetenz über die Bewilligung der Leistung nicht bei der BA. Die Bewilligung und Zahlung von Unterhaltsgeld an Strafgefangene, denen auch ein nachrangiger Anspruch auf Ausbildungsbeihilfe nach dem StVollzG zusteht, erfolgt vielmehr durch das Land. Das Land handelt insoweit gegenüber der BA im Rahmen eines gesetzlichen Auftragsverhältnisses. Die BA übermittelt (nur) im Rahmen eines im Gerichtsverfahren voll überprüfbaren Verwaltungsinternums dem Land gegenüber eine Förderzusage und erstattet diesem die gezahlten Leistungen (BSG 21. 7. 2009 – B 7 AL 49/07 R – BSGE 104, 76 = SozR 4–4300 § 22 Nr 2).

D. § 22 Absatz 4

Nach § 22 Abs. 4 S. 1 besteht ein grundsätzlicher **Leistungsausschluss** für erwerbsfähige Hilfebedürftige (Erwerbsfähigkeit: § 7 Abs. 1 S. 1 Nr. 1–4, §§ 8, 44a, 45 SGB II; Hilfebedürftigkeit: §§ 9, 11, 12 SGB II). Dies gilt auch im Falle einer mit der Arbeitsagentur geschlossenen Eingliederungsvereinbarung, gleichgültig ob diese als öffentlich-rechtlicher Vertrag oder als vertragsähnliches Konstrukt ohne eigenständige verbindliche Außenwirkung zu qualifizieren ist (LSG Berlin-Brandenburg, 12. 11. 2008 – L 8 B 338/08 AL ER). Maßgeblich für den Leistungsausschluss ist allein die Leistungsberechtigung, nicht der Leistungsbezug (Sächsisches LSG 8. 10. 2009 – L 3 AS 288/08). Ggf. sind durch die BA eigene Feststellungen hierzu zu treffen. Ausgeschlossen sind die im Einzelnen abschließend aufgeführten Leistungen. Ziel der Vorschrift ist eine klare Zuständigkeitsregelung. Für **erwerbsfähige Hilfebedürftige** ist § 16 Abs. 1 SGB II Anspruchsgrundlage, beim Wegfall der Hilfebedürftigkeit, zB während einer Eingliederungsmaßnahme, kann nach § 16 Abs. 4 SGB II die Maßnahme durch Darlehen weiter gefördert werden, wenn dies wirtschaftlich und mit Blick auf eine Eingliederung Erfolg versprechend erscheint. Damit ist für den Leistungsausschluss nach § 22 Abs. 4 S. 1 die Hilfebedürftigkeit zu **Beginn der Maßnahme** entscheidend. Leistungen iSd. § 10 sind nicht ausdrücklich aufgeführt und unterfallen damit auch nicht dem Leistungsausschluss.

Erwerbsfähige Hilfebedürftige, die auch Anspruch auf Alg nach dem SGB III haben **(,,Aufstocker"),** behalten nach § 22 Abs. 4 S. 5 die Ansprüche auf Pflichtleistungen nach dem SGB III. Hier kann es zu Doppelzuständigkeiten kommen (etwa Vermittlungsangebot, § 35).

§ 22 Abs. 4 S. 2 durchbricht den Grundsatz des Leistungsausschlusses nach Satz 1 für die **Ausbildungs- und Arbeitsvermittlung** iSd. § 35. Besondere Dienststellen (§ 367 Abs. 2 S. 2, hierzu gehört die Zentralstelle für Arbeitsvermittlung – ZAV –) oder zusätzliche Vermittlungsdienstleistungen, die agenturübergreifend angeboten werden, sind nach der Gesetzesbegründung zB Fachvermittlungseinrichtungen wie die Zentrale Heuerstelle in Hamburg, die Fachvermittlungen für Hotel- und Gaststättenpersonal oder für landwirtschaftliche Fachkräfte (BT-Drs. 16/1410 S. 32).

§ 22 Abs. 4 S. 3 regelt die Leistungserbringung der BA im Auftrag des SGB-II-Trägers entsprechend §§ 88–92 SGB X. Eine Beauftragung zur Ausbildungsvermittlung darf die BA nur aus wichtigem Grund ablehnen (§ 22 Abs. 4 S. 4). Die Beauftragung führt nicht zu einem Zuständigkeitswechsel (§ 89 SGB X).

§ 23 Vorleistungspflicht der Arbeitsförderung

(1) **Solange und soweit eine vorrangige Stelle Leistungen nicht gewährt, sind Leistungen der aktiven Arbeitsförderung so zu erbringen, als wenn die Verpflichtung dieser Stelle nicht bestünde.**

(2) ¹Hat die Agentur für Arbeit für eine andere öffentlich-rechtliche Stelle vorgeleistet, ist die zur Leistung verpflichtete öffentlich-rechtliche Stelle der Bundesagentur erstattungspflichtig. ²Für diese Erstattungsansprüche gelten die Vorschriften des Zehnten Buches über die Erstattungsansprüche der Sozialleistungsträger untereinander entsprechend.

Zweites Kapitel. Versicherungspflicht

Erster Abschnitt. Beschäftigte, Sonstige Versicherungspflichtige

§ 24 Versicherungspflichtverhältnis

(1) In einem Versicherungspflichtverhältnis stehen Personen, die als Beschäftigte oder aus sonstigen Gründen versicherungspflichtig sind.

(2) Das Versicherungspflichtverhältnis beginnt für Beschäftigte mit dem Tag des Eintritts in das Beschäftigungsverhältnis oder mit dem Tag nach dem Erlöschen der Versicherungsfreiheit, für die sonstigen Versicherungspflichtigen mit dem Tag, an dem erstmals die Voraussetzungen für die Versicherungspflicht erfüllt sind.

(3) Das Versicherungspflichtverhältnis für Beschäftigte besteht während eines Arbeitsausfalls mit Entgeltausfall im Sinne der Vorschriften über das Kurzarbeitergeld fort.

(4) Das Versicherungspflichtverhältnis endet für Beschäftigte mit dem Tag des Ausscheidens aus dem Beschäftigungsverhältnis oder mit dem Tag vor Eintritt der Versicherungsfreiheit, für die sonstigen Versicherungspflichtigen mit dem Tag, an dem die Voraussetzungen für die Versicherungspflicht letztmals erfüllt waren.

A. Begriff und Voraussetzungen des Versicherungspflichtverhältnisses (Abs. 1)

1   Der von § 24 vorausgesetzte Begriff des Versicherungspflichtverhältnisses kennzeichnet – an die fiktive Eigenschaft der Bundesagentur als Versicherungsträger (§ 1 Abs. 1 S. 3 SGB IV) angepasst – einen **Status der Zugehörigkeit und Leistungsberechtigung**. Er ähnelt insofern der Mitgliedschaft und unterliegt vergleichbaren Regelungen. Das Versicherungspflichtverhältnis ist seinerseits (ebenfalls öffentlichrechtliche und unmittelbar kraft Gesetzes eintretende) Rechtsfolge des Vorliegens von Versicherungspflicht und repräsentiert den Inbegriff der Rechtsbeziehungen zwischen Versicherungspflichtigen und der BA. Systematisch müsste § 24 den Regelungen der Versicherungspflicht daher nachfolgen, an die er getrennt nach Beschäftigten (§ 25) u. sonstigen Versicherungspflichtigen (§ 26) tatbestandlich anknüpft.

B. Beginn (Abs. 2)

2   **S. 1 Regelung 1** entspricht für versicherungspflichtige Beschäftigte (§ 25 Abs. 1) der krankenversicherungsrechtlichen Bestimmung über den Beginn der Mitgliedschaft (§ 186 Abs. 1 SGB V), die ebenfalls zum 1. 1. 1998 in Kraft getretenen ist. Auch das Versicherungspflichtverhältnis in der AlV beginnt hiernach mit dem Tag des **Eintritts in das Beschäftigungsverhältnis** am Tag des (arbeits-)vertraglich vereinbarten Beginns der Rechtsbeziehungen. § 24 Abs. 2 Regelung 1 und § 186 Abs. 1 SGB V setzen über ihren jeweiligen unmittelbaren Regelungsinhalt hinaus Beschäftigung/Versicherungspflicht in einem ihnen gemäßen Sinne voraus und bestimmen damit umgekehrt auch deren Voraussetzungen. Über die gleichzeitig geregelten Fälle des § 7 Abs. 1a SGB IV hinaus gilt damit allgemein, dass für Vorliegen und Beginn einer Beschäftigung auch eine Konkretisierung vertraglicher Beziehungen unterhalb der tatsächlichen Arbeitsaufnahme als unverändert typischer Erfüllungshandlung (s. näher § 7 SGB IV Rn 27) genügt (offen gelassen in BSG v. 16. 2. 2005, B 1 KR 8/04 R, SozR 4–2500 § 44 Nr. 4; vgl. auch §§ 27 ff. zu § 7 SGB IV). Wie 186 Abs. 1 SGB V bietet auch § 24 Abs. 2 Regelung 1 SGB III hinreichend deutlich und bestätigt durch die sog. Materialien nunmehr eine gesetzliche Lösung für alle Fallgestaltungen, in denen das Vorliegen einer Beschäftigung bisher mangels tatsächlicher Arbeitsaufnahme fraglich sein konnte (s. im Einzelnen § 7 SGB IV Rn. 29). Grundsätzlich genügt daher bei fortbestehender ernsthafter Orientierung des Arbeitnehmers an den getroffenen Vereinbarungen der einverständlich festgelegte **Beginn des Arbeitsverhältnisses** (vgl. zur grundsätzlichen Deckungsgleichheit von Arbeits- und Beschäftigungsverhältnis etwa BSG v. 28. 9. 1993, 11 RAr 69/92, SozR 3–4100 § 101 Nr. 5 mwN).

3   **S. 1 Regelung 2** wendet sich dem **Sonderfall** zu, dass ein Versicherungsfreiheit begründender Sachverhalt entfällt oder für Tatbestände der in Frage stehenden Art Versicherungsfreiheit generell

nicht mehr vorgesehen ist. Die schon bisher latent bestehende Versicherungspflicht „dem Grunde nach" entsteht dann unmittelbar qua lege und begründet mit dem Tag nach dem „Erlöschen der Versicherungsfreiheit" ein Versicherungspflichtverhältnis.

Nach S. 1 Regelung 3 gilt schließlich auch für alle sonstigen Versicherungspflichtigen (§ 26), dass 4 ihr Versicherungspflichtverhältnis mit dem Tag beginnt, an dem erstmals die Voraussetzungen der Versicherungspflicht erfüllt sind. Soweit auf Grund der spezialgesetzlichen Regelungen in § 7 a Abs. 6 S. 1, § 8 Abs. 2 S. 3 SGB IV Versicherungspflicht ausnahmsweise erst mit der Bekanntgabe einer entsprechenden Entscheidung eintritt, geht dies auch in der Arbeitslosenversicherung den allgemeinen Bestimmungen vor.

C. Fortdauer (Abs. 3)

Das Versicherungspflichtverhältnis für Beschäftigte besteht während eines Arbeitsausfalls mit Entgeltausfall im Sinne der Vorschriften über das Kurzarbeitergeld fort (Abs. 3 in der am 1. 4. 2006 in Kraft getretenen Fassung des Gesetzes zur Förderung der ganzjährigen Beschäftigung vom 24. 4. 2006, BGBl. I 926). Die Vorschrift fingiert für Beschäftigte ein Versicherungspflichtverhältnis iSv. Abs. 1 unabhängig von der hierfür sonst erforderlichen Voraussetzung. Auf diese Weise soll zum Schutz der Betroffenen Zweifeln am Vorliegen einer das Versicherungspflichtverhältnis begründenden Beschäftigung in entsprechenden Zeiträumen ohne weitere Prüfung von deren Voraussetzungen begegnet werden. Tatbestandlich knüpft diese **Fiktion** weder an die vollständige Erfüllung der Voraussetzungen für Kurzarbeitergeld (§ 169, § 175 Abs. 1), noch an das Bestehen eines Anspruchs hierauf noch an die Erfüllung eines derartigen Anspruchs an. Es genügt vielmehr ein erheblicher **Arbeitsausfall** iS der § 175 Abs. 1 Nr. 2, Abs. 5, § 169 S. 1 Nr. 1, § 170 mit **Entgeltausfall**. Die Bindungswirkung von Verwaltungsakten über die Bewilligung von Kurzarbeitergeld, die lediglich das (Nicht-)Bestehen von Rechten und Ansprüchen auf diese Leistung feststellen, erstreckt sich wie vorne herein nicht auch auf deren Voraussetzungen. Derartigen Regelungen kann daher hinsichtlich des Fortbestehens eines Versicherungspflichtverhältnisses auf der Grundlage von Arbeitsausfall mit Entgeltausfall weder Tatbestandswirkung noch (mangels einer entsprechenden gesetzlichen Anordnung) Feststellungswirkung zukommen (vgl. zur Unterscheidung BSG v. 19. 3. 1998, B 7 AL 86/96 R, SozR 3–4100 Nr. 29).

Abs. 3 regelt die statusrechtlichen Folgen eines Arbeitsausfalls mit Entgeltausfall im Zusammenhang 6 des Bezuges von Kurzarbeitergeld für das SGB III **thematisch abschließend**. Außerhalb dieses Zusammenhangs ist das Fortbestehen eines Versicherungspflichtverhältnisses zudem mittelbar auch überall dort gewährleistet, wo nach ausdrücklicher gesetzlicher Anordnung (vgl. § 7 Abs. 1 a, 3) oder einschlägigem Richterrecht eine entgeltliche Beschäftigung im Rechtssinne auch ohne tatsächliche Erbringung von Arbeit bzw. ohne Erwerb von Ansprüchen auf Entgelt vorliegt (vgl. insbesondere Rn. 25 ff., 54 ff., 75 ff. zu § 7 SGB IV).

D. Ende (Abs. 4)

Abs. 4 regelt das Ende des Versicherungspflichtverhältnisses spiegelbildlich zu dessen Beginn in 7 Abs. 2 und sachlich ebenfalls in Übereinstimmung mit den Regelungen über das Ende der Mitgliedschaft in der **gKV**. Bei Beschäftigten endet daher nach S. 1 das Versicherungspflichtverhältnis mit dem Tag der Beendigung der Vertragsbeziehungen („Ausscheiden aus dem Beschäftigungsverhältnis", vgl. auch § 190 Abs. 2 SGB V) oder mit dem Tag vor Eintritt der Versicherungsfreiheit (§ 27). Bei sonstigen Versicherungspflichtigen endet das Versicherungspflichtverhältnis nach S. 2 mit dem Tag, an dem die Voraussetzungen für die Versicherungspflicht letztmals erfüllt waren.

§ 25 Beschäftigte

(1) ¹**Versicherungspflichtig sind Personen, die gegen Arbeitsentgelt oder zu ihrer Berufsausbildung beschäftigt (versicherungspflichtige Beschäftigung) sind.** ²**Auszubildende, die im Rahmen eines Berufsausbildungsvertrages nach dem Berufsbildungsgesetz in einer außerbetrieblichen Einrichtung ausgebildet werden, stehen den Beschäftigten zur Berufsausbildung im Sinne des Satzes 1 gleich.**

(2) ¹**Bei Wehrdienstleistenden und Zivildienstleistenden, denen nach gesetzlichen Vorschriften für die Zeit ihres Dienstes Arbeitsentgelt weiterzugewähren ist, gilt das Beschäftigungsverhältnis durch den Wehrdienst oder Zivildienst als nicht unterbrochen.** ²**Personen, die nach dem Vierten Abschnitt des Soldatengesetzes Wehrdienst leisten, sind in dieser Beschäftigung nicht nach Absatz 1 versicherungspflichtig; sie gelten als Wehrdienst Leistende im Sinne des § 26 Abs. 1 Nr. 2.** ³**Die Sätze 1 und 2 gelten auch für Personen in einem Wehrdienstverhältnis besonderer Art nach § 6 des Einsatz-Weiterverwendungs-**

gesetzes, wenn sie den Einsatzunfall in einem Versicherungspflichtverhältnis erlitten haben.

A. Versicherungspflicht von Beschäftigten

1 Abs. 1 S. 1 Regelung 1 enthält eine Regelung des **Grundtatbestands** der Versicherungspflicht (früher „Beitragspflicht") entgeltlich Beschäftigter. Eine abschließende Aussage über das Vorliegen von Versicherungspflicht und damit gleichzeitig der Rechtsfolge, an die § 24 Abs. 1 Regelung tatbestandlich als Grundlage eines Versicherungspflichtverhältnisses anknüpft, kommt allerdings erst nach Anwendung insbesondere auch der Bestimmungen über die Versicherungsfreiheit (§§ 27, 28) in Betracht. Ein verzögerter Eintritt von Versicherungspflicht kann sich außerdem nach Maßgabe von § 7 a Abs. 6 S. 1 SGB IV nach Durchführung eines Anfrageverfahrens durch die deutsche Rentenversicherung Bund ergeben, obwohl sich aus der Sicht der Arbeitslosenversicherung nicht ohne Weiters erschließt, warum das Gesetz betroffene Beschäftigte zunächst zwangsweise in das System einbezieht, sie dann aber ohne anderweitigen Ausgleich und in Abhängigkeit allein von ihrem eigenen Willensentschluss schutzlos lässt. Ebenso tritt bei Zusammenrechnung jeweils (entgelt- oder zeit-)geringfügiger Beschäftigungen nach § 8 Abs. 2 S. 1 SGB IV Versicherungspflicht ggf. erst mit dem Tage der Bekanntgabe der Feststellung durch die Einzugsstelle oder einen Träger der Rentenversicherung ein (§ 8 Abs. 2 S. 3 SGB IV).

2 Der Sachverhalt der Beschäftigung wird in Abs. 1 Regelung 1 ohne eigenständige Umschreibung für den Anwendungsbereich des SGB III vorausgesetzt und ergibt sich aus dem gemäß § 1 S. 2 SGB IV auch für die Arbeitsförderung anwendbaren **§ 7 SGB IV** (vgl. BSG v. 10. 5. 2007, B 7 a AL 8/06 R, USK 2007-53). Auf die dortigen Ausführungen kann daher im Wesentlichen Bezug genommen werden. Das SGB III passt sich durch die Verwendung von „Beschäftigung" an Stelle von „Beschäftigungsverhältnis" jedenfalls insofern auch zutreffend an den Sprachgebrauch von § 7 SGB IV an, wo „Beschäftigung" den durch den Vollzug eines auf Erbringung von Arbeit in persönlicher Abhängigkeit gerichteten Rechtsverhältnisses bezeichnet. Auf diese Weise wird insbesondere deutlich, dass es sich bei der Beschäftigung um einen öffentlichrechtlichen Anknüpfungssachverhalt für die Zwecke der Sozialversicherung handelt und nicht etwa ein weiteres zwei- oder gar dreiseitiges Rechtsverhältnis („Beschäftigungsverhältnis") im Raum steht (vgl. Rn. 3 ff., 10 f. zu § 7 SGB IV).

3 **Versicherungspflicht** ist eine grundsätzlich unmittelbar kraft Gesetzes (allein mit Erfüllung der normativen Tatbestandsmerkmale) eintretende Rechtsfolge, die alle Betroffenen schon deshalb zu beachten haben. Die Einbeziehung in die Versicherung erfolgt auch im Recht der Arbeitsförderung nach Maßgabe einer typisierten Schutzbedürftigkeit ohne Rücksicht auf die individuellen Verhältnisse (BSG v. 29. 7. 2003, B 12 KR 15/02 R, SozR 4–4100 § 169 Nr. 1 mwN). Durch die stRspr des BVerfG ist geklärt, dass es im Spannungsverhältnis zwischen dem Schutz der Freiheit des Einzelnen und den Anforderungen einer sozialstaatlichen Ordnung weitgehend in der Gestaltungsfreiheit des Gesetzgebers liegt, ob er eine Pflichtversicherung begründen will und wen diese erfassen soll. Er war daher auch berechtigt, eine Form der sozialen Sicherung auszugestalten, die sich nicht ausschließlich am Versicherungsprinzip orientiert und auf Schadensverhütung beschränkt. Vielmehr durfte er sich für ein umfassendes Präventivkonzept entscheiden und hiernach den Kreis der Versicherungspflichtigen bestimmen (vgl. BVerfG v. 11. 3. 1980, 1 BvL 2076 ua., SozR 4100 § 168 Nr. 12). Die Versicherungspflicht nach dem **Recht der Arbeitsförderung** ist wegen der Besonderheiten des Systems nicht allein dann gerechtfertigt, wenn sie mit äquivalenten beitragsabhängigen Gegenleistungen der Bundesagentur verbunden ist. Die gemeinsame Interessenlage aller abhängig Beschäftigten, die in ihrer Versicherungspflicht zum Ausdruck kommt, berechtigt vielmehr grundsätzlich dazu, Arbeitnehmer auch dann der Versicherungspflicht zu unterwerfen, wenn ihnen einzelne beitragsabhängige Leistungen wie das Arbeitslosengeld regelmäßig nicht zu Gute kommen (vgl. BVerfG v. 3. 7. 1989, 1 BvR 1487/88, SozR 4100 § 168 Nr. 21 und BSG v. 29. 7. 2003, B 12 KR 15/02 R, SozR 4–4100 § 169 Nr. 1).

4 Aufgrund ihres Zustandekommens unmittelbar qua lege kann Versicherungspflicht durch Verwaltungsakt bzw. gerichtliches Urteil grundsätzlich nur (deklaratorisch) festgestellt und nicht etwa als Folge eines subjektiven Rechts (konstitutiv) zuerkannt werden. Für die Zeit seines Bestandes bestimmt ein derartiger feststellender **Verwaltungsakt** indessen mit Vorrang gegenüber der Gesetzeslage die Rechtsbeziehungen der Beteiligten (§ 77 SGG). Verwaltungsakte über das Bestehen von Versicherungspflicht nach dem Recht der Arbeitsförderung erlässt in der Beschäftigtenversicherung die grundsätzlich die Einzugsstelle (§ 28 h Abs. 1 S. 1 SGB IV). Die BA ist an die ihr bekannt gegebene Entscheidung jedenfalls beitragsrechtlich gebunden (noch offen gelassen in BSG v. 6. 2. 1992, 7 RAr 134/90, SozR 3–4100 § 104 Nr. 8). Ein Versicherungspflicht feststellender Verwaltungsakt der Krankenkasse steht daher für die Zeit seines Bestandes der Entstehung eines Anspruchs auf Erstattung zu Unrecht entrichteter Beiträge (§ 26 Abs. 2, 3 SGB IV) entgegen, so dass erst mit der Aufhebung auch der Zeitraum für die Verjährung beginnen kann (BSG v. 13. 9. 2006, B 12 AL 1/05 R, SozR 4–2400 § 27 Nr. 2).

Das **SGB III** verwendet den Begriff der Beschäftigung, teilweise auch noch des „Beschäftigungs- 5
verhältnisses" in einer Vielzahl von Kontexten (vgl. § 2 Abs. 3 Nr. 5, Abs. 5 Nr. 1, 2, 3, § 3 Abs. 1
Nr. 3, Abs. 3 Nr. 2, § 11 Abs. 2, S. 1 Nr. 5, § 15, § 16 Abs. 1, Nr. 1, 2, § 17 Nr. 2, 3, § 18 Abs. 2,
Nr. 5, § 35 Abs. 1 S. 1, § 38 Abs. 4 S. 1 Nr. 3, § 51 Nr. 2, 3; § 53 Abs. 1, 2, 3, § 54 Abs. 4, 5, 6,
§ 57 Abs. 2 Buchstabe b), § 63 Abs. 1 Nr. 4, § 74, § 77 Abs. 2 Nr. 1, § 85 Abs. 5, § 100 Nr. 3, § 101
Abs. 1, 2, § 119 Abs. 1 Nr. 1, Abs. 3 S. 1,vAbs. 5 Nr. 1, 2, § 120 Abs. 2 S. 2, Abs. 4 S. 3,§ 121
Abs. 1–5, § 122 Abs. 2 Nr. 2 § 130 Abs. 1, 2 S. 1 Nr. 1, 2, S. 2, § 131 Abs. 1, § 132 Abs. 2 S. 1,
§ 141 Abs. 1 S. 1, Abs. 2, 4 Nr. 2, § 142 Abs. 2 S. 1 Nr. 3 Buchstabe a), b), § 143a Abs. 2 S. 3,
Abs. 3, § 144 Abs. 1 S. 1 Nr. 1, 2, Abs. 4 S. 1 Nr. 1 Buchstabe b), Nr. 2 Buchstabe b), § 150 Abs. 2
Nr. 1, 4, 5 Buchstabe a), § 161 Abs. 2, § 172 Abs. 1 Nr. 1, Abs. 2, 3, § 176 Abs. 1, 2, § 179 Abs. 3,
§ 182 Abs. 4, § 183 Abs. 1 S. 4, § 216b Abs. 4 Nr. 2, Abs. 6 S. 3, 4, § 219 Abs. 3 S. 4, § 221 Abs. 1
Nr. 1, 2, Abs. 3 S. 1, 3, § 223 Abs. 2, 5 S. 1, § 225, § 226 Abs. 1 Nr. 1 Buchstabe b), § 230 S. 1, 2,
§ 240 Nr. 2, § 241 Abs. 3a S. 1, § 246a, § 260 Abs. 1 Nr. 1, § 261 Abs. 5 S. 1, § 263 Abs. 1 Nr. 1,
§ 267a Abs. 4, § 268 S. 2 Nr. 1, § 270a Abs. 1 S. 1, § 280, § 281 S. 1, § 284 Abs. 1, 2, 4, 7, § 287
Abs. 1, 2 S. 1 Nr. 2, 3, 5, § 288 Abs. 1 Nr. 4, Abs. 2, § 292, § 312 Abs. 1, § 313 Abs. 1 S. 1, § 315
Abs. 3, S. 3 394 Abs. 1 Nr. 5, 6, § 404 Abs. 2 Nr. 4, 20, § 405 Abs. 4, § 416a, § 421f. Nr. 1 Nr. 1,
§ 421g Abs. 1 S. 1, 3, Abs. 3 Nr. 2, § 421j Abs. 1 S. 1, 2, Abs. 2, 3 S. 1, Abs. 4 S. 1, 2, Abs. 5 Nr. 1,
3, § 421l Abs. 1 Nr. 1, § 421o Abs. 1 Nr. 1, § 421p Abs. 1, § 425, § 427 Abs. 2, 3, 3a Nr. 2, § 430
Abs. 2, § 434i S. 1, 2, § 434j Abs. 1, 2, 12 Nr. 2, § 434r Abs. 3, 4 Nr. 1). Ein gegenüber dem Verständnis im Rahmen des Deckungsverhältnisses abweichender Inhalt der Beschäftigung kann dabei
insbesondere in Betracht kommen, soweit es um besondere **leistungsrechtliche Funktionszusammenhänge** geht (vgl. § 1 Abs. 3 SGB IV und BSG v. 28. 9. 1993, 11 RAr 69/92, SozR 3–4100
§ 101 Nr. 5 mwN sowie v. 21. 3. 2007, B 11a AL 31/06 R, SozR 4–4300 § 118 Nr. 1). Dagegen
fehlt es an jeder Rechtfertigung für ein abweichendes Verständnis, wo das Leistungsrecht deckungsrechtlichen Sachverhalten als Tatbestandsvoraussetzung von Rechten und Ansprüchen Doppelrelevanz
verleiht. Dies gilt insbesondere, wo leistungsrechtlich auf das Bestehen eines Versicherungspflichtverhältnisses und dessen Dauer abgestellt wird (vgl. etwa § 123 S. 1, § 127 Abs. 1 S. 1 Nr. 1, Abs. 3,
§ 130 Abs. 1 S. 2, 141 Abs. 2, 3, § 147a Abs. 1 S. 1, § 161 Abs. 1 Nr. 1, 263 Abs. 2 Nr. 5). Im Blick
hierauf kann nicht mehr in Betracht kommen, etwa die Versicherungspflicht von Gesellschaftern/Geschäftsführern abweichend von der Rechtsprechung des 12. Senats des BSG (vgl. etwa BSG v.
25. 1. 2006, B 12 KR 30/04 R, USK 2006-8 und v. 24. 1. 2007, B 12 KR 31/06 R, SozR 4–2400
§ 7 Nr. 7) leistungsrechtlich eigenständig nach dem fehlenden tatsächlichen Gebrauchmachen von
einer zustehenden Rechtsmacht oder außerrechtlichen Metaphern wie „Herz und Seele des Betriebes" zu beurteilen.

Das **Leistungsrecht der Arbeitsförderung** ist grundsätzlich davon unabhängig, ob in der Ver- 6
gangenheit Versicherungspflicht zutreffend beurteilt und Beiträge tatsächlich abgeführt wurden. Dies
entspricht bei tatsächlich Versicherungspflichtigen dem Schutzzweck der Versicherung, der einem
Synallagma von Beitrag und Leistung entgegensteht und es genügen lässt, dass eine ihrer Art nach
Versicherungspflicht/Beitragspflicht begründende Beschäftigung ausgeübt wurde (vgl. BSG v. 6. 2.
1992, 7 RAr 134/90, SozR 3–4100 § 104 Nr. 8 mwN). Allerdings bewirken folgerichtig umgekehrt
auch die irrige Annahme von Versicherungspflicht und die hierauf gründende tatsächliche Beitragsentrichtung durch den „Arbeitgeber" keinen Versicherungsschutz. Das Recht der Arbeitsförderung
kennt seit der Streichung des § 115 AVAVG durch das Gesetz zur Änderung des AVAVG v. 12. 10.
1929 (RGBl I 153) keine sog. **Formalversicherung** mehr (vgl. BSG v. 6. 2. 1992, 7 RAr 134/90,
SozR 3–4100 § 104 Nr. 8 mwN und v. 29. 7. 2003, B 12 AL 1/02 R, SozR 4–200 § 27 Nr. 1).
Etwas anderes gilt nach stRspr des BSG auch dann nicht, wenn wiederholte Betriebsprüfungen nicht
zu Beanstandungen geführt haben (vgl. exemplarisch BSG v. 6. 2. 1992, 7 RAr 134/90, SozR 3–4100
§ 104 Nr. 8 mwN und v. 29. 7. 2003, B 12 AL 1/02 R, SozR 4–2400 § 27 Nr. 1), sodass ggf. über
lange Zeiträume hin unbeanstandet Beiträge entrichtet sein können, bevor Betroffene erstmals nach
einer aus Anlass eines Leistungsbegehrens durchgeführten Prüfung durch einen Träger der Verwaltung
von der wahren Rechtslage erfahren und eine Beitragserstattung grundsätzlich auch nicht begehrt werden kann, soweit noch keine Verjährung eingetreten ist (BSG v. 29. 7. 2003, B 12 AL 1/02 R, SozR
4–200 § 27 Nr. 1; vgl. zu den Belehrungspflichten der BA nach Ablehnung eines Leistungsantrages
wegen in der Vergangenheit zu Unrecht angenommener Versicherungspflicht BSG v. 12. 12. 2007, B
12 AL 1/06 R, SozR 4–2400 § 27 Nr. 3).

Insofern ändert nach stRspr auch nichts, dass ggf. die **Einzugsstelle** positiv oder negativ durch 7
Verwaltungsakt über die Versicherungspflicht entschieden hat (vgl. grundlegend BSG v. 6. 2. 1992,
7 RAr 134/90, SozR 3–4100 § 104 Nr. 8; zur zumindest teilweise abweichenden Verwaltungspraxis
der Bundesagentur s. unmittelbar nachfolgend). Dies ergibt sich hiernach noch ausgehend vom früher
an Stelle der Versicherungspflicht die Zugehörigkeit vermittelnden Status der „Beitragspflicht" aus der
fehlenden anspruchsbegründenden Wirkung der Beitragsentrichtung und im Übrigen daraus, dass
Leistungen wie etwa das Konkursausfallgeld nicht aus Mitteln der Arbeitslosenversicherung finanziert
würden. Ob dies noch aufrechterhalten werden kann, nachdem mit dem „Versicherungspflichtverhältnis" (§ 25) ein einheitlicher Status der Zugehörigkeit geschaffen ist, die Bundesagentur ohne Dif-

ferenzierung nach Aufgabenbereichen (fiktiv) als Versicherungsträger zu behandeln ist (§ 1 Abs. 1 S. 3 SGB IV) und die Einzugsstelle Entscheidungen über „die Versicherungspflicht und Beitragshöhe" auch nach dem (gesamten) „Recht der Arbeitsförderung" trifft (§ 28h Abs. 2 S. 1 SGB IV), könnte fraglich sein. Mit einer „Formalversicherung" (so noch BSG v. 6. 2. 1992, 7 RAr 134/90, SozR 3‑4100 § 104 Nr. 8) haben weder die verbindliche (§ 77 SGG) Feststellung von Versicherungspflicht noch die nach Feststellung der Beitragshöhe gerade nicht nur faktische, sondern rechtlich verpflichtende Feststellung der Beitragshöhe etwas zu tun. Dass Verwaltungsakte im Rahmen ua von § 44 SGB X (durch den hierzu ermächtigten Träger der Verwaltung!) wieder aufgehoben werden können, nimmt ihnen für die Zeit des Bestandes nicht die Verbindlichkeit als Staatsakt. Ebenso fehlt es an einem § 77 SGG derogierenden (übergesetzlichen?) Prinzip der „materiellen Gerechtigkeit" (so aber etwa BSG v. 9. 2. 1995, 7 RAr 76/94, USK 9519).

8   § 336 sieht schließlich eine **leistungsrechtliche Bindung** an die von der Deutschen Rentenversicherung Bund im Verfahren nach § 7a Abs. 1 SGB IV durch Verwaltungsakt getroffene Feststellung von Versicherungspflicht für die Zeiten vor, für die der die Versicherungspflicht feststellende Verwaltungsakt wirksam ist (vgl. zum zulässigen Inhalt der Feststellung nach § 7a SGB IV dort insbesondere Rn. 2 ff., zur Bindung insofern außerdem die „Bindungsregelung/Arbeitslosenversicherung" der Spitzenverbände v. 11. 11. 2004 unter 5). Der Vorschrift kann nicht entnommen werden, dass hiermit die Frage der leistungsrechtlichen Bindung von Entscheidungen über die Versicherungspflicht auf den Anwendungsbereich von § 7a Abs. 1 SGB IV beschränkt werden sollte. Andernfalls läge eine im Blick auf Art. 3 Abs. 1 GG nicht gerechtfertigte leistungsrechtliche Ungleichbehandlung derjenigen vor, die etwa wegen eines bereits eingeleiteten Verfahrens der Einzugsstelle oder eines anderen Versicherungsträgers (insbesondere des prüfenden Rentenversicherungsträgers nach § 28p S. 5 SGB IV) eine Feststellung im dann ausgeschlossenen Verfahren nach § 7a SGB IV nicht erlangen können. Die „Spitzenverbände" sind außerdem ausweislich der Niederschrift über ihre Besprechung am 17./18. 3. 2005 (Punkt 2, S. 7) zu der Auffassung gelangt, dass für sog. Bestandsfälle („Sachverhaltskonstellationen, in denen bereits seit längerer Zeit – teils seit Jahren – ein Beschäftigungsverhältnis im Sinne der Sozialversicherung angenommen wird"), ein Verfahren nach § 7a Abs. 1 S. 2 SGB IV nicht in Betracht kommt und hier die Zuständigkeit der Einzugsstelle gegeben sei. Wörtlich heißt es dort anschließend: „Die Bundesagentur für Arbeit sagt jedoch zu, die Entscheidung der Einzugsstelle – bei unveränderter Sachlage – im Leistungsfall zu akzeptieren. Die Einzugsstelle braucht der Agentur für Arbeit ihren Feststellungsbescheid allerdings nicht zu übersenden; er ist der Agentur für Arbeit im Leistungsfall vorzulegen." In der „Bindungsregelung/Arbeitslosenversicherung" der Spitzenverbände v. 11. 11. 2004 hat sich die Bundesagentur (unter 5.) außerdem ebenfalls für gebunden erklärt a) Entscheidungen der Krankenkassen über das Vorliegen einer versicherungspflichtigen Beschäftigung eines Ehegatten oder Lebenspartners des Arbeitgebers in den unter 3.2.1 aaO genannten Fällen und b) Entscheidungen über das Vorliegen eines versicherungspflichtigen Beschäftigungsverhältnisses durch einen Träger der Rentenversicherung im Rahmen einer Betriebsprüfung nach § 28p SGB IV.

9   **Abs. 1 S. 1 Regelung 2** entspricht hinsichtlich der zu ihrer Berufsausbildung Beschäftigten § 5 Abs. 1 Nr. 1 SGB V. Der Wortlaut von Abs. 1 S. 2 ist identisch mit demjenigen des § 5 Abs. 4a S. 1 SGB V. Mit der Regelung sollte klargestellt werden, dass Betroffene, deren außerbetriebliche Berufsbildung mit öffentlichen Mitteln gefördert wird, wie bei einer betrieblichen Berufsausbildung zu schützen sind (vgl. BSG v. 10. 5. 2007, B 7a AL 8/06 R, USK 2007-53).

B. Wehrdienstleistende (Abs. 2)

10   Abs. 2 wird nur vor dem Hintergrund von **§ 26 Abs. 1 Nr. 2** verständlich. Hiernach sind Personen, die nach Maßgabe des Wehrpflichtgesetzes oder des Zivildienstgesetzes Wehrdienst oder Zivildienst leisten und während dieser Zeit nicht als Beschäftigte versicherungspflichtig sind, (seit 1. 2. 2006) ohne „Vorversicherung" als Beschäftigte grundsätzlich aufgrund eines eigenständigen Tatbestandes versicherungspflichtig. Die Versicherung Wehr- und Zivildienstleistender nach S. 1 im Rahmen der Beschäftigtenversicherung stellt dem gegenüber die Ausnahme dar.

11   **S. 1** stellt den fortdauernden Versicherungsschutz nach dem WehrPflG wehrpflichtiger (§§ 1, 3 WehrPflG) Wehr- und Zivildienstleistender mittelbar durch **Fiktion** des Tatbestandsmerkmals einer fortdauernden Beschäftigung („Beschäftigungsverhältnisses") sicher, wenn die Betreffenden während der Dienstleistung weiterhin Arbeitsentgelt erhalten. Ein Dienstverhältnis als Soldat auf Zeit oder als Berufssoldat erfüllt damit von vorne herein nicht die Merkmale einer Versicherungspflicht begründenden Beschäftigung (vgl. BSG v. 10. 5. 1979, 7 RAr 37/78, AuB 1980, 89 und v. 5. 12. 1978, 7 RAr 50/77 m DBlR 2426 a, AFG/§ 46). Dasselbe gilt seit dem 1. 7. 2011 generell für Personen, die Freiwilligen Wehrdienst nach dem 7. Abschnitt des WehrpflichtG (eingefügt durch Art. 1 des Wehrrechtsänderungsgesetzes v. 28. 4. 2011 (BGBl. I 678) leisten. Auf sie finden durchgehend diejenigen Regelungen Anwendung, die an die Ableistung des Grundwehrdienstes (§ 5 WehrdienstG) oder des freiwilligen zusätzlichen Wehrdienstes im Anschluss an den Grundwehrdienst (§ 6b WehrdienstG) anknüpfen (§ 56 WehrdienstG). Der **(enge) Anwendungsbereich** der Ausnahmeregelung beschränkt sich auf diejeni-

gen, die bereits vor Einberufung zum Wehr- oder Zivildienst aufgrund des WehrPflG oder des ZDG entgeltlich abhängig beschäftigt waren und die während der Zeit ihres Dienstes nach gesetzlichen Vorschriften Anspruch auf Weitergewährung von Entgelt haben. Einen gesetzlichen Anspruch auf Entgeltfortzahlung haben nach der Streichung von § 11 ArbPlSchG durch Art. 5 Nr. 3 des Streitkräftereserve-Neuordnungsgesetzes – SkresNOG v. 22. 4. 2005 (BGBl. I 1106) mWv 30. 4. 2005 allein noch Beschäftigte im öffentlichen Dienst (§ 1 Abs. 2, § 9 Abs. 2, 3, S. 10 ArbPlSchG; vgl. zu den Gründen für die Streichung von § 11 ArbPlschG auch BR-Drucksache 782/04 S. 85). Sachlich beschränkt sich dieser Anspruch auf die Zeit einer Wehrübung (§ 6 WPflG, § 1 Abs. 2 ArbPlSchG) einschließlich aller Zeiten, auf die nach dem ArbPlSchG die Vorschriften über Wehrübungen entsprechend anzuwenden sind (vgl. § 16 Abs. 1, 3 S. 1, Abs. 4 S. 1, Abs. 5 S. 1). Dem gegenüber unterfallen die (alle übrigen) Wehr- und Zivildienstleistenden, auf die das Unterhaltssicherungsgesetz (entsprechend) Anwendung findet, dem § 26 Abs. 1 Nr. 2 (vgl. zum Regelungskonzept auch BT-Drs. 11/3603 S. 12).

Im Rahmen von Abs. 2 S. 1 relevant können allein Zeiten eines aufgrund des **deutschen WPflG** bei einem **deutschen Hoheitsträger** abgeleisteten Wehrdienstes sein (vgl. BSG v. v. 4. 2. 1999, B 7 AL 120/97 R, SozR 3–6050 Art. 71 Nr. 11 und v. 6. 4. 2006, B 7 a/7 AL 86/04 R, ZESAR 2006, 406). Ob ein im europäischen Ausland abgeleisteter Wehrdienst leistungsrechtlich die Voraussetzungen einer „Beschäftigung" erfüllt, bestimmt sich nach den nationalen Rechtsvorschriften des betreffenden ausländischen Mitgliedsstaates (BSG v. 6. 4. 2006, B 7 a/7 AL 86/04 R, ZESAR 2006, 406 mH auf EuGH v. 11. 11. 2004, C-372/02, SozR 4–6050 Art. 71 Nr. 4). Die arbeitsrechtliche Pflicht, den Schutz des ArbPlSchG auch auf ausländische Arbeitnehmer zu erstrecken, die Wehrdienst in einem anderen Mitgliedsstaat leisten (EuGH v. 15. 10. 1969, C-15/69, EuGHE 1969, 363), ist insofern jdf. ohne unmittelbare Bedeutung. 12

Personen, die nach dem **Vierten Abschnitt (§§ 59 ff.) des Soldatengesetzes (SG)** zu einer der in § 60 SG genannten Dienstleistungen herangezogen werden und damit ebenfalls dem Unterhaltssicherungsgesetz unterfallen (§ 1 Abs. 1 S. 2) sind nach S. 2 idF durch Art. 14 Nr. 1 des Gesetzes vom 31. 7. 2008 (BGBl. I 1629) mWv 9. 8. 2008 in dieser Beschäftigung nicht versicherungspflichtig. Sie gelten nach S. 2 Hs. 2 als Wehrdienst Leistende im Sinne des § 26 Abs. 1 Nr. 2 (s. dort Rn. 25). Statt der etwas merkwürdigen Kombination der Anordnung von Versicherungsfreiheit unter gleichzeitiger Anordnung von Versicherungspflicht auf der Grundlage eines anderen Tatbestandes läge eine Regelung im unmittelbaren Zusammenhang des § 26 Abs. 1 Nr. 2 näher, die dann § 25 Abs. 1 als lex specialis vorginge. S. 2 findet keine Anwendung auf diejenigen, die freiwilligen Wehrdienst nach dem 7. Abschnitt des WehrdienstG leisten. Die Statusregelung in § 56 WehrdienstG erfasst diesen Personenkreis umfassend und damit auch, soweit er Dienstleistungen nach dem 4. Abschnitt des SG erbringt (§ 54 WehrdienstG). 13

Die S. 1 und 2 gelten nach **S. 3** (eingefügt durch § 22 Abs. 4 des Gesetzes v. 12. 12. 2007 [BGBl. I 2861]) schließlich auch für Personen in einem Wehrdienstverhältnis besonderer Art nach § 6 des Gesetzes zur Regelung der **Weiterverwendung** nach Einsatzunfällen (Einsatz-Weiterverwendungsgesetz-EinsatzWVG) v. 12. 12. 2007 (BGBl. I 2861), wenn sie den Einsatzunfall in einem Versicherungspflichtverhältnis erlitten haben. Das EinsatzWVG sieht als Maßnahme eines Ausgleich von Nachteilen, die durch eine in Auslandsverwendungen zugezogene Schädigung entstehen (können) für Soldaten ua die Begründung eines Wehrdienstverhältnisses eigener Art vor (vgl. BT-Drs. 16/6564 und 16/6650). Einsatzgeschädigte iSd. EinsatzWVG sind insofern Soldaten, die eine nicht nur geringfügige gesundheitliche Schädigung durch einen Einsatzunfall iSv. § 63 c des Soldatenversorgungsgesetzes erlitten haben (§ 1 EinsatzWVG). Das Wehrdienstverhältnis eigener Art tritt – vorbehaltlich eines schriftlichen Widerspruchs des Betroffenen – grundsätzlich unmittelbar begründet kraft Gesetzes mit dem Zeitpunkt ein, wenn das nicht auf Lebenszeit begründete Wehrdienstverhältnis des Einsatzgeschädigten während der Schutzzeit (§ 4 EinsatzWVG) durch Zeitablauf endet oder aus diesem Grund zu beenden wäre (§ 6 Abs. 1 S. 1 EinsatzWVG). Hat das nicht auf Lebenszeit begründete Wehrdienstverhältnis durch Zeitablauf geendet oder ist es aus diesem Grund beendet worden und ist die gesundheitliche Schädigung erst danach erkannt worden, sind Einsatzgeschädigte auf schriftlichen Antrag in ein Wehrdienstverhältnis eigener Art einzustellen (§ 6 Abs. 5 S. 1 EinsatzWVG). Die Betroffenen erhalten auf diese Weise nach Maßgabe des EinsatzWVG die Rechtsstellung eines Soldaten auf Zeit (§ 6 Abs. 2 S. 1 EinsatzWVG), die indes den sozialversicherungsrechtlichen Status unberührt lässt (§ 6 Abs. 2 S. 3 EinsatzWVG). 14

Dieser Status dürfte sich für das Recht der Arbeitsförderung allein nach **§ 26 Abs. 1 Nr. 2** bestimmen. Eine Erfüllung der Voraussetzungen von S. 1 durch den Personenkreis des S. 3 dürfte schon mangels der hiernach erforderlichen Fortzahlung von Entgelt ausscheiden. Zwar hat der zuletzt im öffentlichen Dienst beschäftigte Wehrpflichtige einen Anspruch auf Entgeltfortzahlung auch während einer besonderen Auslandsverwendung nach § 6a WPflG (§ 15 Abs. 3 S. 1 ArbPlSchG), doch erstreckt sich dieser Anspruch nicht auch auf die anschließende Zeit des Wehrdienstverhältnisses besonderer Art nach § 6 EinsatzWVG. Alle hiervon Betroffenen erhalten vielmehr einheitlich **Leistungen nach dem USG**, unabhängig davon, ob sie zuletzt bei einem Arbeitgeber im öffentlichen Dienst beschäftigt waren. Auch eine Überschneidung von Wehrdienstverhältnissen nach § 6 EinsatzWVG und solchen nach dem Vierten Abschnitt des SG kommt nicht in Betracht. Um den Personenkreis des § 6 EinsatzWVG, der mangels Verrichtung von Wehrdienst in einer der in § 4 WPflG 15 aufgeführten Arten umgekehrt auch nicht von § 26 Abs. 1 S. 2 originär erfasst wird, nicht seines vom Gesetz unzweifelhaft intendierten Versicherungsschutzes zu berauben, bleibt daher nur, S. 3 auf S. 2 Hs. 2 zu beschränken und ihn damit als **Rechtsfolgenverweisung** zu verstehen.

§ 26 Sonstige Versicherungspflichtige

(1) **Versicherungspflichtig sind**
1. Jugendliche, die in Einrichtungen der beruflichen Rehabilitation nach § 35 des Neunten Buches Leistungen zur Teilhabe am Arbeitsleben erhalten, die ihnen eine Erwerbstätigkeit auf dem allgemeinen Arbeitsmarkt ermöglichen sollen, sowie Personen, die in Einrichtungen der Jugendhilfe für eine Erwerbstätigkeit befähigt werden sollen,
2. Personen, die nach Maßgabe des Wehrpflichtgesetzes oder des Zivildienstgesetzes Wehrdienst oder Zivildienst leisten und während dieser Zeit nicht als Beschäftigte versicherungspflichtig sind,
3. *(aufgehoben)*
3 a. *(aufgehoben)*
4. Gefangene, die Arbeitsentgelt, Ausbildungsbeihilfe oder Ausfallentschädigung (§§ 43 bis 45, 176 und 177 des Strafvollzugsgesetzes) erhalten oder Ausbildungsbeihilfe nur wegen des Vorrangs von Leistungen zur Förderung der Berufsausbildung nach diesem Buch nicht erhalten. Gefangene im Sinne dieses Buches sind Personen, die im Vollzug von Untersuchungshaft, Freiheitsstrafen und freiheitsentziehenden Maßregeln der Besserung und Sicherung oder einstweilig nach § 126a Abs. 1 der Strafprozessordnung untergebracht sind,
5. Personen, die als nicht satzungsmäßige Mitglieder geistlicher Genossenschaften oder ähnlicher religiöser Gemeinschaften für den Dienst in einer solchen Genossenschaft oder ähnlichen Gemeinschaft außerschulisch ausgebildet werden.

(2) Versicherungspflichtig sind Personen in der Zeit, für die sie
1. von einem Leistungsträger Mutterschaftsgeld, Krankengeld, Versorgungskrankengeld, Verletztengeld oder von einem Träger der medizinischen Rehabilitation Übergangsgeld beziehen,
2. von einem privaten Krankenversicherungsunternehmen Krankentagegeld beziehen oder
3. von einem Träger der gesetzlichen Rentenversicherung eine Rente wegen voller Erwerbsminderung beziehen,

wenn sie unmittelbar vor Beginn der Leistung versicherungspflichtig waren, eine laufende Entgeltersatzleistung nach diesem Buch bezogen oder eine als Arbeitsbeschaffungsmaßnahme geförderte Beschäftigung ausgeübt haben, die ein Versicherungspflichtverhältnis oder den Bezug einer laufenden Entgeltersatzleistung nach diesem Buch unterbrochen hat.

(2a) ¹Versicherungspflichtig sind Personen in der Zeit, in der sie ein Kind, das das dritte Lebensjahr noch nicht vollendet hat, erziehen, wenn sie
1. unmittelbar vor der Kindererziehung versicherungspflichtig waren, eine laufende Entgeltersatzleistung nach diesem Buch bezogen oder eine als Arbeitsbeschaffungsmaßnahme geförderte Beschäftigung ausgeübt haben, die ein Versicherungspflichtverhältnis oder den Bezug einer laufenden Entgeltersatzleistung nach diesem Buch unterbrochen hat, und
2. sich mit dem Kind im Inland gewöhnlich aufhalten oder bei Aufenthalt im Ausland Anspruch auf Kindergeld nach dem Einkommensteuergesetz oder Bundeskindergeldgesetz haben oder ohne die Anwendung des § 64 oder § 65 des Einkommensteuergesetzes oder des § 3 oder § 4 des Bundeskindergeldgesetzes haben würden.

²Satz 1 gilt nur für Kinder des Erziehenden, seines nicht dauernd getrennt lebenden Ehegatten oder seines nicht dauernd getrennt lebenden Lebenspartners. ³Haben mehrere Personen ein Kind gemeinsam erzogen, besteht Versicherungspflicht nur für die Person, der nach den Regelungen des Rechts der gesetzlichen Rentenversicherung die Erziehungszeit zuzuordnen ist (§ 56 Abs. 2 des Sechsten Buches).

(2b) Versicherungspflichtig sind Personen in der Zeit, in der sie eine Pflegezeit nach § 3 Abs. 1 Satz 1 des Pflegezeitgesetzes in Anspruch nehmen und eine pflegebedürftige Person pflegen, wenn sie unmittelbar vor der Pflegezeit versicherungspflichtig waren oder eine als Arbeitsbeschaffungsmaßnahme geförderte Beschäftigung ausgeübt haben, die ein Versicherungspflichtverhältnis oder den Bezug einer laufenden Entgeltersatzleistung nach diesem Buch unterbrochen hat.

(3) ¹Nach Absatz 1 Nr. 1 ist nicht versicherungspflichtig, wer nach § 25 Abs. 1 versicherungspflichtig ist. ²Nach Absatz 1 Nr. 4 ist nicht versicherungspflichtig, wer nach anderen

Vorschriften dieses Buches versicherungspflichtig ist. ³Versicherungspflichtig wegen des Bezuges von Mutterschaftsgeld nach Absatz 2 Nr. 1 ist nicht, wer nach Absatz 2 a versicherungspflichtig ist. ⁴Nach Absatz 2 Nr. 2 ist nicht versicherungspflichtig, wer nach Absatz 2 Nr. 1 versicherungspflichtig ist. ⁵Nach Absatz 2 a und 2 b ist nicht versicherungspflichtig, wer nach anderen Vorschriften dieses Buches versicherungspflichtig ist oder während der Zeit der Erziehung oder Pflege Anspruch auf Entgeltersatzleistungen nach diesem Buch hat; Satz 3 bleibt unberührt. ⁶Trifft eine Versicherungspflicht nach Absatz 2 a mit einer Versicherungspflicht nach Absatz 2 b zusammen, geht die Versicherungspflicht nach Absatz 2 a vor.

A. Normzweck

Der Gesetzgeber des SGB III hat mit §§ 25, 26 von seiner Regelungsmacht aus Art. 74 Abs. 1 Nr. 12 GG Gebrauch gemacht, den **Kreis der jeweiligen Versichertengemeinschaft** nach dem spezifischen Schutzbedürfnis der Betroffenen einerseits und dem Gesichtspunkt der Funktionsfähigkeit einer stabilen und leistungsfähigen Solidargemeinschaft andererseits zu bilden. Eine etwaige Inkongruenz des Kreises der Versicherungspflichtigen in den verschiedenen Zweigen der SV verletzt die Betroffenen daher nicht in ihren Grundrechten aus Art. 2 Abs. 1 und 3 Abs. 1 GG (vgl. BSG v. 23. 11. 2005, B 12 RA 9/04 R, USK 2005-47). Während sich § 25 mit dem Beschäftigten dem „klassischen" Adressatenkreis der Sozialversicherung zuwendet, erweitert § 26 die Versicherungspflicht nach dem Recht der Arbeitsförderung auf eng umgrenzte weitere Personenkreise. **1**

B. Absatz 1

I. Jugendliche in Einrichtungen der beruflichen Rehabilitation und Personen in Einrichtungen der Jugendhilfe (Abs. 1 Nr. 1, Abs. 2 S. 1)

Gegenüber § 25 Abs. 1 nachrangig (Abs. 3 S. 1; vgl. hierzu auch BSG v. 1. 6. 1978, 12 RK 23/77, SozR 4100 § 168 Nr. 7 und v. 17. 3. 1981, 7 RAr 25/80, SozR 4100 § 168 Nr. 15) unterwirft **Abs. 1 Nr. 1** in Fortführung von § 168 Abs. 1 S. 2 AFG als eigenständiger Tatbestand (vgl. auch § 36 SGB IX) Personen der Versicherungspflicht, die für eine Erwerbstätigkeit auf dem allgemeinen Arbeitsmarkt bzw. eine reguläre Erwerbstätigkeit befähigt werden sollen. Ausdrücklich beschränkt auf „Jugendliche", dh. auf Personen, die das 14. aber noch nicht das 18. Lebensjahr vollendet haben (vgl. § 7 Abs. 1 Nr. 2 SGB VIII), werden zunächst von **Regelung 1** diejenigen Behinderten oder von Behinderung Bedrohten (§ 33 SGB IX, § 19 SGB III, § 2 SGB IX) erfasst, die in Einrichtungen zur beruflichen Rehabilitation iSv. § 35 SGB IX Leistungen zur Teilhabe am Arbeitsleben (§ 33 SGB IX) erhalten. Für die Eigenschaft als „Jugendlicher" in diesem Sinne dürfte ausreichen, dass der Betreffende am Beginn der Maßnahme das 18. Lebensjahr noch nicht vollendet hat (vgl. BSG v. 15. 11. 1979, 7 RAr 75/78, SozR 4100 § 100 Nr. 5). Entscheidend ist im Übrigen, dass die in Frage stehende „Leistung" ihrem „objektiven Inhalt" nach darauf abzielt, eine Erwerbstätigkeit auf dem allgemeinen Arbeitsmarkt zu ermöglichen. Dagegen kommt es nicht auf die Prognose an, ob der einzelne Teilnehmer nach Beendigung der Maßnahme auch tatsächlich einen Arbeitsplatz auf dem allgemeinen Arbeitsmarkt finden wird (vgl. hierzu BSG v. 15. 11. 1979, 7 RAr 75/78, SozR 4100 § 100 Nr. 5). **2**

Ebenfalls gegenüber § 25 Abs. 1 nachrangig (Abs. 3 S. 1) sind nach **Nr. 1 Regelung 2** versicherungspflichtig Personen, die in Einrichtungen der Jugendhilfe für eine Erwerbstätigkeit befähigt werden. Anders als bei Regelung 1 muss es sich nicht um Jugendliche handeln. Dem Anwendungsbereich des SGB VIII (§ 1 Abs. 1) entsprechend genügt die Zugehörigkeit zum Kreis der „jungen Menschen", also derjenigen die das 27. Lebensjahr noch nicht vollendet haben (§ 7 Abs. 1 Nr. 4 SGB VIII). Als Ziel der Maßnahme genügt die Befähigung zu jeder Art von Erwerbstätigkeit, so dass insbesondere hinsichtlich Entlohnung und Arbeitszeit die Bedingungen des „allgemeinen Arbeitsmarktes" nicht beachtet werden müssen. **3**

II. Wehr- oder Zivildienst Leistende (Nr. 2)

Nr. 2 betrifft in der zum 9. 8. 2008 in Kraft getretenen aktuellen Fassung des Art. 14 Nr. 2 Buchst. a G v. 31. 7. 2008 (BGBl. I 1629) Personen, die nach Maßgabe des Wehrpflichtgesetzes oder des Zivildienstgesetzes Wehrdienst oder Zivildienst leisten und während dieser Zeit nicht (ausnahmsweise nach Abs. 2 S. 1) als Beschäftigte versicherungspflichtig sind. Aufgrund der Statusregelung in § 56 WehrpflichtG gehören hierzu seit dem 1. 7. 2011 auch Personen, die freiwilligen Wehrdienst nach dem 7. Abschnitt des WehrpflichtG (eingefügt durch Art. 1 des WehrrechtsänderungsG v. 28. 4. 2011 (BGBl. I 678) leisten. Ihnen sind durch **§ 25 2 S. 2 Hs. 2** fiktiv gleich gestellt („gelten als") Personen, die nach dem Vierten Abschnitt des Soldatengesetzes („Dienstleistungspflicht", §§ 59 ff. SG) im Rahmen befristeter Übungen (§ 60 Nr. 1, § 61 SG), besonderer Auslandsverwendungen (§ 60 **4**

Nr. 2, § 62 SG), von Hilfeleistungen im Innern (§ 60 Nr. 3, § 63 SG), Hilfeleistungen im Ausland (§ 60 Nr. 4, § 63a SG), unbefristeter Übungen, die von der Bundesregierung als Bereitschaftsdienst angeordnet werden (§ 60 Nr. 5 SG) und von unbefristetem Wehrdienst im Spannungs- oder Verteidigungsfall (§ 60 Nr. 6 SG) Wehrdienst leisten. Zu diesen Dienstleistungen können nach Maßgabe von § 59 SG frühere Berufssoldaten, frühere Soldaten auf Zeit und sonstige Personen, die sich hierzu freiwillig schriftlich verpflichtet haben, herangezogen werden. Ebenfalls von Nr. 2 erfasst sind nach § 25 Abs. 2 S. 3 (s. hierzu Rn. 21, 22) auch Personen in einem Wehrdienstverhältnis besonderer Art nach § 6 des Einsatz-Weiterverwendungsgesetzes, wenn sie den Einsatzunfall in einem Versicherungspflichtverhältnis erlitten haben.

III. Gefangene (Nr. 4, Abs. 3 S. 2)

5   Für eine Beschäftigung iSv. § 25 Abs. 1 S. 1, § 7 Abs. 1 S. 1 SGB IV ist stets erforderlich, dass sie auf der Grundlage eines in **freier Willensbestimmung** begründeten Rechtsverhältnisses ausgeübt wird. Die Regelungen über die Beschäftigung sind damit auf Strafgefangene nicht anwendbar, weil diese im Rahmen eines „besonderen Gewaltverhältnisses" tätig sind (vgl. etwa BSG v. 26. 5. 1988, 5/5b RJ 20/87, SozR 2200 § 1246 Nr. 157). Die Pflichtarbeit von Strafgefangenen ist daher nur dann und insoweit in den Schutz der sozialen Sicherung einbezogen, als der hierzu von Verfassung wegen nicht verpflichtete, hieran andererseits aber auch nicht gehinderte Gesetzgeber im Einzelfall durch Regelung eines **besonderen Versicherungspflichttatbestandes** von seiner Gestaltungsmacht aus Art. 20 Abs. 1 GG Gebrauch macht (BVerfG v. 1. 7. 1998, 2 BvR 441/90, BVerfGE 98, 169; BSG v. 7. 11. 1990, 9 b/7 RAr 112/89, SozR 3–4100 § 104 Nr. 4). Der von Verfassung wegen dem Strafvollzugsziel der Resozialisierung verpflichtete Gesetzgeber kann sich hierzu unter anderem der Zuweisung von Arbeit bedienen, die ggf. ihrerseits notwendig angemessene Anerkennung finden muss. Eine derartige Anerkennung kann allein oder neben einem finanziellen Entgelt im Aufbau einer sozialversicherungsrechtlichen Anwartschaft bestehen. Eine solche Entscheidung kann auf diejenigen Gefangenen beschränkt werden, für die sie sinnvoll erscheint. Das GG zwingt weder zur Gleichstellung der Pflichtarbeit mit freier Erwerbsarbeit noch zur Ausdehnung des auf bestimmte Gruppen von Gefangenen beschränkten Sozialversicherungsschutzes generell auf alle Pflichtarbeit im Strafvollzug. (BVerfG v. 1. 7. 1998, 2 BvR 441/90, BVerfGE 98, 169).

6   Der **Gesetzgeber** wahrt von dieser verfassungsrechtlichen Lage ausgehend die Grenzen seiner **Gestaltungsfreiheit**, wenn er – vorbehaltlich einer vorrangigen sonstigen Versicherungspflicht (Abs. 3 S. 2) – vorliegend nur diejenigen Gefangenen iSv. Nr. 4 S. 2 (Personen, die im Vollzug von Untersuchungshaft, Freiheitsstrafen und Freiheit entziehenden Maßregeln der Besserung und Sicherung oder einstweilig nach § 126a Abs. 1 der Strafprozessordnung untergebracht sind) der Versicherungspflicht nach dem Recht der Arbeitsförderung unterwirft, die Arbeitsentgelt, Ausbildungsbeihilfe oder Ausfallentschädigung (§§ 43 bis 45, 176 und 177 des Strafvollzugsgesetzes) erhalten oder Ausbildungsbeihilfe nur wegen des Vorrangs von Leistungen zur Förderung der Berufsausbildung nach diesem Buch nicht erhalten. Eine Gleichbehandlung auch derjenigen Gefangenen, die keine Arbeit leisten, ist durch Art. 3 Abs. 1 GG nicht geboten (vgl. BSG v. 5. 12. 2001, B 7 AL 74/01 B; die Verfassungsbeschwerde gegen den Beschluss wurde nicht zur Entscheidung angenommen, BVerfG v. 4. 4. 2002, 1 BvR 288/02). Auch der auf diese Weise begünstigte Personenreis kann sich nicht auf eine besondere Regelungen berufen, die nur auf Beschäftigungen iSv. § 25 Abs. 1 S. 1, § 7 Abs. 1 S. 1 SGB IV Anwendung finden. Insbesondere kommt eine Versicherungspflicht in Zeiten der fehlenden tatsächlichen Erbringung von Arbeit nicht in Betracht (vgl. BSG v. 7. 11. 1990, 9 b/7 RAr 112/89, SozR 3–4100 § 104 Nr. 4; vgl. auch LSG Nordrhein-Westfalen v. 15. 7. 2003, L 1 AL 18/03).

IV. Nicht satzungsmäßige Mitglieder geistlicher Genossenschaften (Nr. 5)

7   Der erfasste Personenkreis entspricht demjenigen des **§ 5 Abs. 4a S. 2 SGB V** (vgl. dort Rn. 8). Das Recht der Arbeitsförderung begründet die Versicherungspflicht der Betroffenen allerdings nicht im Wege der fiktiven Zuordnung zum Personenkreis der zu ihrer Berufsausbildung Beschäftigten, sondern bezieht sie auf der Grundlage eines **eigenständigen Versicherungspflichttatbestandes** ein.

C. Versicherungspflicht während Leistungsbezug (Abs. 2, 3 S. 3, 5, 6)

8   Abs. 2 begründet als weitere eigenständige Rechtsfolge des „Bezuges" der in Nr. 1 bis 3 enumerativ aufgeführten (Sozial)Leistungen Versicherungspflicht nach dem Recht der Arbeitsförderung und vervollständigt auf diese Weise unmittelbar kraft Gesetzes den hiermit bezweckten Schutz (vgl. exemplarisch zum Krankengeld Berchtold, Krankengeld, Baden-Baden 2004, Rn. 906). Alle aufgeführten Sozialleistungen ersetzen typischerweise entfallenes Erwerbseinkommen. Dasselbe gilt für das Krankentagegeld aus einer privaten Krankenversicherung. Der Bezug der ausgefallenes Erwerbseinkommen ersetzenden (Sozial)Leistung hat insofern dieselbe Wirkung wie der Versicherungspflicht begründende Bezug von Sozialleistungen und kompensiert – pauschalierend – die wirtschaftlichen Folgen einer –

typischer Weise – durch Krankheit bedingten (vgl. Vorlagebschluss des BSG v. 20. 6. 2001, B 11 AL 20/01 R, NZS 2000, 100ff.) **unfreiwilligen Unterbrechung der Erwerbstätigkeit** (vgl. zur entsprechenden Funktion des Krankengeldes BVerfG v. 28. 3. 2006, 1 BvL 10/01, SozR 4–4300 § 123 Nr. 3). Die Versicherungspflicht aufgrund des Bezuges von Mutterschaftsgeld ist nachrangig gegenüber derjenigen nach Abs. 2 a (Abs. 3 S. 3). Als Bezieher von Krankentagegeld aus einer privaten Versicherung ist nicht versicherungspflichtig, wer als Bezieher einer Sozialleistung nach Nr. 1 versicherungspflichtig ist (Abs. 3 S. 4).

Die ausdrücklich benannten Leistungen umschreiben die Tatbestände der Versicherungspflicht auf- **9** grund des Bezuges von Sozialleistungen jeweils **abschließend** (vgl. Vorlagebeschluss des BSG v. 20. 6. 2001, B 11 AL 20/01 R, NZS 2000, 100 ff.). Insbesondere ist Übergangsgeld wegen der Teilnahme an einer berufsfördernden Maßnahme zur Rehabilitation nicht mitumfasst. Das BSG hat eine mit dem Ziel der entsprechenden Klärung eingelegte Nichtzulassungsbeschwerde mit Beschluss vom 21. 3. 2007 (B 11 a AL 171/06 B, SozR 4–4300 § 26 Nr. 5) als unbegründet zurückgewiesen. Ebenso führte bis zum 31. 12. 2002 der Bezug einer Rente wegen Erwerbsunfähigkeit nicht zur Versicherungspflicht. Verfassungsrechtliche Bedenken hiergegen bestehen nicht (vgl. BSG v. 28. 8. 2007, B 7/7 a AL 50/06 R, SozR 4–4300 § 123 Nr. 4). Grundsätzlich kommt dem Gesetzgeber auch insofern ein weiter **Gestaltungsspielraum** hinsichtlich der Ausgestaltung der Versichertengemeinschaft zu. Lediglich hinsichtlich der Einbeziehung von Frauen, die wegen eines mutterschutzrechtlichen Beschäftigungsverbotes ihre Beschäftigung unterbrechen, ist der Gesetzgeber auch bereits hinsichtlich des Zeitraums v. 1. 1. 1998 bis 31. 12. 2002 unmittelbar durch Art. 6 Abs. 4 GG angehalten (vgl. BVerfG v. 28. 3. 2006, 1 BvL 10/01, SozR 4–4300 § 123 Nr. 3 und hierzu Vorlagebeschluss des BSG v. 20. 6. 2001, B 11 AL 20/01 R, NZS 2002, 100 ff.).

Die mit Wirkung vom 1. 1. 2003 durch Art. 10 Abs. 4 Job-AQTIV-Gesetz eingeführte Regelung **10** der **Nr. 3** (vgl. auch BT-Drs. 14/6944 S. 2 f.) begründet Versicherungspflicht allein auf Grund des Bezugs von **Renten wegen voller Erwerbsminderung** ab diesem Zeitpunkt. § 435 Abs. 1 stellt insofern den Bezug von EU-Renten des früheren Rechts, deren Beginn vorher liegt, gleich. Verfassungsrechtliche Bedenken gegen diese unterschiedliche Behandlung bestehen nicht (BSG v. 28. 8. 2007, B 7/7 a AL 50/06 R, SozR 4–4300 § 123 Nr. 4). Anders als beim Bezug von KG kann der Gesetzgeber bei dem Bezug einer Rente wegen Erwerbsminderung typisierend davon ausgehen, dass die Betreffenden (jedenfalls zunächst) aus dem Kreis der Erwerbstätigen und damit aus der Solidargemeinschaft ausgeschieden sind. Die gilt auch bei einer Zeitrente, die zumindest zu einem vorübergehenden Ausscheiden, in einer Vielzahl von Fällen aber auch zu einem endgültigen Ausscheiden führt. Soweit der Gesetzgeber daher mit Nr. 3 eine Versicherung für Personen schaffen wollte, die nach Bezug der Rente auf den Arbeitsmarkt zurückkehren und nicht sofort eine neue Beschäftigung finden, um auf diese Weise eine Lücke in der sozialen Sicherung zu schließen (BT-Drs. 14/6944 S. 26, 30), handelt es sich um eine sozialpolitische Entscheidung, die seinem **Gestaltungsermessen** unterliegt und verfassungsrechtlich nicht zwingend geboten war. Dies wird durch die beitragsrechtliche Gestaltung in § 345 a belegt und durch die Umkehrung des Regel-Ausnahme-Verhältnisses zwischen Zeit und Dauerrenten seit dem 1. 1. 2001 nicht in Frage gestellt (vgl. insgesamt BSG v. 28. 8. 2007, B 7/7 a AL 50/06 R, SozR 4–4300 § 123 Nr. 4).

Nicht anders als etwa im Zusammenhang der Versicherungspflicht aufgrund des Bezuges von ALG **11** und ALG II in der gKV (§ 5 Abs. 1 Nr. 1 SGB V) begründet auch vorliegend allein bereits das Entstehen/Bestehen von **Rechten und Ansprüchen** auf die genannten Leistungen (§ 40 SGB I) bzw. deren Zuerkennung durch **Verwaltungsakt** Versicherungsschutz. Dagegen kommt es schon aus Gründen der Rechtssicherheit nicht auf Erfüllungshandlungen der zuständigen Träger an. Bei den aufgeführten Sozialleistungen steht dann jedenfalls mit dem Erlass des Bewilligungsbescheides für den gesamten Bewilligungszeitraum jeweils gleichzeitig fest, dass auch die Versicherung nach dem Recht der Arbeitsförderung besteht (vgl. BSG vom 22. 5. 2003, B 12 KR 20/02 R, USK 2003-9 mit Hinweis auf BSG, Urteil vom 23. 11. 1983, 8 RK 35/82, SozR 4100 § 159 Nr. 5). Die Bundesagentur für Arbeit und die Gerichte der Sozialgerichtsbarkeit haben daher im Rechtsstreit über die Versicherungspflicht die Tatsache hinzunehmen, dass ein Verwaltungsakt über die Bewilligung der genannten Sozialleistungen erlassen wurde, seinen Inhalt als gegeben zugrunde zu legen und in diesem Sinne den Verwaltungsakt zu beachten, selbst wenn er rechtswidrig sein sollte, es sei denn er ist nichtig (vgl. zum allgemein anerkannten Inhalt der sog Tatbestandswirkung exemplarisch etwa BGH vom 4. 2. 2004, XII ZR 301/01, BGHZ 158, 19 und vom 14. 6. 2007, I ZR 125/04, WRP 2007, 1359 = NVwZ-RR 2008, 154).

Eine Unterscheidung nach „formellen", dem Verwaltungsverfahrensrecht entstammenden, und **12** sonstigen, in einschlägigen Leistungsrecht wurzelnden, „materiellen" Rechtsgründen für die Annahme eines Leistungsbezugs ist insofern nicht veranlasst. Vielmehr hat die Bundesagentur bei ihrer (deklaratorischen) Entscheidung über das Vorliegen von Versicherungspflicht auch eine **bestandskräftige Leistungsbewilligung** zu beachten und insofern jeweils hinzunehmen, dass sie weder am Verwaltungsverfahren der zuständigen Träger über den Anspruch auf Sozialleistungen beteiligt ist, noch deren Bewilligungsentscheidung im Einzelfall mit Rechtsmitteln angreifen kann. So hat etwa das Bundesverfassungsgericht (BVerfG) zum sog Pensionisten-Privileg entschieden, dass unabhängig von der Rechtmäßigkeit dieses Vorgangs im Übrigen allein die Erteilung des Rentenbescheides an den im Versorgungsausgleich Ausgleichsberechtigten die Kürzung der Versorgung des Ausgleichsverpflichteten rechtfertigt und die **Tatbestandswirkung** des Verwaltungsakts von diesem hinzunehmen ist. Die durch Sachgründe gerechtfertigte Zuerkennung der Tatbestandswirkung verletze auch den Rechtsschutzgarantie des Art. 19 Abs. 4 GG nicht (vgl. BVerfG vom 9. 1. 1991, 1 BvR 207/87, BVerfGE 83, 182 = SozR 3–1100 Art. 19 Nr. 2; vgl. ebenso zur Tatbestandswirkung eines Investitionsvorrangbescheides: BVerfG vom 7. 12. 1999, 1 BvR 1281/95, WM 2000, 246). Unter Berufung hierauf hat das BSG etwa in seinem Urteil vom 6. 2. 1992 (12 RK 15/90, BSGE 70, 99, 102 ff. = SozR 3–1500 § 54 Nr. 15 S. 38 ff.) dem Träger der Kriegsopferversorgung mangels eigener Betroffenheit ein Anfechtungsrecht gegen den Feststellungsbescheid verweigert, mit dem eine Krankenkasse die Mitgliedschaft eines schwerbeschädigten Rentners in der Krankenversicherung der Rentner verneint hatte. Vielmehr sei hier die Tatbestandswirkung des Statusbescheides der Krankenkasse hinzunehmen.

13   Der Bezug aller aufgeführten Leistungen führt übereinstimmend jeweils nur dann zur Versicherungspflicht, wenn typisierend bereits vorher ein **hinreichender Bezug** zur Versicherung nach dem Recht der Arbeitsförderung angenommen werden kann. Das Gesetz geht hiervon aus, wenn, die betreffenden Personen unmittelbar vor Beginn der Leistung (des Zeitraums, für den nach Gesetz oder Verwaltungsakt ein entsprechender Anspruch besteht) versicherungspflichtig waren, eine laufende Entgeltersatzleistung nach dem SGB III bezogen oder eine als Arbeitsbeschaffungsmaßnahme geförderte Beschäftigung ausgeübt haben, die ein Versicherungspflichtverhältnis oder den Bezug einer laufenden Entgeltersatzleistung nach dem SGB III unterbrochen hat. Der Begriff der **Unmittelbarkeit** erlaubt nach Sinn und Zweck der Regelung bei der Beurteilung der Frage, ob Versicherungspflicht besteht, keinen Rückgriff auf einen früheren Leistungsbezug. Abs. 2 will den bestehenden Schutz und die Anbindung an die Arbeitsförderung durch nahtlos fortbestehende Versicherungspflicht in den dort genannten Fällen aufrechterhalten. Bei einer zwischenzeitlichen Unterbrechung der Versicherungspflicht soll der Bezug der genannten Leistungen aber gerade nicht zur Versicherungspflicht führen. Ob Unterbrechungen von „kurzer Dauer" ggf. unschädlich sind, hat das BSG dahingestellt sein lassen (BSG v. 28. 8. 2007, B 7/7 a AL 50/06 R, SozR 4–4300 § 123 Nr. 4).

D Versicherungspflicht während Erziehungszeit (Abs. 2 a, 3 S. 3, 5, 6)

14   Mit Abs. 2 a hat die Kindererziehungszeit, die bis dahin nur zu einer Erweiterung der leistungsrechtlichen Rahmenfrist geführt hatte (vgl. die Übergangsregelung in § 434 d Abs. 2), seit dem 1. 1. 2003 durch das Job-AQTIV-Gesetz vom 10. 12. 2001 (BGBl. I 3443) eine eigenständige Ausgestaltung als **Versicherungspflichttatbestand** gefunden. Die (allein mit Wirkung für Zeiten nach dem 31. 12. 2002 eingeführte) Begünstigung ist auf die Erziehung von Kindern begrenzt, die das dritte Lebensjahr noch nicht vollendet haben, lässt also ggf. umfassendere Zeiträume des ErzGG unberücksichtigt (vgl. zur verfassungsrechtlichen Unbedenklichkeit dieser Vorgehensweise in zeitlicher wie inhaltlicher Hinsicht LSG Nordrhein-Westfalen v. 15. 8. 2007, L 12 AL 55/06 sowie BSG v. 4. 9. 2003, B 11 AL 9/03 R, SozR 4–4300 § 124 Nr. 1 und v. 19. 1. 2005, B 11 a/11 AL 35/04, SozR 4–4300 § 147 Nr. 3; zur Vorgehensweise in Übergangsfällen, bei denen Erziehungszeiten teilweise vor dem 1. 1. 2003 und teilweise nach dem 31. 12. 2002 liegen vgl. BSG v. 29. 5. 2008, B 11 a/7 a AL 64/06 R, zur Möglichkeit, die Eigenschaft als Grenzgänger iSv. Art. 71 EWGV 1408/71 durch Wohnsitzverlegung während der Erziehungszeit zu begründen (LSG Nordrhein-Westfalen v. 18. 6. 2008, L 12 AL 178/06 – gegen dieses Urteil wurde die v. LSG zugelassene Revision eingelegt, die beim BSG unter dem Az. B 11 AL 25/08 R anhängig ist). Die Vorschrift gleicht Nachteile im Versicherungsschutz aus, die den Betroffenen durch eine Unterbrechung ihres Versicherungsschutzes entstehen können, und es wird gleichzeitig eine Gleichstellung mit Personen hergestellt, die neben der Betreuung und Erziehung eine versicherungspflichtige Beschäftigung ausüben (vgl. BT-Drs. 14/6944 S. 26).

15   Versicherungspflichtig sind Personen in der Zeit, in der sie ein Kind, das das dritte Lebensjahr noch nicht vollendet hat, erziehen, zunächst, wenn sie unmittelbar vor der Kindererziehung versicherungspflichtig waren, eine laufende Entgeltersatzleistung nach diesem Buch bezogen oder eine als Arbeitsbeschaffungsmaßnahme geförderte Beschäftigung ausgeübt haben, die ein Versicherungspflichtverhältnis oder den Bezug einer laufenden Entgeltersatzleistung nach diesem Buch unterbrochen hat (Nr. 1). Hierdurch wird wie bei Abs. 2 typisierend eine **hinreichende Nähe** zur Versichertengemeinschaft gewährleistet. Die Unmittelbarkeit ist bei mehreren in kurzen Abständen auf einander folgenden Geburten auch dann gegeben, wenn der Erziehende unmittelbar vor der Geburt des ältesten Kindes versicherungspflichtig war. Unter „**Kindererziehung**" ist in diesen Fällen der auf einander folgenden und sich überschneidenden dreijährigen Erziehungszeiten zu verstehen (BSG v. 29. 5. 2008, B 11 a/7 a AL 64/06 R). Die Versicherungspflicht endet mit dem dritten Geburtstag des jüngsten Kindes. Kumulativ ist darüber hinaus erforderlich, dass sich die Betroffenen mit dem Kind im Inland gewöhnlich aufhalten (§ 30 Abs. 3 S. 2 SGB I) oder bei Aufenthalt im Ausland Anspruch auf Kindergeld nach dem Einkommensteuergesetz oder Bundeskindergeldgesetz haben der ohne die Anwendung des § 64 oder § 65 des Einkommensteuergesetzes oder des § 3 oder § 4 des Bundeskindergeldgesetzes haben würden (Nr. 2).

Versicherungspflicht wird (nur) durch die Erziehung eigener leiblicher Kinder sowie von Kindern des nicht dauernd getrennt lebenden Ehegatten oder des nicht dauernd getrennt lebenden Lebenspartners begründet (Abs. 2a S. 2). Eine darüber hinausgehende Anwendung der Norm ist ausgeschlossen, sodass etwa die Erziehung von Pflegekindern (anders als in § 56 SGB VI) unberücksichtigt bleibt. Haben mehrere Personen ein Kind gemeinsam erzogen, besteht nach Abs. 2a S. 3 Versicherungspflicht nur für die Person, der nach den Regelungen des Rechts der gesetzlichen Rentenversicherung die Erziehungszeit zuzuordnen ist (§ 56 Abs. 2 SGB VI). Die **Rechtsgrundverweisung** des Arbeitsförderungsrechts übernimmt damit die rentenrechtlichen Kategorieen der Alleinerziehung, der gemeinsamen Erziehung und der überwiegenden Erziehung (vgl. hierzu zuletzt BSG v. 17. 4. 2008, B 13.131/07 R, RV 2008, 138, zur Veröffentlichung in SozR vorgesehen, mwN). 16

Die Versicherungspflicht nach Abs. 2a geht derjenigen wegen des Bezuges von Mutterschaftsgeld nach Abs. 2 Nr. 1 (Abs. 3 S. 3) und der Versicherungspflicht nach Abs. 2b (Abs. 3 S. 6) vor. Der **Anwendungsbereich des Abs. 2a** ist seinerseits – vorbehaltlich des Abs. 3 S. 3 (Abs. 2 S. 5 Hs. 2) nicht eröffnet bei Personen, die bereits nach anderen Vorschriften versicherungspflichtig sind oder während der Zeit der Erziehung Anspruch auf Entgeltersatzleistungen nach dem SGB III haben (Abs. 3 S. 5 Hs. 2). Der Bezug von Entgeltersatzleistungen steht damit aufgrund der Kollisionsregelung in Abs. 3 S. 5 Hs. 1 zwar der zeitgleichen Versicherungspflicht nach Abs. 2 entgegen, doch wird diese hierdurch nicht etwa insgesamt verhindert, wenn die bereits vorher bezogene Entgeltersatzleistung auch noch während der Kindererziehungszeit weiter bezogen wird (anders SG Düsseldorf v. 29. 9. 2006, S. 25 AL 87/05, SuP 2007, 57). Weder der Wortlaut von Abs. 3 S. 5 noch die sog. Materialien (BT-Drs. 14/6944 S. 30) geben Anlass zu der Annahme, dass die gesetzliche Anordnung über den Zeitraum des Zusammentreffens hinausreichen und einer Versicherungspflicht bei Erziehungszeit trotz Vorliegens aller Voraussetzungen auch ansonsten entgegen stehen könnte. 17

E. Versicherungspflicht während Pflegezeit (Abs. 2b, Abs. 3 S. 5, 6)

Es ist **von Verfassungs wegen** nicht geboten, dass pflegebedingte Nachteile gerade in Form einer Anwartschaftsbildung hinsichtlich der späteren Gewährung von ALG oder durch Ausgestaltung als Versicherungspflichtverhältnis ausgeglichen werden. Der Gesetzgeber war auch insbesondere nicht dazu verpflichtet Pflegezeiten unabhängig vom Bezug von Pflegegeld zu berücksichtigen (BVerfG Beschluss v. 13. 12. 2004, 1 BvR 1487/07, SozR 4–4300 § 124 Nr. 3). Begünstigt sind diejenigen Personen, die eine Pflegezeit nach § 3 Abs. 1 S. 1 des Pflegezeitgesetzes in Anspruch nehmen und eine pflegebedürftige Person pflegen. Der Bezug zur Versichertengemeinschaft nach dem Recht der Arbeitsförderung wird entsprechend Abs. 2, Abs. 2a S. 1 Nr. 1 gewährleistet. Nach Abs. 2b ist nicht versicherungspflichtig, wer nach anderen Vorschriften des SGB III versicherungspflichtig ist oder während der Zeit der Pflege Anspruch auf Entgeltersatzleistungen nach dem SGB III hat (Abs. 3 S. 5). Gegenüber der Versicherungspflicht nach Abs. 2a ist diejenige nach Abs. 2b nachrangig (Abs. 3 S. 6). 18

§ 27 Versicherungsfreie Beschäftigte

(1) **Versicherungsfrei sind Personen in einer Beschäftigung als**
1. **Beamter, Richter, Soldat auf Zeit sowie Berufssoldat der Bundeswehr und als sonstig Beschäftigter des Bundes, eines Landes, eines Gemeindeverbandes, einer Gemeinde, einer öffentlich-rechtlichen Körperschaft, Anstalt, Stiftung oder eines Verbandes öffentlich-rechtlicher Körperschaften oder deren Spitzenverbänden, wenn sie nach beamtenrechtlichen Vorschriften oder Grundsätzen bei Krankheit Anspruch auf Fortzahlung der Bezüge und auf Beihilfe oder Heilfürsorge haben,**
2. **Geistliche der als öffentlich-rechtliche Körperschaften anerkannten Religionsgesellschaften, wenn sie nach beamtenrechtlichen Vorschriften oder Grundsätzen bei Krankheit Anspruch auf Fortzahlung der Bezüge und auf Beihilfe haben,**
3. **Lehrer an privaten genehmigten Ersatzschulen, wenn sie hauptamtlich beschäftigt sind und nach beamtenrechtlichen Vorschriften oder Grundsätzen bei Krankheit Anspruch auf Fortzahlung der Bezüge und auf Beihilfe haben,**
4. **satzungsmäßige Mitglieder von geistlichen Genossenschaften, Diakonissen und ähnliche Personen, wenn sie sich aus überwiegend religiösen oder sittlichen Beweggründen mit Krankenpflege, Unterricht oder anderen gemeinnützigen Tätigkeiten beschäftigen und nicht mehr als freien Unterhalt oder ein geringes Entgelt beziehen, das nur zur Beschaffung der unmittelbaren Lebensbedürfnisse an Wohnung, Verpflegung, Kleidung und dergleichen ausreicht,**
5. **Mitglieder des Vorstandes einer Aktiengesellschaft für das Unternehmen, dessen Vorstand sie angehören. Konzernunternehmen im Sinne des § 18 des Aktiengesetzes gelten als ein Unternehmen.**

(2) ¹Versicherungsfrei sind Personen in einer geringfügigen Beschäftigung; abweichend von § 8 Abs. 2 Satz 1 des Vierten Buches werden geringfügige Beschäftigungen und nicht geringfügige Beschäftigungen nicht zusammengerechnet. ²Versicherungsfreiheit besteht nicht für Personen, die

1. im Rahmen betrieblicher Berufsbildung, nach dem Jugendfreiwilligendienstegesetz, nach dem Bundesfreiwilligendienstgesetz,
2. wegen eines Arbeitsausfalls mit Entgeltausfall im Sinne der Vorschriften über das Kurzarbeitergeld oder
3. wegen stufenweiser Wiedereingliederung in das Erwerbsleben (§ 74 Fünftes Buch, § 28 Neuntes Buch) oder aus einem sonstigen der in § 126 Abs. 1 genannten Gründe

nur geringfügig beschäftigt sind.

(3) Versicherungsfrei sind Personen in einer

1. unständigen Beschäftigung, die sie berufsmäßig ausüben. Unständig ist eine Beschäftigung, die auf weniger als eine Woche der Natur der Sache nach beschränkt zu sein pflegt oder im voraus durch Arbeitsvertrag beschränkt ist,
2. Beschäftigung als Heimarbeiter, die gleichzeitig mit einer Tätigkeit als Zwischenmeister (§ 12 Abs. 4 Viertes Buch) ausgeübt wird, wenn der überwiegende Teil des Verdienstes aus der Tätigkeit als Zwischenmeister bezogen wird,
3. Beschäftigung als ausländischer Arbeitnehmer zur beruflichen Aus- oder Fortbildung, wenn
    a) die berufliche Aus- oder Fortbildung aus Mitteln des Bundes, eines Landes, einer Gemeinde oder eines Gemeindeverbandes oder aus Mitteln einer Einrichtung oder einer Organisation, die sich der Aus- oder Fortbildung von Ausländern widmet, gefördert wird,
    b) sie verpflichtet sind, nach Beendigung der geförderten Aus- oder Fortbildung das Inland zu verlassen, und
    c) die im Inland zurückgelegten Versicherungszeiten weder nach dem Recht der Europäischen Gemeinschaft noch nach zwischenstaatlichen Abkommen oder dem Recht des Wohnlandes des Arbeitnehmers einen Anspruch auf Leistungen für den Fall der Arbeitslosigkeit in dem Wohnland des Betreffenden begründen können,
4. Beschäftigung als ehrenamtlicher Bürgermeister oder ehrenamtlicher Beigeordneter,
5. Beschäftigung, die
    a) als Arbeitsbeschaffungsmaßnahme nach § 260,
    b) als Arbeitsgelegenheit nach § 16 d Satz 1 des Zweiten Buches oder
    c) mit einem Beschäftigungszuschuss nach § 16 e des Zweiten Buches

gefördert wird.

(4) ¹Versicherungsfrei sind Personen, die während der Dauer

1. ihrer Ausbildung an einer allgemeinbildenden Schule oder
2. ihres Studiums als ordentliche Studierende einer Hochschule oder einer der fachlichen Ausbildung dienenden Schule

eine Beschäftigung ausüben. ²Satz 1 Nr. 1 gilt nicht, wenn der Beschäftigte schulische Einrichtungen besucht, die der Fortbildung außerhalb der üblichen Arbeitszeit dienen.

(5) ¹Versicherungsfrei sind Personen, die während einer Zeit, in der ein Anspruch auf Arbeitslosengeld besteht, eine Beschäftigung ausüben. ²Satz 1 gilt nicht für Beschäftigungen, die während der Zeit, in der ein Anspruch auf Teilarbeitslosengeld besteht, ausgeübt werden.

A. Normzweck

1 Wie in den Grundtatbeständen der Versicherungspflicht kommt auch in den Regelungen der Versicherungsfreiheit die grundsätzliche **Regelungsmacht des Gesetzgebers** zum Ausdruck, diejenigen Sachverhalte auszuwählen an die er Rechtsfolgen knüpfen will. Der allgemeine Gleichheitssatz setzt der Gestaltungsfreiheit des Gesetzgebers zwar auch insofern Grenzen, beschränkt sie letztlich nur insofern, als die getroffene Auswahl von Merkmalen im Blick auf die Eigenart des Normbereichs schlechthin nicht mehr als sachgerecht in Betracht kommen kann. Ein allgemeiner Satz, wonach für vom Risiko der Arbeitslosigkeit bedrohte Personen lückenlos Versicherungsschutz zu begründen sei, ist der Verfassung dagegen nicht zu entnehmen (vgl. die Nachweise bei BSG v. 10. 7. 2003, B 11 AL 63/02 R, SozR 4–4300 § 27 Nr. 1). Innerhalb des auch dem Recht der Arbeitsförderung zugrunde liegenden **Konzepts der abgestuften Schutzbedürftigkeit**, betrifft § 27 diejenigen Personen, die zwar „dem Grunde nach als Beschäftigte versicherungspflichtig" sind, dennoch aber – insbesondere im Blick auf eine anderweitige Sicherung – unmittelbar kraft gesetzlicher Anordnung nicht schutzbe-

dürftig oder zur Abwehr eines vermuteten Missbrauchs als nicht schutzwürdig angesehen werden. § 27 betrifft damit eine Teilmenge der „dem Grunde nach" versicherungspflichtig Beschäftigten. Erst aus dem Zusammenwirken beider Normkomplexe ergibt sich im Einzelfall die Rechtsfolge des (Nicht-)Vorliegens von Versicherungspflicht.

B. Absatz 1

Abs. 1 wiederholt in Nr. 1 bis 4 die tatbestandlichen Voraussetzungen des **§ 6 Abs. 1 Nr. 2,** 2 **Nr. 4, Nr. 5 und Nr. 7 SGB V.** Er entspricht insofern ohne inhaltliche Änderung dem früheren Recht des § 169 AFG, der sich ohne Textwiederholung auf eine bloße (Rechtsgrund-)Verweisung beschränkt hatte (vgl. BSG v. 29. 7. 2003, B 12 KR 15/02 R, SozR 4–4100 § 169 Nr. 1). Soweit insofern auf eine ausreichende Absicherung im Krankheitsfall außerhalb des SGB V auch abgestellt wird, um typisierend ein mangelndes Schutzbedürfnis nach dem Recht der Arbeitsförderung zu begründen, ist dies nicht sachwidrig (vgl. BSG v. 11. 10. 2001, B 12 KR 7/01 R, SozR 3–4100 § 169 Nr. 7). Insbesondere die öffentlich-rechtliche Absicherung durch Beihilfe bzw. freie Heilfürsorge verweisen pars pro toto auf die Unterstellung unter ein insgesamt anderes Schutzkonzept, das die Einbeziehung in die SV überflüssig macht. Nr. 5 wiederholt inhaltlich § 1 S. 4 SGB VI. Auf die Anmerkungen hierzu wird jeweils Bezug genommen.

Die dem Kranken- bzw. Rentenversicherungsrecht entnommenen Tatbestände werden vorliegend 3 mit der Rechtsfolge „Versicherungsfreiheit im Recht der Arbeitsförderung" in einem neuen Kontext zu einer jeweils **eigenständigen gesetzlichen Regelung** verknüpft. Sie unterliegen damit auch einer jeweils eigenständigen Prüfung ihrer Verfassungsmäßigkeit (vgl. zur Versicherungsfreiheit von Beamten BSG v. 10. 7. 2003, B 11 AL 63/02 R, SozR 4–4300 § 27 Nr. 1). Eine extensive Anwendung ist entsprechend dem gemeinsamen Ausnahme-Charakter aller Regelungen ausgeschlossen. Die Versicherungsfreiheit in einer Beschäftigung ist daher auch auf diese Beschäftigung beschränkt und erstreckt sich selbst dann nicht auf parallel oder statt dessen ausgeübte weitere Beschäftigungen, wenn diese in Erfüllung einer zivilrechtlichen Schadensminderungspflicht bis zu Feststellung der Unwirksamkeit einer Kündigung aufgenommen wurden (vgl. Thüringer LSG v. 30. 8. 2005, L 6 KR 718/03). Auch eine entsprechende Anwendung von Regelungen der Versicherungsfreiheit in anderen Rechtsgebieten kommt nicht in Betracht. Soweit etwa das Recht der gKV weitere Tatbestände der Versicherungsfreiheit kennt, hat das Recht der Arbeitsförderung diesen Paradigmenwechsel nicht nachvollzogen (vgl. BSG v. 29. 7. 2003, B 12 KR 15/02 R, SozR 4–4100 § 169 Nr. 1).

C. Versicherungsfreiheit bei Geringfügigkeit (Abs. 2)

S. 1 Hs. 1 verknüpft die in § 8 Abs. 1 SGB IV „vor die Klammer gezogen" allgemein formulierten 4 Tatbestände der Geringfügigkeit (s. im Einzelnen dort Rn. 1 bis 12) und ergänzt sie so zur vollständigen Rechtsnorm für den Bereich der Arbeitsförderung. Beschäftigungen, die bei typisierender Betrachtungsweise nicht als wirtschaftliche Lebensgrundlage in Betracht kommen, kommen damit (regelmäßig) auch nicht als Grundlage der Versicherungspflicht in Betracht. Entsprechend findet eine „Zusammenrechnung" (vgl. § 8 SGB IV Rn. 15) geringfügiger und nicht geringfügiger Beschäftigungen entgegen § 8 Abs. 2 S. 1 SGB IV nicht statt (S. 1 Hs. 2). Auch damit soll vermieden werden, dass Bagatellbeschäftigungen Rechte und Ansprüche auf Entgeltersatzleistungen der Arbeitsförderung begründen können (vgl. BT-Drs. 12/280 S. 12). Aufgrund § 8 Abs. 3 S. 2 SGB IV ist eine sonst vorgesehene (§ 8 Abs. 3 S. 1 SGB IV) entsprechende Anwendung der Abs. 1 und 2 des § 8 SGB IV auf Selbstständige im Rahmen des Arbeitsförderungsrechts von vorne herein ausgeschlossen. Dies erklärt sich ohne weiteres daraus, dass der Personenkreis der Selbstständigen grundsätzlich nicht in die Arbeitslosenversicherung einbezogen ist.

In S. 2 führt das Gesetz drei spezifische Ausnahmen von der Rechtsfolge der Versicherungsfreiheit 5 auf. Eine bereichsspezifische Typisierung führt hier übereinstimmend dazu, dass das Entgelt aus der geringfügigen Beschäftigung entgegen der S. 1 zugrunde liegenden generalisierenden Annahme als wirtschaftliche Lebensgrundlage anzusehen ist. Nr. 1 entspricht § 7 S. 1 Nr. 1 SGB V (s. dort Rn. 71) bzw. § 5 Abs. 3 S. 3 SGB VI (s. dort Rn. 63). Nr. 2 nimmt zur Vermeidung von Selbstwidersprüchlichkeiten diejenigen Fälle der Geringfügigkeit von der Rechtsfolge der Versicherungsfreiheit aus, in denen die Geringfügigkeitsgrenze gerade wegen eines Arbeitsausfalls mit Entgeltausfall im Sinne der Vorschriften über das Kurzarbeitergeld unterschritten wird.

Schließlich führt eine Beschäftigung nach Nr. 3 auch dann zur Versicherungspflicht, wenn die Ge- 6 ringfügigkeitsgrenzen wegen stufenweiser Wiedereingliederung in das Erwerbsleben (§ 74 SGB V, § 28 SGB IX; s. hierzu im Einzelnen Berchtold, Krankengeld, Baden-Baden 2004, Rn. 362 ff.) oder aus einem sonstigen in den § 126 Abs. 1 genannten Gründen unterschritten werden. Die – zumindest sprachlich – verunglückte Regelung ist vor dem Hintergrund des Umstandes zu sehen, dass eine Beschäftigung zum Zwecke der Wiedereingliederung grundsätzlich weder auf die für Arbeitsverhältnisse typische Leistungsbeziehung „Arbeit gegen Lohn" gerichtet ist (vgl. BAG v. 13. 6. 2006, 9 AZR 229/ 05, BAGE 118, 252 ff. mwN) noch eine entgeltliche Beschäftigung iSd. Sozialversicherungsrechts begründet. Die bloße Arbeitsverrichtung zum Zwecke der Wiedereingliederung beendet daher auch leistungsrechtlich weder eine bestehende Arbeitsunfähigkeit noch die Arbeitslosigkeit (vgl. Berchtold aaO und BSG v. 21. 3. 2007, B 11a AL 31/06 R, SozR 4–4300 § 118 Nr. 1). Abs. 2 Nr. 3 kann sich unter diesen Umständen allein auf den Ausnahmefall beziehen, dass die Arbeitsvertragsparteien zum Zwecke der Wiedereingliederung bei Arbeitsunfähigkeit iSv. § 44 Abs. 1 S. 1 Regelung 1 SGB V oder iS einer der sonstigen in § 126 SGB III rezipierten Regelungsalternativen (stationäre Behandlung, Sterilisation/Schwangerschaftsabbruch, Beaufsichtigung/Betreuung/Pflege eines erkrankten Kindes) eine entgeltliche Beschäftigung zu geänderten Bedingungen begründen. Insofern scheidet ein strenges Verständnis der Tatbestandsvoraussetzung „wegen" iS eines unmittelbaren Zurechnungszusammenhanges aus. Weder ist der Wiedereingliederungsanspruch bei einer Arbeitsunfähigkeit iSv. § 44 Abs. 1 S. 1 Regelung 1 SGB V auf eine derartige Neubegründung gerichtet, noch ist die Ausübung einer Beschäftigung neben den weiteren Versicherungsfällen der Arbeitsunfähigkeit denkbar. Jeweils kann es daher im Zusammenhang des Abs. 2 Nr. 3 nur um Beschäftigungen gehen, die im weiteren Zusammenhang der Wiedereingliederung bzw einer Wiedereingliederung erst nach Beendigung der Arbeitsunfähigkeit begründet worden sind.

D. Absatz 3

7   Abs. 3 ordnet ohne inneren Zusammenhang und aus unterschiedlichen Gründen für weitere Personenkreise Versicherungsfreiheit an. Unständig Beschäftigte iSv. Nr. 1 S. 2 (vgl. auch § 252 Abs. 3 SGB V, § 163 Abs. 1 S. 2 SGB VI) sind nach dem Recht der Arbeitsförderung von vorne herein nicht versichert (Nr. 1 S. 1). Die Art der Arbeitsverrichtung ohne festes Arbeitsverhältnis und grundsätzlich (vgl. BSG v. 16. 2. 1983, 12 RK 23/81, SozR 2200 § 441 Nr. 2 mwN) bei verschiedenen Arbeitgebern („bald hier, bald dort") bedingt bei ihnen notwendig und vorhersehbar ein wiederholtes Eintreten von Arbeitslosigkeit (vgl. bereits Reichstags-Drucksache Nr. 340 v. 12. 3. 1910, S. 93), sodass ihre Einbeziehung grundlegend dem Versicherungsgedanken widerspräche. Dies ist auch dann der Fall, wenn sich Beschäftigungen (auch sonst in festen Arbeitsverhältnissen stehender Beschäftigter) nicht aufgrund einer schon vorher getroffenen Abrede wiederholen, sondern sich lediglich tatsächlich entsprechend einem nicht vorhersehbaren Arbeitsanfall mehr oder weniger lückenlos an einander reihen (vgl. BSG v. 16. 2. 1983, 12 RK 23/81, SozR 2200 § 441 Nr. 2). Keine unständige Beschäftigung ist dem gegenüber dann anzunehmen, wenn sich die einzelnen Beschäftigungen vereinbarungsgemäß in regelmäßigen zeitlichen Abständen wiederholen oder wenn etwa aus sog. Kettenverträge auf die Umgehung einer ständigen Beschäftigung geschlossen werden kann (BSG v. 28. 4. 1982, 12 RK 1/80, SozR 2200 § 168 Nr. 6 und v. 16. 2. 1983, 12 RK 23/81, SozR 2200 § 441 Nr. 2 mwN). Lässt daher eine wie immer prognostisch am Beginn der Beschäftigung und auf der Grundlage der zu diesem Zeitpunkt eröffneten Erkenntnismöglichkeiten vorzunehmende Beurteilung auf eine Arbeitsverrichtung unter den Bedingungen des S. 2 schließen, besteht von Anfang an Versicherungsfreiheit. Eine „Berufsmäßigkeit" der ausgeübten unständigen Beschäftigungen ergibt sich wesentlich aus der Üblichkeit im jeweiligen Einsatzbereich (vgl. hierzu die beispiele bei Peters in Kasseler Kommentar, Stand: September 2006, § 232 SGB V Rn. 5).

8   Heimarbeiter iSv. § 12 Abs. 2 SGB IV (vgl. dort Rn. 8 f.) sind nach dem Recht der Arbeitsförderung Arbeitnehmer (§ 13) und im Rahmen einer Beschäftigung grundsätzlich versicherungspflichtig (§ 25 Abs. 1 S. 1). Eine Ausnahme besteht nach Nr. 2 lediglich dann, wenn gleichzeitig eine Tätigkeit als Zwischenmeister ausgeübt wird (§ 12 Abs. 4 SGB IV; vgl. hierzu Rn. 11), deren Entgelt dasjenige aus der Beschäftigung als Heimarbeiter übersteigt, und die Betreffenden daher nach dem Schwerpunkt ihrer Erwerbstätigkeit Selbstständige sind.

9   Nr. 3 betrifft ausländische Arbeitnehmer, die zur beruflichen Aus- und Fortbildung (§§ 59 ff., §§ 77 ff.) allein im Blick auf einen späteren Einsatz im Ausland beschäftigt werden und auch dort auf der Grundlage im Inland zurückgelegter Versicherungszeiten keinerlei Vorteil erlangen können. Die Versicherungsfreiheit hängt von den unter Buchst. a) bis c) im einzelnen aufgeführten Voraussetzungen ab, die kumulativ erfüllt sein müssen.

10 Kommunale Ehrenbeamte, die über Repräsentationsfunktionen hinaus dem allgemeinen Erwerbsleben zugängliche Verwaltungsaufgaben wahrnehmen und hierfür eine den tatsächlichen Aufwand übersteigende pauschale Aufwandsentschädigung erhalten, sind grundsätzlich als Beschäftigte versicherungspflichtig. Ob der Ehrenbeamte in seinem Amt zur weisungsgebundenen Wahrnehmung von Verwaltungsaufgaben verpflichtet ist und damit dieser Aufgabenbereich seine Tätigkeit prägt, ist aufgrund der Umstände des Einzelfalls unter Berücksichtigung der Ausgestaltung des Ehrenamts in der Kommunalverfassung des jeweiligen Bundeslandes zu beurteilen (BSG v. 27. 3. 1980, 12 RK 56/78, SozR 2200 § 165 Nr. 44, v. 23. 9. 1980, 12 RK 41/79, SozR 2200 § 1229 Nr. 12, v. 22. 2. 1996, 12 RK 6/95, SozR 3–2940 § 2 Nr. 5 v. 25. 1. 2006, B 12 KR 12/05 R, SozR 4–2400 § 7 Nr. 6 und v. 4. 4. 2006, B 12 KR 76/05 B). Ausnahmen von der Versicherungspflicht bedürfen einer ausdrückli-

chen gesetzlichen Anordnung (vgl. § 6 Abs. 1 Nr. 2 SGB V, § 5 Abs. 1 S. 1 Nr. 1 SGB VI, § 4 Abs. 1 Nr. 1 SGB VII). Nr. 4 will dieses Ergebnis hinsichtlich ehrenamtlicher Bürgermeister und ehrenamtlicher Beigeordneter vermeiden, um nach auf der Grundlage eines Wahlamtes den Erwerb von Rechten und Ansprüchen nach dem Arbeitsförderungsrecht zu ermöglichen (BT-Drs. 13/8994 S. 75). Sonstige Ehrenbeamte bleiben im Rahmen einer (insbesondere mehr als geringfügigen) Beschäftigung versicherungspflichtig.

Aufgrund von Nr. 5 (eingefügt durch Art. 1 Nr. 18 Buchst. a Doppelbuchstabe bb des Gesetzes v. **11** 23. 12. 2003 Abs. 1 2848 mWv 1. 1. 2004, vorliegend idF durch Art. 2 Nr. 1 G v. 10. 10. 2007 Abs. 1 2326 mWv 1. 10. 2007) sind seit dem 1. 4. 2004 „Beschäftigte in Arbeitsbeschaffungsmaßnahmen" versicherungsfrei. Bereits auf Kosten der Bundesagentur geförderte Arbeitsbeschaffungsmaßnahmen (§§ 260 ff. SGB III), die auf der Grundlage eines notwendig einzugehenden Arbeitsverhältnisses zwischen dem Arbeitnehmer und dem Träger der Arbeitsbeschaffungsmaßnahme (§ 260 Abs. 1 Nr. 4) zu einer „dem Grunde nach" Sozialversicherungspflicht begründenden Beschäftigung führen, können damit nicht mehr ihrerseits dem Ausbau neuer leistungsrechtlicher Positionen dienen (vgl. BT-Drs. 15/1515 S. 77). Dasselbe gilt schon aufgrund des Wortlauts unmittelbar für erwerbsfähige hilfsbedürftige Personen in einer Beschäftigung, die im Rahmen der Leistungen der Bundesagentur für Arbeit auf der Grundlage von § 16 Abs. 1 S. 1 SGB II nach dem „Fünften Abschnitt des Sechsten Kapitels" (§§ 260 ff.) des SGB III gefördert wird. Eine erweiternde oder analoge Anwendung der Ausnahmevorschrift ist dagegen ausgeschlossen.

Nr. 6 wurde eingefügt durch Art. 2 Nr. 2 des Gesetzes v. 10. 10. 2007 (BGBl. I 2326) mit Wir- **12** kung vom 1. 10. 2007. Die Anordnung der Versicherungsfreiheit erstreckt sich seither auch auf Beschäftigungen im Rahmen von Arbeitsverträgen nach § 16 a Abs. 1 Nr. 4 SGB II, bei denen der Arbeitgeber zur Eingliederung des erwerbsfähigen Hilfebedürftigen mit Vermittlungshemmnissen in Arbeit als Ausgleich der zu erwartenden Minderleistung des Arbeitnehmers einen Beschäftigungszuschuss und einen Zuschuss zu den sonstigen Kosten erhält (§ 16 a Abs. 1 S. 1 SGB II). Die Ausführungen zu Nr. 5 gelten entsprechend.

E. Absatz 4

S. 1 Nr. 2 entspricht § 6 Abs. 1 Nr. 3 SGB V (s. insofern die dortigen Anmerkungen). S. 1 NR. 1 **13** erstreckt die Versicherungsfreiheit speziell nach dem Recht der Arbeitsförderung auf Personen die eine Beschäftigung während ihrer Ausbildung an einer allgemeinbildenden Schule ausüben. Entscheidend für die Anwendung dieses sog. Werkstudentenprivilegs ist jeweils, dass die betreffenden Personen trotz der in mehr als geringfügigem Umfang ausgeübten Beschäftigung ihrem Erscheinungsbild nach Student/Schüler bleiben, dh. Studium/Schulausbildung die Hauptsache und die Beschäftigung die Nebensache ist (vgl. § 6 SGB V Rn. 59). S. 1 gilt ausnahmsweise nicht, wenn trotz Parallelität eine zeitliche Kollision ausgeschlossen ist und der Beschäftigte schulische Einrichtungen besucht, die der Fortbildung außerhalb der üblichen Arbeitszeit dienen.

F. Absatz 5

Versicherungsfrei sind nach S. 1 Personen, die während einer Zeit, in der (unabhängig insbesondere **14** von der Erfüllung) ein Anspruch auf Arbeitslosengeld besteht, eine Beschäftigung ausüben. Beschäftigungslos iSv. § 119 Abs. 1 ist auch, wer eine weniger als 15 Wochenstunden umfassende Beschäftigung ausübt (§ 119 Abs. 3). Das Entgelt aus einer derartigen (nach Eintritt der Arbeitslosigkeit aufgenommenen) Beschäftigung ist auf das ALG anzurechnen (§ 141). Liegt es über der Geringfügigkeitsgrenze, würde die neben der Arbeitslosigkeit ausgeübte („dem Grunde nach versicherungspflichtige") Beschäftigung außerdem zum Erwerb weiterer Anwartschaften führen. Eben dies verhindert Abs. 5 S. 1 (vgl. BT-Drs. 13/8994 S. 74 f.). Die Vorschrift kommt nach S. 2 nicht zur Anwendung, wenn ein Anspruch auf Teilarbeitslosengeld (§ 150 besteht). Wäre S. 1 auch hier einschlägig, könnte sinnwidrig bereits die Voraussetzung der Teilarbeitslosigkeit (§ 150 Abs. 1 Nr. 1) nicht erfüllt werden. Im Anwendungsbereich des S. 2 bleibt auch eine weitere (dritte) nach Eintritt der Teilarbeitslosigkeit aufgenommene Beschäftigung versicherungsfrei. Im Übrigen kommt auch insofern ein ausdehnendes Verständnis und erst recht die analoge Anwendung in anderen Rechtsgebieten nicht in Betracht (vgl. BSG v. 23. 11. 2005, B 12 RA 9/04 R, USK 2005-47).

§ 28 Sonstige versicherungsfreie Personen

(1) **Versicherungsfrei sind Personen,**
1. **die das Lebensjahr für den Anspruch auf Regelaltersrente im Sinne des Sechsten Buches vollenden, mit Ablauf des Monats, in dem sie das maßgebliche Lebensjahr vollenden,**
2. **die wegen einer Minderung ihrer Leistungsfähigkeit dauernd nicht mehr verfügbar sind, von dem Zeitpunkt an, an dem die Agentur für Arbeit diese Minderung der Leistungs-**

30 SGB III § 28 SGB III – Arbeitsförderung

fähigkeit und der zuständige Träger der gesetzlichen Rentenversicherung volle Erwerbsminderung im Sinne der gesetzlichen Rentenversicherung festgestellt haben,
3. während der Zeit, für die ihnen eine dem Anspruch auf Rente wegen voller Erwerbsminderung vergleichbare Leistung eines unter das ausländischen Leistungsträgers zuerkannt ist.

(2) Versicherungsfrei sind Personen in einer Beschäftigung oder auf Grund des Bezuges einer Sozialleistung (§ 26 Abs. 2 Nr. 1 und 2), soweit ihnen während dieser Zeit ein Anspruch auf Rente wegen voller Erwerbsminderung aus der gesetzlichen Rentenversicherung zuerkannt ist.

(3) Versicherungsfrei sind nicht-deutsche Besatzungsmitglieder deutscher Seeschiffe, die ihren Wohnsitz oder gewöhnlichen Aufenthalt nicht im Geltungsbereich dieses Buches haben.

A. Absatz 1

1   Ähnlich wie § 5 Abs. 4 Nr. 1 SGB VI lässt Nr. 1 unabhängig von einem entsprechenden Rentenbezug jede Versicherungspflicht (gleich aus welchem Grund) entfallen, wenn die betroffenen Personen bei typisierender und generalisierender Betrachtung aus dem Erwerbsleben ausgeschieden sind, weil ihnen eine Erwerbstätigkeit nicht mehr zugemutet werden kann. Allerdings lässt das Recht der Arbeitsförderung hierfür bereits die Vollendung desjenigen **Lebensjahres** genügen, das den „Anspruch" auf Regelaltersrente iSd. SGB VI begründet (vgl. § 33 a SGB I), während rentenversicherungsrechtlich auf den entsprechenden Rentenbezug abgestellt wird. Das maßgebliche Lebensjahr muss seit Inkrafttreten des Rentenversicherungs-Altersanpassungsgesetzes v. 20. 4. 2007 (BGBl. I 554) und der hiermit verbundenen schrittweisen Anhebung der Regelaltersgrenze vom 65. auf das 67. Lebensjahr individuell festgestellt werden (§ 235 GB VI). Versicherte, die vor dem 1. 1. 1947 geboren sind, erreichen die Regelaltersgrenze unverändert mit Vollendung des 65. Lebensjahres (§ 235 Abs. 1 S. 1). Für alle ab 1964 Geborenen gilt die neue Regelaltersgrenze von 67 Jahren (§ 36 S. 1 Nr. 1, § 235 Abs. 1 SGB VI). Für die Geburtsjahrgänge 1947 bis 1963 ergibt sich die jahrgangsindividuelle Regelaltersgrenze aus der Tabelle in § 235 Abs. 2 S. 2 SGB VI. Sonstige Altersgrenzen sind unerheblich (vgl. zur Regelaltersgrenze für Frauen nach dem Recht der DDR LSG Mecklenburg-Vorpommern v. 19. 12. 2000, L 4 KR 26/00, EzS 130/527).

3   Grundsätzlich jede Versichernspflicht nach dem Recht der Arbeitsförderung entfällt nach Nr. 2 unabhängig von ihrem Rechtsgrund auch, wenn Personen wegen einer vom zuständigen Rentenversicherungsträger festgestellten Minderung ihrer Leistungsfähigkeit dauernd (!) nicht mehr verfügbar sind, weil das konkret-individuelle Leistungsvermögen auf dasjenige Maß herabgesunken ist, bei dem die gesetzliche Rentenversicherung von **voller Erwerbsminderung** ausgeht (§ 43 Abs. 2 SGB VI). Für eine derartige Feststellung ist allerdings kein Raum, soweit aufgrund des Versicherungsfalls der vollen Erwerbsminderung bereits ein „Anspruch" auf Rente aus der gesetzlichen Rentenversicherung zuerkannt ist. Hier geht **Abs. 2 als lex specialis** vor. In den Fällen der Versicherungspflicht nach § 26 Abs. 2 Nr. 3 (Bezug einer Rente wegen voller Erwerbsminderung von einem Träger der gesetzlichen Rentenversicherung) kann damit eine Versicherungsfreiheit nach Nr. 2 von vorne herein nicht in Betracht kommen. Weder steht daher das Gesetz insofern in der Gefahr der Selbstwidersprüchlichkeit noch bedarf es einer „teleologischen Reduktion" der Versicherungspflicht nach § 26 Abs. 2 Nr. 3 auf „Zeitrenten wegen voller Erwerbsminderung". Unter diesen Umständen ist nicht näher darauf einzugehen, unter welchen Umständen es innerhalb der gRV dazu kommen kann, dass eine befristete Rente zuerkannt, dann aber zeitgleich eine volle Erwerbsminderung auf Dauer festgestellt werden sollte (anders Schlegel in Eicher/Schlegel, SGB III, Stand November 2004, § 28 Rn. 24).

3   Um zu verhindern, dass der einzelne Betroffene an der **widersprüchlichen Beurteilung** der beteiligten Träger hinsichtlich seiner Einsetzbarkeit scheitert, regelt Nr. 2 in Fällen, in denen es nicht zum Rentenbezug kommt (vgl. hierzu Abs. 2) ein ausnahmsweise auf den Eintritt des Versicherungsfalls der vollen Erwerbsminderung (§ 43 Abs. 2 SGB VI) beschränktes Feststellungsverfahren. Die entsprechende **abschließende Entscheidungskompetenz** ist dem zuständigen Träger der gRV zugewiesen, der nur und erst dann tätig werden darf, wenn die Bundesagentur für Arbeit von ihrem Initiativrecht Gebrauch gemacht hat. Das Recht der Bundesagentur ist seinerseits von der qualifizierten Voraussetzung abhängig, dass sie begründet und nachvollziehbar eine „dauernde Minderung der Leistungsfähigkeit" festgestellt haben muss. Die Feststellungen der Bundesagentur und des RV-Trägers sind kumulative Voraussetzungen der Versicherungsfreiheit nach Nr. 2. Da es sich bei den Begriffen der „dauernden Minderung der Leistungsfähigkeit" und der „vollen Erwerbsminderung" jeweils um **Rechtsbegriffe** handelt, kommt es bei ihrer Feststellung nicht etwa allein auf „medizinische Voraussetzungen" an und darf die abschließende Entscheidung nicht dem ärztlichen Sachverständigen überlassen werden. Die Entscheidung des Rentenversicherungsträgers ist gegenüber dem Versicherten wie gegenüber der Bundesagentur ein (aufgrund besonderer gesetzlicher Ermächtigung auf ein Element der Tatbestandsvoraussetzungen für die Entstehung eines entsprechenden Rentenrechts beschränkter) feststellender Verwaltungsakt (§ 31 S. 1 SGB X), der qua lege konstitutiv zur Versicherungsfreiheit führt.

Der feststellende Verwaltungsakt des Rentenversicherungsträgers hat Wirkung stets nur für die **Zu-** 4
kunft von dem Zeitpunkt an, in dem er den Beteiligten bekannt gegeben ist. Eine Erstreckung auf den Zeitraum, für den das Vorliegen voller Erwerbsminderung festgestellt ist, ist damit bereits durch den Wortlaut der Norm ausgeschlossen. Damit ergibt sich dasselbe Ergebnis wie bei der Feststellung eines entsprechenden Rentenrechts (vgl. nachfolgend Rn. 59).

Umfassende Versicherungsfreiheit ordnet **Nr. 3** schließlich während der Zeit an, für die Personen 5
eine „dem Anspruch auf Rente wegen voller Erwerbsminderung vergleichbare Leistung" eines ausländischen Trägers zuerkannt ist. Da insofern anders als bei Abs. 2 – die Versicherungspflicht nach § 26 Abs. 2 Nr. 1 nicht ausgenommen ist, kommt der Zuerkennung eines entsprechenden ausländischen Rentenstammrechts eine stärkere Wirkung zu als der Zuerkennung im Inland. „**Vergleichbar**" sind Leistungen, die darauf abzielen, ein durch den vollständigen gesundheitsbedingten Wegfall des Leistungsvermögens entfallenes Erwerbseinkommen zu ersetzen (vgl. LSG Nordrhein-Westfalen v. 9. 3. 2004, L 1 AL 67/02; vgl. auch § 142 Abs. 3).

B. Absatz 2

Nach Abs. 2 sind versicherungsfrei Personen (nur) in einer **Beschäftigung** oder – insofern anders 6
als noch nach § 169c Nr. 2 AFG (vgl. hierzu BSG v. 21. 6. 2001, B 7 AL 66/00 R, SozR 3–4100 § 186 Nr. 2) – auf Grund des **Bezuges einer Sozialleistung** (§ 26 Abs. 1 und 2), soweit ihnen während dieser Zeit ein Anspruch auf Rente wegen voller Erwerbsminderung aus der gesetzlichen Rentenversicherung zuerkannt ist. Die ausdrücklich begrenzte Rechtsfolge der Norm lässt insbesondere die Versicherungspflicht nach § 26 Abs. 2 Nr. 3 unberührt und vermeidet damit von vorne herein eine Selbstwidersprüchlichkeit des Gesetzes. Einer weiteren „Harmonisierung" bedarf es damit nicht. Auch Versicherungsfreiheit nach Abs. 2 tritt erst und nur zukunftsgerichtet ab dem Zeitpunkt der **Zuerkennung eines Rentenrechts** wegen voller Erwerbsminderung durch feststellenden Verwaltungsakt des RV-Trägers ein (vgl. zur entsprechenden Rechtslage nach dem AFG BSG v. 21. 6. 2001, B 7 AL 66/00 R, SozR 4–4100 § 186 Nr. 2). Ein nachträglicher Eingriff in bereits durchgeführte Versicherungsverhältnisse ist damit ausgeschlossen.

C. Absatz 3

Versicherungsfrei sind schließlich nach Abs. 3 nicht-deutsche Besatzungsmitglieder deutscher See- 7
schiffe, die ihren Wohnsitz oder gewöhnlichen Aufenthalt nicht im Geltungsbereich dieses Buches haben. Die Vorschrift betrifft denselben Personenkreis wie § 6 Abs. 1 Nr. 1a SGB V und § 6 Abs. 1 S. 1 Nr. 3 SGB VI. Wie im Krankenversicherungsrecht vgl. dort Rn. 57) sind die Betroffenen bereits unmittelbar kraft Gesetzes von der Versicherungspflicht ausgenommen und bedürfen hierzu keiner Befreiung wie im Rentenversicherungsrecht.

Zweiter Abschnitt. Versicherungspflichtverhältnis auf Antrag

§ 28a Versicherungspflichtverhältnis auf Antrag

(1) ¹Ein Versicherungspflichtverhältnis auf Antrag können Personen begründen, die
1. als Pflegeperson einen der Pflegestufe I bis III im Sinne des Elften Buches zugeordneten Angehörigen, der Leistungen aus der sozialen Pflegeversicherung nach dem Elften Buch oder Hilfe zur Pflege nach dem Zwölften Buch oder gleichartige Leistungen nach anderen Vorschriften bezieht, wenigstens 14 Stunden wöchentlich pflegen,
2. eine selbständige Tätigkeit mit einem Umfang von mindestens 15 Stunden wöchentlich aufnehmen und ausüben oder
3. eine Beschäftigung mit einem Umfang von mindestens 15 Stunden wöchentlich in einem Staat, in dem die Verordnung (EWG) Nr. 1408/71 des Rates vom 14. Juni 1971 zur Anwendung der Systeme der sozialen Sicherheit auf Arbeitnehmer und Selbständige sowie deren Familienangehörige, die innerhalb der Gemeinschaft zu- und abwandern (ABl. L 149 vom 5. 7. 1971, S. 2) – in der jeweils geltenden Fassung – nicht anzuwenden ist, aufnehmen und ausüben.

²Gelegentliche Abweichungen von der in den Nummern 1 bis 3 genannten wöchentlichen Mindeststundenzahl bleiben unberücksichtigt, wenn sie von geringer Dauer sind.

(2) ¹Voraussetzung für die Versicherungspflicht ist, dass der Antragsteller
1. innerhalb der letzten 24 Monate vor Aufnahme der Tätigkeit oder Beschäftigung mindestens zwölf Monate in einem Versicherungspflichtverhältnis gestanden hat,

2. eine Entgeltersatzleistung nach diesem Buch unmittelbar vor Aufnahme der Tätigkeit oder Beschäftigung bezogen hat oder
3. eine als Arbeitsbeschaffungsmaßnahme geförderte Beschäftigung, die ein Versicherungspflichtverhältnis nach den Vorschriften des Ersten Abschnitts oder den Bezug einer laufenden Entgeltersatzleistung nach diesem Buch unterbrochen hat, unmittelbar vor Aufnahme der Tätigkeit oder Beschäftigung ausgeübt hat

und weder versicherungspflichtig (§§ 25, 26) noch versicherungsfrei (§§ 27, 28) ist; eine geringfügige Beschäftigung (§ 27 Absatz 2) schließt die Versicherungspflicht nicht aus. ²Die Begründung eines Versicherungspflichtverhältnisses auf Antrag nach Absatz 1 Nummer 2 ist ausgeschlossen, wenn der Antragsteller bereits versicherungspflichtig nach Absatz 1 Nummer 2 war, die zu dieser Versicherungspflicht führende Tätigkeit zweimal unterbrochen hat und in den Unterbrechungszeiten einen Anspruch auf Arbeitslosengeld geltend gemacht hat.

(3) ¹Der Antrag muss spätestens innerhalb von drei Monaten nach Aufnahme der Tätigkeit oder Beschäftigung, die zur Begründung eines Versicherungspflichtverhältnisses auf Antrag berechtigt, gestellt werden. ²Nach einer Pflegezeit im Sinne des § 3 Absatz 1 Satz 1 des Pflegezeitgesetzes muss der Antrag abweichend von Satz 1 innerhalb von drei Monaten nach Beendigung der Pflegezeit gestellt werden. ³Das Versicherungspflichtverhältnis beginnt mit dem Tag, an dem erstmals die Voraussetzungen nach den Absätzen 1 und 2 erfüllt sind; im Falle einer vorangegangenen Pflegezeit nach § 3 Absatz 1 Satz 1 des Pflegezeitgesetzes jedoch frühestens mit dem Ende dieser Pflegezeit.

(4) ¹Die Versicherungspflicht nach Absatz 1 ruht, wenn während der Versicherungspflicht nach Absatz 1 eine weitere Versicherungspflicht (§§ 25, 26) oder Versicherungsfreiheit nach § 27 eintritt. ²Eine geringfügige Beschäftigung (§ 27 Absatz 2) führt nicht zum Ruhen der Versicherungspflicht nach Absatz 1.

(5) Das Versicherungspflichtverhältnis endet,
1. wenn der Versicherte eine Entgeltersatzleistung nach § 116 Nummer 1 bis 3 bezieht,
2. mit Ablauf des Tages, an dem die Voraussetzungen nach Absatz 1 letztmals erfüllt waren,
3. wenn der Versicherte mit der Beitragszahlung länger als drei Monate in Verzug ist, mit Ablauf des Tages, für den letztmals Beiträge gezahlt wurden,
4. in den Fällen des § 28,
5. durch Kündigung des Versicherten; die Kündigung ist erstmals nach Ablauf von fünf Jahren zulässig; die Kündigungsfrist beträgt drei Monate zum Ende eines Kalendermonats.

A. Normzweck

1   § 28a ist mit dem Dritten Gesetz für moderne Dienstleistungen m Arbeitsmarkt v. 23. 12. 2003 (BGBl. I 2924) zum 1. 2. 2006 in das SGB III eingefügt und mit Art 1 Nr. 4 des Bechäftigungschancengesetzes v. 24. 10. 2010 (BGBl I 1417) mit Wirkung vom 1. 1. 2011 neu gefasst worden. Die Vorschrift eröffnet für den dort abschließend bestimmten Kreis Berechtigter die Möglichkeit, zum Zweck der Weiterversicherung ein **Antragspflichtversicherungsverhältnis** (entgegen der sachlich falschen Überschrift des Zweiten Abschnitts nicht ein „Freiwillige Versicherung") zu begründen. Diese kommt unmittelbar kraft Gesetzes mit dem fristgerechten Eingang des formfreien „Antrags" persönlich und sachlich Berechtigter zu Stande. Einer komlementären Annahmeerklärung der Bundesagentur bedarf es ebenso wenig wie eines konstitutiven Verwaltungsakts. Das Bestehen der Antragspflichtversicherung wird ggf. durch einen (deklaratorischen) Verwaltungsakt bestätigt und ist im Streitfall im Rahmen der Feststellungsklage zu klären (BSG v. 3. 6. 2009, B 12 AL 1/08 R, Juris und v. 2. 3. 2010, B 12 AL 1/09 R, SozR 4–4300 § 28a Nr. 1).

2   Am Vorbild des § 4 SGB VI orientiert wird damit erstmals (vgl. zum Übergangsrecht § 434j Abs. 2) im Recht der Arbeitsförderung die Möglichkeit zur Begründung eines Versicherungsverhältnisses nach Maßgabe eines freien Willensentschlusses hinsichtlich des „Ob" geschaffen. Die Regelung ist **rechtspolitisch** im Kern durch den Finanzbedarf des Systems begründet. Die Begründung der Entwurfsverfasser (BT-Drs. 15/1515 S. 78) beruft sich auf das Versicherungsprinzip und weist insofern auf die wesentliche sachliche Funktion des § 28a hin, bisher durch eine gesetzliche Erweiterung der Rahmenfrist für den Anspruch auf Arbeitslosengeld begünstigte Zeiten nur noch dann und grundsätzlich durch eine Beitragspflicht flankiert (§§ 345b, 349a) zu berücksichtigen, wenn sich die Betroffenen dafür entschieden haben, ihren bisherigen Status als Pflichtversicherte fortzuführen (vgl. auch LSG Nordrhein-Westfalen v. 3. 12. 2007, L 19 AL 96/06).

3   § 28a ist zum **1. 1. 2011** neu stukturiert worden. Abs. 1 umschreibt nunmehr die Personenkreise, denen die Möglichkeit der Antragspflichtversicherung eröffnet wird. Abs. 2 bestimmt deren positive

und negative sachlichen Voraussetzungen. Abs. 3 befasst sich mit den zeitlichen Voraussetzungen einer wirksamen Antragstellung und dem Beginn der Antragspflichtversicherung. Abs. 4 ordnet für den Fall des Eintretens einer weiteren Versicherungspflicht oder einer Versicherungsfreiheit das Ruhen der auf Grund der Antragspflichtversicherung eingetretenen Versicherungspflicht an und bestimmt eine geringfügige Beschäftigung ausdrücklich als insofern unbeachtlich. Abs. 5 regelt das Ende der Antragspflichtversicherung.

B. Der antragsberechtigte Personenkreis (Abs. 1)

S. 1 umschreibt enumerativ die drei Gruppen von Beitrittsberechtigten, die – bei einer iS des Abs. 2 ausreichend belegten Zugehörigkeit zur Versichertengemeinschaft – eine Antragspflichtversicherung begründen können. Die Zugehörigkeit zu einem der genannten Kreise ist Entstehens/Antragsvoraussetzung („können begründen") und Bestehensvoraussetzung der Versicherung (Abs. 5 Nr. 2). Abs. 1 S. 1 betrifft keine der Person punktuell zukommenden Eigenschaften. Vielmehr bedarf es ua im Blick auf den neuen S. 2 jeweils einer Bewertung längerer Zeiträume, die ursprünglich naturgemäß nur auf prognostischer Grundlage erfolgen kann (s. nachfolgend RdNr 9 ff.).   **4**

Anders als in der gUV und in der gRV überlässt der Gesetzgeber damit im Fall der (nicht erwerbsmäßig tätigen) **Pflegepersonen** iS der **Nr. 1** die Entscheidung über die Begründung eines Versicherungspflichtverhältnisses in der Arbeitslosenversicherung den Betroffenen selbst zu überlassen und belastet sie umgekehrt allein (§ 349) auf pauschalierter Grundlage von 10 vH der monatlichen Bezugsgröße (§ 345 b S. 1 Nr. 1). Dies weicht von der in § 21 a Nr. 3 Buchstabe b) SGB I zum Ausdruck kommenden Leitentscheidung ab, die soziale Sicherung der Pflegeperson den Leistungen der sPV zuzuordnen. Die gepflegte Person muss im hierfür vorgesehenen Verfahren zumindest der Pflegstufe I (vgl. § 15 SGB XI) zugeordnet sein, Leistungen wegen Pflegebedürftigkeit aus der sPV, nach dem SGB XII oder einem vergleichbaren System erhalten (vgl. hierzu BT-Drs. 13/8994 S. 61) und von der Pflegeperson in einem zeitlichen Mindestumfang von 14 Stunden (vgl. § 3 Nr. 1 a SGB VI, § 19 SGB XI, § 2 I Nr. 17 SGB VII) gepflegt werden. Es gibt auch im Recht der Arbeitsförderung keinen Anlass, hierfür andere als die nach dem SGB XI einschlägigen Pflegeleistungen heranzuziehen (vgl. entsprechend zur gRV BSG v. 5. 5. 2010, B 12 K 6/09 R, BSGE 106, 126 ff = SozR 4-2600 § 3 Nr. 5). Der Zugang zur Arbeitslosenversicherung wird zudem dadurch besonders erschwert, dass es sich im Unterschied zu den anderen Versicherungszweigen um die Pflege von „**Angehörigen**" handeln muss. Auch wenn der Begriff des „Angehörigen" nicht näher erläutert ist und auch ein Sachgrund für die Begrenzung nicht erkennbar ist, erscheint fraglich, ob das Problem allein durch eine den Wortlaut gänzlich vernachlässigende „Auslegung" behoben werden kann.   **5**

S. 1 Nr. 2 sieht – nunmehr ohne die ursprünglichen Begrenzung bis zum 31. 12. 2010 (Abs. 2 S. 2 Nr. 4 aF) – eine Antragspflichtversicherung auch für **Selbstständige** vor, die eine entsprechende Tätigkeit aufgenommen haben und die in einem Mindestumfang von **15 Wochenstunden** tatsächlich ausüben. Insofern kommen allein Tätigkeiten in Betracht, die auf Dauer angelegt sind, in persönlicher Unabhängigkeit berufsmäßig zu Erwerbszwecken ausgeübt werden. (BSG v. 3. 6. 2009, B 12 AL 1/08 R, Juris). Für die **Aufnahme** der Tätigkeit in diesem Sinne genügen zwar noch nicht „reine Vorbereitungshandlungen" (BSG aaO), wohl aber solche Vorbereitungshandlungen, die im Geschäftsverkehr Außenwirkung entfalten und nach dem zugrunde liegenden Gesamtkonzept ernsthaft und unmittelbar auf die spätere Geschäftstätigkeit ausgerichtet sind (BSG v. 5. 5. 2010, B 11 AL 28/09 R, Juris; zur Aufnahme einer selbstständigen Tätigkeit durch Ausweitung einer selbstständigen Nebentätigkei BSG v. 1. 6. 2006, B 7 a 34/05 R, SozR 4-4300 § 57 Nr. 1). Im Blick auf die Voraussetzungen des Abs. 2 kann es sich bei den Betroffenen nur um Existenzgründer handeln. Ob sie die den **Mindestumfang** von 15 Wochenstunden – bei Aufnahme der Tätigkeit wie auch während ihrer weiteren Ausübung – einhalten, kann nur jeweils bei Beginn oder Änderung (vgl. BSG v. 15. 12. 1999, B 11 AL 53/99 R, Juris) der Tätigkeit prognostisch auf der Grundlage derjenigen Verrichtungen beurteilt werden, die der selbstständig Tätige nach der Gestaltung, die er seiner Tätigkeit gegeben hat, **tatsächlich** vorzunehmen hat bzw voraussichtlich vornehmen wird (zur entsprechenden Fragestellung bei Bewilligung eines Existenzgründungszuschusses vgl. LSG Baden-Württemberg v. 24. 5. 2007, L 7 AL 4485, Breithaupt 2008, 145 ff mwN; ebenso zur spiegelbildlichen Frage, ob eine selbstständige Erwerbstätigkeit in bestimmtem Umfang Erwerbslosigkeit ausschließt BSG v. 17. 10. 2007, B 11 a AL 25/06 R, SozR 4-4300 § 119 Nr. 6;). Ein Rechts- oder Erfahrungssatz, eine selbstständige Tätigkeit sei üblicherweise auf den größtmöglichen Umfang ausgerichtet, existiert dagegen nicht (BSG aaO mwN). Die Prognose muss außerdem die nunmehr in S. 2 genannten Umstände mit berücksichtigen.   **6**

Ebenfalls nicht mehr zeitlich begrenzt (Abs. 2 S. 2 Nr. 4 aF) ist durch S. 1 Nr. 3 Personen ein Beitrittrecht eröffnet, die eine Beschäftigung – von nunmehr ebenfalls ausdrücklich mindestens 15 Stunden wöchentlich – in einem Staat, in dem die **Verordnung (EWG) Nr. 1408/71 nicht** anzuwenden ist, aufnehmen und ausüben. Für die Antragspflichtversicherung auf der Grundlage derartige Beschäftigungen sind damit die Vorschriften über die Versicherungsberechtigung ausnahmsweise unabhängig von der sonst erforderlichen territorialen Anknüpfung in Gestalt des inländischen Beschäfti-   **7** gungsortes (§ 3 Nr. 1 SGB IV) anwendbar, wenn ein hinreichender Bezug zur inländischen Rechtsordnung zumindest durch einen inländischen Wohnsitz oder gewöhnlichen Aufenthalt (§ 30 Abs. 1 SGB I) sicher gestellt ist. (Stets vorrangige) Regelungen des über- und zwischenstaatlichen Rechts bleiben jeweils unberührt (§ 30 Abs. 2 SGB I, § 6 SGB IV).

Das **negative Tatbestandsmerkmal** der fehlenden Anwendbarkeit der Verordnung (EWG) Nr. 1408/71 hat mit dem Beginn der Anwendung der **VO (EG) Nr. 883/2004** des Europäischen Parlaments und des Rates vom 29. 4. 2004, die zum **1. 5. 2010** in Kraft getreten ist (Art. 91 aaO), an Bedeutung verloren. Die Verordnung (EWG) 1408/71 ist nämlich mit diesem Zeitpunkt grundsätzlich (Art. 90 S. 1 aaO) aufgehoben worden und muss lediglich noch „…. im Hinblick auf bestimmte Rechtsakte der Gemeinschaft und Abkommen, bei denen die Gemeinschaft Vertragspartei ist, zur Wahrung der Rechtssicherheit in Kraft bleiben und weiterhin Rechtsgültigkeit besitzen." (Erwägung Nr. 44 aaO). Hierzu sieht Art. 90 Abs. 1 S. 2 aaO übergangsrechtlich insbesondere vor, dass die Verordnung (EWG) Nr. 1408/71 in Kraft bleibt und ihre Rechtswirkungen behält für die Zwecke des Abkommens über den Europäischen Wirtschaftsraum (ABl. L 1 vom 3. 1. 1994, S. 1) und des Abkommens zwischen der Europäischen Gemeinschaft und ihren Mitgliedsstaaten einerseits und der Schweizerischen Eidgenossenschaft andererseits über die Freizügigkeit (ABl. L 114 v. 30. 4. 2002 S. 6 zuletzt geändert durch den Beschluss Nr. 2/2003 des gemischten Ausschusses EU-Schweiz (ABl. L 187 v. 26. 7. 2003, S. 55) sowie anderer Abkommen, die auf die VO (EWG) Nr. 1408/71 Bezug nehmen, solange diese Abkommen nicht infolge der vorliegenden Verordnung geändert worden sind (Art. 90 Abs. 1 S. 2. der VO [EG] Nr. 883/2004).

Dennoch kann nicht angenommen werden, dass nunmehr seit dem 1. 5. 2010 bei (Wohnsitz/gewöhnlichem Aufenthalt im Gebiet der Bundesrepublik Deutschland und) einer **Beschäftigung in einem anderen Mitgliedsstaat der EG** stets das Antragsrecht nach § 28 a eröffnet wäre. Gleichermaßen Art. 11 Abs. 1, Abs. 3 Buchst. a) wie Art. 14 Abs. 2 S. 1 der VO (EG) Nr. 883/2004 führen jedenfalls bei Versicherungspflicht in dem anderen Mitgliedsstaat dazu, dass der tatbestandlich scheinbar anwendbare § 28 a dennoch schon deshalb nicht einschlägig ist, weil durch vorrangiges überstaatliches Recht bereits die Anwendung des deutschen Rechts gesperrt ist.

8   Satz 2 ordnet nunmehr seit dem 1. 1. 2011 an, dass **gelegentliche Abweichungen** von der in den Nummern 1 bis 3 genannten wöchentlichen Mindeststundenzahl unberücksichtigt bleiben, wenn sie **von geringer Dauer** sind. Damit soll nach Auffassung der Entwurfs-Verfasser die bisherige Verwaltungspraxis klargestellt und dem Umstand Rechnung getragen werden, dass insbesondere Existenzgründer schwankende Beschäftigungszeiten haben können (BT-Drucks 17/1945). Dass eine gehäufte Verwendung unbestimmter Rechtsbegriffe der Klarstellung dienen könnte, erschließt sich nicht unmittelbar. Die in Bezug genommene „Verwaltungspraxis" ist nicht näher bezeichnet. Die Wendung entspricht derjenigen in **§ 119 Abs. 3 Satz 2 Halbs. 2,** der seinerseits § 102 Abs. 1 S. 2 AFG fortführt. Zur letzt genannten Vorschrift hatte das BSG (14. 7. 1988, 11/7 RAr 41/87, SozR 4100 § 115 Nr. 2) im Zusammenhang der Frage, ob der zeitliche Umfang einer selbstständigen Erwerbstätigkeit dem Vorliegen von Arbeitslosigkeit entgegen steht, entschieden, dass es sich bei nicht generell jährlich wiederkehrenden Umständen um „gelegentliche Abweichungen" handele. Der Begriff „von geringer Dauer" sei auf die Gesamtdauer der kurzzeitigen Beschäftigung oder selbständigen Tätigkeit zu beziehen. Werde diese auf unbestimmte Zeit ausgeübt, so sei jedenfalls ein Zeitraum bis zu drei Wochen, bei monatlicher Abrechnung bis zu einem Monat, als von geringer Dauer anzusehen

C. Sonstige Voraussetzungen der Antragspflichtversicherung
(Abs. 2)

9   Auch und gerade die Antragspflichtversicherung setzt vorangehend eine hinreichende **Bindung an die Versichertengemeinschaft** voraus. Sie ist insofern „Weiterversicherung". Die erforderliche Bindung kommt – gleichermaßen für alle von Abs. 1 genannten Personengruppen – typisierend zunächst darin zum Ausdruck, dass die Voraussetzungen einer der in **S. 1 Nrn. 1 bis 3** umschriebenen Fallgestaltungen erfüllt sind (zur Anwendung der Zugangsvoraussetzungen nach altem Recht auch auf Pflegepersonen vgl LSG Baden-Württemberg v. 19. 1. 2010, L 13 AL 1583/09, Juris). Der Antragsteller muss hierzu innerhalb der letzten 24 (kalendermäßig zu bestimmenden) Monate vor (dem Tag der) Aufnahme der „Tätigkeit oder Beschäftigung" (einschließlich derjenigen als Pflegeperson nach S. 1 Nr. 1) mindestens zwölf Monate in einem Versicherungspflichtverhältnis gestanden haben (Nr. 1), unmittelbar vor Aufnahme der Beschäftigung oder Tätigkeit eine Entgeltersatzleistung nach diesem Buch (§ 116 Nr. 1–5) bezogen (Nr. 2) oder unmittelbar vor Aufnahme der Tätigkeit oder Beschäftigung eine als Arbeitsbeschaffungsmaßnahme geförderte Beschäftigung ausgeübt haben, die ein Versicherungspflichtverhältnis nach den Vorschriften des Ersten Abschnitts oder den Bezug einer laufenden Entgeltersatzleistung nach diesem Buch unterbrochen hat (Nr. 3).

10 Eines Zeitraums der Zugehörigkeit von zwölf Monaten innerhalb der Rahmenfrist von 24 Monaten vor Aufnahme der zum Beitritt berechtigenden Beschäftigung oder Tätigkeit bedarf es damit seit dem 1. 1. 2011 notwendig und hinreichend allein noch hinsichtlich eines vorangehenden Versiche-

rungspflichtverhältnisses (Nr. 1). Hinsichtlich der alternativ gleich stehenden Belege einer ausreichenden Zugehörigkeit in Nr. 2 und 3 genügt dagegen jeweils, dass die dort genannten Umstände unmittelbar vor der Aufnahme der zum Beitritt berechtigenden Beschäftigung oder Tätigkeit vorgelegen haben. Die erforderlichen zwölf Monate eines Versicherungspflichtverhältnisses innerhalb des Rahmenzeitraums/Nr. 1) können sich auch als Summe mehrerer nicht zusammenhängender Zeiträume ergeben. IS einer „Flexibilisierung des Zugangs zur Versicherung" (BT-Drucks 17/1945 S. 14) sind insofern seit dem 1. 1. 2011 auch Zeiten eines Pflichtversicherungsverhältnisses auf Antrag zu berücksichtigen. **Unmittelbarkeit**" im Sinne der Nrn. 2 und 3 ist nach Auffassung der Entwurfsverfasser auch dann gegeben, wenn eine Unterbrechung nicht mehr als einen Monat dauert (BT-Drs. 15/1515 S. 23). Dem **Bezug** einer Entgeltersatzleistung iS der Nr. 2 steht zur Vermeidung von Zufälligkeiten und Lücken im Versicherungsschutz auch hier gleich gleich, wenn ein – fälliger – Anspruch auf die Entgeltersatzleistung kraft Gesetzes besteht oder durch Verwaltungsakt zuerkannt ist (BSG v. 23. 11. 1983, 8 RK 35/82, SozR 4100 § 159 Nr. 5; zustimmend jedenfalls für den Fall der anfänglich tatsächlichen Zahlung (LSG Niedersachsen-Bremen v. 29. 4. 2004, L 15 AL 5/02, Juris). Dagegen genügt, wie exemplarisch § 5 Abs. 1 Nr 2 Halbs. 1 SGB V („… oder nur dehalb nicht beziehen, weil … der Anspruch ruht.") zeigt, der lediglich ruhende Anspruch nicht, um den seinerseits Sozialversicherungspflicht begründenden „Bezug" einer anderen Sozialleistung zu begründen (vgl. LSG Nordrhein-Westfalen v. 27. 8. 2009, L 16 KR 58/09, Juris; anders SG Stuttgart v. 25. 1. 2010, S 12 AL 7402/09, info also 2010, 121 ff: es genügt auch ein „Anspruch dem Grunde nach"/„Stammrecht").

Der Zulassung zur Antragspflichtversicherung liegt zudem eine eigenständige Bewertung der **aktuellen Schutzbedürftigkeit** der Zugangsberechtigten zugrunde. So schließt zunächst eine **Versicherungspflicht kraft Gesetzes** auf der Grundlage der in §§ 25, 26 aufgelisteten Sachverhalte den Zugang zur Antragspflichtversicherung nach S. 1 Nr. 3 stets aus (vgl. BSG v. 30. 3. 2011, B 12 AL 1/10 R, Terminbericht Nr. 13/11). Für die hiervon betroffenen Personen ist die (positive) Entscheidung über ihre Einbeziehung bereits vorweg und unabhängig von ihrer eigenen Willensentschließung nach Maßgabe ihrer typisierten Schutzbedürftigkeit getroffen (vgl. § 25 RdNr. 3). **11**

Dies gilt umgekehrt grundsätzlich auch für die nach den §§ 27, 28 **versicherungsfreien Personen**. Sie sind aus der Sicht des Gesetzes – ggf. trotz Ausübung einer abhängigen Beschäftigung – im Blick auf ihre anderweitige Absicherung (typisierend) nicht schutzbedürftig. Insofern unbeachtlich ist aufgrund besonderer gesetzlicher Anordnung (Abs. 2 S. 1 Hs. 1) lediglich die Versicherungsfreiheit von Personen in geringfügigen Beschäftigungen (§ 27 Abs. 2 S. 1 Hs. 1, § 8 SGB IV). Nimmt man den seit dem 1. 1. 2011 **geänderten Wortlaut** ernst, bliebe allerdings für den gesetzlichen Ausschluss der Versicherungsfreien kein Anwendungsbereich. Anders als im alten Recht (vgl. § 28a Abs 2 S 2 aF: „Die Vorschriften des Ersten Abschnitts über die Versicherungsfreiheit gelten entsprechend") ordnet das Gesetz nämlich nunmehr (scheinbar) eine unmittelbare Anwendung der §§ 27, 28 an („…noch versicherungsfrei … ist.") Mit Sinn und Zweck des Gesetzes ist ein derartiges Verständnis, für das sich auch aus den sog. Materialien nichts ergibt, unvereinbar. Die unmittelbare Anwendung der §§ 27,28 kommt im Zusammenhang des § 28a von vorne herein schon deshalb nicht in Betracht, weil Versicherungsfreiheit nach diesen Normen stets das Korrelat einer „dem Grunde nach" bereits kraft Gesetzes bestehenden Vericherungspflicht ist (vgl. § 27 RdNr. 1). Soweit § 28a Abs. 2 S. 1 dennoch auf die §§ 27, 28 verweist, kann daher von vorne herein nur eine jeweils **entsprechende Anwendung** dieser Normen in dem Sinne gemeint sein, dass eine der in Abs. 1 S. 1 genannten Personen – ihre bereits eingetretene Versicherungspflicht auf Antrag unterstellt – einem der Tatbestände der Versicherungsfreiheit unterfiele. Hiervon ausgehend ist (durch die bloße Textänderung) eine Rechtsänderung nicht eingetreten. Auch weiterhin ist daher ein zum Beitritt berechtigter Selbstständiger von der Versicherunspflicht auf Antrag ausgeschlossen, wäre er bei Ausübung seiner Tätigkeit in abhängiger Beschäftigung versicherungsfrei (vgl. zum Ausschluss des selbstständigen Vorstandsmitglieds einer AG BSG v. 2. 3. 2010, B 12 AL 1/09 R, SozR 4–4300 § 28a Nr. 1). **12**

Schließlich kommt mit **Abs. 2 S. 3** in dem privaten Versicherungsrecht entstammender Gedanke auch im Recht der Antragspflichtversicherung zur Geltung. Das ohnehin besonders kritische Risiko, aus einer selbstständigen Erwerbstätigkeit heraus arbeitslos zu werden, ist im Rahmen eines erneuten Versicherungspflichtverhältnisses auf Antrag nicht erneut versicherbar, wenn es sich im Rahmen einer früheren Versicherungspflicht nach Abs. 1 Nr. 2 bereits zweimal realisiert hatte. Damit soll „einer zweckwidrigen Nutzung der Versicherungsmöglichkeit" durch einen wiederkehrenden Wechsel von selbstständiger Tätigkeit und Leistungsbezug entgegengewirkt" werden (BT-Drucks 17/1945 S. 14). Im Ergebnis kann damit eine auf der Grundlage einer (derselben?) selbstständigen Tätigkeit begründete und durch den „Bezug" (s. vorstehend RdNr. 9) einer Entgeltersatzleistung iS des § 116 Nr. 1–3 beendete (Abs. 5 Nr. 1) Antragspflichtversicherung im Anschluss an diesen Leistungsbezug nur einmal erneut begründet werden. An die zweite Antragspflichtversicherung kann sich dann zwar ein erneuter Leistungsbezug anschließen, doch kommt hiernach keine dritte Antragspflichtversicherung mehr in Betracht. Ob die intermittierenden Anspruchszeiträume auf demselben (noch nicht verbrauchten) oder einem neuen Anspruch (§ 147) beruhen, ist nach Wortlaut sowie Sinn und Zweck der Norm, die für den von ihr generalisierend und typisierend angenommenen Missbrauchweder auf dort nicht **13** ausdrücklich genannte weitere objektive Umstände noch auf die Willensrichtung des Leistungsbeziehers abstellt, unerheblich (anders ohne Begründung BT-Drucks 17/1945 S. 14).

D. Antragstellung und Beginn des Versicherungspflichtverhältnisses auf Antrag (Abs. 3)

14 Der Antrag ist **materielles Tatbestandsmerkmal** für das Zustandekommen des Versicherungspflichtverhältnisses. Er hat rechtsgestaltende Wirkung allerdings nur für das „Ob" des Versicherungsverhältnisses, nicht auch für das „Wann", das sich unmittelbar aus dem Gesetz ergibt. Der rechtzeitig gestellte Antrag hierzu Berechtigter führt hiernach stets zum Beginn des Versicherungspflichtverhältnisses mit dem Tag, an dem erstmals die Voraussetzungen nach den Abs. 1 und 2 gegeben waren (Abs. 3 S. 3). Die entsprechende Erklärung ist **formfrei** und wird mit dem Zugang bei der Bundesagentur wirksam, auch wenn diese seit dem 1. 1. 2011 nicht mehr ausdrücklich als Adressat benannt ist (vgl. zum Eingang bei einer anderen Behörde § 16 SGB I und hierzu BSG v. 17. 7. 1990, 12 RK 10/89, SozR 3–1200 § 16 Nr. 2).

15 Der Antrag muss nach S. 1 grundsätzlich spätestens innerhalb einer **Frist** von drei Monaten (bis 31. 12. 2010: einem Monat) nach Aufnahme der „Tätigkeit oder Beschäftigung" (einschließlich derjenigen als Pflegeperson nach S. 1 Nr. 1), die zur „freiwilligen Weiterversicherung" berechtigt, gestellt werden. Nach einer Pflegezeit im Sinne des § 3 Abs. 1 Satz 1 des Pflegezeitgesetzes muss der Antrag abweichend von Satz 1 innerhalb von einem Monat nach Beendigung der Pflegezeit gestellt werden (S. 2). In Ermangelung einer entgegenstehenden Bestimmung (§ 27 Abs. 5 SGB X) kommt ggf. jeweils **Wiedereinsetzung** nach § 27 Abs. 1 S. 1, Abs. 2 S. 1 SGB X in Betracht (vgl. Hessisches LSG v. 11. 10. 2010, L 9 AL 165/09, Juris; ebenso bereits die Vorauflage unter Hinweis auf BSG v. 25. 10. 1988, 12 RK 22/87; anders ohne Begründung BT-Drucks 17/1945 S. 14: „Ausschlussfrist"). Nach § 434j Abs. 2 S. 1 gilt § 28a Abs. 2 mit der Maßgabe, dass ein Antrag ungeachtet der Voraussetzungen des S. 2 bis zum 31. 12. 2006 gestellt werden kann (dazu, dass dann hinsichtlich der Voraussetzungen des S. 2 Nr. 1 und 2 ggf. auch auf weit in der Vergangenheit liegende Versicherungspflichtzeiten zurückgegriffen werden kann SG Berlin v. 19. 1. 2007, S. 58 AL 3003/06, info also 2007, 112f. und LSG Nordrhein-Westfalen v. 3. 12. 2007, L 19 AL 96/06). Diese Frist ist durch Art. 2 Nr. 9 des Gesetzes zur Fortentwicklung der Grundsicherung für Arbeitsuchende v. 20. 7. 2006 (BGBl. I 1706) mit Wirkung vom 1. 6. 2006 (Art. 16 Abs. 3 aaO) verkürzt worden. Seiher gilt § 434j Abs. 2 S. 1 bei Personen, deren Tätigkeit oder Beschäftigung gemäß Abs. 1 S. 1 Nr. 2 oder Nr. 3 zur „freiwilligen Weiterversicherung" berechtigt und ihren Antrag nach dem 31. 5. 2006 stellen, mit der Einschränkung, dass die Tätigkeit oder Beschäftigung nach dem 31. Mai 2006 aufgenommen sein muss (vgl. zu Zweifeln an der Verfassungsmäßigkeit dieser Regelung Vorlagebeschluss des SG Nürnberg v. 10. 1. 2007, S. 9 AL 302/06, DStR 2007, 267, Aktenzeichen des BVerfG: 1 BvL 1/07).

E. Ruhen der Versicherungspflicht nach Abs. 1 (Abs. 4)

16 Seit der Neufassung von § 28a mit Wirkung vom 1. 1. 2010 kennt das Gesetz ein Ruhen des Antragspflichtverhältnisses. Dieses tritt ein, wenn während der Versicherungspflicht aufgrund der Antragspflichtversicherung **kraft Gesetzes** eine weitere Versicherungspflicht (§§ 25, 26) bzw. Versicherungsfreiheit nach § 27 (mit Ausnahme der Versicherungsfreiheit in einer geringfügigen Beschäftigung (§ 27 Abs. 2) eintritt. Lägen Versicherungspflicht bzw. -freiheit in diesem Sinne bereits ursprünglich vor, stünden sie der Begründung eines Versicherungspflichtverhältnisses auf Antrag von vorne herein entgegen (Abs. 2 S. 1 Halbs. 1). Die Anordnung des Ruhens verschafft der dem Gesetz zu Grunde liegenden Beurteilung der Schutzbedürftigkeit („dem Grunde nach") Versicherungspflichtiger auch insofern den Vorrang. Beim nachträglichen Eintritt von Versicherungsfreiheit nach § 2, der im Wesentlichen Fälle des endgültigen/vollständigen Ausscheidens aus dem Erwerbsleben betrifft, kommt es an Stelle des Ruhens zur Beendigung des Versicherungspflichtverhältnisses auf Antrag (Abs. 5 Nr. 4) unmittelbar kraft Gesetzes.

Das Ruhen soll eine „unbürokratische Wiederaufnahme der freiwilligen Weiterversicherung" gewährleisten, „der Flexibilisierung der Versicherungsmöglichkeit dienen" und „bestehende Schutzlücken" schließen (BT-Drucks 17/1945 S. 14). **Rechtlich** heißt dies wohl, dass es mit dem Ruhen zugunsten der vorrangigen gesetzlichen Rechtsfolgen nach den §§ 25 bis 27 zu einem „Rumpfversicherungsverhältnis" unter Suspendierung des Versicherungsschutzes wie der Beitragspflicht kommt. Um das ursprüngliche Versicherungspflichtverhältnis ggf. flexibel und unbürokratisch reaktivieren zu können, bedarf es notwendig einer Dokumentation des Ruhens nach den Grundsätzen einer ordnungsgemäßen Verwaltung. Soweit im Einzelfall das Versicherungspflichtverhältnis auf Antrag durch Verwaltungsakt festgestellt worden ist, muss dieser wegen einer Änderung der Verhältnisse nach § 48 SGB X aufgehoben werden, da ein Versicherungspflichtverhältnis ohne hierdurch gewährleisten

F. Ende des Versicherungspflichtverhältnisses (Abs. 5)

Das Versicherungspflichtverhältnis endet **grundsätzlich kraft Gesetzes**, (Nrn. 1 bis 4). Dies gilt mit dem Tag, für den erstmals eine Entgeltersatzleistung nach § 116 Nr. 1 bis 3 bezogen wird und sich damit das versicherte Risiko realisiert hat, mit Ablauf des Tages, an dem letztmals die Voraussetzungen nach Abs. 1 erfüllt waren (Nr. 2), „zur VerdeutlichungStärkung des Versicherungsprinzips" (BT-Drucks. 17/1945, S. 14) mit Ablauf des Tages, für den letztmals Beiträge gezahlt wurden, wenn der Versicherte mit der Beitragszahlung länger als drei Monate in Verzug ist (Nr. 3 und hierzu LSG Nordrhein-Westfalen v. 5. 10. 2009, L 19 AL 74/08, info also 2010, 118 ff sowie BSG v. 30. 3. 2011, B 12 AL 2/09 R, Terminbericht Nr. 13/11) und in den Fällen des Ruhens bei Ausscheiden aus dem Erwerbsleben (Nr. 4). Die – wie der Antrag formlos mögliche – **Kündigung** durch einseitige Erklärung des Versicherten an die Bundesagentur für Arbeit ist, um „dem Solidargedanken ausreichend Rechnung zu tragen" (BT-Drucks. 17/1945, S. 14), erst nach einer Mindestzugehörigkeit von fünf (Zeit-)Jahren mit einer Frist von drei Monaten zum Ende eines Kalendermonats möglich. Hier dürfte der schlichte Zahlungsverzug (Nr. 3) ggf. schneller zum Erfolg führen.

17

Drittes Kapitel. Beratung und Vermittlung

Erster Abschnitt. Beratung

§ 29 Beratungsangebot

(1) **Die Agentur für Arbeit hat Jugendlichen und Erwachsenen, die am Arbeitsleben teilnehmen oder teilnehmen wollen, Berufsberatung und Arbeitgebern Arbeitsmarktberatung anzubieten.**

(2) **Art und Umfang der Beratung richten sich nach dem Beratungsbedarf des einzelnen Ratsuchenden.**

(3) **Die Agentur für Arbeit soll bei der Beratung die Kenntnisse über den Arbeitsmarkt des europäischen Wirtschaftsraumes und die Erfahrungen aus der Zusammenarbeit mit den Arbeitsverwaltungen anderer Staaten nutzen.**

§ 30 Berufsberatung

¹Die Berufsberatung umfaßt die Erteilung von Auskunft und Rat
1. zur Berufswahl, beruflichen Entwicklung und zum Berufswechsel,
2. zur Lage und Entwicklung des Arbeitsmarktes und der Berufe,
3. zu den Möglichkeiten der beruflichen Bildung,
4. zur Ausbildungs- und Arbeitsplatzsuche,
5. zu Leistungen der Arbeitsförderung.

²Die Berufsberatung erstreckt sich auch auf die Erteilung von Auskunft und Rat zu Fragen der Ausbildungsförderung und der schulischen Bildung, soweit sie für die Berufswahl und die berufliche Bildung von Bedeutung sind.

§ 31 Grundsätze der Berufsberatung

(1) **Bei der Berufsberatung sind Neigung, Eignung und Leistungsfähigkeit der Ratsuchenden sowie die Beschäftigungsmöglichkeiten zu berücksichtigen.**

(2) **Die Agentur für Arbeit kann sich auch nach Beginn einer Berufsausbildung oder der Aufnahme einer Arbeit um den Auszubildenden oder den Arbeitnehmer mit dessen Einverständnis bemühen und ihn beraten, soweit dies für die Festigung des Ausbildungs- oder Arbeitsverhältnisses erforderlich ist.**

§ 32 Eignungsfeststellung

Die Agentur für Arbeit soll ratsuchende Jugendliche und Erwachsene mit ihrem Einverständnis ärztlich und psychologisch untersuchen und begutachten, soweit dies für die Feststellung der Berufseignung oder Vermittlungsfähigkeit erforderlich ist.

§ 33 Berufsorientierung

¹Die Agentur für Arbeit hat zur Vorbereitung der Jugendlichen und Erwachsenen auf die Berufswahl sowie zur Unterrichtung der Ausbildungsuchenden, Arbeitsuchenden, Arbeitnehmer und Arbeitgeber Berufsorientierung zu betreiben. ²Dabei soll sie über Fragen der Berufswahl, über die Berufe und ihre Anforderungen und Aussichten, über Wege und Förderung der beruflichen Bildung sowie über beruflich bedeutsame Entwicklungen in den Betrieben, Verwaltungen und auf dem Arbeitsmarkt umfassend unterrichten. ³Die Agentur für Arbeit kann Schüler allgemein bildender Schulen durch vertiefte Berufsorientierung und Berufswahlvorbereitung fördern (Berufsorientierungsmaßnahme). ⁴Die Maßnahme kann bis zu vier Wochen dauern und soll regelmäßig in der unterrichtsfreien Zeit durchgeführt werden. ⁵Voraussetzung ist, dass sich Dritte mit mindestens 50 Prozent an der Förderung beteiligen.

§ 34 Arbeitsmarktberatung

(1) ¹Die Arbeitsmarktberatung soll dazu beitragen, die Arbeitgeber bei der Besetzung von Ausbildungs- und Arbeitsstellen zu unterstützen. ²Sie umfaßt die Erteilung von Auskunft und Rat
1. zur Lage und Entwicklung des Arbeitsmarktes und der Berufe,
2. zur Besetzung von Ausbildungs- und Arbeitsplätzen,
3. zur Gestaltung von Arbeitsplätzen, Arbeitsbedingungen und der Arbeitszeit,
4. zur betrieblichen Aus- und Weiterbildung,
5. zur Eingliederung förderungsbedürftiger Auszubildender und Arbeitnehmer,
6. zu Leistungen der Arbeitsförderung.

(2) ¹Die Agentur für Arbeit soll die Beratung zur Gewinnung von Ausbildungs- und Arbeitsplätzen für die Vermittlung nutzen. ²Sie soll auch von sich aus Verbindung zu den Arbeitgebern aufnehmen und unterhalten.

Zweiter Abschnitt. Vermittlung

§ 35 Vermittlungsangebot

(1) ¹Die Agentur für Arbeit hat Ausbildungsuchenden, Arbeitsuchenden und Arbeitgebern Ausbildungsvermittlung und Arbeitsvermittlung (Vermittlung) anzubieten. ²Die Vermittlung umfaßt alle Tätigkeiten, die darauf gerichtet sind, Ausbildungsuchende mit Arbeitgebern zur Begründung eines Ausbildungsverhältnisses und Arbeitsuchende mit Arbeitgebern zur Begründung eines Beschäftigungsverhältnisses zusammenzuführen. ³Die Agentur für Arbeit stellt sicher, dass Arbeitslose und Ausbildungsuchende, deren berufliche Eingliederung voraussichtlich erschwert ist, eine verstärkte vermittlerische Unterstützung erhalten.

(2) ¹Die Agentur für Arbeit hat durch Vermittlung darauf hinzuwirken, daß Ausbildungsuchende eine Ausbildungsstelle, Arbeitsuchende eine Arbeitsstelle und Arbeitgeber geeignete Arbeitnehmer und Auszubildende erhalten. ²Sie hat dabei die Neigung, Eignung und Leistungsfähigkeit der Ausbildungsuchenden und Arbeitsuchenden sowie die Anforderungen der angebotenen Stellen zu berücksichtigen.

(3) ¹Die Agentur für Arbeit hat Vermittlung auch über die Selbstinformationseinrichtungen nach § 41 Abs. 2 im Internet durchzuführen. ²Soweit es für diesen Zweck erforderlich ist, darf sie die Daten aus den Selbstinformationseinrichtungen nutzen und übermitteln.

§ 36 Grundsätze der Vermittlung

(1) Die Agentur für Arbeit darf nicht vermitteln, wenn ein Ausbildungs- oder Arbeitsverhältnis begründet werden soll, das gegen ein Gesetz oder die guten Sitten verstößt.

(2) ¹Die Agentur für Arbeit darf Einschränkungen, die der Arbeitgeber für eine Vermittlung hinsichtlich Geschlecht, Alter, Gesundheitszustand, Staatsangehörigkeit oder ähnlicher Merkmale des Ausbildungsuchenden und Arbeitsuchenden vornimmt, die regelmäßig nicht die berufliche Qualifikation betreffen, nur berücksichtigen, wenn diese Einschränkungen nach Art der auszuübenden Tätigkeit unerläßlich sind. ²Die Agentur für Arbeit darf Einschränkungen, die der Arbeitgeber für eine Vermittlung aus Gründen der Rasse oder wegen der ethnischen Herkunft, der Religion oder Weltanschauung, einer Be-

hinderung oder der sexuellen Identität des Ausbildungsuchenden und Arbeitsuchenden vornimmt, nur berücksichtigen, soweit sie nach dem Allgemeinen Gleichbehandlungsgesetz zulässig sind. ³Im übrigen darf eine Einschränkung hinsichtlich der Zugehörigkeit zu einer Gewerkschaft, Partei oder vergleichbaren Vereinigung nur berücksichtigt werden, wenn

1. der Ausbildungs- oder Arbeitsplatz in einem Tendenzunternehmen oder -betrieb im Sinne des § 118 Abs. 1 Satz 1 des Betriebsverfassungsgesetzes besteht und
2. die Art der auszuübenden Tätigkeit diese Einschränkung rechtfertigt.

(3) Die Agentur für Arbeit darf in einem durch einen Arbeitskampf unmittelbar betroffenen Bereich nur dann vermitteln, wenn der Arbeitsuchende und der Arbeitgeber dies trotz eines Hinweises auf den Arbeitskampf verlangen.

(4) ¹Die Agentur für Arbeit ist bei der Vermittlung nicht verpflichtet zu prüfen, ob der vorgesehene Vertrag ein Arbeitsvertrag ist. ²Wenn ein Arbeitsverhältnis erkennbar nicht begründet werden soll, kann die Agentur für Arbeit auf Angebote zur Aufnahme einer selbständigen Tätigkeit hinweisen; Absatz 1 gilt entsprechend.

§ 37 Potenzialanalyse und Eingliederungsvereinbarung

(1) ¹Die Agentur für Arbeit hat unverzüglich nach der Ausbildungsuchendmeldung oder Arbeitsuchendmeldung zusammen mit dem Ausbildungsuchenden oder Arbeitsuchenden dessen für die Vermittlung erforderlichen beruflichen und persönlichen Merkmale, seine beruflichen Fähigkeiten und seine Eignung festzustellen (Potenzialanalyse). ²Die Feststellung erstreckt sich auch darauf, ob und durch welche Umstände die berufliche Eingliederung erschwert ist.

(2) ¹In einer Eingliederungsvereinbarung, die die Agentur für Arbeit zusammen mit dem Ausbildungsuchenden oder Arbeitsuchenden trifft, werden für einen zu bestimmenden Zeitraum festgelegt
1. das Eingliederungsziel,
2. die Vermittlungsbemühungen der Agentur für Arbeit,
3. welche Eigenbemühungen zu seiner beruflichen Eingliederung der Ausbildungsuchende oder Arbeitsuchende in welcher Häufigkeit mindestens unternehmen muss und in welcher Form er diese nachzuweisen hat,
4. die vorgesehenen Leistungen der aktiven Arbeitsförderung.

²Die besonderen Bedürfnisse behinderter und schwerbehinderter Menschen sollen angemessen berücksichtigt werden. ³Bei Arbeitslosen, die einen Eingliederungsgutschein nach § 223 erhalten, soll in der Eingliederungsvereinbarung die Ausgabe des Eingliederungsgutscheins mit einem Arbeitsangebot oder einer Vereinbarung über die notwendigen Eigenbemühungen zur Einlösung des Eingliederungsgutscheins verbunden werden.

(3) ¹Dem Ausbildungsuchenden oder Arbeitsuchenden ist eine Ausfertigung der Eingliederungsvereinbarung auszuhändigen. ²Die Eingliederungsvereinbarung ist sich ändernden Verhältnissen anzupassen; sie ist fortzuschreiben, wenn in dem Zeitraum, für den sie zunächst galt, die Ausbildungsplatzsuche oder Arbeitsuche nicht beendet wurde. ³Sie ist spätestens nach sechsmonatiger Arbeitslosigkeit, bei arbeitslosen und ausbildungsuchenden Jugendlichen sowie in den Fällen des Absatzes 2 Satz 3 spätestens nach drei Monaten, zu überprüfen. ⁴Kommt eine Eingliederungsvereinbarung nicht zustande, sollen die nach Absatz 2 Satz 1 Nr. 3 erforderlichen Eigenbemühungen durch Verwaltungsakt festgesetzt werden.

§§ 37 a–37 c *(aufgehoben)*

§ 38 Rechte und Pflichten der Ausbildung- und Arbeitsuchenden

(1) ¹Personen, deren Arbeits- oder Ausbildungsverhältnis endet, sind verpflichtet, sich spätestens drei Monate vor dessen Beendigung persönlich bei der Agentur für Arbeit arbeitsuchend zu melden. ²Liegen zwischen der Kenntnis des Beendigungszeitpunktes und der Beendigung des Arbeits- oder Ausbildungsverhältnisses weniger als drei Monate, hat die Meldung innerhalb von drei Tagen nach Kenntnis des Beendigungszeitpunktes zu erfolgen. ³Zur Wahrung der Frist nach den Sätzen 1 und 2 reicht eine Anzeige unter Angabe der persönlichen Daten und des Beendigungszeitpunktes aus, wenn die persönliche Meldung nach terminlicher Vereinbarung nachgeholt wird. ⁴Die Pflicht zur Meldung besteht unabhängig davon, ob der Fortbestand des Arbeits- oder Ausbildungsverhältnisses gerichtlich geltend gemacht oder vom Arbeitgeber in Aussicht gestellt wird. ⁵Die Pflicht

zur Meldung gilt nicht bei einem betrieblichen Ausbildungsverhältnis. ⁶Im Übrigen gelten für Ausbildung- und Arbeitsuchende die Meldepflichten im Leistungsverfahren nach den §§ 309 und 310 entsprechend.

(2) ¹Ausbildung- und Arbeitsuchende, die Dienstleistungen der Bundesagentur in Anspruch nehmen, haben die für eine Vermittlung erforderlichen Auskünfte zu erteilen, Unterlagen vorzulegen und den Abschluss eines Ausbildungs- oder Arbeitsverhältnisses unter Benennung des Arbeitgebers und seines Sitzes unverzüglich mitzuteilen. ²Sie können die Weitergabe ihrer Unterlagen von ihrer Rückgabe an die Agentur für Arbeit abhängig machen oder ihre Weitergabe an namentlich benannte Arbeitgeber ausschließen. ³Die Anzeige- und Bescheinigungspflichten im Leistungsverfahren bei Arbeitsunfähigkeit nach § 311 gelten entsprechend.

(3) ¹Die Arbeitsvermittlung ist durchzuführen
1. solange der Arbeitsuchende Leistungen zum Ersatz des Arbeitsentgelts bei Arbeitslosigkeit oder Transferkurzarbeitergeld beansprucht,
2. solange der Arbeitsuchende in einer Arbeitsbeschaffungsmaßnahme gefördert wird oder
3. bei Meldepflichtigen nach Absatz 1 bis zum angegebenen Beendigungszeitpunkt des Arbeits- oder Ausbildungsverhältnisses.

²Im Übrigen kann die Agentur für Arbeit die Vermittlung einstellen, wenn der Arbeitsuchende die ihm nach Absatz 2 oder der Eingliederungsvereinbarung oder dem Verwaltungsakt nach § 37 Abs. 3 Satz 4 obliegenden Pflichten nicht erfüllt, ohne dafür einen wichtigen Grund zu haben. ³Der Arbeitsuchende kann sie erneut nach Ablauf von zwölf Wochen in Anspruch nehmen.

(4) ¹Die Ausbildungsvermittlung ist durchzuführen
1. bis der Ausbildungsuchende in Ausbildung, schulische Bildung oder Arbeit einmündet oder sich die Vermittlung anderweitig erledigt oder
2. solange der Ausbildungsuchende dies verlangt.

²Absatz 3 Satz 2 gilt entsprechend.

§ 39 Rechte und Pflichten der Arbeitgeber

(1) ¹Arbeitgeber, die Dienstleistungen der Bundesagentur in Anspruch nehmen, haben die für eine Vermittlung erforderlichen Auskünfte zu erteilen und Unterlagen vorzulegen. ²Sie können ihre Überlassung an namentlich benannte Ausbildung- und Arbeitsuchende ausschließen oder die Vermittlung auf die Überlassung von Daten geeigneter Ausbildung- und Arbeitsuchender an sie begrenzen.

(2) ¹Die Agentur für Arbeit soll dem Arbeitgeber eine Arbeitsmarktberatung anbieten, wenn erkennbar wird, dass ein gemeldeter freier Ausbildungs- oder Arbeitsplatz durch ihre Vermittlung nicht in angemessener Zeit besetzt werden kann. ²Sie soll diese Beratung spätestens nach drei Monaten anbieten.

(3) ¹Die Agentur für Arbeit kann die Vermittlung zur Besetzung eines Ausbildungs- oder Arbeitsplatzes einstellen, wenn
1. sie erfolglos bleibt, weil die Arbeitsbedingungen der angebotenen Stelle gegenüber denen vergleichbarer Ausbildungs- oder Arbeitsplätze so ungünstig sind, dass sie den Ausbildung- oder Arbeitsuchenden nicht zumutbar sind, und die Agentur für Arbeit den Arbeitgeber darauf hingewiesen hat,
2. der Arbeitgeber keine oder unzutreffende Mitteilungen über das Nichtzustandekommen eines Ausbildungs- oder Arbeitsvertrages mit einem vorgeschlagenen Ausbildung- oder Arbeitsuchenden macht und die Vermittlung dadurch erschwert wird,
3. die Stelle auch nach erfolgter Arbeitsmarktberatung nicht besetzt werden kann, jedoch frühestens nach Ablauf von sechs Monaten, die Ausbildungsvermittlung jedoch frühestens drei Monate nach Beginn eines Ausbildungsjahres.

²Der Arbeitgeber kann die Vermittlung erneut in Anspruch nehmen.

§ 40 *(aufgehoben)*

Dritter Abschnitt. Gemeinsame Vorschriften

§ 41 Allgemeine Unterrichtung

(1) Die Agentur für Arbeit soll Ausbildungsuchenden und Arbeitsuchenden sowie Arbeitgebern in geeigneter Weise Gelegenheit geben, sich über freie Ausbildungs- und Arbeitsplätze sowie über Ausbildung- und Arbeitsuchende zu unterrichten.

(2) ¹Bei der Beratung, Vermittlung und Berufsorientierung sind Selbstinformationseinrichtungen einzusetzen. ²Diese sind an die technischen Entwicklungen anzupassen.

(3) ¹Die Agentur für Arbeit darf in die Selbstinformationseinrichtungen Daten über Ausbildungsuchende, Arbeitsuchende und Arbeitgeber nur aufnehmen, soweit sie für die Vermittlung erforderlich sind und von Dritten keiner bestimmten oder bestimmbaren Person zugeordnet werden können. ²Daten, die von Dritten einer bestimmten oder bestimmbaren Person zugeordnet werden können, dürfen nur mit Einwilligung der Betroffenen aufgenommen werden. ³Dem Betroffenen ist auf Verlangen ein Ausdruck der aufgenommenen Daten zuzusenden. ⁴Die Agentur für Arbeit kann von der Aufnahme von Daten über Ausbildungs- und Arbeitsplätze, die dafür nicht geeignet sind, absehen.

§ 42 Einschränkung des Fragerechts

¹Die Agentur für Arbeit darf von Ausbildungsuchenden und Arbeitsuchenden Daten nicht erheben, die ein Arbeitgeber vor Begründung eines Ausbildungs- oder Arbeitsverhältnisses nicht erfragen darf. ²Daten über die Zugehörigkeit zu einer Gewerkschaft, Partei, Religionsgemeinschaft oder vergleichbaren Vereinigung dürfen nur beim Ausbildungsuchenden und Arbeitsuchenden erhoben werden. ³Die Agentur für Arbeit darf diese Daten nur erheben und nutzen, wenn

1. eine Vermittlung auf einen Ausbildungs- oder Arbeitsplatz
   a) in einem Tendenzunternehmen oder -betrieb im Sinne des § 118 Abs. 1 Satz 1 des Betriebsverfassungsgesetzes oder
   b) bei einer Religionsgemeinschaft oder in einer zu ihr gehörenden karitativen oder erzieherischen Einrichtung
   vorgesehen ist,
2. der Ausbildungsuchende oder Arbeitsuchende bereit ist, auf einen solchen Ausbildungs- oder Arbeitsplatz vermittelt zu werden und
3. bei einer Vermittlung nach Nummer 1 Buchstabe a die Art der auszuübenden Tätigkeit diese Beschränkung rechtfertigt.

§ 43 Ausnahmen von der Unentgeltlichkeit

(1) Die Agentur für Arbeit übt die Beratung und Vermittlung unentgeltlich aus.

(2) Die Agentur für Arbeit kann vom Arbeitgeber die Erstattung besonderer bei einer Arbeitsvermittlung entstehender Aufwendungen (Aufwendungsersatz) verlangen, wenn

1. die Aufwendungen den gewöhnlichen Umfang erheblich übersteigen und
2. sie den Arbeitgeber bei Beginn der Arbeitsvermittlung über die Erstattungspflicht unterrichtet hat.

(3) ¹Die Agentur für Arbeit kann von einem Arbeitgeber, der die Auslandsvermittlung auf Grund zwischenstaatlicher Vereinbarungen oder Vermittlungsabsprachen der Bundesagentur mit ausländischen Arbeitsverwaltungen in Anspruch nimmt, eine Gebühr (Vermittlungsgebühr) erheben. ²Die Vorschriften des Verwaltungskostengesetzes sind anzuwenden.

(4) Der Arbeitgeber darf sich den Aufwendungsersatz oder die Vermittlungsgebühr von dem vermittelten Arbeitnehmer oder einem Dritten weder ganz noch teilweise erstatten lassen.

§ 44 Anordnungsermächtigung

¹Die Bundesagentur wird ermächtigt, durch Anordnung die gebührenpflichtigen Tatbestände für die Vermittlungsgebühr zu bestimmen und dabei feste Sätze vorzusehen. ²Für die Bestimmung der Gebührenhöhe können auch Aufwendungen für Maßnahmen, die geeignet sind, die Eingliederung ausländischer Arbeitnehmer in die Wirtschaft und in die Gesellschaft zu erleichtern oder die der Überwachung der Einhaltung der zwischenstaatlichen Vereinbarungen oder Absprachen über die Vermittlung dienen, berücksichtigt werden.

Viertes Kapitel. Leistungen an Arbeitnehmer

Erster Abschnitt. Vermittlungsunterstützende Leistungen

§ 45 Förderung aus dem Vermittlungsbudget

(1) ¹Ausbildungsuchende, von Arbeitslosigkeit bedrohte Arbeitsuchende und Arbeitslose können aus dem Vermittlungsbudget der Agentur für Arbeit bei der Anbahnung oder

Aufnahme einer versicherungspflichtigen Beschäftigung gefördert werden, wenn dies für die berufliche Eingliederung notwendig ist. ²Sie sollen insbesondere bei der Erreichung der in der Eingliederungsvereinbarung festgelegten Eingliederungsziele unterstützt werden. ³Die Förderung umfasst die Übernahme der angemessenen Kosten, soweit der Arbeitgeber gleichartige Leistungen nicht oder voraussichtlich nicht erbringen wird.

(2) Nach Absatz 1 kann auch die Anbahnung oder die Aufnahme einer versicherungspflichtigen Beschäftigung mit einer Arbeitszeit von mindestens 15 Stunden wöchentlich in einem anderen Mitgliedstaat der Europäischen Union, einem anderen Vertragsstaat des Abkommens über den Europäischen Wirtschaftsraum oder in der Schweiz gefördert werden.

(3) ¹Die Agentur für Arbeit entscheidet über den Umfang der zu erbringenden Leistungen; sie kann Pauschalen festlegen. ²Leistungen zur Sicherung des Lebensunterhalts sind ausgeschlossen. ³Die Förderung aus dem Vermittlungsbudget darf die anderen Leistungen nach diesem Buch nicht aufstocken, ersetzen oder umgehen.

A. Allgemeines

1 Die Vorschrift ist **zum 1. 1. 2009** durch Art. 1 Nr. 22 des Gesetzes zur Neuausrichtung der arbeitsmarktpolitischen Instrumente vom 21. 12. 2008 (BGBl. I S. 2917) in das SGB III **eingefügt** worden. Die neuen Instrumente, insbesondere die Förderung aus dem Vermittlungsbudget, sollen die AA in die Lage versetzen, flexibel, bedarfsgerecht und unbürokratisch die berufliche Eingliederung der Suchenden zu unterstützen (vgl. BT-Drs. 16/10810, 38) sowie die Ziele der Eingliederungsvereinbarungen zu erreichen. Das Vermittlungsbudget soll die unterschiedlichen **Einzelhilfen,** mit denen die Arbeitsaufnahme bislang unterstützt wurde (z. B. Zuschüsse zu Bewerbungskosten, Fahrtkosten oder Umzugskosten), **bündeln.** Die Regelung dient einem individuellen Ansatz bei der Förderung der Vermittlung und soll die Vermittlungsfachkräfte vor Ort stärken (vgl. aaO, S. 38).

2 Das Vermittlungsbudget, das bei jeder AA eingeführt wird, soll es als neues Instrument der individuellen Förderung ermöglichen, die **Suchenden pass- und bedarfsgenau** mit Leistungen der aktiven Arbeitsförderung (§ 3 Abs. 1 Nr. 2) **zu unterstützen,** während zugleich die katalogartige Ausgestaltung der Leistungen für Förderung der Arbeitsaufnahme (§§ 48, 53 f. in der bis 31. 12. 2008 geltenden Fassung) zurückgeführt worden sind (vgl. aaO, S. 38 f.). Angestrebt wird vom Gesetzgeber nicht weniger als ein **Mentalitätswechsel** bei der Individualförderung. Im Vordergrund soll nicht die Frage stehen, welche Leistungen beantragt werden können, sondern ob und welche Vermittlungshemmnisse bestehen und ausgeräumt werden können (vgl. aaO, S. 39).

3 Für die Arbeit- bzw. Ausbildungsuchenden bleibt es bei einer **Ermessensentscheidung** über Art und Umfang der Leistung durch die AA. Die Zusammenfassung der Regelungen über Maßnahmen und der weite Entscheidungsspielraum der Vermittler können allerdings auch zur Folge haben, dass eine Entscheidung der AA schlechter nachvollziehbar und schwerer gerichtlich überprüfbar ist. Die hohen Anforderungen an das Verantwortungsbewusstsein der Vermittler werden daher zu Recht betont (vgl. aaO, S. 53). Zugleich soll die neue Art der Förderung eine Annäherung der Leistungen der aktiven Arbeitsförderung nach den SGB III an die entsprechenden Regelungen des SGB II bewirken („eng abgestimmt", vgl. aaO, S. 38).

4 **Innerhalb der Norm** bestimmt Absatz 1 den Kreis der Adressaten und die Ziele des Vermittlungsbudgets, das tatbestandlich auf das Notwendige und Angemessene beschränkt ist. Absatz 2 erweitert den Anwendungsbereich auf die Förderung von Beschäftigungen in der EU, dem europäischen Wirtschaftsraum oder der Schweiz. Absatz 3 regelt die Entscheidungskompetenz der AA, schließt Leistungen zur Sicherung des Lebensunterhalts aus und betont den Vorrang des Gesetzes bezüglich anderer Leistungen des SGB III.

B. Inhalt der Regelung

5 § 45 Abs. 1 ermächtigt und verpflichtet die örtliche AA, den Normadressaten aus ihrem Haushalt, konkret aus den Eingliederungsmitteln, Leistungen zur Förderung der Anbahnung und Aufnahme einer Beschäftigung bereitzustellen (vgl. BT-Drs. 16/10810, 52) bzw. – aus Sicht der Begünstigten – solche Leistungen zu gewähren. Die Vorschrift wird auch als **Generalklausel** der aktiven Arbeitsförderung bezeichnet (B. Schmidt in BeckOK, SGB III, § 45 Anm. 1). Mit der Anknüpfung am Vermittlungsbudget der AA steht die Förderung allerdings auch unter dem Vorbehalt, dass im Haushalt der jeweiligen AA entsprechende Mittel eingestellt sind – was durch das Gesetz impliziert ist – und diese auch noch nicht aufgebraucht sind, sondern zur Verfügung stehen. Es handelt sich bei den Eingliederungsmitteln der AA nicht um individuell einem Suchenden zugeordnete Finanzmittel, sondern um spezifische dem Zweck der Vermittlung dienende Haushaltsmittel der örtlichen AA.

I. Normadressaten

Die AA ist ermächtigt im Rahmen der ihr gesetzlich zugewiesenen Aufgabe „Vermittlung" (§§ 35 f.) die in § 45 genannten Personengruppen aus dem Vermittlungsbudget zu fördern. Der Kreis der **förderungsfähigen Personen** wird **abschließend** bezeichnet, ist aber weit gefasst. Die Regelung nimmt Bezug auf die gesetzliche Definition der „Berechtigten" im Zweiten Abschnitt des Ersten Kapitels des SGB III (§§ 12 bis 21). **Ausbildungsuchende** sind nach § 15 S. 1 Personen, die eine Berufsausbildung suchen. **Arbeitsuchende** sind Personen, die eine Beschäftigung als Arbeitnehmer suchen (§ 15 S. 2); dies gilt nach Satz 3 auch, wenn sie bereits eine Beschäftigung oder eine selbständige Tätigkeit ausüben. Bei der Gruppe der Arbeitsuchenden muss als weitere Voraussetzung hinzukommen, dass sie von Arbeitslosigkeit bedroht sind. Nach § 17 ist von Arbeitslosigkeit bedroht, wer versicherungspflichtig beschäftigt ist, alsbald mit der Beendigung der Beschäftigung rechnen muss und voraussichtlich nach Beendigung der Beschäftigung arbeitslos werden wird. Aus den in § 45 Abs 1 in Bezug genommenen Begriffsdefinitionen ergibt sich die Frage, ob die auf abhängig Beschäftigte zugeschnittene Definition des § 17 die Gruppe der **Selbständigen** aus der Förderung ausschließen soll (vgl. aber § 15 S. 3). Dies ist zu verneinen. Die Norm stellt auf den Begriff des Arbeitsuchenden ab. Auch selbständig Tätige, die eine die Arbeitslosigkeit ausschließende Erwerbstätigkeit ausgeübt haben (§ 119 Abs. 2) und alsbald mit deren Verlust rechnen müssen oder vor deren Aufgabe stehen und Arbeit in Form der versicherungspflichtigen Beschäftigung suchen, sind im Sinne der Vorschrift arbeitsuchend und von Arbeitslosigkeit bedroht.

Schließlich sind die **Arbeitslosen** (§ 16) mögliche Begünstige einer Förderung aus dem Vermittlungsbudget. Nach Maßgabe des § 16 ist es erforderlich, dass der zu fördernde Arbeitslose seine Beschäftigungslosigkeit beenden will (vgl. § 119 Abs. 1 Nr. 2), verfügbar ist (vgl. § 119 Abs. 1 Nr. 3, Abs. 5) und sich arbeitsuchend gemeldet hat (§§ 118 Abs. 1 Nr. 2, 122). Natürlich sind damit erst recht Langzeitarbeitslose, arbeitslose behinderte Menschen oder noch nicht wieder beschäftigte Berufsrückkehrer erfasst. Die Altersgrenze des § 117 Abs. 2 findet zwar keine unmittelbare Anwendung. Bei Personen, die die genannten Altersgrenzen überschritten haben, werden allerdings die Voraussetzungen der Arbeitsuche und die Verfügbarkeit genau zu prüfen sein. Im Folgenden werden die Normadressaten zusammenfassend **als Suchende bezeichnet**.

II. Zweck der Leistung

§ 45 definiert den **Bedarf** der Suchenden nur allgemein. Die Förderung wird nicht mehr an spezifische Voraussetzungen geknüpft. Vielmehr wird als **Ziel** der Förderung die Anbahnung oder Aufnahme einer **versicherungspflichtigen Beschäftigung** genannt. Auch die Förderungsziele sind abschließend benannt, zugleich aber weit gefasst. Nach der Gesetzesbegründung findet eine Förderung nach dieser Vorschrift statt, wenn sie zumindest im Zusammenhang mit der Anbahnung oder Aufnahme einer versicherungspflichtigen Beschäftigung steht (vgl. BT-Drs. 16/10810, 53). Ein versicherungspflichtiges Beschäftigungsverhältnis liegt nach § 25 ff. vor, wenn Personen oberhalb der Geringfügigkeitsgrenze gegen Arbeitsentgelt oder zu ihrer Berufsausbildung beschäftigt sind. Der Begriff der **Anbahnung** umfasst alle Tätigkeiten der AA, die darauf gerichtet sind, Arbeitnehmer und Arbeitgeber zur Begründung eines Beschäftigungsverhältnisses zusammen zu führen. Die zu fördernde Beschäftigung muss dabei die 15-Stunden-Grenze (§ 119 Abs. 2) nicht erreichen. Es genügt, dass die angebahnte Beschäftigung Versicherungspflicht in der Arbeitslosenversicherung begründet (§§ 24 f.; zur 15-Stunden-Grenze aber Abs. 2). Mit der Zielrichtung einer Anbahnung kann die AA persönliche Vermittlungshemmnisse beseitigen helfen. Die Förderung der **Aufnahme einer Beschäftigung** setzt dagegen bereits eine Konkretisierung der in Aussicht genommenen Beschäftigung voraus. Die Förderung muss nach beiden Alternativen auf die Vorbereitung oder Begründung eines sozialversicherungspflichtigen Beschäftigungsverhältnisses gerichtet sein. Die allgemeine Heranführung des Suchenden an die Erfordernisse des Arbeitsmarkts (dazu § 46), genügt nicht.

§ 45 Abs. 1 S. 1 stellt die mögliche Förderung unter die weitere Anforderung, dass diese zur Vermittlung des Suchenden **„notwendig"** ist. Bei der Beurteilung, ob diese Voraussetzung gegeben ist, steht der Vermittlungsfachkraft kein Beurteilungsspielraum zu (vgl. BT-Drs. 16/10810, 53). Zwar spricht die Gesetzesbegründung wiederholt von Handlungskompetenz und besonderer Verantwortung, andererseits haben Zweckmäßigkeits- und Effizienzgesichtspunkte erst in der zu treffende Ermessensentscheidung ihren Platz. Die „Notwendigkeit" der Förderung ist dagegen Tatbestandvoraussetzung; es handelt sich um einen unbestimmten Rechtsbegriff, dessen Auslegung und Anwendung gerichtlich voll überprüfbar ist. Der Gesetzgeber wollte bei Prüfung der „Notwendigkeit" auch eine individuelle Bedürftigkeitsprüfung ermöglichen (vgl. aaO, S. 53). Da die Bedürftigkeit ein der Arbeitslosenversicherung fremder Aspekt ist, bedarf es zur **Umsetzung diese Vorgabe einer materiellen Regelung,** die sich in § 45 nicht findet, die aber der Verordnungsgeber iRd § 47 zu treffen ermächtigt ist.

§ 45 Abs. 1 S. 2 regelt den Zweck der Förderung näher. Sie soll Eingliederungsziele unterstützen, die in einer **Eingliederungsvereinbarung** festgelegt sind. Die Regelung findet nur Anwendung, wenn eine Eingliederungsvereinbarung geschlossen worden ist. Die zwischen dem Suchenden und der AA vereinbarten Eingliederungsziele können durch Förderung nach § 45 unterstützt werden. Damit wird besonders deutlich, dass die Suchenden nach §§ 45 f. mehr Gestaltungsmöglichkeiten (vgl. BT-Drs. 16/10.810, 39) für den Prozess ihrer beruflichen Eingliederung erhalten. Sie können Vermittlungshindernisse, besondere beschäftigungsrelevante Bedarfe und Qualifikationserfordernisse durch Aufnahme in eine Eingliederungsvereinbarung herausstellen und dadurch den Weg zu einer Förderung ebnen.

III. Art und Umfang der Förderung aus dem Vermittlungsbudget

11   Die Förderung nach § 45 ist nach Art und Umfang der zu deckenden Bedarfe nicht eingeschränkt. Die früheren Leistungen wie die Unterstützung der Beratung und Vermittlung, Mobilitätshilfen, Anschaffung von beruflich erforderlicher Ausrüstung sowie Leistungen aus der bisherigen freien Förderung (§ 10 aF) sind von der Reglung weiter umfasst. Die Förderung kann sich weiterhin auf Bewerbungskosten, Reisekosten, Mobilitätshilfen erstrecken, das gilt auch für Fahrten zur Vermittlung und Beratung (vgl. aaO, S. 53). Nach zunehmender Umstellung der Vermittlung auf Onlineangebote wie SIS können auch Kosten für die Fahrt zur Nutzung dieser Möglichkeit der Vermittlung übernommen werden. Allerdings wird hier besonders zu prüfen sein, ob der Arbeitssuchende nicht ohnehin Zugang zu diesen Informationsquellen hat und – wenn nein – wieviele solche Reisen „notwendig" sind (aA Thüringer LSG 10. 9. 2008 – L 10 AL 528/05). Auch andere sinnvolle Hilfen und Unterstützungen (innovative und bessere Ansätze) sollen ermöglicht werden (vgl. BT-Drs. 16/10810, S. 39). Es geht darum, unabhängig von bestimmten gesetzlichen Beschränkungen Bedarfe des Einzelnen zu erfassen und Hemmnisse der Vermittlung zu beseitigen, um diese dadurch zu unterstützen. Deshalb wird es dem Ansatz der Vorschrift nicht gerecht, den Nachweis von Bewerbungsunterlagen in Schriftform zu verlangen, zumal die Arbeitgeber zunehmend auf Onlinebewerbungen setzen. Ziel der Förderung nach § 45 ist die rasche und einzelfallbezogene Erfassung von Bedarfen und schnelle Entscheidung über notwendige Hilfen zur Vermittlung. Der darüber hinaus angedachte Experimentiertopf ist nicht Teil des Vermittlungsbudgets, sondern steht der AA ergänzend zur Verfügung (jetzt § 421 h).

12   Der **Umfang** der zu gewährenden Förderung ist durch § 45 Abs. 1 S. 3 Hs. 1 beschränkt. Danach setzt eine Förderung voraus, dass nur **angemessene Kosten**" übernommen werden (ähnlich BSG 26. 8. 2008 – B 8/9b SO 18/07 R – Rn. 20 m. w. N.). Da aktive Leistungen der Arbeitsförderung dem Gebot der Wirtschaftlichkeit und Sparsamkeit bei der Verwendung von Beiträgen und Steuern zu folgen haben, sind die Kosten der Förderung auf das **gebotene Maß** begrenzt. Die für eine Förderung erforderlichen Mittel müssen ins Verhältnis gesetzt werden zur angestrebten Verbesserung der Vermittlungsaussichten. Die Beurteilung der Angemessenheit der Leistungen setzt zunächst die genaue Ermittlung des bestehenden Bedarfs voraus (vgl. BSG aaO), zB durch eine Potenzialanalyse (§ 37). Dem so ermittelten Bedarf sind die Kosten gegenüberzustellen, die für die Beseitigung der Vermittlungshindernisse aufzuwenden sind. An der Angemessenheit der Kosten fehlt es, wenn die Vermittlungschancen des Suchenden durch die Förderung nicht „erheblich", dh in objektiv feststellbarem Maß, verbessert werden können (vgl. aaO, S. 53). Eine Förderung nach § 45 „um jeden Preis" oder um einen „zu hohen" Preis ist also schon nach den Förderungsvoraussetzungen ausgeschlossen. Da den AA hinsichtlich des Umfangs der Förderung Ermessen eingeräumt ist (vgl unten Rn. 14), ist auch eine **teilweise Förderung** oder eine Förderung auf **Darlehensbasis** möglich (vgl Voelzke jurisPR-SozR 5/1009 Anm. 4; Stratmann in Niesel/Brand, SGB III, 5. Aufl. § 45 Rn. 26).

13   Eine Förderung kommt nicht in Betracht, wenn der (potenzielle) **Arbeitgeber gleichartige Leistungen** erbringt oder voraussichtlich erbringen wird (§ 45 Abs. 1 S. 3 Hs. 2). Der Arbeitgeber darf Leistungen zur Deckung eines gleichartigen Bedarfs entweder tatsächlich nicht oder ex ante betrachtet dem Suchenden wahrscheinlich nicht erbringen. Problematisch an dieser Regelung ist allerdings, dass die Arbeitgeber sich auf die Möglichkeiten der Förderung einstellen und Leistungen, die sie bisher erbracht haben, auf die AA überbürden können. Jedenfalls soweit keine Anhaltspunkte dafür bestehen, dass der Vermittlungserfolg gefährdet werden könnte, darf die AA – wie in jedem Verwaltungsverfahren – den Bedarf und den Umfang ihrer Leistungspflicht ermitteln. Dazu kann der Antragsteller und ggf. auch der Arbeitgeber befragt werden, um zu klären, ob Leistungen von Dritter Seite erbracht werden (aA Bieback in Gagel, SGB III, § 45 aF Rn. 12).

IV. Ermessen

14   Die AA entscheidet durch ihre Vermittlungsfachkräfte über das **Ob und den Umfang** der Förderung (zum Umfang der Förderung siehe auch § 45 Abs. 3 S. 1). Die Entscheidung steht im „pflichtgemäßen Ermessen" der AA (§ 3 Abs. 1 Nr. 2, Abs. 5), das bedeutet auch, dass auf die Förderung nach § 45 grundsätzlich **kein Rechtsanspruch** besteht (§ 39 Abs. 1 S. 1 SGB I), die Suchenden haben aber einen Anspruch auf ermessensfehlerfreie Entscheidung über einen Förderungsantrag (§ 39 Abs. 1 S. 2 SGB I). Die Ausübung pflichtgemäßen Ermessens durch die AA erfordert die Ermittlung der vermittlungsrelevanten Bedarfe der Suchenden, die Orientierung am Ziel der Anbahnung oder Aufnahme einer Beschäftigung. Die Begründung des VA muss die (pflichtgemäße) Ausübung des

Ermessens deutlich werden lassen. Ein Anspruch auf Förderung besteht ausnahmsweise dann, wenn das Ermessen der AA bezüglich des Ob der Förderung auf „Null" reduziert wäre. Allerdings lässt sich bezüglich des Umfangs einer zweckmäßigen Förderung eine Ermessenreduzierung auf eine konkrete Hilfe nur schwer vorstellen. Soweit zwischen Bedarfen verschiedener Dringlichkeit abzuwägen ist, ist dies bei der Ermessensausübung ebenfalls zu berücksichtigen. Eine Entscheidung der AA, die durch VA zu treffen ist, ist rechtswidrig, wenn er an einem **Ermessensfehler** leidet. Diese sind Ermessensnichtgebrauch, Ermessensunterschreitung, Ermessensüberschreitung oder Ermessensfehlgebrauch (vgl. Keller in Meyer-Ladewig/Keller/Leitherer, SGG, 9. Aufl. 2008, § 54 Rn. 27 f.; zur Durchsetzung des Anspruchs auf fehlerfreie Ausübung des Ermessens im Vorverfahren bzw. im einem Rechtsstreit vgl. Keller, aaO § 85 Rn. 4 bzw. § 131 Rn. 2 und 12 f).

Nach der Vorstellung des Gesetzgebers sollen Leistungen nur erbracht werden, wenn die Aufnahme 15 der **Beschäftigung ohne Förderung nicht zu Stande kommt.** Das ist nach dem Wortlaut des § 45 Abs. 1 allerdings zu eng. Nach der Vorschrift genügt es, dass durch die Förderung die Anbahnung einer Beschäftigung erreicht wird. Es wird allerdings keinen Ermessensfehler darstellen, wenn die AA Leistungen nach § 45 vorrangig auf Fälle konzentriert, in denen sich die Aufnahme einer Beschäftigung bereits konkretisiert hat. Der Zentralstelle der BA kommt die Aufgabe zu, durch Weisungen **Kriterien** für eine gleichmäßige Ausübung des Ermessens durch die örtlichen Arbeitsagenturen vorzugeben.

C. Erstreckung der Förderung auf die EU, den EWiR und die Schweiz

Anders als nach bisherigem Recht ist die Förderung aus dem Vermittlungsbudget nach Abs. 2 auch 16 möglich, um die Anbahnung oder Aufnahme einer Beschäftigung in einem Mitgliedstaat der **EU**, in einem Mitgliedstaat des Europäischen Wirtschaftsraums (**EWiR**), der über die Staaten der EU hinaus auch Island, Liechtenstein und Norwegen umfasst, sowie schließlich in der **Schweiz** zu unterstützen. Der bundesdeutsche Gesetzgeber hat mit der Regelung die Europäische Beschäftigungsstrategie der Europäischen Kommission umgesetzt, danach sind bei der Entscheidung über die Förderung auch deren Zielvorgaben zu berücksichtigen.

Wie nach § 45 Abs. 1 darf die AA nur die Anbahnung und Aufnahme von versicherungspflichtigen 17 Beschäftigungen fördern (vgl. oben Rn. 8). Weitergehend als nach Abs. 1 ist die Förderung auf Beschäftigungen mit einem Umfang von 15 Stunden und mehr beschränkt. Das sind Beschäftigungen, die nach § 119 Abs. 3 den Eintritt von Arbeitslosigkeit vermeiden oder Arbeitslosigkeit beenden. Die gesetzliche Differenzierung zwischen der Förderung jeglicher Beschäftigung nach Abs. 1 und einer mehr als kurzzeitigen Beschäftigung in Abs. 2 ist sachlich gerechtfertigt, denn die Versichertengemeinschaft wird durch Förderung einer Auslandsbeschäftigung nur auf der Leistungsseite entlastet, während die Beiträge für die aufgenommene Beschäftigung im Beschäftigungsstaat zu zahlen sind.

D. Umfang der Förderung – Entscheidungskompetenz, Ausschlüsse (Abs. 3)

Die AA entscheidet über den Umfang der Förderung nach Ermessen (vgl. Rn. 8, 14). § 45 Abs. 3 18 S. 1 stellt ergänzend klar, dass die AA Pauschalen festlegen kann. Die Festsetzung von Pauschalen zur Unterstützung der Suchenden ist allerdings auf häufig wiederkehrende Bedarfslagen zu beschränken. Andernfalls widersprechen sie der Idee des § 45, nämlich einer Individualförderung nach präziser Bedarfsermittlung. Die Förderung nach Pauschalen kann aber aus Gründen der Verwaltungsvereinfachung und zur Gewährleistung einer gleichmäßigen Rechtsanwendung in Teilbereichen sachgerecht sein.

Leistungen zur Sicherung des (unmittelbaren) Lebensunterhalts dürfen nicht erbracht werden 19 (Abs. 3 S. 2). Die Förderung nach § 45 soll nicht der Aufstockung von Leistungen der Grundsicherung nach dem SGB II oder von Berufsausbildungsbeihilfe (§§ 65, 66) dienen. Leistungen zur Sicherung des Lebensunterhalts sind i. d. R. auch nicht geeignet, die Vermittlung in eine Beschäftigung zu fördern. Die AA kann den Verbrauch von Fördermitteln zur Sicherung des Lebensunterhalts zB dadurch verhindern, dass sie die Suchenden mit **Sach- anstatt mit Geldleistungen** unterstützt.

Die Förderung aus dem Vermittlungsbudget darf „die anderen Leistungen" nach diesem Buch nicht 20 aufstocken, ersetzen oder umgehen (§ 45 Abs. 3 S. 3). Diese Regelung schränkt die Art der in Betracht kommenden Leistungen nach § 45 erheblich ein. Während Abs. 1 an einen weiten Gestaltungsspielraum lässt, schließt Abs. 3 S. 3 eine Kumulation der Förderung mit allen im SGB III vorgesehenen Leistungen aus, wenn beide Leistungsarten zeitlich zusammentreffen und die Förderung die andere Leistung aufstockt, ersetzt oder die dortigen Voraussetzungen umgeht. Eine Aufstockung oder Ersetzung liegt allerdings nur vor, wenn die andere Leistung denselben Zielen dient. Über § 45 kann daher zB nicht eine Förderung der Berufsausbildung (§ 59 f.) oder der beruflichen Weiterbildung (§§ 77 f.) gefördert werden, da dies die genannten spezifisch ausgestalteten Leistungen aufstocken oder deren Voraussetzungen umgehen könnte. Dagegen kann neben Alg eine Förderung nach § 45 erfolgen, solange diese nicht lediglich die Erhöhung der Entgeltersatzleistung bezweckt, sondern spezifisch der Erleichterung der Vermittlung dient. Die Förderung darf nicht nach der Erschöpfung der gesetzlichen Anspruchsdauer eine Entgeltersatz- oder eine Leistung der aktiven Arbeitsförderung ersetzen, da dadurch die Regelung zur Anspruchsdauer umgangen würde.

§ 46 Maßnahmen zur Aktivierung und beruflichen Eingliederung

(1) [1] Ausbildungsuchende, von Arbeitslosigkeit bedrohte Arbeitsuchende und Arbeitslose können bei Teilnahme an Maßnahmen gefördert werden, die ihre berufliche Eingliederung durch

1. Heranführung an den Ausbildungs- und Arbeitsmarkt,
2. Feststellung, Verringerung oder Beseitigung von Vermittlungshemmnissen,
3. Vermittlung in eine versicherungspflichtige Beschäftigung,
4. Heranführung an eine selbständige Tätigkeit oder
5. Stabilisierung einer Beschäftigungsaufnahme

unterstützen (Maßnahmen zur Aktivierung und beruflichen Eingliederung). [2] Versicherungspflichtige Beschäftigungen mit einer Arbeitszeit von mindestens 15 Stunden wöchentlich in einem anderen Mitgliedstaat der Europäischen Union oder einem anderen Vertragsstaat des Abkommens über den Europäischen Wirtschaftsraum sind den versicherungspflichtigen Beschäftigungen nach Satz 1 Nr. 3 gleichgestellt. [3] Die Förderung umfasst die Übernahme der angemessenen Kosten für die Teilnahme, soweit dies für die berufliche Eingliederung notwendig ist. [4] Die Förderung kann auf die Weiterleistung von Arbeitslosengeld beschränkt werden.

(2) [1] Die Dauer der Einzel- oder Gruppenmaßnahmen muss ihrem Zweck und ihrem Inhalt entsprechen. [2] Soweit Maßnahmen oder Teile von Maßnahmen nach Absatz 1 bei oder von einem Arbeitgeber durchgeführt werden, dürfen diese jeweils die Dauer von vier Wochen nicht überschreiten. [3] Die Vermittlung von beruflichen Kenntnissen in Maßnahmen zur Aktivierung und beruflichen Eingliederung darf die Dauer von acht Wochen nicht überschreiten. [4] Maßnahmen zur Förderung der Berufsausbildung sind ausgeschlossen.

(3) Arbeitslose können von der Agentur für Arbeit die Zuweisung in eine Maßnahme zur Aktivierung und beruflichen Eingliederung verlangen, wenn sie sechs Monate nach Eintritt ihrer Arbeitslosigkeit noch arbeitslos sind.

(4) [1] Das Vergaberecht findet Anwendung. [2] Die Vergütung richtet sich nach Art und Umfang der Maßnahme und kann aufwands- und erfolgsbezogen gestaltet sein; eine Pauschalierung ist zulässig.

A. Allgemeines

1 Die Vorschrift ist **zum 1. 1. 2009** durch Art. 1 Nr. 22 des Gesetzes zur Neuausrichtung der arbeitsmarktpolitischen Instrumente vom 21. 12. 2008 (BGBl. I S. 2917) **neu gefasst** worden. § 46 findet über den Verweis des **§ 16 SGB II** auch im Bereich der **Grundsicherung** für erwerbsfähige Arbeitsuchende Anwendung.

2 Die Maßnahmen zur Aktivierung und beruflichen Eingliederung sollen den AA die Möglichkeit eröffnen, Träger mit den in Abs. 1 bezeichneten Maßnahmen zu betrauen, um den Suchenden ergänzend zur Vermittlungstätigkeit der AA Unterstützungsangebote zu unterbreiten (vgl. BT-Drs. 16/10810, 54). Die Neuregelung soll die bisher verstreut geregelten Instrumente des SGB III, die Beauftragung Dritter, die Personal-Service-Agenturen, Trainingsmaßnahmen, Beauftragung von Trägern mit Eingliederungsmaßnahmen, Aktivierungshilfen usw. zusammenfassen und weiterführen. Die Instrumente des § 46 sind nicht nur auf eine Beschäftigung ausgerichtet, sondern sollen die individuelle Beschäftigungsfähigkeit durch Erhalt und Ausbau von Fertigkeiten und Fähigkeiten fördern und dadurch die **berufliche Eingliederung umfassend unterstützen** (vgl. BT-Drs. 16/10810, S. 39, 54). Zugleich soll die Einschaltung von Dritten, insbesondere von Trägern, erleichtert werden, da diese innovative vermittlungsnahe Dienstleistungen anbieten.

3 **Innerhalb des § 46** gibt in Absatz 1 die **Legaldefinition** des Begriffs „Maßnahmen zur Aktivierung und beruflichen Eingliederung". Die Vorschrift bestimmt zudem die Adressaten der Förderung, die Arten und Ziele der Förderung, die auf Maßnahmen von Trägern beschränkt sind. § 46 Abs. 1 S. 2 erweitert den Anwendungsbereich auf die Förderung von Beschäftigungen in der EU oder dem Europäischen Wirtschaftsraum. Absatz 2 begrenzt den Umfang der Förderung allgemein und insbesondere bei Maßnahmen von Arbeitgebern. Absatz 3 gibt nach sechsmonatiger Arbeitslosigkeit einen Rechtsanspruch auf die Zuweisung in eine Maßnahme, Absatz 4 erklärt für die Auswahl und die Einschaltung der Träger das Vergaberecht für anwendbar und regelt Grundsätze von deren Vergütung.

B. Inhalt der Regelung

§ 46 Abs. 1 ermächtigt und verpflichtet die örtliche AA, die Adressaten mit den im Einzelnen bezeichneten Maßnahmen zu fördern. Die örtlichen AA können die Maßnahmen als Leistungen erbringen, die die Vermittlung unterstützen. Im Rahmen des § 46 kann künftig jede Maßnahme **Dritter** gefördert werden (AS-Ausschuss-Drucks 16(11)1187, S. 14 f.). Bei den geförderten Maßnahmen handelt es sich um Leistungen der aktiven Arbeitsförderung (§ 3 Abs. 1 Nr. 3), deren Gewährung – abgesehen vom Rechtsanspruch des Abs. 3 – im pflichtgemäßen Ermessen der jeweiligen AA stehen (vgl. § 3 Abs. 5). 4

I. Adressaten der Norm

Die AA ist ermächtigt, die abschließend genannten Gruppen von Berechtigen zu fördern. Die Regelung nimmt Bezug auf die gesetzlichen Definitionen in §§ 12 bis 21. **Ausbildungsuchende** sind nach § 15 S. 1 Personen, die eine Berufsausbildung suchen. **Arbeitsuchende** sind Personen, die eine Beschäftigung als Arbeitnehmer suchen; dies gilt auch für Personen, die (bisher) eine Beschäftigung ausgeübt haben oder als **Selbständige** tätig gewesen sind (§ 15 S. 2, 3). Schließlich können **Arbeitslose** (§ 16) gefördert werden (näher zu diesen Begriffen § 45 Rn. 6). Über § 20 sind hier auch die Berufsrückkehrer erfasst. Die BA erstreckt durch ihre Geschäftsanweisung (BA zu § 46 SGB III, Anm. 46.02) die Förderung auch auf Hochschulabsolventen und Beschäftigte in Transfer- und Auffanggesellschaften (vgl. auch § 216 b). 5

II. Inhalt der Förderung

Die Maßnahmen der Aktivierung und beruflichen Eingliederung sollen die geförderten Personen entweder **aktivieren** oder deren berufliche **Eingliederung** unterstützen. An diesem vom Gesetz hervorgehobenen und übergreifenden Zweck der Förderung hat sich die Auslegung der Vorschrift zu orientieren. Anders als nach § 45 werden die vermittlungsunterstützenden Leistungen nach § 46 nicht durch die AA, sondern durch Dritte, insbesondere Träger (§ 21) und Arbeitgeber (Abs. 2 S. 1), durchgeführt. Die Einschaltung Externer soll eine größtmögliche Flexibilität bei der Ausgestaltung der Maßnahmen gewährleisten (vgl. BT-Drs. 16/10810, S. 55). Die Maßnahmen können als Einzel- oder Gruppenmaßnahme ausgestaltet sein (vgl. § 46 Abs. 2 S. 1). Sie können neben den Hauptzwecken – Aktivierung und berufliche Eingliederung – auch sozialpädagogische Begleitung anbieten (vgl. BT-Drs. aaO). 6

Welchen Zielen die Maßnahmen dienen müssen, die die Suchenden bei der beruflichen Eingliederung unterstützen, wird in § 46 Abs. 1 S. 1 Nr. 1 bis 5 abschließend aufgeführt. Das in der Vorschrift genannte Spektrum von Maßnahmezielen geht über die Vermittlung in eine Beschäftigung hinaus und zielt allgemein auf die berufliche Eingliederung. Die Maßnahmen sollen die Suchenden **vorbereitend** aktivieren, sie an den Arbeitsmarkt heranführen, zB durch Feststellung von Hemmnissen für die Vermittlung. Sie können **nachsorgend** eine bereits aufgenommene Beschäftigung stabilisieren. Sie können auch auf die Heranführung an eine selbständige Tätigkeit gerichtet sein, deren Aufnahme wiederum nach § 57 (Gründungszuschuss) gefördert werden kann (vgl. aber § 16 c SGB II). Die Förderung nach § 46 Abs. 1 geht damit deutlich über die Ziele der Förderung nach § 45 hinaus. Eine Maßnahme kann ua eine Arbeitnehmerüberlassung in Form betrieblicher Trainingsmaßnahmen beinhalten. Auch Kombinationsförderungen sind möglich. 7

Allerdings ist auch die Förderung von Maßnahmen mit dem Ziel der **Vermittlung** möglich, wenn diese auf einen Träger übertragen ist (Nr. 3). Die Regelung soll auch die Möglichkeiten des früheren § 37 (Einschaltung Dritter) und des § 421 i jeweils i. d. F. bis 31. 12. 2008 (Beauftragung von Trägern mit Eingliederungsmaßnahmen) umfassen. Damit ist in erster Linie die ergänzende Heranziehung Dritter zur Vermittlung gemeint. Aber auch die Zuweisung an einen Träger zur alleinigen Vermittlung (§ 37 Abs. 2 a. F.) war schon bisher zulässig und bleibt weiterhin möglich. Im Falle der Zuweisung an einen Träger ist dem Suchenden allerdings ein Widerspruchsrecht zuzubilligen (vgl. zu § 37 a. F. Mutschler in NK-SGB III, 3. Aufl. 2008, § 37 Rn. 9 f.). 8

Neben der Übernahme der Kosten der Maßnahme selbst kann sich die Förderung auch auf die Weiterzahlung von **Entgeltersatzleistungen** erstrecken (vgl. § 46 Abs. 1 S. 4). Allerdings müssen sich Entgeltersatzleistungen der Höhe nach im Rahmen des gesetzlich vorgesehenen Leistungsumfangs (zB § 129, 178) halten . 9

§ 46 Abs. 1 S. 3 Halbs. 2 stellt die Förderung unter die weitere Voraussetzung, dass diese zur beruflichen Eingliederung des Suchenden „notwendig" ist. Bei der Beurteilung, ob die Notwendigkeit der Förderung gegeben ist, steht der Vermittlungsfachkraft der AA kein Beurteilungsspielraum zu (BT-Drs. aaO, S. 53). Das Merkmal „Notwendigkeit" ist vielmehr ein unbestimmter Rechtsbegriff, der an dem Ziel der beruflichen Eingliederung zu messen ist und der gerichtlich voll überprüfbar ist (vgl. auch § 45 Rn. 9). 10

Mutschler

III. Umfang der Förderung

11 § 46 Abs. 1 S. 3 beschränkt die Förderung von Maßnahmen zur Aktivierung und beruflichen Eingliederung auf die Übernahme **angemessener Kosten.** Bezüglich einer Maßnahme sind das die Kosten, die vom Träger für den einzelnen Maßnahmeteilnehmer tatsächlich erhoben werden und die in einem vertretbaren Verhältnis zu den Aufwendungen stehen, die zur Erreichung des Zwecks der Maßnahme erforderlich sind. Bezüglich jedes Teilnehmers sind die Kosten angemessen, die das zu seiner beruflichen Eingliederung gebotene Maß nicht übersteigen (vgl. § 45 Rn. 12). Neben den Teilnahmegebühren selbst kann sich die Förderung auch auf Fahrkosten, Kosten der Unterbringung und Verpflegung sowei Kinderbetreuungskosten erstrecken. Nach § 46 Abs. 1 S. 4 kann die Förderung auch in der Weiterleistung von Alg bestehen. Die Regelung betrifft Arbeitslose, die im Leistungsbezug stehen und nun einer Maßnahme zugewiesen werden sollen. Die Regelung impliziert, dass der Anspruch auf Alg noch nicht ausgeschöpft ist, sie eröffnet nicht die Weiterzahlung über die gesetzliche Anspruchsdauer hinaus.

12 Auch in zeitlicher Hinsicht ist die Förderung auf das Angemessene beschränkt. Die Dauer von Einzel- und Gruppenmaßnahmen muss gemäß § 46 Abs. 2 S. 1 deren Zweck und Inhalt entsprechen. Sie darf das zur Aktivierung und beruflichen Eingliederung gebotene Maß nicht übersteigen. Nach Zahl oder Dauer der Maßnahmen sind der Förderung allerdings **keine Grenzen** gesetzt.

IV. Ermessen

13 Die AA entscheidet durch ihre Vermittler/Fallmanager über das **Ob und den Umfang** der Förderung nach „pflichtgemäßem Ermessen" (§ 3 Abs. 1 Nr. 3, Abs. 5). Das bedeutet, dass auf die Förderung nach § 46 grundsätzlich kein Rechtsanspruch besteht (§ 39 Abs. 1 S. 1 SGB I; Ausnahme: § 46 Abs. 3, dazu unten Rn. 16 f.), die Suchenden haben „nur" einen Anspruch auf ermessensfehlerfreie Entscheidung über einen Förderantrag (§ 39 Abs. 1 S. 2 SGB I). Die sachgerechte Ausübung pflichtgemäßen Ermessens durch die AA setzt zunächst die Ermittlung des Bedarfs der Suchenden voraus. Die Entscheidung der AA, die in einem zu begründenden VA zu treffen ist, ist rechtswidrig, wenn der VA an einem **Ermessensfehler** leidet. Ermessensfehler sind Ermessensnichtgebrauch, Ermessensunterschreitung, Ermessensüberschreitung oder Ermessensfehlgebrauch (vgl. Keller in Meyer-Ladewig, SGG, 9. Aufl. 2008, § 54 Rn. 27 f.). Ein Anspruch auf Förderung kann ausnahmsweise dann bestehen, wenn das Ermessen der AA bezüglich des Ob der Förderung auf „Null" reduziert ist. Allerdings lässt sich bezüglich des Umfangs einer zweckmäßigen Förderung eine Ermessenreduzierung auf eine konkrete Maßnahme nur schwer vorstellen (zur Durchsetzung des Anspruchs auf fehlerfreie Ausübung des Ermessens im Vorverfahren bzw. im einem Rechtsstreit vgl. Keller, aaO § 85 Rn. 4 bzw. § 131 Rn. 2 und 12 f.). Aufgrund des Ermessensspielraums der AA ist eine Durchsetzung von Maßnahmen zur Aktivierung und beruflichen Eingliederung im Wege des einstweiligen Rechtsschutzes mangels eines Anordnungsanspruchs regelmäßig nicht möglich (vgl. LSG Nordrhein-Westfalen vom 21. 1. 2009 – L 19 B 219/08 AS).

V. Förderung der Vermittlung in EU und EWiR

14 Vergleichbar mit § 45 Abs. 2 (vgl. dort Rn. 16) ist die Förderung nach § 46 Abs. 1 S. 2 auch zulässig, um die Anbahnung oder die Aufnahme einer Beschäftigung in einem Mitgliedsstaat der EU oder in einem Mitgliedsstaat des Europäischen Wirtschaftsraums (EWiR) zu unterstützen. Die Vermittlung in die Schweiz ist allerdings mit Rücksicht auf das dortige staatliche Vermittlungsmonopol nicht vorgesehen (vgl. BT-Drs. 16/10810, S. 54 f.). Die Regelung soll die Europäische Beschäftigungsstrategie der Europäischen Kommission umsetzen. Die Erstreckung der Förderung auf Auslandssachverhalte ist allerdings dadurch eingeschränkt, dass diese sich nur auf die Förderung einer versicherungspflichtigen Beschäftigung bezieht (§ 46 Abs. 1 S. 1 Nr. 3). Deshalb ist die Förderung auf die Vermittlung einer 15 oder mehr Stunden pro Woche dauernden (vgl. § 45 Rn. 17) Beschäftigung in der EU oder dem EWiR beschränkt.

C. Spezifische Einschränkungen der Förderung (Abs. 2)

15 § 46 Abs. 2 regelt eine Reihe von Einschränkungen für die in Abs. 1 zunächst weit angelegte Förderung (zur Orientierung der Dauer der Förderung an Zweck und Inhalt der Maßnahme: oben Rn. 11). **Maßnahmen, die Arbeitgeber durchführen,** sind zwar wegen des erhofften Klebeeffekts (vgl. BT-Drs. 16/10.810, S. 55) erwünscht, dürfen aber die Dauer von vier Wochen nicht überschreiten (§ 46 Abs. 2 S. 2). Die Vorschrift schließt die Förderung von Maßnahmen von vornherein aus, wenn sie von Arbeitgebern angeboten werden und auf längere Dauer angelegt sind. Auch soweit ein Träger die Maßnahme anbietet und dieser Teile der Maßnahme bei einem Arbeitgeber durchführen lässt, darf dieser Teil den zeitlichen Umfang von vier Wochen nicht übersteigen. Allerdings ist der

Förderausschluss für Arbeitgeber (§ 51 aF), wenn dieser die zu fördernde Person in den letzten vier Jahren vor der Maßnahme mehr als drei Monate beschäftigt hat, entfallen.

Eine weitere Einschränkung gilt für die Vermittlung **beruflicher Kenntnisse** (Satz 3). Berufliche Kenntnisse sind nicht nur allgemeine Fertigkeiten und Fähigkeiten, die auf dem Arbeitsmarkt von Nutzen sind, sondern auch solche, die zur Ausübung eines spezifischen Berufsbilds benötigt und eingesetzt werden. Auf die Vermittlung berufsspezifischer Kenntnisse gerichtete Maßnahmen dürfen die Dauer von acht Wochen allerdings nicht übersteigen. Maßnahmen von Arbeitgebern sind auch in diesem Zusammenhang auf vier Wochen begrenzt. Träger können also Maßnahmen zur Vermittlung beruflicher Kenntnisse auf bis zu acht Wochen anlegen. Die Förderung länger dauernder Maßnahmen dieses Typs ist ausgeschlossen, um die berufsspezifische Einarbeitung von Beschäftigten nicht auf die Arbeitslosenversicherung zu verlagern. Maßnahmen zur Förderung der **Berufsausbildung** sind durch § 46 Abs. 2 Satz 4 generell ausgeschlossen. Die Förderung von Berufsausbildungen soll weiterhin nach §§ 59, 235 a, 240 f erfolgen (Stratmann in Niesel/Brand, SGB III, 5. Auflage § 46 Rn. 15). 16

D. Rechtsanspruch auf Förderung (Abs. 3)

Arbeitslose (§ 16, vgl. auch Rn. 4), nicht dagegen Ausbildung- oder Arbeitsuchende, haben gegen die AA einen **Anspruch auf** Zuweisung in eine Maßnahme nach § 46 Abs. 1 S. 1, wenn sie sechs Monate nach Beginn der Arbeitslosigkeit weiter arbeitslos sind. Die Regelung ordnet die Intensivierung der Vermittlung nach sechsmonatiger Arbeitslosigkeit an. Der Arbeitslose muss den Anspruch gegenüber der AA in geeigneter Weise geltend machen. Eine vergleichbare Regelungen ist es bis 31. 12. 2008 in Bezug auf die Zuweisung zur Vermittlung durch Dritte gegeben (§ 37 Abs. 4; vgl. BT-Drs. 16/10810, S. 56). Der Anspruch wird durch § 46 Abs. 3 nun auf alle Maßnahmen zur Aktivierung und beruflichen Eingliederung erstreckt; auch die Vermittlung durch Dritte ist weiterhin erfasst (Abs. 1 S. 1 Nr. 3). Nach Ablauf von sechs Monaten nach Eintritt der Arbeitslosigkeit entsteht ein subjektives Recht auf Förderung mit einer Maßnahme iSd Absatz 2. 17

Die **Sechs-Monats-Frist** für die Dauer der Arbeitslosigkeit ist an den Eintritt von Arbeitslosigkeit geknüpft. Die Dauer der Arbeitslosigkeit ist zusammenhängend zurückzulegen, sie darf nicht unterbrochen sein. Tritt Arbeitslosigkeit zB am 1. 12. ein, fällt am 1. 2. für einen Monat weg (Zwischenbeschäftigung) und tritt ab 1. 3. wieder ein, so läuft die 6-Monats-Frist ab dem Wiedereintritt der Arbeitslosigkeit neu. Weitere Voraussetzungen als die Arbeitslosigkeit und deren Zeitdauer, zB spezifische Vermittlungserschwernisse (§ 35 Abs. 1 S. 4), müssen nicht vorliegen. 18

Der Anspruch ist auf die „**Zuweisung**" zu einer Maßnahme gerichtet, also auf das Ob der Förderung. Die AA muss den längerfristig Arbeitslosen durch VA in eine Maßnahme zuweisen. Der Anspruch kann im Falle der Ablehnung einer Zuweisung mit der Anfechtungs- und Leistungsklage, bei dem Unterlassen einer Entscheidung mit der Verpflichtungsklage gerichtlich geltend gemacht werden. Bezüglich der Auswahl der geeigneten und angemessenen Maßnahme bleibt es bei einem Auswahlermessen der AA (vgl. BT-Drs. 16/10810, S. 56 zu Abs. 3). 19

Ist eine Maßnahme aufgrund einer Ermessensentscheidung der AA schon vor Ablauf einer sechsmonatigen Dauer der Arbeitslosigkeit gewährt worden und inzwischen beendet, steht eine Wiederholung der **Maßnahme** dem Anspruch nach dem Wortlaut der Vorschrift nicht entgegen. Der Arbeitslose kann sich nach Ablauf der genannten Frist, gezielt (weiter) um die berufliche Eingliederung bemühen. Soweit allerdings eine Maßnahme bei Ablauf der Sechs-Monats-Frist bereits durchgeführt wird, besteht ein (weitergehender) Anspruch des Arbeitslosen nicht. 20

E. Vergaberecht und Vergütung der Träger (Abs. 4)

§ 46 Abs. 4 regelt das Verhältnis der AA zu den Trägern der Maßnahmen, auch soweit es sich um Arbeitgeber handelt. Für die Aufnahme von Maßnahmen in die Förderung der AA findet das **Vergaberecht** Anwendung. Für das Vergabeverfahren gilt das Gesetz gegen Wettbewerbsbeschränkungen (GWB), die Verdingungsordnung für Leistungen (VOL/A) sowie europäisches Wettbewerbsrecht, insbesondere ist die Notwendigkeit von europaweiten Ausschreibungen bei Überschreiten eines Auftragsvolumens von 200.000,– € zu beachten. Der Rechtsweg führt über die Vergabekammern zu den Oberlandesgerichten (§§ 104, 116 GWB). 21

Gem. § 46 Abs. 4 S. 2 richtet sich die **Vergütung** nach Art und Umfang der Maßnahme. Sie kann aufwands- oder erfolgsbezogen gestaltet werden. Eine Pauschalierung ist zulässig. Die Regelung ist der früheren § 421i Abs. 3 nachgebildet, verzichtet allerdings auf das Gebot einer vertraglichen Fixierung des Vergütungsanspruchs. AA und Träger können sich auf eine aufwands- oder erfolgsbezogene Vergütung einigen, aber auch Kombinationen sind zulässig, zB Erstattung des Aufwands verbunden mit einer Erfolgskomponente bei erfolgreicher Eingliederung (so auch Stratmann in Niesel/Brand, SGB III, 5. Aufl. § 46 Rn. 18). Im Rahmen der Anhörung zur Gesetzesänderung haben Sachverständige zutreffend darauf hingewiesen, dass die Pflicht zur formellen Vergabe der Maßnahmen zu Stan- 22 dardisierungen führt und dadurch individuelle Hilfen erschwert, weil das vergaberechtliche Transparenzgebot verlangt, dass die benötigte Dienstleistung bereits im Voraus im Wesentlichen beschrieben ist. Dies Festlegung auf das Vergaberecht steht damit in einem Zielkonflikt mit dem Regelungszweck einer passgenauen individuellen Förderung, da sie abweichende Vereinbarungen mit den Trägern erschwert (AS-Ausschuss-Drucks. 16(11)1187, S. 48).

§ 47 Verordnungsermächtigung

Das Bundesministerium für Arbeit und Soziales wird ermächtigt, durch Rechtsverordnung, die nicht der Zustimmung des Bundesrates bedarf, das Nähere über Voraussetzungen, Grenzen, Pauschalierung und Verfahren der Förderung zu bestimmen.

1 § 47 ist eine **Ermächtigungsgrundlage** zum Erlass einer Rechtsverordnung iS des Art. 80 Abs. 1 GG. Sie ermächtigt das BMAS, Voraussetzungen, Grenzen, Pauschalierung und Verfahren der Förderung näher zu regeln. Das BMAS kann eine Rechtsverordnung sowohl zur Förderung aus dem Vermittlungsbudget (§ 45) als auch zu den Maßnahmen zur Aktivierung und beruflichen Eingliederung (§ 46) erlassen und diese Leistungen normativ ausgestalten.

2 Allerdings wollte der Gesetzgeber mit den §§ 45, 46 eine weitgehende Flexibilität in der Ausgestaltung der Leistung vor Ort und einen weitgehenden Individualbezug der Förderung ermöglichen (kritisch daher zur Ermächtigung des § 47 die BDA in der Anhörung des Deutschen Bundestags; AS-Ausschuss vom 24. 11. 2008, Ausschuss-Drucks. 16(11)1187, S. 7; ähnlich der Bundesverband der kommunalen Spitzenverbänden, ebd. S. 35). Die Ermächtigung des § 47 ist allerdings auch von der Vorstellung des Gesetzgebers getragen, dass von ihr zurückhaltend Gebrauch gemacht werden soll. Sollte sich nach einer Phase der Erprobung herausstellen, dass **Klarstellungen** zu Voraussetzungen, Grenzen, Pauschalierungen oder zum Verfahren erforderlich sind, kann das BMAS diese Inhalte durch Rechtsverordnung regeln (BT-Drs. 16/10810, S. 56 f.). Mit der Vorgabe der **Regelungsgegenstände** (Voraussetzungen, Grenzen, Pauschalierung und Verfahren der Förderung) wird die Normsetzungskompetenz des BMAS auf diese Aspekte beschränkt. Bisher hat das BMAS von der Ermächtigung keinen Gebrauch gemacht.

Zweiter Abschnitt. *(aufgehoben)*

§§ 48–52 *(aufgehoben)*

Dritter Abschnitt. *(aufgehoben)*

§§ 53–56 *(aufgehoben)*

Vierter Abschnitt. Förderung der Aufnahme einer selbständigen Tätigkeit

§ 57 Gründungszuschuss

(1) Arbeitnehmer, die durch Aufnahme einer selbständigen, hauptberuflichen Tätigkeit die Arbeitslosigkeit beenden, haben zur Sicherung des Lebensunterhalts und zur sozialen Sicherung in der Zeit nach der Existenzgründung Anspruch auf einen Gründungszuschuss.

(2) ¹Ein Gründungszuschuss wird geleistet, wenn der Arbeitnehmer
1. bis zur Aufnahme der selbständigen Tätigkeit
   a) einen Anspruch auf Entgeltersatzleistungen nach diesem Buch hat oder
   b) eine Beschäftigung ausgeübt hat, die als Arbeitsbeschaffungsmaßnahme nach diesem Buche gefördert worden ist,
2. bei Aufnahme der selbständigen Tätigkeit noch über einen Anspruch auf Arbeitslosengeld, dessen Dauer nicht allein auf § 127 Absatz 3 beruht, von mindestens 90 Tagen verfügt,
3. der Agentur für Arbeit die Tragfähigkeit der Existenzgründung nachweist und
4. seine Kenntnisse und Fähigkeiten zur Ausübung der selbständigen Tätigkeit darlegt.

²Zum Nachweis der Tragfähigkeit der Existenzgründung ist der Agentur für Arbeit die Stellungnahme einer fachkundigen Stelle vorzulegen; fachkundige Stellen sind insbesondere die Industrie- und Handelskammern, Handwerkskammern, berufsständische Kam-

mern, Fachverbände und Kreditinstitute. ³Bestehen begründete Zweifel an den Kenntnissen und Fähigkeiten zur Ausübung der selbständigen Tätigkeit, kann die Agentur für Arbeit vom Arbeitnehmer die Teilnahme an Maßnahmen zur Eignungsfeststellung oder zur Vorbereitung der Existenzgründung verlangen.

(3) Der Gründungszuschuss wird nicht geleistet, solange Ruhenstatbestände nach den §§ 142 bis 144 vorliegen oder vorgelegen hätten.

(4) Die Förderung ist ausgeschlossen, wenn nach Beendigung einer Förderung der Aufnahme einer selbständigen Tätigkeit nach diesem Buch noch nicht 24 Monate vergangen sind; von dieser Frist kann wegen besonderer in der Person des Arbeitnehmers liegender Gründe abgesehen werden.

(5) Geförderte Personen haben ab dem Monat, in dem sie das Lebensjahr für den Anspruch auf Regelaltersrente im Sinne des Sechsten Buches vollenden, keinen Anspruch auf einen Gründungszuschuss.

A. Allgemeines

Zweck des Gründungszuschusses nach § 57 sind die Sicherung des Lebensunterhalts und die soziale Sicherung von Existenzgründern mittels Zahlung eines **regelmäßigen Zuschusses** (BT-Drs. 13/4941 S. 163). Während § 57 den Anspruch dem Grunde nach regelt, betrifft § 58 SGB III Höhe und Dauer des Gründungszuschusses. Er wird in Höhe des Betrages geleistet, den der Arbeitnehmer als Arbeitslosengeld zuletzt bezogen hat, zuzüglich von monatlich 300 Euro. War die Einkommenssituation vor Aufnahme der selbständigen Tätigkeit durch die Kombination von Alg und Nebeneinkommen geprägt und steht das Nebeneinkommen nach der Existenzgründung nicht mehr zur Verfügung, ist nach Sinn und Zweck des Gesetzes das **ungeminderte Alg** Grundlage der Bemessung des Gründungszuschusses (BSG 24. 11. 2010 – B 11 AL 12/10 R). Vorläufer von § 57 waren das Überbrückungsgeld, welches nur maximal sechs Monate gewährt werden konnte, und der Existenzgründungszuschuss nach § 421l („Ich-AG"), die nunmehr zu einer einheitlichen Leistung zusammengefasst worden sind (vgl. aber Übergangsregelung in § 434j Abs. 12 Nr. 2). Mit Einführung des Gründungszuschusses sind zwei Förderphasen möglich, in der ersten Phase von neun Monaten als Pflichtleistung und in der zweiten Phase (6 Monate) als Ermessensleistung. Der Bezug nach § 57 in der ersten Phase mindert nach § 128 Abs. 1 Nr. 9 erstmalig die Anspruchsdauer beim Arbeitslosengeld. Ferner erfolgt die Zahlung nicht wie in § 57 aF als einmaliger Betrag, sondern monatlich. Der Inhalt der Leistung ist in § 58 geregelt. 1

Die Benennung des Zwecks des Zuschusses („zur Sicherung des Lebensunterhalts") soll eine Abgrenzung etwa gegenüber **Investitionszuschüssen** ermöglichen (BT-Drs. 13/4941 S. 163 f.). Im Hinblick auf Leistungen der Grundsicherung nach dem SGB II liegt darüber hinaus keine Zweckbestimmung vor. Deshalb ist die Leistung zumindest in der ersten Förderphase als Leistung zur Sicherung des Lebensunterhalts auf den Anspruch auf Grundsicherung anzurechnen (BSG 6. 12. 2007 – B 14/7b AS 16/06 R). 2

Neben § 57 regelt § 421l den **Existenzgründungszuschuss** („Ich-AG"). Dieser wurde durch das „Hartz-II-Gesetz" vom 23. 12. 2002 (BGBl. I 4621) mit Wirkung vom 1. 1. 2003 eingeführt, war bis zum 30. 6. 2006 befristet und läuft demnächst (Förderungshöchstdauer: 3 Jahre) aus. Ferner ist nach dem Auslaufen von § 421l weiterhin auch eine Förderung nach § 10 (freie Förderung) möglich. Daneben bestehen weitere Förderungsmöglichkeiten, zB für die Beschäftigung von anderen Arbeitslosen, §§ 225 ff., 217 ff., 229 ff., 236 ff. und 260 ff., mit Mitteln des Europäischen Sozialfonds oder landesrechtlicher Förderprogramme. Erwerbsfähige Hilfebedürftige nach dem SGB II sind vom Bezug des Gründungszuschusses nach § 16 Abs. 1 S. 2 SGB II, der Leistungen des Vierten Abschnitts des Vierten Kapitels des SGB III gerade nicht mit aufgenommen hat, ausgeschlossen. Für sie kommt ggf. Einstiegsgeld nach § 29 SGB II in Betracht. 3

B. Voraussetzungen

I. Arbeitnehmer (§ 57 Abs. 1)

Der Begriff des „Arbeitnehmers" ist verunglückt. Gemeint sind Arbeitnehmer bei Durchführung einer ABM-Maßnahme nach Abs. 2 Nr. 1 b und Arbeitslose (Abs. 2 Nr. 1 a). Der Berechtigte muss mithin zumindest in der Vergangenheit Arbeitnehmer gewesen sein. 4

II. Aufnahme einer selbständigen, hauptberuflichen Tätigkeit

Eine selbständige Tätigkeit ist gekennzeichnet durch das Unternehmerrisiko, ein fehlendes Weisungsrecht Dritter und die Verfügungsbefugnis über Arbeitszeit, -ort und -kraft (BSG 6. 2. 1992 – 7 RAr 134/90 – SozR 3–4100 § 104 Nr. 8). Zweifel an der Selbständigkeit sind im Benehmen mit 5 der zuständigen Einzugsstelle auszuräumen (Krankenkasse, § 28 h Abs. 2 SGB IV). Unerheblich ist die Form der Tätigkeit. Bei einer Tätigkeit als **Gesellschafter-Geschäftsführer** müssen jedoch Arbeitgeberfunktionen ausgeübt werden, die Geschicke der Gesellschaft durch den Antragsteller bestimmt werden können (BSG aaO). Liegt eine abhängige und keine selbständige Tätigkeit vor, können Hilfen zur Arbeitsaufnahme nach den §§ 53 ff. gewährt werden, nicht jedoch § 57.

6 Die Aufnahme der selbständigen Tätigkeit liegt spätestens dann vor, wenn erstmals eine unmittelbar auf berufsmäßigen Erwerb gerichtete und der Gewinnerzielung dienende Handlung mit Außenwirkung vorgenommen wird (LSG Rheinland-Pfalz 29. 10. 2001 – L 1 AL 122/00 – NZS 2002, 382). Eine selbstständige Tätigkeit kann aber auch schon durch Vorbereitungshandlungen aufgenommen werden, soweit diese im Geschäftsverkehr Außenwirkung entfalten und nach dem zugrunde liegenden Gesamtkonzept ernsthaft und unmittelbar auf die spätere Geschäftstätigkeit ausgerichtet sind (BSG 5. 5. 2010 – B 11 AL 28/09 R – info also 2010, 265). Die Aufnahme kann nachgewiesen werden durch die Gewerbeanzeige (§ 14 GewO) oder die Anzeige beim Finanzamt (§ 18 EStG), wobei es auch hier auf die Umstände des Einzelfalls ankommt. Maßgeblich ist immer, ob Tätigkeiten ausgeübt werden, die der laufenden Geschäftstätigkeit entsprechen. Vorbereitung ist jedenfalls das Anmieten, Renovieren und Ausstatten von Geschäftsräumen. Die Neugründung eines Betriebes ist nicht erforderlich. Auch die **Betriebsübernahme** kann eine Existenzgründung sein (SG Duisburg 1. 2. 2000 – S 12 AL 38/99 – Behindertenrecht 2000, 182, vgl. BT-Drs. 16/1696 S. 30). Dies gilt auch bei einem Wechsel von einer Nebentätigkeit in eine die Arbeitslosigkeit beendende selbständige Tätigkeit (LSG Rheinland-Pfalz 2. 3. 1999 – L 7 Ar 166/98 – SGb 1999, 410; LSG Essen 15. 11. 2006 – L 12 AL 21/06 – NZS 2007, 559, vgl. zu beiden Fällen BT-Drs. 16/1696 S. 31; anders zu § 57 aF LSG Baden-Württemberg 27. 9. 2004 – L 5 AL 645/04 –, mit kritischer Anmerkung hierzu Becker, jurisPR-SozR 20/2006 Anm. 2; offen: BSG 1. 6. 2006 – B 7 a AL 34/05 R – JurisR 4–4300 § 57 Nr. 1).

7 Die selbständige Tätigkeit muss hauptberuflich ausgeübt werden. **Hauptberuflich** ausgeübt ist sie, wenn der zeitliche Schwerpunkt auf ihr liegt (BT-Drs. 15/3674 S. 19), dh. wenn der Betroffene nicht eine andere Tätigkeit von gleichem oder größerem Gewicht ausübt (BT-Drs. 15/3674 S. 8). Eine Gewährung von Überbrückungsgeld zur Aufnahme einer selbstständigen Tätigkeit im Ausland ist durch das Gesetz nicht ausgeschlossen (LSG Stuttgart 24. 1. 1990 – L 5 Ar 1486/88 – Breith 1991, 426; anders LSG Stuttgart 28. 4. 2004 – L 3 AL 5035/02 – ArbRB 2004, 199).

III. Beendigung der Arbeitslosigkeit

8 Ziel der Förderung ist die Beendigung der Arbeitslosigkeit. Die Arbeitslosigkeit ist beendet, wenn der Betroffene die **Voraussetzungen des § 16 Abs. 1** (vorübergehende Beschäftigungslosigkeit, Beschäftigungssuche, Verfügbarkeit, Arbeitslosmeldung) nicht mehr erfüllt. Wenn eine unselbständige Tätigkeit freiwillig mit dem Ziel aufgegeben wird, eine selbständige Tätigkeit aufzunehmen, und zwischen Beendigung der abhängigen Beschäftigung und Aufnahme der selbständigen Tätigkeit keine Arbeitslosigkeit eintritt, ist eine Förderung für diese selbständige Tätigkeit nach § 57 nicht vorgesehen. Inwieweit eine Förderung möglich ist, wenn die Aufnahme der selbständigen Tätigkeit alleiniger Grund der freiwilligen Beendigung (also Kündigung oder Abschluss des Aufhebungsvertrages) war, sodann zunächst Arbeitslosigkeit eintritt und erst später die selbständige Tätigkeit tatsächlich aufgenommen wird, ist fraglich. Das Gesetz knüpft an die Beendigung der Arbeitslosigkeit an, die in diesem Fall vorliegt. Die Umgehung einer Sperrzeit ist nach § 57 Abs. 3 iVm. § 144 nicht denkbar. Für deren Dauer kommt eine Förderung grundsätzlich nicht in Betracht.

IV. Anspruch auf Entgeltersatzleistungen/Arbeitsbeschaffungsmaßnahme

9 Nach § 57 Abs. 2 Nr. 1 muss der Antragsteller bis zur Aufnahme der selbständigen Tätigkeit einen Anspruch auf Entgeltersatzleistungen „nach diesem Buch" haben. Entgeltersatzleistungen sind nach § 116 Arbeitslosengeld, Teilarbeitslosengeld, Übergangsgeld bei Teilnahme an Leistungen zur Teilhabe am Arbeitsleben, Kurzarbeitergeld und Insolvenzgeld. Da jedoch vor Aufnahme der selbständigen Tätigkeit Arbeitslosigkeit und damit Beschäftigungslosigkeit bestanden haben muss (vgl. Rn. 8), diese bei **Teilarbeitslosengeld** (§ 150) und **Kurzarbeitergeld** (§ 169) aber gerade nicht vorliegt, werden diese Leistungen von § 57 Abs. 2 Nr. 1 nicht erfasst. Beim Insolvenzgeld (§ 183) kommt es darauf an, ob bereits Beschäftigungslosigkeit eingetreten ist. Erfasst sind aber immer Arbeitslosengeld bei Arbeitslosigkeit (§ 118), Arbeitslosengeld bei beruflicher Weiterbildung (§ 124 a) und Übergangsgeld (§ 160; vgl. zum Ganzen Link/Kranz: Der Gründungszuschuss für Existenzgründer, 1. Teil, Rn. 80 ff.). Der Bezug von Arbeitslosenbeihilfe nach § 86 a Soldatenversorgungsgesetz steht dem Bezug von Alg nach § 57 Abs. 2 gleich (SG Kassel 6. 10. 1998 – S 5 AL 606/98 – SGb 1999, 81).

10 Der Antragsteller muss **bis zur Aufnahme der selbständigen Tätigkeit** einen Anspruch auf eine solche Leistung haben. „Bis zur Aufnahme" bedeutet trotz des von § 57 SGB III aF und § 4211 SGB III aF abweichenden Wortlauts („**enger zeitlicher Zusammenhang**") nicht, dass keine zeitliche Lücke zwischen dem Anspruch auf Entgeltersatzleistung und Aufnahme der selbständigen Tätig-

keit bestehen darf (Nahtlosigkeit). Eine als absolut verstandene Unmittelbarkeit des Übergangs wird den praktischen Erfordernissen bei der Existenzgründung, die keinen punktuellen Vorgang darstellt, nicht gerecht. Ausreichend, aber auch erforderlich ist vielmehr ein enger zeitlicher Zusammenhang, der gewahrt ist, wenn zwischen dem Bestehen des Anspruchs auf die Entgeltersatzleistung und der Aufnahme der selbständigen Tätigkeit ein Zeitraum von nicht mehr als etwa einem Monat liegt (BSG 5. 5. 2010, B 11 AL 11/09 R – SGb 2010, 416; BSG 5. 5. 2010 – B 11 AL 28/09 R – info also 2010, 265).

Nach dem Gesetzeswortlaut muss ein Anspruch bestehen. **Anspruch** in diesem Sinne ist nicht lediglich ein einmal entstandenes und fortbestehendes Stammrecht; vielmehr müssen die materiellen Voraussetzungen eines konkreten Zahlungsanspruchs gegeben sein (BSG 5. 5. 2010 – B 11 AL 11/09 R – SGb 2010, 416; BSG 5. 5. 2010 – B 11 AL 28/09 R – info also 2010, 265). Abgesehen davon, dass die besondere vierjährige Erlöschensfrist des § 147 Abs 2 SGB III für das Stammrecht auf Alg zu einer unterschiedlichen Behandlung der sonstigen Entgeltersatzleistungsberechtigten beim Zugang zum Gründungszuschuss führen würde, hat diese Leistung den Zweck, den Lebensunterhalt zu sichern und insoweit das infolge der Existenzgründung wegfallende Alg zu kompensieren (vgl BT-Drucks 16/1696 S 30, zu § 57 Abs 1). Wenn dem Existenzgründer zu Unrecht eine der von § 57 Abs. 2 Nr. 1 erfassten Entgeltersatzleistungen bewilligt worden ist, ist dies für den Anspruch ausreichend. Die Bewilligung bindet die AA so lange, bis eine Aufhebungsentscheidung nach §§ 45, 48 SGB X iVm. § 330 ergangen ist (Link/Kranz, aaO, 1. Teil, Rn. 87). **11**

Eine Förderung ist nach § 57 Abs. 2 Nr. 2 auch für Beschäftigte in einer **Arbeitsbeschaffungsmaßnahme** (ABM) vorgesehen. Bei dieser Personengruppe entfällt die Voraussetzung „Beschäftigungslosigkeit". Da eine ABM ein zeitlich befristetes Mittel der aktiven Arbeitsmarktpolitik ist und in der Regel danach wieder Arbeitslosigkeit zu erwarten ist, mithin bei Aufnahme einer selbständigen Tätigkeit Arbeitslosigkeit vermieden wird, hat der Gesetzgeber die Beschäftigten in einer ABM den Arbeitslosen gleichgestellt. **12**

V. Restanspruch auf Arbeitslosengeld von mindestens 90 Tagen

Zum Zeitpunkt der Aufnahme der selbständigen Tätigkeit (Rn. 5) muss der Existenzgründer noch einen Restanspruch von 90 Tagen Alg haben. Der Wortlaut der Norm schließt andere Entgeltersatzleistungen aus. Eine vergleichbare Regelung gab es nach altem Recht nicht. Damit ist eine Ersparnis für die Arbeitslosenversicherung verbunden, denn der Gründungszuschuss wird jedenfalls für die Dauer dieser 90 Tage anstatt des Alg gewährt (vgl. § 128 Abs. 1 Nr. 9). Das **Einsparziel** ist gesetzgeberisch gewollt und wird in BT-Drs. 16/1696 S. 31 ausdrücklich genannt. Begründet wird die Regelung damit, dass Arbeitslose hierdurch bei einer frühzeitigen und zielgerichteten Entscheidung unterstützt würden, während genügend Zeit für die **Vorbereitung** der Existenzgründung bleibe (BT-Drs. aaO S. 31). Dies ist deshalb problematisch, weil dem Arbeitslosen letztlich 90 Tage weniger Zeit bleiben, um eine Existenzgründung vorzubereiten. Ob mit der Regelung des Restanspruchs ein Instrument geschaffen wurde, um der **Mitnahme- und Missbrauchsgefahr** zu begegnen (Aufnahme einer selbständigen Tätigkeit kurz vor Ablauf der Alg-Bezugsdauer, um zuvor weiterhin SGB-III-Leistungen zu erhalten), erscheint ebenfalls fraglich. **13**

Kurzfristig Beschäftigte, die allein aufgrund des § 127 Abs. 3 einen (Rest)Anspruch auf Arbeitslosengeld von mindestens 90 Tagen haben, sind von der Gewährung eines Gründungszuschusses ausgeschlossen. Diese Regelung wurde durch Art. 2b des Gesetzes zur Änderung des Vierten Buches Sozialgesetzbuch, zur Errichtung einer Versorgungsausgleichskasse und anderer Gesetze vom 15. Juli 2009 (BGBl. I 1939) mit Wirkung zum 1. 8. 2009 eingefügt. Ausweislich der Begründung der Beschlussempfehlung (BT-Drs. 16/13424 S. 31 f.) soll hierdurch verhindert werden, „dass durch einen kurzen Anspruch auf Arbeitslosengeld der Zugang zu einem Gründungszuschuss für bis zu 15 Monate möglich wird. Einer geringeren Beitragsleistung wie derjenigen nach § 123 Abs. 2 SGB III soll keine Förderleistung gegenüber stehen, die hierzu in keinem Verhältnis steht." **14**

Maßgeblich für die Berechnung der Dauer von 90 Tagen ist die tatsächliche Aufnahme der selbständigen Tätigkeit. Es kommt weder auf den Zeitpunkt des Antrags noch auf den Zeitpunkt der Verwaltungsentscheidung über den Gründungszuschuss an. Der Zeitpunkt der tatsächlichen Aufnahme der selbständigen Tätigkeit kann nicht über den sozialrechtlichen **Herstellungsanspruch** vorverlegt werden. Über diesen können nur sozialrechtliche Voraussetzungen wie etwa eine verspätete Antragstellung als rechtzeitig fingiert werden, für außerhalb des Sozialrechts liegende Umstände, die nach materiellem Recht für die Entstehung des Anspruchs erforderlich sind, gilt dies jedoch nicht (vgl. ua BSG 11. 1. 1989 – 7/11 b RAr 16/87 – NZA 1989, 572). Wenn etwa der Gründungswillige seinen Antrag frühzeitig stellt, alle Unterlagen vollständig vorlegt und erklärt, er wolle die Bewilligung des Gründungszuschusses abwarten, bevor er die selbständige Tätigkeit aufnimmt, die Entscheidung sich sodann jedoch aus von der AA zu vertretenden Gründen verzögert und der Antragsteller zum Zeitpunkt der Entscheidung keine 90 Tage Alg-Anspruch mehr hat und bis dahin auch tatsächlich die selbständige Tätigkeit noch nicht aufgenommen hat, ist eine Leistung nach § 57 nicht mehr möglich. **15**

Coseriu

16 **Ruhenstatbestände**, die zu Minderung des Alg-Anspruchs nach § 128 führen, sind bei der Berechnung der 90 Tage zu berücksichtigen. Der Existenzgründer muss einen realisierbaren Anspruch auf Alg haben. Bei Aufnahme der selbständigen Tätigkeit nach dem Auslaufen des Anspruchs auf Alg kann nach dem eindeutigen Wortlaut der Vorschrift kein Gründungszuschuss mehr geleistet werden.

VI. Tragfähigkeitsnachweis

17 Der Existenzgründer muss nachweisen, dass er in der Lage ist, sich durch die Existenzgründung eine ausreichende **Existenzgrundlage** zu schaffen, durch die er unabhängig vom Bezug von Sozialleistungen wird (Tragfähigkeit). Zum Nachweis der Tragfähigkeit der Existenzgründung ist der AA die Stellungnahme einer fachkundigen Stelle vorzulegen; fachkundige Stellen sind insbesondere die Industrie- und Handelskammern, Handwerkskammern, berufsständische Kammern, Fachverbände und Kreditinstitute (§ 57 Abs. 2 S. 2). Mit der Aufzählung hat der Gesetzgeber seiner Einschätzung nach besonders qualifizierte Einrichtungen hervorgehoben, um die Nachhaltigkeit der Existenzgründungen besser zu sichern (BT-Drs. 14/873 S. 12).

18 Die Aufzählung der **fachkundigen Stellen** ist nicht abschließend. In Betracht kommen auch Wirtschaftsprüfer, Gründungszentren oder Steuerberater oder andere Personen/Stellen, die ein entsprechendes Fachwissen aufweisen. Aus der Stellungnahme muss sich ergeben, welches Unternehmenskonzept geplant ist, welcher Finanzbedarf besteht, welche Einnahmen erwartet werden, wie die Marktsituation ist und welche Rentabilitätsvorstellungen bestehen (BT-Drs. 16/1696 S. 31). Der Existenzgründer hat ein Wahlrecht bezüglich der fachkundigen Stelle. Er kann die AA um Hilfe bitten, ggf. kann über § 10 Unterstützung gewährt werden, die Einholung einer solchen Stellungnahme von Amts wegen kommt jedoch nicht in Betracht. Der Amtsermittlungsgrundsatz gilt hier nicht. Vielmehr hat der Antragsteller diesen Nachweis auf eigene Kosten zu erbringen.

19 Mit der Stellungnahme muss die Tragfähigkeit nachgewiesen werden. Das bedeutet, dass die AA die Stellungnahme zu prüfen hat, und zwar nicht nur auf Schlüssigkeit, sondern insbesondere darauf, ob durch die Gründung voraussichtlich eine ausreichende Existenzgrundlage geschaffen wird. Das wird jedenfalls dann zu bejahen sein, wenn die fachkundige Stelle bestätigt, dass nach einer **Anlaufzeit** ein monatliches Bruttoeinkommen voraussichtlich dauerhaft erwirtschaftet werden kann, das dem durchschnittlichen monatlichen Bruttoeinkommen von abhängig Beschäftigten entspricht (GK-SGB III, Götze, § 57 Rn. 16). Nach anderer Ansicht reicht ein Einkommen, das mindestens zu zwei Dritteln dem durchschnittlichen Bruttoeinkommen abhängig Beschäftigter entspricht (so Niesel/Brand/Stratmann, SGB III, 5. Aufl. 2010, § 57 Rn. 11). Da Ziel der Förderung der Existenzgründung ist, dass der Gründer hierdurch unabhängig vom Bezug von Sozialleistungen wird, dürfte sogar ausreichend sein, dass das voraussichtliche (nach Abzug von Steuern, Versicherungen usw. verfügbare) Einkommen zumindest höher als der (fiktiv zu berechnende) Anspruch auf Alg II zuzüglich Kosten der Unterkunft ist. Letztlich kann im Einzelfall unter Berücksichtigung der Branche und der Region zu prüfen sein.

20 Wenn ein **Tragfähigkeitsnachweis** nicht vorgelegt wird, ist der Antrag mangels Erfüllung einer Anspruchsvoraussetzung abzulehnen. Wird die Stellungnahme vorgelegt, ist sie jedoch zum Nachweis der Tragfähigkeit nicht ausreichend, geht das zu Lasten des Antragstellers, der den Nachweis erbringen muss („wenn der Arbeitnehmer ... der AA ... nachweist"). Er hat die Folgen des nicht gelungenen Nachweises zu tragen, sein Antrag ist abzulehnen. Ob der Nachweis ausreichend ist, unterliegt der vollen gerichtlichen Überprüfung. Das Gericht hat aber von Amts wegen keine eigenen Ermittlungen (etwa die Einholung einer weiteren Stellungnahme oder einer Vervollständigung durch eine fachkundige Stelle) anzustellen.

21 Eine Förderung ist nicht möglich, wenn der Antragsteller die selbständige Tätigkeit aufgenommen hat, das Verfahren nach § 57 erst später, ggf. im Gerichtsverfahren abgeschlossen wird und bis dahin kein ausreichender Tragfähigkeitsnachweis vorgelegt wurde, selbst wenn die selbständige Tätigkeit tatsächlich erfolgreich ist.

VII. Darlegung der Kenntnisse und Fähigkeiten

22 Der Antragsteller muss darlegen, inwieweit er die persönlichen Voraussetzungen für eine erfolgreiche Existenzgründung mitbringt. Das Kriterium wurde ausdrücklich eingeführt, um eine gezieltere Förderung von aussichtsreichen Existenzgründungen zu erreichen. Hierdurch wird der **Beurteilungsspielraum** der AA vergrößert (BT-Drs. 16/1696 S. 30 f.). Zum Inhalt der Darlegung werden beispielhaft der berufliche Werdegang und Qualifikationsnachweise genannt (BT-Drs. aaO S. 31). Die Angaben des Antragstellers müssen schlüssig sein und sind ggf. durch geeignete Nachweise (zB Zeugnisse) zu belegen. Bestehen weiterhin aufgrund objektiver Umstände **Zweifel** an der Geeignetheit des Antragstellers (Vermutungen reichen nicht aus: „begründete Zweifel"), kann die AA nach § 57 Abs. 2 S. 3 vom Antragsteller die Teilnahme an Maßnahmen zur Eignungsfeststellung oder zur Vorbereitung der Existenzgründung verlangen. Problematisch ist die Anordnung der Teilnahme an einer solchen Maßnahme, wenn durch den damit bedingten Zeitverzug hinsichtlich der Aufnahme der selbständigen Tätigkeit der Restanspruch von 90 Tagen Alg (vgl. Rn. 12) nicht mehr erfüllt werden kann. In

einem solche Fall dürfte die Anordnung deshalb unzulässig sein (NK-SGB III, Stark, § 57 Rn. 77). Legt der Antragsteller seine Kenntnisse und Fähigkeiten nicht dar, fehlt es an einer Anspruchsvoraussetzung. Verbleiben Zweifel an der Eignung, können diese insbesondere auch nicht durch die Vorlage geeigneter Nachweise oder eine erfolgreiche Maßnahme behoben werden (etwa weil aus zeitlichen Gründen eine solche Maßnahme nicht in Betracht kommt, sich der Antragsteller weigert oder weil er sie nicht mit Erfolg abschließt), geht dies zu Lasten des Antragstellers.

C. Anspruchsausschluss

I. Ruhenstatbestände nach §§ 142 bis 144 (§ 57 Abs. 3)

Die Regelung, die bereits am 1. 1. 2002 zum § 57 aF eingeführt wurde (BT-Drs. 15/25 S. 29), soll sicherstellen, dass Sanktionen tatsächlich greifen, und **Doppelleistungen** vermeiden. Der Wortlaut ist nicht eindeutig: „Der Gründungszuschuss wird nicht geleistet, solange ...". Ob hiermit eine echte Minderung des Anspruchs im Sinne einer entsprechenden Kürzung der Leistungsdauer einhergeht, ist fraglich. Nach einer Ansicht kann die Förderungsdauer nicht um die Tage der Nichtauszahlung der Leistung verlängert werden, um den Sinn der Ruhensregelungen nicht zu konterkarieren (NK-SGB III, Stark, § 57 Rn. 81). Die Sanktion würde hiernach ins Leere laufen, wollte man im Anschluss an den Ruhenstatbestand die entsprechende Zeit „anhängen". Bei den Ruhenstatbeständen des § 142 bis 143a handelt es sich jedoch nicht um Sanktionsvorschriften. Hier soll eine Doppelleistung (§ 142: andere Sozialleistung; § 143: Arbeitsentgelt und Urlaubsabgeltung; § 143a: Entlassungsentschädigung) verhindert werden. Lediglich § 144 hat **Sanktionscharakter.** Insoweit ist der Ansicht, dass sich die Leistungsdauer durch den Ruhenstatbestand nicht verkürzt, sondern diese Zeit an das eigentliche Ende der Förderungszeit angehängt wird, der Vorzug zu geben. Schon § 128 bestätigt diese Auffassung, da hinsichtlich der Sperrzeit nach § 144 der Gesetzgeber ausdrücklich eine Minderung der Leistungsdauer geregelt hat (§ 128 Abs. 1 Nr. 3, 4), eine vergleichbare Regelung für den Gründungszuschuss jedoch fehlt. Zudem ist aufgrund der ungenauen Formulierung und der unzureichenden Gesetzesbegründung zugunsten des Antragstellers davon auszugehen, dass eine **Verkürzung der Bezugsdauer** nicht gewollt war und mithin nach Ablauf des Ruhenstatbestands die Leistung ungemindert auszuzahlen ist (LPK-SGB III, Kruse, § 57 Rn. 15, Link/Kranz, aaO, 1. Teil, Rn. 126). Für diese Auslegung spricht ferner, dass Ziel der Förderung eine erfolgreiche Existenzgründung ist und dieses Ziel durch eine verkürzte Förderungsdauer ggf. nicht erreicht wird, während § 144 das Herbeiführen bzw. Aufrechterhalten der Arbeitslosigkeit sanktionieren will.

II. Wartefrist von 24 Monaten (§ 57 Abs. 4)

Nach Beendigung einer vorangegangenen Förderung „nach diesem Buch" ist eine erneute Förderung vor Ablauf von 24 Monaten ausgeschlossen (§ 57 Abs. 4 Hs. 1). Die **vorherige Förderung** kann auch nach § 57 aF oder § 421l oder durch eine Förderung nach § 10 erfolgt sein.

Nach § 57 Abs. 4 Hs. 2 kann von dieser Frist wegen besonderer in der Person des Arbeitnehmers liegender Gründe abgesehen werden. Außerhalb der Person liegende Umstände – zB eine schlechte **Auftragslage,** die zum Scheitern der vorangegangenen Gründung geführt hat – verkürzen die Wartefrist nicht (vgl. LSG Schleswig 2. 12. 2005 – L 3 AL 79/05). Besondere in der Person liegende Gründe können eine längere oder schwere **Erkrankung** des Antragstellers in der vorangegangenen geförderten selbständigen Tätigkeit, ein Unfall oder der Todesfall eines nahen Angehörigen sein. Das Auftreten typischer Schwierigkeiten in der Gründungsphase ist kein besonderer Grund.

III. Altersgrenze (§ 57 Abs. 5)

Die Leistung wird ab dem Monat nicht mehr gewährt, in dem das Lebensjahr für den Anspruch auf **Regelaltersrente** im Sinne des SGB VI vollendet worden ist. Die Regelung ist zum 1. 1. 2008 im Hinblick auf die Änderung der Regelaltersgrenze des SGB VI angepasst worden (Gesetz vom 20. 4. 2007, BGBl. I S. 554). Die Formulierung des § 57 Abs. 5 entspricht hinsichtlich der Worte „Vollendung des Lebensjahres" der des § 117 Abs. 2. Der Wortlaut ist verunglückt. Aufgrund der Übergangsregeln setzt das Erreichen der Regelaltersgrenze nicht notwendigerweise das Erreichen eines (vollen) Lebensjahres voraus. Für gesetzlich Rentenversicherte, die ab dem 1. 1. 1964 geboren sind, beträgt die Regelaltersgrenze 67 Jahre (§ 35 S. 2 SGB VI). Bei Versicherten, die nach dem 31. 12. 1946 und vor dem 1. 1. 1964 geboren sind, ist die Regelaltersgrenze nach § 235 Abs. 2 S. 2 SGB VI (Ausnahmen: § 235 Abs. 2 S. 3!) zu berechnen. Der Gesetzgeber dürfte insoweit nicht die **Vollendung des Lebensjahres,** sondern das Erreichen der Regelaltersgrenze gemeint haben. Nur diese Auslegung ergibt im Hinblick darauf, dass eine Anpassung gewollt war (vgl. oben), Sinn. Entsprechende Regelungen in anderen Gesetzen sind hingegen eindeutig. Im SGB II übernimmt § 7 Abs. 1 Nr. 1 iVm. § 7a ausdrücklich die im SGB VI geregelten Werte, im SGB XII § 41 Abs. 2 S. 3.

27 Der Gründungszuschuss wird **„ab dem Monat"** nicht mehr gewährt, in dem das Lebensjahr vollendet wird, während der Anspruch auf Alg nach § 117 Abs. 2 „vom Beginn des folgenden Monats an" endet. Für den Alg-Berechtigten ergibt sich damit ein unmittelbarer Übergang vom Alg-Bezug zum Rentenbezug, während beim Gründungszuschussbezieher eine **Leistungslücke** entsteht. Rente wird (frühestens) von dem Kalendermonat an geleistet, zu dessen Beginn die Anspruchsvoraussetzungen erfüllt sind (§ 99 Abs. 1 S. 1 SGB VI). Wenn der Geburtstag am 1. des Monats ist, wird das maßgebliche Regelalter am Vortag, mithin am letzten Tag des Vormonats vollendet. Damit ist der Gründungszuschuss in diesem Fall für den Vormonat nicht mehr zu gewähren, die Rente wird aber nahtlos ab dem Ersten des Folgemonats, dem Geburtstag, gezahlt. Hat der Leistungsbezieher am 2. des Monats oder später Geburtstag, ist Leistungsbeginn der Rente am Ersten des Folgemonats. Der Gründungszuschuss wird für den Monat, in dem die Regelaltersgrenze erreicht wird, aber schon nicht mehr gezahlt. Da ausdrücklich unterschiedliche Formulierungen bezüglich des Endes des Bezugs von Alg und des Gründungszuschusses gewählt wurden, scheint diese Leistungslücke gesetzgeberisch gewollt zu sein. Die ungleiche Behandlung ist auch nachvollziehbar und sachgerecht, da der Alg-Bezieher durchgehend sozial abgesichert sein soll, während der Gründungszuschussbezieher neben dem Zuschuss noch Einnahmen aus seiner (bisher) geförderten selbständigen Tätigkeit hat und damit die Leistungslücke überbrücken kann. Ist dies nicht der Fall, etwa weil aus der (bisher) geförderten selbständigen Tätigkeit (noch) nicht ausreichend Einnahmen erzielt werden, wird der Betroffene für diesen Monat bei Bedürftigkeit ggf. Grundsicherungsleistungen nach dem SGB II bis zu seinem Geburtstag und danach für den Rest des Monats Grundsicherung im Alter und bei Erwerbsminderung nach dem SGB XII beantragen müssen.

28 Inwieweit ein Gründungszuschuss für Antragsteller überhaupt in Betracht kommt, die in Kürze die Regelaltersgrenze erreichen, ist fraglich. Ausgeschlossen ist die Gewährung jedenfalls dann, wenn der Existenzgründer ab der Aufnahme der selbständigen Tätigkeit die Regelaltersgrenze innerhalb einer Zeitspanne erreicht, innerhalb der der **Restanspruch** von 90 Tagen Alg nicht mehr erfüllt werden kann (tatsächlich besteht wegen Erreichen der Lebensaltersgrenze kein Restanspruch von 90 Tagen, weil der Anspruch nach § 117 Abs. 2 entfällt und nicht nach § 143 Abs. 1 Nr. 4 ruht). Beginnt er die selbständige Tätigkeit früher, und liegen die sonstigen Voraussetzungen vor, ist eine Ablehnung unter Verweis auf das Alter vom Gesetzeswortlaut nicht gedeckt. Da das Ziel der Förderung einerseits die Beendigung der Arbeitslosigkeit und andererseits der erfolgreiche Aufbau einer selbständigen Tätigkeit ist, mit der die Existenzgrundlage gesichert und die Unabhängigkeit vom Bezug von Sozialleistungen erreicht werden soll (vgl. Tragfähigkeitsnachweis, Rn. 16 ff.), und eine selbständige Tätigkeit, die nach dem Erreichen der Regelaltersgrenze fortgeführt wird, diesem Ziel entsprechen kann, etwa wenn die Regelaltersrente nicht ausreicht, um den notwendigen Lebensunterhalt zu decken, und deshalb darüber hinaus ergänzende Sozialleistungen in Betracht kommen, liegt hierin kein Widerspruch zum gesetzgeberischen Willen. Der Gesetzgeber geht mit der Regelung, dass innerhalb der ersten neun Monate der Gründungszuschuss als Pflichtleistung zu gewähren ist (§ 58 Abs. 2), davon aus, dass diese Zeit für den „Anlauf" der selbständigen Tätigkeit erforderlich ist, sich die Existenzgründung nach dieser Phase jedoch soweit gefestigt hat, dass zumindest der Lebensunterhalt hieraus bestritten werden kann (BT-Drs. 16/1696 S. 31). Wenn der Gründungswillige vorher die Regelaltersgrenze erreicht, ist die Förderungsdauer allerdings entsprechend kürzer und deshalb ggf. die Aussicht auf eine ausreichende Existenzgrundlage geringer. Dies ist dann im Rahmen des Tragfähigkeitsnachweises zu prüfen. Käme eine Förderung für Gründungswillige, die demnächst die Regelaltersgrenze erreichen, nicht in Betracht, liefe die Regelung des § 57 Abs. 5 ins Leere.

D. Verfahren

29 Nach § 323 Abs. 1 S. 1 werden Leistungen der Arbeitsförderung auf **Antrag** erbracht. Nach dessen Absatz 1 S. 3 und 4 können Leistungen der aktiven Arbeitsförderung (der Gründungszuschuss gehört nach § 3 Abs. 4 iVm. Nr. 4 dazu) auch von Amts wegen erbracht werden, wenn der Berechtigte zustimmt. Die Zustimmung gilt insoweit als Antrag. Nach § 324 Abs. 1 S. 1 werden Leistungen der Arbeitsförderung nur erbracht, wenn sie vor Eintritt des leistungsbegründenden Ereignisses beantragt worden sind. **Leistungsbegründendes Ereignis** für die Leistung nach § 58 Abs. 1 ist die Aufnahme der selbständigen Tätigkeit, mithin muss vor der Aufnahme der Antrag gestellt bzw. die Zustimmung erteilt sein, während für die Leistung nach § 58 Abs. 2 die Fortführung der Geschäftstätigkeit nach neun Monaten leistungsbegründendes Ereignis ist. § 324 Abs. 1 S. 2 regelt, dass die AA zur Vermeidung unbilliger Härten eine verspätete Antragstellung zulassen kann. Diese Regelung ist lex specialis zur Wiedereinsetzung in den vorigen Stand (§ 27 SGB X). Eine unbillige Härte liegt bei geringem Verschulden des Antragstellers und erheblichen Folgen hieraus vor, sie orientiert sich am Leistungsziel. Wenn den Antragsteller kein Verschulden an der verspäteten Antragstellung trifft, ursächlich hierfür vielmehr die Verletzung einer Informationspflicht der AA ist, ist ggf. von einer Ermessensreduzierung auf Null auszugehen (BSG 8. 2. 2007 – B 7 a AL 22/06 R).

30 Zuständig für die Leistung und die Antragsaufnahme ist die AA, in deren Bezirk der Antragsteller seinen Wohnsitz oder seinen gewöhnlichen Aufenthalt hat (§ 327 Abs. 1). Eine besondere **Form** ist

für den Antrag nicht vorgeschrieben. Es reicht damit aus, dass der Antragsteller – ggf. mündlich – zu erkennen gibt, dass er eine Förderung zur Aufnahme einer selbständigen Tätigkeit begehrt. Die Entscheidung über die Gewährung/Ablehnung des Gründungszuschusses ist ein Verwaltungsakt, dessen Rechtmäßigkeit der Gründungswillige mit Widerspruch und Klage überprüfen lassen kann.

§ 58 Dauer und Höhe der Förderung

(1) Der Gründungszuschuss wird für die Dauer von neun Monaten in Höhe des Betrages, den der Arbeitnehmer als Arbeitslosengeld zuletzt bezogen hat, zuzüglich von monatlich 300 Euro, geleistet.

(2) ¹Der Gründungszuschuss kann für weitere sechs Monate in Höhe von monatlich 300 Euro geleistet werden, wenn die geförderte Person ihre Geschäftstätigkeit anhand geeigneter Unterlagen darlegt. ²Bestehen begründete Zweifel, kann die Agentur für Arbeit die erneute Vorlage einer Stellungnahme einer fachkundigen Stelle verlangen.

Fünfter Abschnitt. Förderung der Berufsausbildung

§ 59 Anspruch auf Berufsausbildungsbeihilfe

Auszubildende haben Anspruch auf Berufsausbildungsbeihilfe während einer beruflichen Ausbildung oder einer berufsvorbereitenden Bildungsmaßnahme, wenn
1. die berufliche Ausbildung oder die berufsvorbereitende Bildungsmaßnahme förderungsfähig ist,
2. sie zum förderungsfähigen Personenkreis gehören und die sonstigen persönlichen Voraussetzungen für eine Förderung erfüllt sind und
3. ihnen die erforderlichen Mittel zur Deckung des Bedarfs für den Lebensunterhalt, die Fahrkosten, die sonstigen Aufwendungen und die Maßnahmekosten (Gesamtbedarf) nicht anderweitig zur Verfügung stehen.

§ 60 Berufliche Ausbildung

(1) Eine berufliche Ausbildung ist förderungsfähig, wenn sie in einem nach dem Berufsbildungsgesetz, der Handwerksordnung oder dem Seemannsgesetz staatlich anerkannten Ausbildungsberuf betrieblich oder außerbetrieblich oder nach dem Altenpflegegesetz betrieblich durchgeführt wird und der dafür vorgeschriebene Berufsausbildungsvertrag abgeschlossen worden ist.

(2) ¹Förderungsfähig ist die erstmalige Ausbildung. ²Eine zweite Ausbildung kann gefördert werden, wenn zu erwarten ist, dass eine berufliche Eingliederung dauerhaft auf andere Weise nicht erreicht werden kann und durch die zweite Ausbildung die berufliche Eingliederung erreicht wird.

(3) Nach der vorzeitigen Lösung eines Ausbildungsverhältnisses darf erneut gefördert werden, wenn für die Lösung ein berechtigter Grund bestand.

§ 61 Berufsvorbereitende Bildungsmaßnahme

(1) Eine berufsvorbereitende Bildungsmaßnahme ist förderungsfähig, wenn sie
1. auf die Aufnahme einer Ausbildung vorbereitet oder der beruflichen Eingliederung dient und nicht den Schulgesetzen der Länder unterliegt sowie
2. nach Ausbildung und Berufserfahrung des Leiters und des Ausbildungs- und Betreuungspersonals, Gestaltung des Lehrplans, Unterrichtsmethode und Güte der zum Einsatz vorgesehenen Lehr- und Lernmittel eine erfolgreiche berufliche Bildung erwarten läßt.

(2) Berufsvorbereitende Bildungsmaßnahmen können zur Erleichterung der beruflichen Eingliederung auch allgemein bildende Fächer enthalten und auf den nachträglichen Erwerb des Hauptschulabschlusses oder eines gleichwertigen Schulabschlusses vorbereiten.

(3) Der Anteil betrieblicher Praktikaphasen darf die Hälfte der vorgesehenen Maßnahmedauer nicht überschreiten.

(4) Das Vergaberecht findet Anwendung.

§ 61a Anspruch auf Vorbereitung auf einen Hauptschulabschluss im Rahmen einer berufsvorbereitenden Bildungsmaßnahme

¹Ein Auszubildender ohne Schulabschluss hat einen Anspruch, im Rahmen einer berufsvorbereitenden Bildungsmaßnahme auf den nachträglichen Erwerb des Hauptschulabschlusses oder eines gleichwertigen Schulabschlusses vorbereitet zu werden. ²Die Leistung wird nur erbracht, soweit sie nicht für den gleichen Zweck durch Dritte erbracht wird. ³Die Agentur für Arbeit hat darauf hinzuwirken, dass sich die für die allgemeine Schulbildung zuständigen Länder an den Kosten der Maßnahme beteiligen. ⁴Leistungen Dritter zur Aufstockung der Leistung bleiben anrechnungsfrei.

§ 62 Förderung im Ausland

(1) Eine berufliche Ausbildung oder eine berufsvorbereitende Bildungsmaßnahme, die teilweise im Ausland durchgeführt wird, ist auch für den im Ausland durchgeführten Teil förderungsfähig, wenn dieser Teil im Verhältnis zur Gesamtdauer der Ausbildung oder der berufsvorbereitenden Bildungsmaßnahme angemessen ist und die Dauer von einem Jahr nicht übersteigt.

(2) Eine betriebliche Ausbildung, die vollständig im angrenzenden Ausland oder in den übrigen Mitgliedstaaten der Europäischen Union durchgeführt wird, ist förderungsfähig, wenn

1. eine nach Bundes- oder Landesrecht zuständige Stelle bestätigt, dass die Ausbildung einer entsprechenden betrieblichen Ausbildung gleichwertig ist,
2. die Ausbildung im Ausland für das Erreichen des Bildungsziels und die Beschäftigungsfähigkeit besonders dienlich ist und
3. der Auszubildende vor Beginn der Ausbildung insgesamt drei Jahre seinen Wohnsitz im Inland hatte.

§ 63 Förderungsfähiger Personenkreis

(1) Gefördert werden

1. Deutsche,
2. Unionsbürger, die ein Recht auf Daueraufenthalt im Sinne des Freizügigkeitsgesetzes/EU besitzen, sowie andere Ausländer, die eine Niederlassungserlaubnis oder eine Erlaubnis zum Daueraufenthalt-EG nach dem Aufenthaltsgesetz besitzen,
3. Ehegatten, Lebenspartner und Kinder von Unionsbürgern, die unter den Voraussetzungen des § 3 Abs. 1 und 4 des Freizügigkeitsgesetzes/EU gemeinschaftsrechtlich freizügigkeitsberechtigt sind oder denen diese Rechte als Kinder nur deshalb nicht zustehen, weil sie 21 Jahre oder älter sind und von ihren Eltern, deren Ehegatten oder Lebenspartnern keinen Unterhalt erhalten,
4. Unionsbürger, die vor dem Beginn der Ausbildung im Inland in einem Beschäftigungsverhältnis gestanden haben, dessen Gegenstand mit dem der Ausbildung in inhaltlichem Zusammenhang steht,
5. Staatsangehörige eines anderen Vertragsstaates des Abkommens über den Europäischen Wirtschaftsraum unter den Voraussetzungen der Nummern 2 bis 4,
6. Ausländer, die ihren gewöhnlichen Aufenthalt im Inland haben und die außerhalb des Bundesgebiets als Flüchtlinge im Sinne des Abkommens über die Rechtsstellung der Flüchtlinge vom 28. Juli 1951 (BGBl. 1953 II S. 559) anerkannt und im Gebiet der Bundesrepublik Deutschland nicht nur vorübergehend zum Aufenthalt berechtigt sind,
7. heimatlose Ausländer im Sinne des Gesetzes über die Rechtsstellung heimatloser Ausländer im Bundesgebiet in der im Bundesgesetzblatt Teil III, Gliederungsnummer 243-1, veröffentlichten bereinigten Fassung, zuletzt geändert durch Artikel 7 des Gesetzes vom 30. Juli 2004 (BGBl. I S. 1950).

(2) Andere Ausländer werden gefördert, wenn sie ihren Wohnsitz im Inland haben und

1. eine Aufenthaltserlaubnis nach den §§ 22, 23 Abs. 1 oder 2, den §§ 23a, 25 Abs. 1 oder 2, den §§ 28, 37, 38 Abs. 1 Nr. 2, § 104a oder als Ehegatte, Lebenspartner oder Kind eines Ausländers mit Niederlassungserlaubnis eine Aufenthaltserlaubnis nach § 30 oder den §§ 32 bis 34 des Aufenthaltsgesetzes besitzen,
2. eine Aufenthaltserlaubnis nach § 25 Abs. 3, Abs. 4 Satz 2 oder Abs. 5, § 31 des Aufenthaltsgesetzes oder als Ehegatte, Lebenspartner oder Kind eines Ausländers mit Aufenthaltserlaubnis eine Aufenthaltserlaubnis nach § 30 oder den §§ 32 bis 34 des Aufenthaltsgesetzes besitzen und sich seit mindestens vier Jahren in Deutschland ununterbrochen rechtmäßig, gestattet oder geduldet aufhalten.

(2a) Geduldete Ausländer (§ 60a des Aufenthaltsgesetzes), die ihren Wohnsitz im Inland haben, werden während einer betrieblich durchgeführten beruflichen Ausbildung gefördert, wenn sie sich seit mindestens vier Jahren ununterbrochen rechtmäßig, gestattet oder geduldet im Bundesgebiet aufhalten.

(3) Im Übrigen werden Ausländer gefördert, wenn

1. sie selbst sich vor Beginn des förderungsfähigen Teils des Ausbildungsabschnitts insgesamt fünf Jahre im Inland aufgehalten haben und rechtmäßig erwerbstätig gewesen sind oder
2. zumindest ein Elternteil während der letzten sechs Jahre vor Beginn der Ausbildung sich insgesamt drei Jahre im Inland aufgehalten hat und rechtmäßig erwerbstätig gewesen ist, im Übrigen von dem Zeitpunkt an, in dem im weiteren Verlauf der Ausbildung diese Voraussetzungen vorgelegen haben. Von dem Erfordernis der Erwerbstätigkeit des Elternteils während der letzten sechs Jahre kann abgesehen werden, wenn sie aus einem von ihm nicht zu vertretenden Grunde nicht ausgeübt worden ist und er im Inland mindestens sechs Monate erwerbstätig gewesen ist. Ist der Auszubildende in den Haushalt eines Verwandten aufgenommen, so kann dieser zur Erfüllung dieser Voraussetzungen an die Stelle des Elternteils treten, sofern der Auszubildende sich in den letzten drei Jahren vor Beginn der Ausbildung rechtmäßig im Inland aufgehalten hat.

(4) Auszubildende, die nach Absatz 1 oder 2 als Ehegatten oder Lebenspartner persönlich förderungsberechtigt sind, verlieren den Anspruch auf Ausbildungsförderung nicht dadurch, dass sie dauernd getrennt leben oder die Ehe oder Lebenspartnerschaft aufgelöst worden ist, wenn sie sich weiterhin rechtmäßig in Deutschland aufhalten.

(5) Rechts- und Verwaltungsvorschriften, nach denen anderen Ausländern Ausbildungsförderung zu leisten ist, bleiben unberührt.

§ 64 Sonstige persönliche Voraussetzungen

(1) ¹Der Auszubildende wird bei einer beruflichen Ausbildung nur gefördert, wenn er
1. außerhalb des Haushaltes der Eltern oder eines Elternteils wohnt und
2. die Ausbildungsstätte von der Wohnung der Eltern oder eines Elternteils aus nicht in angemessener Zeit erreichen kann.

²Die Voraussetzung nach Satz 1 Nr. 2 gilt jedoch nicht, wenn der Auszubildende
1. das 18. Lebensjahr vollendet hat,
2. verheiratet oder in einer Lebenspartnerschaft verbunden ist oder war,
3. mit mindestens einem Kind zusammenlebt oder
4. aus schwerwiegenden sozialen Gründen nicht auf die Wohnung der Eltern oder eines Elternteils verwiesen werden kann.

³Eine Förderung allein für die Dauer des Berufsschulunterrichts in Blockform ist ausgeschlossen.

(2) Der Auszubildende wird bei einer berufsvorbereitenden Bildungsmaßnahme nur gefördert, wenn er die Vollzeitschulpflicht nach den Gesetzen der Länder erfüllt hat und die Maßnahme zur Vorbereitung auf eine Berufsausbildung oder zur beruflichen Eingliederung erforderlich ist und seine Fähigkeiten erwarten lassen, daß er das Ziel der Maßnahme erreicht.

§ 65 Bedarf für den Lebensunterhalt bei beruflicher Ausbildung

(1) ¹Bei Unterbringung außerhalb des Haushalts der Eltern oder eines Elternteils, ausgenommen bei Unterbringung mit voller Verpflegung in einem Wohnheim, einem Internat oder beim Ausbildenden, wird bei einer beruflichen Ausbildung der jeweils geltende Bedarf für Studierende nach § 13 Abs. 1 Nr. 1 des Bundesausbildungsförderungsgesetzes zugrunde gelegt. ²Der Bedarf erhöht sich für die Unterkunft um 149 Euro monatlich. ³Soweit Mietkosten für Unterkunft und Nebenkosten nachweislich den Betrag nach Satz 2 übersteigen, erhöht sich der dort genannte Bedarf um bis zu 75 Euro monatlich.

(2) Bei Unterbringung beim Ausbildenden mit voller Verpflegung werden als Bedarf für den Lebensunterhalt die Werte der Sozialversicherungsentgeltverordnung für Verpflegung und Unterbringung oder Wohnung zuzüglich 90 Euro für sonstige Bedürfnisse zugrunde gelegt.

(3) Bei Unterbringung mit voller Verpflegung in einem Wohnheim oder einem Internat werden als Bedarf für den Lebensunterhalt die amtlich festgesetzten Kosten für Verpflegung und Unterbringung zuzüglich 90 Euro monatlich für sonstige Bedürfnisse zugrunde gelegt.

(4) ¹Bei einer Förderung im Ausland nach § 62 Abs. 2 erhöht sich der Bedarf um einen Zuschlag, soweit die Lebens- und Ausbildungsverhältnisse im Ausbildungsland dies erfordern. ²Voraussetzung ist, dass der Auszubildende seinen Wohnsitz im Ausland nimmt. ³Für die Höhe des Zuschlags gelten § 1 Abs. 1 Nr. 1 und § 2 der Verordnung über die Zuschläge zu dem Bedarf nach dem Bundesausbildungsförderungsgesetz bei einer Ausbildung im Ausland in der jeweils geltenden Fassung entsprechend.

§ 66 Bedarf für den Lebensunterhalt bei berufsvorbereitenden Bildungsmaßnahmen

(1) Bei Unterbringung im Haushalt der Eltern oder eines Elternteils wird bei einer berufsvorbereitenden Bildungsmaßnahme der jeweils geltende Bedarf für Schüler nach § 12 Abs. 1 Nr. 1 des Bundesausbildungsförderungsgesetzes zugrunde gelegt.

(2) Bei Unterbringung mit voller Verpflegung in einem Wohnheim oder einem Internat werden als Bedarf für den Lebensunterhalt die amtlich festgesetzten Kosten für Verpflegung und Unterbringung zuzüglich 90 Euro monatlich für sonstige Bedürfnisse zugrunde gelegt.

(3) ¹Bei Unterbringung außerhalb des Haushalts der Eltern oder eines Elternteils, ausgenommen bei Unterbringung mit voller Verpflegung in einem Wohnheim oder Internat werden als Bedarf für den Lebensunterhalt 391 Euro monatlich zugrunde gelegt. ²Soweit Mietkosten für Unterkunft und Nebenkosten nachweislich 58 Euro monatlich übersteigen, erhöht sich der in Satz 1 genannte Bedarf um bis zu 74 Euro monatlich.

§ 67 Fahrkosten

(1) Als Bedarf für die Fahrkosten werden die Kosten des Auszubildenden
1. für Fahrten zwischen Unterkunft, Ausbildungsstätte und Berufsschule (Pendelfahrten),
2. bei einer erforderlichen auswärtigen Unterbringung für die An- und Abreise und für eine monatliche Familienheimfahrt oder anstelle der Familienheimfahrt für eine monatliche Fahrt eines Angehörigen zum Aufenthaltsort des Auszubildenden
zugrunde gelegt.

(1 a) ¹Abweichend von Absatz 1 Nr. 2 werden bei einer Förderung im Ausland die Kosten des Auszubildenden für Reisen zu einem Ausbildungsort
1. innerhalb Europas für eine Hin- und Rückreise je Ausbildungshalbjahr,
2. außerhalb Europas für eine Hin- und Rückreise je Ausbildungsjahr
zugrunde gelegt. ²In besonderen Härtefällen können die notwendigen Aufwendungen für eine weitere Hin- und Rückreise zugrunde gelegt werden.

(2) ¹Die Fahrkosten werden in Höhe des Betrages zugrunde gelegt, der bei Benutzung eines regelmäßig verkehrenden öffentlichen Verkehrsmittels der niedrigsten Klasse des zweckmäßigsten öffentlichen Verkehrsmittels zu zahlen ist, bei Benutzung sonstiger Verkehrsmittel in Höhe der Wegstreckenentschädigung nach § 5 Abs. 1 des Bundesreisekostengesetzes. ²Bei nicht geringfügigen Fahrpreiserhöhungen hat auf Antrag eine Anpassung zu erfolgen, wenn der Bewilligungszeitraum noch mindestens zwei weitere Monate andauert. ³Kosten für Pendelfahrten werden nur bis zur Höhe des Betrages übernommen, der nach § 82 insgesamt erbracht werden kann.

§ 68 Sonstige Aufwendungen

(1) Bei einer beruflichen Ausbildung wird als Bedarf für sonstige Aufwendungen eine Pauschale für Kosten der Arbeitskleidung in Höhe von zwölf Euro monatlich zugrunde gelegt.

(2) Bei einer berufsvorbereitenden Bildungsmaßnahme werden als Bedarf für sonstige Aufwendungen bei Auszubildenden, deren Schutz im Krankheits- oder Pflegefalle nicht anderweitig sichergestellt ist, die Beiträge für eine freiwillige Krankenversicherung ohne Anspruch auf Krankengeld und zur Pflegepflichtversicherung bei einem Träger der gesetzlichen Kranken- und Pflegeversicherung oder, wenn dort im Einzelfall ein Schutz nicht gewährleistet ist, bei einem privaten Krankenversicherungsunternehmen Aufwendungen zugrunde gelegt.

(3) ¹Bei einer beruflichen Ausbildung und einer berufsvorbereitenden Bildungsmaßnahme können sonstige Kosten anerkannt werden, soweit sie durch die Ausbildung oder Teilnahme an der berufsvorbereitenden Bildungsmaßnahme unvermeidbar entstehen, die Ausbildung oder Teilnahme an der Maßnahme andernfalls gefährdet ist und wenn die Aufwendungen vom Auszubildenden oder seinen Erziehungsberechtigten zu tragen sind.

²Darüber hinaus werden Kosten für die Betreuung der aufsichtsbedürftigen Kinder des Auszubildenden in Höhe von 130 Euro monatlich je Kind übernommen.

§ 69 Maßnahmekosten

Bei einer berufsvorbereitenden Bildungsmaßnahme werden als Maßnahmekosten
1. die angemessenen Aufwendungen für das zur Durchführung der Maßnahme eingesetzte erforderliche Ausbildungs- und Betreuungspersonal einschließlich dessen regelmäßiger fachlicher Weiterbildung sowie für das insoweit erforderliche Leitungs- und Verwaltungspersonal sowie
2. die angemessenen Sachkosten, einschließlich der Kosten für Lernmittel und Arbeitskleidung, und die angemessenen Verwaltungskosten

übernommen.

§ 70 Anpassung der Bedarfssätze

Für die Anpassung der Bedarfssätze gilt § 35 Satz 1 und 2 des Bundesausbildungsförderungsgesetzes entsprechend.

§ 71 Einkommensanrechnung

(1) Auf den Gesamtbedarf sind das Einkommen des Auszubildenden, seines nicht dauernd von ihm getrennt lebenden Ehegatten, des Lebenspartners und seiner Eltern in dieser Reihenfolge anzurechnen.

(2) ¹Für die Ermittlung des Einkommens und dessen Anrechnung sowie die Berücksichtigung von Freibeträgen gelten § 11 Abs. 4 sowie die Vorschriften des Vierten Abschnitts des Bundesausbildungsförderungsgesetzes mit den hierzu ergangenen Rechtsverordnungen entsprechend. ²Abweichend von
1. § 21 Abs. 1 des Bundesausbildungsförderungsgesetzes werden Werbungskosten des Auszubildenden auf Grund der Ausbildung nicht berücksichtigt;
2. § 22 Abs. 1 des Bundesausbildungsförderungsgesetzes ist das Einkommen des Auszubildenden maßgebend, das zum Zeitpunkt der Antragstellung absehbar ist, Änderungen bis zum Zeitpunkt der Entscheidung sind jedoch zu berücksichtigen;
3. § 23 Abs. 3 des Bundesausbildungsförderungsgesetzes bleiben 58 Euro der Ausbildungsvergütung und abweichend von § 25 Abs. 1 des Bundesausbildungsförderungsgesetzes zusätzlich 567 Euro anrechnungsfrei, wenn die Vermittlung einer geeigneten beruflichen Ausbildungsstelle nur bei Unterbringung des Auszubildenden außerhalb des Haushalts der Eltern oder eines Elternteils möglich ist;
4. § 23 Abs. 4 Nr. 2 des Bundesausbildungsförderungsgesetzes werden Leistungen Dritter, die zur Aufstockung der Berufsausbildungsbeihilfe erbracht werden, nicht angerechnet.

(3) Bei einer beruflichen Ausbildung im Betrieb der Eltern, des Ehegatten oder des Lebenspartners ist für die Feststellung des Einkommens des Auszubildenden mindestens die tarifliche oder, soweit eine tarifliche Regelung nicht besteht, die ortsübliche Bruttoausbildungsvergütung, die in diesem Ausbildungsberuf bei einer Ausbildung in einem fremden Betrieb geleistet wird, als vereinbart zugrunde zu legen.

(4) ¹Für die Teilnehmer an berufsvorbereitenden Bildungsmaßnahmen wird von einer Anrechnung des Einkommens abgesehen. ²Satz 1 gilt nicht für Einkommen der Teilnehmer aus einer nach diesem Buch oder vergleichbaren öffentlichen Programmen geförderten Maßnahme.

(5) ¹Einkommen der Eltern bleibt außer Betracht, wenn ihr Aufenthaltsort nicht bekannt ist oder sie rechtlich oder tatsächlich gehindert sind, im Inland Unterhalt zu leisten. ²Einkommen ist ferner nicht anzurechnen, soweit ein Unterhaltsanspruch nicht besteht oder dieser verwirkt ist.

§ 72 Vorausleistung von Berufsausbildungsbeihilfe

(1) ¹Macht der Auszubildende glaubhaft, daß seine Eltern den nach den Vorschriften dieses Gesetzes angerechneten Unterhaltsbetrag nicht leisten, oder kann das Einkommen der Eltern nicht berechnet werden, weil diese die erforderlichen Auskünfte nicht erteilen oder Urkunden nicht vorlegen, und ist die Ausbildung, auch unter Berücksichtigung des Einkommens des Ehegatten oder des Lebenspartners im Bewilligungszeitraum, gefährdet, so wird nach Anhörung der Eltern ohne Anrechnung dieses Betrags Berufsausbildungsbeihilfe geleistet. ²Von der Anhörung der Eltern kann aus wichtigem Grund abgesehen werden.

(2) ¹Ein Anspruch des Auszubildenden auf Unterhaltsleistungen gegen seine Eltern geht bis zur Höhe des anzurechnenden Unterhaltsanspruches zusammen mit dem unterhaltsrechtlichen Auskunftsanspruch mit der Zahlung der Berufsausbildungsbeihilfe auf die Agentur für Arbeit über. ²Die Agentur für Arbeit hat den Eltern die Förderung anzuzeigen. ³Der Übergang wird nicht dadurch ausgeschlossen, daß der Anspruch nicht übertragen, verpfändet oder gepfändet werden kann. ⁴Ist die Unterhaltsleistung trotz des Rechtsübergangs mit befreiender Wirkung an den Auszubildenden gezahlt worden, hat der Auszubildende diese insoweit zu erstatten.

(2a) Für die Vergangenheit können die Eltern des Auszubildenden nur von dem Zeitpunkt an in Anspruch genommen werden, in dem
1. die Voraussetzungen des bürgerlichen Rechts vorgelegen haben oder
2. sie bei dem Antrag auf Ausbildungsförderung mitgewirkt haben oder von ihm Kenntnis erhalten haben und darüber belehrt worden sind, unter welchen Voraussetzungen dieses Buch eine Inanspruchnahme von Eltern ermöglicht.

(3) Berufsausbildungsbeihilfe wird nicht vorausgeleistet, soweit die Eltern bereit sind, Unterhalt entsprechend einer gemäß § 1612 Abs. 2 des Bürgerlichen Gesetzbuches getroffenen Bestimmung zu leisten.

(4) ¹Die Agentur für Arbeit kann den auf sie übergegangenen Unterhaltsanspruch im Einvernehmen mit dem Unterhaltsberechtigten auf diesen zur gerichtlichen Geltendmachung rückübertragen und sich den geltend gemachten Unterhaltsanspruch abtreten lassen. ²Kosten, mit denen der Unterhaltsberechtigte dadurch selbst belastet wird, sind zu übernehmen.

§ 73 Dauer der Förderung

(1) ¹Anspruch auf Berufsausbildungsbeihilfe besteht für die Dauer der beruflichen Ausbildung und der berufsvorbereitenden Bildungsmaßnahme. ²Über den Anspruch wird in der Regel bei beruflicher Ausbildung für 18 Monate, im Übrigen für ein Jahr (Bewilligungszeitraum) entschieden.

(1a) Für die Zeit des Berufsschulunterrichts in Blockform wird Berufsausbildungsbeihilfe unverändert weiter erbracht.

(2) Für Fehlzeiten besteht Anspruch auf Berufsausbildungsbeihilfe
1. bei Krankheit längstens bis zum Ende des dritten auf den Eintritt der Krankheit folgenden Kalendermonats, im Falle einer beruflichen Ausbildung jedoch nur, solange das Ausbildungsverhältnis fortbesteht, oder
2. für Zeiten einer Schwangerschaft oder nach der Entbindung, wenn
   a) bei einer beruflichen Ausbildung nach den Bestimmungen des Mutterschutzgesetzes Anspruch auf Fortzahlung der Ausbildungsvergütung oder Anspruch auf Mutterschaftsgeld besteht oder
   b) bei einer berufsvorbereitenden Bildungsmaßnahme die Maßnahme nicht länger als 14 Wochen oder im Falle von Früh- oder Mehrlingsgeburten 18 Wochen (§ 3 Abs. 2 und § 6 Abs. 1 Mutterschutzgesetz) unterbrochen wird, oder
3. wenn bei einer beruflichen Ausbildung der Auszubildende aus einem sonstigen Grund der Ausbildung fernbleibt und die Ausbildungsvergütung weitergezahlt oder an deren Stelle eine Ersatzleistung erbracht wird oder
4. wenn bei einer berufsvorbereitenden Bildungsmaßnahme ein sonstiger wichtiger Grund für das Fernbleiben des Auszubildenden vorliegt.

§ 74 Berufsausbildungsbeihilfe für Arbeitslose

¹Ein Arbeitsloser, der zu Beginn der Maßnahme ansonsten Anspruch auf Arbeitslosengeld gehabt hätte, der höher ist als der zugrunde zu legende Bedarf für den Lebensunterhalt, hat Anspruch auf Berufsausbildungsbeihilfe in Höhe des Arbeitslosengeldes. ²In diesem Fall wird Einkommen, das der Arbeitslose aus einer neben der berufsvorbereitenden Bildungsmaßnahme ausgeübten Beschäftigung oder selbständigen Tätigkeit erzielt, in gleicher Weise angerechnet wie bei der Leistung von Arbeitslosengeld.

§ 75 Auszahlung

¹Monatliche Förderungsbeträge der Berufsausbildungsbeihilfe, die nicht volle Euro ergeben, sind bei Restbeträgen bis zu 0,49 Euro abzurunden und von 0,50 Euro an aufzurunden. ²Nicht geleistet werden monatliche Förderungsbeträge unter 10 Euro.

§ 76 Anordnungsermächtigung

Die Bundesagentur wird ermächtigt, durch Anordnung das Nähere über Voraussetzungen, Umfang und Verfahren der Förderung sowie über Art und Inhalt der berufsvorbereitenden Bildungsmaßnahmen und die an sie gestellten Anforderungen zu bestimmen.

§ 76 a *(aufgehoben)*

Sechster Abschnitt. Förderung der beruflichen Weiterbildung

§ 77 Grundsatz

(1) ¹Arbeitnehmer können bei beruflicher Weiterbildung durch Übernahme der Weiterbildungskosten gefördert werden, wenn
1. die Weiterbildung notwendig ist, um sie bei Arbeitslosigkeit beruflich einzugliedern, eine ihnen drohende Arbeitslosigkeit abzuwenden oder weil bei ihnen wegen fehlenden Berufsabschlusses die Notwendigkeit der Weiterbildung anerkannt ist,
2. vor Beginn der Teilnahme eine Beratung durch die Agentur für Arbeit erfolgt ist und
3. die Maßnahme und der Träger der Maßnahme für die Förderung zugelassen sind.

²Als Weiterbildung gilt die Zeit vom ersten Tag bis zum letzten Tag der Maßnahme mit Unterrichtsveranstaltungen, es sei denn, die Maßnahme ist vorzeitig beendet worden.

(2) Anerkannt wird die Notwendigkeit der Weiterbildung bei Arbeitnehmern wegen fehlenden Berufsabschlusses, wenn sie
1. über einen Berufsabschluss verfügen, jedoch auf Grund einer mehr als vier Jahre ausgeübten Beschäftigung in an- oder ungelernter Tätigkeit eine entsprechende Beschäftigung voraussichtlich nicht mehr ausüben können, oder
2. nicht über einen Berufsabschluss verfügen, für den nach bundes- oder landesrechtlichen Vorschriften eine Ausbildungsdauer von mindestens zwei Jahren festgelegt ist. Arbeitnehmer ohne Berufsabschluss, die noch nicht drei Jahre beruflich tätig gewesen sind, können nur gefördert werden, wenn eine berufliche Ausbildung oder eine berufsvorbereitende Bildungsmaßnahme aus in der Person des Arbeitnehmers liegenden Gründen nicht möglich oder nicht zumutbar ist.

(3) ¹Arbeitnehmer werden durch Übernahme der Weiterbildungskosten zum nachträglichen Erwerb des Hauptschulabschlusses oder eines gleichwertigen Schulabschlusses gefördert, wenn sie
1. die Voraussetzungen für die Förderung der beruflichen Weiterbildung nach Absatz 1 erfüllen und
2. eine erfolgreiche Teilnahme an der Maßnahme erwarten lassen.

²Absatz 2 Satz 1 Nr. 2 Satz 2 gilt entsprechend. ³Die Leistung wird nur erbracht, soweit sie nicht für den gleichen Zweck durch Dritte erbracht wird. ⁴Die Agentur für Arbeit hat darauf hinzuwirken, dass sich die für die allgemeine Schulbildung zuständigen Länder an den Kosten der Maßnahme beteiligen. ⁵Leistungen Dritter zur Aufstockung der Leistung bleiben anrechnungsfrei.

(4) ¹Dem Arbeitnehmer wird das Vorliegen der Voraussetzungen für eine Förderung bescheinigt (Bildungsgutschein). ²Der Bildungsgutschein kann zeitlich befristet sowie regional und auf bestimmte Bildungsziele beschränkt werden. ³Der vom Arbeitnehmer ausgewählte Träger hat der Agentur für Arbeit den Bildungsgutschein vor Beginn der Maßnahme vorzulegen.

§ 78 *(aufgehoben)*

§ 79 Weiterbildungskosten

(1) Weiterbildungskosten sind die durch die Weiterbildung unmittelbar entstehenden
1. Lehrgangskosten und Kosten für die Eignungsfeststellung,
2. Fahrkosten,
3. Kosten für auswärtige Unterbringung und Verpflegung,
4. Kosten für die Betreuung von Kindern.

(2) ¹Leistungen können unmittelbar an den Träger der Maßnahme ausgezahlt werden, soweit Kosten bei dem Träger unmittelbar entstehen. ²Soweit ein Bescheid über die Be-

willigung von unmittelbar an den Träger erbrachten Leistungen aufgehoben worden ist, sind diese Leistungen ausschließlich von dem Träger zu erstatten.

§ 80 Lehrgangskosten

¹Lehrgangskosten sind Lehrgangsgebühren einschließlich der Kosten für erforderliche Lernmittel, Arbeitskleidung, Prüfungsstücke und der Prüfungsgebühren für gesetzlich geregelte oder allgemein anerkannte Zwischen- und Abschlussprüfungen sowie Kosten für eine notwendige Eignungsfeststellung. ²Lehrgangskosten können auch für die Zeit vom Ausscheiden eines Teilnehmers bis zum planmäßigen Ende der Maßnahme übernommen werden, wenn der Teilnehmer wegen Arbeitsaufnahme vorzeitig ausgeschieden, das Arbeitsverhältnis durch Vermittlung des Trägers der Maßnahme zustande gekommen und eine Nachbesetzung des frei gewordenen Platzes in der Maßnahme nicht möglich ist.

§ 81 Fahrkosten

(1) Fahrkosten können übernommen werden
1. für Fahrten zwischen Wohnung und Bildungsstätte (Pendelfahrten),
2. bei einer erforderlichen auswärtigen Unterbringung für die An- und Abreise und für eine monatliche Familienheimfahrt oder anstelle der Familienheimfahrt für eine monatliche Fahrt eines Angehörigen zum Aufenthaltsort des Arbeitnehmers.

(2) ¹Fahrkosten werden in Höhe des Betrages zugrunde gelegt, der bei Benutzung eines regelmäßig verkehrenden öffentlichen Verkehrsmittels der niedrigsten Klasse des zweckmäßigsten öffentlichen Verkehrsmittels zu zahlen ist, bei Benutzung sonstiger Verkehrsmittel in Höhe der Wegstreckenentschädigung nach § 5 Abs. 1 des Bundesreisekostengesetzes. ²Bei nicht geringfügigen Fahrpreiserhöhungen hat auf Antrag eine Anpassung zu erfolgen, wenn die Maßnahme noch mindestens zwei weitere Monate andauert.

(3) Kosten für Pendelfahrten können nur bis zu der Höhe des Betrages übernommen werden, der bei auswärtiger Unterbringung für Unterbringung und Verpflegung zu leisten wäre.

§ 82 Kosten für auswärtige Unterbringung und Verpflegung

Ist eine auswärtige Unterbringung erforderlich, so können
1. für die Unterbringung je Tag ein Betrag in Höhe von 31 Euro, je Kalendermonat jedoch höchstens ein Betrag in Höhe von 340 Euro und
2. für die Verpflegung je Tag ein Betrag in Höhe von 18 Euro, je Kalendermonat jedoch höchstens ein Betrag in Höhe von 136 Euro
erbracht werden.

§ 83 Kinderbetreuungskosten

Kosten für die Betreuung der aufsichtsbedürftigen Kinder des Arbeitnehmers können in Höhe von 130 Euro monatlich je Kind übernommen werden.

§ 84 Anforderungen an Träger

Zugelassen für die Förderung sind Träger, bei denen eine fachkundige Stelle festgestellt hat, dass
1. der Träger der Maßnahme die erforderliche Leistungsfähigkeit besitzt,
2. der Träger in der Lage ist, durch eigene Vermittlungsbemühungen die Eingliederung von Teilnehmern zu unterstützen,
3. Aus- und Fortbildung sowie Berufserfahrung des Leiters und der Lehrkräfte eine erfolgreiche berufliche Weiterbildung erwarten lassen und
4. der Träger ein System zur Sicherung der Qualität anwendet.

§ 85 Anforderungen an Maßnahmen

(1) ¹Zugelassen für die Förderung sind Maßnahmen, bei denen eine fachkundige Stelle festgestellt hat, dass die Maßnahme
1. nach Gestaltung der Inhalte der Maßnahme sowie der Methoden und Materialien ihrer Vermittlung eine erfolgreiche berufliche Bildung erwarten lässt und nach Lage und Entwicklung des Arbeitsmarktes zweckmäßig ist,

2. angemessene Teilnahmebedingungen bietet,
3. mit einem Zeugnis abschließt, das Auskunft über den Inhalt des vermittelten Lehrstoffs gibt,
4. nach den Grundsätzen der Wirtschaftlichkeit und Sparsamkeit geplant und durchgeführt wird, insbesondere die Kosten und die Dauer angemessen sind.

²Sofern es dem Wiedereingliederungserfolg förderlich ist, sollen Maßnahmen nach Möglichkeit betriebliche Lernphasen vorsehen.

(2) ¹Die Dauer der Maßnahme ist angemessen, wenn sie sich auf den für das Erreichen des Bildungsziels erforderlichen Umfang beschränkt. ²Die Dauer einer Vollzeitmaßnahme, die zu einem Abschluss in einem allgemein anerkannten Ausbildungsberuf führt, ist angemessen, wenn sie gegenüber der entsprechenden Berufsausbildung um mindestens ein Drittel der Ausbildungszeit verkürzt ist. ³Ist eine Verkürzung um mindestens ein Drittel der Ausbildungszeit auf Grund bundes- oder landesgesetzlicher Regelungen ausgeschlossen, so ist die Förderung eines Maßnahmeteils von bis zu zwei Dritteln der Maßnahme nicht ausgeschlossen, wenn bereits zu Beginn der Maßnahme die Finanzierung für die gesamte Dauer der Maßnahme gesichert ist.

(3) ¹Zugelassen werden kann eine Maßnahme nur, wenn sie das Ziel hat,
1. berufliche Fertigkeiten, Kenntnisse und Fähigkeiten zu erhalten, zu erweitern, der technischen Entwicklung anzupassen oder einen beruflichen Aufstieg zu ermöglichen,
2. einen beruflichen Abschluss zu vermitteln oder
3. zu einer anderen beruflichen Tätigkeit zu befähigen.

²Eine Maßnahme, die im Ausland durchgeführt wird, kann nur zugelassen werden, wenn die Weiterbildung im Ausland für das Erreichen des Bildungsziels besonders dienlich ist.

(4) ¹Ausgeschlossen von der Zulassung sind Maßnahmen, wenn überwiegend
1. Wissen vermittelt wird, das dem von allgemein bildenden Schulen angestrebten Bildungsziel oder den berufsqualifizierenden Studiengängen an Hochschulen oder ähnlichen Bildungsstätten entspricht oder
2. nicht berufsbezogene Inhalte vermittelt werden.

²Dies gilt nicht für Maßnahmen, die auf den nachträglichen Erwerb des Hauptschulabschlusses vorbereiten.

(5) Zeiten einer der beruflichen Weiterbildung folgenden Beschäftigung, die der Erlangung der staatlichen Anerkennung oder der staatlichen Erlaubnis zur Ausübung des Berufes dienen, sind nicht berufliche Weiterbildung im Sinne dieses Buches.

§ 86 Qualitätsprüfung

(1) ¹Die Agentur für Arbeit kann durch geeignete Maßnahmen die Durchführung der Maßnahme überwachen sowie den Erfolg beobachten. ²Sie kann insbesondere
1. von dem Träger der Maßnahme und den Teilnehmern Auskunft über den Verlauf der Maßnahme und den Eingliederungserfolg verlangen und
2. die Einhaltung der Voraussetzungen, die für die Zulassung des Trägers und der Maßnahme erfüllt sein müssen, durch Einsicht in alle die Maßnahme betreffenden Unterlagen des Trägers prüfen.

³Die Agentur für Arbeit ist berechtigt, zu diesem Zwecke Grundstücke, Geschäfts- und Unterrichtsräume des Trägers während der Geschäfts- oder Unterrichtszeit zu betreten. ⁴Wird die Maßnahme bei einem Dritten durchgeführt, ist die Agentur für Arbeit berechtigt, die Grundstücke, Geschäfts- und Unterrichtsräume des Dritten während dieser Zeit zu betreten. ⁵Stellt die Agentur für Arbeit bei der Prüfung der Maßnahme hinreichende Anhaltspunkte für Verstöße gegen datenschutzrechtliche Vorschriften fest, soll sie die zuständige Kontrollbehörde für den Datenschutz hiervon unterrichten.

(2) ¹Die Agentur für Arbeit kann vom Träger die Beseitigung festgestellter Mängel innerhalb angemessener Frist verlangen. ²Kommt der Träger diesem Verlangen nicht nach, hat die Agentur für Arbeit schwerwiegende und kurzfristig nicht behebbare Mängel festgestellt, werden die in Absatz 1 genannten Auskünfte nicht, nicht rechtzeitig oder nicht vollständig erteilt oder die Prüfungen oder das Betreten der Grundstücke, Geschäfts- und Unterrichtsräume durch die Agentur für Arbeit nicht geduldet, kann die Agentur für Arbeit die Geltung des Bildungsgutscheins für diesen Träger ausschließen und die Entscheidung über die Förderung insoweit aufheben.

(3) Die Agentur für Arbeit teilt der fachkundigen Stelle die nach den Absätzen 1 und 2 gewonnenen Erkenntnisse mit.

§ 87 Verordnungsermächtigung

Das Bundesministerium für Arbeit und Soziales wird ermächtigt, im Einvernehmen mit dem Bundesministerium für Bildung und Forschung durch Rechtsverordnung, die nicht der Zustimmung des Bundesrates bedarf, die Voraussetzungen für die Anerkennung als fachkundige Stelle und für die Zulassung von Trägern und Maßnahmen festzulegen, die Erhebung von Gebühren für die Anerkennung vorzusehen, die gebührenpflichtigen Tatbestände und die Gebührensätze zu bestimmen und das Verfahren für die Anerkennung als fachkundige Stelle sowie der Zulassung von Trägern und Maßnahmen zu regeln.

§§ 88–96 *(aufgehoben)*

Siebter Abschnitt. Förderung der Teilhabe behinderter Menschen am Arbeitsleben

Erster Unterabschnitt. Grundsätze

§ 97 Teilhabe am Arbeitsleben

(1) Behinderten Menschen können Leistungen zur Förderung der Teilhabe am Arbeitsleben erbracht werden, die wegen Art oder Schwere der Behinderung erforderlich sind, um ihre Erwerbsfähigkeit zu erhalten, zu bessern, herzustellen oder wiederherzustellen und ihre Teilhabe am Arbeitsleben zu sichern.

(2) ¹Bei der Auswahl der Leistungen sind Eignung, Neigung, bisherige Tätigkeit sowie Lage und Entwicklung des Arbeitsmarktes angemessen zu berücksichtigen. ²Soweit es erforderlich ist, schließt das Verfahren zur Auswahl der Leistungen eine Abklärung der beruflichen Eignung oder eine Arbeitserprobung ein.

§ 98 Leistungen zur Teilhabe

(1) Für behinderte Menschen können erbracht werden
1. allgemeine Leistungen sowie
2. besondere Leistungen zur Teilhabe am Arbeitsleben und diese ergänzende Leistungen.

(2) Besondere Leistungen zur Teilhabe am Arbeitsleben werden nur erbracht, soweit nicht bereits durch die allgemeinen Leistungen eine Teilhabe am Arbeitsleben erreicht werden kann.

§ 99 Leistungsrahmen

Die allgemeinen und besonderen Leistungen richten sich nach den Vorschriften des ersten und vierten bis sechsten Abschnitts, soweit nachfolgend nichts Abweichendes bestimmt ist.

Zweiter Unterabschnitt. Allgemeine Leistungen

§ 100 Leistungen

Die allgemeinen Leistungen umfassen
1. vermittlungsunterstützende Leistungen,
2. Leistungen zur Förderung der Aufnahme einer selbständigen Tätigkeit,
3. Leistungen zur Förderung der Berufsausbildung,
4. Leistungen zur Förderung der beruflichen Weiterbildung.

§ 101 Besonderheiten

(1) Vermittlungsunterstützende Leistungen bei Aufnahme einer Beschäftigung können auch erbracht werden, wenn der behinderte Mensch nicht arbeitslos ist und durch ver-

mittlungsunterstützende Leistungen eine dauerhafte Teilhabe am Arbeitsleben erreicht werden kann.

(2) ¹Förderungsfähig sind auch berufliche Aus- und Weiterbildungen, die im Rahmen des Berufsbildungsgesetzes oder der Handwerksordnung abweichend von den Ausbildungsordnungen für staatlich anerkannte Ausbildungsberufe oder in Sonderformen für behinderte Menschen durchgeführt werden. ²Die Förderung kann bei Bedarf ausbildungsbegleitende Hilfen nach dem Ersten Abschnitt des Sechsten Kapitels umfassen.

(3) ¹Anspruch auf Berufsausbildungsbeihilfe besteht auch, wenn der behinderte Mensch während der beruflichen Ausbildung im Haushalt der Eltern oder eines Elternteils wohnt. ²In diesen Fällen beträgt der allgemeine Bedarf 316 Euro monatlich. ³Er beträgt 397 Euro, wenn der behinderte Mensch verheiratet ist, eine Lebenspartnerschaft führt oder das 21. Lebensjahr vollendet hat.

(4) Eine Verlängerung der Ausbildung über das vorgesehene Ausbildungsende hinaus, eine Wiederholung der Ausbildung ganz oder in Teilen sowie eine erneute berufliche Ausbildung wird gefördert, wenn Art oder Schwere der Behinderung es erfordern und ohne die Förderung eine dauerhafte Teilhabe am Arbeitsleben nicht erreicht werden kann.

(5) ¹Berufliche Weiterbildung kann auch gefördert werden, wenn behinderte Menschen
1. nicht arbeitslos sind,
2. als Arbeitnehmer ohne Berufsabschluss noch nicht drei Jahre beruflich tätig gewesen sind oder
3. einer längeren Förderung als nichtbehinderte Menschen oder erneuten Förderung bedürfen, um am Arbeitsleben teilzuhaben oder weiter teilzuhaben.

²Förderungsfähig sind auch schulische Ausbildungen, deren Abschluss für die Weiterbildung erforderlich ist.

Dritter Unterabschnitt. Besondere Leistungen

Erster Titel. Allgemeines

§ 102 Grundsatz

(1) ¹Die besonderen Leistungen sind anstelle der allgemeinen Leistungen insbesondere zur Förderung der beruflichen Aus- und Weiterbildung einschließlich Berufsvorbereitung sowie blindentechnischer und vergleichbarer spezieller Grundausbildungen zu erbringen, wenn
1. Art oder Schwere der Behinderung oder die Sicherung der Teilhabe am Arbeitsleben die Teilnahme an
   a) einer Maßnahme in einer besonderen Einrichtung für behinderte Menschen oder
   b) einer sonstigen auf die besonderen Bedürfnisse behinderter Menschen ausgerichteten Maßnahme
   unerlässlich machen oder
2. die allgemeinen Leistungen die wegen Art oder Schwere der Behinderung erforderlichen Leistungen nicht oder nicht im erforderlichen Umfang vorsehen.

²In besonderen Einrichtungen für behinderte Menschen können auch Aus- und Weiterbildungen außerhalb des Berufsbildungsgesetzes und der Handwerksordnung gefördert werden.

(2) Leistungen im Eingangsverfahren und im Berufsbildungsbereich der Werkstätten für behinderte Menschen werden nach § 40 des Neunten Buches erbracht.

§ 103 Leistungen

¹Die besonderen Leistungen umfassen
1. das Übergangsgeld nach den §§ 160 bis 162,
2. das Ausbildungsgeld, wenn ein Übergangsgeld nicht erbracht werden kann,
3. die Übernahme der Teilnahmekosten für eine Maßnahme.

²Die Leistungen können auf Antrag auch als Teil eines trägerübergreifenden Persönlichen Budgets erbracht werden; § 17 Abs. 2 bis 4 des Neunten Buches in Verbindung mit der Budgetverordnung und § 159 des Neunten Buches finden Anwendung.

Zweiter Titel. Ausbildungsgeld

§ 104 Ausbildungsgeld

(1) Behinderte Menschen haben Anspruch auf Ausbildungsgeld während
1. einer beruflichen Ausbildung oder berufsvorbereitenden Bildungsmaßnahme einschließlich einer Grundausbildung,
2. einer individuellen betrieblichen Qualifizierung im Rahmen der Unterstützten Beschäftigung nach § 38a des Neunten Buches und
3. einer Maßnahme im Eingangsverfahren oder Berufsbildungsbereich einer Werkstatt für behinderte Menschen,

wenn ein Übergangsgeld nicht erbracht werden kann.

(2) Für das Ausbildungsgeld gelten die Vorschriften über die Berufsausbildungsbeihilfe entsprechend, soweit nachfolgend nichts Abweichendes bestimmt ist.

§ 105 Bedarf bei beruflicher Ausbildung

(1) Als Bedarf werden bei beruflicher Ausbildung zugrunde gelegt
1. bei Unterbringung im Haushalt der Eltern oder eines Elternteils 316 Euro monatlich, wenn der behinderte Mensch unverheiratet ist oder keine Lebenspartnerschaft führt und das 21. Lebensjahr noch nicht vollendet hat, im übrigen 397 Euro monatlich,
2. bei Unterbringung in einem Wohnheim, Internat, beim Ausbildenden oder in einer besonderen Einrichtung für behinderte Menschen 104 Euro monatlich, wenn die Kosten für Unterbringung und Verpflegung von der Agentur für Arbeit oder einem anderen Leistungsträger übernommen werden,
3. bei anderweitiger Unterbringung und Kostenerstattung für Unterbringung und Verpflegung 230 Euro monatlich, wenn der behinderte Mensch unverheiratet ist oder keine Lebenspartnerschaft führt und das 21. Lebensjahr noch nicht vollendet hat, im übrigen 265 Euro monatlich und
4. bei anderweitiger Unterbringung ohne Kostenerstattung für Unterbringung und Verpflegung der jeweils nach § 13 Abs. 1 Nr. 1 des Bundesausbildungsförderungsgesetzes geltende Bedarf zuzüglich 149 Euro monatlich für die Unterkunft; soweit Mietkosten für Unterkunft und Nebenkosten nachweislich diesen Betrag übersteigen, erhöht sich dieser Bedarf um bis zu 75 Euro monatlich.

(2) Für einen behinderten Menschen, der das 18. Lebensjahr noch nicht vollendet hat, wird anstelle des Bedarfs nach Absatz 1 Nr. 4 ein Bedarf in Höhe von 316 Euro monatlich zugrunde gelegt, wenn
1. er die Ausbildungsstätte von der Wohnung der Eltern oder eines Elternteils aus in angemessener Zeit erreichen könnte oder
2. Leistungen der Jugendhilfe nach dem Achten Buch gewährt werden, die mit einer anderweitigen Unterbringung verbunden sind.

§ 106 Bedarf bei berufsvorbereitenden Bildungsmaßnahmen, Unterstützter Beschäftigung und bei Grundausbildung

(1) Als Bedarf werden bei berufsvorbereitenden Bildungsmaßnahmen, Unterstützter Beschäftigung und bei Grundausbildung zugrunde gelegt
1. bei Unterbringung im Haushalt der Eltern oder eines Elternteils der jeweils nach § 12 Abs. 1 Nr. 1 des Bundesausbildungsförderungsgesetzes geltende Bedarf,
2. bei anderweitiger Unterbringung außerhalb eines Wohnheims oder Internats ohne Kostenerstattung für Unterbringung und Verpflegung 391 Euro monatlich; soweit Mietkosten für Unterkunft und Nebenkosten nachweislich 58 Euro monatlich übersteigen, erhöht sich dieser Bedarf um bis zu 74 Euro monatlich,
3. bei anderweitiger Unterbringung außerhalb eines Wohnheims oder Internats und Kostenerstattung für Unterbringung und Verpflegung 172 Euro monatlich.

(2) Für einen behinderten Menschen, der das 18. Lebensjahr noch nicht vollendet hat, wird anstelle des Bedarfs nach Absatz 1 Nr. 2 ein Bedarf in Höhe von 204 Euro monatlich zugrunde gelegt, wenn
1. er die Ausbildungsstätte von der Wohnung der Eltern oder eines Elternteils aus in angemessener Zeit erreichen könnte oder

2. für ihn Leistungen der Jugendhilfe nach dem Achten Buch gewährt werden, die die Kosten für die Unterkunft einschließen.

(3) Bei Unterbringung in einem Wohnheim, Internat oder in einer besonderen Einrichtung für behinderte Menschen ist ein Bedarf wie bei einer beruflichen Ausbildung zugrunde zu legen.

§ 107 Bedarf bei Maßnahmen in anerkannten Werkstätten für behinderte Menschen

Als Bedarf werden bei Maßnahmen in einer Werkstatt für behinderte Menschen im ersten Jahr 63 Euro monatlich und danach 75 Euro monatlich zugrunde gelegt.

§ 108 Einkommensanrechnung

(1) Auf den Bedarf wird bei Maßnahmen in einer anerkannten Werkstatt für behinderte Menschen Einkommen nicht angerechnet.

(2) Im übrigen bleibt bei der Einkommensanrechnung das Einkommen
1. des behinderten Menschen aus Waisenrenten, Waisengeld oder aus Unterhaltsleistungen bis 242 Euro monatlich,
2. der Eltern bis 2.909 Euro monatlich, des verwitweten Elternteils oder bei getrennt lebenden Eltern, das Einkommen des Elternteils, bei dem der behinderte Mensch lebt, ohne Anrechnung des Einkommens des anderen Elternteils, bis 1.813 Euro monatlich und
3. des Ehegatten oder Lebenspartners bis 1.813 Euro monatlich
anrechnungsfrei.

Dritter Titel. Teilnahmekosten

§ 109 Teilnahmekosten

(1) ¹Teilnahmekosten bestimmen sich nach den §§ 33, 44, 53 und 54 des Neunten Buches. ²Sie beinhalten auch weitere Aufwendungen, die wegen Art und Schwere der Behinderung unvermeidbar entstehen, sowie Kosten für Sonderfälle der Unterkunft und Verpflegung.

(2) Die Teilnahmekosten nach Absatz 1 können Aufwendungen für erforderliche eingliederungsbegleitende Dienste während und im Anschluß an die Maßnahme einschließen.

§ 110 *(aufgehoben)*

§ 111 Sonderfälle der Unterbringung und Verpflegung

Wird der behinderte Mensch auswärtig, aber nicht in einem Wohnheim, Internat, einer besonderen Einrichtung für behinderte Menschen oder beim Ausbildenden mit voller Verpflegung untergebracht, so wird ein Betrag in Höhe von 269 Euro monatlich zuzüglich der nachgewiesenen behinderungsbedingten Mehraufwendungen erbracht.

§§ 112, 113 *(aufgehoben)*

Vierter Titel. Sonstige Hilfen

§ 114 *(aufgehoben)*

Fünfter Titel. Anordnungsermächtigung

§ 115 Anordnungsermächtigung

Die Bundesagentur wird ermächtigt, durch Anordnung das Nähere über Voraussetzungen, Art, Umfang und Ausführung der Leistungen in Übereinstimmung mit den für die anderen Träger der Leistungen zur Teilhabe am Arbeitsleben geltenden Regelungen zu bestimmen.

Achter Abschnitt. Entgeltersatzleistungen

Erster Unterabschnitt. Leistungsübersicht

§ 116 Leistungsarten

Entgeltersatzleistungen sind
1. Arbeitslosengeld bei Arbeitslosigkeit und bei beruflicher Weiterbildung,
2. Teilarbeitslosengeld bei Teilarbeitslosigkeit,
3. Übergangsgeld bei Teilnahme an Leistungen zur Teilhabe am Arbeitsleben,
4. Kurzarbeitergeld für Arbeitnehmer, die infolge eines Arbeitsausfalles einen Entgeltausfall haben,
5. Insolvenzgeld für Arbeitnehmer, die wegen Zahlungsunfähigkeit des Arbeitgebers kein Arbeitsentgelt erhalten.

A. Allgemeines

1   Im Vierten Kapitel des SGB III, das die Leistungen der Arbeitsförderung für Arbeitnehmer regelt, hat § 116 seinen Sitz im Achten Abschnitt, der die **Entgeltersatzleistungen** der Arbeitsförderung betrifft. Diese bilden gemessen an den Aufwendungen der BA den Hauptteil der Leistungen der Arbeitslosenversicherung. § 116 gibt zu Beginn des Achten Abschnitts eine Übersicht über die Entgeltersatzleistungen des SGB III. Im Vergleich zu früheren Gesetzesfassungen ist die Zahl von Leistungsarten vermindert und zusammengefasst worden. So ist das frühere Unterhaltsgeld zum 1. 1. 2005 im Arbeitslosengeld (Alg) aufgegangen (§ 124 a), das Winterausfallgeld zum 1. 4. 2006 durch das Saison-Kug (§ 175) ersetzt worden. Schließlich ist die Arbeitslosenhilfe zum 1. 1. 2005 gestrichen worden, an deren Stelle die Grundsicherung für Arbeitsuchende nach dem SGB II getreten ist.

2   Der **Katalog** des § 116 benennt die SGB III-Leistungen mit Entgeltersatzfunktion. Er entspricht in seiner Abfolge den gesetzlichen Regelungen der Leistungen im SGB III. Die Aufzählung ist nicht abschließend, da das SGB III selbst weitere Entgeltersatzleistungen kennt. Nicht aufgenommen wurde zB das Transfer-Kug (§ 216 b), das aufgrund seiner systematischen Stellung zwar nicht als Sonderform des Kug gelten kann, aber ebenfalls Entgeltersatzleistung ist. Auch die Entgeltsicherung für ältere Arbeitnehmer (§ 421 j) wird nicht erwähnt (Gutzler in NK-SGB III § 116 Rn. 1), was sich daraus erklärt, dass es sich um eine (nur) übergangsweise zu gewährende Leistung handelt (Dreizehntes Kapitel, Zweiter Abschnitt). Die genannten Leistungen haben den Zweck, nach Eintritt eines Versicherungsfalls den Versicherten den Lebensunterhalt zu sichern. Deren Entgelt ist zu ersetzen, wenn aufgrund von Arbeitslosigkeit, Teilarbeitslosigkeit, Teilnahme an Leistungen zur Teilhabe am Arbeitsleben, Kurzarbeit oder Arbeitgeberinsolvenz das Arbeitsentgelt typischerweise nicht oder nur in vermindertem Umfang gezahlt wird.

B. Leistungsarten

3   Nr. 1 nennt als erste Entgeltersatzleistung das Alg. Voraussetzungen und Umfang der Leistung sind in den §§ 117 bis 152 näher geregelt. Die Leistung wird nach Eintritt des Versicherungsfalls der Arbeitslosigkeit (§ 118) aber auch bei Teilnahme an einer beruflichen Weiterbildung (§ 124 a, § 434 j Abs. 8) erbracht.

4   Nr. 2 nennt das **Teil-Alg** bei Teilarbeitslosigkeit als eigenständige Leistung, obwohl diese Leistung systematisch ihren Sitz (§§ 150 f.) ebenfalls im Unterabschnitt über Alg hat. Teil-Alg wird geleistet, wenn ein Arbeitnehmer eine von mehreren versicherungspflichtigen Beschäftigungen, die er ausgeübt hat, verliert (§ 150 Abs. 2 Nr. 1). Auch wenn die Voraussetzungen für den Bezug von Alg fehlen, zB weil der AN weiterhin eine mehr als 15 Stunden pro Woche umfassende Beschäftigung ausübt, können §§ 150 f. einen Anspruch auf Teil-Alg vermitteln.

5   Nr. 3 bezeichnet das **Übergangsgeld** (Übg) als weitere Entgeltersatzleistung. Für dessen Bezug werden in § 160 die Voraussetzungen aufgestellt. Übg erhalten behinderte Menschen, wenn sie Leistungen zur Teilhabe am Arbeitsleben (Berufsausbildung, Berufsvorbereitung, berufliche Weiterbildung) erhalten. Es handelt sich um eine akzessorische Leistung der aktiven Arbeitsförderung (Keller in NK-SGB III § 160 Rn 5). Bezüglich Höhe und Berechnung der Leistung verweist das SGB III auf §§ 46 f. SGB IX.

Entgeltersatzleistung ist nach Nr. 4 das **Kurzarbeitergeld** (Kug), das mit seinen Sonderformen in den §§ 169 bis 182 geregelt ist. Kug wird geleistet, wenn bei bestehendem Beschäftigungsverhältnis aufgrund äußerer Umstände (wirtschaftliche Gründe, unabwendbares Ereignis) ein Arbeitsausfall eintritt und der ArbG von der Entgeltzahlung frei wird. Die frühere Winterbauförderung, die in der Sonderform des Saison-Kug fortgeführt wird, ist bezüglich der begünstigten Branchen erweitert worden und wird hier erfasst. **6**

Nr. 5 führt schließlich das Insolvenzgeld (InsG) an. Die Leistung (vgl. §§ 183 bis 189 a) wird erbracht, wenn AN Arbeitsentgeltansprüche erworben haben, diese aber wegen Insolvenz des Schuldners, hier des ArbG, in den letzten drei Monaten vor dem Insolvenzereignis nicht erfüllt worden sind. Während andere Leistungen das nicht mehr erzielte Entgelt ersetzen, haben die Versicherten mit dem InsG eine – allerdings zeitlich begrenzte – Entgeltausfallversicherung bei Arbeitgeberinsolvenz. **7**

Nach allgemeinen Regeln des SGB III sind die Entgeltersatzleistungen bei Arbeitslosigkeit (§ 3 Abs. 1 Nr. 8) **nachrangig** zur Vermittlung (§§ 35 f.). Gemäß § 5 haben auch Leistungen der aktiven Arbeitsförderung Vorrang vor den Entgeltersatzleistungen bei Arbeitslosigkeit. Aus dem Katalog des § 116 sind Alg nach § 124 a, Übg und Kug Leistungen der aktiven Arbeitsförderung (§ 3 Abs. 4). Dagegen sind Alg bei Arbeitslosigkeit, Teil-Alg und InsG keine Leistungen der aktiven Arbeitsförderung und deshalb diesen gegenüber nachrangig. **8**

Zweiter Unterabschnitt. Arbeitslosengeld

Erster Titel. Regelvoraussetzungen

§ 117 Anspruch auf Arbeitslosengeld

(1) **Arbeitnehmer haben Anspruch auf Arbeitslosengeld**
1. **bei Arbeitslosigkeit oder**
2. **bei beruflicher Weiterbildung.**

(2) **Arbeitnehmer, die das für die Regelaltersrente im Sinne des Sechsten Buches erforderliche Lebensjahr vollendet haben, haben vom Beginn des folgenden Monats an keinen Anspruch auf Arbeitslosengeld.**

A. Normzweck

§ 117 stellt – zusammen mit weiteren Vorschriften dieses Titels – die **Regelvoraussetzungen** des Anspruchs auf Alg auf. Systematisch enthält § 117 die **materiellen Anspruchsvoraussetzungen**. Da diese allein aus der Norm nicht hinreichend deutlich werden, sind die §§ 118 bis 124 a hinzu zu lesen, um einen sachgerechte Übersicht über die Anspruchsvoraussetzungen zu erhalten. Abs. 1 ist zum 1. 1. 2005 an die Zusammenlegung von Alg und dem früheren Unterhaltsgeld angepasst worden, dort sind nun die beiden Arten des Alg benannt. Zum 1. 1. 2008 ist Abs. 2 an die geänderten Altersgrenzen in der ges. Rentenversicherung angepasst worden (Art. 3 Nr. 3 des RV-Altersgrenzenanpassungsgesetz vom 20. 4. 2007, BGBl. I 2007, 554). Die Regelung setzt unter Bezugnahme auf die rentenrechtlichen Regelungen die flexible Altersgrenze, ab deren Erreichen der Anspruch auf Alg entfällt. **1**

Damit wird zugleich der **Zweck der Leistung** deutlich. Alg ersetzt als subsidiäre Versicherungsleistung (§§ 4, 5) das aufgrund von Arbeitslosigkeit oder beruflicher Weiterbildung entgangene Entgelt aus Beschäftigung. Dagegen stellt es keine rentenähnliche Dauerleistung dar. Der Anspruch entfällt beim Erreichen einer Altersgrenze, nämlich mit Beginn des Monats nach Erreichen des Alters für den Bezug einer Regelaltersrente (§ 35 S. 2 SGB VI). Abs. 2 geht typisierend davon aus, dass der Versicherte mit Erreichen des Anspruchs auf Regelaltersrente aus dem Erwerbsleben ausscheidet. **2**

B. Allgemeine Voraussetzungen des Anspruchs auf Alg

I. Arbeitnehmer

Anspruch auf Alg haben **Arbeitnehmer**. Der Begriff ist im SGB III nicht näher bestimmt (vgl. zu § 7 Abs. 1 SGB IV: BSG 23. 9. 1982 – 10 RAr 10/81 – SozR 2100 § 7 Nr. 7). Die Vorschriften über die Versicherungspflicht (§§ 24 f.) können nur bedingt herangezogen werden, da im SGB III begrifflich zwischen „Arbeitnehmern" und „versicherungspflichtig Beschäftigten" unterschieden wird (§§ 24, 117, 169). Überwiegend wird angenommen, dass die Arbeitnehmereigenschaft ein **Tatbestandsmerkmal** des Alg-Anspruchs ist (vgl. *Brand* in Niesel/Brand, SGB III, § 119 Rn. 2f.; *Steinmeyer* in Gagel, SGB III, § 117 Rn. 18; aA *Spellbrink* in Eicher/Schlegel, SGB III, § 118 Rn. 19; *Eicher* in Eicher/Schlegel, SGB III, § 327 Rn. 26 f. und § 328 Rn. 33). Einigkeit besteht darin, dass der **3**

Begriff eine eigenständige leistungsrechtliche Bedeutung hat, auch wenn die Unterschiede zum beitragsrechtlichen Arbeitnehmerbegriff gering sind.

4   **Arbeitnehmer** sind Personen, die – wären sie nicht ohne Beschäftigung – eine abhängige Beschäftigung von mehr als geringfügigem Umfang ausüben würden (BSG 15. 6. 1976 – 7 RAr 50/75 – SozR 4100 § 101 Nr. 2; vgl. auch BSG 3. 6. 2004 – B 11 AL 70/03 R – SozR 4–4300 § 123 Nr. 2). Nach diese Definition ist es weder erforderlich, dass ein Anspruchsteller vor Eintritt der Arbeitslosigkeit eine abhängige Beschäftigung ausgeübt hat, noch, dass er eine solche künftig tatsächlich ausüben wird. Arbeitnehmer ist vielmehr, wer vom Eintritt des Versicherungsfalls an bis zu dessen Beendigung als solcher tätig werden will. Diese weite Auslegung kann durch die Rechtsprechung zum beitragsrechtlichen Arbeitnehmerbegriff konkretisiert werden (vgl. LSG Berlin-Brandenburg 22. 3. 2007 – L 4 AL 1340/05; *Voelzke* in Küttner Personalbuch, Arbeitnehmer [Begriff], Rn. 46), da § 7 Abs. 1 SGB IV als Regelbeispiel einer Beschäftigung die Tätigkeit als AN benennt. AN ist danach, wer von einem Arbeitgeber persönlich abhängig tätig wird, bei einer Tätigkeit in einen fremden Betrieb eingegliedert ist und dem Weisungsrecht des Arbeitgebers unterliegt, das Zeit, Dauer und Ort der Arbeitsausführung umfasst. Arbeitnehmer idS sind auch bisherige Auszubildende, die im Rahmen betrieblicher Berufsbildung berufliche Kenntnisse und Fertigkeiten erworben haben (§ 7 Abs 2 SGB IV) und nach Abbruch oder im Anschluss an die Ausbildung als Arbeitnehmer tätig werden wollen (vgl auch für die Berufsausbildung in einer außerbetrieblichen Einrichtung: BSG vom 3. 12. 2009 – B 11 AL 42/08 R). Bestehen Zweifel über die AN-Eigenschaft, kommt es darauf an, welche Merkmale im Rahmen einer Gesamtbetrachtung überwiegen. Dies richtet sich nach den Umständen des Einzelfalls, wobei die vertragliche Ausgestaltung im Vordergrund steht. Diese tritt allerdings zurück, wenn die tatsächlichen Verhältnisse entscheidend davon abweichen (stRspr. BSG 8. 12. 1994 – 11 RAr 49/94 – SozR 3–4100 § 168 Nr. 18; BSG 4. 6. 1998 – B 12 KR 5/97 R – SozR 3–2400 § 7 Nr. 13; BSG 12. 2. 2004 – B 12 KR 26/02 R – mwN).

5   **Negativ** schließt das „Arbeitnehmer"-Kriterium die Personen vom Anspruch auf Alg aus, die als Selbständige und Unternehmer oder in einem öffentlichrechtlichen Dienstverhältnis (Beamte, Richter, Soldaten) tätig sein wollen. Nach der o. g. Definition ist dabei zu fragen, ob eine Person, wäre sie nicht arbeitslos, aktuell selbständig tätig wäre oder in einem Dienstverhältnis stünde (vgl. *Timme* in Hauck/Noftz, SGB III, § 15 Rn. 8). Für die zuletzt als Arbeitnehmer tätigen Personen ist ohne weiteres anzunehmen, dass sie wieder eine solche Tätigkeit anstreben. Dies gilt auch sonst, wenn im Einzelfall keine Hinweise auf andere Absichten gegeben sind.

II. Leistungsfälle

6   Der Anspruch auf Alg entsteht bei Eintritt **zweier** unterschiedlicher **Leistungsfälle.** Alg wird erbracht bei Arbeitslosigkeit (§§ 118 bis 124) und bei beruflicher Weiterbildung (§ 124 a). Es handelt sich um zwei Arten von Leistungen, deren jeweilige Anspruchsvoraussetzungen erst in den Regelungen zur jeweiligen Leistungsart näher ausgestaltet sind. Die frühere umfassendere Definition des Anspruchs in § 117 musste aufgrund der Zusammenführung der Entgeltersatzleistungen bei Arbeitslosigkeit und beruflicher Weiterbildung in den § 118 verlagert werden. Zugleich ist das Unterhaltsgeld als eigenständige Leistung mit den zugehörigen Regelungen entfallen.

C. Altersgrenze

7   Absatz 2 setzt – anders als vor dem 1. 1. 2008 – nicht mehr eine starre Altersgrenze für den Alg-Anspruch fest. Vielmehr verweist die Vorschrift auf die Altersgrenzen für die Regelaltersrente nach dem SGB VI. Dies hat den Vorteil, dass dortige Änderungen unmittelbar auf die Altersgrenze beim Alg durchschlagen. Die Verweisung bedeutet andererseits, dass Versicherte nicht mehr unmittelbar dem SGB III entnehmen können, in welchem Alter der Anspruch auf Alg endet. Die allgemeine Altersgrenze für die Regelaltersrente liegt gemäß § 35 S. 2 SGB VI bei 67 Jahren. Allerdings wird die Einführung der Altersgrenze von 67 Jahren für Regelaltersrente von einer Übergangsregelung begleitet. § 235 SGB VI bestimmt für die vom 1. 1. 1947 bis 31. 12. 1963 geborenen Versicherten eine schrittweise Anhebung der Altersgrenze für die Rente. Da Abs. 2 nicht auf ein bestimmtes Alter, sondern auf das für die Regelaltersrente erforderliche Lebensjahr abstellt, sind auch die Altersgrenzen der Übergangsregelung in die Verweisung des § 117 Abs. 2 miteinbezogen. Für die Geburtsjahrgänge 1947 bis 1963 entfällt der Anspruch auf Alg mit dem Monat nach Erreichen der in § 235 SGB VI geltenden Altersgrenze für Regelaltersrente. Der Anspruch entfällt unabhängig davon, ob auch die weiteren Rentenvoraussetzungen (zB Wartezeit) gegeben sind (BSG 27. 1. 1977 – 7 RAr 47/75 – BSGE 43, 128 – SozR 4100 § 100 Nr. 1).

8   Die **Altersberechnung** folgt den §§ 187 Abs. 2, 188 Abs. 2 BGB. Mithin haben Personen, die am Ersten eines Monats geboren sind, wegen Vollendung des Lebensjahres zum Ende des Vormonats bereits im Monat des Geburtstages keinen Leistungsanspruch mehr. Dagegen erhalten alle ab dem Zweiten des Monats geborenen für den Monat des Geburtstags noch Leistungen (BSG 31. 7. 1969 – 4 RJ 451/68 – BSGE 30, 38). Wird vor Erreichen der Altersgrenze für die Regelaltersrente eine an-

dere Rente bezogen, wird der Bezug von Doppelleistungen durch § 142 Abs. 1 S. 1 Nr. 3 und 4 vermieden. Die Begrenzung des Alg auf eine bestimmte Altersgrenze ist mit dem GG vereinbar (BSG 27. 1. 1977 – 7 RAr 47/75 – BSGE 43, 128 = SozR 4100 § 100 Nr. 1).

D. Weitere Anspruchsvoraussetzungen

I. Wohnsitz, gewöhnlichen Aufenthalt, Auslandsbezug

Nach allgemeinen Regeln gelten die Bestimmungen des SGB nur für Personen, die ihren **Wohnsitz** oder gewöhnlichen Aufenthalt im Geltungsbereich des Gesetzes haben (§ 30 Abs. 1 SGB I; vgl. aber zum Anspruch auf Alg bei Auslandswohnsitz: BVerfG 30. 12. 1999 – 1 BvR 809/95 = SozR 3–1200 § 30 Nr. 20; *Mutschler* SGb 2000, 110). Nehmen Versicherte vorübergehend im Ausland eine Beschäftigung auf, haben aber während ihrer Beschäftigung zu keinem Zeitpunkt erkennbar die Absicht, den Schwerpunkt ihrer Lebensverhältnisse ins Ausland zu verlagern oder auf unbestimmte Zeit auf dem ausländischen Arbeitsmarkt tätig zu werden, so liegt der maßgebliche Wohnort in Deutschland (EuGH 8. 7. 1992 – C 102/91 – SozR 3–6050 Art. 71 Nr. 3; BSG 12. 12. 1990 – 11 RAr 141/90 – SozR 3–6050 Art. 71 Nr. 2; LSG Berlin-Brandenburg 30. 5. 2007 – L 16 AL 313/06). 9

Dem sog. Grundsatz der Territorialität gehen allerdings Regelungen des **über- und zwischenstaatlichen Rechts** vor (§ 30 Abs. 2 SGB I). Die BA muss als zuständiger Träger Zeiten, die ein Versicherter als Beschäftigter oder versicherter Selbständiger nach den Vorschriften eines anderen Mitgliedstaates zurückgelegt hat, berücksichtigen, als ob die Versicherungszeiten nach dem SGB III zurückgelegt worden wären (Art. 61 Abs. 1 Satz 1 EG-VO 883/2004). Die in einem anderen Mitgliedstaat zurückgelegten **Beschäftigungszeiten** oder Zeiten einer selbständigen Tätigkeit werden jedoch **nur** berücksichtigt, wenn sie auch nach Maßgabe des SGB III als Versicherungszeiten gegolten hätten, wenn sie im Inland zurückgelegt worden wären (Art 61 Abs 1 Satz 2 EG-VO 883/2004). 10

Eine spezifische Regelung für Beschäftigte, bei denen Wohn- und Beschäftigungsstaat auseinander fallen (**Grenzgänger;** früher Art. 71 Abs. 1 Buchst b DBuchst ii EWGV 1408/71) trifft Art 65 Abs. 1 EG-VO 883/2004. Arbeitslose, die in einem anderen als dem Beschäftigungsstaat gewohnt haben und bei Eintritt von Arbeitslosigkeit weiterhin dort wohnen, müssen sich der Arbeitsverwaltung des Staats ihres Wohnsitzes zur Verfügung stellen und dort Leistungen beziehen. Arbeitslose Personen können sich jedoch wahlweise auch der Arbeitsverwaltung des Staats zur Verfügung stellen, in dem sie zuletzt beschäftigt gewesen sind. Das ändert nichts daran, dass der Wohnsitzstaat die Leistung bei Arbeitslosigkeit zu erbringen hat. Für die ersten drei Monate des Leistungsbezugs hat der zuständige Träger des (Beschäftigungs-) Mitgliedstaats die Leistungen zu erstatten (Art 65 Abs. 6 Satz 2 EG-VO 833/2004; vgl auch Fuchs SGb 2008, 201, 209). 10a

Mit Inkrafttreten der EG-VO 883/2004 am 1. 5. 2010 sind frühere Entscheidungen zum Auseinanderfallen von Wohnsitz und dem Ort des Leistungsbezugs überholt (BSG 7. 10. 2009 – B 11 AL 25/08 R – SozR 4–1200 § 30 Nr. 5). Wohnt – wie im Ausgangsfall jener Entscheidung – ein Arbeitsloser in den Niederlanden und ist er zuletzt in Deutschland beschäftigt gewesen, bezieht er nach Maßgabe des Art 64 Abs 2 Satz 2 EG-VO 883/2004 in den Niederlanden Leistungen, auch wenn er sich der Vermittlung der AA im Inland zur Verfügung stellt. Das genannte Urteil des BSG hat nur noch für Altfälle Bedeutung. Anderes gilt für den Beschluss des BVerfG vom 30. 12. 1999 (1 BvR 809/95 – SozR 3–1200 § 30 Nr. 20). Dort ging es um einen Nicht-EU-Bürger, bei dem Wohn- und Beschäftigungsort innerhalb der EU auseinander fielen. Auf diese Personen findet die EG-VO 883/2004 keine Anwendung. 11

Leistungen des zuständigen Trägers kann ein Arbeitsloser weiterhin erhalten, wenn er sich zu einer vorübergehenden Arbeitssuche auf bis zu drei Monaten im EU-Ausland aufhält (Art 64 Abs. 1 EG-VO 883/2004). Voraussetzungen sind: vor der Abreise muss für vier Wochen Verfügbarkeit für die AA im Inland bestanden haben, im Mitgliedstaat der Arbeitssuche muss der Arbeitslose sich dem dortigen Kontrollverfahren unterwerfen. Die Arbeitsverwaltung des Beschäftigungsstaats exportiert die Leistung in den Staat der Arbeitssuche, bei unmittelbarer Rückkehr lebt der Anspruch auf Alg im Inland wieder auf. Die AA kann (Ermessen) den Zeitraum der Arbeitssuche auf höchstens sechs Monate verlängern (aaO Buchst. c; vgl. Fuchs SGb 2008, 201, 208). 11a

II. Formelle Voraussetzungen

Die Zahlung von Alg erfolgt nur, wenn neben den materiellen Voraussetzungen nach §§ 117 f. auch die formellen Voraussetzungen nach den gemeinsamen Vorschriften über Leistungen erfüllt sind. Nach § 323 Abs. 1 S. 1 wird Alg auf Antrag erbracht. Nach S. 2 aaO gilt der Antrag auf Alg als gestellt, wenn der Arbeitslose sich gemäß § 122 persönlich arbeitslos meldet und nichts anderes erklärt. In der Praxis wird die Antragstellung in einem Formantrag dokumentiert. Leistungen der Arbeitsförderung müssen grundsätzlich vor Eintritt des leistungsbegründenden Ereignisses beantragt werden (§ 324 Abs. 1 S. 1). Hiervon gilt für Alg eine Ausnahme (§ 324 Abs. 2), dieses kann auch nach Beginn der Arbeitslosigkeit beantragt werden. Die Leistung wird allerdings abhängig vom Eintritt des 12

30 SGB III § 117

Versicherungsfalls und der Antragstellung nicht rückwirkend geleistet (§ 325 Abs. 2 S. 1). Von diesem Grundsatz macht § 325 Abs. 2 S. 2 eine enge Ausnahme. Wenn die AA am Tag der beabsichtigten Antragstellung nicht dienstbereit ist, wirkt der umgehend nachgeholte Antrag in gleicher Weise wie die pers. Arbeitslosmeldung zurück (vgl. Erl zu § 122 Rn. 10).

13   Ein Antrag auf Alg ist so auszulegen, dass neben dem ausdrücklich beantragten Alg bei Arbeitslosigkeit auch andere Entgeltersatzleistungen bei Arbeitslosigkeit bzw. Alg bei beruflicher Weiterbildung geltend gemacht werden (vgl. zu Alg und Alhi: BSG 10. 3. 1994 – 7 RAr 38/93 – BSGE 74, 77, 79 m. w. N.).

E. Verfassungsrechtlicher Schutz des Alg

I. Art. 14 Abs. 1 GG

14   Sozialversicherungsrechtliche Positionen wie der Anspruch auf Alg genießen den Schutz der **Eigentumsgarantie** aus Art. 14 Abs. 1 GG, da er als vermögenswerte Rechtsposition nach Art eines Ausschließlichkeitsrechts dem Rechtsträger privatnützig zugeordnet ist, auf nicht unerheblichen Eigenleistungen des Versicherten beruht und der Existenzsicherung dient (vgl. BVerfG 16. 7. 1985 – 1 BvL 5/80 – BVerfGE 69, 272, 300; BVerfG 12. 2. 1986 – 1 BvL 39/83 – BVerfGE 72, 9, 18 f.). Darunter fällt ein Anspruch jedenfalls dann, wenn ein Versicherter wie beim Anspruch auf Alg durch Zahlung von Beiträgen während einer gesetzlichen Anwartschaftszeit (§ 123) einen solchen erworben hat (vgl. BVerfG 4. 7. 1995 – 1 BvF 2/86 – BVerfGE 92, 365, 405). Der grundrechtliche Schutz schließt gesetzliche Umgestaltungen aber nicht aus, diese müssen aber berechtigten öffentlichen Interessen dienen und verhältnismäßig sein.

15   Eine Änderung der rechtlichen Ausgestaltung eigentumsgeschützter Rechtspositionen ist ein Eingriff in das Grundrecht aus Art. 14 Abs. 1 GG. Ein solcher Eingriff muss sich im Rahmen einer zulässigen Inhalts- und Schrankenbestimmung halten, d. h. er muss geeignet, erforderlich und **verhältnismäßig** im engeren Sinne sein. Der Gesetzgeber ist bei notwendigen Anpassungen des Systems der gesetzlichen Arbeitslosenversicherung an veränderte Umstände insbesondere nicht verpflichtet, den erforderlichen Ausgleich zwischen den Interessen der Beitragszahler, des Haushaltsgesetzgebers und der Leistungsberechtigten in der Weise herzustellen, dass er den Interessen der Alg-Bezieher grundsätzlich den Vorzug einräumt. Er kann stattdessen auch der Stabilisierung des Beitragssatzes Priorität einräumen und auf der Leistungsseite ansetzen (BVerfG 12. 2. 1986 – 1 BvL 39/83 – BVerfGE 72, 9, 20).

16   Das BVerfG hat bisher solche Eingriffe in den Anspruch auf Alg als **gerechtfertigt** angesehen, wenn der Gesetzgeber diese mit dem Ziel der Stabilisierung der Finanzsituation in einem Versicherungssystem oder der allgemeinen Haushaltskonsolidierung begründet hat (BVerfG vom 14. 3. 2001 – 1 BvR 2402/97 – SozR 3–4100 § 242 q Nr. 2). Bei Gefährdung der Finanzgrundlagen der Arbeitslosenversicherung habe der Gesetzgeber ein weites Gestaltungsermessen. Ob die Notwendigkeit zur Haushaltskonsolidierung, die für den Bundeshaushalt seit Jahren unverändert besteht, stets die Kürzung von eigentumsgeschützten Versicherungsleistungen rechtfertigen kann, erscheint fraglich. Auch wenn sich eine Äquivalenz zwischen Beitrag und Leistung in der AlV für den Einzelnen aus Art. 14 Abs. 1 GG im Grundsatz nicht ableiten lässt (BVerfG 3. 4. 1979 – 1 BvL 30/76 – BVerfGE 51, 115), sollten doch im Sinne einer **Globaläquivalenz** die Beitragsmittel, die der AlV ohne den Bundeszuschuss (§ 363) und spezifisch zu verwendende Umlagen zufließen, den Versicherten zukommen. Dabei muss die Gewährleistung eigentumsgeschützter Rechte wie diejenigen auf Alg aufgrund des bestehenden verfassungsrechtlichen Schutzes anderen Leistungen der Arbeitsförderung (§ 3 Abs. 1 und 4) vorgehen. Eine solche Betrachtung führt nicht zur Handlungsunfähigkeit des Gesetzgebers, denn ihm verbleibt die Möglichkeit, durch Senkung von Beitrag und Leistung die geschützten Rechte an geänderte sozialpolitische Vorstellungen anzupassen. Der Gesetzgeber ist also weiterhin berechtigt, Beitrags- und Leistungsseite der Arbeitslosenversicherung im Rahmen seines Gestaltungsspielraums zu einem gerechten Ausgleich zu bringen (vgl. BVerfG 15. 7. 1987 – 1 BvR 488/86 – BVerfGE 76, 220, 241). Das BVerfG selbst weist mittelbar auf den Gedanken der Globaläquivalenz hin, wenn es erwägt, die Kürzung der Anspruchsdauer von Alg könne unter dem Gesichtspunkt der Beitragsäquivalenz, also wegen der inStufen erfolgten Senkung des Beitragssatzes in der AlV von früher 6,5 vH auf derzeit 2,8 vH (ab 1. 1. 2011 3,0 vH; vgl. § 341 Abs. 2), verfassungsrechtlich gerechtfertigt sein (vgl. BVerfG vom 22. 7. 2009 – 1 BvL 10/07 – NZS 2010, 152 unter Hinweis auf Spellbrink, in: Eicher/Spellbrink, SGB III, § 127 Rn. 50 ff. [April 2009]).

17   Schließlich sind Regelungen nicht unter dem Aspekt des eigentumsrechtlich geprägten **Vertrauensschutzes** zu beanstanden, wenn sie für die Zukunft auf eine bereits bewilligte gesetzliche Leistung einwirken, indem sie deren Anspruchsdauer verkürzen. Solche Eingriffe mit unechter Rückwirkung sind verfassungsrechtlich grundsätzlich zulässig (vgl. so zur Kürzung der Bezugsdauer von Alhi: BVerfG vom 14. 3. 2001 – 1 BvR 2402/97 – SozR 3–4100 § 242 q Nr 2; stRspr; sowie BVerfG vom 22. 7. 2009 – 1 BvL 10/07 – NZS 2010, 152).

§ 118 Anspruchsvoraussetzungen bei Arbeitslosigkeit

(1) **Anspruch auf Arbeitslosengeld bei Arbeitslosigkeit haben Arbeitnehmer, die**
1. arbeitslos sind,
2. sich bei der Agentur für Arbeit arbeitslos gemeldet und
3. die Anwartschaftszeit erfüllt haben.

(2) **Der Arbeitnehmer kann bis zur Entscheidung über den Anspruch bestimmen, dass dieser nicht oder zu einem späteren Zeitpunkt entstehen soll.**

A. Normzweck

Die Regelung bezeichnet in Abs. 1 die materiellen **Anspruchsvoraussetzungen** für die spezifische Leistung „Alg bei Arbeitslosigkeit". In Ergänzung zu § 117 werden die drei Tatbestandsmerkmale dieses Alg-Anspruchs genannt. Die Vorschrift gibt dabei lediglich einen Überblick über die Anspruchsvoraussetzungen, die erst in weiteren Vorschriften näher ausgestaltet werden. Abs. 2 räumt den Versicherten ein **Bestimmungsrecht** darüber ein, ob und wann der Anspruch auf Alg entsteht. Die Vorschrift ermöglicht es dem Versicherten, abweichend von § 40 Abs. 1 SGB I das Entstehen des Anspruchs bis zur Entscheidung durch die AA so zu gestalten, dass der Anspruch (noch) nicht entstehen soll und ihn so auf einen späteren Zeitraum zu verlagern.

B. Voraussetzungen des Alg bei Arbeitslosigkeit

§ 118 Abs. 1 wiederholt, dass Arbeitnehmer (vgl. § 117 Rn. 3 f) den Anspruch erwerben und stellt einen Katalog von weiteren kumulativ zu erfüllenden Anspruchsvoraussetzungen auf. Der Arbeitnehmer muss arbeitslos sein (Nr. 1), sich bei der AA persönlich arbeitslos gemeldet (Nr. 2) und die Anwartschaftszeit erfüllt haben (Nr. 3). Im Merkmal der Arbeitslosigkeit ist das früher eigenständig geregelte Erfordernis der Verfügbarkeit aufgegangen (siehe auch §§ 119 Abs. 5, 120). Die Konkretisierung dieser Voraussetzungen erfolgt für das Merkmal der Arbeitslosigkeit in §§ 119, 120, für die persönliche Arbeitslosmeldung in § 122, für die Anwartschaftszeit in §§ 123, 124. Eine weitere negative Voraussetzung ergibt sich aus § 117 Abs. 2, wonach die dort geregelte Altersgrenze nicht überschritten sein darf.

I. Stammrecht

Bei der Entstehung des „Anspruch auf Alg" ist zu differenzieren zwischen dem sog. Stammrecht auf Alg und dem konkreten **Einzelanspruch** auf Zahlung der Leistung (vgl. BSG 21. 6. 2001 – B 7 AL 54/00 – BSGE 88, 180 = SozR 3–4300 § 150 Nr. 1; BSG 20. 10. 2005 – B 7 a AL 50/05 R – SozR 4–4300 § 37 b Nr. 2). Unter Einzelanspruch ist das Recht zu verstehen, von einem anderen ein bestimmtes, ggf. vollstreckbares Tun, Dulden oder Unterlassen, hier die Zahlung, zu verlangen (§ 194 Abs. 1 BGB). Das **Stammrecht** kennzeichnet demgegenüber die zu einem subjektiv öffentlichen Recht verfestigte Rechtsposition. Das Stammrecht entsteht, sobald alle gesetzlichen Tatbestandsvoraussetzungen erfüllt sind (§ 40 Abs. 1 SGB I). Der Bewilligungsbescheid bringt das Stammrecht nicht zum Entstehen, sondern erkennt den Adressaten den Zahlungsanspruch zu (BSG 28. 9. 2993 – 11 RAr 69/92 – SozR 3–4100 § 100 Nr. 5 S. 7). Dementsprechend erfassen rechtshindernde Einwendungen, wie Ruhenstatbestände, nur den Zahlungsanspruch, während das Stammrecht unabhängig davon entsteht und bestehen bleibt. Für jeden Tag, für den der Arbeitslose den Zahlungsanspruch aus seinem Stammrecht in Anspruch nimmt, mindert sich die Dauer des Anspruchs (§ 128 Abs. 1 Nr. 1; vgl. *Leitherer* in Eicher/Schlegel, SGB III, § 128 Rn. 45 f.).

Von beiden Begriffen – Stammrecht und Einzelanspruch – zu trennen ist das sog. **Anwartschaftsrecht**, das noch nicht zum Vollrecht erstarkt ist, sondern dem Berechtigten als latente noch nicht realisierte rechtliche Möglichkeit zusteht. Einer weiteren Aufspaltung des Leistungsanspruchs in das Stammrecht, den Monatsbetrag des Stammrechts und den Einzelanspruch bedarf es nicht (so aber zum Rentenanspruch BSG 20. 12. 2007 – B 4 RA 9/05 R – Rn. 25).

II. Verfügung über den Anspruch

Die Trennung von Stammrecht und Zahlungsanspruch ist auch bei Verfügungen über den Anspruch zu beachten. Im Falle einer **Verfügung** durch Übertragung oder Verpfändung (§ 53 SGB I), aber auch Pfändung durch Dritte oder Abzweigung verbleibt das Stammrecht beim Versicherten, nur der Zahlungsanspruch hinsichtlich des Teils der Sozialleistung, über den verfügt worden oder auf den von berechtigten Dritten zugegriffen worden ist, geht auf einen anderen über (vgl. auch *Brand* in Niesel/Brand, SGB III, § 118 Rn 9).

III. Beweislast

6 Für das Bestehen eines Anspruchs auf Alg gelten die Regeln der **objektiven Beweislast** (vgl. BSG 26. 11. 1992 – 7 RAr 38/92 – BSGE 71, 256 = SozR 3–4100 § 119 Nr. 7; BSG 10. 5. 2007 – B 7 a AL 30/06 R – SozR 4–4300 § 125 Nr. 2 Rn. 18). Danach trägt der Anspruchsteller die Folgen der Nichterweislichkeit der den Anspruch begründenden Tatsachen. Die AA trägt die Folgen der Nichterweislichkeit eines Aufhebungs-, Rücknahme- oder Widerrufstatbestandes bzw. von rechtshemmenden, rechtshindernden oder rechtsvernichtenden Tatsachen (vgl. aber § 144 Abs. 1 S. 3). Ergibt sich nach Ausschöpfung der zur Verfügung stehenden Ermittlungsmöglichkeiten, dass sich der Sphäre des Arbeitslosen zuzuordnende Vorgänge nicht aufklären lassen, geht dies zu dessen Lasten (BSG 13. 9. 2006 – B 11a AL 13/06).

C. Bestimmungsrecht über das Entstehen des Anspruchs (Abs. 2)

7 Nach § 40 Abs. 1 SGB I entsteht der Anspruch auf Alg iS des Stammrechts, sobald alle im Gesetz oder aufgrund eines Gesetzes bestimmten Voraussetzungen vorliegen. Diese Vorschrift steht gem. § 37 S. 1 SGB I unter dem Vorbehalt abweichender und spezieller Reglungen in den Büchern des SGB. Als solche spezielle Regelung bestimmt § 118 II abweichend von § 40 I SGB I, dass der Anspruchsberechtigte über das Entstehen des Stammrechts auf Alg bei Arbeitslosigkeit disponieren kann (zur Entstehung des Stammrechts nach der bis 31. 12. 2004 geltenden Rechtslage vgl. BSG 21. 6. 2001 – B 7 AL 66/00 R – BSGE 88, 180, 185). Die **Dispositionsbefugnis** ist auf die Zeit bis zu einer Entscheidung der AA begrenzt. Sie ist inhaltlich darauf gerichtet, das Stammrecht nicht oder zu einem späteren Zeitpunkt entstehen zu lassen. Die Regelung hat den Zweck, dem Arbeitslosen die Möglichkeit zu geben, Dauer und Höhe des Anspruchs beeinflussen zu können. Ohne diese Dispositionsmöglichkeit würden sich erhebliche Nachteile ergeben, wenn der Arbeitslos zB alsbald die Altersgrenze für eine höhere Anspruchsdauer erreicht, er aber nicht entscheiden könnte, ob er den Anspruch auf Alg sofort mit kürzerer Anspruchsdauer oder nach einer „Wartezeit" mit längerer Anspruchsdauer erwerben will (BT-Drs. 15/1515 S. 82).

8 Das Bestimmungsrecht **beginnt,** sobald alle gesetzlichen Anspruchsvoraussetzungen erfüllt sind. Es **endet,** sobald eine Entscheidung der AA über den Anspruch getroffen worden ist. Dies ist der Fall, sobald die AA dem Antragsteller einen Verwaltungsakt (§ 31 S. 1 SGB X) bekannt gegeben hat (§ 37 Abs. 1 SGB X). Da der VA in aller Regel schriftlich bekannt gegeben wird, ist der Zugang maßgebend, der gemäß § 37 Abs. 2 S. 1 SGB X mit dem dritten Tag nach Aufgabe zur Post fingiert wird, es sei denn der VA ist nicht oder zu einem späteren Zeitpunkt zugegangen (aaO S. 2). Bis zum Verlust des Bestimmungsrecht ist die Entstehung des Stammrechts „schwebend wirksam", der AN kann sie durch **Ausübung** des Bestimmungsrechts mit rückwirkender Kraft beseitigen, indem er das Ob bzw. den Zeitpunkt der Entstehung abweichend bestimmt. Übt der Arbeitnehmer das Bestimmungsrecht nach Abs. 2 nicht aus, bleibt es bei der Entstehung nach allgemeinen Regeln (§ 40 Abs. 1 SGB I).

9 Die Rechtsprechung nimmt eine Pflicht zur Spontanberatung über diese Gestaltungsmöglichkeit an. Erfüllt die AA ihre Beratungspflicht insoweit nicht, kann ein **sozialrechtlicher Herstellungsanspruch** bestehen (so LSG Nordrhein-Westfalen 29. 1. 2007 – L 1 AL 62/06; zu den Voraussetzungen des Herstellungsanspruchs zusammenfassend: BSG 31. 10. 2007 – B 14/11b AS 63/06 R – SozR 4–1200 § 14 Nr 10). Der Anspruch ist darauf gerichtet, den Arbeitslosen so zu stellen, als habe er nach Maßgabe des § 118 Abs. 2 bestimmt, das Stammrecht auf einen späteren Termin zu verschieben. In dem vom LSG Nordrhein-Westfalen entschiedenen Fall war ein älterer AN nicht darüber beraten worden, dass er bei Verschieben des Anspruchs auf Alg um fünf Monate nach Vollendung des 57. Lebensjahres die Leistung deutlich länger beziehen kann (vgl. zur Beratungspflicht: *Spellbrink* in Eicher/Schlegel, SGB III, § 118 Rn. 31; *Bubeck/Sartorius,* ZAP Fach 18, 857).

§ 118a *(aufgehoben)*

§ 119 Arbeitslosigkeit

(1) **Arbeitslos ist ein Arbeitnehmer, der**
1. nicht in einem Beschäftigungsverhältnis steht (Beschäftigungslosigkeit),
2. sich bemüht, seine Beschäftigungslosigkeit zu beenden (Eigenbemühungen) und
3. den Vermittlungsbemühungen der Agentur für Arbeit zur Verfügung steht (Verfügbarkeit).

(2) **Eine ehrenamtliche Betätigung schließt Arbeitslosigkeit nicht aus, wenn dadurch die berufliche Eingliederung des Arbeitslosen nicht beeinträchtigt wird.**

(3) [1]Die Ausübung einer Beschäftigung, selbständigen Tätigkeit oder Tätigkeit als mithelfender Familienangehöriger (Erwerbstätigkeit) schließt die Beschäftigungslosigkeit

nicht aus, wenn die Arbeits- oder Tätigkeitszeit (Arbeitszeit) weniger als 15 Stunden wöchentlich umfasst; gelegentliche Abweichungen von geringer Dauer bleiben unberücksichtigt. ²Die Arbeitszeiten mehrerer Erwerbstätigkeiten werden zusammengerechnet.

(4) ¹Im Rahmen der Eigenbemühungen hat der Arbeitslose alle Möglichkeiten zur beruflichen Eingliederung zu nutzen. ²Hierzu gehören insbesondere
1. die Wahrnehmung der Verpflichtungen aus der Eingliederungsvereinbarung,
2. die Mitwirkung bei der Vermittlung durch Dritte und
3. die Inanspruchnahme der Selbstinformationseinrichtungen der Agentur für Arbeit.

(5) Den Vermittlungsbemühungen der Agentur für Arbeit steht zur Verfügung, wer
1. eine versicherungspflichtige, mindestens 15 Stunden wöchentlich umfassende zumutbare Beschäftigung unter den üblichen Bedingungen des für ihn in Betracht kommenden Arbeitsmarktes ausüben kann und darf,
2. Vorschlägen der Agentur für Arbeit zur beruflichen Eingliederung zeit- und ortsnah Folge leisten kann,
3. bereit ist, jede Beschäftigung im Sinne der Nummer 1 anzunehmen und auszuüben und
4. bereit ist, an Maßnahmen zur beruflichen Eingliederung in das Erwerbsleben teilzunehmen.

Übersicht

	Rn.
A. Allgemeines	1
I. Normzweck	1
II. Versicherungsfall der Arbeitslosigkeit	2
III. Binnenstruktur der Norm	3
B. Arbeitslosigkeit (Abs. 1)	4
I. Legaldefinition	4
II. Beschäftigungslosigkeit	7
1. Beschäftigungslos	7
2. Beschäftigungslosigkeit im Leistungsrecht	9
3. Beschäftigungslos trotz Arbeitsverhältnis	11
4. Vorübergehend	13
III. Eigenbemühungen	14
IV. Verfügbarkeit	16
C. Ehrenamtliche Betätigung (Abs. 2)	17
D. Kurzzeitige Beschäftigung (Abs. 3)	20
I. Erwerbstätigkeit	21
II. Kurzzeitigkeit	25
1. Kurzzeitigkeitsgrenze	25
2. Gelegentliche Abweichungen	28
3. Geringe Dauer	29
4. Mehrere Beschäftigungen	30
E. Eigenbemühungen (Abs. 4)	31
F. Verfügbarkeit (Abs. 5)	35
I. Objektive Verfügbarkeit	36
1. Können	39
2. Dürfen	43
II. Erreichbarkeit (Nr. 2)	45
1. § 1 Abs. 1 S. 1 EAO	47
2. Postalische Erreichbarkeit (§ 1 Abs. 1 S. 2 EAO)	51
3. Teilnahme an kurzzeitigen Bildungsmaßnahmen	54
4. Aufenthalt im Nahbereich der AA	55
5. Aufenthalt außerhalb des zeit- und ortsnahen Bereichs	57
6. Verfahrensfragen	62
7. Wiederholte, längere Abwesenheit	63
III. Subjektive Verfügbarkeit (Nr. 3, 4)	64

A. Allgemeines

I. Normzweck

Die Vorschrift gibt die **Definition** des Begriffs der Arbeitslosigkeit als eine der Voraussetzungen des Anspruchs auf Alg (§ 118 Abs. 1 Nr. 1). Sie bestimmt zugleich den Versicherungsfall der Arbeitslosigkeit und regelt den Eintritt des in der Arbeitslosenversicherung gedeckten Risikos. Sie benennt drei Aspekte, die kumulativ erfüllt sein müssen, damit ein Arbeitnehmer arbeitslos ist (vgl. auch § 16). Die Vorschrift konkretisiert gegenüber den Arbeitnehmern den Grundsatz des Forderns, wie er durch § 2 1

Abs. 5 vorgegeben ist. In der Stärkung der Eigenverantwortung und Mitwirkung von Arbeitslosen zur Beendigung des Versicherungsfalles liegt ein zentrales Anliegen des SGB III (LSG Niedersachsen 21. 3. 2000 – L 8 AL 220/99). Die Arbeitnehmer haben danach die Arbeitslosigkeit zu vermeiden oder zu beenden. Versicherungsrechtlich gesprochen handelt es sich um die Obliegenheit zur Minderung eines Schadens nach Eintritt des Versicherungsfalls.

II. Versicherungsfall der Arbeitslosigkeit

2   Mit der Regelung eines zentralen mit der Versicherung gedeckten Risikos bestimmt die Vorschrift auch die Voraussetzungen für den Eintritt des Versicherungsfalls (ausführlich zum Begriff des Versicherungsfalls: *Wissing* in PK-SGB III, 2. Aufl., § 16 Rn. 8 ff.; *Steinmeyer* in Gagel, SGB III, § 119 Rn. 20), der zentrale Bedeutung für das Entstehen des Anspruchs auf Alg zukommt (*Steinmeyer*, aaO, hält dies für einen „untergeordneten Zweck"). Die Arbeitslosigkeit löst den Anspruch auf Alg aus. Arbeitslose iSd. § 16 haben nach dem SGB III eine Reihe von **weiteren Ansprüchen**, zB auf Trainingsmaßnahmen (§ 48), Leistungen zur Förderung der Aufnahme einer Beschäftigung (§ 53 f.), nach Bezug von Alg auf Gründungszuschuss (§ 57) oder Berufsausbildungsbeihilfe (§ 74). Arbeitslosigkeit löst nicht nur nach dem SGB III Leistungspflichten aus. Auch im Rentenrecht ist sie Tatbestandsmerkmal eines Versicherungsfalles, nämlich der Altersrente wegen Arbeitslosigkeit und Altersteilzeitarbeit (§ 237 SGB VI). Das Rentenrecht knüpft dabei den jeweils zur Zeit der Arbeitslosigkeit geltenden Begriff des Arbeitsförderungsrechts an (BSG 24. 6. 1982 – 4 RJ 81/81; *Klattenhoff* in Hauck/Noftz, SGB VI, § 237 Rn. 20 m. w. N.).

III. Binnenstruktur der Norm

3   Abs. 1 definiert, wer arbeitslos ist. Gefordert wird Beschäftigungslosigkeit, Eigenbemühungen und Verfügbarkeit. Mit der weiteren Regelung des Abs. 2 wird der Schutz von ehrenamtlicher Tätigkeit bezweckt. Sie soll möglich sein, wenn ihre Ausübung die Beendigung des Versicherungsfalls „Arbeitslosigkeit" nicht entgegensteht. In den Abs. 3 bis 5 aber stellt die Vorschrift detaillierte Hürden auf, die erfüllt sein müssen, um als „arbeitslos" zu gelten. Insbesondere ist das Erfordernis der Verfügbarkeit (Abs. 1 Nr. 3, Abs. 5) nunmehr als Teilaspekt der Arbeitslosigkeit ausgestaltet. Abs. 3 nennt die Zeitgrenze, unter der eine Tätigkeit als kurzzeitig und damit als unschädlich für den Bezug von Alg angesehen wird. Abs. 4 fordert Eigenbemühungen, was als Merkmal von Arbeitslosigkeit eher sachfremd erscheint, da das Fehlen von Einkommen und Beschäftigung zunächst unabhängig ist von dem Bemühen, diesen Zustand zu beenden. Auch systematisch ist das Merkmal problematisch, weil fehlende Eigenbemühungen nur bei genereller Ablehnung zum Anspruchsverlust, im Einzelfall aber zur Sperrzeit führen. *Wissing* (in PK-SGB III 2. Aufl. § 16 Rn. 14) spricht von Beschäftigungslosigkeit als Schadensfall, während Arbeitslosigkeit erst unter weiteren Voraussetzungen eintrete. Abs. 5 schließlich normiert die Verfügbarkeit, die die Kooperation des Arbeitnehmers bei der Vermittlung (§§ 35 f.) sicherstellen und ausschließen soll, dass Personen als arbeitslos geführt werden, die sich im Erwerbsleben anders als ehrenamtlich oder gar nicht betätigen wollen.

B. Arbeitslosigkeit (Abs. 1)

I. Legaldefinition

4   § 119 Abs. 1 enthält die **Legaldefinition** des Begriffs Arbeitslosigkeit als Voraussetzung des Versicherungs- und Leistungsfalls Arbeitslosigkeit. Er setzt zunächst voraus, dass ein **Arbeitnehmer** betroffen ist (vgl. § 117 Rn. 3 f.) Selbständige werden nur erfasst, wenn sie bereit sind, eine abhängige Beschäftigung auszuüben (BSG 25. 8. 1981 – 7 RAr 68/80; BSG 8. 10. 1981 – 7 RAr 38/80). Entsprechendes gilt für Beamte und andere Personen in öffentlichen Dienstverhältnissen. Schüler und Studenten können ebenfalls arbeitslos sein, wie sich schon daraus ergibt, dass § 120 Abs. 2 S. 1, 2 eine Sonderregelung zur Verfügbarkeit für diese Personengruppen trifft (vgl. § 120 Rn. 7 f.).

5   Arbeitslosigkeit liegt vor, wenn die **Voraussetzungen** Beschäftigungslosigkeit (Nr. 1, Abs. 3), Eigenbemühungen zu deren Beendigung (Nr. 2, Abs. 4) und Verfügbarkeit (Nr. 3, Abs. 5) gegeben sind. Anders als nach dem bis 31. 12. 2004 geltenden Recht – dort § 118 – sind die Eigenbemühungen zur Voraussetzung für die Arbeitslosigkeit erhoben worden, dagegen ist das Merkmal der „Beschäftigungssuche" entfallen.

6   Die gesetzlichen Merkmale von Arbeitslosigkeit müssen **kumulativ** vorliegen. Arbeitslosigkeit ist deshalb zu verneinen, wenn eines der Merkmale nicht vorliegt oder wenn es entfällt. Der Gesetzgeber wollte den Eigenbemühungen einen Vorrang vor einem bloßen sich zur Verfügung Stellen einräumen (BT-Drs. 13/4941 S. 175). Die Merkmale stehen allerdings gleichrangig nebeneinander. Die AA und ggf. die Gerichte haben dernet Vorliegen stets von Amts wegen zu prüfen (vgl. BSG 30. 1. 1990 – 11 RAr 47/88 – BSGE 66, 168, 175 = SozR 3–2400 § 7 Nr. 1); insbesondere erstreckt sich auf die Bindungswirkung eines Bewilligungsbescheids nach der Rspr. nur auf die konkret getroffene Regelung: Sie trifft zB keine Entscheidung über das Bestehen eines Stammrecht. Daher haben die Gerichte in

Rechtsstreiten wegen der Höhe der Leistung jeweils zu prüfen, ob ein Alg-Anspruch dem Grunde nach vorliegt (BSG a. a. O.).

II. Beschäftigungslosigkeit

1. Beschäftigungslos. Beschäftigungslos ist nach Abs. 1 Nr. 1, wer nicht in einem Beschäftigungsverhältnis steht. Bewusst stellt das Gesetz auf die sozialrechtlich geprägte Beschäftigung (§§ 7 f. SGB IV) und nicht auf das Arbeitsverhältnis ab. Eine kurzzeitige Beschäftigung von weniger als 15 Stunden pro Woche schließt die Beschäftigungslosigkeit nicht aus (Abs. 3). Die Definition der Beschäftigungslosigkeit stellt bezüglich der Frage der Kurzzeitigkeit nicht auf die tatsächlich geleistete Arbeitszeit, sondern auf die nach den vertraglichen Vereinbarungen oder nach der Natur der Sache intendierte Arbeitszeit ab (vgl. BSG 1. 8. 1996 – 11 RAr 9/96; LSG Berlin-Brandenburg 20. 10. 2006 – L 28 AL 165/04). Bei der Prüfung der 15-Stundengrenze ist eine vorausschauende Betrachtung geboten (vgl. BSG 15. 11. 1995 – 7 RAr 106/94; BSG 13. 7. 2006 – B 7 a AL 16/05 R). 7

Beschäftigungslos ist, wer nicht mehr und noch nicht wieder in einem **Beschäftigungsverhältnis** steht. Ausgangspunkt für das Verständnis des Begriffs Beschäftigung ist dessen Definition in § 7 Abs. 1 S. 1 SGB IV. Danach ist Beschäftigung die nichtselbständige Arbeit, insbesondere als Arbeitnehmer. In einem Beschäftigungsverhältnis steht, wer von einem Arbeitgeber persönlich abhängig tätig wird, bei einer Tätigkeit in einem fremden Betrieb eingegliedert ist und dem Weisungsrecht des Arbeitgebers unterliegt, das Zeit, Dauer und Ort der Arbeitsausführung umfasst. In Zweifelsfällen kommt es darauf an, welche Merkmale im Rahmen einer Gesamtbetrachtung überwiegen. Dies richtet sich nach den Umständen des Einzelfalls, wobei die vertragliche Ausgestaltung im Vordergrund steht. Diese tritt aber zurück, wenn die tatsächlichen Verhältnisse entscheidend davon abweichen (st. Rspr., BSG 21. 4. 1993 – 11 RAr 67/92 – SozR 3–4100 § 168 Nr. 11; BSG 8. 12. 1994 – 11 RAr 49/94 – SozR 3–4100 § 168 Nr. 18; BSG 4. 6. 1998 – B 12 RK 5/97 R – SozR 3–2400 § 7 Nr. 13; BSG 12. 2. 2004 – B 12 KR 26/02 R, jeweils m. w. N.). 8

2. Beschäftigungslosigkeit im Leistungsrecht. Um die Fälle der sofortigen Freisetzung sowie der im Nachhinein als rechtwidrig beurteilten Kündigung mit Aussetzung der Hauptpflichten aus dem Arbeitsverhältnis sachgerecht zu erfassen, hat das BSG den Begriff der Beschäftigung (Abs. 1 Nr. 1) leistungsrechtlich gefasst. Danach ist der Kernbestand des leistungsrechtlichen Beschäftigungsverhältnisses (vgl. BSG 9. 2. 2006 – B 7 a AL 58/05 R – m. w. N.) eine faktische Beziehung, die die Leistung von Arbeit unter persönlicher Abhängigkeit von einem anderen zum Inhalt hat, wobei sich diese Abhängigkeit auf der einen Seite in der tatsächlichen Verfügungsmacht (Direktionsrecht) und auf der anderen Seite in der faktischen Dienstbereitschaft auswirkt. Nach st. Rspr. ist das Beschäftigungsverhältnis im leistungsrechtlichen Sinne damit vom Arbeitsverhältnis und auch vom beitragsrechtlichen Beschäftigungsverhältnis zu unterscheiden (BSG 29. 6. 1995 – 11 RAr 97/94 – SozR 3–4100 § 101 Nr. 6; BSG 28. 9. 1993 – 11 RAr 69/92 – BSGE 73, 126, 128 = SozR 3–4100 § 101 Nr. 5). Typisch für das leistungsrechtliche Beschäftigungsverhältnis ist das – funktionierende – beitragspflichtige Beschäftigungsverhältnis, dh. die Beschäftigung als Arbeitnehmer gegen Entgelt oder zur Berufsausbildung. Das Leistungsrecht knüpft aber an die tatsächlichen Verhältnisse an, so dass Beschäftigungslosigkeit iSd. § 119 Abs. 1 Nr. 1 gegeben ist, wenn der Versicherte tatsächlich nicht mehr beschäftigt wird oder eine neue Beschäftigung noch nicht wieder aufgenommen hat. Das hat zur Konsequenz, dass im leistungsrechtlichen Sinne Arbeitslosigkeit auch in Zeiträumen vorliegen kann, für die beitragsrechtlich vom Bestehen eines Versicherungspflichtverhältnisses auszugehen ist (BSG 3. 6. 2004 – B 11 AL 70/03 R – SozR 4–4300 § 123 Nr. 2 m. w. N.). Nach diesen Maßstäben schließen sich nicht einmal Beitragspflicht und gleichzeitige Leistungsberechtigung per se aus (BSG 21. 3. 2007 – B 11a AL 31/06 R – SozR 4–4300 § 118 Nr. 1), während andererseits eine Beschäftigung im leistungsrechtlichen Sinne nicht notwendig auch beitragspflichtig sein muss (BSG a. a. O.). Entgeltliche Beschäftigungsverhältnisse, die nicht der Beitragspflicht unterliegen, sowie unentgeltliche Beschäftigungsverhältnisse können die Beschäftigungslosigkeit ausschließen. Entscheidend für Beschäftigungslosigkeit ist, dass der AN tatsächlich keine fremdnützige Arbeit von wirtschaftlichem Wert im Rahmen eines Austauschverhältnisses mehr leistet (BSG 9. 2. 2006 – B 7 a AL 58/05 R – m. w. N.). Eine **Ausnahme** hat das BSG allerdings im Sinne einer „funktionsdifferenten Auslegung" zugelassen: AN, die im Rahmen einer vereinbarten **Altersteilzeit** in die Freistellungsphase eintreten, sind nicht beschäftigungslos im leistungsrechtlichen Sinne, sondern stehen weiterhin und bis zum Ende der Freistellungsphase in einer Beschäftigung (vgl. § 7 Abs 1 a SGB IV; so zutreffend BSG 21. 7. 2009 – B 7 AL 6/08 R – BSGE 104, 90 = SozR 4–4300 § 144 Nr. 18). 9

Die unentgeltliche Tätigkeit für einen Arbeitgeber im Rahmen einer stufenweisen **Wiedereingliederung** (§ 28 SGB IX) begründet kein die Arbeitslosigkeit ausschließendes leistungsrechtliches Beschäftigungsverhältnis (BSG 21. 3. 2007 – B 11a AL 31/06 R). Das gilt auch für die Arbeitstherapie, die als Maßnahme der Kranken- und Heilbehandlung oder der medizinischen Rehabilitation kein Beschäftigungsverhältnis begründet, da die Verrichtungen auf das Erreichen eines medizinischen Erfolges gerichtet sind (BSG 29. 6. 1995 – 11 RAr 97/94). Wiedereingliederung oder Arbeitstherapie stehen der Beschäftigungslosigkeit nicht entgegen. Auch durch die Übernahme der **Pflege** eines 10

Menschen in Pflegestufe III, die mindestens 5 Stunden im wöchentlichen Tagesdurchschnitt erfordert (§ 15 SGB XI), übt der pflegende Arbeitslose keine (mehr als kurzzeitige) Beschäftigung aus (SG Duisburg 3. 2. 2004 – S 12 AL 333/01).

11 **3. Beschäftigungslos trotz Arbeitsverhältnis.** Entscheidend ist nach diesem Verständnis der Wegfall der tatsächlichen Beschäftigung. Der leistungsrechtliche Begriff der Beschäftigung zielt darauf, unabhängig von einem rechtlich noch bestehenden Arbeitsverhältnis und unabhängig von der Dienstbereitschaft des Arbeitnehmers Beschäftigungslosigkeit bereits dann anzunehmen, wenn die Arbeitsleistung tatsächlich nicht erbracht wird. Dies ist zB der Fall, wenn der Arbeitgeber auf seine Verfügungsbefugnis verzichtet (BSG 5. 2. 1998 – B 11 AL 55/97 R) oder das Arbeitsverhältnis auf Grund einer von ihm ausgesprochenen Kündigung als beendet ansieht und weitere Dienste des AN nicht annimmt. Ist ein AN nach Kündigung faktisch beschäftigungslos, stehen der leistungsrechtlichen „Arbeitslosigkeit" weder die Erhebung einer Kündigungsschutzklage noch ein etwaiger Erfolg dieser Klage oder Vereinbarungen im Kündigungsschutzprozess über einen Fortbestand des Arbeitsverhältnisses über das tatsächliche Ende der Beschäftigung hinaus noch (Nach-)Zahlungen von Arbeitsentgelt entgegen (BSG 3. 4. 2004 – B 11 AL70/03 R – SozR 4–4300 § 123 Nr. 2 Rn. 15). Auch wegen des Verzichts des ArbG auf die Weisungsbefugnis kommt es nicht auf Erklärungen oder Vereinbarungen zum Arbeitsverhältnis, sondern auf die tatsächlichen Umstände an (BSG 28. 9. 1993 – 11 RAr 69/92 – SozR 3–4100 § 101 Nr. 5).

12 Auch wenn ein **langfristig** arbeitsunfähig **erkrankter Versicherter** bei bestehendem ArbV Alg beantragt, kommt es für die Frage, ob Beschäftigungslosigkeit iSd. § 119 Abs. 1 Nr. 1 vorliegt, auf eine Würdigung der tatsächlichen Verhältnisse an (BSG 28. 9. 1993 – 11 RAr 69/92 – SozR 3–4100 § 101 Nr. 5). Die dauernde Arbeitsunfähigkeit führt zu Beschäftigungslosigkeit, wenn der AN objektiv die vertraglich geschuldete Leistung nicht erbringen kann und Anspruch auf Entgeltfortzahlung oder Krankengeld nicht mehr besteht (Aussteuerung). Hinzukommen muss, dass dem AN ein Restleistungsvermögen verbleibt, das er am Arbeitsmarkt einsetzen kann. Ist dieses gegeben, kann er arbeitslos sein (zur Arbeitsunfähigkeit während des Leistungsbezugs vgl. § 126; zur Minderung der Leistungsfähigkeit vgl. § 125).

13 **4. Vorübergehend.** Nach der früheren Fassung der Norm wurde neben Beschäftigungslosigkeit (§ 118 Abs. 1 Nr. 1 a. F.) auch gefordert, dass diese vorübergehend sein müsse. Obwohl § 119 Abs. 1 Nr. 1 nun hierauf verzichtet, wird vertreten, dass diese Voraussetzung weiterhin in die Definition von Arbeitslosigkeit hineinzulesen sei, da das endgültige Ausscheiden aus dem Erwerbsleben der Beschäftigungslosigkeit entgegenstehe (*Brand* in Niesel/Brand, SGB III § 119 Rn. 20). Dem ist nicht zu folgen. Richtig ist zwar, dass Alg als vorübergehende und nicht als dauernde Entgeltersatzleistung bei Arbeitslosigkeit ausgestaltet ist. Die Bereitschaft, sich wieder in das Erwerbsleben integrieren zu wollen, wird sichergestellt und ggf. überprüft, indem die „Arbeitslosigkeit" sowohl Eigenbemühungen als auch Verfügbarkeit des Arbeitslosen voraussetzt. Selbst die Gruppe derer, die nicht mehr erwerbstätig sein will, ist unter bestimmten Voraussetzungen nicht vom Anspruch auf Alg ausgeschlossen (vgl. § 428; *Gutzler* in NK-SGB III § 119 Rn. 25 m. w. N.).

III. Eigenbemühungen

14 Arbeitslos ist nur (§ 119 Abs. 1 Nr. 2), wer sich bemüht, die Beschäftigungslosigkeit iSd. Nr. 1 zu beenden. Zum 1. 1. 2005 ist die frühere Beschäftigungssuche durch das Erfordernis „Eigenbemühungen" ersetzt worden. Die Voraussetzung macht deutlich, dass vom AN eine **aktive Entfaltung von Anstrengungen** gefordert ist, um iSd. § 119 Abs. 1 Nr. 2 arbeitslos zu sein. Die Voraussetzung soll die Pflicht zu Eigenverantwortung und Aktivierung umsetzen (§ 2 Abs. 5; „fordern"). Anders als nach dem AFG genügt das bloße „sich der Arbeitsvermittlung zur Verfügung stellen" nicht mehr, um einen Anspruch auf Alg zu haben. Nach § 119 Abs. 1 Nr. 2 genügt es nicht, dass Arbeitslose nur die Beratungs- und Vermittlungsdienste der AA in Anspruch nehmen, sie müssen darüber hinaus eigene Aktivitäten zur Eingliederung ins Erwerbsleben entfalten (BT-Drs. 13/4941, 176; BT-Drs. 16/10810, 49 zu § 37 Abs. 2 und 3). Dies muss bereits zu dem **Zeitpunkt** geschehen, zu dem der Versicherte Alg erstmals in Anspruch nehmen will. Eigenbemühungen sind während der Dauer des Leistungsbezugs bis zum Erlöschen des Stammrechts oder dem Wegfall des Alg aus anderen Gründen zu fordern und ggf. nachzuweisen (vgl. § 118 Rn. 6).

14a Nach Vollendung des 58. Lebensjahrs können Arbeitslose Alg nach Maßgabe des **§ 428 Abs. 1**, also unter erleichterten Voraussetzungen beziehen. Diese Arbeitslosen sind in Abweichung von § 119 Abs. 1 Nr. 2 nicht verpflichtet, alle Möglichkeiten nutzen, die Beschäftigungslosigkeit zu beenden. Die Regelung gilt allerdings nur noch für Arbeitslose, die das 58. Lebensjahr vor dem 1. 1. 2008 vollendet haben und deren Anspruch vor diesem Zeitpunkt entstanden ist (§ 428 Abs. 1 S. 3; zur rechtspolitischen Diskussion: BT-Drs. 16/7052, 9).

15 **Rechtsnatur:** Die Pflicht des Arbeitslosen, Eigenbemühungen zur Beendigung seiner Arbeitslosigkeit zu unternehmen, ist nicht als Mitwirkungspflicht (§§ 60 f. SGB I) ausgestaltet. Die Eigenbemühungen beschreiben vielmehr eine versicherungsrechtliche Obliegenheit, die zur Anspruchsvoraus-

zung erhoben worden ist. Kommt der Arbeitslose dieser Obliegenheit (generell) nicht nach, so ist wegen fehlender Anspruchsvoraussetzungen Arbeitslosigkeit zu verneinen (BSG 20. 10. 2005 – B 7 a AL 18/05 – SozR 4–4300 § 119 Nr. 3; LSG Berlin-Brandenburg 17. 11. 2006 – L 4 AL 50/04; Karmanski in Niesel/Brand, SGB III, § 144 Rn. 84 f). Eine Belehrung ist nicht Voraussetzung für den Eintritt dieser Rechtsfolge (BSG a. a. O.). Allerdings führt das Fehlen von Eigenbemühungen nur dann zum Anspruchsverlust, wenn der AN Eigenbemühungen generell ausschließt oder ablehnt. Das Fehlen von konkreten Eigenbemühungen im Einzelfall führt nicht zum Wegfall des Anspruchs, sondern hat den Eintritt einer Sperrzeit zur Folge (§ 144 Abs. 1 S. 2 Nr. 3), soweit nicht weitere Umstände darauf hinweisen, dass die Bereitschaft zu Eigenanstrengungen grundsätzlich fehlt.

IV. Verfügbarkeit

Weitere Voraussetzung von Arbeitslosigkeit ist die Verfügbarkeit (Abs. 1 Nr. 3). Dies meint die Bereitschaft des AN, den Vermittlungsbemühungen der AA Folge zu leisten. Die Verfügbarkeit wird durch Abs. 5 mit weiteren Aspekten „angereichert". Anders als bei Nr. 2 geht es hier um die Fähigkeit und Bereitschaft, auf Vorschlag der AA eine Beschäftigung aufzunehmen, den Vorschlägen der AA zur beruflichen Eingliederung oder zu Maßnahmen Folge zu leisten. Die Verfügbarkeit ist ihrer **Rechtsnatur** nach eine Anspruchsvoraussetzung des Alg. Ist ein AN grundsätzlich nicht bereit, sich vermitteln zu lassen, besteht kein Leistungsanspruch (vgl. LSG Berlin 12. 6. 2003 – L 14 AL 2/01). Reagiert er aber auf konkrete Vermittlungsangebote im Einzelfall nicht oder verspätet, tritt ggf. eine Sperrzeit ein (§ 144 Abs. 1 S. 2 Nr. 2, 4, 5).

16

C. Ehrenamtliche Betätigung (Abs. 2)

Für die Gruppe der ehrenamtlich tätigen Personen bestand nach der Rechtslage bis 31. 12. 2001 die Gefahr, dass sie mangels Verfügbarkeit ihren Anspruch auf Alg einbüßen (zum kommunalen Ehrenbeamten: BSG 23. 7. 1998 – B 11 AL 3/98 R – SozR 3–4100 § 138 Nr. 11; zum ehrenamtlichen Bürgermeister: BSG 25. 1. 2006 – B 12 RK 12/05 R – SozR 4–2400 § 7 Nr. 6; allg. zum bürgerschaftlichen Engagement im Sozialrecht: *Igl*, SDSRV 50, S. 101 ff.). Abs. 2 regelt nun, dass eine **ehrenamtliche Betätigung** Arbeitslosigkeit nach § 119 Abs. 1 grundsätzlich nicht ausschließt, wenn und solange diese der beruflichen (Wieder-)Eingliederung nicht entgegensteht. Das bedeutet: Grundsätzlich schadet die Ausübung eines Ehrenamts dem Anspruch auf Alg nicht. Im Einzelfall besteht aber die Möglichkeit, dass die AA das Gegenteil belegt.

17

Die Regelung will die grundsätzlich erwünschte und auch den Staat entlastende ehrenamtliche Betätigung privilegieren. Sie soll es den Arbeitslosen ermöglichen, ebenso wie Beschäftigte eine ehrenamtliche Tätigkeit auch in einem **Umfang** von unter 15 und mehr Wochenstunden auszuüben, ohne dass der Leistungsanspruch entfällt (vgl. auch Rn. 20). Voraussetzung für diese Privilegierung ist jedoch, dass die berufliche Eingliederung nicht behindert wird (BT-Drs. 14/6944, 35 f.).

18

Das BMAS hat gestützt auf § 151 Nr. 4 die **Verordnung über die ehrenamtliche Betätigung von Arbeitslosen** vom 24. 5. 2002 erlassen (BGBl. I 1783). In deren § 1 wird der Begriff der ehrenamtlichen Betätigung und in deren § 2 der Vorrang der beruflichen Eingliederung näher bestimmt. Nach § 1 Abs. 1 VO ist ehrenamtlich eine Betätigung, die unentgeltlich ausgeübt wird, dem Gemeinwohl dient, bei einer gemeinnützigen Organisation ausführt wird, im öffentlichen Interesse liegt oder gemeinnützige, mildtätige oder kirchliche Zwecke fördert. Nach § 1 Abs. 2 der VO beseitigt ein Auslagenersatz die Unentgeltlichkeit nicht, solange dieser die tatsächlichen Auslagen oder eine Pauschale von 154,– € im Monat nicht übersteigt. Die Grenze gilt auch im Falle der Kombination von nicht steuerpflichtiger Aufwandsentschädigung und einer Pauschale. § 119 Abs. 2 i. V. m. § 2 VO beseitigt nicht den Vorrang der Vermittlung (§ 4) oder aktiven Arbeitsförderung (§ 5). Entsprechende Angebote der Vermittlung oder Maßnahmen der Arbeitsförderung darf der AN nicht mit Blick auf das privilegierte Ehrenamt ablehnen.

19

D. Kurzzeitige Erwerbstätigkeit (Abs. 3)

§ 119 Abs. 3 bestimmt, dass eine Erwerbstätigkeit die Beschäftigungslosigkeit nicht ausschließt, wenn die Arbeits- oder Tätigkeitszeit (Arbeitszeit) **weniger als 15 Stunden wöchentlich** umfasst, also kurzzeitig ist. Leistungsschädlich sind Erwerbstätigkeiten, die diese Zeitgrenze überschreiten, also eine Erwerbstätigkeit von 15 Stunden pro Woche und mehr (BSG 3. 12. 2009 – B 11 AL 28/08 R – Rn. 11). Dabei ist unerheblich, ob die Erwerbstätigkeit in Form der Beschäftigung, selbstständigen Tätigkeit oder Tätigkeit als mithelfender Familienangehöriger ausgeübt wird. Die bis 31. 12. 2004 geltende 18 Stunden-Grenze für eine selbständige Erwerbstätigkeit (§ 118 Abs 3 S. 2 SGB III aF) ist seit 1. 1. 2005 entfallen und auf danach eintretende Leistungs- bzw- Versicherungsfälle nicht mehr anwendbar (BSG a. a. O. Rn. 13). Damit gilt nun für alle Arten von Erwerbstätigkeit einheitlich eine

20

Grenze von 15 Stunden für die Kurzzeitigkeit. Die Grenze des Abs. 3 gilt allerdings nicht für eine ehrenamtliche Betätigung nach Abs. 2, da diese keine Art der Erwerbstätigkeit ist.

I. Erwerbstätigkeit

21 Für die Erwerbstätigkeit in Form der **Beschäftigung** gilt der leistungsrechtliche Beschäftigungsbegriff (Rn. 9). Kurzzeitig ist beschäftigt, wer tatsächlich eine Beschäftigung von weniger als 15 Stunden pro Woche ausübt. In spezifisch geregelten Fällen ist trotz fehlender tatsächlicher Beschäftigung kurzzeitige Beschäftigung zu verneinen; so besteht gemäß § 24 Abs. 2 das Versicherungspflichtverhältnis der AN in Kurzarbeit während eines Arbeitsausfalls aus wirtschaftlichen Gründen oder einem unabwendbaren Ereignis (§ 170 Abs. 1 Nr. 1) unverändert fort. Das gilt auch für witterungsbedingten Arbeitsausfall, der zum Bezug von Saison-Kug (§ 175) berechtigt (zu Wiedereingliederung und Arbeitsunfähigkeit vgl. Rn. 10).

22 **Selbständig** ist erwerbstätig, wer für unbestimmte Zeit – nicht nur gelegentlich – eine Tätigkeit in eigener wirtschaftlicher Verantwortung und in persönlicher Unabhängigkeit mit dem Ziel ausübt, aus dieser Tätigkeit Einkommen zu erzielen (vgl. BSG 1. 6. 2006 – B 7 a AL 34/05 R – SozR 4–4300 § 57 Nr. 1). Selbständige Tätigkeit meint eine auf Dauer angelegte, in persönlicher Unabhängigkeit berufsmäßig zu Erwerbszwecken ausgeübte Tätigkeit. Tätigkeiten, die nur aus Liebhaberei oder zum Zeitvertreib verrichtet werden, scheiden damit ebenso aus wie reine Vorbereitungshandlungen, um eine selbstständige Tätigkeit aufzunehmen (BSG 3. 6. 2009 – B 12 AL 1/08 R mwN). Die selbständige Tätigkeit zeichnet sich typischerweise durch das eigene Unternehmerrisiko, das Vorhandensein einer eigenen Betriebsstätte, den Einsatz eigener Betriebsmittel, die Tätigkeit im eigenen Namen und auf eigene Rechnung sowie die Verfügungsmöglichkeit über die eigene Arbeitskraft aus. Eine selbständige Tätigkeit ist aufgenommen, wenn erstmals eine unmittelbar auf berufsmäßigen, also auf dauerhaften und nachhaltigen Erwerb gerichtete und der Gewinnerzielung dienende Handlung mit Außenwirkung vorgenommen wird (vgl. BSG aaO). Eine Gewinnerzielungsabsicht fehlt, wenn die Betätigung lediglich Aufwendungsersatz erzielen soll oder der Liebhaberei dient (BSG 25. 2. 1997 – 12 RK 33/96 – SozR 3–2200 § 1227 Nr. 8). Ob tatsächlich Gewinn erzielt wird, ist für die Gewinnerzielungsabsicht nicht entscheidend. Bei regelmäßiger Erzielung eines Gewinns ist von einer solchen Absicht in aller Regel auszugehen (vgl. *Söhngen* in Eicher/Schlegel, SGB III, § 119 Rn. 62). Es muss aber eine Tätigkeit entfaltet werden, die Erzielung von Gewinnen aus Vermögen u. ä. genügt nicht (BSG 22. 4. 1986 – 12 RK 53/84 – SozR 2200 § 180 Nr. 30). Ein Indiz für selbstständige Tätigkeit liegt vor, wenn jemand Arbeitnehmer beschäftigt. Zur Abgrenzung der abhängigen Beschäftigung von der selbständigen Tätigkeit: BVerfG 20. 5. 1996 – 1 BvR 21/96 – SozR 3–2400 § 7 Nr. 11; zur Abgrenzung bei Gesellschaftern von Kapital- und Personengesellschaften: *Scheidt* in NK-SGB III § 25 Rn. 23 f., 30 f.; *Brand* in Niesel/Brand SGB III § 25 Rn. 15 f., 20 f.).

23 Als **mithelfender Familienangehöriger** ist tätig, wer im Betrieb eines Angehörigen mithilft, aber keinen oder keinen marktgerechten Entgeltanspruch hat, aber auf andere Weise am Einkommen des Angehörigen partizipiert. Auf die genaue Abgrenzung der familienhaften Mitarbeit von Beschäftigung und selbständiger Tätigkeit (vgl. dazu BSG 17. 12. 2002 – B 7 AL 34/02 R) kommt es nicht an, da alle genannten Formen der Erwerbstätigkeit von mehr als kurzzeitiger Dauer die Arbeitslosigkeit ausschließen. Versicherungsfreie Mitarbeit aufgrund familienhafter Zusammengehörigkeit ist anzunehmen, wenn die Gegenleistung für die erbrachte Tätigkeit über freien Unterhalt, Taschengeld oder eine Anerkennung für Gefälligkeiten nicht wesentlich hinausgeht. Für eine abhängige Beschäftigung spricht, wenn ein schriftlicher Arbeitsvertrag geschlossen, das Entgelt versteuert, beim ArbG als Betriebsausgabe verbucht und dem Angehörigen zur freien Verfügung ausgezahlt wird (BSG 23. 6. 1994 – 12 RK 50/93 – SozR 3–2500 § 5 Nr. 17).

24 **Familienangehörige** sind Ehegatten, Eltern, Kinder, Pflegekinder und Lebenspartner des Arbeitgebers (§ 33 b SGB I). *Steinmeyer* (in Gagel SGB III § 119 Rn 67 d) will den Begriff in Anlehnung an § 2 Abs. 4 SGB VII weiter fassen und Verwandte bis zum dritten Grade, Verschwägerte bis zum zweiten Grade und Pflegekinder (§ 56 Abs. 2 Nr. 2 SGB I) als Angehörige iSd. Abs. 3 ansehen. Da § 119 Abs. 3 in sachlichem und zeitlichem Bezug zu §§ 7 a Abs. 1 S. 2, 28 a Abs. 3 Nr. 1 b SGB IV steht, ist das diesen Normen zu Grunde liegende Begriffsverständnis maßgeblich. Danach wollte der Gesetzgeber Ehegatten und „enge" Familienangehörige (vgl. BT-Drs. 15/1749, S. 35) erfassen, wie sie oben bezeichnet sind. Eine häusliche Gemeinschaft mit den Angehörigen ist – außer bei Pflegekindern (§ 56 Abs. 3 Nr. 2 SGB I) – nicht erforderlich (BSG 14. 2. 1989 – 7 RAr 52/87 – SozR 4100 § 101 Nr. 8), es genügt die Mithilfe im Betrieb.

II. Kurzzeitigkeit

25 **1. Kurzzeitigkeitsgrenze.** Die Ausübung einer Erwerbstätigkeit, die die Grenze der Kurzzeitigkeit übersteigt, schließt Beschäftigungslosigkeit aus. Die Tätigkeit ist mehr als kurzzeitig, wenn sie mindestens 15 Stunden oder mehr pro Woche ausgeübt wird. Wenn und solange die Tätigkeit diese

Zeitgrenze nicht erreicht, steht diese dem Alg-Anspruch nicht entgegen. **Einkünfte aus einer kurzzeitigen Betätigung** werden aber auf das Alg angerechnet (§ 141). Die Definition der Beschäftigungslosigkeit (Abs. 1 Nr. 1, Abs. 3) stellt nicht auf die tatsächlich geleistete Arbeitszeit, sondern auf die nach den vertraglichen Vereinbarungen oder nach der Natur der Sache intendierte Arbeitszeit ab (vgl. BSG 1. 8. 1996 – 11 RAr 9/96). Arbeitszeit ist bei abhängig Beschäftigten regelmäßig die Zeit zwischen Beginn und Ende der Arbeit ohne Ruhepausen (§ 2 Abs. 1 ArbZG). Bei der Beurteilung der Dauer der Beschäftigung ist eine vorausschauende Betrachtungsweise erforderlich. Diese hat die Beschäftigungswoche, nicht aber Kalenderwoche in den Blick zu nehmen (BSG 13. 7. 2006 – B 7 a AL 16/05 R – m. w. N.). Bei der zu treffenden Prognose stellt sich eine Beschäftigung als kurzzeitig dar, wenn sie nach den Vereinbarungen voraussichtlich auf weniger als 15 Stunden wöchentlich beschränkt ist (LSG Berlin-Brandenburg 20. 10. 2006 – L 28 AL 165/04).

Für den **Bereitschaftsdienst** hat der EuGH entschieden (3. 10. 2000 – C-303/98 – EuGHE I 2000, 7963), dass der in den Räumlichkeiten des Arbeitgebers zu verrichtende Bereitschaftsdienst als Arbeitszeit anzusehen ist, wenn eine Verpflichtung des AN zur persönlichen Anwesenheit in einer Einrichtung des Dienstherrn besteht. Demgegenüber hat der EuGH den Bereitschaftsdienst in Form einer ständigen Erreichbarkeit ohne Anwesenheitspflicht im Betrieb nicht als Arbeitszeit angesehen, weil der Betroffene freier über seine Zeit verfügen und eigenen Interessen nachgehen könne. Dieser Auslegung ist für § 119 Abs. 3 zu folgen, auch wenn die Entscheidung nicht auf ungeteilte Zustimmung stößt (aA für einen Busfahrer mit Bereitschaftszeiten am Fahrzeug: Saarländisches LSG 27. 4. 2007 – L 8 AL 26/04). **26**

Für die Beurteilung der Dauer einer **selbständigen Tätigkeit** oder **familiären Mitarbeit** sind die individuellen Besonderheiten dieser Tätigkeit maßgeblich (LSG Baden-Württemberg 24. 5. 2007 – L 7 AL 4485/05). Da die Regelung in § 119 Abs. 3 S. 1 ausdrücklich davon ausgeht, dass die Ausübung einer kurzzeitigen selbständigen Tätigkeit die Arbeitslosigkeit nicht ausschließt, entfällt die Beschäftigungslosigkeit allein nach dem zeitlichen Umfang der Erwerbstätigkeit, ohne dass zwischen abhängiger und selbständiger Tätigkeit zu unterscheiden ist (BSG 17. 10. 2007 – B 11 a AL 25/06 R). Ist zu beurteilen, ob eine selbständige Tätigkeit die Grenze der Kurzzeitigkeit überschreitet, kann mangels vertraglicher Vereinbarungen über eine Arbeitszeit allein nach der Natur der Sache beurteilt werden, ob die Tätigkeit weniger als 15 Stunden wöchentlich ausgeübt wird. Dabei kommt es auf eine vorausschauende (ex ante vorgenommene) Betrachtung an. Es ist nicht von einer abstrakt generellen Tätigkeit auszugehen ist, sondern von den Verrichtungen, die der selbständig Tätige oder Familienangehörige nach der Gestaltung, die er seiner Tätigkeit gegeben hat, tatsächlich vornehmen wird (zusammenfassend BSG 17. 10. 2007 – B 11a AL 25/06 R – SozR 4–4300 § 119 Nr. 6). Die aufgewandte Zeit ist nicht nur mit dem Anteil zu berücksichtigen, mit dem unmittelbar ein Umsatz erzielt wird. Vielmehr ist sämtlicher Zeitaufwand zu berücksichtigen, der nach dem Gesamtbild der selbstständigen Tätigkeit anfällt. Es kommt nur auf die Tätigkeitszeit des zu beurteilenden Erwerbstätigen an, diejenige der bei ihm beschäftigten oder mitarbeitenden Personen ist nicht zu berücksichtigen. **27**

2. Gelegentliche Abweichungen. Gelegentliche Abweichungen von geringer Dauer bleiben außer Betracht (Abs 3 S. 1 Halbs 2). Abweichungen sind gelegentlich, wenn sie nicht vorhersehbar sind und sich innerhalb des Beschäftigungsverhältnisses voraussichtlich nicht wiederholen (BSG 29 10. 2008 – B 11 AL 44/07 R – SozR 4–4300 § 118 Nr. 3). Die Vorschrift soll einen häufigen Wechsel zwischen kurzzeitiger Beschäftigung und Wegfall der Arbeitslosigkeit vermeiden. Insbesondere aus dem Kriterium der Unvorhersehbarkeit ergibt sich, dass die Vorschrift nicht auf Fälle anwendbar ist, in denen das Überschreiten der 15-Stunden-Grenze von Anfang an wiederholt zu erwarten ist (LSG Saarland 9. 6. 2006 – L 8 AL 48/04). **28**

3. Geringe Dauer. Die Dauer der Überschreitung der Kurzzeitigkeitsgrenze darf nur gering sein. Eine mehr als geringe Dauer der Überschreitung schließt Beschäftigungslosigkeit aus. Zur Bestimmung der geringen Dauer ist die Zeit der Überschreitung der 15-Stunden-Grenze ins Verhältnis zur Gesamtdauer der Beschäftigung zu setzen. Bei einem Beschäftigungsverhältnis von bis zu 12 Wochen, ist die Überschreitung von geringer Dauer, wenn sie nicht ein Viertel der Beschäftigungszeit übersteigt (BayLSG 27. 9. 2007 – L 10 AL 393/05; Gutzler in NK-SGB III, § 119 Rn. 54). In Bezug auf die Dauer der Abweichung gilt bei unbefristeter Beschäftigung die Grenze von einem (Beschäftigungs-)Monat (*Brand* in Niesel/Brand SGB III § 119 Rn 32). Eine weitergehende Meinung will auf den in einem marktüblichen Beschäftigungsverhältnis bestehenden Urlaubsanspruch abstellen (Boemke SGb 2010, 173, 176), was für die geringe Dauer einen Zeitraum von bis zu sechs Wochen bedeuten würde. **29**

4. Mehrere Beschäftigungen. Mehrere vom AN ausgeübte Erwerbstätigkeiten werden nach § 119 Abs. 3 S. 2 zusammengerechnet. Dabei ist unerheblich, um welche Form der Erwerbstätigkeit (Beschäftigung, selbstständige Tätigkeit oder familiäre Mitarbeit) es sich handelt. Die Zusammenrechnung hat auch Bedeutung für die Frage, ob eine gelegentliche Abweichung vorliegt bzw. ob diese von geringer Dauer ist. **30**

Mutschler

E. Eigenbemühungen (Abs. 4)

31 Inhaltlich werden die vom AN zu entfaltenden Eigenbemühungen (oben Rn. 14) durch **Abs. 4** ausgestaltet. Die Vorschrift nennt Regelbeispiele („insbesondere") dazu, welche Anstrengungen als Voraussetzung des Anspruchs auf Alg zu unternehmen sind. Das ist nach Nr. 1 die Einhaltung von Eingliederungsvereinbarungen (zum Begriff: § 35 Abs. 4; vgl. Mutschler in NK-SGB III § 35 Rn. 54), unter Nr. 2 die Nutzung der Vermittlung durch AA, deren Selbstinformationssysteme und durch Dritte (§§ 35, 37; Mutschler, aaO § 37 Rn. 9) sowie unter Nr. 3 die Nutzung der Selbstinformationssysteme der AA. Selbstinformationssysteme sind Instrumente zur allgemeinen Unterrichtung (§ 41 Abs. 1, 2); sie werden in Form der sog „Jobbörse" angeboten (www.arbeitsagentur.de/Jobboerse). Zur Rechtsnatur der Eigenbemühungen vgl. oben Rn. 14.

32 Da die erforderlichen Handlungen selbst nicht abschließend bezeichnet und auch deren Intensität und Häufigkeit gesetzlich nicht bestimmt sind, wird eine **Ermächtigung** der AA angenommen, die **Eigenbemühungen** gegenüber dem AN nach Art und Umfang im Einzelfall zu **konkretisieren** (BSG 20. 10. 2005 – B 7 a AL 18/05 – SozR 4–4300 § 119 Nr. 3). Allerdings ist der Wortlaut der Vorschrift in Bezug auf eine Ermächtigung zur Konkretisierung nicht ergiebig. Die Konkretisierung der erforderlichen Eigenbemühungen kann ab 1. 1. 2009 auch in einer Eingliederungsvereinbarung erfolgen (§ 37 Abs. 2 S. 1 Nr. 3; BT-Drs. 16/10.810, S. 49). Die **Konkretisierung** muss in einer dem AN zumutbaren Weise (§ 121) erfolgen. Das BSG hat aus dem rechtsstaatlichen Gebot hinreichender Bestimmtheit der Norm (Art. 20 Abs. 3 GG) abgeleitet, dass die als Eigenbemühung nachzuweisende Handlung nicht nur zumutbar sondern auch verständlich bezeichnet sein muss. Mit diesen Einschränkungen hat das BSG die Vorgängernorm („alle Möglichkeiten nutzen") als verfassungsgemäß angesehen (BSG 20. 10. 2005 – B 7 a AL 18/05 – SozR 4–4300 § 119 Nr. 3). Obwohl die Obliegenheit zu Eigenbemühungen bereits bei Entstehen des Alg-Anspruchs erfüllt sein muss, kann eine nähere Konkretisierung der Obliegenheiten durch die AA zu jedem Zeitpunkt des Leistungsbezugs erfolgen.

33 Ein Schreiben der AA, mit dem gefordert wird, bestimmte Eigenbemühungen durchzuführen und nachzuweisen, ist – wie ein Beschäftigungs- oder Eingliederungsangebot – **kein Verwaltungsakt** (§ 31 SGB X). Ist das Schreiben dennoch mit einer Rechtsbehelfsbelehrung versehen, macht diese das Schreiben zu einem Formverwaltungsakt (vgl. BSG vom 3. 4. 2003 – B 13 RJ 39/02 R – BSGE 91, 68 = SozR 4–1300 § 31 Nr. 1), der angefochten werden kann. Auch wenn es demnach an der Anfechtbarkeit einer entsprechenden Aufforderung der AA fehlt, ist eine solche Aufforderung zu Eigenbemühungen ggf. im Rechtsstreit über eine später nachfolgende Ablehnungs- oder Aufhebungsentscheidung gerichtlich voll überprüfbar.

34 § 119 Abs. 1 Nr. 2 stellt nur auf das „Bemühen" ab, die Beschäftigungslosigkeit zu beenden. Dies enthält eine Beschränkung auf die dem AN subjektiv zur Verfügung stehenden Verhaltensalternativen (vgl. BSG 25. 5. 2005 – B 11 a/11 AL 81/04 R). Daher ist für die Verletzung der zur Anspruchsvoraussetzung gewordenen Obliegenheit der Eigenbemühungen ein **schuldhaftes Verhalten** erforderlich. Ist der AN im Einzelfall – aus ihm nicht zurechenbaren Umständen – nicht in der Lage, die geforderten Eigenbemühungen zu entfalten, darf ihm das nicht zum Nachteil gereichen. Dabei ist, soweit kein Vorsatz vorliegt, ein subjektiver Fahrlässigkeitsmaßstab anzuwenden. Es genügt jede Art von fahrlässiger Verletzung der Obliegenheit (vgl. BSG aaO; BSG 18. 8. 2005 – B 7 a AL 4/05 R, B 7 a/7 AL 94/04 R –, Schleswig-Holsteinisches LSG vom 11. 10. 2006 – L 3 AL 154/05).

F. Verfügbarkeit (Abs. 5)

35 Die dritte Voraussetzung für das Vorliegen von Arbeitslosigkeit ist die Verfügbarkeit des Arbeitslosen (Abs. 1 Nr. 3; zur Legaldefinition oben Rn. 16). Sie wird in Abs. 5 durch vier weitere Voraussetzungen, die kumulativ erfüllt sein müssen, näher ausgestaltet. Die Verfügbarkeit soll sicher stellen, dass der Arbeitslose der Vermittlung (§ 35) der AA Folge leistet und leisten kann, dh. eine die Arbeitslosigkeit beendende Beschäftigung aufnehmen darf, kann und will. Die hierfür bestehenden Anforderungen gliedern sich systematisch in solche der objektiven Verfügbarkeit (Nr. 1, auch Arbeitsfähigkeit) einschließlich der Erreichbarkeit (Nr. 2) und solche der subjektiven Verfügbarkeit bezüglich Beschäftigung und Eingliederungsmaßnahmen (Nr. 3 und 4, auch Arbeitsbereitschaft). Die Erreichbarkeit (Nr. 2) wird durch die Erreichbarkeits-Anordnung (EAO) vom 23. 10. 1997 (ANBA 1997 S. 1685) weiter konkretisiert. § 120 regelt Sonderformen der Verfügbarkeit, also Ausnahmen zu den Grundsätzen des § 119 Abs. 5, weitere Abweichungen von § 119 können sich unter den Voraussetzungen der §§ 125, 126 ergeben. Auch AN, die das 58. Lebensjahr vollendet haben, können nach Maßgabe des **§ 428 Abs. 1** Alg beziehen, ohne arbeitsbereit sein zu müssen. Diese sog. 58 er-Regelung gilt als Ausnahmeregelung nur noch, wenn der Arbeitslose das 58. Lebensjahr vor dem 1. 1. 2008 vollendet hat und auch der Anspruch auf Alg vor diesem Zeitpunkt entstanden ist.

I. Objektive Verfügbarkeit

Objektiv verfügbar ist ein AN, der eine die Arbeitslosigkeit beendende zumutbare Beschäftigung **36** (Abs. 1 Nr. 1, Abs. 3) unter den üblichen Bedingungen des allgemeinen Arbeitsmarktes aufnehmen kann und darf. Verfügbarkeit erfordert, dass Arbeitslose von tatsächlichen und rechtlichen Bindungen frei sind, die sie daran hindern, eine Beschäftigung iSd. § 119 Abs. 5 Nr. 1 (zum Begriff vgl. oben Rn. 9 f.) aufzunehmen oder an Eingliederungsmaßnahmen iSd. § 119 Abs. 5 Nr. 4 teilzunehmen (BSG 21. 10. 1999 – B 11 AL 21/99 R – SozR 3-4100 § 103 Nr. 21 Rn. 18). Verfügbarkeit entfällt nicht bereits dann, wenn die Beendigung der Arbeitslosigkeit durch eine bereits vereinbarte oder durch die AA vermittelte Beschäftigung in Aussicht steht (LSG Berlin-Brandenburg 30. 11. 2006 – L 8 AL 110/05). Zu den Erfordernissen der **Zumutbarkeit** siehe § 121.

Unter den „**üblichen Bedingungen** des für ihn in Betracht kommenden **Arbeitsmarktes**" ist ein **37** AN verfügbar, wenn er eine versicherungspflichtige Beschäftigung ausüben kann, wie sie am Arbeitsmarkt angeboten wird. Üblich sind Bedingungen, die nicht nur in Einzel- oder Ausnahmefällen, sondern tatsächlich in nennenswertem Umfang angeboten werden (BSG 21. 10. 1999 – B 11 AL 21/99 R – SozR 3-4100 § 103 Nr. 21 Rn. 21). Zu den Bedingungen, die für die Beurteilung der „Üblichkeit" maßgebend sind, gehören die Gesamtdauer der Beschäftigung sowie die Verteilung und die Lage der Arbeitszeit (BSG 21. 7. 1977 – 7 RAr 132/75 = BSGE 44, 164, 172). Werden also Beschäftigungen, wie sie der AN sucht, am Arbeitsmarkt nicht oder kaum angeboten, steht er der Arbeitsvermittlung objektiv nicht zur Verfügung. Die Beschränkung auf eine **Teilzeitbeschäftigung** steht mit Blick auf § 120 Abs. 4 S. 1 der Verfügbarkeit regelmäßig nicht entgegen. Die Prüfung der obj. Verfügbarkeit ist beschränkt auf zumutbare (§ 121) Beschäftigungen sowie auf den für den AN in Betracht kommenden Arbeitsmarkt. Letzterer wird durch § 121 Abs. 4 abgegrenzt und erstreckt sich für die ersten drei Monate der Arbeitslosigkeit (§ 121 Abs. 1 S. 5) nicht auf das gesamte Bundesgebiet (aA *Brand* in Niesel/Brand, SGB III, § 119 Rn 60; *Gutzler* in NK-SGB III § 119 Rn 103).

In Anlehnung an die Regelung in Abs. 3 muss der AN sich für eine Beschäftigung von mind. 15 **38** Stunden wöchentlich zur Verfügung stellen, die die Arbeitslosigkeit beendet und die **versicherungspflichtig** zur Arbeitslosenversicherung ist. Welche Beschäftigung ein Versicherungspflichtverhältnis in der Arbeitslosenversicherung begründet, ergibt sich aus §§ 24 f. Nach § 25 Abs. 1 S. 1 sind Personen versicherungspflichtig, die gegen Arbeitsentgelt oder zu ihrer Berufsausbildung beschäftigt sind.

1. Können. Eine verspfl Erwerbstätigkeit kann ausüben, wer nach seinen körperlichen und geisti- **39** gen Fähigkeiten eine mehr als kurzzeitige abhängige Beschäftigung ausüben kann. Dabei werden neben der Gesundheit des AN auch dessen anderweitige rechtliche und tatsächliche Bindungen in den Blick genommen. Bestehen solche Bindungen in Form von **vertraglichen Verpflichtungen,** genügt die Bereitschaft, diese aufzugeben, nicht, um Verfügbarkeit sicher zu stellen (BSG 28. 10. 1987 – 7 RAr 80/86; BSG 5. 11. 1998 – B 11 AL 35/98 R m. w. N.). Bei der Beurteilung der Verfügbarkeit kommt es auf die Verhältnisse des Einzelfalls an.

Ein AN, der objektiv eine mehr als kurzzeitige Beschäftigung ausüben kann (zB halbschichtige Tä- **40** tigkeit), steht bei entsprechender Arbeitsbereitschaft der AA zur Verfügung (BSG 19. 3. 1992 – 7 RAr 128/90 – SozR 3-4100 § 103 Nr. 7 S. 31). Das gilt auch für die Suche nach einer Beschäftigung neben dem Bezug einer Rente wegen teilweiser Erwerbsminderung (§ 43 Abs. 1 SGB VI) oder einer BU-Rente (§ 240 SGB VI). Auch wenn die AA oder ein hierzu berufener Rentenversicherungsträger (§ 125 Abs. 1 S. 2) das Vorliegen von **teilweiser Erwerbsminderung** bestätigt (§ 43 Abs. 1 S. 2 SGB VI), kann ein Arbeitsloser mit dem Restleistungsvermögen für die AA verfügbar sein (BSG 9. 9. 1999 – B 11 AL 13/99 R – SozR 3-4100 § 105 a Nr. 7). Die AA ist nicht berechtigt, eine Entscheidung des zuständigen Trägers über Erwerbsminderung in Zweifel zu ziehen. Die AA ist vielmehr an die Feststellung fehlender Erwerbsminderung durch den Rentenversicherungsträger gebunden. Zum früheren Recht hat das BSG entschieden, Verfügbarkeit dürfe nicht deshalb verneint werden, weil sich der Arbeitslose weigert, sich ärztlich untersuchen zu lassen. In solchen Fällen sei nach §§ 60 f. SGB I zu verfahren (BSG 20. 10. 2005 – B 7 a/7 AL 102/04 R – SozR 4-1500 § 103 Nr. 5). Dies ist insoweit zutreffend, als die Mitwirkung an ärztlichen Untersuchungen keine Anforderung iRd. § 119 Abs. 5 ist. Auf das Fernbleiben von einem Meldetermin, einer ärztlichen oder psychologischen Untersuchung hat die AA aber nicht nach §§ 60 SGB I f., sondern nach dem spezielleren § 144 Abs. 1 S. 2 Nr. 6 zu reagieren.

Dem „Können" stehen prinzipiell auch tatsächliche Bindungen wie **Erwerbstätigkeit, Studium,** **41** **Schulung, ganztägige Ausbildung oder Weiterbildung** – auch mit Entgeltersatzleistung – entgegen, wenn deshalb die Ausübung einer mehr als kurzzeitigen Beschäftigung unter den üblichen Bedingungen des Arbeitsmarktes ausgeschlossen ist. Allerdings eröffnen die Sonderregelungen in § 120 Abs. 2, 3 die Möglichkeit, unter den dort genannten Bedingungen dennoch als verfügbar zu gelten.

Für die **häusliche, erzieherische und pflegerische Betätigung** wird angenommen, sie stehe **42** der Verfügbarkeit nicht entgegen, wenn und soweit der AN im Falle der erfolgreichen Vermittlung bereit ist, die Betätigung aufzugeben, und die Betreuung der Kinder, der Pflegebedürftigen usw. in diesem Fall auf andere Weise sichergestellt ist (zu Kinderbetreuung und Pflege: BSG 12. 12. 1990 – 11 RAr 137/89 – SozR 3–4100 § 103 Nr. 4 S. 25 f.). Die Annahme, dies gelte auch für eine Erwerbstätigkeit als Tagesmutter (BSG 16. 9. 1999 – B 7 AL 80/98 R – SozR 3–4100 § 101 Nr. 10), dürfte zu weit gehen, da diese Betätigung regelmäßig an vertragliche Verpflichtungen geknüpft ist, die nicht ad hoc beendet werden können.

43 **2. Dürfen.** Ein AN darf die verspfl. Beschäftigung ausüben, wenn ihn gesetzliche Verbote nicht daran hindern. Privatrechtliche Vertragsbeziehungen sind hier nicht zu berücksichtigen, da deren Beachtung nur im Verhältnis zum Vertragspartner geschuldet wird. Diese schränken – soweit der AN sich gebunden fühlt – das „Arbeitenkönnen" ein. Dagegen sind gesetzliche Verbote einer Disposition des Adressaten nicht zugänglich. Sie schließen aus, dass ein Arbeitsloser eine Beschäftigung aufnehmen darf. Es handelt sich regelmäßig um Schutzgesetz, zB um Beschäftigungsverbote für Kinder und Jugendliche (§ 5 JArbSchG), für infizierte Personen (§ 42 IfSG). Die arbeitslose Schwangere bzw. Mutter ist zwar für die Dauer eines Beschäftigungsverbots nach § 3 Abs. 1 MuSchG ebenfalls nicht verfügbar, sie verliert aber den Anspruch auf Alg nicht (so Hessisches LSG vom 20. 8. 2007 – L 9 AL 35/04 – unter Berufung auf: BVerfG 28. 3. 2006 – 1 BvL 10/01 – BVerfGE 115, 259 ff. = SozR 4–4300 § 123 Nr. 3); anderes gilt bei zeitgleichem Vorliegen von Arbeitsunfähigkeit (BSG 9. 9. 1999 – B 11 AL 77/98 R – SozR 3–4100 § 103 Nr. 9).

44 AN ausländischer Herkunft benötigen eine Arbeitserlaubnis (§§ 284 f.). Das Fehlen der Arbeitserlaubnis steht aber der Verfügbarkeit nicht entgegen (BSG 26. 3. 1998 – B 11 AL 75/97 R), denn die Arbeitserlaubnis wird erst für die Ausübung einer konkreten Beschäftigung benötigt, nicht aber für die Suche nach einer Beschäftigung. Die erforderliche Erlaubnis wird nach Lage und Entwicklung des Arbeitsmarktes unter Berücksichtigung der Verhältnisse des Einzelfalls erteilt. Wegen der für eine Beschäftigungsaufnahme erforderliche Arbeitserlaubnis oder Arbeitsberechtigung ist die Verfügbarkeit erst dann zu verneinen, wenn aufgrund einer Prognoseentscheidung feststeht, dass eine solche Erlaubnis oder Berechtigung nicht erteilt werden wird (vgl. BSG 27. 8. 2008 – B 11 AL 7/07 R – zur Veröffentlichung in SozR 4 vorgesehen). Diese Prognose fällt für solche ausländischen Arbeitssuchenden negativ aus, die vollziehbar zur Ausreise verpflichtet sind (Duldung; vgl. Bayerisches LSG 12. 3. 08 – L 7 B 1104/07 AS-ER).

II. Erreichbarkeit (Nr. 2)

45 Der AN muss nach § 119 Abs. 5 Nr. 2 den Vorschlägen der AA zur beruflichen Eingliederung zeit- und ortsnah Folge leisten können. Die damit geforderte Erreichbarkeit ist ein (weiterer) Aspekt der objektiven Verfügbarkeit (Abs. 5 Nr. 1 und 2). § 152 Nr. 2 ermächtigt die BA, durch Anordnung Näheres hierzu zu bestimmen. Die BA hat auf dieser Grundlage die Erreichbarkeits-Anordnung (EAO) vom 23. 10. 1997 (ANBA 1997, S. 1685) erlassen, die in Teilen auch auf Bezieher von Alg II Anwendung findet (§ 7 Abs. 4a SGB II). Die Regelungen der EAO sind mit der gesetzlichen Ermächtigung in §§ 152 Nr. 2, 119 Abs. 3 Nr. 3 vereinbar (BSG 20. 6. 2001 – B 11 AL 10/01 R – BSGE 88, 172, 176 = SozR3–4300 § 119 Nr. 3 Rn. 24, 27).

46 Die Erreichbarkeit als Element der objektiven Verfügbarkeit (BSG 30. 6. 2005 – B 7 a/7 AL 98/04 R = BSGE 95, 43 f. = SozR 4–4300 § 428 Nr. 2) ist eine Voraussetzung des Leistungsanspruchs auf Alg, die **objektiv** (tatsächlich) gegeben sein muss. Fehlt sie, besteht der Anspruch nicht. Auf ein Verschulden des Arbeitslosen kommt es nicht an. Erreichbarkeit kann nicht mit einem sozialrechtlichen **Herstellungsanspruch** fingiert werden (BSG 15. 5. 1985 – 7 RAr 103/83 – BSGE 58, 104, 109; BSG 2. 6. 2004 – B 7 AL 58/03 R = SozR 4–4100 § 115 Nr. 1; aA früher BSG 12. 6. 1992 – 11 RAr 65/91 – BSGE 71, 17 = SozR 3–4100 § 103 Nr. 8).

47 **1. § 1 Abs. 1 S. 1 EAO. § 1 Abs. 1 S. 1 EAO** verlangt, dass der AN Mitteilungen der AA **persönlich und unverzüglich** zur Kenntnis nehmen und die AA aufzusuchen kann, um mit einem möglichen Arbeitgeber oder Träger einer beruflichen Eingliederungsmaßnahme in Verbindung zu treten, bei Bedarf persönlich mit diesem zusammen zu treffen, eine vorgeschlagene Beschäftigung aufzunehmen oder an einer beruflichen Eingliederungsmaßnahme teilzunehmen. Der Arbeitslose muss unter der angegebenen Wohnanschrift tatsächlich wohnen. Nach einem der AA nicht vorab mitgeteilten Wohnsitzwechsel (Umzug) ist ein Arbeitsloser nicht erreichbar (vgl zum Nachsendeauftrag Rn. 52).

48 Um diese Voraussetzungen zu erfüllen, muss der Arbeitslose einen **Wohnsitz oder gewöhnlichen Aufenthalt** (§ 30 Abs. 3 S. 1 SGB I) im Inland haben (zum Verhältnis des § 119 Abs. 1 Nr. 3 zu § 30 SGB I: Eicher in Eicher/Schlegel, SGB III, § 337 Rn. 23). Fehlt ein Wohnsitz im Inland ist für die Erreichbarkeit der gewöhnliche Aufenthalt maßgeblich. Obdachlose können eine Betreuungsstelle oder Betreuungsperson als »Anschrift« nennen, über die sie täglich erreichbar sein müssen (Erreichbarkeitsbescheinigung). Ein unechter Grenzgänger kann deshalb durch Angabe einer Briefkastenadresse in Deutschland nicht seine Verfügbarkeit herstellen (BSG 25. 3. 2003 – B 7 AL 204/02 B; das BSG stellt hier ausdrücklich auf die Kontrollfunktion der Erreichbarkeit ab). Inzwischen soll der Anspruch auch für solche Personen fortbestehen, die nach Eintritt der Arbeitslosigkeit im **grenznahen Ausland** ihren

Wohnsitz begründen (BSG 7. 10. 2009 – B 11 AL 25/08 R – SozR 4–1200 § 30 Nr. 2). Dem ist nicht zu folgen. Zutreffend hat der 7. Senat des BSG insoweit die Zweifel formuliert. Die Rechtsprechung des BVerfG (30. 12. 1999 – 1 BvR 809/95 = SozR 3–1200 § 30 Nr. 20) ist auf den Fall, dass ein Arbeitnehmer erst nach dem Ende des Beschäftigungsverhältnisses freiwillig seinen Wohnsitz ins (EU-)-Ausland verlegt, nicht übertragbar (BSG 3. 7. 2003 – B 7 AL 42/02 R – SozR 4–6050 Art. 71 Nr. 2). Hier gelten ab 1. 5. 2010 die Regelung des Art. 65 EGVO 883/2004 (dazu § 117 Rn. 9 f.).

Unverzüglich iSd. § 1 Abs. 1 S. 1 EAO bedeutet „ohne schuldhaftes Zögern" (§ 121 Abs. 1 BGB; **49** dazu BSG 20. 6. 2001 – B 11 AL 10/01 R – BSGE 88, 172, 176 = SozR 3–4300 § 119 Nr. 3; eine „Reaktion am nächsten Tag" fordern *Winkler* info also 2007, 3, 4; *Brand* in Niesel/Brand, SGB III, § 119 Rn. 77). Die Beurteilung, ob eine Reaktion noch unverzüglich ist, richtet sich nach den konkreten Umständen des Einzelfalls (SG Ulm 8. 6. 2005 – S 6 AL 868/03). Im Regelfall wird eine Reaktion am nächsten Tag genügen. Ist aber eine Stelle sofort zu besetzen, kommt es ausnahmsweise in Betracht, dass ein Arbeitsloser sich nach Zugang der Post noch an demselben Tag persönlich vorstellen oder einen Termin wahrnehmen muss (§ 1 Abs. 1 S. 1 Nr. 2; dazu BSG 30. 6. 2005 – B 7/7 a AL 98/04 R – BSGE 95, 43, 47; aA Winkler aaO; Brand aaO). Ist daher eine Anreise von einem Ort weit außerhalb des AA-Bezirks oder angrenzender Bezirke erforderlich, genügt dies für die Erreichbarkeit nicht (aA SG Ulm 8. 6. 2005 – S 6 AL 868/03; vgl auch unten Rn. 55 f.).

Die AA muss den Arbeitslosen unter der angegebenen Anschrift „persönlich" erreichen können. **50** Ein Kontakt über eine **Mittelsperson/Vertreter** reicht nicht aus (BSG 9. 2. 2006 – B 7 a AL 58/05 R). Auch ein anderer Kontakt als per Briefpost zB über Telefon, Handy, Mail usw. genügt nicht (zum Handy: BSG 13. 7. 2006 – B 7 a AL 16/05 R – SozR 4–4300 § 122 Nr. 5). Nach § 1 Abs. 1 S. 1 Nr. 2–4 EAO treffen die Arbeitslosen weitere klare Vorgaben. Sie müssen in der Lage sein, die AA aufzusuchen oder mit einen potentiellen Arbeitgeber in Verbindung zu treten oder ggf. einen Vorstellungs- oder Beratungstermin wahrzunehmen. Auf diese Weise hat er an den Vermittlungsbemühungen der AA mitzuwirken (BT-Drs. 13/4941 S. 176).

2. Postalische Erreichbarkeit (§ 1 Abs. 1 S. 2 EAO). Ein Arbeitsloser entspricht den in § 119 **51** Abs. 3 Nr. 3 iVm. § 1 Abs. 1 EAO formulierten Anforderungen, wenn er sich einmal werktäglich in seiner Wohnung aufhält, um die Briefpost in Empfang und zur Kenntnis zu nehmen (vgl. BSG 20. 6. 2001 – B 11 AL 10/01 R – BSGE 88, 172, 176 = SozR 3–4300 § 119 Nr. 3; BSG 30. 6. 2005 – B 7 a/7 AL 98/04 R – BSG SozR 4–4300 § 428 Nr. 2). Die AA soll in die Lage versetzt werden, den Arbeitslosen ohne Verzögerung erreichen zu können (passive Erreichbarkeit). Ob tatsächlich Post von der AA eingeht, ist für die Beurteilung der Erreichbarkeit unerheblich.

Ein **Postnachsendeauftrag** genügt nicht, um für die AA erreichbar zu bleiben (BSG 9. 8. 2001 – **52** B 11 AL 17/01 R = SozR 3–4300 § 119 Nr. 4). Nach der Rspr ist dies selbst dann anzunehmen, wenn sich der Postnachsendeauftrag aufgrund der technischen Gegebenheiten ohne Zeitverlust abwickeln lässt. Leistungen wegen Arbeitslosigkeit sollen gerade nicht von den Zufälligkeiten der Postzustellung abhängig sein. Da die Abwicklung mit Verzögerungen verbunden sein kann, wäre jedenfalls der „kommunikationsfunktionale Charakter" der passiven Erreichbarkeit von Arbeitslosen nicht gewahrt (BSG 20. 6. 2001 – B 11 AL 10/01 R – BSGE 88, 172, 176 = SozR 3–4300 § 119 Nr. 3).

Ausnahmen: (1) Da die Erreichbarkeit eine tatsächliche Voraussetzung des Anspruchs ist, er- **53** scheint es inzwischen zu formal, beim Nachsendeauftrag die Erreichbarkeit allein mit der Gefahr von Verzögerungen zu begründen, wenn eine solche tatsächlich nicht eingetreten ist. Die soeben zit. Rspr. ist insoweit zu überdenken. (2) An Samstagen und Tagen vor gesetzlichen Feiertagen genügt eine Kenntnisnahme der Post am folgenden Sonn- oder Feiertag (§ 1 Abs. 1 S. 3 EAO). (3) Ein 58-jähriger oder älterer Arbeitsloser, der Alg unter den Voraussetzungen des § 428 bezieht, genügt den Anforderungen an die Erreichbarkeit, wenn ein Postnachsendeantrag tatsächlich gestellt hat (BSG 30. 6. 2005 – B 7 a/7 AL 98/04 R – BSGE 95, 43 f. = SozR 4–4300 § 428 Nr. 2). Im Übrigen muss aber die objektive Verfügbarkeit gegeben sein (zum Fall eines Auslandsaufenthalts: BayLSG 28 8. 2009 – L 10 AL 362/07).

3. Teilnahme an kurzzeitigen Bildungsmaßnahmen. Die Teilnahme an einer mehr als kurz- **54** zeitigen Bildungsmaßnahme schließt die Verfügbarkeit im Grundsatz aus, es sei denn, der Leistungsberechtigte erfüllt die Voraussetzungen des § 120 Abs. 3 (vgl. § 120 Rn. 12 f.). Fehlen die dortigen Voraussetzungen, kann die Teilnahme an einer Bildungsmaßnahme die Verfügbarkeit in Form der Erreichbarkeit beseitigen (noch zum AFG: BSG 9. 11. 1995 – 11 RAr 33/95 – SozR 3–4450 § 4 Nr. 1; BSG 25. 3. 1999 – B 7 AL 14/98 R).

4. Aufenthalt im Nahbereich der AA. § 2 EAO eröffnet dem Arbeitslosen die Möglichkeit, **55** sich vorübergehend außerhalb seiner Wohnung oder seines gewöhnlichen Aufenthalts im Nahbereich der AA aufhalten zu können. Um sich von der Wohnung zulässig zu entfernen, muss er die AA rechtzeitig vorab informieren und ihr die für die Dauer der Abwesenheit aktuelle Anschrift mitteilen. Es wird also eine **vorherige Information** sowohl über die Abwesenheit als auch über die aktuelle Anschrift verlangt, nicht erforderlich ist dagegen eine Genehmigung oder Bestätigung durch die AA. Die Abwesenheit muss vorübergehend sein. Das ist sie, wenn ein Ende absehbar ist und dem erkennbaren Willen des Versicherten entspricht; er also insbesondere seine bisherige Wohnung nicht aufgeben will.

Mutschler

56 Der **Nahbereich** wird **definiert** als all die Orte, von denen der Arbeitslose die AA bei Bedarf täglich ohne unzumutbaren Aufwand erreichen kann (§ 2 S. 2 EAO). Der Nahbereich umfasst in Anlehnung an die Zumutbarkeitsregelung § 121 Abs. 4 alle Orte, von denen aus der Arbeitslose die AA mit einem Zeitaufwand von bis 2,5 Stunden für den Hin- und Rückweg aufsuchen kann. Der Nahbereich ist jedenfalls bei einem Aufenthalt im Bezirk des zuständigen AA nicht überschritten. Der Aufenthaltsradius ist im Grundsatz auf das Inland beschränkt, wird vom BSG aber immer mehr auch in das grenznahe Ausland verlegt (zum Aufenthalt im europäischen Ausland: BSG 3. 7. 2003 – B 7 AL 42/02 R – SozR 4–6050 Art. 71 Nr. 2; BSG 7. 10. 2009 – B 11 AL 25/08 R – SozR 4–1200 § 30 Nr. 2). Die Bewilligung von Leistungen nach dem SGB III setzt jedenfalls voraus, dass für den Leistungsempfänger die Bereitschaft und Möglichkeit besteht, ohne Zeitverzögerung in den deutschen Arbeitsmarkt integriert zu werden. Personen mit Auslandswohnsitz fehlt in der Regel die erforderliche **räumliche Nähe zum deutschen Arbeitsmarkt**. Dies gilt jedenfalls für Arbeitslose mit Auslandswohnsitz in Spanien (BayLSG 28. 8. 2009 – L 10 AL 201/08).

57 **5. Aufenthalt außerhalb des zeit- und ortsnahen Nahbereichs.** § 3 EAO ermöglicht den Arbeitslosen für die Dauer der dort bestimmten Zeiträume, Leistungen zu beziehen, ohne für die AA erreichbar zu sein. Eine vorübergehende Abwesenheit iSd. § 3 EAO liegt vor, wenn der Arbeitslose sich weder in seiner Wohnung noch unter seinem gewöhnlichen Aufenthalt noch in dem durch § 2 Nr. 1 bis 3 EAO bestimmten Nahbereich aufhält. Die vorübergehende Ortsabwesenheit darf die Dauer von drei Wochen im Kalenderjahr nicht überschreiten. Sie erfordert die vorherige Zustimmung der AA, die in den ersten drei Monaten der Arbeitslosigkeit nicht erteilen werden soll.

58 Arbeitslose haben für drei Wochen pro Kalenderjahr eine Art Anspruch auf „Urlaub" (BSG 21. 7. 1977 – 7 RAr 38/76 – BSGE 44, 188, 190 f.; BSG 10. 8. 2000 – B 11 AL 101/99 R – BSGE 87, 46, 50 = SozR 3–4100 § 103 Nr. 22 zur Frage der Ungleichbehandlung mit Arbeitnehmern). Maßstäbe für die Entscheidung der AA über die **Zustimmung** enthält § 3 Abs. 1 S. 3 EAO. Die AA hat zu prüfen, ob durch die Zeit der Abwesenheit die berufliche Eingliederung nicht beeinträchtigt wird. Gründe für eine Versagung können Stellenangebote oder berufliche Bildungsangebote sein, auf die der Arbeitslose während der Dauer Abwesenheit konkret vermittelt werden könnte. Die Zustimmung der AA kann auch für Teile des beantragten Zeitraums erteilt werden.

59 Der Drei-Wochen-Zeitraum im Kalenderjahr entsteht erst nach Beginn der Arbeitslosigkeit vorherige oder nach Ende der Arbeitslosigkeit anstehende Urlaubszeiten sind nicht zu berücksichtigen. Arbeitslose können die drei Wochen innerhalb des Kalenderjahrs beliebig verteilen. Die Drei-Wochen-Frist ist kalendermäßig zu berechnen, sie umfasst auch Sonn- und Feiertage. Nach § 3 Abs. 3 EAO kann die Frist in Fällen der **außergewöhnlichen Härte**, die aufgrund unvorhersehbarer und dem Arbeitslosen unvermeidbaren Ereignissen entstehen, tageweise – höchstens aber um drei Tage – verlängert werden.

60 Nach § 3 Abs. 2 EAO gilt die Regelung des „Urlaubs" entsprechend für die ärztlich verordnete Maßnahmen der medizinischen **Vorsorge oder Rehabilitation,** für die Teilnahme an staatspolitischen, kirchlichen oder gewerkschaftlichen Veranstaltungen sowie bei Ausübung einer ehrenamtlichen Tätigkeit. Da die EAO hier eine entsprechende Anwendung vorsieht, können Ortsabwesenheiten aus diesen Gründen neben dem Urlaub gesondert beantragt und genehmigt werden. Eine zusammenhängende Abwesenheit des Arbeitslosen (zB Urlaub, anschließend Reha) darf aber die Dauer von sechs Wochen nicht übersteigen.

61 Gemäß § 3 Abs. 4 S. 4 EAO finden die Regelungen zum (zulässigen) Aufenthalt außerhalb des zeit- und ortsnahen Bereichs keine Anwendung, wenn die Abwesenheitsdauer **sechs Wochen** übersteigt. Hier entfällt der Anspruch auf Alg, da die Wirkung der Arbeitslosmeldung erlischt (vgl. § 122 Abs. 2 Nr. 1). Bei einer Abwesenheit bis zu sechs Wochen wird aus dieser Regelung abgeleitet, dass es für den Drei-Wochen-Zeitraum bei der Verfügbarkeit des Arbeitslosen bleibt, dh. er hat für diese Zeit Anspruch auf Leistungen. Für den darüber hinausgehenden Zeitraum, also nach Ablauf von drei Wochen bis zum Ablauf der sechsten Woche, kann die Ortsabwesenheit ohne Leistungsbezug von der AA gestattet werden (vgl. auch *Söhngen* in Eicher/Schlegel, SGB III, § 119 Rn. 157).

62 **6. Verfahrensfragen.** Entfällt die Erreichbarkeit, während der Arbeitslose im Leistungsbezug von Alg steht, kann die AA die Bewilligung unter den Voraussetzungen des § 330 Abs. 3 iVm. § 48 Abs. 1 S. 2 Nr. 2–4 SGB X aufheben (vgl. BSG 9. 2. 2006 – B 7a AL 58/05 R). Hat dagegen die Erreichbarkeit von Anfang an nicht vorgelegen, ist eine dennoch erfolgte Bewilligung nach § 330 Abs. 2 iVm. § 45 Abs. 3 S. 3 SGB X zurückzunehmen (vgl. BSG 2. 6. 2004 – B 7 AL 58/03 R – BSGE 93, 51 = SozR 4–4100 § 115 Nr. 1). Wegen der komplexen verfahrensrechtlichen Anforderungen vgl. *Coseriu/Jakob* in NK-SGB III § 339 Rn. 179 f.).

63 **7. Wiederholte, längere Abwesenheit.** Ist ein Arbeitsloser zwar nicht durchgängig wohl aber wiederholt und für erhebliche Dauer nicht erreichbar (zB mehrere Auslandsaufenthalte), ist er regelmäßig durchgängig nicht erreichbar. Unter Hinweis auf die mit wiederholter unvorhersehbarer Abwesenheit gegebenen Probleme bei der Sachverhaltsaufklärung hat das BSG entschieden (BSG 9. 12. 2003 – B 7 AL 56/02 R – SozR 4–4300 § 119 Nr. 1), dass ein Arbeitsloser durchgängig täglich nicht erreichbar ist, wenn er wiederkehrend mehrtägig ortsabwesend ist, ohne dass die Tage der Abwesen-

heit vorhersehbar und damit berechenbar feststehen. In solchen Fällen ist die Vermittlung des Arbeitslosen für die AA erheblich beeinträchtigt und praktisch vereitelt. Die Erreichbarkeit fehlt unabhängig davon, ob sich ein solcher Sachverhalt vor der Bewilligung von Alg oder für die Vergangenheit herausstellt.

III. Subjektive Verfügbarkeit (Nr. 3, 4)

Der Anspruch auf Alg setzt neben der objektiven auch die subjektive Verfügbarkeit voraus. Diese erfordert die Bereitschaft, jede Beschäftigung im Sinne des § 119 Abs. 5 Nr. 1 anzunehmen bzw. auszuüben (Arbeitsbereitschaft; Nr. 3) und an Maßnahmen zur beruflichen Eingliederung in das Erwerbsleben teilzunehmen (Eingliederungsbereitschaft; Nr. 4). **Arbeitsbereitschaft** liegt vor, wenn der Arbeitslose bereit ist, alle seiner objektiven Leistungsfähigkeit entsprechenden und nach Art und Umfang zumutbaren Beschäftigungen aufzunehmen. An der subjektiven Verfügbarkeit kann es fehlen, wenn ein AN zwar objektiv eine Beschäftigung ausüben kann und darf, hierzu aber aus subjektiven Gründen nicht bereit ist. Das ist zB der Fall, wenn er seine Verfügbarkeit auf die Tätigkeit bei einem bestimmten Arbeitgeber einschränkt (LSG Berlin-Brandenburg 24. 8. 2006 – L 4 AL 57/04). 64

Verfügbarkeit fehlt auch, wenn nach ärztlicher Feststellung eine **dauerhafte Leistungsminderung** objektiv nicht vorliegt, der AN aber insoweit anderer Auffassung und nicht bereit ist, sich im Rahmen des objektiv gegebenen Leistungsvermögens vermitteln zu lassen (BSG 10. 5. 2007 – B 7a AL 30/06 R). Das Sächsische LSG nimmt an, die fehlende Arbeitsbereitschaft könne dem Arbeitslosen, der eine Rente wegen Erwerbsminderung beantragt hat, erst dann entgegengehalten werden, wenn er über die Auswirkungen seines Verhaltens beraten worden ist (Sächsisches LSG 21. 4. 2005 – L 3 AL 104/03). Das ist recht weitgehend. Das BSG bejaht subjektive Verfügbarkeit jedenfalls dann, wenn der Arbeitslose sich bereiterklärt, alle Beschäftigungen aufzunehmen, die seiner objektiven Leistungsfähigkeit entsprechen und zumutbar sind (§ 125 Rn. 11 m. w. N.). 65

Die subjektive Verfügbarkeit muss sich auch auf Maßnahmen zur **beruflichen Eingliederung** beziehen (§ 144 Abs. 1 S. 2 Nr. 4; § 144 Rn. 49). Darunter sind die Maßnahmen der Eignungsfeststellung (§ 32), Maßnahmen zur Aktivierung und beruflichen Eingliederung (§ 46), Maßnahmen der beruflichen Ausbildung (§§ 59 f.) oder Weiterbildung (§§ 77 f.) sowie zur Teilhabe am Arbeitsleben (§§ 97 f.) zu verstehen. Entsprechend den Anforderungen des § 119 Abs. 5 Nr. 1 und 3 wird auch zu fordern sein, dass der AN für entsprechende Maßnahmen nicht nur objektiv geeignet ist, sondern diese ihm auch zumutbar sind (§ 121). Es würde nicht einleuchten, die Verfügbarkeit für Beschäftigungen auf zumutbare Angebote zu beschränken, die Bereitschaft zu Maßnahmen der beruflichen Eingliederung aber nicht in gleicher Weise zu beschränken. 66

Die Bereitschaft, sich in Beschäftigung und berufliche Eingliederung vermitteln zu lassen, wird mit der **Arbeitslosmeldung** (§ 122) bekundet. Diese ist keine Willenserklärung, sondern – auch in Bezug auf die subjektive Verfügbarkeit – eine Tatsachenerklärung (st. Rspr. BSG 23. 7. 1996 – 7 RAr 14/96 – SozR 3–4100 § 105 Nr. 4 S. 22). Wird sie abgegeben, hat die AA – soweit keine konkreten Hinweise auf eine andere subjektive Einstellung gegeben sind – von Arbeits- und Eingliederungsbereitschaft auszugehen. 67

§ 120 Sonderfälle der Verfügbarkeit

(1) **Nimmt der Leistungsberechtigte an einer Maßnahme nach § 46 oder an einer Berufsfindung oder Arbeitserprobung im Sinne des Rechts der beruflichen Rehabilitation teil, leistet er vorübergehend zur Verhütung oder Beseitigung öffentlicher Notstände Dienste, die nicht auf einem Arbeitsverhältnis beruhen, übt er eine freie Arbeit im Sinne des Artikels 293 Abs. 1 des Einführungsgesetzes zum Strafgesetzbuch oder auf Grund einer Anordnung im Gnadenwege aus oder erbringt er gemeinnützige Leistungen oder Arbeitsleistungen nach den in Artikel 293 Abs. 3 des Einführungsgesetzes zum Strafgesetzbuch genannten Vorschriften oder auf Grund deren entsprechender Anwendung, so schließt dies die Verfügbarkeit nicht aus.**

(2) ¹Bei Schülern oder Studenten einer Schule, Hochschule oder sonstigen Ausbildungsstätte wird vermutet, dass sie nur versicherungsfreie Beschäftigungen ausüben können. ²Die Vermutung ist widerlegt, wenn der Schüler oder Student darlegt und nachweist, daß der Ausbildungsgang die Ausübung einer versicherungspflichtigen, mindestens 15 Stunden wöchentlich umfassenden Beschäftigung bei ordnungsgemäßer Erfüllung der in den Ausbildungs- und Prüfungsbestimmungen vorgeschriebenen Anforderungen zuläßt.

(3) Nimmt der Leistungsberechtigte an einer Maßnahme der beruflichen Weiterbildung teil, für die die Voraussetzungen nach § 77 nicht erfüllt sind, schließt dies Verfügbarkeit nicht aus, wenn

1. die Agentur für Arbeit der Teilnahme zustimmt und

2. der Leistungsberechtigte seine Bereitschaft erklärt, die Maßnahme abzubrechen, sobald eine berufliche Eingliederung in Betracht kommt und zu diesem Zweck die Möglichkeit zum Abbruch mit dem Träger der Maßnahme vereinbart hat.

(4) ¹Ist der Leistungsberechtigte nur bereit, Teilzeitbeschäftigungen auszuüben, so schließt dies Verfügbarkeit nicht aus, wenn sich die Arbeitsbereitschaft auf Teilzeitbeschäftigungen erstreckt, die versicherungspflichtig sind, mindestens 15 Stunden wöchentlich umfassen und den üblichen Bedingungen des für ihn in Betracht kommenden Arbeitsmarktes entsprechen. ²Eine Einschränkung auf Teilzeitbeschäftigungen aus Anlass eines konkreten Arbeits- oder Maßnahmeangebotes ist nicht zulässig. ³Die Einschränkung auf Heimarbeit schließt Verfügbarkeit nicht aus, wenn die Anwartschaftszeit durch eine Beschäftigung als Heimarbeiter erfüllt worden ist und der Leistungsberechtigte bereit und in der Lage ist, Heimarbeit unter den üblichen Bedingungen auf dem für ihn in Betracht kommenden Arbeitsmarkt auszuüben.

A. Allgemeines

1 § 120 stellt in Ergänzung zu § 119 Abs. 1 Nr. 3, Abs. 5 für bestimmte Personengruppen Sonderregelungen zur Verfügbarkeit auf. Die Vorschrift stellt **Rechtsvermutungen** auf, die in den Fällen der Abs. 1, 3 und 4 auf das Vorliegen von Verfügbarkeit, in Abs. 2 auf deren Fehlen gerichtet sind. Anfänglich umfasste die Regelung nur die heutigen Absätze 1 und 2. Sie wurde durch Gesetz vom 23. 12. 2003 (BGBl. I S. 2848) zum 1. 1. 2004 um den Abs. 3 und zum 1. 1. 2005 um Abs. 4 ergänzt. Der Gesetzgeber reagierte damit auf die Rechtsprechung, die an die Erreichbarkeit des Arbeitslosen hohe Anforderungen stellt. Durch Gesetz vom 21. 12. 2008 (BGBl. I S. 2917) ist die Vorschrift an die Neufassung der §§ 45f. angepasst worden. Sie privilegiert arbeitsmarktpolitisch sinnvolle oder im öffentlichen Interesse liegende Betätigungen. Für die Gruppe der Schüler und Studenten wird widerleglich vermutet, dass sie nur versicherungsfreie Beschäftigungen ausüben und damit einerseits die Anforderungen des § 119 Abs. 5 Nr. 1, anderseits aber auch diejenigen für die Versicherungspflicht (§ 25 Abs. 1) nicht erfüllen.

2 Damit wird der **Zweck** der Regelung deutlich, in Ausnahmefällen die Anforderungen des § 119 zu lockern, um den Bezug von Alg zu ermöglichen. Für Schüler und Studenten wird typisierend angenommen, dass sie sich nicht in den Arbeitsmarkt integrieren wollen. Für sie ist der Bezug von Alg idR ausgeschlossen. Dabei trifft die Vorschrift nur eine Regelung zum Anspruch auf Alg bei Arbeitslosigkeit (§ 117 Abs. 1 Nr. 1). Weitere gesetzliche Regelungen, nach denen die (tatsächlich fehlende) Verfügbarkeit fingiert wird, sind §§ 125, 126.

B. Verfügbarkeit bei Maßnahmen zur Aktivierung und beruflichen Eingliederung oder bei strafrechtlicher Sanktion

I. Teilnahme an bestimmten Maßnahmen (Abs. 1)

3 Der Arbeitslose muss bereit sein, an **Maßnahmen** zur Aktivierung und beruflichen Eingliederung (§ 46; dazu Mutschler, § 46 SGB III Rn. 6) **teilzunehmen** (§ 119 Abs. 5 Nr. 4). Für die Dauer der Teilnahme an einer der enumerativ aufgeführten Maßnahmen wird gesetzlich vermutet, dass diese als Erfüllung einer gesetzlichen Obliegenheit die Verfügbarkeit nicht ausschließt. Dies ist regelungsbedürftig, da die Verfügbarkeit infolge der Abwesenheit zum Zwecke der Teilnahme an Maßnahmen zweifelhaft sein könnte. Die Teilnehmer an Maßnahmen zur Aktivierung und beruflichen Eingliederung sollen aber „arbeitslos" bleiben. Die Fiktion betrifft nur die Folgen der Teilnahme; die Verfügbarkeit kann aber aus anderen Gründen (zB Wohnungswechsel) fehlen.

4 Privilegiert sind Teilnehmer an Maßnahmen nach § 46, die die Funktion der früheren Vermittlung durch Dritte, Personal-Service-Agentur, Trainingsmaßnahme und Aktivierungshilfen übernommen haben (BT-Drs. 16/10810, S. 54). Diese sollen keinen Nachteil erleiden, wenn sie im Rahmen der Vermittlungstätigkeit (§ 35 Abs. 3) und damit auf Veranlassung der AA die Chancen **beruflicher Eingliederung** klären oder **verbessern.** Daneben werden die in Abs. 1 genannten Leistungen aus dem Bereich der Teilhabe behinderter Menschen begünstigt, die nach §§ 97ff. erbracht werden. Gemäß § 97 Abs. 2 S. 2 können aber Maßnahmen der Berufsfindung oder Arbeitserprobung als Teile des Auswahlverfahrens dem Verfahren der Teilhabe am Arbeitsleben vorgelagert sein. Nimmt ein Arbeitsloser an solchen Maßnahmen teil, soll er nicht den Anspruch auf Lohnersatzleistungen verlieren.

II. Leistung von Diensten bei Notständen

5 Die Verfügbarkeit ist nicht dadurch ausgeschlossen, dass Arbeitslose bestimmte im öffentlichen Interesse liegende Aufgaben wahrnehmen. Die Vermutung der Verfügbarkeit ist insoweit eng zu fassen. Sie gilt für vorübergehende, nicht auf einem Arbeitsverhältnis beruhende **Dienste zur Verhütung**

oder Beseitigung öffentlicher Notstände. Die Dienste sind vorübergehend, wenn sie nicht auf unbestimmte Zeit angelegt sind. Es genügt, dass sich nach den Umständen oder aus einer – auch stillschweigenden – Abrede ergibt, dass die Dienstleistung nicht auf Dauer angelegt ist. Die Notstandssituation muss die Allgemeinheit betreffen. Notstand ist typischerweise eine allgemeine Gefahrensituationen für Gesundheit und Leben einer unbestimmten Zahl von Menschen, zB außergewöhnliche Witterungsereignisse, höhere Gewalt, Unglücke. Die Leistung von Hilfe zu Gunsten einzelner Personen in Notlagen, zB wegen Krankheit, Niederkunft (SG Dortmund 29. 7. 2005 – S. 22/35 AL 246/04) oder wirtschaftlicher Probleme erfüllt die Voraussetzungen nicht. Dagegen schließen Einsätze zur Unterstützung von Polizei, Feuerwehr, Bundeswehr, DRK, u. ä. bei Gefahren für die öffentliche Sicherheit den Leistungsbezug nicht aus.

III. Arbeit als Maßnahme der Strafvollstreckung

Schließlich ist nach § 120 Abs. 1 auch die Erbringung von Arbeitsleistungen zur Abwendung der **6** Vollstreckung einer Ersatzfreiheitsstrafe (Art. 293 Abs. 1 EGStGB) begünstigt. Danach kann die Strafvollstreckungsbehörde dem Verurteilten gestatten, die Vollstreckung einer Ersatzfreiheitsstrafe (§ 43 StGB) durch freie Arbeit abzuwenden. Die Arbeit muss unentgeltlich sein und darf nicht erwerbswirtschaftlichen Zwecken dienen. Nach § 293 Abs. 2 EGStGB begründet die freie Arbeit weder **ein Arbeitsverhältnis** im Sinne des Arbeitsrechts **noch ein sozialrechtliches Beschäftigungsverhältnis** – einschließlich Arbeitslosenversicherung – noch eine Arbeitsverhältnis iSd. des Steuerrechts. Nach Art. 293 Abs. 3 EGStGB gilt dies auch für gemeinnützige Arbeiten, die aufgrund einer Anordnung im Gnadenwege zu leisten sind, sowie für gemeinnützige Leistungen und Arbeitsleistungen nach § 56b Abs. 2 S. 1 Nr. 3 StGB, § 153a Abs. 1 S. 1 Nr. 3 StPO, §§ 10 Abs. 1 S. 3 Nr. 4, § 15 Abs. 1 S. 1 Nr. 3 JGG, § 98 Abs. 1 S. 1 Nr. 1 OWiG oder aufgrund entsprechender Anwendung der genannten Vorschriften. § 120 Abs. 1 gilt mithin im Wesentlichen für die Arbeitspflichten aufgrund strafrechtlicher Sanktionen (BT-Drs. 13/4941, 237).

C. Verfügbarkeit von Schülern und Studenten (Abs. 2)

I. Nichtverfügbarkeit als gesetzliche Vermutung

Bei **Schülern oder Studenten** einer Schule, Hochschule oder sonstigen Ausbildungsstätte wird **7** nach § 120 Abs. 2 vermutet, dass sie nur versicherungsfreie Beschäftigungen ausüben können (vgl. auch § 27 Abs. 4). Die Vorschrift geht von dem gesetzlichen Regelfall aus, dass Schüler und Studenten die Voraussetzungen des § 119 Abs. 5 Nr. 1 nicht erfüllen.

Adressaten der Norm sind **Schüler** an allgemeinbildenden Schulen, also an Hauptschulen, Real- **8** schulen, Gymnasien, Gesamtschulen und vergleichbaren allgemeinbildenden Schulen wie zB Privatschulen. Auch Schüler sonstiger Ausbildungsstätten sind erfasst. Das sind Einrichtungen, die der Berufsvorbereitung dienen und/oder zu berufsqualifizierenden Abschlüssen führen (BSG 15. 5. 1984 – 12 RK 46/81 = SozR 2200 § 172 RVO Nr. 17) oder der außerbetrieblichen Aus- und Weiterbildung dienen. Berufsschüler, die in der Berufsausbildung oder einer außerbetrieblichen Berufsausbildung nach dem BBiG stehen (§ 25 Abs. 1 S. 1 und 2), sind dagegen nicht gemeint.

Für **Studenten** gilt die Vermutung während der Dauer ihres Studiums als ordentliche Studierende **9** an einer Hochschule – also einer Universität, Fachhochschule, Pädagogischen oder Theologischen Hochschule oder Kunsthochschule. Die Regelung gilt auch für private Hochschulen, da die Vorschrift keine Einschränkung auf öffentliche Ausbildungsstätten enthält (aA Hessisches LSG 5. 12. 2007 – L 6 AL 104/05). Ordentlicher Student ist, wer durch eine nach dem Recht der Hochschule wirksame Immatrikulation den formalen Status eines Studierenden erlangt und durch Exmatrikulation nicht wieder verloren hat (BSG 21. 4. 1993 – 11 RAr 25/92 – SozR 3–4100 § 103a Nr. 1). Um dem Erscheinungsbild eines ordentlichen Studierenden zu genügen, muss das Studium nach Zweck und Dauer übergeordnet ausgeübt werden. Zeit und Arbeitskraft müssen überwiegend durch das Studium beansprucht sein. Umgekehrt ist derjenige, der seinem Erscheinungsbild nach zum Kreis der Beschäftigten gehört, durch ein gleichzeitiges Studium nicht versicherungsfrei (zum früheren Werkstudentenprivileg: BSG 22. 2. 1980 – 12 RK 34/79 – BSGE 50, 25, 26 = SozR 2200 § 172 Nr. 14; BSG 19. 2. 1987 – 12 RK 9/95 – SozR 2200 § 172 Nr. 19). Eine berufspraktische Tätigkeit während eines durch Studien- oder Prüfungsordnungen vorgeschriebenen Praxissemesters (**„Zwischenpraktikum"**) ist ebenfalls dem Studium zuzurechnen und deshalb versicherungsfrei (BSG 17. 12. 1980 – 12 RK 3/80).

II. Widerlegung der Vermutung

Wie § 120 Abs. 2 S. 2 ausdrücklich bestimmt, ist die gesetzliche Vermutung der Nichtverfügbarkeit **10** von Schülern und Studenten zu widerlegen. Um die ges. Vermutung zu widerlegen, müssen eine formelle und zwei materielle Voraussetzungen erfüllt sein. Materiell muss der Studierende in der Lage

Mutschler

sein, (1.) während er beschäftigt ist, dennoch die Anforderungen der einschlägigen Studien- und Prüfungsbestimmung ordnungsgemäß zu erfüllen (vgl. BSG 19. 3. 1998 – B 7 AL 44/97 R), (2.) die angestrebte Beschäftigung muss versicherungspflichtig sein und mindestens 15 Wochenstunden umfassen. In formeller Hinsicht müssen Studierende das Vorliegen dieser Voraussetzungen darlegen und ggf. nachweisen. Dazu sind die Anforderungen an ein ordnungsgemäßes Studium zu bezeichnen und aufzuzeigen, wie das Studium gestalten werden soll, um dessen Anforderungen zu erfüllen und zeitgleich eine mehr als kurzzeitige Beschäftigung auszuüben (vgl. BSG aaO). Die **Darlegungslast** verlangt, dass ein Schüler/Student substantiiert die Möglichkeit aufzeigt, dass er die Anforderungen an ein ordnungsgemäßes Studium zu erfüllen vermag. Gelingt dies, hat die AA die Pflicht, den Sachverhalt von Amts wegen zu ermitteln (§ 20 SGB X). Erst wenn trotz Ausschöpfung aller Erkenntnismöglichkeiten die Voraussetzungen für die Widerlegung der Vermutung nicht mit an Sicherheit grenzender Wahrscheinlichkeit erfüllt sind, kommt eine Entscheidung nach den Regeln der objektiven **Beweislast** in Betracht, die nach § 120 Abs. 2 S. 2 die Schüler bzw. Studenten tragen. Wenn es ihnen nicht gelungen ist, die Voraussetzungen des § 120 Abs. 2 S. 2 zu beweisen, bleibt es bei der Vermutung nach § 120 Abs. 2 S. 1.

11   Ob und in welchem Umfang die **Studienordnungen** neben dem Studium eine versicherungspflichtige Beschäftigung zulassen, beurteilt sich nach den Anforderungen für den konkreten Studiengang. „Vorgeschrieben" sind nur solche Anforderungen, die von den Studierenden verbindlich eine bestimmte Studiengestaltung fordern, zB eine bestimmte Studienzeit und -dauer, Vorschriften zu Prüfungen, Klausuren, Pflichtkursen usw. (Sächsisches LSG 2. 6. 2004 – L 2 AL 192/03). Während eines Studiums kann Alg bezogen werden, wenn das Erscheinungsbild eines Beschäftigten trotz des Studiums nicht verloren geht oder aber der Beschäftigung und nicht dem Studium prägende Bedeutung zukommt. Bei der Abgrenzung ist als Indiz zu berücksichtigen, ob ein Studierender die Anwartschaft auf Alg durch Ausübung einer Beschäftigung während des Studiums erworben hat (vgl. BVerfG vom 18. 11. 1986 – 1 BvL 29/83 – BVerfGE 74, 9). Zur Aufnahme einer mehr als kurzzeitigen Beschäftigung vgl. auch § 119 Rn. 20 f.

D. Verfügbarkeit und Bildungsmaßnahmen (Abs. 3)

12   Teilnehmer an einer Maßnahme der beruflichen Weiterbildung hatten nach früherem Recht keinen Anspruch auf Alg, wenn sie nicht in der Lage waren, neben der Maßnahme eine mehr als kurzzeitige Beschäftigung auszuüben (BSG 18. 3. 2004 – B 11 AL 59/03 R). Zum 1. 1. 2004 wurde dem § 120 der **Abs. 3** angefügt, um die **berufliche Weiterbildung** während der Arbeitslosigkeit zu **privilegieren** (§ 2 Abs. 4 S. 2; vgl. BT-Drs. 15/1515, 83). Ein Anspruch auf Alg bei Arbeitslosigkeit besteht danach nicht, wenn und solange die Maßnahme nach § 77 gefördert wird. In diesen Fällen ist vorrangig Alg nach § 124 a als spezielle Leistung zu gewähren. Leistungsberechtigte können nach Abs. 3 Alg bei Arbeitslosigkeit während der Teilnahme an einer Maßnahme der beruflichen Weiterbildung beziehen, wenn **drei Voraussetzungen** kumulativ vorliegen. Die Leistung wird während einer Maßnahme (weiter)gezahlt, wenn (1) die AA der Teilnahme an der Maßnahme zugestimmt hat. Nach §§ 182 f. BGB ist Zustimmung eine formlose Willenserklärung der AA, die sowohl vor als auch nach Maßnahmebeginn erteilt werden kann (so auch *Valgolio* in Hauck/Noftz SGB III § 120 Rn. 58; aA *Steinmeyer* in Gagel SGB III § 120 Rn. 129). Der Leistungsberechtigte muss (2) bereit sein, die Maßnahme zum Zweck der beruflichen Eingliederung abzubrechen. Die Abbruchbereitschaft soll gewährleisten, dass der Leistungsbezieher auch subjektiv verfügbar ist (§ 119 Abs. 5 Nr. 3, 4). Schließlich muss die Abbruchbereitschaft (3) dadurch objektiviert sein, dass der Leistungsberechtigte mit dem Träger vereinbart, dass er für den Fall der Vermittlung in einer Beschäftigung zum Abbruch der Maßnahme berechtigt ist.

E. Verfügbarkeit von Teilzeitbeschäftigten und Heimarbeitern (Abs. 4)

13   § 120 Abs. 4 betrifft die Arbeitsbereitschaft, also die **subjektive Verfügbarkeit**. Die Regelung ermöglicht den Bezug von Alg für solche anspruchsberechtigten Personen, die ihre Arbeits- und/oder Eingliederungsbereitschaft (§ 119 Abs. 5 Nr. 3 und 4) auf Teilzeitbeschäftigungen (§ 120 Abs. 4 S. 1, 2) oder auf Heimarbeit (§ 120 Abs. 4 S. 3) einschränken. Mit der Regelung will der Gesetzgeber die arbeitsmarktpolitisch sinnvolle Teilzeitarbeit fördern und dem Wunsch vieler Arbeitnehmer entsprechen, eine Teilzeitbeschäftigung auszuüben (BT-Drs. 15/1515, 83).

I. Teilzeitbeschäftigte

14   Der Einschränkung der Verfügbarkeit auf eine Teilzeitbeschäftigung werden durch die Regelung ihrerseits Grenzen gesetzt. Arbeitsbereitschaft muss für eine mindestens 15 Stunden/Woche umfassende versicherungspflichtige Beschäftigung bestehen, die den üblichen Bedingungen des für den Leistungsberechtigten in Betracht kommenden Arbeitsmarktes entspricht. Die Regelung korrespondiert

mit § 119 Abs. 3. Die angestrebte Teilzeittätigkeit muss also die Grenze der **Kurzzeitigkeit** **überschreiten**. Damit wird sichergestellt, dass mit der Aufnahme einer solchen Beschäftigung die Beschäftigungslosigkeit endet.

II. Grundsätzliche Entscheidung

Die Einschränkung auf eine Teilzeitbeschäftigung hat Folgen für die Vermittlungstätigkeit der AA. **15** Diese darf nach Erklärung der Einschränkung auf Teilzeit nur noch solche Arbeits- und Eingliederungsangebote unterbreiten, die den erklärten Umfang der Teilzeitbeschäftigung nicht überschreiten. Andererseits mindert sich die Höhe des Leistungsanspruchs des Berechtigten nach Maßgabe des § 131 Abs. 5 dann, wenn der Arbeitslose seine Verfügbarkeit auf eine kürzere Arbeitszeiten im Vergleich zu derjenigen im Bemessungszeitraum einschränkt gemindert werden. Deshalb verlangt § 120 Abs. 4 S. 2 eine grundsätzliche Entscheidung über den Umfang der Arbeitsbereitschaft. Die Erklärung der Einschränkung aus Anlass eines **konkreten Vermittlungsangebots** ist nicht zulässig. Ist nach der bislang erklärten Arbeitsbereitschaft ein Arbeits- oder Eingliederungsangebot zumutbar und nimmt es der Arbeitslose nicht an, kommt eine Sperrzeit (§ 114 Abs. 1 S. 2 Nr. 2, Nr. 4) in Betracht.

III. Heimarbeit

Personen, die die Anwartschaftszeit durch Ausübung von Heimarbeit erworben haben (vgl. § 13), **16** können die subjektive **Verfügbarkeit** auf diese Art der Erwerbstätigkeit **einschränken** (§ 120 Abs. 4 S. 3). Die Verfügbarkeit ist nicht ausgeschlossen, wenn sie bereit sind, Heimarbeit unter den üblichen Bedingungen des für sie in Betracht kommenden Heimarbeitsmarkts auszuüben. Die Anwartschaftszeit wird durch Heimarbeit „erfüllt", wenn der Berechtigte aufgrund der Ausübung von Heimarbeit mindestens 12 Monate (§ 123 Abs. 1 S. 1) innerhalb der Rahmenfrist von zwei Jahren (§ 124 Abs. 1) in einem Versicherungspflichtverhältnis gestanden hat, die Anwartschaftszeit also allein durch die Heimarbeit erfüllen kann (aA Brand in Niesel/Brand, SGB III, § 121 Rn. 25, der genügen lassen will, dass die Anwartschaftszeit ua durch Heimarbeit erfüllt wird).

Der Regelung liegt der Gedanke zu Grunde, dass derjenige, der die Leistungsvoraussetzungen auf- **17** grund einer nach Zeit oder Art der Tätigkeit atypische Beschäftigung erfüllt, den Anspruch nicht dadurch verlieren soll, dass er seine Verfügbarkeit auch während der Arbeitslosigkeit auf die bisher ausgeübte Art der Tätigkeit einschränkt. Problematisch erscheint dabei allerdings, dass den früher in einem Arbeitsverhältnis beschäftigten Arbeitslosen nach kurzen Fristen eine Vielzahl von Beschäftigungen zugemutet wird (§ 121). Der **Anwendungsbereich** des § 120 Abs. 4 S. 3 ist ausdrücklich auf den Personenkreis der Heimarbeiter begrenzt. Ist der Anspruch auf Alg nicht überwiegend durch Erfüllung der Anwartschaftszeit mit Heimarbeit entstanden, kann der Arbeitslose die Verfügbarkeit nicht auf eine Tätigkeit in Heimarbeit beschränken (aA wohl *Brand* in Niesel/Brand, SGB III § 120 Rn. 23).

§ 121 Zumutbare Beschäftigungen

(1) **Einem Arbeitslosen sind alle seiner Arbeitsfähigkeit entsprechenden Beschäftigungen zumutbar, soweit allgemeine oder personenbezogene Gründe der Zumutbarkeit einer Beschäftigung nicht entgegenstehen.**

(2) **Aus allgemeinen Gründen ist eine Beschäftigung einem Arbeitslosen insbesondere nicht zumutbar, wenn die Beschäftigung gegen gesetzliche, tarifliche oder in Betriebsvereinbarungen festgelegte Bestimmungen über Arbeitsbedingungen oder gegen Bestimmungen des Arbeitsschutzes verstößt.**

(3) [1] **Aus personenbezogenen Gründen ist eine Beschäftigung einem Arbeitslosen insbesondere nicht zumutbar, wenn das daraus erzielbare Arbeitsentgelt erheblich niedriger ist als das der Bemessung des Arbeitslosengeldes zugrunde liegende Arbeitsentgelt.** [2] **In den ersten drei Monaten der Arbeitslosigkeit ist eine Minderung um mehr als 20 Prozent und in den folgenden drei Monaten um mehr als 30 Prozent dieses Arbeitsentgelts nicht zumutbar.** [3] **Vom siebten Monat der Arbeitslosigkeit an ist dem Arbeitslosen eine Beschäftigung nur dann nicht zumutbar, wenn das daraus erzielbare Nettoeinkommen unter Berücksichtigung der mit der Beschäftigung zusammenhängenden Aufwendungen niedriger ist als das Arbeitslosengeld.**

(4) [1] **Aus personenbezogenen Gründen ist einem Arbeitslosen eine Beschäftigung auch nicht zumutbar, wenn die täglichen Pendelzeiten zwischen seiner Wohnung und der Arbeitsstätte im Vergleich zur Arbeitszeit unverhältnismäßig lang sind.** [2] **Als unverhältnismäßig lang sind im Regelfall Pendelzeiten von insgesamt mehr als zweieinhalb Stunden bei einer Arbeitszeit von mehr als sechs Stunden und Pendelzeiten von mehr als zwei Stunden bei einer Arbeitszeit von sechs Stunden und weniger anzusehen.** [3] **Sind in einer Regi-**

on unter vergleichbaren Arbeitnehmern längere Pendelzeiten üblich, bilden diese den Maßstab. ⁴Ein Umzug zur Aufnahme einer Beschäftigung außerhalb des zumutbaren Pendelbereichs ist einem Arbeitslosen zumutbar, wenn nicht zu erwarten ist, dass der Arbeitslose innerhalb der ersten drei Monate der Arbeitslosigkeit eine Beschäftigung innerhalb des zumutbaren Pendelbereichs aufnehmen wird. ⁵Vom vierten Monat der Arbeitslosigkeit an ist einem Arbeitslosen ein Umzug zur Aufnahme einer Beschäftigung außerhalb des zumutbaren Pendelbereichs in der Regel zumutbar. ⁶Die Sätze 4 und 5 sind nicht anzuwenden, wenn dem Umzug ein wichtiger Grund entgegensteht. ⁷Ein wichtiger Grund kann sich insbesondere aus familiären Bindungen ergeben.

(5) Eine Beschäftigung ist nicht schon deshalb unzumutbar, weil sie befristet ist, vorübergehend eine getrennte Haushaltsführung erfordert oder nicht zum Kreis der Beschäftigungen gehört, für die der Arbeitnehmer ausgebildet ist oder die er bisher ausgeübt hat.

A. Allgemeines

1 **Systematisch** knüpft die Vorschrift an die Begriffe des § 119 Abs. 5 Nr. 1 an und gestaltet diese näher aus. Sie konkretisiert den unbestimmten Rechtsbegriff der „zumutbaren Beschäftigung". Mit der Regelung verfolgt der Gesetzgeber das Ziel, die Zumutbarkeitskriterien für die Arbeitslosen gesetzlich zu verankern und zu verschärfen (BT-Drs.13/5676, 2); was politisch umstritten war (dazu BT-Drs. 13/5676, 5). Die Konkretisierung des Begriffs „zumutbare Beschäftigung" hat auch Bedeutung für die Androhung einer Sperrzeit bei Ablehnung zumutbarer Beschäftigungsangebote (§ 144 Abs. 1 S. 2 Nr. 2; vgl. § 144 Rn. 35).

2 § 121 Abs. 1 stellt den Grundsatz auf, dass alle der Arbeitsfähigkeit entsprechenden Beschäftigungen zumutbar sind. Negativ wird bestimmt, dass allgemeine oder personenbezogene Gründe der Zumutbarkeit nicht entgegenstehen. Zumutbarkeit ist der **Regelfall**, Unzumutbarkeit die Ausnahme. Die Gründe, die die Zumutbarkeit ausschließen, werden in § 121 Abs. 2 bis 4 konkretisiert. § 121 Abs. 5 benennt in Ergänzung zu Abs. 1 solche Umstände, die der Zumutbarkeit nicht entgegenstehen.

3 Damit wird zugleich der **Regelungszweck** deutlich. § 121 soll für Arbeitslose, AA und Versichertengemeinschaft gesetzlich bestimmen, welche Beschäftigungen dem Arbeitslosen angeboten werden können bzw. welche Beschäftigungen von dem Arbeitslosen zur Beendigung der Beschäftigungslosigkeit zu suchen sind. Arbeitslose, die generell nicht bereit sind, zumutbare Beschäftigungen auszuüben, sind nicht verfügbar und erfüllen schon dem Grunde nach die Voraussetzungen des Anspruchs auf Alg nicht. Arbeitslosen, die eine ihnen zumutbare Beschäftigung im Einzelfall nicht annehmen, droht der vorübergehende Verlust des Zahlungsanspruchs wegen des Eintritts einer Sperrzeit (vgl. zB BayLSG 18. 2. 2009 – L 10 AL 309/07). Mittelbar soll die Regelung die Tätigkeit der AA bei der Vermittlung (§ 35) und des Arbeitslosen bei der Prüfung von Vermittlungsvorschlägen steuern.

B. Zumutbarkeit (Abs. 1)

4 Arbeitslose müssen eine versicherungspflichtige und zumutbare Beschäftigung ausüben können und dürfen (§ 119 Abs. 5 Nr. 1). Hierzu enthält Abs. 1 die **Legaldefinition** des Begriffs „zumutbare Beschäftigung". Die Vorschrift regelt den Grundsatz, dass alle der Arbeitsfähigkeit entsprechenden Beschäftigungen zumutbar sind. Damit muss ein Arbeitsloser, soweit nicht allgemeine oder personenbezogene Gründe dem entgegenstehen, Beschäftigungen ausüben können und dürfen sowie subjektiv zu deren Ausübung bereit sein, wenn sie nicht aus allgemeinen oder personenbezogenen Gründen unzumutbar sind.

5 Dem Arbeitslosen sind Beschäftigungen zumutbar, die seiner Arbeitsfähigkeit entsprechen. Diese **Arbeitsfähigkeit** richtet sich nach den objektiven Bedingungen, unter denen der Arbeitslose eine versicherungspflichtige Beschäftigung aufnehmen kann und darf (§ 119 Abs. 5 Nr. 1). Die Arbeitsfähigkeit besteht für solche Beschäftigungen nicht, die der Arbeitslose objektiv nicht ausüben kann oder die er aufgrund von gesetzlichen, vertraglichen u. ä. Bindungen objektiv nicht ausüben darf.

C. Gründe der Unzumutbarkeit

6 Bezugspunkt der Zumutbarkeitsprüfung ist der jeweilige Arbeitslose (individuelle Betrachtung). Beschäftigungen, der der Arbeitslose objektiv verrichten kann, sind regelmäßig zumutbar. Die Zumutbarkeit ist aber zu verneinen, wenn ausnahmsweise entweder allgemeine oder personenbezogene Gründe vorliegen, die eine Beschäftigung als unzumutbar erscheinen lassen. Beide Arten von Gründen sind begrifflich weit gefasst und in § 121 Abs. 2 bis 4 nicht abschließend ausgestaltet. Weder der Grundsatz der sachgerechten Vermittlung (§ 35 Abs. 2) noch die Berufsfreiheit des Arbeitslosen (Art. 12 Abs. 1 GG) sind eigenständige Gründe, die die Zumutbarkeit per se ausschließen (zu Recht

zurückhaltend: Thüringer LSG 28. 9. 2005 – L 3 AL 911/04; LSG Baden-Württemberg 9. 12. 2004 – L 5 AL 2319/04). Insbesondere ein **„Berufsschutz"** für Arbeitslose ist vom Gesetzgeber nicht gewollt (BT-Drs. 14/4941 S. 238 zu Art. 10 Nr. 10) und wird den Versicherten auch nach dem Wortlaut des § 121 Abs. 5 **nicht** vermittelt (zutr. DA der BA zu § 121.2). Eine Beschränkung der zumutbaren Beschäftigung auf den bisher ausgeübten Beruf kann auch über § 35 nicht als Aspekt der Zumutbarkeit eingeführt werden (wie hier Brand in Niesel/Brand, SGB III, § 121 Rn, 8; aA *Valgolio* in Hauck/Noftz, SGB III, § 121 Rn. 74; *Steinmeyer* in Gagel, SGB III, § 121 Rn. 37). Für das Gebiet der Arbeitsförderung geht § 121 mit seiner spezifisch auf die Voraussetzungen des Alg zielenden Regelung den allgemeinen Bestimmungen zur Arbeitsvermittlung (§§ 35 f.) vor (offen gelassen in: BSG vom 8. 11. 2001 – B 11 AL 31/01 R – SozR 3–4300 § 144 Nr. 7). Der Vorschrift des § 121 ist vielmehr unmittelbar zu entnehmen, dass den Arbeitslosen auch eine geringer bezahlte oder geringer qualifizierte als die bisher ausgeübte Beschäftigung zumutbar ist (so auch *Estelmann* in Eicher/Schlegel, SGB III, § 121 Rn. 84), soweit die dort genannten Entgeltgrenzen nicht unterschritten sind. Berufsschutz der Arbeitslosen lässt sich auch nicht der Rspr. des BSG entnehmen, insbes. geht es in dem Urteil vom 19. 9. 2002 (B 1 KR 11/02 R – BSGE 90, 72, 77 f. = SozR 3–2500 § 44 Nr. 10 S. 35) um den Schutz Arbeitsloser in der ges. Krankenversicherung, nicht aber um den Anspruch auf Alg.

Die **Grundrechte, insbesondere Art. 12 Abs. 1 GG,** haben insoweit Bedeutung, als sie bei der Auslegung und Anwendung der unbestimmten Rechtsbegriffe des § 121 zur Geltung zu bringen sind. Dass § 121 insgesamt mit Art. 12 Abs. 1 GG unvereinbar sein könnte, wird – soweit ersichtlich – nicht vertreten (zu verfassungsrechtlichen Fragen der Zumutbarkeit *Estelmann* in Eicher/Schlegel, SGB III § 121 Rn 125 f.; *Lauer* in NK-SGB III § 121 Rn. 10 f.). 7

I. Allgemeine Gründe (§ 121 Abs. 2)

Eine Beschäftigung ist dem Arbeitslosen „insbesondere" nicht zumutbar, wenn diese gegen gesetzliche, tarifliche oder in Betriebsvereinbarungen festgelegte „Bestimmungen über Arbeitsbedingungen" oder gegen Bestimmungen des Arbeitsschutzes verstößt. Gemeint sind also Gründe, die unabhängig vom einzelnen Arbeitslosen sind und sich aus der **Rechtsordnung einschließlich** der **tariflichen** (§ 4 Abs. 1 TVG) oder **betrieblichen Normen** (§ 77 Abs. 4 BetrVG) ergeben. Inhaltlich müssen diese Normen i. w. S. sich auf die Regelung der Arbeitsbedingungen oder des Arbeitsschutzes beziehen. Eine Abwägung von Interessen findet nicht statt. Verletzt ein konkretes Vermittlungsangebot normative Regelungen über Arbeitsbedingungen oder den Arbeitsschutzes, ist die Beschäftigung unzumutbar, anderenfalls zumutbar. 8

II. Personenbezogene Gründe (§ 121 Abs. 3, 4)

Die Zumutbarkeit einer Beschäftigung entfällt, wenn in der **Person des Arbeitslosen** liegende und damit im Einzelfall gegebene Gründe diese ausschließen. Abs. 3 und 4 benennen in der Person des Arbeitslosen liegenden Gründe, sind insoweit aber nicht abschließend („insbesondere"). § 121 Abs. 3 regelt personenbezogene Gründe, die sich aus der Höhe des Arbeitsentgelts ergeben und stellt dabei eine Relation zwischen der Höhe des Entgelts einer künftigen Beschäftigung und der Dauer der Arbeitslosigkeit her. § 121 Abs. 4 entnimmt die Unzumutbarkeit einer Beschäftigung aus dem **Beschäftigungsort**, indem die Regelung auf die mit erforderlichen Pendelzeiten oder der Notwendigkeit eines Umzugs abstellt. Beschäftigungsort ist gemäß § 9 Abs. 1 SGB IV der Ort, an dem die Beschäftigung tatsächlich ausgeübt werden soll. Damit wird die Zumutbarkeit in Beziehung zur Entfernung zwischen dem möglichem Beschäftigungs- und dem konkretem Wohnort gesetzt. 9

Innerhalb der personenbezogenen Gründe ist in Bezug auf die Höhe des Arbeitsentgelts die Zumutbarkeit weit gefasst. Das Arbeitsentgelt aus der Beschäftigung darf – auch deutlich – unter dem Bemessungsentgelt der Alg liegen. Eine Beschäftigung ist aber unzumutbar, wenn das erzielbare Arbeitsentgelt im Vergleich zum Bemessungsentgelt „erheblich" niedriger ist. Das Bemessungsentgelt errechnet sich nach Maßgabe des § 131. Das mit der Beschäftigung zu erzielende Arbeitsentgelt umfasst gemäß § 14 Abs. 1 S. 1 SGB IV alle laufenden oder einmaligen Einnahmen aus der Beschäftigung. Von diesem ist das pauschalierte Nettoeinkommen zu ermitteln, das um die Aufwendungen zu vermindern ist, die anlässlich der Beschäftigung anfallen. Als Aufwendungen sind insbesondere die durch der Beschäftigung verursachten **Fahrkosten** vom Wohnort zur Arbeitsstätte und zurück sowie etwaige Mehraufwendungen für Unterkunft und Verpflegung zu berücksichtigen. Auch tatsächlich abgeführte Gewerkschaftsbeiträge vermindern das Nettoeinkommen. Das Bemessungsentgelt und das um diese Aufwendungen schon verminderte Nettoeinkommen sind zu vergleichen. § 121 Abs. 3 S. 2 und 3 bestimmen die Grenze der **zumutbaren Entgelteinbuße**. In den ersten drei Monaten der Arbeitslosigkeit ist eine Minderung von mehr als 20 vH, im vierten bis sechsten Monat der Arbeitslosigkeit eine Minderung von mehr als 30 vH unzumutbar. Vom Beginn des siebten Monats der Arbeitslosigkeit an ist eine Beschäftigung nur unzumutbar, wenn das erzielbare Nettoeinkommen abzüglich Aufwendungen niedriger ist als das Alg. 10

Mutschler

11 Für die Prüfung der Zumutbarkeit der **Wegezeiten** (Abs. 4) stellt S. 1 den Grundsatz auf, dass Pendelzeiten nicht unverhältnismäßig lang sein dürfen. Für die Dauer von Pendelfahrten von und zur Arbeitsstelle normiert die Vorschrift Obergrenzen. Nach S. 2 sind im Regelfall Pendelzeiten von mehr als 2 1/2 Stunden für Hin- und Rückweg bei einer Arbeitszeit von mehr als sechs Stunden unzumutbar. Anders gesagt ist eine Anfahrt zur Arbeit von bis zu 1,25 Stunden je Weg zumutbar. Pendelzeiten von mehr als zwei Stunden sind bei einer Arbeitszeit von sechs Stunden oder weniger unverhältnismäßig lang. Nach S. 3 sind bei einer Vollzeittätigkeit sogar Pendelzeiten von mehr als 2,5 Stunden zumutbar, wenn in der Region, in der der Arbeitslose wohnt, unter vergleichbaren Arbeitnehmern längere Pendelzeiten in größerer Zahl vorkommen. Damit wird deutlich, dass das Merkmal „im Regelfall" Abweichungen von den Vorgaben des § 121 zu Gunsten, in strukturschwachen Gebieten aber auch zu Lasten der Arbeitslosen zulässt.

12 Arbeitsangebote, die einen Einsatz außerhalb des Bereichs zumutbaren Pendelzeiten erfordern, können zumutbar sein, wenn dem Arbeitslosen ein **Umzug** zumutbar ist. Die Frage nach der Zumutbarkeit eines Umzugs lässt nach § 121 Abs. 4 S. 4 nur anhand eines konkreten Arbeitsangebots beantworten. Deshalb kann dem Arbeitslosen keine pauschale Erklärungen über seine Umzugsbereitschaft abverlangt werden (SG Reutlingen 29. 1. 2007 – S 12 AL 3105/05). Ein Umzug ist zur Beendigung der Arbeitslosigkeit zumutbar, wenn nicht zu erwarten ist, dass der Arbeitslose innerhalb der ersten drei Monate der Arbeitslosigkeit eine Beschäftigung innerhalb des zumutbaren Pendelbereichs aufnehmen wird (§ 121 Abs. 4 S. 4). In den ersten drei Monaten der Arbeitslosigkeit ist ein Umzug nur zumutbar, wenn die AA hinsichtlich der Arbeitaufnahme im Pendelbereich (S. 1 bis 3) eine negative Prognoseentscheidung getroffen hat. Dies setzt nicht voraus, dass die Möglichkeiten regionaler Vermittlung ausgeschöpft sind. Es genügt die Prognose, dass aufgrund der Gegebenheiten des Arbeitsmarkts unter Berücksichtigung der Vermittlung der AA und der Eigenbemühungen des Arbeitslosen eine die Arbeitslosigkeit beendende (§ 119 Abs. 5 Nr. 1) Beschäftigung nicht innerhalb der ersten drei Monate der Arbeitslosigkeit aufnehmen wird. Die Prognose der AA ist gerichtlich nur eingeschränkt überprüfbar, da der AA bei der Beurteilung der Vermittlungschancen ein Spielraum zusteht (BSG 31. 3. 1992 – 9b RAr 18/91 – BSGE 70, 226, 228 f. m. w. N.). Die gerichtliche Kontrolle erstreckt sich auf die Prüfung, ob die Entscheidung der AA unter Berücksichtigung aller verfügbaren Daten in einer dem Sachverhalt angemessenen und methodisch einwandfreien Weise erarbeitet worden ist (BSG aaO).

13 § 121 Abs. 4 S. 5 erklärt einen Umzug ab dem vierten Monat der Arbeitslosigkeit für im Regelfall zumutbar. § 121 Abs. 4 S. 6 und 7 schränken diesen Grundsatz wieder ein. Ein Umzugs ist danach unzumutbar, wenn ein wichtiger Grund entgegensteht (S. 6). Insbesondere familiäre Bindungen können einen wichtigen Grund gegen die Umzugspflicht darstellen. Ob ein wichtiger Grund vorliegt, ist anhand einer Interesseabwägung im Einzelfall zu entscheiden. Die Obliegenheit, zur Beendigung der Arbeitslosigkeit umzuziehen, und das damit verbundene Interesse an der Entlastung der Versichertengemeinschaft ist mit den Interessen des Arbeitslosen abzuwägen, am bisherigen Wohnort verbleiben zu können. Insbesondere stellt der grundrechtliche Schutz der Familie (Art. 6 Abs. 1, 2 und 4 GG) ein gewichtiges Interesse dar, das dem Umzug entgegenstehen kann.

D. Keine Gründe für Unzumutbarkeit (Abs. 5)

14 Da die allgemeinen und persönlichen Gründe durch andere unbestimmte Rechtsbegriffe konkretisiert werden, stellt § 121 Abs. 5 für besonders häufige und umstrittene Konstellationen klar, dass diese **keine Unzumutbarkeit** einer Beschäftigung begründen. Mit dem Wortlaut „nicht schon deshalb" ist die Zumutbarkeit bei Vorliegen der in Abs. 5 genannten Voraussetzungen andererseits nicht zwingend gegeben. Vielmehr können weitere Aspekte hinzutreten, die eine bestimmte Beschäftigung bei Gesamtwürdigung als unzumutbar erscheinen lassen.

15 Nach § 121 Abs. 5 macht die **Befristung** eines Arbeitsverhältnisses dieses nicht unzumutbar (BSG 28. 6. 1990 – 7 RAr 124/89; Hessisches LSG 9. 5. 2001 – L 6 AL 1328/00). Anderes kann gelten, wenn zB eine befristete Tätigkeit angeboten wird und zugleich die Zusage einer unbefristeten Beschäftigung auf einen späteren Zeitpunkt vorliegt.

15a Die **vorübergehend getrennte Haushaltsführung** macht ein Arbeitsangebot ebenfalls nicht unzumutbar. In Anlehnung an die frühere Regelung des Merkmals „vorübergehend" in der Zumutbarkeits-Anordnung wird gefordert, dass die zu erwartende Dauer einer doppelten Haushaltsführung 180 Kalendertage nicht überschreiten darf (*Lauer* in NK-SGB III § 121 Rn. 46; *Brand* in Niesel, SGB III, § 122 Rn. 11). Da die frühere Regelung außer Kraft getreten ist und das SGB III auf Grenzziehung verzichtet, ist wie auch sonst auf die Umstände des Einzelfalls abzustellen. Eine getrennte Haushaltsführung ist vorübergehend, wenn sie auf einen absehbaren Zeitraum begrenzt ist. Diese Begrenzung kann sich aus einem absehbaren zumutbaren Umzug oder der Befristung der Beschäftigung oder anderen Umständen ergeben. Auch eine vorübergehende Trennung der Haushaltsführung ist aber unzumutbar, wenn sich ein insgesamt nicht zumutbaren Umzug anschließen soll (§ 121 Abs. 4 S. 4 bis 7).

Die Vermittlung in ein **Leiharbeitsverhältnis** ist dem Arbeitslosen grundsätzlich zumutbar. Seinem Schutzbedürfnis wird durch die Regelungen des AÜG Rechnung getragen, denen das angebotene Arbeitverhältnis entsprechen muss (vgl. BSG 8. 11. 2001 – B 11 AL 31/01 R – SozR 3–4300 § 144 Nr. 7 m. w. N.). 16

§ 122 Persönliche Arbeitslosmeldung

(1) ¹Der Arbeitslose hat sich persönlich bei der zuständigen Agentur für Arbeit arbeitslos zu melden. ²Eine Meldung ist auch zulässig, wenn die Arbeitslosigkeit noch nicht eingetreten, der Eintritt der Arbeitslosigkeit aber innerhalb der nächsten drei Monate zu erwarten ist.

(2) Die Wirkung der Meldung erlischt
1. bei einer mehr als sechswöchigen Unterbrechung der Arbeitslosigkeit,
2. mit der Aufnahme der Beschäftigung, selbständigen Tätigkeit oder Tätigkeit als mithelfender Familienangehöriger, wenn der Arbeitslose diese der Agentur für Arbeit nicht unverzüglich mitgeteilt hat.

(3) Ist die zuständige Agentur für Arbeit am ersten Tag der Beschäftigungslosigkeit des Arbeitslosen nicht dienstbereit, so wirkt eine persönliche Meldung an dem nächsten Tag, an dem die Agentur für Arbeit dienstbereit ist, auf den Tag zurück, an dem die Agentur für Arbeit nicht dienstbereit war.

A. Allgemeines

Systematisch hat die Vorschrift ihren Sitz im Titel über die Regelvoraussetzungen (§§ 117 bis 124 a). Sie knüpft an das Erfordernis der Arbeitslosmeldung als eine der Regelvoraussetzungen des Alg-Anspruchs an (§ 118 Abs. 1 Nr. 2). § 122 gestaltet diese materiell-rechtliche Anspruchsvoraussetzung näher aus. Die Vorschrift steht darüber hinaus in engem Kontext zum Gebot frühzeitiger Arbeitssuche (§ 38 Abs. 1; früher: § 37 b), die den von Arbeitslosigkeit bedrohten Personen abverlangt wird. Während das Stammrecht auf Alg nicht vor der persönlichen Arbeitslosmeldung entsteht (§ 40 Abs. 1 SGB I), hat die verspätete Meldung als Arbeitssuchender iSd. § 38 Abs. 1 ggf. Auswirkungen auf den Zahlungsanspruch (§ 144 Abs. 1 S. 2 Nr. 7). 1

Die persönliche Arbeitslosmeldung ist materielle Anspruchsvoraussetzung. Sie hat eine Doppelfunktion. Sie versetzt die AA in die Lage, über Leistungen zu entscheiden (Anspruch auf Alg, aktive Arbeitsförderung). Sie dient auch dazu, den Vorrang der Vermittlung (§§ 4, 35) umzusetzen, um die Arbeitslosigkeit und damit auch die Leistungspflicht rasch wieder zu beenden (so zum AFG: BSG 19. 3. 1986 – 7 RAr 48/84 – BSGE 60, 43 f. = SozR 4100 § 105 Nr. 2). Dazu stellt § 122 Abs. 1 S. 1 den Grundsatz auf, dass der Arbeitslose sich persönlich bei der zuständigen AA **arbeitslos melden** muss. Die Meldung kann vorzeitig erfolgen (Abs. 1 S. 2), aber nur in engen zeitlichen Grenzen nachgeholt werden (Abs. 3). Zur Vermeidung von Missbrauch dient die Regelung des Abs. 2, nach der die Rechtswirkung einer Arbeitslosmeldung unter bestimmten Voraussetzungen erlischt. Vor der Arbeitslosmeldung und nach dem Erlöschen ihrer Wirkungen sind die Regelvoraussetzungen des Alg bei Arbeitslosigkeit (§ 118 Abs. 1 Nr. 2) nicht erfüllt. 2

B. Persönliche Arbeitslosmeldung – Begriff (Abs. 1 S. 1)

I. Begriff und Rechtsnatur

Die Arbeitslosmeldung beinhaltet die Erklärung einer Tatsache gegenüber der AA. Der Arbeitslose verlautbart den Eintritt von Arbeitslosigkeit, gibt hierüber aber keine Willenserklärung, sondern eine **Tatsachenerklärung** ab (BSG 14. 12. 1995 – 11 RAr 75/95 = BSGE 77, 175 = SozR 3–4100 § 105 Nr. 2; BSG 19. 3. 1986 – 7 RAr 48/84 – SozR 4100 § 105 Nr. 2 = BSGE 60, 43 f.). Die Meldung unterliegt deshalb nicht den Gestaltungsmöglichkeiten einer Willenserklärung, obwohl die Meldung wegen der Klarstellung der subjektiven Verfügbarkeit eine Willenskomponente beinhaltet (BSG aaO BSGE 60, 43 (45) = SozR 4100 § 105 Nr. 2), handelt es sich nicht um eine Willenserklärung. Die persönliche **Arbeitslosmeldung** ist weiter von der Antragstellung (§ 323 Abs. 1) zu unterscheiden. Die **Antragstellung** ist zwar keine materielle Anspruchsvoraussetzung (vgl. § 118 Abs. 1), wohl aber formelle Voraussetzung für eine Leistungserbringung. Nach § 323 Abs. 1 S. 2 gilt der Antrag auf Alg mit der pers. Arbeitslosmeldung nach § 122 Abs. 1 als gestellt, wenn der Arbeitslose nicht eine andere Erklärung abgibt. Allerdings kann die Antragstellung zB schriftlich erfolgen, ohne dass eine persönliche Arbeitslosmeldung damit verbunden ist. Ebenso wie die persönliche Meldung wirkt die Antragstellung nicht zurück, es sei denn, die AA wäre am Tag der Antragstellung nicht dienstbereit 3

(§ 325 Abs. 2). Die AA wird durch die Arbeitslosmeldung in die Lage versetzt, den Leistungsfall zu bearbeiten.

4   Die Arbeitslosmeldung ist auch von der Obliegenheit zur **frühzeitigen Arbeitssuche** nach § 38 Abs. 1 zu unterscheiden (vgl. BSG vom 3. 12. 2009 – B 11 AL 40/08 R – Rn. 20 f; zur Veröff. in SozR vorgesehen). Die Meldung als arbeitsuchend lässt die Vermittlung der AA schon vor Eintritt des Versicherungsfalls „Arbeitslosigkeit" beginnen. Durch die Arbeitslosmeldung nach § 122 erhält die AA Kenntnis davon, dass der Versicherungsfall trotz frühzeitiger einsetzender Vermittlung eingetreten ist. Dementsprechend endet die Vermittlung der AA (§ 38 Abs. 3 S. 1 Nr. 3) zu dem Zeitpunkt, den der Meldepflichtige bei der Meldung angegeben hat. Meldet er sich dagegen persönlich arbeitslos und beansprucht Alg bei Arbeitslosigkeit, wird die Vermittlung weiter durchgeführt (§ 38 Abs. 3 S. 1 Nr. 1).

II. Inhalt

5   Die Meldung zielt inhaltlich auf das Bestehen von **Arbeitslosigkeit** (vgl. § 119 Abs. 1). Dies erfordert neben dem Fehlen einer Beschäftigung auch die Bereitschaft zu Eigenbemühungen sowie die objektive und subjektive Verfügbarkeit. Mit der persönlichen Meldung wird – soweit nichts anderes verlautbart wird – das Vorliegen aller Merkmale von Arbeitslosigkeit iS einer Tatsachenerklärung bekundet (vgl oben Rn. 3). An die Arbeitslosmeldung dürfen keine übertriebenen Anforderungen gestellt werden. Sie liegt vor, wenn der Arbeitslose bei der AA persönlich erscheint und sinngemäß zum Ausdruck bringt, er sei arbeitslos. Eine telefonische oder schriftliche Meldung genügt den Anforderungen des § 122 Abs. 1 S. 1 nicht. Die Meldung ist nicht deshalb als unwirksam anzusehen, weil sie sachlich **unrichtig** ist (BSG 19. 1. 2005 – B 11 a/11 AL 41/04 R; BSG 14. 12. 1995 – 11 RAr 75/95 = BSGE 77, 175 = SozR 3–4100 § 105 Nr. 2). Auch wenn neben der Arbeitslosmeldung noch weitere Erklärungen abgegeben werden (zB Antragstellung, Auskunftsersuchen), beeinflusst dies die Wirksamkeit der Meldung nicht (so jetzt entgegen früherer Ansicht: BSG 19. 1. 2005 – B 11 a/11 AL 41/04 R – SGb 2005, 233).

III. Persönlich

6   Nach § 122 Abs. 1 S. 2 ist erforderlich, dass der **Arbeitslose in Person** die Arbeitslosigkeit bei der zuständigen AA meldet. Ein Arbeitsloser kann sich bei Abgabe der Erklärung nicht vertreten lassen und sie auch nicht durch ihm nahestehende Dritte – Familienangehörige, Ehepartner – abgeben (LSG Nordrhein-Westfalen 28. 2. 2007 – L 1 B 6/07 AL). Nur wenn der Arbeitslose **ausnahmsweise** wegen gesundheitlicher Einschränkungen an der persönlichen Meldung gehindert ist, kann diese Meldung durch einen gesetzlichen oder selbst bestimmten Vertreter, zB durch einen Betreuer (§ 1902 BGB), erfolgen (§ 125 Abs. 1 S. 3). Der Leistungsgeminderte hat sich jedoch nach Wegfall der Hinderungsgründe unverzüglich persönlich bei der AA **nachzumelden** (§ 125 Abs. 1 S. 4).

IV. Zuständige AA

7   Die Regelung verlangt die Abgabe der Arbeitslosmeldung bei der **örtlich zuständigen AA**. Diese ist Adressat der Meldung. Gemäß § 327 Abs. 1 ist die AA örtlich zuständig, in deren Bezirk der Arbeitnehmer bei Eintritt des Leistungsfalls seinen Wohnsitz (Satz 1) bzw. bei Aufenthalt außerhalb seines Wohnsitzes seinen gewöhnlichen Aufenthalt hat (Satz 2). Die Arbeitslosmeldung kann nicht rechtswirksam bei einer anderen Dienststelle der BA, einer anderen Behörde oder sonstigen Einrichtung erfolgen. Insoweit gelten für die Arbeitslosmeldung andere Grundsätze wie für Antragstellung (§ 16 Abs. 1 S. 2 SGB I) sowie Widerspruch und Klage (§§ 84 Abs. 2, 91 Abs. 1 SGG).

C. Zeitpunkt der Meldung

I. Grundsatz (§ 122 Abs. 1 S. 1, Abs. 3)

8   Um den Leistungsanspruch mit Eintritt der Arbeitslosigkeit zum Entstehen zu bringen, ist es geboten, dass Arbeitslose sich am **ersten Tag** der Arbeitslosigkeit bei der AA arbeitslos melden. Der Arbeitslosmeldung kommt grundsätzlich **keine Rückwirkung** zu (Ausnahme: § 122 Abs. 3). Meldet sich der Arbeitslose erst nach Eintritt der Beschäftigungslosigkeit bei der AA, entsteht der Anspruch auf Alg frühestens am Tag der Meldung.

II. Vorzeitige Meldung (§ 122 Abs. 1 S. 2)

9   Nachdem vom Arbeitslosen neben Arbeitslosmeldung und ggf. Antragstellung auch die frühzeitige Meldung als arbeitsuchend verlangt wird (§ 38 Abs. 1), gestattet § 122 Abs. 1 S. 2 in Anlehnung an die Regelung zur frühzeitigen Suche, dass Arbeitslose sich auch **vorzeitig**, dh. vor Eintritt der Beschäftigungslosigkeit, persönlich arbeitslos melden können. Sie können sich arbeitslos melden, sobald der Eintritt von Arbeitslosigkeit **innerhalb** der nächsten **drei Monate zu erwarten** ist. Erforderlich

ist aber, dass die Arbeitslosigkeit zu einem bestimmbaren Zeitpunkt in der Drei-Monats-Frist eintreten wird. Wird der bereits arbeitslos Gemeldete zu dem bezeichneten und bestimmbaren Zeitpunkt arbeitslos, muss er sich am Tag des Eintritts der Arbeitslosigkeit nicht mehr bei der AA melden. War aber die Arbeitslosigkeit zunächst binnen drei Monaten zu erwarten, tritt aber tatsächlich erst **nach Ablauf der Drei-Monats-Frist** ein, ist eine **neue Arbeitslosmeldung** erforderlich. Das ergibt sich daraus, dass die Wirkung der vorzeitigen Meldung (§ 122 Abs. 1 S. 2) in ihrer Dauer auf die Zeitgrenze von drei Monaten beschränkt ist. Allerdings ist der Fortbestand des Arbeitsverhältnisses für die Wirkung der Meldung unerheblich, wenn und solange Beschäftigungslosigkeit im leistungsrechtlichen Sinne eingetreten ist (vgl. § 119 SGB III Rn. 9; BSG 3. 6. 2004 – B 11 AL 70/03 R – SozR 4–4300 § 123 Nr. 2 Rn. 13).

D. Rückwirkung der Meldung (§ 122 Abs. 3)

Nach Abs. 3 der Vorschrift wirkt die Meldung ausnahmsweise in engen zeitlichen Grenzen zurück. **10** Die Rückwirkung tritt ein, wenn die **AA** am ersten Tag der Beschäftigungslosigkeit **nicht dienstbereit** ist (vgl. für leistungsgeminderte Personen auch § 125 Abs 1 S 3; Rn. 6). Dem Arbeitslosen soll der Leistungsanspruch nicht versagt werden, wenn die AA ihm nicht die Möglichkeit bietet, sich mit Beginn der Arbeitslosigkeit bei der zuständige Dienststelle zu melden. Beginnt die Beschäftigungslosigkeit zB an einem Wochenende, wirkt eine Meldung am Montag auf den Beginn der Arbeitslosigkeit (zB am Samstag) zurück. Liegt der erste Tag der Beschäftigungslosigkeit dagegen auf einem Freitag, muss der Arbeitslose sich bereits an diesem Tag bei der AA melden, wenn diese dienstbereit ist. Neben den dienstfreien Wochenenden ist die aus anderen Gründen fehlende Dienstbereitschaft der AA (zB höhere Gewalt, betriebliche Fortbildung, betriebliche Gemeinschaftsveranstaltung) geeignet, die unverzügliche Meldung zeitlich zurückwirken zu lassen. Wichtig ist, dass sich der Arbeitslose bei der AA persönlich meldet, sobald diese wieder dienstbereit ist. Dazu genügt es nicht, die Meldung „irgendwann oder alsbald" nachzuholen. Die Regelung fordert vielmehr, dass Arbeitslose sich am ersten Tag der Dienstbereitschaft bei der AA melden, damit die Meldung zurückwirkt.

E. Erlöschen der Wirkung der Meldung (Abs. 2)

I. Unterbrechung von mehr als 6 Wochen (Nr. 1)

Wird die Arbeitslosigkeit für mehr als sechs Wochen (42 Kalendertage) unterbrochen, erlischt die **11** Wirkung der Meldung. **Unterbrechung** der Arbeitslosigkeit bedeutet Fehlen von Arbeitslosigkeit infolge des zeitweiligen Wegfalls der Anspruchsvoraussetzung (BT-Drs. 13/4941 S. 144, 176). Die Regelung stellt auf das Fehlen der Anspruchsvoraussetzungen, nicht auf den Leistungsbezug ab. Ein typischer Anwendungsfall der Unterbrechung ist die mehr als sechs Wochen dauernde Abwesenheit im Ausland (vgl. § 3 EAO; § 119 Rn. 57f.), oder – trotz Mitteilung an die AA – die Aufnahme einer länger als sechs Wochen dauernden aber nicht kurzzeitigen Zwischenbeschäftigung. Dagegen lässt eine Unterbrechung der Arbeitslosigkeit für einen kürzeren Zeitraum – abgesehen von Fällen der Nr. 2 – die Wirkung der Meldung nicht entfallen. Dies soll rechtstreue Arbeitslose **privilegieren** und Härten vermeiden, da diese ohne die Regelung bei kurzzeitiger Unterbrechung des Versicherungsfalls bis zu einer erneuten Meldung den Anspruch verlieren würden (BT-Drs. 13/4941 S. 146). War aber eine mehr als sechs Wochen dauernde Unterbrechung eingetreten, muss der Arbeitslose sich nach Maßgabe des § 121 Abs. 1 erneut arbeitslos melden, um wieder einen Anspruch zu erlangen.

Bei einer bis zu sechswöchigen Unterbrechung der Arbeitslosigkeit **wirkt** die Arbeitslosmeldung **11a** **weiter** (§ 122 Abs. 2 Nr. 1) mit der Folge, dass der Anspruch auf Alg ohne weiteres wieder auflebt, sofern die übrigen Voraussetzungen (noch) erfüllt sind. Die Verfallsfristregelung des § 147 Abs. 2 greift bei einer derartigen Unterbrechung nicht ein (vgl Hessisches LSG vom 23. 4. 2010 – L 7 AL 103/09). Eine erneute Arbeitslosmeldung ist nicht erforderlich, auch wenn die AA die ursprüngliche Alg-Bewilligung nicht nur für den voraussichtlichen Zeitraum der Unterbrechung (zB einer Rehabilitationsmaßnahme), sondern insgesamt aufgehoben hat (vgl. BSG 7. 10. 2004 – B 11 AL 23/04 R = BSGE 93, 209 = SozR 4–4300 § 122 Nr. 2; BSG 25. 5. 2005 – B 11 a/11 AL 61/04 R – BSGE 95, 1 = SozR 4–4300 § 147 Nr. 4).

II. Aufnahme einer Tätigkeit (Nr. 2)

Die **Aufnahme** irgendeiner **Erwerbstätigkeit** lässt die Wirkung der Arbeitslosmeldung ab dem **12** Zeitpunkt des Beginns der Erwerbstätigkeit entfallen, wenn diese der AA nicht unverzüglich mitgeteilt wird. Die Regelung bezweckt die Kontrolle der Arbeitslosen. Sie dient der Verhaltenssteuerung und ggf. der Sanktion. Die Regelung soll verhindern, dass der Leistungsanspruch fortbesteht, obwohl der Arbeitslose eine Erwerbstätigkeit aufgenommen und dies der AA verschwiegen hat. Die Regelung soll auch unberechtigte Vorteile vermeiden, wenn zB eine Tätigkeit versicherungsfrei ist und der BA deshalb nicht durch andere Träger bekannt wird (BT-Drs. 13/4941, S. 176). Daher kann die Aufnahme einer abhängigen Beschäftigung oder einer selbständigen Tätigkeit oder einer Tätigkeit als mithelfender Familienangehöriger zum Wegfall der Anspruchsvoraussetzungen führen (§§ 118 Abs. 1 Nr. 2, 122). Das Erlöschen der Wirkung der Meldung tritt unabhängig davon ein, ob die ausgeübte Beschäftigung nach § 8 SGB IV versicherungspflichtig ist (BSG 9. 2. 2006 – B 7 a AL 58/05 R; BSG 13. 7. 2006 – B 7 a AL 16/05 R = SozR 4–4300 § 122 Nr. 5). Sie erlischt, wenn der Arbeitslose seinen Anzeigepflichten hinsichtlich einer Erwerbstätigkeit nicht oder nicht rechtzeitig nachkommt.

13 Ist die Wirkung einer Arbeitslosmeldung nach § 122 Abs. 2 entfallen, liegen auch bei **Wiedereintritt von Beschäftigungslosigkeit** die Anspruchsvoraussetzungen nicht vor. Ohne erneute persönliche Arbeitslosmeldung ist die Anspruchsvoraussetzung nach § 118 Abs. 1 Nr. 2 nicht gegeben. Dies gilt – anders als nach Nr. 1 – auch für den Fall, dass eine Beschäftigung nur für einen Zeitraum von wenigen Tagen ausgeübt worden ist (BayLSG 27. 9. 2007 – L 10 AL 393/05).

III. Folgen des Erlöschens

14 Entfällt die Wirkung der Arbeitslosmeldung, liegen die Voraussetzungen des Leistungsanspruchs nicht und nach erfolgter Bewilligung ggf. für eine **Aufhebung/Rücknahme** der Leistungsbewilligung ohne Vertrauensschutz vor (§§ 45 Abs. 2 S. 3 Nr. 2 und 3, 48 Abs. 1 S. 2 Nr. 2 und 3 SGB X). Die Bewilligung von Alg wird dem Leistungsbezieher nicht nur für die Dauer der (Zwischen-)-Tätigkeit oder Beschäftigung, sondern darüber hinaus bis zur Erfüllung sämtlicher Anspruchsvoraussetzungen – insbesondere bis zu einer neuen Arbeitslosmeldung – entzogen (zB BSG 14. 12. 1995 – 11 RAr 75/95 – BSGE 77, 175 = SozR 3–4100 § 105 Nr. 2).

F. Sozialrechtlicher Herstellungsanspruch

15 Das BSG nimmt in stRspr an, eine fehlende Arbeitslosmeldung könne **nicht zeitlich zurückwirkend** im Wege des sozialrechtlichen Herstellungsanspruchs ersetzt werden (zu den Voraussetzungen dieses Anspruchs zusammenfassend: BSG 31. 10. 2007 – B 14/11 b AS 63/06 R – SozR 4–1200 § 14 Nr. 10). Dies gilt auch dann, wenn das Fehlen der Arbeitslosmeldung auf einem Beratungs- oder sonstigen Fehler der AA beruhen sollte (vgl. BSG 19. 3. 1986 – 7 RAr 48/84 – SozR 4100 § 105 Nr. 2; BSG 19. 3. 1986 – 7 RAr 17/84 – SozR 1300 § 28 Nr. 1; BSG 21. 6. 2001 – B 7 AL 6/00 R; BSG 19. 1. 2005 – B 11 a/11 AL 41/04 R; aA auch hier *Valgolio* in Spellbrink/Eicher, Kasseler Handbuch des Arbeitsförderungsrechts, § 10 Rn. 101 f.).

16 Mit beachtlicher Begründung vertritt das Hessische LSG (6. 7. 2007 – L 7/10 AL 200/04) die Auffassung, die stRspr des BSG gelte nur für die Fälle, in denen es um das zeitlich frühere Vorliegen der Arbeitslosmeldung gehe. Dagegen könne nach dem Zweck der Arbeitslosmeldung deren Wirkung über den Herstellungsanspruch auf einen **späteren Zeitpunkt** hinausschoben werden, um so die Minderung des Alg nach § 128 Abs. 2 S. 2 zu vermeiden. Dagegen spricht allerdings, dass der Herstellungsanspruch die AA nur zu solchem Tun oder Unterlassen verpflichten kann, das rechtlich zulässig ist. An der rechtlichen Zulässigkeit der zeitlichen Verschiebung dürfte es fehlen, da § 122 ein Abweichen vom tatsächlichen Zeitpunkt der Arbeitslosmeldung nur in den Grenzen des Abs. 3 und des § 118 Abs. 2 erlaubt (vgl. BSG 19. 3. 1986 – 7 RAr 48/84 – SozR 4100 § 105 Nr. 2 = BSGE 60, 43 f.).

§ 123 Anwartschaftszeit

(1) ¹**Die Anwartschaftszeit hat erfüllt, wer in der Rahmenfrist mindestens zwölf Monate in einem Versicherungspflichtverhältnis gestanden hat.** ²**Zeiten, die vor dem Tag liegen, an dem der Anspruch auf Arbeitslosengeld wegen des Eintritts einer Sperrzeit erloschen ist, dienen nicht zur Erfüllung der Anwartschaftszeit.**

(2) ¹Für Arbeitslose, die die Anwartschaftszeit nach Absatz 1 nicht erfüllen sowie darlegen und nachweisen, dass

1. sich die in der Rahmenfrist (§ 124) zurückgelegten Beschäftigungstage überwiegend aus versicherungspflichtigen Beschäftigungen ergeben, die auf nicht mehr als sechs Wochen im Voraus durch Arbeitsvertrag zeit- oder zweckbefristet sind, und
2. das in den letzten zwölf Monaten vor der Beschäftigungslosigkeit erzielte Arbeitsentgelt die zum Zeitpunkt der Anspruchsentstehung maßgebliche Bezugsgröße nach § 18 Absatz 1 des Vierten Buches nicht übersteigt,

gilt bis zum 1. August 2012, dass die Anwartschaftszeit sechs Monate beträgt. ² § 27 Absatz 3 Nummer 1 bleibt unberührt.

A. Normzweck

1 §§ 123, 124 treffen Regelungen zur dritten materiellen Regelvoraussetzung des Anspruchs auf Alg bei Arbeitslosigkeit (§ 118 Abs. 1 Nr. 3). Danach hat Anspruch auf Alg nur, wer die **Anwartschafts-**

zeit erfüllt hat. An dieser Voraussetzung wird deutlich, dass Alg als die ausgabenwirksamste Leistung der Arbeitslosenversicherung an eine Vorleistung des Versicherten anknüpft. Sie ist anders als zB die Krankenversicherung keine reine Risikoversicherung, sondern setzt eine Eigenleistung in Form der Zahlungen von Beiträgen voraus. Die Anwartschaftszeit erstreckt sich im Regelfall auf ein Versicherungspflichtverhältnisses von mindestens zwölf Monaten (**Abs. 1**). Ausnahmsweise kann sie auch mit kürzeren Beitragszeiten erfüllt werden, wenn der Arbeitslose in einem Wirtschaftszweig tätig war, der aufgrund von Besonderheiten überwiegend auf kurz Zeit befristete Beschäftigungen anbietet (**Abs. 2**).

Wegen der Anknüpfung an eine Vorleistung der Versicherten unterfällt nach Erfüllung der Anwartschaftszeit sowohl die Anwartschaft als auch das Stammrecht auf Alg dem Schutzbereich des **Art. 14 Abs. 1 GG** (vgl. BSG 21. 7 2009 – B 7 AL 23/08 R – SozR 4–4300 § 132 Nr. 3 Rn. 23). Es handelt sich um eine vermögenswerte Rechtsposition, die nach Art eines Ausschließlichkeitsrechts dem Rechtsträger als privatnützig zugeordnet ist. Sie beruht auf nicht unerheblichen Eigenleistungen des Versicherten in Form von Versicherungsbeiträgen, die zur Erfüllung der Anwartschaftszeit geleistet werden, und dient der Sicherung seiner Existenz (vgl. BVerfG 12. 2. 1986 – 1 BvL 39/83 = BVerfGE 72, 9).

Infolge der Änderungen des Dritten Gesetzes für moderne Dienstleistungen am Arbeitsmarkt vom 23. 12. 2003 (BGBl. I S. 2848) sind für Ansprüche auf Alg, die bis zum 31. 1. 2006 entstanden sind, die **Übergangsregelungen** des § 434j Abs. 3 zu beachten. Auf die bis 31. 1. 2006 entstandenen Alg-Ansprüche sind noch §§ 123, 124 in der bis zum 31. 12. 2003 geltenden Fassung anzuwenden. § 123 wird auch durch § 427a ergänzt. Danach gelten Zeiten des Bezugs von Mutterschaftsgeld vom 1. 1. 1998 bis 31. 12. 2002 als Anwartschaftszeiten (Weitere, aktuell kaum noch relevante Übergangsregelungen finden sich in §§ 425, 427 Abs. 3).

Durch Art. 2b Nr. 2 des 3. SGB IV ÄndG vom 15. 7. 2009 (BGBl I 1939) ist **zum 1. 8. 2009** der bisherige § 123 zu Abs. 1 der Vorschrift geworden und dieser ein **Abs. 2** angefügt worden. Dieser regelt eine verkürzte Anwartschaftszeit, die die soziale Sicherung von Beschäftigten verbessern soll, die berufsbedingt oder wegen der Besonderheiten des Wirtschaftszweiges, in dem sie beschäftigt sind, überwiegend nur auf kurze Zeit befristete Beschäftigungen ausüben können und deshalb die Anwartschaftszeit nach Abs. 1 nicht oder nur in Ausnahmefällen erfüllen. Für diese Personengruppe wird der Zugang zum Arbeitslosengeld durch eine kürzere Anwartschaftszeit (sechs statt zwölf Monate) erleichtert. Damit werde insbesondere den besonderen Beschäftigungsbedingungen von Kulturschaffenden Rechnung getragen (vgl. BT-Drs 16/13424, 32).

B. (Regel-)Anwartschaftszeit nach Abs. 1

Um die Regelanwartschaftszeit nach § 123 Abs. 1 S. 1 zu erfüllen, muss ein Versicherter in der Rahmenfrist (vgl. § 124) mindestens **zwölf Monate** in einem **Versicherungspflichtverhältnis** gestanden haben. Für die Berechnung der Zwölf-Monats-Frist gilt § 339 S. 2, dh. ein Monat entspricht 30 Kalendertagen. Hat ein Antragsteller in der Rahmenfrist 360 Kalendertage in einem Versicherungspflichtverhältnis gestanden, ist die Anwartschaftszeit erfüllt. Aus § 124 ergibt sich, dass diese 360 Tage mit Beitragspflicht in der Arbeitslosenversicherung nicht zusammenhängend, sondern nur irgendwie innerhalb der in der Regel zwei Jahren umfassenden Rahmenfrist zurückgelegt werden müssen.

I. Versicherungspflichtverhältnis

Der Begriff des Versicherungspflichtverhältnis verweist auf die Regelungen in §§ 24 f. Nach diesen Vorschriften stehen Personen unter verschiedenen Voraussetzungen in einem **Versicherungspflichtverhältnis zur Arbeitslosenversicherung**. Nach § 24 Abs. 1 sind versicherungspflichtig die Beschäftigten sowie die aus sonstigen Gründen versicherungspflichtigen Personen. Beschäftigt ist nach § 25 Abs. 1, wer eine **Beschäftigung** gegen Arbeitsentgelt ausübt oder sich in Berufsausbildung befindet. Hier ist die beitragsrechtliche Beschäftigung maßgeblich. Dies hat zur Folge, dass ein AN, der bei Eintritt der Arbeitslosigkeit die Anwartschaftszeit für Alg nicht erfüllt hat, diese sozusagen nachträglich erfüllen kann, wenn er zwar nicht mehr in einem leistungsrechtlichen Beschäftigungsverhältnis steht, aber sein Arbeitsverhältnis mit Beitragspflicht noch andauert (BSG 3. 6. 2004 – B 11 AL 70/03 R – SozR 4–4300 § 123 Nr. 2). § 26 regelt die sonstigen Versicherungspflichtverhältnisse. Die Regelung bezieht sich zB auf Jugendliche in Einrichtungen der Jugendhilfe, Wehr-, Zivildienstleistende, Hilfeleistende im Inneren, Gefangene, nicht satzungsgemäße Mitglieder geistlicher und religiöser Gemeinschaften, bestimmte Bezieher von Entgeltersatzleistungen. Versicherungspflichtverhältnisse, die außerhalb des Geltungsbereichs des Gesetzes bestanden haben, sind zu berücksichtigen, wenn die Voraussetzungen des § 4 SGB IV (zur Entsendung ins Ausland: BSG 5. 12. 2006 – B 11a AL 3/06 R – SozR 4–2400 § 4 Nr. 1), des supranationalen Rechts (Art. 61f. EG-VO Nr. 883/2004; vgl. zur Vorgängerregelung aber LSG Berlin-Brandenburg 20. 8. 2009 – L 5 AL 17/09) oder von zwischenstaatlichen Sozialversicherungsabkommen erfüllt sind (vgl. Gitter, SGb 2007, 739).

7 Zeiten einer **freiwilligen Versicherung** (vgl. Überschrift im 2. Kapitel, 2. Abschnitt des SGB III) werden in anderen Versicherungszweigen nicht den Zeiten der Pflichtversicherung gleichgestellt (vgl. § 7 SGB VI). Anders aber in der Arbeitslosenversicherung. Hier eröffnet § 28 a Abs. 1 S. 1 die Möglichkeit, ein **Versicherungspflichtverhältnis** auf Antrag zu begründen. Die zur Antragsversicherung Berechtigten stehen ab Eingang des Antrags auf Versicherung (Beginn: § 28 a Abs. 2 S. 1) bis zu deren Beendigung (§ 28 a Abs. 2 S. 3) in einem Versicherungspflichtverhältnis. Versicherungszeiten iSd. § 28 a sind deshalb Anwartschaftszeiten nach § 123 Abs. 1 S. 1 (zum Begriff der selbständigen Tätigkeit iS des § 28 a Abs. 1 vgl. BSG 2. 6. 2009 – B 12 AL 1/08 R).

8 Auch der Bezug von Entgeltersatzleistungen begründet nur eine Anwartschaft, wenn er nach Maßgabe des § 26 Abs. 2 bis 6 Versicherungspflicht auslöst (vgl. Berchtold § 26 SGB III Rn. 8 f). Nach der bis 31. 12. 2002 geltenden Rechtslage löste der Bezug einer **Erwerbsunfähigkeitsrente** nicht Versicherungspflicht in der Arbeitslosenversicherung aus und begründete deshalb auch keine Anwartschaft für Alg (BSG 28. 8. 2007 – B 7/7 a AL 50/06 R – SozR 4–4300 § 123 Nr. 4). Seit 1. 1. 2003 begründen auch Zeiten des Bezugs von Rente wegen voller EM (§ 26 Abs. 2 Nr. 3) sowie von EU-Rente auf Zeit (§ 435 Abs. 1) die Anwartschaft. Die unterschiedliche Behandlung verschiedener Entgeltersatzleistungen (EU-Rente/Krankengeld) i. R. d. § 26 Abs. 2 verstößt nicht gegen den Gleichheitssatz (BSG aaO).

9 Für das **Mutterschaftsgeld** hat allerdings das BVerfG entschieden (28. 3. 2006 – 1 BvL 10/01 – BVerfGE 115, 259 f. = SozR4–4300 § 123 Nr. 3), dass die vom 1. 1. 1998 bis 31. 12. 2002 bestehende Rechtslage, die **nicht** vorsah, Mutterschutzzeiten bei der Erfüllung der Anwartschaftszeit des Alg zu berücksichtigen, mit Art. 6 Abs. 4 GG unvereinbar sei. Der Gesetzgeber hat für die Zeiten des Bezugs von Mutterschaftsgeld in diesem Zeitraum inzwischen bestimmt, dass diese als Anwartschaftszeit gelten (§ 427 a), wenn durch sie ein Versicherungspflichtverhältnis unterbrochen worden ist (das ist nicht der Fall, wenn eine Versicherte vor der Mutterschaft in einem Beamtenverhältnis auf Widerruf stand: LSG Berlin-Brandenburg 13. 11. 2009 – L 5 AL 173/08). Die Regelung des § 427 a ist nicht auf Zeiten des Bezugs von Erziehungsgeld vor dem 1. 1. 2003 übertragbar. Allerdings sind Zeiten der Kindererziehung bis zur Vollendung des 3. Lebensjahrs inzwischen nach Maßgabe des § 26 Abs. 2 a ebenfalls in die Versicherungspflicht einbezogen. Solche Zeiten erfüllen ebenfalls die Voraussetzungen des § 123 Abs. 1 (vgl. BT-Drs. 16/7263, 6).

II. Versicherungsfreie Tätigkeit

10 Nach § 123 Abs. 1 S. 1 begründen Zeiten ohne Versicherungspflichtverhältnis keine Anwartschaft auf Alg, das sind insbesondere Zeiten in einer versicherungsfreien Tätigkeit. Deshalb erfüllen Zeiten der Ausübung einer **selbständigen Tätigkeit** oder einer Tätigkeit als **mithelfender Familienangehöriger** (dazu auch § 119 Rn. 22 f.) die Voraussetzungen der Anwartschaftszeit nicht, soweit nicht ein Versicherungsverhältnis auf Antrag nach § 28 a Abs. 1 S. 1 begründet worden ist (vgl oben Rn. 7). Bei der Abgrenzung der Zeiten mit Versicherungspflichtverhältnis und nicht versicherten Zeiten stellen sich die typischen Abgrenzungsprobleme von Versicherungspflicht und Versicherungsfreiheit wie bei der Beurteilung der Beitragspflicht. Zur Abgrenzung der abhängigen Beschäftigung von der selbständigen Tätigkeit: BVerfG 20. 5. 1996 – 1 BvR 21/96 – SozR 3–2400 § 7 Nr. 11; LSG Berlin-Brandenburg vom 22. 3. 2007 – L 4 AL 1340/05; zur Abgrenzung der bei **Gesellschaftern von Kapital- oder Personengesellschaften**: Scheidt in NK-SGB III § 25 Rn. 23 f., 30 f.; zum Versicherungspflichtverhältnis von stillen Gesellschaftern und Beschäftigten einer GmbH: BSG 24. 1. 2007 – B 12 KR 31/06 R – SozR 4–2400 § 7 Nr. 7; zur Tätigkeit als mithelfende Familienangehörige im Unternehmen des **Ehepartners**: LSG Nordrhein-Westfalen vom 29. 1. 2007 – L 1 AL 60/06).

III Anwartschaftszeit durch Formalversicherung?

11 Nach dem Wortlaut des § 123 Abs. 1 S. 1 ist allein maßgeblich, ob der Arbeitslose zwölf Monate nach Maßgabe der Bestimmungen des SGB III in einem **Versicherungspflichtverhältnis** zur Arbeitslosenversicherung gestanden hat, was sich aus §§ 24 f. ergibt. Durch diese Anknüpfung ist die Begründung von Anwartschaften den Gestaltungsmöglichkeiten der Beteiligten weitgehend entzogen. Um solche Gestaltungen zu vermeiden, kann die Anwartschaftszeit auch **nicht** durch eine Anmeldung und Beitragszahlung erfüllt werden (st. Rspr. BSG 6. 2. 1992 – 7 RAr 134/90 – SozR 3–4100 § 104 Nr. 8; BSG 29. 7. 2003 – B 12 AL 1/02 R – SozR 4–2400 § 27 Nr. 1; Sächsisches LSG 26. 8. 2004 – L 3 AL 37/02 – Juris-Dok. Rn. 26 m. w. N.).

12 Diese Rechtslage kann zu **Härten** führen, wenn für einen Erwerbstätigen längerfristig Beiträge in der unzutreffenden bzw. irrtümlichen Annahme gezahlt worden sind, dieser sei versicherungspflichtig in der Arbeitslosenversicherung. Personen, die objektiv **versicherungsfrei** sind, können allein durch Meldung oder Beitragszahlung keinen Anspruch auf Alg erlangen (anders in der RV vgl. § 199 SGB VI). Trotz Beitragsleistung bleiben die Betroffenen ohne Absicherung im Fall der Arbeitslosigkeit. Sie können (nur) den der Verjährung unterliegenden Beitragserstattungsanspruch (§ 26 Abs. 2 SGB IV) geltend machen.

Von dieser Rechtslage gibt es wenige **Ausnahmen**. Der vermeintlich Versicherte kann eine förmliche Entscheidung der Einzugsstelle oder eines zuständigen Trägers über den Versichertenstatus herbeiführen (zB § 7a SGB IV). Bei der Beschäftigung von Ehegatten und Abkömmlingen ist die Statusentscheidung sogar zwingend vorgeschrieben. Bejaht der zuständige Träger die Versicherungspflicht, erwächst der hierzu ergangene VA – unabhängig von seiner Rechtmäßigkeit – in Bestandskraft (§ 77 SGG). Entsprechendes gilt, wenn ein konkretes Beschäftigungsverhältnis im Rahmen einer Betriebsprüfung überprüft und die Beitragszahlung zur BA nicht beanstandet worden ist (§ 28p Abs. 1 S. 5 SGB IV).   13

V. Erlöschen wegen Sperrzeiten (Abs. 1 S. 2)

§ 123 Abs. 1 S. 2 bestimmt, dass Zeiten, die vor dem Tag liegen, an dem ein Anspruch auf Alg wegen des Eintritts einer Sperrzeit erloschen ist (§ 147 Abs. 1 S. 1 Nr. 2), nicht der Erfüllung der Anwartschaftszeit dienen. Ist der Anspruch auf Alg wegen Sperrzeiten erloschen, **entfällt** das **Stammrecht** auf Alg. Dies gilt auch, soweit es auf den vor seinem Entstehen zurückgelegten Anwartschaftszeiten beruht. Infolge des Abs. 1 S. 2 muss ein Arbeitsloser zeitlich nach Eintritt des Erlöschenstatbestands wieder eine volle Anwartschaftszeit nach Abs. 1 S. 1 oder Abs. 2 zurücklegen, um Alg beanspruchen zu können.   14

C. Verkürzte Anwartschaftszeit nach Abs. 2

Die **verkürzte Anwartschaftszeit** gilt seit 1. 8. 2009 und ist – zunächst – bis 1. 8. 2012 befristet. Sie will die Beschäftigten in den Kreis der anspruchsberechtigten Personen einbeziehen, die zwar die Anwartschaftszeit nach Abs. 1 nicht erfüllen, aber in der Rahmenfrist von zwei Jahren überwiegend Beschäftigungen zurückgelegt haben, die auf **bis zu sechs Wochen befristet** sind, und mit diesen Zeiten insgesamt eine Anwartschaftszeit von sechs Monaten erreichen. Erste Voraussetzung einer verkürzten Anwartschaftszeit ist also, dass die Anwartschaftszeit nach Abs. 1 nicht erfüllt ist (Abs. 2 Satz 1 Hs. 1). Die Anwartschaftszeit nach Abs. 2 ist zu derjenigen nach Abs. 1 nachrangig. Beide Anwartschaftszeiten können nur alternativ nicht kumulativ erfüllt sein. Der mit einer verkürzten Anwartschaftszeit erworbene Anspruch hat allerdings eine **kürzere Dauer** (§ 127 Abs. 3). Die **unständig Beschäftigten**, die in § 27 Abs. 3 Nr. 1 definiert werden und versicherungsfrei sind, sind nach § 123 Abs. 2 S. 2 nicht in die Privilegierung einbezogen, bleiben also versicherungsfrei und ohne Anwartschaft auf Alg.   15

Die Berechnung der Fristen zur Prüfung einer kurz befristeten Beschäftigung richtet sich nach allgemeinen Regeln der Fristberechnung (§ 26 SGB X; §§ 187f. BGB). Alg bei Arbeitslosigkeit kann mit der verkürzten Anwartschaftszeit nur in Anspruch nehmen, wer kumulativ die Voraussetzungen nach Abs. 2 S. 1 Nr. 1 und 2 erfüllt, dies darlegt und nachweist (zu den Anforderungen an eine Darlegungs- und Nachweispflicht vgl. § 147a Rn. 18).   16

Zu **Nr. 1**: Arbeitslose müssen in der Rahmenfrist (§ 124) Beschäftigungstage zurückgelegt haben, die sich überwiegend   17
– aus versicherungspflichtigen Beschäftigungen (§ 25 Abs. 1, vgl. oben Rn. 5) ergeben, die
– arbeitsvertraglich
– im Voraus
– auf höchstens sechs Wochen

befristet sind. Das Merkmal **überwiegend** ist erfüllt, wenn Arbeitnehmer mehr als die Hälfte ihrer Beschäftigungstage in der Rahmenfrist in auf höchstens sechs Wochen befristeten Beschäftigungen zurückgelegt haben. Innerhalb der Rahmenfrist von in der Regel zwei Jahren (720 Tage) muss der Versicherte von all seinen Beschäftigungstagen mehr als die Hälfte in Beschäftigungen mit einer kurzen bis zu sechs Wochen dauernden Befristung gestanden haben. Anders gesagt müssen bezogen auf die persönliche Beschäftigungsdauer kurzzeitig befristete Beschäftigungen überwiegen (vgl. BT-Drs 16/13424, 32 Zu Nummer 2 § 123). Wäre z. B. ein Beschäftigter in der Rahmenfrist zweimal auf fünf Wochen (70 Tage) befristet und einmal auf acht Wochen (56 Tage) befristet beschäftigt gewesen, wäre diese Voraussetzung erfüllt.

Die verkürzte Anwartschaftszeit beträgt **sechs Monate** (180 Tage). Insgesamt muss der Arbeitslose in der Rahmenfrist 180 Tage in einer die Versicherungspflicht begründenden Beschäftigung gestanden haben. Zum Beispiel erfüllt ein Arbeitnehmer, der 180 Beschäftigungstage zurückgelegt hat, die verkürzte Anwartschaftszeit, wenn er davon mindestens 91 Tage in Beschäftigungen zurückgelegt hat, die bis zu sechs Wochen befristet gewesen sind. Die weiteren Beschäftigungstage können aus längeren Beschäftigungsverhältnissen stammen (vgl. BT-Drs 16/13.424, 32 Zu Nummer 2 § 123).   18

Zu **Nr. 2**: Daneben gilt für das letzte Jahr vor Eintritt der Arbeitslosigkeit eine **Entgeltgrenze,** die nicht überschritten sind darf. Diese Voraussetzung soll ausschließen, dass auch Personen mit kurz befristeten Beschäftigungen in den Schutz der Regelung einbezogen werden, deren Entgelt trotz kurzer Befristungen das durchschnittliche Entgelt, das abhängig Beschäftigte im Jahr erzielen, übersteigt. Das   19

Mutschler

Privileg der verkürzten Anwartschaftszeit sei gegenüber der Versichertengemeinschaft, also den übrigen Arbeitnehmern und ihren Arbeitgebern, die mit ihren Beiträgen die Leistungen der Arbeitsförderung finanzieren, nur gerechtfertigt, wenn die Betroffenen einen Lebensunterhalt, der dem Verdienst eines durchschnittlichen Arbeitnehmers entspricht, der hierfür zwölf Monate durchgehend arbeitet, nicht bereits in den ausgeübten kurzzeitigen Beschäftigungen erzielen (vgl. BT-Drs. 16/13.424, 32). Da die Regelung insbesondere kulturschaffende Personen begünstigen soll, schließt Nr. 2 z. B. Künstler aus der Anspruchsberechtigung aus, die trotz kurz befristeter Beschäftigungen hohe Entgelte erzielen.

20   Die **Entgeltgrenze** ist nach Nr. 2 so gezogen, dass das Arbeitsentgelt im letzten Jahr vor der Eintritt der Arbeitslosigkeit die bei Anspruchsentstehung geltende Bezugsgröße (West) – im Jahr 2010 also 30.660 Euro – nicht übersteigt. Wird ein mehrfach befristet beschäftigter Künstler z. B. am 1. 6. 2010 arbeitslos, kann ein Anspruch auf Alg aufgrund der verkürzten Anwartschaftszeit entstehen, wenn er vom 1. 6. 2009 bis 31. 5. 2010 nicht mehr als 30.660 Euro an Arbeitsentgelt erzielt hat. Arbeitseinkommen aus selbständigen Tätigkeiten in diesem Zeitraum sind weder für die Anwartschaftszeit (vgl. oben Rn. 10) noch bei der Entgeltgrenze nach Nr. 2 zu berücksichtigen. Die Bezugsgröße für das Beitrittsgebiet (§ 408 Nr. 1 SGB III i. V. m. § 18 Abs. 2 SGB IV) findet keine Anwendung. Es gilt also eine einheitliche Entgeltgrenze für die Inanspruchnahme der verkürzten Anwartschaftszeit, unabhängig vom Beschäftigungsort. Aufgrund der jährlichen Anpassung der Bezugsgröße unterliegt die Einkommensgrenze nach Nr. 2 der regelmäßigen Anpassung.

D Auslandsbeschäftigung

21   Zeiten einer abhängigen **Beschäftigung im Ausland** fallen **nur nach Maßgabe bestimmter Regelungen** in den Anwendungsbereich des § 123 (vgl. oben Rn. 4); im Übrigen dienen sie nicht dazu, Zeiten mit Versicherungspflicht zurückzulegen. Anderes gilt für Zeiten der **Beschäftigung in einem anderen Mitgliedsstaat der EU**. Nach dem Prinzip der Zusammenrechnung (Art. 61 Abs. 1 EGVO Nr. 883/2004) sind dortige Beschäftigungen, wenn das Recht des zuständigen Trägers – wie hier – auf die Zurücklegung von Versicherungszeiten abstellt, auf diese so anzurechnen, als seien sie nach dem geltenden Recht – hier § 123 – zurückgelegt worden (Fuchs in SGb 2008, 201, 203). Den daraus ggf. resultierenden Leistungsanspruch muss der Versicherte in dem Mitgliedstaat geltend machen, in dem er aktuell wohnt (Art 65 Abs. 2 EGVO 883/2004). Er hat aber die Möglichkeit, sich wahlweise auch der Arbeitsverwaltung des letzten Beschäftigungsstaats zur Verfügung zu stellen, was aber nichts an der Leistungszuständigkeit ändert. Lediglich für einen Zeitraum von bis zu drei, höchstens sechs Monaten kann ein Versicherter den Leistungsanspruch „exportieren", wenn er sich zur vorübergehenden Arbeitssuche in einen anderen Mitgliedsstaat begibt (vgl. Art. 64 Abs. 1 Lit c und d EGVO Nr. 883/2004; zum alten Recht: Vorauflage § 123 Rn. 9; SG Würzburg 27. 11. 2006 – S 10 AL 448/04).

§ 124 Rahmenfrist

(1) **Die Rahmenfrist beträgt zwei Jahre und beginnt mit dem Tag vor der Erfüllung aller sonstigen Voraussetzungen für den Anspruch auf Arbeitslosengeld.**

(2) **Die Rahmenfrist reicht nicht in eine vorangegangene Rahmenfrist hinein, in der der Arbeitslose eine Anwartschaftszeit erfüllt hatte.**

(3) [1]**In die Rahmenfrist werden Zeiten nicht eingerechnet, in denen der Arbeitslose von einem Rehabilitationsträger Übergangsgeld wegen einer berufsfördernden Maßnahme bezogen hat.** [2]**In diesem Falle endet die Rahmenfrist spätestens nach fünf Jahren seit ihrem Beginn.**

A. Normzweck

1   Die Vorschrift regelt die **Rahmenfrist,** die den Zeitrahmen für die Erfüllung der Anwartschaftszeit bildet (vgl. § 123), die ihrerseits materiell-rechtliche Regelvoraussetzung des Anspruchs auf Alg ist (§ 118 Abs. 1 Nr. 3). Unmittelbar bestimmt § 124 den zeitlichen Rahmen, in dessen Grenzen die Anwartschaftszeit erfüllt sein muss. Die Arbeitslosenversicherung soll für eine Beschäftigungslosigkeit die Entgeltersatzleistung Alg nur erbringen, wenn die Anwartschaftszeit in einem Zeitraum zurückgelegt worden ist, der noch eine hinreichende zeitlicher Nähe zum Versicherungsfall aufweist. Insgesamt ein Jahr mit Pflichtbeitragszeiten muss innerhalb der letzten zwei Jahre vor Erfüllung der anderen Voraussetzungen des Anspruchs auf Alg zurückgelegt worden sein (ähnlich für EM-Rente: § 43 Abs. 2 S. 1 Nr. 2 SGB VI).

2   Die lange Zeit geltende Rahmenfrist von drei Jahren ist zum 1. 1. 2004 durch die jetzt geltende zweijährige Rahmenfrist abgelöst worden. Damit wollte der Gesetzgeber die Arbeitslosenversicherung

wieder stärker an den Grundprinzipien einer (Risiko)-Versicherung ausrichten und das Leistungsrecht um tendenziell versicherungsfremde Elemente bereinigen. Die Verkürzung der Rahmenfrist auf zwei Jahre bezweckt zudem eine **Verwaltungsvereinfachung** (BT-Drs. 15/1515 S. 84). Wegen Verkürzung der Rahmenfrist sind für Alg-Ansprüche, die zwischen dem 1. 1. 2004 und dem 31. 1. 2006 entstanden sind, die **Übergangsregelungen** in § 434j Abs. 3, 3a zu beachten, wonach noch §§ 123, 124 in der bis 31. 12. 2003 geltenden Fassung anzuwenden sind (Weitere, aktuell nicht mehr relevante Übergangsregelungen finden sich in: §§ 425, 427 Abs. 3, 427a Abs. 1; 434d Abs. 2; vgl. auch Schleswig-Holsteinisches LSG 11. 12. 2009 – L 3 AL 67/08).

B. Beginn und Dauer der Rahmenfrist (Abs. 1)

§ 124 Abs. 1 bestimmt die Dauer der Rahmenfrist mit zwei Jahren, dieser Zeitraum wird vom **Tag vor Erfüllung** aller anderen **Anspruchsvoraussetzungen** zurückgerechnet. Die Rahmenfrist beginnt an dem Tage bevor die Arbeitslosigkeit eingetreten ist (§§ 119f.) und die Arbeitslosmeldung (§ 122) erfolgt ist. Ob § 124 voraussetzt, dass auch die Anwartschaftszeit erfüllt sein muss (vgl. BSG 3. 6. 2004 – B 11 AL 70/03 R – SozR 4–4300 § 123 Nr. 2 Rn. 14), erscheint zweifelhaft. Solange ein Beschäftigter unmittelbar vor der Eintritt des Versicherungsfalls durchgehend beschäftigt war, ist dies unproblematisch. Wechseln sich aber Zeiträume mit und ohne Versicherungspflichtverhältnis ab, dürfte es schwierig sein, über die Erfüllung der Anwartschaftszeit vor Festlegung der Rahmenfrist zu entscheiden. Am Fehlen der Anwartschaftszeit kann der Anspruch auf Alg nur scheitern, wenn und solange ein Arbeitsloser in seinem gesamten Erwerbsleben (noch) keine 360 Tage in einem Versicherungspflichtverhältnis gestanden hat (so lag der Fall bei BSG vom 3. 6. 2004 – B 11 AL 70/03 R – SozR 4–4300 § 123 Nr. 2), nicht aber, wenn Lage und Dauer der Anwartschaftszeit str. sind.

Vom Tag des Beginns der Rahmenfrist aus ist **zwei Jahre zurück**zurechnen. Meldet sich ein Arbeitsloser, der die sonstigen Voraussetzungen erfüllt, zB am 25. 3. 10 arbeitslos, beginnt die Frist am 24. 3. 10 und reicht bis 25. 3. 08 zurück. Die Rahmenfrist läuft **kalendermäßig** ab. Innerhalb dieser zwei Jahre, das sind 730 bzw. in Schaltjahren 731 Kalendertage müssen die 360 Kalendertage mit einem Versicherungspflichtverhältnis zur Arbeitslosenversicherung liegen (vgl. § 123 Rn. 5f.). Bei der Berechnung der Tage, die zur Anwartschaftszeit rechnen, werden alle Kalendertage innerhalb einer Beschäftigungsphase mitgerechnet. Beginnt zB ein Arbeitsverhältnis am 1. 5., die Beschäftigung wegen des Feiertags tatsächlich aber am 2. 5., beginnt die maßgebliche beitragsrechtliche Beschäftigung bereits am 1. 5. (zur betragsrechtlichen Beschäftigung ohne tatsächliche Arbeitsleistung: *Scheidt* in NK-SGB III, § 24 Rn. 16f.). Die Rahmenfrist **endet** im Regelfall des Abs. 1 nach Ablauf der zurückgerechneten Zwei-Jahres-Frist, d.h. mit Beginn des Tages, an dem die Alg-Voraussetzungen erfüllt waren.

C. Kein Hineinreichen in eine frühere Rahmenfrist (Abs. 2)

Während Abs. 1 den Beginn der Rahmenfrist und deren Regeldauer bestimmt, begrenzt Abs. 2 die Dauer der Rahmenfrist auf einen kürzeren Zeitraum. Sie **reicht nicht in** eine andere, **früher entstandene Rahmenfrist** hinein. Soweit die anderen Voraussetzungen des § 118 Abs. 1 erfüllt sind, also ein Anspruch auf Alg entstanden ist, soll die Vorschrift bewirken, dass vor dem Entstehen eines neuen Stammrechts auf Alg in einer späteren Rahmenfrist wiederum die Anwartschaftszeit erfüllt wird. Zur Begründung einer weiteren Anwartschaftszeit kann daher nicht auf Zeiten zurückgegriffen werden, die früher schon einmal zur Entstehung eines Anspruchs auf Alg beigetragen haben. Weder ein Anspruch aufgrund einer Regelanwartschaftszeit nach § 123 Abs. 1 noch ein Anspruch aufgrund verkürzter Anwartschaftszeit nach § 123 Abs. 2, reichen in eine frühere Rahmenfrist hinein. Die Vorschrift soll gewährleisten, dass dieselben Beschäftigungszeiten nicht mehrmals einen Anspruch auf Alg begründen (schon zum AFG: BSG 11. 6. 1987 – 7 RAr 40/86 – SozR 4100 § 117 Nr. 19 S. 95).

Nach früherem Alg-Bezug kann der Arbeitslose entweder auf die noch nicht ausgeschöpfte Dauer des früher erworbenen Anspruchs zurückgreifen oder er muss für das Entstehen eines (neuen) Stammrechts in einer späteren sich mit der vorherigen nicht überschneidenden Rahmenfrist erneut die Anwartschaftszeit nach § 123 Abs 1 oder Abs. 2 erfüllen (vgl. auch BSG 21. 10. 2003 – B 7 AL 88/02 R – SozR 4–4300 § 147 Nr. 1). Beim Anspruch auf **Teilarbeitslosengeld** (§ 150) bezieht sich § 124 Abs. 2 nur auf die Teilzeitbeschäftigung, die bei Erfüllung der früheren Anwartschaftszeit verloren gegangen war (BSG 17. 11. 2005 – B 11a AL 1/05 R – SozR 4–4300 § 150 Nr. 2).

D. Verlängerungstatbestand (Abs. 3)

§ 124 Abs. 3 bestimmt als Ausnahmeregelung zu Abs. 1 die **Zeiten, die nicht** in die Rahmenfrist **einzurechnen** sind. Da diese Zeiten bei der Berechnung der zweijährigen Rahmenfrist außer Ansatz bleiben, bewirken sie sozusagen eine Verlängerung der Rahmenfrist. Ein solcher Verlängerungstatbe-

Mutschler

stand ergibt sich (anders idF bis 31. 12. 2003; Hinweise zu den Übergangsregelungen vgl. oben Rn. 2) nur noch für Zeiten des Bezugs von Übergangsgeld von einem Rehabilitationsträger wegen einer berufsfördernden Maßnahme (vgl. zum Inhalt des Anspruchs: *Luik* in jurisPR-SozR 17/2007 Anm. 2). Der Verlängerungstatbestand ist erfüllt, wenn kumulativ folgende **drei Voraussetzungen** vorliegen, (1) tatsächlicher Bezug von Übg, (2) von einem gesetzlichen Reha-Träger (BA, DRV, BG), (3) wegen einer berufsfördernden Maßnahme (z. B. § 160, § 20 Abs. 1 SGB VI, § 49 SGB VII), Zeiten einer medizinischen Reha bewirken keine Verlängerung der Rahmenfrist. Auch andere Sozialleistungen, wie z. B. der Bezug von Leistungen der aktiven Arbeitsförderung, wirken sich auf Dauer und Lage der Rahmenfrist – und die Erfüllung der Anwartschaftszeit – nicht aus (*Söhngen* in: Eicher/Schlegel, SGB III, § 124 Rn. 21 f.).

8 § 124 Abs. 3 S. 2 begrenzt bei Vorliegen der Voraussetzungen des § 124 Abs. 3 S. 1 wiederum die Wirkung des Verlängerungstatbestands in zeitlicher Hinsicht. Spätestens **fünf Jahre** nach ihrem Beginn (vgl. oben Rn. 4) endet die Rahmenfrist, auch wenn die Voraussetzungen des Abs. 3 S. 1 weiterhin erfüllt sein sollten. Die Rahmenfrist kann durch den Bezug von Übg nicht um mehr als drei, also auf höchstens fünf Jahre verlängert werden. Die Einführung einer Obergrenze für die Dauer der Rahmenfrist ist sachgerecht, wie die schwierige Berechnung der Rahmenfrist nach früherem von vielen Verlängerungstatbeständen geprägtem Recht zeigt (anschaulich: LSG Nordrhein-Westfalen 4. 6. 2009 – L 9 AL 9/08; Schleswig-Holsteinisches LSG 11. 12. 2009 – L 3 AL 67/08 – auch zu den Übergangsvorschriften § 434 d Abs. 2, 427 a Abs. 1).

§ 124 a Anspruchsvoraussetzungen bei beruflicher Weiterbildung

(1) Anspruch auf Arbeitslosengeld hat auch ein Arbeitnehmer, der die Voraussetzungen eines Anspruchs auf Arbeitslosengeld bei Arbeitslosigkeit allein wegen einer nach § 77 geförderten beruflichen Weiterbildung nicht erfüllt.

(2) Bei einem Arbeitnehmer, der vor Eintritt in die Maßnahme nicht arbeitslos war, gelten die Voraussetzungen eines Anspruchs auf Arbeitslosengeld bei Arbeitslosigkeit als erfüllt, wenn er
1. bei Eintritt in die Maßnahme einen Anspruch auf Arbeitslosengeld bei Arbeitslosigkeit hätte, der weder ausgeschöpft noch erloschen ist, oder
2. die Anwartschaftszeit im Falle von Arbeitslosigkeit am Tage des Eintritts in die Maßnahme der beruflichen Weiterbildung erfüllt hätte; insoweit gilt der Tag des Eintritts in die Maßnahme als Tag der persönlichen Arbeitslosmeldung.

A. Normzweck

1 § 124 a regelt die materiellen Anspruchsvoraussetzungen des **Alg bei beruflicher Weiterbildung** (§ 117 Abs. 1 Nr. 2). Auch dieser Anspruch auf Alg ist zeitlich auf das Erreichen der Altersgrenze für eine Regelaltersrente befristet (§ 117 Abs. 2). Mit Beginn des Folgemonats, in dem das für die Regelaltersrente nach dem SGB VI erforderliche Lebensalter erreicht wird (vgl. §§ 35 S. 2, 235 SGB VI; vgl. § 117 Rn. 7 f.), besteht der Anspruch nicht mehr. Das Alg nach § 124 a ist eine vorrangige Leistung der aktiven Arbeitsförderung (§§ 4, 5). Sie soll den Anspruchsberechtigten das wegen beruflicher Weiterbildung entgangene Entgelt aus einer Beschäftigung ersetzen, wenn und solange ein Arbeitnehmer Teilnehmer an einer von der AA geförderten Weiterbildungsmaßnahme ist. Die Regelung privilegiert insoweit die Bemühungen, sich zur Wiedereingliederung in den Arbeitsmarkt beruflich weiter zu qualifizieren (§ 2 Abs. 4 S. 2). Die Leistung hat das Unterhaltsgeld ersetzt, das Arbeitnehmer früher bei beruflicher Weiterbildung beanspruchen konnten (§§ 153 f. i. d. F. bis 31. 12. 2004). Zum 1. 1. 2005 sind die Entgeltersatzleistungen bei Arbeitslosigkeit und beruflicher Weiterbildung zusammengeführt worden, was u. a. der Verwaltungsvereinfachung dienen soll.

2 Systematisch sind die Anspruchsvoraussetzungen des Alg bei Arbeitslosigkeit in §§ 118–124 geregelt. § 124 a knüpft hieran an, regelt die materiellen Voraussetzung des Anspruchs auf Alg bei beruflicher Weiterbildung und nimmt im wesentlichen Bezug auf die Voraussetzungen nach §§ 118 f. Bezug.

B. Voraussetzungen des Anspruchs (§ 124 a Abs. 1)

I. Allgemein

3 Anspruch auf Alg nach § 124 a haben Arbeitnehmer (zum Begriff: § 117 Rn. 3 f.). Sie müssen die Voraussetzungen des Alg bei Arbeitslosigkeit im Wesentlichen erfüllen. Abs. 1 geht deshalb typisierend davon aus, dass der Arbeitnehmer **vor** dem **Eintritt in die** geförderte **Maßnahme** im Bezug von **Alg** bei Arbeitslosigkeit gestanden hat. Mit Beginn der Maßnahme der beruflichen Weiterbildung fehlt es wegen der Teilnahme an dieser regelmäßig an der Arbeitslosigkeit (§ 16 Abs. 2), insbesondere

der Verfügbarkeit (§ 119 Abs. 5, vgl. aber auch § 120 Abs. 3 zur Fiktion der Verfügbarkeit bei nicht geförderten Bildungsmaßnahmen). Den Bezug zu den allgemeinen Anspruchsvoraussetzungen des Alg stellt § 124a Abs. 1 S. 1 durch seinen Wortlaut her („auch"). Der Anspruch auf Alg bei beruflicher Weiterbildung nimmt also bei der Regelung der **Voraussetzungen** des Anspruchs auf Alg iSd. **§§ 118f.** Bezug. Insbesondere die Beschäftigungslosigkeit, die Arbeitslosmeldung und die Anwartschaftszeit müssen gegeben sein. Die Arbeitslosmeldung muss vor Beginn der Maßnahme vorgelegen haben und bei deren Beginn noch wirksam sein. Für Personen, die vor Maßnahmebeginn **nicht arbeitslos** waren, trifft **Abs. 2** eine Sonderregelung (zum Übergangsrecht vgl. § 434j Abs. 8 und 10).

II. Geförderte Maßnahme

§ 124a Abs. 1 setzt die Teilnahme an einer nach § 77 geförderten Maßnahme voraus. Daher müssen auch die Voraussetzungen für die **Förderung der beruflichen Weiterbildung (§ 77)** erfüllt sein (BT-Drs. 15/1515 S. 84). Der Anspruch auf Alg bei beruflicher Weiterbildung ist gemäß § 77 Abs. 1 daran geknüpft, dass die Notwendigkeit einer Weiterbildung im Einzelfall festgestellt, vor Maßnahmebeginn eine Beratung durch die AA erfolgt ist, die Maßnahme von einem zugelassenen Träger angeboten und diese auch unter dem Gesichtspunkt der Ausübung pflichtgemäßen Ermessens gefördert wird (BT-Drs. 15/1515 S. 84). Allerdings setzt § 124a Abs. 1 nach seinem Wortlaut nur voraus, dass die Maßnahme durch die AA gefördert wird (so auch Lauer in NK-SGB III § 124a Rn. 4). Würde die AA eine Maßnahme fördern, obwohl eine der Förderungsvoraussetzungen des § 77 Abs. 1 fehlt, kann dennoch Alg nach § 124a bezogen werden. Eine **rechtswidrige Förderung** nach § 77 führt nicht dazu, Alg nach § 124a zu versagen. Auch ist der Bezug des Alg nach § 124a nicht rechtswidrig. Der anderslautende Wille des Gesetzgebers (BT-Drs. a. a. O.) ist im Wortlaut der Vorschrift nicht zum Ausdruck gekommen.

III. Kausalität

Denkt man die Bildungsmaßnahme nach § 77 hinweg, müsste der Arbeitslose Anspruch auf Alg nach §§ 118f. haben. Zwar muss und kann ein Arbeitnehmer während der Teilnahme an der Maßnahme die Voraussetzungen des § 119, insbesondere Verfügbarkeit nicht erfüllen. Andererseits setzt § 124a Abs. 1 voraus, dass er ohne die Maßnahme Alg bei Arbeitslosigkeit beziehen könnte. Deshalb muss der Arbeitnehmer „latent" zu Eigenbemühungen bereit und verfügbar sein. Wäre er dagegen auch ohne die Bildungsmaßnahme nicht bereit, z.B. eine zumutbare Beschäftigung anzunehmen, fehlt es an der geforderten **Kausalität der Weiterbildung** für das Fehlen eines Anspruchs auf Alg bei Arbeitslosigkeit (str, aA *Coseriu* in BeckOK SGB III § 124a Rn. 4).

C. Anspruchsvoraussetzungen für nicht arbeitslos gewordene Personen (§ 124a Abs. 2)

Anders als im Regelfall des Abs. 1 geht **Abs. 2** davon aus, dass der Versicherte bei Eintritt in die geförderte Maßnahme nicht im Bezug von Alg bei Arbeitslosigkeit steht. Abs. 2 fingiert für solche Personen einen Anspruch auf Alg bei Arbeitslosigkeit (vgl. auch Rn. 9). Die Voraussetzungen des Anspruchs nach Abs. 2 sind z.B. erfüllt, wenn der Arbeitnehmer **die Maßnahme unmittelbar im Anschluss an eine Beschäftigung antritt,** ohne dass ein Anspruch auf Alg bei Arbeitslosigkeit entstanden ist.

Die gesetzliche Fiktion des Abs. 2 knüpft ihrerseits an zwei Voraussetzungen an, die alternativ gegeben sein müssen. Die Voraussetzungen für Alg gelten als erfüllt, wenn der Arbeitnehmer bei Eintritt in die Maßnahme ohne diese einen Anspruch auf Alg bei Arbeitslosigkeit hätte, der **weder ausgeschöpft noch** nach § 147 erloschen ist (Nr. 1), oder die Anwartschaftszeit im Falle von Arbeitslosigkeit am Tage des Eintritts in die Maßnahme der beruflichen Weiterbildung erfüllt hätte (Nr. 2).

Die Regelung nach **Nr. 1** geht davon aus, dass ein Stammrecht auf Alg zu dem Zeitpunkt entstehen könnte, zu dem der AN in die Maßnahme eintritt. Zu diesem Zeitpunkt muss insbesondere die Anwartschaftszeit so erfüllt sein, dass eine Anwartschaft auf Alg besteht, die Leistung also beansprucht werden könnte. Insbesondere darf es an einem Anspruch auf Alg bei Arbeitslosigkeit (Abs. 1) nicht deshalb fehlen, weil der Anspruch bereits ausgeschöpft (§ 128) oder erloschen (§ 147) ist. Die Vorschrift verzichtet im Wesentlichen auf die pers. Arbeitslosmeldung (§ 122) sowie die Antragstellung (§ 323 Abs. 1 S. 2).

Die Alternative nach **Nr. 2** erfordert die Erfüllung der Anwartschaftszeit und fingiert den Tag des Maßnahmebeginns als Tag der Arbeitslosmeldung (§ 122). Beide Varianten stellen sicher, dass nur solche Personen „Alg bei Arbeitslosigkeit" beziehen können, die hinreichende Eigenleistungen in Form von Beiträgen zur Arbeitslosenversicherung mindestens im Umfang der Anwartschaftszeit erbracht haben.

D. Wirkung des Leistungsbezugs

10 Die Privilegierung der beruflichen Weiterbildung zeigt sich auch bei den Regelungen zur **Minderung der Anspruchsdauer**. § 128 Abs. 1 Nr. 8 bestimmt insoweit, dass Zeiten des Bezugs von Alg bei beruflicher Weiterbildung die Anspruchsdauer zwar mindern. Ein Wechsel zwischen Arbeitslosigkeit und Bildungsmaßnahmen wird in Bezug auf die Gesamtdauer des Anspruchs nur noch bedingt gefördert. Andererseits erfolgt die Anrechnung nach der Formel 2 : 1; zwei Tage des Bezugs von Alg nach § 124a Abs. 1 mindern die Anspruchsdauer des Alg insgesamt nur um einen Tag. Zudem unterbleibt die Anrechnung auf die Anspruchsdauer in Fällen des § 128 Abs. 2 S. 3 (weniger als ein Monat Restanspruchsdauer). Der Gesetzgeber fördert – allerdings in engeren Grenzen als vor dem 1. 1. 2004 – weiterhin die berufliche Weiterbildung.

11 Die Privilegierung des Alg bei beruflicher Weiterbildung in Bezug auf die Minderung der Anspruchsdauer gilt aber nur beim Leistungsbezug § 124a Abs. 1, denn § 124a Abs. 2 fingiert einen Anspruch auf Alg bei Arbeitslosigkeit (so auch Brand in Niesel/Brand, SGB III, § 124a Rn. 7).

Zweiter Titel. Sonderformen des Arbeitslosengeldes

§ 125 Minderung der Leistungsfähigkeit

(1) ¹Anspruch auf Arbeitslosengeld hat auch, wer allein deshalb nicht arbeitslos ist, weil er wegen einer mehr als sechsmonatigen Minderung seiner Leistungsfähigkeit versicherungspflichtige, mindestens 15 Stunden wöchentlich umfassende Beschäftigungen nicht unter den Bedingungen ausüben kann, die auf dem für ihn in Betracht kommenden Arbeitsmarkt ohne Berücksichtigung der Minderung der Leistungsfähigkeit üblich sind, wenn verminderte Erwerbsfähigkeit im Sinne der gesetzlichen Rentenversicherung nicht festgestellt worden ist. ²Die Feststellung, ob verminderte Erwerbsfähigkeit vorliegt, trifft der zuständige Träger der gesetzlichen Rentenversicherung. ³Kann sich der Leistungsgeminderte wegen gesundheitlicher Einschränkungen nicht persönlich arbeitslos melden, so kann die Meldung durch einen Vertreter erfolgen. ⁴Der Leistungsgeminderte hat sich unverzüglich persönlich bei der Agentur für Arbeit zu melden, sobald der Grund für die Verhinderung entfallen ist.

(2) ¹Die Agentur für Arbeit hat den Arbeitslosen unverzüglich auffordern, innerhalb eines Monats einen Antrag auf Leistungen zur medizinischen Rehabilitation oder zur Teilhabe am Arbeitsleben zu stellen. ²Stellt der Arbeitslose diesen Antrag fristgemäß, so gilt er im Zeitpunkt des Antrags auf Arbeitslosengeld als gestellt. ³Stellt der Arbeitslose den Antrag nicht, ruht der Anspruch auf Arbeitslosengeld vom Tage nach Ablauf der Frist an bis zum Tage, an dem der Arbeitslose einen Antrag auf Leistungen zur medizinischen Rehabilitation oder zur Teilhabe am Arbeitsleben oder einen Antrag auf Rente wegen Erwerbsminderung stellt. ⁴Kommt der Arbeitslose seinen Mitwirkungspflichten gegenüber dem Träger der medizinischen Rehabilitation oder der Teilhabe am Arbeitsleben nicht nach, so ruht der Anspruch auf Arbeitslosengeld von dem Tag nach Unterlassen der Mitwirkung bis zu dem Tag, an dem die Mitwirkung nachgeholt wird. ⁵Satz 4 gilt entsprechend, wenn der Arbeitslose durch sein Verhalten die Feststellung der Erwerbsminderung verhindert.

(3) ¹Wird dem Arbeitslosen von einem Träger der gesetzlichen Rentenversicherung wegen einer Maßnahme zur Rehabilitation Übergangsgeld oder eine Rente wegen Erwerbsminderung zuerkannt, steht der Bundesagentur ein Erstattungsanspruch entsprechend § 103 des Zehnten Buches zu. ²Hat der Träger der gesetzlichen Rentenversicherung Leistungen nach Satz 1 mit befreiender Wirkung an den Arbeitslosen oder einen Dritten gezahlt, hat der Bezieher des Arbeitslosengeldes dieses insoweit zu erstatten.

A. Normzweck

1 § 125 korrespondiert mit den Regelvoraussetzungen des Anspruchs auf Alg bei Arbeitslosigkeit. Diese Vorschrift stellt sicher, dass gesundheitlich längerfristig eingeschränkte Arbeitslose nahtlos, d. h. **ohne Leistungslücken,** den **Versicherungsschutz bei Arbeitslosigkeit** in Anspruch nehmen können. Es handelt sich um eine Regelung zur Sicherung des Anspruchs auf Alg trotz Vorliegens einer dauerhaften, die objektive Verfügbarkeit ausschließenden Minderung der Leistungsfähigkeit. Sie koordiniert das Leistungssystem der Arbeitslosenversicherung mit dem der Rentenversicherung. Dies

allerdings nur im Verhältnis zwischen Arbeitslosem, AA und Rentenversicherungsträger. Die **Krankenkasse** kann sich wegen Zahlung von Krankengeld allerdings **nicht** auf § 125 berufen (BSG 3. 6. 2004 – B 11 AL 55/03 R – BSGE 93, 59, 61 = SozR 4–4300 § 125 Nr. 1).

Während der Phase der Klärung von Ansprüchen soll die Regelung verhindern, dass unterschiedliche Beurteilungen der Leistungsfähigkeit durch BA und Rentenversicherungsträger (vgl. dort §§ 43, 240, 241 SGB VI) dazu führen, dass der Versicherungsschutz aus beiden Versicherungszweigen versagt wird. Die Frage nach dem zuständigen Leistungsträger soll nicht „auf dem Rücken des Versicherten ausgetragen werden" (BSG 14. 12. 1995 – 11 RAr 19/95; BSG 29. 4. 1998 – B 7 AL 18/97 R – SozR 3–4100 § 105a Nr. 5 S. 23f.). Die Nahtlosigkeitsregelung (§ 125) soll aber keinen dauernden Leistungsbezug gewährleisten. Vielmehr wird für die Dauer des Verfahrens zur Feststellung der Erwerbsminderung durch den Rentenversicherungsträger die **objektive Verfügbarkeit** des leistungsgeminderten Arbeitslosen **fingiert** (LSG Nordrhein-Westfalen 9. 12. 2009 – L 12 AL 40/09). 2

Innerhalb der Norm stellt Abs. 1 zu Gunsten der Leistungsbezieher die **Nahtlosigkeit** des Leistungsbezugs – im Zweifel zu Lasten der BA – sicher. Abs. 2 ermächtigt die AA, den Arbeitslosen aufzufordern, Leistungen zur medizinischen Reha bzw. zur Teilhabe am Arbeitsleben zu beantragen und auf fehlende Mitwirkung zu reagieren. Dies mit dem Ziel, die **Leistungsminderung** zu **beseitigen oder** bei Feststellung einer Leistungspflicht nach dem SGB VI, den **Rentenversicherungsträger in die Pflicht** zu **nehmen** (Abs. 3). 3

Systematisch werden die Leistungen von Alg bei Minderung der Leistungsfähigkeit oder bei Arbeitsunfähigkeit (§ 126) als **Sonderformen** des Alg behandelt (Überschrift des 2. Titels). Die Leistung wird zur Herstellung der Nahtlosigkeit des Leistungsbezugs bei Vorliegen mehrerer versicherter Risiken weiter gewährt, auch wenn es– z.B. aufgrund der gesundheitlicher Einschränkung – an der objektiven Verfügbarkeit des Arbeitslosen (§ 119 Abs. 5 Nr. 1) fehlt. Deshalb begründet § 125 Abs. 1 **keinen eigenständigen Leistungsanspruch**, sondern fingiert das Vorliegen einer bestimmten Anspruchsvoraussetzung. Bis zur Entscheidung des RV-Trägers darf die AA aufgrund dessen eingeschränkter Leistungsfähigkeit keine dem Arbeitslosen nachteilige Entscheidung treffen (vgl. BSG 14. 12. 1995 – 11 RAr 19/95; LSG Nordrhein-Westfalen 21. 6. 2007 – L 9 AL 39/06). Diese sog. Sperrwirkung der Regelung ist zeitlich begrenzt. Aufgrund dieser Systematik besteht auch kein Rechtsschutzbedürfnis für eine isolierte **Feststellungsklage** des Arbeitslosen, ob ein Anspruch auf Alg nach Maßgabe des § 125 Abs. 1 oder unmittelbar nach §§ 118, 119 besteht (LSG Nordrhein-Westfalen 9. 12. 2009 – L 12 AL 40/09). 4

B. Alg bei Minderung der Leistungsfähigkeit (Nahtlosigkeitsregelung; Abs. 1)

I. Allgemeine Voraussetzungen

§ 125 Abs. 1 sichert dem Arbeitslosen den Anspruch auf Alg, wenn die BA zu der Einschätzung gelangt, dass eine Minderung der Leistungsfähigkeit (MdL) vorliegt, die hinsichtlich Dauer (mehr als sechs Monate) und Umfang (versicherungspflichtige, mindestens 15 Stunden wöchentlich umfassende arbeitsmarktübliche Beschäftigung) die Erfüllung der Voraussetzungen des Anspruchs auf Alg ausschließt. Die MdL beruht regelmäßig auf länger andauernden **gesundheitlichen Einschränkungen** (§ 125 Abs. 1 S. 3). 5

Die körperliche, geistige oder seelische Gesundheit muss in einem **Maße** beeinträchtigt sein, dass dadurch eine mehr als **kurzzeitige Beschäftigung** ausgeschlossen ist. § 125 Abs. 1 S. 1 knüpft mit der Bestimmung des Umfangs der MdL an die Kurzzeitigkeitsgrenze des § 119 Abs. 3 an (noch zum AFG: BSG 9. 8. 1990 – 11 RAr 141/88 – SozR 3–4100 § 105a Nr. 2 S. 8). Wird eine Leistungsfähigkeit von mehr als kurzzeitigem Umfang nicht erreicht, würde es ohne die Sonderregelung des § 125 an der objektiven Verfügbarkeit (§ 119 Abs. 5) fehlen (BSG a. a. O.; zur objektiven Verfügbarkeit: § 119 Rn. 25f., 36f.). Wer aus gesundheitlichen Gründen keine die Arbeitslosigkeit beendende Beschäftigung „ausüben kann", ist in der Leistungsfähigkeit gemindert. Abgestellt wird nur auf die Fähigkeit, eine versicherungspflichtige, nach § 121 zumutbare Beschäftigung auszuüben. Ein in der Rentenversicherung möglicher Berufsschutz ist nicht erheblich (vgl. § 121 Abs. 3 S. 3). Die erforderliche **Dauer** der MdL wird erreicht, wenn die Wiederherstellung der Leistungsfähigkeit für eine mehr als kurzzeitige Beschäftigung nicht innerhalb von **sechs Monaten** zu erwarten ist (vgl. BSG 9. 8. 1990 – 11 RAr 141/88 – SozR 3–4100 § 105a Nr. 2). Diese Voraussetzung ist von den Voraussetzungen einer Rente wegen Erwerbsminderung (§ 101 Abs. 1 SGB VI) abgeleitet worden. Die Beurteilung der MdL erfordert eine Prognoseentscheidung. 6

Der Begriff der MdL ist weiter als derjenige der **vollen oder teilweisen Erwerbsminderung** (§ 43 Abs. 1 S. 2, Abs. 2 S. 2 SGB VI), da in Bezug auf das Vorliegen einer Erwerbsminderung gerade Zweifel bestehen können. Sie ist **von** der mit sofortiger Wirkung eintretenden vorübergehenden **Arbeitsunfähigkeit** zu **unterscheiden** (dazu § 126 Rn. 4). Problematisch erscheint daher der Hinweis des BVerfG, für einen Arbeitslosen, bei dem Arbeitsunfähigkeit festgestellt ist, komme auch ein 7

Leistungsbezug nach § 125 Abs. 1 S. 1 „in Betracht" (BVerfG – Kammer – 22. 7. 2009 – 1 BvL 10/07 – NZS 2010, 152, 153 Rn. 31). Der Anwendungsbereich der §§ 125, 126 überschneidet sich ausnahmsweise dann, wenn die Arbeitsunfähigkeit bereits über einen längeren Zeitraum angedauert hat. In solchen Fällen kann zu prüfen sein, ob eine MdL eingetreten ist, die für mehr als sechs Monate keine kurzzeitige Beschäftigung zulässt. In solchen Konstellationen können zeitgleich sowohl Arbeitsunfähigkeit als auch MdL bestehen (so zu Recht Winkler info also 2009, 210 zum Sachverhalt der Entscheidung: LSG Stuttgart 31. 3. 2009 – L 13 AL 2412/07).

II. Beginn/Ende der Nahtlosigkeit

8   Die Nahtlosigkeitsregelung des § 125 Abs. 1 S. 1 greift unabhängig davon, ob die Leistungsminderung von Beginn der Arbeitslosigkeit an vorliegt oder erst während des Bezuges von Alg eintritt. Der Bezug von Alg nach Maßgabe der Vorschrift **mindert** die Dauer des Leistungsanspruchs (§ 128 Abs. 1 Nr. 1). Eine Änderung des Bemessungsentgelts kann während des Leistungsbezugs nach § 125 bis zu der Entscheidung des Rentenversicherungsträgers nicht erfolgen (§ 131 Abs. 5 2). Wenn und soweit verminderte Erwerbsfähigkeit iSd. SGB VI positiv festgestellt worden ist, endet der Anspruch auf Alg (Abs. 1 Satz 1, letzter Halbsatz).

III. Monokausalität

9   Wie aus dem Wortlaut des § 125 Abs. 1 S. 1 „allein deshalb nicht arbeitslos" hervorgeht, verzichtet die Nahtlosigkeitsregelung auf Regelvoraussetzungen des Anspruchs auf Alg (§ 118 Abs. 1) nur, wenn und soweit der Versicherte die Regelvoraussetzungen des Alg allein aus gesundheitlichen Gründen nicht erfüllt. Alle vom gesundheitlichen Leistungsvermögen unabhängigen Tatbestandsvoraussetzungen des Anspruchs auf Alg müssen vorliegen (BSG 9. 9. 1999 – B 11 AL 13/99 R – BSGE 84, 262, 264 = SozR 3–4100 § 105a Nr. 7; *Behrend* in Eicher/Schlegel, SGB III, § 125 Rn. 35f.). Dies gilt nicht nur für Arbeitslosmeldung und Anwartschaftszeit, sondern auch für alle anderen Voraussetzungen wie Beschäftigungslosigkeit (§ 119 Abs. 1 S. 1) und subjektive Verfügbarkeit (so jetzt auch *Brand* in Niesel/Brand, SGB III, § 125 Rn. 2).

10   Die sog. **„stufenweise Wiedereingliederung"** (zB §§ 74 SGB V, 28 SGB IX) schließt die Gewährung von Alg nach Maßgabe der §§ 125 Abs. 1, 126 Abs. 1 nicht aus (BSG 21. 3. 2007 – B 11 a AL 31/06 R – SozR 4–4300 § 118 Nr. 1). Der Anspruch auf Alg nach § 125 war insoweit zweifelhaft, da es an der Beschäftigungslosigkeit fehlen könnte. Die unentgeltliche Tätigkeit für einen Arbeitgeber im Rahmen einer Wiedereingliederung begründet aber keine Rechtsbeziehung, die die Beschäftigungslosigkeit ausschließt. Während einer Wiedereingliederung ist ein Arbeitnehmer, der infolge einer MdL die zuvor geleistete Arbeit nicht wieder in vollem Unfang ausüben kann, weiterhin leistungsgemindert (BSG 21. 3. 2007 – B 11 a AL 31/06 R – SozR 4–4300 § 118 Nr. 1 Rn. 24 m.w.N.). Der wieder einzugliedernde AN steht nicht in einem leistungsrechtlichen Beschäftigungsverhältnis.

11   Es fehlt aber an der **subjektiven Verfügbarkeit** des Arbeitslosen, wenn er entgegen zutreffender medizinischer Beurteilung seines gesundheitlichen Leistungsvermögens der Auffassung ist, bei ihm läge verminderte Erwerbsfähigkeit iS der Rentenversicherung vor (BSG 23. 7. 1998 – B 11 AL 97/97 R – SozR 3–4100 § 105a Nr. 6 S. 35). In diesen Fällen besteht kein Anspruch nach Maßgabe der Nahtlosigkeitsregelung. Das gilt entsprechend, wenn die Arbeitsbereitschaft hinter dem objektiv festgestellten Leistungsvermögen zurückbleibt (LSG Berlin-Brandenburg 12. 6. 2003 – L 14 AL 2/01). Die Arbeitslosigkeit scheitert in diesen Fällen nicht monokausal am Vorliegen einer MdL. Allerdings ist die subjektive Verfügbarkeit des Arbeitslosen bereits anzunehmen, wenn dieser sich bereit erklärt, alle Beschäftigungen aufzunehmen, die seiner objektiven Leistungsfähigkeit entsprechen und ihm zumutbar sind (BSG a. a. O.).

IV. Feststellungskompetenz (§ 125 Abs. 1 S. 2)

12   Die Feststellung, ob verminderte Erwerbsfähigkeit iSd. § 43 Abs. 1 S. 2, Abs. 2 S. 2 SGB VI beim Arbeitslosen vorliegt, trifft nach § 125 Abs. 1 S. 2 der RV-Träger (sog. Feststellungskompetenz). Die Zuweisung der Feststellungskompetenz an den RV-Träger entfaltet für die AA zugleich eine **Sperrwirkung.** Diese hindert die AA daran, den Anspruch auf Alg wegen fehlender objektiver Verfügbarkeit abzulehnen (BSG 10. 5. 2007 – B 7a AL 30/06 R; BSG 9. 9. 1999 – B 11 AL 13/99 R – BSGE 84, 262, 264 = SozR 3–4100 § 105a Nr. 7 S. 33f.). Der AA wird aber nicht die Befugnis genommen, tatsächliche Feststellungen zu anderen materiellen Tatbestandsvoraussetzungen, wie z. B. zur subjektiven Verfügbarkeit i. S. der Bereitschaft der Aufnahme einer zumutbare Beschäftigung, zu treffen (BSG 10. 5. 2007 – B 7a AL 30/06 R– SozR 4–4300 § 125 Nr. 2 Rn. 14). Zweifelhaft erscheint deshalb die Auffassung, ein Arbeitsloser müsse sich bis zur Entscheidung des Rentenversicherungsträgers nicht um einen neuen Arbeitsplatz bemühen (so aber LSG Baden-Württemberg 12. 12. 2003 – L 8 AL 4897/02). Fehlt mindestens eine weitere Regelvoraussetzung des Alg-Anspruchs nach §§ 118f., kann die AA den geltend gemachten Anspruch ablehnen, ohne den RV-Träger zu beteiligen.

Der RV-Träger muss eine Feststellung über das Vorliegen von geminderter Erwerbsfähigkeit auch 13
dann treffen, wenn der Arbeitslose keinen Anspruch auf Rente hat. Innerhalb der Gruppe der RV-
Träger bestimmt sich der für die Beurteilung zuständige Träger nach §§ 125 f. SGB VI. Die Feststellung der MdL durch den RV-Träger ist eine verwaltungsinterne Vorbereitungshandlung, der **keine Verwaltungsakt**qualität zukommt (BSG 12. 6. 1992 – 11 RAr 35/91 – SozR 3–4100 § 105 a Nr. 4 S. 14). Dies gilt auch, wenn die Entscheidung dem Arbeitslosen formlos bekannt gegeben wird.

Entscheidungsalternativen: Die Regelung fingiert das gesundheitliche Leistungsvermögen nur bis 14
zum Eintritt des in der gesetzlichen Rentenversicherung versicherten Risikos, deshalb entfällt die
Leistungspflicht der AA, sobald der RV-Träger das Vorliegen einer Leistungsminderung in der von
Abs. 1 Satz 1 bestimmten Dauer und Umfang **bejaht** hat (BSG 9. 9. 1999 – B 11 AL 13/99 R –
BSGE 84, 262, 263 = SozR 3–4100 § 105 a Nr. 7). **Verneint** der RV-Träger das Vorliegen einer
Leistungsminderung dieses Umfangs, **entfällt die Sperrwirkung**. Im Grundsatz bleibt es in diesem
Fall bei der Leistungspflicht der AA, die jetzt aber frei ermitteln und entscheiden muss, ob die Anspruchsvoraussetzungen nach §§ 118 f. vorliegen, insbesondere ob der Arbeitslose im Rahmen seines Restleistungsvermögens verfügbar ist (BSG aaO S. 265). Soweit eine Leistungsfähigkeit vorliegt, die eine mehr als kurzzeitige Beschäftigung zulässt, also die MdL ausschließt, kann für das Alg leistungsunschädlich **Rente wegen teilweiser EM** bewilligt werden. Bestehen für dieselben Zeiträume Anspruch auf Alg und Rente wegen teilweiser EM, wird das Alg, soweit es die Hinzuverdienstgrenze übersteigt, auf die Rentenleistung angerechnet (§§ 96 a Abs. 2 S. 1 Nr. 1, Abs. 3 S. 1 Nr. 4 SGB VI iVm § 18 a Abs 3 S 1 Nr. 1 SGB IV; so auch Brand in Niesel/Brand, SGB III, § 125 Rn. 9).

Kommt es zwischen einer AA und einem RV-Träger zu unterschiedlichen Auffassungen über das 15
Vorliegen einer MdL, so ist nach der **Verwaltungsvereinbarung** zwischen der BA und der DRV zur
Vermeidung unterschiedlicher Beurteilungen ... sowie zur Vermeidung von unnötigen Doppeluntersuchungen vom 14. 12. 2001 zu verfahren.

C. Arbeitslosmeldung durch Dritte (Abs. 1 S. 3 und 4)

§ 125 Abs. 1 verzichtet nicht nur auf die objektive Verfügbarkeit, sondern kann in den genannten 16
Grenzen auch die Voraussetzung der persönlichen Arbeitslosmeldung (§§ 118 Abs. 1 Nr. 2, 122) „aussetzen" (S. 3). Ist es dem Arbeitslosen aus gesundheitlichen Gründen **objektiv unmöglich**, die AA
persönlich aufzusuchen, um sich arbeitslos zu melden, kann er sich ausnahmsweise bei dieser sonst
höchstpersönlichen Handlung durch einen gesetzlichen oder gewillkürten **Vertreter** (§§ 164 f. BGB) vertreten lassen (vgl. § 122 Rn. 6). Der Vertreter handelt an Stelle des Arbeitslosen und muss sich daher wie dieser persönlich bei der AA melden (offen gelassen bei: LSG Nordrhein-Westfalen 28. 2. 2007 – L 1 B 6/07 AL). Eine Auslegung dahingehend, der Vertreter dürfe schriftlich handeln, liefe dem Zweck der Norm entgegen. Das zeigt sich schon daran, dass der Arbeitslose sich auch dann vertreten lassen muss, wenn er selbst sich schriftlich melden könnte.

Die Regelung gewährt dem Arbeitslosen aber nur einen **Aufschub**. Der leistungsgeminderte Ar- 17
beitslose hat sich gemäß § 125 Abs. 1 S. 4 unverzüglich bei der AA persönlich (nach)zumelden, sobald
der Grund für die Verhinderung entfallen ist. Unverzüglich erfolgt die Arbeitslosmeldung, wenn sie
„ohne schuldhaftes Zögern" (§ 121 BGB) nachgeholt wird. Kommt der Arbeitslose seiner Meldepflicht nicht rechtzeitig nach, wird die **Arbeitslosmeldung** durch den Vertreter **wirkungslos**.
Dies aber erst ab dem Zeitpunkt, ab dem der Arbeitslose selbst schuldhaft sich nicht persönlich bei der
AA gemeldet hat. Meldet sich der Arbeitslose schuldhaft verspätet, fehlt es ab dem Tag, an dem er sich
hätte melden müssen, bis zu dem Tag, an dem sich der Arbeitslose persönlich arbeitslos gemeldet hat,
an einer Voraussetzung des Anspruchs auf Alg.

D. Aufforderung zum Antrag auf Reha- bzw. Teilhabeleistungen (Abs. 2 S. 1)

Die BA hat einen leistungsgeminderten Arbeitslosen aufzufordern, innerhalb eines Monats einen 18
Antrag auf Leistungen zur medizinischen Rehabilitation (§§ 25 f. SGB IX) oder zur Teilhabe am
Arbeitsleben (§§ 35 SGB IX) zu stellen. Die Aufforderung hat schon während des Bezugs von Alg
nach § 125 Abs. 1 zu ergehen. Die BA hat hinsichtlich des Ob der Aufforderung kein Ermessen,
sondern muss diese – auch in atypischen Fällen – aussprechen. Die Aufforderung ist ein Verwaltungsakt (§ 31 SGB X) und als solcher anfechtbar (BSG 27. 7. 2000 – B 7 AL 42/99 R – BSGE 87, 31, 37
– SozR 3–4100 § 134 Nr. 22 S. 83 f.; BSG 20. 9 2001 – B 11 AL 35/01 R – BGES 89, 13, 15 –
SozR 3–4300 § 142 Nr. 1).

Die Monatsfrist des § 125 Abs. 2 S. 1 berechnet sich, da sie Teil des Verfahrens zum Erlass eines VA 19
ist, nach § 26 Abs. 2 SGB X. Da es sich um eine gesetzliche Frist handelt, kann sie nicht verlängert
werden. Ergeht die Aufforderung – wie im Regelfall – schriftlich, gilt sie mit dem dritten Tag nach
der Aufgabe zur Post als bekannt gegeben (§ 37 Abs. 2 S. 1 SGB X), es sei denn, dass sie nicht oder

zu einem späteren Zeitpunkt zugegangen ist (§ 37 Abs. 2 S. 2 SGB X; vgl. BSG 27. 7. 2000 – B 7 AL 42/99 R – BSGE 87, 31, 38 = SozR 3–4100 § 134 Nr. 22 S. 85).

E. Inhalt der Aufforderung

20 Die BA darf nur dazu auffordern, einen Antrag auf Leistungen zur medizinischen Rehabilitation oder zur Teilhabe am Arbeitsleben **(Reha-Antrag)** zu stellen. Sind die genannten Leistungen ungeeignet oder erweisen sie sich als nicht erfolgreich, gilt der Antrag kraft gesetzlicher Fiktion (§ 116 Abs. 2 SGB VI) als Rentenantrag. Hat der Arbeitslose einen Rentenantrag gestellt, entbindet ihn dies nicht von der Obliegenheit nach § 125 Abs. 2 S. 1, da der Rentenantrag nicht als Antrag auf Reha gilt. Das Verfahren auf Grund des Rentenantrags bietet auch keine Gewähr dafür, dass – unabhängig vom Bestehen des Rentenanspruchs – versucht wird, eine möglicherweise bestehende MdL durch Leistungen der medizinischen Reha oder durch Leistungen zur Teilhabe zu beseitigen.

F. Reaktion des Versicherten (Abs. 2 S. 2 bis 5)

21 § 125 Abs. 2 S. 2 stellt zu Gunsten des Arbeitslosen sicher, dass ein **fristgerecht,** also innerhalb der Monatsfrist nach Zugang der Aufforderung, gestellter Reha-Antrag als zeitgleich mit dem **Antrag** auf Alg gestellt gilt. Diese Regelung verhindert ggf. Leistungslücken (kein Anspruch auf Alg, Reha-Antrag nicht rechtzeitig gestellt). Aufgrund der Fiktionen des § 125 Abs. 2 S. 2 und des § 116 Abs. 2 SGB VI ist eine Erwerbsminderungsrente ggf. auf einen während des Bezugs von Alg rechtzeitig gestellten Reha-Antrag hin so zu zahlen, als sei diese Rente anstelle des Alg beantragt worden.

22 § 125 Abs. 2 S. 3 regelt den Fall, dass der Arbeitslose die Leistung **nicht** oder nicht **fristgerecht** (Halbsatz 2) **beantragt.** Die Regelung vermeidet, dass ein Arbeitsloser mithilfe der Nahtlosigkeitsregelung Risiken der Rentenversicherung auf die Arbeitslosenversicherung verlagern kann. Wird nach rechtmäßiger Aufforderung der Reha-Antrag nicht fristgerecht gestellt, ruht der Anspruch auf Alg kraft Gesetzes, ohne dass die AA Ermessen ausüben kann oder darf (LSG Sachsen-Anhalt 6. 6. 2002 – L 2 AL 108/01). Das Ruhen ist befristet bis zu dem Tag, an dem der Arbeitslose einen Antrag auf Leistungen zur med. Reha, zur Teilhabe am Arbeitsleben oder (hier auch einen) Antrag auf Rente wegen EM stellt. Die spezifische Regelung der Folgen einer Obliegenheitsverletzung beim Bezug von Alg im Wege der Nahtlosigkeit weicht von den Regelungen zur fehlenden Mitwirkung nach § 66 SGB I ab und geht diesen Regelungen als speziellere Norm vor (a. A. hinsichtlich der Rechtsfolgenbelehrung: Brand in Niesel/Brand, SGB III, § 125 Rn. 18). Das Ruhen dauert vom Tage nach Fristablauf bis zum Tage einer (verspäteten) Antragstellung.

23 Nach Zugang des VA mit der „Aufforderung" ist nicht nur die Antragstellung geboten, vielmehr schränken § 125 Abs. 2 Sätze 4, 5 auch die **Dispositionsbefugnis** des Versicherten über die beantragte Leistung ein (vgl. BSG 26. 6. 2008 – B 13 R 37/07 R – BSGE 101, 86 f. = SozR 4–2500 § 51 Nr. 2). Die Vorschriften regeln das Verhältnis zwischen dem Arbeitslosen und dem Rentenversicherungsträger im Verfahren wegen medizinischer Rehabilitation oder wegen Leistungen zur Teilhabe oder wegen Erwerbsminderungsrente. Satz 4 der Vorschrift verleiht den bestehenden Mitwirkungspflichten i. S. d. §§ 62, 64 SGB I Bedeutung nicht nur gegenüber dem zuständigen Träger, sondern auch gegenüber der AA, die hier möglicherweise vor vorleistet. Verletzt der Arbeitslose im Verwaltungsverfahren seine Mitwirkungspflichten, **ruht** der Anspruch auf Alg. Diese Rechtsfolge tritt auch ein, wenn er durch sein Verhalten die Feststellung von Erwerbsminderung verhindert (S. 5). Dies kann z. B. dadurch geschehen, dass er den auf Aufforderung gestellten Antrag auf Reha, Teilhabe oder EM-Rente zurücknimmt oder auf andere Weise eine Feststellung über das Vorliegen von Erwerbsminderung vereitelt (z. B. Versagen der Leistung nach § 66 SGB I).

G. Erstattungsanspruch der BA (Abs. 3)

24 § 125 Abs. 3 vermittelt der BA, die Alg im Wege der Nahtlosigkeitsregelung geleistet hat, ohne zuständig gewesen zu sein, einen selbständigen **Erstattungsanspruch** gegenüber dem eigentlich zuständigen RV-Träger. Dieser entsteht, wenn dem Arbeitslosen auf seinen Antrag durch den RV-Träger wegen einer Maßnahme der Rehabilitation entweder Übergangsgeld (§ 20 SGB VI) oder Rente wegen Erwerbsminderung (§§ 43 Abs. 1, 2, 240, 241 SGB VI) zuerkannt worden ist. Der Rechtsgrund des Erstattungsanspruchs ist in § 125 Abs. 3 geregelt, Umfang und Höhe der Erstattung bestimmen sich entsprechend § 103 SGB X. Die Abwicklung der Leistungen soll möglichst im Innenverhältnis zwischen den Trägern erfolgen. Der Erstattungsanspruch der AA ist auf die tatsächlich erbrachten Leistungen begrenzt. Der RV-Träger seinerseits kann sich gegenüber dem Berechtigten auf die Erfüllungsfiktion des § 107 SGB X berufen. Wird rückwirkend eine Rente wegen Erwerbsminderung bewilligt, gilt sie in Höhe des im gleichen Zeitraum geleisteten Alg als erfüllt (BSG 30. 1. 2002 – B 5 RJ 6/01 R). Der Erstattungsanspruch setzt voraus, dass der Anspruch auf Alg für den Bewilligungszeitraum der Rente wegen EM nicht bestanden hätte. Soweit Anspruch auf Alg neben einem solchen auf Rente wegen teilweiser EM besteht (oben Rn. 14), entsteht kein Erstattungsanspruch, soweit das geleistete Alg auf die Rente anzurechnen ist.

Soweit die Nahtlosigkeitsregelung mit Leistungsbezug von der BA und Leistungspflicht des RV-Trägers sich nicht über den Erstattungsanspruch zwischen den Trägern (S. 1) abwickeln lässt, weil der RV-Träger mit befreiender Wirkung an den Berechtigten gezahlt hat (§ 107 Abs. 2 SGB X), hat die AA aus § 125 Abs. 3 S. 2 **unmittelbar gegen den Arbeitslosen** einen Anspruch auf Erstattung des nach § 125 Abs. 1 S. 1 gezahlten Alg. Die Erstattungspflicht soll eine doppelte Leistungsgewährung vermeiden (BT-Drs. 13/4941, 177). 25

Im Erstattungsverfahren gegenüber dem RV-Träger kann die AA die Unzulässigkeit einer **Antragsrücknahme** nach einer Aufforderung zur Antragstellung nach § 125 Abs. 1 S. 1 nur geltend machen, wenn der RV-Träger über die Tatsache der Vorleistung und die Aufforderung zur Antragstellung informiert war, bevor er dem Verfahrensantrag des Versicherten entsprochen hat (BSG 26. 6. 2008 – B 13 R 37/07 R). Das BSG hat insoweit offen lassen, ob im Erstattungsverfahren ein berechtigtes Interesse des Versicherten für dessen Verfügung über den Rentenantrag zu prüfen ist. 26

§ 126 Leistungsfortzahlung bei Arbeitsunfähigkeit

(1) ¹Wird ein Arbeitsloser während des Bezugs von Arbeitslosengeld infolge Krankheit arbeitsunfähig, ohne daß ihn ein Verschulden trifft, oder wird er während des Bezugs von Arbeitslosengeld auf Kosten der Krankenkasse stationär behandelt, verliert er dadurch nicht den Anspruch auf Arbeitslosengeld für die Zeit der Arbeitsunfähigkeit oder stationären Behandlung bis zur Dauer von sechs Wochen (Leistungsfortzahlung). ²Als unverschuldet im Sinne des Satzes 1 gilt auch eine Arbeitsunfähigkeit, die infolge einer durch Krankheit erforderlichen Sterilisation durch einen Arzt oder eines nicht rechtswidrigen Abbruchs der Schwangerschaft eintritt. ³Dasselbe gilt für einen Abbruch der Schwangerschaft, wenn die Schwangerschaft innerhalb von zwölf Wochen nach der Empfängnis durch einen Arzt abgebrochen wird, die Schwangere den Abbruch verlangt und dem Arzt durch eine Bescheinigung nachgewiesen hat, daß sie sich mindestens drei Tage vor dem Eingriff von einer anerkannten Beratungsstelle beraten lassen hat.

(2) ¹Eine Leistungsfortzahlung erfolgt auch im Falle einer nach ärztlichem Zeugnis erforderlichen Beaufsichtigung, Betreuung oder Pflege eines erkrankten Kindes des Arbeitslosen bis zur Dauer von zehn, bei alleinerziehenden Arbeitslosen bis zur Dauer von 20 Tagen für jedes Kind in jedem Kalenderjahr, wenn eine andere im Haushalt des Arbeitslosen lebende Person diese Aufgabe nicht übernehmen kann und das Kind das zwölfte Lebensjahr noch nicht vollendet hat oder behindert und auf Hilfe angewiesen ist. ²Arbeitslosengeld wird jedoch für nicht mehr als 25, für alleinerziehende Arbeitslose für nicht mehr als 50 Tage in jedem Kalenderjahr fortgezahlt.

(3) Die Vorschriften des Fünften Buches, die bei Fortzahlung des Arbeitsentgelts durch den Arbeitgeber im Krankheitsfall sowie bei Zahlung von Krankengeld im Falle der Erkrankung eines Kindes anzuwenden sind, gelten entsprechend.

A. Normzweck

§ 126 regelt die Voraussetzungen, unter denen ein **arbeitsunfähiger Arbeitsloser** trotz fehlender objektiver Verfügbarkeit (§ 119 Abs. 5 Nr. 1) die Leistung Alg weiter beziehen kann. Die Vorschrift definiert dem Anspruch auf **Leistungsfortzahlung von Alg** bei Arbeitsunfähigkeit. § 126 begünstigt Personen, die bei Eintritt von Arbeitsunfähigkeit (AU) im Bezug von Alg stehen (LSG Baden-Württemberg 5. 11. 2007 – L 8 AL 3045/07 B). Sinn und Zweck der Leistungsfortzahlung ist es, bei kürzeren AU-Zeiten einen steten Wechsel zwischen Leistungspflicht der AA und der zuständigen Krakenkasse vermeiden, denn ohne die Regelung hätten Arbeitslose bei AU Anspruch auf Krankengeld (Krg). Die Regelung grenzt damit die von der BA einerseits und den zuständigen Trägern der gesetzlichen Krankenversicherung andererseits zu tragenden Risiken bei einem Zusammentreffen von Arbeitslosigkeit und AU voneinander ab. 1

I. Systematische Einordnung und Abgrenzung zu anderen Leistungen

Solange ein Arbeitnehmer beschäftigt ist, erhält er bei AU Entgeltfortzahlung (§ 3 Abs. 1 EFZG). Nach Ausschöpfen der Entgeltfortzahlung von in der Regel sechs Wochen besteht regelmäßig Anspruch auf Krankengeld (Krg). Diese Leistung ist auch dann weiterzuzahlen, wenn während des Bezugs von Krg die Beschäftigung endet (AU geht vor; BSG 4. 4. 2006 – B 1 KR 21/05 R – BSGE 96, 182, Rn. 13 = SozR 4–2500 § 44 Nr. 9 Rn. 13). Tritt aber zunächst Arbeitslosigkeit und zugleich oder später AU ein, hat der Arbeitslose ggf. Anspruch auf Alg nach § 126 (Arbeitslosigkeit geht vor; 2

vgl. BSG a. a. O.; instruktiv auch SG Neubrandenburg 10. 7. 2007 – S 4 KR 35/05). Der Anspruch auf Krg ist beim Bezug von Alg nach § 126 latent vorhanden, Krg wird zunächst aber nicht gezahlt, da der Anspruch gemäß § 49 Abs. 1 Nr. 3a SGB V ruht, wenn und solange die AA Alg im Wege der Leistungsfortzahlung erbringt (Bayerisches LSG 8. 3. 2007 – L 4 KR 160/05 – Juris Rn. 15). Der Leistungsbezug dieser Sonderform des Alg wird auf die Anspruchsdauer angerechnet (§ 128 Abs. 1 Nr. 1). Das BSG hat auch entschieden, dass die Erschöpfung des Anspruchs auf Alg während des Zeitraums der Leistungsfortzahlung nach § 126 einem sich anschließenden Anspruch auf Krg nicht entgegensteht (BSG 2. 11. 2007 – B 1 KR 38/06, 12/07 R).

II. Binnenstruktur der Norm

3   Abs. 1 regelt, wer Alg bei AU wegen unverschuldeter Krankheit beanspruchen kann. Die Regelung bezieht auch Fälle der stationären Krankenhausbehandlung, der Sterilisation oder des Schwangerschaftsabbruchs mit ein. Abs. 2 erstreckt die Leistungsfortzahlung auf den Fall der Beaufsichtigung, Betreuung oder Pflege eines erkrankten Kindes des Arbeitslosen. Abs. 3 erklärt die Vorschriften des SGB V und des EFZG für entsprechend anwendbar.

B. Voraussetzungen der Leistungsfortzahlung

I. Arbeitsunfähigkeit (AU)

4   Im SGB wird AU definitionsgemäß angenommen, wenn ein Versicherter – hier ein Arbeitsloser – infolge Krankheit oder stationärer Behandlung überhaupt nicht oder nur auf die Gefahr hin, seinen Gesundheitszustand zu verschlimmern, fähig ist, eine Beschäftigung aufzunehmen. Maßstab für die Beurteilung der AU eines Arbeitslosen sind – auch in den ersten sechs Monaten der Arbeitslosigkeit – alle Beschäftigungen, für die er sich der AA zwecks Vermittlung zur Verfügung stellt und die ihm zumutbar (§ 121) sind (BSG 4. 4. 2006 – B 1 KR 21/05 R – BSGE 96, 182 = SozR 4–2500 § 44 Nr. 9). Die AU muss ursächlich auf einer Krankheit beruhen. **Krankheit** ist ein regelwidriger Körper- oder Geisteszustand, der entweder Behandlungsbedürftigkeit oder AU oder beides zur Folge hat (*Waltermann*, Sozialrecht, 7. Aufl. Rn. 171). Regelwidrig ist ein Körper- oder Geisteszustand, wenn er vom Leitbild des gesunden Menschen dergestalt abweicht, dass die betreffende Person zur Ausübung der normalen psycho-physischen Funktionen nicht in der Lage ist (vgl. *Bartz* in NK-SGB III, § 126 Rn. 10 m. w. N.). Nach diesem Verständnis ist eine Schwangerschaft auch mit den einhergehenden Beschwerden und Gefährdungen von Mutter und Kind (etwa durch die Arbeit) nicht als Krankheit anzusehen (vgl. Hauck/Noftz SGB V, § 44 Rn. 36).

5   Die AU muss eingetreten sein, ohne dass den Arbeitslosen hieran ein **Verschulden** trifft. Der Begriff des Verschuldens ist nicht nach dem Maßstab des § 276 Abs. 1 BGB zu bestimmen, sondern als grober Verstoß gegen eigene Interessen zu verstehen (§ 3 Abs. 2 EFZG; vgl. ErfK/Dörner § 3 EFZG Rn. 23; Küttner/Griese, Personalbuch 2007, Entgeltfortzahlung Rn. 10).

II. Stationäre Behandlung

6   Anspruch auf Leistungsfortzahlung besteht auch während einer auf Kosten der Krankenkasse durchgeführten stationären Behandlung. Ein Anspruch besteht bei Durchführung folgender stationärer Maßnahmen: voll- oder teilstationäre Krankenhausbehandlung (§ 39 Abs. 1 S. 1, 2 SGB V), stationäre Behandlung in einer Vorsorgeeinrichtung (§§ 23 Abs. 4, 24 Abs. 1 SGB V) oder zur medizinischen Rehabilitation (§ 40 Abs. 2 SGB V). Die stationäre Behandlung muss von einer Krankenkasse iS des SGB V getragen werden. Da § 126 an die Stelle des Anspruchs auf Krg tritt, muss der stationär Behandelte Mitglied der GKV sein. Erfolgt die stationäre Behandlung nicht zu Lasten der GKV, kann die Leistungsfortzahlung nach § 126 auch nicht an die Stelle des Anspruchs auf Krg (§§ 44f. SGB V) treten. Ist ein Arbeitsloser ausnahmsweise privat versichert (vgl. § 207 a), steht ihm bei stationärer Behandlung zu Lasten der PKV keine Leistungsfortzahlung nach § 126 Abs. 1 S. 1 zu.

III. Sterilisation infolge Krankheit (§ 126 Abs. 1 S. 2)

7   § 126 Abs. 1 S. 2 fingiert, dass auch eine AU infolge von Sterilisation oder Schwangerschaftsabbruch als unverschuldet gilt. Eine AU, die auf einer durch Krankheit erforderlich gewordenen und ärztlich durchgeführten Sterilisation beruht, lässt den Anspruch auf Alg im Wege der Leistungsfortzahlung daher bestehen.

IV. Schwangerschaftsabbruch (§ 126 Abs. 1 S. 2, 3)

8   Die Fiktion der unverschuldeten AU gilt auch für den nicht rechtwidrigen Schwangerschaftsabbruchs (§ 218a Abs. 2, 3 StGB) sowie nach Satz 3 der Vorschrift für den ärztlichen Schwangerschafts-

abbruch binnen zwölf Wochen nach Empfängnis. In letzterem Fall muss die Schwangere auch die weiteren Anforderungen an einen nicht strafbewehrten Abbruch, wie Beratung durch anerkannte Beratungsstelle (vgl. § 219 StGB), Bescheinigung, Nachweis, Drei-Tag-Frist (vgl. § 218a Abs. 1 StGB), erfüllen. Die Regelungen des § 126 Abs. 1 S. 2, 3 entsprechen denjenigen in § 3 Abs. 2 EFZG (vgl. dazu ErfK/Dörner § 3 EFZG Rn. 46f.).

C. Bezug von Alg

Die Anwendbarkeit des § 126 über die Leistungsfortzahlung bei Krankheit setzt voraus, dass die AU „während des Bezugs von Arbeitslosengeld" eintritt. Diese Voraussetzung ist nur erfüllt, wenn ein realisierbarer Anspruch auf Zahlung für die Zeit vor Eintritt der AU besteht (BSG 29. 3. 2001 – B 7 AL 14/00 R – m. w. N.). Leistungsfortzahlung wird deshalb trotz Bestehens des Stammrechts **nicht** gewährt, **wenn und solange** der **Anspruch** auf Alg nach §§ 142f. **ruht** (BSG 7. 2. 2002 – B 7 AL 28/01 R). Nicht maßgeblich ist, wann das Alg ausgezahlt wird (tatsächlicher Bezug). Die Leistungsfortzahlung wird also nicht dadurch ausgeschlossen, dass Alg erst nach Beginn der AU bewilligt wird. Das Alg muss rechtmäßig bezogen werden (BSG 24. 7. 1986 – 7 RAr 13/85 – SozR 4100 § 105b Rn. 6). Das Rechtmäßigkeitserfordernis hat besondere Bedeutung, wenn die Bewilligung zurückgenommen, widerrufen oder aufgehoben werden soll, denn in diesen Fällen entfällt auch die Grundlage für den Bezug von Alg nach § 126.

9

Der **Anspruch** auf Alg nach § 126 **endet** mit dem Wegfall der die Leistungsfortzahlung auslösenden Umstände (AU, stationäre Behandlung, AU nach Sterilisation oder Schwangerschaftsabbruch). Er endet auch, wenn der Anspruch erschöpft ist oder erlischt (§§ 128, 147). Schließlich endet die Leistungsfortzahlung nach einer Dauer von sechs Wochen (das sind 42 Kalendertage (§ 339 S. 1). Der Anspruch auf Alg nach § 126 trifft nur hinsichtlich einzelner Anspruchsvoraussetzungen eine Sonderregelung. Folglich begründet § 126 **keinen** selbständigen **Leistungsanspruch**, sondern fingiert das Vorliegen einer bestimmten Anspruchsvoraussetzung. Der bewilligte Anspruch besteht fort, ohne dass es einer Aufhebung oder Änderung der ursprünglichen Bewilligung bedarf, wenn und solange bis zu sechs Wochen AU besteht.

10

D. Anzeige und Bescheinigung der AU (§ 311)

Die Antragsteller und Bezieher von Alg sind gesetzlich verpflichtet, der AA den Eintritt von AU anzuzeigen (§ 311 S. 1 Nr. 1) und ihr vor Ablauf des dritten Tages eine ärztliche Bescheinigung über das Ob und die Dauer der AU vorzulegen (§ 311 S. 1 Nr. 2; ähnlich für AN § 5 Abs. 1 S. 1, 2 EFZG). Da die Anzeige- und Nachweispflicht nicht unmittelbar in § 126, sondern im Abschnitt über „Pflichten im Leistungsverfahren" ausgestaltet ist, nimmt – auch die BA selbst – an, die Anzeigepflicht und Bescheinigungspflicht bei AU habe nur **Ordnungsfunktion** (vgl. DA-Alg – SGB III – Rn. 126.40, 126.45). Der Verstoß gegen die Anzeige- und Bescheinigungspflicht führt nicht zum Wegfall der Leistung nach § 126 Abs. 1. Vielmehr muss die AA bei fehlender Mitwirkung das Verfahren nach §§ 60f. SGB I durchführen. Da die Anzeige und Vorlage der Bescheinigung nicht Voraussetzung für den Anspruch nach § 126 ist, kann ein Arbeitsloser auch noch viel später, zB in einem Gerichtsverfahren, geltend machen, dass er während des Leistungsbezugs zeitweise arbeitsunfähig gewesen ist. Die fehlende bzw. verspätete Vorlage der AU-Bescheinigung hindert nicht daran, einen Anspruch auf Fortzahlung von Alg gemäß § 126 (rückwirkend) zu bejahen (vgl. BSG 31. 1. 2006 – B 11a AL 13/05 R – Rn. 16 m. w. N.).

11

E. Leistungsfortzahlung bei Kinderbetreuung

I. Kinder

§ 126 Abs. 2 eröffnet den „Anspruch" auf Leistungsfortzahlung auch zum Zwecke der Beaufsichtigung, Betreuung oder Pflege eines Kindes des Arbeitslosen. Der **Begriff** des Kindes ist nur mittelbar bestimmt (§ 126 Abs. 3 iVm. §§ 45 Abs. 1 S. 2, 10 Abs. 4 SGB V). Danach werden neben den leiblichen Kindern auch die vom Arbeitslosen unterhaltenen Stiefkinder und Enkel sowie die in § 56 Abs. 2 Nr. 2 SGB I genannten Pflegekinder, die in den Haushalt aufgenommen sind oder mit dem Berechtigten in häuslicher Gemeinschaft leben, von der Norm erfasst.

12

Das Kind darf das 12. Lebensjahr noch nicht vollendet haben (1. Alt; unter **12 Jahren**). Die Privilegierung gilt auch bei einem Kind, das zwar das 12. Lebensjahr vollendet hat, jedoch **behindert und auf Hilfe angewiesen** ist. Behindert sind gemäß § 19 Abs. 1 Menschen, deren Aussichten, am Arbeitsleben teilzuhaben oder weiter teilzuhaben, wegen Art oder Schwere ihrer Behinderung (§ 2 Abs. 1 S. 1 SGB IX) nicht nur vorübergehend wesentlich gemindert sind und die deshalb Hilfen zur Teilhabe am Arbeitsleben benötigen, einschließlich lernbehinderter Menschen. Eine solche Behin-

13

derung liegt vor, wenn die körperliche Funktion, geistige Fähigkeit oder seelische Gesundheit mit hoher Wahrscheinlichkeit länger als sechs Monate von dem für das Lebensalter typischen Zustand abweichen.

II. Erforderlichkeit der Leistung

14 Die Leistungsfortzahlung wird zum **Zwecke** der Beaufsichtigung, Betreuung oder Pflege eines **erkrankten Kindes** gewährt. Der jeweilige Bedarf (Erforderlichkeit) der Leistungsfortzahlung, ist durch ärztliches Zeugnis zu belegen. Nach dem Wortlaut der Vorschrift bezieht sich die Bescheinigung des Arztes nicht auf die Erkrankung, sondern auf die Erforderlichkeit von Betreuung, Beaufsichtigung oder Pflege. Nach Sinn und Zweck der Regelung wird zu fordern sein, dass der Zuwendungsbedarf ursächlich auf einer Erkrankung eines Kindes des Arbeitslosen beruht.

15 Die Leistungsfortzahlung steht unter der weiteren Voraussetzung, dass eine andere **im Haushalt des Arbeitslosen lebende Person** die Aufgabe **nicht übernehmen** kann. Die Regelung begünstigt nicht nur den Personenkreis der Alleinerziehenden, sondern bezieht auch die Arbeitslosen ein, die – in welchen Beziehungen auch immer – mit anderen Personen zusammen leben. Die andere Person darf entweder für die Aufgabe nicht geeignet sein oder sie darf ihr nicht zumutbar oder nicht möglich sein. Ist eine alternative Krankenpflege usw. des Kindes im Haushalt ausgeschlossen, besteht Anspruch nach § 126 Abs. 2. Soweit ersichtlich wird die Frage wenig behandelt, was geschieht, wenn in einem Haushalt zwei Personen als potenzielle Pfleger in Betracht kommen; zB der arbeitslose Partner könnte Leistungen nach § 126 Abs. 2 beanspruchen, der beschäftigte Partner hat einen Anspruch nach § 45 Abs. 1 SGB V. Hier kann es nicht richtig sein, den Anspruch unter Hinweis auf den jeweils anderen Pflegenden gänzlich ausschließen zu wollen. Andererseits trifft die Regelung keine Entscheidung, wer von zwei Berechtigten eine erforderliche Hilfe zu erbringen hat. Insoweit ist den alternativ aber nicht kumulativ Berechtigten ein **Wahlrecht** einzuräumen, wer die Pflegeaufgabe übernimmt und wer seinen anderweitigen Pflichten nachkommt.

III. Dauer der Leistungsfortzahlung

16 Die Leistungsfortzahlung kann für **10 Tage**, bei **alleinerziehenden** Arbeitslosen für **20 Tage für jedes Kind** in jedem Kalenderjahr in Anspruch genommen werden. § 126 Abs. 2 S. 2 setzt eine Höchstgrenze für die Inanspruchnahme der in Abs. 2 geregelten Leistungsfortzahlung auf höchstens 25 Tage im Kalenderjahr, für Alleinerziehende abweichend eine Höchstgrenze von 50 Tagen im Kalenderjahr. Diese wiederum differenzierte Obergrenze greift unabhängig von der Zahl der Kinder und Häufigkeit von deren Erkrankung. Die Dauer der LFZ berechnet sich nach Kalendertagen (§ 339 S. 1; str. nach hM sind nur Tage auf die Bezugsdauer anzurechnen, an denen der Arbeitslose verfügbar sein muss, also keine Sonn- und Feiertage, so: *Winkler* in Gagel, SGB III, § 126 Rn. 41; *Brand* in Niesel SGB III § 126 Rn. 13; *Bartz* in NK-SGB III § 126 Rn. 35). Auch der Bezug von Alg nach Maßgabe des § 126 mindert die Anspruchsdauer (§ 128 Abs. 1 Nr. 1).

F. Verweisung auf EFZG und SGB V

17 § 126 ist inhaltlich eng an die arbeits- und sozialrechtlichen Regelungen im EFZG und § 45 SGB V angelehnt. § 126 Abs. 3 ordnet folgerichtig an, dass die Vorschriften des **SGB V und** die Regelungen zur Fortzahlung des Arbeitsentgelts durch den Arbeitgeber **(EFZG)** im Falle der Erkrankung eines Kindes **entsprechend anzuwenden** sind. Wie schon oben gezeigt, betrifft diese Verweisung auch den Kindbegriff (§ 45 Abs. 1 S. 2 iVm. § 10 Abs. 4 SGB V; vgl. oben Rn. 12) und die Regelung zur unverschuldeten AU (§ 3 Abs. 2 EFZG). Daneben können die Regelungen über die Verpflichtung des Arztes zum Ausstellen einer AU-Bescheinigung (§ 73 Abs. 2 Nr. 9 SGB V) und die Möglichkeit der BA, den MDK zur Prüfung der AU-Bescheinigung einzuschalten (§ 275 Abs. 1 Nr. 3 SGB V) durch entsprechende Anwendung Bedeutung gewinnen (*Winkler* in Gagel, SGB III, § 126 Rn. 40 m. w. N).

Dritter Titel. Anspruchsdauer

§ 127 Grundsatz

(1) ¹**Die Dauer des Anspruchs auf Arbeitslosengeld richtet sich**
1. **nach der Dauer der Versicherungspflichtverhältnisse innerhalb der um drei Jahre erweiterten Rahmenfrist und**
2. **dem Lebensalter, das der Arbeitslose bei der Entstehung des Anspruchs vollendet hat.**

²Die Vorschriften des Ersten Titels zum Ausschluß von Zeiten bei der Erfüllung der Anwartschaftszeit und zur Begrenzung der Rahmenfrist durch eine vorangegangene Rahmenfrist gelten entsprechend.

(2) Die Dauer des Anspruchs auf Arbeitslosengeld beträgt

nach Versicherungspflichtverhältnissen mit einer Dauer von insgesamt mindestens ... Monaten	und nach Vollendung des ... Lebensjahres	... Monate
12		6
16		8
20		10
24		12
30	50.	15
36	55.	18
48	58.	24

(2 a) *(aufgehoben)*

(3) ¹Bei Erfüllung der Anwartschaftszeit nach § 123 Absatz 2 beträgt die Dauer des Anspruchs auf Arbeitslosengeld unabhängig vom Lebensalter

nach Versicherungspflichtverhältnissen mit einer Dauer von insgesamt mindestens ... Monaten	... Monate
6	3
8	4
10	5

²Abweichend von Absatz 1 sind nur die Versicherungspflichtverhältnisse innerhalb der Rahmenfrist des § 124 zu berücksichtigen.

(4) Die Dauer des Anspruchs verlängert sich um die Restdauer des wegen Entstehung eines neuen Anspruchs erloschenen Anspruchs, wenn nach der Entstehung des erloschenen Anspruchs noch nicht fünf Jahre verstrichen sind; sie verlängert sich längstens bis zu der dem Lebensalter des Arbeitslosen zugeordneten Höchstdauer.

A. Allgemeines

I. Systematik

Im Vierten Kapitel des SGB III, das die Leistungen der Arbeitsförderung für Arbeitnehmer regelt, hat § 127 seinen Sitz im Dritten Titel des Unterabschnitts zum Alg. Dieser Titel enthält mit den §§ 127, 128 die Regelungen zur **Anspruchsdauer**. § 127 bestimmt die Anspruchsdauer in Abhängigkeit von der zuvor zurückgelegten Dauer von Versicherungspflichtverhältnissen. Das Verhältnis zwischen Versicherungszeit und Anspruchsdauer beträgt zwei zu eins (2:1). Maßgeblich ist ab Vollendung des 50. Lebensjahres auch das Lebensalter des Arbeitslosen. § 128 normiert im Anschluss daran, auf welche Weise die Anspruchsdauer sich durch Erfüllung oder sich auf andere Weise mindert. 1

II. Zweck

§ 127 bestimmt nicht das Ob, sondern den zeitlichen Umfang – die Dauer – des Anspruchs auf Alg. Diese wird in ein Verhältnis zur **Dauer der** vorherigen **Versicherungspflichtverhältnisse** gesetzt (Nr. 1). Durch das Erfordernis einer Anwartschaftszeit (§ 123) wird das Versicherungsprinzip betont. Dieser Ansatz wird durch § 127 nochmals verstärkt, indem die Versicherungszeit mindestens doppelt so lang sein muss wie die sich ergebende Anspruchsdauer. Ab Vollendung des 50. Lebensjahrs bewirkt das Lebensalter eine Erhöhung der Anspruchsdauer (Nr. 2). **Abs. 2** bestimmt tabellarisch die Anspruchsdauer in Abhängigkeit von Vorversicherungszeit und Lebensalter. **Abs. 3** korrespondiert mit § 123 Abs. 2 nF; soweit ein Anspruch auf Alg unter weiteren Voraussetzungen nun auch mit weniger als zwölf Monaten mit Zeiten eines Versicherungspflichtverhältnisses erworben wird, bestimmt die Vorschrift für die anspruchsberechtigten Arbeitslosen, die Anspruchsdauer. Diese richtet sich nach dem für alle Versicherten geltenden Verhältnis zwischen Versicherungszeit und Anspruchsdauer von 2 zwei zu eins (BT-Drucks 16/13.424, 32 Zu Nummer 3). Der Zweck des **Abs. 4** liegt darin, entstandene, nicht ausgeschöpfte und nicht erloschene Ansprüche auf einen später neu erworbenen Anspruch übertragen zu können. Die Aufnahme einer Beschäftigung, die zur Entstehung eines neuen Anspruchs führt, soll nicht dazu führen, dass ein erwobene aber noch nicht realisierte (Rest-)Anspruchsdauer verloren geht.

3 Die zum 1. 1. 2008 wirksam gewordene **Verlängerung** der Bezugsdauer des Alg für ältere Arbeitnehmer soll dem **Zweck** dienen, Härten auszugleichen, die dadurch entstehen, dass sich die berufliche Wiedereingliederung für viele ältere Arbeitslose schwierig gestaltet. Viele ältere Arbeitslose sind bzw. wären nach der Erschöpfung des Alg auf die Grundsicherung für Arbeitsuchende nach dem SGB II angewiesen. Die Verlängerung der Bezugsdauer von Alg soll den Übergang in die Grundsicherungssysteme vermeiden bzw. zumindest verzögern.

III. Entwicklung der Norm

4 § 127 war wiederholt Gegenstand von Gesetzesänderungen. Die Vorschrift wird deshalb durch eine Vielzahl von **Übergangsregelungen** modifiziert. Zum 1. 1. 2008 ist durch Art. 1 Nr. 4 des 7. SGB III ÄndG vom 8. 4. 2008 (BGBl. I S. 681) die Anspruchsdauer von Alg für ältere Arbeitnehmer, die mindestens vier Jahre versicherungspflichtig beschäftigt waren, auf die **Höchstdauer** von **zwei Jahren** verlängert worden (zuvor 18 Monate). Mit Wirkung zum 1. 8. 2009 ist der Vorschrift ein neuer Abs. 3 angefügt worden (vgl. Art. 2b Nr. 3 des 3. SGB IV ÄndG vom 15. 7. 2009, BGBl I 1939), der die Anspruchsdauer für die Berechtigten regelt, die Alg nach einer Vorversicherungszeit von sechs Monaten bis unter zwölf Monaten erworben haben (§ 123 Abs. 2).

IV. Übergangsregelungen

5 §§ 425, 427 Abs. 3, 4 und 6 sind durch Zeitablauf überholt. § 434e betrifft Ansprüche auf Alg, bei denen Zeiten des Wehr- oder Zivildienstes zu berücksichtigen sind, die vor dem 1. 1. 2002 angetreten worden sind. § 434j Abs. 3 hat die Verkürzung der Anspruchsdauer durch das 3. Gesetz für moderne Dienstleistungen am Arbeitsmarkt (Hartz III G) v. 23. 12. 2003 (BGBl. I S. 2848) begleitet. Die dortigen Kürzungen der Anspruchsdauer sind nach § 434j Abs. 3 für die nach dem 31. 1. 2006 eintretenden Versicherungsfälle relevant (vgl. LSG Berlin-Brandenburg 11. 4. 2008 – L 4 AL 201/06, L 4 AL 560/06 –). Entsprechendes gilt für § 434l Abs. 1, 2. Die Vorschrift begleitet die Änderungen durch das Gesetz zu Reformen am Arbeitsmarkt v. 24. 12. 2003 (BGBl. I S. 3002). Sie regelt, dass sich die Dauer des Anspruchs auf Alg, der bis zum 31. 1 2006 entstanden ist, nach Maßgabe des § 127 idF bis 31. 12. 2003 berechnet (dazu: BVerfG, Kammer, 22. 7. 2009 – 1 BvL 9/07; 10/07 –; Spellbrink, in: Eicher/Schlegel, SGB III, § 434l Rn. 14a. E.; *Coseriu/Jakob* in NK-SGB III § 127 Rn. 33f.). Als der Gesetzgeber die Anspruchsdauer nach § 127 i. d. F. ab 1. 1. 2008 für ältere Arbeitslose wieder auf bis zu zwei Jahre **verlängert hat, ist die Regelung** durch **§ 434r** auf alle Arbeitslose erstreckt worden, die einen Anspruch auf Alg nach § 127 Abs. 2 idF bis 31. 12. 2007 erworben hatten, wenn dieser am 1. 1. 2008 noch nicht erschöpft war (dazu LSG Baden-Württemberg 16. 4. 2009 – L 7 AL 5238/08; BSG 14. 8. 2009 – B 11 AL 84/09 B). Deren Anspruch hat sich auf die nach neuem Recht geltende Dauer verlängert.

B. Voraussetzungen der Norm

I. Anspruch auf Alg

6 § 127 Abs. 1 S. 1 setzt voraus, dass ein **Stammrecht** auf Alg **entstanden** ist (Nr. 2), ein Anspruch also besteht. Ob dies der Fall ist, ergibt sich aus §§ 117 bis 124a. Das Bestehen des subjektiven Rechts ist also vorrangig zu prüfen. Ausgehend von einem entstandenen Leistungsanspruch regelt Abs. 1 die Anspruchsdauer. Diese ist nach Nr. 1 vorrangig abhängig von der Dauer der Versicherungspflichtverhältnisse innerhalb der erweiterten Rahmenfrist sowie nach Nr. 2 vom Lebensalter des Arbeitslosen. Die Anspruchsdauer steigt in Stufen nach der Tabelle des Abs. 2 an.

II. Versicherungspflichtverhältnis

7 Der Begriff des **Versicherungspflichtverhältnis** verweist auf die Regelungen in §§ 24f (vgl. hierzu auch § 123 Rn. 6ff.). Danach lösen verschiedene Tatbestände eine solche Rechtsbeziehung in der Arbeitslosenversicherung aus. Nach § 24 Abs. 1 stehen Personen in einem Versicherungspflichtverhältnis, die als Beschäftigte oder aus sonstigen Gründen versicherungspflichtig sind. Das sind nach § 25 Abs. 1 Personen, die Arbeitsentgelt beziehen oder sich in Berufsausbildung befinden (vgl. zum Verhältnis Beitragszahlung und Anwartschaftsdauer: § 123 Rn. 10f.). § 26 benennt weitere Fälle von Versicherungspflichtverhältnissen (z. B. Jugendliche in Einrichtungen der Jugendhilfe, Wehr-, Zivildienstleistende, Hilfeleistende im Inneren, Gefangene, nicht satzungsgemäße Mitglieder geistlicher und religiöser Gemeinschaften, bestimmte Bezieher von Entgeltersatzleistungen). Auch Zeiten einer Versicherungspflicht, die außerhalb des Geltungsbereichs des Gesetzes zurückgelegt wurden, können zu berücksichtigen sein (z. B. nach § 4 SGB IV, nach Art. 9, 13, 14 EWG-VO 1408/71 oder zwischenstaatlichen Sozialversicherungsabkommen; siehe auch § 123 Rn. 4 f.). Selbst Zeiten einer Versicherung auf Antrag sind in der Arbeitslosenversicherung Zeiten in einem Versicherungspflichtverhältnis (§ 28 a Abs. 2; dazu auch § 123 Rn. 7).

Dagegen begründen **versicherungsfreie Tätigkeiten** (§§ 26, 27) kein Versicherungspflichtverhältnis; sie erhöhen auch nicht die Anspruchsdauer. Versicherungsfrei sind insbesondere selbständige Tätigkeiten (vgl. auch § 119 Rn. 22) oder die Tätigkeit als mithelfender Familienangehöriger in einem Unternehmen (vgl. § 119 Rn. 23 f.). Bei der Abgrenzung der Zeiten mit Versicherungspflichtverhältnis und nicht versicherten Zeiten stellen sich die typischen Abgrenzungsprobleme wie bei der Beurteilung der Beitragspflicht (vgl. zur selbständigen Tätigkeit: LSG Berlin-Brandenburg 22. 3. 2007 – L 4 AL 1340/05; zur Mitarbeit im Unternehmen des Ehepartners: LSG Nordrhein-Westfalen 29. 1. 2007 – L 1 AL 60/06). 8

Der Wortlaut des § 127 Abs. 1 S. 1 geht davon aus, dass **verschiedene** aufeinander folgende **Versicherungspflichtverhältnisse** innerhalb der Rahmenfrist vorliegen können. Die entsprechenden Zeiten sind nach Maßgabe des § 339 zur Ermittlung ihrer Gesamtdauer zusammenzurechnen. 9

III. Erweiterte Rahmenfrist

Die Rahmenfrist (§ 124) setzt auch für die Ermittlung der Anspruchsdauer den Zeitrahmen, innerhalb dessen die Zeiten der Versicherungspflicht berücksichtigt werden (vgl. § 124 Rn. 3 f.). Allerdings wird die gesetzliche zweijährige Rahmenfrist durch § 127 Abs. 1 S. 1 Nr. 1 um drei Jahre, insgesamt also auf **fünf Jahre erweitert**. Innerhalb der erweiterten Rahmenfrist werden bis zu 48 Monate an Zeiten mit Versicherungspflichtverhältnissen berücksichtigt. Diese zum 1. 1. 2008 erfolgte Änderung begünstigt nicht nur ältere AN, sondern eröffnet allen AN mit Anspruch auf Alg die Chance, innerhalb des nun erweiterten Rahmens eine längere Anspruchsdauer zu erreichen. Aufgrund der fünfjährigen Rahmenfrist würde ein Arbeitsloser, der innerhalb von fünf Jahren bis zu drei Jahre lang nicht in einem **Versicherungspflichtverhältnis** stand, die 24 Monate mit Beitragszeiten, also eine Anspruchsdauer von zwölf Monaten erreichen. Die Regelung erschwert der Verwaltungspraxis, da sich Anwartschaftszeit und Anspruchsdauer aus verschiedenen Zeiträumen berechnen. Während das Stammrecht nur entsteht, wenn relativ zeitnah ein Versicherungsverhältnis zur Arbeitslosenversicherung bestanden hat, werden für die Anspruchsdauer auch länger zurück liegende Zeiträume „aktiviert". 10

IV. Lebensalter

Gemäß § 127 Abs. 1 S. 1 Nr. 2, Abs. 2 richtet sich die Bezugsdauer des Alg nach dem Lebensalter des Arbeitslosen. Abgestellt wird insoweit auf das Alter im Zeitpunkt der Entstehung des Anspruchs (vgl. § 118 Rn. 3). Dieser entsteht, sobald alle gesetzlichen Regelvoraussetzungen nach §§ 118 bzw. 124 a erfüllt sind und der Arbeitslose keine abweichende Entscheidung über das Entstehen des Rechts getroffen hat (§ 118 Abs. 2). Aus § 127 Abs. 2 ergibt sich, dass das Lebensalter erst ab der Vollendung des 50. Lebensjahrs Bedeutung für die Anspruchsdauer gewinnt. Für mindestens 50-Jährige ist eine Bezugsdauer von **15 Monaten** vorgesehen, wenn sie in den fünf Jahren vor Arbeitslosigkeit 30 Beitragsmonate erreichen. Ab der Vollendung des 55. Lebensjahrs und 36 Beitragsmonaten wird eine Anspruchsdauer von **18 Monaten**. Mit Vollendung des 58. Lebensjahrs und 48 Beitragsmonaten beträgt die Dauer des Arbeitslosengeldanspruchs **24 Monate**. 11

Für ältere Versicherte nach langjähriger Beschäftigung – insbesondere Frauen – ermöglicht die Regelung unter weiteren rentenrechtlichen Voraussetzungen das durch Alg und vorgezogene Altersrente abgesicherte **Ausscheiden aus dem Erwerbsleben** ab dem 58. Lebensjahr (vgl. § 428; § 236 a Abs. 1 S. 2, § 237 Abs. 3 S. 3, § 237 a Abs. 1, Abs. 2 S. 2 SGB VI). 12

V. Verweisung

Zur Bestimmung der Rahmenfrist und des Ausschlusses von Zeiten wird auf die Regelungen des Ersten Titels (§§ 117–124 a) verwiesen. Nach § 123 Abs. 1 S. 2 werden Zeiten nach dem Erlöschen eines Anspruchs wegen Sperrzeit für die Anwartschaftszeit nicht berücksichtigt (vgl. § 123 Rn. 14). Diese Norm findet auf die Berechnung der Anspruchsdauer entsprechende Anwendung, ebenso die Regelung zur Begrenzung der Rahmenfrist durch eine vorangegangene (§ 124 Abs. 2; dazu § 124 Rn. 5). 13

VI. Anspruchsdauer (Abs. 2)

Die **Mindestanspruchsdauer** liegt für alle Arbeitslosen mit Erfüllung der Anwartschaftszeit, also mit zwölf Beitragsmonaten, bei **6 Monaten**. Arbeitslose, die **nicht** das 50. Lebensjahr bei Entstehung 14 des Anspruchs erreicht haben, erreichen nach Versicherungspflichtverhältnissen von 24 Monaten eine Anspruchsdauer von **höchstens 12 Monaten**. Die Anspruchsdauer steigt bis zum Erreichen einer Dauer von zwölf Monaten proportional zur Dauer der Zeiten mit Versicherungspflichtverhältnissen, sie ist halb so lange wie die zurückgelegte Versicherungszeit. Ab Vollendung des 50. Lebensjahrs kann die Anspruchsdauer 15, ab Vollendung des 55. Lebensjahrs 18 und ab dem 58. Lebensjahr 24 Monate betragen (Tabelle des § 127 Abs. 2).

VII. Dauer des nach § 123 Abs. 2 erworbenen Anspruchs (Abs. 3)

15   Unter Anknüpfung an die neue Regelung zur Erfüllung der Anwartschaftszeit durch mehrere **kurz befristeten Beschäftigungen** (§ 123 Abs. 2) trifft Abs. 3 einen spezifische Regelung der Anwartschaftsdauer für diesen Personenkreis. Ebenfalls im Verhältnis von 2:1 wird, allerdings nach kürzeren Zeitabständen die Anspruchsdauer mit mindestens drei Monaten, nach einer Anwartschaftszeit von 8 Monaten wird Alg für eine Dauer von vier und nach einer Anwartschaftszeit von zehn für die Dauer von fünf Monaten gezahlt. Die Vorschrift findet nur Anwendung, wenn eine Anwartschaft nach § 123 Abs. 1 nicht erreicht wird, der Anspruch also auf der spezifischen Anwartschaftszeit des Abs. 2 beruht. Die Erweiterung der Rahmenfrist (§ 127 Abs 1) findet auf die Berechnung der Anspruchsdauer nach Abs 3 keine Anwendung (§ 123 Abs 3 S. 2). An dieser Regelung wird deutlich, dass der nach § 123 Abs 2 erworbene Anspruch nicht nach Maßgabe des Abs. 1 berechnet werden kann, auch wenn unter Anwendung dieser Regelung (zB erweiterte Rahmenfrist) sich eine längere Anspruchsdauer ergeben würde. Der bei geringerer Anwartschaftszeit erworbene Anspruch ist durch den Gesetzgeber von Anfang an hinsichtlich seiner Dauer auf höchstens 5 Monate begrenzt worden.

VIII. Restdauer früherer Ansprüche

16   Nach § 127 Abs. 4 kann sich die **Anspruchsdauer durch früher erworbene** inzwischen aber erloschene (§ 147 Abs. 1 Nr. 1) Ansprüche **verlängern**. Die Regelung trägt dem Umstand Rechnung, dass infolge der Abstufung der Anspruchsdauer zunächst ein längerer Anspruch auf Alg entstanden sein kann, der bei Aufnahme einer Beschäftigung durch das Entstehen eines neuen Stammrechts auf Alg von kürzerer Dauer erlischt (§§ 123 S. 1, 124 Abs. 2). Beispiel: Ein 45-Jähriger ist nach langjähriger Beschäftigung arbeitslos geworden, es entsteht ein Anspruch auf Alg für zwölf Monate. Nach einem Leistungsbezug von drei Monaten nimmt er eine Beschäftigung auf. Zunächst bleibt ihm das Recht, bei erneuter Arbeitslosigkeit auf die bisher noch nicht erschöpfte Restanspruchsdauer von neun Monaten zurückgreifen zu können (siehe dazu BSG vom 25. 5. 2005 – B 11 a/11 AL 61/04 R – BSGE 95, 1, 2 = SozR 4–4300 § 147 Nr. 4). Sobald der Arbeitnehmer zwölf Monate beschäftigt war, ist eine neue Anwartschaftszeit erfüllt (§§ 123 S. 1, 124 Abs. 2, 147 Abs. 1 Nr. 1). Tritt nun der Versicherungsfall Arbeitslosigkeit ein, beträgt die Anspruchsdauer „nur" sechs Monate. Um den Anreiz zur Arbeitsaufnahme nicht zu schwächen und dem Arbeitslosen der erreichte Anspruchsdauer nicht zu nehmen, bestimmt § 127 Abs. 4, dass die Dauer des neu entstandenen Anspruchs um die Restdauer des erloschenen Anspruchs verlängert wird (§ 127 Abs. 4 Hs. 1). Im Beispiel würde danach aber eine Anspruchsdauer von 15 Monaten erreicht. § 127 Abs. 4 Hs. 2 **begrenzt** die Verlängerung der Bezugsdauer jedoch zusätzlich **auf die** dem Lebensalter entsprechende **Höchstdauer** (Tabelle des § 127 Abs. 2). Im Beispiel hat der Arbeitslose deshalb einen Anspruch mit einer Dauer von zwölf Monaten (vgl. auch zu § 127 Abs. 4: LSG Berlin-Brandenburg 11. 4. 2008 – L 4 AL 201/06, L 4 AL 560/06).

17   Maßgeblich für die Dauer der Verlängerung ist das **Lebensalter** des Arbeitslosen bei **Entstehen des neuen Anspruchs**. Wäre also in Abwandlung des oben gegebenen Beispiels der Versicherte bei Entstehen des ersten Anspruchs auf Alg 48 Jahre alt gewesen und entsteht nach Vollendung des 50. Lebensjahrs ein neuer Anspruch, kann die übertragene Restanspruchsdauer den Anspruch auf bis zu 15 Monate verlängern.

18   Schließlich ist die Wirkung der **Verlängerungsmöglichkeit auf fünf Jahre** seit Entstehen des früheren Anspruch begrenzt (§ 127 Abs. 4 Hs. 1). Dies ist sachgerecht, weil außerhalb der Frist von fünf Jahren nach den Grundsätzen des § 127 Abs. 1 S. 1 Nr. 1 einer Verlängerung der Anspruchsdauer nicht mehr möglich ist. Zugleich kann der Arbeitslose die Restanspruchsdauer des zuerst entstandenen Anspruchs bereits nach vier Jahren nicht mehr geltend machen (§ 147 Abs. 2).

VIII. Beratungspflicht

19   Die Rechtsprechung nimmt eine Pflicht der AA zur **Spontanberatung** über Gestaltungsmöglichkeiten in Bezug auf die **Anspruchsdauer** an (§§ 127, 118 Abs. 2). Die AA ist danach verpflichtet, Arbeitslose ohne ein konkretes Ersuchen zu beraten und ihnen die Vorteile einer späteren Arbeitslosmeldung zu erläutern, wenn sie erkennbar vor Vollendung einer Lebensaltersstufe stehen und sich bei einem Aufschub des Antrags eine längere Anspruchsdauer ergibt (Hessisches LSG 21. 9. 2007 – L 7/10 AL 185/04). Erfüllt die AA ihre Beratungspflicht nicht, kann ein sozialrechtlicher Herstellungsanspruch bestehen (zu den Voraussetzungen des Herstellungsanspruchs zusammenfassend: BSG

31. 10. 2007 – B 14/11 b AS 63/06 R – SozR 4–1200 § 14 Nr 10; zu § 127: LSG Rheinland-Pfalz 22. 11. 2001 – L 1 AL 74/01; LSG Nordrhein-Westfalen 29. 1. 2007 – L 1 AL 62/06; vgl. auch *Spellbrink* in Eicher/Schlegel, SGB III, § 118 Rn. 31; *Bubeck/Sartorius*, ZAP Fach 18, 857).

§ 128 Minderung der Anspruchsdauer

(1) **Die Dauer des Anspruchs auf Arbeitslosengeld mindert sich um**
1. die Anzahl von Tagen, für die der Anspruch auf Arbeitslosengeld bei Arbeitslosigkeit erfüllt worden ist,
2. jeweils einen Tag für jeweils zwei Tage, für die ein Anspruch auf Teilarbeitslosengeld innerhalb der letzten zwei Jahre vor der Entstehung des Anspruchs erfüllt worden ist,
3. die Anzahl von Tagen einer Sperrzeit bei Arbeitsablehnung, unzureichenden Eigenbemühungen, Ablehnung oder Abbruch einer beruflichen Eingliederungsmaßnahme, Meldeversäumnis oder verspäteter Arbeitsuchendmeldung,
4. die Anzahl von Tagen einer Sperrzeit wegen Arbeitsaufgabe; in Fällen einer Sperrzeit von zwölf Wochen mindestens jedoch um ein Viertel der Anspruchsdauer, die dem Arbeitslosen bei erstmaliger Erfüllung der Voraussetzungen für den Anspruch auf Arbeitslosengeld nach dem Ereignis, das die Sperrzeit begründet, zusteht,
5. *(aufgehoben)*
6. die Anzahl von Tagen, für die dem Arbeitslosen das Arbeitslosengeld wegen fehlender Mitwirkung (§ 66 Erstes Buch) versagt oder entzogen worden ist,
7. die Anzahl von Tagen der Beschäftigungslosigkeit nach der Erfüllung der Voraussetzungen für den Anspruch auf Arbeitslosengeld, an denen der Arbeitslose nicht arbeitsbereit ist, ohne für sein Verhalten einen wichtigen Grund zu haben,
8. jeweils einen Tag für jeweils zwei Tage, für die ein Anspruch auf Arbeitslosengeld bei beruflicher Weiterbildung nach diesem Buch erfüllt worden ist,
9. die Anzahl von Tagen, für die ein Anspruch auf einen Gründungszuschuss in der Höhe des zuletzt bezogenen Arbeitslosengeldes erfüllt worden ist.

(2) ¹In den Fällen des Absatzes 1 Nr. 6 und 7 mindert sich die Dauer des Anspruchs auf Arbeitslosengeld höchstens um vier Wochen. ²In den Fällen des Absatzes 1 Nr. 3 und 4 entfällt die Minderung für Sperrzeiten bei Abbruch einer beruflichen Eingliederungsmaßnahme oder Arbeitsaufgabe, wenn das Ereignis, das die Sperrzeit begründet, bei Erfüllung der Voraussetzungen für den Anspruch auf Arbeitslosengeld länger als ein Jahr zurückliegt. ³In den Fällen des Absatzes 1 Nr. 8 unterbleibt eine Minderung, soweit sich dadurch eine Anspruchsdauer von weniger als einem Monat ergibt. ⁴Ist ein neuer Anspruch entstanden, erstreckt sich die Minderung nur auf die Restdauer des erloschenen Anspruchs (§ 127 Abs. 4).

A. Normzweck

Im Titel mit den Regelungen der Anspruchsdauer bestimmt § 127 diese positiv, während § 128 bestimmt, unter welchen Voraussetzungen sich die Anspruchsdauer mindert. Das ist in erster Linie die **Erfüllung** des Anspruchs durch Zahlung von Alg für die jew. Leistungstage. Zweitens führen auch Zeiten ohne Leistungsbezug zur Minderung der (Rest-)Anspruchsdauer, wenn das Nichtbestehen des Anspruchs auf der **Verletzung versicherungsrechtlicher Obliegenheiten** zur Schadensminderung oder auf fehlender Mitwirkung beruht. Bezüglich der Minderung der Anspruchsdauer lassen sich Gründe unterscheiden, die auf der Erfüllung des Anspruchs (Nr. 1, 2, 8 und 9) oder auf sanktionsähnlichen Regelungen beruhen (Nr. 3, 4, 6 und 7). § 128 Abs. 2 regelt Ausnahmen vom Grundsatz der Minderung der Anspruchsdauer für bestimmte ausdrücklich bezeichnete Konstellationen. § 128 wird durch die Übergangsregelungen der §§ 434 g Abs. 1, 434 j Abs. 4 modifiziert.

B. Voraussetzungen der Minderung der Anspruchsdauer (Abs. 1)

Die Regelung setzt einen entstandenen Anspruch auf Alg in der sich aus § 127 ergebenden Dauer voraus. Da das Alg für den Kalendertag geleistet wird (§§ 134, 339), sind die in § 127 Abs. 2 genannten auf den Monat bezogenen Anspruchsdauern mit 30 zu multiplizieren, um die Anzahl der Kalendertage mit Anspruch auf Alg zu ermitteln (zB 12 Monate = 360 Kalendertage). § 128 ordnet nun an, unter welchen Voraussetzungen sich die Anspruchsdauer um welche Anzahl von Kalendertagen mindert. Treffen **mehrere Tatbestände** der Anspruchsminderung zusammen, sind die jeweiligen Zeiten der Anspruchsminderung zu addieren, da § 128 die Minderung des Anspruchs nicht für Zeiträume,

Mutschler

sondern für eine abstrakte Anzahl von Tagen anordnet. Zu den Voraussetzungen der Minderung der Anspruchsdauer im Einzelnen:

I. Erfüllung des Anspruchs auf Alg (Nr. 1)

3 Die Erfüllung nach Nr. 1 betrifft nur das Alg bei **Arbeitslosigkeit** (§§ 118–124; zum Alg bei beruflicher Weiterbildung siehe Nr. 8). Diese Art des Alg wird für Kalendertage regelmäßig monatlich nachträglich geleistet (§ 337 Abs. 2). Für je einen Kalendertag, für den die AA dem Berechtigten Alg gezahlt hat, mindert sich die Anspruchsdauer um 1 Tag. Dieses 1 zu 1-Prinzip bildet den Regelfall der Anrechnung der Leistungstage auf die Anspruchsdauer. Der Anspruch auf Alg wird auch erfüllt, wenn die AA das Alg trotz Minderung der Leistungsfähigkeit (§ 125) oder Arbeitsunfähigkeit (§ 126) erbringt. Erfüllung des Anspruchs liegt auch vor, wenn Alg gezahlt wird, aber dessen Höhe durch Anrechnung von **Nebeneinkommen** (§ 141) gemindert ist.

4 Unter **Erfüllung** wird verstanden, dass die geschuldete Leistung an den Gläubiger – hier an anspruchsberechtigten Arbeitslosen – bewirkt wird (§ 362 Abs. 1 BGB). Da Alg eine Geldleistung ist und durch Bankanweisung erfüllt wird (§ 337 Abs. 1 S. 1), tritt die Erfüllung ein, sobald der geschuldete Betrag auf dem Konto des Arbeitslosen gutgeschrieben ist (zur Erfüllung von Geldschulden: Grüneberg in Palandt, BGB, § 362 Rn. 10). Die Beweislast für die Erfüllung trifft den Schuldner, hier also die AA (§ 363 BGB).

Wird Alg im Wege der **Gleichwohlgewährung** (zB § 143 Abs. 3) erbracht, tritt – zunächst – die Minderung der Anspruchsdauer ein (LSG Nordrhein-Westfalen 18. 6. 2008 – L 12 AL 96/07). Die Erfüllung des Alg wird allerdings ex post unbeachtlich, wenn der Arbeitgeber die im Wege der Gleichwohlgewährung erbrachte Leistung tatsächlich an die AA erstattet (vgl. LSG NRW a. a. O.; BSG 29. 1. 2008 – B 7/7 a AL 58/06 R – SozR 4–4300 § 128 Nr 2; BSG 24. 7. 1986 – B 7 RAr 4/85 – BSGE 60, 168, 173 f. = SozR 4100 § 117 Nr. 16; *Leitherer* in Eicher/Schlegel, SGB III, § 128 Rn. 53 f.). Nicht zu folgen ist der Ansicht, dass für die „Gutschrift" der Anspruchsübergang nach § 115 Abs. 1 SGB X genügt (so aber LSG Nordrhein-Westfalen 10. 10. 2007 – L 12 AL 233/05), oder der Meinung des LSG Niedersachsen-Bremen (3. 9. 2009 – L 12 AL 46/07), wonach eine Gutschrift auch erfolgen müsse, wenn die AA keine Zahlung erhalten hat, dies ihr aber „anzulasten" ist. Diese Entscheidungen verkennen, dass die Zahlung von Alg den Anspruch erfüllt. Die „Rückabwicklung" dieser Rechtsfolge ist bereits eine von der Rechtsprechung gefundene Ausnahme, die unter der Voraussetzung steht, dass das Geld der AA zugeflossen ist. Eine ausdehnung dieser Ausnahme auf alle Fälle der Gleichwohlgewährung, ist nicht gerechtfertigt, da auch der Arbeitslose seinen frühere Arbeitgeber in Anspruch nehmen kann (BAG 23. 9. 2009 – 5 AZR 518/08 – EzA § 615 BGB 2002 Nr 30).

5 Der Anspruch auf Alg mindert sich gemäß Art. 12 Abs. 1 S. 1 EWG-VO 1408/71 um die Tage des vorhergehenden **Leistungsbezugs in** einem anderen **Mitgliedsstaat der EU,** wenn die Versicherungszeiten schon zu einer Leistung gleicher Art geführt hatten (EuGH 8. 7. 1992 – C-102/91 – EuGHE I 1992, 4341 = SozR 3–6050 Art. 71 Nr. 3). Die Anspruchsdauer verlängert sich aber nicht um die Restdauer des Anspruchs aus dem anderen Mitgliedsstaat (BSG 21. 3. 2007 – B 11a AL 49/06 R – SozR 4–6050 Art 12 Nr 2).

6 Wird ein Leistungsanspruch ausnahmsweise durch **Aufrechnung** (§ 51 SGB I), Verrechnung (§ 52 SGB I) oder Leistung an Dritte (**Abzweigung**) etc.) bewirkt, ist er ebenfalls erfüllt worden. Die Anspruchsdauer wird auch gemindert, wenn Alg zu Unrecht bewilligt worden ist, dem Arbeitslosen aber verbleibt. Wird dagegen die rechtswidrige Bewilligung des Alg durch **Aufhebungs- und Erstattungsbescheid** (vgl. §§ 45 ff., 50 SGB X) beseitigt, tritt keine Anspruchsminderung ein bzw. sie entfällt rückwirkend für Zeiträume, für die das Alg zu erstatten ist, nachdem der Anspruch entstanden war.

II. Erfüllung des Anspruchs auf Teil-Alg (Nr. 2)

7 Eine erste Abweichung vom 1 zu 1 Prinzip findet sich in der Regelung zur Erfüllung des Anspruchs auf **Teil-Alg** (§ 150). Arbeitnehmer, die eine von mehreren nebeneinander ausgeübten versicherungspflichtigen Beschäftigungen verlieren, erhalten das ausgefallene Arbeitsentgelt für bis zu sechs Monate durch Teil-Alg ersetzt (§ 150 Abs. 2 Nr. 3). Bei Bezug von Teil-Alg sieht § 129 Abs. 1 Nr. 2 vor, dass sich die Dauer des Anspruchs auf Alg um einen Tag für je zwei Tage mindert, an denen der Anspruch auf Teil-Alg erfüllt worden ist. Dies liegt darin begründet, dass der Anspruch auf Alg nach § 118 Abs. 1 noch entstehen kann, wenn der Teilarbeitslose auch seine weitere Beschäftigung verliert. § 128 Abs. 1 Nr. 2 privilegiert zwar den Bezug von Teil-Alg mit der Anrechnung 2 zu 1. Die Vorschrift verhindert aber durch Minderung des Anspruchs auf Alg zugleich, dass Alg und Teil-Alg kumuliert werden. Nach dem Bezug von Teil-Alg kann deshalb „innerhalb von zwei Jahren" nur ein Anspruch auf Alg nach § 118 Abs. 1 entstehen, der im Verhältnis 2 zu 1 um die Bezugsdauer des Teil-Alg gemindert ist. Beispiel: AN hat zwei Beschäftigungen. Zum 1. 8. verliert er eine von diesen, ist aber nicht arbeitslos. Er bezieht für sechs Monate (180 Tage) Teil-Alg, als er am 1. 2. des Folgejahrs auch die zweite Beschäftigung verliert, entsteht ein Anspruch auf Alg für zwölf Monate, der unter Anrechnung des Teil-Alg für 90 Tage (2 zu 1) auf 270 Tage begrenzt ist.

III. Sperrzeit allgemein (Nr. 3)

Die Anspruchsdauer des Alg wird auch durch Sperrzeiten gemindert. Allerdings differenzieren 8 § 128 Abs. 1 Nr. 3 und 4 nochmals zwischen verschiedenen Arten von Sperrzeiten. Die Mehrzahl der Sperrzeiten (Nr. 3) mindert die Anspruchsdauer des Alg „nur" um die **Dauer der Sperrzeit**. Sperrzeiten wegen Arbeitsaufgabe (§ 144 Abs. 1 S. 2 Nr. 1) von zwölf Wochen dagegen mindern die Anspruchsdauer um ein Viertel (Nr. 4). Nr. 3 betrifft daher die Sperrzeiten nach § 144 Abs. 1 S. 2 Nr. 2 bis 7; diese mindern die Dauer des Anspruchs auf Alg um die Anzahl von Tagen, für die eine Sperrzeit eingetreten ist (12, 6, 3, 2 Wochen oder 1 Woche). Die Sperrzeit führt nicht nur zur Aussetzung der Leistung, sondern mindert den Anspruch auf Alg entsprechend ihrer zeitlichen Dauer. Ohne die Reglung des § 128 Abs. 1 Nr. 3 würde die Sperrzeit lediglich eine zeitliche Verschiebung des Anspruchs auf Alg um die Dauer der Sperrzeit bewirken. Durch die Anrechnung von Sperrzeiten auf die Anspruchsdauer wird der Sanktionscharakter des § 144 deutlich. Nach § 128 Abs. 2 S. 2 findet die Minderung der Anspruchsdauer nicht statt, wenn das die Sperrzeit begründende Ereignis mehr als ein Jahr zurückliegt (vgl. unten Rn. 10; 18).

IV. Sperrzeit wegen Arbeitsaufgabe (Nr. 4)

Noch einen Schritt weiter geht die Regelung nach Nr. 4. Ist eine Sperrzeit wegen Arbeitsaufgabe 9 mit einer Dauer von zwölf Wochen eingetreten (§ 144 Abs. 1 S. 2 Nr. 1), **mindert sich die Anspruchsdauer** ebenfalls um zwölf Wochen, mindestens aber **um ein Viertel**. Überschreitet ein Viertel der Anspruchsdauer den Zeitraum von zwölf Wochen für die Sperrzeit, wird der Anspruch um ein Viertel gekürzt, ansonsten bleibt es bei der Verkürzung um die Dauer der Sperrzeit. Da nach § 127 Abs 3 nun auch eine kürzere Anspruchsdauer als ein Jahr ausreichen kann, wird die Regelung künftig an Bedeutung gewinnen. Die Rechtsfolge nach Nr. 4 tritt bei dem erstmaligen Entstehen des Anspruchs auf Alg nach dem Ereignis ein, das die Sperrzeit begründet. Schließt zB ein AN am 31. 3. einen Aufhebungsvertrag und erfüllt er am 1.10 die Voraussetzungen für Alg, treten die Rechtsfolgen des § 128 Abs. 1 Nr. 4 am 1. 10. unabhängig davon ein, ob die Sperrzeit auch zu diesem Zeitpunkt beginnt oder bereits abgelaufen ist. Die Vorschrift soll generell der Beendigung von Arbeitsverhältnissen entgegenwirken, für die es keinen wichtigen Grund fehlt.

Nach § 128 Abs. 2 S. 2 entfällt bei den Sperrzeiten die Minderung der Anspruchsdauer, wenn das 10 die Sperrzeit begründende **Ereignis** bei Entstehen des Anspruchs auf Alg länger als **ein Jahr** zurückliegt (vgl. BSG 5. 9. 2006 – B 7a AL 70/05 R – SozR 4–4100 § 106 Nr. 1; Hessisches LSG 6. 7. 2007 – L 7/10 AL 200/04). Die Rspr. hat zum früher geltenden Recht angenommen, die jeweilige AA habe den Arbeitslosen über die sich daraus ergebenden Gestaltungsmöglichkeit zu beraten (BSG aaO). Ob dies auch für die Zeit nach Inkrafttreten des § 128 Abs. 2 S. 2 gilt, ist in der Entscheidung offen geblieben. Aufgrund der gesetzlichen Möglichkeit, den Zeitpunkt der Entstehung des Anspruchs auf Alg bestimmen zu können (§ 118 Abs. 2), dürfte eine über die Vorgaben dieser Vorschrift hinausgehende Verschiebung des Zeitpunkts der Entstehung des Anspruchs im Wege des Herstellungsanspruchs nicht möglich sein (aA Hessisches LSG 6. 7. 2007 – L 7/10 AL 200/04).

V. Versagung oder Entziehung wegen fehlender Mitwirkung (Nr. 6)

Fehlende Mitwirkung des Leistungsberechtigten (§§ 60 f. SGB I) löst die Rechtsfolgen nach § 66 11 SGB I aus. Die Entscheidung über Versagung oder Entziehung von Ansprüchen auf Alg oder Teil-Alg mangels Mitwirkung steht im Ermessen der AA. Eine **Versagung** der Leistung liegt vor, wenn diese rückwirkend auf den Zeitpunkt der Antragstellung abgelehnt wird; die **Entziehung** wirkt nur für die Zukunft. Wird die gebotene Mitwirkungshandlung nachgeholt, kann die Leistung entweder ab dem Zeitpunkt der Nachholung oder auch für zurückliegende Zeiträume erbracht werden.

Ob die Leistung nach Versagung oder Entziehung für zurückliegende Zeiträume erbracht wird, 12 entscheidet die AA nach Ermessen (vgl. § 67 SGB I; dazu auch BSG 22. 2. 1995 – 4 RA 44/94 – SozR 3–1200 § 66 Nr. 3). Die **Anspruchsminderung** nach § 128 Abs. 1 Nr. 6 tritt nicht ein, wenn das Alg für die Zeit der fehlenden Mitwirkung nach § 67 SGB I nicht rückwirkend erbracht wird. Wird Alg rückwirkend (nach)bewilligt, tritt Anspruchsminderung wegen Erfüllung ein (§ 128 Abs. 1 Nr. 1, 2 oder 8). Bei fehlender Mitwirkung wird der Anspruch um die Anzahl von Tagen gemindert, für die er mangels Mitwirkung versagt oder entzogen worden ist. Allerdings begrenzt § 129 Abs. 2 S. 1 die Dauer der Anspruchsminderung für Fälle der fehlenden Wirkung auf insgesamt längstens vier Wochen.

VI. Fehlende Arbeitsbereitschaft (Nr. 7)

Die Arbeitsbereitschaft ist ein **Aspekt der subjektiven Verfügbarkeit**. Sie meint die Bereitschaft, 13 jede versicherungspflichtige nicht kurzzeitige Beschäftigung aufzunehmen (§ 119 Abs. 5 Nr. 3; vgl.

Mutschler

§ 119 Rn. 64). Die Arbeitsbereitschaft ist bei der Arbeitlosmeldung zu bekunden. Sie fehlt, wenn der Arbeitslose nicht seiner objektiven Leistungsfähigkeit entsprechend zur Aufnahme von Beschäftigungen bereit ist (vgl. § 119 Rn. 64 f.). Führt die fehlende Arbeitsbereitschaft zum Wegfall des Leistungsanspruchs, da die Voraussetzung des § 119 Abs. 5 Nr. 3 nicht erfüllt ist, hat die AA die Bewilligung von Alg aufzuheben. Zwar erhält der Arbeitslose in diesem Fall kein Alg, ohne die Minderung der Anspruchsdauer stünde ihm der Restanspruch auf Alg aber in späteren Zeiträumen noch zur Verfügung. In dieser Situation bestimmt § 129 Abs. 1 Nr. 7, dass die Anspruchsdauer für Zeiten fehlender Arbeitsbereitschaft so gemindert wird, als sei der Anspruch erfüllt worden. Auch die Anspruchsminderung nach Nr. 7 ist gemäß § 129 Abs. 2 S. 1 auf insgesamt längstens vier Wochen begrenzt. Sie entfällt, wenn die fehlenden Arbeitsbereitschaft durch einen **wichtigen Grund** gerechtfertigt ist. Ein wichtiger Grund liegt vor, wenn der Arbeitslose erkrankte Angehörige besuchen oder unterstützen will (Bayerisches LSG 28. 7. 2009 – L 9 AL 289/05), mit dem beschäftigten Partner Urlaub verbringen will, einen bereits längerfristig gebuchten Urlaub wahrnehmen will.

VII. Erfüllung des Anspruchs auf Alg (Nr. 8)

14 Alg bei **beruflicher Weiterbildung** (§ 124 a Abs. 1) ist insoweit privilegiert, als für je zwei Tage des Bezugs dieser Leistung der Anspruch auf Alg nur um einen Tag gemindert wird. Nachdem das Alg nach § 124 a Abs. 1 aus dem früheren Uhg hervorgegangen ist, das alternativ zu Alg bezogen werden konnte, hat es der Gesetzgeber nach der Zusammenführung beider Leistungen in Bezug auf die Anrechnung der Bezugzeiten bei einem Vorteil für die Teilnehmer an Maßnahmen der Weiterbildung belassen. Zwar ist der Wechsel zwischen beiden Leistungsarten nun eingeschränkt, andererseits werden Zeiten des Leistungsbezugs nach § 124 a nur im Verhältnis 2 zu 1 auf einen nachfolgenden Anspruch auf Alg bei Arbeitslosigkeit angerechnet. Zum Begriff der **Erfüllung** vgl. oben Rn. 4; zur Erfüllung durch **Leistung an Dritte** vgl. oben Rn. 6.

15 Die Anrechnung des Bezugs von Alg nach § 124 a Abs. 1 soll zudem nicht zu einem Restanspruch auf Alg von weniger als einem Monat (30 Tage) führen, um nach der Maßnahme noch Zeit zur Vermittlung in Arbeit zu haben. § 128 Abs. 2 S. 3 schließt deshalb die Anspruchsminderung nach § 128 Abs. 1 Nr. 8 aus, soweit sie zu einem Restanspruch auf Alg von weniger als einem Monat führt.

VIII. Erfüllung des Anspruchs auf Gründungszuschuss (Nr. 9)

16 Seit 1. 8. 2006 erhalten Arbeitnehmer zur Förderung der Aufnahme einer selbständigen Tätigkeit den Gründungszuschuss (§ 57). Auch diese Leistung der Arbeitsförderung, die an einen Anspruch auf Entgeltersatzleistung geknüpft ist, soll nach § 128 Abs. 1 Nr. 9 nicht kumulativ zum Anspruch auf Alg hinzutreten. Um hier Mitnahmeeffekte zu vermeiden, wird der Bezug des **Gründungszuschusses in Höhe des** zuvor bezogenen **Alg** 1 zu 1 auf die Restanspruchsdauer des Alg angerechnet.

C. Begrenzung und Ausschluss der Minderung (Abs. 2)

17 § 128 Abs. 2 regelt Ausnahmen zu Abs. 1 für einzelne Tatbestände der Minderung der Anspruchsdauer. Satz 1 begrenzt die Minderung der Anspruchsdauer in Fällen des Abs. 1 Nr. 6 und 7 auf ein Höchstmaß (vgl. oben Rn. 12, 13). Durch Satz 2 der Regelung wird die Minderung der Anspruchsdauer bei Sperrzeiten ausgeschlossen, wenn das Sperrzeitereignis bei Entstehung des Anspruchs auf Alg schon mehr als ein Jahr zurückliegt (vgl. oben Rn. 10). Das Alg bei beruflicher Weiterbildung mindert den Anspruch auf Alg (Abs. 1 Nr. 8); Satz 3 schließt sie Anspruchsminderung aber aus (vgl. oben Rn. 15), wenn dies zu einer Restanspruchsdauer von weniger als einem Monat führen würde.

18 Wie sich aus § 128 Abs. 2 S. 4 ergibt, bezieht sich die Minderung immer nur auf das konkret entstandene Stammrecht. Deshalb wirkt sich ein bei Bezug des vorhergehenden Anspruchs verwirklichter Minderungstatbestand nur auf die **Restdauer des erloschenen (früheren) Anspruchs** (§ 127 Abs. 4), nicht aber auf den erst nach Eintritt des Minderungstatbestands neu entstandenen Anspruch auf Alg aus. § 128 Abs. 2 S. 4 tritt allerdings gegenüber der spezifischen Regelung zur Sperrzeit (§ 128 Abs. 1 Nr. 4, Abs. 2 S. 2) zurück. Tritt eine Sperrzeit wegen Arbeitsaufgabe vor dem Entstehen eines Anspruchs auf Alg ein, wird die Anspruchsdauer gemindert, wenn das Sperrzeitereignis innerhalb eines Jahres vor Entstehen des neuen Anspruchs liegt.

Vierter Titel. Höhe des Arbeitslosengeldes

§ 129 Grundsatz

Das Arbeitslosengeld beträgt
1. für Arbeitslose, die mindestens ein Kind im Sinne des § 32 Abs. 1, 3 bis 5 des Einkommensteuergesetzes haben, sowie für Arbeitslose, deren Ehegatte oder Lebenspartner

mindestens ein Kind im Sinne des § 32 Abs. 1, 3 bis 5 des Einkommensteuergesetzes hat, wenn beide Ehegatten oder Lebenspartner unbeschränkt einkommensteuerpflichtig sind und nicht dauernd getrennt leben, 67 Prozent (erhöhter Leistungssatz),
2. für die übrigen Arbeitslosen 60 Prozent (allgemeiner Leistungssatz)

des pauschalierten Nettoentgelts (Leistungsentgelt), das sich aus dem Bruttoentgelt ergibt, das der Arbeitslose im Bemessungszeitraum erzielt hat (Bemessungsentgelt).

A. Allgemeines

I. Normzweck

§ 129 stellt – zusammen mit weiteren Vorschriften des Vierten Titels – die **Grundsätze** zur Bestimmung der **Höhe** des Alg auf. Die Leistungssätze des Alg werden durch § 129 gesetzlich bestimmt, ebenso die für die Bestimmung der Leistungshöhe zentralen Begriffe Leistungsentgelt und Bemessungsentgelt. Die Vorschrift enthält die Voraussetzungen für die Zuordnung zum erhöhten Leistungssatz, der allgemeine Leistungssatz findet subsidiär auf alle Personen Anwendung, die nicht von Nr. 1 erfasst werden. Ähnlich wie im Ersten Titel die Anspruchsvoraussetzungen werden im Vierten Titel zum Alg die Grundsätze zur Bestimmung der Leistungshöhe in der Grundnorm des § 129 zusammengestellt und deren Berechnungselemente und in den folgenden Bestimmungen (§§ 130 bis 134) im Einzelnen ausgestaltet. 1

§ 129 verfolgt nicht den Zweck, die Höhe des Alg unmittelbar zu bestimmen. Wesentlicher Regelungszweck ist vielmehr, die Leistungshöhe des Alg als **Entgeltersatzquote** als prozentualen Anteil des **pauschalierten Leistungsentgelts** zu bestimmen. Zur Verwaltungsvereinfachung wird die Leistungshöhe ausgehend von dem pauschalierten Leistungsentgelt nach dem seinerseits gesetzlich bestimmten Begriff des Bemessungsentgelts (§ 131) errechnet. Das bedeutet, dass sich die Höhe des Alg nicht ausgehend von dem individuell erzielten Entgelt errechnet, vielmehr werden der Berechnung pauschalierte und typisierte Größen zu Grunde gelegt. 2

II. Übergangsrecht

§§ 129 f. sind zum 1. 1. 2005 weitgehend umgestaltet und geändert worden (3. Gesetz für moderne Dienstleistungen am Arbeitsmarkt vom 23. 12. 2004; BGBl. I S. 2848), um das Recht der Bemessung des Alg zu vereinfachen. Für Altfälle wird § 129 durch die Übergangsregelungen in §§ 434j Abs. 3, 5 und 5a modifiziert (dazu BSG 8. 2. 2007 – B 7a AL 38/06 R – SozR 4–4300 § 434j Nr. 2). 3

III. Verfassungsrechtliche Fragen

Die **Leistungssätze** in der durch § 129 bestimmten Höhe sind mit dem GG vereinbar (BSG 9. 5. 1996 – 7 RAr 66/95 – BSGE 78, 201 = SozR 3–4100 § 111 Nr. 13; BSG 5. 6. 1997 – 7 RAr 46/96 –, die Verfassungsbeschwerde gegen dieses Urteil wurde vom BVerfG nicht zur Entscheidung angenommen, BVerfG 26. 8. 1998 – 1 BvR 1696/97). Auch die **Neuregelung** des Rechts der Bemessung von Alg zum **1. 1. 2005**, die für manche Fälle eine Anpassung an das neue Recht erforderlich macht (oben Rn. 3), ist, soweit damit im Einzelfall eine Absenkung des Anspruchs auf Alg verbunden ist, verfassungsrechtlich **nicht zu beanstanden** (BSG 8. 2. 2007 – B 7a AL 38/06 R – SozR 4–4300 § 434j Nr. 2 mit Anm. *Rixen* SGb 2008, 31 f.; LSG Baden-Württemberg 22. 11. 2006 – L 12 AL 4365/06; LSG Nordrhein-Westfalen 18. 6. 2007 – L 19 AL 78/06). 4

Aus dem Grundgesetz, insbes. aus Art. 6 Abs. 1 GG, lässt sich **keine Verpflichtung** des Gesetzgebers herleiten, im Rahmen der Bestimmungen der Arbeitslosengeldes die Höhe der Leistungen **nach Familienstand** oder dem Vorhandensein oder der Zahl der unterhaltsberechtigten Kinder des Berechtigten **zu staffeln**. Aus der Wertentscheidung des Art. 6 Abs. 1 GG i. V. m. dem Sozialstaatsprinzip lässt sich zwar die allgemeine Pflicht des Staates zu einem Familienlastenausgleich entnehmen, nicht aber die Entscheidung darüber, in welchem Umfang und in welcher Weise ein solcher sozialer Ausgleich vorzunehmen ist. Insoweit hat der Gesetzgeber weite Gestaltungsfreiheit (vgl. BVerfG 7. 7. 1992 – 1 BvL 51/86 – BVerfGE 87, 1, 35). Wenn der vorgenommene Unterschied nach der familiären Verantwortung nach dem GG nicht geboten ist, besteht erst Recht kein noch weitergehendes Gebot einer Staffelung der Höhe des Alg nach der Kinderzahl (vgl. BSG 27. 6. 1996 – 11 RAr 77/95 – BSGE 79, 14, 17 = SozR 3–4100 § 111 Nr. 14; zum Verfassungsproblem der Privilegierung der Kinder in Lebenspartnerschaften vgl. *Coseriu/Jakob* in NK-SGB III § 129 Rn. 4). 5

B. Berechnung der Höhe des Alg

I. Formel

§ 129 **bestimmt** abstrakt-generell die **Entgeltersatzquote** der Arbeitnehmer bei Eintritt des Leistungsfalls Arbeitslosigkeit. Die Berechnungsformel: Alg entspricht 67 bzw. 60 v. H. des pauscha- 6 lierten Nettoentgelts (Leistungsentgelt), das sich aus dem Bruttoentgelt ergibt, das ein Arbeitsloser im Bemessungszeitraum erzielt hat (Bemessungsentgelt). Ausgangspunkt der Berechnung ist das Bruttoentgelt im Bemessungszeitraum. Aus diesem Bemessungsentgelt wird nach Maßgabe des § 133 ein pauschaliertes Nettoentgelt errechnet (Leistungsentgelt), das mit einem der beiden Leistungssätze (67 bzw. 60 v. H.) zu multiplizieren ist.

II. Erhöhter Leistungssatz

7   Nach § 129 Nr. 1 beträgt das Alg 67 v. H. des maßgeblichen Entgelts für Arbeitslose, die in Beziehungen zu (mindestens) **einem Kind** leben. Infolge der steuerrechtlichen Anknüpfung erhalten solche Berechtigten Alg nach dem erhöhten Leistungssatz, auf deren Steuerkarte ein Kinderfreibetrag von mindestens 0,5 eingetragen ist. Eine höhere Zahl von Kindern führt nicht zur Erhöhung der Entgeltersatzquote (vgl. Rn. 5).

8   Der erhöhte Leistungssatz wird gezahlt für Kind(er) des Arbeitslosen iSd. § 32 Abs. 1, 3 bis 5 EStG (idF ab 1. 8. 2008). Die Regelung bezieht neben den mit dem Arbeitslosen in erstem Grad verwandten Kindern, auch Pflegekinder mit ein. Darunter versteht § 32 Abs. 1 Nr. 2 EStG alle Kinder, mit denen der Arbeitslose durch ein familienähnliches, auf längere Dauer bestehendes Band verbunden ist, sofern er sie nicht zu Erwerbszwecken in seinen Haushalt aufgenommen hat und das Obhuts- und Pflegeverhältnis zu den Eltern nicht mehr besteht. Kinder werden bis zur Vollendung des 18. Lebensjahrs berücksichtigt. Sie werden über dieses Alter hinaus berücksichtigt, wenn die Voraussetzungen des § 32 Abs. 4 EStG vorliegen (z. B. bis zur Vollendung des 21. Lebensjahrs für Arbeitsuchende; bis zum Alter von 25 für Kinder in Berufsausbildung, solche die keinen Ausbildungsplatz haben, Wehr- oder Zivildienstleistende, FSJ- oder FÖJ-ler). Körperlich, geistig oder seelisch behinderte Kinder sind inzwischen ohne Altersgrenze berücksichtigungsfähig, wenn sie außerstande sind, sich selbst zu unterhalten und die Behinderung vor Vollendung des 25. Lebensjahrs eingetreten ist.

9   Auch wenn es sich um ein **Kind des Ehepartners oder des Lebenspartners** handelt, kann der erhöhte Leistungssatz Anwendung finden. Während Kinder in gleichgeschlechtlichen eingetragenen Partnerschaften leistungsrechtlich begünstigt sind, gilt dies für Kinder in eheähnlichen Gemeinschaften nicht (zu Recht kritisch dazu: *Coseriu/Jakob* in NK-SGB III § 129 Rn. 4). Ein Kind des Ehe- oder Lebenspartners wird nach § 129 Nr. 1 jedoch nur berücksichtigt, wenn beide Partner, also der Arbeitslose und sein Ehe- oder Lebenspartner, unbeschränkt einkommensteuerpflichtig sind und nicht dauernd getrennt leben.

10 **Unbeschränkt einkommensteuerpflichtig** sind nach § 1 Abs. 1 S. 1 EStG alle natürlichen Personen, die im Inland einen Wohnsitz oder ihren gewöhnlichen Aufenthalt haben. Nach Maßgabe des § 1 Abs. 2 EStG werden auch bestimmte im Ausland lebende deutsche Staatsbürger als unbeschränkt einkommensteuerpflichtig erfasst. Grenzgänger können der uneingeschränkten Einkommensteuerpflicht aufgrund von Doppelbesteuerungsabkommen entzogen sein (§ 39b Abs. 6 EStG).

11 Wer von seinem Ehe- oder Lebenspartner **„getrennt lebt"** ergibt sich aus § 1567 Abs. 1 BGB. Danach leben Ehegatten bzw. Lebenspartner getrennt, wenn zwischen ihnen keine häusliche Gemeinschaft besteht und ein Partner sie erkennbar nicht herstellen will, weil er/sie die eheliche Lebensgemeinschaft/Lebenspartnerschaft ablehnt. Die häusliche Gemeinschaft besteht auch nicht, wenn die Ehegatten innerhalb der ehelichen Wohnung getrennt leben. § 129 knüpft allerdings negativ an das „nicht dauernde getrennte Leben" an. Ausgehend von § 1567 Abs. 1 BGB ist dieses Merkmal in Anlehnung an die die steuerliche Zusammenveranlagung von Ehegatten regelnde Bestimmung (§ 26 Abs. 1 S. 1 EStG) auszulegen. Von einem dauernden Getrenntleben ist auszugehen, wenn die zum Wesen der Ehe oder Lebenspartnerschaft gehörende Lebens- und Wirtschaftsgemeinschaft endgültig aufgehoben ist, wobei insoweit Lebensgemeinschaft die räumliche, persönliche und geistige Gemeinschaft der Ehegatten bedeutet, während unter Wirtschaftsgemeinschaft die gemeinsame Erledigung der die Ehegatten gemeinsam berührenden wirtschaftlichen Fragen ihres Zusammenlebens zu verstehen ist (LSG Baden-Württemberg 14. 3. 2008 – L 8 AS 1358/07).

III. Allgemeiner Leistungssatz

12 Subsidiär erfasst § 129 Nr. 2 alle Arbeitslosen, die – aus welchen Gründen auch immer – nicht eine der Alternativen der Nr. 1 erfüllen. Sie erhalten Alg mit einer Entgeltersatzquote von 60 v. H. § 129 Nr. 2 regelt mithin den Regelleistungssatz des Alg. Jeder Arbeitslose, dessen Anspruch entstanden ist, hat Anspruch auf Ersatz des durch die Arbeitslosigkeit weggefallenen Entgelts in Höhe dieser Mindestentgeltersatzquote.

IV. Beginn und Wegfall des erhöhten Leistungssatzes

13 Nach § 32 Abs. 3 EStG wird ein Kind in dem Kalendermonat, in dem es lebend geboren wurde, und in jedem folgenden Kalendermonat, zu dessen Beginn es das 18. Lebensjahr noch nicht vollendet hat, berücksichtigt. Die Regelung vermeidet einen Wechsel des Leistungssatzes innerhalb des Monats. Für den Monat der Geburt und den Monat, in dem die Altersgrenze erreicht wird, wird der erhöhte

Leistungssatz geleistet (Ausnahme: bei den am 1. eines Monats Geborenen endet der erhöhte Leistungssatz mit dem letzten des Vormonats). Die Regelung betrifft nur die Höhe des Leistungssatzes. Sie ändert nichts daran, dass Alg für Kalendertage berechnet und geleistet wird (§ 134 S. 1).

V. Weitere Berechnungselemente

Das **Leistungsentgelt** ist definitionsgemäß ein im Wege der Pauschalierung ermitteltes Nettoentgelt. Die Bestimmung des Leistungsentgelts ist in § 133 näher geregelt. Es errechnet sich im Grundsatz aus dem um pauschale Abzüge verminderten Bemessungsentgelt. § 129 definiert das **Bemessungsentgelt** als das durchschnittlich auf den Tag entfallende beitragspflichtige Arbeitsentgelt, das der Arbeitslose im Bemessungszeitraum erzielt hat (§ 131 Abs. 1 S. 1). Zur Verwaltungsvereinfachung werden relativ kurze vor Eintritt des Versicherungsfalls liegende Zeiträume betrachtet, um eine beschleunigte Feststellung der Leistung und eine rasche Auszahlung zu ermöglichen (LSG NRW 26. 2. 2010 – L 1 B 23/09 AL).

14

§ 130 Bemessungszeitraum und Bemessungsrahmen

(1) ¹Der Bemessungszeitraum umfasst die beim Ausscheiden des Arbeitslosen aus dem jeweiligen Beschäftigungsverhältnis abgerechneten Entgeltabrechnungszeiträume der versicherungspflichtigen Beschäftigungen im Bemessungsrahmen. ²Der Bemessungsrahmen umfasst ein Jahr; er endet mit dem letzten Tag des letzten Versicherungspflichtverhältnisses vor der Entstehung des Anspruchs.

(2) ¹Bei der Ermittlung des Bemessungszeitraums bleiben außer Betracht
1. Zeiten einer Beschäftigung, neben der Übergangsgeld wegen einer Leistung zur Teilhabe am Arbeitsleben, Teilübergangsgeld oder Teilarbeitslosengeld geleistet worden ist,
2. Zeiten einer Beschäftigung als Freiwillige oder Freiwilliger im Sinne des Jugendfreiwilligendienstegesetzes oder des Bundesfreiwilligendienstgesetzes, wenn sich die beitragspflichtige Einnahme nach § 344 Abs. 2 bestimmt,
3. Zeiten, in denen der Arbeitslose Elterngeld bezogen oder Erziehungsgeld bezogen oder nur wegen der Berücksichtigung von Einkommen nicht bezogen hat oder ein Kind unter drei Jahren betreut und erzogen hat, wenn wegen der Betreuung und Erziehung des Kindes das Arbeitsentgelt oder die durchschnittliche wöchentliche Arbeitszeit gemindert war,
3 a. Zeiten, in denen der Arbeitslose eine Pflegezeit nach § 3 Abs. 1 Satz 1 des Pflegezeitgesetzes in Anspruch genommen hat, wenn wegen der Pflege das Arbeitsentgelt oder die durchschnittliche wöchentliche Arbeitszeit gemindert war,
4. Zeiten, in denen die durchschnittliche regelmäßige wöchentliche Arbeitszeit auf Grund einer Teilzeitvereinbarung nicht nur vorübergehend auf weniger als 80 Prozent der durchschnittlichen regelmäßigen Arbeitszeit einer vergleichbaren Vollzeitbeschäftigung, mindestens um fünf Stunden wöchentlich, vermindert war, wenn der Arbeitslose Beschäftigungen mit einer höheren Arbeitszeit innerhalb der letzten dreieinhalb Jahre vor der Entstehung des Anspruchs während eines sechs Monate umfassenden zusammenhängenden Zeitraums ausgeübt hat.

²Satz 1 Nr. 4 gilt nicht in Fällen einer Teilzeitvereinbarung nach dem Altersteilzeitgesetz, es sei denn, das Beschäftigungsverhältnis ist wegen Zahlungsunfähigkeit des Arbeitgebers beendet worden.

(3) Der Bemessungsrahmen wird auf zwei Jahre erweitert, wenn
1. der Bemessungszeitraum weniger als 150 Tage mit Anspruch auf Arbeitsentgelt enthält,
1 a. in den Fällen des § 123 Absatz 2 der Bemessungszeitraum weniger als 90 Tage mit Anspruch auf Arbeitsentgelt enthält oder
2. es mit Rücksicht auf das Bemessungsentgelt im erweiterten Bemessungsrahmen unbillig hart wäre, von dem Bemessungsentgelt im Bemessungszeitraum auszugehen.

³Satz 1 Nr. 2 ist nur anzuwenden, wenn der Arbeitslose dies verlangt und die zur Bemessung erforderlichen Unterlagen vorlegt.

A. Allgemeines

I. Normzweck

§ 130 regelt die **zeitlichen Aspekte** für die Bestimmung des Bemessungsentgelts, das sind Bemessungszeitraum und Bemessungsrahmen. Die Vorschrift gibt Antwort auf die Frage, welcher Zeitraum für die Bestimmung des Bemessungsentgelts maßgeblich ist. Sie ist Ausdruck des Versicherungsprinzips, denn die Höhe der Leistung wird nach dem erzielten Entgelt innerhalb des einjährigen Bemes-

1

sungsrahmens festgelegt (BT-Drs. 13/4941, 178). Die Höhe des Alg als vorübergehende Entgeltersatzleistung wird nicht nach dem gesamten Zeitraum bemessen, der der Anwartschaftszeit zu Grunde liegt, vielmehr wird aus Gründen der Verwaltungspraktikabilität, zur einfachen und schnellen Berechnung der Leistung, das erzielte Entgelt innerhalb eines Jahres vor dem Ende des letzten Versicherungspflichtverhältnisses herangezogen. Andererseits ist der Bemessungsrahmen mit einem Jahr weit genug gesteckt, um im Regelfall einen repräsentativen Zeitraum zur Bestimmung des Arbeitsentgelts zu erhalten. Innerhalb der Vorschrift definiert Abs. 1 die Begriffe Berechnungszeitraum und Bemessungsrahmen; Abs. 2 bestimmt Zeiten, die nicht als Bemessungszeiträume herangezogen werden, Abs. 3 erweitert den Bemessungsrahmen in Ausnahmefällen auf zwei Jahre.

II. Entwicklung der Norm

2   § 130 ist zuletzt mehrfach ergänzt und geändert worden. Durch das Elterngeldgesetz vom 5. 12. 2006 (BGBl. I S. 2748) ist Abs. 2 S. 1 Nr. 3 zum 1. 1. 2007 geändert worden. Art. Abs. 9 Buchst. b des Gesetzes zur Förderung von Jugendfreiwilligendiensten (JFDG) vom 16. 5. 2008 (BGBl. I S. 842) hat § 130 Abs. 2 S. 1 Nr. 2 zum 1. 6. 2008 geändert. Schließlich ist § 130 Abs. 2 S. 1 Nr. 3a durch Art. 4 Nr. 3 des Gesetzes zur strukturellen Weiterentwicklung der Pflegeversicherung (Pflege-Weiterentwicklungs-Gesetz) vom 28. 5. 2008 (BGBl. I S. 874) in die Norm eingefügt worden. Zum 1. 8. 2009 ist in Abs. 3 die Nr. 1a eingefügt worden (Art. 2b Nr. 4 Buchst. b des 3. SGB IV ÄndG vom 15. 7. 2009, BGBl. I S. 1939).

B. Bemessungszeit und Bemessungsrahmen (Abs. 1)

3   Nach § 129 ist die Höhe des Alg ein Prozentsatz des Leistungsentgelts, das sich wiederum aus dem Bruttoarbeitsentgelt/Bemessungsentgelt (§ 131) ergibt, das der Arbeitslose im Bemessungszeitraum erzielt hat. Innerhalb dieser Grundsätze zur Bestimmung der Höhe des Alg regelt § 130 Bemessungszeitraum und -rahmen, also die **Zeiten, die herangezogen werden, um das Bemessungsentgelt zu bestimmen**. Nach § 130 Abs. 1 S. 1 umfasst der Bemessungszeitraum abgerechnete Entgeltabrechnungszeiträume aus versicherungspflichtigen Beschäftigungen im Bemessungsrahmen. Bei der Bestimmung des Bemessungszeitraums ist zunächst der Bemessungsrahmen festzulegen, der vom Ende des letzten Versicherungspflichtverhältnisses vor Entstehung des Anspruchs kalendermäßig ein Jahr zurückzurechnen ist (vgl. BSG 25. 1. 1996 – 7 RAr 90/94 – BSGE 77, 244, 249 = SozR 3–4100 § 112 Nr. 24).

I. Bemessungsrahmen (Abs. 1 S. 2)

4   Der **Bemessungsrahmen** umfasst nach § 130 Abs. 1 S. 2 ein Jahr. Er endet mit dem letzten Tag einer arbeitslosenversicherungspflichtigen Beschäftigung (§§ 24 f.) vor dem Entstehen des Anspruchs auf Alg (dazu § 118 Rn. 7). Scheidet z. B. ein AN am 31. 3. aus einem Versicherungspflichtverhältnis aus, ist anschließend von 1. 4. bis 31. 5. geringfügig beschäftigt und meldet sich am 1. 6. arbeitslos, ergibt sich ein Bemessungsrahmen vom 1. 4. 09 bis 31. 3. Anders als beim Bemessungszeitraum (vgl. unten Rn. 7) knüpft das Ende des Bemessungsrahmens am letzten Tag des letzten Versicherungspflichtverhältnisses an (Hs. 2). Hierunter ist nicht nur die letzte versicherungspflichtige Beschäftigung (§ 25 Abs. 1) zu verstehen; der Bemessungsrahmen endet vielmehr auch mit einem anderen Versicherungspflichtverhältnis nach §§ 24 f. (zum Bemessungsrahmen nach Bezug von Sozialleistungen: BSG 21. 7. 2009 – B 7 AL 23/08 R – SozR 4–4300 § 132 Nr. 3 Rn. 13; BSG 8. 7. 2009 – B 11 AL 14/08 R – Rn. 19).

II. Bemessungszeitraum (Abs. 1 S. 1)

5   Den eigentlichen Bemessungszeitraum bilden die in den Bemessungsrahmen fallenden berücksichtigungsfähigen Entgeltabrechnungszeiträume, sofern sie die erforderliche Mindestzahl von Arbeitstagen mit Anspruch auf Arbeitsentgelt enthalten (zum früheren Recht: BSG 25. 1. 1996 – 7 RAr 90/94 – BSGE 77, 244 ff. = SozR 3–4100 § 112 Nr. 24). Dabei sind nur **volle Entgeltabrechnungszeiträume** zugrunde zu legen. Das sind solche, die vollständig innerhalb des Bemessungsrahmens liegen und beim Ausscheiden des Arbeitslosen aus dem Versicherungspflichtverhältnis abgerechnet waren. Teilabrechnungszeiträume sind nicht zu berücksichtigen, auch nicht, wenn sie in den Bemessungsrahmen hineinragen (vgl. BSG 1. 6. 2006 – B 7a AL 86/05 R – SozR 4–4300 § 133 Nr. 3; BSG 29. 1. 2008 – B 7/7a AL 40/06 R – SozR 4–4300 § 130 Nr. 3 = NZS 2009, 117; aA früher BSG 25. 1. 1996 – 7 RAr 90/94 – BSGE 77, 244, 248 = SozR 3–4100 § 112 Nr. 24). Dieser Aspekt der Regelung dient der Verwaltungsvereinfachung, weil Ermittlungen zu noch nicht gezahlten oder erst fällig werdenden Entgeltansprüchen nicht erforderlich sind, was eine rasche Berechnung und Zahlung von Alg ermöglicht.

Für die Prüfung, ob Entgeltabrechnungszeiträume, die sich regelmäßig auf einen Monat erstrecken, **6** abgerechnet sind, ist der Zeitpunkt des Ausscheidens aus der jeweiligen Beschäftigung maßgeblich (instruktiv zur Bestimmung des Bemessungszeitraums bei nicht abgerechneten Entgeltabrechnungszeiträumen: LSG Nordrhein-Westfalen 11. 8. 2004 – L 12 AL 235/03; dort auch zum Verhältnis des § 130 Abs. 1 zur nachträglichen Vertragerfüllung). **Abrechnet** sind die Entgelte schon, wenn der ArbG diese mit allen Nebenleistungen so berechnet hat, dass er sie unmittelbar auszahlen kann bzw. es nur noch des technischen Überweisungsvorgangs bedarf (BSG 25. 1. 1996 – 7 RAr 90/94 – BSGE 77, 244, 252 = SozR 3–4100 § 112 Nr. 24 m. w. N.).

Alle aber auch nur die innerhalb des Bemessungsrahmens liegenden Zeiten einer **versicherungs-** **7** **pflichtigen Beschäftigung** sind zu berücksichtigen (Abs. 1 S. 1; dazu BT-Drs. 15/1515, 85). Durch Anknüpfung an Zeiten einer versicherungspflichtigen Beschäftigung werden Beitragszeiten in Beziehung zum Leistungsanspruch gesetzt. Durch die Beschränkung auf Beschäftigungen werden im Rahmen des § 130 Abs. 1 S. 1 nur **Zeiten nach § 25 Abs. 1 einbezogen**. Das ist neben der Beschäftigung in einem **Arbeitsverhältnis** auch eine solche zur Berufsausbildung. Beschäftigung zur **Berufsausbildung** liegt nicht nur bei einer betrieblichen Berufsausbildung vor, sondern auch bei einer Berufsausbildung nach dem BBiG in einer außerbetriebliche Einrichtung, für die keine Ausbildungsvergütung gezahlt wird (BSG vom 3. 12. 2009 – B 11 AL 42/08 R – SozR 4–4300 § 132 Nr. 4 Rn. 10; mit zust. Anm. von Fischinger in SGb 2010, 497). Dagegen bleiben alle übrigen Versicherungspflichtverhältnisse, auch wenn diesen Entgelte zugeordnet sind, außer Betracht (BT-Drs. aaO).

Sind im Bemessungsrahmen Arbeitsentgelte aus verschiedenen Beschäftigungen in unterschiedlicher Höhe zu berücksichtigen, ergibt sich für das Bemessungsentgelt ein Mittelwert. Eventuell daneben ausgeübte versicherungsfreie Tätigkeiten und geringfügige Beschäftigungen (§ 27 Abs. 2) sind nicht zu berücksichtigen. Maßgeblich für die Frage, ob Entgelt beim Ausscheiden aus der Beschäftigung bereits abgerechnet war, ist der **Zeitpunkt des Ausscheidens** aus dem leistungsrechtlichen Beschäftigungsverhältnis. Für Arbeitnehmer, die nach Kündigung bereits vor Ablauf der Kündigungsfrist oder sonst vor dem Zeitpunkt der rechtlichen Beendigung des Arbeitsverhältnisses von der Arbeit **freigestellt** werden, ist nicht auf das Ende des Arbeitsverhältnisses, sondern auf das Ende des leistungsrechtlichen Beschäftigungsverhältnisses abzustellen (BSG 8. 7. 2009 – B 11 AL 14/08 R – mwN). Ein Beschäftigungsverhältnis besteht auch nicht, wenn zwar das Arbeitsverhältnis rechtlich ohne Anspruch auf Arbeitsentgelt fortbesteht, der AN aber im Bezug von Sozialleistungen wie Krankengeld oder Übergangsgeld steht. Der Bezug solcher Leistungen unterbricht die leistungsrechtliche Beschäftigung (§ 7 Abs. 3 S. 1 und 2 SGB IV; dazu BSG 8. 7. 2009 – B 11 AL 14/08 R – mwN). Arbeitsentgelt, das beim Ausscheiden aus der (leistungsrechtlichen) Beschäftigung (Beginn von Krankengeld) nicht abgerechnet war, fällt daher ebenso nicht in den Bemessungszeitraum wie Entgelt, das erst nach Freistellung des AN abgerechnet wird.

C. Nicht zu berücksichtigende Zeiten (Abs. 2)

§ 130 Abs. 2 nimmt eine Reihe von Fallgruppen von der Berücksichtigung beim Bemessungszeitraum aus, da in den genannten Zeiten typischerweise keine repräsentativen Arbeitentgelte erzielt werden. Um eine unbillige Leistungshöhe zu vermeiden, bleiben diese **Zeiten außer Ansatz** (BT-Drs. 15/1515, 85). § 130 Abs 2 sieht eine Erweiterung des Bemessungsrahmens über zwei Jahre (Abs. 3) hinaus nicht vor. Die in § 130 Abs. 2 genannten Zeiten bleiben für den Bemessungszeitraum nur außer Betracht. Die in Nr 1 bis 3 der Vorschrift genannten Zeiten stellen daher **keine Aufschubtatbestände** dar, die zu einer Erweiterung des Bemessungsrahmens auf mehr als zwei Jahre führen könnten. Vielmehr soll durch diese Regelungen der Arbeitslose davor geschützt werden, dass in die Ermittlung des Bemessungsentgelts Entgeltabrechnungszeiträume versicherungspflichtiger Beschäftigungen einfließen, in denen das erzielte Arbeitsentgelt atypisch niedrig und daher nicht repräsentativ gewesen ist (BSG 16. 12. 2009 – B 7 AL 39/08 R; BSG 6. 5. 2009 – B 11 AL 7/08 R – zu Veröffentlichung in SozR 4 vorgesehen).

I. Beschäftigungszeiten neben dem Bezug von Übg, Teil-Übg oder Teil-Alg (Nr. 1)

Gemäß §§ 160 f. wird Übg während der Teilnahme an einer Leistung zur Teilhabe am Arbeitsleben **10** (§§ 97 f.) bezogen. Werden mehrere Beschäftigungen ausgeübt und entfällt eine von ihnen kann auch Teil-Alg bezogen werden. Besteht aber während einer Maßnahme zur Teilhabe noch ein Beschäftigungsverhältnis, wird typisierend angenommen, dass aus dieser Beschäftigung kein berücksichtigungsfähiges Arbeitsentgelt erzielt wird.

II. Beschäftigungszeiten nach dem JFDG (Nr. 2)

Entsprechendes gilt für Zeiten des Jugendfreiwilligendienstes, bei dem es sich um eine Form bür- **11** gerschaftlichen Engagements handelt (§ 1 Abs. 1 S. 1 Jugendfreiwilligendienstgesetz – JFDG – vom

16. 5. 2008, BGBl. I S. 842). Zwar können auch für solche Dienste (zu den Arten von Diensten vgl. §§ 2f. JFDG) Geld- und Sachleistungen vereinbart werden (§ 11 Abs. 1 Nr. 6 JFDG), dabei handelt es sich aber nicht um Arbeitsentgelt im Sinne von laufenden Einnahmen als Gegenleistung für den freiwillig geleisteten Dienst. Dienste nach dem JFDG bleiben für den Bemessungszeitraum außer Betracht.

III. Zeiten des Bezugs von Elterngeld/Erziehungsgeld (Nr. 3)

12   Auch Zeiten des tatsächlichen Bezugs von Elterngeld nach dem BEEG vom 5. 12. 2006 (BGBl. I S. 2748), das zum 1. 1. 2007 in Kraft getreten ist und für die ab diesem Datum geborenen Kinder gezahlt wird, bleiben für den Bemessungszeitraum unberücksichtigt. Entsprechendes gilt für Zeiten des Bezugs von Erziehungsgeld für die bis zum 31. 12. 2006 geborenen Kinder (§ 1 BErzGG). Für Eltern, die die Leistungsvoraussetzungen nach dem BEEG oder BErzGG nur wegen der Berücksichtigung von Einkommen (§§ 2 Abs. 1 BEEG, 5 Abs. 3, 4 BErzGG) nicht erfüllen, werden Betreuungs- und Erziehungszeiten von Kindern unter drei Jahren ebenfalls nicht in den Bemessungszeitraum eingerechnet. Schließlich bleiben Zeiten unberücksichtigt, in denen der Arbeitslose ein Kind unter drei Jahren betreut und erzogen hat, wenn deshalb entweder das Arbeitsentgelt oder die durchschnittliche wöchentliche Arbeitszeit gemindert war.

IV. Pflegezeit (Nr. 3a)

13   Seit 1. 7. 2008 sind auch Pflegezeiten Zeiten mit Versicherungspflichtverhältnis in der Arbeitslosenversicherung (§ 26 Abs. 2 a), allerdings schließt § 130 Abs. 2 Nr. 3a deren Berücksichtigung für den Bemessungszeitraum aus. Der Begriff der Pflegezeit wird in § 3 Abs. 1 S. 1 PflegeZG (verkündet als Art. 3 des Pflege-Weiterentwicklungsgesetzes vom 28. 5. 2008; BGBl. I S. 874, 896) gesetzlich definiert. Danach sind Beschäftigte in Pflegezeit, wenn sie von der Arbeitsleistung vollständig oder teilweise freigestellt sind, um einen pflegebedürftigen nahen Angehörigen in häuslicher Umgebung zu pflegen. Pflegezeit kann vom AN nur zusammenhängend in Anspruch genommen werden (ArbG Stuttgart 24. 9 2009 – 12 Ca 1792/09 – BB 2010, 705). Ein Anspruch auf Pflegezeit besteht allerdings gem. § 3 Abs. 1 S. 2 PflegeZG nicht gegenüber Arbeitgebern mit in der Regel 15 oder weniger Beschäftigten. Die von § 3 Abs. 1 S. 2 PflegeZG erfassten Beschäftigten können daher eine Pflegezeit „nicht in Anspruch nehmen".

V. Beschäftigung in Teilzeit (Nr. 4)

14   Zeiten der Beschäftigung aufgrund einer Teilzeitvereinbarung werden unter den in § 130 Abs. 2 Nr. 4 näher bezeichneten Voraussetzungen ebenfalls nicht auf den Bemessungszeitraum angerechnet. Die Regelung soll die Bereitschaft der Beschäftigten zum Wechsel von der Vollzeit- auf eine Teilzeitbeschäftigung fördern. Die Regelung setzt voraus, dass zwischen ArbG und AN eine kürzere als die bislang arbeitsvertraglich geschuldete Arbeitszeit vereinbart wird. Die Arbeitszeitverkürzung muss das in Nr. 4 bestimmte Mindestmaß erreichen. Die Vorschrift verlangt, dass die regelmäßige wöchentliche Arbeitszeit auf weniger als 80 Prozent der durchschnittlichen regelmäßigen Arbeitszeit einer vergleichbaren Vollbeschäftigung vermindert wird. Diese Teilzeitvereinbarung setzt allerdings nicht voraus, dass der AN vor deren Abschluss in Vollzeitbeschäftigung tätig war. Beim Wechsel von einer Teilzeittätigkeit in eine solche geringeren Umfangs muss allerdings die bisherige Arbeitszeit um mindestens 5 Wochenstunden vermindert werden, daneben darf die vereinbarte Arbeitszeit nicht 80 v. H. oder mehr einer Vollzeitbeschäftigung erreichen.

15   Die Anwendung der Regelung setzt zudem einen **zeitlichen Zusammenhang** zu einer Beschäftigung mit **längerer Arbeitszeit** voraus. Der Arbeitslose muss die Beschäftigung mit längerer Arbeitszeit innerhalb der letzten **dreieinhalb Jahre** vor der Entstehung Anspruchs während eines zusammenhängenden Zeitraums von sechs Monaten ausgeübt haben (Gedanke des § 147 Abs. 2). Soweit Nr. 4 auf die Entstehung des Anspruchs Bezug nimmt, ist das Entstehen des Stammrechts auf Alg iS. des § 118 Abs. 1, § 40 Abs. 1 SGB I gemeint. Die Regelung wird in der Praxis insbesondere genutzt, um Betriebe durch einvernehmliche Reduzierung der Arbeitszeit zu sanieren (dazu Kleinebrink, ArbRB 2007, 337f.). Soweit die Regelung das höhere Entgelt nicht mehr berücksichtigt, wenn das Entgelt mehr als drei Jahre vor Entstehung des Anspruchs erzielt worden ist, ist die Regelung verfassungsrechtlich nicht zu beanstanden (BSG 6. 5. 2009 – B 11 AL 7/08 R – Rn. 22, 26).

VI. Sondervorschrift

16   Nach der Sondervorschrift des § 416a bleiben auch Zeiten einer Beschäftigung im Beitrittsgebiet, die die AA als Arbeitsbeschaffungsmaßnahme, Strukturanpassungsmaßnahme oder Maßnahme, für die nach Maßgabe des § 426 die Vorschrift des § 249 h AFG weiter anzuwenden ist, gefördert hat, bei der Ermittlung des Bemessungszeitraums außer Betracht (dazu SG Dresden 28. 12. 2004 – S 23 AL 1311/03).

D. Erweiterter Bemessungsrahmen (Abs. 3)

Fehlt es aufgrund geringer Anzahl von Tagen mit Anspruch auf Arbeitsentgelt an einem repräsentativen Bemessungszeitraum oder liegt eine unbillige Härte vor, wird der Bemessungsrahmen **auf zwei Jahre erweitert**. Die Regelungen zur Bestimmung der Lage des Bemessungsrahmens in § 130 Abs. 1 S. 2 (vgl. oben Rn. 4) gelten auch für die Bestimmung der Lage des nach § 130 Abs. 2 erweiterten Rahmens. Eine Erweiterung aus anderen als den in Abs. 3 enumerativ aufgeführten Gründen ist – auch verfassungsrechtlich – nicht geboten (zur Erweiterung des Bemessungsrahmens nach Erziehungszeit: LSG Baden-Württemberg 15. 9. 2006 – L 8 AL 3082/06; SG Berlin 20. 4. 2007 – S 58 AL 307/07), da ggf. die fiktive Bemessung nach § 132 sachgerechte Ergebnisse ermöglicht.

I. Geringe Entgeltzeiten im Bemessungszeitraum (Nr. 1)

Der Bemessungsrahmen wird auf zwei Jahre erweitert, wenn in dem nach § 130 Abs. 1, 2 bestimmten Bemessungszeitraum weniger als 150 Tage mit Anspruch auf Arbeitsentgelt liegen. Arbeitsentgelt, das in einem Kalenderjahr oder einem Kalendermonat erzielt worden ist, wird mit der genauen Zahl von Kalendertagen (365 pro Jahr, Anzahl der Tage des Monats) berücksichtigt, da sowohl Bemessung als auch Leistung des Alg nach Kalendertagen erfolgen (§§ 131, 134). Tage mit Anspruch auf Arbeitsentgelt sind auch solche mit Anspruch auf Entgeltfortzahlung, Feiertagsvergütung oder bezahlten Urlaub.

II. Zeiten mit mehrfach kurz befristeten Beschäftigungen (Nr. 1a)

§ 123 Abs. 2 erlaubt es Beschäftigten mit mehreren kurzzeitig befristeten Beschäftigungen, insbesondere Kulturschaffenden, den Anspruch über eine verkürzte Anwartschaftszeit zu erwerben (vgl. § 123 Rn. 15, zu den Motiven BT-Drs 16/13424, 32). Der zum 1. 8. 2009 in Kraft getretene Abs. 3 Nr. 1a erweitert für die Personen, die einen Anspruch nach Maßgabe dieser Vorschrift erworben haben, den **Bemessungsrahmen auf zwei Jahre**. Diese Erweiterung ist sachgerecht, da sich für die begünstigte Personengruppe aufgrund der mehrfachen befristeten Beschäftigung typischerweise im Jahreszeitraum des Abs. 1 kein repräsentatives Entgelt ermitteln lässt. Die Erweiterung des Bemessungszeitraums erfasst ein längere Zeit mit Beschäftigungen und vermeidet auch bezüglich der erzielten Entgelte Zufallsergebnisse. Die Regelung soll auch vermeiden, dass es aufgrund der kurzen Versicherungszeiten verstärkt zu sogenannten fiktiven Bemessungen kommt, wonach nicht das letzte, sondern das in einer neuen Beschäftigung mutmaßlich erzielbare Entgelt Grundlage der Berechnung des Alg ist (BT-Drs 16/13424, 32).

III. Unbillige Härte (Nr. 2)

Die Annahme einer unbilligen Härte ist gerechtfertigt, wenn der Bemessungsrahmen von einem Jahr auf zwei Jahre erweitert wird und es mit Rücksicht auf das sich in dem auf zwei Jahre erweiterten Rahmen ergebende Bemessungsentgelt unbillig hart wäre, von dem sich im Regelbemessungszeitraum ergebenden Bemessungsentgelt auszugehen (§ 130 Abs. 1 S. 1; vgl. oben Rn 5 f.). Die Härtefallregelung erfordert also einen **Vergleich von Bemessungsentgelten** in zwei Bezugszeiträumen, nämlich dem Bemessungsentgelt im einjährigen Bemessungsrahmen und demjenigen im erweiterten zweijährigen Bemessungsrahmen. Zeigt dieser Vergleich, dass das Arbeitsentgelt im erweiterten Bemessungsrahmens nicht repräsentativ ist bzw. die „wahren" Verhältnisse nicht wiederspiegelt, liegt eine unbillige Härte vor. Eine unbillige Härte ist anzunehmen, wenn das Bemessungsentgelt aus dem erweiterten Bemessungsrahmen von zwei Jahren das Bemessungsentgelt aus dem einjährigen Regelbemessungsrahmen um mehr als 10 v. H. übersteigt (BSG 24. 11. 2010 – B 11 AL 30/09 R – SozR 4-4300 § 130 Rn. 7; BSG 1. 3. 2011 – B 7 AL 9/09 R – für SozR vorgesehen).

Die Entscheidungen werden dem Bedürfnis der Praxis gerecht, **rechtssichere Maßstäbe** zur Anwendung des gerichtlich voll überprüfbaren Rechtsbegriffs der „unbilligen Härte" zu erhalten. Die BA geht in ihren Dienstanweisungen davon aus, dass eine unbillige Härte bei einer Differenz der Entgelte um mehr als 10 v. H. vorliege (DA-Alg zu § 130 Rn. 130.35). Dagegen wollte das SG Kassel (6. 6. 2007 – S 7 AL 258/06) eine Differenz von 8,14 v. H. für die Annahme der Härte genügen lassen. In der Literatur sprechen sich *Behrend* (in Eicher/Schlegel, SGB III, § 130 Rn. 92) und *Söhngen* (jurisPR-SozR 22/2008 Anm. 1) für die Bejahung einer Härte schon bei einer Anweichung von weniger als 10 v. H. aus. Andere ziehen die Grenze zur unbilligen Härte dagegen weiter. Eine Entgeltdifferenz von ca. 15–20 v. H. fordern *Coseriu/Jakob* (in NK-SGB III § 130 Rn. 86). Der Stand der Diskussion zeigt, dass der von der BA und nun vom BSG angesetzte Wert akzeptabel und praktikabel erscheint.

Auf die **Gründe des Minderverdienstes kommt es nicht an**. Die Regelung lässt die Berücksichtigung anderer Härtegesichtspunkte als den Vergleich der Bemessungsentgelte in den zwei Bezugszeiträumen nicht zu. Deshalb rechtfertigt auch die **Nichtzahlung von Arbeitsentgelt** trotz bestehenden Anspruches nicht die Annahme eines Härtefalls, da es anderenfalls der Regelung des § 131 Abs. 1 S. 2 Alt. 2 (fiktiver Zufluss wegen Zahlungsunfähigkeit des Arbeitgebers) nicht bedurft hätte (zur Bemessung nach Lohnverzicht vgl. § 131 Rn. 3 a)

23 Die Regelung zur Erweiterung des Bemessungsrahmens wegen **unbilliger Härte** ist gemäß § 130 Abs. 2 S. 2 nur anzuwenden, wenn der **Arbeitslose** dies **verlangt** und die zur Bemessung (im erweiterten Rahmen) erforderlichen Unterlagen vorlegt (Beibringungslast). Die AA soll nicht von sich aus ohne Anhaltspunkte im Einzelfall prüfen und nach der Vergleichsmethode berechnen müssen, ob eine unbillige Härte vorliegt (vgl. *Cosieru/Jakob* in NK-SGB III § 130 Rn. 88).

§ 131 Bemessungsentgelt

(1) ¹Bemessungsentgelt ist das durchschnittlich auf den Tag entfallende beitragspflichtige Arbeitsentgelt, das der Arbeitslose im Bemessungszeitraum erzielt hat. ²Arbeitsentgelte, auf die der Arbeitslose beim Ausscheiden aus dem Beschäftigungsverhältnis Anspruch hatte, gelten als erzielt, wenn sie zugeflossen oder nur wegen Zahlungsunfähigkeit des Arbeitgebers nicht zugeflossen sind.

(2) Außer Betracht bleiben Arbeitsentgelte,
1. die der Arbeitslose wegen der Beendigung des Arbeitsverhältnisses erhält oder die im Hinblick auf die Arbeitslosigkeit vereinbart worden sind,
2. die als Wertguthaben einer Vereinbarung nach § 7 b des Vierten Buches nicht nach dieser Vereinbarung verwendet werden.

(3) Als Arbeitsentgelt ist zugrunde zu legen
1. für Zeiten, in denen der Arbeitslose Kurzarbeitergeld oder eine vertraglich vereinbarte Leistung zur Vermeidung der Inanspruchnahme von Saison-Kurzarbeitergeld bezogen hat, das Arbeitsentgelt, das der Arbeitslose ohne den Arbeitsausfall und ohne Mehrarbeit erzielt hätte,
2. für Zeiten einer Vereinbarung nach § 7 b des Vierten Buches das Arbeitsentgelt, das der Arbeitslose für die geleistete Arbeitszeit ohne eine Vereinbarung nach § 7 b des Vierten Buches erzielt hätte; für Zeiten einer Freistellung das erzielte Arbeitsentgelt.

(4) Hat der Arbeitslose innerhalb der letzten zwei Jahre vor der Entstehung des Anspruchs Arbeitslosengeld bezogen, ist Bemessungsentgelt mindestens das Entgelt, nach dem das Arbeitslosengeld zuletzt bemessen worden ist.

(5) ¹Ist der Arbeitslose nicht mehr bereit oder in der Lage, die im Bemessungszeitraum durchschnittlich auf die Woche entfallende Zahl von Arbeitsstunden zu leisten, vermindert sich das Bemessungsentgelt für die Zeit der Einschränkung entsprechend dem Verhältnis der Zahl der durchschnittlichen regelmäßigen wöchentlichen Arbeitsstunden, die der Arbeitslose künftig leisten will oder kann, zu der Zahl der durchschnittlich auf die Woche entfallenden Arbeitsstunden im Bemessungszeitraum. ²Einschränkungen des Leistungsvermögens bleiben unberücksichtigt, wenn Arbeitslosengeld nach § 125 geleistet wird. ³Bestimmt sich das Bemessungsentgelt nach § 132, ist insoweit die tarifliche regelmäßige wöchentliche Arbeitszeit maßgebend, die bei Entstehung des Anspruchs für Angestellte im öffentlichen Dienst des Bundes gilt.

A. Allgemeines

I. Normzweck

1 § 131 bestimmt – zusammen mit den anderen Vorschriften des Vierten Titels – die **Höhe** des Alg. Anknüpfend an die Grundsätze des § 129 regelt die Vorschrift das **Bemessungsentgelt**, das Ausgangspunkt für die Bestimmung der Leistungshöhe ist. Der Begriff „Bemessungsentgelt" ist in § 129 gesetzlich definiert als Bruttoentgelt, das der Arbeitslose im Bemessungszeitraum (§ 130) erzielt hat. § 131 bestimmt das Bruttoentgelt hinsichtlich der erzielten und zu berücksichtigenden Entgeltanteile (Abs. 1 S. 2; Abs. 2), für den Fall des Bezugs von Sozialleistungen vor Entstehen des Anspruchs auf Alg (Abs. 3 Nr. 1, Abs. 4), für den Fall der Vereinbarung von Arbeitszeitkonten (Abs. 3 Nr. 2) und für den Fall einer Änderung des Leistungsvermögens (Abs. 5). § 131 Abs 1 modifiziert nicht § 130, sondern regelt die Frage, welches Arbeitsentgelt iS von § 129 iVm § 131 Abs. 1 als erzielt gilt (BSG 8. 7. 2009 – B 11 AL 14/08 R – SozR 4–4300 § 130 Nr. 6). Kann sich die Ermittlung des Bemessungsentgeltes nicht auf einen repräsentativen Zeitraum von mindestens 150 Tagen stützen, ist es fiktiv zu bemessen (§ 132). Systematisch sind in den §§ 131, 132 die Regelungen über das Bemessungsentgelt zusammengefasst.

2 Die Regelung verfolgt zwei Intentionen (vgl. BSG 5. 12. 2006 – B 11a AL 43/05 R – SozR 4–4300 § 134 Nr. 1). Sie soll erstens sicherstellen, dass die Höhe des Arbeitsentgelts **nicht** nachträglichen

Regelung bezweckt, den Arbeitslosen im Bereich des Sozialleistungsrechts von dem ihm arbeitsrechtlich zugewiesenen Risiko der Zahlungsunfähigkeit des ArbG zu entlasten. Allerdings ist die Regelung aus Gründen der Verwaltungspraktikabilität und der Missbrauchsabwehr eng gefasst. Nur im Fall der Zahlungsunfähigkeit des ArbG erfolgt eine Abweichung vom Erfordernis des tatsächlichen Zuflusses des Entgelts. Es genügt, dass der ArbG tatsächlich keine Zahlungen mehr leisten kann, auf ein Insolvenzereignis oder -verfahren stellt die Norm nicht ab. Die Zahlungsunfähigkeit des ArbG muss alleinige Ursache **des fehlenden Zuflusses** des (erarbeiteten) Arbeitsentgelts sein (vgl. BSG vom 5. 12. 2006 – B 11 a AL 43/05R – SozR 4–4300 § 134 Nr. 1; BSG vom 14. 12. 2006 – B 7 a AL 54/05 R). Deshalb sind streitige, möglicherweise erfüllte, untergegangene oder mit Einreden behafteten Ansprüche nicht geeignet, das Bemessungsentgelt zu erhöhen. Haben die Beschäftigten aufgrund wirtschaftlicher Schwierigkeiten des ArbG auf Teile des Entgelts verzichtet und verpflichtet sich der ArbG im Gegenzug, das Entgelt im Falle der Kündigung nachzuzahlen, kommt die Berücksichtigung dieser Entgeltanteile beim Bemessungsentgelt in Betracht, wenn der ArbG wegen Zahlungsunfähigkeit seine Leistung nicht erfüllt (BSG 29. 1. 2008 – B 7/7 a AL 40/06 R – SozR 4–4300 § 130 Nr. 3; vgl. auch § 130 Rn 18).

C. Nicht berücksichtigungsfähige Arbeitsentgelte (Abs. 2)

I. Abfindung/Entschädigung (Nr. 1)

§ 131 Abs. 2 nimmt bestimmte Einnahmen, die Arbeitsentgelt iSd. § 14 Abs. 1 SGB IV sein können, von der Berücksichtigung beim Bemessungsentgelt aus. Nr. 1 bestimmt, dass Arbeitsentgelte, die der Arbeitslose wegen der Beendigung des Arbeitsverhältnisses erhält (Alt. 1) oder die im Hinblick auf die Arbeitslosigkeit vereinbart worden sind (Alt. 2), bei der Berechnung der Höhe der Leistung außer Betracht bleiben. Nach der Gesetzesbegründung zu § 134 aF soll die Vorschrift kurzfristige Manipulationen des Arbeitsentgelts mit dem Ziel, ein höheres Alg zu erzielen, verhindern (BR-Drucks. 550/96, 82). Die Vorschrift ermöglicht auch eine schnelle Berechnung des Alg, da die häufig erst im Rahmen von arbeitsgerichtlichen Verfahren vereinbarten Zahlungen aus Anlass der Beendigung des Arbeitsverhältnisses nicht zu berücksichtigen sind. Nach Alt. 1 erhöhen **Abfindungen, Entschädigungen** oder ähnliche Leistungen, die wegen der Beendigung des Arbeitsverhältnisses gezahlt werden (§ 143a Abs. 1 S. 1), aber auch eine wegen Beendigung des Arbeitsvertrags gezahlte **Urlaubsabgeltung**, das Bemessungsentgelt nicht (BSG 20. 2. 2002 – B 11 AL 71/01 R – SozR 3–4300 § 184 Nr. 1; Bayerisches LSG 26. 3. 2009 – L 8 AL 200/08). Der Berechnung des Alg unterfällt nur Arbeitsentgelt, auf welches der Arbeitslose unabhängig von der Beendigung des Arbeitsverhältnisses Anspruch hatte. 11

Nach Alt. 2 sind Leistungen auch nicht dem Bemessungsentgelt zuzurechnen, wenn sie (nur) im Hinblick auf den Eintritt von Arbeitslosigkeit vereinbart sind. Die Regelung will privatrechtliche Gestaltungen zu Lasten der Versichertengemeinschaft erschweren. Nach § 131 Abs. 2 Nr. 1 Alt. 2 bleiben beim Bemessungsentgelt die Zahlungen unberücksichtigt, die nicht während des Arbeitsverhältnisses angefallen wären, sondern „nur" beim Eintritt von Arbeitslosigkeit fällig werden. Dies kann auch bei solchen Leistungen des ArbG gegeben sein, die erbracht werden, bevor das Arbeitsverhältnis beendet ist. 12

II. Arbeitszeitkonten (Nr. 2)

Auch die zweite Ausnahme der Berücksichtigung von Arbeitsentgelt soll arbeitsrechtliche Vereinbarungen zu Lasten der Solidargemeinschaft vermeiden. § 131 Abs. 2 Nr. 2 bestimmt, dass bei der Festlegung des maßgeblichen Bemessungsentgelts **Wertguthaben** gemäß § 7 Abs. 1a SGB IV, die **nicht gemäß** einer **Vereinbarung über flexible Arbeitszeitregelungen** verwendet wird (§ 23b Abs. 2 S. 1 Nr. 2 SGB IV), bei der Ermittlung des Bemessungsentgelts außer Betracht bleibt. 13

Der Begriff des **Wertguthabens** erfährt seine **Legaldefinition** in § 7 Abs. 1a S. 1 SGB IV. Es handelt sich um fälliges Arbeitsentgelt für Zeiten einer Freistellung von der Arbeitsleistung, das mit einer vor oder nach der Freistellung erbrachten Arbeitsleistung erzielt worden ist oder erzielt wird. Während des Verbrauchs solcher Wertguthaben besteht Beschäftigung gegen Arbeitsentgelt (vgl. zum Beitragsrecht: BSG 24. 9. 2008 – B 12 KR 22/07 R). Solche Guthaben ermöglichen es, arbeitsvertragliche Regelungen über flexible Arbeitszeiten zwischen ArbG und AN sozialrechtlich als Zeiten der Beschäftigung zu erfassen. Beschäftigungszeiten iSd. § 7 Abs. 1a SGB IV sind grundsätzlich als Zeiten mit Arbeitsentgelt beim Bemessungsentgelt zu berücksichtigen. Werden solche Zeit- oder Wertguthaben aber **nicht nach** Maßgabe der **arbeitsrechtlichen Vereinbarung** (Einzelvertrag, Betriebsvereinbarung, Tarifvertrag) **verwendet,** sind die vereinbarungswidrig eingesetzten Wertguthaben nicht zur Bestimmung des Bemessungsentgelts heranzuziehen (vgl. insoweit auch § 23b Abs. 2, 2a, 3 SGB IV). 14

D. Sonderfälle der Bemessung (Abs. 3 und 4)

I. Bezug von Kug/Saison-Kug (Abs. 3 Nr. 1)

15   Zum 1. 4. 2006 ist § 131 an die Neuregelung des Rechts der saisonalen Förderung von witterungsabhängigen Wirtschaftszweigen (insbes. Bauwirtschaft) angepasst worden. Für Zeiten des (tatsächlichen) Bezugs von Kurzarbeitergeld (Kug; vgl. §§ 169 f.) einschließlich seiner Sonderform Saison-Kug (§ 175) oder einer vertraglich vereinbarten Leistung zur Vermeidung der Inanspruchnahme von Saison-Kug ist das Arbeitsentgelt zugrunde zu legen, das der Arbeitslose ohne Arbeitsausfall und ohne Mehrarbeit erzielt hätte. Sowohl für Zeiten, in denen der Arbeitslose auf arbeits- oder tarifvertraglicher Grundlage eine Leistung erhält, um die Inanspruchnahme von Kug bzw. Saison-Kug zu vermeiden, als auch für Zeiten, in denen er die Entgeltersatzleistungen Kug bzw. Saison-Kug bezieht, ist das **regelmäßige Arbeitsentgelt** zugrunde zu legen, das **ohne Arbeitsausfall** erzielt worden wäre. Allerdings ist nur das in der regelmäßigen Arbeitszeit ausgefallene Entgelt anzusetzen, da die Leistung von Mehrarbeit bei zeitgleich gegebenem Arbeitsausfall nicht förderungswürdig ist.

II. Bei Vereinbarung flexibler Arbeitszeit (Abs. 3 Nr. 2)

16   Nach § 7 Abs. 1 a SGB IV besteht auch für **Zeiten der Freistellung von der Arbeit** aufgrund einer Wertguthabenvereinbarung ein Beschäftigungsverhältnis (vgl. oben Rn. 14). Mit dem Begriff „Arbeitsentgeltkonto" wird klargestellt, das es nicht auf eine bestimmte Form der Ansparung von Entgelten ankommt. Es muss nur irgendeine Wertguthabenvereinbarung (§ 7b SGB IV) vorliegen. Eine solche Vereinbarung (zu den in der Praxis verbreiten Typen der Arbeitszeitflexibilisierung vgl. *Segebrecht* jurisPK-SGB IV § 7 Rn. 292) bedarf der Schriftform, die Höhe des für die Zeit der Freistellung und des für die vorausgegangenen zwölf Kalendermonate monatlich fälligen Arbeitsentgelts darf nicht unangemessen voneinander abweichen und das Arbeitsentgelt muss mehr als 400 € betragen. Liegt eine Vereinbarung nach § 7 b SGB IV vor, unterscheidet die Vorschrift bezüglich des zugrunde zu legenden Bemessungsentgelts:

17   **1. Phase der Arbeitsleistung.** In der **Phase der Arbeitsleistung** (aktive Phase) wird das Arbeitsentgelt zugrunde gelegt, das der AN ohne die Vereinbarung erzielt hätte. Maßgeblich sind also die geleisteten Arbeitsstunden, nicht das reduzierte Arbeitsentgelt. Damit sieht die Regelung in der Phase der Arbeitsleistung vor, dass das Bemessungsentgelt über das unmittelbar beitragspflichtige Arbeitsentgelt hinausgeht, denn nach § 23b Abs. 1 SGB IV ist in dieser Phase nur das Arbeitsentgelt beitragspflichtig, das aufgrund der Flexibilisierungsvereinbarung zu zahlen ist, nicht also das Entgelt für angespartes Wertguthaben.

18   **2. Phase der Freistellung.** In der **Phase der Freistellung** von der Arbeitsleistung besteht das beitragsrechtliche Beschäftigungsverhältnis gegen Arbeitsentgelt weiter (BSG 24. 9. 2008 – B 12 KR 27/07 R – BSGE 101, 273 = SozR 4–2400 § 7 Nr. 10 jew Rn. 25). In dieser Phase wird als Bemessungsentgelt (nur) das Arbeitsentgelt angenommen, das der Arbeitnehmer erzielt, das ihm also vereinbarungsgemäß in der Freistellungsphase tatsächlich zufließt. In der Freistellungsphase entspricht das zu berücksichtigende dem beitragspflichtigen Arbeitsentgelt (§ 23 b Abs. 1 S. 1 SGB IV). § 131 Abs. 3 Nr. 2 vermeidet damit nicht nur Nachteile für Arbeitslose mit flexibilisierter Arbeitszeit, sondern die Vorschrift privilegiert diese Gruppe. Für die aktive Phase erhalten sie Alg nach einem Bemessungsentgelt, das **über** das **beitragspflichtige Bemessungsentgelt hinaus**geht, während die Leistung in der Freistellungsphase dem beitragspflichtigen Entgelt entspricht.

III. Vorbezug von Alg (Abs. 4)

19   § 131 Abs. 4 trifft eine weitere Sonderregelung zur Bestimmung des Bemessungsentgelts, wenn der Arbeitslose innerhalb der letzten zwei Jahre vor Entstehen eines neuen Anspruchs bereits Alg bezogen hatte (zum Entstehen des Anspruchs: § 118 Rn. 7). Die Regelung setzt voraus, dass irgendwann im zurückgerechneten Zwei-Jahres-Zeitraum Alg tatsächlich bezogen worden ist, anschließend muss nach Maßgabe des § 123 Abs. 1 oder 2 ein neuer Anspruch entstanden sein. Der Regelung liegt – auch hier – der Gedanke zu Grunde (vgl. auch § 127 Rn. 16), dass die Aufnahme einer ggf. geringer entlohnten Beschäftigung mit anschließendem Erwerb eines neuen Anspruchs dem Arbeitslosen keine Nachteile bringen soll.

20   Liegt innerhalb des Zwei-Jahres-Zeitraums vor dem Entstehen des neuen Anspruchs ein Vorbezug von Alg, ist Bemessungsentgelt **mindestens das Entgelt** iSd. § 14 Abs. 1 SGB IV, das der Bemessung des **früheren Anspruchs** zu Grunde lag. Ein früher erworbener Anspruch auf Alg verlängert ggf. die Anspruchsdauer (§ 127 Abs. 4) und stabilisiert die Anspruchshöhe auf dem in § 131 Abs. 4 bestimmten Niveau. Dies bedeutet für die **Praxis**, dass beim Wechsel aus einem besser bezahlten Arbeitsverhältnis in ein solches mit geringerer Vergütung, der Versicherte dahingehend beraten wer-

den sollte, vor Aufnahme der geringer entlohnten Beschäftigung den Anspruch auf Alg entstehen zu lassen, um für den Fall einer erneuten Arbeitslosigkeit das in früheren Zeiträumen erarbeitete Sicherungsniveau zu erhalten.

War das Bemessungsentgelt beim Vorbezug vom Alg **rechtswidrig zu hoch** festgesetzt, kann diese 21 Festsetzung aufgrund der **Besitzstandsklausel** des Abs. 4 dennoch für den neuen Anspruch maßgebend sein. Zwar ist die Höhe der Bewilligung von Alg nur ein Element der Begründung des Bescheids, so dass ihr eine Bindungswirkung nicht zukommt (Schleswig-Holsteinisches Landessozialgericht 26. 9. 2008 – L 3 AL 81/07). Abs. 4 regelt andererseits, dass das Bemessungsentgelt mindestens das Entgelt ist, nach dem das Alg zuletzt bemessen worden ist. Die Regelung knüpft zum Zwecke der Verwaltungsvereinfachung an das Bemessungsentgelt an, das der letzten Bewilligung zu Grunde lag; auf dessen Rechtmäßigkeit kommt es nicht an (so auch LSG Niedersachsen-Bremen 31. 5. 2006 – L 7 AL 161/03; aA Schleswig-Holsteinisches LSG aaO.). Wurde die Bewilligung zurückgenommen oder aufgehoben, kann an sie – unabhängig von einer Bindungswirkung – tatsächlich nicht mehr angeknüpft werden.

E. Minderung des Bemessungsentgelts (Abs. 5)

I. Voraussetzungen

§ 131 Abs. 5 regelt die Frage, unter welchen Voraussetzungen sich das maßgebliche Bemessungs- 22 entgelt des Alg vermindert. Die Minderung des Bemessungsentgelts (MdBE) setzt voraus, dass der Arbeitslose die der Bemessung nach Abs. 1 bis 4 – auch bei Bestandsschutz nach Abs. 4 ist eine Minderung infolge zeitlicher Einschränkung der Verfügbarkeit möglich – zugrunde liegende durchschnittliche Wochenarbeitszeit nicht mehr leisten kann oder will. Die Formulierung „nicht mehr bereit oder in der Lage" nimmt Bezug auf die objektive und subjektive Verfügbarkeit (§ 119 Abs. 5 Nr. 1–4). Für die MdBE ist es unerheblich, ob die Einschränkung der früheren Arbeitszeit auf objektiven Ursachen (Krankheit, Minderung der Leistungsfähigkeit) oder auf eigener Willensentschließung (Einschränkung auf Teilzeittätigkeit) beruht (BT-Drs. 15/1515, 85). Allerdings muss sich der Arbeitslose für eine Teilzeitbeschäftigung von **mindestens 15 Std. wöchentlich** zur Verfügung halten, weil es anderenfalls an **Arbeitslosigkeit** (§§ 118 Abs. 1 Nr. 1, 119 Abs. 5 Nr. 1, 3) fehlen würde (*Brand* in Niesel/Brand, SGB III, § 131 Rn. 25; *Coseriu/Jakob* in NK-SGB III § 131 Rn. 53) und der Anspruch auf Alg dem Grunde nach entfiele.

Vom Grundsatz der Anpassung des Bemessungsentgelts an die Leistungsfähigkeit enthält § 131 23 Abs. 5 S. 2 eine wesentliche **Ausnahme.** Während des Bezugs von Alg nach Maßgabe der **Nahtlosigkeitsregelung** (§ 125) ist die MdBE ausgeschlossen. Anderenfalls würde der Schutzzweck des § 125 (vgl. § 125 Rn. 1) verfehlt. Sobald aber die Sperrwirkung der Nahtlosigkeitsregelung entfällt, kann die MdBE erfolgen.

II. Rechtsfolge

Die Einschränkung der subjektiven oder objektiven Verfügbarkeit in zeitlicher Hinsicht hat die 24 MdBE zur Folge (früher Herabbemessung). Diese erfolgt entsprechend dem **Verhältnis** der Zahl der durchschnittlichen wöchentlichen Arbeitsstunden, die der Arbeitslose künftig leisten will oder kann, zu der Zahl der durchschnittlich in der Woche geleisteten Arbeitsstunden im Bemessungszeitraum. Hat der Arbeitslose zB im Bemessungszeitraum durchschnittlich 36 Stunden pro Woche gearbeitet, kann er aber aus privaten Gründen künftig nicht länger als 27 Std./Woche arbeiten, würde sich das Bemessungsentgelt (: 36 × 27) um $1/4$ vermindern. § 131 Abs. 5 greift nur bei Minderung der möglichen Arbeitszeit, wenn der Arbeitslose dagegen die Anzahl der Arbeitsstunden pro Woche **erhöhen** möchte, findet **keine Änderung** des Bemessungsentgelts statt.

Fehlt es an einem für die Bemessung hinreichend repräsentativen Zeitraum mit Anspruch auf Ar- 25 beitsentgelt, ist das Alg fiktiv zu bemessen (§ 132). Auch im Fall der fiktiven Bemessung ist eine MdBE möglich. Da es für diese an einem Maßstab für die bisher geleistete Arbeitszeit fehlt, weil sich die Anzahl der durchschnittlich in der Woche geleisteten Arbeitsstunden nicht beziffern lässt (§ 131 Abs. 5 S. 1), ist nach § 131 Abs. 5 S. 3 die für den öffentlichen Dienst geltende tarifliche Arbeitszeit als Maßstab für die Minderung des Bemessungsentgelts heranzuziehen.

III. Verfahren

Die Minderung des Leistungsvermögens bzw. der -bereitschaft ist objektiv festzustellen. Soll die 26 MdBE auf das Ergebnis eines ärztlichen Gutachtens gestützt werden, darf sie erst für Zeiten nach Bekanntgabe des Gutachtens gegenüber dem Arbeitslosen erfolgen. Die Herabsetzung der Leistungshöhe setzt den Erlass eines VA voraus. Neben den Voraussetzungen des § 131 Abs. 5 sind auch die **verfahrensrechtlichen Bestimmungen** (§ 330 sowie §§ 24, 44 f. SGB X) einzuhalten (vgl. Hessi-

Mutschler

sches LSG 5. 6. 2002 – L 6 AL 1018/01 – Juris Rn. 30). Die Feststellungen der AA zur Minderung der objektiven oder subjektiven Verfügbarkeit unterliegen voller gerichtlicher Nachprüfung. Die AA trägt die objektive **Beweislast** für die Behauptung, dass die tatsächlichen Voraussetzungen für eine MdBE nach § 131 Abs. 5 gegeben sind (vgl. Krasney/Udsching, Handbuch des sozialgerichtlichen Verfahrens, 5. Aufl., III. 4.1. Rn. 26 f. m. w. N.).

§ 132 Fiktive Bemessung

(1) ¹Kann ein Bemessungszeitraum von mindestens 150 Tagen mit Anspruch auf Arbeitsentgelt innerhalb des auf zwei Jahre erweiterten Bemessungsrahmens nicht festgestellt werden, ist als Bemessungsentgelt ein fiktives Arbeitsentgelt zugrunde zu legen. ²In den Fällen des § 123 Absatz 2 gilt Satz 1 mit der Maßgabe, dass ein Bemessungszeitraum von mindestens 90 Tagen nicht festgestellt werden kann.

(2) ¹Für die Festsetzung des fiktiven Arbeitsentgelts ist der Arbeitslose der Qualifikationsgruppe zuzuordnen, die der beruflichen Qualifikation entspricht, die für die Beschäftigung erforderlich ist, auf die die Agentur für Arbeit die Vermittlungsbemühungen für den Arbeitslosen in erster Linie zu erstrecken hat. ²Dabei ist zugrunde zu legen für Beschäftigungen, die
1. eine Hochschul- oder Fachhochschulausbildung erfordern (Qualifikationsgruppe 1), ein Arbeitsentgelt in Höhe von einem Dreihundertstel der Bezugsgröße,
2. einen Fachschulabschluss, den Nachweis über eine abgeschlossene Qualifikation als Meister oder einen Abschluss in einer vergleichbaren Einrichtung erfordern (Qualifikationsgruppe 2), ein Arbeitsentgelt in Höhe von einem Dreihundertsechzigstel der Bezugsgröße,
3. eine abgeschlossene Ausbildung in einem Ausbildungsberuf erfordern (Qualifikationsgruppe 3), ein Arbeitsentgelt in Höhe von einem Vierhundertfünfzigstel der Bezugsgröße,
4. keine Ausbildung erfordern (Qualifikationsgruppe 4), ein Arbeitsentgelt in Höhe von einem Sechshundertstel der Bezugsgröße.

A. Normzweck

1 § 132 stellt – zusammen mit weiteren Vorschriften dieses Titels – die Regelungen zur Bestimmung der Höhe des Alg, hier zur Feststellung des Bemessungsentgelts als Grundlage der Berechnung des Alg (§ 129), auf. Systematisch regelt § 132 zusammen mit § 131 das Bemessungsentgelt. Dabei betrifft § 131 den Regelfall der Bemessung nach dem im Bemessungszeitraum erzielten Arbeitsentgelt; § 132 trifft für die Fälle eine **Ausnahmeregelung,** in denen im erweiterten Bemessungsrahmen (§ 130 Abs. 3) kein ausreichend repräsentatives Bemessungsentgelt gegeben ist. In diesen Fällen wird das Arbeitsentgelt fiktiv und unmittelbar nach den in Bezug genommenen abstrakt-generellen Größen bestimmt.

2 Anders als vor dem 1. 1. 2005 erfolgt die fiktive Leistungsbemessung nicht mehr nach dem individuell erzielbaren tariflichen Arbeitsentgelt, sondern nach einer einfachen und **pauschalierenden Regelung.** Die fiktive Leistungsbemessung wird an Qualifikationsstufen orientiert, denen jeweils ein an die Bezugsgröße der Sozialversicherung gekoppeltes Entgelt zugeordnet ist. Die Zuordnung erfolgt nach den Beschäftigungen, auf die die AA die Vermittlungsbemühungen – unter Berücksichtigung des in Betracht kommenden Arbeitsangebotes – in erster Linie zu erstrecken hat (vgl. BT-Drs. 15/ 1515, 85 f.). Die Neuausrichtung der fiktiven Bemessung durch das Dritte Gesetz für moderne Dienstleistungen am Arbeitsmarkt vom 23. 12. 2002 (BGBl. I S. 2848) wird von der Übergangsregelung des **§ 434j** begleitet (LSG Berlin-Brandenburg 12. 1. 2010 – L 12 AL 382/07). Die Vorschrift ist zum 1. 8. 2009 in Abs. 1 um den Satz 2 ergänzt worden (Art. 2b Nr. 5 des Gesetzes zur Änderung des SGB IV, zur Einrichtung einer Versorgungsausgleichskasse und anderer Gesetze, BGBl. I S. 1939).

3 Gegen die deutliche Vereinfachung der fiktiven Bemessung gegenüber der früheren Anknüpfung an tariflichen Regelungen sind zunächst **verfassungsrechtliche Bedenken** erhoben worden (SG Dresden 12. 9. 2007 – S 29 AL 534/06). Das BVerfG hat die Richtervorlage aber als unzulässig verworfen (BVerfG 10. 3. 2010 – 1 BvL 10/07 – NZS 2010, 152). Maßgeblich sind deshalb weiterhin die Entscheidungen beider für das SGB III zuständigen Senate beim **BSG** (29. 5. 2008 – B 11a AL 23/07 R – SozR 4–4300 § 132 Nr. 1; BSG 16. 12. 2009 – B 7 AL 39/08 R), wonach verfassungsrechtliche Bedenken gegen die Anwendung des § 132 nach Erziehungs- bzw. Elternzeit nicht bestehen (vgl. auch BT-Drs. 16/7263, 6). Der Arbeitslose erreicht die Anwartschaftszeit nicht nur durch Zeiten der versicherungspflichtigen Beschäftigung, sondern auch kann sie auch durch das während der Zeit der Erziehung des eigenen Kindes bis zur Vollendung des dritten Lebensjahres beste-

hende Versicherungspflichtverhältnis erwerben (§ 26 Abs. 2 a). Insgesamt ist der Schutz der erziehenden Eltern verbessert worden. Die Höhe der Alg richtet sich nach §§ 131, 132. Wenn in dem verlängerten Bemessungsrahmen keine 150 Tage mit Anspruch auf Arbeitsentgelt liegen (§ 132 Abs. 1), ist das fiktive Bemessungsentgelt des Abs. 2 zu Grunde zu legen.

B. Voraussetzungen der fiktiven Bemessung (Abs. 1)

I. Fehlender Bemessungszeitraum mit 150 Tagen

Nach Neuausrichtung des Rechts der Bemessung von Alg zum 1. 1. 2005 ist einerseits ein erweiterter zeitlicher Rahmen für die Bestimmung des Bemessungsentgelts gegeben, so dass dieses in der überwiegenden Zahl von Fällen nach §§ 130, 131 bestimmt werden kann. Die fiktive Bemessung nach § 132 Abs. 1 findet nur statt, wenn nach zweistufiger Prüfung ein Bemessungszeitraum von mindestens 150 Tagen nicht vorliegt. In einem ersten Schritt ist diese Frage für den **einjährigen Bemessungsrahmen** (§ 130 Abs. 1 S. 2) zu prüfen. Ergibt sich ein entsprechender Bemessungszeitraum nicht, ist zu fragen, ob sich in dem nach § 130 Abs. 3 **erweiterten Bemessungsrahmen** ein Zeitraum von 150 Tagen mit Anspruch auf Arbeitsentgelt ergibt. Ist auch ein solcher nicht gegeben, geht die Regelung typisierend davon aus, dass sich kein repräsentatives Bemessungsentgelt bestimmen lässt. Das Arbeitsentgelt ist fiktiv zu bemessen. § 132 differenziert nicht nach den Ursachen, an denen eine Regelbemessung scheitert. In der Praxis sind dies zB. Zeiten des Sozialleistungsbezugs, Erziehungs- bzw. Elternzeiten. Bei der Bestimmung des Bemessungsentgelts nicht kann deshalb auch nicht auf eine Zeit der Vollzeittätigkeit vor der Reduzierung der Arbeitszeit außerhalb des erweiterten Bemessungsrahmens abgestellt werden. Das Gesetz sieht eine Erweiterung des Bemessungsrahmens über die Zwei-Jahres-Grenze gerade nicht vor (BSG 6. 5. 2009 – B 11 AL 7/08 R; BSG 16. 12. 2009 – B 7 AL 39/08 R). § 130 Abs. 2 S. 1 Nr. 4 ändert hieran nichts, denn die Vorschrift stellt keinen Aufschubtatbestand zur Erweiterung des Bemessungsrahmens auf mehr als zwei Jahre dar (BSG a. a. O.).

II. Fiktives Arbeitsentgelt

Fehlt es im erweiterten Bemessungsrahmen (§ 130 Abs. 3; vgl. § 130 Rn. 17 f.) an einem Bemessungszeitraum (vgl. zum Begriff § 130 Rn. 5) von mindestens 150 Tagen mit Anspruch auf Arbeitsentgelt, wird als Bemessungsentgelt im Rahmen des § 129 ein fiktives Arbeitsentgelt eingesetzt (**Satz 1**). Das frühere Recht (§ 133 Abs. 4 aF) nahm für die fiktive Bemessung auf das tarifliche Arbeitsentgelt der zu vermittelnden Beschäftigung Bezug. Dabei blieben allerdings weite Spielräume für die Beurteilung der Frage, in welche Beschäftigung welches Tarifbereichs der Arbeitsloser zu vermitteln ist (z. B. BSG 5. 8. 1999 – B 7 AL 6/99 R – BSGE 84, 218, 225 = SozR 3–4100 § 136 Nr. 9; Hessisches LSG 3. 9. 2003 – L 6 AL 1318/01). Nunmehr verzichtet § 132 auf diese eher rechtsunsichere Bestimmung und trifft – gestuft nach Qualifikationsgruppen – eine unmittelbare gesetzliche Regelung über die Höhe des fiktiv einzusetzenden Arbeitsentgelts (vgl. zu den Hintergründen der Festsetzung: BSG 29. 5. 2008 – B 11a AL 23/07 R – SozR 4–4300 § 132 Nr. 1), sog. fiktive Bemessung. Eine solche findet z. B. nach einer Beschäftigung zur **Berufsausbildung** nach dem BBiG in einer außerbetrieblichen Einrichtung statt, für die keine Ausbildungsvergütung gezahlt wird (BSG vom 3. 12. 2009 – B 11 AL 42/08 R – SozR 4–4300 § 132 Nr. 4 Rn. 10; mit zust. Anm. von Fischinger in SGb 2010, 497). Sie richtet sich nach der Qualifikationsgruppe, deren Abschluss durch die Berufsausbildung erreicht worden ist (BSG aaO).

Für Ansprüche auf Alg, die auf der **verkürzten Anwartschaftszeit** nach § 123 Abs. 2 beruhen, trifft **Satz 2** eine Sonderregelung. Anstelle von 150 Tagen mit Arbeitsentgelt im erweiterten Bemessungsrahmen, genügen **90 Tage mit Arbeitsentgelt** im erweiterten Bemessungsrahmen. Die Regelung soll vermeiden, dass es aufgrund der kurzen Versicherungszeiten bei dem von der kurzen Anwartschaftszeit begünstigten Personengruppe (insbes. Kulturschaffende), die den Qualifikationsgruppen häufig nicht eindeutig zugeordnet werden kann (BT-Drs. 16/13424, S. 35), vermehrt zu fiktiven Bemessungen kommt.

C. Festsetzung des fiktiven Arbeitsentgelts (Abs. 2)

I. Qualifikationsgruppen

Ausgangspunkt für die Zuordnung zu einem Bemessungsentgelt sind die Qualifikationsgruppen. Nach den **Qualifikationsanforderungen** für die an erster Stelle zu vermittelnde Beschäftigung richtet sich die Zuordnung zur Qualifikationsgruppe. Der Arbeitslose ist der Qualifikationsgruppe zuzuordnen, deren berufliche Qualifikationsanforderungen er für die Aufnahme einer Beschäftigung er-

Mutschler

füllt. Die in Betracht kommende Beschäftigung ist nach ihren Anforderungen einer der vier Qualifikationsgruppen des § 132 Abs. 2 S. 2 zuzuordnen. Die Qualifikationsgruppen im Einzelnen:

7   Beschäftigungen, die eine **Hochschul- oder Fachhochschulausbildung** erfordern (Qualifikationsgruppe 1), solche, die einen **Fachschulabschluss,** den Nachweis über eine abgeschlossene Qualifikation als **Meister** oder einen Abschluss in einer vergleichbaren Einrichtung erfordern (Qualifikationsgruppe 2), solche, die eine **abgeschlossene Ausbildung** in einem Ausbildungsberuf erfordern (Qualifikationsgruppe 3) und schließlich solche, die **keine Ausbildung** erfordern (Qualifikationsgruppe 4).

8   Kommen **mehrere Beschäftigungen** in Betracht, richtet sich die fiktive Bemessung nach derjenigen, welche die höchste berufliche Qualifikation erfordert und deshalb mit der Zuordnung zu der für den Arbeitslosen günstigsten Qualifikationsgruppe verbunden ist. Für die Zuordnung zu der Qualifikationsgruppe ist **nicht** erforderlich, dass der Arbeitslose bereits in der zu vermittelnden Tätigkeit **zuvor beschäftigt** gewesen ist. Vielmehr findet die Zuordnung zu den Gruppen in der Regel unter Berücksichtigung der formalen beruflichen Qualifikation statt. In aller Regel hat sich die Vermittlung auf das Segment des Arbeitsmarktes zu erstrecken, in das der Arbeitslose mit seinem formalen Qualifikationsniveau realistischerweise vermittelt werden kann (Bayerisches LSG 27. 5. 2009 – L 10 AL 378/07). Nur ausnahmsweise wird aufgrund erworbener Berufserfahrung eine gute Aussicht bestehen, Personen außerhalb dieses Segments zu vermitteln. Die Rechtslage hat sich dahingehend geändert, dass die fiktive Bemessung am erreichten Qualifikationsniveau anknüpft und nicht nach dem früher so bezeichneten **Günstigkeitsprinzip** (vgl. zur früheren Rechtslage BSG 6. 9. 2006 – B 7 a AL 66/05 R; BSG 21. 10. 2003 – B 7 AL 4/03 R – SozR 4–4300 § 200 Nr. 1).

II. Vermittlungsbemühungen als Bezugspunkt

9   § 132 Abs. 2 S. 1 beschränkt die Suche nach der maßgeblichen Beschäftigung für die fiktive Bemessung auf die Tätigkeiten, auf die sich die **Vermittlungs**bemühungen „**in erster Linie**" zu **erstrecken** haben. Die Gesichtspunkte für die Frage, auf welche Beschäftigungen die Vermittlung vorrangig auszurichten ist, lässt sich den **Bestimmungen zur Arbeitsvermittlung** (§§ 35 f.) entnehmen. Dagegen gelten die früheren Kriterien des § 112 Abs. 7 AFG, wie Lebensalter, Leistungsfähigkeit, billige Berücksichtigung des Berufs und der Ausbildung, Lage und Entwicklung des Arbeitsmarkts, nicht mehr (BSG 6. 9. 2006 – B 7 a AL 66/05 R). Hat ein Arbeitsloser trotz bestehender Behinderung eine Berufsausbildung mit der Gesellenprüfung erfolgreich abgeschlossen, richtet sich das (fiktive) Arbeitsentgelt regelmäßig nach Qualifikationsgruppe 3 (vgl. BSG 3. 12. 2009 – B 11 AL 42/08 R – SozR 4–4300 § 132 Nr. 4, mit zust. Anm. von Fischinger in SGb 2010, 497), auch wenn es um die Vermittlung einer ersten Beschäftigung geht.

10 Für die fiktive Bemessung ist nicht die Gesamtbreite der dem Arbeitslosen möglichen Beschäftigungen heranzuziehen, vielmehr sind die Tätigkeiten relevant, mit denen der Arbeitslose bestmöglich wieder in den Arbeitsmarkt eingegliedert werden kann (BSG 6. 9. 2006 – B 7 a AL 66/05 R; LSG Baden-Württemberg 9. 8. 2007 – L 7 AL 1160/07). Dabei hat die AA auch das in Betracht kommende Arbeitsangebot zu berücksichtigen (BT-Drs. 15/1515, 85 f.). Des Weiteren sind gemäß § 35 Abs. 2 S. 2 auch Neigung, Eignung und Leistungsfähigkeit des Arbeitslosen zu berücksichtigen. Dessen frühere Beschäftigung erlangt insoweit Bedeutung, als für diese – falls sie nicht lange zurückliegt – oft die besten Vermittlungschancen bestehen werden (BSG 15. 12. 2005 – B 7 a AL 30/05 R – SozR 4–4300 § 131 Nr. 3). Nach längerer Zeit der Arbeitslosigkeit werden die Vermittlungsbemühungen der AA allerdings in erster Linie auf andere zumutbare Beschäftigungen (§ 121) zu erstrecken sein (str.).

11 Insoweit ist bei jeder neuen Entscheidung über die Höhe des Anspruchs auf Alg aktuell zu prüfen, für welche Beschäftigung nun die Vermittlung den größten Erfolg verspricht. Die AA trifft insoweit eine **Prognoseentscheidung,** welche im gerichtlichen Verfahren voll überprüfbar ist (BSG 7. 4. 1987 – 11 b RAr 7/86 – SozR 4100 § 44 Nr. 47).

III. Fiktives Entgelt als Anteil der Bezugsgröße

12 Ist die Zuordnung zu einer der vier Qualifikationsgruppen erfolgt, ergibt sich die Höhe des fiktiven Arbeitsentgelts und damit das Bemessungsentgelt aus den der jeweiligen Qualifikationsgruppe zugeordneten Entgelten, die sich auf je einen Kalendertag beziehen (§ 131 Abs. 1 S. 1). Bei Beschäftigungen der Qualifikationsgruppe 1 wird pro Kalendertag ein $1/300$ der Bezugsgröße als Arbeitsentgelt berücksichtigt, für Beschäftigungen der Qualifikationsgruppe 2 wird $1/360$, für solche der Qualifikationsgruppe 3 wird $1/450$ und für solche der Qualifikationsgruppe 4 wird $1/600$ der Bezugsgröße zugrunde gelegt. Für 2010 ergibt sich ausgehend von der Bezugsgröße 30.600 € (alte Bundesländer)/26.040 € (Beitrittsgebiet; § 408) für die Qualifikationsgruppe 1 ein tägliches Entgelt von 102 €/86,8 €, alternativ für Qualifikationsgruppe 4 ein solches von 51 €/43,4 €. Das fiktive Arbeitsentgelt ist an die sich jährlich ändernde Bezugsgröße geknüpft und dadurch an die Entwicklung der Durchschnittsentgelte in der gesetzlichen Rentenversicherung gekoppelt (§ 18 SGB VI; zur Angemessenheit der fiktiven Entgelte vgl. BSG 29. 5. 2008 – B 11 a AL 23/07 R – Rn. 54).

IV. Herstellungsanspruch

Während die AA die Anspruchsberechtigten über wesentliche Gestaltungsmöglichkeiten zur Beeinflussung der Leistungshöhe beraten müssen und entsprechende Fehler zu Herstellungsansprüchen führen können, kann ein **höheres Bemessungsentgelt** im Wege des Herstellungsanspruchs **nicht** fingiert werden. Dies würde dem Sinn der Bemessungsregelungen widersprechen (BSG 15. 12. 2005 – B 7 a AL 30/05 R). 13

§ 133 Leistungsentgelt

(1) ¹Leistungsentgelt ist das um pauschalierte Abzüge verminderte Bemessungsentgelt. ²Abzüge sind
1. eine Sozialversicherungspauschale in Höhe von 21 Prozent des Bemessungsentgelts,
2. die Lohnsteuer, die sich nach dem vom Bundesministerium der Finanzen auf Grund des § 51 Abs. 4 Nr. 1a des Einkommensteuergesetzes bekannt gegebenen Programmablaufplan bei Berücksichtigung der Vorsorgepauschale nach § 39b Absatz 2 Satz 5 Nummer 3 Buchstabe a bis c des Einkommensteuergesetzes in dem Jahr, in dem der Anspruch entstanden ist, ergibt und
3. der Solidaritätszuschlag.

³Bei der Berechnung der Abzüge nach den Nummern 2 und 3 ist der Faktor nach § 39f des Einkommensteuergesetzes zu berücksichtigen; Freibeträge und Pauschalen, die nicht jedem Arbeitnehmer zustehen, sind nicht zu berücksichtigen. ⁴Für die Feststellung der Lohnsteuer wird die Vorsorgepauschale mit folgenden Maßgaben berücksichtigt:
1. für Beiträge zur Rentenversicherung als Beitragsbemessungsgrenze die für das Bundesgebiet West maßgebliche Beitragsbemessungsgrenze,
2. für Beiträge zur Krankenversicherung der ermäßigte Beitragssatz nach § 243 des Fünften Buches,
3. für Beiträge zur Pflegeversicherung der Beitragssatz des § 55 Absatz 1 Satz 1 des Elften Buches.

(2) ¹Die Feststellung der Lohnsteuer richtet sich nach der Lohnsteuerklasse, die zu Beginn des Jahres, in dem der Anspruch entstanden ist, auf der Lohnsteuerkarte des Arbeitslosen eingetragen war. ²Spätere Änderungen der eingetragenen Lohnsteuerklasse werden mit Wirkung des Tages berücksichtigt, an dem erstmals die Voraussetzungen für die Änderung vorlagen. ³Das Gleiche gilt, wenn auf der für spätere Kalenderjahre ausgestellten Lohnsteuerkarte eine andere Lohnsteuerklasse eingetragen wird.

(3) ¹Haben Ehegatten die Lohnsteuerklassen gewechselt, so werden die neu eingetragenen Lohnsteuerklassen von dem Tage an berücksichtigt, an dem sie wirksam werden, wenn
1. die neu eingetragenen Lohnsteuerklassen dem Verhältnis der monatlichen Arbeitsentgelte beider Ehegatten entsprechen oder
2. sich auf Grund der neu eingetragenen Lohnsteuerklassen ein Arbeitslosengeld ergibt, das geringer ist als das Arbeitslosengeld, das sich ohne den Wechsel der Lohnsteuerklassen ergäbe.

²Ein Ausfall des Arbeitsentgelts, der den Anspruch auf eine lohnsteuerfreie Entgeltersatzleistung begründet, bleibt bei der Beurteilung des Verhältnisses der monatlichen Arbeitsentgelte außer Betracht. ³Absatz 2 Satz 3 gilt entsprechend.

A. Allgemeines

I. Normzweck

§ 133 gestaltet im Vierten Titel der Regelungen des Alg ein weiteres Element zur Bestimmung der Leistungshöhe, das **Leistungsentgelt**. Das Alg berechnet sich gemäß § 129 nach einem Prozentsatz des pauschaliert festzustellenden Nettoentgelts (Leistungsentgelt). Ausgehend von der Definition in § 129 konkretisiert § 133 die Bestimmung des Nettoentgelts anhand pauschaler Abzüge vom Bemessungsentgelt. Aus dem Bemessungsentgelt als Bruttogröße wird das Leistungsentgelt durch Verminderung um die drei gesetzlich bestimmten Pauschalen ermittelt. Das pauschal um die genannten Beiträge, Steuern und den Soli gekürzte Alg ist steuerfrei (§ 3 S. 1 Nr. 2 EStG), unterliegt aber dem Progressionsvorbehalt (§ 32b Abs. 1 Nr. 1a EStG). **Zweck der Vorschrift** ist es, eine einfache und gleichmäßige Berechnung des Alg zu ermöglichen. Diese knüpft – wie bisher – am Bemessungsentgelt an, das um eine Sozialversicherungspauschale in Höhe von 21 v.H., um die der Tabelle entnom- 1 mene Lohnsteuer unter Berücksichtigung von Vorsorgeaufwendungen sowie um den Solidaritätszuschlag vermindert wird. Abs. 1 bestimmt die Berechnung des Leistungsentgelts und zählt abschließend die pauschalen Abzüge auf. Abs. 2 bestimmt den maßgeblichen Zeitpunkt für die Anwendung der Steuermerkmale im Hinblick auf die Steuertabelle, die Steuerklasse und die Folgen eines Steuerklassenwechsels. Abs. 3 bestimmt das Ob und den Zeitpunkt der Berücksichtigung eines Lohnsteuerklassenwechsels bei Ehegatten.

II. Rechtsänderungen

2   Mit Wirkung ab 1. 1. 2005 ist das Bemessungsrecht des Alg mit dem Ziel der Vereinfachung (vgl. BT-Drs. 15/1515, 71) wesentlich geändert worden (zum Übergangsrecht: Rn. 4). Dabei wurden die Regelungen über die Bestimmung des Bemessungsentgelts stark vereinfacht. Daneben wurde die bisherige Orientierung am Wochenprinzip aus Gründen der Verwaltungsvereinfachung und in Angleichung an die übrigen Sozialversicherungszweige auf das Tagesprinzip umgestellt (§ 134). Die **jährliche Anpassung** der Leistungssätze ist entfallen, an ihre Stelle trat die **einmalige Festlegung** des Leistungsentgelts nach § 133 Abs. 1 (Ausnahmen in Abs. 2, 3). Als Abzüge vom Bemessungsentgelt sind eine einheitliche Sozialversicherungspauschale sowie Steuern und Soli vorgesehen, deren Höhe unmittelbar der Lohnsteuertabelle des Jahres, in dem der Anspruch entstanden ist, zu entnehmen ist. Dabei werden individuelle Freibeträge einerseits und die Kirchensteuer andererseits nicht berücksichtigt.

3   Zum 25. 12. 2008 ist vorgeschrieben worden, dass die Steuerklassenwahl von Eheleuten entweder mit den Klassen III/V oder mit IV/IV oder auch mit IV/IV und dem sog Faktor nach § 39f EStG bei der Berechnung des Alg zu berücksichtigen ist (Abs. 1 S. 2 Nr. 2 sowie – jetzt – Satz 4, eingefügt durch Art. 19 Nr. 2 des Jahressteuergesetzes 2009 vom 19. 12. 2008, BGBl. I S. 2794). Zum 1. 1. 2010 ist dem Abs. 1 ein **Satz 4** angefügt worden, der es ermöglicht, die Vorsorgeaufwendungen für die gesetzliche Kranken-, Pflege- und Rentenversicherung auch bei der Bestimmung des Leistungsentgelts zu berücksichtigen (vgl. Art. 4 Nr. 1 Buchst. b des Bürgerentlastungsgesetz Krankenversicherung vom 16. 7. 2009, BGBl. I S. 1959). Durch Art 3 des Gesetzes zur nachhaltigen und sozial ausgewogenen Finanzierung der GKV (GKV-FinG) vom 31. 12. 2010 (BGBl I S. 2309) ist die Nr. 2 des § 133 Abs. 1 S. 4 zum 1. 1. 2011 neu gefasst und an Änderungen des SGB V angepasst worden.

III. Übergangsrecht

4   **§ 434j Abs. 5** ordnet an, dass das Bemessungsentgelt nach dem ab 1. 1. 2005 geltenden Recht für einen bereits vor 2005 entstandenen Anspruch auf Alg nur neu festzusetzen ist, soweit dies auf Grund eines Sachverhalts erforderlich wird, der nach dem 31. 12. 2004 eintritt (zur Berechnung nach neuem Recht: BSG 8. 2. 2007 – B 7a AL 38/06 R – SozR 4–4300 § 434j Nr. 2; zum Vergleich neues/altes Bemessungsrecht: *Behrend* in Eicher/Schlegel, Vor §§ 129 bis 134 Rn. 3f.). Die Rechtsänderung zum 1. 1. 2010 (§ 133 Abs. 1 S. 3) wird von der Übergangsregelung des **§ 434t** begleitet. Ist der Anspruch auf Alg vor dem 1. 1. 2010 entstanden, ist § 133 Abs. 1 in der bis 31. 12. 2009 geltende Fassung der Vorschrift anzuwenden. Die Regelung soll Neuberechnungen des Alg ab 1. 1. 2010 ausschließen.

IV. Verfassungsrechtliche Aspekte

5   Insbesondere die fiktive Berücksichtigung der **Kirchensteuer, die verfassungsrechtlich** zweifelhaft geworden war (BVerfG 23. 3. 1994 – 1 BvL 8/85 – BVerfGE 90, 226, 236f.; BSG 25. 6. 2002 – B 11 AL 55/01 R – SozR 3–4300 § 136 Nr. 1), ist in der ab 1. 1. 2005 geltenden Fassung der Vorschrift entfallen (BT-Drs. 15/1515, 86). Da § 133 nur noch Steuern und Beiträge sowie Freibeträge und Pauschalen für berücksichtigungsfähig erklärt, die alle Arbeitnehmer abzuführen haben bzw. ihnen zustehen, sind Bedenken gegen die Vorschrift im Hinblick auf Art. 3 Abs. 1 GG nicht mehr gegeben. Allerdings hält das BSG die Regelungen zum **Lohnsteuerklassenwechsel** für verfassungsrechtlich bedenklich, soweit Änderungen zu Gunsten der Berechtigten nur bedingt berücksichtigt werden. Die Bedenken werden aber über die Annahme einer qualifizierten, das übliche Maß erheblich übersteigende **Beratungspflicht** der AA beseitigt (BSG 1. 4. 2004 – B 7 AL 52/03 R – BSGE 92, 267 = SozR 4–4300 § 137 Nr. 1).

B. Berechnung des Leistungsentgelts (Abs. 1)

I. Pauschaliertes Verfahren (Sätze 1, 2)

6   § 133 Abs. 1 Satz 1 konkretisiert den Begriff „Leistungsentgelt" dahingehend, dass sich dieses aus dem Bemessungsentgelt (§§ 131, 132) vermindert um pauschalierte Abzüge ergibt (dazu BSG 8. 2. 2007 – B 7a AL 38/06 R – mit Anm. *Rixen* SGb 2008, 31). Mithin ist das Leistungsentgelt kein dem individuellen Nettoentgelt entsprechender Betrag, sondern ein mittels pauschalierender Berechnung

gefundener Wert. Ausgangspunkt der Berechnung ist das Bemessungsentgelt nach § 131 als Bruttogröße, das um pauschalisierte Abzüge vermindert wird. **Weitere** als die enumerativ aufgeführten **Abzüge** vom Bemessungsentgelt sind **unzulässig** (vgl. unten Rn. 10).

Das **Berechnungsverfahren** ist durch seine konkreten gesetzlich vorbestimmten Positionen einfach, schnell und rechtssicher ausgestaltet (kritisch aber unten Rn 14). Die entstehenden Ungenauigkeiten bei der Äquivalenz zwischen Beitragszahlung (konkret-individuelle Bemessung) und Leistung (abstrakt-generelle, pauschale Bemessung) sind hinzunehmen. Sie können sich, je nachdem ob die Arbeitnehmeranteile am Sozialversicherungsbeitrag über oder unter 21 v. H. liegen, zu Gunsten oder zu Lasten der Arbeitslosen auswirken. Um eine rasche Auszahlung der Entgeltersatzleistung zu ermöglichen, ist die einfache Bestimmung der Leistungshöhe verfassungsrechtlich nicht zu beanstanden (vgl. BVerfG 11. 11. 1998 – 2 BvL 10/95 – BVerfGE 99, 280, 290).   7

II. Sozialversicherungspauschale (S. 2 Nr. 1)

Als Sozialversicherungspauschale, die die **Belastung** der Arbeitsentgelte mit **Sozialversicherungsbeiträgen** widerspiegelt, werden vom Bemessungsentgelt 21 v. H. abgezogen. 2010 lag nach Absenkung des Beitragssatzes zur Arbeitslosenversicherung auf 2,8 v. H. die Beitragsbelastung der Arbeitnehmer mit 19,78 v. H. – berechnet aus der Hälfte des Gesamtbeitragssatzes von 39,55 v. H. (RV: 19,9 v. H., allgemeiner durchschnittlicher Beitragssatz GKV: 14,9 v. H., PflV 1,95 [2,2] v. H., AlV 2,8 v. H.) – etwas günstiger als die Pauschale nach Nr. 1. Auch nachdem zum 1. 1. 2011 der allgemeine Beitragssatz zur GKV auf 15,5 vH erhöht wurde, liegt der Pauschalabzug immer noch höher als die durchschnittliche Belastung der AN. Da die Regelung aber nicht jede kleine Änderung der Beitragsbelastung nachvollziehen will und muss, läge auch ein Pauschalabzug, der die durchschnittliche Belastung der AN leicht unterschritte, im Rahmen zulässiger Pauschalierung, zumal die individuelle Beitragsbelastung, z. B. wegen des auf 2,2 v. H. erhöhten Pflegeversicherungsbeitrags für Kinderlose oder des Beitrags zur gewählten Krankenkasse (Zusatzbeitrag), unterschiedlich sein kann. Die spezifisch beitragsrechtlichen Belastungsgrenzen (Geringfügigkeitsgrenze, Beitragsbemessungsgrenze) spielen hier keine Rolle; sie werden bereits bei der Ermittlung des beitragspflichtigen Arbeitsentgelts (§ 131 Abs. 1 S. 1) zur Geltung gebracht.   8

III. Lohnsteuer (S. 2 Nr. 2)

Ein zweiter Pauschalabzug besteht gem. § 133 Abs. 1 S. 2 Nr. 2 in der Lohnsteuer, die sich aus dem vom Bundesministerium der Finanzen (BMF) auf Grund des § 51 Abs. 4 Nr. 1 a EStG beannt gegebenen Programmablaufplan ergeben (vgl. zur **Lohnsteuer** 2010 einschließlich der Berechnung des Solidaritätszuschlags: www.steuerlinks.de/lohnsteuertabelle; http://www.bundesfinanzministerium.de/MF-Schreiben). Die Höhe des Steuerabzugs nach Nr. 2 ist unmittelbar der **Lohnsteuertabelle** Programmablaufplans zu entnehmen (dazu BSG 8. 2. 2007 – B 7a AL 38/06 R – SozR 4–4300 § 434 j Nr. 2). Als steuererhebliches Einkommen ist das sich für einen Monat ergebende Bemessungsentgelt ausgehend von der **eingetragenen Lohnsteuerklasse** einzusetzen; dabei ist nach Satz 3 der Vorschrift ggf. auch ein für Eheleute eingetragener Faktor nach Maßgabe des § 39 f EStG zu berücksichtigen (zum maßgeblichen Zeitpunkt für die Bestimmung der **Steuermerkmale** und dem erw. Wechsel vgl. Rn. 16). Bei der Bestimmung des Lohnsteuerabzugs ist die **Vorsorgepauschale** (§ 10c Abs 2 EStG) nach den Regelungen des Abs. 1 S 4 zu berücksichtigen (dazu im Einzelnen unten Rn. 14). Die **Kirchensteuer** darf – auch bei den Angehörigen einer Kirche – nicht in Abzug gebracht werden.   9

Für 2010 haben die Gemeinden letztmalig Lohnsteuerkarten ausgestellt (§ 39 Abs. 1 EStG), so dass Arbeitnehmer für das Jahr 2011 keine Lohnsteuerkarten erhalten haben. Für die Übergangszeit bis zur erstmaligen Anwendung der **Elektronischen Lohnsteuerabzugsmerkmale** (ELStAM; §§ 39 e, 52 b Abs. 1 EStG idF des Jahressteuergesetzes 2010) wurde die Gültigkeit der Lohnsteuerkarten 2010 verlängert. Die Zuständigkeit für die Änderung von Eintragungen auf der Lohnsteuerkarte, die ab 1. 1. 2011 wirksam werden sollen, wurde auf die Finanzverwaltung übertragen. Solange keine Änderungen vorgenommen werden, gelten auch über den 31. 12. 2010 hinaus die Steuerklassen und ggf. der Faktor nach § 39 f EStG.   9a

Durch die **Änderungen** des § 133 seit 1. 1. 2010 ist das zunächst einfach und rechtssicher geregelte Berechnungsverfahren wieder um zusätzliche Schritte ergänzt worden. Dadurch wird die Berechnung des Alg **weniger transparent**. Zwar soll mit der Bezugnahme des § 133 Abs 1 S. 2 Nr. 2 auf § 39 b Abs. 2 S. 5 Nr. 3 Buchst. a bis c EStG sichergestellt werden, dass bei der Bestimmung des maßgeblichen Entgelts für die Bemessung des Alg die Be- und Entlastungen pflichtversicherter Arbeitnehmer durch die Vorsorgepauschale beim Alg nachvollzogen werden (BT-Drs. 16/12.254, S. 33 f.). Damit verlässt die Regelung aber zugleich den Weg einer mit wenigen Rechengrößen auskommen für die Versicherten leicht nachvollziehbaren Leistungsberechnung. Es bleibt abzuwarten, ob der Gesetzgeber mit diesen Neuregelungen auf dem mit der Reform zum 1. 1. 2005 eingeschlagen Weg zu einer weniger konfliktträchtigen Berechnung des Alg verblieben ist.   10

Mutschler

IV. Solidaritätszuschlag (S. 2 Nr. 3)

11   Der Solidaritätszuschlag (Soli) beträgt derzeit 5,5 v. H. der lohnsteuerrechtlichen Bemessungsgrundlage, hier der für das Bemessungsentgelt anfallenden Lohnsteuer (§ 4 S. 1 SolZG). Die Höhe des Soli lässt sich ebenso wie die Lohnsteuer den **Lohnsteuertabellen** (vgl. Rn. 9) entnehmen.

V. Bei Ehegatten mit „falscher" Steuerklassenwahl (S. 3 Hs. 1)

12   Ehegatten, die (eigentlich) beide die Steuerklasse IV wählen müssten (§ 38 b Satz 2 Nr. 4 EStG), tatsächlich aber die Steuerklassenkombination III/V gewählt haben, können sich beim Finanzamt auf gemeinsamen Antrag auf der Lohnsteuerkarte die Steuerklassen IV/IV in Verbindung mit einem Faktor eintragen lassen, der kleiner als 1 ist. Ist das Finanzamt nach § 39 f EStG verfahren und hat es die Lohnsteuerklassen IV/IV mit einem Faktor eingetragen, ist bei der Berechnung des Alg neben der Steuerklasse auch der Faktor nach § 39 f EStG bei der Ermittlung des Steuerpauschalabzugs zu berücksichtigen (eingeführt durch Art. 19 Nr. 2 des Jahressteuergesetzes 2009 vom 19. 12. 2008, BGBl. I S. 2794, mit Wirkung zum 25. 12. 2008).

VI. Keine individuellen Steuermerkmale (S. 3 Hs. 2)

13   Dagegen sind **andere individuell mögliche Entlastungen** von der Steuerpflicht als der Faktor nach § 39 f EStG, z. B. in Form von eingetragenen **Freibeträgen** wegen Werbungskosten, Sonderausgaben, individueller Förderung usw. bei der Bestimmung des Leistungsentgelts nicht zu berücksichtigen. Dieser Grundsatz ist mit der Berücksichtigung von Vorsorgeaufwendungen (S. 2 Nr. 2, S. 4) vom Gesetzgeber partiell durchbrochen worden. Die begrenzte Durchbrechung des Grundsatzes lässt aber nicht den Schluss zu, dass jeder generell gegebene Steuervorteil die Pauschalabzüge mindern würde. Die Regelung will vielmehr – abgesehen von der Anwendung des Faktors nach § 39 f EStG und der Vorsorgepauschale – eine Individualisierung der Berechnung vermeiden. Deshalb wird in § 133 Abs. 1 S. 3 Hs. 2 bestimmt, dass weiteren Freibeträge oder Pauschalabzüge nicht zu berücksichtigen sind, wenn sie nicht von Gesetzes wegen und ohne Einzelfallregelung durch die Finanzverwaltung jedem AN zustehen. Die Regelung geht davon aus, dass es nach aktuellem Recht keine weiteren solchen Freibeträge und Pauschalen gibt.

VII. Berücksichtigung von steuerwirksamen Vorsorgeaufwendungen (S. 2 Nr. 2, S. 4)

14   § 133 Abs. 1 S. 4 bestimmt, dass bei der Ermittlung und Feststellung des Pauschalabzugs der Lohnsteuer (S. 2 Nr. 2) die Vorsorgepauschale nach § 39 b Abs. 2 S. 5 Nr. 3 Buchst. a bis c EStG berücksichtigt wird. Die Berücksichtigung der Vorsorgepauschale ist für die Versicherten günstig, denn die Vorsorgepauschale vermindert den Steuerabzug und erhöht damit das Leistungsentgelt. Damit sind die Regeln für die Berechnung des Alg an das mit **§ 39 b EStG** neu gestaltete Lohnsteuerabzugsverfahren (Art. 1 Nr. 4 des Bürgerentlastungsgesetz Krankenversicherung, siehe oben Rn. 2) angepasst worden. Der Gesetzgeber hielt die Anpassung für erforderlich, weil das neue Lohnsteuerabzugsverfahren auch Auswirkungen auf die Berechnung der Entgeltersatzleistungen nach dem SGB III, insbesondere auf das Alg, haben sollte. Mit der Bezugnahme auf das neue Verfahren zur Festsetzung der Lohnsteuer soll gewährleistet bleiben, dass die Höhe des Alg der gesetzlichen Entgeltersatzquote (§ 129) möglichst nahe kommt. Daneben soll die vereinfachende Pauschalierung bei der Berechnung erhalten bleiben (BT-Drs. 16/12.254, S. 33 f.; dazu oben Rn. 10). Für die Berechnung des Alg ergibt sich der Vorteil, dass der Berechnung der „tatsächliche Lohnsteuerabzug" unter Berücksichtigung der Vorsorgepauschale zu Grunde gelegt werden kann, den der Arbeitgeber bescheinigt oder elektronisch übermittelt. Doch gilt dieser Grundsatz nur für die Fälle, in denen die Vorsorgeaufwendungen die in § 133 Abs. 1 S. 4 gesetzten **Grenzen** nicht überschreiten. Sind diese dagegen überschritten, haben die AA anstelle der getätigten Vorsorgeaufwendungen die gesetzlichen Pauschalwerte einzusetzen.

15   Die Vorsorgepauschale wird „mit folgenden **Maßgaben**" berücksichtigt:
– Beiträge zur Rentenversicherung werden **bis** zur Beitragsbemessungsgrenze West berücksichtigt (2010: 66.000 €),
– Beiträge zur Krankenversicherung **bis** zu dem ermäßigte Beitragssatz des § 243 SGB V,
– Beiträge zur Pflegeversicherung **nach** dem Beitragssatz des § 55 Abs. 1 S. SGB XI.
Erschwerend kommt also hinzu, dass für jede der drei Beitragsarten ein anderer Grenzwert gilt.

C. Lohnsteuerklasse/maßgeblicher Zeitpunkt

16   § 133 Abs. 2 S. 1 stellt den Grundsatz für die Bestimmung des Lohnsteuerabzugs auf. Nach dieser Regelung richtet sich die Feststellung des pauschalen Abzugs für Lohnsteuer nach der **Lohnsteuerklasse**, die zu Beginn des Jahres, in dem der Anspruch auf Alg entstanden ist (vgl. § 118 Rn. 7), auf

der Lohnsteuerkarte des Arbeitslosen eingetragen war. Die Umstellung auf eine Lohnsteuerklasse mit **Faktor** nach § 39f EStG ist eine Lohnsteuerklassenänderung in diesem Sinne. Für 2011 gelten die Merkmale des Vorjahres weiter, soweit das Finanzamt diese nicht geändert hat. Ab 2012 sollen die ELStAM Anwendung finden. Vom Zeitpunkt der Anspruchsentstehung wird also auf den Beginn des jeweiligen Kalenderjahrs zurückgeblickt. Die zu Jahresbeginn eingetragenen Steuermerkmale sind maßgeblich (Tatbestandwirkung), auch wenn sie unrichtig sind (BSG 26. 11. 1986 – 7 RAr 55/85 = BSGE 61, 45 = SozR 4100 § 113 Nr. 5). Auf den Jahresbeginn zurückwirkende **Berichtigungen** der Eintragung (§ 39 EStG) sind allerdings im Rahmen zu berücksichtigen.

§ 133 Abs. 2 S. 2 regelt die **Ausnahmen** hiervon. Die Vorschrift bestimmt, unter welchen Voraussetzungen „**spätere Änderungen**", das sind solche innerhalb des Kalenderjahrs der Anspruchsentstehung, berücksichtigt werden. Änderungen der Lohnsteuerklasse innerhalb des Jahres sind steuerrechtlich nach § 39 Abs. 4, 5 EStG möglich und zulässig. Sie werden leistungsrechtlich mit Wirkung von dem Tage an berücksichtigt, an dem die Voraussetzungen für die Änderung vorliegen. Für unterjährige Änderungen verlangt § 133 Abs. 2 S. 2 also die Prüfung, ob für die nachträgliche Änderung der Lohnsteuerklasse **zwei Voraussetzungen** erfüllt sind. Diese muss zum einen tatsächlich vollzogen und zum anderen rechtmäßig erfolgt sein. Damit sollen Änderungen in Kenntnis des Versicherungsfalls zur Erhöhung der Leistung vermieden werden. Die Vorschrift will Manipulationen zu Lasten der Arbeitslosenversicherung verhindern (BSG 29. 8. 2002 – B 11 AL 99/01 R). Liegen beide Voraussetzungen vor, ordnet die Vorschrift als **Rechtsfolge** an, dass jede steuerrechtlich zulässige Änderung der Lohnsteuerklasse von dem Tag an zu berücksichtigen ist, an dem erstmals ihre Voraussetzungen (nicht die Eintragung) vorlagen. Sie wirkt also auf den Zeitpunkt des Eintritts der tatsächlichen Voraussetzungen für eine Änderung zurück, soweit sie (später) vollzogen worden ist. 17

Nach § 133 Abs. 2 S. 3 gilt diese doppelte Voraussetzung für die Berücksichtigung einer vollzogenen Änderung auch für den Fall, dass in **späteren Kalenderjahren** eine andere Lohnsteuerklasse eingetragen wird. Auch in diesem Fall gelten nach dem Wortlaut der Vorschrift die Rechtsfolgen des Satzes 2. Deshalb ist bei der Änderung der Lohnsteuerklasse im Folgejahr auch zu prüfen, ab welchem Zeitpunkt die Voraussetzungen für diese Änderung vorgelegen haben, ggf. ist die Leistungshöhe rückwirkend auf diesen Zeitpunkt anzupassen. Treten Änderungen in den tatsächlichen Verhältnissen ein, die den Eintrag einer ungünstigeren Steuerklasse erforderlich machen, besteht steuerrechtlich die Pflicht, die **Änderung** der Lohnsteuerklasse zu **beantragen** (§ 39 Abs. 3 b, 4 EStG). Sie kann ggf. aber auch von Amts wegen vollzogen werden. Eine Änderung zu Lasten des Arbeitslosen im Sinne einer Herabsetzung der Höhe des Alg kann von der AA mit Wirkung für die Vergangenheit nach Maßgabe der §§ 48 Abs. 1 S. 2 SGB X, § 330 Abs. 3 erfolgen. Eine solche Herabsetzung des Alg ist, auch wenn sie unanfechtbar geworden ist, auf Antrag nach § 44 Abs. 1 SGB X hin zu überprüfen (dazu BSG vom 31. 1. 2006 – B 11a AL 11/05 R – SozR 4–4300 § 330 Nr. 3). 18

D. Lohnsteuerklassenwechsel von Ehepartnern

§ 133 Abs. 3 regelt den in der Praxis bedeutsamen Sonderfall des Lohnsteuerklassenwechsels von Ehegatten. Die Vorschrift betrifft nicht die eingetragenen Lebenspartnerschaften, da diese steuerlich nicht mit der Ehe gleichgesetzt sind (FG Hamburg 8. 12. 2004 – II 510/03). Die **spezifisch für Eheleute** geltende Sonderregelung betrifft nicht den Grundsatz des § 133 Abs. 2 S. 1, sondern den Fall des nachträglichen Wechsels der Steuerklassen innerhalb eines Kalenderjahrs. Dabei ist nach der Rspr. des BSG die erstmalige **Wahl** einer Lohnsteuerklasse **nach Heirat** durch zuvor unverheiratete Ehepartner kein Lohnsteuerklassenwechsel im Sinne der Vorschrift (zu dem insoweit gleichlautenden § 137 Abs. 4 aF vgl. BSG 6. 4. 2006 – B 7a AL 82/05 R), da die Eheleute nach Eheschließung erstmals eine für sie steuerrechtlich in Betracht kommende Steuerklasse wählen. 19

Die neu eingetragenen Lohnsteuerklassen von Ehepaaren werden von dem Tag an berücksichtigt, an dem die Eintragung wirksam wird (**Eintragungsprinzip**). Personen, die Alg beziehen oder beantragen, sind nach § 60 Abs. 1 Nr. 2 SGB I verpflichtet, leistungsrelevanten Veränderungen – und damit auch die Änderung der Lohnsteuerklasse – mitzuteilen. Nach § 133 Abs. 3 S. 1 wird der Wechsel der Lohnsteuerklassen unter zwei alternativen Voraussetzungen berücksichtigt. Entweder muss die neu eingetragene Lohnsteuerklassen dem Verhältnis der monatlichen Arbeitsentgelte beider Ehegatten entsprechen (Nr. 1) oder es muss sich aufgrund der neu eingetragenen Lohnsteuerklasse ein geringeres Alg ergeben, als ohne Lohnsteuerklassenwechsel (Nr. 2). Neu eingetragene Lohnsteuerklassen werden also berücksichtigt, wenn diese entweder sachgerecht gewählt sind oder zu geringeren Leistungen führen. Die Regelung will Manipulationen der Leistungshöhe zu Lasten der Arbeitslosenversicherung verhindern (zum alten Recht: BSG 29. 8. 2002 – B 11 AL 99/01 R). 20

Die neu eingetragene Steuerklassenkombination entspricht dem **Verhältnis der Arbeitsentgelte** (Nr. 1), wenn sie zum geringsten gemeinsamen Lohnsteuerabzug führt (BSG 28. 11. 2002 – B 7 AL 36/01 R). Ein Wechsel ist objektiv geboten, wenn die bisherige Steuerklassenkombination bei den erzielten Arbeitslöhnen zu einem zu hohen Lohnsteuerabzug geführt hat (BSG a. a. O.), die geänderte Lohnsteuerklassenkombination also einen geringeren Lohnsteuerabzug zur Folge hat (BSG 21. 3. 21

2002 – B 7 AL 46/01 R). Ausreichend ist der Wechsel zu einer günstigeren, wenn auch nicht der günstigsten Lohnsteuerklassenkombination, d. h. diejenige mit einem geringeren, nicht aber dem geringstmöglichen Steuerabzug (BSG a. a. O.). Zur Orientierung gibt das BMF jährlich ein Merkblatt zur Steuerklassenwahl bei Arbeitnehmer-Ehegatten heraus (www.bundesfinanzministerium.de/ Wirtschaft und Verwaltung/Steuern), in dem in Tabellen die Grenzeinkommen genannt sind, bis zu denen die Wahl der Steuerklassenkombination III/V zweckmäßig ist. Diese Wahl ist in der Regel sachgerecht, wenn der in Steuerklasse III eingestufte Ehegatte ab 60 v. H, der in Steuerklasse V eingestufte bis zu 40 v. H. des gemeinsamen Einkommens erzielt (zum Verfahren nach § 39f EStG vgl. oben Rn. 12).

22 Die neu eingetragenen Steuerklassen finden unabhängig von ihrer Zweckmäßigkeit Anwendung, wenn sie zu einem **geringeren Leistungsanspruch** führen (Nr. 2). Hier ist die Höhe des mit der eingetragenen Lohnsteuerklasse erzielten Alg zu vergleichen mit der Höhe des Alg, das bei der zuvor eingetragenen Steuerklasse zu zahlen wäre. Prüfungsmaßstab für die Zweckmäßigkeit des Steuerklassenwechsels ist der geltend gemachte Anspruch auf Alg; ein beim anderen Partner eintretender Entgeltausfall oder eine Minderung des Alg kann hinsichtlich des zu beurteilenden Anspruchs den Wechsel der Steuerklasse nicht rechtfertigen. Eine **Gesamtbetrachtung** der Entgelt- bzw. Leistungsansprüche beider Ehegatten ist nach dem Gesetzeszweck nicht anzustellen (Hessisches LSG 20. 6. 2001 – L 6 AL 14/01). Ergibt sich nach dem Lohnsteuerklassenwechsel ein geringerer Anspruch auf Alg, ist die bisherige Bewilligung nach Maßgabe des § 330 Abs. 3 mit Wirkung vom Zeitpunkt des Vorliegens der Voraussetzungen für die neue Steuerklasse aufzuheben (Abs. 2 S. 2); evtl. Überzahlungen können zurückgefordert werden (dazu oben Rn. 18; Hessisches LSG 2. 2. 2009 – L 9 AL 87/07).

23 Nach § 133 Abs. 3 S. 2 bleibt ein Ausfall von Arbeitsentgelt, der einen Anspruch auf lohnsteuerfreie Entgeltersatzleistungen – z. B. Kug, Insolvenzgeld, Alg im Wege der Gleichwohlgewährung – begründet, bei der Beurteilung der Verhältnisse der von den Ehegatten erzielten Arbeitsentgelte außer Betracht. Es ist also beim Vergleich der Entgelte in einer solchen Situation auf das ohne Ausfall erzielte Entgelt abzustellen. Für den Steuerklassenwechsel zum Beginn des nächsten Kalenderjahres gilt Abs. 2 S. 3 entsprechend (vgl. Rn. 18).

E. Herstellungsanspruch

24 Wie schon zu anderen die Leistungshöhe beeinflussenden Faktoren hält die Rechtsprechung die AA für verpflichtet (BSG 14. 7. 2004 – B 11 AL 80/03 R; BSG 16. 3. 2005 – B 11 a/11 AL 45/04 R), die Arbeitslosen zur Vermeidung von Nachteilen in der Leistungsrecht über die Beschränkung ihrer steuerrechtlichen Gestaltungsfreiheit zu beraten (§§ 14, 15 SGB I) und sie in die Lage zu versetzen, eine sachgerechte Entscheidung zu treffen. Die zu § 137 Abs. 4 S. 1 a. F. ergangene Rspr. ist weiterhin maßgeblich, denn § 133 Abs. 3 entspricht weitgehend der Vorgängerregelung. Danach besteht eine **qualifizierte**, das übliche Maß erheblich übersteigende **Beratungspflicht** der AA (BSG 1. 4. 2004 – B 7 AL 52/03 R – BSGE 92, 267 = SozR 4–4300 § 137 Nr. 1; zurückhaltend Bayerisches LSG 14. 1. 2010 – L 8 AL 190/08). Für die AA ist es geboten, verheiratete Arbeitslose bereits bei Antragstellung deutlich und gesondert vom Merkblatt auf die leistungsrechtlichen Gefahren eines Lohnsteuerklassenwechsels sowie die Notwendigkeit hinzuweisen, sich beraten zu lassen (BSG a. a. O.). Die besondere Beratungspflicht der BA greift nur im Rahmen eines Lohnsteuerklassenwechsels und nicht bei einer einfachen **Steuerklassenänderung**, z. B. auf Grund des Todes des Ehepartners (Thüringer OLG 11. 6. 2009 – 4 U 121/09).

25 Unterbleibt eine solche Beratung oder erfolgt sie unrichtig oder unvollständig kann ein **sozialrechtlicher Herstellungsanspruch** bestehen (zu den Voraussetzungen des Herstellungsanspruchs zusammenfassend: BSG 31. 10. 2007 – B 14/11b AS 63/06 R – SozR 4–1200 § 14 Nr. 10, zu Recht zurückhaltend bezüglich einer Einmischung in die gewählte steuerrechtliche Gestaltung: Bayerisches LSG 14. 1. 2010 – L 8 AL 190/08). Ein Herstellungsanspruch besteht nicht, wenn von den Eheleuten **kein Lohnsteuerklassenwechsel** vorgenommen worden ist, da mangels Änderung der Leistungsberechnung keine andere als die eingetragene Lohnsteuerklasse zu Grunde gelegt werden kann (BSG 1. 4. 2004 – B 7 AL 52/03 R – BSGE 92, 267 = SozR 4–4300 § 137 Nr. 1).

§ 134 Berechnung und Leistung

[1]Das Arbeitslosengeld wird für Kalendertage berechnet und geleistet. [2]Ist es für einen vollen Kalendermonat zu zahlen, ist dieser mit 30 Tagen anzusetzen.

A. Allgemeines

1 § 134 beschließt den Vierten Titel des Achten Abschnitts mit den Regelungen über die **Höhe** der Entgeltersatzleistung Alg. Mit Wirkung ab 1. 1. 2005 ist das Recht zur **Berechnung des Alg** we-

sentlich geändert und **vereinfacht** worden (vgl. BT-Drs. 15/1515, 71). Dabei wurde die bisherige Orientierung am Wochenprinzip aufgegeben und in Angleichung an die übrigen Sozialversicherungszweige auf eine Berechnung nach Kalendertagen umgestellt (BT-Drs. 15/1515, 86). § 134 S. 2 ermöglicht es, Alg nunmehr in monatlich gleichbleibender Höhe zu zahlen. Eine regelmäßige Neuberechnung für weitere Leistungsabschnitte wird vermieden.

§ 434j Abs. 5 ordnet an, dass das Bemessungsentgelt nach dem ab 1. 1. 2005 geltenden Recht für einen bereits vor 2005 entstandenen Anspruch auf Alg nur neu festzusetzen ist, soweit dies auf Grund eines Sachverhalts erforderlich wird, der nach dem 31. 12. 2004 eintritt. Allerdings ist das bereits ermittelte wöchentliche Bemessungsentgelt, das aufgrund eines vor dem 1. 1. 2005 ergangenen Bewilligungsbescheids wirksam festgestellt ist, durch sieben zu teilen, um es auf den Kalendertag umzurechnen (zur Berechnung entstandener Ansprüche nach neuem Recht: BSG 8. 2. 2007 – B 7 a AL 38/06 R – SozR 4–4300 § 434j Nr. 2; zum Vergleich neues/altes Bemessungsrecht vgl. *Behrend* in Eicher/Schlegel, vor §§ 129 bis 134 Rn. 3f.). Mit der Neuberechnung verbundene geringe Abweichungen in der Leistungshöhe sind **verfassungsrechtlich** unbedenklich (BSG aaO). 2

B. Berechnung und Leistung nach Zeitabschnitten

Die Regelung zur Berechnung des Alg in § 134 S. 1 bezieht sich nicht nur auf die Ermittlung des Bemessungsentgelts (§ 131 Abs. 1), sondern auf alle Elemente zur Berechnung des Alg nach §§ 129 f. Das für den Kalendertag ermittelte Bemessungsentgelt wird – ohne Rundung – um die Abzüge des § 133 Abs. 1 S. 2 vermindert, das so ermittelte tägliche Leistungsentgelt mit dem Leistungssatz multipliziert. Auf diesem Wege erhält man den **täglichen Leistungssatz** des Alg. Soweit das Alg für volle **Kalendermonate** zu zahlen ist, ist dieser Zeitraum mit 30 Tagen anzusetzen. Beispiel: A meldet sich am 15. 5. arbeitslos und beantragt Alg, dieses wird ihm bewilligt. Zum 4. 8. meldet er sich wegen Aufnahme einer Beschäftigung ab. Im Mai ist Alg für jeden Kalendertag vom 15. bis 31. zu zahlen. Für Juni und Juli wird Alg mit 30 Tagen gleichbleibend berechnet und geleistet. Vom 1. bis 3. 8. erhält A die Leistung für drei Kalendertage. 3

Auch die **Leistung** des Alg erfolgt für den Kalendertag. Alg ist eine Sozialleistung (§ 11 SGB I), die als Geldleistung erbracht wird. Die Geldleistung ist für jeden Kalendertag während der Anspruchsdauer zu erbringen, was i. d. R. durch monatlich nachträgliche Überweisung des Geldbetrags auf ein Konto des Berechtigten geschieht (§ 337 Abs. 1 S. 1, Abs. 2). Wird die Geldleistung für einen **vollen Kalendermonat** erbracht, wird dieser mit **30** Tagen angesetzt (§ 134 S. 2). Sowohl für die Berechnung von Leistungen allgemein (§ 339 Abs. 1 S. 1) als auch für die Berechnung des Alg (§ 134 Satz 2) wie auch für die Berechnung der Beiträge (§ 341 Abs. 3 S. 2) ist der Monat zu 30 Tagen anzusetzen. In Bezug auf die Berechnung von Beitrag und Leistung gelten – wenn auch auf anderer Rechtsgrundlage – dieselben Berechnungsgrundsätze (LSG Baden-Württemberg 6. 3. 2009 – L 8 AL 3880/08; BSG 19. 11. 2008 – B 11 AL 94/08 B). Die gesetzlich geregelte Frage der Berechnung des Alg für einen vollen Kalendermonat ist allerdings **zu unterscheiden von** der Frage, wie nach einer durchgängigen Beschäftigung von einem Jahr das **Bemessungsentgelt** zu berechnen ist (vgl. dazu § 131 Rn. 6; BSG vom 6. 5. 2009 – B 11 AL 7/08 R – Rn. 19 mwN; LSG Nordrhein-Westfalen 15. 4. 2010 – L 9 AL 53/08; das Bemessungsentgelt eines Jahr ist nicht durch 360 [12 × 30] Tage, sondern durch 365 Tage zu teilen). 4

§§ 135–139 *(aufgehoben)*

Fünfter Titel. Minderung des Arbeitslosengeldes, Zusammentreffen des Anspruchs mit sonstigem Einkommen und Ruhen des Anspruchs

§ 140 *(aufgehoben)*

§ 141 Anrechnung von Nebeneinkommen

(1) ¹Übt der Arbeitslose während einer Zeit, für die ihm Arbeitslosengeld zusteht, eine Erwerbstätigkeit im Sinne des § 119 Abs. 3 aus, ist das daraus erzielte Einkommen nach Abzug der Steuern, der Sozialversicherungsbeiträge und der Werbungskosten sowie eines Freibetrages in Höhe von 165 Euro in dem Kalendermonat der Ausübung anzurechnen. ²Handelt es sich um eine selbständige Tätigkeit oder eine Tätigkeit als mithelfender Familienangehöriger, sind pauschal 30 Prozent der Betriebseinnahmen als Betriebsausgaben abzusetzen, es sei denn, der Arbeitslose weist höhere Betriebsausgaben nach.

(2) Hat der Arbeitslose in den letzten 18 Monaten vor der Entstehung des Anspruches neben einem Versicherungspflichtverhältnis eine Erwerbstätigkeit (§ 119 Abs. 3) mindestens zwölf Monate lang ausgeübt, so bleibt das Einkommen bis zu dem Betrag anrechnungsfrei, das in den letzten zwölf Monaten vor der Entstehung des Anspruches aus einer Erwerbstätigkeit (§ 119 Abs. 3) durchschnittlich auf den Monat entfällt, mindestens jedoch ein Betrag in Höhe des Freibetrages, der sich nach Absatz 1 ergeben würde.

(3) *(aufgehoben)*

(4) Leistungen, die ein Bezieher von Arbeitslosengeld bei beruflicher Weiterbildung

1. von seinem Arbeitgeber oder dem Träger der Weiterbildung wegen der Teilnahme oder
2. auf Grund eines früheren oder bestehenden Arbeitsverhältnisses ohne Ausübung einer Beschäftigung für die Zeit der Teilnahme

erhält, werden nach Abzug der Steuern, des auf den Arbeitnehmer entfallenden Anteils der Sozialversicherungsbeiträge und eines Freibetrages von 400 Euro monatlich auf das Arbeitslosengeld angerechnet.

A. Allgemeines

I. Systematik

1   § 141 eröffnet den Fünften Titel der Regelungen zum Alg, der das Zusammentreffen des Anspruchs auf Alg mit Einkommen, anderen Sozialleistungen sowie dessen Ruhen betrifft. Der Titel umfasst die §§ 141 bis 146. Innerhalb des Titels regelt § 141 das **Zusammentreffen von Alg und Nebeneinkommen**. In der Norm stellt Abs. 1 die Grundsätze der Anrechnung auf. Abs. 2 betrifft Ausnahmen von der Anrechnung bei Beschäftigungen, die der Berechtigte schon vor Eintritt des Versicherungsfalls längerfristig ausgeübt hat. Abs. 4 schließlich enthält eine Sonderregelung für die Bezieher von Alg bei beruflicher Weiterbildung (§ 124 a). Im Verhältnis zu § 143 betrifft § 141 nur das Nebeneinkommen aus kurzzeitigen Beschäftigungen während der Arbeitslosigkeit, während § 143 nur Arbeitsentgelt erfasst, das auf Grund eines versicherungspflichtigen Beschäftigungsverhältnisses noch gezahlt oder geschuldet wird, obwohl der Arbeitnehmer tatsächlich nicht mehr beschäftigt wird. § 143 meint nur Zahlungen aus einem Beschäftigungsverhältnis, das an sich Arbeitslosigkeit ausschließen würde, da es mehr als kurzzeitig ist.

II. Normzweck

2   Alg ist eine Sozialleistung (§ 11 SGB I), die als Geldleistung erbracht wird und dem Berechtigten das ausgefallene Nettoarbeitsentgelt ersetzen soll (§ 116 Nr. 1). Der Versicherte soll aber die Leistung nicht in vollem Umfang erhalten, wenn er den eingetretenen **Entgeltausfall auf andere Weise,** insbesondere durch Erzielung von Nebeneinkommen, **kompensieren** kann. Mit einem Freibetrag setzt die Vorschrift einen Anreiz, Nebeneinkommen zu erzielen, da eine Erhöhung des verfügbaren Einkommens gewährleistet ist. Abs. 2 und 3 privilegieren Arbeitslose, die früher mehrere Beschäftigungen nebeneinander ausgeübt haben. Sinn der Regelungen sei es, dem Arbeitslosen die Nebeneinkünfte zu belassen, die bei Eintritt der Arbeitslosigkeit schon längere Zeit seinen Lebensstandard mitbestimmt haben (BT-Drs. 14/873, 14). Die Minderung der Anspruchshöhe durch Anrechnung von Nebeneinkommen ändert nichts daran, dass die AA mit der verbleibenden Leistung den Anspruch auf Alg erfüllt. Die **Anspruchsdauer** mindert sich nach Maßgabe des § 128 Abs. 1 (vgl. BSG 5. 2. 2004 – B 11 AL 39/03 R – SozR 4–4300 § 128 Nr. 1). Andererseits bleibt der Arbeitslose trotz Anrechnung in der Kranken- und Rentenversicherung versicherungspflichtig (§ 5 Abs. 1 Nr. 2 SGB V, § 3 S. 1 Nr. 3 SGB VI); während das bezogene Nebeneinkommen in der Arbeitslosenversicherung nach § 27 Abs. 5 versicherungsfrei ist (BSG aaO). Die Neufassung der Vorschrift zum 1. 1. 2009 soll die Ungleichbehandlung der abhängig Beschäftigten im Vergleich zu den Selbständigen oder mithelfenden Familienangehörigen beseitigen, die bisher zu Lasten der abhängig Beschäftigten ging. Dazu soll die Anrechnungsfreiheit von Einkünften aus einer abhängigen Beschäftigung an diejenige der anderen Erwerbstätigen angeglichen werden (BT-Drs. 16/10.810, S. 63).

III. Übergangsrecht

3   § 434 j Abs. 6 ordnet an, dass auf die vor dem 1. 1. 2005 entstandenen Ansprüche auf Alg, § 141 in der bis dahin geltenden Fassung anzuwenden ist. § 141 ist aber in der geltenden Fassung anzuwenden, wenn die Vorschrift aufgrund einer Änderung der Verhältnisse nach dem 31. 12. 2004 eingreift und sich dies auf den Anrechnungsbetrag auswirkt; insbesondere also bei Aufnahme einer Nebentätigkeit nach dem 1. 1. 2005. Zu der Neufassung des § 141 zum 1. 1. 2009 durch Art. 1 Nr. 40 des Gesetzes zur Neuausrichtung der arbeitsmarktpolitischen Instrumente vom 21. 12. 2008 (BGBl. I S. 2917) ist eine Übergangsregelung nicht erlassen worden, so dass § 422 Anwendung findet.

B. Anrechnung des Nebeneinkommens (Abs. 1)

I. Allgemeines

Nach § 141 Abs. 1 S. 1 wird im Grundsatz Einkommen aus einer Erwerbstätigkeit auf das Alg angerechnet. Anrechnungszeitraum ist der Kalendermonat, in dem der Arbeitslose zeitgleich zu dem erarbeiteten Einkommen Anspruch auf Alg hat. Die Anrechnung von Einkommen setzt mithin voraus, dass ein **Stammrecht** auf Alg **besteht** (§§ 117 f.; zum Stammrecht: BSG 9. 8. 1990 – 11 RAr 141/88 – SozR 3–4100 § 105a Nr. 2). Die Anrechnung des Einkommens mindert die Anspruchshöhe (§§ 129 f.), indem der tägliche Leistungssatz des Alg um den anzurechnenden Betrag gemindert wird. Die Regelung geht typisierend davon aus, dass aus einer Erwerbstätigkeit iSd. § 119 Abs. 3 im Regelfall kein Einkommen erzielt wird, das zum vollständigen Wegfall des Alg führt. In atypischen Fällen kann die Anrechnung allerdings zur Folge haben, dass wegen der Höhe des anzurechnenden und den Freibetrag übersteigenden Einkommens kein Alg (mehr) geleistet wird. 4

Der Arbeitslose darf während der Zeit, für die ihm Alg zusteht, nur eine Erwerbstätigkeit ausüben, die die Grenze der Kurzzeitigkeit nicht übersteigt (§ 119 Abs. 3). Das sind Beschäftigungen, selbständigen Tätigkeiten oder Tätigkeiten als mithelfender Familienangehöriger, die in ihrer Arbeits- oder Tätigkeitszeit weniger als 15 Stunden pro Woche umfassen. Eine mehr als kurzzeitige Erwerbstätigkeit schließt dagegen die Arbeitslosigkeit insgesamt aus (§ 119 Abs. 1 Nr. 1, Abs. 3). Sie führt deshalb nicht zur Anrechnung, sondern lässt den Anspruch auf Alg dem Grunde nach entfallen. Auch die zeitliche Ausdehnung einer zuvor ausgeübten kurzzeitigen Tätigkeit auf die Dauer von 15 Stunden oder mehr pro Woche, führt zu dieser Rechtsfolge. Die Beachtung der **Kurzzeitigkeitsgrenze** ist daher von erheblicher praktischer Bedeutung (zu den Folgen eines Verstoßes: BSG 2. 9. 2004 – B 7 AL 88/03 R – SozR 4–1500 § 128 Nr. 5; BSG 15. 12. 1999 – B 11 AL 53/99 R). Ob die Kurzzeitigkeitsgrenze überschritten ist, bestimmt sich nach § 119 Abs. 3 (vgl. § 119 Rn. 25 f.). 5

II. Maßgeblicher Zeitpunkt der Einkommenserzielung

Das anzurechnende Nebeneinkommen muss in einer Zeit erarbeitet werden, für die dem Arbeitslosen Alg zusteht (vgl. auch Rn. 4). Keine Anrechnung ist daher möglich, wenn und solange der Anspruch auf Alg ruht. Maßgeblich ist nicht der Zeitpunkt des Zuflusses, sondern der **Zeitraum, in dem das Entgelt erarbeitet** wird. Die Anrechnung findet daher statt, auch wenn dem Arbeitslosen das erarbeitete Entgelt (noch) nicht zugeflossen ist. Sie findet nicht statt, wenn das Entgelt nicht für einen Zeitraum gezahlt wird, in dem Anspruch auf Alg bestanden hat. Daher wird Einkommen nicht angerechnet, das für Zeiträume vor Eintritt des Versicherungsfalls erarbeitet worden ist und in späteren Zeiträumen nachgezahlt wird. 6

III. Arten von Nebeneinkommen

Angerechnet wird Einkommen aus eigener Arbeitsleistung (Arbeitsentgelt und Arbeitseinkommen iS der §§ 14 bis 17 SGB IV) unabhängig davon, ob es mit abhängiger Beschäftigung, selbständiger Tätigkeit oder als mithelfender Familienangehöriger erzielt wird (§§ 141 Abs. 1 S. 1, 119 Abs. 3). Zur Höhe der Anrechnung trifft § 141 Abs. 1 S. 2 eine Sonderregelung für Arbeitseinkommen aus selbständiger Tätigkeit und als mithelfender Familienangehöriger (unten Rn. 9). Eine Anrechnung von **Einkünften**, die **nicht** der Verwertung der Arbeitskraft durch **Erwerbstätigkeit** entspringen, z.B. Einnahmen aus Vermietung und Verpachtung, Kapitalerträge, Erbschaft u.ä. (sog „müheloses Einkommen"), findet **nicht** statt. Entgeltersatzleistungen sind kein Einkommen im Sinne dieser Vorschrift. Nach dem Wortlaut des Abs. 1 wird das Einkommen aus Erwerbstätigkeit, soweit es den Freibetrag übersteigt, angerechnet. Eine Anrechnung von Sozialleistungen oder **Entgeltersatzleistungen** ist **nicht** vorgesehen (so auch Keller in NK-SGB III § 141 Rn. 14; Striebinger in Gagel, SGB III, § 141 Rn. 22d). Eine Differenzierung des Einkommensbegriffs in § 141 in dem Sinne, dass nach Abs. 1 keine Anrechnung von Sozialleistungen erfolgt, als Einkommen aus Beschäftigung nach Abs. 2 aber auch Entgeltersatzleistungen anzusehen wären, ist nicht möglich (aA zu Abs. 2: LSG Baden-Württemberg 15. 7. 2009 – L 3 AL 5697/07; vgl. unten Rn. 15). 7

IV. Berechnung des Anrechnungsbetrags

Ausgangspunkt der Anrechnung ist das vom Arbeitslosen erzielte Brutto-Nebeneinkommen. Von diesem Betrag sind gemäß § 141 Abs. 1 S. 1 zunächst **Steuern, Sozialversicherungsbeiträge** und **Werbungskosten** abzuziehen. Im Ergebnis kommt nur das Nettonebeneinkommen zur Anrechnung. Anders als nach § 133 Abs. 1 (Ermittlung des Leistungsentgelts) werden im Rahmen des § 141 die individuell zu zahlenden Steuern und Sozialabgaben abgesetzt. Auch Werbungskosten (§ 9 Abs. 1 S. 1 EStG) können abgezogen werden. Gegenüber dem Steuerrecht ist allerdings die Einschränkung vor- 8 zunehmen, dass ein objektiver Zusammenhang der Aufwendungen mit dem Beruf des Arbeitslosen nicht genügt. Vielmehr ist ein objektiver Zusammenhang mit der konkreten Erwerbstätigkeit erforderlich, mit der das Einkommen erzielt wird, für das die Werbungskosten geltend gemacht werden (vgl. BSG 21. 1. 1999 – B 11 AL 55/98 R – SozR 3–4100 § 115 Nr. 7; für Kosten wie Fachliteratur und Arbeitsmittel: LSG Baden-Württemberg 1. 7. 2004 – L 8 AL 1567/04). Ein **Verlustausgleich** zwischen mehreren Nebeneinkommen ist möglich, ist aber auf die anrechenbaren Nebeneinkommen beschränkt (BSG 2. 6. 2004 – B 7 AL 58/03 R – BSGE 93, 51 = SozR 4–4100 § 115 Nr. 1).

9 Bei der Anrechnung von Einkommen aus **selbstständiger Tätigkeit** oder Tätigkeit als **mithelfender Familienangehöriger** wird der Anrechnungsbetrag nach einem vereinfachten Verfahren ermittelt (§ 141 Abs. 1 S. 2). Anzusetzen ist der Überschuss der Betriebseinnahmen über die Betriebsausgaben (ähnlich § 4 Abs. 3 EStG). Bei der Ermittlung der Betriebsausgaben werden diese pauschal mit 30 v. H. der Betriebseinnahmen angenommen. Der Arbeitslose kann aber höhere Betriebsausgaben (betrieblich veranlasste Aufwendungen, § 4 Abs. 4 EStG) im Einzelfall nachweisen.

V. Freibetrag

10 Um einen Anreiz zur Erzielung von (Neben-)Einkommen zu setzen, erhält jeder Arbeitslose einen Freibetrag von 165,- €. Dieser stellt sicher, dass das Einkommen zumindest in Höhe dieses Betrags dem erwerbstätigen Arbeitslosen zusätzlich zum Alg zu Gute kommt. Erst der Freibetrag verschafft den Beziehern von Alg einen wirtschaftlichen Vorteil, wenn sie eine Erwerbstätigkeit ausüben. Der Freibetrag darf andererseits nicht deutlich höher sein, um einen Lohnabstand zwischen Einkünften aus Alg und Erwerbstätigkeit einerseits und dem Nettoeinkommen aus der zu vermittelnden Beschäftigung andererseits zu wahren. Übt der Arbeitslose während des Bezugs von Alg **mehrere Nebentätigkeiten** aus, die zwar weniger als 15 Stunden wöchentlich beschäftigen, steht ihm für jede dieser Erwerbstätigkeiten der Freibetrag zu (BSG 5. 9. 2006 – B 7a AL 88/05 R – SozR 4–4300 § 141 Nr. 3). Das liegt daran, dass Abs 1 S. 1 den Freibetrag als einen Abzugsposten von den Einkünften aus der einzelnen Erwerbstätigkeit ausgestaltet hat und nicht als Freibetrag der dem Arbeitslosen als Person zusteht.

VI. Verfahrensfragen

11 Die Ausübung der Erwerbstätigkeit ist gemäß § 60 Abs. 1 S. 2 Nr. 1 SGB I anzeigepflichtig. Nimmt der Arbeitslose **während des Leistungsbezugs** eine Tätigkeit auf, aus der er Einkommen erzielt, das auf die Leistung anzurechnen ist, wird eine ohne Berücksichtigung des Nebeneinkommens erteilte Bewilligung teilweise rechtswidrig. Hierin liegt eine wesentliche Änderung iSd. § 330 Abs. 3 S. 1; § 48 Abs. 1 S. 2 Nr. 3 SGB X. Die AA hat den erteilten Bewilligungsbescheid mit Wirkung für die Vergangenheit teilweise aufzuheben, ohne dass sich der Berechtigte auf Vertrauensschutz berufen kann (vgl. SG Nordrhein-Westfalen 24. 11. 2006 – L 1 B 22/05 AL).

12 Ist die Erwerbstätigkeit, aus der anrechenbares Einkommen erzielt wird, **bereits vor** Erlass der **Bewilligung**sbescheide **ausgeübt** und nicht angegeben worden, ist die Bewilligung gemäß § 330 Abs. 2 i. V. m. § 45 Abs. 2 S. 3 Nr. 2 SGB X teilweise zurückzunehmen. Die subjektiven Voraussetzungen für eine Rücknahme sind regelmäßig erfüllt, weil Kenntnisse über die Anrechenbarkeit von Einkommen i. d. R. vorhanden sind oder sich bei einfachsten Überlegungen aufdrängen. Ermessen hat die AA bei dem Erlass von Aufhebungs-, Rücknahme- und Erstattungsbescheiden (§ 50 Abs. 1 SGB X) nicht auszuüben (vgl. § 330 Abs. 2 und 3). Allerdings ist die Jahresfrist nach §§ 45 Abs. 4 S. 2, 48 Abs. 4 SGB X zu beachten (zum Überschreiten der Kurzzeitigkeitsgrenze: vgl. oben Rn. 5).

C. Privilegierte Tätigkeiten (Abs. 2)

13 § 141 Abs. 2 bestimmen Ausnahmen vom Grundsatz der Anrechnung des Nebeneinkommens. Die Regelung betrifft Fälle, in denen Arbeitslose **vor der Entstehung des Anspruchs** auf Alg für eine bestimmte Dauer innerhalb eines Referenzzeitraums bereits eine weitere Erwerbstätigkeit iSd. § 119 Abs. 3 (kurzzeitige Beschäftigung, selbstständige Tätigkeit oder Tätigkeit als mithelfender Familienangehöriger) ausgeübt haben. Tätigkeiten, die das Einkommen des Arbeitslosen bereits vor Eintritt des Versicherungsfalls längerfristig bestimmt haben, werden nicht auf Alg angerechnet. Sie können während der Zeit des Bezugs von Alg fortgeführt oder wieder aufgenommen werden. Die Privilegierung des Nebeneinkommens nach Abs. 2 ist nicht auf die bei Eintritt der Arbeitslosigkeit ausgeübte oder wieder aufgenommene Beschäftigung beschränkt. Die **Unterbrechung** oder der **Wechsel des Beschäftigung**sverhältnisses führt nicht zum Wegfall der Privilegierung (so jetzt auch BSG vom 1. 7. 2010 – B 11 AL 31/09 R – BSGE 106, 249; aA Bayerisches LSG 10. 2. 2010 – L 10 AL 230/08). Die Regelung des Abs. 2 stellt auf das im letzten Jahr vor Entstehung des Anspruchs auf Alg erzielte Einkommen ab. Durch Abs. 2 wird – wie auch die Regelung des Referenzzeitraums zeigt – das in einem bestimmten Zeitabschnitt erzielte Einkommen, nicht aber eine bestimmte Beschäftigung oder Erwerbstätigkeit begünstigt.

§ 141 Abs. 2 in der bis 31. 12. 2008 geltenden Fassung privilegierte nur geringfügige Beschäftigungen (§ 8 Abs. 1 SGB IV; bis 400 €/mtl.), während Einkünfte aus selbständigen Tätigkeiten und familiäre Mithilfe – mangels Geringfügigkeitsgrenze in diesem Bereich – der Anrechnung unterlagen. Das hatte zur Folge, dass, wenn ein Versicherter eine Nebenbeschäftigung mit einem Einkommen bis zu 400,00 € monatlich ausgeübt hat, dieses in voller Höhe anrechnungsfrei blieb. Überstieg das Einkommen die 400-Euro-Grenze, so stand dem Versicherten nur noch ein Freibetrag in Höhe von 165,00 € monatlich zu. Die Neufassung des § 141 Abs. 2 gleicht nun die Regelungen zur Anrechnung von Einkommen aus **abhängiger Beschäftigung** an diejenigen bei den selbständigen Tätigen an (BT-Drs. 16/10810, S. 63). Dies hat zur Folge, dass jedes Einkommen aus einer vor Eintritt des Versicherungsfalls ausgeübten Erwerbstätigkeit, das die Kurzzeitigkeitsgrenze nicht erreicht, unter den Voraussetzungen des Abs. 2 von der Anrechnung ausgenommen ist. **14**

Die kurzzeitige Erwerbstätigkeit muss der Arbeitslose vor Entstehung des Alg-Anspruchs über einen Zeitraum von **zwölf Monaten** neben einer versicherungspflichtigen Beschäftigung ausgeübt haben (vgl. zur Entstehung des Anspruchs: Erl. zu § 118 Rn. 5). Um dies festzustellen, schreibt die Vorschrift die Betrachtung eines **Referenzzeitraums von 18 Monaten** vor Entstehung des Alg-Anspruchs vor. Innerhalb dieses Zeitrahmens muss der Arbeitslose die Erwerbstätigkeit iSd. § 119 Abs. 3 mindestens zwölf Monate lang ausgeübt haben. Unterbrechungen sind möglich; die Erwerbstätigkeit muss nicht unmittelbar vor dem Entstehen des Anspruchs auf Alg ausgeübt worden sein. Soweit allerdings eine tatsächliche Erwerbstätigkeit nicht ausgeübt wird, sondern statt dessen **Entgeltersatzleistungen** wie Kranken- oder Verletztengeld bezogen werden, fehlt es am Merkmal des „Erzielens von Einkommen". Soweit deshalb der Zwölf-Monats-Zeitraum nicht erreicht wird, kann dies nicht durch verfassungskonforme Auslegung korrigiert werden (aA LSG Baden-Württemberg 15. 7. 2009 – L 3 AL 5697/07). **15**

Anrechnungsfrei bleibt nur das Entgelt, das in den letzten zwölf Monaten vor Entstehen des Anspruchs auf Alg durchschnittlich im Monat erzielt wurde (S. 1), mindestens aber ein Betrag in Höhe des Freibetrags von 165,– € pro Monat. **Beispiel:** A wird am 1. 7. 2010 arbeitslos. Er war neben einer Vollzeittätigkeit vom 1. 1. 2009 bis 31. 12. 2009 mit einem Entgelt von 400,– €/mtl. beschäftigt. Wegen der bevorstehenden Arbeitslosigkeit nimmt er zum 1. 7. 2010 wieder eine Nebenbeschäftigung an. Da er innerhalb des 18-Monatszeitraums zwölf Monate geringfügig tätig war, ist die bei Eintritt der Arbeitslosigkeit ausgeübte Beschäftigung **privilegiert**. **Anrechnungsfrei** ist aber nur das innerhalb zwölf Monaten vor der Arbeitslosigkeit (1. 7. 2009 bis 30. 6. 2010) erzielte durchschnittliche Entgelt pro Monat. Da er im Zwölf-Monats-Zeitraum nur für 6 Monate beschäftigt war und je 400,– € im Monat erzielte, ergibt sich für die zwölf Monate unmittelbar vor Anspruchsentstehung ein durchschnittliches Monatsentgelt von 200,– €, das anrechnungsfrei bleibt. Für die Privilegierung von Einkommen aus selbständiger Tätigkeit und als mithelfender Familienangehöriger gilt Entsprechendes. **16**

D. Anrechnung von Leistungen auf Alg nach § 124a (Abs. 4)

§ 141 **Abs. 4** privilegiert Arbeitslose mit Anspruch auf Alg bei **beruflicher Weiterbildung** (§ 124a). Während „echtes" Nebeneinkommen, das Bezieher von Alg nach § 124a erzielen, nach Maßgabe der Abs. 1 bis 3 anzurechnen ist, regelt Abs. 4 ergänzend, wie mit „Leistungen" zu verfahren ist, die Teilnehmer vom derzeitigen oder früheren Arbeitgeber, vom Träger der Maßnahme wegen der Teilnahme (Nr. 1) oder von anderen Dritten für die Zeit der Teilnahme an der Maßnahme (Nr. 2) erhält. Der Begriff der „Leistung" ist weit zu verstehen. Er lässt sich nicht auf die Zahlung von Entgelt beschränken. Teilnehmer an einer Maßnahme der beruflichen Weiterbildung müssen die Leistung von einer der bezeichneten Personen erhalten, dh. tatsächlich über sie verfügen können. **17**

Nach **Nr. 1** findet eine Anrechnung auf das Alg statt, wenn zwischen der Teilnahme und der Leistung ein ursächlicher Zusammenhang besteht (Brand in Niesel/Brand, SGB III, § 141 Rn. 18). Soll das Arbeitsverhältnis nach der Bildungsmaßnahme beendet werden, ist i. d. R. davon auszugehen, dass eine Arbeitgeberleistung nicht für die Teilnahme bestimmt ist. Nach **Nr. 2** gelten Leistungen, die aufgrund eines früheren oder bestehenden ArbV ohne Ausübung einer Beschäftigung erbracht werden, als für die Zeit der Teilnahme erbracht. Einen Kausalzusammenhang zwischen Leistung und Teilnahme setzt Nr. 2 nicht voraus. An deren Stelle tritt ein bestehendes oder nachvertragliches Arbeitsverhältnis sowie eine **zeitliche Kongruenz** zwischen Teilnahme und Leistung („für die Zeit der Teilnahme"; siehe Keller in NK-SGB III § 141 Rn. 73). **18**

§ 142 Ruhen des Anspruchs bei anderen Sozialleistungen

(1) ¹Der Anspruch auf Arbeitslosengeld ruht während der Zeit, für die dem Arbeitslosen ein Anspruch auf eine der folgenden Leistungen zuerkannt ist:
1. Berufsausbildungsbeihilfe für Arbeitslose,

2. Krankengeld, Versorgungskrankengeld, Verletztengeld, Mutterschaftsgeld oder Übergangsgeld nach diesem oder einem anderen Gesetz, dem eine Leistung zur Teilhabe zugrunde liegt, wegen der der Arbeitslose keine ganztägige Erwerbstätigkeit ausüben kann,
3. Rente wegen voller Erwerbsminderung aus der gesetzlichen Rentenversicherung oder
4. Altersrente aus der gesetzlichen Rentenversicherung oder Knappschaftsausgleichsleistung oder ähnliche Leistungen öffentlich-rechtlicher Art.

²Ist dem Arbeitslosen eine Rente wegen teilweiser Erwerbsminderung zuerkannt, kann er sein Restleistungsvermögen jedoch unter den üblichen Bedingungen des allgemeinen Arbeitsmarktes nicht verwerten, hat die Agentur für Arbeit den Arbeitslosen unverzüglich aufzufordern, innerhalb eines Monats einen Antrag auf Rente wegen voller Erwerbsminderung zu stellen. ³Stellt der Arbeitslose den Antrag nicht, ruht der Anspruch auf Arbeitslosengeld vom Tage nach Ablauf der Frist an bis zu dem Tage, an dem der Arbeitslose den Antrag stellt.

(2) ¹Abweichend von Absatz 1 ruht der Anspruch
1. im Falle der Nummer 2 nicht, wenn für denselben Zeitraum Anspruch auf Verletztengeld und Arbeitslosengeld nach § 126 besteht,
2. im Falle der Nummer 3 vom Beginn der laufenden Zahlung der Rente an und
3. im Falle der Nummer 4
   a) mit Ablauf des dritten Kalendermonats nach Erfüllung der Voraussetzungen für den Anspruch auf Arbeitslosengeld, wenn dem Arbeitslosen für die letzten sechs Monate einer versicherungspflichtigen Beschäftigung eine Teilrente oder eine ähnliche Leistung öffentlich-rechtlicher Art zuerkannt ist,
   b) nur bis zur Höhe der zuerkannten Leistung, wenn die Leistung auch während einer Beschäftigung und ohne Rücksicht auf die Höhe des Arbeitsentgelts gewährt wird.
²Im Falle des Satzes 1 Nr. 2 gilt § 125 Abs. 3 entsprechend.

(3) Die Absätze 1 und 2 gelten auch für einen vergleichbaren Anspruch auf eine andere Sozialleistung, den ein ausländischer Träger zuerkannt hat.

(4) Der Anspruch auf Arbeitslosengeld ruht auch während der Zeit, für die der Arbeitslose wegen seines Ausscheidens aus dem Erwerbsleben Vorruhestandsgeld oder eine vergleichbare Leistung des Arbeitgebers mindestens in Höhe von 65 Prozent des Bemessungsentgelts bezieht.

A. Normzweck

1 § 142 stellt – zusammen mit weiteren Vorschriften dieses Titels – die Voraussetzungen auf, unter denen der Zahlungsanspruch nicht zu erfüllen ist. Die Vorschrift soll **Doppelleistungen** aus dem System der sozialen Sicherung zur Deckung vergleichbarer Bedarfslagen vermeiden (vgl. zur verfassungsrechtlichen Zulässigkeit solcher Regelungen BVerfG 15. 6. 1971 – 1 BvR 88/69, 1 BvR 496/69 – BVerfGE 31, 185 = SozR Nr. 18 zu Art. 14 GG); insbesondere soll Entgeltersatz bei zeitgleichem Eintritt mehrerer versicherter sozialer Risiken nur einmal geleistet werden. Ferner besteht der Zweck der Ruhensvorschrift darin, nahtlose Leistungen verschiedener Träger zu gewährleisten (BSG 20. 9. 2001 – B 11 AL 35/01 R – BSGE 89, 13, 17 = SozR 3–4300 § 142 Nr. 1). § 142 koordiniert als Konkurrenznorm die in Betracht kommenden Ansprüche auf Sozialleistungen. Die Vorschrift bestimmt, in welchen Fällen die Entgeltersatzleistung Alg zum Ruhen kommt und damit gegenüber anderen Sozialleistungen zurücktritt. Abs. 1 bezeichnet die Leistungen, die ein Ruhen auslösen, Abs. 2 schränkt diese Grundsätze für bestimmte Ausnahmefälle ein, Abs. 3 ordnet das Ruhen beim Bezug von ausländischen Leistungen und Abs. 4 Ruhen bei Bezug von Vorruhestandsgeld.

2 Obwohl § 142 das Ruhen von Alg bei Bezug anderer Sozialleistungen **abschließend** regelt, ist die Norm durch die Bezugnahme auf „ähnliche Leistungen" offen gestaltet. Sie findet beim Bezug von Kug (§ 180 S. 2) und Gründungszuschuss (§ 57 Abs. 3) entsprechende Anwendung. Arbeitgeber werden, soweit die Voraussetzungen des § 142 Abs. 1 S. 1 Nr. 2 bis 4 erfüllt sind, von der Erstattungspflicht wegen Beendigung der Beschäftigung von älteren Arbeitnehmern entlastet (§ 147a Abs. 1 S. 2).

B. Ruhen als Rechtsfolge

3 Die Ruhensvorschriften (§§ 141–146) setzen voraus, dass ein Stammrecht auf Alg entstanden ist (§§ 117f.; zu Stammrecht und Zahlungsanspruch vgl. BSG 21. 6. 2001 – B 7 AL 54/00 R – BSGE 88, 180, 182f. = SozR 3–4300 § 150 Nr. 1). Die Ruhensvorschrift begründet eine Zahlungssperre für die Leistung (vgl. BSG 9. 8. 1990 – 11 RAr 141/88 – SozR 3–4100 § 105a Nr. 2 m. w. N.). Das

subjektiv öffentliche Recht auf Alg kann im Falle des Ruhens – aus Sicht des Arbeitslosen – nicht geltend gemacht werden bzw. darf – aus Sicht der BA – nicht erfüllt werden. Anders als bei der Anrechnung (§ 141) ist Alg bei Eintritt des Ruhens **in voller Höhe** nicht zu zahlen. Soweit eine Minderung der Anspruchsdauer nicht gesetzlich angeordnet ist (§ 128 Abs. 1 Nr. 3, 4), wird die Zahlbarkeit des Anspruchs durch das Ruhen zeitlich nur hinausgeschoben (vgl. zum Ruhen auch: *Voelzke* in Spellbrink/Eicher, Handbuch AFRecht 2003, § 12 Rn. 39 f.).

Soweit der Anspruch auf Alg ruht, ist der Leistungsantrag durch VA abzulehnen. Der Verfügungssatz des VA sollte auf Ablehnung des Leistungsantrags lauten. Wird dies so geregelt, dient die Feststellung, dass der Anspruch ruht, nur der Begründung (BSG 11. 11. 1993 – 7 RAr 94/92; *Henke* in Eicher/Schlegel, SGB III § 143 Rn. 38). Da das Ruhen des Alg **kraft Gesetzes** eintritt (§ 142 Abs. 1 S. 1 Hs. 1) und nur die Ablehnung der Leistung begründet, muss die AA eine Ablehnung, aber auch eine spätere Aufhebung oder Zurücknahme der Bewilligung nicht auf den richtigen Ruhenstatbestand stützen. Im Streitfall können die zugrunde liegenden Ruhenstatbestände ausgetauscht werden. Die Gerichte haben von Amts wegen zu prüfen, ob Alg aus anderen als den von der AA bezeichneten Gründen ruht (vgl. BSG 17. 10. 2002 – B 7 AL 16/02 R –). 4

C. Ruhen bei Bezug folgender Sozialleistungen (Abs. 1)

§ 142 Abs. 1 ordnet an, dass der Anspruch auf **Alg ruht, wenn** dem Arbeitslosen ein Anspruch auf eine der in Nr. 1 bis 4 **abschließend** bezeichneten **Sozialleistungen „zuerkannt"** ist. Das Ruhen nach § 142 Abs. 1 erfasst den Anspruch auf Alg in voller Höhe unabhängig von der Höhe der zuerkannten Sozialleistung. Damit kommt es für die Anwendung der Ruhensregelung nicht darauf an, ob die Sozialleistung, die das Alg zum Ruhen bringt, den Lebensunterhalt des Berechtigten tatsächlich sicherstellt (vgl. BSG 8. 7. 1993 – 7 RAr 64/92 – BSGE 73, 10, 17 = SozR 3–4100 § 118 Nr. 4). 5

Eine das Alg ausschließende Sozialleistung ist **zuerkannt**, wenn der zuständige Träger eine positive Entscheidung (VA) über den Anspruch getroffen und dem Berechtigten bekannt gegeben hat. Es genügt, dass der Träger die Leistung – ohne förmliche Entscheidung aufgrund eines konkludenten VA (§ 9 SGB X) – tatsächlich erbringt. Zuerkannt ist ein Anspruch nach Bewilligung durch VA aber nicht erst dann, wenn der Leistungsträger infolge der Zuerkennung Zahlungen zu erbringen hat (arg. e § 142 Abs. 2 S. 1 Nr. 2; vgl. dazu unten Rn. 23; aA SG Hamburg 4. 11. 2009 – S 18 AL 309/05). 6

Dabei ist die AA nicht berechtigt, die Verwaltungsentscheidung des anderen Versicherungsträgers über die Bewilligung der Leistung auf ihre materielle Richtigkeit zu überprüfen. Vielmehr kommt der Entscheidung des anderen Leistungsträgers **Tatbestandswirkung** zu (BSG 3. 5. 2005 – B 7 a/7 AL 40/04 R – SozR 4–4300 § 194 Nr. 8; *Voelzke* in Kasseler Handbuch des Arbeitsförderungsrechts, § 12 Rn. 97 f.). Solange der Bescheid mithin nicht aufgehoben ist, ist er von der AA zu beachten, ohne dass es auf dessen die Rechtmäßigkeit ankäme. Alg ruht dagegen nicht, solange eine andere Leistung zwar beansprucht werden kann, aber nicht zuerkannt ist (Ausnahme: § 142 Abs. 1 S. 3), weil eine Doppelversorgung nicht vorliegt. Das ist z. B. der Fall, wenn der Arbeitslose die andere Sozialleistung nicht beantragt (BSG 9. 12. 1982 – 7 RAr 120/81) oder einen gestellten Antrag wieder zurücknimmt (LSG Nordrhein-Westfalen 11. 4. 2002 – L 9 AL 4/00) oder auf die Leistung verzichtet (BSG 12. 12. 1991 – 7 RAr 24/91 – SozR 3–4100 § 118 Nr. 3). Der Bescheid des anderen Trägers, wonach die alternative Leistung nicht zuerkannt oder wieder aberkannt wird, hat für die AA Tatbestandswirkung (BSG a. a. O., S. 12). 7

I. Zeitliche Kongruenz

Das Ruhen ist insoweit limitiert, als für sich überschneidende Zeiträume Anspruch auf Alg und eine der in Nr. 1 bis 4 bezeichneten Sozialleistungen bestehen muss. Soweit die andere Leistung nicht zuerkannt ist, wieder entfällt oder für zurückliegende Zeiträume nachgezahlt wird, besteht der Anspruch auf Alg fort. Entfällt eine das Alg zum Ruhen bringende Leistung, lebt der Anspruch wieder auf. Während des Ruhens nach § 142 tritt eine **Minderung der Anspruchsdauer nicht** ein (§ 128 Abs. 1). Der Arbeitslose kann den Anspruch auf Alg in späteren Zeiträumen geltend machen. Beispiel: A ist arbeitslos, er hat Anspruch auf Alg für 12 Monate, wegen einer Erkrankung wird ihm aber für die ersten 60 Wochen der Arbeitslosigkeit Krg bezahlt. Alg ruht zunächst für die 60 Wochen des Bezugs von Krg. Es kann anschließend – soweit alle Anspruchsvoraussetzungen weiterhin erfüllt sind – noch für die volle Anspruchsdauer in Anspruch genommen werden. 8

II. Ruhen auslösende Leistungen (Abs. 1 S. 1 Nr. 1 bis 3)

Das Ruhen tritt ein, wenn dem Arbeitslosen eine der in Nr. 1 bis 4 bezeichneten Leistungen zuerkannt ist. Es handelt sich um Leistungen, die ebenso wie das Alg, das ausgefallene Entgelt ersetzen. Bezieht der Arbeitslose eine solche Leistung, wird Alg auch dann nicht gezahlt, wenn dieses höher wäre, als die das Ruhen auslösende Leistung (vgl. BSG 8. 7. 1993 – 7 Rar 64/92 – BSGE 73, 10, 17 = SozR 3–4100 § 118 Nr. 4). Im Einzelnen bringen folgende Leistungen das Alg zum Ruhen: 9

10 Die **Berufsausbildungsbeihilfe** (**Nr. 1**) schließt Alg aus. Die Leistung wird an arbeitslose Teilnehmer einer Maßnahme der Berufsausbildung gezahlt, und zwar in Höhe des Alg (§ 74). Im Übrigen wird die Leistung während einer beruflichen Ausbildung (§ 60) oder einer berufsvorbereitenden Bildungsmaßnahme (§ 61) erbracht. Die BAB soll die berufliche Qualifikation durch eine Ausbildung verbessern. Sie hat allein für Personen mit Alg-Anspruch Entgeltersatzfunktion, was für diese Gruppe eine Motivationssteigerung bezwecken soll (*Fuchsloch* in Gagel, SGB III, § 74 Rn. 21).

11 Nach **Nr. 2** führen Entgeltersatzleistungen wegen **Krankheit**, das sind Krg (§§ 44 SGB V), Versorgungs-Krg (§ 16 BVG), Verletztengeld (§ 45 SGB VII) zum Ruhen. Das gilt auch für Leistungen wegen **Mutterschaft** wie Mutterschaftsgeld (§ 200 RVO, § 13 MuSchG) oder **Übergangsgeld** während einer Leistung zur Teilhabe am Arbeitsleben unabhängig vom zuständigen Träger der Maßnahme (§§ 97, 160 iVm. §§ 46 f. SGB XI, aber auch § 20 SGB VI, § 49 SGB VII, §§ 26 f. BVG). Das Ruhen tritt bei Bezug von Übg nur ein, wenn neben dem Bezug von Übg durch die Leistungen zur Teilhabe eine Erwerbstätigkeit des Arbeitslosen insgesamt ausgeschlossen ist, das Übg also volle Entgeltersatzfunktion hat.

12 Im Falle der krankheitsbedingter AU hat der Arbeitslose für die ersten sechs Wochen einen Anspruch auf Alg-Fortzahlung (§ 126), die das Krg ausschließt. Wird nach Ablauf der Sechs-Wochen-Frist Krg gezahlt, ruht der Anspruch auf Alg nach Nr. 2 (BSG 3. 6. 2004 – B 11 AL 55/03 R – SozR 4–4300 § 125 Nr. 1 Rn. 10). Der Vorrang des Alg gilt nur für die Dauer der Leistungsfortzahlung nach § 126. Wird Alg dagegen im Rahmen der Nahtlosigkeitsregelung (§ 125) geleistet, ist der Anspruch auf Krg nicht ausgeschlossen. Dies hat zur Folge, dass der Anspruch auf Alg bei einem Bezug nach § 125 mit der Zuerkennung von Krg zum Ruhen kommt (BSG aaO, Rn. 11, 14).

13 Die **Rente wegen voller Erwerbsminderung** (EM) bringt das Alg zum Ruhen (**Nr. 3**). Die Ruhensfolge löst nur der Bezug einer Rente nach § 43 Abs. 2 SGB VI aus, nicht aber die ebenso bezeichnete Rente nach § 13 Abs. 1 S. 2 ALG, die einem anderen System entspringt (vgl. Lüdtke in LPK-SGB III § 142 Rn. 11). Abweichend von § 142 Abs. 1 S. 1 ruht Alg erst, wenn die laufende Zahlung der Rente wegen EM begonnen hat (§ 142 Abs. 2 S. 1 Nr. 2; dazu Rn. 20). Wird die Rente wegen voller EM gezahlt, ist der Umfang der Erwerbsminderung, deren Dauer oder die Rechtmäßigkeit der Leistung für das Ruhen von Alg unerheblich.

III. Altersrenten/ähnliche Leistungen (Nr. 4)

14 Bezieher von **Altersrenten** und ähnlichen Leistungen erhalten kein Alg (§ 142 Abs. 1 S. 1 Nr. 4). Die Personengruppe der Altersrentner bezieht eine das Erwerbseinkommen substituierende Sozialleistung. Ein Anspruch auf Alg soll daneben nicht bestehen. Der Gesetzgeber geht typisierend davon aus, dass Altersrentner dem Risikobereich der gesetzlichen Rentenversicherung zuzuordnen sind, da sie aus dem Erwerbsleben ausgeschieden sind (BSG 29. 10. 1997 – 7 RAr 10/97 – SozR 3–4100 § 142 Nr. 2). Da Alg nach Erreichen der Altersgrenze für die **Regelaltersrente** ohnehin nicht mehr beansprucht werden kann (§ 117 Abs. 2), regelt Nr. 4 das Verhältnis zwischen Alg und vorgezogenen Altersrenten. **Altersrenten** sind die in § 33 Abs. 2 SGB VI enumerativ bezeichneten Leistungen, von denen die Altersrente für langjährig Versicherte (§ 36 SGB VI), Altersrente für schwerbehinderte Menschen (§ 37 SGB VI), Altersrente für langjährig unter Tage beschäftigte Bergleute (§ 40 SGB VI) sowie nach Übergangsregelungen Altersrente wegen Arbeitslosigkeit oder nach Altersteilzeitarbeit (§ 237 SGB VI) und Altersrente für Frauen (§ 237 a SGB VI) Bedeutung erlangen können. Wird eine der genannten Altersrenten als **Teilrente** (§ 42 SGB VI) geleistet, führt auch deren Bezug zum Ruhen, wie sich aus der Regelung zum Beginn des Ruhens in diesen Fällen (§ 142 Abs. 2 Nr. 3 a) ergibt (vgl. Rn. 21).

15 **Ähnliche Leistungen öffentlich-rechtlicher Art** sind Leistungen öffentlich-rechtlicher Träger, die bei Erreichen einer bestimmten Altersgrenze Entgeltersatz bieten und nach ihrer Konzeption den Lebensunterhalt des Berechtigten im Allgemeinen, nicht notwendig auch im Einzelfall, sicher stellen (BSG 18. 12. 2003 – B 11 AL 25/03 R – SozR 4–4300 § 142 Nr. 2 Rn. 11 m. w. N.). Eine „ähnliche Leistung öffentlich-rechtlicher Art" ist zB das Ruhegehalt von Beamten bei vorzeitiger Versetzung in den Ruhestand (§ 42 Abs. 4 BBG), das Ruhegehalt von Berufssoldaten nach Maßgabe der ruhegehaltsfähigen Bezüge (BSG a. a. O.), Anpassungsgeld für Bergleute aufgrund eines Restrukturierungsprogramms im Steinkohlenbergbau (LSG Nordrhein-Westfalen 17. 3. 1999 – L 12 AL 216/97), die von einem Versorgungswerk für frei Berufe gewährte Altersrente (LSG Niedersachsen-Bremen vom 28. 11. 2007 – L 11 AL 429/05).

16 **Ausländische Renten** sind i. R. d. Nr. 4 nicht zu erfassen. Einerseits erfasst § 142 Abs. 1 S. 1 auch in den anderen Ziffern nur inländische Sozialleistungen (str., wie hier LSG Niedersachsen-Bremen 27. 4. 2004 – L 7 AL 112/02 –; aA zum AFG: BSG 29. 10. 1997 – 7 RAr 10/97 – BSGE 81, 134 = SozR 3–4100 § 142 Nr. 2; *Düe* in Niesel, SGB III, § 142 Rn. 31). Die Einbeziehung ausländischer Renten führt insbesondere bei geringen Zahlbeträgen zu unbefriedigenden Ergebnissen, was sich durch Prüfung solcher Leistungen allein am Maßstab des Abs. 3 (vergleichbarer Anspruch) lösen lässt. Dagegen erscheint es nicht als sachgerecht, über § 142 Abs. 1 S. 1 Nr. 4 die ausländische Altersrente zu erfassen und bezüglich der Leistungshöhe Rückausnahmen zu bilden, stattdessen sind

die den Leistungen nach Nrn. 1, 2 und 3 ähnlichen ausländischen Leistungen allein über Abs. 3 zu erfassen.

Keine (renten)ähnliche Leistung öffentlich-rechtlicher Art ist die Rente für Bergleute (§ 45 Abs. 1, 3 SGB VI), da diese nicht der Altersrente sondern der Erwerbsminderungsrechte ähnlich ist. Es handelt sich um eine spezifische Rente für Bergleute bei verminderter Erwerbsfähigkeit im Bergbau. Die Rente soll nicht den Lebensunterhalt des Leistungsempfängers sicherstellen, sondern nur die spezifischen Nachteile der Erwerbsminderung im Bergbau kompensieren (zum alten Recht: BSG 4. 7. 1991 – 7 RAr 8/90 – SozR 3–4100 § 118 Nr. 2). Zahlungen aus einer Lebensversicherung sind keine Leistungen öffentlich-rechtlicher Art, da sie ihren Ursprung in privatrechtlichen Versicherungsverträgen haben (BSG 24. 4. 2997 – 11 RAr 23/96 – SozR 3–4100 § 137 Nr. 9). Das Ruhegehalt eines Beamten bei Dienstunfähigkeit (§ 42 BBG) führt nicht zum Ruhen des Alg, da die Leistung nicht wegen Alters gewährt wird. Tarifvertragliche Zahlungen für den Fall des Alters oder wegen Beendigung des Arbeitsverhältnisses bringen das Alg nicht zum Ruhen (außer Abs. 4), denn sie werden nicht nach öffentlichrechtlichen Normen erbracht. Leistungen der Zusatzversorgung im öffentlichen Dienst (VBL-Leistung) werden zwar durch einen öffentlichrechtlichen Träger geleistet, das vorgezogene Altersruhegeld dient aber (nur) der Angleichung der Alterseinkünfte von Beschäftigten des öffentlichen Dienstes an diejenige der Beamten, diese Leistungen sind konzeptionell auf eine Zusatzversorgung ausgerichtet (so zur Leistung einer Versorgungsanstalt: BSG 3. 12. 1998 – B 7 AL 94/97 R – SozR 3–4100 § 118 Nr. 7; aA *Düe* in Niesel, SGB III, § 142 Rn. 26). Hinterbliebenenrenten haben keine Entgeltersatz-, sondern Unterhaltsersatzfunktion und sind insoweit der Altersrente nicht ähnlich. Schließlich ist die frühere Entscheidung des BSG (9. 11. 1983 – 7 RAr 58/82 – SozR 4100 § 118 Nr. 12), wonach unbefristetes Überbrückungsgeld der Seemannskasse das Alg zum Ruhen bringt, inzwischen überholt, da diese Leistung gegenüber dem Alg als nachrangig ausgestaltet wurde (vgl. BSG 11. 6. 2003 – B 5 RJ 48/02 R).

IV. Rente wegen teilweiser Erwerbsminderung/Antragserfordernis (Sätze 2, 3)

Der Bezug einer Rente wegen teilweiser Erwerbsminderung bringt Alg nicht zum Ruhen, da der Arbeitslose mit seinem Restleistungsvermögen erwerbstätig sein kann. In Abweichung von § 142 Abs. 1 S. 1 kann die BA bei objektiven Anhaltspunkten für das Bestehen voller EM den Versicherten auffordern, Rente wegen voller EM zu beantragen. Kommt der Arbeitslose dem nicht nach, ruht der Anspruch auf Alg (Sätze 2, 3). Die Regelung ermöglicht es der BA, den leistungsgeminderten Arbeitslosen aus dem Erwerbsleben zu drängen. Sie macht deutlich, dass der Gesetzgeber die auf fehlender Erwerbsfähigkeit beruhenden Risiken dem Träger der gesetzlichen Rentenversicherung zuweist.

§ 142 Abs. 1 S. 2 hat drei Voraussetzungen. Dem Arbeitslosen muss Anspruch auf Rente wegen teilweiser EM (§ 43 Abs. 1 SGB VI) „zuerkannt" sein (vgl. Rn. 5). Er kann sein Restleistungsvermögen unter den üblichen Bedingungen des allgemeinen Arbeitsmarktes nicht mehr verwerten. Die Feststellung dieser Voraussetzungen erfordert eine medizinische und arbeitsmarktbezogene Einschätzung, ob ein Leistungsvermögen von mehr als drei Stunden täglich gegeben ist (sonst volle EM) und eine Arbeitsmarktrente wegen voller EM bei drei- bis sechsstündigem Leistungsvermögen und verschlossenem Arbeitsmarkt in Betracht kommt. Über die Frage, ob der Arbeitsmarkt für den Arbeitslosen bei dem gegebenen Leistungsvermögen verschlossen ist, hat die AA eine **Prognoseentscheidung** zu treffen (LSG Baden-Württemberg 14. 3. 2008 – L 8 AL 1601/07). Ist die Verwertbarkeit des Restleistungsvermögens am Arbeitsmarkt eingeschränkt und bezieht der Arbeitslose Rente wegen teilweiser EM, muss die AA ihn ohne schuldhaftes Zögern (= unverzüglich, § 121 Abs. 1 S. 1 BGB) auffordern, innerhalb eines Monats (gerechnet ab Zugang der Aufforderung) einen Antrag auf Rente wegen voller EM zu stellen. Die Aufforderung ist ein **anfechtbarer** VA, der auch über die zu erwartenden Rechtsfolgen belehren muss (so BSG 27. 7. 2000 – B 7 AL 42/99 R – BSGE 87, 31 = SozR 3–4100 § 134 Nr. 22), was dem Wortlaut der Vorschrift allerdings nicht zu entnehmen ist (vgl. auch § 144 Abs. 1 S. 2 Nr. 2 bis 4).

§ 142 Abs. 1 S. 3 ordnet als **Rechtsfolge** einer unterlassenen Antragstellung an, dass der Anspruch auf Alg vom Tag nach Ablauf der Frist ruht, in der der Antrag auf Rente wegen voller EM zu stellen gewesen wäre. § 142 Abs. 1 S. 3 verzichtet auf das Zuerkennen einer Leistung und ersetzt dieses Merkmal durch die Obliegenheitsverletzung des Arbeitslosen, die zum Rechtsgrund für das Ruhen wird (vgl. oben Rn. 5). Zur Bestimmung des Beginns der Ruhenszeit sollte das Ende der Antragsfrist ausdrücklich bezeichnet werden. Der Ruhenszeitraum endet an dem Tag, an dem die Antragstellung nachgeholt wird.

D. Ausnahmen vom Ruhen (Abs. 2)

§ 142 Abs. 2 regelt Ausnahmen und Einschränkungen zu dem in Abs. 1 bezeichneten Grundsatz, dass Alg bei Bezug der aufgeführten Sozialleistungen ruht. Nr. 1 ermöglicht in Abweichung von

§ 142 Abs. 1 S. 1 Nr. 2 den Bezug von Verletztengeld und Alg, wenn und solange zeitgleich Anspruch auf Verletztengeld und Fortzahlung des Alg nach § 126 besteht. Nr. 2 bestimmt den Beginn des Ruhens bei Zuerkennung einer Rente wegen voller Erwerbsminderung abweichend zu § 142 Abs. 1 S. 1 Nr. 3. Die Nr. 3 regelt für bestimmte Konstellationen den Beginn des Ruhens bei Bezug einer Altersrente abweichend von § 142 Abs. 1 S. 1 Nr. 4.

I. Verletztengeld (Nr. 1)

22   § 142 Abs. 2 Nr. 1 bestimmt, dass das Alg nicht ruht, wenn für denselben Zeitraum ein Anspruch auf Verletztengeld und zugleich ein Anspruch auf Alg nach § 126 besteht. Verletztengeld wird nach § 45 Abs. 1 Nr. 1 SGB VII ua. nur gezahlt, wenn der Versicherte infolge des Versicherungsfalls (Arbeitsunfall, Berufskrankheit) arbeitsunfähig ist oder wegen einer Maßnahme der Heilbehandlung eine ganztägige Erwerbstätigkeit nicht ausüben kann. Dies setzt voraus, dass die Arbeitsunfähigkeit auf einem Versicherungsfall der ges. Unfallversicherung beruht. Liegt ein solcher vor, wird Leistungsfortzahlung des Alg nach § 126 neben dem Verletztengeld bezahlt. Beide Ansprüche müssen für denselben Zeitraum bestehen (vgl. zum Krg oben Rn. 10). Ein Anspruch nach § 126 besteht aber nicht, wenn ein Arbeitnehmer, der bereits unfallbedingt arbeitsunfähig ist, während des Bezugs von Verletztengeld arbeitslos wird, die Arbeitslosigkeit also bei bestehender AU eintritt (vgl. § 126 Rn. 2 m. w. N.).

II. Rente wegen voller EM (Nr. 2)

23   § 142 Abs. 2 S. 1 Nr. 2 regelt abweichend von Abs. 1 S. 1 Nr. 3, dass das Alg bei Zusammentreffen mit einem Anspruch auf Rente wegen voller EM nicht schon mit Zuerkennung (vgl. oben Rn. 5), sondern erst vom **Beginn** der laufenden Zahlung an ruht. Die Regelung bestätigt, dass mit „Zuerkennen" die Bewilligung und nicht die tatsächliche Zahlung gemeint ist. Für Arbeitslose mit Anspruch auf Rente wegen voller EM soll unter Heranziehung des Gedankens der Nahtlosigkeit der Leistung (§ 125) das **Alg erst ruhen,** wenn der Arbeitslose die Rente wegen voller EM **tatsächlich bezieht.** So bleibt es bei einer rückwirkenden Bewilligung von EM-Rente beim rechtmäßigen (Vor-)Bezug von Alg. Die Bewilligung ist nicht aufzuheben. Übersteigt die Höhe des Alg-Anspruchs die Höhe der Rente, verbleibt der überschießende Betrag dem Arbeitslosen. Die Leistungserbringung durch den unzuständigen Träger (hier die AA) ist mithilfe von Erstattungsansprüchen (§ 142 Abs. 2 S. 2) zwischen den Trägern abzuwickeln.

III. Altersrente (Nr. 3)

24   Vom Grundsatz des Ruhens von Alg während des Bezugs von Altersrente (§ 142 Abs. 1 S. 1 Nr. 4) macht § 142 Abs. 2 Nr. 3a und 3b zwei Ausnahmen. Nach Nr. 3a ruht Alg erst mit Ablauf des dritten Kalendermonats nach Erfüllung der Voraussetzungen des Anspruchs auf Alg, wenn dem Arbeitslosen für die letzten unmittelbar vorhergehenden sechs Monate neben einer versicherungspflichtigen Beschäftigung eine Teilrente oder eine ähnliche Leistung öffentlich-rechtlicher Art zuerkannt (oben Rn. 14) war. Die Regelung trägt dem Umstand Rechnung, dass der Lebensunterhalt nicht nur durch die Beschäftigung, sondern auch durch die Teilrente geprägt war. Nach Wegfall der Beschäftigung soll der Arbeitslose sich auf die neue Lebenssituation umstellen können. Die Regelung zeigt, dass eine Teilrente genügt, um das Ruhen auszulösen (BSG 29. 10. 1997 – 7 RAr 10/97 – BSGE 81, 134, 140 = SozR 3–4100 § 142 Nr. 2).

25   Nach Nr. 3b ruht das Alg nur bis zur Höhe der zuerkannten Leistung, wenn diese auch während einer Beschäftigung und ohne Rücksicht auf die Höhe des Arbeitsentgelts gewährt wird. Voraussetzung ist, dass eine Altersrente aus der gesetzlichen Rentenversicherung oder eine ähnliche Leistung zeitgleich zur **Beschäftigung** und ohne Berücksichtigung des dabei erzielten Entgelts/**Hinzuverdienst** erbracht wird. Nach §§ 34, 42 SGB VI wird der Hinzuverdienst auf die vorgezogenen Altersrenten regelmäßig berücksichtigt; sie sind erwerbsfeindlich ausgestaltet. Nur wenige Leistungen (übergeführte Altersrente nach § 236, 302; Art. 2 §§ 4, 5 RÜG) werden ohne Berücksichtigung des Hinzuverdienst (erwerbsfreundlich) geleistet; auf diese Leistungen ist die Regelung anwendbar.

IV. Erstattungsanspruch nach Nahtlosigkeit (Satz 2)

26   Beim Bezug von Rente wegen voller EM (Fälle des § 142 Abs. 2 S. 1 Nr. 2) gilt § 125 Abs. 3 entsprechend (vgl. § 125 Rn. 24). Die AA hat gegenüber dem durch die Zahlung von Alg entlasteten RV-Träger einen Erstattungsanspruch (§ 142 Abs. 2 S. 2 iVm. § 125 Abs. 3 S. 1). Die Regelung stellt sicher, dass Arbeitslose das ihnen – in der Regel im Wege der Nahtlosigkeit – gezahlte Alg behalten dürfen, auch wenn sich nach späterer Prüfung ergibt, dass ihnen anstelle des Alg Rente wegen voller EM zugestanden hat (vgl. BSG 28. 8. 2007 – B 7/7a AL 10/06 R). Soweit durch die rückwirkende Bewilligung der EM-Rente ein Erstattungsanspruch entsteht, gilt der Anspruch des Berechtigten gegen den Rentenversicherungsträger als erfüllt (§ 107 Abs. 1 SGB X, vgl. zum Erstattungsfall: BSG 1. 4. 1993 – 1 RK 10/92 – BSGE 72, 163, 165 f. = SozR 3–2200 § 183 Nr. 6 S. 14).

V. Ruhen bei Bezug von Leistungen ausländischer Träger (Abs. 3)

Während § 142 Abs. 1 S. 1 nur die inländischen Sozialleistungen erfasst (str., oben Rn. 16) will 27 § 142 Abs. 3 den Doppelbezug von Alg und ausländischen Leistungen mit vergleichbarer Höhe und Zielrichtung ausschließen. Die ausländische Leistung muss in Struktur, Funktion und Umfang mit den in § 142 Abs. 1 S. 1 Nr. 1 bis 4 bezeichneten Leistungen vergleichbar sein. Wegen der Rechtsfolgen des Bezugs einer vergleichbaren Leistung verweist Abs. 3 auf die Anwendung der Abs. 1 und 2. Mithin führt eine mit den in § 142 Abs. 1 S. 1 Nr. 1 bis 4 genannten vergleichbare ausländische Leistung zum Ruhen des Alg, es sei denn es läge auch Vergleichbarkeit und die sonstigen Voraussetzungen der in § 142 Abs. 2 genannten Ausnahmen vor.

Die Rechtsprechung hat die **Vergleichbarkeit** folgender ausländischer Leistungen mit denjenigen 28 aus § 142 Abs. 1 S. 1 Nr. 1 bis 4 **bejaht:**
– für die schweizerische Invalidenrente bei einem Grad der Invalidität von 100 v. H. (LSG Baden-Württemberg 4. 7. 2000 – L 13 AL 4301/99),
– für italienische Altersrente, wenn wie sie sogenannte Pro-rata-temporis-Leistung gezahlt wird und die Wartezeit nur mit Hilfe nicht-italienischer Zeiten erfüllt war (BSG 8. 7. 1993 – 7 RAr 64/92 = BSGE 73, 10 ff. = SozR 3–4100 § 118 Nr. 4; BSG 29. 10. 1997 – 7 RAr 10/97 – BSGE 81, 134, 138 = SozR 3–4100 § 142 Nr. 2),
– für österreichische Rente nach § 253 d ASVG (Bayerisches LSG 26. 10. 2001 – L 8 AL 98/98).
– für französische Bergmannsrente (zum früheren Recht: BSG 3. 11. 1976 – 7 RAr 104/75 – SozR 4100 § 118 Nr. 3 S. 20 f.).
– für die Altersleistung einer nach den Vorschriften des schweizerischen Bundesgesetz über die berufliche Alters-, Hinterlassenen- und Invalidenvorsorge registrierten schweizerischen Vorsorgeeinrichtung (BSG 18. 12. 2008 – B 11 AL 32/07 R = Breith 2009, 946; BSG 21. 7. 2009 – B 7/7 a AL 36/07 R).
– für die britische „pension for old age" (LSG Nordrhein-Westfalen 11. 2. 2009 – L 12 AL 45/07).

VI. Ruhen beim Bezug von Vorruhestandsgeld (Abs. 4)

In Abweichung von § 142 Abs. 1 ordnet Abs. 4 der Vorschrift das Ruhen des Alg auch während 29 der Zeit an, für die der Arbeitslose wegen des Ausscheidens aus dem Erwerbsleben vom Arbeitgeber **Vorruhestandsgeld (Vog)** oder eine **vergleichbare Leistung** mit einer Entgeltersatzquote von 65 v. H. des Bemessungsentgelts bezieht. Abs. 4 betrifft Ansprüche aus kollektiv- oder individualarbeitsrechtlichen Regelungen. Nachdem das Vog nach dem früheren VRG schon seit 31. 12. 1988 nicht mehr beginnen kann, hat die Norm ihren wesentlichen Anwendungsbereich bei den „vergleichbaren Leistungen". Insoweit besteht die Schwierigkeit, zu bestimmen, welche privatrechtlichen Leistungen dem früheren Vog vergleichbar sind. Es bietet sich an, zunächst die in Betracht kommende Leistung und das Bemessungsentgelt zu vergleichen. Nur wenn die Leistung des ArbG eine Höhe von mindestens 65 v. H. des Bemessungsentgelts (§§ 131, 132) erreicht, wird typisierend angenommen, dass die Leistung den Entgeltersatz in vollem Umfang übernimmt. Weiter wird gefordert, dass die Leistung vom Arbeitgeber erbracht wird. Dazu genügt, dass der Arbeitgeber sie – ggf. über eine gemeinschaftlich eingerichtete Kasse – allein finanziert.

Ist die gesetzliche Mindesthöhe einer vog-ähnlichen Leistung erreicht, ist entscheidend, ob die vom 30 ArbG erbrachte Leistung dem Vog vergleichbar ist. Dies ergibt sich aus dem konkreten Inhalt der arbeitsrechtlichen Vereinbarung unter Beachtung der Wertungen des VRG (BSG 26. 11. 1992 – 7 RAr 46/92 – SozR 3–4100 § 118 b Nr. 1). Dagegen führt eine Leistung nach dem Altersteilzeitgesetz (ATG) nicht nach § 142 Abs. 3 zum Ruhen des Alg (BT-Drs. 10/880, 19; *Düe* in Niesel, SGB III § 142 Rn. 54), vielmehr gelten die AN in Alterszeitzeit (§ 2 ATG) auch während der Freistellungsphase als gegen Arbeitsentgelt beschäftigt (§ 7 Abs. 1 a S. 1 SGB IV). Zum Bezug von Entgelt in **Altersteilzeit** bei zeitgleich bestehendem Anspruch auf Sozialleistungen vgl. § 10 Abs. 2 ATG.

§ 143 Ruhen des Anspruchs bei Arbeitsentgelt und Urlaubsabgeltung

(1) **Der Anspruch auf Arbeitslosengeld ruht während der Zeit, für die der Arbeitslose Arbeitsentgelt erhält oder zu beanspruchen hat.**

(2) ¹**Hat der Arbeitslose wegen Beendigung des Arbeitsverhältnisses eine Urlaubsabgeltung erhalten oder zu beanspruchen, so ruht der Anspruch auf Arbeitslosengeld für die Zeit des abgegoltenen Urlaubs.** ²**Der Ruhenszeitraum beginnt mit dem Ende des die Urlaubsabgeltung begründenden Arbeitsverhältnisses.**

(3) ¹**Soweit der Arbeitslose die in den Absätzen 1 und 2 genannten Leistungen (Arbeitsentgelt im Sinne des § 115 des Zehnten Buches) tatsächlich nicht erhält, wird das Arbeitslosengeld auch für die Zeit geleistet, in der der Anspruch auf Arbeitslosengeld ruht.** ²**Hat der Arbeitgeber die in den Absätzen 1 und 2 genannten Leistungen trotz des Rechtsüber-**

gangs mit befreiender Wirkung an den Arbeitslosen oder an einen Dritten gezahlt, hat der Bezieher des Arbeitslosengeldes dieses insoweit zu erstatten.

A. Normzweck

1 § 143 **Abs. 1** schließt den Bezug von Alg aus, wenn das leistungsrechtliche Beschäftigungsverhältnis entfallen ist, es eines Entgeltersatzes aber nicht bedarf, da der Versicherte noch **Arbeitsentgelt erhält oder zu beanspruchen** hat (vgl. BSG 23. 1. 1997 – 7 RAr 72/94 – SozR 3–4100 § 117 Nr. 14 S. 99). Die Vorschrift will leistungsrechtlich den Doppelbezug von Arbeitsentgelt und Alg verhindern, wenn und solange zwar Beschäftigungslosigkeit, nicht aber ein Verdienstausfall eingetreten ist (BSG 23. 1. 1997 – 7 RAr 72/94 – aaO S. 100). Ohne die Regelung wäre der Bezug von Alg neben Entgelt möglich, da der Beginn der sozialrechtlichen Beschäftigungslosigkeit und die Beendigung des Arbeitsverhältnisses nur ausnahmsweise zeitlich übereinstimmen. § 143 **Abs. 2** erstreckt das Ruhen auf die Zeit einer Urlaubsabgeltung, die Surrogat des Urlaubsanspruchs ist (BSG aaO S. 99; BSG 26. 6. 1991 – 10 RAr 9/90 – SozR 3–4100 § 117 Nr. 4). Die Regelung betrifft damit aber das Ruhen des Alg für die Zeit nach dem Ende des Arbeitsverhältnisses.

2 § 143 **Abs. 3** sichert dem Arbeitlosen in Form einer Ausnahme den Anspruch auf Alg, für den Fall der Nichtzahlung zustehender Ansprüche durch den ArbG. Die sog. **Gleichwohlgewährung** kommt in Betracht, wenn dem Grunde nach das Alg ruht, wenn und solange die das Ruhen begründenden Ansprüche dem Arbeitslosen aber tatsächlich nicht aktuell zur Verfügung stehen. Die Regelung sichert den Arbeitslosen gegen den Ausfall von Entgelt ab (Voelzke in Spellbrink/Eicher, Handbuch AFRecht, § 12 Rn. 62), sein Bedarf an Entgeltersatz wird aktuell befriedigt. Die BA tritt für den ArbG in Vorleistung. Der AN erhält – insbesondere für die Dauer eines Kündigungsschutzprozesses – Entgeltersatzleistungen. Die Regelung entlastet den AN von dem finanziellen Prozessrisiko. Leistet die BA nach Abs. 3, gehen die Ansprüche des AN mit dem Risiko ihrer Durchsetzung auf die BA über. Die Abwicklung findet im Dreiecksverhältnis (§ 115 SGB X) statt.

B. Ruhen bei Arbeitsentgelt (Abs. 1)

I. Allgemein

3 Das Alg ruht (zum **Ruhen** vgl. § 142 Rn. 3 f.) für die Zeit, während der der Arbeitslose Arbeitsentgelt erhält oder zu beanspruchen hat. Die Anspruchsdauer wird durch den Eintritt dieses Ruhenstatbestands nicht gemindert (§ 128 Abs. 1; dazu *Voelzke* SGb 2007, 713), sondern auf spätere Zeiträume verschoben. Der Begriff des **Arbeitsentgelts** in § 143 Abs. 1 meint den aus dem Arbeitsverhältnis folgenden Anspruch auf Entgelt (§ 611 Abs. 1 BGB) als Gegenleistung für die erbrachte Arbeit. Dies ergibt sich einerseits in Abgrenzung zu § 143a Abs. 1, der das Ruhen wegen Leistungen betrifft, die nicht für Arbeit, sondern wegen der Beendigung des ArbV geleistet werden. Auch Abs. 3 iVm. § 115 SGB X weist auf das arbeitsrechtliche Entgelt als den für das Ruhen maßgeblichen Begriff hin (so auch *Voelzke* in Spellbrink/Eicher, Handbuch AFRecht, § 12 Rn. 143; *Düe* in Niesel/Brand, SGB III § 143 Rn. 9; auf das beitragsrechtliche Entgelt nach § 14 Abs. 1 SGB IV stellt dagegen ab: *Henke* in Eicher/Schlegel, SGB III § 143 Rn 45). Arbeitsentgelt sind sämtliche Vergütungsanteile (Lohn, Entgeltfortzahlung, Urlaubsentgelt, Zahlungsanspruch wegen Annahmeverzug des ArbG), die bis zur Beendigung des Arbeitsverhältnisses entstanden sind bzw. „verdient" werden (BSG 28. 11. 1996 – 7 RAr 56/96 – SozR 3–4100 § 117 Nr. 13).

4 Das Arbeitsentgelt bringt das Alg unter zwei Voraussetzungen zum Ruhen. Der Arbeitslose muss Arbeitsentgelt **erhalten,** das heißt es muss ihm tatsächlich zur Verfügung stehen. Ob auf das Arbeitsentgelt ein Anspruch bestand, ist bei dieser Alternative nicht erheblich. „Erhaltenes" Arbeitsentgelt sind auch Zahlungen, auf die gerade kein Anspruch bestand, die aber nach dem Willen der Beteiligten als solche geleistet und entgegengenommen worden sind (Sächsisches LSG 25. 3. 2003 – L 3 AL 214/02 ZVW).

5 Alg kommt – vorbehaltlich Abs. 3 – zum Ruhen, wenn der Arbeitslose Arbeitsentgelt zu **beanspruchen** hat. Das ist der Fall, wenn es während des Arbeitsverhältnisses „verdient" wurde, der Anspruch aber (noch) nicht erfüllt worden ist. Diese Alternative erfordert die Prüfung, ob arbeitsrechtlich ein Anspruch auf Entgelt besteht. Es handelt sich in der Regel um Zeiten eines bestehenden Arbeitsverhältnisses ohne tatsächliche Beschäftigung; z. B. Freistellung nach unwirksamer Kündigung oder Insolvenz des ArbG. Ein wesentlicher Anwendungsfall ist der Kündigungsschutzprozess. Während dessen Dauer ist der AN oft beschäftigungslos, kann aber wegen Annahmeverzugs des ArbG (§ 615 BGB) Anspruch auf Arbeitsentgelt haben. Besteht dagegen für bestimmte Zeiträume arbeitsrechtlich keine Vergütungspflicht, weil der AN nicht leistet (AU, unentschuldigtes Fehlen) oder der ArbG vom Entgeltrisiko frei wird (zB Streik, Aussperrung, Kurzarbeit, Saison-Kurzarbeit), kommt das Alg mangels Entgeltanspruch des AN nicht zum Ruhen (vgl. zur Kurzarbeit: Mutschler in NK-SGB III § 169 Rn. 27 f.). **Kein Arbeitsentgelt** sind Entlassungsentschädigungen, auch Abfindungen

nach §§ 1a, 9 und 10 KSchG (LSG Saarland 19. 1. 2007 – L 8 AL 44/04), Schadenersatzansprüche aus dem ArbV oder Entschädigungen für Wettbewerbsverbote (§ 74 Abs. 2 HGB); solche Zahlungen begründen daher kein Ruhen nach § 143 Abs. 1.

Das erhaltene oder zu beanspruchende Arbeitsentgelt muss sich mit dem möglichen Anspruch auf **6** Alg zeitlich überschneiden („während der Zeit, für"). Während der Kalendertage, für die Alg zu leisten wäre (§ 134 S. 1), muss der Anspruch auf Arbeitsentgelt bestehen, um das Ruhen des Alg zu begründen. Dies setzt voraus, dass das Arbeitsentgelt sich bestimmten Zeiträumen zuordnen lässt bzw. in bestimmten Zeiträumen verdient worden ist. Zahlungen bzw. Ansprüche, die sich bestimmten Zeiträumen nicht zuordnen lassen, bleiben daher außer Betracht.

II. Dispositionen über Entgeltansprüche

Ist der Zeitpunkt der Beendigung des ArbV streitig, so ist Alg nach § 143 Abs. 3 zu bewilligen. Die **7** Parteien des ArbV können über die streitigen Ansprüche Dispositionen treffen (ErfK/*Rolfs* SGB III § 143 Rn. 8). Legen sie den Zeitpunkt für die Beendigung des ArbV in einem gerichtlichen Vergleich oder einer außergerichtlichen Vereinbarung fest, können sie dadurch beeinflussen, ob vereinbarte Zahlungen als Arbeitsentgelt oder Entlassungsentschädigung zu behandeln sind. Dabei ist die Entlassungsentschädigung das steuer- und beitragsrechtlich sowie bei Einhaltung der ordentlichen Kündigungsfrist auch leistungsrechtlich (§ 143a Abs. 1 S. 1) günstigere Modell. Die AA hat solche privatrechtlich zulässigen Dispositionen hinzunehmen (BSG 14. 2. 1978 – 7 RAr 57/76 – BSGE 46, 20, 24; *Voelzke* in SGb 2007, 713). Eine Einschränkung ergibt sich demgegenüber – auch arbeitsrechtlich – für bereits entstandene und mit Beginn der Gleichwohlgewährung übergegangene Entgeltansprüche (BAG 17. 4. 1986 – 2 AZR 308/85 – PA Nr. 40 zu § 615 BGB). Hat der AN Arbeitsentgeltansprüche erlangt und für dieselbe Zeit Alg bezogen, ist er durch die Legalzession des § 115 SGB X gehindert, Verfügungen über den auf die BA übergegangenen Anspruch zu treffen. Lediglich über den das Alg überschreitenden „Spitzbetrag" und für die Zukunft sind in dieser Lage Dispositionen möglich (ErfK/*Rolfs* SGB III § 143 Rn. 9). Bei der Auslegung von Vergleichen oder Vereinbarungen über Entgeltansprüche kann sich deshalb ergeben, dass eine von den Arbeitsvertragsparteien als Abfindung bezeichnete Zahlung tatsächlich als Arbeitsentgelt anzusehen ist (LSG Saarland vom 19. 1. 2007 – L 8 AL 44/04; *Voelzke*, Rn. 3 aaO), das den Anspruch auf Alg nach § 143 Abs. 1 zum Ruhen bringt.

Insoweit ist eine Einzelfallprüfung geboten. Steht dem Arbeitnehmer zB kein Anspruch auf Arbeits- **8** entgelt zu, weil er infolge Arbeitsunfähigkeit seinen arbeitsvertraglichen Pflichten nicht nachkommen konnte und der Anspruch auf Entgeltfortzahlung erschöpft war, führt eine in einem arbeitsgerichtlichen Vergleich zuerkannte Zahlung nicht zum Ruhen des Alg, weil in der Abfindung kein (versteckter) Anteil an Arbeitsentgelt enthalten sein kann (LSG Saarland 19. 1. 2007 – L 8 AL 44/04 –).

III. Dauer des Ruhens

Hat der Arbeitslose Arbeitsentgelt erhalten oder zu beanspruchen, ruht der Anspruch auf Alg. Das **9** Ruhen erstreckt sich auf den **Zeitraum, für den** der Arbeitslose **Arbeitsentgelt erhalten oder zu beanspruchen** hat. Dies erfordert, dass das bezogene oder zu beanspruchende Arbeitsentgelt bestimmten Zeiträumen zugeordnet wird, in denen es erarbeitet worden ist. Diese Zeiträume müssen mit Zeiten, in denen einem Anspruch auf Alg dem Grunde nach besteht, kongruent sein (vgl. oben Rn. 6), sich also überschneiden (vgl. BSG 29. 10. 1986 – 7 RAr 48/85 – BSGE 61, 5, 7 = SozR 4100 § 117 Nr. 17). Der Ruhenszeitraum kann sich vom Ende der tatsächlichen Beschäftigung bis zur Beendigung des Arbeitsverhältnisses, für das noch Arbeitsentgelt zu zahlen ist, erstrecken (vgl. BSG aaO). Der Ruhenszeitraum wird auf die Anspruchsdauer nicht angerechnet, wohl aber der Zeitraum einer Gleichwohlgewährung nach Abs. 3.

C. Ruhen bei Urlaubsabgeltung (Abs. 2)

I. Allgemeines

Steht dem AN bei Beendigung des Arbeitsverhältnisses eine **Urlaubsabgeltung** zu, ruht Alg nach **10** § 143 Abs. 2 ebenfalls. Mit dem Begriff „Urlaubsabgeltung" in § 143 Abs. 2 wird auf den arbeitsrechtlichen Begriff Bezug genommen, wie er § 7 Abs. 4 BUrlG oder tariflichen Regelungen zugrunde liegt (BSG 21. 6. 2001 – B 7 AL 62/00 R – SozR 3–4100 § 117 Nr. 24 S. 172). Urlaubsabgeltung ist ein Surrogat (Ersatz) für einen wegen Beendigung des Arbeitsverhältnisses nicht mehr erfüllbaren Urlaubsanspruch (stRspr; BAG 19. 1. 1993 – 9 AZR 8/92 – AP Nr. 63 zu § 7 BUrlG Abgeltung). Sie hat einen Entschädigungscharakter (BSG 30. 5. 2006 – B 1 KR 26/05 R). Da arbeitsrechtlich das Gebot besteht, Urlaub in natura zu nehmen, kann ein Abgeltungsanspruch nur unter engen Voraussetzungen entstehen (vgl. zu „Befristung" und „Erfüllbarkeit" des Anspruchs auf Urlaubsabgeltung: ErfK/*Dörner* BUrlG § 7 Rn. 54f.; 57f.). Er entsteht zB nicht, wenn das zunächst durch Kündigung für beendet erklärte Arbeitsverhältnis später einvernehmlich fortgesetzt wird. Auch beim Übergang in die Freistellungsphase beim Blockmodell der Altersteilzeit entsteht ein Anspruch auf Urlaubsabgeltung nicht (BAG 15. 3. 2005 – 9 AZR 143/04 – AP BUrlG § 7 Nr. 31).

11 Da die Urlaubsabgeltung Zeiten des Urlaubs unter Bezugs von Arbeitsentgelt ersetzt, ordnet § 142 Abs. 2 auch für die Zeit des Bezugs von Urlaubsabgeltung an, dass diese den Bezug von Alg ausschließt. § 143 Abs. 2 stellt das Ruhen alternativ unter die Voraussetzung, dass der AN die Urlaubsabgeltung **erhalten** (oben Rn. 4) oder zu **beanspruchen** (oben Rn. 5) hat. Ist dem AN Urlaubsabgeltung tatsächlich gezahlt worden (erhalten), ist nicht zu prüfen, ob hierauf arbeitsrechtlich ein Anspruch bestanden hat. Wird Urlaubsabgeltung entgegen der arbeitsrechtlichen Rechtslage gezahlt, ist der Ruhenstatbestand des § 143 Abs. 2 S. 1 Alt. 1 erfüllt (zum früheren Recht: BSG 23. 1. 1997 – 7 RAr 72/94 – SozR 3–4100 § 117 Nr. 14 S. 97). Dagegen erfüllt die Zahlung ähnlicher Leistungen, wie zB Schadensersatz oder Entschädigung für erloschene Urlaubsansprüche, die Voraussetzungen des § 143 Abs. 2 nicht (BSG 21. 6. 2001 – B 7 AL 62/00 R – SozR 3–4100 § 117 Nr. 24 S. 172). Hat der AN keine Urlaubsabgeltung erhalten, ruht Alg nur, wenn– ausnahmsweise – arbeitsrechtlich ein Anspruch auf Urlaubsabgeltung besteht.

II. Berechnung des Ruhenszeitraums

12 Der Ruhenszeitraum beginnt nach § 143 Abs. 2 S. 2 mit dem Ende des die Abgeltung begründenden Arbeitsverhältnisses. Er läuft kalendermäßig ab (vgl. BSG 29. 10. 1986 – 7 RAr 48/85 = BSGE 61, 5, 9 = SozR 4100 § 117 Nr. 7; BSG vom 2. 11. 2000 – B 11 AL 25/00 R). Dies geschieht unabhängig davon, ob Alg beantragt wird oder nicht. Bei der Festlegung des Ruhenszeitraums sind die für das beendete Arbeitsverhältnis geltenden Regelungen (zB Fünf-Tage-Woche/Urlaub nach Werktagen) zu berücksichtigen (vgl. BSG 29. 3. 2001 – B 7 AL 14/00 R). D. h. die Berechnung des Ruhenszeitraums erfolgt bei einer Fünf-Tage-Woche unter Anrechnung der abgegoltenen Urlaubstage (nur) auf Arbeitstage (vgl. BSG 7. 2. 2002 – B 7 AL 28/01 R – Rn. 15). Es wird also geprüft, für welchen Zeitraum der AN ohne Abgeltung nach arbeitsrechtlichen Regelungen Urlaub erhalten hätte.

D. Gleichwohlgewährung (Abs. 3)

I. Leistung durch AA anstatt des ArbG (Satz 1)

13 § 143 Abs. 3 S. 1 verschafft dem Arbeitslosen einen Anspruch auf Alg, obwohl ein Ruhen nach § 143 Abs. 1, 2 dem Grunde nach gegeben sein könnte, wenn der Arbeitslose die das Ruhen auslösenden Leistungen, nämlich Arbeitsentgelt oder Urlaubsabgeltung, tatsächlich nicht erhält. Die Gleichwohlgewährung dient einem besonderen **Sicherungsbedürfnis** des Arbeitslosen (BSG aaO). Das nach allgemeinen Regeln bei ihm liegende Vollstreckungsrisiko wird durch § 143 Abs. 3 auf die BA übertragen und damit sozialisiert. § 143 Abs. 3 S. 2 verlagert die Anwicklung/Abrechnung der Ansprüche aus dem Arbeitsverhältnis auf das Verhältnis von AA und ArbG; das Leistungsverhältnis bleibt demgegenüber unberührt. Der Berechtigte wird ebenso wie die AA von der Prüfung befreit, ob ein Anspruch auf Arbeitsentgelt oder Urlaubsabgeltung noch besteht, denn Gleichwohlgewährung ist nicht nur zu leisten, wenn ein Anspruch nach § 143 Abs. 1, 2 sicher besteht, sondern auch, wenn dieser nur möglich erscheint. Sie wird auch für die Sonderfälle des Alg nach §§ 125, 126 erbracht (vgl. BSG vom 29. 3. 2001 – B 7 AL 14/00 R). Der Arbeitslose hat durch den Zeitpunkt der Meldung oder Antragstellung die Möglichkeit, zu **disponieren**, ob der sogleich Alg im Wege der Gleichwohlgewährung in Anspruch nimmt oder versucht, seine Ansprüche aus dem Arbeitsverhältnis durchzusetzen und – erst anschließend – Alg zu beantragen.

14 Für die Fälle, in denen der Arbeitslose aber **Arbeitsentgelt oder Urlaubsabgeltung bereits erhalten** hat, liegen die Voraussetzungen für eine Gleichwohlgewährung von Anfang an nicht vor. In diesen Fällen kommt eine **Rückabwicklung** der Gleichwohlgewährung nach § 45 SGB X, § 330 Abs. 2 in Betracht. Das nach § 143 Abs. 3 S. 1 gezahlte Alg ist zu erstatten (§ 50 Abs. 1 S. 1 SGB X, dazu BSG 3. 3. 1993 – 11 RAr 49/92 – BSGE 72, 111, 115 f. – SozR 3–4100 § 117 Nr. 9).

15 Leistet die AA nach § 143 Abs. 3, erhält der Arbeitslose „reguläres" Alg (BSG 24. 7. 1986 – 7 RAr 4/85 – SozR 4100 § 117 Nr. 16). Die Zahlung von Alg nach dieser Vorschrift beinhaltet eine endgültige Bewilligung der Leistung. Dies setzt zwingend voraus, dass ein Stammrecht auf Alg besteht. Daher sind auch die Rahmenfrist (§ 124) und die Elemente zur Berechnung von Anspruchsdauer und -höhe (§§ 127, 129) festgelegt. Das nach § 143 Abs. 3 gezahlte Alg bleibt eine rechtmäßig erbrachte Leistung (BSG 3. 12. 1998 – B 7 AL 34/98 R – SozR 3–4100 § 117 Nr. 17 S. 118), auch wenn Leistungen des ArbG nachträglich erbracht werden (BSG aaO S. 119; zur Beratungspflicht der AA vgl. unten Rn. 24). Eine Rückabwicklung des Leistungsverhältnisses findet nicht statt. Der Bezug von Alg im Wege der Gleichwohlgewährung hat nach diesen Grundsätzen die **Minderung der Anspruchsdauer** nach § 128 Abs. 1 Nr. 1 zur Folge. Beim Bemessungsentgelt kann insoweit eine Abweichung gelten, als nach § 131 Abs. 1 S. 2 (zB bei Zahlungsunfähigkeit) oder der kombinierten Anspruchs- und Zuflusstheorie auch nachträglich gezahltes Arbeitsentgelt in das Bemessungsentgelt einzubeziehen sein kann (vgl. § 131 Abs. 1 S. 2 Nr. 2; Erl. zu § 131 Rn. 8 f.).

Die **nachträgliche Zahlung** durch den ArbG ändert nichts an den bereits festliegenden Berechnungselementen wie Bemessungszeitraum und Leistungsentgelt (BSG aaO, S. 119). Eine nachträgliche Änderung der Anspruchsdauer durch Anrechnung des nachgezahlten Arbeitsentgelt ist nicht geboten (str; aA hM). Zwar hat das BSG zum früheren § 117 AFG bei Gleichwohlgewährung von Alg entschieden, es sei unbillig, wenn der Anspruch auf Alg um die Tage des Bezugs vermindert bleibe, auch wenn die Beklagte Ersatz für ihre Aufwendungen erlangt habe. In diesem Fall trete eine Minderung der Anspruchsdauer nicht ein (BSG 24. 7. 1986 – 7 RAr 4/85 – BSGE 60, 168, 173 f. = SozR 4100 § 117 Nr. 16). Dem ist nicht mehr zu folgen (wie hier LSG Berlin-Brandenburg 11. 3. 2009 – L 18 AL 141/08; **aA** zu § 143 a Abs. 4: BSG 29. 1. 2008 – B 7/7 a AL 58/06 R – SozR 4–4300 § 128 Nr. 2; auch LSG Niedersachsen-Bremen 3. 9. 2009 – L 12 AL 46/07; Winkler in Gagel, SGB III § 143 Rn. 84; Keller in NK-SGB III § 143 Rn. 51), denn § 143 Abs. 3 setzt voraus, dass ein Anspruch auf Alg zum Entstehen kommt. Abweichungen in den Rechtsfolgen werden bei einer Gleichwohlgewährung im Vergleich zur Zahlung von „normalem" Alg zu Recht abgelehnt (so jedenfalls für Rahmenfrist und Bemessungszeitraum: BSG 3. 12. 1998 – B 7 AL 34/98 R -SozR 3–4100 § 117 Nr. 17 S. 119). Deshalb führt auch die Durchsetzung des Anspruchs auf Arbeitsentgelt durch die AA gegenüber dem ArbG nicht zu einer (nachträglichen) Änderung der Anspruchsdauer oder anderer Umstände des entstandenen Stammrechts.

II. Anspruchsübergang

Liegen die Voraussetzungen für die Leistung von Alg nach § 143 Abs. 3 S. 1 vor, treten zwei Rechtsfolgen ein. Erstens wird Alg – unabhängig vom Ruhen des Anspruchs – geleistet (Rn. 13 f.), zweitens tritt ein gesetzlicher Anspruchsübergang gem. § 143 Abs. 3 S. 1 iVm. § 115 SGB X ein. Die Ansprüche des AN gegen den ArbG auf die in § 143 Abs. 1, 2 genannten Leistungen geht auf die BA über. Es handelt sich um einen gesetzlichen Forderungsübergang **(Legalzession)**, der nicht der Umsetzung durch VA, der Belehrung des Gläubigers oder Schuldners bedarf. Für das Rechtsverhältnis zwischen BA und ArbG gelten §§ 412, 399 f. BGB. Nach § 115 Abs. 1 SGB X geht der Anspruch nur in der Höhe auf die BA über („soweit"), in der sie kalendertäglich (§ 134 S. 1) Alg leistet. Ein möglicherweise darüber hinausgehender Anspruch auf Entgelt (Spitzbetrag) verbleibt in der Verfügungsbefugnis des AN. Die Ansprüche gehen zu dem Zeitpunkt auf die BA über, indem sie die Zahlung des Alg an den Arbeitslosen bewirkt hat. Alg ist gem. § 337 Abs. 2 geleistet, wenn es dem Arbeitslosen überwiesen, dh. auf dessen Konto gutgeschrieben ist.

Der Anspruchsübergang nach § 143 Abs. 3 S. 1 entfällt rückwirkend, wenn die AA die Bewilligung des Alg zurücknimmt oder aufhebt und in dem Umfang, wie die Rücknahme oder Aufhebung reicht (BSG 14. 9. 1990 – 7 RAr 128/89 – BSGE 67, 221, 226 = SozR 3–4100 § 117 Nr. 3). Das gilt auch dann, wenn die Aufhebung oder Rücknahme fehlerhaft erfolgt, zwischen AA und Arbeitslosen aber bestandkräftig (§ 77 SGG) wird (BSG, aaO).

III. Leistung an AN mit befreiender Wirkung (Satz 2)

§ 143 Abs. 3 verweist die BA für den Ausgleich der sogenannten Gleichwohlgewährung von Alg grundsätzlich auf die Geltendmachung der übergegangenen Arbeitsentgeltansprüche. Eine Ausnahme sieht § 143 Abs. 3 S. 2 für den Fall vor, dass der Arbeitgeber das Arbeitsentgelt mit befreiender Wirkung an den AN gezahlt hat und die AA deshalb die übergegangenen Ansprüche nicht mehr geltend machen kann. In den Fällen der rechtmäßigen Gleichwohlgewährung schließt § 143 Abs. 3 S. 1 eine Doppelleistung von Arbeitsentgelt und Alg durch den Rechtsübergang nach § 115 Abs. 1 SGB X oder andernfalls den Erstattungsanspruch nach § 143 Abs. 3 S. 2 aus.

Die Tatbestandsmerkmale „trotz des Rechtsübergangs mit befreiender Wirkung" verweisen auf die Regeln des Gutglaubensschutzes von Schuldnern abgetretener, übergeleiteter oder gesetzlich übergegangener Forderungen. Danach hat die Zahlung an den AN befreiende Wirkung für den ArbG, wenn er mangels Kenntnis des Rechtsübergangs nach § 115 Abs. 1 SGB X nicht an den richtigen Gläubiger (hier an den AN anstatt an die BA) gezahlt hat (§§ 412, 407 BGB). Der Erstattungsanspruch des § 143 Abs. 3 S. 2 setzt deshalb zunächst einen Rechtsübergang der arbeitsrechtlichen Ansprüche infolge Gleichwohlgewährung (§ 143 Abs. 3 S. 1, § 115 Abs. 1 SGB X) auf die BA voraus.

Der Arbeitgeber leistet trotz Legalzession nach §§ 412, 407 Abs. 1 BGB mit befreiender Wirkung, wenn er an den AN oder einen ihm als Forderungsinhaber bezeichneten Dritten zahlt, ohne den gesetzlichen Forderungsübergang nach § 115 SGB X zu kennen. § 407 Abs. 1 BGB ist eine Schuldnerschutzvorschrift. Der ArbG kann gegen den neuen Inhaber der Forderung, die Zahlung an den früheren Gläubiger einwenden, wenn und solange ihm der Übergang nicht bekannt ist. Das wird in der Praxis anzunehmen sein, wenn der ArbG nicht weiß oder meint ausschließen zu können, dass der arbeitslos gewordene AN Alg in Anspruch nimmt. In der Regel ist aber anzunehmen, dass der AN, wenn seine Ansprüche nicht erfüllt werden, Alg in Anspruch nimmt. Hat er aber zB in einem Rechtsstreit vor dem Arbeitsgericht geltend gemacht, kein Alg in Anspruch genommen zu haben, kommt eine befreiende Zahlung an den AN in Betracht.

22 Die BA kann auch – durch **Genehmigung** – bewirken (BGH 20. 3. 1986 – III ZR 236/84 – NJW 1986, 2104, 2106), dass der ArbG trotz des Rechtsübergangs der Ansprüche mit **befreiender Wirkung** an den Arbeitslosen zahlt. Sie kann, wenn der Arbeitslose durch Entgegennahme des übergegangenen Arbeitsentgeltanspruchs einen Vorteil erlangt, dessen Verfügung genehmigen, um die zivilrechtlichen Ansprüche gegen den Arbeitslosen zu erwerben. Die Rechtsprechung gewährt der BA ein **Wahlrecht** in der Auswahl des Schuldners. Weil der Empfänger Arbeitsentgelt und Arbeitslosengeld regelmäßig in der Kenntnis erhalten hat, dass ihm eine Doppelleistung nicht zusteht, setzt die nachträgliche Genehmigung der Zahlung des Arbeitsentgelts keinen Versuch der BA voraus, die übergegangene Forderung zunächst gegen den Arbeitgeber geltend zu machen (LSG Nordrhein-Westfalen 1. 10. 2009 – L 12 B 22/09 AL).

23 **Rechtsfolge** einer Leistung mit befreiender Wirkung ist das Entstehen eines **Erstattungsanspruchs gegen den Arbeitslosen** (§ 143 Abs. 3 S. 2; dazu auch LSG Hamburg 28. 8. 2009 – L 5 AL 84/06. LSG Nordrhein-Westfalen aaO). Gegenstand dieses Anspruchs ist – entgegen des möglicherweise irreführenden Wortlauts der Vorschrift – nicht die Rückgewähr von Alg, das der Arbeitslose rechtmäßig bezogen hat. Gegenstand dieses Erstattungsanspruchs ist die Herausgabe des erlangten Arbeitsentgelts, soweit dieses wegen der Zahlung von Alg auf die BA übergegangen ist und soweit der Arbeitgeber dieses trotz des Rechtsübergangs mit befreiender Wirkung an den Arbeitslosen gezahlt hat (BSG 3. 3. 1993 – 11 RAr 49/92 – BSGE 72, 111, 115 f. – SozR 3–4100 § 117 Nr. 9). In diesen Fällen greift – ungeachtet des bürgerlich-rechtlichen Anspruchs aus § 816 Abs. 2 BGB – der **spezifische öffentlich-rechtliche Erstattungsanspruch** des § 143 Abs. 3 S. 2 (vgl. zum insoweit gleichlautenden § 117 Abs. 4 AFG: BSG 14. 9. 1990 – 7 RAr 128/89 – BSGE 67, 221, 226 = SozR 3–4100 § 117 Nr. 3). Für die Bestimmung, auf welche **Forderung** der **ArbG zahlt,** ist § 366 BGB heranzuziehen (BSG 4. 11. 1999 – B 7 AL 72/98 R – BSGE 85, 116, 120 = SozR 3–4100 § 117 Nr. 19).

E. Herstellungsanspruch

24 Nach st. Rspr. kann eine gebotene aber unterbliebene Beratung des Arbeitslosen durch die AA einen sozialrechtlichen Herstellungsanspruch auslösen (vgl. zu den Voraussetzungen zusammenfassend: BSG 31. 10. 2007 – B 14/11b AS 63/06 R – SozR 4–1200 § 14 Nr. 10). In Bezug auf die Rechtsfolgen des § 143 hat das SG Berlin angenommen, die AA sei verpflichtet, Arbeitslose bei der persönlichen Arbeitslosmeldung auf die sozialrechtlichen Folgen einer **Nachzahlung von Arbeitsentgelt** – höherer Leistungsanspruch – hinzuweisen (SG Berlin 25. 8. 2006 – S 58 AL 1203/05 – unter Hinweis auf BSG 5. 9. 2006 – B 7 a AL 70/05 R). Da die Wirkung der Gleichwohlgewährung für den Arbeitslosen schwer verständlich sei, sei die AA bei Kenntnis von einem arbeitsgerichtlichen Verfahren gehalten, den Arbeitslosen spontan auf die Folgen für Dauer und Höhe des Anspruchs hinzuweisen und zu beraten.

25 Die Pflicht zur Spontanberatung wird aber nur **ausnahmsweise** anzunehmen sein, wenn für die AA offensichtlich ist, dass die Gleichwohlgewährung zu Nachteilen führen kann (BSG 5. 8. 1999 – B 7 AL 38/98 R – SozR 3–4300 § 128 Nr. 2). Der Gesetzgeber hat mit der Gleichwohlgewährung einem Schutzbedürfnis der Arbeitslosen Rechnung getragen. Die AA wird im Regelfall nicht davon ausgehen müssen, dass die Arbeitslosen vor den Folgen dieser Regelung zu warnen wären. Eine Beratungspflicht der AA ist insbes. nicht gegeben, wenn bei Antragstellung zB wegen Insolvenz des ArbG nicht zu erwarten ist, dass noch Arbeitsentgelt gezahlt wird, das zu einem günstigeren Bemessungsentgelt führen kann (Schleswig-Holsteinisches LSG 11. 2. 2005 – L 3 AL 89/04).

§ 143 a Ruhen des Anspruchs bei Entlassungsentschädigung

(1) ¹Hat der Arbeitslose wegen der Beendigung des Arbeitsverhältnisses eine Abfindung, Entschädigung oder ähnliche Leistung (Entlassungsentschädigung) erhalten oder zu beanspruchen und ist das Arbeitsverhältnis ohne Einhaltung einer der ordentlichen Kündigungsfrist des Arbeitgebers entsprechenden Frist beendet worden, so ruht der Anspruch auf Arbeitslosengeld von dem Ende des Arbeitsverhältnisses an bis zu dem Tage, an dem das Arbeitsverhältnis bei Einhaltung dieser Frist geendet hätte. ²Diese Frist beginnt mit der Kündigung, die der Beendigung des Arbeitsverhältnisses vorausgegangen ist, bei Fehlen einer solchen Kündigung mit dem Tage der Vereinbarung über die Beendigung des Arbeitsverhältnisses. ³Ist die ordentliche Kündigung des Arbeitsverhältnisses durch den Arbeitgeber ausgeschlossen, so gilt bei

1. zeitlich unbegrenztem Ausschluß eine Kündigungsfrist von 18 Monaten,
2. zeitlich begrenztem Ausschluß oder bei Vorliegen der Voraussetzungen für eine fristgebundene Kündigung aus wichtigem Grund die Kündigungsfrist, die ohne den Ausschluß der ordentlichen Kündigung maßgebend gewesen wäre.

⁴Kann dem Arbeitnehmer nur bei Zahlung einer Entlassungsentschädigung ordentlich gekündigt werden, so gilt eine Kündigungsfrist von einem Jahr. ⁵Hat der Arbeitslose auch eine Urlaubsabgeltung (§ 143 Abs. 2) erhalten oder zu beanspruchen, verlängert sich der Ruhenszeitraum nach Satz 1 um die Zeit des abgegoltenen Urlaubs. ⁶Leistungen, die der Arbeitgeber für den Arbeitslosen, dessen Arbeitsverhältnis frühestens mit Vollendung des 55. Lebensjahres beendet wird, unmittelbar für dessen Rentenversicherung nach § 187a Abs. 1 des Sechsten Buches aufwendet, bleiben unberücksichtigt. ⁷Satz 6 gilt entsprechend für Beiträge des Arbeitgebers zu einer berufsständischen Versorgungseinrichtung.

(2) ¹Der Anspruch auf Arbeitslosengeld ruht nach Absatz 1 längstens ein Jahr. ²Er ruht nicht über den Tag hinaus,

1. bis zu dem der Arbeitslose bei Weiterzahlung des während der letzten Beschäftigungszeit kalendertäglich verdienten Arbeitsentgelts einen Betrag in Höhe von sechzig Prozent der nach Absatz 1 zu berücksichtigenden Entlassungsentschädigung als Arbeitsentgelt verdient hätte,
2. an dem das Arbeitsverhältnis infolge einer Befristung, die unabhängig von der Vereinbarung über die Beendigung des Arbeitsverhältnisses bestanden hat, geendet hätte oder
3. an dem der Arbeitgeber das Arbeitsverhältnis aus wichtigem Grunde ohne Einhaltung einer Kündigungsfrist hätte kündigen können.

³Der nach Satz 2 Nr. 1 zu berücksichtigende Anteil der Entlassungsentschädigung vermindert sich sowohl für je fünf Jahre des Arbeitsverhältnisses in demselben Betrieb oder Unternehmen als auch für je fünf Lebensjahre nach Vollendung des fünfunddreißigsten Lebensjahres um je fünf Prozent; er beträgt nicht weniger als fünfundzwanzig Prozent der nach Absatz 1 zu berücksichtigenden Entlassungsentschädigung. ⁴Letzte Beschäftigungszeit sind die am Tag des Ausscheidens aus dem Beschäftigungsverhältnis abgerechneten Entgeltabrechnungszeiträume der letzten zwölf Monate; § 130 Abs. 2 Satz 1 Nr. 3 und Abs. 3 gilt entsprechend. ⁵Arbeitsentgeltkürzungen infolge von Krankheit, Kurzarbeit, Arbeitsausfall oder Arbeitsversäumnis bleiben außer Betracht.

(3) Hat der Arbeitslose wegen Beendigung des Beschäftigungsverhältnisses unter Aufrechterhaltung des Arbeitsverhältnisses eine Entlassungsentschädigung erhalten oder zu beanspruchen, gelten die Absätze 1 und 2 entsprechend.

(4) ¹Soweit der Arbeitslose die Entlassungsentschädigung (Arbeitsentgelt im Sinne des § 115 des Zehnten Buches) tatsächlich nicht erhält, wird das Arbeitslosengeld auch für die Zeit geleistet, in der der Anspruch auf Arbeitslosengeld ruht. ²Hat der Verpflichtete die Entlassungsentschädigung trotz des Rechtsübergangs mit befreiender Wirkung an den Arbeitslosen oder an einen Dritten gezahlt, hat der Bezieher des Arbeitslosengeldes dieses insoweit zu erstatten.

Übersicht

	Rn.
A. Allgemeines	1
I. Normzweck	1
II. Verfassungsrechtliche Fragen	4
B. Ruhen bei Entlassungsentschädigung (Abs. 1 und 2)	5
I. Entlassungsentschädigung	5
II. Ausnahme: Aufwendungen für GRV oder ber. Altersversorgung	9
III. Arten der Beendigung des Arbeitsverhältnisses	10
C. Beendigung ohne Einhaltung der ordentlichen Kündigungsfrist	12
D. Maßgebliche Fristen bei Ausschluss der ordentlichen Kündigung	14
I. Unbegrenzter Ausschluss (Nr. 1)	15
II. Begrenzter Ausschluss (Nr. 2 Alt. 1)	17
III. Außerordentliche Kündigung mit soz. Auslauffrist (Nr. 2 Alt. 2)	18
IV. Ordentliche Kündigung gegen Entschädigung möglich (S. 4)	20
E. Beginn und Dauer der Ruhenszeit	22
I. Beginn	22
II. Dauer des Ruhens	23
1. Regelfall	23
2. Ausschluss der ord. Kündigung	24
III. Begrenzung des Ruhenszeitraums (Abs. 2)	26
1. Jahresfrist	26
2. Freibeträge	27
3. Befristung	29
4. Recht zur Kündigung aus wichtigem Grund (§ 143a Abs. 2 S. 2 Nr. 3)	30
IV. Verlängerung bei Zusammentreffen mit Urlaubsabgeltung (Abs. 1 S. 5)	32
F. Entschädigung bei Fortführung des ArbV	33
G. Gleichwohlgewährung (Abs. 4)	34

A. Allgemeines

I. Normzweck

1 § 143a ordnet im Achten Abschnitt der Regelungen zum Alg das Ruhen des Anspruchs auch an, wenn das Arbeitsverhältnis „vorzeitig", dh. ohne Einhaltung der ordentlichen Kündigungsfrist des ArbG, gegen Zahlung einer Entlassungsentschädigung beendet wird. Damit wird der **Zweck der Regelung** deutlich, Alg soll als subsidiäre Versicherungsleistung (§§ 4,5) das entgangene Entgelt aus Beschäftigung nicht ersetzen, wenn und solange der Arbeitslose seinen Lebensunterhalt aus der Entschädigung für Lohnausfall bestreiten kann. Die Vorschrift will damit den Doppelbezug von Arbeitsentgelt und Alg zu verhindern, sie soll zugleich Manipulationen zur Umgehung dieses Zwecks erschweren (BSG 5. 2. 1998 – B 11 AL 65/97 R – SozR 3–4100 § 117 Nr. 15 m. w. N.). Die Gefahr von Manipulationen besteht nach Meinung des BSG, wenn die vorzeitige Beendigung des ArbV gegen Zahlung von Entschädigungen ermöglicht würde, obwohl die ordentliche Kündigungsfrist bzw. bei Ausschluss derselben die außerordentliche Kündigung mit sozialer Auslauffrist nicht eingehalten würde, und der Arbeitnehmer dennoch Alg und zudem die Entschädigung erlangen könnte.

2 Während § 143 Zahlungen betrifft, die bis zum Ende des Arbeitsverhältnisses geleistet werden, ordnet § 143a das Ruhen des Alg wegen Zahlungen an, die für die Zeit **nach dem Ende des ArbV** fließen. Unter den Voraussetzungen des § 143a Abs. 1 S. 1 wird unwiderleglich vermutet (noch zu § 117 AFG: BSG 3. 3. 1993 – 11 RAr 49/92 – BSGE 72, 111f. = SozR 3–4100 § 117 Nr. 9), dass der AN sich den Kündigungsschutz gegen Zahlung der Entschädigung hat „abkaufen" lassen. Nach der Typisierung des Gesetzgebers steckt in jeder Entlassungsentschädigung in dem durch § 143a Abs. 2 bestimmten Umfang eine Entschädigung für Entgeltausfall. Dennoch handelt es sich bei der Entschädigung **nicht** um **beitragspflichtiges** Arbeitsentgelt (BSG 21. 2. 1990 – 12 RK 20/88 – BSGE 66, 219 = SozR 3–2400 § 14 Nr. 2).

3 **Abs. 1** gibt die **Legaldefinition** des Begriffs Entlassungsentschädigung. Die Vorschrift ordnet das Ruhen des Alg bei Bezug einer Entlassungsentschädigung an, wenn das Arbeitsverhältnis vorzeitig beendet worden ist. Für Fälle mit unkündbaren AN benennt die Vorschrift die ersatzweise heranzuziehenden Fristen. **Abs. 2** bestimmt die Dauer des Ruhens, indem in Abhängigkeit von Lebensalter und Betriebszugehörigkeit Teile der Entschädigung pauschal für anrechenbar erklärt werden. **Abs. 3** erklärt die Regelungen der Abs. 1, 2 für entsprechend anwendbar, wenn der Arbeitsvertrag trotz Entschädigungszahlung aufrechterhalten bleibt. **Abs. 4** regelt die Gleichwohlgewährung des Alg; die Vorschrift entspricht in ihrer Ausgestaltung dem § 143 Abs. 4.

II. Verfassungsrechtliche Fragen

4 § 143a begegnet keinen verfassungsrechtlichen Bedenken. Insbesondere ist Art. 3 Abs. 1 GG nicht verletzt, wenn bei einem nicht mehr ordentlich kündbaren Arbeitnehmer die ordentliche Kündigung unter Zahlung einer Abfindung wie eine „vorzeitige" Beendigung des Arbeitsverhältnisses behandelt wird, selbst wenn die ohne den Ausschluss geltende arbeitsrechtliche Kündigungsfrist gewahrt worden ist (BVerfG – Kammer – 14. 12. 1988 – 1 BvR 1011/81 – SozR 4100 § 117 AFG Nr. 8; BSG 5. 2. 1998 – B 11 AL 65/97 R – SozR 3–4100 § 117 Nr. 15 unter Aufgabe von BSG 16. 10. 1991 – 11 RAr 119/90 – BSGE 69, 268, 270f. = SozR 3–4100 § 145 Nr. 3; BSG 9. 2. 2006 – B 7a AL 44/05 R – BSGE 96, 64, 69 = SozR 4–4300 § 143a Nr. 1; BSG 17. 10. 2007 – B 11a AL 51/06 R – BSGE 99, 154 = SozR 4–4300 § 144 Nr 17 jew Rn. 17 verneint auch eine Verletzung der Gleichbehandlungsrichtlinie der Europäischen Union).

B. Ruhen bei Entlassungsentschädigung (Abs. 1 und 2)

I. Entlassungsentschädigung

5 Das Ruhen (zu Voraussetzung und Folge des Ruhens vgl. § 142 Rn. 3f.) des Anspruchs auf Alg nach § 143a Abs. 1 S. 1 setzt voraus, dass der Arbeitslose wegen der Beendigung des Arbeitsverhältnisses eine Abfindung, Entschädigung oder ähnliche Leistung (Entlassungsentschädigung) erhalten oder zu beanspruchen hat. Nach dem Wortlaut der Vorschrift ist der Begriff der Entlassungsentschädigung **weit gefasst.** Darunter fallen neben den arbeitsrechtlichen Abfindungen (zB §§ 9, 10 KSchG) auch „Entschädigungen" und ähnliche Leistungen. Entschädigungen sind zB Schadensersatzansprüche, wie sie AN nach § 628 Abs. 2 BGB wegen Verdienstausfalls nach vertragswidriger Arbeitgeberkündigung erlangen können. Eine ähnliche Leistung wäre zB ein Forderungsverzicht durch den ArbG (Verzicht auf Darlehensrückzahlung), die Gewährung von Versicherungsleistungen oder Sachbezügen (zB verbilligte Dienstwohnung).

6 Mit der weiten Legaldefinition des Begriffs Entlassungsentschädigung soll sichergestellt werden, dass alle im Zusammenhang mit einem vorzeitigen Ausscheiden aus einem ArbV gewährten Zuwendun-

gen unabhängig von ihrer Bezeichnung erfasst werden (BSG 14. 3. 1996 – 7 RAr 24/95). Insbesondere werden auch Zahlungen erfasst, die aufgrund eines **Sozialplans** (BSG 9. 2. 2006 – B 7a AL 44/05 R – BSGE 96, 64f. = SozR 4–4300 § 143a Nr. 1) oder sonst aus sozialen Gründen gewährt werden. Der Anspruch auf Alg ruht nach § 143a unabhängig davon, ob der Arbeitslose die Leistung tatsächlich **erhalten** (vgl. § 143 Rn. 4) oder nur zu **beanspruchen** hat (§ 143a Abs. 4, vgl. auch § 143 Rn. 5). Entlassungsentschädigungen werden meist als Einmalzahlung geleistet, § 143a erfasst aber auch andere Arten Leistungen wie zB Darlehen – (BSG 3. 3. 1993 – 11 RAr 57/92 – SozR 3–4100 § 117 Nr. 10) oder der Rentenzahlungen, die ggf. zu kapitalisieren sind (BSG 9. 11. 1995 – 11 RAr 27/95 – SozR 3–4100 § 119 Nr. 9 S. 44).

Anstelle einer begrifflichen Eingrenzung, die ggf. zu Umgehungen anreizen könnte (vgl. *Hümmerich*, NZA 1994, 200, 204) wird vom BSG der Begriff der Entlassungsentschädigung danach abgegrenzt, ob die Leistung „wegen der Beendigung des Arbeitsverhältnisses" gewährt wird. Das ist anzunehmen, wenn zwischen der Beendigung des ArbV und der Zahlung der Entschädigung **ein ursächlicher Zusammenhang** besteht (BSG 3. 3. 1993 – 11 RAr 49/92 – BSGE 72, 111f. = SozR 3–4100 § 117 Nr. 9). Ein Kausalzusammenhang kann bestehen, auch wenn die Zahlung nicht zeitgleich mit der Beendigung des ArbV fällig wird. Dagegen kommt es nicht auf die Kausalität zwischen der **Vorzeitigkeit** der Beendigung und der Entschädigungsleistung an (*Siefert* in NK-SGB III § 143a Rn. 23 m. w. N.). Im Rahmen des § 143a Abs. 1 S. 4, also bei Zahlung einer Entschädigung trotz Fortsetzung des ArbV, hat das Kausalitätserfordernis eine andere Bedeutung. 7

Mangels Kausalität zwischen der Beendigung des ArbV und der Entschädigung begründen solche Zahlungen das Ruhen nach § 143a nicht, die lediglich als Abfindung bezeichnet sind, tatsächlich aber **rückständiges Arbeitsentgelt** enthalten (vgl. dazu § 143 Rn. 7 m. w. N.) und für die ggf. auch Beiträge zu entrichten sind (BSG vom 21. 2. 1990 – 12 RK 20/88 – BSGE 66, 219 = SozR 3–2400 § 14 Nr. 2). Das gilt entsprechend für andere während des ArbV erworbenen Ansprüche (Tantiemen, Prämien, Provisionen; vgl. auch Düe in Niesel/Brand, SGB III § 143a Rn. 14). Die Arbeitsvertragsparteien haben insoweit allerdings einen Spielraum für Dispositionen (vgl. § 143 Rn 7f.; *Werner* in jurisPK-SGB IV § 14 Rn. 89). 8

II. Ausnahme: Aufwendungen für die GRV oder ber. Altersversorgung

§ 143a Abs. 1 S. 6 und 7 enthalten spezialgesetzliche Ausnahmen vom Grundsatz des Ruhens wegen Entlassungsentschädigung. Danach bleiben Zuwendungen, die ein AN für die ges. Rentenversicherung (S. 6) oder die betr. Altersversorgung oder eine berufsständische Versorgungseinrichtung (S. 7) erhält, unter drei Voraussetzungen bei Entlassungsentschädigungen unberücksichtigt. Das ArbV darf (1) nicht vor Erreichen des 55. Lebensjahrs beendet werden, (2) die Leistung muss vom ArbG ohne Einschaltung des AN direkt an den RVT oder Träger der BetrAV gezahlt werden und (3) dem Zweck des Ausgleichs der vorzeitigen Inanspruchnahme einer Altersrente (§ 187a Abs. 1 SGB VI) dienen. Mit dieser Ausnahmeregelung werden also Zahlungen begünstigt, die ein ArbG als Beitrag zur sozialen Alterssicherung des AN leistet. 9

III. Arten der Beendigung des Arbeitsverhältnisses

§ 143a knüpft das Ruhen des Alg an die Beendigung des Arbeitsverhältnisses. Der **Rechtsgrund** für die Beendigung des ArbV (Kündigung, Befristung, Aufhebungsvereinbarung, Vergleich, gerichtliche Auflösung des ArbV) ist **unerheblich**. Insbesondere führen bei vorzeitiger Beendigung des ArbV auch Abwicklungsverträge (BSG 9. 11. 1995 – 11 RAr 27/95 – SozR 3–4100 § 119 Nr. 9 S. 41) oder die Verkürzung eines befristeten Arbeitsverhältnisses zum Ruhen des Alg (§ 143a Abs. 2 S. 1 Nr. 2). Die Frage, wer die Beendigung des ArbV initiiert oder veranlasst hat, ist für die Anwendung des § 143a unerheblich. 10

In der Rspr. des BSG ist geklärt, dass auch die Auflösung des ArbV durch arbeitsgerichtliche Entscheidung (§§ 9, 10 KSchG) bei vorzeitiger Beendigung zum Ruhen des Alg führt (BSG 28. 11. 1996 – 7 RAr 56/96 – SozR 3–4100 § 117 Nr. 13). Höchstrichterlich noch nicht beantwortet ist, ob auch eine Auflösung des ArbV nach **§ 1a KSchG** zum Ruhen des Alg führt. Gegen ein Ruhen in diesen Fällen wird angeführt, § 1a KSchG diene der Entlastung der Arbeitsgerichte und diese dürfe nicht durch eine Verlagerung der arbeitsrechtlichen Prüfung auf die Sozialgerichte erkauft werden (*Peters-Lange/Gagel* in NZA 2005, 740, 742). Allerdings wird die Regelung des § 143a durch § 1a KSchG nicht modifiziert. Arbeitsförderungsrechtlich besteht daher kein Grund, eine Auflösung des ArbV nach § 1a KSchG – soweit sie vorzeitig erfolgt – gegenüber anderen Beendigungsarten zu privilegieren (wie hier: *Siefert* in NK-SGB III § 143a Rn. 20; *Henke* in Eicher/Schlegel SGB III § 143a Rn. 66; *Valgolio* in Hauck SGB III § 143a Rn. 19; aA *Voelzke*, SGb 2007, 713, 717; *Peters-Lange/Gagel*, aaO). 11

C. Beendigung ohne Einhaltung der ordentlichen Kündigungsfrist

§ 143a Abs. 1 S. 1 führt nur zum Ruhen des Alg, wenn das ArbV **vorzeitig** beendet wird. Die Bezugnahme auf die ordentliche Kündigungsfrist oder die ersatzweise geltenden Fristen ist – außer- 12 halb einer Arbeitgeberkündigung – der fiktiv auf seine Einhaltung zu prüfende Zeitraum. Für den Regelfall des ordentlich kündbaren Arbeitsverhältnisses setzt § 143 a Abs. 1 S. 1 voraus, dass die Frist für die ordentliche Arbeitgeberkündigung nicht eingehalten worden ist. Damit ist im Fall der Beendigung des ArbV zunächst zu prüfen, welche ord. K.-Frist des ArbG für die Beendigung des ArbV im Einzelfall maßgeblich gewesen ist. Die ordentliche Kündigungsfrist kann sich aus Gesetz (§ 622 BGB, § 113 InsO), Tarifvertrag (§ 622 Abs. 4 BGB) oder Einzelarbeitsvertrag (§ 622 Abs. 5 BGB) ergeben. Die Kündigungsfrist des ArbG ist auch maßgeblich, wenn diejenige des AN kürzer ist (BSG 3. 3. 1993 – 11 RAr 57/92 – SozR 3–4100 § 117 Nr. 10). Es kommt auf die arbeitsrechtlich richtige Kündigungsfrist an. Fehlvorstellungen der Parteien des ArbV über die Dauer der Kündigungsfrist stehen der Anwendung des § 143 a nicht entgegen (BSG 25. 10. 1989 – 7 RAr 108/88 – SozR 4100 § 117 Nr. 26).

13   § 143 a Abs. 1 S. 1 setzt voraus **Vergleich von Zeiträumen** voraus. Ausgangspunkt der Festlegung der zu vergleichenden Zeiträume ist der Zeitpunkt, zu dem die Beendigung des ArbV tatsächlich erfolgt ist (§ 143 Abs. 1 S. 2), sei es durch Kündigung oder einen anderen Beendigungstatbestand. Hiervon ausgehend sind die Zeiträume zu bestimmen, zu denen erstens das ArbV rechtswirksam geendet hat, und es zweitens bei Einhaltung der ordentlichen Kündigungsfrist des ArbG geendet hätte. Ist der Zeitraum vom Tag der Beendigungserklärung bis zur wirksamen Beendigung des ArbV kürzer als der Zeitraum, bis zu dem der ArbG es frühestens durch ordentliche ArbG-Kündigung hätte beenden können, liegt eine vorzeitige Beendigung iSd. § 143 a Abs. 1 S. 1 vor.

D. Maßgebliche Fristen bei Ausschluss der ordentlichen Kündigung

14   § 143 a Abs. 1 S. 3 erstreckt die Ruhensregelung auf die Fälle, in denen das ArbV beendet wird, obwohl dessen ordentliche Kündigung durch den Arbeitgeber ausgeschlossen ist. Da eine ordentliche Kündigung des ArbG nicht zulässig ist, bedarf es, wenn das ArbV dennoch gegen Zahlung einer Entschädigung gelöst wird, der Bestimmung der für die Anrechnung der Entschädigung maßgeblichen Fristen. Dabei differenziert die gesetzliche Regelung **drei Fallgruppen** und ordnet diesen unterschiedliche Fristen zu, die vor Beendigung des ArbV einzuhalten sind, bzw. die, wenn sie nicht eingehalten sind, zum Ruhen des Alg führen. Die Dauer dieser fiktiven gesetzlichen Fristen sind nach dem erreichten Kündigungsstatus gestaffelt. Sie geben einen Maßstab dafür, in welchen dieser Fälle der Gesetzgeber typisierend eine „vorzeitige" Beendigung des ArbV annimmt (BSG 29. 1. 2001 – B 7 AL 62/99 R – SozR 3–4100 § 117 Nr. 22 S. 154).

I. Unbegrenzter Ausschluss (Nr. 1)

15   Ist die **ordentliche Kündigung** für den Arbeitgeber durch gesetzliche Regelung, Tarifvertrag, oder einzelvertraglich – also arbeitsrechtlich verbindlich – **dauerhaft ausgeschlossen**, gilt eine fiktive Kündigungsfrist von 18 Monaten (§ 143 a Abs. 1 S. 3 Nr. 1). Nur wenn zwischen dem Tag der Kündigung oder dem Abschluss einer Vereinbarung und der tatsächlichen Beendigung des ArbV 18 Monate liegen, wird eine Entlassungsentschädigung nicht angerechnet.

16   Ist die ordentlichen Kündigung dauerhaft ausgeschlossen, kann eine außerordentliche Kündigung **ausnahmsweise** dennoch unter Einhaltung der (fiktiven) ordentlichen Kündigungsfrist **zulässig** sein, wenn (1) der Arbeitsplatz des AN weggefallen ist und der ArbG den AN unter Einsatz aller zumutbaren Mittel, ggf. durch Umorganisation seines Betriebes, nicht weiterbeschäftigen kann (vgl. BAG vom 5. 2. 1998 – 2 AZR 227/97 – BAGE 88, 10 f. = AP Nr. 143 zu § 626 BGB) oder wenn (2) eine Krankheit eines AN dem ArbG bei zu erwartenden weiteren erheblichen krankheitsbedingten Störungen die Fortsetzung des Arbeitsverhältnisses unzumutbar macht (vgl. BAG 18. 10. 2000 – 2 AZR 627/99; BAG 27. 3. 2003 – 2 AZR 601/02; BAG 12. 1. 2006 – 2 AZR 242/05). In solchen Fällen müssen AA und ggf. die Sozialgerichte prüfen, ob die Voraussetzungen einer außerordentlichen Kündigung mit sozialer Auslauffrist vorliegen. Wenn dies zu bejahen ist, liegt kein Fall des § 143 a Abs. 1 S. 3 Nr. 1, sondern ein solcher der Nr. 2 Alt. 2 vor (vgl. auch Schleswig-Holsteinisches LSG 2. 3. 2010 – L 3 AL 58/08).

II. Begrenzter Ausschluss (Nr. 2 Alt. 1)

17   Ist die ordentliche Kündigung **zeitlich befristet** ausgeschlossen, so gilt – arbeitsförderungsrechtlich – die Kündigungsfrist, die ohne den Ausschluss der ordentlichen Kündigung gelten würde (§ 143 a Abs. 1 S. 3 Nr. 2 Alt. 1). Als Fälle eines befristeten Ausschlusses der ordentlichen Kündigung werden gesetzliche Kündigungsverbote angesehen, die an persönlichen Eigenschaften oder Voraussetzungen anknüpfen, wie der Kündigungsausschluss während Mutterschutz (§ 9 MuSchG), Elternzeit (§ 18 BEEG), betriebsverfassungsrechtliche Kündigungsverbote für Kandidaten, Mandatsträger und Wahlvorstände (§ 15 KSchG), Zustimmungserfordernisse bei behinderten Menschen (§ 85 SGB XI). Kein Fall des § 143 a Abs. 1 S. 3 Nr. 2 Alt. 1 ist allerdings der Kündigungsausschluss infolge Befristung (§ 620 Abs. 1 BGB, dazu BSG 12. 12. 1984 – 7 RAr 87/83 – SozR 4100 § 117 Nr. 13).

III. Außerordentliche Kündigung mit soz. Auslauffrist (Nr. 2 Alt. 2)

Für die Fälle, in denen ausnahmsweise trotz Ausschluss einer ordentlichen Kündigung eine außerordentliche Kündigung mit sozialer Auslauffrist zulässig ist (vgl. oben Rn. 16) gilt wie im Fall der Nr. 1 die Kündigungsfrist, die ohne Ausschluss der ordentlichen Kündigung gelten würde. Ein Fall der ao. Kündigung mit sozialer Auslauffrist ist die **Betriebsstilllegung**, da sie zum Wegfall aller Arbeitsplätze führt. Bei einer Teilbetriebsstilllegung kommt die fristgebundene Kündigung aus wichtigem Grund wegen ihres Charakters als Ausnahmeregelung nur in Betracht, wenn die Weiterbeschäftigung des betroffenen Arbeitnehmers in einem anderen Betriebsteil nicht möglich oder nicht zumutbar ist (Henke in Eicher/Schlegel, SGB III, § 143a Rn. 122; zu weiteren Fällen der ao. Kündigung mit Auslauffrist siehe Rn. 16). 18

Treffen die **Voraussetzungen** einer außerordentlichen Kündigung mit sozialer Auslauffrist (**§ 143a Abs. 1 S. 3 Nr. 2**) **und** ein Fall, in dem die ordentliche Kündigung (wieder) eröffnet wird, wenn eine Abfindung gezahlt wird (**§ 143a Abs. 1 S. 4**), **zusammen**, so geht nach der Rspr. des BSG § 143a Abs. 1 S. 3 Nr. 2 vor. In diesen Fällen ist es aus verfassungsrechtlichen Gründen nicht hinzunehmen (BSG 29. 1. 2001 – B 7 AL 62/99 R = BSGE 87, 250, 259 f. = SozR 3–4100 § 117 Nr. 22), die fiktive Kündigungsfrist von einem Jahr (§ 143a Abs. 1 S. 4) anzuwenden, wenn für den ArbG gleichzeitig die Möglichkeit bestanden hätte, den betroffenen Arbeitnehmer außerordentlich mit einer früher endenden sozialen Auslauffrist zu kündigen. Hier gilt die ohne einen Ausschluss anzuwendende ordentliche Kündigungsfrist. Der Anspruch auf Alg ruht nicht, wenn die maßgebliche Frist eingehalten worden ist (BSG 9. 2. 2006 – B 7a AL 44/05 R – BSGE 96, 64 = SozR 4–4300 § 143a Nr. 1). Die einjährige Kündigungsfrist des § 143a Abs. 1 S. 4 ist auf die Dauer der ordentlichen Kündigungsfrist des ArbG zu reduzieren, wenn ohne die Möglichkeit der ordentlichen Kündigung jedenfalls die Voraussetzungen für eine fristgebundene Kündigung aus wichtigem Grund vorgelegen hätten (schon BSG 29. 1. 2001 – B 7 AL 62/99 R – BSGE 87, 250 = SozR 3–4100 § 117 Nr. 22). 19

IV. Ordentliche Kündigung gegen Entschädigung möglich (S. 4)

Nach § 143a Abs. 1 S. 4 gilt eine fiktive Kündigungsfrist von einem Jahr, wenn einem AN nur bei Zahlung einer Entlassungsentschädigung ordentlich gekündigt werden kann. Die Regelung erfasst die Fälle, in denen ein Tarifvertrag die **ordentliche Kündigung von** im Übrigen **unkündbaren AN** gegen Abfindung, insbesondere bei Vorliegen eines Sozialplans oder im Falle einer Betriebsänderung (§ 111 BetrVG), eröffnet (BSG 9. 2. 2006 – B 7a AL 44/05 R – BSGE 96, 64, 67 = SozR 4–4300 § 143a Nr. 1; BSG 24. 5. 2006 – B 11a AL 21/05 R). Die Tarifvertragsparteien können die tarifliche Unkündbarkeit eines AN auch durch Firmentarifvertrag wirksam beseitigen. In diesen Fällen greift § 143a Abs. 1 S. 4 ein, wenn dem AN bei Zahlung einer Entlassungsentschädigung gekündigt werden kann. Die nur abstrakte Möglichkeit zur Kündigung ohne Abfindung bzw. Sozialplan schließt die Anwendbarkeit der Vorschrift nicht aus (BSG 29. 1. 2001 – B 7 AL 62/99 R – BSGE 87, 250, 258 = SozR 3–4100 § 117 Nr. 22). 20

Das BSG hat bereits im Einzelnen begründet, dass es aus verfassungsrechtlichen Gründen nicht möglich ist, die fiktive Kündigungsfrist von einem Jahr nach § 143a Abs. 1 S. 4 anzuwenden, wenn gleichzeitig die Möglichkeit bestanden hätte, den betroffenen AN früher außerordentlich mit sozialer Auslauffrist zu kündigen (vgl. oben Rn 19, BSG 29. 1. 2001 – B 7 AL 62/99 R – BSGE 87, 250, 254 = SozR 3–4100 § 117 Nr. 22; BSG 9. 2. 2006 – B 7a AL 44/05 R – BSGE 96, 64 f. = SozR 4–4300 § 143a Nr. 1). 21

E. Beginn und Dauer der Ruhenszeit

I. Beginn

Sowohl nach Nichteinhaltung der ordentlichen Kündigungsfrist nach § 143a Abs. 1 S. 1 als auch bei Anwendung der fiktiven Fristen nach § 143a Abs. 1 S. 3, 4 ruht der Anspruch auf Alg **von dem Ende des Arbeitsverhältnisses an** (§ 143a Abs. 1 S. 1). Die fiktiv zu berechnende ordentliche Kündigungsfrist, die bei Beendigung des ArbV gerade nicht beachtet worden ist, wird nach § 143a Abs. 1 S. 2 berechnet. Sie beginnt mit dem Tag des Zugangs der Kündigung (Alt. 1). Fehlt es an einer solchen, so ist die ordentliche Kündigungsfrist von dem Tag an zu berechnen, an dem eine entsprechende Vereinbarung u. ä. getroffen wird (Alt. 2). Die so ermittelte fiktive Kündigungsfrist bleibt auch maßgeblich und läuft kalendermäßig ab, wenn später eine Abwicklungsvereinbarung geschlossen wird oder eine gerichtliche Aufhebung des ArbV erfolgt. Bei Aufhebungsvereinbarungen ist der Tag ihres tatsächlichen Abschlusses maßgeblich, eine Disposition über diesen Termin, insbesondere eine Rückdatierung, darf nicht zu Lasten der Versichertengemeinschaft erfolgen (Voelzke SGb 2007, 713, 714). 22

II. Dauer des Ruhens

23   **1. Regelfall.** Über den Ruhenszeitraum trifft § 143a differenzierte Regelungen, von denen stets der für den AN günstigere Endtermin maßgeblich ist. § 143a Abs. 1 S. 1 nennt als **Regelfall** einen Zeitraum vom Ende des ArbV bis zu dem Tage, an dem das Arbeitsverhältnis bei Einhaltung der **ordentlichen Kündigungsfrist** geendet hätte. Es gilt die arbeitsrechtlich richtige Frist; Irrtümer von ArbG oder AN sind unbeachtlich (BSG 25. 10. 1989 – 7 RAr 108/88 – SozR 4100 § 117 Nr. 26).

24   **2. Ausschluss der ord. Kündigung.** Ist die ordentliche Kündigung für den Arbeitgeber (arbeitsrechtlich) zeitlich uneingeschränkt – **unbefristet** – ausgeschlossen, so fehlt es an einer zeitlichen Vorgabe, in der das ArbV sozialrechtlich zulässig beendet werden kann. Um dem Anwendungsbereich der Ruhensregelung zu entgehen, müssten die Arbeitsvertragspartner nach § 143a Abs. 1 S. 3 Nr. 1 eine Frist von **18 Monaten** einhalten (vgl. aber auch Abs. 2 der Vorschrift, unten Rn. 26). Diese lange Bindung entspricht dem erreichten Status eines ordentlich unkündbaren AN. Wird diese Frist nicht eingehalten, ruht der Anspruch auf Alg vom Ende des Arbeitsverhältnisses bis zu dem Tag, an dem dieses bei Einhaltung der genannten (fiktiven) Frist geendet hätte, längstens aber für ein Jahr (Abs. 2; dazu BSG 29. 1. 2001 – B 7 AL 62/99 R – BSGE 87, 250, 259 = SozR 3–4100 § 117 Nr. 22). Ist die ordentliche Kündigung für den ArbG zeitlich **befristet ausgeschlossen** oder ist eine der ordentlichen Kündigungsfrist des ArbG entsprechende Frist nur deshalb einzuhalten, weil die (besonderen) Voraussetzungen für eine fristgebundene Kündigung aus wichtigem Grund vorliegen (oben Rn. 16, 19), so ist – arbeitsförderungsrechtlich – die **ordentliche Kündigungsfrist** maßgeblich, die ohne den Ausschluss der ordentlichen Kündigung gegolten hätte (§ 143a Abs. 1 S. 3 Nr. 2).

25   Ist die ordentliche Kündigung nur ausnahmsweise bei Zahlung einer Abfindung zulässig, so gilt gemäß § 143a Abs. 1 **S. 4** eine fiktive Frist von **einem Jahr**. Wird diese Frist bei Beendigung des ArbV nicht eingehalten, ist damit das Arbeitsverhältnis „vorzeitig" aufgelöst.

III. Begrenzung des Ruhenszeitraums (Abs. 2)

26   **1. Jahresfrist.** Ausgehend von den sich nach Abs. 1 ergebenden Fristen und den daraus folgenden Ruhenszeiträumen schränkt § 143a Abs. 2 die Dauer des Ruhens unter verschiedenen Voraussetzungen ein. Dies gilt insbesondere für Fälle, in denen wegen ordentlicher Unkündbarkeit eine fiktive Kündigungsfrist von 18 Monaten zu Grunde zu legen ist. § 143a Abs. 2 S. 1 setzt aber eine **Höchstdauer** für das Ruhen wegen Entlassungsentschädigung **von einem Jahr.** Die Jahresfrist erweist sich als „worst case" des Ruhens nach § 143a.

27   **2. Freibeträge.** Gegenüber dieser Höchstdauer des Ruhenszeitraums nehmen die weiteren Sätze des Abs. 2 weitere Einschränkungen vor. § 143a Abs. 2 S. 2 Nr. 1 begrenzt das Ruhen auf die Zeit, in der der Arbeitslose bei Weiterzahlung des Entgelts der letzten Beschäftigungszeit (Begriff definiert in Abs. 2 S. 4) 60 v. H. der Entlassungsentschädigung verdient hätte. Die Regelung stellt sicher, dass dem Versicherten trotz Ruhensregelung mindestens 40 v. H. der Entlassungsentschädigung verbleiben (Freibetrag). Höchstens 60 v. H. der bezogenen Entschädigung werden so angerechnet, als seien sie nach dem Ende des ArbV als Arbeitsentgelt weitergezahlt worden. Bei der Berechnung des „letzten Entgelts" bleiben nach § 143a Abs. 2 S. 5 Entgeltkürzungen infolge von Krankheit, Kurzarbeit, Arbeitsausfall oder Arbeitsversäumnis außer Betracht.

28   Unter Berücksichtigung der Höhe der Entlassungsentschädigung, des zuletzt verdienten Arbeitsentgelts und sozialer Kriterien wie Dauer der Betriebszugehörigkeit und Lebensalter des Arbeitslosen werden diesem durch § 143a Abs. 2 S. 3 **höhere anrechnungsfreie Teile** der Entlassungsentschädigung zugestanden. Nach Maßgabe der Regelung ergibt sich eine Tabelle, die den Vomhundertsatz der Entschädigung ausweist, der höchstens zu berücksichtigen ist. Je jünger der AN ist und kürzer seine Betriebszugehörigkeit desto höhere Teile der Abfindung sind anzurechnen (vgl. die nachstehende Tabelle; dazu auch DA der BA zu § 143a.51; zur Berechnung der Ruhensfristen auch: Voelzke in Spellbrink/Eicher, HdB SGB III, § 12 Rn. 228 f.).

Betriebs- bzw. Unternehmenszugehörigkeit	Lebensalter bei Beendigung des ArbV					
	unter 40	ab 40	ab 45	ab 50	ab 55	ab 60
unter 5 Jahre	60%	55%	50%	45%	40%	35%
5 und mehr Jahre	55%	50%	45%	40%	35%	30%
10 und mehr Jahre	50%	45%	40%	35%	30%	25%
15 und mehr Jahre	45%	40%	35%	30%	25%	25%

Betriebs- bzw. Unternehmenszugehörigkeit	Lebensalter bei Beendigung des ArbV					
	unter 40	*ab 40*	*ab 45*	*ab 50*	*ab 55*	*ab 60*
20 und mehr Jahre	40%	35%	30%	25%	25%	25%
25 und mehr Jahre	35%	30%	25%	25%	25%	25%
30 und mehr Jahre	30%	25%	25%	25%	25%	25%
35 und mehr Jahre	25%	25%	25%	25%	25%	25%

3. Befristung. Stand der AN in einem **befristeten** ArbV (§ 143a Abs. 2 S. 2 Nr. 2), das vor der vereinbarten Zeit beendet worden ist, endet der Ruhenszeitraum nach längstens einem Jahr (S. 1), oder – falls dieser Zeitpunkt früher eintritt – **mit dem Ablauf der Befristung** (§ 143a Abs. 2 S. 2 Nr. 2). War aber zwischen den Parteien des ArbV trotz Befristung die Möglichkeit der ordentlichen Kündigung eröffnet (zB § 15 Abs. 3 TzBfG), berechnet sich der Ruhenszeitraum bei Ausspruch der Kündigung nach § 143a Abs. 1 S. 1. Es gilt – auch hier – das Günstigkeitsprinzip. **29**

4. Recht zur Kündigung aus wichtigem Grund (§ 143a Abs. 2 S. 2 Nr. 3). Das Ruhen ist auch **begrenzt** auf den Zeitraum, zu dem der ArbG das ArbV ohne Einhaltung einer Kündigungsfrist, also **fristlos, hätte kündigen können.** Die Vorschrift verweist auf die Kündigung aus wichtigem Grund ohne Einhaltung einer Kündigungsfrist (§ 626 Abs. 1 BGB; dazu: Hessisches LSG 27. 6. 2005 – L 7/10 AL 902/03; BAG 17. 3. 1988 – 2 AZR 576/87 – BAGE 58, 37 = NJW 1989, 546; ErfK/Müller-Glöge, § 626 BGB Rn. 93). Die Regelung setzt voraus, dass die Kündigung erfolgt ist, es genügt die Berechtigung des ArbG, diese auszusprechen. Die tatsächlichen Voraussetzungen einer fristlosen Kündigung nach § 626 Abs. 1 BGB sind allerdings nach der arbeitsgerichtlichen Praxis nur in seltenen Ausnahmen zu bejahen. **30**

Zwar kann sich § 143a Abs. 2 S. 2 auf die Annahme stützen, dass der AN bei Berechtigung des ArbG zur ao. Kündigung durch Zahlung einer Abfindung kein Arbeitsentgelt erhält. Dennoch ist die Regelung in mehrfacher Hinsicht **bemerkenswert.** Sie setzt voraus, dass der ArbG trotz Berechtigung zur fristlosen Kündigung eine Abfindung zahlt. Während für § 143a Abs. 1 bei vorzeitiger Beendigung des ArbV die unwiderlegliche Vermutung gilt, dass eine Entschädigung Entgeltanteile enthält, kann das Ruhen wegen Entlassungsentschädigung vermieden werden, wenn der ArbG – zB wegen schweren Fehlverhaltens den AN – zur ao. Kündigung berechtigt ist. Um in den Genuss dieser Privilegierung zu gelangen, ist der Arbeitslose gehalten, gegenüber der AA geltend machen, Anlass zur fristlosen Kündigung gegeben zu haben (vgl. Hessisches LSG 27. 6. 2005 – L 7/10 AL 902/03). **31**

IV. Verlängerung bei Zusammentreffen mit Urlaubsabgeltung (Abs. 1 S. 5)

Systematisch knüpft die Regelung des § 143a Abs. 1 S. 5 an den Eintritt des Ruhenszeitraums nach Abs. 1 S. 1 an. Liegt ein Ruhenszeitraum Abs. 1 S. 1 vor (andere Sätze sind nicht in Bezug genommen) und hat der Arbeitslose daneben („auch") eine Urlaubsabgeltung iSv. § 143 Abs. 2 (vgl. § 143 Rn. 10) erhalten, verlängert sich die Ruhenszeit nach § 143a Abs. 1 S. 1 um die Tage des abgegoltenen Urlaubs (zB BSG 17. 10. 2007 – B 11a AL 51/06 R – BSGE 99, 154 = SozR 4–4300 § 144 Nr. 17). Die Anwendung der Vorschrift setzt voraus, dass sich Entlassungsentschädigung und Urlaubsabgeltung trennen lassen (kritisch zum Begriff der Urlaubsabgeltung: Voelzke in SGb 2007, 713, 718). Ein möglicher Schadensersatzanspruch wegen eines untergegangenen Urlaubsanspruchs ist keine Urlaubsabgeltung und verlängert das Ruhen des Alg nicht (BSG 21. 6. 2001 – B 7 AL 62/00 R – SozR 3–4100 § 117 Nr. 24). Ausgangspunkt der Berechnung der verlängerten Ruhensfrist ist die Ruhenszeit wegen Entlassungsentschädigung, diese wird um die Zeit des abgegoltenen Urlaubs verlängert. Für die Gesamtdauer des Ruhens nach § 143a Abs. 1 S. 1 und § 143 Abs. 2 gilt die Jahresgrenze nicht. **32**

F. Entschädigung bei Fortführung des ArbV

§ 143a Abs. 3 bestimmt, dass Entlassungsentschädigungen auch zum Ruhen des Anspruchs auf Alg führen, wenn das ArbV formal fortbesteht. Aufgrund des leistungsrechtlichen Begriffs der Beschäftigung kann Arbeitslosigkeit eintreten, auch wenn das ArbV fortbesteht. Neben den Fällen des (letztlich erfolgreichen) Kündigungsschutzprozesses sind hier die langfristig arbeitsunfähigen AN zu nennen. Ist ein solcher AN nicht kündbar und steht deshalb fest, dass das ArbV formal aufrechterhalten bleibt, der Arbeitslose aber aus gesundheitlichen Gründen nicht an den früheren Arbeitsplatz zurückkehren kann, soll eine vom ArbG gezahlte Entlassungsentschädigung zum Ruhen des Alg führen. Auch § 143a Abs. 3 greift nur, wenn die in Abs. 1 S. 1 und 3 genannten Fristen nicht eingehalten worden sind (BT-Drs. 12/441, 91 f.). **33**

G. Gleichwohlgewährung (Abs. 4)

34 § 143a Abs. 4 räumt dem Arbeitslosen trotz der Voraussetzungen der Abs. 1 bis 3 einen Anspruch auf Alg für den Fall ein, dass er zwar eine Entlassungsentschädigung zu beanspruchen hat, diese aber tatsächlich nicht erhält (zB BSG 29. 1. 2008 – B 7/7a AL 58/06 R – SozR 4–4300 § 128 Nr. 2). Die Regelung greift den Gedanken des § 143 Abs. 3 auf und ist entsprechend ausgestaltet (zum Anspruch auf Gleichwohlgewährung und den Modalitäten der Erstattung zwischen AA, AN und ArbG vgl. § 143 Rn. 13; zur **Zahlung eines Teils** der Entlassungsentschädigung vgl. BSG 28. 2. 2001 – B 11 AL 59/00 R). Auch im Rahmen des § 143a führt die Gleichwohlgewährung zum Forderungsübergang auf die BA (§ 115 SGB X). Die AA hat für Geltendmachung von übergegangenen Ansprüchen tarifliche und gesetzliche Ausschluss- und Verjährungsfristen zu beachten (§§ 402, 417 BGB). Kann die AA den offenen Anspruch beim ArbG durchsetzen, bleibt es beim rechtmäßigen Bezug von Alg, allerdings soll „nachträglich" die Minderung der Anspruchsdauer infolge der Gewährung von Alg nach § 128 Abs. 1 Nr. 1 entfallen (str; so BSG 29. 1. 2008 – B 7/7a AL 58/06 R – SozR 4–4300 § 128 Nr. 2). Dieser Auslegung des § 128 iVm § 143a Abs 4 ist aus den bei § 143 SGB III Rn. 16 erörterten Gründen allerdings nicht zu folgen.

§ 144 Ruhen bei Sperrzeit

(1) ¹Hat der Arbeitnehmer sich versicherungswidrig verhalten, ohne dafür einen wichtigen Grund zu haben, ruht der Anspruch für die Dauer einer Sperrzeit. ²Versicherungswidriges Verhalten liegt vor, wenn

1. der Arbeitslose das Beschäftigungsverhältnis gelöst oder durch ein arbeitsvertragswidriges Verhalten Anlass für die Lösung des Beschäftigungsverhältnisses gegeben und dadurch vorsätzlich oder grob fahrlässig die Arbeitslosigkeit herbeigeführt hat (Sperrzeit bei Arbeitsaufgabe),
2. der bei der Agentur für Arbeit als arbeitsuchend gemeldete Arbeitnehmer (§ 38 Abs. 1) oder der Arbeitslose trotz Belehrung über die Rechtsfolgen eine von der Agentur für Arbeit unter Benennung des Arbeitgebers und der Art der Tätigkeit angebotene Beschäftigung nicht annimmt oder nicht antritt oder die Anbahnung eines solchen Beschäftigungsverhältnisses, insbesondere das Zustandekommen eines Vorstellungsgespräches, durch sein Verhalten verhindert (Sperrzeit bei Arbeitsablehnung),
3. der Arbeitslose trotz Belehrung über die Rechtsfolgen die von der Agentur für Arbeit geforderten Eigenbemühungen nicht nachweist (Sperrzeit bei unzureichenden Eigenbemühungen),
4. der Arbeitslose sich weigert, trotz Belehrung über die Rechtsfolgen an einer Maßnahme nach § 46 oder einer Maßnahme zur beruflichen Ausbildung oder Weiterbildung oder einer Maßnahme zur Teilhabe am Arbeitsleben teilzunehmen (Sperrzeit bei Ablehnung einer beruflichen Eingliederungsmaßnahme),
5. der Arbeitslose die Teilnahme an einer in Nummer 4 genannten Maßnahme abbricht oder durch maßnahmewidriges Verhalten Anlass für den Ausschluss aus einer dieser Maßnahmen gibt (Sperrzeit bei Abbruch einer beruflichen Eingliederungsmaßnahme),
6. der Arbeitslose einer Aufforderung der Agentur für Arbeit, sich zu melden oder zu einem ärztlichen oder psychologischen Untersuchungstermin zu erscheinen (§ 309), trotz Belehrung über die Rechtsfolgen nicht nachkommt oder nicht nachgekommen ist (Sperrzeit bei Meldeversäumnis),
7. der Arbeitslose seiner Meldepflicht nach § 38 Abs. 1 nicht nachgekommen ist (Sperrzeit bei verspäteter Arbeitsuchendmeldung).

³Beschäftigungen im Sinne des Satzes 2 Nr. 1 und 2 sind auch Arbeitsbeschaffungsmaßnahmen (§ 27 Abs. 3 Nr. 5). ⁴Der Arbeitnehmer hat die für die Beurteilung eines wichtigen Grundes maßgebenden Tatsachen darzulegen und nachzuweisen, wenn diese in seiner Sphäre oder in seinem Verantwortungsbereich liegen.

(2) ¹Die Sperrzeit beginnt mit dem Tag nach dem Ereignis, das die Sperrzeit begründet, oder, wenn dieser Tag in eine Sperrzeit fällt, mit dem Ende dieser Sperrzeit. ²Werden mehrere Sperrzeiten durch dasselbe Ereignis begründet, folgen sie in der Reihenfolge des Absatzes 1 Satz 2 Nr. 1 bis 7 einander nach.

(3) ¹Die Dauer der Sperrzeit bei Arbeitsaufgabe beträgt zwölf Wochen. ²Sie verkürzt sich

1. auf drei Wochen, wenn das Arbeitsverhältnis innerhalb von sechs Wochen nach dem Ereignis, das die Sperrzeit begründet, ohne eine Sperrzeit geendet hätte,
2. auf sechs Wochen, wenn
   a) das Arbeitsverhältnis innerhalb von zwölf Wochen nach dem Ereignis, das die Sperrzeit begründet, ohne eine Sperrzeit geendet hätte oder

b) eine Sperrzeit von zwölf Wochen für den Arbeitslosen nach den für den Eintritt der Sperrzeit maßgebenden Tatsachen eine besondere Härte bedeuten würde.

(4) ¹Die Dauer der Sperrzeit bei Arbeitsablehnung, bei Ablehnung einer beruflichen Eingliederungsmaßnahme oder bei Abbruch einer beruflichen Eingliederungsmaßnahme beträgt
1. im Falle des erstmaligen versicherungswidrigen Verhaltens dieser Art drei Wochen,
2. im Falle des zweiten versicherungswidrigen Verhaltens dieser Art sechs Wochen,
3. in den übrigen Fällen zwölf Wochen.
²Im Falle der Arbeitsablehnung oder der Ablehnung einer beruflichen Eingliederungsmaßnahme nach der Meldung zur frühzeitigen Arbeitsuche (§ 38 Abs. 1) im Zusammenhang mit der Entstehung des Anspruchs gilt Satz 1 entsprechend.

(5) Die Dauer einer Sperrzeit bei unzureichenden Eigenbemühungen beträgt zwei Wochen.

(6) Die Dauer einer Sperrzeit bei Meldeversäumnis oder bei verspäteter Arbeitsuchendmeldung beträgt eine Woche.

Übersicht

	Rn.
A. Allgemeines	1
I. Normzweck	1
II. Struktur der Regelung	4
III. Anwendungsbereich	7
IV. Auswirkungen auf die soziale Sicherung	8
B. Sperrzeittatbestände	12
I. Versicherungswidriges Verhalten	12
II. Sperrzeit bei Arbeitsaufgabe (Nr. 1)	14
1. Lösung des Beschäftigungsverhältnisses (Nr. 1 Alt. 1)	15
2. Lösungstatbestände	18
a) Eigenkündigung	19
b) Arbeitgeberkündigung	20
c) Aufhebungsvertrag	23
d) Arbeitsgerichtlicher Vergleich	24
3. Kausalität	27
4. Verschulden	28
III. Sperrzeit bei Arbeitsaufgabe infolge/vertragswidriges Verhaltens (Nr. 1 Alt. 2)	29
1. Arbeitsvertragswidriges Verhalten	30
2. Kausalität und Verschulden	31
IV. Sperrzeit bei Arbeitsablehnung (Nr. 2)	32
1. Arbeitsuchend gemeldet AN	32
2. Beschäftigungsangebot	33
3. Rechtsfolgenbelehrung	36
4. Nichtannahme/Nichtantreten/Vereitelung	37
5. Kausalität	41
V. Sperrzeit bei unzureichenden Eigenbemühungen (Nr. 3)	42
1. Eigenbemühungen	42
2. Konkretisierung durch die AA	43
3. Nachweis	45
4. Verschulden	46
VI. Sperrzeit bei Ablehnung einer Maßnahme nach § 46 (Nr. 4)	47
1. Ablehnung der Teilnahme	47
2. Maßnahmearten	49
3. Rechtsfolgenbelehrung	51
VII. Sperrzeit bei Maßnahmeabbruch und Maßnahmeausschluss (Nr. 5)	52
1. Maßnahmearten	52
2. Abbruch/Ausschluss wegen maßnahmewidrigen Verhaltens	53
3. Rechtsfolgenbelehrung	56
VIII. Sperrzeit bei Meldeversäumnis (Nr. 6)	57
1. Meldeaufforderung	57
2. Meldeversäumnis	60
3. Rechtsfolgenbelehrung	61
4. Verschulden	62
IX. Sperrzeit bei verspäteter Arbeitsuchendmeldung (Nr. 7)	63
1. Meldepflicht nach § 38 Abs. 1	64
2. Verschulden	69
C. Ohne wichtigen Grund	72
I. Grundsätzliches zum wichtigen Grund	72
1. Allgemein	72
2. Darlegungs- und Beweislast	74

	Rn.
II. Fallgruppen des wichtigen Grundes	75
III. Wichtiger Grund für die Lösung des Beschäftigungsverhältnisses (Nr. 1 Alt. 1)	77
IV. Wichtiger Grund für arbeitsvertragswidriges Verhalten (Nr. 1 Alt. 2)	84
V. Wichtiger Grund bei Arbeitsablehnung (Nr. 2)	85
VI. Wichtiger Grund bei fehlenden Eigenbemühungen (Nr. 3)	87
VII. Wichtiger Grund bei Ablehnung von Maßnahmen nach § 46 (Nr. 4)	88
VIII. Wichtiger Grund bei Abbruch einer ber. Eingliederungsmaßnahme (Nr. 5)	89
IX. Wichtiger Grund für Meldeversäumnis (Nr. 6)	90
X. Wichtiger Grund für verspätete Arbeitssuche (Nr. 7)	91
D. Beginn und Dauer der Sperrzeit	**92**
I. Beginn der Sperrzeit	92
1. Grundsatz	92
2. Beginn	93
a) Arbeitsaufgabe	94
b) Arbeitsablehnung	95
c) Unzureichendende Eigenbemühungen	96
d) Berufliche Eingliederungsmaßnahme	97
e) Abbruch einer beruflichen Eingliederungsmaßnahme	98
f) Meldeversäumnis	99
II. Ende der Sperrzeit/Mehrere Sperrzeiten	100
1. Ende der Sperrzeit	100
2. Mehrere Sperrzeiten durch ein Ereignis	101
III. Dauer der Sperrzeiten	102
1. Grundsatz	102
2. Dauer der Sperrzeit bei Arbeitsaufgabe	103
a) Allgemein	103
b) Besondere Härte	106
IV. Dauer der Sperrzeit bei Arbeitsablehnung, Ablehnung oder Abbruch einer Maßnahme (Abs. 4)	110
1. Sperrzeit von drei Wochen (Nr. 1)	112
2. Sperrzeit von sechs Wochen (Nr. 2)	113
3. Sperrzeit von zwölf Wochen (Nr. 3)	114
4. Sperrzeitdauer nach Meldung zur frühzeitigen Arbeitssuche (Abs. 4 S. 2)	115
V. Sperrzeitdauer bei unzureichenden Eigenbemühungen (Abs. 5)	116
VI. Sperrzeitdauer bei Meldeversäumnis oder verspäteter Arbeitssuchendmeldung (Abs. 6)	117
E. Weitere Rechtsfolgen der Sperrzeit	**118**

A. Allgemeines

I. Normzweck

1 Der dem Grunde nach bestehende Anspruch auf Alg ruht für die Dauer einer Sperrzeit, wenn der AN sich versicherungswidrig verhält, ohne für dieses Verhalten einen wichtigen Grund zu haben. Einzelnen Sperrzeittatbeständen ist zu entnehmen, andere werden dahingehend ausgelegt, dass das versicherungswidrige Verhalten auch **vorwerfbar** sein muss.

2 Die Struktur des Sperrzeittatbestands, die mit Eintritt der Sperrzeit einhergehenden **Rechtsfolgen**, nämlich vorübergehender Ausschluss des Zahlungsanspruchs (Ruhen) ggf. verbunden mit der Minderung der Anspruchsdauer (§ 128 Abs. 1 Nr. 3, 4) und das Erlöschen des Anspruchs auf Alg nach Eintritt von Sperrzeiten im Umfang von 21 Wochen (§ 147 Abs. 1 Nr. 2) machen deutlich, dass die Sperrzeit – entgegen hM – eine **Sanktion** für versicherungswidriges Verhalten des Versicherten ist (aA hM).

3 Zwar hat das BSG stets betont, der Sinn der Sperrzeitregelung einschließlich Minderung der Anspruchsdauer sei es, die **Versichertengemeinschaft** typisierend gegen Risikofälle zu **schützen**, deren Eintritt der Versicherte selbst zu vertreten habe (BSG 5. 8. 1999 – B 7 AL 14/99 R – BSGE 84, 225, 230 = SozR 3–4100 § 119 Nr. 17 m. w. N.). Der Eintritt einer Sperrzeit stelle deshalb weder eine Vertragsstrafe noch einen pauschalierten Schadensausgleich dar. Richtig ist, dass eine Sperrzeit auch den Schutz der Versichertengemeinschaft bezweckt. Sie schließt die vom Versicherten zu vertretenden Risikofälle nicht vom Versicherungsschutz aus, sondern bewirkt (nur) einen zeitlich begrenzten Leistungsausschluss. Die Sperrzeit ist daneben – aus Sicht des Versicherten betrachtet – auch, eine auf sein versicherungswidriges Verhalten folgende leistungsrechtliche Sanktion (davon sprechen auch: BSG 28. 8. 2007 – B 7/7a AL 56/06 R – zur verspäteten Arbeitssuche; Lipinsi/Kumm, BB 2008, 162; aA Winkler in Gagel, SGB III § 144 Rn. 22; ErfK/Rolfs § 144 SGB III Rn. 1; zu den „Sanktionen" nach § 31 SGB II vgl. Rixen in Eicher/Spellbrink, SGB II, 2. Aufl. 2008, § 31 Rn. 1 m. w. N.). Zur **Rechtsnatur** des **Ruhens** siehe § 142 Rn. 3 f.

II. Struktur der Regelung

Die **Grundnorm** der Sperrzeitregelung findet sich in § 144 Abs. 1 S. 1. Die Vorschrift ordnet als 4
Rechtsfolge das Ruhen des Alg an, wenn **versicherungswidriges Verhalten** vorliegt. Was versicherungswidriges Verhalten ist, wird **abschließend** in den Sperrzeittatbeständen des § 144 Abs. 1 S. 2 Nr. 1 bis 7 geregelt. Eine Sperrzeit tritt nicht ein, wenn der Versicherte für sein tatbestandmäßiges Verhalten einen **wichtigen Grund** hat; es sozusagen gerechtfertigt ist.

Weiter ergibt sich aus mehreren Sperrzeittatbeständen, dass das versicherungswidrige Verhalten dem 5
Versicherten **vorwerfbar,** dh. **schuldhaft** sein muss. Im Fall der Sperrzeit wegen Arbeitsaufgabe (Nr. 1) ergibt sich dies unmittelbar aus der Norm, für die Sperrzeit wegen Abbruchs einer beruflichen Eingliederungsmaßnahme ist dies durch die Rspr. ebenso vorausgesetzt worden (BSG 16. 9. 1999 – B 7 AL 32/98 R – BSGE 84, 270, 274 f. = SozR 3–4100 § 119 Nr. 19) wie für die Sperrzeit bei verspäteter Arbeitsuchendmeldung (zu Nr. 7: BSG 25. 5. 2005 – B 11 a/11 AL 81/04 R – BSGE 95, 8 f. = SozR 4–4300 § 140 Nr. 1; BSG 17. 10. 2007 – B 11 a/7 a AL 72/06 R – SozR 4–4300 § 37 b Nr. 6). Da das Verhalten des Versicherten in den anderen Fällen des § 144 Abs. 1 S. 2 der vorherigen zutreffenden Belehrung über die Rechtsfolgen widersprechen muss, wird dort ein zumindest fahrlässiges Handeln vorausgesetzt (§ 276 Abs. 2 BGB). Das BSG (aaO Rn. 26, 28) spricht von fehlender Vorwerfbarkeit bei unverschuldeter Unkenntnis der versicherungsrechtlichen Obliegenheit. Die Schwierigkeit der systematischen Einordnung des Verschuldens als Voraussetzung einzelner Sperrzeittatbestände liegt aber darin, dass dieses teilweise auf die Herbeiführung oder Fortdauer der Arbeitslosigkeit (Nr. 1), teilweise auf das versicherungswidrige Verhalten selbst bezogen wird (Nr. 5, 7).

Innerhalb der Norm regelt Abs. 1 die Begriffe des versicherungswidrigen Verhaltens und des 6
wichtigen Grundes, Abs. 2 die Lage, Abs. 3 die Dauer der Sperrzeit bei Arbeitsaufgabe (Nr. 1) – auch in Fällen der besonderen Härte, Abs. 4 die Dauer der Sperrzeit in Fällen der Ablehnung von Arbeit, beruflichen Eingliederungsmaßnahmen sowie deren Abbruch (Nr. 2, 4, 5), Abs. 5 die Dauer der Sperrzeit bei unzureichenden Eigenbemühungen (Nr. 3) und Abs. 6 die Sperrzeitdauer bei Meldeversäumnis und verspäteter Arbeitsuche (Nr. 6, 7).

III. Anwendungsbereich

Die Sperrzeitregelung ist innerhalb des SGB III entsprechend anzuwenden auf das **Teil-Alg** (§ 150 7
Abs. 2), **Kug** (§ 172 Abs. 3 S. 3), **Saison-Kug** (§§ 175 Abs. 8, 172 Abs. 3 S. 3) und **Transfer-Kug** (§ 216 b Abs. 4 S. 2, § 172 Abs. 3 S. 3). Solange ein Sperrzeittatbestand vorliegt oder vorgelegen hätte, wird auch der **Gründungszuschuss** nicht geleistet (§ 57 Abs. 3). Liegen die Voraussetzungen einer Sperrzeit vor, verkürzt sich die Bezugsdauer des noch übergangsweise zu leistenden Existenzgründungszuschusses (§ 421 l Abs. 2 S. 4, Abs. 5) um die Dauer der Sperrzeit. Für den Bereich der Grundsicherung für Arbeitssuchende hat der Gesetzgeber in § 31 SGB II eine an § 144 und § 25 BSHG orientierte eigenständige und abschließende Sanktionsnorm entwickelt, die bei Vorliegen der Voraussetzungen zur Absenkung oder zum Wegfall des Alg II führt. § 144 findet daher im Bereich des **SGB II keine Anwendung** (*Rixen* in Eicher/Spellbrink, SGB II § 31 Rn. 2). Im Anwendungsbereich des § 144 scheidet eine Versagung oder Entziehung von Alg nach § 66 SGB I aus (*Henke/Eicher* in Eicher/Schlegel, SGB III § 144 Rn. 1 f.; aA *Mrozynski,* SGB I, 3. Aufl., § 66 Rn. 25).

IV. Auswirkungen auf die soziale Sicherung

Im Bereich der gesetzlichen **Krankenversicherung** besteht im Anschluss an den einmonatigen 8
Nachversicherungsschutz (§ 19 Abs. 2 SGB V) ab Beginn des zweiten Monats ggf. bis zur zwölften Woche trotz der Sperrzeit Versicherungspflicht in der KVdA (§ 5 Abs. 1 Nr. 2 SGB V). Ein Anspruch auf Krg bei AU während der Sperrzeit besteht allerdings nicht (§ 49 Abs. 1 Nr. 3 SGB V).

Auch in der sozialen **Pflegeversicherung** besteht – akzessorisch zur GKV – Versicherungspflicht 9
ab dem zweiten Monat einer Sperrzeit (§ 20 Abs. 1 Nr. 2 SGB XI). Mangels nachgehenden Versicherungsschutzes in der Pflegeversicherung besteht im ersten Monat einer Sperrzeit in diesem Zweig kein Versicherungsschutz.

In der gesetzlichen **Unfallversicherung** sind Arbeitslose unfallversichert, auch wenn der Anspruch 10
auf Alg wegen einer Sperrzeit ruht (§ 309 Abs. 1 S. 3). Während der Dauer der Sperrzeit sind sie meldepflichtig (vgl. § 38 Abs. 1 S. 6) und deshalb in den Schutz der Unfallversicherung einbezogen, wenn sie aufgrund einer Meldeaufforderung der AA Wege zu einer Stelle zurücklegen, bei der sie sich melden sollen (§ 2 Abs. 1 Nr. 14 SGB VII). Versichert ist neben dem Wegerisiko auch der Aufenthalt im Bereich der AA oder einer anderen Einrichtung (z. B. Maßnahmestätte, Schulungseinrichtung).

Zur gesetzlichen **Rentenversicherung** werden für Zeiten, in denen das Alg ruht, von der AA kei- 11
ne Beiträge entrichtet. Der Zeitraum der Sperrzeit ist deshalb nicht mit rentenrechtlichen Zeiten belegt, wenn der Arbeitslose sich nicht freiwillig rentenversichert. Die Dauer der Sperrzeit wird man-

gels Leistungsbezugs auch nicht als Anrechnungszeit (§ 58 Abs. 1 S. 1 Nr. 3 SGB VI), wohl aber bei der Erfüllung der Wartezeit für eine Altersrente wegen Arbeitslosigkeit (§ 237 SGB VI) berücksichtigt.

B. Sperrzeittatbestände (§ 144 Abs 1)

I. Versicherungswidriges Verhalten (S. 1)

12 § 144 fasst die Regelungen zur Risikobegrenzung der Arbeitslosenversicherung nunmehr in einer einheitlichen Norm zusammen und gleicht sie in den Rechtsfolgen an (BT-Drucks 15/1515, 87; BT-Drucks 16/109, 7). Der unbestimmte Rechtsbegriff des versicherungswidrigen Verhaltens (S. 1) wird durch die **Legaldefinitionen** in den sieben Sperrzeittatbeständen des Satzes 2 konkretisiert, die ihrerseits teilweise durch mehrere Tatbestandsalternativen erfüllt werden können. Nach dem Wortlaut der Vorschrift, ist deren Aufzählung **abschließend,** da sie die Sperrzeittatbestände nicht als Regelbeispiele ausweist (*Curkovic* in NK-SGB III § 144 Rn. 8). Das Tatbestandsmerkmal „**ohne wichtigen Grund**" muss in allen Fällen von vertragswidrigem Verhalten hinzutreten, damit die Sperrzeit eintritt (vgl. dazu unten Rn. 72 f.). Neben der Sperrzeitsanktion ist die Anwendung des § 66 SGB I (fehlende Mitwirkung) aus Gründen der Gesetzeskonkurrenz ausgeschlossen (BSG 1. 6. 2006 – B 7 a AL 26/05 R).

13 **Maßgebliche Tatsachen:** Die AA sowie nachfolgend die Gerichte haben die Ermittlung des Sachverhalts von Amts zu betreiben (§ 20 SGB X, § 103 SGG; vgl. *Henke* in Eicher/Schlegel, SGB III § 144 Rn. 85). Anders als im Bereich des Arbeitsrechts sind AA und Gerichte nicht an übereinstimmenden Tatsachenvortrag der Vertragsparteien oder an die tatsächlichen Feststellungen in einem arbeitsgerichtlichen Vergleich gebunden. Bei Prüfung der Sperrzeittatbestände sind die tatsächlichen Gegebenheiten zu ermitteln und der Entscheidung zu Grunde zu legen (BSG 18. 12. 2003 – B 11 AL 35/03 R– BSGE 92, 74 Rn. 13 = SozR 4–4300 § 144 Nr. 6; BSG 27. 4. 2011 – B 11 AL 11/11 B –). Alternativ mögliche aber **hypothetisch** gebliebene **Abläufe** sind nicht maßgeblich (BSG 25. 4. 2002 – B 11 AL 65/01 R – BSGE 89, 243, 245 m. w. N. = SozR 3–4300 § 144 Nr. 8). Für die Beurteilung eines wichtigen Grundes ist dem Versicherten eine Darlegungs- und Beweislast auferlegt (§ 144 Abs. 1 S. 3), wenn die maßgeblichen Tatsachen – wie in der Regel – in seiner Sphäre oder seinem Verantwortungsbereich liegen (vgl. Rn. 73).

II. Sperrzeit bei Arbeitsaufgabe (S. 2 Nr. 1)

14 Innerhalb des Tatbestands der Sperrzeit bei Arbeitsaufgabe (Nr. 1) unterscheidet das Gesetz zwei Tatbestandsalternativen, den Lösungstatbestand (Alt. 1) und die Veranlassung der Kündigung durch arbeitsvertragswidriges Verhalten (Alt. 2). Beide Alternativen der Sperrzeit bei Arbeitsaufgabe knüpfen an ein **aktives Verhalten** des AN an. Wegen ihrer erheblichen praktischen Bedeutung werden sie hier getrennt dargestellt.

15 **1. Lösung des Beschäftigungsverhältnisses (Alt. 1).** Eine Sperrzeit tritt ein, wenn der Arbeitslose das Beschäftigungsverhältnis gelöst und dadurch vorsätzlich oder grob fahrlässig die Arbeitslosigkeit herbeigeführt hat. Gegenstand des Lösungstatbestands ist nicht das Arbeits- sondern das **sozialrechtliche Beschäftigungsverhältnis.** In einem solchen stehen gem. § 25 Abs. 1 S. 1 sowohl die gegen Arbeitsentgelt – insbesondere in einem Arbeitsverhältnis (§ 7 Abs. 1 S. 1 SGB IV) – Beschäftigten als auch Personen, die zur Berufsausbildung beschäftigt sind. Zur Abgrenzung von anderen Arten von Erwerbstätigkeit ist für Beschäftigung zu fordern, dass sie persönlich abhängig ausgeübt wird, der Beschäftigte in einen fremden Betrieb eingegliedert ist und einem Weisungsrecht des ArbG unterliegt, das Zeit, Dauer und Ort der Arbeitsausführung umfasst (vgl. § 7 Abs. 1 S. 2 SGB IV, § 119 Rn. 8 m. w. N.).

16 Der **Begriff der Beschäftigung** hat im **Leistungsrecht** des SGB III eine eigenständige Ausprägung erhalten (vgl. § 119 Rn. 9). Das Beschäftigungsverhältnis endet, sobald der Versicherte die Beschäftigung tatsächlich nicht mehr ausübt (z. B. Elternzeit nach §§ 16, 18 BEEG). Zur Sperrzeit kommt es allerdings nur, wenn der Arbeitslose die Beendigung der Beschäftigung selbst qualifiziert schuldhaft (mit)herbeigeführt hat. Da Arbeitslosigkeit in Zeiträumen vorliegen kann, für die beitragsrechtlich vom Bestehen eines Versicherungspflichtverhältnisses auszugehen ist (BSG 3. 6. 2004 – B 11 AL 70/03 R – SozR 4–4300 § 123 Nr. 2 m. w. N.), kann die Beschäftigung bereits iSd. § 144 Abs. 1 S. 2 Nr. 1 gelöst sein, wenn das **Arbeitsverhältnis** noch **besteht** (vgl. § 119 Rn. 11); so z. B. im Fall der **Freistellung** des AN von der Arbeitsleistung. Wird der Abschluss eines Aufhebungsvertrags mit der Vereinbarung einer unwiderruflichen Freistellung verbunden, tritt Arbeitslosigkeit und ggf. eine Sperrzeit mit Beginn der Freistellung ein (BSG 12. 7. 2006 – B 11a AL 47/05 R – BSGE 97, 1 = SozR 4–4300 § 144 Nr. 13; Lipinski/Kumm BB 2008, 162, 164). Dagegen ist ein AN, der im Rahmen einer vereinbarten **Altersteilzeit** in die Freistellungsphase eintritt, nicht beschäftigungslos im leistungsrechtlichen Sinne, sondern steht im Sinne einer „funktionsdifferenten Auslegung" noch in

einer Beschäftigung (vgl. § 7 Abs 1a SGB IV; so zutreffend BSG 21. 7. 2009- B 7 AL 6/08 R – BSGE 104, 90 = SozR 4–4300 § 144 Nr. 18).

Dagegen kann die Beendigung einer **selbständigen Tätigkeit** oder einer solchen als mithelfender Familienangehöriger eine Sperrzeit nicht auslösen, da es sich nicht um sozialrechtliche Beschäftigungen handelt (zur Abgrenzung von selbständiger Tätigkeit und abhängiger Beschäftigung: BVerfG 20. 5. 1996 – 1 BvR 21/96 – SozR 3–2400 § 7 Nr. 11; zu den Geschäftsführern von Kapital- und Personengesellschaften: *Scheidt* in NK-SGB III § 25 Rn. 23f., 30f.; *Brand* in Niesel/Brand, SGB III, § 25 Rn. 15f., 21f.). 17

2. Lösungstatbestand. Die Lösung des Beschäftigungsverhältnisses muss **durch den Arbeitslosen** erfolgen. Die Erfüllung des Lösungstatbestands kann in den vielfältigen Modalitäten erfolgen, die sich zur Beendigung von Beschäftigung und/oder ArbV in der Praxis entwickelt haben. Ein „Lösen" der Beschäftigung kann sowohl durch einseitige Erklärung des AN als auch durch zweiseitige Vereinbarung geschehen. Der AN muss die Beendigung des BeschV jedenfalls (mit)herbeiführen, denn es entspricht dem Zweck der Sperrzeitregelung, den AN davon **abzuhalten,** sich an der **Beendigung** des Beschäftigungsverhältnisses **aktiv zu beteiligen** (BSG 18. 12. 2003 – B 11 AL 35/03 R – BSGE 92, 74 Rn. 13 = SozR 4–4300 § 144 Nr. 6; *Gaul/Niklas*, NZA 2008, 137). Ob und Wie die Beschäftigung geendet hat, ist zu ermitteln und rechtlich zu bewerten (vgl. oben Rn. 13). 18

a) Eigenkündigung. Im Falle der Kündigung des ArbV durch den AN selbst hat das BSG formuliert (6. 2. 2003 – B 7 AL 72/01 R – SozR 4–4100 § 119 Nr. 1): Hier stelle sich „ernsthaft nur die Frage", ob der AN für die Lösung des Beschäftigungsverhältnisses und die dadurch **vorsätzlich** herbeigeführte Arbeitslosigkeit einen wichtigen Grund habe (dazu unten Rn. 76). Im Falle der Eigenkündigung steht ein Lösen iSd. Sperrzeittatbestands Nr. 1 mithin außer Frage. 19

b) Arbeitgeberkündigung. In der Rspr. ist auch geklärt, dass das Sperrzeitrecht den AN **nicht zwingt**, sich zur Vermeidung einer Sperrzeit gegen eine Kündigung des ArbG zu wehren. Dies gilt sowohl bei einer rechtmäßigen als auch bei einer (einfach) **rechtswidrigen** Kündigung des ArbG (BSG 18. 12. 2003 – B 11 AL 35/03 R – BSGE 92, 74 Rn. 11 = SozR 4–4300 § 144 Nr. 6). Die Sperrzeit wegen Arbeitsaufgabe knüpft an ein **aktives Verhalten** des AN an. Allein die fehlende Bereitschaft, sich gegen den Willen des ArbG im Beschäftigungsverhältnis zu behaupten, rechtfertigt eine Sperrzeit nicht (BSG aaO). Die Hinnahme einer ArbG-Kündigung begründet auch nicht deshalb die Sperrzeit, weil eine Abfindung nach den Vorgaben des **§ 1a Abs. 2 KSchG** gezahlt wird (vgl. BSG 12. 7. 2006 – B 11a AL 47/05 R – BSGE 97, 1 = SozR 4–4300 § 144 Nr. 13). 20

Anderes gilt bei der Hinnahme einer **offensichtlich materiell rechtswidrigen** ArbG-Kündigung (z. B. Kündigung eines schwerbehinderten AN ohne Zustimmung des Integrationsamtes). In diesen Fällen sieht das BSG Anhaltspunkte für ein einvernehmliches Handeln von AN und ArbG. Allerdings tritt auch nach offensichtlich rechtswidriger Kündigung eine Sperrzeit nur ein, wenn sich nach Klärung des Sachverhalts ein aktives Mitwirken des AN an der Beendigung des BeschV belegen lässt (BSG 25. 4. 2002 – B 11 AL 65/01 R – BSGE 89, 243, 245 m. w. N.). Die formelle Rechtmäßigkeit der Kündigung ist dagegen für den Eintritt der Sperrzeit unerheblich (BSG 25. 3. 1987 – 7 RAr 95/85). 21

Keine bloß passive sperrzeitunschädliche **Hinnahme** einer ArbG-Kündigung liegt im Abschluss einer **Abwicklungsvereinbarung.** Das BSG hat entschieden, dass eine solche neben der ArbG-Kündigung getroffene (echte oder unechte) Abwicklungsvereinbarung die Hinnahme der Kündigung bestätigt bzw. absichert. Der Abwicklungsvertrag ist deshalb als Lösung des Beschäftigungsverhältnisses zu verstehen (BSG 18. 12. 2003 – B 11 AL 35/03 R – BSGE 92, 74 = SozR 4–4300 § 144 Nr. 6 Rn. 13) und (sozialrechtlich) nach den Grundsätzen des Aufhebungsvertrags zu behandeln (sog. offener Lösungsbegriff vgl. BSG 25. 4. 2002 – B 11 AL 89/01 R – BSGE 89, 250, 252 = SozR 3–4100 § 119 Nr. 24 m. w. N.). 22

c) Der Abschluss eines **Aufhebungsvertrags** erfüllt den Lösungstatbestand, da er nur unter Mitwirkung des AN, nämlich der Abgabe einer Willenserklärung des AN, zu Stande kommt. Deshalb löst der Abschluss eines Aufhebungsvertrags das BeschV iSd. Nr. 1 (BSG 20. 1. 2000 – B 7 AL 20/99 R – AP Nr. 6 zu § 119 AFG). Es ist ausreichend, dass der AN durch seine Zustimmung eine Ursache zur Beendigung des BeschV gesetzt hat. Sperrzeitrechtlich unerheblich ist demgegenüber, von wem die Initiative zur Beendigung des ArbV ausgegangen ist (BSG 5. 6. 1997 – 7 RAr 22/96 – SozR 3–1500 § 144 Nr. 12). Obwohl der Aufhebungsvertrag den Lösungstatbestand erfüllt, kann nach neuerer Rspr. des BSG für den Abschluss eines Aufhebungsvertrags bei drohender rechtmäßiger ArbG-Kündigung ein die Sperrzeit ausschließender **wichtiger Grund** bestehen. Allein der Umstand, dass ein Aufhebungsvertrag, eine Abwicklungsvertrag oder ein arbeitsgerichtlicher Vergleich, mit dem die Beschäftigung beendet wird, mit der Zahlung einer Abfindung verknüpft ist, kann den wichtigen Grund aber weder begründen noch ausschließen (vgl. unten Rn. 78 f.). 23

d) Arbeitsgerichtlicher Vergleich. Die Beendigung eines bestehenden BeschV oder die Vereinbarung über die Hinnahme einer Kündigung im Rahmen eines arbeitsgerichtlichen Vergleichs kann den Tatbestand der Nr. 1 erfüllen (BSG 17. 10. 2007 – B 11a AL 51/06 R – BSGE 99, 154 = SozR 24

4–4300 § 144 Nr. 17; BSG 18. 12. 2003 – B 11 AL 35/03 R = BSGE 92, 74 = SozR 4–4300 § 144 Nr. 6). Nach der Rspr. des BSG genügt es, dass der AN eine zur Beendigung des BeschV führende Vereinbarung schließt (BSG 25. 4. 2002 – B 11 AL 89/01 R – BSGE 89, 250, 252 = SozR 3–4100 § 119 Nr. 24 m. w. N.).

25   Allerdings ist der gerichtliche **Vergleich nur sperrzeitrelevant,** wenn dieser unmittelbar die Beendigung des BeschV herbeiführt oder auf einen früheren Zeitpunkt vorverlegt. Der AN, der ein bereits vom ArbG gekündigtes ArbV mit Wirkung zu einem früheren Zeitpunkt löst, kann den Eintritt einer Sperrzeit nicht dadurch vermeiden, dass er Alg erst für die Zeit beansprucht, in der er ohnehin arbeitslos gewesen wäre (BSG 5. 8. 1999 – B 7 AL 14/99 R – BSGE 84, 225 f. = SozR 3–4100 § 119 Nr. 179).

26   d) Das **Widerspruchsrecht des AN gegen** einen **Betriebsübergang** (§ 613 a BGB), der jedem AN zusteht (§ 613 a Abs 6 BGB), erfüllt nicht den Lösungstatbestand. Der Widerspruch führt nach Ansicht des BSG gerade nicht zum Lösen der Beschäftigung, sondern ist gerade darauf gerichtet, das ArbV – zum bisherigen ArbG – zu erhalten (BSG vom 8. 7. 2009 – B 11 AL 17/08 R – BSGE 104, 57 = SozR 4–4300 § 144 Nr. 20 Rn. 14). Die in der Vorauflage geäußerten Zweifel, wonach nicht der Widerspruch sondern erst eine spätere Arbeitgeberkündigung oder andere Ursache die Beendigung des ArbV kausal herbeiführt, sind damit bestätigt worden. Allerdings wird in solchen Fällen genau zu prüfen sein, auf welche Weise das nach Widerspruch fortgesetzte ArbV beim Betriebsveräußerer tatsächlich beendet wird. Auch in Widerspruchsfällen ist ein wichtiger Grund für einen Aufhebungsvertrag nur gegeben, wenn der AN anderenfalls objektiv rechtmäßig zu dem Zeitpunkt gekündigt worden wäre (BSG aaO).

27   **3. Kausalität.** Die Lösung des BeschV muss die Arbeitslosigkeit kausal herbeigeführt haben („dadurch"). Bei dieser Kausalitätsprüfung ist von dem Geschehensablauf auszugehen, der tatsächlich die Beendigung der Beschäftigung bewirkt hat (vgl. oben Rn. 13). Hypothetische Kausalabläufe, also die Frage, ob das ArbV z. B. statt durch Aufhebungsvertrag zu demselben Zeitpunkt auch durch ArbG-Kündigung hätte enden können, sind nicht zu prüfen (BSG 12. 7. 2006 – B 11 a AL 47/05 R – BSGE 97, 1 = SozR 4–4300 § 144 Nr. 13). Ein mögliches die Sperrzeit ausschließendes **Alternativgeschehen** ist stattdessen bei der Frage zu prüfen, ob der AN für die aktive Beteiligung an der Lösung des BeschV einen **wichtigen Grund** hatte, weil sein ArbV ohne seine Mitwirkung zu demselben Zeitpunkt geendet hätte, er aber durch Zustimmung zu einer Vereinbarung eine Entschädigung oder andere Vorteile erlangen kann.

28   **4. Verschulden.** Der Lösungstatbestand erfordert weiter, dass der Arbeitslose durch die Mitwirkung an der Beendigung der Beschäftigung seine Arbeitslosigkeit **grob fahrlässig oder vorsätzlich** herbeiführt. Dies ist zu bejahen, wenn der Arbeitslose im Zeitpunkt der Lösung des BeschV keine konkreten Aussichten auf einen Anschlussarbeitsplatz hatte und dies wusste oder wissen musste (BSG 20. 1. 2000 – B 7 AL 20/99 R – AP Nr. 6 zu § 119 AFG). Im Regelfall wird im Rahmen des Lösungstatbestands Verschulden anzunehmen sein. Ausnahmsweise kann dieses aber entfallen, wenn der Arbeitslose bei Lösung der Beschäftigung eine konkrete Aussicht auf Anschlussbeschäftigung hatte, die sich erst nach der Lösung des früheren ArbV zerschlägt.

III. Sperrzeit bei Arbeitsaufgabe durch arbeitsvertragswidriges Verhalten (Alt. 2)

29   Der Tatbestand der Sperrzeit bei Arbeitsaufgabe (Nr. 1) sieht in seiner zweiten Alternative eine Sperrzeit vor, wenn zwar der ArbG die Kündigung ausspricht, diese aber durch arbeitsvertragswidriges Verhalten des AN veranlasst worden ist.

30   **1. Arbeitsvertragswidriges Verhalten.** Das Verhalten des AN muss eine der Haupt- oder Nebenpflicht aus dem ArbV verletzt haben. Die Sperrzeit tritt ein, wenn der AN Anlass für eine verhaltensbedingte Arbeitgeberkündigung gegeben hat. Ob eine solche Kündigung ausgesprochen worden ist, beurteilt sich nach § 1 Abs. 2 S. 1 KSchG (zu den Voraussetzungen einer solchen Kündigung: Oetker in ErfK 8. Aufl. 2008, § 1 KSchG Rn. 188 f.). Der Sperrzeittatbestand ist allerdings insofern weiter, als er es genügen lässt, dass das arbeitsvertragswidrige Verhalten des AN **Anlass** zur Beendigung des BeschV gegeben hat. Die Prüfung, ob eine auf arbeitsvertragswidriges Verhalten gestützte ArbG-Kündigung nach arbeitsrechtlichen Maßstäben rechtmäßig ist, ist daher nicht geboten. Die Frage kann sich aber auf die Beurteilung des Verschuldens auswirken (vgl. Rn. 31). Arbeitsvertragswidriges Verhalten iSd. Nr. 1 Alt. 2 liegt noch nicht vor, wenn eine Straftat gegen den ArbG zwar behauptet, aber nicht nachgewiesen ist. Der **Verdacht** arbeitsvertragswidrigen Verhaltens begründet die Sperrzeit nicht (SG Aachen 26. 1. 2007 – S. 8 AL 11/06), obwohl in solchen Fällen eine Verdachtskündigung arbeitsrechtlich zulässig ist. Strafbares Verhalten im Privatleben kann Anlass für eine verhaltensbedingte Kündigung geben. Allerdings stellen im privaten Bereich verübte Straftaten nur ausnahmsweise dann ein arbeitsvertragswidriges Verhalten dar, wenn das außerdienstliches Verhalten auf den Vertrauensbereich des ArbV durchschlägt (BSG 6. 3. 2003 – B 11 AL 69/02 R – BSGE 91, 18 = SozR 4–4300 § 144 Nr. 2). Führt z. B. eine außerdienstliche strafbare Handlung zum Verlust der

Fahrerlaubnis und damit zur Unmöglichkeit der Leistungserbringung, ohne den Vertrauensbereich des ArbV zu betreffen, ist eine Kündigung aus personenbedingten Gründen möglich, die keine Sperrzeit auslöst (SG Stuttgart 18. 7. 2007 – S 20 AL 7291/05).

2. Kausalität und Verschulden. Auch die 2. Alt. des Sperrzeittatbestands Nr. 1 steht unter der Voraussetzung, dass die Arbeitslosigkeit kausal durch die Kündigung wegen arbeitsvertragswidrigen Verhaltens sowie qualifiziert schuldhaft herbeigeführt worden ist (vgl. Rn. 28). An einem Verschulden in dem erforderlichen Grad kann es fehlen, wenn das Verhalten nicht so gewichtig ist, dass es eine Kündigung des ArbG rechtfertigt. In einem solchen Fall kann Verschulden zu verneinen sein, wenn der AN eine Kündigung als Reaktion auf sein Verhalten nicht billigend in Kauf nimmt oder zumindest die gebotene Sorgfalt nicht in hohem Maß missachtet hat. Ein Verschulden liegt bei Nr. 1 Alt. 2 z. B. in den Fällen einer Trunkenheitsfahrt nicht vor, wenn der AN alkoholkrank ist. Ein hoher Blutalkoholgehalt kann auch unabhängig von einer Alkoholkrankheit darauf hindeuten, dass ein AN die Tat schuldunfähig begangen hat. Mangels Verschulden tritt in solchen Fällen keine Sperrzeit ein (BSG 6. 3. 2003 – B 11 AL 69/02 R – BSGE 91, 18 = SozR 4-4300 § 144 Nr. 2). Arbeitsgerichtliche Entscheidungen oder Vergleiche haben für die Prüfung einer Sperrzeit keine Bindungswirkung. Es kommt auf den tatsächlichen Ablauf, nicht auf das vom ArbG Entschiedene oder Vereinbarte an (BSG 6. 3. 2003 – B 11 AL 69/02 R = BSGE 91, 18; BSG 27. 4. 2011 – B 11 AL 11/11 B).

IV. Sperrzeit bei Arbeitsablehnung (Nr. 2)

1. Arbeitsuchend gemeldete AN. Adressaten des Sperrzeittatbestands Nr. 2 sind sowohl die bei der AA frühzeitig **arbeitsuchend gemeldeten AN** (§ 38 Abs. 1) als auch **Arbeitslose** (§ 16). Der Tatbestand erfasst damit auch Personen, die noch im ArbV stehen, sich aber wegen dessen bevorstehender Beendigung bereits nach Maßgabe des § 38 Abs. 1 arbeitsuchend gemeldet haben. Da diese AN schon vor Eintritt von Arbeitslosigkeit in die Vermittlung der AA einbezogen sind, erscheint eine Arbeitsablehnung auch in dieser frühen Phase schon als versicherungswidrig, da sie den Eintritt des Versicherungsfalles vermeiden könnte. Solange aber ein AN sich entgegen der Obliegenheit aus § 38 Abs. 1 nicht arbeitsuchend gemeldet hat, kommt die Sperrzeit nach Nr. 2 nicht in Betracht. Die Sanktion wegen verspäteter Arbeitsuche erfolgt nach Nr. 7. Daneben sind schon immer **Arbeitslose** iSd. § 16 mögliche Adressaten der Sperrzeit bei Arbeitsablehnung.

2. Beschäftigungsangebot. Die Sperrzeit setzt voraus, dass **die AA** ein Beschäftigungsangebot – bei Ausbildungsuchenden auch Berufsausbildungsangebot – unterbreitet hat. Eine bestimmte **Form** (Schriftform) ist nicht erforderlich, im Hinblick auf die Beweislage aber geboten und in der Praxis üblich. Bei Ablehnung mehrerer Angebote an einem Tag kann für jedes Angebot eine Sperrzeit eintreten. Die wiederholte Ablehnung derselben Beschäftigung führt dagegen nicht zu mehreren Sperrzeiten (vgl. DA der BA zu § 10 Abs. 5, DA 11.2.). Ein Beschäftigungsangebot iSd. Sperrzeittatbestands Nr. 2 kann sich auch auf eine von der AA geförderte **Arbeitsbeschaffungsmaßnahme** (ABM) beziehen (§§ 144 Abs. 1 S. 3, 27 Abs. 3 Nr. 5). Das Beschäftigungsangebot führt als **Maßnahme der Vermittlung** Arbeitsuchende bzw. Arbeitslose mit einem ArbG zur Begründung eines BeschV zusammen (§ 35 Abs. 1 S. 1, 2). Das Angebot muss daher den gesetzlichen Vorgaben für die Vermittlungsarbeit der AA in §§ 35 Abs. 1, 2; 36 entsprechen. Das Beschäftigungsangebot ist weder ein Vertragsangebot noch ein anfechtbarer VA (BSG 19. 1. 2005 – B 11 a/11 AL 39/04 R – SozR 4-1300 § 63 Nr. 2), denn ein Vermittlungsvorschlag weist keinen Regelungsgehalt iSd. § 31 SGB X auf. Seit 1. 1. 2009 darf die AA auch die in der „Internet-Jobbörse" angebotenen Stellen auf ihre Zumutbarkeit (§ 121) hin prüfen und sie mit Rechtsfolgenbelehrung den Arbeitsuchenden auf elektronischem Wege verbindlich als Beschäftigung anbieten (vgl. BT-Drs. 16/10810, 49).

Das Beschäftigungsangebot – auch Stellenangebot oder Vermittlungsvorschlag genannt – muss sich **inhaltlich** auf eine „Beschäftigung" beziehen, wobei hier der beitragsrechtliche Beschäftigungsbegriff gemeint ist (vgl. oben Rn. 16). Das Angebot muss spezifiziert sein. Die Regelung setzt insoweit voraus, dass der ArbG (Name, Firma, Anschrift) und die Art der Tätigkeit konkret benannt werden (BSG 5. 9. 2006 – B 7a AL 14/05 R – BSGE 97, 73 = SozR 4-4300 § 144 Nr. 15). **Weiterer Angaben** bedarf es nach dem Wortlaut der Nr. 2 aber **nicht.** Insbesondere sind Angaben zu Lage und Dauer der Arbeitszeit oder zur **Höhe** des vorgesehenen **Entgelts** nicht erforderlich (BSG 21. 7. 1981 – 7 RAr 37/80; BSG 5. 9. 2006 – B 7a AL 14/05 R – SozR 4-4300 § 144 Nr. 15; so jetzt auch Karmanski in Niesel/Brand, SGB III, § 144 Rn. 63; a. A. Sächsisches LSG 2. 4. 2008 – L 2 B 141/08 AS-ER). Diese Anforderungen gelten in gleicher Weise für elektronisch unterbreitete Angebote (§ 35 Abs. 3).

Das konkrete Beschäftigungsangebot muss dem Arbeitslosen zumutbar iSd. § 121 sein. Dabei kann dahingestellt bleiben, ob es sich bei dem Kriterium der Zumutbarkeit um ein eigenständig zu prüfendes Merkmal handelt oder ob es im Rahmen des Merkmals des wichtigen Grundes zu prüfen ist, denn jedenfalls führt ein unzumutbares Angebot nicht zu einer Sperrzeit.

Die Vermittlung der AA ist **weder** nach den Grundsätzen sachgerechter Vermittlung **noch** nach § 121 auf Beschäftigungen mit mindestens **tariflicher Entlohnung** beschränkt (vgl. BSG 18. 8. 2006 – B 7 a/7 AL 66/04 R; LSG Berlin-Brandenburg 15. 5. 2007 – L 12 AL 59/04; Mutschler in NK-

SGB III § 36 Rn 15 f.; aA Valgolio in Hauck/Noftz SGB III § 144 Rn. 105). Die Frage, welches Entgelt deshalb zu zahlen ist, weil AN und ArbG beiderseits tarifgebunden sind, ergibt sich aus arbeitsrechtlichen Bestimmungen. Die Grenze zulässiger arbeitsförderungsrechtlicher Vermittlung ist nur in Fällen eines sittenwidrig niedrigen Lohnangebots (Lohnwucher) überschritten. In Anlehnung an die arbeitsgerichtliche Rspr. ist bei Löhnen von weniger als zwei Dritteln des Tariflohns ein Fall des Lohnwuchers gegeben (LAG Berlin, Urteil vom 20. 2. 1998 – 6 SA 145/97).

36 **3. Rechtsfolgenbelehrung.** Die AA ist gehalten, bei Unterbreitung eines Beschäftigungsangebots besonderen **Belehrungs- bzw. Hinweispflichten** nachzukommen. Nur wenn der Arbeitsuchende/Arbeitslose das Angebot trotz Belehrung über die Rechtsfolgen nicht annimmt, tritt eine Sperrzeit ein. Die Rechtsfolgenbelehrung erfüllt ihre **Funktion** aber nur, wenn Arbeitsuchende/Arbeitslose hinreichend über die Folgen einer Sperrzeit informiert und in allgemeiner Form vorgewarnt werden. Ist über die Rechtsfolgen nicht ordnungsgemäß belehrt worden, tritt keine Sperrzeit ein (BSG 20. 10. 2005 – B 7 a AL 18/05 R = BSGE 95, 176 ff. = SozR 4-4300 § 119 Nr. 3 Rn. 25). Eine ordnungsgemäße Rechtsfolgenbelehrung erfordert, dass die nach den Verhältnissen des Einzelfalls drohenden Folgen der Arbeitsablehnung konkret, richtig, vollständig und verständlich erläutert werden (allgemein zur Rechtsfolgenbelehrung im Kontext des § 31 SGB II: BSG 17. 12. 2009 – B 4 AS 30/09 R – Rn. 22; BSG 18. 2. 2010 – B 14 AS 53/08 R – Rn. 19 mwN – BSGE 105, 297 = SozR 4-4200 § 31 Nr. 5). Dieser Funktion wird eine Belehrung auch gerecht, wenn sie den Arbeitslosen auf **elektronischem Wege** erreicht (§ 35 Abs. 3). Die Belehrung muss **zeitnah** und in erkennbarem Zusammenhang mit dem **jeweiligen Arbeitsangebot** – nicht zwingend gleichzeitig – erteilt werden. Die von den AA standardmäßig verwendeten Belehrungen sind in der Rspr. bis dato BSG zuletzt unbeanstandet geblieben. Gehen dem Arbeitslosen unterschiedliche Belehrungen zu (z. B. zu Sperrzeit und zu den Folgen fehlender Mitwirkung) ist eine solche (doppelte) Belehrung mit unterschiedlichen Inhalten nicht aus sich heraus verständlich ist (BSG 1. 6. 2006 – B 7 a AL 26/05 R), also nicht wirksam. Dagegen ist eine mehrfach zutreffende Belehrung unschädlich.

37 **4. Nichtannahme/Nichtantreten/Vereitelung.** Versicherungswidrig i. S. der Nr. 2 ist ein Verhalten, mit dem der frühzeitig Arbeitsuchende (§ 38 Abs. 1) oder Arbeitslose eine angebotene Beschäftigung nicht annimmt oder nicht antritt. **Nichtannahme** ist die ausdrückliche oder konkludente Ablehnung eines von der AA unterbreiteten Beschäftigungsvorschlags. **Nichtantreten** setzt voraus, dass mit dem ArbG der Beginn einer Beschäftigung vereinbart wird, der Arbeitslose zum vereinbarten Termin des Beschäftigungsbeginns aber nicht erscheint. Dritte Tatbestandsvariante ist das „Verhindern der Anbahnung eines BeschV", besser bekannt unter dem Begriff des **„Vereitelns"**. Darunter fällt die Nichtaufnahme von Kontakten zum ArbG zum Zwecke der Vertragsanbahnung, z. B. keine Beschwebung, kein Telefonkontakt. Zum Vereiteln zählt auch die Herstellung des Kontakts in einer Weise, dass der ArbG von einer weiteren Vertragsanbahnung abgehalten wird.

38 Ein mit Mängeln behaftetes **Bewerbungsschreiben** ist als Nichtbewerbung anzusehen, wenn es allein schon wegen seines objektiven Inhalts oder seiner Form vom ArbG von vornherein als unbeachtlich oder offensichtlich unernst gemeint behandelt wird. Dies ist anzunehmen, wenn der Bewerber allein wegen dieses Schreibens aus der Auswahl für die angebotene Beschäftigung ausscheidet (BSG 5. 9. 2006 – B 7 a AL 14/05 R – BSGE 97, 73 = SozR 4-4300 § 144 Nr. 15).

39 Vereitelung ist auch gegeben, wenn das Verhalten des Arbeitslosen bei einem persönlichen oder telefonischen **Vorstellungsgespräch** die weitere Anbahnung des BeschV verhindert. Das versicherungswidrige Verhalten kann dabei in der Art der persönlichen Vorstellung liegen, die erkennen lässt, dass der Bewerber an der Beschäftigung nicht interessiert ist. Sie kann auch in überzogenen Gehaltsforderungen (LSG Berlin-Brandenburg 15. 5. 2007 – L 12 AL 59/04) oder der Forderung nach atypischen Arbeitsbedingungen liegen. Etwas weitgehend ist ein Vereiteln bejaht worden, als ein Kraftfahrer im Vorstellungsgespräch die im Transport- und Speditionsgewerbe untypischen Arbeitszeiten eines 8-Stunden-Tags bzw. einer 40-Stunden-Woche forderte (LSG Baden-Württemberg 7. 1. 2004 – L 9 AL 45/03; aA zutreffend *Schaller* in jurisPR-SozR 2/2055 Anm. 2). Auch der Arbeitslose verhindert die Anbahnung, der sich ungenügend um das Angebot kümmert, sich z. B. nicht umgehend oder nicht rechtzeitig beim ArbG meldet oder sich vereinbarungswidrig nicht mehr meldet, nachdem bereits ein Kontakt hergestellt worden war (vgl. LSG Baden-Württemberg 22. 5. 2003 – L 12 AL 3678/02).

40 Allerdings muss der Arbeitslose in den Fällen des **Vereitelns/Verhinderns** nach seinem individuellen Vermögen erkennen können, dass ein ArbG ihn wegen seines Verhaltens aus dem Bewerberkreis ausschließen wird. Die Sperrzeit wegen Arbeitsablehnung (Nr. 2) erfordert in Bezug auf die Arbeitsablehnung ein vorwerfbares Verhalten, für das allerdings schon **leichte Fahrlässigkeit** genügt (BSG 14. 7. 2004 – B 11 AL 67/03 R – BSGE 93, 105 = SozR 4-4300 § 144 Nr. 8). Auf den inneren Willen, die angebotene Beschäftigung abzulehnen (Vorsatz), kommt es dagegen nicht an (BSG 5. 9. 2006 aaO Rn. 21).

41 **5. Kausalität.** Der kausale Zusammenhang zwischen dem Verhalten des Arbeitslosen und der Verlängerung der Dauer der Arbeitslosigkeit ist bei Arbeitsablehnung regelmäßig zu bejahen. Liegt eine Arbeitsablehnung vor, kann sich der Arbeitslose nicht darauf berufen, er **wäre nicht eingestellt** worden, wenn er sich nicht versicherungswidrig verhalten hätte. Auf die Frage, wie der potentielle Arbeitgeber ohne die Arbeitsablehnung reagiert hätte, kommt es nicht an (st. Rspr. BSG 14. 7. 2004 – B 11 AL 67/03 R – BSGE 93, 105 = SozR 4–4300 § 144 Nr. 8). Ausreichend ist vielmehr eine typisierende Kausalität, nach der der Arbeitslose seinen Vorkenntnissen entsprechend für die angebotene Arbeit in Betracht kommt, sie aber dennoch im Vorfeld eines BeschV ablehnt oder ihr Zustandekommen verhindert (BSG aaO). An der Kausalität fehlt es jedoch, wenn die angebotene Stelle zum Zeitpunkt des versicherungswidrigen Verhaltens des Arbeitsuchenden oder Arbeitslosen bereits besetzt ist (BSG 5. 9. 2006 – B 7a AL 14/05 R – BSGE 97, 73 = SozR 4–4300 § 144 Nr. 15 Rn. 22).

V. Sperrzeit bei unzureichenden Eigenbemühungen (Nr. 3)

1. Eigenbemühungen. Die **Obliegenheit** zu Eigenbemühungen ergibt sich für Arbeitsuchende, 42 Ausbildungsuchende und Arbeitslose aus § 38. Sie werden entweder durch die AA konkretisiert, in einer Eingliederungsvereinbarung – EV – (§ 37 Abs. 2) verbindlich bestimmt oder – im Fall der Weigerung, eine EV abzuschließen – durch VA konkretisiert (§ 37 Abs. 3 S. 4). Für Arbeitslose sind Eigenbemühungen zur Beendigung der Arbeitslosigkeit eine Voraussetzung des Anspruchs auf Alg (vgl. § 119 Abs. 1 Nr. 2, Abs. 4). Lehnen Arbeitslose Eigenbemühungen ganz oder teilweise ab, ist der Anspruch auf Alg dem Grunde nach in Frage gestellt (vgl. § 119 Rn. 14 f.). Die Sperrzeit nach Nr. 3 knüpft an den verspäteten, fehlenden oder unvollständigen **Nachweis** konkreter Eigenbemühungen. Neben der Sperrzeit ist die Anwendung des § 66 SGB I wegen fehlende Mitwirkung an den von der AA geforderten Eigenbemühungen aus Gründen der Gesetzeskonkurrenz ausgeschlossen.

2. Konkretisierung durch die AA. Der Sperrzeittatbestand nach Nr. 3 setzt voraus, dass (zu- 43 nächst) die zu leistenden Eigenbemühungen in einer Aufforderung der AA, einer Eingliederungsvereinbarung (§ 37 Abs. 3) oder im Wege der Ersatzvornahme (§ 37 Abs. 3 S. 4) konkretisiert worden sind. An die Konkretisierung der Eigenbemühungen durch die AA stellt die Rspr. hohe Anforderungen, die auch über den Wortlaut der §§ 119 Abs. 4, 144 Abs. 1 S. 2 Nr. 3 hinausreichen. Die Konkretisierung muss **ausdrücklich und in zumutbarer Weise** erfolgen (§ 2 Abs. 3 Nr. 1, Gedanke aus § 121); die AA muss einen bestimmten **Termin** setzen, bis zu dem der Nachweis für die Eigenbemühungen zu erbringen ist (BSG 20. 10. 2005 – B 7 a AL 18/05 R – BSGE 95, 176, 185 = SozR 4–4300 § 119 Nr. 3). Fehlt es an einer dieser Anforderungen, sind unzureichende Eigenbemühungen nicht vorwerfbar (BSG 20. 10. 2005 – B 7a AL 18/05 R – BSGE 95, 176, 184 = SozR 4–4300 § 119 Nr. 3). Im Streitfall ist allerdings auch zu prüfen, ob Arbeitslose Eigenbemühungen generell verweigern und deshalb die Anspruchsvoraussetzungen des Alg fehlen (BSG aaO).

Eine **allgemeine Aufforderung** zu konkreten Eigenbemühungen, die die AA gegenüber dem Ar- 44 beitslosen ausspricht, ist **kein VA** (BSG 20. 10. 2005 – B 7 a AL 18/05 R – BSGE 95, 176, 177 f. = SozR 4–4300 § 119 Nr. 3), soweit es sich nicht um eine Ersatzvornahme nach § 37 Abs. 3 S. 4 handelt. Eine förmliche Rechtsfolgenbelehrung muss eine allgemeine Aufforderung der AA deshalb nicht enthalten. Übersendet die AA einem Arbeitslosen aber ein Schreiben mit Verfügungssatz und Rechtsmittelbelehrung (Formal-VA), kann dieser den (Formal-)VA mit der Anfechtungsklage angreifen (BSG aaO, S. 178 m. w. N.). Der Widerspruch gegen einen solchen Formal-VA hat aufschiebende Wirkung (§ 86 a Abs. 1 SGG). Entsprechendes gilt für eine Regelung durch VA nach § 37 Abs. 3 S. 4.

3. Nachweis. Die Sperrzeit tritt ein, wenn der Arbeitslose die von ihm geschuldeten Eigenbemü- 45 hungen nicht nachweisen kann. Die Sperrzeit tritt also ein, wenn der Arbeitslose die erforderlichen Eigenbemühungen unternommen hätte, dies aber nicht beweisen kann. Die Regelung enthält keine Durchbrechung des Untersuchungsgrundsatzes (§ 20 SGB X, § 103 SGG). Erst wenn alle erreichbaren Beweise erhoben sind, gleichwohl die geforderten Eigenbemühungen nicht nachgewiesen werden können, ist eine Entscheidung nach Beweislastgrundsätzen zulässig (BSG 20. 10. 2005 – B 7a AL 18/05 R – BSGE 95, 176, 186 = SozR 4–4300 § 119 Nr. 3).

4. Verschulden. Wie oben schon gezeigt (vgl. Rn. 4), setzt der Eintritt einer Sperrzeit (Sanktion) 46 Verschulden des Arbeitslosen voraus (so BSG aaO, S. 187). Ist der Arbeitslose aus ihm nicht vorwerfbaren Gründen nicht in der Lage, die ihm gegenüber zulässig konkretisierten Eigenbemühungen nachzuweisen, fehlt es an einem Verschulden. Bei der Prüfung des Verschuldens ist – soweit nicht Vorsatz vorliegt – ein **subjektiver Fahrlässigkeitsmaßstab** anzulegen. Zwar genügt **jede** Art von **Fahrlässigkeit** (BSG aaO S. 187; BSG 18. 8. 2005 – B 7 a AL 4/05 R und B 7 a/7 AL 94/04 R), bei der Prüfung ist aber von den individuellen Fähigkeiten des jeweiligen Arbeitslosen auszugehen.

VI. Sperrzeit bei Ablehnung einer beruflichen Eingliederungsmaßnahme (Nr. 4)

1. Ablehnung der Teilnahme. Der Sperrzeittatbestand Nr. 4 setzt die Weigerung des Arbeitslo- 47 sen voraus, an einer beruflichen Eingliederungsmaßnahme teilzunehmen. Der Arbeitslose muss über die Rechtsfolgen seines Handelns belehrt worden sein und ohne wichtigen Grund handeln. Auch diese Ablehnung muss sich auf ein **konkretes Maßnahmeangebot** beziehen. An einer Maßnahme nimmt nur teil, wer tatsächlich anwesend ist (vgl auch § 160 Rn 8 f.). Über die tatsächliche Teilnahme lässt sich die Weigerung verifizieren.

48 Allerdings fehlt es schon an den Voraussetzungen des Anspruchs auf Alg dem Grunde nach, wenn der Arbeitslose sich den Vermittlungsbemühungen der AA zur beruflichen Eingliederung generell nicht zur Verfügung stellt (§ 119 Abs. 1 Nr. 3, Abs. 5 Nr. 2; vgl. auch BSG 29. 6. 1995 – 11 RAr 47/94 – SozR 3–4100 § 103 Nr. 13).

49 **2. Maßnahmearten.** Die in Betracht kommenden **Maßnahmearten** sind in der Nr. 4 **abschließend** aufgeführt. Die AA muss dem Arbeitslosen eine Maßnahme zur Aktivierung und beruflichen Eingliederung (§ 46; vgl. § 46 Rn. 6) oder eine Maßnahmen zur Aus- und Weiterbildung oder zur Teilhabe am Arbeitsleben angeboten haben. Die Maßnahmen zur beruflichen Aus- und Weiterbildung werden durch §§ 60, 85, Maßnahmen zur Förderung der Teilhabe behinderter Menschen am Arbeitsleben durch §§ 97 f näher ausgestaltet. Nur Maßnahmen, die die dort genannten weiteren Anforderungen erfüllen, können eine Sperrzeit begründen.

49a Die Maßnahme muss sich im Rahmen der förderungsrechtlichen Voraussetzungen des SGB III halten. Fraglich ist deshalb, ob ein konkretes Maßnahmeangebot der AA die Sperrzeit nur auslöst, wenn die AA zugleich eine **schriftliche Förderungszusage** gibt. Eine solche Anforderung lässt sich dem Wortlaut des Sperrzeittatbestands aber nicht entnehmen. Das Maßnahmeangebot muss keine konkrete Förderungszusage enthalten (a. A. noch zu § 119 AFG: BSG 16. 10. 1990 – 11 RAr 65/89 – SozR 3–4100 § 119 Nr. 4; Karmanski in Niesel/Brand, SGB III, § 144 Rn. 99). Fehlen dem Arbeitslosen – ohne eine solche Zusage – allerdings die Mittel, um seine Teilnahme an der Maßnahme zu finanzieren, kann ein wichtiger Grund zur Ablehnung der Maßnahme gegeben sein.

50 Die Rspr. fordert darüber hinaus, dass die angebotene Maßnahme dem Arbeitslosen **zumutbar** sein muss. Das ist sie, wenn sie geeignet und notwendig ist, um die Eingliederungsaussichten des Arbeitslosen zu verbessern. Abzustellen ist insoweit auf die Umstände des Einzelfalles, wobei es auf die Inhalte und die konkrete Ausgestaltung der angebotenen Maßnahme ankommt (BSG 29. 1. 2003 – B 11 AL 33/02 R; BSG 18. 9. 1997 – 7 RAr 68/96 = SozR 3–4465 § 3 Nr. 1). Zutreffend wäre die Frage der Unzumutbarkeit der Maßnahme wohl eher beim wichtigen Grund für eine Ablehnung zu prüfen.

51 **3. Rechtsfolgenbelehrung.** Auch die Sperrzeit nach Nr. 4 (Ablehnung beruflicher Eingliederungsmaßnahmen) setzt eine vorherige Belehrung über die Rechtsfolgen der Ablehnung voraus (zu den Anforderungen an Inhalt und Verständlichkeit sowie Funktion der Belehrung vgl. oben Rn. 36). Die AA muss insbesondere richtig und umfassend über die Rechtsfolge „Sperrzeit" belehren. Gehen dem Arbeitslosen unterschiedliche Belehrungen zu (z. B. zu Sperrzeit und zu den Folgen fehlender Mitwirkung) und sind solche (doppelten) Belehrungen nicht aus sich heraus verständlich ist (BSG 1. 6. 2006 – B 7 a AL 26/05 R). Liegt keine ordnungsgemäße Belehrung vor, tritt eine Sperrzeit nicht ein. Mehrfach zutreffende Belehrungen sind dagegen unschädlich.

VII. Sperrzeit bei Maßnahmeabbruch und -ausschluss (Nr. 5)

52 **1. Maßnahmearten.** Die Sperrzeit bei Abbruch einer beruflichen Eingliederungsmaßnahme tritt ein, wenn der Arbeitslose zunächst an einer Maßnahme iSd. Nr. 4 teilgenommen hat. Das sind Maßnahmen zur Aktivierung und beruflichen Eingliederung (§ 46), Maßnahmen zur beruflichen Aus- und Weiterbildung oder Maßnahmen zur Förderung der Teilhabe behinderter Menschen am Arbeitsleben (vgl. auch Rn. 49). An einer solchen Maßnahme hat der Arbeitslose nur teilgenommen, wenn er dort tatsächlich – wenigstens einmal – anwesend gewesen ist (vgl. SG Freiburg 26. 3. 2008 – S 2 AS 47/08 – Ls. 2). Tritt der Arbeitslose die Maßnahme schon nicht an, kommt eine Sperrzeit nach Nr. 4 in Betracht. Der Abbruch oder Ausschluss aus einer Bildungsmaßnahme begründet die Sperrzeit nur, wenn die abgebrochene Maßnahme zumutbar war (BSG 16. 9. 1999 – B 7 AL 32/98 R = BSGE 84, 270 = SozR 3–4100 § 119 Nr. 19).

53 **2. Abbruch/Ausschluss wegen maßnahmewidrigen Verhaltens.** Der Sperrzeittatbestand nennt alternativ zwei Arten des versicherungswidrigen Verhaltens, die die Sperrzeit auslösen können. Nach Alt. 1 muss der Arbeitslose selbst die Maßnahme abbrechen. Unter Abbruch ist die bewusste und gewollte endgültige Einstellung der Teilnahme zu verstehen (subjektive Entscheidung). Kann der Arbeitslose aufgrund objektiver Hinderungsgründe, wie z. B. Krankheit oder unabwendbares Ereignis (höhere Gewalt, Witterungseinfluss, Streik, Verkehrschaos), nicht teilnehmen, liegt kein Abbruch vor.

54 Nach Alt. 2 tritt die Sperrzeit ein, wenn der Arbeitslose von der Teilnahme ausgeschlossen wird **und** sein **maßnahmewidriges Verhalten** Anlass für den Ausschluss von der Maßnahme gegeben hat. Ungeschriebenes Tatbestandsmerkmal ist – wegen der Parallele zu Nr. 1 – die **materielle Rechtmäßigkeit des Ausschlusses** von der Maßnahme. Dem von der Maßnahme ausgeschlossenen Teilnehmer sind nur berechtigte Reaktionen auf sein (Fehl-)Verhalten zurechenbar (BSG 16. 9. 1999 – B 7 AL 32/98 R = BSGE 84, 270 = SozR 3–4100 § 119 Nr. 19). Dagegen kommt es für den Eintritt der Sperrzeit auf die **formelle Rechtmäßigkeit** des Ausschlusses nicht an. Nach dem Wortlaut der Nr. 4 tritt die Sperrzeit – unabhängig von der formellen Rechtmäßigkeit des Ausschlusses – ein, wenn der Arbeitslose durch objektiv maßnahmewidriges Verhalten Anlass zu dem Ausschluss gegeben hat (BSG aaO).

In beiden Alternativen (Abbruch, Ausschluss) ist die Sperrzeit eine Sanktion dafür, dass der Arbeitslose vorwerfbar nicht an der Behebung der Arbeitslosigkeit mitgewirkt hat. Deshalb muss ein subjektiv vorwerfbares Verhalten – also **Verschulden** – den Ausschluss aus der Maßnahme veranlasst haben (dazu BSG 16. 9. 1999 – B 7 AL 32/98 R = BSGE 84, 270 = SozR 3–4100 § 119 Nr. 19). 55

3. Rechtsfolgenbelehrung. Schließlich muss der Arbeitslose von der AA über die Rechtsfolgen eines Abbruchs der Maßnahme durch ihn oder eines Ausschlusses von der Maßnahme belehrt worden sein. Zwar ergibt sich auch dies nicht ausdrücklich aus Nr. 5, jedoch kann diese Anforderung aus der Verweisung auf Nr. 4 hergeleitet werden. Auch für die Sperrzeit bei Abbruch einer Eingliederungsmaßnahme wird eine **Hinweis- und Belehrungspflicht bejaht** (BSG 16. 9. 1999 – B 7 AL 32/98 R = BSGE 84, 270 = SozR 3–4100 § 119 Nr. 19). Notwendig für die Wirksamkeit der Rechtsfolgenbelehrung ist, dass sie konkret, richtig und vollständig ist und dem Arbeitslosen in verständlicher Form zutreffend erläutert, welche unmittelbaren und konkreten Auswirkungen vorwerfbares maßnahmewidriges Verhalten, das zum Ausschluss aus der Maßnahme führt, auf den Leistungsanspruch hat (vgl. BSG 16. 9. 1999 – B 7 AL 32/98 R – BSGE 84, 270 = SozR 3–4100 § 119 Nr. 19). 56

VIII. Sperrzeit bei Meldeversäumnis (Nr. 6)

1. Meldeaufforderung. Der Sperrzeittatbestand nach Nr. 6 ist an die Stelle der früheren Säumniszeit (§ 145 idF bis 31. 12. 2004; § 434j Abs. 4) getreten. Eine Sperrzeit bei Meldeversäumnis tritt ein, wenn der frühzeitig Arbeitsuchende (§ 38 Abs. 1) oder eine Arbeitslose einer Aufforderung der AA, sich zu melden oder zu einem ärztlichen oder psychologischen Untersuchungstermin zu erscheinen (§ 309), nicht nachkommt oder nicht nachgekommen ist. Die Sperrzeit nach Nr. 6 nimmt auf die allgemeine Meldepflicht aus § 309 Bezug (jetzt auch § 38 Abs. 1 S. 6). Die Aufforderung – auch Einladung genannt – muss darauf gerichtet sein, den Arbeitslosen zur Meldung bei der AA zu veranlassen oder ihn aufzufordern, an einer ärztlichen oder psychologischen Untersuchung teilzunehmen. Die Meldeaufforderung muss rechtmäßig sein, d. h. inhaltlich **bestimmt** und an einen Arbeitslosen oder Arbeitsuchenden gerichtet sein (§ 309 Abs. 1 S. 1). Die **Stelle**, bei der sich der Arbeitslose melden soll, muss konkret bezeichnet sein (§ 309 Abs. 1 S. 2). Sind Datum und Uhrzeit der Meldung bestimmt worden, genügt eine Meldung an demselben Tag (§ 309 Abs. 3 S. 2). Die Meldung an einem anderen als dem bestimmten Tag genügt nicht. Die Meldeaufforderung muss einem der in § 309 Abs. 2 bezeichneten Zwecke dienen. Die Konkretisierung eines solchen Zwecks kann allerdings noch nicht dem Termin selbst erfolgen (vgl. LSG Sachsen-Anhalt 11. 10. 2005 – L 2 AL 124/04). Die Meldeaufforderung kann auch zu einer **Gruppeninformation** ergehen, wenn die Information einem der gesetzlichen Meldezwecke dient, denn § 309 Abs. 2 setzt nur einen Meldezweck nicht aber eine bestimmte Ausgestaltung des Meldetermins voraus (vgl. LSG Sachsen-Anhalt 24. 1. 2002 – L 2 AL 9/00). 57

Die Frage nach der **Rechtsnatur** der Meldeaufforderung ist bislang in der Rspr. nicht beantwortet worden (BSG 19. 1. 2005, B 11 a/11 AL 39/04 R, SozR 4–1300 § 63 Nr. 2). Richtigerweise ist sie (wie eine Maßnahme der Vermittlung) **kein VA**, denn die Aufforderung zur Meldung enthält ebenso wie das Arbeitsangebot noch keine verbindliche Regelung. Sie begründet vielmehr eine versicherungsrechtliche Obliegenheit zur Meldung (vgl. zu Nr. 7: BSG 20. 10. 2005 – B 7a AL 50/05 R – BSGE 95, 191 Rn. 15 = SozR 4–4300 § 37b Nr. 2). Die Meldeaufforderung bereitet einen späteren VA allenfalls vor (aA hM *Curkovic* in NK-SGB III § 309 Rn. 11; *Düe* in Niesel, SGB III § 309 Rn. 6; *Gagel*, SGB III, § 309 Rn. 20). 58

Wird der **Zugang** einer Meldeaufforderung **bestritten**, trägt die AA die Beweislast für deren Zugang. Dies gilt unabhängig davon, ob die Aufforderung als VA anzusehen ist oder nicht. Auch § 144 Abs. 1 S. 3 besagt nichts anderes, da die insoweit maßgebenden Tatsachen nicht in der Sphäre des Arbeitslosen liegen. 59

2. Meldeversäumnis. Die allgemeine Meldepflicht (§ 38 Abs. 1 S. 6) ist verletzt, wenn der Arbeitslose sich nicht zu der in der Meldeaufforderung angegebenen Zeit (außer § 309 Abs. 3 S. 2) und an der angegebenen Stelle **persönlich** meldet. Es gelten die Grundsätze des § 122 entsprechend. Die Meldung an einem anderen als dem in der Meldeaufforderung genannten Tag ist verspätet, sie heilt auch das eingetretene Meldeversäumnis nicht. Trifft der Arbeitslose an der in der Meldeaufforderung bezeichneten Stelle niemanden an, muss er sich bei einer anderen Person der AA oder Begutachtungsstelle melden und auch eine angemessene Zeit warten. 60

3. Rechtsfolgenbelehrung. Auch die Sperrzeit bei Meldeversäumnis tritt nur ein, wenn der Arbeitslose über die Rechtsfolgen des Meldeversäumnisses belehrt worden ist. Im Zusammenhang mit diesem Sperrzeittatbestand muss die Rechtsfolgenbelehrung den Adressaten über die Folgen seines Nichterscheinens **inhaltlich zutreffend, verständlich, richtig und vollständig belehren**. Die Belehrung muss nicht mit der Meldeaufforderung verbunden sein, aber vor dem Meldetermin erteilt werden und sich klar auf diesen beziehen. Weist die Belehrung der Meldeaufforderung auf die Möglichkeit hin, die Nichtwahrnehmung des Meldetermins durch eine AU-Bescheinigung zu entschuldigen, kann die AU das Meldeversäumnis dennoch nur entschuldigen, wenn die Meldung unmöglich ist oder die AU die Wahrnehmung des Termins sinnlos macht. 61

30 SGB III § 144

62 **4. Verschulden.** Obwohl zur Sperrzeit bei Meldeversäumnis nicht ausdrücklich geregelt und bisher auch durch die Rspr. nicht entschieden, ist auch für diesen Sperrzeittatbestand anzunehmen, dass das Meldeversäumnis dem Arbeitslosen vorwerfbar sein muss. Auch hier tritt eine Sperrzeit nicht ohne subjektiv vorwerfbares Verhalten, also nicht ohne Verschulden, ein (zur Sperrzeit Nr. 5 vgl. BSG 16. 9. 1999 – B 7 AL 32/98 R = BSGE 84, 270 = SozR 3–4100 § 119 Nr. 19; zum Verschulden bei der strukturell vergleichbaren Obliegenheit zur frühzeitigen Meldung nach § 37 b a. F. vgl. BSG 28. 8. 2007 – B 7/7 a AL 56/06 R – SozR 4–4300 § 37 b Nr. 5).

IX. Sperrzeit bei verspäteter Arbeitsuchendmeldung (Nr. 7)

63 Die einwöchige Sperrzeit (§ 144 Abs. 6) bei verspäteter Arbeitsuche hat zum 31. 12. 2005 die frühere spezifische Minderung der Anspruchsdauer (§ 140 aF) ersetzt. Nunmehr tritt bei verspäteter Arbeitsuche für alle Versicherten die gleiche maßvoll gehaltene Rechtsfolge ein (vgl. auch § 128 Abs. 1 Nr. 3). Mit der frühzeitigen Meldung wird der Zweck verfolgt, die Eingliederung von Arbeitsuchenden zu beschleunigen, Entgeltersatzleistungen der Versichertengemeinschaft zu vermeiden oder zumindest zu verkürzen (BSG 25. 5. 2005 – B 11 a/11 AL 81/04 R – BSGE 95, 8, 10 = SozR 4–4300 § 140 Nr. 1).

64 **1. Meldepflicht nach § 38 Abs. 1.** Ihrer **Rechtsnatur** nach handelt es sich bei der frühzeitigen Arbeitsuche nicht um eine Rechtspflicht, da die AA diese nicht erzwingen kann, sondern um eine versicherungsrechtliche **„Obliegenheit"** (BT-Drs. 15/25 S. 31). Die Obliegenheit ist auf Schadensabwendung oder -minderung im Versicherungsverhältnis gerichtet.

65 Personen, deren **Arbeits- oder Ausbildungsverhältnis** endet, sind verpflichtet, sich spätestens **drei Monate** vor dem Beendigungszeitpunkt persönlich bei der AA arbeitsuchend zu melden. Nach der Ausnahmeregelung des § 38 Abs. 1 S. 5 gilt dies aber **nicht** bei **betrieblichen Ausbildungsverhältnissen**. Liegen zwischen Kenntnis und dem tatsächlichen Ende der Beschäftigung weniger als drei Monate, muss sich der AN oder Auszubildende **innerhalb von drei Tagen** nach Kenntnis vom Beendigungszeitpunkt bei der AA melden (§ 38 Abs. 1 S. 2). Die Drei-Tage-Frist für die Arbeitsuchendmeldung beginnt am Tag nach Kenntnis der Beendigung und läuft kalendermäßig, also nach drei (Kalender-)Tagen, ab (LSG Baden-Württemberg 21. 8. 2008 – L 7 AL 3358/08; *Coseriu/Jakob* NK-SGB III § 37 b Rn. 25; aA SG Saarbrücken 2. 7. 2008 – S 12 AL 289/08). Für die Fristberechnung gelten die Regelungen des BGB. Fällt das Frist**ende** auf einen Samstag, Sonntag oder Feiertag ist der nächste Werktag maßgebend. Auf die Dienstbereitschaft der AA kommt es für den Lauf der Frist nicht an (LSG Baden-Württemberg 21. 8. 2008 – L 7 AL 3358/08).

66 Die Rspr. wendet die Obliegenheit zur frühzeitigen Meldung zur Arbeitsuche auch auf **befristete ArbV** an. Die Meldeobliegenheit ist auch für diese ArbV inhaltlich hinreichend bestimmt. § 38 Abs. 1 ist in diesem Kontext so auszulegen, dass die Meldung **„spätestens"** drei Monate vor Beendigung des befristeten Arbeitsverhältnisses, bei kürzer vereinbarten Befristungen binnen drei Tagen ab Kenntnis der Beendigung zu erfolgen hat (BSG 20. 10. 2005 – B 7 a AL 50/05 R – BSGE 95, 191 Rn. 15 = SozR 4–4300 § 37 b Nr. 2). Die Pflicht zur frühzeitigen Arbeitsuche besteht unabhängig davon, ob über den Fortbestand des ArbV oder Ausbildungsverhältnisses ein **Rechtsstreit** geführt wird (§ 38 Abs. 1 S. 4). Die (frühere) Voraussetzung der „Unverzüglichkeit" der Meldung ist entfallen.

67 Der ArbG ist durch § 2 Abs. 2 Nr. 3 aufgefordert, die AN über die Verpflichtung zur frühzeitigen Meldung zu informieren (vgl. Schmidt-De Caluwe in NK-SGB III § 2 Rn. 36: informatorische Bedingung). Kommt der ArbG diesem **Informationsgebot** nicht nach, haftet er dem AN dennoch nicht auf Schadensersatz für die beim Anspruch auf Alg entstehenden Nachteile (vgl. BAG 29. 9. 2005 – 8 AZR 571/04 – BAGE 116, 78 f. = AP Nr. 2 zu § 2 SGB III). Dagegen ist die **AA nicht verpflichtet**, auf die Notwendigkeit einer frühzeitigen Arbeitsuchendmeldung hinzuweisen. Im Rahmen der frühzeitigen Arbeitsuche ist eine **Belehrung** durch die AA von vornherein **nicht möglich**, wenn der Beschäftigte – wie häufig – noch in einem ArbV steht und noch keinen Kontakt mit der AA aufgenommen hat.

68 Die Sperrzeit tritt ein, wenn der AN oder Auszubildende nicht rechtzeitig vor Beginn der Drei-Monats-Frist bzw. binnen der Drei-Tage-Frist bei der AA arbeitsuchend meldet (zum Sperrzeitbeginn vgl. unten Rn. 98). Meldet sich der AN bei einem **befristeten Arbeitsverhältnis**, das von vornherein für eine kürzere Dauer als **Monate** abgeschlossen ist, aus dem Bezug von Alg ab, bedarf es **keiner neuen** persönlichen **Arbeitsuchendmeldung**, wenn die AA die Befristung kennt und dies nicht ausdrücklich verlangt (BSG 20. 10. 2005 – B 7 a AL 50/05 R – BSGE 95, 191, 195 f. = SozR 4–4300 § 37 b Nr. 2).

69 **2. Verschulden.** Eine verspätete Meldung setzt ein Verschulden des Versicherten voraus. Dieses ist anhand eines subjektiven Fahrlässigkeitsmaßstabs zu prüfen (vgl. BSG 25. 5. 2005 – B 11 a/11 AL 81/04 R; BSG 18. 8. 2005 – B 7 a AL 4/05 R, B 7 a/7 AL 94/04 R und B 7 a/7 AL 80/04 R). Ansatzpunkt für die Annahme eines Verschuldenserfordernis war das **frühere** Merkmal „unverzüglich" in § 37 b S. 1 a. F., das nach Maßgabe des § 121 BGB interpretiert wurde.

Nach **geltendem Recht** ist am Verschuldenserfordernis festzuhalten. Es ist weiterhin anzunehmen, dass die Sperrzeit nur eintritt, wenn dem Versicherten die Verletzung der Meldeobliegenheit vorwerfbar ist (LSG Baden-Württemberg 21. 8. 2008 – L 7 AL 3358/08; SG Duisburg 23. 1. 2007 – S 12 AL 17/06; Rolfs in ErfK § 144 SGB III Rn. 50 m. w. N.). 70

Danach erfordert die Feststellung von Verschulden an der verspäteten Arbeitssuche eine **doppelte Prüfung**. Zum einen ist die **Kenntnis** von bzw. fahrlässige Unkenntnis der **Meldepflicht** erforderlich, zum anderen das **vorwerfbare Fehlverhalten** für jeden einzelnen Tag der versäumten Arbeitsuchendmeldung (BSG 18. 8. 2005 – B 7 a/7 AL 94/04 R – BSGE 95, 80 = SozR 4–4300 § 140 Nr. 2). Der Arbeitslose muss (1) die **Obliegenheit** zur frühzeitigen Meldung **kennen bzw. fahrlässig nicht kennen**. Hier ist auch zu prüfen, ob der Arbeitsuchende die gebotene Information durch seinen ArbG (§ 2 Abs. 2 S. 2 Nr. 3) erhalten hat und ihm deshalb die verspätete Meldung subjektiv vorwerfbar ist (BSG aaO Rn. 14, 15, 24). Die mangelnde Belehrung durch den ArbG schließt die Sperrzeit aber nicht von vornherein aus. Verschulden kann auch gegeben sein, wenn dem Arbeitslosen seine Meldepflicht aus andren Quellen bekannt ist (BSG 28. 8. 2007 – B 7/7 a AL 56/06 R – SozR 4–4300 § 37 b Nr. 5). Verschulden setzt nach der doppelten Prüfung weiter voraus, dass (2) es dem Arbeitslosen möglich und zumutbar gewesen ist, sich arbeitsuchend zu melden (BSG 18. 8. 2005 – B 7 a/7 AL 94/04 R – BSGE 95, 80 = SozR 4–4300 § 140 Nr. 2). Der Ablauf des dritten Kalendertags nach Kenntnis der Beendigung des ArbV und der Meldepflicht löst die Sperrzeit aus, wenn die persönliche Meldung bei der AA möglich und zumutbar ist. Zum wichtigen Grund bei verspäteter Arbeitssuche vgl. Rn. 90. 71

C. Ohne wichtigen Grund

I. Grundsätzliches zum wichtigen Grund

1. Allgemein. Das Vorliegen eines wichtigen Grundes für das versicherungswidrige Verhalten ist nach st. Rspr. des BSG unter Berücksichtigung von Sinn und Zweck der Sperrzeitregelung zu beurteilen. Sie soll die Solidargemeinschaft vor der Inanspruchnahme durch Personen schützen, die den Eintritt des versicherten Risikos der Arbeitslosigkeit selbst herbeiführen oder zu vertreten haben. Eine **Sperrzeit** soll nur eintreten, **wenn** dem Arbeitslosen unter Berücksichtigung aller Umstände des Einzelfalls und unter Abwägung seiner Interessen und der Interessen der Versichertengemeinschaft **ein anderes Verhalten zugemutet werden konnte** (vgl. BSG 17. 10. 2002 – B 7 AL 136/01 R – SozR 3–4300 § 144 Nr. 12 S. 34 m. w. N.). Ein wichtiger Grund für das Verhalten des Arbeitslosen muss nicht irgendwann, sondern im **Zeitpunkt** des versicherungswidrigen Verhaltens vorliegen (vgl. BSG 17. 11. 2005 – B 11 a/11 AL 69/04 R – SozR 4–4300 § 144 Nr. 11). 72

Ein wichtiger Grund muss nach **objektiven Maßstäben** gegeben sein. Ist er zu bejahen, scheidet die Sperrzeit aus, auch wenn der Versicherte das Vorliegen des wichtigen Grundes nicht erkennt oder irrtümlich einen solchen verneint hat (vgl. BSG 28. 6. 1991 – 1 RAr 81/90). Umgekehrt kann die **irrtümliche Annahme eines wichtigen Grundes** die Sperrzeit nicht ausschließen, sondern allenfalls eine besondere Härte begründen (vgl. Rn. 105). Solche Fehlvorstellungen sind der subjektiver Ebene zuzuordnen und deshalb nicht geeignet, den objektiv zu bestimmenden wichtigen Grund herbeizuführen oder auszuschließen. 73

2. Darlegungs- und Beweislast. Während die Ermittlungslast und insbesondere die Beweislast für das Fehlen eines wichtigen Grundes früher bei der AA liegen sollte (zuletzt: BSG 2. 9. 2004 – B 7 AL 18/04 R), stellt **§ 144 Abs. 1 S. 4** als spezifisch auf den „wichtigen Grund" zugeschnittene Regelung inzwischen klar, dass sowohl die Last der **Darlegung** von Tatsachen als auch die Last des Nachweises **(Beweislast)** für den wichtigen Grundes beim AN liegen (vgl. auch § 147 a Rn. 18). Dies gilt allerdings nur für solche tatsächlichen Verhältnisse, die in der Sphäre oder dem Verantwortungsbereich des AN liegen, was in aller Regel anzunehmen ist. Die Vorschrift reagiert auf die frühere Rspr., nach der die AA die materielle Beweislast für den wichtigen Grund tragen sollte. Nunmehr obliegt es dem AN, Tatsachen darzulegen und ggf. nachzuweisen, die den wichtigen Grund begründen. Das gilt auch für den Fall, dass der Arbeitslose sich nachträglich auf Gründe beruft, zu deren Ermittlung die AA mangels Darlegung keinen Anlass hatte (BT-Drs. 15/25, 31). 74

II. Fallgruppen des wichtigen Grundes

Viele Fallgestaltungen des wichtigen Grundes, deren Kasuistik hier nicht nachgezeichnet werden kann, haben ihren Ursprung in der Werteordnung des GG. Diese beeinflusst die Auslegung des unbestimmten Rechtsbegriffs „ohne wichtigen Grund" (ausführlich zur **Kasuistik des wichtigen Grundes:** Curkovic in NK-SGB III § 144 Rn 117 ff.). Ein wichtiger Grund kann ein versicherungswidriges Verhalten rechtfertigen, wenn er dem Schutz von Leib und Leben geschuldet ist (Art. 2 Abs. 1; zum Gesundheitsschutz: LSG Brandenburg 14. 5. 2004 – L 8 AL 165/02), auf Glaubens- oder Gewissensgründen beruht (Art. 4 GG; dazu BVerfG 13. 6. 1983 – 1 BvR 1239/82 – NJW 1984, 912; BSG 18. 2. 1987 – 7 RAr 72/85 – BSGE 61, 158 = SozR 4100 § 119 Nr. 30; LSG Nordrhein-Westfalen 75 vom 13. 12. 2007 – L 9 AL 86/06; Deiseroth info also 2008, 195 f.), der Verwirklichung der ehelichen Gemeinschaft (BSG 17. 11. 2005 – B 11 a/11 AL 49/04 R – BSGE 64, 202, 204 = SozR 4100 § 119 Nr. 34) oder der Begründung einer Erziehungsgemeinschaft dient (Art. 6 GG; dazu BSG 17. 10. 2007 – B 11 a/7a AL 52/06 R – SozR 4–4300 § 144 Nr. 16). Inzwischen kann auch der Zuzug zum Partner der **eheähnlichen Gemeinschaft** zur Begründung einer ernsthaften und auf Dauer angelegten Erziehungsgemeinschaft ein wichtiger Grund sein. Die früher geführte (rechtspolitische) Kontroverse, ob auch dieser Lebensform Schutz gebührt, ist damit positiv beantwortet worden (BSG aaO.). Schließlich kann sich ein wichtiger Grund für die Aufgabe einer **Berufsausbildung** aus dem Grundrecht der freien Berufswahl (Art. 12 Abs. 1 GG) ergeben (BSG 13. 3. 1990 – 11 RAr 69/88 – SozR 3–4100 § 119 Nr. 2).

76   Unabhängig von dem (verfassungsrechtlichen) Gewicht der Interessen, auf die sich der Versicherte beruft, lässt sich das Vorliegen des wichtigen Grundes nur nach den **Umständen des Einzelfalles** beurteilen. So ist z. B. trotz gesundheitlicher Gefährdungen, denen sich AN am Arbeitsplatz nicht aussetzen müssen, ein wichtiger Grund zu verneinen, wenn einer Gefährdung durch Schutzmaßnahmen vorgebeugt werden kann und damit zu rechnen ist, dass diese auch zur Verfügung gestellt werden (so zutreffend zur behandlungsbedürftigen Hausstaubmilbenallergie: LSG Brandenburg 14. 5. 2004 – L 8 AL 165/02).

III. Wichtiger Grund für die Lösung des Beschäftigungsverhältnisses (Nr. 1 Alt. 1)

77   Zur Erläuterung des wichtigen Grunds können die Modalitäten zur Verwirklichung des Lösungstatbestands (Nr. 1 Alt. 1), nämlich Eigenkündigung, Aufhebungsvertrag und Abwicklungsvertrag, zusammengefasst werden. Ein wichtiger Grund für die Lösung durch den AN kann gegeben sein, wenn sich der ArbG **vertragswidrig**, trotz Tarifbindung **tarifwidrig oder rechtswidrig** verhält. Allerdings wird in diesen Fällen die Einschränkung gemacht, dass der AN beim ArbG den Versuch unternehmen muss, das Verhalten des ArbG abzustellen oder unzumutbare Arbeitsbedingungen zu beheben (BSG 21. 10. 2003 – B 7 AL 92/02 R = SozR 4–4300 § 144 Nr. 4). Entsprechendes gilt bei einer Beschäftigung auf Kosten der Gesundheit (oben Rn. 75). Vor der Aufgabe der Beschäftigung ist der Versuch zu unternehmen, die Quelle der Unzumutbarkeit zu beseitigen.

78   Die **vorzeitige Lösung** des BeschV wegen drohender ArbG-Kündigung ist i. d. R. nicht von einem wichtigen Grund gedeckt, da es für die vorzeitige Lösung des ArbV bezogen auf ihren Zeitpunkt an einem wichtigen Grund fehlen wird. Das gilt auch für die vorzeitige Beendigung eines befristeten Arbeitsverhältnisses (zum ganzen: BSG 5. 2. 2004 – B 11 AL 31/03 R – SozR 4–4300 § 144 Nr. 7). Der AN hat aber einen wichtigen Grund für die **Lösung eines unbefristeten** mit dem Ziel der **Aufnahme** eines **befristeten** ArbV, wenn mit dem Arbeitsplatzwechsel eine Lohnerhöhung verbunden ist (BSG 12. 7. 2006 – B 11 a AL 57/05 R; BSG 12. 7. 2006 – B 11 a AL 73/05 R). Ob auch andere verbesserte Arbeitsbedingungen einen wichtigen Grund für die Eigenkündigung darstellen können, hat das BSG dahingestellt sein lassen. Dies ist zu bejahen, wenn zumindest vernünftige Gründe für die Aufnahme einer anderen Beschäftigung mit den für den AN **günstigeren Arbeitsbedingungen** sprechen (Vereinbarkeit Familie und Beruf, Pflege, Gesundheitsaspekte u. s. w.). Einen wichtigen Grund hat das BSG auch angenommen, wenn mit dem Wechsel in ein anderes Berufsfeld eine Erweiterung der beruflichen Einsatzmöglichkeiten (BSG 12. 7. 2006 – B 11 al AL 55/05 R = SozR 4–4300 § 144 Nr. 14) oder ein Wechsel in eine höherwertige Tätigkeit (zB Buchhalter statt Bürogehilfe) verbunden ist (BSG 12. 7. 2006 – B 11a AL 73/05 R). Während ein **Leiharbeitsverhältnis** nicht abgelehnt und auch nicht alternativlos aufgegeben werden darf, ist andererseits für den Wechsel vom Leiharbeitsverhältnis in eine – wenn auch befristete – nicht vom AÜG erfasste Beschäftigung grundsätzlich gerechtfertigt (BSG 12. 7. 2006 – B 11a AL 73/05 R).

79   Zunehmend erweitert hat die Rspr. in den letzten Jahren die Voraussetzungen für die Bejahung des **wichtigen Grundes im Rahmen des Lösungstatbestands** (Aufhebungsvertrag, Abwicklungsvereinbarung, Arbeitsgerichtlicher Vergleich). Für den Fall, dass ohne die Beendigung des ArbV unter Mitwirkung des AN eine **objektiv rechtmäßige betriebsbedingte** ArbG-Kündigung gedroht hätte oder bereits ausgesprochen war (BSG 18. 12. 2003 – B 11 AL 35/03 R – BSGE 92, 74 = SozR 4–4300 § 144 Nr. 6 Rn. 19; BSG 12. 7. 2006 – B 11a AL 47/05 R – BSGE 97, 1, 3 = SozR 4–4300 § 144 Nr. 13 Rn. 13 f.), ist das Interesse des AN schützenswert, sich bei unvermeidbarer Beschäftigungslosigkeit eine Abfindung zu sichern (BSG 12. 7. 2006 aaO Rn. 15). Das BSG hat einen wichtigen Grund **in zwei Konstellationen** bejaht:

80   (1) Das BSG fordert nicht mehr, der AN müsse eine Kündigung des ArbG erst abwarten. Eine Lösung durch Aufhebungsvertrag ist vielmehr gerechtfertigt, wenn der AN zur Vermeidung der Kündigung einer „Lösung" zustimmt und die zugesagte **Abfindung sich im Rahmen des § 1a Abs. 2 KSchG** hält. Damit darf die Abfindung die Höhe von 0,25 bis 0,5 Monatsgehälter pro Beschäftigungsjahr weder über- noch unterschreiten (BSG 12. 7. 2006 – B 11a AL 47/05 R – BSGE 97, 1, 5 f. = SozR 4–4300 § 144 Nr. 13). Die BA hat diese Vorgaben akzeptiert und sieht in ihren Dienstanweisungen nun vor (DA der BA 144.101 f.), dass eine **Arbeitsaufgabe** durch Aufhebungsvertrag

oder Abwicklungsvereinbarung (DA der BA 144.109) **keine Sperrzeit** auslöst, wenn dem AN eine rechtmäßige betriebsbedingte ArbG-Kündigung gedroht hätte und er durch Abschluss einer Vereinbarung die mit einer Kündigung typischerweise verbundenen Nachteile vermeiden kann. Die Beendigung der Beschäftigung muss dabei auf denselben oder einen späteren **Zeitpunkt** hin vereinbart werden, zu dem die Kündigung des ArbG wirksam geworden wäre. Auch darf eine solche Vereinbarung **nicht** mit einer sofortigen **unwiderruflichen Freistellung** des AN verbunden sein, da diese die Beschäftigungslosigkeit unmittelbar und nicht erst zum Kündigungszeitpunkt herbeiführt (vgl. zur sachgerechten Formulierung von Freistellungsklauseln: Lipinski/Kumm BB 2008, 162, 164).

(2) In einer zweiten Fallgruppe hat die Rspr. einen wichtigen Grund bejaht, wenn die Beendigung des BeschV durch **arbeitsgerichtlichen Vergleich** herbeigeführt wird und keine Anhaltspunkte dafür vorliegen, dass mit dem Vergleich zu Lasten der Versichertengemeinschaft manipuliert werden sollte. Dies ist vom BSG im Fall eines gerichtlichen Vergleichs entschieden worden, mit dem das ArbV eines ordentlich unkündbaren AN durch außerordentlicher Kündigung mit sozialer Auslauffrist zur Prüfung stand, deren Zulässigkeit arbeitsrechtlich schwierig zu beurteilen war (BSG 17. 10. 2007 – B 11a AL 51/06 R – BSGE 99, 154 = SozR 4–4300 § 144 Nr. 17; enger noch *Gaul/Niklas* NZA 2008, 137, 139). Damit kann auch die Lösung eines ArbV mit ordentlich unkündbaren AN sowie allgemein in rechtlich schwierigen Fällen ohne Sperrzeitfolge vereinbart werden. Auch wenn nicht auszuschließen ist, dass diese Rspr. auf die Lösung im Vorfeld eines gerichtlichen Verfahrens erstreckt wird, ist in vergleichbaren Fällen der (sichere) Weg über die Arbeitsgerichte ratsam. 81

(3) Ein früherer Beginn der Beschäftigungslosigkeit ist nicht durch einen wichtigen Grund gedeckt, wenn der frühere Eintritt der Arbeitslosigkeit dazu führt, dass ein vierzehn Monate längerer Anspruch auf Alg entsteht (BSG 14. 9. 2010 – B 7 AL 33/09 R – SozR 4–4300 § 144 Nr. 21). Wäre dies zugelassen worden, ergäbe sich die neue Frage für welche Zeiträume eine Herbeiführung des Versicherungsfalls gerechtfertigt erscheint. Das BSG hat argumentiert, dass – bei Verneinung des wichtigen Grundes – der Erwerb eines vierzehn Monate längeren Anspruchs bei Eintritt einer drei Wochen dauernden Sperrzeit bei Arbeitsaufgabe (Abs. 3 S. 2 Nr. 1) für den Arbeitslosen noch immer die vorzugswürdige Variante ist. 81a

Eine **Manipulation** zu Lasten der Versichertengemeinschaft, die einen wichtigen Grund ausschließt, liegt aber vor, wenn die Parteien des ArbV gegen eine **offenkundig rechtswidrige Kündigung** (z.B. unterlassene Anhörung des Betriebsrats) oder eine vom AN initiierte Kündigung durch den ArbG den Klageweg beschreiten, um einvernehmlich den Eintritt einer Sperrzeit zu vermeiden (vgl. DA der BA zu § 144, 144.13, 144.15 und 144.16). 82

Ein **leitender Angestellter** (§ 14 Abs. 2 S. 1 KSchG) kann sich auf einen wichtigen Grund für die Arbeitsaufgabe berufen, wenn ihm anderenfalls entweder die ordentliche Kündigung oder – für den Fall ihrer Sozialwidrigkeit – die Auflösung des ArbV auf Antrag des ArbG nach §§ 9 Abs. 1 S. 2, 14 Abs. 2 S. 2 KSchG konkret droht (BSG 17. 11. 2005 – B 11 a/11 AL 69/04 R – BSGE 95, 232 = SozR 4–4300 § 144 Nr. 11). 83

IV. Wichtiger Grund für arbeitsvertragswidriges Verhalten (Nr. 1 Alt. 2)

Gibt der AN durch arbeitsvertragswidriges Verhalten Anlass zur Kündigung, wird es regelmäßig an einem wichtigen Grund fehlen. Wird ein AN aber mit der Behauptung einer Straftat zum Abschluss eines **Aufhebungsvertrags gedrängt,** hat der AN für dessen Abschluss einen wichtigen Grund, wenn die Drohung mit einer außerordentlichen Kündigung mangels Beweis für die Tat oder aus anderen Gründen rechtswidrig war (Sächsisches LSG 10. 8. 2006 – L 1 AL 102/05). 84

V. Wichtiger Grund bei Arbeitsablehnung (Nr. 2)

Umstritten ist, ob die Prüfung der Frage, ob die AA bei einem Vermittlungsvorschlag die Grundsätze sachgerechter Arbeitsvermittlung (§ 36) beachtet oder dem Arbeitslosen ein nach § 121 unzumutbares Beschäftigungsangebot unterbreitet hat, beim Merkmal des „Beschäftigungsangebots" oder dem des „wichtigen Grundes" zu prüfen ist (vgl. dazu *Voelzke,* Kasseler Handbuch des Arbeitsförderungsrechts, 2003, § 12 Rn. 355; Karmanski in Niesel/Brand, SGB III, § 144 Rn. 64). Jedenfalls liegt ein wichtiger Grund für die Arbeitsablehnung vor, wenn die angebotene Arbeit dem Arbeitslosen/Arbeitsuchenden nach seinen **körperlichen oder geistigen Leistungsvermögen** nicht **zugemutet** werden kann. Kann aber einer Gesundheitsgefährdung durch Schutzmaßnahmen vorgebeugt werden und werden diese zur Verfügung gestellt, fehlt ein wichtiger Grund für die Arbeitsablehnung (LSG Brandenburg 14. 5. 2004 – L 8 AL 165/02). Lehnt ein Arbeitsloser ein Stellenangebot als Spielhallenaufsicht aus behaupteter Angst vor Raubüberfällen ab, fehlt es an einem wichtigen Grund, wenn weder beim ArbG eine Gefährdungslage noch beim Arbeitslosen eine krankhafte psychische Störung gegeben ist (LSG Niedersachsen-Bremen 14. 6. 2007 – L 12 AL 127/06). Ein wichtiger Grund zur Arbeitsablehnung liegt vor, wenn der Arbeitslose objektiv nicht imstande ist, die angebotene Arbeit zu verrichten oder wenn das zu erzielende **Arbeitsentgelt** bzw. die Arbeitsbedingungen dem Arbeitslosen nach den Maßstäben des § 121 nicht zumutbar sind. Entsprechendes gilt für Ar- 85 beitsangebote, die tägliche **Pendelzeiten** erfordern, die die zeitlichen Grenzen aus § 121 Abs. 4 überschreiten.

86 Dagegen ist eine Beschäftigung **nicht** schon deshalb **unzumutbar,** weil sie befristet ist, als Leiharbeit angeboten wird, vorübergehend eine getrennte Haushaltsführung erfordert oder nicht zu dem Kreis der Beschäftigungen gehört, für die der AN ausgebildet ist oder bisher ausgeübt hat (§ 121 Abs. 5; vgl. auch Thüringer LSG 28. 9. 2005 – L 3 AL 911/04; Hessisches LSG 24. 4. 2006 – L 7/10 AL 174/04).

VI. Wichtiger Grund bei fehlenden Eigenbemühungen (Nr. 3)

87 Sind gegenüber Arbeitslosen die erforderlichen Eigenbemühungen konkretisiert oder vereinbart, liegt ein wichtiger Grund vor, wenn die konkret geschuldete Bemühung aus Gründen des Einzelfalls **aktuell nicht zumutbar** sind. Da die Sperrzeit an fehlenden Nachweis anknüpft, kommt auch in Betracht, dass der Arbeitslose sich berechtigt auf einen Wegfall der Nachweismöglichkeiten (höhere Gewalt durch Brand, Unglücksfall usw.) beruft.

VII. Wichtiger Grund bei Ablehnung einer beruflichen Eingliederungsmaßnahme (Nr. 4)

88 Ähnlich wie bei der Sperrzeit nach Arbeitsablehnung kann auch bei der Sperrzeit nach Nr. 4 offen bleiben, ob ein nicht sachgerechtes oder unzumutbares Maßnahmeangebot schon begrifflich die Sperrzeit ausschließt oder einen wichtigen Grund zu deren Ablehnung liefert. Jedenfalls scheidet eine Sperrzeit aus, wenn die AA im schriftlichen Angebot entweder nicht auf den Inhalt der Maßnahme eingeht oder die Eignung der Maßnahme zur Verbesserung der Vermittlungsaussichten fehlt (BSG 1. 6. 2006 – B 7 a AL 26/05 R).

VIII. Wichtiger Grund bei Abbruch einer ber. Eingliederungsmaßnahme (Nr. 5)

89 Für den Abbruch einer beruflichen Eingliederungsmaßnahme oder den Ausschluss aufgrund maßnahmewidrigen Verhaltens wird der Arbeitslose idR keine spezifische persönlichen, wohl aber die allgemeinen wichtigen Gründe (vgl. Rn. 74) anführen können. Stellt sich während der Maßnahme heraus, dass diese objektiv ungeeignet ist, die Eingliederungsaussichten des Arbeitslosen zu verbessern, besteht ein wichtiger Grund zum Maßnahmeabbruch. Allerdings stellt die Rspr. keine hohen Anforderungen an die Zumutbarkeit und Geeignetheit von Eingliederungsmaßnahmen (Bayerisches LSG 29. 2. 2008 – L 8 AL 142/06). Wenn aber eine bereits durchgeführte Maßnahme nur wiederholt wird und sich dies erst nach Teilnahmebeginn herausstellt, liegt ein wichtiger Grund zum Abbruch vor. Dieser ist auch gegeben, bei **Beendigung der Beschäftigungslosigkeit,** soweit der Arbeitslose unmittelbar in ein Arbeitsverhältnis wechseln kann (mittelbar dazu BSG 29. 1. 2003 – B 11 AL 33/02 R). Ein wichtiger Grund zum Abbruch einer Bildungsmaßnahme kann sich ausnahmsweise aus finanziellen Schwierigkeiten ergeben (Hessisches LSG 8. 10. 1997 – L 6 Ar 128/96), z. B. wenn diese auf einem (Fehl-)Verhalten der AA beruhen. Da nach dem Wortlaut der Vorschrift eine vorherige schriftliche **Förderungszusage** vor Beginn der Maßnahme nicht erforderlich ist, bietet das Fehlen einer solchen Zusage aber keinen wichtigen Grund zum Maßnahmeabbruch (a. A. zu § 119 AFG: BSG 16. 10. 1990 – 11 RAr 65/89 – SozR 3–4100 § 119 Nr. 4; eine Förderungszusage hält für geboten: Karmanski in Niesel/Brand, SGB III, § 144 Rn. 99).

IX. Wichtiger Grund für ein Meldeversäumnis (Nr. 6)

90 Gesundheitliche Gründe und darauf beruhende **Arbeitsunfähigkeit** können einen wichtigen Grund für ein Meldeversäumnis abgeben. Es muss aber hinzukommen, dass die Arbeitsunfähigkeit die Meldung unmöglich oder die Wahrnehmung des Termins sinnlos macht. Fehlt es hieran, liegt kein wichtiger Grund vor (LSG Nordrhein-Westfalen 18. 4. 2007 – L 19 B 42/06 AL). Gerade bei AU kann die Meldeaufforderung sinnvoll sein, um die berufliche und gesundheitliche Situation besprechen und ggf. Maßnahmen einleiten oder andere Versicherungsträger einschalten zu können (LSG aaO).

X. Wichtiger Grund für verspätete Arbeitssuche (Nr. 7)

91 Für die Sperrzeit bei verspäteter Arbeitssuchendmeldung ist geklärt, dass sie bereits tatbestandlich ausscheidet, wenn der Arbeitssuchende die Pflicht zur frühzeitigen Meldung nach § 38 Abs. 1 unverschuldet verletzt. Das ist der Fall, wenn er die Meldepflicht entweder nicht kennt oder ihm die frühzeitige Meldung aus anderen Gründen unzumutbar ist. Systematisch könnte die Frage (nach Wegfall des Merkmals „unverzüglich" in § 37b S. 1 a. F.) auch beim „wichtigen Grund" behandelt werden. Nach der hier vertretenen Auffassung ist aber die Arbeitssuche schon nicht verspätet, wenn sie unverschuldet eintritt (vgl. oben Rn. 69).

D. Beginn und Dauer der Sperrzeit

I. Beginn der Sperrzeit

1. Grundsatz. Der Anspruch auf Alg ruht bei Eintritt einer Sperrzeit kraft Gesetzes (BSG 5. 11. 92
1998 – B 11 AL 29/89 R – BSGE 83, 95). Infolge dieses „Selbstvollzugs des Gesetzes" stellt die AA in einem ersten VA über die Bewilligung von Alg die Sperrzeit nur deklaratorisch fest. Der Eintritt einer Sperrzeit bedarf aber dann einer **konstitutiven** Regelung durch VA, wenn das Alg bereits bewilligt war. In diesen Fällen ist die Bestandskraft des Bewilligungsbescheids Rechtsgrund für den Zahlungsanspruch. Der das Alg bewilligende VA ist bei Eintritt einer Sperrzeit nach Maßgabe des Verwaltungsverfahrensrechts zurückzunehmen (§§ 24, 45 SGB X) oder aufzuheben (§§ 24, 48 SGB X; vgl. BSG 5. 9. 2006 – B 7 a AL 14/05 R – BSGE 97, 73 = SozR 4–4300 § 144 Nr. 15).

2. Beginn. Die Sperrzeit tritt am Tag nach dem Ereignis ein, das sie auslöst (sperrzeitbegründen- 93
des Ereignis). Dabei ist unerheblich, ob der Anspruch auf Alg bereits entstanden ist (vgl. BSG 17. 11. 2005 – B 11 a/11 AL 69/04 R – SozR 4–4300 § 144 Nr. 11). Sie beginnt auch dann, wenn noch nicht alle Anspruchsvoraussetzungen des Alg (zB Arbeitslosmeldung) erfüllt sind (BSG 25. 4. 2002 – B 11 AL 65/01 R – SozR 3–4300 § 144 Nr. 8). Eine Sperrzeit kann daher bereits abgelaufen sein, wenn der Anspruch auf Alg entsteht (BSG 17. 11. 2005 aaO). Die Sperrzeit läuft zeitgleich mit anderen Ruhenszeiten ab. Insbesondere beginnt die Sperrzeit auch dann am Tag nach dem Sperrzeitereignis, wenn der Anspruch auf Alg z.B. wegen **Urlaubsabgeltung** oder Anrechnung einer **Entlassungsentschädigungen** (§ 143, 143 a) ruht. Andere Ruhenszeiträume nach §§ 142, 143, 143 a laufen zeitgleich zum Ruhen wegen Sperrzeit ab (BSG 5. 8. 1999 – B 7 AL 14/99 R – SozR 3–4100 § 119 Nr. 17. S. 80f.), da es an einer dem § 143a Abs. 1 S. 5 entsprechenden Regelung fehlt (vgl. aber Rn. 100).

a) Arbeitsaufgabe. Die Sperrzeit wegen **Arbeitsaufgabe** (Nr. 1) beginnt mit dem Eintritt von 94
Beschäftigungslosigkeit im leistungsrechtlichen Sinn (vgl. oben Rn. 16; BSG 17. 11. 2005 – B 11 a/11 AL 69/04 R – SozR 4–4300 § 144 Nr. 11). Im Fall einer vereinbarten **Altersteilzeit** mit Freistellungsphase allerdings regelmäßig erst nach dem Ende der Freistellungsphase (vgl. BSG 21. 7. 2009- B 7 AL 6/08 R – BSGE 104, 90 = SozR 4–4300 § 144 Nr. 18). Ein arbeitsgerichtlicher Vergleich, der eine außerordentliche in eine ordentliche Kündigung umwandelt, hat deshalb keinen Einfluss auf den Beginn einer Sperrzeit, wenn der AN seit Erklärung der außerordentlichen Kündigung beschäftigungslos war. Bei einem Aufhebungsvertrag mit unwiderruflicher Freistellung beginnt die Sperrzeit mit der Freistellung des AN (vgl. Lipinski/Kumm BB 2008, 162, 164).

b) Arbeitsablehnung. Die Sperrzeit bei **Arbeitsablehnung** (Nr. 2) beginnt mit dem Tag, nach 95
dem der Arbeitsuchende/Arbeitslose die Arbeit ausdrücklich oder konkludent nicht annimmt, nicht antritt, oder die Anbahnung des BeschV vereitelt. Nimmt der Arbeitsuchende ein Vorstellungsgespräch nicht wahr, beginnt die Sperrzeit am nächsten Kalendertag. Bewirbt sich der Arbeitslose schon nicht auf das Arbeitsangebot, beginnt die Sperrzeit an dem Tag, an dem der Arbeitslose spätestens hätte reagieren, sich also hätte bewerben oder zumindest mit dem Arbeitgeber in Verbindung setzen müssen. Der späteste Zeitpunkt für die Reaktion ist mit Ablauf von einer Woche nach Zugang des Vermittlungsvorschlages anzunehmen. Mangels anderer Anhaltspunkte ist hierfür die Zugangsfiktion des § 37 Abs. 2 S. 1 SGB X entsprechend heranzuziehen (LSG Niedersachsen-Bremen 14. 6. 2007 – L 12 AL 77/06). Im Falle der **Vereitelung** beginnt die Sperrzeit, wenn sich das versicherungswidrige Verhalten manifestiert hat. Sperrzeitbegründend ist die Kenntnisnahme des ArbG von dem versicherungswidrigen Verhalten, die Sperrzeit beginnt am Folgetag (BSG 5. 9. 2006 – B 7 a AL 14/05 R – BSGE 97, 73 = SozR 4–4300 § 144 Nr. 15).

c) Unzureichende Eigenbemühungen. Die AA kann dem Arbeitslosen gegenüber nicht nur 96
konkretisieren, welche Eigenbemühungen er zu unternehmen hat (vgl. LSG Hessen 12. 6. 2006 – L 9 AL 79/04), sondern ihm auch eine angemessene Frist setzen, innerhalb der die Eigenbemühungen nachzuweisen sein. Die Sperrzeit beginnt am Tag nach erfolglosem Ablauf der gesetzten Frist.

d) Berufliche Eingliederungsmaßnahme. Die Sperrzeit bei Ablehnung einer **beruflichen** 97
Eingliederungsmaßnahme (Nr. 4) tritt ein, sobald der Arbeitslose gegenüber der AA oder dem Maßnahmeträger ausdrücklich oder konkludent zum Ausdruck bringt, er werde an einer der in Nr. 4 genannten Maßnahmen nicht teilnehmen. Sie beginnt daher nicht erst an dem Tag, nach dem die Maßnahme hätte angetreten werden müssen (vgl. BSG 1. 6. 2006 – B 7 a AL 26/05 R). Sie tritt nicht dann am Tag nach Maßnahmebeginn ein, wenn der Arbeitslose sich zuvor nicht abschließend erklärt bzw. sein Verhalten den sicheren Rückschluss auf eine Ablehnung nicht zulässt, diese vielmehr erst durch das Nichtantreten der Maßnahme deutlich wird.

e) Abbruch einer beruflichen Eingliederungsmaßnahme (Nr. 5). Sperrzeitbegründendes Er- 98
eignis ist der Abbruch der Maßnahme. Unerheblich ist, ob der Arbeitslose selbst die Maßnahme ab-

30 SGB III § 144 SGB III – Arbeitsförderung

gebrochen hat oder er von der AA oder dem Träger aufgrund maßnahmewidrigen Verhaltens ausgeschlossen wird. Die Sperrzeit beginnt am Tag nach dem Abbruch.

99   **f) Meldeversäumnis.** Die Sperrzeit bei **Meldeversäumnis** (Nr. 6) beginnt am Tag nach dem vom Arbeitslosen versäumten Meldetermin. Meldet sich ein Arbeitsuchender (§ 38 Abs. 1) vor Eintritt der Arbeitslosigkeit entgegen § 38 Abs. 1 S. 6 nicht, tritt die Sperrzeit mit dem Entstehen des Anspruchs auf Alg ein.

99a   **g)** Die Sperrzeit bei **verspäteter Arbeitsuchendmeldung** (Nr. 7) beginnt abweichend von den anderen Sperrzeiten nicht bereits, wenn der Arbeitslose den Termin zur frühzeitigen Arbeitssuche versäumt hat, sondern erst, nachdem auch Beschäftigungslosigkeit eingetreten ist, denn die Sperrzeit setzt nach ihrem Tatbestand voraus, dass der sich verspätet meldende Arbeitsuchende „Arbeitsloser" (geworden) ist.

II. Ende der Sperrzeit/Mehrere Sperrzeiten

100   **1. Ende der Sperrzeit.** Die Sperrzeit endet kalendermäßig nach Ablauf der in § 144 Abs. 3 bis 6 bestimmten Dauer (§ 144 Abs. 2 S. 1 Alt. 1). Nach § 144 Abs. 2 S. 1 Alt. 2 beginnt die Sperrzeit allerdings erst mit dem Ende einer vorhergehenden Sperrzeit. **Mehrere Sperrzeiten** – nicht andere Ruhenszeiten – werden sozusagen **zeitlich aneinandergereiht**. Eine weitere Sperrzeit beginnt erst nach dem Ende der Vorausgegangenen. Beispiel: Durch Aufhebungsvertrag wird ArbV zum 30. 6. gelöst. Ab 1. 7. tritt eine zwölfwöchige Sperrzeit bis 22. 9. ein. Lehnt der Arbeitslose am 11. 8. ein zumutbares Arbeitsangebot ab, tritt eine weitere Sperrzeit von drei Wochen ein (§ 144 Abs. 4 S. 1 Nr. 1 c), die am 23. 9. beginnt und am 13. 10. endet.

101   **2. Mehrere Sperrzeiten durch ein Ereignis.** § 144 Abs. 2 S. 2 regelt darüber hinaus den Fall, dass durch **dasselbe Ereignis** mehrere Sperrzeiten eintreten. Mehrere Sperrzeiten können durch Ablehnung gleichzeitig unterbreiteter Arbeits- oder Bildungsangebote zeitgleich verwirklicht werden. Die Regelung sieht vor, dass nicht nur durch mehrere Handlungen zeitgleich, sondern auch durch nur eine versicherungswidrige Handlung mehrere Sperrzeiten eintreten können. In diesen Fällen ruht Alg für mehrere Sperrzeiten, die Ruhenszeiträume laufen nacheinander in der Reihenfolge ab, wie sie in Nr. 1 bis 7 des § 144 Abs. 1 S. 2 aufgeführt sind.

III. Dauer der Sperrzeiten

102   **1. Grundsatz.** § 144 Abs. 3 bis 6 regeln für jeden der Sperrzeittatbestände dessen spezifische Dauer. Diese kann zwölf, sechs, drei, zwei Wochen oder auch eine Woche betragen. Die Sperrzeitdauer in Kalendertagen ergibt sich aus der Anzahl der Wochen multipliziert mit den 7 Tagen einer Woche (§ 339 S. 1). Inzwischen gibt es **keine „Regelsperrzeit"** mehr, vielmehr regeln Abs. 3 bis 6 im einzelnen, welche Dauer die Sperrzeit unter welchen Voraussetzungen hat. Dieses abgestufte System der Sperrzeitdauern soll – allerdings in typisierender Weise – den Grundsatz der Verhältnismäßigkeit zur Geltung bringen und den Besonderheiten des jeweiligen Einzelfalls Rechnung tragen (vgl. BSG 28. 8. 2007 – B 7/7a AL 56/06 R – SozR 4–4300 § 37b Nr. 5 Rn. 22). Zugleich wird durch die Festlegung der Sperrzeitdauer deutlich, welches Gewicht der Gesetzgeber dem mit einer Sperrzeit belegten versicherungswidrigen Verhalten typisierend beimisst. Zur Dauer der Sperrzeit bei Eintritt anderer Ruhenstatbestände vgl. oben Rn. 93.

103   **2. Dauer der Sperrzeit bei Arbeitsaufgabe. a) Allgemein.** § 144 Abs. 3 S. 1 bestimmt für die Sperrzeit bei Arbeitsaufgabe (Nr. 1) eine gesetzliche Dauer von zwölf Wochen. Soweit in den weiteren Sätzen keine abweichende Regelung getroffen wird, tritt die Sperrzeit mit der Maximaldauer von zwölf Wochen ein. § 144 Abs. 3 S. 2 stellt die Voraussetzungen auf, unter denen sich die Sperrzeit auf drei (Nr. 1) bzw. sechs (Nr. 2) Wochen verkürzt.

104   Nach § 144 Abs. 3 S. 2 Nr. 1 **verkürzt** sich die Sperrzeit bei Arbeitsaufgabe auf **drei Wochen,** wenn das ArbV innerhalb von 6 Wochen nach dem Ereignis, das die Sperrzeit begründet, geendet hätte. Anders als beim Sperrzeittatbestand wirkt sich hier der Eintritt von Arbeitslosigkeit aufgrund anderer Ursachen als der Arbeitsaufgabe aus. Diese Regelung folgt aus dem Grundsatz der Verhältnismäßigkeit. Die Dauer der versicherungswidrig herbeigeführten Arbeitslosigkeit, die binnen der nächsten sechs Wochen ohnehin eingetreten wäre, soll im Verhältnis zur Dauer der Sperrzeit stehen. Allerdings muss die Sperrzeit nicht zwingend kürzer sein als die Verkürzung der Beschäftigungsdauer. Vielmehr greift die dreiwöchige Sperrzeit stets, wenn die Beschäftigung um einen Tag bis zu sechs Wochen vorzeitig beendet wird. Wird z. B. eine Beschäftigung neun Tage vor dem Ende der Befristung aufgegeben, tritt eine dreiwöchige Sperrzeit ein. Eine weitere Verkürzung der Sperrzeit auf die Dauer der verursachten Arbeitslosigkeit kommt nicht in Betracht (BSG vom 5. 2. 2004 – B 11 AL 31/03 R – SozR 4–4300 § 144 Nr. 7).

105   Die Sperrzeit wegen Arbeitsaufgabe verkürzt sich auf **sechs Wochen,** wenn das ArbV innerhalb von zwölf Wochen nach dem Ereignis, das die Sperrzeit begründet, ohnehin geendet hätte (§ 144

Abs. 3 S. 2 Nr. 2 a). Die Sperrzeit dauert auch sechs Wochen, wenn eine solche von 12 Wochen nach den für den Eintritt der Sperrzeit maßgebenden Tatsachen eine **„besondere Härte"** bedeuten würde (§ 144 Abs. 3 S. 2 Nr. 2 b).

b) Besondere Härte. Besondere Härte (§ 144 Abs. 3 S. 2 Nr. 2 b) ist ein unbestimmter **106** Rechtsbegriff dessen Auslegung von den Gerichten uneingeschränkt überprüfbar ist. Eine besondere Härte liegt vor, wenn nach den Gesamtumständen der Eintritt einer zwölfwöchigen Sperrzeit im Hinblick auf die für die Sperrzeit maßgebenden Tatsachen objektiv als unverhältnismäßig anzusehen wäre (BSG 26. 3. 1998 – B 11 AL 49/97 R – SozR 3–4100 § 119 Nr. 14). Das BSG hat stets betont, dass die besondere Härteklausel des § 144 sich einer generalisierenden Betrachtung entziehe, geboten sei eine Bewertung der Gesamtumstände des Einzelfalls (BSG 17. 10. 2002 – B 7 AL 16/02 R; BSG vom 26. 3. 1998 aaO S. 60 m. w. N.).

Maßgeblich für die Prüfung sind nur die **Tatsachen, die** den Eintritt der **Sperrzeit begründen** **107** bzw. mit diesem in sachlichem Zusammenhang stehen. Persönliche oder soziale Aspekte sind nur zu berücksichtigen, wenn sie sich bei dem die Sperrzeit begründenden Ereignis ausgewirkt haben und deshalb den Eintritt der Sperrzeit als Rechtsfolge im Einzelfall als besonders hart erscheinen lassen. Insbesondere die wirtschaftlichen und finanziellen Belange des Arbeitslosen oder dessen persönliche Situation, wie Behinderung oder Krankheit, aber auch familienrechtliche Verpflichtungen sind regelmäßig unbeachtlich.

Eine **besondere Härte** ist (nach Situation des Einzelfalls) bejaht worden, bei Arbeitsaufgabe wegen **108** Umzugs zum Partner ohne wichtigen Grund (BSG 26. 3. 1998 – B 11 AL 49/97 R – SozR 3–4100 § 119 Nr. 14). Fehlen eines Anschlussarbeitsplatzes, wenn dieser zunächst in Aussicht stand. Härte auch, wenn AN durch ArbG aus dem BeschV gedrängt wird, z. B. Vorruhestandskampagne oder „Stuhl vor die Tür" setzen (BSG 10. 8. 2000 – B 11 AL 115/99 R). Dagegen liegt **keine** besondere **Härte** vor, weil der Arbeitslose sich intensiv aber erfolglos um Arbeit bemüht, denn Beschäftigungssuche ist nach § 119 Abs. 1 Nr. 2 Voraussetzung des Anspruchs auf Alg (a. A. zum früheren Recht: LSG Rheinland-Pfalz 27. 2. 1996 – L 1 Ar 123/94).

Ein **unverschuldeter Irrtum** über die Frage, ob ein bestimmtes Verhalten eine Sperrzeit auslösen **109** kann, kann ebenfalls eine besondere Härte begründen. Unverschuldet ist ein Irrtum, wenn er für den Arbeitslosen nicht vermeidbar gewesen ist. Das ist auch anzunehmen, wenn der Irrtum durch die Auskunft einer Dienststelle der BA hervorgerufen oder gestützt wird (vgl. BSG 13. 3. 1997 – 11 RAr 25/96 – SozR 3–4100 § 119 Nr. 11). Dagegen liegt eine besondere Härte **nicht** vor, wenn der Irrtum auf einer falschen anwaltlichen Beratung beruht und ein Schadensersatzanspruch gegen den Anwalt besteht (BSG 13. 3. 1997 – 11 RAr 17/96; LSG Saarland 2. 3. 2004 – L 6 AL 55/02) oder der AN sich auf sein eigenes Wissen verlässt und damit bewusst auf eigene Gefahr handelt (BSG 13. 3. 1997 – 11 RAr 25/96 – SozR 3–4100 § 119 Nr. 11).

IV. Dauer der Sperrzeit bei Arbeitsablehnung, Ablehnung oder Abbruch einer Maßnahme (Abs. 4)

§ 144 Abs. 4 regelt die Dauer für die Sperrzeiten nach § 144 Abs. 1 S. 2 Nr. 2, 4 und 5. Die Vor- **110** schrift ist zum 1. 1. 2009 durch Art. 1 Nr. 44 Buchstabe b) des Gesetzes zur Neuausrichtung der arbeitsmarktpolitischen Instrumente vom 21. 12. 2008 (BGBl. I. S. 2917) neu gefasst worden. § 144 Abs. 4 in der bis 31. 12. 2008 geltenden Fassung ist gemäß § 434s Abs. 4 weiterhin anzuwenden auf Ansprüche auf Alg, die vor dem 1. 1. 2009 entstanden sind. Die neue Fassung der Vorschrift ist in diesen Fällen nicht anzuwenden.

Die Regelung ist anwendbar auf drei Arten von Sperrzeiten. Dies sind die **Sperrzeiten bei Ar-** **111** **beitsablehnung** (Nr. 2) sowie **Ablehnung** (Nr. 4) **oder Abbruch einer beruflichen Eingliederungsmaßnahme** (Nr. 5). Diese dauern nach einem abgestuften Modell entweder drei, sechs oder zwölf Wochen. Der Gesetzgeber hat hier den drei abschließend bestimmten Fallgruppen entsprechende Sperrzeitdauern zugeordnet, eine Abweichung aus **Härtegründen** ist nach Abs. 4 **nicht** vorgesehen.

1. Sperrzeit von drei Wochen (Nr. 1). Nach **Nr. 1** dauert eine der genannten Sperrzeiten **112** (Abs. 1 S. 2 Nr. 2, 4, 5) drei Wochen, wenn der Arbeitslose **erstmals nach Entstehen** des Anspruchs auf Alg (vgl. zu § 118 Rn. 7) eine Arbeit ablehnt oder eine berufliche Eingliederungsmaßnahme ablehnt oder abbricht. Durch die Regelung soll das erste versicherungswidrige Verhalten nach Anspruchsentstehung privilegiert werden. Abweichungen ergeben sich für den AN bei frühzeitiger Arbeitsuche (§ 38 Abs. 1) aus § 144 Abs. 4 S. 2 (vgl. unten Rn. 115). Die Berechnung der Drei-Wochen-Frist beginnt am Tage des die Sperrzeit begründenden Ereignisses („innerhalb") und endet mit Ablauf des 21. auf diesen Tag folgenden Kalendertags.

2. Sperrzeit von sechs Wochen (Nr. 2). Die Regelung ist parallel zur Nr. 1 aufgebaut. Sechs **113** Wochen dauert die Sperrzeit im Falle der **zweiten** Verwirklichung eines der Sperrzeittatbestände nach Nr. 2, 4, 5. Die Regelung betrifft **zweite Sperrzeiten** nach Entstehen des Anspruchs (dazu

§ 118 Rn. 7). Eine zweite Sperrzeit tritt nur ein, wenn die erste Sperrzeit genau in der Tatbestandsvariante verwirklicht worden ist, wie die „zweite" Sperrzeit. Somit dauert eine Sperrzeit wegen zweiter Arbeitsablehnung nur dann sechs Wochen, wenn bereits die erste Sperrzeit infolge Arbeitsablehnung (Nr. 2) eingetreten ist. Eine Sperrzeit wegen Abbruch einer Bildungsmaßnahme (Nr. 4) führt bei einer nachfolgenden Arbeitsablehnung nach § 144 Abs. 4 S. 1 Nr. 1 zu einer dreiwöchigen Sperrzeit, da es sich um die erste Arbeitsablehnung (Nr. 2) handelt.

114 **3. Sperrzeit von zwölf Wochen (Nr. 3).** Nr. 3 schafft eine Auffangregelung. Danach haben „im Übrigen" alle Sperrzeiten nach § 144 Abs. 1 S. 2 Nr. 2, 4 und 5 eine Dauer von zwölf Wochen. Die Voraussetzungen einer Sperrzeit mit drei- oder sechswöchiger Dauer sind vorrangig zu prüfen. Liegen deren Voraussetzungen nicht vor, tritt die zwölfwöchige Auffangsperrzeit ein. Die Dauer der Sperrzeit ist nach Abs. 4 systematisch genau umgekehrt zu bestimmen wie im Falle der Sperrzeit bei Arbeitsaufgabe (Abs. 3).

115 **4. Sperrzeitdauer nach Meldung zur frühzeitigen Arbeitssuche (Abs. 4 S. 2).** Da § 144 Abs. 4 S. 1 nur die Fälle erfasst, in denen eine Sperrzeit erst nach Entstehen des Anspruchs auf Alg eintritt, der Arbeitsuchende aber bereits vor diesem Zeitpunkt Arbeits- und Bildungsangeboten Folge leisten muss (§ 38), regelt § 144 Abs. 4 S. 2, welche Dauer die Sperrzeit wegen Arbeitsablehnung (Nr. 2) oder Ablehnung einer Maßnahme (Nr. 4) während der Phase der frühzeitigen Arbeitssuche und damit vor Entstehung des Anspruchs hat. Nach **frühzeitiger Arbeitssuche § 38 Abs. 1** gelten die gestaffelten Sperrzeitdauern des Satzes 1 der Vorschrift entsprechend. Die Regelung erfasst allerdings nicht den Abbruch von Bildungsmaßnahmen (Nr. 5). Wird während der frühzeitigen Arbeitssuche (§ 38 Abs. 1) ein Arbeitsangebot oder eine ber. Eingliederungsmaßnahme abgelehnt, beginnt die Sperrzeit erst „mit der Entstehung des Anspruchs" auf Alg. Sie hat bei einer ersten Ablehnung eine Dauer von drei – bei einer zweiten Ablehnung von sechs Wochen, im übrigen eine solche von zwölf Wochen.

V. Sperrzeitdauer bei unzureichenden Eigenbemühungen (Abs. 5)

116 Ist der Sperrzeittatbestand nach § 144 Abs. 1 S. 2 Nr. 3 verwirklicht, beträgt die Sperrzeit nach § 144 Abs. 5 **zwei Wochen**. Weitere Abstufungen sind nach der Typisierung des Gesetzgebers nicht vorzunehmen und aufgrund der geringen Dauer der angeordneten Sperrzeit auch nicht geboten.

VI. Sperrzeitdauer bei Meldeversäumnis oder verspäteter Arbeitssuchendmeldung (Abs. 6)

117 § 144 Abs. 6 fasst wiederum die Regelung der Sperrzeitdauer für zwei Sperrzeittatbestände zusammen. Die Sperrzeit bei Meldeversäumnis (Nr. 6), die die frühere Säumniszeit ersetzt hat, beträgt **eine Woche**. Das entspricht der früheren Rechtsfolge im Falle einer ersten Säumniszeit, allerdings ist die Steigerung auf sechs Wochen bei wiederholter Säumniszeit entfallen. Auch die Sperrzeit bei verspäteter Arbeitssuche (Nr. 7) beträgt eine Woche. Die Sanktionsfolge ist gegenüber früheren Regelungen entschärft worden. Die Sperrzeitdauer wird nun auch vom BSG als Ausdruck einer verhältnismäßigen Reaktion auf die Verletzung der versicherungsrechtlichen Obliegenheit angesehen (BSG 28. 8. 2007 – B 7/7 a AL 56/06 R – SozR 4–4300 § 37 b Nr. 5 Rn. 21).

E. Weitere Rechtsfolgen der Sperrzeit

118 Die Sperrzeit ist in ihren Wirkungen nicht auf die **Rechtsfolge** des Ruhens (§ 144) beschränkt, sondern führt darüber hinaus zur **Minderung der Anspruchsdauer** (§ 128 Abs. 1 Nr. 3, 4). Ohne die Minderung der Anspruchsdauer würde die Sperrzeit den Anspruchszeitraums lediglich verschieben. Stattdessen vermindert sich die Anspruchsdauer des Alg (1 : 1) um die Dauer der Sperrzeit (§ 128 Abs. 1 Nr. 3; vgl. § 128 Rn. 8). Tritt eine Sperrzeit bei Arbeitsaufgabe mit einer Dauer von zwölf Wochen ein (§ 144 Abs. 1 S. 2 Nr. 1, Abs. 3 S. 1) vermindert sich die Anspruchsdauer mindestens um ein Viertel. Die Minderung wird ausgehend von der Gesamtanspruchsdauer berechnet, die der Versicherte bei dem Entstehen des Anspruchs auf Alg erworben hätte (vgl. § 128 Rn. 9 f.).

119 Treten wiederholt Sperrzeiten im Umfang von insgesamt 21 Wochen ein, führt dies zum **Erlöschen** des Anspruchs auf Alg (§ 147 Abs. 1 Nr. 2). Das Erlöschen betrifft nicht allein den Zahlungsanspruch, sondern lässt den Anspruch auf Alg dem Grunde nach untergehen (vgl. § 147 Rn. 12). Das Erlöschen des Anspruchs hat neben dem Eintritt der Sperrzeiten mit einer Dauer von insgesamt 21 Wochen noch weitere Voraussetzungen (vgl. § 147 Rn. 9). Insbesondere ist erforderlich, dass der

AN über den Eintritt und die Rechtsfolge von Sperrzeiten im Umfang von mindestens 21 Wochen belehrt worden ist (vgl. § 147 Rn. 10 f. m. w. N.).

§ 145 *(aufgehoben)*

§ 146 Ruhen bei Arbeitskämpfen

(1) ¹Durch die Leistung von Arbeitslosengeld darf nicht in Arbeitskämpfe eingegriffen werden. ²Ein Eingriff in den Arbeitskampf liegt nicht vor, wenn Arbeitslosengeld Arbeitslosen geleistet wird, die zuletzt in einem Betrieb beschäftigt waren, der nicht dem fachlichen Geltungsbereich des umkämpften Tarifvertrags zuzuordnen ist.

(2) Ist der Arbeitnehmer durch Beteiligung an einem inländischen Arbeitskampf arbeitslos geworden, so ruht der Anspruch auf Arbeitslosengeld bis zur Beendigung des Arbeitskampfes.

(3) ¹Ist der Arbeitnehmer durch einen inländischen Arbeitskampf, an dem er nicht beteiligt ist, arbeitslos geworden, so ruht der Anspruch auf Arbeitslosengeld bis zur Beendigung des Arbeitskampfes nur, wenn der Betrieb, in dem der Arbeitslose zuletzt beschäftigt war,
1. dem räumlichen und fachlichen Geltungsbereich des umkämpften Tarifvertrages zuzuordnen ist oder
2. nicht dem räumlichen, aber dem fachlichen Geltungsbereich des umkämpften Tarifvertrages zuzuordnen ist und im räumlichen Geltungsbereich des Tarifvertrags, dem der Betrieb zuzuordnen ist,
    a) eine Forderung erhoben worden ist, die einer Hauptforderung des Arbeitskampfes nach Art und Umfang gleich ist, ohne mit ihr übereinstimmen zu müssen, und
    b) das Arbeitskampfergebnis aller Voraussicht nach in dem räumlichen Geltungsbereich des nicht umkämpften Tarifvertrages im wesentlichen übernommen wird.

²Eine Forderung ist erhoben, wenn sie von der zur Entscheidung berufenen Stelle beschlossen worden ist oder auf Grund des Verhaltens der Tarifvertragspartei im Zusammenhang mit dem angestrebten Abschluß des Tarifvertrags als beschlossen anzusehen ist. ³Der Anspruch auf Arbeitslosengeld ruht nach Satz 1 nur, wenn die umkämpften oder geforderten Arbeitsbedingungen nach Abschluß eines entsprechenden Tarifvertrages für den Arbeitnehmer gelten oder auf ihn angewendet würden.

(4) Ist bei einem Arbeitskampf das Ruhen des Anspruchs nach Absatz 3 für eine bestimmte Gruppe von Arbeitnehmern ausnahmsweise nicht gerechtfertigt, so kann der Verwaltungsrat bestimmen, daß ihnen Arbeitslosengeld zu leisten ist.

(5) ¹Die Feststellung, ob die Voraussetzungen nach Absatz 3 Satz 1 Nr. 2 Buchstaben a und b erfüllt sind, trifft der Neutralitätsausschuß (§ 380). ²Er hat vor seiner Entscheidung den Fachspitzenverbänden der am Arbeitskampf beteiligten Tarifvertragsparteien Gelegenheit zur Stellungnahme zu geben.

(6) ¹Die Fachspitzenverbände der am Arbeitskampf beteiligten Tarifvertragsparteien können durch Klage die Aufhebung der Entscheidung des Neutralitätsausschusses nach Absatz 5 und eine andere Feststellung begehren. ²Die Klage ist gegen die Bundesagentur zu richten. ³Ein Vorverfahren findet nicht statt. ⁴Über die Klage entscheidet das Bundessozialgericht im ersten und letzten Rechtszug. ⁵Das Verfahren ist vorrangig zu erledigen. ⁶Auf Antrag eines Fachspitzenverbandes kann das Bundessozialgericht eine einstweilige Anordnung erlassen.

Übersicht

	Rn.
A. Allgemeines	1
I. Normzweck	1
II. Systematik	2
III. Verfassungsrechtliche Probleme	4
B. Inhalt der Vorschrift	9
I. Neutralitätspflicht	9
II. Unmittelbare Streikbeteiligung	11
1. Arbeitskampf	12
2. Beteiligung	14
3. Anspruch auf Alg oder Ruhen	15
4. Beginn und Ende des Ruhens	19
III. Mittelbar vom Arbeitskampf betroffene AN	20
1. Ruhen im räumlichen und fachlichen Geltungsbereich	22

	Rn.
2. Ruhen im fachlichen nicht aber räumlichem Bereich	24
3. Persönliche Partizipation als Einzelfallkorrektur	29
IV. Härtefallregelung	30
V. Entscheidung des Neutralitätsausschusses	31

A. Allgemeines

I. Normzweck

1   § 146 ordnet das Ruhen des Anspruchs auf Alg bei Arbeitskämpfen an, um das Gleichgewicht der in einem Arbeitskampf wirkenden Kräfte nicht zu stören und dadurch die **Chancengleichheit der Tarifvertragsparteien** in dieser Auseinandersetzung zu **wahren.** Die Regelung sichert die Neutralität der BA bei Arbeitskämpfen und folgt damit dem Gebot aus Art. 9 Abs. 3 GG. Die Ansprüche der Versicherten ruhen, wenn und soweit durch die Gewährung von Leistungen der Arbeitsförderung in den Arbeitskampf eingegriffen würde. § 146 will den schwierigen Ausgleich zwischen der Gewährleistung eigentumsrechtlich geschützter Anwartschaften der Beschäftigten und der Wahrung der Neutralität im Arbeitskampf herstellen. Dabei wird der Leistungsanspruch im Grundsatz ausgeschlossen, wenn die AN erwarten dürfen, am Arbeitskampfergebnis zu partizipieren. In diesen Fällen wird der eigentumsrechtlich geschützte Anspruch auf Alg eingeschränkt, um eine Verlagerung des arbeitsrechtlichen Arbeitskampfrisikos auf die Versichertengemeinschaft zu vermeiden. Dieses Risiko sollen die am Arbeitskampf beteiligten Personengruppen sowie die Personen tragen, die an dessen Ergebnissen teilhaben. In Teilen enthält § 146 auch Regelungen, die durch die Neuorganisation der Selbstverwaltung der BA im Elften Kapitel bedingt sind (BT-Drs. 15/1515, 87; zur sozialpolitischen Diskussion vgl. *Karasch*, ArbuR 2007, 257 f.).

II. Systematik

2   § 146 beschließt die Ruhensregelungen des Alg (§§ 141 bis 146) und gehört zu den Regelungen, die den **Anspruch auf Alg** (zeitweise) **einschränken.** In der Vergangenheit hatte § 146 seinen wesentlichen Anwendungsbereich nicht beim Alg, sondern beim Kug (§ 174 Abs. 1 S. 1; vgl. BT-Drs. 14/2670, 4). Da ein rechtmäßiger Arbeitskampf die Hauptpflichten der Arbeitsverhältnisse nur suspendiert und nicht zu deren Lösung führt, tritt im Arbeitskampf in der Regel ein vorübergehender Arbeitsausfall im Sinne der §§ 169 f. auf (BVerfG 4. 7. 1995 – 1 BvF 2/86 ua. – BVerfGE 92, 365, 370). Ein Arbeitskampf kann aber auch den Versicherungsfall der Arbeitslosigkeit auslösen. Streitig ist insoweit, ob AN, die mit **suspendierender Wirkung** ausgesperrt sind und Alg beantragen, arbeitslos iSd. § 118 Abs. 1 sind (vgl. Rolfs in ErfK, SGB III § 146 Rn. 5). Soweit in diesen Fällen ein Anspruch auf Alg angenommen wird (hM; zurückhaltend unten Rn. 16, ebenso Düe in Niesel/Brand, SGB III, § 146 Rn. 8) sowie in den Fällen eines rechtswidrigen Arbeitskampfes mit einer das Arbeitsverhältnis lösenden Aussperrung (vgl. BAG 17. 12. 1976 – 1 AZR 772/75 – AP Nr. 52 zu Art. 9 GG Arbeitskampf; ArbG Gelsenkirchen 13. 3. 1998 – 3 Ca 3173/97 – NZA-RR 98, 352), kommt ein Anspruch auf Alg dem Grunde nach in Betracht, der infolge Verursachung durch einen Arbeitskampf nach § 146 ruhen kann.

3   Innerhalb des § 146 regelt Abs. 1 die **Neutralitätspflicht** der BA als Grundsatz. Die Vorschrift wird in den weiteren Absätzen zunehmend spezieller. Zur Klarstellung begrenzt Abs. 1 S. 2 die Anwendung der Ruhensbestimmung auf den fachlichen Geltungsbereich des umkämpften Tarifvertrages (TV). Abs. 2 ordnet das Ruhen des Zahlungsanspruchs für Arbeitnehmer an, die **unmittelbar durch Beteiligung** an einem Arbeitskampf arbeitslos geworden sind. Abs. 1 und 2 betreffen daher den rechtspolitisch unumstrittenen Anwendungsbereich der Norm. Abs. 3 regelt das Ruhen des Anspruchs in Bezug auf die **mittelbar vom Arbeitskampf** betroffenen Personen. Diesem Teil der Regelung kommt die schwierige Aufgabe zu, abzugrenzen, welche arbeitskampfbedingten Entgeltausfälle trotz fehlender Beteiligung am Arbeitskampf von den AN zu tragen sind und welche Entgeltausfälle durch die Versichertengemeinschaft kompensiert werden. Abs. 4 eröffnet die Möglichkeit, das Ergebnis nach Abs. 3 in Ausnahmefällen zu korrigieren (Härtefallklausel). Abs. 5 überträgt die Zuständigkeit für die Entscheidung nach § 146 Abs. 3 Nr. 2 auf den Neutralitätsausschuss (vgl. § 380). Abs. 6 trifft **verfahrensrechtliche Sonderregelungen** für die Anfechtung einer Entscheidung nach § 146 Abs. 5.

III. Verfassungsrechtliche Probleme

4   Obwohl schon gegen die Vorgängernorm des § 146, den § 116 AFG, erhebliche verfassungsrechtliche Zweifel geltend gemacht worden sind (vgl. Benda, Sozialrechtliche Eigentumspositionen im Arbeitskampf, 1986, S. 261 f.), hat sowohl das BSG (5. 6. 1991 – 7 RAr 26/97 – SozR 3–4100 § 116 Nr. 1 S. 44) wie auch das BVerfG (4. 7. 1995 – 1 BvF 2/86 ua. – BVerfGE 92, 365, 393 f.) entschieden, dass jene – mit § 146 im wesentlichen gleichlautende Regelung – mit dem GG vereinbar gewe-

sen ist. **Art. 9 Abs. 3** GG verstanden als Grundrecht auf positive Koalitionsfreiheit wird auch durch § 146 **nicht verletzt.** Das vom Gesetzgeber gewählte Kriterium zur Anordnung des Ruhens der Leistung, das Partizipationsprinzip, ist verfassungsrechtlich unbedenklich. Es hält sich im Rahmen des gesetzgeberischen Einschätzungsspielraums, dass Leistungen an Arbeitslose, denen das Ergebnis eines Arbeitskampfes voraussichtlich zu Gute kommt, nicht gezahlt werden sollen, um die Neutralität der BA zu wahren. Zwar schränkt die Regelung die Kampfkraft bei Schwerpunktstreiks ein, diese wird aber nicht durchgreifend geschwächt (BVerfG, aaO, 400).

Zweifelhaft kann § 146 im Hinblick auf die **negative Koalitionsfreiheit** erscheinen. Dieser Aspekt des Art. 9 Abs. 3 GG gewährleistet dem Einzelnen, sich von Koalitionen und Arbeitskämpfen fernhalten zu können (vgl. BVerfG 14. 6. 1983 – 2 BvR 488/80 – BVerfGE 64, 208, 213), sich nicht am Arbeitskampf beteiligen zu müssen. § 146 könnte in das Grundrecht auf negative Koalitionsfreiheit eingreifen, indem auch der Anspruch der nichtkämpfenden AN auf Entgeltersatz durch § 146 Abs. 3 zum Ruhen kommen kann, selbst wenn diese sich vom Arbeitskampf bewusst fernhalten. Mittelbar übt die Vorschrift wirtschaftlichen Druck auf diese Personengruppe aus, da sie ihre Entgeltersatzansprüchen auch ohne eigene Beteiligung am Arbeitskampf verlieren (zum Eingriff in solchen Fällen: BVerfG 15. 7. 1980 – 1 BvR 24/74 ua. – BVerfGE 55, 7, 22).

Ein solcher Eingriff bedarf der Rechtfertigung durch **grundrechtsimmanente Schranken** (vgl. BVerfG 10. 1. 1995 – 1 BvF 1/90 – BVerfGE 92, 26, 41). Nur Ziele von verfassungsrechtlichem Rang können den Eingriff in die Koalitionsfreiheit rechtfertigen. Solches Gewicht können zB sozialpolitische Ziele haben (vgl. BVerfG 3. 4. 2001 – 1 BvL 32/97 – BVerfGE 103, 293). Die unbeteiligten AN haben den Eingriff wohl wegen ihrer Partizipation am Kampfergebnis hinzunehmen. Die Wahrung der Kampfgleichheit zwischen Koalitionen und die Gewährleistung einer funktionierenden Tarifautonomie ist ein zentrales, durch Art. 9 Abs. 3 GG geschütztes Interesse. Dieses rechtfertigt es, in die Grundrechtsposition des partizipierenden Dritten, hier in die negative Koalitionsfreiheit des nicht kampfbereiten AN einzugreifen. Auch wenn die Einbeziehung mittelbar betroffener AN in das sozialrechtliche Arbeitskampfrisiko vermeidet, dass diese Personen sich aus der Kampfsolidarität verabschieden und gleichwohl das Ergebnis für sich in Anspruch nehmen können, erscheint die Gleichbehandlung mit dem kämpfenden AN **nicht unbedenklich.**

Der Eigentumsschutz des Alg aus **Art. 14 Abs. 1 GG** (BVerfG 12. 2. 1986 – 1 BvL 39/83 – BVerfGE 72, 9, 19; zum Anspruch auf Kug: BVerfG 4. 7. 1995 – 1 BvF 2/86 ua. – BVerfGE 92, 365, 405 f.; vgl. auch BSG 4. 10. 1994 – 7 KlAr 1/93 – SozR 3–4100 § 116 Nr. 2 S. 92 f.) wird durch die Ruhensanordnung nicht verletzt. Die Regelung überschreitet nicht die Grenzen einer nach Art. 14 Abs. 1 S. 2 GG zulässigen Bestimmung von Inhalt und Schranken des Eigentums (BVerfG, aaO, 406 f.; BSG aaO, S. 99).

Die Anordnung des Ruhens in mittelbar vom Arbeitskampf betroffenen Gebieten (§ 146 Abs. 3) verstößt nicht gegen **Art. 3 Abs. 1 GG.** Die Differenzierung zwischen unbeteiligten AN und solchen aus nicht umkämpften Bezirken desselben fachlichen Geltungsbereichs ist sachlich gerechtfertigt (BVerfG, aaO, 407), da zu erwarten ist, dass die Ergebnisse eines Arbeitskampfes nur innerhalb der nach Branchen organisierten Koalitionen übertragen werden. Die Neutralitätspflicht kann daher innerhalb desselben fachlichen Geltungsbereichs durch Leistungen nach dem SGB III verletzt werden. Die Entscheidung des BVerfG orientiert sich in diesem Punkt ersichtlich an der Praxis des Tarifrechts und der Rspr. des BAG zum Arbeitskampfrisiko (BAG 22. 12. 1980 – 1 ABR 2/79 – AP Nr. 70 zu Art. 9 GG Arbeitskampf).

B. Inhalt der Vorschrift

I. Neutralitätspflicht

Die Neutralitätspflicht der BA in Arbeitskämpfen leitet sich aus der durch Art. 9 Abs. 3 GG geschützten Betätigungsfreiheit von Wirtschaftkoalitionen und der hieraus abgeleiteten allgemeinen Neutralitätspflicht des Staates wie auch der mittelbaren Staatsverwaltung, also der BA als Körperschaft des öffentlichen Rechts (§ 367 Abs. 1), ab (vgl. BSG 5. 6. 1991 – 7 RAr 26/97 – SozR 3–4100 § 116 Nr. 1). Wenn das BSG von der Pflicht zu „passiver Neutralität" spricht, meint dies, dass die BA nicht den Auftrag hat, die Arbeitskampfparität herzustellen oder sonst zu gestalten (BSG aaO, S. 14). Vielmehr hat sie das bei einem Arbeitskampf bestehende Kräfteverhältnis hinzunehmen.

Die BA ist **gegenüber** allen am Arbeitskampf beteiligten **Seiten** zur Neutralität verpflichtet. Sie soll weder durch „Gewährung" von Leistungen noch durch Nichtgewährung gesetzlicher Ansprüche in einen Arbeitskampf eingreifen (vgl. BT-Drs. 10/4989, 6; BSG aaO, S. 15). Der Gesetzgeber hat in § 146 in typisierender Weise bestimmt, in welchen Fällen der Anspruch auf Leistung ruhen soll, da die Zahlung von Alg einen Eingriff in den Arbeitskampf bedeuten könnte. Er hat seinem Einschätzungsspielraum entsprechend (vgl. BVerfG 4. 7. 1995 – 1 BvF 2/86 ua. – BVerfGE 92, 365, 396 und 407) eine Typisierung der Personengruppen vorgenommen, deren Leistungsbezug während eines Arbeitskampfes in die Kampfparität der Tarifvertragsparteien eingreifen würde. Diese Typisierung ist verfassungsrechtlich nicht zu beanstanden (BVerfG, aaO, S. 407 f.).

II. Unmittelbare Streikbeteiligung

11   § 146 unterscheidet verschiedene Gruppen von Arbeitnehmern, deren ArbV von einem Arbeitskampf berührt wird. Die zu erwartenden Partizipation wird nach der Nähe zum fachlichen Geltungsbereich des umkämpften TV und der Art der Beteiligung am Arbeitskampf eingeschätzt. Nach § 146 Abs. 2 erhalten die **unmittelbar am Arbeitskampf beteiligten** arbeitslos gewordenen AN kein Alg. Die Gewährung von Entgeltersatzleistungen würde unmittelbar in den Arbeitskampf eingreifen, da sie die Kampfkraft der Leistungsbezieher stärken würden.

12   **1. Arbeitskampf.** § 146 setzt den **Begriff des Arbeitskampfes** voraus; die Vorschrift nimmt auf den arbeitsrechtlichen Arbeitskampfbegriff Bezug. Arbeitskämpfe sind danach Maßnahmen in wirtschaftlichen Auseinandersetzungen zwischen ArbG und AN, die in der Regel auf Änderung der Arbeitsbedingungen zielen. Mittel des Arbeitskampfs sind für AN der Streik und für die ArbG die Aussperrung. **Streik** ist die vorübergehende, planmäßige Arbeitsniederlegung einer größeren Anzahl von AN zur Erreichung eines gemeinschaftlichen Ziels. **Aussperrung** ist die von Arbeitgeberseite planmäßig vorgenommene Ausschließung mehrerer Arbeitnehmer von Arbeitsleistung und Entgeltzahlung zur Erreichung eines bestimmten Ziels. § 146 setzt nur voraus, dass ein Arbeitskampf geführt wird, **nicht** aber dessen **Rechtmäßigkeit** (BSG 4. 10. 1994 – 7 KlAr 1/93 – SozR 3–4100 § 116 Nr. 2). Die Vorschrift stellt allein auf die unmittelbare Beteiligung am Arbeitskampf ab. Die Dienststellen der BA und die Gerichte der Sozialgerichtsbarkeit sollen die ggf. schwierige Frage der Rechtmäßigkeit eines Arbeitskampfs bei Prüfung des Leistungsanspruchs nicht als Vorfrage klären müssen.

13   § 146 Abs. 2 setzt weiter voraus, dass der **Arbeitskampf im Inland** stattfindet. Ausländische Arbeitskämpfe mit wirtschaftlichen Folgen im Inland führen nicht zum Ruhen der Alg, da diese auf Änderung von ausländischen Arbeitsbedingungen gerichtet sind (vgl. *Eichenhofer*, NZA Beilage 2006, Nr. 2, S. 67 f.). Das Neutralitätsgebot der BA ist auf den Geltungsbereich des SGB III beschränkt. Das gilt auch in den Fällen des Abs. 3, wenn Versicherte mittelbar von einem im Ausland durchgeführten Arbeitskampf betroffen sind, ruht das Alg nicht.

14   **2. Beteiligung.** Eine Beteiligung liegt vor, wenn ein AN in Kampfhandlungen verstrickt ist. Die Teilnahme muss nicht aktiv erfolgen, es genügt die Betroffenheit von einer Aussperrung. Eine Beteiligung liegt noch nicht vor, wenn der AN, ohne zu streiken oder ausgesperrt zu sein, wegen Kampfhandlungen anderer nicht weiter beschäftigt werden kann. In solchen Fällen ist die unmittelbare Beteiligung (Abs. 2) von der mittelbaren Betroffenheit (Abs. 3) abzugrenzen. Die aktive Beteiligung kann frühestens mit dem Arbeitskampf selbst beginnen, sie beginnt für den einzelnen AN erst mit dessen Aufnahme von Streikhandlungen oder mit seiner Aussperrung aus dem Beschäftigungsbetrieb.

15   **3. Anspruch auf Alg/Ruhen.** Ein Ruhen (vgl. zu den Rechtswirkungen § 142 Rn. 3) setzt – auch iRd § 146 – voraus, dass ein Anspruch auf Alg dem Grunde nach besteht. Die Leistung ruht nur, wenn (1) die Voraussetzungen des Anspruchs auf Alg dem Grunde nach vorliegen und (2) die Arbeitslosigkeit **in ursächlichem Zusammenhang** (Kausalität) mit dem Arbeitskampf steht (vgl. zum Kausalitätserfordernis: Kummer, DAngVers 1990, 201, 208; Düe in Niesel/Brand, SGB III § 146 Rn. 18).

16   Ob Voraussetzungen des **Anspruchs auf Alg** nach § 118 Abs. 1 erfüllt sind, ist in Fällen des Arbeitskampfs durchaus zweifelhaft. Zwar ist die tatsächliche Beschäftigung beendet, das ArbV wird aber durch einen Arbeitskampf regelmäßig nur für unbestimmte Zeit suspendiert. Nach hM soll leistungsrechtliche Beschäftigungslosigkeit bestehen (hM; Rolfs in ErfK SGB III § 146 Rn 5; Düe in Niesel/Brand, SGB III § 146 Rn 8 „arbeitskampfbedingte Beschäftigungssuche"). Gegen diese Ansicht spricht, dass der Arbeitslose weiterhin in einem ArbV steht und dieses alsbald nach Abschluss der umkämpften tariflichen Vereinbarung fortsetzen will. Der Anspruch auf Alg setzt nach § 119 Abs. 1 Nr. 2, 3 voraus, dass der Arbeitslose bereit und in der Lage ist, unter den üblichen Bedingungen des Arbeitsmarkts ein (anderes) Beschäftigungsverhältnis aufzunehmen. An Beschäftigungssuche und Verfügbarkeit fehlt es aber in aller Regel, wenn ein AN in Streik tritt, um für das bestehende ArbV verbesserte Arbeitsbedingungen zu erkämpfen. Die Annahme einer „arbeitskampfbedingten Beschäftigungssuche" belegt eher, dass ein Anspruch auf Alg konstruiert werden soll, als dass die Voraussetzungen des § 119 Abs. 1 Nr. 2 vorliegen könnten. Allerdings ist diese Frage für die Praxis nur von untergeordneter Bedeutung. Bejaht man mit hM einen Anspruch des unmittelbar Streikbeteiligten auf Alg ruht dieser jedenfalls nach § 146 Abs. 2.

17   Verneint man einen Anspruch auf Alg, kann bei erheblichem Arbeitsausfall infolge eines Arbeitskampfes ein Anspruch auf **Kug** bestehen (§§ 169 S. 1, 170). Die Voraussetzungen nach §§ 169 S. 1, 170 Abs. 1 S. 1 Nr. 1 sind aber nur erfüllt, wenn der Entgeltausfall auf wirtschaftlichen Gründen oder einem unabwendbaren Ereignis beruht. Ereignisse, die in der Person des AN (Streik) oder ArbG (Aussperrung) begründet sind und nicht von außen auf den Betrieb einwirken, erfüllen diese Anforderungen nicht. Kug kommt deshalb **nur für** die **mittelbar** vom Arbeitskampf **betroffen AN** in Betracht (vgl. Mutschler in NK-SGB III § 170 Rn. 22). Soweit ein Anspruch auf Kug besteht, schließt dieser den Anspruch auf Alg aus (Otto in MünchHbArbR, Bd. 3, § 292 Rn. 78 m. w. N.), da die Leistungsansprüche auf Alg und Kug nicht miteinander in positiver Anspruchskonkurrenz stehen (aA Düe in Niesel/Brand, SGB III, § 146 Rn. 13).

Ist der Arbeitskampf für den Eintritt der Arbeitslosigkeit nicht **kausal,** ruht der Leistungsanspruch 18
nicht. An der Kausalität fehlt es, wenn Arbeitslosigkeit/Kurzarbeit bereits eingetreten ist und erst
nach diesem Zeitpunkt der Arbeitskampf beginnt. Die Arbeitslosigkeit von AN, in deren Betrieb
ein Arbeitskampf stattfindet, an dem sie nicht beteiligt sind, beruht nicht kausal auf dem Arbeitskampf, wenn das ArbV infolge Befristung endet. Der Arbeitskampf muss wesentliche Bedingung
für den Eintritt der Arbeitslosigkeit/Kurzarbeit sein (vgl. *Söhngen* in Eicher/Schlegel SGB III § 146
Rn. 45).

4. Beginn und Ende des Ruhens. Das Ruhen beginnt, sobald die Anspruchsvoraussetzungen 19
des Alg/Kug erfüllt sind und die Arbeitslosigkeit/Kurzarbeit kausal infolge der Beteiligung am Arbeitskampf eintritt. Ist die Arbeitslosigkeit arbeitskampfbedingt eingetreten, so ruht Alg bis zum Ende
der Kampfhandlungen (§ 146 Abs. 2). Nach dem Wortlaut der Vorschrift genügt ein Ende der **Beteiligung** durch den einzelnen AN **nicht** (wie hier *Masuch* GK-SGB III § 146 Rn. 48; *Rolfs* in ErfK
SGB III § 146 Rn. 8; aA *Düe* in Niesel/Brand, SGB III, § 146 Rn. 19). Eine Beteiligung am kollektiven Ausstand wirkt also bis zu dessen Ende. Das Ruhen nach § 146 führt nicht zur **Minderung** der
Anspruchsdauer (§ 128 Abs. 1 Nr. 1).

III. Mittelbar vom Arbeitskampf betroffene AN

Nach § 146 Abs. 3 ruht der Anspruch auf Alg auch, wenn der AN nicht am inländischen Arbeits- 20
kampf (vgl. Rn. 13) beteiligt ist, die Arbeitslosigkeit aber ursächlich auf einem Arbeitskampf beruht
(vgl. Rn. 18). § 146 Abs. 3 unterscheidet nach dem Kriterium der Partizipation. Die Regelung geht
von der gegebenen Organisation der Tarifvertragsparteien aus. § 146 Abs. 1 S. 2 stellt sicher, dass AN,
die **außerhalb des fachlichen Geltungsbereich** eines umkämpften Tarifvertrags von einem Arbeitskampf betroffen werden, vom Neutralitätsgebot **nicht** erfasst werden. Die Leistungsansprüche
dieses Personenkreises sind nicht eingeschränkt.

Dagegen ruht der Anspruch auf Alg, wenn der letzte Beschäftigungsbetrieb des AN vor Eintritt der 21
Arbeitslosigkeit
– im räumlichen und fachlichen Geltungsbereich des umkämpften TV liegt (Gruppe 1; § 146 Abs. 3
Satz 1 Nr. 1),
– nicht im räumlichen, aber im fachlichen Geltungsbereich des TV liegt (Gruppe 2; § 146 Abs. 3
Satz 1 Nr. 2). Für die Gruppe 2 stellt die Vorschrift allerdings weitere Voraussetzungen für den Eintritt der Ruhensfolge auf.

1. Ruhen im räumlichen und fachlichen Geltungsbereich. Nach § 146 Abs. 3 S. 1 **Nr. 1** 22
ruht das Alg, wenn der Beschäftigungsbetrieb, mit dem regelmäßig noch ein ArbV besteht, sowohl im
räumlichen als auch im fachlichen Geltungsbereich des umkämpften TV liegt. Für die Zuordnung der
AN zu den Gruppen des § 146 Abs. 3 S. 1 ist auf die Tarifzugehörigkeit des Beschäftigungsbetriebs
abzustellen. Die Geltungsbereiche der dort anzuwendenden TV bestimmen sich regelmäßig nach dem
zuletzt geschlossenen und nun umstrittenen TV. Für die Ansprüche der AN innerhalb des fachlichen
und räumlichen Geltungsbereichs des umkämpften Tarifvertrages ordnet § 146 Abs. 3 S. 1 Nr. 1 das
Ruhen des Alg an, weil die AN in aller Regel zu den potentiell Begünstigten des umkämpften TV
gehören. Für die Gruppe 1 wird eine **Partizipation** am Ergebnis des Arbeitskampfes **vermutet,** was
nicht für die Personengruppe, wohl aber im Einzelfall widerlegt werden kann (§ 146 Abs. 3 S. 3, dazu
unten Rn. 29).

Soweit im Betrieb (noch) **Tarifeinheit** herrscht, sind Betriebe dem **fachlichen Geltungsbereich** 23
zuzuordnen, in denen der umkämpfte TV unmittelbar und zwingend zur Anwendung kommt (§§ 3
Abs. 1, 2; 4 Abs. 1 TVG). Nicht maßgeblich ist die Tarifzuständigkeit der kämpfenden Verbände,
die ganz unterschiedlich zugeschnitten sein kann. Maßstab ist vielmehr die tarifliche Praxis mit ihrer
Festlegung des fachlichen Geltungsbereichs (*Otto* in MünchHbArbR, Bd. 3 § 292 Rn. 43). Für
AN in **nichtorganisierten** Betrieben ist das Ruhen des Alg aufgrund des Arbeitskampfes von einem
Verbandstarif desselben Fachgebietes nur denkbar, wenn der ArbG die Regelung voraussichtlich entweder in einen Firmentarifvertrag übernimmt oder aufgrund dynamischer Verweisung tatsächlich
anwendet.

Soweit innerhalb eines Betriebs **keine Tarifeinheit** herrscht, sondern mehrere Spartengewerk- 23a
schaften konkurrieren, können innerhalb desselben Betriebs AN zum fachlichen Geltungsbereich
verschiedener Tarifverträge gehören. Der Arbeitsausfall infolge eines Arbeitskampfes in einem Betrieb ohne Tarifeinheit bewirkt für die nicht bei der kampfführenden Berufsgruppengewerkschaft
organisierten AN kein Ruhen des Alg. Unter Zugrundelegung des Partizipationsgedankens ist davon
auszugehen, dass die Gewährung der Leistung an die anderweitig Organisierten weder in die Kampfparität eingreift, noch dass ihnen das Ergebnis des Arbeitskampfes zu Gute kommt (vgl *Deinert* NZA
2009, 1176, 1183; Ergebnis vorausgesetzt bei v. *Steinau-Steinrück/Brugger,* NZA-Beil. 2010, 127,
132).

2. Ruhen im fachlichen, nicht aber räumlichen Bereich. § 146 Abs. 3 S. 1 **Nr. 2** beinhaltet 24
den umstrittenen Kern der Regelung des Ruhens bei Arbeitskämpfen (früher § 116 AFG; in § 146

SGB III unverändert fortgeschrieben: vgl. BT-Drs. 13/4941, 180). **Arbeitsrechtlich** haben AN in Betrieben außerhalb der räumlichen Geltungsbereichs des umkämpften TV nach der Arbeitskampfrisikolehre des BAG keinen Entgeltanspruch, wenn die für den Betrieb zuständigen Verbände mit den im Arbeitskampf stehenden identisch oder organisatorisch eng verbunden sind (**Fernwirkung** des Arbeitskampfes; vgl. *Masuch* in GK-SGB III § 146 Rn. 54; *Rolfs* in ErfK SGB III § 146 Rn. 9 mwN). AN tragen das arbeitsrechtliche Entgeltrisiko des Arbeitskampfes, auch wenn sie an Kampfmaßnahmen nicht beteiligt sind. § 146 Abs. 3 S. 1 Nr. 2 regelt in dieser Situation die Frage, ob die Versichertengemeinschaft mit Entgeltersatzleistungen einspringt oder ob der Anspruch ruht, wenn der Anspruch auf Arbeitsentgelt in diesen Fällen nicht besteht.

25   Hat ein Arbeitskampf **Fernwirkung,** dh. wirkt er über die räumlichen Grenzen des Kampfgebiets hinaus, **ruht** der Anspruch auf Alg nur **in Ausnahmefällen.** Eine solche Ausnahme liegt vor, wenn die Anforderungen des § 146 Abs. 3 S. 1 Nr. 2 **Buchstaben a) und b)** kumulativ erfüllt sind. Im Fall der Fernwirkungen eines Arbeitskampfes wird der Partizipationstatbestand durch das „Erheben einer gleichartigen Hauptforderung" und die positive Übernahmeprognose konkretisiert. Sind beide Voraussetzungen erfüllt, wird vermutet, dass der Arbeitskampf im fremden Tarifbezirk stellvertretend für die mittelbar betroffenen AN geführt wird. Die Vermutung kann aber nach § 146 Abs. 3 S. 3 im Einzelfall widerlegt werden.

26   Eine **gleichartige Hauptforderungen** ist **erhoben,** wenn die zur Entscheidung berufene Stelle hierüber Beschluss gefasst hat. Die Regelung verweist auf die Binnenorganisation der Tarifvertragsparteien. Die Forderung muss als solche von der zuständigen Stelle, regelmäßig von der Tarifkommission einer Gewerkschaft, beschlossen worden sein. Der Erhebungstatbestand enthält noch eine zweite Alternative, die die enge Anknüpfung an die Beschlusslage der Koalitionen lockert. Die Forderung **gilt** als erhoben, wenn auf eine förmliche Beschlussfassung zwar verzichtet wird, im Zusammenhang mit den Verhandlungen aber entsprechende Positionen eingebracht oder verfolgt werden; konkludentes Verhalten genügt.

27   Die im Tarifbezirk des letzten Beschäftigungsbetriebs erhobene Forderung muss mit einer Hauptforderung des Arbeitskampfes nach Art und Umfang gleich sein. Der nötige Vergleich hat nur auf die **Hauptforderungen** abzustellen. Der Wortlaut macht auch deutlich („einer ... gleich"), dass von mehreren im Arbeitskampf erhobenen Hauptforderungen (nur) eine nach Art und Umfang gleich sein muss mit der Hauptforderung, die im anderen Bezirk erhoben wird. Auf die Rechtmäßigkeit des ArbK oder der Forderung kommt es nicht an. Als Hauptforderung ist von verschiedenen tariflichen Regelungszielen diejenige anzusehen, mit der die Tarifvertragspartei ihre Mitglieder für den Arbeitskampf mobilisiert (BSG 4. 10. 1994 – 7 KlAr 1/93 – SozR 3–4100 § 116 Nr. 2 S. 70). Die zu vergleichenden Forderungen müssen nicht übereinstimmen. Den terminologischen Widerspruch zwischen Gleichheit ohne Übereinstimmung wurde in der Rspr. überzeugend dahingehend gelöst, dass die Forderungen weder identisch sein noch in allen Einzelheiten übereinstimmen müssen (BSG aaO, S. 72). Es geht um den Kern der tariflichen Auseinandersetzung, um ihre Forderungsidentität.

28   Neben der Gleichartigkeit der Forderungen ist die **Übernahmeprognose** des Kampfergebnisses weitere Voraussetzung für das Ruhen des Anspruchs. Ob ein Arbeitskampfergebnis im Wesentlichen inhaltsgleich in einen anderen Tarifbezirk übernommen wird, ist aufgrund einer Prognose zu entscheiden. Diese wird durch den Neutralitätsausschuss der BA getroffen (§ 146 Abs. 5). Die Übernahmewahrscheinlichkeit muss hoch sein („aller Voraussicht nach", BSG aaO, S. 79). In der Prognoseentscheidung müssen alle Tatsachen eingestellt werden, die zum Zeitpunkt ihrer Erstellung erkennbar sind (BSG 4. 10. 1994 – 7 KlAr 1/93 – SozR 3–4100 Nr. 2 S. 77). Anknüpfungstatsachen sind z. B. die Übernahmepraxis nach früheren Tarifauseinandersetzung und das Verhalten der Tarifvertragsparteien. Erweist sich die Übernahmeprognose später als unzutreffend, berührt dies ihre Rechtmäßigkeit nicht (Ex-Ante-Betrachtung). Dies wäre nur der Fall, wenn die Prognose bei Berücksichtigung aller Tatsachen nicht hätte getroffen werden dürfen (BSG aaO, S. 78).

29   **3. Persönliche Partizipation als Einzelfallkorrektur.** Die betriebsbezogene Anknüpfung des Ruhenstatbestandes (§ 146 Abs. 3 S. 1) wird in § 146 Abs. 3 S. 3 durch einen persönlichen Anwendungsvorbehalt ergänzt. Die Leistung ruht nur, wenn der Arbeitslose selbst an den Ergebnissen des Arbeitskampfes partizipiert. Bezugspunkt für die Prüfung der persönlichen Partizipation ist der Ruhenstatbestände des Abs. 3 S. 1. Alg ruht nur, wenn eine Einzelfallprüfung ergibt, dass die umstrittenen Tarifnormen für den AN unmittelbar gelten (§ 4 Abs. 1; 5 TVG) oder auf ihn aufgrund Arbeitsvertrags oder betrieblicher Übung auf ihn Anwendung finden.

IV. Härtefallregelung

30   § 146 Abs. 4 beinhaltet eine Härtefallklausel für **Arbeitnehmergruppen** (für Einzelfälle vgl. Rn. 29). Die dem Grunde nach eingetretene Ruhensfolge aus § 146 Abs. 3 (nicht bei unmittelbarer Beteiligung nach Abs. 2) **kann** ausgesetzt werden, wenn das Ruhen des Alg ungerechtfertigt wäre. Dies ist anzunehmen, wenn das Ruhen für die betroffene Arbeitnehmergruppe unverhältnismäßig wäre. Die besondere Härte kann auf gemeinsamen Eigenschaften der Arbeitnehmergruppe, Besonderheiten des Beschäftigungsbetriebs wie Insolvenzgefahr oder den Zielen des Arbeitskampfs beruhen.

Für Unverhältnismäßigkeit kann die fehlende Partizipation der Arbeitnehmergruppe am Ergebnis des Arbeitskampfs sprechen. Die Entscheidungskompetenz für die Anwendung der Härtefallregelung steht dem **Verwaltungsrat** der BA zu (vgl. §§ 146 Abs. 4, 373). Die gegenüber einer Gruppe von AN zu treffende Entscheidung über die Härtefallregelung ergeht als **Allgemeinverfügung** (§ 31 S. 2 SGB X; vgl. BSG 9. 9. 1975 – 7 RAr 5/73 – BSGE 40, 190, 193).

V. Entscheidung des Neutralitätsausschusses

§ 146 Abs. 5 regelt die Zuständigkeit für die Entscheidung über die in § 146 Abs. 3 S. 1 Nr. 2 bestimmten Ruhensvoraussetzungen (Fernwirkungsfälle). Ob der Erhebungstatbestand und die Übernahmeprognose gegeben sind, entscheidet der Neutralitätsausschuss (vgl. § 380; zu Inhalt der Entscheidung und Verfahren: BSG 24. 7. 1996 – 7 KlAr 1/95 – SozR 3–4100 § 116 Nr. 4 S. 134; siehe auch BT-Drs. 15/1719, 24 zu Art. 1 Nr. 78). Der NA ist ein mit Vertretern der Arbeitnehmer, Arbeitgeber aus dem Vorstand der BA paritätisch besetztes **Organ „sui generis"**, das um den Vorsitzenden der BA ergänzt wird (§ 380 Abs. 1 S. 1). Die Kompetenzzuweisung an den N.-Ausschuss als eigenständiges nur für diese Entscheidung errichtetes Organ unterstreicht die Bedeutung der zu treffenden Entscheidung. Der NA hat für die mittelbar vom Arbeitskampf betroffenen AN einheitlich zu entscheiden, ob gleiche Forderungen wie im umkämpften Tarifbereich erhoben sind und ob die Übernahme des Kampfergebnisses zu erwarten ist. 31

Die Entscheidung des NA soll ihrer Rechtsnatur nach eine **Verwaltungsentscheidung sui generis** sein (so BSG 4. 10. 1994 – 7 KlAr 1/93 – BSGE 75, 97 = SozR 3–4100 § 116 Nr. 2). Richtigerweise handelt es sich aber um eine **Allgemeinverfügung** (§ 31 S. 2 SGB X), die mit Außenwirkung Elemente eines Rechtsverhältnisses feststellt. Die vom NA getroffene Entscheidung entfaltet Drittbindungswirkung. Sie wirkt nicht nur gegenüber den Adressaten der Entscheidung, sondern ist darüber hinaus für die Verwaltungs- und Gerichtsverfahren bindend, in denen über Leistungsanträge der AN zu entscheiden ist (vgl. BSG 4. 10. 1994 – 7 KlAr 1/93 – BSGE 75, 97, 114 f. = SozR 3–4100 § 116 Nr. 2). 32

Rechtsschutz gegen Entscheidungen das NA findet in der durch § 146 Abs. 6 spezialgesetzlich geregelten Weise statt. Zuständig ist das BSG, das als erstinstanzliches Tatsachengericht entscheidet (Abs. 6 S. 4); dort ist nach dem Geschäftsverteilungsplan der 7. Senat zuständig. Die Gerichtsentscheidung teilt die Drittbindungswirkung des Beschlusses des NA. Klagebefugt sind nur die Fachspitzenverbände der Tarifvertragsparteien (Abs. 6 S. 1); Fachspitzenverbände anderer am Arbeitskampf beteiligter Koalitionen sind ggf. notwendig beizuladen (§ 75 Abs. 2 SGG). Beklagte ist die BA (Abs. 6 S. 2), nicht der NA selbst. AN, ArbG, Arbeitgeberverbände und Gewerkschaften sind weder klagebefugt noch am Verfahren zu beteiligen. Richtige Klageart ist nach der Terminologie des BSG die **Aufhebungsklage** (BSG 24. 7. 1996 – 7 KlAr 1/95 – SozR 3–4100 § 116 Nr. 4 S. 131). Der Begriff der Aufhebungsklage ist aus § 146 Abs. 6 S. 1 abgeleitet. Diese „Klageart" soll der Anfechtungsklage „nahestehen" und wird nach dieser auch im Zulässigkeitsvoraussetzungen behandelt (vgl. BSG 24. 7. 1996 – 7 KlAr 1/95 – SozR 3–4100 § 116 Nr. 4 S. 132). Geht man dagegen – wie oben Rn. 32 – davon aus, dass die Entscheidung des NA eine Allgemeinverfügung ist, wäre unmittelbar die **Anfechtungsklage** gegeben (§ 54 Abs. 1 SGG). 33

Das BSG kann als zuständiges Hauptsachegericht in Bezug auf die Entscheidung des NA auf Antrag eines Beteiligten auch **eine einstweilige Anordnung** erlassen (§ 146 Abs. 6 S. 6). Die Antragsbefugnis entspricht derjenigen im Hauptsacheverfahren (§ 146 Abs. 6 S. 1, 2). Über den Antrag auf einstweilige Anordnung ist nach Maßgabe des § 86b SGG zu entschieden. Da ein Vorverfahren nicht stattfindet (§ 146 Abs. 6 S. 3), hat die allein mögliche Aufhebungsklage aufschiebende Wirkung (§ 86a Abs. 1 S. 2 SGG). Hat der NA das **Ruhen** der Leistungen **bejaht,** genügt deshalb für die dadurch beschwerten Verbände die Erhebung der Klage; die AA muss in dieser Situation den Anspruch auf Alg erfüllen. Die am Ruhen der Leistung interessierte Seite kann aber die Anordnung der sofortigen Vollziehung nach § 86b Abs. 1 S. 1 Nr. 1 SGG beantragen. Hat der NA dagegen beim **Ruhens**voraussetzungen **verneint,** können die Fachspitzenverbände eine Regelungsanordnung beim BSG beantragen (vgl. § 86b Abs. 2 S. 2 SGG), um zu erreichen, dass bis zur Entscheidung in der Hauptsache die Ruhensvoraussetzungen als gegeben gelten. Mit dem Antrag auf Erlass einer einstweiligen Anordnung kann zudem der Erlass einer Entscheidung durch den NA begehrt werden (vgl. BSG 4. 10. 1994 – 7 KlAr 1/93 – BSGE 75, 97, 118 = SozR 3–4100 § 116 Nr. 2). 34

Sechster Titel. Erlöschen des Anspruchs

§ 147 Erlöschen des Anspruchs

(1) Der Anspruch auf Arbeitslosengeld erlischt
1. mit der Entstehung eines neuen Anspruchs,
2. wenn der Arbeitslose Anlaß für den Eintritt von Sperrzeiten mit einer Dauer von insgesamt mindestens 21 Wochen gegeben hat, der Arbeitslose über den Eintritt der Sperr-

Mutschler

zeiten schriftliche Bescheide erhalten hat und auf die Rechtsfolgen des Eintritts von Sperrzeiten mit einer Dauer von insgesamt mindestens 21 Wochen hingewiesen worden ist; dabei werden auch Sperrzeiten berücksichtigt, die in einem Zeitraum von zwölf Monaten vor der Entstehung des Anspruchs eingetreten sind und nicht bereits zum Erlöschen eines Anspruchs geführt haben.

(2) Der Anspruch auf Arbeitslosengeld kann nicht mehr geltend gemacht werden, wenn nach seiner Entstehung vier Jahre verstrichen sind.

A. Normzweck

1 § 147 stellt – als einzige Vorschrift des Sechsten Titels – die Voraussetzungen für das Erlöschen des Anspruchs auf Alg auf. Systematisch regelt § 147 Abs. 1 den **materiellen Untergang** des Anspruchs auf Alg. Zweck der Regelung ist es nicht, das Ende der Zahlung, sondern den Wegfall des noch nicht ausgeschöpften Stammrechts auf Alg zu regeln. Da die Alg eine Versicherungsleistung bei vorübergehender Arbeitslosigkeit oder beruflicher Weiterbildung ist, soll ein (früher) erworbener Anspruch mit dem Entstehen eines neuen Anspruchs entfallen. Die früher erworbenen Ansprüche treten mit Eintritt des neuen Versicherungsfalls zurück, die Leistung wird an die aktuellen Bemessungsfaktoren angepasst (Voelzke in Spellbrink/Eicher, HbAFR, § 12 Rn. 449). Vor Nachteilen in Bezug auf die Anspruchsdauer bei dem Erwerb einer neuen Anwartschaft schützt § 127 Abs. 4 (dazu § 127 Rn. 16f.). Zweiter Rechtsgrund für das Erlöschen des Anspruchs auf Alg ist versicherungswidriges Verhalten (§ 147 Abs. 1 Nr. 2), der Eintritt von Sperrzeiten in erheblichem Umfang begründet nicht nur das Ruhen des Zahlungsanspruchs, sondern kann nach Maßgabe des § 147 Abs. 1 Nr. 2 den Verlust des Stammrechts selbst herbeiführen.

2 **Abs. 2** stellt eine **Verfallfrist** auf, nach deren Ablauf der Arbeitslose den früher erworbenen Anspruch nicht mehr geltend machen kann. Die Rspr. versteht die Frist des § 147 Abs. 2 trotz der Unterschieden im Wortlaut zwischen Abs. 1 und 2 als materielle Ausschlussfrist.

B. Voraussetzungen des Erlöschens (Abs. 1)

3 Ein nach Maßgabe des § 118 Abs. 1, 124a entstandener Anspruch auf Alg, der noch nicht ausgeschöpft worden ist (§ 128 Abs. 1), geht nicht mit Aufnahme einer Beschäftigung unter. Vielmehr kann er bei Wiedereintritt von Arbeitslosigkeit vor Erfüllung einer neuen Anwartschaftszeit erneut geltend gemacht werden. § 147 Abs. 1 bestimmt hiervon ausgehend, unter welchen Voraussetzungen ein erworbener und noch nicht erschöpfter Anspruch erlischt.

4 § 147 Abs. 1 setzt einen **Anspruch** auf Alg voraus, der muss entstanden sein muss (§ 40 Abs. 1 SGB I). Ein Anwartschaftsrecht genügt insoweit nicht, vielmehr muss der Arbeitslose ein **Stammrecht** auf Alg erworben haben. Dieses entsteht, sobald alle gesetzlichen Tatbestandsvoraussetzungen nach § 118 Abs. 1 bzw. 124a erfüllt sind (vgl. auch § 118 Rn. 3f.). Das Stammrecht darf bei Eintritt der Voraussetzungen des § 147 noch nicht durch Erfüllung des Anspruchs oder Erlöschen untergegangen sein.

I. Entstehung eines neuen Anspruchs (Nr. 1)

5 Ein (früher) entstandener Anspruch auf Alg erlischt mit der Entstehung eines neuen Anspruchs (§ 40 Abs. 1 SGB I iVm. §§ 118 Abs. 1, 124a Abs. 1). § 147 Abs. 1 Nr. 1 schließt aus, dass verschiedene Stammrechte auf Alg nebeneinander bestehen. Das (frühere) Stammrecht auf vorübergehenden Entgeltersatz bei Arbeitslosigkeit oder beruflicher Weiterbildung entfällt, sobald ein **neues Stammrecht erworben** worden ist. Dies setzt voraus, dass (erneut) alle gesetzlichen Tatbestandvoraussetzungen des Anspruchs auf Alg erfüllt sind, was auch die Arbeitslosmeldung (§ 122 Abs. 1 S. 1) als in der Regel letzten Schritt voraussetzt. Die Stellung eines Antrages ist dagegen nicht erforderlich, weil sie keine gesetzliche Anspruchsvoraussetzung des Alg ist (vgl. § 118 Abs. 1). Die Antragstellung wird vielmehr mit der pers. Arbeitslosmeldung fingiert (§ 323 Abs. 1 S. 2), falls der Arbeitslose nicht etwas anderes erklärt (dazu Hessisches LSG 13. 3. 2006 – L 9 AL 254/04). Die Dauer und Höhe des neuen Anspruchs ist unerheblich. Er bringt den früheren Anspruch auch dann zum Erlöschen, wenn dieser einen höheren Zahlbetrag oder eine längere Anspruchsdauer hatte. Der frühere Anspruch erlischt auch, wenn der neue Anspruch auf Alg nach §§ 142f. ruht, denn das Alg ruht erst, nachdem ein (neues) Stammrecht auf Alg entstanden ist (zum Ruhen: § 142 Rn. 3f.).

II. Sperrzeiten von insgesamt 21 Wochen (Nr. 2)

6 Der Eintritt von Sperrzeiten im Umfang von insgesamt 21 Wochen bringt den Anspruch auf Alg ebenfalls zum erlöschen (§ 147 Abs. 1 **Nr. 2**). Seit 1. 1. 2003 genügt für das Erlöschen des Anspruchs auf Alg, dass Sperrzeiten im **Gesamtumfang** von 21 Wochen eingetreten sind. Der Gesetzgeber

wollte damit der stärkeren Differenzierung bei den Dauern der Sperrzeiten Rechnung tragen (BT-Drs. 15/91, 16). Unterbrechungen des Leistungsbezugs oder andere Ruhenszeiträume als Sperrzeiten wirken sich auf die Berechnung der 21-Wochen-Frist nicht aus (*Karmanski* in Niesel/Brand, SGB III, § 147 Rn. 11).

Die in Betracht kommenden Sperrzeiten sind nach Voraussetzung und Dauer in § 144 geregelt. Sie **7** treten aufgrund versicherungswidrigen Verhaltens des AN ein (§ 144 Abs. 1 S. 1). Die sieben Sperrzeittatbestände lösen Ruhenszeiten von mindestens einer Woche (§ 144 Abs. 6) bis zu zwölf Wochen aus (§ 144 Abs. 3 S. 1), weitere Sperrzeiten mit zwei, drei und sechswöchiger Dauer sind möglich. Diese treten kraft Gesetzes ein. Die frühere Einschränkung „nach Entstehung des Anspruchs" ist inzwischen entfallen und der zu berücksichtigende Zeitraum durch § 147 Abs. 1 Nr. 2 Hs. 2 erweitert worden. Deshalb sind jetzt auch Sperrzeiten wegen Arbeitsaufgabe (§ 144 Abs. 1 S. 2 Nr. 1) in die Ermittlung der 21-Wochen-Grenze einzubeziehen.

Nach § 147 Abs. 1 Nr. 2 Hs. 2 sind auch die **binnen zwölf Monaten** vor dem Entstehen des An- **8** spruchs **verwirkten Sperrzeiten** zu berücksichtigen. Das Erlöschen eines Anspruchs auf Alg knüpft also an Sachverhalte an, die vor der Entstehung des Stammrechts verwirklicht worden sind. Damit stehen Versicherte verstärkt unter wirtschaftlichem und rechtlichem Druck, versicherungswidriges Verhalten (§ 144 Abs. 1 S. 1) zu vermeiden. Die „Rückanknüpfung" ist allerdings auf **zwölf Monate** vor dem Entstehen des maßgeblichen Anspruchs begrenzt. Sie ist weiter dadurch begrenzt, dass die zu berücksichtigenden Sperrzeiten nicht bereits zum Erlöschen des Anspruchs geführt haben dürfen (Doppelverwertungsverbot).

Das Erlöschen des Anspruchs knüpft § 147 Abs. 1 Nr. 2 neben dem Eintritt von Sperrzeiten an **9** **mehrere weitere Voraussetzungen** an. Der Arbeitslose muss über den Eintritt jeder zu berücksichtigenden Sperrzeit einen **schriftlichen Bescheid** erhalten haben. Zwar treten die Sperrzeiten kraft Gesetzes ein, der Erlass eines Bescheides ist für das Ruhen nicht konstitutiv. Die Rechtsfolge des Anspruchsverlust kann aber nur eintreten, wenn der Arbeitslose einen schriftlichen VA über den Sperrzeiteintritt erhalten hat (Warnfunktion). Nachdem § 147 Abs. 1 Nr. 2 auch die rückwirkende Berücksichtigung von Sperrzeiten vorschreibt, ist nicht mehr zu fordern, dass vor Zugang des ersten Bescheids verwirklichter Sperrzeittatbestand unbeachtlich sei (anders früher: BSG 20. 3. 1980 – 7 RAr 4/79; Niesel SGB III § 147 Rn. 12). Allerdings müssen den Betroffenen zur Sicherung der Warnfunktion für alle Sperrzeiten, die berücksichtigt werden sollen, schriftliche Bescheide zugegangen sein, bevor die das Erlöschen auslösende Sperrzeit eintritt (Voelzke in Spellbrink/Eicher HbAFR § 12 Rn. 461).

Weiter setzt die Vorschrift voraus, dass der Arbeitslose **über den Eintritt der Rechtsfolge** „erlö- **10** schen" belehrt worden ist. Die Belehrung muss (und soll) nicht in dem die Sperrzeit feststellenden Bescheid enthalten sein, sondern kann unabhängig davon erteilt werden, zB mit dem Vermittlungsvorschlag der AA. Zum Inhalt der Belehrung ist zu fordern, dass konkret über das Erlöschen des Anspruchs bei Eintritt von Sperrzeiten mit einer Gesamtdauer von 21 Wochen belehrt wird. Die Belehrung über das Erlöschen ist von der Belehrung über den Eintritt der Sperrzeit selbst zu unterscheiden, die § 144 Abs. 1 S. 2 Nr. 2 bis 4 Voraussetzung für den Eintritt der Sperrzeit ist. Die Belehrung nach § 147 Abs. 1 Nr. 2 muss konkret unter Bezugnahme auf die Regelung des § 147 Abs. 1 Nr. 2 erfolgen, insbesondere auf das Erfordernis von Sperrzeiten, die Zusammenrechnung, deren Dauer und auf die für das Erlöschen erforderliche Gesamtdauer hinweisen. Die Belehrung muss vollständig und richtig sein. So muss dem Arbeitslosen in der Belehrung erläutert werden, dass er nach Wiederaufnahme einer **(Zwischen-)Beschäftigung** diese nicht ohne wichtigen Grund selbst aufgeben darf, wenn dies nunmehr und vorhersehbar eine erneute Arbeitslosigkeit zur Folge hat, und er bei Nichtbeachtung wegen Eintritts einer erneuten Sperrzeit mit dem Wegfall des bestehenden Anspruchs zu rechnen hat (BSG 16. 10. 1990 – 11 RAr 65/89 – SozR 3–4100 § 119 Nr. 4).

Eine **Wiederholung der Belehrung** bei jeder der bei Ermittlung der 21-Wochen-Frist zu be- **11** rücksichtigenden Sperrzeiten gebietet § 147 Abs. 1 Nr. 2 nicht („nicht zwingend": Voelzke aaO Rn. 464; aA Gagel, SGB III, § 147 Rn. 14). Das Fehlen einer solchen Belehrung ist „geheilt", wenn die weitere Sperrzeit bei Arbeitsablehnung oder Ablehnung einer Bildungsmaßnahme ergeht und der Arbeitslose im Zusammenhang mit Vermittlungsangeboten rechtzeitig und ausreichend über die Rechtsfolgen belehrt worden ist (noch zu § 119 Abs. 3 AFG: BSG 16. 10. 1990 – 11 RAr 65/89 – SozR 3–4100 § 119 Nr. 4).

III. Erlöschen als Rechtsfolge

§ 147 Abs. 1 ordnet als Rechtsfolge das Erlöschen des Anspruchs an. Erlöschen meint den mate- **12** riellrechtlichen Untergang des subjektiven Rechts (vgl. BSG 19. 1. 2005 – B 11 a/11 AL 35/04 R – SozR 4–4300 § 147 Nr. 3). Aus dem erloschenen Anspruch können weder Zahlungsansprüche noch sonstige Rechte hergeleitet werden (Ausnahme: §§ 127 Abs. 4, 128 Abs. 2 S. 4). Auch gesetzliche Nebenfolgen wie die Versicherungspflicht in der GKV (KVdA) entfallen.

Steht der Arbeitslose zum Zeitpunkt des Erlöschens im Leistungsbezug ist der Bewilligungsbescheid **13** nach Maßgabe der §§ 330 Abs. 3, 48 SGB X aufzuheben. Im Verwaltungs- und Gerichtsverfahren bleibt es dem Arbeitslosen unbenommen, einen Anspruch auf Rücknahme vorhergehender „Sperrzeitbescheide" geltend zu machen. Es handelt sich um einen inzident zu prüfenden Antrag nach § 44 Abs. 1 SGB X, ob der frühere Sperrzeitbescheid rechtmäßig ergangen ist (BSG 21. 3. 2002 – B 7 AL 44/01 R – SozR 3–4100 § 119 Nr. 23; BSG 31. 1. 2006 – B 11 a AL 177/05 B - m. w. N.).

C. Vier-Jahres-Grenze als Ausschlussfrist (Abs. 2)

I. Geltendmachen

14 Nach § 147 Abs. 2 kann der Anspruch auf Alg nicht mehr geltend gemacht werden, wenn nach seiner Entstehung (zur Entstehung des Stammrechts vgl. oben Rn. 4 f.) vier Jahre verstrichen sind. Die Regelung setzt **keine absolute Zeitgrenze** für das Bestehen eines **Stammrechts,** sondern bestimmt die Frist, innerhalb der spätestens der Anspruch auf die laufende Zahlung geltend zu machen ist, um dieses Recht nicht zu verlieren. Die Regelung ist nur zu prüfen, wenn Arbeitslose nicht im Leistungsbezug gestanden haben und diese wieder in Anspruch nehmen wollen. Ist die Geltendmachung rechtzeitig erfolgt, steht dem Arbeitslosen die **laufende Leistung** auch **über** das Ende der **Vier-Jahres-Frist hinaus** zu (Hessisches LSG vom 26. 6. 2006 – L 9 AL 1189/03). Ist der Bezug von Alg kurzfristig bis zu höchstens sechs Wochen unterbrochen (z. B. Arbeitsunfähigkeit, Reha, angezeigte weniger als sechs Wochen dauernde Zwischenerwerbstätigkeit), lebt der Anspruch wieder auf, ohne dass es einer erneuten „Geltendmachung" des Alg - insbesondere keiner Arbeitslosmeldung (§ 122 Abs. 2 Nr. 1) – bedarf (BSG 25. 5 2005 – B 11 a/11 AL 61/04 R; vgl. auch Hessisches LSG 23. 4. 2010 – L 7 AL 103/09). Ist aber die Sechs-Wochen-Grenze überschritten oder ist die Aufnahme einer Beschäftigung, selbständigen Tätigkeit oder Tätigkeit als mithelfender Familienangehöriger nicht unverzüglich mitgeteilt worden (§ 122 Abs. 2 Nr. 2), sind die Voraussetzungen des Anspruchs nicht mehr erfüllt. Entfallen aus solchen Gründen nach Ablauf der Vier-Jahres-Frist die Voraussetzungen des Alg-Bezugs, kann der Restanspruch nicht mehr geltend gemacht werden (so für den Fall einer mehr als sechs Wochen dauernden Unterbrechung durch eine Reha-Maßnahme: LSG Berlin-Brandenburg 22. 4. 2008 – L 16 AL 1076/05).

15 Der Anspruch ist, da es eines förmlichen Antrags nicht bedarf, idR mit der Arbeitslosmeldung (§ 122 Abs. 1) geltend gemacht. Es genügt eine Mitteilung an die AA oder eine persönliche Meldung, die erkennen lässt, dass die Leistung von Alg begehrt wird, zB weil eine Zwischenbeschäftigung oder der Bezug einer alternativen Sozialleistung geendet hat. Andererseits ist der Anspruch auch mit der Antragsstellung (§ 323) geltend gemacht, zur Weiterzahlung bedarf es aber ggf. der erneuten Arbeitslosmeldung. Der Arbeitslose kann also bei der AA vor Fristablauf die Weiterzahlung von Alg beantragen, damit den Fristablauf verhindern, sich aber erst nach Fristablauf persönlich wieder arbeitslos melden (§ 122 Abs. 1).

16 Aufgrund des § 122 Abs. 2 wirkt eine innerhalb der Vier-Jahres-Frist erfolgte Arbeitslosmeldung während einer den Zeitrahmen von sechs Wochen nicht überschreitenden Zwischenbeschäftigung fort. Nach Beendigung einer solchen **kurzen Zwischenbeschäftigung** bedarf es keiner erneuten Arbeitslosmeldung und nach § 323 Abs. 2 S. 2 keines erneuten Leistungsantrages (BSG 25. 5. 2005 – B 11 a/ 11 AL 61/04 R – BSGE 95, 1; LSG Nordrhein-Westfalen vom 19. 12. 2007 – L 1 AL 10/ 07). Eine erneute Geltendmachung ist selbst dann nicht erforderlich, wenn die AA die Alg-Bewilligung nicht nur für die Dauer einer weniger als sechs Wochen dauernden Unterbrechung (zB Rehabilitationsmaßnahme), sondern ohne Einschränkung aufgehoben hat (so BSG aaO; dieses Ergebnis ist verfahrensrechtlich allerdings zweifelhaft).

II. Materielle Ausschlussfrist

17 Mit Ablauf der Frist ist nach stRspr jeglicher Anspruch auf Zahlung von Alg „erloschen". Das BSG interpretiert § 147 Abs. 2 (schon zur Vorgängernorm § 125 Abs. 2 AFG) als materielle Ausschlussfrist (BSG 21. 10. 2003 – B 7 AL 88/02 R – BSGE 91, 221 = SozR 4–4300 § 147 Nr. 1; BSG 25. 5. 2005 – B 11 a/11 AL 61/04 R – BSGE 95, 1). Diese Auslegung überrascht aufgrund des Wortlauts der Vorschrift. Dieser unterscheidet in Abs. 1 das „Erlöschen" des Anspruchs, während nach Abs. 2 der Anspruch nicht mehr „geltend gemacht" werden kann. Der Begriff „Geltendmachen" deutet eher darauf, dass der AA ein Leistungsverweigerungsrecht zustünde (das BSG rückt daher in Einzelfällen von seiner Harten Linie ab; zur Unterbrechung von weniger als sechs Wochen vgl. oben Rn. 16; zu weiteren Ausnahmen, Rn. 19, 21). Im Folgenden wird die Rechtsauffassung beider SGB III-Senate des BSG zu Grunde gelegt.

III. Fristberechnung

18 Zur Berechnung der Vier-Jahres-Frist ist zunächst der Tag zu bestimmen, an dem das Stammrecht entstanden ist. Die Frist läuft **kalendermäßig** ohne Hemmung oder Unterbrechung ab. Das Fristen-

de errechnet sich nach Maßgabe der § 26 Abs. 1, 3 SGB X iVm. §§ 187 Abs. 1, 188 Abs. 2 BGB (zur Fristberechnung vgl. BSG 9. 12. 1982 – 7 RAr 116/81 – BSGE 54, 212, 214 = SozR 4100 § 125 Nr. 2). Auch Härten im Einzelfall sind nach der Rspr. – bis auf eine eng begrenzte Ausnahme (Rn. 19) – nicht über eine Fristverlängerung ausgleichbar (BSG 21. 3. 1990 – 7 RAr 36/88 – BSGE 66, 258, 262 m. w. N. = SozR 3–4100 § 125 Nr. 1).

Ausnahme: Der Schutz der Mütter aus **Art. 6 Abs. 4 GG** gebietet eine Ausnahme von der unbedingten Geltung der vierjährigen Verfallfrist nach § 147 Abs. 2 für den Sonderfall, dass während der Zeit des **Beschäftigungsverbots** nach § 6 MuSchG die Vierjahresfrist abläuft und dadurch ein zuvor bereits bewilligter Alg-Anspruch erlischt (BSG 21. 10. 2003 – B 7 AL 28/03 R – BSGE 91, 226 = SozR 4–4300 § 147 Nr. 2). Die Erlöschensfrist wird dagegen **nicht** durch Zeiten des Bezugs von Mutterschaftsgeld, Erziehungsgeld oder **Elterngeld** verlängert (BSG 19. 1. 2005 – B 11 a/11 AL 35/04 R – SozR 4–4300 § 147 Nr. 3). **19**

IV. Herstellungsanspruch

Die Rspr. verneint eine allgemeine Pflicht der AA, ohne besonderen Anlass – etwa anlässlich einer Alg-Bewilligung oder einer Einstellung der Zahlungen – auf die Möglichkeit des Anspruchsverlustes nach § 147 Abs. 2 hinzuweisen. Eine Beratungspflicht setzt vielmehr voraus, dass dafür nach den Umständen des Einzelfalles besonderer Anlass besteht (BSG 19. 1. 2005 – B 11 a/11 AL 11/04 R). Andere verlangen sogar einen „ausdrücklichen Wunsch nach Beratung" (Bayerisches LSG 6. 8. 2009 – L 9 AL 121/06; Schleswig-Holsteinisches LSG 26. 3. 2010 – L 3 AL 44/09). Liegt allerdings ein Beratungsersuchen vor und ist der Ratsuchende von der AA hinsichtlich des Anspruchsverlustes unrichtig belehrt worden, kommt ein sozialrechtlicher Herstellungsanspruch in Betracht (zu den Voraussetzungen des Herstellungsanspruchs: BSG 31. 10. 2007 – B 14/11b AS 63/06 R – SozR 4–1200 § 14 Nr 10). Der Arbeitslose ist ggf. so zu stellen, als habe er die Frist nach § 147 Abs. 2 nicht versäumt (zum AFG: BSG 29. 9. 1987 – 7 RAr 23/86 = BSGE 62, 179 = SozR 4100 § 125 Nr. 3; BSG 21. 3. 1990 – 7 RAr 36/88 = BSGE 66, 258 = SozR 3–4100 § 125 Nr. 1; zu § 147 jetzt auch LSG Brandenburg 4. 2. 2005 – L 28 AL 167/02). **20**

Diese Rechtsprechung ist **nicht konsequent.** Ein Herstellungsanspruch in diesen Fällen abzulehnen. Einerseits hält das BSG an der These fest, § 147 Abs. 2 setze eine Ausschlussfrist, andererseits nimmt es an, die Versäumung dieser Ausschlussfrist könne durch den sozialrechtlichen Herstellungsanspruch korrigiert werden. Durch eine Beseitigung des Fristversäumnisses auf diesem Wege wird aber der in der Anordnung der Ausschlussfrist liegende Gesetzesbefehl missachtet und ein objektiv rechtswidriger Zustand hergestellt. Da mit dem Ablauf der Frist der betroffene Rechtsanspruch – hier auf Alg – nicht mehr besteht, er kann auch nicht mehr „hergestellt" werden (so zu treffend zu § 111 SGB X: BSG 28. 3. 2000 – B 8 KN 3/98 U R – BSGE 86, 78f. = SozR 3–1300 § 111 Nr. 8; ähnlich BSG 10. 5. 2007 – B 10 KR 1/05 R – SozR 4–1300 § 111 Nr. 4, wo in Herstellung allerdings unter dem Aspekt der Verletzung des § 86 SGB X diskutiert wird; überzeugend zum Verhältnis Herstellungsanspruch und Ausschlussfrist auch BVerwG 18. 4. 1997 – 8 C 38/95 – NJW 1997, 2966). **21**

Siebter Titel. Erstattungspflichten für Arbeitgeber

§ 147a Erstattungspflicht des Arbeitgebers

(1) ¹**Der Arbeitgeber, bei dem der Arbeitslose innerhalb der letzten vier Jahre vor dem Tag der Arbeitslosigkeit, durch den nach § 124 Abs. 1 die Rahmenfrist bestimmt wird, mindestens 24 Monate in einem Versicherungspflichtverhältnis gestanden hat, erstattet der Bundesagentur vierteljährlich das Arbeitslosengeld für die Zeit nach Vollendung des 57. Lebensjahres des Arbeitslosen, längstens für 32 Monate.** ²**Die Erstattungspflicht tritt nicht ein, wenn das Arbeitsverhältnis vor Vollendung des 55. Lebensjahres des Arbeitslosen beendet worden ist, der Arbeitslose auch die Voraussetzungen für eine der in § 142 Abs. 1 Nr. 2 bis 4 genannten Leistungen oder für die Rente wegen Berufsunfähigkeit erfüllt oder der Arbeitgeber darlegt und nachweist, daß**
1. **der Arbeitslose innerhalb der letzten zwölf Jahre vor dem Tag der Arbeitslosigkeit, durch den nach § 124 Abs. 1 die Rahmenfrist bestimmt wird, weniger als zehn Jahre zu ihm in einem Arbeitsverhältnis gestanden hat,**
2. **er in der Regel nicht mehr als 20 Arbeitnehmer ausschließlich der zu ihrer Berufsausbildung Beschäftigten beschäftigt; § 3 Abs. 1 Satz 2 bis 6 des Aufwendungsausgleichsgesetzes gilt entsprechend mit der Maßgabe, daß das Kalenderjahr maßgebend ist, das dem Kalenderjahr vorausgeht, in dem die Voraussetzungen des Satzes 1 für die Erstattungspflicht erfüllt sind,**

3. der Arbeitslose das Arbeitsverhältnis durch Kündigung beendet und weder eine Abfindung noch eine Entschädigung oder ähnliche Leistung wegen der Beendigung des Arbeitsnisses erhalten oder zu beanspruchen hat,
4. er das Arbeitsverhältnis durch sozial gerechtfertigte Kündigung beendet hat; § 7 des Kündigungsschutzgesetzes findet keine Anwendung; die Agentur für Arbeit ist an eine rechtskräftige Entscheidung des Arbeitsgerichts über die soziale Rechtfertigung einer Kündigung gebunden,
5. er bei Beendigung des Arbeitsverhältnisses berechtigt war, das Arbeitsverhältnis aus wichtigem Grund ohne Einhaltung einer Kündigungsfrist oder mit sozialer Auslauffrist zu kündigen,
6. sich die Zahl der Arbeitnehmer in dem Betrieb, in dem der Arbeitslose zuletzt mindestens zwei Jahre beschäftigt war, um mehr als drei Prozent innerhalb eines Jahres vermindert und unter den in diesem Zeitraum ausscheidenden Arbeitnehmern der Anteil der Arbeitnehmer, die das 55. Lebensjahr vollendet haben, nicht höher ist als es ihrem Anteil an der Gesamtzahl der im Betrieb Beschäftigten zu Beginn des Jahreszeitraumes entspricht. Vermindert sich die Zahl der Beschäftigten im gleichen Zeitraum um mindestens zehn Prozent, verdoppelt sich der Anteil der älteren Arbeitnehmer, der bei der Verminderung der Zahl der Arbeitnehmer nicht überschritten werden darf. Rechnerische Bruchteile werden aufgerundet. Wird der gerundete Anteil überschritten, ist in allen Fällen eine Einzelfallentscheidung erforderlich,
7. der Arbeitnehmer im Rahmen eines kurzfristigen drastischen Personalabbaus von mindestens 20 Prozent aus dem Betrieb, in dem er zuletzt mindestens zwei Jahre beschäftigt war, ausgeschieden ist und dieser Personalabbau für den örtlichen Arbeitsmarkt von erheblicher Bedeutung ist.

(2) Die Erstattungspflicht entfällt, wenn der Arbeitgeber
1. darlegt und nachweist, dass in dem Kalenderjahr, das dem Kalenderjahr vorausgeht, für das der Wegfall geltend gemacht wird, die Voraussetzungen für den Nichteintritt der Erstattungspflicht nach Absatz 1 Satz 2 Nr. 2 erfüllt sind, oder
2. insolvenzfähig ist und darlegt und nachweist, dass die Erstattung für ihn eine unzumutbare Belastung bedeuten würde, weil durch die Erstattung der Fortbestand des Unternehmens oder die nach Durchführung des Personalabbaus verbleibenden Arbeitsplätze gefährdet wären. Insoweit ist zum Nachweis die Vorlage einer Stellungnahme einer fachkundigen Stelle erforderlich.

(3) ¹Die Erstattungsforderung mindert sich, wenn der Arbeitgeber darlegt und nachweist, daß er

1. nicht mehr als 40 Arbeitnehmer oder
2. nicht mehr als 60 Arbeitnehmer

im Sinne des Absatzes 1 Satz 2 Nr. 2 beschäftigt, um zwei Drittel im Falle der Nummer 1 und um ein Drittel im Falle der Nummer 2. ²Für eine nachträgliche Minderung der Erstattungsforderung gilt Absatz 2 Nr. 1 entsprechend.

(4) Die Verpflichtung zur Erstattung des Arbeitslosengeldes schließt die auf diese Leistung entfallenden Beiträge zur Kranken-, Pflege- und Rentenversicherung ein.

(5) ¹Konzernunternehmen im Sinne des § 18 des Aktiengesetzes gelten bei der Ermittlung der Beschäftigungszeiten als ein Arbeitgeber. ²Die Erstattungspflicht richtet sich gegen den Arbeitgeber, bei dem der Arbeitnehmer zuletzt in einem Arbeitsverhältnis gestanden hat.

(6) ¹Die Agentur für Arbeit berät den Arbeitgeber auf Verlangen über Voraussetzungen und Umfang der Erstattungsregelung. ²Auf Antrag des Arbeitgebers entscheidet die Agentur für Arbeit im voraus, ob die Voraussetzungen des Absatzes 1 Satz 2 Nr. 6 oder 7 erfüllt sind.

(7) ¹Der Arbeitslose ist auf Verlangen der Agentur für Arbeit verpflichtet, Auskünfte zu erteilen, sich bei der Agentur für Arbeit persönlich zu melden oder sich einer ärztlichen oder psychologischen Untersuchung zu unterziehen, soweit das Entstehen oder der Wegfall des Erstattungsanspruchs von dieser Mitwirkung abhängt. ²Voraussetzung für das Verlangen der Agentur für Arbeit ist, daß bei der Agentur für Arbeit Umstände in der Person des Arbeitslosen bekannt sind, die für das Entstehen oder den Wegfall der Erstattungspflicht von Bedeutung sind. ³Die §§ 65 und 65a des Ersten Buches gelten entsprechend.

(8) ¹Der Erstattungsanspruch verjährt in vier Jahren nach Ablauf des Kalenderjahres, für das das Arbeitslosengeld zu erstatten ist. ²§ 50 Abs. 4 Satz 2 und 3 des Zehnten Buches gilt entsprechend.

Übersicht

	Rn.
A. Überblick	1
I. Zeitlicher Anwendungsbereich	1
II. Normzweck	5
III. Verfassungsrecht	6
B. Grundsätze der Erstattungspflicht	8
C. Nichteintritt der Erstattungspflicht	12
I. Lösung des ArbV vor Erreichen des 55. Lebensjahres	13
II. Voraussetzung einer alternativen Sozialleistung erfüllt	14
III. Befreiungstatbestände	17
1. Darlegungs- und Nachweispflicht	18
2. Einzelne Befreiungstatbestände	19
D. Wegfall der Erstattungspflicht (Abs. 2)	28
I. Wegfall für wachsende Kleinunternehmen (Nr. 1)	29
II. Wegfall bei Gefährdung des Fortbestands des Unternehmens (Abs. 2 Nr. 2 Alt. 1)	30
III. Wegfall bei Gefährdung verbliebener Arbeitsplätze (Abs. 2 Nr. 2 Alt. 2)	32
E. Beginn und Ende und Umfang der Erstattungspflicht (auch Abs. 4)	34
F. Minderung der Erstattungspflicht (Abs. 3)	37
G. Mitwirkung des Arbeitslosen (Abs. 7)	38
H. Verjährung (Abs. 8)	39

A. Überblick

I. Zeitlicher Anwendungsbereich

Der Anwendungsbereich des § 147 ist zeitlich in doppelter Hinsicht eingeschränkt. § 147 a betrifft **1** die Erstattung von Alg für Ansprüche, die AN nach dem In-Kraft-Treten der Norm am **1. 4. 1999** erworben haben. Allerdings kann übergangsrechtlich noch § 128 AFG Anwendung finden (sogleich Rn. 2). Für die Zeit ab 1. 1. 2004 kommt § 147 a nur noch Kraft Übergangsrechts zur Anwendung. Für die ab 1. 2. 2006 entstehenden Ansprüche auf Alg kommt eine Erstattungspflicht nach § 147 a nicht mehr in Betracht (sogleich Rn. 3). Die Erstattungspflicht des ArbG lebt durch die Wiedereinführung einer längeren Bezugsdauer ab zum 1. 1. 2008 (Art. 1 Nr. 4 Buchst. c des 7. SGB III ÄndG vom 8. 4. 2008; BGBl. I S. 681) für die ab diesem Zeitpunkt entstandenen Ansprüche auf Alg nicht wieder auf (so auch *Bayer* NZS 2008, 473, 474; *Hoehl* in jurisPR-SozR 21/2008 Anm. 2 m. w. N.; DA der BA zu § 147 a Anm. 6.2.3). Es handelt sich **um absterbendes Recht** (zu den tatsächlich durch ArbG geleisteten Zahlungen vgl. BT-Drucks 17, 6164).

Zum 1. 4. 1997 wurde § 128 AFG durch Art. 11 Nr. 27 des Arbeitsförderungs-Reformgesetzes **2** (AFRG) vom 24. 3. 1997 (BGBl. I 594) aufgehoben. An dessen Stelle trat (mit Verzögerung) § 147 a, der erst zum **1. 4. 1999** in Kraft getreten ist. Zwischenzeitlich war gemäß § 431 Abs. 1 iVm. § 242 x Abs. 2 1 Nr. 1 AFG der frühere § 128 AFG weiterhin anzuwenden, wenn die Erstattungspflicht das Alg für Personen betraf, die vor dem 1. 4. 1997 die Anwartschaftszeit erfüllt hatten (dazu BSG 13. 7. 2006 – B 7 a AL 32/05 R – SozR 4–4100 § 128 Nr. 5, Rn. 13).

Mit dem Gesetz zu Reformen am Arbeitsmarkt vom 24. 12. 2003 (BGBl. I S. 3002) wurde **zum** **3** **1. 1. 2004** einerseits die Bezugsdauer des Alg auf im Regelfall zwölf Monate, höchstens aber 18 Monate, verkürzt und zugleich § 147 a für die Fälle aufgehoben, in denen der Versicherte Anspruch auf Alg mit der kurzen Anspruchsdauer erworben hat. Solche Ansprüche mit kurzer Anspruchsdauer sind aufgrund der Übergangsregelung des § 434l Abs. 1 allerdings erst ab 1. 2. 2006 entstanden. Parallel hierzu besteht nach § 147 a die zum 1. 1. 2004 erweiterte Erstattungspflicht, wenn sich die Dauer des Alg noch nach § 127 Abs. 2 in der vor dem 1. 1. 2004 geltenden Fassung richtet (§ 434l Abs. 4). Für die ab 1. 2. 2006 entstehenden Ansprüche auf Alg ist die Erstattungspflicht dagegen entfallen.

Für **Restansprüche auf Alg**, in denen also ein **vor dem 1. 2. 2006 entstandener** Anspruch auf **4** Alg nur teilweise erfüllt worden ist und bei später wieder eintretender Arbeitslosigkeit bis zum 31. 12. 2010 noch geltend gemacht werden kann (vgl. § 434l Abs. 2; hierzu *Spellbrink* in Eicher/Schlegel, SGB III, § 434l Rn. 21) kommt eine Erstattungspflicht nach § 147 a noch ausnahmsweise in Betracht.

II. Normzweck

§ 147 a nimmt – als einzige Vorschrift des Siebten Titels – den ArbG für die entstandene Leistungs- **5** pflicht der BA in Anspruch. Der ArbG wird gesetzlich verpflichtet, in den näher geregelten Fällen die für den AN erbrachten Leistungen bei Arbeitslosigkeit einschließlich der Aufwendungen der BA für die soziale Sicherung des AN (§ 147 a Abs. 4) zu erstatten. Die Inanspruchnahme des ArbG auf Erstattung von Leistungen, die aufgrund eines Versicherungsverhältnisses an den Versicherten zu erbringen sind, bedarf es einer besonderen Rechtfertigung. Der Gesetzgeber misst der Vorschrift „**Lenkungsfunktion** zur Verhinderung von Frühpensionierungen" bei. Die Inanspruchnahme wird mit der erhöhten Fürsorgepflicht des ArbG für betriebstreue ältere AN gerechtfertigt. Die Erstattungspflicht des ArbG setzt allerdings voraus, dass dieser die Arbeitslosigkeit eines älteren AN **ursächlich mitzuverantworten** hat (zul. BSG 17. 10. 2007 – B 11 a AL 7/06 R – SozR 4–4100 § 128 Nr. 9).

III. Verfassungsrecht

6   Das BVerfG hat (zur Vorgängernorm des § 128 AFG) entschieden, dass die Anordnung einer Erstattungspflicht des ArbG wie in § 147 a den Schutzbereich des Art. 12 Abs. 1 GG (Berufsfreiheit) berührt. § 147 a ist eine Berufsausübungsregelung, die verfassungsrechtlich nicht zu beanstanden ist, da sie durch vernünftige Gründe des Gemeinwohls gerechtfertigt ist. Das BVerfG hat die Rechtfertigung der Inanspruchnahme des ArbG darin gesehen, dass die Erstattungspflicht nur eintrete und eintreten dürfe, wenn den ArbG eine „besondere Verantwortung für den Eintritt der Arbeitslosigkeit des älteren AN und damit für die Gewährung der zu erstattenden Leistung trifft" (BVerfG 23. 1. 1990 – 1 BvL 44/86 – BVerfGE 81, 156 = SozR 3–4100 § 128 Nr. 1, Leitsatz 2 b). Die Rspr. des BVerfG und des BSG ist zwar jeweils noch zu § 128 AFG ergangen, sie lässt sich aber auf die Vereinbarkeit des § 147 a mit dem GG übertragen (vgl. BVerfG 9. 9. 2005 – 1 BvR 620/01 – SozR 4–4100 § 128 Nr. 4; vgl. auch BSG 13. 7. 2006 – B 7 a AL 32/05 R – SozR 4–4100 § 128 Nr. 5).

7   Die **Vereinbarkeit** des § 147 a **mit dem GG** erscheint allerdings **problematisch,** soweit der ArbG zur Erstattungspflicht herangezogen wird, der durch einen **Betriebsübergang** (§ 613 a BGB) in die Rechte und Pflichten eines bestehenden Arbeitsverhältnisses eintritt. Zwar hält es der BSG für gerechtfertigt, dem Übernehmer die bei dem früheren ArbG zurückgelegten Beschäftigungszeiten zuzurechnen. Dieses Ergebnis ist arbeitsrechtlich zweifellos zutreffend (§ 613 a Abs. 1 BGB). Bei der Beurteilung der sozialrechtlichen Erstattungspflicht dürfte es aber an einem ursächlichen Beitrag des Betriebsübernehmers an der Herbeiführung der Arbeitslosigkeit des AN und an einer besonderen Verantwortung für den Eintritt der Arbeitslosigkeit fehlen, wenn noch der Betriebsveräußerer das ArbV gekündigt hat (aA BSG 13. 7. 2006 – B 7 a AL 32/05 R – SozR 4–4100 § 128 Nr. 5).

B. Grundsätze der Erstattungspflicht

8   § 147 a Abs. 1 S. 1 regelt die **Grundnorm** der Erstattungspflicht des ArbG bei Entlassung älterer AN. Die Erstattungspflicht bezieht sich nur auf das **Alg** und die **Beiträge** (Abs. 4), die die BA dem Arbeitslosen bzw. für diesen objektiv **rechtmäßig gezahlt** hat (BSG 18. 9. 1997 – 11 RAr 55/96). Andere Leistungen der BA für den AN sind nicht einzubeziehen.

9   In zeitlicher Hinsicht setzt die Erstattungspflicht voraus, dass der Arbeitslose innerhalb der letzten vier Jahre vor dem Tag der Arbeitslosigkeit, durch den nach § 124 Abs. 1 die Rahmenfrist bestimmt wird, mindestens **24 Monate in einem Versicherungspflichtverhältnis** (§§ 24 Abs. 1, 25 Abs. 1 S. 1) zu dem in Anspruch zu nehmenden ArbG gestanden hat. Der ArbG hat der BA die Leistungen **vierteljährlich** zu erstatten, die für die Zeit nach Vollendung des 57. Lebensjahres des Arbeitslosen gezahlt werden. Die Dauer der Erstattungspflicht ist auf **längstens 32 Monate** begrenzt. Die Gesamterstattungsdauer kann allerdings unterbrochen sein. Nach dieser weit angelegten Regelung wäre jeder ArbG erstattungspflichtig, der einen AN im 4-Jahres-Zeitraum mindestens zwei Jahre beschäftigt hat. Die Erstattungspflicht wird erst durch § 147 a Abs. 1 S. 2, Abs. 2, 3 auf ein den ArbG nicht unzumutbar belastendes Maß beschränkt.

10 Der Erstattungsanspruch der BA richtet sich gegen den **Arbeitgeber.** Schuldner der Erstattungsforderung ist der ArbG, zu dem der Arbeitslose in einem ArbV gestanden hat, das in der Vier-Jahres-Frist für mindestens 24 Monate ein Versicherungspflichtverhältnis nach § 25 Abs. 1 S. 1 begründete. Dies ist **nicht zwingend der letzte ArbG. Konzernunternehmen** gelten bei der Ermittlung von Beschäftigungszeiten als ein ArbG (Abs. 5 S. 1); die Erstattungspflicht betrifft (nur) bei Konzernunternehmen stets den letzten ArbG (Abs. 5 S. 2). Bei der Ermittlung der Beschäftigungszeiten in Konzernunternehmen sind die Beschäftigungszeiten nicht auszuklammern, die vor Erlangung der Konzernunternehmenseigenschaft zurückgelegt worden sind (BSG 7. 10. 2009 – B 11 AL 34/08 R – SozR 4–4300 § 147 a Nr. 10). Dagegen sind Beschäftigungszeiten bei dem Unternehmen und einer **Transfer- bzw. Beschäftigungsgesellschaft** iS einer betriebsorganisatorisch eigenständige Einheit (§ 216 b) in der Regel nicht zusammenzurechnen (so auch Schleswig-Holsteinisches LSG 20. 2. 2009 – L 3 AL 68/07).

Bestanden nebeneinander **mehrere** Versicherungspflichtverhältnisse sind alle **Arbeitgeber** erstattungspflichtig, bei denen in der maßgeblichen Vier-Jahres-Frist ein mehr als 24-monatiges Versicherungspflichtverhältnis bestanden hat. Diese ArbG sind anteilig und nicht als Gesamtschuldner erstattungspflichtig (BSG 13. 7. 2006 – B 7 a AL 32/05 R – SozR 4–4100 § 128 Nr. 5).

11 Tritt ein ArbG durch einen **Betriebsübergang** (§ 613 a BGB) in die Rechte und Pflichten eines bestehenden ArbV ein, so sind ihm die bei dem früheren ArbG zurückgelegten Beschäftigungszeiten bei der Beurteilung der Erstattungspflicht auch zuzurechnen, wenn noch der Betriebsveräußerer das Arbeitsverhältnis gekündigt hat (BSG 13. 7. 2006 – B 7 a AL 32/05 R – SozR 4–4100 § 128 Nr. 5; kritisch dazu oben Rn. 7).

C. Nichteintritt der Erstattungspflicht (Abs. 1 S. 2)

§ 147a Abs. 1 S. 2 grenzt den weit gefassten Erstattungsgrundtatbestand in mehrfacher Hinsicht **12** ein. Unter den genannten Voraussetzungen tritt die Erstattungspflicht des ArbG nicht ein. Dabei sind die ersten beiden Alternativen, nämlich die Beendigung des ArbV vor Vollendung des 55. Lebensjahres des Arbeitslosen sowie die Erfüllung der Voraussetzungen für eine der in § 142 Abs. 1 Nr. 2 bis 4 genannten Leistungen oder für eine Rente wegen Berufsunfähigkeit negative Tatbestandsvoraussetzungen der Erstattungspflicht. Dagegen ist die dritte Alternative als nicht abschließender Katalog von Befreiungstatbeständen gefasst (*Lüdtke* in PK-SGB III § 147a Rn. 11, 14; *Michalla-Munsche* in BeckOK SGB III § 147a Rn. 8).

I. Lösung des ArbV vor Erreichen des 55. Lebensjahres

Die Erstattungspflicht entsteht nicht, wenn das ArbV vor der Vollendung des 55. Lebensjahrs, dh. **13** spätestens am Tage vor dem 55. Geburtstag, tatsächlich beendet worden ist (S. 2 Alt. 1). Der Abschluss oder die Abgabe einer auf Beendigung gerichteten Vereinbarung oder Erklärung genügt nicht. Die BA stellt allerdings der Beendigung des ArbV die dauerhafte Beendigung des Beschäftigungsverhältnisses unter (nur) formaler Aufrechterhaltung des ArbV gleich (DA der BA zu § 147a Anm. 2.2). Diese Auslegung wird trotz des Wortlautes der Vorschrift, zB bei dauerhafter Unmöglichkeit der Erbringung der Arbeitsleistung, den Erfordernissen der Praxis gerecht. Die Befreiung von der Erstattungspflicht entfällt aber, wenn die Beendigung des ArbV nicht endgültig ist, zB weil der ArbG den AN (später) wieder mehr als geringfügig beschäftigt.

II. Voraussetzung einer alternativen Sozialleistung erfüllt

Die Erstattungspflicht entsteht nicht bzw. entfällt wieder (S. 2 Alt. 2), wenn der AN Anspruch auf **14** eine **alternative Sozialleistung** hat. Diesbezüglich trifft die AA die allgemeine Pflicht zu Ermittlungen (BSG 21. 9. 2000 – B 11 AL 7/00 R – BSGE 87, 132, 141 = SozR 3–4100 § 128 Nr. 10). Hat der arbeitslos gewordene AN Anspruch auf eine andere Sozialleistung als Alg ist der ArbG für die Leistungspflicht der Arbeitslosenversicherung nicht verantwortlich, da der AN anstelle des Alg auch eine andere Leistung, zB eine Rente usw., in Anspruch nehmen könnte. Auf die Frage, welche der ihm zustehenden Sozialleistungen ein AN in Anspruch nimmt, hat der ArbG nur bedingt einen Einfluss. Unerheblich ist, ob der Arbeitslose eine dieser Sozialleistungen tatsächlich bezieht oder beantragt hat. Es genügt, dass er dem Grunde nach Anspruch auf eine der genannten Leistungen hat.

Die den Erstattungsanspruch ausschließenden Sozialleistungen sind in § 142 Abs. 1 Nr. 2 bis 4 ab- **15** schließend bezeichnet (vgl. zu den Leistungen im einzelnen: Erl. zu § 142 Rn. 11 f.). Daneben steht auch der Anspruch auf Rente wegen Berufsunfähigkeit (§§ 240 Abs. 1, 302b SGB VI) der Erstattungspflicht entgegen. Teilweise wird angenommen, dass die **Rente wegen teilweiser Erwerbsminderung** die Erstattungspflicht ausschließe (Lüdtke in PK-SGB III § 147a Rn. 12). Dem ist jedoch **nicht** zu folgen, da § 147a Abs. 1 S. 2 iVm. § 142 Abs. 1 S. 1 Nr. 3 in seinem Wortlaut eindeutig ist, indem dort die rentenrechtlichen Begriffe „Rente wegen voller Erwerbsminderung" einerseits und „Rente wegen Berufsunfähigkeit" andererseits exakt verwendet werden.

Maßgeblich für den Nichteintritt der Erstattungspflicht wegen Erfüllung der Voraussetzungen auf **16** eine anderweitige Sozialleistung ist derjenige **Zeitpunkt**, ab welchem der Arbeitslose bei rechtzeitiger Antragstellung die Zahlung der anderen Leistung in Anspruch nehmen könnte (BSG 4. 7. 2007 – B 11a AL 23/06 R – SozR 4–4100 § 128 Nr. 7). Die Erstattungspflicht endet insbesondere bei Rentenbezug nicht schon am Tag, an dem der Arbeitslose das für den Anspruch auf Rente erforderliche Lebensalter erreicht, sondern erst am **Monatsende,** denn erst mit Beginn des nächsten Kalendermonats sind die Voraussetzungen für die in § 142 Abs. 1 S. 1 Nr. 4 genannten Rentenleistungen erfüllt (SG Ulm 14. 7. 2004 – S 6 AL 741/04).

III. Befreiungstatbestände

Der ArbG wird auch nicht erstattungspflichtig, wenn einer der Befreiungstatbestände (S. 2 Alt. 3) **17** dargelegt und nachgewiesen ist. Die Befreiungstatbestände sind zwar als Ausnahmen zu § 147a Abs. 1 S. 1 angelegt, sind aber als solche nicht eng, sondern im Lichte des Art. 12 Abs. 1 GG so auszulegen, dass die Berufsausübung des ArbG nicht unverhältnismäßig eingeschränkt wird.

1. Darlegungs- und Nachweispflicht. Nur die **Befreiungstatbestände,** nicht die Vorausset- **18** zungen für die Altersgrenze oder den Ausschluss wegen anderer Sozialleistungen (auch Abs. 1 S. 2 der Vorschrift), sind vom ArbG darzulegen und nachzuweisen. Welche Anforderungen an die **Darlegung** der Befreiungstatbestände zu stellen sind, ist umstritten. Der 11. Senat des BSG hat entschieden, für die Darlegung und den Nachweis – konkret der Gefährdung verbleibender Arbeitsplätze (Abs 2

30 SGB III § 147a SGB III – Arbeitsförderung

Nr 2), gelte der prozessuale Beibringungsgrundsatz (BSG 17. 11. 2009 – B 11 AL 87/09 B – unter Hinweis auf BSG 21. 9. 2000 – B 11 AL 7/00 R – BSGE 87, 132, 140 = SozR 3–4100 § 128 Nr. 10). Dem ist zuzustimmen, auch wenn man sehen muss, dass in § 144 Abs. 1 S. 3 eine vergleichbare Regelung nicht so weitgehend interpretiert wird (vgl. § 144 Rn. 74). Daneben trifft den ArbG auch die **materielle Beweislast,** also das Risiko der Nichterweislichkeit der tatsächlichen Voraussetzungen eines Befreiungstatbestands.

19 **2. Einzelne Befreiungstatbestände.** Die **einzelnen Befreiungstatbestände** sollen hier nicht umfassend dargestellt, sondern durch weiterführende Hinweise erläutert werden (vgl. Rn. 1). Typisierend handelt es sich um Fallgruppen, in denen eine besondere Verantwortung des ArbG für die Arbeitslosigkeit des AN nicht anzunehmen ist.

20 – Befreiung bei Fehlen einer **zehnjährigen Beschäftigung (Nr. 1).** Die Erstattungspflicht entfällt, wenn der AN beim ArbG nicht langjährig (zehn Jahre) beschäftigt war. Insbesondere soll die Regelung die erstmalige Begründung eines ArbV mit älteren AN nicht behindern. Beim Betriebsübergang rechnet das BSG dem neuen ArbG die Beschäftigungszeiten beim früheren ArbG zu (BSG 13. 7. 2006 – B 7a AL 32/05 R – SozR 4–4100 § 128 Nr. 5; kritisch dazu oben Rn. 7). Auch bei einer Verschmelzung von Gesellschaften durch Aufnahme gelten die zuvor beim übertragenden ArbG zurückgelegten Beschäftigungszeiten als beim aufnehmenden ArbG verbracht (Fiktionswirkung des § 20 UmwG; dazu SG Ulm 7. 3. 2003 – S 3 AL 1357/00).

21 – Befreiung von **Kleinunternehmen (Nr. 2):** Nach dem insoweit eindeutigen Wortlaut des Gesetzes kommt es darauf an, wie viele Arbeitnehmer der „Arbeitgeber" beschäftigt. Abzustellen ist deshalb nicht auf die Beschäftigtenzahl nur eines Betriebes des Arbeitgebers, vielmehr sind die Beschäftigten des ArbG in allen seinen Betrieben zusammenzurechnen (BSG 14. 12. 2000 – B 11 AL 19/00 R – SozR 3–4100 § 128 Nr. 11). Im Übrigen ermittelt sich die Beschäftigtenzahl nach § 3 Abs. 1 S. 2 bis 6 des für die Entgeltfortzahlung geltenden Aufwendungsausgleichsgesetzes (AAG vom 22. 12. 2005, BGBl. I 3686; dazu SG Ulm 7. 3. 2003 – S 3 AL 1357/00).

22 – Befreiung bei **Eigenkündigung des AN (Nr. 3).** Nr. 3 kann grundsätzlich **nicht** dahingehend ausgelegt werden, dass auf Wunsch des ausscheidenden AN geschlossene **Aufhebungsvereinbarungen** den Befreiungstatbestand erfüllen (BSG 27. 1. 2005 – B 7 a/7 AL 32/04 R – m. w. N.; BSG 7. 10. 2004 – B 11 AL 5/04 R). Die Rspr. hat den Befreiungstatbestand vielmehr auf Fälle beschränkt, in denen der AN selbst ausdrücklich eine Kündigung ausspricht. Eine Befreiung sollte aber bei Abschluss eines Aufhebungsvertrags in Erweiterung dieser Rspr. – **ausnahmsweise** – dann greifen, wenn das ArbV auf alleinige Initiative und im Interesse des AN ohne Zahlung einer Abfindung beendet wird (zutreffend SG Mannheim 19. 11. 2002 – S 9 AL 546/02).

23 – Befreiung bei **rechtmäßiger ordentlicher Arbeitgeberkündigung (Nr. 4).** Wird das ArbV nicht durch ordentliche ArbG-Kündigung beendet, sondern zB durch Aufhebungsvertrag, so greift die Befreiung von der Erstattungspflicht nach Nr. 4 nicht ein. Dies gilt selbst dann, wenn die materiell-rechtlichen Voraussetzungen für eine sozial gerechtfertigte ordentliche Kündigung vorgelegen haben (BSG 13. 7. 2006 – B 7a AL 32/05 R – SozR 4–4100 § 128 Nr. 5). Der konkreten Entscheidung des BSG ist zuzustimmen, da dort eine hohe Abfindung gezahlt wurde. Demgegenüber erscheint die Auffassung des SG Mannheim (Rn. 22) vorzugswürdig (*Brand* in Niesel/Brand, SGB III, § 147a Rn. 33), wenn auf eine rechtmäßige Kündigung im Interesse des AN verzichtet und **keine Abfindung** gezahlt wird.

24 – Bei der Prüfung, ob die ArbG-Kündigung materiell rechtmäßig ist, greift die Fiktion des § 7 KSchG nicht ein. Anders als sonst im SGB III sind die BA und ggf. die Sozialgerichte **an** eine rechtskräftige **Entscheidung des Arbeitsgerichts gebunden.** Hat ein Unternehmen mit mehreren Standorten mit dem AN vereinbart, dass dieser in allen Betriebsbereichen des Unternehmens eingesetzt werden kann, hat der ArbG dem AN aber vor der ordentlichen Kündigung kein Angebot gemacht, an einem anderen Station eingesetzt zu werden, scheitert die Annahme einer sozial gerechtfertigten Kündigung daran, dass keine Sozialauswahl vorgenommen wurde. Der Befreiungstatbestand nach Nr. 4 ist nicht erfüllt (LSG Nordrhein-Westfalen 13. 1. 2010 – L 12 AL 14/08). Allerdings sind die tarifvertraglich (ordentlich) unkündbaren AN nicht in die Sozialauswahl einzubeziehen (LSG Berlin-Brandenburg 19. 8. 2009 – L 16 AL 432/07).

25 – Befreiung wegen Berechtigung zur **außerordentlichen Kündigung (Nr. 5).** Anders als für eine Befreiung nach Nr. 4 knüpft die Befreiung nach Nr. 5 an der Berechtigung zur Kündigung aus wichtigem Grund (§ 626 Abs. 1 BGB) an, sodass die Beendigung des ArbV durch Aufhebungs- oder Abwicklungsvertrag der Annahme einer Befreiung nicht von vornherein entgegensteht, jedoch müssen die Voraussetzungen einer Kündigung aus wichtigem Grund vorliegen (BSG 21. 9. 2000 – B 11 AL 5/00 R). Von dem Tatbestand werden sowohl fristlose als auch außerordentliche Kündigungen mit **sozialer Auslauffrist** erfasst. Wie das ArbV tatsächlich endet, ist nicht erheblich. **Maßgeblich** für die Beurteilung der Berechtigung zur außerordentlichen Kündigung ist grundsätzlich der **Zeitpunkt,** zu dem die Beschäftigung beendet wird, wenn deren Ende nicht mit dem rechtlichen Ende des ArbV übereinstimmt (BSG 17. 10. 2007 – B 11a AL 7/06 R – SozR 4–4100 § 128 Nr. 9; mit kritischer Anm. von Hoehl in jurisPR-SozR 21/2008 Anm. 2).

– Die Befreiungstatbestände **Nr. 4, 5** sind auch auf **befristete Arbeitsverhältnisse** anwendbar, ob- 25a
wohl sie sich eigentlich auf die Ausübung des Kündigungsrechts beziehen. Sie sind bei Anwendung
auf befristete Arbeitsverhältnisse dahingehend zu auszulegen, dass für die vereinbarte Befristung des
ArbV ein sachlicher Grund gegeben sein muss (BSG 15. 12. 1999 – B 11 AL 33/99 R – BSGE 85,
224, 230 = SozR 3–4100 § 128 Nr. 7; Hessisches LSG 16. 2. 2009 – L 9 AL 225/06).
– Befreiung bei **erheblichem Personalabbau (Nr. 6)**. Die Regelung enthält zwei Alternativen für 26
die Befreiung von der Erstattungspflicht bei erheblichem Personalabbau. Wird Personal innerhalb
der Jahresfrist (nicht Kalenderjahr) im Betrieb um **mehr als 3 v. H.** vermindert und sind von dem
Abbau ältere AN gemessen an der Gesamtbeschäftigtenzahl zu überdurchschnittlich betroffen,
greift die Befreiung ein. Alternativ dazu verdoppelt sich bei einer Personalabbauquote von **mindestens 10 v. H.** der verhältnismäßige Anteil von AN über 55 Lebensjahren, die vom Abbau betroffen
sein dürfen. Unter „**Betrieb**" iSd. Nr. 6 ist eine organisatorische Einheit zu verstehen, innerhalb
der ein Unternehmer mit Hilfe sächlicher Mittel bestimmte arbeitstechnische Zwecke verfolgt
(BSG 14. 12. 2000 – B 11 AL 19/00 R – BSGE 88, 31 = SozR 3–4100 § 128 Nr. 12). Wegen der
mit der Erstattungspflicht bei erheblichem Personalabbau verbundenen Risiken hat die BA den
ArbG zu beraten und auf dessen Antrag hin über das Vorliegen der Voraussetzungen der Nr. 6 eine
Vorausentscheidung zu treffen **(Abs. 6)**. Die (Voraus-)Entscheidung über einzelne Tatbestandsvoraussetzungen ist aber nur in den beiden gesetzlich bestimmten Fällen zulässig.
– Befreiung bei **drastischem kurzfristigem Personalabbau (Nr. 7)**. Bei einem drastischen und 27
kurzfristigen Personalabbau, der einen erheblichen Einfluss auf den örtlichen Arbeitsmarkt hat (vgl.
auch § 9), greift die Befreiung ohne Rücksicht auf die Quote der betroffenen älteren AN. Der unbestimmte Rechtsbegriff „drastisch" ist gesetzlich dahingehend ausgestaltet, dass mindestens 20 v. H.
der Beschäftigten freigesetzt werden müssen. Der Begriff kurzfristig ist dagegen nicht konkretisiert.
Die BA meint, der Abbau sei binnen drei Monaten zu „vollziehen". Gegen diese Auslegung werden zutreffend Einwände erhoben. Der Abbau wird als kurzfristig zu gelten haben, wenn (unabhängig von der Dauer der Kündigungsfristen) für den Abbau erforderlichen Maßnahmen ergriffen
werden. Andererseits muss der Begriff „kurzfristig" in Nr. 7 einen engeren zeitlichen Rahmen meinen als die Jahresfrist nach Nr. 6. Die **Beurteilung** der Frage, ob ein kurzfristiger drastischer Personalabbau von erheblicher **Bedeutung für den örtlichen Arbeitsmarkt** ist, obliegt dem Vermittlungsbereich der örtl. AA (DA der BA zu § 147 a Anm. 3.8.3.[3.]). Örtlicher Arbeitsmarkt i. d. S. ist
der Bezirk der örtlich zuständigen AA. Der ArbG trägt die Darlegungs- und Nachweislast (oben
Rn. 17). Genügen seine Darlegungen und Beweismittel nicht für den Nachweis der Befeiung nach
Nr. 7, hat die AA alternativ die Befreiung nach Nr. 6 zu prüfen. Auch zu Nr. 7 kann der ArbG
eine **Vorausentscheidung** der AA beantragen (Abs. 6 S. 2).

D. Wegfall der Erstattungspflicht (Abs. 2)

Anders als bei der Befreiung treten die Voraussetzungen für den Wegfall der Erstattungspflicht ein, 28
nachdem die Erstattungspflicht entstanden ist. Die Gründe für den Wegfall der Erstattungspflicht
können aber bereits bei Eintritt der Erstattungspflicht vorliegen, sodass diese zwar dem Grunde nach
entsteht, jedoch sogleich wieder wegfällt. Auch die Wegfalltatbestände sind vom ArbG darzulegen
und nachzuweisen (dazu Rn. 18).

I. Wegfall für wachsende Kleinunternehmen (Nr. 1)

War ein Arbeitgeber im Vorjahr des Jahres, für das Erstattung durch die AA geltend gemacht wird, 29
noch ein Kleinunternehmer iSd. § 147 a Abs. 1 S. 2 Nr. 2 (oben Rn. 21), kann er den Wegfall der
Erstattungspflicht geltend machen.

II. Wegfall bei Gefährdung des Fortbestands des Unternehmens
(Nr. 2 Alt. 1)

Beide Alternativen des § 147 a Abs. 2 S. 1 Nr. 2 setzten voraus, dass der ArbG insolvenzfähig ist 30
(§ 12 InsO; vgl. BT-Drucks 14/6944, S. 36; BSG 6. 5. 2009 – B 11 AL 4/07 R – SozR 4–4300
§ 147 a Nr. 9 Rn. 21). Das nunmehr vor die Klammer gezogene Merkmal der **Insolvenzfähigkeit**
des Arbeitgebers bezieht sich sowohl auf den Härtefall der Existenzgefährdung als auch den der Arbeitsplatzgefährdung. In Folge dessen sind insolvenzunfähige Arbeitgeber für die Zeit nach Inkrafttreten des Job-AQTIV-Gesetzes insgesamt gehindert, sich auf die Härteklausel des § 147 a Abs 2 Nr. 2
zu berufen. Nicht insolvenzfähig sind danach der Bund, die Länder und Gebietskörperschaften sowie
juristische Personen des öffentlichen Rechts.

Das BSG geht davon aus (vgl. BSG 10. 2. 2004 – B 7 AL 98/02 R), dass ein Personalabbau iSv. 30a
§ 147 a Abs. 2 S. 1 **Nr. 2** nur gegeben ist, wenn der in Abs. 1 S. 2 Nr. 6 genannte Schwellenwert von
3 v. H. überschritten ist. Dabei genügt der Vortrag des ArbG, dass der Verlust von weiteren Arbeitsplätzen abstrakt droht, die gefährdeten Arbeitsplätze oder Arbeitnehmer müssen nicht konkret be-

zeichnet werden (vgl. BSG 22. 3. 2001 – B 11 AL 50/00 R – BSGE 88, 31, 38 = SozR 3–4100 § 128 Nr. 12). Weitere Voraussetzung der Nr. 2 ist die Gefahr für den **Fortbestand des Unternehmens.** Der Begriff beschreibt die wirtschaftlichen Zwecken dienende Einheit, die aus einem oder mehreren organisatorisch verbundenen Betrieben bestehen kann. Die Gefährdung des Unternehmens ist vom ArbG zu erläutern und ggf. zu beweisen. Sie muss nicht die Schwelle der Existenzgefährdung des Unternehmens erreichen (BSG 22. 3. 2001 – B 11 AL 50/00 R – BSGE 88, 31 = SozR 3–4100 § 128 Nr. 12). Es muss aber eine Gefährdung des dauerhaften Bestands des Unternehmens und ein Ursachenzusammenhang zwischen dieser und der Erstattungsforderung bestehen (BSG 3. 5. 2001 – B 11 AL 49/00 R).

31   Zur Darlegung dieser Voraussetzungen muss der ArbG in der Regel ein Gutachten eines öffentlich bestellten und vereidigten **Sachverständigen** (zB eines Wirtschaftsprüfers) oder der Industrie- und Handelskammer vorlegen. An eine solche gutachtliche Stellungnahme ist die AA allerdings weder in tatsächlicher noch in rechtlicher Hinsicht gebunden (dazu BSG 21. 9. 2000 – B 11 AL 7/00 R – BSGE 87, 132, 141 = SozR 3–4100 § 128 Nr. 10; BSG 22. 3. 2001 – B 11 AL 50/00 R – aaO). Sie hat die Voraussetzungen der Befreiungsregelung selbst zu prüfen, zu würdigen und zu entscheiden.

III. Wegfall bei Gefährdung der verbliebenen Arbeitsplätze (Abs. 2 Nr. 2 Alt. 2)

32   Die zweite Alternative dieses Wegfalltatbestands ist die Gefährdung der verbleibenden Arbeitsplätze. Bei der Beurteilung, ob die Erstattungspflicht wegen einer Gefährdung der Restarbeitsplätze entfällt, ist nicht nur auf das operative Ergebnis des Unternehmens abzustellen. Maßgeblich ist die Gesamtsituation des Unternehmens unter Einschluss von Gewinnen aufgrund der Beteiligungen an anderen Unternehmen (BSG 10. 5. 2007 – B 7a AL 14/06 R – SozR 4–4100 § 128 Nr. 6). Gründe, die außerhalb der wirtschaftlichen Situation des von der Erstattungsforderung betroffenen ArbG liegen, bleiben bei der Prüfung, ob die Erstattung entfällt, außer Betracht (BSG 22. 3. 2001 – B 11 AL 50/00 R – BSGE 88, 31 = SozR 3–4100 § 128 Nr. 12). Auch hier muss ein Ursachenzusammenhang zwischen Erstattungsforderung und der Gefährdung der verbleibenden Arbeitsplätze bestehen (BSG 3. 5. 2001 – B 11 AL 49/00 R).

33   Eine fachkundige Expertise ist wiederum geeignet, das Vorliegen der Voraussetzungen darzulegen. Der Auffassung der BA, die Beurteilung der wirtschaftlichen Lage des Unternehmens sei „nur" auf der Grundlage eines Sachverständigengutachtens möglich (DA der BA zu § 147 a 3.9.3. [3]), ist nicht zu folgen. Der ArbG kann seine Lage und die Gefährdung der Arbeitsplätze auch durch Aufbereitung und Offenlegung von Personalzahlen oder wirtschaftlichen Eckdaten des Betriebs aufzeigen sowie – soweit keine Zweifel verbleiben – ggf. beweisen. Eine Beschränkung der Beweismittel auf ein Sachverständigengutachten lässt sich der Vorschrift nicht entnehmen. Die AA hat bei Prüfung des Wegfalltatbestandes eine Prognoseentscheidung zu treffen.

E. Beginn, Ende und Umfang der Erstattungspflicht

34   Die Erstattungspflicht beginnt mit dem ersten Leistungstag nach Vollendung des 57. Lebensjahres des Arbeitslosen, i. d. R. also am Tag des 57. Geburtstag des Arbeitslosen. Solange der Anspruch auf Alg ruht oder die Leistung aus anderen Gründen nicht erbracht wird, besteht keine Erstattungspflicht. Sie entfällt ggf. rückwirkend, wenn und soweit die Bewilligung von Alg gegenüber dem Arbeitslosen aufgehoben oder zurückgenommen wird (§ 330 Abs. 2, 3 iVm. §§ 45, 48 SGB X). Bei Beginn des Alg-Anspruchs nach Vollendung des 57. Lebensjahrs setzt die Erstattungspflicht mit dem Tag des Leistungsbeginns ein.

35   Die Dauer der Erstattungspflicht erstreckt sich auf längstens 32 Monate. Für Zeiten nach Vollendung des 60. Lebensjahres kann Erstattung nur gefordert werden, wenn der Leistungsbezug erst nach Vollendung des 57. Lebensjahres eingetreten ist oder unterbrochen war. Der Erstattungsanspruch endet mit Ausscheiden des Arbeitslosen aus dem Leistungsbezug, spätestens nach Ablauf von 32 Monaten und sobald Gründe für den Wegfall der Erstattungspflicht entstehen (§ 147 a Abs. 2).

36   Der Erstattungsanspruch umfasst neben den Aufwendungen für das Alg selbst in dem maßgeblichen Zeitraum des Leistungsbezuges auch die für den Leistungsbezieher von der BA getragenen Beiträge zur Kranken-, Pflege- und Rentenversicherung (§ 147 a Abs. 4). Beiträge zur Kranken- und Pflegeversicherung für Ruhenszeiträume (zB bei Sperrzeit: § 5 Abs. 1 S. 1 Nr. 2 SGB V) sind nicht zu erstatten. Die Erstattungspflicht ist auf rechtmäßig erbrachte Leistungen und hierauf gezahlten Beiträge beschränkt.

F. Minderung der Erstattungspflicht (Abs. 3)

37   Für kleine bis mittlere Unternehmen, die vom Personalbestand her über der Grenze der Befreiung (§ 147 a Abs. 1 S. 2 Nr. 2) liegen, ordnet § 147 a Abs. 3 die Minderung der Erstattungspflicht in Ab-

hängigkeit von der **Zahl der** beim ArbG beschäftigten **AN** an. Maßstab für die Ermittlung der Beschäftigungszahl ist nicht der Betrieb, sondern die Gesamtzahl der beim ArbG beschäftigten Personen, die wiederum nach Maßgabe des § 3 Abs. 1 S. 2 bis 6 AAG (vgl. oben Rn. 21) zu ermitteln ist. Bei mehr als 20 bis einschließlich 40 Beschäftigten mindert sich die Erstattungsforderung um zwei Drittel, bei mehr als 40 bis einschließlich 60 Beschäftigte um ein Drittel. Erreicht die Betriebsgröße erst nach Eintritt der Erstattungspflicht die hier maßgeblichen Größen (zB Personalabbau), kann die Erstattungspflicht auch nachträglich teilweise entfallen (§ 147a Abs. 3 S. 2, Abs. 2 Nr. 1).

G. Mitwirkung des Arbeitslosen (Abs. 7)

Zur Prüfung der Erstattungspflicht bedarf es vielfach der Angaben und Auskünfte des Arbeitslosen (zu Dauer, Höhe des Alg, Anspruch auf alternative Sozialleistung usw.). § 147a Abs. 7 ordnet deshalb dessen Mitwirkungspflicht an, **soweit** davon das **Entstehen oder der Wegfall** der Erstattungspflicht des ArbG abhängt. Die Mitwirkungspflicht besteht gegenüber der AA. Die Vorschrift bietet der AA eine Ermächtigungsgrundlage, den am Erstattungsverhältnis nicht beteiligten Arbeitslosen über die Zwecke des § 309 hinaus, zur Mitwirkung, zu Auskünften sowie zu ärztlichen oder psychologischen Untersuchungen heranzuziehen. Die Mitwirkungspflicht ist auf den Zweck der Feststellung des Erstattungsanspruchs gegen den ArbG begrenzt und bezieht sich nur auf Umstände, die der AA – regelmäßig aus dem Versicherungsverhältnis – über den AN bekannt sind. 38

H. Verjährung (Abs. 8)

§ 147a Abs. 8 regelt die Verjährung der Erstattungspflicht des ArbG. Die Vorschrift bestimmt (S. 1), dass der Erstattungsanspruch in **vier Jahren** nach Ablauf des Kalenderjahres verjährt, für welches das Alg zu erstatten ist. Maßgeblich ist mithin der Zeitraum, für den das Alg gezahlt wurde. Die Verjährung entspricht der regelmäßigen sozialrechtlichen Verjährung, die voraussetzt, dass ausgehend vom Ende des maßgeblichen Kalenderjahrs eine vierjährige Frist abgelaufen ist. 39

Nach 147a Abs. 8 S. 2 finden § 50 Abs. 6 S. 2, 3 SGB X entsprechende Anwendung. Durch diese Verweisung wird deutlich, dass für Hemmung, Neubeginn und Wirkung der Verjährung die Regelungen der §§ 194 f. BGB heranzuziehen sind. Der Neubeginn der Verjährung wird durch den Erlass eines VA zur Durchsetzung des Anspruchs in Gang gesetzt (§ 50 Abs. 6 S. 3 SGB X). Die Verjährungsfrist wird durch den ersten VA über die Erstattungspflicht auch dann neu in Gang gesetzt, wenn dieser Bescheid durch einen späteren Bescheid ersetzt wird (BSG 22. 3. 2001 – B 11 AL 70/00 R – SozR 3–4100 § 128 Nr. 13 S. 120). Der Neubeginn der Verjährung wird durch die Ersetzung nicht beseitigt. 40

§§ 147 b–149 *(aufgehoben)*

Achter Titel. Teilarbeitslosengeld

§ 150 Teilarbeitslosengeld

(1) **Anspruch auf Teilarbeitslosengeld hat ein Arbeitnehmer, der**
1. teilarbeitslos ist,
2. sich teilarbeitslos gemeldet und
3. die Anwartschaftszeit für Teilarbeitslosengeld erfüllt hat.

(2) **Für das Teilarbeitslosengeld gelten die Vorschriften über das Arbeitslosengeld bei Arbeitslosigkeit und für Empfänger dieser Leistung entsprechend, soweit sich aus den Besonderheiten des Teilarbeitslosengeldes nichts anderes ergibt, mit folgenden Maßgaben:**
1. Teilarbeitslos ist, wer eine versicherungspflichtige Beschäftigung verloren hat, die er neben einer weiteren versicherungspflichtigen Beschäftigung ausgeübt hat, und eine versicherungspflichtige Beschäftigung sucht.
2. Die Anwartschaftszeit für das Teilarbeitslosengeld hat erfüllt, wer in der Teilarbeitslosengeld-Rahmenfrist von zwei Jahren neben der weiterhin ausgeübten versicherungspflichtigen Beschäftigung mindestens zwölf Monate eine weitere versicherungspflichtige Beschäftigung ausgeübt hat. Für die Teilarbeitslosengeld-Rahmenfrist gelten die Regelungen zum Arbeitslosengeld über die Rahmenfrist entsprechend.
3. **Die Dauer des Anspruchs auf Teilarbeitslosengeld beträgt sechs Monate.**
4. Bei der Feststellung der Lohnsteuer (§ 133 Abs. 2) ist die Lohnsteuerklasse maßgeblich, die auf der Lohnsteuerkarte für das Beschäftigungsverhältnis, das den Anspruch auf Teilarbeitslosengeld begründet, zuletzt eingetragen war.

5. Der Anspruch auf Teilarbeitslosengeld erlischt,
   a) wenn der Arbeitnehmer nach der Entstehung des Anspruchs eine Beschäftigung, selbständige Tätigkeit oder Tätigkeit als mithelfender Familienangehöriger für mehr als zwei Wochen oder mit einer Arbeitszeit von mehr als fünf Stunden wöchentlich aufnimmt,
   b) wenn die Voraussetzungen für einen Anspruch auf Arbeitslosengeld erfüllt sind oder
   c) spätestens nach Ablauf eines Jahres seit Entstehung des Anspruchs.

A. Normzweck

1 Das Teil-Alg nach § 150 soll Arbeitnehmern, die eine von mehreren nebeneinander ausgeübten versicherungspflichtigen Beschäftigungen verlieren, vorübergehend einen angemessenen Ersatz des wegen der eingetretenen Teilarbeitslosigkeit entfallenen Arbeitsentgelts bieten. Damit will der Gesetzgeber eine **Lücke** im **Versicherungsschutz** der Arbeitslosenversicherung für Personen **schließen**, die mehrere Beschäftigungsverhältnisse nebeneinander ausüben (BT-Drs. 13/4941, 181). Ohne das Teil-Alg wären AN vom Bezug von Alg ausgeschlossen, wenn sie eine von zwei Beschäftigungen, die beide der Beitragspflicht zur Arbeitslosenversicherung begründen, verlieren und die verbleibende Beschäftigung mehr als kurzzeitig ist (§ 119 Abs. 3).

2 § 150 Abs. 1 nennt die Anspruchsvoraussetzungen. § 150 Abs. 2 gestaltet das Teil-Alg zu einer **eigenständigen Leistung** der Arbeitslosenversicherung aus (BT-Drs. 13/4941, 181). Die Voraussetzungen des Teil-Alg sind an diejenigen des Alg angelehnt, bei der Auslegung der Vorschrift sind die Besonderheiten des Teil-Alg zu beachten.

B. Anspruchsvoraussetzungen des Teil-Alg

3 Teil-Alg ist eine eigenständige Leistung aufgrund des in § 150 Abs. 2 Nr. 1 bestimmten Versicherungsfalls. Nach § 150 Abs. 1 müssen für einen Anspruch auf Teil-Alg folgende **Anspruchsvoraussetzungen** kumulativ vorliegen: ein AN (vgl. § 117 Rn. 4) muss teilarbeitslos sein (§ 150 Abs. 2 Nr. 1), sich teilarbeitslos gemeldet und die Anwartschaftszeit für Teil-Alg (§ 150 Abs. 2 Nr. 2) erfüllt haben. Teilarbeitslosigkeit setzt voraus, dass mehrere versicherungspflichtige Beschäftigungen nebeneinander ausgeübt worden sind, eine von diesen entfallen ist, weitere versicherungspflichtige Beschäftigungen aber noch ausgeübt werden. Die Teilarbeitslosmeldung erfolgt entsprechend § 122. Die Voraussetzungen der spezifischen Anwartschaftszeit sind in § 150 Abs. 2 Nr. 2 ausgestaltet. Das Stammrecht auf Teil-Alg **entsteht** (§ 40 Abs. 1 SGB I), sobald die in § 150 Abs. 1 bestimmten Voraussetzungen erfüllt sind.

4 Die Anspruchsvoraussetzungen sind auch erfüllt, wenn mehrere Teilzeitbeschäftigungen bei **demselben ArbG** ausgeübt worden sind und eine von ihnen entfällt (BSG 6. 2. 2003 – B 7 AL 12/01 R – BSGE 90, 270, 271 f. = SozR 4–4300 § 150 Nr. 1). Dabei ist genau zu prüfen, ob es sich um mehrere rechtlich selbständig nebeneinander bestehende Beschäftigungsverhältnisse handelt. Das ist anzunehmen, wenn diese personell und organisatorisch voneinander zu trennen sind. Das kann anzunehmen sein, wenn der AN zB in verschiedenen Betriebsteilen oder Abteilungen eingesetzt war. Allein die **Reduzierung der Arbeitszeit** innerhalb eines versicherungspflichtigen Beschäftigungsverhältnisses durch arbeitsrechtliche Vereinbarung begründet Teilarbeitslosigkeit nicht (BSG 6. 2. 2003 – B 7 AL 12/01 R – BSGE 90, 270, 271 = SozR 4–4300 § 150 Nr. 1).

5 Das Teil-Alg ist gegenüber dem Alg nach § 118 Abs. 1 **subsidiär** (§ 150 Abs. 2 Nr. 5 b; auch unten Rn. 14). Verliert ein Bezieher von Teil-Alg eine weitere Beschäftigung und verbleibt ihm keine oder nur eine kurzzeitige versicherungspflichtige Beschäftigung, so steht ihm Voll-Alg zu, wenn er im Bemessungszeitraum neben dem Arbeitsentgelt Teil-Alg bezogen hat (vgl. BSG 9. 12. 2003 – B 7 AL 96/02 R – SozR 4–4300 § 131 Nr. 1). Das Voll-Alg bemisst sich nach dem Entgelt dieser Beschäftigung und zusätzlich nach dem Bemessungsentgelt des Teil-Alg (so BSG aaO).

C. Entsprechende Anwendung der Regelungen zum Alg

6 § 150 Abs. 2 S. 1 ordnet an, dass auf den Anspruch auf Teil-Alg die **Vorschriften zum Alg** bei Arbeitslosigkeit (§§ 118 f.) entsprechend **anwendbar** sind. Die Anwendbarkeit dieser Regelungen steht aber unter dem Vorbehalt, dass sich aus den Besonderheiten des Teil-Alg nichts anderes ergibt. Systematisch gibt es zwei Gründe für eine Abweichung. Erstens gehen die spezifischen Regelungen zum Teil-Alg in § 150 den §§ 118 f. vor. Zweitens sind die §§ 118 f. nur anwendbar, wenn die Natur des Teil-Alg nicht entgegensteht. Darüber hinaus enthalten weder § 150 selbst noch die hierzu vorliegenden Gesetzesmaterialien einen Hinweis auf ein Gebot der restriktiven Auslegung der Vorschrift.

7 Ausgehend von § 150 Abs. 2 S. 1 hat das BSG entschieden, dass die Regelung, wonach eine Rahmenfrist nicht in eine andere hineinreichen darf (§ 124 Abs. 2), auf Teil-Alg nur modifiziert anwendbar ist. Der unmittelbaren Anwendung der Vorschrift stehen Besonderheiten des Teil-Alg entgegen (BSG 17. 11. 2005 – B 11 a AL 1/05 R – SozR 4–4300 § 150 Nr. 2). Dagegen ist die für Alg geltende Altersgrenze (§ 117 Abs. 2) auf Teil-Alg anzuwenden.

D. Spezifische Voraussetzungen des Teil-Alg (Abs. 2)

I. Versicherungsfall (Nr. 1)

§ 150 Abs. 2 Nr. 1 definiert den Versicherungsfall der Teilarbeitslosigkeit. Er liegt vor, wenn ein **8** AN **eine von mehreren versicherungspflichtigen Beschäftigungen verloren** hat. Bezüglich der Prüfung, ob eine Beschäftigung versicherungspflichtig gewesen ist, gilt der beitragrechtliche Beschäftigungsbegriff (§§ 24 f.). Für die Prüfung der Frage, ob der AN eine früher ausgeübte (beitragrechtlich versicherungspflichtige) Beschäftigung verloren hat, gilt der leistungsrechtliche Beschäftigungsbegriff (vgl. § 119 Rn. 9). Auch wer neben einer Vollzeitbeschäftigung eine weitere versicherungspflichtige Beschäftigung ausübt und diese verliert, hat Anspruch auf Teil-Alg. Allein die Verminderung der Arbeitszeit begründet den Anspruch auf Teil-Alg nicht (oben Rn. 4; BSG 6. 2. 2003 – B 7 AL 12/01 R – BSGE 90, 270 = SozR 4–4300 § 150 Nr. 1). Ein Anspruch auf Teil-Alg besteht auch **nicht**, wenn eine **versicherungspflichtige Beschäftigung** verloren geht, die **neben versicherungsfreien** Tätigkeiten, wie selbständige Tätigkeit oder Tätigkeit als mithelfender Familienangehöriger ausgeübt worden ist. Der begrenzten Zielsetzung des Lückenschlusses entspricht es daher, dass nicht nur die Verminderung der Arbeitszeit innerhalb eines einheitlichen Beschäftigungsverhältnisses der Teilarbeitslosigkeit nicht gleichgestellt werden kann (BSGE a. a. O. Rn. 6 f.), sondern auch, dass der Verlust einer versicherungspflichtigen Teilzeitbeschäftigung neben einer fortgeführten selbständigen Tätigkeit kein Teil-Alg auslöst (so für den Verlust einer verspfl. Beschäftigung, die neben einer mehr als kurzzeitigen selbständigen Tätigkeit ausgeübt wurde: BSG 3. 12. 2009 – B 11 AL 28/08 R – SozR 4–4300 § 118 Nr. 5).

II. Anwartschaftszeit (Nr. 2)

Wie Alg soll auch Teil-Alg das Arbeitsentgelt ersetzen, das dem Beschäftigten wegen der Beendigung einer früheren Beschäftigung nicht mehr zur Verfügung steht. Der Anspruch auf Teil-Alg setzt deshalb voraus, dass die den Anspruch begründende Beschäftigung für einige Zeit ausgeübt worden ist (Anwartschaftszeit; dazu BT-Drs. 13/4941, 181). Nach § 150 Abs. 2 Nr. 2 muss innerhalb einer Rahmenfrist von zwei Jahren (vgl. allgemein § 124) der Teilarbeitslose mindestens **zwölf Monate nebeneinander mehrere verspfl. Beschäftigungen ausgeübt** haben. Die Regelung, wonach die Rahmenfrist nicht in eine vorangegangene Rahmenfrist hineinreichen darf, in der der Arbeitslose eine Anwartschaftszeit erfüllt hatte, bezieht sich beim Teil-Alg nur auf eine Teilzeitbeschäftigung, die er bei Erfüllung einer früheren Anwartschaftszeit verloren hat (BSG 17. 11. 2005 – B 11 a AL 1/05 R – SozR 4–4300 § 150 Nr. 2). § 150 Abs. 2 Nr. 2 S. 2 wiederholt, dass § 124 als Regelung über die Rahmenfrist des Alg ergänzend anzuwenden ist. **9**

III. Anspruchsdauer (Nr. 3)

Der Anspruch auf Teil-Alg ist auf **sechs Monate** befristet. Die Befristung soll einerseits für einen **10** angemessenen Zeitraum die Möglichkeit bieten, gleichwertigen Ersatz für die verlorene Beschäftigung zu finden. Gelingt dies dem Teilarbeitslosen nicht, kann davon ausgegangen werden, dass der Arbeitsmarkt für entsprechende Tätigkeiten verschlossen ist (BT-Drs. 13/4941, 181). Obwohl die Anwartschaftszeit des Teil-Alg mit zwölf Monaten derjenigen des Alg entspricht, hat der Gesetzgeber die Anspruchsdauer auf einheitlich sechs Monaten begrenzt. Dies kann verfassungsrechtlich mit der Erwägung hingenommen werden, dass der Anspruch auf Teil-Alg von Anfang an nur mit dieser Befristung erworben werden konnte und zwischen den Beziehern von Alg und Teil-Alg erhebliche Unterschiede bestehen, zB dem Teilarbeitslosen Arbeitsentgelt aus weiterer Beschäftigung als Einkommensquelle verbleibt (BSG 21. 7. 2005 – B 11a AL 37/05 B). Für die Minderung der Anspruchsdauer gilt § 128 Abs. 2 S. 1 Nr. 1; Nr. 2 der Regelung betrifft nur das Verhältnis der Anrechnung des Bezugs von Teil-Alg auf einen sich anschließenden Bezug von Voll-Alg.

IV. Berechnung/Steuerklasse (Nr. 4)

Abweichend von den Regelungen zur Bemessung des Alg (§ 133 Abs. 2), bestimmt § 150 Abs. 2 **11** Nr. 4, dass der Berechnung der Leistung die Steuerklasse zu Grunde zu legen ist, die auf der Lohnsteuerkarte für das Beschäftigungsverhältnis, das den Anspruch auf Teilarbeitslosengeld begründet, zuletzt eingetragen war. Also die Steuerklasse, die für das den Anspruch begründende Beschäftigungsverhältnis maßgeblich war.

Mutschler

V. Erlöschen des Anspruchs (Nr. 5)

12   Der Anspruch auf Teil-Alg **erlischt**, wenn der AN nach der Entstehung des Anspruchs (vgl. oben Rn. 3) eine Beschäftigung, selbständige Tätigkeit oder Tätigkeit als mithelfender Familienangehöriger (zu dem Begriffen vgl. § 119 Rn. 21 f.) für mehr als zwei Wochen oder mit einer Arbeitszeit von mehr als fünf Stunden wöchentlich aufnimmt (§ 150 Abs. 2 Nr. 5 a). Der Gesetzgeber hat Teil-Alg auf Einkommensverluste ausgerichtet, die durch die Aufnahme einer geringfügigen Nebenbeschäftigung schnell ausgeglichen werden können. Die Motivation, den Versicherungsfall „Teilarbeitslosigkeit" schnellstmöglich zu beenden, könne durch die geringe Höhe der aus der „Nebenbeschäftigung" erzielten Einnahmen gemindert sein. Deshalb lässt die Vorschrift ohne Auswirkung auf die Leistung nur gelegentliche Nebenbeschäftigungen **in geringem Umfang** zu (BT-Drs. 13/4941, 181).

13   Die Regelung ist dem § 119 Abs. 3 ähnlich, aber deutlich enger gehalten. Eine länger als zwei Wochen ausgeübte Beschäftigung – unabhängig von ihrem zeitlichen Umfang – „oder" jede mit mehr als 5 Stunde pro Woche einhergehende **Erwerbstätigkeit** bringt – unabhängig von ihrer Dauer – den Anspruch zum erlöschen (zur Vereinbarkeit der Regelung mit dem GG: LSG Baden-Württemberg 12. 5. 2004 – L 5 AL 2017/03). Das Erlöschen des Anspruchs soll hier nicht das Stammrecht betreffen, sondern den Zahlungsanspruch ausschließen (BSG 21. 6. 2001 – B 7 AL 54/00 R – BSGE 88, 180, 185 = SozR 3–4300 § 150 Nr. 1; vgl. aber § 147 Rn. 1).

14   **§ 150 Abs. 2 Nr. 5 b** konkretisiert den **Nachrang** (Subsidiarität) des Teil-Alg gegenüber dem Alg. Sind die Voraussetzungen des Alg erfüllt, erlischt der Anspruch auf Teil-Alg. Die Bezugszeiten des Teil-Alg werden bei aufeinanderfolgenden Ansprüchen im Wege der Minderung des Anspruchsdauer berücksichtigt (§ 128 Abs. 1 S. 1 Nr. 2). Die Vorschrift verlangt nicht, dass der Anspruch auf Alg entstanden ist, aber es genügt auch nicht, dass ein Bezieher von Teil-Alg volles Alg geltend machen könnte. Solange die Anspruchsvoraussetzungen nach § 118 Abs. 1, insbesondere die persönliche Arbeitslosmeldung nach § 122 Abs. 1, nicht erfüllt sind, liegen sie Voraussetzungen für den Anspruch auf Alg nicht vor. Teil-Alg kann ggf. weiter bezogen werden.

15   **§ 150 Abs. 2 Nr. 5 c** bestimmt schließlich, dass der Anspruch auf Teil-Alg nach Ablauf eines Jahres seit seinem Entstehen erlischt. Anders als nach § 147 Abs. 2 kann der Anspruch nicht wieder geltend gemacht werden. Er erlischt durch Zeitablauf (materielle Ausschlussfrist). Nach Entstehen des Anspruchs auf Teil-Alg kann der nicht ausgeschöpfte Restanspruch nur binnen Jahresfrist in Anspruch genommen werden. Die Versichertengemeinschaft soll für das Risiko „Teilarbeitslosigkeit" nur einen begrenzten Zeitraum einstehen müssen.

Neunter Titel. Verordnungsermächtigung und Anordnungsermächtigung

§ 151 Verordnungsermächtigung

Das Bundesministerium für Arbeit und Soziales wird ermächtigt, durch Rechtsverordnung

1. *(aufgehoben)*
2. *(aufgehoben)*
3. **Versorgungen im Sinne des § 9 Abs. 1 des Anspruchs- und Anwartschaftsüberführungsgesetzes der Altersrente oder der Rente wegen voller Erwerbsminderung gleichzustellen, soweit dies zur Vermeidung von Doppelleistungen erforderlich ist. Es hat dabei zu bestimmen, ob das Arbeitslosengeld voll oder nur bis zur Höhe der Versorgungsleistung ruht, und**
4. **das Nähere zur Abgrenzung der ehrenamtlichen Betätigung im Sinne des § 119 Abs. 2 und zu den dabei maßgebenden Erfordernissen der beruflichen Eingliederung zu bestimmen.**

A. Normzweck

1   § 151 ist eine **Verordungsermächtigung** iSd. **Art. 80 Abs. 1 GG.** Sie ermächtigt das BMAS, die in Nr. 3 und 4 bestimmten Regelungsgegenstände durch Rechtsverordnung näher auszugestalten. Von den nach Wegfall weiterer Regelungsgegenstände infolge der Vereinfachung der Berechnung von Alg verbliebenen Ermächtigungen hat das BMAS als Verordnungsgeber Gebrauch gemacht.

B. Rechtsverordnung nach § 151 Nr. 3

2   Das BMAS kann als Verordnungsgeber Versorgungen iSd. § 9 Abs. 1 AAÜG der Altersrente oder der Rente wegen voller EM gleichstellen, um Doppelleistungen zu vermeiden. Inhaltlich geht es um

die Einbeziehung von Leistungen aus Sonderversorgungssystemen der ehemal. DDR (§ 9 Abs. 1 AAÜG), die nicht in die gesetzliche Rentenversicherung überführt worden sind, in die Ruhensregelung des § 142. Das BMAS wird nicht nur ermächtigt, das Ob, sondern auch den Umfang des Ruhens des Alg (volle oder teilweise Anrechnung) zu regeln (§ 151 Nr. 3 Hs. 2). Der Verordnungsgeber kann alle in § 9 Abs. 1 AAÜG genannten Leistungen in eine normative Regelung einbeziehen. § 9 Abs. 1 AAÜG lautet:

„In die Rentenversicherung werden nicht überführt:
1. *Ansprüche auf Versorgungen aufgrund vorzeitiger Entlassung bei Erreichen besonderer Altersgrenzen oder bestimmter Dienstzeiten, insbesondere auf a) Übergangsrente, b) Vorruhestandsgeld, c) Invalidenrente bei Erreichen besonderer Altersgrenzen und d) befristete erweiterte Versorgung,*
2. *Ansprüche auf Invalidenteilrenten und Dienstbeschädigungsteilrenten,*
3. *Ansprüche auf Elternrenten.*
Die Vorschriften des Ersten Buches Sozialgesetzbuch sind entsprechend anzuwenden. Die Leistungen nach Satz 1 gelten als Erwerbsersatzeinkommen im Sinne des § 18a Abs. 1 Nr. 2 des Vierten Buches Sozialgesetzbuch."

Der BMAS hat gestützt auf § 151 Nr. 3 die **Verordnung** über das Ruhen von Entgeltersatzleistungen nach dem Dritten Buch Sozialgesetzbuch bei Zusammentreffen mit Versorgungsleistungen der Sonderversorgungssysteme (SGB3EntGRuhV) **vom 22. 12. 1997**, in Kraft ab 1. 1. 1998 (BGBl. I S. 3359), erlassen. Aus der Verordnung ergibt sich ua. die Gleichstellung einer **Übergangsrente** aus dem Sonderversorgungssystem der Nationalen Volksarmee mit einer Altersrente bzw. einer vergleichbaren Leistung öffentlich-rechtlicher Art (§ 1 Abs. 1 S. 1 Nr. 2 SGB3EntGRuhV). Der Bezug dieser Leistung führt deshalb nach § 142 Abs. 1 Nr. 4, Abs. 2 S. 2 zum teilweisen Ruhen des Alg (vgl. Sächsisches LSG 19. 1. 2006 – L 3 AL 115/02). 3

C. Rechtsverordnung nach § 151 Nr. 4

Die Ermächtigung nach Nr. 4 richtet sich ebenfalls an das BMAS. Dieses wird ermächtigt, Regelungen über die Abgrenzung ehrenamtlicher Betätigung iSd. § 119 Abs. 2 (dazu § 119 Rn. 17) zu treffen. Dabei können die für die berufliche Eingliederung trotz ehrenamtlicher Betätigung maßgeblichen Anforderungen geregelt werden. Das BMAS hat von der Ermächtigung Gebrauch gemacht und die Verordnung über die ehrenamtliche Betätigung vom 24. 5. 2002 (BGBl. I S. 1783) erlassen (zu den Inhalten vgl. § 119 Rn. 19). 4

§ 152 Anordnungsermächtigung

Die Bundesagentur wird ermächtigt, durch Anordnung Näheres zu bestimmen
1. zu den Eigenbemühungen des Arbeitslosen (§ 119 Abs. 1 Nr. 2, Abs. 4) und
2. zu den Pflichten des Arbeitslosen, Vorschlägen der Agentur für Arbeit zur beruflichen Eingliederung Folge leisten zu können (§ 119 Abs. 5 Nr. 2) und
3. zu den Voraussetzungen einer Zustimmung zur Teilnahme an Bildungsmaßnahmen nach § 120 Abs. 3.

A. Normzweck

Im Neunten Titel der Regelungen über Alg setzt § 152 eine **Ermächtigungsgrundlage** für die BA, zu den in Nr. 1 bis 3 bezeichneten Inhalten Anordnungen (einschließlich Änderungsanordnungen) zu erlassen. Mit der Bezeichnung der Regelungsgegenstände der Anordnung und mit der Bezugnahme auf konkrete gesetzliche Vorgaben setzt die Vorschrift zugleich einen Rahmen, innerhalb dessen die BA ihre Regelungsbefugnis ausüben kann und muss. 1

B. Anordnungsermächtigung

I. Allgemein

Die Anordnungen der BA sind ihrer Rechtsnatur nach **autonome Satzungen** (so BSG 26. 8. 1992 – 9b RAr 5/91 – BSGE 71, 122, 124; BSG 20. 6. 2001 – B 11 AL 10/01 R – BSGE 88, 172 = SozR 3–4300 § 119 Nr. 3; aA Pfeifer in NK-SGB III § 372 Rn. 6f. m. w. N.). Der Verwaltungsrat der BA ist für den Erlass der Anordnungen zuständig (§ 372 Abs. 2). Diese bedürfen der Genehmigung des BMAS und sind öffentlich bekannt zu machen (§ 372 Abs. 3). 2

Die Ermächtigung des § 152 **entspricht** den **verfassungsrechtlichen Anforderungen** an die Bestimmtheit einer Ermächtigung zur untergesetzlichen Normsetzung. Die Übertragung von Rechtssetzungsbefugnissen auf Organe der Selbstverwaltung von öffentlich-rechtlichen Körperschaften ist als 3

Teil der grundgesetzlichen Ordnung anerkannt (vgl. BSG 20. 3. 1996 – 6 RKa 62/94 – BSGE 78, 70, 80 = SozR 3–2500 § 92 Nr. 6 m. w. N.). Die Maßstäbe des Art. 80 GG, die die Übertragung legislativer Gewalt begrenzen, gelten für Anordnungen der BA nicht (BSG 26. 8. 1992 – 9b RAr 5/91 – BSGE 71, 122, 124). Abgesehen vom Vorrang des Gesetzes findet die Ermächtigung ihre Grenzen im Zweck der Ermächtigungsnorm sowie im Aufgabenkreis der ermächtigten Körperschaft (BSG 20. 6. 2001 – B 11 AL 10/01 R – BSGE 88, 172 = SozR 3–4300 § 119 Nr. 3).

II. Anordnung zu Eigenbemühungen

4   § 152 Nr. 1 ermächtigt die BA, Näheres zu den erforderlichen **Eigenbemühungen** des Arbeitslosen nach § 119 Abs. 1 Nr. 2, Abs. 4 zu regeln (zum Begriff vgl. § 119 Rn. 14). Bisher hat die BA von der Ermächtigung keinen Gebrauch gemacht.

III. Anordnung zu den Pflichten bei Eingliederungsvorschlägen

5   Nach § 152 Nr. 2 ist die BA ermächtigt, Regelungen über die Verfügbarkeit des Arbeitslosen für die Vermittlungsbemühungen der AA iSd. § 119 Abs. 5 Nr. 2 zu treffen. Die BA hat von der Ermächtigung mit der Anordnung des Verwaltungsrats der BA zur Pflicht des Arbeitslosen, Vorschlägen des AA zur beruflichen Eingliederung zeit- und ortsnah Folge leisten zu können (**Erreichbarkeits-Anordnung** – EAO) vom 23. 10. 1997 (ANBA 1997, 1685) genutzt. Die EAO ist mit der Ermächtigung in § 152 Nr. 2 vereinbar. Der Gesetzgeber hat dem Verwaltungsrat der BA durch § 119 Abs. 5 Nr. 2 einen Rahmen gesetzt, innerhalb dessen die Verfügbarkeit des Arbeitslosen für die Vermittlungsarbeit der AA näher bestimmt werden kann. Die EAO hält sich in dem vorgegebenen gesetzlichen Rahmen (BSG 20. 6. 2001 – B 11 AL 10/01 R – BSGE 88, 172, 177 = SozR 3–4300 § 119 Nr. 3).

IV. Anordnung wegen Teilnahme an Bildungsmaßnahmen

6   § 152 Nr. 3 eröffnet der BA schließlich die Möglichkeit, eine Anordnung zu den Voraussetzungen einer Zustimmung zur Teilnahme an Bildungsmaßnahmen nach § 120 Abs. 3 zu treffen. Auch insoweit gibt § 120 Abs. 3 einen hinreichend bestimmten Rahmen vor (vgl. § 120 Rn. 12), den die BA weiter ausfüllen und konkretisieren könnte. Bisher hat sie die Ermächtigung nicht genutzt.

Dritter Unterabschnitt. *(aufgehoben)*

§§ 153–159 *(aufgehoben)*

Vierter Unterabschnitt. Übergangsgeld

§ 160 Voraussetzungen

¹ Behinderte Menschen haben Anspruch auf Übergangsgeld, wenn
1. die Vorbeschäftigungszeit für das Übergangsgeld erfüllt ist und
2. sie an einer Maßnahme der Berufsausbildung, der Berufsvorbereitung einschließlich einer wegen der Behinderung erforderlichen Grundausbildung, der individuellen betrieblichen Qualifizierung im Rahmen der Unterstützten Beschäftigung nach § 38a des Neunten Buches oder an einer Maßnahme der beruflichen Weiterbildung teilnehmen, für die die besonderen Leistungen erbracht werden.

² Im Übrigen gelten die Vorschriften des Kapitels 6 des Neunten Buches, soweit in diesem Buch nichts Abweichendes bestimmt ist. ³ Besteht bei Teilnahme an einer Maßnahme, für die die allgemeinen Leistungen erbracht werden, kein Anspruch auf Arbeitslosengeld bei beruflicher Weiterbildung, erhalten die behinderten Menschen Übergangsgeld in Höhe des Arbeitslosengeldes, wenn sie bei Teilnahme an einer Maßnahme, für die die besonderen Leistungen erbracht werden, Übergangsgeld erhalten würden.

A. Allgemeines

I. Normzweck

1   § 160 normiert in S. 1 die Anspruchsgrundlage mit den Regelvoraussetzungen für die Entgeltersatzleistung (§ 116 Nr. 3) Übergangsgeld (Übg). Wegen Leistungshöhe und Berechnung verweist S. 2 auf die §§ 44 bis 54 SGB IX. § 160 S. 3 erweitert den Anspruch auf Übg auf Personen, die die An-

spruchsvoraussetzungen nur deshalb nicht erfüllen, weil sie nicht an einer besonderen Maßnahme iSd. § 160 S. 1 Nr. 2 teilnehmen, im Falle einer Teilnahme die Voraussetzungen aber erfüllen würden.

II. Systematik

§§ 160 f. haben ihren Sitz im Vierten Unterabschnitt des Abschnitts über Entgeltersatzleistungen (§ 116 Nr. 3). Während §§ 97 f. die allgemeinen und besonderen Leistungen zur Förderung der Teilhabe behinderter Menschen am Arbeitsleben regeln, ergänzt das Übg die Teilhabeleistungen um eine Leistung der aktiven Arbeitsförderung (§ 3 Abs. 4) mit **Entgeltersatzfunktion** (BSG 23. 6. 1981 – 7 RAr 32/80 – SozR 4100 § 59 e Nr. 1). Übg soll den Lebensunterhalt der behinderten Menschen während der Teilnahme an einer der genannten Maßnahmen sicherstellen. Übg ist eine besondere Leistung zur Teilhabe am Arbeitsleben (§ 103 Nr. 1; vgl. zum früheren Recht auch: BSG 27. 4. 1982 – 1 RA 71/80 – BSGE 53, 229 = SozR 2200 § 1241 Nr. 21). Sie ist zu einer der in Nr. 2 genannten Maßnahmen **akzessorisch**, da der Anspruch erst mit der Teilnahme an einer solchen Maßnahme entsteht (BSG a. a. O.). Der Anspruch ist aber in § 160 f eigenständig zu beurteilen und unterfällt – auch übergangsrechtlich – nicht den Regelungen für Leistungen zur Teilhabe am Arbeitsleben (BSG 7. 9. 2010 – B 5 R 104/08 R). Durch den Bezug von Übg wegen Teilnahme an einer Maßnahme zur Teilhabe am Arbeitsleben wird **Versicherungspflicht** nach § 26 Abs. 2 Nr. 1 nicht begründet (BSG 21. 3. 2007 – B 11 a AL 171/06 B – SozR 4–4300 § 26 Nr. 5), da nach dieser Vorschrift nur der Bezug von Übg bei medizinischer Reha die Versicherungspflicht begründet.

B. Anspruchsvoraussetzungen des Übg

§ 160 S. 1 regelt den Anspruch auf eine eigenständige (Entgeltersatz-)Leistung. Der Anspruch ist seinem persönlichen Anwendungsbereich nach auf behinderte Menschen begrenzt, die eine Vorbeschäftigungszeit aufweisen (Nr. 1) und an einer der im Einzelnen bezeichneten Maßnahmen teilnehmen (Nr. 2). Der Anspruch auf Übg **entsteht** (§ 40 Abs. 1 SGB I), sobald die in § 160 S. 1 bestimmten Voraussetzungen erfüllt sind. Der Bezug von Übg geht dem Anspruch auf Alg bei Arbeitslosigkeit vor. Ist der Anspruch auf Übg zuerkannt, ruht das Alg (§ 142 Abs. 1 S. 1 Nr. 2). Das Verhältnis zum Alg nach § 124 a regelt § 160 S. 3 (vgl. unten Rn. 16).

I. Behinderte Menschen

Das SGB III trifft eine eigenständige Definition des **Begriffs „behinderter Mensch"** (§§ 12, 19), die auch iRd § 160 S. 1 Anwendung findet. Nach § 19 Abs. 1 sind behindert iSd. SGB III die Menschen, deren Aussichten, am Arbeitsleben teilzuhaben oder weiter teilzuhaben, wegen Art oder Schwere ihrer Behinderung im Sinne von § 2 Abs. 1 SGB IX nicht nur vorübergehend wesentlich gemindert sind und die deshalb Hilfen zur Teilhabe am Arbeitsleben benötigen, einschließlich lernbehinderter Menschen. Nach § 19 Abs. 2 stehen den behinderten Menschen diejenigen Menschen gleich, denen eine **Behinderung** mit den in § 19 Abs. 1 genannten Folgen **droht**. Ob ein Mensch behindert ist, bestimmt sich also unter Anknüpfung an seine persönlichen Möglichkeiten zur Teilhabe am Arbeitsleben. Daneben ist erforderlich, dass eine Behinderung iSv. **§ 2 Abs. 1 SGB IX** vorliegt. Danach sind Menschen behindert, wenn ihre körperliche Funktion, geistige Fähigkeit oder seelische Gesundheit mit hoher Wahrscheinlichkeit länger als sechs Monate von dem für das Lebensalter typischen Zustand abweicht und daher ihre Teilhabe am Leben in der Gesellschaft beeinträchtigt ist (vgl. BSG 17. 11. 2005 – B 11 a AL 23/05 R).

II. Vorbeschäftigungszeit

Der Anspruch setzt nach § 160 S. 1 Nr. 1 eine Vorbeschäftigungszeit voraus; diese ist der Anwartschaftszeit beim Alg vergleichbar. Die Anforderungen an die Vorbeschäftigungszeit sind in § 161 geregelt. Es besteht nach § 162 auch die Möglichkeit, Übg ohne Vorversicherungszeit in Anspruch zu nehmen.

III. Maßnahmen

§ 160 S. 1 Nr. 2 bezeichnet abschließend die Maßnahmen, an denen behinderte Menschen teilnehmen müssen, damit ihr Entgeltausfall mit Übg kompensiert werden kann. Übg kann bei Teilnahme an einer Maßnahme der Berufsausbildung (vgl. § 59) oder der beruflichen Weiterbildung (vgl. § 77) gewährt werden. Die Unterscheidung zwischen **Aus- und Weiterbildung** ergibt sich aus dem Grad beruflicher Vorkenntnisse. Während die Ausbildung derartige Kenntnisse erstmalig vermittelt, setzt die Weiterbildung den vorangegangenen Erwerb eines Berufsabschlusses voraus (Wagner in NK-SGB III § 60 Rn. 5). Unter Berufsausbildung ist stets die erste zu einem beruflichen Abschluss führende Bildungsmaßnahme zu verstehen, währen für die Weiterbildung die im bisherigen Beruf erlernten Fertigkeiten ihrem wesentlichen Inhalt nach übernommen und vertieft werden (vgl. BSG 20. 6.

1978 – 7 RAr 11/77 – SozR 4100 § 41 Nr. 34 S. 81). Maßnahmen der **Berufsvorbereitung** einschließlich einer wegen der Behinderung erforderlichen Grundausbildung (§ 33 Abs. 3 Nr. 2 SGB IX) gehen einer beruflichen Aus- oder Weiterbildung voraus. Sie sollen dem behinderten Menschen ermöglichen, eine berufliche Ausbildung oder eine Berufstätigkeit zu beginnen.

7 Für die in § 160 S. 1 Nr. 2 genannten Maßnahmen müssen zudem die „besonderen Leistungen" erbracht werden (§§ 98 Abs. 1 Nr. 2, 102 f.). Hier wird die **Akzessorietät** des Übg deutlich. Da Leistungen der Teilhabe in Form von besonderen Leistungen (§ 102) erbracht werden müssen, besteht Anspruch auf Übg nur, wenn auch die Anspruchsvoraussetzungen dieser Leistungen erfüllt sind.

IV. Teilnahme

8 Nach § 160 S. 1 Nr. 2 setzt der Anspruch auf Übg darüber hinaus auch die Teilnahme an einer der genannten Maßnahmen voraus. Der behinderte Mensch muss **tatsächlich aktiv** an der Maßnahme **teilnehmen**. Voraussetzung für die Teilnahme und damit für einen Anspruch auf Übg ist regelmäßig der Besuch der im Ausbildungsplan vorgesehenen Veranstaltungen (BSG 9. 12. 1982 – 7 RAr 120/81; BSG 21. 3. 2001 – B 5 RJ 34/99 R – SozR 3–2600 § 20 Nr. 1). Solange die Maßnahme selbst noch nicht begonnen oder der behinderte Mensch diese noch nicht angetreten hat, fehlt es an einer Teilnahme. Sobald die Teilnahme durch den behinderten Menschen oder den Träger (§ 21) abgebrochen worden ist, steht dem Betroffenen Übg nicht (mehr) zu. Die Teilnahme endet regelmäßig mit dem planmäßigen Abschluss der Maßnahme. Die Bewilligung kann auf diesen Zeitpunkt hin befristet werden. Das Vorliegen einer Teilnahme kann nicht im Wege des sozialrechtlichen Herstellungsanspruchs fingiert werden (BSG 5. 7. 2006 – B 11 a AL 5/06 BH).

9 Förderungsfähig mit Übg sind nur die Teile einer Maßnahme, die notwendiger Teil der Aus- oder Weiterbildung sind. Das kann bei vor- oder nachgehenden **Praktika** (vgl. § 33 Abs. 5 SGB IX) fraglich sein. Notwendiger Teil der Maßnahme ist ein Praktikum, wenn es nach den entsprechenden Ausbildungs- und Prüfungsordnungen Bestandteil der Ausbildung und damit Voraussetzung ist, um die Ausbildung abschließen zu können (BSG 29. 1. 2008 – B 5 a/5 R 20/06 R – BSGE 100, 1 f. = SozR 4–3250 § 33 Nr. 1).

10 Im Falle des **unentschuldigten Fehlens** liegt keine Teilnahme vor. Auch sonstige Fehlzeiten, für die sich der behinderte Mensch zwar auf sachliche Gründe, nicht aber auf wichtige Gründe berufen kann (vgl. unten Rn. 11), lassen den Anspruch entfallen. Der behinderte Mensch nimmt an einer Maßnahme nicht teil, wenn er eine im Ausbildungsplan für ihn vorgesehene Unterrichtsveranstaltung ohne wichtigen Grund nicht besucht (so zum Übg nach § 20 SGB VI: BSG 21. 3. 2001 – B 5 RJ 34/99 R – SozR 3–2600 § 20 Nr. 1). Die zuständige AA muss in diesen Fällen die Bewilligung von Übg nach Maßgabe der §§ 45, 48 SGB X, § 330 für die Dauer der Nichtteilnahme **aufheben** oder zurücknehmen. Die AA kann bei Fehlzeiten isoliert die Aufhebung der Bewilligung von Übg verfügen, sie muss nicht zugleich die Bewilligung der Maßnahme als solche, also die Leistungen nach §§ 97 f. SGB IX, aufheben (vgl. BSG 21. 3. 2001 – B 5 RJ 34/99 R – SozR 3–2600 § 20 Nr. 1). Die Beendigung der Leistungen zur Förderung der Teilhabe ist nur zweckmäßig, wenn es zum endgültigen Abbruch der Maßnahme gekommen ist (BSG aaO).

11 **Ausnahmsweise** besteht Anspruch auf Übg auch während einer Unterbrechung der Teilnahme. Als „unschädliche" Unterbrechungen kommen Fehlzeiten in Betracht, die arbeitsrechtlich eine Freistellung aus **wichtigem Grunde** rechtfertigen würden, zB eine schwere Erkrankung naher Angehöriger, Wahrnehmung behördlicher oder gerichtlicher Termine, Wohnungswechsel, Eheschließung (Karmanski in Niesel/Brand, SGB III, § 160 Rn. 16).

12 Auch ein **gesundheitsbedingtes** Fernbleiben ist für den Leistungsbezug unschädlich, solange es nicht zum Abbruch der Maßnahme zwingt, weil das Maßnahmeziel aufgrund hoher Fehlzeiten nicht erreicht werden kann. Das Übg kann nach Maßgabe des § 51 Abs. 3 SGB IX bis zu längstens sechs Wochen weitergezahlt werden, wenn eine Teilnahme „allein aus gesundheitliche Gründen" nicht möglich ist. **Zwischen** zwei erforderlichen **Maßnahmen,** die zeitlich nicht unmittelbar aufeinander folgen, kann ein Anspruch auf Zwischen-Übg (§ 51 Abs. 1 SGB XI) bzw. nach der Beendigung einer Maßnahme und anschließender Arbeitslosigkeit ein solcher auf Anschluss-Übg (§ 51 Abs. 4 SGB IX) bestehen.

V. Sozialrechtlicher Herstellungsanspruch

13 Fehlt es an der Teilnahme an einer Maßnahme verbleibt für den sozialrechtlichen Herstellungsanspruchs kein Raum. Der Wegfall des Leistungsanspruchs kann nicht durch „Herstellung" ersetzt oder geheilt werden, da die Teilnahme an der Maßnahme eine tatsächliche Voraussetzung des Anspruchs auf Übg ist. Sie kann nicht durch eine rechtmäßige Amtshandlung ersetzt werden (BSG 5. 7. 2006 – B 11 a AL 5/06 BH).

C. Vorschriften des SGB IX anwendbar

14 Nach § 160 S. 2 gelten im Übrigen die Vorschriften des Kapitels 6 des SGB IX, soweit im SGB III nichts Abweichendes bestimmt ist. Für die nähere Ausgestaltung der Leistung nach Höhe, Berech-

nung und Weiterzahlung nimmt § 160 S. 2 mit einer Verweisung auf §§ 46 f. SGB IX Bezug. Diese Vorschriften können hier nicht im einzelnen erläutert werden. Im Grundsatz regelt § 46 SGB IX die Höhe und Berechnung des Übg (vgl. auch Rn. 16) § 47 SGB IX die Berechnung des Regelentgelts als einer von mehreren Berechnungsfaktoren, § 48 SGB IX das Arbeitsentgelt als ein weiterer Berechnungsfaktor. § 49 SGB IX schreibt nach vorangegangenem Bezug einer Sozialleistung die Bemessungsgrundlage fort. § 50 SGB IX regelt die Anpassung des Übg nach längerem Leistungsbezug. § 51 betrifft die Weiterzahlung von Übg als Zwischen- oder Anschluss-Übg, auch bei Krankheit oder Wiedereingliederung, § 52 SGB IX betrifft die Anrechnung von Einkommen.

D. Übg bei Teilnahme an einer Maßnahme mit Förderung durch allgemeine Leistungen

Ergänzend zu § 160 S. 1 Nr. 2, der Übg bei Förderung mit „besonderen Leistungen" zur Teilhabe am Arbeitsleben vorsieht (§ 102), eröffnet § 160 S. 3 die Möglichkeit, **Übg** auch während der Förderung mit **allgemeinen Leistungen** (§ 100) zu beziehen. Auch dieser Anspruch ist akzessorisch ausgestaltet. Diese Regelung trägt dem Umstand Rechnung, dass die Förderung mit besonderen Leistungen nur erfolgen darf, soweit nicht schon durch allgemeine Leistungen zur Teilhabe am Arbeitsleben das Integrationsziel (§ 97 Abs. 1) erreicht werden kann (§ 98 Abs. 2). **15**

Der Anspruch nach § 160 S. 3 steht unter zwei weiteren Voraussetzungen. Der Teilnehmer der allgemeinen Maßnahmen darf **keinen** Anspruch auf **Alg nach § 124 a** haben. Das Übg nach § 160 S. 3 ist mithin nachrangig gegenüber Alg nach § 124 a. Der Teilnehmer muss (zweitens) **fiktiv** die **Anspruchsvoraussetzungen des Übg** nach § 160 S. 1 und teilweise nach § 160 S. 2 erfüllen. Würde der Teilnehmer an einer mit besonderen Leistungen geförderten Maßnahme teilnehmen, müsste ein Anspruch auf Übg bestehen. Bei dieser Prüfung ist also die Teilnahme an einer Maßnahme, die durch besondere Leistungen gefördert wird, zu unterstellen. Satz 3 regelt schließlich die **Höhe** des (Sonder-)Übg. Abweichend von § 46 SGB IX ist die Leistung in Höhe des (fiktiven) Anspruchs auf Alg zu zahlen. Die Leistung nach § 160 S. 3 errechnet sich also nach Maßgabe der §§ 129 f (vgl. die Erl zu § 129 f; zu der davon abw Regelberechnung nach § 45 f SGB IX vgl dagegen BSG 7. 9. 2010 – B 5 R 104/08 R). **16**

§ 161 Vorbeschäftigungszeit für das Übergangsgeld

(1) **Die Vorbeschäftigungszeit für das Übergangsgeld ist erfüllt, wenn der behinderte Mensch innerhalb der letzten drei Jahre vor Beginn der Teilnahme**
1. **mindestens zwölf Monate in einem Versicherungspflichtverhältnis gestanden hat oder**
2. **die Voraussetzungen für einen Anspruch auf Arbeitslosengeld oder Arbeitslosenhilfe im Anschluß an den Bezug von Arbeitslosengeld erfüllt und Leistungen beantragt hat.**

(2) ¹Der Zeitraum von drei Jahren gilt nicht für behinderte Berufsrückkehrer. ²Er verlängert sich um die Dauer einer Beschäftigung als Arbeitnehmer im Ausland, die für die weitere Ausübung des Berufes oder für den beruflichen Aufstieg nützlich und üblich ist, längstens jedoch um zwei Jahre.

A. Normzweck

§ 161 benennt – in Ergänzung zu § 160 Abs. 1 Nr. 1 – die Voraussetzungen für die Vorbeschäftigungszeit des Übg und konkretisiert damit eine der Anspruchsvoraussetzungen des Übg (BT-Drs. 13/4941, 183). Die Vorbeschäftigungszeit ist einer Anwartschaftszeit ähnlich. Der Anspruch auf Übg setzt voraus, dass vor Inanspruchnahme der Leistung während des in § 161 konkretisierten Zeitraums eine Versicherungs- oder Leistungsbeziehung zur BA bestanden hat. Diese kann in einem Versicherungspflichtverhältnis (§§ 24 f.) von zwölf Monaten oder alternativ darin bestanden haben, dass die Voraussetzungen für Alg (einschließlich Anwartschaftszeit nach § 123) erfüllt **und** die Leistung **beantragt** worden ist. § 161 Abs. 2 S. 1 soll die Förderung der Berufsrückkehrer, § 161 Abs. 2 S. 2 die Förderung der behinderten Menschen mit Auslandsaufenthalt erweitern. **1**

B. Inhalt der Regelung

I. Rahmenfrist (Abs. 1)

Die Rahmenfrist von drei Jahren endet mit dem Tag vor Beginn der Teilnahme an der geförderten Maßnahme. Sie beginnt kalendermäßig mit dem Tag **drei Jahre** vor Maßnahmebeginn (vgl zu einer ähnlichen Berechnung § 130 Rn. 4). Innerhalb der dreijährigen Rahmenfrist, die nur nach Maßgabe **2** des Abs. 2 entfallen bzw. verlängert werden kann, müssen **alternativ** entweder die Voraussetzungen der **Nr. 1 oder Nr. 2** erfüllt sein.

II. Zwölf Monate Versicherungspflichtverhältnis (Nr. 1)

3   Die Vorbeschäftigungszeit wird durch mindestens zwölf Monate in einem Versicherungspflichtverhältnis erfüllt. Der Begriff des Versicherungspflichtverhältnisses verweist auf die Regelungen der §§ 24 f. Nach § 24 Abs. 1 stehen Personen in einem Versicherungspflichtverhältnis, die als Beschäftigte oder aus sonstigen Gründen versicherungspflichtig sind. Versicherungspflichtig beschäftigt ist (§ 25 Abs. 1 S. 1), wer als **AN** Arbeitsentgelt bezieht oder sich in einer förmlichen **Berufsausbildung** nach dem BBiG und der HwO befindet (vgl. zu anderen Auszubildenden § 162). § 26 regelt die sonstigen Versicherungspflichtverhältnisse (zB Jugendliche in Einrichtungen der Jugendhilfe, Wehr-, Zivildienstleistende, Hilfeleistende im Inneren, Gefangene, nicht satzungsgemäße Mitglieder geistlicher und religiöser Gemeinschaften). Zur Versicherungspflicht aufgrund bestimmter **Entgeltersatzleistungen** enthält **§ 26 Abs. 2** eine **abschließend**e Regelung (BSG 20. 6. 2001 – B 11 AL 20/01 R – NZS 2002, 100 ff.). Der (frühere) Bezug von Übg oder die (frühere) Teilnahme an Maßnahmen zur Teilhabe am Arbeitsleben sind keine Zeiten in einem Versicherungspflichtverhältnis (Sächsisches LSG 17. 3. 2001 – L 3 AL 157/00; Bayerisches LSG 24. 1. 2002 – L 9 AL 55/01). Versicherungspflichtverhältnisse, die außerhalb des Geltungsbereichs des Gesetzes bestanden haben, sind zu berücksichtigen, soweit die Voraussetzungen des § 4 SGB IV, des supranationalen Rechts (EG-VO 883/2004) oder von zwischenstaatlichen Sozialversicherungsabkommen erfüllt sind (vgl. *Gitter*, SGb 2007, 739).

4   Zeiten einer **freiwilligen Versicherung** sind in der Arbeitslosenversicherung nach § 28 a Abs. 1 S. 1 Zeiten in einem Versicherungspflichtverhältnis (auf Antrag), denn der freiwillig Versicherte steht ab dem Eingang des Antrags auf Begründung der Versicherung (Beginn; § 28 a Abs. 2 S. 1) bis zu deren Beendigung (§ 28 a Abs. 2 S. 3) in einer solchen Rechtsbeziehung zur BA. Dagegen sind versicherungsfreie Erwerbstätigkeiten, wie selbständige Tätigkeiten oder Mitarbeit als Familienangehöriger, nicht geeignet, eine Vorbeschäftigungszeit zu begründen.

III. Erfüllung der Voraussetzungen von Alg (Nr. 2)

5   Die Vorbeschäftigungszeit ist auch erfüllt, wenn der behinderte Mensch die Voraussetzungen des Anspruchs auf **Alg** erfüllt (§ 118 Abs. 1; Erl zu § 118 Rn. 2). Zu den Anspruchsvoraussetzungen des Alg muss die Antragstellung als weitere Voraussetzung für die Erfüllung der Vorbeschäftigungszeit hinzutreten. Dabei kann sich der behinderte Mensch auf § 323 Abs. 1 S. 2 berufen, d. h. der Antrag auf Alg gilt mit der Arbeitslosmeldung (§ 122 Abs. 1) als gestellt, soweit nichts anderes erklärt wird. Die Vorbeschäftigungszeit durch Bezug von Alg ist nur erfüllt, solange der Anspruch auf Alg bei Beginn der Teilnahme an der Maßnahme noch nicht nach § 147 erloschen war.

6   Die Tatbestandsalternative eines Anspruchs auf Arbeitslosenhilfe (**Alhi**) hat sich durch Zeitablauf erledigt. Da seit 1. 1. 2005 kein Anspruch auf Alhi mehr entstanden ist, kann seit dem Jahre 2008 die Vorbeschäftigungszeit (Drei-Jahres-Frist) nicht mehr durch den Vorbezug von Alhi erfüllt werden (vgl. aber Rn. 7). Nach dem AFG soll auch ein Anspruch auf **Arbeitslosenbeihilfe** nach § 86 a SVG die Voraussetzungen nach Nr 2 erfüllen (BSG 1. 9. 1994 – 7 RAr 106/93 – SozR 3–4100 § 59 Nr. 7). Dem ist **nicht** zu folgen, da die die Vorbeschäftigungszeit erfüllenden Ansprüche ausdrücklich und eindeutig bezeichnet sind und der begünstigte Personenkreis vor Beginn der Maßnahme der Solidargemeinschaft der Beitragszahler zur BA angehört haben soll (BT-Drs 9/846 S. 40). Die spezielle Regelung des § 161 geht der Regelung des § 86 a SVG vor, nach der allgemein das SGB auf diese Leistung Anwendung findet.

VI. Berufsrückkehrer und Auslandsbezug (Abs. 2)

7   § 161 Abs. 2 regelt zwei untereinander differenziert ausgestaltete Ausnahmen von Abs. 1. Nach dessen Satz 1 kommen **Berufsrückkehrer** (§ 20) unter erleichterten Voraussetzungen in den Genuss von Übg. Die Rahmenfrist für die Vorbeschäftigungszeit, die nach Abs. 1 drei Jahre betragen würde, nicht gilt; auf die **Rahmenfrist**, nicht aber auf die Vorbeschäftigungszeit (dazu § 162) wird **verzichtet**. Berufsrückkehrer sind Personen, die ihre Erwerbstätigkeit wegen der Betreuung und Erziehung aufsichtsbedürftiger Kinder oder pflegebedürftiger Angehöriger unterbrochen hatten und alsbald nach Beendigung dieser Aufgabe ins Erwerbsleben zurückkehren wollen. Berufsrückkehrer müssen die Vorbeschäftigungszeit nach Abs. 1 (Nr. 1 oder 2) daher nicht innerhalb von drei Jahren vor Beginn der Teilnahme, sondern können sie in einem beliebig langen Zeitraum erfüllen. Im Rahmen dieser Regelung kann deshalb auch der Vorbezug von Alhi noch Bedeutung erlangen.

8   Kein Verzicht auf die Rahmenfrist, aber deren **Verlängerung durch eine Auslandsbeschäftigung** ordnet § 160 Abs. 2 S. 2 an. Hat ein Teilnehmer an einer Maßnahme eine Beschäftigung als AN im Ausland zurückgelegt, verlängert sich die Rahmenfrist um die Dauer dieser Auslandstätigkeit als AN, höchstens aber um zwei Jahre. Die Frage, ob die Tätigkeit im Ausland eine „Beschäftigung als

AN" ist, beurteilt sich nach §§ 25 f., ergänzend nach § 7 Abs. 1 SGB IV. Der Begriff des Arbeitnehmers ist hier weit zu fassen und bezieht auch versicherungspflichtig beschäftigte Auszubildende (§ 25 Abs. 1 S. 1 Alt. 2) mit ein (zu anderen Auszubildenden vgl. § 162). Der Aufschubtatbestand tritt für die Dauer der Auslandstätigkeit ein. Er kann die Rahmenfrist aber um höchstens zwei auf fünf Jahre verlängern. Weitere Voraussetzung für die Erweiterung der Rahmenfrist ist, dass die Tätigkeit als AN für die weitere Berufsausübung oder den beruflichen Aufstieg **nützlich** (vorteilhaft für berufliche Kenntnisse und Fertigkeiten oder höheres Entgelt) **und üblich** (z. B. hauptamtlich Mitarbeiter einer Entwicklungshilfeorganisation) ist. Beschäftigungen, die in einem anderen Mitgliedstaat der EU oder des EWR ausgeübt werden, verlängern die Rahmenfrist allerdings nicht, da sie bereits nach EG-VO 883/2004 als Beschäftigungszeiten zu berücksichtigen sind (vgl. Karmanski in Niesel/Brand, SGB III, § 161 Rn. 11 f.).

§ 162 Behinderte Menschen ohne Vorbeschäftigungszeit

¹Behinderte Menschen können auch dann Übergangsgeld erhalten, wenn die Vorbeschäftigungszeit nicht erfüllt ist, jedoch innerhalb des letzten Jahres vor Beginn der Teilnahme
1. durch den behinderten Menschen ein Berufsausbildungsabschluß auf Grund einer Zulassung zur Prüfung nach § 43 Abs. 2 des Berufsbildungsgesetzes oder § 36 Abs. 2 der Handwerksordnung erworben worden ist oder
2. ihr Prüfungszeugnis auf Grund einer Rechtsverordnung nach § 50 Abs. 1 des Berufsbildungsgesetzes oder § 40 Abs. 1 der Handwerksordnung dem Zeugnis über das Bestehen der Abschlußprüfung in einem nach dem Berufsbildungsgesetz oder der Handwerksordnung anerkannten Ausbildungsberuf gleichgestellt worden ist.

²Der Zeitraum von einem Jahr verlängert sich um Zeiten, in denen der behinderte Mensch nach dem Erwerb des Prüfungszeugnisses bei der Agentur für Arbeit arbeitslos gemeldet war.

1. Normzweck. § 162 beschließt den Unterabschnitt mit den Regelungen zum Übg. Systematisch trifft die Vorschrift eine Ausnahmeregelung zu den Regelvoraussetzungen des Übg (zu den Zwecken des Übg: § 160 Rn. 2). Die Vorschrift normiert in Abweichung von § 160 Abs. 1 S. 1, 161 die Voraussetzungen, unten denen behinderte Menschen, die einen Berufsausbildungs- oder einen gleichgestellten Abschlusses erlangt haben, Übg beanspruchen können, ohne die Vorbeschäftigungszeit erfüllen zu müssen. Mit dem Verzicht auf eine Vorbeschäftigungszeit wird eine schon nach dem AFG geltende Privilegierung fortgeführt (BT-Drucks 13/4941, 183). Dabei werden die Absolventen von Ausbildungen, die nicht nach dem BBiG und der HwO durchgeführt werden, begünstigt. Die Absolventen einer förmlichen Berufsausbildung nach dem BBiG und der HwO erfüllen die Vorbeschäftigungszeit schon aufgrund der Versicherungspflicht der Berufsausbildung (§ 25 Abs. 1 S. 1). Gegenüber der Gruppe der Pflichtversicherten sollen Personen, die eine vergleichbaren Abschluss erlangt haben, nicht schlechter gestellt werden. 1

2. Voraussetzungen des Übg ohne Vorbeschäftigungszeit. Nach §§ 160 S. 1 Nr. 1, 161 ist die Vorbeschäftigungszeit eine Regelvoraussetzungen des Übg. § 162 statuiert unter näher bestimmten Voraussetzungen Ausnahmen von diesem Grundsatz. Der begünstigte Personenkreis hat Anspruch auf Übg, auch wenn die Vorbeschäftigungszeit nicht zurückgelegt worden ist. Die weiteren Regelvoraussetzungen des § 160 S. 1 Nr. 2, S. 2 müssen auch bei den nach § 162 privilegierten Personen vorliegen. Das Erfordernis der Vorbeschäftigungszeit wird durch alternative Voraussetzungen (Nr. 1, 2) substituiert. Der persönlichen Anwendungsbereich bleibt allerdings auf „behinderte Menschen" begrenzt (vgl. § 19; dazu § 160 Rn. 4). Begünstigt sind alle Personen, die die Voraussetzungen entweder diejenigen nach Nr. 1 oder nach Nr. 2 des § 162 S. 1 erfüllen. 2

a) Abschluss nach §§ 43 Abs. 2 BBiG, 36 Abs. 2 HwO (Nr. 1). Behinderte Menschen müssen die Vorbeschäftigungszeit nicht erfüllen, wenn sie einen Berufsausbildungsabschluss dadurch erworben haben, dass sie nach §§ 43 Abs. 2 BBiG, 36 Abs. 2 HwO zur Prüfung zugelassen worden sind. Nach den genannten Vorschriften ist zur Abschlussprüfung/Gesellenprüfung zuzulassen, wer (außerhalb einer förmlichen Berufsausbildung) in einer **berufsbildenden Schule** oder einer **sonstigen Berufsbildungseinrichtung** ausgebildet worden ist, wenn dieser Bildungsgang der Berufsausbildung in einem anerkannten Ausbildungsberuf entspricht. Dazu muss der absolvierte Bildungsgang (1.) nach Inhalt, Anforderung und zeitlichem Umfang der jeweiligen Ausbildungsordnung gleichwertig sein, (2.) systematisch, insbesondere im Rahmen einer sachlichen und zeitlichen Gliederung, durchgeführt werden und (3.) durch Lernortkooperation einen angemessenen Anteil an fachpraktischer Ausbildung gewährleisten (vgl. ErfK/Schlachter, BBiG § 43 Rn. 3 f.). 3

b) Gleichgestellte Abschlüsse (Nr. 2). Nach § 162 S. 1 Nr. 2 erhalten behinderte Menschen ohne Vorversicherungszeit Übg, wenn sie ein Prüfungszeugnis erlangt haben, das nach den bezeich- 4

Mutschler

neten Regelungen mit dem Abschlusszeugnis einer Abschlussprüfung nach BBiG bzw. HwO gleichgestellt worden ist. Die behinderten Menschen müssen ein Prüfungszeugnis erworben haben, d.h. einen alternativen Bildungsgang erfolgreich abgeschlossen haben (siehe auch § 162 S. 2). Das Prüfungszeugnis muss dem Abschlusszeugnis einer förmlichen Berufsausbildung nach §§ 50 Abs. 1 BBiG, 40 Abs. 1 HwO gleichgestellt worden sein. Nach diesen Vorschriften kann ein außerhalb des Anwendungsbereichs von BBiG und HwO aber im **Inland erworbenes Prüfungszeugnis** den dortigen Abschlusszeugnissen **gleichgestellt** werden, wenn die Berufsausbildung und die in der Prüfung nachzuweisenden beruflichen Fertigkeiten, Kenntnisse und Fähigkeiten gleichwertig sind. Die abstraktgenerelle Regelung, welche Abschlüsse gleichzustellen sind, trifft das BMFT im Wege der Rechtsverordnung. Die Gleichstellung der Zeugnisse muss im Einzelfall durch die zuständigen Stellen bestätigt worden sein.

5   **c) Zeitlicher Rahmen.** Nach § 162 S. 1 muss der Berufsausbildungsabschluss nach Nr. 1 bzw. das gleichgestellte Prüfungszeugnis nach Nr. 2 innerhalb eines Jahres vor Beginn der Maßnahme erworben bzw. gleichgestellt worden sein. In Anlehnung an die Regelung der Rahmenfrist (§ 161 Abs. 1) verlangt auch § 162 einen zeitlichen Zusammenhang zwischen dem Abschluss einer berufsausbildungsähnlichen Maßnahme und dem Beginn der Teilnahme an der Maßnahme (zum Beginn der Teilnahme vgl. § 160 Rn. 8). Die Jahresfrist rechnet vom Tag vor dem Maßnahmebeginn zurück bis zu dem Tag ein Jahr zuvor, der dem Tag des Maßnahmebeginns entspricht (vgl. Karmanski in Niesel/Brand, SGB III, § 162 Rn. 4). Innerhalb der so bestimmten Jahresfrist muss im Fall der Nr. 1 der Erwerb des Ausbildungsabschlusses liegen, im Fall der Nr. 2 die Gleichstellung des Prüfungszeugnisses. Allerdings erscheint es unter Berücksichtigung des S. 2 („Erwerb des Prüfungszeugnisses") sowie nach Sinn und Zweck der Regelung sachgerecht, ebenfalls auf den Erwerb des (später) gleichgestellten Abschlusses abzustellen.

6   **d) Verlängerung der Jahresfrist (S. 2).** Nach § 162 S. 2 verlängert sich die Jahresfrist um Zeiten, in denen der behinderte Mensch nach dem Erwerb des Prüfungszeugnisses bei der AA arbeitslos gemeldet war (vgl. hierzu § 122 Abs. 1). Es genügt nach dem Wortlaut der Vorschrift nicht, dass der behinderte Mensch sich arbeitsuchend gemeldet (§ 15 S. 2) und die AA nach Maßgabe des § 35 Abs. 1 vermittelt hat. Erforderlich ist eine förmliche Arbeitslosmeldung, für die es nach § 122 Abs. 1 S. 2 allerdings ausreicht, dass sie innerhalb von drei Monaten vor dem Erwerb der Berufsausbildung erfolgt ist und sich auf die Zeit nach Erwerbs des Abschlusses bezieht.

§§ 163–168 *(aufgehoben)*

Fünfter Unterabschnitt. Kurzarbeitergeld

Erster Titel. Regelvoraussetzungen

§ 169 Anspruch

¹Arbeitnehmer haben Anspruch auf Kurzarbeitergeld, wenn
1. ein erheblicher Arbeitsausfall mit Entgeltausfall vorliegt,
2. die betrieblichen Voraussetzungen erfüllt sind,
3. die persönlichen Voraussetzungen erfüllt sind und
4. der Arbeitsausfall der Agentur für Arbeit angezeigt worden ist.

²Arbeitnehmer in Betrieben nach § 175 Abs. 1 Nr. 1 haben in der Schlechtwetterzeit Anspruch auf Kurzarbeitergeld in Form des Saison-Kurzarbeitergeldes.

§ 170 Erheblicher Arbeitsausfall

(1) Ein Arbeitsausfall ist erheblich, wenn
1. er auf wirtschaftlichen Gründen oder einem unabwendbaren Ereignis beruht,
2. er vorübergehend ist,
3. er nicht vermeidbar ist und
4. im jeweiligen Kalendermonat (Anspruchszeitraum) mindestens ein Drittel der in dem Betrieb beschäftigten Arbeitnehmer von einem Entgeltausfall von jeweils mehr als zehn Prozent ihres monatlichen Bruttoentgelts betroffen ist; dabei sind Auszubildende nicht mitzuzählen.

(2) Ein Arbeitsausfall beruht auch auf wirtschaftlichen Gründen, wenn er durch eine Veränderung der betrieblichen Strukturen verursacht wird, die durch die allgemeine wirtschaftliche Entwicklung bedingt ist.

(3) ¹Ein unabwendbares Ereignis liegt insbesondere vor, wenn ein Arbeitsausfall auf ungewöhnlichen, dem üblichen Witterungsverlauf nicht entsprechenden Witterungsgründen beruht. ²Ein unabwendbares Ereignis liegt auch vor, wenn ein Arbeitsausfall durch behördliche oder behördlich anerkannte Maßnahmen verursacht ist, die vom Arbeitgeber nicht zu vertreten sind.

(4) ¹Ein Arbeitsausfall ist nicht vermeidbar, wenn in einem Betrieb alle zumutbaren Vorkehrungen getroffen wurden, um den Eintritt des Arbeitsausfalls zu verhindern. ²Als vermeidbar gilt insbesondere ein Arbeitsausfall, der
1. überwiegend branchenüblich, betriebsüblich oder saisonbedingt ist oder ausschließlich auf betriebsorganisatorischen Gründen beruht,
2. bei Gewährung von bezahltem Erholungsurlaub ganz oder teilweise verhindert werden kann, soweit vorrangige Urlaubswünsche der Arbeitnehmer der Urlaubsgewährung nicht entgegenstehen, oder
3. bei der Nutzung von im Betrieb zulässigen Arbeitszeitschwankungen ganz oder teilweise vermieden werden kann.

³Die Auflösung eines Arbeitszeitguthabens kann vom Arbeitnehmer nicht verlangt werden, soweit es
1. vertraglich ausschließlich zur Überbrückung von Arbeitsausfällen außerhalb der Schlechtwetterzeit (§ 175 Abs. 1) bestimmt ist und 50 Stunden nicht übersteigt,
2. ausschließlich für die in § 7c Abs. 1 des Vierten Buches genannten Zwecke bestimmt ist,
3. zur Vermeidung der Inanspruchnahme von Saison-Kurzarbeitergeld angespart worden ist und den Umfang von 150 Stunden nicht übersteigt,
4. den Umfang von zehn Prozent der ohne Mehrarbeit geschuldeten Jahresarbeitszeit eines Arbeitnehmers übersteigt oder
5. länger als ein Jahr unverändert bestanden hat.

⁴In einem Betrieb, in dem eine Vereinbarung über Arbeitszeitschwankungen gilt, nach der mindestens zehn Prozent der ohne Mehrarbeit geschuldeten Jahresarbeitszeit für einen unterschiedlichen Arbeitsanfall eingesetzt werden, gilt ein Arbeitsausfall, der im Rahmen dieser Arbeitszeitschwankungen nicht mehr ausgeglichen werden kann, als nicht vermeidbar.

§ 171 Betriebliche Voraussetzungen

¹Die betrieblichen Voraussetzungen sind erfüllt, wenn in dem Betrieb mindestens ein Arbeitnehmer beschäftigt ist. ²Betrieb im Sinne der Vorschriften über das Kurzarbeitergeld ist auch eine Betriebsabteilung.

§ 172 Persönliche Voraussetzungen

(1) Die persönlichen Voraussetzungen sind erfüllt, wenn
1. der Arbeitnehmer nach Beginn des Arbeitsausfalls eine versicherungspflichtige Beschäftigung
    a) fortsetzt,
    b) aus zwingenden Gründen aufnimmt oder
    c) im Anschluß an die Beendigung eines Berufsausbildungsverhältnisses aufnimmt,
2. das Arbeitsverhältnis nicht gekündigt oder durch Aufhebungsvertrag aufgelöst ist und
3. der Arbeitnehmer nicht vom Kurzarbeitergeldbezug ausgeschlossen ist.

(1a) Die persönlichen Voraussetzungen sind auch erfüllt, wenn der Arbeitnehmer während des Bezuges von Kurzarbeitergeld arbeitsunfähig wird, solange Anspruch auf Fortzahlung des Arbeitsentgelts im Krankheitsfalle besteht oder ohne den Arbeitsausfall bestehen würde.

(2) Ausgeschlossen sind Arbeitnehmer während der Teilnahme an einer beruflichen Weiterbildungsmaßnahme mit Bezug von Arbeitslosengeld bei beruflicher Weiterbildung oder Übergangsgeld, wenn diese Leistung nicht für eine neben der Beschäftigung durchgeführte Teilzeitmaßnahme gezahlt wird, sowie während des Bezuges von Krankengeld.

(3) ¹Ausgeschlossen sind Arbeitnehmer, wenn und solange sie bei einer Vermittlung nicht in der von der Agentur für Arbeit verlangten und gebotenen Weise mitwirken. ²Arbeitnehmer, die von einem erheblichen Arbeitsausfall mit Entgeltausfall betroffen sind, sind in die Vermittlungsbemühungen der Agentur für Arbeit einzubeziehen. ³Hat der Arbeitnehmer trotz Belehrung über die Rechtsfolgen eine von der Agentur für Arbeit

unter Benennung des Arbeitgebers und der Art der Tätigkeit angebotene zumutbare Beschäftigung nicht angenommen oder nicht angetreten, ohne für sein Verhalten einen wichtigen Grund zu haben, sind die Vorschriften über die Sperrzeit beim Arbeitslosengeld entsprechend anzuwenden.

§ 173 Anzeige

(1) ¹Der Arbeitsausfall ist bei der Agentur für Arbeit, in deren Bezirk der Betrieb liegt, schriftlich anzuzeigen. ²Die Anzeige kann nur vom Arbeitgeber oder der Betriebsvertretung erstattet werden. ³Der Anzeige des Arbeitgebers ist eine Stellungnahme der Betriebsvertretung beizufügen. ⁴Mit der Anzeige sind das Vorliegen eines erheblichen Arbeitsausfalls und die betrieblichen Voraussetzungen für das Kurzarbeitergeld glaubhaft zu machen.

(2) ¹Kurzarbeitergeld wird frühestens von dem Kalendermonat an geleistet, in dem die Anzeige über den Arbeitsausfall bei der Agentur für Arbeit eingegangen ist. ²Beruht der Arbeitsausfall auf einem unabwendbaren Ereignis, gilt die Anzeige für den entsprechenden Kalendermonat als erstattet, wenn sie unverzüglich erstattet worden ist.

(3) Die Agentur für Arbeit hat dem Anzeigenden unverzüglich einen schriftlichen Bescheid darüber zu erteilen, ob auf Grund der vorgetragenen und glaubhaft gemachten Tatsachen ein erheblicher Arbeitsausfall vorliegt und die betrieblichen Voraussetzungen erfüllt sind.

§ 174 Kurzarbeitergeld bei Arbeitskämpfen

(1) Die Vorschriften über das Ruhen des Anspruchs auf Arbeitslosengeld bei Arbeitskämpfen gelten entsprechend für den Anspruch auf Kurzarbeitergeld bei einem Arbeitnehmer, dessen Arbeitsausfall Folge eines inländischen Arbeitskampfes ist, an dem er nicht beteiligt ist.

(2) ¹Macht der Arbeitgeber geltend, der Arbeitsausfall sei die Folge eines Arbeitskampfes, so hat er dies darzulegen und glaubhaft zu machen. ²Der Erklärung ist eine Stellungnahme der Betriebsvertretung beizufügen. ³Der Arbeitgeber hat der Betriebsvertretung die für die Stellungnahme erforderlichen Angaben zu machen. ⁴Bei der Feststellung des Sachverhalts kann die Agentur für Arbeit insbesondere auch Feststellungen im Betrieb treffen.

(3) ¹Stellt die Agentur für Arbeit fest, daß ein Arbeitsausfall entgegen der Erklärung des Arbeitgebers nicht Folge eines Arbeitskampfes ist, und liegen die Anspruchsvoraussetzungen für das Kurzarbeitergeld allein deshalb nicht vor, weil der Arbeitsausfall nicht unvermeidbar ist, wird das Kurzarbeitergeld auch insoweit geleistet, als der Arbeitnehmer Arbeitsentgelt (Arbeitsentgelt im Sinne des § 115 des Zehnten Buches) tatsächlich nicht erhält. ²Bei der Feststellung nach Satz 1 hat die Agentur für Arbeit auch die wirtschaftliche Vertretbarkeit einer Fortführung der Arbeit zu berücksichtigen. ³Hat der Arbeitgeber das Arbeitsentgelt trotz des Rechtsübergangs mit befreiender Wirkung an den Arbeitnehmer oder an einen Dritten gezahlt, hat der Empfänger des Kurzarbeitergelds dieses insoweit zu erstatten.

Zweiter Titel. Sonderformen des Kurzarbeitergeldes

§ 175 Saison-Kurzarbeitergeld

(1) Arbeitnehmer haben in der Zeit vom 1. Dezember bis 31. März (Schlechtwetterzeit) Anspruch auf Saison-Kurzarbeitergeld, wenn
1. sie in einem Betrieb beschäftigt sind, der dem Baugewerbe oder einem Wirtschaftszweig angehört, der von saisonbedingtem Arbeitsausfall betroffen ist,
2. der Arbeitsausfall erheblich ist,
3. die betrieblichen Voraussetzungen des § 171 sowie die persönlichen Voraussetzungen des § 172 erfüllt sind und
4. der Arbeitsausfall der Agentur für Arbeit nach § 173 angezeigt worden ist.

(2) ¹Ein Betrieb des Baugewerbes ist ein Betrieb, der gewerblich überwiegend Bauleistungen auf dem Baumarkt erbringt. ²Bauleistungen sind alle Leistungen, die der Herstellung, Instandsetzung, Instandhaltung, Änderung oder Beseitigung von Bauwerken dienen. ³Betriebe, die überwiegend Bauvorrichtungen, Baumaschinen, Baugeräte oder sonstige Baubetriebsmittel ohne Personal Betrieben des Baugewerbes gewerblich zur Verfügung

stellen oder überwiegend Baustoffe oder Bauteile für den Markt herstellen, sowie Betriebe, die Betonentladegeräte gewerblich zur Verfügung stellen, sind nicht Betriebe im Sinne des Satzes 1.

(3) ¹Erbringen Betriebe Bauleistungen auf dem Baumarkt, wird vermutet, dass sie Betriebe des Baugewerbes im Sinne des Absatzes 2 Satz 1 sind. ²Satz 1 gilt nicht, wenn gegenüber der Bundesagentur nachgewiesen wird, dass Bauleistungen arbeitszeitlich nicht überwiegen.

(4) ¹Ein Wirtschaftszweig ist von saisonbedingtem Arbeitsausfall betroffen, wenn der Arbeitsausfall regelmäßig in der Schlechtwetterzeit auf Grund witterungsbedingter oder wirtschaftlicher Ursachen eintritt. ²Das Nähere wird durch Bundesgesetz geregelt. ³Die Festlegung von Wirtschaftszweigen nach Absatz 1 Nr. 1, deren Betriebe von saisonbedingtem Arbeitsausfall betroffen sind, erfolgt im Einvernehmen mit den in den jeweiligen Branchen maßgeblichen Tarifvertragsparteien und kann erstmals zum 1. November 2008 erfolgen.

(5) ¹Ein Arbeitsausfall ist erheblich, wenn er auf wirtschaftlichen oder witterungsbedingten Gründen oder einem unabwendbaren Ereignis beruht, vorübergehend und nicht vermeidbar ist. ²Als nicht vermeidbar gilt auch ein Arbeitsausfall, der überwiegend branchenüblich, betriebsüblich oder saisonbedingt ist. ³Wurden seit der letzten Schlechtwetterzeit Arbeitszeitguthaben, die nicht mindestens ein Jahr bestanden haben, zu anderen Zwecken als zum Ausgleich für einen verstetigten Monatslohn, bei witterungsbedingtem Arbeitsausfall oder der Freistellung zum Zwecke der Qualifizierung aufgelöst, gelten im Umfang der aufgelösten Arbeitszeitguthaben Arbeitsausfälle als vermeidbar.

(6) ¹Witterungsbedingter Arbeitsausfall liegt vor, wenn
1. dieser ausschließlich durch zwingende Witterungsgründe verursacht ist und
2. an einem Arbeitstag mindestens eine Stunde der regelmäßigen betrieblichen Arbeitszeit ausfällt (Ausfalltag).

²Zwingende Witterungsgründe im Sinne von Satz 1 Nr. 1 liegen nur vor, wenn atmosphärische Einwirkungen (insbesondere Regen, Schnee, Frost) oder deren Folgewirkungen die Fortführung der Arbeiten technisch unmöglich, wirtschaftlich unvertretbar oder für die Arbeitnehmer unzumutbar machen. ³Der Arbeitsausfall ist nicht ausschließlich durch zwingende Witterungsgründe verursacht, wenn er durch Beachtung der besonderen arbeitsschutzrechtlichen Anforderungen an witterungsabhängige Arbeitsplätze vermieden werden kann.

(7) Eine Anzeige nach § 173 ist nicht erforderlich, wenn der Arbeitsausfall ausschließlich auf unmittelbar witterungsbedingten Gründen beruht.

(8) Die weiteren Vorschriften über das Kurzarbeitergeld finden Anwendung.

§ 175 a Ergänzende Leistungen

(1) Arbeitnehmer haben Anspruch auf Wintergeld als Zuschuss-Wintergeld und Mehraufwands-Wintergeld und Arbeitgeber haben Anspruch auf Erstattung der von ihnen zu tragenden Beiträge zur Sozialversicherung, soweit für diese Zwecke Mittel durch eine Umlage aufgebracht werden.

(2) Zuschuss-Wintergeld wird in Höhe von bis zu 2,50 Euro je ausgefallener Arbeitsstunde gewährt, wenn zu deren Ausgleich Arbeitszeitguthaben aufgelöst und die Inanspruchnahme des Saison-Kurzarbeitergeldes vermieden wird.

(3) ¹ Mehraufwands-Wintergeld wird in Höhe von 1,00 Euro für jede in der Zeit vom 15. Dezember bis zum letzten Kalendertag des Monats Februar geleistete berücksichtigungsfähige Arbeitsstunde an Arbeitnehmer gewährt, die auf einem witterungsabhängigen Arbeitsplatz beschäftigt sind. ²Berücksichtigungsfähig sind im Dezember bis zu 90, im Januar und Februar jeweils bis zu 180 Arbeitsstunden.

(4) Die von den Arbeitgebern allein zu tragenden Beiträge zur Sozialversicherung für Bezieher von Saison-Kurzarbeitergeld werden auf Antrag erstattet.

(5) Absatz 1 bis 4 gilt im Baugewerbe ausschließlich für solche Arbeitnehmer, deren Arbeitsverhältnis in der Schlechtwetterzeit nicht aus witterungsbedingten Gründen gekündigt werden kann.

§ 175 b Wirkungsforschung

¹Das Bundesministerium für Arbeit und Soziales untersucht die Wirkungen des Saison-Kurzarbeitergeldes und damit einhergehender ergänzender Leistungen in den Förderperi-

oden 2006/2007 und 2007/2008 und berichtet hierüber dem Bundestag. ²Die Untersuchung soll insbesondere die Wirkungen auf den Arbeitsmarkt und die finanziellen Auswirkungen für die Arbeitslosenversicherung und den Bundeshaushalt betrachten.

§ 176 Kurzarbeitergeld für Heimarbeiter

(1) Anspruch auf Kurzarbeitergeld haben auch Heimarbeiter, wenn sie ihren Lebensunterhalt ausschließlich oder weitaus überwiegend aus dem Beschäftigungsverhältnis als Heimarbeiter beziehen und soweit nicht nachfolgend Abweichendes bestimmt ist.

(2) Eine versicherungspflichtige Beschäftigung als Heimarbeiter gilt während des Entgeltausfalls als fortbestehend, solange der Auftraggeber bereit ist, dem Heimarbeiter so bald wie möglich Aufträge in dem vor Eintritt der Kurzarbeit üblichen Umfang zu erteilen, und solange der Heimarbeiter bereit ist, solche Aufträge zu übernehmen.

(3) ¹An die Stelle der im Betrieb beschäftigten Arbeitnehmer treten die für den Auftraggeber beschäftigten Heimarbeiter. ²Im übrigen tritt an die Stelle des erheblichen Arbeitsausfalls mit Entgeltausfall der erhebliche Entgeltausfall und an die Stelle des Betriebes und des Arbeitgebers der Auftraggeber; Auftraggeber kann ein Gewerbetreibender oder ein Zwischenmeister sein. ³Ein Entgeltausfall ist erheblich, wenn das Entgelt des Heimarbeiters im Anspruchszeitraum um mehr als zwanzig Prozent gegenüber dem durchschnittlichen monatlichen Bruttoentgelt der letzten sechs Kalendermonate vermindert ist.

Dritter Titel. Leistungsumfang

§ 177 Dauer

(1) ¹Kurzarbeitergeld wird für den Arbeitsausfall während der Bezugsfrist geleistet. ²Die Bezugsfrist gilt einheitlich für alle in einem Betrieb beschäftigten Arbeitnehmer. ³Sie beginnt mit dem ersten Kalendermonat, für den in einem Betrieb Kurzarbeitergeld gezahlt wird, und beträgt längstens sechs Monate.

(2) Wird innerhalb der Bezugsfrist für einen zusammenhängenden Zeitraum von mindestens einem Monat Kurzarbeitergeld nicht geleistet, verlängert sich die Bezugsfrist um diesen Zeitraum.

(3) Sind seit dem letzten Kalendermonat, für den Kurzarbeitergeld geleistet worden ist, drei Monate vergangen und liegen die Anspruchsvoraussetzungen erneut vor, beginnt eine neue Bezugsfrist.

(4) ¹ Saison-Kurzarbeitergeld wird abweichend von den Absätzen 1 bis 3 für die Dauer des Arbeitsausfalls während der Schlechtwetterzeit geleistet. ²Zeiten des Bezuges von Saison-Kurzarbeitergeld werden nicht auf die Bezugsfrist für das Kurzarbeitergeld angerechnet. ³Sie gelten nicht als Zeiten der Unterbrechung im Sinne des Absatzes 3.

§ 178 Höhe

Das Kurzarbeitergeld beträgt
1. für Arbeitnehmer, die beim Arbeitslosengeld die Voraussetzungen für den erhöhten Leistungssatz erfüllen würden, 67 Prozent,
2. für die übrigen Arbeitnehmer 60 Prozent
der Nettoentgeltdifferenz im Anspruchszeitraum.

§ 179 Nettoentgeltdifferenz

(1) ¹Die Nettoentgeltdifferenz entspricht dem Unterschiedsbetrag zwischen
1. dem pauschalierten Nettoentgelt aus dem Sollentgelt und
2. dem pauschalierten Nettoentgelt aus dem Istentgelt.
²Sollentgelt ist das Bruttoarbeitsentgelt, das der Arbeitnehmer ohne den Arbeitsausfall und vermindert um Entgelt für Mehrarbeit in dem Anspruchszeitraum erzielt hätte. ³Istentgelt ist das in dem Anspruchszeitraum tatsächlich erzielte Bruttoarbeitsentgelt des Arbeitnehmers zuzüglich aller ihm zustehenden Entgeltanteile. ⁴Bei der Ermittlung von Sollentgelt und Istentgelt bleibt Arbeitsentgelt, das einmalig gezahlt wird, außer Betracht. ⁵Sollentgelt und Istentgelt sind auf den nächsten durch 20 teilbaren Euro-Betrag zu runden. ⁶Die Vorschriften beim Arbeitslosengeld über die Berechnung des Leistungsentgelts gelten mit Ausnahme der Regelungen über den Zeitpunkt der Zuordnung der Lohnsteuer-

klassen und den Steuerklassenwechsel für die Berechnung der pauschalierten Nettoarbeitsentgelte beim Kurzarbeitergeld entsprechend.

(2) ¹Erzielt der Arbeitnehmer aus anderen als wirtschaftlichen Gründen kein Arbeitsentgelt, ist das Istentgelt um den Betrag zu erhöhen, um den das Arbeitsentgelt aus diesen Gründen gemindert ist. ²Arbeitsentgelt, das unter Anrechnung des Kurzarbeitergeldes gezahlt wird, bleibt bei der Berechnung des Istentgelts außer Betracht.

(3) Erzielt der Arbeitnehmer für Zeiten des Arbeitsausfalls ein Entgelt aus einer anderen während des Bezuges von Kurzarbeitergeld aufgenommenen Beschäftigung, selbständigen Tätigkeit oder Tätigkeit als mithelfender Familienangehöriger, ist das Istentgelt um dieses Entgelt zu erhöhen.

(4) ¹Läßt sich das Sollentgelt eines Arbeitnehmers in dem Anspruchszeitraum nicht hinreichend bestimmt feststellen, ist als Sollentgelt das Arbeitsentgelt maßgebend, das der Arbeitnehmer in den letzten drei abgerechneten Kalendermonaten vor Beginn des Arbeitsausfalls, vermindert um Entgelt für Mehrarbeit, in dem Betrieb durchschnittlich erzielt hat. ²Ist eine Berechnung nach Satz 1 nicht möglich, ist das durchschnittliche Sollentgelt eines vergleichbaren Arbeitnehmers zugrunde zu legen. ³Änderungen der Grundlage für die Berechnung des Arbeitsentgelts sind zu berücksichtigen, wenn und solange sie auch während des Arbeitsausfalls wirksam sind.

(5) ¹Die Absätze 1 bis 4 gelten für Heimarbeiter mit der Maßgabe, daß als Sollentgelt das durchschnittliche Bruttoarbeitsentgelt der letzten sechs abgerechneten Kalendermonate vor Beginn des Entgeltausfalls zugrunde zu legen ist. ²War der Heimarbeiter noch nicht sechs Kalendermonate für den Auftraggeber tätig, so ist das in der kürzeren Zeit erzielte Arbeitsentgelt maßgebend.

Vierter Titel. Anwendung anderer Vorschriften

§ 180 Anwendung anderer Vorschriften

¹Vorschriften über das Ruhen des Anspruchs auf Arbeitslosengeld bei Sperrzeiten bei Meldeversäumnis und Zusammentreffen mit anderen Sozialleistungen gelten für den Anspruch auf Kurzarbeitergeld entsprechend. ²Die Vorschriften über das Ruhen des Anspruchs bei Zusammentreffen mit anderen Sozialleistungen gelten jedoch nur für die Fälle, in denen eine Altersrente als Vollrente zuerkannt ist.

Fünfter Titel. Verfügung über das Kurzarbeitergeld

§ 181 Verfügung über das Kurzarbeitergeld

(1) Die Vorschrift des § 48 des Ersten Buches zur Auszahlung von Leistungen bei Verletzung der Unterhaltspflicht ist auf das Kurzarbeitergeld nicht anzuwenden.

(2) ¹Für die Zwangsvollstreckung in den Anspruch auf Kurzarbeitergeld gilt der Arbeitgeber als Drittschuldner. ²Die Abtretung oder Verpfändung des Anspruchs ist nur wirksam, wenn der Gläubiger sie dem Arbeitgeber anzeigt.

(3) ¹Hat ein Arbeitgeber oder eine von ihm bestellte Person durch eine der in § 45 Abs. 2 Satz 3 des Zehnten Buches bezeichneten Handlungen bewirkt, daß Kurzarbeitergeld zu Unrecht geleistet worden ist, so ist der zu Unrecht geleistete Betrag vom Arbeitgeber zu ersetzen. ²Sind die zu Unrecht geleisteten Beträge sowohl vom Arbeitgeber zu ersetzen als auch vom Bezieher der Leistung zu erstatten, so haften beide als Gesamtschuldner.

(4) Wird über das Vermögen eines Arbeitgebers, der von der Bundesagentur Beträge zur Auszahlung an die Arbeitnehmer erhalten hat, diese aber noch nicht ausgezahlt hat, das Insolvenzverfahren eröffnet, so kann die Bundesagentur diese Beträge als Insolvenzgläubiger zurückverlangen.

Sechster Titel. Verordnungsermächtigung

§ 182 Verordnungsermächtigung

(1) Das Bundesministerium für Arbeit und Soziales wird ermächtigt, durch Rechtsverordnung

1. jeweils für ein Kalenderjahr die für die Berechnung des Kurzarbeitergeldes maßgeblichen pauschalierten monatlichen Nettoarbeitsentgelte festzulegen,
2. *(aufgehoben)*
3. die Bezugsfrist für das Kurzarbeitergeld über die gesetzliche Bezugsfrist hinaus
    a) bis zur Dauer von zwölf Monaten zu verlängern, wenn in bestimmten Wirtschaftszweigen oder Bezirken außergewöhnliche Verhältnisse auf dem Arbeitsmarkt vorliegen und
    b) bis zur Dauer von 24 Monaten zu verlängern, wenn außergewöhnliche Verhältnisse auf dem gesamten Arbeitsmarkt vorliegen.

(2) ¹Das Bundesministerium für Arbeit und Soziales wird ermächtigt, durch Rechtsverordnung die Wirtschaftszweige nach § 175 Abs. 1 Nr. 1, deren Betriebe dem Baugewerbe zuzuordnen sind, festzulegen. ²In der Regel sollen hierbei der fachliche Geltungsbereich tarifvertraglicher Regelungen berücksichtigt und die Tarifvertragsparteien des Baugewerbes vorher angehört werden.

(3) Das Bundesministerium für Arbeit und Soziales wird ermächtigt, auf Grundlage von Vereinbarungen der Tarifvertragsparteien durch Rechtsverordnung festzulegen, ob, in welcher Höhe und für welche Arbeitnehmer die ergänzenden Leistungen nach § 175a Abs. 2 bis 4 in den Zweigen des Baugewerbes und den einzelnen Wirtschaftszweigen erbracht werden.

(4) Bei den Festlegungen nach Absatz 2 und 3 ist zu berücksichtigen, ob dies voraussichtlich in besonderem Maße dazu beiträgt, die wirtschaftliche Tätigkeit in der Schlechtwetterzeit zu beleben oder die Beschäftigungsverhältnisse der von saisonbedingten Arbeitsausfällen betroffenen Arbeitnehmer zu stabilisieren.

Sechster Unterabschnitt. Insolvenzgeld

§ 183 Anspruch

(1) ¹Arbeitnehmer haben Anspruch auf Insolvenzgeld, wenn sie im Inland beschäftigt waren und bei
1. Eröffnung des Insolvenzverfahrens über das Vermögen ihres Arbeitgebers,
2. Abweisung des Antrags auf Eröffnung des Insolvenzverfahrens mangels Masse oder
3. vollständiger Beendigung der Betriebstätigkeit im Inland, wenn ein Antrag auf Eröffnung des Insolvenzverfahrens nicht gestellt worden ist und ein Insolvenzverfahren offensichtlich mangels Masse nicht in Betracht kommt,

(Insolvenzereignis) für die vorausgehenden drei Monate des Arbeitsverhältnisses noch Ansprüche auf Arbeitsentgelt haben. ²Ein ausländisches Insolvenzereignis begründet einen Anspruch auf Insolvenzgeld für im Inland beschäftigte Arbeitnehmer. ³Zu den Ansprüchen auf Arbeitsentgelt gehören alle Ansprüche auf Bezüge aus dem Arbeitsverhältnis. ⁴Als Arbeitsentgelt für Zeiten, in denen auch während der Freistellung eine Beschäftigung gegen Arbeitsentgelt besteht (§ 7 Abs. 1a Viertes Buch), gilt der auf Grund der schriftlichen Vereinbarung zur Bestreitung des Lebensunterhalts im jeweiligen Zeitraum bestimmte Betrag. ⁵Hat der Arbeitnehmer einen Teil seines Arbeitsentgelts gemäß § 1 Abs. 2 Nr. 3 des Betriebsrentengesetzes umgewandelt und wird dieser Entgeltteil in den Durchführungswegen Pensionsfonds, Pensionskasse oder Direktversicherung verwendet, gilt, soweit der Arbeitgeber keine Beiträge an den Versorgungsträger abgeführt hat, für die Berechnung des Insolvenzgeldes die Entgeltumwandlung als nicht vereinbart.

(2) Hat ein Arbeitnehmer in Unkenntnis eines Insolvenzereignisses weitergearbeitet oder die Arbeit aufgenommen, besteht der Anspruch für die dem Tag der Kenntnisnahme vorausgehenden drei Monate des Arbeitsverhältnisses.

(3) Anspruch auf Insolvenzgeld hat auch der Erbe des Arbeitnehmers.

(4) Der Arbeitgeber ist verpflichtet, einen Beschluß des Insolvenzgerichts über die Abweisung des Antrags auf Insolvenzeröffnung mangels Masse dem Betriebsrat oder, wenn ein Betriebsrat nicht besteht, den Arbeitnehmern unverzüglich bekanntzugeben.

Übersicht

	Rn.
A. Anspruch (§ 183 Abs. 1)	1
I. Arbeitsverhältnis	1
1. Arbeitnehmer	1
2. Inländisches Beschäftigungsverhältnis	10
3. Arbeitgeber	11

	Rn.
II. Insolvenzereignis	12
1. Eröffnung des Insolvenzverfahrens	12
2. Abweisung mangels Masse (§ 183 Abs. 1 S. 1 Nr. 2)	15
3. Offensichtliche Masseunzulänglichkeit (§ 183 Abs. 1 S. 1 Nr. 3)	17
4. Mehrere Insolvenzereignisse	25
III. Insolvenzgeldzeitraum	26
1. Arbeitsentgelt	26
2. Dreimonatszeitraum	38
B. Fortsetzung der Tätigkeit in Unkenntnis des Insolvenzereignisses (§ 183 Abs. 2)	46
C. Insolvenzgeld an Hinterbliebene (§ 183 Abs. 3)	49
D. Mitteilungspflicht des Arbeitgebers (§ 183 Abs. 4)	50
E. Verfahrens- und Prozessfragen	51
I. Antrag- und Ausschlussfrist	51
II. Einzelfragen	58

A. Anspruch (§ 183 Abs. 1)

I. Arbeitsverhältnis

1. Arbeitnehmer. § 183 setzt für einen Anspruch auf Insolvenzgeld ein Arbeitsverhältnis voraus, 1 dessen Arbeitsentgeltanspruch seitens des Arbeitgebers nicht erfüllt wurde. Insolvenzgeld können daher nur Arbeitnehmer erhalten. Der Begriff des Arbeitnehmers ist in den Vorschriften über das Insolvenzgeld nicht geregelt. Er ist nach der Rechtsprechung des BSG anhand der Vorschriften über die Versicherungspflicht in der Arbeitslosenversicherung zu konkretisieren. Es gelten deshalb grundsätzlich die **Abgrenzungsmerkmale,** die für den Arbeitnehmerbegriff im Arbeitsförderungsrecht entwickelt wurden (BSG 23. 9. 1982 – 10 RAr 10/81 – SozR 2100 § 7 Nr. 7; BSG 29. 7. 1982 – 10 RAr 9/81 – SozR 4100 § 141 b Nr. 24; BSG 7. 9. 1988 – 10 RAr 10/87 – SozR 4100 § 141 b Nr. 41).

Nach § 25 Abs. 1 S. 1 SGB III sind Personen versicherungspflichtig, die gegen Arbeitsentgelt oder 2 zu ihrer Berufsausbildung beschäftigt (versicherungspflichtige Beschäftigung) sind. Die **Beschäftigung** wird in § 7 SGB IV, der nach § 1 Abs. 1 S. 1 SGB IV auch für die Arbeitsförderung gilt, gesetzlich definiert. Danach ist Beschäftigung die nichtselbständige Arbeit, insbesondere in einem Arbeitsverhältnis. Anhaltspunkte für eine Beschäftigung sind eine Tätigkeit nach Weisungen und eine Eingliederung in die Arbeitsorganisation des Weisungsgebers (§ 7 Abs. 1 S. 2 SGB IV). Arbeitnehmer ist deshalb, wer von einem Arbeitgeber persönlich abhängig ist. Erforderlich sind insbesondere eine Eingliederung in den Betrieb und die Unterordnung unter ein Zeit, Dauer, Ort und Art der Arbeitsausführung umfassendes Weisungsrecht des Arbeitgebers. Zu den Arbeitnehmern iSd. § 183 Abs. 1 gehören auch Auszubildende (§ 14), Heimarbeiter (§ 13) und geringfügig Beschäftigte (§ 8 SGB IV).

Demgegenüber ist die **selbständige Tätigkeit** in erster Linie durch das eigene Unternehmerrisiko, 3 das Vorhandensein einer eigenen Betriebsstätte, die Verfügungsmöglichkeit über die eigene Arbeitskraft und die im Wesentlichen frei gestaltete Tätigkeit und Arbeitszeit gekennzeichnet. Ob jemand abhängig beschäftigt oder selbständig tätig ist, hängt davon ab, welche Merkmale überwiegen (BSG 4. 7. 2007 – B 11 a AL 5/06 R – SozR 4-2400 § 7 Nr. 8).

Nach diesen Grundsätzen ist auch zu beurteilen, ob der **Gesellschafter-Geschäftsführer** einer 4 GmbH zu dieser in einem abhängigen Beschäftigungsverhältnis steht (BSG 18. 4. 1991 – 7 RAr 32/90 – SozR 3-4100 § 168 Nr. 5; BSG 8. 12. 1994 – 11 RAr 49/94 – SozR 3-4100 § 168 Nr. 18; BSG 24. 1. 2007 – B 12 KR 31/06 R – SozR 4-2400 § 7 Nr. 7 – stiller Gesellschafter). Eine Abhängigkeit gegenüber der Gesellschaft ist nicht bereits durch die Stellung des Geschäftsführers als Gesellschafter ausgeschlossen. Bei Fremdgeschäftsführern, die nicht am Gesellschaftskapital beteiligt sind, hat das BSG regelmäßig eine abhängige Beschäftigung angenommen, soweit nicht besondere Umstände vorliegen, die eine Weisungsgebundenheit im Einzelfall ausnahmsweise aufheben (BSG 18. 12. 2001 – B 12 KR 10/01 R – SozR 3-2400 § 7 Nr. 20; BSG 6. 3. 2003 – B 11 AL 25/02 R – SozR 4-2400 § 7 Nr. 1). Für Geschäftsführer, die zwar zugleich Gesellschafter sind, jedoch weder über die Mehrheit der Geschäftsanteile noch über eine so genannte Sperrminorität verfügen, gilt Entsprechendes.

Beim am **Stammkapital** der Gesellschaft beteiligten Geschäftsführer ist also der Umfang der Be- 5 teiligung und das Ausmaß des sich daraus für ihn ergebenden Einflusses auf die Gesellschaft ein wesentliches Merkmal. Hat ein Geschäftsführer-Gesellschafter einen Kapitalanteil von mindestens 50% inne, ist er idR kein Arbeitnehmer. Hat er einen geringeren Kapitalanteil als 50% inne, fehlt die Arbeitnehmereigenschaft idR dann, wenn er in der Lage ist, aufgrund seines Kapitalanteils nicht genehme Entscheidungen der Gesellschaft zu verhindern, insbesondere wenn eine Sperrminorität besteht (BSG 7. 9. 1988 – 10 RAr 10/87 – SozR 4100 § 141 b Nr. 41 mwN).

Eine von diesen Grundsätzen **abweichende Beurteilung** kommt dann in Betracht, wenn beson- 6 dere Umstände des Einzelfalls den Schluss zulassen, es liege keine Weisungsgebundenheit vor (BSG

Coseriu 765

6. 3. 2003 – B 11 AL 25/02 R – SozR 4–2400 § 7 Nr. 1). Ein Gesellschafter-Geschäftsführer, dessen Beteiligung am Stammkapital der GmbH unter 50% liegt und der auch keine Sperrminorität besitzt, ist kein Arbeitnehmer iSv. § 183 Abs. 1, wenn er die Gesellschaft faktisch beherrscht (BSG 7. 9. 1988 – 10 RAr 10/87 – SozR 4100 § 141 b Nr. 41). Bei dem Allein- oder Mehrheitsgesellschafter einer GmbH wiederum scheidet ein beitragspflichtiges Beschäftigungsverhältnis zur Gesellschaft dann nicht von vornherein aus, wenn er aufgrund eines besonders gestalteten Treuhandverhältnisses an der Ausübung seiner Rechte als Gesellschafter vollständig gehindert ist (BSG 8. 12. 1994 – 11 RAr 49/94 – SozR 3–4100 § 168 Nr. 18; BSG 25. 1. 2006 – B 12 KR 30/04 R – SGb 2006, 219).

7 **Vorstandsmitglieder** der insolvent gewordenen Aktiengesellschaft sind keine Arbeitnehmer iSv. § 183 Abs. 1. Das gilt unabhängig von der Größe der Aktiengesellschaft und von der Kapitalbeteiligung. Die Organstellung der Vorstandsmitglieder von Aktiengesellschaften ist nicht arbeitnehmer- sondern arbeitgeberähnlich ausgestattet. Sie leisten keine weisungsgebundenen Dienste, sondern erteilen als Organ der Gesellschaft solche Weisungen. Auch der Umfang der Kapitalbeteiligung ändert nichts daran, dass das Vorstandsmitglied allein aufgrund seiner Stellung als Vorstandsmitglied eine unternehmerähnliche, unabhängige Stellung im Unternehmen hat und deshalb nicht Arbeitnehmer iSd. § 183 Abs. 1 ist (BSG 22. 4. 1987 – 10 RAr 6/86 – SozR 4100 § 141a Nr. 8 = BSGE 61, 282; BSG 22. 4. 1987 – 10 RAr 5/86 – NZA 1987, 614).

8 Die zur Arbeitnehmereigenschaft von Gesellschafter-Geschäftsführern entwickelten Grundsätze sind auch anzuwenden, wenn **Personenidentität** zwischen Geschäftsführern und Gesellschaftern besteht (BSG 4. 7. 2007 – B 11a AL 5/06 R – SozR 4–2400 § 7 Nr. 8). Ist der Geschäftsführer einer GmbH durch einen Treuhandvertrag im Besitz der Mehrheit am Stammkapital der Gesellschaft, dann scheidet ein beitragspflichtiges Beschäftigungsverhältnis nicht von vornherein aus, wenn er aufgrund der schuldrechtlichen Bindungen durch das Treuhandverhältnis ihm nicht genehme Beschlüsse der Gesellschaft nicht verhindern kann (BSG 30. 1. 1997 – 10 RAr 6/95 – SozR 3–4100 § 141 b Nr. 17).

9 Der Bescheid, durch den eine **gesetzliche Krankenkasse** das Vorliegen eines versicherungspflichtigen Beschäftigungsverhältnisses feststellt, hat für den Anspruch auf Leistungen aus der Insolvenzgeld-Versicherung rechtlich keine Bedeutung. Einem Antragsteller, der kein Arbeitnehmer ist, sind selbst dann keine Leistungen zu gewähren, wenn sein Betrieb auch für ihn eine Umlage zur Insolvenzgeld-Versicherung gezahlt hat (BSG 7. 9. 1988 – 10 RAr 10/87 – SozR 4100 § 141 b Nr. 41).

10 **2. Inländisches Beschäftigungsverhältnis.** Ein Insolvenzgeldanspruch kann – unabhängig vom Wohnsitz des Arbeitnehmers – nur bei einem inländischen Beschäftigungsverhältnis bestehen. Die Vorschriften des SGB IV über die **Ausstrahlung** und Einstrahlung (§§ 4 und 5 SGB IV) sind dabei zu berücksichtigen, so dass ein iSv. § 4 SGB IV ins Ausland entsandter Arbeitnehmer ebenfalls von der Insolvenzgeld-Versicherung geschützt ist. Nach Art. 8a der Richtlinie 2002/74/EG vom 23. 9. 2002 ist in grenzübergreifenden Fällen die Garantieeinrichtung desjenigen Mitgliedstaats zuständig, in dessen Hoheitsgebiet die Arbeitnehmer ihre Arbeit gewöhnlich verrichten oder verrichtet haben.

11 **3. Arbeitgeber.** Das maßgebende Insolvenzereignis muss bei dem Arbeitgeber eintreten. Wer Arbeitgeber ist, ergibt sich aus dem jeweiligen Arbeitsvertrag. Arbeitgeber kann sein, wer insolvenzfähig nach § 11 InsO ist. Dies kann jede natürliche Person, eine Personengesellschaft (§ 11 Abs. 2 Nr. 1 InsO = oHG, KG, GbR etc.) oder eine juristische Person (GmbH, AG) sein. Der nichtrechtsfähige Verein steht einer juristischen Peson gleich. Bei **Leiharbeitsverhältnissen** ist nach § 1 AÜG der Verleiher der Arbeitgeber, weil der Arbeitnehmer nur mit diesem ein Arbeitsverhältnis eingeht. Ist der Vertrag zwischen einem Verleiher und einem Leiharbeitnehmer unwirksam, wird nach § 10 Abs. 1 AÜG ein Arbeitsverhältnis zwischen Entleiher und Leiharbeitnehmer gesetzlich fingiert. Haben die Beteiligten und die Sozialversicherungsträger einschließlich der BA ein Arbeitsverhältnis bis zum Eintritt der Insolvenz des Verleihers als wirksam behandelt, kann die BA die insolvenzgeldrechtlichen Ansprüche nicht mit der Begründung ablehnen, das Arbeitsverhältnis sei wegen unerlaubter gewerbsmäßiger Arbeitnehmerüberlassung unwirksam gewesen und nicht sie, sondern der angebliche Entleiher habe nach § 10 Abs. 1 AÜG für den Lohn einzustehen (BSG 25. 3. 1982 – 10 RAr 2/81 – BSGE 53, 205 = SozR 4100 § 141 b Nr. 23).

II. Insolvenzereignis

12 **1. Eröffnung des Insolvenzverfahrens.** § 183 Abs. 1 nennt als maßgebendes **Insolvenzereignis** in seiner Nr. 1 die Eröffnung des Insolvenzverfahrens (auch Privatinsolvenz nach §§ 304 ff. InsO). Die Eröffnung erfolgt durch Beschluss des Insolvenzgerichts (AG) nach § 27 InsO, aus dem sich auch der maßgebende Zeitpunkt der Eröffnung ergibt. Eine Auslegung des § 183 dahin, maßgebendes Insolvenzereignis sei schon der **Antrag** auf Eröffnung des Insolvenzverfahrens, ist nicht möglich (BSG 18. 12. 2003 – B 11 AL 27/03 R – SozR 4–4100 § 141 b Nr. 1 unter Auseinandersetzung mit EuGH 15. 5. 2003 – C-160/01 – NJW 2003, 2371).

13 Ein Insolvenzereignis im **Ausland** steht dem inländischen Insolvenzverfahren gleich, soweit der Arbeitnehmer im Inland beschäftigt ist (§ 183 Abs. 1 S. 2, eingefügt mWv. 1. 1. 2002 [G v. 10. 12. 2001 I 3443], zuvor war nach der Rechtsprechung des BSG ein inländisches Insolvenzereignis erfor-

derlich [BSG 29. 6. 2000 – B 11 AL 75/99 R – SozR 3–4100 § 141 a Nr. 3]). Dies muss dann auch für die Abweisung des Insolvenzantrags mangels Masse im Ausland gelten (Niesel/*Krodel* SGB III § 183 Rn. 49).

Wird der Insolvenzeröffnungsbeschluss im **Beschwerdeverfahren** aufgehoben, etwa weil kein Eröffnungsgrund nach §§ 16 ff. InsO vorlag, entfällt das Insolvenzereignis ex tunc. Mit der Wirksamkeit der Beschwerdeentscheidung werden alle kraft Gesetzes mit der Insolvenzeröffnung verknüpften Rechtsfolgen beseitigt. Das Verfahren fällt zurück auf den Stand vor Erlass des Beschlusses (Jaeger/*Schilken*, Insolvenzordnung, § 34 Rn. 28, 30; aA Niesel/*Krodel* SGB III § 183 Rn. 35). Ggf. kommen dann aber andere Insolvenzereignisse in Betracht. Es kann keinen Unterschied machen, ob das Insolvenzgericht selbst oder erst auf die Beschwerde das Beschwerdegericht die Eröffnung des Insolvenzverfahrens ablehnt. Nur die Wirkungen der Rechtshandlungen, die vom Insolvenzverwalter oder ihm gegenüber vorgenommen worden sind, werden durch die Aufhebung des Eröffnungsbeschlusses nicht berührt. Etwas anderes gilt bei der Rücknahme des Insolvenzantrages nach Eröffnung des Insolvenzverfahrens. Der Umstand, dass ein Gläubiger seinen Insolvenzantrag zurücknimmt, ist für die Wirksamkeit des erlassenen Eröffnungsbeschlusses ohne Bedeutung. Der Antrag kann nur bis zum Wirksamwerden des Eröffnungsbeschlusses zurückgenommen werden (vgl. LG Göttingen 23. 2. 1998 – 10 T 10/98 – NJW-RR 1998, 1743; zur Antragsrücknahme vor Eröffnungsbeschluss vgl. BSG 30. 10. 1991 – 10 RAr 3/91 – SozR 3–4100 § 141 b Nr. 3 = BSGE 70, 9).

2. Abweisung mangels Masse (§ 183 Abs. 1 S. 1 Nr. 2). Nach § 183 Abs. 1 S. 1 Nr. 2 ist Insolvenzereignis der Tag, an dem der Antrag auf Eröffnung des Insolvenzverfahrens über das Vermögen des Arbeitgebers abgewiesen worden ist, weil dessen Vermögen voraussichtlich schon nicht ausreicht, um die Kosten des Insolvenzverfahrens abzudecken (§ 26 InsO). Der Arbeitgeber hat in diesen Fällen nach § 183 Abs. 4 den **Abweisungsbeschluss** des Insolvenzgerichts dem Betriebsrat oder, wenn ein solcher nicht existiert, den Arbeitnehmern unverzüglich bekanntzugeben. Hierdurch werden die Arbeitnehmer in die Lage versetzt, den erforderlichen Antrag auf Zahlung von Insolvenzgeld innerhalb der **Ausschlussfrist** von zwei Monaten gem. § 324 Abs. 1 zu stellen. Verstößt der Arbeitgeber gegen diese Pflicht und arbeitet der Arbeitnehmer in Unkenntnis der Abweisung des Insolvenzantrags mangels Masse weiter, hat er dennoch einen Anspruch auf Insolvenzgeld nach § 183 Abs. 2.

Wird die Eröffnung des Insolvenzverfahrens aus anderen Gründen als mangels Masse abgelehnt, etwa weil ein **Eröffnungsgrund** iSv. §§ 15 ff. InsO nicht vorliegt, greift § 183 Abs. 1 S. 1 Nr. 2 nicht. Gleiches gilt, wenn der Antrag auf Eröffnung des Insolvenzverfahrens als unzulässig abgelehnt wird. Dies hindert aber nicht den Eintritt des Insolvenzereignisses der **Betriebseinstellung** bei völliger Masselosigkeit iSv. § 183 Abs. 1 S. 1 Nr. 3. Zwar setzt § 183 Abs. 1 S. 1 Nr. 2 voraus, dass „ein Antrag auf Eröffnung des Insolvenzverfahrens nicht gestellt worden ist", nicht gemeint sind damit aber Anträge, die weder die Eröffnung des Insolvenzverfahrens noch die Abweisung der Eröffnung mangels Masse zur Folge haben, sondern nur solche, deren Ergebnis zu einem Insolvenzereignis iSv. § 183 Abs. 1 S. 1 Nr. 1 und 2 führt (BSG 22. 9. 1993 – 10 RAr 9/91 – SozR 3–4100 § 141 b Nr. 7).

3. Offensichtliche Masseunzulänglichkeit (§ 183 Abs. 1 S. 1 Nr. 3). Der Insolvenzgeld-Versicherungsfall der offensichtlichen Masseunzulänglichkeit ist ein **Auffangtatbestand,** dessen Voraussetzungen ohne besondere insolvenzrechtliche Kenntnisse festgestellt werden können (BSG 17. 7. 1979 – 12 RAr 15/78 – SozR 4100 § 141 b Nr. 11= BSGE 48, 269). Voraussetzung ist eine vollständige Beendigung der Betriebstätigkeit im Inland, wenn ein Antrag auf Eröffnung des Insolvenzverfahrens nicht gestellt worden ist und eine Insolvenz offensichtlich mangels Masse nicht in Betracht kommt. Aus dem Wortlaut der Vorschrift ergibt sich, dass die Masseunzulänglichkeit bereits im Zeitpunkt der Betriebseinstellung vorliegen muss, wobei es keine Rolle spielt, wie lange dieser Zustand schon andauert (BSG 17. 7. 1979 – 12 RAr 15/78 – SozR 4100 § 141 b Nr. 11 = BSGE 48, 269).

Die **Feststellungslast** für die offensichtliche Masseunzulänglichkeit des die Betriebstätigkeit einstellenden Unternehmens trägt, wer insolvenzgeldrechtliche Ansprüche geltend macht (BSG 22. 9. 1993 – 10 RAr 9/91 – SozR 3–4100 § 141 b Nr. 7). Die Prüfung, die von dem im Insolvenzangelegenheiten nicht fachkundigen AA verlangt wird, muss nicht dazu führen, dass über die Frage der Insolvenz **letzte Klarheit** geschaffen wird. Es reicht vielmehr aus, dass andere Tatsachen festgestellt werden, die regelmäßig den Schluss zulassen, dass der Arbeitgeber insolvent geworden ist. „Offensichtlich" bedeutet also nicht „zweifelsfrei", sondern „anscheinend" und hat in dem Zusammenhang, in dem es im Insolvenzgeld-Recht steht, den Sinn, darauf hinzuweisen, dass der sich aus den äußeren Tatsachen ergebende Eindruck eines unvoreingenommenen Betrachters ausreicht. Daher kommt ein Insolvenzverfahren „offensichtlich" mangels Masse regelmäßig nicht in Betracht, wenn die Lohnzahlungen unter **Hinweis auf die Zahlungsunfähigkeit** eingestellt werden, der Arbeitgeber seine betriebliche Tätigkeit vollständig beendet hat und ein Insolvenzeröffnungsantrag nicht gestellt worden ist (BSG 23. 11. 1981 – 10/8b RAr 6/80 – BSGE 53, 1 = SozR 4100 § 141 b Nr. 21; BSG 29. 2. 1984 – 10 RAr 14/82 – SozR 4100 § 141 b Nr. 30).

Sprechen für einen unvoreingenommenen Betrachter alle **äußeren Tatsachen** und insofern der Anschein für die Masseunzulänglichkeit, ist also Insolvenzgeld zu zahlen. Zweifel an der Masseunzu-

30 SGB III § 183   SGB III – Arbeitsförderung

länglichkeit berechtigen die AA nicht, einen Antrag auf Insolvenzgeld abzulehnen (BSG 23. 11. 1981 – 10/8 b RAr 6/80 – BSGE 53, 1 = SozR 4100 § 141 b Nr. 21; BSG 4. 3. 1999 – B 11/10 AL 3/98 R – DBlR 4524, AFG/§ 141 e; aA noch BSG 17. 7. 1979 – 12 RAr 15/78 – SozR 4100 § 141 b Nr. 11 = BSGE 48, 269, wonach aber die AA bei Zweifeln an der Insolvenz des Arbeitgebers verpflichtet sein sollte, einen Insolvenzantrag zu stellen, um die Voraussetzungen für die Gewährung von Insolvenzgeld zu schaffen, der Arbeitnehmer ggf. einen sozialrechtlichern Herstellungsanspruch geltend machen konnte).

20 § 183 Abs. 1 S. 1 Nr. 3 setzt voraus, dass ein Antrag auf Eröffnung des Insolvenzverfahrens nicht gestellt ist. Ist ein solcher vor der Betriebseinstellung gestellt, hat er **Sperrwirkung**, die Voraussetzungen des § 183 Abs. 1 S. 1 Nr. 3 können nicht eintreten. Insolvenzanträge, die erst am Tag der Betriebseinstellung oder danach gestellt werden, können das Insolvenzereignis nach § 183 Abs. 1 Nr. 3 nicht mehr ausschließen (vgl. BSG 17. 7. 1979 – 12 RAr 4/79 – BSGE 48, 277 = SozR 4100 § 141 b Nr. 12; BSG 30. 10. 1991 – 10 RAr 3/91 – BSGE 70, 9 = SozR 3–4100 § 141 b Nr. 3; BSG 8. 2. 2001 – B 11 AL 27/00 R – USK 2001-16). Die AA kann durch einen von ihr gestellten **Insolvenzeröffnungsantrag** den Versicherungsfall auch dann nicht verschieben, wenn ein Beschluss über die Eröffnung eines Insolvenzverfahrens ergeht oder der Antrag mangels Masse abgelehnt wird, weil das zeitlich frühere Insolvenzereignis maßgebend ist (BSG 30. 10. 1991 – 10 RAr 3/91 – SozR 3–4100 § 141 b Nr. 3 = BSGE 70, 9; vgl. auch LSG NRW 20. 5. 1981 – L 12 Ar 147/79).

21 Die **Rücknahme** eines Insolvenzeröffnungsantrages wirkt ex tunc mit der Folge, dass das Insolvenzereignis iSd. § 183 Abs. 1 S. 1 Nr. 3 am Tage der ggf. schon zuvor erfolgten vollständigen Einstellung eines offensichtlich überschuldeten Betriebes eingetreten ist. Sperrwirkungen können nämlich nur Anträge entfalten, die zu einer Entscheidung des Insolvenzgerichts – Eröffnung des Insolvenzverfahrens oder Abweisung der Eröffnung mangels Masse – führen können und in der Regel auch tatsächlich dazu führen. Ist ein Insolvenzeröffnungsantrag unzulässig, hindert er nicht den Eintritt des Insolvenzereignisses der Betriebseinstellung bei völliger Masselosigkeit (BSG 22. 9. 1993 – 10 RAr 9/91 – SozR 3–4100 § 141 b Nr. 7). Gleiches gilt, wenn ein Beschluss über die Eröffnung des Insolvenzverfahrens oder die Abweisung eines Insolvenzantrages mangels Masse nach sofortiger Beschwerde (§ 34 Abs. 1 InsO) vom Beschwerdegericht rechtskräftig aufgehoben wird.

22 Eine vollständige **Einstellung der Betriebstätigkeit** im Inland liegt vor, wenn keine dem Betriebszweck dienenden Arbeiten mehr geleistet werden. Wann die Betriebstätigkeit vollständig beendet ist, richtet sich ua. nach der Art des Betriebes. Bei Betrieben, die sowohl produzieren als auch die hergestellten Waren verkaufen, genügt die Einstellung der Produktion nicht. Liquidationsverkäufe schließen die vollständige Betriebseinstellung und damit das Insolvenzereignis hingegen nicht aus, weil reine Abwicklungs-, Liquidations- oder erhaltende Arbeiten, die nicht dem Betriebszweck dienen, einer Betriebseinstellung iSd. § 183 Abs. 1 Nr. 3 nicht entgegenstehen (vgl. BSG 5. 6. 1981 – 10/8 b RAr 3/80 – BSGE 52, 40 = SozR 4100 § 141 b Nr. 19). Kein brauchbarer Anhaltspunkt für die vollständige Beendigung der Betriebstätigkeit ist es, ob die im oder für den Betrieb noch geleisteten Arbeiten solche sind, die typischerweise in einem Insolvenzverwalter nach Eröffnung des Insolvenzverfahrens geleistet werden. Der Insolvenzverwalter hat pflichtgemäß selbst zu entscheiden, ob er die Betriebstätigkeit völlig einstellt und lediglich abwickelt oder ob er den Betrieb etwa in der Weise zunächst weiterführt, dass laufende Aufträge erfüllt werden.

23 Die **Stilllegung** einzelner Betriebsteile wegen einer Umorganisation oder Verkleinerung des Betriebes, auch wenn sie mit Entlassungen verbunden sind, reicht für eine vollständige Einstellung der Betriebstätigkeit nicht aus (BSG 5. 6. 1981 – 10/8 b RAr 3/80 – BSGE 52, 40 = SozR 4100 § 141 b Nr. 19). Da § 183 Abs. 1 S. 1 Nr. 3 andererseits von der „vollständigen Beendigung der Betriebstätigkeit" und nicht – wie § 111 Nr. 1 BetrVG – von der „Stilllegung des ganzen Betriebs", also der Aufgabe des Betriebszwecks unter gleichzeitiger Auflösung der Betriebsorganisation spricht, kann die Betriebstätigkeit unabhängig von dem Schicksal des Betriebs beendet werden. Die betrieblichen Funktionen müssen auch nicht zeitweise unterbrochen werden (BSG 30. 4. 1981 – 10/8 b/12 RAr 11/79 – SozR 4100 § 141 b Nr. 18 = BSGE 51, 296).

24 Die Durchführung eines **Insolvenzplanverfahrens** bei angeordneter Planüberwachung rechtfertigt nicht allein den Schluss, die Zahlungsunfähigkeit des Arbeitgebers sei beendet und es könne ein neues Insolvenzereignis eintreten. Dem stehen die Mindestanforderungen der EWGRL 987/80 nicht entgegen (BSG 21. 11. 2002 – B 11 AL 35/02 R – SozR 3–4300 § 183 Nr. 3 = BSGE 90, 157; BSG 29. 5. 2008 – B 11 a AL 57/06 R – BSGE 100, 282–286 = SozR 4–4300 § 183 Nr. 9).

25 **4. Mehrere Insolvenzereignisse.** Die in § 183 Abs. 1 S. 1 genannten drei Insolvenztatbestände stehen zwar gleichrangig nebeneinander, der Insolvenzgeldanspruch wird aber durch das **zeitlich früheste Ereignis** ausgelöst. Solange ein bestimmtes Insolvenzereignis andauert, kann deshalb kein anderes Insolvenzereignis iSv. § 183 Abs. 1 eintreten und Ansprüche auf Insolvenzgeld auslösen (BSG 30. 10. 1991 – 10 RAr 3/91 – SozR 3–4100 § 141 b Nr. 3 = BSGE 70, 9; BSG 22. 2. 1989 – 10 RAr 7/88 – SozR 4100 § 141 b Nr. 45; BSG 17. 5. 1989 – 10 RAr 10/88 – SozR 4100 § 141 b Nr. 46). Ist etwa ein Insolvenzantrag mangels Masse abgelehnt worden und stellt der Arbeitgeber danach einen Arbeitnehmer ein, der bis zu sich sodann anschließenden endgültigen Betriebsein-

stellung ohne Arbeitsentgelt beschäftigt wird, kann sich der Arbeitnehmer nicht auf § 183 Abs. 1 Nr. 3 als maßgebendes Insolvenzereignis stützen. Etwas anderes kann nur gelten, wenn der Arbeitgeber zwischenzeitlich wieder zu Vermögen gekommen ist, sich das zeitlich frühere Insolvenzereignis also erledigt hat (BSG 29. 2. 1984 – 10 RAr 14/82 – SozR 4100 § 141b Nr. 30). Dann kann ggf. jedes Insolvenzereignis Insolvenzgeldansprüche auslösen (BSG 1. 12. 1978 – 12 RAr 55/77 – SozR 4100 § 141b Nr. 6).

III. Insolvenzgeldzeitraum

1. Arbeitsentgelt. Das Insolvenzgeld wird in Höhe des für den Insolvenzgeldzeitraum geschuldeten Nettoarbeitsentgelts geleistet (§ 185 Abs. 1). Arbeitsentgelt sind alle Bezüge aus einem Arbeitsverhältnis (§ 183 Abs. 1 S. 3). **Bezüge** aus dem Arbeitsverhältnis sind alle Leistungen des Arbeitgebers, die eine Gegenleistung für die Arbeitsleistung des Arbeitnehmers darstellen (BSG SozR 4100 § 141b Nr. 26; BSG SozR 3–4100 § 141b Nr. 1), unabhängig davon, wie sie bezeichnet oder lohnsteuer- bzw. sozialversicherungsrechtlich behandelt werden. Hiezu gehören also auch Auslösungen, Zuschläge, Wege- und Schmutzzulagen, Gewinnbeteiligungen, Tantiemen, Provisionen (BSG 24. 3. 1983 – 10 RAr 15/81 – SozR 4100 § 141b Nr. 26), Anwesenheitsprämien, Entgeltfortzahlung im Krankheitsfall, vermögenswirksame Leistungen, Arbeitgeberzuschüsse für freiwillig oder privat versicherte Arbeitnehmer nach §§ 257 SGB V, 61 SGB XI oder Beiträge zu berufsständischen Versorgungseinrichtungen nach §§ 6 Abs. 1 S. 1 Nr. 1, 172 Abs. 2 SGB VI, Ansprüche auf Zahlung von Arbeitsentgelt während einer **Freistellungsphase** nach § 7 Abs. 1 a SGB IV (§ 183 Abs. 1 S. 4) usw. 26

Bei der Berechnung des Insolvenzgeldes sind das Urlaubsentgelt sowie ein eventuelles zusätzliches Urlaubsgeld (Betrag pro Urlaubstag) wie Arbeitsentgelt zu berücksichtigen, soweit es für die Zeit der Urlaubstage in den letzten 3 Monaten vor Insolvenzeröffnung vom Arbeitgeber zu zahlen gewesen wäre; dies gilt auch dann, wenn das Insolvenzverfahren während des Urlaubs des Arbeitnehmers eröffnet wird und das Arbeitsentgelt sowie die zusätzliche Urlaubsgeld für die gesamte Urlaubszeit tarifvertraglich bereits vor Antritt des Urlaubs fällig geworden sind (BSG 1. 12. 1976 – 7 RAr 136/75 – BSGE 43, 49, 50 = SozR 4100 § 141b Nr. 2). Zusätzliches urlaubsneutral ausgestaltetes **Urlaubsgeld,** das ohne zeitanteilige Ansprüche für den Fall des vorzeitigen Ausscheidens des Arbeitnehmers außerhalb des Insolvenzgeldzeitraumes dem zu einem Stichtag im Arbeitsverhältnis stehenden Arbeitnehmer auszuzahlen ist, kann nicht dem Insolvenzgeldzeitraum zugeordnet werden. Eine nachträgliche vereinbarte (ohne dass die arbeitsvertraglichen Vereinbarungen berührt werden sollen) Verschiebung des Auszahlungszeitraumes ändert hieran nichts (BSG 23. 3. 2006 – B 11a AL 65/05 R – USK 2006-22). 27

Der Anspruch auf **Urlaubsabgeltung** wird hingegen als Anspruch, den der Arbeitnehmer „wegen der Beendigung des Arbeitsverhältnisses" hat, vom Ausschluss des § 184 Abs. 1 Nr. 1 erfasst (BSG 20. 2. 2002 – B 11 AL 71/01 R – SozR 3–4300 § 184 Nr. 1). Der in Geld abzugeltende Schadensersatzanspruch wegen nicht gewährten Ersatzurlaubs ist gleichwie einem Urlaubsabgeltungsanspruch nicht insolvenzgeldfähig (BSG 6. 5. 2009 – B 11 AL 12/08 R – BSGE 103, 142 = SozR 4–4300 § 184 Nr. 1). 28

Gleiches gilt auch für Abfindungen (auch solche nach § 1a KSchG), die für den Verlust des Arbeitsplatzes geleistet werden, und für Ansprüche aus **Sozialplänen.**

Ein Anspruch auf **variable Entgeltbestandteile** (etwa gemessen am Gesamterfolg des Unternehmens) ist wie Arbeitsentgelt zu behandeln und durch Insolvenzgeld auszugleichen, wenn die zugrundeliegende Zielvereinbarung aus Gründen nicht zustande kommt, der der Arbeitnehmer nicht zu vertreten hat (BSG 23. 3. 2006 – B 11 a AL 29/05 R – SozR 4–4300 § 183 Nr. 6). Der **Zielbonus** als arbeitsleistungsbezogene Sonderzahlung ist auch bei einem Ausscheiden vor dem Fälligkeitstermin anteilig zu berücksichtigen (su. Rn. 41). 29

Unter Umständen können auch **Schadensersatzansprüche** einen Anspruch auf Insolvenzgeld auslösen. Es müssen jedoch stets Ansprüche aus dem Arbeitsverhältnis sein, die an die Stelle des entgangenen Arbeitsentgelts treten. Hierzu gehört auch ein gegenüber dem Arbeitgeber bestehender Schadensersatzanspruch, der sich darauf stützt, dass der Arbeitgeber versäumt hat, rechtzeitig öffentlich-rechtliche Leistungen für den Arbeitnehmer zu beantragen, die das Arbeitsentgelt ersetzen sollen (BSG 17. 7. 1979 – 12 RAr 12/78 – SozR 4100 § 141b Nr. 10; BSG 17. 7. 1979 – 12 RAr 4/79 – SozR 4100 § 141b Nr. 12 = BSGE 48, 277). Ein Anspruch aus Verschulden bei Vertragsschluss begründet keinen Anspruch auf Insolvenzgeld (BSG 9. 5. 1995 – 10 RAr 5/94 – SozR 3–4100 § 141b Nr. 15). 30

Zu den Ansprüchen auf Arbeitsentgelt im insolvenzgeldrechtlichen Sinne können auch Ansprüche auf **Ersatz von Aufwendungen** zählen, wenn sie in direktem Zusammenhang mit der Erfüllung von Verpflichtungen aus dem Arbeitsverhältnis stehen (BSGE 69, 228 = SozR 3–4100 § 141b Nr. 2). Ein solcher Zusammenhang ist auch dann zu bejahen, wenn für die Beschäftigung der Einsatz des Firmenwagens notwendig ist und die Reparaturkosten nach Rücksprache mit dem Arbeitgeber vom Arbeitnehmer angesichts einer besonderen arbeitsrechtlichen Beziehung zum Arbeitgeber verauslagt wurden, um die Aufrechterhaltung der betrieblichen Tätigkeit zu sichern (BSG 8. 9. 2010 – B 11 AL 34/09 R). 30a

31 Ist der Arbeitgeber in **Annahmeverzug,** hat der Arbeitnehmer gem. § 615 BGB unter Anrechnung ersparter Aufwendungen oder anderweitig erzielter Einnahmen (§ 615 S. 2 BGB) einen Vergütungsanspruch gegen den Arbeitgeber, der Arbeitsentgelt iSv. § 183 Abs. 1 S. 3 ist. Verzugszinsen und Kosten der Geltendmachung des rückständigen Lohnes oder anderer Ansprüche aus dem Arbeitsverhältnis gehören hingegen nicht zum Arbeitsentgelt (BSG 28. 2. 1985 – 10 RAr 19/83 – SozR 4100 § 141b Nr. 35). Kosten der Zwangsvollstreckung, die vor Eröffnung des Insolvenzverfahrens bei der Beitreibung rückständigen Arbeitsentgelts entstanden und nach Zahlung durch den Arbeitgeber in der durch § 367 Abs. 1 BGB bestimmten Tilgungsreihenfolge verrechnet worden sind, mindern allerdings nicht die Höhe des für den Anspruch auf Insolvenzgeld maßgeblichen Arbeitsentgelts (BSG 7. 10. 2009 – B 11 AL 18/08 R – BSGE 104, 278 = SozR 4–4300 § 183 Nr. 12).

32 Hat der Arbeitnehmer einen Teil seiner künftigen Entgeltansprüche gemäß § 1 Abs. 2 Nr. 3 BetrAVG in eine wertgleiche Anwartschaft auf Versorgungsleistungen umgewandelt, geht der Anspruch des Arbeitnehmers auf Barauszahlung der umgewandelten Arbeitsvergütung unter und wird durch einen **Versorgungsanspruch** ersetzt (BSG 5. 12. 2006 – B 11a AL 19/05 R – SozR 4–4300 § 183 Nr. 7). Deshalb hat der Gesetzgeber mWv. 12. 12. 2006 (G. v. 2. 12. 2006 BGBl. I 2742) § 183 Abs. 1 S. 5 angefügt. Danach gilt (gesetzliche Fiktion) für die Berechnung des Insolvenzgeldes die Entgeltumwandlung als nicht vereinbart, soweit der Arbeitgeber keine Beiträge an den Versorgungsträger abgeführt hat.

33 Der Anspruch auf Insolvenzgeld setzt voraus, dass der Arbeitsentgeltanspruch im **Insolvenzzeitpunkt** (§ 183 Abs. 1) bzw. bei Antragstellung (§ 183) noch nicht erfüllt ist. Der Anspruch entfällt jedoch auch dann, wenn der Arbeitgeber noch danach den Anspruch auf Arbeitsentgelt dem Arbeitnehmer gegenüber erfüllt und dies der BA als nunmehriger Anspruchsinhaberin (§ 183) gegenüber wirksam ist (bei Unkenntnis des Arbeitgebers vom Forderungsübergang: § 412 iVm. § 407 BGB bzw. bei Genehmigung durch die BA: § 362 Abs. 2 iVm. § 185 Abs. 2 S. 1 BGB). Denn damit ist keine andere Vermögenslage hergestellt, als sie bei Zahlung vor den oben genannten Zeitpunkten bestünde (BSG 27. 9. 1994 – 10 RAr 1/93 – SozR 3–4100 § 141b Nr. 10 = BSGE 75, 92).

34 Leistet der Arbeitgeber nach Ablauf des Insolvenzgeldzeitraums Zahlungen auf Arbeitsentgelt, so sind diese **vorrangig** Ansprüchen zuzurechnen, die vor dem Insolvenzgeldzeitraum liegen (BSG 25. 6. 2002 – B 11 AL 90/01 R – SozR 3–4100 § 141b Nr. 24 = BSGE 89, 289; EuGH 14. 7. 1998 – C-125/97, „Regeling" = EuGHE I 1998, 4493).

35 Zeiten, in denen der Anspruch auf Arbeitsentgelt nach § 12 S. 4 KSchG (Eingehen eines **neuen Arbeitsverhältnisses**) entfällt, sind nicht Zeiten eines Arbeitsverhältnisses iSv. § 183 Abs. 1 S. 1 (BSG 18. 12. 2003 – B 11 AL 27/03 R – SozR 4–4100 § 141b Nr. 1; EuGH 15. 5. 2003 – C-160/01, „Mau" = EuGHE I 2003, 4791 = NJW 2003, 2371). Gleiches gilt für Zeiten, in denen der Anspruch auf Arbeitsentgelt etwa wegen Inanspruchnahme von Elternzeit mit der Folge des Entfallens des Arbeitsentgeltanspruches ruht, weil ein Anspruch auf Insolvenzgeld nur für Zeiträume besteht, die ihrer Natur nach zu nicht erfüllten Ansprüchen auf Arbeitsentgelt führen können.

36 Insolvenzgeld steht nicht zu, soweit ein **Arbeitsgericht** rechtskräftig den Arbeitsentgeltanspruch verneint hat. Erstreitet ein Arbeitnehmer über seine Arbeitsentgeltforderung ein rechtskräftiges Urteil gegen den Arbeitgeber, dann gehen gem. § 325 Abs. 1 ZPO die Rechte aus diesem Urteil mit dem Anspruchsübergang nach § 187 S. 1 auf die Bundesanstalt für Arbeit über. Hierdurch kann diese jedoch nicht verpflichtet werden, auch ihrer Beurteilung des Insolvenzgeldanspruchs ohne eigene Prüfung das rechtskräftige arbeitsgerichtliche Urteil zugrunde zu legen. Dies gilt sowohl hinsichtlich der Höhe als auch des Grundes des Arbeitsentgeltanspruchs (BSG 9. 5. 1995 – 10 RAr 5/94 – SozR 3–4100 § 141b Nr. 15).

37 Anspruch auf Insolvenzgeld hat ein Arbeitnehmer auch dann, wenn er neben dem zahlungsunfähig gewordenen Arbeitgeber **Dritte** auf das Arbeitsentgelt, das ihm der Arbeitgeber schuldig geblieben ist, in Anspruch nehmen kann (BSG 2. 11. 2000 – B 11 AL 23/00 R – SozR 3–4100 § 141b Nr. 22; BSG 30. 4. 1981 – 10/8 b/12 RAr 11/79 – BSGE 51, 296 = SozR 4100 § 141b Nr. 18; BSG 6. 11. 1985 – 10 RAr 3/84 – BSGE 59, 107 = SozR 7610 § 613a Nr. 5; BSG 10. 8. 1988 – 10 RAr 2/86 – BSGE 64, 24 = SozR 1300 § 45 Nr. 38). Dies kann zB bei einer **Betriebsübernahme** der Fall sein, bei der nach § 613a Abs. 1 S. 1, Abs. 2 S. 1 BGB der neue Inhaber des Betriebes und der bisherige Arbeitgeber als Gesamtschuldner haften. Hat der Arbeitgeber gegenüber dem Arbeitnehmer die Schuld eines Dritten in der Weise übernommen, dass der Rechtsgrund unverändert bleibt und der Arbeitgeber nur an die Stelle des Dritten tritt, kann diese übernommene Schuld des Arbeitgebers einen Anspruch auf Insolvenzgeld nicht begründen.

38 **2. Dreimonatszeitraum.** Der Insolvenzgeldzeitraum umfasst die letzten dem Insolvenzereignis **vorausgehenden drei Monate** des Arbeitsverhältnisses, so dass der Tag, an dem das Insolvenzereignis eintritt, nicht in diesen Zeitraum einzubeziehen ist (BSG 22. 3. 1995 – 10 RAr 1/94 – SozR 3–4100 § 141k Nr. 2 = BSGE 76, 67–77). Das Gesetz stellt allein auf das „Arbeitsverhältnis" und nicht auf das **Beschäftigungsverhältnis** ab. Daher umfasst der Insolvenzgeldzeitraum auch Zeiten nach Beendigung der Beschäftigung (vor dem Insolvenzereignis), wenn das Arbeitsverhältnis noch andauert (BSG 25. 8. 2008 – B 11 AL 64/08 B – und BSG 26. 7. 1999 – B 11/10 AL 5/98 B). Durch die

zeitliche Begrenzung werden Arbeitsentgeltansprüche nur für einen zeitlich beschränkten, zusammenhängenden Zeitraum gesichert. Der Drei-Monats-Zeitraum ist gem. § 26 Abs. 1 SGB X kalendermäßig in entsprechender Anwendung der §§ 187 bis 193 BGB zu berechnen (BSG 3. 10. 1989 – 10 RAr 8/89 – SozR 4100 § 141 b Nr. 50). Er muss nicht unmittelbar vor dem Insolvenzereignis liegen. Bei einem Arbeitsverhältnis, dessen rechtliches Ende zeitlich bereits vor dem Insolvenzereignis lag, endet der Dreimonatszeitraum mit dem letzten Tag des Arbeitsverhältnisses. Dieser Tag ist bei der Berechnung des Zeitraums einzubeziehen. Hat das Arbeitsverhältnis aber bis zu dem Insolvenzereignis (oder darüber hinaus) bestanden, so endet der Dreimonatszeitraum mit diesem und ist dementsprechend von diesem Ereignis zurückzurechnen. Ein fortdauerndes Arbeitsverhältnis zwischen Arbeitnehmer und Insolvenzfirma wird nicht durch die Arbeitsaufnahme bei einem anderen Arbeitgeber beendet. Die Arbeitsaufnahme bei einem anderen Arbeitgeber hat lediglich zur Folge, dass der Arbeitnehmer sich das in diesem Arbeitsverhältnis erzielte Arbeitsentgelt auf seinen Vergütungsanspruch gem § 615 BGB anrechnen lassen muss (BSG 25. 8. 2008 – B 11 AL 64/08 B). Die Regelung über den Insolvenzgeldzeitraum ist verfassungsgemäß und verletzt nicht die Mindestanforderungen der EWGRL 987/80 (BSG 20. 6. 2001 – B 11 AL 3/01 R – SozR 3–4100 § 141 b Nr. 23).

Nur solche Ansprüche auf Arbeitsentgelt begründen einen Anspruch auf Insolvenzgeld, die für den Insolvenzgeldzeitraum zu erbringen, diesem also **zuzuordnen** sind. Offene Ansprüche auf Zahlung des laufenden Arbeitslohns sind grundsätzlich dem Zeitraum zuzuordnen, in dem die Arbeit als Gegenleistung für den Entgeltanspruch erbracht worden ist (Urlaubsentgelt, BSG 1. 12. 1976 – 7 RAr 136/75 – BSGE 43, 49 = SozR 4100 § 141 b Nr. 2; 13. Monatsgehalt ist anteilig zu berücksichtigen, BSG 1. 12. 1978 – 12 RAr 9/78 – SozR 4100 § 141 b Nr. 8; Guthaben aus einem Arbeitszeitkonto, BSG 25. 6. 2002 – B 11 AL 90/01 R – BSGE 89, 289 = SozR 3–4100 § 141 b Nr. 24; Verkaufsprovisionsansprüche, BSG SozR 4100, § 141 b Nr. 26), mit anderen Worten dem Zeitraum, für der der Lohn- und Gehaltsanspruch **erarbeitet** worden ist (BSG 24. 11. 1983 – 10 RAr 12/82 – SozR 4100 § 141 b Nr. 29; BSG 20. 6. 2001 – B 11 AL 3/01 R – SozR 3–4100 § 141 b Nr. 23). Hingegen kommt es nicht darauf an, ob der Anspruch im Insolvenzgeldzeitraum **fällig** oder bezifferbar geworden ist (BSG 1. 12. 1976 – 7 RAr 136/75 – BSGE 43, 49 = SozR 4100 § 141 b Nr. 2; BSG 24. 11. 1983 – 10 RAr 12/82 – SozR 4100 § 141 b Nr. 29; BSG 27. 9. 1994 – 10 RAr 6/93 – SozR 3–4100 § 141 b Nr. 11). Tariflich verzichtete Lohnbestandteile, die im Insolvenzgeld-Zeitraum kraft tariflicher Regelung neu entstehen und fällig werden, können bei der Berechnung des Insolvenzgelds deshalb Berücksichtigung finden. Voraussetzung ist aber, dass sie im Insolvenzgeld-Zeitraum erarbeitet worden sind (4. 3. 2009 – B 11 AL 8/08 R – BSGE 102, 303 = SozR 4–4300 § 183 Nr. 10) Ansprüche, die über einen längeren Zeitraum erworben, jedoch zu einem bestimmten Zeitpunkt geschuldet werden, sind der jeweiligen Arbeitsleistung anteilig zuzuordnen (BSG 23. 3. 2006 – B 11 a AL 29/05 R – SozR 4–4300 § 183 Nr. 6).

Lässt sich eine **Jahressonderzahlung** (13. Monatsgehalt, das auch bei Beginn des Arbeitsverhältnisses im laufenden Jahr nur anteilig gewährt wird) einzelnen Zeitabschnitten anteilig zuordnen, so besteht ein Anspruch auf Insolvenzgeld hinsichtlich der ausgefallenen Jahressonderzahlung auch nur für die letzten drei Monate des Arbeitsverhältnisses (3/12 der Sonderzahlung) vor Eröffnung des Insolvenzverfahrens (BSG 10. 9. 1987 – 10 RAr 10/86 – SozR 4100 § 141 b Nr. 40 = BSGE 62, 131; BSG 1. 12. 1978 – 12 RAr 9/78 – SozR 4100 § 141 b Nr. 8). Der nicht erfüllte Anspruch auf eine Jahressonderzuwendung ist auch dann (anteilig) zu berücksichtigen, wenn die Jahressonderzuwendung ua. voraussetzt, dass der Arbeitnehmer an einem bestimmtem Tag in ungekündigtem Arbeitsverhältnis steht, das Insolvenzereignis aber vor diesem Stichtag eingetreten ist.

Auch **Zielboni** (variable Entgeltbestandteile) als arbeitsleistungsbezogene Sonderzahlungen sind bei einem Ausscheiden vor dem Fälligkeitstermin anteilig zu berücksichtigen. Der Bestand des Arbeitsverhältnisses am Ende des Jahres wird bei derartigen arbeitsbezogenen Sonderzahlungen nicht vorausgesetzt. Eine Stichtagsregelung kann nicht rechtswirksam vereinbart werden. Insoweit unterscheidet sich die variable Vergütung von Gratifikationen mit Stichtagsklauseln (BSG 23. 3. 2006 – B 11 a AL 29/05 R – SozR 4–4300 § 183 Nr. 6).

Lässt sich ein Arbeitsentgeltanspruch nicht einzelnen Monaten zuordnen, ist der Anspruch in voller Höhe zu berücksichtigen, wenn der für die **Auszahlung** bestimmte Tag in die letzten der Eröffnung des Insolvenzverfahrens vorausgehenden drei Monate des Arbeitsverhältnisses fällt (BSG 7. 9. 1988 – 10 RAr 13/87 – SozR 4100 § 141 b Nr. 42), so dass es in diesen Fällen idR auf die Fälligkeit des Anspruchs ankommt. So lässt sich etwa eine aufgrund tariflicher Regelung oder betrieblicher Übung allen an einem bestimmten Stichtag in einem ungekündigten Arbeitsverhältnis stehenden Arbeitnehmern grundsätzlich ungekürzt zustehende **Sonderzahlung** (Gratifikation, Treuezahlung) nicht einzelnen Monaten zuordnen (BSG vom 2. 11. 2000 – B 11 AL 87/99 R – SozR 3–4100 § 141 b Nr. 21; BSG 18. 1. 1990 – 10 RAr 10/89 – SozR 3–4100 § 141 b Nr. 1). Bei einer solchen Sonderzahlung wird der festgelegte, im jeweiligen Kalenderjahr liegende Auszahlungszeitpunkt grundsätzlich auch nicht durch eine Verschiebung der **Fälligkeit** im Sinne einer dem Arbeitgeber gewährten Stundung verändert (BSG 21. 7. 2005 – B 11 a/11 AL 53/04 R – SozR 4–4300 § 183 Nr. 5). Umgekehrt ist eine nach Eintritt der Zahlungsunfähigkeit des Arbeitgebers geschlossene Betriebsvereinbarung, die den Fälligkeitszeitpunkt einer Jahressonderzahlung in den Insolvenzgeldzeitraum vorverlegt, wegen Verstoßes

Coseriu

gegen die guten Sitten nichtig (BSG 18. 3. 2004 – B 11 AL 57/03 R – SozR 4–4300 § 183 Nr. 3 = BSGE 92, 254).

43 Enthält die (Jahres-)Sonderzahlung sowohl eine Zuwendung für bereits erbrachte Arbeitsleistung (im abgelaufenen Jahr) als auch eine Gratifikation (die sich nicht einzelnen Zeitabschnitten zuordnen lässt), ist zunächst zu prüfen, ob sich der jeweilige Anteil (**Mischcharakter**) bestimmen lässt und sodann ggf. nach oben aufgezeigten Grundsätzen zu verfahren. Lässt sich der jeweilige Anteil nicht bestimmen, ist zu prüfen, ob der für die Auszahlung bestimmte Tag in die letzten der Eröffnung des Insolvenzverfahrens vorausgehenden drei Monate des Arbeitsverhältnisses fällt. Dann ist jedenfalls 3/12 der (gesamten) Sonderzahlung insolvenzgesichert. Andernfalls ist eine Berücksichtigung als Arbeitsentgelt ausgeschlossen, weil sich nicht feststellen lässt, in welchem Umfang die Sonderzahlung sich dem Dreimonatszeitraum zuordnen lässt.

44 **Provisionen** sind zu berücksichtigen, wenn nach den arbeitsvertraglichen Regelungen der Anspruch hierauf in dem Zeitraum, für den Insolvenzgeld beansprucht werden kann, entsteht (BSG 24. 3. 1983 – 10 RAr 15/81 – SozR 4100 § 141 b Nr. 26).

45 Das Guthaben aus einem **Arbeitszeitkonto** wird nur für den Insolvenzgeldzeitraum geschuldet, wenn es in diesem Zeitraum erarbeitet wird oder bestimmungsgemäß zu verwenden ist (BSG 25. 6. 2002 – B 11 AL 90/01 R – SozR 3–4100 § 141 b Nr. 24 = BSGE 89, 289). Nach § 183 Abs. 1 S. 4 gilt als Arbeitsentgelt für Zeiten, in denen auch während der Freistellung eine Beschäftigung gegen Arbeitsentgelt besteht (§ 7 Abs. 1a SGB IV), der auf Grund der schriftlichen Vereinbarung zur Bestreitung des Lebensunterhalts im jeweiligen Zeitraum bestimmte Betrag. Damit soll klargestellt werden, dass im Rahmen einer flexiblen Arbeitszeitregelung mit verstetigtem Arbeitsentgelt (§ 23 b Abs. 1 S. 1 SGB IV) für Zeiten der Freistellung, ebenso wie bei Zeiten, in denen das Wertguthaben angespart wird, von dem Zeitraum auszugehen ist, für den das Arbeitsentgelt zum Lebensunterhalt bestimmt ist (BT-Drs. 14/7347 S. 74). Dies schließt eine weitergehende Absicherung eines angesparten Wertguthabens durch die Insolvenzgeld-Versicherung aus.

B. Fortsetzung der Tätigkeit in Unkenntnis des Insolvenzereignisses (§ 183 Abs. 2)

46 § 183 Abs. 2 regelt den Fall, dass der Arbeitnehmer in Unkenntnis des Insolvenzereignisses weitergearbeitet oder die Arbeit erst aufgenommen hat. In der Regel betrifft dies die Fälle, in denen ein Antrag auf Eröffnung des Insolvenzverfahrens mangels Masse abgelehnt wird. Der **Insolvenzgeldzeitraum** umfasst in diesen Fällen abweichend von § 183 Abs. 1 nicht die dem Insolvenzereignis vorausgehenden drei Monate des Arbeitsverhältnisses, sondern die letzten drei Monate des Arbeitsverhältnisses, die vor dem Tag der Kenntnisnahme von dem Insolvenzereignis liegen.

47 Der Begriff des **Weiterarbeitens** in § 183 Abs. 2 kann nicht so verstanden werden, dass für beschäftigungsfreie Zeiten (Urlaub), für die der insolvent gewordene Arbeitgeber Arbeitsentgelt schuldet, der Anspruch ausgeschlossen sein soll. Gegen eine solche Auslegung sprechen sowohl der Zweck des Insolvenzgeldes als auch der Zweck der besonderen Regelung des § 183 Abs. 2 (BSG 30. 10. 1980 – 8 b/12 RAr 7/79 – BSGE 50, 269 = SozR 4100 § 141 b Nr. 14). Auch ein unter Fortzahlung des Arbeitsentgelts **freigestellter** Arbeitnehmer hat für die Zeit nach Eintritt des Insolvenzereignisses Anspruch auf Insolvenzgeld nach § 182 Abs. 2, wenn er von der Abweisung des Antrags auf Eröffnung des Insolvenzverfahrens erst später Kenntnis erhält. Ob durch die Freistellung das sozialversicherungsrechtliche Beschäftigungsverhältnis endet, spielt dabei keine Rolle, weil § 183 Abs. 2 nicht auf das Ende des Beschäftigungsverhältnisses, sondern des Arbeitsverhältnisses abstellt (BSG 3. 10. 1989 – 10 RAr 7/89 – SozR 4100 § 141 b Nr. 49). Dies gilt jedenfalls bis zur endgültigen Betriebseinstellung.

48 Das Gesetz verlangt positive Kenntnis, ein bloßes „**Kennenmüssen**" genügt nicht. Deshalb hat ein Arbeitnehmer erst dann **Kenntnis** von dem Abweisungsbeschluss des Insolvenzgerichts, welches die Eröffnung des Insolvenzverfahrens mangels Masse abgelehnt hat, wenn er (auch) den Grund der Entscheidung kennt. Er ist nicht verpflichtet, den Abweisungsgrund selbst zu ermitteln, wenn der Arbeitgeber ihn entgegen seiner Pflicht nach § 183 Abs. 4 absichtlich nicht bekanntgibt (BSG 22. 9. 1993 – 10 RAr 11/91 – SozR 3–4100 § 141 b Nr. 8).

C. Insolvenzgeld an Hinterbliebene (§ 183 Abs. 3)

49 Nach § 183 Abs. 3 hat auch der Erbe Anspruch auf Insolvenzgeld. Das BSG hatte einen Anspruch des erbrechtlichen Gesamtrechtsnachfolgers nach dem Recht des AFG verneint, wenn der Arbeitnehmer vor dem Insolvenzereignis stirbt (BSG 11. 3. 1987 – 10 RAr 1/86 – SozR 4100 § 141 Nr. 1). Diese „**Regelungslücke**" (BT-Drs. 12/3122 S. 27) schließt § 183 Abs. 3 wie zuvor § 141 b Abs. 1 S. 2 AFG und gibt dem Erben einen eigenen Anspruch auf Insolvenzgeld. Verstirbt der Arbeitnehmer nach dem Insolvenzereignis, geht der Insolvenzgeldanspruch nach § 58 S. 1 SGB I auf den Erben über.

D. Mitteilungspflicht des Arbeitgebers (§ 183 Abs. 4)

Nach § 183 Abs. 4 ist der Arbeitgeber verpflichtet, dem Betriebsrat oder, wenn ein solcher nicht 50
besteht, den Arbeitnehmern unverzüglich den Beschluss des Insolvenzgerichts über die Abweisung des Antrages auf Insolvenzeröffnung mangels Masse bekanntzugeben. Verletzt der Arbeitgeber diese Pflicht, handelt er ordnungswidrig (§ 404 Abs. 2 Nr. 2). § 183 Abs. 4 soll vermeiden, dass der Arbeitnehmer in **Unkenntnis** des Insolvenzereignisses des § 183 Abs. 1 Nr. 2 bei dem Arbeitgeber weiterarbeitet. Eine Verpflichtung zur Mitteilung anderer Insolvenzereignisse, insbesondere der Eröffnung des Insolvenzverfahrens, besteht nicht, da in dem Eröffnungsbeschluss die Gläubiger nach § 28 InsO ohnehin aufgefordert werden, ihre Forderungen geltend zu machen und der Beschluss – anders als der Abweisungsbeschluss – nach § 30 InsO öffentlich bekannt zu machen ist. Auch die Betriebseinstellung wird dem Arbeitnehmer idR. nicht entgehen.

E. Verfahrens- und Prozessrecht

I. Antrag und Ausschlussfrist

Nach § 324 Abs. 1 werden Leistungen der Arbeitsförderung nur erbracht, wenn sie vor Eintritt des 51
leistungsbegründenden Ereignisses beantragt worden sind. Abweichend hiervon sieht § 324 Abs. 3 vor, dass Insolvenzgeld innerhalb einer **Ausschlussfrist** von zwei Monaten nach dem Insolvenzereignis zu beantragen ist. Hat der Arbeitnehmer die Frist aus Gründen versäumt, die er nicht zu vertreten hat, so wird Insolvenzgeld geleistet, wenn der Antrag innerhalb von zwei Monaten nach Wegfall des Hinderungsgrundes gestellt wird. Der Arbeitnehmer hat die Versäumung der Frist zu vertreten, wenn er sich nicht mit der erforderlichen Sorgfalt um die Durchsetzung seiner Ansprüche bemüht hat.

Für den **Beginn** der Ausschlussfrist des § 324 Abs. 3 ist der Eintritt des jeweiligen Insolvenzfalles 52
maßgebend und nicht der Zeitpunkt der Kenntnisnahme des Arbeitnehmers von sämtlichen Merkmalen des Tatbestandes (BSG 26. 8. 1983 – 10 RAr 1/82 – BSGE 55, 285 = SozR 4100 § 141 e Nr. 5; BSG 14. 8. 1984 – 10 RAr 18/83 – SozR 4100 § 141 e Nr. 6). Soweit ein Arbeitnehmer die Antragstellung unterlässt, weil er den anspruchsauslösenden gesetzlichen Insolvenztatbestand – hier die vollständige Einstellung der Betriebstätigkeit – nicht erkennt, ohne sich rechtzeitig sachkundigen Rechtsrat zu verschaffen, hat er die Fristversäumung zu vertreten, so dass die Regelung des § 324 Abs. 3 S. 2 nicht greift (BSG 4. 3. 1999 – B 11/10 AL 3/98 R – DBlR 4524, AFG/§ 141 e).

Die zweimonatige Ausschlussfrist beginnt gleichermaßen bei allen rechtserheblichen Insolvenzer- 53
eignissen mit deren Eintritt ohne Rücksicht darauf, ob dem Arbeitnehmer diese Ereignisse bekannt sind oder nicht (BSG 26. 8. 1983 – 10 RAr 1/82 – BSGE 55, 284 = SozR 4100 § 141 e Nr. 5). Die weitere Zweimonatsfrist des § 324 Abs. 3 S. 2 (Nachfrist) wird nur eröffnet, wenn die Antragsfrist des § 324 Abs. 3 S. 1 unvertretbar versäumt ist (BSG 26. 8. 1983 – 10 RAr 1/82 – BSGE 55, 284 = SozR 4100 § 141 e Nr. 5). Die **Nachfrist** wegen Versäumung der Antragsfrist stellt eine spezialgesetzliche Regelung des Rechtsinstituts der Wiedereinsetzung in den vorigen Stand dar; auch in ihrem Rahmen gelten die Grundsätze über die Zurechnung des Verschuldens eines Vertreters (BSG 29. 10. 1992 – 10 RAr 14/91 – SozR 3–4100 § 141 e Nr. 2 = BSGE 71, 213–217).

Die zweimonatige Nachfrist für die Geltendmachung von Insolvenzgeld kann dem Arbeitnehmer 54
nur eingeräumt werden, wenn die Gründe, die zur Versäumung der Frist geführt haben und vom Arbeitnehmer nicht zu vertreten sind, erst nach Ablauf der zweimonatigen Ausschlussfrist des § 324 Abs. 1 S. 1 weggefallen sind; sind sie bereits vorher weggefallen, so verbleibt es jedenfalls dann bei der Ausschlussfrist des § 324 Abs. 1 S. 1, wenn dem Arbeitnehmer unter den gegebenen Umständen bei Anwendung der ihm **zumutbaren Sorgfalt** möglich gewesen wäre, diese Frist einzuhalten (BSG 10. 4. 1985 – 10 RAr 11/84 – SozR 4100 – § 141 e Nr. 8).

Für Insolvenzgeld bei Arbeitsaufnahme (§ 183 Abs. 2) in **Unkenntnis** des maßgebenden Insol- 55
venzereignisses der früheren Abweisung eines Insolvenzantrages mangels Masse (§ 183 Abs. 1 S. 1 Nr. 2) beginnt die zweimonatige Antragsfrist mit der Kenntnis von jenem Insolvenzereignis (BSG 27. 8. 1998 – B 10 AL 7/97 R – SozR 3–4100 § 141 e Nr. 3).

Die **EWGRL 987/80** vom 20. 10. 1980 zur Angleichung der Rechtsvorschriften der Mitglieds- 56
staaten über den Schutz der Arbeitnehmer bei Zahlungsunfähigkeit des Arbeitgebers steht der Anwendung der Ausschlussfrist nicht entgegen, da die Frist nicht weniger günstig ist als bei gleichartigen innerstaatlichen Anträgen (Grundsatz der Gleichwertigkeit) und nicht so ausgestaltet ist, dass sie die Ausübung der von der Gemeinschaftsrechtsordnung eingeräumten Rechte praktisch unmöglich macht (Grundsatz der Effektivität; EuGH 18. 9. 2003 – C-125/01 – SozR 4–4300 § 324 Nr. 1; BSG 17. 10. 2007 – B 11 a AL 75/07 B – SozR 4–4300 § 324 Nr. 4).

Ansprüche auf Insolvenzgeld unterliegen der **Verzinsung** nach § 44 SGB I (BSG 20. 3. 1984 – 10 57
RAr 4/83 – USK 8462).

II. Einzelfragen

58 Hat der Arbeitnehmer seinen Insolvenzgeldanspruch (§ 183) bereits während des Vorverfahrens abgetreten und macht er in einem sich anschließenden Rechtsstreit folglich den Anspruch des **Rechtsnachfolgers** – keines Sonderrechtsnachfolgers – eines Leistungsempfängers geltend, ist er nicht in seiner Eigenschaft als Leistungsempfänger iSv. § 183 S. 1 SGG am Rechtsstreit beteiligt (BSG 4. 6. 2007 – B 11a AL 153/06 B – nv.). Dass er den Anspruch als gewillkürter Prozessstandschafter geltend macht, ändert hieran nichts (BSG 26. 7. 2006 – B 3 KR 6/06 B = SozR 4–1500 § 197a Nr. 4). Kostenpflichtigkeit des sozialgerichtlichen Verfahrens nach § 197a Abs. 1 S. 1 SGG besteht aber nicht, wenn der Arbeitnehmer seine Ansprüche auf Arbeitsentgelt einem Dritten übertragen hat und der Zessionar kraft Gesetzes (§ 188 Abs. 1) in die Rechtsstellung des Arbeitnehmers eintritt und daher kraft Gesetzes selbst unmittelbar einen Insolvenzgeldanspruch erwirbt (BSG 5. 12. 2006 – B 11a AL 19/05 R – SozR 4–4300 § 183 Nr. 7).

59 Die **Berufungssumme** (§ 144 Abs. 1 Nr. 1 SGG, 750 Euro) bemisst sich bei einer Klage auf Zahlung von Insolvenzgeld nach dem Nettoentgelt (BSG 18. 3. 2004 – B 11 AL 53/03 R –; BSG 11. 5. 1999 – B 11/10 AL 1/98 – DBIR 4560a, SGG/§ 145).

§ 184 Anspruchsausschluß

(1) **Der Arbeitnehmer hat keinen Anspruch auf Insolvenzgeld für Ansprüche auf Arbeitsentgelt, die**

1. **er wegen der Beendigung des Arbeitsverhältnisses oder für die Zeit nach der Beendigung des Arbeitsverhältnisses hat,**
2. **er durch eine nach der Insolvenzordnung angefochtene Rechtshandlung oder eine Rechtshandlung erworben hat, die im Falle der Eröffnung des Insolvenzverfahrens anfechtbar wäre oder**
3. **der Insolvenzverwalter wegen eines Rechts zur Leistungsverweigerung nicht erfüllt.**

(2) **Soweit Insolvenzgeld auf Grund eines für das Insolvenzgeld ausgeschlossenen Anspruchs auf Arbeitsentgelt erbracht worden ist, ist es zu erstatten.**

A. Absatz 1 Nr. 1

1 Nach § 184 Abs. 1 Nr. 1 werden von der Insolvenzgeldversicherung Arbeitsentgeltansprüche ausgeschlossen, die der Arbeitnehmer allein wegen der Beendigung des Arbeitsverhältnisses erwirbt oder die er für die Zeit nach Beendigung des Arbeitsverhältnisses hat. Anspruch auf Arbeitsentgelt „wegen" der Beendigung des Arbeitsverhältnisses hat der Arbeitnehmer immer dann, wenn zwischen der Beendigung des Arbeitsverhältnisses und dem Anspruch ein **ursächlicher Zusammenhang** in dem Sinne besteht, dass die Beendigung des Arbeitsverhältnisses die wesentliche Bedingung für den Anspruch ist oder – anders formuliert – der Anspruch dem Arbeitnehmer nicht zustehen würde, wenn das Arbeitsverhältnis nicht beendet worden wäre. Von dem Ausschluss ist insbesondere die Urlaubsabgeltung (BSG 20. 2. 2002 – B 11 AL 71/01 R – SozR 3–4300 § 184 Nr. 1; vgl. demgegenüber zur Rechtslage nach dem AFG noch BSG 27. 9. 1994 – 10 RAr 6/93 – SozR 3–4100 § 141b Nr. 11; vgl. auch § 143a Abs. 2) und die Abfindung (auch solche nach § 1a KSchG), Entschädigung oder ähnliche Leistung, die der Arbeitnehmer wegen der Beendigung des Arbeitsverhältnisses erhält (BSG 8. 2. 2001 – B 11 AL 59/00 R – SozR 3–4100 § 117 Nr. 23; vgl. auch § 143a Abs. 3), erfasst. Der in Geld abzugeltende Schadensersatzanspruch wegen nicht gewährten Ersatzurlaubs ist vergleichbar einem Urlaubsabgeltungsanspruch ebenfalls nicht insolvenzgeldfähig (BSG 6. 5. 2009 – B 11 AL 12/08 R – BSGE 103, 142 = SozR 4–4300 § 184 Nr. 1). Arbeitsentgeltansprüche, die der Arbeitnehmer nur anlässlich der Beendigung beanspruchen kann, sind hingegen geschützt, soweit sie in dem Insolvenzgeldzeitraum erarbeitet wurden, da der Arbeitnehmer hierauf unabhängig von der Beendigung des Arbeitsverhältnisses einen Anspruch hat (vgl. § 183 Rn. 42).

2 Arbeitsentgeltansprüche, die der Arbeitnehmer für die Zeit nach Beendigung des Arbeitsverhältnisses hat, sind schon im Hinblick auf den Dreimonatszeitraum (§ 183 Rn. 38 ff.) ausgeschlossen. Ausgeschlossen sind insbesondere **Entgeltfortzahlungsansprüche** im Krankheitsfall nach § 8 EFZG, wonach der Anspruch auf Fortzahlung des Arbeitsentgelts nicht dadurch berührt wird, dass der Arbeitgeber das Arbeitsverhältnis aus Anlass der Arbeitsunfähigkeit kündigt oder der Arbeitnehmer das Arbeitsverhältnis aus einem vom Arbeitgeber zu vertretenden Grunde kündigt, der den Arbeitnehmer zur Kündigung aus wichtigem Grund ohne Einhaltung einer Kündigungsfrist berechtigt. Arbeitsentgelt, auf das der Arbeitnehmer auf Grund einer nach Beendigung des Arbeitsverhältnisses vereinbarten Tariferhöhung, die auch die Zeit vor Beendigung des Arbeitsverhältnisses erfasst, Anspruch hat, ist nicht nach § 184 Abs. 1 Nr. 1 ausgeschlossen.

B. Absatz 1 Nr. 2

Ausgeschlossen sind Arbeitsentgeltansprüche, die der Arbeitnehmer durch eine nach der Insolvenzordnung angefochtene Rechtshandlung oder eine Rechtshandlung erworben hat, die im Falle der Eröffnung des Insolvenzverfahrens anfechtbar wäre (§§ 128 ff. InsO). Dies betrifft insbesondere nach Zahlungsunfähigkeit, aber vor dem Insolvenzereignis vorgenommene Rechtshandlungen, die andere Gläubiger benachteiligen, etwa die **Vereinbarung einer Gratifikation**. In den Fällen des § 183 Abs. 1 S. 1 Nr. 2 und 3, in denen §§ 129 ff. InsO schon mangels Insolvenzeröffnung nicht greifen, kommt es nur darauf an, dass die Rechtshandlung anfechtbar wäre, würde das Insolvenzverfahren eröffnet. 3

C. Absatz 1 Nr. 3

Nach § 184 Abs. 1 Nr. 3 sind Arbeitsentgeltansprüche, die der Insolvenzverwalter nicht erfüllen muss, weil er ein **Leistungsverweigerungsrecht** hat, nicht insolvenzgesichert. Der Insolvenzverwalter kann gegenüber dem Arbeitnehmer alle Einreden geltend machen wie der Arbeitgeber. Zum Ausschluss nach § 184 Abs. 1 Nr. 3 führen nur peremptorische, nicht aber dilatorische Einreden, die nur rechtshemmend wirken, wie etwa die Stundung. Auch die Verjährungseinrede ist rechtsausschließend und von der AA zu beachten (aA Niesel/*Krodel*, SGB III, § 184 Rn. 9), denn § 184 Abs. 1 Nr. 3 stellt nicht darauf ab, ob die Einrede, die das Leistungsverweigerungsrecht des Insolvenzverwalters begründet, Einrede oder Einwendung ist. 4

D. Erstattung (Abs. 2)

Soweit Insolvenzgeld auf Grund eines für das Insolvenzgeld ausgeschlossenen Anspruchs auf Arbeitsentgelt erbracht worden ist, ist es nach § 184 Abs. 2 zu erstatten. Die Regelung enthält eine eigenständige Ermächtigungsgrundlage, ohne dass es der Aufhebung des Bescheides über das Insolvenzgeld bedarf oder **Vertrauensschutz** zu prüfen wären. 5

§ 185 Höhe

(1) Insolvenzgeld wird in Höhe des Nettoarbeitsentgelts geleistet, das sich ergibt, wenn das auf die monatliche Beitragsbemessungsgrenze (§ 341 Abs. 4) begrenzte Bruttoarbeitsentgelt um die gesetzlichen Abzüge vermindert wird.

(2) Ist der Arbeitnehmer
1. im Inland einkommensteuerpflichtig, ohne daß Steuern durch Abzug vom Arbeitsentgelt erhoben werden oder
2. im Inland nicht einkommensteuerpflichtig und unterliegt das Insolvenzgeld nach den für ihn maßgebenden Vorschriften nicht der Steuer,

ist das Arbeitsentgelt um die Steuern zu vermindern, die bei Einkommensteuerpflicht im Inland durch Abzug vom Arbeitsentgelt erhoben würden.

A. Nettoarbeitsentgelt

Die Höhe des Insolvenzgeldes wird durch das um die gesetzlichen Abzüge verminderte Bruttoarbeitsentgelt bestimmt, also dem Nettoarbeitsentgelt, allerdings begrenzt durch die monatliche Beitragsbemessungsgrenze. Die Beitragsbemessungsgrenze ist die **Beitragsbemessungsgrenze** der allgemeinen gesetzlichen Rentenversicherung (§ 341 Abs. 4) nach § 159 SGB VI. Diese wird jährlich durch Rechtsverordnung für die Zeit ab dem 1. Januar des Folgejahres festgelegt (§ 160 SGB VI) und beträgt im Jahr 2010 (monatlich) 5.500 Euro in den alten und 4.650 Euro in den neuen Bundesländern und im Jahr 2011 5.500 Euro bzw. 4.800 Euro. Die Begrenzung durch die Beitragsbemessungsgrenze wurde erst mWv. 1. 1. 2004 eingeführt (BGBl. I S. 2848; vgl. auch Übergangsregelung § 434j Abs. 12 Nr. 5 SGB III). Bei der Bemessung des Insolvenzgeldes ist die monatliche Beitragsbemessungsgrenze noch nicht zu berücksichtigen, wenn der Insolvenzgeld-Zeitraum im Jahr 2003 liegt, das Insolvenzereignis aber schon im Jahr 2004 (BSG 5. 12. 2006 – B 11a AL 19/05 R – SozR 4-4300 § 183 Nr. 7). 1

Anders als beim Arbeitslosengeld (§§ 129, 133) wird das Nettoentgelt nicht pauschaliert, sondern in der Höhe gezahlt, in der es auch der Arbeitgeber für den Insolvenzzeitraum hätte zahlen müssen (zu dem im Insolvenzgeldzeitraum zu berücksichtigenden Arbeitsentgelt vgl. § 183 Rn. 26–45). Bei Gewährung von Insolvenzausfallgeld besteht kein Anspruch des Arbeitnehmers gegen die AA auf 2

Coseriu

Rückübertragung der (nach § 187 S. 1 übergegangenen) steuerlichen **Bruttorestlohnforderung** (BSG 20. 6. 2001 – B 11 AL 97/00 R – SozR 3–4100 § 141m Nr. 3).

3   Auf Verlangen der AA hat der Insolvenzverwalter eine entsprechende **Insolvenzgeldbescheinigung** auszustellen, deren Inhalt § 314 Abs. 1 regelt. Ist das Insolvenzverfahren nicht eröffnet worden, trifft den Arbeitgeber diese Pflicht. In der Bescheinigung sind die Höhe des Arbeitsentgelts für die letzten der Eröffnung des Insolvenzverfahrens vorausgehenden drei Monate des Arbeitsverhältnisses sowie die Höhe der gesetzlichen Abzüge und der zur Erfüllung der Ansprüche auf Arbeitsentgelt erbrachten Leistungen zu bescheinigen. Das Gleiche gilt hinsichtlich der Höhe von Entgeltteilen, die gemäß § 1 Abs. 2 Nr. 3 BetrAVG umgewandelt und vom Arbeitgeber nicht an den Versorgungsträger abgeführt worden sind. Daneben ist auch zu bescheinigen, inwieweit die Ansprüche auf Arbeitsentgelt gepfändet, verpfändet oder abgetreten sind. Wegen des öffentlich-rechtlichen Charakters der Insolvenzgeldbescheinigung ist ein Streit über deren Richtigkeit ausschließlich vor den Gerichten der Sozialgerichtsbarkeit in dem Streit um das Insolvenzgeld zu klären.

B. Fiktiver Steuerabzug

4   Ist der Arbeitnehmer im Inland einkommensteuerpflichtig, ohne dass Steuern durch Abzug vom Arbeitsentgelt erhoben werden, ist das Arbeitsentgelt um die **fiktiv** zu ermittelnden Steuern zu vermindern. Diese Sonderregelung betrifft etwa Gesellschafter einer OHG oder KG, deren Einkünfte steuerrechtlich nach § 15 Abs. 1 Nr. 2 EStG Einkünfte aus Gewerbebetrieb sind und nicht dem Lohnsteuerabzugsverfahren unterliegen. Gleiches gilt auch für Arbeitnehmer, die im Inland nicht einkommensteuerpflichtig sind, wenn das Insolvenzgeld nach den für ihn maßgebenden Vorschriften nicht der Steuer unterliegt. Hier ist ebenfalls die bei Einkommensteuerpflicht im Inland festzusetzende Steuer fiktiv zu ermitteln und vom Arbeitsentgelt in Abzug zu bringen. Betroffen sind Arbeitnehmer, die als Grenzgänger im Geltungsbereich des SGB III beschäftigt sind. Die Sonderregelung gilt allerdings nicht, wenn das an diese Arbeitnehmer auszuzahlende Insolvenzgeld im Ausland ohnehin zu versteuern ist. Ist das von einem Arbeitnehmer im Ausland erzielte Arbeitseinkommen sowohl im Inland als auch im Ausland steuerfrei, so ist das Insolvenzgeld nicht um einen fiktiven Steueranteil zu kürzen (BSG 27. 6. 1985 – 10 RAr 16/84 – SozR 4100 § 141d Nr. 1).

§ 186 Vorschuß

¹Die Agentur für Arbeit kann einen Vorschuß auf das Insolvenzgeld erbringen, wenn
1. die Eröffnung des Insolvenzverfahrens über das Vermögen des Arbeitgebers beantragt ist,
2. das Arbeitsverhältnis beendet ist und
3. die Voraussetzungen für den Anspruch auf Insolvenzgeld mit hinreichender Wahrscheinlichkeit erfüllt werden.

²Die Agentur für Arbeit bestimmt die Höhe des Vorschusses nach pflichtgemäßem Ermessen. ³Der Vorschuß ist auf das Insolvenzgeld anzurechnen. ⁴Er ist zu erstatten, soweit ein Anspruch auf Insolvenzgeld nicht oder nur in geringerer Höhe zuerkannt wird.

A. Vorschuss

1   Anders als bei § 42 Abs. 1 SGB I muss für den Vorschuss nach § 186 keine Feststellung darüber getroffen werden, dass der **Anspruch dem Grunde nach** gegeben ist, vielmehr genügt es für die Anwendung des § 186, dass die Voraussetzungen für den Anspruch auf Insolvenzgeld mit hinreichender Wahrscheinlichkeit in Zukunft, also vor Eintritt des Insolvenzereignisses, erfüllt werden. Erforderlich ist aber, dass die Eröffnung des Insolvenzverfahrens über das Vermögen des Arbeitgebers schon beantragt und das Arbeitsverhältnis beendet (nicht nur gekündigt) ist. Der Vorschuss dient dazu, den Lebensunterhalt des Arbeitnehmers zu sichern, solange eine abschließende Entscheidung noch nicht möglich ist, weil über den Antrag auf Eröffnung des Insolvenzverfahrens noch nicht entschieden worden ist.

2   Ein Antrag auf Zahlung von Insolvenzgeld ist nicht Voraussetzung für den Vorschuss nach § 186, zumal mangels Insolvenzereignis ein solcher zunächst erfolglos wäre. Erforderlich ist aber ein zumindest formloser Antrag auf Gewährung des Vorschusses. **Hinreichende Wahrscheinlichkeit** iSd. § 186 S. 1 Nr. 3 SGB III bedeutet nicht, dass ein deutliches Übergewicht dafür sprechen müsste, dass die Voraussetzungen für den Anspruch auf Insolvenzgeld erfüllt werden. Es genügt vielmehr, dass mehr für als gegen einen solchen Anspruch spricht.

3   Ein Vorschuss scheidet nach dem Wortlaut der Vorschrift aus, wenn der Anspruch auf Insolvenzgeld auf dem Insolvenzereignis des § 183 Abs. 1 S. 1 Nr. 3 beruht, weil dieses voraussetzt, dass ein Insolvenzantrag gerade nicht gestellt ist. In diesen Fällen bleibt dem Arbeitnehmer aber die Möglichkeit, einen **Vorschuss nach § 42 Abs. 1 SGB I** zu beantragen, der neben der spezialgesetzlichen Regelung des § 186 Anwendung findet. Im Gegensatz zu § 186 SGB III hat der Arbeitnehmer einen Anspruch auf die Vorschusszahlung nach § 42 Abs. 1 SGB I aber nur, wenn er diese beantragt und der Anspruch auf Insolvenzgeld dem Grunde nach besteht, das Insolvenzereignis also bereits eingetreten ist. Ist das Arbeitsverhältnis noch nicht beendet, scheidet ein Vorschuss auf das zu erwartende Insolvenzgeld nach § 186 aus. Da ein Anspruch auf Insolvenzgeld aber dem Grunde nach gegeben sein kann, bleibt dem Arbeitnehmer auch in diesem Fall die Möglichkeit, einen Vorschuss nach § 42 Abs. 1 SGB I zu beantragen, wenn die Voraussetzungen für das Insolvenzgeld vorliegen.

Die **vorläufige Zahlung** von Insolvenzgeld vor tatsächlichem Eintritt des Insolvenzereignisses **4** kommt – trotz vorläufigen Insolvenzverwalters und der Möglichkeit, den Eintritt des Insolvenzereignisses im Voraus festzulegen – nach § 328 Abs. 1 S. 1 Nr. 3 nicht in Betracht, weil diese Regelung – anders als § 186 – nicht vorläufige Leistungen für zukünftige (vor Eintritt des Insolvenzereignisses) Ansprüche vorsieht (LSG NRW 12. 4. 2000 – L 12 AL 164/99 – NZS 2000, 624). Ist das Insolvenzereignis aber bereits eingetreten und besteht der Anspruch mit hinreichender Wahrscheinlichkeit, kann § 328 Abs. 1 S. 1 Nr. 3 zur Anwendung gelangen.

B. Ermessen

Die AA entscheidet bei Vorliegen der Voraussetzungen für einen Vorschuss gem. § 186 nach **5** pflichtgemäßem Ermessen. Das Ermessen erstreckt sich nicht nur auf das „Ob" der Leistung, sondern nach § 186 S. 2 auch ausdrücklich auf deren Höhe. Die AA wird bei der Ausübung des **Entschließungsermessens** insbesondere die wirtschaftliche Situation des Arbeitnehmers zu berücksichtigen haben, beim **Auswahlermessen** daneben vor allem die zu erwartende Höhe des Insolvenzgeldes und den Grad der Wahrscheinlichkeit bezogen auf die Voraussetzungen für den Anspruch auf Insolvenzgeld. Eine Insolvenzgeldbescheinigung nach § 314 SGB III kann vom Arbeitgeber vor Eintritt des Insolvenzereignisses nicht gefordert werden. Die AA wird bei der Ermittlung der Höhe des vermuteten Arbeitsentgeltausfalls von den Angaben des Antragstellers und der von ihm vorgelegten Unterlagen (Lohnbescheinigungen), ggf. auch von etwaigen Angaben des Arbeitgebers und des Betriebsrats auszugehen haben. Liegen die tatbestandsmäßigen Voraussetzungen nach § 186 Abs. 1 SGB III vor, ist nach den Durchführungsanweisungen der BA (DA SGB III § 186 Nr. 1) in aller Regel die Ermessensentscheidung zugunsten des Antragstellers zu treffen.

C. Erstattung

Der geleistete Vorschuss ist zu erstatten, soweit dem Arbeitnehmer ein Anspruch auf Insolvenzgeld **6** tatsächlich nicht oder nicht in der durch Vorschuss gewährten Höhe zustand. § 186 S. 4 regelt einen **eigenständigen Erstattungsanspruch.** Einer Aufhebung des Vorschussbescheides bedarf es nicht. Das gilt unabhängig davon, ob der Vorschuss ursprünglich zu Recht bewilligt wurde oder nicht (LSG Berlin-Brandenburg 13. 7. 2006 – L 12 AL 68/04). Der Vorschussbescheid erledigt sich auf andere Weise (§ 39 Abs. 2 SGB X) mit Erlass des (endgültigen) Bescheides, der ein geringeres Insolvenzgeld festsetzt oder den Insolvenzgeldantrag gleichzeitig ablehnt. Vertrauensschutzgesichtspunkte sind bei der Erstattung nach § 186 S. 4 nicht zu prüfen.

Wird nach Stellen eines Insolvenzeröffnungsantrages dieser wieder zurückgenommen, tritt eine für **7** den Erlass des Vorschussbescheides **wesentliche Änderung** iSv. § 48 SGB X ein, die eine Rücknahme nach dieser Vorschrift aber nicht rechtfertigt. Liegt mit der Rücknahme des Antrages das Insolvenzereignis des § 183 Abs. 1 S. 1 Nr. 3 (vgl. dazu BSG 30. 10. 1991 – 10 RAr 3/91 – SozR 3–4100 § 141b Nr. 3 = BSGE 70, 9) vor, muss ein endgültiger Bescheid ergehen und Erstattung nach § 186 S. 4 verlangt werden, soweit das zu zahlende Insolvenzgeld geringer ist als der Vorschuss. Wäre ein Insolvenzgeldantrag nach Rücknahme des Antrages abzulehnen, ist der gesamte Betrag nach § 186 S. 4 zu erstatten.

§ 187 Anspruchsübergang

¹Ansprüche auf Arbeitsentgelt, die einen Anspruch auf Insolvenzgeld begründen, gehen mit dem Antrag auf Insolvenzgeld auf die Bundesagentur über. ²§ 183 Abs. 1 Satz 5 gilt entsprechend. ³Die gegen den Arbeitnehmer begründete Anfechtung nach der Insolvenzordnung findet gegen die Bundesagentur statt.

A. Anspruchsübergang

Die Ansprüche auf Arbeitsentgelt, die den Anspruch auf Insolvenzgeld begründen, gehen nach **1** § 187 SGB III bereits mit der Antragstellung, nicht erst mit der Entscheidung über das Insolvenzgeld,

kraft Gesetzes auf die BA über, so dass diese mit Stellung des Antrages insoweit in die Rechte des Arbeitnehmers eintritt und die Ansprüche gegenüber dem Arbeitgeber oder als Insolvenzforderung (§ 38 InsO) geltend machen kann. Sie kann auch selbst einen Antrag auf Eröffnung des Insolvenzverfahrens stellen. Liegen die Voraussetzungen des § 613a BGB vor, können die auf die BA übergegangenen Ansprüche gegen den Übernehmer des Betriebes oder Betriebsteiles geltend gemacht werden. Der Anspruchsübergang erfolgt in dem Umfang, in dem er später durch die Entscheidung der AA konkretisiert wird.

2   Auch der **Lohnsteueranteil** am Bruttoarbeitslohn geht auf die BA über, obwohl diese an den Arbeitnehmer nur Insolvenzgeld in Höhe des Nettolohns (§ 185 Abs. 1) leistet (BAG 11. 2. 1998 – 5 AZR 159/97 – BAG AP Nr. 19 zu § 611 BGB Lohnanspruch). Denn anders als die Regelung des § 115 SGB X, wonach der Arbeitsentgeltanspruch (nur) „bis zur Höhe der erbrachten Sozialleistung" übergeht, sieht § 187 einen solchen beschränkten Forderungsübergang nicht vor. Bei Zahlung von Insolvenzgeld besteht auch kein Anspruch des Arbeitnehmers gegen die BA auf Rückübertragung der steuerlichen Bruttorestlohnforderung (BSG 31. 8. 2000 – B 11 AL 97/00 – SozR 3–4100 § 141 m Nr. 3).

3   § 187 kommt auch dann zur Anwendung, wenn **kein Anspruch** auf Insolvenzgeld besteht (BSG 17. 7. 1979 – 12 RAr 15/78 – SozR 4100 § 141b Nr. 11 = BSGE 48, 269) oder der Arbeitnehmer die Antragsfrist des § 324 Abs. 3 (schuldhaft) versäumt und sein Antrag ohnedies abzulehnen ist. Ansprüche fallen aber (ex tunc) in dem Umfang an den Arbeitnehmer zurück, in dem der Antrag auf Insolvenzgeld bestandskräftig abgelehnt wird. Die bestandskräftige Ablehnung des Antrages ist insoweit **auflösende Bedingung** für den Forderungsübergang (vgl. auch BSG 17. 7. 1979 – 12 RAr 15/78 – SozR 4100 § 141b Nr. 11 = BSGE 48, 269). Ein Forderungsübergang erfolgt auch, wenn der Antrag vor Eintritt des Insolvenzereignisses gestellt wird. Die BA kann in einem solchen Fall während des Insolvenzverfahrens mit dem auf sie übergegangenen Arbeitsentgeltanspruch gegen einen Beitragserstattungsanspruch aufrechnen (BSG 15. 12. 1994 – 12 RK 69/93 – SozR 3–2400 § 28 Nr. 2 = BSGE 75, 283).

4   Hat der Arbeitnehmer bereits vor Stellung des Insolvenzgeldantrages wegen offener Arbeitsentgeltansprüche, die einen Anspruch auf Insolvenzgeld begründen, Klage erhoben, hat der nachfolgende Anspruchsübergang nach § 265 Abs. 2 S. 1 ZPO keinen Einfluss auf den Prozess. Der Arbeitnehmer behält weiterhin seine Prozessführungsbefugnis und darf den Rechtsstreit als Partei im eigenen Namen als **Prozessstandschafter** weiterführen, muss dem Klageantrag aber ändern und Leistung an die BA verlangen. Wird die Klage erst nach Forderungsübergang erhoben, fehlt dem Arbeitnehmer hingegen die Aktivlegitimation zur Führung des arbeitsgerichtlichen Prozesses. Die BA hat den Arbeitsentgeltanspruch in eigenem Namen vor dem Arbeitsgericht geltend zu machen. Die Geltendmachung tariflicher Ausschlussfristen verstößt dabei gegen den Grundsatz von Treu und Glauben, wenn der Arbeitgeber den Arbeitsentgeltanspruch durch die Insolvenzbescheinigung nach § 314 bereits anerkannt hat.

5   Erstreitet ein Arbeitnehmer über seine Arbeitsentgeltforderung ein rechtskräftiges Urteil gegen den Arbeitgeber, dann gehen gem. **§ 325 Abs. 1 ZPO** die Rechte aus diesem Urteil mit dem Anspruchsübergang nach § 187 auf die BA über. Hierdurch kann diese jedoch nicht verpflichtet werden, auch ihrer Beurteilung des Insolvenzgeldanspruchs ohne eigene Prüfung das rechtskräftige arbeitsgerichtliche Urteil zugrunde zu legen. Dies gilt sowohl hinsichtlich der Höhe als auch des Grundes des Arbeitsentgeltanspruchs (BSG 9. 5. 1995 – 10 RAr 5/94 – SozR 3–4100 § 141b Nr. 15).

6   Der Anspruch auf Insolvenzgeld steht, soweit der Anspruch des Arbeitnehmers auf Arbeitsentgelt infolge Zahlung von Arbeitslosengeld auf die BA als Träger der Arbeitslosenversicherung gem. § 143 Abs. 3, § 115 SGB X **(Gleichwohlgewährung)** übergegangen ist, entsprechend § 187 dieser und nicht dem Arbeitnehmer zu (BSG 24. 6. 1986 – 7 RAr 4/85 – BSGE 60, 168 = SozR 4100 § 117 Nr. 16). Dem Arbeitnehmer verbleibt hiernach das Insolvenzgeld nur, soweit auch der Anspruch auf Arbeitsentgelt ihm verblieben ist, dh. abzüglich eines Betrages in Höhe des Arbeitslosengeldes.

B. Anfechtung nach der InsO

7   Mit dem Anspruchsübergang muss die BA auch die gegen den Arbeitnehmer begründete Anfechtung von Rechtshandlungen, die vor der Insolvenzeröffnung vorgenommen worden sind und die Insolvenzgläubiger **benachteiligen** (§§ 127 ff. InsO), gegen sich gelten lassen. Hat die AA Insolvenzgeld vor wirksamer Insolvenzanfechtung an den Arbeitnehmer gezahlt, hat sie einen Erstattungsanspruch nach § 184 Abs. 2.

§ 188 Verfügungen über das Arbeitsentgelt

(1) **Soweit der Arbeitnehmer vor seinem Antrag auf Insolvenzgeld Ansprüche auf Arbeitsentgelt einem Dritten übertragen hat, steht der Anspruch auf Insolvenzgeld diesem zu.**

(2) Von einer vor dem Antrag auf Insolvenzgeld vorgenommenen Pfändung oder Verpfändung des Anspruchs auf Arbeitsentgelt wird auch der Anspruch auf Insolvenzgeld erfaßt.

(3) Die an den Ansprüchen auf Arbeitsentgelt bestehenden Pfandrechte erlöschen, wenn die Ansprüche auf die Bundesagentur übergegangen sind und sie Insolvenzgeld an den Berechtigten erbracht hat.

(4) ¹**Der neue Gläubiger oder Pfandgläubiger hat keinen Anspruch auf Insolvenzgeld für Ansprüche auf Arbeitsentgelt, die ihm vor dem Insolvenzereignis ohne Zustimmung der Agentur für Arbeit zur Vorfinanzierung der Arbeitsentgelte übertragen oder verpfändet wurden.** ²**Die Agentur für Arbeit darf der Übertragung oder Verpfändung nur zustimmen, wenn Tatsachen die Annahme rechtfertigen, daß durch die Vorfinanzierung der Arbeitsentgelte ein erheblicher Teil der Arbeitsplätze erhalten bleibt.**

A. Übertragung auf Dritte

Hat der Arbeitnehmer Ansprüche auf Arbeitsentgelt einem Dritten übertragen, bevor er einen Antrag auf Insolvenzgeld gestellt hat, steht der Anspruch auf Insolvenzgeld dem Dritten in dem Umfang zu, in dem die Übertragung der Forderung erfolgt ist. Die Vorschrift sichert damit die **Akzessorität** zwischen Entgeltanspruch und dem Anspruch auf Insolvenzgeld bis zur Stellung des Insolvenzgeldantrages. Mit der Stellung des Insolvenzgeldantrages geht der Anspruch dann auf die BA kraft Gesetzes über (§ 187 S. 1). 1

Übertragen wird ein Anspruch auf Arbeitsentgelt durch **Abtretung** (§§ 398 ff. BGB) oder kraft gesetzlichen Forderungsübergangs (zB § 115 SGB X; BSG 23. 2. 1988 – 10 RAr 15/87 – SozR 4100 § 141k Nr. 4). Die Vorschrift erfasst nur die Fälle, in denen der Arbeitnehmer seine nicht erfüllten Ansprüche auf Arbeitsentgelt vor Stellung des Antrags auf Insolvenzgeld bereits wirtschaftlich verwertet hat. Der Gesetzgeber wollte dem Arbeitnehmer die Möglichkeit geben, sich durch Abtretung seines Entgeltanspruchs eine entsprechende unterhaltssichernde Leistung eines Dritten zu verschaffen, indem er dem neuen Inhaber der Entgeltforderung einen eigenen Anspruch auf Insolvenzgeld einräumt. Deshalb ist § 188 bei der Gesamtrechtsnachfolge nach § 1922 BGB bzw. der Sonderrechtsnachfolge nach § 56 SGB I nicht anwendbar. Verstirbt der Arbeitnehmer vor dem Insolvenzereignis, so steht seinen Gesamt- oder Sonderrechtsnachfolgern also kein Anspruch auf Insolvenzgeld zu (BSG 11. 3. 1987 – 10 RAr 1/86 – SozR 4100 § 141 Nr. 1). 2

Bei der Abtretung gelten die allgemeinen Vorschriften der §§ 398 ff. BGB. Zwar ist die Abtretung grundsätzlich auf den pfändbaren Teil des Arbeitsentgelts beschränkt (§ 400 BGB iVm. §§ 850 ff. ZPO), die Beschränkung gilt nach Sinn und Zweck der Vorschrift aber nur, wenn der Schutz des Zedenten dies erfordert. Dies ist zu verneinen, wenn der Zedent vom Zessionar eine wirtschaftlich **gleichwertige Leistung** erhält, die das ausstehende Arbeitsentgelt „ersetzt" (Palandt/*Grüneberg* § 400 Rn. 3), etwa bei einem Forderungskauf. Eine Vorfinanzierung des Insolvenzgeldes durch ein Kreditinstitut in der Weise, dass es dem Arbeitnehmer ein **Darlehen** in Höhe des Nettoarbeitsentgelts gewährt und sich zur Absicherung die Ansprüche auf Arbeitsentgelt abtreten lässt (sogenanntes Kreditierungsverfahren), stellt hingegen keine wirtschaftlich gleichwertige Leistung dar (BSG 8. 4. 1992 – 10 RAr 12/91 – SozR 3–4100 § 141k Nr. 1 = BSGE 70, 265). Entsprechendes gilt nach § 412 BGB beim gesetzlichen Forderungsübergang (so wohl BSG 23. 2. 1988 – 10 RAr 15/87 – SozR 4100 § 141k Nr. 4, ohne dies zu problematisieren). 3

Ist die Abtretung des Arbeitsentgeltanspruchs durch Vereinbarung (Arbeitsvertrag, Betriebsvereinbarung, Tarifvertrag) ausgeschlossen, ist sie nach § 399 BGB unwirksam und gehört weiterhin dem Zedenten, es sei denn, der Schuldner stimmt zu oder genehmigt die Zession. Eine Zahlung des Arbeitsentgeltes bei **unwirksamer Abtretung** an den Zessionar kann nur unter den Voraussetzungen des § 409 BGB mit befreiender Wirkung geschehen. Da § 399 BGB dem Schuldnerschutz und nicht wie § 400 BGB dem Schutz des Zedenten dient, kommt es für dessen Anwendung nicht darauf an, ob der Zedent eine wirtschaftlich gleichwertige Leistung erhält. § 399 BGB gilt nach § 412 BGB auch für den gesetzlichen Forderungsübergang (vgl. aber BAG 2. 6. 1966 – 2 AZR 322/65 – NJW 66, 1727). 4

Bei unwirksamer Abtretung hat der Arbeitgeber die Vergütung weiterhin an den Arbeitnehmer auszuzahlen. Zahlt er trotz unwirksamer Abtretung an den Dritten, wird er davon nicht von seiner Leistungspflicht gegenüber dem Arbeitnehmer frei, es sei denn, er hat sich eine Abtretungsurkunde vorlegen lassen (§ 409 BGB; vgl. zur Anwendbarkeit des § 407 BGB zugunsten der BA bei Zahlung von Insolvenzgeld an den Arbeitnehmer trotz Anspruchsübergang Rn. 9). 5

Wird der Arbeitsentgeltanspruch vor Stellung des Insolvenzgeldantrages (wirksam) abgetreten und zahlt die BA in **Unkenntnis des Forderungsübergangs** das Insolvenzgeld an den Arbeitnehmer, muss der Zessionar dies in entsprechender Anwendung des § 407 Abs. 1 BGB gegen sich gelten lassen (aA für den Fall, dass bei der Übertragung des Arbeitsentgeltanspruchs das Insolvenzereignis noch nicht eingetreten ist: Schmidt in NK-SGB III, § 188 Rn. 9). § 407 BGB findet gem. § 412 BGB 6 darüber hinaus auch bei der Legalzession und bei Pfändungen des Entgeltanspruches nach § 835 ZPO (Palandt/*Grüneberg* § 412 Rn. 1) Anwendung.

B. Pfandrecht

7   Dritte können die Auszahlung des dem Arbeitnehmer zustehenden Insolvenzgeldes an sich auch insoweit verlangen, als sie an dem Arbeitsentgeltanspruch des Arbeitnehmers vor Stellung des Insolvenzgeldantrages ein **Pfandrecht** erworben haben und aufgrund dieses Pfandrechts zur Einziehung des gepfändeten Teils des Insolvenzgeldanspruchs berechtigt sind (vgl. § 188 Abs. 2 SGB III). Ein Pfandrecht an dem Anspruch des Arbeitnehmers auf Arbeitsentgelt erfasst also auch den Anspruch auf Insolvenzgeld.

Das Pfandrecht entsteht durch **Verpfändung** (§§ 1273 ff. BGB) oder durch **Pfändung** (Pfändungsbeschluss des Vollstreckungsgerichts gem. § 829 ZPO) des Arbeitsentgeltanspruchs. Ist der Dritte Gläubiger eines vertraglichen Pfandrechts, ist er zur Einziehung des Insolvenzgeldes in Höhe des Pfandrechts berechtigt, wenn die Fälligkeit der durch das Pfandrecht gesicherten Forderung eingetreten ist (§ 1282 BGB). Vor Fälligkeit der gesicherten Forderung darf die AA nur an den Arbeitnehmer und den Dritten gemeinschaftlich leisten (§ 1281 BGB). Ist der Dritte Gläubiger eines Pfändungspfandrechts, ist er zur Einziehung des Insolvenzgeldes in Höhe des Pfändungspfandrechts berechtigt, wenn ein entsprechender Pfändungs- und Überweisungsbeschluss des Vollstreckungsgerichts gem. § 835 Abs. 1 ZPO vorliegt.

8   Die Verpfändung der Arbeitsentgeltforderung ist nur wirksam, wenn der Gläubiger sie dem Schuldner anzeigt (§ 1280 BGB). Die Pfändung nach § 829 wird erst durch die Zustellung des Pfändungs- und Überweisungsbeschlusses durch den Gläubiger an den Drittschuldner bewirkt (vgl. § 829 Abs. 2 und 3 ZPO). Zahlt die BA in **Unkenntnis** der Pfändung oder Verpfändung des Entgeltanspruchs das Insolvenzgeld an den Arbeitnehmer aus, ist § 407 BGB entsprechend anwendbar, obwohl das Pfandrecht den Insolvenzgeldanspruch umfasst.

9   Die an den Ansprüchen auf Arbeitsentgelt bestehenden Pfandrechte erlöschen nach § 188 Abs. 3, wenn die Arbeitsentgeltansprüche auf Grund der Antragstellung auf die BA übergegangen sind und sie Insolvenzgeld an den Berechtigten (Gläubiger, es sei denn sie zahlt mit **befreiender Wirkung** analog § 407 BGB an den Arbeitnehmer) erbracht hat. Hat die BA allerdings mit befreiender Wirkung gemäß § 407 BGB an den Nichtberechtigten gezahlt, bleibt das Pfandrecht an dem Arbeitsentgeltanspruch bestehen (Niesel/*Krodel*, SGB III, § 188 Rn. 12).

C. Vorfinanzierung des Insolvenzgeldes

10   Um einerseits arbeitsplatzerhaltende Sanierungen beteiligter Gläubigerbanken und Unternehmen durch eine Vorfinanzierung der Arbeitsentgelte zu ermöglichen, andererseits aber eine missbräuchliche Inanspruchnahme der Insolvenzgeld-Versicherung zu verhindern, besteht ein Anspruch auf Insolvenzgeld aus einem **vor dem Insolvenzereignis** zur Vorfinanzierung übertragenen oder verpfändeten Anspruch auf Arbeitsentgelt nur dann, wenn die AA der Übertragung oder Verpfändung nach § 188 Abs. 4 zugestimmt hat.

11   Der Anspruch auf Insolvenzgeld ist nach § 188 Abs. 4 ausgeschlossen, wenn Gläubiger oder Pfandgläubiger die Arbeitsentgelte vor dem Insolvenzereignis (der Eröffnung des Insolvenzverfahrens bzw. vor der Abweisung des Antrages mangels Masse) gegen Abtretung (vertragliche Übertragung, § 398 BGB) oder Verpfändung (§§ 1273, 1274, 1279 BGB) der Entgeltansprüche **ohne Zustimmung** der AA vorfinanzieren. Kennzeichnend für Vorfinanzierungen iSv. § 184 Abs. 4 ist, dass die Arbeitnehmer möglichst geschlossen (zum Zwecke der Aufrechterhaltung der Betriebsgemeinschaft) zur befristeten Weiterarbeit angehalten werden, wobei die Initiative zur Vorfinanzierung idR von vorläufigen Insolvenzverwaltern, aber auch von Gläubigern des Unternehmens ausgeht. Den Arbeitnehmern steht deshalb typischerweise auch nur ein Vorfinanzierender gegenüber.

12   Der Verfügung des Arbeitnehmers über seine Ansprüche auf Arbeitsentgelt liegt dabei entweder ein Kaufvertrag oder ein Darlehensvertrag zugrunde. Bei einem **Kaufvertrag** verpflichtet sich der Arbeitnehmer, seine fälligen (oder auch künftigen) Forderungen auf Arbeitsentgelt gegen den Arbeitgeber an den Vorfinanzierenden zu übertragen. Bei einem **Darlehen** verpflichtet sich der Vorfinanzierende dem Arbeitnehmer gegenüber zur Gewährung eines Kredits in Höhe des fälligen oder künftigen insolvenzgeldfähigen Nettoentgelts gegen Abtretung der Ansprüche auf Arbeitsentgelt; sind Zinsen ausbedungen, werden diese in aller Regel nicht vom Arbeitnehmer getragen, sondern vom Arbeitgeber oder von dem für dessen Rechnung Handelnden (zB vorläufiger Insolvenzverwalter). Bei einem Darlehen können die Arbeitsentgeltansprüche nach § 400 BGB allerdings nur übertragen werden, soweit sie auch pfändbar sind (BSG 8. 4. 1992 – 10 RAr 12/91 – SozR 3–4100 § 141k Nr. 1 = BSGE 70, 265).

13   Wird von der AA die **Zustimmung** zur Vorfinanzierung der Arbeitsentgelte erteilt, steht der Anspruch auf das Insolvenzgeld dem Vorfinanzierenden zu. Die Zustimmung (Verwaltungsakt) darf nur

erteilt werden, wenn Tatsachen die Annahme rechtfertigen, dass durch die Vorfinanzierung der Entgelte ein erheblicher Teil der Arbeitsplätze erhalten bleibt. Dies setzt eine positive Prognoseentscheidung der AA über den erheblichen Erhalt von Arbeitsplätzen im Rahmen eines Sanierungsversuches voraus. Ist die Prognose positiv, muss die Zustimmung erteilt werden. Die AA hat insoweit kein Ermessen. Das Zustimmungserfordernis ermöglicht es der AA, frühzeitig in Sanierungsbemühungen eingebunden zu werden. Die Zustimmung nach § 188 Abs. 4 kann sowohl im Sinne einer vorherigen Einwilligung als auch als nachträgliche Genehmigung (vgl. §§ 183, 184 BGB) erteilt werden. Die Zustimmungserklärung kann daher auch noch nach der Übertragung der Arbeitsentgeltansprüche jedenfalls bis zum Eintritt des Insolvenzereignisses erfolgen. Wird die Zustimmung erteilt, kann die Vorfinanzierung der Arbeitsentgelte auch für diejenigen Arbeitnehmer erfolgen, deren Arbeitsplätze nicht erhalten werden können.

Um die erforderliche **Prognoseentscheidung** im Sinne des § 188 Abs. 4 treffen zu können, müssen Tatsachen die Annahme rechtfertigen, dass durch die Vorfinanzierung der Arbeitsentgelte ein erheblicher Teil der Arbeitsplätze erhalten bleibt. Beurteilungsgrundlage sind die wirtschaftliche Lage des Schuldners und die Verhältnisse seines Unternehmens, wie sie sich im Zeitpunkt der Entscheidung über die Zustimmung zur Vorfinanzierung darstellen bzw. zukünftig abzeichnen. Auch Indizien können in die Prognoseentscheidung einbezogen werden. Solche Tatsachen oder Indizien können ein Konzept zur Rationalisierung oder zur Umstrukturierung und Verminderung der Produktionskosten, ein Übernahmeangebot, eine Stellungnahme des vorläufigen Insolvenzverwalters mit nachvollziehbar günstiger Prognose für die Fortführung des Unternehmens etc. sein. Wann von einem „erheblichen Teil der Arbeitsplätze" auszugehen ist, hängt von dem jeweils zu beurteilenden Einzelfall ab. In der Regel kann insoweit aber auf § 112a Abs. 1 BetrVG zurückgegriffen werden. Die Prognoseentscheidung ist gerichtlich voll nachprüfbar, der AA ist insoweit **kein Beurteilungsspielraum** eingeräumt. 14

§ 188 Abs. 4 lässt den Schutz, der für den einzelnen Arbeitnehmer durch die Sozialversicherung besteht, im Falle einer **individuellen Vorfinanzierung** grundsätzlich unberührt; die Arbeitnehmer können sich also nach wie vor (ggf. auch auf Empfehlung des vorläufigen Insolvenzverwalters) individuell ihre Ansprüche auf Arbeitsentgelt vor der Eröffnung des Insolvenzverfahrens vorfinanzieren lassen (§ 188 Abs. 1). 15

§ 189 Verfügungen über das Insolvenzgeld

¹Nachdem das Insolvenzgeld beantragt worden ist, kann der Anspruch auf Insolvenzgeld wie Arbeitseinkommen gepfändet, verpfändet oder übertragen werden. ²Eine Pfändung des Anspruchs vor diesem Zeitpunkt wird erst mit dem Antrag wirksam.

A. Übertragung und Verpfändung

§ 189 trägt der Tatsache Rechnung, dass mit dem Insolvenzgeldantrag der Arbeitsentgeltanspruch auf die BA übergeht und der Anspruch auf Insolvenzgeld quasi (wirtschaftlich) an dessen Stelle tritt und deshalb im Anwendungsbereich des § 189 SGB III wie **Arbeitsentgelt** zu behandeln ist. §§ 53–55 SGB I finden deshalb keine Anwendung (§ 37 SGB I). Nicht ausgeschlossen ist aber § 51 SGB I, weil diese Norm eine ganz andere Zielrichtung (Aufrechnungsmöglichkeiten von Sozialleistungsträgern gegenüber Ansprüchen auf Sozialleistungen) hat (Sächsisches LSG 16. 7. 2009 – L 3 AL 23/07). 1

Der Anspruch auf Insolvenzgeld unterliegt wie Arbeitseinkommen den Pfändungsbeschränkungen der §§ 850ff. ZPO. Dass Insg-Ansprüche nach § 189 S. 1 SGB III grundsätzlich nur „wie Arbeitseinkommen" übertragbar sind und insoweit der **Pfändungsschutz** nach §§ 850ff. ZPO auch im Zusammenhang mit einer Abtretung zu beachten ist (§ 400 BGB), hindert die Wirksamkeit der Abtretung nicht, wenn der Arbeitnehmer schon im Wege der vorangegangenen Vorfinanzierung eine wirtschaftlich gleichwertige Leistung erhalten hat und der den Abtretungsausschluss rechtfertigende Einkommensschutz deshalb bei der anschließenden Zession des Insolvenzgeldes keine Wirkungen mehr entfalten kann (Vorfinanzierungen, die nicht im Wege der Kreditsicherung, sondern mit Hilfe von Forderungskäufen endgültig abgewickelt werden: BSG 1. 7. 2010 – B 11 AL 6/09 R – ZIP 2010, 2215; zur Anwendung des § 400 BGB beim Kreditsicherungsverfahren dagegen BSG 8. 4. 1992 – 10 RAr 12/91 – SozR 3–4100 § 141k Nr. 1 = BSGE 70, 265).

Nach § 189 S. 1 kann der Anspruch auf Insolvenzgeld nach Stellung des Insolvenzgeldantrags wie zuvor der Arbeitsentgeltanspruch (§ 188) selbständig durch Abtretung oder Verpfändung übertragen werden. Dritte können daher nach Antragstellung durch den Arbeitnehmer dessen Anspruch auf Insolvenzgeld unmittelbar erwerben. 2

B. Pfändung vor Antragstellung

Wird der Anspruch auf Insolvenzgeld vor der Antragstellung (aufschiebend bedingt) gepfändet, erfasst die Pfändung den Insolvenzgeldanspruch erst mit dessen Beantragung. Drittschuldner des Insol- 3 venzgeldes (iSd. §§ 829, 845 ZPO) ist die zuständige AA. Bei mehreren Pfändungen vor der Antragstellung gilt das **Prioritätsprinzip**.

§ 189a Datenaustausch und Datenübermittlung

(1) ¹Ist der insolvente Arbeitgeber auch in einem anderen Mitgliedstaat der Europäischen Union tätig, teilt die Bundesagentur dem zuständigen ausländischen Träger von Leistungen bei Zahlungsunfähigkeit des Arbeitgebers das Insolvenzereignis und die im Zusammenhang mit der Erbringung von Insolvenzgeld getroffenen Entscheidungen mit, soweit dies für dessen Aufgabenwahrnehmung erforderlich ist. ²Übermittelt ein ausländischer Träger der Bundesagentur entsprechende Daten, darf sie diese Daten zum Zwecke der Erbringung von Insolvenzgeld nutzen.

(2) Die Bundesagentur ist berechtigt, Daten über geleistetes Insolvenzgeld für jeden Empfänger durch Datenfernübertragung an die in § 32b Absatz 3 des Einkommensteuergesetzes bezeichnete Übermittlungsstelle der Finanzverwaltung zu übermitteln.

1 § 189a Abs. 1 erlaubt den **Austausch von Informationen** zwischen der BA und einem anderen Mitgliedsstaat der EU, die für die Entscheidung über das Insolvenzgeld erforderlich sind. Gem. § 189a Abs. 2 iVm. § 32b Abs. 4 EStG hat die BA die Daten über das im Kalenderjahr gewährte Insolvenzgeld für jeden Empfänger durch Datenfernübertragung an die sog. Clearingstelle der Finanzverwaltung zu übermitteln.

Siebter Unterabschnitt. *(aufgehoben)*

§§ 190–206 *(aufgehoben)*

Achter Unterabschnitt. Ergänzende Regelungen zur Sozialversicherung bei Entgeltersatzleistungen

§ 207 Übernahme und Erstattung von Beiträgen bei Befreiung von der Versicherungspflicht in der Rentenversicherung

(1) ¹Bezieher von Arbeitslosengeld oder Übergangsgeld, die von der Versicherungspflicht in der gesetzlichen Rentenversicherung befreit sind (§ 6 Abs. 1 Satz 1 Nr. 1, § 231 Abs. 1 und Abs. 2 Sechstes Buch), haben Anspruch auf
1. Übernahme der Beiträge, die für die Dauer des Leistungsbezugs an eine öffentlich-rechtliche Versicherungs- oder Versorgungseinrichtung einer Berufsgruppe oder an ein Versicherungsunternehmen zu zahlen sind, und
2. Erstattung der vom Leistungsbezieher für die Dauer des Leistungsbezugs freiwillig an die gesetzliche Rentenversicherung gezahlten Beiträge.

²Freiwillig an die gesetzliche Rentenversicherung gezahlte Beiträge werden nur bei Nachweis auf Antrag des Leistungsbeziehers erstattet.

(2) ¹Die Bundesagentur übernimmt höchstens die vom Leistungsbezieher nach der Satzung der Versicherungs- oder Versorgungseinrichtung geschuldeten oder im Lebensversicherungsvertrag spätestens sechs Monate vor Beginn des Leistungsbezugs vereinbarten Beiträge. ²Sie erstattet höchstens die vom Leistungsbezieher freiwillig an die gesetzliche Rentenversicherung gezahlten Beiträge.

(3) ¹Die von der Bundesagentur zu übernehmenden und zu erstattenden Beiträge sind auf die Höhe der Beiträge begrenzt, die die Bundesagentur ohne die Befreiung von der Versicherungspflicht in der gesetzlichen Rentenversicherung für die Dauer des Leistungsbezugs zu tragen hätte. ²Der Leistungsbezieher kann bestimmen, ob vorrangig Beiträge übernommen oder erstattet werden sollen. ³Trifft der Leistungsbezieher keine Bestimmung, sind die Beiträge in dem Verhältnis zu übernehmen und zu erstatten, in dem die vom Leistungsbezieher zu zahlenden oder freiwillig gezahlten Beiträge stehen.

(4) Der Leistungsbezieher wird insoweit von der Verpflichtung befreit, Beiträge an die Versicherungs- oder Versorgungseinrichtung oder an das Versicherungsunternehmen zu zahlen, als die Bundesagentur die Beitragszahlung für ihn übernommen hat.

§ 207a Übernahme von Beiträgen bei Befreiung von der Versicherungspflicht in der Kranken- und Pflegeversicherung

(1) Bezieher von Arbeitslosengeld, die
1. nach § 6 Abs. 3a des Fünften Buches in der gesetzlichen Krankenversicherung versicherungsfrei oder nach § 8 Abs. 1 Nr. 1a des Fünften Buches von der Versicherungspflicht befreit sind,
2. nach § 22 Abs. 1 des Elften Buches oder nach Artikel 42 des Pflege-Versicherungsgesetzes von der Versicherungspflicht in der sozialen Pflegeversicherung befreit oder nach § 23 Abs. 1 des Elften Buches bei einem privaten Krankenversicherungsunternehmen gegen das Risiko der Pflegebedürftigkeit versichert sind,

haben Anspruch auf Übernahme der Beiträge, die für die Dauer des Leistungsbezugs für eine Versicherung gegen Krankheit oder Pflegebedürftigkeit an ein privates Krankenversicherungsunternehmen zu zahlen sind.

(2) ¹Die Bundesagentur übernimmt die vom Leistungsbezieher an das private Krankenversicherungsunternehmen zu zahlenden Beiträge, höchstens jedoch die Beiträge, die sie ohne die Befreiung von der Versicherungspflicht in der gesetzlichen Krankenversicherung oder in der sozialen Pflegeversicherung zu tragen hätte. ²Hierbei sind zugrunde zu legen
1. für die Beiträge zur gesetzlichen Krankenversicherung der allgemeine Beitragssatz der gesetzlichen Krankenversicherung (§ 241 des Fünften Buches),
2. für die Beiträge zur sozialen Pflegeversicherung der Beitragssatz nach § 55 Abs. 1 Satz 1 des Elften Buches.

(3) Der Leistungsbezieher wird insoweit von seiner Verpflichtung befreit, Beiträge an das private Krankenversicherungsunternehmen zu zahlen, als die Bundesagentur die Beitragszahlung für ihn übernommen hat.

§ 208 Zahlung von Pflichtbeiträgen bei Insolvenzereignis

(1) ¹Den Gesamtsozialversicherungsbeitrag nach § 28d des Vierten Buches, der auf Arbeitsentgelte für die letzten dem Insolvenzereignis vorausgehenden drei Monate des Arbeitsverhältnisses entfällt und bei Eintritt des Insolvenzereignisses noch nicht gezahlt worden ist, zahlt die Agentur für Arbeit auf Antrag der zuständigen Einzugsstelle; davon ausgenommen sind Säumniszuschläge, die infolge von Pflichtverletzungen des Arbeitgebers zu zahlen sind sowie die Zinsen für dem Arbeitgeber gestundete Beiträge. ²Die Einzugsstelle hat der Agentur für Arbeit die Beiträge nachzuweisen und dafür zu sorgen, daß die Beschäftigungszeit und das beitragspflichtige Bruttoarbeitsentgelt einschließlich des Arbeitsentgelts, für das Beiträge nach Satz 1 gezahlt werden, dem zuständigen Rentenversicherungsträger mitgeteilt werden. ³§§ 184, 314, 323 Abs. 1 Satz 1 und § 327 Abs. 3 gelten entsprechend.

(2) ¹Die Ansprüche auf die in Absatz 1 Satz 1 genannten Beiträge bleiben gegenüber dem Arbeitgeber bestehen. ²Soweit Zahlungen geleistet werden, hat die Einzugsstelle der Agentur für Arbeit die nach Absatz 1 Satz 1 gezahlten Beiträge zu erstatten.

Neunter Abschnitt. *(aufgehoben)*

§§ 209–216 *(aufgehoben)*

Zehnter Abschnitt. Transferleistungen

§ 216a Förderung der Teilnahme an Transfermaßnahmen

(1) ¹Die Teilnahme von Arbeitnehmern, die auf Grund von Betriebsänderungen oder im Anschluss an die Beendigung eines Berufsausbildungsverhältnisses von Arbeitslosigkeit bedroht sind, an Transfermaßnahmen wird gefördert, wenn
1. sich die Betriebsparteien im Vorfeld der Entscheidung über die Einführung von Transfermaßnahmen, insbesondere im Rahmen ihrer Verhandlungen über einen die Integration der Arbeitnehmer fördernden Interessenausgleich oder Sozialplan nach § 112 des Betriebsverfassungsgesetzes, durch die Agentur für Arbeit beraten lassen,
2. die Maßnahme von einem Dritten durchgeführt wird,

3. die vorgesehene Maßnahme der Eingliederung der Arbeitnehmer in den Arbeitsmarkt dienen soll,
4. die Durchführung der Maßnahme gesichert ist und
5. ein System zur Sicherung der Qualität angewendet wird.

²Transfermaßnahmen sind alle Maßnahmen zur Eingliederung von Arbeitnehmern in den Arbeitsmarkt, an deren Finanzierung sich Arbeitgeber angemessen beteiligen. ³Als Betriebsänderungen im Sinne des Satzes 1 gelten Betriebsänderungen im Sinne des § 111 des Betriebsverfassungsgesetzes unabhängig von der Unternehmensgröße und der Anwendbarkeit des Betriebsverfassungsgesetzes im jeweiligen Betrieb.

(2) ¹Die Förderung wird als Zuschuss gewährt. ²Der Zuschuss beträgt 50 Prozent der erforderlichen und angemessenen Maßnahmekosten, jedoch höchstens 2.500 Euro je gefördertem Arbeitnehmer.

(3) ¹Eine Förderung ist ausgeschlossen, wenn die Maßnahme dazu dient, den Arbeitnehmer auf eine Anschlussbeschäftigung im gleichen Betrieb oder in einem anderen Betrieb des gleichen Unternehmens oder, falls das Unternehmen einem Konzern angehört, in einem Betrieb eines anderen Konzernunternehmens des Konzerns vorzubereiten. ²Durch die Förderung darf der Arbeitgeber nicht von bestehenden Verpflichtungen entlastet werden. ³Von der Förderung ausgeschlossen sind Arbeitnehmer des öffentlichen Dienstes mit Ausnahme der Beschäftigten von Unternehmen, die in selbständiger Rechtsform erwerbswirtschaftlich betrieben werden.

(4) Während der Teilnahme an Transfermaßnahmen sind andere Leistungen der aktiven Arbeitsförderung mit gleichartiger Zielsetzung ausgeschlossen.

§ 216 b Transferkurzarbeitergeld

(1) Zur Vermeidung von Entlassungen und zur Verbesserung ihrer Vermittlungsaussichten haben Arbeitnehmer Anspruch auf Kurzarbeitergeld zur Förderung der Eingliederung bei betrieblichen Restrukturierungen (Transferkurzarbeitergeld), wenn
1. und solange sie von einem dauerhaften unvermeidbaren Arbeitsausfall mit Entgeltausfall betroffen sind,
2. die betrieblichen Voraussetzungen erfüllt sind,
3. die persönlichen Voraussetzungen erfüllt sind,
4. sich die Betriebsparteien im Vorfeld der Entscheidung über die Inanspruchnahme von Transferkurzarbeitergeld, insbesondere im Rahmen ihrer Verhandlungen über einen die Integration der Arbeitnehmer fördernden Interessenausgleich oder Sozialplan nach § 112 des Betriebsverfassungsgesetzes, durch die Agentur für Arbeit beraten lassen und
5. der dauerhafte Arbeitsausfall der Agentur für Arbeit angezeigt worden ist.

(2) Ein dauerhafter Arbeitsausfall liegt vor, wenn infolge einer Betriebsänderung im Sinne des § 216 a Abs. 1 Satz 3 die Beschäftigungsmöglichkeiten für die Arbeitnehmer nicht nur vorübergehend entfallen.

(3) Die betrieblichen Voraussetzungen für die Gewährung von Transferkurzarbeitergeld sind erfüllt, wenn
1. in einem Betrieb Personalanpassungsmaßnahmen auf Grund einer Betriebsänderung durchgeführt werden,
2. die von Arbeitsausfall betroffenen Arbeitnehmer zur Vermeidung von Entlassungen und zur Verbesserung ihrer Eingliederungschancen in einer betriebsorganisatorisch eigenständigen Einheit zusammengefasst werden,
3. die Organisation und Mittelausstattung der betriebsorganisatorisch eigenständigen Einheit den angestrebten Integrationserfolg erwarten lassen und
4. ein System zur Sicherung der Qualität angewendet wird.

(4) ¹Die persönlichen Voraussetzungen sind erfüllt, wenn der Arbeitnehmer
1. von Arbeitslosigkeit bedroht ist,
2. nach Beginn des Arbeitsausfalls eine versicherungspflichtige Beschäftigung
   a) fortsetzt oder
   b) im Anschluss an die Beendigung eines Berufsausbildungsverhältnisses aufnimmt,
3. nicht vom Kurzarbeitergeldbezug ausgeschlossen ist und
4. sich vor der Überleitung in die betriebsorganisatorisch eigenständige Einheit aus Anlass der Betriebsänderung bei der Agentur für Arbeit arbeitsuchend meldet und an einer arbeitsmarktlich zweckmäßigen Maßnahme zur Feststellung der Eingliederungsaussichten teilgenommen hat; können in berechtigten Ausnahmefällen trotz Mithilfe der Agentur für Arbeit die notwendigen Feststellungsmaßnahmen nicht rechtzeitig durch-

geführt werden, sind diese im unmittelbaren Anschluss an die Überleitung innerhalb eines Monats nachzuholen.
² § 172 Abs. 1 a bis 3 gilt entsprechend.

(4a) Arbeitnehmer des Steinkohlenbergbaus, denen Anpassungsgeld gemäß § 5 des Gesetzes zur Finanzierung der Beendigung des subventionierten Steinkohlenbergbaus zum Jahr 2018 (Steinkohlefinanzierungsgesetz) gewährt werden kann, haben vor der Inanspruchnahme des Anpassungsgeldes Anspruch auf Transferkurzarbeitergeld.

(5) ¹ Für die Anzeige des Arbeitsausfalls gilt § 173 Abs. 1, 2 Satz 1 und Abs. 3 entsprechend. ² Die Anzeige über den Arbeitsausfall hat bei der Agentur für Arbeit zu erfolgen, in deren Bezirk der personalabgebende Betrieb seinen Sitz hat.

(6) ¹ Während des Bezugs von Transferkurzarbeitergeld hat der Arbeitgeber den geförderten Arbeitnehmern Vermittlungsvorschläge zu unterbreiten. ² Stellt der Arbeitgeber oder die Agentur für Arbeit fest, dass Arbeitnehmer Qualifizierungsdefizite aufweisen, soll der Arbeitgeber geeignete Maßnahmen zur Verbesserung der Eingliederungsaussichten anbieten. ³ Als geeignet gelten insbesondere

1. Maßnahmen, bei denen für die Qualifizierungsmaßnahme und den Bildungsträger die erforderlichen Zulassungen nach den §§ 84 und 85 in Verbindung mit der Anerkennungs- und Zulassungsverordnung Weiterbildung durch eine fachkundige Stelle vorliegen, oder
2. eine zeitlich begrenzte, längstens sechs Monate dauernde Beschäftigung zum Zwecke der Qualifizierung bei einem anderen Arbeitgeber.

⁴ Bei der Festlegung von Maßnahmen nach Satz 3 Nummer 1 und 2 ist die Agentur für Arbeit zu beteiligen. ⁵ Nimmt der Arbeitnehmer während seiner Beschäftigung in einer betriebsorganisatorisch eigenständigen Einheit an einer Qualifizierungsmaßnahme teil, die das Ziel der anschließenden Beschäftigung bei einem anderen Arbeitgeber hat, steht bei Nichterreichung dieses Zieles die Rückkehr des Arbeitnehmers in den bisherigen Betrieb seinem Anspruch auf Transferkurzarbeitergeld nicht entgegen.

(7) ¹ Der Anspruch ist ausgeschlossen, wenn die Arbeitnehmer nur vorübergehend in der betriebsorganisatorisch eigenständigen Einheit zusammengefasst werden, um anschließend einen anderen Arbeitsplatz in dem gleichen oder einem anderen Betrieb des Unternehmens oder, falls das Unternehmen einem Konzern angehört, in einem Betrieb eines anderen Konzernunternehmens des Konzerns zu besetzen. ² § 216a Abs. 3 Satz 3 gilt entsprechend.

(8) Die Bezugsfrist für das Transferkurzarbeitergeld beträgt längstens zwölf Monate.

(9) ¹ Der Arbeitgeber übermittelt der Agentur für Arbeit monatlich mit dem Antrag auf Transferkurzarbeitergeld die Namen und die Sozialversicherungsnummern der Bezieher von Transferkurzarbeitergeld, die bisherige Dauer des Transferkurzarbeitergeldbezugs, Daten über die Altersstruktur sowie die Abgänge in Erwerbstätigkeit. ² Mit der ersten Übermittlung sind zusätzlich Daten über die Struktur der betriebsorganisatorisch eigenständigen Einheit sowie die Größe und die Betriebsnummer des personalabgebenden Betriebs mitzuteilen.

(10) Soweit nichts Abweichendes geregelt ist, finden die für das Kurzarbeitergeld geltenden Vorschriften mit Ausnahme der ersten beiden Titel und des § 182 Nr. 3 Anwendung.

Fünftes Kapitel. Leistungen an Arbeitgeber

Erster Abschnitt. Eingliederung von Arbeitnehmern

Erster Unterabschnitt. Eingliederungszuschüsse

§ 217 Grundsatz

¹ Arbeitgeber können zur Eingliederung von Arbeitnehmern mit Vermittlungshemmnissen Zuschüsse zu den Arbeitsentgelten erhalten, wenn deren Vermittlung wegen in ihrer Person liegender Umstände erschwert ist. ² Die Förderhöhe und die Förderdauer richten sich nach dem Umfang einer Minderleistung des Arbeitnehmers und nach den jeweiligen Eingliederungserfordernissen.

Übersicht

	Rn.
A. Arbeitgeber	1
B. Arbeitnehmer	2
C. Arbeitsverhältnis	4
D. Vermittlungshemmnisse	7
E. Minderleistung	9
F. Eingliederung	13
G. Fehlen von Ausschlussgründen	17
H. Eingliederungszuschüsse	18
I. Ermessensentscheidung	19
J. Konkurrenzen	23
K. Verfahren	24

A. Arbeitgeber

1 Zuschüsse zu Arbeitsentgelten können nur Arbeitgeber erhalten. Eine gesetzliche Definition des Begriffs des Arbeitgebers existiert nicht. Arbeitgeber ist derjenige, der einen Arbeitnehmer beschäftigt, gegenüber dem er das Direktionsrecht hinsichtlich Art, Ort und Zeit der Beschäftigung ausübt, dem der Anspruch auf die Arbeitsleistung und das Ergebnis der Arbeit unmittelbar zusteht und der zur Lohnzahlung verpflichtet ist (BSG 20. 12. 1962 – 3 RK 31/58 – BSGE 18, 190, 196). Arbeitgeber können dabei sowohl natürliche Personen als auch juristische Personen des privaten oder des öffentlichen Rechts sein. Die Auffassung, öffentlich-rechtliche Unternehmen seien von einer Förderung grundsätzlich ausgeschlossen (*Schmitt* in Jahn, SGB III, § 217 Rn. 5), findet im Wortlaut der §§ 217 ff. keine Stütze und widerspricht dem mit dem Eingliederungszuschuss verfolgten Ziel der Eingliederung schwer vermittelbarer Arbeitnehmer. Der Arbeitgeber ist in Streitigkeiten über Eingliederungszuschüsse Leistungsempfänger iSv. § 183 SGG (BSG 22. 9. 2004 – B 11 AL 33/03 R – SozR 4–1500 § 183 Nr. 2).

B. Arbeitnehmer

2 Arbeitnehmer ist, wer im Rahmen eines Arbeitsverhältnisses auf Grund eines durch Vertrag begründeten oder faktischen Arbeitsverhältnisses unselbständig fremdbestimmte Arbeit (weisungsgebunden) in der Regel gegen Entgelt leistet. Eingliederungszuschüsse können zwar nur für Arbeitnehmer mit Vermittlungshemmnissen gewährt werden. Die Vorschrift setzt aber weder die Arbeitslosigkeit iSv § 16 SGB III (anders aber bei den Eingliederungszuschüssen § 421 f Abs. 1 Nr. 1 in der ab 1. 5. 2007 geltenden Fassung) des zu Fördernden noch den Vorbezug von Entgeltersatzleistungen voraus. Zuschüsse können deshalb auch bei (nur) drohender Arbeitslosigkeit (§ 17 SGB III) geleistet werden, wenn hierdurch eine dauerhafte Eingliederung in den Arbeitsmarkt zu erwarten ist. Selbst wenn weder die Voraussetzungen des § 16 SGB III noch die des § 17 SGB III erfüllt sind (etwa wer ohne Beschäftigung ist, sich aber nicht arbeitslos gemeldet hat, weil er sich selbstständig machen wollte; vgl. Niesel/Brand/Brandts, § 217 Rn. 8), kommen Leistungen nach §§ 217 ff. in Betracht (offen gelassen Sächsisches LSG 30. 4. 2009 – L 3 AS 50/08).

3 Zu den einarbeitungsbedürftigen Arbeitnehmern gehören auch sog. Berufsrückkehrer, die unmittelbar vor der Begründung des zu fördernden Arbeitsverhältnisses weder arbeitslos noch bei einem anderen Arbeitgeber beschäftigt waren. Berufsrückkehrer ist nach § 20, wer seine Erwerbstätigkeit oder Arbeitslosigkeit oder betriebliche Berufsausbildung wegen der Betreuung und Erziehung aufsichtsbedürftiger Kinder oder der Betreuung pflegebedürftiger Angehöriger unterbrochen hat und in angemessener Zeit danach (etwa ein Jahr) in die Erwerbstätigkeit zurückkehren will.

C. Arbeitsverhältnis

4 Die Förderung setzt voraus, dass der Arbeitgeber den Arbeitnehmer auf Grund eines Arbeitsverhältnisses beschäftigt (BSG 6. 4. 2006 – B 7a AL 20/05 R – SozR 4–4300 § 324 Nr. 2). Dies folgt schon aus dem Begriff des „Arbeitsentgelts" in § 217 S. 1 und aus den Regelungen über die Rückzahlungspflicht (vgl. § 221 Abs. 2 S. 2 Nr. 1 und 3), weil diese entfällt, wenn der Arbeitgeber berechtigt war, „das Arbeitsverhältnis" aus den dort genannten Gründen zu kündigen oder die Beendigung „des Arbeitsverhältnisses" auf das Bestreben des Arbeitnehmers hin erfolgt. Das Arbeitsverhältnis muss nicht durch eine Vermittlungstätigkeit der BA zustande gekommen sein (BSG 6. 5. 2008 – B 7/7a AL 16/07 R – SozR 4–4300 § 217 Nr. 2).

5 Das Arbeitsverhältnis muss kein sozialversicherungspflichtiges Beschäftigungsverhältnis sein (vgl. aber § 221 Abs. 1 Nr. 2 zum Förderungsausschluss bei einer Einstellung bei einem früheren Arbeitge-

ber). Zwar ist für die Höhe der Zuschüsse das vom Arbeitgeber gezahlte Arbeitsentgelt und der pauschalierte Anteil des Arbeitgebers am Sozialversicherungsbeitrag berücksichtigungsfähig (§ 220 Abs. 1 Nr. 2). Hieraus folgt aber nicht zwingend, dass das Arbeitsverhältnis Sozialversicherungspflicht voraussetzt. Dies ergibt sich schon aus Sinn und Zweck der Regelungen über Eingliederungszuschüsse (vgl. Rn. 1). Allerdings kann die BA im Rahmen der Ausübung ihres Ermessens berücksichtigen, dass eine dauerhafte Eingliederung in den Arbeitsmarkt etwa bei geringfügigen Beschäftigungsverhältnissen ggf. nicht zum bezweckten Erfolg einer dauerhaften Eingliederung führt.

Befristete Arbeitsverhältnisse sind förderungsfähig (vgl. aber § 421f Abs. 1, wonach Eingliederungszuschüsse für ältere Arbeitnehmer nur bei Beschäftigungsverhältnissen mit einer Dauer von mindestens einem Jahr geleistet werden), weil auch bei nicht leistungsgeminderten Arbeitnehmern eine zunächst vorgenommene Befristung des Arbeitsverhältnisses typisch ist und die endgültige Eingliederung nicht hindert (BT-Drs. 13/4941 S. 148). Die endgültige Eingliederung muss auch nicht bei dem Arbeitgeber erfolgen, dem die Zuschüsse gewährt werden. Es genügt, dass beispielsweise im Rahmen einer befristeten Beschäftigung Kenntnisse erworben werden, die eine dauerhafte Beschäftigung auch bei weiteren Arbeitgebern und damit eine Eingliederung erwarten lassen. Allerdings ergibt sich mittelbar aus der zur Vermeidung von Mitnahmeeffekten normierten Pflicht zur Rückzahlung der Eingliederungszuschüsse bei einer Kündigung während der Förderdauer oder Nachbeschäftigungszeit (vgl. § 221 Abs. 2), dass eine Befristung des Arbeitsverhältnisses nicht nur den Förderungszeitraum, sondern auch die sich daran anschließende (gleich lange, maximal aber ein Jahr dauernde) Nachbeschäftigungszeit umfassen muss. 6

D. Vermittlungshemmnisse

Die Zahlung von Eingliederungszuschüssen setzt das Bestehen von Vermittlungshemmnissen voraus, die in der Person des Arbeitnehmers liegen und deshalb dessen Vermittlung erschweren. Während das bis 31. 12. 2003 geltende Recht in § 218 Abs. 1 Nr. 1–3 einzelne Zuschussarten nannte (Eingliederungszuschuss bei besonderer Einarbeitung, Langzeitarbeitslosigkeit, Behinderung und bei älteren Arbeitnehmern), ist seit 1. 1. 2004 nur noch der Eingliederungszuschuss für (besonders betroffene) schwerbehinderte (ältere) Menschen in § 218 Abs. 2 gesondert geregelt, während die übrigen Förderungsberechtigten nunmehr zur Flexibilisierung des förderungsfähigen Personenkreises unter dem Begriff des **Arbeitnehmers mit Vermittlungshemmnissen** ohne weitere Konkretisierung zusammengefasst sind (vgl. aber § 421f Abs. 1 Nr. 1, wonach Eingliederungszuschüsse – unter weiteren Voraussetzungen – für Ältere unabhängig von etwaigen Vermittlungshemmnissen erbracht werden, wenn die Förderung bis zum 31. 12. 2009 begonnen hat). 7

Für die Bestimmung des förderungsfähigen Personenkreises kann aber weiterhin auch auf § 218 Abs. 1 SGB III aF rekurriert werden (BSG 6. 5. 2008 – B 7/7a AL 16/07 R – SozR 4–4300 § 217 Nr. 2). Dies bedeutet, dass etwa Langzeitarbeitslosigkeit (§ 18 SGB III) allein für die Annahme eines Vermittlungshemmnisses nicht ausreichend ist, weil schon § 218 Abs. 1 Nr. 2 SGB III aF einen Eingliederungszuschuss für Langzeitarbeitslose nur vorsah, wenn sie (zudem) wegen in ihrer Person liegender Umstände nur schwer vermittelt werden konnten. Als Beispiele für Arbeitnehmer mit Vermittlungshemmnissen wird in der Gesetzesbegründung ausdrücklich auf das Vorliegen erschwerter Vermittlung bei Einarbeitungsbedürftigkeit, älteren Arbeitnehmern, Geringqualifizierten, jüngeren Arbeitnehmern mit außerbetrieblicher Ausbildung und Berufsrückkehrern hingewiesen. Die Bildung des Oberbegriffs des Arbeitnehmers mit Vermittlungshemmnissen, dessen Vermittlung wegen **in seiner Person liegender Umstände** erschwert ist, soll die Möglichkeit einer stärkeren Orientierung der Förderung am Einzelfall eröffnen. Es genügt allerdings nicht, dass die erschwerte Vermittelbarkeit allein auf äußere Faktoren, etwa auf eine besondere regionale Arbeitsmarktstruktur oder die Arbeitsmarktsituation in einem bestimmten Berufsfeld zurückzuführen ist. Die besonderen Umstände müssen vielmehr in der Person des Arbeitnehmers liegen. Solche Umstände können zB das Alter, fehlende oder unzureichende Sprachkenntnisse oder ein durch Krankheit oder Behinderung beeinträchtigtes körperliches oder geistiges Leistungsvermögen sein. Subjektive, vom Arbeitnehmer willentlich beeinflussbare Hindernisse, wie fehlende Mobilität, sind jedoch keine die Bewilligung eines Eingliederungszuschusses rechtfertigende Umstände (BSG 6. 5. 2008 – B 7/7a AL 16/07 R – SozR 4–4300 § 217 Nr. 2). Die unterschiedslose Forderung eines Franchisegebers, dass unabhängig von der Ausbildung, der Qualifikation oder den Vorkenntnissen eines Mitarbeiters Voraussetzung für die Ausübung einer bestimmten Tätigkeit der Besitz einer besonderen Lizenz ist, die nur in seiner Unternehmensgruppe erworben werden kann, begründet kein in der Person eines bestimmten Arbeitnehmers liegende erschwerte Vermittelbarkeit (Sächsisches LSG 30. 4. 2009 – L 3 AS 50/08). 8

E. Minderleistung

Während § 217 in der bis 31. 12. 2003 geltenden Fassung Eingliederungszuschüsse **„zum Ausgleich von Minderleistungen"** vorsah, enthält § 217 nF diese Einschränkung nicht mehr. Das BSG 9 hatte schon zu § 217 aF (BSG 6. 4. 2006 – B 7 a AL 20/05 R – SozR 4–4300 § 324 Nr. 2) dem Merkmal der Minderleistung unter Hinweis auf die Gesetzesbegründung zu Recht den Charakter einer echten Anspruchsvoraussetzung abgesprochen und den Begriff der Minderleistung lediglich als **Ausdruck einer allgemeinen Zielsetzung** der Eingliederungszuschüsse, die im Rahmen der Ermessensausübung zu berücksichtigen sei, gesehen. Dies entsprach auch der Systematik des Gesetzes, weil in den Sondervorschriften der §§ 218 ff. aF spezielle Voraussetzungen normiert waren, welche beim Arbeitnehmer, für den der Arbeitgeber die Förderung beantragte, vorliegen mussten. Der Gesetzgeber ging durch eine Typisierung der Formen der Minderleistung also selbst davon aus, dass in den konkret geregelten Fällen in aller Regel eine Minderleistung des Arbeitnehmers zu erwarten ist. Daneben bestand für eine generalklauselartige Anwendung des § 217 SGB III kein Raum.

10 Eine Minderleistung ist zwar früher wie heute keine Anspruchsvoraussetzung, sie ist aber dennoch im Rahmen des pflichtgemäßen **Ermessens** zu berücksichtigen, da sich nach § 217 S. 2 Förderhöhe und Förderdauer nach dem Umfang der Minderleistung und nach den jeweiligen Eingliederungserfordernissen zu richten haben.

11 Zur Feststellung einer etwaigen Minderleistung, die für die Förderhöhe und Förderdauer von Bedeutung ist, kann die BA verschiedene Gesichtspunkte mit einbeziehen. Unter Berücksichtigung des strukturellen Unterschieds zwischen Anspruchsvoraussetzung und Ermessen kann dabei die zu Vorgängervorschriften ergangene Rechtsprechung mit herangezogen werden. So liegt es in Anlehnung an § 49 AFG (Einarbeitungszuschuss an Arbeitnehmer) nahe, einen **Vergleich** zwischen den Kenntnissen und Fähigkeiten des Arbeitnehmers vorzunehmen, für den die Förderung begehrt wird, und denjenigen eines in seinem Leistungsvermögen nicht eingeschränkten Angehörigen derselben oder einer vergleichbaren **Berufsgruppe** (vgl. BSG 28. 3. 1990 – 9 b/11 RAr 67/88 – SozR 3–4100 § 49 Nr. 1). Entscheidend ist, ob der Arbeitsuchende im Vergleich zu anderen, mit ihm auf dem Arbeitsmarkt konkurrierenden Bewerbern infolge persönlicher Defizite in seiner Wettbewerbsfähigkeit beeinträchtigt ist (LSG Berlin-Brandenburg 30. 3. 2010 – L 28 AS 1489/08). Auch der vereinbarte Lohn kann Berücksichtigung finden. So spricht gegen eine bei der Ermessensausübung zu Gunsten des Arbeitgebers zu berücksichtigende Minderleistung, wenn der eingeschränkten Leistungsfähigkeit des Arbeitnehmers bereits durch die Vereinbarung eines entsprechend geringeren Arbeitsentgelts Rechnung getragen wird, weil die Zuschüsse nicht den Arbeitgeber von den Lohnkosten entlasten sollen, was zu einem ungerechtfertigten Wettbewerbsvorteil führen würde (BSG aaO).

12 Auch **berufsspezifische Defizite** (etwa wegen struktureller Unzulänglichkeiten einer Berufsausbildung) oder die bei Berufsanfängern regelmäßig fehlende Berufspraxis sprechen gegen das Vorliegen einer bei der Ermessensausübung zu berücksichtigenden individuellen Minderleistung (vgl. BSG 31. 3. 1992 – 9b RAr 12/91 – SozR 3–4100 § 49 Nr. 3). Eine individuelle Minderleistung bei Berufsanfängern kann aber dann angenommen werden, wenn besondere Umstände hinzukommen, wie beispielsweise der Abschluss keiner betrieblichen, sondern lediglich einer außerbetrieblichen Ausbildung.

F. Eingliederung

13 Während nach der bis 31. 12. 2003 geltenden Fassung des § 217 S. 2 förderungsbedürftig Arbeitnehmer waren, die ohne die Leistung nicht oder nicht dauerhaft am Arbeitsmarkt eingegliedert werden konnten (vgl. zum früher erforderlichen Kausalzusammenhang zwischen der Einstellung des Arbeitnehmers und dem Lohnkostenzuschuss BSG 6. 4. 2006 – B 7 a AL 20/05 R – SozR 4–4300 § 324 Nr. 2), bestimmt § 217 nF in Satz 1 nur, dass Eingliederungszuschüsse „**zur Eingliederung**" geleistet werden können. Hierin liegt keine Anspruchsvoraussetzung für die Gewährung von Eingliederungszuschüssen. Vielmehr statuiert das Gesetz mit dem Merkmal „zur Eingliederung" nur ein im Rahmen der Ermessensausübung zu berücksichtigendes allgemeines Ziel, das sich auch in der in § 217 S. 2 vorgesehenen Orientierung der Förderhöhe und der Förderdauer an den jeweiligen **Eingliederungserfordernissen** widerspiegelt (BSG 6. 5. 2008 – B 7/7 a AL 16/07 R- SozR 4–4300 § 217 Nr. 2). Deshalb bedarf es auf der Tatbestandsseite keiner für den Leistungsanspruch objektiven (positiven) Eingliederungsprognose (Hessisches LSG 11. 12. 2006 – L 9 AL 148/06 – info also 2007, 156).

14 Dennoch hat die Rechtsprechung des BSG zum **Kausalzusammenhang** zwischen der Förderung und der Eingliederung sowie zur **Eingliederungsprognose** nichts an Aktualität verloren. Eingliederungszuschüsse zielen weiter darauf ab, Arbeitslosen mit schlechteren Marktchancen durch einen befristeten Nachteilsausgleich an die Unternehmen die Eingliederung in reguläre Beschäftigung zu ermöglichen (BT-Drs. 15/1515 S. 74). Dieses Ziel kann nur erreicht werden, wenn die BA in der Lage ist, für den jeweiligen Arbeitnehmer eine positive Prognose hinsichtlich seiner Eingliederung zu stellen. Bliebe es unberücksichtigt, zu welchem Zweck und mit welcher Vorstellung der Arbeitgeber den Antrag stellt, verlören die Regelungen über Eingliederungszuschüsse weitgehend ihren Sinn. Der Arbeitgeber soll nur vor Nachteilen bei Einstellung eines Arbeitnehmers mit Vermittlungshemmnissen, die typischerweise eine Minderleistung beinhalten, geschützt werden. Final soll der Zuschuss aber

dem Arbeitnehmer zugute kommen. Kausalität und die Eingliederungsprognose sind im Hinblick auf den geänderten Wortlaut der Vorschrift aber (erst) auf der Ebene der Ermessensentscheidung hinsichtlich des Auswahlermessens (Förderdauer und Förderhöhe) von der BA zu beachten (vgl. § 217 S. 2) und können im Einzelfall sogar das Entschließungsermessen der BA auf Null schrumpfen lassen, etwa wenn eine Eingliederung nicht (mehr) erforderlich ist. Für die fehlende Eingliederungserforderlichkeit trägt die BA die materielle Beweislast (BSG 6. 5. 2008 – B 7/7a AL 16/07 R – SozR 4–4300 § 217 Nr. 2; vgl. auch BSG 13. 8. 2008 – B 11 AL 8/08 B).

Bei der (Ermessens-)Entscheidung über **Förderdauer und Förderhöhe** hat die BA also zu berücksichtigen, dass Zweck des Eingliederungszuschusses nicht die Subventionierung des Arbeitgebers ist, sondern die Eingliederung von Arbeitnehmern mit Vermittlungshemmnissen. Erfolgt die Einstellung durch den Arbeitgeber im Wesentlichen aus anderen Motiven, erfüllt der Zuschuss nicht seine Anreizfunktion zur Einstellung von Arbeitnehmern mit gemindertem Leistungsvermögen (vgl. BSG 11. 11. 1982 – 7 RAr 3/82 – AuB 1983, 348 zur Eingliederungshilfe nach § 54 AFG). Reinen Subventionscharakter hätten Eingliederungszuschüsse zB, wenn der Arbeitsvertrag ohnehin vor Antragstellung (§ 323 SGB III) abgeschlossen wurde (Hoehl, juris PraxisReport Sozialrecht 21/2006 Anm. 4) wird. Zu berücksichtigen ist zwar, dass die BA selbst regelmäßig im Zusammenhang mit der Antragstellung und vor der Entscheidung über den Zuschuss die Vorlage eines Arbeitsvertrages verlangt. Es macht aber einen Unterschied, ob ein Arbeitsvertrag erst nach Antragstellung auf Verlangen der BA vorgelegt wird oder ob der Vertrag bereits bei Antragstellung abgeschlossen vorliegt. Ist die Förderung aus der Sicht des Arbeitgebers nämlich unter einer zu erwartenden Minderleistung unabdingbare Voraussetzung für die Einstellung des zu fördernden Arbeitnehmers, wird der Arbeitgeber den Arbeitsvertrag erst nach Antragstellung und Klärung der Förderungsvoraussetzungen abschließen. Ähnlich kann der Fall zu beurteilen sein, wenn der Förderungsantrag erst wenige Tage vor der Arbeitsaufnahme gestellt wird (BSG 6. 4. 2006 – B 7a AL 20/05 R – SozR 4–4300 § 324 Nr. 2). 15

An die im Rahmen der Ermessensausübung anzustellende **Eingliederungsprognose** sind nach Sinn und Zweck der Leistung keine allzu hohen Anforderungen zu stellen. Der Gesetzgeber hat hier einen „weiten Spielraum" postuliert (BT-Drs. 13/4941 S. 192, oben Rn. 5). Bei der Prognose sind nicht nur die in der Person des Arbeitnehmers liegenden Umstände, sondern auch der Arbeitsmarkt zu berücksichtigen. Die BA hat die Abhängigkeit der angestrebten Eingliederung von der Förderleistung vorausschauend zu beurteilen. Sichere Kenntnis kann es hierüber nicht geben. Andererseits hat sich die BA im Zusammenhang mit der erforderlichen hypothetischen Betrachtung mit ihrer Prognose am Einzelfall zu orientieren (BSG 29. 7. 1993 – 11/9b RAr 5/92 – SozR 3–4100 § 60 Nr. 1). Bei der Überprüfung der Ermessensentscheidung unterliegt die von ihr geforderte hypothetische Betrachtung einer uneingeschränkten gerichtlichen Kontrolle (BSG 11. 5. 2000 – B 7 AL 18/99 R – SozR 3–4100 § 36 Nr. 5; BSG 6. 4. 2006 – B 7a AL 20/05 R – SozR 4–4300 § 324 Nr. 2). 16

G. Fehlen von Ausschlussgründen

Neben den Tatbestandsvoraussetzungen der §§ 217 ff. dürfen keine Ausschlussgründe nach § 221 Abs. 1 (vgl. auch § 421 f Abs. 4 bei Eingliederungszuschüssen für Ältere) vorliegen. Die Förderung ist zur Verhinderung eines Missbrauchs der Förderleistungen nach dieser Vorschrift ausgeschlossen, wenn zu vermuten ist, dass der Arbeitgeber die Beendigung eines Beschäftigungsverhältnisses veranlasst hat, um einen Eingliederungszuschuss zu erhalten (§ 221 Abs. 1 Nr. 1), oder wenn die Einstellung bei einem früheren Arbeitgeber erfolgt, bei dem der Arbeitnehmer während der letzten vier Jahre vor Förderungsbeginn mehr als drei Monate versicherungspflichtig beschäftigt war (§ 221 Abs. 1 Nr. 2). Eine Ausnahme von dem Ausschlussgrund der Vorbeschäftigung macht § 221 Abs. 1 Nr. 2 bei befristeten (Vor-)Beschäftigungen besonders betroffener schwerbehinderter Menschen (§ 104 Abs. 1 Nr. 3 a–d SGB IX). 17

H. Eingliederungszuschüsse

Die Leistung erfolgt als Zuschuss zu den Arbeitsentgelten. Höhe und Dauer der Zuschüsse richten sich gem. § 217 S. 2 nach dem Umfang der Minderleistung und den jeweiligen Eingliederungserfordernissen (s. oben Rn. 9 ff.). Die Förderhöchstdauer beträgt – außer bei schwerbehinderten oder sonstigen behinderten Menschen – nach § 218 Abs. 1 zwölf Monate und darf nicht mehr als 50 Prozent des berücksichtigungsfähigen Arbeitsentgelts (§ 220, Arbeitsentgelt und der pauschalierte Anteil des Arbeitgebers am Gesamtsozialversicherungsbeitrag) betragen. Für schwerbehinderte oder sonstige behinderte Menschen beträgt die Förderdauer bis zu 24 Monaten und die Förderhöhe, die nach Ablauf von 12 Monaten um mindestens 10% zu vermindern ist, bis zu 70% des berücksichtigungsfähigen Arbeitsentgelts (§ 218 Abs. 2). Bei besonders betroffenen schwerbehinderten Menschen (§ 219 iVm. § 104 Abs. 1 Nr. 3 Buchst. a–d SGB IX) beträgt die Förderungshöchstdauer – bei im Übrigen identischer Höhe der Förderung – 36 bzw. bei besonders betroffenen älteren schwerbehinderten Menschen 96 Monate. 18

I. Ermessensentscheidung

19   Eingliederungszuschüsse gem. §§ 217 ff. sind Ermessensleistungen. Die BA hat zu prüfen, ob das Arbeitgeberinteresse oder das Arbeitsmarktinteresse an der Einstellung überwiegt. Das Ermessen bezieht sich auf das Ob (Entschließungsermessen) sowie auf Höhe und Dauer (Auswahlermessen) der Leistung. Dabei gelten die allgemeinen verwaltungsrechtlichen Grundsätze über die Ausübung von Ermessen (§ 39 SGB I). In die Ermessenserwägungen haben die allgemeinen Grundsätze und Prinzipien der Arbeitsförderung (§§ 2 ff.), insbesondere die Grundsätze der Wirtschaftlichkeit, Sparsamkeit und Geeignetheit (§ 7) einzufließen. Ist schon eine mündliche Förderungszusage erteilt, kann dies zu einer Ermessensreduzierung führen (BSG 18. 8. 2005 – B 7 a/7 AL 66/04 R – SozR 4–4300 § 415 Nr. 1; BSG 6. 4. 2006 – B 7 a AL 20/05 R – SozR 4–4300 § 324 Nr. 2).

20   Das Auswahlermessen hinsichtlich Höhe und Dauer der Förderung wird durch den Umfang der Minderleistung und die jeweiligen Eingliederungserfordernisse diktiert (siehe oben Rn. 9 ff.). Die BA darf aber schon bei dem Entschließungsermessen berücksichtigen, ob das Interesse des Arbeitgebers an einer Einstellung eines bestimmten Arbeitnehmers gegenüber den Arbeitsmarktinteressen (Eingliederungserforderlichkeit) überwiegt. Die Relation zwischen Arbeitgeberinteresse und Arbeitsmarktinteresse ist ein zulässiges ermessensreduzierendes Kriterium, weil es geeignet ist, unerwünschte Mitnahmeeffekte zu vermeiden und angesichts des Subventionscharakters der Zuschüsse Wettbewerbsgesichtspunkten Rechnung trägt. Ist eine Eingliederung nicht (mehr) erforderlich, weil der Arbeitslose auch ohne den begehrten Eingliederungszuschuss eingestellt werden soll (Kausalität) und dadurch eine Eingliederung sichergestellt ist, führt dies deshalb (außer in atypischen Einzelfällen) zu einer Ermessensreduzierung auf Null (BSG 6. 5. 2008 – B 7/7 a AL 16/07 R – SozR 4–4300 § 217 Nr. 2).

21   Bei der Ausübung des Ermessens ist auch die Eingliederungsfähigkeit, die eine arbeitsplatz- und arbeitnehmerbezogene Komponente enthält, einzubeziehen. Ist die Tätigkeit zB spezifisch auf einen bestimmten Arbeitsplatz ausgerichtet und soll sie nur für eine kurze Zeit ausgeübt werden, vermittelt sie möglicherweise keine verwertbaren Kenntnisse und Chancen mit der Folge, dass das Ermessen ebenfalls auf Null reduziert sein kann. Eine Ablehnung allein unter Hinweis darauf, dass eine Förderung eines Arbeitsverhältnisses unter Verwandten nur (ausnahmsweise) in Betracht kommt, wenn die Initiative zur Einstellung von der BA ausgegangen ist und ein Vermittlungsauftrag ohne Beschränkung auf eine bestimmte Person erteilt worden ist, ist hingegen ermessensfehlerhaft, weil damit die gesetzlichen Anspruchsvoraussetzungen in unzulässiger Weise modifiziert würden (BSG 6. 5. 2008 – B 7/7 a AL 16/07 R – SozR 4–4300 § 217 Nr. 2).

22   Bei ihren Ermessenserwägungen kann die AA auch die jeweils aktuelle Haushaltslage berücksichtigen. Sind die Haushaltsmittel für das jeweilige Haushaltsjahr erschöpft, darf die AA die Leistung aber nicht ab diesem Zeitpunkt allein mit der Begründung, die Mittel seien erschöpft, ablehnen (BSG 25. 10. 1990 – 7 RAr 14/90 – SozR 3–4100 § 55 a Nr. 1).

J. Konkurrenzen

23   Neben einem Einstellungszuschuss für Neugründungen kann kein anderer Lohnkostenzuschuss, auch nicht nach §§ 217 ff., für denselben Arbeitnehmer geleistet werden (§ 226 Abs. 3). Zuschüsse bei Weiterbildung eines Arbeitnehmers für die Einstellung von Vertretern (Job-Rotation, §§ 229 ff.) kommen neben Leistungen nach §§ 217 ff. in Betracht. Nach Sinn und Zweck der Regelungen und ihrer Systematik im Gesetz können aber nicht beide Leistungen gleichzeitig in Anspruch genommen werden, weil sie deckungsgleich sind (zum Umfang der Förderung vgl. § 230 und § 218). Eine Entscheidung darüber, welche der in Betracht kommenden Leistungsarten günstiger ist, ist anhand der Umstände des Einzelfalls zu beurteilen. Ist es für die BA erkennbar, dass beide Leistungen in Betracht kommen, muss sie den Arbeitgeber entsprechend beraten (§ 14 SGB I iVm. §§ 2 Abs. 1 Nr. 1, 34 SGB III) und nach dem Meistbegünstigungsgrundsatz unabhängig von dem konkreten Förderungsantrag dessen wirklichen Willen erforschen. Dabei hat sie zunächst von der für den Antragsteller optimalen Leistung auszugehen und den Arbeitgeber entsprechend zu beraten, weil jeder vernünftige Antragsteller seinen Antrag bei sachgerechter Beratung auf die optimale Leistung anpassen würde (BSG 18. 8. 2005 – B 7 a/7 AL 66/04 R – SozR 4–4300 § 415 Nr. 1). Bei beantragter Förderung durch Eingliederungszuschüsse (§§ 217 ff.) ist daher auch zu klären, ob – hilfsweise – ein Einstellungszuschuss bei Neugründungen (§§ 225 ff.) oder Zuschüsse bei Job-Rotation nach §§ 229 ff. begehrt und die Leistungsvoraussetzungen erfüllt werden. So ist etwa zu berücksichtigen, dass die Zuschüsse bei der Job-Rotation bis zu 100 Prozent des berücksichtigungsfähigen Arbeitsentgelts betragen können und eine dem § 221 Abs. 2 entsprechende Rückzahlungspflicht nicht existiert. Andererseits ist die Dauer der Förderung auf zwölf Monate befristet, wohingegen beispielsweise ein Eingliederungszuschuss für einen besonders betroffenen älteren schwerbehinderten Arbeitnehmer bis zu 96 Monate gewährt werden kann.

K. Verfahren

Als Leistung der Arbeitsförderung (§ 3 Abs. 2 Nr. 2) werden Eingliederungszuschüsse auf – ggf. mündlichen – Antrag des **Arbeitgebers** erbracht (§ 323 Abs. 1 S. 2). In Betracht kommt auch eine Erbringung von Amts wegen (§ 323 Abs. 1 S. 3), weil Eingliederungszuschüsse auch Leistungen der **aktiven Arbeitsmarktförderung** sind (§ 3 Abs. 4). Die erforderliche Zustimmung des Arbeitgebers gilt insoweit als Antrag (§ 323 Abs. 1 S. 4). Der Antrag auf Förderung ist vor Eintritt des **leistungsbegründenden Ereignisses** zu stellen. Das ist nicht der Abschluss des Arbeitsvertrags, weil dieser noch keinen Arbeitsentgeltanspruch begründet, für den ein Zuschuss geleistet werden könnte. Leistungsbegründend ist der Beginn des Arbeitsverhältnisses oder der Beschäftigung (BSG 6. 4. 2006 – B 7 a AL 20/05 R – SozR 4–4300 § 324 Nr. 2; BSG 6. 5. 2008 – B 7/7 a AL 16/07 R – SozR 4–4300 § 217 Nr. 2). 24

Allerdings kann ein zeitlich vor Arbeitsantritt und Beantragung des Eingliederungszuschusses abgeschlossener Arbeitsvertrag ein Indiz dafür bieten, dass die Anstellung auch unabhängig von der Gewährung des Zuschusses erfolgen würde, mit der Folge, dass es an der erforderlichen Kausalität zwischen der Einstellung und der Förderung durch den Eingliederungszuschuss fehlt, und deshalb das Entschließungsermessen der BA auf Null reduziert ist (Rn. 15, 20). Zudem trägt der Antragsteller in diesen Fällen das Risiko von Leistungshindernissen, die bei „rechtzeitiger" Beratung möglicherweise hätten ausgeräumt werden können (BSG 6. 4. 2006 – B 7 a AL 20/05 R – SozR 4–4300 § 324 Nr. 2). 25

Die BA kann zur Vermeidung **unbilliger Härten** eine verspätete Antragstellung zulassen (§ 324 Abs. 1 S. 2). Die Entscheidung, ob bei Vorliegen einer Härte die Leistung trotz verspäteter Antragstellung dennoch zu gewähren ist, steht im pflichtgemäßen Ermessen. Eine unbillige Härte kann dann bejaht werden, wenn den Antragsteller ein geringes Verschulden trifft und die Folgen erheblich sind. Allerdings rechtfertigt die Beschäftigungsaufnahme vor Antragstellung (außer in atypischen Fällen) die Annahme, dass es an dem erforderlichen Kausalzusammenhang (Rn. 14 f.) zwischen Zuschuss und Einstellung fehlt. 26

§ 218 Eingliederungszuschuss

(1) Der Eingliederungszuschuss darf 50 Prozent des berücksichtigungsfähigen Arbeitsentgelts nicht übersteigen und längstens für eine Förderdauer von zwölf Monaten erbracht werden.

(2) ¹Für schwerbehinderte oder sonstige behinderte Menschen kann die Förderhöhe bis zu 70 Prozent des berücksichtigungsfähigen Arbeitsentgelts und die Förderdauer bis zu 24 Monate betragen. ²Nach Ablauf von zwölf Monaten ist der Eingliederungszuschuss entsprechend der zu erwartenden Zunahme der Leistungsfähigkeit des Arbeitnehmers und den abnehmenden Eingliederungserfordernissen gegenüber der bisherigen Förderhöhe, mindestens aber um zehn Prozentpunkte, zu vermindern.

A. Übersicht über Höhe und Dauer der Eingliederungszuschüsse

Höhe und Dauer der Zuschüsse richten sich grundsätzlich nach dem Umfang der Minderleistung und den jeweiligen Eingliederungserfordernissen. Einen Überblick über die maximale Höhe und Dauer der Förderung soll folgende Übersicht geben: 1

	Maximale Förderungshöhe	Höchstförderungsdauer	Minderung
Eingliederungszuschuss bei Arbeitnehmern mit Vermittlungshemmnissen (§ 218 Abs. 1)	Bis zu 50% (§ 218 Abs. 1)	Bis zu 12 Monate (§ 218 Abs. 1)	
Behinderte Menschen (§ 218 Abs. 2)	Bis zu 70% (§ 218 Abs. 2 S. 1)	Bis zu 24 Monate (§ 218 Abs. 2 S. 1)	Nach 12 Monaten um mindestens 10% (§ 218 Abs. 2 S. 2)
Besonders betroffene schwerbehinderte Menschen (§ 219 Abs. 1 S. 1 iVm. § 104 Abs. 1 Nr. 3 a–d SGB IX)	Bis zu 70% (§ 219 Abs. 1 S. 1)	Bis zu 36 Monate (§ 219 Abs. 1 S. 1)	Nach 12 Monaten um mindestens 10% jährlich bis auf höchstens 30% (§ 219 Abs. 3 S. 1 und 2)

	Maximale Förderungshöhe	Höchstförderungsdauer	Minderung
Besonders betroffene schwerbehinderte Menschen (§ 219 Abs. 1 S. 2 iVm. § 104 Abs. 1 Nr. 3 a–d SGB IX) ab dem 50. bzw 55. Lebensjahr	Bis zu 70% (§ 219 Abs. 1 S. 1)	Ab 50 Jahre bis zu 60 Monate (§ 219 Abs. 1 S. 2), ab 55 Jahre bis zu 96 Monate (§ 219 Abs. 1 S. 2)	Nach 24 Monaten um mindestens 10% jährlich bis auf höchstens 30% (§ 219 Abs. 3 S. 1–3)
Sonderregelung für Ältere, die das 50. Lebensjahr vollendet haben (§ 421 f). Die Förderung muss bis 31. 12. 2009 begonnen haben.	Mindestens 30% und bis zu 50% (§ 421 f Abs. 2 S. 2) Für schwerbehinderte, sonstige behinderte und besonders betroffene schwerbehinderte Menschen 70% (§ 421 f Abs. 2 S. 6)	Mindestens 12 Monate und bis zu 36 Monate (§ 421 f Abs. 2 S. 3 und 4) Für besonders betroffene schwerbehinderte Menschen bis zu 60 Monate und ab Vollendung des 55. Lebensjahres bis zu 96 Monate (§ 421 f Abs. 2 S. 7)	Nach 12 Monaten um mindestens 10% jährlich (§ 421 f Abs. 2 S. 5) Für besonders betroffene schwerbehinderte Menschen nach 24 Monaten um mindestens 10% jährlich bis auf höchstens 30% (§ 421 f Abs. 2 S. 8 und 9)

B. Absenkung der Förderung

2 Der Eingliederungszuschuss für schwerbehinderte oder sonstige behinderte Menschen ist nach § 218 Abs. 2 S. 2 nach Ablauf von zwölf Monaten, bei besonders betroffenen schwerbehinderten Menschen (§ 219 Abs. 1 iVm. § 104 Abs. 1 Nr. 3 a–d SGB IX), die das 50. Lebensjahr vollendet haben, nach 24 Monaten (§ 219 Abs. 3 S. 3) entsprechend der zu erwartenden Zunahme der Leistungsfähigkeit des Arbeitnehmers und den abnehmenden Eingliederungserfordernissen gegenüber der bisherigen Förderhöhe, mindestens aber um 10 Prozentpunkte, zu vermindern. Die Förderhöhe darf dabei aber 30% nicht unterschreiten. Die Minderung beruht auf der Überlegung des Gesetzgebers, dass mit zunehmender Dauer der geförderten Beschäftigung erfahrungsgemäß ein Rückgang der die Arbeitsverrichtung zunächst einschränkenden Leistungsdefizite zu verzeichnen ist (vgl. BT-Drs. 13/ 4941 S. 193 zu § 220).

3 Eine Verminderung der Zuschusshöhe um mehr als 10% ist entsprechend der zu erwartenden Zunahme der Leistungsfähigkeit des Arbeitnehmers und den abnehmenden Eingliederungserfordernissen gegenüber der bisherigen Förderhöhe zulässig. Insoweit handelt es sich nicht um eine Ermessensentscheidung. Vielmehr geht der Gesetzgeber typisierend zunächst davon aus, dass die Leistungsfähigkeit in dem Maße zugenommen und die Eingliederungserfordernisse in dem Maße abgenommen haben, dass eine Minderung des Zuschusses von mindestens 10% gerechtfertigt ist. Haben die Leistungsfähigkeit aber stärker zu- und/oder die Eingliederungserfordernisse in höherem Maße abgenommen, muss die BA eine entsprechend höhere – gerichtlich voll überprüfbare – Minderung des Zuschusses vornehmen. Die Beurteilung, inwieweit die Leistungsfähigkeit des Arbeitnehmers zunehmen und die Eingliederungserfordernisse abnehmen werden, verlangt eine Prognose der BA.

C. Ermessen

4 Sowohl die Entscheidung über die Höhe als auch über die Dauer der Förderung ist eine Ermessensentscheidung, bei der die vom Gesetz festgelegten Höchstwerte (bei der Verminderung § 219 Abs. 3 S. 2 kein Ermessen, s. Rn. 3) nicht überschritten werden dürfen. Bei der Ausübung des Ermessens hat die BA entsprechend § 217 S. 2 den Umfang der Minderleistung und die jeweiligen Eingliederungserfordernisse – abhängig von den im Rahmen der Beschäftigung gestellten Anforderungen und den bestehenden Vermittlungshemmnissen (Ältere, Behinderte, Berufsrückkehrer) – zu berücksichtigen. Die BA kann also nach pflichtgemäßem Ermessen vom Förderungshöchstsatz und/oder der Förderhöchstdauer nach unten abweichen, wenn das Ziel der Eingliederung in den Arbeitsmarkt bereits bei einer geringeren Förderleistung und/oder geringerer Dauer der Förderung erreicht werden kann.

§ 219 Eingliederungszuschuss für besonders betroffene schwerbehinderte Menschen

(1) ¹Für schwerbehinderte Menschen im Sinne des § 104 Abs. 1 Nr. 3 Buchstabe a bis d des Neunten Buches und ihnen nach § 2 Abs. 3 des Neunten Buches von den Agenturen für Arbeit gleichgestellte behinderte Menschen, die wegen in ihrer Person liegender Umstände nur erschwert vermittelbar sind (besonders betroffene schwerbehinderte Menschen) darf die Förderung 70 Prozent des berücksichtigungsfähigen Arbeitsentgelts sowie 36 Monate nicht überschreiten. ²Die Förderdauer darf bei besonders betroffenen älteren schwerbehinderten Menschen, die das 50. Lebensjahr vollendet haben, 60 Monate und bei besonders betroffenen älteren schwerbehinderten Menschen, die das 55. Lebensjahr vollendet haben, 96 Monate nicht übersteigen.

(2) ¹Bei der Entscheidung über Höhe und Dauer der Förderung von schwerbehinderten Menschen ist zu berücksichtigen, ob der schwerbehinderte Mensch ohne gesetzliche Verpflichtung oder über die Beschäftigungspflicht nach dem Teil 2 des Neunten Buches hinaus eingestellt und beschäftigt wird. ²Zudem soll bei der Festlegung der Dauer der Förderung eine geförderte befristete Vorbeschäftigung beim Arbeitgeber angemessen berücksichtigt werden.

(3) ¹Nach Ablauf von zwölf Monaten ist der Eingliederungszuschuss entsprechend der zu erwartenden Zunahme der Leistungsfähigkeit des Arbeitnehmers und den abnehmenden Eingliederungserfordernissen gegenüber der bisherigen Förderhöhe, mindestens aber um zehn Prozentpunkte jährlich, zu vermindern. ²Er darf 30 Prozent nicht unterschreiten. ³Der Eingliederungszuschuss für besonders betroffene ältere schwerbehinderte Menschen ist erst nach Ablauf von 24 Monaten zu vermindern. ⁴Zeiten einer geförderten befristeten Beschäftigung beim Arbeitgeber sollen angemessen berücksichtigt werden.

A. Besonders betroffene schwerbehinderte Menschen (§ 104 Abs. 1 Nr. 3 Buchst. a bis d SGB IX)

§ 219 regelt den Eingliederungszuschuss für besonders betroffene schwerbehinderte Menschen. Mit der Möglichkeit der Gewährung von Eingliederungszuschüssen soll ein Anreiz geschaffen werden, behinderte Menschen auch über die **Pflichtquoten** (§ 71 SGB IX) hinaus zu beschäftigen. Das Erreichen der Pflichtquote ist nicht Voraussetzung für die Leistung, kann aber bei dem von der BA bei ihrer Entscheidung auszuübendem Ermessen berücksichtigt werden (vgl. zum Ermessen im Übrigen § 217 Rn. 19 ff. sowie zu Dauer und Umfang Übersicht in § 218 Rn. 1 und zur Verminderung nach 12 Monaten § 218 Rn. 2). Leistungen dürfen auch dann erbracht werden, wenn ein anderer Leistungsträger zur Erbringung gleichartiger Leistungen gesetzlich verpflichtet ist oder, ohne gesetzlich verpflichtet zu sein, Leistungen erbringt (§ 22 Abs. 2 S. 2), die dann allerdings anzurechnen sind ((§ 22 Abs. 2 S. 3). Zur Abgrenzung des Personenkreises der besonders betroffenen schwerbehinderten Menschen (mit einem GdB von mindestens 50; § 2 Abs. 2 SGB IX) verweist § 219 Abs. 1 auf § 104 Abs. 1 Nr. 3 Buchst a bis d SGB IX.

Zu diesem Personenkreis gehören Schwerbehinderte,
– die wegen **Art oder Schwere der Behinderung** oder sonstiger Umstände im Arbeitsleben (**Kausalität** zwischen der Behinderung und dem beruflichen Nachteil) besonders betroffen sind, insbesondere die zur Ausübung der Beschäftigung wegen ihrer Behinderung nicht nur vorübergehend einer besonderen Hilfskraft bedürfen oder deren Beschäftigung infolge ihrer Behinderung nicht nur vorübergehend mit außergewöhnlichen Aufwendungen für den Arbeitgeber verbunden ist oder die infolge ihrer Behinderung nicht nur vorübergehend offensichtlich nur eine wesentlich verminderte Arbeitsleistung erbringen können oder bei denen ein GdB von wenigstens 50 allein infolge geistiger oder seelischer Behinderung oder eines Anfallsleidens vorliegt oder die wegen Art oder Schwere der Behinderung keine abgeschlossene Berufsbildung im Sinne des Berufsbildungsgesetzes haben oder die das 50. Lebensjahr vollendet haben (§ 104 Abs. 1 Nr. 3a SGB IX iVm. § 72 Abs. 1 SGB IX). Aus dem Wort „insbesondere" in § 72 Abs. 1 SGB IX ergibt sich, dass die Aufzählung nicht abschließend ist,
– die **langzeitarbeitslos**, also ein Jahr und länger (§ 18 Abs. 1) arbeitslos (ohne Berücksichtigung der Unterbrechungstatbestände nach § 18 Abs. 2) sind (§ 104 Abs. 1 Nr. 3b SGB IX),
– die im Anschluss an eine Beschäftigung in einer anerkannten **Werkstatt** für behinderte Menschen (§§ 136 ff. SGB IX) oder einem **Integrationsprojekt** (§§ 132 ff. SGB IX) eingestellt werden (§ 104 Abs. 1 Nr. 3c SGB IX) oder
– die als **Teilzeitbeschäftigte** (Beschäftigung kürzer als betriebsüblich, aber nicht weniger als 18 Stunden wöchentlich; § 75 Abs. 2 S. 1 SGB IX) eingestellt werden (§ 104 Abs. 1 Nr. 3d SGB IX).

B. Gleichgestellte Behinderte

3 Eingliederungszuschüsse nach § 219 können auch den von der AA **nach § 2 Abs. 3 SGB IX** gleichgestellten behinderten Menschen gewährt werden. Gleichgestellt werden sollen Behinderte, die einen Grad der Behinderung von mindestens 30 haben, infolge der Behinderung aber ohne die Gleichstellung einen geeigneten Arbeitsplatz iSd. § 73 SGB IX nicht erlangen oder behalten können (BSG 2. 3. 2000 – B 7 AL 46/99 R – BSGE 86, 10).

C. Geförderte befristete Vorbeschäftigung

4 Bei Höhe und Dauer des Zuschusses und bei der (gebundenen) Entscheidung über die Verminderung des Eingliederungszuschusses soll eine geförderte Vorbeschäftigung beim selben Arbeitgeber angemessen berücksichtigt werden (§ 219 Abs. 2 S. 2, Abs. 3 S. 4). Hierdurch werden **Mitnahmeeffekte** reduziert, indem im Regelfall („soll") eine geförderte Vorbeschäftigung (etwa im Rahmen einer ABM-Maßnahme) zu einer Reduzierung der Leistung und ihrer Dauer bzw. einer höheren Verminderung nach 24 Monaten führt. In **atypischen Fällen** kann die BA hiervon im Ermessenswege absehen.

§ 220 Berücksichtigungsfähiges Arbeitsentgelt und Auszahlung des Zuschusses

(1) ¹Für die Zuschüsse sind berücksichtigungsfähig
1. die vom Arbeitgeber regelmäßig gezahlten Arbeitsentgelte, soweit sie die tariflichen Arbeitsentgelte oder, wenn eine tarifliche Regelung nicht besteht, die für vergleichbare Tätigkeiten ortsüblichen Arbeitsentgelte und soweit sie die Beitragsbemessungsgrenze in der Arbeitsförderung nicht übersteigen, sowie
2. der pauschalierte Anteil des Arbeitgebers am Gesamtsozialversicherungsbeitrag.

²Einmalig gezahltes Arbeitsentgelt ist nicht berücksichtigungsfähig.

(2) ¹Die Zuschüsse werden zu Beginn der Maßnahme in monatlichen Festbeträgen für die Förderungsdauer festgelegt. ²Die monatlichen Festbeträge werden angepasst, wenn sich das berücksichtigungsfähige Arbeitsentgelt verringert.

(3) Wird dem Arbeitgeber auf Grund eines Ausgleichsystems Arbeitsentgelt erstattet, ist für den Zeitraum der Erstattung der Zuschuss entsprechend zu mindern.

A. Berücksichtigungsfähiges Arbeitsentgelt

1 Was zum Arbeitsentgelt gehört, ergibt sich aus § 14 SGB IV, der die gesetzliche Definition hierfür normiert. Umfasst ist auch der zur Verwaltungsvereinfachung (BT-Drs. 14/6944 S. 39) pauschalierte Arbeitgeberanteil am Gesamtsozialversicherungsbeitrag. Der Begriff des „regelmäßig" gezahlten Arbeitsentgelts bezieht sich auf die für vergleichbare Tätigkeiten an nicht geförderte Beschäftigte betriebsüblich gewährte Entlohnung, begrenzt durch tarifliches oder ortsübliches Arbeitsentgelt und die Beitragsbemessungsgrenze von 66.000 € bzw. 55.800 € (Beitrittsgebiet) im Jahr 2010 und 66.000 € bzw. 57.600 € im Jahr 2011 (§ 341 Abs. 4 SGB III iVm. § 159 SGB VI). Trotz dieser Formulierung ist aber davon auszugehen, dass das tatsächlich gezahlte Arbeitsentgelt jedenfalls dann die Bemessungsgrundlage bildet, wenn das tatsächlich zwischen Arbeitgeber und Arbeitnehmer vereinbarte Arbeitsentgelt geringer als das regelmäßig im Betrieb für gleichartige Tätigkeiten gezahlte Arbeitsentgelt ist. Ansonsten könnte sich der Arbeitgeber einen zusätzlichen, nicht gerechtfertigten Vorteil dadurch verschaffen, dass er dem einzugliedernden Arbeitnehmer einen betriebsunüblich niedrigen Lohn zahlt (vgl. auch § 217 Rn. 11). Einmalig gezahltes Arbeitsentgelt (vgl. dazu BSG 17. 10. 1991 – 11 RAr 135/90 – SozR 3–4100 § 112 Nr. 11) bleibt bei der Bemessung des Zuschusses unberücksichtigt. Hierin liegt kein Verstoß gegen Art. 3 GG, weil der Zuschuss keine auf Beiträgen beruhende Lohnersatzleistung (dazu BVerfG 11. 1. 1995 – 1 BvR 892/88 – SozR 3–2200 § 385 Nr. 6) ist.

B. Festbetrag und Anrechnung

2 Der Zuschuss wird – zur Verwaltungsvereinfachung – zu Beginn der Maßnahme als Festbetrag für die gesamte Förderungsdauer festgelegt und monatlich nachträglich ausgezahlt (§ 337 Abs. 2). Eine Anpassung ist nur bei Verringerung des Arbeitsentgelts im Förderungszeitraum vorgesehen, während eine Lohnerhöhung zu keiner Änderung führt und damit auch keine wesentliche Änderung iSv. § 48

SGB X darstellt. § 44 SGB X iVm. § 330 Abs. 1 und § 45 SGB X iVm. § 330 Abs. 2 SGB III bleiben von § 220 Abs. 2 unberührt. Wird dem Arbeitgeber aufgrund eines Ausgleichsystems Arbeitsentgelt erstattet (Entgeltfortzahlungsversicherung für kleine und mittlere Betriebe wegen Arbeitsunfähigkeit und Mutterschaft; aus der Winterbauumlage finanzierte Winterausfallgeld-Vorausleistung), ist der Zuschuss für den Zeitraum der Erstattung entsprechend zu mindern. § 220 Abs. 3 ist lex specialis (§ 37 SGB I) zu § 48 Abs. 1 S. 2 SGB X.

§ 221 Förderungsausschluss und Rückzahlung

(1) Eine Förderung ist ausgeschlossen, wenn
1. zu vermuten ist, dass der Arbeitgeber die Beendigung eines Beschäftigungsverhältnisses veranlasst hat, um einen Eingliederungszuschuss zu erhalten oder
2. die Einstellung bei einem früheren Arbeitgeber erfolgt, bei dem der Arbeitnehmer während der letzten vier Jahre vor Förderungsbeginn mehr als drei Monate versicherungspflichtig beschäftigt war; dies gilt nicht, wenn es sich um die befristete Beschäftigung besonders betroffener schwerbehinderter Menschen handelt.

(2) ¹Eingliederungszuschüsse sind teilweise zurückzuzahlen, wenn das Beschäftigungsverhältnis während des Förderungszeitraums oder einer Nachbeschäftigungszeit beendet wird. ²Dies gilt nicht, wenn
1. der Arbeitgeber berechtigt war, das Arbeitsverhältnis aus Gründen, die in der Person oder dem Verhalten des Arbeitnehmers liegen, zu kündigen,
2. eine Kündigung aus dringenden betrieblichen Erfordernissen, die einer Weiterbeschäftigung im Betrieb entgegenstehen, berechtigt war,
3. die Beendigung des Arbeitsverhältnisses auf das Bestreben des Arbeitnehmers hin erfolgt, ohne dass der Arbeitgeber den Grund hierfür zu vertreten hat,
4. der Arbeitnehmer das Mindestalter für den Bezug der gesetzlichen Altersrente erreicht hat, oder
5. der Eingliederungszuschuss für die Einstellung eines besonders betroffenen schwerbehinderten Menschen geleistet wird.

³Die Rückzahlung ist auf die Hälfte des Förderungsbetrages begrenzt und darf den in den letzten zwölf Monaten vor Beendigung des Beschäftigungsverhältnisses geleisteten Förderbetrag nicht überschreiten. ⁴Ungeförderte Nachbeschäftigungszeiten sind anteilig zu berücksichtigen. ⁵Die Nachbeschäftigungszeit entspricht der Förderdauer, sie beträgt längstens zwölf Monate.

A. Förderungsausschluss

Nach § 221 Abs. 1 Nr. 1 ist eine Förderung ausgeschlossen, wenn (iS einer Beweiserleichterung) zu vermuten ist, dass der Arbeitgeber die Beendigung eines Beschäftigungsverhältnisses veranlasst hat, um einen Eingliederungszuschuss zu erhalten (Nr. 1). Auf die Art der Beendigung kommt es nicht an, sondern nur darauf, wer treibende Kraft für die Beendigung war. Erfolgt etwa eine Kündigung aus **betriebsbedingten Gründen** und wird unmittelbar im Anschluss hieran ein Arbeitnehmer, für den der Eingliederungszuschuss in Anspruch genommen werden soll, auf dem Arbeitsplatz des Entlassenen eingesetzt, ist die Förderung ausgeschlossen. Anders liegt der Fall aber, wenn die Kündigung aus personen- oder verhaltensbedingten Gründen erfolgt.

Die Förderung ist (außer bei besonders betroffenen schwerbehinderten Menschen, vgl. § 219) auch ausgeschlossen, wenn die Einstellung bei einem früheren Arbeitgeber erfolgt, bei dem der Arbeitnehmer während der letzten vier Jahre vor Förderungsbeginn mehr als drei Monate – ggf. auch mehrere kürzere Tätigkeiten über einen Zeitraum von insgesamt mehr als drei Monaten – versicherungspflichtig (§§ 24–26) beschäftigt war, weil in diesen Fällen typisierend keine Minderleistung bzw. kein Eingliederungsaufwand zu erwarten ist (BT-Drs. 13/4941 S. 193). Im Hinblick auf diese Typik und den eindeutigen Wortlaut gilt dies auch dann, wenn sich frühere und aktuelle Tätigkeit nicht gleichen (anders BSG 7. 11. 1990 – 9 b/7 RAr 122/89 – SozR 3–4100 § 49 Nr. 2 freilich zu dem Begriff des „bisherigen" Arbeitgebers eines unmittelbar vorausgegangenen Beschäftigungsverhältnisses).

B. Rückzahlung

Eingliederungszuschüsse sind (teilweise) zurückzuzahlen, wenn das Beschäftigungsverhältnis während des Förderungszeitraums oder der Nachbeschäftigungszeit, die der Sicherstellung des Eingliederungserfolges dient und der Förderungsdauer – maximal aber zwölf Monate – entspricht, beendet wird. Die Art und Weise der Beendigung spielt für die Rückzahlungspflicht zwar keine Rolle, der

Gesetzgeber macht aber in § 221 Abs. 2 S. 2 Nr. 1–4 Ausnahmen von der Rückzahlungspflicht, wenn dem Arbeitgeber kein sozialwidriges Verhalten vorzuwerfen ist. Dies ist der Fall, wenn der Arbeitgeber eine personen- oder verhaltensbedingte Kündigung aussprechen durfte, wobei der Kündigungsgrund genügt, wenn etwa deshalb ein Aufhebungsvertrag geschlossen wird. Ein eine fristlose Kündigung rechtfertigender Grund muss – anders als noch nach der bis zum 31. 7. 1999 geltenden Fassung (vgl. dazu BSG 2. 6. 2004 – B 7 AL 56/03 R – SozR 4–4300 § 223 Nr. 1) – nicht vorliegen. Defizite, die gerade zur Bewilligung des Zuschusses geführt haben, können nicht zur Kündigung berechtigen, sondern nur darüber hinaus gehende Leistungsbeeinträchtigungen. Auch das Recht zur Kündigung wegen dringender betrieblicher Erfordernisse und die nicht vom Arbeitgeber zu vertretende Beendigung auf Bestreben des Arbeitnehmers schließen die Verpflichtung zur Rückzahlung aus. Eine Rückforderung ist schließlich bei Erreichen der Regelaltersgrenze (§ 235 Abs. 2 SGB VI) für den Bezug einer Altersrente ausgeschlossen sowie (beruhend auf den besonderen Vermittlungsschwierigkeiten, um den Anreiz einer Einstellung zu erhöhen) bei einer Zuschussgewährung nach § 219.

4 Die Rückzahlung ist auf die Hälfte des Förderungsbetrages begrenzt und darf den in den letzten zwölf Monaten vor Beendigung des Beschäftigungsverhältnisses geleisteten Förderbetrag nicht überschreiten. Ungeförderte Nachbeschäftigungszeiten sind anteilig zu berücksichtigen. **Bsp.:** Förderung = 24 Monate. Nachbeschäftigungszeit gem. § 221 Abs. 2 S. 5 = zwölf Monate. Kündigung nach drei Monaten der Nachbeschäftigungszeit. Diese drei Monate sind von dem Förderungszeitraum in Abzug zu bringen („anteilig zu berücksichtigen"). Von den verbleibenden 21 Förderungsmonaten ist die Hälfte des von der BA aufgebrachten Förderungsbetrages zurückzuzahlen – ggf. begrenzt auf den nach § 218 Abs. 2 S. 2 verminderten Betrag der letzten zwölf Fördermonate.

5 Die Ermächtigung der BA, den Arbeitgeber zur Rückzahlung aufzufordern, ergibt sich ohne Umweg über § 48 SGB X und ohne Rückgriff auf § 47 SGB X (BSG 2. 6. 2004 – B 7 AL 66/03 R – SozR 4–4300 § 268 Nr. 1) direkt aus § 221, so dass auch keine Vertrauensgesichtspunkte greifen (§§ 45 ff. finden aber Anwendung bei einem schon bei seinem Erlass rechtswidrigen VA sowie bei einer Änderung der Verhältnisse, die zu einem [teilweisen] Wegfall der Leistungsvoraussetzungen führt).

§ 222 Anordnungsermächtigung

Die Bundesagentur wird ermächtigt, durch Anordnung das Nähere über Voraussetzungen, Art, Umfang und Verfahren der Förderung zu bestimmen.

Eine Anordnung zu §§ 217 ff. hat die BA bislang nicht erlassen.

§ 222 a *(aufgehoben)*

Zweiter Unterabschnitt. Eingliederungsgutschein

§ 223 Eingliederungsgutschein für ältere Arbeitnehmer

(1) [1]Arbeitnehmer, die das 50. Lebensjahr vollendet haben, können einen Eingliederungsgutschein über die Gewährung eines Eingliederungszuschusses erhalten, wenn sie einen Anspruch auf Arbeitslosengeld von mehr als zwölf Monaten haben. [2]Sind sie seit Entstehen des Anspruchs auf Arbeitslosengeld mindestens zwölf Monate beschäftigungslos, haben sie einen Anspruch auf einen Eingliederungsgutschein.

(2) Mit dem Eingliederungsgutschein verpflichtet sich die Agentur für Arbeit, einen Eingliederungszuschuss an den Arbeitgeber zu leisten, wenn der Arbeitnehmer eine sozialversicherungspflichtige Beschäftigung aufnimmt, die Arbeitszeit mindestens 15 Stunden wöchentlich beträgt und das Beschäftigungsverhältnis für mindestens ein Jahr begründet wird.

(3) [1]Der Eingliederungszuschuss wird für zwölf Monate geleistet. [2]Die Förderhöhe richtet sich nach den jeweiligen Eingliederungserfordernissen und darf 30 Prozent des berücksichtigungsfähigen Arbeitsentgelts nicht unterschreiten und 50 Prozent nicht überschreiten. [3]Für Arbeitnehmer, die einen Anspruch auf einen Eingliederungsgutschein haben, beträgt die Förderhöhe 50 Prozent des berücksichtigungsfähigen Arbeitsentgelts.

(4) Das berücksichtigungsfähige Arbeitsentgelt und die Auszahlung des Eingliederungszuschusses bestimmen sich nach § 220.

(5) Eine Förderung ist ausgeschlossen, wenn

1. zu vermuten ist, dass der Arbeitgeber die Beendigung eines Beschäftigungsverhältnisses veranlasst hat, um einen Eingliederungszuschuss nach Absatz 2 zu erhalten, oder

2. die Einstellung bei einem früheren Arbeitgeber erfolgt, bei dem der Arbeitnehmer während der letzten zwei Jahre vor Förderungsbeginn mehr als drei Monate versicherungspflichtig beschäftigt war.

Überblick

Da sich die berufliche **Wiedereingliederung** für viele ältere Arbeitnehmer schwierig gestaltet, wurde der Eingliederungszuschuss (neben der stufenweisen Verlängerung der Alg-Anspruchsdauer für Arbeitnehmer ab 50) mWv. 1. 1. 2008 durch das Siebte Gesetz zur Änderung des SGB III eingeführt (BGBl. I S. 681), um die besonderen Integrationsbemühungen für ältere Arbeitnehmer mit einem mehr als zwölfmonatigen Anspruch auf Arbeitslosengeld durch eine zusätzliche Förderleistung zu unterstützen (BT-Drs. 16/7460 S. 11). 1

Ältere **arbeitslose Arbeitnehmer** mit einem mehr als zwölfmonatigen Anspruch auf Arbeitslosengeld (gemeint ist das Stammrecht, so dass auch ein etwa ruhender Anspruch ausreichend ist) können einen Gutschein in Form einer garantierten Förderleistung erhalten (Ermessensgutschein). Das **Stammrecht** von mehr als zwölf Monaten bleibt auch bei einer Zwischenbeschäftigung erhalten und geht nicht durch den Bezug von Leistungen verloren, solange noch ein Tag mit Anspruch auf Alg besteht (vgl. dazu Bötticher in Eicher/Schlegel, SGB III, § 223 Rn. 4, 40). Bei der Ermessensausübung stehen die Eingliederungserfordernisse im Vordergrund (zur Ermessensausübung vgl. im Übrigen § 217 Rn. 19 ff.). Soweit Arbeitnehmer – unabhängig von einer etwaigen Alg-Anspruchsdauer – mindestens zwölf Monate seit Entstehung des Alg-Anspruchs „beschäftigungslos" sind, haben sie unabhängig von Eingliederungserfordernissen (die typisierend unterstellt werden) einen Rechtsanspruch auf einen Eingliederungsgutschein (Pflichtgutschein). Beschäftigungslosigkeit iSv. § 119 Abs. 1 Nr. 1 genügt nach Sinn und Zweck der Vorschrift nicht. Vielmehr muss der Arbeitnehmer arbeitslos gewesen sein, weil die Eingliederungserfordernisse aufgrund Zeitablaufs nur unterstellt werden können, wenn der Arbeitnehmer in den zwölf Monaten der Arbeitsvermittlung auch zur Verfügung stand. Da auf die Dauer der Arbeitslosigkeit „seit Entstehen des Anspruchs" abgestellt wird, schaden Zwischenbeschäftigungen, die nicht zum Erwerb eines neuen Anspruchs führen, nicht. 2

Die Ausstellung eines Eingliederungsgutscheins ist mangels Regelungsinhalt **kein Verwaltungsakt** (aA Voelzke, Arbeitsförderungsrecht – Versicherungs- und Subventionsrecht; Festschrift 50 Jahre saarländische Sozialgerichtsbarkeit), wohl aber dessen Ablehnung. Der Gutschein enthält auch keine Zusicherung iSv. § 34 SGB X, aus der sich dann die Zahlungsverpflichtung der Beklagten ergibt, weil er gerade nicht dem Arbeitgeber, sondern nur dem Arbeitnehmer auszuhändigen ist, der auch (allein) einen Anspruch auf Erteilung des Gutscheins haben kann. Auf Basis des Gutscheins erhalten Arbeitgeber bei Einstellung des Arbeitnehmers einen Eingliederungszuschuss für zwölf Monate. Der Arbeitgeber kann den Anspruch aus § 223 gegenüber der BA geltend machen (vgl. zum vergleichbaren **Vermittlungsgutschein** BSG 6. 4. 2006 – B 7 a AL 56/05 R – SozR 4–4300 § 421g Nr. 1). Voraussetzung ist eine sozialversicherungspflichtige Beschäftigung. Die Höhe des Eingliederungszuschusses richtet sich nach den Eingliederungserfordernissen und liegt zwischen 30 und 50 Prozent des berücksichtigungsfähigen Arbeitsentgelts, bei dem Pflichtgutschein beträgt die Höhe 50 Prozent. Von den Arbeitgebern wird Verbindlichkeit bezüglich der Stabilität des Beschäftigungsverhältnisses erwartet. Förderfähig sind deswegen – wie sich aus der Förderungsdauer ergibt – nur Beschäftigungsverhältnisse, die für mindestens zwölf Monate begründet werden (BT-Drs. 16/7460 S. 11; vgl. auch § 217 Rn. 6). Zum förderungsfähigen Arbeitsentgelt siehe die Kommentierung zu § 220, auf die § 223 Abs. 4 verweist, und zum Förderungsausschluss § 221 Rn. 1 f. 3

§ 224 Anordnungsermächtigung

Die Bundesagentur wird ermächtigt, durch Anordnung das Nähere über Voraussetzungen, Umfang und Verfahren der Förderung zu bestimmen.

Dritter Unterabschnitt. *(aufgehoben)*

§§ 225–228 *(aufgehoben)*

Vierter Unterabschnitt. *(aufgehoben)*

§§ 229–234 *(aufgehoben)*

Zweiter Abschnitt. Einstiegsqualifizierung, berufliche Aus- und Weiterbildung und Leistungen zur Teilhabe am Arbeitsleben

Erster Unterabschnitt. Förderung der Berufsausbildung und der beruflichen Weiterbildung

§ 235 *(aufgehoben)*

§ 235a Zuschüsse zur Ausbildungsvergütung schwerbehinderter Menschen

(1) Arbeitgeber können für die betriebliche Aus- oder Weiterbildung von schwerbehinderten Menschen im Sinne des § 104 Abs. 1 Nr. 3 Buchstabe e des Neunten Buches durch Zuschüsse zur Ausbildungsvergütung oder vergleichbaren Vergütung gefördert werden, wenn die Aus- oder Weiterbildung sonst nicht zu erreichen ist.

(2) ¹Die Zuschüsse sollen regelmäßig 80 Prozent der monatlichen Ausbildungsvergütung für das letzte Ausbildungsjahr oder der vergleichbaren Vergütung einschließlich des darauf entfallenden pauschalierten Arbeitgeberanteils am Gesamtsozialversicherungsbeitrag nicht übersteigen. ²In begründeten Ausnahmefällen können Zuschüsse bis zur Höhe der Ausbildungsvergütung für das letzte Ausbildungsjahr erbracht werden.

(3) Bei Übernahme schwerbehinderter Menschen in ein Arbeitsverhältnis durch den ausbildenden oder einen anderen Arbeitgeber im Anschluss an eine abgeschlossene Aus- oder Weiterbildung kann ein Eingliederungszuschuss in Höhe von bis zu 70 Prozent des berücksichtigungsfähigen Arbeitsentgelts (§ 220) für die Dauer von einem Jahr erbracht werden, sofern während der Aus- oder Weiterbildung Zuschüsse erbracht wurden.

§ 235b Einstiegsqualifizierung

(1) ¹Arbeitgeber, die eine betriebliche Einstiegsqualifizierung durchführen, können durch Zuschüsse zur Vergütung bis zu einer Höhe von 216 Euro monatlich zuzüglich eines pauschalierten Anteils am durchschnittlichen Gesamtsozialversicherungsbeitrag des Auszubildenden gefördert werden. ²Die betriebliche Einstiegsqualifizierung dient der Vermittlung und Vertiefung von Grundlagen für den Erwerb beruflicher Handlungsfähigkeit. ³Soweit die betriebliche Einstiegsqualifizierung als Berufsausbildungsvorbereitung nach dem Berufsbildungsgesetz durchgeführt wird, gelten die §§ 68 bis 70 des Berufsbildungsgesetzes.

(2) Eine Einstiegsqualifizierung kann für die Dauer von sechs bis längstens zwölf Monaten gefördert werden, wenn
1. auf der Grundlage eines Vertrages im Sinne des § 26 des Berufsbildungsgesetzes mit dem Auszubildenden durchgeführt wird,
2. auf einen anerkannten Ausbildungsberuf im Sinne des § 4 Abs. 1 des Berufsbildungsgesetzes, § 25 Abs. 1 Satz 1 der Handwerksordnung, des Seemannsgesetzes oder des Altenpflegegesetzes vorbereitet und
3. in Vollzeit oder wegen der Erziehung eigener Kinder oder der Pflege von Familienangehörigen in Teilzeit von mindestens 20 Wochenstunden durchgeführt wird.

(3) ¹Der Abschluss des Vertrages ist der nach dem Berufsbildungsgesetz, im Falle der Vorbereitung auf einen nach dem Altenpflegegesetz anerkannten Ausbildungsberuf der nach Landesrecht zuständigen Stelle anzuzeigen. ²Die vermittelten Fertigkeiten, Kenntnisse und Fähigkeiten sind vom Betrieb zu bescheinigen. ³Die zuständige Stelle stellt über die erfolgreich durchgeführte betriebliche Einstiegsqualifizierung ein Zertifikat aus.

(4) Förderungsfähig sind
1. bei der Agentur für Arbeit gemeldete Ausbildungsbewerber mit aus individuellen Gründen eingeschränkten Vermittlungsperspektiven, die auch nach den bundesweiten Nachvermittlungsaktionen keinen Ausbildungsplatz haben,
2. Ausbildungsuchende, die noch nicht in vollem Maße über die erforderliche Ausbildungsreife verfügen, und
3. lernbeeinträchtigte und sozial benachteiligte Ausbildungsuchende.

(5) ¹Die Förderung eines Auszubildenden, der bereits eine betriebliche Einstiegsqualifizierung bei dem Antrag stellenden Betrieb oder in einem anderen Betrieb des Unterneh-

mens durchlaufen hat, oder in einem Betrieb des Unternehmens oder eines verbundenen Unternehmens in den letzten drei Jahren vor Beginn der Einstiegsqualifizierung versicherungspflichtig beschäftigt war, ist ausgeschlossen. ²Gleiches gilt, wenn die Einstiegsqualifizierung im Betrieb der Ehegatten, Lebenspartner oder Eltern durchgeführt wird.

§ 235 c Förderung der beruflichen Weiterbildung

(1) Arbeitgeber können für die berufliche Weiterbildung von Arbeitnehmern, bei denen die Notwendigkeit der Weiterbildung wegen eines fehlenden Berufsabschlusses anerkannt ist, durch Zuschüsse zum Arbeitsentgelt gefördert werden, soweit die Weiterbildung im Rahmen eines bestehenden Arbeitsverhältnisses durchgeführt wird.

(2) Die Zuschüsse können bis zur Höhe des Betrages erbracht werden, der sich als anteiliges Arbeitsentgelt einschließlich des darauf entfallenden pauschalierten Arbeitgeberanteils am Gesamtsozialversicherungsbeitrag für weiterbildungsbedingte Zeiten ohne Arbeitsleistung errechnet.

§ 235 d Anordnungsermächtigung

Die Bundesagentur wird ermächtigt, durch Anordnung das Nähere über Voraussetzungen, Art, Umfang und Verfahren der Förderung zu bestimmen.

Zweiter Unterabschnitt. Förderung der Teilhabe am Arbeitsleben

§ 236 Ausbildung behinderter Menschen

(1) Arbeitgeber können für die betriebliche Aus- oder Weiterbildung von behinderten Menschen in Ausbildungsberufen durch Zuschüsse zur Ausbildungsvergütung gefördert werden, wenn die Aus- oder Weiterbildung sonst nicht zu erreichen ist.

(2) ¹Die Zuschüsse sollen regelmäßig 60 Prozent der monatlichen Ausbildungsvergütung für das letzte Ausbildungsjahr nicht übersteigen. ²In begründeten Ausnahmefällen können Zuschüsse bis zur Höhe der Ausbildungsvergütung für das letzte Ausbildungsjahr erbracht werden.

§ 237 Arbeitshilfen für behinderte Menschen

Arbeitgebern können Zuschüsse für eine behindertengerechte Ausgestaltung von Ausbildungs- oder Arbeitsplätzen erbracht werden, soweit dies erforderlich ist, um die dauerhafte Teilhabe am Arbeitsleben zu erreichen oder zu sichern und eine entsprechende Verpflichtung des Arbeitgebers nach dem Teil 2 des Neunten Buches nicht besteht.

§ 238 Probebeschäftigung behinderter Menschen

Arbeitgebern können die Kosten für eine befristete Probebeschäftigung behinderter, schwerbehinderter und ihnen gleichgestellter Menschen im Sinne von § 2 des Neunten Buches bis zu einer Dauer von drei Monaten erstattet werden, wenn dadurch die Möglichkeit einer Teilhabe am Arbeitsleben verbessert wird oder eine vollständige und dauerhafte Teilhabe am Arbeitsleben zu erreichen ist.

§ 239 Anordnungsermächtigung

Die Bundesagentur wird ermächtigt, durch Anordnung das Nähere über Voraussetzungen, Art, Umfang und Verfahren der Förderung zu bestimmen.

Sechstes Kapitel. Leistungen an Träger

Erster Abschnitt. Förderung der Berufsausbildung

§ 240 Unterstützung und Förderung der Berufsausbildung

(1) Träger von Maßnahmen können Zuschüsse erhalten und Maßnahmekosten erstattet bekommen, wenn sie förderungsbedürftige Jugendliche

1. mit ausbildungsbegleitenden Hilfen bei deren betrieblicher Berufsausbildung oder deren Einstiegsqualifizierung unterstützen oder deren Eingliederungsaussichten in Berufsausbildung oder Arbeit verbessern,
2. anstelle einer Berufsausbildung in einem Betrieb in einer außerbetrieblichen Einrichtung ausbilden,
3. mit sozialpädagogischer Begleitung während einer Berufsausbildungsvorbereitung nach dem Berufsbildungsgesetz unterstützen oder
4. durch die Unterstützung mit administrativen und organisatorischen Hilfen in die Berufsausbildung, in die Berufsausbildungsvorbereitung nach dem Berufsbildungsgesetz oder in die Einstiegsqualifizierung eingliedern.

(2) Eine Berufsausbildung im Sinne dieses Abschnitts ist eine Ausbildung, die in einem nach dem Berufsbildungsgesetz, der Handwerksordnung oder dem Seemannsgesetz staatlich anerkannten Ausbildungsberuf betrieblich oder außerbetrieblich im Rahmen eines Berufsausbildungsvertrages nach dem Berufsbildungsgesetz durchgeführt wird, oder eine im Rahmen eines Berufsausbildungsvertrages nach dem Altenpflegegesetz betrieblich durchgeführte Ausbildung.

(3) Das Vergaberecht findet Anwendung.

§ 241 Ausbildungsbegleitende Hilfen

(1) ¹Maßnahmen, die förderungsbedürftige Jugendliche während einer betrieblichen Berufsausbildung oder einer Einstiegsqualifizierung unterstützen (ausbildungsbegleitende Hilfen), sind förderungsfähig. ²Als ausbildungsbegleitende Hilfen sind auch erforderliche Maßnahmen förderungsfähig, mit denen die Unterstützung nach Abbruch einer betrieblichen Berufsausbildung bis zur Aufnahme einer weiteren betrieblichen oder einer außerbetrieblichen Berufsausbildung erfolgt oder die nach erfolgreicher Beendigung einer mit ausbildungsbegleitenden Hilfen geförderten betrieblichen Berufsausbildung bis zur Begründung oder Festigung eines Arbeitsverhältnisses fortgesetzt werden. ³Bei einer Förderung im Zusammenhang mit einer betrieblichen Berufsausbildung beginnt die Förderung frühestens mit dem Ausbildungsbeginn und endet spätestens sechs Monate nach Begründung eines Arbeitsverhältnisses.

(2) ¹Ausbildungsbegleitende Hilfen müssen über die Vermittlung von betriebs- und ausbildungsüblichen Inhalten hinausgehen, insbesondere müssen ausbildungsbegleitende Hilfen während einer Einstiegsqualifizierung über die Vermittlung der vom Betrieb im Rahmen der Einstiegsqualifizierung zu vermittelnden Fertigkeiten, Kenntnisse und Fähigkeiten hinausgehen. ²Hierzu gehören Maßnahmen
1. zum Abbau von Sprach- und Bildungsdefiziten,
2. zur Förderung fachpraktischer und fachtheoretischer Fertigkeiten, Kenntnisse und Fähigkeiten und
3. zur sozialpädagogischen Begleitung.

³Ausbildungsbegleitende Hilfen im Zusammenhang mit einer betrieblichen Berufsausbildung können durch Abschnitte der Berufsausbildung in einer außerbetrieblichen Einrichtung ergänzt werden, wobei die Dauer je Ausbildungsabschnitt drei Monate nicht übersteigen soll. ⁴Nicht als solche Abschnitte gelten Ausbildungsmaßnahmen außerhalb der Ausbildungsstätte, die durchgeführt werden, weil der Betrieb die erforderlichen Fertigkeiten, Kenntnisse und Fähigkeiten nicht in vollem Umfang vermitteln kann oder weil dies nach der Ausbildungsordnung so vorgesehen ist.

§ 242 Außerbetriebliche Berufsausbildung

(1) Maßnahmen, die zugunsten förderungsbedürftiger Jugendlicher als Berufsausbildung in einer außerbetrieblichen Einrichtung durchgeführt werden (außerbetriebliche Berufsausbildung), sind förderungsfähig, wenn
1. dem an der Maßnahme teilnehmenden Auszubildenden auch mit ausbildungsbegleitenden Hilfen eine Ausbildungsstelle in einem Betrieb nicht vermittelt werden kann,
2. der Auszubildende nach Erfüllung der Vollzeitschulpflicht nach den Gesetzen der Länder an einer nach Bundes- oder Landesrecht auf einen Beruf vorbereitenden Maßnahme mit einer Dauer von mindestens sechs Monaten teilgenommen hat und
3. der Anteil betrieblicher Praktikumsphasen die Dauer von sechs Monaten je Ausbildungsjahr nicht überschreitet.

(2) Während der Durchführung einer Berufsausbildung in einer außerbetrieblichen Einrichtung sind alle Möglichkeiten wahrzunehmen, um den Übergang des Auszubildenden auf einen betrieblichen Ausbildungsplatz zu fördern.

(3) Ist ein betriebliches oder außerbetriebliches Berufsausbildungsverhältnis vorzeitig gelöst worden und ist eine Eingliederung in betriebliche Berufsausbildung auch mit ausbildungsfördernden Leistungen nach diesem Buch aussichtslos, kann der Auszubildende seine Berufsausbildung in einer außerbetrieblichen Einrichtung fortsetzen, wenn zu erwarten ist, dass die Berufsausbildung erfolgreich abgeschlossen werden kann.

(4) Wird ein außerbetriebliches Berufsausbildungsverhältnis vorzeitig gelöst, hat der Träger der Maßnahme bereits erfolgreich absolvierte Teile der Berufsausbildung zu bescheinigen.

§ 243 Sozialpädagogische Begleitung und organisatorische Unterstützung bei betrieblicher Berufsausbildung und Berufsausbildungsvorbereitung

(1) Förderungsfähig sind notwendige Maßnahmen zur sozialpädagogischen Begleitung förderungsbedürftiger Jugendlicher während einer Berufsausbildungsvorbereitung nach dem Berufsbildungsgesetz.

(2) ¹Förderungsfähig sind Maßnahmen zur Unterstützung von Arbeitgebern mit bis zu 500 Beschäftigten bei administrativen und organisatorischen Aufgaben im Zusammenhang mit der betrieblichen Berufsausbildung, der Berufsausbildungsvorbereitung nach dem Berufsbildungsgesetz und der Einstiegsqualifizierung förderungsbedürftiger Jugendlicher. ²Die Förderung ist ausgeschlossen, wenn gleichartige Leistungen nach einem Bundes- oder Landesprogramm erbracht werden.

§ 244 Sonstige Förderungsvoraussetzungen

Die Maßnahmen nach den §§ 241, 242 und 243 Abs. 1 sind nur förderungsfähig, wenn sie nach Ausbildung und Berufserfahrung des Leiters und des Ausbildungs- und Betreuungspersonals, Gestaltung des Lehrplans, Unterrichtsmethode und Güte der zum Einsatz vorgesehenen Lehr- und Lernmittel eine erfolgreiche Berufsausbildung oder die erfolgreiche Unterstützung der Berufsausbildung, der Berufsausbildungsvorbereitung oder der Einstiegsqualifizierung erwarten lassen.

§ 245 Förderungsbedürftige Jugendliche

(1) ¹Förderungsbedürftig sind lernbeeinträchtigte und sozial benachteiligte Jugendliche, die wegen der in ihrer Person liegenden Gründe ohne die Förderung
1. eine Berufsausbildungsvorbereitung nach dem Berufsbildungsgesetz, eine Einstiegsqualifizierung oder eine Berufsausbildung nicht beginnen, fortsetzen oder erfolgreich beenden können,
2. nach dem Abbruch einer Berufsausbildung eine weitere Berufsausbildung nicht beginnen können oder
3. nach erfolgreicher Beendigung einer Berufsausbildung ein Arbeitsverhältnis nicht begründen oder festigen können.

²Förderungsbedürftig sind auch Auszubildende, bei denen ohne die Förderung mit ausbildungsbegleitenden Hilfen ein Abbruch ihrer Berufsausbildung droht oder die eine abgebrochene betriebliche Berufsausbildung unter den Voraussetzungen des § 242 Abs. 3 in einer außerbetrieblichen Einrichtung fortsetzen.

(2) § 63 mit Ausnahme von Absatz 2a gilt entsprechend.

§ 246 Leistungen

(1) Die Leistungen umfassen die Zuschüsse zur Ausbildungsvergütung zuzüglich des Gesamtsozialversicherungsbeitrags und des Beitrags zur Unfallversicherung sowie die Maßnahmekosten.

(2) ¹Als Zuschuss zur Ausbildungsvergütung bei einer Berufsausbildung in einer außerbetrieblichen Einrichtung kann höchstens ein Betrag übernommen werden, der nach § 105 Abs. 1 Nr. 1 dem Bedarf für den Lebensunterhalt eines unverheirateten oder nicht in einer Lebenspartnerschaft verbundenen Auszubildenden zugrunde zu legen ist, wenn er das 21. Lebensjahr noch nicht vollendet hat und im Haushalt der Eltern untergebracht ist, zuzüglich 5 Prozent jährlich ab dem zweiten Ausbildungsjahr. ²Der Betrag erhöht sich um den vom Träger zu tragenden Gesamtsozialversicherungsbeitrag und den Beitrag zur Unfallversicherung.

(3) ¹Als Maßnahmekosten können
1. die angemessenen Aufwendungen für das zur Durchführung der Maßnahme eingesetzte erforderliche Ausbildungs- und Betreuungspersonal einschließlich dessen regelmäßiger fachlicher Weiterbildung sowie für das insoweit erforderliche Leitungs- und Verwaltungspersonal,
2. die angemessenen Sach- und Verwaltungskosten sowie
3. eine Pauschale für jede vorzeitige und nachhaltige Vermittlung aus einer nach § 242 geförderten außerbetrieblichen Berufsausbildung in eine betriebliche Berufsausbildung

übernommen werden. ²Die Pauschale nach Satz 1 Nr. 3 beträgt 2.000 Euro für jede Vermittlung. ³Die Vermittlung muss spätestens zwölf Monate vor dem vertraglichen Ende der außerbetrieblichen Berufsausbildung erfolgt sein. ⁴Die Vermittlung gilt als nachhaltig, wenn das Berufsausbildungsverhältnis länger als vier Monate fortbesteht. ⁵Die Pauschale wird für jeden Auszubildenden nur einmal gezahlt.

(4) ¹Leistungen können nur erbracht werden, soweit sie nicht für den gleichen Zweck durch Dritte erbracht werden. ²Leistungen Dritter zur Aufstockung der Leistungen bleiben anrechnungsfrei.

§§ 246 a–246 d *(aufgehoben)*

§ 247 Anordnungsermächtigung

Die Bundesagentur wird ermächtigt, durch Anordnung das Nähere über Voraussetzungen, Umfang und Verfahren der Förderung zu bestimmen.

Zweiter Abschnitt. Förderung von Einrichtungen der beruflichen Aus- oder Weiterbildung oder der beruflichen Rehabilitation

§§ 248–251 *(aufgehoben)*

Dritter Abschnitt. *(aufgehoben)*

§§ 252, 253 *(aufgehoben)*

Vierter Abschnitt. *(aufgehoben)*

§§ 254–259 *(aufgehoben)*

Fünfter Abschnitt. Förderung von Arbeitsbeschaffungsmaßnahmen

§ 260 Grundsatz

(1) Träger von Arbeitsbeschaffungsmaßnahmen können für die Beschäftigung von zugewiesenen Arbeitnehmern durch Zuschüsse gefördert werden, wenn
1. die Maßnahmen dazu dienen, insbesondere bei hoher Arbeitslosigkeit entsprechend den Problemschwerpunkten der regionalen und beruflichen Teilarbeitsmärkte Arbeitslosigkeit abzubauen und arbeitslosen Arbeitnehmern zur Erhaltung und Wiedererlangung der Beschäftigungsfähigkeit, die für eine Eingliederung in den Arbeitsmarkt erforderlich ist, zumindest vorübergehend eine Beschäftigung zu ermöglichen,
2. in den Maßnahmen zusätzliche und im öffentlichen Interesse liegende Arbeiten durchgeführt werden,
3. eine Beeinträchtigung der Wirtschaft als Folge der Förderung nicht zu befürchten ist und
4. mit den von der Agentur für Arbeit zugewiesenen Arbeitnehmern Arbeitsverhältnisse begründet werden.

(2) **Maßnahmen sind vorrangig zu fördern, wenn damit zu rechnen ist, dass die Eingliederungsaussichten der in die Maßnahme zugewiesenen Arbeitnehmer erheblich verbessert werden.**

A. Allgemeines

Träger einer geförderten ABM sind nach § 21 natürliche oder juristische Personen oder Personengesellschaften, die Maßnahmen der Arbeitsförderung selbst durchführen oder durch Dritte durchführen lassen. Nach § 3 Abs. 3 Nr. 4 erhalten Träger von Arbeitsförderungsmaßnahmen Zuschüsse zu ABM. Es handelt sich bei ABM mithin um Leistungen der **aktiven Arbeitsförderung** iSv. § 3 Abs. 4. Der Arbeitnehmer wird mittelbar gefördert. Der Träger ist der Inhaber der Rechte und Adressat der Pflichten, er allein ist antragsberechtigt. Das gilt auch bei Vergabe-ABM (vgl. § 262). In diesem Fall muss er seine Rechtsbeziehung zum Unternehmen so gestalten, dass seine Pflichten durch das beauftragte Unternehmen eingehalten werden. Die Zuweisung ist in § 267a geregelt. Die zugewiesenen Arbeitnehmer müssen beschäftigt sein. Beschäftigung ist nach § 7 SGB IV die nichtselbständige Arbeit, insbesondere in einem Arbeitsverhältnis.

B. Voraussetzungen nach Abs. 1

In § 260 Abs. 1 Nrn. 1 bis 4 sind die Voraussetzungen für die Förderung einer ABM geregelt, die kumulativ vorliegen müssen. Nr. 1 beschreibt hierbei gleichzeitig die Ziele der ABM (BT-Drs. 15/1515, S. 95). Durch die ABM sollen vorübergehend neue Beschäftigungen geschaffen werden, um die **Arbeitslosigkeit abzubauen,** und zwar insbesondere nach dem ausdrücklichen Gesetzeswortlaut bei hoher Arbeitslosigkeit entsprechend den Problemschwerpunkten. Ferner soll Arbeitslosen zur Erhaltung oder Wiedererlangung der Beschäftigungsfähigkeit vorübergehend eine Beschäftigung ermöglicht werden. Nr. 2 verlangt, dass in der Maßnahme zusätzliche und im öffentlichen Interesse liegende Arbeiten durchgeführt werden müssen. Was zusätzliche und im öffentlichen Interesse liegende Arbeiten sind, ergibt sich aus § 261 Abs. 2 und 3. Nr. 3 bestimmt, dass durch die Maßnahme eine Beeinträchtigung der Wirtschaft als Folge der Förderung nicht zu erwarten sein darf. Der Gesetzgeber will mit dieser Voraussetzung eine Konkurrenz zwischen Trägern von ABM und Wirtschaftsunternehmen ausschließen (BT-Drs. 15/1515 S. 95). Insoweit dürfen der Bestand und die Entwicklung ungeförderter Arbeitsplätze nicht durch die ABM beeinträchtigt werden. Zum Merkmal „zusätzliche Arbeit" der Nr. 2 liegen naturgemäß Überschneidungen vor. Nr. 4 setzt für die Förderung voraus, dass mit dem zugewiesenen Arbeitnehmer ein Arbeitsverhältnis begründet wird. Mit dem Erfordernis des „Arbeitsverhältnisses" ist klargestellt, dass für die Beschäftigung grundsätzlich die allgemeinen arbeitsrechtlichen Bestimmungen gelten. Hinsichtlich der Beendigung des Arbeitsverhältnisses ist jedoch § 270 als lex specialis zu beachten.

C. Vorrang nach Abs. 2

Nach § 260 Abs. 2 sind Maßnahmen vorrangig zu fördern, wenn damit zu rechnen ist, dass die Eingliederungsaussichten der in die Maßnahme zugewiesenen Arbeitnehmer erheblich verbessert werden können. Eine allgemeine Verbesserung der Eingliederungschancen reicht hiernach nicht aus. Eine erhebliche Verbesserung ist zu erwarten, wenn durch die ABM zB eine **Qualifikation** oder Berufspraxis vermittelt wird, für die am allgemeinen Arbeitsmarkt überdurchschnittlicher Bedarf besteht (Niesel/Brand/*Düe,* SGB III, 5. Aufl. 2010, § 260 Rn. 19).

D. Folgen

Die Förderung erfolgt durch Zuschüsse. Die Einzelheiten ergeben sich aus §§ 264, 266 und 267. Die Entscheidung über den Förderungsantrag ist eine **Ermessensentscheidung** („können") hinsichtlich des Ob (Entschließungsermessen), im Falle des § 266 (verstärkte Förderung) zusätzlich auch des Umfangs der Förderung. Der Träger hat gegenüber der AA einen Anspruch auf ermessensfehlerfreie Entscheidung. Das Ermessen ist entsprechend des Zwecks der Ermächtigung auszuüben. Bei der Ausübung des Ermessens ist insbesondere das wesentliche Ziel der ABM, nämlich die Behebung der Arbeitslosigkeit, zu berücksichtigen, im Übrigen sind die Gesamtumstände abzuwägen (BSG 12. 7. 1989 – 7 RAr 56/88 – SozR 4100 § 91 Nr. 4). Wenn mehrere förderfähige Maßnahmen beantragt sind, besteht ferner ein Auswahlermessen, soweit die finanziellen Mittel nicht für die Förderung aller Maßnahmen ausreichen. Hier ist der in Abs. 2 geregelte Vorrang besonders zu berücksichtigen, dh eine solche Maßnahme ist zwingend zu bevorzugen (Niesel/Brand/*Düe,* SGB III, 5. Aufl. 2010, § 260 Rn. 11).

Coseriu

§ 261 Förderungsfähige Maßnahmen

(1) Maßnahmen sind förderungsfähig, wenn die in ihnen verrichteten Arbeiten zusätzlich sind und im öffentlichen Interesse liegen.

(2) ¹Arbeiten sind zusätzlich, wenn sie ohne die Förderung nicht, nicht in diesem Umfang oder erst zu einem späteren Zeitpunkt durchgeführt werden. ²Arbeiten, die auf Grund einer rechtlichen Verpflichtung durchzuführen sind oder die üblicherweise von juristischen Personen des öffentlichen Rechts durchgeführt werden, sind nur förderungsfähig, wenn sie ohne die Förderung voraussichtlich erst nach zwei Jahren durchgeführt werden.

(3) ¹Arbeiten liegen im öffentlichen Interesse, wenn das Arbeitsergebnis der Allgemeinheit dient. ²Arbeiten, deren Ergebnis überwiegend erwerbswirtschaftlichen Interessen oder den Interessen eines begrenzten Personenkreises dient, liegen nicht im öffentlichen Interesse. ³Das Vorliegen des öffentlichen Interesses wird nicht allein dadurch ausgeschlossen, daß das Arbeitsergebnis auch den in der Maßnahme beschäftigten Arbeitnehmern zugute kommt, wenn sichergestellt ist, daß die Arbeiten nicht zu einer Bereicherung einzelner führen.

(4) Angemessene Zeiten einer begleitenden beruflichen Qualifizierung und eines betrieblichen Praktikums sind förderungsfähig.

(5) ¹Die Träger oder durchführenden Unternehmen haben spätestens bei Beendigung der Beschäftigung des geförderten Arbeitnehmers eine Teilnehmerbeurteilung für die Agentur für Arbeit auszustellen, die auch Aussagen zur Beurteilung der weiteren beruflichen Entwicklungsmöglichkeiten des Arbeitnehmers enthält. ²Auf seinen Wunsch ist dem Arbeitnehmer eine Ausfertigung der Teilnehmerbeurteilung zu übermitteln.

A. Absatz 1

1 § 261 regelt die **Anforderungen** an eine förderungsfähige Maßnahme. Nach § 261 Abs. 1 muss die in der Maßnahme verrichtete Arbeit zusätzlich sein und im öffentlichen Interesse liegen. Insoweit handelt es sich um eine Wiederholung der bereits in § 260 Abs. 1 Nr. 2 genannten Fördervoraussetzungen.

B. Absatz 2

2 § 261 Abs. 2 S. 1 enthält die Definition der **„zusätzlichen Arbeit"**. Eine zusätzliche Arbeit liegt hiernach dann vor, wenn sie ohne die Förderung nicht, nicht in diesem Umfang oder erst zu einem späteren Zeitpunkt durchgeführt wird. Mit dieser Voraussetzung soll sichergestellt werden, dass nur Arbeiten gefördert werden, die die Schaffung neuer Arbeitsplätze notwendig machen, und es soll vermieden werden, dass Kosten unabhängig von einer Förderung sowieso durchzuführender Arbeiten auf die AA verlagert werden.

3 Nur die Tätigkeit, für die die Förderung als ABM begehrt wird, muss zusätzlich sein, nicht der gesamte Tätigkeitsbereich des Trägers. Ob die Arbeit zusätzlich ist, ist anhand der Planung des beantragenden Trägers zu prüfen (BSG 30. 9. 1992 – 11 RAr 3/92 – DBlR 3978, AFG/ § 91). Indiz für die Zusätzlichkeit ist, dass die **Finanzierung** der Arbeitsplätze ohne Förderung nicht sichergestellt ist, oder – bei Wirtschaftsunternehmen – dass sie nicht rentabel ist (BSG 30. 9. 1992 – 11 RAr 3/92; BSG 12. 7. 1989 – 7 RAr 56/88 – SozR 4100 § 91 Nr. 4). Wenn eine Maßnahme ohne die vorherige Anerkennung durchgeführt wird, fehlt es an der „Zusätzlichkeit" (BSG 16. 10. 1991 – 11 RAr 1/91 – SozR 3–4100 § 91 Nr. 1).

4 Eine Arbeit ist nach § 261 Abs. 2 auch zusätzlich, wenn sie ohne Förderung „nicht in diesem **Umfang**" durchgeführt würde. Damit wird der Kreis der förderfähigen Maßnahmen ausgeweitet auf die Erweiterung einer Arbeit, die für sich allein nicht zusätzlich ist (BT-Drs. 15/1515 S. 95). Für die Ausweitung muss dann jedoch wieder die „Zusätzlichkeit" vorliegen.

5 Ferner besteht „Zusätzlichkeit" für Arbeiten, die ohne die Förderung erst zu einem **späteren Zeitpunkt** durchgeführt werden würden. Der zeitliche Abstand zu der an sich üblichen/ordnungsgemäßen Erledigung der Aufgabe muss insoweit hinreichend groß sein, wobei ein zeitlicher Vorzieheffekt von mindestens einem Jahr (*Bieback* in Rolfs/Giesen/Kreikebohm/Udsching, Sozialrecht, § 261 SGB III Rn. 2), nach anderer Ansicht von mindestens zwei Jahren (Hauck/Noftz/*Kaltenstein* SGB III, K § 261 Rn. 21) gefordert wird. Laufende Maßnahmen, wie zB Instandsetzungs- oder Wartungsarbeiten, sind nicht zusätzlich, weil sie in der Regel ohne zeitlichen Verzug durchgeführt werden müssen. Wenn im zeitlichen Zusammenhang mit der Maßnahme (ungefördertes) Personal abgebaut wurde und die entsprechenden Aufgaben nunmehr durch ABM erfüllt werden sollen, liegt keine „Zusätzlichkeit" vor. Gleiches gilt, wenn ohne Personalabbau Planstellen eingespart werden und stattdessen die Arbeit durch ABM erledigt werden soll (*Bieback* aaO).

Nach § 216 Abs. 2 S. 2 1. Halbsatz sind Arbeiten von der Förderung ausgeschlossen, die „auf 6
Grund einer **rechtlichen Verpflichtung** durchzuführen sind". Die rechtliche Verpflichtung muss
von Dritten durchgesetzt (anspruchsberechtigte Bürger, Vereinsmitglieder) oder kontrolliert (Aufsicht)
werden können. Ferner ist die Förderung für Arbeiten ausgeschlossen, die „üblicherweise von juristischen Personen des öffentlichen Rechts durchgeführt werden". Üblich bedeutet, dass die Arbeit
quantitativ häufig durch juristische Personen des öffentlichen Rechts durchgeführt wird (BSG 12. 7.
1989 – 7 RAr 56/88 – SozR 4100 § 91 Nr. 4) und dass sie qualitativ-wertend als übliche Arbeit einer
juristischen Person des öffentlichen Rechts anerkannt ist (*Bieback* aaO Rn. 4). Eine Förderfähigkeit
besteht für diese Arbeiten nach § 216 Abs. 2 S. 2 2. Halbsatz jedoch dann, wenn die Arbeit ohne die
Förderung voraussichtlich erst nach zwei Jahren durchgeführt werden wird. Damit besteht der Ausschluss (nur) für alle Arbeiten, die kurzfristig durchgeführt werden müssen, oder bei denen bereits
aufgrund der rechtlichen Pflicht ein zweijähriges Abwarten nicht möglich ist. Bei anderen Arbeiten
muss der Träger ausreichend darlegen, dass die Arbeit, zu der er verpflichtet ist, oder die üblich ist,
voraussichtlich nicht vor Ablauf von zwei Jahren durchgeführt werden kann.

C. Absatz 3

§ 261 Abs. 3 enthält die Definition des öffentlichen Interesses, die Sätze 2 und 3 der Vorschrift er- 7
gänzen die Definition. Für das Vorliegen des **öffentlichen Interesses** ist mithin erforderlich, dass das
Ergebnis der Arbeit der Allgemeinheit und nicht überwiegend erwerbswirtschaftlichen oder den Interessen eines begrenzten Personenkreises dient; es kann aber den Interessen der in der Maßnahme Beschäftigten dienen, wenn sichergestellt ist, dass die Arbeit nicht zu einer Bereicherung Einzelner führt.
Die „Allgemeinheit" ist ein offener, nicht begrenzter Personenkreis (BSG 25. 10. 1989 – 7 RAr
148/88 – SozR 4100 § 91 Nr. 5). Sie ist nicht gleichzusetzen mit der Gesamtbevölkerung, es reicht
ein Teil davon aus. Die Maßnahme muss im Interesse der Allgemeinheit liegen, was insbesondere der
Fall ist, wenn sie die politische Öffentlichkeit betrifft (BSG 12. 7. 1989 – 7 RAr 56/88 – SozR 4100
§ 91 Nr. 4) oder der Erfüllung öffentlicher (Verwaltungs-)Aufgaben dient, für die der Staat/die Gemeinden eine Gewährleistungsverantwortung haben (BSG 25. 10. 1989 – 7 RAr 148/88 – SozR
4100 § 91 Nr. 5).

D. Absatz 4

Nach § 261 Abs. 4 sind angemessene Zeiten einer begleitenden beruflichen Qualifizierung und ei- 8
nes betrieblichen Praktikums förderfähig. Entgegen der früheren Rechtslage, nach der innerhalb einer
ABM, die Träger in Eigenregie durchführten, grundsätzlich **Qualifizierungselemente** enthalten sein
mussten (§ 261 Abs. 4 S. 1 in der bis zum 31. 12. 2003 geltenden Fassung), hat der Gesetzgeber dieses
Erfordernis nunmehr aufgegeben, hält es jedoch weiterhin für wünschens- und unterstützenswert
(BT-Drs. 15/1515 S. 95 Nr. 141 b). Dies wird unter anderem durch die Regelung der Fördermöglichkeit nach § 261 Abs. 4 deutlich (ferner durch den Vorrang nach § 260 Abs. 2 und die Möglichkeit
der verstärkten Förderung nach § 266). Eine Förderung ist hiernach möglich, wenn der Arbeitnehmer
zeitweise („begleitend") nicht in der ABM beschäftigt, sondern durch die Qualifizierung bzw. das
Praktikum gebunden ist. Angemessen ist die Zeit, wenn sie in einem vertretbaren Verhältnis zur Gesamtdauer der Maßnahme steht, dh. die Qualifizierung/das Praktikum darf nicht so viel Zeit in Anspruch nehmen, dass die ABM zurücktritt. Als Richtwerte können die in dem bis zum 31. 12. 2003
geltenden § 261 Abs. 2 ausdrücklich geregelten Werte (begleitende berufliche Qualifizierung darf bis
20 vH, das betriebliche Praktikum bis 40 vH, und beides zusammen bis 50 vH der Zuweisungsdauer
betragen) angesetzt werden (Niesel/Brand/*Düe*, SGB III, 5. Aufl. 2010, § 261 Rn. 16).

E. Absatz 5

Der Träger oder das durchführende Unternehmen (bei Vergabe-ABM, vgl. § 262) sind nach § 261 9
Abs. 5 verpflichtet, der AA eine **Teilnehmerbeurteilung** auszustellen, die zwingend Aussagen zur
Beurteilung der weiteren beruflichen Entwicklungsmöglichkeiten des Arbeitnehmers enthalten muss,
und dem Arbeitnehmer auf seinen Wunsch eine Ausfertigung zu übermitteln. Zum weiteren Inhalt
enthält die Norm keine konkreten Angaben. Aus Sinn und Zweck ergibt sich jedoch, dass die Inhalte
der Arbeit, die vermittelten Kenntnisse und Fähigkeiten, die Bewertung, wie der Arbeitnehmer den
gestellten Aufgaben gewachsen war, und Arbeitsunfähigkeitszeiten mitzuteilen sind (vgl. Eicher/
Schlegel, *Binder*, SGB III, § 261 Rn. 69). Insoweit besteht eine Berichtspflicht, durch die der Arbeitsvermittler über die beruflichen Möglichkeiten des Arbeitnehmers genauer informiert wird und die
dadurch der Verbesserung der Vermittlungsmöglichkeiten dient (BT-Drs. 14/6944 S. 43).

Wenn der Arbeitnehmer nach Beendigung der ABM aus dem Erwerbsleben ausscheidet, ist eine 10
Teilnehmerbeurteilung nicht erforderlich (BT-Drs. 14/6944 S. 43). Verpflichtet zur Erteilung der

Teilnehmerbeurteilung sind der Träger oder – bei Vergabe-ABM – der Unternehmer. Die Beurteilung hat derjenige abzugeben, der den Arbeitnehmer „kennen gelernt" hat (BT-Drs. 14/6944 aaO). Im Verhältnis AA – Träger besteht ein öffentlich-rechtliches Verhältnis. Dieses liegt punktuell über § 261 Abs. 5 S. 1 auch im Verhältnis AA – Unternehmer vor („öffentlich-rechtliche Indienstnahme"). Damit kann die AA die Pflicht zur Erteilung der Beurteilung mittels **Verwaltungsakt** durchsetzen (Eicher/Schlegel, *Binder*, SGB III, § 261 Rn. 74); der Rechtsweg zu den Sozialgerichten ist eröffnet.

11 Welche Rechtsnatur die Beurteilung hat, ist aus dem Wortlaut der Norm nicht erkennbar. Es handelt sich hierbei nicht um ein Arbeitszeugnis. Dieses ist aufgrund arbeitsrechtlicher Vorschriften zu erstellen. Aus dem Sinn und Zweck ergibt sich, dass die Beurteilung lediglich interne Wirkungen innerhalb des Verhältnisses Arbeitnehmer – AA entfaltet, aber keine **Außenwirkung** hat. Wenn der Arbeitnehmer einen Berichtigungsanspruch geltend machen will, erfolgt dies nach § 84 SGB X, wobei sich der Anspruch auf die in der Teilnehmerbeurteilung enthaltenen Tatsachen beschränkt. Wertungen sind Folge eines Denkprozesses und insoweit nicht als objektiv falsch oder richtig feststellbar (*Binder* aaO § 261 Rn. 76). Auch hier ist der Rechtsweg zu den Sozialgerichten eröffnet. Die Beurteilung enthält Wertungen, die ggf. datenschutzrechtlich und verfassungsrechtlich problematisch sein können (vgl. im Einzelnen *Binder* aaO § 261 Rn. 76).

§ 262 Vergabe von Arbeiten

Ist bei der Durchführung einer Maßnahme die Vergabe eines öffentlichen Auftrags an ein Wirtschaftsunternehmen vorgesehen, kann die Zuweisung geförderter Arbeitnehmer nichtdiskriminierend für alle Bewerber als vertragliche Nebenbedingung aufgenommen werden.

1 ABM können entweder als **Regiemaßnahmen** (Träger führt ABM selbst durch) oder als **Vergabemaßnahmen** (Träger lässt ABM durch Dritte durchführen) durchgeführt werden. § 262 dient der Anpassung der ABM-Förderung an das Vergaberecht (BT-Drs. 13/9340 S. 24) und stellt hier eine Verbindung her. Die Norm ist mithin im Rahmen öffentlicher Ausschreibungen anzuwenden. Der in der früheren Fassung des § 262 geregelte Vorrang der Vergabe-ABM (§ 262 Abs. 1 in der Fassung bis 31. 12. 2003) besteht nicht mehr.

2 Wenn ein öffentlicher Auftrag vergeben werden soll, kann damit eine **Vergabe-ABM** verbunden werden. Dabei erfolgt die Beschäftigung des geförderten Arbeitnehmers idR bei einem Dritten, dem Unternehmer, möglich ist aber auch, dass das Beschäftigungsverhältnis zwischen Träger und Arbeitnehmer besteht und der Träger den Arbeitnehmer dem Unternehmer als Arbeitnehmer nach dem AÜG überlässt. Hierbei ist das Vergaberecht zu beachten. Damit ist eine Ausschreibung erforderlich, die nach den einschlägigen Gesetzen (BHO, Verdingungsordnung für Bauleistungen VOB usw.) erfolgt. Oberhalb bestimmter Wertgrenzen ist eine europaweite Ausschreibung vorzunehmen (§§ 97 Abs. 6, 100, 127 GWB). Eine Überprüfung der Einhaltung des Verfahrens und der Grundsätze (Wettbewerb, Wirtschaftlichkeit, Transparenz und Diskriminierungsfreiheit) erfolgt durch die Vergabekammern des Bundes und der Länder (§§ 102, 104 ff. GWB).

3 Nach § 97 Abs. 2 GWB und nach Art. 86 EGV besteht die Verpflichtung zur **Gleichbehandlung** aller Unternehmer. Nach § 97 Abs. 4 GWB können abgesehen von Fachkunde, Leistungsfähigkeit und Zuverlässigkeit weitergehende Anforderungen an das Unternehmen gestellt werden, wenn dies durch ein Bundes- oder Landesgesetz vorgesehen ist. § 262 enthält eine solche Möglichkeit. Hiernach kann die Zuweisung geförderter Arbeitnehmer nichtdiskriminierend für alle Bewerber als vertragliche Nebenbedingung aufgenommen werden. Der Träger kann also die Zuweisung geförderter Arbeitnehmer als Bedingung für die Auftragsvergabe aufnehmen.

§ 263 Förderungsbedürftige Arbeitnehmer

(1) Arbeitnehmer sind förderungsbedürftig, wenn sie
1. arbeitslos sind und allein durch eine Förderung in einer Arbeitsbeschaffungsmaßnahme eine Beschäftigung aufnehmen können und
2. die Voraussetzungen erfüllen, um Entgeltersatzleistungen bei Arbeitslosigkeit oder bei Leistungen zur Teilhabe am Arbeitsleben zu erhalten.
(2) Die Agentur für Arbeit kann unabhängig vom Vorliegen der Voraussetzungen nach Absatz 1 Nr. 2 die Förderungsbedürftigkeit von Arbeitnehmern feststellen, wenn
1. dadurch zehn Prozent der Zahl aller in dem Haushaltsjahr zugewiesenen Teilnehmer in Arbeitsbeschaffungsmaßnahmen nicht überschritten werden,
2. ihre Zuweisung wegen der Wahrnehmung von Anleitungs- oder Betreuungsaufgaben für die Durchführung der Maßnahme notwendig ist,
3. die Arbeitnehmer bei Beginn der Maßnahme das 25. Lebensjahr noch nicht vollendet und keine abgeschlossene Berufsausbildung haben und die Maßnahme mit einer berufsvorbereitenden Bildungsmaßnahme verbunden ist,

4. die Arbeitnehmer wegen Art oder Schwere ihrer Behinderung nur durch Zuweisung in die Maßnahme beruflich stabilisiert oder qualifiziert werden können oder
5. die Arbeitnehmer Berufsrückkehrer sind und bereits für die Dauer von mindestens zwölf Monaten in einem Versicherungspflichtverhältnis gestanden haben.

A. Förderungsbedürftigkeit kraft Gesetzes (Abs. 1)

§ 263 regelt den Kreis der **förderfähigen Arbeitnehmer**. Förderfähig sind nach § 263 Abs. 1 Arbeitnehmer, die arbeitslos sind und allein durch eine Förderung in einer ABM eine Beschäftigung aufnehmen können (Nr. 1) und die einen Anspruch auf Entgeltersatzleistungen bei Arbeitslosigkeit bzw. bei Leistungen zur Teilhabe am Arbeitsleben Behinderter (§§ 97 ff.) haben. Von der Anforderung nach § 263 Abs. 1 Nr. 2 sind nach Abs. 2 Ausnahmen möglich. Die Voraussetzungen nach § 263 Abs. 1 Nr. 1 müssen hingegen immer vorliegen. Ausnahmen sieht das Gesetz hier nicht vor. 1

Wann ein Arbeitnehmer arbeitslos ist, regeln §§ 118, 119. Eine bestimmte Dauer der **Arbeitslosigkeit** („Wartezeit") wird nicht verlangt, mithin reicht auch ein kurzer Zeitraum aus. „Allein durch eine Förderung" bedeutet, dass die ABM letztes Mittel sein muss, um eine Beschäftigung aufnehmen zu können. Die Aufnahme einer Tätigkeit auf dem ersten Arbeitsmarkt darf nicht zu erwarten sein. Hierzu ist eine Prognoseentscheidung bei Beginn der Maßnahme durch die AA zu treffen. 2

Der Arbeitslose muss ferner die Voraussetzungen für den Bezug von Entgeltersatzleistungen bei Arbeitslosigkeit oder beruflicher Eingliederung Behinderter erfüllen. Erfasst sind alle Formen des Arbeitslosengeldes bei Arbeitslosigkeit, nicht also das Arbeitslosengeld bei beruflicher Weiterbildung (§§ 117, 124 a), wohl aber das Teilarbeitslosengeld nach § 150 und über § 16 Abs. 1 und 3 SGB II auch **Arbeitslosengeld II** (so auch Niesel/Brand/*Düe*, SGB III, 5. Aufl. 2010, § 263 Rn. 5). Als Entgeltersatzleistung bei beruflicher Eingliederung Behinderter kommt das Ausbildungsgeld nach § 104 in Betracht. Nach dem Wortlaut der Norm müssen die Voraussetzungen für den Bezug erfüllt sein, ein tatsächlicher Bezug ist nicht erforderlich. Damit muss keine Bewilligungsentscheidung vorliegen. Trotz des Wortlauts „um Entgeltleistungen ... zu erhalten" schadet nach Sinn und Zweck der Vorschrift auch das **Ruhen** des Anspruchs nicht. Ein rechtswidrig bewilligter Leistungsbezug bindet die AA, dh. solange der Bewilligungsbescheid nicht aufgehoben oder zurückgenommen ist, ist der Leistungsanspruch gegeben. 3

B. Förderungsbedürftigkeit (Abs. 2)

Um die Ziele der ABM besser erreichen zu können, erweitert § 263 Abs. 2 den Spielraum der AA. Diese kann auch unabhängig vom Vorliegen der Voraussetzungen nach § 263 Abs. 1 Nr. 2 die Förderungsbedürftigkeit von Arbeitnehmern unter den in den Nrn. 1–5 genannten Voraussetzungen feststellen. Sie kann dadurch die Voraussetzungen nach § 263 Abs. 1 Nr. 2 ersetzen, während die Voraussetzungen des § 263 Abs. 1 Nr. 1 immer vorliegen müssen. Die Feststellung der Förderungsbedürftigkeit nach § 263 Abs. 2 ist eine Ermessensentscheidung. Nach Nr. 1 kann die Förderungsbedürftigkeit nur für eine bestimmte Zahl von Arbeitnehmern, die keinen Anspruch auf Entgeltersatzleistungen begründet haben, festgestellt werden. Nr. 1 regelt keinen gleichstellungsfähigen Personenkreis, sondern die **zahlenmäßige Begrenzung,** Nr. 2–5 sind als alternative Begründungsmöglichkeiten zu verstehen. Die Voraussetzung der Nr. 1 muss daher immer kumulativ zu einer der Voraussetzungen nach Nr. 2–5 vorliegen (Niesel/Brand/*Düe*, SGB III, 5. Aufl. 2010, § 263 Rn. 9). 4

Die Förderungsbedürftigkeit besonders qualifizierter Arbeitnehmer, die für die Durchführung einer bestimmten Maßnahme zur „Wahrnehmung von Anleitungs- oder Betreuungsaufgaben" erforderlich sind, wird in Nr. 2 geregelt (vgl. hierzu auch § 270 a Abs. 3: flexible Anpassung der Förderdauer an die Dauer der zu betreuenden Ausbildungsverhältnisse). Nach Nr. 3 sollen junge Arbeitnehmer **ohne Berufsabschluss** besonders gefördert werden, wenn mit der Maßnahme eine berufsvorbereitende Maßnahme iSd. § 61 verbunden ist. Nr. 4 betrifft die Förderung **behinderter** (§ 19) Arbeitnehmer. Ziel sind die berufliche Stabilisierung, dh. die Verbesserung der Eingliederungschancen durch die Teilnahme an der ABM, oder eine Qualifikation. Diese beiden Ziele dürfen wegen der Art oder Schwere der Behinderung nur durch die Zuweisung in die Maßnahme erreicht werden können, die ABM muss mithin letztes Mittel sein (vgl. zur verstärkten Förderung dieser Gruppe auch § 270 a Abs. 1: Übernahme der Kosten einer notwendigen Arbeitsassistenz). **Berufsrückkehrer** können nach Nr. 5 gleichgestellt werden. Voraussetzung ist, dass sie in der Vergangenheit mindestens zwölf Monate eine versicherungspflichtige Beschäftigung ausgeübt haben. Wann dieses Versicherungspflichtverhältnis bestanden hat, ob es unterbrochen wurde, ob ggf. mehrere Beschäftigungen nacheinander oder mit zeitlichen Lücken ausgeübt wurden, ist nicht relevant. Gesetzgeberisches Ziel der Regelung ist insbesondere die bessere Wiedereingliederung von Frauen (zB nach der Kindererziehungszeit) in das Erwerbsleben (BT-Drs. 14/6944 S. 43). 5

Coseriu

§ 264 Zuschüsse zu den Lohnkosten

(1) Zuschüsse zu den Lohnkosten werden in pauschalierter Form erbracht.

(2) ¹Die Höhe des Zuschusses bemisst sich nach der Art der Tätigkeit des geförderten Arbeitnehmers in der Maßnahme. ²Der Zuschuss beträgt bei Tätigkeiten, für die in der Regel erforderlich ist

1. eine Hochschul- oder Fachhochschulausbildung, 1.300 Euro,
2. eine Aufstiegsfortbildung, 1.200 Euro,
3. eine Ausbildung in einem Ausbildungsberuf, 1.100 Euro,
4. keine Ausbildung, 900 Euro

monatlich. ³Die Agentur für Arbeit kann den pauschalierten Zuschuss zum Ausgleich regionaler und in der Tätigkeit liegender Besonderheiten um bis zu 10 Prozent erhöhen. ⁴Der Zuschuss ist bei Arbeitnehmern, die bei Beginn der Maßnahme das 25. Lebensjahr noch nicht vollendet haben, so zu bemessen, dass die Aufnahme einer Ausbildung nicht behindert wird.

(3) ¹Der Zuschuss wird höchstens bis zur Höhe des monatlich ausgezahlten Arbeitsentgelts gezahlt. ²Ist die Arbeitszeit eines zugewiesenen Arbeitnehmers gegenüber der Arbeitszeit eines vergleichbaren, mit voller Arbeitszeit beschäftigten Arbeitnehmers herabgesetzt, sind die Zuschüsse entsprechend zu kürzen.

A. Pauschale

1 Nach § 264 Abs. 1 werden Zuschüsse zu den Lohnkosten in Form von Pauschalen geleistet. Diese betragen differenziert nach Qualifikationsstufen 900 bis 1.300 EUR und können nach § 264 Abs. 2 S. 3, 4 erhöht oder gemindert und nach § 264 Abs. 3 S. 2 gekürzt werden. § 264 Abs. 3 S. 1 regelt die Höchstgrenze des Zuschusses. Die frühere **individuelle Berechnung** des Zuschusses (§ 264 Abs. 3 S. 3, Abs. 4, § 265 Abs. 1 S. 4 in der Fassung bis zum 31. 12. 2003) wurde aufgegeben. Hierdurch kommt es zu der gesetzgeberisch mit dieser Änderung gewollten Vereinfachung (BT-Drs. 15/1515 S. 96).

B. Bemessung des Zuschusses

2 Bei der Bemessung der Förderung nach § 264 Abs. 2 S. 2 kommt es auf die Qualifikation an, die für die geförderte Tätigkeit idR erforderlich ist, nicht auf die Qualifikation des ABM-Beschäftigten. Die Anforderungen sind für die **konkrete ABM** festzustellen, dh. die Arbeitsaufgabe des ABM-Beschäftigten, die Struktur des Betriebes uä. zu ermitteln und dann zu klären, ob derartige Arbeitsplätze üblicherweise durch zB Hochschulabsolventen oder Ungelernte besetzt werden.

3 Bei dem **Qualifikationsmerkmal** Hochschul- oder Fachhochschulausbildung (§ 264 Abs. 2 S. 2 Nr. 1) wird auf den Status der Bildungseinrichtung abgestellt. „Aufstiegsfortbildung" (§ 264 Abs. 2 S. 2 Nr. 2) erfordert eine über einen Ausbildungsberuf hinausgehende, zusätzliche Qualifikation, die nach einer praktischen Zeit im Ausbildungsberuf und einer beruflichen Weiterbildung durch eine Fortbildungsprüfung (§ 2 Abs. 1 Aufstiegsfortbildungsförderungsgesetz, im Handwerk: Meister, in der Industrie: Fachwirt, Industriemeister, Fachmeister) nachgewiesen wird. „Ausbildung in einem Ausbildungsberuf" (§ 264 Abs. 2 S. 2 Nr. 3) verweist auf das BBiG und erfasst alle im Verzeichnis der anerkannten Ausbildungsberufe benannten Tätigkeiten (Bekanntmachung des Verzeichnisses der anerkannten Ausbildungsberufe und Verzeichnis der zuständigen Stellen vom 15. 7. 2006 in BAnz Nr. 235a vom 14. 12. 2006) sowie „gleichwertige" Ausbildungsgänge außerhalb des BBiG (aaO). Wenn für die konkrete Beschäftigung keine Qualifikation nach § 264 Abs. 2 S. 2 Nr. 1–3 erforderlich ist, erfolgt die Einstufung nach Nr. 4 („keine Ausbildung").

4 Der Zuschuss kann zum Ausgleich regionaler und in der Tätigkeit liegender Besonderheiten nach § 264 Abs. 2 S. 3 bis maximal 10 vH erhöht werden. Bei der dabei zu treffenden Ermessensentscheidung der AA sind ein besonders hohes **regionales Lohnniveau** oder Lebenshaltungskosten sowie besondere Belastungen der Arbeit zu berücksichtigen. Nach § 264 Abs. 2 S. 4 kann der Zuschuss gemindert werden. Diese Vorschrift ist problematisch, denn zuschussberechtigt ist der Träger, nicht der Arbeitnehmer, der letztlich zur Aufnahme einer Qualifikation bewegt werden soll. Nach § 264 Abs. 3 S. 1 ist der Zuschuss höchstens bis zur Höhe des Netto-Entgelts zu zahlen. Arbeitszeitverkürzung führt zur Verringerung der Pauschale im Verhältnis der Kürzung.

§§ 265, 265a (aufgehoben)

§ 266 Verstärkte Förderung

Für weitere Kosten des Trägers bei der Durchführung der Arbeiten werden Zuschüsse in pauschalierter Form bis zu einer Höhe von 300 Euro pro Arbeitnehmer und Fördermonat erbracht, wenn
1. die Finanzierung einer Maßnahme auf andere Weise nicht erreicht werden kann und
2. an der Durchführung der Maßnahme ein besonderes arbeitsmarktpolitisches Interesse besteht.

Bei der verstärkten Förderung handelt es sich nach § 3 Abs. 5 („können erbracht werden") um eine **Ermessensleistung.** Das Ermessen bezieht sich neben dem „Ob" auch auf die Höhe („bis zu einer Höhe") der Leistung. Voraussetzung für die verstärkte Förderung sind die gefährdete Finanzierung der Maßnahme und ein besonderes arbeitsmarktpolitisches Interesse. Die Maßnahme muss darüber hinaus die Voraussetzungen nach §§ 260 ff. erfüllen. 1

Die Förderung nach § 266 ist **nachrangig** („auf andere Weise nicht erreicht"), dh. zunächst müssen alle anderen Fördermöglichkeiten (Programme des Bundes, der Länder oder des Europäischen Sozialfonds) ausgenutzt worden sein. Die Notwendigkeit der verstärkten Förderung ist durch den Träger nachzuweisen. In Betracht kommt hierfür ein Gesamtfinanzierungskonzept, mit dem nachgewiesen wird, dass nicht genügend Eigen- oder Fremdmittel vorhanden sind, um die Finanzierung der Maßnahme sicherzustellen (Niesel/Brand/*Düe,* SGB III, 5. Aufl. 2010, § 266 Rn. 6). 2

Bei dem „besonderen arbeitsmarktpolitischen Interesse" handelt es sich um einen unbestimmten Rechtsbegriff, dessen Auslegung der AA einen **weiten Spielraum** lässt. Bei der Feststellung sind alle arbeitsmarktpolitischen Ziele relevant. Das Interesse kann bejaht werden, wenn die Maßnahme in gesteigertem Umfang arbeitsmarktpolitisch zweckmäßig ist, wenn hierdurch besonders förderungsbedürftige Arbeitnehmer gefördert werden oder wenn in angemessenem Umfang Dauerarbeitsplätze geschaffen oder gesichert werden (*Düe* aaO § 266 Rn. 7 f.). Erforderlich ist jeweils eine Einzelfallprüfung. 3

§ 267 Dauer der Förderung

(1) **Die Förderung darf in der Regel nur zwölf Monate dauern.**

(2) **Die Förderung darf bis zu 24 Monate dauern, wenn an der Durchführung der Arbeiten ein besonderes arbeitsmarktpolitisches Interesse besteht oder der Träger die Verpflichtung übernimmt, dass die zugewiesenen Arbeitnehmer oder die an ihrer Stelle ersatzweise zugewiesenen Arbeitnehmer in ein Dauerarbeitsverhältnis übernommen werden.**

(3) **Die Förderung darf bis zu 36 Monate dauern, wenn zu Beginn der Maßnahme überwiegend ältere Arbeitnehmer zugewiesen sind, die das 55. Lebensjahr vollendet haben.**

(4) *(aufgehoben)*

(5) **Eine Maßnahme kann ohne zeitliche Unterbrechung wiederholt gefördert werden, wenn sie darauf ausgerichtet ist, während einer längeren Dauer Arbeitsplätze für wechselnde besonders förderungsbedürftige Arbeitnehmer zu schaffen.**

A. Regelförderung

§ 267 regelt die Dauer der Förderung. Die Regelförderdauer beträgt nach § 267 Abs. 1 zwölf Monate. Da eine **Mindestdauer** nicht normiert ist, kann die Regeldauer unterschritten (nicht überschritten) werden. Hierbei sind jedoch die Grundsätze einer effizienten Förderung zu beachten. Parallel zu der Dauer der Förderung ergibt sich aus § 267 a die Dauer der Zuweisung des Arbeitnehmers. Entgegen § 267 a handelt es sich jedoch bei § 267 um eine maßnahmebezogene Regelung, die Förderdauer betrifft die Maßnahme, nicht den konkreten Arbeitnehmer. 1

B. Ausnahmen von der Regelförderung

I. Förderung bis zu 24 Monate

§ 267 Abs. 2 sieht eine Erhöhung der Förderungsdauer auf 24 Monate bei besonderem **arbeitsmarktpolitischen Interesse** oder der Zusicherung der Übernahme in ein Dauerarbeitsverhältnis vor. Das „besondere arbeitsmarktpolitische Interesse" knüpft an die Auswirkungen an, die von der geförderten Maßnahme auf den Arbeitsmarkt ausgehen und entspricht der Regelung in § 266 (s. § 266 Rn. 3). Die Verpflichtung zur Übernahme in ein **Dauerarbeitsverhältnis** kann ebenfalls zu 2

Coseriu

einer Erhöhung der Förderungsdauer auf 24 Monate führen. Hierdurch soll eine dauerhafte Integration des Arbeitnehmers auf dem ersten Arbeitsmarkt erreicht werden. Der Träger muss sich durch rechtsverbindliche Erklärung gegenüber der BA bereit erklären, den zugewiesenen Arbeitnehmer in ein Dauerarbeitsverhältnis zu übernehmen. Eine besondere Form ist hierfür nicht vorgesehen. Die Verpflichtung kann aber als Nebenbestimmung in die Bewilligungsentscheidung mit aufgenommen werden (§ 32 Abs. 2 Nr. 4 SGB X; Eicher/Schlegel, *Binder*, SGB III, § 267 Rn. 22 mwN).

3   Aus dem Gesetzeswortlaut ergibt sich, dass der Träger die Verpflichtung zur **„Übernahme"** erklären muss. Bei Vergabe-ABM ist diese Verpflichtung durchaus denkbar; hier muss der Träger mittels zivilrechtlichen Vertrages den Unternehmer binden. Mit „Dauerarbeitsverhältnis" ist ein unbefristetes Arbeitsverhältnis gemeint. Mit dem Begriff der Übernahme wird ein zeitlicher Zusammenhang zwischen dem Ende der ABM-Beschäftigung und der Aufnahme des Dauerarbeitsverhältnisses hergestellt. Die BA soll nicht nach Abschluss der ABM längere Zeit Entgeltersatzleistungen erbringen, bevor das Dauerarbeitsverhältnis beginnt. Eine kurze **Unterbrechung**, etwa aus organisatorischen Gründen, ist jedoch unschädlich. Hierdurch wird das Ziel der verlängerten Förderung, die dauerhafte Integration des Arbeitnehmers auf dem ersten Arbeitsmarkt, dennoch erreicht (Eicher/Schlegel, *Binder*, SGB III, § 267 Rn. 26). Bei dem Dauerarbeitsverhältnis muss es sich um eine ungeförderte Beschäftigung handeln. Das ergibt sich aus dem Ziel der verlängerten Förderung. Ferner ist ein gewisser qualitativer Zusammenhang zu der durch ABM geförderten Beschäftigung (Art der Tätigkeit, Entlohnung uä.) erforderlich. Sinn der Förderung ist unter anderem die Erhaltung der individuellen Beschäftigungsfähigkeit des Arbeitnehmers. Durch ein hierauf folgendes minderwertigeres Dauerarbeitsverhältnis wäre die vorherige Maßnahme diesbezüglich wirkungslos. Die Nichteinhaltung der Verpflichtung zur Übernahme in ein Dauerarbeitsverhältnis hat idR eine Rückzahlungsverpflichtung nach § 268 zur Folge.

II. Förderung bis zu 36 Monate

4   § 267 Abs. 3 erlaubt eine Erhöhung der Förderungsdauer auf 36 Monate bei Maßnahmen, in die überwiegend Arbeitnehmer, die das **55. Lebensjahr** vollendet haben, zugewiesen sind. Hintergrund ist der erschwerte Zugang dieser Arbeitnehmergruppe zum ersten Arbeitsmarkt (BT-Drs. 14/873 S. 18). Überwiegend bedeutet, dass mehr als die Hälfte der zugewiesenen Arbeitnehmer die Altersgrenze erreicht haben müssen. Maßgeblicher Zeitpunkt ist der Beginn der Maßnahme. Wenn also im Laufe der Maßnahme ältere Arbeitnehmer ausscheiden und durch jüngere ersetzt werden, hat dies keine Auswirkungen auf die Förderungsdauer.

III. Wiederholte Förderung

5   Eine Maßnahme kann nach § 267 Abs. 5 wiederholt gefördert werden, wenn sie auf die Förderung besonders förderungsbedürftiger Arbeitnehmer ausgerichtet ist. Geregelt wurde hierdurch nicht die Verlängerung der Förderungsdauer, sondern die Zulässigkeit einer **Förderkette**. Die Maßnahme muss geeignet und dafür bestimmt sein, besonders förderungsbedürftigen Arbeitnehmern für längere Zeit einen Arbeitsplatz zur Verfügung zu stellen, insbesondere bestimmte Vermittlungshemmnisse durch Organisation und Sachmittel (zB behindertengerechte Ausgestaltung des Arbeitsplatzes) auszugleichen.

6   Durch die wiederholte Förderung soll die Zuweisung „besonders förderungsbedürftiger Arbeitnehmer" nacheinander ermöglicht werden. Insoweit gibt es bei der wiederholten Zuweisung keine Regelung über die **Zuweisungsdauer** (vgl. § 267 a). Besonders förderungsbedürftige Arbeitnehmer sind nach der Legaldefinition des § 11 Abs. 2 Nr. 2 „insbesondere Langzeitarbeitslose, schwerbehinderte Menschen, Ältere mit Vermittlungserschwernissen, Berufsrückkehrer und Geringqualifizierte". Die Regelung ist nicht abschließend, so dass auch Arbeitnehmer mit vergleichbaren Vermittlungsschwierigkeiten hierunter subsumiert werden können.

7   Die Entscheidung über die **Förderungsdauer** erfolgt mit der Entscheidung über die Bewilligung bzw. Verlängerung der Förderung. Sie ist als untrennbarer Bestandteil nicht gesondert, sondern nur gemeinsam mit der Bewilligungs-/Verlängerungsentscheidung anfechtbar (Eicher/Schlegel, *Binder*, SGB III, § 267 Rn. 34).

§ 267 a Zuweisung

(1) **Die Dauer der Zuweisung des förderungsbedürftigen Arbeitnehmers in die Maßnahme darf grundsätzlich längstens zwölf Monate betragen.**

(2) **Die Zuweisungsdauer darf bis zu 24 Monaten betragen, wenn der zugewiesene Arbeitnehmer im Anschluss an die Zuweisung in ein Dauerarbeitsverhältnis übernommen werden soll.**

(3) **Bei Arbeitnehmern, die das 55. Lebensjahr vollendet haben, darf die Zuweisungsdauer bis zu 36 Monate betragen.**

(4) ¹Eine Zuweisung ist grundsätzlich ausgeschlossen, wenn seit der letzten Beschäftigung in einer Arbeitsbeschaffungs- oder Strukturanpassungsmaßnahme noch nicht drei Jahre vergangen sind. ²Dies gilt nicht für Zuweisungen von Arbeitnehmern, die das 55. Lebensjahr vollendet haben.

A. Allgemeines

§ 267 normiert die **Dauer der Zuweisung** (zwölf, ggf. 24 oder 36 Monate). Mit der Vorschrift soll eine Übereinstimmung der Zuweisungs- mit der Förderungsdauer (§ 267) gewährleistet werden. Daneben wird eine Wartefrist geregelt (§ 267 Abs. 4), die ungewollte Förderketten verhindern soll (BT-Drs. 14/6944 S. 44 f.). 1

Die Zuweisung hat eine **Doppelfunktion.** Zum einen wird durch sie die konkrete Förderung der Maßnahme bestimmt, ferner ist sie als Individualförderung für arbeitslose Arbeitnehmer eine besondere Art der Arbeitsvermittlung gegenüber dem Arbeitnehmer (Eicher/Schlegel, *Binder*, SGB III, § 267 a Rn. 16). Insoweit liegt ein Verwaltungsakt mit Drittwirkung vor (*Binder* aaO § 267 a Rn. 24). Die Zuweisung ist Voraussetzung für die Förderfähigkeit der konkreten Maßnahme (§§ 260 Abs. 1 Nr. 4, 264 Abs. 2 S. 1). 2

Voraussetzung für die Zuweisung ist die Förderungsbedürftigkeit des Arbeitnehmers (vgl. hierzu § 263). Damit beinhaltet die Entscheidung über die Zuweisung immer auch eine Entscheidung über die Förderungsbedürftigkeit. Die **Zuweisungsentscheidung** ist gegenüber dem Träger und gegenüber dem Arbeitslosen ein Verwaltungsakt. Es besteht insoweit ein Anspruch auf ermessensfehlerfreie Entscheidung. Die Zuweisungsentscheidung regelt das Verhältnis zwischen Träger bzw. Arbeitnehmer und der BA. Auch bei Vergabe-ABM ist Adressat der Entscheidung der Träger, nicht der Unternehmer. Der Arbeitnehmer wird grundsätzlich dem Träger zugewiesen. Der Träger muss in diesem Fall durch entsprechende vertragliche Gestaltung mit dem Unternehmer die Einhaltung der arbeitsförderungsrechtlichen Besonderheiten gewährleisten. Das Verhältnis zwischen dem Träger (bei Regie-ABM)/Unternehmer (Vergabe-ABM) und Arbeitnehmer hingegen wird durch den Arbeitsvertrag bestimmt. Die Befristung der Förderungs- und Zuweisungsdauer rechtfertigt die Befristung des Arbeitsvertrages zwischen dem Träger und dem ABM-Beschäftigten (BAG 15. 2. 1995 – 7 AZR 680/94 – AP Nr. 166 zu § 620 BGB; BAG 20. 12. 1995 – 7 AZR 194/95 – AP Nr. 177 zu § 620 BGB). 3

B. Inhalt der Zuweisungsentscheidung

Aus § 267 a und der Funktion der Zuweisungsentscheidung ergibt sich zwingend folgender Inhalt (BSG 18. 8. 2005 – B 7 a/7 AL 66/04 R – SozR 4–4300 § 415 Nr. 1): Es müssen **Feststellungen** zur Förderungsbedürftigkeit (§ 267 a iVm. § 263) und zur Auswahl und Heranziehung eines bestimmten Arbeitnehmers, zur Einhaltung der Wartefrist (§ 267 a Abs. 4) und zur Dauer der Zuweisung (§ 267 a Abs. 1–3) getroffen werden. Aus der Zuweisung ergeben sich arbeitsförderungsrechtliche Besonderheiten für das Arbeitsverhältnis, insbesondere die besonderen Kündigungsrechte nach § 270. Dies ist ebenfalls in die Zuweisungsentscheidung aufzunehmen (Eicher/Schlegel, *Binder*, SGB III, § 267 a Rn. 19). Allgemeine Grundsätze der Arbeitsvermittlung (§§ 35, 36) sind nicht Inhalt der Zuweisungsentscheidung, sie müssen jedoch eingehalten werden. Eine Zuweisung ist nicht möglich, wenn das Arbeitsverhältnis ein Gesetz oder den Grundsatz der guten Sitten verstößt (BSG 18. 8. 2005 – B 7 a/7 AL 66/04 R – SozR 4–4300 § 415 Nr. 1), oder wenn für die Beschäftigung, für die die Förderung als ABM vorgesehen ist, ein Tarifvertrag gilt (durch Tarifgebundenheit beider Parteien oder durch Allgemeinverbindlichkeit) und durch das zu fördernde Arbeitsverhältnis gegen diesen Tarifvertrag verstoßen würde; hier gibt es jedoch ggf. Öffnungsklauseln für ABM. 4

C. Dauer der Zuweisung

Gesetzlicher **Regelfall** ist die Zuweisungsdauer von (höchstens) zwölf Monaten (Abs. 1). Dies entspricht der Regelung über die Förderungsdauer nach § 267 Abs. 1. Ein Unterschreiten dieser Dauer ist möglich, eine Mindestdauer nicht geregelt („darf grundsätzlich längstens zwölf Monate nicht überschreiten"). Damit ist eine **Anpassung** der Zuweisungsdauer an die Dauer der Maßnahme möglich, wenn diese weniger als zwölf Monate beträgt. Wenn ursprünglich ein anderer Arbeitnehmer zugewiesen wurde, dessen Zuweisung aber durch Abberufung oder Kündigung endet, kann ein weiterer Arbeitnehmer für die verbleibende Dauer der Maßnahme zugewiesen werden. 5

Die Regeldauer kann nach Maßgabe des § 267 a Abs. 2 und 3 überschritten werden. Nach § 267 a Abs. 2 ist eine Zuweisung bis zu 24 Monaten möglich, wenn der Arbeitnehmer im Anschluss an die Maßnahme in ein **Dauerarbeitsverhältnis** übernommen werden soll. Dies entspricht der Förderungsdauer nach § 267 Abs. 2 Alt. 2, nach der ein Arbeitgeber, der sich verpflichtet, mit einem Arbeitnehmer im Anschluss an die Maßnahme ein unbefristetes Arbeitsverhältnis zu begründen, für 6

24 Monate gefördert wird. Nach § 267a Abs. 3 kommt eine Zuweisungsdauer bis zu 36 Monaten für Arbeitnehmer, die das **55. Lebensjahr** vollendet haben, in Betracht. Dies entspricht der Förderungsdauer nach § 267 Abs. 3).

7   Bei einem besonderen **arbeitsmarktpolitischen Interesse** kann die Maßnahme bis zu 24 Monaten gefördert werden (§ 267 Abs. 2 Alt. 1). Diese Norm ist objektiv ausgerichtet und dient nicht dem individuellen Interesse des Arbeitnehmers. Eine Parallelregelung für die Zuweisung gibt es hierzu nicht, vielmehr soll die AA die Möglichkeit haben, dieser Maßnahme ggf. mehrere Arbeitnehmer hintereinander zuzuweisen. Wenn sich das besondere arbeitsmarktpolitische Interesse jedoch aus der Beschäftigung eines besonders förderungsbedürftigen Arbeitnehmers ergibt, die Maßnahme hierauf abgestimmt und auf eine Dauer von mehr als zwölf Monaten angelegt ist, ergibt sich aus dem Sinn der ABM, im Einzelfall ermessensgerecht die Zuweisungsdauer der Förderungsdauer anzupassen (Eicher/Schlegel, *Binder,* SGB III, § 267a Rn. 38).

D. Wartefrist

8   Die Zuweisung ist nach § 267a Abs. 4 S. 1 grundsätzlich ausgeschlossen, wenn seit der letzten Beschäftigung in einer ABM oder Strukturanpassungsmaßnahme (§§ 272ff. in der bis 31. 12. 2003 geltenden Fassung, seit 1. 1. 2004 sind die Regelungen aufgehoben, ab diesem Zeitpunkt erfolgt eine einheitliche Förderung von ABM; BT-Drs. 15/1515 S. 98) noch nicht drei Jahre vergangen sind. Die Beschränkung gilt nach dem Gesetzeswortlaut nur für die genannten Maßnahmen, dh. die Wartefrist ist bei anderen geförderten Beschäftigungen nicht anzuwenden. **Fristbeginn** ist der letzte Tag der Beschäftigung der früheren Förderung, die Frist ist nach § 26 SGB X zu berechnen.

9   **Ausnahmen** von der Wartefrist („grundsätzlich") sind möglich, hier ist aber eine besondere Rechtfertigung erforderlich. In Betracht kommt die Förderung ohne Berücksichtigung der Wartefrist, wenn der Arbeitnehmer ohne sein Verschulden aus der früheren Förderung vorzeitig ausgeschieden ist, zB bei Insolvenz des Trägers, oder wenn der konkrete Arbeitnehmer für die Durchführung der Maßnahme unerlässlich ist, zB als Ausbilder (§ 270a Abs. 3), wenn kein anderer Arbeitnehmer mit entsprechender Qualifikation zur Verfügung steht (Eicher/Schlegel, *Binder,* SGB III, § 267a Rn. 43). Nach § 267a Abs. 4 S. 2 gilt die Wartefrist ferner für Arbeitnehmer, die das 55. Lebensjahr vollendet haben, nicht. Maßgebend ist das Alter an dem Datum, zu dem die Zuweisung erfolgen soll.

E. Ermessen

10   Die BA muss in ihrer – sowohl vom Träger als auch vom Arbeitnehmer **gerichtlich überprüfbaren** – Ermessensentscheidung die Vorgaben des SGB III beachten, insbesondere „besonders förderungsbedürftige Personengruppen" (§ 11 Abs. 2 Nr. 2, § 267 Abs. 5) bevorzugt zuweisen und die Gesichtspunkte der Frauenförderung und der Vereinbarkeit von Familie und Beruf (§§ 8, 8a) beachten. Die Zuweisung erfolgt sodann innerhalb der Gruppe der besonders förderungsbedürftigen oder auch der anderen Arbeitslosen jeweils nach Eignung und Fähigkeit sowie dem prognostischen Integrationserfolg (§ 7). Eine bestimmte Form der Entscheidung ist nicht vorgesehen, ebenfalls kein bestimmter Zeitpunkt. Die Zuweisung kann mithin mündlich und/oder erst nach Aufnahme der Arbeit erfolgen, in diesem Falle tritt ihre Wirkung ex tunc ein (BSG 18. 8. 2005 – B 7a/7 AL 66/04 R – SozR 4–4300 § 415 Nr. 1).

§ 268 Rückzahlung

¹Im Falle des § 267a Abs. 2 sind im zweiten Förderjahr erbrachte Zuschüsse zurückzuzahlen, wenn die vom Träger bei Antragstellung abgegebene Verpflichtung zur Übernahme eines zugewiesenen Arbeitnehmers in ein Dauerarbeitsverhältnis nicht erfüllt wird oder das Arbeitsverhältnis innerhalb von sechs Monaten nach Ende des Förderzeitraums beendet wird. ²Dies gilt nicht, wenn

1. der Arbeitgeber bei Beendigung des Beschäftigungsverhältnisses berechtigt war, das Arbeitsverhältnis aus wichtigem Grund ohne Einhaltung einer Kündigungsfrist zu kündigen,
2. die Beendigung des Arbeitsverhältnisses auf das Bestreben des Arbeitnehmers hin erfolgt, ohne daß der Arbeitgeber den Grund hierfür zu vertreten hat,
3. der Arbeitnehmer das für ihn maßgebliche Rentenalter für eine Altersrente erreicht hat oder
4. es für den Arbeitgeber bei einer Ersatzzuweisung während des zweiten Förderjahres unter Würdigung der Umstände des Einzelfalles unzumutbar wäre, den zuletzt zugewiesenen Arbeitnehmer anstelle des zuvor zugewiesenen Arbeitnehmers im Anschluß an die Förderung in ein Dauerarbeitsverhältnis zu übernehmen.

A. Verstoß gegen Weiterbeschäftigungspflicht

In § 268 wird ein eigenständiger Anspruch auf Rückzahlung der Fördermittel des zweiten Förderjahres gegen den Träger geregelt, ohne dass es einer Aufhebungs- und Erstattungsentscheidung nach §§ 45 ff. SGB X bedarf (BSG 2. 6. 2004 – B 7 AL 66/03 R – SozR 4–4300 § 268 Nr. 1). Bei der Entscheidung über die Rückzahlung hat die AA deshalb **kein Ermessen** („sind ... zurückzuzahlen") auszuüben oder Vertrauensschutzgesichtspunkte zu berücksichtigen. Die Regelungen der §§ 45 ff. SGB X bleiben aber außerhalb des Regelungsbereichs des § 268 anwendbar. Denkbar ist insoweit eine Aufhebung der Bewilligungsentscheidung nach § 45 SGB X oder nach § 48 SGB X, wenn entweder bereits bei Beginn der Förderung (§ 45 SGB X) oder während der Maßnahme (§ 48) der Träger entgegen seiner Verpflichtungserklärung nicht (mehr) die Absicht hatte, den Arbeitnehmer im Anschluss an die ABM weiter zu beschäftigen (vgl. im Einzelnen Eicher/Schlegel, Becker, SGB III, § 268 Rn. 36).

Nach der Gesetzesbegründung dient § 268 dazu, eine Verpflichtung zur Rückzahlung bei Verstoß gegen die Pflicht zur Weiterbeschäftigung zu statuieren (BT-Drs. 13/4941 S. 202). Voraussetzung für die Rückzahlung ist, dass der Träger die Pflicht zur Übernahme in ein **Dauerarbeitsverhältnis** nicht erfüllt (§ 267 Abs. 2) oder das Arbeitsverhältnis innerhalb von sechs Monaten nach Ende des Förderzeitraums beendet wird. Ausnahmen von der Rückzahlungspflicht bestehen dann, wenn der Arbeitgeber die Nichtbeschäftigung entsprechend § 268 S. 2 nicht zu vertreten hat. Die Vorschrift ist **verfassungsgemäß** (LSG Hessen 23. 4. 2007 – L 9 AL 239/05).

B. Ausnahmen von der Rückzahlungspflicht

Ausnahmen von der Rückzahlungspflicht ergeben sich aus § 268 S. 2 Nr. 1–4. Es handelt sich um eine abschließende Regelung (Eicher/Schlegel, *Becker*, SGB III, § 268 Rn. 23). In Nr. 1 wird das Recht des Arbeitgebers zur **fristlosen Kündigung** des Beschäftigungsverhältnisses aus wichtigem Grund benannt, wobei sich der wichtige Grund nach § 626 Abs. 1 BGB bestimmt. Nach dem Wortlaut der Norm muss der wichtige Grund nur vorliegen („berechtigt war"), die konkrete Kündigung aus diesem Grund ist nicht nötig. Ein zeitlicher Zusammenhang zwischen diesem wichtigen Grund und der Beendigung des Arbeitsverhältnisses ist jedoch erforderlich („bei Beendigung").

Die Ausnahme nach Nr. 2 kommt zum Tragen, wenn der Arbeitnehmer selbst das Beschäftigungsverhältnis beendet, ohne dass der Arbeitgeber den Grund hierfür zu vertreten hat (vgl. dazu LSG Berlin-Brandenburg 9. 10. 2008 – L 30 AL 178/04). Auf die Art und Weise der Beendigung kommt es nicht an; bei einem arbeitsgerichtlichen **Vergleich** müssen die Umstände des Einzelfalls geprüft werden. Eine Rückzahlungspflicht kann mithin bestehen, wenn der Arbeitgeber die Kündigung des Arbeitnehmers etwa durch Mobbing herbeigeführt hat.

Nach Nr. 3 scheidet eine Rückzahlungspflicht aus, wenn der Arbeitnehmer die **Altersgrenze** für eine Altersrente erreicht. Hierbei sind alle Altersrenten erfasst. Praktisch relevant könnte die Vorschrift dann werden, wenn der Arbeitnehmer während der Maßnahme schwerbehindert wird und dadurch früher als erwartet die Altersgrenze für eine Rente wegen Alters (in diesem Fall wegen Schwerbehinderung nach § 37 iVm. § 236 a SGB VI) erreicht. Endet in diesem Fall das Arbeitsverhältnis auf Bestreben des Arbeitnehmers, liegt bereits ein Fall nach Nr. 2 vor. Nr. 3 käme zum Tragen, wenn sich Arbeitgeber und Arbeitnehmer einvernehmlich über die Beendigung des Arbeitsverhältnisses zum Zeitpunkt des Erreichens der Altersgrenze einigten.

In Nr. 4 ist der Fall geregelt, dass bei einer Ersatzzuweisung im zweiten Förderjahr die Fortsetzung des Arbeitsverhältnisses mit dem neuen Arbeitnehmer „unzumutbar" ist. Die Verpflichtung zur Weiterbeschäftigung eines Arbeitnehmers mit der Folge der verlängerten Förderung für das zweite Beschäftigungsjahr war der Träger spätestens im ersten Förderjahr eingegangen. Wenn nunmehr aus welchen Gründen auch immer eine Ersatzzuweisung eines neuen Arbeitnehmers im zweiten Förderjahr erfolgt ist, wird die Verpflichtung des Arbeitgebers zur Weiterbeschäftigung dieses neuen Arbeitnehmers übertragen. Die Ausnahme „Unzumutbarkeit der Weiterbeschäftigung" trägt dieser Besonderheit Rechnung und ist weiter als die Gründe zur fristlosen Kündigung nach § 626 Abs. 1 BGB zu verstehen. **Unzumutbarkeit** kann bei fehlender fachlicher und persönlicher Eignung oder Verletzung arbeitsvertraglicher Pflichten des als Ersatz Zugewiesenen während der Förderungszeit vorliegen (Eicher/Schlegel, *Becker*, SGB III, § 268 Rn. 33).

Die Rückzahlungspflicht des § 268 trifft den **Träger**. Wenn die Gründe für die Rückzahlungsverpflichtung bei Vergabe-ABM durch den Unternehmer verursacht werden, bleibt dennoch der Träger verpflichtet. Er kann ggf. über Schadensersatzansprüche Rückgriff bei dem Unternehmer nehmen.

§ 269 Abberufung

¹Die Agentur für Arbeit soll einen zugewiesenen Arbeitnehmer abberufen, wenn sie ihm einen zumutbaren Ausbildungs- oder Arbeitsplatz vermitteln oder ihn durch eine

zumutbare Berufsausbildung oder Maßnahme der beruflichen Weiterbildung fördern kann. ²Eine Abberufung soll jedoch nicht erfolgen, wenn der zugewiesene Arbeitnehmer im Anschluss an die Förderung in ein Dauerarbeitsverhältnis beim Träger oder beim durchführenden Unternehmen übernommen wird. ³Die Agentur für Arbeit kann einen zugewiesenen Arbeitnehmer auch abberufen, wenn dieser einer Einladung zur Berufsberatung trotz Belehrung über die Rechtsfolgen ohne wichtigen Grund nicht nachkommt oder die Förderung durch die Agentur für Arbeit aufgehoben wird.

A. Allgemeines

1   Die Abberufung ist das Gegenstück zur Zuweisung nach § 267a. § 269 regelt abschließend die **Abberufungsgründe** (Eicher/Schlegel, *Binder*, SGB III, § 269 Rn. 17) und ist lex specialis zu §§ 45 ff. SGB X, die jedoch Anwendung finden können, wenn kein Fall des § 269 vorliegt. Zweck der Abberufung ist die Verbesserung der beruflichen Situation des zugewiesenen Arbeitnehmers (BT-Drs. V/4110 S. 16). Sie ist gegenüber dem Träger ein Verwaltungsakt und entfaltet Drittwirkung gegenüber dem Arbeitnehmer (LSG NRW 15. 1. 2010 – L 7 B 315/09 AS). Beide haben die Möglichkeit, gegen die Abberufung mit Rechtsbehelfen vorzugehen, wobei hier insbesondere die richtige Ausübung des Ermessens relevant sein dürfte. Der Unternehmer (bei Vergabe-ABM) ist nicht Adressat der Abberufung, wegen der besonderen Kündigungsmöglichkeit nach § 270 Abs. 1 Nr. 3 und Abs. 2 jedoch durch den Träger aufgrund dessen vertraglicher Beziehung zu dem Unternehmer zu informieren.

2   Durch die Abberufung wird die **Bewilligungsentscheidung** nicht berührt. Sie wirkt frühestens ab der Bekanntgabe bzw. ab dem Zeitpunkt, der in der Abberufungsentscheidung benannt ist. Ab diesem Zeitpunkt entfällt eine Voraussetzung für die Förderung nach § 260 Abs. 1 Nr. 4. Wenn in diesem Fall der Träger bei Vergabe-ABM den Unternehmer nicht informiert, können hieraus Schadensersatzansprüche erwachsen. Die Abberufung führt nicht zur Beendigung des Beschäftigungsverhältnisses. Allerdings entsteht hierdurch der besondere Kündigungsgrund nach § 270 Abs. 1 Nr. 3 für den Arbeitnehmer und nach § 270 Abs. 2 für den Arbeitgeber (Träger oder Unternehmer).

B. Abberufung

3   Nach § 269 S. 1 soll eine Abberufung erfolgen, wenn die AA dem Zugewiesenen einen zumutbaren Ausbildungs- oder Arbeitsplatz vermitteln oder ihn durch eine zumutbare Berufsausbildung oder Maßnahme der beruflichen Bildung fördern kann. Satz 1 ist eine **„Soll"-Vorschrift**, dh. von der Abberufung kann nur in Ausnahmefällen abgesehen werden. Bei einer in atypischen Fällen vorzunehmenden Ermessensentscheidung hat die AA insbesondere die Interessen des Arbeitnehmers und des Arbeitgebers zu berücksichtigen. Mit Arbeits- oder Ausbildungsplatz sind versicherungspflichtige Tätigkeiten gemeint, die die Arbeitslosigkeit ausschließen. Eine anderweitige Förderung ist Abberufungsgrund, wenn es sich um eine konkrete Maßnahme nach §§ 59 ff. oder 77 ff. handelt, in der der Arbeitnehmer tatsächlich gefördert werden kann. Die bloße allgemeine Förderungsmöglichkeit ist nicht ausreichend. Die Zumutbarkeit orientiert sich an den in § 121 niedergelegten Voraussetzungen.

4   Die Abberufung nach § 269 S. 2 unterbleibt, wenn der zugewiesene Arbeitnehmer im Anschluss an die Förderung in ein **Dauerarbeitsverhältnis** übernommen werden soll. Dies entspricht dem Ziel des Gesetzgebers, den Arbeitnehmer dauerhaft in den ersten Arbeitsmarkt zu integrieren. Eine Abberufung wäre in diesem Fall nicht sinnvoll.

5   Die AA kann einen zugewiesenen Arbeitnehmer nach § 269 S. 3 auch abberufen, wenn dieser einer Einladung zur Berufsberatung trotz Belehrung über die Rechtsfolgen ohne wichtigen Grund nicht nachkommt oder die Förderung durch die AA aufgehoben wird. Bei der Einladung zur Berufsberatung handelt es sich nicht um die **Meldeaufforderung** nach § 309 Abs. 2 Nr. 1. Der in der ABM Beschäftigte ist nicht arbeitslos iSd. § 16 Abs. 1 Nr. 1, Abs. 2; er erhält auch kein Arbeitslosengeld oder sonstige Entgeltersatzleistungen der AA. Insoweit kann ihn eine Pflicht nach § 309 nicht treffen. § 269 S. 3 Alt. 1 ist als eigenständige Rechtsgrundlage für eine Meldepflicht anzusehen (Eicher/Schlegel, *Binder*, SGB III, § 269 Rn. 46, 47). Bei der Abberufungsmöglichkeit nach dieser Alternative handelt es sich um eine Sanktionsvorschrift für die Verletzung von Mitwirkungspflichten des Arbeitnehmers in besonderer Weise (BT-Drs. 12/5502 S. 33). In Anbetracht der weitreichenden Konsequenzen der Abberufung (idR Beendigung des Beschäftigungsverhältnisses) ist bei der **Ermessensentscheidung** („kann") in besonderem Maße die Verhältnismäßigkeit, insbesondere die Erforderlichkeit (milderes Mittel) zu prüfen.

6   Die zweite Alternative des § 269 S. 3 betrifft die Aufhebung der Förderung durch die AA, zB bei **Unzuverlässigkeit** des Trägers (etwa wenn kein Lohn gezahlt wird). In diesem Fall kann – auch insoweit ist eine Ermessensentscheidung zu treffen – der Arbeitnehmer (zu seinem Schutz) abberufen werden (BT-Drs. 15/1515 S. 97), womit das besondere Kündigungsrecht nach § 270 Abs. 1 Nr. 3 entsteht und dem Arbeitnehmer die Möglichkeit gibt, unabhängig von arbeitsrechtlichen Regelungen

das Arbeitsverhältnis fristlos zu kündigen. Für die Abberufung ist nicht erforderlich, dass die Aufhebung der Förderung bestandskräftig ist. Sie muss aber wirksam und vollziehbar sein.

§ 270 Besondere Kündigungsrechte

(1) **Das Arbeitsverhältnis kann vom Arbeitnehmer ohne Einhaltung einer Frist gekündigt werden, wenn er**
1. eine Ausbildung oder Arbeit aufnehmen kann,
2. an einer Maßnahme der Berufsausbildung oder der beruflichen Weiterbildung teilnehmen kann oder
3. aus der Arbeitsbeschaffungsmaßnahme abberufen wird.

(2) **Das Arbeitsverhältnis kann vom Arbeitgeber ohne Einhaltung einer Frist gekündigt werden, wenn der Arbeitnehmer abberufen wird.**

A. Voraussetzungen

§ 270 korrespondiert mit dem **Vorrang** der Vermittlung in ein Arbeitsverhältnis auf dem ersten Arbeitsmarkt oder in eine Integrationsmaßnahme. Hierdurch werden besondere Kündigungsmöglichkeiten eröffnet, in Abs. 1 für den Arbeitnehmer und in Abs. 2 für den Arbeitgeber (Träger bei Regiearbeiten, Unternehmer bei Vergabe-ABM). 1

Grund für eine fristlose Kündigung ist nach § 270 Abs. 1 Nr. 1 die Aufnahme einer Arbeit oder Ausbildung. An die Arbeit sind vom Gesetzgeber keine bestimmten Voraussetzungen geknüpft worden. Damit reicht die Aufnahme einer zeitlich befristeten Tätigkeit (auch wenn sie kürzer ist als die restliche Dauer der ABM) oder auch einer **Teilzeitarbeit** aus, sie darf jedoch nicht nur geringfügig sein, sondern muss die Arbeitslosigkeit ausschließen. Auch die Aufnahme einer **selbständigen Tätigkeit** wird erfasst (im Einzelnen vgl. Eicher/Schlegel, *Binder*, SGB III, § 270 Rn. 20). Die Arbeit wird dadurch „aufgenommen", dass der Arbeitsvertrag geschlossen ist oder sich die Parteien des zukünftigen Beschäftigungsverhältnisses über die wesentlichen Inhalte des Arbeitsvertrages so weit geeinigt haben, dass der Vertrag jederzeit abgeschlossen werden kann. Die Aufnahme der anderen Tätigkeit muss allerdings konkret bevorstehen, abstrakte Möglichkeiten reichen nicht aus (*Binder* aaO § 270 Rn. 18). Bei der Arbeit muss es sich nicht um eine durch die AA vermittelte Tätigkeit handeln. Für die Aufnahme einer Ausbildung gilt dasselbe. Auch hier ist erforderlich, dass die Ausbildung die Arbeitslosigkeit ausschließt. Erfasst werden nach § 270 Abs. 1 Nr. 1 nur ungeförderte Ausbildungen. 2

Nach § 270 Abs. 1 Nr. 2 besteht ferner ein besonderes Kündigungsrecht bei Teilnahme an einer Maßnahme der Berufsausbildung (§§ 59 ff.) oder der beruflichen Weiterbildung (§§ 77 ff.). Auch hier ist erforderlich, dass die **Aufnahme der Ausbildung** konkret bevorsteht, insbesondere eine verbindliche Zusage besteht und der Beginn der Maßnahme feststeht. Die Erteilung eines Bildungsgutscheins nach § 77 Abs. 3 führt noch nicht zum besonderen Kündigungsrecht, denn in diesem Fall muss der Arbeitnehmer erst eine Ausbildungsmöglichkeit suchen. Erst wenn er eine Vereinbarung über die Bildungsmaßnahme und den Beginn mit dem Träger der Bildungsmaßnahme getroffen hat, entsteht das Kündigungsrecht. 3

Auch im Falle der Abberufung kann gem. § 270 Abs. 1 Nr. 3 eine fristlose Kündigung durch den Arbeitnehmer ausgesprochen werden. Hierzu korrespondierend hat der Arbeitgeber nach § 270 Abs. 2 ebenfalls ein fristloses Kündigungsrecht. Da die **Abberufung** durch Verwaltungsakt erfolgt, entsteht das Kündigungsrecht mit dessen Bekanntgabe. Im Falle eines Widerspruchs/einer Klage gegen die Abberufung haben diese aufschiebende Wirkung (§ 86a SGG), so dass eine wirksame Kündigung nur möglich ist, wenn die sofortige Vollziehung durch die AA oder das Gericht angeordnet wird. 4

B. Folge

Durch § 270 wird den Parteien ein besonderes Kündigungsrecht eingeräumt. Ob dieses tatsächlich ausgeübt wird, bleibt ihnen überlassen. Für den Inhalt und die Form der Kündigungserklärung gelten die privatrechtlichen Regelungen (zB Schriftform, § 623 BGB). Das **Kündigungsrecht** kann verfallen. Denkbar ist das dann, wenn zeitnah nach einer Abberufung der Arbeitgeber keine Kündigung nach § 270 Abs. 2 ausspricht und der Arbeitnehmer deshalb davon ausgehen darf, dass er auch ohne die Förderung der ABM weiterbeschäftigt wird. Dem Arbeitgeber muss allerdings eine **angemessene Frist** eingeräumt werden, um prüfen zu können, ob die Fortsetzung des Arbeitsverhältnisses auch ohne die Förderung erfolgen kann; möglicher Anhaltspunkt ist die Frist nach § 626 Abs. 2 BGB (zwei Wochen), entscheidend ist aber immer der Einzelfall (Eicher/Schlegel, *Binder*, SGB III, § 270 Rn. 25). Für Rechtsstreitigkeiten über die Wirksamkeit der Kündigung ist der Rechtsweg zu den Arbeitsgerichten eröffnet (§ 2 Abs. 1 Nr. 3b ArbGG). 5

30 SGB III § 270a

6 Wenn durch die Kündigung nach § 270 Arbeitslosigkeit eintritt (zB weil die neue Tätigkeit iSv. § 270 Abs. 1 Nr. 1 erst später oder überhaupt nicht aufgenommen wird), kann dies zu einer **Sperrzeit** nach § 144 Abs. 1 S. 2 Nr. 1 führen. Durch die Möglichkeit der fristlosen Kündigung kann der Arbeitnehmer den Eintritt der Arbeitslosigkeit vermeiden, indem er die Kündigung für einen Zeitpunkt ausspricht, zu dem die Aufnahme der neuen Tätigkeit nahtlos erfolgt. Der Eintritt der (zwischenzeitlichen) Arbeitslosigkeit kann daher bei „verfrühter" Kündigung vorsätzlich oder grob fahrlässig durch den Arbeitnehmer herbeigeführt worden sein. Bei der Aufnahme einer von vornherein befristeten Tätigkeit tritt zwar nach Fristablauf auch Arbeitslosigkeit ein, hier ist jedoch idR von einer Kündigung der ABM aus wichtigem Grund auszugehen, so dass eine Sperrzeit nicht in Frage kommt (im Einzelnen vgl. Eicher/Schlegel, *Binder*, SGB III, § 270 Rn. 27 ff.).

§ 270a Förderung in Sonderfällen

(1) [1]Bei der Beschäftigung eines schwerbehinderten Menschen im Sinne des § 2 Abs. 2 des Neunten Buches sind abweichend von den §§ 264 und 266 für die Dauer der Zuweisung auch die Kosten einer notwendigen Arbeitsassistenz zu übernehmen. [2]Die Leistung wird in Abstimmung mit der Agentur für Arbeit durch das Integrationsamt durchgeführt. [3]Die Agentur für Arbeit erstattet dem Integrationsamt seine Aufwendungen. [4]Die Bundesregierung wird ermächtigt, in der Rechtsverordnung nach § 108 des Neunten Buches das Nähere über die Voraussetzungen des Anspruchs sowie Höhe und Dauer der Leistungen zu regeln.

(2) [1]Bei Arbeiten zur Bewältigung von Naturkatastrophen oder sonstiger außergewöhnlicher Ereignisse sind abweichend von § 261 Abs. 2 auch Arbeiten förderungsfähig, die nicht zusätzlich sind. [2]Es können auch arbeitslose Arbeitnehmer zugewiesen werden, die die Voraussetzungen der Förderbedürftigkeit nach § 263 Abs. 1 nicht erfüllen. [3]§ 267a Abs. 4 Satz 1 ist nicht anzuwenden.

(3) Bei Maßnahmen für arbeitslose Ausbilder und Betreuer, die der beruflichen Ausbildung dienen, dürfen Förder- und Zuweisungsdauer abweichend von den §§ 267 und 267a so festgelegt werden, dass eine Ausbildung und Betreuung der Auszubildenden bis zum Ende der Ausbildungsverhältnisse sichergestellt ist.

1 § 270a regelt „sinnvolle Ausnahmen vom sonst allgemein geltenden Recht" (BT-Drs. 15/1515 S. 97). Abs. 1 betrifft die Arbeitsassistenz bei der Beschäftigung eines **schwerbehinderten Menschen**. Die AA hat hierfür die (tatsächlichen) Kosten während der ABM-Maßnahme zu übernehmen; es handelt sich dabei um eine gebundene Entscheidung. Voraussetzung ist, dass ein schwerbehinderter Mensch iSd. § 2 Abs. 2 SGB IX einer Maßnahme zugewiesen ist. Damit reicht der Status als „Gleichgestellter" nach § 2 Abs. 3 SGB IX nicht aus, vielmehr ist ein Grad der Behinderung von wenigstens 50 vH erforderlich. Die Schwerbehinderung ist durch den Schwerbehindertenausweis nachzuweisen, der dem Nachweis für die Inanspruchnahme von Leistungen dient (§ 69 Abs. 5 S. 1, 2 SGB IX). Die AA hat keine eigene Prüfungskompetenz, sondern ist an die Feststellungen im Schwerbehindertenausweis gebunden. Der Schwerbehinderte muss die allgemeinen Voraussetzungen für eine Förderung erfüllen.

2 Ferner muss eine **Arbeitsassistenz** notwendig sein. Arbeitsassistenz ist die über gelegentliche Handreichungen hinausgehende zeitlich wie tätigkeitsbezogen regelmäßig wiederkehrende Unterstützung (Eicher/Schlegel, *Binder*, SGB III, § 270a Rn. 20). Es handelt sich um personelle Hilfe. Notwendig ist die Assistenz, wenn der Schwerbehinderte die Kerntätigkeit der ABM-Beschäftigung selbst verrichten kann, bei hierfür erforderlichen arbeitsplatzbezogenen oder arbeitsausführenden Verrichtungen jedoch Hilfe benötigt (zB Vorleser für hochgradig Sehbehinderte). Derjenige, der die Assistenz übernimmt, muss selbst nicht die Voraussetzungen für eine Förderung nach § 263 erfüllen. Eine Rechtsverordnung nach § 108 SGB IX gibt es derzeit nicht.

3 § 270a Abs. 2 ermöglicht die Förderung von ABM zur Bewältigung von **Naturkatastrophen** oder sonstigen außergewöhnlichen Ereignissen, ohne dass die Arbeiten „zusätzlich" oder die zugewiesenen Arbeitnehmer förderungsbedürftig nach § 263 Abs. 1 sein müssen. Auch der Einhaltung der Wartefrist nach § 267a Abs. 4 bedarf es nicht. Naturkatastrophen sind nach der Gesetzesbegründung (BT-Drs. 15/1515 S. 98 f.) ua. schwere Unwetter, Erdbeben, große Waldbrände usw. Gewöhnliche Naturereignisse, zB Gewitter, sind dann Naturkatastrophen, wenn sie wegen besonderer klimatischer und geographischer Verhältnisse zu besonders schweren Folgen führen. Unter „sonstige außergewöhnliche Ereignisse" können Terroranschläge fallen. Förderungsfähig sind Maßnahmen „zur Bewältigung", dh. zur Beseitigung der Schäden, nicht jedoch zum wirtschaftlichen Wiederaufbau. Dies entspricht EU-Recht, wonach staatliche Beihilfen zur Beseitigung von Schäden zulässig sind, Art. 87 Abs. 2 lit. B EUV.

4 § 270a Abs. 3 regelt die Möglichkeit, die Förderungs- und Zuweisungsdauer für Ausbilder und Betreuer der Förderungsdauer der zu betreuenden Maßnahme anzupassen. Damit kann sichergestellt werden, dass bei einer länger dauernden Ausbildung kein Wechsel der Ausbilder/Betreuer erfolgt, wenn dies für die Maßnahme erforderlich und sinnvoll ist.

§ 271 Anordnungsermächtigung

Die Bundesagentur wird ermächtigt, durch Anordnung das Nähere über Voraussetzungen, Art, Umfang und Verfahren der Förderung zu bestimmen.

Die BA hat von ihrer Ermächtigung, eine ABM – Anordnung zu erlassen, bislang nicht Gebrauch gemacht.

Sechster Abschnitt. *(aufgehoben)*

§§ 272–279 *(aufgehoben)*

Siebter Abschnitt.

§ 279 a *(aufgehoben)*

Siebtes Kapitel. Weitere Aufgaben der Bundesagentur

Erster Abschnitt. Statistiken, Arbeitsmarkt- und Berufsforschung, Berichterstattung

§ 280 Aufgaben

Die Bundesagentur hat Lage und Entwicklung der Beschäftigung und des Arbeitsmarktes im allgemeinen und nach Berufen, Wirtschaftszweigen und Regionen sowie die Wirkungen der aktiven Arbeitsförderung zu beobachten, zu untersuchen und auszuwerten, indem sie
1. Statistiken erstellt,
2. Arbeitsmarkt- und Berufsforschung betreibt und
3. Bericht erstattet.

§ 281 Arbeitsmarktstatistiken

(1) ¹Die Bundesagentur hat aus den in ihrem Geschäftsbereich anfallenden Daten Statistiken, insbesondere über Beschäftigung und Arbeitslosigkeit der Arbeitnehmer und über die Leistungen der Arbeitsförderung, zu erstellen. ²Sie hat auf der Grundlage der Meldungen nach § 28 a des Vierten Buches eine Statistik der sozialversicherungspflichtig Beschäftigten und der geringfügig Beschäftigten zu führen.

(2) ¹Die Bundesagentur hat zusätzlich den Migrationshintergrund zu erheben und in ihren Statistiken zu berücksichtigen. ²Die erhobenen Daten dürfen ausschließlich für statistische Zwecke verwendet werden. ³Sie sind in einem durch technische und organisatorische Maßnahmen von sonstiger Datenverarbeitung getrennten Bereich zu verarbeiten. ⁴Das Bundesministerium für Arbeit und Soziales bestimmt durch Rechtsverordnung ohne Zustimmung des Bundesrates das Nähere über die zu erhebenden Merkmale und die Durchführung des Verfahrens, insbesondere Erhebung, Übermittlung und Speicherung der erhobenen Daten.

§ 282 Arbeitsmarkt- und Berufsforschung

(1) ¹Die Bundesagentur hat bei der Festlegung von Inhalt, Art und Umfang der Arbeitsmarkt- und Berufsforschung ihren eigenen Informationsbedarf sowie den des Bundesministeriums für Arbeit und Soziales zu berücksichtigen. ²Die Bundesagentur hat den Forschungsbedarf mindestens in jährlichen Zeitabständen mit dem Bundesministerium für Arbeit und Soziales abzustimmen.

(2) ¹Die Untersuchung der Wirkungen der Arbeitsförderung ist ein Schwerpunkt der Arbeitsmarktforschung. ²Sie soll zeitnah erfolgen und ist ständige Aufgabe des Instituts für Arbeitsmarkt- und Berufsforschung.

(3) Die Wirkungsforschung soll unter Berücksichtigung der unterschiedlichen Zielsetzungen des Gesetzes insbesondere

1. die Untersuchung, in welchem Ausmaß die Teilnahme an einer Maßnahme die Vermittlungsaussichten der Teilnehmer verbessert und ihre Beschäftigungsfähigkeit erhöht,
2. die vergleichende Ermittlung der Kosten von Maßnahmen in Relation zu ihrem Nutzen,
3. die Messung von volkswirtschaftlichen Nettoeffekten beim Einsatz arbeitsmarktpolitischer Instrumente,
4. die Analyse von Auswirkungen auf Erwerbsverläufe unter Berücksichtigung der Gleichstellung von Frauen und Männern

umfassen.

(4) Arbeitsmarktforschung soll auch die Wirkungen der Arbeitsförderung auf regionaler Ebene untersuchen.

(5) ¹Innerhalb der Bundesagentur dürfen die Daten aus ihrem Geschäftsbereich dem Institut für Arbeitsmarkt- und Berufsforschung zur Verfügung gestellt und dort für dessen Zwecke genutzt und verarbeitet werden. ²Das Institut für Arbeitsmarkt- und Berufsforschung darf ergänzend Erhebungen ohne Auskunftspflicht der zu Befragenden durchführen, wenn sich die Informationen nicht bereits aus den im Geschäftsbereich der Bundesagentur vorhandenen Daten oder aus anderen statistischen Quellen gewinnen lassen. ³Das Institut, das räumlich, organisatorisch und personell vom Verwaltungsbereich der Bundesagentur zu trennen ist, hat die Daten vor unbefugter Kenntnisnahme durch Dritte zu schützen. ⁴Die Daten dürfen nur für den Zweck der wissenschaftlichen Forschung genutzt werden. ⁵Die personenbezogenen Daten sind zu anonymisieren, sobald dies nach dem Forschungszweck möglich ist. ⁶Bis dahin sind die Merkmale gesondert zu speichern, mit denen Einzelangaben über persönliche oder sachliche Verhältnisse einer bestimmten oder bestimmbaren Person zugeordnet werden können. ⁷Das Statistische Bundesamt und die statistischen Ämter der Länder dürfen dem Institut für Arbeitsmarkt- und Berufsforschung Daten entsprechend § 16 Abs. 6 des Bundesstatistikgesetzes übermitteln.

(6) ¹Das Institut hat die nach § 28a des Vierten Buches gemeldeten und der Bundesagentur weiter übermittelten Daten der in der Bundesrepublik Deutschland Beschäftigten ohne Vor- und Zunamen nach der Versicherungsnummer langfristig in einer besonders geschützten Datei zu speichern. ²Die in dieser Datei gespeicherten Daten dürfen nur für Zwecke der wissenschaftlichen Forschung, der Arbeitsmarktstatistik und der nicht einzelfallbezogenen Planung verarbeitet und genutzt werden. ³Sie sind zu anonymisieren, sobald dies mit dem genannten Zweck vereinbar ist.

(7) ¹Die Bundesagentur übermittelt wissenschaftlichen Einrichtungen auf Antrag oder Ersuchen anonymisierte Daten, die für Zwecke der Arbeitsmarkt- und Berufsforschung erforderlich sind. ²§ 282a Abs. 6 gilt entsprechend. ³Für Sozialdaten gilt § 75 des Zehnten Buches.

§ 282a Übermittlung von Daten

(1) Die Bundesagentur für Arbeit ist berechtigt, dem Statistischen Bundesamt und den statistischen Ämtern der Länder Sozialdaten zu übermitteln, soweit dies für Zwecke eines Zensus erforderlich ist.

(2) Die Bundesagentur ist berechtigt, dem Statistischen Bundesamt und den statistischen Ämtern der Länder anonymisierte Einzeldaten zu sozialversicherungspflichtig Beschäftigten zu übermitteln, soweit diese Daten dort für die Erstellung der Erwerbstätigenstatistiken erforderlich sind.

(2a) ¹Die Bundesagentur ist berechtigt, dem Statistischen Bundesamt die in § 3 des Verwaltungsdatenverwendungsgesetzes bezeichneten Daten für die in § 1 desselben Gesetzes genannten Zwecke zu übermitteln. ²Satz 1 gilt auch für Daten, die nach Maßgabe einer Rechtsverordnung im Sinne des § 5 des Verwaltungsdatenverwendungsgesetzes zu übermitteln sind.

(2b) ¹Die Bundesagentur darf dem Statistischen Bundesamt und den statistischen Ämtern der Länder nach Gemeinden zusammengefasste statistische Daten über die Zahl der sozialversicherungspflichtig Beschäftigten und die sozialversicherungspflichtigen Entgelte

– jeweils ohne Beschäftigte von Gebietskörperschaften und Sozialversicherungen sowie deren Einrichtungen – übermitteln, soweit diese zur Festsetzung des Verteilungsschlüssels für den Gemeindeanteil am Aufkommen der Umsatzsteuer nach § 5 c des Gemeindefinanzreformgesetzes erforderlich sind. ²Das Statistische Bundesamt und die statistischen Ämter der Länder dürfen die in Satz 1 genannten Daten dem Bundesministerium der Finanzen sowie den zuständigen obersten Landesbehörden übermitteln, soweit die Daten für die Festsetzung des Verteilungsschlüssels nach § 5 c des Gemeindefinanzreformgesetzes erforderlich sind. ³Die Daten dürfen nur auf Ersuchen übermittelt und nur für die in den Sätzen 1 und 2 genannten Zwecke verwendet werden. ⁴Sie sind vier Jahre nach Festsetzung des Verteilungsschlüssels zu löschen. ⁵Werden innerhalb dieser Frist Einwendungen gegen die Berechnung des Verteilungsschlüssels erhoben, dürfen die Daten bis zur abschließenden Klärung der Einwendungen aufbewahrt werden, soweit sie für die Klärung erforderlich sind.

(3) ¹Das Statistische Bundesamt und die statistischen Ämter der Länder sind berechtigt, der zur Durchführung ausschließlich statistischer Aufgaben zuständigen Stelle der Bundesagentur nach Gemeinden zusammengefaßte statistische Daten über Selbständige, mithelfende Familienangehörige, Beamte und geringfügig Beschäftigte zu übermitteln, soweit sie für die Berechnung von Arbeitslosenquoten im Rahmen der Arbeitsmarktstatistik erforderlich sind. ²Diese Daten dürfen bei der Bundesagentur ausschließlich für statistische Zwecke durch eine von Verwaltungsaufgaben räumlich, organisatorisch und personell getrennte Einheit genutzt werden.

(4) Für die Verwendung gegenüber den gesetzgebenden Körperschaften und für Zwecke der Planung, jedoch nicht für die Regelung von Einzelfällen, dürfen den obersten Bundes- oder Landesbehörden von der Bundesagentur Tabellen der Arbeitsmarktstatistiken übermittelt werden, auch soweit Tabellenfelder nur einen einzigen Fall ausweisen.

(5) Auf die übermittelten Daten und Tabellen finden die Geheimhaltungsnormen des § 16 des Bundesstatistikgesetzes entsprechende Anwendung.

(6) Bedarf die Übermittlung einer Datenaufbereitung in erheblichem Umfang, ist über die Daten- oder Tabellenübermittlung eine schriftliche Vereinbarung zu schließen, die eine Regelung zur Erstattung der durch die Aufbereitung entstehenden Kosten vorsehen kann.

§ 282 b Datenverwendung für die Ausbildungsvermittlung durch die Bundesagentur

(1) Die Bundesagentur darf die ihr von den Auskunftsstellen übermittelten Daten über eintragungsfähige oder eingetragene Ausbildungsverhältnisse ausschließlich

1. zur Verbesserung der Ausbildungsvermittlung,
2. zur Verbesserung der Zuverlässigkeit und Aktualität der Ausbildungsvermittlungsstatistik oder
3. zur Verbesserung der Feststellung von Angebot und Nachfrage auf dem Ausbildungsmarkt

verwenden.

(2) Auskunftsstellen sind die nach dem Berufsbildungsgesetz zuständigen Stellen.

(3) Die Bundesagentur hat die ihr zu den Zwecken des Absatzes 1 übermittelten Daten und Datenträger spätestens zum Ende des Kalenderjahres zu löschen.

§ 283 Arbeitsmarktberichterstattung, Weisungsrecht

(1) ¹Die Bundesagentur hat die Arbeitsmarktstatistiken und die Ergebnisse der Arbeitsmarkt- und Berufsforschung dem Bundesministerium für Arbeit und Soziales vorzulegen und in geeigneter Form zu veröffentlichen. ²Die Bundesagentur hat zu gewährleisten, dass bei der Wahrnehmung der Aufgaben dieses Abschnitts neben einem eigenen kurzfristigen arbeitspolitischen Informationsbedarf auch dem des Bundesministeriums für Arbeit und Soziales entsprochen werden kann.

(2) Das Bundesministerium für Arbeit und Soziales kann Art und Umfang sowie Tatbestände und Merkmale der Statistiken und der Arbeitsmarktberichterstattung näher bestimmen und der Bundesagentur entsprechende fachliche Weisungen erteilen.

Zweiter Abschnitt. Erteilung von Genehmigungen und Erlaubnissen

Erster Unterabschnitt. Ausländerbeschäftigung

§ 284 Arbeitsgenehmigung-EU für Staatsangehörige der neuen EU-Mitgliedstaaten

(1) ¹Staatsangehörige der Staaten, die nach dem Vertrag vom 16. April 2003 über den Beitritt der Tschechischen Republik, der Republik Estland, der Republik Zypern, der Republik Lettland, der Republik Litauen, der Republik Ungarn, der Republik Malta, der Republik Polen, der Republik Slowenien und der Slowakischen Republik zur Europäischen Union (BGBl. 2003 II S. 1408) der Europäischen Union beigetreten sind, und deren freizügigkeitsberechtigte Familienangehörige dürfen eine Beschäftigung nur mit Genehmigung der Bundesagentur für Arbeit ausüben und von Arbeitgebern nur beschäftigt werden, wenn sie eine solche Genehmigung besitzen, soweit nach Maßgabe des EU-Beitrittsvertrages abweichende Regelungen als Übergangsregelungen der Arbeitnehmerfreizügigkeit Anwendung finden. ²Dies gilt für die Staatsangehörigen der Staaten entsprechend, die nach dem Vertrag vom 25. April 2005 über den Beitritt der Republik Bulgarien und Rumäniens zur Europäischen Union (BGBl. 2006 II S. 1146) der Europäischen Union beigetreten sind.

(2) ¹Die Genehmigung wird befristet als Arbeitserlaubnis-EU erteilt, wenn nicht Anspruch auf eine unbefristete Erteilung als Arbeitsberechtigung-EU besteht. ²Die Genehmigung ist vor Aufnahme der Beschäftigung einzuholen.

(3) Die Arbeitserlaubnis-EU kann nach Maßgabe des § 39 Abs. 2 bis 4 und 6 des Aufenthaltsgesetzes erteilt werden.

(4) ¹Ausländern nach Absatz 1, die ihren Wohnsitz oder gewöhnlichen Aufenthalt im Ausland haben und eine Beschäftigung im Bundesgebiet aufnehmen wollen, darf eine Arbeitserlaubnis-EU für eine Beschäftigung, die keine qualifizierte Berufsausbildung voraussetzt, nur erteilt werden, wenn dies durch zwischenstaatliche Vereinbarung bestimmt ist oder aufgrund einer Rechtsverordnung zulässig ist. ²Für die Beschäftigungen, die durch Rechtsverordnung zugelassen werden, ist Staatsangehörigen aus den Mitgliedstaaten der Europäischen Union nach Absatz 1 gegenüber Staatsangehörigen aus Drittstaaten vorrangig eine Arbeitserlaubnis-EU zu erteilen, soweit dies der EU-Beitrittsvertrag vorsieht.

(5) Die Erteilung der Arbeitsberechtigung-EU bestimmt sich nach § 12a Arbeitsgenehmigungsverordnung.

(6) ¹Das Aufenthaltsgesetz und die aufgrund des § 42 des Aufenthaltsgesetzes erlassenen Rechtsverordnungen zum Arbeitsmarktzugang gelten entsprechend, soweit sie für die Ausländer nach Absatz 1 günstigere Regelungen enthalten. ²Bei Anwendung der Vorschriften steht die Arbeitsgenehmigung-EU der Zustimmung zu einem Aufenthaltstitel nach § 4 Abs. 3 des Aufenthaltsgesetzes gleich.

(7) ¹Ein vor dem Tag, an dem der Vertrag vom 25. April 2005 über den Beitritt der Republik Bulgarien und Rumäniens zur Europäischen Union (BGBl. 2006 II S. 1146) für die Bundesrepublik Deutschland in Kraft getreten ist, zur Ausübung der Beschäftigung eines Staatsangehörigen nach Absatz 1 Satz 2 erteilter Aufenthaltstitel zur Ausübung einer Beschäftigung gilt als Arbeitserlaubnis-EU fort, wobei Beschränkungen des Aufenthaltstitels hinsichtlich der Beschäftigungsbedingungen als Beschränkungen der Arbeitserlaubnis-EU bestehen bleiben. ²Ein vor diesem Zeitpunkt erteilter Aufenthaltstitel, der zur unbeschränkten Ausübung einer Beschäftigung berechtigt, gilt als Arbeitsberechtigung-EU fort.

§§ 285, 286 *(aufgehoben)*

§ 287 Gebühren für die Durchführung der Vereinbarungen über Werkvertragsarbeitnehmer

(1) Für die Aufwendungen, die der Bundesagentur und den Behörden der Zollverwaltung bei der Durchführung der zwischenstaatlichen Vereinbarungen über die Beschäftigung von Arbeitnehmern auf der Grundlage von Werkverträgen entstehen, kann vom Arbeitgeber der ausländischen Arbeitnehmer eine Gebühr erhoben werden.

(2) ¹Die Gebühr wird für die Aufwendungen der Bundesagentur und der Behörden der Zollverwaltung erhoben, die im Zusammenhang mit dem Antragsverfahren und der Überwachung der Einhaltung der Vereinbarungen stehen, insbesondere für die
1. Prüfung der werkvertraglichen Grundlagen,
2. Prüfung der Voraussetzungen für die Beschäftigung der ausländischen Arbeitnehmer,
3. Zusicherung, Erteilung und Aufhebung der Zustimmung zur Erteilung einer Aufenthaltserlaubnis zum Zwecke der Beschäftigung oder der Arbeitserlaubnis-EU,
4. Überwachung der Einhaltung der für die Ausführung eines Werkvertrages festgesetzten Zahl der Arbeitnehmer,
5. Überwachung der Einhaltung der für die Arbeitgeber nach den Vereinbarungen bei der Beschäftigung ihrer Arbeitnehmer bestehenden Pflichten einschließlich der Durchführung der dafür erforderlichen Prüfung nach § 2 Abs. 1 Nr. 4 des Schwarzarbeitsbekämpfungsgesetzes durch die Behörden der Zollverwaltung sowie
6. Durchführung von Ausschlussverfahren nach den Vereinbarungen.

²Die Bundesagentur wird ermächtigt, durch Anordnung die gebührenpflichtigen Tatbestände zu bestimmen, für die Gebühr feste Sätze vorzusehen und den auf die Behörden der Zollverwaltung entfallenden Teil der Gebühren festzulegen und zu erheben.

(3) Der Arbeitgeber darf sich die Gebühr nach den Absätzen 1 und 2 von dem ausländischen Arbeitnehmer oder einem Dritten weder ganz noch teilweise erstatten lassen.

(4) Im Übrigen sind die Vorschriften des Verwaltungskostengesetzes anzuwenden.

§ 288 Verordnungsermächtigung und Weisungsrecht

(1) Das Bundesministerium für Arbeit und Soziales kann durch Rechtsverordnung
1. Ausnahmen für die Erteilung einer Arbeitserlaubnis an Ausländer, die keine Aufenthaltsgenehmigung besitzen,
2. Ausnahmen für die Erteilung einer Arbeitserlaubnis unabhängig von der Arbeitsmarktlage,
3. Ausnahmen für die Erteilung einer Arbeitserlaubnis an Ausländer mit Wohnsitz oder gewöhnlichem Aufenthalt im Ausland,
4. die Voraussetzungen für die Erteilung einer Arbeitserlaubnis sowie das Erfordernis einer ärztlichen Untersuchung von Ausländern mit Wohnsitz oder gewöhnlichem Aufenthalt im Ausland und deren Einwilligung für eine erstmalige Beschäftigung,
5. das Nähere über Umfang und Geltungsdauer der Arbeitserlaubnis,
6. weitere Personengruppen, denen eine Arbeitsberechtigung erteilt wird, sowie die zeitliche, betriebliche, berufliche und regionale Beschränkung der Arbeitsberechtigung,
7. weitere Ausnahmen von der Genehmigungspflicht sowie
8. die Voraussetzungen für das Verfahren und die Aufhebung einer Genehmigung näher bestimmen.

(2) Das Bundesministerium für Arbeit und Soziales kann der Bundesagentur zur Durchführung der Bestimmungen dieses Unterabschnittes und der hierzu erlassenen Rechtsverordnungen sowie der von den Organen der Europäischen Gemeinschaften erlassenen Bestimmungen über den Zugang zum Arbeitsmarkt und der zwischenstaatlichen Vereinbarungen über die Beschäftigung von Arbeitnehmern Weisungen erteilen.

Zweiter Unterabschnitt. Beratung und Vermittlung durch Dritte

Erster Titel. Berufsberatung

§ 288 a Untersagung der Berufsberatung

(1) ¹Die Agentur für Arbeit hat einer natürlichen oder juristischen Person oder Personengesellschaft, die Berufsberatung betreibt (Berufsberater), die Ausübung dieser Tätigkeit ganz oder teilweise zu untersagen, sofern dies zum Schutz der Ratsuchenden erforderlich ist. ²Bei einer juristischen Person oder Personengesellschaft kann auch einer von ihr für die Leitung des Betriebes bestellten Person die Ausübung der Tätigkeit ganz oder teilweise untersagt werden, sofern dies zum Schutz der Ratsuchenden erforderlich ist.

(2) ¹Im Untersagungsverfahren hat die betreffende Person auf Verlangen der Agentur für Arbeit
1. die Auskünfte zu erteilen, die zur Durchführung des Verfahrens erforderlich sind, und

2. die geschäftlichen Unterlagen vorzulegen, aus denen sich die Richtigkeit ihrer Angaben ergibt.

[2] Sie kann die Auskunft auf solche Fragen verweigern, deren Beantwortung sie selbst oder einen in § 383 Abs. 1 Nr. 1 bis 3 der Zivilprozeßordnung bezeichneten Angehörigen der Gefahr strafrechtlicher Verfolgung oder eines Verfahrens nach dem Gesetz über Ordnungswidrigkeiten aussetzen würde.

(3) [1] Soweit es zur Durchführung der Überprüfung erforderlich ist, sind die von der Agentur für Arbeit beauftragten Personen befugt, Geschäftsräume der betreffenden Person während der üblichen Geschäftszeiten zu betreten. [2] Die Person hat Maßnahmen nach Satz 1 zu dulden.

(4) Untersagt die Agentur für Arbeit die Ausübung der Berufsberatung, so hat es die weitere Ausübung dieser Tätigkeit nach den Vorschriften des Verwaltungs-Vollstreckungsgesetzes zu verhindern.

§ 289 Offenbarungspflicht

[1] Der Berufsberater, der die Interessen eines Arbeitgebers oder einer Einrichtung wahrnimmt, ist verpflichtet, dem Ratsuchenden deren Identität mitzuteilen; er hat darauf hinzuweisen, daß sich die Interessenwahrnehmung auf die Beratungstätigkeit auswirken kann. [2] Die Pflicht zur Offenbarung besteht auch, wenn der Berufsberater zu einer Einrichtung Verbindungen unterhält, deren Kenntnis für die Ratsuchenden zur Beurteilung einer Beratung von Bedeutung sein kann.

§ 290 Vergütungen

[1] Für eine Berufsberatung dürfen Vergütungen vom Ratsuchenden nur dann verlangt oder entgegengenommen werden, wenn der Berufsberater nicht zugleich eine Vermittlung von Ausbildungs- oder Arbeitsplätzen betreibt oder eine entsprechende Vermittlung in damit zusammenhängenden Geschäftsräumen betrieben wird. [2] Entgegen Satz 1 geschlossene Vereinbarungen sind unwirksam.

Zweiter Titel. Ausbildungsvermittlung und Arbeitsvermittlung

§ 291 *(aufgehoben)*

§ 292 Auslandsvermittlung, Anwerbung aus dem Ausland

Das Bundesministerium für Arbeit und Soziales kann durch Rechtsverordnung bestimmen, dass die Vermittlung für eine Beschäftigung im Ausland außerhalb der Europäischen Gemeinschaft oder eines anderen Vertragsstaates des Abkommens über den Europäischen Wirtschaftsraum sowie die Vermittlung und die Anwerbung aus diesem Ausland für eine Beschäftigung im Inland (Auslandsvermittlung) für bestimmte Berufe und Tätigkeiten nur von der Bundesagentur durchgeführt werden dürfen.

§§ 293–295 *(aufgehoben)*

§ 296 Vermittlungsvertrag zwischen einem Vermittler und einem Arbeitsuchenden

(1) [1] Ein Vertrag, nach dem sich ein Vermittler verpflichtet, einem Arbeitsuchenden eine Arbeitsstelle zu vermitteln, bedarf der schriftlichen Form. [2] In dem Vertrag ist insbesondere die Vergütung des Vermittlers anzugeben. [3] Zu den Leistungen der Vermittlung gehören auch alle Leistungen, die zur Vorbereitung und Durchführung der Vermittlung erforderlich sind, insbesondere die Feststellung der Kenntnisse des Arbeitsuchenden sowie die mit der Vermittlung verbundene Berufsberatung. [4] Der Vermittler hat dem Arbeitsuchenden den Vertragsinhalt in Textform mitzuteilen.

(2) [1] Der Arbeitsuchende ist zur Zahlung der Vergütung nach Absatz 3 nur verpflichtet, wenn infolge der Vermittlung des Vermittlers der Arbeitsvertrag zustande gekommen ist. [2] Der Vermittler darf keine Vorschüsse auf die Vergütungen verlangen oder entgegennehmen.

(3) ¹Die Vergütung einschließlich der darauf entfallenden gesetzlichen Umsatzsteuer darf den in § 421g Abs. 2 Satz 1 genannten Betrag nicht übersteigen, soweit nicht ein gültiger Vermittlungsgutschein in einer abweichenden Höhe nach § 421g Abs. 2 Satz 2 vorgelegt wird oder durch eine Rechtsverordnung nach § 301 für bestimmte Berufe oder Personengruppen etwas anderes bestimmt ist. ²Bei der Vermittlung von Personen in Aupair-Verhältnisse darf die Vergütung 150 Euro nicht übersteigen.

(4) ¹Ein Arbeitsuchender, der dem Vermittler einen Vermittlungsgutschein vorlegt, kann die Vergütung abweichend von § 266 des Bürgerlichen Gesetzbuchs in Teilbeträgen zahlen. ²Die Vergütung ist nach Vorlage des Vermittlungsgutscheins bis zu dem Zeitpunkt gestundet, in dem die Agentur für Arbeit nach Maßgabe von § 421g gezahlt hat.

§ 296a Vergütungen bei Ausbildungsvermittlung

¹Für die Leistungen zur Ausbildungsvermittlung dürfen nur vom Arbeitgeber Vergütungen verlangt oder entgegengenommen werden. ²Zu den Leistungen zur Ausbildungsvermittlung gehören auch alle Leistungen, die zur Vorbereitung und Durchführung der Vermittlung erforderlich sind, insbesondere die Feststellung der Kenntnisse des Ausbildungsuchenden sowie die mit der Ausbildungsvermittlung verbundene Berufsberatung.

§ 297 Unwirksamkeit von Vereinbarungen

Unwirksam sind

1. Vereinbarungen zwischen einem Vermittler und einem Arbeitsuchenden über die Zahlung der Vergütung, wenn deren Höhe die nach § 296 Abs. 3 zulässige Höchstgrenze überschreitet, wenn Vergütungen für Leistungen verlangt oder entgegengenommen werden, die nach § 296 Abs. 1 Satz 3 zu den Leistungen der Vermittlung gehören oder wenn die erforderliche Schriftform nicht eingehalten wird und
2. Vereinbarungen zwischen einem Vermittler und einem Ausbildungsuchenden über die Zahlung einer Vergütung,
3. Vereinbarungen zwischen einem Vermittler und einem Arbeitgeber, wenn der Vermittler eine Vergütung mit einem Ausbildungsuchenden vereinbart oder von diesem entgegennimmt, obwohl dies nicht zulässig ist, und
4. Vereinbarungen, die sicherstellen sollen, dass ein Arbeitgeber oder ein Ausbildungsuchender oder Arbeitsuchender sich ausschließlich eines bestimmten Vermittlers bedient.

§ 298 Behandlung von Daten

(1) ¹Vermittler dürfen Daten über zu besetzende Ausbildungs- und Arbeitsplätze und über Ausbildungsuchende und Arbeitnehmer nur erheben, verarbeiten und nutzen, soweit dies für die Verrichtung ihrer Vermittlungstätigkeit erforderlich ist. ²Sind diese Daten personenbezogen oder Geschäfts- oder Betriebsgeheimnisse, dürfen sie nur erhoben, verarbeitet oder genutzt werden, soweit der Betroffene im Einzelfall nach Maßgabe des § 4a des Bundesdatenschutzgesetzes eingewilligt hat. ³Übermittelt der Vermittler diese Daten im Rahmen seiner Vermittlungstätigkeit einer weiteren Person oder Einrichtung, darf diese sie nur zu dem Zweck verarbeiten oder nutzen, zu dem sie ihr befugt übermittelt worden sind.

(2) ¹Vom Betroffenen zur Verfügung gestellte Unterlagen sind unmittelbar nach Abschluss der Vermittlungstätigkeit zurückzugeben. ²Die übrigen Geschäftsunterlagen des Vermittlers sind nach Abschluss der Vermittlungstätigkeit drei Jahre aufzubewahren. ³Die Verwendung der Geschäftsunterlagen ist zur Kontrolle des Vermittlers durch die zuständigen Behörden sowie zur Wahrnehmung berechtigter Interessen des Vermittlers zulässig. ⁴Personenbezogene Daten sind nach Ablauf der Aufbewahrungspflicht zu löschen. ⁵Der Betroffene kann nach Abschluss der Vermittlungstätigkeit Abweichungen von den Sätzen 1, 3 und 4 gestatten; die Gestattung bedarf der Schriftform.

§§ 299, 300 *(aufgehoben)*

Dritter Titel. Verordnungsermächtigung

§ 301 Verordnungsermächtigung

Das Bundesministerium für Arbeit und Soziales wird ermächtigt, durch Rechtsverordnung zu bestimmen, dass für bestimmte Berufe oder Personengruppen Vergütungen vereinbart werden dürfen, die sich nach dem dem Arbeitnehmer zustehenden Arbeitsentgelt bemessen.

§§ 302, 303 *(aufgehoben)*

Dritter Abschnitt. (weggefallen)

§§ 304–308 *(aufgehoben)*

Achtes Kapitel. Pflichten

Erster Abschnitt. Pflichten im Leistungsverfahren

Erster Unterabschnitt. Meldepflichten

§ 309 Allgemeine Meldepflicht

(1) ¹Der Arbeitslose hat sich während der Zeit, für die er Anspruch auf Arbeitslosengeld erhebt, bei der Agentur für Arbeit oder einer sonstigen Dienststelle der Bundesagentur persönlich zu melden oder zu einem ärztlichen oder psychologischen Untersuchungstermin zu erscheinen, wenn die Agentur für Arbeit ihn dazu auffordert (allgemeine Meldepflicht). ²Der Arbeitslose hat sich bei der in der Aufforderung zur Meldung bezeichneten Stelle zu melden. ³Die allgemeine Meldepflicht besteht auch in Zeiten, in denen der Anspruch auf Arbeitslosengeld ruht.

(2) Die Aufforderung zur Meldung kann zum Zwecke der
1. Berufsberatung,
2. Vermittlung in Ausbildung oder Arbeit,
3. Vorbereitung aktiver Arbeitsförderungsleistungen,
4. Vorbereitung von Entscheidungen im Leistungsverfahren und
5. Prüfung des Vorliegens der Voraussetzungen für den Leistungsanspruch
erfolgen.

(3) ¹Der Arbeitslose hat sich zu der von der Agentur für Arbeit bestimmten Zeit zu melden. ²Ist diese nach Tag und Tageszeit bestimmt, so ist er seiner allgemeinen Meldepflicht auch dann nachgekommen, wenn er sich zu einer anderen Zeit am selben Tag meldet und der Zweck der Meldung erreicht wird. ³Ist der Meldepflichtige am Meldetermin arbeitsunfähig, so wirkt die Meldeaufforderung auf den ersten Tag der Arbeitsfähigkeit fort, wenn die Agentur für Arbeit dies in der Meldeaufforderung bestimmt.

(4) Die notwendigen Reisekosten, die dem Arbeitslosen und der erforderlichen Begleitperson aus Anlaß der Meldung entstehen, können auf Antrag übernommen werden, soweit sie nicht bereits nach anderen Vorschriften oder auf Grund anderer Vorschriften dieses Buches übernommen werden können.

§ 310 Meldepflicht bei Wechsel der Zuständigkeit

Wird für den Arbeitslosen nach der Arbeitslosmeldung eine andere Agentur für Arbeit zuständig, hat er sich bei der nunmehr zuständigen Agentur für Arbeit unverzüglich zu melden.

Zweiter Unterabschnitt. Anzeige- und Bescheinigungspflichten

§ 311 Anzeige- und Bescheinigungspflicht bei Arbeitsunfähigkeit

¹Wer Arbeitslosengeld oder Übergangsgeld beantragt hat oder bezieht, ist verpflichtet, der Agentur für Arbeit
1. eine eingetretene Arbeitsunfähigkeit und deren voraussichtliche Dauer unverzüglich anzuzeigen und

2. spätestens vor Ablauf des dritten Kalendertages nach Eintritt der Arbeitsunfähigkeit eine ärztliche Bescheinigung über die Arbeitsunfähigkeit und deren voraussichtliche Dauer vorzulegen.

²Die Agentur für Arbeit ist berechtigt, die Vorlage der ärztlichen Bescheinigung früher zu verlangen. ³Dauert die Arbeitsunfähigkeit länger als in der Bescheinigung angegeben, so ist der Agentur für Arbeit eine neue ärztliche Bescheinigung vorzulegen. ⁴Die Bescheinigungen müssen einen Vermerk des behandelnden Arztes darüber enthalten, daß dem Träger der Krankenversicherung unverzüglich eine Bescheinigung über die Arbeitsunfähigkeit mit Angaben über den Befund und die voraussichtliche Dauer der Arbeitsunfähigkeit übersandt wird.

§ 312 Arbeitsbescheinigung

(1) ¹Bei Beendigung eines Beschäftigungsverhältnisses hat der Arbeitgeber alle Tatsachen zu bescheinigen, die für die Entscheidung über den Anspruch auf Arbeitslosengeld oder Übergangsgeld erheblich sein können (Arbeitsbescheinigung); dabei hat er den von der Bundesagentur hierfür vorgesehenen Vordruck zu benutzen. ²In der Arbeitsbescheinigung sind insbesondere
1. die Art der Tätigkeit des Arbeitnehmers,
2. Beginn, Ende, Unterbrechungen und Grund für die Beendigung des Beschäftigungsverhältnisses und
3. das Arbeitsentgelt und die sonstigen Geldleistungen, die der Arbeitnehmer erhalten oder zu beanspruchen hat,

anzugeben. ³Die Arbeitsbescheinigung ist dem Arbeitnehmer vom Arbeitgeber bei Beendigung des Beschäftigungsverhältnisses auszuhändigen.

(2) ¹Macht der Arbeitgeber geltend, die Arbeitslosigkeit sei die Folge eines Arbeitskampfes, so hat er dies darzulegen, glaubhaft zu machen und eine Stellungnahme der Betriebsvertretung beizufügen. ²Der Arbeitgeber hat der Betriebsvertretung die für die Stellungnahme erforderlichen Angaben zu machen.

(3) Für Zwischenmeister und andere Auftraggeber von Heimarbeitern sowie für Leistungsträger und Unternehmen, die Beiträge nach diesem Buch für Bezieher von Sozialleistungen oder Krankentagegeld zu entrichten haben, gelten die Absätze 1 und 2 entsprechend.

(4) Nach Beendigung des Vollzuges einer Untersuchungshaft, Freiheitsstrafe, Jugendstrafe oder freiheitsentziehenden Maßregel der Besserung und Sicherung oder einer einstweiligen Unterbringung nach § 126 a der Strafprozeßordnung hat die Vollzugsanstalt dem Entlassenen eine Bescheinigung über die Zeiten auszustellen, in denen er innerhalb der letzten sieben Jahre vor der Entlassung als Gefangener versicherungspflichtig war.

§ 313 Nebeneinkommensbescheinigung

(1) ¹Wer jemanden, der Berufsausbildungsbeihilfe, Ausbildungsgeld, Arbeitslosengeld oder Übergangsgeld (laufende Geldleistungen) beantragt hat oder bezieht, gegen Arbeitsentgelt beschäftigt oder gegen Vergütung eine selbständige Tätigkeit überträgt, ist verpflichtet, diesem unverzüglich Art und Dauer der Beschäftigung oder der selbständigen Tätigkeit sowie die Höhe des Arbeitsentgelts oder der Vergütung für die Zeiten zu bescheinigen, für die diese Leistung beantragt worden ist oder bezogen wird. ²Er hat dabei den von der Bundesagentur vorgesehenen Vordruck zu benutzen. ³Die Bescheinigung über das Nebeneinkommen ist dem Bezieher der Leistung vom Dienstberechtigten oder Besteller unverzüglich auszuhändigen.

(2) Wer eine laufende Geldleistung beantragt hat oder bezieht und Dienst- oder Werkleistungen gegen Vergütung erbringt, ist verpflichtet, dem Dienstberechtigten oder Besteller den für die Bescheinigung des Arbeitsentgelts oder der Vergütung vorgeschriebenen Vordruck unverzüglich vorzulegen.

(3) Die Absätze 1 und 2 gelten für Personen, die Kurzarbeitergeld beziehen oder für die Kurzarbeitergeld beantragt worden ist, entsprechend.

§ 314 Insolvenzgeldbescheinigung

(1) ¹Der Insolvenzverwalter hat auf Verlangen der Agentur für Arbeit für jeden Arbeitnehmer, für den ein Anspruch auf Insolvenzgeld in Betracht kommt, die Höhe des Arbeitsentgelts für die letzten der Eröffnung des Insolvenzverfahrens vorausgehenden drei

Monate des Arbeitsverhältnisses sowie die Höhe der gesetzlichen Abzüge und der zur Erfüllung der Ansprüche auf Arbeitsentgelt erbrachten Leistungen zu bescheinigen. ²Das Gleiche gilt hinsichtlich der Höhe von Entgeltteilen, die gemäß § 1 Abs. 2 Nr. 3 des Betriebsrentengesetzes umgewandelt und vom Arbeitgeber nicht an den Versorgungsträger abgeführt worden sind. ³Dabei ist anzugeben, welcher Durchführungsweg und welcher Versorgungsträger für die betriebliche Altersversorgung gewählt worden ist. ⁴Er hat auch zu bescheinigen, inwieweit die Ansprüche auf Arbeitsentgelt gepfändet, verpfändet oder abgetreten sind. ⁵Dabei hat er den von der Bundesagentur vorgesehenen Vordruck zu benutzen. ⁶Wird die Insolvenzgeldbescheinigung durch den Insolvenzverwalter nach § 36 a des Ersten Buches übermittelt, sind zusätzlich die Anschrift und die Daten des Überweisungsweges mitzuteilen.

(2) In den Fällen, in denen ein Insolvenzverfahren nicht eröffnet wird oder nach § 207 der Insolvenzordnung eingestellt worden ist, sind die Pflichten des Insolvenzverwalters vom Arbeitgeber zu erfüllen.

Dritter Unterabschnitt. Auskunfts-, Mitwirkungs- und Duldungspflichten

§ 315 Allgemeine Auskunftspflicht Dritter

(1) Wer jemandem, der eine laufende Geldleistung beantragt hat oder bezieht, Leistungen erbringt, die geeignet sind, die laufende Geldleistung auszuschließen oder zu mindern, hat der Agentur für Arbeit auf Verlangen hierüber Auskunft zu erteilen, soweit es zur Durchführung der Aufgaben nach diesem Buch erforderlich ist.

(2) ¹Wer jemandem, der eine laufende Geldleistung beantragt hat oder bezieht, zu Leistungen verpflichtet ist, die geeignet sind, die laufende Geldleistung auszuschließen oder zu mindern, oder für ihn Guthaben führt oder Vermögensgegenstände verwahrt, hat der Agentur für Arbeit auf Verlangen hierüber sowie über dessen Einkommen oder Vermögen Auskunft zu erteilen, soweit es zur Durchführung der Aufgaben nach diesem Buch erforderlich ist. ²§ 21 Abs. 3 Satz 4 des Zehnten Buches gilt entsprechend. ³Für die Feststellung einer Unterhaltsverpflichtung ist § 1605 Abs. 1 des Bürgerlichen Gesetzbuchs anzuwenden.

(3) Wer jemanden, der

1. eine laufende Geldleistung beantragt hat oder bezieht, oder dessen Ehegatten oder Lebenspartner oder
2. nach Absatz 2 zur Auskunft verpflichtet ist,

beschäftigt, hat der Agentur für Arbeit auf Verlangen über die Beschäftigung, insbesondere über das Arbeitsentgelt, Auskunft zu erteilen, soweit es zur Durchführung der Aufgaben nach diesem Buch erforderlich ist.

(4) Die Absätze 1 bis 3 gelten entsprechend, wenn jemand anstelle einer laufenden Geldleistung Kurzarbeitergeld bezieht oder für ihn Kurzarbeitergeld beantragt worden ist.

(5) ¹Sind im Rahmen einer Bedürftigkeitsprüfung Einkommen oder Vermögen des Ehegatten, des Lebenspartners oder des Partners einer eheähnlichen Gemeinschaft zu berücksichtigen, haben

1. dieser Ehegatte, Lebenspartner oder Partner,
2. Dritte, die für diesen Ehegatten, Lebenspartner oder Partner Guthaben führen oder Vermögensgegenstände verwahren,

der Agentur für Arbeit auf Verlangen hierüber Auskunft zu erteilen, soweit es zur Durchführung dieses Buches erforderlich ist. ²§ 21 Abs. 3 Satz 4 des Zehnten Buches gilt entsprechend.

§ 316 Auskunftspflicht bei Leistung von Insolvenzgeld

(1) Der Arbeitgeber, der Insolvenzverwalter, die Arbeitnehmer sowie sonstige Personen, die Einblick in die Arbeitsentgeltunterlagen hatten, sind verpflichtet, der Agentur für Arbeit auf Verlangen alle Auskünfte zu erteilen, die für die Durchführung der §§ 183 bis 189, 208, 320 Abs. 2, § 327 Abs. 3 erforderlich sind.

(2) Der Arbeitgeber und die Arbeitnehmer sowie sonstige Personen, die Einblick in die Arbeitsentgeltunterlagen hatten, sind verpflichtet, dem Insolvenzverwalter auf Verlangen alle Auskünfte zu erteilen, die er für die Insolvenzgeldbescheinigung nach § 314 benötigt.

§ 317 Auskunftspflicht für Arbeitnehmer bei Feststellung von Leistungsansprüchen

Ein Arbeitnehmer, der Kurzarbeitergeld oder Wintergeld bezieht oder für den diese Leistungen beantragt worden sind, hat dem zur Errechnung und Auszahlung der Leistungen Verpflichteten auf Verlangen die erforderlichen Auskünfte zu erteilen.

§ 318 Auskunftspflicht bei Maßnahmen der beruflichen Aus- oder Weiterbildung, Leistungen zur Teilhabe am Arbeitsleben zur Aktivierung und beruflichen Eingliederung

(1) ¹Arbeitgeber und Träger, bei denen eine Maßnahme der beruflichen Aus- und Weiterbildung, eine Leistung zur Teilhabe am Arbeitsleben oder eine Maßnahme nach § 46 durchgeführt wurde oder wird, haben der Agentur für Arbeit unverzüglich Auskünfte über Tatsachen zu erteilen, die Aufschluss darüber geben, ob und inwieweit Leistungen zu Recht erbracht worden sind oder werden. ²Sie haben Änderungen, die für die Leistungen erheblich sind, unverzüglich der Agentur für Arbeit mitzuteilen.

(2) ¹Personen, die bei Teilnahme an Maßnahmen der beruflichen Aus- oder Weiterbildung oder einer Maßnahme nach § 46 gefördert werden oder gefördert worden sind, sind verpflichtet,
1. der Agentur für Arbeit oder dem Träger der Maßnahme auf Verlangen Auskunft über den Eingliederungserfolg der Maßnahme sowie alle weiteren Auskünfte zu erteilen, die zur Qualitätsprüfung nach § 86 benötigt werden, und
2. eine Beurteilung ihrer Leistung und ihres Verhaltens durch den Träger zuzulassen.

²Träger sind verpflichtet,
1. ihre Beurteilungen des Teilnehmers unverzüglich der Agentur für Arbeit zu übermitteln,
2. der für den einzelnen Teilnehmer zuständigen Agentur für Arbeit kalendermonatlich die Fehltage des Teilnehmers sowie die Gründe für die Fehltage mitzuteilen; dabei haben sie den von der Bundesagentur vorgesehenen Vordruck zu benutzen.

§ 319 Mitwirkungs- und Duldungspflichten

(1) ¹Wer eine Leistung der Arbeitsförderung beantragt, bezogen hat oder bezieht oder wer jemanden, bei dem dies der Fall ist oder für den eine Leistung beantragt wurde, beschäftigt oder mit Arbeiten beauftragt, hat der Bundesagentur, soweit dies zur Durchführung der Aufgaben nach diesem Buch erforderlich ist, Einsicht in Lohn-, Meldeunterlagen, Bücher und andere Geschäftsunterlagen und Aufzeichnungen und während der Geschäftszeit Zutritt zu seinen Grundstücken und Geschäftsräumen zu gewähren. ²Werden die Unterlagen nach Satz 1 bei einem Dritten verwahrt, ist die Bundesagentur zur Durchführung der Aufgaben nach diesem Buch berechtigt, auch dessen Grundstücke und Geschäftsräume während der Geschäftszeit zu betreten und Einsicht in diese Unterlagen zu nehmen.

(2) ¹In automatisierten Dateien gespeicherte Daten hat der Arbeitgeber auf Verlangen und auf Kosten der Agenturen für Arbeit auszusondern und auf maschinenverwertbaren Datenträgern oder in Listen zur Verfügung zu stellen. ²Der Arbeitgeber darf maschinenverwertbare Datenträger oder Datenlisten, die die erforderlichen Daten enthalten, ungesondert zur Verfügung stellen, wenn die Aussonderung mit einem unverhältnismäßigen Aufwand verbunden wäre und überwiegende schutzwürdige Interessen des Betroffenen nicht entgegenstehen. ³In diesem Fall haben die Agenturen für Arbeit die erforderlichen Daten auszusondern. ⁴Die übrigen Daten dürfen darüber hinaus nicht verarbeitet und genutzt werden. ⁵Sind die zur Verfügung gestellten Datenträger oder Datenlisten zur Durchführung der Aufgaben nach diesem Buch nicht mehr erforderlich, sind sie unverzüglich zu vernichten oder auf Verlangen des Arbeitgebers zurückzugeben.

Vierter Unterabschnitt. Sonstige Pflichten

§ 320 Berechnungs-, Auszahlungs-, Aufzeichnungs- und Anzeigepflichten

(1) ¹Der Arbeitgeber hat der Agentur für Arbeit auf Verlangen die Voraussetzungen für die Erbringung von Kurzarbeitergeld und Wintergeld nachzuweisen. ²Er hat diese Leis-

tungen kostenlos zu errechnen und auszuzahlen. ³Dabei hat er beim Kurzarbeitergeld von den Eintragungen auf der Lohnsteuerkarte in dem maßgeblichen Antragszeitraum auszugehen; auf Grund einer Bescheinigung der für den Arbeitnehmer zuständigen Agentur für Arbeit hat er den erhöhten Leistungssatz auch anzuwenden, wenn ein Kind auf der Lohnsteuerkarte des Arbeitnehmers nicht bescheinigt ist.

(2) ¹Der Insolvenzverwalter hat auf Verlangen der Agentur für Arbeit das Insolvenzgeld zu errechnen und auszuzahlen, wenn ihm dafür geeignete Arbeitnehmer des Betriebes zur Verfügung stehen und die Agentur für Arbeit die Mittel für die Auszahlung des Insolvenzgeldes bereitstellt. ²Für die Abrechnung hat er den von der Bundesagentur vorgesehenen Vordruck zu benutzen. ³Kosten werden nicht erstattet.

(3) ¹Arbeitgeber, in deren Betrieben Wintergeld geleistet wird, haben für jeden Arbeitstag während der Dauer der beantragten Förderung Aufzeichnungen über die im Betrieb oder auf der Baustelle geleisteten sowie die ausgefallenen Arbeitsstunden zu führen. ²Arbeitgeber, in deren Betrieben Saison-Kurzarbeitergeld geleistet wird, haben diese Aufzeichnungen für jeden Arbeitstag während der Schlechtwetterzeit zu führen. ³Die Aufzeichnungen nach Satz 1 und 2 sind vier Jahre aufzubewahren.

(4) ¹Arbeitgeber, in deren Betrieben Kurzarbeitergeld geleistet wird, haben der Agentur für Arbeit jeweils zum Quartalsende Auskünfte über Betriebsart, Beschäftigtenzahl, Zahl der Kurzarbeiter, Ausfall der Arbeitszeit und bisherige Dauer, Unterbrechung oder Beendigung der Kurzarbeit für die jeweiligen Kalendermonate des Quartals zu erteilen. ²Arbeitgeber, in deren Betrieben Saison-Kurzarbeitergeld geleistet wird, haben die Auskünfte nach Satz 1 bis zum 15. des Monats zu erteilen, der dem Monat folgt, in dem die Tage liegen, für die Saison-Kurzarbeitergeld ausgezahlt wird.

(4a) ¹Der Arbeitgeber hat der Agentur für Arbeit die Voraussetzungen für die Erbringung von Leistungen zur Förderung der Teilnahme an Transfermaßnahmen nachzuweisen. ²Auf Anforderung der Agentur für Arbeit hat der Arbeitgeber das Ergebnis von Maßnahmen zur Feststellung der Eingliederungsaussichten mitzuteilen.

(5) ¹Arbeitgeber, in deren Betrieben ein Arbeitskampf stattfindet, haben bei dessen Ausbruch und Beendigung der Agentur für Arbeit unverzüglich Anzeige zu erstatten. ²Die Anzeige bei Ausbruch des Arbeitskampfes muß Name und Anschrift des Betriebes, Datum des Beginns der Arbeitseinstellung und Zahl der betroffenen Arbeitnehmer enthalten. ³Die Anzeige bei Beendigung des Arbeitskampfes muß außer Name und Anschrift des Betriebes, Datum der Beendigung der Arbeitseinstellung, Zahl der an den einzelnen Tagen betroffenen Arbeitnehmer und Zahl der durch Arbeitseinstellung ausgefallenen Arbeitstage enthalten.

Zweiter Abschnitt. Schadensersatz bei Pflichtverletzungen

§ 321 Schadensersatz

Wer vorsätzlich oder fahrlässig
1. eine Arbeitsbescheinigung nach § 312, eine Nebeneinkommensbescheinigung nach § 313 oder eine Insolvenzgeldbescheinigung nach § 314 nicht, nicht richtig oder nicht vollständig ausfüllt,
2. eine Auskunft auf Grund der allgemeinen Auskunftspflicht Dritter nach § 315, der Auskunftspflicht bei beruflicher Aus- und Weiterbildung und bei einer Leistung zur Teilhabe am Arbeitsleben nach § 318 oder der Auskunftspflicht bei Leistung von Insolvenzgeld nach § 316 nicht, nicht richtig oder nicht vollständig erteilt,
3. als Arbeitgeber seine Berechnungs-, Auszahlungs-, Aufzeichnungs- und Mitteilungspflichten bei Kurzarbeitergeld, Wintergeld und Leistungen zur Förderung von Transfermaßnahmen nach § 320 Abs. 1 Satz 2 und 3, Abs. 3 und 4a nicht erfüllt,
4. als Insolvenzverwalter die Verpflichtung zur Errechnung und Auszahlung des Insolvenzgeldes nach § 320 Abs. 2 Satz 1 nicht erfüllt,

ist der Bundesagentur zum Ersatz des daraus entstandenen Schadens verpflichtet.

Dritter Abschnitt. Verordnungsermächtigung und Anordnungsermächtigung

§ 321a Verordnungsermächtigung

Das Bundesministerium für Arbeit und Soziales wird ermächtigt, durch Rechtsverordnung mit Zustimmung des Bundesrates das Nähere über Art und Umfang der Pflichten nach dem Zweiten bis Vierten Unterabschnitt des Ersten Abschnitts sowie dem Zweiten Abschnitt dieses Kapitels einschließlich des zu beachtenden Verfahrens und der einzuhaltenden Fristen zu bestimmen.

§ 322 Anordnungsermächtigung

¹Die Bundesagentur wird ermächtigt, durch Anordnung Näheres über die Meldepflicht des Arbeitslosen zu bestimmen. ²Sie kann auch bestimmen, inwieweit Einrichtungen außerhalb der Bundesagentur auf ihren Antrag zur Entgegennahme der Meldung zuzulassen sind.

Neuntes Kapitel. Gemeinsame Vorschriften für Leistungen

Erster Abschnitt. Antrag und Fristen

§ 323 Antragserfordernis

(1) ¹Leistungen der Arbeitsförderung werden auf Antrag erbracht. ²Arbeitslosengeld gilt mit der persönlichen Arbeitslosmeldung als beantragt, wenn der Arbeitslose keine andere Erklärung abgibt. ³Leistungen der aktiven Arbeitsförderung können auch von Amts wegen erbracht werden, wenn die Berechtigten zustimmen. ⁴Die Zustimmung gilt insoweit als Antrag.

(2) ¹Kurzarbeitergeld, Leistungen zur Förderung der Teilnahme an Transfermaßnahmen und ergänzende Leistungen nach § 175 a sind vom Arbeitgeber schriftlich unter Beifügung einer Stellungnahme der Betriebsvertretung zu beantragen. ²Der Antrag kann auch von der Betriebsvertretung gestellt werden. ³Mit einem Antrag auf Saison-Kurzarbeitergeld oder ergänzende Leistungen nach § 175 a sind die Namen, Anschriften und Sozialversicherungsnummern der Arbeitnehmer mitzuteilen, für die die Leistung beantragt wird. ⁴Saison-Kurzarbeitergeld oder ergänzende Leistungen nach § 175 a sollen bis zum 15. des Monats beantragt werden, der dem Monat folgt, in dem die Tage liegen, für die die Leistungen beantragt werden.

§ 324 Antrag vor Leistung

(1) ¹Leistungen der Arbeitsförderung werden nur erbracht, wenn sie vor Eintritt des leistungsbegründenden Ereignisses beantragt worden sind. ²Zur Vermeidung unbilliger Härten kann die Agentur für Arbeit eine verspätete Antragstellung zulassen.

(2) ¹Berufsausbildungsbeihilfe, Ausbildungsgeld und Arbeitslosengeld können auch nachträglich beantragt werden. ²Kurzarbeitergeld und ergänzende Leistungen nach § 175 a sind nachträglich zu beantragen.

(3) ¹Insolvenzgeld ist abweichend von Absatz 1 Satz 1 innerhalb einer Ausschlußfrist von zwei Monaten nach dem Insolvenzereignis zu beantragen. ²Hat der Arbeitnehmer die Frist aus Gründen versäumt, die er nicht zu vertreten hat, so wird Insolvenzgeld geleistet, wenn der Antrag innerhalb von zwei Monaten nach Wegfall des Hinderungsgrundes gestellt wird. ³Der Arbeitnehmer hat die Versäumung der Frist zu vertreten, wenn er sich nicht mit der erforderlichen Sorgfalt um die Durchsetzung seiner Ansprüche bemüht hat.

§ 325 Wirkung des Antrages

(1) Berufsausbildungsbeihilfe und Ausbildungsgeld werden rückwirkend längstens vom Beginn des Monats an geleistet, in dem die Leistungen beantragt worden sind.

(2) ¹Arbeitslosengeld wird nicht rückwirkend geleistet. ²Ist die zuständige Agentur für Arbeit an einem Tag, an dem der Arbeitslose Arbeitslosengeld beantragen will, nicht dienstbereit, so wirkt ein Antrag auf Arbeitslosengeld in gleicher Weise wie eine persönliche Arbeitslosmeldung zurück.

(3) Kurzarbeitergeld und ergänzende Leistungen nach § 175 a sind für den jeweiligen Kalendermonat innerhalb einer Ausschlussfrist von drei Kalendermonaten zu beantragen; die Frist beginnt mit Ablauf des Monats, in dem die Tage liegen, für die die Leistungen beantragt werden.

(4) *(aufgehoben)*

(5) Leistungen zur Förderung der Teilnahme an Transfermaßnahmen sind innerhalb einer Ausschlussfrist von drei Monaten nach Ende der Maßnahme zu beantragen.

§ 326 Ausschlußfrist für Gesamtabrechnung

(1) ¹Für Leistungen an Träger hat der Träger der Maßnahme der Agentur für Arbeit innerhalb einer Ausschlußfrist von sechs Monaten die Unterlagen vorzulegen, die für eine abschließende Entscheidung über den Umfang der zu erbringenden Leistungen erforderlich sind (Gesamtabrechnung). ²Die Frist beginnt mit Ablauf des Kalendermonats, in dem die Maßnahme beendet worden ist.

(2) Erfolgt die Gesamtabrechnung nicht rechtzeitig, sind die erbrachten Leistungen von dem Träger in dem Umfang zu erstatten, in dem die Voraussetzungen für die Leistungen nicht nachgewiesen worden sind.

Zweiter Abschnitt. Zuständigkeit

§ 327 Grundsatz

(1) ¹Für Leistungen an Arbeitnehmer, mit Ausnahme des Kurzarbeitergeldes, des Wintergeldes, des Insolvenzgeldes und der Leistungen zur Förderung der Teilnahme an Transfermaßnahmen, ist die Agentur für Arbeit zuständig, in deren Bezirk der Arbeitnehmer bei Eintritt der leistungsbegründenden Tatbestände seinen Wohnsitz hat. ²Solange der Arbeitnehmer sich nicht an seinem Wohnsitz aufhält, ist die Agentur für Arbeit zuständig, in deren Bezirk der Arbeitnehmer bei Eintritt der leistungsbegründenden Tatbestände seinen gewöhnlichen Aufenthalt hat.

(2) Auf Antrag des Arbeitslosen hat die Agentur für Arbeit eine andere Agentur für Arbeit für zuständig zu erklären, wenn nach der Arbeitsmarktlage keine Bedenken entgegenstehen oder die Ablehnung für den Arbeitslosen eine unbillige Härte bedeuten würde.

(3) ¹Für Kurzarbeitergeld, ergänzende Leistungen nach § 175a und Insolvenzgeld ist die Agentur für Arbeit zuständig, in deren Bezirk die für den Arbeitgeber zuständige Lohnabrechnungsstelle liegt. ²Für Insolvenzgeld ist, wenn der Arbeitgeber im Inland keine Lohnabrechnungsstelle hat, die Agentur für Arbeit zuständig, in deren Bezirk das Insolvenzgericht seinen Sitz hat. ³Für Leistungen zur Förderung der Teilnahme an Transfermaßnahmen ist die Agentur für Arbeit zuständig, in deren Bezirk der Betrieb des Arbeitgebers liegt.

(4) Für Leistungen an Arbeitgeber, mit Ausnahme der Erstattung von Beiträgen zur Sozialversicherung für Bezieher von Saison-Kurzarbeitergeld, ist die Agentur für Arbeit zuständig, in deren Bezirk der Betrieb des Arbeitgebers liegt.

(5) Für Leistungen an Träger ist die Agentur für Arbeit zuständig, in deren Bezirk das Projekt oder die Maßnahme durchgeführt wird.

(6) Die Bundesagentur kann die Zuständigkeit abweichend von den Absätzen 1 bis 5 auf andere Dienststellen übertragen.

Dritter Abschnitt. Leistungsverfahren in Sonderfällen

§ 328 Vorläufige Entscheidung

(1) ¹Über die Erbringung von Geldleistungen kann vorläufig entschieden werden, wenn
1. die Vereinbarkeit einer Vorschrift dieses Buches, von der die Entscheidung über den Antrag abhängt, mit höherrangigem Recht Gegenstand eines Verfahrens bei dem Bundesverfassungsgericht oder dem Gerichtshof der Europäischen Gemeinschaften ist,
2. eine entscheidungserhebliche Rechtsfrage von grundsätzlicher Bedeutung Gegenstand eines Verfahrens beim Bundessozialgericht ist oder
3. zur Feststellung der Voraussetzungen des Anspruchs eines Arbeitnehmers auf Geldleistungen voraussichtlich längere Zeit erforderlich ist, die Voraussetzungen für den Anspruch mit hinreichender Wahrscheinlichkeit vorliegen und der Arbeitnehmer die Umstände, die einer sofortigen abschließenden Entscheidung entgegenstehen, nicht zu vertreten hat.

²Umfang und Grund der Vorläufigkeit sind anzugeben. ³In den Fällen des Satzes 1 Nr. 3 ist auf Antrag vorläufig zu entscheiden.

(2) Eine vorläufige Entscheidung ist nur auf Antrag des Berechtigten für endgültig zu erklären, wenn sie nicht aufzuheben oder zu ändern ist.

(3) ¹Auf Grund der vorläufigen Entscheidung erbrachte Leistungen sind auf die zustehende Leistung anzurechnen. ²Soweit mit der abschließenden Entscheidung ein Leistungsanspruch nicht oder nur in geringerer Höhe zuerkannt wird, sind auf Grund der vorläufigen Entscheidung erbrachte Leistungen zu erstatten; auf Grund einer vorläufigen Entscheidung erbrachtes Kurzarbeitergeld und Wintergeld ist vom Arbeitgeber zurückzuzahlen.

(4) Absatz 1 Satz 1 Nr. 3 und Satz 2 und 3, Absatz 2 sowie Absatz 3 Satz 1 und 2 sind für die Erstattung von Arbeitgeberbeiträgen zur Sozialversicherung entsprechend anwendbar.

§ 329 Einkommensberechnung in besonderen Fällen

Die Agentur für Arbeit kann das zu berücksichtigende Einkommen nach Anhörung des Leistungsberechtigten schätzen, soweit Einkommen nur für kurze Zeit zu berücksichtigen ist.

§ 330 Sonderregelungen für die Aufhebung von Verwaltungsakten

(1) Liegen die in § 44 Abs. 1 Satz 1 des Zehnten Buches genannten Voraussetzungen für die Rücknahme eines rechtswidrigen nicht begünstigenden Verwaltungsaktes vor, weil er auf einer Rechtsnorm beruht, die nach Erlaß des Verwaltungsaktes für nichtig oder für unvereinbar mit dem Grundgesetz erklärt oder in ständiger Rechtsprechung anders als durch die Agentur für Arbeit ausgelegt worden ist, so ist der Verwaltungsakt, wenn er unanfechtbar geworden ist, nur mit Wirkung für die Zeit nach der Entscheidung des Bundesverfassungsgerichts oder ab dem Bestehen der ständigen Rechtsprechung zurückzunehmen.

(2) Liegen die in § 45 Abs. 2 Satz 3 des Zehnten Buches genannten Voraussetzungen für die Rücknahme eines rechtswidrigen begünstigenden Verwaltungsaktes vor, ist dieser auch mit Wirkung für die Vergangenheit zurückzunehmen.

(3) ¹Liegen die in § 48 Abs. 1 Satz 2 des Zehnten Buches genannten Voraussetzungen für die Aufhebung eines Verwaltungsaktes mit Dauerwirkung vor, ist dieser mit Wirkung vom Zeitpunkt der Änderung der Verhältnisse aufzuheben. ²Abweichend von § 48 Abs. 1 Satz 1 des Zehnten Buches ist mit Wirkung vom Zeitpunkt der Änderung der Verhältnisse an ein Verwaltungsakt auch aufzuheben, soweit sich das Bemessungsentgelt auf Grund einer Absenkung nach § 200 Abs. 3 zu Ungunsten des Betroffenen ändert.

(4) Liegen die Voraussetzungen für die Rücknahme eines Verwaltungsaktes vor, mit dem ein Anspruch auf Erstattung des Arbeitslosengeldes durch Arbeitgeber geltend gemacht wird, ist dieser mit Wirkung für die Vergangenheit zurückzunehmen.

§ 331 Vorläufige Zahlungseinstellung

(1) ¹Die Agentur für Arbeit kann die Zahlung einer laufenden Leistung ohne Erteilung eines Bescheides vorläufig einstellen, wenn es Kenntnis von Tatsachen erhält, die kraft Gesetzes zum Ruhen oder zum Wegfall des Anspruchs führen und wenn der Bescheid, aus dem sich der Anspruch ergibt, deshalb mit Wirkung für die Vergangenheit aufzuheben ist. ²Soweit die Kenntnis nicht auf Angaben desjenigen beruht, der die laufende Leistung erhält, sind ihm unverzüglich die vorläufige Einstellung der Leistung sowie die dafür maßgeblichen Gründe mitzuteilen, und es ist ihm Gelegenheit zu geben, sich zu äußern.

(2) Die Agentur für Arbeit hat eine vorläufig eingestellte laufende Leistung unverzüglich nachzuzahlen, soweit der Bescheid, aus dem sich der Anspruch ergibt, zwei Monate nach der vorläufigen Einstellung der Zahlung nicht mit Wirkung für die Vergangenheit aufgehoben ist.

§ 332 Übergang von Ansprüchen

(1) ¹Die Agentur für Arbeit kann durch schriftliche Anzeige an den Leistungspflichtigen bewirken, daß Ansprüche eines Erstattungspflichtigen auf Leistungen zur Deckung des Lebensunterhalts, insbesondere auf

1. Renten der Sozialversicherung,

2. Renten nach dem Bundesversorgungsgesetz sowie Renten, die nach anderen Gesetzen in entsprechender Anwendung des Bundesversorgungsgesetzes gewährt werden,
3. Renten nach dem Gesetz zur Regelung der Rechtsverhältnisse der unter Artikel 131 des Grundgesetzes fallenden Personen,
4. Unterhaltsbeihilfe nach dem Gesetz über die Unterhaltsbeihilfe für Angehörige von Kriegsgefangenen,
5. Unterhaltshilfe nach dem Lastenausgleichsgesetz,
6. Mutterschaftsgeld oder auf Sonderunterstützung nach dem Mutterschutzgesetz,
7. Arbeitsentgelt aus einem Arbeitsverhältnis, das während des Bezugs der zurückzuzahlenden Leistung bestanden hat,

in Höhe der zurückzuzahlenden Leistung auf die Bundesagentur übergehen, es sei denn, die Bundesanstalt hat insoweit aus dem gleichen Grund einen Erstattungsanspruch nach den §§ 102 bis 105 des Zehnten Buches. ²Der Übergang beschränkt sich auf Ansprüche, die dem Rückzahlungspflichtigen für den Zeitraum in der Vergangenheit zustehen, für den die zurückzuzahlenden Leistungen gewährt worden sind. ³Hat der Rückzahlungspflichtige den unrechtmäßigen Bezug der Leistung vorsätzlich oder grob fahrlässig herbeigeführt, so geht in den Fällen nach Satz 1 Nr. 1 bis 5 auch der Anspruch auf die Hälfte der laufenden Bezüge auf die Agentur für Arbeit insoweit über, als der Rückzahlungspflichtige dieses Teils der Bezüge zur Deckung seines Lebensunterhalts und des Lebensunterhalts seiner unterhaltsberechtigten Angehörigen nicht bedarf.

(2) Der Leistungspflichtige hat seine Leistungen in Höhe des nach Absatz 1 übergegangenen Anspruchs an die Bundesagentur abzuführen.

(3) ¹Der nach Absatz 1 Satz 1 Nr. 1 bis 5 Leistungspflichtige hat den Eingang eines Antrags auf Rente, Unterhaltsbeihilfe oder Unterhaltshilfe der Agentur für Arbeit mitzuteilen, von der der Antragsteller zuletzt Leistungen nach diesem Buch bezogen hat. ²Die Mitteilungspflicht entfällt, wenn der Bezug dieser Leistungen im Zeitpunkt der Antragstellung länger als drei Jahre zurückliegt. ³Bezüge für eine zurückliegende Zeit dürfen an den Antragsteller frühestens zwei Wochen nach Abgang der Mitteilung an die Bundesagentur ausgezahlt werden, falls bis zur Auszahlung eine Anzeige der Agentur für Arbeit nach Absatz 1 nicht vorliegt.

(4) Der Rechtsübergang wird nicht dadurch ausgeschlossen, daß der Anspruch nicht übertragen, verpfändet oder gepfändet werden kann.

§ 333 Aufrechnung

(1) Hat ein Bezieher einer Entgeltersatzleistung die Leistung zu Unrecht erhalten, weil der Anspruch wegen der Anrechnung von Nebeneinkommen gemindert war oder wegen einer Sperrzeit ruhte, so kann die Agentur für Arbeit mit dem Anspruch auf Erstattung gegen einen Anspruch auf die genannten Leistungen abweichend von § 51 Abs. 2 des Ersten Buches in voller Höhe aufrechnen.

(2) Der Anspruch auf Rückzahlung von Leistungen kann gegen einen Anspruch auf Rückzahlung zu Unrecht entrichteter Beiträge zur Arbeitsförderung aufgerechnet werden.

(3) Die Bundesagentur kann mit Ansprüchen auf Winterbeschäftigungs-Umlage, auf Rückzahlung von Kurzarbeitergeld und von ergänzenden Leistungen nach § 175a, die vorläufig erbracht wurden, gegen Ansprüche auf Kurzarbeitergeld und Wintergeld, die vom Arbeitgeber verauslagt sind, aufrechnen; insoweit gilt der Arbeitgeber als anspruchsberechtigt.

§ 334 Pfändung von Leistungen

Bei Pfändung eines Geldleistungs- oder Erstattungsanspruchs gilt die Agentur für Arbeit, die über den Anspruch entschieden oder zu entscheiden hat, als Drittschuldner im Sinne der §§ 829 und 845 der Zivilprozeßordnung.

§ 335 Erstattung von Beiträgen zur Kranken-, Renten- und Pflegeversicherung

(1) ¹Wurden von der Bundesagentur für einen Bezieher von Arbeitslosengeld oder Unterhaltsgeld Beiträge zur gesetzlichen Krankenversicherung gezahlt, so hat der Bezieher dieser Leistungen der Bundesagentur die Beiträge zu ersetzen, soweit die Entscheidung über die Leistung rückwirkend aufgehoben und die Leistung zurückgefordert worden ist. ²Hat für den Zeitraum, für den die Leistung zurückgefordert worden ist, ein weiteres Krankenversicherungsverhältnis bestanden, so erstattet diejenige Stelle, an die die Beiträge

aufgrund der Versicherungspflicht nach § 5 Absatz 1 Nummer 2 des Fünften Buches gezahlt wurden, der Bundesagentur die für diesen Zeitraum entrichteten Beiträge; der Bezieher wird insoweit von der Ersatzpflicht nach Satz 1 befreit; § 5 Abs. 1 Nr. 2 zweiter Halbsatz des Fünften Buches gilt nicht. ³Werden die beiden Versicherungsverhältnisse bei verschiedenen Krankenkassen durchgeführt und wurden in dem Zeitraum, in dem die Versicherungsverhältnisse nebeneinander bestanden, Leistungen von der Krankenkasse erbracht, bei der der Bezieher nach § 5 Abs. 1 Nr. 2 des Fünften Buches versicherungspflichtig war, so besteht kein Beitragserstattungsanspruch nach Satz 2. ⁴Die Bundesagentur, der Spitzenverband Bund der Krankenkassen (§ 217a des Fünften Buches) und das Bundesversicherungsamt in seiner Funktion als Verwalter des Gesundheitsfonds können das Nähere über die Erstattung der Beiträge nach den Sätzen 2 und 3 durch Vereinbarung regeln. ⁵Satz 1 gilt entsprechend, soweit die Bundesagentur Beiträge, die für die Dauer des Leistungsbezuges an ein privates Versicherungsunternehmen zu zahlen sind, übernommen hat.

(2) ¹Beiträge für Versicherungspflichtige nach § 5 Abs. 1 Nr. 2 des Fünften Buches, denen eine Rente aus der gesetzlichen Rentenversicherung oder Übergangsgeld von einem nach § 251 Abs. 1 des Fünften Buches beitragspflichtigen Rehabilitationsträger gewährt worden ist, sind der Bundesagentur vom Träger der Rentenversicherung oder vom Rehabilitationsträger zu ersetzen, wenn und soweit wegen der Gewährung von Arbeitslosengeld oder Unterhaltsgeld ein Erstattungsanspruch der Bundesagentur gegen den Träger der Rentenversicherung oder den Rehabilitationsträger besteht. ²Satz 1 ist entsprechend anzuwenden in den Fällen, in denen dem Arbeitslosen von einem Träger der gesetzlichen Rentenversicherung wegen einer Leistung zur medizinischen Rehabilitation oder zur Teilhabe am Arbeitsleben Übergangsgeld oder eine Rente wegen verminderter Erwerbsfähigkeit zuerkannt wurde (§ 125 Abs. 3) sowie im Falle des Übergangs von Ansprüchen des Arbeitslosen auf den Bund (§ 203). ³Zu ersetzen sind

1. vom Rentenversicherungsträger die Beitragsanteile des versicherten Rentners und des Trägers der Rentenversicherung, die diese ohne die Regelung dieses Absatzes für dieselbe Zeit aus der Rente zu entrichten gehabt hätten,
2. vom Rehabilitationsträger der Betrag, den er als Krankenversicherungsbeitrag hätte leisten müssen, wenn der Versicherte nicht nach § 5 Abs. 1 Nr. 2 des Fünften Buches versichert gewesen wäre.

⁴Der Träger der Rentenversicherung und der Rehabilitationsträger sind nicht verpflichtet, für dieselbe Zeit Beiträge zur Krankenversicherung zu entrichten. ⁵Der Versicherte ist abgesehen von Satz 3 Nr. 1 nicht verpflichtet, für dieselbe Zeit Beiträge aus der Rente zur Krankenversicherung zu entrichten.

(3) ¹Der Arbeitgeber hat der Bundesagentur die im Falle des § 143 Abs. 3 geleisteten Beiträge zur Kranken- und Rentenversicherung zu ersetzen, soweit er für dieselbe Zeit Beiträge zur Kranken- und Rentenversicherung des Arbeitnehmers zu entrichten hat. ²Er wird insoweit von seiner Verpflichtung befreit, Beiträge an die Kranken- und Rentenversicherung zu entrichten. ³Die Sätze 1 und 2 gelten entsprechend für den Zuschuß nach § 257 des Fünften Buches.

(4) Hat auf Grund des Bezuges von Arbeitslosengeld oder Unterhaltsgeld nach § 143 Abs. 3 eine andere Krankenkasse die Krankenversicherung durchgeführt als diejenige Kasse, die für das Beschäftigungsverhältnis zuständig ist, aus dem der Leistungsempfänger Arbeitsentgelt bezieht oder zu beanspruchen hat, so erstatten die Krankenkassen einander Beiträge und Leistungen wechselseitig.

(5) Für die Beiträge der Bundesagentur zur sozialen Pflegeversicherung für Versicherungspflichtige nach § 20 Abs. 1 Satz 2 Nr. 2 des Elften Buches sind die Absätze 1 bis 3 entsprechend anzuwenden.

§ 336 Leistungsrechtliche Bindung

Stellt die Deutsche Rentenversicherung Bund im Verfahren nach § 7a Abs. 1 des Vierten Buches die Versicherungspflicht nach diesem Buch durch Verwaltungsakt fest, ist die Bundesagentur hinsichtlich der Zeiten, für die der die Versicherungspflicht feststellende Verwaltungsakt wirksam ist, an diese Feststellung leistungsrechtlich gebunden.

§ 336a Wirkung von Widerspruch und Klage

¹Die aufschiebende Wirkung von Widerspruch und Klage entfällt
1. bei Entscheidungen auf Erstattung von Arbeitslosengeld durch Arbeitgeber nach § 147a,

2. bei Entscheidungen, die Arbeitsgenehmigungen-EU aufheben oder ändern,
3. bei Entscheidungen, die die Berufsberatung nach § 288a untersagen,
4. bei Aufforderungen nach § 309, sich bei der Agentur für Arbeit oder einer sonstigen Dienststelle der Bundesagentur persönlich zu melden,

²Bei Entscheidungen über die Herabsetzung oder Entziehung laufender Leistungen gelten die Vorschriften des Sozialgerichtsgesetzes (§ 86a Abs. 2 Nr. 2).

Vierter Abschnitt. Auszahlung von Geldleistungen

§ 337 Auszahlung im Regelfall

(1) ¹Geldleistungen werden auf das von dem Leistungsberechtigten angegebene inländische Konto bei einem Geldinstitut überwiesen. ²Geldleistungen, die an den Wohnsitz oder gewöhnlichen Aufenthalt des Leistungsberechtigten übermittelt werden, sind unter Abzug der dadurch veranlaßten Kosten auszuzahlen. ³Satz 2 gilt nicht, wenn der Leistungsberechtigte nachweist, daß ihm die Einrichtung eines Kontos bei einem Geldinstitut ohne eigenes Verschulden nicht möglich ist.

(2) Laufende Geldleistungen werden regelmäßig monatlich nachträglich ausgezahlt.

(3) ¹Andere als laufende Geldleistungen werden mit der Entscheidung über den Antrag auf Leistung oder, soweit dem Berechtigten Kosten erst danach entstehen, zum entsprechenden Zeitpunkt ausgezahlt. ²Insolvenzgeld wird nachträglich für den Zeitraum ausgezahlt, für den es beantragt worden ist. ³Weiterbildungskosten und Teilnahmekosten werden, soweit sie nicht unmittelbar an den Träger der Maßnahme erbracht werden, monatlich im voraus ausgezahlt.

(4) Zur Vermeidung unbilliger Härten können angemessene Abschlagszahlungen geleistet werden.

Fünfter Abschnitt. Berechnungsgrundsätze

§ 338 Allgemeine Berechnungsgrundsätze

(1) Berechnungen werden auf zwei Dezimalstellen durchgeführt, wenn nichts Abweichendes bestimmt ist.

(2) Bei einer auf Dezimalstellen durchgeführten Berechnung wird die letzte Dezimalstelle um 1 erhöht, wenn sich in der folgenden Dezimalstelle eine der Zahlen 5 bis 9 ergeben würde.

(3) *(aufgehoben)*

(4) Bei einer Berechnung wird eine Multiplikation vor einer Division durchgeführt.

§ 339 Berechnung von Zeiten

¹Für die Berechnung von Leistungen wird ein Monat mit 30 Tagen und eine Woche mit sieben Tagen berechnet. ²Bei der Anwendung der Vorschriften über die Erfüllung der für einen Anspruch auf Arbeitslosengeld erforderlichen Anwartschaftszeit sowie der Vorschriften über die Dauer eines Anspruchs auf Arbeitslosengeld nach dem Zweiten Unterabschnitt des Achten Abschnitts des Vierten Kapitels dieses Buches entspricht ein Monat 30 Kalendertagen. ³Satz 2 gilt entsprechend bei der Anwendung der Vorschriften über die Erfüllung der erforderlichen Vorbeschäftigungszeiten sowie der Vorschrift über die Dauer des Anspruchs auf Übergangsgeld im Anschluß an eine abgeschlossene Leistung zur Teilhabe am Arbeitsleben.

Zehntes Kapitel. Finanzierung

Erster Abschnitt. Finanzierungsgrundsatz

§ 340 Aufbringung der Mittel

Die Leistungen der Arbeitsförderung und die sonstigen Ausgaben der Bundesagentur werden durch Beiträge der Versicherungspflichtigen, der Arbeitgeber und Dritter (Beitrag zur Arbeitsförderung), Umlagen, Mittel des Bundes und sonstige Einnahmen finanziert.

Zweiter Abschnitt. Beiträge und Verfahren

Erster Unterabschnitt. Beiträge

§ 341 Beitragssatz und Beitragsbemessung

(1) Die Beiträge werden nach einem Prozentsatz (Beitragssatz) von der Beitragsbemessungsgrundlage erhoben.

(2) Der Beitragssatz beträgt 3,0 Prozent.

(3) ¹Beitragsbemessungsgrundlage sind die beitragspflichtigen Einnahmen, die bis zur Beitragsbemessungsgrenze berücksichtigt werden. ²Für die Berechnung der Beiträge ist die Woche zu sieben, der Monat zu dreißig und das Jahr zu dreihundertsechzig Tagen anzusetzen, soweit dieses Buch nichts anderes bestimmt. ³Beitragspflichtige Einnahmen sind bis zu einem Betrag von einem Dreihundertsechzigstel der Beitragsbemessungsgrenze für den Kalendertag zu berücksichtigen. ⁴Einnahmen, die diesen Betrag übersteigen, bleiben außer Ansatz, soweit dieses Buch nichts Abweichendes bestimmt.

(4) Beitragsbemessungsgrenze ist die Beitragsbemessungsgrenze der allgemeinen Rentenversicherung.

§ 342 Beitragspflichtige Einnahmen Beschäftigter

Beitragspflichtige Einnahme ist bei Personen, die beschäftigt sind, das Arbeitsentgelt, bei Personen, die zur Berufsausbildung beschäftigt sind, jedoch mindestens ein Arbeitsentgelt in Höhe von einem Prozent der Bezugsgröße.

§ 343 *(aufgehoben)*

§ 344 Sonderregelungen für beitragspflichtige Einnahmen Beschäftigter

(1) Für Seeleute gilt als beitragspflichtige Einnahme der Betrag, der nach dem Recht der gesetzlichen Unfallversicherung für die Beitragsberechnung maßgebend ist.

(2) ¹Für Personen, die unmittelbar nach einem Versicherungspflichtverhältnis einen Freiwilligendienst im Sinne des Jugendfreiwilligendienstegesetzes oder des Bundesfreiwilligendienstgesetzes leisten, gilt als beitragspflichtige Einnahme ein Arbeitsentgelt in Höhe der monatlichen Bezugsgröße. ²Dies gilt auch, wenn der Jugendfreiwilligendienst oder der Bundesfreiwilligendienst nach einer Unterbrechung, die sechs Monate nicht überschreitet, fortgesetzt wird.

(3) Für behinderte Menschen, die in einer anerkannten Werkstatt für behinderte Menschen oder Blindenwerkstätte beschäftigt sind, ist als beitragspflichtige Einnahme das tatsächlich erzielte Arbeitsentgelt, mindestens jedoch ein Betrag in Höhe von 20 Prozent der monatlichen Bezugsgröße zugrunde zu legen.

(4) Bei Arbeitnehmern, die gegen ein monatliches Arbeitsentgelt bis zum oberen Grenzbetrag der Gleitzone (§ 20 Absatz 2 des Vierten Buches) mehr als geringfügig beschäftigt sind, gilt der Betrag der beitragspflichtigen Einnahme nach § 163 Absatz 10 Satz 1 bis 5 und 8 des Sechsten Buches entsprechend.

§ 345 Beitragspflichtige Einnahmen sonstiger Versicherungspflichtiger

Als beitragspflichtige Einnahme gilt bei Personen,
1. die in Einrichtungen der beruflichen Rehabilitation Leistungen erhalten, die ihnen eine Erwerbstätigkeit ermöglichen sollen, oder die in Einrichtungen der Jugendhilfe für eine Erwerbstätigkeit befähigt werden sollen, ein Arbeitsentgelt in Höhe von einem Fünftel der monatlichen Bezugsgröße,
2. die als Wehrdienstleistende oder als Zivildienstleistende versicherungspflichtig sind (§ 25 Abs. 2 Satz 2, § 26 Abs. 1 Nr. 2), ein Betrag in Höhe von 40 Prozent der monatlichen Bezugsgröße,
3. die als Gefangene versicherungspflichtig sind, ein Arbeitsentgelt in Höhe von 90 Prozent der Bezugsgröße,
4. die als nicht satzungsmäßige Mitglieder geistlicher Genossenschaften oder ähnlicher religiöser Gemeinschaften für den Dienst in einer solchen Genossenschaft oder ähnlichen religiösen Gemeinschaft außerschulisch ausgebildet werden, ein Entgelt in Höhe der gewährten Geld- und Sachbezüge,

5. die als Bezieher von Krankengeld, Versorgungskrankengeld, Verletztengeld oder Übergangsgeld versicherungspflichtig sind, 80 Prozent des der Leistung zugrunde liegenden Arbeitsentgelts oder Arbeitseinkommens, wobei 80 Prozent des beitragspflichtigen Arbeitsentgelts aus einem versicherungspflichtigen Beschäftigungsverhältnis abzuziehen sind; bei gleichzeitigem Bezug von Krankengeld neben einer anderen Leistung ist das dem Krankengeld zugrunde liegende Einkommen nicht zu berücksichtigen,
6. die als Bezieher von Krankentagegeld versicherungspflichtig sind, ein Arbeitsentgelt in Höhe von 70 Prozent der für die Erhebung der Beiträge zur gesetzlichen Krankenversicherung maßgeblichen Beitragsbemessungsgrenze (§ 223 Abs. 3 Satz 1 des Fünften Buches). Für den Kalendermonat ist ein Zwölftel und für den Kalendertag ein Dreihundertsechzigstel des Arbeitsentgelts zugrunde zu legen,
7. die als Bezieherinnen von Mutterschaftsgeld versicherungspflichtig sind, ein Arbeitsentgelt in Höhe des Mutterschaftsgeldes,
8. die als Pflegende während einer Pflegezeit versicherungspflichtig sind (§ 26 Abs. 2 b), ein Arbeitsentgelt in Höhe von zehn Prozent der monatlichen Bezugsgröße; dabei ist die Bezugsgröße für das Beitrittsgebiet maßgebend, wenn der Tätigkeitsort im Beitrittsgebiet liegt.

§ 345 a Pauschalierung der Beiträge

¹Für die Personen, die als Bezieher einer Rente wegen voller Erwerbsminderung versicherungspflichtig sind (§ 26 Abs. 2 Nr. 3) wird für jedes Kalenderjahr ein Gesamtbeitrag festgesetzt. ²Der Gesamtbeitrag beträgt

1. für das Jahr 2003   5 Millionen Euro,
2. für das Jahr 2004   18 Millionen Euro,
3. für das Jahr 2005   36 Millionen Euro,
4. für das Jahr 2006   19 Millionen Euro und
5. für das Jahr 2007   26 Millionen Euro.

³Der jährliche Gesamtbeitrag verändert sich im jeweils folgenden Kalenderjahr in dem Verhältnis, in dem
1. die Bezugsgröße der Sozialversicherung,
2. die Zahl der Zugänge an Arbeitslosengeldbeziehern aus dem Bezug einer Rente wegen voller Erwerbsminderung und
3. die durchschnittlich durch Zeiten des Bezuges einer Rente wegen voller Erwerbsminderung erworbene Anspruchsdauer

des vergangenen Kalenderjahres zu den entsprechenden Werten des vorvergangenen Kalenderjahres stehen. ⁴Das Bundesministerium für Arbeit und Soziales macht den Gesamtbeitrag eines Kalenderjahres bis zum 1. Juli desselben Jahres im Bundesanzeiger bekannt.

§ 345 b Beitragspflichtige Einnahmen bei einem Versicherungspflichtverhältnis auf Antrag

¹Für Personen, die ein Versicherungspflichtverhältnis auf Antrag begründen, gilt als beitragspflichtige Einnahme
1. in Fällen des § 28 a Absatz 1 Nummer 1 ein Arbeitsentgelt in Höhe von 10 Prozent der monatlichen Bezugsgröße,
2. in Fällen des § 28 a Absatz 1 Nummer 2 und 3 ein Arbeitsentgelt in Höhe der monatlichen Bezugsgröße.

²Abweichend von Satz 1 Nummer 2 gilt in Fällen des § 28 a Absatz 1 Nummer 2 bis zum Ablauf von einem Kalenderjahr nach dem Jahr der Aufnahme der selbständigen Tätigkeit als beitragspflichtige Einnahme ein Arbeitsentgelt in Höhe von 50 Prozent der monatlichen Bezugsgröße. ³Dabei ist die Bezugsgröße für das Beitrittsgebiet maßgebend, wenn der Tätigkeitsort im Beitrittsgebiet liegt.

Zweiter Unterabschnitt. Verfahren

§ 346 Beitragstragung bei Beschäftigten

(1) ¹Die Beiträge werden von den versicherungspflichtig Beschäftigten und den Arbeitgebern je zur Hälfte getragen. ²Arbeitgeber im Sinne der Vorschriften dieses Titels sind auch die Auftraggeber von Heimarbeitern sowie Träger außerbetrieblicher Ausbildung.

(1 a) Bei versicherungspflichtig Beschäftigten, deren beitragspflichtige Einnahme sich nach § 344 Abs. 4 bestimmt, werden die Beiträge abweichend von Absatz 1 Satz 1 getragen
1. von den Arbeitgebern in Höhe der Hälfte des Betrages, der sich ergibt, wenn der Beitragssatz auf das der Beschäftigung zugrunde liegende Arbeitsentgelt angewendet wird,
2. im Übrigen von den versicherungspflichtig Beschäftigten.

(1 b) Abweichend von Absatz 1 Satz 1 trägt für Auszubildende, die in einer außerbetrieblichen Einrichtung im Rahmen eines Berufsausbildungsvertrages nach dem Berufsbildungsgesetz ausgebildet werden, der Arbeitgeber die Beiträge allein.

(2) Der Arbeitgeber trägt die Beiträge allein für behinderte Menschen, die in einer anerkannten Werkstatt für behinderte Menschen oder in einer Blindenwerkstätte im Sinne des § 143 des Neunten Buches beschäftigt sind und deren monatliches Bruttoarbeitsentgelt ein Fünftel der monatlichen Bezugsgröße nicht übersteigt.

(3) ¹Für Beschäftigte, die wegen Vollendung des für die Regelaltersrente im Sinne des Sechsten Buches erforderlichen Lebensjahres versicherungsfrei sind, tragen die Arbeitgeber die Hälfte des Beitrages, der zu zahlen wäre, wenn die Beschäftigten versicherungspflichtig wären. ²Für den Beitragsanteil gelten die Vorschriften des Dritten Abschnitts des Vierten Buches und die Bußgeldvorschriften des § 111 Abs. 1 Nr. 2 bis 4, 8 und Abs. 4 des Vierten Buches entsprechend.

§ 347 Beitragstragung bei sonstigen Versicherten

Die Beiträge werden getragen
1. für Personen, die in Einrichtungen der beruflichen Rehabilitation Leistungen erhalten, die eine Erwerbstätigkeit ermöglichen sollen, oder die in Einrichtungen der Jugendhilfe für eine Erwerbstätigkeit befähigt werden sollen, vom Träger der Einrichtung,
2. für Wehrdienstleistende oder für Zivildienstleistende nach der Hälfte des Beitragssatzes vom Bund,
3. für Gefangene von dem für die Vollzugsanstalt zuständigen Land,
4. für nicht satzungsmäßige Mitglieder geistlicher Genossenschaften oder ähnlicher religiöser Gemeinschaften während der Zeit der außerschulischen Ausbildung für den Dienst in einer solchen Genossenschaft oder ähnlichen religiösen Gemeinschaft von der geistlichen Genossenschaft oder ähnlichen religiösen Gemeinschaft,
5. für Personen, die Krankengeld oder Verletztengeld beziehen, von den Beziehern der Leistung und den Leistungsträgern je zur Hälfte, soweit sie auf die Leistung entfallen, im übrigen von den Leistungsträgern; die Leistungsträger tragen die Beiträge auch allein, soweit sie folgende Leistungen zahlen:
    a) Versorgungskrankengeld oder Übergangsgeld,
    b) Krankengeld oder Verletztengeld in Höhe der Entgeltersatzleistungen nach diesem Buch oder
    c) eine Leistung, die nach einem monatlichen Arbeitsentgelt bemessen wird, das 400 Euro nicht übersteigt,
6. für Personen, die Krankentagegeld beziehen, von privaten Krankenversicherungsunternehmen,
7. für Personen, die als Bezieher einer Rente wegen voller Erwerbsminderung versicherungspflichtig sind, von den Leistungsträgern,
8. für Personen, die als Bezieherinnen von Mutterschaftsgeld versicherungspflichtig sind, von den Leistungsträgern,
9. *(aufgehoben)*
10. für Personen, die als Pflegende während einer Pflegezeit versicherungspflichtig sind (§ 26 Abs. 2 b) und einen
    a) in der sozialen Pflegeversicherung versicherten Pflegebedürftigen pflegen, von der Pflegekasse,
    b) in der privaten Pflege-Pflichtversicherung versicherten Pflegebedürftigen pflegen, von dem privaten Versicherungsunternehmen,
    c) Pflegebedürftigen pflegen, der wegen Pflegebedürftigkeit Beihilfeleistungen oder Leistungen der Heilfürsorge und Leistungen einer Pflegekasse oder eines privaten Versicherungsunternehmens erhält, von der Festsetzungsstelle für die Beihilfe oder vom Dienstherrn und der Pflegekasse oder dem privaten Versicherungsunternehmen anteilig.

§ 348 Beitragszahlung für Beschäftigte

(1) Die Beiträge sind, soweit nichts Abweichendes bestimmt ist, von demjenigen zu zahlen, der sie zu tragen hat.

(2) Für die Zahlung der Beiträge aus Arbeitsentgelt bei einer versicherungspflichtigen Beschäftigung gelten die Vorschriften des Vierten Buches über den Gesamtsozialversicherungsbeitrag.

§ 349 Beitragszahlung für sonstige Versicherungspflichtige

(1) Für die Zahlung der Beiträge für Personen, die in Einrichtungen der beruflichen Rehabilitation Leistungen erhalten, die ihnen eine Erwerbstätigkeit ermöglichen soll, oder die in Einrichtungen der Jugendhilfe für eine Erwerbstätigkeit befähigt werden sollen, gelten die Vorschriften über die Beitragszahlung aus Arbeitsentgelt entsprechend.

(2) Die Beiträge für Wehrdienstleistende, für Zivildienstleistende und für Gefangene sind an die Bundesagentur zu zahlen.

(3) [1]Die Beiträge für Bezieher von Sozialleistungen sind von den Leistungsträgern an die Bundesagentur zu zahlen. [2]Die Bundesagentur und die Leistungsträger regeln das Nähere über Zahlung und Abrechnung der Beiträge durch Vereinbarung.

(4) [1]Die Beiträge für Bezieher von Krankentagegeld sind von den privaten Krankenversicherungsunternehmen an die Bundesagentur zu zahlen. [2]Die Beiträge können durch eine Einrichtung dieses Wirtschaftszweiges gezahlt werden. [3]Mit dieser Einrichtung kann die Bundesagentur Näheres über Zahlung, Einziehung und Abrechnung vereinbaren; sie kann auch vereinbaren, daß der Beitragsabrechnung statistische Durchschnittswerte über die Zahl der Arbeitnehmer, für die Beiträge zu zahlen sind, und über Zeiten der Arbeitsunfähigkeit zugrunde gelegt werden. [4]Der Bundesagentur sind Verwaltungskosten für den Einzug der Beiträge in Höhe von zehn Prozent der Beiträge pauschal zu erstatten, wenn die Beiträge nicht nach Satz 2 gezahlt werden.

(4 a) [1]Die Beiträge für Personen, die als Pflegende während einer Pflegezeit versicherungspflichtig sind (§ 26 Abs. 2 b), sind von den Stellen, die die Beiträge zu tragen haben, an die Bundesagentur zu zahlen. [2]Das Nähere über das Verfahren der Beitragszahlung und Abrechnung der Beiträge können der Spitzenverband Bund der Pflegekassen, der Verband der privaten Krankenversicherung e. V., die Festsetzungsstellen für die Beihilfe, das Bundesversicherungsamt und die Bundesagentur durch Vereinbarung regeln.

(5) [1]Für die Zahlung der Beiträge nach den Absätzen 3 bis 4 a sowie für die Zahlung der Beiträge für Gefangene gelten die Vorschriften für den Einzug der Beiträge, die an die Einzugsstellen zu zahlen sind, entsprechend, soweit die Besonderheiten der Beiträge nicht entgegenstehen; die Bundesagentur ist zur Prüfung der Beitragszahlung berechtigt. [2]Die Zahlung der Beiträge nach Absatz 4 a erfolgt in Form eines Gesamtbeitrags für das Kalenderjahr, in dem die Pflegezeit in Anspruch genommen wurde (Beitragsjahr). [3]Abweichend von § 23 Abs. 1 Satz 4 des Vierten Buches ist der Gesamtbeitrag spätestens im März des Jahres fällig, das dem Beitragsjahr folgt.

§ 349 a Beitragstragung und Beitragszahlung bei einem Versicherungspflichtverhältnis auf Antrag

[1]Personen, die ein Versicherungspflichtverhältnis auf Antrag begründen, tragen die Beiträge allein. [2]Die Beiträge sind an die Bundesagentur zu zahlen. [3]§ 24 des Vierten Buches findet keine Anwendung.

§ 350 Meldungen der Sozialversicherungsträger

(1) [1]Die Einzugsstellen (§ 28 i Viertes Buch) haben monatlich der Bundesagentur die Zahl der nach diesem Buch versicherungspflichtigen Personen mitzuteilen. [2]Die Bundesagentur kann in die Geschäftsunterlagen und Statistiken der Einzugsstellen Einsicht nehmen, soweit dies zur Erfüllung ihrer Aufgaben erforderlich ist.

(2) Die Träger der Sozialversicherung haben der Bundesagentur auf Verlangen bei ihnen vorhandene Geschäftsunterlagen und Statistiken vorzulegen, soweit dies zur Erfüllung der Aufgaben der Bundesagentur erforderlich ist.

§ 351 Beitragserstattung

(1) [1]Für die Erstattung zu Unrecht gezahlter Beiträge gilt abweichend von § 26 Abs. 2 des Vierten Buches, daß sich der zu erstattende Betrag um den Betrag der Leistung mindert, der in irrtümlicher Annahme der Versicherungspflicht gezahlt worden ist. [2]§ 27 Abs. 2 Satz 2 des Vierten Buches gilt nicht.

(2) Die Beiträge werden erstattet durch
1. die Agentur für Arbeit, in deren Bezirk die Stelle ihren Sitz hat, an welche die Beiträge entrichtet worden sind,
2. die Regionaldirektion, wenn die Beitragszahlung wegen des Bezuges von Sozialleistungen oder Krankentagegeld erfolgte,
3. die zuständige Einzugsstelle oder den Leistungsträger, soweit die Bundesagentur dies mit den Einzugsstellen oder den Leistungsträgern vereinbart hat.

Dritter Unterabschnitt. Verordnungsermächtigung, Anordnungsermächtigung und Ermächtigung zum Erlass von Verwaltungsvorschriften

§ 352 Verordnungsermächtigung

(1) Die Bundesregierung wird ermächtigt, durch Rechtsverordnung nach Maßgabe der Finanzlage der Bundesagentur sowie unter Berücksichtigung der Beschäftigungs- und Wirtschaftslage sowie deren voraussichtlicher Entwicklung zu bestimmen, daß die Beiträge zeitweise nach einem niedrigeren Beitragssatz erhoben werden.

(2) Das Bundesministerium für Arbeit und Soziales wird ermächtigt, durch Rechtsverordnung
1. im Einvernehmen mit dem Bundesministerium der Finanzen, dem Bundesministerium der Verteidigung und dem Bundesministerium für Familie, Senioren, Frauen und Jugend eine Pauschalberechnung sowie die Fälligkeit, Zahlung und Abrechnung für einen Gesamtbeitrag der Wehrdienstleistenden und für einen Gesamtbeitrag der Zivildienstleistenden vorzuschreiben; es kann dabei eine geschätzte Durchschnittszahl der beitragspflichtigen Dienstleistenden zugrunde legen sowie die Besonderheiten berücksichtigen, die sich aus der Zusammensetzung dieses Personenkreises hinsichtlich der Bemessungsgrundlage und der Regelungen zur Anwartschaftszeit für das Arbeitslosengeld ergeben,
2. das Nähere über die Zahlung, Einziehung und Abrechnung der Beiträge, die von privaten Krankenversicherungsunternehmen zu zahlen sind, zu regeln.

(3) Das Bundesministerium für Arbeit und Soziales wird ermächtigt, durch Rechtsverordnung mit Zustimmung des Bundesrates eine Pauschalberechnung für die Beiträge der Gefangenen und der für die Vollzugsanstalten zuständigen Länder vorzuschreiben und die Zahlungsweise zu regeln.

§ 352 a Anordnungsermächtigung

Die Bundesagentur wird ermächtigt, durch Anordnung das Nähere zum Antragsverfahren, zur Kündigung, zur Fälligkeit, Zahlung und Abrechnung der Beiträge bei einem Versicherungspflichtverhältnis auf Antrag (§ 28 a) zu bestimmen.

§ 353 Ermächtigung zum Erlaß von Verwaltungsvorschriften

Das Bundesministerium für Arbeit und Sozialordnung kann mit Zustimmung des Bundesrates zur Durchführung der Meldungen der Sozialversicherungsträger Verwaltungsvorschriften erlassen.

Dritter Abschnitt. Umlagen

Erster Unterabschnitt. Winterbeschäftigungs-Umlage

§ 354 Grundsatz

¹Die Mittel für die ergänzenden Leistungen nach § 175 a werden einschließlich der Verwaltungskosten und der sonstigen Kosten, die mit der Gewährung dieser Leistungen zusammenhängen, in den durch Verordnung nach § 182 Abs. 3 bestimmten Wirtschaftszweigen durch Umlage aufgebracht. ²Die Umlage wird unter Berücksichtigung von Vereinbarungen der Tarifvertragsparteien der Wirtschaftszweige von Arbeitgebern oder

gemeinsam von Arbeitgebern und Arbeitnehmern aufgebracht und getrennt nach Zweigen des Baugewerbes und weiteren Wirtschaftszweigen abgerechnet.

§ 355 Höhe der Umlage

¹Die Umlage ist in den einzelnen Zweigen des Baugewerbes und in weiteren Wirtschaftszweigen, die von saisonbedingtem Arbeitsausfall betroffen sind, monatlich nach einem Prozentsatz der Bruttoarbeitsentgelte der dort beschäftigten Arbeitnehmer, die ergänzende Leistungen nach § 175 a erhalten können, zu erheben. ²Die Verwaltungskosten und die sonstigen Kosten können pauschaliert und für die einzelnen Wirtschaftszweige im Verhältnis der Anteile an den Ausgaben berücksichtigt werden.

§ 356 Umlageabführung

(1) ¹Die Arbeitgeber führen die Umlagebeträge über die gemeinsame Einrichtung ihres Wirtschaftszweiges oder über eine Ausgleichskasse ab. ²Dies gilt auch, wenn die Umlage gemeinsam von Arbeitgebern und Arbeitnehmern aufgebracht wird; in diesen Fällen gelten § 28 e Abs. 1 Satz 1 und § 28 g des Vierten Buches entsprechend. ³Kosten werden der gemeinsamen Einrichtung oder der Ausgleichskasse nicht erstattet. ⁴Die Bundesagentur kann mit der gemeinsamen Einrichtung oder der Ausgleichskasse ein vereinfachtes Abrechnungsverfahren vereinbaren und dabei auf Einzelnachweise verzichten.

(2) ¹Umlagepflichtige Arbeitgeber, auf die die Tarifverträge über die gemeinsamen Einrichtungen oder Ausgleichskassen keine Anwendung finden, führen die Umlagebeträge unmittelbar an die Bundesagentur ab. ²Sie haben der Bundesagentur die Mehraufwendungen für die Einziehung pauschal zu erstatten.

§ 357 Verordnungsermächtigung

(1) Das Bundesministerium für Arbeit und Soziales wird ermächtigt, durch Rechtsverordnung
1. die Höhe der pauschalierten Verwaltungskosten, die von der Umlage in einzelnen Wirtschaftszweigen aufzubringen sind,
2. den jeweiligen Prozentsatz zur Berechnung der Umlage, eine gemeinsame Tragung der Umlage durch Arbeitgeber und Arbeitnehmer und, bei gemeinsamer Tragung, die jeweiligen Anteile,
3. zur Berechnung der Umlage die umlagepflichtigen Bestandteile der Bruttoarbeitsentgelte in den einzelnen Zweigen des Baugewerbes und weiteren Wirtschaftszweigen, die von saisonbedingtem Arbeitsausfall betroffen sind,
4. die Höhe der Pauschale für die Mehraufwendungen in Fällen, in denen die Arbeitgeber ihre Umlagebeträge nicht über eine gemeinsame Einrichtung oder Ausgleichskasse abführen,
5. die Voraussetzungen zur Entrichtung der Umlagebeträge in längeren Abrechnungsintervallen und
6. das Nähere über die Zahlung und Einziehung der Umlage

festzulegen.

(2) ¹Bei der Festsetzung des jeweiligen Prozentsatzes ist zu berücksichtigen, welche ergänzenden Leistungen nach § 175 a in Anspruch genommen werden können. ²Der jeweilige Prozentsatz ist so festzusetzen, dass das Aufkommen aus der Umlage unter Berücksichtigung von eventuell bestehenden Fehlbeträgen oder Überschüssen für die einzelnen Wirtschaftszweige ausreicht, um den voraussichtlichen Bedarf der Bundesagentur für die Aufwendungen nach § 354 Satz 1 zu decken.

Zweiter Unterabschnitt. Umlage für das Insolvenzgeld

§ 358 Aufbringung der Mittel

(1) ¹Die Mittel für die Zahlung des Insolvenzgeldes werden durch eine monatliche Umlage von den Arbeitgebern aufgebracht. ²Der Bund, die Länder, die Gemeinden sowie Körperschaften, Stiftungen und Anstalten des öffentlichen Rechts, über deren Vermögen ein Insolvenzverfahren nicht zulässig ist, und solche juristischen Personen des öffentlichen Rechts, bei denen der Bund, ein Land oder eine Gemeinde kraft Gesetzes die Zahlungsfähigkeit sichert, und private Haushalte werden nicht in die Umlage einbezogen.

(2) ¹Die Umlage ist nach einem Prozentsatz des Arbeitsentgelts (Umlagesatz) zu erheben. ²Maßgebend ist das Arbeitsentgelt, nach dem die Beiträge zur gesetzlichen Rentenversicherung für die im Betrieb beschäftigten Arbeitnehmerinnen, Arbeitnehmer und Auszubildenden bemessen werden oder im Fall einer Versicherungspflicht in der gesetzlichen Rentenversicherung zu bemessen wären. ³Für die Zeit des Bezugs von Kurzarbeitergeld, Saisonkurzarbeitergeld oder Transferkurzarbeitergeld bemessen sich die Umlagebeträge nach dem tatsächlich erzielten Arbeitsentgelt bis zur Beitragsbemessungsgrenze der gesetzlichen Rentenversicherung.

(3) ¹Zu den durch die Umlage zu deckenden Aufwendungen gehören
1. das Insolvenzgeld einschließlich des von der Bundesagentur für Arbeit gezahlten Gesamtsozialversicherungsbeitrages,
2. die Verwaltungskosten und
3. die Kosten für den Einzug der Umlage und der Prüfung der Arbeitgeber.

²Die Kosten für den Einzug der Umlage und der Prüfung der Arbeitgeber werden pauschaliert.

§ 359 Einzug und Weiterleitung der Umlage

(1) ¹Die Umlage ist zusammen mit dem Gesamtsozialversicherungsbeitrag an die Einzugsstelle zu zahlen. ²Die für den Gesamtsozialversicherungsbeitrag geltenden Vorschriften des Vierten Buches finden entsprechende Anwendung, soweit dieses Gesetz nichts anderes bestimmt.

(2) Die Einzugsstelle leitet die Umlage einschließlich der Zinsen und Säumniszuschläge arbeitstäglich an die Bundesagentur für Arbeit weiter.

§ 360 Umlagesatz

¹Der Umlagesatz ist so zu bemessen, dass das Aufkommen aus der Umlage zusammen mit den sonstigen Einnahmen unter Berücksichtigung der voraussichtlichen Entwicklung der Insolvenzereignisse ausreicht, um die voraussichtlichen Aufwendungen in dem auf die Festsetzung folgenden Kalenderjahr zu decken. ²Fehlbestände und Überschüsse sind bei der Festsetzung des Umlagesatzes für das folgende Kalenderjahr einzubeziehen.

§ 361 Verordnungsermächtigung

¹Das Bundesministerium für Arbeit und Soziales wird ermächtigt, durch Rechtsverordnung mit Zustimmung des Bundesrates
1. den Umlagesatz nach § 360 für jedes Kalenderjahr festzusetzen,
2. die Höhe der Pauschale für die Kosten des Einzugs der Umlage und der Prüfung der Arbeitgeber nach Anhörung der Bundesagentur für Arbeit, der Deutschen Rentenversicherung Bund, des Spitzenverbandes Bund der Krankenkassen und des Spitzenverbandes der landwirtschaftlichen Sozialversicherung sowie der Deutschen Rentenversicherung Knappschaft-Bahn-See festzusetzen.

²Es kann durch Rechtsverordnung mit Zustimmung des Bundesrates die Befugnis nach Satz 1 Nr. 1 auf den Vorstand der Bundesagentur übertragen. ³Rechtsverordnungen, die aufgrund von Satz 2 vom Vorstand der Bundesagentur erlassen werden, bedürfen des Einvernehmens mit dem Bundesministerium für Arbeit und Soziales.

§ 362 Übergangsregelung

¹Für die Aufbringung der Mittel für das Insolvenzgeld für das Jahr 2008 gelten die §§ 358 bis 362 in der am 31. Dezember 2008 geltenden Fassung. ²Die Höhe der Verwaltungskostenabschläge im Jahr 2008 wird jeweils nach einvernehmlicher Schätzung der Bundesagentur für Arbeit und der Verbände der Unfallversicherungsträger festgesetzt.

Vierter Abschnitt. Beteiligung des Bundes

§ 363 Finanzierung aus Bundesmitteln

(1) ¹Der Bund beteiligt sich an den Kosten der Arbeitsförderung. ²Er zahlt an die Bundesagentur für das Jahr 2007 6,468 Milliarden Euro, für das Jahr 2008 7,583 Milliarden

Euro und für das Jahr 2009 7,777 Milliarden Euro. ³Für die Kalenderjahre ab 2010 verändert sich der Beitrag des Bundes jährlich entsprechend der Veränderungsrate der Steuern vom Umsatz; hierbei bleiben Änderungen der Steuersätze im Jahr ihres Wirksamwerdens unberücksichtigt. ⁴Die Beteiligung ist jährlich fällig am drittletzten Bankarbeitstag des Monats Dezember. ⁵Abweichend von Satz 4 kann das Bundesministerium für Arbeit und Soziales im Einvernehmen mit dem Bundesministerium der Finanzen die Beteiligung vorziehen, soweit dies zur Vermeidung von Liquiditätshilfen nach § 364 Absatz 1 erforderlich ist.

(2) ¹Der Bund trägt die Ausgaben für die Aufgaben, deren Durchführung die Bundesregierung auf Grund dieses Buches der Bundesanstalt übertragen hat. ²Verwaltungskosten der Bundesagentur werden nicht erstattet.

(3) ¹Der Bund trägt die Ausgaben für die weiteren Aufgaben, die er der Bundesagentur durch Gesetz übertragen hat. ²Hierfür werden der Bundesagentur die Verwaltungskosten erstattet, soweit in dem jeweiligen Gesetz nichts Abweichendes bestimmt ist.

§ 364 Liquiditätshilfen

(1) Der Bund leistet die zur Aufrechterhaltung einer ordnungsgemäßen Kassenwirtschaft notwendigen Liquiditätshilfen als zinslose Darlehen, wenn die Mittel der Bundesagentur zur Erfüllung der Zahlungsverpflichtungen nicht ausreichen.

(2) Die Darlehen sind zurückzuzahlen, sobald und soweit am Ende eines Tages die Einnahmen die Ausgaben übersteigen.

§ 365 Stundung von Darlehen

Kann die Bundesagentur als Liquiditätshilfen geleistete Darlehen des Bundes bis zum Schluss des Haushaltsjahres nicht zurückzahlen, gilt die Rückzahlung als bis zum Schluss des folgenden Haushaltsjahres gestundet.

Fünfter Abschnitt. Rücklage und Versorgungsfonds

§ 366 Bildung und Anlage der Rücklage

(1) Die Bundesagentur hat aus den Überschüssen der Einnahmen über die Ausgaben eine Rücklage zu bilden.

(2) ¹Die Rücklage ist nach wirtschaftlichen Grundsätzen so anzulegen, daß bis zur vollen Höhe der Rücklage die jederzeitige Zahlungsfähigkeit der Bundesagentur gewährleistet ist. ²Die Bundesagentur kann mit Zustimmung des Bundesministeriums für Arbeit und Soziales sowie des Bundesministeriums der Finanzen Verwaltungsvorschriften über die Anlage der Rücklage erlassen.

§ 366a Versorgungsfonds

(1) ¹Zur Finanzierung der Versorgungsausgaben (Versorgungsaufwendungen und Beihilfen) für

1. Versorgungsempfängerinnen und Versorgungsempfänger,
2. Beamtinnen und Beamte und
3. Beschäftigte, denen eine Anwartschaft auf Versorgung nach beamtenrechtlichen Vorschriften oder Grundsätzen gewährleistet wird,

wird ein Sondervermögen der Bundesagentur unter dem Namen „Versorgungsfonds der Bundesagentur für Arbeit" errichtet. ²Dies gilt nicht für Personen im Beamtenverhältnis auf Widerruf.

(2) Das Sondervermögen „Versorgungsfonds der Bundesagentur für Arbeit" wird gebildet aus

1. einer einmaligen Zuweisung der Bundesagentur,
2. der Entnahme der von der Bundesagentur in die Versorgungsrücklage des Bundes und in den Versorgungsfonds des Bundes nach dem Versorgungsrücklagegesetz eingezahlten Mittel einschließlich der Zinsen,
3. aus regelmäßigen Zuweisungen der Bundesagentur,
4. den sich nach § 14a Abs. 2 bis 3 des Bundesbesoldungsgesetzes ergebenden Beträgen und
5. den Erträgen des Versorgungsfonds.

(3) ¹Die einmalige Zuweisung nach Absatz 2 Nr. 1 dient der Finanzierung der Versorgungsansprüche aller Versorgungsempfängerinnen und Versorgungsempfänger der Bundesagentur zum Zeitpunkt der Errichtung des Versorgungsfonds der Bundesagentur für Arbeit und beträgt 2,5 Milliarden Euro. ²Sie wird aus der Rücklage der Bundesagentur nach § 366 dem Versorgungsfonds zum Zeitpunkt seiner Errichtung zugeführt.

(4) ¹Die regelmäßigen Zuweisungen nach Absatz 2 Nr. 3 dienen dazu, die Versorgungsanwartschaften des in Absatz 1 Nr. 2 und 3 genannten Personenkreises der Bundesagentur abzudecken. ²Die Höhe der monatlich für jede Person abzuführenden Zuweisung bestimmt sich nach Prozentsätzen der jeweiligen ruhegehaltfähigen Dienstbezüge oder Entgeltzahlungen auf der Grundlage versicherungsmathematischer Berechnungen und ist regelmäßig zu überprüfen. ³Die Höhe und das Verfahren der Zuweisungen sowie das Verfahren der Überprüfung legt das Bundesministerium für Arbeit und Soziales unter Beachtung der Liquidität des Sondervermögens durch Rechtsverordnung im Einvernehmen mit dem Bundesministerium der Finanzen fest. ⁴Unter Berücksichtigung der Abflüsse ist die Zahlungsfähigkeit des Sondervermögens jederzeit sicherzustellen. ⁵Das Bundesministerium für Arbeit und Soziales kann die Befugnis nach Satz 3 im Einvernehmen mit dem Bundesministerium der Finanzen durch Rechtsverordnung auf den Vorstand der Bundesagentur übertragen. ⁶Für Beamtinnen und Beamte, die nach § 387 Abs. 3 bis 6 beurlaubt sind oder denen die Zeit ihrer Beurlaubung als ruhegehaltfähig anerkannt worden ist, sind regelmäßige Zuweisungen auf der Grundlage der ihnen ohne die Beurlaubung jeweils zustehenden ruhegehaltfähigen Dienstbezüge zu leisten.

(5) ¹Der Versorgungsfonds ist ein nicht rechtsfähiges Sondervermögen der Bundesagentur. ²Die Bundesagentur hat den Versorgungsfonds getrennt von ihrem sonstigen Vermögen zu verwalten. ³Sie hat einen jährlichen Wirtschaftsplan zu erstellen, der der Genehmigung durch die Bundesregierung bedarf. ⁴Für jedes Rechnungsjahr ist auf der Grundlage des Wirtschaftsplanes eine Jahresrechnung aufzustellen, in der der Bestand des Versorgungsfonds, die Einnahmen und Ausgaben sowie die Forderungen und Verbindlichkeiten nachzuweisen sind. ⁵Die Jahresrechnung ist dem Bundesministerium für Arbeit und Soziales zum Ende des zweiten Monats eines Haushaltsjahres vorzulegen.

(6) ¹Die Verwaltung der Mittel des Versorgungsfonds der Bundesagentur wird der Deutschen Bundesbank übertragen. ²Die Mittel des Versorgungsfonds sind einschließlich der Erträge entsprechend der für den Versorgungsfonds des Bundes nach dem Versorgungsrücklagegesetz geltenden Grundsätze und Richtlinien auf der Grundlage einer von der Bundesagentur jährlich aufzustellenden langfristigen Planung der Nettozuweisungen und Abflüsse zu verwalten und anzulegen. ³Über die Terminierung der Anlage der einmaligen Zuweisung nach Absatz 2 Nr. 1 schließen die Bundesagentur und die Deutsche Bundesbank eine Vereinbarung.

(7) Mit Errichtung des Versorgungsfonds werden alle Versorgungsausgaben der Bundesagentur aus diesem geleistet.

Elftes Kapitel. Organisation und Datenschutz

Erster Abschnitt. Bundesagentur für Arbeit

§ 367 Bundesagentur für Arbeit

(1) Die Bundesagentur für Arbeit (Bundesagentur) ist eine rechtsfähige bundesunmittelbare Körperschaft des öffentlichen Rechts mit Selbstverwaltung.

(2) ¹Die Bundesagentur gliedert sich in eine Zentrale auf der oberen Verwaltungsebene, Regionaldirektionen auf der mittleren Verwaltungsebene und Agenturen für Arbeit auf der örtlichen Verwaltungsebene. ²Die Bundesagentur kann besondere Dienststellen errichten.

(3) ¹Die Regionaldirektionen tragen Verantwortung für den Erfolg der regionalen Arbeitsmarktpolitik. ²Zur Abstimmung der Leistungen der Arbeitsförderung mit der Arbeitsmarkt-, Struktur- und Wirtschaftspolitik der Länder arbeiten sie mit den Landesregierungen zusammen.

(4) Die Bundesagentur hat ihren Sitz in Nürnberg.

§ 368 Aufgaben der Bundesagentur

(1) ¹Die Bundesagentur ist der für die Durchführung der Aufgaben nach diesem Buch zuständige Verwaltungsträger. ²Sie darf ihre Mittel nur für die gesetzlich vorgeschriebenen oder zugelassenen Zwecke verwenden.

(2) ¹Die Bundesregierung kann der Bundesagentur durch Rechtsverordnung mit Zustimmung des Bundesrates weitere Aufgaben übertragen, die im Zusammenhang mit deren Aufgaben nach diesem Buch stehen. ²Die Durchführung befristeter Arbeitsmarktprogramme kann sie der Bundesagentur durch Verwaltungsvereinbarung übertragen.

(3) Die Regionaldirektionen können mit Zustimmung der Zentrale durch Verwaltungsvereinbarung die Durchführung befristeter Arbeitsmarktprogramme der Länder übernehmen.

(4) Die Agenturen für Arbeit können die Zusammenarbeit mit Kreisen und Gemeinden in Verwaltungsvereinbarungen regeln.

§ 368a *(aufgehoben)*

§ 369 Besonderheiten zum Gerichtsstand

Hat eine Klage gegen die Bundesagentur Bezug auf den Aufgabenbereich einer Regionaldirektion oder einer Agentur für Arbeit, und ist der Sitz der Bundesagentur maßgebend für die örtliche Zuständigkeit des Gerichts, so kann die Klage auch bei dem Gericht erhoben werden, in dessen Bezirk die Regionaldirektion oder die Agentur für Arbeit ihren Sitz hat.

§ 370 Beteiligung an Gesellschaften

Die Bundesagentur kann die Mitgliedschaft in Vereinen erwerben und mit Zustimmung des Bundesministeriums für Arbeit und Soziales sowie des Bundesministeriums der Finanzen Gesellschaften gründen oder sich an Gesellschaften beteiligen, wenn dies zur Erfüllung ihrer Aufgaben nach diesem Buch zweckmäßig ist.

Zweiter Abschnitt. Selbstverwaltung

Erster Unterabschnitt. Verfassung

§ 371 Selbstverwaltungsorgane

(1) Als Selbstverwaltungsorgane der Bundesagentur werden der Verwaltungsrat und die Verwaltungsausschüsse bei den Agenturen für Arbeit gebildet.

(2) ¹Die Selbstverwaltungsorgane haben die Verwaltung zu überwachen und in allen aktuellen Fragen des Arbeitsmarktes zu beraten. ²Sie erhalten die für die Wahrnehmung ihrer Aufgaben erforderlichen Informationen.

(3) ¹Jedes Selbstverwaltungsorgan gibt sich eine Geschäftsordnung. ²Die Geschäftsordnung ist von mindestens drei Vierteln der Mitglieder zu beschließen.

(4) Die Bundesagentur wird ohne Selbstverwaltung tätig, soweit sie der Fachaufsicht unterliegt.

(5) ¹Die Selbstverwaltungsorgane setzen sich zu gleichen Teilen aus Vertretern der Arbeitnehmer, der Arbeitgeber und der öffentlichen Körperschaften zusammen. ²Eine Stellvertretung ist nur bei Abwesenheit des Mitglieds zulässig. ³Vertreter der öffentlichen Körperschaften können einem Selbstverwaltungsorgan nicht vorsitzen.

(6) ¹Die Mitglieder der Selbstverwaltungsorgane üben ihre Tätigkeit ehrenamtlich aus. ²Sie dürfen in der Übernahme oder Ausübung des Ehrenamtes nicht behindert oder wegen der Übernahme oder Ausübung eines solchen Amtes nicht benachteiligt werden.

(7) Stellvertreter haben für die Zeit, in der sie Mitglieder vertreten, die Rechte und Pflichten eines Mitglieds.

(8) § 42 des Vierten Buches gilt entsprechend.

§ 372 Satzung und Anordnungen

(1) Die Bundesagentur gibt sich eine Satzung.

(2) Die Satzung und die Anordnungen des Verwaltungsrats bedürfen der Genehmigung des Bundesministeriums für Arbeit und Soziales.

(3) ¹Die Satzung und die Anordnungen sind öffentlich bekannt zu machen. ²Sie treten, wenn ein anderer Zeitpunkt nicht bestimmt ist, am Tag nach ihrer Bekanntmachung in Kraft. ³Die Art der Bekanntmachung wird durch die Satzung geregelt.

(4) Das Bundesministerium für Arbeit und Soziales kann anstelle der nach diesem Gesetz vorgesehenen Anordnungen Rechtsverordnungen erlassen, wenn die Bundesagentur nicht innerhalb von vier Monaten, nachdem das Bundesministerium für Arbeit und Soziales sie dazu aufgefordert hat, eine Anordnung erlässt oder veränderten Verhältnissen anpasst.

§ 373 Verwaltungsrat

(1) ¹Der Verwaltungsrat überwacht den Vorstand und die Verwaltung. ²Er kann vom Vorstand die Durchführung von Prüfungen durch die Innenrevision verlangen und Sachverständige mit einzelnen Aufgaben der Überwachung beauftragen.

(2) ¹Der Verwaltungsrat kann jederzeit vom Vorstand Auskunft über die Geschäftsführung verlangen. ²Auch ein einzelnes Mitglied des Verwaltungsrats kann einen Bericht, jedoch nur an den Verwaltungsrat, verlangen; lehnt der Vorstand die Berichterstattung ab, so kann der Bericht nur verlangt werden, wenn die Mehrheit der Gruppe, der das Antrag stellende Mitglied angehört, das Verlangen unterstützt.

(3) ¹Die Satzung kann bestimmen, dass bestimmte Arten von Geschäften nur mit Zustimmung des Verwaltungsrats vorgenommen werden dürfen. ²Verweigert der Verwaltungsrat die Zustimmung, so kann der Vorstand verlangen, dass das Bundesministerium für Arbeit und Soziales entscheidet.

(4) Ist der Verwaltungsrat der Auffassung, dass der Vorstand seine Pflichten verletzt hat, kann er die Angelegenheit dem Bundesministerium für Arbeit und Soziales vortragen.

(5) Der Verwaltungsrat beschließt die Satzung und erlässt die Anordnungen nach diesem Gesetz.

(6) ¹Der Verwaltungsrat besteht aus 21 Mitgliedern. ²Jede Gruppe kann bis zu fünf Stellvertreter benennen. ³Für die Gruppe der öffentlichen Körperschaften können die Mitglieder des Verwaltungsrates, die auf Vorschlag der Bundesregierung, und die Mitglieder des Verwaltungsrates, die auf Vorschlag des Bundesrates in den Verwaltungsrat berufen worden sind, jeweils zwei und das Mitglied, das auf Vorschlag der kommunalen Spitzenverbände in den Verwaltungsrat berufen worden ist, einen Stellvertreter benennen.

§ 374 Verwaltungsausschüsse

(1) Bei jeder Agentur für Arbeit besteht ein Verwaltungsausschuss.

(2) ¹Der Verwaltungsausschuss überwacht und berät die Agentur für Arbeit bei der Erfüllung ihrer Aufgaben. ²§ 373 Abs. 2 gilt entsprechend.

(3) Ist der Verwaltungsausschuss der Auffassung, dass die Geschäftsführung ihre Pflichten verletzt hat, kann er die Angelegenheit dem Verwaltungsrat vortragen.

(4) ¹Die Zahl der Mitglieder der Verwaltungsausschüsse setzt der Verwaltungsrat fest; die Mitgliederzahl darf höchstens 15 betragen. ²Jede Gruppe kann bis zu zwei Stellvertreter benennen.

§ 374a *(aufgehoben)*

§ 375 Amtsdauer

(1) ¹Die Amtsdauer der Mitglieder der Selbstverwaltungsorgane beträgt sechs Jahre.

(2) Die Mitglieder der Selbstverwaltungsorgane bleiben nach Ablauf ihrer Amtsdauer im Amt, bis ihre Nachfolger berufen sind.

(3) Scheidet ein Mitglied vor Ablauf der Amtsdauer aus, so ist für den Rest der Amtsdauer ein neues Mitglied zu berufen.

(4) Die Amtsdauer der Stellvertreter endet mit der Amtsdauer der Mitglieder der Selbstverwaltungsorgane.

§ 376 Entschädigung der ehrenamtlich Tätigen

¹Die Bundesagentur erstattet den Mitgliedern der Selbstverwaltungsorgane und den Stellvertretern ihre baren Auslagen und gewährt eine Entschädigung. ²Der Verwaltungsrat kann feste Sätze beschließen.

Zweiter Unterabschnitt. Berufung und Abberufung

§ 377 Berufung und Abberufung der Mitglieder

(1) Die Mitglieder der Selbstverwaltung und die Stellvertreter werden berufen.

(2) ¹Die Berufung erfolgt bei Mitgliedern des Verwaltungsrats durch das Bundesministerium für Arbeit und Soziales und bei Mitgliedern der Verwaltungsausschüsse durch den Verwaltungsrat. ²Die berufende Stelle hat Frauen und Männer mit dem Ziel ihrer gleichberechtigten Teilhabe in den Gruppen zu berücksichtigen. ³Liegen Vorschläge mehrerer Vorschlagsberechtigter vor, so sind die Sitze anteilsmäßig unter billiger Berücksichtigung der Minderheiten zu verteilen.

(3) ¹Ein Mitglied ist abzuberufen, wenn
1. eine Voraussetzung für seine Berufung entfällt oder sich nachträglich herausstellt, dass sie nicht vorgelegen hat,
2. das Mitglied seine Amtspflicht grob verletzt,
3. die vorschlagende Stelle es beantragt oder
4. das Mitglied es beantragt.

²Eine Abberufung auf Antrag der vorschlagsberechtigten Gruppe hat bei den Gruppen der Arbeitnehmer oder der Arbeitgeber nur zu erfolgen, wenn die Mitglieder aus ihren Organisationen ausgeschlossen worden oder ausgetreten sind oder die Vorschlagsberechtigung der Stelle, die das Mitglied vorgeschlagen hat, entfallen ist.

(4) ¹Für die Berufung der Stellvertreter gelten Absatz 2 Satz 1 und 2, Absatz 3 Satz 1 Nr. 1, 2 und 4 sowie § 378 entsprechend. ²Ein Stellvertreter ist abzuberufen, wenn die benennende Gruppe dies beantragt.

§ 378 Berufungsfähigkeit

(1) Als Mitglieder der Selbstverwaltungsorgane können nur Deutsche, die das passive Wahlrecht zum Deutschen Bundestag besitzen, und Ausländer, die ihren gewöhnlichen Aufenthalt rechtmäßig im Bundesgebiet haben und die die Voraussetzungen des § 15 des Bundeswahlgesetzes mit Ausnahme der von der Staatsangehörigkeit abhängigen Voraussetzungen erfüllen, berufen werden.

(2) Arbeitnehmer und Beamte der Bundesagentur können nicht Mitglieder von Selbstverwaltungsorganen der Bundesagentur sein.

§ 379 Vorschlagsberechtigte Stellen

(1) ¹Vorschlagsberechtigt sind für die Mitglieder der Gruppen
1. der Arbeitnehmer die Gewerkschaften, die Tarifverträge abgeschlossen haben, sowie ihre Verbände,
2. der Arbeitgeber die Arbeitgeberverbände, die Tarifverträge abgeschlossen haben, sowie ihre Vereinigungen,

die für die Vertretung von Arbeitnehmer- oder Arbeitgeberinteressen wesentliche Bedeutung haben. ²Für die Verwaltungsausschüsse der Agenturen für Arbeit sind nur die für den Bezirk zuständigen Gewerkschaften und ihre Verbände sowie die Arbeitgeberverbände und ihre Vereinigungen vorschlagsberechtigt.

(2) Vorschlagsberechtigt für die Mitglieder der Gruppe der öffentlichen Körperschaften im Verwaltungsrat sind
1. die Bundesregierung für drei Mitglieder,
2. der Bundesrat für drei Mitglieder und
3. die Spitzenvereinigungen der kommunalen Selbstverwaltungskörperschaften für ein Mitglied.

(3) ¹Vorschlagsberechtigt für die Mitglieder der Gruppe der öffentlichen Körperschaften in den Verwaltungsausschüssen sind die gemeinsamen Rechtsaufsichtsbehörden der zum Bezirk der Agentur für Arbeit gehörenden Gemeinden und Gemeindeverbände oder, soweit es sich um oberste Landesbehörden handelt, die von ihnen bestimmten Behörden. ²Die zum Bezirk der Agentur für Arbeit gehörenden Gemeinden und Gemeindeverbände sind berechtigt, der zuständigen Behörde Personen vorzuschlagen. ³Einigen sie sich auf einen Vorschlag, ist die zuständige Behörde an diesen gebunden; im anderen Fall schlägt sie von sich aus Personen vor, die für die beteiligten Gemeinden oder Gemeindeverbände

oder für sie tätig sein müssen. ⁴Ist eine gemeinsame Gemeindeaufsichtsbehörde nicht vorhanden und einigen sich die beteiligten Gemeindeaufsichtsbehörden nicht, so steht das Vorschlagsrecht der obersten Landesbehörde oder der von ihr bezeichneten Stelle zu. ⁵Mitglieder der öffentlichen Körperschaften können nur Vertreterinnen oder Vertreter der Gemeinden, der Gemeindeverbände oder der gemeinsamen Gemeindeaufsichtsbehörde sein, in deren Gebiet sich der Bezirk der Agentur für Arbeit befindet, und die bei diesen hauptamtlich oder ehrenamtlich tätig sind.

(4) Die vorschlagsberechtigten Stellen haben unter den Voraussetzungen des § 4 des Bundesgremienbesetzungsgesetzes für jeden auf sie entfallenden Sitz jeweils eine Frau und einen Mann vorzuschlagen.

Dritter Unterabschnitt. Neutralitätsausschuss

§ 380 Neutralitätsausschuss

(1) ¹Der Neutralitätsausschuss, der Feststellungen über bestimmte Voraussetzungen über das Ruhen des Arbeitslosengeldes bei Arbeitskämpfen trifft, besteht aus jeweils drei Vertretern der Gruppen der Arbeitnehmer und der Arbeitgeber im Verwaltungsrat sowie der oder dem Vorsitzenden des Vorstands. ²Die Gruppen der Arbeitnehmer und der Arbeitgeber bestimmen ihre Vertreter mit einfacher Mehrheit. ³Vorsitzende oder Vorsitzender ist die oder der Vorsitzende des Vorstands. ⁴Sie oder er vertritt den Neutralitätsausschuss vor dem Bundessozialgericht.

(2) Die Vorschriften, die die Organe der Bundesagentur betreffen, gelten entsprechend, soweit Besonderheiten des Neutralitätsausschusses nicht entgegenstehen.

Dritter Abschnitt. Vorstand und Verwaltung

§ 381 Vorstand der Bundesagentur

(1) ¹Der Vorstand leitet die Bundesagentur und führt deren Geschäfte. ²Er vertritt die Bundesagentur gerichtlich und außergerichtlich.

(2) ¹Der Vorstand besteht aus einer oder einem Vorsitzenden und zwei weiteren Mitgliedern. ²Die oder der Vorsitzende führt die Amtsbezeichnung „Vorsitzende des Vorstands der Bundesagentur für Arbeit" oder „Vorsitzender des Vorstands der Bundesagentur für Arbeit", die übrigen Mitglieder führen die Amtsbezeichnung „Mitglied des Vorstands der Bundesagentur für Arbeit".

(3) ¹Die oder der Vorsitzende des Vorstands bestimmt die Richtlinien der Geschäftsführung und ist bei der Benennung der übrigen Vorstandsmitglieder zu hören. ²Innerhalb dieser Richtlinien nimmt jedes Vorstandsmitglied die Aufgaben seines Geschäftsbereiches selbständig wahr.

(4) ¹Der Vorstand gibt sich eine Geschäftsordnung, die der Zustimmung des Verwaltungsrats bedarf. ²Die Geschäftsordnung hat insbesondere die Geschäftsverteilung im Vorstand festzulegen sowie die Stellvertretung und die Voraussetzungen für die Beschlussfassung zu regeln.

(5) ¹Die Vorstandsmitglieder dürfen dem Verwaltungsrat nicht angehören. ²Sie sind berechtigt, an den Sitzungen des Verwaltungsrats teilzunehmen. ³Sie können jederzeit das Wort ergreifen.

(6) Der Vorstand hat dem Verwaltungsrat regelmäßig und aus wichtigem Anlass zu berichten und ihm auf Verlangen jederzeit Auskunft über die Geschäftsführung der Bundesagentur zu erteilen.

§ 382 Rechtsstellung der Vorstandsmitglieder

(1) ¹Die oder der Vorsitzende und die übrigen Mitglieder des Vorstands werden auf Vorschlag des Verwaltungsrats von der Bundesregierung benannt. ²Erfolgt trotz Aufforderung durch die Bundesregierung innerhalb von vier Wochen kein Vorschlag des Verwaltungsrats, erlischt das Vorschlagsrecht. ³Findet der Vorschlag des Verwaltungsrats nicht die Zustimmung der Bundesregierung, kann der Verwaltungsrat innerhalb von vier Wochen einen neuen Vorschlag unterbreiten. ⁴Das Letztentscheidungsrecht der Bundesregierung bleibt von diesem Verfahren unberührt.

(2) ¹Die oder der Vorsitzende und die übrigen Mitglieder des Vorstands stehen in einem öffentlichrechtlichen Amtsverhältnis. ²Sie werden von der Bundespräsidentin oder dem Bundespräsidenten ernannt. ³Die Amtszeit der Mitglieder des Vorstands soll fünf Jahre betragen. ⁴Mehrere Amtszeiten sind zulässig.

(3) ¹Das Amtsverhältnis der Vorstandsmitglieder beginnt mit der Aushändigung der Ernennungsurkunde, wenn nicht in der Urkunde ein späterer Tag bestimmt ist. ²Es endet mit Ablauf der Amtszeit, Erreichen der Altersgrenze nach § 51 Abs. 1 und 2 des Bundesbeamtengesetzes oder Entlassung. ³Die Bundespräsidentin oder der Bundespräsident entlässt ein Vorstandsmitglied auf dessen Verlangen. ⁴Eine Entlassung erfolgt auch auf Beschluss der Bundesregierung oder des Verwaltungsrats mit Zustimmung der Bundesregierung, wenn das Vertrauensverhältnis gestört ist oder ein wichtiger Grund vorliegt. ⁵Im Falle der Beendigung des Amtsverhältnisses erhält das Vorstandsmitglied eine von der Bundespräsidentin oder dem Bundespräsidenten vollzogene Urkunde. ⁶Eine Entlassung wird mit der Aushändigung der Urkunde wirksam. ⁷Auf Verlangen des Verwaltungsrats mit Zustimmung des Bundesministeriums für Arbeit und Soziales ist ein Vorstandsmitglied verpflichtet, die Geschäfte bis zur Ernennung einer Nachfolgerin oder eines Nachfolgers weiterzuführen.

(4) ¹Die Mitglieder des Vorstands haben, auch nach Beendigung ihres Amtsverhältnisses, über die ihnen amtlich bekannt gewordenen Angelegenheiten Verschwiegenheit zu bewahren. ²Dies gilt nicht für Mitteilungen im dienstlichen Verkehr oder über Tatsachen, die offenkundig sind oder ihrer Bedeutung nach keiner Geheimhaltung bedürfen.

(5) ¹Die Vorstandsmitglieder dürfen neben ihrem Amt kein anderes besoldetes Amt, kein Gewerbe und keinen Beruf ausüben und weder der Leitung eines auf Erwerb gerichteten Unternehmens noch einer Regierung oder einer gesetzgebenden Körperschaft des Bundes oder eines Landes angehören. ²Sie dürfen nicht gegen Entgelt außergerichtliche Gutachten abgeben. ³Für die Zugehörigkeit zu einem Aufsichtsrat, Verwaltungsrat, Beirat oder einem anderen Gremium eines öffentlichen oder privaten Unternehmens oder einer sonstigen Einrichtung ist die Einwilligung des Bundesministeriums für Arbeit und Soziales erforderlich; dieses entscheidet, inwieweit eine Vergütung abzuführen ist.

(6) ¹Im Übrigen werden die Rechtsverhältnisse der Vorstandsmitglieder, insbesondere die Gehalts- und Versorgungsansprüche und die Haftung, durch Verträge geregelt, die das Bundesministerium für Arbeit und Soziales mit den Mitgliedern des Vorstands schließt. ²Die Verträge bedürfen der Zustimmung der Bundesregierung. ³Der Vollzug der vertraglichen Regelung obliegt der Bundesagentur.

(7) ¹Wird eine Bundesbeamtin oder ein Bundesbeamter zum Mitglied des Vorstands ernannt, ruhen für die Dauer des Amtsverhältnisses die in dem Beamtenverhältnis begründeten Rechte und Pflichten mit Ausnahme der Pflicht zur Amtsverschwiegenheit und des Verbots der Annahme von Belohnungen und Geschenken. ²Satz 1 gilt längstens bis zum Eintritt oder bis zur Versetzung in den Ruhestand

(8) Endet das Amtsverhältnis nach Absatz 2 und wird die oder der Betroffene nicht anschließend in ein anderes öffentlich-rechtliches Amtsverhältnis zum Bund berufen, treten Beamtinnen und Beamte, wenn ihnen nicht innerhalb von drei Monaten unter den Voraussetzungen des § 28 Abs. 2 des Bundesbeamtengesetzes oder vergleichbarer landesrechtlicher Regelungen ein anderes Amt übertragen wird, mit Ablauf dieser Frist aus ihrem Dienstverhältnis als Beamtinnen oder Beamte in den einstweiligen Ruhestand, sofern sie zu diesem Zeitpunkt noch nicht die gesetzliche Altersgrenze erreicht haben.

§ 383 Geschäftsführung der Agenturen für Arbeit

(1) ¹Die Agenturen für Arbeit werden von einer Geschäftsführerin, einem Geschäftsführer oder einer Geschäftsführung geleitet. ²Eine Geschäftsführung besteht aus einer oder einem Vorsitzenden und bis zu zwei weiteren Mitgliedern.

(2) ¹Die Geschäftsführerin, der Geschäftsführer oder die Mitglieder der Geschäftsführung werden vom Vorstand bestellt. ²Der Vorstand hört die Verwaltungsausschüsse zu den von ihm ausgewählten Bewerberinnen und Bewerbern.

(3) ¹Die Geschäftsführerin, der Geschäftsführer oder die Mitglieder der Geschäftsführung sind berechtigt, an den Sitzungen des Verwaltungsausschusses teilzunehmen. ²Sie können jederzeit das Wort ergreifen.

(4) Die Geschäftsführerin, der Geschäftsführer oder die Geschäftsführung haben dem Verwaltungsausschuss regelmäßig und aus wichtigem Anlass zu berichten und ihm auf Verlangen jederzeit Auskunft über die Geschäfte der Agentur für Arbeit zu erteilen.

§ 384 Geschäftsführung der Regionaldirektionen

(1) ¹Die Regionaldirektionen werden von einer Geschäftsführung geleitet. ²Die Geschäftsführung besteht aus einer oder einem Vorsitzenden und zwei weiteren Mitgliedern.

(2) Die Mitglieder werden vom Vorstand bestellt; vor der Bestellung der vorsitzenden Mitglieder der Geschäftsführung hat der Vorstand den Verwaltungsrat und die beteiligten Landesregierungen anzuhören.

§ 385 Beauftragte für Chancengleichheit am Arbeitsmarkt

(1) ¹Bei den Agenturen für Arbeit, bei den Regionaldirektionen und bei der Zentrale sind hauptamtliche Beauftragte für Chancengleichheit am Arbeitsmarkt zu bestellen. ²Sie sind unmittelbar der jeweiligen Dienststellenleitung zugeordnet.

(2) ¹Die Beauftragten für Chancengleichheit am Arbeitsmarkt unterstützen und beraten Arbeitgeber und Arbeitnehmer sowie deren Organisationen in übergeordneten Fragen der Frauenförderung, der Gleichstellung von Frauen und Männern am Arbeitsmarkt sowie der Vereinbarkeit von Familie und Beruf bei beiden Geschlechtern. ²Hierzu zählen insbesondere Fragen der beruflichen Ausbildung, des beruflichen Einstiegs und Fortkommens von Frauen und Männern nach einer Familienphase sowie hinsichtlich einer flexiblen Arbeitszeitgestaltung. ³Zur Sicherung der gleichberechtigten Teilhabe von Frauen am Arbeitsmarkt arbeiten sie mit den in Fragen der Frauenerwerbsarbeit tätigen Stellen ihres Bezirks zusammen.

(3) ¹Die Beauftragten für Chancengleichheit am Arbeitsmarkt sind bei der frauen- und familiengerechten fachlichen Aufgabenerledigung ihrer Dienststellen zu beteiligen. ²Sie haben ein Informations-, Beratungs- und Vorschlagsrecht in Fragen, die Auswirkungen auf die Chancengleichheit von Frauen und Männern am Arbeitsmarkt haben.

(4) ¹Die Beauftragten für Chancengleichheit am Arbeitsmarkt bei den Agenturen für Arbeit können mit weiteren Aufgaben beauftragt werden, soweit die Aufgabenerledigung als Beauftragte für Chancengleichheit am Arbeitsmarkt dies zulässt. ²In Konfliktfällen entscheidet der Verwaltungsausschuss.

§ 386 Innenrevision

(1) ¹Die Bundesagentur stellt durch organisatorische Maßnahmen sicher, dass in allen Dienststellen durch eigenes nicht der Dienststelle angehörendes Personal geprüft wird, ob Leistungen unter Beachtung der gesetzlichen Bestimmungen nicht hätten erbracht werden dürfen oder zweckmäßiger oder wirtschaftlicher hätten eingesetzt werden können. ²Mit der Durchführung der Prüfungen können Dritte beauftragt werden.

(2) Das Prüfpersonal der Bundesagentur ist für die Zeit seiner Prüftätigkeit fachlich unmittelbar der Leitung der Dienststelle unterstellt, in der es beschäftigt ist.

(3) ¹Der Vorstand legt die Berichte der Innenrevision unverzüglich dem Verwaltungsrat vor. ²Vertreterinnen oder Vertreter der Innenrevision sind berechtigt, an den Sitzungen des Verwaltungsrats teilzunehmen, wenn ihre Berichte Gegenstand der Beratung sind. ³Sie können jederzeit das Wort ergreifen.

§ 387 Personal der Bundesagentur

(1) ¹Das Personal der Bundesagentur besteht vorrangig aus Arbeitnehmerinnen und Arbeitnehmern. ²Die Beamtinnen und Beamten der Bundesagentur sind Bundesbeamte.

(2) ¹Oberste Dienstbehörde für die Beamtinnen und Beamten der Bundesagentur ist der Vorstand. ²Soweit beamtenrechtliche Vorschriften die Übertragung der Befugnisse von obersten Dienstbehörden auf nachgeordnete Behörden zulassen, kann der Vorstand seine Befugnisse im Rahmen dieser Vorschriften auf die Geschäftsführerinnen, Geschäftsführer oder Vorsitzenden der Geschäftsführungen der Agenturen für Arbeit, auf die Vorsitzenden der Geschäftsführungen der Regionaldirektionen und die Leiter der besonderen Dienststellen übertragen. ³§ 144 Abs. 1 des Bundesbeamtengesetzes und § 83 Abs. 1 des Bundesdisziplinargesetzes bleiben unberührt.

(3) ¹Beamtinnen und Beamte der Bundesagentur können auf Antrag zur Wahrnehmung einer hauptberuflichen Tätigkeit in einem befristeten Arbeitsverhältnis bei der Bundesagentur unter Wegfall der Besoldung beurlaubt werden, soweit dienstliche Gründe nicht entgegenstehen. ²Die Bewilligung der Beurlaubung dient dienstlichen Interessen und ist auf längstens zehn Jahre zu befristen. ³Verlängerungen sind zulässig. ⁴Die Bewilligung der Be-

urlaubung kann aus zwingenden dienstlichen Gründen widerrufen werden. ⁵Bei Beendigung oder Ruhen des Arbeitsverhältnisses ist die Bewilligung der Beurlaubung grundsätzlich zu widerrufen. ⁶Sie kann auf Antrag der beurlaubten Beamtin oder des beurlaubten Beamten auch widerrufen werden, wenn ihr oder ihm eine Fortsetzung der Beurlaubung nicht zumutbar ist und dienstliche Belange nicht entgegenstehen.

(4) Die beurlaubten Beamtinnen und Beamten sind im Rahmen ihrer hauptberuflichen Tätigkeit nach Absatz 3 Satz 1 nicht versicherungspflichtig im Anwendungsbereich dieses Buches, in der gesetzlichen Kranken- und Rentenversicherung sowie in der sozialen Pflegeversicherung.

(5) ¹Die Zeit der hauptberuflichen Tätigkeit der nach Absatz 3 Satz 1 beurlaubten Beamtinnen und Beamten ist ruhegehaltfähig. ²Die Voraussetzungen des § 28 Abs. 1 Satz 1 des Bundesbesoldungsgesetzes gelten für die Zeit der Beurlaubung als erfüllt. ³Ein Versorgungszuschlag wird nicht erhoben. ⁴Die Anwartschaft der beurlaubten Beamtinnen und Beamten auf Versorgung bei verminderter Erwerbsfähigkeit und im Alter sowie auf Hinterbliebenenversorgung nach beamtenrechtlichen Vorschriften und Grundsätzen ist gewährleistet.

(6) ¹Während der hauptberuflichen Tätigkeit nach Absatz 3 Satz 1 besteht im Krankheitsfall ein zeitlich unbegrenzter Anspruch auf Entgeltfortzahlung in Höhe der Besoldung, die der beurlaubten Beamtin oder dem beurlaubten Beamten vor der Beurlaubung zugestanden hat, mindestens jedoch in Höhe des Krankengeldes, das der beurlaubten Beamtin oder dem beurlaubten Beamten nach den §§ 44 ff. des Fünften Buches zustehen würde. ²Entgeltansprüche, die der beurlaubten Beamtin oder dem beurlaubten Beamten im Krankheitsfall nach dem Entgeltfortzahlungsgesetz, einem Tarifvertrag oder dem Arbeitsvertrag zustehen, bleiben unberührt und werden auf den Entgeltfortzahlungsanspruch nach Satz 1 angerechnet. ³Darüber hinaus besteht bei Krankheit und Pflegebedürftigkeit ein Anspruch auf Beihilfe in entsprechender Anwendung der Beihilferegelungen für Beamtinnen und Beamte mit Dienstbezügen.

§ 388 Ernennung der Beamtinnen und Beamten

(1) Der Vorstand ernennt die Beamtinnen und Beamten.

(2) ¹Der Vorstand kann seine Befugnisse auf Bedienstete der Bundesagentur übertragen. ²Er bestimmt im Einzelnen, auf wen die Ernennungsbefugnisse übertragen werden.

§ 389 Übertragung von Führungsfunktionen auf Zeit

(1) Sofern die Ämter
1. der Geschäftsführerin, des Geschäftsführers oder der oder des Vorsitzenden der Geschäftsführungen der Agenturen für Arbeit,
2. der Mitglieder der Geschäftsführungen der Regionaldirektionen,
3. der Oberdirektorinnen oder Oberdirektoren, der Direktorinnen oder Direktoren, der Leitenden Verwaltungsdirektorinnen oder Leitenden Verwaltungsdirektoren und der Verwaltungsdirektorinnen oder Verwaltungsdirektoren der Zentrale der Bundesagentur mit leitender Funktion,
4. der Oberdirektorinnen oder Oberdirektoren, der Direktorinnen oder Direktoren und der Leitenden Verwaltungsdirektorinnen oder Leitenden Verwaltungsdirektoren, als Leiterinnen oder Leiter einer besonderen Dienststelle oder eines Geschäftsbereichs einer besonderen Dienststelle und
5. der Vizedirektorin oder des Vizedirektors des Instituts für Arbeitsmarkt- und Berufsforschung

Beamtinnen oder Beamten übertragen werden, werden sie zunächst im Beamtenverhältnis auf Zeit übertragen.

(2) Das Amt ist sogleich im Beamtenverhältnis auf Lebenszeit zu übertragen, wenn die Beamtin oder der Beamte
1. bereits ein Amt mit mindestens demselben Endgrundgehalt im Beamten- oder Richterverhältnis auf Lebenszeit innehat oder innehatte oder
2. innerhalb von fünf Jahren nach der erstmaligen Übertragung des Amtes die gesetzliche Altersgrenze erreicht.

(3) ¹In das Beamtenverhältnis auf Zeit nach Absatz 1 darf nur berufen werden, wer sich in einem Beamten- oder Richterverhältnis auf Lebenszeit befindet und in dieses Amt auch als Beamtin oder Beamter auf Lebenszeit berufen werden könnte. ²Der Bundespersonalausschuss kann Ausnahmen von Satz 1 zulassen.

(4) ¹Für die Dauer des Beamtenverhältnisses auf Zeit ruhen die Rechte und Pflichten aus dem zuletzt im Beamtenverhältnis auf Lebenszeit übertragenen Amt, mit Ausnahme der Pflicht zur Amtsverschwiegenheit und des Verbotes der Annahme von Belohnungen und Geschenken; das Beamtenverhältnis auf Lebenszeit besteht fort. ²Während dieser Zeit darf die Beamtin oder der Beamte auch außerhalb des Dienstes nur die Amtsbezeichnung des ihm im Beamtenverhältnis auf Zeit übertragenen Amtes führen.

(5) Die Beamtin oder der Beamte auf Zeit darf ohne seine Zustimmung nur in ein anderes Amt mit demselben Endgrundgehalt und mit vergleichbarer leitender Funktion versetzt werden.

(6) Mit der Entlassung aus dem Beamtenverhältnis auf Zeit enden der Anspruch auf Besoldung und, soweit gesetzlich nicht etwas anderes bestimmt ist, alle sonstigen Ansprüche aus dem in diesem Beamtenverhältnis übertragenen Amt.

(7) ¹Für die vorsitzenden Mitglieder der Geschäftsführung einer Agentur für Arbeit und die vorsitzenden Mitglieder und Mitglieder der Geschäftsführung einer Regionaldirektion und die Oberdirektoren und Direktoren bei der Zentrale der Bundesagentur kann durch den Vorstand der Bundesagentur eine zeitlich befristete, nicht ruhegehaltfähige Stellenzulage gewährt werden. ²Die Zulage wird in Höhe des Unterschiedsbetrages zwischen dem Grundgehalt seiner Besoldungsgruppe und dem Grundgehalt der nächsthöheren Besoldungsgruppe gewährt. ³Eine Stellenzulage kann den Amtsinhaberinnen und Amtsinhabern gewährt werden, die bereits bei Übernahme eines Amtes nach Satz 1 das dafür vorgesehene Endgrundgehalt erreicht hatten oder für die Übernahme dieses Amtes besonders geeignet und befähigt sind. ⁴Die Kriterien zur Vergabe der Stellenzulage legt der Vorstand der Bundesagentur fest. ⁵Über die Vergabe oder Beibehaltung von Stellenzulagen hat der Vorstand jährlich erneut Beschluss zu fassen.

(8) Soweit in diesem Gesetz nicht etwas anderes geregelt ist, gelten mit Ausnahme des § 44 Abs. 2 bis 5 und des § 45 des Bundesbeamtengesetzes die Vorschriften des Bundesbeamtengesetzes für die Inhaberinnen und Inhaber der in Absatz 1 genannten Ämter entsprechend.

§ 390 Beamtenverhältnis auf Zeit

(1) ¹Die in § 389 Abs. 1 genannten Ämter werden im Beamtenverhältnis auf Zeit für längstens zwei Amtszeiten übertragen. ²Eine Amtszeit beträgt fünf Jahre. ³Nach Ablauf der ersten Amtszeit kann der Beamtin oder dem Beamten dasselbe oder ein anderes Amt mit demselben Endgrundgehalt im Beamtenverhältnis auf Zeit nur für eine weitere Amtszeit übertragen werden. ⁴§ 389 Abs. 2 Nr. 2 ist entsprechend anzuwenden.

(2) ¹Mit Ablauf der ersten Amtszeit kann der Beamtin oder dem Beamten das Amt im Beamtenverhältnis auf Lebenszeit übertragen werden. ²Mit Ablauf der zweiten Amtszeit soll der Beamtin oder dem Beamten das Amt im Beamtenverhältnis auf Lebenszeit übertragen werden. ³Es kann auch ein anderes Amt mit demselben Endgrundgehalt im Beamtenverhältnis auf Lebenszeit übertragen werden.

(3) ¹Wird die Beamtin oder der Beamte in ein anderes Amt nach Absatz 1 versetzt, das in dieselbe Besoldungsgruppe eingestuft ist wie das ihr oder ihm zuletzt übertragene Amt nach Absatz 1, läuft die Amtszeit weiter. ²Wird der Beamtin oder dem Beamten ein höheres Amt nach Absatz 1 übertragen, ist ihr oder ihm zugleich das auf Zeit übertragene Amt im Beamtenverhältnis auf Lebenszeit zu übertragen, wenn die Amtszeit in Ämtern nach Absatz 1 mindestens ein Jahr betragen hat.

(4) ¹Die Beamtin oder der Beamte ist mit Ablauf der Amtszeit aus dem Beamtenverhältnis auf Zeit entlassen, sofern sie oder er nicht im Anschluss an die Amtszeit erneut in dasselbe Amt für eine weitere Amtszeit berufen wird. ²Die Beamtin oder der Beamte ist ferner mit

1. der Übertragung eines höheren Amtes,
2. der Beendigung ihres oder seines Beamtenverhältnisses auf Lebenszeit,
3. der Versetzung zu einem anderen Dienstherrn oder
4. der Zurückstufung in seinem Richterverhältnis auf Lebenszeit

aus dem Beamtenverhältnis auf Zeit entlassen. ³Die §§ 31 bis 33 und 40 Abs. 2 des Bundesbeamtengesetzes bleiben unberührt.

§ 391 *(aufgehoben)*

§ 392 Obergrenzen für Beförderungsämter

Bei der Bundesagentur können die nach § 26 Abs. 1 des Bundesbesoldungsgesetzes zulässigen Obergrenzen für Beförderungsämter nach Maßgabe sachgerechter Bewertung überschritten werden, soweit dies zur Vermeidung von Verschlechterungen der Beförderungsverhältnisse infolge einer Verminderung von Planstellen erforderlich ist.

Vierter Abschnitt. Aufsicht

§ 393 Aufsicht

(1) ¹Die Aufsicht über die Bundesagentur führt das Bundesministerium für Arbeit und Soziales. ²Sie erstreckt sich darauf, dass Gesetze und sonstiges Recht beachtet werden.

(2) Dem Bundesministerium für Arbeit und Soziales ist jährlich ein Geschäftsbericht vorzulegen, der vom Vorstand zu erstatten und vom Verwaltungsrat zu genehmigen ist.

Fünfter Abschnitt. Datenschutz

§ 394 Erhebung, Verarbeitung und Nutzung von Daten durch die Bundesagentur

(1) ¹Die Bundesagentur darf Sozialdaten nur erheben, verarbeiten und nutzen, soweit dies zur Erfüllung ihrer gesetzlich vorgeschriebenen oder zugelassenen Aufgaben erforderlich ist. ²Ihre Aufgaben nach diesem Buch sind

1. die Feststellung eines Versicherungspflichtverhältnisses einschließlich einer Versicherungsfreiheit,
2. die Erbringung von Leistungen der Arbeitsförderung an Arbeitnehmer, Arbeitgeber und Träger von Arbeitsförderungsmaßnahmen,
3. die Erstellung von Statistiken, Arbeitsmarkt- und Berufsforschung, Berichterstattung,
4. die Überwachung der Beratung und Vermittlung durch Dritte,
5. die Zustimmung zur Zulassung der Beschäftigung nach dem Aufenthaltsgesetz, die Zustimmung zur Anwerbung aus dem Ausland sowie die Erteilung einer Arbeitsgenehmigung-EU,
6. die Bekämpfung von Leistungsmissbrauch und illegaler Beschäftigung,
7. die Unterrichtung der zuständigen Behörden über Anhaltspunkte von Schwarzarbeit, Nichtentrichtung von Sozialversicherungsbeiträgen oder Steuern und Verstößen gegen das Aufenthaltsgesetz,
8. die Überwachung der Melde-, Anzeige-, Bescheinigungs- und sonstiger Pflichten nach dem Achten Kapitel sowie die Erteilung von Auskünften,
9. der Nachweis von Beiträgen sowie die Erhebung von Umlagen für die ergänzenden Leistungen nach § 175a und das Insolvenzgeld,
10. die Durchführung von Erstattungs- und Ersatzansprüchen.

(2) Eine Verwendung für andere als die in Absatz 1 genannten Zwecke ist nur zulässig, soweit dies durch Rechtsvorschriften des Sozialgesetzbuches angeordnet oder erlaubt ist.

§ 395 Datenübermittlung an Dritte; Erhebung, Verarbeitung und Nutzung von Sozialdaten durch nichtöffentliche Stellen

(1) Die Bundesagentur darf Dritten, die mit der Erfüllung von Aufgaben nach diesem Buch beauftragt sind, Sozialdaten übermitteln, soweit dies zur Erfüllung dieser Aufgaben erforderlich ist.

(2) Die Bundesagentur darf abweichend von § 80 Abs. 5 des Zehnten Buches zur Erfüllung ihrer Aufgaben nach diesem Buch nichtöffentliche Stellen mit der Erhebung, Verarbeitung und Nutzung von Sozialdaten beauftragen, auch soweit die Speicherung der Daten den gesamten Datenbestand umfasst.

§ 396 Kennzeichnungs- und Maßregelungsverbot

¹Die Bundesagentur und von ihr beauftragte Dritte dürfen Berechtigte und Arbeitgeber bei der Speicherung oder Übermittlung von Daten nicht in einer aus dem Wortlaut nicht verständlichen oder in einer Weise kennzeichnen, die nicht zur Erfüllung ihrer Aufgaben

erforderlich ist. ²Die Bundesagentur darf an einer Maßregelung von Berechtigten oder an entsprechenden Maßnahmen gegen Arbeitgeber nicht mitwirken.

§ 397 Automatisierter Datenabgleich

(1) Die Bundesagentur darf Angaben zu Personen, die Leistungen nach diesem Buch beantragt haben, beziehen oder innerhalb der letzten neun Monate bezogen haben, regelmäßig automatisiert mit den von der Datenstelle der Träger der Rentenversicherung nach § 36 Abs. 3 der Datenerfassungs- und Übermittlungsverordnung übermittelten Daten nach § 28a Abs. 3 Satz 1 Nr. 1 bis 3, 5, 6 und 8, Satz 2 Nr. 1 Buchstabe b und Nummer 2 Buchstabe c sowie Abs. 8 Nr. 1, 2, 4 Buchstabe a und d des Vierten Buches, jeweils auch in Verbindung mit § 28a Abs. 9 des Vierten Buches, abgleichen, soweit dies für die Entscheidung über die Erbringung oder die Erstattung von Leistungen nach diesem Buch erforderlich ist.

(2) ¹Nach Durchführung des Abgleichs hat die Bundesagentur die Daten, die für die in Absatz 1 genannten Zwecke nicht erforderlich sind, unverzüglich zu löschen. ²Die übrigen Daten dürfen nur für die in Absatz 1 genannten Zwecke und für die Verfolgung von Straftaten und Ordnungswidrigkeiten verwendet werden, die im Zusammenhang mit der Beantragung oder dem Bezug von Leistungen stehen.

§§ 398–403 *(aufgehoben)*

Zwölftes Kapitel. Bußgeldvorschriften

Erster Abschnitt. Bußgeldvorschriften

§ 404 Bußgeldvorschriften

(1) Ordnungswidrig handelt, wer als Unternehmer Dienst- oder Werkleistungen in erheblichem Umfang ausführen lässt, indem er einen anderen Unternehmer beauftragt, von dem er weiß oder fahrlässig nicht weiß, dass dieser zur Erfüllung dieses Auftrags
1. entgegen § 284 Abs. 1 oder § 4 Abs. 3 Satz 2 des Aufenthaltsgesetzes einen Ausländer beschäftigt oder
2. einen Nachunternehmer einsetzt oder zulässt, dass ein Nachunternehmer tätig wird, der entgegen § 284 Abs. 1 oder § 4 Abs. 3 Satz 2 des Aufenthaltsgesetzes einen Ausländer beschäftigt.

(2) Ordnungswidrig handelt, wer vorsätzlich oder fahrlässig
1. entgegen § 43 Abs. 4 oder § 287 Abs. 3 sich die dort genannte Gebühr oder den genannten Aufwendungsersatz erstatten lässt,
2. entgegen § 183 Abs. 4 einen dort genannten Beschluß nicht oder nicht rechtzeitig bekanntgibt,
3. entgegen § 284 Abs. 1 oder § 4 Abs. 3 Satz 2 des Aufenthaltsgesetzes einen Ausländer beschäftigt,
4. entgegen § 284 Abs. 1 oder § 4 Abs. 3 Satz 1 des Aufenthaltsgesetzes eine Beschäftigung ausübt,
5. entgegen § 39 Abs. 2 Satz 3 des Aufenthaltsgesetzes eine Auskunft nicht richtig erteilt,
6. einer vollziehbaren Anordnung nach § 288a Abs. 1 zuwiderhandelt,
7. entgegen § 288a Abs. 2 Satz 1 eine Auskunft nicht, nicht richtig, nicht vollständig oder nicht rechtzeitig erteilt oder eine Unterlage nicht, nicht richtig, nicht vollständig oder nicht rechtzeitig vorlegt,
8. entgegen § 288a Abs. 3 Satz 2 eine Maßnahme nicht duldet,
9. einer Rechtsverordnung nach § 292 zuwiderhandelt, soweit sie für einen bestimmten Tatbestand auf diese Bußgeldvorschrift verweist,
10. *(aufgehoben)*
11. entgegen § 296 Abs. 2 oder § 296a eine Vergütung oder einen Vorschuss entgegennimmt,
12. entgegen § 298 Abs. 1 als privater Vermittler Daten erhebt, verarbeitet oder nutzt,
13. entgegen § 298 Abs. 2 Satz 1 oder 4 eine Unterlage nicht, nicht richtig, nicht vollständig oder nicht rechtzeitig zurückgibt oder Daten nicht oder nicht rechtzeitig löscht,
14. *(aufgehoben)*

15. *(aufgehoben)*
16. einer Rechtsverordnung nach § 352 Abs. 2 Nr. 2 oder § 357 Satz 1 zuwiderhandelt, soweit sie für einen bestimmten Tatbestand auf diese Bußgeldvorschrift verweist,
17. *(aufgehoben)*
18. *(aufgehoben)*
19. entgegen § 312 Abs. 1 Satz 1 oder 3, jeweils auch in Verbindung mit Absatz 3, eine Tatsache nicht, nicht richtig, nicht vollständig oder nicht rechtzeitig bescheinigt oder eine Arbeitsbescheinigung nicht oder nicht rechtzeitig aushändigt,
20. entgegen § 313 Abs. 1, auch in Verbindung mit Absatz 3, Art oder Dauer der Beschäftigung oder der selbständigen Tätigkeit oder die Höhe des Arbeitsentgelts oder der Vergütung nicht, nicht richtig, nicht vollständig oder nicht rechtzeitig bescheinigt oder eine Bescheinigung nicht oder nicht rechtzeitig aushändigt,
21. entgegen § 313 Abs. 2, auch in Verbindung mit Absatz 3, einen Vordruck nicht oder nicht rechtzeitig vorlegt,
22. entgegen § 314 eine Bescheinigung nicht, nicht richtig, nicht vollständig oder nicht rechtzeitig ausstellt,
23. entgegen § 315 Abs. 1, 2 Satz 1 oder Abs. 3, jeweils auch in Verbindung mit Absatz 4, § 315 Abs. 5 Satz 1, § 316, § 317 oder als privater Arbeitgeber oder Träger entgegen § 318 Abs. 1 Satz 1 eine Auskunft nicht, nicht richtig, nicht vollständig oder nicht rechtzeitig erteilt oder entgegen § 318 Abs. 2 Satz 2 Nr. 2 eine Mitteilung an die Agentur für Arbeit nicht oder nicht rechtzeitig erteilt,
24. entgegen § 319 Abs. 1 Satz 1 Einsicht oder Zutritt nicht gewährt,
25. entgegen § 320 Abs. 1 Satz 1, Abs. 3 Satz 1 oder 2 oder Abs. 5 einen Nachweis nicht, nicht richtig oder nicht vollständig oder nicht rechtzeitig erbringt, eine Aufzeichnung nicht, nicht richtig oder nicht vollständig führt oder eine Anzeige nicht, nicht richtig, nicht vollständig oder nicht rechtzeitig erstattet oder
26. entgegen § 60 Abs. 1 Satz 1 Nr. 2 des Ersten Buches eine Änderung in den Verhältnissen, die für einen Anspruch auf eine laufende Leistung erheblich ist, nicht, nicht richtig, nicht vollständig oder nicht rechtzeitig mitteilt.

(3) Die Ordnungswidrigkeit kann in den Fällen der Absätze 1 und 2 Nr. 3 mit einer Geldbuße bis zu fünfhunderttausend Euro, in den Fällen des Absatzes 2 Nr. 1, 5 bis 9 und 11 bis 13 mit einer Geldbuße bis zu dreißigtausend Euro, in den Fällen des Absatzes 2 Nr. 2, 4, 16 und 26 mit einer Geldbuße bis zu fünftausend Euro, in den übrigen Fällen mit einer Geldbuße bis zu zweitausend Euro geahndet werden.

§ 405 Zuständigkeit, Vollstreckung und Unterrichtung

(1) Verwaltungsbehörden im Sinne des § 36 Abs. 1 Nr. 1 des Gesetzes über Ordnungswidrigkeiten sind in den Fällen
1. des § 404 Abs. 1 sowie des § 404 Abs. 2 Nr. 3 und 4 die Behörden der Zollverwaltung,
2. des § 404 Abs. 2 Nr. 1, 2, 5 bis 16 und 19 bis 25 die Bundesagentur,
3. des § 404 Abs. 2 Nr. 26 die Behörden der Zollverwaltung und die Bundesagentur jeweils für ihren Geschäftsbereich.

(2) [1]Die Geldbußen fließen in die Kasse der Verwaltungsbehörde, die den Bußgeldbescheid erlassen hat. [2]§ 66 des Zehnten Buches gilt entsprechend.

(3) [1]Die nach Absatz 2 Satz 1 zuständige Kasse trägt abweichend von § 105 Abs. 2 des Gesetzes über Ordnungswidrigkeiten die notwendigen Auslagen. [2]Sie ist auch ersatzpflichtig im Sinne des § 110 Abs. 4 des Gesetzes über Ordnungswidrigkeiten.

(4) Bei der Verfolgung und Ahndung der Beschäftigung oder Tätigkeit von Ausländern ohne Genehmigung nach § 284 Abs. 1 oder ohne Aufenthaltstitel nach § 4 Abs. 3 Satz 1 des Aufenthaltsgesetzes sowie der Verstöße gegen die Mitwirkungspflicht gegenüber der Bundesagentur nach § 60 Abs. 1 Satz 1 Nr. 2 des Ersten Buches arbeiten die Behörden nach Absatz 1 mit den in § 2 Abs. 2 des Schwarzarbeitsbekämpfungsgesetzes genannten Behörden zusammen.

(5) [1]Die Bundesagentur unterrichtet das Gewerbezentralregister über rechtskräftige Bußgeldbescheide nach § 404 Abs. 2 Nr. 1, 5 bis 16, 19 und 20. [2]Die Behörden der Zollverwaltung unterrichten das Gewerbezentralregister über rechtskräftige Bußgeldbescheide nach § 404 Abs. 1 und 2 Nr. 3. [3]Dies gilt nur, sofern die Geldbuße mehr als 200 Euro beträgt.

(6) [1]Gerichte, Strafverfolgungs- oder Strafvollstreckungsbehörden sollen den Behörden der Zollverwaltung Erkenntnisse aus sonstigen Verfahren, die aus ihrer Sicht zur Verfolgung von Ordnungswidrigkeiten nach § 404 Abs. 1 oder 2 Nr. 3 erforderlich sind, über-

mitteln, soweit nicht für die übermittelnde Stelle erkennbar ist, dass schutzwürdige Interessen des Betroffenen oder anderer Verfahrensbeteiligter an dem Ausschluss der Übermittlung überwiegen. ²Dabei ist zu berücksichtigen, wie gesichert die zu übermittelnden Erkenntnisse sind.

Zweiter Abschnitt. *(aufgehoben)*

§§ 406, 407 *(aufgehoben)*

Dreizehntes Kapitel. Sonderregelungen

Erster Abschnitt. Sonderregelungen im Zusammenhang mit der Herstellung der Einheit Deutschlands

§ 408 Besondere Bezugsgröße und Beitragsbemessungsgrenze

Soweit Vorschriften dieses Buches bei Entgelten oder Beitragsbemessungsgrundlagen
1. an die Bezugsgröße anknüpfen, ist die Bezugsgröße für das in Artikel 3 des Einigungsvertrages genannte Gebiet (Beitrittsgebiet),
2. an die Beitragsbemessungsgrenze anknüpfen, ist die Beitragsbemessungsgrenze für das Beitrittsgebiet

maßgebend, wenn der Beschäftigungsort im Beitrittsgebiet liegt.

§§ 409–416a *(aufgehoben)*

Zweiter Abschnitt. Ergänzungen für übergangsweise mögliche Leistungen und zeitweilige Aufgaben

§ 417 Förderung beschäftigter Arbeitnehmer

¹Arbeitnehmer können bei beruflicher Weiterbildung durch Übernahme der Weiterbildungskosten gefördert werden, wenn
1. sie bei Beginn der Teilnahme das 45. Lebensjahr vollendet haben,
2. sie im Rahmen eines bestehenden Arbeitsverhältnisses für die Zeit der Teilnahme an der Maßnahme weiterhin Anspruch auf Arbeitsentgelt haben,
3. der Betrieb, dem sie angehören, weniger als 250 Arbeitnehmer beschäftigt,
4. die Maßnahme außerhalb des Betriebes, dem sie angehören, durchgeführt wird und Kenntnisse und Fertigkeiten vermittelt werden, die über ausschließlich arbeitsplatzbezogene kurzfristige Anpassungsfortbildungen hinausgehen,
5. der Träger und die Maßnahme für die Förderung nach den §§ 84 und 85 zugelassen sind und
6. die Maßnahme bis zum 31. Dezember 2011 begonnen hat.

²Es gilt § 77 Abs. 4. ⁴Bei der Feststellung der Zahl der beschäftigten Arbeitnehmer sind teilzeitbeschäftigte Arbeitnehmer mit einer regelmäßigen wöchentlichen Arbeitszeit von nicht mehr als zehn Stunden mit 0,25, nicht mehr als 20 Stunden mit 0,5 und nicht mehr als 30 Stunden mit 0,75 zu berücksichtigen.

§§ 418–421 *(aufgehoben)*

§ 421a Übernahme von Beiträgen bei Befreiung von der Versicherungspflicht in der Kranken- und Pflegeversicherung in Sonderfällen

¹Die Vorschrift über die Übernahme von Beiträgen bei Befreiung von der Versicherungspflicht in der Kranken- und Pflegeversicherung und § 8 Abs. 1 Nr. 1a des Fünften Buches sind auch auf Bezieher von Arbeitslosengeld oder Unterhaltsgeld anzuwenden,

deren Anspruch vor dem 1. April 1998 entstanden ist. ²Der Antrag auf Befreiung von der Versicherungspflicht nach § 8 Abs. 1 Nr. 1a des Fünften Buches ist innerhalb von drei Monaten nach Inkrafttreten dieser Regelung bei der Krankenkasse zu stellen. ³Die Befreiung wirkt von dem Beginn des Kalendermonats an, der auf die Antragstellung folgt.

§§ 421b–421d *(aufgehoben)*

§ 421e Förderung der Weiterbildung in besonderen Fällen

Die Agentur für Arbeit soll bei der Prüfung einer Förderung nach § 77 Abs. 1 berücksichtigen, dass ein Antragsteller innerhalb eines Jahres vor dem Antrag Arbeitslosengeld bezogen hat und einen Anspruch auf Arbeitslosengeld II nach dem Zweiten Buch nicht hat, weil er nicht bedürftig ist.

§ 421f Eingliederungszuschuss für Ältere

(1) Arbeitgeber können zur Eingliederung von Arbeitnehmern, die das 50. Lebensjahr vollendet haben, Zuschüsse zu den Arbeitsentgelten erhalten, wenn
1. diese vor Aufnahme der Beschäftigung mindestens sechs Monate arbeitslos (§ 119) waren oder Arbeitslosengeld unter erleichterten Voraussetzungen oder Transferkurzarbeitergeld bezogen haben oder an einer Maßnahme der beruflichen Weiterbildung oder der öffentlich geförderten Beschäftigung nach diesem Buch teilgenommen haben oder
2. deren Vermittlung wegen in ihrer Person liegender Umstände erschwert ist

und das aufgenommene Beschäftigungsverhältnis für mindestens ein Jahr begründet wird.

(2) ¹Die Förderhöhe und die Förderdauer richten sich nach den jeweiligen Eingliederungserfordernissen. ²Die Förderhöhe darf 30 Prozent des berücksichtigungsfähigen Arbeitsentgelts nicht unterschreiten und 50 Prozent nicht überschreiten. ³Die Förderdauer beträgt mindestens zwölf Monate. ⁴Sie darf 36 Monate nicht überschreiten. ⁵Nach Ablauf von zwölf Monaten ist der Eingliederungszuschuss um mindestens 10 Prozentpunkte jährlich zu vermindern. ⁶Für schwerbehinderte, sonstige behinderte und besonders betroffene schwerbehinderte Menschen darf die Förderhöhe bis zu 70 Prozent des berücksichtigungsfähigen Arbeitsentgelts betragen. ⁷Die Förderdauer darf für besonders betroffene schwerbehinderte Menschen bis zu 60 Monate und ab Vollendung des 55. Lebensjahres bis zu 96 Monate betragen. ⁸Der Eingliederungszuschuss ist für besonders betroffene schwerbehinderte Menschen erst nach Ablauf von 24 Monaten zu kürzen. ⁹Er darf für besonders betroffene schwerbehinderte Menschen 30 Prozent des berücksichtigungsfähigen Arbeitsentgelts nicht unterschreiten.

(3) Das berücksichtigungsfähige Arbeitsentgelt bestimmt sich nach § 220.

(4) Eine Förderung ist ausgeschlossen, wenn
1. zu vermuten ist, dass der Arbeitgeber die Beendigung eines Beschäftigungsverhältnisses veranlasst hat, um einen Eingliederungszuschuss zu erhalten, oder
2. die Einstellung bei einem früheren Arbeitgeber erfolgt, bei dem der Arbeitnehmer während der letzten zwei Jahre vor Förderungsbeginn mehr als drei Monate versicherungspflichtig beschäftigt war.

(5) Die Absätze 1 bis 4 gelten für Förderungen, die bis zum 31. Dezember 2011 begonnen haben.

§ 421g Vermittlungsgutschein

(1) ¹Arbeitnehmer, die Anspruch auf Arbeitslosengeld haben, dessen Dauer nicht allein auf § 127 Absatz 3 beruht, und nach einer Arbeitslosigkeit von sechs Wochen innerhalb einer Frist von drei Monaten noch nicht vermittelt sind, oder die eine Beschäftigung ausüben oder zuletzt ausgeübt haben, die als Arbeitsbeschaffungsmaßnahme oder als Strukturanpassungsmaßnahme nach dem Sechsten Abschnitt des Sechsten Kapitels gefördert wird oder wurde, haben Anspruch auf einen Vermittlungsgutschein. ²Die Frist geht dem Tag der Antragstellung auf einen Vermittlungsgutschein unmittelbar voraus. ³In die Frist werden Zeiten nicht eingerechnet, in denen der Arbeitnehmer an Maßnahmen nach § 46 sowie an Maßnahmen der beruflichen Weiterbildung nach dem Sechsten Abschnitt des Vierten Kapitels teilgenommen hat. ⁴Mit dem Vermittlungsgutschein verpflichtet sich die Agentur für Arbeit, den Vergütungsanspruch eines vom Arbeitnehmer eingeschalteten Vermittlers, der den Arbeitnehmer in eine versicherungspflichtige Beschäftigung mit ei-

ner Arbeitszeit von mindestens 15 Stunden wöchentlich vermittelt hat, nach Maßgabe der folgenden Bestimmungen zu erfüllen. ⁵Versicherungspflichtige Beschäftigungen mit einer Arbeitszeit von mindestens 15 Stunden wöchentlich in einem anderen Mitgliedstaat der Europäischen Union oder einem anderen Vertragsstaat des Abkommens über den Europäischen Wirtschaftsraum sind den versicherungspflichtigen Beschäftigungen nach Satz 4 gleichgestellt. ⁶Der Vermittlungsgutschein gilt für einen Zeitraum von jeweils drei Monaten.

(2) ¹Der Vermittlungsgutschein, einschließlich der darauf entfallenden gesetzlichen Umsatzsteuer, wird in Höhe von 2.000 Euro ausgestellt. ²Bei Langzeitarbeitslosen und behinderten Menschen nach § 2 Abs. 1 des Neunten Buches kann der Vermittlungsgutschein bis zu einer Höhe von 2.500 Euro ausgestellt werden. ³Die Vergütung wird in Höhe von 1.000 Euro nach einer sechswöchigen und der Restbetrag nach einer sechsmonatigen Dauer des Beschäftigungsverhältnisses gezahlt. ⁴Die Leistung wird unmittelbar an den Vermittler gezahlt.

(3) Die Zahlung der Vergütung ist ausgeschlossen, wenn
1. der Vermittler von der Agentur für Arbeit mit der Vermittlung des Arbeitnehmers beauftragt ist,
2. die Einstellung bei einem früheren Arbeitgeber erfolgt ist, bei dem der Arbeitnehmer während der letzten vier Jahre vor der Arbeitslosmeldung mehr als drei Monate lang versicherungspflichtig beschäftigt war; dies gilt nicht, wenn es sich um die befristete Beschäftigung besonders betroffener schwerbehinderter Menschen handelt,
3. das Beschäftigungsverhältnis von vornherein auf eine Dauer von weniger als drei Monaten begrenzt ist oder
4. der Vermittler nicht nachweist, dass er die Arbeitsvermittlung als Gegenstand seines Gewerbes angezeigt hat oder nach den gesetzlichen Regelungen zur Teilhabe schwerbehinderter Menschen am Arbeitsleben beteiligt worden ist.

(4) ¹Anspruch auf einen Vermittlungsgutschein besteht längstens bis zum 31. Dezember 2011. ²Das Bundesministerium für Arbeit und Soziales wird ermächtigt, im Einvernehmen mit dem Bundesministerium der Finanzen durch Rechtsverordnung die Dauer der Arbeitslosigkeit, die für den Anspruch maßgeblich ist, heraufzusetzen und die Höhe des Vermittlungsgutscheines abweichend festzulegen.

§ 421h Erprobung innovativer Ansätze

(1) ¹Die Zentrale der Bundesagentur kann bis zu 1 Prozent der im Eingliederungstitel für Ermessensleistungen der aktiven Arbeitsförderung enthaltenen Mittel verwenden, um innovative Ansätze der aktiven Arbeitsförderung zu erproben. ²Die einzelnen Projekte dürfen den Höchstbetrag von 2 Millionen Euro jährlich und eine Dauer von 24 Monaten nicht übersteigen. ³Die Regelung gilt für Förderungen, die bis zum 31. Dezember 2013 begonnen haben.

(2) ¹Die Umsetzung und die Wirkung der Projekte sind zu beobachten und auszuwerten. ²Über die Ergebnisse ist dem Verwaltungsrat nach Beendigung der Maßnahme ein Bericht vorzulegen. ³Zu Beginn eines jeden Jahres übermittelt die Bundesagentur dem Verwaltungsrat eine Übersicht über die laufenden Projekte.

§ 421i *(aufgehoben)*

§ 421j Entgeltsicherung für ältere Arbeitnehmer

(1) ¹Arbeitnehmer, die das 50. Lebensjahr vollendet haben und ihre Arbeitslosigkeit durch Aufnahme einer versicherungspflichtigen Beschäftigung beenden oder vermeiden, haben Anspruch auf Leistungen der Entgeltsicherung, wenn sie
1. einen Anspruch auf Arbeitslosengeld von mindestens 120 Tagen haben oder geltend machen könnten,
2. ein Arbeitsentgelt beanspruchen können, das den tariflichen oder, wenn eine tarifliche Bindung der Vertragsparteien nicht besteht, den ortsüblichen Bedingungen entspricht und
3. eine monatliche Nettoentgeltdifferenz von mindestens 50 Euro besteht.

²Die Nettoentgeltdifferenz entspricht dem Unterschiedsbetrag zwischen dem pauschalierten Nettoentgelt, das sich aus dem der Bemessung des Arbeitslosengeldes zu Grunde liegenden Arbeitsentgelt ergibt, und dem niedrigeren pauschalierten Nettoentgelt der aufgenommenen Beschäftigung.

(2) ¹Die Entgeltsicherung wird für die Dauer von zwei Jahren gewährt. ²Kann die Entgeltsicherung nur für eine kürzere Dauer als nach Satz 1 erbracht werden, so ist innerhalb von zwei Jahren nach Aufnahme dieser Beschäftigung die Entgeltsicherung für die Dauer des noch verbleibenden Anspruchs erneut zu gewähren, wenn die Voraussetzungen nach Absatz 1 Satz 1 Nr. 2 und 3 vorliegen, soweit ein neuer Anspruch nach Absatz 1 nicht entstanden ist. ³Zeiten der Beschäftigung, in denen Leistungen der Entgeltsicherung bezogen werden, begründen keinen Anspruch nach Absatz 1.

(3) ¹Die Entgeltsicherung wird geleistet als Zuschuss zum Arbeitsentgelt und als zusätzlicher Beitrag zur gesetzlichen Rentenversicherung. ²Der Zuschuss zum Arbeitsentgelt beträgt im ersten Jahr nach Aufnahme der Beschäftigung 50 Prozent und im zweiten Jahr 30 Prozent der monatlichen Nettoentgeltdifferenz. ³Der zusätzliche Beitrag zur gesetzlichen Rentenversicherung wird nach § 163 Abs. 9 des Sechsten Buches bemessen und von der Bundesagentur entrichtet; § 207 gilt entsprechend. ⁴Bei der Feststellung der für die Leistungen der Entgeltsicherung maßgeblichen Tatsachen gilt § 313 entsprechend. ⁵Wesentliche Änderungen des Arbeitsentgelts während des Bezugs der Leistungen der Entgeltsicherung werden berücksichtigt.

(4) ¹Weicht die regelmäßige vereinbarte Arbeitszeit der Beschäftigung während des Bezugs der Leistungen der Entgeltsicherung von der regelmäßigen vereinbarten Arbeitszeit der Beschäftigung vor Eintritt der Arbeitslosigkeit ab, ist das Verhältnis der Abweichung auf die Höhe der Leistungen anzuwenden. ²Wird durch die Aufnahme einer mit Entgeltsicherung geförderten Beschäftigung Arbeitslosigkeit vermieden, so wird für das Verhältnis der Abweichung die regelmäßige vereinbarte Arbeitszeit aus der vorangegangenen Beschäftigung zu Grunde gelegt.

(5) Die Entgeltsicherung ist ausgeschlossen, wenn
1. bei einem Wechsel in eine betriebsorganisatorisch eigenständige Einheit nach § 216b ein geringeres Arbeitsentgelt als bisher vereinbart wurde,
2. die Beschäftigung in einer Maßnahme nach dem Sechsten Kapitel dieses Buches erfolgt oder
3. der Arbeitnehmer eine Rente wegen Alters aus der gesetzlichen Rentenversicherung oder eine ähnliche Leistung öffentlich-rechtlicher Art bezieht.

(6) In Zeiten, in denen der Arbeitnehmer Kurzarbeitergeld, Krankengeld, Versorgungskrankengeld, Verletztengeld, Übergangsgeld oder Krankentagegeld von einem privaten Krankenversicherungsunternehmen bezieht, werden die Leistungen der Entgeltsicherung unverändert erbracht.

(7) ¹Vom 1. Januar 2012 an finden diese Regelungen nur noch Anwendung, wenn der Anspruch auf Entgeltsicherung vor diesem Tag entstanden ist. ²Bei erneuter Antragstellung werden die Leistungen längstens bis zum 31. Dezember 2013 gewährt.

§ 421k Tragung der Beiträge zur Arbeitsförderung bei Beschäftigung älterer Arbeitnehmer

(1) ¹Arbeitgeber, die ein Beschäftigungsverhältnis mit einem zuvor Arbeitslosen, der das 55. Lebensjahr vollendet hat, erstmalig begründen, werden von der Beitragstragung befreit. ²Der versicherungspflichtig Beschäftigte trägt die Hälfte des Beitrages, der ohne die Regelung des Satzes 1 zu zahlen wäre.

(2) Vom 1. Januar 2008 an ist Absatz 1 nur noch für Beschäftigungsverhältnisse anzuwenden, die vor dem 1. Januar 2008 begründet worden sind.

§ 421l Existenzgründungszuschuss

(1) ¹Arbeitnehmer, die durch Aufnahme einer selbständigen, hauptberuflichen Tätigkeit die Arbeitslosigkeit beenden, haben Anspruch auf einen monatlichen Existenzgründungszuschuss. ²Der Zuschuss wird geleistet, wenn der Existenzgründer
1. in einem engen Zusammenhang mit der Aufnahme der selbständigen Tätigkeit Entgeltersatzleistungen nach diesem Buch bezogen hat oder eine Beschäftigung ausgeübt hat, die als Arbeitsbeschaffungsmaßnahme nach diesem Buch gefördert worden ist,
2. nach Aufnahme der selbständigen Tätigkeit Arbeitseinkommen nach § 15 des Vierten Buches erzielen wird, das voraussichtlich 25.000 Euro im Jahr nicht überschreiten wird, und
3. eine Stellungnahme einer fachkundigen Stelle über die Tragfähigkeit der Existenzgründung vorgelegt hat; fachkundige Stellen sind insbesondere die Industrie- und Handels-

kammern, Handwerkskammern, berufsständische Kammern, Fachverbände und Kreditinstitute.

(2) ¹Der Zuschuss wird bis zu drei Jahre erbracht und wird jeweils längstens für ein Jahr bewilligt. ²Er beträgt im ersten Jahr nach Beendigung der Arbeitslosigkeit monatlich 600 Euro, im zweiten Jahr monatlich 360 Euro und im dritten Jahr monatlich 240 Euro. ³Vor einer erneuten Bewilligung des Zuschusses hat der Existenzgründer das Vorliegen der Voraussetzungen nach Absatz 1 darzulegen. ⁴Liegen die Voraussetzungen für ein Ruhen des Anspruchs bei Sperrzeit nach § 144 vor, verkürzt sich die Dauer der Förderung entsprechend der Dauer der Sperrzeit unter Berücksichtigung der bereits verstrichenen Dauer der Sperrzeiten. ⁵Geförderte Personen, die das 65. Lebensjahr vollendet haben, haben vom Beginn des folgenden Monats an keinen Anspruch auf Existenzgründungszuschuss.

(3) ¹Überschreitet das Arbeitseinkommen im Jahr 25.000 Euro, so kann nach Ablauf des bewilligten Zeitraums der Zuschuss nicht mehr erbracht werden. ²Arbeitsentgelt nach § 14 des Vierten Buches, das im gleichen Zeitraum erzielt wird, wird bei der Ermittlung der für die Förderung maßgeblichen Obergrenze einbezogen.

(4) Die Förderung ist ausgeschlossen, wenn
1. die Aufnahme einer selbständigen Tätigkeit durch Überbrückungsgeld nach § 57 gefördert wird,
2. nach Beendigung einer Förderung der Aufnahme einer selbständigen Tätigkeit nach diesem Buch noch nicht 24 Monate vergangen sind; von dieser Frist kann wegen besonderer in der Person des Arbeitnehmers liegender Gründe abgesehen werden. Die Frist gilt nicht für Bewilligungen für das zweite und das dritte Jahr.

(5) Vom 1. Juli 2006 an finden diese Regelungen nur noch Anwendung, wenn der Anspruch auf Förderung vor diesem Tag bestanden hat.

(6) Die Bundesagentur für Arbeit wird ermächtigt, durch Anordnung das Nähere über Voraussetzungen, Umfang und Verfahren der Förderung zu bestimmen.

§ 421 m *(aufgehoben)*

§ 421 n Außerbetriebliche Berufsausbildung ohne vorherige Teilnahme an einer auf einen Beruf vorbereitenden Maßnahme

Abweichend von § 242 Absatz 1 Nummer 2 kann in begründeten Ausnahmefällen zugunsten von sozial benachteiligten Jugendlichen bis zum 31. Dezember 2010 vom Erfordernis der vorherigen Teilnahme an einer nach Bundes- oder Landesrecht auf einen Beruf vorbereitenden Maßnahme mit einer Dauer von mindestens sechs Monaten abgesehen werden.

§ 421 o Qualifizierungszuschuss für jüngere Arbeitnehmer

(1) ¹Arbeitgeber können zur Eingliederung von jüngeren Arbeitnehmern, die bei Aufnahme der Beschäftigung das 25. Lebensjahr noch nicht vollendet haben, Zuschüsse erhalten, wenn diese
1. vor Aufnahme der Beschäftigung mindestens sechs Monate arbeitslos (§ 119) waren,
2. nicht über einen Berufsabschluss verfügen und
3. im Rahmen des Arbeitsverhältnisses qualifiziert werden.
²Bei der Feststellung der sechsmonatigen Arbeitslosigkeit vor Aufnahme der Beschäftigung bleiben innerhalb eines Zeitraums von zwei Jahren folgende Unterbrechungen der Arbeitslosigkeit unberücksichtigt:
1. Zeiten einer Maßnahme nach § 46 oder § 16 d Satz 2 des Zweiten Buches,
2. Zeiten einer Krankheit, einer Pflegebedürftigkeit oder eines Beschäftigungsverbots nach dem Mutterschutzgesetz,
3. Zeiten der Betreuung und Erziehung aufsichtsbedürftiger Kinder oder der Betreuung pflegebedürftiger Angehöriger,
4. Zeiten, in denen eine Beschäftigung rechtlich nicht möglich war, und
5. kurze Unterbrechungen der Arbeitslosigkeit ohne Nachweis.
³§ 18 Abs. 3 gilt entsprechend.

(2) ¹Die Förderdauer richtet sich nach den jeweiligen Eingliederungserfordernissen und darf zwölf Monate nicht überschreiten. ²Die Förderhöhe beträgt 50 Prozent des berück-

sichtigungsfähigen Arbeitsentgelts. ³Davon werden in der Regel 35 Prozentpunkte als Zuschuss zum Arbeitsentgelt und mindestens 15 Prozentpunkte für die Qualifizierung des Arbeitnehmers geleistet.

(3) ¹Das berücksichtigungsfähige Arbeitsentgelt und die Auszahlung des Zuschusses bestimmen sich nach § 220. ²Soweit das regelmäßig gezahlte Arbeitsentgelt 1.000 Euro überschreitet, bleibt der 1.000 Euro übersteigende Teil bei der Berechnung des Zuschusses unberücksichtigt.

(4) ¹Inhalt der Qualifizierung nach Absatz 1 Nr. 3 soll die betriebsnahe Vermittlung von arbeitsmarktverwertbaren Kenntnissen, Fertigkeiten und Fähigkeiten sein, die die Chancen auf dem Arbeitsmarkt verbessern und auf einen beruflichen Abschluss vorbereiten können. ²Der Arbeitgeber hat die vermittelten Kenntnisse, Fertigkeiten und Fähigkeiten zu bescheinigen. ³Die Qualifizierung kann auch durch einen Träger durchgeführt werden, wenn eine Qualifizierung im Betrieb nicht möglich ist.

(5) Während der Förderdauer sind notwendige Maßnahmen zur sozialpädagogischen Begleitung im Sinne des § 243 Abs. 1 förderungsfähig.

(6) Leistungen nach diesem Buch, die auf einen beruflichen Abschluss zielen, haben Vorrang vor dieser Leistung.

(7) Eine Förderung ist ausgeschlossen, wenn
1. zu vermuten ist, dass der Arbeitgeber die Beendigung eines Beschäftigungsverhältnisses veranlasst hat, um einen Qualifizierungszuschuss zu erhalten,
2. die Einstellung bei einem früheren Arbeitgeber erfolgt, bei dem der Arbeitnehmer während der letzten zwei Jahre vor Förderungsbeginn mehr als drei Monate versicherungspflichtig beschäftigt war oder
3. es sich nicht um eine Vollzeitbeschäftigung handelt.

(8) ¹Der Qualifizierungszuschuss ist teilweise zurückzuzahlen, wenn das Beschäftigungsverhältnis während des Förderzeitraums beendet wird. ²Dies gilt nicht, wenn
1. der Arbeitgeber berechtigt war, das Arbeitsverhältnis aus Gründen, die in der Person oder dem Verhalten des Arbeitnehmers liegen, zu kündigen,
2. eine Kündigung aus dringenden betrieblichen Erfordernissen, die einer Weiterbeschäftigung im Betrieb entgegenstehen, berechtigt war oder
3. die Beendigung des Arbeitsverhältnisses auf das Bestreben des Arbeitnehmers hin erfolgt, ohne dass der Arbeitgeber den Grund hierfür zu vertreten hat.
³Die Rückzahlung ist auf die Hälfte des Förderungsbetrages begrenzt.

(9) ¹Wird die Vermittlung der Kenntnisse, Fertigkeiten und Fähigkeiten nach Absatz 4 nicht bescheinigt, ist der Qualifizierungszuschuss teilweise zurückzuzahlen. ²Die Rückzahlung ist auf ein Fünftel des Förderungsbetrages begrenzt.

(10) Die Absätze 1 bis 9 gelten für Förderungen, die bis zum 31. Dezember 2010 begonnen haben.

(11) Die Bundesagentur wird ermächtigt, durch Anordnung das Nähere über Voraussetzungen, Art, Umfang und Verfahren der Qualifizierung zu bestimmen.

§ 421 p Eingliederungszuschuss für jüngere Arbeitnehmer

(1) ¹Arbeitgeber können zur Eingliederung von jüngeren Arbeitnehmern mit Berufsabschluss, die bei Aufnahme der Beschäftigung das 25. Lebensjahr noch nicht vollendet haben, Zuschüsse zum Arbeitsentgelt erhalten, wenn diese vor Aufnahme der Beschäftigung mindestens sechs Monate arbeitslos (§ 119) waren. ²§ 421 o Abs. 1 Satz 2 und 3 gilt entsprechend.

(2) ¹Förderhöhe und Förderdauer richten sich nach den jeweiligen Eingliederungserfordernissen. ²Die Förderhöhe darf 25 Prozent des berücksichtigungsfähigen Arbeitsentgelts nicht unterschreiten und 50 Prozent nicht überschreiten. ³Die Förderdauer beträgt längstens zwölf Monate.

(3) Die Regelungen des § 421 o zum berücksichtigungsfähigen Arbeitsentgelt, zur Auszahlung des Zuschusses, zum Förderungsausschluss und zur Rückzahlung des Zuschusses sowie zur Befristung der Leistung gelten entsprechend.

§ 421 q Erweiterte Berufsorientierung

Abweichend von § 33 Satz 4 können bis zum 31. Dezember 2013 Berufsorientierungsmaßnahmen über einen Zeitraum von vier Wochen hinaus und außerhalb der unterrichtsfreien Zeit durchgeführt werden.

§ 421 r Ausbildungsbonus

(1) ¹Arbeitgeber erhalten einen Zuschuss für die zusätzliche betriebliche Ausbildung besonders förderungsbedürftiger Auszubildender (Ausbildungsbonus). ²Besonders förderungsbedürftig sind Auszubildende, die bereits im Vorjahr oder früher die allgemein bildende Schule verlassen haben und die
1. sich bereits für das Vorjahr oder früher erfolglos um eine berufliche Ausbildung im Sinne von Absatz 3 bemüht haben und einen Hauptschulabschluss, einen Sonderschulabschluss oder keinen Schulabschluss haben oder
2. lernbeeinträchtigt oder sozial benachteiligt sind.

³Der Ausbildungsbonus kann auch an Arbeitgeber geleistet werden, die förderungsbedürftige Auszubildende zusätzlich betrieblich ausbilden. ⁴Förderungsbedürftig sind Auszubildende,
1. die bereits im Vorjahr oder früher die allgemein bildende Schule verlassen haben und die
   a) sich bereits für die beiden vorhergehenden Jahre und früher erfolglos um eine berufliche Ausbildung im Sinne von Absatz 3 bemüht haben oder
   b) sich bereits für das Vorjahr oder früher erfolglos um eine berufliche Ausbildung im Sinne von Absatz 3 bemüht haben und einen mittleren Schulabschluss haben
   oder
2. deren Ausbildungsvertrag über eine Ausbildung im Sinne von Absatz 3 wegen einer Insolvenz, Stilllegung oder Schließung des ausbildenden Betriebes vorzeitig beendet worden ist,

soweit sie nicht unter Satz 2 fallen.

(2) Ein Auszubildender hat sich um eine berufliche Ausbildung bemüht, wenn er bei der Agentur für Arbeit oder bei dem Träger der Grundsicherung für Arbeitsuchende Ausbildung suchend gemeldet war oder den Nachweis von mindestens fünf abgelehnten Bewerbungen je Kalenderjahr für ein Ausbildungsverhältnis erbringt.

(3) Förderungsfähig ist eine betriebliche Ausbildung, die in einem staatlich anerkannten Ausbildungsberuf nach dem Berufsbildungsgesetz, der Handwerksordnung, dem Seemannsgesetz oder dem Altenpflegegesetz durchgeführt wird und für die der dafür vorgeschriebene Berufsausbildungsvertrag abgeschlossen worden ist.

(4) ¹Die Ausbildung erfolgt zusätzlich, wenn bei Ausbildungsbeginn die Zahl der Ausbildungsverhältnisse im Sinne von Absatz 3 in dem Betrieb aufgrund des mit dem Auszubildenden abgeschlossenen Ausbildungsvertrages höher ist, als sie es im Durchschnitt der drei vorhergehenden Jahre jeweils am 31. Dezember war. ²Bei der Berechnung werden Auszubildende, deren Ausbildungszeit abgelaufen ist und die wegen Nichtbestehens der Abschlussprüfung weiterbeschäftigt werden, und Auszubildende, deren Ausbildungszeit vor dem 31. Dezember desselben Jahres endet, nicht mitgezählt. ³Es ist auf ganze Zahlen zu runden. ⁴§ 338 Abs. 2 ist entsprechend anzuwenden. ⁵Der Arbeitgeber hat die Zusätzlichkeit durch eine Bescheinigung der nach dem Berufsbildungsgesetz zuständigen Stelle nachzuweisen. ⁶Im Falle der Altenpflegeausbildung tritt an die Stelle der nach dem Berufsbildungsgesetz zuständigen Stelle nach Satz 4 die nach Landesrecht zuständige Stelle.

(5) Eine Förderung ist ausgeschlossen, wenn
1. zu vermuten ist, dass der Arbeitgeber die Beendigung eines Ausbildungsverhältnisses veranlasst hat, um einen Ausbildungsbonus zu erhalten,
2. zu vermuten ist, dass der Arbeitgeber den Auszubildenden im Vorjahr oder früher nicht zur Ausbildung eingestellt hat, um den Ausbildungsbonus zu erhalten, oder
3. die Ausbildung im Betrieb des Ehegatten, des Lebenspartners, der Eltern oder eines Elternteils durchgeführt wird.

(6) ¹Die Höhe des Ausbildungsbonus bestimmt sich nach der für das erste Ausbildungsjahr tariflich vereinbarten monatlichen Ausbildungsvergütung oder, wenn eine tarifliche Regelung nicht besteht, nach der für vergleichbare Ausbildungen ortsüblichen Ausbildungsvergütung. ²Einmalig gezahltes Entgelt wird nicht berücksichtigt. ³Der Ausbildungsbonus beträgt für jedes zusätzliche Ausbildungsverhältnis
1. 4.000 Euro, wenn die maßgebliche Vergütung 500 Euro unterschreitet,
2. 5.000 Euro, wenn die maßgebliche Vergütung mindestens 500 Euro und weniger als 750 Euro beträgt, und
3. 6.000 Euro, wenn die maßgebliche Vergütung mindestens 750 Euro beträgt.

⁴Er reduziert sich anteilig, soweit die in der Ausbildungsordnung festgelegte Ausbildungsdauer unterschritten wird, weil der Auszubildende bereits bei Abschluss des Ausbildungs-

vertrages Teile der Ausbildung erfolgreich absolviert hat oder eine Anrechnung von Zeiten beruflicher Vorbildung auf die Ausbildung erfolgt.

(7) ¹Der Ausbildungsbonus nach Absatz 6 erhöht sich zugunsten von schwerbehinderten Auszubildenden im Sinne des § 2 Abs. 2 des Neunten Buches und behinderten Auszubildenden um 30 Prozent. ²Eine Förderung ist ausgeschlossen, wenn das Ausbildungsverhältnis nach § 235a oder § 236 gefördert wird.

(8) ¹Hat der Auszubildende bei dem Arbeitgeber eine geförderte betriebliche Einstiegsqualifizierung durchlaufen, ist die dafür erbrachte Leistung auf den Ausbildungsbonus anzurechnen. ²Eine Reduzierung des Ausbildungsbonus nach Absatz 6 Satz 4 erfolgt nicht.

(8a) In den Fällen, in denen der Ausbildungsvertrag über eine Ausbildung im Sinne von Absatz 3 wegen einer Insolvenz, Stilllegung oder Schließung des ausbildenden Betriebes vorzeitig beendet worden ist, kann von der Voraussetzung der Zusätzlichkeit des die Ausbildung fortführenden Ausbildungsverhältnisses abgesehen werden.

(9) ¹Die Leistung wird nur erbracht, soweit sie nicht für den gleichen Zweck durch Dritte erbracht wird. ²Leistungen Dritter zur Aufstockung der Leistung bleiben anrechnungsfrei.

(10) 50 Prozent der Leistung werden nach Ablauf der Probezeit, 50 Prozent der Leistung werden nach Anmeldung des Auszubildenden zur Abschlussprüfung ausgezahlt, wenn das Ausbildungsverhältnis jeweils fortbesteht.

(11) ¹Förderungsfähig sind Ausbildungen, die frühestens am 1. Juli 2008 und spätestens am 31. Dezember 2010 begonnen werden. ²Abweichend von Satz 1 sind in den Fällen des Absatzes 1 Satz 4 Nummer 2 Ausbildungen förderungsfähig, die spätestens am 31. Dezember 2013 begonnen werden.

(12) Die Bundesagentur wird ermächtigt, durch Anordnung das Nähere zum Verfahren der Förderung zu bestimmen.

(13) Das Bundesministerium für Arbeit und Soziales untersucht die Auswirkungen des Ausbildungsbonus auf den Ausbildungsmarkt und die öffentlichen Haushalte in den Jahren 2008 bis 2013 und berichtet dem Deutschen Bundestag hierüber erstmals bis zum 31. Juli 2010 und abschließend bis zum 31. Dezember 2013.

§ 421s Berufseinstiegsbegleitung

(1) Träger von Maßnahmen der Berufseinstiegsbegleitung für Jugendliche können durch Übernahme der Maßnahmekosten gefördert werden, um Jugendliche beim Übergang von der allgemein bildenden Schule in eine berufliche Ausbildung zu unterstützen.

(2) ¹Förderungsfähig sind Maßnahmen zur individuellen Begleitung und Unterstützung förderungsbedürftiger Jugendlicher durch Berufseinstiegsbegleiter, um die Eingliederung des Jugendlichen in eine berufliche Ausbildung zu erreichen (Berufseinstiegsbegleitung). ²Unterstützt werden sollen insbesondere das Erreichen des Abschlusses einer allgemein bildenden Schule, die Berufsorientierung und -wahl, die Suche nach einem Ausbildungsplatz und die Stabilisierung des Ausbildungsverhältnisses. ³Die Begleitung beginnt in der Regel mit dem Besuch der Vorabgangsklasse der allgemein bildenden Schule und endet ein halbes Jahr nach Beginn einer beruflichen Ausbildung. ⁴Sie endet spätestens 24 Monate nach Beendigung der allgemein bildenden Schule. ⁵Der Träger hat mit Dritten, die Schüler derselben Schule bei der Berufsorientierung und -wahl unterstützen, und mit den Arbeitgebern in der Region eng zusammenzuarbeiten.

(3) Förderungsbedürftig sind Jugendliche, die voraussichtlich Schwierigkeiten haben, den Abschluss der allgemein bildenden Schule zu erreichen und den Übergang in eine berufliche Ausbildung zu bewältigen.

(4) ¹Berufseinstiegsbegleiter sind Personen, die aufgrund ihrer Berufs- und Lebenserfahrung für die Begleitung besonders geeignet sind. ²Dem Jugendlichen ist ein Berufseinstiegsbegleiter zuzuordnen. ³Ein Wechsel des Berufseinstiegsbegleiters während der Begleitung eines Jugendlichen ist nur aus wichtigem Grund zulässig. ⁴Einem Berufseinstiegsbegleiter sollen in der Regel höchstens 20 Jugendliche gleichzeitig zugeordnet sein.

(5) Als Maßnahmekosten können die angemessenen Aufwendungen des Trägers für die Durchführung der Maßnahme einschließlich der erforderlichen Kosten für die Berufseinstiegsbegleiter übernommen werden.

(6) ¹Die Maßnahmen sind nur förderungsfähig, wenn sie nach den Grundsätzen der Wirtschaftlichkeit und Sparsamkeit geplant, im Auftrag der Agentur für Arbeit durchgeführt werden und die Kosten angemessen sind. ²Die vergaberechtlichen Vorschriften sind anzuwenden.

(7) Es können Maßnahmen gefördert werden, die bis zum 31. Dezember 2011 beginnen.

(8) ¹Die Maßnahmen werden zum Zweck der Erprobung nur zugunsten von Schülern an 1.000 ausgewählten allgemein bildenden Schulen gefördert. ²Die Bundesagentur bestimmt bis zum 31. Dezember 2008 die Schulen durch Anordnung. ³Die Bundesländer sind entsprechend ihrem Anteil an allen zwischen dem 1. Oktober 2006 und dem 30. September 2007 bei der Bundesagentur gemeldeten Bewerbern für Berufsausbildungsstellen zu berücksichtigen. ⁴Die Bundesagentur hat die Schulträger und die örtlichen Träger der öffentlichen Jugendhilfe bei der Auswahl der Schulen einzubeziehen.

(9) Die Bundesagentur wird ermächtigt, durch Anordnung das Nähere über Voraussetzungen, Art, Umfang und Verfahren der Förderung zu bestimmen.

(10) Das Bundesministerium für Arbeit und Soziales untersucht die Auswirkungen der Berufseinstiegsbegleitung auf das Erreichen des Abschlusses der allgemein bildenden Schule und den Erfolg insbesondere beim Übergang in eine betriebliche Berufsausbildung und die Förderleistungen des Bundes, der Bundesagentur, der Länder und Kommunen in den Jahren 2008 bis 2013 und berichtet dem Deutschen Bundestag hierüber erstmals bis zum 31. Dezember 2010 und abschließend bis zum 31. Dezember 2014.

§ 421 t Sonderregelungen zu Kurzarbeitergeld, Qualifizierung und Arbeitslosengeld

(1) ¹Kurzarbeitergeld nach § 169 wird bis zum 31. März 2012 mit folgenden Maßgaben geleistet:
1. dem Arbeitgeber werden auf Antrag 50 Prozent der von ihm allein zu tragenden Beiträge zur Sozialversicherung in pauschalierter Form erstattet,
2. für Zeiten der Teilnahme eines vom Arbeitsausfall betroffenen Arbeitnehmers an einer berücksichtigungsfähigen beruflichen Qualifizierungsmaßnahme, bei der die Teilnahme nicht der Rückkehr zur regelmäßigen wöchentlichen Arbeitszeit oder der Erhöhung der Arbeitszeit entgegensteht, werden dem Arbeitgeber die von ihm allein zu tragenden Beiträge zur Sozialversicherung für den jeweiligen Kalendermonat auf Antrag in voller Höhe in pauschalierter Form erstattet, wenn der zeitliche Umfang der Qualifizierungsmaßnahme mindestens 50 Prozent der Ausfallzeit beträgt; berücksichtigungsfähig sind alle beruflichen Qualifizierungsmaßnahmen, die mit öffentlichen Mitteln gefördert werden; nicht öffentlich geförderte Qualifizierungsmaßnahmen sind berücksichtigungsfähig, wenn ihre Durchführung weder im ausschließlichen oder erkennbar überwiegenden Interesse des Unternehmens liegt noch der Arbeitgeber gesetzlich zur Durchführung verpflichtet ist,
3. für ab dem 1. Januar 2009 durchgeführte Kurzarbeit werden dem Arbeitgeber ab dem siebten Kalendermonat des Bezugs von Kurzarbeitergeld auf Antrag 100 Prozent der von ihm allein zu tragenden Beiträge zur Sozialversicherung in pauschalierter Form erstattet,
4. innerhalb der Bezugsfrist werden Zeiträume, in denen Kurzarbeitergeld nicht geleistet wird, auf Antrag des Arbeitgebers abweichend von § 177 Absatz 2 und 3 nicht als Unterbrechung gewertet.

²Für die Pauschalierung wird die Sozialversicherungspauschale nach § 133 Absatz 1 Satz 2 Nummer 1 abzüglich des Beitrages zur Arbeitsförderung zu Grunde gelegt.

(2) Kurzarbeitergeld nach § 169 und Saison-Kurzarbeitergeld nach § 175 werden bis zum 31. März 2012 mit folgenden Maßgaben geleistet:
1. neben den in § 170 Absatz 1 Nummer 4 genannten Voraussetzungen ist ein Arbeitsausfall auch dann erheblich, wenn im jeweiligen Kalendermonat weniger als ein Drittel der in dem Betrieb beschäftigten Arbeitnehmer von einem Entgeltausfall betroffen ist, soweit dieser jeweils mehr als 10 Prozent ihres monatlichen Bruttoentgelts betrifft,
2. § 170 Absatz 4 Satz 2 Nummer 3 gilt nicht für den Fall negativer Arbeitszeitsalden,
3. bei der Berechnung der Nettoentgeltdifferenz nach § 179 Absatz 1 bleiben auf Grund von kollektivrechtlichen Beschäftigungssicherungsvereinbarungen ab dem 1. Januar 2008 durchgeführte vorübergehende Änderungen der vertraglich vereinbarten Arbeitszeit außer Betracht; § 179 Absatz 2 findet insoweit keine Anwendung.

(3) ¹§ 354 gilt bis zum 31. März 2012 mit der Maßgabe, dass die Aufwendungen für die Erstattung der von den Arbeitgebern allein zu tragenden Beiträge zur Sozialversicherung für Bezieher von Saison-Kurzarbeitergeld nach § 175 a Absatz 4 zu 50 Prozent von der Bundesagentur gezahlt werden. ²Fällt der siebte Monat des Bezugs von Kurzarbeitergeld

in die Schlechtwetterzeit, werden ab diesem Monat die in Satz 1 genannten Aufwendungen zu 100 Prozent von der Bundesagentur gezahlt.

(4) *(aufgehoben)*

(5) *(aufgehoben)*

(6) [1] Abweichend von § 85 Absatz 2 Satz 2 ist die Dauer einer Vollzeitmaßnahme der beruflichen Weiterbildung, die bis zum 31. Dezember 2010 beginnt, auch dann angemessen, wenn sie nach dem Alten- oder Krankenpflegegesetz nicht um mindestens ein Drittel verkürzt werden kann. [2] Insoweit ist § 85 Absatz 2 Satz 3 nicht anzuwenden.

(7) [1] Bei der Ermittlung des Bemessungsentgelts ist § 131 mit der Maßgabe anzuwenden, dass für Zeiten, in denen die durchschnittliche regelmäßige wöchentliche Arbeitszeit des Arbeitslosen auf Grund einer Beschäftigungssicherungsvereinbarung, die ab dem 1. Januar 2008 geschlossen oder wirksam geworden ist, vermindert war, als Arbeitsentgelt das Arbeitsentgelt zu Grunde zu legen ist, das der Arbeitslose ohne diese Vereinbarung und ohne Mehrarbeit erzielt hätte; insoweit gilt § 130 Absatz 2 Satz 1 Nummer 4 nicht. [2] Satz 1 gilt für Zeiten bis zum 31. März 2012.

§ 421u Versicherungsfreiheit von Bürgerarbeit

[1] Versicherungsfrei sind Personen in einer Beschäftigung, die im Rahmen eines Modellprojekts „Bürgerarbeit" auf der Grundlage des Interessenbekundungsverfahrens des Bundesministeriums für Arbeit und Soziales zur Durchführung von Modellprojekten „Bürgerarbeit" vom 19. April 2010 (BAnz. S. 1541) durch Zuwendungen des Bundes gefördert wird. [2] Diese Regelung tritt am 31. Dezember 2014 außer Kraft.

Dritter Abschnitt. Grundsätze bei Rechtsänderungen

§ 422 Leistungen der aktiven Arbeitsförderung

(1) Wird dieses Gesetzbuch geändert, so sind, soweit nichts Abweichendes bestimmt ist, auf Leistungen der aktiven Arbeitsförderung bis zum Ende der Leistungen oder der Maßnahme die Vorschriften in der vor dem Tag des Inkrafttretens der Änderung geltenden Fassung weiter anzuwenden, wenn vor diesem Tag

1. der Anspruch entstanden ist,
2. die Leistung zuerkannt worden ist oder
3. die Maßnahme begonnen hat, wenn die Leistung bis zum Beginn der Maßnahme beantragt worden ist.

(2) Ist eine Leistung nur für einen begrenzten Zeitraum zuerkannt worden, richtet sich eine Verlängerung nach den zum Zeitpunkt der Entscheidung über die Verlängerung geltenden Vorschriften.

§§ 423, 424 *(aufgehoben)*

Vierter Abschnitt. Sonderregelungen im Zusammenhang mit der Einordnung des Arbeitsförderungsrechts in das Sozialgesetzbuch

§ 425 Übergang von der Beitrags- zur Versicherungspflicht

Zeiten einer die Beitragspflicht begründenden Beschäftigung sowie sonstige Zeiten der Beitragspflicht nach dem Arbeitsförderungsgesetz in der zuletzt geltenden Fassung gelten als Zeiten eines Versicherungspflichtverhältnisses.

§ 426 *(aufgehoben)*

§ 427 Arbeitslosengeld

(1) Bei Arbeitslosen, deren Anspruch auf Arbeitslosengeld vor dem 1. Januar 1998 entstanden ist, tritt an die Stelle der letzten persönlichen Arbeitslosmeldung nach § 122 Abs. 2 Nr. 3 der Tag, an dem sich der Arbeitslose auf Verlangen der Agentur für Arbeit erstmals nach dem 1. Januar 1998 arbeitslos zu melden hatte.

(2) Bei der Anwendung der Regelungen zur Berechnung der Rahmenfrist nach § 124 Abs. 3 Satz 1 Nr. 2, 4 und 5 und der Vorfrist nach § 192 Satz 2 Nr. 3 bis 5 bleiben entsprechende Zeiten, die nach dem Arbeitsförderungsgesetz in der zuletzt geltenden Fassung einer die Beitragspflicht begründenden Beschäftigung gleichstanden, unberücksichtigt.

(3) Bei der Anwendung der Regelungen über die für einen Anspruch auf Arbeitslosengeld erforderliche Anwartschaftszeit und die Dauer des Anspruches auf Arbeitslosengeld stehen Zeiten, die nach dem Arbeitsförderungsgesetz in der zuletzt geltenden Fassung den Zeiten einer die Beitragspflicht begründenden Beschäftigung ohne Beitragsleistung gleichstanden, den Zeiten eines Versicherungspflichtverhältnisses gleich.

(3a) Ist ein Anspruch auf Arbeitslosengeld unter den Voraussetzungen des § 105a des Arbeitsförderungsgesetzes in der bis zum 31. Dezember 1997 geltenden Fassung entstanden, gelten die Voraussetzungen des § 125 Abs. 1 bis
1. zur Feststellung des Trägers der gesetzlichen Rentenversicherung, ob Berufsunfähigkeit oder Erwerbsunfähigkeit vorliegt, oder
2. zur Aufnahme einer versicherungspflichtigen Beschäftigung
als erfüllt.

(4) ¹Die Dauer eines Anspruches auf Arbeitslosengeld, der vor dem 1. Januar 1998 entstanden ist und am 1. Januar 1998 noch nicht erschöpft oder nach § 147 Abs. 1 Nr. 1 erloschen ist, erhöht sich um jeweils einen Tag für jeweils sechs Tage. ²Bruchteile von Tagen sind auf volle Tage aufzurunden.

(5) ¹Ist ein Anspruch auf Arbeitslosengeld vor dem 1. Januar 1998 entstanden, ist das Bemessungsentgelt nur dann neu festzusetzen, wenn die Festsetzung auf Grund eines Sachverhaltes erforderlich ist, der nach dem 31. Dezember 1997 eingetreten ist. ²Satz 1 gilt für die Zuordnung zu einer Leistungsgruppe entsprechend. ³Ist ein Anspruch auf Arbeitslosengeld vor dem 1. Januar 1998 entstanden, ist bei der ersten Anpassung nach dem 31. Dezember 1997 an die Entwicklung der Bruttoarbeitsentgelte abweichend von den §§ 138, 201 von dem gerundeten Bemessungsentgelt auszugehen.

(6) ¹§ 242x Abs. 3 und 4 des Arbeitsförderungsgesetzes in der bis zum 31. Dezember 1997 geltenden Fassung ist weiterhin anzuwenden, soweit es um die Anwendung des § 106 des Arbeitsförderungsgesetzes in der bis zum 31. März 1997 geltenden Fassung geht. ²Insofern ist § 127 nicht anzuwenden. ³Ist auf einen Anspruch auf Arbeitslosengeld, der in der Zeit vom 1. April 1997 bis 31. März 1999 entstanden ist, die Vorschrift des § 115a des Arbeitsförderungsgesetzes in der bis zum 31. Dezember 1997 geltenden Fassung oder des § 140 in der bis zum 31. März 1999 geltenden Fassung angewendet worden, so ist auf Antrag des Arbeitnehmers über den Anspruch insoweit rückwirkend neu zu entscheiden. ⁴Dabei ist anstelle des § 115a des Arbeitsförderungsgesetzes in der bis zum 31. Dezember 1997 geltenden Fassung oder des § 140 in der bis zum 31. März 1999 geltenden Fassung § 143a in der ab dem 1. April 1999 geltenden Fassung anzuwenden.

(7) ¹§ 242x Abs. 7 des Arbeitsförderungsgesetzes in der bis zum 31. Dezember 1997 geltenden Fassung ist weiterhin anzuwenden. ²Insoweit ist § 194 Abs. 3 Nr. 5 nicht anzuwenden.

§ 427a Gleichstellung von Mutterschaftszeiten

(1) Für Personen, die in der Zeit vom 1. Januar 1998 bis zum 31. Dezember 2002 Sonderunterstützung nach dem Mutterschutzgesetz oder Mutterschaftsgeld bezogen haben, gilt für die Erfüllung der für einen Anspruch auf Arbeitslosengeld erforderlichen Anwartschaftszeit und für die Dauer des Anspruchs § 107 Satz 1 Nr. 5 Buchstabe b des Arbeitsförderungsgesetzes in der bis zum 31. Dezember 1997 geltenden Fassung entsprechend.

(2) Die Agentur für Arbeit entscheidet
1. von Amts wegen
   a) über Ansprüche auf Arbeitslosengeld neu, die allein deshalb abgelehnt worden sind, weil Zeiten nach § 107 Satz 1 Nr. 5 Buchstabe b des Arbeitsförderungsgesetzes in der bis zum 31. Dezember 1997 geltenden Fassung nicht berücksichtigt worden sind, wenn die Entscheidung am 28. März 2006 noch nicht unanfechtbar war,
   b) über Ansprüche auf Arbeitslosengeld, über die wegen des Bezugs einer der in Absatz 1 genannten Mutterschaftsleistungen bisher nicht oder nur vorläufig entschieden worden ist;
2. im Übrigen auf Antrag.

§ 428 Arbeitslosengeld unter erleichterten Voraussetzungen

(1) [1]Anspruch auf Arbeitslosengeld nach den Vorschriften des Zweiten Unterabschnitts des Achten Abschnitts des Vierten Kapitels haben auch Arbeitnehmer, die das 58. Lebensjahr vollendet haben und die Regelvoraussetzungen des Anspruchs auf Arbeitslosengeld allein deshalb nicht erfüllen, weil sie nicht arbeitsbereit sind und nicht alle Möglichkeiten nutzen und nutzen wollen, um ihre Beschäftigungslosigkeit zu beenden. [2]Der Anspruch besteht auch während der Zeit eines Studiums an einer Hochschule oder einer der fachlichen Ausbildung dienenden Schule. [3]Vom 1. Januar 2008 an gilt Satz 1 nur noch, wenn der Anspruch vor dem 1. Januar 2008 entstanden ist und der Arbeitslose vor diesem Tag das 58. Lebensjahr vollendet hat.

(2) [1]Die Agentur für Arbeit soll den Arbeitslosen, der nach Unterrichtung über die Regelung des Satzes 2 drei Monate Arbeitslosengeld nach Absatz 1 bezogen hat und in absehbarer Zeit die Voraussetzungen für den Anspruch auf Altersrente voraussichtlich erfüllt, auffordern, innerhalb eines Monats Altersrente zu beantragen; dies gilt nicht für Altersrenten, die vor dem für den Versicherten maßgebenden Rentenalter in Anspruch genommen werden können. [2]Stellt der Arbeitslose den Antrag nicht, ruht der Anspruch auf Arbeitslosengeld vom Tage nach Ablauf der Frist an bis zu dem Tage, an dem der Arbeitslose Altersrente beantragt.

(3) Der Anspruch nach Absatz 1 ist ausgeschlossen, wenn dem Arbeitslosen eine Teilrente wegen Alters aus der gesetzlichen Rentenversicherung oder eine ähnliche Leistung öffentlich-rechtlicher Art zuerkannt ist.

§ 429 *(aufgehoben)*

§ 430 Sonstige Entgeltersatzleistungen

(1) Auf das Unterhaltsgeld, das Übergangsgeld, die Eingliederungshilfe nach § 62a Abs. 1 und 2 des Arbeitsförderungsgesetzes ist § 426 nicht anzuwenden.

(2) Bei der Anwendung der Regelungen über die für Leistungen zur Förderung der beruflichen Weiterbildung und für Leistungen zur Teilhabe am Arbeitsleben erforderliche Vorbeschäftigungszeit stehen Zeiten, die nach dem Arbeitsförderungsgesetz in der zuletzt geltenden Fassung den Zeiten einer die Beitragspflicht begründenden Beschäftigung ohne Beitragsleistung gleichstanden, den Zeiten eines Versicherungspflichtverhältnisses gleich.

(3) [1]Ist ein Anspruch auf Unterhaltsgeld vor dem 1. Januar 1998 entstanden, sind das Bemessungsentgelt und der Leistungssatz nicht neu festzusetzen. [2]Satz 1 gilt für die Zuordnung zu einer Leistungsgruppe entsprechend.

(4) [1]Die Dauer eines Anspruchs auf Eingliederungshilfe für Spätaussiedler nach § 62a Abs. 1 und 2 des Arbeitsförderungsgesetzes, der vor dem 1. Januar 1998 entstanden und am 1. Januar 1998 noch nicht erloschen ist, erhöht sich um jeweils einen Tag für jeweils sechs Tage. [2]Bruchteile von Tagen sind auf volle Tage aufzurunden.

(5) Die Vorschriften des Arbeitsförderungsgesetzes über das Konkursausfallgeld in der bis zum 31. Dezember 1998 geltenden Fassung sind weiterhin anzuwenden, wenn das Insolvenzereignis vor dem 1. Januar 1999 eingetreten ist.

(6) Ist ein Anspruch auf Kurzarbeitergeld von Arbeitnehmern, die zur Vermeidung von anzeigepflichtigen Entlassungen im Sinne des § 17 Abs. 1 des Kündigungsschutzgesetzes in einer betriebsorganisatorisch eigenständigen Einheit zusammengefaßt sind, vor dem 1. Januar 1998 entstanden, sind bei der Anwendung der Regelungen über die Dauer eines Anspruchs auf Kurzarbeitergeld in einer betriebsorganisatorisch eigenständigen Einheit Bezugszeiten, die nach einer auf Grundlage des § 67 Abs. 2 Nr. 3 des Arbeitsförderungsgesetzes erlassenen Rechtsverordnung bis zum 1. Januar 1998 nicht ausgeschöpft sind, verbleibende Bezugszeiten eines Anspruchs auf Kurzarbeitergeld in einer betriebsorganisatorisch eigenständigen Einheit.

§ 431 Erstattungsansprüche

(1) [1]§ 242x Abs. 6 des Arbeitsförderungsgesetzes ist auf die dort genannten Fälle weiterhin anzuwenden. [2]Soweit in diesen Fällen eine Erstattungspflicht für Zeiten nach dem 31. Dezember 1997 besteht, verlängert sich der Erstattungszeitraum für jeweils sechs Tage um einen Tag.

(2) Die Anwendung des § 147a in der ab dem 1. April 1999 geltenden Fassung ist ausgeschlossen, wenn der Anspruch auf Arbeitslosengeld vor dem 1. April 1999 entstanden ist

oder das Arbeitsverhältnis vor dem 10. Februar 1999 gekündigt oder die Auflösung des Arbeitsverhältnisses vor diesem Tag vereinbart worden ist.

§ 432 Weitergeltung von Arbeitserlaubnissen

¹Vor dem 1. Januar 1998 erteilte Arbeitserlaubnisse behalten ihre Gültigkeit bis zum Ablauf ihrer Geltungsdauer. ²Die Arbeitserlaubnisse, die unabhängig von Lage und Entwicklung des Arbeitsmarktes erteilt worden sind, gelten für ihre Geltungsdauer als Arbeitsberechtigung weiter.

§ 433 *(aufgehoben)*

Fünfter Abschnitt. Übergangsregelungen aufgrund von Änderungsgesetzen

§ 434 Zweites SGB III-Änderungsgesetz

(1) § 130 Abs. 1, §§ 131, 133 Abs. 1 sowie die §§ 134 bis 135 und § 141 Abs. 2 und 3 in der vor dem 1. August 1999 geltenden Fassung sind auf Ansprüche auf Arbeitslosengeld, die vor dem 1. August 1999 entstanden sind, weiterhin anzuwenden; insoweit sind die genannten Vorschriften in der vom 1. August 1999 an geltenden Fassung nicht anzuwenden.

(2) *(aufgehoben)*

(3) § 80 Abs. 1 und § 275 Abs. 1 Satz 2 sind abweichend von § 422 Abs. 1 ab dem 1. August 1999 anzuwenden; dies gilt nicht für die Anpassung des Förderbetrages bei Strukturanpassungsmaßnahmen für das Kalenderjahr 1999.

§ 434a Haushaltssanierungsgesetz

¹§ 138 ist in der Zeit vom 1. Juli 2000 bis zum 30. Juni 2001 mit der Maßgabe anzuwenden, dass für die Anpassung des Bemessungsentgelts das Verhältnis maßgeblich ist, in dem der Preisindex für die Lebenshaltung aller privaten Haushalte im Bundesgebiet des jeweils vergangenen Kalenderjahres von dem Preisindex für die Lebenshaltung aller privaten Haushalte im Bundesgebiet im jeweils vorvergangenen Kalenderjahr abweicht. ²Für die Errechnung des Anpassungsfaktors gilt § 255c Abs. 2 des Sechsten Buches in der bis zum 30. Juni 2001 geltenden Fassung entsprechend.

§ 434b *(aufgehoben)*

§ 434c Einmalzahlungs-Neuregelungsgesetz

(1) ¹Soweit sich die Höhe eines Anspruchs auf Arbeitslosengeld, der vor dem 1. Januar 2001 entstanden ist, nach § 112 des Arbeitsförderungsgesetzes in der bis zum 31. Dezember 1997 geltenden Fassung oder nach § 134 Abs. 1 in der vor dem 1. Januar 2001 geltenden Fassung richtet, sind diese Vorschriften mit der Maßgabe anzuwenden, dass sich das Bemessungsentgelt, das sich vor der Rundung ergibt, ab dem 1. Januar 1997 um 10 Prozent, höchstens bis zur jeweiligen Leistungsbemessungsgrenze, erhöht. ²Die Erhöhung gilt für Ansprüche, über die am 21. Juni 2000 bereits unanfechtbar entschieden war, vom 22. Juni 2000 an.

(2) § 135 Nr. 2 ist für Ansprüche auf Arbeitslosengeld, die in der Zeit vom 1. Januar 2001 bis zum 1. Juli 2001 entstehen, mit der Maßgabe anzuwenden, dass sich das durchschnittliche Bemessungsentgelt aller Bezieher von Arbeitslosengeld um 10 Prozent erhöht.

(3) ¹Für Ansprüche auf Unterhaltsgeld, die vor dem 1. Januar 2001 entstanden sind, sind § 134 Abs. 1 in der vor dem 1. Januar 2001 geltenden Fassung und § 158 Abs. 1 Satz 1 mit der Maßgabe anzuwenden, dass sich das Bemessungsentgelt, das sich vor der Rundung ergibt, ab dem 1. Januar 1997 um 10 Prozent, höchstens bis zur jeweiligen Leistungsbemessungsgrenze, erhöht. ²Die Erhöhung gilt für Ansprüche, über die am 21. Juni 2000 bereits unanfechtbar entschieden war, vom 22. Juni 2000 an. ³Für Ansprüche auf Unterhaltsgeld, die nach dem 1. Januar 2001 entstanden sind, ist Satz 1 entsprechend anzuwenden, wenn das nach § 158 Abs. 1 Satz 1 zugrunde zu legende Bemessungsentgelt nach

§ 134 Abs. 1 in der bis zum 31. Dezember 2000 geltenden Fassung bemessen worden ist und sich nicht bereits nach Absatz 1 Satz 2 erhöht hat.

(4), (5) *(aufgehoben)*

(6) ¹Für die Ermittlung der Berechnungsgrundlage für Ansprüche auf Übergangsgeld, die vor dem 1. Januar 2001 entstanden sind und über die am 21. Juni 2000 noch nicht unanfechtbar entschieden war, ist § 47 Abs. 1 und 2 des Fünften Buches in der vor dem 22. Juni 2000 jeweils geltenden Fassung für Zeiten nach dem 31. Dezember 1996 mit der Maßgabe entsprechend anzuwenden, dass sich das Regelentgelt um 10 vom Hundert, höchstens aber bis zur Höhe des Betrages der kalendertäglichen Beitragsbemessungsgrenze, erhöht. ²Das regelmäßige Nettoarbeitsentgelt ist um denselben Vomhundertsatz zu erhöhen. ³Satz 1 und 2 gilt für Ansprüche, über die vor dem 22. Juni 2000 bereits unanfechtbar entschieden war, nur für Zeiten vom 22. Juni 2000 an bis zum Ende der Leistungsdauer.

(7) § 128a des Arbeitsförderungsgesetzes in der jeweils geltenden Fassung ist für die Zeit vom 1. Januar 1982 bis zum 31. Dezember 1997 mit der Maßgabe anzuwenden, dass der Arbeitgeber der Bundesagentur vierteljährlich 30 Prozent des Arbeitslosengeldes einschließlich der anteilig darauf entfallenden Beiträge zur gesetzlichen Krankenversicherung, Rentenversicherung sowie der sozialen Pflegeversicherung zu erstatten hat.

§ 434d Gesetz zur Reform der arbeitsmarktpolitischen Instrumente

(1) ¹Die Dauer einer Vollzeitmaßnahme der beruflichen Weiterbildung, die bis zum 31. Dezember 2005 beginnt, ist auch dann angemessen, wenn sie auf Grund bundes- oder landesgesetzlicher Regelungen nicht um mindestens ein Drittel der Ausbildungszeit verkürzt ist. ²Insoweit ist § 85 Abs. 2 Satz 3 in der seit dem 1. Januar 2003 geltenden Fassung nicht anzuwenden.

(2) § 124 Abs. 3 Satz 1 Nr. 2, § 192 Satz 2 Nr. 3 und § 196 Satz 2 Nr. 3 in der bis zum 31. Dezember 2002 geltenden Fassung sind für Zeiten der Betreuung und Erziehung eines Kindes vor dem 1. Januar 2003 weiterhin anzuwenden.

(3) § 131 Abs. 2 in der bis zum 31. Dezember 2001 geltenden Fassung ist für Ansprüche auf Arbeitslosengeld, die vor dem 1. Januar 2002 entstanden sind, weiterhin anzuwenden; insoweit ist § 131 Abs. 2 in der vom 1. Januar 2002 an geltenden Fassung nicht anzuwenden.

§ 434e Bundeswehrneuausrichtungsgesetz

Die §§ 26 und 127 in der vor dem 1. Januar 2002 geltenden Fassung sind auf Ansprüche auf Arbeitslosengeld weiterhin anzuwenden, wenn der Wehrdienst oder der Zivildienst vor dem 1. Januar 2002 begonnen hat.

§ 434f Gesetz zur Vereinfachung der Wahl der Arbeitnehmervertreter in den Aufsichtsrat

¹Zum 27. März 2002 treten der Präsident der Bundesanstalt für Arbeit und der Vizepräsident der Bundesanstalt für Arbeit in den Ruhestand. ²Für die in Satz 1 genannten Beamten sind § 4 des Bundesbesoldungsgesetzes sowie die Vorschriften des § 7 Nr. 2 und des § 14 Abs. 6 des Beamtenversorgungsgesetzes in der bis zum 31. Dezember 1998 geltenden Fassung entsprechend anzuwenden mit der Maßgabe, dass dem einstweiligen Ruhestand die Zeit von dem Eintritt in den Ruhestand bis zu dem in § 399 Abs. 4 Satz 2 in der bis zum 26. März 2002 geltenden Fassung genannten Zeitpunkt gleichsteht.

§ 434g Erstes Gesetz für moderne Dienstleistungen am Arbeitsmarkt

(1) § 128 Abs. 1 Nr. 8 und Abs. 2 in der bis zum 31. Dezember 2002 geltenden Fassung ist weiterhin anzuwenden, wenn die Maßnahme, für die das Unterhaltsgeld geleistet wird, vor dem 1. Januar 2003 begonnen hat oder das Unterhaltsgeld vor dem 1. Januar 2003 zuerkannt worden ist.

(2) § 144 Abs. 1 in der bis zum 31. Dezember 2002 geltenden Fassung ist weiterhin anzuwenden, wenn das Ereignis, das die Sperrzeit begründet, vor dem 1. Januar 2003 liegt.

(3) §§ 156, 157 Abs. 2, § 158 Abs. 4, § 198 Satz 1, § 274 Satz 1 Nr. 2 und § 339 Satz 3 Nr. 1 in der bis zum 31. Dezember 2002 geltenden Fassung sind weiterhin anzuwenden, wenn der Anspruch auf Anschlussunterhaltsgeld vor dem 1. Januar 2003 entstanden ist.

(4) *(aufgehoben)*

(5) Die Agentur für Arbeit darf einen Vertrag zur Einrichtung einer Personal-Service-Agentur nur schließen, wenn sich die Arbeitsbedingungen einschließlich des Arbeitsentgelts der in der Personal-Service-Agentur beschäftigten Arbeitnehmer bis zum 31. Dezember 2003 nach einem Tarifvertrag für Arbeitnehmerüberlassung richten.

§ 434 h Zuwanderungsgesetz

¹Die §§ 419 und 421 Abs. 3 sind in der bis zum 31. Dezember 2004 geltenden Fassung bis zum Ende des Deutsch-Sprachlehrgangs weiterhin anzuwenden, wenn der Anspruch vor dem 1. Januar 2005 entstanden ist und der Deutsch-Sprachlehrgang begonnen hat. ²In diesen Fällen trägt der Bund die Ausgaben der Sprachförderung; Verwaltungskosten der Bundesagentur für Arbeit werden nicht erstattet.

§ 434 i Zweites Gesetz für moderne Dienstleistungen am Arbeitsmarkt

¹Personen, die am 31. März 2003 in einer mehr als geringfügigen Beschäftigung versicherungspflichtig waren, die die Merkmale einer geringfügigen Beschäftigung in der ab 1. April 2003 geltenden Fassung von § 8 des Vierten Buches erfüllt, bleiben in dieser Beschäftigung versicherungspflichtig. ²Sie werden auf ihren Antrag von der Versicherungspflicht befreit. ³Die Befreiung wirkt vom 1. April 2003 an. ⁴Sie ist auf diese Beschäftigung beschränkt.

§ 434 j Drittes Gesetz für moderne Dienstleistungen am Arbeitsmarkt

(1) Arbeitnehmer, die am 31. Dezember 2003 in einer Arbeitsbeschaffungsmaßnahme versicherungspflichtig beschäftigt waren, bleiben abweichend von § 27 Abs. 3 Nr. 5 in dieser Beschäftigung versicherungspflichtig.

(2) ¹§ 28 a Abs. 2 gilt mit der Maßgabe, dass ein Antrag auf freiwillige Weiterversicherung ungeachtet der Voraussetzungen des Satzes 2 bis zum 31. Dezember 2006 gestellt werden kann. ²Stellt eine Person, deren Tätigkeit oder Beschäftigung gemäß § 28 a Abs. 1 Satz 1 Nr. 2 oder Nr. 3 zur freiwilligen Weiterversicherung berechtigt, den Antrag nach dem 31. Mai 2006, gilt Satz 1 mit der Einschränkung, dass die Tätigkeit oder Beschäftigung nach dem 31. Dezember 2003 aufgenommen worden sein muss.

(3) ¹Die §§ 123, 124, 127 Abs. 2 a und 3, § 133 Abs. 1 und § 147 sowie die Anwartschaftszeit-Verordnung in der bis zum 31. Dezember 2003 geltenden Fassung sind weiterhin anzuwenden für Personen, deren Anspruch auf Arbeitslosengeld bis zum 31. Januar 2006 entstanden ist. ²Insoweit sind die §§ 123, 124, 127, 131 Abs. 4 und § 147 in der vom 1. Januar 2004 an geltenden Fassung nicht anzuwenden.

(3 a) ¹§ 124 Abs. 3 in der bis zum 31. Dezember 2003 geltenden Fassung ist für Personen, die innerhalb der Zeit vom 1. Februar 2006 bis 31. Januar 2007 eine Pflegetätigkeit oder eine selbständige Tätigkeit im Sinne des § 28 a Abs. 1 Nr. 1 und 2 ausgeübt haben und deren Anspruch auf Arbeitslosengeld nach dem 31. Januar 2006 entstanden ist, bis zum 31. Januar 2007 weiterhin anzuwenden. ²Insoweit ist § 124 Abs. 3 in der vom 1. Januar 2004 an geltenden Fassung nicht anzuwenden.

(4) § 128 Abs. 1 Nr. 5 und § 145 in der bis zum 31. Dezember 2004 geltenden Fassung sind weiterhin anzuwenden für Säumniszeiten, die vor dem 1. Januar 2005 eingetreten sind.

(5) Ist ein Anspruch auf Arbeitslosengeld vor dem 1. Januar 2005 entstanden, ist das Bemessungsentgelt nach dem vom 1. Januar 2005 an geltenden Recht nur neu festzusetzen, soweit dies auf Grund eines Sachverhaltes erforderlich ist, der nach dem 31. Dezember 2004 eingetreten ist.

(5 a) Ist ein Anspruch auf Arbeitslosengeld vor dem 1. Januar 2005 entstanden, so gilt § 133 Abs. 1 mit der Maßgabe, dass als Lohnsteuer die Lohnsteuer nach der Lohnsteuertabelle des Jahres 2004 zu berücksichtigen ist.

(6) Ist ein Anspruch auf Arbeitslosengeld vor dem 1. Januar 2005 entstanden, ist das Recht über die Anrechnung von Nebeneinkommen (§ 141) in der vom 1. Januar 2005 an geltenden Fassung nur dann anzuwenden, wenn dies auf Grund einer Änderung der Verhältnisse erforderlich ist, die nach dem 31. Dezember 2004 eingetreten ist und sich auf den Anrechnungsbetrag auswirkt.

(7) Die Erstattungspflicht nach §§ 147 b, 148 entfällt für Zeiten ab dem 1. Januar 2004.

(8) Ist ein Anspruch auf Unterhaltsgeld vor dem 1. Januar 2005 zuerkannt worden, wird dieser für Zeiten ab dem 1. Januar 2005 ohne Neuberechnung als Anspruch auf Arbeitslosengeld bei beruflicher Weiterbildung erfüllt; insoweit ist § 422 Abs. 1 nicht anzuwenden.

(9) Für Zeiten bis zum 31. Dezember 2004 tritt in § 61 Abs. 4 Satz 3, § 77 Abs. 1 Nr. 3, § 117 Abs. 1 Nr. 2, § 119 Abs. 1 Nr. 2, Abs. 2 und 3 Nr. 3, Abs. 5 Satz 1 und 2, § 133 Abs. 4, § 134 Abs. 2 Nr. 2, § 135 Nr. 3 und 7, § 144 Abs. 1 Nr. 2, § 145 Abs. 1 und 2, § 152 Nr. 2, § 155 Nr. 3 und § 158 Abs. 2 an die Stelle des Arbeitsamtes die Agentur für Arbeit.

(10) [1]Die §§ 77, 78, 153 bis 159, auch in Verbindung mit § 172 Abs. 2 Nr. 1, § 207 Abs. 1 Satz 2, § 207a Abs. 1, § 311 Satz 1, § 313 Satz 1 und § 328 Satz 3 Satz 3 in der bis zum 31. Dezember 2004 geltenden Fassung sind über den 31. Dezember 2004 hinaus anzuwenden für Teilnehmer an einer Maßnahme der beruflichen Weiterbildung, die die Voraussetzungen für einen Anspruch auf Arbeitslosenhilfe erfüllt haben. [2]In diesen Fällen
1. gilt Absatz 8 nicht und
2. ist § 20 Abs. 1 Nr. 2 des Elften Buches in der am 31. Dezember 2004 geltenden Fassung weiter anzuwenden.

(11) Ist ein Anspruch auf Kurzarbeitergeld in einer betriebsorganisatorisch eigenständigen Einheit bis zum 31. Dezember 2003 entstanden, so richtet sich die Entscheidung über eine Verlängerung nach den bis zum 31. Dezember 2003 geltenden Vorschriften.

(12) Folgende Vorschriften sind in der bis zum 31. Dezember 2003 geltenden Fassung weiter anzuwenden:
1. § 37a Abs. 3, § 38 Abs. 4 Satz 1 Nr. 2, solange Arbeitnehmer in einer Strukturanpassungsmaßnahme gefördert werden;
2. § 57 Abs. 2 Nr. 1 Buchstabe b, § 226 Abs. 1 Nr. 1 Buchstabe b und § 421l Abs. 1 Nr. 1, wenn der Arbeitnehmer eine Beschäftigung ausgeübt hat, die als Strukturanpassungsmaßnahme gefördert worden ist;
3. § 226 Abs. 1 Nr. 1 Buchstabe a, wenn der Arbeitnehmer Kurzarbeitergeld in einer betriebsorganisatorisch eigenständigen Einheit bezogen hat;
4. §§ 272 bis 279, wenn das Arbeitsamt oder die Agentur für Arbeit vor dem 31. Dezember 2003 oder unter den Voraussetzungen des § 422 einen förderungsbedürftigen Arbeitnehmer in eine Strukturanpassungsmaßnahme zugewiesen hatte oder zuweist und das Arbeitsamt oder die Agentur für Arbeit mit dem Träger über die ursprüngliche Zuweisung hinaus eine Zuweisung oder mehrere Zuweisungen des geförderten Arbeitnehmers vereinbart hat;
5. §§ 185 und 208, wenn das Insolvenzereignis vor dem 1. Januar 2004 liegt.

(13) [1]Die Präsidentinnen und Präsidenten der Landesarbeitsämter im Sinne des § 395 Abs. 1 Satz 1 in der am 31. Dezember 2003 geltenden Fassung führen ab 1. Januar 2004 die Amtsbezeichnung „vorsitzendes Mitglied der Geschäftsführung der Regionaldirektion"; die Vizepräsidentinnen und Vizepräsidenten der Landesarbeitsämter im Sinne des § 395 Abs. 1 Satz 2 in der am 31. Dezember 2003 geltenden Fassung führen ab dem 1. Januar 2004 die Amtsbezeichnung „Mitglied der Geschäftsführung der Regionaldirektion". [2]Die Direktorinnen und Direktoren im Sinne des § 396 Abs. 1 in der am 31. Dezember 2003 geltenden Fassung führen ab dem 1. Januar 2004 die Amtsbezeichnung „vorsitzendes Mitglied der Geschäftsführung der Agentur für Arbeit".

(14) [1]Die Amtszeit der Mitglieder und der stellvertretenden Mitglieder der Verwaltungsausschüsse der Landesarbeitsämter endet am 31. Dezember 2003. [2]Die Amtszeit der Mitglieder und der stellvertretenden Mitglieder des Verwaltungsrates und der Verwaltungsausschüsse der Arbeitsämter endet am 30. Juni 2004.

§ 434k Viertes Gesetz für moderne Dienstleistungen am Arbeitsmarkt

[1]Die §§ 419, 420 Abs. 3 und § 421 Abs. 3 sind in der bis zum 31. Dezember 2004 geltenden Fassung bis zum Ende des Deutsch-Sprachlehrgangs weiterhin anzuwenden, wenn vor dem 1. Januar 2005 der Anspruch entstanden ist und der Deutsch-Sprachlehrgang begonnen hat. [2]In diesen Fällen trägt der Bund die Ausgaben der Sprachförderung; Verwaltungskosten der Bundesagentur für Arbeit werden nicht erstattet.

§ 434l Gesetz zu Reformen am Arbeitsmarkt

(1) [1]§ 127 in der bis zum 31. Dezember 2003 geltenden Fassung ist weiterhin anzuwenden für Personen, deren Anspruch auf Arbeitslosengeld bis zum 31. Januar 2006 entstan-

den ist. ²Insoweit ist § 127 in der vom 1. Januar 2004 an geltenden Fassung nicht anzuwenden.

(2) § 127 Abs. 4 in der vom 1. Januar 2004 an geltenden Fassung ist bis zum 31. Januar 2010 mit der Maßgabe anzuwenden, dass als Höchstdauer des Anspruches mindestens die Restdauer des erloschenen Anspruches zugrunde zu legen ist.

(3) § 147a in der am 31. Dezember 2003 geltenden Fassung ist weiterhin anzuwenden, wenn der Anspruch auf Arbeitslosengeld bis zu diesem Tag entstanden ist oder wenn der Arbeitgeber das Arbeitsverhältnis bis zum 26. September 2003 beendet hat.

(4) § 147a ist nicht anzuwenden für Ansprüche auf Arbeitslosengeld, deren Dauer sich nach § 127 Abs. 2 in der vom 1. Januar 2004 an geltenden Fassung richtet.

§ 434m Fünftes Gesetz zur Änderung des Dritten Buches Sozialgesetzbuch und anderer Gesetze

§ 57 Abs. 3 Satz 3 und § 140 in der bis zum 30. Dezember 2005 geltenden Fassung sind weiterhin anzuwenden, wenn sich die Pflicht zur frühzeitigen Arbeitsuchendmeldung nach der bis zum 30. Dezember 2005 geltenden Rechtslage richtet.

§ 434n Gesetz zur Förderung ganzjähriger Beschäftigung

(1) Bei Ansprüchen auf Arbeitslosengeld, die nach dem 31. März 2006 entstehen, ist § 131 Abs. 3 Nr. 1 in der bis zum 31. März 2006 geltenden Fassung weiterhin anzuwenden, soweit in den Bemessungszeitraum Zeiten des Bezugs von Winterausfallgeld oder einer Winterausfallgeld-Vorausleistung fallen.

(2) In Betrieben des Gerüstbauerhandwerks (§ 1 Abs. 3 Nr. 1 der Baubetriebe-Verordnung) werden bis zum 31. März 2012 Leistungen nach den §§ 175 und 175a nach Maßgabe der folgenden Regelungen erbracht.

(3) Die Schlechtwetterzeit beginnt am 1. November und endet am 31. März.

(4) ¹Ergänzende Leistungen nach § 175a Abs. 2 und 4 werden ausschließlich zur Vermeidung oder Überbrückung witterungsbedingter Arbeitsausfälle gewährt. ²Zuschuss-Wintergeld wird in Höhe von 1,03 Euro je Ausfallstunde erbracht.

(5) ¹Anspruch auf Zuschuss-Wintergeld nach § 175a Abs. 2 haben auch Arbeitnehmer, die zur Vermeidung witterungsbedingter Arbeitsausfälle eine Vorausleistung erbringen, die das Arbeitsentgelt bei witterungsbedingtem Arbeitsausfall in der Schlechtwetterzeit für mindestens 120 Stunden ersetzt, in angemessener Höhe im Verhältnis zum Saison-Kurzarbeitergeld steht und durch Tarifvertrag, Betriebsvereinbarung oder Arbeitsvertrag geregelt ist. ²Der Anspruch auf Zuschuss-Wintergeld besteht für Zeiten des Bezugs der Vorausleistung, wenn diese niedriger ist als das ohne den witterungsbedingten Arbeitsausfall erzielte Arbeitsentgelt.

§ 434o Gesetz zur Fortentwicklung der Grundsicherung für Arbeitsuchende

Für Personen, die ausschließlich auf Grund der Voraussetzung in § 57 Abs. 2 Nr. 2 keinen Anspruch auf einen Gründungszuschuss haben, ist § 57 in der bis zum 31. Juli 2006 geltenden Fassung bis zum 1. November 2006 anzuwenden.

§ 434p Gesetz zur Verbesserung der Beschäftigungschancen älterer Menschen

Besteht am 1. Mai 2007 oder zu einem späteren Zeitpunkt noch Anspruch auf Leistungen der Entgeltsicherung für ältere Arbeitnehmer, die erstmals nach § 421j in der bis zum 30. April 2007 geltenden Fassung bewilligt worden sind, so gilt für eine erneute Bewilligung § 421j Abs. 2 Satz 2 entsprechend.

§ 434q Zweiundzwanzigstes Gesetz zur Änderung des Bundesausbildungsförderungsgesetzes

¹Abweichend von § 422 finden die §§ 65, 66, 68, 71, 101 Abs. 3 und die §§ 105 bis 108 ab dem 1. August 2008 Anwendung. ²Satz 1 gilt auch für die Fälle des § 246 Abs. 2.

§ 434 r Siebtes Gesetz zur Änderung des Dritten Buches Sozialgesetzbuch und anderer Gesetze

(1) Ist ein Anspruch auf Arbeitslosengeld mit einer dem Lebensalter des Arbeitslosen entsprechenden Höchstanspruchsdauer nach § 127 Abs. 2 in der bis zum 31. Dezember 2007 geltenden Fassung am 31. Dezember 2007 noch nicht erschöpft, erhöht sich die Anspruchsdauer bei Arbeitslosen, die vor dem 1. Januar 2008 das 50. Lebensjahr vollendet haben, auf 15 Monate, das 58. Lebensjahr vollendet haben, auf 24 Monate.

(2) Abweichend von § 345 a Abs. 2 Satz 2 sind die Beiträge für das Jahr 2007 am 15. Mai 2008 zu zahlen.

(3) [1]Für Personen, deren Anspruch auf Arbeitslosengeld sich nach Absatz 1 verlängert hat und deren Anspruch auf Arbeitslosengeld zwischen dem 1. Januar 2008 und dem 11. April 2008 nach der bis zum 31. Dezember 2007 geltenden Rechtslage erschöpft gewesen wäre und die nach dem 11. April 2008 ihre Arbeitslosigkeit durch die Aufnahme einer Beschäftigung beenden, verkürzt sich die in § 421j Abs. 1 Nr. 1 genannte Dauer des Restanspruchs auf Arbeitslosengeld auf 60 Tage. [2]Beenden sie ihre Arbeitslosigkeit durch die Aufnahme einer selbständigen hauptberuflichen Tätigkeit, verkürzt sich die in § 57 Abs. 2 Satz 1 Nr. 2 genannte Dauer des Restanspruchs auf Arbeitslosengeld auf 30 Tage.

(4) Personen, deren Anspruch auf Arbeitslosengeld sich durch Absatz 1 verlängert hat, haben rückwirkend Anspruch auf

1. Leistungen der Entgeltsicherung für Ältere nach § 421j, wenn sie nach dem 31. Dezember 2007 und vor dem 11. April 2008 ihre Arbeitslosigkeit durch Aufnahme einer Beschäftigung beenden und einen Antrag auf Entgeltsicherung gestellt haben, der nur wegen der zum Zeitpunkt der Antragstellung nicht vorliegenden Voraussetzungen des § 421j Abs. 1 Nr. 1 abgelehnt wurde, oder
2. einen Gründungszuschuss nach § 57, wenn sie nach dem 31. Dezember 2007 und vor dem 11. April 2008 ihre Arbeitslosigkeit durch Aufnahme einer selbständigen hauptberuflichen Tätigkeit beendet und einen Antrag auf einen Gründungszuschuss gestellt haben, der nur wegen der zum Zeitpunkt der Antragstellung nicht vorliegenden Voraussetzung des § 57 Abs. 2 Satz 1 Nr. 2 abgelehnt wurde.

§ 434 s Gesetz zur Neuausrichtung der arbeitsmarktpolitischen Instrumente

(1) Arbeitnehmer, die am 31. Dezember 2008 in einer Arbeitsgelegenheit in der Entgeltvariante versicherungspflichtig beschäftigt waren, bleiben abweichend von § 27 Abs. 3 Nr. 5 Buchstabe b in dieser Beschäftigung versicherungspflichtig.

(2) [1]§ 38 Abs. 4 in der bis zum 31. Dezember 2008 geltenden Fassung ist weiterhin anzuwenden für den von § 237 Abs. 5 des Sechsten Buches erfassten Personenkreis. [2]In diesen Fällen ist § 38 Abs. 3 in der vom 1. Januar 2009 an geltenden Fassung nicht anzuwenden.

(3) Soweit Zeiten der Teilnahme an einer Maßnahme nach § 46 bei der Berechnung von Fristen oder als Fördertatbestand berücksichtigt werden, sind ihnen Zeiten der Teilnahme an einer Maßnahme nach den §§ 37, 37 c, 48 und 421 i in der bis zum 31. Dezember 2008 geltenden Fassung und einer Maßnahme nach § 241 Abs. 3 a in der bis zum 31. Juli 2009 geltenden Fassung gleichgestellt.

(3 a) [1]Bei einer berufsvorbereitenden Bildungsmaßnahme nach § 61 werden für Teilnehmer, die ab dem 1. September 2011 die Maßnahme beginnen, neben den in § 69 genannten Maßnahmekosten auch erfolgsbezogene Pauschalen bei Vermittlung von Teilnehmern in betriebliche Berufsausbildung im Sinne des § 60 Absatz 1 als Maßnahmekosten übernommen. [2]Die Bundesagentur bestimmt durch Anordnung das Nähere zu den Voraussetzungen und zum Verfahren der Übernahme sowie zur Höhe von Pauschalen nach Satz 1.

(4) [1]§ 144 Abs. 4 in der bis zum 31. Dezember 2008 geltenden Fassung ist weiterhin anzuwenden auf Ansprüche auf Arbeitslosengeld, die vor dem 1. Januar 2009 entstanden sind. [2]In diesen Fällen ist § 144 Abs. 4 in der vom 1. Januar 2009 an geltenden Fassung nicht anzuwenden.

(5) Die §§ 248 und 249 in der bis zum 31. Dezember 2008 geltenden Fassung sind weiterhin anzuwenden für Träger von Einrichtungen der beruflichen Rehabilitation.

§ 434 t Bürgerentlastungsgesetz Krankenversicherung

Ist der Anspruch auf Arbeitslosengeld vor dem 1. Januar 2010 entstanden, ist § 133 Absatz 1 in der bis zum 31. Dezember 2009 geltenden Fassung anzuwenden.

§ 434 u Sozialversicherungs-Stabilisierungsgesetz

Abweichend von § 365 wird aus den zum Schluss des Haushaltsjahres 2010 die Rücklage übersteigenden Darlehen ein Zuschuss, wenn die Bundesagentur als Liquiditätshilfe geleistete Darlehen des Bundes bis zum Schluss des Haushaltsjahres 2010 nicht zurückzahlen kann.

§ 434 v Dreiundzwanzigstes Gesetz zur Änderung des Bundesausbildungsförderungsgesetzes

(1) Bis zum 31. Juli 2010 sind § 65 Absatz 1, § 66 Absatz 1 und 3, § 71 Absatz 2, § 105 Absatz 1 Nummer 4 und § 106 Absatz 1 Nummer 1 und 2 mit der Maßgabe anzuwenden, dass die Bedarfe und Freibeträge sich jeweils nach § 11 Absatz 4, § 12 Absatz 1 Nummer 1, Absatz 2 Nummer 1 und Absatz 3, § 13 Absatz 1 Nummer 1, Absatz 2 Nummer 2 und Absatz 3 sowie die §§ 21 bis 25 des Bundesausbildungsförderungsgesetzes und § 2 Nummer 6 der Verordnung zur Bezeichnung der als Einkommen geltenden sonstigen Einnahmen nach § 21 Absatz 3 Nummer 4 des Bundesausbildungsförderungsgesetzes in der bis zum 27. Oktober 2010 geltenden Fassung bestimmen.

(2) ¹Abweichend von § 422 finden die §§ 65, 66, 71, 101 Absatz 3 und die §§ 105 bis 108 ab dem 1. August 2010 Anwendung. ²Satz 1 gilt auch für die Fälle des § 246 Absatz 2 Satz 1.

§ 434 w Beschäftigungschancengesetz

(1) ¹Personen, die als Selbständige oder Auslandsbeschäftigte vor dem 1. Januar 2011 ein Versicherungspflichtverhältnis auf Antrag nach § 28 a in der bis zum 31. Dezember 2010 geltenden Fassung begründet haben, bleiben in dieser Tätigkeit oder Beschäftigung über den 31. Dezember 2010 versicherungspflichtig nach § 28 a in der ab dem 1. Januar 2011 an geltenden Fassung. ²Sie können die Versicherungspflicht auf Antrag bis zum 31. März 2011 durch schriftliche Erklärung gegenüber der Bundesagentur rückwirkend zum 31. Dezember 2010 beenden.

(2) ¹Abweichend von § 345 b Satz 1 Nummer 2 und Satz 2 gilt als beitragspflichtige Einnahme für alle Selbständigen und Auslandsbeschäftigten, die in einem Versicherungspflichtverhältnis auf Antrag stehen, vom 1. Januar 2011 bis zum 31. Dezember 2011 ein Arbeitsentgelt in Höhe von 50 Prozent der monatlichen Bezugsgröße. ²§ 345 b Satz 1 Nummer 2 und Satz 2 in der vom 1. Januar 2011 geltenden Fassung ist insoweit nicht anzuwenden.

§ 435 Gesetz zur Reform der Renten wegen verminderter Erwerbsfähigkeit

(1) Bei der Anwendung des § 26 Abs. 2 Nr. 3 und des § 345 a gilt die Rente wegen Erwerbsunfähigkeit, deren Beginn vor dem 1. Januar 2001 liegt, als Rente wegen voller Erwerbsminderung; dies gilt auch dann, wenn die Rente wegen Erwerbsunfähigkeit wegen eines mehr als geringfügigen Hinzuverdienstes als Rente wegen Berufsunfähigkeit gezahlt wird.

(1 a) Bei Anwendung des § 28 gilt

1. eine Rente wegen Erwerbsunfähigkeit, deren Beginn vor dem 1. Januar 2001 liegt, als eine Rente wegen voller Erwerbsminderung,
2. eine mit der Rente wegen Erwerbsunfähigkeit vergleichbare Leistung eines ausländischen Leistungsträgers, deren Beginn vor dem 1. Januar 2001 liegt, als eine mit der Rente wegen voller Erwerbsminderung vergleichbare Leistung eines ausländischen Leistungsträgers.

(2) Bei der Anwendung des § 28 Nr. 3 gilt die Feststellung der Berufsunfähigkeit oder Erwerbsunfähigkeit als Feststellung voller Erwerbsminderung.

(3) Bei der Anwendung des § 125 gilt die Feststellung der verminderten Berufsfähigkeit im Bergbau nach § 45 des Sechsten Buches als Feststellung der Erwerbsminderung.

(4) Bei der Anwendung des § 142 Abs. 1 Nr. 3 gilt die Rente wegen Erwerbsunfähigkeit, deren Beginn vor dem 1. Januar 2001 liegt, als Rente wegen voller Erwerbsminderung.

(5) § 142 Abs. 4 in der vor dem 1. Januar 2001 geltenden Fassung ist weiterhin auf Invalidenrenten, Bergmannsinvalidenrenten oder Invalidenrenten für Behinderte nach Artikel 2 des Renten-Überleitungsgesetzes, deren Beginn vor dem 1. Januar 1997 liegt, mit der Maßgabe anzuwenden, dass

1. diese dem Anspruch auf Rente wegen voller Erwerbsminderung gleichstehen und
2. an die Stelle der Feststellung der Erwerbsunfähigkeit oder Berufsunfähigkeit die Feststellung der Erwerbsminderung tritt.

§ 436 Überleitung von Beschäftigten der Bundesanstalt in den Dienst des Bundes

(1) ¹Die Beamtinnen und Beamten der Bundesanstalt, die vor dem 2. Juli 2003 ganz oder überwiegend Aufgaben der Arbeitsmarktinspektion wahrgenommen haben und diese am 31. Dezember 2003 noch wahrnehmen, sind mit Wirkung vom 1. Januar 2004 Bundesbeamtinnen und Bundesbeamte im Dienst der Zollverwaltung. ²§ 130 Abs. 1 des Beamtenrechtsrahmengesetzes in der Fassung der Bekanntmachung vom 31. März 1999 (BGBl. I S. 654) findet entsprechend Anwendung. ³Von der Überleitung nach Satz 1 ausgenommen sind Beamtinnen und Beamte, die am 2. Juli 2003 die Antragsaltersgrenze des § 52 des Bundesbeamtengesetzes erreicht haben oder sich zu diesem Zeitpunkt in Altersteilzeit befanden.

(2) ¹Die Angestellten der Bundesanstalt, die vor dem 2. Juli 2003 ganz oder überwiegend Aufgaben der Arbeitsmarktinspektion wahrgenommen haben und diese am 31. Dezember 2003 noch wahrnehmen, sind mit Wirkung vom 1. Januar 2004 Angestellte des Bundes und in den Dienst der Zollverwaltung übergeleitet. ²Die Bundesrepublik Deutschland tritt unbeschadet der nachfolgenden Absätze in die arbeitsvertraglichen Rechte und Pflichten der im Zeitpunkt der Überleitung bestehenden Arbeitsverhältnisse ein. ³Von der Überleitung nach den Sätzen 1 und 2 ausgenommen sind Angestellte, die am 2. Juli 2003 die Anspruchsvoraussetzungen für eine gesetzliche Rente wegen Alters erfüllt haben oder sich zu diesem Zeitpunkt in einem Altersteilzeitarbeitsverhältnis befanden.

(3) ¹Vom Zeitpunkt der Überleitung an gelten die für Angestellte des Bundes bei der Zollverwaltung jeweils geltenden Tarifverträge und sonstigen Bestimmungen, soweit sich aus den Sätzen 2 bis 4 nicht etwas anderes ergibt. ²Die Eingruppierung in die im Zeitpunkt der Überleitung erreichte Vergütungsgruppe besteht fort, solange überwiegend Aufgaben der Arbeitsmarktinspektion wahrgenommen und keine neuen Aufgaben, die nach dem Tarifrecht des Bundes zu einer Eingruppierung in eine höhere Vergütungsgruppe führen, übertragen werden. ³Soweit in den Fällen einer fortbestehenden Eingruppierung nach Satz 2 in der bisherigen Tätigkeit ein Bewährungsaufstieg oder sonstiger Aufstieg vorgesehen war, sind Angestellte nach Ablauf der bei Überleitung geltenden Aufstiegsfrist in diejenige Vergütungsgruppe eingruppiert, die sich nach dem bei Inkrafttreten dieses Gesetzes geltenden Tarifrecht der Bundesanstalt ergeben hätte. ⁴Eine Eingruppierung nach den Sätzen 2 und 3 entfällt mit dem Ende des Kalendermonats, in dem sich Angestellte schriftlich für eine Eingruppierung nach dem Tarifrecht des Bundes entscheiden.

(4) ¹Die bei der Bundesanstalt anerkannten Beschäftigungszeiten werden auf die Beschäftigungszeit im Sinne des Tarifrechts des Bundes angerechnet; Entsprechendes gilt für Zeiten in der Zusatzversorgung. ²Nehmen die übergeleiteten Angestellten Vollzugsaufgaben wahr, die ansonsten Beamten obliegen, wird eine Zulage nach Vorbemerkung Nummer 9 zu den Besoldungsordnungen A und B des Bundesbesoldungsgesetzes nach Maßgabe der für vergleichbare Beamtinnen und Beamte der Zollverwaltung jeweils geltenden Vorschriften gewährt. ³Soweit es darüber hinaus im Zusammenhang mit dem überleitungsbedingten Wechsel des Arbeitgebers angemessen ist, kann das Bundesministerium der Finanzen im Einvernehmen mit dem Bundesministerium des Innern außer- und übertariflich ergänzende Regelungen treffen.

(5) Die Absätze 3 und 4 gelten entsprechend für Angestellte, die im Zusammenhang mit der Übertragung von Aufgaben der Arbeitsmarktinspektion von der Bundesagentur in sonstiger Weise als Angestellte des Bundes in den Dienst der Zollverwaltung wechseln.

(6) ¹Die Bundesagentur trägt die Versorgungsbezüge der gemäß Absatz 1 in den Dienst des Bundes übernommenen Beamtinnen und Beamten für die bis zur Übernahme zurückgelegten Dienstzeiten. ²Der Bund trägt die Versorgungsbezüge für die seit der Übernahme in den Dienst des Bundes zurückgelegten Dienstzeiten der in Absatz 1 genannten Beamtinnen und Beamten. ³Im Übrigen gilt § 107b des Beamtenversorgungsgesetzes entsprechend.

(7) § 15 Abs. 1 des Bundespersonalvertretungsgesetzes gilt für die nach den Absätzen 1 und 2 übergeleiteten Beamtinnen und Beamten sowie Angestellten entsprechend.

40. Viertes Buch Sozialgesetzbuch – Gemeinsame Vorschriften für die Sozialversicherung – (SGB IV)

In der Fassung der Bekanntmachung vom 12. 11. 2009
(BGBl. I S. 3710, ber. S. 3973 und 2011 S. 363)
FNA 860-4-1
zuletzt geänd. durch Art. 8 G zur Einführung eines Bundesfreiwilligendienstes v. 28. 4. 2011
(BGBl. I S. 687)

Erster Abschnitt. Grundsätze und Begriffsbestimmungen

Erster Titel. Geltungsbereich und Umfang der Versicherung

§ 1 Sachlicher Geltungsbereich

(1) ¹Die Vorschriften dieses Buches gelten für die gesetzliche Kranken-, Unfall- und Rentenversicherung einschließlich der Alterssicherung der Landwirte sowie die soziale Pflegeversicherung (Versicherungszweige). ²Die Vorschriften dieses Buches gelten mit Ausnahme des Ersten und Zweiten Titels des Vierten Abschnitts und des Fünften Abschnitts auch für die Arbeitsförderung. ³Die Bundesagentur für Arbeit gilt im Sinne dieses Buches als Versicherungsträger.

(2) § 18 h gilt auch für die Sozialhilfe und die Grundsicherung für Arbeitsuchende; außerdem gelten die §§ 18 f, 18 g und 19 a für die Grundsicherung für Arbeitsuchende.

(3) Regelungen in den Sozialleistungsbereichen dieses Gesetzbuches, die in den Absätzen 1 und 2 genannt sind, bleiben unberührt, soweit sie von den Vorschriften dieses Buches abweichen.

(4) Der Sechste Abschnitt gilt für das gesamte Gesetzbuch einschließlich seiner besonderen Teile.

§ 2 Versicherter Personenkreis

(1) Die Sozialversicherung umfasst Personen, die kraft Gesetzes oder Satzung (Versicherungspflicht) oder auf Grund freiwilligen Beitritts oder freiwilliger Fortsetzung der Versicherung (Versicherungsberechtigung) versichert sind.

(1 a) Deutsche im Sinne der Vorschriften über die Sozialversicherung und die Arbeitsförderung sind Deutsche im Sinne des Artikels 116 des Grundgesetzes.

(2) In allen Zweigen der Sozialversicherung sind nach Maßgabe der besonderen Vorschriften für die einzelnen Versicherungszweige versichert
1. Personen, die gegen Arbeitsentgelt oder zu ihrer Berufsausbildung beschäftigt sind,
2. behinderte Menschen, die in geschützten Einrichtungen beschäftigt werden,
3. Landwirte.

(3) ¹Deutsche Seeleute, die auf einem Seeschiff beschäftigt sind, das nicht berechtigt ist, die Bundesflagge zu führen, werden auf Antrag des Reeders
1. in der gesetzlichen Kranken-, Renten- und Pflegeversicherung versichert und in die Versicherungspflicht nach dem Dritten Buch einbezogen,
2. in der gesetzlichen Unfallversicherung versichert, wenn der Reeder das Seeschiff der Unfallverhütung und Schiffssicherheitsüberwachung durch die Berufsgenossenschaft für Transport und Verkehrswirtschaft unterstellt hat und der Staat, dessen Flagge das Seeschiff führt, dem nicht widerspricht.

²Für deutsche Seeleute, die ihren Wohnsitz oder gewöhnlichen Aufenthalt im Inland haben und auf einem Seeschiff beschäftigt sind, das im überwiegenden wirtschaftlichen Eigentum eines deutschen Reeders mit Sitz im Inland steht, ist der Reeder verpflichtet, einen Antrag nach Satz 1 Nummer 1 und unter den Voraussetzungen des Satzes 1 Nummer 2 einen Antrag nach Satz 1 Nummer 2 zu stellen. ³Der Reeder hat auf Grund der Antragstellung gegenüber den Versicherungsträgern die Pflichten eines Arbeitgebers. ⁴Ein Reeder mit Sitz im Ausland hat für die Erfüllung seiner Verbindlichkeiten gegenüber den

Versicherungsträgern einen Bevollmächtigten im Inland zu bestellen. ⁵Der Reeder und der Bevollmächtigte haften gegenüber den Versicherungsträgern als Gesamtschuldner; sie haben auf Verlangen entsprechende Sicherheit zu leisten.

(4) Die Versicherung weiterer Personengruppen in einzelnen Versicherungszweigen ergibt sich aus den für sie geltenden besonderen Vorschriften.

§ 3 Persönlicher und räumlicher Geltungsbereich

(1) Die Vorschriften über die Versicherungspflicht und die Versicherungsberechtigung gelten,
1. soweit sie eine Beschäftigung oder eine selbständige Tätigkeit voraussetzen, für alle Personen, die im Geltungsbereich dieses Gesetzbuchs beschäftigt oder selbständig tätig sind,
2. soweit sie eine Beschäftigung oder eine selbständige Tätigkeit nicht voraussetzen, für alle Personen, die ihren Wohnsitz oder gewöhnlichen Aufenthalt im Geltungsbereich dieses Gesetzbuchs haben.

(2) Die Regelungen des Sechsten Abschnitts gelten für alle, die im Geltungsbereich dieses Gesetzbuches Beschäftigte, Beamte, Richter oder Soldaten sind.

§ 4 Ausstrahlung

(1) Soweit die Vorschriften über die Versicherungspflicht und die Versicherungsberechtigung eine Beschäftigung voraussetzen, gelten sie auch für Personen, die im Rahmen eines im Geltungsbereich dieses Gesetzbuchs bestehenden Beschäftigungsverhältnisses in ein Gebiet außerhalb dieses Geltungsbereichs entsandt werden, wenn die Entsendung infolge der Eigenart der Beschäftigung oder vertraglich im Voraus zeitlich begrenzt ist.

(2) Für Personen, die eine selbständige Tätigkeit ausüben, gilt Absatz 1 entsprechend.

§ 5 Einstrahlung

(1) Soweit die Vorschriften über die Versicherungspflicht und die Versicherungsberechtigung eine Beschäftigung voraussetzen, gelten sie nicht für Personen, die im Rahmen eines außerhalb des Geltungsbereichs dieses Gesetzbuchs bestehenden Beschäftigungsverhältnisses in diesen Geltungsbereich entsandt werden, wenn die Entsendung infolge der Eigenart der Beschäftigung oder vertraglich im Voraus zeitlich begrenzt ist.

(2) Für Personen, die eine selbständige Tätigkeit ausüben, gilt Absatz 1 entsprechend.

§ 6 Vorbehalt abweichender Regelungen

Regelungen des über- und zwischenstaatlichen Rechts bleiben unberührt.

A. Das SGB IV als Allgemeiner Teil des Sozialversicherungsrechts

1 Das SGB IV enthält „gemeinsame Vorschriften für die Sozialversicherung". Es zieht solche gemeinsamen Regelungen mit Relevanz für die jeweils in besonderen Teilen des Gesetzbuchs geregelten einzelnen Zweige der Sozialversicherung „vor die Klammer", die „in einem inneren Zusammenhang stehen und aus sich heraus verständlich sind"; vor Inkrafttreten des SGB IV am 1. 7. 1977 waren die betreffenden Vorschriften teilweise im ersten Buch der RVO („Gemeinsame Vorschriften"), teilweise waren sie uneinheitlich und verstreut in den Regelungen zu den einzelnen Versicherungszweige und in verschiedenen Sondergesetzen zu finden (BT-Drs. 7/4122 S. 29). Das Bemühen des Gesetzgebers, auch „unterhalb" der Ebene des Allgemeinen Teils der Kodifikation allgemeine Teile mit partieller Reichweite auszuprägen, entspricht der kodifikatorischen Tradition in Deutschland (vgl. etwa im BGB die Abschnitte 1–7 des zweiten Buches).

2 Das SGB IV besteht nominell aus neun Abschnitten. Der erste Abschnitt (§§ 1–18 h) enthält in sechs Titeln „Grundsätze und Begriffsbestimmungen". Es ging und geht darin zunächst um Geltungsbereich und Umfang der Versicherung (§§ 1–6) sowie um die für die Sozialversicherung grundlegenden Tatbestände der Beschäftigung (§§ 7–13) und des Arbeitsentgelts bzw. des sonstigen Einkommens (§§ 14–18). Später kamen weitere Titel hinzu betr. Einkommen beim Zusammentreffen mit Renten wegen Todes (§§ 18a–18 e), betr. Erhebung, Verarbeitung und Nutzung des Versicherungsnummer (§§ 18f–18 g) sowie betr. den Sozialversicherungsausweis (§ 18h; zuvor geregelt im aufgehobenen sechsten Abschnitt in den §§ 95–110 a. F.). Der zweite Abschnitt befasst sich mit Leistungen und Bei-

trägen, wobei sich der Titel über Leistungen ursprünglich auf die „Hinweisvorschrift" des § 19 a. F. beschränkte, die auf die leistungsrechtlichen Grundsätze der §§ 38–59 SGB I verwies (BT-Drs. 7/412 S. 29). Heute finden sich dort die Regeln über die Erbringung von Leistungen auf Antrag bzw. von Amts wegen (§ 19) sowie über das Verbot der Benachteiligung beim Zugang zu Maßnahmen der Beschäftigungsförderung (§ 19 a). Vor allem aber ist der zweite Abschnitt Standort allgemeiner Grundsätze des Beitragsrechts der Sozialversicherung (zweiter Titel, §§ 20–28). Im dritten Abschnitt finden sich Regelungen über die Meldepflichten des Arbeitgebers (erster Titel, §§ 28 a–28 c), über Verfahren und Haftung bei der Beitragszahlung (v. a. Gesamtsozialversicherungsbeitrag; zweiter Titel, §§ 28 a–28 o) sowie über die Auskunfts- und Vorlagepflicht der Beschäftigten, die Prüfung bei den Arbeitgebern sowie über die Folgen einschlägiger Pflichtverletzungen (dritter Titel, §§ 28 o–28 r). Es folgt der vierte Abschnitt, der die Verfassung der Sozialversicherungsträger (erster Titel, §§ 29–42) einschließlich des Selbstverwaltungsrechts (zweiter Titel, §§ 43–66) behandelt sowie deren Haushalts- und Rechnungswesen (dritter Titel, §§ 67–79) und Vermögen (vierter Titel, §§ 80–86) sowie die Aufsicht über die Versicherungsträger (fünfter Titel, §§ 87–90 a). Gegenstand des fünften Abschnitts (§§ 91–94) sind Vorschriften über die staatlichen Versicherungsbehörden (Versicherungsämter und Bundesversicherungsamt). Der sechste Abschnitt (§§ 95–103) regelt das Verfahren des elektronischen Entgeltnachweises. Die drei letzten Abschnitte regeln die Aufbewahrung von Urkunden (siebter Abschnitt, §§ 110 a–110 d) und enthalten Bußgeld- (achter Abschnitt, §§ 111–113) sowie Übergangsvorschriften (neunter Abschnitt, §§ 114–117).

Die Vorschriften des SGB IV haben fast immer einen eigenständigen Regelungsgehalt und beanspruchen Geltung für die verschiedenen Zweige der Sozialversicherung (im Einzelnen § 1 Abs. 1 u. 2). Die Aussagen über den versicherten Personenkreis in § 2 Abs. 1 u. 2 haben allerdings nur deklaratorischen Charakter. § 1 Abs. 3 stellt klar, dass Regelungen in den einzelnen Sozialleistungsbereichen, die von den Vorschriften des SGB IV abweichen, unberührt bleiben. **3**

B. Sachlicher Geltungsbereich (§ 1)

§ 1 Abs. 1 S. 1 sieht vor, dass das SGB IV auf die verschiedenen dort aufgeführten Zweige der Sozialversicherung anzuwenden ist. Zu den Versicherungszweigen zählt das Gesetz im Wege einer Legaldefinition – in der Sache übereinstimmend mit § 4 Abs. 2 SGB I – die gesetzliche Kranken-, Unfall- und Rentenversicherung einschließlich der Alterssicherung der Landwirte sowie die soziale Pflegeversicherung. **4**

Die gesetzliche Definition des Begriffs der Versicherungszweige in Abs. 1 S. 1 erfasst nicht die Arbeitslosenversicherung, obwohl auch diese im Sinne des Art. 74 Abs. 1 Nr. 12 GG zur Sozialversicherung gehört. Auf das Recht der Arbeitsförderung, das auch die Vorschriften über die Arbeitslosenversicherung umfasst, ist das SGB IV jedoch nach Maßgabe von § 1 Abs. 1 S. 2 partiell anzuwenden. Die Bundesagentur für Arbeit wird zum Versicherungsträger im Sinne des vierten Buches erklärt (§ 1 Abs. 1 S. 3). Folgende Vorschriften des vierten Buches sind auf die Arbeitsförderung jedoch nicht anzuwenden: die Regelungen über die Verfassung der Sozialversicherungsträger (§§ 29–42) und das Selbstverwaltungsrecht (§§ 43–66) sowie die Regelungen über die Versicherungsbehörden (§§ 91–94). **5**

Einige Vorschriften des SGB IV sind kraft ausdrücklicher Anordnung in § 1 Abs. 2 auch auf Sozialleistungsbereiche außerhalb der Sozialversicherung anzuwenden: § 18 h über den Sozialversicherungsausweis gilt auch für die Sozialhilfe (SGB XII) und für die Grundsicherung für Arbeitsuchende (SGB II). Für die Grundsicherung für Arbeitsuchende gelten außerdem die §§ 18 f und 18 g betr. die Versicherungsnummer sowie § 19 a über das Verbot der Benachteiligung bei beschäftigungsfördernden Maßnahmen. **6**

Der sechste Abschnitt (§§ 95–103) über das Verfahren des elektronischen Entgeltnachweises gilt (§ 1 Abs. 4) nicht allein für die Sozialversicherung, sondern für das gesamte Sozialgesetzbuch einschließlich seiner in § 68 aufgeführten besonderen Teile (so ausdrücklich BT-Drs 16/10.492, S. 22). **6a**

C. Versicherter Personenkreis (§ 2)

§ 2 über den versicherten Personenkreis enthält in den Abs. 1 und 2 allgemeine Aussagen über die Zugehörigkeit zur Sozialversicherung, die keinen eigenständigen Regelungsgehalt haben (vgl. auch Abs. 4). Abs. 1 a enthält eine gesetzliche Definition des Begriffs des Deutschen (dazu unten Rn. 30). Abs. 3 eröffnet in Abweichung von § 3 die Möglichkeit, deutsche Seeleuten auf Seeschiffen unter fremder Flagge in den Schutz der deutschen Sozialversicherung einzubeziehen (dazu unten Rn. 31). **7**

Abs. 1 gibt einen Überblick, auf welche Weise Personen als Versicherte in den Genuss des Schutzes der Sozialversicherungssysteme gelangen können. Hier wird zum einen die Möglichkeit der Pflichtversicherung erwähnt, wobei als Grund der Versicherungspflicht Gesetz und Satzung benannt werden. **8**

Zum anderen gibt es die Möglichkeit der freiwilligen Zugehörigkeit zur Sozialversicherung, vom Gesetz als Versicherungsberechtigung bezeichnet. In den Fällen der Versicherungsberechtigung wird die Zugehörigkeit zur Sozialversicherung durch freiwilligen Beitritt oder durch freiwillige Weiterversicherung begründet.

9   Abs. 2 zählt drei wichtige Tatbestände auf, die in allen Sozialversicherungszweigen zur Versicherungspflicht führen, wobei ausdrücklich die Vorschriften der einzelnen Versicherungszweige für maßgeblich erklärt werden. Dementsprechend kann sich aus den die einzelnen Versicherungszweige betreffenden Vorschriften ergeben, dass eine Person, die zunächst unter den jeweiligen Tatbestand der Versicherungspflicht fällt, versicherungsfrei ist oder von der Versicherungspflicht befreit werden kann. Abs. 4 stellt klar, dass Vorschriften der einzelnen Versicherungszweige auch weitere Personengruppen in die Versicherung einbeziehen können.

10 Hinsichtlich der in Abs. 2 hervorgehobenen Fälle der **Versicherungspflicht** sind im einzelnen die folgenden Vorschriften heranzuziehen:

11 Abs. 2 Nr. 1: Pflichtversicherung der gegen Arbeitsentgelt oder zu ihrer Berufsausbildung beschäftigten Personen: Krankenversicherung: § 5 Abs. 1 Nr. 1 SGB V; soziale Pflegeversicherung: § 20 Abs. 1 Nr. 1 SGB XI; Rentenversicherung: § 1 S. 1 Nr. 1 SGB VI; in der Unfallversicherung sind Beschäftigte kraft Gesetzes verpflichtet, ohne dass es auf die Zahlung von Entgelt ankäme (§ 2 Abs. 1 Nr. 1 SGB VII); vgl. auch zur Arbeitslosenversicherung: §§ 24 Abs. 1, 25 Abs. 1 S. 1 SGB III. Wie die für diese Tatbestände der Versicherungspflicht bedeutsamen Begriffe der Beschäftigung und des Arbeitsentgelts zu verstehen sind, ergibt sich aus den §§ 7 (Beschäftigung) bzw. 14 (Arbeitsentgelt).

12 Abs. 2 Nr. 2: Pflichtversicherung der behinderten Menschen, die in geschützten Einrichtungen beschäftigt werden: Krankenversicherung: § 5 Abs. 1 Nrn. 7 und 8 SGB V; soziale Pflegeversicherung: § 20 Abs. 1 Nrn. 7 und 8 SGB XI; Rentenversicherung: § 1 S. 1 Nr. 2 SGB VI; Unfallversicherung: § 2 Abs. 1 Nr. 4 SGB VII.

13 Abs. 2 Nr. 3: Pflichtversicherung der Landwirte: Krankenversicherung und Pflegeversicherung: § 5 Abs. 1 Nr. 3 SGB V bzw. § 20 Abs. 1 Nr. 3 SGB XI; mit dem Zweiten G über die Krankenversicherung der Landwirte; Rentenversicherung: § 1 ALG; Unfallversicherung: § 2 Abs. 1 Nr. 5 SGB VII.

14 Die in Abs. 4 angesprochene Versicherung weiterer Personengruppen wird durch zahlreiche Vorschriften in den einzelnen Versicherungszweigen ermöglicht. Regelmäßig sind weitere Tatbestände der Versicherungspflicht vorgesehen. Insoweit sind folgende Vorschriften von Bedeutung: Krankenversicherung: § 5 Abs. 1 Nrn. 2, 2a, 4, 5, 9–13 SGB V; soziale Pflegeversicherung: § 20 Abs. 1 Nrn. 2, 2a, 4–6, 9–12 SGB XI; Rentenversicherung: § 1 S. 1 Nrn. 3–4 sowie §§ 2–4 SGB VI; Unfallversicherung: (§ 2 Abs. 1 Nrn. 2, 3, 6–17 SGB VII); allein in der Unfallversicherung findet sich auch das Phänomen der Versicherungspflicht kraft Satzung, die freilich ihrerseits auf Gesetz beruhen muss (§ 3 SGB VII); vgl. auch zur Arbeitslosenversicherung: § 26 SGB III.

15 Überdies ist auf folgende Vorschriften zur Versicherungsberechtigung hinzuweisen: Krankenversicherung: § 9 SGB V; Pflegeversicherung: §§ 26, 26a SGB XI; Rentenversicherung: § 7 SGB VI; die Versicherungspflicht auf Antrag (§ 4 SGB VI) wird ungeachtet ihres im Ausgangspunkt freiwilligen Charakters zur Versicherungspflicht gerechnet; außerdem §§ 4 und 5 ALG; Unfallversicherung: § 6 SGB VII; Arbeitslosenversicherung: § 28a SGB III.

D. Persönlicher und räumlicher Geltungsbereich (§§ 3–6; § 2 Abs. 1a, 3)

I. §§ 3–6 als Teil des internationalen Sozialversicherungsrechts

16 Die §§ 3–5 regeln, unter welchen Voraussetzungen es die deutsche Sozialversicherung ist, deren Schutz eine Person genießt, die im Hinblick auf die für Versicherungspflicht oder Versicherungsberechtigung relevanten Kriterien zum Kreis der versicherten Personen gehören kann. Diese Regeln ergänzen für den Bereich der Sozialversicherung die allgemeine Vorschrift in § 30 SGB I. Es geht ihnen um die international-sozialrechtlichen Voraussetzungen der Zugehörigkeit zur Sozialversicherung. In systematischer Hinsicht handelt es sich mithin um internationales Sozialversicherungsrecht. Aus der Zugehörigkeit zur Sozialversicherung ergeben sich in aller Regel auch leistungsrechtliche Folgen. Zu beachten sind jedoch zahlreiche Regelungen zur Frage, ob und inwieweit Leistungen in das Ausland zu zahlen sind. Diese Frage ist in den §§ 3–5 nicht geregelt (BT-DRs. 7/4122 S. 30). Vielfach gibt es spezielle Vorschriften für die einzelnen Versicherungszweige (v.a. §§ 16 Abs. 1 Nr. 1, Abs. 4, 17, 18 SGB V; § 34 Abs. 1 Nr. 1 SGB XI; § 97 SGB VII; §§ 110 ff. SGB VI; vgl. auch BSG 27. 8. 2008 – B 11 AL 22/07 R – zu § 4211 SGB III). Nach § 6 bleiben Regelungen des über- und zwischenstaatlichen Rechts unberührt (dazu Rn. 28). Die §§ 3–5 können daher erst dann angewendet werden, wenn die Anwendung nach § 6 vorrangiger Regelungen nicht in Betracht kommt.

II. Das deutsche Staatsgebiet als Anknüpfungspunkt

17 **1. Territorialitätsprinzip (§ 3).** Anknüpfungspunkt für die Anwendbarkeit der Vorschriften über die Versicherungspflicht und die Versicherungsberechtigung ist das deutsche Staatsgebiet. Soweit diese

Vorschriften eine Beschäftigung oder eine selbständige Tätigkeit voraussetzen, kommt es – vorbehaltlich der Ausnahmen in den §§ 4 und 5 – darauf an, dass der Ort der Beschäftigung (dazu §§ 9 und 10) oder der selbständigen Tätigkeit (dazu § 11) im Geltungsbereich des SGB, als auf deutschem Staatsgebiet, liegt (§ 3 Abs. 1 Nr. 1). Im deutschen Staatsgebiet sind nach dem Flaggenstaatsprinzip auch Arbeitnehmer (mit Ausnahme der Lotsen, vgl. § 13 Abs. 1) beschäftigt, die auf einem deutschen Seeschiff (§ 13 Abs. 2) tätig sind (BSG 25. 10. 1988 – 12 RK 21/87 – E 64, 145, 148 f.). Auch die Anwendbarkeit der Vorschriften über das Verfahren des elektronischen Entgeltnachweises hängt davon ab, dass Beschäftigte, Beamte, Richter bzw. Soldaten im Geltungsbereich des Sozialgesetzbuches tätig sind (§ 3 Abs. 2).

Soweit die Vorschriften über die Versicherungspflicht und die Versicherungsberechtigung eine Beschäftigung oder selbständige Tätigkeit nicht voraussetzen, gelten sie für alle Personen, die ihren Wohnsitz oder gewöhnlichen Aufenthalt (zu diesen Begriffen § 30 Abs. 3 SGB I) im deutschen Staatsgebiet haben (§ 3 Abs. 1 Nr. 2; vgl. aber auch die Sondervorschriften in § 2 Abs. 3 SGB VII und § 1 S. 2 SGB VI). 18

2. Ausstrahlung (§ 4). Abweichend vom Grundsatz der Maßgeblichkeit einer Beschäftigung oder selbständigen Tätigkeit auf dem deutschen Staatsgebiet dehnt § 4 die Anwendbarkeit der Vorschriften über Versicherungspflicht und Versicherungsberechtigung unter gewissen Voraussetzungen auf Personen aus, die ihre Beschäftigung (§ 4 Abs. 1) oder selbständige Tätigkeit (§ 4 Abs. 2) im Ausland ausüben. Diese sog. Ausstrahlung soll international mobile Arbeitnehmer oder Selbständige vor Nachteilen in der Sozialversicherung bewahren (BT-Drs. 7/4122 S. 30). 19

Voraussetzung der Ausstrahlung im Fall einer im Ausland ausgeübten Beschäftigung ist zunächst, dass vor Beginn der Entsendung ein Beschäftigungsverhältnis mit dem entsendenden Arbeitgeber in Deutschland bestanden hat. Des Weiteren muss die beschäftigte Person im Rahmen dieses Beschäftigungsverhältnisses ins Ausland entsandt worden sein. Schließlich muss die Entsendung infolge der Eigenart der Beschäftigung oder vertraglich im Voraus zeitlich begrenzt sein (§ 4 Abs. 1). Diese drei Merkmale sind schwer voneinander zu trennen. Entscheidend ist, dass ungeachtet der tatsächlichen Ausübung der Beschäftigung im Ausland das Beschäftigungsverhältnis im Inland fortbesteht (GK SGB-IV/von Maydell, § 4 Rn. 7). 20

Ein weiterbestehendes Beschäftigungsverhältnis mit dem entsendenden Arbeitgeber wird angenommen, wenn der Schwerpunkt der rechtlichen und tatsächlichen Merkmale des Beschäftigungsverhältnisses in Deutschland liegt (BT-Drs. 7/4122 S. 30). Dies erfordert, dass der im Ausland beschäftigte Arbeitnehmer organisatorisch in den Betrieb des inländischen Arbeitgebers eingegliedert bleibt, dass wesentliche Elemente eines Beschäftigungsverhältnisses (insbesondere: Bindung an Weisungen des inländischen Arbeitgebers) erfüllt werden und dass sich der Anspruch auf Arbeitsentgelt gegen den inländischen Arbeitgeber richtet (vgl. BSG 7. 11. 1996 – 12 RK 79/94 – E 79, 214, 217 f.; 5. 12. 2006 – B 11 a AL 3/06 R – SozR 4–2400 § 4 Nr. 1). Für die Zeit nach dem Ende der Entsendung soll eine Weiterbeschäftigung beim entsendenden Arbeitgeber im Inland erforderlich sein (BSG 10. 8. 1999 – B 2 U 30/98 R – SozR 3–2400 § 4 Nr. 5). 21

Eine Entsendung erfordert, dass sich der Beschäftigte von seinem Beschäftigungsort in Deutschland in einen anderen Staat begibt. Grundsätzlich muss der Arbeitnehmer bereits in der Bundesrepublik Deutschland für seinen entsendenden Arbeitgeber gearbeitet haben (BSG 27. 5. 1986 – 2 RU 12/85 – E 60, 96, 98). Allerdings ist eine Entsendung nicht schon deshalb ausgeschlossen, weil das Beschäftigungsverhältnis allein im Hinblick auf die Entsendung begründet worden ist (BT-Drs. 7/4122 S. 30 zu § 4 SGB IV). Eine Entsendung liegt jedoch nicht vor, wenn ein Arbeitnehmer in seinem ausländischen Wohnstaat von einem Unternehmen mit Sitz in Deutschland zu einer Tätigkeit in seinem Wohnstaat oder einem anderen ausländischen Staat angeworben wird (BSG 27. 5. 1986 – 2 RU 12/85 – E 60, 96, 98). 22

Die zeitliche Begrenzung der Beschäftigung muss im Vertrag grundsätzlich durch ein festes Datum, wenigstens aber durch den Eintritt eines vorher zeitlich bestimmten Ereignisses festgelegt werden; eine bestimmte Dauer i. S. einer Höchstdauer des „vorübergehenden" Auslandsaufenthalts lässt sich aus dem Gesetz nicht herleiten (BSG 4. 5. 1994 – 11 RAr 55/93 –). 23

In den Fällen der Ausstrahlung gilt der bisherige Beschäftigungsort als fortbestehend; in Ermangelung eines solchen gilt als Beschäftigungsort der Ort, an dem der Betrieb, von dem der Beschäftigte entsandt wird, seinen Sitz hat (§ 9 Abs. 6). 24

Die für die Entsendung von Beschäftigten geltenden Regeln gelten auch für Personen, bei denen Versicherungspflicht oder Versicherungsberechtigung auf einer selbständigen Tätigkeit beruhen (§ 4 Abs. 2). Auch Selbständige, die vorübergehend im Ausland tätig sind, können mithin der deutschen Sozialversicherung angehören, wenn nur der Schwerpunkt ihrer Tätigkeit weiterhin in Deutschland liegt. 25

Bei der Prüfung der Voraussetzungen der Ausstrahlung orientiert sich die Praxis an den Richtlinien zur versicherungsrechtlichen Beurteilung von Arbeitnehmern bei Ausstrahlung (§ 4 SGB IV) und Einstrahlung (§ 5 SGB IV) [AusEinstrRl] der Spitzenverbände der Krankenkassen, der Deutschen Rentenversicherung Bund, der BA sowie des HVBG i. d. F. vom 23. 4. 2007 (Aichberger 4/30). 26

27 **3. Einstrahlung (§ 5).** Den spiegelbildlichen Fall zur Situation der Ausstrahlung regelt § 5 über die Einstrahlung. Nach dieser Regelung werden die Vorschriften des deutschen Sozialversicherungsrechts über Versicherungspflicht und Versicherungsberechtigung ausnahmsweise nicht angewandt, wenn eine Beschäftigung in Deutschland aufgrund einer vorübergehenden Entsendung aus dem Ausland ausgeübt wird (§ 5 Abs. 1). Dahinter steht die Überlegung, dass für die betroffenen Personen weiterhin das zuvor bereits für sie zuständige ausländische Sicherungssystem verantwortlich bleibt, dass dieses also nach Deutschland „einstrahlt" (BT-Drs. 7/4122 S. 31). Bei der Beurteilung der Frage, wann jemand vorübergehend aus dem Ausland nach Deutschland entsandt ist, sind dieselben Grundsätze anzuwenden wie im Fall der Ausstrahlung (oben Rn. 21 ff.). Für Personen, die vorübergehend eine selbständige Tätigkeit in Deutschland ausüben, deren Tätigkeitsschwerpunkt jedoch im Ausland liegt, sind die Vorschriften den deutschen Sozialversicherungsrechts über Versicherungspflicht und Versicherungsberechtigung ebenfalls nicht anzuwenden (§ 5 Abs. 2).

28 **4. Vorbehalt abweichender Regelungen (§ 6).** § 6 statuiert einen Vorbehalt hinsichtlich abweichender Regelungen des über- oder zwischenstaatlichen Rechts. Der Vorbehalt bewirkt vor allem Modifikationen hinsichtlich der Regelungen über die Aus- bzw. Einstrahlung. Mit überstaatlichem (= supranationalem) Recht sind die einschlägigen Regelungen des EG-Rechts gemeint, insbesondere Art. 48 AEUV sowie die VOen (EG) 883/2004, ABl. L 166, 1 und 987/2009, ABl. L 284. Bedeutsam ist vor allem Art. 12 VO (EG) 883/2004. Bei zwischenstaatlichem Recht handelt es sich um bilaterale oder multilaterale völkerrechtliche Verträge, die durch das Zustimmungsgesetz innerstaatliche Wirkung erlangen (Art. 59 Abs. 2 GG). Insoweit sind insbesondere die zahlreichen bilateralen Sozialversicherungsabkommen der Bundesrepublik Deutschland bedeutsam (Überblick bei SRH/Petersen § 35).

III. Deutsche Staatsangehörigkeit als Anknüpfungspunkt

29 Bisweilen hängt die Anwendung des deutschen Sozialversicherungsrechts nicht vom Bezug zum deutschen Territorium, sondern von der deutschen Staatsangehörigkeit ab. Es geht dabei in aller Regel um Situationen, in denen sich deutsche Staatsangehörige im Ausland befinden.

30 **1. Begriff des Deutschen (§ 2 Abs. 1 a).** Mit Blick auf derartige Vorschriften definiert § 2 Abs. 1 a den Begriff des Deutschen. Deutsche sind danach Deutsche im Sinne des Art. 116 GG.

31 **2. Deutsche Seeleute auf Seeschiffen unter fremder Flagge (§ 2 Abs. 3).** Arbeitnehmer auf Seeschiffen unter deutscher Flagge sind auf deutschem Staatsgebiet tätig und unterliegen deshalb nach § 3 Abs. 1 Nr. 1 ohne weiteres den Vorschriften des deutschen Sozialversicherungsrechts über Versicherungspflicht und Versicherungsberechtigung (oben Rn. 17). Anderes gilt für Arbeitnehmer, die auf Schiffen arbeiten, die nicht die deutsche Flagge zu führen berechtigt sind, etwa auf ausgeflaggten Schiffen. Deutschen Seeleuten, die auf solchen Schiffen beschäftigt sind, ermöglicht § 2 Abs. 3 den Zugang zur deutschen Sozialversicherung. Voraussetzung ist ein Antrag des Reeders (§ 2 Abs. 3 S. 1). Geht es um deutsche Seeleute, die im Inland ihren Wohnsitz oder gewöhnlichen Aufenthalt haben, ist der Reeder verpflichtet, einen solchen Antrag zu stellen, wenn die Seeleute auf einem Seeschiff beschäftigt sind, das im überwiegenden Eigentum eines deutschen Reeders mit Sitz im Inland steht (§ 2 Abs. 3 S. 2). Wird ein Antrag gestellt, treffen den Reeder die Pflichten eines Arbeitgebers (§ 2 Abs. 3 S. 3; zur Bestellung eines Bevollmächtigten mit Sitz des Reeders im Ausland: § 2 Abs. 3 S. 4 und 5). § 2 Abs. 3 ist mit Blick auf Art. 18 AEUV und Art. 4 VO (EG) 883/2004 auf Seeleute entsprechend anzuwenden, die einem anderen EU-Mitgliedsstaat angehören (jurisPK-SGB IV/Padé § 2 Rn. 31; vgl. ferner Art. 13 I lit. c und 14b VO 1408/71). Wegen der Zuständigkeit für die Sozialversicherung der Seeleute sind folgende Sondervorschriften zu beachten: § 129 Abs. 1 Nr. 1 SGB VI; §§ 114 Abs. 1 Nr. 1 mit Anlage 1 Nr. 35 und 121 Abs. 2 und 3 SGB VII.

32 **3. Versicherungspflicht deutscher Beschäftigter bei deutschen Auslandsvertretungen.** Die Versicherungspflicht in der Rentenversicherung erfasst auch deutsche Staatsangehörige, die bei deutschen Auslandsvertretungen beschäftigt sind (§ 1 S. 2 SGB VI). Eine entsprechende Regelung gibt es in der gesetzlichen Unfallversicherung (§ 2 Abs. 3 S. 1 Nr. 1 SGB VII).

Zweiter Titel. Beschäftigung und selbständige Tätigkeit

§ 7 Beschäftigung

(1) ¹Beschäftigung ist die nichtselbständige Arbeit, insbesondere in einem Arbeitsverhältnis. ²Anhaltspunkte für eine Beschäftigung sind eine Tätigkeit nach Weisungen und eine Eingliederung in die Arbeitsorganisation des Weisungsgebers.

(1 a) ¹Eine Beschäftigung besteht auch in Zeiten der Freistellung von der Arbeitsleistung von mehr als einem Monat, wenn

1. während der Freistellung Arbeitsentgelt aus einem Wertguthaben nach § 7b fällig ist und
2. das monatlich fällige Arbeitsentgelt in der Zeit der Freistellung nicht unangemessen von dem für die vorausgegangenen zwölf Kalendermonate abweicht, in denen Arbeitsentgelt bezogen wurde.

²Beginnt ein Beschäftigungsverhältnis mit einer Zeit der Freistellung, gilt Satz 1 Nummer 2 mit der Maßgabe, dass das monatlich fällige Arbeitsentgelt in der Zeit der Freistellung nicht unangemessen von dem für die Zeit der Arbeitsleistung abweichen darf, mit der das Arbeitsentgelt später erzielt werden soll. ³Eine Beschäftigung gegen Arbeitsentgelt besteht während der Zeit der Freistellung auch, wenn die Arbeitsleistung, mit der das Arbeitsentgelt später erzielt werden soll, wegen einer im Zeitpunkt der Vereinbarung nicht vorhersehbaren vorzeitigen Beendigung des Beschäftigungsverhältnisses nicht mehr erbracht werden kann. ⁴Die Vertragsparteien können beim Abschluss der Vereinbarung nur für den Fall, dass Wertguthaben wegen der Beendigung der Beschäftigung auf Grund verminderter Erwerbsfähigkeit, des Erreichens einer Altersgrenze, zu der eine Rente wegen Alters beansprucht werden kann, oder des Todes des Beschäftigten nicht mehr für Zeiten einer Freistellung von der Arbeitsleistung verwendet werden können, einen anderen Verwendungszweck vereinbaren. ⁵Die Sätze 1 bis 4 gelten nicht für Beschäftigte, auf die Wertguthaben übertragen werden. ⁶Bis zur Herstellung einheitlicher Einkommensverhältnisse im Inland werden Wertguthaben, die durch Arbeitsleistung im Beitrittsgebiet erzielt werden, getrennt erfasst; sind für die Beitrags- oder Leistungsberechnung im Beitrittsgebiet und im übrigen Bundesgebiet unterschiedliche Werte vorgeschrieben, sind die Werte maßgebend, die für den Teil des Inlandes gelten, in dem das Wertguthaben erzielt worden ist.

(1 b) Die Möglichkeit eines Arbeitnehmers zur Vereinbarung flexibler Arbeitszeiten gilt nicht als eine die Kündigung des Arbeitsverhältnisses durch den Arbeitgeber begründende Tatsache im Sinne des § 1 Absatz 2 Satz 1 des Kündigungsschutzgesetzes.

(2) Als Beschäftigung gilt auch der Erwerb beruflicher Kenntnisse, Fertigkeiten oder Erfahrungen im Rahmen betrieblicher Berufsbildung.

(3) ¹Eine Beschäftigung gegen Arbeitsentgelt gilt als fortbestehend, solange das Beschäftigungsverhältnis ohne Anspruch auf Arbeitsentgelt fortdauert, jedoch nicht länger als einen Monat. ²Eine Beschäftigung gilt auch als fortbestehend, wenn Arbeitsentgelt aus einem der Deutschen Rentenversicherung Bund übertragenen Wertguthaben bezogen wird. ³Satz 1 gilt nicht, wenn Krankengeld, Krankentagegeld, Verletztengeld, Versorgungskrankengeld, Übergangsgeld oder Mutterschaftsgeld oder nach gesetzlichen Vorschriften Erziehungsgeld oder Elterngeld bezogen oder Elternzeit in Anspruch genommen oder Wehrdienst oder Zivildienst geleistet wird. ⁴Satz 1 gilt auch nicht für die Inanspruchnahme von Pflegezeit im Sinne des § 3 des Pflegezeitgesetzes.

Übersicht

	Rn.
A. Normzweck	1
B. Beschäftigung (Abs. 1)	3
I. Beschäftigung, Beschäftigung gegen Entgelt und Beschäftigungsverhältnis	3
II. Rechtsnatur, Funktion und Inhalt der Beschäftigung	11
1. Bedeutung der „tatsächlichen Verhältnisse"	11
2. Der rechtliche Rahmen der Beschäftigung	14
3. Inhalt der Beschäftigung	16
4. Die Parteien des Arbeitsverhältnisses	20
5. Einzelne Anhaltspunkte	23
III. Beginn, Fortbestand und Ende der Beschäftigung bei fehlender Arbeitsleistung	24
1. Bedeutung des Vollzuges allgemein	24
2. Beginn der Beschäftigung	25
3. Fortbestand	29
4. Ende der Beschäftigung	30
IV. Sonderformen der Beschäftigung	32
1. Familienhafte Mithilfe	32
2. Rechtsverhältnisse von Vereinsvorständen/-mitgliedern	35
3. Beschäftigung und gesellschaftsrechtliche Beziehungen	37
4. Arbeitnehmerüberlassung und Arbeitsvermittlung	49
C. Fiktion der „entgeltlichen Beschäftigung" ohne Arbeitsleistung (Abs. 1 a, 1 b)	53
D. Fiktion der Beschäftigung (Abs. 2)	67
E. Absatz 3	74

A. Normzweck

1   Die unübersichtliche Norm wendet sich – seit der Aufhebung von Abs. 4 mit Wirkung vom 1. 7. 2009 (vgl. hierzu RdNr. 77 in der Vorauflage) – noch **drei verschiedenen Regelungsgegenständen** zu: einer Umschreibung des Sachverhalts der Beschäftigung (Abs. 1) und der Fiktion einer entgeltlichen Beschäftigung in den Fällen der Freistellung von der Arbeit bei Entgeltzahlung auf der Grundlage von Vor- oder Nacharbeit (Abs. 1a, 1b) sowie bei Fortdauer des Beschäftigungsverhältnisses ohne Arbeitsentgelt (Abs. 3). Ohne jeweils selbst eine vollständige Regelung zu verlautbaren, beschränkt sich die Vorschrift damit „vor die Klammer gezogen" auf eine nähere Erläuterung des in allen Zweigen der SV relevanten Tatbestandsmerkmals der Beschäftigung bzw. seines Gegenstücks, der selbstständigen Tätigkeit (ein Drittes gibt es nicht; arg. e § 2 Abs. 2 AufenthaltG). Trotz dieser Regelungstechnik ist eine übergreifende Einheitlichkeit auch durch das SGB IV nicht gewährleistet (vgl. zur kontextabhängigen Bedeutung von „Beschäftigung" exemplarisch BSG v. 11. 12. 1973, GS 1/73, BSGE 37, 10). Die Bedeutung von § 7 beschränkt sich im Wesentlichen auf das **Deckungsverhältnis** der klassischen Sozialversicherung (vgl. § 1 Abs. 3, § 2 Abs. 2 S. 1 Nr. 1 SGB IV) und ist dort Grundlage der Versicherungspflicht von rd. 27,4 Millionen Beschäftigten (Zahlen vom 31. 3. 2010, BT-Drucks 17/4108). Dagegen findet insbesondere in der Arbeitslosenversicherung ein besonderer **leistungsrechtlicher Begriff** der Beschäftigung Verwendung (vgl. § 1 Abs. 3 SGB IV und BSG v. 28. 9. 1993, 11 RAr 69/92, SozR 3–4100 § 101 Nr. 5 mwN).

2   § 7 enthält **keine Vermutung**, dass es sich bei der Beschäftigung um den empirisch oder normativ zu Grunde zu legenden „Normalfall" der Erwerbstätigkeit und dem gemäß bei der selbstständigen Tätigkeit um eine Ausnahmeform handelt. Auch soweit durch § 8 SGB IV innerhalb der Beschäftigungen die Teilmenge der geringfügigen unterschieden wird, kann dem keine normative Bestimmung der einen oder anderen Erscheinungsform zum „Normalfall" entnommen werden. Dem entspricht die insofern letzlich konturarme Diskussion über ein „Normalarbeitsverhältnis" bzw. eine „**Normalbeschäftigung**". Ob bei Vorliegen einer Beschäftigung im Einzelfall tatsächlich Versicherungspflicht/-freiheit besteht ergibt sich jeweils erst aus den Normen über die Versicherungspflicht in den einzelnen Zweigen der Sozialversicherung in Verbindung mit den spezialgesetzlichen Regelungen über die Versicherungsfreiheit bzw. Befreiung von der Versicherung. Als bloßes **Element** einer Regelung ist das (Nicht-)Vorliegen einer Beschäftigung daher auch nicht isoliert der Bestätigung durch einen Verwaltungsakt (§ 31 S. 1 SGB X) zugänglich. Dies gilt auch im Zusammenhang des § 7a SGB IV (vgl. dort Rn. 2 ff.). Entsprechend kann schließlich auch in Gerichtsverfahren nicht allein über das bloße Tatbestandsmerkmal der Beschäftigung gestritten werden.

B. Beschäftigung (Abs. 1)

I. Beschäftigung, Beschäftigung gegen Entgelt und Beschäftigungsverhältnis

3   Die Bedeutung des Beschäftigungssachverhalts resultiert ursprünglich aus der **sozialpolitischen Leitentscheidung** des historischen Gesetzgebers, den Schutz der von der Industrialisierung nachteilig betroffenen Arbeitnehmerschaft zum bevorzugten Gegenstand der SV zu machen. Auch soweit die Bedeutung der Beschäftigtenversicherung im Zuge des Ausbaus der Systeme zu Volksversicherungen zurücktritt, verliert sie hierdurch dennoch weder quantitativ noch inhaltlich ihre prägende Bedeutung als Grundlage und Gestaltungsprinzip. Das Vorliegen einer Beschäftigung grenzt hier weiterhin denjenigen Personenkreis ab, dessen Versicherung gerade auf Grund seiner besonderen Erwerbssituation in Betracht kommt und damit etwa den besonderen Regelungen der §§ 28a ff. SGB IV unterfällt.

4   Stillschweigend vom **„Archetypus" des Industriearbeiters** ausgehend basiert unverändert auch die moderne Gesetzgebung auf der Idee, dass grundsätzlich allein in der entsprechende Gruppenzugehörigkeit Schutzbedürftigkeit durch die öffentlichrechtlichen SV-Systeme hinreichend ihren Ausdruck findet. Eine gesonderte Prüfung der **individuellen Verhältnisse** findet dem entsprechend nicht statt (BSG v. 27. 1. 2000, B 12 KR 16/99 R, SozR 3–2500 § 8 Nr. 5). Auf eine konkrete wirtschaftliche Abhängigkeit von den Einkünften aus der in Frage stehenden Erwerbstätigkeit kommt es nicht an (so ausdrücklich BSG v. 23. 6. 1994, 12 RK 50/93, SozR 3–2500 § 5 Nr. 17). Die Situation des Industriearbeiters und der ihm vergleichbar Schutzbedürftigen findet ihren spezifischen Ausdruck in der Erbringung persönlich abhängiger Erwerbsarbeit (vgl. BSG v. 25. 1. 2001, B 12 KR 17/00 R, HVBG-INFO 2001, 949 mwN). Dem entspricht in der Formulierung der Versicherungspflichttatbestände die Verwendung der (substantivierter) passiven Verbformen „... beschäftigt sind..." bzw. „... Beschäftigte..." (§ 25 Abs. 1 S. 1 SGB III, § 5 Abs. 1 Nr. 1 SGB V, § 1 Abs. 1 S. 1 Nr. 1 SGB VI, § 2 Abs. 1 Nr. 1 SGB VII, § 20 Abs. 1 S. 2 Nr. 1 SGB XI).

5   Im Bereich der Erbringung von Erwerbsarbeit begegnet jede Rechtsanwendung dem ständigen Wandel der Anwendungssituation, der sich aus der Dynamik eines hochgradig an den Zielen von Gewinnmaximierung, Effizienz und Flexibilität orientierten ökonomischen Geschehens ergibt. Dies

legt es nahe, den Grundtatbestand auf die Benennung des vorausgesetzten **soziologischen Befundes** zu beschränken Um die sich hieraus ergebenden heterogenen Erscheinungsformen von Erwerbsarbeit dennoch nach einem dem Gleichheitssatz (Art. 3 Abs. 1 GG) genügenden Maßstab zu erfassen und der gesetzlichen Rechtsfolge zuordnen zu können, bedarf es eines flexiblen Instrumentariums. Insofern bestehen keine Bedenken, wenn das Gesetz auf eine Verwendung tatbestandlich scharf kontrollierter Begriffe verzichtet und sich stattdessen auf eine am klassischen Leitbild des Fabrikarbeiters orientierte typologische Umschreibung beschränkt (vgl. BVerfG v. 20. 5. 1996, 1 BvR 21/96 SozR 3–2400 § 7 Nr. 11; dennoch kritisch – wenn auch ohne tragfähiges eigenes Konzept – etwa SG Düsseldorf v. 27. 4. 2009, S 19 (25) AL 139/05, NZS 2010, 116 ff). Insofern kommt es anstelle „exakter" Subsumption auf einen wertenden Vergleich der jeweils vorgefundenen sozialen Wirklichkeit mit dem – vom Gesetz stillschweigend vorausgesetzten – **Leittypus** an. Dabei ist nicht erforderlich, dass stets sämtliche den Typus kennzeichnenden Merkmale vorliegen. Diese können vielmehr in unterschiedlichem Maße und in unterschiedlicher Intensität gegeben sein; je für sich haben sie nur die Bedeutung von Anzeichen oder Indizien. Entscheidend ist jeweils ihre Verbindung, die Intensität und die Häufigkeit ihres Auftretens im konkreten Einzelfall. Maßgeblich ist das **Gesamtbild** (so wörtlich BVerfG aaO). Sachverhalte, die nur scheinbar der Kategorie Selbstständigkeit zuzuordnen sind, gehören in Wahrheit der Kategorie Abhängigkeit/abhängige Beschäftigung zu. Einen Rechtsbegriff der „**Scheinselbstständigkeit**" gibt – und gab – es daneben nicht.

Der besondere Schutzzweck der Sozialversicherung und ihre Natur als eine Einrichtung des öffentlichen Rechts schließen es insofern grundsätzlich aus, über die rechtliche Einordnung allein nach dem Willen der **Vertragsparteien,** ihren Vereinbarungen oder ihren Vorstellungen hierüber zu entscheiden (vgl. BSG v. 18. 12. 2001, B 12 KR 8/01 R, SozR 3–2400 § 7 Nr. 19 und die dortigen Nachweise). Die durch Sonderrecht des Staates abschließend öffentlich-rechtlich bestimmte Rechtslage ist als solche der privatrechtlichen Gestaltung nicht zugänglich. Entgegenstehende Vereinbarungen sind nichtig (§ 134 BGB). Insbesondere unterliegt damit weder das Tatbestandselement der Beschäftigung, noch die Zuordnung hierzu im Einzelfall, noch erst recht der Eintritt von Versicherungspflicht/-freiheit der abschließenden **Disposition** privater Vertragsparteien. Der Annahme einer Beschäftigung kann daher auch nicht entgegen gehalten werden, es liege in Wahrheit keine soziale Schutzbedürftigkeit vor oder die Berufung auf die Versicherungspflicht sei im Verhältnis der Vertragsparteien zueinander treuwidrig (vgl. BSG v. 25. 1. 2001, B 12 KR 17/00 R, HVBG-INFO 2001, 949 mwN). **6**

Unbenommen ist es den Parteien dagegen, mittelbar Einfluss zu nehmen, indem sie privatautonom die **Anknüpfungstatsachen** des öffentlichen Rechts nach ihrem Willen zu gestalten. Die ernsthafte Nutzung derartiger Möglichkeiten ist nicht etwa von vorne herein als „Umgehungsgeschäft" unbeachtlich (vgl. zur Ausgestaltung der Übungsleitertätigkeit in einem Verein wahlweise als Beschäftigung oder als Ausdruck der Mitgliedschaftspflicht BSG v. 27. 1. 1994, 2 RU 17/93, SozR 3–2200 § 539 Nr. 27; zur entsprechenden Bestimmungsbefugnis im Arbeitsrecht etwa BAG v. 9. 5. 1996, 2 AZR 438/95, BB 1996, 2358 – Status-Änderung von Arbeitnehmern der „Weight-Watchers-Organisation" durch den Abschluss sog. Partnerverträge). Sie verstößt auch nicht gegen § 32 SGB I, der sich ohnehin auf das Leistungsrecht beschränkt (vgl. BSG v. 3. 8. 1999, B 12 KR 11/99 R, Juris). Ein allgemeines Verbot, die vertraglichen Beziehungen ernsthaft so zu gestalten, dass im Ergebnis Sozialversicherungspflicht vermieden wird, gibt es nicht; achtenswerte Ziele wie der „Schutz von Arbeitnehmerinteressen" oder die „Abwehr von Manipulationen zu Lasten der Solidargemeinschaft" ändern hieran nichts. Vielmehr kann auch den vertraglichen Abreden und der Bezeichnung der Tätigkeit sowie dem Willen der Beteiligten, das zwischen ihnen bestehende Rechtsverhältnis als abhängiges oder selbstständiges auszugestalten, neben anderen Umständen **indizielle Bedeutung** zukommen (BSG v. 12. 2. 2004, B 12 KR 26/02 R USK 2004-25 und v. 28. 5. 2008, B 12 KR 13/07 R, USK 2008-45). Der bloßen Benennung oder äußeren Gestaltung kommt eine derartige Wirkung nicht zu (BSG v. 30. 11. 1978, 12 RK 33/76, BSGE 47, 201; und v. 24. 1. 2007, B 12 KR 31/06 R, SozR 4–2400 § 7 Nr. 7). **7**

Zwar ist **Entgeltlichkeit** kein ausdrücklich konstituierendes Element der Beschäftigung iSv. Abs. I. Schon darin, dass das Normalfall des rechtlichen Rahmens einer Beschäftigung hervorhebt und dieses seinerseits durch Entgelt iS des § 611 Abs 1 BGB konstitutiv bestimmt ist, kommt indes zum Ausdruck, dass die Modalitäten der Entgeltlichkeit für die Beurteilung, ob eine Beschäftigung vorliegt, regelmäßig erheblich sind (BSG v 4. 6. 2009, B 12 KR 31/07 R, SozR 4–2400 § 7a Nr 3). Zumindest, wo – rechtlich erlaubt – Entgelt für erbrachte Dienste iSv § 14 SGB IV (vgl etwa BSG v 15. 7. 2009, B 12 KR 1/09 R, SozR 4–1500 § 75 Nr 10) überhaupt nicht geschuldet wird, fehlt es daher an einer Beschäftigung. Zudem wird aus den Versicherungspflichttatbeständen in der Arbeitslosen-, Kranken-, Renten- und sozialen Pflegeversicherung deutlich, dass als Grundlage der Beschäftigtenversicherung zur Fremdbestimmung der Arbeitssituation stets das Angewiesensein auf ein gerade hieraus erzieltes Entgelt treten muss (§ 2 Abs. 2 S. 1 Nr. 2 SGB IV, § 14 SGB IV). Dem liegt die **generalisierte Annahme** zu Grunde, dass gerade der auf Einnahmen aus abhängiger Erwerbsarbeit angewiesene Personenkreis hinsichtlich der von den Sozialversicherungen erfassten grundlegenden Lebensrisiken zu einer selbst gestalteten und allein finanzierten Eigenvorsorge nicht in der Lage ist. Nur in der gesetzlichen Unfallversicherung genügt auch die unentgeltliche Beschäftigung zur Begründung des Versicherungsschutzes. **8**

9 Das öffentlichrechtliche Rechtsinstitut der Beschäftigung umschreibt für die SV einen – deren eigenständiger Zielsetzung Rechnung tragenden – tatbestandlichen **Anknüpfungssachverhalt** für die Zuordnung der Rechtsfolge Versicherungspflicht. Grundlage dieses Anknüpfungssachverhalts ist zunächst das zwischen den Beteiligten bestehende **Rechtsverhältnis**, insbesondere ein Arbeitsverhältnis. Ein daneben bestehendes „Beschäftigungsverhältnis" zwischen den Parteien dieses Rechtsverhältnisses kennt das Gesetz weder auf der Tatbestandsseite (etwa neben dem Arbeitsverhältnis) noch auf der Rechtsfolgenseite (neben den öffentlichrechtlichen Beziehungen von Arbeitgeber und Arbeitnehmer zur Versicherung). Jedenfalls seit der Anerkennung sog. faktischer Arbeitsverhältnisse besteht für die Konstruktion eines neben dem Arbeitsverhältnis stehenden (öffentlichrechtlichen) Beschäftigungsverhältnisses zwischen den Vertragsparteien oder gar einer dreiseitigen Rechtsbeziehung unter Einschluss des Versicherungsträgers als Rechtsinstitut eigener Art (BSG v. 30. 8. 1955, 7 RAr 40/55, BSGE 1, S. 115 ff.; 117) auch kein denkbarer Bedarf mehr. Ohnehin ist auch aus der Sicht des Sozialrechts nicht ersichtlich, welche Rechtsbeziehung Gegenstand einer derartigen Sonderkonstruktion sein sollte (Seiter, Sozialversicherungsrechtliches Beschäftigungsverhältnis und Arbeitsverhältnis, VSSR 1976, 179, 197).

10 Wo das Gesetz vom **„Beschäftigungsverhältnis"** spricht (vgl. § 7 Abs. 1 a S. 2 SGB IV, § 24 Abs. 2 Regelung 1, IV Regelung 1 SGB III, § 186 Abs. 1, § 190 Abs. 2 SGB V) meint es heute im Zusammenhang des Deckungsverhältnisses der Versicherung allein den rechtlichen Rahmen der Beschäftigung. Beschäftigungsverhältnis idS ist jedes Rechtsverhältnis, das die Erbringung von Arbeit in persönlicher Abhängigkeit zum Inhalt hat. Im Anwendungsbereich des Arbeitsrechts sind Arbeits- und Beschäftigungsverhältnis ihrem Inhalt – nicht aber der Funktion nach – identisch. Auch soweit die Voraussetzungen der Beschäftigung bereits durch den „Eintritt" in das Beschäftigungsverhältnis, also einen unterhalb der Stufe tatsächlicher Arbeitsleistung liegenden Vollzugsakt herbeigeführt werden können und unabhängig von der tatsächlichen Einstellung der Arbeitsleistung erst mit dem Ende des Beschäftigungsverhältnisses wieder entfallen (vgl. zum Meinungsstand etwa BSG v. 14. 12. 2006, B 1 KR 9/06 R, SozR 4–2500 § 47 Nr. 6). liegt hierin nicht etwa eine Gleichsetzung von „Beschäftigung" und „Beschäftigungsverhältnis". Vielmehr handelt es sich lediglich um einen der gesetzlich geregelten Fälle verminderter Anforderungen an die Invollzugsetzung des rechtlichen Rahmens der Beschäftigung.

II. Rechtsnatur, Funktion und Inhalt der Beschäftigung

11 1. Bedeutung der „tatsächlichen Verhältnisse". Beschäftigung ist abhängige Arbeit in Vollzug eines entsprechenden rechtlichen Rahmens, insbesondere eines Arbeitsverhältnisses (vgl. § 7 Abs. 1 S. 1). Den „tatsächliche Verhältnissen" kann damit innerhalb des Anknüpfungssachverhalts der Beschäftigung gleichermaßen Bedeutung als äußerer Ausdruck der **Rechtsbeziehungen** der Beteiligten wie von deren konkreter **Umsetzung** zukommen. Die noch aus den Anfangszeiten der SV herrührende Formel von der (vorrangigen/alleinigen) Maßgeblichkeit der „tatsächlichen Verhältnisse" (vgl. etwa BSG v. 23. 6. 1994, 12 RK 72/92, NJW 1994, 2974) ist hinsichtlich dieser rechtlichen Bedingtheit zumindest missverständlich. Auch der öffentlichrechtliche Sachverhalt der Beschäftigung kennt keine „Tatsachen an sich" und nimmt deshalb seinen Ausgang stets grundlegend bei dem bereits bestehenden Rechtsverhältnis sowie dessen Inhalt und Umsetzung. Anlass zu einer abweichenden Betrachtungsweise besteht im Blick auf die richterrechtliche Anerkennung faktischer Arbeitsverhältnisse heute auch nicht mehr im Blick auf die notwendige Unabhängigkeit des Schutzes der SV von der Wirksamkeit der zivilrechtlichen Vertragsgrundlage.

12 Eine Beschäftigung liegt vor, wenn die Gesamtheit der insofern rechtlich relevanten Tatsachen eine zu persönlicher Abhängigkeit führende Beziehung zwischen den Beteiligten ergibt. **Tatsachen** in diesem Sinne ist die Gesamtheit der rechtlich relevanten Umstände, die im Einzelfall eine wertende Zuordnung zum Typus der abhängigen Beschäftigung erlauben (BSG v. 25. 1. 2006, B 12 KR 30/04 R, USK 2006–8). Die entsprechende **Prüfung** nimmt ihren Ausgang stets bei dem rechtlichen Band, so wie es nach den bereichsspezifischen Regelungen zwischen den Beteiligten geknüpft wurde, im Zivil-Arbeitsrecht also bei dem – regelmäßig (vgl. zur ausnahmsweisen gesetzlichen Begründung von Arbeitsverhältnissen § 625 BGB, § 15 Abs. 5 TzBfG, § 24 BBiG; zur letzt genannten Vorschrift s. Bennecke, Das gesetzlich begründete Arbeitsverhältnis nach § 24 BBIG, NZA 2009, 820 ff) – durch Abgabe übereinstimmender Willenserklärungen geschlossenen Vertrag. Dieser kann zwar entgegen der traditionellen Auffassung nicht etwa durch „tatsächliche Umstände" verdrängt, abgedungen oder überlagert werden, wohl aber kann sich das zwischen den Beteiligten in Wahrheit rechtlich Gewollte grundsätzlich ua. auch aus der praktischen Durchführung ihrer Beziehung erschließen. Im Kern geht es damit nicht um eine wie immer geartete Konkurrenz tatsächlicher und rechtlicher Umstände, sondern stets um das – seinerseits rechtlich bestimmte – Verhältnis **rechtlicher Aspekte** unter einander. Insbesondere kommt daher eine schlüssige Abbedingung getroffener Vereinbarungen nur in Betracht, wenn nicht ein gesetzliches/vertragliches Formerfordernis oder sonstiges zwingendes Recht entgegensteht.

13 Der **12. Senat des BSG** hat die wechselseitige Bedingtheit von Vertragsgrundlage und Vollzug zuletzt zusammenfassend wie folgt umschrieben (Urteil v. 25. 1. 2006, ZIP 2006, 678):

„Nach der ständigen Rechtsprechung des Bundessozialgerichts (BSG) setzt eine Beschäftigung voraus, dass der Arbeitnehmer vom Arbeitgeber persönlich abhängig ist ... Ob jemand abhängig beschäftigt oder selbstständig tätig ist, hängt davon ab, welche Merkmale überwiegen ... Maßgebend ist stets das Gesamtbild der Arbeitsleistung. Das Gesamtbild bestimmt sich nach den tatsächlichen Verhältnissen. Tatsächliche Verhältnisse in diesem Sinne sind die rechtlich relevanten Umstände, die im Einzelfall eine wertende Zuordnung zum Typus der abhängigen Beschäftigung erlauben. Ob eine „Beschäftigung" vorliegt, ergibt sich aus dem Vertragsverhältnis der Beteiligten, so wie es im Rahmen des rechtlich Zulässigen tatsächlich vollzogen worden ist. Ausgangspunkt ist daher zunächst das Vertragsverhältnis der Beteiligten, so wie es sich aus den von ihnen getroffenen Vereinbarungen ergibt oder sich aus ihrer gelebten Beziehung erschließen lässt. Eine im Widerspruch zu ursprünglich getroffenen Vereinbarungen stehende tatsächliche Beziehung und die sich hieraus ergebende Schlussfolgerung auf die tatsächlich gewollte Natur der Rechtsbeziehung gehen der nur formellen Vereinbarung vor, soweit eine – formlose – Abbedingung rechtlich möglich ist. Umgekehrt gilt, dass die Nichtausübung eines Rechts unbeachtlich ist, solange diese Rechtsposition nicht wirksam abbedungen ist. Zu den tatsächlichen Verhältnissen in diesem Sinne gehört daher unabhängig von ihrer Ausübung auch die einem Beteiligten zustehende Rechtsmacht ... In diesem Sinne gilt, dass die tatsächlichen Verhältnisse den Ausschlag geben, wenn sie von Vereinbarungen abweichen ... Maßgeblich ist die Rechtsbeziehung so wie sie praktiziert wird und die praktizierte Beziehung so wie sie rechtlich zulässig ist."

2. Der rechtliche Rahmen der Beschäftigung. Die im Zusammenhang der Erbringung fremdbestimmter Arbeit historisch und sachlich seit jeher nahe liegende Brücke zum **Arbeitsverhältnis** schlägt das Gesetz heute durch dessen ausdrückliche Benennung in § 7 Abs. 1 S. 1 SGB IV. Dieses wird grundsätzlich durch einen wirksamen Arbeitsvertrag, also einen besonderen Dienstvertrag (§§ 611 ff BGB), begründet. Verstößt der Arbeitsvertrag gegen ein gesetzliches Verbot (§ 134 BGB) oder gegen die guten Sitten (§ 138 BGB), besteht für die Zeit, in die es in Funktion gesetzt worden ist, grundsätzlich dennoch ein **fehlerhaftes ("faktisches") Arbeitsverhältnis**. Nur bei besonders schweren Mängeln ist ausnahmsweise die Nichtigkeit des Arbeitsverhältnisses zu beachten (BAG v. 3. 11. 2004, 5 AZR 592/03, BAGE 112, 297 ff: ärztliche Leistungen ohne Approbation). Entsprechend bestehen grundsätzlich auch keine Bedenken gegen das Vorliegen einer Beschäftigung trotz fehlerhafter Vertragsgrundlage (BSG v. 10. 8. 2000, B 12 KR 21/98 R, SozR 3–2400 § 7 Nr. 15 [Telefonsex], vgl. dem gegenüber LAG Schleswig-Holstein v. 14. 10. 2002, 4 Sa 31/02, Juris; zur Prostitution im Rahmen einer abhängigen Beschäftigung § 1 S 2, § 3 Prostitutionsgesetz und hierzu Hessisches LSG v. 26. 3. 2009, L 1 KR 331/08 B ER, MDR 2009, 718). Wie sich ebenfalls aus dem Normwortlaut des § 7 Abs. 1 S. 1 SGB IV ergibt, ist das Arbeitsverhältnis nur ein möglicher rechtlicher Rahmen von Beschäftigung („insbesondere"). Die Erbringung abhängiger Erwerbsarbeit ist ebenso im Rahmen **öffentlich-rechtlicher Rechtsverhältnisse** denkbar. So stehen etwa sog. **Ein-Euro-Jobber**, die ihnen auf der Grundlage öffentlichen Rechts von Trägern öffentlicher Gewalt nach § 16 Abs. 3 S. 2 SGB II angebotene Arbeitsgelegenheiten wahrnehmen und hierfür eine Mehraufwandsentschädigung erhalten, zwar nicht in einem Arbeitsverhältnis (vgl. BAG v. 8. 11. 2006, 5 AZB 36/06, AP Nr. 89 zu § 2 ArbGG 1979, v. 26. 9. 2007, 5 AZR 857/06, NZA 2007, 1422, v. 20. 2. 2008, 5 AZR 290/07 DB 2008, 1161), wohl aber in einem potenziell eine Beschäftigung begründenden Rechtsverhältnis. Auch die in einem öffentlich-rechtlichen Dienstverhältnis stehenden Beamten, Richter und Soldaten sind im sozialversicherungsrechtlichen Sinne Beschäftigte und deswegen „dem Grunde nach" sozialversicherungspflichtig (vgl. BSG v. 12. 12. 1995, 5/4 RA 52/94, SozR 3–2200 § 1232 Nr. 6 und v. 22. 2. 1996, 12 RK 6/95, SozR 3–2940 § 2 Nr. 5). Hierbei bleibt es etwa bei **kommunalen Ehrenbeamten,** wenn sie über Repräsentationsfunktionen hinaus dem allgemeinen Erwerbsleben zugängliche Verwaltungsaufgaben wahrnehmen und hierfür eine den tatsächlichen Aufwand übersteigende pauschale Aufwandsentschädigung erhalten (BSG v. 27. 3. 1980, 12 RK 56/78, SozR 2200 § 165 Nr. 44, v. 23. 9. 1980 – 12 RK 41/79, SozR 2200 § 1229 Nr. 12 und v. 4. 4. 2006, B 12 KR 76/05 B sowie zuletzt v. 15. 7. 2009, B 12 KR 1/09 R, SozR 4–1500 § 75 Nr. 10 – Feuerwehrführungskräfte – und v. 27. 1. 2010, B 12 KR 3/09 R, SozR 4–4300 § 27 Nr. 5 – Landrat-). Ausnahmen bedürfen einer ausdrücklichen gesetzlichen Anordnung (vgl. § 27 Abs. 1 Nr. 1 SGB III, § 6 Abs. 1 Nr. 2 SGB V, § 5 Abs. 1 Nr. 1 SGB VI, § 4 Abs. 1 Nr. 1 SGB VII).

Stets erforderlich ist, dass die Beschäftigung auf der Grundlage eines in **freier Willensbestimmung** begründeten Rechtsverhältnisses ausgeübt wird. Die notwendige Freiheit des Willensschlusses ist dabei auf das Ob und die Umstände der Arbeitserbringung selbst begrenzt, während bloße Motive unberücksichtigt bleiben. Die Beweggründe, die jemanden zur Aufnahme einer Beschäftigung veranlassen, sowie allgemeine Lebensumstände, die nicht die Arbeit oder Arbeitsentgelt selbst, sondern das häusliche, familiäre, wohnungs- und aufenthaltsmäßige Umfeld betreffen, müssen außer Betracht bleiben (vgl. BSG v. 14. 7. 1999, B 13 RJ 75/98 R, SGb 1999, 557). Daher sind die Regelungen über die Beschäftigung etwa auf **Strafgefangene** nicht anwendbar, weil diese im Rahmen eines „besonderen Gewaltverhältnisses" tätig sind (vgl. etwa BSG v. 26. 5. 1988, 5/5b RJ 20/87, SozR 2200 § 1246 Nr. 157). Von Verfassung wegen ist der Gesetzgeber zwar nicht gehindert, den

Schutz der sozialen Sicherungssysteme auf Pflichtarbeit auszudehnen. Hierzu gezwungen ist er indessen nicht. Vielmehr bleibt es ihm im Rahmen seiner Gestaltungsmacht aus Art. 20 Abs. 1 GG unbenommen, nicht jede in Betracht kommende „Beschäftigung" am Schutz der Sozialversicherung teilnehmen zu lassen (BVerfG v. 1. 7. 1998, 2 BvR 441/90, BVerfGE 98, 169).

16   **3. Inhalt der Beschäftigung.** Die wertende Zuordnung eines Sachverhalts zum Institut der Beschäftigung kann sich nicht auf eine generelle **Vermutung** für das Vorliegen einer bestimmten Gestaltungsmöglichkeit berufen (BSG v. 18. 8. 1978, 4 RJ 355/68, SozR § 1278 RVO Nr. 19). Der Begriff der Beschäftigung erfordert auch nicht etwa eine **Einheitlichkeit** hinsichtlich bestimmter Berufsbilder. Vielmehr kann grundsätzlich und in aller Regel jede Erwerbstätigkeit sowohl in Form abhängiger Beschäftigung als auch in Form selbstständiger Tätigkeit ausgeübt werden (vgl. exemplarisch zur Tätigkeit des Lehrers BSG v 12. 2. 2004, B 12 KR 26/02 R, USK 2004–2; zum Transportfahrer zuletzt BSG v. 11. 3. 2009, B 12 KR 21/07 R, USK 2009-25; zur Ausübung der Prostitution Art 1 § 1 S. 2 Prostitutionsgesetz und hierzu BT-Drucks 14/5958, S. 5). Die beliebten **Berufsgruppen-Kataloge** sind entgegen einer verbreiteten Praxis allenfalls Erkenntnis leitend, keinesfalls aber ein taugliches Hilfsmittel für die abschließende Statusbestimmung im Einzelfall. Dies gilt auch für die Besprechungsergebnisse der Spitzenverbände, denen keine Rechtsnormqualität zukommt (BSG v. 18. 12. 2001, B 12 KR 8/01 R, SozR 3–2400 § 7 Nr. 19). Ausnahmsweise kann eine typisierende Betrachtung dort in Betracht kommen, wo die Grundlagen der Beschäftigung selbst normativ geregelt sind (vgl. zur Beschäftigung des ehrenamtlichen Bürgermeisters einer verbandsangehörigen Gemeinde in Sachsen BSG v. 25. 1. 2006, B 12 KR 12/05 R, SozR 4–2400 § 7 Nr. 6). Ebenso ist der Status des Beschäftigten keine synchron oder diachron durchgängig einer Person anhaftende Eigenschaft mit der Folge, dass ein und derselbe Betroffene nur entweder abhängig beschäftigt oder selbstständig tätig sein könnte (vgl. BSG v. 30. 1. 2007, B 2 U 6/06 R, SGb 2007, 748). Schließlich setzt der Begriff der Beschäftigung auch nicht voraus, dass die Beziehung auf eine längere Zeitdauer angelegt sein muss.

17   Wertungen in anderen Rechtsgebieten, insbesondere dem **Arbeits- und Steuerrecht**, können zwar Anhaltspunkte liefern, sind aber im Ergebnis für die eigenständige sozialrechtliche Beurteilung nicht bindend (vgl. zur Unabhängigkeit von der Entscheidung der Finanzbehörden bereits BSG v. 5. 4. 1956, 3 RK 65/55, BSGE 3, 30). Dies gilt auch für das **Handelsrecht.** An den dortigen Begriff der Selbstständigkeit knüpft das Sozialrecht nur bedingt, nämlich dann an, wenn er wie beim Handelsvertreter einen gleichen Inhalt hat (stRspr, vgl. BSG v. 29. 1. 1991, 12 RK 63/79, BSGE 51, 164). Ansonsten rechtfertigt allein der Umstand, dass eine Tätigkeit nach diesen Rechtsgebiet prägenden Wertungen und praktischen Bedürfnissen als selbstständig anzusehen ist, noch nicht von vorne herein einen Anschluss (vgl. zu entsprechenden Bedenken BSG v. 22. 6. 2005, B 12 KR 28/03 R, SozR 4–2400 § 7 Nr. 5).

18   Die Klärung, ob im Einzelfall eine abhängige Beschäftigung vorliegt oder nicht, kann sich nicht an einem abgeschlossenen **Kriterienkatalog** abarbeiten. Ebenso wenig kommt bestimmten Umständen unabhängig vom Einzelfall ein gleich bleibendes Gewicht zu oder kann sich das Ergebnis der Zuordnung aus einem quantitativ-numerischen Vergleich für und gegen das Vorliegen einer abhängigen Beschäftigung sprechender Gesichtspunkte ergeben. Stets ist die Zuordnung vielmehr Ausdruck einer **umfassenden Zusammenschau** der konkreten rechtlich relevanten Gegebenheiten unter Beachtung des Schutzzwecks der SV. Soweit § 7 Abs. 1 S. 2 SGB IV als Kriterien der Beschäftigung nunmehr ausdrücklich eine Tätigkeit nach Weisungen und eine Eingliederung in die Arbeitsorganisation des Weisungsgebers benennt, beschränkt sich das Gesetz konsequent darauf, beides als „Anhaltspunkte" zu bezeichnen. Versuche einer Neubestimmung der Beschäftigung durch Benennung von Kriterien für die Rechtsvermutung ihres Vorliegens (§ 7 SGB IV aF) sind damit beendet (BSG v. 17. 5. 2001, B 12 KR 34/00 R, SozR 3–2400 § 7 Nr. 17 und v. 25. 1. 2006, B 12 KR 30/04 R, ZIP 2006, 678).

19   Die **Typusmerkmale** der abhängigen Beschäftigung sind nach mehr als einhundertjährigen Bemühungen des RVA und der Sozialgerichtsbarkeit geklärt und werfen in aller Regel keine Rechtsfragen von grundsätzlicher Bedeutung mehr auf (vgl. etwa BSG v. 26. 10. 1995, 12 BK 1/95, Die Beiträge 1995, 701). Entscheidend ist damit, dass eine unter Einsatz körperlicher oder geistiger Kräfte planmäßig auf ein wirtschaftliches Ziel gerichtete **menschliche Tätigkeit** in persönlicher Abhängigkeit von einem anderen – regelmäßig dem Arbeitgeber – zu erbringen ist. Im Gegensatz zur faktischen wirtschaftlichen ist die persönliche Abhängigkeit stets eine rechtlich begründete. Nach der ständigen Rechtsprechung des BSG setzt eine Beschäftigung voraus, dass der Arbeitnehmer vom Arbeitgeber **persönlich abhängig** ist. Bei einer Beschäftigung in einem fremden Betrieb ist dies der Fall, wenn der Beschäftigte in den Betrieb eingegliedert ist und er dabei einem Zeit, Dauer, Ort und Art der Ausführung umfassenden Weisungsrecht des Arbeitgebers unterliegt. Demgegenüber ist eine selbständige Tätigkeit vornehmlich durch das eigene Unternehmerrisiko, das Vorhandensein einer eigenen Betriebsstätte, die Verfügungsmöglichkeit über die eigene Arbeitskraft und die im Wesentlichen frei gestaltete Tätigkeit und Arbeitszeit gekennzeichnet. Ob jemand abhängig beschäftigt oder selbständig tätig ist, hängt davon ab, welche Merkmale überwiegen. Maßgebend ist stets das **Gesamtbild** der Arbeitsleistung im Einzelfall. Weichen die Vereinbarungen von den tatsächlichen Verhältnis-

sen ab, geben letztere grundsätzlich den Ausschlag in dem Sinne, dass in der tatsächlich gelebten Beziehung der Beteiligten das von ihnen rechtlich Gewollte zum Ausdruck kommt (vgl. BSG v. 22. 6. 2005, B 12 KR 28/03 R, SozR 4–2400 § 7 Nr. 5 mwN). An den Nachweis der Tatsachen, die Versicherungspflicht begründen, sind strenge Anforderungen zu stellen, wenn sich im Einzelfall der Verdacht von Manipulationen zu Lasten der Krankenkassen besteht. Die Feststellungslast für die Tatsachen, die Versicherungspflicht begründen, trägt derjenige, der sich darauf beruft (BSG v. 4. 12. 1997, 12 RK 3/97, SozR 3–2500 § 5 Nr. 37).

4. Die Parteien des Arbeitsverhältnisses. Auch die sozialversicherungsrechtliche Zuordnung der beteiligten Personen vollzieht sich im Wesentlichen nach den im **Arbeitsrecht** anerkannten Kriterien. Als **Arbeitgeber** wird daher grundsätzlich derjenige anerkannt, zu dem der Arbeitnehmer in einem Verhältnis persönlicher Abhängigkeit steht; das ist die (natürliche oder juristische) Person, der die Verfügung über die Arbeitskraft, ihre Einstellung, Verwendung und Entlassung zusteht, die zu Anweisungen berechtigt ist, für deren Rechnung (im Sinne einer Rechtsstellung als Schuldner) das Entgelt gezahlt wird und der der unmittelbare Erfolg der Arbeitsleistung zukommt (so im Wesentlichen bereits RVA vom 20. 1. 1932, II K 165, 31 B, EuM 32, S. 71 ff.) Sofern die persönliche Abhängigkeit auf der Eingliederung des Arbeitnehmers in einen Betrieb beruht, ist Arbeitgeber derjenige, der den Betrieb im eigenen Namen führt (vgl. zur Stellung des Testamentsvollstreckers als Betriebsinhaber BSG v. 17. 12. 1985, 12 RK 35/84 Breithaupt 1986, S. 651 ff.). Im Fall einer Personengesellschaft ist dies unabhängig von der tatsächlichen Ausübung des Weisungsrechts die eine Gemeinschaft zur gesamten Hand bildende Verbindung der Gesellschafter (BSG v. 29. 3. 1962, 3 RK 38/58, SozR § 380 Nr. 1).

Der Tatbestand des „**Führens**" eines Betriebes setzt dabei voraus, dass über eine bloße Formalstellung, etwa der Gewerbebehörde gegenüber, hinaus die Arbeitgeberstellung auch tatsächlich im eigenen Namen ausgeübt wird und die Geschäftstätigkeit auf einen eigenen, direktiven Einfluss zurückgeht. Dem gemäß auch das bloße Zurverfügungstellen von Geldmitteln für sich nicht zum Arbeitgeber (vgl. bereits RVA v. 29. 1. 1932, EuM 32, S. 71 ff.). Sofern der Betriebsinhaber den Betrieb auf eigene Rechnung führt, deckt sich der Begriff des Arbeitgebers mit demjenigen des **Unternehmers** im Sinn der gesetzlichen Unfallversicherung jedenfalls insofern, als auch hier ein auf die einzelnen Arbeitsverhältnisse durchschlagender Einfluss auf die Betriebsleistung gefordert wird; Wert oder Unwert der verrichteten Arbeit müssen sich in beiden Fällen unmittelbar auswirken. Auch dann, wenn er daher im Innenverhältnis auf fremde Rechnung tätig wird, ist in aller Regel allein der Betriebsinhaber, dem als Vertragspartner das Weisungsrecht gegenüber dem Arbeitnehmer zusteht, als Arbeitgeber anzusehen. Allenfalls wenn ausnahmsweise auch der dahinter stehende Unternehmer selbst und unmittelbar Einfluss nehmen kann, kommt auch er als Arbeitgeber in Betracht.

Unter Rückgriff auf die genannten Kriterien sind auch sog. **Strohmannkonstruktionen** zu beurteilen. Unabhängig von den verdeckten tatsächlichen Machtverhältnissen ist daher derjenige allein Arbeitgeber im Sinne der gesetzlichen Krankenversicherung, der im eigenen Namen nach außen auftritt und im beschriebenen Sinne als Betriebsführer erscheint. Dies gilt sogar dann, wenn die Strohmanneigenschaft den Arbeitnehmern oder sonstigen Vertragspartnern bekannt war, solange nur Einigkeit darüber besteht, dass die Rechtsfolgen tatsächlich in der Person des Strohmannes eintreten sollen und damit ein **Scheingeschäft** vermieden wird (vgl. zur Abgrenzung BGH v. 22. 10. 1981, III ZR 149/80, NJW 1982, S. 569 f.). Ist demgegenüber der Strohmann ohne eigene unternehmerische Tätigkeit als bloße Marionette vorgeschoben (vgl. für den Bereich der Gewerbeordnung BVerwG v. 2. 2. 1982, 1 C 20/78, GewArch 1982, 200), während tatsächlich und offen ein anderer das Geschäfte führt, ist allein der letztgenannte gleichzeitig auch Arbeitgeber (zum Fall eines mit Gewerbeverbot belegten Maurermeisters, der zur Umgehung eine GmbH mit seiner Ehefrau als Alleingesellschafterin vorgeschoben hat, LSG Niedersachsen v. 7. 1. 1981, L 4 Kr 51/79, KVRS A – 3260/2). Nicht ausreichend ist daher das bloße Zurverfügungstellen des Namens, wenn die Arbeitsverträge nicht von dem vorgeschobenen Namensgeber, sondern im eigenen Namen (!) von einem Hintermann, die auch die beteiligten Arbeitnehmer für ihren Arbeitgeber halten, geschlossen worden sind. Andernfalls würde das Erfordernis der Betriebsführung zugunsten einer Bezeichnung aufgegeben, die allen Beteiligten positiv als lediglich vordergründig gebraucht bekannt ist; der Manipulation wäre so Tür und Tor geöffnet.

5. Einzelne Anhaltspunkte. Anhaltspunkte für eine Beschäftigung sind nach Abs. 1 S. 2 eine Tätigkeit nach Weisungen und eine Eingliederung in die Arbeitsorganisation des Weisungsgebers. Das Gesetz rezipiert damit seit dem 1. 1. 1999 ausdrücklich und ohne Anspruch auf Vollständigkeit für die Beurteilung des Gesamtbildes relevante Aspekte der persönlichen Abhängigkeit, die schon vorher Allgemeingut. waren. Daneben kommen unverändert ua. in Betracht:
– **Arbeitsfähigkeit** ist weder eine gesetzliche Voraussetzung der Beschäftigung noch der Versicherungspflicht. Für eine richterrechtliche Begrenzung durch die Rechtsfigur des missglückten Arbeitsversuches fehlt es jedenfalls sein Inkrafttreten des SGB V an einer ausreichenden Rechtsgrundlage (vgl. BSG v. 4. 12. 1997, 12 RK 3/97, SozR 3–2500 § 5 Nr. 37).

Berchtold

– **Arbeitsorganisation.** Unerheblich ist, aus welchem betrieblichen Grund organisatorische Vorgaben bestehen, entscheidend ist die Wirkung (vgl. zum Verbot, Fahrten für andere Labors oder Laborgemeinschaften Fahrten vorzunehmen, um so Verwechslungen der Untersuchungsmaterialien bei einem Transportfahrer im Bereich medizinischer Labordiagnostik zu vermeiden, BSG v. 22. 6. 2005, B 12 KR 28/03 R, SozR 4–2400 § 7 Nr. 5).
– Unter einem **Betrieb** ist wie im Arbeitsrecht eine organisatorische Einheit zu verstehen, innerhalb der ein Unternehmer mit Hilfe sächlicher und sonstiger Mittel bestimmte arbeitstechnische Zwecke verfolgt; im Vordergrund steht dabei die einheitliche Organisation (vgl. BSG v. 14. 12. 2000, B 11 AL 19/00, juris)
– **Betriebsmittel.** Die Benutzung eines eigenen Kraftfahrzeugs und die damit einhergehende Lastentragung können in Verbindung mit anderen Gesichtspunkten für eine selbstständige Tätigkeit sprechen (BSG v. 19. 8. 2003, B 2 U 38/02 R, SozR 4–2700 § 2 Nr. 1). Unterliegt die Ausübung der Tätigkeit dennoch der Kontrolle des Auftraggebers, dessen Fahrdienstleiter das Fahrzeug gelegentlich begleiten, ist der Dienstverpflichtete gehalten, während der Tätigkeit bei dem Auftraggeber dessen Firmenschild anzubringen und macht der Auftraggeber Vorschriften für die Beladung, tritt dem gegenüber das Eigentum am Betriebsmittel regelmäßig zurück (BSG v. 19. 8. 2003, B 2 U 38/02 R SozR 4–2700 § 2 Nr. 1 und v. 22. 6. 2005, B 12 KR 28/03 R, SozR 4–2400 § 7 Nr. 5).
– **Ersatzkraft.** Arbeitnehmer haben ihre Arbeitsleistung in der Regel höchstpersönlich zu erbringen und dürfen sich hierbei nicht Dritter als Erfüllungsgehilfen bedienen (§ 613 S. 1 BGB). Ist nicht ausnahmsweise etwas Abweichendes vereinbart, ist es daher Sache des Arbeitgebers und nicht des Arbeitnehmers, in Verhinderungsfällen eine Ersatzkraft einzusetzen, sofern der Arbeitsausfall nicht hingenommen werden soll (vgl. BSG v. 8. 12. 2001, B 12 KR 8/01 R SozR 3–2400 § 7 Nr. 19). Organisiert daher der Gläubiger der Dienstleistung die im Verhinderungsfall erforderliche Ersatzkraft selbst, liegt hierin ein Indiz für eine abhängige Beschäftigung (BSG v. 8. 12. 2001, B 12 KR 8/01 R, SozR 3–2400 § 7 Nr. 19). Kann umgekehrt die Tätigkeit nach Wahl des zur Dienstleistung Verpflichteten auch durch Dritte erbracht werden und wird hiervon in der praktischen Umsetzung des Vertrages auch regelmäßig Gebrauch gemacht, spricht dies gegen eine Beschäftigung. Hiervon kann noch nicht ausgegangen werden, wenn von einer vertraglichen Delegationsmöglichkeit faktisch nur vereinzelt (im Urlaubsfall) Gebrauch gemacht wird und die persönliche Leistungserbringung damit die Regel bleibt, sodass die Stellung einer Ersatzkraft in ihrer Bedeutung zurücktritt (BSG v. 22. 6. 2005, B 12 KR 28/03 RSozR 4–2400 § 7 Nr. 5).
– **Entgelt.** Auf die Erzielung von Entgelt sind die Erwerbstätigkeit der Selbstständigen und der abhängig Beschäftigten gleichermaßen angewiesen. Entgelt ist dem gemäß ein Kriterium für das Vorliegen einer Erwerbstätigkeit überhaupt; auch an einer Beschäftigung fehlt es daher, wenn – zu Recht – keinerlei Entgelt gezahlt wird (OLG Hamm v. 9. 10. 2007, 4 Ss OWi 436/07, NStZ 2008, 532). Als Hilfskriterium für die Unterscheidung der beiden Formen von Erwerbstätigkeit ist die Entgeltlichkeit dagegen wenig tauglich. Weder kann daher auf Selbstständigkeit schon deshalb geschlossen werden, weil Zahlungen an den Dienstverpflichteten als „Provision" oä bezeichnet werden, noch ergeben sich aus einer gewissen Regelmäßigkeit des Zuflusses Anhaltspunkte für eine Abhängigkeit (vgl. insgesamt BSG v. 19. 8. 2003, B 2 U 38/02 R, SozR 4–2700 § 2 Nr. 1). Insbesondere darf eine **umsatzorientiere Entlohnung** nicht isoliert betrachtet werden (BSG v. 10. 8. 2000, B 12 KR 21/98 R, SozR 3–2400 § 7 Nr. 15). Wegen des weiten Begriffs des Arbeitsentgelts (§ 14 SGB IV) kommt es nicht darauf an, wie Zahlungen bezeichnet werden, ob als Aufwandsentschädigung oder Fahrkostenerstattung. Soweit den Zahlungen ein eigener Aufwand nicht gegenübersteht oder die Zahlungen diesen Aufwand übersteigen, kann jeweils von Arbeitsentgelt ausgegangen werden (BSG v. 27. 6. 1996, 11 RAr 111/95, SozR 3–4100 § 102 Nr. 4). Soweit eine „**Gewinnbeteiligung**" eingeräumt wird, kann dies allenfalls im Kontext sonst für eine selbstständige Stellung sprechender Umstände von Belang sein (BSG v. 15. 6. 2000, B 12 RJ 4/99 R, SozR 3–2600 § 2 Nr. 4): erst recht gäbe eine – jedenfalls bei Fehlen eines angemessenen Ausgleichs grundsätzlich sittenwidrige (§ 138 BB) – Verlustbeteiligung – ebenso wie sonstige Verstöße gegen zwingendes Recht – keinen Anlass allein deshalb eine aufgrund des Gesamtbildes unzweifelhafte Beschäftigung in Zweifel zu ziehen (BSG v. 24. 1. 2007, B 12 KR 31/06 R, SozR 4–2400 § 7 Nr. 7 mH auf BAG v. 21. 3. 1984, 5 AZR 462/82 und v. 10. 10. 1990, 5 AZR 404/89, BB 1991, 413).
– **Ort.** Dem klassischen Bild der Beschäftigung entspricht die Erbringung von Arbeit an dem vom Arbeitgeber bestimmten und gestalteten Produktionsstandort. Zwar kann daher das Arbeiten in einer fremden Betriebsstätte – und nicht in den eigenen Räumen- ein Indiz für das Vorliegen einer abhängigen Beschäftigung sein, doch macht die zunehmende Flexibilisierung und Virtualisierung des Wirtschaftslebens Modifikationen des Modells unumgänglich. Bereits seit längerem ist daher anerkannt, dass das Arbeiten im eigenen räumlichen Umfeld zumindest in Ausnahmefällen unschädlich ist, falls besondere Gründe dafür bestehen und sich der Charakter der Tätigkeit dadurch im Übrigen nicht ändert (BSG v. 17. 2. 1998, B 2 U 3/97 R, SozR 3–2200 § 539 Nr. 40). Der virtualisierte Betrieb kann sich darauf beschränken, seine Geschäftsidee nach Bedarf mit sächlichen und personellen Mitteln zu realisieren. Daher könnte etwa genügen, wenn Bildschirmdialoge mit

Kunden des Auftraggebers von der heimischen Wohnung des Dienstverpflichteten aus und mit Hilfe von dessen eigener Hardware, aber mit Software des Auftraggebers durchgeführt werden (dahingestellt in BSG v. 10. 8. 2000, B 12 KR 21/98 R, SozR 3–2400 § 7 Nr. 15).
- **Urlaub.** Die Vereinbarung und Gewährung des üblichen Urlaubs kann – neben anderen – Anhaltspunkt für das Vorliegen einer Beschäftigung sein. Da umgekehrt nicht die Regel ist, dass AN ohne Weiteres (insbesondere ohne zwingende betriebliche Gründe) einen Grossteil des ihnen vertraglich zustehenden Urlaubs nicht in Anspruch nehmen, kann hierin ein Indiz für ein deutlich über dasjenige von abhängig Beschäftigten hinaus gehendes Interesse am wirtschaftlichen Erfolg gesehen werden (BSG v. 17. 5. 2001, B 12 KR 34/00 R SozR 3–2400 § 7 Nr. 17).
- **Steuer.** Dass eine fehlerhafte – sachlich und rechtlich nicht gerechtfertigte Annahme der Selbstständigkeit mittelbar folgerichtig zu weiteren Entwicklungen geführt hat, ist für sich unbeachtlich. So kann dem Umstand, dass der vermeintliche Unternehmer zunächst selbst Mitglied einer BG war, ein Gewerbe angemeldet hat und als logische Folge daraus Gewerbe- und Umsatzsteuer abgeführt hat nichts entnommen werden (BSG v. 19. 8. 2003, B 2 U 38/02 R SozR 4–2700 § 2 Nr. 1 und v. 10. 8. 2000, B 12 KR 21/98 R, SozR 3–2400 § 7 Nr. 15). Eine **Vereinbarung** über die Versteuerung des Entgelts bringt nur die Vorstellung der Vertragsparteien zum Ausdruck, eine selbstständige Tätigkeit zu begründen (BSG v. 14. 5. 1981, 12 RK 11/80 BB 1981, 1581). Sie könnte allenfalls Bedeutung erlangen, wenn die tatsächliche Ausgestaltung der Beziehungen gleichermaßen für Selbstständigkeit und eine abhängige Beschäftigung spricht (BSG v. 13. 7. 1978, 12 RK 14/78, SozR 2200 § 1227 Nr. 17).
- **Unternehmerrisiko.** Die Stellung des selbstständigen Unternehmers ist wesentlich dadurch gekennzeichnet, dass sich Erfolg und Misserfolg seiner Betätigung auf dem Markt unmittelbar bei ihm niederschlagen. Dies kann der Fall sein, wenn die eigene Arbeitskraft auch mit der Gefahr des Verlustes eingesetzt wird, der Erfolg des Einsatzes der sächlichen oder persönlichen Mittel also „im Guten wie im Bösen" (BSG v. 28. 5. 2008, B 12 KR 13/07 R, USK 2008-45) ungewiss ist (BSG v. 27. 3. 1980, 12 RK 26/79, SozR 2200 § 165 Nr. 45 und v. 25. 1. 2001, B 12 KR 17/00 R, SGb 2001, 311 mwN). Dass hiervon mittelbar auch diejenigen betroffen werden, deren Dienste sich der Unternehmer bedient, macht diese noch nicht etwa ihrerseits zu Unternehmern (BSG v. 18. 12. 2001, B 12 KR 8/01 R, SozR 3–2400 § 7 Nr. 19). Die **Befristung** eines Vertrages vermag ein Unternehmerrisiko während der Arbeit von vorne herein nicht zu begründen (BSG v. 4. 6. 1998, B 12 KR 5/97 R, SozR 3–2400 § 7 Nr. 13). Auch das Bestehen eines unternehmerischen Risikos führt im Übrigen nicht in jedem Falle entscheidend zur Annahme einer **selbstständigen Tätigkeit.** Allein die Belastung eines Erwerbstätigen, der im übrigen nach der tatsächlichen Gestaltung der gegenseitigen Verhältnisse als abhängig Beschäftigter anzusehen ist, mit zusätzlichen Risiken, spricht nicht für Selbstständigkeit, wenn dem nicht auch eine größere Freiheit bei der Gestaltung und der Bestimmung des Umgangs des Einsatzes der eigenen Arbeitskraft gegenüber steht (BSG v. 25. 1. 2001 aaO und v. 19. 8. 2003, B 2 U 38/02 R SozR 4–2700 § 2 Nr. 1 mwN). Der Überbürdung des Risikos, bei krankheits- und urlaubsbedingten Ausfällen kein Honorar zu erhalten, können daher nur dann Anhaltspunkte für Selbstständigkeit entnommen werden, wenn dem auch eine größere Unabhängigkeit oder höhere Verdienstchance gegenübersteht. Dies gilt gleichermaßen hinsichtlich der **Marktgängigkeit** eines Produkts überhaupt (Nachfrage der Art nach), als auch was die Nachfrage im Einzelnen angeht (erhöhter Bedarf an bestimmten Orten, zu bestimmten Zeiten etc.) Hier kann ein Unternehmerrisiko allenfalls in Betracht kommen, wenn sich die Nachfrage nach den geschuldeten Diensten nach Grund und Höhe unmittelbar auf den Dienstverpflichteten auswirkt (zB Durchführung von Unterrichtseinheiten nur bei ausreichender Teilnahme und Abhängigkeit des Entgelts von der Zahl der Teilnehmer). Ein Unternehmerrisiko kann – hinreichend, aber nicht notwendig – zudem auch dann in Betracht kommen, wenn ein **Kapitalrisiko** zu erheblichen Ausfällen führen kann und dieses Risiko das tatsächliche Gesamtbild der Beziehungen wesentlich bestimmt (BSG v. 19. 1. 1968, 3 RK 101/64, USK 6801. Eine bei positivem Geschäftsergebnis dem Arbeitnehmer zustehende **Jahressonderprämie** ist dem Wagniskapital nicht gleichzusetzen; sie gehört vielmehr zu den Arbeitnehmern verbreiteten zustehenden Vergütungsbestandteilen (BSG v. 18. 12. 2001, B 12 KR 10/01 R, SozR 3–2400 § 7 Nr. 20). **Darlehen** des Arbeitnehmers an den Arbeitgeber sind zwar nicht ausgeschlossen. Sie sind indes für Arbeitsverträge nicht typisch. Unabhängig von der arbeitsrechtlichen Zulässigkeit einer Darlehensklausel kann grundsätzlich davon ausgegangen werden, dass eine derartige Klausel ein eigenständiges Rechtsgeschäft neben dem Arbeitsvertrag und in Arbeitsverträgen allgemein nicht vorgesehen ist Das Darlehen eines Arbeitnehmers an den Arbeitgeber, welches sich nicht auf den Fall der Not oder wirtschaftlicher Schwierigkeiten beschränkt, sondern ohne weitere Voraussetzungen fester Bestandteil des Vertragsverhältnisses ist, ist für Arbeitsverträge untypisch. (BSG v. 17. 5. 2001, B 12 KR 34/00, RSozR 3–2400 § 7 Nr. 17).
- **Vertrag.** Die vertraglichen Abreden der Beteiligten sind ihrerseits zentrales Element der für die Statusbeurteilung maßgeblichen **„tatsächlichen Verhältnisse".** Dies gilt allerdings nicht, wo die Rechtsordnung diesen Abreden die Anerkennung verweigert, insbesondere in den Fällen der §§ 116 bis 118 BGB, des Verstoßes gegen ein gesetzliches Verbot (§ 134 BGB) und der Sittenwid-

rigkeit (§ 138 Abs. 1 BGB). Nur dort, wo die Vertraglichen Abreden rechtlich wirksam sind, sind sie ihrerseits beachtliche Tatsachen für die Beurteilung des Vorliegens einer Beschäftigung. Wirksame Abreden sind dann auch für die Vertrag Schließenden selbst verbindlich und können nicht etwa nach Maßgabe ihrer jeweiligen Individualnützlichkeit auf bestimmte Rechtsgebiete oder Sachzusammenhänge beschränkt werden. Umgekehrt gilt vielmehr, dass dann, wenn eine vertragliche Regelung durch zwingende gesetzliche Regelungen vorgegeben ist, davon auszugehen ist, dass die tatsächlichen Verhältnisse hiervon nicht rechtserheblich abweichen und deshalb bei Beurteilung der Versicherungspflicht diese vertragliche Gestaltung auch rechtlich maßgebend ist (BSG v. 24. 1. 2007, B 12 KR 31/06 R, SozR 4–2400 § 7 Nr. 7). Fehlt es hieran, kommt – entsprechend den arbeitsrechtlichen Regelungen zum faktischen Arbeitsverhältnis – eine Beschäftigung allerdings auch dort in Betracht, wo nur der faktische Vollzug der unwirksamen Rechtsgrundlage und dessen Modalitäten den Schluss auf das Vorliegen einer Beschäftigung erlaubt. Hier sind allein die – aus der Sicht des Begriffs der Beschäftigung rechtlich relevanten – „tatsächlichen Verhältnisse" entscheidend. Ob es eine Ausnahme für Tätigkeiten geben könnte, die von der Rechtsordnung schlechthin missbilligt werden, lässt die oberstgerichtliche Rechtsprechung offen (vgl. insgesamt BSG v. 10. 8. 2000, B 12 KR 21/98 R, SozR 3–2400 § 7 Nr. 15). Ergeben sich hiervon ausgehend **Abweichungen** zwischen dem Vertragsinhalt und der Vollzugspraxis, stellt sich zunächst die Frage, der Abdingbarkeit nach Form und Inhalt. Sind Rechte nach dem Gesetz unverzichtbar oder bedarf ihre Abbedingung nach Gesetz oder einzelvertraglicher Abrede (§ 127 BGB) einer bestimmten Form, ist der Versuch der schlüssigen Abänderung unbeachtlich und lässt das Vereinbarte in seiner Tatbestandswirkung unberührt. Andernfalls bestimmt die abweichende Vollzugspraxis als Ausdruck der von den Beteiligten in Wahrheit gewollten Rechtsbeziehung „die tatsächlichen Verhältnisse". Ist eine dem Arbeitnehmer eingeräumte Möglichkeit, Transporte auch für weitere eigene Kunden auf eigene Rechnung durchzuführen, in Anbetracht seiner sonstigen vertraglichen Verpflichtung und der praktischen Handhabung nur eine theoretische, bleibt sie für die Gesamtwürdigung unbeachtlich (BSG v. 22. 6. 2005, B 12 KR 28/03 R, SozR 4–2400 § 7 Nr. 5). Das Fehlen von Abreden über einen **Urlaubsanspruch** und einen vertraglichen Anspruch auf **Entgeltfortzahlung**, ist für sich nicht geeignet, ein Unternehmerrisiko zu begründen. Es belegt allein, dass insofern tatsächliche Anhaltspunkte nicht vorliegen. Maßgeblich bleibt daher, welches Gesamtbild sich aus positiv feststellbaren Umständen ergibt (BSG v. 22. 6. 2005, B 12 KR 28/03 R, SozR 4–2400 § 7 Nr. 5). Ist dagegen ein bezahlter Erholungsurlaub und ein Anspruch auf Entgeltfortzalung im Krankheitsfall im Vertrag explizit vereinbart, handelt es sich um Rechte, die Arbeitnehmern vorbehalten sind (vgl. §§ 1, 11 BUrlG, §§ 1, 2 EFZGG) und kann deshalb mittelbar geschlossen, werden, dass ein entsprechender Status begründet werden sollte. Die bloße Nichterfüllung entsprechender Verpflichtungen führt insofern grundsätzlich nicht etwa zu einer formlosen Abbedingung (§ 12 EFZG, § 13 BUrlG). Nach § 84 Abs. 1 S. 2 HGB ist selbstständig, wer im Wesentlichen frei seine Tätigkeit gestalten und seine Arbeitszeit bestimmen kann. Die Norm verkörpert über das Handelsrecht hinaus relevante Anhaltspunkte. Auch für die sozialrechtliche Beschäftigung ist daher ein gewichtiger Umstand zunächst die Verfügungsmöglichkeit über die eigene Zeit und damit unauflöslich verbunden die **Organisations- und Bestimmungshoheit,** darüber, was in ihr geschieht. Werden Lage, Verteilung und Nutzung der Arbeitszeit wesentlich durch externe Bedürfnisse bestimmt (zB BSG v. 18. 12. 2001, SozR 3–2400 § 7 Nr. 19: Bindung einer Sportlehrerin an die Hallenbelegungspläne des veranstaltenden Sportvereins, BSG v. 22. 6. 2005, B 12 KR 28/03 R, SozR 4–2400 § 7 Nr. 5: Vorgabe von Anfangs- und Endpunkt einer nach Zeit und Inhalt täglich gleich bleibenden Tour bei einem Transportfahrer), spricht dies für Abhängigkeit. Dasselbe gilt, wenn Urlaub mit dem Auftraggeber abgesprochen werden muss, erst recht wenn trotz Arbeitsausfalls bei Urlaub und Krankheit Entgelt fortzuzahlen ist. Gerade hierin kommt ein Entfallen des eigenen Unternehmerrisikos zum Ausdruck: Selbstständige setzen die eigene Arbeitskraft regelmäßig mit der Gefahr des Verlustes ein. Fällt ihre Arbeitskraft krankheits- oder urlaubsbedingt aus und unterbleibt deshalb die versprochene Arbeitsleistung, besteht in aller Regel auch keinen Anspruch auf die **Gegenleistung** (BSG v. 25. 1. 2001, B 12 KR 18/00 RAuB 2001, 151).

– **Weisungen.** Das Direktionsrecht eines Arbeitgebers, auf Grund dessen der zur Arbeitsleistung verpflichtete seine Tätigkeit nicht im Wesentlichen selbst bestimmen kann, sondern hinsichtlich Ort, Zeit, Dauer und Art der Ausführung der Arbeit einem umfassenden Weisungsrecht und einer sich daraus ergebenden ständigen Überwachung und Beaufsichtigung unterliegt ist wesentliches Merkmal einer abhängigen Beschäftigung. Ist umgekehrt ein Weisungsrecht nicht vorhanden, kann der Betreffende also seine Tätigkeit wesentlich frei gestalten, insbesondere über seine eigene Arbeitskraft, über Arbeitsort und Arbeitszeit frei verfügen, oder verfügt er sich nur in die von ihm selbst gegebene Ordnung des Betriebes ein, liegt keine abhängige sondern eine selbst Tätigkeit vor (BSG v. 21. 4. 1993, 11 RAr 67/92, SozR 3–4100 § 168 Nr. 11). Die eigenständige Gestaltung der Diensterbringung spricht gerade bei Diensten höherer Art nicht gegen persönliche Abhängigkeit, wenn der Dienstverpflichtete in die von einem anderen vorgegebene Organisation eingegliedert ist. Das Weisungsrecht kann hier nach stRspr. eingeschränkt und zur **„funktionsgerecht dienenden Teilhabe** am Arbeitsprozess verfeinert sein (BSG v. 9. 12. 1981, 12 RK 4/81, SozR 2400 § 2

Nr. 19). Höhere Dienst werden im Rahmen abhängiger Beschäftigung geleistet, wenn sie fremdbestimmt bleiben, sie in einer von anderer Seite vorgegebenen Ordnung des Betriebes aufgehen (BSG v. 24. 9. 1992, 7 RAr 12/92, SozR 3–4100 § 168 Nr. 8, BSG v. 3. 2. 1994, 12 RK 84/92, SozR 3–2940 § 3 Nr. 2).
– **Zeit.** Allein Vorgaben hinsichtlich der Erledigung übertragener Aufgaben lassen nicht einen Schluss auf die Abhängigkeit des Dienstverpflichteten zu. So wie der **Selbstständige** ohne Gefährdung seines Status Weisungen hinsichtlich der Ausübung seiner Tätigkeit unterliegen kann, kann er ohne Gefährdung seines Status ebenso einer Terminbindung unterworfen sein. Auch Selbstständige führen kein Dasein in umfassender Bindungslosigkeit. Gewichtiger als die Verpflichtung zur Beachtung von Zeitpunkten sind hinsichtlich der Statusbestimmung Wahl, Anordnung und Einsatz der Mittel innerhalb der zur Verfügung stehenden Zeitdauer. Unterliegt daher der Dienstverpflichtete bei einer umfassenden einseitigen Zuweisung von Inhalt und Umfang von Aufgaben und einem Konkurrenzverbot festen Verpflichtungen hinsichtlich Anfang und Ende seiner Tätigkeit und ins einzelne gehenden Vorgaben mit der Verpflichtung zur Einhaltung fixer Zeitpunkte bei der Einhaltung von Teilzielen (Belieferung der einzelnen Kunden), kann dies den Schluss auf eine Beschäftigung nahe legen (BSG v. 19. 8. 2003, B 2 U 38/02 R, SozR 4–2400 § 7 Nr. 2). Die Erbringung von Diensten nach abgesprochenen **Einsatzplänen** ist für sich ohne Erkenntniswert. Sie findet sich in der obergerichtlichen Rechtsprechung gleichermaßen als (Neben-)Argument bei der Beurteilung einer nach ihrer sonstigen Gestaltung ohnehin abhängigen Durchführung von Bildschirm-Dialogen (BSG v. 10. 8. 2000, B 12 KR 21/98 R, SozR 3–2400 § 7 Nr. 15) wie als die Selbstständigkeit nicht einschränkender Aspekt bei Volkshochschul-Dozenten (BSG v. 12. 2. 2004, B 12 UR 26/02 R, USK 2004-35). Das Weisungsrecht des Arbeitgebers kann – in einzelnen Punkten – eingeschränkt sein, darf jedoch nicht völlig entfallen. Aus diesem Grunde ist eine persönliche Abhängigkeit während des Einsatzes als Rettungssanitäter nicht schon deshalb zu verneinen, weil bei der Bestimmung der Dienstzeiten eine gewisse Selbstständigkeit eingeräumt ist. Die persönliche Abhängigkeit ist vielmehr aufgrund einer umfassenden Würdigung der innerbetrieblichen Stellung zu beurteilen. Anhaltspunkte für eine persönliche Abhängigkeit können sich aus den während der übernommenen **Schichten** auszuführenden Arbeiten und der Regelung des Verhaltens während des Schichtbetriebes ergeben. (BSG v. 27. 6. 1996, 11 RAr 111/95, SozR 3–4100 § 102 Nr. 4). Die Möglichkeit, nach dem Ende einer vollen Arbeitsschicht von 7 oder 8 Stunden von Montag bis Freitag noch selbständig tätig zu sein, steht auch Arbeitnehmern offen. Dies ist bisher aber nicht als Indiz dafür angesehen worden, dass der Dienstverpflichtete in seiner Tätigkeit selbständig sei. Vielmehr ist davon auszugehen, dass dann, wenn eine Tätigkeit für einen Auftraggeber regelmäßig vollschichtig oder annähernd vollschichtig ausgeübt wird, nur die Umstände dieser Tätigkeit maßgebend sind für die Beurteilung, ob es sich um eine abhängige Beschäftigung oder eine selbständige Tätigkeit handelt (BSG v. 22. 6. 2005, B 12 KR 21/98 R, SozR 4–2400 § 7 Nr. 5). Etwas anderes kann sich dagegen ergeben, wenn für einen Auftraggeber nur in begrenzter Stundenzahl und nicht an allen Arbeitstagen gearbeitet wird (BSG v. 27. 11. 1980, 8a RU 26/80, USK 80.246 und 8a RU 74/79, USK 80.242).

III. Beginn, Fortbestand und Ende der Beschäftigung bei fehlender Arbeitsleistung

1. Bedeutung des Vollzuges allgemein. Der Wortlaut des Gesetzes („... Arbeit ... in ...") verdeutlicht, dass der tatsächliche Vollzug eines auf die Erbringung von Arbeit in persönlicher Abhängigkeit gerichteten Rechtsverhältnisses die Voraussetzungen einer Beschäftigung idealtypisch erfüllt. Im Kontext des überkommenen Begriffsverständnisses und insbesondere neuerer Rechtsentwicklungen ergibt sich indes, dass die tatsächliche Arbeitsleistung (die reale Erbringung der „versprochenen Dienste" iSv. § 611 BGB) für das Vorliegen einer Beschäftigung zwar stets hinreichend, keineswegs aber immer notwendig ist (s. zusammenfassend Seewald, Sozialversicherung bei Freistellung, SGb 2008, 448 ff). Trotz des Dogmas vom Vorrang der tatsächlichen Verhältnisse wurden im Blick auf den Schutzzweck der Sozialversicherung praktisch seit jeher nachgiebige Anforderungen an die Invollzugsetzung der zu Grunde liegenden Rechtsverhältnisse gestellt und damit zumindest fall(gruppen)spezifisch eine weitgehende **„Verrechtlichung"** der Beschäftigung akzeptiert. Methodisch handelt es sich hierbei um eine fortentwickeltes Verständnis des Beschäftigungssachverhalts im Blick auf Sinn und Zweck der Regelungen über die Versicherungspflicht/-freiheit; anders als in den Fällen des Abs. 1a geht es daher insofern um den unmittelbaren Anwendungsbereich der Beschäftigung und nicht etwa um die Fiktion ihres Vorliegens. Die Koexistenz vom Gesetzgeber rezitierten und akzeptierten Richterrechts und spezialgesetzlicher Regelungen für einzelne Fallgruppen erschwert die Übersicht unverändert. Letztendlich ist die tatsächliche Erbringung von Arbeit grundsätzlich in jeder Phase der Beschäftigung verzichtbar. 24

2. Beginn der Beschäftigung. Seit dem 1. 1. 1998 erschließt sich die Rechtslage am Beginn der Beschäftigung mittelbar aus § 186 Abs. 1 SGB V, § 24 Abs. 2 Regelung 1 SGB III. Die Mitgliedschaft bei einem Träger der gKV bzw. das Versicherungspflichtverhältnis iS der AlV beginnt hiernach für versicherungspflichtig Beschäftigte nicht mehr mit dem Eintritt in die Beschäftigung (vgl. § 306 RVO, 25

§ 186 I SGB V aF), sondern jeweils – bereits – mit dem **„Eintritt in das Beschäftigungsverhältnis"**. Beide Normen setzen über ihren unmittelbaren Regelungsinhalt hinaus Beschäftigung/Versicherungspflicht in einem ihnen gemäßen Sinne voraus und bestimmen damit umgekehrt auf deren Voraussetzungen. Über die gleichzeitig geregelten Fälle des Abs. 1a (vgl. nachfolgend Rn. 53 ff.) hinaus gilt damit allgemein, dass für den Beginn der Beschäftigung auch eine Konkretisierung vertraglicher Beziehungen unterhalb der tatsächlichen Arbeitsaufnahme genügt (offen gelassen in BSG v. 16. 2. 2005, B 1 KR 8/04 R, SozR 4–2500 § 44 Nr. 4). Zur Begründung von Versicherungspflicht muss jeweils ein Anspruch auf Entgelt treten.

26 Unverändert genügt für den Beginn der Beschäftigung auch nach geltendem Recht, dass als typische **Erfüllungshandlung** die Arbeit tatsächlich aufgenommen und die versprochenen Dienste iSv. § 611 BGB tatsächlich erbracht werden, sodass der Arbeitnehmer der Verfügungsmacht des Arbeitgebers untersteht. Hiervon gibt es nach Aufgabe der Rechtsprechung zum **missglückten Arbeitsversuch** (BSG v. 4. 12. 1997, 12 RK 3/97, BSGE 81, 231, v. 29. 9. 1998, B 1 KR 10/96 R, SozR 3–2500 § 5 Nr. 40) Ausnahmen nur noch in Extremfällen. Abgesehen von bloßen Scheingeschäften sowie von Fällen des Missbrauchs und der Manipulation (BSG v. 29. 9. 1998, B 1 KR 10/96 R, SGb 1998, 652) tritt jeder in eine Beschäftigung – erst recht in ein „Beschäftigungsverhältnis" – ein, der über das bloße Erscheinen am Ort der Tätigkeit (BSG v. 21. 5. 1996, 12 RK 67/94, SozR 3–2200 § 306 Nr. 2) hinaus unmittelbar die geschuldete (abhängige) Arbeit selbst aufnimmt (BSG v. 4. 12. 1997, 12 RK 3/97, BSGE 81, 231). Dies gilt insbesondere unabhängig von den Beweggründen für die Aufnahme und den gesundheitlichen Voraussetzungen für die geschuldete Arbeit (BSG v. 4. 12. 1997, 12 RK 3/97, BSGE 81, 231). Eine die Krankenversicherungspflicht begründende Beschäftigung liegt trotz Arbeitsaufnahme allerdings nicht vor, wenn ein Arbeitsverhältnis nur zum Schein oder in der Absicht begründet wird, die Tätigkeit unter Berufung auf die bestehende Arbeitsunfähigkeit nicht anzutreten oder alsbald wieder aufzugeben BSG v. 29. 9. 1998, B 1 KR 10/96 R, SozR 3–2500 § 5 Nr. 40).

27 Darüber hinaus bietet der Wortlaut der § 186 Abs. 1 SGB V, § 24 Abs. 2 Regelung 1 SGB III hinreichend deutlich und bestätigt durch die sog. Materialien nunmehr eine Lösung für alle Fallgestaltungen, in denen das Vorliegen einer Beschäftigung bisher mangels tatsächlicher Arbeitsaufnahme fraglich sein konnte. Grundsätzlich genügt daher bei fortbestehender ernsthafter Orientierung des Arbeitnehmers an den getroffenen Vereinbarungen („Eintritt") der einverständlich festgelegte **Beginn des Arbeitsverhältnisses** (vgl. zur grundsätzlichen Deckungsgleichheit von Arbeits- und Beschäftigungsverhältnis etwa BSG v. 28. 9. 1993, 11 RAr 69/92, SozR 3–4100 § 101 Nr. 5 mwN).

28 Insbesondere beginnt auf diese Weise die Beschäftigung auch in den in BR-Drs 100/97 ausdrücklich angesprochenen Fällen des **krankheitsbedingten Scheiterns** der Arbeitsaufnahme bei gleichzeitiger Verpflichtung des Arbeitgebers zur Entgeltfortzahlung (anders noch BSG v. 15. 12. 1994, 12 RK 17/92, SozR 3–2500 § 186 Nr. 2, 12 RK 7/93, SozR 3–2500 § 186 Nr. 3 sowie v. 8. 8. 1995, 1 RK 28/94, USK 9524). Ebenso sind diejenigen Konstellationen erfasst, für die – wenn auch sehr kasuistisch und mit wenig dogmatischer Absicherung – ausnahmsweise schon unter Geltung des **alten Rechts** eine „Eintritt in die Beschäftigung" unabhängig von der tatsächlichen Arbeitsleistung angenommen worden war (vgl. BSG v. 28. 2. 1967, 3 RK 17/65, BSGE 26, S. 124, v. 28. 6. 1979, 8 b/3 RK 80/77, SozR 2200 § 306 Nr. 5 und v. 3. 6. 1981, 3 RK 24/80, SozR 2200 § 306 Nr. 10: Der erkrankte Arbeitnehmer unterstellt sich der Leitungsmacht des Arbeitgebers auf andere Weise als durch Erfüllung der Hauptpflicht und wird so Angehöriger des Betriebes. BSG v. 10. 12. 1998, B 12 KR 7/98 R, SozR 3–2500 § 186 Nr. 7: Eintritt in die Beschäftigung bei einem Beschäftigungsverbot nach § 3 Abs. 2 MuSchG. RVA, AN 1914, 655: Gewährung von bezahltem Erholungsurlaub. BSG v. 22. 11. 1968, 3 RK 9/67, BSGE 29, 30: Eintritt in die Beschäftigung mit unbezahltem Urlaub. BSG v. 18. 9. 1973, 12 RK 15/72, BSGE 36, 161, v. 22. 11. 1968, 3 RK 9/67, BSGE 29, 30 ff.: sonstige Fälle der Freistellung von der Arbeitspflicht. RVA, AN 1927, 581: Annahmeverzug des Arbeitgebers).

29 **3. Fortbestand.** Im Sinne der ausreichenden Gewährleistung öffentlichrechtlichen Versicherungsschutzes liegt ein ausreichender Vollzug auf Erbringung abhängiger Arbeit gerichteter Rechtsverhältnisse erst recht dann vor, wenn der Dienstverpflichtete bei Fortbestand des rechtlichen Bandes auf Grund einer besonderen vertraglichen Abrede oder gesetzlicher Anordnung von seiner **Leistungspflicht** befreit wird (vgl. etwa LSG Rheinland-Pfalz v. 21. 6. 2007, L 5 KR 231/06, Breithaupt 2008, 61). Dies wird heute durch die spezialgesetzliche Regelungen in Abs. 1a S. 1 mittelbar und unter Verweis auf die Fortgeltung der vorgefundenen Richterrechts in den sog. Materialien bestätigt. So ist innerhalb des in Vollzug gesetzten Arbeitsverhältnisses insbesondere seit jeher unbestritten, dass „gegen Arbeitsentgelt beschäftigt" iSv. Abs. 1 S. 1 auch derjenige ist, der trotz Freiwerdens von der Verpflichtung zur Arbeit (zB § 275 Abs. 1 BGB, §§ 1 ff BurlG) aufgrund spezialgesetzlicher Anordnung (etwa § 3 Abs. 1 S. 1 EFZG, § 13 BurlG, §§ 615, 616 BGB) entgegen den allgemeinen schuldrechtlichen Bestimmungen der §§ 275 Abs. 4, 326 Abs. 1 Hs. 1 BGB für denselben Zeitraum dennoch einen **Anspruch auf Arbeitsentgelt** gegen den Arbeitgeber hat (vgl. zum Vorliegen einer versicherungspflichtigen Beschäftigung bei Arbeitsunfähigkeit bereits RVA, EuM 128, S. 93, 95 mwN, bei

Annahmeverzug des Arbeitgebers die Nachweise bei BSG v. 26. 11. 1985, 12 RK 51/83, SozR 4100 § 168 Nr. 19). Ebenso besteht eine Beschäftigung fort, wenn die Arbeitsvertragsparteien trotz Inhaftierung des Arbeitnehmers am Arbeitsverhältnis festhalten (BSG v. 18. 4. 1991, 7 RAr 106/90, SozR 3–4100 § 104 Nr. 6) oder bei Insolvenz des Arbeitgebers eine Freistellung des Arbeitnehmers erfolgt (BSG v. 26. 11. 1985, 12 RK 51/83, SozR 4100 § 168 Nr. 19). Schließlich besteht die Beschäftigung auch in den Zeiten einer berufsintegrierten Ausbildung oder eines solchen Studiums fort; die nur kurze Unterbrechung der vertraglichen Beziehungen (halber Monat zwischen Arbeitsvertrag und Berufsfortbildungsvereinbarung) ist sozialversicherungsrechtlich unbeachtlich (BSG v. 11. 3. 2009, B 12 KR 20/07 R, USK 2009-16). In allen genannten Fällen liegt in ausreichendem Maße gleichermaßen eine gemeinsame Bestätigung des vertraglichen Bandes wie ein hinreichendes Substitut für die Arbeitspflicht vor.

4. Ende der Beschäftigung. Die Beschäftigung endet grundsätzlich mit dem Ende des Beschäftigungsverhältnisses (arg. e § 190 Abs. 2 SGB V). Die Bewertung vollzieht sich damit wesentlich nach dem Bestand des **Rechtsverhältnisses,** im Arbeitsrecht also des Arbeitsverhältnisses. Nur wo die Beteiligten ihre rechtlichen Bindungen allein äußerlich aufrechterhalten, ohne sie hinsichtlich der Hauptpflichten in Vollzug zu setzen (zB bei einem unbezahlten Urlaub, vgl. hierzu BSG v. 15. 12. 1994, 12 RK 7/93, SozR 3–2500 § 186 Nr. 3), endet jedenfalls nach einem Monat (Abs. 3 S. 1) die Beschäftigung wie das Beschäftigungsverhältnis iSd. § 190 Abs. 2 SGB V. 30

Ist das Arbeitsverhältnis **gekündigt,** führt daher allein die Freistellung von der Arbeit bei Fortzahlung von Entgelt noch nicht zum Ende der (entgeltlichen) Beschäftigung, (BSG v. 26. 11. 1985, 12 RK 51/83, SozR 4100 § 168 Nr. 19 und v. 24. 9. 2008, B 12 KR 22/07 R, SozR 4–2400 § 7 Nr. 9). Dies gilt selbst dann, wenn der Arbeitgeber den Arbeitsvertrag schon vor der Arbeitsaufnahme fristgemäß gekündigt, auf die Arbeitsleistung verzichtet, sich jedoch zur Entgeltzahlung bereit erklärt hat. Die Beschäftigung beginnt dann mit dem Zeitpunkt der vereinbarten Arbeitsaufnahme und endet erst mit dem Arbeitsverhältnis (BSG v. 18. 9. 1973, 12 RK 15/72, BSGE 36, 161). Wird um die Rechtmäßigkeit der Kündigung in einem **arbeitsgerichtlichen Prozess** gestritten, als dessen Ergebnis (durch Vergleich oder Urteil) sich bei Annahmeverzug des Arbeitgebers ein nach der Einstellung der Arbeit liegendes Ende des Arbeitsverhältnisses ergibt, ist dieser Zeitpunkt auch für die Sozialversicherung maßgeblich (BSG v. 25. 9. 1981, 12 RK 58/80, BSGE 52, 152). Legen die Parteien im arbeitsgerichtlichen Vergleich bei entgeltlicher Freistellung des Arbeitnehmers bis dahin einen künftigen Zeitpunkt für das Ende des Arbeitsverhältnisses fest, ist hierdurch – und nicht bereits mit dem Zeitpunkt des Vertragsschlusses – gleichzeitig das Ende der Beschäftigung bestimmt (BSG v. 25. 10. 1990, 12 RK 40/89, HV-INFO 1991, 789; ebenso zuletzt BSG v. 24. 9. 2008, B 12 KR 22/07 R, SozR 4–2400 § 7 Nr. 9). Dass nach Einstellung der Arbeitsleistung, jedoch vor Beendigung des Arbeitsverhältnisses ggf. bereits **Arbeitslosengeld** (ALG) bezogen wird, ändert für das Deckungsverhältnis der Sozialversicherung nichts (BSG v. 26. 11. 1985, 12 RK 51/83, SozR 4100 § 168 Nr. 19; vgl. zum leistungsrechtlichen Begriff der Beschäftigung exemplarisch BSG v. 28. 9. 1993, 11 RAr 69/92, SozR 3–4100 § 101 Nr. 5 mwN, v. 25. 4. 2002, B 11 AL 65/01 R, SozR 3–4300 § 144 Nr. 8 und die Nachweise bei LSG Rheinland-Pfalz v. 21. 6. 2007, L 5 KR 231/06, Breithaupt 2008, 61). 31

IV. Sonderformen der Beschäftigung

1. Familienhafte Mithilfe. Für zum Hausstand gehörende Kinder (vgl. § 1619 BGB) und auf der Grundlage der Generalklausel des § 1353 Abs. 1 S. 2 BGB in begrenztem Umfang auch für Ehegatten (vgl. hierzu ausführlich BSG v. 23. 6. 1994, 12 RK 50/93, SozR 3–2500 § 5 Nr. 17) bestehen teilweise bereits **gesetzliche Dienstleistungspflichten.** Hiermit zusammenfallend oder eigenständig können im Blick auf die vom GG umfassend geschützte Vertragsfreiheit (Art. 2 Abs. 1, 12 Abs. 1 GG) auch die Beziehungen zwischen Familienangehörigen die Voraussetzung einer Beschäftigung erfüllen. Hinsichtlich des Eintritts von **Versicherungspflicht** gelten seit der Aufhebung von § 1228 Abs. 1 Nr. 1 RVO, § 4 Abs. 1 Nr. 2 AVG zum 1. 1. 1967 und von § 175 RVO zum 1. 1. 1971 (vgl. hierzu BR-Drucks 276/70, S. 4) sowie der Aufgabe des bis dahin richternormähnlich gehandhabten Satzes von der Versicherungsfreiheit sog. Meistersöhne durch das Urteil des BSG vom 5. 4. 1956 (3 RK 65/55, BSGE 3, S. 30) auch insofern die üblichen Grundsätze (vgl. BSG v. 23. 6. 1994, 12 RK 50/93, SozR 3–2500 § 5 Nr. 17: keine Besonderheiten für – nicht geringfügige – Teilzeitbeschäftigungen, trotz Erwerb eines beitragsgünstigen Versicherungsschutzes in der gKV). Die auch insofern gebotene umfassende **Gesamtwürdigung** (BSG v. 27. 6. 2000, B 2 U 21/99 R, SozR 3–2200 § 548 Nr. 37 mwN;. zur entsprechenden Situation im Steuerrecht vgl. die Nachweise bei BSG v. 23. 6. 1994, 12 RK 50/93, SozR 3–2500 § 5 Nr. 17) hat hiervon grundsätzlich als selbstverständlich auszugehen und darf trotz des teilweise fehlenden Interessengegensatzes und diverser Missbrauchsmöglichkeiten keine unangemessen hohen Anforderungen stellen (vgl. zu den Grenzen des Vertrauens einerseits BVerfG v. 7. 11. 1995, 2 BvR 802/90, NJW 1996, 833 und BSG v. 23. 6. 1994, 12 RK 50/93, SozR 3–2500 § 5 Nr. 17 andererseits). Lediglich für den Bereich der **sozialen Pflegeversicherung** gilt insbesondere für eine Beschäftigung bei Familienangehörigen oder Lebenspartnern (§ 20 Abs. 4 S. 2 SGB XI) unter den in § 20 Abs. 4 S. 1 SGB XI im Einzelnen genannten Voraussetzungen eine 32 widerlegbare Vermutung, dass eine die Versicherungspflicht begründende Beschäftigung nicht ausgeübt wird. Die Klärung der Versicherungspflicht muss allerdings seit dem 1. 1. 2005 grundsätzlich in einem Anfrageverfahren erfolgen (§ 7a Abs. 1 S. 2).

33 **Konstitutiv** für die Annahme einer Beschäftigung ist auch zwischen Ehegatten und Verwandten die frei und ernsthaft gewollte rechtlich begründete persönliche Abhängigkeit im Rahmen der Erbringung von Arbeit. Ausgangspunkt jeder Prüfung sind daher auch hier die getroffenen Vereinbarungen. Als zusätzliches Indiz für eine abhängige Beschäftigung kann im Einzelfall hinzukommen, dass im Blick auf die Haushaltsführung und die Betreuung von Kindern eine Verpflichtung zu familienhafter Mitarbeit nicht besteht. Dass hier die **persönliche Abhängigkeit** im Allgemeinen weniger stark ausgeprägt ist und deshalb das Weisungsrecht des Arbeitgebers möglicherweise nur eingeschränkt ausgeübt wird, steht nicht grundsätzlich entgegen (BSG v. 23. 6. 1994, 12 RK 50/93, SozR 3–2500 § 5 Nr. 17). Andererseits muss ausgeschlossen sein, dass der Arbeitsvertrag nur zum Schein geschlossen wurde (§ 117 BGB), der Ehegatte Mitunternehmer oder Mitgesellschafter des anderen Ehegatten ist oder seine Tätigkeit allein auf familienrechtlichen Beziehungen beruht.

34 Die Zahlung von **Entgelt** erlaubt allenfalls mittelbare Rückschlüsse auf das Vorliegen einer Beschäftigung und das Vorliegen entsprechender vertraglicher Abreden (s. vorstehend Rn. 23). In diesem Sinne steht die generell fehlende Entgeltlichkeit oder die bloße Gewährung nur geringer Barbeträge an den in Familiengemeinschaft lebenden Angehörigen im Rahmen seines freien Unterhalts neben Kost, Wohnung und Kleidung im Allgemeinen einer Beschäftigung entgegen. Umgekehrt spricht ein am tariflichen oder üblichen orientiertes Entgelt, das mit einer gewissen Beständigkeit unter Berücksichtigung von Art und Umfang der anstelle einer Fremdkraft geleisteten Arbeit zur freien Verfügung des Dienstverpflichteten tatsächlich gezahlt und für das entsprechend Lohnsteuer abgeführt wird sowie eine Verbuchung als Betriebsausgabe erfolgt, hinreichend – aber nicht notwendig – dafür (vgl. BSG v. 21. 4. 1993, 11 RAr 67/92, SozR 3–4100 § 168 Nr. 11). Die bloße **Nichtzahlung** rechtlich unzweifelhaft geschuldeten Arbeitsentgelts unter Verstoß gegen gesetzliche oder vertragliche Verpflichtungen kann für sich die Annahme einer entgeltlichen Beschäftigung nicht ausschließen (BSG v. 21. 4. 1993, 11 RAr 67/92, SozR 3–4100 § 168 Nr. 11). Werden dagegen „Entgeltansprüche" nicht nachvollziehbar mit Gegenansprüchen des anderen Partners verrechnet, kann hierin im Blick auf den Gleichklang der Interessen ein Indiz dafür liegen, dass Entgeltlichkeit in Wahrheit nicht gewollt war. Liegt aufgrund der sonstigen Umstände unzweifelhaft ein Arbeitsverhältnis vor, ist das Willkürverbot des Art. 3 Abs. 1 GG verletzt, wenn dennoch ein Indizmerkmal wie das **Zielkonto** der Gehaltsüberweisung mit ausschlaggebender Bedeutung herangezogen wird (BVerfG v. 7. 11. 1995, 2 BvR 802/90, NJW 1996, 833). Dagegen kann im Rahmen einer Gesamtwürdigung auch die Art der Kontoführung ein geeignetes Abgrenzungskriterium darstellen (BSG v. 17. 5. 2001, B 12 KR 34/00 R, SozR 3–2400 § 7 Nr. 17).

35 **2. Rechtsverhältnisse von Vereinsvorständen/-mitgliedern.** Für den Schutz der öffentlichrechtlichen Sozialversicherung ist kein Raum, wenn eine Verrichtung im Rahmen der Mitgliedschaft zu einem privatrechtlichen Verein auf Grund von **Mitgliedschaftspflichten** ausgeübt wird (vgl. zur gesetzlichen Unfallversicherung ausdrücklich BSG v. 27. 1. 1994, 2 RU 17/93, SozR 3–2200 § 539 Nr. 27). Das betrifft zum einen die Repräsentanten des Vereins, zB bei der Teilnahme an Organsitzungen, Tagungen und ähnlichen Veranstaltungen, bei denen sie sich der Willensbildung und Zielsetzung des Vereins widmen. Darüber hinaus stellen sich auch die Verrichtungen jeden Vereinsmitglieds für den Verein als Ausfluss der Mitgliedschaft jenseits des öffentlichrechtlichen Bereichs der Sozialversicherung dar, wenn das Mitglied in Erfüllung mitgliedschaftlicher Vereinspflichten gehandelt hat. Ob dies der Fall ist ergibt sich aus der Vereinswirklichkeit, mit der die Satzung, die Organbeschlüsse und die allgemeine Vereinsübung übereinstimmen müssen. (vgl. BSG v. 27. 1. 1994, 2 RU 17/93, SozR 3–2200 § 539 Nr. 27).

36 So können zunächst dem **Vorstand** eines bürgerlichrechtlichen Vereins neben seiner Organstellung dem allgemeinen Erwerbsleben zugängliche Verwaltungsfunktionen übertragen sein. Dies gilt insbesondere bei Vereinen mit wirtschaftlicher Zielsetzung und kann auch durch die Satzung geschehen (BSG v. 15. 12. 1983, 12 RK 57/82, SozR 2200 § 165 Nr. 73). Ob die Verrichtung von Verwaltungsaufgaben im Einzelfall die Voraussetzungen einer abhängigen Beschäftigung erfüllt, hängt von den üblichen Kriterien ab (BSG v. 19. 6. 2001, B 12 KR 44/00 R, SozR 3–2400 § 7 Nr. 18). Dabei kann anders als bei Ehrenbeamten (vgl. vorstehend Rn. 14) nicht von normativ standardisierten Verhältnissen ausgegangen werden, sondern müssen insbesondere die konkreten rechtlichen Regelungen (Satzung/Geschäftsordnung des Vereins, Dienstvertrag etc.) gewürdigt werden. Wie bei Gesellschafter-Geschäftsführern einer GmbH kommt es zudem darauf an, ob der Vorstand Weisungen an ihn durch seinen entscheidenden rechtlichen Einfluss auf das ihm hierzu rechtlich befugte Organ verhindern kann (vgl. BSG v. 15. 12. 1983, 12 RK 57/82, SozR 2200 § 165 Nr. 73 und v. 19. 6. 2001, B 12 KR 44/00 R, SozR 3–2400 § 7 Nr. 18). Die Vereine können zu Arbeitsleistungen im Vereinsinteresse auch einfache **Vereinsmitglieder** heranziehen und sich in Absprache mit diesen frei entscheiden, in welche Beziehungen sie diese Verrichtungen einbetten wollen (vgl. BSG v. 27. 1. 1994, 2 RU 17/93, SozR 3–2200 § 539 Nr. 27). Für die Annahme einer Beschäftigung bedarf es einer konkret

belegten persönlichen Abhängigkeit neben der Mitgliedschaft (vgl. BSG v. 9. 12. 1993, 2 RU 54/92, HVBG-INFO 1994, 413).

3. Beschäftigung und gesellschaftsrechtliche Beziehungen. Auch zu Beziehungen gesellschaftsrechtlicher Art können solche hinzutreten, die daneben persönliche Abhängigkeit begründen. **Spezialgesetzliche Regelungen** der besonderen Versicherungszweige über die in besonderen Ausnahmefällen dennoch bestehende Versicherungsfreiheit (vgl. § 1 S. 4 SGB VI, § 27 Abs. 1 Nr. 5 S. 1 SGB III) wären andernfalls überflüssig (BSG v. 18. 12. 2001, B 12 KR 10/01 R, SozR 3–2400 § 7 Nr. 20 mwN). Entsprechend den Verhältnissen beim Verein ist auch bei der Erbringung von Diensten für eine Personengesamtheit/juristische Person jeweils zu prüfen, ob eine Dienstleistung allein im Gesellschaftsrecht wurzelt oder eine hiervon gesonderte Grundlage hat. Maßgeblich ist jeweils die **Gesamtbetrachtung** unter Berücksichtigung aller gesellschaftsrechtlichen und sonstigen Rechtsbeziehungen und ihre jeweilige tatsächliche Durchführung, soweit hierdurch eine rechtlich wirksame Regelung möglich ist. Zur Beurteilung gelten insofern die auch sonst einschlägigen Grundsätze des Sozialversicherungsrechts (stRspr, vgl. BSG v. 18. 12. 2001, B 12 KR 10/01 R, SozR 3–2400 § 7 Nr. 20). 37

Ohne Belang ist die ggf. abweichende Beurteilung in **anderen Rechtsgebieten** wie dem Arbeits- und dem Steuerrecht. Unbeachtlich für das Vorliegen einer abhängigen Beschäftigung ist daher insbesondere etwa, dass Vertreter einer juristischen Person oder Personengesamtheit spezialgesetzlich vom Anwendungsbereich arbeitsrechtlicher Regelungen ausgeschlossen sind (vgl. § 14 Abs. 1 KSchG, 15 Abs. 2 Nr. 1, 2 BetrVG, § 5 Abs. 1 S. 3 ArbGG). Soweit dies auf einer gesetzlichen Fiktion beruht („gelten"), bleibt im Übrigen die Möglichkeit, dass die Betroffenen zugleich abhängig Beschäftigte sein können, gerade denknotwendig vorausgesetzt (BSG v. 24. 6. 1982, 12 RK 45/80, USK 82.160, v. 19. 6. 2001, B 12 KR 44/00 R, SozR 3–2400 § 7 Nr. 18). Auch dass das BAG ausgehend vom Fehlen des typischen Interessengegensatzes zwischen Arbeitgeber und Arbeitnehmer bevorzugt einen Rechtsstreit im Innenverhältnis der Arbeitgeberseite annimmt und nur in besonderen Ausnahmefällen das Bestehen arbeitsrechtlicher Beziehungen neben gesellschaftsrechtlichen in Betracht zieht (vgl. BAG v. 25. 10. 2007, 6 AZR 1045/06, DB 2008, 355, v. 24. 11. 2005, 2 AZR 614/04, BAGE 116, 254 und v. 26. 5. 1999, 5 AZR 664/98, AP GmbHG § 35 Nr. 10), ist für das am **typisierten Schutzbedürfnis** der Betroffenen orientierte Sozialrecht ohne Interesse. Schließlich kommt es insofern auch nicht darauf an, dass der Dienstverpflichtete im Verhältnis zu sonstigen Arbeitnehmern als sog. „konkreter Prinzipal" seinerseits **Arbeitgeberfunktionen** ausübt (BSG v. 24. 6. 1982, 12 RK 45/80, USK 82.160, v. 19. 6. 2001, B 12 KR 44/00, SozR 3–2400 § 7 Nr. 18), während er selbst in der Regel selbst keinen Weisungen Dritter bezüglich Zeit, Art und Ort ihrer Arbeitsleistung unterliegt (BSG v. 18. 12. 2001, B 12 KR 10/01 R, SozR 3–2400 § 7 Nr. 20). Schließlich ist auch unerheblich, wenn bei fortbestehenden Bindungen im Übrigen etwa in Vollmacht der Muttergesellschaft das **Stimmrecht** in der Gesellschafterversammlung ausgeübt wird (BSG v. 18. 12. 2001, B 12 KR 10/01 R, SozR 3–2400 § 7 Nr. 20). 38

Ist der Dienstleistende **Teil einer Gemeinschaft,** kommt bei Dienstleistungen für diese in Betracht, dass es sich um einen internen Beitrag zur Erreichung des gemeinsamen Ziels handelt oder dass Dienste dennoch wie von einem Außenstehenden erbracht werden. Im ersten Fall liegt stets eine selbstständige Tätigkeit als „(Mit-)Unternehmer" vor, im zweiten kommt es als Ergebnis einer Abgrenzung nach den üblichen Kriterien auf die Unterscheidung von abhängiger Beschäftigung und selbstständiger Tätigkeit an. Liegt hier im Außenverhältnis (scheinbar) Abhängigkeit vor, kann die Gesamtbetrachtung dennoch Selbstständigkeit ergeben, wenn es die gesellschaftsrechtliche Stellung des Dienstleistenden diesem erlaubt, Weisungen an ihn zu vermeiden. Interne und externe Dienstleistungen kommen ggf. neben einander in Betracht, doch kann ein und dieselbe Dienstleistung immer nur einem Bereich zugehören. 39

Die vorrangig zu beantwortende Frage, ob Beteiligte im Rahmen einer Gemeinschaft kooperieren oder sich jeweils eigenständig iS eines Interessengegensatzes gegenüber stehen, bereitet insbesondere bei **engen (familiären) Verbindung** Probleme. Die einschlägige Rechtsprechung lässt insofern bereichsspezifische Präferenzen erkennen: Werden gesellschaftsrechtliche Bezüge hervorgehoben, wo sich dies – wie bei der Witwerrenten nach altem Recht, dem Anspruch auf Arbeitslosengeld oder im Zusammenhang der Bewilligung von Maßnahmen zur beruflichen Fortbildung – anspruchsvernichtend auswirkt, treten im Bereich des Beitrags- und Mitgliedschaftsrechts regelmäßig die für eine persönliche Abhängigkeit sprechenden Umstände in den Vordergrund. 40

Liegt ein ernsthaft gewollte und durchgeführtes Arbeitsverhältnis unter Ehegatten oder nichtehelichen Lebenspartnern vor (vgl. Rn. 32 ff.), scheidet insofern eine Dienstleistung auf gesellschaftsrechtlicher Grundlage aus. Ein schriftlich geschlossener und durchgeführter Arbeitsvertrag eines Ehegatten mit dem anderen als alleinigem Geschäftsinhaber kann daher nicht ohne weiteres zugunsten einer bei wirtschaftlicher Betrachtungsweise stillschweigend und unbewusst begründeten **Innengesellschaft** als bloße „Formalie" und „Rechnungsposten" außer Betracht bleiben (anders wohl BSG v. 26. 8. 1975, 1 RA 93/73, SozR 2200 § 1266 Nr. 3 und v. 23. 4. 1981, 1 RA 13/79, SozR 2200 § 1266 Nr. 17 mwN). Die Annahme einer (Innen-)Gesellschaft kann dem gegenüber zunächst dort in Betracht 41 kommen, wo der angeblich Beschäftigte in Wahrheit das Unternehmerrisiko mitträgt und sein Verdienst – auch wenn allein der andere Ehegatte nach Außen als Unternehmer auftritt – letztlich allein vom wirtschaftlichen Erfolg des Unternehmens abhängt. Auch kommt eine selbständige Position des Familienmitglieds als Mitunternehmer dann in Betracht, wenn sich die Beteiligten aufgrund einer – ggf. auch stillschweigenden – Übereinkunft auf der Ebene der Gleichberechtigung eine gemeinsame Aufgabe gestellt und eine Berufsgemeinschaft gebildet haben. Als **Anhaltspunkte** für die Wahl einer derartigen Konstruktion kommt unter anderem das Vorhandensein einer gemeinsamen Kasse, die gemeinsame Tragung von Gewinn und Verlust sowie die Beteiligung mit eigenen Sacheinlagen in Betracht (vgl. BSG v. 8. 8. 1990, 11 RAr 77/89, SozR 3–2400 § 7 Nr. 4, SozR 3–4100 § 168 Nr. 11).

42 Liegt eine **Gesellschaft des bürgerlichen Rechts** vor, können auch deren Gesellschafter neben ihrer gesellschaftsrechtlichen Beziehung bei der Gesellschaft beschäftigt sein (vgl. BSG v. 26. 5. 1966, 2 RU 178/64, SozR Nr. 43 zu § 537 RVO aF). Primär klärungsbedürftig ist insofern jeweils, ob es sich bei einer Dienstleistung um einen Beitrag iSd. § 705 BGB handelt oder ob sie im Rahmen eines hiervon zu unterscheidenden Drittverhältnisses erbracht wird (BSG v. 20. 7. 1988, 12 RK 23/87, SozR 7610 § 705 Nr. 3). Im letzt genannten Fall beruhen gegenseitige Ansprüche auf Vereinbarungen, die rechtlich unabhängig vom Gesellschaftsverhältnis sind und die anstelle des Gesellschafters auch von jedem **Dritten** mit der Gesellschaft getroffen werden können. Auch hierfür ist das Gesamtbild der Tätigkeit maßgeblich (vgl. BSG v. 26. 5. 1966, 2 RU 178/64, SozR Nr. 43 zu § 537 RVO aF und v. 20. 7. 1988, 12 RK 23/87, SozR 7610 § 705 Nr. 3). Gesellschaftsrechtlich kommt insofern eine Beschäftigung in Betracht, wenn der Dienstleistende von der Geschäftsführung ausgeschlossen ist oder ihm ein bestimmender Einfluss nicht zukommt, sodass er Anweisungen der Gesellschaft wie ein Dritter unterworfen ist.

43 Eine gesellschaftsrechtliche Position steht der Annahme einer Beschäftigung dann entgegen, wenn hierdurch ein maßgeblicher Einfluss auf die **Willensbildung** der Gesellschaft eröffnet wird, durch den eine persönliche Abhängigkeit vermieden oder zumindest wesentlich abgeschwächt werden kann. Ein derartiger Einfluss fehlt regelmäßig in der „klassischen" **stillen Gesellschaft**, bei der, der stille Gesellschafter nach Außen nicht in Erscheinung tritt und sich die Innengesellschaft im Wesentlichen als Schuldverhältnis mit dem Einlageverhältnis als zentralem vermögensrechtlichen Aspekt darstellt. Liegen insofern Geschäftsführungs- und Vertretungsmacht letztlich allein beim Geschäftsinhaber, bleibt für eine eigene Entscheidungs- und unternehmerische Gestaltungsmacht des stillen Gesellschafters kein Raum. Die auf § 15 Abs. 1 Nr. 2 Hs. 1 EStG beruhende abweichende steuerrechtliche Betrachtung ändert hieran nichts (vgl. hierzu insgesamt BSG v. 24. 1. 2007, B 12 KR 31/06 R, SozR 4–2400 § 7 Nr. 7).

44 Ebenso können **Organwalter juristischer Personen** zu diesen neben der gesellschaftsrechtlichen Verbindung in einer Beziehung persönlicher Abhängigkeit stehen (vgl. BSG v. 19. 6. 2001, B 12 KR 44/00 R, 3–2400 § 7 Nr. 18). Dies gilt primär für den **(Fremd-)Geschäftsführer** einer GmbH, der nicht selbst deren Gesellschafter ist (BSG v. 18. 12. 2001, B 12 KR 10/01 R, SozR 3–2400 § 7 Nr. 20 mwN). Ebenso sind **Vorstandsmitglieder** einer AG grundsätzlich abhängig beschäftigt (vgl. BSG v. 6. 10. 2010, B 12 KR 20/09 R, Juris, RdNr. 18). Für die Mitglieder von Organen ausländischer Kapitalgesellschaften gilt insofern nichts (BSG v. 6. 10. 2010, aaO). Neben den körperschaftsrechtlichen Rechtsakt der Bestellung und von diesem zu unterscheiden (vgl. BAG v. 13. 5. 1992, 5 AZR 344/91, EwiR 1992, S. 973 und BGH v. 28. 10. 2002, II ZR 146/02, NJW 2003, 351) tritt grundsätzlich und in aller Regel der rechtlich selbstständige (BAG v. 10. 12. 1996, 5 AZB 20/96, BAGE 84, 377 und BGH v. 28. 10. 2002, II ZR 146/02, WM 2002, 2508) schuldrechtliche Anstellungsvertrag. Anders als das BAG (für die Frage der Arbeitnehmereigenschaft) bestimmt das BSG (für die Frage der Versicherungspflicht) die maßgebliche Rechtsbeziehung nicht allein nach dem Anstellungsvertrag, sondern bezieht die gesellschaftsrechtliche Situation ein (vgl. zur Wechselbezüglichkeit von Organbestellung und Anstellung auch BGH v. 25. 3. 1991, II ZR 169/90, NJW 1991, 1680). Da es sich um Dienste „höherer Art" handelt, genügt hierfür dass er in der fremd bestimmten Ordnung des Betriebes aufgeht und nicht selbst und unternehmerisch das wirtschaftliche Risiko trägt.

45 Ausgangspunkt der Prüfung ist der **Gesellschaftsvertrag**. Die Geschäftsführer sind nach § 37 Abs. 1 GmbHG der Gesellschaft gegenüber verpflichtet, die Beschränkungen einzuhalten, welche für den Umfang ihrer Befugnis, die Gesellschaft zu vertreten, durch den Gesellschaftsvertrag oder, soweit dieser nicht ein anderes bestimmt, durch die Beschlüsse der Gesellschafter festgesetzt sind. Von dieser Rechtsmacht der Gesellschafter ausgehend spricht die **Vermutung für Abhängigkeit**. Soweit es grundsätzlich bei § 37 Abs. 1 GmbHG bleibt, ist die Stellung des Geschäftsführers auf ein bloßes Tätigwerden nach außen reduziert (vgl. etwa BAG v. 25. 10. 2007, 6 AZR 1045/06, DB 2008, 355 und BSG v. 4. 7. 2007, B 11a AL 5/06 R, ZIP 2007, 2185). Allein, dass der Geschäftsführer auch dann noch gesetzlicher Vertreter der GmbH ist (§ 35 Abs. 1 GmbHG), schließt eine abhängige Beschäftigung nicht aus (BSG v. 8. 12. 1987, 7 RAr 25/86, USK 87.170). Ob die Gesellschafterversammlung von einer ihr auf diese Weise im Gesellschaftsvertrag eingeräumten **Weisungsbefugnis** tatsächlich Gebrauch macht, ist für die Beurteilung des Gesamtbildes unerheblich (vgl. bereits BSG v. 22. 8. 1973, 12 RK 24/72, SozR Nr. 22 zu § 3 AVG). Maßgebliche „Tatsache" für die Bestimmung der

persönlichen Abhängigkeit ist die **abstrakte Rechtsmacht,** die durch Gebrauch zusätzlich bestätigt, allein durch fehlenden Gebrauch aber nicht verloren geht. Nur wo der Gesellschaftsvertrag selbst den Einfluss der Gesellschaft auf die laufende Geschäftsführung ausschließt oder jedenfalls auf bestimmte wichtige Geschäfte beschränkt, sodass umgekehrt der Geschäftsführer seine Tätigkeit „im Wesentlichen" frei gestalten kann, kommt eine selbstständige Dienstleistung in Betracht.

Eine Unterscheidung zwischen einem (im Gesellschaftsrecht wurzelnden) „unternehmerischem **46** Weisungsrecht" und Abhängigkeit aus sonstigen Gründen (Anstellungsvertrag) findet – anders als in der Rechtsprechung des BAG – nicht statt. Der von der Gesellschafterversammlung als zuständigem Organ zu schließende und ggf. allein von ihr auch zu ändernde **Anstellungsvertrag** (vgl. BGH v. 25. 3. 1991 II ZR 169/90, NJW 1991, 1680) kann nicht mehr an Kompetenzen vermitteln als dies der Gesellschaftsvertrag zulässt. Eine Abbedingung des Gesellschaftsvertrages ist an die **notarielle Form** des § 2 Abs. 1 S. 1 GmbHG gebunden,. Eine formfreie und erst recht eine „faktische" Gestaltung des Gesellschaftsvertrages gibt es nicht. Entgegenstehende frühere Rechtsprechung zur Versicherungspflicht ist überholt. Für das Mitgliedschaftsrecht der SV kommt es folglich gegenüber bindenden Regelungen des Gesellschaftsvertrages bzw. ergänzend des Anstellungsvertrages nicht darauf an, ob der Geschäftsführer „Kopf und Seele" des Betriebes ist, allein fachkundig ist, mit den Gesellschaftern familiär verbunden ist oder in der Gesellschaft faktisch „schalten und walten kann" wie er will, weil er die Gesellschafter persönlich und/oder wirtschaftlich dominiert. Unabhängig davon, dass der Erfolg des Unternehmens aus vielen Gründen gerade eine „Herzensangelegenheit" jedes Geschäftsführers sein sollte, ist die **emotionale Verbundenheit** mit der Funktion rechtlich nicht geeignet, die Rechtsmacht der Gesellschafterversammlung zu derogieren und deren rechtliche Grundlagen zu substituieren. Die Abhängigkeit des Geschäftsführers von der Gesellschafterversammlung entfällt damit nicht etwa allein dadurch, dass diese regelmäßig in seinem Sinne abstimmt (so aber etwa BSG vom 27. 7. 1989, 11/7 RAr 71/87, Die Beiträge 1989, S. 373).

Blumige Umschreibungen wie diejenige, dass der frühere Alleininhaber der Firma auch nach ihrer Umwandlung in eine GmbH seine Funktion als »Kopf und Seele des Betriebes« behalten habe, vermögen dabei über die verbleibende rechtliche Leere nicht hinwegzutäuschen. Die dem Annahme einer formlosen **Abdingbarkeit** des Gesellschaftsvertrages ist vielmehr ohne rechtliches Fundament. Zudem sind auch die auf ihrer Grundlage zur Anwendung kommenden Denkfiguren vielfach bereits in sich logisch unsinnig und produzieren durch den freien Wechsel der jeweils für maßgeblich erachteten Ebene letztlich beliebige Ergebnisse. Die jeweils gegensätzlichen Verwendung ein und des selben Argumentes je nach der Person, auf die es Anwendung finden soll, verdeutlicht dies ohne weiteres: Soll einerseits etwa die mangelnde Sachkunde des zu beurteilenden Geschäftsführers selbst und die hierdurch bedingte Nichtausübung von Befugnissen für die Möglichkeit, die Geschicke der Gesellschaft als Inhaber einer Sperrminorität maßgeblich zu beeinflussen, unbeachtlich sein (BSG v. 9. 11. 1989, 11 RAr 39/89), unterliegt umgekehrt die anteilsmäßige Mehrheit der Mitgesellschafter gerade deshalb seinem beherrschenden Einfluss auch ohne eine derartige Beteiligung, wenn sie ihrerseits über eine derartige Fachkunde nicht verfügen (BSG v. 8. 8. 1990, 11 RAr 77/89, SozR 3–2400 § 7 Nr. 4). Tangiert beim betroffenen Geschäftsführer selbst die tatsächliche Nichtausübung bestehender gesellschaftsrechtlicher Befugnisse seine Position in keiner Weise (vgl. BSG in SozR 3–4100 § 168 Nr. 5 S. 9), soll sie demgegenüber durch die Passivität anderer Gesellschafter (faktisch) gestärkt sein Anders – allerdings nicht tragend – offenbar BSG v. 29. 10. 1986, 7 RAr 43/85 in BB 1987, 406 ff. = USK 86.145. Eine derartige Handhabung legt zumindest den Verdacht nahe, dass die Unabhängigkeit des Gesellschafter-Geschäftsführers je nach Bedarf den rechtlichen oder tatsächlichen Verhältnissen entnommen wird, solange sich nur einer dieser Wege als tauglich erweist, Versicherungspflicht im Ergebnis zu verneinen.

Ergibt sich im Verhältnis des Geschäftsführers zur Gesellschaft eine (vorläufig) Abhängigkeit, folgt ein **47** zweiter Prüfungsschritt, wenn der Geschäftsführer **zugleich Gesellschafter** der GmbH ist. Wer kraft seiner Gesellschafterrechte die für das Arbeitsverhältnis typische Abhängigkeit vermeiden kann, kann nicht Arbeitnehmer der Gesellschaft sein. Das ist grundsätzlich dann der Fall, wenn der Geschäftsführer mindestens über die Hälfte des **Stammkapitals** der Gesellschaft verfügt (so schon das RVA in AN 1936 IV 217 Nr. 4988, ebenso das BSG in stRspr vgl. BSG v. 18. 4. 1991, 7 RAr 32/90, SozR 3–4100 § 168 Nr. 5). Ebenso hat der Geschäftsführer grundsätzlich es in der Hand, Weisungen an sich selbst zu verhindern, wenn er über eine **Sperrminorität** verfügt (BSG v. 18. 4. 1991, 7 RAr 32/90, SozR 3–4100 § 168 Nr. 5). Ob eine relevante Kapitalbeteiligung und hierdurch gerade Einflussmöglichkeiten der in Frage stehenden Art kumulativ gegeben sind, bedarf allerdings im Einzelfall jeweils der Prüfung (vgl. etwa den BSG v. 24. 1. 2007, B 12 KR 31/06 R, SozR 4–2400 § 7 Nr. 7, zu Grunde liegenden Sachverhalt, wo bei praktisch vollständig fehlender Entscheidungskompetenz die eingeräumte „Sperrminorität" letztlich inhaltsleer bleibt). Dass der Gesellschafter-Geschäftsführer die ihm zustehende Rechtsmacht nicht ausübt, ist unerheblich (BSG v. 18. 4. 1991, 7 RAr 32/90, SozR 3–4100 § 168 Nr. 5). Allein eine Gesellschafterstellung unterhalb dieser Grenzen ist dagegen bedeutungslos (vgl. BSG v. 4. 7. 2007, B 11a AL 5/06 R, GmbHR 2007, 13).

Beschäftigter kann auch ein **Gesellschafter** sein (BSG v. 5. 2. 1998, B 11 AL 71/97 R, SozR 3– **48** 4100 § 168 Nr. 22). Die GmbH ist alleinige Arbeitgeberin der bei ihr Beschäftigten (BSG v. 30. 1. 1990, 11 RAr 47/88, SozR 3–2400 § 7 Nr. 1). Anders als beim (Gesellschafter-)Geschäftsführer

besteht bei ihm insofern allerdings keine unmittelbare Verbindung zur Gesellschaft und keine unmittelbare Abhängigkeit von deren Beschlüssen. Das macht die Prüfung etwas komplizierter. Der sozialversicherungsrechtliche Status des GmbH-Gesellschafters bestimmt sich unmittelbar nach dem Anstellungsvertrag, mittelbar nach der Stellung des Geschäftsführers. Es ergeben sich folgende **Fallgruppen**:
– Ist der Gesellschafter nach dem **Anstellungsvertrag** persönlich abhängig und der Geschäftsführer, der ihm gegenüber die Arbeitgeberfunktion ausübt, seinerseits im Wesentlichen unabhängig, bleibt die Gesellschafterstellung unabhängig von ihrem Umfang ohne Bedeutung.
– Ist der Geschäftsführer wesentlich von **Beschlüssen der Gesellschaft** abhängig, bleibt eine Sperrminorität des Gesellschafters, mit der er Weisungen an den Geschäftsführer (nur) verhindern kann, ohne Auswirkungen. Der Geschäftsführer bleibt dann gerade frei in der Ausübung der Arbeitgeberfunktion (vgl. insofern BSG v. 5. 2. 1998, B 11 AL 71/97 R, SozR 3–4100 § 168 Nr. 22).
– Nur wenn der Gesellschafter die Beschlusslage der Gesellschaft gegenüber dem weisungsabhängigen Geschäftsführer selbst aktiv gestalten kann, kann er nicht gleichzeitig Arbeitnehmer der Gesellschaft sein (BSG v. 25. 1. 2006, B 12 KR 30/04 R, GmbHR 2006, 645). Dies ist bei **Allein-Gesellschaftern** (vgl. hierzu BSG v. 9. 11. 1989, 11 RAr 39/89, SozR 4100 § 104 Nr. 19) und sonstigen Gesellschaftern der Fall, die auf Grund des Gesellschaftsvertrages Beschlüsse der Gesellschaft allein herbeiführen können (BSG v. 25. 1. 2006, B 12 KR 30/04 R, ZIP 2006, 678). Der unverbindliche innere Entschluss des Gesellschafters, seine bestehende **Rechtsmacht** nicht auszuüben, begründet keine Abhängigkeit von der GmbH (BSG v. 9. 11. 1989, 11 RAr 39/89, SozR 4100 § 104 Nr. 19). Die einem Beteiligten zustehende Rechtsmacht ist auch hier Element der „tatsächlichen Verhältnisse", sodass entsprechende Regelungen nicht allein dadurch wirksam abbedungen werden können, dass von der eingeräumten Rechtsmacht aufgrund eines nur unverbindlich und innerlich gefassten kein Gebrauch Gemacht wird (vgl. die Nachweise bei BSG v. 24. 1. 2007, B 12 KR 31/06 R, SozR 4–2400 § 7 Nr. 7). Eine „Überlagerung" der bestehenden Rechtslage durch hiervon unabhängige „tatsächliche Verhältnisse" kommt nicht in Betracht (so auch die neuere Rechtsprechung des 12. Senats, vgl. Urteil v. 25. 1. 2006, B 12 KR 30/04 R, ZIP 2006). Abweichendes gilt nur dann, wenn die Ausübung der Rechtsmacht ihrerseits rechtlich wirksam ausgeschlossen ist, so etwa bei einer (wirksamen) **treuhänderischen Bindung** unter Beachtung des besonderen des Formforderernisses in § 15 Abs. 4 S. 1 GmbHG (vgl. BSG v. 25. 1. 2006, B 12 KR 30/04 R, GmbHR 2006, 645). Auch ergibt sich ein Anlass zu Zweifeln am Vorliegen persönlicher Abhängigkeit nicht schon daraus, dass die tatsächliche innere Struktur des Unternehmens seinem äußeren rechtlichen Mantel nicht entspricht und der tatsächliche Einfluss des Gesellschafters auf die Gesellschaft „wesentlich größer ist als der ihm aufgrund seines Gesellschaftsanteils eigentlich zustehende" (vgl. etwa BSG v. 27. 7. 1989, 11/7 RAr 71/87 und v. 23. 6. 1994, 12 RK 72/92, NJW 1994, 2974 f.).

49 **4. Arbeitnehmerüberlassung und Arbeitsvermittlung.** Schwierigkeiten insbesondere hinsichtlich der Bestimmung des Arbeitgebers ergeben sich vielfach im Zusammenhang der Arbeitnehmerüberlassung. Da hinsichtlich der Beschäftigung besondere Bestimmungen fehlen, folgt die sozialversicherungsrechtliche Beurteilung grundsätzlich der **arbeitsrechtlichen Einordnung** nach dem AÜG. Arbeitnehmerüberlassung liegt hiernach grundsätzlich dann vor, wenn der Arbeitgeber (Verleiher) die vertraglich ihm zustehende Arbeitsleistung nicht selbst in Anspruch nimmt und statt dessen den Arbeitnehmer (Leiharbeitnehmer) einem Dritten (Entleiher) in der Weise überlässt, dass dieser den Arbeitnehmer nach seinen Vorstellungen und Zielen wie eigene Arbeitnehmer voll in seinen Betrieb eingliedert, ihn nach eigenen Vorstellungen einsetzt und ihm gegenüber insbesondere ein uneingeschränktes Weisungsrecht ausübt. Die **Vertragspflicht des Verleihers** gegenüber dem Entleiher ist erfüllt, indem er ihm den Arbeitnehmer ausgewählt und dem Entleiher zur Verfügung gestellt hat (BAG v. 6. 8. 2003, 7 AZR 180/03, AP Nr. 6 zu § 9 AÜG). Erfolgt dies zusätzlich **gewerbsmäßig** in dem Sinne, dass die Arbeitnehmerüberlassung nicht nur gelegentlich, sondern planmäßig auf Dauer und zur Erzielung wirtschaftlicher Vorteile betrieben wird, kann von Arbeitnehmerüberlassung im Sinn des AÜG gesprochen werden (Das erste Gesetz zur Änderung des Arbeitnehmerüberlassungsgesetzes – verhinderung von Missbrauch der Arbeitnehmerüberlassung, v. 28. 4. 2011, BGBl. I 642 sieht mit Wirkung ab 1. 12. 2011 vor, die Erlaubnispflicht auf alle Formen der Arbeitnehmerüberlassung im Rahmen einer „wirtschaftlichen Tätigkeit" zu erstrecken; damit soll es auf eine Gewinnerzielungsabsicht oder die Dauer der Arbeitnehmerüberlassung künftig nicht mehr ankommen (BT-Drucks 17/ 4804 S. 8)). Insbesondere bedarf der Verleiher dann grundsätzlich der Erlaubnis durch die Bundesagentur für Arbeit, §§ 1 Abs. 1 S. 1, 17 AÜG.

50 Der Arbeitnehmer steht in den Fällen erlaubter Arbeitnehmerüberlassung in einer **Beschäftigung** beim Verleiher. Dieser ist dann gemäß auch Arbeitgeber. Dass der Verleiher einen Arbeitnehmer an den früheren Arbeitgeber unter verschlechterten Arbeitsbedingungen zurück „verleiht" (Drehtüreffekt), ist durch das geltende – und auch das künftige Recht nicht generell verboten (vgl. zu den Änderungen ab 28. 4. 2011 Entwurf eines ersten Gesetzes zur Änderung des Arbeitnehmerüberlassungsgesetzes – Verhinderung von Missbrauch der Arbeitnehmerüberlassung, BR-Drucks 847/10 S. 9 ff.). Schon deshalb kann entsprechenden Vereinbarungen auch nicht über die Regelungen des AÜG hinaus der – zudem ausdrücklich auf das Leistungsrecht beschränkte – § 32 SGB I entgegen gehalten werden (anders die Geringfügigkeits-Richtlinien vom 14. 10. 2009 unter 2.1.4). Den Verleiher treffen folglich insbesondere die Meldepflichten (§ 28 a SGB IV) sowie die Pflicht zur Beitragszahlung (§ 28 e Abs. 1 S. 1 SGB IV). Daneben hat allerdings der Entleiher eine eigenständige Meldepflicht aus § 28 a Abs. 4 SGB IV zu erfüllen und haftet insbesondere – in entsprechender öffentlich-rechtlicher Anwendung von §§ 765 ff. BGB – gegenüber der Einzugsstelle „wie ein selbstschuldnerischer Bürge" für diejenigen Sozialversicherungsbeiträge, die auf die Zeit der entgeltlichen Überlassung entfallen (§ 28 e Abs. 1 S. 1 SGB IV). Ein besonderes Rechts- und Pflichtenverhältnis zwischen Einzugsstelle und Entleihern, aufgrund dessen die Einzugsstelle auch zur Wahrung von Interessen der Entleiher verpflichtet sein könnte, ist ausdrücklich jedenfalls nicht geregelt (vgl. BSG v. 29. 6. 2000, B 12 KR 10/00 B, EzAÜG SGB IV Nr. 23). Entsprechend kann sich der Entleiher auch im Fall der Insolvenz des Verleihers nicht auf besondere Pflichten der Einzugsstelle berufen (BSG v. 7. 3. 2007, B 12 KR 11/06 R, SozR 4–2400 § 28 e Nr. 1).

Verfügt der Verleiher nicht über die erforderliche **Erlaubnis** (vgl. zur grundsätzlich (§ 14 AÜG) **51** begrenzten Erteilung im Blick auf den „Drehtüreffekt" § 3 Abs. 1 Nr. 3 AÜG in der ab 30. 4. 2011 geltenden Fassung des Ersten Gesetzes zur Änderung des Arbeitnehmerüberlassungsgesetzes – Verhinderung von Missbrauch der Arbeitnehmerüberlassung v. 28. 4. 2011, BGBl. I 642) ist der Vertrag zwischen ihm und dem Entleiher sowie zwischen ihm und den Leiharbeitnehmern unwirksam (§ 9 Nr. 1 AÜG). In diesen Fällen gilt nach Maßgabe von § 10 Abs. 1 AÜG ein Arbeitsverhältnis zwischen Entleiher und Leiharbeitnehmer zu den zwischen dem Entleiher und dem Verleiher für den Beginn der Tätigkeit bzw. bei Eintritt der Unwirksamkeit während der bereits aufgenommenen Tätigkeit mit dem Eintritt der Unwirksamkeit als zustande gekommen. Dieses kraft gesetzlicher **Fiktion** zustande gekommene Arbeitsverhältnis steht einem vertraglich begründeten gleich (BAG v. 30. 1. 1991, 7 AZR 497/89, BAGE 67, 124). Solange und soweit trotz dieser Wertung der Arbeitsvertrag tatsächlich zur Durchführung gelangt, insbesondere die Verfügbarkeit des Arbeitnehmers im Rahmen der getroffenen Absprachen sichergestellt ist und der Verleiher das Arbeitsentgelt ganz oder teilweise zahlt, liegt entsprechend üblichen arbeitsrechtlichen Grundsätzen ein sog. **faktisches Arbeitsverhältnis** und damit auch eine (entgeltliche) Beschäftigung im Sinne des Sozialversicherungsrechts vor (§ 7 Abs. 1, § 14 Abs. 1 SGB IV). Der (illegale) Verleiher ist insoweit als fiktiver Arbeitgeber anzusehen (§ 28 e Abs. 2 S. 4 Hs. 1 SGB IV) und hat insbesondere die Pflicht zur Meldung (§§ 198 SGB V, 28 a SGB IV) sowie zur Zahlung der auf das von ihm gezahlte (Teil-)Entgelt entfallenden Beiträge (§ 28 e Abs. 2 S. 2 SGB IV, § 10 Abs. 3 AÜG). Verleiher und Entleiher haften insoweit als Gesamtschuldner (§ 28 e Abs. 2 S. 4 Hs. 2 SGB IV), sodass die Einzugsstelle den – insgesamt nur einmal anfallenden – Beitrag nach Belieben von beiden zu fordern berechtigt ist (§ 421 S. 1 BGB).

Keine Arbeitnehmerüberlassung stellen ua. die in § 1 Abs. 1 S. 2, 3, Abs. 2 AÜG im Einzelnen **52** ausdrücklich benannten Fallgestaltungen dar. Hier bleibt der Vertragspartner des Arbeitnehmers jeweils auch dessen Arbeitgeber. Liegt Arbeitsvermittlung vor, besteht ein Arbeitsverhältnis allein zwischen dem vermittelten und demjenigen, an den er vermittelt wurde, nicht dagegen zwischen Vermittler und Vermitteltem. Zu einem (fiktiven) Arbeitsverhältnis kommt es seit dem 1. 4. 1997 auch nicht mehr, soweit nach § 1 Abs. 2 AÜG Arbeitsvermittlung vermutet wird, weil derjenige, der Arbeitnehmer Dritten zur Arbeitsleistung überlässt, nicht die üblichen Arbeitgeberpflichten oder das Arbeitgeberrisiko (§ 3 Abs. 1 Nr. 1 bis 3 AÜG) übernimmt (vgl. BAG v. 28. 6. 2000, 7 AZR 100/99, BAGE 95, 165). Ebenfalls von erheblicher praktischer Bedeutung ist die **Unterscheidung** der Arbeitnehmerüberlassung insbesondere von

a) der Überlassung freier (selbst unternehmerisch tätiger) Mitarbeiter an Dritte, die nach der bekannten Kriterien der Selbständigkeit/Abhängigkeit im Verhältnis des Überlassenden zum Mitarbeiter zu qualifizieren ist (OLG Frankfurt BB 1990, S. 778 f.),
b) der Vermittlung Selbständiger, und insbesondere
c) der Erfüllung eigener Verpflichtungen aus Werk- und Dienstverträgen (vgl. grundsätzlich etwa BAG v. 30. 1. 1991, 7 AZR 497/89, BAGE 67, 124) des Überlassenden im Rahmen des sog. drittbezogenen Personaleinsatzes.

Hinsichtlich der zur **Verdeckung** einer in Wahrheit vorliegenden gewerbsmäßigen Arbeitnehmerüberlassung besonders beliebten letztgenannten Fallgruppe kommt es wesentlich darauf an, was die Beteiligten nach dem „wahren" Inhalt ihrer Vertragsbeziehungen, wie er sich auch hier grundsätzlich aus den getroffenen Vereinbarungen in Gestalt ihrer tatsächlichen Durchführung (vgl. vorstehend Rn. 11 ff.) ergibt, tatsächlich gewollt haben. Nicht bei jedem drittbezogenen Personaleinsatz handelt es sich hiernach um eine Arbeitnehmerüberlassung. Vielmehr liegt eine Tätigkeit auf der Grundlage eines Dienst- oder Werkvertrages vor, wenn der Unternehmer für einen anderen tätig wird, für diesen die zur Erreichung eines wirtschaftlichen Erfolges notwendigen Handlungen nach eigenen betrieblichen Voraussetzungen organisiert und für die Erfüllung der im Vertrag vorgesehenen Dienste oder für die Herstellung des geschuldeten Werks gegenüber dem Drittunternehmen verantwortlich bleibt. Die zur Ausführung des Dienst- oder Werkvertrags eingesetzten Arbeitnehmer unterliegen der Weisung des Arbeitgebers und sind dessen Erfüllungsgehilfen (§ 278 BGB). Der Werkbesteller kann jedoch nach § 645 Abs. 1 S. 1 BGB dem Werkunternehmer selbst oder dessen Erfüllungsgehilfen Anweisungen für die Ausführung des Werks erteilen (BAG v. 6. 8. 2003, 7 AZR 180/03, AP Nr. 6 zu § 9 AÜG). Eine vom tatsächlichen Geschäftsinhalt abweichende bloße Bezeichnung oder eine im Widerspruch hierzu gewünschte Rechtsfolge sind unerheblich. Werden dagegen im Rahmen einer als „Werkvertrag" bezeichneten Arbeitnehmerüberlassung Arbeitnehmer als „Selbstständige" bzw. „Subunternehmer" eingesetzt, obwohl sie im Blick auf ihre umfassende Weisungsgebundenheit, eine Entlohnung nach festen Stundensätzen, die Einbindung in den Betriebsablauf des Entleihers und das Fehlen eines eigenen unternehmerischen Risikos Arbeitnehmer sind, ist der Verleiher als Arbeitgeber anzusehen (Vgl. BGH v. 13. 6. 2001, 3 StR 126/01, NStZ 2001, 599).

C. Fiktion der „entgeltlichen Beschäftigung" ohne Arbeitsleistung (Abs. 1a, 1b)

53   Zur umfassenden **Sicherstellung des Versicherungsschutzes** im Rahmen der Beschäftigtenversicherung sind in besonderen Situationen neben den Versicherungspflichttatbeständen der einzelnen Versicherungszweige und der allgemeinen gesetzlichen Umschreibung des Beschäftigungsbegriffs ergänzend zusätzliche **spezialgesetzliche Regelungen** erforderlich. Die Regelungsebene dieser Ergänzungen variiert, ohne dass dies immer als Ausdruck eines systematischen Vorgehens erkennbar wäre. In Betracht kommt neben der Fiktion der Rechtsfolge „Versicherungspflicht" bzw. „Mitgliedschaft" (zB § 192 SGB V) ua. eine gesetzliche Erweiterung von (Komplexen von) Tatbestandsmerkmalen („Beschäftigung" bzw. „entgeltliche Beschäftigung"). Da im Laufe der Zeit Sachverhalte zudem eine Regelung auf wechselnden Ebenen gefunden haben, ist die Situation sukzessiv ebenso hochgradig differenziert wie schwer überschaubar geworden.

54   § 7 Abs. 1a, 3 wenden sich mittelbar Entstehen und (Fort-)bestand von Versicherungsschutz zu, indem sie im Wege einer Fiktion jeweils den Bedeutungsgehalt des zusammengesetzten Tatbestandsmerkmals der **„Beschäftigung gegen Arbeitsentgelt"** erweitern. Wie Abs. 1 beschränken sich damit auch Abs. 1a, 3 auf eine fragmentarische Regelung von Elementen der Versicherungspflicht-Tatbestände in den besonderen Versicherungszweigen. Daneben bestehen die richterrechtlichen Sätze zum Bestehen einer Beschäftigung ohne tatsächliche Erbringung einer Arbeitsleistung (vgl. vorstehend Rn. 24 ff.) unangetastet fort. Umgekehrt enthalten Abs. 1, 3 für ihren jeweiligen Anwendungsbereich (Freistellung mit Vor- bzw. Nacharbeit und Verkürzung der Arbeitszeit bzw. vorübergehende Suspendierung der Hauptpflichten) – und allein hierauf begrenzt – jeweils **abschließende Regelungen**.

55   **Abs. 1a** soll iS einer übergreifenden Regelung Zweifel am Bestehen einer entgeltlichen Beschäftigung im Zusammenhang mit bestimmten Maßnahmen zur „**Flexibilisierung der Arbeitszeit**" beseitigen (BT-Drucks 16/10.289, S. 10, 13 ff; zum fraglichen Vorliegen einer „Arbeitszeitflexibilisierung" im eigentlichen Sinne s. die Fundstellen bei Knospe, Neue Rahmenbedingungen für Wertguthaben und Arbeitszeitkonten im Sozialgesetzbuch IV, NZS 2009, 600 ff, 601 Fn. 21). Anlass zu derartigen Zweifeln besteht insbesondere im Blick darauf, dass es wegen der **zeitlichen Inkongruenz** einer Freistellung und dem Erwerb von fälligen Entgeltansprüchen an einer „entgeltlichen Beschäftigung" fehlen könnte (vgl. zu den Unterarten Cisch/Ulbrich, Flexi-Gesetz II: Licht und Schatten, BB 2009, 550 ff). Von der gesetzlichen Fiktion erfasst sind alle/nur Modelle, die bei einer mehr als einmonatigen Freistellung von einer ursprünglich bestehenden Arbeitspflicht eine durchgehende und iS von Abs. 1a Nr. 2 angemessene Entgeltzahlung aus angesparten Wertguthaben in Gestalt von Arbeitsentgeltguthaben (§ 7d Abs. 1, § 7 Abs. 1a S. 6) auf der Grundlage von Wertguthabensvereinbarungen iS von § 7b vorsehen (sog. Aufschub-Modelle). Die bis 31. 12. 1997 in § 2 Abs. 2 S. 2 AltTZG enthaltene spezialgesetzliche Regelung zum Bestehen eines Beschäftigungsverhältnisses in Fällen der Blockbildung zwischen Arbeitszeit und Freizeit wurde hierdurch ersetzt. Auf diese Weise wird insbesondere der Schutz der Betroffenen in allen Zweigen der Sozialversicherung sichergestellt. In den getroffenen Regelungen findet das gesetzgeberische Anliegen seinen Ausdruck, die Kontinuität des Sozialversicherungsschutzes trotz Diskontinuität der tatsächlichen Arbeitserbringung zu stärken (vgl. bereits BT-Drucks 13/9741, S. 8 f). Durch die – systemwidrig verortete – arbeitsrechtliche (sachlich dem Kündigungsschutzrecht zugehörige) Regelung in **Abs. 1b** sollen Arbeitnehmer darüber hinaus vor einem mittelbaren Zwang zur Vereinbarung flexibler Arbeitszeiten bzw. vor einem drohenden Verlust ihres Arbeitsplatzes bewahrt werden.

56   Die **Fiktion** (des Fortbestehens) einer entgeltlichen (auch geringfügigen, arg. e § 7 Abs. 1 a S. 2 aF, § 7b Nr. 5; vgl. hierzu BT-Drucks 16/10.289 S. 13) Beschäftigung ist nach Abs. 1a S. 1 zunächst **kumulativ** davon abhängig, dass
– für Zeiten einer Freistellung von der Arbeitsleistung von mehr als einem Monat Arbeitsentgelt aus einem Wertguthaben nach § 7b fällig ist und
– das monatlich fällige Arbeitsentgelt aus der Zeit der Freistellung nicht unangemessen von dem für die vorausgegangenen zwölf Kalendermonate abweicht, in denen dieses Arbeitsentgelt bezogen wurde.

Abs. 1 S. 1 umfasst mit dem Begriff „**Freistellung von der Arbeitszeit**" umfassend alle gesetzlich geregelten oder vertraglich vereinbarten vollständigen/teilweisen Freistellungen von der Arbeitszeit oder Verringerungen der Arbeitszeit für wenigstens einen der von § 7c erfassten Zwecke. Im Gegensatz zu anderen – von den sozialversicherungsrechtlichen Regelungen nicht erfassten – Formen der

Flexibilisierung erfordern die „Freistellung von der Arbeitsleistung" wie die ihr gleichstehende „Verringerung der vertraglich vereinbarten Arbeitszeit" (§ 7 b Nr. 4) jeweils gleichermaßen eine **Änderung** der Arbeitspflicht gegenüber sonst hierfür getroffenen Vereinbarungen bei Kompensation des andernfalls eintretenden Verlusts an nunmehr fällig werdendem Entgelt aus dem Wertguthaben. Hieran fehlt es, wo etwa die Erbringung von vorne herein nur flexibel geschuldeter Arbeit (Gleitzeitvereinbarung) bei Verstetigung des Entgelts in Frage steht (vgl. BT-Drucks 16/10.289, S. 10, 14 und die in § 7 b Nr. 2 ausdrücklich genannten Gestaltungen). Ein gesetzlich definierter oder von der Rechtsprechung übergreifend formulierter sozialrechtlicher Begriff der Freistellung fehlt indes. Im Kontext des § 7 liegt es nahe, unter „Freistellung" (im engeren Sinne) jede **einverständliche Abrede** zu verstehen, die die Befreiung von der Pflicht zur Erbringung von Arbeit in persönlicher Abhängigkeit begründet und ihrerseits auf einer Vereinbarung über das Fälligwerden von Ansprüchen auf Entgelt für dieselbe Zeit, die durch Vor- oder Nacharbeit erworben wurden, basiert (vgl. in diesem Sinn etwa zu Absprachen im Rahmen des Altersteilzeitgesetzes LSG Rheinland-Pfalz v. 21. 6. 2007, 5 UR 231/06, Breithaupt 2008, 61). Die zwingend zeitliche Untergrenze von einem Monat erklärt sich weder aus dem für gänzlich andere Fälle konzipierten Abs. 3 S. 1 (zum Sonderfall des S. 3 dort s. RdNr. 77) noch wird sie in den sog. Materialien näher erläutert (BT-Drucks 16/10.289, S. 13). Ob die Beschäftigung im Anschluss an die Freistellung fortgesetzt wird, ist für die Fiktion der fortbestehenden entgeltlichen Beschäftigung in der Freistellungsphase unerheblich.

57 **Wertguthaben** werden regelmäßig durch eine „Normalbeschäftigung", also durch die tatsächliche Erbringung von Arbeit gegen Entgelt im Rahmen eines Arbeitsverhältnisses erarbeitet. Sie können aber auch in Zeiten erzielt werden, in denen ohne versicherungspflichtige Beschäftigung bei Freistellung des Arbeitnehmers von der Arbeitspflicht und Fortzahlung von Entgelt bestanden hat, es also an einer tatsächlichen Erbringung von Arbeit fehlt (BSG v. 24. 9. 2008, B 12 KR 27/07 R, SozR 4–2400 § 7 Nr. 10). Wertguthaben lauten als Arbeitsentgeltguthaben grundsätzlich auf **Geldwerte** (§ 7 d Abs. 1 S. 1); übergangsrechtlich ergeben sich Ausnahmen aus § 116 Abs. 1. Als ursprünglich wertbildende Faktoren kommen gleichermaßen vom Arbeitnehmer vor der Freistellungsphase bereits erarbeitete (Brutto-)Entgeltansprüche nach Einstellung zunächst in einem Entgeltzeitkonto (vgl. hierzu BAG v. 11. 2. 2009, 5 AZR 341/08, AP Nr. 44 zu § 1 TVG und v. 17. 3. 2010, 5 AZR 296/09, DB 2010, 1130 f) erfasste und dann in (Brutto-)Arbeitsentgelt umzurechnende (§ 7 d Abs. 1 S. 2) Arbeitszeitguthaben in Betracht. Zusätzlich umfasst das Wertguthaben den „darauf anfallenden Arbeitgeberanteil zum Gesamtsozialversicherungsbeitrag". **Beitragsansprüche** entstehen grundsätzlich erst mit dem Zeitpunkt, in dem in den Zeiten der Freistellung unter Inanspruchnahme des Wertguthabens Ansprüche auf Arbeitsentgelt fällig geworden (§ 23 b Abs. 1 S. 1) und ausgezahlt worden sind (§ 22 Abs. 1 S. 2). Sie sind dann notwendig nach den zu diesem Zeitpunkt maßgeblichen Beitragssätzen zu bemessen. Dem gegenüber kann der im Zeitpunkt der Einstellung der Arbeitsentgeltbeträge in das Wertguthaben hierauf entfallende Arbeitgeberanteil jeweils nur auf der Grundlage der zu diesem Zeitpunkt einschlägigen Beitragssätze bestimmt werden, sodass die exakte Höhe des im Wertguthaben enthaltenen Gesamtsozialversicherungsbeitrags bis zum Zeitpunkt der Fälligkeit von Ansprüchen auf Arbeitsentgelt offen bleibt.

58 Die Vereinbarung eines Wertguthabens, auf deren Abschluss kein Anspruch besteht (LAG Rheinland-Pfalz v. 15. 4. 2010, 10 Sa 755/09, Juris), ist damit primär Ausdruck einer **arbeitsrechtlichen Abrede** über Entstehen und Fälligkeit von Ansprüchen auf **Arbeitsentgelt** bei Freistellung von der Arbeitsleistung. Sie entzieht im Falle der Vorleistung des Dienstverpflichteten die ausgewiesenen Werte der aktuellen Bemessung von Ansprüchen auf Arbeitsentgelt für Zeiten der – regelmäßig tatsächlichen – Arbeitsleistung. Umgekehrt findet sie quasi als Ausdruck einer „Vorleistung" des Arbeitgebers Eingang in die Wertfestsetzung von Entgeltansprüchen, die für die Freistellungsphase zunächst ohne Erbringung der Arbeitsleistung entstehen und fällig werden (ein negatives Wertguthaben in diesem Sinne setzt § 7 b Nr. 4 voraus; vgl. zum negativen Arbeitszeitguthaben BAG v. 11. 2. 2009, 5 AZR 341/08, AP Nr. 44 zu § 1 TVG). Genügt die getroffene Vereinbarungen den Anforderungen insbesondere des § 7 b, führt sie als Anknüpfungstatsache des öffentlichen Rechts mittelbar und zusätzlich zum Vorliegen einer der Beschäftigung und bestimmt Entstehen und Fälligkeit von Gesamtsozialversicherungsbeiträgen.

59 Der zentrale § 7 b, auf den Abs. 1 a S. 1 Nr. 1 Bezug nimmt, regelt in fünf Punkten Form, Inhalt und Zweck der **Wertguthabenvereinbarung** und damit die rechtlichen Grundlagen des später durch ihren tatsächlichen Vollzug erfolgenden Aufbaus (vgl. zur Unterscheidung beider Aspekte BT-Drucks 16/10.289, S. 15) von besonderen und gegen Insolvenz geschützten sog. Wertguthaben. Die dort enumerativ genannten Voraussetzungen müssen kumulativ vorliegen. Andernfalls kann die Fiktion des Abs. 1 a S. 1 von vorne herein nicht eintreten. Daneben tritt zusätzlich (§ 7 Abs. 9) die Verpflichtung der Vertragsparteien aus § 7 e Abs 1, im Rahmen der Vereinbarung nach § 7 b unter bestimmten Voraussetzungen und dauerhaft (§ 7 e Abs. 8) die in § 7 e Abs. 2, 3 umschriebenen und vom Arbeitgeber zu erfüllenden Vorkehrungen zu treffen, um das Wertguthaben einschließlich des darin enthaltenen Gesamtsozialversicherungsbeitrages vollständig gegen das **Risiko der Insolvenz** des Arbeitgebers abzusichern. Anders als bei den in § 7 b geregelten Voraussetzungen handelt es sich bei den Insolvenzschutzabrede nicht um Wirksamkeitsvoraussetzungen der Wertguthabenvereinbarung, wohl aber in Abhängigkeit von einer Kündigung durch den Arbeitnehmer (§ 7 e Abs. 5 Halbs 1) bzw. einem feststellenden Verwaltungsakt des prüfenden Rentenversicherungsträgers (§ 7 e Abs. 6) um eine **Bestehensvoraussetzung**. Die **Parteien** von Wertguthabensvereinbarungen sind in §§ 7 b selbst nicht benannt. Wie jedoch § 7 e Abs. 1 S. 2 mittelbar zeigt, kommen grundsätzlich alle arbeitsrechtlichen Regelungsebenen, also neben Individualabreden auch Tarifverträge und Betriebsvereinbarungen in Betracht (für eine Gleichberechtigung der Regelungsebenen dem gemäß auch LAG Rheinland-Pfalz v. 15. 4. 2010 a. a. O.) Andererseits setzt das gesetzliche Recht des Arbeitnehmers aus § 7 e Abs. 5, bei Verstoß des Arbeitgebers gegen seine Verpflichtungen aus § 7 e Abs. 1–3 „die Vereinbarung nach § 7 b mit sofortiger Wirkung zu kündigen" notwendig voraus, dass er selbst deren Vertragspartner ist. Auch dort, wo die Verinbarung nach § 7 b und die Vorkehrungen für den Fall der Insolvenz in einem Tarifvertrag oder in einer Betriebsvereinbarung getroffen sind, bedarf es daher wohl stets einer diese Regelungen für das Einzelarbeitsverhältnis aktivierenden (schriftlichen) Vereinbarung der Arbeitsvertragsparteien bzw. handelt es sich bei den Bestimmungen in Tarifverträgen und Betriebsvereinbarungen nur um nicht unmittelbar das Einzelarbeitsverhältnis erfassende Rahmenvereinbarungen.

60 Anders als früher muss seit dem 1. 1. 2009 nicht mehr die Vereinbarung über die Freistellung **schriftlich** (§ 126 BGB) erfolgen. Nach § 7 b Nr. 1 bedarf nunmehr der (gesamte) „Aufbau des Wertguthabens" der Schriftform. Hiervon dürfte jedenfalls seiner Art nach auch das positive Ziel einer Verwendung des Wertguthabens für Zeiten der „echten" Freistellung, also für Freistellung von der Arbeitsleistung oder der Verringerung der vertraglich vereinbarten Arbeitszeit (§ 7 b Nr. 3) in den in § 7 c Abs. 1 aufgeführten Fällen gehören (anders ohne Begründung BT-Drucks 16/10.289 S. 14 re. Sp.) Dagegen gehören Zeitpunkt und Umfang einer künftigen Freistellung nicht zum „Aufbau des des Wertguthabens" und bedürfen daher in der Vereinbarung nach § 7 b noch keiner konkretisierenden Festlegung. Die schriftliche Benennung eines bestimmten Verwendungszwecks ist nur in den Fällen der Beschränkung der weiten gesetzlichen Vorgaben auf der Grundlage von § 7 c Abs. 2 erforderlich. Beruht die Freistellung im Einzelfall neben Regelungen in einem Tarifvertrag oder einer Betriebsvereinbarung auf konkretisierenden Abreden, müssen auch diese in Schriftform verkörpert sein.

61 **Positiver Zweck** einer Wertguthaben-Vereinbarunng muss zudem gemäß § 7 b Nr. 3 auch inhaltlich sein, dass Arbeitsentgelt gerade mit dem Ziel in das Wertguthaben eingebracht wird, es (nur) für Zeiten der Freistellung (im umfassenden Sinn) wieder zu entnehmen („echte Freistellungsfälle). Dem ist ausdrücklich (§ 7 b Nr. 2) nicht genügt, wenn die Vereinbarung das Ziel der flexiblen Gestaltung der werktäglichen (vgl. BT-Drucks 16/10.289 S. 14) oder wöchentlichen Arbeitszeit oder den Ausgleich betrieblicher Produktion- und Arbeitszyklen verfolgt. Diese – nur aus der spezifischen Sicht der Wertguthabensvereinbarung – **negativen Ziele** werden regelmäßig mit Verstegigungs-Modellen umgesetzt, die mit der präzisierenden Neuregelung aus dem Kreis der Wertguthaben-Vereinbarungen ausgeschlossen werden sollen (BT-Drucks 16/10.289 S. 14; s. dort auch zur Übertragung ursprünglich etwa einem Gleitzeitkonto gut geschriebener Beträge in ein Wertguthaben). Ist zweifelhaft, ob der im Vertrag (seiner Art nach) schriftlich zu benennende Verwendungszweck des § 7 b Nr. 3 neben anderen tasächlich und als wesentliches Ziel verfolgt wird, bedarf es der Auslegung, welcher Zweck der Beziehung das Gepräge gibt (vgl. BT-Drucks 16/10.289, S. 14).

62 § 7 b Nr. 4 betont die notwendige **Herkunft** der aus dem Wertguthaben fällig werdenden Ansprüche auf Arbeitsentgelt aus einer – regelmäßig tatsächlichen – „Arbeitsleistung" vor oder nach der Freistellung. Dem genügen auch Zahlungen durch einen **neuen Arbeitgeber**, der mit dem Arbeitnehmer eine Wertguthabenvereinbarung nach § 7 b abgeschlossen hat und auf den das Wertguthaben im allseitigen Einvernehmen übertragen wurde (§ 7 f Abs. 1 S. Nr. 1) oder durch die **Deutsche Rentenversicherung Bund**, wenn das Wertguthaben auf sie übertragen wurde (§ 7 f Abs. 1 S. 1 Nr. 2).

63 Schließlich muss das fällige (Brutto-)Arbeitsentgelt des Arbeitnehmers (in der Freistellungsphase) insgesamt **400 Euro monatlich** übersteigen, es sei denn, die Beschäftigung würde bereits vor der Freistellung als (entgelt)geringfügige Beschäftigung ausgeübt (§ 7 b Nr. 5). Eine (Entgelt-) Geringfügigkeit erst unmittelbar vor der Freistellung dürfte mit Sinn und Zweck der Nr. 5 nicht vereinbar sein. Zur Vermeidung eines die öffentlich-rechtlichen Beitragsforderungen gefährdenden Statuswechsels muss daher grundsätzlich gefordert werden, dass während der gesamten Arbeitsphase durchgehend Versicherungspflicht oder Versicherungsfreiheit wegen (Entgelt-)Geringfügigkeit besteht. Für die Prognose des künftig in einer Freistellungsphase erzielbaren Brutto-Entgelts kann es nur auf die bei Abschluss der Vereinbarung erkennbaren Verhältnisse ankommen. Allein, dass der Betrag die Entgeltgrenze in der Freistellungsphase faktisch nicht mehr erreicht, ist für die Wirksamkeit des Vertrages unerheblich. Dafür, dass das Gesetz auch einem Wechsel von der (Entgelt-) Geringfügigkeit in der Aufbauphase in eine mit mehr als 400 € monatlich entlohnte Freistellungsphase entgegen stünde, fehlt es dagegen an jeglichen Anhaltspunkten; vielmehr ist das gesetzliche Gebot eines (Brutto-) Arbeitsentgelts von mehr als 400 € gerade auch dann erfüllt (anders das Gemeinsame Rundschreiben der Spitzenverbände der Sozialversicherungsträger v. 31. 3. 2009 unter 3.3.3).

64 **Abs. 1 a S. 1 Nr. 2** macht das Fortbestehen einer entgeltlichen Beschäftigung neben der schriftlichen Vereinbarung nach § 7 b notwendig von einem „**angemessenen Verhältnis**" des fälligen Arbeitsentgelts in der Zeit der Freistellung und des Arbeitsentgelts in den vorausgegangenen 12 Kalendermonaten abhängig. Das Verständnis der Regelung ist schon einfachgesetzlich nicht unproblematisch. Sie scheint darüber hinaus im Blick auf das rechtsstaatliche Gebot der **Normenklarheit** auch

verfassungsrechtlich nicht ohne weiteres bedenkenfrei. Unsicherheiten ergeben sich zunächst hinsichtlich des **Bezugszeitraums** für das durch Vorabeit verdienten Entgelts, das mit demjenigen in der Freistellungsphase verglichen werden soll. Soll hier dem Umstand, dass Vergleichsmaßstab das für die vorangegangenen zwölf Kalendermonate fällige Arbeitsentgelt ist, entnommen werden, dass eine Unterbrechung der Beschäftigung durch eine von Abs. 1 a S. 1 erfasste Freistellung frühestens nach Ablauf eines Referenzzeitraums von zwölf Monaten in Betracht kommt, obwohl ein Beschäftigungverhältnis ohne jede Wartezeit auch von vorne herein mit einer Zeit der Freistellung beginnen kann und hierfür eine Dauer des Referenzzeitraums nicht benannt ist (Abs. 1 a S. 2)? Dies dürfte dem umfassenden Regelungsziel widersprechen. Eine – methodisch allerdings ebenfalls nicht zweifelsfreie – Lösung könnte darin liegen, in beiden Konstellationen auf den Regelfall empirisch bzw. prognostisch auf einen Referenzzeitraum von zwölf Monaten abzustellen und dort, wo dies etwa von der geringeren Dauer der Vor-/Nacharbeit nicht möglich ist, auf entsprechend geringere Zeiträume abzustellen.

Erst recht fehlt es an einem Art. 3 Abs. 1 GG genügenden normativen Maßstab, um die **(Un-)- Angemessenheit** des Verhältnisses des Arbeitsentgelts in Zeiten der Tätigkeit und der Freistellung zu bestimmen. Der Gesichtspunkt der Gewährleistung eines Existenz sichernden Entgelts für den Einzelnen scheidet nach der Erstreckung des Modells auf (entgelt-)geringfügige Beschäftigungen aus. Die Aufrechterhaltung des Status ist bereits durch § 7 b Nr. 5 abschließend geregelt. Die Erwägungen der sog. Materialien (BR-Drs. 1000/97 S. 17) haben im Gesetz keinen Ausdruck gefunden. Insbesondere ist unverändert weder eine individuelle („Lebensstandard") noch eine generelle („Sozialhilfeniveau") Untergrenze für Arbeitsentgelt in der Freistellungsphase benannt. Der Wortlaut beschränkt sich darauf, eine Wahrung der internen Relation anzuordnen, ohne auch insofern ein bestimmtes Verhältnis vorzugeben. Das Gemeinsame Rundschreiben der Spitzenverbände der Sozialversicherungsträger vom 31. 3. 2009 gibt unter 3.3.4 zwar eine mögliche Lösung vor, indem dort angeordnet wird: „Das Arbeitsentgelt während der Freistellungsphase gilt dann noch als angemessen, wenn es im Monat 70% und maximal 130% des durchschnittlich gezahlten Arbeitsentgelts der unmittelbar vorangegangenen zwölf Kalendermonate der Arbeitsphase beträgt." Dem Gesetz ist das jedoch nicht zu entnehmen. An einer Ermächtigung zum Erlass entsprechender untergesetzlicher Normen fehlt es. Letztlich dürfte es sich damit um ein unverbindliches Binnenrecht handeln. **65**

Liegt die Freistellungsphase am **Beginn** des Beschäftigungsverhältnisses (**Abs. 1 a S. 2**) kommt ein Vergleich von vorne herein nur zwischen dem Entgelt für die Freistellungsphase und demjenigen für die Zeit der späteren Arbeitsleistung in Betracht. Ansonsten ist die Situation auch hier von den Unsicherheiten des im Übrigen entsprechend anwendbaren S. 1 beherrscht. Abs. 1 S. 3 betrifft den Sonderfall, dass Arbeitsentgelt in der Freistellungsphase durch eine nachträgliche Arbeitsleistung nicht mehr erzielt werden kann, weil das Beschäftigungsverhältnis aus im Zeitpunkt der Wertguthabenvereinbarung nicht vorhersehbaren Gründen vorzeitig beendet wird („**Störfall**"). Die Fiktion einer entgeltlichen Beschäftigung und die ua. hierauf beruhende Versicherungspflicht beruhen hier allein auf der ursprünglichen Erwartung eines vereinbarungsgemäßen Ablaufs und der unmittelbaren Gewährleistung durch Abs. 1 a S. 3, der damit mittelbar auch die Kontinuität des Versicherungsschutzes sichert statt, dass bereits gezahltes Entgelt nachträglich nicht mehr verdient werden kann. **66**

Abs. 1 a S. 4 eröffnet den Vertragspartnern die Möglichkeit, (nur) bei Abschluss der Vereinbarung und ausdrücklich nur für den Fall, dass Wertguthaben wegen Beendigung der Beschäftigung auf Grund verminderter Erwerbsfähigkeit, des Erreichens einer Altersgrenze, zu der eine Rente wegen Alters beansprucht werden kann, oder des Todes des Beschäftigten nicht mehr für Zeiten einer Freistellung von der Arbeitsleistung verwendet werden können, einen von § 7 c abweichenden **anderen Verwendungszweck** zu vereinbaren. Der Anwendungsbereich der Norm ist nach ihrem Sinn und Zweck, den Dienstverpflichteten bei bestimmten in seiner Person eintretenden Umständen vor einem Verlust bereits erarbeiteter Werte zu schützen (vgl. auch § 7 d, § 7 e, § 23 b Abs. 2 ff. SGB IV), auf die Fälle der **Vorarbeit** beschränkt. Der „andere Verwendungszweck" muss dem Dienstverpflichteten bzw. seinen Hinterbliebenen zu Gute kommen. Der vereinbarte Verwendungszweck ist mitbestimmend für die beitragsrechtliche Behandlung des Wertguthabens. **67**

Das Gesetz setzt die Möglichkeit einer **Übertragung** von Wertguthaben auf andere Beschäftigte als selbstverständlich voraus. Die Übertragung ist in den Lohnunterlagen des Dritten entsprechend zu kennzeichnen (§ 2 Abs. 1 S. 1 Nr. 4 b BÜVO). Sie führt beim Übertragenden zur Verbeitragung nach den für den Störfall geltenden Regelungen. Da Beschäftigte, an die ein Wertguthaben übertragen wurde, keine eigene Arbeitsleistung erbracht haben, schließt **Abs. 1 a S. 5** eine Anwendung der S. 1 bis 4 insofern aus. Insbesondere bleibt daher der Sozialversicherungsschutz allein an die eigene Beschäftigung gebunden. **68**

Insbesondere in der **gesetzlichen Rentenversicherung** (§§ 254 d, 255 a, 256 a, 275 a SGB VI) machen unterschiedliche Regelungen für die Rechtskreise Ost und West eine getrennte Erfassung von Wertguthaben nach dem Entstehungsprinzip erforderlich (Abs. 1 a S. 6). Auch eventuelle Wertsteigerungen oder -minderungen sind damit stets dem Rechtskreis zuzuordnen, in dem das Guthaben ursprünglich erworben wurde. **69**

Abs. 1 b soll den Arbeitnehmer davor bewahren, sich auf Grund **Zwangs** durch den Arbeitgeber auf Maßnahmen der Flexibilisierung einlassen zu müssen. Weder eine Beendigungs- noch eine Ände- **70** rungskündigung (§ 2 KSchG) sind daher iSv. § 1 Abs. 2 S. 1 KSchG allein deshalb sozial gerechtfertigt, weil der Arbeitnehmer – etwa nach § 2 Abs. 1 ATZG – die Möglichkeit hat, flexible Arbeitszeiten zu vereinbaren.

D. Fiktion der Beschäftigung (Abs. 2)

71 Als Beschäftigung gilt nach § 7 Abs. 2 SGB IV auch der Erwerb beruflicher Kenntnisse, Fertigkeiten oder Erfahrungen im Rahmen betrieblicher Berufsbildung. Aufgrund spezialgesetzlicher Gleichstellung erfasst der Begriff der Beschäftigung damit in begrenztem Umfang auch **Bildungsvorstufen** zur beruflichen Betätigung. Im Ergebnis unberücksichtigt bleibt dabei, dass die Beschäftigung Zweck gebunden im Rahmen der Berufsbildung erfolgt und damit weniger die Erbringung produktiver Arbeit als vielmehr die Vermittlung beruflicher Kenntnisse, Fertigkeiten und Erfahrungen sowie von Erziehung und Bildung im Vordergrund steht. § 7 Abs. 2 SGB IV erweitert insofern den Anwendungsbereich des Sachverhalts der Beschäftigung und damit ggf. mittelbar auch derjenigen Normen, die hierauf abstellend Versicherungspflicht begründen. Bei einer Beschäftigung zur betrieblichen Berufsbildung handelt es sich um eine Schnittmenge aus den Bereichen Beschäftigung und Berufsbildung und innerhalb beider Bereiche jeweils um eine Teilmenge.

73 Nur die „**betriebliche**" **Berufsbildung** wird erfasst und der Beschäftigung gleich gestellt. Das Gesetz knüpft damit an § 1 Abs. 5 BBiG aF (jetzt § 2 Abs. 1 BBiG) an und unterscheidet wie dieser die betriebliche Berufsbildung, die in Betrieben der Wirtschaft und in vergleichbaren Einrichtungen außerhalb der Wirtschaft, insbesondere des öffentlichen Dienstes, der Angehörigen freier Berufe und in Haushalten durchgeführt wird, von der Berufsbildung in berufsbildenden Schulen und der Berufsbildung in sonstigen Berufsbildungseinrichtungen außerhalb der schulischen und betrieblichen Berufsbildung (BSG v. 12. 10. 2000, B 12 KR 7/00 R, SozR 3–2600 § 1 Nr. 7). Hinsichtlich der erfassten Einrichtungen des öffentlichen Dienstes ist dabei nicht erforderlich, dass diese wie ein Wirtschaftsbetrieb nach kaufmännischen Gesichtspunkten verwaltet werden oder ihnen gar die Gemeinnützigkeit fehlen muss (BSG v. 3. 2. 1994, 3. 2. 1994, SozR 3–2500 § 5 Nr. 15).

74 Die **institutionelle Anknüpfung** an den Lernort fordert der Sache nach, dass die Ausbildung in der Regel in einen laufenden Produktions- und Dienstleistungsprozess eingegliedert ist. Dies sieht die Rechtsprechung auch dann noch als gegeben an, wenn die schulische Unterweisung von Lernschwestern, die zum Zwecke ihrer Ausbildung täglich etwa acht Stunden im Krankenhaus nach Weisungen der Stationsschwester in der Krankenpflege tätig waren, in einer dem Krankenhaus angegliederten Krankenpflegeschule durchgeführt wird und erwägt eine Einbeziehung auch für die Durchführung der Berufsbildung in vom Arbeitgeber innerbetrieblich oder überbetrieblich eingerichteten Stätten zur Vermittlung der vertraglich geschuldeten berufspraktischen Ausbildung (BSG v. 12. 10. 2000, B 12 KR 7/00 R, SozR 3–2600 § 1 Nr. 7). Dagegen fehlt es am betrieblichen Bezug, wenn die Ausbildung von verselbstständigten, nicht einem Betrieb angegliederten Bildungseinrichtungen durchgeführt wird, deren Betriebszweck und alleiniger Gegenstand der Tätigkeit die Vermittlung von Ausbildungen ist. Für die auf privatrechtlicher Grundlage durchgeführten Berufsbildungen ist damit klar gestellt, dass sie nur dann als Beschäftigung gelten, wenn sie in einem **Arbeitgeber-Arbeitnehmerverhältnis** betriebsgebunden durchgeführt werden (BSG v. 12. 10. 2000, B 12 KR 7/00 R, SozR 3–2600 § 1 Nr. 7). Allein diese tatbestandliche Begrenzung der fiktiven Beschäftigung entspricht dem Normzweck einer begrenzten Erweiterung der Arbeitnehmer-Pflichtversicherung (BSG v. 12. 10. 2000, B 12 KR 7/00 R SozR 3–2600 § 1 Nr. 7).

75 Auch der Begriff der „**Berufsbildung**" iSd. § 7 Abs. 2 erschließt sich zunächst aus dem BBiG (BSG v. 3. 2. 1994, 12 RK 6/91 SozR 3–2940 § 2 Nr. 3). Hiernach ist Berufsbildung die Berufsausbildungsvorbereitung, die Berufsausbildung, die berufliche Fortbildung und die berufliche Umschulung (§ 1 Abs. 1 BBiG). Die Berufsausbildungsvorbereitung dient dem Ziel, durch die Vermittlung von Grundlagen für den Erwerb beruflicher Handlungsfähigkeit an eine Berufsausbildung in einem anerkannten Ausbildungsberuf heranzuführen (§ 1 Abs. 2 BBiG). Die Berufsausbildung hat die für die Ausübung einer qualifizierten beruflichen Tätigkeit in einer sich wandelnden Arbeitswelt notwendigen beruflichen Fertigkeiten, Kenntnisse und Fähigkeiten (berufliche Handlungsfähigkeit) in einem geordneten Ausbildungsgang zu vermitteln. Sie hat ferner den Erwerb der erforderlichen Berufserfahrungen zu ermöglichen (§ 1 Abs. 3 BBiG). Die berufliche Fortbildung soll es ermöglichen, die berufliche Handlungsfähigkeit zu erhalten und anzupassen oder zu erweitern und beruflich aufzusteigen (§ 1 Abs. 4 BBiG). Die berufliche Umschulung soll zu einer anderen beruflichen Tätigkeit befähigen (§ 1 Abs. 5 BBiG).

76 Der **Anwendungsbereich des BBiG** begrenzt allerdings nicht gleichzeitig denjenigen des § 7 Abs. 2. So ist trotz § 3 Abs. 2 Nr. 2 BBiG auch die „betriebliche" Berufsbildung in einem **öffentlich-rechtlichen Dienstverhältnis** eine solche iSd. § 7 Abs. 2. Andernfalls würden der Schutzzweck der Sozialversicherung und der allgemeine Gleichheitssatz aus Art. 3 Abs. 1 GG missachtet (vgl. BSG v. 6. 10. 1988, 1 RA 53/87, SozR 2200 § 1232 Nr. 26: Ableistung von Praktika in einem öffentlich-rechtlichen Dienstverhältnis von Absolventen der einstufigen Juristenausbildung in Rheinland-Pfalz;

BSG v. 3. 2. 1994, 12 RK 6/91 SozR 3–2940 § 2 Nr. 3: öffentlich-rechtlicher Vorbereitungsdienst außerhalb eines Beamtenverhältnisses; BSG v. 12. 12. 1995, 5/4 RA 52/94, SozR 3–2200 § 1232 Nr. 6: dem universitären Studium nachfolgende Ausbildungsabschnitte eines Absolventen der früheren Bayerischen einstufigen Juristenausbildung in einem Beamtenverhältnis auf Widerruf). Es genügt, wenn Ziel der Berufsbildung die Vermittlung von Kenntnissen, Fertigkeiten und Erfahrungen für ein Berufsfeld (zB das des Juristen) ist.

§ 7 Abs. 2 dehnt den Begriff der Beschäftigung auch auf den Erwerb beruflicher Kenntnisse, Fertigkeiten und Erfahrungen aus, die nicht auf eine **volle Berufsausbildung** iSd. § 1 Abs. 2 BBiG aF (jetzt § 1 Abs. 3 BBiG) gerichtet ist (vgl. BSG v. 6. 10. 1988, 1 RA 53/87, SozR 2200 § 1232 Nr. 26 und v. 12. 10. 2000, B 12 KR 7/00 R, SozR 3–2600 § 1 Nr. 7 jeweils mwN), sodass auch Volontäre, Praktikanten und Anlernlinge als zur Berufsausbildung beschäftigt gelten (vgl. zur Beschäftigung während eines als Zulassungsvoraussetzung für ein Maschinenbaustudium vorgeschriebenen Vorpraktikums BSG v. 3. 2. 1984, 12 RK 78/92, SozR 3–2500 § 5 Nr. 15; zur Beschäftigung während einer „Kurzarbeit Null" bei einer Auffanggesellschaft BSG v. 14. 12. 2006, B 1 KR 9/06 R, SozR 4–2500 § 47 Nr. 6). Es muss nicht bereits ein **konkreter Bezug** zu einem bestimmten Beruf bestehen, der im Anschluss an die Ausbildung ergriffen werden soll (BSG v. 3. 2. 1994, 12 RK 6/91, SozR 3–2940 § 2 Nr. 3). Ebenso genügen auch Maßnahmen der Berufsfindung, Berufsvorbereitung und Arbeitserprobung sowie der beruflichen Anpassung und zur Förderung der Erwerbs- und Berufstätigkeit auf dem allgemeinen Arbeitsmarkt oder in einer Werkstatt für Behinderte (sog. berufsbildungsähnliche Rechtsverhältnisse), die nicht unmittelbar zu einer Berufstätigkeit führen (vgl. Seewald in Kasseler Kommentar, Stand: März 2004, § 7 Rn. 159 f.). 77

Auf die Frage der **Entgeltlichkeit** kommt es auch hier erst im konkreten Zusammenhang der besonderen Teile an (vorstehend Rn. 8, 22). Soweit spezialgesetzlich die unentgeltliche Berufsausbildung als eigenständiger Versicherungspflichttatbestand ausgestaltet ist (§ 5 Abs. 1 Nr. 10 SGB V), ändert dies an der Begrifflichkeit von § 7 Abs. 2 nichts und betrifft allein das interne Konkurrenzverhältnis der Versicherungspflichttatbestände. 78

E. Absatz 3

Das nicht mehr in **Vollzug** gesetzte Beschäftigungsverhältnis unterbricht die entgeltliche Beschäftigung. **Versicherungsschutz** im Rahmen der Beschäftigtenversicherung würde daher ohne besondere Regelungen mit diesem Zeitpunkt entfallen. Um dies – in begrenztem Umfang – zu vermeiden, gilt nach **Abs. 3 S. 1** eine Beschäftigung gegen Arbeitsentgelt auch als fortbestehend, solange die Rechtsbeziehung der Beteiligten (Beschäftigungsverhältnis) ohne Anspruch auf Arbeitsentgelt fortdauert, jedoch nicht länger als einen Monat (§ 25 SGB X iVm. §§ 187 ff. BGB). Wird die Zeitgrenze des S. 1 überschritten, kommt es damit zu einer Unterbrechung der Beschäftigung. Versicherungsschutz besteht dann nur noch im Rahmen von Sonderregelungen (vgl. § 192 Abs. 1 Nr. 1 SGB V: Aufrechterhaltung der Mitgliedschaft für die gesamte Dauer eines rechtmäßigen Arbeitskampfes). 79

Von S. 1 erfasst sind diejenigen Fallgestaltungen, bei denen regelmäßige Ansprüche auf **Arbeitsentgelt** aus einer Beschäftigung iSv. Abs. 1 vorübergehend nicht entstehen, eine Beschäftigung damit hinsichtlich der arbeitsrechtlichen Hauptpflichten nicht mehr in Vollzug gesetzt ist und damit nur dessen rechtlicher Rahmen („Beschäftigungsverhältnis") fortbesteht. Einer einheitlichen Regelung unterworfen sind hierdurch Konstellationen, die – wenn auch in unterschiedlichen Kontexten – innerhalb eines Arbeitsverhältnisses wiederholt zu Klärungsbedarf geführt haben (vgl. zur Nichterbringung von Arbeit bei unbezahltem Urlaub BSG v. 13. 2. 1964, SozR Nr. 43 zu § 165 RVO, Betriebsruhe RVA in AN 1924, S. 84 ff., Bummelei Erlass des RAM v. 28. 1. 1942, AN 1942, S. 91) sowie Streik und Aussperrung BSG v. 15. 12. 1971, 3 RK 87/68, SozR Nr. 67 zu § 165 RVO und v. 11. 12. 1973, GS 1/73, SozR Nr. 62 zu § 1259 RVO). 80

Eine **Ausnahme** von S. 1 besteht, wenn Krankengeld, Krankentagegeld, Verletztengeld, Versorgungskrankengeld, Übergangsgeld oder Mutterschaftsgeld oder nach gesetzlichen Vorschriften Erziehungsgeld oder Elterngeld bezogen oder während der Elternzeit in Anspruch genommen oder Wehrdienst oder Zivildienst geleistet wird (Abs. 3 S. 2). Insofern genügt grundsätzlich das Bestehen eines entsprechenden **Anspruchs** (unabhängig von seiner Erfüllung) ebenso wie die tatsächliche **Bezug** entsprechender Leistungen unabhängig von seiner Rechtmäßigkeit. Das nicht vollzogene Beschäftigungsverhältnis führt dann – vorbehaltlich spezialgesetzlicher Ausnahmen von der Ausnahme wie etwa in § 3 S. 4 SGB VI – sofort zu einer Unterbrechung der Beschäftigung. Versicherungsschutz wird – unter Wechsel der Regelungsebene – dennoch aufrechterhalten, indem hierfür in den einzelnen Versicherungszweigen besondere Versicherungspflichttatbestände formuliert werden (vgl. etwa § 26 Abs. 2 Nr. 1 SGB III, § 3 S. 1 Nr. 3 SGB VI) oder gerade die Fortdauer der Mitgliedschaft fingiert wird (§ 192 Abs. 1 SGB V). Ebenso gilt S. 1 nicht für die Inanspruchnahme von Pflegezeit iS von § 3 des Pflegezeitgesetzes (S. 3). 81

Einen Sonderfall des Fortbestehens einer entgeltlichen Beschäftigung bei Fortdauer des Beschäftigungsverhältnisses ohne Anspruch auf Arbeitsentgelt regelt seit dem 1. 1. 2009 **Abs. 3 S. 2**. Hiernach gilt eine Beschäftigung auch dann als fortbestehend, wenn Arbeitsentgelt aus einem der Deutschen 82

Rentenversicherung Bund übertragenen Wertguthaben bezogen wird. Damit ist folgendes gemeint: Der angeordneten Rechtsfolge (fiktiver Fortbestand einer Beschäftigung) kann noch hinreichend deutlich entnommen werden, dass der Tatbestand das Vorbestehen einer Beschäftigung voraussetzt. Diese besteht vor dem Hintergrund des sinngemäß in Bezug genommenen § 7 f Abs. 1 S. 1 Nr. 2 auf der Grundlage des Arbeitsverhältnisses bei einem neuen Arbeitgeber, der mit dem Arbeitnehmer keine Wertguthabenvereinbarung abgeschlossen hat und auf den daher das Wertguthaben auch nicht gemäß § 7 f Abs. 1 S. 1 Nr. 1 übertragen werden konnte. Da der Beschäftigte das auf die Deutsche Rentenversicherung Bund übertragene Wertguthaben innerhalb eines Arbeitsverhältnisses weiterhin nur für Zeiten einer Freistellung oder Verringerung der Arbeitszeit in den Fällen des § 7 c Abs. 1 in Anspruch nehmen kann (§ 7 f Abs. 2 S. 1), muss der neue Arbeitgeber in Erfüllung einer entsprechenden gesetzlichen oder vertraglichen Verpflichtung für einen der dort genannten Zwecke eine Freistellung oder Verringerung der Arbeitszeit gewährt haben, ohne dass indes hierfür Anspruch auf Arbeitsentgelt aus einem diesem Arbeitgeber zuzurechnenden Wertguthaben bestünde. Abs. 3 S. 2 überspielt diesen Mangel der Entgeltlichkeit, indem die Zahlungen der Deutschen Rentenversicherung Bund fiktiv der Austauschbeziehung im Arbeitsverhältnis zugeordnet werden. Letztlich handelt es sich damit um eine Beschäftigung im Dreiecksverhältnis. Nur in dieser besonderen Konstellation hat die Voraussetzung der mindestens einmonatigen Freistellung in Abs. 1 a S. 1 überhaupt einen nachvollzieheberen Sinn.

§ 7 a Anfrageverfahren

(1) ¹Die Beteiligten können schriftlich eine Entscheidung beantragen, ob eine Beschäftigung vorliegt, es sei denn, die Einzugsstelle oder ein anderer Versicherungsträger hatte im Zeitpunkt der Antragstellung bereits ein Verfahren zur Feststellung einer Beschäftigung eingeleitet. ²Die Einzugsstelle hat einen Antrag nach Satz 1 zu stellen, wenn sich aus der Meldung des Arbeitgebers (§ 28 a) ergibt, dass der Beschäftigte Ehegatte, Lebenspartner oder Abkömmling des Arbeitgebers oder geschäftsführender Gesellschafter einer Gesellschaft mit beschränkter Haftung ist. ³Über den Antrag entscheidet abweichend von § 28 h Absatz 2 die Deutsche Rentenversicherung Bund.

(2) Die Deutsche Rentenversicherung Bund entscheidet auf Grund einer Gesamtwürdigung aller Umstände des Einzelfalles, ob eine Beschäftigung vorliegt.

(3) ¹Die Deutsche Rentenversicherung Bund teilt den Beteiligten schriftlich mit, welche Angaben und Unterlagen sie für ihre Entscheidung benötigt. ²Sie setzt den Beteiligten eine angemessene Frist, innerhalb der diese die Angaben zu machen und die Unterlagen vorzulegen haben.

(4) Die Deutsche Rentenversicherung Bund teilt den Beteiligten mit, welche Entscheidung sie zu treffen beabsichtigt, bezeichnet die Tatsachen, auf die sie ihre Entscheidung stützen will, und gibt den Beteiligten Gelegenheit, sich zu der beabsichtigten Entscheidung zu äußern.

(5) Die Deutsche Rentenversicherung Bund fordert die Beteiligten auf, innerhalb einer angemessenen Frist die Tatsachen anzugeben, die eine Widerlegung begründen, wenn diese die Vermutung widerlegen wollen.

(6) ¹Wird der Antrag nach Absatz 1 innerhalb eines Monats nach Aufnahme der Tätigkeit gestellt und stellt die Deutsche Rentenversicherung Bund ein versicherungspflichtiges Beschäftigungsverhältnis fest, tritt die Versicherungspflicht mit der Bekanntgabe der Entscheidung ein, wenn der Beschäftigte

1. zustimmt und
2. er für den Zeitraum zwischen Aufnahme der Beschäftigung und der Entscheidung eine Absicherung gegen das finanzielle Risiko von Krankheit und zur Altersvorsorge vorgenommen hat, die der Art nach den Leistungen der gesetzlichen Krankenversicherung und der gesetzlichen Rentenversicherung entspricht.

²Der Gesamtsozialversicherungsbeitrag wird erst zu dem Zeitpunkt fällig, zu dem die Entscheidung, dass eine Beschäftigung vorliegt, unanfechtbar geworden ist.

(7) ¹Widerspruch und Klage gegen Entscheidungen, dass eine Beschäftigung vorliegt, haben aufschiebende Wirkung. ²Eine Klage auf Erlass der Entscheidung ist abweichend von § 88 Absatz 1 des Sozialgerichtsgesetzes nach Ablauf von drei Monaten zulässig.

A. Normzweck

1 Mit dem zum 1. 1. 1999 eingefügten Anfrageverfahren soll nach der Vorstellung der Entwurfsverfasser eine schnelle und unkomplizierte Möglichkeit zur Klärung der Statusfrage erreicht werden; zugleich sollen divergierende Entscheidungen verhindert werden (BT-Drs. 14/1855 S. 6). Nach

Abs. 1 S. 1 können die Beteiligten hierzu grundsätzlich schriftlich eine Entscheidung der nach Abs. 1 S. 3 zuständigen Deutschen Rentenversicherung Bund beantragen. Seit dem **1. 1. 2005** ist die Einzugsstelle zur Antragstellung stets verpflichtet, wenn sich aus der Meldung des Arbeitgebers ergibt, dass der Beschäftigte Angehöriger des Arbeitgebers oder geschäftsführender Gesellschafter einer GmbH ist (Abs. 1 S. 2). Die Deutsche Rentenversicherung Bund entscheidet auf Grund einer Gesamtwürdigung aller Umstände, ob eine Beschäftigung vorliegt (Abs. 2). Abs. 3 bis 5 enthalten besondere Regelungen zum Verwaltungsverfahren, das sich im Übrigen nach dem SGB X richtet. Abs. 6 regelt in Abweichung von den einschlägigen Vorschriften der einzelnen Versicherungszweige und des SGB IV den Eintritt der Versicherungspflicht (S. 1) und die Fälligkeit des Gesamtsozialversicherungsbeitrags (S. 2). Als lex specialis gegenüber den entsprechenden SGG-Regelungen ordnet Abs. 7 die aufschiebende Wirkung von Klage und Widerspruch gegen den Verwaltungsakt der DRV Bund an (S. 1). Eine Untätigkeitsklage ist abweichend von § 88 Abs. 1 SGG (sechs Monate) nach Ablauf von drei Monaten zulässig (S. 2).

B. Inhalt der Entscheidungskompetenz

Die oberstgerichtliche Rechtsprechung geht mittlerweile in **ständiger Rechtsprechung** davon aus, dass auch § 7 a nicht zu isolierten Entscheidungen über das (Nicht-)Vorliegen einer Beschäftigung (Elementenfeststellung) ermächtigt BSG v. 11. 3. 2009, B 12 R 11/07 R, SozR 4–2400 § 7a Nr. 2 und v. 4. 6. 2009, B 12 KR 31/07 R, SozR 4–2400 § 7a Nr. 3 bzw. B 12 R 6/08 R, USK 2009-72; so auch bereits die in der Vorauflage vertretene Auffassung und mittlerweile die Rundschreiben der Spitzenverbände v. 13. 4. 2010; hierzu etwa Merten, Statusfeststellung erlaubt keine Elementenfeststellung, SGb 2010, 271 ff). Auch auf der Grundlage von § 7 a können vielmehr Verwaltungsakte nicht allein zum **(Nicht-)Bestehen von Versicherungspflicht** ergehen. Die entgegenstehende Auffassung der Spitzenverbände, im Rahmen des Anfrageverfahrens sei nur über das Bestehen bzw. Nichtbestehen eines Beschäftigungsverhältnisses und bei dessen Bestehen über die „Versicherungspflicht dem Grunde nach" zu entscheiden (Rundschreiben v. 11. 11. 04 Zi. 3.2.1 bis 3.2.2 und v. 5. 7. 05 Zi. 4.1), ist damit überholt. Ohnehin hatte der zuständige 12. Senat bereits vor Erlass der genannten Entscheidungen in mehreren Verfahren darauf hingewiesen, dass auch im Zusammenhang des § 7 a eine bloße Elementenentscheidung nicht in Betracht kommen dürfte. 2

Zwar lässt der **uneinheitliche Sprachgebrauch** des § 7 nicht ohne weiteres erkennen, was Gegenstand des Anfrageverfahrens und der abschließenden Entscheidung der DRV Bund sein soll. Abs. 1 S. 1, Abs. 2 sprechen von der Entscheidung, ob eine Beschäftigung vorliegt, während Abs. 6 S. 1 tatbestandlich die Feststellung eines versicherungspflichtigen Beschäftigungsverhältnisses und S. 2 die Entscheidung, dass eine Beschäftigung vorliegt, voraussetzen (vgl. auch § 7c S. 1 Hs. 1: „... Entscheidung der Deutschen Rentenversicherung Bund, dass ein versicherungspflichtiges Beschäftigungsverhältnis vorliegt ..."). Sein Inhalt lässt sich dennoch verlässlich feststellen. Das Anfrageverfahren könnte schon im Binnenbereich des § 7 a seiner Funktion nicht genügen, wollte man sein positives Ergebnis stets auf die Feststellung des Vorliegens einer Beschäftigung begrenzt ansehen; weder ein besonderer Zeitpunkt für den Eintritt der Versicherungspflicht (Abs. 6 S. 1) noch eine von § 23 SGB IV abweichende Fälligkeit des Gesamtsozialversicherungsbeitrages (Abs. 6 S. 2) könnten dann bestimmt werden. Historisch und sachlich knüpft die Norm an § 7 an und teilt auf der Ebene des Verwaltungsverfahrensrechts dessen Begrenzungen. Als bloßes Tatbestandsmerkmal ist das (Nicht-)Vorliegen einer Beschäftigung im Einzelfall nicht der isolierten Bestätigung durch einen – feststellenden – Verwaltungsakt (§ 31 S. 1 SGB X) zugänglich. Verfahren der Einzugsstellen und der Rentenversicherungsträger, neben die das „Anfrageverfahren" gleichwertig tritt, dürfen sich ebenfalls nicht darauf beschränken, **Elemente** des jeweiligen Versicherungspflichttatbestandes (zB das Vorliegen einer Beschäftigung oder „Versicherungspflicht dem Grunde nach" bei gesetzlicher Versicherungsfreiheit) festzustellen (vgl. etwa BSG v. 10. 5. 2006 – B 12 KR 5/05 R). Jedenfalls der Regelungszusammenhang, teilweise bereits der Wortlaut, von § 7a, lässt nicht erkennen, dass dort anderes gelten sollte. Andernfalls wäre schon nicht erklärlich, warum es trotz angeblich fehlender Identität des Verfahrensgegenstandes zur Vermeidung divergierender Entscheidungen der **Konkurrenzregelung** in Abs. 1 S. 1 bzw. der Bestimmung eines Vorrangs gegenüber § 28 h Abs. 2 SGB IV in Abs. 1 S. 3 bedarf. Schließlich bindet § 336 SGB III die Bundesagentur für Arbeit leistungsrechtlich ausdrücklich an die „Feststellung der Versicherungspflicht nach diesem Buch durch die Deutsche Rentenversicherung Bund im Verfahren nach § 7a Abs. 1 des Vierten Buches." 3

§ 7 a ist eine Regelung im Rahmen der Beschäftigtenversicherung und zur Klärung allein von deren Voraussetzungen. Die Entscheidungskompetenz der DRV Bund beschränkt sich dem gemäß auf die Feststellung, ob der Antragsteller bzw. in den auf Veranlassung der Einzugsstelle eingeleiteten Verfahren das Familienmitglied des Arbeitgebers oder der geschäftsführende GmbH-Gesellschafter als Beschäftigter in den Zweigen der Sozialversicherung (§ 1 Abs. 1 SGB IV) **sozialversicherungspflichtig** ist. Fehlt es bereits an einer Beschäftigung, ist Versichertenpflicht in der Beschäftigtenversicherung schon deshalb zu verneinen. Dagegen entscheidet über die Rentenversicherungspflicht 4

Selbstständiger exklusiv und in eigener Zuständigkeit der nach § 127 Abs. 1 SGB VI zuständige Träger der gesetzlichen Rentenversicherung.

C. Regelungen im Einzelnen

5   Das Verfahren nach Abs. 1 S. 1 ist ursprünglich **alternativ** neben demjenigen der Einzugsstelle eröffnet (vgl. LSG Baden Württemberg v. 19. 2. 2008, L 11 KR 5528/07, juris). In Anfrageverfahren ist der nicht Frist gebundene schriftliche **Antrag** der Beteiligten bei der DRV Bund Verfahrensvoraussetzung. Antragsberechtigt sind – jeweils allein – nur die unmittelbaren Beteiligten eines auf Erbringung von Arbeit gerichteten Rechtsverhältnisses. In Betracht kommen alle Rechtsverhältnisse, die bei Inkrafttreten des Gesetzes am 1. 1. 1999 bereits bestanden haben (vgl. LSG Berlin-Brandenburg v. 15. 2. 2008, L 1 KR 276/06, juris) oder nach dem 31. 12. 1998 begründet wurden. Eine „objektive" Zweifelslage ist nicht Voraussetzung, wohl aber ein dem Rechtsschutzbedürfnis vergleichbares **Klärungsbedürfnis** überhaupt, sodass ein Anfrageverfahren grundsätzlich nicht beantragt werden kann, wo das Ergebnis – wie bei § 7 Abs. 4 S. 2 SGB IV – schon feststeht. Dass die allein begünstigende Regelung des Abs. 6 im Einzelfall nicht eintreten kann, hindert nicht die Durchführung des Verfahrens an sich. Ebenso wenig ist das Anfrageverfahren nur zu Beginn einer Beschäftigung eröffnet. Über die Frage der Versicherungspflicht kann auch noch nach Beendigung der Beschäftigung entschieden werden (BSG v. 4. 6. 2009, B 12 KR 31/07 R, SozR 4–2400 § 7 a Nr. 3).

6   Im Zeitpunkt der Antragstellung bei der DRV Bund bereits anhängige **Verfahren der Einzugsstelle** (§ 28 h Abs. 2 SGB IV) bzw. des Rentenversicherungsträgers (§ 28 p Abs. 1 S. 5 SGB IV) zur Prüfung der Versicherungspflicht in der Beschäftigtenversicherung (!) und grundsätzlich erst recht der nach Abschluss eines Verwaltungsverfahrens dieser Stellen ergangene Verwaltungsakt (vgl. Sächsisches LSG v. 14. 8. 2006, L 1 B 205/05 KR-PKH, juris) stehen der Durchführung des Anfrageverfahrens entgegen. In der Praxis dürfte diese **Sperrwirkung** schon deshalb vielfach unbeachtet bleiben, weil Mitteilungspflichten gegenüber anderen Trägern nicht ausgestaltet sind bzw. vielfach unbeachtet bleiben. Ein dennoch ergehender Verwaltungsakt der DRV Bund ist mangels sachlicher Zuständigkeit zwar rechtswidrig, mangels absoluter sachlicher Unzuständigkeit aber jedenfalls nicht nichtig. Keine Sperrwirkung entfalten Verfahren, in denen die Frage der Versicherungspflicht nur **Vorfrage** ist.

7   Die **Einzugsstelle** (§ 28 h Abs. 1 S. 1 SGB IV) hat nach Abs. 1 S. 2 stets einen Antrag zu stellen, wenn sich aus der Meldung des Arbeitgebers ergibt, dass der Beschäftigte Angehöriger des Arbeitgebers oder geschäftsführender Gesellschafter einer Gesellschaft mit beschränkter Haftung ist (§ 28 a Abs. 3 S. 2 Nr. 1 d, e SGB IV). Auch insofern ist dem Gesetz eine Beschränkung auf „Zweifelsfälle" nicht zu entnehmen. Es liegt daher auch nicht in der Macht der beteiligten Verwaltungsträger in Abhängigkeit hiervon eine abweichende Entscheidungszuständigkeit zu vereinbaren.

8   Die DRV Bund hat zum Verfahren den nicht Antrag stellenden Partner des in Frage stehenden Rechtsverhältnisses sowie die betroffenen Versicherungsträger hinzuzuziehen (§ 12 Abs. 2 S. 2 SGB X). „**Beteiligte**" iSd. Abs. 3 bis 5 sind jeweils die am Verwaltungsverfahren Beteiligten. Die DRV Bund hat von Amts wegen (§ 20 Abs. 1 S. 1 SGB X) alle für die Entscheidung über die Versicherungspflicht in den einzelnen Zweigen der Sozialversicherung **maßgeblichen Umstände** zu ermitteln (§ 20 Abs. 2 SGB X). Sie teilt hierzu den Beteiligten schriftlich mit, welche Angaben und Unterlagen sie für ihre Entscheidung benötigt und setzt den Beteiligten eine entsprechende Frist (Abs. 3). Für die materielle Entscheidung über die Vorfrage einer Beschäftigung kommt es auch hier auf eine Gesamtwürdigung aller Umstände des Einzelfalls an (Abs. 2). Entsprechend § 24 Abs. 1 SGB X teilt die DRV Bund den Beteiligten die beabsichtigte Entscheidung sowie die hierfür maßgeblichen Tatsachen mit und gibt ihnen im Rahmen eines dialogischen Verfahrens Gelegenheit, sich zu der beabsichtigten Entscheidung zu **äußern** (Abs. 3). Lassen die Beteiligten erkennen, dass sie der beabsichtigten Entscheidung („Vermutung" – der Wortlaut geht auf § 7 Abs. 4 aF zurück und geht nach dessen Wegfall in unmittelbarer Anwendung ins Leere) widersprechen wollen, fordert sie die DRV Bund auf, innerhalb einer angemessenen Frist die Tatsachen anzugeben, die eine Widerlegung begründen (Abs. 5). Soll Versicherungspflicht bejaht werden und ist der Antrag nach Abs. 1 innerhalb eines Monats nach Aufnahme der Tätigkeit gestellt sind außerdem die in Abs. 6 S. 1 Nr. 1, 2 aufgeführten Umstände zu ermitteln und von vorne herein in die Entscheidung bzw. das auf ihren Erlass gerichtete Verwaltungsverfahren einzubeziehen.

9   Wird der Antrag nach Abs. 1 (S. 1 und 2) innerhalb eines Monats nach Aufnahme der Tätigkeit (§ 26 SGB X iVm. §§ 187 Abs. 2 S. 1, 188 Abs. 2, 3 BGB) gestellt und stellt die DRV Bund Versicherungspflicht (bzw. das Vorliegen eines in vollem Umfang Versicherungspflicht in den Zweigen der Sozialversicherung begründenden Sachverhalts) fest, beginnt unter den Abs. 6 genannten Voraussetzungen **Versicherungspflicht** erst mit der Bekanntgabe der Entscheidung (Abs. 6 S. 1). Die Bekanntgabe (§ 39 Abs. 1 SGB X) der nicht Form gebundenen (§ 33 Abs. 2 S. 1 SGB X) Verwaltungsakte ist insofern ihrerseits ohne Ermessensausübung ausdrücklich zulässige (§ 32 Abs. 1 SGB X) Voraussetzung des verzögerten Eintritts der konkreten Versicherungspflicht in den Zweigen der Sozialversicherung.

Der Eintritt von Versicherungspflicht mit der **Bekanntgabe des Verwaltungsakts** der DRV Bund (statt unmittelbar kraft Gesetzes mit der Verwirklichung des Versicherungspflicht begründenden Sachverhalts) hängt davon ab, dass der Betroffene ausnahmsweise trotz Vorliegens aller Voraussetzungen der Versicherungspflicht weder subjektiv noch objektiv schutzbedürftig ist. Hinsichtlich des subjektiven Aspekts wird dies durch seine **Zustimmung** (Abs. 6 S. 1 Nr. 1), hinsichtlich des objektiven durch den Nachweis eines anderweitigen **adäquaten Schutzes** gegen die sonst von der gesetzlichen Kranken- und Rentenversicherung erfassten Risiken der Krankheit und des Alters (Abs. 6 S. 1 Nr. 2) belegt. Ein ausreichender Krankenversicherungsschutz wird dabei neben der freiwilligen Mitgliedschaft bei einem Träger der gesetzlichen Krankenversicherung insbesondere durch eine private Absicherung gewährleistet, die zumindest der Krankenbehandlung iSv. § 21 Abs. 1 Nr. 2 SGB I entspricht. Einer besonderen Erwähnung der grundsätzlich an den Krankenversicherungsschutz gekoppelten **Pflegeversicherung** bedurfte es nicht. Aus der Sicht der **Arbeitslosenversicherung** erschließt sich nicht ohne Weiteres, warum das Gesetz betroffene Beschäftigte zunächst zwangsweise in das System einbezieht, sie dann aber ohne anderweitigen Ausgleich und in Abhängigkeit allein von ihrem eigenen Willensentschluss schutzlos lässt. 10

Kommt es aus Anlass eines Antrages nach § 7 Abs. 1 zum **Streit** über die Versicherungspflicht, dürfen für die Dauer des Verfahrens aus der Versicherungspflicht Folgerungen nicht gezogen werden (vgl. nachfolgend Rn. 12) und ist folglich auch die **Fälligkeit** des Gesamtsozialversicherungsbeitrags gehindert. Sie tritt abweichend von § 23 SGB IV unter der auslösenden Bedingung des Eintritts der Bestandskraft der Entscheidung(en) über die konkrete Versicherungspflicht ein (Abs. 6 S. 2). Erstmals mit dem sich hiernach ergebenden Zeitpunkt schuldet der Arbeitgeber der Gesamtsozialversicherungsbeitrag (§ 28e Abs. 1 S. 1 SGB IV und hat der Arbeitnehmer den auf ihn entfallenden Anteil und den mit dem zusätzlichen Beitragssatz zu bemessenden Beitrag (§ 241a SGB V) zu tragen (§ 346 Abs. 1 S. 1 SGB III, § 249 Abs. 1 S. 1 SGB V, § 168 Abs. 1 Nr. 1 SGB VI, § 58 Abs. 1 S. 1 SGB XI). Der Arbeitgeber kann daher dem Entgeltanspruch des Arbeitnehmers nach Fälligkeit einen Betrag in Höhe von dessen gesamtem Beitragsanteil als erfüllt entgegen halten (§ 28g S. 1, 2 SGB IV). 11

Widerspruch und Klage gegen Entscheidungen, dass „eine Beschäftigung vorliegt" (gemeint ist: Versicherungspflicht aufgrund einer Beschäftigung vorliegt), haben **aufschiebende Wirkung**, Abs. 7 S. 1. Die Regelung des § 86a Abs. 2 Nr. 1 SGG, dass die aufschiebende Wirkung ua. bei der „Entscheidung über Versicherungspflichten" (!) entfällt, ist hierdurch spezialgesetzlich verdrängt. Aus der Feststellung von Versicherungspflicht dürfen daher während des anhängigen Widerspruchs, bzw. Klageverfahrens Folgerungen nicht gezogen werden (aufschiebende Wirkung iSv. Abs. § 86a Abs. 1 S. 1 SGG und von Abs. 7 S. 1). Eine unmittelbare Anwendung dieser Ausnahmeregelung auf Rechtsbehelfe gegen Entscheidung der Krankenkassen als **Einzugsstellen** nach § 28h Abs. 2 SGB IV sowie gegen Verwaltungsakte der Rentenversicherungsträger im Rahmen von Betriebsprüfungen nach § 28p Abs. 1 S. 5 SGB IV scheitert schon deshalb weil, der Wortlaut von Abs. 7 S. 1 hierfür keinen Anhalt bietet und für 86a Abs. 2 Nr. 1 kein Anwendungsbereich verbliebe (anders BT-Drs. 14/1855 S. 8). Für eine entsprechende Anwendung fehlt es erkennbar an einer Regelungslücke (anders allerdings die Begründung LSG Hamburg v. 25. 10. 2000, L 3 B 80/00 ER, EzS 130/510). 12

Dem **Feststellungsinteresse** der Beteiligten bei Anfrageverfahren trägt Abs. 7 S. 2 in der Weise Rechnung, dass die Wartefrist für eine Untätigkeitsklage nach § 88 Abs. 1 SGG für das Anfrageverfahren auf 3 Monate herabgesetzt wird. Diese Privilegierung gegenüber dem Verfahren der Einzugsstelle dürfte schon dadurch gerechtfertigt sein, dass dieses auch von Amts wegen durchgeführt werden kann, während Verfahren nach § 7a stets antragsabhängig sind. 13

§ 7b Wertguthabenvereinbarung

Eine Wertguthabenvereinbarung liegt vor, wenn

1. der Aufbau des Wertguthabens auf Grund einer schriftlichen Vereinbarung erfolgt,
2. diese Vereinbarung nicht das Ziel der flexiblen Gestaltung der werktäglichen oder wöchentlichen Arbeitszeit oder den Ausgleich betrieblicher Produktions- und Arbeitszeitzyklen verfolgt,
3. Arbeitsentgelt in das Wertguthaben eingebracht wird, um es für Zeiten der Freistellung von der Arbeitsleistung oder der Verringerung der vertraglich vereinbarten Arbeitszeit zu entnehmen,
4. das aus dem Wertguthaben fällige Arbeitsentgelt mit einer vor oder nach der Freistellung von der Arbeitsleistung oder der Verringerung der vertraglich vereinbarten Arbeitszeit erbrachten Arbeitsleistung erzielt wird und
5. das fällige Arbeitsentgelt insgesamt 400 Euro monatlich übersteigt, es sei denn, die Beschäftigung wurde vor der Freistellung als geringfügige Beschäftigung ausgeübt.

§ 7c Verwendung von Wertguthaben

(1) **Das Wertguthaben auf Grund einer Vereinbarung nach § 7b kann in Anspruch genommen werden**

1. für gesetzlich geregelte vollständige oder teilweise Freistellungen von der Arbeitsleistung oder gesetzlich geregelte Verringerungen der Arbeitszeit, insbesondere für Zeiten,
   a) in denen der Beschäftigte nach § 3 des Pflegezeitgesetzes vom 28. Mai 2008 (BGBl. I S. 874, 896) in der jeweils geltenden Fassung einen pflegebedürftigen nahen Angehörigen in häuslicher Umgebung pflegt,
   b) in denen der Beschäftigte nach § 15 des Bundeselterngeld- und Elternzeitgesetzes ein Kind selbst betreut und erzieht,
   c) für die der Beschäftigte eine Verringerung seiner vertraglich vereinbarten Arbeitszeit nach § 8 des Teilzeit- und Befristungsgesetzes verlangen kann; § 8 des Teilzeit- und Befristungsgesetzes gilt mit der Maßgabe, dass die Verringerung der Arbeitszeit auf die Dauer der Entnahme aus dem Wertguthaben befristet werden kann,
2. für vertraglich vereinbarte vollständige oder teilweise Freistellungen von der Arbeitsleistung oder vertraglich vereinbarte Verringerungen der Arbeitszeit, insbesondere für Zeiten,
   a) die unmittelbar vor dem Zeitpunkt liegen, zu dem der Beschäftigte eine Rente wegen Alters nach dem Sechsten Buch bezieht oder beziehen könnte oder
   b) in denen der Beschäftigte an beruflichen Qualifizierungsmaßnahmen teilnimmt.

(2) Die Vertragsparteien können die Zwecke, für die das Wertguthaben in Anspruch genommen werden kann, in der Vereinbarung nach § 7b abweichend von Absatz 1 auf bestimmte Zwecke beschränken.

§ 7d Führung und Verwaltung von Wertguthaben

(1) ¹Wertguthaben sind als Arbeitsentgeltguthaben einschließlich des darauf entfallenden Arbeitgeberanteils am Gesamtsozialversicherungsbeitrag zu führen. ²Die Arbeitszeitguthaben sind in Arbeitsentgelt umzurechnen.

(2) Arbeitgeber haben Beschäftigte mindestens einmal jährlich in Textform über die Höhe ihres im Wertguthaben enthaltenen Arbeitsentgeltguthabens zu unterrichten.

(3) ¹Für die Anlage von Wertguthaben gelten die Vorschriften über die Anlage der Mittel von Versicherungsträgern nach dem Vierten Titel des Vierten Abschnitts entsprechend, mit der Maßgabe, dass eine Anlage in Aktien oder Aktienfonds bis zu einer Höhe von 20 Prozent zulässig und ein Rückfluss zum Zeitpunkt der Inanspruchnahme des Wertguthabens mindestens in der Höhe des angelegten Betrages gewährleistet ist. ²Ein höherer Anlageanteil in Aktien oder Aktienfonds ist zulässig, wenn
1. dies in einem Tarifvertrag oder auf Grund eines Tarifvertrages in einer Betriebsvereinbarung vereinbart ist oder
2. das Wertguthaben nach der Wertguthabenvereinbarung ausschließlich für Freistellungen nach § 7c Absatz 1 Nummer 2 Buchstabe a in Anspruch genommen werden kann.

§ 7e Insolvenzschutz

(1) ¹Die Vertragsparteien treffen im Rahmen ihrer Vereinbarung nach § 7b durch den Arbeitgeber zu erfüllende Vorkehrungen, um das Wertguthaben einschließlich des darin enthaltenen Gesamtsozialversicherungsbeitrages gegen das Risiko der Insolvenz des Arbeitgebers vollständig abzusichern, soweit
1. ein Anspruch auf Insolvenzgeld nicht besteht und wenn
2. das Wertguthaben des Beschäftigten einschließlich des darin enthaltenen Gesamtsozialversicherungsbeitrages einen Betrag in Höhe der monatlichen Bezugsgröße übersteigt.

²In einem Tarifvertrag oder auf Grund eines Tarifvertrages in einer Betriebsvereinbarung kann ein von Satz 1 Nummer 2 abweichender Betrag vereinbart werden.

(2) ¹Zur Erfüllung der Verpflichtung nach Absatz 1 sind Wertguthaben unter Ausschluss der Rückführung durch einen Dritten zu führen, der im Fall der Insolvenz des Arbeitgebers für die Erfüllung der Ansprüche aus dem Wertguthaben für den Arbeitgeber einsteht, insbesondere in einem Treuhandverhältnis, das die unmittelbare Übertragung des Wertguthabens in das Vermögen des Dritten und die Anlage des Wertguthabens auf einem offenen Treuhandkonto oder in anderer geeigneter Weise sicherstellt. ²Die Vertragsparteien können in der Vereinbarung nach § 7b ein anderes, einem Treuhandverhältnis im Sinne des Satzes 1 gleichwertiges Sicherungsmittel vereinbaren, insbesondere ein Versicherungsmodell oder ein schuldrechtliches Verpfändungs- oder Bürgschaftsmodell mit ausreichender Sicherung gegen Kündigung.

(3) Keine geeigneten Vorkehrungen sind bilanzielle Rückstellungen sowie zwischen Konzernunternehmen (§ 18 des Aktiengesetzes) begründete Einstandspflichten, insbesondere Bürgschaften, Patronatserklärungen oder Schuldbeitritte.

(4) Der Arbeitgeber hat den Beschäftigten unverzüglich über die Vorkehrungen zum Insolvenzschutz in geeigneter Weise schriftlich zu unterrichten, wenn das Wertguthaben die in Absatz 1 Satz 1 Nummer 2 genannten Voraussetzungen erfüllt.

(5) Hat der Beschäftigte den Arbeitgeber schriftlich aufgefordert, seinen Verpflichtungen nach den Absätzen 1 bis 3 nachzukommen und weist der Arbeitgeber dem Beschäftigten nicht innerhalb von zwei Monaten nach der Aufforderung die Erfüllung seiner Verpflichtung zur Insolvenzsicherung des Wertguthabens nach, kann der Beschäftigte die Vereinbarung nach § 7b mit sofortiger Wirkung kündigen; das Wertguthaben ist nach Maßgabe des § 23b Absatz 2 aufzulösen.

(6) ¹Stellt der Träger der Rentenversicherung bei der Prüfung des Arbeitgebers nach § 28p fest, dass
1. für ein Wertguthaben keine Insolvenzschutzregelung getroffen worden ist,
2. die gewählten Sicherungsmittel nicht geeignet sind im Sinne des Absatzes 3,
3. die Sicherungsmittel in ihrem Umfang das Wertguthaben um mehr als 30 Prozent unterschreiten oder
4. die Sicherungsmittel den im Wertguthaben enthaltenen Gesamtsozialversicherungsbeitrag nicht umfassen,

weist er in dem Verwaltungsakt nach § 28p Absatz 1 Satz 5 den in dem Wertguthaben enthaltenen und vom Arbeitgeber zu zahlenden Gesamtsozialversicherungsbeitrag aus. ²Weist der Arbeitgeber dem Träger der Rentenversicherung innerhalb von zwei Monaten nach der Feststellung nach Satz 1 nach, dass er seiner Verpflichtung nach Absatz 1 nachgekommen ist, entfällt die Verpflichtung zur sofortigen Zahlung des Gesamtsozialversicherungsbeitrages. ³Hat der Arbeitgeber den Nachweis nach Satz 2 nicht innerhalb der dort vorgesehenen Frist erbracht, ist die Vereinbarung nach § 7b als von Anfang an unwirksam anzusehen; das Wertguthaben ist aufzulösen.

(7) ¹Kommt es wegen eines nicht geeigneten oder nicht ausreichenden Insolvenzschutzes zu einer Verringerung oder einem Verlust des Wertguthabens, haftet der Arbeitgeber für den entstandenen Schaden. ²Ist der Arbeitgeber eine juristische Person oder eine Gesellschaft ohne Rechtspersönlichkeit haften auch die organschaftlichen Vertreter gesamtschuldnerisch für den Schaden. ³Der Arbeitgeber oder ein organschaftlicher Vertreter haften nicht, wenn sie den Schaden nicht zu vertreten haben.

(8) Eine Beendigung, Auflösung oder Kündigung der Vorkehrungen zum Insolvenzschutz vor der bestimmungsgemäßen Auflösung des Wertguthabens ist unzulässig, es sei denn, die Vorkehrungen werden mit Zustimmung des Beschäftigten durch einen mindestens gleichwertigen Insolvenzschutz abgelöst.

(9) Die Absätze 1 bis 8 finden keine Anwendung gegenüber dem Bund, den Ländern, Gemeinden, Körperschaften, Stiftungen und Anstalten des öffentlichen Rechts, über deren Vermögen die Eröffnung des Insolvenzverfahrens nicht zulässig ist, sowie solchen juristischen Personen des öffentlichen Rechts, bei denen der Bund, ein Land oder eine Gemeinde kraft Gesetzes die Zahlungsfähigkeit sichert.

§ 7f Übertragung von Wertguthaben

(1) ¹Bei Beendigung der Beschäftigung kann der Beschäftigte durch schriftliche Erklärung gegenüber dem bisherigen Arbeitgeber verlangen, dass das Wertguthaben nach § 7b
1. auf den neuen Arbeitgeber übertragen wird, wenn dieser mit dem Beschäftigten eine Wertguthabenvereinbarung nach § 7b abgeschlossen und der Übertragung zugestimmt hat,
2. auf die Deutsche Rentenversicherung Bund übertragen wird, wenn das Wertguthaben einschließlich des Gesamtsozialversicherungsbeitrages einen Betrag in Höhe des Sechsfachen der monatlichen Bezugsgröße übersteigt; die Rückübertragung ist ausgeschlossen.

²Nach der Übertragung sind die mit dem Wertguthaben verbundenen Arbeitgeberpflichten vom neuen Arbeitgeber oder von der Deutschen Rentenversicherung Bund zu erfüllen.

(2) ¹Im Fall der Übertragung auf die Deutsche Rentenversicherung Bund kann der Beschäftigte das Wertguthaben für Zeiten der Freistellung von der Arbeitsleistung und Zeiten der Verringerung der vertraglich vereinbarten Arbeitszeit nach § 7c Absatz 1 sowie

auch außerhalb eines Arbeitsverhältnisses für die in § 7 c Absatz 1 Nummer 2 Buchstabe a genannten Zeiten in Anspruch nehmen. ²Der Antrag ist spätestens einen Monat vor der begehrten Freistellung schriftlich bei der Deutschen Rentenversicherung Bund zu stellen; in dem Antrag ist auch anzugeben, in welcher Höhe Arbeitsentgelt aus dem Wertguthaben entnommen werden soll; dabei ist § 7 Absatz 1a Satz 1 Nummer 2 zu berücksichtigen.

(3) ¹Die Deutsche Rentenversicherung Bund verwaltet die ihr übertragenen Wertguthaben einschließlich des darin enthaltenen Gesamtsozialversicherungsbeitrages als ihr übertragene Aufgabe bis zu deren endgültiger Auflösung getrennt von ihrem sonstigen Vermögen treuhänderisch. ²Die Wertguthaben sind nach den Vorschriften über die Anlage der Mittel von Versicherungsträgern nach dem Vierten Titel des Vierten Abschnitts anzulegen. ³Die der Deutschen Rentenversicherung Bund durch die Übertragung, Verwaltung und Verwendung von Wertguthaben entstehenden Kosten sind vollständig vom Wertguthaben in Abzug zu bringen und in der Mitteilung an den Beschäftigten nach § 7 d Absatz 2 gesondert auszuweisen.

§ 7 g Bericht der Bundesregierung

Die Bundesregierung berichtet den gesetzgebenden Körperschaften bis zum 31. März 2012 über die Auswirkungen des Gesetzes zur Verbesserung der Rahmenbedingungen für die Absicherung flexibler Arbeitszeitregelungen und zur Änderung anderer Gesetze vom 21. Dezember 2008 (BGBl. I S. 2940), insbesondere über die Entwicklung der Inanspruchnahme und Nutzung der Wertguthaben, den Umfang und die Kosten der an die Deutsche Rentenversicherung Bund übertragenen Wertguthaben und der wegen Insolvenz des Arbeitgebers ersatzlos aufgelösten Wertguthaben und sonstigen Arbeitszeitguthaben, und macht gegebenenfalls Vorschläge für eine Weiterentwicklung des Insolvenzschutzes.

§ 8 Geringfügige Beschäftigung und geringfügige selbständige Tätigkeit

(1) Eine geringfügige Beschäftigung liegt vor, wenn
1. das Arbeitsentgelt aus dieser Beschäftigung regelmäßig im Monat 400 Euro nicht übersteigt,
2. die Beschäftigung innerhalb eines Kalenderjahres auf längstens zwei Monate oder 50 Arbeitstage nach ihrer Eigenart begrenzt zu sein pflegt oder im Voraus vertraglich begrenzt ist, es sei denn, dass die Beschäftigung berufsmäßig ausgeübt wird und ihr Entgelt 400 Euro im Monat übersteigt.

(2) ¹Bei der Anwendung des Absatzes 1 sind mehrere geringfügige Beschäftigungen nach Nummer 1 oder Nummer 2 sowie geringfügige Beschäftigungen nach Nummer 1 mit Ausnahme einer geringfügigen Beschäftigung nach Nummer 1 und nicht geringfügige Beschäftigungen zusammenzurechnen. ²Eine geringfügige Beschäftigung liegt nicht mehr vor, sobald die Voraussetzungen des Absatzes 1 entfallen. ³Wird beim Zusammenrechnen nach Satz 1 festgestellt, dass die Voraussetzungen einer geringfügigen Beschäftigung nicht mehr vorliegen, tritt die Versicherungspflicht erst mit dem Tag ein, an dem die Entscheidung über die Versicherungspflicht nach § 37 des Zehnten Buches durch die Einzugsstelle nach § 28i Satz 5 oder einen anderen Träger der Rentenversicherung bekannt gegeben wird. ⁴Dies gilt nicht, wenn der Arbeitgeber vorsätzlich oder grob fahrlässig versäumt hat, den Sachverhalt für die versicherungsrechtliche Beurteilung der Beschäftigung aufzuklären.

(3) ¹Die Absätze 1 und 2 gelten entsprechend, soweit anstelle einer Beschäftigung eine selbständige Tätigkeit ausgeübt wird. ²Dies gilt nicht für das Recht der Arbeitsförderung.

A. Normzweck

1   Wie § 7 verkörpert auch § 8 keine eigenständige Regelung mit Tatbestand und Rechtsfolge. Die Vorschrift beschränkt sich **„vor die Klammer gezogen"** auf die abstrakte und allgemeine Bestimmung des Begriffs der geringfügigen Beschäftigung/geringfügigen selbstständigen Tätigkeit, der erst als Element des Tatbestandes von Bestimmungen in den einzelnen Zweigen der Sozialversicherung Bedeutung erlangt. Erst die dort vorgesehenen Rechtsfolgen können folglich auch Regelungsgegenstand von **Verwaltungsakten** (§ 31 S. 1 SGB X) sein (vgl. zuletzt BSG v. 15. 7. 2009, B 12 KR 14/08 R, SozR 4–2500 § 7 Nr. 1). Inhalt und Funktion des § 8 erschließen sich umgekehrt historisch und sachlich nur aus dem Bedeutungsgehalt dieser besonderen Regelungen, insbesondere also der Anordnung von Versicherungsfreiheit trotz Vorliegens einer grundsätzlich Versicherungspflicht begründen-

den entgeltlichen Beschäftigung/Tätigkeit und der Beitragspflicht für den Arbeitgeber trotz fehlender Versicherungspflicht (vgl. hierzu BSG v. 25. 1. 2006, B 12 KR 27/04 R, SozR 4–2500 § 249b Nr. 2). Dabei geht es um die nähere Bestimmung der Schutzbedürftigkeit und die Verhinderung einer Flucht in die Geringfügigkeit. Grundelegende Bedenken hiergegen haben weder das BVerfG (v. 21. 4. 1989, 1 BvR 678/88, SozR 2100 § 8 Nr. 6, v. 20. 4. 1999, 1 BvQ 2/99, NZA 1999, 583, v. 28. 7. 1999, 1 BvQ 5/99, NZA 1999, 973), noch das BSG (v. 26. 3. 1996, 12 RK 5/95, SozR 3–2500 § 5 Nr. 26) noch – unter dem Aspekt der mittelbaren Diskriminierung von Frauen – der EuGH (v. 14. 12. 1995, C-317/93, SozR 3–6083 Art. 4 Nr. 11; v. 14. 12. 1995, C-444/93, SozR 3–6083 Art. 4 Nr. 12). Umfangreiche Erläuterungen zu Fragen im Zusammenhang der geringfügigen Beschäftigungen enthalten die **Geringfügigkeits-Richtlinien der Spitzenverbände** in der aktuellen Fassung vom 14. 10. 2009 (hierzu Methler, Neufassung der Geringfügigkeits-Richtlinien, Kompass 2010, 10 ff, 16 ff). Bei ihnen handelt es sich allerdings unverändert um bloßes **Binnenrecht** der Verwaltung ohne Reglungscharakter nach außen (anders wohl Marburger, Neue Rechtsentwicklungen in Zusammenhang mit geringfügig Beschäftigten, RV 2010, 25). Dass dies nicht immer in der gebotenen Weise berücksichtigt wir, belegen mehrfache Ergänzungen des Gesetzes, die an die Stelle vorher kompetenzlos erlassene Vorgaben in den Geringfügigkeits-Richtlinien getreten sind (s. nachfolgend RdNr. 22 ff).

B. Alternativen

Abs. I umschreibt die geringfügigen Beschäftigungen als Teilmenge der Beschäftigungen und unterscheidet hierin die Entgeltgeringfügigkeit (Nr. 1) und die Zeitgeringfügigkeit (Nr. 2). Obwohl der Wortlaut eine gleichzeitige Anwendung beider Regelungen auf jedes Beschäftigungsverhältnis zulässt, geht die Rechtsprechung (BSG v. 11. 5. 1993, 12 RK 23/91, SozR 3–2400 § 8 Nr. 3 und v. 23. 5. 1995, 12 RK 60/93, SozR 3–2400 § 8 Nr. 4) von der Notwendigkeit einer vorweg vorzunehmenden **strikten Zuordnung** aus. Das Ergebnis soll sich danach bestimmen, ob es sich um eine von vornherein auf mehrere Jahre und ständige Wiederholung in einem bestimmten Rhythmus (zB: monatlich) angelegte regelmäßig ausgeübte (dann Nr. 1) oder nur eine gelegentlich ausgeübte Beschäftigung (dann Nr. 2) handelt. 2

Für die Frage der **Regelmäßigkeit** ist dabei nach der obergerichtlichen Rechtsprechung nicht entscheidend, ob der jeweiligen Beschäftigung ein Dauerarbeitsverhältnis zu Grunde liegt, das die Arbeitseinsätze zu bestimmten Terminen von vorne herein verbindlich festlegt. Vielmehr kann sich die Regelmäßigkeit auch daraus ergeben, dass die Arbeit nicht unvorhersehbar in wechselnder Häufigkeit und zu verschiedenen Zeiten übernommen wird oder dass auf Grund eines Rahmenvertrages eine auf Dauer angelegte Rechtsbeziehung mit einander in kurzem Abstand folgenden Beschäftigungen angenommen werden kann (BSG v. 11. 5. 1993, 12 RK 23/91, SozR 3–2400 § 8 Nr. 3). Ob das für diese Vorgehensweise angegebene Argument, andernfalls würde das Merkmal „berufsmäßig" in der Nr. 2 leer laufen, tatsächlich stichhaltig ist, erscheint zumindest fragwürdig. So käme im angegebenen Beispiel einer auf zwei Monate befristeten Tätigkeit, mit der die Entgeltgrenze überschritten wird, zwar Geringfügigkeit nach Nr. 1 nicht in Betracht, doch wäre bei einer gleichwertigen Alternativität beider Regelungen dennoch Nr. 2 einschließlich des Tatbestandsmerkmals der Berufsmäßigkeit zu prüfen. Die Lösung des BSG schließt ein derartiges Verhältnis von vorne herein aus und setzt so letztlich voraus, was sie angeblich belegen will. 3

I. Entgeltgeringfügigkeit

Die Entgeltgeringfügigkeit ist nach geltendem Recht nur noch durch ein regelmäßiges monatliches Arbeitsentgelt (§ 14 SGB IV) von bis zu **400 €** im Monat bestimmt, ohne dass es noch auf die Zahl der Wochenstunden ankäme, in denen dieser Betrag erwirtschaftet wurde. Diese Grenze gilt auch bei Beschäftigungsaufnahme oder –ende während des ggf. nur anteilig belegten laufenden Monats. Ihr gegenüber zu stellen ist ohne Rücksicht auf die Erfüllung grundsätzlich das aufgrund der in Frage stehenden Beschäftigung nach Tarifvertrag, Betriebsvereinbarung und Einzelarbeitsvertrag geschuldete Entgelt (sog. **Entstehungsprinzip**, BSG v. 14. 7. 2004, B 12 KR 7/04 R, SozR 4–2400 § 22 Nr. 1 und BSG v. 14. 7. 2004, B 12 KR 1/04 R, SozR 4–2400 § 22 Nr. 2). Eine Ausnahme gilt nur, soweit über das geschuldete Entgelt hinaus überobligatorische Zahlungen zugewendet oder geleistet werden (BSG v. 7. 2. 2002, B 12 KR 13/01 R, SozR 3–2400 § 14 Nr. 24) und nach der spezialgesetzlichen Regelung in § 22 Abs. 1 SGB IV seit dem 1. 1. 2003 für einmalig gezahltes Arbeitsentgelt (§ 23a SGB IV); insofern ist ausnahmsweise das Zuflussprinzip entscheidend. 4

Da über das Vorliegen von Versicherungspflicht bereits bei Beginn des Beschäftigungsverhältnisses Klarheit bestehen muss, ergibt sich die „regelmäßige" Einhaltung der Entgeltgeringfügigkeitsgrenze aus einer **vorausschauenden Betrachtung** (vgl. §§ 28h Abs. 2 S. 2, 3 SGB IV, BT-Drs. 7/4122 S. 43ff). In diese müssen möglichst ausgehend von der tatsächlichen Gestaltung der konkreten Rechtsbeziehung und ggf. im Rahmen einer Schätzung die Erfahrungen mit Beschäftigten in ver- 5 gleichbarer Situation einschließlich mit hinreichender Sicherheit zu erwartender Sonderzahlungen und Erhöhungen bezogen auf den Zeitraum eines Jahres alle verfügbaren Umstände Eingang finden (BSG v. 28. 2. 1984, 12 RK 21/83, SozR 2100 § 8 Nr. 4). Mit einiger Sicherheit zu erwartende Einmalzahlungen werden mit ihrem sich hiernach ergebenden anteiligen monatlichen Betrag berücksichtigt (BSG v. 28. 2. 1984, 12 RK 21/83, SozR 2100 § 8 Nr. 4). Wird hiernach die **Entgeltgrenze regelmäßig** (nicht [jahres-]durchschnittlich!) einngehalten, dh. nur gelegentlich (anhaltsweise: bis zu dreimal) überschritten, liegt vorbehaltlich des Abs. 2 Geringfügigkeit vor. Das Ergebnis bleibt für die Vergangenheit selbst dann verbindlich, wenn sich die Prognose an der tatsächlichen Entwicklung gemessen als unzutreffend erweisen sollte. Änderungen der Sachlage können dem gemäß stets nur mit Wirkung für die Zukunft Berücksichtigung finden.

6   Besteht eine entgeltliche Beschäftigung etwa während der Zeiten einer bezahlten Freistellung, im Rahmen flexibler Arbeitszeitregelungen oder (seit 1. 9. 2009) auf der Grundlage einer Wertguthabenvereinbarung fort, obwohl **keine tatsächliche Arbeitsleistung** erbracht wird, ist auch das hier jeweils voraussichtlich fällig werdende Entgelt in die Prognose einzubeziehen. Insofern kommt den entsprechenden Zeit- bzw. Wertguthabenvereinbarungen besondere Bedeutung zu.

II. Zeitgeringfügigkeit

7   Nach Abs. 1 Nr. 2 SGB IV ist eine Beschäftigung grundsätzlich auch dann als geringfügig anzusehen, wenn sie unabhängig von der Entgelthöhe innerhalb eines Kalenderjahres auf längstens **zwei Monate** oder **fünfzig Arbeitstage** nach ihrer Eigenart begrenzt zu sein pflegt oder vertraglich im Voraus begrenzt ist. Innerhalb der Norm ist zunächst für die in Frage stehende Beschäftigung zu prüfen, ob eine zu ihrem Beginn vorgenommene vorausschauende Betrachtung (BSG v. 25. 4. 1991, 12 RK 46/89, SozR 3–2400 § 8 Nr. 2) ergibt, dass die dort genannten Zeitgrenzen überschritten werden. Ist dies der Fall, so besteht von Anfang an Versicherungspflicht; ergibt sich ein Überschreiten unvorhergesehen während des bereits in Vollzug gesetzten Beschäftigungsverhältnisses, so tritt sie – bei Erfüllung der sonstigen Voraussetzungen – ab dem Zeitpunkt dieser Gewissheit für die Zukunft ein, § 8 Abs. 2 S. 2 SGB IV.

8   **Bezugszeitraum** ist seit dem 1. 4. 2003 das Kalenderjahr (bis 31. 3. 2003 das ab dem Beginn der in Frage stehenden Beschäftigung laufende – individuelle Beschäftigungsjahr des Arbeitnehmers). Das Kalenderjahr überschreitende Beschäftigungen sind daher stets nur mit dem ihrem hierauf entfallenden Anteil relevant. Innerhalb dieses Zeitrahmens ist ausgehend von der Rechtsprechung zu §§ 168 Abs. 2 a, 1228 Abs. 2 a RVO aF (BSG v. 27. 1. 1971, 12 RJ 118/70, BSGE 32, S. 182, 185) von einem Regel-Ausnahme-Verhältnis auszugehen. Zur Vermeidung von Zufallsergebnissen sowie aus Gründen der Praktikabilität und Rechtssicherheit wird daher möglichst auf die bloße **Dauer der Beschäftigung** abgestellt, ohne die hierin liegende tatsächliche Arbeitszeit in die Betrachtung mit einzubeziehen. Dies setzt allerdings voraus, dass die Arbeitsvertragsparteien Zeiträume unter Einbeziehung auch arbeitsfreier Tage vereinbart haben und die Zahl der Arbeitstage pro Woche der sonst im Betrieb üblichen zumindest entspricht (BSG aaO). Ebenso macht eine Arbeitsverrichtung an mehr Tagen als betriebsüblich die Beurteilung der Versicherungspflicht anhand der Dauer der Beschäftigung nicht unmöglich und ist daher unbeachtlich. Unerheblich ist darüber hinaus auch, welche konkrete Arbeitszeit im Betrieb üblich ist. Sind diese Bedingungen für jeden Teilabschnitt erfüllt, braucht der Zeitraum von zwei Monaten auch **nicht zusammenhängend** verlaufen. Entsprechend § 26 Abs. 1 SGB X iVm. § 191 BGB ist dann auf umgerechnet sechzig Kalendertage abzustellen. Nur dann, wenn demnach an nur weniger Tagen als betriebsüblich gearbeitet wird oder nur Abschnitte reiner Arbeitszeit vereinbart werden, bedarf es noch eines Abzählens der einzelnen Arbeitstage.

9   Die **zeitliche Beschränkung** der Beschäftigung kann sich aus ihrer Eigenart oder einer entsprechenden vertraglichen Vereinbarung ergeben. Da der Umfang der Leistungsverpflichtung regelmäßig Bestandteil des Vertragsinhalts sein wird, handelt es sich im Gegensatz zu dem vom Wortlaut nahe gelegten Gegensatz zwischen der Parteivereinbarung und sonstigen Umständen nur um die Frage, ob bereits der Wortlaut der Begrenzung ergibt oder ob es zu seiner Auslegung des Rückgriffs auf zusätzliche Aspekte bedarf. Derartige Umstände sind etwa bei Beschäftigung für eine bestimmte Veranstaltung (Ausstellung, Messe, Volksfest etc.) oder dem Arbeitseinsatz für eine bestimmte Aufgabe (Bau eines Gebäudes, Montagearbeiten bei Installation einer Maschine) gegeben. Ist die Befristung **arbeitsrechtlich** wegen Überschreitung der Grenzen des Beschäftigungsförderungsgesetzes (§ 1 Abs. 1 S. 1, 2) oder in Ermangelung eines sachlich rechtfertigenden Grundes unzulässig, ist im Rahmen der prognostischen Beurteilung auch das Beschäftigungsverhältnis als unbegrenzt anzusehen.

10 Trotz Wahrung der zeitlichen Grenzen einer zeitgeringfügigen Beschäftigung ist Geringfügigkeit ausnahmsweise dennoch ausgeschlossen, wenn (kumulativ) die Beschäftigung sowohl die Entgeltgrenzen des § 8 Abs. 1 Nr. I SBG IV überschreitet als auch zugleich berufsmäßig ausgeübt wird. Für die Frage der **Berufsmäßigkeit** maßgeblich ist, ob durch die Beschäftigung der Lebensunterhalt überwiegend oder doch jedenfalls in solchem Umfang erworben wird, dass hierauf die wirtschaftliche Stellung zu einem erheblichen Teil beruht (BSG v. 25. 4. 1991, 12 RK 14/89, SozR 3–2400 § 8 Nr. 1). Unzweifelhaft ist dies etwa der Fall, wenn mit der kurzfristigen Beschäftigung nur die Lücke

zwischen zwei Arbeitsverhältnissen überbrückt wird. Ansonsten ist im Einzelnen zu prüfen, ob der Betreffende seinem gesamten Erscheinungsbild nach zum **Kreis der Arbeitnehmer** gehört. Dies kann jeweils nur nach Würdigung der gesamten Lebenssituation unter Einbeziehung aller Einzelfallumstände beurteilt werden. Die Betrachtung darf demgemäß auch nicht auf den jeweiligen Zeitraum der tatsächlichen Arbeitsverrichtung begrenzt werden; andernfalls müsste bei Ausübung einer zeitlich begrenzten Vollzeitbeschäftigung stets auch vom gleichzeitigen Eintritt von Versicherungspflicht ausgegangen werden. Umgekehrt ist nicht die bloße Erwartung der Aufnahme weiterer kurzfristiger Beschäftigungen für sich genommen bereits ausreichend, Berufsmäßigkeit anzunehmen (vgl. BSG v. 11. 5. 1993, 12 RK 23/91, SozR 3–2400 § 8 Nr. 3 S. 14 mwN).

Das **BSG** hat seinen vorstehend genannten Grundsatz in einer Reihe von Entscheidungen näher **11** erläutert, auch wenn dabei nicht immer ganz klar ist, ob es dabei entgegen § 163 SGG in Wahrheit Aufgaben der Tatsacheninstanzen an sich gezogen hat. Regelmäßig wird demnach bei während des Besuchs allgemein bildender Schulen oder eines Studiums ausgeübten Beschäftigungen davon auszugehen sein, dass hiervon die Lebensstellung nicht geprägt wird. Ebenso führt eine nur kurzzeitige Beschäftigung zwischen Abitur und Studium jedenfalls dann nicht zum Eintritt von Versicherungspflicht, wenn bei ihrem Beginn Hinweise auf weitere Beschäftigungen bis zum Studienbeginn fehlen (BSG v. 11. 6. 1980, 12 RK 30/79 in KVRS A 1600/5). Dagegen bestimmen Übergangsbeschäftigungen nach Abschluss der Schulausbildung bis zur Aufnahme einer in Aussicht genommenen versicherungspflichtigen Beschäftigung (BSG v. 11. 6. 1980, 12 RK 30/79, SozR 2200 § 168 Nr. 5) bzw. nach Beendigung des Studiums bis zum Übergang in die letztendlich vorgesehene Berufstätigkeit (BSG v. 30. 11. 1978, 12 RK 32/77, DAngV 1979, S. 167) die Lebensstellung bereits auf Dauer. Umgekehrt ist die Beschäftigung eines Studienplatzbewerbers, der im Anschluss an eine versicherungspflichtige Ausbildung zu vollem Lohn und mit der üblichen Arbeitszeit befristet beschäftigt ist, noch als Fortsetzung der vorangegangenen Ausbildung und damit berufsmäßig ausgeübt anzusehen (BSG v. 25. 4. 1991, 12 RK 14/89, SozR 3–2400 § 8 Nr. 1). Ebenso ist bei kurzzeitig beschäftigten Arbeitslosen regelmäßig vom Vorliegen von Berufsmäßigkeit auszugehen; ihre Situation erhält nämlich ihr Gepräge gerade dadurch, dass sie sich auch für derartige Einsätze zur Verfügung halten.

Von einer rein **schematischen Vorgehensweise,** die im Widerspruch zum dargestellten Gebot **12** der umfassenden Einzelfallwürdigung steht, muss dagegen abermals nachdrücklich gewarnt werden. So ist es insbesondere nicht zulässig, mit den Geringfügigkeitsrichtlinien eine berufsmäßige Beschäftigungsausübung ausnahmslos bereits dann anzunehmen, wenn durch eine Addition befristeter versicherungspflichtiger und zeitgeringfügiger Beschäftigungsabschnitte die Grenzen des § 8 Abs. 1 Nr. 2 SGB IV überschritten werden. Vielmehr muss jeweils gleichermaßen das Gesamteinkommen in Relation gesetzt werden zu den Entgelten, die aus allen ausgeübten Beschäftigungen erzielt werden, als auch ein Vergleich dieser Beträge untereinander angestellt werden. Erst wenn sich hierbei aus der zeitgeringfügigen Beschäftigung ein fest eingeplantes, die Lebensverhältnisse nachhaltig beeinflussendes Entgelt ergibt, ist regelmäßig von Berufsmäßigkeit auszugehen.

C. Zusammenrechnung

Bei der Anwendung des Abs. 1 sind nach Abs. 2 S. 1 mehrere geringfügige Beschäftigungen nach **13** Nr. 1 oder Nr. 2 sowie geringfügige Beschäftigungen nach Nr. 1 mit Ausnahme einer geringfügigen Beschäftigung nach Nr. 1 und nicht geringfügige Beschäftigungen zusammenzurechnen. Geringfügige Beschäftigungen sind nicht isoliert zu betrachten. Vielmehr kann eine Beschäftigung das Prädikat „geringfügig" nur dann endgültig behalten (und in der Folge versicherungsfrei bleiben), wenn auch die nach Maßgabe von Abs. 2 jeweils zu bildende **Gesamtheit von Beschäftigungen** die Grenzen des Abs. 1 wahrt.

Eine „Zusammenrechnung" erfolgt zunächst gruppenspezifisch („oder") mit der Folge, dass durch **14** die Zusammenfassung mehrerer für sich betrachtet jeweils entgelt- oder zeitgeringfügiger Beschäftigungen mit jeweils den gleichen Kriterien der Art insgesamt die Voraussetzungen der Geringfügigkeit entfallen können. Beschäftigungen beim **selben Arbeitgeber** will die Rechtsprechung unabhängig von der Vertragsgestaltung hinsichtlich des Deckungsverhältnisses der Sozialversicherung stets von vorne herein als eine Beschäftigung behandeln (vgl. etwa BSG v. 16. 2. 1983, 12 RK 26/81, SozR 2200 § 168 Nr. 7; kritisch hierzu LSG Nordrhein-Westfalen v. 9. 9. 2010, L 16 KR 203/08, Juris, Revision beim BSG anhängig unter B 12 KR 28/10 R). Das erscheint schon deshalb nicht bedenkenfrei, weil die Arbeitsvertragsparteien im Rahmen der Vertragsfreiheit unterschiedliche Arbeitspflichten grundsätzlich ohne Weiteres auch auf unterschiedliche Vertragsgrundlagen stellen können (BSG v. 6. 2. 2003, B 7 AL 12/01 R, SozR 4–4300 § 150 Nr. 1), um hierdurch in der Folge gleichzeitig eine Mehrheit sozialversicherungsrechtlicher Beschäftigungsverhältnisse zu begründen. Dies liegt insbesondere nahe, wenn der Dienstverpflichtete in mehrere Betriebe/Dienststellen desselben Arbeitgebers eingegliedert ist, kommt aber etwa auch in Betracht, wenn Dienst in unterschiedlichen Betriebsabteilungen bzw. selbstständigen Teilen einer Dienststelle erbracht werden (BSG v. 21. 6. 2001, B 7 AL 54/00 R, SozR 4–4300 § 150 Nr. 1). Dem entspricht die Möglichkeit der Kündigung ohne Bindung an die besonderen Voraussetzungen einer Teilkündigung (vgl. hierzu etwa BAG v. 14. 11. 1990, 5 AZR 509/89, BAGE 66, 214) und – bei Versicherten – des Bezuges von Teilarbeitslosengeld (§ 150 SGB III) oder Krankengeld auf der Grundlage von Arbeitsunfähigkeit im Rahmen nur einer von mehreren Beschäftigungen (vgl. BSG v. 21. 3. 1974, 8 RU 81/73, SozR 2200 § 560 Nr. 1 und LSG Berlin-Brandenburg v. 18. 2. 2010, L 9 KR 432/06, Juris). Ebenso kommt in der Konsequenz einer Erbringung unterschiedlicher Dienstleistungen auf unterschiedlicher vertraglicher Grundlage eine auf eine dieser Leistungen begrenzte Arbeitsunfähigkeit in Betracht. Schließlich besteht ohne Weiteres die Möglichkeit, dass zwischen denselben Parteien Rechtsbeziehungen gleichzeitig im Rahmen einer abhängigen Beschäftigung und einer selbstständigen Tätigkeit bestehen können (so im Grundsatz auch die Geringfügigkeitsrichtlinien (unter 2.1.2). Ein gesetzliches Verbot derartiger Gestaltungen gibt es nicht. Es kann insbesondere nicht dem ausdrücklich auf das Leistungsrecht beschränkten § 32 SGB I entnommen werden.

15   Trotz der wenig präzisen **Wortwahl** liegt dem Gesetz nicht etwa die Vorstellung zugrunde, man könne Beschäftigungen im Sinne von § 7 Abs. 2 S. 1 als solche als Rechengrößen verwenden und dann die hieraus gebildete „Summe" zur Grundlage der weiteren rechtlichen Betrachtung machen. Vielmehr geht es darum,
a) zunächst die Geringfügigkeit jeder einzelnen Beschäftigung im Sinne der Nr. 1 oder 2 des § 8 Abs. 1 SGB IV festzustellen,
b) anschließend die allein quantifizierbaren Entgelt- und Zeitaspekte der ihrer Art nach rechtlich gleichen Beschäftigungen rechnerisch zusammenzufassen und schließlich
c) die sich für die tatsächlich ausgeübten Beschäftigungen innerhalb jeder Gruppe ergebenden Summen erneut an den gesetzlichen Obergrenzen zu messen.
Erst das Ergebnis aller drei Schritte vermag das Vorliegen von „Geringfügigkeit" zu bestätigen und mittelbar insgesamt zum Vorliegen von Versicherungsfreiheit zu führen. Diese Vorgehensweise findet ihren **rechtfertigenden Grund** darin, dass sich die soziale Schutzbedürftigkeit (wie auch die Fähigkeit zu adäquater Beitragsleistung) mehrfach geringfügig beschäftigter Arbeitnehmer grundsätzlich und substantiell nicht von der Situation bei einem einzigen versicherungspflichtig beschäftigter Personen unterscheidet (BVerfG v. 21. 4. 1989, 1 BvR 678/88, SozR 2100 § 8 Nr. 6). Zusammenzuzählen sind bei mehreren – zeitlich parallel ausgeübten und für sich jeweils entgeltgeringfügigen Beschäftigungen – die Entgelte. Wird hierdurch der Grenzwert von 400 € überschritten, sind alle betroffenen Beschäftigungen nicht geringfügig.

16   Auch hinsichtlich der **zusammenfassenden Bewertung** zeitgeringfügiger Beschäftigungen ist hinsichtlich jeder Beschäftigung für sich bei ihrem Beginn vorausschauend zu prüfen, ob mit der zumindest absehbaren Dauer und ggf. begrenzt ggf. auf den dem Kalenderjahr zugehörigen Anteil die Grenzen des Abs. 1 Nr. 2 eingehalten und dessen sonstige Voraussetzungen erfüllt sind. Für die **zweite** (und jede weitere) Beschäftigung im Kalenderjahr ist nach Abs. 2 S. 1 zusätzlich zu prüfen, ob die Grenzen des Abs. 1 Nr. 2 ggf. mit der Summe der Beschäftigungszeiten aus einer oder mehreren früheren Beschäftigungen und dem sich für die aktuell in Frage stehende Beschäftigung ergebenden Zeitraum (ggf. begrenzt auf das Kalenderjahr) überschritten werden. Ist dies der Fall, ist die aktuelle Beschäftigung nicht geringfügig, ohne dass sich hierdurch an der Beurteilung der früheren etwas ändert. Auf die zum früheren Recht ergangene Rechtsprechung (BSG v. 25. 4. 1991, 12 RU 46/89, SozR 3–2400 § 8 Nr. 2) zur Bestimmung des einjährigen Bezugszeitraumes kommt es unter diesen Umständen nicht mehr an (anders ausdrücklich Kasseler Kommentar/Seewald, § 8 Rn 24). Weder bedarf es nach geltendem Recht noch der Festlegung eines durch individuelle Umstände begründeten Zeitjahres noch liegt dem Gesetz erkennbar ein Grundsatz der durchgehenden Zugehörigkeit eines Beschäftigungszeitraums zum Bezugszeitraum zu Grunde.

17   Grundsätzlich zusammenfassend zu beurteilen sind schließlich seit dem 1. 4. 1999 auch entgeltgeringfügige Beschäftigungen neben einer **nicht geringfügigen** Beschäftigung. Eine Beschäftigung in den Grenzen des Abs. 1 Nr. 1 galt hiernach neben einer nicht geringfügigen Beschäftigung zunächst generell nicht als geringfügig. Die Rechtslage hat sich insofern zum 1. 4. 2003 geändert. Das seither geltende Recht versucht nunmehr der gewandelten sozialpolitischen Einschätzung von geringfügigen Beschäftigungen durch eine – zumindest sprachlich missglückte – Ausnahmeregelung Rechnung zu tragen. Ein **tragender Grund** für die fehlende Berücksichtigung neben einer versicherungspflichtigen Beschäftigung ausgeübter zeitgeringfügiger Beschäftigungen ist weder benannt noch sonst erkennbar.

18   Der Wortlaut kann zunächst zur Vermeidung einer **Selbstwidersprüchlichkeit** nur in dem Sinne verstanden werden, dass der Satzteil „mit Ausnahme einer geringfügigen Beschäftigung" iSv. „einer einzigen" und nicht etwa eines unbestimmten Artikels gelesen wird. Entgelte aus einer nicht geringfügigen und (nur) einer geringfügigen Beschäftigung nach Abs. 1 Nr. 1 werden damit nicht zusammengerechnet. Die (entgelt-)geringfügige Beschäftigung behält daher diese Qualität endgültig.

19   Werden neben einer nicht geringfügigen Beschäftigung **mehrere geringfügige** nach Nr. 1 ausgeübt, ist eine mehrfache Zusammenfassung durchzuführen. Nur wenn alle hiernach zu bildenden Komplexe von Beschäftigungen die Grenzen des Abs. 1 Nr. 1 wahren, bleibt einer für sich entgeltgeringfügigen Beschäftigung auch im Endergebnis erhalten: So sind zunächst die (Entgelte aus den) bei

isolierter Betrachtung jeweils entgeltgeringfügigen Beschäftigungen zu addieren. Überschreitet die Summe den Betrag von 400 €, entfällt – unabhängig von der gleichzeitigen Ausübung einer nicht geringfügigen Beschäftigung – schon damit für jede der betroffenen Beschäftigungen die Geringfügigkeit und ist die Situation im Ergebnis nicht anders, als würde nur eine Beschäftigung mit einem Entgelt von mehr als 400 € ausgeübt. Ergibt sich dabei ein Gesamtentgelt von bis zu 400 €, bliebt es als Ergebnis der gruppenspezifischen Zusammenfassung zunächst bei der Geringfügigkeit der einzelnen Beschäftigungen. Hier kommt es indes in einem weiteren Schritt noch auf die nicht geringfügige Beschäftigung an. Die gesetzliche Anweisung, mit Ausnahme des Entgelts aus einer geringfügigen Beschäftigung auch insofern eine Addition vorzunehmen, lässt offen, **welche von mehreren** für sich entgeltgeringfügigen Beschäftigungen insofern unberücksichtigt bleiben soll. Die Lösung der Spitzenverbände, dann die zuerst aufgenommene nicht mit der nicht geringfügigen Beschäftigung zusammenzufassen (Nr. 2.2.2.2 der Geringfügigkeits-Richtlinien v. 14. 10. 2009) erscheint immerhin gut vertretbar.

§ 8 Abs. 2 wird durch die hieran anknüpfenden Regelungen in den **besonderen Zweigen** der Sozialversicherung stark relativiert. So werden in der Arbeitslosenversicherung geringfügige und nicht geringfügige Beschäftigungen generell nicht zusammengezählt (§ 27 Abs. 2 S. 1 Hs. 2 SGB III). In der Kranken- und Rentenversicherung ist Abs. 2 mit der Maßgabe anzuwenden, dass eine Zusammenrechnung nur erfolgt, wenn die nicht geringfügige Beschäftigung Versicherungspflicht begründet (§ 7 Abs. 1 S. 2 SGB V, § 5 Abs. 2 S. 1 Hs. 2 SGB VI). 20

I. Ende der Geringfügigkeit

Eine geringfügige Beschäftigung liegt nach Abs. 2 S. 2 nicht mehr vor, sobald die Voraussetzungen des Abs. 1 entfallen. Dies ist bei entgeltgeringfügigen Beschäftigungen nach Nr. 1 der Fall, wenn die auch dann veranlasste vorausschauende Betrachtung ein **dauerhaftes Überschreiten** der Entgeltgrenze erwarten lässt. Entsprechend entfällt die Zeitgeringfügigkeit mit dem Zeitpunkt, in dem entgegen der ursprünglichen Annahme im Laufe der Beschäftigung erkennbar wird, dass die Zeitgrenzen überschritten werden, jedenfalls aber mit dem Zeitpunkt, in dem dies durch Fortsetzung der Beschäftigung tatsächlich der Fall ist. Wird bei der Zusammenrechnung nach S. 1 festgestellt, dass die Voraussetzungen einer geringfügigen Beschäftigung nicht mehr vorliegen, tritt die Versicherungspflicht erst mit dem Tage der **Bekanntgabe** der Feststellung durch die Einzugsstelle oder einen Träger der Rentenversicherung ein. 21

II. Beginn der Versicherungspflicht bei Überschreiten der Geringfügigkeitsgrenzen durch Zusammenrechnung

Abs. 2 S. 3 gilt in der derzeitigen Fassung durch Art. 1 Nr. 3 des Dritten Gesetzes zur Änderung des Vierten Buches Sozialgesetzbuch und anderer Gesetze vom 5. 8. 2010 (BGBl I 1127) seit dem 11. 8. 2010. Die Vorschrift verlässt den engeren Anwendungsbereich des § 8 und enthält eine **Spezialregelung** zum Eintritt der ansonsten erst im Zusammenhang der Bestimmungen für die besonderen Zweige der Sozialversicherung ausgestalteten Frage des **Beginns der Versicherungspflicht.** Diese beginnt in allen Zweigen der SV grundsätzlich unabhängig von den Feststellungen der zuständigen Stelle bzw. vom Erlass eines entsprechenden Verwaltungsakts unmittelbar kraft Gesetzes mit dem Vorliegen der hierfür jeweils bestimmten Voraussetzungen. Abs. 2 S. 3 bestimmt dem gegenüber als lex specialis, dass Versicherungspflicht in allen Fällen des Zusammenrechnens nach S. 1 (und unbeschadet aller weiteren Voraussetzungen) grundsätzlich erst unter der aufschiebenden Bedingung (vgl. § 158 Abs. 1 BGB) der Bekanntgabe (§ 37 SGB X) der Entscheidung über die Versicherungspflicht durch die Einzugsstelle nach § 28i Satz 5 oder einen anderen Trägers der Rentenversicherung eintritt. § 28i Satz 5 lautet (in der Fassung durch Art. 12 des Dritten Gesetzes zur Änderung des Vierten Buches Sozialgesetzbuch und anderer Gesetze vom 5. 8. 2010 aaO ebenfalls seit dem 11. 8. 2010): „Bei geringfügiger Beschäftigung ist Einzugsstelle die Deutsche Rentenversicherung Knappschaft-Bahn-See als Träger der Rentenversicherung." 22

Mit der Neufassung von Abs. 2 S. 3 wird nach Ansicht der Entwurfsverfasser (BR-Drucks 152/10 S. 14) „klargestellt, dass die Befugnis für den Erlass des feststellenden Verwaltungsakts nach § 8 Abs. 2 Satz 3 SGB IV bei der Deutschen Rentenversicherung Kanppschaft-Bahn-See liegt, auch wenn das Überschreiten der Arbeitsentgeltgrenze zum Entfallen der Voraussetzungen der geringfügigen Beschäftigung führt." Bei der aktuellen Gesetzesfassung handelt es sich entgegen diesen Erläuterungen um die **Neubegründung** einer Zuständigkeit der Deutschen Rentenversicherung Knappschaft-Bahn-See als Träger der Rentenversicherung, über die sich nach Überschreiten der Geringfügigkeitsgrenzen ergebende Versicherungspflicht zu entscheiden; die Krankenkassen sind seither insofern sachlich unzuständig. Bis dahin hatte Abs. 2 S. 3 in der bis 10. 8. 2010 geltenden aF vorgesehen: „Wird bei der Zusammenrechnung nach Satz 1 festgestellt, dass die Voraussetzungen einer geringfügigen Beschäftigung nicht mehr vorliegen, tritt die Versicherungspflicht erst mit der Bekanntgabe der Feststellung durch die Einzugsstelle oder einen Träger der Rentenversicherung ein." Auf der Grundlage 23 dieser Regelung war der Deutschen Rentenversicherung Knappschaft-Bahn-See, die „Einzugsstelle" bis heute unverändert nur „bei geringfügigen Beschäftigungen" ist (so auch § 28i in der bis 10. 8. 2010 geltenden Fassung), keinerlei Regelungskompetenz in Zusammenhang der Versicherungspflicht zuerkannt und kam demgemäß der Erlass von Verwaltungsakten auch zum Beginn der Versicherungspflicht nur durch die Krankenkasse bzw den prüfenden Rentenversicherungsträger als „Einzugsstelle" in Betracht. Hierauf hatte der 12. Senat des BSG in den am 15. 7. 2009 zur Verhandlung stehenden Streitsachen B 12 R 1/08 R und B 12 R 5/08 R hingewiesen; die Revisionen der beklagten Deutschen Rentenversicherung Knappschaft-Bahn-See waren daraufhin zurück genommen worden (Terminvorschau des BSG Nr. 42/09 und Terminbericht Nr. 42/09; „Urteile" in diesen Sachen kann es damit entgegen Marburger, Neue Rechtsentwicklungen in Zusammenhang mit geringfügigen Beschäftigungen, RV 2010, 25 ff, Fn. 1, nicht geben).

24 Der entsprechende **Verwaltungsakt** (§ 31 S. 1 SGB X) muss die Feststellung der erst mit seiner Bekanntgabe mit Wirkung für die Zukunft eintretenden – und hierdurch aufschiebend bedingten – Versicherungspflicht zum Inhalt haben und wirkt daher **konstitutiv**. Er kann formfrei ergehen (§ 33 Abs. 2 S. 1 SGB X). Arbeitgeber, Arbeitnehmer und die Träger der Sozialversicherung sind am Verwaltungsverfahren zu beteiligen (§ 12 SGB X). Der Zweck der in derartigen Fällen seit dem 1. 4. 2003 verzögert eintretenden Versicherungspflicht, den Arbeitgeber vor Beitragsnachforderungen zu schützen, legt es nahe als materiell-rechtlich maßgeblichen Zeitpunkt die Bekanntgabe des Verwaltungsakts an ihn anzusehen. Arbeitgeber und Arbeitnehmer sollen auf diese Weise motiviert werden, die Beschäftigung zu melden und aus der Illegalität herauszuführen (vgl. BT-Drs. 15/26 S. 23).

25 Nach **Abs. 2 S. 4** ist der verzögerte Eintritt der Versicherungspflicht ausnahmsweise dann ausgeschlossen, wenn der Arbeitgeber vorsätzlich oder grob fahrlässig versäumt hat, den Sachverhalt für die versicherungsrechtliche Beurteilung der Beschäftigung aufzuklären. Die Vorschrift wurde durch das 2. Gesetz zur Änderung des Vierten Buches Sozialgesetzbuch v. 21. 12. 2008 (BGBl I 2933) in das Gesetz eingeführt, nachdem u. a. das LSG Baden-Württemberg im Urteil v. 9. 4. 2008 (L 5 R 2125/07, Juris) und das Bayerische Landessozialgericht im Urteil vom 22. 10. 2008 (L 13 KN 16/08, Juris) entschieden hatten, dass die damaligen Regelungen in Nr B 5.3 Abs. 1 S. 3 der Geringfügigkeits-Richtlinien mit dem Gesetz nicht in Einklang stehen. Die Norm ist am 1. 1. 2009 in Kraft getreten und hat einen **engen Anwendungsbereich**. Die Beleihung des Arbeitgebers beschränkt sich bei allen Beschäftigungen auf seine Meldepflichten und die Pflicht zur Beitragszahlung. Dies setzt eine Zuordnung zu den Kategorien Versicherungspflicht/-freiheit voraus, auch wenn der Arbeitgeber insofern keine abschließende Entscheidungskompetenz hat (vgl. BSG v. 27. 11. 1984, 12 RK 31/82, SozR 2200 § 396 Nr. 1). Zur ordnungsgemäßen Durchführung der dem Arbeitgeber übertragenen Aufgaben hat ihm der Beschäftigte die erforderlichen Angaben zu machen und, soweit erforderlich, Unterlagen vorzulegen; bei mehreren Beschäftigungen gilt die gegenüber allen beteiligten Arbeitnehmern (§ 28o Abs. 1). Dem steht als selbstverständliches Korrelat ein entsprechendes **Fragerecht** des/der Arbeitgeber gegenüber, von dem er Gebrauch machen muss, will er seinen öffentlichrechtlichen Verpflichtungen genügen. Schon nach der Rechtsprechung des BSG zur RVO (BSG v. 23. 2. 1988, 12 RK 43/87, SozR 2100 § 8 Nr. 5) kann der Arbeitgeber den Arbeitnehmer daher bei der Einstellung wie auch in regelmäßigen Abständen später danach befragen, ob er eine oder mehrere weitere Beschäftigungen, Heimarbeit oder ihrer Art nach versicherungspflichtige selbstständige Tätigkeiten ausübt, die zusammen mit der neuen Beschäftigung die über die Grenzen des § 8 Abs. 1 hinausgehen. Unter der weiteren Voraussetzung, dass diese Frage nur dann zutreffend beantwortet werden kann, wenn die Mehrfachbeschäftigung einen Einfluss auf die Versicherungs- und Beitragspflicht hat, und sich das Fragerecht ohne Gefährdung datenschutzrechtlicher Belange des Arbeitnehmers nicht auch auf Namen und Anschrift anderer Arbeitgeber erstreckt, liegt hierin keine unzumutbare Überforderung des Arbeitgebers. Die aktuelle Checkliste der Minijob-Zentrale trägt dem Rechnung, indem Sie den Arbeitnehmer zur Spalte „Arbeitgeber mit Adresse" ausdrücklich auf die Freiwilligkeit dieser Angaben hinweist.

26 Unterlässt der Arbeitgeber vorsätzlich oder grob fahrlässig derartige Nachfragen oder lässt er etwa einschlägige freiwillige Mitteilungen des Arbeitnehmers unbeachtet, entsteht als **Rechtsfolge** des Abs. 2 S. 4 Versicherungs- und Beitragspflicht mit Erfüllung aller gesetzlichen Voraussetzungen. Dies ist auch im Fall der Zusammenrechnung verfassungsrechtlich unbedenklich (BVerfG v. 21. 4. 1989, 1 BvR 1591/87, SGb 1989, 386 f). Letztlich führt also der schuldhafte Pflichtenverstoß nur zu einem Ergebnis, das nach der Wertung des Gesetzes den Normalfall darstellt, bzw. verhindert lediglich, dass der Arbeitgeber beitragsrechtlich in den Genuss der Privilegierung des Abs. 2 S. 3 kommt.

III. Entsprechende Anwendung auf selbstständige Tätigkeiten

27 Die Abs. 1 und 2 gelten nach Abs. 3 S. 1 entsprechend, soweit anstelle einer Beschäftigung eine selbstständige Tätigkeit ausgeübt wird. Gemeint sind diejenigen Tätigkeiten, die als Versicherungspflicht begründend in Betracht kommt. Das ist grundsätzlich nur in der **gesetzlichen Rentenversicherung** der Fall (§ 2 SGB VI). In der gesetzlichen Krankenversicherung hat Abs. 3 S. 1 keine praktische Relevanz. In der Arbeitslosenversicherung ist ihre Anwendung ausdrücklich ausgeschlossen Abs. 3 S. 2.

§ 8a Geringfügige Beschäftigung in Privathaushalten

¹ Werden geringfügige Beschäftigungen ausschließlich in Privathaushalten ausgeübt, gilt § 8. ² Eine geringfügige Beschäftigung im Privathaushalt liegt vor, wenn diese durch einen privaten Haushalt begründet ist und die Tätigkeit sonst gewöhnlich durch Mitglieder des privaten Haushalts erledigt wird.

§ 9 Beschäftigungsort

(1) Beschäftigungsort ist der Ort, an dem die Beschäftigung tatsächlich ausgeübt wird.

(2) Als Beschäftigungsort gilt der Ort, an dem eine feste Arbeitsstätte errichtet ist, wenn Personen
1. von ihr aus mit einzelnen Arbeiten außerhalb der festen Arbeitsstätte beschäftigt werden oder
2. außerhalb der festen Arbeitsstätte beschäftigt werden und diese Arbeitsstätte sowie der Ort, an dem die Beschäftigung tatsächlich ausgeübt wird, im Bezirk desselben Versicherungsamts liegen.

(3) Sind Personen bei einem Arbeitgeber an mehreren festen Arbeitsstätten beschäftigt, gilt als Beschäftigungsort die Arbeitsstätte, in der sie überwiegend beschäftigt sind.

(4) Erstreckt sich eine feste Arbeitsstätte über den Bezirk mehrerer Gemeinden, gilt als Beschäftigungsort der Ort, an dem die Arbeitsstätte ihren wirtschaftlichen Schwerpunkt hat.

(5) ¹ Ist eine feste Arbeitsstätte nicht vorhanden und wird die Beschäftigung an verschiedenen Orten ausgeübt, gilt als Beschäftigungsort der Ort, an dem der Betrieb seinen Sitz hat. ² Leitet eine Außenstelle des Betriebs die Arbeiten unmittelbar, ist der Sitz der Außenstelle maßgebend. ³ Ist nach den Sätzen 1 und 2 ein Beschäftigungsort im Geltungsbereich dieses Gesetzbuchs nicht vorhanden, gilt als Beschäftigungsort der Ort, an dem die Beschäftigung erstmals im Geltungsbereich dieses Gesetzbuchs ausgeübt wird.

(6) ¹ In den Fällen der Ausstrahlung gilt der bisherige Beschäftigungsort als fortbestehend. ² Ist ein solcher nicht vorhanden, gilt als Beschäftigungsort der Ort, an dem der Betrieb, von dem der Beschäftigte entsandt wird, seinen Sitz hat.

§ 10 Beschäftigungsort für besondere Personengruppen

(1) Für Personen, die ein freiwilliges soziales Jahr oder ein freiwilliges ökologisches Jahr im Sinne des Jugendfreiwilligendienstegesetzes leisten, gilt als Beschäftigungsort der Ort, an dem der Träger des freiwilligen sozialen Jahres oder des freiwilligen ökologischen Jahres seinen Sitz hat.

(2) ¹ Für Entwicklungshelfer gilt als Beschäftigungsort der Sitz des Trägers des Entwicklungsdienstes. ² Für auf Antrag im Ausland versicherte Deutsche gilt als Beschäftigungsort der Sitz der antragstellenden Stelle.

(3) ¹ Für Seeleute gilt als Beschäftigungsort der Heimathafen des Seeschiffs. ² Ist ein Heimathafen im Geltungsbereich dieses Gesetzbuchs nicht vorhanden, gilt als Beschäftigungsort Hamburg.

§ 11 Tätigkeitsort

(1) Die Vorschriften über den Beschäftigungsort gelten für selbständige Tätigkeiten entsprechend, soweit sich nicht aus Absatz 2 Abweichendes ergibt.

(2) Ist eine feste Arbeitsstätte nicht vorhanden und wird die selbständige Tätigkeit an verschiedenen Orten ausgeübt, gilt als Tätigkeitsort der Ort des Wohnsitzes oder des gewöhnlichen Aufenthalts.

Wie § 7 enthalten auch die §§ 9 bis 11 SGB IV keine vollständige Regelungen. Die Normen setzen das Vorliegen einer Beschäftigung/selbstständigen Tätigkeit (BSG v. 17. 8. 2000, B 10 KR 2/99 R, SozR 3–5420 § 2 Nr. 2) bzw. die Zugehörigkeit zu einer insofern gleichgestellten Gruppe von Versicherten voraus und bestimmen insofern als zwingendes öffentliches Recht den **territorialen Anknüpfungspunkt.** Dessen bedarf es zur Bestimmung des Anwendungsbereichs von Normen in räumlicher Hinsicht. Erst im Zusammenhang des Regelungsgehalts dieser Normen entfaltet sich jeweils die rechtliche Bedeutung der §§ 9 bis 11, die damit auch nicht etwa selbst eine Ausnahme zu § 30 SGB I darstellen können. Der Beschäftigungsort/Tätigkeitsort entscheidet etwa über

- die Anwendbarkeit deutschen Sozialversicherungsrechts im Zusammenhang von § 3 Nr. 1 SGB IV (vgl. im Einzelnen Berchtold, Der räumliche Geltungs- und Anwendungsbereich der Vorschriften über die gesetzliche Krankenversicherung, Frankfurt am Main 1987, 18 ff.),
- das Wahlrecht (§ 50 Abs. 1 S. 1 Nr. 3 SGB IV) und die Wählbarkeit (§ 51 Abs. 1 S. 1 Nr. 4 SGB IV),
- die Zuständigkeit des Versicherungsamts (§ 93 Abs. 3 S. 1 SGB IV),
- die Anwendbarkeit der für das Beitrittsgebiet geltenden Bezugsgröße/Beitragsbemessungsgrenze (§ 408 SGB III),
- das als ortsüblich zu berücksichtigende monatliche Arbeitsentgelt eines Beschäftigten (§ 28 f. Abs. 2 S. 4 SGB IV, § 28 h Abs. 2 S. 3 SGB IV),
- die allgemeinen (§ 173 Abs. 2 S. 1 Nr. 1, 2 SGB V) und besonderen Kassenwahlrechte der Versicherten (§ 174 Abs. 3 SGB V),
- die örtliche Zuständigkeit der Regionalträger der gesetzlichen Rentenversicherung (§ 128 Abs. 1 S. 1 Nr. 3 SGB VI),
- die Zuständigkeit des Versicherungsamts/der Gemeindebehörde für die Aufnahme von Leistungsanträgen (§ 151 a Abs. 1 SGB VI),
- die Tragung der Beiträge zur Pflegeversicherung (§ 58 Abs. 1 S. 1 SGB XI) und
- die örtliche Zuständigkeit des Sozialgerichts, § 57 Abs. 1 SGG.

2   Aus dem Beschäftigungs-/Tätigkeitsort ergibt sich damit im Kontext der genannten Normen mittelbar exklusiv, welchen **örtlichen Bezug** ein zu beurteilender Sachverhalt aufweisen muss, um grundsätzlich dem Anwendungsbereich des inländischen Sozialversicherungsrechts insgesamt bzw. bestimmter inländischer Rechtsnormen zu unterfallen. Für die Frage der Versicherungspflicht im Inland ist die Anknüpfung an den Beschäftigungs-/Tätigkeitsort ein Strukturmerkmal der deutschen Sozialversicherung (BSG v. 17. 8. 2000, B 10 KR 2/99 R, SozR 3–5420 § 2 Nr. 2). Er bleibt grundsätzlich und in aller Regel auch dann maßgeblich, wenn alle anderen Merkmale der Beschäftigung in das Ausland verweisen, etwa der Arbeitgeber seinen Sitz im Ausland hat, der Arbeitnehmer ausländischer Staatsangehöriger ist, der Arbeitserfolg einem ausländischen Arbeitnehmer zu Gute kommt und das Arbeitsentgelt aus dem Ausland gezahlt wird (vgl. BSG v. 7. 11. 1996, 12 RK 79/94, SozR 3–2400 § 5 Nr. 2). Entscheidend ist der räumliche Bezug in dem Zeitpunkt, in dem die Rechtsfolge der in Frage stehenden Norm eintreten konnte (vgl. BSG v. 16. 4. 1985, 12 RK 46/83, SozR 2100 § 3 Nr. 1).

3   Das Gesetz bestimmt in den §§ 9,10 nur den **Beschäftigungsort** näher und nimmt für den Tätigkeitsort – vorbehaltlich des § 11 Abs. 2 im Wesentlichen hierauf Bezug (§ 11 Abs. 1). Beschäftigungs-/Tätigkeitsort ist nach der Grundnorm in § 9 Abs. 1 der Ort, an dem die Beschäftigung/Tätigkeit ihrem Schwerpunkt nach tatsächlich ausgeübt wird („faktischer Beschäftigungsort", vgl. BSG v. 20. 3. 1984, 8 RK 36/82, SozR 2200 § 234 Nr. 5). „Ort" iS dieser Bestimmung ist die Gemeinde im politischen Sinn (vgl. BSG v. 20. 3. 1984, 8 RK 36/82 SozR 2200 § 234 Nr. 5). Hinsichtlich der Beschäftigung (§ 7 Abs. 1 S. 1 SGB IV) wir damit auf einen Vollzugsaspekt abgestellt. Der Beschäftigungs-/Tätigkeitsort ist bei Beschäftigungen/Tätigkeiten im Bereich der Land- und Forstwirtschaft dort, wo die bewirtschafteten Flächen liegen (BSG v. 17. 8. 2000, SozR 3–5420 § 2 Nr. 2).

4   **§ 9 Abs. 2 bis 6** fingieren Beschäftigungs-/Tätigkeitsorte auf der Grundlage örtlicher Anknüpfungen und ergänzen damit die faktische Betrachtungsweise des Abs. 1 für Zweifelsfälle. Damit soll ein häufiger Wechsel der örtlichen Anknüpfung vermieden werden (vgl. BSG v. 20. 3. 1984, 8 RK 36/82, SozR 2200 § 234 Nr. 5). **Ausgangspunkt** ist der Begriff der festen Arbeitsstätte iSv. § 1 Abs. 1 ArbeitsstättenVO. Diese bestimmt den rechtlichen Beschäftigungs-/Tätigkeitsort, wenn Personen von ihr aus mit einzelnen Arbeiten (nur vorübergehend) außerhalb der festen Arbeitsstätte beschäftigt werden (Abs. 2 Nr. 1) oder (ständig) außerhalb der festen Arbeitsstätte beschäftigt werden und diese Arbeitsstätte sowie der Ort, an dem die Beschäftigung tatsächlich ausgeübt wird, im Bezirk desselben Versicherungsamts liegt (Abs. 2 Nr. 2). Liegen Arbeitsstätte und faktischer Beschäftigungsort nicht im Bezirk desselben Versicherungsamts, fehlt es an einer Arbeitsstätte, die nach dem Gesetz als örtlicher Bezugspunkt in Betracht kommen könnte und ist daher davon auszugehen, dass iSv. Abs. 5 eine „Arbeitsstätte nicht vorhanden" ist. Die weiteren Absätze bestimmen, welcher Ort als Beschäftigungs-/Tätigkeitsort gilt, wenn Personen an mehreren festen Arbeitsstätten tätig sind (Abs. 3), sich die feste Arbeitsstätte über den Bezirk mehrerer gemeinden erstreckt (Abs. 4), eine feste Arbeitsstätte nicht vorhanden ist (Abs. 5) und schließlich für die Fälle der Ausstrahlung (Abs. 6 iVm. § 4 SGB IV).

5   **§ 10** enthält für einzelne Gruppen von Versicherten eine jeweils spezifische Bestimmung des „Beschäftigungsortes", auch ohne dass es um „Beschäftigte" iSv. § 7 Abs. 1 S. 1 SGB IV geht (vgl. zu Entwicklungshelfern BSG v. 3. 9. 1998, B 12 KR 21/97 R, SozR 3–2500 § 5 Nr. 39). Für Personen, die ein freiwilliges ökologisches Jahr iSd. FÖJG oder ein freiwilliges soziales Jahr iSd. FSJG leisten, gilt als Beschäftigungsort der Ort an dem der jeweilige Träger seinen Sitz hat (Abs. 1). Für Entwicklungshelfer gilt nach Abs. 2 S. 1 als Beschäftigungsort der Sitz des Trägers des Entwicklungsdienstes (§ 2 EhfG). Für auf Antrag im Ausland versicherte Deutsche (§ 2 Abs. 1a, § 4 Abs. 1 S. 1 Nr. 2 SGB VI) gilt nach Abs. 2 S. 2 als Beschäftigungsort der Sitz der antragstellenden Stelle. Bei Seeleuten (§ 13 Abs. 1 S. 2 SGB IV), die auf einem zur Seefahrt bestimmten Schiff beschäftigt sind, das berechtigt ist,

die Bundesflagge zu führen (§ 13 Abs. 2 SGB IV), ist das Schiff als „schwimmender Gebietsteil des Heimatlandes anzusehen (BSG v. 25. 10. 1988, 12 RK 21/87, SozR 2100 § 5 Nr. 3 und v. 7. 2. 2002, B 12 KR 1/01 R, USK 2002-10). Als Beschäftigungsort gilt hier nach Abs. 3 S. 1 der Heimathafen des Seeschiffs (§ 480 HGB), ist ein solcher im Geltungsbereich des SGB IV nicht vorhanden, Hamburg (Abs. 3 S. 2).

§ 11 Abs. 1 ordnet die entsprechende Anwendung der §§ 9, 10 für **selbstständige Tätigkeiten** 6 an. Selbstständige Tätigkeiten ergeben sich ohne eigene Definitionsnorm in Abgrenzung gegenüber dem von § 7 Abs. 1 erfassten Personenkreis. Auch insofern kommt es daher für den Tätigkeitsort primär auf den Ort der faktischen Ausübung, hilfsweise auf einen der fiktiven Orte der § 9 Abs. 2 bis 4, 6, § 10 an. An die Stelle von § 9 Abs. 5 tritt spezialgesetzlich § 11 Abs. 2.

§ 12 Hausgewerbetreibende, Heimarbeiter und Zwischenmeister

(1) **Hausgewerbetreibende sind selbständig Tätige, die in eigener Arbeitsstätte im Auftrag und für Rechnung von Gewerbetreibenden, gemeinnützigen Unternehmen oder öffentlich-rechtlichen Körperschaften gewerblich arbeiten, auch wenn sie Roh- oder Hilfsstoffe selbst beschaffen oder vorübergehend für eigene Rechnung tätig sind.**

(2) **Heimarbeiter sind sonstige Personen, die in eigener Arbeitsstätte im Auftrag und für Rechnung von Gewerbetreibenden, gemeinnützigen Unternehmen oder öffentlich-rechtlichen Körperschaften erwerbsmäßig arbeiten, auch wenn sie Roh- oder Hilfsstoffe selbst beschaffen; sie gelten als Beschäftigte.**

(3) **Als Arbeitgeber der Hausgewerbetreibenden oder Heimarbeiter gilt, wer die Arbeit unmittelbar an sie vergibt, als Auftraggeber der, in dessen Auftrag und für dessen Rechnung sie arbeiten.**

(4) **Zwischenmeister ist, wer, ohne Arbeitnehmer zu sein, die ihm übertragene Arbeit an Hausgewerbetreibende oder Heimarbeiter weitergibt.**

(5) ¹**Als Hausgewerbetreibende, Heimarbeiter oder Zwischenmeister gelten auch die nach § 1 Absatz 2 Satz 1 Buchstaben a, c und d des Heimarbeitsgesetzes gleichgestellten Personen.** ²**Dies gilt nicht für das Recht der Arbeitsförderung.**

A. Normzweck

§ 12 wendet sich einer zwischen abhängiger Beschäftigung und selbstständiger Tätigkeit angesiedel- 1 ten arbeitssoziologischen **Erscheinungsform von Erwerbsarbeit** zu und gehorcht insofern dem Prinzip abgestufter Schutzbedürftigkeit in der Sozialversicherung. Ohne selbst die (Art und Weise der) Einbeziehung in die einzelnen Zweige der Versicherung zu regeln, bereitet er diese durch die Zuordnung zu bestimmten Personengruppen (Hausgewerbetreibende, Heimarbeiter, Zwischenmeister) und hinsichtlich der Heimarbeiter auch durch die Statuszuweisung als (fiktiv) Beschäftigte vor. Die Fiktion der Arbeitgebereigenschaft ermöglicht für Hausgewerbetreibende und Heimarbeiter eine melde- und beitragsrechtliche Durchführung ihrer Versicherung nach den Regeln über die Beschäftigtenversicherung.

B. Hausgewerbetreibende, Heimarbeiter und Zwischenmeister

Hausgewerbetreibende und Heimarbeiter sind „in Heimarbeit Beschäftigte" iSv. § 1 Abs. 1 HAG. 2 Bei ihnen handelt es sich jeweils um Selbständige (vgl. VG Düsseldorf v. 16. 11. 1999, 3 K 1888/99, GewArch 2000, 124), deren Schutzbedürftigkeit in der Sozialversicherung aus ihrer hier ausnahmsweise zu berücksichtigenden typisierten **wirtschaftlichen Situation** resultiert. Sie bilden eine Zwischengruppe zwischen den unselbständigen Arbeitnehmern und den für eigene Rechnung arbeitenden Gewerbetreibenden (BSG v. 26. 10. 1962, 3 RK 62/58, SozR § 162 Nr. 1). Von den sog. Außenarbeitern unterscheiden sie sich durch die fehlende Eingliederung in den Betriebsablauf des Arbeitgebers.

§ 162 RVO kannte der engen Verwandtschaft beider Gruppen entsprechend nur eine Umschrei- 3 bung der Hausgewerbetreibenden und erfasste die Heimarbeiter ohne eigenständige Definition als deren Teilmenge (vgl. BSG v. 30. 11. 1978, 12 RK 6/77, SozR 2200 § 162 Nr. 2). Eine interne **Unterscheidung** ist auch auf der Grundlage von § 12 nicht im letzten zweifelsfrei möglich. Vom Wortlaut ausgehend liegen die Unterschiede insbesondere in den breiteren Einsatzmöglichkeiten der Heimarbeiter („erwerbsmäßig" statt „gewerblich") und darin, dass diese auch nicht gelegentlich auf eigene Rechnung tätig sind. Der hierin zum Ausdruck kommenden gesteigerten wirtschaftlichen Schutzbedürftigkeit der Heimarbeiter handelt es sich bei ihnen trotz Selbständigkeit kraft **gesetzlicher Fiktion** um Beschäftigte, die als solche in allen Zweigen der Sozialversicherung grundsätzlich qua lege versichert sind, während die Hausgewerbetreibenden als Selbständige nur in der gesetzlichen Rentenversicherung pflichtversichert sind (§ 2 Abs. 1 Nr. 6 SGB VI).

I. Hausgewerbetreibende (Abs. 1, 3)

4   Hausgewerbetreibende sind als **Selbstständige** lediglich in der gRV und in der UV pflichtversichert (§ 2 S. 1 Nr. 6 SGB VI). Wesentliches Merkmal eines Hausgewerbetreibenden ist die persönliche Selbstständigkeit, die ihn vom Beschäftigten iSv. § 7 Abs. 1 S. 1 unterscheidet, und die wirtschaftliche Abhängigkeit von seinem Auftraggeber ohne die Möglichkeit, einen Gewinn selbst am Markt zu realisieren (vgl. zu § 162 RVO BSG v. 28. 4. 1977, 12/3 RK 6/75, SozR 2200 § 162 Nr. 1). Die Selbstständigkeit ist dabei auch bei den Hausgewerbetreibenden **Voraussetzung** für die Zuweisung dieser Bezeichnung im Einzelfall und nicht etwa deren weitere (fiktive) Folge (so aber Grimmke in jurisPK-SGB IV § 12 Rn. 28). Liegt daher nach den üblichen Maßstäben bereits Selbstständigkeit nicht vor, fehlt es also an der Möglichkeit, über die Arbeitszeit, den Umfang und die Art der Arbeit sowie über die Heranziehung von Hilfskräften frei zu bestimmen (BSG v. 28. 4. 1977, 12/3 RK 6/75, SozR 2200 § 162 Nr. 1), kommt es auf die weiteren Merkmale von Abs. 1 nicht mehr an.

5   Das Erfordernis einer „**eigenen Arbeitsstätte**" gewährleistet insbesondere die räumliche Distanz zum Betrieb des Arbeitgebers. Es genügt daher die Arbeitsverrichtung in der eigenen Wohnung, ohne dass abgeschlossene Räume zur Verfügung stehen müssten. Erfolgt etwa die Arbeitsverrichtung dagegen zwar im eigenen Haus, jedoch in einem vom Arbeitgeber gemieteten Raum, spricht dies für die Eingliederung in den fremden Betriebsablauf (vgl. BSG v. 23. 6. 1982, 9 b/8 RU 8/81, SozR 2200 § 548 Nr. 61).

6   Hausgewerbetreibende werden „im Auftrag" und „für Rechnung" eines, ggf. mehrerer, Anderer tätig. **Potenzielle Auftraggeber** sind Gewerbetreibende, gemeinnützige Unternehmen oder öffentlich-rechtliche Körperschaften. Konkreter Auftraggeber ist derjenige, in dessen Auftrag und für dessen Rechnung der Hausgewerbetreibende tätig ist (Abs. 3). Der **Auftrag** kennzeichnet in diesem Zusammenhang ein Wirtschaften, das nicht von der eigenen Suche nach Vermarktungschancen sondern von der Bestellung des Auftraggebers bestimmt ist. Die **wirtschaftliche Abhängigkeit** des Hausgewerbetreibenden, die ihn in besonderem Maße kennzeichnet (BSG v. 10. 9. 1987, 12 RK 13/85, USK 8790), äußert sich darin, dass er es dem Auftraggeber grundsätzlich und allenfalls nur mit vorübergehenden Ausnahmen (Abs. 1) überlässt, seine auf dessen eigenes Risiko seine Arbeitsergebnisse zu verwerten. Dieses Geschäftsrisiko zeigt sich darin, dass der Auftraggeber zur Erzielung eines – im Ergebnis ungewissen Gewinns – eigene wirtschaftliche Mittel einsetzt, wobei sich Erfolg wie Misserfolg seines Tuns in seiner Person auswirken, dh. auf seine „Rechnung" gehen (vgl. noch zum alten Recht BSG v. 28. 4. 1977, 12/3 RK 6/75, SozR 2200 § 162 Nr. 1). Die Situation des Hausgewerbetreibenden unterscheidet sich von derjenigen (sonstiger) Zulieferer gerade darin, dass bei ihnen wegen der geringeren Zahl beschäftigter Arbeitnehmer und der geringeren Kapitalausstattung die wirtschaftliche Abhängigkeit in eine Abhängigkeit in der **persönlichen Lebensführung** mündet (BSG v. 13. 5. 1980, 12 RK 32/79, USK 80.121).

7   Die Eigenschaft als Hausgewerbetreibender entfällt nach der ausdrücklichen gesetzlichen Anordnung auch nicht dadurch, dass die Betreffenden „**Roh- und Hilfsstoffe selbst beschaffen**". Dies steht vielmehr mit einem selbstständigen Tun in eigener Arbeitsstätte und mit eigenem Werkzeug ohne weiteres in Einklang. Dennoch muss es sich nach Art und Umfang um einen von der individuellen Arbeitsleistung geprägten **Kleinbetrieb** handeln. Auch wenn daher das Sozialrecht abweichend von § 2 Abs. 2 HAG nicht voraussetzt, dass der Hausgewerbetreibender nicht mehr als zwei fremde Hilfskräfte oder Heimarbeiter beschäftigt, und damit von einer Obergrenze absieht, sind Hausgewerbetreibende nur diejenigen Kleinstunternehmer, die die „eigenhändig" eine überwiegend handwerkliche oder anderweitig körperliche Tätigkeit ausüben. Eine in diesem Sinne noch individuell dem Hausgewerbetreibenden zuzurechnende Arbeitsleistung kann daher jedenfalls mit einer größeren Zahl von Arbeitnehmern und daraus erwachsenden unternehmerischen Gestaltungsmöglichkeiten entfallen. Derselbe Gesichtspunkt setzt letztendlich auch dem Erwerb und Einsatz von Maschinen insofern Grenzen, als diese im Wesentlichen dazu dienen müssen, gerade eine der genannten körperlichen Tätigkeiten zu ermöglichen (vgl. BSG v. 13. 5. 1980, 12 RK 32/79, USK 80.121).

8   **Gewerbliche Arbeit** bezieht sich auf die Herstellung sowie die Be- und Verarbeitung von **Waren** (vgl. ähnlich § 2 Abs. 2 HAG: „Hausgewerbetreibender im Sinne dieses Gesetzes ist, wer ... Waren herstellt, bearbeitet oder verpackt, wobei er selbst wesentlich am Stück mitarbeitet, ..."). Gegenstand der Tätigkeit sind damit bewegliche körperliche Gegenstände, unabhängig von ihrer Qualität nicht aber geistige Produkte. Als Auftraggeber kommen nur Gewerbetreibende, gemeinnützige Unternehmen oder öffentlich-rechtliche Körperschaften in Betracht. Dies soll der traditionellen Situation entsprechen.

II. Heimarbeiter

9   Heimarbeiter sind als **Beschäftigte** grundsätzlich pflichtversichert in der gKV, der PV, der gRV, der UV und der AlV (§ 5 Abs. 1 Nr. 1 SGB V, § 20 Abs. 1 Nr. 1 SGB XI, § 1 Abs. 1 Nr. 1 SGB VI, § 2 Abs. 1 Nr. 1 SGB VII, § 13, 24 f. SGB III; vgl. zur verfassungsrechtlichen Unbedenklichkeit der unterschiedlichen Behandlung gegenüber Hausgewerbetreibenden im Bereich des Konkursausfallgeldes

BSG v. 27. 11. 1980, 8 b/12 RAr 10/79, SozR 4100 § 141b Nr. 15). Auch Heimarbeit ist begrifflich keine abhängige Beschäftigung, sondern eine in besonderem Maße von **wirtschaftlicher Abhängigkeit** geprägte selbstständige Tätigkeit in eigener Arbeitsstätte (§ 2 Abs. 1 HAG). Von den Hausgewerbetreibenden unterscheidet er sich – bei ansonsten übereinstimmenden Merkmalen – durch diese gesteigerte Schutzbedürftigkeit, durch den erweiterten Umfang der Betätigungsmöglichkeiten, den engeren Kreis der potenziellen Mitarbeiter und die fehlende Möglichkeit, (vorübergehend) auf eigene Rechnung tätig zu werden. Gegenstand „**erwerbsmäßiger**" Heimarbeit kann jede auf eine gewisse Dauer angelegte und auf die Sicherstellung des Lebensunterhalts gerichtete Tätigkeit sein, die nach der maßgeblichen „Verkehrsanschauung" als typische Heimarbeit anzusehen ist (BSG v. 30. 11. 1978, 12 RK 7/77, SozR 2200 § 162 Nr. 2). In Betracht kommen daher insbesondere die Herstellung von Waren von Hand oder unter Mitwirkung von Maschinen sowie manuelle, bzw. mechanische Tätigkeiten (LSG Schleswig-Holstein v. 31. 8. 2005, L 5 KR 40/04, NZS 2006, 366), aber etwa auch Schreib- und Buchführungsarbeiten. Die in § 2 Abs. 1 HAG besonders erwähnte Mithilfe von Familienangehörigen (§ 2 Abs. 5 HAG) – nicht jedoch von sonstigen Personen, die ggf. zur Einstufung als Hausgewerbetreibender führt – ist auch sozialversicherungsrechtlich statusunschädlich.

Heimarbeit gilt aufgrund der Erweiterung des § 7 Abs. 1 S. 1 durch die Fiktion des § 12 Abs. 2 Hs. 2 für den Bereich der Sozialversicherung in jeder Hinsicht als Beschäftigung (BSG v. 10. 9. 1987, 12 RK 13/85, USK 8790). Sie kann daher im Rahmen von **§ 8 Abs. 2** auch mit anderen geringfügigen Beschäftigungen zusammengefasst werden (BSG v. 10. 9. 1987, 12 RK 13/85). 10

D. Arbeitgeberfunktion (Abs. 3)

Einen Arbeitgeber im ursprünglichen Rechtssinne haben weder Hausgewerbetreibende noch Heimarbeiter. Ihre Zwischenstellung zwischen Selbstständigen und Beschäftigten und der sich hieraus ergebende sozialversicherungsrechtliche Status machen indes eine Zuordnung von Melde- und Beitragspflichten erforderlich. **Fiktiver Arbeitgeber** beider Gruppen ist jeweils, wer die Arbeit unmittelbar an sie vergibt. Fehlt es hieran – wie bei der Einschaltung von Zwischenmeistern (Abs. 4) – sind diese Arbeitgeber. 11

E. Zwischenmeister (Abs. 4)

Zwischenmeister sind als solche pflichtversichert nur in der gUV (§ 2 Abs. 1 Nr. 6 SGB VII). Zwischenmeister ist, wer ohne Arbeitnehmer zu sein, die ihm übertragenen Arbeiten an Hausgewerbetreibende oder Heimarbeiter weitergibt. Er ist damit **Mittelsmann** zwischen Auftraggeber und Hausgewerbetreibenden bzw. Heimarbeitern. Darüber hinaus kann der Zwischenmeister auch selbst als Hausgewerbetreibender/Heimarbeiter tätig werden. Die Versicherungspflicht bestimmt sich dann nach den Regelungen für diese Personengruppen. Trifft eine Tätigkeit als Zwischenmeister mit einer „Beschäftigung" als Heimarbeiter zusammen, besteht in der **Arbeitslosenversicherung** Versicherungsfreiheit, wenn der überwiegende Teil des Verdienstes aus der Tätigkeit als Zwischenmeister bezogen wird (§ 27 Abs. 3 Nr. 2 SGB III). 12

F. Fiktive Gleichstellung (Abs. 5)

Abs. V. fingiert den Status als Hausgewerbetreibender, Heimarbeiter oder Zwischenmeister grundsätzlich auch für die nach § 1 Abs. 2 Buchst. a, c und d HAG **gleichgestellten Personen** (S. 1). Dies sind diejenigen, die wegen ihrer außergewöhnlichen Schutzbedürftigkeit nach Maßgabe von § 1 Abs. 2 S. 2, 3 HAG durch widerrufliche Entscheidung des zuständigen Heimarbeitsausschusses (§ 4 HAG), hilfsweise der zuständigen Arbeitsbehörde (§ 1 Abs. 5 HAG) ganz oder teilweise (§ 1 Abs. 3 HAG) gleich gestellt sind. Die Entscheidung hat für die Träger der SV – grundsätzlich **Tatbestandswirkung**, ist also ohne eigene Prüfungsmöglichkeit als verbindlich zu Grunde zu legen. Im Einzelnen kommen in Betracht: 13

a) Personen, die in der Regel allein oder mit ihren Familienangehörigen (§ 2 Abs. 5) in eigener Wohnung oder selbst gewählter Betriebsstätte eine sich in regelmäßigen Arbeitsvorgängen wiederholende Arbeit im Auftrag eines anderen gegen Entgelt ausüben, ohne dass ihre Tätigkeit als gewerblich anzusehen oder dass der Auftraggeber ein Gewerbetreibender oder Zwischenmeister (§ 2 Abs. 3) ist;
b) andere im Lohnauftrag arbeitende Gewerbetreibende, die infolge ihrer wirtschaftlichen Abhängigkeit eine ähnliche Stellung wie Hausgewerbetreibende einnehmen;
c) Zwischenmeister (§ 2 Abs. 3).

Eine ausdrückliche Ausnahme gilt für der Bereich der **Arbeitslosenversicherung** (Abs. 5 S. 2). Hier können lediglich Gleichgestellte keinen Versicherungsschutz erwerben.

§ 13 Reeder, Seeleute und Deutsche Seeschiffe

(1) ¹Reeder sind die Eigentümer von Seeschiffen. ²Seeleute sind Kapitäne und Besatzungsmitglieder von Seeschiffen sowie sonstige Arbeitnehmer, die an Bord von Seeschiffen während der Reise im Rahmen des Schiffsbetriebs beschäftigt sind, mit Ausnahme der Lotsen.

(2) Als deutsche Seeschiffe gelten alle zur Seefahrt bestimmten Schiffe, die berechtigt sind, die Bundesflagge zu führen.

Dritter Titel. Arbeitsentgelt und sonstiges Einkommen

§ 14 Arbeitsentgelt

(1) ¹Arbeitsentgelt sind alle laufenden oder einmaligen Einnahmen aus einer Beschäftigung, gleichgültig, ob ein Rechtsanspruch auf die Einnahmen besteht, unter welcher Bezeichnung oder in welcher Form sie geleistet werden und ob sie unmittelbar aus der Beschäftigung oder im Zusammenhang mit ihr erzielt werden. ²Arbeitsentgelt sind auch Entgeltteile, die durch Entgeltumwandlung nach § 1 Absatz 2 Nummer 3 des Betriebsrentengesetzes für betriebliche Altersversorgung in den Durchführungswegen Direktzusage oder Unterstützungskasse verwendet werden, soweit sie 4 vom Hundert der jährlichen Beitragsbemessungsgrenze der allgemeinen Rentenversicherung übersteigen. ³Steuerfreie Aufwandsentschädigungen und die in § 3 Nummer 26 und 26a des Einkommensteuergesetzes genannten steuerfreien Einnahmen gelten nicht als Arbeitsentgelt.

(2) ¹Ist ein Nettoarbeitsentgelt vereinbart, gelten als Arbeitsentgelt die Einnahmen des Beschäftigten einschließlich der darauf entfallenden Steuern und der seinem gesetzlichen Anteil entsprechenden Beiträge zur Sozialversicherung und zur Arbeitsförderung. ²Sind bei illegalen Beschäftigungsverhältnissen Steuern und Beiträge zur Sozialversicherung und zur Arbeitsförderung nicht gezahlt worden, gilt ein Nettoarbeitsentgelt als vereinbart.

(3) Wird ein Haushaltsscheck (§ 28a Absatz 7) verwendet, bleiben Zuwendungen unberücksichtigt, die nicht in Geld gewährt worden sind.

A. Normzweck

1 § 14 schafft für die Sozialversicherung und die Arbeitsförderung einen eigenständigen Entgeltbegriff, der sowohl für das Beitrags- als auch das Leistungsrecht gilt (BSG 9. 5. 1996 – 7 RAr 36/95 – NZS 1997, S. 91); § 14 ist allerdings nicht isoliert zu sehen, sondern im Zusammenspiel mit der auf der Grundlage des § 17 erlassenen SvEV sowie einigen Bestimmungen des EStG. Insofern, als § 14 an Einnahmen aus einer Beschäftigung anknüpft, ist für die Bestimmung des sozialversicherungsrechtlichen Arbeitsentgelts auch der Beschäftigungsbegriff des § 7 maßgebend.

2 Das Sozialversicherungsrecht differenziert zwischen Arbeitsentgelt, das sind gem. § 14 die Einnahmen aus unselbständiger Arbeit, und Arbeitseinkommen als den aus selbständiger Tätigkeit erzielten Einnahmen, vgl. § 15.

3 § 14 ist eine zentrale Vorschrift für das gesamte Sozialversicherungsrecht; die Frage, welche Einnahmen in welcher Höhe rechtlich relevant sind, ist eine der Grundsatzfragen des Sozialversicherungsrechts (Hauck/Noftz/Klattenhoff § 14 Rn. 2). Das Arbeitsentgelt ist mit Ausnahme der Unfallversicherung in allen Zweigen der Sozialversicherung in der Regel Voraussetzung für die Versicherungspflicht und Grundlage für die Bemessung von Beiträgen und Leistungen (KassKomm/Seewald § 14 Rn. 6). Für die Versicherungspflicht ist das Arbeitsentgelt insofern von Bedeutung, als nur Beschäftigungen in den Versicherungsschutz einbezogen sind, die gegen Entgelt ausgeübt werden (vgl. zB § 5 Abs. 1 Nr. 1 SGB V, § 1 Abs. 1 S. 1 Nr. 1 SGB VI, § 20 Abs. 1 S. 2 Nr. 1 SGB XI, § 25 Abs. 1 S. 1 SGB III; eine Ausnahme besteht gem. § 2 Abs. 1 Nr. 1 SGB VII für die Unfallversicherung); die Höhe des Arbeitsentgelts ist insoweit relevant, als ein zu hohes (vgl. § 6 Abs. 1 Nr. 1 SGB V) und ein zu geringes Arbeitsentgelt (vgl. § 7 SGB V, § 5 Abs. 2 SGB VI, § 27 Abs. 2 SGB III) Versicherungsfreiheit auslösen können (Hauck/Noftz/Klattenhoff § 14 Rn. 2). Aufgrund des Solidaritätsprinzips und des Grundsatzes der Leistungsfähigkeit ist das Arbeitsentgelt Grundlage für die Bestimmung der Beiträge und vielfach maßgebend für die Bemessung der Leistungen (BSG 21. 12. 1993 – 12 RK 28793 – SozR 3–2500 § 237 Nr. 3; BVerfG 6. 12. 1988 – 2 BvL 18784 – BVerfGE 79, S. 223, 236). Weiterhin ist der Arbeitsentgeltbegriff im Hinblick auf die Anrechnung von Arbeitsentgelt auf Leistungen relevant (vgl. etwa § 97 SGB VI, § 65 Abs. 3 SGB VII, §§ 141, 143 SGB III).

4 Im Hinblick auf den Begriff des Arbeitsentgelts ist – wegen der unterschiedlichen Funktionen beider Rechtsgebiete (vgl. BT-Drs. 7/4122 in Hauck/Noftz SGB IV M 010, S. 7, 8) – keine prinzipielle Anbindung des Sozialversicherungsrechts mehr an das Steuerrecht gegeben (vgl. BSG 21. 2. 1990 –

12 RK 20/88). So enthält das Steuerrecht vielfach Tatbestände der Steuerfreiheit, die sich nicht im Sozialversicherungsrecht auswirken. Ferner gilt im Steuerrecht für die Bestimmung der maßgeblichen Einkünfte grundsätzlich das Zuflussprinzip, wohingegen das Sozialversicherungsrecht gem. § 22 Abs. 1 S. 1 im Grundsatz vom Entstehungsprinzip ausgeht (eine Ausnahme besteht für einmalige Einnahmen gem. § 22 Abs. 1 S. 2; hier gilt ebenfalls das Zuflussprinzip). Entscheidungen der Steuerverwaltung sind dementsprechend für Versicherungsträger und Sozialgerichte nicht verbindlich (BSG 26. 3. 1998 – B 12 KR 17/97 R – SozR 3–2400 § 14 Nr. 15). Wegen der gleichwohl nicht von der Hand zu weisenden Parallelen zwischen Steuerrecht und Sozialversicherungsrecht im Hinblick auf die Bestimmung von Arbeitslohn bzw. Arbeitsentgelt soll durch die Verordnungsermächtigung des § 17 eine möglichst weitgehende Harmonisierung mit dem Steuerrecht erreicht werden (vgl. § 17 Abs. 1 S. 2).

B. Regelungsgehalt

I. Arbeitsentgelt (§ 14 Abs. 1 S. 1)

§ 14 Abs. 1 S. 1 definiert das Arbeitsentgelt als die Gesamtheit aller Einnahmen auf Bruttobasis, die dem Beschäftigten unmittelbar oder im Zusammenhang mit seiner Beschäftigung zufließen oder auf die zumindest ein Anspruch besteht. Es ist unerheblich, ob ein Rechtsanspruch auf die Einnahmen besteht, unter welcher Bezeichnung und in welcher Form sie geleistet werden. Aus dem Umkehrschluss zu Abs. 2 folgt, dass § 14 Abs. 1 vom Bruttoentgelt ausgeht. Da § 14 Abs. 1 bezweckt, die Einnahmen des Beschäftigten vollständig und lückenlos zu erfassen (Wannagat/Brandenburg/Woltjen § 14 Rn. 18), sind auf das Arbeitsentgelt entfallende Lohn- und Kirchensteuer, die Arbeitnehmeranteile zur Sozialversicherung, Werbungskosten und sonstige Saldierungsposten des Steuerrechts iSv. § 2 Abs. 3–5 EStG vom Arbeitsentgelt nicht abzuziehen. Nicht zum Arbeitsentgelt zählen die Arbeitgeberanteile zur Sozialversicherung sowie die allein vom Arbeitgeber zu tragenden Beiträge zur gesetzlichen Unfallversicherung (BSG 12. 12. 1991 – 7 RAr 26/90 – SozR 3–4100 § 94 Nr. 1). Gleiches gilt für die gem. § 40a Abs. 1, 2, 5 iVm. § 40 Abs. 3 EStG vom Arbeitgeber entrichtete Pauschalsteuer für kurzfristig, in geringem Umfang oder gegen geringen Lohn Beschäftigte (BSG 12. 11. 1975–3/12 RK 8/74 – BSGE 41, S. 16; KassKomm/Seewald § 14 Rn. 64). Soweit die Pauschalsteuer jedoch auf den Arbeitnehmer abgewälzt wird, ist gem. § 40 Abs. 3 EStG Arbeitsentgelt gegeben.

Arbeitsentgelt sind alle Einnahmen, die aus einer Beschäftigung iSd. § 7 resultieren. Beschäftigung ist die nichtselbständige Arbeit, insbesondere in einem Arbeitsverhältnis. Der Erwerb beruflicher Kenntnisse, Fertigkeiten oder Erfahrungen im Rahmen betrieblicher Berufsbildung gilt gem. § 7 Abs. 2 ebenfalls als Beschäftigung. Kein Arbeitsverhältnis ist bei Arbeitsgelegenheiten gem. § 16d S. 2 SGB II, den sog. Ein-Euro-Jobs gegeben. Die hierfür gezahlte Mehraufwandsentschädigung stellt mangels wirtschaftlichen Austauschverhältnisses kein Arbeitsentgelt iSd. § 14 Abs. 1 dar (KassKomm/Seewald § 14 Rn. 17). Die Einnahmen müssen unmittelbar aus der Beschäftigung oder im Zusammenhang mit ihr erzielt werden. Dabei sind an den inneren Zusammenhang zwischen Beschäftigung und Einnahme keine strengen Anforderungen anzulegen (BSG 18. 1. 1990 – 4 RA 17/89 – SozR 4–2400 § 14 Nr. 2), so dass es genügt, wenn die konkrete Zahlung ohne das Beschäftigungsverhältnis nicht denkbar wäre bzw. die Einnahme im weitesten Sinne Gegenleistung für die individuelle Arbeitsleistung des Arbeitnehmers darstellt (BFH 30. 5. 2001 – VI R 159/99 – BStBl. II 2001, S. 815; Hauck/Noftz/Klattenhoff § 14 Rn. 11). Dies kann generell bei allen direkten und indirekten Arbeitgeberleistungen, etwa Gratifikationen, Beihilfen, Entgeltfortzahlung, Urlaubsgeld, angenommen werden (Hauck/Noftz/Klattenhoff § 14 Rn. 13). Abfindungen gem. §§ 9, 10 KSchG, die wegen der Beendigung des Arbeitsverhältnisses gezahlt werden, sind kein Arbeitsentgelt, da sie zeitlich nicht dem beendeten Arbeitsverhältnis zugeordnet werden können (BSG 21. 2. 1990 – 12 RK 20/88 – NJW 1990, S. 2274). Wird bei einer Fortsetzung des Beschäftigungsverhältnisses eine Abfindung als Ausgleich für die Verschlechterung der Arbeitsbedingungen gezahlt, liegt Arbeitsentgelt iSd. § 14 vor, da eine zeitliche Zuordnung zum bestehenden Beschäftigungsverhältnis möglich ist (KassKomm/Seewald § 14 Rn. 35; BSG 28. 1. 1999 – B 12 KR 14/98 R: entscheidend sei das Weiterbestehen des Beschäftigungsverhältnisses). Gleiches gilt für Zahlungen zur Abgeltung vertraglicher Ansprüche bei Beendigung des Beschäftigungsverhältnisses, wie zB Urlaubsabgeltungen oder Nachzahlungen (Hauck/Noftz/Klattenhoff § 14 Rn. 12).

Die für § 14 maßgebenden Einnahmen können laufend, dh. monatlich wiederkehrend, oder einmalig gewährt werden. Laufende Einnahmen sind zB Zulagen, Zuschüsse, Prämien, Feiertags- und Nachtzuschläge, aber auch die Nachzahlung laufenden Entgelts oder das sog. aufgestaute Arbeitsentgelt (Hauck/Noftz/Klattenhoff § 14 Rn. 15f.). Einmalig gezahltes Arbeitsentgelt liegt gem. § 23a Abs. 1 vor, wenn die Zuwendung nicht für die Arbeit in einem einzelnen Entgeltabrechnungszeitraum gezahlt wird, zB Weihnachtsgelder, Urlaubsgelder, Jubiläumszuwendungen, Tantiemen (BeckOK/Mette § 14 Rn. 14). Als laufendes Arbeitsentgelt gelten gem. § 23a Abs. 1 S. 2 auch Zuwendungen, die zur Abgeltung bestimmter Aufwendungen des Beschäftigten im Zusammenhang mit der Beschäftigung, wie zB Kontoführungsgebühren, erbracht werden, ferner Waren oder Dienstleistungen, die vom Arbeitgeber nicht primär für die Beschäftigten bereitgestellt, aber von diesen monatlich in Anspruch genommen werden können, wie zB freie oder verbilligte Flugreisen, ferner sonstige Sachbezüge oder vermögenswirksame Leistungen.

8 Da es nicht auf die Form der erhaltenen Einnahmen ankommt, zählen zum Arbeitsentgelt iSd. § 14 auch Sachbezüge, wie etwa Deputate in der Land- und Energiewirtschaft, Kost, Wohnung, Heizung, Beleuchtung, Personalrabatte, die private Nutzung von betrieblichen PCs und Telekommunikationsgeräten, Freiflüge und -fahrten, das Zurverfügungstellen von Kraftfahrzeugen (vgl. zu weiteren Beispielen Hauck/Noftz/Klattenhoff § 14 Rn. 17). Ob derartiger Naturallohn an die Stelle des Geldlohns tritt oder neben diesem gewährt wird, ist unerheblich. Die Bewertung derartiger Sachbezüge erfolgt anhand der gem. § 17 Abs. 1 S. 1 Nr. 4 erlassenen SvEV. Sie legt etwa den Wert der als Sachbezug zur Verfügung gestellten Verpflegung auf monatlich 215 Euro (§ 2 I 1 SvEV), den Wert der zur Verfügung gestellten Unterkunft auf monatlich 204 Euro (§ 2 Abs. 3 SvEV) sowie den Wert einer zur Verfügung gestellten Wohnung (gem. § 2 Abs. 4 SvEV der ortsübliche Mietpreis unter Berücksichtigung der sich aus der Lage der Wohnung zum Betrieb ergebenden Beeinträchtigungen) fest; werden derartige Sachbezüge verbilligt zur Verfügung gestellt, ist gem. § 2 Abs. 5 SvEV als Arbeitsentgelt die Differenz zwischen dem vereinbarten Preis und dem Wert, der sich bei freiem Bezug ergäbe, anzusehen. Im gesellschaftlichen Verkehr übliche und den Arbeitnehmer nicht übermäßig bereichernde Aufmerksamkeiten, wie zB Abschiedsgeschenke, sind keine Sachbezüge und damit kein Arbeitsentgelt (Hauck/Noftz/Klattenhoff § 14 Rn. 18).

9 Die entsprechenden Einnahmen müssen vom Beschäftigten erzielt bzw. an diesen geleistet werden. Während im Steuerrecht das sog. Zuflussprinzip Anwendung findet, wonach alle Einkünfte der Steuerpflicht unterliegen, die dem Steuerpflichtigen im Kalenderjahr (tatsächlich) zugeflossen sind (vgl. §§ 11 Abs. 1, 38 Abs. 2 S. 2 EStG), gilt im Sozialversicherungsrecht trotz der angestrebten Harmonisierung mit dem Steuerrecht das Entstehungsprinzip. Danach werden Einnahmen bereits dann berücksichtigt, wenn der Beschäftigte einen Anspruch auf sie hat; ein tatsächlicher Zufluss ist nicht erforderlich. Die Geltung des Entstehungsprinzips im sozialversicherungsrechtlichen Beitragsrecht entspricht seit langem der Rspr. des BSG (vgl. etwa BSG 11. 11. 1975 – 3/12 RK 12/74 – BSGE 54, 134; BSG 26. 11. 1985 – 12 RK 51/83 – BSGE 59, 183; BSG 21. 5. 1996 – 12 RK 64/94 – BSGE 78, 224), der die Literatur ganz überwiegend folgt (vgl. etwa LPK-SGB IV/Vor § 14 Rn. 33; KassKomm/Seewald § 14 Rn. 48, jew. mwN; krit. Hauck/Noftz/Klattenhoff § 14 Rn. 20f.). Seine gesetzliche Bestätigung findet das Entstehungsprinzip in § 22 Abs. 1 S. 2; diese Regelung, die für einmalig gezahltes Arbeitsentgelt anordnet, dass Beitragsansprüche erst entstehen, wenn dieses ausgezahlt worden ist, wäre überflüssig, wenn in der Sozialversicherung das Zuflussprinzip gälte. Aus der Geltung des Entstehungsprinzips folgt, dass die Bestimmung des sozialversicherungsrechtlich relevanten Arbeitsentgelts von arbeits- bzw. tarifvertraglichen Regelungen abhängt, die von der Einzugsstelle und der Sozialgerichtsbarkeit als Vorfrage zu klären sind (LPK-SGB IV/Vor § 14 Rn. 34; KassKomm/Seewald § 14 Rn. 56).

10 Ob auf die Einnahmen ein Rechtsanspruch besteht oder nicht, ist für die Zuordnung zum Arbeitsentgelt iSd. § 14 unerheblich. Dementsprechend zählen nicht nur arbeits- oder dienstrechtlich abgesicherte Einnahmen zum Arbeitsentgelt, sondern auch alle sonstigen, tatsächlich zugeflossenen Einnahmen, auch von Seiten Dritter, wie etwa Trinkgelder, Metergelder im Möbeltransportgewerbe, Bedienungszuschläge im Hotel- und Gaststättengewerbe (Hauck/Noftz/Klattenhoff § 14 Rn. 24f.).

II. Entgeltumwandlung (§ 14 Abs. 1 S. 2)

11 Zur Vermeidung von Beitragsausfällen für die Sozialversicherung zählen zum Arbeitsentgelt gem. § 14 Abs. 1 S. 2 auch Entgeltteile, die durch Entgeltumwandlung (§ 1 Abs. 2 Nr. 3, § 1a BetrAVG) in den Durchführungswegen Direktzusage oder Unterstützungskasse (§ 1b Abs. 1, 4 BetrAVG) verwendet werden. Seit dem 1. 1. 2009 gilt auf Grund des Gesetzes vom 10. 12. 2007 (BGBl. I S. 2838) eine der früheren Übergangsregelung in § 115 entsprechende Fassung des § 14 Abs. 1 S. 2. Die Übergangsvorschrift wurde damit zur dauerhaften Regelung. Danach sind Entgeltanteile, die bis zur Grenze von 4% der jährlichen Beitragsbemessungsgrenze der allgemeinen Rentenversicherung umgewandelt werden, nicht als Arbeitsentgelt zu berücksichtigen; Entgeltanteile oberhalb der 4%-Grenze sind ohne weiteres Arbeitsentgelt. Dieser Freibetrag, der vom Bruttoentgelt und nicht von dem auf die Beitragsbemessungsgrenze begrenzten Arbeitsentgelt abzuziehen ist, kann einmalig in voller Höhe oder monatlich mit $1/_{12}$ berücksichtigt werden. Die Regelung kommt auch dann zur Anwendung, wenn das monatliche Arbeitsentgelt nach der Entgeltumwandlung unter die Geringfügigkeitsschwelle sinkt und der Arbeitnehmer damit in der Kranken-, Renten-, Pflege- und Arbeitslosenversicherung versicherungsfrei ist. Aus § 14 Abs. 1 S. 2 kann nicht geschlossen werden, dass Aufwendungen für die betriebliche Altersversorgung, die nicht in den Durchführungswegen Direktzusage oder Unterstützungskasse erfolgen, grundsätzlich kein Arbeitsentgelt seien. Vielmehr kommt es bei den anderen Durchführungswegen (Direktversicherung, Pensionskasse, Pensionsfonds) darauf an, ob es sich um durch die individuelle Beschäftigung verursachte Aufwendungen als Gegenleistung für die Arbeitspflicht des Arbeitnehmers handelt (vgl. Hauck/Noftz/Klattenhoff § 14 Rn. 30f.).

III. Aufwandsentschädigungen und Einnahmen aus nebenberuflicher Tätigkeit
(§ 14 Abs. 1 S. 3)

§ 14 Abs. 1 S. 3 nimmt steuerfreie Aufwandsentschädigungen aus inländischen öffentlichen Kassen iSd. § 3 Nr. 12 EStG und steuerfreie Einnahmen iSd. § 3 Nr. 26 und Nr. 26 a EStG ausdrücklich vom Arbeitsentgelt iSd. § 14 Abs. 1 S. 1 aus, entweder weil kein geldwerter Vorteil für den Beschäftigten gegeben ist (so bei steuerfreien Aufwandsentschädigungen) oder um einen Anreiz zur Fortsetzung ideell motivierten nebenberuflichen Engagements zu schaffen (so im Hinblick auf steuerfreie Einnahmen nach § 3 Nr. 26 und Nr. 26a EStG) (vgl. LPK-SGB IV/Vor § 14 Rn. 46). 13

Aufwandsentschädigungen iSd. § 3 Nr. 12 S. 1 EStG werden unabhängig von der Höhe des tatsächlichen Aufwandes nicht dem Arbeitsentgelt zugerechnet, denn der Gesetzgeber geht davon aus, dass sie auf Grund der Kontrolle der Gesetzgebungsorgane tatsächlich von dem wirklichen Aufwand abgelten (LPK-SGB IV/Vor § 14 Rn. 47). Nicht von § 3 Nr. 12 S. 1 EStG erfasste, dem Werbungskostenersatz dienende Aufwandsentschädigungen aus öffentlichen Kassen an öffentliche Dienste leistende Personen sind gem. § 3 Nr. 12 S. 2 EStG auch steuerfrei, wenn sie nicht für Verdienstausfall oder Zeitverlust gewährt werden oder den Aufwand, der dem Empfänger erwächst, offenbar übersteigen (LPK-SGB IV/Vor § 14 Rn. 48; Hauck/Noftz/Klattenhoff § 14 Rn. 33). Die insoweit im Steuerrecht anzuwendenden Pauschalierungen schlagen gem. § 14 Abs. 1 S. 3 auf das Sozialrecht durch (BSG 22. 2. 1996 – 12 RK 6/95 – SozR 3–2940 § 2 Nr. 5). 14

Unter § 3 Nr. 26 EStG fallen Einnahmen bis zur Höhe von 2.100 Euro im Jahr, die aus einer Tätigkeit als Übungsleiter, Ausbilder, Erzieher, Betreuer, aus einer künstlerischen Tätigkeit oder der Pflege alter, kranker oder behinderter Menschen resultieren. Voraussetzung ist, dass diese Tätigkeit nebenberuflich ausgeübt wird, also der zeitliche Umfang 1/3 der Arbeitszeit eines vergleichbaren Vollzeiterwerbs nicht übersteigt (BFH 30. 3. 1990 – VI R 188/87 – BFHE 160, S. 486), die Tätigkeit der Förderung gemeinnütziger, mildtätiger und kirchlicher Zwecke dient und im Dienst oder Auftrag einer inländischen juristischen Person des öffentlichen Rechts oder einer gemeinnützigen, mildtätigen und kirchlichen Zwecken dienenden Einrichtung ausgeübt wird (vgl. hierzu im Einzelnen die Lohnsteuerrichtlinien 2008, R 3.26). Nebenberuflich tätig werden können iSv. § 3 Nr. 26 EStG auch Personen, die keinen Hauptberuf ausüben, etwa Studenten, Rentner und Hausfrauen (Hauck/Noftz/Klattenhoff § 14 Rn. 37; Jochum NJW 2002, S. 1983). Wird eine steuerfreie Tätigkeit iSd. § 3 Nr. 26 EStG während des ganzen Jahres ausgeübt, ist im Interesse einer kontinuierlichen versicherungsrechtlichen Beurteilung ein monatlicher Freibetrag von 175 Euro anzusetzen. 15

§ 3 Nr. 26a EStG sieht einen subsidiären Freibetrag von 500 Euro für nebenberufliche Tätigkeiten für die gleichen Auftraggeber wie unter Nr. 26 vor. Die sachliche Beschränkung auf bestimmte Arten der Tätigkeit besteht jedoch nicht. Auch dieser Betrag gilt nicht als Arbeitsentgelt im Sinne des § 14 Abs. 1. 16

IV. Vertragliche Vereinbarung eines Nettoarbeitsengelts
(§ 14 Abs. 2 S. 1)

In der Sozialversicherung kommt es grundsätzlich auf das Bruttoarbeitsentgelt an. Für den (seltenen) Fall, dass ein Nettoarbeitsentgelt vereinbart wurde und der Arbeitgeber demgemäß sämtliche Steuern und Sozialversicherungsbeiträge inklusive dem Arbeitnehmeranteil übernimmt, regelt § 14 Abs. 2 S. 1, dass die Einnahmen des Beschäftigten um die darauf entfallenden Steuern (Lohnsteuer, ggf. auch Kirchensteuer und Solidaritätszuschlag) und den gesetzlichen Arbeitnehmeranteil der Beiträge zur Sozialversicherung zu erhöhen sind (sog. Abtastverfahren, BSG 22. 9. 1988 – 12 RK 36/86 – BSGE 64, S. 110). Dies gilt unabhängig davon, ob der Arbeitgeber Steuern und Beiträge tatsächlich abführt (Kirchhof/Eisgruber EStG § 39b Rn. 16). 17

V. Arbeitsentgelt bei illegalen Beschäftigungsverhältnissen
(§ 14 Abs. 2 S. 2)

Bei illegalen Beschäftigungsverhältnissen (Schwarzarbeit iSd. § 1 SchwarzArbG), bei denen Steuern und die vollen Beiträge zur Sozialversicherung und zur Arbeitsförderung nicht gezahlt werden, fingiert § 14 Abs. 2 S. 2 eine Nettoarbeitsentgeltvereinbarung, unabhängig davon, ob überhaupt Arbeitsentgelt gezahlt worden ist. § 14 Abs. 2 S. 2 setzt nicht voraus, dass Arbeitgeber und Arbeitnehmer im Hinblick auf die Schwarzarbeit kollusiv zusammenwirken; dafür gibt der Wortlaut keine Anhaltspunkte (so auch LPK-SGB IV/Vor § 14 Rn. 63; aA Hauck/Noftz/Klattenhoff § 14 Rn. 64; LSG Rheinland-Pfalz 29. 7. 2009 – L 6 R 105/09; aA Hauck/Noftz/Klattenhoff § 14 Rn. 44 Fn. 201). Liegen die Voraussetzungen des § 14 Abs. 2 S. 2 vor, erfolgt die Beitragsberechnung wie im Falle des Abs. 2 S. 1 im sog. Abtastverfahren (siehe oben Rn. 17). 18

VI. Haushaltsscheckverfahren (§ 14 Abs. 3)

19 Das sog. Haushaltsscheckverfahren (vgl. § 28a VII) gilt für Beschäftigungen in Privathaushalten, bei denen das Arbeitsentgelt zuzüglich der einbehaltenen Steuern 400 Euro im Monat nicht übersteigt; indem das Verfahren zur An- und Abmeldung bei der Sozialversicherung sowie zur Beitragszahlung deutlich vereinfacht wird, soll der Abschluss sozialversicherungspflichtiger Beschäftigungsverhältnisse in Privathaushalten gefördert werden (vgl. Hauck/Noftz/Klattenhoff § 14 Rn. 46). Als Arbeitsentgelt gilt gem. § 14 Abs. 3 im Haushaltsscheckverfahren der dem Beschäftigten ausgezahlte Betrag zuzüglich der durch Abzug vom Arbeitslohn einbehaltenen Steuern. Die vom Arbeitgeber geleisteten Beiträge zur Sozialversicherung sind dem Arbeitsentgelt – abweichend von § 14 Abs. 2 – nicht hinzuzurechnen; Sachbezüge sind angesichts des eindeutigen Wortlauts nicht zu berücksichtigen (krit. hierzu unter Berücksichtigung von Gleichbehandlungsgesichtspunkten: KassKomm/Seewald § 14 Rn. 144; sowie LPK-SGB IV/Vor § 14 Rn. 66 und Hauck/Noftz/Klattenhoff § 14 Rn. 47 Fn. 207).

§ 15 Arbeitseinkommen

(1) [1]**Arbeitseinkommen ist der nach den allgemeinen Gewinnermittlungsvorschriften des Einkommensteuerrechts ermittelte Gewinn aus einer selbständigen Tätigkeit.** [2]**Einkommen ist als Arbeitseinkommen zu werten, wenn es als solches nach dem Einkommensteuerrecht zu bewerten ist.**

(2) **Bei Landwirten, deren Gewinn aus Land- und Forstwirtschaft nach § 13a des Einkommensteuergesetzes ermittelt wird, ist als Arbeitseinkommen der sich aus § 32 Absatz 6 des Gesetzes über die Alterssicherung der Landwirte ergebende Wert anzusetzen.**

A. Normzweck

1 Wenngleich das Sozialversicherungsrecht seinem Kern nach eine Absicherung der abhängig Beschäftigten gewährleisten will, sind doch auch selbständig Tätige in bestimmten Bereichen vom Sozialversicherungsrecht erfasst. Diesem Umstand trägt § 15 dadurch Rechnung, dass er für das Sozialversicherungsrecht festlegt, welche Einnahmen aus einer selbständigen Tätigkeit sozialversicherungsrechtliches Arbeitseinkommen sind. Dies ist etwa für die Beitragsberechnung versicherungspflichtiger Selbständiger relevant (vgl. nur §§ 243 Abs. 1 SGB V, 57 SGB XI, 165 SGB VI). Wie auch das Arbeitsentgelt iSd. § 14 dient auch das in § 15 normierte Arbeitseinkommen als Indikator der wirtschaftlichen Leistungsfähigkeit (Hauck/Noftz/Klattenhoff § 15 Rn. 3).

2 § 15 verknüpft das Sozialversicherungsrecht mit dem Steuerrecht, indem es die volle Identität zwischen dem steuerrechtlichen Gewinn und dem sozialversicherungsrechtlichen Arbeitseinkommen (BSG 23. 2. 2000 – B 5 RJ 26/99 R – SozR 3–2600 § 34 Nr. 3) im Hinblick auf die Zuordnung einzelner Einkünfte zum Arbeitseinkommen sowie im Hinblick auf Höhe und zeitliche bzw. persönliche Zuordnung der Einkünfte festlegt (Hauck/Noftz/Klattenhoff § 15 Rn. 7).

3 § 15 gilt für alle Zweige der Sozialversicherung einschließlich des Arbeitsförderungsrechts; im Rentenversicherungsrecht sind die Sonderregelungen der §§ 18a Abs. 2a SGB IV und 165 Abs. 3 SGB VI zu berücksichtigen. Der in § 15 geregelte Begriff des Arbeitseinkommens hat sowohl beitrags- als auch leistungsrechtlich Relevanz; ersteres zB im Hinblick auf die Ermittlung der Beitragshöhe bei versicherungspflichtigen Selbständigen in der gesetzlichen Kranken- (§ 234 Abs. 1 SGB V), Pflege- (§ 57 SGB XI) und Rentenversicherung (§ 165 SGB VI) sowie bei kraft Gesetzes versicherten Selbständigen und Unternehmern in der gesetzlichen Unfallversicherung (§§ 154, 83 SGB VII). Leistungsrechtlich ist das Arbeitseinkommen zB im Arbeitsförderungsrecht im Hinblick auf die Anrechnung von Nebeneinkommen beim Bezug von Arbeitslosengeld (§ 141 SGB III) oder im Hinblick auf die Voraussetzungen für die Gewährung eines Existenzgründungszuschusses (§ 4211 SGB III) von Bedeutung, im Rentenversicherungsrecht für die Berechnung der Renten (§ 63 SGB VI) sowie der zulässigen Hinzuverdienstgrenzen (§ 34 Abs. 2 bzw. § 96a SGB VI) und im Krankenversicherungsrecht für die Ermittlung des Regelentgelts bei der Gewährung von Krankengeld gem. § 47 SGB V.

B. Regelungsgehalt

4 Wie auch § 14 betrifft § 15 nur Einnahmen, die auf eine Tätigkeit im Arbeitsleben zurückzuführen sind; im Falle des § 15 sind dies kausal auf einer selbständigen Tätigkeit beruhende Einnahmen. Der Begriff der selbständigen Tätigkeit ist spezifisch sozialversicherungsrechtlich zu verstehen und geht deutlich über denjenigen der selbständigen Arbeit iSd. §§ 2 Abs. 1 S. 1 Nr. 3 und 18 EStG hinaus. Selbständig tätig iSd. § 15 sind Personen, die im eigenen Namen, auf eigene Rechnung und mit Gewinnerzielungsabsicht erwerbstätig sind, ein eigenes Unternehmerrisiko tragen und frei über die eigene Arbeitskraft, Tätigkeit und Arbeitszeit verfügen können, mithin wirtschaftlich und persönlich unabhängig sind (vgl. BSG 12. 2. 1975 – 12 RJ 58/74 – BSGE 39, S. 152; BSG 24. 10. 1978 – 12 RK 58/76 – AP BGB § 611 Nr. 30). Der Begriff der selbständigen Tätigkeit umfasst nicht nur Einkünfte aus selbständiger Tätigkeit (§ 18 EStG), sondern auch aus Land- und Forstwirtschaft (§ 2 Abs. 1 Nr. 1, § 13 EStG) und aus Gewerbebetrieb (§ 2 Abs. 1 Nr. 2, § 15 EStG), da für diese ebenfalls der steuerrechtliche Gewinnbegriff gilt (BSG 17. 7. 1985 – 1 RA 41/84 – BSGE 58, S. 277; LPK-SGB IV/Vor § 15 Rn. 8). Einnahmen aus Vermietung und Verpachtung (§ 2 I Nr. 6, § 21 EStG) finden jedoch ebenso wie solche aus Kapitalvermögen (§ 2 I Nr. 5, § 20 EStG) nur Berücksichtigung, soweit ein wirtschaftlicher Zusammenhang mit der Ausübung einer selbstständigen Tätigkeit besteht (BSG 30. 3. 2006 – B 10 KR 2/04 R – SozR 4–5420 § 2 Nr. 1). Auch Forschungsstipendien zählen grundsätzlich nicht zum Arbeitseinkommen (BSG 23. 1. 2008 – B 10 LW 1/07 Rn. 23). Allein aus der gesellschaftsrechtlichen Funktion als Gesellschafter bzw. Geschäftsführer kann nicht schon auf eine selbstständige Tätigkeit geschlossen werden (BSG 4. 6. 2009 – B 12 KR 3/08 R – NJW 2010, 1836).

§ 15 stellt hinsichtlich der Einnahmen aus einer selbständigen Tätigkeit auf die allgemeinen Gewinnermittlungsvorschriften des Einkommensteuerrechts ab. Die steuerrechtliche Gewinnermittlung erfolgt für buchführungspflichtige Selbständige oder Selbständige, die freiwillig Bücher führen, durch Bilanzierung (§ 4 Abs. 1 EStG) und für nicht buchführungspflichtige Selbständige durch Überschussrechnung (§ 4 Abs. 3 EStG). Bei der Gewinnermittlung durch Bilanzierung wird ein Vergleich zwischen dem Betriebsvermögen am Schluss des Wirtschaftsjahres und dem Betriebsvermögen am Schluss des vorangegangenen Wirtschaftsjahres, vermehrt um den Wert der Entnahmen und vermindert um den Wert der Einlagen, angestellt (§ 4 Abs. 1 S. 1 EStG). Bei der Überschussrechnung wird gem. § 4 Abs. 3 EStG als Gewinn der Überschuss der Betriebseinnahmen über die Betriebsausgaben, worunter alle durch den Betrieb veranlassten Aufwendungen fallen (§ 4 Abs. 4 EStG), angesetzt. Zu den allgemeinen Gewinnermittlungsvorschriften des Einkommensteuerrechts zählt der horizontale und vertikale Verlustausgleich gem. § 2 Abs. 3 EStG, wonach positive Einkünfte und Verluste zunächst innerhalb einer Einkunftsart (horizontal) und bei Verbleiben von Verlusten auch zwischen verschiedenen Einkunftsarten (vertikal) miteinander verrechnet werden (vgl. KassKomm/Seewald § 15 Rn. 13). Dies ist im Rahmen von § 15 grundsätzlich zu beachten. Dies gilt indes nicht bei der Beitragsbemessung für freiwillige Mitglieder in der gesetzlichen Krankenversicherung gem. § 240 Abs. 1, 2 SGB V; hier ist die (beitragsmindernde) Saldierung von Kapitaleinkünften mit negativen Einkünften aus Vermietung und Verpachtung (Verlust) ausgeschlossen (BSG 9. 8. 2006 – B 12 KR 8/06 R – SozR 4–2500 § 240 Nr. 8).

Während im Rahmen von § 14 aufgrund der dort getroffenen rein sozialrechtlichen Bestimmung des Arbeitsentgelts bei dessen Ermittlung kein Abzug von Werbungskosten stattfindet (vgl. Kommentierung § 14 Rn. 5), setzt § 15 für die Bestimmung des Arbeitseinkommens aufgrund der einkommensteuerrechtlichen Verknüpfung den vorherigen Abzug von Betriebsausgaben und Absetzungen für Abnutzungen voraus, obwohl Betriebskosten und Absetzungen für Abnutzungen mit den Werbungskosten funktional vergleichbar sind (Hauck/Noftz/Klattenhoff § 15 Rn. 2; vgl. LSG Niedersachsen-Bremen 24. 4. 2008 – L 4 KR 386/04 – juris Rn. 19). Grund für diesen Unterschied ist der Umstand, dass die Betriebsorganisation Selbständiger uU erhebliche Aufwendungen (Betriebskosten u. ä.) erfordert, wodurch die wirtschaftliche Leistungsfähigkeit dieser Person ganz entscheidend mitbestimmt wird, was im Hinblick auf die Werbungskosten abhängig Beschäftigter nicht in diesem Umfang gilt (Hauck/Noftz/Klattenhoff § 15 Rn. 2). Arbeitseinkommen ist demnach die Summe der Einkünfte aus Land- und Forstwirtschaft, Gewerbebetrieb oder selbständiger Arbeit nach Abzug der Betriebsausgaben und vor Abzug der Sonderausgaben und Freibeträge. Ein Verlustabzug iSd. § 10 d EStG ist nicht hinzuzufühen.

§ 15 Abs. 1 S. 2 stellt klar, dass Arbeitseinkommen iS dieser Vorschrift immer dann gegeben ist, wenn es einkommensteuerrechtlich als solches bewertet wird, mithin sich aus dem Steuerbescheid des Selbständigen ergibt (BT-Drs. 12/5700, S. 93). Arbeitseinkommen ist danach auch gegeben, wenn Einkommen, das nicht auf einer selbständigen Tätigkeit beruht, steuerrechtlich als Einkommen aus Land- oder Forstwirtschaft, Gewerbebetrieb oder selbständiger Arbeit behandelt wird (BSG 25. 2. 2004 – B 5 RJ 56/02 – NZS 2005, 210). Mithin kommt es auf die tatsächliche Ausübung einer selbstständigen Tätigkeit nicht an (BSG 7. 10. 2004 – B 13 RJ 13/04 R – BSGE 93, S. 226 f.; BSG 23. 1. 2008 – B 10 KR 1/07 R – BSGE 99, S. 284).

Neben den zwei Arten der Gewinnermittlung durch Bilanzierung und Überschussrechnung besteht für Landwirte, die nicht buchführungspflichtig sind und die Landwirtschaft idR als Kleinbetrieb im Nebenerwerb betreiben, die weitere Möglichkeit der Gewinnermittlung nach Durchschnittssätzen gem. § 13 a EStG. Das Arbeitseinkommen dieser Personen ist abweichend von § 15 Abs. 1 gem. § 15 Abs. 2 nach § 32 Abs. 6 des Gesetzes über die Alterssicherung der Landwirte (ALG) zu ermitteln. Festgestellt wird insoweit von den landwirtschaftlichen Alterskassen (vgl. § 32 Abs. 5 S. 1 ALG) das im Wirtschaftswert zum Ausdruck kommende Einkommenspotential; es wird somit eine Pauschalierung vorgenommen, für die es mithin nicht auf das individuelle tatsächliche Einkommen ankommt (KassKomm/Seewald § 15 Rn. 17). Trotz der hierin liegenden Ungleichbehandlung im Hinblick auf die Ermittlung des (steuer- und sozialrechtlichen) Arbeitseinkommens ist diese Regelung verfassungsgemäß (vgl. BSG 29. 6. 2000 – B 13 RJ 11/00 R – SozR 3–2600 § 97 Nr. 2).

von Koppenfels-Spies

9 Dem Steuerbescheid bzw. der Entscheidung des Finanzgerichts kommt trotz der engen Verknüpfung von Steuer- und Sozialversicherungsrecht nur Tatbestands- und keine Feststellungswirkung zu; sie binden die Sozialversicherungsträger damit nicht (BSG 26. 11. 1984 – 12 RK 32/82 – BSGE 57, S. 235, 240; BSG 27. 1. 1999 – B 4 RA 17/98 R; BSG 21. 1. 2008 – B 10 KR 1/07 R; LPK-SGB IV/Vor § 15 Rn. 20). Denn eine Feststellungswirkung besteht in anderen Fällen immer nur dann, wenn dies gesetzlich ausdrücklich geregelt ist, was aber in § 15 nicht der Fall ist; außerdem wird der Gewinn im Steuerrecht verbindlich erst nachträglich festgestellt, im Sozialversicherungsrecht muss er aber idR aktuell ermittelt werden (KassKomm/Seewald § 15 Rn. 23; aA Hauck/Noftz/Klattenhoff § 15 Rn. 8).

§ 16 Gesamteinkommen

Gesamteinkommen ist die Summe der Einkünfte im Sinne des Einkommensteuerrechts; es umfasst insbesondere das Arbeitsentgelt und das Arbeitseinkommen.

A. Normzweck

1 § 16, der den Begriff des Gesamteinkommens definiert, gilt einheitlich für alle Zweige der Sozialversicherung und das Arbeitsförderungsrecht (BT-Drs. 7/4122 in Hauck/Noftz SGB IV M 010, S. 8; BT-Drs. 7/5457 (S. 4, 7) in Hauck/Noftz SGB IV M 020, S. 3). § 16 hat allerdings nur noch in der gesetzlichen Kranken-, Pflege- und Rentenversicherung sowie im SGB XII praktische Bedeutung. In der Kranken- und Pflegeversicherung hat § 16 im Rahmen der Familienversicherung (vgl. §§ 10 Abs. 1 S. 1 Nr. 5 SGB V, 25 Abs. 1 S. 1 Nr. 5 SGB XI) sowie im Hinblick auf die Systemabgrenzung zwischen gesetzlicher und privater Kranken- bzw. Pflegeversicherung bei der Familienversicherung von Kindern Relevanz (§§ 10 Abs. 3 SGB V, 25 Abs. 3 SGB XI); ferner spielt das Gesamteinkommen bei den Regelungen zu den Beitragszuschüssen für eine private Kranken- bzw. Pflegeversicherung eine Rolle (§§ 257 Abs. 2a S. 1 Nr. 3 SGB V, 110 Abs. 1 Nr. 2g SGB XI). In der gesetzlichen Rentenversicherung ist § 16 für die Geschiedenenwitwenrente gem. § 243 Abs. 3 SGB VI und im SGB XII im Rahmen der Grundsicherung im Alter und bei Erwerbsminderung (§ 43 Abs. 2 S. 1 SGB XII) von Bedeutung. Hier wird zur Definition des Begriffs des Gesamteinkommens auf § 16 verwiesen.

B. Regelungsgehalt

2 § 16 setzt das sozialversicherungsrechtliche Gesamteinkommen mit der Summe der steuerrechtlichen Einkünfte gleich, wozu laut 2. HS insbesondere das Arbeitsentgelt und das Arbeitseinkommen gehören. Damit folgt das Sozialversicherungsrecht dem steuerrechtlichen Universalitäts- und Totalitätsprinzip, das der steuerlichen Belastungsgleichheit dient (Hauck/Noftz/Klattenhoff § 16 Rn. 2).

3 Zu den Einkünften im Sinne des Einkommensteuerrechts zählen gem. § 2 Abs. 1, 2 EStG Einnahmen aus Land- und Forstwirtschaft, Gewerbebetrieb, selbständiger Arbeit, nichtselbständiger Arbeit, Kapitalvermögen, Vermietung und Verpachtung; ferner gehören sonstige Einkünfte iSd. § 22 EStG dazu.

4 Einkünfte sind bei Land- und Forstwirtschaft, Gewerbebetrieb und selbständiger Arbeit der Gewinn, bei den anderen Einkunftsarten der Überschuss der Einnahmen über die Werbungskosten, § 2 Abs. 2 Nr. 2 EStG. Der einkommensteuerrechtliche Begriff des Gewinns wird in den §§ 4–7k EStG, der Überschuss der Einnahmen über die Werbungskosten in §§ 8–9a EStG näher bestimmt.

5 Nicht zu den steuerrechtlichen Einkünften und damit nicht zum Gesamteinkommen gehören steuerfreie Einnahmen iSd. §§ 3, 3b EStG, etwa Leistungen aus einer Kranken-, Pflege- oder Unfallversicherung, Mutterschaftsgeld, Sachleistungen der Rentenversicherung, Leistungen nach dem SGB III oder dem WoGG.

Nicht zu berücksichtigen sind bei der Feststellung des Gesamteinkommens sog. subjektive Abzüge gem. § 2 Abs. 3–5 EStG, wie Steuerbegünstigungen nach §§ 10e ff. EStG, Kinderfreibeträge nach § 32 Abs. 6 EStG, Sonderausgaben gem. §§ 10–10c EStG (LPK-SGB IV/Vor § 16 Rn. 6). Werden Einnahmen durch Regelungen außerhalb des EStG steuerfrei gestellt, wie zB die Arbeitnehmersparzulage oder die Eigenheimzulage, gehören sie ebenfalls nicht zum Gesamteinkommen (BSG 22. 7. 1981 – 3 RK 7/80 – SozSich 1981, S. 317).

6 Obwohl die Begriffe „Arbeitsentgelt" und „Arbeitseinkommen" für das Sozialrecht in den §§ 14, 15 nicht deckungsgleich mit den entsprechenden steuerrechtlichen Begriffen definiert sind, sind sie im Rahmen von § 16 ausschließlich im steuerrechtlichen Sinne gemeint; dies ergibt sich daraus, dass der 1. HS auf den steuerrechtlichen Begriff „Einkünfte iSd. Einkommensteuerrechts" abstellt (BSG 20. 6. 1979 – 5 RKn 7/78 – BSGE 48, S. 206; KassKomm/Seewald § 16 Rn. 2; vgl. auch Hauck/Noftz/Klattenhoff § 16 Rn. 4f., welcher die Regelung jedoch insgesamt für insuffizient hält und die Ersetzung durch eine speziell sozialversicherungsrechtliche Definition empfiehlt). Demzufolge sind zB bei der Berechnung des Gesamteinkommens von den Einkünften aus nichtselbständiger Arbeit – abweichend von § 14 (vgl. Kommentierung zu § 14 Rn. 5) – die Werbungskosten abzuziehen (BSG 22. 5. 2003 – B 12 KR 13/02 R – BSGE 91, S. 83). Anders als im Rahmen des § 14 (vgl. BSG 21. 2. 1990 – 12 RK 20/88 – BSGE 66, S. 219, 220 f.) zählen auch monatlich gezahlte Beträge einer Abfindung des Arbeitgebers infolge einer ordentlichen Kündigung des Arbeitsverhältnisses, soweit sie steuerpflichtig sind, zum Gesamteinkommen (BSG 25. 1. 2006 – B 12 KR 2/05 R – SozR 4–2500 § 10 Nr. 6).

Bei Einkünften aus Kapitalvermögen (vgl. § 2 Abs. 1 S. 1 Nr. 5, § 20 Abs. 4 EStG) sind Werbungskosten (LPK-SGB IV/Vor § 16 Rn. 10) und der Sparer-Freibetrag abzuziehen (BSG 7. 12. 2000 – B 10 KR 3/99 R – SozR 3–2500 § 10 Nr. 19, S. 78; BSG 22. 5. 2003 – B 12 KR 13/02 R – NJW 2003, S. 2853). 7

Bei Einkünften aus Vermietung und Verpachtung iSd. § 21 EStG sind Absetzungen für Abnutzung und Substanzverringerung nicht gem. §§ 7, 7 a, 7 b EStG abzusetzen (BSG 28. 10. 1981 – 3 RK 8/81 – SozR 2200 § 205 Nr. 45). 8

Zu den sonstigen Einkünften iSd. § 22 EStG zählt etwa der kraft gesetzlicher Verpflichtung oder freiwillig gezahlte Unterhalt an getrennt lebende oder geschiedene Ehegatten bis zu einer Höhe von 13.805 Euro im Kalenderjahr (§ 10 Abs. 1 Nr. 1 S. 1 EStG) und der Ertragsanteil von Renten aus der gesetzlichen (BSG 10. 6. 1979 – 5 RKn 7/78 – BSGE 48, S. 206) oder einer privaten Rentenversicherung (vgl. BSG 25. 1. 2006 – B 12 KR 10/04 – SozR 4–2500 § 10 Nr. 5; KassKomm/Seewald § 16 Rn. 13), sofern jeweils die Voraussetzungen von § 22 Nr. 1 a) aa) bzw. bb) EStG gegeben sind. 9

§ 17 Verordnungsermächtigung

(1) ¹Das Bundesministerium für Arbeit und Soziales wird ermächtigt, durch Rechtsverordnung mit Zustimmung des Bundesrates zur Wahrung der Belange der Sozialversicherung und der Arbeitsförderung, zur Förderung der betrieblichen Altersversorgung oder zur Vereinfachung des Beitragseinzugs zu bestimmen,

1. dass einmalige Einnahmen oder laufende Zulagen, Zuschläge, Zuschüsse oder ähnliche Einnahmen, die zusätzlich zu Löhnen oder Gehältern gewährt werden, und steuerfreie Einnahmen ganz oder teilweise nicht als Arbeitsentgelt gelten,
2. dass Beiträge an Direktversicherungen und Zuwendungen an Pensionskassen oder Pensionsfonds ganz oder teilweise nicht als Arbeitsentgelt gelten,
3. wie das Arbeitsentgelt, das Arbeitseinkommen und das Gesamteinkommen zu ermitteln und zeitlich zuzurechnen sind,
4. den Wert der Sachbezüge nach dem tatsächlichen Verkehrswert im Voraus für jedes Kalenderjahr.

²Dabei ist eine möglichst weitgehende Übereinstimmung mit den Regelungen des Steuerrechts sicherzustellen.

(2) ¹Das Bundesministerium für Arbeit und Soziales bestimmt im Voraus für jedes Kalenderjahr durch Rechtsverordnung mit Zustimmung des Bundesrates die Bezugsgröße (§ 18). ²Das Bundesministerium für Arbeit und Soziales wird ermächtigt, durch Rechtsverordnung mit Zustimmung des Bundesrates auch sonstige aus der Bezugsgröße abzuleitende Beträge zu bestimmen.

§ 17 a Umrechnung von ausländischem Einkommen

(1) ¹Ist Einkommen zu berücksichtigen, das in fremder Währung erzielt wird, wird es in Euro nach dem Referenzkurs umgerechnet, den die Europäische Zentralbank öffentlich bekannt gibt. ²Wird für die fremde Währung von der Europäischen Zentralbank ein Referenzkurs nicht veröffentlicht, wird das Einkommen nach dem von der Deutschen Bundesbank ermittelten Mittelkurs für die Währung des betreffenden Landes umgerechnet; für Länder mit differenziertem Kurssystem ist der Kurs für den nichtkommerziellen Bereich zugrunde zu legen.

(2) ¹Bei Berücksichtigung von Einkommen ist in den Fällen, in denen der Beginn der Leistung oder der neu berechneten Leistung in der Vergangenheit liegt, der Umrechnungskurs für den Kalendermonat maßgebend, in dem die Anrechnung des Einkommens beginnt. ²Bei Berücksichtigung von Einkommen ist in den Fällen, in denen der Beginn der Leistung oder der neu berechneten Leistung nicht in der Vergangenheit liegt, der Umrechnungskurs für den ersten Monat des Kalendervierteljahres maßgebend, das dem Beginn der Berücksichtigung von Einkommen vorausgeht. ³Überstaatliches Recht bleibt unberührt.

(3) ¹Der angewandte Umrechnungskurs bleibt so lange maßgebend, bis
1. die Sozialleistung zu ändern ist,
2. sich das zu berücksichtigende Einkommen ändert oder
3. eine Kursveränderung von mehr als 10 vom Hundert gegenüber der letzten Umrechnung eintritt, jedoch nicht vor Ablauf von drei Kalendermonaten.
²Die Kursveränderung nach Nummer 3 sowie der neue Umrechnungskurs werden in entsprechender Anwendung von Absatz 2 ermittelt.

(4) ¹Die Absätze 1 bis 3 finden entsprechende Anwendung auf
1. Unterhaltsleistungen,
2. Prämien für eine Krankenversicherung.
²Sie finden keine Anwendung bei der Ermittlung von Bemessungsgrundlagen von Sozialleistungen.

(5) Die Absätze 1 bis 4 sind auch anzuwenden, wenn der Versicherungsfall vor dem 1. Juli 1985 eingetreten ist.

§ 18 Bezugsgröße

(1) Bezugsgröße im Sinne der Vorschriften für die Sozialversicherung ist, soweit in den besonderen Vorschriften für die einzelnen Versicherungszweige nichts Abweichendes bestimmt ist, das Durchschnittsentgelt der gesetzlichen Rentenversicherung im vorvergangenen Kalenderjahr, aufgerundet auf den nächsthöheren, durch 420 teilbaren Betrag.

(2) Die Bezugsgröße für das Beitrittsgebiet (Bezugsgröße [[lsqb]]Ost[[rsqb]]) verändert sich zum 1. Januar eines jeden Kalenderjahres auf den Wert, der sich ergibt, wenn der für das vorvergangene Kalenderjahr geltende Wert der Anlage 1 zum Sechsten Buch durch den für das Kalenderjahr der Veränderung bestimmten vorläufigen Wert der Anlage 10 zum Sechsten Buch geteilt wird, aufgerundet auf den nächsthöheren, durch 420 teilbaren Betrag.

(3) Beitrittsgebiet ist das in Artikel 3 des Einigungsvertrages genannte Gebiet.

Vierter Titel. Einkommen beim Zusammentreffen mit Renten wegen Todes

§ 18 a Art des zu berücksichtigenden Einkommens

(1) ¹Bei Renten wegen Todes sind als Einkommen zu berücksichtigen
1. Erwerbseinkommen,
2. Leistungen, die erbracht werden, um Erwerbseinkommen zu ersetzen (Erwerbsersatzeinkommen),
3. Vermögenseinkommen und
4. Elterngeld.
²Nicht zu berücksichtigen sind
1. steuerfreie Einnahmen nach § 3 des Einkommensteuergesetzes mit Ausnahme der Aufstockungsbeträge und Zuschläge nach dessen Nummer 28 und der Einnahmen nach dessen Nummer 40 sowie Erwerbsersatzeinkommen nach Absatz 3 Satz 1 Nummer 1 und 8 und
2. Einnahmen aus Altersvorsorgeverträgen, soweit sie nach § 10a oder Abschnitt XI des Einkommensteuergesetzes gefördert worden sind.
³Die Sätze 1 und 2 gelten auch für vergleichbare ausländische Einkommen.

(2) ¹Erwerbseinkommen im Sinne des Absatzes 1 Satz 1 Nummer 1 sind Arbeitsentgelt, Arbeitseinkommen und vergleichbares Einkommen. ²Nicht als Erwerbseinkommen im Sinne des Absatzes 1 Satz 1 Nummer 1 gelten Arbeitsentgeltteile, die durch Entgeltumwandlung bis zu 4 vom Hundert der Beitragsbemessungsgrenze in der allgemeinen Rentenversicherung für betriebliche Altersversorgung verwendet werden, sowie das Arbeitsentgelt, das eine Pflegeperson von dem Pflegebedürftigen erhält, wenn das Entgelt das dem Umfang der Pflegetätigkeit entsprechende Pflegegeld im Sinne des § 37 des Elften Buches nicht übersteigt.

(2 a) Arbeitseinkommen im Sinne des Absatzes 2 Satz 1 ist die positive Summe der Gewinne oder Verluste aus folgenden Arbeitseinkommensarten:

1. Gewinne aus Land- und Forstwirtschaft im Sinne der §§ 13, 13a und 14 des Einkommensteuergesetzes in Verbindung mit § 15 Absatz 2,
2. Gewinne aus Gewerbebetrieb im Sinne der §§ 15, 16 und 17 des Einkommensteuergesetzes und
3. Gewinne aus selbständiger Arbeit im Sinne des § 18 des Einkommensteuergesetzes.

(3) ¹Erwerbsersatzeinkommen im Sinne des Absatzes 1 Satz 1 Nummer 2 sind
1. das Krankengeld, das Verletztengeld, das Versorgungskrankengeld, das Mutterschaftsgeld, das Übergangsgeld, das Kurzarbeitergeld, das Arbeitslosengeld, das Insolvenzgeld, das Krankentagegeld und vergleichbare Leistungen,
2. Renten der Rentenversicherung wegen Alters oder verminderter Erwerbsfähigkeit, die Erziehungsrente, die Knappschaftsausgleichsleistung, das Anpassungsgeld für entlassene Arbeitnehmer des Bergbaus und Leistungen nach den §§ 27 und 28 des Sozialversicherungs-Angleichungsgesetzes Saar,
3. Altersrenten und Renten wegen Erwerbsminderung der Alterssicherung der Landwirte, die an ehemalige Landwirte oder mitarbeitende Familienangehörige gezahlt werden,
4. die Verletztenrente der Unfallversicherung, soweit sie einen der Grundrente nach § 31 in Verbindung mit § 84a Satz 1 und 2 des Bundesversorgungsgesetzes entsprechenden Betrag übersteigt; eine Kürzung oder ein Wegfall der Verletztenrente wegen Anstaltspflege oder Aufnahme in ein Alters- oder Pflegeheim bleibt unberücksichtigt; bei einer Minderung der Erwerbsfähigkeit um 20 vom Hundert ist ein Betrag in Höhe von zwei Dritteln, bei einer Minderung der Erwerbsfähigkeit um 10 vom Hundert ist ein Betrag in Höhe von einem Drittel der Mindestgrundrente anzusetzen,
5. das Ruhegehalt und vergleichbare Bezüge aus einem öffentlich-rechtlichen Dienst- oder Amtsverhältnis oder aus einem versicherungsfreien Arbeitsverhältnis mit Anspruch auf Versorgung nach beamtenrechtlichen Vorschriften oder Grundsätzen sowie vergleichbare Bezüge aus der Versorgung der Abgeordneten,
6. das Unfallruhegehalt und vergleichbare Bezüge aus einem öffentlich-rechtlichen Dienst- oder Amtsverhältnis oder aus einem versicherungsfreien Arbeitsverhältnis mit Anspruch auf Versorgung nach beamtenrechtlichen Vorschriften oder Grundsätzen sowie vergleichbare Bezüge aus der Versorgung der Abgeordneten; wird daneben kein Unfallausgleich gezahlt, gilt Nummer 4 letzter Teilsatz entsprechend,
7. Renten der öffentlich-rechtlichen Versicherungs- oder Versorgungseinrichtungen bestimmter Berufsgruppen wegen Minderung der Erwerbsfähigkeit oder Alters,
8. der Berufsschadensausgleich nach § 30 Absatz 3 bis 11 des Bundesversorgungsgesetzes und anderen Gesetzen, die die entsprechende Anwendung der Leistungsvorschriften des Bundesversorgungsgesetzes vorsehen,
9. Renten wegen Alters oder verminderter Erwerbsfähigkeit, die aus Anlass eines Arbeitsverhältnisses zugesagt worden sind,
10. Renten wegen Alters oder verminderter Erwerbsfähigkeit aus privaten Lebens- und Rentenversicherungen, allgemeinen Unfallversicherungen sowie sonstige private Versorgungsrenten.

²Kinderzuschuss, Kinderzulage und vergleichbare kindbezogene Leistungen bleiben außer Betracht. ³Wird eine Kapitalleistung oder anstelle einer wiederkehrenden Leistung eine Abfindung gezahlt, ist der Betrag als Einkommen zu berücksichtigen, der bei einer Verrentung der Kapitalleistung oder als Rente ohne die Abfindung zu zahlen wäre.

(4) Vermögenseinkommen im Sinne des Absatzes 1 Satz 1 Nummer 3 ist die positive Summe der positiven oder negativen Überschüsse, Gewinne oder Verluste aus folgenden Vermögenseinkommensarten:
1. a) Einnahmen aus Kapitalvermögen im Sinne des § 20 des Einkommensteuergesetzes. Einnahmen im Sinne des § 20 Absatz 1 Nummer 6 des Einkommensteuergesetzes in der ab dem 1. Januar 2005 geltenden Fassung sind auch bei einer nur teilweisen Steuerpflicht jeweils die vollen Unterschiedsbeträge zwischen den Versicherungsleistungen einerseits und den auf sie entrichteten Beiträgen oder den Anschaffungskosten bei entgeltlichem Erwerb des Anspruchs auf die Versicherungsleistung andererseits,
b) Einnahmen aus Versicherungen auf den Erlebens- oder Todesfall im Sinne des § 10 Absatz 1 Nummer 2 Buchstabe b Doppelbuchstabe cc und dd des Einkommensteuergesetzes in der am 1. Januar 2004 geltenden Fassung, wenn die Laufzeit dieser Versicherungen vor dem 1. Januar 2005 begonnen hat und ein Versicherungsbeitrag bis zum 31. Dezember 2004 entrichtet wurde, es sei denn, sie werden wegen Todes geleistet; zu den Einnahmen gehören außerrechnungsmäßige und rechnungsmäßige Zinsen aus den Sparanteilen, die in den Beiträgen zu diesen Versicherungen enthalten sind, im Sinne des § 20 Absatz 1 Nummer 6 des Einkommensteuergesetzes in der am 21. September 2002 geltenden Fassung.

Bei der Ermittlung der Einnahmen ist als Werbungskostenpauschale der Sparer-Pauschbetrag abzuziehen,
2. Einnahmen aus Vermietung und Verpachtung im Sinne des § 21 des Einkommensteuergesetzes nach Abzug der Werbungskosten und
3. Gewinne aus privaten Veräußerungsgeschäften im Sinne des § 23 des Einkommensteuergesetzes, soweit sie mindestens 600 Euro im Kalenderjahr betragen.

A. Vorbemerkung

1 Die Vorschriften des SGB VI (§ 97), SGB VII (§§ 65 ff. 217 II) und des ALG (§§ 28, 106 a) ordnen materiell-rechtlich an, dass Einkommen, das mit einer Rente wegen Todes zusammentrifft, anzurechnen ist. Die §§ 18 a–18 e legen Art und Höhe des insoweit anzurechnenden Einkommens fest, bestimmen die erstmalige Ermittlung des Einkommens sowie die Ermittlung und Berücksichtigung von Einkommensänderungen.

B. Normzweck

2 § 18 a bezweckt die Gleichbehandlung von Männern und Frauen bei den Hinterbliebenenrenten; die Unterhaltsersatzfunktion von Renten wegen Todes soll insofern gestärkt werden, als der Anspruch auf Hinterbliebenenrente ganz oder teilweise ruht, soweit und solange der Hinterbliebene über angemessenes eigenes Einkommen verfügt (vgl. KassKomm/Seewald vor § 18 a Rn. 3).

3 § 18 a differenziert zwischen Erwerbseinkommen (§ 18 a Abs. 1 Nr. 1, Abs. 2, 2 a), Erwerbsersatzeinkommen (§ 18 a Abs. 1 Nr. 2, Abs. 3), Vermögenseinkommen (§ 18 a Abs. 1 Nr. 3, Abs. 4) und Elterngeld (§ 18 a Abs. 1 Nr. 4). Bestimmte Einnahmen sind gem. § 18 a Abs. 1 S. 2 nicht zu berücksichtigen; ausländisches Einkommen ist gem. § 18 a Abs. 1 S. 3 gleichgestellt. Die Wirkung der Anrechnung von Einkommen iSd. § 18 a liegt darin, dass der Anspruch auf Hinterbliebenenrente in Höhe von 40% des den gesetzlichen Freibetrag (§ 97 Abs. 2 SGB VI, §§ 65 Abs. 3, 68 Abs. 2 SGB VII, §§ 28, 106 a ALG) übersteigenden Betrages ruht; das Rentenstammrecht bleibt bestehen (Hauck/Noftz/Sehnert Vorb. §§ 18 a-18 e Rn. 15). Von der Einkommensanrechnung iSd. §§ 18 a–18 e betroffen sind Renten wegen Todes der gesetzlichen Rentenversicherung (Witwen- und Witwerrente gem. § 46 SGB VI, Erziehungsrente gem. § 47 SGB VI, Waisenrente gem. § 48 SGB VI, Witwen- und Witwerrente an vor dem 1. 7. 1977 geschiedene Ehegatten gem. §§ 243, 243 a SGB VI), Renten der Alterssicherung der Landwirte (die in §§ 14, 15 und 88 ALG genannten Witwen- und Witwerrente, Waisenrente, Witwen- und Witwerrente an frühere Ehegatten) sowie Renten der gesetzlichen Unfallversicherung (Renten gem. §§ 65–67, 69 und 71 Abs. 4 SGB VII: Witwen- und Witwerrente, Witwen- und Witwerrente an frühere Ehegatten, Waisenrente, Rente an Verwandte der aufsteigenden Linie, laufende Beihilfen an Witwen, Witwer und Waisen).

4 § 18 a normiert nur, dass bzw. welche Arten von Einkommen auf Renten wegen Todes anzurechnen sind. Die materiell-rechtlichen Voraussetzungen für einen Anspruch auf Hinterbliebenenrente, die rechtlichen Konsequenzen der Anrechnung von Einkommen und entsprechende Übergangsregelungen sind jeweils im SGB VI (§§ 46 ff., 97), SGB VII (§§ 65 f., 217 Abs. 2) und ALG (§§ 28, 106 a) geregelt.

5 Im Hinblick auf den zeitlichen Anwendungsbereich von § 18 a ist die Übergangsvorschrift des § 114 mit zu berücksichtigen. Danach gilt § 18 a uneingeschränkt nur für Renten ab dem 1. 1. 2002; Voraussetzung dabei ist, dass der Versicherte nach dem 31. 12. 2001 verstorben ist und die Ehe ab dem 1. 1. 2002 geschlossen wurde. Wurde die Ehe vor dem 1. 1. 2002 geschlossen, ist § 18 a nur dann uneingeschränkt anwendbar, wenn der Tod nach dem 31. 12. 2001 eingetreten ist und beide Ehegatten nach dem 1. 1. 1962 geboren wurden (Umkehrschluss aus § 114). Die Anrechnung von Einkommen auf Renten wegen Todes für Altfälle regelt § 114. Diese Vorschrift sieht als anzurechnendes Einkommen nur Erwerbseinkommen und Erwerbsersatzeinkommen aufgrund öffentlich-rechtlicher Vorschriften vor; ausgenommen sind Zusatzleistungen. § 114 ist anwendbar, wenn der Versicherte vor dem 1. 1. 2002 verstorben ist, oder bei einer Eheschließung vor dem 1. 1. 2002 wenigstens einer der (geschiedenen) Ehegatten vor dem 2. 1. 1962 geboren ist; bei Waisenrenten gilt § 114, wenn die Waise vor dem 1. 1. 2002 geboren ist.

C. Regelungsgehalt

6 § 18 a Abs. 1 legt abschließend fest, welche Arten von Einkommen angerechnet werden. Dies sind das vom Rentenberechtigten selbst erworbene Erwerbseinkommen, also Arbeitsentgelt und Arbeitseinkommen mit Ausnahme des in § 18 a Abs. 2 S. 2 genannten Erwerbseinkommens, ferner Erwerbsersatzeinkommen, wie zB Beamtenpensionen und Leistungen berufsständischer Versorgungseinrichtungen, ferner seit dem 1. 1. 2002 Vermögenseinkommen, wie zB Einnahmen aus Kapitalvermögen, und seit dem 1. 1. 2007 Elterngeld.

I. Erwerbseinkommen

Gem. § 18a Abs. 2 S. 1 zählen zum Erwerbseinkommen das Arbeitsentgelt, das Arbeitseinkommen und vergleichbares Einkommen. Arbeitsentgelt im sozialversicherungsrechtlichen Sinne sind gem. § 14 (vgl. Kommentierung § 14 Rn. 5) alle laufenden oder einmaligen Einnahmen aus einer Beschäftigung. Beschäftigte sind auch Beamte, Richter, Soldaten und Dienstordnungsangestellte (§§ 144 ff. SGB VII), obwohl kein sozialversicherungspflichtiges Beschäftigungsverhältnis gegeben ist. Ihre Bezüge gehören demnach auch zum Arbeitsentgelt. Die auf der Grundlage von § 17 Abs. 1 Nr. 1 erlassene SvEV nimmt bestimmte Einnahmen vom Arbeitsentgelt aus: Gem. § 1 I Nr. 1 SvEV sind einmalige Einnahmen, laufende Zulagen und ähnliche Einnahmen, die zusätzlich zu Löhnen oder Gehältern gezahlt werden, nicht dem Arbeitsentgelt zuzurechnen, soweit sie lohnsteuerfrei sind. Ausgenommen hiervon und damit dem Arbeitsentgelt hinzuzurechnen sind steuerfreie Sonn-, Feiertags- und Nachtzuschläge, sofern das Entgelt aus dem sie berechnet werden, mehr als 25 Euro pro Stunde beträgt (§ 1 I Nr. 1). In der gesetzlichen Unfallversicherung sind Zuschläge für Sonntags-, Feiertags- oder Nachtarbeit gem. § 1 I 2 SvEV dem Arbeitsentgelt grundsätzlich in vollem Umfang trotz Lohnsteuerfreiheit zuzurechnen; um Diskrepanzen zwischen Unfall- und Rentenversicherung zu vermeiden, ordnet § 1 II 2 SvEV dann aber an, dass dies nicht für Erwerbseinkommen gilt, das bei einer Hinterbliebenenrente zu berücksichtigen ist. 7

§ 18a Abs. 2a enthält eine von § 15 zum Teil abweichende eigenständige Definition des Arbeitseinkommens, mit der eine weitgehende Übereinstimmung mit dem Steuerrecht erzielt werden soll. Danach ist Arbeitseinkommen die positive Summe der Gewinne oder Verluste aus den Gewinneinkünften des Einkommensteuerrechts (§ 2 Abs. 2 Nr. 1, §§ 4 ff. EStG). Erfasst werden die Einkünfte aus Land- und Forstwirtschaft, aus Gewerbebetrieb sowie aus selbständiger Arbeit. Das Arbeitseinkommen iSd. § 18a entspricht somit dem steuerrechtlichen Gewinn und kann unverändert aus dem Steuerbescheid entnommen werden (BSG 25. 2. 2004 – B 5 RJ 56/02 R – NZS 2005, S. 210). Es findet sowohl ein horizontaler Verlustausgleich (Ausgleich innerhalb derselben Einkunftsart) als auch ein vertikaler Verlustausgleich (Ausgleich von Gewinnen und Verlusten aus unterschiedlichen Einkunftsarten) statt (Hauck/Noftz/Sehnert § 18a Rn. 25). Nicht zum Arbeitseinkommen in diesem Sinne, sondern zum Vermögenseinkommen gem. § 18a Abs. 1 Nr. 3, Abs. 4 zählen Einkünfte aus Kapitalvermögen und aus Vermietung und Verpachtung, es sei denn, diese Einkünfte sind den Einkünften aus Land- und Forstwirtschaft, Gewerbebetrieb oder selbständiger Arbeit zuzurechnen (Hauck/Noftz/Sehnert § 18a Rn. 24). 8

Vergleichbares Einkommen iSd. § 18a Abs. 2 S. 1 sind alle Einnahmen, die dem Arbeitsentgelt oder dem Arbeitseinkommen von ihrer Funktion her und in ihrer rechtlichen Ausgestaltung vergleichbar sind (LPK-SGB IV/Vor § 18a Rn. 22; Hauck/Noftz/Sehnert § 18a Rn. 29). Hierzu zählen etwa Abfindungen und Entlassungsentschädigungen, die vom Arbeitgeber aus Anlass der Beendigung des Arbeitsverhältnisses gezahlt werden, ferner Vorruhestandsgelder gem. dem Vorruhestandsgesetz, betriebliche Ruhegelder des Arbeitgebers, Bezüge der Minister, Senatoren, parlamentarischen Staatssekretäre und ehrenamtlichen Bürgermeister, ferner Entschädigungen für Bundestags- und Landtagsabgeordnete (Diäten) sowie die Karenzentschädigung nach § 74 II HGB (umfassende Aufzählung bei Hauck/Noftz/Sehnert § 18a Rn. 30). 9

II. Erwerbsersatzeinkommen

Erwerbsersatzeinkommen sind gem. § 18a Abs. 1 S. 1 Nr. 2 alle Leistungen, die erbracht werden, um Erwerbseinkommen zu ersetzen. Unerheblich ist, ob diese Leistungen auf öffentlich-rechtlicher oder privatrechtlicher Grundlage beruhen. Das Erwerbsersatzeinkommen ist in § 18a Abs. 3 Nr. 1–10 abschließend aufgezählt; es kann eingeteilt werden in kurzfristiges (§ 18a Abs. 3 Nr. 1) und dauerhaftes Erwerbsersatzeinkommen (§ 18a Abs. 3 Nr. 2–10). Kurzfristiges Erwerbsersatzeinkommen ist das Krankengeld gem. §§ 44 ff. SGB V, das Verletztengeld gem. §§ 45 ff. SGB VII, das Versorgungskrankengeld nach § 16 BVG, das Mutterschaftsgeld gem. § 200 RVO, das Übergangsgeld nach § 44 Abs. 1 Nr. 1, §§ 46 ff. SGB IX, das Kurzarbeitergeld nach den §§ 169 ff. SGB III, das Arbeitslosengeld gem. §§ 117 ff. SGB III, das Insolvenzgeld gem. §§ 183 ff. SGB III und vergleichbare Leistungen. Hierzu zählen Leistungen, die aufgrund öffentlich-rechtlicher oder privatrechtlicher Vorschriften erbracht werden, um Erwerbseinkommen zu ersetzen. Ausweislich der Gesetzesbegründung fallen darunter etwa das Überbrückungsgeld der Seemannskasse, die Übergangsleistung nach § 3 Abs. 2 der Berufskrankheiten-Verordnung, die Berufsausbildungsbeihilfe nach § 74 SGB III, die Arbeitslosenbeihilfe nach § 86a SVG und der vom Arbeitgeber gezahlte Zuschuss zum Mutterschaftsgeld gem. § 14 MuSchG (BT-Drs. 10/2677 S. 44). Keine vergleichbare Leistung iS dieser Vorschrift sind fürsorgerechtliche Leistungen, wie das Arbeitslosengeld II, die Hilfe zum Lebensunterhalt nach dem SGB XII, die Grundsicherung im Alter und bei Erwerbsminderung nach dem SGB XII und die Kriegsopferfürsorge, denn sie ersetzen nicht primär das Erwerbseinkommen (BT-Drs. 10/2677 S. 44). 10

11   Dauerhaftes Erwerbsersatzeinkommen sind die in Abs. 3 S. 1 Nr. 2–10 abschließend aufgezählten Leistungen.

12   Renten der Rentenversicherung gem. Abs. 3 S. 1 Nr. 2 sind solche aus eigener Versicherung, die der Versicherte selbst erworben hat, nicht hingegen Hinterbliebenenrenten, denn diese haben Unterhaltsersatzfunktion und sind mithin kein Erwerbsersatzeinkommen (Hauck/Noftz/Sehnert § 18a Rn. 43). Anrechenbare Renten sind – unabhängig davon, ob sie auf freiwilligen oder Pflichtbeiträgen, auf einem durchgeführten Versorgungsausgleich oder auf Zeiten einer Kindererziehung (§§ 56, 249, 249a SGB VI) beruhen (Hauck/Noftz/Sehnert § 18a Rn. 43) – die Regel- und die vorgezogenen Altersrenten nach §§ 35 ff. SGB VI, die Renten wegen voller oder teilweiser Erwerbsminderung gem. § 43 SGB VI und wegen Berufsunfähigkeit gem. § 240 SGB VI, die Renten für Bergleute gem. § 45 SGB VI, die Erziehungsrenten gem. § 47 SGB VI; letztere sind zwar Renten wegen Todes, anders als Hinterbliebenenrenten beruhen sie aber auf selbsterworbenen und nicht auf abgeleiteten Ansprüchen. Anrechenbar sind ferner die Knappschaftsausgleichsleistung gem. § 239 SGB VI, das Anpassungsgeld für entlassene Arbeitnehmer des Bergbaus und die Leistungen nach den §§ 27, 28 des Sozialversicherungs-Angleichungsgesetzes Saar.

13   Anrechenbar sind ferner gem. Abs. 3 S. 1 Nr. 3 Renten aus der Alterssicherung der Landwirte, etwa Renten wegen Alters und Erwerbsminderung an ehemalige Landwirte und mitarbeitende Familienangehörige (§§ 11–13 ALG). Die Landabgaberente (§§ 121 ff. ALG) gehört nicht hierzu.

14   Die Verletztenrente der Unfallversicherung, die eine durch einen Arbeitsunfall oder eine Berufskrankheit eingetretene Minderung der Erwerbsfähigkeit von mindestens 20% voraussetzt (§ 56 SGB VII), wird gem. Abs. 3 S. 1 Nr. 4 nur dann angerechnet, wenn sie den Betrag übersteigt, der bei gleichem Grad der MdE als Grundrente nach §§ 31, 84a S. 1, 2 BVG gezahlt würde. Da eine Grundrente nach BVG aber eine MdE von mindestens 30% voraussetzt, regelt Abs. 3 S. 1 Nr. 4 aE den Sonderfall, dass die Verletztenrente für eine MdE unter 30% gezahlt wird; dann wird bei einer MdE von 20% ein Betrag in Höhe von $2/3$ und bei einer MdE von 10% ein Betrag in Höhe von $1/3$ der Mindestgrundrente nach dem BVG angesetzt (vgl. hierzu im Einzelnen KassKomm/Seewald § 18a Rn. 26).

15   § 18a Abs. 3 S. 1 Nr. 5 ordnet die Anrechnung von Ruhegehältern und vergleichbaren Bezügen an; hierunter fallen vor allem die Ruhegehälter der Beamten, Richter und Berufssoldaten, ferner die Versorgungsbezüge der Bundesminister und der parlamentarischen Staatssekretäre sowie der Landesminister und Senatoren und schließlich die Bezüge von DO-Angestellten der BG.

16   Wird ein Beamter durch einen Dienstunfall verletzt, hat er Anspruch auf Unfallfürsorge, die gem. § 30 Abs. 2 BeamtVG den Unfallausgleich, das Unfallruhegehalt und den Unterhaltsbeitrag umfasst (§§ 35–38 BeamtVG). Wird neben dem Unfallruhegehalt ein Unfallausgleich gem. § 35 BeamtVG gezahlt, wird er bei der Einkommensanrechnung gem. § 18a Abs. 3 S. 1 Nr. 6 nicht berücksichtigt. Wird kein Unfallausgleich gezahlt, gilt nach Abs. 3 S. 1 Nr. 6 aE die für Verletztenrenten geltende Regelung des Abs. 3 S. 1 Nr. 4 aE entsprechend, wonach dann das Unfallruhegehalt je nach dem Grad der MdE um $2/3$ oder $1/3$ der Grundrente nach dem BVG gekürzt wird.

17   Zu den berufsständischen Versorgungsrenten gem. Abs. 3 S. 1 Nr. 7 zählen die Renten wegen Alters und Minderung der Erwerbsfähigkeit der öffentlich-rechtlichen Versorgungswerke der Ärzte, Rechtsanwälte, Architekten, Notare und Apotheker.

18   Der Berufsschadensausgleich nach § 30 BVG und den in § 68 Nr. 7 SGB I genannten Gesetzen ersetzt infolge der Gesundheitsbeschädigung entgangenes Erwerbseinkommen und ist dementsprechend anzurechnen (Abs. 3 S. 1 Nr. 8).

19   Da es sich insoweit auch um Einkommen handelt, werden auch Renten aus betrieblicher Altersversorgung unabhängig vom gewählten Durchführungsweg gem. Abs. 3 S. 1 Nr. 9 angerechnet. Es werden aber nur die Einnahmen berücksichtigt, die nicht gem. § 10a EStG gefördert worden sind (§ 18a Abs. 1 S. 2 Nr. 2). Wird wie bei dem Durchführungsweg der Direktversicherung eine Kapitalleistung anstelle einer monatlichen Rente gezahlt, ist gem. Abs. 3 S. 3 der Betrag als Einkommen zu berücksichtigen, der bei einer Verrentung zu zahlen gewesen wäre.

20   Renten aus privaten Versicherungen iSd. § 18a Abs. 3 S. 1 Nr. 10 sind alle regelmäßig wiederkehrenden Leistungen, die aufgrund privater Versorgungsrenten infolge der Versicherungsfälle „Alter" und „Erwerbsminderung" von privatrechtlichen Versicherungsgesellschaften zu dem Zweck erbracht werden, den allgemeinen Lebensunterhalt zu sichern (BT-Drs. 14/4595 S. 59), zB Renten aus Lebens- und Rentenversicherungsverträgen, die sog. Rürup-Rente oder Renten aus allgemeinen Unfallversicherungen.

III. Kindbezogene Leistungen

21   Nicht angerechnet werden gem. Abs. 3 S. 2 der Kinderzuschuss in der Gesetzlichen Rentenversicherung (§ 270 SGB VI), die Kinderzulage der Gesetzlichen Unfallversicherung (§ 217 Abs. 3 SGB VII) und vergleichbare kindbezogene Leistungen, die wie zB das Kindergeld oder der Kinderzuschlag in der Kriegsopferversorgung unmittelbar für das einzelne Kind erbracht werden. Nach überwiegender Auffassung zählen hierzu auch Anteile von Leistungen, die nur wegen des Vorhandenseins

von Kindern beansprucht werden können, wie zB der höhere Leistungssatz beim Arbeitslosengeld I gem. § 129 Abs. 1 Nr. 1 SGB III, denn dieser Erhöhungsbetrag soll zusätzlichen Aufwand wegen des Vorhandenseins von Kindern ausgleichen (KassKomm/Seewald § 18a Rn. 40; Hauck/Noftz/Sehnert § 18a Rn. 52; LPK-SGB IV/Vor § 18a Rn. 38).

IV. Kapitalleistung und Abfindung

Wird anstelle von laufendem dauernden Erwerbsersatzeinkommen eine Abfindung oder Kapitalleistung gezahlt, wie zB bei der Abfindung von Verletztenrenten gem. §§ 75ff. SGB VII, ist gem. Abs. 3 S. 3 der Betrag als Einkommen zu berücksichtigen, der bei einer Verrentung der Kapitalleistung oder als Rente ohne Abfindung – jeweils bezogen auf die Lebenszeit – zu zahlen wäre (KassKomm/Seewald § 18a Rn. 41). Da Hinterbliebenenrenten von der Anrechnung nach § 18a ausgenommen sind, fällt die Abfindung von Hinterbliebenenrenten an Witwen oder Witwer (zB § 107 SGB VI, § 80 SGB VII) nicht hierunter. **22**

V. Vermögenseinkommen

Gem. § 18a Abs. 1 S. 1 Nr. 3 wird auch Vermögenseinkommen auf Renten wegen Todes angerechnet. Vermögenseinkommen sind – in Anlehnung an das EStG – gem. Abs. 4 Einnahmen aus Kapitalvermögen, aus Versicherungen, aus Vermietung und Verpachtung und Gewinne aus privaten Veräußerungsgeschäften. Indem Abs. 4 Nr. 1a hinsichtlich der Einnahmen aus Kapitalvermögen auf § 20 EStG verweist, wird eine weitgehende Parallelität mit dem Steuerrecht hergestellt. Anzurechnen sind Einnahmen aus Kapitalvermögen abzüglich der Werbungskosten und des Sparerfreibetrages, soweit sie gem. § 20 EStG steuerpflichtig sind; dies sind etwa Zinsen aus Sparbüchern oder Sparbriefen, Zinsen aus Hypotheken oder Grundschulden sowie Gewinnanteile aus Anteilen an einer GmbH und AG. **23**

Versicherungen iSd. § 10 Abs. 1 Nr. 2 b) cc) und dd) EStG (in der Fassung für das Kalenderjahr 2004) sind auf Renten wegen Todes gem. § 18a Abs. 4 S. 1 Nr. 1 b) anzurechnen, wenn die Laufzeit dieser Versicherungen vor dem 1. 1. 2005 begonnen hat und ein Versicherungsbeitrag bis zum 31. 12. 2004 entrichtet wurde. Dann ist aber nicht der gesamte ausgezahlte Betrag als Vermögenseinkommen anzurechnen, sondern nur die Zinsen auf die Sparanteile abzüglich der Werbungskosten und des Sparerfreibetrags (BeckOK SGB IV/Mette § 18a Rn. 37). **24**

Einnahmen aus Vermietung und Verpachtung sind solche des § 21 EStG, zB Einnahmen aus der Vermietung und Verpachtung von Immobilien, Einnahmen aus der zeitlich begrenzten Überlassung von Rechten, wie zB Urheberrechten, und Einnahmen aus der Veräußerung von Miet- und Pachtzinsforderungen (Hauck/Noftz/Sehnert § 18a Rn. 57). Derartige Einnahmen werden nach Abzug der Werbungskosten gem. § 18a Abs. 4 Nr. 2 auf Renten wegen Todes angerechnet. **25**

Gewinne aus privaten Veräußerungsgeschäften iSd. § 23 EStG werden angerechnet, soweit sie mindestens 600 Euro im Kalenderjahr betragen (§ 18a Abs. 4 Nr. 3). Hierunter fallen die bei der Anschaffung und kurzfristigen Weiterveräußerung von Immobilien und Wertpapieren erzielten Spekulationsgewinne. Kurzfristigkeit ist bei Immobiliengeschäften bei einer Frist von 10 Jahren, bei Aktien und sonstigen Wertpapieren bei einer Frist von einem Jahr gegeben. Wird die Grenze von 600 Euro überschritten, ist der gesamte Gewinn anzurechnen; unterhalb dieser Grenze liegt kein Vermögenseinkommen vor. Vermögenseinkommen ist in die Anrechnung auf Renten wegen Todes nur in den sog. Neufällen ab 1. 1. 2002 einbezogen (vgl. hierzu die Übergangsregelung des § 114). **26**

VI. Elterngeld

Gem. § 18a Abs. 1 Nr. 4 wird das seit dem 1. 1. 2007 gezahlte Elterngeld als Einkommen auf Renten wegen Todes angerechnet. Keine Anrechnung findet ausweislich der Übergangsregelung des § 114 I statt, wenn der versicherte Ehegatte vor dem 1. 1. 2002 verstorben ist oder die Ehe vor diesem Tag geschlossen wurde und mindestens ein Ehegatte vor dem 2. 1. 1962 geboren ist; § 114 Abs. 1 erwähnt das Elterngeld als Einkommensart – anders als § 18a – nicht. Auf Waisenrenten ist das Elterngeld gem. § 114 Abs. 2 nur anzurechnen, wenn die Waise nach dem 31. 12. 2001 geboren worden ist. **27**

VII. Nicht anrechenbares Einkommen

Soweit Einnahmen nach § 3 EStG steuerfrei sind, sind sie gem. § 18a Abs. 1 S. 2 Nr. 1 nicht als Einkommen zu berücksichtigen. Obwohl an sich steuerfreie Einnahmen gegeben sind, sind gleichwohl die in § 3 Nr. 28 EStG genannten Aufstockungsbeträge und Zuschläge, ferner die Einnahmen nach § 3 Nr. 40 EStG sowie die gem. § 3 Nr. 1 und 2 EStG steuerfreien kurzfristigen Erwerbsersatzeinkommen und der gem. § 3 Nr. 6 und 7 EStG steuerfreie Berufsschadensausgleich bei der Einkommensanrechnung zu berücksichtigen; letztere sind ausdrücklich in § 18a Abs. 3 S. 1 Nr. 1 und 8 als anrechenbare Einkommensarten genannt. Unberücksichtigt bleiben hingegen Einnahmen aus nach § 10a oder Abschnitt XI des EStG geförderten Altersvorsorgeverträgen (§ 18a Abs. 1 S. 2 Nr. 2). **28**

29 Aufgrund der Fiktion in § 18a Abs. 2 S. 2 gelten Arbeitsentgeltteile, die durch Entgeltumwandlung für die betriebliche Altersversorgung – unabhängig vom gewählten Durchführungsweg der betrieblichen Altersversorgung – verwendet werden, nicht als Erwerbseinkommen und werden dementsprechend nicht auf Renten wegen Todes angerechnet. Dies gilt aber nur bis zu einem Betrag von höchstens 4% der Beitragsbemessungsgrenze in der allgemeinen Rentenversicherung (vgl. § 159 SGB VI; Beitragsbemessungsgrenze 2010: 5.500 Euro monatlich in den alten und 4.650 Euro in den neuen Bundesländern). Ebenfalls nicht angerechnet wird Arbeitsentgelt, das eine Pflegeperson von dem Pflegebedürftigen erhält, wenn es das dem Umfang der Pflegetätigkeit entsprechende Pflegegeld nach § 37 SGB XI (monatlich derzeit 225 Euro bei Pflegestufe I bis zu 685 Euro bei Pflegestufe III) nicht übersteigt (§ 18a Abs. 2 S. 2). Wird diese Grenze überschritten, ist das Arbeitsentgelt insgesamt anzurechnen; dies folgt aus dem Gesetzeswortlaut, der von „wenn" und nicht „soweit" spricht (Hauck/Noftz/Sehnert § 18a Rn. 15).

VIII. Ausländisches Einkommen

30 Dem deutschen Erwerbs-, Erwerbsersatz- und Vermögenseinkommen vergleichbares ausländisches Einkommen wird gem. § 18a Abs. 1 S. 3 ebenfalls auf Renten wegen Todes angerechnet. Im Hinblick auf die Vergleichbarkeit mit den einzelnen Einkommensarten müssen nicht alle tatbestandsmäßigen Voraussetzungen des deutschen Rechts erfüllt sein, es genügt, wenn das ausländische Einkommen dem inländischen im Kerngehalt entspricht bzw. nach Art und Funktion gleichwertig ist (BSG 6. 3. 1991 – 13/5 RJ 39/90 – BSGE 68, S. 184ff.; Hauck/Noftz/Sehnert § 18a Rn. 17). Da § 18a Abs. 1 S. 3 auch auf S. 2 verweist, bleibt ausländisches Einkommen unberücksichtigt, wenn es den steuerfreien Einnahmen nach § 3 EStG entspricht.

31 Die Umrechnung ausländischen Einkommens in Euro erfolgt gem. § 17a.

§ 18b Höhe des zu berücksichtigenden Einkommens

(1) ¹Maßgebend ist das für denselben Zeitraum erzielte monatliche Einkommen. ²Mehrere zu berücksichtigende Einkommen sind zusammenzurechnen. ³Wird die Rente nur für einen Teil des Monats gezahlt, ist das entsprechend gekürzte monatliche Einkommen maßgebend. ⁴Einmalig gezahltes Vermögenseinkommen gilt als für die dem Monat der Zahlung folgenden zwölf Kalendermonate als erzielt. ⁵Einmalig gezahltes Vermögenseinkommen ist Einkommen, das einem bestimmten Zeitraum nicht zugeordnet werden kann oder in einem Betrag für mehr als zwölf Monate gezahlt wird.

(2) ¹Bei Erwerbseinkommen und Erwerbsersatzeinkommen nach § 18a Absatz 3 Satz 1 Nummer 1 gilt als monatliches Einkommen im Sinne von Absatz 1 Satz 1 das im letzten Kalenderjahr aus diesen Einkommensarten erzielte Einkommen, geteilt durch die Zahl der Kalendermonate, in denen es erzielt wurde. ²Wurde Erwerbseinkommen neben Erwerbsersatzeinkommen nach § 18a Absatz 3 Satz 1 Nummer 1 erzielt, sind diese Einkommen zusammenzurechnen; wurden diese Einkommen zeitlich aufeinander folgend erzielt, ist das Erwerbseinkommen maßgebend. ³Die für einmalig gezahltes Arbeitsentgelt in § 23a getroffene zeitliche Zuordnung gilt entsprechend. ⁴Für die Zeiten des Bezugs von Kurzarbeitergeld gilt das dem Versicherungsträger gemeldete Arbeitsentgelt maßgebend. ⁵Bei Vermögenseinkommen gilt als monatliches Einkommen im Sinne von Absatz 1 Satz 1 ein Zwölftel dieses im letzten Kalenderjahr erzielten Einkommens; bei einmalig gezahltem Vermögenseinkommen gilt ein Zwölftel des gezahlten Betrages als monatliches Einkommen nach Absatz 1 Satz 1.

(3) ¹Ist im letzten Kalenderjahr Einkommen nach Absatz 2 nicht oder nur Erwerbsersatzeinkommen nach § 18a Absatz 3 Satz 1 Nummer 1 erzielt worden, gilt als monatliches Einkommen im Sinne von Absatz 1 Satz 1 das laufende Einkommen. ²Satz 1 gilt auch bei der erstmaligen Feststellung der Rente, wenn das laufende Einkommen im Durchschnitt voraussichtlich um wenigstens zehn vom Hundert geringer ist als das nach Absatz 2 maßgebende Einkommen; jährliche Sonderzuwendungen sind beim laufenden Einkommen mit einem Zwölftel zu berücksichtigen. ³Umfasst das laufende Einkommen Erwerbsersatzeinkommen im Sinne von § 18a Absatz 3 Satz 1 Nummer 1, ist dieses nur zu berücksichtigen, solange diese Leistung gezahlt wird.

(4) Bei Erwerbsersatzeinkommen nach § 18a Absatz 3 Satz 1 Nummer 2 bis 10 gilt als monatliches Einkommen im Sinne von Absatz 1 Satz 1 das laufende Einkommen; jährliche Sonderzuwendungen sind beim laufenden Einkommen mit einem Zwölftel zu berücksichtigen.

(5) ¹Das monatliche Einkommen ist zu kürzen
1. bei Arbeitsentgelt um 40 vom Hundert, jedoch bei

a) Bezügen aus einem öffentlich-rechtlichen Dienst- oder Amtsverhältnis oder aus einem versicherungsfreien Arbeitsverhältnis mit Anwartschaft auf Versorgung nach beamtenrechtlichen Vorschriften oder Grundsätzen und bei Einkommen, das solchen Bezügen vergleichbar ist, um 27,5 vom Hundert,
b) Beschäftigten, die die Voraussetzungen des § 172 Absatz 1 des Sechsten Buches erfüllen, um 30,5 vom Hundert;
das Arbeitsentgelt von Beschäftigten, die die Voraussetzungen des § 172 Absatz 3 des Sechsten Buches erfüllen, und Aufstockungsbeträge nach § 3 Absatz 1 Satz 1 Nummer 1 Buchstabe a des Altersteilzeitgesetzes werden nicht gekürzt, Zuschläge nach § 6 Absatz 2 des Bundesbesoldungsgesetzes werden um 7,65 vom Hundert gekürzt.
2. bei Arbeitseinkommen um 39,8 vom Hundert, bei steuerfreien Einnahmen im Rahmen des Halbeinkünfteverfahrens oder des Teileinkünfteverfahrens um 24,8 vom Hundert,
3. bei Leistungen nach § 18a Absatz 3 Satz 1 Nummer 7 um 27,5 vom Hundert bei Leistungsbeginn vor dem Jahre 2011 und um 29,6 vom Hundert bei Leistungsbeginn nach dem Jahre 2010,
4. bei Leistungen nach § 18a Absatz 3 Satz 1 Nummer 5 und 6 um 23,7 vom Hundert bei Leistungsbeginn vor dem Jahre 2011 und um 25 vom Hundert bei Leistungsbeginn nach dem Jahre 2010,
5. bei Leistungen nach § 18a Absatz 3 Satz 1 Nummer 9 um 17,5 vom Hundert; sofern es sich dabei um Leistungen handelt, die der nachgelagerten Besteuerung unterliegen, ist das monatliche Einkommen um 21,2 vom Hundert bei Leistungsbeginn vor dem Jahre 2011 und um 23 vom Hundert bei Leistungsbeginn nach dem Jahre 2010 zu kürzen,
6. bei Leistungen nach § 18a Absatz 3 Satz 1 Nummer 10 um 12,7 vom Hundert,
7. bei Vermögenseinkommen um 25 vom Hundert; bei steuerfreien Einnahmen nach dem Halbeinkünfteverfahren um 5 vom Hundert; bei Besteuerung nach dem gesonderten Steuertarif für Einkünfte aus Kapitalvermögen um 30 vom Hundert; Einnahmen aus Versicherungen nach § 18a Absatz 4 Nummer 1 werden nur gekürzt, soweit es sich um steuerpflichtige Kapitalerträge handelt,
8. bei Leistungen nach § 18a Absatz 3 Satz 1 Nummer 2 und 3 um 13 vom Hundert bei Leistungsbeginn vor dem Jahre 2011 und um 14 vom Hundert bei Leistungsbeginn nach dem Jahre 2010.
²Die Leistungen nach § 18a Absatz 3 Satz 1 Nummer 1 und 4 sind um den Anteil der vom Berechtigten zu tragenden Beiträge zur Bundesagentur für Arbeit und, soweit Beiträge zur sonstigen Sozialversicherung oder zu einem Krankenversicherungsunternehmen gezahlt werden, zusätzlich um 10 vom Hundert zu kürzen.

(5a) Elterngeld wird um den anrechnungsfreien Betrag nach § 10 des Bundeselterngeld- und Elternzeitgesetzes gekürzt.

(6) Soweit ein Versicherungsträger über die Höhe des zu berücksichtigenden Einkommens entschieden hat, ist diese Entscheidung auch für einen anderen Versicherungsträger bindend.

A. Normzweck

§ 18b regelt die Höhe des tatsächlich zu berücksichtigenden Einkommens. Da die Renten monatlich gezahlt werden, ist für das anzurechnende Einkommen – selbst wenn es einmalig gezahlt wird – ein Monatsbetrag festzulegen, denn nur dann besteht zeitliche Kongruenz zwischen der Rente wegen Todes und dem anzurechnenden Einkommen. Das Bruttoeinkommen ist in Nettoeinkommen umzurechnen, schließlich kann nur das tatsächlich zur Verfügung stehende Einkommen auf Renten wegen Todes angerechnet werden. Zur Minimierung des Verwaltungsaufwandes sind in Abs. 5 und 5a in Abhängigkeit von der konkreten Einkommensart hierzu pauschale Kürzungsbeträge normiert, die jeweils die typische Belastung berücksichtigen sollen (vgl. KassKomm/Seewald § 18b Rn. 1). Aufgrund der pauschalen Abzüge wird der Einkommensanrechnung nicht stets das effektiv verfügbare Einkommen zugrunde gelegt; vielmehr wird ein um die durchschnittlichen Belastungen mit Steuern und Sozialabgaben gekürztes Nettoeinkommen berücksichtigt mit der Konsequenz, dass tatsächliche höhere oder niedrigere Belastungen im Einzelfall unbeachtlich sind (Hauck/Noftz/Sehnert § 18b Rn. 1).

B. Regelungsgehalt

I. Allgemeine Grundsätze für die Bestimmung des anzurechnenden Einkommens

Im Hinblick auf die Anrechnung auf Renten wegen Todes ist gem. § 18b Abs. 1 S. 1 das monatliche Einkommen, das für denselben Zeitraum wie die Rente erzielt wird, maßgebend. Zeitlicher Bezugspunkt ist der Monat, in dem erstmals Einkommen mit Rente zusammentrifft. Es ist das tatsächlich anfallende Einkommen zu berücksichtigen. Die Einkommensanrechnung soll gemäß dem Prinzip der zeitlichen Kongruenz taggenau durchgeführt werden (BT-Drs. 14/4375, S. 47). Die Anrechnung von Einkommen ist unabhängig vom Überschreiten etwaiger Beitragsbemessungsgrenzen. Abtretungen und Verpfändungen mindern das Einkommen nicht, denn andernfalls hätte es der Berechtigte in der Hand, die Höhe der Renten zu manipulieren und die Leistungsträger und damit mittelbar auch die Solidargemeinschaft unangemessen zu belasten (Hauck/Noftz/Sehnert § 18b Rn. 9; LPK-SGB IV/ Vor § 18b Rn. 5). Uneinheitlich wird beurteilt, ob insoweit das Zuflussprinzip oder das Entstehungsprinzip maßgebend ist. Die überwiegende Auffassung geht davon aus, dass Einkommen iSd. § 18b Abs. 1 S. 1 „erzielt" worden ist, wenn es dem Berechtigten tatsächlich zugeflossen ist und nicht lediglich ein Anspruch auf eine Leistung besteht (Hauck/Noftz/Sehnert § 18b Rn. 9; differenzierend LPK-SGB IV/Vor § 18b Rn. 6; aA unter Gerechtigkeitsaspekten: KassKomm/Seewald § 18b Rn. 5).

3   § 18b Abs. 1 S. 2 ordnet an, dass mehrere Einkommen zusammenzurechnen sind. Betroffen von dieser Zusammenrechnung sind die gem. Abs. 5 gekürzten (Netto-)Einkommen. Ein Verlustausgleich findet nur innerhalb der von § 18a Abs. 2a und 4 erfassten Einkommensarten statt, dh. negatives Arbeits- oder Vermögenseinkommen kann nicht zB mit Arbeitsentgelt saldiert werden (Hauck/Noftz/Sehnert § 18b Rn. 11).

4   § 18b Abs. 1 S. 3 enthält eine weitere Konkretisierung des Prinzips der zeitlichen Kongruenz: Wird die Rente nur für einen Teil des Monats gezahlt, ist das entsprechende Einkommen für denselben Zeitraum taggenau zu berechnen bzw. zu kürzen.

II. Bestimmung des anzurechnenden Erwerbs- bzw. kurzfristigen Erwerbsersatzeinkommens

5   Maßgebliches Erwerbseinkommen bzw. maßgebliches kurzfristiges Erwerbsersatzeinkommen (iSd. § 18a Abs. 3 S. 1 Nr. 1) ist nicht das laufende aktuelle Einkommen, sondern gem. § 18b Abs. 2 S. 1 das im letzten Kalenderjahr erzielte Erwerbseinkommen (sog. Referenzeinkommen), das auf Monate heruntergerechnet wird. Diese Regelung dient der Verwaltungsvereinfachung, dem Ausgleich von Einkommensschwankungen (BT-Drs. 10/2677, S. 45) sowie der Gleichbehandlung von Arbeitnehmern und Selbständigen, weil das Arbeitseinkommen der Selbständigen in Abhängigkeit vom Einkommen des letzten Kalenderjahres geschätzt werden kann (Hauck/Noftz/Sehnert § 18b Rn. 13); ferner dient die Umrechnung des Einkommens des Referenzjahres auf Monatsbeträge der angemessenen Berücksichtigung einmaliger Einnahmen. Da bei dauerhaftem Erwerbsersatzeinkommen diese Erwägungen nicht tragen, es insbesondere in der Regel keine Schwankungen gibt, wird insoweit auf das tatsächliche Monatseinkommen abgestellt (LPK-SGB IV/Vor § 18b Rn. 11).

6   Bei nicht monatlich durchgehend erzieltem Einkommen (zB bei Saisonarbeiten) ist ebenfalls das Durchschnittseinkommen für das gesamte Referenzjahr zu ermitteln.

7   Beim gleichzeitigen Bezug von Erwerbs- und kurzfristigem Erwerbsersatzeinkommen („nebeneinander") ist gem. Abs. 2 S. 2, 1. HS eine Zusammenrechnung der zuvor gem. Abs. 5 gekürzten Beträge vorzunehmen; betroffen sind aber immer nur die zeitlich kongruenten Beträge, dh. auch hier findet eine taggenaue Zusammenrechnung statt (vgl. BT-Drs. 14/4375, S. 47). Werden diese Einkommen zeitlich nacheinander erzielt, bleibt das kurzfristige Erwerbsersatzeinkommen gem. Abs. 2 S. 2, 2. HS unberücksichtigt und ist nur das durchschnittliche Erwerbseinkommen des Vorjahres maßgebend.

8   Einmalig gezahltes Arbeitsentgelt, wie zB Weihnachts- oder Urlaubsgeld, ist gem. Abs. 2 S. 3 nach der Sonderregelung des § 23a zeitlich zuzuordnen. Aus Gründen der Verwaltungsvereinfachung wird es grundsätzlich dem Lohnabrechnungszeitraum zugeordnet, in dem es ausgezahlt wird. Gem. § 23a Abs. 4 ist einmalig gezahltes Arbeitsentgelt dem vergangenen Jahr zuzuordnen, wenn es im ersten Quartal eines Jahres vom Arbeitgeber dieses Entgeltabrechnungszeitraums gezahlt wird und dadurch für das laufende Kalenderjahr die anteilige Beitragsbemessungsgrenze nach § 23a Abs. 3 S. 2 überschritten wird (LPK-SGB IV/Vor § 18b Rn. 13).

Kurzfristiges Erwerbsersatzeinkommen iSd. § 18a Abs. 3 S. 1 Nr. 1 wird gem. § 18b Abs. 2 S. 1 wie das Erwerbseinkommen behandelt. Abs. 2 S. 4 enthält indes eine Sonderregelung für das Kurzarbeitergeld. Hier ist nicht der tatsächliche Betrag des gezahlten Kurzarbeitergeldes maßgebend, sondern das dem Versicherungsträger gemeldete beitragspflichtige Arbeitsentgelt. Gem. § 179 SGB III Abs. 3 iVm. § 163 Abs. 6 SGB VI sind dies 80% des Unterschiedsbetrages zwischen dem Soll- und dem Ist-Entgelt. Damit wird der Berechtigte faktisch so gestellt, als hätte er in dieser Zeit ausschließlich Arbeitsentgelt erhalten (LPK-SGB IV/Vor § 18b Rn. 19).

9   § 18b Abs. 3 S. 1 und 2 regeln, wann abweichend von Abs. 2 nicht das Einkommen des Referenzjahres, sondern das laufende, aktuelle Einkommen zu berücksichtigen ist. Für den Fall, dass im Referenzjahr kein berücksichtigungsfähiges Einkommen oder nur kurzfristiges Erwerbsersatzeinkommen (§ 18a Abs. 3 S. 1 Nr. 1) erzielt worden ist, normiert Abs. 3 S. 1, dass das laufende Einkommen des aktuellen Jahres auf die Rente angerechnet wird. Laufendes Einkommen ist das im Monat des erstmaligen Zusammentreffens bezogene Einkommen unter Einschluss jährlicher Sonderzahlungen, die mit

$^1/_{12}$ zu berücksichtigen sind. Liegt bei erstmaliger Feststellung der Rente das laufende aktuelle Einkommen deutlich geringer, dh. im Durchschnitt wenigstens um 10% unter dem des Referenzjahres, ist ebenfalls S. 1 anzuwenden, dh. es ist das laufende Einkommen des aktuellen Jahres zu berücksichtigen. Auszugehen ist bei der anzustellenden Vergleichsberechnung jeweils von den nach Abs. 5 ermittelten Nettobeträgen. Bei schwankenden Einnahmen ist – unter Berücksichtigung der jährlichen Sonderzahlungen – ein Mittelwert zugrunde zu legen, der sich aus dem im Monat des Zusammentreffens und in den nachfolgenden drei Kalendermonaten bezogenen Einkommen ergibt (BT-Drs. 10/2677, S. 45). Uneinheitlich wird beurteilt, ob im Rahmen des Abs. 3 auch Vermögenseinkommen zu berücksichtigen ist. Angesichts des eindeutigen Wortlauts, der auf „Einkommen nach Abs. 2" verweist, worunter auch das Vermögenseinkommen fällt, ist im Rahmen des Abs. 3 auch das Vermögenseinkommen mit einzubeziehen (so auch KassKomm/Seewald § 18b Rn. 15; LPK-SGB IV/Vor § 18b Rn. 15; aA, weil Erwerbs- und Vermögenseinkommen in Abs. 2 S. 1 und 5 unterschiedlich behandelt werden, Hauck/Noftz/Sehnert § 18b Rn. 17).

Wenn neben laufendem Einkommen auch kurzfristiges Erwerbsersatzeinkommen (§ 18a Abs. 3 S. 1 Nr. 1) bezogen wird, ist dieses gem. Abs. 3 S. 3 nur zu berücksichtigen, solange es auch gezahlt wird; damit wird verhindert, dass kurzfristige Sozialleistungen, wie etwa Krankengeld, das für drei Wochen gezahlt wird, bis zur nächsten Rentenanpassung maßgeblich bleiben (BT-Drs. 14/4375, S. 47). **10**

III. Bestimmung des anzurechnenden langfristigen Erwerbsersatzeinkommens

Bei langfristigem Erwerbsersatzeinkommen iSd. § 18a Abs. 3 S. 1 Nr. 2–10, also etwa Renten oder Pensionen, gilt gem. § 18b Abs. 4 – anders als beim Erwerbseinkommen – als monatliches Einkommen das laufende aktuelle Einkommen. Dabei sind jährliche Sonderzuwendungen beim laufenden Einkommen mit $^1/_{12}$ zu berücksichtigen, unabhängig davon, ob die Sonderzuwendung zum Zeitpunkt des Zusammentreffens tatsächlich schon gezahlt worden ist (LPK-SGB IV/Vor § 18b Rn. 20). **11**

IV. Bestimmung des anzurechnenden einmaligen und regelmäßigen Vermögenseinkommens

§ 18b Abs. 1 S. 5 definiert, was unter einmaligem Vermögenseinkommen zu verstehen ist: Entweder lässt sich dieses Einkommen einem bestimmten Zeitraum nicht zuordnen oder es ist in einem Betrag für mehr als 12 Monate gezahlt worden. Gem. § 18b Abs. 1 S. 4 ist einmaliges Vermögenseinkommen fiktiv einem Zeitraum von 12 Kalendermonaten zuzuordnen, beginnend mit dem Monat, der auf die tatsächliche Zahlung folgt. Mit dieser Fiktion will der Gesetzgeber sozial gerechte und verwaltungspraktikable Ergebnisse erreichen. Bei einmalig gezahltem Vermögenseinkommen gilt im Falle der Einkommensanrechnung gem. § 18b Abs. 2 S. 5, 2. HS $^1/_{12}$ des gezahlten Betrags als monatliches Einkommen nach Abs. 1 S. 1. Dieser Betrag bleibt konsequenterweise für den in Abs. 1 S. 4 angeordneten fiktiven 12-Monats-Zeitraum unverändert (vgl. Hauck/Noftz/Sehnert § 18b Rn. 24). **12**

Bei regelmäßigem Vermögenseinkommen, also solchem, das einem bestimmten Zeitraum zugeordnet werden kann oder für nicht mehr als 12 Monate gezahlt wird, wie etwa Einnahmen aus Vermietung und Verpachtung oder Zinseinkünfte, gilt gem. § 18b Abs. 2 S. 5, 1. HS als monatliches Einkommen $^1/_{12}$ des im letzten Kalenderjahr erzielten Vermögenseinkommens. Unerheblich ist die Anzahl der Kalendermonate, in denen das regelmäßige Vermögenseinkommen tatsächlich erzielt wurde (Hauck/Noftz/Sehnert § 18b Rn. 21). Liegen die Voraussetzungen des Abs. 3 S. 1 und 2 vor, ist nicht von den Einnahmen des letzten Kalenderjahres, sondern vom aktuellen, laufenden Vermögenseinkommen auszugehen. **13**

V. Abschläge vom anzurechnenden Einkommen

Nach § 18b Abs. 5 werden die nach Abs. 1–4 ermittelten Anrechnungsbeträge auf Nettobeträge gekürzt, weil nur das tatsächlich zur Verfügung stehende Einkommen auf die Renten wegen Todes angerechnet werden soll. Die in Abs. 5 geregelten pauschalen Abzugsbeträge tragen der durchschnittlichen Steuerbelastung und den durchschnittlichen Sozialabgaben Rechnung (BeckOK SozR/Mette § 18b SGB IV Rn. 24). **14**

Arbeitsentgelt ist gem. Abs. 5 S. 1 Nr. 1 um 40% zu kürzen; wegen der unterschiedlichen Belastung mit Abgaben sind Bezüge aus einem öffentlich-rechtlichen Dienst- oder Amtsverhältnis um 27,5% und die Entgelt versicherungsfrei Beschäftigter nach § 172 Abs. 1 SGB VI um 30,5% zu kürzen; bei Letzteren fällt kein Arbeitnehmeranteil am Beitrag zur gesetzlichen Rentenversicherung an. Nicht gekürzt wird das Arbeitsentgelt von gem. § 172 Abs. 3 SGB VI versicherungsfrei Beschäftigten; gleiches gilt für die Aufstockungsbeträge nach dem Altersteilzeitgesetz, denn insoweit handelt es sich bereits um Nettobeträge (Hauck/Noftz/Sehnert § 18b Rn. 32). **15**

Arbeitseinkommen wird gem. Abs. 5 S. 1 Nr. 2 pauschal um 39,8% gekürzt, steuerfreie Einnahmen im Rahmen des Halbeinkünfteverfahrens und ab dem 1. 1. 2009 des Teileinkünfteverfahrens jedoch wegen der geringeren Steuerbelastung nur um 24,8%. **16**

17   Das dem Arbeitsentgelt oder Arbeitseinkommen vergleichbare Einkommen ist jeweils wie dieses zu kürzen.

18   Für Erwerbsersatzeinkommen nach § 18a Abs. 3 S. 1 Nr. 2, 3, 5, 6, 7, 9 und 10, also etwa Renten aus der gesetzlichen Rentenversicherung und der Alterssicherung der Landwirte (Nr. 2 und 3), Versorgungsbezüge nach beamtenrechtlichen Vorschriften (Nr. 5 und 6), Renten aus berufsständischen Versorgungswerken (Nr. 7), Renten der betrieblichen Altersversorgung (Nr. 9) und Renten wegen Alters oder verminderter Erwerbsfähigkeit aus privaten Versicherungen (Nr. 10), gelten die pauschalen Kürzungsbeträge des Abs. 5 S. 1 Nr. 3–6 und 8. Kurzfristiges Erwerbsersatzeinkommen sowie Verletztenrenten der gesetzlichen Unfallversicherung (Leistungen gem. § 18a Abs. 3 S. 1 Nr. 1 und 4) sind gem. Abs. 5 S. 2 um den Anteil der vom Berechtigten selbst zu tragenden Beiträge zur BA und, soweit Beiträge zur sonstigen Sozialversicherung oder zu einem Krankenversicherungsunternehmen gezahlt werden, zusätzlich um 10 vom Hundert zu kürzen. Abs. 5 S. 3, welcher die entsprechende Anwendung des Abs. 5 S. 2 für freiwillig gesetzlich sowie privat krankenversicherte Berechtigte anordnete, obwohl sie in der Regel gem. § 250 II SGB V ihren Krankenversicherungsbeitrag allein zu tragen haben, ist zum 11. 8. 2010 entfallen.

Mit Ausnahme der steuerfreien Einnahmen des Halbeinkünfteverfahrens nach § 3 Nr. 40 EStG, die nur um 5% gekürzt werden, ordnet § 18b Abs. 5 S. 1 Nr. 7 für Vermögenseinkommen eine pauschale Kürzung um 25% an. Für Einnahmen aus Versicherungen (iSd. § 18a Abs. 4 Nr. 1) gilt dies gem. Abs. 5 S. 1 Nr. 7 aE nur, soweit es sich um steuerpflichtige Kapitalerträge handelt. Bei Besteuerung nach dem gesonderten Tarif für Einkünfte aus Kapitalvermögen (§ 32d EStG) werden ab dem 1. 1. 2009 30% abgesetzt. (Zu den Auswirkungen des Systemwechsels bei der Besteuerung von Einkünften aus Kapitalvermögen, insbesondere der Abgeltungssteuer, zum 1. 1. 2009: Wingerter, RVaktuell 2010, S. 22 (24ff.).

19   Nach der Grundregelung des § 18b Abs. 1 S. 1 ist das nach § 2 BEEG monatlich zu zahlende Elterngeld als Einkommen zu berücksichtigen. Es erfolgt keine pauschale Kürzung gem. Abs. 5, vielmehr wird der anrechnungsfreie Betrag gem. § 18b Abs. 5a nach § 10 BEEG in Höhe von 300 Euro abgezogen.

VI. Bindung an das festgestellte Einkommen

20   Gem. § 18b Abs. 6 sind die Sozialversicherungsträger wechselseitig an die Entscheidung des jeweils anderen über die Höhe des anzurechnenden Einkommens gebunden, um voneinander abweichende Entscheidungen der Versicherungsträger im Hinblick auf die Einkommensanrechnung zu vermeiden (BT-Drs. 10/2677 S. 47). Dies wird dadurch sichergestellt, dass der Entscheidung des feststellenden Sozialversicherungsträgers gem. Abs. 6 Feststellungswirkung zukommt. Maßgeblicher Zeitpunkt ist die Wirksamkeit des Verwaltungsaktes, dh. dessen Bekanntgabe oder der erfolglose Abschluss eines Rechtsbehelfsverfahrens. Die Vorschriften der §§ 44 Abs. 3 und 45 Abs. 5 SGB X bleiben hiervon unberührt. Dies darf nicht dahingehend verstanden werden, dass der zur Zahlung der Hinterbliebenenrente zuständige Träger eine von einem anderen Sozialversicherungsträger über das zu berücksichtigende Einkommen getroffene fehlerhafte Entscheidung aufheben kann (so aber KassKomm/Seewald § 18b Rn. 40), denn dadurch würde die angeordnete Bindungswirkung unterlaufen. Außerdem kann ein Hoheitsträger nur seine eigenen Verwaltungsakte aufheben und ist nicht befugt, hoheitliche Entscheidungen anderer Versicherungsträger abzuändern oder aufzuheben (LPK-SGB IV/Vor § 18b Rn. 31; Hauck/Noftz/Sehnert § 18b Rn. 44; Sehnert, NZS 2000, S. 437 (438f.)).

§ 18c Erstmalige Ermittlung des Einkommens

(1) Der Berechtigte hat das zu berücksichtigende Einkommen nachzuweisen.

(2) ¹Bezieher von Arbeitsentgelt und diesem vergleichbaren Einkommen können verlangen, dass ihnen der Arbeitgeber eine Bescheinigung über das von ihnen für das letzte Kalenderjahr erzielte Arbeitsentgelt oder vergleichbare Einkommen und den Zeitraum, für den es gezahlt wurde, ausstellt. ²Der Arbeitgeber ist zur Ausstellung der Bescheinigung nicht verpflichtet, wenn er der Sozialversicherung das Arbeitsentgelt gemäß den Vorschriften über die Erfassung von Daten und Datenübermittlung bereits gemeldet hat. ³Satz 2 gilt nicht, wenn das tatsächliche Entgelt die Beitragsbemessungsgrenze übersteigt oder die abgegebene Meldung nicht für die Rentenversicherung bestimmt war.

(3) Bezieher von Erwerbsersatzeinkommen können verlangen, dass ihnen die Zahlstelle eine Bescheinigung über das von ihr im maßgebenden Zeitraum gezahlte Erwerbsersatzeinkommen und den Zeitraum, für den es gezahlt wurde, ausstellt.

(4) Bezieher von Vermögenseinkommen können verlangen, dass ihnen die Kapitalerträge nach § 20 des Einkommensteuergesetzes auszahlende Stelle eine Bescheinigung über die von ihr im letzten Kalenderjahr gezahlten Erträge ausstellt.

A. Normzweck

§ 18c bestimmt, wie das auf eine Rente wegen Todes anzurechnende Einkommen zu ermitteln ist, wenn es um die erstmalige Einkommensanrechnung geht. Gem. Abs. 1 erfolgt dies durch Nachweis des Berechtigten, was etwa mittels einer vom Arbeitgeber auszustellenden Entgeltbescheinigung erfolgen kann. Die entsprechende Verpflichtung des Arbeitgebers normiert Abs. 2. Den Nachweis von Erwerbsersatzeinkommen regelt Abs. 3.

§ 18c ist bei der erstmaligen Einkommensanrechnung anwendbar; die Vorschrift gilt auch, wenn nach Wegfall eines Einkommens später erneut Einkommen bezogen wird (Hauck/Noftz/Sehnert § 18c Rn. 1). Wie sich aus § 18e Abs. 5 ergibt, ist § 18c ferner bei Einkommensminderungen nach § 18d Abs. 2 entsprechend anzuwenden. Für die Ermittlung von Einkommensänderungen gilt nicht § 18c, sondern § 18e.

§ 18c konkretisiert sowohl die Mitwirkungspflichten des Berechtigten nach § 60 SGB I als auch den Untersuchungsgrundsatz und die Beweismittelregelung der §§ 20, 21 SGB X. Kommt der Berechtigte seinen Mitwirkungspflichten aus § 18c nicht nach, kann der Leistungsträger gem. § 66 Abs. 1 SGB I die Leistung, dh. die Rente wegen Todes, bis zur Nachholung der Mitwirkung ganz oder teilweise versagen oder entziehen.

Eine Nachweispflicht besteht nicht, wenn der Versicherungsträger das Einkommen kennt oder sich die Daten ohne großen Aufwand selbst beschaffen kann, § 65 Abs. 1 Nr. 3 SGB I. Die Nachweispflicht des Berechtigten besteht auch dann nicht, wenn dieser unmissverständlich erklärt, die Rente wegen Todes ruhe vollständig, weil sein Einkommen zu hoch sei (BeckOK SozR/Mette § 18c SGB IV Rn. 9).

B. Regelungsgehalt

Gem. § 18c Abs. 1 hat der Berechtigte das gem. § 18a und § 18b zu berücksichtigende Einkommen nachzuweisen. Hierzu kann er grundsätzlich jedes geeignete Beweismittel verwenden, zB Arbeitsentgeltbescheinigungen des Arbeitgebers, Angaben über das Arbeitsentgelt auf der Lohnsteuerkarte, ferner Leistungsbescheide, wenn öffentlich-rechtliches Erwerbsersatzeinkommen bezogen wird oder Zinsbescheinigungen, Kontoauszüge, Kopien von Miet- oder Pachtverträgen bzw. Einkommensteuerbescheide, wenn Arbeits- oder Vermögenseinkommen anzurechnen ist (Hauck/Noftz/Sehnert § 18c Rn. 4).

Da dem Berechtigten die erforderlichen Unterlagen oftmals nicht zur Verfügung stehen, etwa weil die Lohnsteuerkarte bereits beim Finanzamt ist, verpflichtet § 18c Abs. 2 S. 1 den Arbeitgeber, dem Berechtigten eine Bescheinigung über das von ihm für das letzte Kalenderjahr erzielte Bruttoarbeitsentgelt oder das erhaltene vergleichbare Einkommen und den Zeitraum, für den es gezahlt wurde, auszustellen. Entgegen § 98 SGB X, der insoweit von § 18c Abs. 2 S. 1 verdrängt wird, besteht diese Verpflichtung des Arbeitgebers nur gegenüber dem Berechtigten, nicht aber gegenüber dem Versicherungsträger (Hauck/Noftz/Sehnert § 18c Rn. 5). Die Verpflichtung zur Ausstellung einer Lohn- oder Gehaltsbescheinigung entfällt gem. § 18c Abs. 2 S. 2, wenn der Arbeitgeber das Arbeitsentgelt bereits nach § 28a gemeldet hat, denn dann kann sich der Versicherungsträger die erforderlichen Daten selbst beschaffen (vgl. § 65 Abs. 1 Nr. 3 SGB I). Trotz Meldung gem. § 28a wird der Arbeitgeber gem. Abs. 2 S. 3 von dieser Verpflichtung dann nicht befreit, wenn das tatsächliche Entgelt die Beitragsbemessungsgrenze (§ 159 SGB VI) übersteigt. Die 2. Alt. des Abs. 2 S. 3 ist ohne Bedeutung.

Da die Bezüge von Beamten oder gleichgestellten Personen sowie die vom Arbeitgeber gezahlten Überbrückungsgelder nicht nach § 28a zu melden sind, besteht eine Bescheinigungspflicht des Arbeitgebers auch im Hinblick auf derartiges anzurechnendes Einkommen (Hauck/Noftz/Sehnert § 18c Rn. 7).

Im Hinblick auf den Nachweis des Arbeitseinkommens von Selbständigen ist § 18c Abs. 2 nicht anwendbar; hier kommt ein Nachweis durch den Einkommensteuerbescheid des letzten oder – soweit dieser noch nicht vorliegt – des vorletzten Kalenderjahres, der dann ggf. an geänderte betriebswirtschaftliche Größen anzupassen ist, in Betracht (LPK-SGB IV/Vor § 18c Rn. 6). Soweit abweichend von § 18b Abs. 2 bei der erstmaligen Feststellung einer Rente wegen Todes gem. § 18b Abs. 3 vom laufenden Arbeitseinkommen auszugehen ist, sind dazu geeignete Unterlagen aus der Buchhaltung vorzulegen. Im Regelfall wird eine Schätzung, entweder durch den Steuerberater oder durch den Berechtigten selbst, vorzunehmen sein. Bei Zweifeln an der Richtigkeit der Angaben kann der Versicherungsträger gem. § 21 SGB X selbst Feststellungen zum Einkommen treffen, insbesondere besteht die Möglichkeit, Auskünfte von den Finanzbehörden einzuholen, die hierzu gem. §§ 31 Abs. 2, 31a Abs. 2 S. 1 AO auch bei dem Steuergeheimnis unterliegenden Daten verpflichtet sind (Hauck/Noftz/Sehnert § 18c Rn. 9).

Bezieher von Erwerbsersatzeinkommen können von der Stelle, die Erwerbsersatzeinkommen iSd. § 18a Abs. 3 auszahlt (Zahlstelle), verlangen, dass diese ihnen Höhe und Bezugszeitraum der Leistung bescheinigt. Bei langfristigem Erwerbsersatzeinkommen können die Zahlstellen die Bescheinigung mit Einverständnis des Berechtigten direkt an die Versicherungsträger übermitteln (BeckOK SozR/Mette § 18c SGB IV Rn. 15). Kurzfristiges Erwerbsersatzeinkommen wird gem. § 18b Abs. 3 S. 3 nur bis zum Ende des tatsächlichen Leistungszeitraums angerechnet; da die Zahlstellen bei laufendem Bezug das Ende des Bezugszeitraums im Regelfall nicht kennen, ist der Berechtigte gem. Abs. 1 verpflichtet, das Ende des Leistungsbezugs mitzuteilen.

10 Die Nachweispflicht des Abs. 1 bezieht sich auch auf das vom Berechtigten erzielte Vermögenseinkommen iSd. § 18a Abs. 4 (vgl. Kommentierung § 18a Rn. 22ff.). Dessen Höhe ist mittels geeigneter Unterlagen, etwa Einkommensteuerbescheid oder -erklärung, Bescheinigung des Steuerberaters, Kopien von Pacht- oder Mietverträgen bzw. Bankbescheinigungen oder Kontoauszügen zu belegen (Hauck/Noftz/Sehnert § 18c Rn. 12). Ab dem 1. 1. 2009 kann der Berechtigte nach dem neuen Abs. 4 eine Bescheinigung über Kapitalerträge im Sinne des § 20 EStG aus dem vorangegangenen Kalenderjahr von der auszahlenden Stelle verlangen.

§ 18d Einkommensänderungen

(1) **Einkommensänderungen sind erst vom nächstfolgenden 1. Juli an zu berücksichtigen; einmalig gezahltes Vermögenseinkommen ist vom Beginn des Kalendermonats an zu berücksichtigen, für den es als erzielt gilt.**

(2) ¹**Minderungen des berücksichtigten Einkommens können vom Zeitpunkt ihres Eintritts an berücksichtigt werden, wenn das laufende Einkommen im Durchschnitt voraussichtlich um wenigstens zehn vom Hundert geringer ist als das berücksichtigte Einkommen; Erwerbsersatzeinkommen im Sinne von § 18a Absatz 3 Satz 1 Nummer 1 ist zu berücksichtigen, solange diese Leistung gezahlt wird.** ²**Jährliche Sonderzuwendungen sind mit einem Zwölftel zu berücksichtigen.**

A. Normzweck

1 § 18d regelt die Berücksichtigung von Einkommensänderungen, wozu Einkommenserhöhungen und -minderungen zählen. Zum Zwecke der Verwaltungsvereinfachung sind diese nicht in dem Zeitpunkt zu berücksichtigen, in dem die Einkommensänderung erstmals eintritt, sondern grundsätzlich erst vom nächstfolgenden 1. 7. an. Die bis zum 22. 6. 2006 geltende Regelung sah eine Berücksichtigung zum Zeitpunkt der nächstfolgenden Rentenanpassung (§ 65 SGB VI) vor, was zu Auslegungsproblemen beim gesetzlichen Ausschluss der Rentenanpassung im Jahr 2004 führte (vgl. BSG 17. 4. 2008 – B 13/4 R 41/06 R – juris). Eine Ausnahme besteht für erhebliche Einkommensminderungen, die mehr als 10% im Vergleich zum bisher berücksichtigten Einkommen ausmachen. Im Interesse des Berechtigten sind diese sofort zu berücksichtigen. Einmalig gezahltes Vermögenseinkommen ist sofort bei Auszahlung zu beachten.

2 § 18d ist eine vorrangige Sonderregelung zu § 48 SGB X (KassKomm/Seewald § 18d Rn. 1).

B. Regelungsgehalt

3 § 18d regelt die Auswirkungen von Einkommensänderungen im Hinblick auf die Anrechnung auf Renten wegen Todes. Einkommensänderung iSd. § 18d ist jede nach dem Zeitpunkt des erstmaligen Zusammentreffens von Rente und Einkommen eintretende Abweichung von dem zuletzt berücksichtigten Einkommen; hierunter fallen Einkommenserhöhungen und -minderungen, unabhängig davon, worauf sie beruhen (zB Lohnerhöhung, Wegfall eines von mehreren Einkommen, Eintritt in den Ruhestand, Kursschwankungen, Änderung der Arbeitszeit). Fällt das gesamte Einkommen weg, liegt keine Einkommensänderung iSd. § 18d vor; vielmehr ist diese Änderung in den Verhältnissen gem. § 48 SGB X sofort zu berücksichtigen.

4 Grundsätzlich wird zum 1. 7. eines jeden Jahres das – möglicherweise auf Renten wegen Todes anzurechnende – Einkommen überprüft; dabei werden Einkommenserhöhungen und -minderungen, die weniger als 10% gegenüber dem bisher berücksichtigten Einkommen ausmachen, angerechnet.

5 Einkommenserhöhungen, die zu einer Reduzierung der Rente wegen Todes führen, sind zugunsten des Berechtigten erst zum nächstfolgenden 1. 7. zu berücksichtigen.

6 Einkommensminderungen unter 10% werden erst von dem auf die Einkommensänderung nachfolgenden 1. 7. an berücksichtigt; dies dient der Verwaltungsvereinfachung. Einkommensminderungen von mehr als 10%, die zu einer Erhöhung der Rente wegen Todes führen, können gem. Abs. 2 S. 1 vom Zeitpunkt ihres Eintritts an berücksichtigt werden. Hierbei handelt es sich um eine Ermessensvorschrift; ausweislich der Gesetzesbegründung ist aber bei einer erheblichen Minderung des anzurechnenden Einkommens die Rente entsprechend zu ändern (BT-Drs. 14/4595, S. 48). In der GRV und der Alterssicherung der Landwirte hat die Neufeststellung der Renten gem. § 100 Abs. 1 S. 2

SGB VI, § 30 Abs. 1 S. 1 ALG taggenau zu erfolgen (für die Gesetzliche Unfallversicherung wird abweichend von § 73 Abs. 1 SGB VII eine entsprechende Anwendung des § 100 Abs. 1 S. 2 SGB VI vertreten, vgl. Bereiter-Hahn/Mehrtens § 18 d SGB IV Rn. 4). Voraussetzung ist, dass die Minderung auch von einer gewissen Dauer ist, was entsprechend der bis zum 31. 12. 2000 geltenden Fassung des Abs. 2 S. 1 bei einem Zeitraum von drei aufeinander folgenden Kalendermonaten angenommen wird (KassKomm/Seewald § 18 d Rn. 7; Hauck/Noftz/Sehnert § 18 d Rn. 20).

Einmalig gezahltes Vermögenseinkommen, das gem. § 18 b Abs. 1 S. 3 als für die dem Monat der Zahlung folgenden zwölf Kalendermonate erzielt gilt, ist nicht nach dem Grundsatz des Abs. 1 S. 1 jeweils zum 1. 7. an zu berücksichtigen, sondern gem. Abs. 1 2. HS vom Beginn des Kalendermonats an, für den es als erzielt gilt. Gem. § 18 b Abs. 1 S. 4 ist dies der auf den Monat der Zahlung folgende Kalendermonat; berücksichtigt wird ein Zwölftel des gezahlten Betrages (§ 18 b Abs. 2 S. 5, 2. HS). Damit sollen Manipulationen durch entsprechende vertragliche Gestaltung vermieden werden (BT-Drs. 14/4595, S. 60; LPK-SGB IV/Vor § 18 d Rn. 7). 7

Kurzfristiges Erwerbsersatzeinkommen ist gem. § 18 d Abs. 2 S. 1, 2. HS nur solange zu berücksichtigen, wie es auch gezahlt wird. Fällt es weg, ist wieder auf das davor berücksichtigte Einkommen abzustellen (LPK-SGB IV/Vor § 18 d Rn. 12). 8

§ 18 e Ermittlung von Einkommensänderungen

(1) ¹**Für Bezieher von Arbeitsentgelt und diesem vergleichbaren Einkommen hat der Arbeitgeber auf Verlangen des Versicherungsträgers das von ihnen für das letzte Kalenderjahr erzielte Arbeitsentgelt und vergleichbare Einkommen und den Zeitraum, für den es gezahlt wurde, mitzuteilen.** ²**Der Arbeitgeber ist zur Mitteilung nicht verpflichtet, wenn er der Sozialversicherung das Arbeitsentgelt gemäß den Vorschriften über die Erfassung von Daten und Datenübermittlung bereits gemeldet hat.** ³**Satz 2 gilt nicht, wenn das tatsächliche Entgelt die Beitragsbemessungsgrenze übersteigt.**

(2) **Bezieher von Arbeitseinkommen haben auf Verlangen des Versicherungsträgers ihr im letzten Kalenderjahr erzieltes Arbeitseinkommen und den Zeitraum, in dem es erzielt wurde, bis zum 31. März des Folgejahres mitzuteilen.**

(3) **Für Bezieher von Erwerbsersatzeinkommen haben die Zahlstellen auf Verlangen des Versicherungsträgers das von ihnen im maßgebenden Zeitraum gezahlte Erwerbsersatzeinkommen und den Zeitraum, für den es gezahlt wurde, mitzuteilen.**

(3 a) ¹**Bezieher von Vermögenseinkommen haben auf Verlangen des Versicherungsträgers ihr im letzten Kalenderjahr erzieltes Einkommen mitzuteilen.** ²**Für Bezieher von Kapitalerträgen nach § 20 des Einkommensteuergesetzes haben die auszahlenden Stellen eine Bescheinigung über die von ihr gezahlten Erträge auszustellen.**

(4) ¹**Soweit dem Versicherungsträger das nach den Absätzen 2 und 3 mitzuteilende Einkommen nicht bekannt ist, ist das bisher berücksichtigte Einkommen vom nächstfolgenden 1. Juli an vorläufig um den Vomhundertsatz anzupassen, um den sich die Renten in der Rentenversicherung verändern, wenn nicht Grund zur Annahme besteht, dass die Verhältnisse beim Berechtigten sich in anderer Weise verändern oder unverändert bleiben.** ²**Die §§ 66 und 67 des Ersten Buches bleiben unberührt.** ³**Wird dem Versicherungsträger das Arbeitsentgelt vom Arbeitgeber nicht rechtzeitig gemäß den Vorschriften über die Erfassung von Daten und Datenübermittlung gemeldet oder übersteigt das tatsächliche Entgelt die Beitragsbemessungsgrenze, ist der Verwaltungsakt mit Wirkung vom nächstfolgenden 1. Juli an aufzuheben, sobald dem Versicherungsträger das Arbeitsentgelt mitgeteilt wird; spätestens dann ist dem Berechtigten die Anpassung der Rente mitzuteilen.** ⁴**Ist das nach Satz 1 berücksichtigte Einkommen unrichtig, ist der Verwaltungsakt mit Wirkung vom nächstfolgenden 1. Juli an aufzuheben.**

(5) **Im Fall des § 18 d Absatz 2 findet § 18 c für den erforderlichen Nachweis der Einkommensminderung entsprechende Anwendung.**

(6) **Bei der Berücksichtigung von Einkommensänderungen bedarf es nicht der vorherigen Anhörung des Berechtigten.**

(7) **Wird eine Rente wegen Todes wegen der Höhe des zu berücksichtigenden Einkommens nach dem 1. Juli eines jeden Jahres weiterhin in vollem Umfang nicht gezahlt, ist der Erlass eines erneuten Verwaltungsaktes nicht erforderlich.**

A. Normzweck

§ 18 e ist im Zusammenhang mit § 18 c zu sehen; während § 18 c die Feststellung von Einkommen regelt, das erstmals mit einer Rente wegen Todes zusammentrifft, enthält § 18 e eine entsprechende Regelung für die Ermittlung von Änderungen der jeweiligen Einkommensarten. 1

von Koppenfels-Spies

B. Regelungsgehalt

2   Anders als bei der erstmaligen Ermittlung des zu berücksichtigenden Arbeitsentgelts, bei der nur der Berechtigte vom Arbeitgeber eine Lohn- und Gehaltsbescheinigung verlangen kann, ist bei Einkommensänderungen der Versicherungsträger hierzu selbst befugt. Die Verpflichtung des Arbeitgebers entfällt, wenn er das Arbeitsentgelt bereits gemäß den Vorschriften über die Erfassung von Daten und Datenübermittlung (§ 28a iVm. DEÜV) gemeldet hat, Abs. 1 S. 2. Trotz DEÜV-Meldung gilt dies nicht, wenn das Entgelt die Beitragsbemessungsgrenze überschreitet (Abs. 1 S. 3), denn in diesem Fall kann die Meldung zur Sozialversicherung nicht verwendet werden.

3   Gem. § 18e Abs. 2 müssen Bezieher von Arbeitseinkommen auf Verlangen des Versicherungsträgers ihr erzieltes Arbeitseinkommen und den Zeitraum, in dem es erzielt wurde, selbst mitteilen. Die in § 18e Abs. 2 genannte Frist bis zum 31. 3. des Folgejahres soll ein Redaktionsversehen darstellen, da sich diese an der Frist zur Jahresmeldung nach § 5 DEVO aF orientiert, welche gem. § 10 Abs. 1 S. 1 DEÜV auf den 15. 4. verlängert wurde (LPK-SGB IV/Vor § 18e Rn. 6; Hauck/Noftz/Sehnert § 18e Rn. 5). Dagegen spricht jedoch, dass seitens des Gesetzgebers keine Änderungsmöglichkeiten zur Klarstellung genutzt wurden und dass sich die zu meldenden Sachverhalte erheblich unterscheiden. Die kurze Frist dient auch der rechtzeitigen Neuberechnung durch die Versicherungsträger zum nächsten 1. 7. (jurisPK SGB IV/Paulus § 18e Rn. 10).

4   Die Aufforderung des Versicherungsträgers muss nicht jedes Jahr erneut erfolgen; es genügt, wenn der Berechtigte zu Beginn der Rente wegen Todes aufgefordert wird, seine Einkommensänderungen unaufgefordert jeweils jährlich zum 31. 3. anzugeben (BeckOK SozR/Mette § 18e SGB IV Rn. 7). Verfügt der Berechtigte noch nicht über die notwendigen Informationen, um die Daten an den Versicherungsträger weiterzugeben, ist Abs. 4 S. 3 analog anzuwenden (BeckOK SozR/Mette § 18e SGB IV Rn. 7).

5   Wird Erwerbsersatzeinkommen bezogen, sind die Zahlstellen auf Verlangen des Versicherungsträgers verpflichtet, Höhe und Zeitraum des gezahlten Erwerbsersatzeinkommens gem. § 18e Abs. 3 mitzuteilen. Diese Mitteilung erfolgt anders als nach § 18c unmittelbar gegenüber dem Versicherungsträger. Eine Mitteilung ist nicht erforderlich, wenn Versichertenrenten der Gesetzlichen Rentenversicherung und der Alterssicherung der Landwirte und Verletztenrenten der Gesetzlichen Unfallversicherung gezahlt werden, denn bei diesen dauerhaften Erwerbsersatzeinkommen (vgl. § 18a Abs. 3 S. 1 Nr. 2–4) werden die erforderlichen Angaben grundsätzlich im Wege des Datenaustausches mitgeteilt, so dass sich der Versicherungsträger die zu berücksichtigenden Änderungen selbst beschaffen kann (BeckOK SozR/Mette § 18e SGB IV Rn. 10).

6   Wenn dem Versicherungsträger das nach den Abs. 2 und 3 mitzuteilende Arbeitseinkommen bzw. Erwerbsersatzeinkommen nicht oder nicht rechtzeitig bekannt ist, erfolgt aus Gründen der Verwaltungsvereinfachung gem. Abs. 4 eine vorläufige automatische Anpassung entsprechend dem Vomhundertsatz, um den sich die Renten in der Gesetzlichen Rentenversicherung verändern. Maßstab ist der Vomhundertsatz der Rentenanpassung (§§ 68 SGB VI, 95 SGB VII, 23 Abs. 4 S. 2 ALG), weil sich in diesem Faktor der durchschnittliche Anstieg der Löhne und Gehälter der in der gesetzlichen Rentenversicherung Versicherten ausdrückt. Dieser Maßstab gilt auch für Arbeitseinkommen iSd. Abs. 2, dh. etwa für Beamtenbezüge und Einkommen aus selbständiger Tätigkeit, obwohl sich diese Einnahmen nicht bzw. nicht unmittelbar an diesem Maßstab orientieren; dies ist aber in Anbetracht der Vorläufigkeit dieser automatischen Anpassung sachgerecht (LPK-SGB IV/Vor § 18e Rn. 8; Hauck/Noftz/Sehnert § 18e Rn. 8). Es erfolgt keine automatische Anpassung, wenn Anhaltspunkte dafür bestehen, dass sich die wirtschaftlichen Verhältnisse des Berechtigten gar nicht oder in anderer Weise geändert haben (Abs. 4 S. 1); in diesem Fall sind die tatsächlichen Verhältnisse von Amts wegen zu ermitteln. Derartige Anhaltspunkte können sich aus durch den Berechtigten oder durch in der Öffentlichkeit bekannt gewordene Umstände ergeben, etwa eine ausbleibende Besoldungserhöhung im öffentlichen Dienst oder eine tarifliche Verkürzung der Arbeitszeit anstelle von Lohn- und Gehaltserhöhungen (vgl. Hauck/Noftz/Sehnert § 18e Rn. 9). Trotz der automatischen Anpassung bleiben die Mitwirkungspflichten des Berechtigten aus §§ 60, 65 SGB I gem. Abs. 4 S. 2 unberührt. Abs. 4 S. 4 ist eine Spezialvorschrift zu §§ 44, 45, 48 SGB X; stellt sich heraus, dass das nach S. 1 berücksichtigte Einkommen unrichtig ist, muss zum nächstfolgenden 1. 7. eine Korrektur erfolgen und der Verwaltungsakt aufgehoben werden. Die Korrektur kann sowohl zugunsten als auch zu Lasten des Berechtigten erfolgen.

7   Einkommensminderungen von mindestens 10% gegenüber dem berücksichtigten Einkommen sind gem. Abs. 5 iVm. § 18c ggf. sofort zu berücksichtigen. Hier ist der Berechtigte verpflichtet, Einkommensminderungen sofort nachzuweisen, damit sie schon während des Jahres und nicht erst zum 1. 7. berücksichtigt werden können.

8   Gem. § 18e Abs. 6 ist eine vorherige Anhörung des Berechtigten bei der Berücksichtigung von Einkommensänderungen nicht erforderlich. Es handelt sich insoweit um eine Klarstellung zu § 24 Abs. 2 Nr. 5 SGB X. Dies betrifft aber nur Einkommensänderungen, nicht die erstmalige Berücksichtigung von Einkommen bei Renten wegen Todes; hier greift § 48 SGB X ein, der eine vorherige

Anhörung des Berechtigten erfordert (BeckOK SozR/Mette § 18 e SGB IV Rn. 18; Hauck/Noftz/ Sehnert § 18 e SGB IV Rn. 14).

Zum Zwecke der Vermeidung von unnötigem Verwaltungsaufwand ist ein erneuter Verwaltungsakt gem. Abs. 7 in dem Fall nicht erforderlich, dass eine Rente wegen Todes trotz Einkommensänderung nach wie vor in vollem Umfang wegen der Höhe des Einkommens nicht gezahlt wird. Dies gilt aber nur für Überprüfungen von Amts wegen, nicht hingegen, wenn der Berechtigte die Überprüfung beantragt hatte (Hauck/Noftz/Sehnert § 18 e Rn. 15). **9**

Die Anrechnung von Vermögenseinkommen iSd. § 18a Abs. 4 ist nur in sog. Neufällen, dh. im Anwendungsbereich der §§ 18a ff. möglich (vgl. § 114, der eine Anrechnung von Vermögenseinkommen nicht vorsieht). In welcher Weise eine Änderung des Vermögenseinkommens zu berücksichtigen ist, regelte § 18 e bisher nicht. Aus den allgemeinen Regeln der §§ 60 ff. SGB I kann aber abgeleitet werden, dass der Berechtigte insoweit Nachweispflichten zu erfüllen hat (vgl. BeckOK SozR/ Mette § 18 e SGB IV Rn. 4); laufendes Vermögenseinkommen ist entsprechend der Änderung von Arbeitseinkommen gem. § 18e Abs. 2 mitzuteilen, einmaliges Vermögenseinkommen wegen der besonderen Zuordnung (vgl. § 18b Abs. 1 S. 4, § 18d Abs. 1 S. 2) unverzüglich mitzuteilen (Hauck/ Noftz/Sehnert § 18 e Rn. 16). Mit Wirkung ab dem 1. 1. 2009 sieht Abs. 3 a S. 1 die Pflicht vor, auf Verlangen des Versicherungsträgers das im letzten Kalenderjahr erzielte Vermögenseinkommen mitzuteilen. Bei Kapitalerträgen nach § 20 EStG besteht nach Abs. 3 a S. 2 eine dementsprechende unmittelbare Verpflichtung der auszahlenden Stelle. **10**

Die Regelung der automatischen Anpassung gem. Abs. 4 gilt für Vermögenseinkommen nicht. **11**

Fünfter Titel. Erhebung, Verarbeitung und Nutzung der Versicherungsnummer

§ 18 f Zulässigkeit der Erhebung, Verarbeitung und Nutzung

(1) ¹Die Sozialversicherungsträger, ihre Verbände, ihre Arbeitsgemeinschaften, die Bundesagentur für Arbeit, die Deutsche Post AG, soweit sie mit der Berechnung oder Auszahlung von Sozialleistungen betraut ist, die Versorgungsträger nach § 8 Absatz 4 des Gesetzes zur Überführung der Ansprüche und Anwartschaften aus Zusatz- und Sonderversorgungssystemen des Beitrittsgebiets und die Künstlersozialkasse dürfen die Versicherungsnummer nur erheben, verarbeiten oder nutzen, soweit dies zur personenbezogenen Zuordnung der Daten für die Erfüllung einer gesetzlichen Aufgabe nach diesem Gesetzbuch erforderlich ist; die Deutsche Rentenversicherung Bund darf die Versicherungsnummer auch zur Erfüllung ihrer Aufgaben im Rahmen der Förderung der zusätzlichen kapitalgedeckten Altersvorsorge nach § 91 des Einkommensteuergesetzes erheben, verarbeiten und nutzen. ²Aufgaben nach diesem Gesetzbuch sind auch diejenigen auf Grund von über- und zwischenstaatlichem Recht im Bereich der sozialen Sicherheit. ³Bei Untersuchungen für Zwecke der Prävention, der Rehabilitation und der Forschung, die dem Ziel dienen, gesundheitlichen Schäden bei Versicherten vorzubeugen oder diese zu beheben, und für entsprechende Dateien darf die Versicherungsnummer nur erhoben, verarbeitet oder genutzt werden, soweit ein einheitliches Ordnungsmerkmal zur personenbezogenen Zuordnung der Daten bei langfristigen Beobachtungen erforderlich ist und der Aufbau eines besonderen Ordnungsmerkmals mit erheblichem organisatorischem Aufwand verbunden wäre oder mehrere in der Satz 1 genannten Stellen beteiligt sind, die nicht über ein einheitliches Ordnungsmerkmal verfügen. ⁴Die Versicherungsnummer darf nach Maßgabe von Satz 3 von überbetrieblichen arbeitsmedizinischen Diensten nach § 24 des Siebten Buches, auch soweit sie das Arbeitssicherheitsgesetz anwenden, erhoben, verarbeitet oder genutzt werden.

(2) ¹Die anderen in § 35 des Ersten Buches genannten Stellen dürfen die Versicherungsnummer nur erheben, verarbeiten oder nutzen, soweit im Einzelfall oder in festgelegten Verfahren eine Übermittlung von Daten gegenüber den in Absatz 1 genannten Stellen oder ihren Aufsichtsbehörden, auch unter Einschaltung von Vermittlungsstellen, für die Erfüllung einer gesetzlichen Aufgabe nach diesem Gesetzbuch erforderlich ist. ²Satz 1 gilt für die in § 69 Absatz 2 des Zehnten Buches genannten Stellen für die Erfüllung ihrer dort genannten Aufgaben entsprechend.

(3) ¹Andere Behörden, Gerichte, Arbeitgeber oder Dritte dürfen die Versicherungsnummer nur erheben, verarbeiten oder nutzen, soweit dies für die Erfüllung einer gesetzlichen Aufgabe der in Absatz 1 genannten Stellen erforderlich ist
1. bei Mitteilungen, für die die Verarbeitung oder Nutzung von Versicherungsnummern in Rechtsvorschriften vorgeschrieben ist,
2. im Rahmen der Beitragszahlung oder

3. bei der Leistungserbringung einschließlich Abrechnung und Erstattung.

²Ist anderen Behörden, Gerichten, Arbeitgebern oder Dritten die Versicherungsnummer vom Versicherten oder seinen Hinterbliebenen oder nach dem Zweiten Kapitel des Zehnten Buches befugt übermittelt worden, darf die Versicherungsnummer, soweit die Übermittlung von Daten gegenüber den in Absatz 1 und den in § 69 Absatz 2 des Zehnten Buches genannten Stellen erforderlich ist, verarbeitet oder genutzt werden.

(3 a) Die Zentrale Speicherstelle (§ 96), die Registratur Fachverfahren (§ 96), die Anmeldestellen (§ 98 Absatz 2 Satz 3) und die Arbeitgeber dürfen die Versicherungsnummer nur verwenden, soweit dies für die im Sechsten Abschnitt genannten Zwecke erforderlich ist.

(4) Die Versicherungsnummer darf auch bei der Verarbeitung von Sozialdaten im Auftrag gemäß § 80 des Zehnten Buches verarbeitet oder genutzt werden.

(5) Die in Absatz 2 oder 3 genannten Stellen dürfen die Versicherungsnummer nicht verarbeiten oder nutzen, um ihre Dateien danach zu ordnen oder für den Zugriff zu erschließen.

§ 18 g Angabe der Versicherungsnummer

¹Vertragsbestimmungen, durch die der einzelne zur Angabe der Versicherungsnummer für eine nicht nach § 18 f zugelassene Erhebung, Verarbeitung oder Nutzung verpflichtet werden soll, sind unwirksam. ²Eine befugte Übermittlung der Versicherungsnummer begründet kein Recht, die Versicherungsnummer in anderen als den in § 18 f genannten Fällen zu speichern.

Sechster Titel. Sozialversicherungsausweis

§ 18 h Ausstellung des Sozialversicherungsausweises und Pflicht zu dessen Vorlage

(1) Die Datenstelle der Träger der Rentenversicherung stellt für Personen, für die sie eine Versicherungsnummer vergibt, einen Sozialversicherungsausweis aus.

(2) ¹Der Sozialversicherungsausweis enthält folgende Angaben über die Inhaberin oder den Inhaber:
1. die Versicherungsnummer,
2. den Familiennamen und den Geburtsnamen,
3. den Vornamen.

²Weitere personenbezogene Daten darf der Ausweis nicht enthalten. ³Die Gestaltung des Sozialversicherungsausweises im Übrigen legt die Deutsche Rentenversicherung Bund in Grundsätzen fest, die vom Bundesministerium für Arbeit und Soziales zu genehmigen und im Bundesanzeiger zu veröffentlichen sind.

(3) ¹Beschäftigte sind verpflichtet, den Sozialversicherungsausweis bei Beginn einer Beschäftigung dem Arbeitgeber vorzulegen. ²Kann der Beschäftigte dies nicht zum Zeitpunkt des Beschäftigungsbeginns, so hat er dies unverzüglich nachzuholen.

(4) ¹Die Inhaberin oder der Inhaber ist verpflichtet, der zuständigen Einzugsstelle (§ 28 i) den Verlust des Sozialversicherungsausweises oder sein Wiederauffinden unverzüglich anzuzeigen. ²Ein neuer Sozialversicherungsausweis wird ausgestellt
1. auf Antrag bei der zuständigen Einzugsstelle, wenn der Sozialversicherungsausweis zerstört worden, abhanden gekommen oder unbrauchbar geworden ist,
2. von Amts wegen, wenn sich die Versicherungsnummer, der Familienname oder der Vorname geändert hat.

³Eine Person darf nur einen auf ihren Namen ausgestellten Sozialversicherungsausweis besitzen; unbrauchbare und weitere Sozialversicherungsausweise sind an die zuständige Einzugsstelle zurückzugeben.

Zweiter Abschnitt. Leistungen und Beiträge

Erster Titel. Leistungen

§ 19 Leistungen auf Antrag oder von Amts wegen

¹Leistungen in der gesetzlichen Kranken- und Rentenversicherung, nach dem Recht der Arbeitsförderung sowie in der sozialen Pflegeversicherung werden auf Antrag er-

bracht, soweit sich aus den Vorschriften für die einzelnen Versicherungszweige nichts Abweichendes ergibt. ²Leistungen in der gesetzlichen Unfallversicherung werden von Amts wegen erbracht, soweit sich aus den Vorschriften für die gesetzliche Unfallversicherung nichts Abweichendes ergibt.

§ 19a Benachteiligungsverbot

¹Bei der Inanspruchnahme von Leistungen, die den Zugang zu allen Formen und allen Ebenen der Berufsberatung, der Berufsbildung, der beruflichen Weiterbildung, der Umschulung einschließlich der praktischen Berufserfahrung betreffen, darf niemand aus Gründen der Rasse oder wegen der ethnischen Herkunft, des Geschlechts, der Religion oder Weltanschauung, einer Behinderung, des Alters oder der sexuellen Identität benachteiligt werden. ²Ansprüche können nur insoweit geltend gemacht oder hergeleitet werden, als deren Voraussetzungen und Inhalt durch die Vorschriften der besonderen Teile dieses Gesetzbuchs im Einzelnen bestimmt sind.

Zweiter Titel. Beiträge

§ 20 Aufbringung der Mittel, Gleitzone

(1) Die Mittel der Sozialversicherung einschließlich der Arbeitsförderung werden nach Maßgabe der besonderen Vorschriften für die einzelnen Versicherungszweige durch Beiträge der Versicherten, der Arbeitgeber und Dritter, durch staatliche Zuschüsse und durch sonstige Einnahmen aufgebracht.

(2) Eine Gleitzone im Sinne dieses Gesetzbuches liegt bei einem Beschäftigungsverhältnis vor, wenn das daraus erzielte Arbeitsentgelt zwischen 400,01 Euro und 800,00 Euro im Monat liegt und die Grenze von 800,00 Euro im Monat regelmäßig nicht überschreitet; bei mehreren Beschäftigungsverhältnissen ist das insgesamt erzielte Arbeitsentgelt maßgebend.

(3) ¹Der Arbeitgeber trägt abweichend von den besonderen Vorschriften für Beschäftigte für die einzelnen Versicherungszweige den Gesamtsozialversicherungsbeitrag allein, wenn
1. Versicherte, die zu ihrer Berufsausbildung beschäftigt sind, ein Arbeitsentgelt erzielen, das auf den Monat bezogen 325 Euro nicht übersteigt, oder
2. Versicherte ein freiwilliges soziales Jahr oder ein freiwilliges ökologisches Jahr im Sinne des Jugendfreiwilligendienstegesetzes oder einen Bundesfreiwilligendienst nach dem Bundesfreiwilligendienstgesetz leisten.

²Wird infolge einmalig gezahlten Arbeitsentgelts die in Satz 1 genannte Grenze überschritten, tragen die Versicherten und die Arbeitgeber den Gesamtsozialversicherungsbeitrag von dem diese Grenze übersteigenden Teil des Arbeitsentgelts jeweils zur Hälfte; in der gesetzlichen Krankenversicherung gilt dies nur für den um den Beitragsanteil, der allein vom Arbeitnehmer zu tragen ist, reduzierten Beitrag.

A. Normzweck

§ 20 ist die Eingangsnorm des Zweiten Titels „Beiträge" im zweiten Abschnitt des SGB IV. Sein Abs. 1 bildet die Grundsatzvorschrift für die **Finanzierung der SV**; hierin enthalten ist eine Aufzählung der Finanzierungsquellen für die VTr iSd § 1. Der mWv 1. 4. 2003 neu gefasste Abs. 2 definiert für die BeitrBemessung eine sog. **Gleitzone**. Abs. 3, der mWv 1. 8. 2003 angefügt und zuletzt mWv 3. 5. 2011 ergänzt worden ist, fasst die bes. Bestimmungen der einzelnen VersZweige und der AV über die **Tragung des GesamtSVBeitr** bei zur Berufsausbildung Beschäftigten und Vers, die ein freiwilliges soziales/ökologisches Jahr iSd. JFDG vom 16. 5. 2008 (BGBl. I S. 842) oder einen Bundesfreiwilligendienst nach dem BFDG vom 28. 4. 2011 (BGBl. I S. 687) leisten, im SGB IV zusammen. 1

B. Mittel zur Finanzierung der Sozialversicherung (Abs. 1)

Abs. 1 legt programmatisch nur die **Grundsätze für die Mittelaufbringung** fest. Näheres regeln die spezialges. Finanzierungsvorschriften (§§ 340 ff. SGB III, §§ 220 ff. SGB V, §§ 37 ff. KVLG 1989, § 153 SGB VI, §§ 66 ff. ALG, §§ 14 ff. KSVG, §§ 150 ff. SGB VII, §§ 54 ff. SGB XI), die Abs. 1 vorgehen. „Mittel" iSd. Vorschrift sind alle Einnahmen und wirtschaftl. einsetzbaren Güter sowie Werte, die den VTrn im Rahmen und zur Erfüllung ihrer ges. zugewiesenen Aufgaben einschl. der Verwaltungskosten zur Verfügung stehen (KomGRV, § 20 SGB IV Rn. 2.1). Die weitaus größte Einnahmequelle 2 stellen die **Beitr** dar, die durch die Vers (§ 2 Abs. 1), AG und Dritte aufgebracht werden. In welcher Höhe Beitr zu erheben sind und wer diese trägt, richtet sich nach den bes. Vorschriften der einzelnen VersZweige und der AV. Bei Bestehen eines verspfl BeschVerh. werden die Beitr zur KV, PV, RV und AV grds. durch die Vers und AG gemeinsam aufgebracht (§ 249 Abs. 1 SGB V, § 58 Abs. 1 SGB XI, § 168 Abs. 1 Nr. 1 SGB VI, § 346 Abs. 1 SGB III), in der UV allein durch die AG/Unternehmer (§§ 150, 151 SGB VII). Beitr Dritter sind Beitr, die weder vom AG noch von den Vers getragen werden, sondern Dritten auferlegt sind. Beispielhaft zu nennen sind hier die Beitr des Bundes für Wehr-/Zivildienstleistende, für Bezieher von Alg II und für Kindererziehungszeiten (§ 251 Abs. 4 SGB V, § 170 Abs. 1 Nr. 1 SGB VI) sowie die Beitr der RVTr zur KVdR (§ 249 a SGB V).

3   **Staatliche Zuschüsse** werden durch den Bund vor allem an die RV gezahlt (vgl. zB §§ 213, 215, 287 e SGB VI). Exemplarisch sind daneben die Zuschüsse für die nach dem KSVG vers selbst. Künstler und Publizisten (§§ 10, 34 KSVG), zur Alterssicherung der Landwirte (§ 78 ALG), zur KV (vgl. zB § 221 SGB V, § 37 Abs. 2 und 3 KVLG 1989) und zur AV (§ 363 SGB III) zu nennen.

4   Zu den **sonstigen Einnahmen** zählen ua. Vermögenserträge (§ 80 Abs. 1), Ersatz- und Erstattungsansprüche (§§ 110, 111 SGB VII, §§ 50, 102 ff., 115, 116, 117 SGB X), Säumniszuschläge (§ 24), die Künstlersozialabgabe der Kunstvermarktungsunternehmen (§§ 14, 23 ff. KSVG), Finanzausgleiche und Zuweisungen aus dem Gesundheitsfonds innerhalb der KV (§§ 265 ff. SGB V), die Vergütung nach § 28 l, bes. Erstattungen durch den Bund (zB §§ 287 d, 289 ff. SGB VI, § 15 AAÜG) sowie Bußgelder (zB § 404 SGB III, § 111 SGB IV, § 307 SGB V, § 320 SGB VI, § 209 SGB VII, § 98 Abs. 5 SGB X, § 121 SGB XI).

C. Gleitzone (Abs. 2)

I. Allgemeines

5   Zusammen mit der Anhebung der Geringfügigkeitsgrenze auf 400,00 EUR (vgl. § 8 Abs. 1 Nr. 1) ist zum 1. 4. 2003 mit Abs. 2 eine Gleitzone für den Niedriglohnbereich von 400,01 EUR bis 800,00 EUR geschaffen worden. Ziel ist die Beseitigung der sog. Niedriglohnschwelle, die bei Überschreiten der Geringfügigkeitsgrenze sonst grds. zur vollen BeitrPfl führen würde (mit der Folge, dass dem AN netto uU weniger verbliebe als im oberen Bereich einer geringfügigen Besch). Zwar besteht für Besch mit einem regelmäßigen ArbEntg innerhalb der Gleitzone grds. VersPfl, allerdings tragen die AN hier nur einen reduzierten BeitrAnteil am GesamtSVBeitr. Abs. 2, der eine bloße **Legaldefinition** für die Gleitzone enthält, wirkt sich somit erst iVm. den bes. beitragsrechtl. Regelungen zur Gleitzone aus (dazu Rn. 7 a).

II. Gleitzonenfälle

6   Nach der in Abs. 2 enthaltenen Legaldefinition liegt ein BeschVerh. in der Gleitzone vor, wenn das hieraus erzielte bzw. bei Bestehen mehrerer BeschVerh. das insg. erzielte ArbEntg **im Bereich von 400,01 EUR bis 800,00 EUR** pro Monat liegt und die Grenze von 800,00 EUR regelmäßig nicht überschritten wird. Für die Beurteilung, ob das mtl. ArbEntg aus der Besch bzw. bei Bestehen mehrerer BeschVerh. das insg. erzielte ArbEntg in der Gleitzone liegt, ist vom **regelmäßigen (Brutto)ArbEntg iSd. § 14** auszugehen. Dabei gelten dieselben Grundsätze, die auch für die Ermittlung des regelmäßigen ArbEntg bei geringfügig entlohnten BeschVerh. (§ 8 Abs. 1 Nr. 1) Anwendung finden (vgl. Erl. zu § 8). Entscheidend ist das ArbEntg, auf das der AN einen Rechtsanspruch hat, nicht der tatsächliche Auszahlungsbetrag (KomGRV, § 20 SGB IV Rn. 3.2). Unbeachtlich ist ein unvorhergesehenes und vorübergehendes Überschreiten der oberen Grenze von 800,00 EUR bis zu zweimal im Jahr (Zweng/Scheerer/Buschmann/Dörr, Handbuch der RV, § 20 SGB IV Rn. 11). Nicht einschlägig ist Abs. 2, wenn lediglich TeilArbEntge im Bereich von 400,01 EUR bis 800,00 EUR liegen (zB bei Beginn oder Ende einer Besch im Laufe eines KalMonats). Zu den übrigen Ausnahmen vgl. Rn. 7 e.

7   Bei **Bestehen mehrerer BeschVerh.** ist nach Abs. 2 2. Hs. auf das insg. erzielte ArbEntg abzustellen. Eine **Zusammenrechnung** iSd. Vorschrift wird aber nur erforderlich, soweit die **ArbEntge aus verspfl Besch** resultieren; versfreie Besch werden nicht berücksichtigt. ArbEntge aus mehreren für sich gesehen geringfügig entlohnten Besch, die infolge der nach § 8 Abs. 2 vorzunehmenden Zusammenrechnung der VersPfl unterliegen, sind auch für die Prüfung des Anwendungsbereiches der Gleitzonenregelungen zusammenzurechnen (Bsp.: Besch A = 200,00 EUR, Besch B = 300,00 EUR; Ergebnis: Summe A und B = 500,00 EUR, dh. die bes. Regelungen zur Gleitzone finden auf Besch A und B Anwendung). Eine geringfügig entlohnte NebenBesch (§ 8 Abs. 1 Nr. 1), die neben einer nicht geringfügigen verspfl HauptBesch ausgeübt wird und nach § 8 Abs. 2 S. 1 idF ab 1. 4. 2003 iVm. § 27 Abs. 2 SGB III, § 7 Abs. 1 SGB V, § 5 Abs. 2 SGB VI versfrei ist, bleibt hingegen unberücksichtigt. Außer Ansatz bleiben ebenfalls ArbEntge aus geringfügig entlohnten Besch, die nur wegen des Verzichts auf die VersFreiheit in der RV nach § 5 Abs. 2 S. 2 SGB VI verspfl werden. Wird die Grenze von 800,00 EUR infolge der Zusammenrechnung überschritten, finden die bes. beitragsrechtl. Regelungen zur Gleitzone insg. auf die zu beurteilenden BeschVerh. keine Anwendung.

BeschVerh., die bei der Addition ausgenommen werden, sind beitragsrechtl. getrennt zu beurteilen (KassKomm/Seewald, § 20 SGB IV Rn. 8).

III. Beitragsbemessung und Meldungen

Für die **BeitrBerechnung und -Tragung** gelten in Gleitzonenfällen **bes. Regelungen**. Sie bewirken, dass der AN nur einen reduzierten BeitrAnteil am GesamtSVBeitr (§ 28 d) trägt, der im unteren Gleitzonenbereich bei 400,01 EUR verhältnismäßig niedrig ist und bis zur oberen Gleitzonengrenze bei 800,00 EUR auf den „vollen" BeitrAnteil progressiv ansteigt. Die Reduzierung des ANBeitrAnteils resultiert daraus, dass bei der BeitrBemessung nicht das tatsächliche (Brutto)ArbEntg, sondern nach einer im G vorgeschriebenen Formel zu berechnender verminderter Betrag als beitrpfl Einnahme zugrunde gelegt wird (vgl. § 344 Abs. 4 SGB III, § 226 Abs. 4 SGB V, § 163 Abs. 10 SGB VI, § 57 Abs. 1 SGB XI), sowie aus den bes. Regelungen über die BeitrTragung (vgl. § 346 Abs. 1 a SGB III, § 249 Abs. 4 SGB V, § 168 Abs. 1 Nr. 1 d SGB VI, § 58 Abs. 5 S. 2 SGB XI). Nicht entlastet wird der AG; dieser trägt unverändert auch in Gleitzonenfällen einen auf Grundlage des tatsächlichen (Brutto)ArbEntg berechneten BeitrAnteil (vgl. § 346 Abs. 1 a SGB III, § 249 Abs. 4 SGB V, § 168 Abs. 1 Nr. 1 d SGB VI, § 58 Abs. 5 S. 2 SGB XI). 7a

Übersicht über die mtl. Beitragsbelastung in Gleitzonenfällen im Jahr 2011*: 7b

ArbEntg	Reduzierte beitrpfl Einnahme	GesamtSVBeitr	AGAnteil am GesamtSVBeitr	ANAnteil am GesamtSVBeitr
400,01 EUR	297,41 EUR	120,00 EUR	78,90 EUR	41,10 EUR
500,00 EUR	423,05 EUR	170,69 EUR	98,63 EUR	72,06 EUR
600,00 EUR	548,70 EUR	221,41 EUR	118,35 EUR	103,06 EUR
700,00 EUR	674,35 EUR	272,11 EUR	138,08 EUR	134,03 EUR
800,00 EUR	800,00 EUR	322,80 EUR	157,80 EUR	165,00 EUR

*Stand: Januar 2011. Anmerkung: Es wurde ein GesamtSVBeitrSatz iHv 40,35% zugrunde gelegt (KV: 15,5%, PV: 1,95%, RV: 19,9%, AV: 3,0%) und unterstellt, dass der Beschäftigte nicht auf die Anwendung der Gleitzonenregelungen in der ges. RV nach § 163 Abs. 10 S. 6 SGB VI verzichtet hat (dazu Rn. 7 d). Zusätzlich zu dem in Spalte 5 ausgewiesenen ANBeitrAnteil fällt für kinderlose Beschäftigte nach Vollendung des 23. Lebensjahres ein BeitrZuschlag iHv 0,25% zur soz. PV an (§ 55 Abs. 3 SGB XI).

Aufgrund der beitragsrechtl. Besonderheiten sieht § 5 Abs. 10 DEÜV eine gesonderte Kennzeichnung der nach der DEÜV zu erstattenden Meldungen vor, wenn der zu meldende Zeitraum ArbEntg nach den Vorschriften der Gleitzone enthält. Die **Kennzeichnung der Meldung** erfolgt im Feld „Gleitzone". Zu melden ist in diesen Fällen die reduzierte beitrpfl Einnahme (§ 163 Abs. 10 SGB VI), es sei denn, dass auf die Anwendung der Gleitzonenregelungen in der ges. RV nach § 163 Abs. 10 S. 6 SGB VI verzichtet wurde (dazu Rn. 7 d). Überdies liegt **kein gesonderter Meldetatbestand** vor (vgl. Erl. zu § 28 a). 7c

IV. Verzicht auf die Reduzierung des Arbeitnehmerbeitrags in der RV

Da sich die Höhe einer späteren Rente aus der ges. RV vor allem nach den während des Versicherungslebens durch Beitr vers ArbEntgen richtet (§ 63 Abs. 1 SGB VI), werden für Zeiten der Besch in der Gleitzone infolge der Reduzierung der beitrpfl Einnahmen auch nur reduzierte Rentenanwartschaften erworben. Um diese rentenmindernden Auswirkungen zu verhindern, hat der Beschäftigte **in der ges. RV** – und nur hier – die Möglichkeit, durch **schriftliche Erklärung** ggü. seinem AG auf die Reduzierung der beitrpfl Einnahmen und damit einhergehend auf die Reduzierung des ANBeitrAnteils zu verzichten (§ 163 Abs. 10 S. 6 SGB VI); der ANBeitrAnteil zur RV wird dann auf Basis des tatsächlichen (Brutto)ArbEntg berechnet, und der späteren Rentenberechnung das verbeitragte (Brutto)ArbEntg zugrunde gelegt. Die dafür erforderliche Verzichtserklärung kann grds. nur mit Wirkung für die Zukunft und bei mehreren BeschVerh. nur einheitlich abgegeben werden und ist für die Dauer der Besch bindend (§ 163 Abs. 10 S. 7 SGB VI). Für die übrigen VersZweige und die AV verbleibt es bei der Reduzierung des ANBeitrAnteils; hier ist eine entspr. Verzichtsmöglichkeit nicht vorgesehen. 7d

V. Ausnahmen von der Anwendung der Gleitzonenregelungen

Die bes. beitragsrechtl. Regelungen für Besch in der Gleitzone gelten nicht für: 7e
– Vers, die zu ihrer **Berufsausbildung** beschäftigt sind (vgl. § 163 Abs. 10 S. 8 SGB VI sowie BSG 15. 7. 2009 – B 12 KR 14/08 R – SGb 2009, 595),
– Teilnehmer an **berufsvorbereitenden Maßnahmen** und **Teilnehmer am freiwilligen sozialen/ ökologischen Jahr** iSd. JFDG,

- BeschVerh., für deren BeitrBerechnung **fiktive ArbEntge** zugrunde gelegt werden (zB bei Behinderten in anerkannten Werkstätten für behinderte Menschen),
- Fälle der **Altersteilzeitarbeit** oder **sonstige Formen der Arbeitszeitflexibilisierung**, in denen lediglich das verminderte ArbEntg in die Gleitzone fällt,
- **Vorruhestandsgeldbezieher**, wenn lediglich das Vorruhestandsgeld im Bereich von 400,01 EUR bis 800,00 EUR pro Monat liegt,
- Fälle von **Wiedereingliederungsmaßnahmen nach einer AU**, in denen lediglich das vorübergehend reduzierte ArbEntg in der Gleitzone liegt,
- BeschVerh., bei denen das mtl. ArbEntg (IstEntg) ausschließlich wegen **konjunktureller oder saisonaler Kurzarbeit** die Grenze von 800,00 EUR unterschreitet und
- **geringfügig entlohnte BeschVerh.**, die nur in der ges. RV wegen des Verzichts auf die VersFreiheit nach § 5 Abs. 2 S. 2 SGB VI verpfl sind.

Zu den Ausnahmen vgl. im Einzelnen die gemeinsame Verlautbarung der Spitzenorganisationen der SV vom 2. 11. 2006 zum Zweiten G für moderne Dienstleistungen am Arbeitsmarkt – hier: Versicherungs-, beitrags- und melderechtl. Auswirkungen auf BeschVerh. in der Gleitzone (im Internet: www.deutsche-rentenversicherung.de).

D. Beitragstragung bei zur Berufsausbildung Beschäftigten/Ableistung eines Jugendfreiwilligendienstes oder Bundesfreiwilligendienstes (Abs. 3)

8   Abs. 3 regelt zusammenfassend die BeitrTragung zur KV, PV, RV und AV bei zur Berufsausbildung Beschäftigten (zum Begriff vgl. § 7 Rn. 67 ff.) sowie Vers, die ein freiwilliges soziales/ökologisches Jahr iSd. JFDG (vgl. §§ 3, 4 aaO) oder einen Bundesfreiwilligendienst nach dem BFDG (vgl. § 3 aaO) leisten. Die Regelung ist dem bes. soz. Schutzbedürfnis der gen. Personenkreise geschuldet, die generell und unabhängig von der Höhe des ArbEntg der VersPfl in den KV, PV, RV und AV unterliegen; VersFreiheit wegen Geringfügigkeit kommt für sie nicht in Betracht (vgl. § 27 Abs. 2 S. 2 Nr. 1 SGB III, § 7 Abs. 1 S. 1 2. Hs. SGB V, § 5 Abs. 2 S. 3 SGB VI sowie BSG 15. 7. 2009 – B 12 KR 14/08 R – SGb 2010, 489 hins. der zur Berufsausbildung Beschäftigten). Während die Vorschrift bei Vers, die ein freiwilliges soziales/ökologisches Jahr iSd. JFDG oder einen Bundesfreiwilligendienst nach dem BFDG leisten, die alleinige BeitrTragung durch den AG unabhängig von der Höhe des ArbEntg vorsieht, wird bei dem zur Berufsausbildung Beschäftigten vorausgesetzt, dass das ArbEntg (§ 14) die sog. **Geringverdienergrenze von 325,00 EUR** mtl. (bis 31. 7. 2003: 400,00 EUR mtl.) nicht übersteigt (zu den Gründen vgl. BT-Drs. 15/1199 S. 19). Der bundeseinheitlich geltende Betrag von 325,00 EUR ist dabei auf den Monat zu beziehen; bei anderen Entgeltabrechnungszeiträumen ist eine entspr. ant. Berechnung vorzunehmen (KassKomm/Seewald, § 20 SGB IV Rn. 11). Die alleinige BeitrTragung durch den AG umfasst auch den BeitrZuschlag für Kinderlose in der soz. PV nach § 55 Abs. 3 SGB XI.

9   Abs. 3 S. 2 enthält eine **Sonderregelung zu Abs. 3 S. 1 Nr. 1**; für die BeitrTragung bei Vers, die ein freiwilliges soziales/ökologisches Jahr iSd. JFDG oder einen Bundesfreiwilligendienst nach dem BFDG leisten, existiert keine dementspr. Regelung. Bei Überschreiten der Geringverdienergrenze **ausschließlich infolge einer Einmalzahlung** iSd. § 23 a (zB Weihnachts-/Urlaubsgeld) bestimmt Abs. 3 S. 2, dass AG und zur Berufsausbildung Beschäftigter den GesamtSVBeitr (§ 28 d) von dem die Grenze von 325,00 EUR übersteigenden Teil des ArbEntg grds. paritätisch zu tragen haben. Flankierend zu § 249 Abs. 1 SGB V gilt dies nach Abs. 3 S. 2 2. Hs. idF ab 22. 7. 2009 für die ges. KV mit der Einschränkung, dass der AG nur die Hälfte des KV-Beitr auf den die Grenze von 325,00 EUR übersteigenden Teil des ArbEntg bemessen nach dem um 0,9 BeitrSatzpunkten verminderten allg. BeitrSatzes (§ 241 SGB V) trägt; im Übrigen hat der zur Berufsausbildung Beschäftigte den auf den die Geringverdienergrenze übersteigenden Teil des ArbEntg entfallenden KV-Beitr allein zu tragen (ausgehend von einem allg. KV-BeitrSatz iHv 15,5% ab 1. 1. 2011 beläuft sich der AGBeitrAnteil auf 7,3% und der ANBeitrAnteil auf 8,2%). Obwohl nicht ausdrücklich erwähnt, gilt der Grundsatz der paritätischen BeitrAufbringung auch in der soz. PV nur eingeschränkt; hier obliegt die Tragung des BeitrZuschlags für Kinderlose nach § 55 Abs. 3 SGB XI auf den die Grenze von 325,00 EUR übersteigenden Teil des ArbEntg allein dem Beschäftigten. Die Sonderregelung des Abs. 3 S. 2 betrifft ausdrücklich nur den die Geringverdienergrenze übersteigenden Teil des ArbEntg; der auf den darunter liegenden Betrag bis 325,00 EUR (lfd. und einmalig gezahltes ArbEntg) entfallende GesamtSV-Beitr ist weiterhin allein vom AG zu finanzieren. Damit wird verhindert, dass dem zur Berufsausbildung Beschäftigten netto uU weniger verbleibt als ohne die Sonderzahlung (BT-Drs. 11/2807 S. 12). Bei einem Überschreiten der Geringverdienergrenze durch lfd. ArbEntg liegt kein Anwendungsfall des Abs. 3 vor; die BeitrTragung richtet sich sodann nach den spezialges. Regelungen der einzelnen VersZweige und der AV für abhängig Beschäftigte (vgl. § 346 Abs. 1 SGB III, § 249 Abs. 1 SGB V, § 168 Abs. 1 Nr. 1 SGB VI, § 58 Abs. 1 SGB XI sowie BSG 15. 7. 2009 – B 12 KR 14/08 R – SGb 2010, 489). Die bes. beitragsrechtl. Regelungen zur Gleitzone finden in den gen. Fällen keine Anwendung (vgl. Rn. 7 e sowie BSG aaO).

§ 21 Bemessung der Beiträge

Die Versicherungsträger haben die Beiträge, soweit diese von ihnen festzusetzen sind, so zu bemessen, dass die Beiträge zusammen mit den anderen Einnahmen
1. die gesetzlich vorgeschriebenen und zugelassenen Ausgaben des Versicherungsträgers decken und
2. sicherstellen, dass die gesetzlich vorgeschriebenen oder zugelassenen Betriebsmittel und Rücklagen bereitgehalten werden können.

§ 21 gibt den allg. Handlungsrahmen für die Festlegung der BeitrSätze vor, soweit dies 1 nicht dem GGeber, sondern den Verwaltungsgremien der VTr (durch zugestandene Satzungsautonomie) obliegt (BT-Drs. 7/4122 S. 33). Für die ges. RV (einschl. der Alterssicherung der Landwirte), die AV und die PV findet die Vorschrift keine Anwendung, da die BeitrSätze hier durch RechtsVO oder durch G festgesetzt werden (vgl. § 160 Nr. 1 SGB VI, § 69 ALG, § 341 Abs. 2 SGB III, § 55 SGB XI). Entspr. Satzungsautonomie haben nur die Tr der ges. KV und der UV (vgl. § 194 Abs. 1 Nr. 4 SGB V, § 26 Abs. 1 KVLG 1989, §§ 152 ff. SGB VII), so dass der Vorschrift nur in diesen Vers-Zweigen rechtl. Bedeutung zukommt. Für die Tr der ges. KV beschränkt sich die zugestandene Satzungsautonomie und damit der Anwendungsbereich des § 21 seit 1. 1. 2009 auf den kassenindividuellen ZusatzBeitr gem. § 242 SGB V idF ab 1. 1. 2009; allg. und ermäßigter BeitrSatz werden seither durch RechtsVO festgesetzt (vgl. §§ 241, 243 SGB V idF ab 1. 1. 2009). Praktisch ist § 21 allerdings auch in diesen VersZweigen ohne Bedeutung, da die spezialges. Vorschriften zur BeitrBemessung (§ 220 SGB V, § 38 KVLG 1989, § 152 SGB VII) wesentlich konkreter sind und als lex specialis § 21 vorgehen (Schlegel in jurisPK-SGB IV, § 21 Rn. 5).

Die Vorschrift verpflichtet den betroffenen VTr, die Beitr (genauer die BeitrSätze) **ausgabende-** 2 **ckend** (Nr. 1) **und vermögenssichernd** (Nr. 2) festzulegen. Der Grundsatz der Ausgabendeckung trägt der allg. haushaltsrechtl. Regelung des § 69 Abs. 1 Rechnung, wonach der Haushalt in Einnahme und Ausgabe auszugleichen ist (Hauck/Noftz/Udsching, § 21 SGB IV Rn. 3). Zu den **„anderen Einnahmen"** iSd. Vorschrift zählen alle Einnahmen, die der VTr neben den Beitr erzielt (vgl. Erl. zu § 20 Abs. 1); hierzu gehören insb. Finanzausgleiche und Zuweisungen aus dem Gesundheitsfonds (§§ 265 bis 270 SGB V, § 54 KVLG 1989) sowie Unterstützungsmaßnahmen aufgrund gemeinsamer Lastentragung (§§ 173 bis 181, 220 SGB VII). Die Vorschrift steht auch in engem Zusammenhang zu § 30 Abs. 1, wonach die VTr nur Geschäfte zur Erfüllung ihrer ges. vorgeschriebenen oder zugelassenen Aufgaben führen und ihre Mittel nur zur Erfüllung dieser Aufgaben sowie die Verwaltungskosten verwenden dürfen (KassKomm/Seewald, § 21 SGB IV Rn. 1). Die **Ausgaben** sind entweder ges. vorgeschrieben, ges. zugelassen oder im Rahmen ges. Ermächtigung durch Satzung bestimmt. Sie sind Folge der Leistungen, die der VTr nach Maßgabe der bes. Vorschriften erbringen muss oder kann, und der in § 30 Abs. 1 gen. Aufgaben. Zu den ges. vorgeschriebenen Ausgaben gehören alle (Pflicht)Leistungen, zu deren Erbringung der VTr durch G verpflichtet wird und die nicht in seinem Ermessen stehen (vgl. Leistungskatalog der KV: § 21 SGB I, § 11 SGB V, § 8 KVLG 1989; UV: § 22 SGB I, § 26 SGB VII). Zugelassene Ausgaben sind solche, zu denen der VTr zwar berechtigt, aber nicht verpflichtet ist; wegen des allg. Gesetzesvorbehalts des § 31 SGB I bedarf es hierzu einer ges. Ermächtigung. Hierunter fallen (im Rahmen ges. Ermächtigung) durch Satzung vorgesehene Leistungen (zB § 20 SGB V) und Ermessensleistungen (zB § 18 Abs. 2 SGB V). Zu den Ausgaben gehören auch die Verwaltungskosten. **Betriebsmittel und Rücklagen** (§§ 81, 82) sind nach Maßgabe der bes. Vorschriften bereitzuhalten (§§ 260 bis 262 SGB V, § 51 KVLG 1989, §§ 172, 172a SGB VII); sie beeinflussen die BeitrBemessung unmittelbar.

§ 22 Entstehen der Beitragsansprüche, Zusammentreffen mehrerer Versicherungsverhältnisse

(1) ¹Die Beitragsansprüche der Versicherungsträger entstehen, sobald ihre im Gesetz oder auf Grund eines Gesetzes bestimmten Voraussetzungen vorliegen. ²Bei einmalig gezahltem Arbeitsentgelt sowie bei Arbeitsentgelt, das aus Arbeitszeitguthaben abgeleiteten Entgeltguthaben errechnet wird, entstehen die Beitragsansprüche, sobald dieses ausgezahlt worden ist. ³Satz 2 gilt nicht, soweit das einmalig gezahlte Arbeitsentgelt nur wegen eines Insolvenzereignisses im Sinne des § 183 des Dritten Buches vom Arbeitgeber nicht ausgezahlt worden ist oder die Beiträge für aus Arbeitszeitguthaben abgeleiteten Entgeltguthaben schon aus laufendem Arbeitsentgelt gezahlt wurden.

(2) ¹Treffen beitragspflichtige Einnahmen aus mehreren Versicherungsverhältnissen zusammen und übersteigen sie die für das jeweilige Versicherungsverhältnis maßgebliche Beitragsbemessungsgrenze, so vermindern sie sich zum Zwecke der Beitragsberechnung nach dem Verhältnis ihrer Höhe so zueinander, dass sie zusammen höchstens die Beitragsbemes-

sungsgrenze erreichen. ²**Für die knappschaftliche Rentenversicherung und die allgemeine Rentenversicherung sind die Berechnungen nach Satz 1 getrennt durchzuführen.**

A. Normzweck

1   Flankierend zu der in § 40 SGB I enthaltenen Regelung über das Entstehen der Leistungsansprüche normiert § 22 Abs. 1, wann der Anspruch der VTr auf Beitr als wichtigste Finanzierungsquelle dem Grunde nach entsteht. Die seit 1. 1. 2003 geltende Fassung des Abs. 1 unterscheidet dabei **zwei Entstehungstatbestände.** Regelmäßig gilt das Entstehungsprinzip (Abs. 1 S. 1). Dagegen wird für BeitrAnsprüche aus einmalig gezahltem ArbEntg und ArbEntg, das aus Arbeitszeitguthaben abgeleiteten Entgeltguthaben errechnet wird, in Abs. 1 S. 2 das Zuflussprinzip festgeschrieben, mit einer Ausnahmeregelung in Abs. 1 S. 3. Durch Abs. 2 wird das Entstehen der BeitrAnsprüche der Höhe nach festgelegt, wenn beim Zusammentreffen mehrerer VersVerh. die jeweilige BBG überschritten wird. Während Abs. 1 für alle VersZweige und die AV gilt, findet Abs. 2 in der UV und der Alterssicherung der Landwirte keine Anwendung.

B. Entstehen der Beitragsansprüche (Abs. 1)

I. Beitragsansprüche

2   Ausgehend von der in § 194 Abs. 1 BGB enthaltenen Legaldefinition für den Anspruch ist der BeitrAnspruch das subjektive Recht des VTrs, vom BeitrSchuldner die Beitr zu fordern (KomGRV, § 22 SGB IV Rn. 2.1). In Abs. 1 wird allerdings nur das **Entstehen des BeitrAnspruchs dem Grunde nach** geregelt. Davon zu unterscheiden ist der Zeitpunkt, zu dem die Beitr zu zahlen sind, dh. die **Fälligkeit.** Anders als in § 271 BGB, der für das Zivilrecht die sofortige Fälligkeit zum ges. Regelbestand macht, werden im Sozialrecht BeitrAnsprüche nicht zeitgleich mit ihrem Entstehen, sondern erst nach Maßgabe des § 23 oder bes. Vorschriften fällig. Beitr müssen daher nicht täglich, sondern nur zu den festgelegten Fälligkeitsterminen gezahlt werden. Der BeitrAnspruch richtet sich gegen den **BeitrSchuldner**; dies ist nicht zwingend derjenige, der die Beitr auch wirtschaftl. zu tragen hat (KassKomm/Seewald, § 22 SGB IV Rn. 5). Wer BeitrSchuldner ist, legen die bes. Vorschriften fest (vgl. zB §§ 348 bis 349a SGB III, §§ 28e, 28m SGB IV, §§ 252ff. SGB V, §§ 173ff. SGB VI, §§ 150, 151 SGB VII, § 60 SGB XI, § 70 ALG, §§ 49, 50 KVLG 1989); in Betracht kommen die AG, Vers und Dritte (vgl. Anm. zu § 20 Rn. 2). Für den GesamtSVBeitr (§ 28 d) ist grds. der AG BeitrSchuldner (§ 28e Abs. 1 S. 1); **BeitrGläubiger** ist in diesen Fällen die jeweils zust. Einzugsstelle (§ 28h Abs. 1 S. 1 iVm. § 28i). Im Übrigen ist BeitrGläubiger der VTr, an den die Beitr zu zahlen sind.

3   BeitrAnsprüche entstehen nur bei **geschuldeten Beitr** (Hauck/Noftz/Udsching, § 22 SGB IV Rn. 4). Die Verpflichtung zur BeitrZahlung ist hauptsächlich, aber nicht ausschließlich, an den Tatbestand der VersPfl gebunden. Von Abs. 1 erfasst wird insb. der GesamtSVBeitr (§ 28 d), einschl. der den ges. KV-Beitr gleichgestellten Umlagen nach dem AAG (vgl. § 10 AAG). Gleiches gilt für die Pauschal-Beitr für versfreie geringfügig entlohnte Beschäftigte (§ 249b SGB V, § 172 Abs. 3 und 3a SGB VI). Umfasst sind außerdem die Beitr der nach § 2 SGB VI verspfl Selbständigen sowie die aufgrund einer freiwilligen Mitgliedschaft in der KV und PV zu zahlenden Beitr. Kein BeitrAnspruch besteht ggü. freiwillig Vers in der RV (§§ 7, 232 SGB VI), da keine Verpflichtung, sondern lediglich eine Berechtigung zur BeitrZahlung besteht (KassKomm/Seewald, § 22 SGB IV Rn. 5). Der BeitrAnspruch umfasst nach der **Legaldefinition** des § 28e Abs. 4 die Beitr selbst, die ggf. hierauf entfallenden Säumniszuschläge (§ 24) sowie etwaige Zinsen für gestundete Beitr (§ 76 Abs. 2 S. 1 Nr. 1 iVm. S. 2).

II. Entstehungsprinzip (Abs. 1 S. 1)

4   Anders als im Steuerrecht (vgl. §§ 11 Abs. 1, 38a Abs. 1 EStG) gilt im BeitrRecht der SV grds. das Entstehungsprinzip; dies gilt insb. für BeitrAnsprüche aus lfd. ArbEntg (Ausnahme s. Rn. 8). Abs. 1 S. 1 stellt klar, dass es für das Entstehen der BeitrAnsprüche nur darauf ankommt, ob die im G oder aufgrund einer ges. Bestimmung (durch RechtsVO oder Satzung) normierten materiell-rechtl. Voraussetzungen für die BeitrPfl vorliegen, ohne diese selbst zu nennen. Der BeitrAnspruch entsteht somit **sofort und unmittelbar kraft G,** unabhängig vom Willen der Beteiligten und auch ohne deren Kenntnis über die die BeitrPfl begründenden Tatsachen (BSG 23. 2. 1988 – 12 RK 43/87 – SozR 2100 § 8 Nr. 5). Einer Konkretisierung oder Feststellung durch Bescheid des VTrs bedarf es nicht (ebenso BT-Drs. 7/4122 S. 33). BeitrAnsprüche entstehen damit an jedem Tag des beitrpfl VersVerh.; allerdings kann die BeitrZahlung nur zu den bes. Fälligkeitsterminen verlangt werden (vgl. Rn. 2).

5   Überwiegend wird VersPfl (und damit BeitrPfl) durch eine Besch gegen ArbEntg begründet (§ 25 Abs. 1 SGB III, § 5 Abs. 1 Nr. 1 SGB V, § 1 S. 1 Nr. 1 SGB VI, § 20 Abs. 1 S. 1 iVm. S. 2 SGB XI). Der Anspruch auf die nach lfd. ArbEntg (§ 14) zu bemessenen Beitr entsteht, **sobald der Anspruch des AN auf das ArbEntg entstanden ist** (Ausnahme s. Rn. 8). Hierbei kommt es auf die tatsächli-

che Zahlung des ArbEntg oder die Fälligkeit des zivilrechtl. ArbEntgAnspruchs nicht an (KassKomm/ Seewald, § 22 SGB IV Rn. 6). Entscheidend ist allein, dass das ArbEntg durch Erbringung der Arbeitsleistung verdient und deshalb vom AG geschuldet wird (Zweng/Scherer/Buschmann/Dörr, Handbuch der RV, § 22 SGB IV Rn. 6). Diesem Prinzip folgt auch die BeitrFälligkeit (vgl. Anm. zu § 23 Rn. 8). Dieses sog. Entstehungsprinzip ist durch das BSG in st. Rspr. bestätigt und konkretisiert worden. Beitr sind danach auch für geschuldetes, aber nicht gezahltes ArbEntg zu entrichten (BSG 25. 9. 1981 – 12 RK 58/80 – USK 81268; BSG 26. 10. 1982 – 12 RK 8/81 – USK 82206). Sogar bei untertariflicher Bezahlung eines AN im Geltungsbereich eines für allg. verbindlich erklärten Tarifvertrags sind Beitr auf den geschuldeten ArbEntgTeil zu entrichten, selbst wenn der AN den geschuldeten Betrag nicht gefordert hat (BSG 14. 7. 2004 – B 12 KR 1/04 R – SozR 4–2400 § 22 Nr. 2). Verfällt der dem AN zustehende ArbEntgAnspruch wegen einer arbeitsvertragl. Ausschlussklausel, ist der VTr dennoch berechtigt hierauf Beitr zu fordern; der BeitrAnspruch bleibt hiervon unberührt (BSG 30. 8. 1994 – 12 RK 59/92 – SozR 3–2200 § 385 Nr. 5). Ein Verzicht auf künftig fällige ArbEntgAnsprüche führt allerdings dazu, dass auch der BeitrAnspruch von vornherein in geringerer Höhe entsteht (BSG 12. 4. 2000 – B 14 KG 4/99 R – SozR 3–5870 § 2 Nr. 44). Voraussetzung ist, dass der in die Zukunft gerichtete Gehaltsverzicht arbeitsrechtl. zulässig/wirksam ist (ein bes. Schriftformerfordernis besteht nicht, vgl. BSG 2. 3. 2010 – B 12 R 5/09 R – USK 2010-40). Ein rückwirkender Verzicht (iSd. § 397 BGB) hat dagegen keine Reduzierung der BeitrForderung zur Folge, da der BeitrAnspruch bereits entstanden ist (Segebrecht in jurisPK-SGB IV, § 22 Rn. 55 mwN). Das Entstehungsprinzip gilt für die VersPfl, die BeitrPfl und die BeitrHöhe (BSG 14. 7. 2004 – B 12 KR 7/04 R – SozR 4–2400 § 22 Nr. 1). Ist das Vorliegen eines BeschVerh. str., entsteht der BeitrAnspruch erst mit rkr. Abschluss des Verfahrens (BSG 25. 9. 1981 – 12 RK 58/80 – BSGE 52, 152). Die Beweislast für das Vorliegen von Vers- und BeitrPfl obliegt grds. dem VTr, der sich darauf beruft (BSG 6. 2. 1974 – 12 RK 30/72 – BSGE 37, 114; BSG 29. 4. 1976 – 12/3 RK 66/75 – BSGE 41, 297). Allerdings findet eine Umkehr der Beweislast statt, wenn der BeitrSchuldner es unmöglich macht, diesen Beweis zu führen, zB weil die Aufzeichnungspflichten nicht erfüllt wurden (BSG 29. 4. 1976 – 12/3 RK 66/75 – BSGE 41, 297; vgl. erg. Anm. zu § 28 f.).

III. Zuflussprinzip und Ausnahmeregelungen (Abs. 1 S. 2 und 3)

1. Einmalig gezahltes Arbeitsentgelt. Während das Entstehungsprinzip bis zum 31. 12. 2002 **6** sowohl für BeitrAnsprüche aus lfd. ArbEntg als auch für solche aus einmalig gezahltem ArbEntg Anwendung fand, gilt seit 1. 1. 2003 für einmalig gezahltes ArbEntg (iSd. § 23 a) das Zuflussprinzip (Abs. 1 S. 2). Einmalzahlungen sind seitdem nur zu verbeitragen, wenn sie dem AN auch ausgezahlt werden (BT-Drs. 15/26 S. 24). Entscheidend für die BeitrPfl ist, **ob und wann die Einmalzahlung dem AN zufließt.** BeitrAnsprüche entstehen nicht, wenn eine zustehende Einmalzahlung zwar fällig ist, tatsächlich aber nicht zur Auszahlung gelangt. Die Gründe für die Nichtzahlung sind hierbei unerheblich. Dies gilt gleichermaßen für die Frage, ob das Unterbleiben der Zahlung zivil- oder arbeitsrechtl. zulässig ist (Segebrecht in jurisPK-SGB IV, § 22 Rn. 61). Selbst tarifwidrig nicht ausgezahlte Sonderzuwendungen werden der BeitrPfl entzogen. Abs. 1 S. 2 idF ab 1. 1. 2003 gilt für alle Besch-Zeiten nach dem 31. 12. 2002. Für Ansprüche auf Einmalzahlungen, die vor dem 1. 1. 2003 entstanden, aber nicht erfüllt worden sind, gilt weiterhin das Entstehungsprinzip. Obwohl es sich bei Abs. 1 S. 2 gemeinhin um eine beitragsrechtl. Regelung handelt, ist das Zuflussprinzip für einmalig gezahltes ArbEntg auch für die versrechtl. Beurteilung eines BeschVerh. zu berücksichtigen (vgl. dazu das gemeinsame RdSchr. der Spitzenorganisationen der SV vom 26. 3. 2003 zum Versicherungs-, Beitrags- und Melderecht nach dem Ersten und Zweiten G für moderne Dienstleistungen am Arbeitsmarkt, S. 13, im Internet: www.deutsche-rentenversicherung.de).

Da das seit 1. 1. 2003 für Einmalzahlungen geltende Zuflussprinzip ausschließlich AG und AN ent- **7** lasten, nicht aber zu BeitrAusfällen im Insolvenzfall führen sollte, soweit die Regelungen des Insolvenzgeldes Anwendung finden (BT-Drs. 15/4228 S. 22), wurde mWv 1. 4. 2005 in Abs. 1 S. 3 eine **Ausnahme** vom Zuflussprinzip für wegen eines Insolvenzereignisses iSd. § 183 SGB III nicht gezahlter Einmalzahlungen geschaffen. Diese Ausnahmeregelung bezieht sich dabei ausschließlich auf **BeitrForderungen ggü. der BA aufgrund der Zahlung von Insolvenzgeld** (ebenso Segebrecht in jurisPK-SGB IV, § 22 Rn. 79); BeitrForderungen ggü. dem AG bzw. dem Insolvenzverwalter aufgrund ausstehender Einmalzahlungen werden hingegen nicht begründet. Mit Abs. 1 S. 3 wird klargestellt, dass die im Insolvenzfall wirtschaftl. in die Stellung des AG eintretende BA unter den Voraussetzungen des § 208 Abs. 1 SGB III Beitr auch auf geschuldete Einmalzahlungen im Insolvenzgeldzeitraum zu entrichten hat, soweit sie bei der Berechnung des Insolvenzgeldes berücksichtigt werden und der AG die Einmalzahlung ohne seine Insolvenz geleistet hätte. Insoweit gilt hier wieder das Entstehungsprinzip. Die Anwendung der Regelung ist auf Fälle beschränkt, in denen das Insolvenzereignis nach dem 1. 4. 2005 eingetreten ist (vgl. § 118 idF bis 31. 12. 2007).

2. Arbeitsentgelt, das aus Arbeitszeitguthaben abgeleiteten Entgeltguthaben errechnet 8 wird. Vom 1. 1. 2009 an gilt das Zuflussprinzip nach Abs. 1 S. 2 auch für ArbEntg, das aus Arbeitszeitguthaben abgeleiteten Entgeltguthaben errechnet wird. Die Regelung ist Folge der mWv 1. 1. 2009 durch das G zur Verbesserung der Rahmenbedingungen für die Absicherung flexibler Arbeitszeitregelungen und zur Änderung anderer G vom 21. 12. 2008 (BGBl. I S. 2940) vorgenommenen genaueren Abgrenzung von Wertguthabenvereinbarungen (§ 7 b) zu sonstigen Formen der Arbeitszeitflexibilisierung, und betrifft ausschließlich solche Arbeitszeitguthaben, die keine Wertguthaben iSd. § 7 b darstellen. Da die Anwendbarkeit des § 23 b mWv 1. 1. 2009 auf Wertguthabenvereinbarungen nach § 7 b beschränkt ist, die nicht das Ziel der flexiblen Gestaltung der werktägl. oder wöchentl. Arbeitszeit oder den Ausgleich betriebl. Produktions- und Arbeitszyklen zum Inhalt haben, tritt auch der Stundungseffekt des § 23 b (durch Verschiebung der Fälligkeit für die auf das im Wertguthaben enthaltene Entgeltguthaben entfallenden Beitr auf den Zeitpunkt der Inanspruchnahme des Wertguthabens) nur noch für diese Langzeitkonten ein. Sonstige flexible Arbeitszeitregelungen, vor allem Gleitzeit- und Kurzzeitkonten, die nicht unter § 7 b fallen, werden seit 1. 1. 2009 nicht mehr von § 23 b erfasst. Um in der beitragsrechl. Behandlung dennoch eine Gleichstellung mit den Wertguthaben iSd. § 7 b zu erreichen und eine Verbeitragung bereits im Zeitpunkt der Erbringung der Arbeitsleistung zu verhindern (vgl. Rn. 5), führt Abs. 1 S. 2 mWv 1. 1. 2009 für die aus sonstigen (nicht unter § 7 b fallenden) Arbeitszeitkonten abgeleiteten ArbEntge das Zuflussprinzip ein. Aus entspr. sonstigen Arbeitszeitkonten abgeleitete ArbEntge sind somit **unabhängig vom Zeitpunkt der Arbeitsleistung erst bei Auszahlung an den Beschäftigten** zu verbeitragen. Im Ergebnis verbleibt es damit auch für die nicht von § 7 b iVm. § 23 b erfassten sonstigen Arbeitszeitkonten bei der aufgeschobenen Verbeitragung. Hierdurch wird zugleich sichergestellt, dass Beitr nicht für Arbeitszeitguthaben zu leisten sind, die der AN durch späteres „Abbummeln" abbauen wollte und eben nicht als ArbEntg ausbezahlt bekommen will.

9   Abs. 1 S. 2 bezieht sich allein auf solche Arbeitszeitguthaben, aus denen ein Entgeltguthaben abgeleitet wird, dh. für die ein **ArbEntgAnspruch** entstanden ist, der bei Anwendung des Entstehungsprinzips einen BeitrAnspruch auslösen würde. Andernfalls zählt ein Arbeitszeitguthaben typischerweise nicht als ArbEntg iSd. SV und ist deshalb auch nicht zu verbeitragen (vgl. BT-Drs. 16/10289 S. 19). Gemeint sind hier Besch mit sonstigen (nicht von § 7 b erfassten) flexiblen Arbeitszeitregelungen, bei denen die Arbeitszeit stundenweise abgerechnet und auf **Stundenlohnbasis** vergütet wird, und zwar auch dann, wenn ein verstetigtes mtl. Entgelt gezahlt wird (BT-Drs. 16/10289 S. 19); für die in diesen Fällen in ein Arbeitszeitkonto gestellte Arbeitszeit entsteht unmittelbar ein ArbEntgAnspruch. Soweit das Arbeitszeitguthaben nicht durch Freistellung von der Arbeitsleistung oder durch Verringerung der Arbeitszeit ausgeglichen, sondern in ArbEntg abgegolten wird, erfolgt dessen Verbeitragung erst im Zeitpunkt der Auszahlung **als einmalig gezahltes ArbEntg gem. § 23 a**. Nach der **Ausnahmeregelung** des Abs. 1 S. 3 idF ab 1. 1. 2009 findet das Zuflussprinzip dann keine Anwendung, wenn die Beitr für aus Arbeitszeitguthaben abgeleiteten Entgeltguthaben schon aus lfd. ArbEntg gezahlt worden sind; hier gilt wieder das Entstehungsprinzip. Entfällt das Arbeitszeitguthaben ohne finanzielle Anerkennung, sind keine Beitr zu leisten.

C. Zusammentreffen mehrerer Versicherungsverhältnisse (Abs. 2)

10   Beim Zusammentreffen mehrerer VersVerh. dürfen die hieraus erzielten beitrpfl Einnahmen für die BeitrBerechnung insg. nur bis zur jeweiligen BBG (KV: §§ 6 Abs. 7, 223 Abs. 3, 309 Abs. 1 SGB V; PV: § 55 Abs. 2 SGB XI; RV: §§ 159, 160, 228 a Abs. 1, 275 a, 275 b SGB VI; AV: § 341 Abs. 4 SGB III) herangezogen werden. Überschreitet die Summe der Einnahmen die jeweilige BBG, sieht Abs. 2 S. 1 für die BeitrBerechnung eine ant. Minderung der Einnahmen vor (Rn. 11, Ausnahme vgl. Rn. 14). Im Gegensatz zu dem bis 17. 6. 1994 geltenden Recht, das nur (verspfl) BeschVerh. und selbst. Tätigkeiten umfasste, stellt Abs. 2 idF ab 18. 6. 1994 auf das Zusammentreffen von VersVerh. schlechthin ab (zB auch für das Zusammentreffen mit EntgErsatzleistungen nach § 3 S. 1 Nr. 3 SGB VI, BT-Drs. 12/5187 S. 30). Zusammentreffen bedeutet das **gleichzeitige Bestehen mehrerer VersVerh. innerhalb desselben Zeitraumes** (zB MehrfachBesch). Erfasst werden nur verspfl (beitrpfl) Sachverhalte (KomGRV, § 22 SGB IV Rn. 3.1). Abs. 2 ist nicht einschlägig, wenn mehrere verspfl BeschVerh. zwar innerhalb des gleichen Monats, aber nacheinander liegen (zB bei einem AG-Wechsel) oder eine verspfl Besch neben einer versfreien Besch ausgeübt wird. Gleiches gilt beim Zusammentreffen mehrerer nach § 2 SGB VI verspfl selbst. Tätigkeiten (zB VersPfl nach § 2 S. 1 Nr. 8 SGB VI und nach § 2 S. 1 Nr. 9 SGB VI), da der zu zahlende RV-Beitr nach § 165 SGB VI aus dem Gesamteinkommen ermittelt wird.

11   Die **ant. Reduzierung** der Einnahmen hat nach Abs. 2 S. 1 im Verh. ihrer Höhe so zu einander zu erfolgen, dass insg. die jeweilige BBG nicht mehr überschritten wird. Es gilt folgende **Formel**:

$$\frac{\text{(beitrpfl) Einnahmen eines VersVerh.} \times \text{jeweilige BBG}}{\text{Summe der (beitrpfl) Einnahmen}} = \text{ant. beitrpfl Einnahme}$$

Die Verhältnisrechnung gilt sowohl für die KV, PV, RV als auch für die AV (Rn. 1), unter Berücksichtigung der jeweiligen BBG (vgl. dazu Rn. 10). Übersteigen bspw. die ArbEntge aus zwei Besch nur die BBG der KV und PV, nicht aber die BBG der RV und AV, so sind die ArbEntge lediglich für den Bereich der KV und PV ant. zu kürzen. Liegen bereits die Einnahmen aus einem VersVerh. über der (jeweiligen) BBG, so sind diese für die Verhältnisrechnung ungekürzt anzusetzen; eine Begrenzung auf die (jeweilige) BBG erfolgt nicht.

Soweit im Fall der **MehrfachBesch** eine Besch in den alten Bundesländern und eine weitere Besch im Beitrittsgebiet (§ 18 Abs. 3), dh. **in unterschiedlichen Rechtskreisen,** ausgeübt wird, darf das jeweils erzielte ArbEntg für die BeitrBerechnung nur bis zur BBG des jeweiligen Rechtskreises herangezogen werden. Soweit in der Summe die (jeweilige) BBG West überschritten wird, ist folgende ant. Kürzung vorzunehmen: 12

$$\text{beitrpfl ArbEntg West} = \frac{\text{ArbEntg West (max. BBG West)} \times \text{(jeweilige) BBG West}}{\text{ArbEntg West (max. BBG West)} + \text{ArbEntg Ost (max. BBG Ost)}}$$

$$\text{beitrpfl ArbEntg Ost} = \frac{\text{ArbEntg Ost (max. BBG Ost)} \times \text{(jeweilige) BBG West}}{\text{ArbEntg West (max. BBG West)} + \text{ArbEntg Ost (max. BBG Ost)}}$$

Im Fall der MehrfachBesch erfolgt die ant. Minderung der ArbEntge und der damit verbundene **BeitrAusgleich** durch die zust. Einzugsstelle (§ 28h Abs. 1 S. 1 iVm. § 28 i). Bei den auf einen Betrag oberhalb der jeweiligen BBG entfallenden Beitr handelt es sich um **zu Unrecht entrichtete Beitr** iSd. § 26, die unter den dort gen. Voraussetzungen zu erstatten sind. 13

Treffen **VersVerh. zur allg. RV und zur KnV** zusammen, sind Beitr sowohl zur allg. RV als auch zur KnV bis zur jeweiligen BBG zu leisten; eine ant. Kürzung der Einnahmen erfolgt gem. Abs. 2 S. 2 nicht. 14

§ 23 Fälligkeit

(1) ¹Laufende Beiträge, die geschuldet werden, werden entsprechend den Regelungen der Satzung der Krankenkasse und den Entscheidungen des Spitzenverbandes Bund der Krankenkassen fällig. ²Beiträge, die nach dem Arbeitsentgelt oder dem Arbeitseinkommen zu bemessen sind, sind in voraussichtlicher Höhe der Beitragsschuld spätestens am drittletzten Bankarbeitstag des Monats fällig, in dem die Beschäftigung oder Tätigkeit, mit der das Arbeitsentgelt oder Arbeitseinkommen erzielt wird, ausgeübt worden ist oder als ausgeübt gilt; ein verbleibender Restbetrag wird zum drittletzten Bankarbeitstag des Folgemonats fällig. ³Der Arbeitgeber kann abweichend von Satz 2 den Betrag in Höhe der Beiträge des Vormonats zahlen, wenn Änderungen der Beitragsabrechnung regelmäßig durch Mitarbeiterwechsel oder variable Entgeltbestandteile dies erfordern; für einen verbleibenden Restbetrag bleibt es bei der Fälligkeit zum drittletzten Bankarbeitstag des Folgemonats. ⁴Sonstige Beiträge werden spätestens am Fünfzehnten des Monats fällig, der auf den Monat folgt, für den sie zu entrichten sind. ⁵Die erstmalige Fälligkeit der Beiträge für die nach § 3 Satz 1 Nummer 1a des Sechsten Buches versicherten Pflegepersonen ist abhängig von dem Zeitpunkt, zu dem die Pflegekasse, das private Versicherungsunternehmen, die Festsetzungsstelle für die Beihilfe oder der Dienstherr bei Heilfürsorgeberechtigten die Versicherungspflicht der Pflegeperson festgestellt hat oder ohne Verschulden hätte feststellen können. ⁶Wird die Feststellung in der Zeit vom Ersten bis zum Fünfzehnten eines Monats getroffen, werden die Beiträge erstmals spätestens am Fünfzehnten des folgenden Monats fällig; wird die Feststellung in der Zeit vom Sechzehnten bis zum Ende eines Monats getroffen, werden die Beiträge erstmals am Fünfzehnten des zweiten darauf folgenden Monats fällig; das Nähere vereinbaren die Spitzenverbände der beteiligten Träger der Sozialversicherung, der Verband der privaten Krankenversicherung e. V. und die Festsetzungsstellen für die Beihilfe.

(2) ¹Die Beiträge für eine Sozialleistung im Sinne des § 3 Satz 1 Nummer 3 des Sechsten Buches einschließlich Sozialleistungen, auf die Vorschriften des Fünften und des Sechsten Buches über die Kranken- und Rentenversicherung der Bezieher von Arbeitslosengeld oder die Krankenversicherung der Bezieher von Arbeitslosengeld II entsprechend anzuwenden sind, werden am Achten des auf die Zahlung der Sozialleistung folgenden Monats fällig. ²Die Träger der Rentenversicherung und die Bundesagentur für Arbeit können unbeschadet des Satzes 1 vereinbaren, dass die Beiträge zur Rentenversicherung aus Sozialleistungen zu den vom Bundesversicherungsamt festgelegten Fälligkeitsterminen für die Rentenzahlungen im Inland gezahlt werden. ³Die Träger der Rentenversicherung mit Ausnahme der Deutschen Rentenversicherung Knappschaft-Bahn-See als Träger der knappschaftlichen Rentenversicherung, die Bundesagentur für Arbeit und die Behörden des sozialen Entschädigungsrechts können unbeschadet des Satzes 1 vereinbaren, dass die Beiträge zur Rentenversicherung und nach dem Recht der Arbeitsförderung aus Sozialleistungen nach dem sozialen Entschädigungsrecht in voraussichtlicher Höhe der Beitragsschuld spätestens zum 30. Juni des laufenden Jahres und ein verbleibender Restbetrag zum nächsten Fälligkeitstermin gezahlt werden.

Roßbach

40 SGB IV § 23

(2 a) **Bei Verwendung eines Haushaltsschecks (§ 28 a Absatz 7) sind die Beiträge für das in den Monaten Januar bis Juni erzielte Arbeitsentgelt am 15. Juli des laufenden Jahres und für das in den Monaten Juli bis Dezember erzielte Arbeitsentgelt am 15. Januar des folgenden Jahres fällig.**

(3) ¹Geschuldete Beiträge der Unfallversicherung werden am Fünfzehnten des Monats fällig, der dem Monat folgt, in dem der Beitragsbescheid dem Zahlungspflichtigen bekannt gegeben worden ist; entsprechendes gilt für Beitragsvorschüsse, wenn der Bescheid hierüber keinen anderen Fälligkeitstermin bestimmt. ²Die landwirtschaftlichen Berufsgenossenschaften können in ihren Satzungen von Satz 1 abweichende Fälligkeitstermine bestimmen. ³Für den Tag der Zahlung und die zulässigen Zahlungsmittel gelten die für den Gesamtsozialversicherungsbeitrag geltenden Bestimmungen entsprechend. ⁴Die Fälligkeit von Beiträgen für geringfügig Beschäftigte in Privathaushalten, die nach § 28 a Absatz 7 der Einzugsstelle gemeldet worden sind, richtet sich abweichend von Satz 1 nach Absatz 2 a.

(4) **Besondere Vorschriften für einzelne Versicherungszweige, die von den Absätzen 1 bis 3 abweichen oder abweichende Bestimmungen zulassen, bleiben unberührt.**

A. Normzweck

1   Anders als der zivilrechtl. Grundsatz des § 271 BGB, wonach Erfüllbarkeit und Fälligkeit einer Leistung idR gleichzeitig eintreten, normiert § 23 einen von der Entstehung des BeitrAnspruchs (§ 22 Abs. 1) abw. **Fälligkeitszeitpunkt für die SV-Beitr.** Unter Fälligkeit ist der Zeitpunkt zu verstehen, zu dem der BeitrSchuldner die (geschuldeten) Beitr zu zahlen hat und der VTr (als BeitrGläubiger) deren Zahlung verlangen kann (BSG 25. 9. 1981 – 12 RK 58/80 – SozR 2100 § 25 Nr. 3). Beitr müssen daher nicht täglich, sondern nur zu den festgelegten Terminen geleistet werden. Für nicht bis zum Ablauf des Fälligkeitstages gezahlte Beitr fallen grds. Säumniszuschläge an (§ 24). Nach der Fälligkeit richtet sich auch der Beginn der Verjährung (§ 25).

2   **Abs. 1** regelt die Fälligkeit der Beitr zur KV, PV, RV und AV, insb. derjenigen, die nach ArbEntg oder ArbEink bemessen werden. **Abs. 2** enthält eine Sonderregelung für die Fälligkeit von Beitr für Sozialleistungen. Der mWv 1. 4. 2003 eingefügte **Abs. 2 a** normiert die Fälligkeit der Beitr bei Anwendung des Haushaltsscheckverfahrens (§ 28 a Abs. 7). **Abs. 3** schafft eine bes. Fälligkeitsregelung für die Beitr zur UV, die dem speziellen BeitrVerfahren geschuldet sind. Durch **Abs. 4** werden von den Abs. 1 bis 3 abw. Bestimmungen und mithin bes. Fälligkeitsregelungen zugelassen. Auch die Fälligkeit der Umlagen nach dem AAG bestimmt sich nach § 23 (vgl. § 10 AAG). Dagegen gelten für die BeitrFälligkeit bei Wertguthabenvereinbarungen nach § 7 b die bes. Regelungen des § 23 b. Sonderregelungen bestehen auch bei einem Anfrageverfahren nach § 7 a (vgl. dazu § 7 a Abs. 6 S. 2). Die von den nach dem KSVG versicherten selbst. Künstlern und Publizisten zu entrichtenden BeitrAnteile werden nach Maßgabe der bes. Bestimmungen der §§ 15 bis 16 a KSVG fällig.

B. Allgemeines

3   Die BeitrSchuld ist eine **Bringschuld** (§ 270 Abs. 1 BGB); der BeitrSchuldner trägt das Risiko des Zahlungsweges. Wer im Einzelnen BeitrSchuldner ist, bestimmt sich nach den jeweiligen bes. Vorschriften (vgl. zB §§ 348 bis 349a SGB III, §§ 28 e, 28 m SGB IV, §§ 252 ff. SGB V, §§ 173 ff. SGB VI, §§ 150, 151 SGB VII, § 60 SGB XI, § 70 ALG, §§ 49, 50 KVLG 1989). Für den GesamtSVBeitr (§ 28 d) regelt § 3 Abs. 1 BVV, wann die Zahlung als erfolgt gilt; Erfüllungsort ist in diesem Fall der Sitz der Einzugsstelle (§ 28 h Abs. 1 S. 1 iVm. § 28 i). Für die Beitr der in der RV nach § 2 SGB VI versicherten Selbständigen enthält § 6 RV-BZV eine entspr. Regelung. Fällt der Fälligkeitstag auf einen Samstag, Sonntag oder ges. Feiertag, tritt an die Stelle des eigentlichen Fälligkeitstages der nächste Werktag (§ 26 Abs. 3 SGB X).

C. Laufende, geschuldete Beiträge (Abs. 1 S. 1)

4   Abs. 1 S. 1 gilt nur für lfd. Beitr, die geschuldet werden. **Geschuldete Beitr** sind PflBeitr und solche freiwilligen Beitr, auf die der VTr gem. § 22 Abs. 1 einen Anspruch hat. Um welche Beitr es sich hierbei handelt, ist den Anm. zu § 22 Rn. 3 zu entnehmen. Nicht umfasst sind die Beitr der freiwillig Vers in der RV gem. §§ 7, 232 SGB VI. Ob ein „**lfd. Beitr**" vorliegt, richtet sich nach der Art des BeitrAnspruchs. In Abgrenzung zum einmaligen Beitr muss der lfd. Beitr auf Wiederholung/Wiederkehr gerichtet sein und prinzipiell fortlaufend entstehen. Beitr, die aus einer verspfl Besch gegen ArbEntg resultieren, sind lfd. Beitr. Dies gilt auch dann, wenn die Besch nur für kurze Zeit ausgeübt wird, so dass nur ein Beitr anfällt (Hauck/Noftz/Sehnert, § 23 SGB IV Rn. 6). BeitrAnsprüche, die auf einmalig gezahltem ArbEntg iSd. § 23a beruhen, sind ebenfalls lfd. Beitr (Kass-

Komm/Seewald, § 23 SGB IV Rn. 15). Keine lfd. Beitr sind bspw. solche aufgrund einer Nachversicherung gem. §§ 8, 181 ff., 277–278 a SGB VI.

Während Abs. 1 S. 1 idF bis 31. 12. 2008 vorsah, dass lfd. geschuldete Beitr entspr. den Satzungsregelungen der (einzelnen) Kranken- und Pflegekassen fällig werden, überträgt das seit 1. 1. 2009 geltende Recht die Kompetenz zur Regelung der Fälligkeit dieser Beitr grds. zentral dem **Spitzenverband Bund der Krankenkassen** (vgl. Abs. 1 S. 1 idF ab 1. 1. 2009, § 217 f Abs. 3 S. 1 SGB V und BT-Drs. 16/3100 S. 182). Seither können die einzelnen Krankenkassen nur noch die Fälligkeit des Zusatzbeitrags nach § 242 SGB V durch Satzung regeln (vgl. § 194 Abs. 1 Nr. 4 SGB V und BT-Drs. 16/3100 S. 182). Die Festlegung des Fälligkeitstermins wird somit grds. ins Ermessen des Spitzenverbandes Bund der Krankenkassen gestellt. Dabei gelten die festgelegten Fälligkeitstermine nicht nur für die Beitr zur KV und PV, sondern auch für die Beitr zur RV und AV, soweit sie als GesamtSVBeitr (§ 28 d) zu zahlen sind. Die **zugestandene Entscheidungsbefugnis** steht allerdings unter dem Vorbehalt der Konkretisierung und Begrenzung durch Abs. 1 S. 2 bis 4; die dort geregelten **spätesten Fälligkeitstermine** sind unabdingbar. 5

D. Beiträge, die nach Arbeitsentgelt oder Arbeitseinkommen bemessen werden (Abs. 1 S. 2)

Der mWv 1. 1. 2006 neu gefasste Abs. 1 S. 2, der Abs. 1 S. 2 bis 4 idF bis 31. 12. 2005 ersetzt, legt speziell für die nach ArbEntg (§ 14) oder ArbEink (§ 15) zu bemessenen Beitr einen **spätesten Fälligkeitstermin** fest. Welche Beitr dies sind, richtet sich nach den bes. Vorschriften (vgl. zB §§ 226 Abs. 1 Nr. 1, 249 b SGB V, § 57 Abs. 1 SGB XI, §§ 162 Nr. 1, 165, 172 SGB VI, §§ 342, 346 Abs. 3 SGB III). Vom Regelungsinhalt erfasst werden insb. der GesamtSVBeitr (§ 28 d) und die Beitr der nach § 2 SGB VI verspfl Selbständigen (§ 165 SGB VI). Während Abs. 1 S. 2 auch für die PauschalBeitr gem. §§ 249 b S. 1 SGB V, 172 Abs. 3 SGB VI für geringfügig entlohnte Beschäftigte (§ 8 Abs. 1 Nr. 1) gilt, richtet sich die Fälligkeit für die im Haushaltsscheckverfahren zu entrichtenden PauschalBeitr (§§ 249 b S. 2 SGB V, 172 Abs. 3 a SGB VI) für geringfügig Beschäftigte in Privathaushalten (§ 8 a) nach Abs. 2 a. Nicht einschlägig ist Abs. 1 S. 2 für Beitr der freiwillig Vers in der KV/PV (§§ 240 SGB V, 57 SGB XI); hier bestimmt sich die BeitrFälligkeit ausschließlich nach Abs. 1 S. 1 (Jochim in jurisPK-SGB IV, § 23 Rn. 36, aA Hauck/Noftz/Sehnert, § 23 SGB IV Rn. 8). Während die Regelung bezogen auf den GesamtSVBeitr Abs. 1 S. 1 nur ergänzt, hat sie für Beitr der in der RV versicherten Selbständigen einen eigenständigen Regelungscharakter. 6

Nach Abs. 1 S. 2 werden die nach ArbEntg oder ArbEink zu bemessenen Beitr in voraussichtlicher Höhe der BeitrSchuld spätestens am drittletzten Bankarbeitstag des lfd. Monats fällig (zur Fälligkeit eines evtl. verbleibenden RestBeitr vgl. Rn. 10). Anders als das bis zum 31. 12. 2005 geltende Recht, das zwei Fälligkeitstermine kannte (25. des lfd. Monats bzw. 15. des Folgemonats), sieht die seit 1. 1. 2006 geltende Regelung des Abs. 1 S. 2 nur noch einen (spätesten) Fälligkeitszeitpunkt vor. Dieser wird einheitlich auf den drittletzten Bankarbeitstag des lfd. Monats festgelegt (zu den Gründen s. BT-Drs. 15/5574 S. 1 ff.). Als banküblicher Arbeitstag gilt der Tag, an dem nach den tarifvertragl. Regelungen des Kreditgewerbes normal gearbeitet wird (BT-Drs. 13/5108 S. 15). Für die Zahlung des GesamtSVBeitr richtet sich die **Bestimmung des drittletzten Bankarbeitstages** nach den Verh. am Sitz der Hauptverwaltung der jeweiligen Einzugsstelle (§ 28 h Abs. 1 iVm. § 28 i), dem Erfüllungsort (KomGRV, § 23 SGB IV Rn. 3). Unterschiede sind möglich, wenn der drittletzte Bankarbeitstag auf einen nicht bundeseinheitlichen Feiertag fällt. Der 24. 12. und 31. 12. gelten nicht als banktübliche Arbeitstage. 7

Maßgebend für die BeitrFälligkeit ist der **Monat, in dem die Besch oder selbst. Tätigkeit, mit der das ArbEntg oder ArbEink erzielt wird, ausgeübt worden ist oder als ausgeübt gilt.** Der Zahlungszeitpunkt für die Beitr wird somit grds. mit dem Monat der Arbeitsleistung und der Entstehung des BeitrAnspruchs (§ 22 Abs. 1) zeitlich verbunden. Auf die Auszahlung oder den tatsächlichen Empfang des ArbEntg oder ArbEink, für das Beitr zu leisten sind, kommt es grds. nicht an. Dies hat vor allem Bedeutung für die Beitr aus ArbEntg. „Erzielt" ist das ArbEntg in dem Monat, in dem es durch Erbringung der Arbeitsleistung verdient und somit vom AG geschuldet wird. Der Zeitpunkt der EntgAbrechnung oder der Zeitpunkt der tatsächlichen Auszahlung des ArbEntg sind für die BeitrFälligkeit unbeachtlich. Unerheblich ist auch, ob der schuldrechtl. Anspruch auf das ArbEntg überhaupt erfüllt wird. Dies hindert weder das Entstehen des BeitrAnspruchs (vgl. Anm. zu § 22 Rn. 5) noch dessen Fälligkeit. Beitr sind auch für geschuldetes, bei Fälligkeit noch nicht gezahltes ArbEntg zu leisten (BSG 30. 8. 1994 – 12 RK 59/92 – USK 9467, vgl. erg. Anm. zu § 22 Rn. 5). Lediglich Einmalzahlungen und solche ArbEntge, die aus Arbeitszeitguthaben abgeleiteten Entgeltguthaben errechnet werden, sind erst dann zu verbeitragen, wenn sie dem Beschäftigten auch tatsächlich zufließen; in diesen Fällen gilt ausnahmsweise das Zuflussprinzip (vgl. Anm. zu § 22 Rn. 6 ff.). Beitr sind zum Fälligkeitszeitpunkt für und in dem Monat zu zahlen, in dem der Anspruch auf sie gem. § 22 Abs. 1 entstanden ist. Die Fälligkeit bezieht sich auf die Beitr für den gesamten Monat der Arbeitsleistung; somit werden auch Beitr für ArbEntg fällig, das zum Fälligkeitstag noch nicht in Gän- 8 ze geschuldet wird. Eine Besonderheit gilt im Falle eines Kündigungsschutzprozesses; hier werden die Beitr für die Zeit zwischen der tatsächlichen Beendigung des BeschVerh. und dem im Kündigungsschutzprozess festgelegten Ende grds. erst mit rkr. Abschluss des arbeitsgerichtlichen Verfahrens fällig (BSG 25. 9. 1981 – 12 RK 58/80 – SozR 2100 § 25 Nr. 3). „Als ausgeübt gilt" eine Besch in Zeiten, in denen ArbEntg ohne tatsächliche Besch gezahlt wird (zB für die Dauer der Entgeltfortzahlung nach § 3 EFZG). Daraus folgt, dass Beitr auch für diese Zwischenzeiten zu entrichten sind.

9   Abs. 1 S. 2 stellt zum Fälligkeitszeitpunkt nur auf die **voraussichtliche Höhe der BeitrSchuld** ab, da zu diesem Zeitpunkt uU die genaue Höhe des ArbEntg/ArbEink, von dem Beitr zu leisten sind, noch nicht festgestellt werden kann. Durch den vom GGeber verwendeten unbestimmten Rechtsbegriff „voraussichtliche Höhe der BeitrSchuld" wird der zu zahlende Betrag jedoch nicht in das Belieben des BeitrSchuldners gestellt. Es handelt sich hierbei nicht um einen bloßen Abschlag; vielmehr ist die voraussichtliche BeitrSchuld so zu ermitteln und zu bemessen, dass ein möglicher Restbetrag, der dann erst im Folgemonat fällig wird (vgl. Rn. 10), so gering wie möglich bleibt. Nach der Gesetzesintention soll die voraussichtliche BeitrSchuld der endgültigen so nahe wie möglich kommen, dh. es ist eine **gewissenhafte Schätzung** vorzunehmen. Dies kann der BeitrSchuldner bspw. dadurch erreichen, dass die (endgültige) BeitrSchuld des letzten EntgAbrZeitraumes unter Berücksichtigung der eingetretenen Änderungen (zB veränderte Anzahl der Beschäftigten, arbeitszeitliche Veränderungen, Änderungen in der Höhe der erzielten ArbEntge, veränderte BeitrSätze oder BBGn) angepasst wird. Auch **variable ArbEntgBestandteile** (zB Überstundenvergütungen) sind grds. in die Schätzung mit einzubeziehen. **Beitr aus Einmalzahlungen** sind ungeachtet des § 22 Abs. 1 S. 2 in dem Monat zu berücksichtigen und fällig, in dem die Einmalzahlung mit hinreichender Sicherheit ausgezahlt wird, auch wenn dieser Zeitpunkt nach dem drittletzten Bankarbeitstag liegt (vgl. Ziff. 3.4 der gemeinsamen Verlautbarung der Spitzenorganisationen der SV zum Ersten G zum Abbau bürokratischer Hemmnisse insb. in der mittelständischen Wirtschaft – hier: Fälligkeit des GesamtSVBeitr – vom 25. 8. 2006, im Internet: www.deutsche-rentenversicherung.de). Bei **Zahlung mtl. gleichbleibender ArbEntge** ist davon auszugehen, dass die endgültige BeitrSchuld mit hinreichender Sicherheit ermittelt werden kann, so dass es einer Schätzung im Regelfall nicht bedarf. Die Parameter, nach denen die voraussichtliche BeitrSchuld ermittelt wird, sind in den **Entgeltunterlagen** zu dokumentieren (§ 9 Abs. 1 S. 1 Nr. 10 BVV).

10   Die uU aus einer Schätzung verbliebenen **Restbeträge** (Differenzbeträge zwischen voraussichtlicher und endgültiger BeitrSchuld) sind der (voraussichtlichen) BeitrSchuld im Folgemonat hinzuzurechnen und dort zum drittletzten Bankarbeitstag fällig. Eine rückwirkende Zuordnung zum Ursprungsmonat der Arbeitsleistung erfolgt nicht. Etwaige Überzahlungen werden ebenfalls im Folgemonat ausgeglichen; sie mindern die dann fällige BeitrSchuld entspr. Zum Inhalt des BeitrNachweises nach § 28f Abs. 3 vgl. die Anm. zu § 28f Rn. 15. Wird die voraussichtliche BeitrSchuld schuldhaft iSd. § 24 Abs. 2 zu gering bemessen, fallen Säumniszuschläge an.

E. Vereinfachungsregelung (Abs. 1 S. 3)

11   Der mWv 26. 8. 2006 eingefügte Abs. 1 S. 3 enthält eine Vereinfachungsregelung zu Abs. 1 S. 2 zur Bestimmung der fälligen BeitrSchuld für diejenigen AG, die bei der BeitrAbrechnung regelmäßig Änderungen durch Mitarbeiterwechsel oder variable ArbEntgBestandteile zu berücksichtigen haben (dazu erg. Rn. 12). Die Regelung ermöglicht den betr AG, **anstelle einer Schätzung nach Abs. 1 S. 2** die BeitrSchuld für den lfd. Monat nach den „Beitr des Vormonats" zu bemessen. Es handelt sich um eine **Alternativmöglichkeit** zu Abs. 1 S. 2; ob der AG bei Vorliegen der Voraussetzungen hiervon Gebrauch macht, steht in seinem Ermessen. Angewendet werden kann die Vereinfachungsregelung des Abs. 1 S. 3 nur **einheitlich** ggü. allen beteiligten Einzugsstellen (§ 28h Abs. 1 S. 1 iVm. § 28 i), und frühestens seit August 2006. Ein Wechsel zwischen den verschiedenen Verfahrensweisen zur Bestimmung der BeitrSchuld (Abs. 1 S. 2 oder Abs. 1 S. 3) ist nach jedem Abrechnungsmonat möglich; der Wechsel ist in den Entgeltunterlagen zu dokumentieren (§ 9 Abs. 1 S. 1 Nr. 10 BVV). Im Anwendungsfall des Abs. 1 S. 3 setzt sich die **fällige BeitrSchuld** aus der endgültigen BeitrSchuld des Vormonats, soweit auf Grundlage von lfd. ArbEntg ermittelt (dh. ohne Berücksichtigung von Beitr aus Einmalzahlungen, vgl. a. BT-Drs. 16/2017 S. 15), der BeitrSchuld aus einer ggf. im lfd. Monat zu berücksichtigenden Einmalzahlung und einem ggf. verbliebenen RestBeitr aus dem Vormonat zusammen; eine Überzahlung wäre abzuziehen (vgl. a. Ziff. 4 der unter Rn. 9 gen. Verlautbarung der Spitzenorganisationen der SV). Etwaige Differenzbeträge zur endgültigen BeitrSchuld (nach erfolgter endgültiger Abrechnung) werden wie bei Abs. 1 S. 2 im Folgemonat ausgeglichen (vgl. Rn. 10).

12   **Voraussetzung** für die Anwendung des Abs. 1 S. 3 ist, dass bei der Beitr-/EntgAbrechnung des Betriebes regelmäßig Mitarbeiterwechsel oder variable ArbEntgBestandteile zu berücksichtigen sind. Das regelmäßige Vorliegen eines der gen. Tatbestände genügt. Ein **Mitarbeiterwechsel** iSd. Abs. 1 S. 3 liegt bei Aufnahme einer versicherungspfl. Aufgabe oder einer verspfl oder einer geringfügigen versfreien Besch vor (KomGRV, § 23 SGB IV Rn. 3). Dieses Kriterium ist nicht erfüllt, wenn beim selben AG lediglich ein Arbeitsplatzwechsel stattfindet oder dem AG als Entleiher LeihAN nach dem AÜG (nur) zur Ar-

beitsleistung überlassen werden. **Variable ArbEntgBestandteile** sind insb. Mehrarbeitsvergütungen, Zuschläge, Zulagen und ähnliche Einnahmen, die zusätzlich zum ArbEntg gezahlt werden und deren exakte Höhe grds. erst mit der endgültigen EntgAbrechnung (idR im Folgemonat) bekannt ist. **Regelmäßigkeit** iSd. Abs. 1 S. 3 liegt nach den Festlegungen der Spitzenorganisationen der SV (vgl. Ziff. 4.2.3 der unter Rn. 9 gen. Verlautbarung) dann vor, wenn in jeder der letzten zwei Entg-Abrechnungen vor der aktuellen EntgAbrechnung und bei der aktuellen EntgAbrechnung, ab der Abs. 1 S. 3 frühestens angewendet werden kann, entweder ein Mitarbeiterwechsel oder die Zahlung von variablen ArbEntgBestandteilen zu berücksichtigen war/ist. Soweit dies der Fall ist, wird das Vorliegen der Voraussetzungen des Abs. 1 S. 3 auch bei den nachfolgenden Abrechnungen vorerst unterstellt. Abs. 1 S. 3 kann erst dann nicht mehr angewendet werden, wenn in jeder der letzten drei Entg-Abrechnungen vor der aktuellen EntgAbrechnung weder ein Mitarbeiterwechsel noch die Zahlung von variablen ArbEntgBestandteilen zu berücksichtigen war. Für die erneute Anwendung des Abs. 1 S. 3 ist das (erneute) Vorliegen der og. Voraussetzungen erforderlich.

F. Sonstige Beiträge (Abs. 1 S. 4)

Abs. 1 S. 4 normiert als Auffangregelung die Fälligkeit lfd. geschuldeter Beitr (vgl. Rn. 4), die nicht nach ArbEntg (§ 14) oder ArbEink (§ 15) bemessen werden, soweit die Abs. 2 bis 4 keine abw. Sonderregelungen enthalten. Erfasst werden **Beitr, denen fiktive ArbEntge oder bes. Rechengrößen zugrunde liegen.** Hierzu gehören bspw. PflBeitr für Seeleute (§ 344 Abs. 1 SGB III, § 233 SGB V, § 163 Abs. 2 SGB VI), Rehabilitanden (§ 345 Nr. 1 SGB III, § 235 SGB V, § 166 Abs. 1 Nr. 5 SGB VI), Behinderte in Einrichtungen für behinderte Menschen (§ 344 Abs. 3 SGB III, § 235 Abs. 3 SGB V, § 162 Nr. 2 SGB VI) und Beitr von in der ges. KV freiwillig Vers, die keiner Besch oder Tätigkeit nachgehen. Gleiches gilt für die lfd. RV-Beitr für die nach § 3 S. 1 Nr. 1a SGB VI versicherten Pflegepersonen, die nach erstmaliger Fälligkeit anfallen (vgl. erg. Rn. 14). Spätester Fälligkeitstermin ist der 15. des Monats, der dem Monat folgt, für den die Beitr zu entrichten sind. **13**

G. Beiträge für Pflegepersonen (Abs. 1 S. 5, 6)

Abs. 1 S. 5 und 6 bestimmen den (spätesten) Fälligkeitszeitpunkt für die **erstmalig zu zahlenden RV-Beitr** für die nach § 3 S. 1 Nr. 1a SGB VI versicherten Pflegepersonen. Erfasst werden nur Beitr, die nach erstmaliger Feststellung der Verspfl von den in § 170 Abs. 1 Nr. 6 SGB VI gen. Stellen zu entrichten sind. Die Fälligkeit nachfolgender Beitr (bei lfd. BeitrZahlung) richtet sich nach Abs. 1 S. 4 (dazu Rn. 13). Für den Fall der erneuten Feststellung der VersPfl nach einer Unterbrechung finden für die dann erstmalig zu zahlenden Beitr wiederum Abs. 1 S. 5 und 6 Anwendung. **14**

Die BeitrFälligkeit ist abhängig von dem Zeitpunkt, zu dem die VersPfl (und damit die BeitrPfl) von den gen. zust. Stellen festgestellt worden ist oder ohne Verschulden hätte festgestellt werden können. Die Feststellung muss – wie im Verh. AG/AN – nicht in Form eines Verwaltungsaktes (§ 31 SGB X) erfolgen (BT-Drs. 14/4375 S. 48); in der Praxis erhalten die Vers aber idR eine Mitteilung über die Aufnahme der BeitrZahlung. Bei **Feststellung der VersPfl** in der ersten Monatshälfte tritt die erste BeitrFälligkeit spätestens am 15. des Folgemonats ein; bei Feststellung in der zweiten Monatshälfte wird diese auf den 15. des zweiten darauf folgenden Monats hinausgeschoben. **15**

Ist die Feststellung der VersPfl schuldhaft verspätet erfolgt oder gar unterblieben, tritt an die Stelle des Zeitpunktes der Feststellung der Tag, zu dem eine Feststellung bei nicht schuldhaftem Verwaltungshandeln der zust. Stelle hätte getroffen werden können (Hauck/Hoftz/Sehnert, § 23 SGB IV Rn. 17). Damit soll eine (bewusste) Verzögerung der BeitrZahlung verhindert werden. **Schuldhaftes Verwaltungshandeln** ist grds. erst anzunehmen, wenn zwischen der Entscheidung, ob der Pflegebedürftige Anspruch auf Leistungen aus der PV hat (idR Pflegegeld gem. § 37 SGB XI), und der Entscheidung über die VersPfl der Pflegeperson mehr als 3 Monate liegen (vgl. BT-Drs. 14/4375 S. 48). Ein Verschulden (§ 276 BGB) der zust. Stelle liegt nicht vor, wenn sie infolge nicht von ihr zu vertretener Umstände eine Feststellung nicht binnen dieser 3-Monatsfrist treffen konnte (zB bei fehlender Mitwirkung der Pflegeperson). Das Nähere zur Feststellung der VersPfl und zur BeitrZahlung haben die in Abs. 1 S. 6 letzter Hs. gen. Stellen in einer gemeinsamen Verlautbarung vom 11. 2. 2004 (im Internet: www.deutsche-rentenversicherung.de) geregelt. **16**

H. Beiträge für Sozialleistungen (Abs. 2)

Der mWv 1. 1. 1997 neu gefasste Abs. 2 regelt die Fälligkeit der für die gen. Sozialleistungen zu zahlenden Beitr. Erfasst werden einerseits Beitr für **Sozialleistungen iSd. § 3 S. 1 Nr. 3 SGB VI**, dh. Krankengeld, Verletztengeld, Versorgungskrankengeld, Übergangsgeld und Arbeitslosengeld (bis 31. 12. 2004 auch Arbeitslosenhilfe und Unterhaltsgeld). Die Fälligkeitsregelung gilt dabei für sämtliche aufgrund des Sozialleistungsbezugs anfallenden Beitr, und nicht nur für die RV-Beitr. Andererseits betrifft Abs. 2 die Beitr für „**sonstige**" **Sozialleistungen**, auf die die Vorschriften des SGB V und **17**

SGB VI über die KV und RV der Bezieher von Arbeitslosengeld oder die KV der Bezieher von Arbeitslosengeld II entspr. anzuwenden sind. Hierzu gehören zB die Beitr aufgrund des Bezugs von Teilarbeitslosengeld (vgl. § 150 Abs. 2 SGB III).

18   Seit 1. 1. 1997 wird der Fälligkeitszeitpunkt für die erfassten Beitr **einheitlich** auf den 8. des auf die Zahlung der Sozialleistung folgenden Monats festgelegt (zu den Gründen vgl. BT-Drs. 13/5108 S. 16). Bestimmend für die Fälligkeit ist der Monat der Zahlung der Sozialleistung, nicht der Zeitraum, für den die Sozialleistung zu erbringen ist. Abweichungen von diesem Fälligkeitstermin sind nur nach Maßgabe von Abs. 2 S. 2 und 3 zugelassen. Die gen. Stellen haben dementspr. Vereinbarungen getroffen.

I. Beiträge bei Anwendung des Haushaltsscheckverfahrens (Abs. 2 a)

19   Der mWv 1. 4. 2003 eingefügte Abs. 2a normiert aus Vereinfachungsgründen (BT-Drs. 15/26 S. 24) für die Beitr aus dem Haushaltsscheckverfahren (vgl. dazu Anm. zu § 28 a Rn. 36 ff.) eine **halbjährliche Fälligkeit**. Hierbei handelt es sich um die für geringfügig Beschäftigte in Privathaushalten (§ 8 a) zu leistenden PauschalBeitr gem. §§ 249 b S. 2 SGB V, 172 Abs. 3 a SGB VI. Fälligkeitszeitpunkt ist für die Beitr, die auf das im ersten Halbjahr des lfd. Jahres erzielte ArbEntg entfallen, der 15. 7. des lfd. Jahres. Beitr, die auf das im zweiten Halbjahr des lfd. Jahres erzielte ArbEntg entfallen, werden am 15. 1. des Folgejahres fällig. Erzielt ist das ArbEntg in dem Zeitpunkt, in dem es durch Erbringung der Arbeitsleistung verdient und somit geschuldet wird; die Anm. zu Rn. 8 gelten sinngemäß. Die zu zahlenden Beitr werden von der DRV Knappschaft-Bahn-See – Minijob-Zentrale – (§ 28 i S. 5) eingezogen. Abs. 2a gilt seit 1. 1. 2006 auch für die vom AG für diesen Personenkreis zu zahlenden UV-Beitr (vgl. Rn. 24).

K. Beiträge zur Unfallversicherung (Abs. 3)

20   Abs. 3 S. 1 enthält eine von den Abs. 1 und 2 abw. Regelung für die Fälligkeit der UV-Beitr, die dem bes. BeitrVerfahren in der UV geschuldet ist (BT-Drs. 7/4122 S. 34, §§ 152 ff. SGB VII). Die Regelung berücksichtigt, dass in der UV Beitr durch Bescheid ggü. dem BeitrPflichtigen festgesetzt/erhoben werden (§ 168 Abs. 1 SGB VII). Fälligkeit tritt am **15. des auf die Bekanntgabe** (§ 37 SGB X) **des BeitrBescheides folgenden Monats** ein (Abs. 3 S. 1 1. Hs.). Abw. Bestimmungen (zB durch Satzung) sind grds. nicht zulässig. Dies gilt nicht, wenn der Unternehmer die Beitr aufgrund bes. Satzungsregelungen der UVTr selbst berechnet (vgl. § 168 Abs. 3 SGB VII); hier bestimmt sich die Fälligkeit nach dem jeweiligen Satzungsrecht.

21   Der ges. festgelegte Fälligkeitstermin erfasst grds. auch **BeitrVorschüsse** nach § 164 Abs. 1 SGB VII (Abs. 3 S. 1 2. Hs.). Im Gegensatz zu den Beitr kann der UVTr aber bzgl. der BeitrVorschüsse im Rahmen des Vorschussbescheides einen von Abs. 3 S. 1 1. Hs. abw. Fälligkeitstermin bestimmen. Dabei kann nur ein späterer Fälligkeitszeitpunkt festgelegt werden. Ein Vorziehen der Fälligkeit auf einen früheren Zeitpunkt, als durch Abs. 3 S. 1 1. Hs. vorgesehen, ist nicht zulässig (Hauck/Noftz/Sehnert, § 23 SGB IV Rn. 23). Abs. 3 gilt auch für sog. BeitrAbfindungen (§ 164 Abs. 2 SGB VII – KassKomm/Seewald, § 23 SGB IV Rn. 29).

22   Der mWv 1. 1. 1997 eingefügte Abs. 3 S. 2 ermöglicht den landwirtschaftl. Berufsgenossenschaften, infolge der **Besonderheiten der landwirtschaftl. UV** (§ 183 SGB VII) von Abs. 3 S. 1 abw. Fälligkeitstermine durch Satzung zu bestimmen. Die ges. Ermächtigung unterliegt grds. keinen Beschränkungen; die Fälligkeit kann sowohl auf einen Zeitpunkt vor oder nach dem in Abs. 3 S. 1 gen. Fälligkeitstermin gelegt werden (Jochim in jurisPK-SGB IV, § 23 Rn. 129).

23   Abs. 3 S. 3 verweist für die **Bestimmung des Tages der Zahlung** sowie hins. der zulässigen Zahlungsmittel auf die geltenden Regelungen für den GesamtSVBeitr (vgl. dazu § 3 BVV). Dies dient der Klarstellung, wann die Beitr als gezahlt gelten (vgl. Rn. 3). Die UV-Beitr sind damit den (übrigen) Beitr zur KV, PV, RV und AV gleichgestellt.

24   Der mWv 1. 1. 2006 angefügte Abs. 3 S. 4 verweist bzgl. der Fälligkeit für die **für geringfügig Beschäftigte in Privathaushalten (§ 8 a)** seit 1. 1. 2006 zu zahlenden einkommensabhängigen UV-Beitr (§ 185 Abs. 4 S. 3 SGB VII) auf Abs. 2a. Damit gilt für diese Beitr ebenfalls die halbjährliche Fälligkeit (vgl. Rn. 19). Die UV-Beitr werden im Rahmen des Haushaltsscheckverfahrens zusammen mit den übrigen Beitr/Abgaben für diesen Personenkreis am 15. 1. und am 15. 7. für das jeweils vorangegangene Halbjahr von der DRV Knappschaft-Bahn-See – Minijob-Zentrale – (§ 28 i S. 5) eingezogen und von dort an den zust. kommunalen UVTr weitergeleitet.

L. Vorbehalt abweichender Regelungen (Abs. 4)

25   Abs. 4 stellt klar, dass bes. von den Abs. 1 bis 3 abw. Vorschriften der einzelnen VersZweige zur Fälligkeit unberührt bleiben; sie werden **nicht durch § 23 verdrängt**. Abw. Regelungen können

sich durch G oder aufgrund ges. Ermächtigung durch RechtsVO oder Satzung ergeben. Beispielhaft zu nennen sind hier die §§ 254, 256 Abs. 1 S. 2 SGB V, § 178 SGB VI, die RV-PauschalbeitragsVO, § 168 Abs. 3 SGB VII (vgl. Rn. 20) und § 71 Abs. 1 ALG.

§ 23 a Einmalig gezahltes Arbeitsentgelt als beitragspflichtige Einnahmen

(1) ¹Einmalig gezahltes Arbeitsentgelt sind Zuwendungen, die dem Arbeitsentgelt zuzurechnen sind und nicht für die Arbeit in einem einzelnen Entgeltabrechnungszeitraum gezahlt werden. ²Als einmalig gezahltes Arbeitsentgelt gelten nicht Zuwendungen nach Satz 1, wenn sie
1. üblicherweise zur Abgeltung bestimmter Aufwendungen des Beschäftigten, die auch im Zusammenhang mit der Beschäftigung stehen,
2. als Waren oder Dienstleistungen, die vom Arbeitgeber nicht überwiegend für den Bedarf seiner Beschäftigten hergestellt, vertrieben oder erbracht werden und monatlich in Anspruch genommen werden können,
3. als sonstige Sachbezüge oder
4. als vermögenswirksame Leistungen

vom Arbeitgeber erbracht werden. ³Einmalig gezahltes Arbeitsentgelt versicherungspflichtig Beschäftigter ist dem Entgeltabrechnungszeitraum zuzuordnen, in dem es gezahlt wird, soweit die Absätze 2 und 4 nichts Abweichendes bestimmen.

(2) Einmalig gezahltes Arbeitsentgelt, das nach Beendigung oder bei Ruhen des Beschäftigungsverhältnisses gezahlt wird, ist dem letzten Entgeltabrechnungszeitraum des laufenden Kalenderjahres zuzuordnen, auch wenn dieser nicht mit Arbeitsentgelt belegt ist.

(3) ¹Das einmalig gezahlte Arbeitsentgelt ist bei der Feststellung des beitragspflichtigen Arbeitsentgelts für versicherungspflichtig Beschäftigte zu berücksichtigen, soweit das bisher gezahlte beitragspflichtige Arbeitsentgelt die anteilige Beitragsbemessungsgrenze nicht erreicht. ²Die anteilige Beitragsbemessungsgrenze ist der Teil der Beitragsbemessungsgrenze, der der Dauer aller Beschäftigungsverhältnisse bei demselben Arbeitgeber im laufenden Kalenderjahr bis zum Ablauf des Entgeltabrechnungszeitraumes entspricht, dem einmalig gezahlte Arbeitsentgelt zuzuordnen ist; auszunehmen sind Zeiten, die nicht mit Beiträgen aus laufendem (nicht einmalig gezahltem) Arbeitsentgelt belegt sind.

(4) ¹In der Zeit vom 1. Januar bis zum 31. März einmalig gezahltes Arbeitsentgelt ist dem letzten Entgeltabrechnungszeitraum des vergangenen Kalenderjahres zuzuordnen, wenn es vom Arbeitgeber dieses Entgeltabrechnungszeitraumes gezahlt wird und zusammen mit dem sonstigen für das laufende Kalenderjahr festgestellten beitragspflichtigen Arbeitsentgelt die anteilige Beitragsbemessungsgrenze nach Absatz 3 Satz 2 übersteigt. ²Satz 1 gilt nicht für nach dem 31. März einmalig gezahltes Arbeitsentgelt, das nach Absatz 2 einem in der Zeit vom 1. Januar bis zum 31. März liegenden Entgeltabrechnungszeitraum zuzuordnen ist.

(5) Ist der Beschäftigte in der gesetzlichen Krankenversicherung pflichtversichert, ist für die Zuordnung des einmalig gezahlten Arbeitsentgelts nach Absatz 4 Satz 1 allein die Beitragsbemessungsgrenze der gesetzlichen Krankenversicherung maßgebend.

A. Normzweck

Die mWv 1. 1. 1997 eingefügte Vorschrift fasst die Regelungen zur **beitragsrechtl. Behandlung von einmalig gezahltem ArbEntg** für alle Zweige der SV und die AV im SGB IV zusammen. Während Abs. 1 S. 1 und 2 den Begriff „einmalig gezahltes ArbEntg" definieren, regeln Abs. 1 S. 3, Abs. 2 und Abs. 4 (iVm. Abs. 5) die für die BeitrBerechnung erforderliche zeitliche Zuordnung. Schließlich normiert Abs. 3 in welcher Höhe die Einmalzahlung beitrpfl wird. 1

B. Begriff einmalig gezahltes Arbeitsentgelt (Abs. 1 S. 1, 2)

Einmalig gezahlte ArbEntge sind nach der in Abs. 1 S. 1 enthaltenen Legaldefinition Zuwendungen, die dem ArbEntg zuzurechnen sind, aber nicht für die Arbeit in einem einzelnen Entg-AbrZeitraum gewährt werden. Es muss sich insoweit um **ArbEntg iSd. §§ 14, 17 iVm. der SvEV** handeln. Einmalzahlungen, die bspw. nicht der LohnsteuerPfl unterliegen und damit nicht zum Arb-Entg gehören (vgl. § 1 Abs. 1 S. 1 Nr. 1 SvEV), werden von § 23 a nicht erfasst. Entscheidend für das Vorliegen von einmalig gezahltem ArbEntg ist, dass sich die Zuwendung nicht der Arbeit in einem einzelnen EntgAbrZeitraum zuordnen lässt (BSG 27. 10. 1989 – 12 RK 9/88 – BSGE 66, 34, BSG 7. 2. 2002 – B 12 KR 6/01 R – USK 2002-1). Für die Unterscheidung zwischen lfd. und einmalig gezahltem ArbEntg kommt es dabei 2 maßgeblich darauf an, ob das gezahlte Entg Vergütung für die in einem einzelnen (bestimmten) EntgAbrZeitraum geleistete Arbeit ist oder eine solche Beziehung zu einem bestimmten EntgAbrZeitraum nicht besteht (BSG aaO). Von § 23a umfasst werden damit alle Zuwendungen, die **nicht mtl.**, sondern in größeren Zeitabständen gewährt werden **und kein lfd. ArbEntg darstellen**. Hierzu gehören insb. Weihnachts- und Urlaubsgelder, Tantiemen, Gratifikationen sowie Urlaubsabgeltungen. Nicht entscheidend ist die Bezeichnung, der Zahlungsanlass oder die Art der Zahlung (BSG 16. 9. 1981 – 4 RJ 55/80 – BSGE 52, 102). Werden lfd. ArbEntge nachträglich für mehrere EntgAbrZeiträume in einer Summe gezahlt, ändert dies nichts an ihrem Charakter als lfd. ArbEntg (BSG 27. 10. 1989 – 12 RK 9/88 – BSGE 66, 34). Deshalb stellen lfd. Zuschläge, Zulagen und Zuschüsse (zB Mehrarbeitsvergütungen, Erschwerniszulagen, Provisionen) auch dann kein einmalig gezahltes ArbEntg dar, wenn sie kumuliert für mehrere EntgAbrZeiträume ausgezahlt werden; es handelt sich um lfd. ArbEntg. Dies gilt nur dann nicht, wenn sie ohne Bezug auf bestimmte EntgAbrZeiträume gewährt werden. Nachzahlungen aufgrund rückwirkender Lohnerhöhungen stellen sich aufgrund der eindeutigen Zuordbarkeit ebenfalls kein einmalig gezahltes ArbEntg dar; aus Vereinfachungsgründen kann jedoch auf die Nachzahlung § 23a unter Zugrundelegung der ant. Jahres-BBG für den Nachzahlungszeitraum angewendet werden, um nachträgliche Berichtigungen in den BeitrBerechnungen zu vermeiden (vgl. gemeinsames RdSchr. der Spitzenorganisationen der SV zum HaushaltsbegleitG 1984 vom 18. 11. 1983, Punkt X, DOK 1984, S. 40). Einmalzahlungen, die ungeachtet der arbeitsrechtl. Zulässigkeit in jedem KalMonat zu einem Zwölftel ausgezahlt werden, verlieren ihren Charakter als einmalig gezahltes ArbEntg iSd. § 23a; sie sind damit als lfd. ArbEntg zu qualifizieren und dementspr. beitragsrechtl. zu behandeln.

3   Abs. 1 S. 2 idF ab 1. 1. 2003 schränkt die weite Begriffsdefinition des Abs. 1 S. 1 durch vier Ausnahmetatbestände ein, nachdem das BSG den Begriff des einmalig gezahlten ArbEntg zuvor erheblich ausgedehnt hatte (vgl. dazu BSG 7. 2. 2002 – B 12 KR 6/01 R und B 12 KR 12/01 R – USK 2002-1, USK 2002-2). Danach sollen die hier gen. Bezüge **per ges. Fiktion als lfd. ArbEntg qualifiziert** werden, mit der Folge, dass sie bei Pauschalbesteuerung (weiterhin) als beitragsfrei behandelt werden können (BT-Drs. 15/91 S. 18). Zu den erfassten Zuwendungen, die nicht als einmalig gezahltes ArbEntg gelten, gehören solche, die üblicherweise zur Abgeltung bestimmter Aufwendungen des Beschäftigten gezahlt werden (Nr. 1 aaO, insb. erstattete Kontoführungsgebühren, Familien- und Kinderzuschläge), Waren und Dienstleistungen, die vom AG nicht überwiegend für den Bedarf seiner Beschäftigten hergestellt, vertrieben oder erbracht werden und mtl. in Anspruch genommen werden können (Nr. 2 aaO, insb. Belegschaftsrabatte und kostenlose/verbilligte Flugreisen, sofern sie dem AN mtl. zufließen), sonstige lfd. Sachbezüge iSd. § 3 SvEV (Nr. 3 aaO) sowie vermögenswirksame Leistungen (Nr. 4 aaO). Zu den sonstigen Sachbezügen iSd. Abs. 1 S. 2 Nr. 3 zählen nur lfd. Vergünstigungen (zB Dienstwagen, Dienstwohnungen); nicht erfasst werden Zuwendungen des AG zu bes. Anlässen, die nach wie vor einmalig gezahltes ArbEntg darstellen.

C. Zuordnung nach Abs. 1 S. 3 und Abs. 2

4   Die zeitliche Zuordnung der Einmalzahlung zu einem EntgAbrZeitraum (idR KalMonat) ist für die BeitrBerechnung erforderlich, da die jeweils anzusetzenden BeitrBerechnungsfaktoren (BeitrSatz, BeitrGruppe, BBG) zeitbezogen sind. Vorbehaltlich der Abs. 2 und 4 ist die Einmalzahlung während eines bestehenden BeschVerh. **grds. dem Auszahlungsmonat** zuzuordnen (Zuflussprinzip, Abs. 1 S. 3). Dies gilt auch dann, wenn im Auszahlungsmonat kein lfd. ArbEntg gezahlt wurde (zB wegen des Bezuges von Krankengeld, Mutterschaftsgeld, Verletztengeld, Übergangsgeld, Versorgungskrankengeld). Maßgeblich für die Zuordnung ist der Zeitpunkt der tatsächlichen Auszahlung; der Zeitpunkt der Fälligkeit der Einmalzahlung ist unerheblich.

5   Erfolgt die Einmalzahlung **nach Beendigung der Besch oder während der Zeit des Ruhens des ArbVerh.** (zB bei Ableistung des ges. Wehr-/Zivildienstes oder während der Elternzeit), ist sie nach Abs. 2 dem letzten EntgAbrZeitraum des lfd. KalJahres zuzuordnen. Die in Abs. 2 verwendete Formulierung **„zum letzten EntgAbrZeitraum"** bezeichnet dabei nicht den Monat Dezember, sondern den letzten EntgAbrZeitraum vor Beendigung bzw. Ruhen der Besch im lfd. KalJahr bei dem die Einmalzahlung gewährenden AG, unabhängig davon, ob dieser EntgAbrZeitraum auch mit ArbEntg belegt ist (Hauck/Noftz/Steinbach, § 23a SGB IV Rn. 5). Die Einmalzahlung kann in diesen Fällen nur beitrpfl werden, wenn bereits vorher in demselben KalJahr von dem AG, der die Einmalzahlung gewährt, lfd. ArbEntg bezogen wurde, also die Einmalzahlung noch in dem KalJahr zur Auszahlung gelangt, in dem die Besch beendet oder zum Ruhen gebracht wurde; andernfalls ist die Einmalzahlung beitragsfrei. Dies gilt nicht bei Auszahlung im ersten Quartal des lfd. Jahres (vgl. dazu Rn. 8).

D. Beitragsrechtliche Behandlung (Abs. 3)

6   Übersteigt die Einmalzahlung zusammen mit dem lfd. ArbEntg die (jeweilige, ggf. ant.) mtl. BBG im Zuordnungsmonat nicht, ist die Einmalzahlung in voller Höhe beitrpfl. Im Falle des Überschreitens sieht Abs. 3 S. 1 vor, dass die Feststellung der BeitrPfl **unter Außerachtlassung der (jeweili-**

gen) mtl. **BBG** und durch zeitant. Zuordnung der Einmalzahlung zu früheren EntgAbrZeiträumen desselben KalJahres bei dem die Einmalzahlung gewährenden AG zu erfolgen hat. Konkret wird die nach Abs. 1 S. 3 oder Abs. 2 einem EntgAbrZeitraum zugeordnete und nach dem 31. 3. gewährte Einmalzahlung für die Feststellung der BeitrPfl auf alle im lfd. KalJahr bis zum Ende des Zuordnungsmonats bereits vorhandenen und mit beitrpfl ArbEntg belegten EntgAbrZeiträume bei demselben AG verteilt (für die Feststellung der BeitrPfl bei Anwendung der Märzklausel vgl. Rn. 10). Die Einmalzahlung ist nach Abs. 3 S. 1 insoweit beitrpfl, wie der **Differenzbetrag zwischen der (jeweiligen) ant. Jahres-BBG nach Abs. 3 S. 2 und dem beitrpfl ArbEntg** für denselben Zeitraum (nur beitrpfl lfd. und einmaliges ArbEntg ohne Berücksichtigung der zu beurteilenden Einmalzahlung) nicht überschritten wird. Dabei sind die unterschiedlichen BBGn für die RV und AV einerseits und für die KV und PV andererseits zu berücksichtigen. ArbEntg, das nicht der BeitrPfl unterliegt, bleibt bei dieser Gegenüberstellung unberücksichtigt. Wird der og. Differenzbetrag nicht überschritten, ist die Einmalzahlung in voller Höhe beitrpfl. Bei Überschreiten besteht BeitrPfl nur in Höhe des Differenzbetrages; der übersteigende Teil der Einmalzahlung ist beitragsfrei. Erreichen die bis dahin erzielten beitrpfl ArbEntge bereits die ant. Jahres-BBG, so ist die Einmalzahlung vollumfänglich von der BeitrPfl ausgenommen.

Für die **Ermittlung der ant. Jahres-BBG nach Abs. 3 S. 2** gilt folgende Formel: 7

$$\frac{\text{(jeweilige) Jahres-BBG} \times \text{SV-Tage}}{360} = \text{ant. Jahres-BBG}$$

Die SV-Tage ergeben sich aus der Summe aller (beitrpfl) BeschZeiten (KalTage) im Laufe des KalJahres bis zum Ende des Zuordnungsmonats der Einmalzahlung. Hierbei sind nur BeschZeiten bei dem AG zu berücksichtigen, der die Einmalzahlung gewährt; BeschZeiten bei anderen AG bleiben unberücksichtigt. Volle KalMonate sind mit 30, Teilmonate mit den tatsächlichen KalTagen anzusetzen. Neben den tatsächlichen BeschZeiten sind auch Zeiten des Bezuges von Kurzarbeitergeld (auch Saison-Kurzarbeitergeld) und Zeiten, in denen die Besch gegen ArbEntg nach § 7 Abs. 3 S. 1 als fortbestehend gilt, mit einzubeziehen. Außer Ansatz bleiben Zeiten, die nicht mit Beitr aus lfd. Arb-Entg belegt sind (Abs. 3 S. 2 2. Hs.), dh. Zeiten der Nichtbeschäftigung sowie Zeiten des Bezuges von Krankengeld, Verletztengeld, Übergangsgeld, Versorgungskrankengeld, Mutterschaftsgeld sowie Erziehungs- und Elterngeld. Dies gilt nicht für Zeiten mit beitrpfl Einnahmen nach § 23c (vgl. dortige Erl.); hierfür sind SV-Tage zu ermitteln.

E. März-Klausel (Abs. 4, 5)

Bei Auszahlung im ersten Quartal eines KalJahres sieht Abs. 4 S. 1 vor, dass die Einmalzahlung insg. 8 **dem letzten** (mit lfd. ArbEntg belegten) **EntgAbrZeitraum des vorangegangenen KalJahres** zuzuordnen ist, wenn die Einmalzahlung wegen Überschreitens der ant. Jahres-BBG im lfd. KalJahr nicht in voller Höhe beitrpfl werden würde und das verspfl BeschVerh. bei demselben AG bereits im Vorjahr bestanden hat. Einmalzahlungen, die in der Zeit vom 1. 1. bis 31. 3. des KalJahres ausgezahlt werden, führen daher grds. nicht zu einer BeitrErsparnis. Voraussetzung ist, dass mind. ein EntgAbrZeitraum bei demselben AG im Vorjahr vorhanden ist (kein ruhendes BeschVerh.), ohne dass diese Besch auch am 31. 12. des Vorjahres bestanden haben muss. War der AN im Vorjahr noch nicht bei diesem AG beschäftigt, verbleibt es bei der Zuordnung zum Auszahlungsmonat; die Feststellung der BeitrPfl erfolgt nach Maßgabe von Abs. 3 (vgl. Rn. 6).

Für die Prüfung der Zuordnung zum Vorjahr ist die ant. Jahres-BBG bei den in der ges. KV 9 pflichtversicherten AN gem. Abs. 5 ausschließlich unter Zugrundelegung der **BBG der KV** nach § 223 Abs. 2 SGB V zu ermitteln. Überschreitet die Einmalzahlung zusammen mit dem im lfd. KalJahr bis dahin erzielten beitrpfl ArbEntg diesen Betrag, erfolgt die Zuordnung der Einmalzahlung insg. zum Vorjahr, dh. auch für den Bereich der RV und AV. Damit wird verhindert, dass die Einmalzahlung für die BeitrBerechnung zur KV und PV einerseits und zur RV und AV andererseits verschiedenen Jahren zugeordnet wird (KassKomm/Seewald, § 23 a SGB IV Rn. 24). Für AN, die nicht in der ges. KV pflichtversichert sind (aber in der RV und/oder AV), ist für die Prüfung, ob das einmalig gezahlte ArbEntg dem Vorjahr zuzuordnen ist, die höhere **ant. Jahres-BBG der RV** bzw. AV zugrunde zu legen (KomGRV, § 23 a SGB IV Rn. 9).

Die dem Vorjahr zugeordnete Einmalzahlung unterliegt nach Maßgabe von Abs. 3 S. 1 insoweit der 10 BeitrPfl, wie der Differenzbetrag zwischen der (jeweiligen) **ant. Jahres-BBG des Vorjahres** und dem beitrpfl ArbEntg für denselben Zeitraum nicht überschritten wird (vgl. Rn. 6). Ist die (jeweilige) ant. Jahres-BBG des Vorjahres bereits durch lfd. ArbEntg ausgeschöpft, ist die Einmalzahlung in voller Höhe beitragsfrei; die Zuordnung zum Vorjahr bleibt hiervon unberührt (keine Günstigkeitsprüfung). Soweit BeitrPfl besteht, gelten die BeitrBerechnungsfaktoren (BeitrSatz, BeitrGruppe) des Zuordnungszeitraumes im Vorjahr.

Erfolgt die Auszahlung bei bereits beendeten oder ruhenden BeschVerh. nach dem 31. 3., verbleibt 11 es bei der Zuordnung zum letzten EntgAbrZeitraum im lfd. KalJahr nach Abs. 2 auch dann, wenn die

Einmalzahlung infolgedessen dem ersten Quartal zuzuordnen ist. Aufgrund ausdrücklicher Bestimmung in Abs. 4 S. 2 hat in diesen Fällen **keine Zuordnung zum Vorjahr** (nach Abs. 4 S. 1) zu erfolgen, selbst wenn die ant. Jahres-BBG überschritten wird oder bereits vollständig ausgeschöpft ist. Ggf. bleibt die Einmalzahlung ganz oder teilweise beitragsfrei.

§ 23 b Beitragspflichtige Einnahmen bei flexiblen Arbeitszeitregelungen

(1) ¹Bei Vereinbarungen nach § 7 b ist für Zeiten der tatsächlichen Arbeitsleistung und für Zeiten der Inanspruchnahme des Wertguthabens nach § 7 c das in dem jeweiligen Zeitraum fällige Arbeitsentgelt als Arbeitsentgelt im Sinne des § 23 Absatz 1 maßgebend. ²Im Falle des § 23 a Absatz 3 und 4 gilt das in dem jeweils maßgebenden Zeitraum erzielte Arbeitsentgelt bis zu einem Betrag in Höhe der Beitragsbemessungsgrenze als bisher gezahltes beitragspflichtiges Arbeitsentgelt; in Zeiten einer Freistellung von der Arbeitsleistung tritt an die Stelle des erzielten Arbeitsentgelts das fällige Arbeitsentgelt.

(2) ¹Soweit das Wertguthaben nicht gemäß § 7 c verwendet wird, insbesondere
1. nicht laufend für eine Zeit der Freistellung von der Arbeitsleistung oder der Verringerung der vertraglich vereinbarten Arbeitszeit in Anspruch genommen wird oder
2. nicht mehr für solche Zeiten gezahlt werden kann, da das Beschäftigungsverhältnis vorzeitig beendet wurde,

ist als Arbeitsentgelt im Sinne des § 23 Absatz 1 ohne Berücksichtigung einer Beitragsbemessungsgrenze die Summe der Arbeitsentgelte maßgebend, die zum Zeitpunkt der tatsächlichen Arbeitsleistung ohne Berücksichtigung der Vereinbarung nach § 7 b beitragspflichtig gewesen wäre. ²Maßgebend ist jedoch höchstens der Betrag des Wertguthabens aus diesen Arbeitsentgelten zum Zeitpunkt der nicht zweckentsprechenden Verwendung des Arbeitsentgelts. ³Zugrunde zu legen ist der Zeitraum ab dem Abrechnungsmonat der ersten Gutschrift auf einem Wertguthaben bis zum Zeitpunkt der nicht zweckentsprechenden Verwendung des Arbeitsentgelts. ⁴Bei einem nach § 7 f Absatz 1 Satz 1 Nummer 2 auf die Deutsche Rentenversicherung Bund übertragenen Wertguthaben gelten die Sätze 1 bis 3 entsprechend, soweit das Wertguthaben wegen der Inanspruchnahme einer Rente wegen verminderter Erwerbsfähigkeit, einer Rente wegen Alters oder wegen des Todes des Versicherten nicht mehr in Anspruch genommen werden kann. ⁵Wird das Wertguthaben vereinbarungsgemäß an einen bestimmten Wertmaßstab gebunden, ist der im Zeitpunkt der nicht zweckentsprechenden Verwendung des Arbeitsentgelts maßgebende angepasste Betrag als Höchstbetrag der Berechnung zugrunde zu legen. ⁶Im Falle der Insolvenz des Arbeitgebers gilt auch als beitragspflichtiges Arbeitsentgelt höchstens der Betrag, der als Arbeitsentgelt den gezahlten Beiträgen zugrunde liegt. ⁷Für die Berechnung der Beiträge sind der für den Entgeltabrechnungszeitraum nach den Sätzen 8 und 9 für den einzelnen Versicherungszweig geltende Beitragssatz und die für diesen Zeitraum für den Einzug des Gesamtsozialversicherungsbeitrags zuständige Einzugsstelle maßgebend; für Beschäftigte, die bei keiner Krankenkasse versichert sind, gilt § 28 i Satz 2 entsprechend. ⁸Die Beiträge sind mit den Beiträgen der Entgeltabrechnung für den Kalendermonat fällig, der dem Kalendermonat folgt, in dem
1. im Fall der Insolvenz die Mittel für die Beitragszahlung verfügbar sind,
2. das Arbeitsentgelt nicht zweckentsprechend verwendet wird.

⁹Wird durch einen Bescheid eines Trägers der Rentenversicherung der Eintritt von verminderter Erwerbsfähigkeit festgestellt, gilt der Zeitpunkt des Eintritts der verminderten Erwerbsfähigkeit als Zeitpunkt der nicht zweckentsprechenden Verwendung des bis dahin erzielten Wertguthabens; in diesem Fall sind die Beiträge mit den Beiträgen der auf das Ende des Beschäftigungsverhältnisses folgenden Entgeltabrechnung fällig. ¹⁰Wird eine Rente wegen verminderter Erwerbsfähigkeit in Anspruch genommen und besteht ein nach § 7 f Absatz 1 Satz 1 Nummer 2 an die Deutsche Rentenversicherung Bund übertragenes Wertguthaben, kann der Versicherte der Auflösung dieses Wertguthabens widersprechen. ¹¹Ist für den Fall der Insolvenz des Arbeitgebers ein Dritter Schuldner des Arbeitsentgelts, erfüllt dieser insoweit die Pflichten des Arbeitgebers.

(2 a) ¹Als Arbeitsentgelt im Sinne des § 23 Absatz 1 gilt im Falle des Absatzes 2 auch der positive Betrag, der sich ergibt, wenn die Summe der ab dem Abrechnungsmonat der ersten Gutschrift auf einem Wertguthaben für die Zeit der Arbeitsleistung maßgebenden Beträge der jeweiligen Beitragsbemessungsgrenze um die Summe der in dieser Zeit der Arbeitsleistung abgerechneten beitragspflichtigen Arbeitsentgelte gemindert wird, höchstens der Betrag des Wertguthabens im Zeitpunkt der nicht zweckentsprechenden Verwendung des Arbeitsentgelts. ²Absatz 2 Satz 5 bis 11 findet Anwendung, Absatz 1 Satz 2 findet keine Anwendung.

(3) Kann das Wertguthaben wegen Beendigung des Beschäftigungsverhältnisses nicht mehr nach § 7c oder § 7f Absatz 2 Satz 1 verwendet werden und ist der Versicherte unmittelbar anschließend wegen Arbeitslosigkeit bei einer deutschen Agentur für Arbeit als Arbeitsuchender gemeldet und bezieht eine öffentlich-rechtliche Leistung oder nur wegen des zu berücksichtigenden Einkommens oder Vermögens nicht, sind die Beiträge spätestens sieben Kalendermonate nach dem Kalendermonat, in dem das Arbeitsentgelt nicht zweckentsprechend verwendet worden ist, oder bei Aufnahme einer Beschäftigung in diesem Zeitraum zum Zeitpunkt des Beschäftigungsbeginns fällig, es sei denn, eine zweckentsprechende Verwendung wird vereinbart; beginnt in diesem Zeitraum eine Rente wegen Alters oder Todes oder tritt verminderte Erwerbsfähigkeit ein, gelten diese Zeitpunkte als Zeitpunkt der nicht zweckentsprechenden Verwendung.

(3a) [1] Sieht die Vereinbarung nach § 7b bereits bei ihrem Abschluss für den Fall, dass Wertguthaben wegen der Beendigung der Beschäftigung auf Grund verminderter Erwerbsfähigkeit, des Erreichens einer Altersgrenze, zu der eine Rente wegen Alters beansprucht werden kann, oder des Todes des Beschäftigten nicht mehr für Zeiten einer Freistellung von der Arbeitsleistung oder der Verringerung der vertraglich vereinbarten Arbeitszeit verwendet werden können, deren Verwendung für Zwecke der betrieblichen Altersversorgung vor, gilt das bei Eintritt dieser Fälle für Zwecke der betrieblichen Altersversorgung verwendete Wertguthaben nicht als beitragspflichtiges Arbeitsentgelt; dies gilt nicht,

1. wenn die Vereinbarung über die betriebliche Altersversorgung eine Abfindung vorsieht oder zulässt oder Leistungen im Falle des Todes, der Invalidität und des Erreichens einer Altersgrenze, zu der eine Rente wegen Alters beansprucht werden kann, nicht gewährleistet sind oder
2. soweit bereits im Zeitpunkt der Ansammlung des Wertguthabens vorhersehbar ist, dass es nicht für Zwecke nach § 7c oder § 7f Absatz 2 Satz 1 verwendet werden kann.

[2] Die Bestimmungen dieses Absatzes finden keine Anwendung auf Vereinbarungen, die nach dem 13. November 2008 geschlossen worden sind.

(4) Werden Wertguthaben auf Dritte übertragen, gelten die Absätze 2 bis 3a nur für den Übertragenden, der die Arbeitsleistung tatsächlich erbringt.

Übersicht

	Rn.
A. Normzweck	1
B. Beitragsrechtliche Behandlung bei zweckentsprechender Verwendung von Wertguthaben (Abs. 1)	3
I. Aufschub der Fälligkeit der Beiträge	3
II. Ansparphase von Wertguthaben (Arbeitsphase)	6
III. Zeiten der Inanspruchnahme des Wertguthabens nach § 7c (Freistellungsphase)	7
C. Beitragsrechtliche Abwicklung bei nicht zweckentsprechender Verwendung von Wertguthaben (Abs. 2 bis 4)	9
I. Nicht zweckentsprechende Verwendung (Störfälle)	10
1. Vorzeitige Beendigung der Beschäftigung	11
2. Auszahlung von Wertguthaben für andere als die von § 7c erfassten Zwecke, Übertragung auf Dritte, Überführung in die betriebliche Altersversorgung	13
3. Insolvenz des Arbeitgebers, unterbliebene/unzureichende Insolvenzsicherung	14
4. Entsparung des Wertguthabens in nicht angemessener Höhe	15
5. Störfälle für auf die DRV Bund übertragene Wertguthaben	16
II. Feststellung des beitragspflichtigen Entgeltguthabens im Störfall	17
1. Monatliche Ermittlung des beitragspflichtigen Entgeltguthabens nach Abs. 2 S. 1 bis 3	18
2. Summenfelder-Modell (Abs. 2a)	20
3. Alternativ-/Optionsmodell	22
4. Beitragspflicht im Insolvenzfall des Arbeitgebers (Abs. 2 S. 6)	23
III. Beitragsberechnung und zuständige Einzugsstelle (Abs. 2 S. 7)	24
IV. Fälligkeit der Beiträge im Störfall	26
1. Fälligkeit nach Abs. 2 S. 8 und 9	26
2. Fälligkeit bei vorzeitiger Beendigung der Beschäftigung durch Kündigung (Abs. 3)	27
V. Widerspruchsmöglichkeit bei Inanspruchnahme einer Rente wegen verminderter Erwerbsfähigkeit (Abs. 2 S. 10)	30
VI. Erfüllung der Arbeitgeberpflichten durch Dritte (Abs. 2 S. 11)	31
VII. Sonderregelung bei Verwendung von Wertguthaben für die betriebliche Altersversorgung (Abs. 3a)	32
1. Anwendungsbereich des Abs. 3a	32
2. Voraussetzungen für die beitragsfreie Überführung	33
VIII. Übertragung von Wertguthaben auf Dritte (Abs. 4)	37

40 SGB IV § 23b

A. Normzweck

1 § 23b trifft bes. Regelungen für die **BeitrFälligkeit und BeitrBerechnung bei Wertguthabenvereinbarungen nach § 7b** im Rahmen flexibler Arbeitszeitregelungen. Die Norm ergänzt insoweit die versicherungsrechtl. Bestimmungen des § 7 Abs. 1a in beitragsrechtl. Hinsicht und modifiziert die Regelungen der §§ 23 Abs. 1, 23a. Trotz der Überschrift „Beitrpfl Einnahmen bei flexiblen Arbeitszeitregelungen" bezieht sich die seit 1. 1. 2009 geltende Fassung allein auf Wertguthabenvereinbarungen nach § 7b; sonstige Formen der Arbeitszeitflexibilisierung werden seither nicht mehr erfasst. § 23b gilt im BeitrRecht der KV, PV, RV und AV, nicht aber für die ges. UV.

2 Während Abs. 1 die BeitrFälligkeit und BeitrBerechnung bei zweckentspr. Verwendung (iSd. § 7c) von Wertguthaben regelt, bestimmen die Abs. 2 bis 4 ein bes. Verfahren für die beitragsrechtl. Abwicklung in sog. Störfällen, in denen Wertguthaben nicht mehr für Zwecke nach § 7c verwendet wird oder verwendet werden kann. Abs. 2 S. 1 bis 6 und Abs. 2a enthalten dabei Regelungen zur beitragsrechtl. Behandlung des nicht zweckentspr. verwendeten Wertguthabens (bzw. des darin enthaltenen Entgeltguthabens). Die Einzelheiten für die BeitrBerechnung und das BeitrVerfahren im Störfall (maßgeblicher BeitrSatz, zust. Einzugsstelle) werden durch Abs. 2 S. 7 festgelegt. Abs. 2 S. 8 und 9 sowie Abs. 3 enthalten Sonderregelungen zur Fälligkeit der im Störfall zu leistenden Beitr. Abs. 2 S. 10 räumt dem Berechtigten bei Inanspruchnahme einer Rente wegen verminderter Erwerbsfähigkeit ein Widerspruchsrecht hins. der Auflösung eines bei der DRV Bund geführten Wertguthabens ein. Durch Abs. 2 S. 11 wird für den Fall der Insolvenz des AG die Erfüllung der AGPflichten durch die insolvenzsichernde Stelle bestimmt (BT-Drs. 13/9741 S. 11). Abs. 3a gestattet im Störfall unter bestimmten Voraussetzungen die beitragsfreie Überführung von Wertguthaben in die betriebl. Altersversorgung. Durch Abs. 4 wird klargestellt, dass mit der Übertragung von Wertguthaben ein Dritter keinen sozialversicherungsrechtl. Schutz erlangen kann.

B. Beitragsrechtliche Behandlung bei zweckentsprechender Verwendung von Wertguthaben (Abs. 1)

I. Aufschub der Fälligkeit der Beiträge

3 Grundsätzlich sind die nach ArbEntg zu bemessenen Beitr in dem Monat (zu dem in § 23 Abs. 1 festgelegten Zeitpunkt) fällig, in dem die Besch, mit der das ArbEntg erzielt wird, ausgeübt worden ist oder als ausgeübt gilt; dabei richtet sich die fällige BeitrSchuld generell nach dem ArbEntg, das durch die Arbeitsleistung verdient (erzielt) worden ist, unabhängig davon, ob es auch zur Auszahlung gelangt (vgl. Anm. zu § 22 Rn. 5 und § 23 Rn. 8; zu den Ausnahmen vgl. § 22 Rn. 6f.). Hiervon abw. legt Abs. 1 S. 1 für Wertguthabenvereinbarungen nach § 7b fest, dass Beitr für Zeiten der tatsächlichen Arbeitsleistung (Ansparphase von Wertguthaben) einerseits und der Inanspruchnahme des Wertguthabens nach § 7c andererseits nur nach dem ArbEntg zu entrichten sind, das aufgrund der getroffenen Vereinbarung jeweils fällig ist. Für die auf das im Rahmen der Vereinbarung nach § 7b gebildeten Entgelt-/Zeitguthaben entfallenden Beitr wird die Fälligkeit insoweit auf die Zeit der Inanspruchnahme dieses Guthabens hinausgeschoben (**Zahlungsaufschub/Stundung**). Voraussetzung hierfür ist zum einen, dass eine Wertguthabenvereinbarung nach § 7b vorliegt, aufgrund derer für Zeiten der Freistellung von der Arbeitsleistung oder der Verringerung der vertragl. vereinbarten Arbeitszeit ArbEntg fällig ist, das mit einer vor oder nach diesen Zeiten erbrachten Arbeitsleistung erzielt wird, und zum anderen, dass das Wertguthaben zweckentspr. iSd. § 7c verwendet wird. Auf sonstige Formen der Arbeitszeitflexibilisierung, die nicht unter § 7b fallen, findet § 23b seit 1. 1. 2009 keine Anwendung mehr (vgl. hierzu erg. die Anm. zu § 22 Rn. 8).

4 Zum Begriff „**Wertguthabenvereinbarung**" vgl. die in § 7b enthaltene Legaldefinition. Wertguthabenvereinbarungen können einzelvertragl. Regelungen, Betriebsvereinbarungen oder tarifvertragl. Regelungen sein. Hierunter fallen ausdrücklich nur solche Vereinbarungen, die nicht die flexible Gestaltung der werktägl. oder wöchentl. Arbeitszeit oder den Ausgleich betriebl. Produktions- und Arbeitszyklen bezwecken. Entscheidendes Merkmal ist, dass die Vereinbarung von vornherein das Ziel der (längerfristigen) vollständigen oder teilweisen Freistellung von der Arbeitsleistung gegen Zahlung von ArbEntg hat. Sieht die Vereinbarung lediglich die flexible Gestaltung der werktägl. oder wöchentl. Arbeitszeit unter Verstetigung des mtl. ArbEntg vor, ist § 23b nicht anwendbar. Dies gilt gleichermaßen, wenn bei einem verstetigten ArbEntg das idR langfristige Ziel des Ausgleichs betriebl. Produktions- und Arbeitszyklen verfolgt wird. Vor allem die im Arbeitszeitrecht und in tarifl. Vereinbarungen verbreiteten Kurzzeit- und Gleitzeitkonten sind somit idR nicht (mehr) von § 23b erfasst. Ob **Wertguthaben** (§ 7b) als Entgelt- oder Zeitguthaben geführt werden, ist für die Anwendung des § 23b unerheblich. MWv 1. 1. 2009 dürfen Wertguthaben allerdings grds. nur noch als Entgeltguthaben einschl. des darauf entfallenden AGBeitrAnteils am GesamtSVBeitr geführt werden (§ 7d Abs. 1); Bestandteil des Wertguthabens ist somit neben dem gebildeten Entgeltguthaben auch der darauf ent-

fallende AGBeitrAnteil (dazu im Einzelnen § 7 d Abs. 1). Lediglich in Bestandsfällen (vgl. § 116 Abs. 1) ist die Führung von Zeitguthaben noch erlaubt (vor diesem Hintergrund werden im Folgenden Zeitguthaben nur noch insoweit angesprochen, als sich ggü. den Entgeltguthaben Besonderheiten ergeben). **Entgeltguthaben** im sozialversicherungsrechtl. Sinne sind alle aus einer Besch angesparten ArbEntge iSd. § 14 einschl. der hiermit zugunsten des AN erwirtschafteten Erträge (zB Zinserträge); hierzu gehören auch angesparte ArbEntge oberhalb der BBG (dazu im Einzelnen Rn. 7). Als **Zeitguthaben** gelten alle Arbeitszeiten, denen ArbEntg nach § 14 zugrunde liegt. Ist das Zeitguthaben an einen bestimmten Wertmaßstab (Stundensatz) gebunden, gehören auch die so erzielten Wertsteigerungen zum sozialversicherungsrechtl. relevanten Guthaben (KomGRV, § 23 b SGB IV Rn. 4.2).

Abs. 1 setzt die zweckentspr. **Verwendung des Wertguthabens** iSd. § 7 c voraus. Neben vereinbarten Zeiten der Freistellung von der Arbeitsleistung oder der Verringerung der vertragl. Arbeitszeit (vgl. § 7 c Abs. 1 Nr. 2) besteht seit 1. 1. 2009 auch ohne konkrete Regelung in der Wertguthabenvereinbarung ein Verwendungsanspruch für ges. geregelte Freistellungen (insb. für Pflegezeiten nach dem PflegezeitG, Elternzeiten nach dem BEEG sowie Zeiten einer TeilzeitBesch nach dem TzBfG, vgl. § 7 c Abs. 1 Nr. 1). Dieser ges. Verwendungsanspruch ist aber grds. nur nach dem 1. 1. 2009 geschlossene Wertguthabenvereinbarungen gegeben (§ 116 Abs. 2), wobei eine Beschränkung auf bestimmte Zwecke zulässig ist (§ 7 c Abs. 2). Vor dem 2. 1. 2009 geschlossene Wertguthabenvereinbarungen können jedoch nachträglich um diesen Anspruch ergänzt werden. Soweit Wertguthaben **nicht iSd. § 7 c** verwendet wird oder (zB wegen vorzeitiger Beendigung der Besch) nicht mehr für solche Zeiten verwendet werden kann (sog. Störfälle, vgl. Rn. 10), entfällt der Zahlungsaufschub nach Abs. 1; es finden sodann die Abs. 2 ff. Anwendung (Rn. 9 ff.). War bereits bei Abschluss der Wertguthabenvereinbarung bekannt, dass Wertguthaben nicht zweckentspr. verwendet wird, findet § 23 b keine Anwendung; vielmehr ist der GesamtSVBeitr (§ 28 d) aus dem während der Ansparphase erzielten ArbEntg (dh. einschl. der ins Wertguthaben eingestellten Entgeltteile) nach Maßgabe von § 23 Abs. 1 sofort fällig (Hauck/Noftz/Sehnert, § 23 b SGB IV Rn. 13). Gleiches gilt, wenn die Voraussetzungen einer Vereinbarung nach § 7 b nicht erfüllt gewesen sind. Tritt ein **Schuldnerwechsel bzgl. des Wertguthabens** ein (zB bei insolvenzgesicherten Wertguthaben) verbleibt es bei der hinausgeschobenen Fälligkeit (BT-Drs. 13/9741 S. 10). Dies gilt gleichermaßen dann, wenn bei einem **AGWechsel** das bisher gebildete Wertguthaben in die neue Besch mit eingebracht oder das Wertguthaben auf die DRV Bund übertragen wird (vgl. § 7 f Abs. 1); in diesem Fall wird der neue AG bzw. die DRV Bund BeitrSchuldner.

II. Ansparphase von Wertguthaben (Arbeitsphase)

Grundlage für die BeitrBerechnung und die gem. § 23 Abs. 1 fällige BeitrSchuld ist in der Ansparphase von Wertguthaben (Arbeitsphase) nur das aufgrund der Wertguthabenvereinbarung **jeweils fällige ArbEntg**, dh. ohne Berücksichtigung der ins Wertguthaben eingestellten Entgeltteile (Abs. 1 S. 1 iVm. § 23 Abs. 1). **Einmalig gezahltes ArbEntg** ist beitragsrechtl. nach § 23 a zu beurteilen. Bei der Gegenüberstellung nach § 23 a Abs. 3 und 4 gilt die Besonderheit, dass als „bisher gezahltes beitrpfl ArbEntg" das im jeweiligen Zeitraum erzielte ArbEntg (einschl. der ins Wertguthaben eingestellten Entgeltteile) zu berücksichtigen ist, dh. nicht nur das tatsächlich fällige und verbeitragte ArbEntg. Einmalig gezahltes ArbEntg ist damit beitrpfl, soweit es zusammen mit dem erzielten ArbEntg (einschl. der ins Wertguthaben eingestellten Entgeltteile) die ant. Jahres-BBG nicht übersteigt (Abs. 1 S. 2 iVm. § 23 a). Im Ergebnis werden Einmalzahlungen damit in gleichem Umfang der BeitrPfl unterworfen, wie dies ohne die Wertguthabenvereinbarung der Fall gewesen wäre. Aus Praktikabilitätsgründen gilt Abs. 1 S. 2 nicht bei reinen Zeitkonten (Hauck/Noftz/Sehnert, § 23 b SGB IV Rn. 12, aA KassKomm/Seewald, § 23 b SGB IV Rn. 7).

III. Zeiten der Inanspruchnahme des Wertguthabens nach § 7 c (Freistellungsphase)

Für Zeiten der Inanspruchnahme des Wertguthabens nach § 7 c (zweckentspr.) ist das vereinbarungsgemäß fällige ArbEntg Grundlage für die BeitrBerechnung und die gem. § 23 Abs. 1 fällige BeitrSchuld (Abs. 1 S. 1 iVm. § 23 Abs. 1). Das **ausgezahlte Wertguthaben** stellt dabei grds. **beitrpfl lfd. ArbEntg** dar, soweit die jeweilige BBG nicht überschritten wird. ArbEntgTeile oberhalb der BBG, die während der Ansparphase zur Wertguthabenbildung herangezogen wurden und für Freistellungszwecke iSd. § 7 c ausgezahlt werden, sind ebenfalls beitrpfl. Gleiches gilt für Wertguthabenzuwächse (zB durch Verzinsung), die das fällige ArbEntg im Zeitpunkt der Inanspruchnahme des Wertguthabens erhöhen (Hauck/Noftz/Sehnert, § 23 b SGB IV Rn. 10). Steuerfreie ArbEntgBestandteile, die kein ArbEntg iSd. §§ 14, 17 iVm. der SvEV und somit kein sozialversicherungsrechtl. relevantes Wertguthaben darstellen, aber zur Erhöhung des fälligen ArbEntg in der Freistellungsphase verwendet werden, bleiben auch bei späterer Auszahlung steuer- und beitragsfrei. Die hiermit erzielten Wertsteigerungen sind aber steuer- und beitrpfl ArbEntg (KomGRV, § 23 b SGB IV Rn. 4.2 mwN). Für Zeiten der Freistellung von der Arbeitsleistung ist zu beachten, dass das hier fällige ArbEntg nicht unangemessen von dem ArbEntg für die letzten zwölf KalMonate der Arbeitsphase abweichen darf (vgl.

§ 7 Abs. 1 a S. 1 Nr. 2); wird das Wertguthaben nicht in angemessener Höhe entspart, tritt ein Störfall ein (vgl. Rn. 15), mit der Folge der bes. BeitrBerechnung nach Abs. 2 oder Abs. 2 a. Wird während der Inanspruchnahme des Wertguthabens eine weitere verspfl Besch oder verspfl selbst. Tätigkeit ausgeübt, dürfen die insg. erzielten Einnahmen nur bis zur jeweiligen BBG berücksichtigt werden; § 22 Abs. 2 findet Anwendung.

8   Eine aus dem Wertguthaben für eine Zeit der Freistellung oder der Verringerung der vertragl. vereinbarten Arbeitszeit gewährte **Einmalzahlung** ist beitragsrechtl. nach § 23 a zu beurteilen. Bei der Gegenüberstellung nach § 23 a Abs. 3 und 4 ist als „bisher gezahltes beitrpfl ArbEntg" das jeweils fällige ArbEntg zu berücksichtigen. Die Einmalzahlung unterliegt damit der BeitrPfl, soweit sie zusammen mit dem bisher fälligen (verbeitragten) ArbEntg die jeweilige ant. Jahres-BBG nicht übersteigt (Abs. 1 S. 2 2. Hs. iVm. § 23 a). Voraussetzung für die Anwendung des § 23 a ist, dass das für eine Einmalzahlung verwendete Wertguthaben der Höhe nach eine während der Arbeitsphase zu zahlende Einmalzahlung nicht übersteigt. Bei Überschreiten dieses Betrages ist die Wertguthabenverwendung als Teilauszahlung nicht zu Freistellungszwecken iSd. § 7 c zu werten, so dass ein Störfall eintritt (KomGRV, § 23 b SGB IV Rn. 2). Für den übersteigenden Teil gilt das bes. BeitrBerechnungsverfahren nach Abs. 2 oder 2 a.

C. Beitragsrechtliche Abwicklung bei nicht zweckentsprechender Verwendung von Wertguthaben (Abs. 2 bis 4)

9   Soweit Wertguthaben (bzw. das darin enthaltene Entgeltguthaben) nicht zweckentspr. iSd. § 7 c verwendet wird oder nicht mehr entspr. verwendet werden kann, entfällt der Zahlungsaufschub nach Abs. 1. Die auf das nicht zweckentspr. verwendete Entgeltguthaben entfallenden Beitr werden abw. von Abs. 1 grds. **„sofort" fällig** (dazu im Einzelnen Rn. 26 ff.). Hierbei gilt ein bes. BeitrBerechnungsverfahren, das sich nach Abs. 2 oder Abs. 2 a richtet (vgl. Rn. 17 ff.). Werden lediglich Teile des Entgeltguthabens nicht zweckentspr. verwendet, gelten die Abs. 2 und 2 a insoweit nur für diesen Teil.

I. Nicht zweckentsprechende Verwendung (Störfälle)

10   Eine nicht zweckentspr. Verwendung (sog. Störfall) liegt vor, soweit Wertguthaben (ganz oder teilweise) **nicht iSd. § 7 c** verwendet wird (**zweckwidrige Verwendung**) oder nicht mehr entspr. verwendet werden kann (**Unmöglichkeit der Zweckerreichung**, Werner in jurisPK-SGB IV, § 23 b Rn. 69). **Exemplarisch** werden in Abs. 2 S. 1 Nr. 1 und 2 Fälle genannt, in denen Wertguthaben nicht mehr lfd. für eine Zeit der Freistellung von der Arbeitsleistung oder der Verringerung der vertragl. vereinbarten Arbeitszeit in Anspruch genommen wird oder wegen vorzeitiger Beendigung der Besch nicht mehr für solche Zeiten gezahlt werden kann. Störfälle können insb. sein:
– die (vorzeitige) Beendigung des BeschVerh. zB durch Kündigung, Zubilligung einer Rente wegen verminderter Erwerbsfähigkeit (ohne Wiedereinstellungsgarantie) oder Tod des Beschäftigten (Rn. 11, 12),
– die vollständige oder teilweise Auszahlung des Wertguthabens für andere als die von § 7 c erfassten Zwecke (Rn. 13),
– die Übertragung von Wertguthaben auf einen Dritten (ausgenommen einen anderen AG oder die DRV Bund; Rn. 13),
– die Überführung von Wertguthaben in die betriebl. Altersversorgung, soweit die Voraussetzungen des Abs. 3 a nicht vorliegen (Rn. 13),
– die Insolvenz des AG sowie die unterbliebene oder unzureichende Insolvenzsicherung von Wertguthaben (Rn. 14),
– die Entsparung des Wertguthabens in nicht angemessener Höhe (Rn. 15).
Für ein **auf die DRV Bund** nach § 7 f Abs. 1 S. 1 Nr. 2 **übertragenes Wertguthaben** tritt ein Störfall ein, soweit das Wertguthaben nicht mehr nach § 7 f Abs. 2 S. 1 in Anspruch genommen werden kann; zu den möglichen Störfällen vgl. Rn. 16.

11   **1. Vorzeitige Beendigung der Beschäftigung.** Wird das Besch-/ArbVerh. vorzeitig durch **Kündigung** (gleichgültig, ob in der Anspar- oder in der Freistellungsphase) beendet und kann deshalb ein vorhandenes Wertguthaben nicht mehr zweckentspr. iSd. § 7 c verwendet werden, tritt am letzten Tag des Besch-/ArbVerh. ein Störfall ein. Dies gilt nicht, wenn bei einem **AGWechsel** das vorhandene Wertguthaben in die neue Besch mit eingebracht werden kann oder das Wertguthaben auf die DRV Bund übertragen wird (vgl. § 7 f Abs. 1 und erg. Rn. 5, 27 f.). Ein Störfall tritt auch dann nicht ein, wenn zwar das Besch-/ArbVerh. endet, gleichzeitig aber die **Wiedereinstellung** zu einem späteren Zeitpunkt zugesagt wird (KomGRV, § 23 b SGB IV Rn. 4.4.3). Endet das Besch-/ArbVerh. und ist der Berechtigte **unmittelbar im Anschluss daran arbeitslos** gemeldet, tritt unter den weiteren Voraussetzungen des Abs. 3 zunächst kein Störfall ein; vielmehr erhält der Berechtigte grds. für bis zu sechs KalMonate die Möglichkeit, mit einem neuen AG die Übernahme des Wert-

guthabens zu vereinbaren (dazu Rn. 27 f.). Endet das Besch-/ArbVerh. vorzeitig durch **Tod des Beschäftigten,** ist der Todestag maßgeblicher Störfallzeitpunkt.

Wird das Besch-/ArbVerh. endgültig beendet, weil der RVTr den **Eintritt von verminderter** 12 **Erwerbsfähigkeit** (vgl. §§ 43, 45, 240 SGB VI) beim Beschäftigten durch Verwaltungsakt (§ 31 SGB X) festgestellt hat, und kann deshalb ein vorhandenes Wertguthaben nicht mehr zweckentspr. verwendet werden, besteht die Besonderheit, dass zwei Störfälle eintreten, wenn der Zeitpunkt des Eintritts der verminderten Erwerbsfähigkeit in der Vergangenheit liegt und über diesen Zeitpunkt hinaus bis zum Ende des Besch-/ArbVerh. noch gearbeitet und weiterhin Wertguthaben gebildet wurde (vgl. BT-Drs. 14/4375 S. 49). In diesem Fall fingiert Abs. 2 S. 9 den Zeitpunkt des Eintritts der verminderten Erwerbsfähigkeit (dieser ergibt sich aus dem Bescheid des RVTrs) für das bis dahin erzielte Wertguthaben und das Ende der Besch für das seit Eintritt der verminderten Erwerbsfähigkeit (bis zum BeschEnde) erzielte Wertguthaben als jeweilige Störfallzeitpunkte (zur Fälligkeit vgl. erg. Rn. 26; nach Auffassung der Spitzenorganisationen der SV soll für den ersten Störfallzeitpunkt abw. von Abs. 2 S. 9 der Tag vor Eintritt der verminderten Erwerbsfähigkeit für das bis dahin erzielte Wertguthaben gelten, vgl. Ziffer 6.4.8.3 des gemeinsamen RdSchr. zur sozialrechtl. Absicherung flexibler Arbeitszeitregelungen vom 31. 3. 2009 – im Internet: www.deutsche-rentenversicherung.de). Diese Differenzierung ist erforderlich, da bei der Entgeltpunkteberechnung für die Rente wegen verminderter Erwerbsfähigkeit nur das vor Eintritt der Minderung der Erwerbsfähigkeit erzielte ArbEntg berücksichtigt wird (vgl. § 75 Abs. 2 SGB VI). Das seit Eintritt der Minderung der Erwerbsfähigkeit erzielte Entgeltguthaben fließt erst in die Berechnung einer nachfolgenden Rente (zB Altersrente) mit ein; es ist durch den AG zusätzlich zu melden (vgl. § 28a Abs. 3 S. 2 Nr. 2 lit. d). Voraussetzung für den Eintritt des Störfalls (bzw. der Störfälle) ist die endgültige Beendigung des Besch-/ArbVerh. infolge der Feststellung von verminderter Erwerbsfähigkeit durch den RVTr (vgl. auch Abs. 2 S. 9 2. Hs.). Wird das ArbVerh. nicht endgültig beendet oder ruht es lediglich wegen Zuerkennung einer Zeitrente (§ 102 Abs. 2 SGB VI), tritt kein Störfall ein, da eine zweckentspr. Verwendung des Wertguthabens zumindest noch möglich ist (Hauck/Noftz/Sehnert, § 23 b SGB IV Rn. 28). Dies gilt gleichermaßen, wenn zwar das Besch-/ArbVerh. endet, für die Zeit nach dem Rentenbezug aber eine Wiedereinstellungszusage besteht.

2. Auszahlung von Wertguthaben für andere als die von § 7c erfassten Zwecke, Über- 13 **tragung auf Dritte, Überführung in die betriebliche Altersversorgung.** Lässt sich der Beschäftigte das Wertguthaben ganz oder teilweise für andere als die von § 7c erfassten Zwecke auszahlen, tritt am Tag der **Auszahlung** für den so verwendeten Wertguthabenteil ein Störfall ein. Gleiches gilt, wenn der Beschäftigte sein Wertguthaben ganz oder teilweise auf einen Dritten überträgt (ausgenommen die Übertragung auf einen anderen AG oder die DRV Bund, vgl. § 7f Abs. 1, Rn. 5 sowie Rn. 27); der Störfall tritt mit der Übertragung ein, bei teilweiser Übertragung nur für diesen Teil. Wird angespartes Wertguthaben für Zwecke der betriebl. Altersversorgung verwendet, ohne dass die Voraussetzungen des Abs. 3a vorliegen (zB bei nach dem 13. 11. 2008 geschlossenen Wertguthabenvereinbarungen), tritt mit der Überführung ein Störfall für den so verwendeten Wertguthabenteil ein (dazu erg. Rn. 32 ff.). War die Absicht der zweckwidrigen Verwendung bereits bei Abschluss der Wertguthabenvereinbarung bekannt, liegt kein Störfall vor; vielmehr ist der GesamtSVBeitr aus den während der Ansparphase erzielten ArbEntg (einschl. der ins Wertguthaben eingebrachten Entgeltteile) nach Maßgabe von § 23 Abs. 1 sofort fällig (Hauck/Noftz/Sehnert, § 23 b SGB IV Rn. 13).

3. Insolvenz des Arbeitgebers, unterbliebene/unzureichende Insolvenzsicherung. Bei 14 **Insolvenz des AG** tritt ein Störfall ein, wenn Entgeltguthaben infolge mangelnder wirtschaftl. Leistungsfähigkeit nicht mehr für Verwendungszwecke nach § 7c ausgezahlt werden kann und keine (ausreichende) Insolvenzsicherung (vgl. § 7e sowie § 8a AtG) erfolgte (nach Auffassung der Spitzenorganisationen der SV soll der Störfall hingegen erst mit Kündigung des BeschVerh. eintreten, vgl. Ziffer 6.4.2.1 des unter Rn. 12 gen. RdSchr.). Allerdings stellt das im Wertguthaben enthaltene Entgeltguthaben in diesem Fall nur insoweit beitrpfl ArbEntg dar, als hiervon Beitr auch tatsächlich gezahlt werden (Abs. 2 S. 6, vgl. Rn. 23). Jeweils dann, wenn entspr. Mittel für die BeitrZahlung verfügbar sind, tritt ein neuer Störfall ein, mit der Folge der bes. BeitrBerechnung nach Abs. 2 oder 2a. Wurde das Wertguthaben vollständig gesichert und werden die Zahlungspflichten von einem Dritten aus der **Insolvenzsicherung** erfüllt (Abs. 2 S. 11, Rn. 31), tritt als Störfall ein, da ein bloßer Schuldnerwechsel vorliegt. Wurde das Wertguthaben nicht oder nicht ausreichend iSd. § 7e gesichert und hat der Beschäftigte seinen AG schriftlich aufgefordert, seinen Verpflichtungen nach § 7e Abs. 1 bis 3 nachzukommen, und weist der AG dem Beschäftigten nicht innerhalb von zwei Monaten nach der Aufforderung die Erfüllung seiner Verpflichtung zur Insolvenzsicherung nach, kann der Beschäftigte die Wertguthabenvereinbarung nach § 7b kündigen (§ 7e Abs. 5). In diesem Fall tritt ebenfalls ein Störfall ein; das Wertguthaben ist nach Maßgabe von Abs. 2 oder 2a beitrpfl aufzulösen. Hins. der Auflösung des Wertguthabens anlässlich einer Betriebsprüfung nach § 28p, weil der prüfende RVTr keine bzw. eine nicht ausreichende oder ungeeignete Insolvenzsicherung feststellt, vgl. § 7e Abs. 6.

4. Entsparung des Wertguthabens in nicht angemessener Höhe. Die BeschFiktion des § 7 15 Abs. 1a setzt voraus, dass das mtl. fällige ArbEntg aus dem Wertguthaben für eine Zeit der Freistellung nicht unangemessen von dem ArbEntg für die letzten zwölf KalMonate der Arbeitsphase abweicht (vgl. § 7 Abs. 1a S. 1 Nr. 2; +/- 30% des durchschnittlichen ArbEntg der letzten zwölf KalMonate). Wird das Wertguthaben in einer Freistellungsphase nicht in angemessener Höhe entspart, greift die BeschFiktion des § 7 Abs. 1a nicht, so dass das verspfl BeschVerh. mit dem letzten Tag der Arbeitsphase endet und zu diesem Zeitpunkt ein Störfall eintritt.

16 **5. Störfälle für auf die DRV Bund übertragene Wertguthaben (Abs. 2 S. 4).** Besteht aufgrund der Übertragung nach § 7 f Abs. 1 S. 1 Nr. 2 ein Wertguthaben bei der DRV Bund, tritt hierfür ein Störfall ein, wenn der Berechtigte eine Rente wegen verminderter Erwerbsfähigkeit (§§ 43, 45, 240–242 SGB VI) oder wegen Alters (§§ 35 ff., 235 ff. SGB VI) in Anspruch nimmt oder verstirbt (vgl. Abs. 2 S. 4). Das Wertguthaben ist grds. beitrpfl aufzulösen. Bei Inanspruchnahme einer Rente wegen verminderter Erwerbsfähigkeit räumt Abs. 2 S. 10 dem Berechtigten allerdings die Möglichkeit ein, der Auflösung zu widersprechen (dazu Rn. 30).

II. Feststellung des beitragspflichtigen Entgeltguthabens im Störfall

17 Für die Feststellung, inwieweit das nicht zweckentspr. verwendete Entgeltguthaben im Störfall der BeitrPfl unterliegt, sind **verschiedene, gleichrangige Verfahren** vorgesehen; dabei wird die zum Zeitpunkt des Störfalls jeweils geltende BBG außer Kraft gesetzt. Die Feststellung der BeitrPfl kann nach Abs. 2 (Rn. 18, 19), nach Abs. 2a (Rn. 20, 21) oder mit Hilfe des sog. Alternativ-/Optionsmodells (Rn. 22) erfolgen. § 23a ist hingegen nicht anwendbar (dies gilt seit 1. 1. 2009 ausnahmslos). Für welche der gen. Methoden sich der AG entscheidet, bleibt ihm überlassen. Auch ein Wechsel zwischen diesen Methoden ist zulässig. Dabei erfordert das jeweilige Verfahren bes. Aufzeichnungen in den Entgeltunterlagen, die unabhängig vom Eintritt eines evtl. Störfalls vom AG zu führen sind (vgl. nachfolgend und erg. § 7 Abs. 1a S. 6, § 7d SGB IV sowie § 8 Abs. 1 S. 1 Nr. 7 BVV). Tritt bzgl. eines auf die DRV Bund übertragenen Wertguthabens ein Störfall ein, trifft die DRV Bund die Feststellung zur BeitrPfl; Grundlage hierfür sind die vom jeweiligen AG geführten Aufzeichnungen. Im **Insolvenzfall des AG** besteht die **Besonderheit**, dass das im Wertguthaben enthaltene Entgeltguthaben nur insoweit beitrpfl ArbEntg darstellt, als hiervon Beitr auch gezahlt werden (Abs. 2 S. 6, dazu Rn. 23). Zur Feststellung des im Störfall in der ges. RV beitrpfl ArbEntg bei einer im Blockmodell ausgeübten Altersteilzeitarbeit vgl. § 10 Abs. 5 ATG.

18 **1. Monatliche Ermittlung des beitragspflichtigen Entgeltguthabens nach Abs. 2 S. 1 bis 3.** Bei dieser Methode ist mtl. gesondert der Teil des Entgeltguthabens zu ermitteln (und in den Entgeltunterlagen aufzuzeichnen), der bereits im Zeitpunkt der tatsächlichen Arbeitsleistung – unter Berücksichtigung der für den jeweiligen VersZweig geltenden BBG (KV: § 223 Abs. 3 SGB V, PV: § 55 Abs. 2 SGB XI, RV: §§ 159, 160, 275a bis 275c SGB VI, AV: § 341 Abs. 4 SGB III) – der BeitrPfl unterlegen hätte, **wenn kein Wertguthaben gebildet worden wäre** (dh. ohne Berücksichtigung der Wertguthabenvereinbarung nach § 7b). Die mtl. Feststellungen zum beitrpfl Entgeltguthaben sind vom Abrechnungsmonat der erstmaligen Bildung von Wertguthaben bis zum Zeitpunkt der nicht zweckentspr. Verwendung (vgl. Abs. 2 S. 3), jedoch nur in Zeiten der tatsächlichen Bildung von Wertguthaben, und getrennt nach den einzelnen VersZweigen sowie den Rechtskreisen Ost und West (für die RV/AV, vgl. § 7 Abs. 1a S. 6) zu treffen. Soweit in Bestandsfällen Zeitguthaben geführt werden (vgl. § 116 Abs. 1), ist in jedem Abrechnungsmonat eine Umrechnung in einen aktuellen Geldbetrag erforderlich (unter Zugrundelegung des jeweils gültigen Wertmaßstabes). **Im Störfall** sind die so ermittelten Beträge getrennt nach den einzelnen VersZweigen zu summieren und die jeweilige Summe mit dem nicht zweckentspr. verwendeten Entgeltguthaben zu vergleichen; der jeweils geringere Betrag stellt das im jeweiligen VersZweig beitrpfl ArbEntg dar (vgl. Abs. 2 S. 3). Eine Begrenzung auf die im Zeitpunkt des Störfalls jeweils geltende BBG erfolgt nicht (vgl. Abs. 2 S. 1). Gilt für das im Wertguthaben enthaltene Entgelt-/Zeitguthaben vereinbarungsgemäß ein bestimmter Wertmaßstab (zB bei Bindung des Entgeltguthabens an einen bestimmten Zinssatz oder des Zeitguthabens an einen bestimmten Stundensatz), ist für den Vergleich der entspr. angepasste Betrag (mit dem zum Zeitpunkt des Störfalls gültigen Wertmaßstab) zugrunde zu legen (Abs. 2 S. 5).

19 Die Ermittlung des beitrpfl Teils einer für das Wertguthaben (ggf. auch nur ant.) verwendeten **Einmalzahlung** erfolgt nach § 23a und ebenfalls ohne Berücksichtigung der Wertguthabenvereinbarung nach § 7b (vgl. Rn. 18). Das bedeutet, dass bei der Gegenüberstellung nach § 23a Abs. 3 und 4 als „bisher gezahltes beitrpfl ArbEntg" das im jeweiligen Zeitraum erzielte ArbEntg (einschl. der ins Wertguthaben eingestellten Entgeltteile) zu berücksichtigen ist, und nicht nur das tatsächlich fällige ArbEntg. Eine für das Wertguthaben (ggf. auch nur ant.) verwendete Einmalzahlung ist damit beitrpfl, soweit sie zusammen mit dem erzielten ArbEntg (einschl. der ins Wertguthaben eingestellten Entgeltteile) die jeweilige ant. Jahres-BBG nicht übersteigt.

20 **2. Summenfelder-Modell (Abs. 2a).** Bei Anwendung des Summenfelder-Modells ist für die Zeit der Ansparphase einer Wertguthabenvereinbarung (§ 7b) vom Zeitpunkt der erstmaligen Bildung des Wertguthabens an für die VersZweige, zu denen BeitrPfl besteht, mind. kalenderjährlich der

Differenzbetrag zwischen der jeweiligen BBG und des in diesem KalJahr fälligen beitrpfl ArbEntg iSd. Abs. 1 S. 1 festzustellen und aufzuzeichnen. Die Differenzen (sog. **SV-Luft**) können tgl., mtl. oder jährlich ermittelt werden (BT-Drs. 14/4375 S. 49), mind. aber zum 31. 12. eines jeden Jahres. Infolge der unterschiedlichen BBGn hat die Feststellung der SV-Luft getrennt nach den einzelnen VersZweigen (KV/PV einerseits und RV/AV andererseits) und den Rechtskreisen Ost und West (für die RV/AV, vgl. § 7 Abs. 1 a S. 6) zu erfolgen. Die jeweilige BBG (vgl. Rn. 18) ist entspr. § 23 a Abs. 3 S. 2 zu ermitteln; es sind alle Zeiten mit einzubeziehen, in denen BeitrPfl zum jeweiligen VersZweig besteht. Als Differenzbetrag (SV-Luft) wird dabei nur ein positiver Betrag in den Entgeltunterlagen aufgezeichnet und ins folgende KalJahr übertragen (die je VersZweig für die einzelnen KalJahre festgestellten Werte werden addiert). Übersteigt das beitrpfl ArbEntg in der Ansparphase die jeweilige BBG, beträgt die SV-Luft 0,00 EUR. Der beitrpfl Teil einer Einmalzahlung reduziert die SV-Luft im jeweiligen VersZweig, es sei denn, die Einmalzahlung wird einem Zeitraum vor der erstmaligen Bildung von Wertguthaben zugeordnet. Aus Praktikabilitätsgründen finden dabei die in Abs. 1 S. 2 gen. Modifikationen keine Anwendung (Abs. 2 a. S. 2 Hs.); bei der Gegenüberstellung gem. § 23 a Abs. 3 und 4 ist als „bisher gezahltes beitrpfl ArbEntg" nur das jeweils fällige ArbEntg zu berücksichtigen. Nach der erstmaligen Bildung von Wertguthaben wird SV-Luft auch für Zeiträume gebildet, in denen kein weiteres Wertguthaben aufgebaut wird. Dies gilt nicht für beitragsfreie Zeiten (zB bei Bezug von Krankengeld) und Zeiten der (zweckentspr.) Inanspruchnahme des Wertguthabens, wenn in diesen Zeiten kein weiteres Wertguthaben aufgebaut wurde. Zeiten mit beitrpfl Einnahmen nach § 23 c Abs. 1 werden hingegen bei der Ermittlung der SV-Luft berücksichtigt.

Im Störfall ist das gesamte nicht zweckentspr. verwendete Entgeltguthaben (einschl. etwaiger **21** Wertzuwächse, Zinsen etc.) mit der für den einzelnen VersZweig für die Dauer der Ansparphase festgestellten (summierten) SV-Luft zu vergleichen. Der jeweils geringere Betrag stellt das in diesem VersZweig beitrpfl ArbEntg dar; die zum Zeitpunkt des Störfalls jeweils geltende BBG bleibt unberücksichtigt. Dabei erfolgt die **Bewertung des Entgeltguthabens grds. erst im Störfall.** Gilt hierfür vereinbarungsgemäß ein bestimmter Wertmaßstab (zB bei Bindung an einen bestimmten Zinssatz oder die Lohn-/Gehaltsentwicklung), ist der entspr. angepasste Betrag (mit dem zum Zeitpunkt des Störfalls gültigen Wertmaßstab) zugrunde zu legen (Abs. 2a S. 2 iVm. Abs. 2 S. 5). Werden in Bestandsfällen Zeitguthaben geführt (vgl. § 116 Abs. 1), ist eine Umrechnung in einen aktuellen Geldbetrag erforderlich.

3. Alternativ-/Optionsmodell. Mit diesem Modell haben die Spitzenorganisationen der SV **22** eine **weitere Möglichkeit** für die Abrechnungspraxis zur Feststellung des im Störfall beitrpfl Entgeltguthabens geschaffen. Es handelt sich um eine bes. Variante des Summenfelder-Modells, um Wertentwicklungen besser darzustellen. Anders als beim Summenfelder-Modell erfolgt die Bewertung des Entgeltguthabens und die Feststellung der Beitrpfl nicht erst im Störfall, sondern bereits im Vorfeld zu bestimmten Stichtagen. Konkret ist mind. zum 31. 12. eines jeden Jahres, unterjährig aber auch beim Übergang in die Altersteilzeitarbeit, zum Tag vor Beginn der Freistellungsphase und im Fall einer BeitrGruppenänderung (Wegfall oder Hinzutritt von Vers-/BeitrPfl in einem VersZweig) das im Wertguthaben enthaltene Entgeltguthaben zu bewerten und **der sich im Störfall ergebende beitrpfl Teil** zu ermitteln. Eine mtl. Bewertung ist zulässig. Die zu den Stichtagen vorzunehmende Feststellung des beitrpfl Entgeltguthabens erfolgt wie bei Abs. 2a durch Vergleich des Entgeltguthabens mit der SV-Luft für den jeweiligen VersZweig (dazu Rn. 21); der jeweils geringere Betrag stellt das beitrpfl ArbEntg dar, der für den Fall des Eintritts eines Störfalls fortzuschreiben ist. Ein in Bestandsfällen geführtes Zeitguthaben (vgl. § 116 Abs. 1) ist hierbei in einen aktuellen Geldbetrag umzurechnen. Gilt für das Entgelt-/Zeitguthaben vereinbarungsgemäß ein bestimmter Wertmaßstab (zB bei Bindung des Entgeltguthabens an einen bestimmten Zinssatz oder des Zeitguthabens an einen bestimmten Stundensatz), ist dieser bei jeder Bewertung anzusetzen. In den Entgeltunterlagen sind gesondert das Wertguthaben, der im Wertguthaben enthaltene AGAnteil am GesamtSVBeitr, die SV-Luft (getrennt nach den einzelnen VersZweigen sowie den Rechtskreisen Ost und West) und der aus dem Vergleich der SV-Luft für jeden VersZweig mit dem Entgeltguthaben resultierende Betrag des im Störfall beitrpfl Teils des Entgeltguthabens (sog. abgegrenzte SV-Luft) aufzuzeichnen. Die jeweils im Zeitpunkt des Störfalls geltende BBG bleibt unberücksichtigt.

4. Beitragspflicht im Insolvenzfall des Arbeitgebers (Abs. 2 S. 6). Bei Begründung des **23** Störfalls durch Insolvenz des AG (vgl. Rn. 14) gilt das im Wertguthaben enthaltene Entgeltguthaben gem. Abs. 2 S. 6 nur insoweit als beitrpfl ArbEntg, als hiervon durch den AG oder einen Dritten (insolvenzsichernde Stelle) **Beitr auch tatsächlich gezahlt werden.** Hierdurch soll verhindert werden, dass entgeltabhängige Leistungen der SV ohne tatsächliche BeitrZahlung erbracht werden müssen (Hauck/Noftz/Sehnert, § 23 b SGB IV Rn. 14). Ist das Wertguthaben im Insolvenzfall nicht oder nicht vollständig gesichert, stellt es mithin – entgegen § 23 Abs. 1 und § 28 a Abs. 3 S. 2 Nr. 2 lit. b – kein oder nur teilweise beitrpfl ArbEntg dar. Die Insolvenz des AG bewirkt aber nicht den Untergang des BeitrAnspruchs; vielmehr werden die Beitr nach Abs. 2 S. 8 Nr. 1 erst fällig, soweit die Mittel für die BeitrZahlung verfügbar sind (Werner in jurisPK-SGB IV, § 23 b Rn. 92). Bei insolvenzgesicherten

Wertguthaben hat die insolvenzsichernde Stelle die Zahlungspflichten des AG für das Wertguthaben und die Erfüllung der damit verbundenen AGPflichten zu übernehmen (vgl. Rn. 31).

III. Beitragsberechnung und zuständige Einzugsstelle (Abs. 2 S. 7)

24   Der jeweils beitrpfl Teil des nicht zweckentspr. verwendeten Entgeltguthabens wird im Störfall in einer Summe zur BeitrBemessung herangezogen. Maßgebend für die Berechnung der Störfall-Beitr sind die im Zeitpunkt der Fälligkeit dieser Beitr (Rn. 26 ff.) jeweils gültigen BeitrSätze (Abs. 2 S. 7; für die AV: § 341 SGB III, KV: §§ 241 ff. SGB V, RV: §§ 158, 160 SGB VI, PV: § 55 SGB XI). Dies gilt auch dann, wenn aus dem beitrpfl Entgeltguthaben Beitr an einen VersZweig zu zahlen sind, zu dem im Zeitpunkt des Störfalls oder der BeitrFälligkeit keine VersPfl besteht (KomGRV, § 23 b SGB IV Rn. 5). Da sich im Falle der Insolvenz des AG ggf. verschiedene Fälligkeitszeitpunkte ergeben können (Rn. 26), sind bei der Berechnung der jeweils fälligen Beitr ggf. unterschiedliche BeitrSätze zu berücksichtigen. Die **BeitrTragung** richtet sich nach den spezialges. Vorschriften für die einzelnen VersZweige (§ 346 SGB III, § 249 SGB V, § 168 SGB VI, § 58 SGB XI).

25   Die im Störfall auf das beitrpfl Entgeltguthaben entfallenden Beitr werden aus Vereinfachungsgründen insg. nur einer **Einzugsstelle** (§ 28 h Abs. 1 S. 1 iVm. § 28 i) zugeordnet. Das ist nach dem konkreten Wortlaut des Abs. 2 S. 7 die zum Zeitpunkt der Fälligkeit dieser Beitr zust. Einzugsstelle (aus Praktikabilitätsgründen soll nach Auffassung der Spitzenorganisationen der SV die Einzugsstelle maßgebend sein, die zum Zeitpunkt des Störfalls oder der Fälligkeit der Beitr zust. ist, vgl. Ziff. 6.4.7 des unter Rn. 12 gen. RdSchr.). Für Störfall-Beitr aus einer verspfl Besch ist damit die Krankenkasse zust. Einzugsstelle, die zu diesem Zeitpunkt die KV des Beschäftigten durchgeführt hat, dh. bei der eine Mitgliedschaft bestand (vgl. erg. Anm. zu § 28 i). Soweit der betr. Beschäftigte zu diesem Zeitpunkt nicht in ges. KV versichert war (privat KrankenVers), hat die Zahlung an die zuletzt für den Einzug der Beitr zur RV und AV zust. Einzugsstelle zu erfolgen. Für Störfall-Beitr aus einer geringfügig entlohnten Besch ist die DRV Knappschaft-Bahn-See – Minijob-Zentrale – zust. Einzugsstelle (Abs. 2 S. 7 iVm. § 28 i S. 5).

IV. Fälligkeit der Beiträge im Störfall

26   **1. Fälligkeit nach Abs. 2 S. 8 und 9.** Gem. Abs. 2 S. 8 Nr. 2 richtet sich die **BeitrFälligkeit** im Störfall **grds.** nach dem in § 23 Abs. 1 bestimmten Zeitpunkt für die Beitr der EntgAbrechnung des auf den Eintritt des Störfalls folgenden KalMonats. Die Beitr werden damit **im Regelfall** spätestens am drittletzten Bankarbeitstag des auf den Eintritt des Störfalls folgenden KalMonats fällig (vgl. § 23 Abs. 1 S. 2), es sei denn, der Spitzenverband Bund der Krankenkassen hat einen früheren Zeitpunkt festgelegt (vgl. § 23 Abs. 1 S. 1). Hiervon abw. wird die BeitrFälligkeit im Fall der **Insolvenz des AG** von der Verfügbarkeit der Mittel für die BeitrZahlung abhängig gemacht, da das Wertguthaben nur insoweit beitrpfl ArbEntg darstellt, als hiervon Beitr auch gezahlt werden (vgl. Rn. 23). Die Beitr sind gem. Abs. 2 S. 8 Nr. 1 zu dem in § 23 Abs. 1 bestimmten Zeitpunkt fällig, zu dem die Beitr der EntgAbrechnung des auf die Verfügbarkeit der Zahlungsmittel folgenden KalMonats fällig werden, dh. zum drittletzten Bankarbeitstag des auf die Verfügbarkeit der Zahlungsmittel folgenden KalMonats, es sei denn, der Spitzenverband Bund der Krankenkassen hat gem. § 23 Abs. 1 S. 1 einen früheren Zeitpunkt festgelegt. Jeweils dann, wenn entspr. Mittel für die BeitrZahlung bereit stehen, tritt ein neuer Störfall ein (mit der Folge der bes. BeitrBerechnung nach Abs. 2 oder 2 a). Dabei ergibt sich für die Beitr aus jedem dieser Störfälle ein gesonderter Fälligkeitszeitpunkt. Wird das BeschVerh. endgültig beendet, weil der RVTr den **Eintritt von verminderter Erwerbsfähigkeit** beim Beschäftigten festgestellt hat, fingiert Abs. 2 S. 9 zwei Störfälle (dazu Rn. 12). Die Beitr aus dem nicht zweckentspr. verwendeten Entgeltguthaben werden aber insg. für beide Störfälle erst mit den Beitr der EntgAbrechnung des auf das BeschEnde folgenden KalMonats fällig (nach Maßgabe des in § 23 Abs. 1 bestimmten Fälligkeitszeitpunktes).

27   **2. Fälligkeit bei vorzeitiger Beendigung der Beschäftigung durch Kündigung (Abs. 3).** In Fällen, in denen ein vorhandenes Wertguthaben wegen vorzeitiger Beendigung der Besch durch Kündigung und Eintritt von Arbeitslosigkeit nicht mehr zweckentspr. verwendet werden kann, schafft Abs. 3 eine bes. Fälligkeitsregelung. Hiernach wird die Fälligkeit für die auf das im Wertguthaben enthaltene Entgeltguthaben entfallenden Beitr beim bisherigen AG **für bis zu sieben KalMonate hinausgeschoben.** Nach dem Willen des GGebers soll der Arbeitsuchende für max. sechs KalMonate nach dem BeschEnde die Möglichkeit erhalten, mit einem neuen AG die Übernahme des Wertguthabens zu vereinbaren, so dass kein Störfall eintritt (BT-Drs. 15/1199 S. 20; dazu erg. Rn. 29). Kann das Wertguthaben in eine neue Besch eingebracht werden, wird der neue AG BeitrSchuldner; bei zweckentspr. Verwendung des Wertguthabens werden die Beitr erst im Zeitpunkt der Inanspruchnahme fällig (vgl. Rn. 3). Unter den Anwendungsbereich des Abs. 3 fallen neben einem AGWechsel auch Wiedereinstellungen (Werner in jurisPK-SGB IV, § 23 b Rn. 109), vorausgesetzt, dass nicht bereits bei Beendigung der Besch eine Wiedereinstellungszusage bestand (vgl. Rn. 11).

Anwendungsvoraussetzung des Abs. 3 ist die (persönliche) Meldung des Vers als Arbeitsuchen- 28 der bei einer deutschen Agentur für Arbeit (§ 16 Abs. 1 Nr. 3 iVm. § 122 SGB III) unmittelbar im Anschluss an das BeschEnde und (andauernde) Arbeitslosigkeit iSd. SGB III. Für die Dauer der Arbeitslosigkeit muss der Vers eine ör. Leistung (Arbeitslosengeld, Arbeitslosengeld II) beziehen oder nur aufgrund anzurechnenden Einkommens/Vermögens (§§ 141 ff. SGB III, § 19 S. 2 iVm. §§ 11 f. SGB II) nicht beziehen; ein Leistungsanspruch dem Grunde nach genügt insoweit (ebenso KassKomm/Seewald, § 23 b SGB IV Rn. 26).

Wird bei Vorliegen der Voraussetzungen des Abs. 3 nicht innerhalb von sechs KalMonaten ein neu- 29 es BeschVerh. begründet, werden die auf das im Wertguthaben enthaltene Entgeltguthaben entfallenden Beitr spätestens sieben KalMonate nach dem KalMonat der Beendigung der Besch fällig (**spätester Fälligkeitstermin**). Die Regelung ist so zu verstehen, dass die Störfall-Beitr spätestens im siebten KalMonat nach Ende der Besch zu dem in § 23 Abs. 1 festgelegten Zeitpunkt fällig werden. Nimmt der Vers innerhalb von sechs KalMonaten eine neue Besch auf, ohne dass das vorhandene Wertguthaben in diese Besch eingebracht werden kann, tritt die BeitrFälligkeit **vorzeitig** mit dem nächsten auf den BeschBeginn folgenden Zeitpunkt aus § 23 Abs. 1 ein. Wird dagegen mit dem neuen AG bis zum BeschBeginn die Übernahme des Wertguthabens vereinbart, tritt kein Störfall ein. Voraussetzung ist zum einen, dass es sich hierbei um ein inländisches VersVerh. handelt, und zum anderen, dass bis zum BeschBeginn eine Wertguthabenvereinbarung nach § 7 b geschlossen wird. Der Ab- und Zugang des Wertguthabens ist jeweils beim alten und neuen AG in den Entgeltunterlagen zu dokumentieren (§ 8 Abs. 1 S. 1 Nr. 7 BVV). Beginnt während des Zeitraumes von sechs KalMonaten eine Rente wegen Alters (§§ 35 ff., 235 ff. SGB VI) oder wegen Todes (§§ 46 ff. SGB VI) oder tritt verminderte Erwerbsfähigkeit (vgl. Rn. 12) ein, wird in den beiden erstgen. Fällen der Rentenbeginn (§ 99) und bei Eintritt von verminderter Erwerbsfähigkeit dieser Zeitpunkt (unabhängig vom Rentenbeginn) als **maßgeblicher Störfallzeitpunkt** fingiert. Gleichzeitig endet der Fälligkeitsaufschub nach Abs. 3; die Beitr werden nach Maßgabe von Abs. 2 S. 8 Nr. 2 fällig (vgl. Rn. 26).

V. Widerspruchsmöglichkeit bei Inanspruchnahme einer Rente wegen verminderter Erwerbsfähigkeit (Abs. 2 S. 10)

Bei Inanspruchnahme einer Rente wegen verminderter Erwerbsfähigkeit (§§ 43, 45, 240 bis 242 30 SGB VI) wird für ein bei der DRV Bund aufgrund der Übertragung nach § 7 f Abs. 1 S. 1 Nr. 2 bestehendes Wertguthaben ein Störfall begründet (vgl. Rn. 16). Das vorhandene Wertguthaben ist grds. beitrpfl aufzulösen (vgl. Abs. 2 S. 4). Im Regelfall ist die Auflösung des Wertguthabens für den Berechtigten von Vorteil, da sich seine Rente entspr. erhöht (vgl. § 70 Abs. 3 SGB VI). Soweit der Berechtigte dies aber im Einzelfall anders einschätzt, hat er nach Abs. 2 S. 10 die **Möglichkeit**, der Auflösung zu widersprechen. Dies kann zB dann der Fall sein, wenn der Berechtigte eine Zeitrente (§ 102 Abs. 2 SGB VI) bezieht und davon ausgeht, im Anschluss daran ins Erwerbsleben zurückzukehren.

VI. Erfüllung der Arbeitgeberpflichten durch Dritte (Abs. 2 S. 11)

Bei insolvenzgesicherten Wertguthaben hat die insolvenzsichernde Stelle im Fall der Insolvenz des 31 AG nicht nur dessen Zahlungspflichten für das im Wertguthaben enthaltene Entgeltguthaben, sondern auch die damit verbundenen AGPflichten zu übernehmen (vgl. BT-Drs. 13/9741 S. 11). Hierzu gehört insb. die **Berechnung und Zahlung der Beitr** sowie die **Erstattung der erforderlichen Meldungen nach § 28 a**. Die Erfüllung der AGPflichten obliegt dem Dritten aber nur insoweit, als er die Zahlungsverpflichtung für das im Wertguthaben enthaltene Entgeltguthaben zu übernehmen hat. Abs. 2 S. 11 erfasst dabei auch die Fälle, in denen die Insolvenzsicherung unabhängig von einer Verpflichtung (vgl. § 7 e SGB IV sowie § 8 a AtG) erfolgt ist (Hauck/Noftz/Sehnert, § 23 b SGB IV Rn. 35). Dritter iSd. Vorschrift ist jeder, der das im Wertguthaben enthaltene Entgeltguthaben im Fall der Insolvenz des AG schuldet.

VII. Sonderregelung bei Verwendung von Wertguthaben für die betriebliche Altersversorgung (Abs. 3 a)

1. Anwendungsbereich des Abs. 3 a. Durch Abs. 3 a wird die Regelung des § 7 Abs. 1 a S. 4 in 32 beitragsrechtl. Hinsicht ergänzt. Als **Sonderregelung** fingiert Abs. 3 a Wertguthaben, das bei vorzeitiger Beendigung der Besch allein aus den gen. Gründen nicht mehr für Zeiten einer Freistellung oder der Verringerung der vertragl. vereinbarten Arbeitszeit in Anspruch genommen werden kann und aufgrund einer in der Wertguthabenvereinbarung für diesen Fall vorgesehenen Regelung für Zwecke der betriebl. Altersversorgung verwendet wird (Sicherungsabrede gem. § 7 Abs. 1 a S. 4), als nicht beitrpfl ArbEntg. Es wird ausnahmsweise kein Störfall begründet und die beitragsfreie Überführung in die betriebl. Altersversorgung ermöglicht. Die Anwendbarkeit der Sonderregelung ist allerdings auf vor dem **14. 11. 2008 geschlossene Wertguthabenvereinbarungen** mit entspr. Verwendungsbestimmung beschränkt (Abs. 3 a S. 2; vgl. erg. Rn. 33). Dieses Kriterium ist auch dann erfüllt, wenn ohne schriftliche einzelvertragl. Regelung bereits vor dem 14. 11. 2008 tatsächlich mit dem Aufbau von Wertguthaben nach tarifvertragl. oder betriebl. Regelungen, die die Möglichkeit der Wertguthabenverwendung für die betriebl. Altersversorgung vorsahen, begonnen wurde (Frage-/Antwortkatalog zum Versicherungs-, Beitrags- und Melderecht für flexible Arbeitszeitregelungen vom 13. 4. 2010 der Spitzenorganisationen der SV, im Internet: www.deutsche-rentenversicherung.de). Ausdrücklich keine Anwendung findet Abs. 3 a auf Vereinbarungen, die nach dem 13. 11. 2008 (Tag der zweiten und dritten Lesung des G zur Verbesserung der Rahmenbedingungen für die Absicherung flexibler Arbeitszeitregelungen und anderer G im Deutschen Bundestag) geschlossen worden sind (Abs. 3 a S. 2). Durch diese Restriktion will der GGeber Missbrauchsmöglichkeiten entgegenwirken und BeitrAusfälle verhindern (BT-Drs. 16/10901 S. 15).

33   **2. Voraussetzungen für die beitragsfreie Überführung.** Abs. 3 a setzt eine vor dem 14. 11. 2008 geschlossene Wertguthabenvereinbarung (vgl. Rn. 32) mit einer entspr. **Verwendungsbestimmung** nach § 7 Abs. 1 a S. 4 **für die betriebl. Altersversorgung** voraus. Diese Verwendungsbestimmung muss nach dem Wortlaut des Abs. 3 a S. 1 bereits bei Abschluss der Wertguthabenvereinbarung schriftlich getroffen worden sein. Nach Auffassung der Spitzenorganisationen der SV soll Abs. 3 a darüber hinaus aber auch dann Anwendung finden, wenn die Verwendungsbestimmung erst nachträglich im Zusammenhang mit einer später abgeschlossenen betriebl. Altersversorgung (aber vor dem 14. 11. 2008) erfolgt ist (vgl. Ziff. 6.1.2 des unter Rn. 12 gen. RdSchr.). Bei nachträglicher Ergänzung der Vereinbarung gilt Abs. 3 a dann allerdings nur noch für das danach gebildete Wertguthaben (ex nunc); für das davor gebildete Wertguthaben tritt bei Überführung in die betriebl. Altersversorgung grds. ein Störfall mit den entspr. beitragsrechtl. Konsequenzen ein. Eine Ausnahme gilt für vor dem 1. 1. 2001 geschlossene Wertguthabenvereinbarungen, die – aufgrund des rückwirkenden Inkrafttretens des Abs. 3 a zum 1. 1. 1998 – bis zum 30. 6. 2001 ergänzt wurden; in diesen Fällen können auch die davor gebildeten Wertguthaben beitragsfrei in die betriebl. Altersversorgung überführt werden (vgl. Ziff. II 2 des gemeinsamen RdSchr. der Spitzenorganisationen der SV zur sozialrechtl. Absicherung flexibler Arbeitszeitregelungen vom 29. 8. 2003 – im Internet: www.deutsche-rentenversicherung.de). Bei nach dem 13. 11. 2008 ergänzten Vereinbarungen findet Abs. 3 a keine Anwendung mehr. Als Vertragsbestimmung genügt eine **bloße Option für diesen Verwendungszweck**. Unerheblich ist, ob bereits bei Abschluss der Vereinbarung auch eine betriebl. Altersversorgung bestand; die Erteilung der Versorgungszusage bei Verwendung des Wertguthabens ist ausreichend.

34   Abs. 3 a begünstigt lediglich Wertguthaben, das wegen **Beendigung der Besch** allein infolge des Eintritts von verminderter Erwerbsfähigkeit, des Erreichens einer Altersgrenze, zu der eine Rente wegen Alters aus der ges. RV beansprucht werden kann, oder des Todes des Beschäftigten nicht mehr für eine Freistellung von der Arbeitsleistung oder der Verringerung der vertragl. vereinbarten Arbeitszeit verwendet werden kann. Über den Wortlaut des Abs. 3 a hinausgehend ist aber allein die Beendigung der Besch aus den gen. Gründen nicht ausreichend, um BeitrFreiheit zu begründen. Nach der amtl. Begr. muss anschließend auch eine entspr. Rente tatsächlich bezogen werden (BT-Drs. 14/4657 S. 3), dh. das BeschVerh. muss aus Anlass der Rentenbewilligung aufgelöst werden (Werner in jurisPK-SGB IV, § 23 b Rn. 120). Die beitragsfreie Verwendung für Zwecke der betriebl. Altersversorgung ist vor Beendigung der Besch nicht möglich.

35   Als **betriebl. Altersversorgung** kommen alle Durchführungswege iSd. § 1 b BetrAVG in Betracht (Direktversicherung, Direktzusage, Pensionskasse, Pensionsfonds, Unterstützungskasse). Voraussetzung ist, dass die Vereinbarung über die betriebl. Altersversorgung **Leistungen aus Anlass der drei biometrischen Risiken** Invalidität, Alter und Tod gewährleistet und keine Abfindung vorsieht oder zulässt. Andernfalls ist die Freistellung von der BeitrPfl ausgeschlossen (Abs. 3 a S. 1 2. Hs. Nr. 1). Sind Leistungen nur für ein biometrisches Risiko vorgesehen, ist ein Ausschlussgrund gem. Abs. 3 a S. 1 2. Hs. Nr. 1 ausnahmsweise nicht gegeben, wenn das abgedeckte Risiko zur Beendigung der Besch geführt hat (Werner in jurisPK-SGB IV, § 23 b Rn. 124).

36   Um Gestaltungsmissbrauch zu verhindern, ist die Freistellung von der BeitrPfl nach Abs. 3 a S. 1 2. Hs. Nr. 2 auch dann ausgeschlossen, wenn bereits im Zeitpunkt der Ansparphase vorhersehbar ist, dass Wertguthaben nicht mehr zweckentspr. verwendet werden kann. Dies ist bspw. dann der Fall, wenn ein 64-jähriger, der mit Vollendung des 65. Lebensjahres aus dem Unternehmen ausscheidet, Entgeltguthaben für mehr als zwölf KalMonate Freistellung gebildet hat (vgl. BT-Drs. 14/4657 S. 3). Die **Vorhersehbarkeit** ist ex ante zu beurteilen. Von der BeitrFreiheit nach Abs. 3 a ausgeschlossen ist aber nur der Teil des für die betriebl. Altersversorgung verwendeten Wertguthabens, der ab dem Zeitpunkt gebildet worden ist, zu dem erkennbar war, dass eine zweckentspr. Verwendung nicht mehr realisierbar ist. Für diesen Wertguthabenteil tritt ein Störfall mit den entspr. beitragsrechtl. Konsequenzen ein. Das übrige bis zu diesem Zeitpunkt gebildete Wertguthaben kann unter den gen. Voraussetzungen beitragsfrei überführt werden.

VIII. Übertragung von Wertguthaben auf Dritte (Abs. 4)

37   Mit der Übertragung von Wertguthaben auf einen Dritten (dh. auf eine andere Person – gemeint ist hier nicht die Übertragung auf einen anderen AG oder die DRV Bund) wird für den übertragenen

Teil ein Störfall begründet (vgl. Rn. 13). Es gilt das bes. BeitrVerfahren nach Abs. 2 oder 2a. Korrespondierend mit § 7 Abs. 1a S. 5 stellt Abs. 4 klar, dass ein Dritter bei Inanspruchnahme eines ihm übertragenen Wertguthabens keinen sozialversicherungsrechtl. Schutz, insb. **keine versicherte Freistellung iSd. § 7 Abs. 1a,** erlangen kann. Allerdings wird dieser auch nicht mit Beitr belastet. Die im Störfall zu leistenden Beitr sind vielmehr von demjenigen mit aufzubringen, der das Wertguthaben durch seine Arbeitsleistung erzielt hat; gegen ihn richtet sich der BeitrAbzug nach § 28g. Meldungen (§ 28a Abs. 1 Nr. 19 und Abs. 3 S. 2 Nr. 4) sind nur für den Übertragenden zu erstatten. In den Entgeltunterlagen des Dritten ist das übertragene Wertguthaben gesondert zu kennzeichnen (§ 8 Abs. 1 S. 1 Nr. 7 BVV), um deutlich zu machen, dass hierdurch keine BeitrPfl begründet wird.

§ 23c Sonstige nicht beitragspflichtige Einnahmen

(1) ¹**Zuschüsse des Arbeitgebers zum Krankengeld, Verletztengeld, Übergangsgeld oder Krankentagegeld und sonstige Einnahmen aus einer Beschäftigung, die für die Zeit des Bezuges von Krankengeld, Krankentagegeld, Versorgungskrankengeld, Verletztengeld, Übergangsgeld, Mutterschaftsgeld, Erziehungsgeld oder Elterngeld weiter erzielt werden, gelten nicht als beitragspflichtiges Arbeitsentgelt, wenn die Einnahmen zusammen mit den genannten Sozialleistungen das Nettoarbeitsentgelt (§ 47 des Fünften Buches) nicht um mehr als 50 Euro im Monat übersteigen.** ²Zur Berechnung des Nettoarbeitsentgelts bei freiwilligen Mitgliedern der gesetzlichen Krankenversicherung ist der um den Beitragszuschuss für Beschäftigte verminderte Beitrag des Versicherten zur Kranken- und Pflegeversicherung abzuziehen; dies gilt entsprechend für Personen und für ihre nicht selbstversicherten Angehörigen, die bei einem privaten Krankenversicherungsunternehmen versichert sind einschließlich der Versicherung für das Krankentagegeld. ³Für Beschäftigte, die nach § 6 Absatz 1 Satz 1 Nummer 1 des Sechsten Buches von der Versicherungspflicht befreit sind und Pflichtbeiträge an eine berufsständische Versorgungseinrichtung entrichten, sind bei der Ermittlung des Nettoentgeltes die um den Arbeitgeberanteil nach § 172 Absatz 2 des Sechsten Buches verminderten Pflichtbeiträge des Beschäftigten entsprechend abzuziehen.

(2) ¹Sind zur Gewährung von Krankengeld, Verletztengeld, Übergangsgeld oder Mutterschaftsgeld Angaben über das Beschäftigungsverhältnis notwendig und sind diese dem Leistungsträger aus anderem Grund nicht bekannt, sind sie durch eine Bescheinigung des Arbeitgebers nachzuweisen. ²Der Arbeitgeber hat dem Leistungsträger diese Bescheinigung durch gesicherte und verschlüsselte Datenübertragung aus systemgeprüften Programmen oder mittels maschinell erstellter Ausfüllhilfen zu erstatten. ³Den Aufbau des Datensatzes, notwendige Schlüsselzahlen und Angaben bestimmen der Spitzenverband Bund der Krankenkassen, die Deutsche Rentenversicherung Bund, die Bundesagentur für Arbeit und die Spitzenverbände der Unfallversicherungsträger in Gemeinsamen Grundsätzen. ⁴Die Gemeinsamen Grundsätze bedürfen der Genehmigung des Bundesministeriums für Arbeit und Soziales im Einvernehmen mit dem Bundesministerium für Gesundheit; die Bundesvereinigung der Deutschen Arbeitgeberverbände ist anzuhören.

(3) ¹Übermittelt ein Arbeitgeber eine Bescheinigung nach Absatz 2, so hat in diesen Fällen der Leistungsträger alle Angaben gegenüber dem Arbeitgeber durch Datenübertragung zu erstatten. ²Absatz 2 Satz 3 und 4 gilt entsprechend. ³Die Sätze 1 und 2 gelten entsprechend, wenn Krankenkassen auf Antrag des Arbeitgebers Mitteilungen über auf den Anspruch auf Entgeltfortzahlung anrechenbare Zeiten der Arbeitsunfähigkeit der Beschäftigten oder für Anträge nach Absatz 2 Satz 1 die Krankenversicherungsnummer übermitteln. ⁴Im Falle der Zahlung von Krankentagegeld können private Krankenversicherungsunternehmen Angaben gegenüber dem Arbeitgeber nach den Sätzen 1 und 2 erstatten.

A. Normzweck

§ 23c gilt einheitlich für alle VersZweige und die AV. Abs. 1 regelt die **beitragsrechtl. Behandlung von arbeitgeberseitigen Leistungen während des Entgeltersatz-/Sozialleistungsbezuges.** In Anlehnung an die bisherige langjährige Praxis der SVTr werden per ges. Fiktion die näher umschriebenen AGLeistungen, die ohne tatsächliche Arbeitsleistung für die Zeit des Bezuges der gen. Entgeltersatz-/Sozialleistungen an bzw. für den Beschäftigten erbracht werden, wegen ihrer bes. Zweckbestimmung – allerdings der Höhe nach limitiert – von der BeitrPfl in der SV ausgenommen. Die Regelung soll sicherstellen, dass Zusatzleistungen, die nur für Zeiten der Arbeitsunfähigkeit oder der sonstigen den Bezug von Entgeltersatz-/Sozialleistungen begründenden Faktoren gewährt werden (insb. Krankengeldzuschüsse), grds. nicht in die Berechnung späterer Sozialleistungen mit einfließen und damit nicht zu höheren Rentenanwartschaften im Alter führen, weil sie primär nur der Abde-

40 SGB IV § 23c

ckung einer konkreten Bedarfssituation dienen (BT-Drs. 15/4228 S. 22). Die mWv 1. 1. 2008 angefügten Abs. 2 und 3 regeln das in diesem Zusammenhang erforderliche Mitteilungsverfahren zwischen AG und SozialleistungsTr.

B. Sonstige nicht beitragspflichtige Einnahmen (Abs. 1)

I. Arbeitgeberseitige Leistungen während Entgeltersatz-/Sozialleistungsbezug

2   AGLeistungen bei Entgeltersatz-/Sozialleistungsbezug sind vorbehaltlich abw. Regelungen ArbEntg iSd. § 14 Abs. 1 S. 1 und damit grds. beitrpfl. Abs. 1 S. 1 fingiert jedoch die vom AG für die Zeit des Bezuges bestimmter Entgeltersatz-/Sozialleistungen lfd. gezahlten Leistungen (zB aufgrund eines Tarifvertrages, einer Betriebs- oder Einzelvereinbarung) als nicht beitrpfl Einnahmen, wenn diese zusammen mit den Entgeltersatz-/Sozialleistungen das (zu vergleichende) NettoArbEntg (§ 47 SGB V) um nicht mehr als 50,00 EUR im Monat übersteigen. Die Vorschrift erfasst – der Höhe nach begrenzt – **Leistungen** (Zuwendungen) **des AG**, die ArbEntg iSd. §§ 14, 17 iVm. der SvEV darstellen und dem Beschäftigten aus einer tatsächlich nicht ausgeübten Besch – dh. **ohne Erbringung einer Arbeitsleistung** – für die og. Zeiten zukommen. Keine Anwendung findet § 23c auf ArbEntg aus einer während des Entgeltersatz-/Sozialleistungsbezuges tatsächlich ausgeübten Besch (zB in Fällen der stufenweisen Wiedereingliederung in das Erwerbsleben oder bei TeilzeitBesch während der Elternzeit); jegliche Zahlungen/Leistungen des AG unterliegen dann grds. in vollem Umfang der Beitrpfl. Für während des Entgeltersatz-/Sozialleistungsbezuges einmalig gezahltes ArbEntg findet allein § 23a Anwendung. Leistungen des AG, die gem. §§ 14, 17 iVm. der SvEV nicht dem ArbEntg zuzurechnen sind (zB überlassene Leistungen nach § 40 Abs. 2 EStG [vgl. § 1 Abs. 1 S. 1 Nr. 3 SvEV] oder vom AG übernommene Beitr zur betriebl. Altersvorsorge [vgl. § 1 Abs. 1 S. 1 Nrn. 4, 9 SvEV]), werden von § 23c nicht erfasst, da sie ohnehin beitragsfrei sind.

3   Zu den erfassten AGLeistungen gehören nach der ersten Alt. des Abs. 1 S. 1 **Zuschüsse zum Krankengeld, Verletztengeld, Übergangsgeld oder Krankentagegeld.** Als Entgeltersatzleistungen umfasst werden hier im Einzelnen das Krankengeld und das Krankengeld bei Verletzung des Kindes von den Krankenkassen, das Verletztengeld und das Verletztengeld bei Verletzung des Kindes von den UVTrn, das Übergangsgeld von den RVTrn, der BA, den UVTrn oder der Kriegsopferfürsorge und das Krankentagegeld von privaten KVUnternehmen für privat KrankenVers. Nicht dazu zählen das pauschalierte Krankengeld nach § 13 Abs. 1 KVLG 1989 und das pauschalierte Verletztengeld nach § 55a Abs. 3 SGB VII iVm. § 13 Abs. 1 KVLG 1989 für mitarbeitende Familienangehörige in der Landwirtschaft. Zuschüsse zu anderen als den gen. Entgeltersatzleistungen (zB zum Versorgungskrankengeld, Eltern- oder Erziehungsgeld) werden nicht erfasst und sind damit – vorbehaltlich abw. Regelungen – beitrpfl (Hauck/Noftz/Klattenhoff, § 23c SGB IV Rn. 8). Sie fallen auch nicht in den Anwendungsbereich der zweiten Alt. des Abs. 1 S. 1 (Rn. 4). Die gleichermaßen vom Wortlaut nicht umfassten Zuschüsse zum Mutterschaftsgeld nach § 14 MuSchG sind jedoch gem. § 1 Abs. 1 S. 1 Nr. 6 SvEV ausnahmslos beitragsfrei (dazu Rn. 12).

4   Daneben werden gem. der zweiten Alt. des Abs. 1 S. 1 **„sonstige Einnahmen"** aus einer Besch erfasst, die für die Zeit des Bezuges von Krankengeld, Verletztengeld, Übergangsgeld, Krankentagegeld, Versorgungskrankengeld, Mutterschaftsgeld, Erziehungsgeld oder Elterngeld weiter erzielt werden. Während AGZuschüsse nur dann in den Anwendungsbereich des § 23c fallen, wenn sie zum Krankengeld, Verletztengeld, Übergangsgeld oder Krankentagegeld gezahlt werden (vgl. Rn. 3), werden sonstige Einnahmen auch im Zusammenhang mit vier weiteren Entgeltersatz-/Sozialleistungen erfasst; das sind das Versorgungskrankengeld von den Trn der Kriegsopferversorgung, das Mutterschaftsgeld von den Krankenkassen bzw. dem Bund, das Erziehungsgeld (nach dem BErzGG; der Bezug von Kindererziehungsgeld bzw. Familiengeld ist unbeachtlich) und das Elterngeld vom Bund (nach dem BEEG). Aus der vorgenommenen Differenzierung folgt, dass AGZuschüsse zum Versorgungskrankengeld, Erziehungsgeld oder Elterngeld beitrpfl (Rn. 3) und sonstige Einnahmen für die Zeit des Bezuges dieser Sozialleistungen unter den gen. Voraussetzungen beitragsfrei sind. Zu den „sonstigen Einnahmen" zählen insb. Sachbezüge (zB Kost, Wohnung, private Nutzung von Geschäftsfahrzeugen), Firmen-/Belegschaftsrabatte, vermögenswirksame Leistungen, Zuschüsse zu Kontoführungsgebühren, Zinsersparnisse aus verbilligten AGDarlehen, Telefonzuschüsse sowie Beitr/Zuwendungen zur betriebl. Altersvorsorge (vgl. BT-Drs. 15/4228 S. 22). Voraussetzung ist, dass diese (sonstigen) Einnahmen für die Zeit der gen. Entgeltersatz-/Sozialleistungen ohne Erbringung einer Arbeitsleistung **„weiter erzielt"** werden. Hieraus folgt, dass die Leistungen bereits vor Beginn der Entgeltersatz-/Sozialleistungen vom AG gewährt worden sein müssen, um ggf. während des Entgeltersatz-/Sozialleistungsbezuges beitragsfrei zu sein. Andernfalls besteht BeitrPfl. Von § 23c erfasst sind nur die für die Zeit der gen. Entgeltersatz-/Sozialleistungen erzielten Einnahmen. Wird bei privat KrankenVers ein Krankentagegeld nicht gewährt, ist § 23c nicht anwendbar; vom AG weitergezahlte Leistungen sind dann in voller Höhe beitrpfl. Im Gegensatz zu dem bis 31. 12. 2007 geltenden Recht findet § 23c bei einer Elternzeit ohne Erziehungs-/Elterngeld für Zeiten ab 1. 1. 2008 keine Anwendung mehr; aufgrund der Neuregelung zum 1. 1. 2008 ist der Bezug von Erziehungs-/Elterngeld entscheidend.

II. Der Höhe nach begrenzte Beitragsfreiheit

Die BeitrFreiheit der von § 23 c erfassten arbeitgeberseitigen Leistungen ist der Höhe nach begrenzt. Aus Abs. 1 S. 1 folgt, dass betr. AGLeistungen in Höhe des Differenzbetrages zwischen dem zu vergleichenden NettoArbEntg und der Netto-Entgeltersatz-/Sozialleistung (= **SV-Freibetrag**) generell beitragsfrei sind. Der den SV-Freibetrag **übersteigende Teil** der AGLeistungen ist in voller Höhe beitrpfl, wenn dieser einen Betrag von 50,00 EUR im Monat übersteigt. Im Gegensatz zu dem bis 31. 12. 2007 geltenden Recht, wonach sämtliche den SV-Freibetrag übersteigende Beträge von der BeitrPfl erfasst wurden, sieht Abs. 1 S. 1 idF ab 1. 1. 2008 eine **Bagatellgrenze** iHv 50,00 EUR vor, um die BeitrPfl von Kleinstbeträgen auszuschließen (vgl. BT-Drs. 16/6540 S. 43). Bei dieser Bagatellgrenze handelt es sich um eine mtl. Freigrenze, nicht aber um einen (zusätzlichen) Freibetrag. Der den SV-Freibetrag übersteigende Teil der AGLeistungen ist nur dann nicht beitrpfl, wenn dieser einen Betrag von 50,00 EUR im Monat nicht überschreitet. Die Neuregelung gilt für Bezugszeiträume ab 1. 1. 2008. 5

1. SV-Freibetrag. Der SV-Freibetrag ergibt sich aus der Differenz zwischen dem Vergleichs-NettoArbEntg (Rn. 7) und der Netto-Entgeltersatz-/Sozialleistung (Rn. 8). Die Berechnung erfolgt auf Grundlage der **zu Beginn der Zahlung der Entgeltersatz-/Sozialleistung** maßgebenden Verh. (vgl. insb. Rn. 8). Übersteigt das Krankentagegeld eines privat KrankenVers das Vergleichs-NettoArbEntg, ist der SV-Freibetrag mit 0,00 EUR anzusetzen (daneben gewährte AGLeistungen sind dann beitrpfl, wenn sie mtl. 50,00 EUR übersteigen). 6

Zur Berechnung des **Vergleichs-NettoArbEntg** verweist die Vorschrift auf § 47 SGB V. Vergleichs-NettoArbEntg ist hier das um die ges. Abzüge (Lohn- und Kirchensteuer, Solidaritätszuschlag sowie PflBeitr zur SV) verminderte BruttoArbEntg einschl. der Sachbezüge, jedoch ohne einmalig gezahltes ArbEntg und ohne ggf. gezahltes und in der Lohnsteuer-Anmeldung abgesetztes Kindergeld. Bei Besch mit einem regelmäßigen ArbEntg innerhalb der **Gleitzone** (§ 20 Abs. 2) erfolgt die Berechnung des Vergleichs-NettoArbEntg ohne Berücksichtigung der bes. beitragsrechtl. Regelungen für die Gleitzone (vgl. § 47 Abs. 1 S. 8 SGB V); insoweit ist aus dem BruttoArbEntg (nicht aus der beitrpfl Einnahme) ein fiktives NettoArbEntg auf Basis der allg. BeitrBerechnungsgrundsätze zu ermitteln. **Bei freiwilligen Mitgliedern der ges. KV** ist zur Berechnung des Vergleichs-NettoArbEntg von den BeitrZuschüssen des AG (höchstens der nach § 257 Abs. 1 SGB V/§ 61 Abs. 1 SGB XI zuschussfähige Betrag) verminderte Beitr des Vers zur KV und PV abzuziehen (Abs. 1 S. 2). Für **privat KrankenVers** gilt dies entspr.; in Abzug zu bringen ist der um den BeitrZuschuss (höchstens der nach § 257 Abs. 2 SGB V/§ 61 Abs. 2 SGB XI zuschussfähige Betrag) verminderte Beitr des Vers zur privaten KV und PV. Zudem sind die für die nicht selbstversicherten Angehörigen des Beschäftigten (zB Kinder) zu zahlenden Beitr zur privaten KV und PV sowie die Beitr für die Krankentagegeldversicherung abzusetzen (Abs. 1 S. 2). Für Beschäftigte, die als **Mitglieder einer berufsständischen Versorgungseinrichtung** nach § 6 Abs. 1 S. 1 Nr. 1 SGB VI in der ges. RV auf Antrag von der VersPfl befreit sind, sind nach Abs. 1 S. 3 bei der Ermittlung des Vergleichs-NettoArbEntg die an die Versorgungseinrichtung gezahlten und um den AGAnteil nach § 172 Abs. 2 SGB VI verminderten PflBeitr des Beschäftigten in Abzug zu bringen. Bei dem AGAnteil nach § 172 Abs. 2 SGB VI handelt es sich um die Hälfte des PflBeitr für berufsständische Versorgungseinrichtung, höchstens aber um die Hälfte des PflBeitr, der bei bestehender VersPfl in der allg. RV zu zahlen wäre (vgl. auch BAG 23. 1. 2007 – 3 AZR 398/05 – NZA 2007, 621). Nach Auffassung der Spitzenorganisationen der SV kann alternativ auch das NettoArbEntg als Vergleichs-NettoArbEntg herangezogen werden, das **aufgrund von arbeits- oder tarifrechtl. Regelungen** für die Ermittlung des Zuschusses zur jeweiligen Entgeltersatz-/Sozialleistung zugrunde gelegt wird, vorausgesetzt, dass hierbei die Abzugsregelungen nach Abs. 1 S. 2 und 3 berücksichtigt worden sind (vgl. Ziff. 3.1.3.4 der gemeinsamen RdSchr. der Spitzenorganisationen der SV vom 13. 11. 2007 zur „Beitragsrechtl. Behandlung von arbeitgeberseitigen Leistungen während des Bezuges von Entgeltersatzleistungen (Sozialleistungen); sonstige nicht beitrpfl Einnahmen nach § 23 c" – im Internet: www.deutsche-rentenversicherung.de). Ebenso kann mtl. auch das NettoArbEntg herangezogen werden, das im Falle der tatsächlichen Ausübung der Besch zu ermitteln wäre (aaO). 7

Netto-Entgeltersatz-/Sozialleistung ist bei ges. LeistungsTrn die Brutto-Leistung abzgl. der daraus vom Vers zu tragenden BeitrAnteile zur SV. Maßgeblich für die Ermittlung des SV-Freibetrages ist der Wert zu Beginn des Entgeltersatz-/Sozialleistungsbezuges (vgl. Ziff. 3.1.3.4 des unter Rn. 7 gen. RdSchr.); er ergibt sich aus der Mitteilung des jeweiligen LeistungsTrs (Rn. 14). Nachträgliche Änderungen der Entgeltersatz-/Sozialleistung (zB durch ges. Dynamisierung) wirken sich auf den SV-Freibetrag nicht aus. Bei privaten LeistungsTrn sind Brutto- und Netto-Leistung identisch. 8

2. Prüfung der Beitragspflicht/-freiheit. Für die Prüfung der BeitrPfl/-freiheit nach Abs. 1 sind dem SV-Freibetrag die lfd. **Bruttozahlungen** des AG ggü. zu stellen. Einer gesonderten Prüfung bedarf es nicht, wenn die mtl. AGLeistungen **insg.** 50,00 EUR nicht übersteigen, da diese generell beitragsfrei sind (vgl. Rn. 5). Bei insg. höheren AGLeistungen ist zu prüfen, ob unter Berücksich- 9

40 SGB IV § 23c SGB IV – Gemeinsame Vorschriften für die Sozialversicherung

tigung eines vollen Abrechnungsmonats mit Entgeltersatz-/Sozialleistungsbezug der SV-Freibetrag zzgl. der Freigrenze von 50,00 EUR überschritten wird; zur BeitrPfl/-Freiheit vgl. Rn. 5. Nach Auffassung der Spitzenorganisation der SV (vgl. Ziff. 3.2 des unter Rn. 7 gen. RdSchr.) ist die **Feststellung**, ob eine beitrpfl Einnahme aus AGLeistungen anfällt, aus Vereinfachungsgründen jeweils nur zu Beginn der Entgeltersatz-/Sozialleistung, mit jedem Wegfall oder Hinzutritt einer AGLeistung und bei Änderung der Entgeltersatz-/Sozialleistungsart vorzunehmen; dabei sind die jeweils aktuellen AGLeistungen zu berücksichtigen. Bei bloßer betragsmäßiger Änderung der AGLeistung (zB bei tarifvertragl. Erhöhung) bedarf es danach keiner erneuten Feststellung, ob eine beitrpfl Einnahme anfällt; eine erneute Feststellung mit den aktuellen Beträgen ist erst mit Hinzutritt oder Wegfall einer AGLeistung oder bei Änderung der Entgeltersatz-/Sozialleistungsart erforderlich. Die **BeitrBerechnung** erfolgt bei festgestellter BeitrPfl jeweils auf Basis der aktuellen Verh. (mit den aktuellen Beträgen); hier wirken sich betragsmäßige Änderungen aus. Bei Besch mit einem regelmäßigen ArbEntg innerhalb der Gleitzone (§ 20 Abs. 2) sind auf die beitrpfl AGLeistungen während des Entgeltersatz-/Sozialleistungsbezuges die bes. Regelungen für die BeitrBerechnung in der Gleitzone (§ 344 Abs. 4 SGB III, § 226 Abs. 4 SGB V, § 163 Abs. 10 SGB VI, § 57 Abs. 1 SGB XI) anzuwenden.

10 In **Monaten mit nur teilweisem Entgeltersatz-/Sozialleistungsbezug** fallen beitrpfl Einnahmen aus AGLeistungen neben dem Entgeltersatz-/Sozialleistungsbezug nur an, wenn unter Berücksichtigung eines vollen Abrechnungsmonats mit Bezug von Entgeltersatz-/Sozialleistungen die lfd. gezahlten AGLeistungen den SV-Freibetrag um mehr als 50,00 EUR übersteigen. Ist dies der Fall, sind die AGLeistungen für den betr. Monat ant. beitragsrechtl. zu berücksichtigen; hierbei ist für jeden KalTag des Entgeltersatz-/Sozialleistungsbezuges 1/30 des SV-Freibetrages anzusetzen. Wird der SV-Freibetrag um nicht mehr als 50,00 EUR mtl. überschritten, sind nach Auffassung der Spitzenorganisationen der SV (vgl. Ziff. 3.2 des unter Rn. 7 gen. RdSchr.) die gesamten AGLeistungen für den betr. Monat, die keiner konkreten Entgeltersatz-/Sozialleistungszeit zugeordnet werden können, dem Teilmonat der EntgFortzahlung zuzuordnen und bis max. in Höhe der ant. BBG beitrpfl.

11 **3. Besonderheiten.** Übernimmt der AG zur Gewährleistung des bisherigen NettoArbEntgNiveaus die auf einen von Abs. 1 S. 1 erfassten Zuschuss zu einer Entgeltersatz-/Sozialleistung (vgl. Rn. 3) entfallenden Steuern und ergibt sich nur durch die **Berücksichtigung der auf den Zuschuss entfallenden Steuern** ein den SV-Freibetrag übersteigender Betrag, so kann dieser nach Auffassung der Spitzenorganisationen der SV generell beitragsfrei belassen werden (vgl. Ziff. 3.1.3.4 des unter Rn. 7 gen. RdSchr.). Dies gilt allerdings nicht, wenn neben dem Zuschuss noch weitere AGLeistungen erbracht werden; in diesem Fall ist der gesamte den SV-Freibetrag übersteigende Betrag (einschl. übernommener Steuern für den Zuschuss) beitrpfl, wenn die Bagatellgrenze von 50,00 EUR im Monat überschritten wird.

12 **Zuschüsse zum Mutterschaftsgeld** nach § 14 MuSchG sind gem. § 1 Abs. 1 S. 1 Nr. 6 SvEV nicht dem ArbEntg zuzurechnen und somit generell beitragsfrei. Nach Auffassung der Spitzenorganisationen der SV wird der SV-Freibetrag aber durch den Zuschuss nach § 14 MuSchG aufgebraucht. Daraus folgt, dass neben dem Zuschuss nach § 14 MuSchG gewährte AGLeistungen bei Übersteigen der Freigrenze von 50,00 EUR mtl. beitrpfl sind (vgl. Ziff. 3.3.1 des unter Rn. 7 gen. RdSchr.). Besteht kein Anspruch auf den AGZuschuss nach § 14 MuSchG, weil das (bisherige) kalendertgl. NettoArbEntg 13,00 EUR nicht übersteigt, ist jede AGLeistung für die Dauer des Bezuges von Mutterschaftsgeld beitrpfl, wenn ein Betrag von 50,00 EUR pro Monat überschritten wird.

C. Mitteilungsverfahren zwischen Arbeitgeber und Sozialleistungsträger (Abs. 2 und 3)

13 Abs. 2 S. 1 verpflichtet den AG, dem zust. ges. SozialleistungsTr die für die Gewährung der gen. Entgeltersatz-/Sozialleistungen notwendigen Angaben über das BeschVerh. zu machen und durch eine Bescheinigung nachzuweisen, soweit der LeistungsTr nicht über die Informationen verfügt. Die Regelung knüpft an die in § 98 Abs. 1 S. 1 SGB X normierte Auskunftspflicht des AG an und legt weitergehend eine spezielle (formgebundene) **Bescheinigungspflicht** im Zusammenhang mit der Gewährung bestimmter Entgeltersatz-/Sozialleistungen fest. Die Bescheinigungspflicht besteht ggü. den für die Gewährung von Krankengeld (auch Versorgungskrankengeld), Verletztengeld, Übergangsgeld oder Mutterschaftsgeld zust. ges. LeistungsTrn, nicht jedoch ggü. privaten KVUnternehmen und Erziehungs- bzw. Elterngeld zahlenden Stellen. Dabei ist der AG ausdrücklich nur insoweit verpflichtet, wie der LeistungsTr nicht über die erforderlichen Angaben verfügt. Zu bescheinigen sind die für die Gewährung der gen. Entgeltersatz-/Sozialleistungen notwendigen Angaben über das BeschVerh., dh. insb. das **NettoArbEntg sowie** die **beitrpfl Brutto- und Netto-Einnahmen** während des Entgeltersatz-/Sozialleistungsbezuges. Auch der Wegfall der BeitrPfl nach Abs. 1 im Verlauf des Entgeltersatz-/Sozialleistungsbezuges ist anzuzeigen. Während die erforderlichen Angaben bis zum 31. 12. 2010 auch in Papierform gemacht werden konnten, dürfen diese seit 1. 1. 2011 nur noch durch gesicherte und verschlüsselte **Datenübertragung** aus systemgeprüften Programmen oder mittels maschinell erstellter Ausfüllhilfen (in Form eines einheitlichen Datensatzes) übermittelt werden (Abs. 2 S. 2

idF ab 1. 1. 2011, vgl. erg. Rn. 15). Seit 1. 1. 2011 ist die Teilnahme am elektronischen Datenübermittlungsverfahren insoweit verpflichtend und nicht mehr nur optional. Zur Systemprüfung und zu den maschinellen Ausfüllhilfen vgl. die „Gemeinsamen Grundsätze für die Untersuchung von EntgAbrechnungsprogrammen und Ausfüllhilfen (Systemuntersuchung) und die Datenweiterleitung innerhalb der SV nach § 22 DEÜV" der Spitzenorganisationen der SV in der jeweils gültigen Fassung (im Internet: www.deutsche-rentenversicherung.de). Die Pflichten nach Abs. 2 treffen auch diejenigen, die als AG gelten oder Pflichten eines AG zu erfüllen haben (vgl. Anm. zu § 28a Rn. 2 und § 28e Rn. 2, ebenso KassKomm/Seewald, § 23c SGB IV Rn. 9).

Die SozialleistungsTr haben dem AG im Gegenzug die Höhe der Brutto- und Netto-Entgeltersatz-/Sozialleistungen – zur Berechnung des SV-Freibetrages – mitzuteilen, wenn der AG bei Mitteilung des NettoArbEntg (Rn. 13) angezeigt hat, dass er während des Entgeltersatz-/Sozialleistungsbezuges lfd. dem Grunde nach beitrpfl Leistungen gewährt. Die SozialleistungsTr sind nach Abs. 3 S. 1 verpflichtet, entspr. **Rückmeldungen an den AG** elektronisch als Datensatz zu erstatten, wenn der AG seinen Mitteilungspflichten nach Abs. 2 ebenfalls durch Datenübertragung nachgekommen ist. MWv 1. 1. 2011 besteht diese Verpflichtung generell, da seither Mitteilungen nach Abs. 2 nur noch durch elektronische Datenübertragung übermittelt werden dürfen (vgl. Rn. 13). Die Verpflichtung zur elektronischen Datenübermittlung gilt auch dann, wenn die Krankenkasse dem AG auf dessen Antrag hin Vorerkrankungsmitteilungen (über auf den EntgFortzahlungsanspruch des Beschäftigten anrechenbare Arbeitsunfähigkeitszeiten) oder für Anträge auf Krankengeld, Verletztengeld, Übergangsgeld oder Mutterschaftsgeld die KVNr. übermittelt (Abs. 3 S. 3). Private KVUnternehmen sind nach Abs. 3 S. 4 berechtigt, nicht aber verpflichtet, im Falle der Zahlung von Krankentagegeld alle Angaben ggü. dem AG durch Datenübertragung zu erstatten; es gelten dann die unter Rn. 15 gen. Gemeinsamen Grundsätze (vgl. Verweis auf Abs. 3 S. 2, der wiederum auf Abs. 2 S. 3 und 4 verweist). 14

Den **Aufbau der Datensätze, notwendige Schlüsselzahlen und Angaben** für das Mitteilungsverfahren zwischen AG und SozialleistungsTr durch Datenübertragung haben nach Abs. 2 S. 3 und Abs. 3 S. 2 der Spitzenverband Bund der Krankenkassen (§§ 217a ff. SGB V), die DRV Bund (§§ 125 Abs. 2, 138 SGB VI), die BA (§ 367 SGB III) und die Spitzenverbände der UVTr in gemeinsamen Grundsätzen zu bestimmen. Es handelt sich hierbei um allg. Verwaltungsvorschriften, die unter dem Genehmigungsvorbehalt durch das BMAS im Einvernehmen mit dem BMG stehen (Abs. 2 S. 4, Abs. 3 S. 2). Vor Erteilung der Genehmigung ist die BDA anzuhören (aaO). Durch diese Pflichtanhörung soll sichergestellt werden, dass die in der betriebl. Praxis gewonnenen Erfahrungen mit eingebracht werden können, um so die Praktikabilität der Regelungen zu gewährleisten. Die im Einzelnen getroffenen Festlegungen sind den „Gemeinsamen Grundsätzen für die Erstattung der Mitteilungen im Rahmen des Datenaustausches Entgeltersatzleistungen (§ 23c Abs. 2 SGB IV)" vom 12. 5. 2010 zu entnehmen (im Internet: www.gkv-datenaustausch.de). Danach haben die AG die Datensätze an die Datenannahmestellen der Krankenkassen zu übermitteln; von dort erfolgt die Weiterleitung an den jeweils zust. SozialleistungsTr. 15

§ 24 Säumniszuschlag

(1) ¹**Für Beiträge und Beitragsvorschüsse, die der Zahlungspflichtige nicht bis zum Ablauf des Fälligkeitstages gezahlt hat, ist für jeden angefangenen Monat der Säumnis ein Säumniszuschlag von eins vom Hundert des rückständigen, auf 50 Euro nach unten abgerundeten Betrages zu zahlen.** ²**Bei einem rückständigen Betrag unter 100 Euro ist der Säumniszuschlag nicht zu erheben, wenn dieser gesondert schriftlich anzufordern wäre.**

(1a) **Abweichend zu Absatz 1 haben freiwillig Versicherte, Versicherte nach § 5 Absatz 1 Nummer 13 des Fünften Buches und nach § 2 Absatz 1 Nummer 7 des Zweiten Gesetzes über die Krankenversicherung der Landwirte für Beiträge und Beitragsvorschüsse, mit denen sie länger als einen Monat säumig sind, für jeden weiteren angefangenen Monat der Säumnis einen Säumniszuschlag von 5 vom Hundert des rückständigen, auf 50 Euro nach unten abgerundeten Beitrages zu zahlen.**

(2) **Wird eine Beitragsforderung durch Bescheid mit Wirkung für die Vergangenheit festgestellt, ist ein darauf entfallender Säumniszuschlag nicht zu erheben, soweit der Beitragsschuldner glaubhaft macht, dass er unverschuldet keine Kenntnis von der Zahlungspflicht hatte.**

A. Normzweck

§ 24 regelt die Erhebung von Säumniszuschlägen auf rückständige Beitr und BeitrVorschüsse. Säumniszuschläge erfüllen eine Doppelfunktion. Sie sollen zum einen den BeitrSchuldner zur pünktlichen BeitrZahlung anhalten (**Druckmittel**) und zum anderen die den VTrn durch die verspätete BeitrZahlung entstandenen Nachteile (Zinsverluste, Verwaltungsaufwand) ausgleichen (**Nachteilsaus-** 1

gleich, vgl. auch BSG 12. 2. 2004 – B 13 RJ 28/03 R – SozR 4–2400 § 24 Nr. 2). Im Gegensatz zu § 24 idF bis 31. 12. 1994, der die Erhebung von Säumniszuschlägen bzgl. des Ob und der Höhe in das Ermessen der VTr stellte, entstehen Säumniszuschläge seit 1. 1. 1995 in Anlehnung an das Steuerrecht (§ 240 AO) **kraft G allein durch Zeitablauf**, ohne Rücksicht auf ein etwaiges Verschulden. Damit besteht für die VTr vorbehaltlich der in Abs. 1 S. 2 und Abs. 2 enthaltenen Ausnahmeregelungen eine ges. Pflicht zur Erhebung des Säumniszuschlags, dessen Höhe in Abs. 1 S. 1 und Abs. 1a festgelegt wird. § 24 gilt für alle VersZweige sowie für die AV. Da § 24 eine abschließende Regelung ist, sind Verzugszinsen (§§ 286, 288 BGB) ausgeschlossen.

B. Säumniszuschlag kraft Gesetzes (Abs. 1 S. 1)

2   Der Säumniszuschlag entsteht **kraft G allein durch Zeitablauf**. Voraussetzung ist, dass der Zahlungspflichtige Beitr/BeitrVorschüsse nicht bis zum Ablauf des Fälligkeitstages gezahlt hat. Dabei kommt es objektiv nur auf die **nicht rechtzeitige BeitrZahlung** an, nicht aber auf ein etwaiges Verschulden. Einer Mahnung oder Zahlungsaufforderung bedarf es nicht.

2a   Abs. 1 setzt einen gem. § 22 Abs. 1 entstandenen und auch fälligen (Rn. 3) BeitrAnspruch voraus. Mit Säumniszuschlägen belegt werden können daher nur solche verspätet bzw. nicht gezahlten **Beitr/BeitrVorschüsse, die geschuldet werden**. Unerheblich ist, wer sie schuldet. Um welche Beitr es sich hierbei handelt, ist den Anm. zu § 22 Rn. 3 zu entnehmen. Beitr iSd. Abs. 1 sind nur die Beitr selbst (KomGRV, § 24 SGB IV Rn. 3). Säumniszuschläge und Stundungszinsen sind selbst keine Beitr (KassKomm/Seewald, § 24 SGB IV Rn. 5), sondern nur Bestandteil des BeitrAnspruchs (§ 28 e Abs. 4). Für aufgelaufene Säumniszuschläge, Stundungszinsen oder gar Vollstreckungskosten entstehen somit keine weiteren Säumniszuschläge (KomGRV, § 24 SGB IV Rn. 3, aA Hauck/Noftz/ Udsching, § 24 SGB IV Rn. 8). Die seit 1. 1. 1995 geltende Fassung des § 24 (vgl. Rn. 1) ist grds. auf alle geschuldeten Beitr/BeitrVorschüsse anzuwenden, die nach dem 31. 12. 1994 fällig werden. Für rückständige Beitr aus Sozialleistungen iSd. § 3 S. 1 Nr. 3 SGB VI und Versorgungsleistungen iSd. § 9 AAÜG gilt Abs. 1 hingegen erst vom 1. 1. 2001 an, beschränkt auf alle nach dem 31. 12. 2000 fällig werdenden Beitr; bis dahin schloss Abs. 2 S. 2 idF bis 31. 12. 2000 in diesen Fällen die Erhebung von Säumniszuschlägen aus. § 24 ist auch auf säumige NachversicherungsBeitr gem. §§ 8, 181 ff. SGB VI anzuwenden (BSG 12. 2. 2004 – B 13 RJ 28/03 – SozR 4–2400 § 24 Nr. 2); eine ausdrückliche Klarstellung erfolgte mWv 1. 1 2008 in § 184 Abs. 1 S. 2 und 3 SGB VI (zu den Besonderheiten vgl. Rn. 3). Für die Umlagen zum Ausgleich der AGAufwendungen bei Krankheit und Mutterschaft nach dem AAG findet § 24 gleichermaßen Anwendung. Nicht von Abs. 1 erfasst werden die Beitr der freiwillig Vers in der ges. RV gem. §§ 7, 232 SGB VI, da es sich nicht um geschuldete Beitr handelt (vgl. Anm. zu § 22 Rn. 3). Zu den **BeitrVorschüssen** iSd. Abs. 1 gehören die Vorschüsse auf den GesamtSVBeitr (vgl. § 28 e Abs. 5) und die Vorschüsse in der UV (vgl. § 164 Abs. 1 SGB VII).

3   Der **Säumniszeitraum** beginnt am Tag nach Fälligkeit. Da das G keine Schonfrist (wie in § 24 aF) nicht mehr vorsieht (BT-Drs. 12/5187 S. 30), führt jede Zahlungsverspätung, vom ersten Tag der Säumnis an, zum Säumniszuschlag. In Nachversicherungsfällen gilt die Besonderheit, dass die Säumnis nicht bereits nach Ablauf des Fälligkeitstages, sondern erst drei Monate nach Eintritt der Fälligkeit beginnt; frühester Säumnisbeginn ist der 1. 1. 1995 (vgl. § 184 Abs. 1 S. 2, 3 SGB VI). Ein Säumniszuschlag fällt für jeden angefangenen Monat der Säumnis an (Rn. 5). Der jeweils maßgebliche Fälligkeitszeitpunkt bestimmt sich nach § 23 oder nachf. Vorschriften, ggf. auch aufgrund eines BeitrBescheides. Wann der Beitr als gezahlt gilt, wird für den GesamtSVBeitr (§ 28 d) und die Beitr zur UV (vgl. § 23 Abs. 3 S. 3) in § 3 Abs. 1 S. 2 BVV normiert; für die Beitr der in der ges. RV versicherten Selbständigen (§ 2 SGB VI) vgl. § 6 RV-BZV. Wird zum Fälligkeitstag nur ein Teilbetrag gezahlt, entsteht der Säumniszuschlag nur für die säumige Restschuld. Gleiches gilt, wenn die voraussichtliche BeitrSchuld iSd. § 23 Abs. 1 schuldhaft zu gering bemessen wurde und demzufolge zu wenig Beitr bezahlt werden. Kommt es bei Vorliegen einer Einzugsermächtigung nicht zu einer Einlösung der Lastschrift, liegt keine rechtzeitige Zahlung vor; ausnahmsweise fallen nur dann keine Säumniszuschläge an, wenn der Zahlungspflichtige dies nicht zu vertreten hat. Säumniszuschläge entstehen bei nicht fristgerechter Zahlung auch nach Eröffnung eines Insolvenzverfahrens (BSG 17. 5. 2001 – B 12 KR 32/00 R – SozR 3–2400 § 24 Nr. 4). Für gestundete Beitr (§ 76 Abs. 2 Nr. 1) ist die Fälligkeit auf einen späteren Zeitpunkt hinausgeschoben (§ 271 BGB), so dass für den Stundungszeitraum keine Säumniszuschläge anfallen, sofern die Stundungsvereinbarung eingehalten wird (BSG 23. 2. 1988 – 12 RK 50/86 – SozR 2100 § 76 Nr. 1).

4   **Schuldner des Säumniszuschlags** ist der BeitrSchuldner, dh. derjenige, der den Beitr/Beitr-Vorschuss (oder die Umlage) zu zahlen hat (vgl. zB §§ 348 bis 349 a SGB III, §§ 28 e, 28 m SGB IV, §§ 252 ff. SGB V, § 173 ff. SGB VI, §§ 150, 151 SGB VII, § 60 SGB XI, § 70 ALG, §§ 49, 50 KVLG 1989). Unerheblich ist, wer den Beitr im InnenVerh. wirtschaftl. zu tragen hat. **Gläubiger** des Säumniszuschlags ist jeweils der VTr, an den der Beitr/BeitrVorschuss zu leisten ist. Im Falle des GesamtSVBeitr (§ 28 d) ist dies die Einzugsstelle (§ 28 h Abs. 1 S. 1 iVm. § 28 i). Der kraft G entstandene Säumniszuschlag wird grds. durch Bescheid festgestellt (der insoweit aber nur deklaratorische Bedeutung hat) und kann dementspr. mit **Widerspruch und Klage** angefochten werden (§§ 78 Abs. 1,

51, 54 SGG). Anders als im Steuerrecht (vgl. § 240 Abs. 1 S. 4 AO), wo eine Aufhebung oder Änderung der Steuerfestsetzung die bis dahin verwirkten Säumniszuschläge unberührt lässt, ist der Säumniszuschlag nach § 24 nicht zu zahlen, soweit sich im Rahmen einer nachträglichen Überprüfung ergibt, dass der ihm zugrundeliegende BeitrAnspruch nicht oder nicht in der angenommenen Höhe entstanden ist. Die **Nebenforderung teilt das Schicksal der Hauptforderung,** folglich verjähren Säumniszuschläge auch mit der BeitrForderung (BSG 8. 4. 1992 – 10 RAr 5/91 – USK 9216). Gilt für die Hauptforderung die dreißigjährige Verjährungsfrist des § 25 Abs. 1 S. 2, ist diese auch auf die Säumniszuschläge anzuwenden.

C. Höhe des Säumniszuschlags (Abs. 1 S. 1, Abs. 1 a)

Der Säumniszuschlag beträgt – mit Ausnahme der von Abs. 1 a erfassten Fälle (Rn. 6) – für jeden 5 angefangenen Monat der Säumnis **unterschiedslos 1%** der nach Abs. 1 S. 1 maßgeblichen Berechnungsgrundlage. Der erste Monat der Säumnis beginnt am Folgetag nach Fälligkeit, die nachfolgenden Monate am entspr. Tag des jeweils folgenden Monats; zu den Besonderheiten in Nachversicherungsfällen vgl. Rn. 3. **Berechnungsgrundlage** ist jeweils die rückständige, auf volle 50,00 EUR abgerundete BeitrSchuld. Aufgelaufene Säumniszuschläge und Stundungszinsen bleiben unberücksichtigt (Rn. 2 a). Bei der Berechnung können die VTr Rückstände aus mehreren Monaten addieren und anschließend runden. Im Falle des GesamtSVBeitr (§ 28 d) wird der Säumniszuschlag aus der rückständigen Gesamtschuld (KV, PV, RV und AV) berechnet. Zur Bestimmung des rückständigen Betrages in Nachversicherungsfällen vgl. § 184 Abs. 1 S. 2 und 3 SGB VI.

Abw. zu Abs. 1 S. 1 legt Abs. 1 a für die dort gen. BeitrSchuldner ab dem zweiten Säumnismonat 6 einen **höheren Säumniszuschlag** fest. Die Höhe des Säumniszuschlags wird insoweit von der Säumnisdauer abhängig gemacht. Für Beitr, die nicht länger als einen Monat säumig sind, beträgt der Säumniszuschlag für diesen angefangenen Säumnismonat 1% der rückständigen, auf volle 50,00 EUR abgerundeten BeitrSchuld; für Beitr, die länger als einen Monat säumig sind, beträgt er ab dem zweiten angefangenen Monat der Säumnis jeweils 5%. Abs. 1 a gilt mWv 1. 4. 2007 an und ist damit ausschließlich auf Beitr anzuwenden, die erstmals nach dem 31. 3. 2007 fällig werden. Die **Sonderregelung** gilt dabei abschließend nur für die in Abs. 1 a ausdrücklich gen. BeitrSchuldner (KassKomm/ Seewald, § 24 Rn. 9). Betroffen sind einerseits die freiwilligen Mitglieder der ges. KV nach § 9 SGB V, die infolge der Aufhebung des § 191 Nr. 3 SGB V durch das GKV-WSG vom 26. 3. 2007 (BGBl. I S. 378) künftig dauerhaft in der ges. KV versichert bleiben, ohne dass die Nichtzahlung von Beitr zur Beendigung der Mitgliedschaft und damit zum Verlust des Versicherungsschutzes führt; nicht aber die freiwillig Vers in der ges. RV gem. §§ 7, 232 SGB VI (vgl. Rn. 2 a). Weiterhin von Abs. 1 a erfasst werden die nach § 5 Abs. 1 Nr. 13 SGB V bzw. § 2 Abs. 1 Nr. 7 KVLG 1989 verspfl Personen, die ihre Beitr nach § 250 Abs. 3 SGB V/§ 47 Abs. 2 KVLG 1989 allein zu tragen und gem. § 252 SGB V/§ 49 KVLG 1989 selbst zu zahlen haben. Mit der Androhung eines höheren Säumniszuschlags will der GGeber in diesen Fällen eine bessere Durchsetzbarkeit der Zahlungsverpflichtung erreichen (vgl. BT-Drs. 16/3100 S. 182).

D. Ausnahmen von der Säumniszuschlagserhebung (Abs. 1 S. 2, Abs. 2)

Ein Säumniszuschlag fällt nicht an, wenn die rückständige BeitrSchuld insg. einen Betrag von 7 50,00 EUR unterschreitet; dies resultiert aus der Rundungsregelung des Abs. 1 S. 1. Nach Abs. 1 S. 2 ist ein Säumniszuschlag aus verwaltungsökonomischen Gründen (BT-Drs. 12/5187 S. 30) auch nicht auf **BeitrRückstände unter 100,00 EUR** zu erheben, wenn der Säumniszuschlag gesondert schriftlich anzufordern wäre. Denn bei einem Rückstand zwischen 50,00 und 100,00 EUR betrüge der mtl. Säumniszuschlag lediglich 50 Cent, so dass noch nicht einmal die Kosten für einen einfachen Brief gedeckt wären. Es besteht kein Ermessen (KassKomm/Seewald, § 24 SGB IV Rn. 7). Die Ausnahmeregelung des Abs. 1 S. 2 ist dabei ausdrücklich auf die Fälle beschränkt, in denen der Säumniszuschlag gesondert schriftlich anzufordern wäre. Hat der VTr den Zahlungspflichtigen ohnehin anzuschreiben oder wird der Säumniszuschlag zusammen mit dem rückständigen Beitr gefordert, so dass keine gesonderten Portokosten anfallen, ist ein Säumniszuschlag auch auf einen Rückstand von weniger als 100,00 EUR zu erheben. Gleiches gilt im Rahmen der Zwangsvollstreckung; während dessen noch verwirkte Säumniszuschläge hat die vollstreckende Stelle beizutreiben (BT-Drs. 12/5187 S. 47).

Zur Vermeidung bes. Härten wird in Abs. 2 eine weitere Ausnahme für die Fälle geregelt, in denen 8 eine **BeitrForderung mit Wirkung für die Vergangenheit** durch Bescheid festgestellt wird (zB aufgrund einer Betriebsprüfung nach § 28 p oder durch die Einzugsstelle). Grds. können Säumniszuschläge auch rückwirkend (im Rahmen der Verjährungsgrenzen des § 25) festgesetzt werden (BSG 17. 5. 2001 – B 12 KR 32/00 R – SozR 3–2400 § 24 Nr. 4); dabei ist auf den Zeitpunkt der ursprünglichen BeitrFälligkeit abzustellen. Nach Abs. 2 sind Säumniszuschläge rückwirkend aber dann nicht zu erheben, wenn und soweit der BeitrSchuldner glaubhaft machen kann, dass **unverschuldet keine Kenntnis von der Zahlungspflicht** bestand. Das Verschulden beurteilt sich entspr. § 276 BGB. Unverschuldet ist die Nichtkenntnis, wenn sie weder auf Vorsatz noch auf Fahrlässigkeit beruht, wobei alle Grade der Fahrlässigkeit umfasst werden (hM, vgl. Hauck/Noftz/Udsching, § 24 SGB IV Rn. 11, Segebrecht in jurisPK-SGB IV, § 24 Rn. 32, KassKomm/Seewald, § 24 SGB IV Rn. 14). Dies übergeht allerdings eine Entscheidung des BSG vom 26. 1. 2005 (B 12 KR 3/04 R – SozR 4–2400 § 14 Nr. 7), wonach bei der Beurteilung, ob unverschuldete Unkenntnis vorgelegen hat, dieselben Maßstäbe anzusetzen seien, wie sie vom BSG in seiner Entscheidung vom 30. 3. 2000 (B 12 KR 14/99 R – SozR 3–2400 § 25 Nr. 7) für die Beurteilung des Vorsatzes iSd. § 25 Abs. 1 S. 2 entwickelt wurden. Unverschuldete Unkenntnis wird bspw. dann anzunehmen sein, wenn die beitragsrechtl. Fehlbeurteilung auf falschen Angaben des Beschäftigten oder des VTrs beruht. Aus Vereinfachungsgründen genügt für den Beweis der unverschuldeten Unkenntnis das Mittel der Glaubhaftmachung. Nach § 23 Abs. 1 S. 2 SGB X ist eine Tatsache dann als glaubhaft anzusehen, wenn ihr Vorliegen nach dem Ergebnis der Ermittlungen des VTrs, die sich auf sämtliche erreichbaren Beweismittel erstrecken sollen, überwiegend wahrscheinlich ist. Bei Vorliegen der Voraussetzungen des Abs. 2 sind dennoch Säumniszuschläge – auch wenn nicht rückwirkend – zu erheben, wenn die BeitrSchuld nicht bis zu dem im BeitrBescheid bestimmten Fälligkeitstag beglichen wird. Im Falle der verspäteten Zahlung von NachversicherungsBeitr findet Abs. 2 analoge Anwendung (BSG 12. 2. 2004 – B 13 RJ 28/03 – SozR 4–2400 § 24 Nr. 2).

E. Erlass

9 Säumniszuschläge können zur Vermeidung bes. Härten nach § 76 Abs. 2 S. 1 Nr. 3 **auf Antrag** ganz oder teilweise erlassen werden, wenn deren Einziehung unbillig wäre (vgl. dazu das gemeinsame RdSchr. der Spitzenorganisationen der SV vom 9. 11. 1994 zur Erhebung von Säumniszuschlägen nach § 24 SGB IV im Rahmen des GesamtSVBeitr ab 1. 1. 1995, Die Beiträge 1995, S. 100 ff.). Zust. für die Entscheidung über den Erlass von Säumniszuschlägen auf den GesamtSVBeitr (§ 28 d) ist die jeweilige Einzugsstelle (§ 28 h Abs. 1. S. 1 iVm. § 28 i), und zwar auch dann, wenn die Säumniszuschlagserhebung im Rahmen einer Betriebsprüfung (§ 28 p) durch den RVTr erfolgte.

§ 25 Verjährung

(1) ¹Ansprüche auf Beiträge verjähren in vier Jahren nach Ablauf des Kalenderjahrs, in dem sie fällig geworden sind. ²Ansprüche auf vorsätzlich vorenthaltene Beiträge verjähren in dreißig Jahren nach Ablauf des Kalenderjahrs, in dem sie fällig geworden sind.

(2) ¹Für die Hemmung, die Ablaufhemmung, den Neubeginn und die Wirkung der Verjährung gelten die Vorschriften des Bürgerlichen Gesetzbuchs sinngemäß. ²Die Verjährung ist für die Dauer einer Prüfung beim Arbeitgeber gehemmt; diese Hemmung der Verjährung bei einer Prüfung gilt auch gegenüber den auf Grund eines Werkvertrages für den Arbeitgeber tätigen Nachunternehmern und deren weiteren Nachunternehmern. ³Satz 2 gilt nicht, wenn die Prüfung unmittelbar nach ihrem Beginn für die Dauer von mehr als sechs Monaten aus Gründen unterbrochen wird, die die prüfende Stelle zu vertreten hat. ⁴Die Hemmung beginnt mit dem Tag des Beginns der Prüfung beim Arbeitgeber oder bei der vom Arbeitgeber mit der Lohn- und Gehaltsabrechnung beauftragten Stelle und endet mit der Bekanntgabe des Beitragsbescheides, spätestens nach Ablauf von sechs Kalendermonaten nach Abschluss der Prüfung. ⁵Kommt es aus Gründen, die die prüfende Stelle nicht zu vertreten hat, zu einem späteren Beginn der Prüfung, beginnt die Hemmung mit dem von dem Versicherungsträger in seiner Prüfungsankündigung ursprünglich bestimmten Tag. ⁶Die Sätze 2 bis 5 gelten für Prüfungen der Beitragszahlung bei sonstigen Versicherten, in Fällen der Nachversicherung und bei versicherungspflichtigen Selbständigen entsprechend.

A. Normzweck

1 Geregelt wird die Verjährung von BeitrAnsprüchen. § 25 ergänzt damit die in § 45 SGB I enthaltene Regelung über die Verjährung von Leistungsansprüchen in beitragsrechtl. Hinsicht. Das Rechtsinstitut der Verjährung dient der Herstellung von **Rechtssicherheit** und Rechtsfrieden (BSG 29. 7. 2003 – B 12 AL 1/02 R – SozR 4–2400 § 27 Nr. 1). Sie schützt den Zahlungspflichtigen (Beitr-Schuldner) nach einem bestimmten Zeitablauf vor einer Inanspruchnahme. Unterschieden werden eine kurze und eine lange Verjährungsfrist (Abs. 1). Abs. 2 regelt die Hemmung, die Ablaufhemmung, den Neubeginn und die Wirkung der Verjährung. Soweit sozialversicherungsrechtl. Sonderregelungen nicht erforderlich sind, verweist Abs. 2 auf die entspr. BGB-Vorschriften, die sinngemäß gelten. Abs. 2 S. 2 bis 6 sehen zudem eine bes. Verjährungshemmung für die Dauer eines Prüfverfahrens vor. § 25 gilt für alle VersZweige und die AV.

B. Verjährung (Abs. 1)

I. Anwendungsbereich

Zur Entstehung und Fälligkeit von BeitrAnsprüchen vgl. die Anm. zu § 22 Abs. 1 und § 23. § 25 **2** gilt nicht nur für die Beitr selbst, sondern **auch für die Nebenforderungen** wie Säumniszuschläge (§ 24), Stundungszinsen (§ 76 Abs. 2 S. 1 Nr. 1 iVm. S. 2), Mahngebühren und Vollstreckungskosten; sie verjähren zusammen mit der Hauptforderung (BSG 8. 4. 1992 – 10 RAr 5/91 – SozR 3–2400 § 25 Nr. 4). Die Vorschrift findet auch Anwendung auf die Umlagen nach dem AAG (vgl. § 10 AAG). Von Abs. 1 nicht erfasst werden die Beitr der freiwillig Vers in der ges. RV gem. §§ 7, 232 SGB VI (vgl. Anm. zu § 22 Rn. 3). Kenntnis des BeitrGläubigers (VTr) vom Bestehen des BeitrAnspruchs ist keine Voraussetzung für die Verjährung (Hauck/Noftz/Udsching, § 25 SGB IV Rn. 3).

II. Regelverjährung – 4-jährige Verjährungsfrist (Abs. 1 S. 1)

Grds. gilt im BeitrRecht die 4-jährige (kurze) Verjährungsfrist. Sie beginnt nicht bereits mit Eintritt **3** der Fälligkeit, sondern erst **mit Beginn des auf die Fälligkeit des BeitrAnspruchs folgenden KalJahres.** Sie endet nach Ablauf von 4 KalJahren. Die Fristberechnung erfolgt gem. § 26 SGB X iVm. §§ 187 ff. BGB. Fällt der 31. 12. auf einen Samstag, Sonntag oder ges. Feiertag, verjährt der BeitrAnspruch mit Ablauf des nächstfolgenden Werktages, dem 2. 1. (§ 26 Abs. 3 SGB X). Auch die Ansprüche des AG gegen den AN auf dessen Anteile am GesamtSVBeitr (vgl. § 28 g) verjähren entspr. Abs. 1 S. 1 in 4 Jahren (BSG 25. 10. 1990 – 12 RK 27/89 – SozR 3–2400 § 25 Nr. 2).

III. 30-jährige Verjährungsfrist (Abs. 1 S. 2)

Abw. von Abs. 1 S. 1 verjähren vorsätzlich vorenthaltene Beitr erst in 30 Jahren nach Ablauf des **4** KalJahres, in dem sie fällig geworden sind. **Vorsätzliche BeitrVorenthaltung** liegt vor, wenn der Zahlungspflichtige Beitr trotz Kenntnis seiner Zahlungspflicht bewusst und gewollt nicht an den VTr abführt. Für die Anwendung des Abs. 1 S. 2 genügt **bedingter Vorsatz,** dh. wenn der Zahlungspflichtige seine BeitrPfl für möglich gehalten, die Nichtabführung der Beitr aber billigend in Kauf genommen hat (BSG 21. 6. 1990 – 12 RK 13/89 – USK 90.106). Die Beweislast trifft den VTr; verlangt wird eine **konkret-individuelle Betrachtung** aller Umstände (BSG 30. 3. 2000 – B 12 KR 14/99 R – SozR 3–2400 § 25 Nr. 7). Direkter Vorsatz ist idR anzunehmen, wenn für typisches Arb-Entg (zB bei Schwarzarbeit/illegaler Besch) keine Beitr entrichtet werden. Gleiches gilt, wenn Beitr für verbreitete/übliche „Nebenleistungen" zum ArbEntg nicht gezahlt werden und zwischen steuer- und beitragsrechtl. Behandlung eine bekannte und ohne weiteres erkennbare Übereinstimmung besteht (BSG aaO). Bedingter Vorsatz ist auch anzunehmen, wenn eine beitragsrechtl. Auswertung eines Lohnsteuerprüfberichtes/-haftungsbescheides unterbleibt, obwohl die Lohn-/Gehaltsabrechnung von fachkundigem Personal (zB Steuerberater) durchgeführt wird. Der BeitrSchuldner hat sich den Vorsatz eines Dritten, den er mit der BeitrAbführung betraut, zurechnen zu lassen (§ 278 BGB). Zahlungsunfähigkeit schließt den Vorsatz nicht aus (Segebrecht in jurisPK-SGB IV, § 25 Rn. 37 mwN). Vorsatz muss nicht bereits bei Eintritt der Fälligkeit vorgelegen haben. Es reicht aus, wenn während der 4-jährigen Verjährungsfrist der Vorsatz zur BeitrVorenthaltung hinzutritt; ebendies führt rückwirkend zur Anwendung der 30-jährigen Verjährungsfrist (BSG aaO). Beginn der Verjährungsfrist bleibt der Beginn des auf die Fälligkeit folgenden KalJahres.

Gilt für die Hauptforderung (die Beitr) die lange Verjährungsfrist, verjährt auch die **Nebenforde-** **5** **rung** (Säumniszuschläge, Stundungszinsen, Mahngebühren, Vollstreckungskosten) in 30 Jahren, selbst wenn diese nicht vorsätzlich vorenthalten wurde (BSG 8. 4. 1992 – 10 RAr 5/91 – SozR 3–2400 § 25 Nr. 4). Unerheblich für einen Anwendungsfall des Abs. 1 S. 2 ist, ob gleichzeitig auch eine Straftat (§ 266 a StGB) vorliegt (KomGRV, § 25 SGB IV Rn. 3). Beruht die Nichtabführung von Beitr auf **grober Fahrlässigkeit,** dh. einer Sorgfaltspflichtverletzung in bes. schwerem Maße (§ 45 Abs. 2 S. 3 Nr. 3 SGB X), gilt die 4-jährige Verjährungsfrist des Abs. 1 S. 1. Ist der BeitrAnspruch durch Bescheid festgestellt und unanfechtbar geworden, verjährt der Anspruch generell in 30 Jahren (vgl. Rn. 8).

C. Hemmung, Ablaufhemmung, Neubeginn und Wirkung der Verjährung (Abs. 2)

Für die Hemmung, die Ablaufhemmung, den Neubeginn und die Wirkung der Verjährung ver- **6** weist Abs. 2 S. 1 auf die diesbezüglichen Vorschriften des BGB (vgl. §§ 203 ff. BGB), die sinngemäß gelten. Abs. 2 S. 2 bis 6 regeln zudem eine bes. Verjährungshemmung während eines Prüfverfahrens (Rn. 9 f.).

I. Hemmung

7 **1. Hemmung nach Abs. 2 S. 1 (zivilrechtl. Hemmungstatbestände).** Hemmung bewirkt den Stillstand der Verjährung (KomGRV, § 25 SGB IV Rn. 4.1). Der Zeitraum, während dessen die Verjährung gehemmt ist, wird nicht in die Verjährungsfrist eingerechnet (§ 209 BGB). Nach Wegfall des Hemmungsgrundes läuft die zu Beginn noch nicht verstrichene Verjährungsfrist weiter, rechnerisch wird die Verjährungsfrist **um die Hemmungszeit verlängert.** Von den in den §§ 203 ff. BGB gen. Hemmungsgründen sind insb. folgende relevant: schwebende Verhandlungen über den Anspruch oder die den Anspruch begründenden Umstände (§ 203 BGB), Maßnahmen zur Rechtsverfolgung (§ 204 BGB), die Berechtigung zur Leistungsverweigerung aufgrund einer Vereinbarung (§ 205 BGB) oder die Verhinderung der Rechtsverfolgung durch höhere Gewalt (§ 206 BGB). Im Falle des § 203 BGB ist eine bes. Ablaufhemmung vorgesehen; die Verjährung tritt frühestens 3 Monate nach dem Ende der Hemmung, also dem Zeitpunkt des Verhandlungsabbruchs, ein. Maßnahmen zur Rechtsverfolgung (§ 204 Abs. 1 BGB) sind insb. die Erhebung einer Leistungs- oder Feststellungsklage, die Zustellung eines Antrags auf Erlass einer einstweiligen Anordnung oder Verfügung oder die Anmeldung eines Anspruchs im Insolvenzverfahren. Die Hemmung durch Rechtsverfolgung endet 6 Monate nach der rkr. Entscheidung oder anderweitigen Beendigung des Verfahrens (§ 204 Abs. 2 S. 1 BGB). IVm. Abs. 2 S. 1 betrifft § 205 BGB die Stundung (§ 76 Abs. 2 Nr. 1); hierzu gehört auch eine Ratenzahlungsvereinbarung. Soweit mit der Stundung ein Anerkennen des BeitrAnspruchs verbunden werden kann, kommt es nicht zur Hemmung, sondern zum Neubeginn der Verjährung (Rn. 12).

8 **2. Hemmung durch Verwaltungsakt, Beitrags- oder Rentenverfahren.** Die Verjährung eines BeitrAnspruchs wird nach § 52 Abs. 1 S. 1 SGB X auch gehemmt, wenn zu seiner Feststellung oder Durchsetzung ein **Verwaltungsakt** (§ 31 SGB X) erlassen wird. Dies gilt auch für **rechtswidrige** Verwaltungsakte, nicht jedoch für nichtige (Hauck/Noftz/Freischmidt, § 52 SGB X Rn. 8). Die Hemmung endet mit Eintritt der Unanfechtbarkeit des Verwaltungsakts oder 6 Monate nach dessen anderweitiger Erledigung (§ 52 Abs. 1 S. 2 SGB X). Ist dieser unanfechtbar, beträgt die Verjährungsfrist 30 Jahre (§ 52 Abs. 2 SGB X). Bei rückwirkender Aufhebung wird die bereits eingetretene Hemmung nicht rückwirkend wieder beseitigt (Segebrecht in jurisPK-SGB IV, § 25 Rn. 66, aA Hauck/Noftz/Udsching, § 25 SGB IV Rn. 12). Für **Beitr zur RV** wird die Verjährung nach § 198 S. 2 SGB VI auch durch ein BeitrVerfahren oder ein Verfahren über einen Rentenanspruch gehemmt; die Hemmung endet jeweils 6 Monate nach Abschluss des Verfahrens.

9 **3. Hemmung während eines Prüfverfahrens (Abs. 2 S. 2 bis 6).** Die Verjährung wird auch für die Dauer einer Prüfung nach § 28 p oder § 166 SGB VII sowie für die Dauer der Prüfungen nach den §§ 212 bis 212 b SGB VI gehemmt. Flankierend zu § 28 e Abs. 3 a gilt die Hemmung auch ggü. ersten und ggf. weiteren Nachunternehmern, die aufgrund eines Werkvertrags für den AG tätig sind. Die Verjährungshemmung nach Abs. 2 S. 2 ff. betrifft ausschließlich **die vom jeweiligen Prüfauftrag erfassten Beitr** (Segebrecht in jurisPK-SGB IV, § 25 Rn. 56).

10 **Beginn der Hemmung** ist grds. der Beginn der tatsächlichen Prüfung; der Zeitpunkt der Prüfungsankündigung ist unerheblich. Kommt es aus Gründen, die die Prüfinstitution nicht zu vertreten hat, zu einem späteren Beginn der Prüfung (zB bei einem Ersuchen auf Terminverlegung oder der Weigerung, die Prüfung zum vorgesehenen Termin zu ermöglichen), beginnt die Hemmung dessen ungeachtet mit dem in der Prüfungsankündigung ursprünglich festgelegten Tag. Ein Hemmungstatbestand tritt nach Abs. 2 S. 3 rückwirkend dann nicht ein, wenn die Prüfung unmittelbar nach ihrem Beginn für mehr als 6 Monate aus Gründen unterbrochen wird, die allein die Prüfinstitution zu vertreten hat (zB aus personellen oder organisatorischen Gründen). Die **Hemmung endet** spätestens 6 KalMonate nach Abschluss der Prüfung, jedoch schon vor diesem Zeitpunkt mit der Bekanntgabe (§ 37 SGB X) eines BeitrBescheides (zB § 28 p Abs. 1 S. 5). Abschluss der Prüfung ist das sog. Schlussgespräch bzw. die Beendigung eines schriftlichen Anhörungsverfahrens (§ 24 SGB X). In anderen Fällen gilt der letzte Tag der Prüfung als Zeitpunkt des Abschlusses. Mit der Bekanntgabe des BeitrBescheides kommt es zur Hemmung nach § 52 Abs. 1 SGB X; ist der Bescheid unanfechtbar, gilt die 30-jährige Verjährungsfrist (Rn. 8).

II. Ablaufhemmung

11 Hierbei endet die Verjährung nicht vor einem bestimmten Zeitpunkt bzw. frühestens eine bestimmte Zeit nach dem Wegfall von Gründen, die bislang der Geltendmachung des Anspruchs entgegengestanden haben. Für Ansprüche, die sich gegen einen nicht voll Geschäftsfähigen ohne ges. Vertreter **(§ 210 BGB)** oder einen Nachlass **(§ 211 BGB)** richten, tritt die Verjährung frühestens 6 Monate nach dem Zeitpunkt ein, in dem die Person voll geschäftsfähig oder der Mangel der Vertretung behoben (§ 210 BGB) bzw. in dem die Erbschaft angenommen oder das Insolvenzverfahren über den Nachlass eröffnet wird (§ 211 BGB).

III. Neubeginn

Der Neubeginn (§ 212 BGB) bewirkt, dass die bereits verstrichene Verjährungszeit unberücksichtigt bleibt und die Verjährungsfrist in voller Länge erneut zu laufen beginnt. Die neue Verjährungsfrist beginnt **sofort,** dh. an dem auf das auslösende Ereignis folgenden Tag und nicht erst nach Ablauf des KalJahres (BSG 3. 8. 1966 – 4 RJ 53/65 – BSGE 25, 136). **Gründe für den Neubeginn** sind die Anerkennung des BeitrAnspruchs durch den BeitrSchuldner ggü. dem BeitrGläubiger (§ 212 Nr. 1 BGB) oder der Antrag auf Vollstreckung bzw. deren Vornahme (§ 212 Nr. 2 BGB; vgl. aber § 212 Abs. 2 und 3 BGB). Das Anerkennen des BeitrAnspruchs kann ausdrücklich oder durch Abschlagszahlung, Zinszahlung, Sicherheitsleistung, einen Stundungsantrag oder in anderer Weise erfolgen. Entscheidend ist allein, dass aus dem tatsächlichen Verhalten des BeitrSchuldners eindeutig geschlossen werden kann, dass dieser das Bestehen der BeitrSchuld nicht in Frage stellt (Hauck/Noftz/Udsching, § 25 SGB IV Rn. 9). Auch ein Antrag auf Niederschlagung oder Erlass stellt eine Anerkenntnishandlung dar, es sei denn, dieser ist unter dem Vorbehalt gestellt, dass BeitrPfl überhaupt besteht (KassKomm/Seewald, § 25 SGB IV Rn. 10). Betrifft der Grund für den Neubeginn nur einen Teil des BeitrAnspruchs, so beginnt die Verjährungsfrist auch nur hins. dieses Teils erneut zu laufen (BSG 14. 12. 1976 – 3 RK 23/76 – SozR 2200 § 29 Nr. 7). 12

IV. Wirkung der Verjährung und Verjährungseinrede

Im Gegensatz zur Ausschlussfrist und zur Verwirkung (Rn. 15) führt der Ablauf der Verjährungsfrist nicht zur Beseitigung des BeitrAnspruchs (Hauck/Noftz/Udsching, § 25 SGB IV Rn. 14). Vielmehr hat der Schuldner im Falle der Geltendmachung eines verjährten BeitrAnspruchs ein **dauerndes Leistungsverweigerungsrecht** (§ 214 Abs. 1 BGB), das **durch Einrede** geltend zu machen ist. Ob die Verjährung vom VTr als BeitrGläubiger auch von Amts wegen oder nur auf Einrede des BeitrSchuldners beachtet werden muss, ist umstr. (ausf. Segebrecht in jurisPK-SGB IV, § 25 Rn. 68). Dies ist insb. für BeitrForderungen der VTr ggü. einem AG noch nicht abschließend geklärt (vgl. BSG 13. 8. 1996 – 12 RK 76/94 – SozR 3–2400 § 25 Nr. 6). Für Forderungen ggü. Nachversicherungsschuldnern und SozialleistungsTrn iSd. § 29 Abs. 3 kommt das BSG zu der Auffassung, dass die Verjährung nur auf Einrede zu berücksichtigen ist (BSG 24. 3. 1983 – 1 RA 71/82 – USK 8349). In der Praxis wird die Verjährung jedoch von den VTrn überwiegend von Amts wegen beachtet (vgl. zB KomGRV, § 25 SGB IV Rn. 4.3, sowie Punkt 6 der Niederschrift über die Besprechung der Spitzenorganisationen der SV vom 20./21. 4. 1982, DOK 1982, 681). 13

Die Einrede der Verjährung kann auch im sozialgerichtlichen Streitverfahren erhoben werden, und zwar bis zur letzten mündlichen Verhandlung der Tatsacheninstanz (BSG 30. 1. 1958 – 4 RJ 270/56 – BSGE 6, 288). Unzulässig und damit unwirksam ist die Verjährungseinrede, wenn sie gegen den Grundsatz von Treu und Glauben (§ 242 BGB) verstößt (LSG NRW 26. 1. 2007 – L 13 R 117/05 – mwN), wobei es sich um einen groben Verstoß handeln muss (BSG 13. 8. 1996 – 12 RK 76/94 – SozR 3–2400 § 25 SGB IV Nr. 26). Dies ist dann der Fall, wenn der BeitrSchuldner den Gläubiger, wenn auch unabsichtlich, durch sein Verhalten von der rechtzeitigen Geltendmachung des Anspruchs abgehalten hat (BSG aaO mwN, LSG NRW 16. 1. 2006 – L 3 R 3/05 – mwN). Ein **Verzicht auf die Einrede** der Verjährung ist in den Grenzen des § 202 Abs. 2 BGB zulässig (Ellenberger in Palandt, § 202 BGB Rn. 7). Erfüllt der BeitrSchuldner trotz eingetretener Verjährung den BeitrAnspruch, so kann der gezahlte Betrag nicht zurückgefordert werden, auch wenn die Zahlung in Unkenntnis der Verjährung erfolgt ist (§ 214 Abs. 2 S. 1 BGB). 14

V. Verwirkung

Das im bürgerlichen Recht als Ausprägung des Grundsatzes von Treu und Glauben (§ 242 BGB) entwickelte Rechtsinstitut der Verwirkung gilt auch für BeitrAnsprüche der SV (BSG 30. 11. 1978 – 12 RK 6/76 – BSGE 47, 194 mwN). Anders als die Verjährung führt die Verwirkung zur Beseitigung des BeitrAnspruchs (zur Rechtsfolge vgl. Ellenberger in Palandt, § 242 BGB Rn. 96). Als Unterfall der unzulässigen Rechtsausübung wg. widersprüchlichen Verhaltens setzt die Verwirkung voraus, dass der VTr den BeitrAnspruch über einen längeren Zeitraum hinweg nicht geltend gemacht hat – sog. Zeitmoment – und bes. Umstände hinzutreten, die das späte Geltendmachen nach Treu und Glauben (§ 242 BGB) ggü. dem BeitrSchuldner missbräuchlich erscheinen lassen – sog. Umstandsmoment – (BSG aaO mwN, BSG 29. 1. 1997 – 5 RJ 52/94 – BSGE 80, 41, KassKom/Seewald, § 25 SGB IV Rn. 14). Solche die Verwirkung auslösenden bes. Umstände sind gegeben, wenn der BeitrSchuldner infolge eines bestimmten (konkreten, zurechenbaren) Verhaltens des VTrs (**Verwirkungsverhalten**) darauf vertrauen durfte, dass dieser den BeitrAnspruch nicht mehr geltend macht (**Vertrauensgrundlage**) und der Schuldner tatsächlich darauf vertraut hat, dass der BeitrAnspruch nicht mehr geltend gemacht wird (**Vertrauenstatbestand**) und sich infolge dessen in seinen Vorkehrungen und Maßnahmen so eingerichtet hat (**Vertrauensverhalten**), dass ihm durch die verspätete Durchsetzung des BeitrAnspruchs ein unzumutbarer Nachteil entstehen würde (BSG aaO mwN, KassKom/Seewald, 15

§ 25 SGB IV Rn. 14). Die bloße Untätigkeit des VTrs stellt idR noch kein Verwirkungsverhalten dar (BSG 30. 11. 1978 – 12 RK 6/76 – BSGE 47, 194); ein Unterlassen kann ein schutzwürdiges Vertrauen nur ausnahmsweise dann begründen und zur Verwirkung führen, wenn der Schuldner das Nichtstun des VTrs als bewusst und planmäßig ansehen durfte (BSG aaO). Die Nichtbeanstandung einer unterbliebenen BeitrEntrichtung bei einer vorangegangenen Betriebsprüfung nach § 28 p führt nicht zur Verwirkung des BeitrAnspruchs (ausf. BSG aaO, Segebrecht in jurisPK-SGB IV, § 25 Rn. 75).

§ 26 Beanstandung und Erstattung zu Unrecht entrichteter Beiträge

(1) [1]Sind Pflichtbeiträge in der Rentenversicherung für Zeiten nach dem 31. Dezember 1972 trotz Fehlens der Versicherungspflicht nicht spätestens bei der nächsten Prüfung beim Arbeitgeber beanstandet worden, gilt § 45 Absatz 2 des Zehnten Buches entsprechend. [2]Beiträge, die nicht mehr beanstandet werden dürfen, gelten als zu Recht entrichtete Pflichtbeiträge. [3]Gleiches gilt für zu Unrecht entrichtete Beiträge nach Ablauf der in § 27 Absatz 2 Satz 1 bestimmten Frist.

(2) Zu Unrecht entrichtete Beiträge sind zu erstatten, es sei denn, dass der Versicherungsträger bis zur Geltendmachung des Erstattungsanspruchs auf Grund dieser Beiträge oder für den Zeitraum, für den die Beiträge zu Unrecht entrichtet worden sind, Leistungen erbracht oder zu erbringen hat; Beiträge, die für Zeiten entrichtet worden sind, die während des Bezugs von Leistungen beitragsfrei sind, sind jedoch zu erstatten.

(3) [1]Der Erstattungsanspruch steht dem zu, der die Beiträge getragen hat. [2]Soweit dem Arbeitgeber Beiträge, die er getragen hat, von einem Dritten ersetzt worden sind, entfällt sein Erstattungsanspruch.

A. Normzweck

1   Trotz der Überschrift „Beanstandung" normiert § 26 lediglich einen **Beanstandungsschutz** für bestimmte zu Unrecht entrichtete RV-Beitr (Abs. 1 S. 1); ausdrückliche Regelungen über die Beanstandung fehlen. Abs. 1, der sich ausschließlich auf die RV bezieht, gewährt dem Vers insoweit Vertrauensschutz (BT-Drs. 11/2221 S. 19), als diese zu Unrecht entrichteten RV-Beitr nicht mehr beanstandet werden dürfen und als zu Recht gezahlt gelten, wenn eine Beanstandung bei der nächsten Betriebsprüfung unterblieben ist und der Vers in entspr. Anwendung des § 45 Abs. 2 SGB X schutzwürdig auf die Rechtmäßigkeit der BeitrZahlung vertraut hat. Um Rechtssicherheit zu geben und lange Erstattungszeiträume auszuschließen, fingiert Abs. 1 S. 3 seit 1. 1. 2008 zudem bestimmte zu Unrecht entrichtete RV-Beitr nach Ablauf von vier KalJahren nach Ihrer Entrichtung als rechtmäßig gezahlte Beitr. Abs. 2 und 3, die anders als Abs. 1 für alle VersZweige sowie für die AV (hier mit Einschränkungen, vgl. § 351 SGB III) Anwendung finden, regeln allg. die **Erstattung zu Unrecht entrichteter Beitr** und gewähren demjenigen, der die Beiträge zu Unrecht getragen hat, einen Erstattungsanspruch. Mit der Erstattung, die keine Sozialleistung iSd. § 11 SGB I ist, wird eine **rechtsgrundlos eingetretene Vermögensverschiebung** zugunsten der VTr wieder ausgeglichen (vgl. auch BSG 25. 11. 1965 – 12 RJ 352/62 – BSGE 24, 126, 128). Nach hM handelt es sich bei Abs. 2 und 3 um eine spezialges. Konkretisierung des allg. ör. Erstattungsanspruchs (Hauck/Noftz/Udsching, § 26 SGB IV Rn. 1 a; KassKomm/Seewald, § 26 SGB IV Rn. 1); die Vorschriften über ungerechtfertigte Bereicherung (§§ 812 ff. BGB) sind nicht entspr. anwendbar. Weder direkt noch analog findet § 26 auf die Erstattung rechtmäßig gezahlter Beitr Anwendung (vgl. dazu für die KV § 231 SGB V und für die RV § 210 SGB VI). Die Vorschrift wird durch die §§ 27, 28 ergänzt.

B. Beanstandung

2   Beanstandung meint die förmliche **Feststellung der Unrechtmäßigkeit der BeitrZahlung** unter gleichzeitiger Erklärung ihrer Unwirksamkeit (vgl. auch BSG 26. 8. 1975 – 1 RA 165/74 – SozR 2200 § 1423 Nr. 5). Das Rechtsinstitut der Beanstandung kennt nur der RVTr, in den anderen VersZweigen und der AV gilt es nicht (BSG 13. 6. 1985 – 7 RAr 107/83 – SozR 2100 § 27 Nr. 4; BSG 25. 4. 1991 – 12 RK 31/90 – BSGE 68, 269). Anders als in den übrigen VersZweigen und der AV hat die BeitrZahlung in der RV unmittelbare Auswirkungen auf die spätere Leistung. Die Beanstandung hat vor allem den Zweck, den Vers angesichts der leistungsrechtl. Konsequenzen über die Unwirksamkeit der RV-Beitr zu unterrichten. Sie ist durch den RVTr umgehend ab Kenntnis von der Unrechtmäßigkeit der BeitrZahlung von Amts wegen auszusprechen (BSG 16. 2. 1971 – 1/11 RA 54/69 – SozR Nr. 10 zu § 71 G 131; BSG 26. 8. 1975 – 1 RA 165/74 – SozR 2200 § 1423 Nr. 5). Ein späterer Zeitpunkt ist zulässig, wenn die frühere Unterlassung die Lage des Vers nicht verschlechtert hat (BSG 15. 12. 1977 – 11 RA 38/77 – SozR 2200 § 1423 Nr. 8). Die Beanstandung ist ein

Verwaltungsakt (§ 31 SGB X). Die Einzugsstellen (§ 28 h Abs. 1 S. 1 iVm. § 28 i) sind zur Beanstandung von RV-Beitr nicht befugt.

C. Beanstandungsschutz (Abs. 1 S. 1)

Abs. 1 S. 1 räumt dem Vers Vertrauensschutz ein, indem bestimmte zu Unrecht entrichtete RV- 3
Beitr vor einer Beanstandung geschützt werden und als zu Recht gezahlt gelten (Rn. 5). Der Beanstandungsschutz bezieht sich ausschließlich auf PflBeitr zur RV für Zeiten nach dem 31. 12. 1972, die in irrtümlicher Annahme von VersPfl zu Unrecht entrichtet worden sind. Betroffen sind allein **RV-Beitr für abhängig Beschäftigte und Bezieher von Vorruhestandsgeld**, die wegen fehlender VersPfl nach § 1 SGB VI (oder einer entspr. Vorgängervorschrift) bzw. nach § 3 S. 1 Nr. 4 SGB VI in voller Höhe zu Unrecht gezahlt sind (zB weil kein abhängiges BeschVerh. vorlag). Lediglich in unzutreffender Höhe gezahlte PflBeitr für den gen. Personenkreis werden durch Abs. 1 S. 1 nicht geschützt; diese zu Unrecht entrichteten BeitrAnteile können vorbehaltlich anderer Regelungen jederzeit beanstandet werden (KomGRV, § 26 SGB IV Rn. 5). Gleiches gilt für zu Unrecht gezahlte RV-Beitr anderer Personengruppen. Zusätzlich ist seit 1. 1. 2008 Abs. 1 S. 3 zu beachten (Rn. 6). Neben Abs. 1 ergibt sich ein Beanstandungsschutz auch aus § 149 Abs. 5 SGB VI und § 199 S. 2 SGB VI, für Zeiten vor dem 1. 1. 1973 wird er durch § 286 Abs. 3 SGB VI normiert. Abs. 1 ist weder direkt noch analog auf Beitr zu anderen VersZweigen bzw. der AV anwendbar.

Nach Abs. 1 S. 1 dürfen die erfassten PflBeitr nicht mehr beanstandet werden, wenn anlässlich der 4
nächsten, auf die BeitrZahlung folgenden **Betriebsprüfung nach § 28 p** eine Beanstandung unterblieben ist und der Vers entspr. § 45 Abs. 2 SGB X **Vertrauensschutz** genießt. Vom Beanstandungsschutz umfasst werden alle von dem geprüften AG für den og. Personenkreis im Prüfzeitraum unbeanstandet geblieben sind, einschl. derer für die davor liegenden Zeiträume. Danach entrichtete Beitr sind nicht geschützt. Den Beanstandungsschutz nach Abs. 1 S. 1 begründen nur Betriebsprüfungen nach § 28 p. Die hierbei unterbliebene Beanstandung führt aber für sich allein noch nicht zu einem generellen Verbot der Beanstandung; vielmehr kann sie nur nachgeholt werden, wenn sich der Vers entspr. § 45 Abs. 2 SGB X nicht auf Vertrauensschutz berufen kann. Eine Beanstandung ist damit ausgeschlossen, wenn der Vers subjektiv auf die Rechtmäßigkeit und Wirksamkeit der BeitrZahlung vertraut hat und sein Vertrauen unter Abwägung mit dem öffentl. Interesse an der Beanstandung objektiv schutzwürdig ist (§ 45 Abs. 2 S. 1 SGB X analog). Das Vertrauen ist idR schutzwürdig, wenn der Vers in Bezug auf die gezahlten Beitr eine Vermögensdisposition getroffen hat, die nicht oder nur unter unzumutbaren Nachteilen rückgängig gemacht werden kann (§ 45 Abs. 2 S. 2 SGB X analog). Dies ist dann der Fall, wenn die zu Unrecht entrichteten Beitr grundlegende Bedeutung für die soziale Sicherung des Vers haben (zB weil durch eine Beanstandung und Erstattung ein Anspruch auf Rente wegen Erwerbsminderung nach § 43 SGB VI verloren ginge). Kein Vertrauensschutz (und damit kein Beanstandungsschutz) besteht, wenn der Vers die unrechtmäßige BeitrEntrichtung durch arglistige Täuschung, Drohung oder Bestechung erwirkt hat oder diese auf Angaben beruht, die der Vers vorsätzlich oder grob fahrlässig in wesentlicher Beziehung unrichtig oder unvollständig gemacht hat. Gleiches gilt, wenn der Vers die Rechtswidrigkeit der BeitrEntrichtung kannte oder infolge grober Fahrlässigkeit nicht kannte (§ 45 Abs. 2 S. 3 SGB X analog). Hat noch keine Betriebsprüfung stattgefunden, darf der RVTr vorbehaltlich anderer Regelungen (vgl. Abs. 1 S. 3 und Rn. 3) jederzeit beanstanden. Da es sich bei Abs. 1 S. 1 um eine Schutzvorschrift für den Vers handelt, kann dieser ganz oder teilweise auf den Beanstandungsschutz verzichten (Rn. 5).

D. Fiktion „zu Recht gezahlte Beiträge" (Abs. 1 S. 2, 3)

RV-Beitr, die nach Abs. 1 S. 1 nicht mehr beanstandet werden dürfen, gelten nach Abs. 1 S. 2 als 5
zu Recht entrichtete Beitr, dh. die Beitr bleiben als solches im Versicherungskonto (§ 149 SGB VI) erhalten und damit auch die BeitrZeiten für den Vers gem. § 55 SGB VI. Die Fiktion ist vom RVTr von Amts wegen zu beachten (ebenso BT-Drs. 11/2221 S. 19). Da es sich um eine **Schutzvorschrift für den Vers** handelt, kann dieser auf den Beanstandungsschutz und damit einhergehend auf die Fiktion des Abs. 1 S. 2 verzichten, um eine BeitrErstattung oder die Umwandlung der Beitr nach § 202 SGB VI (vgl. Rn. 9) herbeizuführen. Ein teilweiser **Verzicht** ist zulässig, allerdings nur für volle Kal-Monate.

Aufgrund des mWv 1. 1. 2008 in Abs. 1 angefügten S. 3 gelten zu Unrecht entrichtete RV-Beitr zu- 6
dem nach Ablauf der in § 27 Abs. 2 S. 1 gen. Frist – dh. nach Ablauf von vier KalJahren nach Ablauf des KalJahres der BeitrEntrichtung – als zu Recht gezahlt. Eine Erstattung ist sodann ausgeschlossen (vgl. auch BT-Drs. 16/6540 S. 43). Anders als bei Abs. 1 S. 2 ist ein **Verzicht auf die Fiktion des Abs. 1 S. 3 nicht vorgesehen.** Wie Abs. 1 S. 1 und 2 bezieht sich Abs. 1 S. 3 ausschließlich auf RV-Beitr für abhängig Beschäftigte und Bezieher von Vorruhestandsgeld, die in irrtümlicher Annahme von VersPfl in voller Höhe zu Unrecht gezahlt worden sind (vgl. Rn. 3). Die Fiktion des Abs. 1 S. 3 ist dabei auch auf vor dem 1. 1. 2008 zu Unrecht entrichtete Beitr anzuwenden (im Jahr 2011 gelten damit alle vor dem

1. 1. 2007 zu Unrecht gezahlten PflBeitr – soweit von Abs. 1 S. 3 erfasst – als rechtmäßig entrichtet). Abs. 1 S. 3 gilt nicht für lediglich in unzutreffender Höhe gezahlte PflBeitr für den gen. Personenkreis oder zu Unrecht entrichtete Beitr anderer Personengruppen; diese zu Unrecht entrichteten Beitr können auch nach Ablauf der in § 27 Abs. 2 S. 1 bestimmten Frist erstattet werden, soweit die Erstattung nicht ausgeschlossen (Rn. 10) und der Erstattungsanspruch noch nicht verjährt ist (§ 27).

E. Zu Unrecht entrichtete Beiträge

7   In der Praxis haben sich viele Gründe für eine zu Unrecht erfolgte BeitrZahlung ergeben; idR fehlt es ganz oder teilweise an der materiell-rechtl. Grundlage. Zu Unrecht entrichtete Beitr liegen vor, wenn die BeitrZahlung nicht zulässig war, weil VersPfl oder die VersBerechtigung nicht bestand, die Beitr nicht wirksam sind, weil die Zahlung nicht fristgerecht erfolgte (vgl. §§ 197, 198 SGB VI), die Beitr der Höhe nach unzutreffend bemessen wurden (zB bei Nichtbeachtung der BBG) oder aber die BeitrEntrichtung nicht ordnungsgemäß erfolgte (insb. bei Nichtbeachtung der Bestimmungen der BVV und der RV-BZV). Eine zu Unrecht erfolgte BeitrEntrichtung ist grds. auch bei BeitrZahlung an einen unzust. VTr gegeben. Dies gilt jedoch nicht bei Zahlung von RV-Beitr an einen unzust. RVTr; hier schafft § 201 SGB VI eine entspr. Regulierung. Die **Rechtswidrigkeit** muss bereits **im Zeitpunkt der BeitrZahlung** vorgelegen haben (KassKomm/Seewald, § 26 SGB IV Rn. 8 a). Die nachträgliche Änderung der Rechtslage – auch wenn mit Rückwirkung – führt nicht zur Erstattung ursprünglich zu Recht gezahlter Beitr und damit nicht zur beitragsrechtl. Rückabwicklung (BSG 25. 1. 1995 – 12 RK 51/93 – SozR 3–2400 § 26 Nr. 6). Dies beruht auf dem vom BSG in st. Rspr. aufgestellten Grundsatz, dass in abgewickelte VersicherungsVerh. rückwirkend nicht mehr eingegriffen werden darf (vgl. ua. 30. 11. 1978 – 12 RK 26/78 – USK 78.187, BSG 28. 5. 1980 – 5 RKn 21/79 – USK 80275, BSG 25. 1. 1995 – 12 RK 51/93 – SozR 3–2400 § 26 Nr. 6). Überdies sind Beitr solange zu Recht gezahlt, wie ihnen ein (nicht nichtiger) Verwaltungsakt (§ 31 SGB X) zugrunde liegt (KassKomm/Seewald, § 26 SGB IV Rn. 10).

F. Erstattung zu Unrecht entrichteter Beiträge (Abs. 2, 3)

I. Erstattungsanspruch

8   Abs. 2 und 3 gewähren demjenigen, der die zu Unrecht entrichteten Beitr getragen hat, einen Erstattungsanspruch. Anders als Abs. 1 gelten die Abs. 2 und 3 für alle VersZweige und die AV, so dass sich der Erstattungsanspruch allg. auf **zu Unrecht entrichtete SV-Beitr** bezieht, unabhängig davon, ob es sich um PflBeitr oder um freiwillige Beitr handelt. Konkret besteht ein Erstattungsanspruch jeweils ggü. dem VersZweig (bzw. der AV), zu dem Beitr zu Unrecht gezahlt worden sind (zur Zuständigkeit für die Erstattung vgl. Rn. 19). Ein Anspruch auf Erstattung zu Recht entrichteter Beitr lässt sich aus § 26 nicht herleiten (vgl. Rn. 1). Ein Erstattungsgrund für rechtmäßig gezahlte freiwillige RV-Beitr liegt selbst dann nicht vor, wenn sich diese rentenmindernd auswirken (BVerfG 27. 1. 1982 – 1 BvR 562/78 – BVerfGE 59, 287) oder weil sie mit anderweitig anrechenbaren Zeiten zusammentreffen (BSG 18. 8. 1983 – 11 RA 60/82 – SozR 2200 § 1303 Nr. 27).

9   Der Erstattungsanspruch entsteht dem Grunde nach bereits mit Zahlung der unrechtmäßigen Beitr (KomGRV, § 26 SGB IV Rn. 10). Beruht die zu Unrecht erfolgte BeitrZahlung auf einem (rechtswidrigen) Verwaltungsakt, muss dieser zunächst aufgehoben werden, um einen Erstattungsanspruch zu begründen (vgl. Rn. 7). Die Erstattungspflicht des VTrs besteht nicht nur auf Antrag, sondern grds. **auch von Amts wegen**. Letzteres setzt die Kenntnis des VTrs von der Unrechtmäßigkeit der BeitrZahlung voraus, entweder aufgrund eigener Feststellungen oder durch Mitteilung des Berechtigten. IdR bedarf es daher einer Antragstellung, die insb. auch im Hinblick auf die Verjährung und Verzinsung des Erstattungsanspruchs bedeutsam ist (vgl. Anm. zu § 27). Der Erstattungsanspruch besteht grds. in der **Höhe**, in der die Beitr tatsächlich getragen wurden (vgl. erg. Rn. 17 und § 211 S. 2 SGB VI), vorausgesetzt, die Erstattung ist nicht ausgeschlossen (Rn. 10, 18) und der Anspruch noch nicht verjährt (§ 27). Wurden auf die zu Unrecht entrichteten Beitr Säumniszuschläge (§ 24) und/oder Mahngebühren gezahlt, sind diese mit zu erstatten. Zum Erstattungsverfahren (Zuständigkeit etc.) vgl. Rn. 19. Anstelle einer BeitrErstattung durch den VTr ist auch eine **Verrechnung oder Aufrechnung** mit bzw. gegen den Erstattungsanspruch zulässig (vgl. Anm. zu § 28 und erg. § 333 Abs. 2 SGB III). Für den Bereich der ges. RV ist die Sonderregelung des § 202 SGB VI zu beachten, wonach die **Umwandlung** von zu Unrecht entrichteten PflBeitr in (rechtmäßige) freiwillige Beitr möglich ist.

II. Erstattungsausschluss (Verfallklauseln)

10   **1. Anwendungsbereich.** Nach Abs. 2 entfällt der Erstattungsanspruch, wenn der VTr bis zur Geltendmachung des Erstattungsanspruchs aufgrund der zu Unrecht entrichteten Beitr (erste Verfallklausel) oder für den Zeitraum, für den Beitr zu Unrecht gezahlt worden sind (zweite Verfallklausel),

Leistungen erbracht oder noch zu erbringen hat. Der Erstattungsausschluss bezieht sich dabei nur auf die Beitr des **VersZweiges, in dem die Leistung erbracht wurde oder noch zu erbringen ist.** Vom Erstattungsausschluss betroffen sind auch die AGBeitrAnteile zu dem betr. VersZweig (BSG 7. 11. 1995 – 12 RK 19/94 – SozR 3–2400 § 26 Nr. 7); die Leistungsgewährung an den Vers bewirkt insoweit auch einen Verfall der Ansprüche des AG auf Erstattung seiner BeitrAnteile, obwohl dieser nicht Begünstigter der Leistung ist. Für die AV finden die Verfallklauseln des Abs. 2 keine Anwendung (vgl. § 351 Abs. 1 S. 1 SGB III). Zu Unrecht gezahlte AV-Beitr sind daher grds. unabhängig etwaig erbrachter oder noch zu erbringender Leistungen erstattungsfähig; allerdings mindert sich der Erstattungsanspruch gem. § 351 Abs. 1 S. 1 SGB III um den Betrag der Leistung, der in irrtümlicher Annahme der VersPfl gezahlt worden ist. Der Bezug von Alg II steht der Erstattung nicht entgegen.

2. Leistungen iSd. Abs. 2 sind alle Versicherungsleistungen des VTrs. Das können Geld-, Sach- 11 oder Dienstleistungen sein. Unbeachtlich ist, ob es sich um Pflicht- oder Ermessensleistungen handelt, ob die Leistung für die versicherte Person selbst oder über sie, zB im Rahmen einer Familienversicherung nach § 10 SGB V, erbracht wird. Es kommt weder auf die Höhe der Leistung noch deren Rechtmäßigkeit an. Selbst wenn die Leistung erheblich geringer ist als der zu erstattende Betrag, liegt ein Erstattungsausschluss vor (BSG 15. 12. 1977 – 11 RA 74/77 – SozR 2200 § 1424 Nr. 7). Wird der der Leistung bewilligende Bescheid rückwirkend ab Leistungsbeginn aufgehoben (§§ 45 f. SGB X) und die bereits erbrachten Leistungen gem. § 50 SGB X erstattet, gilt die Leistung als nicht erbracht; ein Erstattungsausschluss besteht nicht. Gleiches gilt, wenn auf die Leistung wirksam verzichtet wird (§ 46 SGB I). Keine durch den VTr erbrachte Leistung liegt vor, wenn ihm seine Aufwendungen im Zusammenhang mit der Leistung von einem Dritten (zB einem anderen VTr) erstattet werden (zB § 14 Abs. 4 S. 1 SGB IX, §§ 102 ff. SGB X). Infolge einer Fehlversicherung zu Unrecht entrichtete KV-Beitr sind selbst dann zu erstatten, wenn die unzust. Krankenkasse von der zust. Krankenkasse aufgrund der Ausschlussfrist des § 111 SGB X keine Erstattung erbrachter Leistungen erhalten kann (BSG 6. 2. 1992 – 12 RK 14/90 – SozR 3–2400 § 26 Nr. 5). Die Erstattung der Aufwendungen eines unzust. VTrs durch den für die Leistung zust. VTr stellt im umgekehrten Fall eine Leistung iSd. Abs. 2 dar; § 107 SGB X fingiert hier die Erfüllung der Leistungspflicht durch den zust. VTr.

Zum Erstattungsausschluss führen nur Leistungen, die **bis zur Geltendmachung des Erstat-** 12 **tungsanspruchs** erbracht wurden oder noch zu erbringen sind. Erbracht sind Leistungen in dem Zeitpunkt, in dem der Berechtigte darüber verfügen kann (Geldleistungen) oder sie entgegen genommen hat (bei Sach- oder Dienstleistungen). Bei lfd. Leistungen oder Leistungen von gewisser Dauer (zB Rentenleistungen, Leistungen zur Teilhabe am Arbeitsleben, Krankengeld etc.) ist auf den Beginn der Leistung abzustellen. In den letztgn. Fällen kommt es insoweit darauf an, für welchen Zeitraum die Leistungen erbracht wurden oder noch zu erbringen sind; unbeachtlich ist grds. der Zeitpunkt der Bewilligung. Nach Geltendmachung des Erstattungsanspruchs erbrachte Leistungen führen grds. nicht zum Erstattungsausschluss (ausf. Krasney in jurisPK-SGB IV, § 26 Rn. 85). Sind Leistungen noch zu erbringen, muss die Leistungsverpflichtung vor Geltendmachung des Erstattungsanspruchs entstanden sein, um einen Erstattungsausschluss zu begründen. Über den Wortlaut des Abs. 2 hinausgehend ist nach hM ein Ausschluss auch dann gegeben, wenn der VTr aufgrund einer vor Geltendmachung des Erstattungsanspruchs eingetretenen Verpflichtung Leistungen auch für die Zeit nach Geltendmachung zu erbringen hat (vgl. zB Hauck/Noftz/Udsching, § 26 SGB IV Rn. 10; ebenso BSG 14. 2. 1968 – 1 RA 51/66 – Breithaupt. 1968, 851 zum früheren Recht).

3. Leistungserbringung aufgrund der zu Unrecht entrichteten Beiträge (erste Verfall- 13 **klausel).** Die erste Verfallklausel betrifft zu Unrecht entrichtete RV-Beitr, da **in der ges. RV** die Leistungserbringung idR von der BeitrLeistung abhängig ist (BSG 29. 1. 1998 – B 12 KR 11/97 R – SozR 3–2400 § 26 Nr. 10). Auf die übrigen VersZweige findet sie keine Anwendung. Aufgrund der zu Unrecht entrichteten RV-Beitr ist eine Leistung idR dann erbracht, wenn die Beitr im Zeitpunkt der Leistungserbringung (durch den RVTr) vorhanden waren (KomGRV, § 26 SGB IV Rn. 11). Vom Erstattungsausschluss betroffen sind sodann die **bis zum Ende des Vormonats des Beginns der Leistung** zu Unrecht gezahlten RV-Beitr. Danach zu Unrecht entrichtete RV-Beitr sind erstattungsfähig, selbst wenn sie während des Leistungsbezuges gezahlt wurden. Freiwillige RV-Beitr, die nach Beginn der Leistung für Zeiten vorher zu Unrecht entrichtet wurden, sind ebenso erstattungsfähig. Unbeachtlich für den Erstattungsausschluss ist, ob sich der einzelne Beitr auch konkret auf die rechtl. Grundlage der Leistung ausgewirkt hat (BSG 5. 2. 1976 – 11 RA 20/75 – SozR 2200 § 1424 Nr. 2). Eine Erstattung ist grds. auch dann ausgeschlossen, wenn die Leistung bzw. die Leistungshöhe bei einem zu Recht entrichteten Beitr unverändert gezahlt worden wäre (BSG aaO; BSG 15. 12. 1977 – 11 RA 74/77 – SozR 2200 § 1424 Nr. 7; BSG 19. 3. 1980 – 11 RA 48/79 – SozR 2200 § 1303 Nr. 16; BSG 29. 1. 1998 – B 12 KR 11/97 R – SozR 3–2400 § 26 Nr. 10). Lediglich der Höhe nach zu Unrecht gezahlte RV-Beitr sind erstattungsfähig, wenn sie die Leistung bzw. die Leistungshöhe nicht beeinflusst haben. Damit sind insb. RV-Beitr auf Einnahmen über der BBG nicht vom Erstattungsausschluss betroffen, es sei denn, es werden nach dem 30. 6. 1990 Einnahmen über der BBG (Ost) aufgrund falscher Rechtskreiszuordnung (West) zu Unrecht verbeitragt worden und die RV-Beitr wirkten sich auf die Höhe der Leistung aus. Die Erstattung von infolge fehlender GrundBeitr zu Unrecht entrichteten HöherversicherungsBeitr wird auch nicht durch die Gewährung einer Maßnahme zur Rehabilitation ausgeschlossen (BSG 25. 4. 1991 – 12/1 RA 65/89 – BSGE 68, 260), weil die Leistung nicht von diesen Beitr mitgetragen wurde. Dies gilt nicht, wenn Übergangsgeld in Höhe der Rente zzgl. der Leistungen der Höherversicherung gem. § 269 SGB VI gezahlt wurde. Der Ausschluss der Erstattung nach Abs. 2 steht einer Umwandlung in freiwillige Beitr nach § 202 SGB VI (vgl. Rn. 9) nicht entgegen.

14   **4. Leistungserbringung für den Zeitraum, für den Beitr zu Unrecht gezahlt worden sind (zweite Verfallklausel).** Die zweite Verfallklausel gilt nicht für die ges. RV, sondern betrifft vor allem den Bereich der ges. **KV** (BSG 25. 4. 1991 – 12/1 RA 65/89 – BSGE 68, 260), da hier Leistungen nicht aufgrund von Beitr, sondern aufgrund von Mitgliedschaften erbracht werden (BSG 25. 4. 1991 – 12 RK 40/90 – SozR 3–2400 § 26 Nr. 3). Das gilt entspr. für die soz. **PV**. Für den Bereich der ges. UV wird die zweite Verfallklausel in der Literatur überwiegend nur im Ausnahmefall des individuellen BeitrVerfahrens für anwendbar gehalten (zB Hauck/Noftz/Udsching, § 26 SGB IV Rn. 8); hiernach gelte die Regelung nicht für zu Unrecht entrichtete Beitr im Umlageverfahren. Dem entgegen hat die Rspr. die Anwendbarkeit der zweiten Verfallklausel für die ges. UV nur dann verneint, wenn es an jeder Form eines Zusammenhangs zwischen den zu erstattenden Beitr/Umlagen und den erbrachten bzw. noch zu erbringenden Leistungen fehlt (bei einer unrichtigen Einstufung in die Gefahrklasse des Gefahrtarifs, BSG 26. 1. 1988 – 2 RU 5/87 – SozR 1300 § 44 Nr. 31). Überdies hat das BSG die zweite Verfallklausel für die ges. UV grds. für anwendbar erklärt (BSG 2. 2. 1999 – B 2 U 3/98 R – SozR 3–2400 § 26 Nr. 11, ausf. Krasney in jurisPK-SGB IV, Rn. 96 ff.).

15   Die zweite Verfallklausel schließt die Erstattung aller für die Zeit bis zum Ende, dh. **vor und während des Leistungszeitraumes** entrichteten Beitr zu dem betr. VersZweig aus (BSG 25. 4. 1991 – 12 RK 40/90 – SozR 3–2400 § 26 Nr. 3, vgl. aber Rn. 16). Beitr, die für Zeiten nach Leistungserbringung zu Unrecht entrichtet wurden, bleiben erstattungsfähig. Für welchen Zeitraum Beitr zu Unrecht gezahlt worden sind, ergibt sich aus § 23 oder bes. Vorschriften. Unbeachtlich ist auch hier, ob sich der einzelne Beitr konkret auf die rechtl. Grundlage der Leistung ausgewirkt hat (vgl. Rn. 13 mwN). Lediglich der Höhe nach zu Unrecht entrichtete Beitr sind erstattungsfähig, wenn sie die Leistung bzw. die Leistungshöhe nicht beeinflusst haben (vgl. Rn. 13). So verfällt der Erstattungsanspruch auf „zu viel" gezahlte KV-Beitr dann nicht, wenn lediglich Sachleistungen durch die KV erbracht worden sind (BSG aaO).

16   **5. Ausnahme „beitragsfreie Zeiten" (Abs. 2 letzter Hs.).** Ungeachtet der Leistungsgewährung sind zu Unrecht entrichtete Beitr zu erstatten, die für Zeiten des Leistungsbezuges gezahlt worden sind, obwohl in dieser Zeit von vornherein BeitrFreiheit bestand. Gemeint ist in erster Linie eine BeitrFreiheit wegen des Bezuges von **Krankengeld, Mutterschaftsgeld, Erziehungsgeld oder Elterngeld** (§ 224 SGB V; BSG 25. 4. 1991 – 12 RK 40/90 – SozR 3–2400 § 26 Nr. 3); die dennoch während dieser Zeiten zu Unrecht entrichteten KV-Beitr bleiben erstattungsfähig. In diesen Fällen fehlt die Konnexität von Beitr und Leistungen (KassKomm/Seewald, § 26 SGB IV Rn. 23).

III. Erstattungsberechtigter

17   Erstattungsberechtigter (Abs. 3) ist derjenige, der die Beitr getragen, dh. **wirtschaftl. aufgebracht** hat (LSG NI 22. 9. 1982 – L 4 Kr 2/81 – Breithaupt 1983, 757, 759). Unerheblich ist, durch wen die Beitr abgeführt worden sind (BSG 26. 6. 1986 – 7 RAr 121/84 – USK 86.104). Verteilt sich die BeitrLast auf mehrere Personen (zB AG und AN), bestehen voneinander unabhängige, selbst. Erstattungsansprüche, die gesondert geltend zu machen sind (BSG 1. 2. 1967 – 1 RA 81/65 – SGb. 1967, 112). Die auf den AN entfallenden BeitrAnteile kann der AG geltend machen, wenn der AN seinen Anspruch an ihn abgetreten hat (BSG 26. 6. 1986 – 7 RAr 121/84 – USK 86.104). Die **Höhe des jeweiligen Anspruchs** richtet sich nach dem Umfang der getragenen BeitrAnteile, vorausgesetzt die Erstattung ist nicht ausgeschlossen (Rn. 10, 18) und der Anspruch noch nicht verjährt (§ 27). Zu wessen Lasten die Beitr im InnenVerh. gegangen sind, ist für die Erstattungsberechtigung und die Höhe des Anspruchs auch dann maßgebend, wenn die Lastenverteilung auf einer Vereinbarung oder einer arbeits-/tarifvertragl. Regelung beruhte. Ist der AG eine GmbH und hat diese die AGAnteile der zu Unrecht entrichteten Beitr getragen, so steht der Erstattungsanspruch insg. der GmbH und nicht dem einzelnen Gesellschafter zu, auch wenn die BeitrEntrichtung durch die GmbH wirtschaftl. zu seinen Lasten gegangen ist (BSG 5. 5. 1988 – 12 RK 42/87 – SozR 2200 § 1425 Nr. 3). Der Erstattungsanspruch ist **vererblich**. Er steht dem Erben selbst dann zu, wenn der Erstattungsberechtigte zu Lebzeiten noch nicht geltend gemacht hatte (BSG 25. 11. 1965 – 12 RJ 352/62 – BSGE 24, 126). Vorbehaltlich devisenrechtl. Bestimmungen steht der Auslandsaufenthalt des Berechtigten einer Erstattung nicht entgegen.

18   Nach Abs. 3 S. 2 entfällt der Erstattungsanspruch des AG, soweit ihm dessen Beitr **von einem Dritten ersetzt** worden sind. Bedeutsam ist diese Regelung dann, wenn der AN die Umwandlung von zu Unrecht zur RV entrichteten PflBeitr in freiwillige Beitr gem. § 202 SGB VI begehrt. Um den Erstattungsanspruch des AG auszuschließen und die Umwandlung nach § 202 SGB VI zu bewirken, besteht für den AN die Möglichkeit, dem AG dessen BeitrAnteile zu ersetzen. Ersetzt der AN dem AG nur für einen Teil der zu Unrecht entrichteten PflBeitr dessen Anteil, so werden nur diese

von § 202 SGB VI erfasst; die restlichen PflBeitr sind zu erstatten (KomGRV, § 26 SGB IV Rn. 14). Kommt es nicht zu einem Ersatz und lässt sich der AG seine BeitrAnteile vom VTr erstatten, kann der AN den an den AG erstatteten Betrag gleichwohl an den RVTr zurückzahlen, um die Umwandlung herbeizuführen (vgl. § 202 S. 4 SGB VI).

IV. Zuständigkeit und Wirkung

Zust. für die Erstattung ist grds. der VTr, dem die zu Unrecht entrichteten Beitr zugeflossen sind. Sonderregelungen bestehen gem. § 211 S. 1 SGB VI und § 351 Abs. 2 SGB III für die Erstattung zu Unrecht entrichteter Beitr zur RV und AV. Hiernach können die RVTr (vgl. § 211 S. 1 SGB VI) und die BA (vgl. § 351 Abs. 2 Nr. 3 SGB III) mit den Einzugsstellen (§ 28 h Abs. 1 S. 1 iVm. § 28 i) und den LeistungsTrn vereinbaren, dass unter bestimmten Voraussetzungen zu Unrecht entrichtete Beitr zur RV und AV von der jeweiligen Beschäftigung durch die zust. Einzugsstelle und wegen Bezuges einer Sozialleistung durch den zust. LeistungsTr erstattet werden. Entspr. Vereinbarungen sind bislang über die Erstattung zu Unrecht entrichteter Beitr für abhängig Beschäftigte (vgl. „Gemeinsame Grundsätze für die Verrechnung und Erstattung zu Unrecht gezahlter Beitr zur KV, PV, RV und AV aus einer Besch" vom 21. 11. 2006 – im Internet: www.deutsche-rentenversicherung.de) und für nicht erwerbsmäßig tätige Pflegepersonen (vgl. „Gemeinsame Grundsätze für die Erstattung und Verrechnung zu Unrecht gezahlter Beitr zur RV und für nicht erwerbsmäßig tätige Pflegepersonen" vom 17. 9. 2004; im Internet: aaO) geschlossen worden. Danach ist für die Erstattung zu Unrecht entrichteter Beitr für abhängig Beschäftigte – auch hins. der zu Unrecht entrichteten Beitr zur RV und AV – grds. die jeweilige Einzugsstelle zust. (zu den Ausnahmen vgl. die og. Vereinbarung); ihr ggü. ist auch der Antrag zu stellen. Während der RVTr zu Unrecht entrichtete RV-Beitr idR nach vorheriger Beanstandung erstattet, erfolgt die Erstattung von RV-Beitr durch die jeweilige Einzugsstelle ohne vorherige Beanstandung; der RVTr erhält hierüber eine Benachrichtigung (§ 211 S. 3 SGB VI). Die für selbst. Künstler und Publizisten nach dem KSVG zu Unrecht entrichteten Beitr werden nach § 21 Abs. 1 KSVG von der Künstlersozialkasse erstattet. 19

Mit der Erstattung der Beitr erlöschen **alle etwaigen Ansprüche** daraus, insb. auch die versicherungsrechtl. Wirkungen. Dies gilt selbst dann, wenn nur der BeitrAnteil des Vers oder des AG erstattet wird (KomGRV, § 26 SGB IV Rn. 13). Bevor der VTr dem Antrag des AG auf Erstattung zu Unrecht entrichteter Beitr statt gibt, ist deshalb der AN zu diesem Antrag zu hören. 20

§ 27 Verzinsung und Verjährung des Erstattungsanspruchs

(1) ¹Der Erstattungsanspruch ist nach Ablauf eines Kalendermonats nach Eingang des vollständigen Erstattungsantrags, beim Fehlen eines Antrags nach der Bekanntgabe der Entscheidung über die Erstattung bis zum Ablauf des Kalendermonats vor der Zahlung mit vier vom Hundert zu verzinsen. ²Verzinst werden volle Euro-Beträge. ³Dabei ist der Kalendermonat mit dreißig Tagen zugrunde zu legen.

(2) ¹Der Erstattungsanspruch verjährt in vier Jahren nach Ablauf des Kalenderjahrs, in dem die Beiträge entrichtet worden sind. ²Beanstandet der Versicherungsträger die Rechtswirksamkeit von Beiträgen, beginnt die Verjährung mit dem Ablauf des Kalenderjahrs der Beanstandung.

(3) ¹Für die Hemmung, die Ablaufhemmung, den Neubeginn und die Wirkung der Verjährung gelten die Vorschriften des Bürgerlichen Gesetzbuchs sinngemäß. ²Die Verjährung wird auch durch schriftlichen Antrag auf die Erstattung oder durch Erhebung eines Widerspruchs gehemmt. ³Die Hemmung endet sechs Monate nach Bekanntgabe der Entscheidung über den Antrag oder den Widerspruch.

A. Normzweck

§ 27 regelt ausschließlich und abschließend die Verzinsung (Abs. 1) und Verjährung (Abs. 2, 3) des Erstattungsanspruchs auf **zu Unrecht entrichtete Beitr nach § 26.** Da es sich dabei nicht um Geldleistungen iSd. §§ 44, 45 SGB I handelt, war eine eigenständige Regelung erforderlich (ebenso BSG 24. 3. 1983 – 1 RJ 92/81 – SozR 2100 § 27 Nr. 2). § 27 gilt – mit Ausnahme des Abs. 2 S. 2 – für alle VersZweige und die AV sowie für die Erstattung zu Unrecht entrichteter Beitr nach dem KSVG (§§ 21 Abs. 3, 33 Abs. 3 KSVG). Abs. 1 schafft einen finanziellen Nachteilsausgleich, indem er dem Erstattungsberechtigten (§ 26 Abs. 3) eine angemessene Verzinsung des ihm zustehenden Erstattungsanspruchs gewährt, wenn deren Erfüllung verspätet vorgenommen wird. Die Vorschrift bietet keine Rechtsgrundlage für die Verzinsung von Ansprüchen auf rechtmäßig gezahlte Beitr (BSG aaO) sowie für Zinseszinsen, Prozesszinsen oder einen anderweitigen Kostenersatz (BSG 16. 4. 1985 – 12 RK 19/83 – SozR 2100 § 27 Nr. 3). Abs. 2 und 3 dienen wie alle Verjährungsvorschriften der Herstellung des Rechtsfriedens und der Rechtssicherheit. Erstattungsansprüche gegen einen VTr sollen 1 nicht für lange, ggf. unabsehbare Zeiträume in der Schwebe bleiben (BSG 13. 6. 1985 – 7 RAr 107/83 – SozR 2100 § 27 Nr. 4). Die Verzinsung und Verjährung von Erstattungsansprüchen gem. § 210 SGB VI richtet sich nach den §§ 44, 45 SGB I.

B. Verzinsung (Abs. 1)

I. Voraussetzungen

2   Abs. 1 setzt einen Erstattungsanspruch nach § 26 und einen vollständigen Erstattungsantrag bzw. die Bekanntgabe der Erstattungsentscheidung voraus. Der Zinsanspruch entsteht kraft G allein infolge der verspätet vorgenommenen Erstattung durch den VTr, dh. **durch Zeitablauf.** Es kommt weder auf ein etwaiges Verschulden des VTrs noch auf einen Schaden beim Erstattungsberechtigten an (BSG 16. 4. 1985 – 12 RK 19/83 – SozR 2100 § 27 Nr. 3). Über den Zinsanspruch hat der VTr **von Amts wegen** zu entscheiden. Die Zinsen stehen dem Erstattungsberechtigten (§ 26 Abs. 3) zu. Eine Verzinsung kommt nicht in Betracht, soweit der Erstattungsbetrag gem. § 28 Nr. 1 verrechnet oder gem. § 28 Nr. 2 oder durch den AG aufgerechnet wird (vgl. Anm. zu § 28). Gleiches gilt, wenn die zu Unrecht entrichteten Beitr gem. § 202 SGB VI in freiwillige Beitr umgedeutet werden.

II. Beginn und Ende

3   Der **Beginn** der Verzinsung richtet sich danach, ob die Erstattung auf Antrag oder von Amts wegen erfolgt (vgl. auch Anm. zu § 26 Rn. 9). Im erstgen. Fall beginnt die Verzinsung nach Ablauf eines KalMonats nach **Eingang des vollständigen Erstattungsantrags** (Bsp.: Eingang des vollständigen Erstattungsantrags am: 3. 7., Zinsbeginn: 1. 9.). Vollständig ist der Erstattungsantrag, wenn dieser sämtliche Angaben enthält, die dem VTr eine Entscheidung über die Erstattung ermöglichen (Hauck/Noftz/Udsching, § 27 SGB IV Rn. 4). Dies schließt alle Tatsachen für die Unrechtmäßigkeit der BeitrZahlung sowie die Erklärung des Vers über etwaig in Anspruch genommene Leistungen und den Ausschluss der Umdeutung gem. § 202 SGB VI ein. Der Antrag ist an keine bes. Form gebunden. Für die Praxis wird gleichwohl empfohlen, den von den Spitzenorganisationen der SV dafür entwickelten Antragsvordruck zu verwenden (vgl. Anlage zu den „Gemeinsamen Grundsätzen für die Verrechnung und Erstattung zu Unrecht gezahlter Beitr zur KV, PV, RV und AV aus einer Besch" vom 21. 11. 2006; im Internet: www.deutsche-rentenversicherung.de). Denn von einem vollständigen Erstattungsantrag ist idR auszugehen, wenn ein dafür vorgesehener Antragsvordruck verwendet und lückenlos ausgefüllt wird (so auch KassKomm/Seewald, § 27 SGB IV Rn. 7). Darüber hinausgehende erforderliche Ermittlungen/Rückfragen gehen grds. zu Lasten des VTrs. Der Antrag ist unvollständig, soweit Nachweise über die zurückgeforderten Beitr ganz oder teilweise fehlen. Dies gilt nicht, wenn dem VTr aufgrund ihm zur Verfügung stehender Unterlagen eine Entscheidung möglich ist. Ausschlaggebend für den Zinsbeginn ist der Antragseingang bei dem für die Erstattung zust. VTr; § 16 Abs. 2 SGB I gilt nicht (Hauck/Noftz/Udsching, § 27 SGB IV Rn. 4). Eingegangen ist der Antrag, wenn er in den Machtbereich des VTrs gelangt ist, so dass dieser unter normalen Verh. die Möglichkeit hat, vom Inhalt des Antrags Kenntnis zu nehmen (Schwerdtfeger in SGB-SozVers-GesKomm., § 27 SGB IV Anm. 6 a). Wird der Antrag bei der Einzugsstelle (§ 28h Abs. 1 S. 1 iVm. § 28 i) gestellt und von dort zuständigkeitshalber an den RVTr oder die AA weitergeleitet, bleibt ausnahmsweise der Zeitpunkt des Antragseingangs bei der Einzugsstelle für den Zinsbeginn maßgebend (KomGRV, § 27 SGB IV Rn. 2). Nach der Rspr. (BSG 16. 4. 1985 – 12 RK 19/83 – SozR 2100 § 27 Nr. 3) ist in einem Widerspruch gegen einen BeitrBescheid oder in einer unter Vorbehalt erfolgten, unfreiwilligen Erfüllung einer BeitrForderung zugleich ein Erstattungsantrag enthalten, der die Verzinsung nach Abs. 1 auslöst. Dies gilt selbst dann, wenn die Beitr zu dieser Zeit noch nicht entrichtet waren; der zu unterstellende Erstattungsantrag wirkt für die später zu entrichtenden Beitr fort. Erfolgt die **Erstattung von Amts wegen** (bei Fehlen eines Erstattungsantrags), beginnt die Verzinsung nach Ablauf eines KalMonats nach Bekanntgabe (vgl. § 37 SGB X) der Entscheidung über die Erstattung.

4   Die Verzinsung **endet mit Ablauf des KalMonats vor Auszahlung** des Erstattungsbetrags (Bsp.: Auszahlung am: 30. 9., Zinsende: 31. 8.). Mit Auszahlung ist der Zeitpunkt gemeint, an dem der Berechtigte über den Erstattungsbetrag verfügen kann (KomGRV, § 27 SGB IV Rn. 2, aA KassKomm/Seewald, § 27 SGB IV Rn. 13). Ein Zinsanspruch ergibt sich folglich nur, wenn zwischen Eingang des vollständigen Erstattungsantrags (bzw. Bekanntgabe der Erstattungsentscheidung) und Auszahlung mind. 2 KalMonate liegen.

III. Zinsberechnung

5   Der Zinssatz beträgt unabhängig vom Diskontsatz 4%. Verzinst werden nur volle KalMonate und nur der auf volle Euro abgerundete Erstattungsbetrag (**keine Zinseszinsen,** vgl. auch Rn. 1). Der KalMonat ist mit 30 Tagen anzusetzen. Für die Zinsberechnung gilt folgende Formel:
Erstattungsbetrag × 4/100 × 30/360 = Erstattungsbetrag/300 = Zinsen pro Monat.

C. Verjährung (Abs. 2, 3)

Die **Verjährungsfrist** für den Erstattungsanspruch nach § 26 beträgt vier Jahre. Sie beginnt nach Abs. 2 S. 1 mit dem 1. 1. des auf die zu Unrecht erfolgte BeitrEntrichtung folgenden KalJahres. Unerheblich ist, für welche Zeiträume die Beitr entrichtet wurden (KassKomm/Seewald, § 27 SGB IV Rn. 15), ob den VTr ein Verschulden an der unrechtmäßigen BeitrEntrichtung trifft (Hauck/Noftz/ Udsching, § 27 SGB IV Rn. 7) oder der BeitrZahler Kenntnis von der Unrechtmäßigkeit der Zahlung hatte (BSG 13. 6. 1985 – 7 RAr 107/83 – SozR 2100 § 27 Nr. 4). Für jedes KalJahr der unrechtmäßigen BeitrZahlung ergibt sich eine separate Verjährungsfrist. Lag der BeitrEntrichtung ein rechtswidriger Verwaltungsakt zugrunde, entsteht der Erstattungsanspruch erst mit dessen Aufhebung (vgl. Anm. zu § 26 Rn. 9); die Verjährung beginnt dann nicht mit dem Folgejahr der Beitr-Entrichtung, sondern erst mit Entstehen des Erstattungsanspruchs (BSG 13. 9. 2006 – B 12 AL 1/05 R – USK 2006-48).

Als **Sonderregelung** bestimmt Abs. 2 S. 2, dass im Falle der **Beanstandung** (durch den RVTr, vgl. Anm. zu § 26 Rn. 2) die Verjährungsfrist mit Ablauf des KalJahres der Beanstandung beginnt; auf den Zeitpunkt der BeitrEntrichtung kommt es dann nicht mehr an. Die **Eröffnung einer neuen Verjährungsfrist** durch Beanstandung (ggf. im Verlauf oder nach Ablauf der Verjährungsfrist nach Abs. 2 S. 1) betrifft ausschließlich zu Unrecht entrichtete RV-Beitr. In den übrigen VersZweigen und der AV findet Abs. 2 S. 2 keine Anwendung, da hier das Rechtsinstitut der Beanstandung nicht gilt (vgl. Anm. zu § 26 Rn. 2, § 351 Abs. 1 S. 2 SGB III, BSG 13. 6. 1985 – 7 RAr 107/83 – SozR 2100 § 27 Nr. 4, BSG 25. 4. 1991 – 12 RK 31/90 – BSGE 68, 269); hier richtet sich die Verjährung nach Abs. 2 S. 1. Bei zu Unrecht entrichteten GesamtSVBeitr kann es deshalb noch zu einer Erstattung von zu Unrecht entrichteten RV-Beitr kommen, während der Erstattungsanspruch hins. der zu Unrecht entrichteten Beitr zur KV, PV und AV bereits verjährt ist. Abs. 2 S. 2 kommt aber nur insoweit zum Tragen, wie der RVTr für die Erstattung zust. ist (vgl. Anm. zu § 26 Rn. 19), da er allein zur Beanstandung von zu Unrecht entrichteten RV-Beitr befugt ist. Die Erklärung der Einzugsstelle (§ 28h Abs. 1 S. 1 iVm. § 28 i), (RV-)Beitr seien zu Unrecht entrichtet, ist keine Beanstandung iSd. Abs. 2 S. 2 (BSG aaO); in diesem Fall gilt Abs. 2 S. 1. Die Verjährungsfrist endet jeweils nach Ablauf von vier Jahren. Die Fristberechnung erfolgt gem. § 26 SGB X iVm. §§ 187 ff. BGB.

Für die **Hemmung**, die **Ablaufhemmung**, den **Neubeginn** und die Wirkung der Verjährung erklärt Abs. 3 die entspr. Anwendung der BGB-Vorschriften (vgl. §§ 203 ff. BGB). Hierzu wird auf die Anm. zu § 25 Rn. 6 ff. verwiesen. Überdies sind Hemmungsgründe nach Abs. 3 S. 2 auch der schriftliche Antrag auf Erstattung oder die Erhebung eines Widerspruchs; die Hemmung endet gem. Abs. 3 S. 3 sechs Monate nach der Entscheidung über den Erstattungsantrag oder den Widerspruch. Die Verjährung des Erstattungsanspruchs auf zu Unrecht entrichtete RV-Beitr wird nach § 198 S. 2 SGB VI auch durch ein BeitrVerfahren oder ein Verfahren über einen Rentenanspruch gehemmt; die Hemmung endet jeweils sechs Monate nach Abschluss der gen. Verfahren.

D. Wirkung der Verjährung und Verjährungseinrede

Der Ablauf der Verjährungsfrist führt nicht zur Beseitigung des Erstattungsanspruchs; vielmehr hat der VTr nur ein dauerndes Leistungsverweigerungsrecht (§ 214 Abs. 1 BGB), das im Wege der Einrede geltend zu machen ist. Der VTr ist aber nicht verpflichtet, sich auf die Verjährung zu berufen. Ob der VTr von der Verjährungseinrede Gebrauch macht und damit einhergehend die BeitrErstattung verweigert, liegt in seinem **pflichtgemäßen Ermessen** (BSG 13. 6. 1985 – 7 RAr 107/83 – SozR 2100 § 27 Nr. 4; BSG 26. 3. 1987 – 11a RLw 3/86 – BSGE 61, 226; BSG 16. 12. 1987 – 11a RLw 2/87 – USK 87164). Im Umkehrschluss kann der VTr einen verjährten Erstattungsanspruch gleichwohl erfüllen (als Ermessensleistung – vgl. BSG 26. 3. 1987 – 11a RLw 3/86 – BSGE 61, 226). Von der Erhebung der Verjährungseinrede kann der VTr zB absehen, wenn der Erstattungsberechtigte geltend macht, dass er vom Vorliegen der Voraussetzungen des Anspruchs keine Kenntnis hatte (BSG 23. 10. 1975 – 11 RA 152/74 – BSGE 40, 279). Die Verjährungseinrede ist unzulässig, wenn sie im Einzelfall zu grober Unbilligkeit oder bes. Härte führt (BSG aaO) oder gegen den Grundsatz von Treu und Glauben (§ 242 BGB) verstößt. Letzteres wäre bspw. der Fall, wenn den VTr ein Verschulden an der zu Unrecht erfolgten BeitrLeistung oder dem Eintritt der Verjährung trifft. Erfüllt der VTr einen bereits verjährten Erstattungsanspruch, so kann er den gezahlten Betrag nicht zurückfordern, selbst wenn die Zahlung in Unkenntnis der Verjährung erfolgt ist (§ 214 Abs. 2 S. 1 BGB).

§ 28 Verrechnung und Aufrechnung des Erstattungsanspruchs

Der für die Erstattung zuständige Leistungsträger kann

1. mit Ermächtigung eines anderen Leistungsträgers dessen Ansprüche gegen den Berechtigten mit dem ihm obliegenden Erstattungsbetrag verrechnen,

2. mit Zustimmung des Berechtigten die zu Unrecht entrichteten Beiträge mit künftigen Beitragsansprüchen aufrechnen.

A. Normzweck

1 § 28, der für alle VersZweige und die AV gilt, normiert die Zulässigkeit der Verrechnung (Nr. 1) und Aufrechnung (Nr. 2) ausschließlich mit bzw. gegen den Anspruch auf Erstattung zu Unrecht entrichteter Beitr nach § 26. Die Vorschrift ergänzt die §§ 26, 27 und eröffnet dem für die Erstattung zust. LeistungsTr anstelle einer Auszahlung zwei weitere Möglichkeiten zur Erfüllung des gegen ihn gerichteten Erstattungsanspruchs. Eine eigenständige Regelung war erforderlich, da es sich bei dem Erstattungsanspruch nach § 26 nicht um eine Sozialleistung iSd. § 11 SGB I handelt und somit die §§ 51, 52 SGB I nicht anwendbar sind. § 28 ist keine abschließende Sondervorschrift, die die allg. zivilrechtl. Regelungen verdrängt. Die Aufrechnung gegen den Erstattungsanspruch nach § 26 ist auch ohne bes. sozialrechtl. Ermächtigungsgrundlage nach den allg. zivilrechtl. Regelungen (§§ 387 ff. BGB) zulässig (BSG 15. 12. 1994 – 12 RK 69/93 – SozR 3–2400 § 28 Nr. 2). Zudem erweitert § 28 die **Aufrechnungsbefugnis des VTrs über das Zivilrecht hinaus**, indem bei Nr. 1 (Verrechnung mit Ansprüchen anderer LeistungsTr) auf das Erfordernis der Gegenseitigkeit und bei Nr. 2 auf das Erfordernis der Fälligkeit (durch Einbeziehung zukünftiger BeitrSchulden) verzichtet wird (BSG aaO). Insg. betrachtet dient § 28 der verwaltungsökonomischen Abwicklung von Erstattungsansprüchen.

B. Verrechnung (Nr. 1)

2 § 28 Nr. 1 gestattet die Verrechnung des Erstattungsanspruchs nach § 26 mit Ansprüchen eines anderen LeistungsTrs gegen den Erstattungsberechtigten. Die Verrechnung ist ein Sonderfall der Aufrechnung, bei der einzig die sonst geforderte Gegenseitigkeit der Ansprüche (§ 387 BGB) entfällt. Im Fall des § 28 Nr. 1 setzt sie auf der einen Seite einen Erstattungsanspruch des Berechtigten nach § 26 und auf der anderen Seite Ansprüche eines anderen LeistungsTrs gegen den Erstattungsberechtigten (§ 26 Abs. 3) voraus. Die sich ggü. stehenden Ansprüche müssen gleichartig und auch fällig sein. **Gleichartigkeit** bedeutet hier, dass es sich jeweils um Geldleistungen handeln muss. Die **Fälligkeit** des Erstattungsanspruchs richtet sich nach § 26 SGB IV iVm. § 271 BGB. Anders als bei § 28 Nr. 2 kann die Verrechnung nicht mit künftigen Ansprüchen des anderen LeistungsTrs vorgenommen werden; die Gegenforderung muss fällig sein. Überdies werden keine weiteren Anforderungen an den Anspruch des anderen LeistungsTrs gestellt; die Rechtsgrundlage ist unbeachtlich. Somit kann der Erstattungsanspruch nach § 26 auch mit zu Unrecht erbrachten Leistungen (§ 50 SGB X) oder zivilrechtl. Ansprüchen verrechnet werden. Zusätzliche Voraussetzung für die Verrechnung ist die **Ermächtigung des anderen LeistungsTrs** als Inhaber der Forderung. Sie berechtigt den für die Erstattung zust. LeistungsTr, der nicht Inhaber der Forderung ist, über eine fremde Forderung durch Verrechnung zu verfügen, ohne dass ein Inhaberwechsel stattfindet (Hauck/Noftz/Udsching, § 28 SGB IV Rn. 6). Die Ermächtigung ist weder formgebunden noch braucht sie ausdrücklich erklärt werden. Ein Verrechnungsersuchen ist zugleich als Ermächtigung anzusehen. Zu den anderen LeistungsTrn gehören nur die in § 12 SGB I iVm. §§ 18 bis 29 SGB I gen. Körperschaften, Stiftungen und Anstalten. Ausgeschlossen ist damit die Verrechnung mit Ansprüchen anderer Behörden oder öffentl. Stellen (zB Finanzämter). Die Krankenkassen als Einzugsstellen (§ 28h Abs. 1 S. 1 iVm. § 28 i) können Ermächtigungen für die Verrechnung von Beitr zur RV und AV, die als GesamtSVBeitr (§ 28 d) zu zahlen sind, auch ohne Zustimmung der hierfür zust. VTr erteilen (KomGRV, § 28 SGB IV Rn. 5).

C. Aufrechnung (Nr. 2)

3 § 28 Nr. 2 ermöglicht die Aufrechnung des Erstattungsbetrags nach § 26 mit (erst) künftig fälligen BeitrAnsprüchen des erstattungspflichtigen LeistungsTrs gegen den Erstattungsberechtigten, wenn Letzterer der Aufrechnung zustimmt. Durch die Möglichkeit zur Aufrechnung mit künftigen BeitrAnsprüchen wird die zivilrechtl. Aufrechnungsbefugnis des für die Erstattung zust. LeistungsTrs erweitert, indem auf die Fälligkeit der Gegenforderung verzichtet wird. Die Aufrechnung nach § 28 Nr. 2 setzt die Zustimmung des Erstattungsberechtigten, die **Gleichartigkeit** (Geldleistungen – vgl. Rn. 3) und – anders als bei der Verrechnung – auch die Gegenseitigkeit der Ansprüche (§ 387 BGB) voraus. Die **Zustimmung** kann durch (vorherige) Einwilligung (§ 183 BGB) oder (nachträgliche) Genehmigung (§ 184 BGB), ggf. auch durch konkludentes Verhalten erfolgen. Sie ist nicht formgebunden. Mit der Zustimmung wird ein Hinausschieben der Fälligkeit des Erstattungsanspruchs bis zur Fälligkeit der künftigen BeitrAnsprüche, mit denen aufgerechnet wird, bewirkt; ein Zinsanspruch nach § 27 Abs. 1 entsteht nicht. **Gegenseitigkeit** bedeutet, dass der Gläubiger der einen Forderung zugleich Schuldner der anderen ist. § 28 Nr. 2 beschränkt die (erweiterte) Aufrechnungsmöglichkeit

auf **künftig fällige BeitrAnsprüche.** Zulässig ist die Aufrechnung aber nur mit solchen künftigen BeitrAnsprüchen, die der Erstattungsberechtigte später selbst als Vers oder AG unmittelbar ggü. dem erstattungspflichtigen LeistungsTr schuldet und die folglich Letzterer auch selbst geltend machen kann. Handelt es sich nicht um künftige BeitrAnsprüche, sondern um andere Ansprüche des LeistungsTrs gegen den Erstattungsberechtigten, gilt § 28 Nr. 2 nicht. Eine Aufrechnung ist dann nur nach den allg. zivilrechtl. Regelungen (§§ 387 ff. BGB) und nur mit fälligen Forderungen zulässig; für die AV vgl. erg. § 333 Abs. 2 SGB III.

Den **Einzugsstellen** (§ 28 h Abs. 1 S. 1 iVm. § 28 i) ist die Aufrechnung auch mit künftigen Ansprüchen auf den GesamtSVBeitr (§ 28 d) möglich, soweit sie für die Erstattung zust. sind. Näheres zu den Aufrechnungsmöglichkeiten der Einzugsstellen und der RVTr im Rahmen einer Betriebsprüfung kann den „Gemeinsamen Grundsätzen für die Verrechnung und Erstattung zu Unrecht gezahlter Beitr zur KV, PV, RV und AV aus einer Besch" vom 21. 11. 2006 (Ziff. 3; im Internet: www.deutsche-rentenversicherung.de) entnommen werden (aaO als „Verrechnung" bezeichnet). Hiernach ist auch der **AG** unter bestimmten Voraussetzungen berechtigt, zuviel gezahlte Beitr mit geschuldeten Beitr aufzurechnen (aaO ebenfalls als „Verrechnung" bezeichnet). 4

D. Auf-/Verrechnungserklärung und Wirkung

Ob der für die Erstattung zust. LeistungsTr bei Vorliegen der Voraussetzungen des § 28 von der Möglichkeit der Auf- oder Verrechnung Gebrauch macht, liegt in seinem **pflichtgemäßen Ermessen**. Ggü. dem Erstattungsberechtigten stellt die Erklärung der Auf- oder Verrechnung einen Verwaltungsakt (§ 31 SGB X) dar, der der gerichtlichen Nachprüfbarkeit unterliegt. Es kann grds. in voller Höhe verrechnet oder aufgerechnet werden; die Grenzen der §§ 51, 52 SGB I sind unbeachtlich (Hauck/Noftz/Udsching, § 28 SGB IV Rn. 3 b). Rechnerisch reduziert sich der Erstattungsanspruch um den Betrag, mit dem verrechnet bzw. gegen den aufgerechnet wird. Insoweit erlischt der Erstattungsanspruch (§ 389 BGB). 5

Dritter Abschnitt. Meldepflichten des Arbeitgebers, Gesamtsozialversicherungsbeitrag

Erster Titel. Meldungen des Arbeitgebers und ihre Weiterleitung

§ 28 a Meldepflicht

(1) ¹Der Arbeitgeber oder ein anderer Meldepflichtiger hat der Einzugsstelle für jeden in der Kranken-, Pflege-, Rentenversicherung oder nach dem Recht der Arbeitsförderung kraft Gesetzes Versicherten
1. bei Beginn der versicherungspflichtigen Beschäftigung,
2. bei Ende der versicherungspflichtigen Beschäftigung,
3. bei Eintritt eines Insolvenzereignisses,
4. (weggefallen)
5. bei Änderungen in der Beitragspflicht,
6. bei Wechsel der Einzugsstelle,
7. bei Anträgen auf Altersrenten oder Auskunftsersuchen des Familiengerichts in Versorgungsausgleichsverfahren,
8. bei Unterbrechung der Entgeltzahlung,
9. bei Auflösung des Arbeitsverhältnisses,
10. (weggefallen)
11. (weggefallen)
12. bei einmalig gezahltem Arbeitsentgelt, soweit es nicht in einer Meldung aus anderem Anlass erfasst werden kann,
13. bei Beginn der Berufsausbildung,
14. bei Ende der Berufsausbildung,
15. bei Wechsel von einer Betriebsstätte im Beitrittsgebiet zu einer Betriebsstätte im übrigen Bundesgebiet oder umgekehrt,
16. bei Beginn der Altersteilzeitarbeit,
17. bei Ende der Altersteilzeitarbeit,
18. bei Änderung des Arbeitsentgelts, wenn die in § 8 Absatz 1 Nummer 1 genannte Grenze über- oder unterschritten wird,
19. bei nach § 23 b Absatz 2 bis 3 gezahltem Arbeitsentgelt oder
20. bei Wechsel von einem Wertguthaben, das im Beitrittsgebiet und einem Wertguthaben, das im übrigen Bundesgebiet erzielt wurde,

Roßbach

eine Meldung durch gesicherte und verschlüsselte Datenübertragung aus systemgeprüften Programmen oder mittels maschinell erstellter Ausfüllhilfen zu erstatten. ²Dies gilt für die Übermittlung von Meldungen nach § 97 Absatz 1 entsprechend.

(2) Der Arbeitgeber hat jeden am 31. Dezember des Vorjahres Beschäftigten nach Absatz 1 zu melden (Jahresmeldung).

(3) ¹Die Meldungen enthalten für jeden Versicherten insbesondere
1. seine Versicherungsnummer, soweit bekannt,
2. seinen Familien- und Vornamen,
3. sein Geburtsdatum,
4. seine Staatsangehörigkeit,
5. Angaben über seine Tätigkeit nach dem Schlüsselverzeichnis der Bundesagentur für Arbeit,
6. die Betriebsnummer seines Beschäftigungsbetriebes,
7. die Beitragsgruppen,
8. die zuständige Einzugsstelle und
9. den Arbeitgeber.

²Zusätzlich sind anzugeben
1. bei der Anmeldung
   a) die Anschrift,
   b) der Beginn der Beschäftigung,
   c) sonstige für die Vergabe der Versicherungsnummer erforderliche Angaben,
   d) die Angabe, ob zum Arbeitgeber eine Beziehung als Ehegatte, Lebenspartner oder Abkömmling besteht,
   e) die Angabe, ob es sich um eine Tätigkeit als geschäftsführender Gesellschafter einer Gesellschaft mit beschränkter Haftung handelt,
   f) die Angabe der Staatsangehörigkeit,
2. bei der Abmeldung und bei der Jahresmeldung
   a) eine Namens-, Anschriften- oder Staatsangehörigkeitsänderung, soweit diese Änderung nicht schon anderweitig gemeldet ist,
   b) das in der Rentenversicherung oder nach dem Recht der Arbeitsförderung beitragspflichtige Arbeitsentgelt in Euro,
   c) das in der Unfallversicherung beitragspflichtige Arbeitsentgelt in Euro und die geleisteten Arbeitsstunden,
   d) der Zeitraum, in dem das angegebene Arbeitsentgelt erzielt wurde,
   e) Wertguthaben, die auf die Zeit nach Eintritt der Erwerbsminderung entfallen,
   f) die Unfallversicherungsmitgliedsnummer seines Beschäftigungsbetriebs,
   g) die Betriebsnummer des zuständigen Unfallversicherungsträgers,
   h) die anzuwendende Gefahrtarifstelle.
3. (weggefallen)
4. bei der Meldung nach Absatz 1 Nummer 19
   a) das Arbeitsentgelt in Euro, für das Beiträge gezahlt worden sind,
   b) im Falle des § 23 b Absatz 2 der Kalendermonat und das Jahr der nicht zweckentsprechenden Verwendung des Arbeitsentgelts, im Falle der Zahlungsunfähigkeit des Arbeitgebers jedoch der Kalendermonat und das Jahr der Beitragszahlung.

³Arbeitgeber, die Mitglied einer Landwirtschaftlichen Berufsgenossenschaft mit Ausnahme der Gartenbau-Berufsgenossenschaft sind, haben Meldungen nach Satz 2 Nummer 2 Buchstabe c, f, g und h nicht zu erstatten.

(3 a) ¹Die Datenstelle der Träger der Rentenversicherung übermittelt für Zwecke der Berechnung der Umlage nach § 152 des Siebten Buches nach Eingang der Jahresmeldung die Daten nach Absatz 3 Satz 2 Nummer 2 Buchstaben c und h zusammengefasst für jeden Arbeitgeber an den zuständigen Träger der gesetzlichen Unfallversicherung. ²Dabei sind die Arbeitsentgelte den Gefahrtarifstellen zuzuordnen.

(4) ¹Arbeitgeber haben den Tag des Beginns eines Beschäftigungsverhältnisses spätestens bei dessen Aufnahme an die Datenstelle der Träger der Rentenversicherung nach Satz 2 zu melden, sofern sie Personen in folgenden Wirtschaftsbereichen oder Wirtschaftszweigen beschäftigen:
1. im Baugewerbe,
2. im Gaststätten- und Beherbergungsgewerbe,
3. im Personenbeförderungsgewerbe,
4. im Speditions-, Transport- und damit verbundenen Logistikgewerbe,
5. im Schaustellergewerbe,
6. bei Unternehmen der Forstwirtschaft,

7. im Gebäudereinigungsgewerbe,
8. bei Unternehmen, die sich am Auf- und Abbau von Messen und Ausstellungen beteiligen,
9. in der Fleischwirtschaft.

²Die Meldung enthält folgende Angaben über den Beschäftigten:
1. den Familien- und die Vornamen,
2. die Versicherungsnummer, soweit bekannt, ansonsten die zur Vergabe einer Versicherungsnummer notwendigen Angaben (Tag und Ort der Geburt, Anschrift),
3. die Betriebsnummer des Arbeitgebers und
4. den Tag der Beschäftigungsaufnahme.

³Die Meldung wird in der Stammsatzdatei nach § 150 Absatz 1 und 2 des Sechsten Buches gespeichert. ⁴Die Meldung gilt nicht als Meldung nach Absatz 1 Satz 1 Nummer 1.

(5) Der Meldepflichtige hat der zu meldenden Person den Inhalt der Meldung in Textform mitzuteilen.

(6) Soweit der Arbeitgeber eines Hausgewerbetreibenden Arbeitgeberpflichten erfüllt, gilt der Hausgewerbetreibende als Beschäftigter.

(6 a) Beschäftigt ein Arbeitgeber, der
1. im privaten Bereich nichtgewerbliche Zwecke oder
2. mildtätige, kirchliche, religiöse, wissenschaftliche oder gemeinnützige Zwecke im Sinne des § 10 b des Einkommensteuergesetzes

verfolgt, Personen versicherungsfrei geringfügig nach § 8, kann er auf Antrag abweichend von Absatz 1 Meldungen auf Vordrucken erstatten, wenn er glaubhaft macht, dass ihm eine Meldung auf maschinell verwertbaren Datenträgern oder durch Datenübertragung nicht möglich ist.

(7) ¹Der Arbeitgeber erstattet der Einzugsstelle für einen im privaten Haushalt Beschäftigten anstelle der Meldung nach Absatz 1 unverzüglich eine vereinfachte Meldung (Haushaltsscheck) mit den Angaben nach Absatz 8 Satz 1, wenn das Arbeitsentgelt (§ 14 Absatz 3) aus dieser Beschäftigung regelmäßig 400 Euro im Monat nicht übersteigt. ²Der Arbeitgeber erteilt der Einzugsstelle eine Ermächtigung zum Einzug des Gesamtsozialversicherungsbeitrags. ³Der Haushaltsscheck ist vom Arbeitgeber und vom Beschäftigten zu unterschreiben. ⁴Die Absätze 2 bis 5 gelten nicht.

(8) ¹Der Haushaltsscheck enthält
1. den Familiennamen, Vornamen, die Anschrift und die Betriebsnummer des Arbeitgebers,
2. den Familiennamen, Vornamen, die Anschrift und die Versicherungsnummer des Beschäftigten; kann die Versicherungsnummer nicht angegeben werden, ist das Geburtsdatum des Beschäftigten einzutragen,
3. die Angabe, ob der Beschäftigte im Zeitraum der Beschäftigung bei mehreren Arbeitgebern beschäftigt ist, und
4. a) bei einer Meldung bei jeder Lohn- oder Gehaltszahlung den Zeitraum der Beschäftigung, das Arbeitsentgelt (§ 14 Absatz 3) für diesen Zeitraum sowie am Ende der Beschäftigung den Zeitpunkt der Beendigung,
 b) bei einer Meldung zu Beginn der Beschäftigung deren Beginn und das monatliche Arbeitsentgelt (§ 14 Absatz 3),
 c) bei einer Meldung wegen Änderung des Arbeitsentgelts (§ 14 Absatz 3) den neuen Betrag und den Zeitpunkt der Änderung,
 d) bei einer Meldung am Ende der Beschäftigung den Zeitpunkt der Beendigung,
 e) bei Erklärung des Verzichts auf Versicherungsfreiheit nach § 5 Absatz 2 Satz 2 des Sechsten Buches den Zeitpunkt des Verzichts.

²Bei sich anschließenden Meldungen kann von der Angabe der Anschrift des Arbeitgebers und des Beschäftigten abgesehen werden.

(9) Die Absätze 1 bis 8 gelten entsprechend für versicherungsfrei geringfügig Beschäftigte.

(10) ¹Der Arbeitgeber hat für Beschäftigte, die nach § 6 Absatz 1 Nummer 1 des Sechsten Buches von der Versicherungspflicht befreit und Mitglied einer berufsständischen Versorgungseinrichtung sind, die Meldungen nach den Absätzen 1, 2 und 9 zusätzlich an die Annahmestelle der berufsständischen Versorgungseinrichtungen zu erstatten. ²Die Datenübermittlung hat durch gesicherte und verschlüsselte Datenübertragung aus systemgeprüften Programmen oder mittels systemgeprüfter maschinell erstellter Ausfüllhilfen zu erfolgen. ³Zusätzlich zu den Angaben nach Absatz 3 enthalten die Meldungen die Mit-

gliedsnummer des Beschäftigten bei der Versorgungseinrichtung. ⁴Die Absätze 5 bis 6a gelten entsprechend.

(11) ¹Der Arbeitgeber hat für Beschäftigte, die nach § 6 Absatz 1 Nummer 1 des Sechsten Buches von der Versicherungspflicht befreit und Mitglied einer berufsständischen Versorgungseinrichtung sind, der Annahmestelle der berufsständischen Versorgungseinrichtungen monatliche Meldungen zur Beitragserhebung zu erstatten. ²Absatz 10 Satz 2 gilt entsprechend. ³Diese Meldungen enthalten für den Beschäftigten

1. die Mitgliedsnummer bei der Versorgungseinrichtung oder, wenn die Mitgliedsnummer nicht bekannt ist, die Personalnummer beim Arbeitgeber, den Familien- und Vornamen, das Geschlecht und das Geburtsdatum,
2. den Zeitraum, für den das Arbeitsentgelt gezahlt wird,
3. das beitragspflichtige ungekürzte laufende Arbeitsentgelt für den Zahlungszeitraum,
4. das beitragspflichtige ungekürzte einmalig gezahlte Arbeitsentgelt im Monat der Abrechnung,
5. die Anzahl der Sozialversicherungstage im Zahlungszeitraum,
6. den Beitrag, der bei Firmenzahlern für das Arbeitsentgelt nach Nummer 3 und 4 anfällt,
7. die Betriebsnummer der Versorgungseinrichtung,
8. die Betriebsnummer des Beschäftigungsbetriebes,
9. den Arbeitgeber,
10. den Ort der Betriebsstätte,
11. den Monat der Abrechnung.

⁴Soweit nicht aus der Entgeltbescheinigung des Beschäftigten zu entnehmen ist, dass die Meldung erfolgt ist und welchen Inhalt sie hatte, gilt Absatz 5.

(12) Der Arbeitgeber hat auch für ausschließlich nach § 2 Absatz 1 Nummer 1 des Siebten Buches versicherte Beschäftigte mit beitragspflichtigem Entgelt Meldungen nach den Absätzen 1 und 3 Satz 2 Nummer 2 abzugeben.

(13) ¹Die Künstlersozialkasse hat für die nach dem Künstlersozialversicherungsgesetz krankenversicherungspflichtigen Mitglieder monatlich eine Meldung an die zuständige Krankenkasse (§ 28 i) durch Datenübermittlung mit den für den Nachweis der Beitragspflicht notwendigen Angaben, insbesondere die Versicherungsnummer, den Namen und Vornamen, den beitragspflichtigen Zeitraum, die Höhe des der Beitragspflicht zu Grunde liegenden Arbeitseinkommens, ein Kennzeichen über die Ruhensanordnung gemäß § 16 Absatz 2 des Künstlersozialversicherungsgesetzes und den Verweis auf die Versicherungspflicht in der Rentenversicherung des Versicherten zu übermitteln. ²Den Übertragungsweg und die Einzelheiten des Verfahrens wie den Aufbau des Datensatzes regeln die Künstlersozialkasse und der Spitzenverband Bund der Krankenkassen in gemeinsamen Grundsätzen entsprechend § 28 b Absatz 2. ³Bei der Nutzung allgemein zugänglicher Netze sind dem jeweiligen Stand der Technik entsprechende Verschlüsselungsverfahren zu verwenden.

Übersicht

	Rn.
A. Normzweck	1
B. Meldepflichtige und zu meldender Personenkreis	2
C. Elektronisches Meldeverfahren	3
D. Meldeanlässe (Abs. 1 S. 1 Nr. 1 bis 20)	5
E. Jahresmeldung (Abs. 2)	20
F. Meldeinhalte (Abs. 3)	21
G. Datenübermittlung an die Unfallversicherungsträger (Abs. 3 a)	24a
H. Sofortmeldung (Abs. 4)	25
I. Allgemeines	25
II. Betroffene Wirtschaftsbereiche/-zweige	26
III. Zu meldende Personen, Zeitpunkt der Sofortmeldung	28
IV. Inhalt der Sofortmeldung	29
V. Übermittlung, Datenspeicherung und -nutzung	30
I. Unterrichtung der zu meldenden Person (Abs. 5)	32
J. Meldepflichten für Hausgewerbetreibende (Abs. 6)	34
K. Ausnahmen vom elektronischen Meldeverfahren (Abs. 6 a)	35
L. Vereinfachte Meldung – Haushaltsscheck (Abs. 7, 8)	36
I. Anwendungsbereich	36
II. Vereinfachtes Melde- und Beitragsverfahren	37
III. Inhalt des Haushaltsschecks (Abs. 8)	39

	Rn.
M. Meldungen für geringfügig Beschäftigte (Abs. 9)	40
N. Meldungen für Beschäftigte, die Mitglied einer berufsständischen Versorgungseinrichtung sind (Abs. 10, 11)	41
O. Meldungen für ausschließlich in der gesetzlichen Unfallversicherung versicherte Beschäftige (Abs. 12)	45
P. Meldungen der Künstlersozialkasse (Abs. 13)	47

A. Normzweck

Der erste Titel des Dritten Abschnitts des SGB IV, der die §§ 28a bis 28c umfasst, schafft die ges. **1** Grundlagen für das Meldeverfahren zur SV. Um den VTrn bestimmte für die Durchführung der SV erforderliche Daten zugänglich zu machen, normiert § 28a spezielle **Meldepflichten** insb. für AG und ihnen gleichgestellte Personen (Rn. 2). Es handelt sich um eine **Ordnungsnorm,** deren Nichtbeachtung idR den Tatbestand einer Ordnungswidrigkeit erfüllt (vgl. § 111 Abs. 1 Nrn. 2, 2a, 2b, 2c und 8 SGB IV sowie § 41 DEÜV). Bis zum 31. 12. 2008 galt § 28a ausschließlich für die KV, PV, RV und AV, nicht aber für die Alterssicherung der Landwirte und die UV; vom 1. 1. 2009 an ist das Meldeverfahren zudem um die Daten zur UV erweitert worden (vgl. Rn. 23), so dass die Vorschrift seither auch für die UV gilt.

§ 28a bestimmt in den Abs. 1 und 2, wer und bei welchen **Anlässen** für wen Meldungen ggü. der **1a** zust. Einzugsstelle (§ 28h Abs. 1 S. 1 iVm. § 28i) zu erstatten hat. Abs. 3 legt sodann den **Inhalt dieser Meldungen** fest. Der mWv 1. 1. 2010 eingefügte Abs. 3a verpflichtet die Datenstelle der Tr der RV zur Übermittlung der für die Berechnung der Umlage nach § 152 SGB VII erforderlichen UV-Daten aus den **Meldungen an die UVTr**. Zur Verbesserung der Möglichkeiten zur Bekämpfung von illegaler Besch und Schwarzarbeit (BT-Drs. 16/10.488 S. 13) führt der mWv 1. 1. 2009 neugefasste Abs. 4 für AG bestimmter Wirtschaftsbereiche eine Pflicht zur Abgabe einer bes. **Sofortmeldung** ein. Abs. 5 normiert **Mitteilungspflichten** des Meldepflichtigen ggü. den zu meldenden Personen. Abs. 6 enthält eine Klarstellung hins. der **Meldepflichten bei Hausgewerbetreibenden**. Durch den mWv 23. 6. 2006 eingefügten Abs. 6a werden **Ausnahmen von der seit 1. 1. 2006 generell bestehenden elektronischen Meldepflicht** geschaffen und in eng begrenzten Fällen Meldungen in Papierform ermöglicht. Abs. 7 sieht ein vereinfachtes Meldeverfahren (sog. **Haushaltsscheckverfahren**) bei geringfügig Beschäftigten in privaten Haushalten (§ 8a) vor; hierzu legt Abs. 8 die Meldeinhalte fest. Durch Abs. 9 werden die Meldepflichten des AG bei **versfreien geringfügig Beschäftigten** iSd. § 8 geregelt. Abs. 10 und 11 etablieren mWv 1. 1. 2009 ein maschinelles Meldeverfahren zwischen AG und den berufsständischen Versorgungseinrichtungen für **Beschäftigte, die nach § 6 Abs. 1 S. 1 Nr. 1 SGB VI von der VersPfl in der RV befreit sind**. Der mWv 1. 1. 2009 angefügte und mWv 22. 7. 2009 neugefasste Abs. 12 erweitert den zu meldenden Personenkreis um **Beschäftigte, die ausschließlich in der ges. UV versichert sind**, und legt die diesbezüglichen Meldepflichten des AG fest. Abs. 13 führt mWv 22. 7. 2009 für die Künstlersozialkasse (§ 46 KSVG) eine **mtl. Meldepflicht ggü. den Krankenkassen** ein.

B. Meldepflichtige und zu meldender Personenkreis

Die Meldepflichten gelten für **AG** (Abs. 1 iVm. § 2 Nr. 1 DEÜV) sowie für alle anderen Meldepflichtigen, die als AG gelten oder AGPflichten zu erfüllen und wie ein AG Meldungen zu erstatten haben (**sonstige Meldepflichtige,** Abs. 1 iVm. § 2 DEÜV). AG ist derjenige, der einen anderen in einem ArbVerh. beschäftigt (vgl. Anm. zu § 7) und dem die Verfügung über die Arbeitskraft, die Einstellung, Verwendung und Entlassung des AN zusteht, für dessen Rechnung das ArbEntg gezahlt wird und dem der Erfolg dieser Arbeitsleistung zugute kommt (Hauck/Sehnert, § 28a SGB IV Rn. 8). Vom AG sind Meldungen zu erstatten für **Beschäftigte** (§ 7), die kranken-, pflege-, renten- oder nach dem Recht der AV verspfl (§ 3 S. 1 Nr. 1 DEÜV) oder für die BeitrAnteile zur RV oder AV (§ 172 SGB VI, § 346 Abs. 3 SGB III) zu zahlen sind (§ 3 S. 1 Nr. 2 DEÜV). Gleiches gilt nach Abs. 9 iVm. § 3 S. 1 Nr. 3 DEÜV für **geringfügig Beschäftigte** (vgl. Rn. 40) und nach Abs. 12 für ausschließlich in der ges. UV nach § 2 Abs. 1 Nr. 1 SGB VII versicherte Beschäftigte mit beitrpfl ArbEntg (vgl. dazu Rn. 45). Im Falle der (legalen) ANÜberlassung iSd. AÜG ist der Verleiher als AG zur Meldung hins. seiner **LeihAN** verpflichtet (vgl. § 3 S. 1 Nr. 4 DEÜV). Für **Heimarbeiter und Hausgewerbetreibende** wird der AG in § 12 Abs. 3 fingiert; auch dieser hat grds. Meldungen für den gen. Personenkreis zu erstatten (vgl. hierzu erg. Abs. 6 und Rn. 34). Den Beschäftigten stehen Personen gleich, für die ein anderer wie ein AG Beitr aufgrund ges. Vorschriften zahlt (§ 3 S. 2 DEÜV). Abs. 1 spricht insoweit von den in der ges. KV, PV, RV oder AV (vgl. §§ 24, 25 SGB III, § 5 SGB V, § 1 SGB VI und § 20 SGB XI) kraft G **Versicherten** (§ 2 Abs. 1), für die Meldungen zu erstatten sind. Meldepflichtig sind bspw. auch: der zur Zahlung des Vorruhestandsgeldes Verpflichtete für die Bezieher von Vorruhestandsgeld (§ 200 Abs. 1 S. 1 Nr. 3 SGB V, § 191 S. 1 Nr. 3 SGB VI);

2

der Tr der Einrichtung für Personen, die in Einrichtungen der Jugendhilfe für eine Erwerbstätigkeit befähigt werden sollen oder in Werkstätten für behinderte Menschen, Blindenwerkstätten, Anstalten, Heimen oder gleichartigen Einrichtungen tätig sind (§ 200 Abs. 1 S. 1 Nr. 1 SGB V, § 190 iVm. § 1 S. 1 Nr. 2 und 3, S. 5 SGB VI); der zust. RehabilitationsTr für Personen, die an Leistungen zur Teilhabe am Arbeitsleben teilnehmen (§ 200 Abs. 1 S. 1 Nr. 2 SGB V); die nach § 4 Abs. 1 Nr. 1 und 2 SGB VI antragstellende Stelle für Entwicklungshelfer iSd. EntwicklungshelferG oder Deutsche im Ausland (§ 191 S. 1 Nr. 4 SGB VI); die Lotsenbrüderschaften für Seelotsen (§ 191 S. 1 Nr. 1 SGB VI); die LeistungsTr für Bezieher von Entgeltersatzleistungen (§ 191 S. 1 Nr. 2 SGB VI iVm. § 2 Nr. 5 und § 3 S. 1 Nr. 5 DEÜV); die Bundesämter für Wehrverwaltung und den Zivildienst für die nach § 3 S. 1 Nr. 2 und 2a SGB VI verspfl Wehr- und Zivildienstleistenden (§ 192 SGB VI iVm. § 2 Nr. 4, § 3 S. 1 Nr. 6 und § 40 DEÜV); die DRV Bund im Hinblick auf das ihr nach § 7f Abs. 1 S. 1 Nr. 2 übertragene Wertguthaben (vgl. § 7f Abs. 1 S. 2).

C. Elektronisches Meldeverfahren

3   Im Gegensatz zu dem bis 31. 12. 2005 geltenden Recht sind seit 1. 1. 2006 – vorbehaltlich von Abs. 6a – Meldungen nur noch durch **gesicherte und verschlüsselte Datenübertragung aus systemgeprüften Programmen oder mittels maschinell erstellter Ausfüllhilfen** zulässig (vgl. §§ 16 bis 23 DEÜV). Die Meldungen sind vorbehaltlich abw. Regelungen an die für den Einzug des GesamtSVBeitr (§ 28d) **zust. Einzugsstelle** (vgl. dazu § 28h Abs. 1 S. 1 iVm. § 28i) bzw. an die hier eingerichtete Datenannahmestelle zu erstatten (vgl. § 28b Abs. 1 SGB IV sowie § 23 Abs. 1 DEÜV). Dies gilt nicht für die Sofortmeldungen nach Abs. 4 (vgl. Rn. 25ff.), das bes. Meldeverfahren nach Abs. 10 und 11 (vgl. Rn. 41ff.) sowie für die Meldungen nach § 97 Abs. 1 (vgl. Rn. 4). Einzelheiten zum elektronischen Meldeverfahren haben die Spitzenorganisationen der SV in ihrem gemeinsamen Rdschr. „Gemeinsames Meldeverfahren zur KV, PV, RV und AV", in ihren „Gemeinsamen Grundsätzen für die Datenerfassung und Datenübermittlung zur SV nach § 28b Abs. 2 SGB IV" sowie den „Gemeinsamen Grundsätzen für die Untersuchung von EntgAbrechnungsprogrammen und Ausfüllhilfen (Systemuntersuchung) und die Datenweiterleitung innerhalb der SV nach § 22 DEÜV" in der jeweils gültigen Fassung (im Internet: www.deutsche-rentenversicherung.de) geregelt.

4   Da die von den AG im **Verfahren des elektronischen EntgNachweises** (vgl. §§ 95 bis 103) nach § 97 Abs. 1 an die Zentrale Speicherstelle bei der Datenstelle der Tr der RV mtl. zu übermittelnden Meldungen in das in der SV bestehende Übermittlungsverfahren integriert werden (vgl. BT-Drs. 16/10.492 S. 23), stellt Abs. 1 S. 2 mWv 2. 4. 2009 klar, dass auch in diesen Fällen die Datenübertragung nur gesichert und verschlüsselt aus systemgeprüften EntgAbrechnungsprogrammen oder mit Hilfe von geprüften automatisierten Ausfüllhilfen erfolgen darf.

D. Meldeanlässe (Abs. 1 S. 1 Nr. 1 bis 20)

5   In Abs. 1 S. 1 Nr. 1 bis 20 werden – ergänzt durch die in den Abs. 2 und 4 enthaltenen Regelungen über die Jahres- und Sofortmeldung – **abschließend** alle Gründe aufgezählt, bei deren Vorliegen der Meldepflichtige Meldungen zu erstatten hat. Eine Konkretisierung erfolgt insb. hins. der Meldefristen durch die DEÜV. Gleichwohl ist nicht zwangsläufig bei jedem Meldeanlass eine Meldung zu erstatten; auf einzelne Meldungen kann nach Maßgabe der DEÜV verzichtet werden (vgl. § 28c Nr. 6). So ist bspw. nicht jede Unterbrechung der EntgZahlung zu melden (vgl. dazu Rn. 11). Beim Zusammentreffen bestimmter Meldeanlässe (zB nach Nr. 1 und Nr. 2) ist nur eine Meldung erforderlich. Die Meldungen sind nach den Verh. des Zeitpunktes zu erstatten, auf den sich die Meldung bezieht (§ 5 Abs. 1 DEÜV).

6   **Zu Nr. 1 und 2:** Die Meldung des Beginns einer verspfl Besch erfolgt als Anmeldung, das Ende als Abmeldung. Voraussetzung ist, dass die Besch zumindest in einem VersZweig (KV, PV, RV) oder nach dem Recht der AV verspfl ist oder der AG einen BeitrAnteil zur RV oder AV zu entrichten hat (vgl. Rn. 2). Überdies fallen An- und Abmeldungen auch für versfreie geringfügig Beschäftigte (vgl. Rn. 40) und für ausschließlich in der ges. UV nach § 2 Abs. 1 Nr. 1 SGB VII versicherte Beschäftigte mit beitrpfl ArbEntg (vgl. Rn. 45) an, da die Abs. 9 und 12 die Meldepflichten nach Abs. 1 entspr. auf diesen Personenkreis erstrecken. Der BeschBeginn **(Anmeldung)** ist grds. mit der nächstfolgenden EntgAbrechnung, spätestens aber innerhalb von sechs Wochen nach BeschAufnahme, zu melden (§ 6 DEÜV). Unter „Beginn" iSd. Abs. 1 S. 1 Nr. 1 ist nicht nur die erstmalige Aufnahme der Besch, sondern auch die Wiederaufnahme der Besch bei demselben AG nach einer Ab- oder Unterbrechungsmeldung zu verstehen (KomGRV, § 28a SGB IV Rn. 2), so dass auch in diesen Fällen eine Anmeldung erforderlich wird. AG der in Abs. 4 S. 1 Nr. 1 bis 9 gen. Wirtschaftsbereiche/-zweige sind zudem verpflichtet, den Tag des Beginns eines BeschVerh. spätestens bei dessen Aufnahme an die Datenstelle der Tr der RV zu melden (vgl. Abs. 4 iVm. § 7 DEÜV sowie ausf. Rn. 25ff.); aufgrund ausdrücklicher Bestimmung in Abs. 4 S. 4 ersetzt diese Sofortmeldung aber nicht die Anmeldung nach Abs. 1 S. 1 Nr. 1 iVm. § 6 DEÜV (Rn. 30). Das BeschEnde **(Abmeldung)** ist mit der nächst-

folgenden EntgAbrechnung, spätestens aber innerhalb von sechs Wochen, zu melden (§ 8 Abs. 1 DEÜV). An- und Abmeldung können innerhalb der Frist des § 6 DEÜV zusammen erstattet werden, wenn bis zur Abmeldung noch keine Anmeldung erfolgt ist (§ 8 Abs. 2 DEÜV). Fällt lediglich die VersPfl in einem VersZweig weg, ist keine Abmeldung, sondern eine Änderungsmeldung zu erstatten (vgl. Rn. 8).

Zu Nr. 3: Dieser Meldeanlass wird durch § 8 a DEÜV **(Meldung bei Eintritt eines Insolvenz-** 7 **ereignisses)** ergänzt. Danach sind die in Insolvenzfällen von der Arbeit freigestellten AN zum Tag vor Eröffnung des Insolvenzverfahrens oder der Nichteröffnung mangels Masse vom AG oder der mit der Insolvenzabwicklung betrauten Person abzumelden. Die Abmeldung hat mit der nächsten Entg-Abrechnung, spätestens aber sechs Wochen nach dem Insolvenzereignis, zu erfolgen. Zu den Einzelheiten des Meldeverfahrens bei Eintritt eines Insolvenzereignisses vgl. Punkt 2 der Niederschrift über die Besprechung der Spitzenorganisationen der SV zu Fragen des gemeinsamen Meldeverfahrens am 14./15. 9. 1999 (im Internet: www.vdak.de).

Zu Nr. 5: Eine **Änderung der BeitrPfl** liegt vor, sobald sich die bisher gemeldete BeitrGruppe 8 ändert (zB zu Beginn oder Wegfall von VersFreiheit nach § 6 Abs. 1 Nr. 1 SGB V). In diesem Fall ist eine Ab- und eine Anmeldung zu erstatten (§ 12 Abs. 1 DEÜV). Dies ist nicht erforderlich, wenn zum gleichen Zeitpunkt Meldungen gem. §§ 6, 8 oder 9 DEÜV zu erstatten sind. Es gelten die Meldefristen nach § 6 DEÜV (vgl. § 12 Abs. 4 DEÜV).

Zu Nr. 6: Bei **Wechsel der Einzugsstelle** (§ 28 h Abs. 1 S. 1 iVm. § 28 i) ist eine Abmeldung 9 ggü. der bisherigen und eine Anmeldung ggü. der neuen Einzugsstelle zu erstatten; es gelten die Meldefristen des § 6 DEÜV (vgl. § 12 Abs. 1 und 4 DEÜV).

Zu Nr. 7: Dieser mWv 1. 1. 2009 neu aufgenommene Meldeanlass betrifft die **Gesonderte Mel-** 10 **dung nach § 194 Abs. 1 S. 1 und 2 SGB VI.** Die Aufnahme in den Katalog des Abs. 1 war aus rechtssystematischen Gründen geboten. Sie dient insb. der Klarstellung, dass auch die Gesonderte Meldung nach § 194 SGB VI nur durch geschlüsselte und verschlüsselte Datenübertragung als systemgeprüften Programmen oder mittels maschinell erstellter Ausfüllhilfen zulässig ist (vgl. dazu Rn. 3). Nach § 194 Abs. 1 S. 1 SGB VI sind die AG verpflichtet, auf Verlangen des Rentenantragstellers eine „Gesonderte Meldung" über die beitrpfl Einnahmen für abgelaufene und noch nicht gemeldete Zeiträume frühestens drei Monate vor Rentenbeginn (oder zu einem späteren Zeitpunkt) zu erstatten. Entspr. der Regelungen im Rentenantragsverfahren findet die Gesonderte Meldung auch Anwendung bei einem Auskunftsersuchen des Familiengerichts im Versorgungsausgleichsverfahren (vgl. § 194 Abs. 1 S. 2 SGB VI); in diesem Fall hat die AG die bereits abgelaufenen, aber noch nicht gemeldeten BeschZeiträume bis zum Ende der Ehezeit zu melden, damit schnellstmöglich der Ausgleichsanspruch festgestellt werden kann. AG haben die Gesonderte Meldung mit der nächsten EntgAbrechnung zu erstatten (§ 12 Abs. 5 S. 1 DEÜV), frühestens aber mit der EntgAbrechnung, die den letzten Tag des vierten KalMonats vor Rentenbeginn beinhaltet. Ist zu diesem Zeitpunkt noch keine Jahresmeldung nach Abs. 2 iVm. § 10 DEÜV übermittelt worden, ist diese zeitgleich zu erstatten (§ 12 Abs. 5 S. 2 DEÜV). Die Gesonderte Meldung muss den Zeitraum enthalten, der im lfd. KalJahr noch nicht gemeldet wurde und darf grds. nicht früher als mit dem letzten Tag des vierten KalMonats vor Rentenbeginn enden. Sind beitrpfl Einnahmen mit einer Gesonderten Meldung übermittelt worden, dürfen diese weder bei der Jahresmeldung noch bei einer etwaigen Abmeldung erneut gemeldet werden (§ 5 Abs. 3 S. 2 DEÜV); eine anschließende Meldung darf nur den anschließenden Zeitraum enthalten. Meldungen aufgrund der anderen in Abs. 1 gen. Meldeanlässe stehen ggü. der Gesonderten Meldung vorrangig. Lediglich eine Jahresmeldung (Abs. 2 iVm. § 10 DEÜV) muss nicht mehr erstattet werden, wenn für denselben Zeitraum bereits eine Gesonderte Meldung abgegeben wurde. Wurde dagegen eine Jahresmeldung abgegeben, erübrigt sich für denselben Zeitraum die Erstattung einer Gesonderten Meldung. Neben dem AG haben nach § 194 Abs. 2 SGB VI auch die LeistungsTr über die beitrpfl Einnahmen von Sozialleistungsbeziehern und die Pflegekassen sowie die privaten Versicherungsunternehmen über die beitrpfl Einnahmen nicht erwerbsmäßig tätiger Pflegepersonen (§ 3 S. 1 Nr. 1 a SGB VI) eine Gesonderte Meldung nach § 194 Abs. 1 S. 1 SGB VI zu erstatten, und zwar innerhalb eines Monats nach dem Tag des Eingangs des Verlangens des Rentenantragstellers (vgl. § 38 Abs. 3 S. 2 DEÜV). Die Gesonderte Meldung für abgelaufene Zeiträume kann frühestens drei Monate vor dem Rentenbeginn abgegeben werden und muss grds. den vierten Monat vor Rentenbeginn beinhalten. Geht die Aufforderung zur Abgabe der Gesonderten Meldung vor diesem Zeitpunkt beim LeistungsTr ein, beginnt die Frist zur Abgabe der Gesonderten Meldung grds. frühestens am ersten Tag des dritten Monats vor Rentenbeginn. Im Übrigen gelten die vorangegangenen Ausführungen entspr. (vgl. § 38 Abs. 3 iVm. § 5 Abs. 3 und § 12 Abs. 5 DEÜV).

Zu Nr. 8: In Fällen der **Unterbrechung der EntgZahlung** iSd. § 7 Abs. 3 S. 1 sind keine Mel- 11 dungen zu erstatten, wenn die Unterbrechung nicht länger als einen Monat dauert, weil das verspfl BeschVerh. fortbesteht (vgl. § 7 Abs. 3 S. 1, zB bei unbezahltem Urlaub, Arbeitsbummelei, Streik und Aussperrung). Bei längeren Unterbrechungen endet die verspfl Besch nach einem Monat (§ 7 Abs. 3 S. 1), es ist innerhalb von sechs Wochen eine Abmeldung zu erstatten (§ 8 DEÜV). Eine **Unterbrechungsmeldung** ist für den Zeitraum bis zum Wegfall des ArbEntgAnspruchs zu erstatten, wenn die verspfl Besch durch Wegfall des ArbEntgAnspruchs für mind. einen KalMonat unterbrochen und eine der in § 7 Abs. 3 S. 3 gen. Leistungen bezogen, Elternzeit in Anspruch genommen oder Wehr- bzw. Zivildienst geleistet wird. Die Meldefrist beträgt zwei Wochen nach Ablauf des ersten KalMonats nach Wegfall des ArbEntgAnspruchs (§ 9 Abs. 1 S. 1 DEÜV). Bei einer Unterbrechung von weniger als einem KalMonat fallen keine Meldungen an. Endet die Besch während der Unterbrechung, ist eine Abmeldung (§ 8 DEÜV) zu erstatten (§ 9 Abs. 1 S. 2 DEÜV). Endet in Fällen der Arbeitsunterbrechung ohne Anspruch auf ArbEntg iSd. § 7 Abs. 3 S. 3 die Besch in dem auf den Wegfall des ArbEntgAnspruchs folgenden KalMonat, ist für den Zeitraum bis zum Wegfall innerhalb von sechs Wochen nach dem Ende der Besch eine Unterbrechungsmeldung zu erstatten; gleichzeitig ist das Ende der Besch nach § 8 DEÜV zu melden (§ 9 Abs. 2 DEÜV). Bei einer vollständigen Freistellung von der Arbeitsleistung wegen Inanspruchnahme der Pflegezeit nach § 3 PflegezeitG ist eine Abmeldung nach § 8 DEÜV zu erstatten, weil die verspfl Besch endet (vgl. § 7 Abs. 3 S. 4).

12 **Zu Nr. 9:** IdR stimmt das Ende der verspfl Besch (vgl. Abs. 1 S. 1 Nr. 2) mit der tatsächlichen **Auflösung des ArbVerh.** überein. Beide Zeitpunkte können gleichwohl auseinanderfallen, wenn die verspfl Besch durch Wegfall des ArbEntgAnspruchs – bei weiterhin fortbestehendem ArbVerh. – zunächst unterbrochen (vgl. Rn. 11) und nach bzw. während der Unterbrechung das ArbVerh. aufgelöst wird. Die Auflösung des ArbVerh. ist innerhalb von sechs Wochen nach Auflösung gesondert zu melden (Abmeldung – vgl. Rn. 11).

13 **Zu Nr. 12:** Beitrpfl **einmalig gezahltes ArbEntg** (§ 23 a) ist zusammen mit dem beitrpfl lfd. gezahlten ArbEntg zu melden (§ 11 Abs. 1 DEÜV). Die Meldung erfolgt mit der nächsten für dieses KalJahr zu erstattenden Meldung; hierbei wird das zu meldende beitrpfl lfd. gezahlte ArbEntg um den Betrag der beitrpfl Einmalzahlung erhöht. Einmalig gezahltes ArbEntg, das aufgrund der Märzklausel (§ 23 a Abs. 4) dem Vorjahr zuzuordnen ist, ist mit der (Jahres)Meldung für das Vorjahr (soweit noch nicht erstattet) zu melden. Abw. dazu ist nach § 11 Abs. 2 DEÜV einmalig gezahltes ArbEntg mit der ersten folgenden EntgAbrechnung, spätestens innerhalb von sechs Wochen nach der Zahlung, gesondert zu melden, wenn eine Abmeldung (§ 8 DEÜV), eine Unterbrechungsmeldung (§ 9 DEÜV), eine Jahresmeldung (§ 10 DEÜV) oder eine sonstige Meldung (§ 12 DEÜV) für das KalJahr, dem die Einmalzahlung zuzuordnen ist, nicht mehr erfolgt, die nächste zu erstattende Meldung kein beitrpfl lfd. gezahltes ArbEntg enthält oder für das beitrpfl lfd. und einmalig gezahlte ArbEntg unterschiedliche BeitrGruppen gelten. Eine gesonderte Meldung ist nach § 11 Abs. 3 DEÜV auch dann erforderlich, wenn die Auszahlung der Einmalzahlung während einer nach § 9 DEÜV gemeldeten Unterbrechung der Besch oder während des Bezuges einer nach § 38 DEÜV gemeldeten Entgeltersatzleistung erfolgt.

14 **Zu Nr. 13, 14:** In Fällen, in denen ein **BerufsausbildungsVerh.** einem BeschVerh. bei demselben AG vorausgeht oder folgt, ist der Tag des Endes oder des Beginns der Besch und der Berufsausbildung zu melden (§ 12 Abs. 2 S. 1 DEÜV). Als Beginn der Berufsausbildung kann auch der Erste des Monats, in dem die Berufsausbildung beginnt, und als Ende der Letzte des Monats, in dem die Berufsausbildung endet, gemeldet werden (§ 12 Abs. 2 S. 2 DEÜV). Es gelten die Meldefristen des § 6 DEÜV (vgl. § 12 Abs. 4 DEÜV).

15 **Zu Nr. 15:** Bei **Wechsel des Beschäftigten von einer Betriebsstätte im Beitrittsgebiet** (§ 18 Abs. 3) **zu einer Betriebsstätte im übrigen Bundesgebiet oder umgekehrt** hat eine Ab- und eine Anmeldung zu erfolgen (§ 12 Abs. 1 DEÜV); es gelten die Meldefristen des § 6 DEÜV (§ 12 Abs. 4 DEÜV).

16 **Zu Nr. 16, 17:** Nach § 12 Abs. 3 iVm. Abs. 2 DEÜV ist bei **Übergang in die Altersteilzeitarbeit** (iSd. AtG) das Ende der bisherigen Besch und der Beginn der Altersteilzeitarbeit zu melden. Ferner ist das Ende der Altersteilzeitarbeit zu melden. Zu deren Beginn und Ende vgl. im Übrigen § 12 Abs. 3 iVm. Abs. 2 DEÜV. Es gelten die Meldefristen des § 6 DEÜV (§ 12 Abs. 4 DEÜV).

17 **Zu Nr. 18:** Bei einer zum **Über- oder Unterschreiten der Geringfügigkeitsgrenze** nach § 8 Abs. 1 Nr. 1 führenden Änderung des ArbEntg sind – wegen der versicherungs- und beitragsrechtl. Folgen – eine Ab- und eine Anmeldung innerhalb der Frist des § 6 DEÜV zusammen zu erstatten (§ 8 Abs. 3 DEÜV).

18 **Zu Nr. 19:** Dieser Meldeanlass betrifft die Fälle **nicht zweckentspr. Verwendung von Wertguthaben** (sog. Störfälle, vgl. Anm. zu § 23 b Rn. 10 ff.). Wertguthaben, das nicht nach § 7 c oder § 7 f Abs. 2 S. 1 verwendet wird oder verwendet werden kann und nach § 23 b Abs. 2 bis 3 (vgl. dortige Anm.) beitrpfl ArbEntg darstellt, ist mit der ersten folgenden EntgAbrechnung gesondert zu melden (§ 11 a Abs. 1 DEÜV). Gem. Abs. 3 S. 2 Nr. 4 lit. a iVm. § 11 a Abs. 1 DEÜV beinhaltet die Meldung nur das ArbEntg, für das tatsächlich RV-Beitr entrichtet wurden; als Meldezeitraum ist der KalMonat und das Jahr der nicht zweckentspr. Verwendung des Wertguthabens anzugeben, im Falle der Zahlungsunfähigkeit (Insolvenz) des AG der KalMonat und das Jahr der BeitrZahlung (Abs. 3 S. 2 Nr. 4 lit. b). Treten wegen Beendigung der Besch durch Zuerkennung einer Rente wegen verminderter Erwerbsfähigkeit zwei Störfälle ein (vgl. Anm. zu § 23 b Rn. 12), ist das bis zum Tag vor Eintritt der verminderten Erwerbsfähigkeit erzielte Wertguthaben mit der ersten folgenden EntgAbrechnung gesondert zu melden (Abs. 1 S. 1 Nr. 19 iVm. § 11 a Abs. 1 DEÜV); Meldezeitraum ist der Monat und das Jahr des Eintritts der verminderten Erwerbsfähigkeit. Wertguthaben, das seit Eintritt

der verminderten Erwerbsfähigkeit erzielt wurde, ist zusammen mit dem ArbEntg bei der erforderlichen Abmeldung wegen Beendigung der verspfl Besch zu melden (Abs. 3 S. 2 Nr. 2 lit. e).

Zu Nr. 20: Hat ein Beschäftigter Wertguthaben (§ 7 b) sowohl im Beitrittsgebiet (§ 18 Abs. 3) als auch im übrigen Bundesgebiet gebildet, ist ein **Wechsel bei Abbau dieser Wertguthaben** (zweckentspr.) mit der ersten auf den Wechsel folgenden EntgAbrechnung taggenau zu melden (§ 11 a Abs. 2 DEÜV). Wird im selben Zeitraum ein Wertguthaben abgebaut und ArbEntg gezahlt, ist das Wertguthaben nur dann gesondert unter der Angabe, ob es im Beitritts- oder im übrigen Bundesgebiet erzielt worden ist, zu melden, wenn nicht beide zusammen im Beitrittsgebiet oder zusammen im übrigen Bundesgebiet erzielt worden sind (§ 11 a Abs. 3 DEÜV). 19

E. Jahresmeldung (Abs. 2)

Abs. 2 iVm. § 10 Abs. 1 S. 1 DEÜV verpflichtet den AG, für jeden seiner am 31. Dezember eines Jahres verspfl Beschäftigten eine Jahresmeldung mit der ersten folgenden EntgAbrechnung, **spätestens bis zum 15. April des Folgejahres,** zu erstatten. Zum Inhalt der Jahresmeldung vgl. Rn. 23. Eine Jahresmeldung entfällt gem. § 10 Abs. 1 S. 2 DEÜV, wenn zum 31. Dezember eine Abmeldung (§ 8 DEÜV), eine Unterbrechungsmeldung (§ 9 DEÜV) oder eine sonstige Meldung nach § 12 DEÜV zu erstatten war. Zur Vermeidung von Doppelmeldungen ist im Rahmen der Jahresmeldung nur noch nicht gemeldetes ArbEntg zu melden (§ 10 Abs. 2 DEÜV). Jahresmeldungen sind auch für versfreie geringfügig entlohnte Beschäftigte (§ 8 Abs. 1 Nr. 1) und mWv 1. 1. 2009 zudem auch für versfreie kurzfristig Beschäftigte (§ 8 Abs. 1 Nr. 2) zu erstatten (vgl. Abs. 9, Rn. 40). Gleiches gilt nach Abs. 12 für ausschließlich in der ges. UV nach § 2 Abs. 1 Nr. 1 SGB VII versicherte Beschäftigte mit beitrpfl ArbEntg (vgl. Rn. 45). 20

F. Meldeinhalte (Abs. 3)

Abs. 3 S. 1 nennt die Angaben, die alle Meldungen (je Vers) zu enthalten haben. Zudem legt Abs. 3 S. 2 fest, welche zusätzlichen Angaben bei der Anmeldung (Nr. 1 aaO), bei der Ab- und Jahresmeldung (Nr. 2 aaO) und bei der Meldung nach Abs. 1 S. 1 Nr. 19 im Falle nicht zweckentspr. Verwendung von Wertguthaben (Nr. 4 aaO) zu machen sind. Die in Abs. 3 enthaltene Aufzählung ist **nicht abschließend;** die Regelungen werden durch die DEÜV ergänzt und konkretisiert. Die **VersicherungsNr.** (Abs. 3 S. 1 Nr. 1) ist dem SV-Ausweis, **Familien- und Vornamen, Geburtsdatum und Staatsangehörigkeit** des Vers (Abs. 3 S. 1 Nr. 2 bis 4) sind den amtl. Unterlagen zu entnehmen (§ 5 Abs. 6 DEÜV). Ist die VersicherungsNr. bei der Anmeldung nicht bekannt oder wurde eine VersicherungsNr. noch nicht vergeben, sind die für die Vergabe der VersicherungsNr. erforderlichen Angaben zu machen (vgl. Rn. 22). Die Staatsangehörigkeit ist in Form der vom Statistischen Bundesamt jeweils festgelegten Schlüsselzahl anzugeben. Diese sowie die **Schlüsselzahlen für die Angaben zur Tätigkeit** (Abs. 3 S. 1 Nr. 5) können dem gemeinsamen Rdschr. „Gemeinsames Meldeverfahren zur KV, PV, RV und AV" der Spitzenorganisationen der SV (vgl. Rn. 3) entnommen werden. Die **BBNR des Beschäftigungsbetriebes** (Abs. 3 S. 1 Nr. 6) ist – soweit noch nicht vorhanden – bei dem für die Vergabe zust. Betriebsnummern-Service der BA (BNS – www.arbeitsagentur.de) zu beantragen (vgl. § 5 Abs. 5 DEÜV). Der jeweils maßgebliche **vierstellige BeitrGruppenschlüssel** (Abs. 3 S. 1 Nr. 7) ergibt sich aus dem Schlüsselverzeichnis für die BeitrGruppen (vgl. og. Rdschr.). Die **zust. Einzugsstelle** (Abs. 3 S. 1 Nr. 8) richtet sich nach § 28 i (vgl. dortige Anm.). Bei den geforderten **Angaben zum AG** (Abs. 3 S. 1 Nr. 9) sind die (verkürzte) Firmenbezeichnung und die Anschrift ausreichend. 21

Bei der **Anmeldung** (Abs. 3 S. 2 Nr. 1) sind zusätzlich die zum Zeitpunkt der Meldung aktuelle Anschrift des Beschäftigten (Buchst. a aaO) und der Beginn der Besch (Buchst. b aaO, vgl. erg. Rn. 5) anzugeben. Soweit die VersicherungsNr. nicht bekannt ist oder noch nicht vergeben wurde, sind sämtliche für die Vergabe der VersicherungsNr. erforderliche Angaben zu machen (Abs. 3 S. 2 Nr. 1 lit. c). Neben dem vollständigen Namen, dem Geburtsdatum, der Staatsangehörigkeit und der Anschrift, die ohnehin nach Abs. 3 S. 1 Nr. 2 bis 4 bzw. nach Abs. 3 S. 2 Nr. 1 lit. a zu melden sind, gehören hierzu der Geburtsname, der Geburtsort und Angaben zum Geschlecht (vgl. § 5 Abs. 7 DEÜV). Zudem sind bei der Anmeldung Angaben gefordert, ob vom AG eine Beziehung als Ehegatte oder Lebenspartner (§ 33 b SGB I iVm. dem LebenspartnerschaftsG) oder als Abkömmling besteht (Abs. 3 S. 2 Nr. 1 lit. d) bzw. ob es sich um eine Tätigkeit als geschäftsführender Gesellschafter einer GmbH handelt (Abs. 3 S. 2 Nr. 1 lit. e). Abkömmlinge sind die Kinder oder weitere Nachkommen einer Person, die in gerader Linie voneinander abstammen, also nicht nur die im ersten Grad verwandten Kinder, sondern auch Enkel, Urenkel etc. Unter Abs. 3 S. 2 Nr. 1 lit. d fallen auch Adoptivkinder, nicht aber Stief- und Pflegekinder. Nach den Festlegungen der Spitzenorganisationen der SV ist die Anmeldung für eine der in Abs. 3 S. 2 Nr. 1 lit. d und e gen. Personen im Feld „Statuskennzeichen" zu kennzeichnen; die Kennzeichnung der Meldung bewirkt die Einleitung eines (obligatori- 22 schen) Statusfeststellungsverfahrens und damit die verbindliche Feststellung, ob eine verspfl Besch vorliegt oder nicht (vgl. Anm. zu § 7 a Abs. 1 S. 2). Bei der in Abs. 3 S. 2 Nr. 1 lit. f idF ab 1. 11. 2009 geforderten zusätzlichen Angabe der Staatsangehörigkeit handelt es sich offenbar um ein redaktionelles Versehen des GGebers, da bereits Abs. 3 S. 1 Nr. 4 eine entspr. Angabe für alle Meldungen vorschreibt (vgl. erg. Rn. 21).

23 Bei der **Ab- und Jahresmeldung** sind nach Abs. 3 S. 2 Nr. 2 zusätzlich folgende Angaben beschäftigtenbezogen zu machen:
 – eine evtl. Namens-, Anschriften- oder Staatsangehörigkeitsänderung, soweit diese Änderung nicht schon anderweitig gemeldet worden ist,
 – das in der RV oder AV beitrpfl (Brutto)ArbEntg in EUR und der Zeitraum, in dem es erzielt wurde,
 – Wertguthaben, die auf die Zeit nach Eintritt der Erwerbsminderung entfallen (vgl. dazu Rn. 18), und
 – mWv 1. 1. 2009 auch die unfallversicherungsspezifischen Daten.

Nach dem bis zum 31. 10. 2009 geltenden Recht (vgl. Abs. 1 Nrn. 10 und 11 idF bis 31. 10. 2009 iVm. § 15 DEÜV idF bis 31. 10. 2009) waren Änderungen des Familiennamens, des Vornamens oder der Staatsangehörigkeit des Beschäftigten jeweils gesondert mit der nächstfolgenden EntgAbrechnung, spätestens jedoch innerhalb von sechs Wochen nach der Änderung zu melden; eine evtl. Anschriftenänderung war – soweit noch nicht geschehen – mit zu melden. MWv 1. 11. 2009 sind diese gesonderten Änderungsmeldungen weggefallen, da seitdem entspr. Änderungen direkt von den Meldebehörden an die Datenstelle der Tr der RV (§ 145 SGB VI) gemeldet werden (vgl. § 196 Abs. 2 SGB VI idF ab 1. 11. 2009). Seither ist eine evtl. **Namens-, Anschriften- oder Staatsangehörigkeitsänderung** nur noch im Rahmen der nächstfolgenden Meldung (zB Jahres-, Unterbrechungs- oder Abmeldung) mit anzugeben. Das in der RV oder AV **beitrpfl (Brutto)ArbEntg** ist der Betrag, von dem im Meldezeitraum (unter Berücksichtigung der BBG der RV/AV) Beitr oder BeitrAnteile zu zahlen waren (auch dann, wenn Beitr gestundet, niedergeschlagen oder erlassen wurden). Unerheblich ist, ob ArbEntg oder davon Beitr tatsächlich gezahlt wurden. Entscheidend ist allein, dass der BeitrAnspruch nach § 22 Abs. 1 entstanden ist und insoweit beitrpfl ArbEntg vorliegt. Das beitrpfl ArbEntg ist in vollen Euro-Beträgen (kaufmännisch gerundet) anzugeben (§ 5 Abs. 4 DEÜV). Meldezeitraum ist der Zeitraum der Besch während eines KalJahres; bereits gemeldete Zeiträume sind auszusparen (vgl. § 5 Abs. 3 DEÜV). Zu den seit 1. 1. 2009 **beschäftigtenbezogen mit zu meldenden unfallversicherungsspezifischen Daten** (UV-Daten) gehören das in der ges. UV beitrpfl ArbEntg in EUR und die geleisteten Arbeitsstunden des Beschäftigten im Meldezeitraum, die anzuwendende(n) Gefahrtarifstelle(n) iSd. § 157 Abs. 2 SGB VII, der/denen das ArbEntg des Beschäftigten zuzuordnen ist, die UV-MitgliedsNr. des Beschäftigungsbetriebes und die BBNR des zust. UVTrs (dazu ausf. SUMMA SUMMARUM 5/2008 S. 4 ff. und 6/2008 S. 12 ff., im Internet: www.deutsche-rentenversicherung.de). Die UV-Daten sind grds. bei allen Entgeltmeldungen anzugeben, die nach dem 31. 12. 2008 zu erstatten sind und einen Meldezeitraum ab 1. 1. 2008 beinhalten. Sie dienen einerseits zur Unterstützung der RVTr bei der Prüfdurchführung nach § 166 Abs. 2 SGB VII idF des UVMG ab dem Jahre 2010, andererseits wird hieraus ab dem Jahre 2010 ein maschineller Lohnnachweis für die UVTr für Zwecke der Umlageberechnung generiert (vgl. Rn. 24 a). Aufgrund ausdrücklicher Bestimmung in Abs. 3 S. 3 werden AG, die Mitglied einer Landwirtschaftl. BG (§ 114 Abs. 1 Nr. 2 SGB VII iVm. Anlage 2 zu § 114 SGB VII) sind mit Ausnahme der Gartenbau-BG sind, davon ausgenommen, die UV-Daten mit zu melden (zu den Gründen vgl. BT-Drs. 16/10903 S. 10 zu Art. 1 Nr. 4). Für Mitgliedsbetriebe der Gartenbau-BG findet die Ausnahmeregelung expressis verbis keine Anwendung.

24 Zu den **Meldungen nach Abs. 1 S. 1 Nr. 19** (Abs. 3 S. 2 Nr. 4) vgl. Rn. 18.

G. Datenübermittlung an die Unfallversicherungsträger (Abs. 3 a)

24a Der mWv 1. 1. 2010 in Kraft getretene Abs. 3 a verpflichtet die Datenstelle der Tr der RV (§ 145 SGB VI), nach Eingang der Jahresmeldung (vgl. Rn. 20) dem jeweils zust. UVTr **die für die Berechnung der Umlage nach § 152 SGB VII erforderlichen Daten** zusammengefasst für jeden AG zu übermitteln. Zu übermitteln sind je AG iem. Abs. 3 a S. 1 die Daten nach Abs. 3 S. 2 Nr. 2 lit. c und h, dh. die in der ges. UV beitrpfl ArbEntge in EUR, die geleisteten Arbeitsstunden und die anzuwendenden Gefahrtarifstellen iSd. § 157 Abs. 2 SGB VII (vgl. Rn. 23); dabei sind die ArbEntge gem. Abs. 3 a S. 2 den anzuwendenden Gefahrtarifstellen zuzuordnen. Es handelt sich hierbei um einen **maschinellen Lohnnachweis**, der je AG aus den in den EntgMeldungen enthaltenen und bei der Datenstelle der Tr der RV in der Basisdatei nach § 28 p Abs. 8 S. 3 gespeicherten UV-Daten generiert wird. Dieser ersetzt nach einer Pilotphase von zwei Jahren ab 1. 1. 2012 den bisher vom AG nach § 165 Abs. 1 SGB VII idF bis 31. 12. 2011 zu erstellenden Lohnnachweis (vgl. a. BT-Drs. 16/9788 S. 18). Einzelheiten zum Übermittlungsverfahren nach Abs. 3 a haben die DGUV und die DRV Bund (§§ 125 Abs. 2, 138 SGB VI) in einer Vereinbarung geregelt (vgl. a. BT-Drs. 16/9788 S. 20).

Hiernach sind pro AG (Ordnungsmerkmal ist die UV-MitgliedsNr.) sowohl die UV-Entgelte als auch die Arbeitsstunden aufgeteilt nach Gefahrtarifstellen maschinell zu übermitteln. Die Zuordnung zum zust. UVTr erfolgt über die in den Meldungen enthaltene BBNR des UVTrs (vgl. Rn. 23).

H. Sofortmeldung (Abs. 4)

I. Allgemeines

Der mWv 1. 1. 2009 neugefasste Abs. 4 verpflichtet die AG der in S. 1 Nr. 1 bis 9 gen. Wirtschaftsbereiche/-zweige, in denen nach Auffassung des GGebers (vgl. BT-Drs. 16/10488 S. 15) ein erhöhtes Risiko für Schwarzarbeit und illegale Besch besteht, den Tag des Beginns eines BeschVerh. **spätestens bei dessen Aufnahme** an die Datenstelle der Tr der RV (§ 145 SGB VI) zu melden. Ziel der Einführung dieser sog. Sofortmeldung ist es, den Ermittlungsbehörden nach § 2 Schwarz-ArbG (Finanzkontrolle Schwarzarbeit – FKS) den Nachweis von illegaler Besch und Schwarzarbeit zu erleichtern und damit die Bekämpfung dieser Erscheinungsformen nachhaltig zu verbessern (dazu ausf. BT-Drs. 16/10488 S. 13). Bis zu ihrer Einführung wurde dem Verdacht auf Schwarzarbeit bei Vor-Ort-Prüfungen durch die Ermittlungsbehörden oftmals mit der Behauptung begegnet, dass die Besch erst an diesem Tag aufgenommen worden sei und eine Anmeldung (Abs. 1 S. 1 Nr. 1 iVm. § 6 DEÜV) damit noch nicht erforderlich ist, da diese nach den geltenden Meldefristen nicht vor oder mit Aufnahme der Besch, sondern erst mit der nächstfolgenden EntgAbrechnung, spätestens innerhalb von sechs Wochen nach BeschAufnahme, zu erstatten ist (vgl. § 6 DEÜV). Vom 1. 1. 2009 an wird diese Behauptung erheblich erschwert, da die spätestens bei BeschAufnahme zu erstattende Sofortmeldung den Ermittlungsbehörden unmittelbar vor Ort eine schnelle und zweifelsfreie Feststellung ermöglicht, ob der AG seinen Meldepflichten nachgekommen ist (vgl. dazu erg. Rn. 31). Eine fehlende Sofortmeldung gilt nach der amtl. Begr. (BT-Drs. 16/10488 S. 13) als **eindeutiges Verdachtsmoment für Schwarzarbeit.** Die Unterlassung der Sofortmeldung ist zudem eine **Ordnungswidrigkeit** (§ 111 Abs. 1 Nr. 2), die mit einem Bußgeld von bis zu 25.000 EUR geahndet werden kann (§ 111 Abs. 4). Gleiches gilt für vorsätzlich oder leichtfertig nicht richtig, nicht vollständig oder nicht rechtzeitig erstattete Sofortmeldungen.

25

II. Betroffene Wirtschaftsbereiche/-zweige

Die Sofortmeldepflicht besteht allein für AG der in Abs. 4 S. 1 Nr. 1 bis 9 gen. Wirtschaftsbereiche/-zweige. AG anderer Branchen sind ausgenommen. Erfasst werden das Baugewerbe, das Gaststätten- und Beherbergungsgewerbe, das Personenbeförderungsgewerbe, das Speditions-, Transport- und damit verbundene Logistikgewerbe, das Schaustellergewerbe, Unternehmen der Forstwirtschaft, das Gebäudereinigungsgewerbe, Unternehmen, die sich am Auf- und Abbau von Messen und Ausstellungen beteiligen, sowie die Fleischwirtschaft. Die gen. Wirtschaftsbereiche/-zweige entsprechen grds. denen, in denen Vers bis zum 31. 12. 2008 zur Mitführung des SV-Ausweises (§ 18 h) verpflichtet waren; zusätzlich wird dieser Kreis um die Fleischwirtschaft erweitert (zu den Gründen vgl. BT-Drs. 16/10488 S. 15). Maßgebend für die Beurteilung der Sofortmeldepflicht ist die **Zugehörigkeit des Betriebes zu einer der im G gen. Branchen;** die Tätigkeit einzelner Beschäftigter ist unerheblich. Entscheidend sind hierfür die tatsächlichen Verh. im Betrieb. Besteht ein Unternehmen aus mehreren Betriebsteilen, die unterschiedliche wirtschaftsfachliche Schwerpunkte haben und für die jeweils eine eigene BBNR existiert bzw. zu vergeben ist, dann richtet sich die Sofortmeldepflicht nach der Branchenzugehörigkeit jedes einzelnen Betriebsteils.

26

Der Begriff des **Baugewerbes** iSd. Abs. 4 S. 1 Nr. 1 umfasst neben dem Bauhauptgewerbe auch das Ausbau- und Baunebengewerbe sowie den Garten- und Landschaftsbau. Nicht entscheidend ist die Anwendung der Tarifverträge für das Baugewerbe oder die unfallversicherungsrechtl. Zuordnung des Betriebes. Der Begriff des **Gaststättengewerbes** ist in § 1 des GaststättenG definiert. Danach betreibt ein Gaststättengewerbe, wer im stehenden Gewerbe Getränke zum Verzehr an Ort und Stelle verabreicht (Schankwirtschaft), zubereitete Speisen zum Verzehr an Ort und Stelle verabreicht (Speisewirtschaft) oder Gäste beherbergt (Beherbergungsbetrieb), wenn der Betrieb jedermann oder bestimmten Personen zugänglich ist. Ein Gaststättenbetrieb betreibt ferner, wer als selbst. Gewerbetreibender im Reisegewerbe von einer für die Dauer der Veranstaltung ortsfesten Betriebsstätte aus Getränke oder zubereitete Speisen zum Verzehr an Ort und Stelle verabreicht, wenn der Betrieb jedermann oder bestimmten Personenkreisen zugänglich ist. Das **Gaststätten- und Beherbergungsgewerbe** iSv. Abs. 4 S. 1 Nr. 2 umfasst neben Hotels, Motels, Gasthöfen, Pensionen, Jugendherbergen, Gaststätten und Restaurants insb. auch Campingplätze, Bars, Cafés, Diskotheken sowie sonstige Tanz-/Vergnügungslokale und Caterer. Das **Personenbeförderungsgewerbe** iSv. Abs. 4 S. 1 Nr. 3 reicht von Omnibusunternehmen über öffentl. Nahverkehrs-, Taxi- und Mietwagenbetriebe bis hin zur Personenbeförderung im Bereich der Eisenbahn und der Binnenschifffahrt und hin zu Flughafenbetrieben und Reiseveranstaltern. Unternehmen der See- und Küstenschifffahrt sind von der Sofort-

27

meldepflicht ausgenommen (vgl. Punkt 2 der Niederschrift über die Besprechung der Spitzenorganisationen der SV zu Fragen des gemeinsamen Meldeverfahrens am 25./26. 11. 2008, im Internet: www.kbs.de). Zum **Speditions-, Transport und damit verbundenen Logistikgewerbe** iSv. Abs. 4 S. 1 Nr. 4 gehören insb. Speditionen, soweit sie über eigene Beförderungsmittel verfügen, die Güterbeförderung im Eisenbahnverkehr, im Straßenverkehr (Straßen-Güternahverkehr, Straßen-Güterfernverkehr, Umzugsverkehr mit Kraftfahrzeugen, Abschleppdienste) und in der Binnenschifffahrt (Güterbeförderung in der Binnenschifffahrt durch Reedereien und Partikuliere, Fluss- und Kanalfähren, Hafenschifffahrt), Flughafenbetriebe, private Kurierdienste (Brief-, Zeitungs-, Paketdienste und sonstige Kurierdienste), der Frachtumschlag und die Lagerei (einschl. Kühlhäuser). Auch hier sind Unternehmen der See- und Küstenschifffahrt ausgenommen (vgl. Ausführungen zum Personenbeförderungsgewerbe). Zum **Schaustellergewerbe** iSv. Abs. 4 S. 1 Nr. 5 gehören solche Gewerbetreibende, die ein oder mehrere Betriebsstätten unterhalten, die nach ihrer Gestaltung und äußeren Aufmachung volksfesttypische Geschäfte aus den Bereichen Fahrgeschäfte, Verkaufsgeschäfte, Zeltgaststätten, Imbiss und Ausschank, Schau- und Belustigungsgeschäfte, Schieß- oder Ausspielgeschäfte sind. Umfasst sind auch Zirkusse und sonstige Wanderbühnen. Entscheidend ist, dass das Gewerbe ausschließlich oder überwiegend an wechselnden Orten auf Volksfesten, Jahrmärkten, Schützenfesten, Kirchweihen, Kirmes und ähnlichen Veranstaltungen ausgeübt wird. Unternehmen, die diese volksfesttypischen Geschäfte an einem festen Ort betreiben, zB in Ferienparks und vergleichbaren Einrichtungen, gehören nicht zum Schaustellergewerbe iSd. Vorschrift. Zu den gewerblichen **Unternehmen der Forstwirtschaft** iSd. Abs. 4 S. 1 Nr. 6 gehören insb. die Einschlags- und Rückunternehmen. Das **Gebäudereinigungsgewerbe** iSv. Abs. 4 S. 1 Nr. 7 umfasst die Gebäude-, Fassaden-, Raum- und Inventarreinigung sowie die Industriereinigung und alle sonstigen von diesem Gewerbe angebotenen Dienstleistungen. Zu den **Unternehmen, die sich am Auf- und Abbau von Messen und Ausstellungen beteiligen** (Abs. 4 S. 1 Nr. 8), gehören in erster Linie solche Unternehmen, die erwerbsmäßig Messestandbau betreiben. Erfasst werden zudem die Betreiber von Messen und Ausstellungen, sofern sie sich erwerbsmäßig am Auf- und Abbau beteiligen, dh. selbst auch Messestandbau betreiben. Hierzu zählen dagegen nicht die ausstellenden Unternehmen (Messebeschicker), und zwar auch dann, wenn sie den Auf- und Abbau ihres Ausstellungsstandes selbst vornehmen. Zur **Fleischwirtschaft** iSv. Abs. 4 S. 1 Nr. 9 gehören Schlachthöfe, fleischverarbeitende Betriebe sowie der Groß- und Einzelhandel mit Fleisch und Fleischwaren. Eine detaillierte Aufstellung zu den einzelnen Wirtschaftsbereichen/-zweigen steht im Internet unter www.deutsche-rentenversicherung.de unter der Zielgruppe „Arbeitgeber und Steuerberater" und dem Menüpunkt „Meldungen nach der DEÜV" zur Verfügung.

III. Zu meldende Personen, Zeitpunkt der Sofortmeldung

28 Die Sofortmeldepflicht besteht für **alle Neueinstellungen ab 1. 1. 2009** in den betr. Wirtschaftsbereichen/-zweigen. Sie bezieht sich auf alle Beschäftigten, auch geringfügig (§ 8) und unständig Beschäftigte. Nicht entscheidend ist die konkrete Tätigkeit des einzelnen Beschäftigten. Maßgebend für die Sofortmeldepflicht ist allein die Zugehörigkeit der gesamten Betriebsstätte zu einer der im G gen. Branchen (vgl. Rn. 26). Die Sofortmeldung ist **spätestens bei BeschAufnahme** zu erstatten (§ 7 DEÜV). Wird die Sofortmeldung vor Aufnahme der Besch abgegeben und nimmt der AN die Besch erst zu einem späteren Zeitpunkt als ursprünglich vereinbart auf, ist die Sofortmeldung zu stornieren und mit dem zutreffenden BeschBeginn erneut zu erstatten. Geht einer verspfl Besch ein sog. „Probe-ArbVerh." voraus, ist die Sofortmeldung spätestens mit Aufnahme des „Probe-ArbVerh." zu erstatten; kommt anschließend ein „normales" ArbVerh. nicht zustande, ist die Sofortmeldung zu stornieren (vgl. Anlage zu Punkt 11 der Niederschrift über die Besprechung der Spitzenorganisationen der SV zu Fragen des gemeinsamen Meldeverfahrens am 25./26. 11. 2008, im Internet: www.kbs.de).

IV. Inhalt der Sofortmeldung

29 Gem. Abs. 4 S. 2 Nr. 1 bis 4 sind folgende Angaben zu melden: der Familien- und die Vornamen des Beschäftigten, die VersicherungsNr., soweit bekannt, ansonsten die zur Vergabe der VersicherungsNr. erforderlichen Angaben (Tag und Ort der Geburt, Anschrift), der **Tag der BeschAufnahme** und die BBNR des AG. Die VersicherungsNr. ist dem SV-Ausweis, die Familien- und die Vornamen sowie ggf. die Anschrift und das Geburtsdatum des Beschäftigten sind den amtl. Unterlagen zu entnehmen (§ 5 Abs. 6 DEÜV).

V. Übermittlung, Datenspeicherung und -nutzung

30 Anders als die übrigen Meldungen ist die Sofortmeldung **unmittelbar an die Datenstelle der Tr der RV** (§ 145 SGB VI) zu übermitteln. Dort wird sie gem. Abs. 4 S. 3 in der Stammsatzdatei nach § 150 Abs. 1 und 2 SGB VI gespeichert. Ursprünglich sah Abs. 4 S. 5 idF bis 21. 7. 2009 vor, dass die

Sofortmeldung unverzüglich zu löschen ist, sobald die Anmeldung nach Abs. 1 S. 1 Nr. 1 iVm. § 6 DEÜV bei der Datenstelle der Tr der RV eingeht. Nachdem die Regelung mWv 22. 7. 2009 wieder aufgehoben worden ist, wird die Sofortmeldung – wie auch alle anderen Meldungen – solange vorgehalten, wie dies zu Prüfungszwecken erforderlich ist (KomGRV, § 28 a SGB IV Rn. 7). Im Ergebnis wird sie damit erst ein Jahr nach dem Verjährungszeitraum automatisch gelöscht (vgl. BT-Drs. 16/12596 S. 9). Aufgrund ausdrücklicher Bestimmung in Abs. 4 S. 4 ist die Sofortmeldung **kein Ersatz für die originäre Anmeldung** nach Abs. 1 S. 1 Nr. 1 iVm. § 6 DEÜV; diese hat der AG nach wie vor mit der nächsten EntgAbrechnung, spätestens aber innerhalb von sechs Wochen nach BeschAufnahme, zu erstatten.

Die in der Stammsatzdatei bei der Datenstelle der Tr der RV gespeicherten Informationen zur Sofortmeldung können von der FKS bei Vor-Ort-Prüfungen und von den UVTrn für etwaige Regressverfahren gegen AG (§ 110 Abs. 1 a SGB VII) in einem **Online-Verfahren** abgerufen werden (vgl. dazu § 150 Abs. 5 SGB VI, § 110 Abs. 1 a SGB VII, BT-Drs. 16/10488 S. 13). Daneben erhalten auch die Prüfdienste der DRV einen lesenden Zugriff; zusätzlich werden die Daten im Rahmen der Prüfungen nach § 28 p zur Verfügung gestellt (vgl. § 28 p Abs. 8). 31

I. Unterrichtung der zu meldenden Person (Abs. 5)

Nach Abs. 5 hat der Meldepflichtige (Rn. 2) der zu meldenden Person den Inhalt der erstatteten Meldung(en) mitzuteilen. Die zu meldende Person hat hierauf einen Anspruch (KassKomm/Seewald, § 28 a SGB IV Rn. 10). Anders als Abs. 5 idF bis 31. 12. 2008, der zur schriftlichen Mitteilung verpflichtete, verlangt Abs. 5 idF ab 1. 1. 2009 eine Mitteilung **in Textform**. Durch die Formulierung „in Textform" soll den Meldepflichtigen die Möglichkeit eröffnet werden, ihren Mitteilungspflichten auch durch Übermittlung einer Kopie der Meldung in elektronischer Form an die zu meldende Person nachzukommen (vgl. BT-Drs. 16/10488 S. 15). Nicht mehr zwingend ist damit eine Mitteilung in Schriftform (Papierform). Bei einer elektronischen Übermittlung muss der Datenschutz gewährleistet sein; Voraussetzung sind dementspr. gesicherte Übermittlungs- und Abrufverfahren. 32

§ 25 DEÜV konkretisiert die Mitteilungspflichten des AG. Hiernach hat der AG dem Beschäftigten **mind. einmal jährlich bis zum 30. April** eines Jahres für alle im Vorjahr durch Datenübertragung erstatteten Meldungen (hierzu gehört auch die Sofortmeldung nach Abs. 4) eine maschinell erstellte Bescheinigung zu übergeben (bzw. elektronisch zu übermitteln), die inhaltlich getrennt alle gemeldeten Daten – mit Ausnahme der Angaben für die ges. UV (Abs. 3 S. 2 Nr. 2 lit. c, f, g, h) – wiedergeben muss. Bei Auflösung des ArbVerh. ist die Bescheinigung unverzüglich (§ 121 Abs. 1 S. 1 BGB) nach Abgabe der letzten Meldung auszustellen. Sie kann auf den üblichen EntgAbrechnungen erteilt werden. Den Inhalt der Bescheinigung hat der AG wie Entgeltunterlagen (§ 8 BVV) zu behandeln und bis zum Ablauf des auf die letzte Prüfung nach § 28 p folgenden KalJahres aufzubewahren (vgl. § 25 Abs. 2 S. 2 DEÜV). Werden Meldungen ausnahmsweise in Papierform erstattet (vgl. Abs. 6 a), ist die Aushändigung einer Durchschrift der Meldung ausreichend. 33

J. Meldepflichten für Hausgewerbetreibende (Abs. 6)

Hausgewerbetreibende (§ 12 Abs. 1, 5) sind selbst. Tätige, die gem. § 2 Abs. 1 S. 1 Nr. 6 SGB VI der VersPfl in der ges. RV unterliegen. Gleichwohl haben sie einen fingierten AG; das ist gem. § 12 Abs. 3 derjenige, der die Arbeit unmittelbar an sie weitergibt. Erfüllt dieser AG AGPflichten (zB die ihm obliegende Pflicht zur Zahlung des GesamtSVBeitr nach § 28 e Abs. 1 und/oder zur Führung von Aufzeichnungen nach § 28 f Abs. 1), gilt der Hausgewerbetreibende nach der ges. Fiktion des Abs. 6 **in melderechtl. Hinsicht** – entgegen § 12 Abs. 1 – als **Beschäftigter**. In Konsequenz dessen hat der in § 12 Abs. 3 fingierte AG für den Hausgewerbetreibenden – wie für andere Beschäftigten auch – Meldungen nach Abs. 1 ff. iVm. § 190 SGB VI abzugeben. Macht der Hausgewerbetreibende von der in § 28 m Abs. 2 enthaltenen Möglichkeit Gebrauch, den GesamtSVBeitr selbst zu zahlen, sind auch die Meldungen durch ihn zu erstatten (§ 28 m Abs. 3); insoweit entfällt die Verpflichtung des AG. 34

K. Ausnahmen vom elektronischen Meldeverfahren (Abs. 6 a)

Abs. 6 a enthält Ausnahmen von der seit 1. 1. 2006 generell bestehenden elektronischen Meldepflicht (vgl. Rn. 3). Die Regelung ermöglicht auf Antrag (ausschließlich in den ges. näher beschriebenen Fällen) die **Meldung in Papierform.** Voraussetzung ist zum einen, dass es sich um einen AG handelt, der entweder 1. im privaten Bereich nichtgewerbliche Zwecke (dh. nicht im Rahmen eines Gewerbebetriebes iSv. § 15 EStG, zB Wohnungseigentümergemeinschaften), oder 2. mildtätige, kirchliche, religiöse, wissenschaftliche oder gemeinnützige Zwecke iSd. § 10 b EStG verfolgt und zum 35 anderen für die Verfolgung dieser Zwecke ausschließlich iSd. § 8 geringfügige und aufgrund der Geringfügigkeit (gem. § 27 Abs. 2 SGB III, § 7 SGB V, § 5 Abs. 2 SGB VI) versfreie AN beschäftigt. Bei Vorliegen dieser Voraussetzungen ist die Inanspruchnahme der Ausnahmeregelung daran gebunden, dass der AG einen entspr. Antrag stellt und glaubhaft (§ 23 Abs. 1 S. 2 SGB X) macht, dass ihm eine Meldung durch Datenübertragung nicht möglich ist. Eine elektronische Meldung dürfte dann nicht möglich sein, wenn der AG nicht über die notwendige technische Ausstattung verfügt. Allerdings ist bereits ein bestehender Internetzugang für die elektronische Datenübermittlung ausreichend (zB über die kostenlose Ausfüllhilfe „sv.net", im Internet: www.datenaustausch.de), so dass der Anwendungsbereich des Abs. 6a stark eingeschränkt ist. Die Inanspruchnahme der Ausnahmeregelung ist formlos bei der DRV Knappschaft-Bahn-See – Minijob-Zentrale, 45115 Essen – (als zust. Einzugsstelle gem. § 28i S. 5) zu beantragen. Bei der in Abs. 6a enthaltenen Formulierung „auf maschinell verwertbaren Datenträgern" ist von einem redaktionellen Versehen des GGebers auszugehen, da diese Form der Meldung bereits seit 1. 1. 2006 nicht mehr zulässig ist (sa. Hauck/Noftz/Sehnert, § 28a SGB IV Rn. 16 e).

L. Vereinfachte Meldung – Haushaltsscheck (Abs. 7, 8)

I. Anwendungsbereich

36 Das sog. Haushaltsscheckverfahren ist ein vereinfachtes Meldeverfahren, das an die Stelle des allg. Meldeverfahrens nach Abs. 1ff. tritt. Seit 1. 4. 2003 findet es **ausschließlich für geringfügig entlohnte Beschäftigte in Privathaushalten iSd. § 8a** Anwendung. Im Gegensatz zu dem bis 31. 3. 2003 geltenden Recht ist die Teilnahme am Haushaltsscheckverfahren seit 1. 4. 2003 **obligatorisch**; das allg. Meldeverfahren kann nicht alternativ genutzt werden. Ziel ist es, den AG „Privathaushalt" von administrativen Belastungen zu befreien (BT-Drs. 13/5952 S. 58). Wann eine geringfügige Besch im Privathaushalt vorliegt, ist den Anm. zu § 8a zu entnehmen. AG im Haushaltsscheckverfahren können nur natürliche Personen („Privathaushalte") sein. Für Besch in Privathaushalten, die durch Dienstleistungsagenturen begründet oder mit Hausverwaltungen/Wohnungseigentümergemeinschaften geschlossen werden, findet Abs. 7 keine Anwendung. Die Besch muss ausschließlich im bzw. für den Privathaushalt des AG ausgeübt werden. Wird ein AN im Rahmen eines einheitlichen Besch-Verh. auch, aber nicht ausschließlich im bzw. für den Privathaushalt seines AG eingesetzt, ist Abs. 7 nicht anwendbar. Die Teilnahme am Haushaltsscheckverfahren setzt voraus, dass das ArbEntg aus der im Privathaushalt ausgeübten Besch regelmäßig 400,00 EUR im Monat nicht überschreitet (vgl. dazu die Anm. zu § 8). Hierbei bleiben Zuwendungen, die nicht in Geld gewährt werden (Sachbezüge), unberücksichtigt (§ 14 Abs. 3 idF ab 11. 8. 2010). Bis zum 10. 8. 2010 bestand die Besonderheit, dass der an den AN ausgezahlte Betrag zzgl. der durch Abzug vom Arbeitslohn einbehaltenen Steuern (Lohnsteuer einschl. evtl. zu zahlender Kirchensteuer und Solidaritätszuschlag) als ArbEntg galt. Diese Regelung ist mWv 11. 8. 2010 weggefallen, so dass seither die durch Abzug vom Arbeitslohn einbehaltenen Steuern nicht mehr als ArbEntg zählen. Wird durch Zusammenrechnung mit einer weiteren Besch (§ 8a S. 1 iVm. § 8 Abs. 2) die 400,00 EUR-Grenze überschritten, so dass VersPfl eintritt, findet Abs. 7 keine Anwendung; es gilt sodann das allg. Meldeverfahren gem. Abs. 1ff. Außerdem hat der AG gem. Abs. 7 S. 2 der Einzugsstelle zwingend eine Einzugsermächtigung zu erteilen (dazu Rn. 37).

II. Vereinfachtes Melde- und Beitragsverfahren

37 Unter den Voraussetzungen des Abs. 7 hat der AG für jeden in seinem privaten Haushalt geringfügig entlohnten Beschäftigten einen Haushaltsscheck (Rn. 39) bei der DRV Knappschaft-Bahn-See – Minijob-Zentrale – (§ 28i S. 5) einzureichen. Das Haushaltsscheckverfahren stellt insoweit ein vereinfachtes Meldeverfahren dar, als dass die Abs. 2 bis 5 nicht gelten (Abs. 7 S. 4). Das bedeutet, dass keine Jahres- und Sofortmeldungen zu erstatten sind, der Inhalt der Meldung nicht den Anforderungen des Abs. 3 entsprechen muss (dieser wird gesondert durch Abs. 8 festgelegt – Rn. 39) und eine Unterrichtung des AN über den Meldeinhalt nicht erforderlich ist. Meldeanlässe sind der Beginn der Besch, Änderungen im lfd. BeschVerh. (zB bei Änderung des ArbEntg oder bei Verzicht auf die VersFreiheit in der ges. RV gem. § 5 Abs. 2 S. 2 SGB VI) sowie das Ende der Besch. Die Meldungen sind jeweils unverzüglich (§ 121 Abs. 1 S. 1 BGB) zu erstatten. Der AG hat der DRV Knappschaft-Bahn-See – Minijob-Zentrale – gem. Abs. 7 S. 2 zwingend eine Ermächtigung zum Einzug des (fälligen) GesamtSVBeitr (§ 28d) einschl. der Umlagen zum Ausgleich der AGAufwendungen bei Krankheit und Mutterschaft nach dem AAG und darüber hinaus auch – obgleich in Abs. 7 S. 2 nicht aufgeführt – zum Einzug der Beitr zur UV (vgl. § 185 Abs. 4 S. 3 SGB VII, Rn. 38) und ggf. zu zahlender Pauschsteuern (vgl. § 40a Abs. 2 EStG, Rn. 38) zu erteilen. Die **Einzugsermächtigung** (im Internet: www.haushaltsscheck.de) ist nur bei erstmaliger Verwendung des Haushaltsschecks oder bei Änderung der Bankverbindung erforderlich. Der Haushaltsscheck bedarf gem. Abs. 7 S. 3 der **Unterschrift von AG und AN.** Da der AN somit Kenntnis vom Meldeinhalt erlangt und zudem von der

Minijob-Zentrale hierüber unterrichtet wird (vgl. § 28h Abs. 3 S. 3), entfällt die Mitteilungspflicht des AG nach Abs. 5 (vgl. Abs. 7 S. 4).

Aufgrund der im Haushaltsscheck gemachten Angaben berechnet **die Minijob-Zentrale** den GesamtSVBeitr (dh. die PauschalBeitr zur KV und RV in Höhe von derzeit je 5% gem. § 249b S. 2 SGB V, § 48 Abs. 6 KVLG 1989, § 172 Abs. 3a SGB VI bzw. den vollen RV-Beitr bei Verzicht auf die VersFreiheit gem. § 5 Abs. 2 S. 2 SGB VI) einschl. der Umlagen zum Ausgleich der AGAufwendungen bei Krankheit und Mutterschaft nach dem AAG (U1 und U2), den UV-Beitr in Höhe von 1,6% (§ 185 Abs. 4 S. 3 SGB VII) sowie ggf. zu zahlender Pauschsteuern in Höhe von derzeit 2% (§ 40a Abs. 2 EStG); vgl. auch Anm. zu § 28h Abs. 3. Gleichzeitig zieht sie den berechneten Gesamtbetrag (Beitr, Umlagen, Pauschsteuern) im Wege des Lastschriftverfahrens jeweils am 15. 7. für die Monate Januar bis Juni des lfd. Jahres und am 15. 1. für die Monate Juli bis Dezember des vorangegangenen Jahres ein (vgl. § 23 Abs. 2a und Abs. 3 S. 4 SGB IV, § 40a Abs. 6 EStG). Hierzu ist zu bemerken, dass die Minijob-Zentrale von den kommunalen UVTrn beauftragt worden ist, die UV-Beitr für die am Haushaltsscheckverfahren teilnehmenden AG zu berechnen und einzuziehen. Aufgrund dieses bes. Verfahrens ist der AG „Privathaushalt" auch davon ausgenommen, einen Beitr-Nachweis zu übermitteln (vgl. § 28f Abs. 3 S. 1 2. Hs.). Das Nähere haben die Spitzenorganisationen der SV in ihrer „Gemeinsamen Verlautbarung zum Haushaltsscheckverfahren" vom 7. 5. 2008 geregelt (im Internet: www.deutsche-rentenversicherung.de). 38

III. Inhalt des Haushaltsschecks (Abs. 8)

Abs. 8 legt gesondert den Inhalt des Haushaltsschecks fest, da die in Abs. 3 enthaltenen Bestimmungen keine Anwendung finden (vgl. Abs. 7 S. 4). Als vereinfachte Meldung enthält der Haushaltsscheck im Vergleich zu den ansonsten abzugebenden Meldungen deutlich reduzierte Angaben. Durch Abs. 8 S. 1 Nr. 1 und 2 werden Angaben zur Identifizierung des AG und des AN gefordert. Bei den **zur Identifizierung des AG erforderlichen Angaben** handelt es sich um den Familien- und Vornamen, die Anschrift sowie die BBNR, die nach § 28h Abs. 3 S. 1 von der DRV Knappschaft-Bahn-See – Minijob-Zentrale – vergeben wird. Die **zur Identifizierung des AN erforderlichen Angaben** umfassen den Familien- und Vornamen, die Anschrift sowie die VersicherungsNr. bzw. hilfsweise das Geburtsdatum; die Daten sind den amtl. Unterlagen bzw. hins. der VersicherungsNr. dem SV-Ausweis zu entnehmen (vgl. § 5 Abs. 6 DEÜV). Die vollständige Angabe aller Daten ist grds. nur bei erstmaliger Verwendung des Haushaltsschecks erforderlich; bei sich anschließenden Meldungen kann gem. Abs. 8 S. 2 auf die Anschrift des AG und des AN verzichtet werden. Damit die Minijob-Zentrale über VersPfl bzw. VersFreiheit entscheiden und eine korrekte BeitrBerechnung durchführen kann, bedarf es der **Kennzeichnung,** ob der AN mehrfach beschäftigt ist (Abs. 8 S. 1 Nr. 3) und ob (und ggf. ab wann) auf die VersFreiheit in der ges. RV gem. § 5 Abs. 2 S. 2 SGB VI (iVm. §§ 163 Abs. 8, 168 Abs. 1 Nr. 1c SGB VI) verzichtet wurde (Abs. 8 S. 1 Nr. 4 lit. e). Zusätzlich sind **bei diskontinuierlicher ArbEntgZahlung** der Zeitraum der Besch, das ArbEntg für diesen Zeitraum sowie am Ende der Besch der Zeitpunkt der Beendigung anzugeben (Abs. 8 S. 1 Nr. 4 lit. a). **Bei kontinuierlicher ArbEntgZahlung** sind bei einer Meldung zu Beginn der Besch (Anmeldung) deren Beginn und das mtl. ArbEntg, bei einer Meldung wegen Änderung des ArbEntg der neue Betrag und der Zeitpunkt der Änderung und bei einer Meldung am Ende der Besch (Abmeldung) der Zeitpunkt der Beendigung anzugeben (Abs. 8 S. 1 Nr. 4 lit. b bis d). Die Angabe des ArbEntg (iSd. § 14 Abs. 3) erfolgt kaufmännisch gerundet in vollen EUR-Beträgen (§ 5 Abs. 4 DEÜV). Aufgrund der ges. Vorgaben bestimmen die in § 28b Abs. 4 gen. Spitzenorganisationen der SV bundeseinheitlich die Gestaltung des Haushaltsschecks. Über Abs. 8 hinausgehend sieht der Haushaltsscheck Angaben zur SteuerNr. des AG, eine Kennzeichnung über die Zahlung der Pauschsteuer (§ 40a Abs. 2 EStG) und eine Kennzeichnung über die Versicherung des AN in der ges. KV vor. Der maßgebliche Vordruck steht im Internet unter www.haushaltsscheck.de zur Verfügung. Er ist sowohl vom AG als auch vom AN zu unterschreiben (vgl. Rn. 37). 39

M. Meldungen für geringfügig Beschäftigte (Abs. 9)

Abs. 9 bezieht die versfreien geringfügigen BeschVerh. durch Verweisung auf die Abs. 1 bis 8 in das allg. Meldeverfahren mit ein. Nach Abs. 9 iVm. § 13 DEÜV idF ab 1. 1. 2009 sind somit für versfreie geringfügige Beschäftigte (§ 8 SGB IV iVm. § 27 Abs. 2 SGB III, § 7 SGB V, § 5 Abs. 2 SGB VI) dieselben Meldungen zu erstatten **wie für verspfl Beschäftigte.** Dies gilt vom 1. 1. 2009 an uneingeschränkt sowohl für versfreie geringfügig entlohnte Beschäftigte (§ 8 Abs. 1 Nr. 1) als auch für versfreie kurzfristig Beschäftigte (§ 8 Abs. 1 Nr. 2). Bis zum 31. 12. 2008 galt hins. der versfreien kurzfristig Beschäftigten die Besonderheit, dass keine Unterbrechungsmeldungen (§ 9 DEÜV), keine Jahresmeldungen (§ 10 DEÜV) und keine Meldungen nach § 11 DEÜV zu erstatten waren (Abs. 9 iVm. § 13 DEÜV idF bis 31. 12. 2008). Diese Sonderregelung ist mWv. 1. 1. 2009 weggefallen, da mit der Integration der UV-Daten in das Meldeverfahren (vgl. Rn. 23) auch für versfreie kurzfristig Beschäftigte 40 nach § 8 Abs. 1 Nr. 2 entspr. Meldungen erforderlich werden. Zwar besteht für diesen Personenkreis Vers- und BeitrFreiheit in der KV, PV, RV und AV (das ArbEntg nach Abs. 3 S. 2 Nr. 2 lit. b beträgt somit 0 EUR), nicht aber in der ges. UV; hier sind die erzielten ArbEntge unabhängig von der BeschDauer und der ArbEntgHöhe beitrpfl und somit seit 1. 1. 2009 nach Abs. 3 S. 2 Nr. 2 lit. c auch meldepflichtig. Für geringfügig entlohnte Beschäftigte (§ 8 Abs. 1 Nr. 1), die von der Möglichkeit des Verzichts auf die VersFreiheit in der ges. RV nach § 5 Abs. 2 S. 2 SGB VI Gebrauch machen, findet Abs. 9 keine Anwendung; für die Meldungen gelten die Abs. 1 ff. unmittelbar. Meldungen für geringfügig Beschäftigte sind für Zeiträume ab 1. 4. 2003 ausschließlich an die DRV Knappschaft-Bahn-See – Minijob-Zentrale – (§ 28 i S. 5) zu erstatten.

N. Meldungen für Beschäftigte, die Mitglied einer berufsständischen Versorgungseinrichtung sind (Abs. 10, 11)

41   Das bes. Meldeverfahren nach Abs. 10 und 11 gilt **vom 1. 1. 2009 an** und wird zwischen AG und der (Daten-)Annahmestelle der berufsständischen Versorgungseinrichtungen (DASBV, vgl. www.dasbv.de) abgewickelt; die Einzugsstellen (§ 28 h Abs. 1 S. 1 iVm. § 28 i) sind nicht beteiligt (vgl. a. § 28 b Abs. 5). Es betrifft ausschließlich diejenigen Beschäftigten, die als Mitglieder berufsständischer Versorgungseinrichtungen **nach § 6 Abs. 1 S. 1 Nr. 1 SGB VI von der VersPfl in der ges. RV befreit** sind. Schon vor dem 1. 1. 2009 hatten AG für diesen Personenkreis umfangreiche Meldungen und BeitrNachweise – größtenteils in Papierform – an die verschiedenen Versorgungseinrichtungen zu erstatten. Durch Abs. 10 und 11 wird das Verfahren mWv 1. 1. 2009 vereinheitlicht, zentralisiert und in das bestehende elektronische Meldeverfahren zur SV integriert; gleichzeitig entfällt damit die gesonderte Übermittlung der Daten in einem anderen Verfahren (vgl. BT-Drs. 16/6540 S. 24).

42   Abs. 10 S. 1 verpflichtet den AG, die nach den Abs. 1, 2 und 9 abzugebenden Meldungen (vgl. Rn. 5 bis 20, 40) unter Angabe der MitgliedsNr. des Beschäftigten bei der jeweiligen Versorgungseinrichtung (Abs. 10 S. 3) zusätzlich (dh. als **„elektronische Kopie"**) auch an die DASBV (Rn. 41) zu erstatten. Die Sofortmeldung nach Abs. 4 ist ausgenommen. Die Angabe der MitgliedsNr. des Beschäftigten ist für die anschließende Zuordnung und Weiterleitung der Meldungen an die jeweils zust. Versorgungseinrichtung erforderlich. Die Meldungen sind gem. Abs. 10 S. 2 – vorbehaltlich von Abs. 6 a – nur durch gesicherte und verschlüsselte Datenübertragung aus systemgeprüften Programmen oder mittels maschinell erstellter Ausfüllhilfen zu erstatten (vgl. dazu Rn. 3). Abs. 10 S. 4 iVm. Abs. 5 verpflichtet den AG, den Beschäftigten über den Inhalt der Meldung(en) **in Textform zu unterrichten** (vgl. dazu erg. Rn. 32).

43   Zudem schafft Abs. 11 die Verpflichtung, mtl. Meldungen zur Abrechnung der an die berufsständische Versorgungseinrichtung zu zahlenden Beitr (dh. mtl. **BeitrNachweise**) an die DASBV zu übermitteln. Beitr sind nach Maßgabe der jeweiligen Satzung der berufsständischen Versorgungseinrichtung zu zahlen, zum AGBeitrAnteil vgl. § 172 Abs. 2 SGB VI. Die Meldungen nach Abs. 11 sind ebenfalls nur durch gesicherte und verschlüsselte **Datenübertragung** aus systemgeprüften Programmen oder mittels maschinell erstellter Ausfüllhilfen zu erstatten; die Datenübermittlung in anderer Form (mittels Papiervordruck) ist nicht erlaubt (Abs. 11 S. 2). Die erforderlichen **Meldeinhalte** werden im Einzelnen in Abs. 11 S. 3 Nr. 1 bis 11 festgelegt; gefordert werden insb. beitragserhebliche Angaben. Über den Meldeinhalt hat der AG den Beschäftigten gem. Abs. 11 S. 4 **in Textform zu unterrichten,** soweit sich die Erstattung der Meldung und ihr Inhalt nicht aus der Entgeltbescheinigung ergibt.

44   Die für das Meldeverfahren nach Abs. 10 und 11 erforderlichen **technischen Details** (vgl. § 28 b Abs. 2 Nr. 1 und 2) werden bundeseinheitlich durch die in § 28 b Abs. 2 gen. Institutionen unter Beteiligung der Arbeitsgemeinschaft berufsständischer Versorgungseinrichtungen in gemeinsamen Grundsätzen, dh. in Vereinbarungswege, festgelegt (§ 28 b Abs. 5 S. 2). Hierzu wird im Einzelnen auf die „Gemeinsamen Grundsätze für die Datenerfassung und Datenübermittlung zur SV nach § 28 b Abs. 2 SGB IV" in der jeweils gültigen Fassung (im Internet: www.deutsche-rentenversicherung.de) sowie auf das Rundschreiben der Arbeitsgemeinschaft berufsständischer Versorgungseinrichtungen zu den „Meldungen im AGVerfahren an die Annahmestelle der berufsständischen Versorgungseinrichtungen" in der jeweils gültigen Fassung (im Internet: www.dasbv.de) verwiesen.

O. Meldungen für ausschließlich in der gesetzlichen Unfallversicherung versicherte Beschäftigte (Abs. 12)

45   Der mWv 1. 1. 2009 angefügte und mWv 22. 7. 2009 präzisierte Abs. 12 erstreckt die Meldepflichten des AG auch auf solche Beschäftigte, die **ausschließlich in der ges. UV versichert** sind. Die Regelung stellt klar, dass mWv 1. 1. 2009 Meldungen mit den UV-Daten (Rn. 23) auch für diesen Personenkreis zu erstatten sind. Hierdurch wird erreicht, dass im maschinellen Lohnnachweis

nach Abs. 3a (Rn. 24 a), der aus den Entgeltmeldungen der AG generiert wird, auch die UV-Entgelte von ausschließlich in der ges. UV versicherten Beschäftigten mit abgebildet werden können. Eine ges. Regelung war erforderlich, da Abs. 1 die Meldepflichten des AG lediglich auf die in der KV, PV, RV oder AV kraft G Vers erstreckt und die in der ges. UV versicherten Beschäftigten nur insoweit in das Meldeverfahren mit einbezieht, wie sie zugleich auch in einem der gen. VersZweige bzw. der AV versichert sind. Abs. 12 gilt dabei ausdrücklich nur für ausschließlich nach § 2 Abs. 1 Nr. 1 SGB VII versicherte Beschäftigte **mit beitrpfl ArbEntg**. Der Personenkreis des Abs. 12 ist insoweit enger gefasst als der § 2 Abs. 1 Nr. 1 SGB VII, der auch Beschäftigte ohne ArbEntgAnspruch erfasst. Unter Abs. 12 fallen bspw. Studenten in einem vorgeschriebenen Zwischenpraktikum, die in der KV, PV, RV und AV versfrei sind und in der ges. UV mit beitrpfl ArbEntg versichert sind.

Für den erfassten Personenkreis sind **Meldungen nach Abs. 1 und Abs. 3 S. 2 Nr. 2** zu erstatten. Der Verweis auf Abs. 1 stellt klar, dass der AG insb. auch eine Anmeldung (Abs. 1 S. 1 Nr. 1 iVm. § 6 DEÜV) zu erstatten hat, um die jeweilige Einzugsstelle (§ 28h Abs. 1 S. 1 iVm. § 28 i) in die Lage zu versetzen, spätere Entgeltmeldungen (zB Ab-/Jahresmeldungen) verarbeiten zu können. Zust. Einzugsstelle ist die Krankenkasse, bei der zuletzt eine Versicherung bestand. Bestand noch keine Versicherung in der ges. KV, bestimmt der AG entspr. § 175 Abs. 3 S. 2 SGB V die zust. Einzugsstelle (vgl. Anm. zu § 28 i Rn. 3). 46

P. Meldungen der Künstlersozialkasse (Abs. 13)

Der mWv 22. 7. 2009 in Kraft getretene Abs. 13 verpflichtet die Künstlersozialkasse (KSK – § 46 KSVG), für ihre nach dem KSVG krankenversicherungspflichtigen Mitglieder mtl. eine Meldung mit den für den Nachweis der BeitrPfl notwendigen Angaben an die zust. Krankenkasse (§ 28 i) zu erstatten. Die Regelung war erforderlich, da die Krankenkassen seit 1. 1. 2009 von der KSK aufgrund der BeitrAbführung an den Gesundheitsfonds **keine BeitrNachweise mehr** erhalten und damit auch keine Informationen über die Höhe des voraussichtlichen ArbEink und zu einer evtl. bestehenden Rentenversicherungspflicht für die über die KSK versicherten Personen (vgl. BT-Drs. 16/12596 S. 10). Um den Krankenkassen dennoch die bisher in den BeitrNachweisen enthaltenen Informationen, die insb. für die Erbringung von Entgeltersatz, bei der Festsetzung des Prämienanteils für den Wahlkrankengeldtarif sowie bei Prüfungen zur VersPfl nach § 5 Abs. 5 SGB V benötigt werden (vgl. BT-Drs. aaO), ohne direkte (einzelfallbezogene) Einschaltung der KSK zugänglich zu machen, normiert Abs. 13 ein **automatisiertes mtl. Meldeverfahren**. 47

Die mtl. Meldung erfolgt durch **maschinelle Datenübermittlung**. Den Übertragungsweg und die Einzelheiten des Verfahrens (wie den Aufbau der Datensätze) haben die KSK und der Spitzenverband Bund der Krankenkassen (vgl. §§ 217a ff. SGB V) gem. Abs. 13 S. 2 analog zu § 28 b Abs. 2 in gemeinsamen Grundsätzen, dh. im **Vereinbarungswege**, festzulegen. Abs. 13 S. 3 macht dazu erg. die Vorgabe, dass bei der Nutzung allg. zugänglicher Netze Verschlüsselungsverfahren zu verwenden sind, die dem Stand der jeweiligen Technik entsprechen. 48

§ 28 b Aufgaben der Einzugsstelle bei Meldungen, gemeinsame Grundsätze

(1) ¹Die Einzugsstelle nimmt die Meldung für die gesetzliche Kranken- und Rentenversicherung, nach dem Recht der Arbeitsförderung und für die soziale Pflegeversicherung entgegen, soweit durch dieses Gesetzbuch nichts anderes bestimmt ist. ²Dies gilt auch für die Meldungen nach § 196 Absatz 2 Satz 3 des Sechsten Buches. ³Die Einzugsstelle hat dafür zu sorgen, dass die Meldungen rechtzeitig erstattet werden, die erforderlichen Angaben vollständig und richtig enthalten sind und die Meldungen rechtzeitig weitergeleitet werden.

(2) ¹Der Spitzenverband Bund der Krankenkassen, die Deutsche Rentenversicherung Bund, die Bundesagentur für Arbeit und die Deutsche Gesetzliche Unfallversicherung e. V. bestimmen in gemeinsamen Grundsätzen bundeseinheitlich:
1. die Schlüsselzahlen für Personengruppen, Beitragsgruppen und für Abgabegründe der Meldungen,
2. den Aufbau der einzelnen Datensätze für die Übermittlung von Meldungen und Beitragsnachweisen sowie von Eingangsbestätigungen, Fehlermeldungen und Rückmeldungen der Sozialversicherungsträger an die Arbeitgeber durch Datenübertragung.

²Die gemeinsamen Grundsätze bedürfen der Genehmigung des Bundesministeriums für Arbeit und Soziales, das vorher die Bundesvereinigung der Deutschen Arbeitgeberverbände anzuhören hat.

(3) Die Deutsche Rentenversicherung Knappschaft-Bahn-See kann für ihren Bereich von den Bestimmungen nach Absatz 2 Nummer 1 abweichen.

(4) Der Spitzenverband Bund der Krankenkassen, die Deutsche Rentenversicherung Bund und die Bundesagentur für Arbeit bestimmen bundeseinheitlich die Gestaltung des Haushaltsschecks (§ 28a Absatz 7) und der der Einzugsstelle in diesem Verfahren zu erteilenden Einzugsermächtigung.

(5) ¹Für die Meldungen nach § 28a Absatz 10 und 11 gilt Absatz 1 für die Annahmestelle der berufsständischen Versorgungseinrichtungen entsprechend. ²Absatz 2 gilt entsprechend mit der Maßgabe, dass auch die Arbeitsgemeinschaft berufsständischer Versorgungseinrichtungen zu beteiligen ist, soweit Meldungen nach § 28a Absatz 10 und 11 betroffen sind.

(6) ¹Für die Meldungen nach § 97 Absatz 1 sowie die Übermittlung der Daten zwischen der Registratur Fachverfahren, der Zentralen Speicherstelle und den abrufenden Behörden gilt Absatz 2 entsprechend mit der Maßgabe, dass je ein Vertreter des Deutschen Städtetages, des Deutschen Städte- und Gemeindebundes, des Deutschen Landkreistages, der Familienkasse bei der Bundesagentur für Arbeit und beratend je ein Vertreter der Arbeitsgemeinschaft Wirtschaftliche Verwaltung und des Bundesamtes für Sicherheit in der Informationstechnik zu beteiligen sind. ²Der Deutsche Gewerkschaftsbund ist vor der Genehmigung anzuhören. ³Die Genehmigung erfolgt im Einvernehmen mit dem Bundesministerium für Wirtschaft und Technologie.

A. Normzweck

1 § 28b gilt für die KV, PV, RV, AV und mWv 1. 1. 2009 auch für die UV (vgl. erg. Anm. zu § 28a Rn. 1), nicht aber für die Alterssicherung der Landwirte. Abs. 1 normiert die zentralen Aufgaben der Einzugsstellen im Meldeverfahren. Regelungszweck ist die **Sicherstellung rechtzeitiger und inhaltlich ordnungsgemäßer Meldungen.** Zur Vermeidung aufwändiger VOVerfahren ermächtigt und verpflichtet Abs. 2 die gen. Spitzenorganisationen der SV zur bundeseinheitlichen Festlegung bestimmter technischer Details für das Melde- und BeitrNachweisverfahren; hiervon lässt Abs. 3 gewisse Ausnahmen zu. Abs. 4 regelt die Gestaltung des Haushaltsschecks (§ 28a Abs. 7, 8) und der nach § 28a Abs. 7 S. 2 im Haushaltsscheckverfahren zu erteilenden Einzugsermächtigung. Der mWv 1. 1. 2008 angefügte Abs. 5 betrifft die Aufgaben der (Daten-)Annahmestelle der berufsständischen Versorgungseinrichtungen und die bundeseinheitliche Festlegung bestimmter technischer Einzelheiten für das Meldeverfahren nach § 28a Abs. 10 und 11. Abs. 6, der mWv 2. 4. 2009 angefügt worden ist, erstreckt die Regelungen des Abs. 2 zur Festlegung bestimmter technischer Details für das Melde- und BeitrNachweisverfahren auf das Verfahren des elektronischen Entgeltnachweises (sog. ELENA-Verfahren) gem. §§ 95 bis 103 idF des ELENA-VerfahrensG vom 28. 3. 2009 (BGBl. I S. 634).

B. Aufgaben der Einzugsstelle bei Meldungen (Abs. 1)

2 Vorbehaltlich abw. Regelungen ist die jeweilige Einzugsstelle (§ 28h Abs. 1 S. 1 iVm. § 28i) bzw. die eingerichtete Datennahmestelle für die **Entgegennahme der Meldungen** für die ges. KV, soz. PV, RV und AV zust. Dies gilt insb. für die Meldungen nach § 28a iVm. der DEÜV (ausgenommen die Sofortmeldungen nach § 28a Abs. 4 und die Meldungen nach § 28a Abs. 10, 11), für die Meldungen nach den §§ 198 ff. SGB V, §§ 190 ff., 281c SGB VI sowie gem. Abs. 1 S. 2 idF vom 1. 11. 2009 für die Meldungen nach § 196 Abs. 2 S. 3 SGB VI. Bei den letztgen. Meldungen handelt es sich um die Weiterleitung der von den zust. Meldebehörden an die Datenstelle der Tr der RV (§ 145 SGB VI) übermittelten Anschriftenänderungen an die übrigen SVTr. Welche Einzugsstelle zust. ist, ergibt sich aus § 28i (vgl. dortige Anm.).

2a **Aufgabe und Pflicht** der Einzugsstelle ist gem. Abs. 1 S. 3 die Überwachung der rechtzeitigen (§§ 6ff. DEÜV) Erstattung der Meldungen, die inhaltliche Überprüfung der abgegebenen Meldungen auf Vollständigkeit und Richtigkeit (vgl. dazu § 28a SGB IV iVm. §§ 22, 33 DEÜV) sowie deren rechtzeitige Weiterleitung. Dabei hat die jeweilige Einzugsstelle aktiv durch geeignete Maßnahmen auf ein ordnungsgemäßes Meldeverfahren hinzuwirken. Abs. 1 S. 3 beinhaltet insoweit eine **Einwirkungs- und Betreuungspflicht** ggü. dem Meldepflichtigen (Hauck/Noftz/Sehnert, § 28b SGB IV Rn. 3 mwN). Zur **Überwachung** gehört die Kontrolle der Termine, zu denen Meldungen zu erstatten sind. Bei fehlenden Meldungen ist die jeweilige Einzugsstelle verpflichtet, den Meldepflichtigen zur Nachholung anzuhalten (**Mahnung**) und den Eingang der Meldungen zu überwachen. Werden erforderliche Meldungen vorsätzlich oder leichtfertig nicht, nicht richtig, unvollständig oder nicht rechtzeitig erstattet, liegt eine Ordnungswidrigkeit vor (vgl. § 111 Abs. 1 Nrn. 2, 2a, 2c, 8 SGB IV und § 41 DEÜV), die seitens der Einzugsstelle (gem. § 112 Abs. 1 Nr. 4) mit einer Geldbuße nach Maßgabe des § 111 Abs. 4 geahndet werden kann. Die **Überprüfungspflicht** beschränkt sich auf die formale Richtigkeit der abgegebenen Meldungen, zB richtige Versicherungsnummer, widerspruchsfreie Angaben von BeschZeiten, Angabe der richtigen Schlüsselzahl über die BeitrGruppe etc. (BSG 12. 10. 2000 – B 12 KR 2/00 R – SozR 3–2400 § 28 b Nr. 1, vgl. überdies §§ 22, 33 DEÜV), ohne dass damit eine Entscheidung über die VersPfl, BeitrPfl oder BeitrHöhe verbunden ist (vgl. dazu § 28 h Abs. 2). Nach § 33 Abs. 1 DEÜV ist insb. zu prüfen, ob die Meldungen nur die zugelassenen Zeichen, Schlüsselzahlen und sonstige vorgesehene Angaben enthalten. Stellt die Einzugs-/Annahmestelle bei der Annahme der Meldung Mängel fest (bei fehlerhaften/unvollständigen Datensätzen), hat sie die Meldung zurückzuweisen und den Meldenden über die festgestellten Mängel (mittels Fehler-/Rückmeldung) zu unterrichten und zur Mängelbehebung sowie zur erneuten Erstattung der Meldung aufzufordern (§ 23 Abs. 2 DEÜV); gleichzeitig obliegt ihr die Überwachung der neuen Meldung. Geprüfte und fehlerfreie Datensätze sind gem. § 33 DEÜV mit der Bestandsdatei, die die für die Durchführung des Meldeverfahrens erforderlichen Daten enthält, abzugleichen, in eine automatisierte Datei zu übernehmen und innerhalb von 5 Arbeitstagen nach Eingang gem. § 34 Abs. 1 DEÜV an die Datenstelle der Tr der RV (§ 145 SGB VI) **durch Datenübertragung weiterzuleiten**. Von dort erfolgt die Weiterleitung an den zust. RVTr bzw. die BA nach Maßgabe von § 36 DEÜV. Das Nähere zur Annahme, Prüfung und Weiterleitung der Meldungen haben die Spitzenorganisationen der SV gem. §§ 22, 23 Abs. 3, 32 Abs. 5, 33 Abs. 6 DEÜV in ihrem gemeinsamen Rdschr. „Gemeinsames Meldeverfahren zur KV, PV, RV und AV" und in den „Gemeinsamen Grundsätzen für die Untersuchung von EntgAbrechnungsprogrammen und Ausfüllhilfen (Systemuntersuchung) und die Datenweiterleitung innerhalb der SV nach § 22 DEÜV" (im Internet: www.deutsche-rentenversicherung.de) geregelt. Verletzt die Einzugsstelle schuldhaft die ihr nach Abs. 1 obliegenden Pflichten, ist sie den tangierten FremdVTrn nach Maßgabe von § 28 r Abs. 1 **schadensersatzpflichtig**.

C. Gemeinsame Grundsätze (Abs. 2, 3)

In Ergänzung zu den bestehenden ges. Regelungen (§§ 28 a, 28 f) und der auf Grundlage des § 28 c Abs. 1 erlassenen DEÜV ermächtigt und verpflichtet Abs. 2 den Spitzenverband Bund der Krankenkassen (§§ 217 a ff. SGB V), die DRV Bund (§§ 125 Abs. 2, 138 SGB VI), die BA (§ 367 SGB III) und mWv 1. 1. 2009 auch die DGUV, die in Abs. 2 Nrn. 1 und 2 näher bezeichneten **technischen Details für das Melde- und BeitrNachweisverfahren** gemeinsam und vorbehaltlich von Abs. 3 (vgl. Rn. 3 a) bundeseinheitlich festzulegen. Die Regelung dient der Vermeidung aufwändiger VOVerfahren und ermöglicht indes eine zeitnahe Umsetzung veränderter technischer und rechtl. Gegebenheiten. Abs. 2 betrifft einerseits die Festlegung der Schlüsselzahlen für die Personen- und BeitrGruppen sowie für die Abgabegründe der Meldungen und andererseits die Gestaltung des Aufbaus der einzelnen Datensätze für die Übermittlung von Meldungen und BeitrNachweisen durch Datenübertragung (einschl. Eingangsbestätigungen, Fehlermeldungen und Rückmeldungen der VTr an die AG). Zu den getroffenen Festlegungen wird im Einzelnen auf die „Gemeinsamen Grundsätze für die Datenerfassung und Datenübermittlung zur SV nach § 28 b Abs. 2 SGB IV" in der jeweils gültigen Fassung (im Internet: aaO) sowie auf die Anm. zu § 28 f Rn. 15 verwiesen. Es handelt sich hierbei um allg. Verwaltungsvorschriften, die gem. Abs. 2 S. 2 unter dem Genehmigungsvorbehalt durch das BMAS stehen. Um Erfahrungen aus der betriebl. Abrechnungspraxis mit berücksichtigen zu können und die Praktikabilität der getroffenen Festlegungen sicherzustellen, geht der Genehmigung eine Anhörung der BDA voraus. 3

Als **Ausnahmeregelung** erlaubt Abs. 3 der DRV Knappschaft-Bahn-See, für ihren Zuständigkeitsbereich von den Bestimmungen nach Abs. 2 Nr. 1 abzuweichen und **bes. Schlüsselzahlen** für (ihre) Personengruppen, für die BeitrGruppen und für die Abgabegründe der Meldungen festzulegen, um bereichsspezifische Besonderheiten abzubilden. Ausdrückliche Sonderregelungen finden sich in § 31 DEÜV wieder. 3a

D. Gestaltung des Haushaltsschecks (Abs. 4)

Abs. 4 enthält für den Spitzenverband Bund der Krankenkassen, die DRV Bund und die BA eine verpflichtende Ermächtigung zur bundeseinheitlichen Gestaltung des Haushaltsschecks (§ 28 a Abs. 7, 8) und der nach § 28 a Abs. 7 S. 2 im Haushaltsscheckverfahren zu erteilenden Einzugsermächtigung. Da § 28 a Abs. 8 abschließende Vorgaben für den Inhalt des Haushaltsschecks macht, beschränkt sich die in Abs. 4 enthaltene Ermächtigung im wesentlichen auf die **formale äußere Gestaltung** (sa. BT-Drs. 13/5952 S. 58). Der Haushaltsscheck und die Einzugsermächtigung sind im Internet unter www.haushaltsscheck.de abrufbar oder werden auf Anfrage von der DRV Knappschaft-Bahn-See – Minijob-Zentrale – zur Verfügung gestellt. 4

E. Aufgaben der Annahmestelle der berufsständischen Versorgungseinrichtungen, Gemeinsame Grundsätze für das Meldeverfahren gem. § 28a Abs. 10, 11 (Abs. 5)

5 Zust. für die Entgegennahme der Meldungen nach § 28a Abs. 10 und 11 (vgl. Anm. zu § 28a Rn. 41) ist abw. zu Abs. 1 S. 1 die (Daten-)Annahmestelle der berufsständischen Versorgungseinrichtungen (DASBV, vgl. www.dasbv.de). Die Einzugsstellen sind in diesem Verfahren nicht beteiligt. Abs. 2 S. 1 sieht deshalb folgerichtig vor, dass die DASBV insoweit auch die den jeweiligen Einzugsstellen nach Abs. 1 auferlegten **Aufgaben und Pflichten** wahrzunehmen hat. Sie hat insb. darauf hinzuwirken, dass die Meldungen rechtzeitig erstattet werden und die erforderlichen Angaben vollständig und richtig sind (vgl. dazu § 28a Abs. 10, 11); die Anm. zu Rn. 2a gelten entspr.

5a Zur Sicherstellung eines einheitlichen Meldeverfahrens (BT-Drs. 16/6540 S. 24) sind die in Abs. 2 näher bezeichneten technischen Details auch für das Meldeverfahren nach § 28a Abs. 10 und 11 durch die in Abs. 2 gen. Institutionen bundeseinheitlich **in gemeinsamen Grundsätzen** zu regeln (Abs. 5 S. 2). Hierbei wird der Arbeitsgemeinschaft berufsständischer Versorgungseinrichtungen (ABV, vgl. www.abv.de) gem. Abs. 5 S. 2 ein **Beteiligungsrecht** eingeräumt, um den Besonderheiten der berufsständischen Versorgungseinrichtungen Rechnung zu tragen. Gemeinsam festzulegen sind die Datensätze sowie die notwendigen Schlüsselzahlen (vgl. dazu Rn. 3). Hierzu wird im Einzelnen auf die „Gemeinsamen Grundsätze für die Datenerfassung und Datenübermittlung zur SV nach § 28b Abs. 2 SGB IV" in der jeweils gültigen Fassung (im Internet: www.deutsche-rentenversicherung.de) sowie auf das Rundschreiben der Arbeitsgemeinschaft berufsständischer Versorgungseinrichtungen zu den „Meldungen im AGVerfahren an die Annahmestelle der berufsständischen Versorgungseinrichtungen" in der jeweils gültigen Fassung (im Internet: www.dasbv.de) verwiesen.

F. Gemeinsame Grundsätze für das Verfahren des elektronischen Entgeltnachweises (Abs. 6)

6 Nach dem mWv 2. 4. 2009 in Kraft getretenen Abs. 6 sind auch die technischen Details für das Verfahren des elektronischen Entgeltnachweises gem. §§ 95 bis 103 (sog. ELENA-Verfahren), soweit sie nicht bereits durch G oder in der auf Grundlage des § 28c Abs. 2 erlassenen ELENA-DatensatzVO vom 22. 2. 2010 (BGBl. I S. 131) geregelt sind (vgl. Anm. zu § 28c Rn. 3), analog zu Abs. 2 in gemeinsamen und bundeseinheitlich geltenden Grundsätzen festzulegen. Da das elektronische Entgeltnachweisverfahren in das in der SV bestehende Melde- und BeitrNachweisverfahren integriert wird (vgl. BT-Drs. 16/10492 S. 23), sind hierzu ebenfalls die in Abs. 2 gen. Institutionen ermächtigt und verpflichtet. An den Entscheidungen zu beteiligen sind gem. Abs. 6 S. 1 je ein Vertreter der abrufenden Behörden, um deren Belangen Rechnung zu tragen (BT-Drs. aaO), sowie beratend je ein Vertreter der Arbeitsgemeinschaft Wirtschaftliche Verwaltung und des Bundesamtes für Sicherheit in der Informationstechnik. Die gemeinsam getroffenen Festlegungen stehen unter dem Genehmigungsvorbehalt durch das BMAS im Einvernehmen mit dem BMWT. Vor Erteilung der Genehmigung müssen die BDA und der DGB angehört werden. Zu den getroffenen Festlegungen vgl. im Einzelnen die „Gemeinsamen Grundsätze für die Erstattung der Meldungen der AG an die Zentrale Speicherstelle im Rahmen des Verfahrens des elektronischen Entgeltnachweises nach § 28b Abs. 6" sowie die „Gemeinsamen Grundsätze zur Kommunikation zwischen der Zentralen Speicherstelle, der Registratur Fachverfahren und der Datenstelle der Tr der RV nach § 28b Abs. 6" in der jeweils gültigen Fassung (im Internet: www.das-elena-verfahren.de).

§ 28c Verordnungsermächtigung

(1) **Das Bundesministerium für Arbeit und Soziales wird ermächtigt, durch Rechtsverordnung mit Zustimmung des Bundesrates das Nähere über das Melde- und Beitragsnachweisverfahren zu bestimmen, insbesondere**

1. die Frist der Meldungen und Beitragsnachweise,
2. (weggefallen)
3. welche zusätzlichen, für die Verarbeitung der Meldungen und Beitragsnachweise oder die Durchführung der Versicherung erforderlichen Angaben zu machen sind,
4. das Verfahren über die Prüfung, Sicherung und Weiterleitung der Daten,
5. unter welchen Voraussetzungen Systemprüfungen durchzuführen, Meldungen und Beitragsnachweise durch Datenübertragung zu erstatten sind,
6. in welchen Fällen auf einzelne Meldungen oder Angaben verzichtet wird,
7. in welcher Form und Frist der Arbeitgeber die Beschäftigten über die Meldungen zu unterrichten hat.

(2) Absatz 1 gilt entsprechend für das Verfahren des elektronischen Entgeltnachweises nach dem Sechsten Abschnitt.

§ 28 c ist eine **Ermächtigungsnorm** iSd. Art. 80 Abs. 1 GG. Sie gilt für die KV, PV, RV, AV und mWv 1. 1. 2009 auch für die UV (vgl. erg. Anm. zu § 28 a Rn. 1), nicht aber für die Alterssicherung der Landwirte. 1

Abs. 1 idF vom 2. 4. 2009 ermächtigt das BMAS, durch RechtsVO mit Zustimmung des Bundesrates Detailregelungen zum Melde- und BeitrNachweisverfahren – in Ergänzung zu den bestehenden ges. Regelungen (vgl. §§ 28 a, 28 b, 28 f) – zu treffen. Der Umfang der VOErmächtigung wird durch die Nrn. 1 bis 7 (iVm. BT-Drs. 11/2221 S. 21) konkretisiert, wobei die Aufzählung der regelbaren Sachverhalte nicht abschließend ist. Entspr. Regelungen dürfen nur durch RechtsVO, nicht aber durch Satzungsregelungen der Einzugsstellen (§ 28 h Abs. 1 S. 1 iVm. § 28 i) oder gemeinsame Grundsätze der beteiligten Spitzenorganisationen der SV gem. Abs. 2 und 3 getroffen werden. Abs. 1 bildet – neben anderen Vorschriften – die Rechtsgrundlage für die seit 1. 1. 1999 geltende **Datenerfassungs- und -übermittlungsVO (DEÜV)** vom 10. 2. 1998 (BGBl. I S. 343) idF der Bek. vom 23. 1. 2006 (BGBl. I S. 152), zuletzt geändert durch Art. 11 des G vom 22. 12. 2010 (BGBl. I S. 2309); im Internet: www.gesetze-im-internet.de. Hierin finden sich die nach Abs. 1 regelbaren Sachverhalte im Einzelnen wieder (zu Nr. 1 aaO vgl. insb. §§ 6 bis 14, 26 DEÜV, zu Nr. 3 aaO vgl. zB §§ 5, 31 iVm. § 26 DEÜV, zu Nr. 4 aaO vgl. insb. §§ 23, 32, 33, 34, 36 iVm. § 26 DEÜV, zu Nr. 5 aaO vgl. in Bezug auf die Systemprüfung §§ 18 bis 22, 31 iVm. § 26 DEÜV und in Bezug auf die Datenübertragung §§ 16, 17, 23, 31, 32 iVm. § 26 DEÜV, zu Nr. 6 aaO vgl. bspw. § 10 Abs. 1 S. 2 und § 12 Abs. 4 S. 2 DEÜV, zu Nr. 7 aaO vgl. § 25 DEÜV). Daneben werden die in § 28 b Abs. 2 Nr. 1 und 2 näher bezeichneten technischen Details für das Melde- und BeitrNachweisverfahren bundeseinheitlich in gemeinsamen Grundsätzen der beteiligten Spitzenorganisationen der SV bestimmt (vgl. Anm. zu § 28 b Rn. 3). 2

Der mWv 2. 4. 2009 angefügte **Abs. 2** ermächtigt das BMAS, durch RechtsVO mit Zustimmung des Bundesrates analog zu Abs. 1 Detailregelungen zum Verfahren des elektronischen Entgeltnachweises (sog. ELENA-Verfahren) gem. §§ 95 bis 103 idF des ELENA-VerfahrensG vom 28. 3. 2009 (BGBl. I S. 634) zu treffen. Abs. 2 ist zusammen mit § 97 Abs. 6 Rechtsgrundlage für die zum 27. 2. 2010 in Kraft getretene VO zur Übermittlung der Daten im Verfahren zur Erstellung und Verarbeitung des elektronischen Entgeltnachweises (**ELENA-DatensatzVO** – ELENA-DV) vom 22. 2. 2010 (BGBl. I S. 131); im Internet: www.gesetze-im-internet.de. Daneben werden die in § 28 b Abs. 2 näher bezeichneten technischen Details für das ELENA-Verfahren gem. § 28 b Abs. 6 bundeseinheitlich in gemeinsamen Grundsätzen der beteiligten Spitzenorganisationen der SV geregelt (vgl. Anm. zu § 28 b Rn. 6). 3

Zweiter Titel. Verfahren und Haftung bei der Beitragszahlung

§ 28 d Gesamtsozialversicherungsbeitrag

¹Die Beiträge in der Kranken- oder Rentenversicherung für einen kraft Gesetzes versicherten Beschäftigten oder Hausgewerbetreibenden sowie der Beitrag aus Arbeitsentgelt aus einer versicherungspflichtigen Beschäftigung nach dem Recht der Arbeitsförderung werden als Gesamtsozialversicherungsbeitrag gezahlt. ²Satz 1 gilt auch für den Beitrag zur Pflegeversicherung für einen in der Krankenversicherung kraft Gesetzes versicherten Beschäftigten. ³Die nicht nach dem Arbeitsentgelt zu bemessenden Beiträge in der landwirtschaftlichen Krankenversicherung für einen kraft Gesetzes versicherten Beschäftigten gelten zusammen mit den Beiträgen zur Rentenversicherung und Arbeitsförderung im Sinne des Satzes 1 ebenfalls als Gesamtsozialversicherungsbeitrag.

§ 28 d definiert, welche Beitr zum GesamtSVBeitr gehören. Mit der **Definition des GesamtSVBeitr** schafft § 28 d die Grundlage für das nachfolgend in den §§ 28 e ff. normierte Verfahren zur BeitrZahlung bei versicherten Beschäftigten und Hausgewerbetreibenden. § 28 d gilt für die KV, PV, RV und AV, nicht aber für die Alterssicherung der Landwirte und die UV. 1

Zum GesamtSVBeitr gehören nach der in den S. 1 und 2 enthaltenen Legaldefinition **die PflBeitr zur KV, RV, AV und PV** (hier mit Einschränkungen, vgl. S. 2) **für einen kraft G versicherten Beschäftigten oder Hausgewerbetreibenden**. Bei den Beitr zur AV muss es sich um solche aus ArbEntg aus einer versfpl Besch handeln (vgl. S. 1). Beitr zur soz. PV gelten eingeschränkt nur für in der ges. KV kraft G versicherte Beschäftigte als (Teil des) GesamtSVBeitr (S. 2). PV-Beitr für Beschäftigte, die freiwillig in der ges. KV versichert und somit (nach § 20 Abs. 3 SGB XI) verspfl in der soz. PV sind, sollen hingegen nicht als GesamtSVBeitr, sondern nach den speziellen Vorschriften der KV gezahlt werden (BT-Drs. 12/5952 S. 51). Wer kraft G versicherter Beschäftigter ist, wird durch § 7 2 iVm. §§ 5 bis 7 SGB V für die KV, §§ 1, 5, 6 SGB VI für die RV und §§ 24, 25 Abs. 1 SGB III für die AV normiert; die PV folgt grds. der KV (§ 20 Abs. 1 S. 1 SGB XI). Zu den Beschäftigten iSd. § 28 d gehören auch die Personen, die als beschäftigt gelten (vgl. BT-Drs. 11/2221 S. 21). Hierzu zählen zB die Bezieher von Vorruhestandsgeld, die in § 1 S. 1 Nr. 2 und 3 SGB VI gen. Personen sowie die Heimarbeiter (vgl. § 12 Abs. 2). Hausgewerbetreibende (§ 12 Abs. 1, 5) unterliegen als Selbständige gem. § 2 S. 1 Nr. 6 SGB VI der VersPfl in der RV; in der KV und AV besteht keine VersPfl. Der hiernach anfallende RV-Beitr gilt gem. S. 1 ebenfalls als GesamtSVBeitr.

3   Soweit von § 28 d erfasst sind die PflBeitr zur KV, PV, RV und AV als GesamtSVBeitr zusammengefasst an die jeweils zust. Einzugsstelle (§ 28 h Abs. 1 S. 1 iVm. § 28 i) zu zahlen; es handelt sich aber weiterhin um (bis zu vier) selbst. Beitr. Die Zusammenfassung bedeutet nicht, dass ein GesamtSV-Beitr nur dann vorliegt, wenn sowohl in der KV, PV, RV als auch in der AV VersPfl/BeitrPfl besteht. Obgleich der GesamtSVBeitr im Regelfall die Beitr zu allen vier VersZweigen umfasst, ist dies nicht zwingend. GesamtSVBeitr kann auch nur der Beitr zu einem VersZweig (so zB bei den Hausgewerbetreibenden, vgl. Rn. 2) oder nur der AGBeitrAnteil (vgl. nachfolgend) sein, mit der Folge, dass die §§ 28 e ff. Anwendung finden. Er setzt sich aus der Summe der jeweils für einen versicherten Beschäftigten oder Hausgewerbetreibenden geschuldeten Beitr – soweit von § 28 d erfasst – zusammen. Dabei sind sowohl die AN- als auch die AGBeitrAnteile umfasst. Hierzu gehören auch die allein vom AN (zB der zusätzliche KV-Beitr gem. § 241a SGB V idF bis 31. 12. 2008, der BeitrZuschlag für Kinderlose in der PV gem. § 55 Abs. 3 SGB XI oder der PV-Beitr gem. § 58 Abs. 3 SGB XI) oder die allein vom AG (zB nach § 346 Abs. 2 SGB III, § 168 Abs. 1 Nr. 1a SGB VI) zu tragenden Beitr. Kraft ges. Verweisung (§ 172 Abs. 4 SGB VI, § 249 b S. 3 SGB V) sind auch die für versfreie geringfügig entlohnte Beschäftigte aufzubringenden **PauschalBeitr** (§ 172 Abs. 3, 3a SGB VI, § 249 b SGB V) als GesamtSVBeitr abzuführen. Gleiches gilt für die vom AG **bei VersFreiheit des Beschäftigten zu zahlenden AGAnteile** nach § 172 Abs. 1 SGB VI und § 346 Abs. 3 SGB III (vgl. § 172 Abs. 4 SGB VI, 346 Abs. 3 S. 2 SGB III) sowie für die Beitr der in § 174 Abs. 2 SGB VI und § 279d SGB VI gen. Personen. Obwohl in § 28d nicht ausdrücklich erwähnt, gehören auch die **Umlagen** zum Ausgleich der AGAufwendungen bei Krankheit und Mutterschaft **nach dem AAG** zum GesamtSVBeitr; dies folgt aus ihrer Gleichstellung mit den KV-Beitr gem. § 10 AAG (sa. BSG 30. 10. 2002 – B 1 KR 19/01 R – SozR 3–2400 § 28p Nr. 1 zu der dem § 10 AAG inhaltsgleichen Vorgängerregelung des § 17 LFZG). Für die vom AG zu zahlende **Insolvenzgeldumlage** (§ 358 SGB III idF ab 1. 1. 2009) gelten die Vorschriften zum GesamtSVBeitr seit 1. 1. 2009 kraft ges. Verweisung (§ 359 Abs. 1 S. 2 SGB III idF ab 1. 1. 2009) entspr.; sie selbst ist aber nicht Teil des GesamtSVBeitr (vgl. § 359 Abs. 1 S. 1 SGB III idF ab 1. 1. 2009). **Weiterhin nicht umfasst** werden freiwillige Beitr zu den betr. VersZweigen sowie die Beitr zur Alterssicherung der Landwirte und zur UV.

4   Abw. zu S. 1 gilt gem. S. 3 ein **zur landwirtschaftl. KV zu zahlender Beitr** für einen dort kraft G verspfl mitarbeitenden Familienangehörigen (vgl. § 2 Abs. 1 Nr. 3 und Abs. 4 KVLG 1989, § 42 KVLG 1989) nur dann als GesamtSVBeitr, wenn zugleich auch ein Beitr zur RV und/oder zur AV zu zahlen ist. Voraussetzung ist also ein zwischen dem landwirtschaftl. Unternehmer und dem Familienangehörigen bestehendes BeschVerh., das zugleich der VersPfl in der RV **und/oder** der AV unterliegt (vgl. a. BT-Drs. 11/2221 S. 21). Das Sonderrecht der KV für die selbst. Landwirte wird durch S. 3 nicht berührt (BT-Drs. 11/2221 S. 21).

§ 28 e Zahlungspflicht, Vorschuss

(1) ¹Den Gesamtsozialversicherungsbeitrag hat der Arbeitgeber und in den Fällen der nach § 7f Absatz 1 Satz 1 Nummer 2 auf die Deutsche Rentenversicherung Bund übertragenen Wertguthaben die Deutsche Rentenversicherung Bund zu zahlen. ²Die Zahlung des vom Beschäftigten zu tragenden Teils des Gesamtsozialversicherungsbeitrags gilt als aus dem Vermögen des Beschäftigten erbracht. ³Ist ein Träger der Kranken- oder Rentenversicherung oder die Bundesagentur für Arbeit der Arbeitgeber, gilt der jeweils für diesen Leistungsträger oder, wenn eine Krankenkasse der Arbeitgeber ist, auch der für die Pflegekasse bestimmte Anteil am Gesamtsozialversicherungsbeitrag als gezahlt; dies gilt für die Beiträge zur Rentenversicherung auch im Verhältnis der Träger der Rentenversicherung untereinander.

(2) ¹Für die Erfüllung der Zahlungspflicht des Arbeitgebers haftet bei einem wirksamen Vertrag der Entleiher wie ein selbstschuldnerischer Bürge, soweit ihm Arbeitnehmer gegen Vergütung zur Arbeitsleistung überlassen worden sind. ²Er kann die Zahlung verweigern, solange die Einzugsstelle den Arbeitgeber nicht gemahnt hat und die Mahnfrist nicht abgelaufen ist. ³Zahlt der Verleiher das vereinbarte Arbeitsentgelt oder Teile des Arbeitsentgelts an den Leiharbeitnehmer, obwohl der Vertrag nach § 9 Nummer 1 des Arbeitnehmerüberlassungsgesetzes unwirksam ist, so hat er auch den hierauf entfallenden Gesamtsozialversicherungsbeitrag an die Einzugsstelle zu zahlen. ⁴Hinsichtlich der Zah-

lungspflicht nach Satz 3 gilt der Verleiher neben dem Entleiher als Arbeitgeber; beide haften insoweit als Gesamtschuldner.

(2a) ¹Für die Erfüllung der Zahlungspflicht, die sich für den Arbeitgeber knappschaftlicher Arbeiten im Sinne von § 134 Absatz 4 des Sechsten Buches ergibt, haftet der Arbeitgeber des Bergwerksbetriebes, mit dem die Arbeiten räumlich und betrieblich zusammenhängen, wie ein selbstschuldnerischer Bürge. ²Der Arbeitgeber des Bergwerksbetriebes kann die Befriedigung verweigern, solange die Einzugsstelle den Arbeitgeber der knappschaftlichen Arbeiten nicht gemahnt hat und die Mahnfrist nicht abgelaufen ist.

(3) Für die Erfüllung der Zahlungspflicht des Arbeitgebers von Seeleuten nach § 13 Absatz 1 Satz 2 haften Arbeitgeber und Reeder als Gesamtschuldner.

(3a) ¹Ein Unternehmer des Baugewerbes, der einen anderen Unternehmer mit der Erbringung von Bauleistungen im Sinne des § 175 Absatz 2 des Dritten Buches beauftragt, haftet für die Erfüllung der Zahlungspflicht dieses Unternehmers oder eines von diesem Unternehmer beauftragten Verleihers wie ein selbstschuldnerischer Bürge. ²Satz 1 gilt entsprechend für die vom Nachunternehmer gegenüber ausländischen Sozialversicherungsträgern abzuführenden Beiträge. ³Absatz 2 Satz 2 gilt entsprechend.

(3b) ¹Die Haftung nach Absatz 3a entfällt, wenn der Unternehmer nachweist, dass er ohne eigenes Verschulden davon ausgehen konnte, dass der Nachunternehmer oder ein von ihm beauftragter Verleiher seine Zahlungspflicht erfüllt. ²Ein Verschulden des Unternehmers ist ausgeschlossen, soweit und solange er Fachkunde, Zuverlässigkeit und Leistungsfähigkeit des Nachunternehmers oder des von diesem beauftragten Verleihers durch eine Präqualifikation nachweist, die die Eignungsvoraussetzungen nach § 8 der Vergabe- und Vertragsordnung für Bauleistungen Teil A in der Fassung der Bekanntmachung vom 20. März 2006 (BAnz. Nr. 94a vom 18. Mai 2006) erfüllt.

(3c) ¹Ein Unternehmer, der Bauleistungen im Auftrag eines anderen Unternehmers erbringt, ist verpflichtet, auf Verlangen der Einzugsstelle Firma und Anschrift dieses Unternehmers mitzuteilen. ²Kann der Auskunftsanspruch nach Satz 1 nicht durchgesetzt werden, hat ein Unternehmer, der einen Gesamtauftrag für die Erbringung von Bauleistungen für ein Bauwerk erhält, der Einzugsstelle auf Verlangen Firma und Anschrift aller Unternehmer, die von ihm mit der Erbringung von Bauleistungen beauftragt wurden, zu benennen.

(3d) ¹Absatz 3a gilt ab einem geschätzten Gesamtwert aller für ein Bauwerk in Auftrag gegebenen Bauleistungen von 275.000 Euro. ²Für die Schätzung gilt § 3 der Vergabeverordnung vom 9. Januar 2001 (BGBl. I S. 110), die zuletzt durch Artikel 3 Absatz 1 des Gesetzes vom 16. Mai 2001 (BGBl. I S. 876) geändert worden ist.

(3e) ¹Die Haftung des Unternehmers nach Absatz 3a erstreckt sich in Abweichung von der dort getroffenen Regelung auf das von dem Nachunternehmer beauftragte nächste Unternehmen, wenn die Beauftragung des unmittelbaren Nachunternehmers bei verständiger Würdigung der Gesamtumstände als ein Rechtsgeschäft anzusehen ist, dessen Ziel vor allem die Auflösung der Haftung nach Absatz 3a ist. ²Maßgeblich für die Würdigung ist die Verkehrsanschauung im Baubereich. ³Ein Rechtsgeschäft im Sinne dieser Vorschrift, das als Umgehungstatbestand anzusehen ist, ist in der Regel anzunehmen,

a) wenn der unmittelbare Nachunternehmer weder selbst eigene Bauleistungen noch planerische oder kaufmännische Leistungen erbringt oder
b) wenn der unmittelbare Nachunternehmer weder technisches noch planerisches oder kaufmännisches Fachpersonal in nennenswertem Umfang beschäftigt oder
c) wenn der unmittelbare Nachunternehmer in einem gesellschaftsrechtlichen Abhängigkeitsverhältnis zum Hauptunternehmer steht.

⁴Besonderer Prüfung bedürfen die Umstände des Einzelfalles vor allem in den Fällen, in denen der unmittelbare Nachunternehmer seinen handelsrechtlichen Sitz außerhalb des Europäischen Wirtschaftsraums hat.

(3f) ¹Der Unternehmer kann den Nachweis nach Absatz 3b Satz 2 anstelle der Präqualifikation auch durch Vorlage einer Unbedenklichkeitsbescheinigung der zuständigen Einzugsstelle für den Nachunternehmer oder den von diesem beauftragten Verleiher erbringen. ²Die Unbedenklichkeitsbescheinigung enthält Angaben über die ordnungsgemäße Zahlung der Sozialversicherungsbeiträge und die Zahl der gemeldeten Beschäftigten. ³Die Bundesregierung berichtet unter Beteiligung des Normenkontrollrates über die Wirksamkeit und Reichweite der Generalunternehmerhaftung für Sozialversicherungsbeiträge im Baugewerbe, insbesondere über die Haftungsfreistellung nach Satz 1 und nach Absatz 3b, den gesetzgebenden Körperschaften im Jahr 2012.

(4) Die Haftung umfasst die Beiträge und Säumniszuschläge, die infolge der Pflichtverletzung zu zahlen sind, sowie die Zinsen für gestundete Beiträge (Beitragsansprüche).

(5) Die Satzung der Einzugsstelle kann bestimmen, unter welchen Voraussetzungen vom Arbeitgeber Vorschüsse auf den Gesamtsozialversicherungsbeitrag verlangt werden können.

Übersicht

	Rn.
A. Normzweck	1
B. Zahlungspflicht des Arbeitgebers und der DRV Bund (Abs. 1)	2
I. Zahlungspflicht des Arbeitgebers (Abs. 1 S. 1)	2
II. Arbeitgeber	4
III. Zahlungspflicht der DRV Bund (Abs. 1 S. 1)	4a
IV. Rechtsnatur des Arbeitnehmerbeitragsanteils (Abs. 1 S. 2)	5
V. Zahlungsfiktion bei Sozialversicherungsträgern (Abs. 1 S. 3)	6
C. Zahlungspflichten/Haftung bei Arbeitnehmerüberlassung (Abs. 2)	7
I. Allgemeines	7
II. Legale Arbeitnehmerüberlassung (Abs. 2 S. 1, 2)	8
III. Illegale Arbeitnehmerüberlassung (Abs. 2 S. 3, 4)	9
D. Haftung bei knappschaftlichen Arbeiten (Abs. 2 a)	10
E. Haftung des Reeders (Abs. 3)	11
F. Haftung und Mitteilungspflichten im Baugewerbe (Abs. 3 a bis 3 f)	12
I. Allgemeines	12
II. Generalunternehmerhaftung (Abs. 3a)	13
III. Haftungsausschluss – Exkulpationsmöglichkeiten (Abs. 3b, Abs. 3f S. 1 und 2)	17
IV. Besondere Auskunftspflichten (Abs. 3c)	18
V. Mindestwert der Bauleistung (Abs. 3 d)	19
VI. Erweiterte Haftung (Abs. 3 e)	20
VII. Berichtspflicht der Bundesregierung (Abs. 3f S. 3)	22
G. Haftungsumfang (Abs. 4)	23
H. Erhebung von Vorschüssen auf den Gesamtsozialversicherungsbeitrag (Abs. 5)	24

A. Normzweck

1 § 28 e normiert zum einen, wer den GesamtSVBeitr (§ 28 d) im AußenVerh. zu zahlen hat (Abs. 1) und wer und in welchem Umfang daneben der jeweiligen Einzugsstelle (§ 28 h Abs. 1 S. 1 iVm. § 28 i) für die Erfüllung der Zahlungspflichten haftet (Abs. 2 bis 4). Als Zahlungspflichtigen bestimmt Abs. 1 S. 1 den AG und in den Fällen des § 7f Abs. 1 S. 1 Nr. 2 die DRV Bund. Abs. 1 S. 2 stellt erg. klar, dass der vom Beschäftigten zu tragende Anteil am GesamtSVBeitr dem Vermögen des Beschäftigten zugehörig ist. Zur Vermeidung unnötiger Zahlungsvorgänge schafft Abs. 1 S. 3 eine Zahlungsfiktion für den Fall, dass der AG ein VTr ist. Abs. 2 regelt die **Haftung** und Zahlungspflichten bei ANÜberlassung, Abs. 2a enthält eine knappschaftsspezifische Haftungsregelung und Abs. 3 normiert die Haftung des Reeders im Bereich der Seeschifffahrt. Die mWv 1. 8. 2002 eingefügten Abs. 3a bis 3f regeln in erster Linie die spezielle Haftung der Unternehmer im Baugewerbe für BeitrRückstände ihrer Subunternehmer oder eines von diesen beauftragten Verleihers (sog. Generalunternehmerhaftung). Der Haftungsumfang wird durch Abs. 4 bestimmt. Zum anderen räumt § 28 e den Einzugsstellen die Möglichkeit zur Erhebung von **Vorschüssen auf den GesamtSVBeitr** ein (Abs. 5). § 28 e gilt für die KV, PV, RV und AV, nicht aber für die Alterssicherung der Landwirte und grds. auch nicht für die ges. UV. In der ges. UV finden aber kraft ges. Verweisung für die BeitrHaftung bei ANÜberlassung Abs. 2 und 4 und für die BeitrHaftung bei Ausführung eines Dienst- oder Werkvertrages im Baugewerbe Abs. 3a und mWv 1. 10. 2009 auch Abs. 3b bis 3f entspr. Anwendung (§ 150 Abs. 3 S. 1 SGB VII).

B. Zahlungspflicht des Arbeitgebers und der DRV Bund (Abs. 1)

I. Zahlungspflicht des Arbeitgebers (Abs. 1 S. 1)

2 Zahlungspflichtiger und somit **Schuldner des GesamtSVBeitr** (§ 28 d) ist grds. der AG (Abs. 1 S. 1; zum Begriff „AG" vgl. Rn. 4). Die Zahlungspflicht umfasst sowohl seinen als auch den vom Beschäftigten (Vers) zu tragenden Anteil am GesamtSVBeitr. Dabei regelt Abs. 1 S. 1 nur die Zahlungspflicht im AußenVerh., wer also Schuldner ist, nicht dagegen auch die BeitrTragung. Wer die

Beitr im InnenVerh. AG/Beschäftigter zu tragen hat, normieren – hiervon unberührt – die materiellrechtl. Vorschriften für die einzelnen VersZweige und die AV (vgl. §§ 346 ff. SGB III, §§ 249 ff. SGB V, §§ 168 ff. SGB V, §§ 58, 59 SGB XI). Als Ausgleich für die **ausschließliche Inanspruchnahme im AußenVerh.** gewährt § 28 g dem AG im InnenVerh. zum Beschäftigten einen Anspruch auf den von diesem zu tragenden BeitrAnteil (vgl. dortige Anm.). Die Zahlungspflicht nach Abs. 1 S. 1 trifft auch diejenigen, die als AG gelten oder Pflichten eines AG zu erfüllen haben (vgl. dazu BT-Drs. 11/2221 S. 22, die Anm. zu § 28 a Rn. 2 und zB § 12 Abs. 3 SGB IV, § 174 Abs. 3 SGB VI, § 279 d SGB VI; zur Zahlungspflicht der DRV Bund vgl. Rn. 4 a). Der Beschäftigte (Vers) ist vom Zahlverfahren grds. ausgenommen. Nur in bestimmten Ausnahmefällen sieht das G Sonderregelungen vor, die den Beschäftigten zur Zahlung verpflichten oder ihm zumindest die Möglichkeit einräumen (vgl. § 28 m). Eine etwaige Zahlungspflicht des Beschäftigten muss ausdrücklich ges. bestimmt sein.

Die Zahlungspflicht des AG besteht ggü. der zust. Einzugsstelle als **BeitrGläubigerin** (§ 28 h **3** Abs. 1 S. 1 iVm. § 28 i). Sie entsteht mit Eintritt der Fälligkeit der Beitr (§ 23) und setzt einen (gem. § 22) entstandenen BeitrAnspruch voraus. Sie besteht unabhängig davon zahlungspflichtig, ob er ArbEntg tatsächlich gezahlt hat (vgl. Anm. zu § 22 Rn. 5) oder ihm noch ein Rückgriff auf den vom Beschäftigten zu tragenden BeitrAnteil (gem. § 28 g) möglich ist. Bei nicht rechtzeitiger Zahlung treffen ihn grds. Säumniszuschläge (§ 24). Mit Eintritt der Verjährung (§ 25) oder Erlass der BeitrSchuld (§ 76 Abs. 2 S. 1 Nr. 3) entfällt die Zahlungspflicht; bei Stundung (§ 76 Abs. 2 S. 1 Nr. 1) wird sie aufgeschoben. Die Einzugsstelle kann – vorbehaltlich abw. Regelungen – den GesamtSVBeitr nur vom AG (als BeitrSchuldner) fordern; ihn treffen etwaige Zwangsmaßnahmen für bestehende Zahlungsrückstände. Der AG haftet ggü. der Einzugsstelle verschuldensunabhängig mit seinem gesamten Vermögen, soweit es der Zwangsvollstreckung unterliegt (KomGRV, § 28 e SGB IV Rn. 2). Selbst bei Zahlungsunfähigkeit des AG haftet der Beschäftigte daneben nicht; er ist vom Zahlverfahren grds. ausgenommen (vgl. Rn. 2). Wer ggf. neben dem AG haftet, richtet sich zum einen nach den allg. zivil- und gesellschaftsrechtl. Regelungen (vgl. Rn. 4) sowie zum anderen nach den Abs. 2 ff.; zum Haftungsumfang vgl. Rn. 23. Die Inanspruchnahme des/der **Haftenden** erfolgt durch die jeweilige Einzugsstelle. Die Zahlungspflicht/Haftung des AG oder ihm gleichgestellter Personen ist ör. Natur; sie kann nicht rechtsgeschäftlich abbedungen werden (vgl. § 32 SGB I, KomGRV, § 28 e SGB IV Rn. 2). Neben der Haftung macht sich der AG ggf. gem. § 823 Abs. 2 BGB iVm. § 266 a StGB schadensersatzpflichtig, wenn er seiner Zahlungsverpflichtung vorsätzlich nicht nachkommt (Hauck/Noftz/Sehnert, § 28 e SGB IV Rn. 4 mwN). Zudem ist das vorsätzliche Vorenthalten der ANBeitrAnteile eine Straftat (§ 266 a StGB).

II. Arbeitgeber

Zum **Begriff des AG** vgl. zunächst die Anm. zu § 28 a Rn. 2. Bei **natürlichen Personen** ist AG **4** der weisungsberechtigte Inhaber des Unternehmens, der dieses unter eigenem Namen und auf eigene Rechnung führt (Werner in jurisPK-SGB IV, § 28 e Rn. 26). Fallen Betriebsinhaber und wirtschaftlicher Inhaber auseinander, ist AG derjenige, der als rechtl. Inhaber des Weisungsrechts nach außen hin auftritt. Bei einem **Betriebsübergang nach § 613 a BGB** wird der neue Betriebsinhaber auch AG, soweit die AN dem Übergang nicht widersprochen haben (Werner in jurisPK-SGB IV, § 28 e Rn. 32). Der neue Betriebsinhaber haftet aber nur für BeitrRückstände, die seit dem Betriebsübergang entstanden sind, also nicht für BeitrRückstände aus der Zeit davor (Bay. LSG 28. 1. 2011 – L 5 R 848/10 B ER – juris mwN, Werner aaO mwN). Bei Fortführung des Unternehmens im Insolvenzfall (§ 1 S. 1 2. Alt. InsO) ist der **Insolvenzverwalter** AG für die weiterbeschäftigten und freigestellten AN. Ein **Testamentsvollstrecker,** der ein zum Nachlass gehörendes Handelsgeschäft nach außen im eigenen Namen, wenn auch für Rechnung der Erben führt, ist AG und haftet persönlich (sog. Treuhand-Lösung, BSG 17. 12. 1985 – 12 RK 35/84 – SozR 2200 § 393 Nr. 12). Betreibt der Testamentsvollstrecker das Handelsgeschäft im Namen und in Vollmacht der Erben und somit auf deren Risiko, ist die AGEigenschaft des Testamentsvollstreckers zu verneinen; es haften die Erben (sog. Vollmacht-Lösung, BSG aaO). Bei **Personengesellschaften** (OHG, KG, BGB-Gesellschaft) ist die Gesellschaft als solche AG und damit BeitrSchuldner nach Abs. 1 S. 1. Bei OHG und BGB-Gesellschaft haften neben der Gesellschaft als Gesamthand die Gesellschafter persönlich und gesamtschuldnerisch sowohl untereinander als auch mit der Gesellschaft und damit auch für die BeitrSchulden (vgl. zur OHG § 128 HGB, zur BGB-Gesellschaft § 718 iVm. §§ 427, 431 BGB). Im Falle der KG haften die Kommanditisten für die bis zur Eintragung ins Handelsregister entstandenen BeitrRückstände unbeschränkt persönlich, sofern sie dem Geschäftsbeginn zugestimmt haben (§ 176 HGB); für die nach Eintragung ins Handelsregister entstandenen BeitrRückstände haften sie nur in Höhe ihrer noch nicht geleisteten Einlage persönlich (§ 171 HGB). Bei **Kapitalgesellschaften** (zB GmbH) ist die jeweilige Gesellschaft AG und BeitrSchuldner iSd. Abs. 1 S. 1, nicht dagegen der einzelne Gesellschafter und auch nicht der Gesellschafter-Geschäftsführer. Nur ausnahmsweise haftet der Gesellschafter-Geschäftsführer einer Ein-Mann-GmbH auch für BeitrRückstände, wenn sich die Berufung auf die rechtl. Selbständigkeit der GmbH als rechtsmissbräuchlich erweist (Kass-

Komm/Seewald, § 28 e SGB IV Rn. 5 mit Hinweis auf BSGE 45, 279). Auch bei einer **Vor-GmbH** (Zeitraum seit Errichtung durch Abschluss des notariellen Gesellschaftsvertrages bis zur Eintragung ins Handelsregister) ist jene AG. Die Gesellschafter einer Vor-GmbH haften für BeitrRückstände unbeschränkt im Verh. ihrer Geschäftsanteile nur der Gesellschaft (Innenhaftung), nicht jedoch im Außen-Verh. der Einzugsstelle (BSG 8. 12. 1999 – B 12 KR 10/98 R – SozR 3–2400 § 28 e Nr. 1 mwN). Bei Vermögenslosigkeit der Vor-GmbH haften dagegen die Gesellschafter auch im AußenVerh. ant. im Verh. ihrer Geschäftsanteile der Höhe nach unbeschränkt (unbeschränkte ant. Außenhaftung, BSG aaO). Handelt es sich bei der Vor-GmbH um eine sog. unechte Vorgesellschaft, haften die Gesellschafter im AußenVerh. unbeschränkt und gesamtschuldnerisch (unbeschränkte volle Außenhaftung, BSG aaO). Bei **Konzernunternehmen** (§ 18 AktG) ist AG die jeweilige juristische Person, zu der das ArbVerh. begründet wird (zur Konzernhaftung vgl. §§ 302, 303 AktG).

III. Zahlungspflicht der DRV Bund (Abs. 1 S. 1)

4a Soweit anlässlich der Beendigung einer Besch **Wertguthaben** nach § 7 f Abs. 1 S. 1 Nr. 2 auf die DRV Bund (§ 125 Abs. 2 SGB VI) übertragen worden ist (vgl. dazu Ziffer 8 des gemeinsamen RdSchr. der Spitzenorganisationen der SV zur sozialrechtl. Absicherung flexibler Arbeitszeitregelungen vom 31. 3. 2009 – im Internet: www.deutsche-rentenversicherung.de), sind die damit verbundenen AGPflichten von der DRV Bund zu erfüllen (vgl. § 7 f Abs. 1 S. 2). Abs. 1 S. 1 stellt erg. klar, dass sie auch den GesamtSVBeitr aus dem ihr übertragenen Wertguthaben (inkl. des AGBeitrAnteils) zu zahlen hat. Zu den übrigen Pflichten der DRV Bund vgl. Ziffer 8 des og. RdSchr.

IV. Rechtsnatur des Arbeitnehmerbeitragsanteils (Abs. 1 S. 2)

5 Abs. 1 S. 2 idF ab 1. 1. 2008 stellt klar, dass der vom Beschäftigten (§ 7) zu tragende und vom AG (gem. § 28 g) einbehaltene Teil am GesamtSVBeitr (§ 28 d) dem Vermögen des Beschäftigten zugehörig ist (als Teil seines Bruttolohnanspruchs, vgl. ausf. BT-Drs. 16/6540 S. 24). Dass der AG den AN-BeitrAnteil an die Einzugsstelle (§ 28 h Abs. 1 S. 1 iVm. § 28 i) zu zahlen hat und ihr ggü. schuldet (vgl. Rn. 2), ändert daran nichts (ausf. BT-Drs. aaO). Mit dieser (insb. im Insolvenzverfahren des AG bedeutsamen) Klarstellung zur Rechtsnatur des ANBeitrAnteils wendet sich der GGeber gegen die Rspr. des IX. Zivilsenats des BGH (vgl. Urteil v. 8. 12. 2005 – IX ZR 182/01 – juris), der im Insolvenzverfahren die Anfechtung von gezahlten ANBeitrAnteilen mit der Begr. zugelassen hatte, diese stammten aus dem Vermögen des AG (vgl. Segebrecht/Pietrek, RVaktuell 2/2011, 54, 57), und entzieht ihr die Grundlage. BeitrZahlungen des AG können damit hins. der ANBeitrAnteile nicht mehr (gem. §§ 129 ff. InsO) ggü. der Einzugsstelle angefochten werden (**Besitzstand des AN,** vgl. KassKomm/Seewald, § 28 e SGB IV Rn. 17 c, BT-Drs. 16/886 S. 15 sowie Abschn. III Ziff. 2 des gemeinsamen RdSchr. der Spitzenorganisationen der SV vom 28. 12. 2007 zu den Änderungen im Versicherungs-, Beitrags- und Melderecht in der KV, PV, RV und AV zum 1. 1. 2008), so dass die ANBeitrAnteile der SV verbleiben. Zur Unhaltbarkeit der dem entgegenstehenden neuerlichen Rspr. des IX. Zivilsenats des BGH (vgl. Urteil v. 5. 11. 2009 – IX ZR 233/08 – NZI 2009, 886), wonach die Insolvenzanfechtung von ANBeitrAnteilen auch nach dem 1. 1. 2008 – ungeachtet des Abs. 1 S. 2 – weiterhin zulässig sei, vgl. ausf. KassKomm/Seewald, § 28 e SGB IV Rn. 17 d und 17 e mwN.

V. Zahlungsfiktion bei Sozialversicherungsträgern (Abs. 1 S. 3)

6 Zur Vermeidung unnötiger Zahlungsvorgänge befreit Abs. 1 S. 3 die Krankenkassen, die RVTr und die BA als AG von ihrer Zahlungspflicht jeweils für den Teil des GesamtSVBeitr für ihre Beschäftigten, der ihnen selbst als VTr zusteht. Die von ihnen als AG geschuldeten und **für sie selbst bestimmten Beitr** gelten als gezahlt, müssen also nicht erst an die Einzugsstelle abgeführt werden. Für die Krankenkassen als AG gilt die Zahlungsfiktion nicht nur für die KV-Beitr, sondern auch in Bezug auf die PV-Beitr für die bei ihnen Beschäftigten. Aufgrund des Finanzverbundes innerhalb der ges. RV greift die Fiktion auch im Verh. der RVTr untereinander, dh. die RV-Beitr für die Beschäftigten eines RVTrs gelten auch dann als gezahlt, wenn sie einem anderen RVTr zustehen. Der jeweils von der BeitrZahlung freigestellte VTr hat die nach Abs. 1 S. 3 als gezahlt geltenden Beitr auf einem Sachbuchkonto als Einnahme zu buchen (vgl. § 3 Abs. 3 BVV). In den BeitrNachweis (§ 28 f Abs. 3) dürfen die Beitr nicht aufgenommen werden (§ 9 Abs. 4 BVV).

C. Zahlungspflichten/Haftung bei Arbeitnehmerüberlassung (Abs. 2)

I. Allgemeines

7 Abs. 2 normiert die Haftung und Zahlungspflichten bei rechtmäßiger (S. 1, 2) und bei illegaler (S. 3, 4) ANÜberlassung. Eine ANÜberlassung liegt vor, wenn ein Unternehmer (Verleiher) bei ihm angestellte AN vorübergehend einem anderen Unternehmer (Entleiher) in der Weise zur Arbeitsleistung überlässt („ausleiht"), dass sie unter Fortbestand ihres RechtsVerh. (ihrer arbeitsvertragl. Beziehung) zum Verleiher in den Betrieb des Entleihers eingegliedert sind und ihre Arbeiten nach dessen Weisung ausführen. Kennzeichnend ist das Fehlen einer arbeitsvertragl. Beziehung zwischen Leih-AN und Entleiher, wobei dem Entleiher das Direktionsrecht zusteht. Die gewerbliche ANÜberlassung ist genehmigungsbedürftig (§ 1 Abs. 1 S. 1 AÜG).

II. Legale Arbeitnehmerüberlassung (Abs. 2 S. 1, 2)

Bei rechtmäßiger ANÜberlassung, also die Voraussetzungen des AÜG erfüllt werden, ist der Verleiher AG der LeihAN und somit BeitrSchuldner nach Abs. 1 S. 1. Ihm obliegen auch die übrigen AGPflichten, insb. die Melde- und Aufzeichnungspflichten (§§ 28 a, 28 f). Neben dem Verleiher haftet allerdings der Entleiher für die Erfüllung der BeitrZahlungspflichten wie ein selbstschuldnerischer Bürge (Abs. 2 S. 1). Voraussetzung ist, dass AN auch tatsächlich gegen Vergütung zur Arbeitsleistung überlassen worden sind (Abs. 2 S. 1 2. Hs.). Auf Gewerbsmäßigkeit der ANÜberlassung kommt es nicht an (KassKomm/Seewald, § 28 e SGB IV Rn. 19). Die Haftung als **selbstschuldnerischer Bürge** bedeutet, dass die einem Bürgen sonst zustehende Einrede der Vorausklage gegen den Hauptschuldner (§ 773 Abs. 1 Nr. 1 iVm. § 771 BGB) ausgeschlossen ist. Der Entleiher kann somit nicht von der Einzugsstelle (§ 28 h Abs. 1 S. 1 iVm. § 28 i) verlangen, zunächst die Zwangsvollstreckung gegen den Verleiher zu versuchen. Die Haftung ist **verschuldensunabhängig** (keine Möglichkeit zur Exkulpation) und **subsidär**. Sie greift grds. nur, wenn die Einzugsstelle dem Verleiher erfolglos eine Fristsetzung gemahnt hat; bis zum Ablauf der Mahnfrist hat der Entleiher grds. ein **Leistungsverweigerungsrecht** (Abs. 2 S. 2). Bei Insolvenz des Verleihers besteht die Besonderheit, dass dem Entleiher dieses Leistungsverweigerungsrecht nicht zusteht; in diesem Fall kann die Einzugsstelle den Entleiher ausnahmsweise ohne vorherige Mahnung des Verleihers (unmittelbar) in Anspruch nehmen (BSG 7. 3. 2007 – B 12 KR 11/06 R – SozR 4–2400 § 28 e Nr. 1). Ansonsten kann der Entleiher dieselben Einreden geltend machen, die auch dem Verleiher ggü. der Einzugsstelle zustehen (§§ 768, 770 BGB). Vom **Umfang** her beschränkt sich die Haftung des Entleihers auf den rückständigen GesamtSVBeitr (einschl. Säumniszuschläge und Zinsen – Abs. 4) für diejenigen AN, die ihm tatsächlich vom Verleiher gegen Vergütung überlassen worden sind, und auch nur für den konkreten Entleihzeitraum (vgl. a. BT-Drs. 11/2221 S. 22). **Bemessungsgrundlage** für die BeitrSchuld ist das ArbEntg, das der Verleiher dem LeihAN schuldet (vgl. Anm. zu § 22 Rn. 5). Hierbei ist zu berücksichtigen, dass der LeihAN grds. Anspruch auf die im Betrieb des Entleihers übliche Entlohnung hat (Grundsatz des „equal pay", vgl. §§ 9 Nr. 2, 10 Abs. 4 AÜG), so dass grds. mind. dieser Betrag für die BeitrBerechnung und den Haftungsumfang entscheidend ist (so auch Werner in jurisPK-SGB IV, § 28 e Rn. 48). Hiervon kann allerdings durch wirksamen Tarifvertrag oder durch individualvertragliche Bezugnahme auch zum Nachteil des AN abgewichen werden (§ 9 Nr. 2 AÜG); dann ist der sich hiernach ergebende Vergütungsanspruch maßgebend. Wird die BeitrSchuld im Rahmen der Haftung vom Entleiher beglichen, geht die Forderung der Einzugsstelle gegen den Verleiher gem. § 774 Abs. 1 S. 1 BGB auf ihn über.

III. Illegale Arbeitnehmerüberlassung (Abs. 2 S. 3, 4)

Bei unerlaubter (illegaler) ANÜberlassung (weil der Verleiher nicht über die erforderliche Erlaubnis nach § 1 AÜG verfügt und somit der zwischen dem Verleiher und dem LeihAN geschlossene Vertrag unwirksam ist – § 9 Nr. 1 AÜG) gilt nach § 10 Abs. 1 AÜG ein ArbVerh. zwischen dem Entleiher und dem LeihAN als zustande gekommen. AG ist in diesem Fall der Entleiher; ihm (und nicht dem illegalen Verleiher) obliegen dann die AGPflichten (dazu Rn. 8), insb. die Zahlung des GesamtSVBeitr (gem. Abs. 1 S. 1). Der Entleiher ist (als AG) auch insoweit zur Zahlung des GesamtSVBeitr für den LeihAN verpflichtet, als der illegale Verleiher – trotz Unwirksamkeit des Überlassungsvertrags – das vereinbarte ArbEntg oder Teile davon an den LeihAN zahlt (KassKomm/Seewald, § 28 e SGB IV Rn. 22 mit Hinweis auf BSG 18. 3. 1987 – 9 b RU 16/85 – SozR 7815 Art. 1 § 10 Nr. 3). In diesem Fall wird allerdings gem. Abs. 2 S. 3 zugleich auch für den illegalen Verleiher eine eigene Zahlungsverpflichtung für den auf das von ihm gezahlte ArbEntg entfallende GesamtSVBeitr begründet (bei fortbestehender Zahlungspflicht des Entleihers). Hins. dieser Zahlungspflicht, die mit der Entgeltzahlung an den LeihAN entsteht, gilt der illegale Verleiher neben dem Entleiher als AG (Abs. 2 S. 4), nicht aber hins. der übrigen AGPflichten (Melde-, Aufzeichnungspflichten etc.). Soweit sich der GesamtSVBeitr auf das vom illegalen Verleiher gezahlte ArbEntg bezieht, haften **Verleiher und Entleiher als Gesamtschuldner** (Abs. 2 S. 4). Die gesamtschuldnerische Haftung (§§ 421 bis 426 BGB) bedeutet, dass die jeweilige Einzugsstelle nach ihrem Belieben sowohl den Entleiher als auch den illegalen Verleiher ganz oder teilweise in Anspruch nehmen kann (§ 421 BGB). Bis zur Begleichung der Forderung bleiben beide verpflichtet. Ein aufschiebendes Leistungsverweigerungsrecht wie bei Abs. 2 S. 2 besteht nicht. Die Höhe des GesamtSVBeitr, für den beide gesamtschuldnerisch haften, richtet sich nach dem vom illegalen Verleiher gezahlten ArbEntg (KomGRV, § 28 e SGB IV Rn. 3).

Zahlt der illegale Verleiher kein ArbEntg an den LeihAN, bleibt einzig der Entleiher als AG zahlungsverpflichtet (Hauck/Noftz/Sehnert, § 28 e SGB IV Rn. 8 mwN).

D. Haftung bei knappschaftlichen Arbeiten (Abs. 2 a)

10   Mit dem mWv 1. 1. 2008 eingefügten Abs. 2a wird die bis zum 31. 12. 2007 in § 2 der VO über knappschaftliche Arbeiten vom 11. 2. 1933 enthaltene knappschaftsspezifische AGHaftungsregelung – aus Rechtsbereinigungsgründen (BT-Drs. 16/6540 S. 46) – in das SGB IV überführt. Geregelt wird, wer für die Erfüllung der Zahlungspflicht eines AG knappschaftlicher Arbeiten iSd. § 134 Abs. 4 SGB VI haftet. **Knappschaftliche Arbeiten** sind die von § 134 Abs. 4 Nr. 1 bis 11 SGB VI erfassten und räumlich und betriebl. mit einem Bergwerksbetrieb zusammenhängenden, aber von einem anderen Unternehmen (Bergbau-Spezialgesellschaften) ausgeführten Arbeiten (vgl. hierzu im Einzelnen § 134 Abs. 4 SGB VI). Für die Erfüllung der Zahlungspflicht, die sich für diesen anderen Unternehmer als AG knappschaftlicher Arbeiten iSd. § 134 Abs. 4 SGB VI ergibt, haftet gem. Abs. 2a S. 1 der **AG des Bergwerksbetriebes**, in dessen Bereich die Arbeiten verrichtet werden, **wie ein selbstschuldnerischer Bürge.** Zur Haftung als selbstschuldnerischer Bürge vgl. die Anm. zu Rn. 8. Die Haftung, die den rückständigen GesamtSVBeitr einschl. Säumniszuschläge und Zinsen für gestundete Beitr umfasst (vgl. Rn. 23), ist **subsidär.** Sie greift nur, wenn die Einzugsstelle (§ 28h Abs. 1 S. 1 iVm. § 28 i) den AG der knappschaftlichen Arbeiten erfolglos unter Fristsetzung gemahnt hat. Bis zum Ablauf der Mahnfrist hat der AG des Bergwerksbetriebes ein **Leistungsverweigerungsrecht** (Abs. 2a S. 2).

E. Haftung des Reeders (Abs. 3)

11   Hins. des GesamtSVBeitr (einschl. Säumniszuschläge und Zinsen – vgl. Rn. 23) für Seeleute nach § 13 Abs. 1 S. 2 bestimmt Abs. 3 die **gesamtschuldnerische Haftung von Reeder und AG,** sofern der Reeder nicht zugleich auch der AG ist. **Reeder** sind gem. § 13 Abs. 1 S. 1 die Seeschiffseigentümer. Abw. von der in § 484 HGB enthaltenen Begriffsdefinition kommt es hier nicht darauf an, ob der Reeder das Seeschiff auch selbst betreibt oder dies durch Dritte geschieht (ausschlaggebend ist allein die eigentumsrechtl. Beurteilung, vgl. Grimmke in jurisPK-SGB IV, § 13 Rn. 18), so dass im SV-Recht Reeder und Unternehmer (AG) durchaus auseinanderfallen können. Aber auch dann, wenn der Reeder sein Seeschiff nicht selbst betreibt, ist er für die Erfüllung der sozialversicherungsrechtl. Zahlungspflichten für die an Bord seines Seeschiffes beschäftigten Seeleute mitverantwortlich; er haftet in diesem Fall nach Abs. 3 neben dem AG. Zur gesamtschuldnerischen Haftung vgl. die Anm. zu Rn. 9. **Seeleute** nach § 13 Abs. 1 S. 2 sind die Kapitäne und Besatzungsmitglieder von Seeschiffen (Schiffsoffiziere und alle anderen, die auf dem Schiff seemännische Dienste leisten, zB Matrosen, Maschinisten, Heizer etc.) sowie sonstige AN, die während der Reise im Rahmen des Schiffsbetriebes beschäftigt sind (zB Verkäufer, Köche etc.). Nicht zu den Seeleuten gehören die selbst. tätigen Seelotsen der Reviere iSd. G über das Seelotsenwesen vom 13. 10. 1954 (BGBl. II S. 1035). Zum Begriff **Seeschiff** vgl. § 13 Abs. 2.

F. Haftung und Mitteilungspflichten im Baugewerbe (Abs. 3 a bis Abs. 3 f)

I. Allgemeines

12   Abs. 3a ff. regeln die spezielle Haftung von Unternehmern des Baugewerbes für BeitrRückstände (GesamtSVBeitr) ihrer Subunternehmer oder der von diesen beauftragten Verleihern (**sog. Generalunternehmerhaftung**). Gewerbliche Auftraggeber von Bauleistungen werden damit – wegen der bes. Bedeutung von Schwarzarbeit und illegaler Besch im Baugewerbe – in die Mitverantwortung für die Erfüllung der sozialversicherungsrechtl. Zahlungspflichten ihrer Subunternehmer bzw. der von diesen beauftragten Verleihern genommen (ausf. BT-Drs. 14/8221 S. 15 f.). Für die ges. UV gelten Abs. 3a und mWv 1. 10. 2009 auch Abs. 3b bis 3f entspr. (§ 150 Abs. 3 SGB VII idF ab 1. 10. 2009).

II. Generalunternehmerhaftung (Abs. 3 a)

13   Vorbehaltlich von Abs. 3b iVm. Abs. 3f sowie Abs. 3d haftet ein Unternehmer des Baugewerbes nach Abs. 3a ggü. der Einzugsstelle (§ 28h Abs. 1 S. 1 iVm. § 28 i) für die Erfüllung der Zahlungspflichten (Rn. 16) eines von ihm mit der Erbringung von Bauleistungen beauftragten Subunternehmers oder eines von diesem Subunternehmer beauftragten Verleihers. Die Haftung ist **verschuldensabhängig;** der Haupt-/Generalunternehmer kann sich unter den Voraussetzungen des Abs. 3b iVm. Abs. 3f von ihr exkulpieren (Rn. 17). Überdies greift Abs. 3a nur, wenn der geschätzte Gesamtwert

aller für das Bauwerk in Auftrag gegebenen Bauleistungen **mind. 275.000,00 EUR** beträgt (Abs. 3 d, dazu Rn. 19).

Nach Abs. 3 a S. 1 trifft die Haftung nur **Unternehmer des Baugewerbes,** soweit sie einen anderen Unternehmer mit der Erbringung von Bauleistungen iSd. § 175 Abs. 2 SGB III beauftragen. Unternehmer des Baugewerbes iSd. Abs. 3 a ist, wer gewerbsmäßig Bauaufträge vergibt (Werner in jurisPK-SGB IV, § 28 e Rn. 62), dh. Bauleistungen in Auftrag gibt (nachfolgend als Haupt-/Generalunternehmer bezeichnet), unabhängig davon, ob es sich um einen Baubetrieb iSd. § 175 Abs. 2 SGB III handelt (Werner aaO). Die amtl. Begr. (BT-Drs. 14/8221 S. 15) weist darauf hin, dass sich die Haftung nicht nur auf diejenigen Unternehmer beschränkt, die selbst von einem Bauauftrag übernehmen, sondern auch gewerbliche Auftraggeber mit einbezieht. Auch ein Subunternehmer, der wiederum einen weiteren Unternehmer mit der Erbringung von Bauleistungen beauftragt und diesem vorgeschaltet ist, haftet für dessen Zahlungspflichten nach Abs. 3 a, unabhängig vom Umfang des Auftrags. Von der Haftung ausgenommen sind lediglich Unternehmer, die keine Bauunternehmer sind und nur als Bauherren, dh. als Letztbesteller eines Bauwerkes auftreten (vgl. BT-Drs. 14/8221 S. 15). 14

Der Haupt-/Generalunternehmer haftet nach Abs. 3 a grds. nur für die Erfüllung der Zahlungspflichten der **unmittelbar** von ihm **mit der Erbringung von Bauleistungen beauftragten Subunternehmer** bzw. eines von diesem beauftragten Verleihers. Nur im Falle eines Umgehungsgeschäftes (bei Zwischenschaltung des Subunternehmers mit dem Ziel der Umgehung der Haftung) erstreckt Abs. 3 e die Haftung des Haupt-/Generalunternehmers auch auf die weiteren Auftragnehmer seines Subunternehmers (dazu Rn. 20). **Subunternehmer** ist, wer im Auftrag des Haupt-/Generalunternehmers und für dessen Rechnung Bauleistungen erbringt. **Verleiher** ist derjenige, der bei ihm angestellte AN dem Subunternehmer (als Entleiher) zeitweise zur Arbeitsleistung überlässt (vgl. Rn. 7). Der beauftragte Subunternehmer muss kein Unternehmer des Baugewerbes sein, der selbst überwiegend Bauleistungen erbringt (Werner in jurisPK-SGB IV, § 28 e Rn. 63). Entscheidend für die Haftung ist allein, dass eine Beauftragung zur Erbringung von Bauleistungen iSd. § 175 Abs. 2 SGB III erfolgt. **Bauleistungen** sind alle Leistungen, die der Herstellung, Instandsetzung, Instandhaltung, Änderung oder Beseitigung von Bauwerken dienen (§ 175 Abs. 2 S. 2 SGB III). Dabei muss es sich um erdverbundene Arbeiten handeln (BSG 15. 2. 2000 – B 11 AL 41/99 R – NZS 2000, 623 mwN). Das gewerbliche zur Verfügungstellen von Bauvorrichtungen, Baumaschinen, Baugeräten oder sonstigen Baubetriebsmitteln stellt keine Erbringung von Bauleistungen dar (vgl. § 175 Abs. 2 S. 3 SGB III). Dies gilt gleichermaßen für die Herstellung von Baustoffen oder Bauteilen für den Markt oder deren bloße Lieferung. 15

Die **Zahlungspflichten** des Subunternehmers bzw. seines Verleihers, für die zu haften sind, ergeben sich aus Abs. 1 und 2. Auch die Bürgenhaftung des Subunternehmers als Entleiher (gem. Abs. 2) wird auf den Haupt-/Generalunternehmer erstreckt. Die **Haftung** umfasst den rückständigen GesamtSVBeitr (§ 28 d), die darauf entfallenden Säumniszuschläge sowie etwaige Zinsen für gestundete Beitr (Abs. 4). Sie gilt auch für die vom Subunternehmer ggü. einem ausländischen SVTr zu zahlenden Beitr (Abs. 3 a S. 2). Damit erfasst werden Fälle der Einstrahlung nach § 5, in denen ausländische Subunternehmer mit im Ausland versicherten AN Bauleistungen im Inland erbringen, ohne dass diese AN dem deutschen SV-Recht unterliegen. Die Haftung ist **auftragsbezogen,** dh. gehaftet wird nur für BeitrRückstände (einschl. Säumniszuschläge, Zinsen) aus ArbEntg, das von den AN des Subunternehmers (bzw. dessen Verleiher) bei der Erbringung der in Auftrag gegebenen Bauleistungen erarbeitet worden ist, nicht aber hins. anderer Bauvorhaben. Zu diesem Zweck hat der jeweilige Subunternehmer baustellenspezifische Entgeltunterlagen zu führen (vgl. § 28 f Abs. 1 a). Der Haupt-/Generalunternehmer haftet **wie ein selbstschuldnerischer Bürge,** dh. ohne die einem Bürgen sonst zustehende Einrede der Vorausklage gegen den Hauptschuldner (§ 773 Abs. 1 Nr. 1 iVm. § 771 BGB – vgl. Rn. 8). Die Haftung ist **subsidär.** Sie greift nur, wenn die Einzugsstelle den Subunternehmer (sowie ggf. den Verleiher) als originären BeitrSchuldner erfolglos unter Fristsetzung gemahnt hat. Bis zum Ablauf der Mahnfrist hat der Haupt-/Generalunternehmer ein **Leistungsverweigerungsrecht** (Abs. 3 a S. 3 iVm. Abs. 2 S. 2). 16

III. Haftungsausschluss – Exkulpationsmöglichkeiten (Abs. 3 b, Abs. 3 f S. 1 und 2)

Die durch Abs. 3 a begründete Haftung ist **verschuldensabhängig.** Der Haupt-/Generalunternehmer haftet gem. Abs. 3 b S. 1 nicht, wenn er ggü. der Einzugsstelle (§ 28 h Abs. 1 S. 1 iVm. § 28 i) nachweist, dass er aufgrund sorgfältiger Prüfung ohne eigenes Verschulden davon ausgehen konnte, dass der Subunternehmer oder ein von diesem beauftragter Verleiher seine Zahlungspflicht erfüllt (Exkulpation). Kann der Nachweis nicht geführt werden, greift die Haftung. Die Beweislast trägt der Haupt-/Generalunternehmer **(Beibringungsgrundsatz);** die Einzugsstelle braucht das Vorliegen des Haftungsausschlusses nicht von Amts wegen zu ermitteln (vgl. BT-Drs. 14/8221 S. 15). Zwar ist ein Nachweis grds. nur hins. der unmittelbaren Subunternehmer (bzw. deren Verleihern) gefordert, gleichwohl gehört es nach der amtl. Begr. (aaO) zur Sorgfaltspflicht des Haupt-/Generalunternehmers, seine Subunternehmer nachweislich zu verpflichten, ihrerseits die Erfüllung der Zahlungspflicht der weiteren Nachunternehmer zu prüfen und sich entspr. Nachweise stichprobenartig und regelmäßig vorlegen zu lassen. 17

Roßbach

17a **Bis zum 30. 9. 2009** bestanden keine ges. Vorgaben, wie der Nachweis zu führen ist. Entspr. Anhaltspunkte ergaben sich lediglich aus der amtl. Begr. (vgl. BT-Drs. 14/8221 S. 15). Hiernach hatte der Unternehmer nachzuweisen, dass er bei der Auswahl seiner Subunternehmer die Sorgfaltspflicht eines ordentlichen Kaufmanns angewandt und insb. das Angebot des Subunternehmers darauf hin geprüft hatte, ob bei den Lohnkosten SVBeitr zutreffend einkalkuliert worden waren. Als ausreichenden Nachweis wurden grds. **Unbedenklichkeitsbescheinigungen der Einzugsstellen** über die Erfüllung der BeitrZahlungspflichten der Subunternehmer bzw. deren Verleihern angesehen. Als erg. Nachweise kamen **Freistellungsbescheinigungen der Finanzbehörden** nach § 48 b EStG über die Erfüllung der Steuerpflicht in Betracht.

17b **MWv 1. 10. 2009** werden nun konkrete ges. Vorgaben für die Nachweisführung gemacht und die Exkulpationsmöglichkeiten in Abs. 3 b S. 2 und Abs. 3 f S. 1 **abschließend** geregelt (vgl. a. BT-Drs. 16/12596 S. 10).

17c Nach Abs. 3 b S. 2 erfolgt eine Haftungsfreistellung, soweit und solange der Haupt-/Generalunternehmer Fachkunde, Zuverlässigkeit und Leistungsfähigkeit des Subunternehmers bzw. des von diesem beauftragten Verleihers durch eine sog. **Präqualifikation** nachweist **(erste Exkulpationsmöglichkeit)**. Bei der Präqualifikation handelt es sich um eine vorwettbewerbliche Eignungsprüfung, bei der potenzielle Auftragnehmer nach speziellen Vorgaben unabhängig von einer konkreten Ausschreibung ihre Fachkunde und Leistungsfähigkeit vorab ggü. einer Präqualifizierungsstelle nachweisen (BT-Drs. 16/12596 S. 10). Das Nähere hierzu ist der Leitlinie des Bundesministeriums für Verkehr, Bau und Stadtentwicklung für die Durchführung eines Präqualifizierungsverfahrens vom 25. 4. 2005 idF vom 6. 5. 2010 (im Internet: www.bmvbs.de) zu entnehmen. Eine allg. zugängliche Liste aller präqualifizierten Unternehmen einschl. der Nachweise ihrer Präqualifizierung steht im Internet unter www.pq-verein.de zur Verfügung. Der Haftungsausschluss gilt solange, wie die Präqualifikation des Subunternehmers bzw. dessen Verleihers gültig und nachgewiesen ist.

17d Anstelle der Präqualifikation kann die Haftungsfreistellung wie bisher auch durch **Unbedenklichkeitsbescheinigungen** der zust. Einzugsstellen für die Subunternehmer bzw. deren Verleihern bewirkt werden (Abs. 3 f S. 1 - **zweite Exkulpationsmöglichkeit**). Die Bescheinigungen enthalten gem. Abs. 3 f S. 2 Angaben über die ordnungsgemäße Zahlung der SVBeitr und die Zahl der gemeldeten AN des Subunternehmers bzw. dessen Verleihers. Voraussetzung für die Haftungsfreistellung ist, dass die in den Bescheinigungen dokumentierte Anzahl der gemeldeten AN ausreichend ist, um die in Auftrag gegebenen Arbeiten auszuführen. Eine Haftungsfreistellung kommt zudem nur für die Gültigkeitsdauer der jeweiligen Bescheinigung in Betracht. Der Haupt-/Generalunternehmer muss sich deshalb regelmäßig aktuelle Bescheinigungen vorlegen lassen, um sich vor der Haftung zu schützen. In der **ges. UV** sind für den Nachweis nach Abs. 3 f qualifizierte Unbedenklichkeitsbescheinigungen des zust. UVTrs beizubringen (vgl. § 150 Abs. 3 S. 2 SGB VII).

IV. Besondere Auskunftspflichten (Abs. 3 c)

18 Um den Einzugsstellen (§ 28 h Abs. 1 S. 1 iVm. § 28 i) die Geltendmachung der Haftung nach Abs. 3 a zu ermöglichen, verpflichtet Abs. 3 c S. 1 den jeweils mit der Erbringung von Bauleistungen beauftragten **Subunternehmer** (sowie Subsubunternehmer), der Einzugsstelle Firma (Name, vgl. § 17 Abs. 1 HGB) und Anschrift seines Auftraggebers mitzuteilen. Die Auskunftspflicht setzt eine gezielte Aufforderung der Einzugsstelle voraus („auf Verlangen"). Kann der Auskunftsanspruch der Einzugsstelle nicht beim Subunternehmer durchgesetzt werden, weil dieser seiner Auskunftspflicht nicht nachkommt oder nicht mehr erreichbar ist, besteht **nachrangig** eine **Auskunftspflicht des Haupt-/Generalunternehmers**, der „den Gesamtbauauftrag" erhalten hat. Dieser hat der jeweiligen Einzugsstelle auf deren Verlangen gem. Abs. 3 c S. 2 Namen und Anschriften **sämtlicher** von ihm mit der Erbringung von Bauleistungen beauftragten Subunternehmer zu nennen. Voraussetzung hierfür ist, dass der Einzugsstelle zumindest ein solcher auftragserteilender Haupt-/Generalunternehmer bekannt ist. Mit der Feststellung, welche Subunternehmer diesem Haupt-/Generalunternehmer zuzuordnen sind, erhält die Einzugsstelle Gewissheit, ob sie diesen gem. Abs. 3 a haftbar machen kann. Die Erfüllung der Auskunftspflicht nach Abs. 3 c unterliegt **keinem Formzwang;** Auskünfte müssen also nicht zwingend schriftlich erteilt werden. Unrichtige, unvollständige oder unterlassene Auskünfte begründen den Tatbestand einer **Ordnungswidrigkeit** (§ 111 Abs. 1 Nr. 2 b), die die Einzugsstelle mit einem Bußgeld von bis zu 50.000,00 EUR ahnden kann (§ 111 Abs. 4).

V. Mindestwert der Bauleistung (Abs. 3 d)

19 Voraussetzung für den Eintritt der Haftung nach Abs. 3 a ist, dass der geschätzte Gesamtwert aller für das Bauwerk in Auftrag gegebenen Bauleistungen den in Abs. 3 d S. 1 gen. Grenzbetrag erreicht oder übersteigt. Liegt der geschätzte Gesamtwert darunter, findet Abs. 3 a (iVm. Abs. 3 b, 3 e, 3 f) keine Anwendung (**Haftungsfreistellung**, BSG 20. 7. 2010 – B 2 U 7/10 R – Breith. 2011, 437). Während die Haftung bis zum 30. 9. 2009 erst ab einem geschätzten Gesamtwert von 500.000 EUR einsetzte, greift sie seit 1. 10. 2009 bereits ab einem **geschätzten Gesamtwert von 275.000 EUR**.

Erfolgte die Beauftragung des Subunternehmers allerdings vor dem 1. 10. 2009, gilt weiterhin ein Grenzbetrag von 500.000 EUR (§ 116a). Nach dem Wortlaut des Abs. 3d S. 1 kommt es hierbei nicht auf den Wert des für den konkreten Haftungsanspruch in Rede stehenden Auftrags, sondern auf den **Gesamtwert aller für das Bauwerk in Auftrag gegebenen Bauleistungen** an, unabhängig davon, wer diese Aufträge erteilt hat (BSG 27. 5. 2008 – B 2 U 21/07 R – juris mwN). Entscheidend ist also das Gesamtbauvolumen, dh. die Summe sämtlicher Bauleistungen des Haupt-/Generalunternehmers und aller Subunternehmer für das betr. Bauwerk. Zur Bestimmung des maßgeblichen Gesamtwertes ist auf den Inhalt des Werk- oder Dienstvertrages zwischen dem Bauherrn und dem Haupt-/Generalunternehmer abzustellen (BSG 20. 7. 2010 – B 2 U 7/10 R – Breith. 2011, 437). Für die (von der Einzugsstelle vorzunehmende) **Schätzung** gilt § 3 VgV in der in Abs. 3d S. 2 gen. Fassung (statische Verweisung). Bei der Schätzung sind neben dem Auftragswert der Bauaufträge auch der Wert der vom Auftraggeber zur Verfügung gestellten Leistungen mit einzubeziehen, soweit sie für die Ausführung der Bauleistungen erforderlich sind (§ 3 Abs. 7 VgV). Unerheblich ist, wenn der tatsächliche Gesamtwert der Bauleistungen den seriös geschätzten Wert über- oder unterschreitet (Hauck/Noftz/Sehnert, § 28e SGB IV Rn. 19). Für die ges. UV gilt Abs. 3f entspr. (vgl. Rn. 12).

VI. Erweiterte Haftung (Abs. 3e)

Abs. 3a beschränkt die Haftung des Haupt-/Generalunternehmers zunächst auf die Zahlungspflichten des unmittelbaren Subunternehmers bzw. dessen Verleihers (Rn. 15). Erg. erstreckt Abs. 3e die Haftung auch auf die **weiteren Auftragnehmer des Subunternehmers** („Subsubunternehmer"), unter der Voraussetzung, dass die Beauftragung des unmittelbaren Subunternehmers nach der Verkehrsanschauung im Baubereich vor allem zur Umgehung der Haftung erfolgt ist. Ziel der Beauftragung muss im wesentlichen die Auflösung der Haftung nach Abs. 3a sein. Maßgeblich für die Beurteilung, ob ein Umgehungsgeschäft vorliegt, ist die Verkehrsanschauung im Baubereich (Abs. 3e S. 2). Von einer beabsichtigten Umgehung der Haftung ist auszugehen, wenn der beauftragte unmittelbare Subunternehmer lediglich als „Strohmann" fungiert, der erteilte Bauauftrag also quasi an den nächsten Subunternehmer durchgereicht wird (KomGRV, § 28e SGB IV Rn. 5.2). 20

Zudem werden in Abs. 3e S. 3 lit. a bis c drei Fallkonstellationen ges. festgelegt, bei deren Vorliegen regelmäßig, aber nicht ausschließlich ein solches **Umgehungsgeschäft** anzunehmen ist (ges. bestimmte Regelfälle). Es handelt sich um **widerlegbare Rechtsvermutungen;** entscheidend sind die Umstände des Einzelfalls. Danach ist ein Umgehungsgeschäft idR anzunehmen, wenn der beauftragte unmittelbare Subunternehmer selbst weder eigene Bauleistungen noch planerische oder kaufmännische Leistungen erbringt oder weder technisches noch planerisches oder kaufmännisches Personal in nennenswertem Umfang von ihm beschäftigt wird. Zudem wird ein Umgehungsgeschäft vermutet, wenn der unmittelbare Subunternehmer in einem gesellschaftsrechtl. AbhängigkeitsVerh. zum auftragserteilenden Unternehmer steht. Die Prüfung des Vorliegens eines Umgehungsgeschäftes iSd. Abs. 3e obliegt der jeweiligen Einzugsstelle. Dazu bestimmt Abs. 3e S. 4 eine Pflicht zur bes. intensiven Prüfung der Gesamtumstände in den Fällen, in denen der unmittelbare Subunternehmer seinen handelsrechtl. Sitz außerhalb des Europäischen Wirtschaftsraumes (hierzu gehören die Staaten der EU, Island, Norwegen und Liechtenstein) hat. 21

VII. Berichtspflicht der Bundesregierung (Abs. 3f S. 3)

Abs. 3f idF bis 30. 9. 2009 verpflichtete die Bundesregierung, den gesetzgebenden Körperschaften des Bundes **regelmäßig alle 4 Jahre** – beginnend ab dem Jahr 2004 – über die Erfahrungen mit den Regelungen der Abs. 3a bis 3e zu berichten. Dieser Berichtspflicht war die Bundesregierung bislang zweimal nachgekommen; im Einzelnen wird hierzu auf den Ersten bzw. Zweiten Bericht der Bundesregierung an die gesetzgebenden Körperschaften des Bundes über die Erfahrungen mit den Regelungen des § 28e Abs. 3a bis 3e SGB IV (Generalunternehmerhaftung für SVBeitr im Baugewerbe) vom 21. 12. 2004 (BT-Drs. 15/4599) bzw. 16. 12. 2008 (BT-Drs. 16/11.476) verwiesen. In ihrem zweiten Bericht vom 16. 12. 2008 hat die Bundesregierung beschlossen, noch weitere Erkenntnisse zu sammeln und dann zeitnah die Notwendigkeit, Wirksamkeit und Reichweite der Regelungen zur Generalunternehmerhaftung im Baugewerbe unter Beteiligung des Normenkontrollrates aus ihrer Sicht abschließend zu bewerten (vgl. BT-Drs. 16/11476 S. 5). Ein entspr. (und möglichst abschließender) **Bericht** ist von der Bundesregierung unter Beteiligung des Normenkontrollrates nach Abs. 3f S. 3 idF ab 1. 10. 2009 **im Jahr 2012** an die gesetzgebenden Körperschaften des Bundes zu erstatten. Ziel ist die **Überprüfung der Effizienz der getroffenen Regelungen** und deren Auswirkungen auf die Betroffenen in der Baubranche. 22

G. Haftungsumfang (Abs. 4)

Abs. 4 stellt klar, dass die Haftung nicht nur den **fälligen GesamtSVBeitr** (§ 28d) selbst, sondern auch die hierauf entfallenden **Säumniszuschläge** (§ 24) sowie etwaige **Zinsen** für gestundete Beitr 23

(§ 76 Abs. 2 S. 1 Nr. 1 iVm. Abs. 2 S. 2) umfasst. Durch den Klammerzusatz wird deutlich gemacht, dass Abs. 4 zugleich eine Legaldefinition für den Begriff „BeitrAnsprüche" enthält. Hiernach gehören neben den Beitr auch die Säumniszuschläge und Stundungszinsen zu den BeitrAnsprüchen. Sonstige Kosten und Gebühren (für die Zwangsvollstreckung) sowie Bußgelder sind nicht inbegriffen. Nicht rechtzeitig erfüllte BeitrAnsprüche hat die jeweilige Einzugsstelle geltend zu machen (§ 28h Abs. 1 S. 3). Ein Haftungsanspruch der Einzugsstelle besteht dabei nur insoweit, wie auch die (fällige) BeitrSchuld besteht. Er erlischt mit der Zahlung oder durch eine andere Form der Erfüllung (zB durch Aufrechnung). Ebenso wirkt sich die Verjährung (§ 25) oder der Erlass (§ 76 Abs. 2 S. 1 Nr. 3) auf den Bestand des Haftungsanspruchs aus.

H. Erhebung von Vorschüssen auf den Gesamtsozialversicherungsbeitrag (Abs. 5)

24   Abs. 5 ermächtigt die Einzugsstellen (§ 28h Abs. 1 S. 1 iVm. § 28 i), Näheres über die Erhebung von Vorschüssen auf den GesamtSVBeitr (§ 28 d) durch Satzung zu bestimmen. Anders als in der ges. UV, wo § 164 SGB VII unmittelbar die Verwaltung zur Erhebung von BeitrVorschüssen ermächtigt, können die Einzugsstellen Vorschüsse auf den GesamtSVBeitr nur aufgrund entspr. Satzungsbestimmungen vom AG fordern. Ges. Vorgaben für den Inhalt dieser Satzungsbestimmungen bestehen nicht. BeitrVorschüsse dienen der **Sicherung des BeitrAufkommens**. Es handelt sich um eine Sicherheitsleistung, um die Einzugsstelle bzw. die VTr vor drohenden (künftigen) BeitrAusfällen zu schützen, nicht aber um eine Vorauszahlung auf die nächst fällige BeitrSchuld (Werner in jurisPK-SGB IV, § 28 e Rn. 85). Der BeitrSchuldner kann deshalb auch nicht verlangen, dass ein gezahlter Vorschuss mit der nächst fälligen BeitrSchuld aufgerechnet wird (Hauck/Noftz/Sehnert, § 28 e SGB IV Rn. 35 mwN). Vor diesem Hintergrund sehen die Satzungen der Einzugsstellen die Erhebung von BeitrVorschüssen auch nicht generell, sondern nur in bestimmten Fallkonstellationen vor, zB wenn der AG wiederholt mit der BeitrZahlung in Verzug gerät, über keine feste Betriebsstätte verfügt oder wegen berechtigter Zweifel an seiner Zahlungsfähigkeit/-willigkeit BeitrAusfälle zu befürchten sind, also die rechtzeitige und vollständige BeitrZahlung (insb. bei finanzschwachen Unternehmen) gefährdet ist. Soweit die Satzung keine Regelung über die Vorschusshöhe enthält, bestimmt die Einzugsstelle diese nach pflichtgemäßem Ermessen. Für nicht rechtzeitig gezahlte BeitrVorschüsse fallen Säumniszuschläge an (§ 24). Die Vorschusszahlung lässt die lfd. BeitrZahlungsverpflichtung unberührt.

§ 28 f Aufzeichnungspflicht, Nachweise der Beitragsabrechnung und der Beitragszahlung

(1) [1]**Der Arbeitgeber hat für jeden Beschäftigten, getrennt nach Kalenderjahren, Lohnunterlagen im Geltungsbereich dieses Gesetzes in deutscher Sprache zu führen und bis zum Ablauf des auf die letzte Prüfung (§ 28 p) folgenden Kalenderjahres geordnet aufzubewahren.** [2]**Satz 1 gilt nicht hinsichtlich der Beschäftigten in privaten Haushalten.** [3]**Die landwirtschaftlichen Krankenkassen können wegen der mitarbeitenden Familienangehörigen Ausnahmen zulassen.** [4]**Für die Aufbewahrung der Beitragsabrechnungen und der Beitragsnachweise gilt Satz 1.**

(1 a) **Bei der Ausführung eines Dienst- oder Werkvertrages im Baugewerbe hat der Unternehmer die Lohnunterlagen und die Beitragsabrechnung so zu gestalten, dass eine Zuordnung der Arbeitnehmer, des Arbeitsentgelts und des darauf entfallenden Gesamtsozialversicherungsbeitrags zu dem jeweiligen Dienst- oder Werkvertrag möglich ist.**

(2) [1]**Hat ein Arbeitgeber die Aufzeichnungspflicht nicht ordnungsgemäß erfüllt und können dadurch die Versicherungs- oder Beitragspflicht oder die Beitragshöhe nicht festgestellt werden, kann der prüfende Träger der Rentenversicherung den Beitrag in der Kranken-, Pflege- und Rentenversicherung und zur Arbeitsförderung von der Summe der vom Arbeitgeber gezahlten Arbeitsentgelte geltend machen.** [2]**Satz 1 gilt nicht, soweit ohne unverhältnismäßig großen Verwaltungsaufwand festgestellt werden kann, dass Beiträge nicht zu zahlen waren oder Arbeitsentgelt einem bestimmten Beschäftigten zugeordnet werden kann.** [3]**Soweit der prüfende Träger der Rentenversicherung die Höhe der Arbeitsentgelte nicht oder nicht ohne unverhältnismäßig großen Verwaltungsaufwand ermitteln kann, hat er diese zu schätzen.** [4]**Dabei ist für das monatliche Arbeitsentgelt eines Beschäftigten das am Beschäftigungsort ortsübliche Arbeitsentgelt mitzuberücksichtigen.** [5]**Der prüfende Träger der Rentenversicherung hat einen auf Grund der Sätze 1, 3 und 4 ergangenen Bescheid insoweit zu widerrufen, als nachträglich Versicherungs- oder Beitragspflicht oder Versicherungsfreiheit festgestellt und die Höhe des Arbeitsentgelts**

nachgewiesen werden. ⁶Die von dem Arbeitgeber auf Grund dieses Bescheides geleisteten Zahlungen sind insoweit mit der Beitragsforderung zu verrechnen.

(3) ¹Der Arbeitgeber hat der Einzugsstelle einen Beitragsnachweis zwei Arbeitstage vor Fälligkeit der Beiträge durch Datenübertragung zu übermitteln; dies gilt nicht hinsichtlich der Beschäftigten in privaten Haushalten bei Verwendung von Haushaltsschecks. ²Übermittelt der Arbeitgeber den Beitragsnachweis nicht zwei Arbeitstage vor Fälligkeit der Beiträge, so kann die Einzugsstelle das für die Beitragsberechnung maßgebende Arbeitsentgelt schätzen, bis der Nachweis ordnungsgemäß übermittelt wird. ³Der Beitragsnachweis gilt für die Vollstreckung als Leistungsbescheid der Einzugsstelle und im Insolvenzverfahren als Dokument zur Glaubhaftmachung der Forderungen der Einzugsstelle. ⁴Im Beitragsnachweis ist auch die Steuernummer des Arbeitgebers anzugeben, wenn der Beitragsnachweis die Pauschsteuer für geringfügig Beschäftigte enthält.

(4) ¹Arbeitgeber, die den Gesamtsozialversicherungsbeitrag an mehrere Orts- oder Innungskrankenkassen zu zahlen haben, können bei

1. dem jeweils zuständigen Bundesverband oder
2. einer Orts- oder Innungskrankenkasse

(beauftragte Stelle) für die jeweilige Kassenart beantragen, dass der beauftragten Stelle der jeweilige Beitragsnachweis eingereicht wird. ²Dies gilt auch für Arbeitgeber, die den Gesamtsozialversicherungsbeitrag an mehrere Betriebskrankenkassen oder landwirtschaftliche Krankenkassen zu zahlen haben, gegenüber dem jeweiligen Bundesverband. ³Gibt die beauftragte Stelle dem Antrag statt, hat sie die zuständigen Einzugsstellen zu unterrichten. ⁴Im Falle des Satzes 1 erhält die beauftragte Stelle auch den Gesamtsozialversicherungsbeitrag, den sie arbeitstäglich durch Überweisung unmittelbar an folgende Stellen weiterzuleiten hat:

1. die Beiträge zur Kranken- und Pflegeversicherung an die zuständigen Einzugsstellen,
2. die Beiträge zur Rentenversicherung gemäß § 28 k,
3. die Beiträge zur Arbeitsförderung an die Bundesagentur für Arbeit.

⁵Die beauftragte Stelle hat die für die zuständigen Einzugsstellen bestimmten Beitragsnachweise an diese weiterzuleiten. ⁶Die Träger der Pflegeversicherung, der Rentenversicherung und die Bundesagentur für Arbeit können den Beitragsnachweis sowie den Eingang, die Verwaltung und die Weiterleitung ihrer Beiträge bei der beauftragten Stelle prüfen. ⁷§ 28 q Absatz 2 und 3 sowie § 28 r Absatz 1 und 2 gelten entsprechend.

(5) ¹Abweichend von Absatz 1 Satz 1 sind die am 31. Dezember 1991 im Beitrittsgebiet vorhandenen Lohnunterlagen mindestens bis zum 31. Dezember 2011 vom Arbeitgeber aufzubewahren. ²Die Pflicht zur Aufbewahrung erlischt, wenn der Arbeitgeber die Lohnunterlagen dem Betroffenen aushändigt oder die für die Rentenversicherung erforderlichen Daten bescheinigt, frühestens jedoch mit Ablauf des auf die letzte Prüfung der Träger der Rentenversicherung bei dem Arbeitgeber folgenden Kalenderjahres, und wenn ein Unternehmen aufgelöst wird.

Übersicht

	Rn.
A. Normzweck	1
B. Führung und Aufbewahrung von Entgeltunterlagen (Abs. 1)	2
I. Führung von Entgeltunterlagen	2
II. Inhalt und Beschaffenheit der Entgeltunterlagen	3
III. Aufbewahrungspflicht	4
IV. Aufbewahrungsfrist	5
V. Ausnahmeregelungen (Abs. 1 S. 2, 3)	6
C. Aufbewahrung von Beitragsabrechnungen und Beitragsnachweisen (Abs. 1 S. 4)	7
D. Besondere Aufzeichnungspflichten im Baugewerbe (Abs. 1a)	8
E. Summenbeitragsbescheid (Abs. 2)	9
I. Anwendungsbereich	9
II. Voraussetzungen für den Erlass (Abs. 2 S. 1, 2)	10
III. Schätzung (Abs. 2 S. 3, 4)	12
IV. Widerruf, Verrechnung (Abs. 2 S. 5, 6)	13
F. Beitragsnachweis (Abs. 3)	14
I. Anwendungsbereich	14
II. Inhalt und Bedeutung	15
III. Übermittlung	17
IV. Folgen nicht rechtzeitiger Übermittlung	19

	Rn.
G. Beitragsabrechnung mit einer Zentralstelle (Abs. 4)	20
I. Voraussetzungen	20
II. Zentraler Beitragsnachweis	21
III. Zentrale Beitragsentrichtung	22
IV. Prüfrecht der beteiligten Versicherungsträger	25
H. Besondere Aufbewahrungsfrist für Entgeltunterlagen aus dem Beitrittsgebiet (Abs. 5)	26

A. Normzweck

1 § 28f normiert im wesentlichen spezielle **Aufzeichnungs-, Aufbewahrungs- und Nachweispflichten** des AG für den Bereich der SV und trifft Regelungen für den Fall der Nichtbeachtung. Konkret gilt die Vorschrift **für die KV, PV, RV und AV,** nicht aber für die Alterssicherung der Landwirte und die UV. Durch die dem AG auferlegten Pflichten sollen die Einzugsstellen und die RVTr in die Lage versetzt werden, Vers- und BeitrPfl – auch rückwirkend – prüfen zu können, die zutreffende BeitrHöhe feststellen und den GesamtSVBeitr (§ 28d) rechtzeitig einziehen zu können. In Anlehnung an das Steuerrecht (§ 41 EStG, §§ 146, 147 AO) regelt Abs. 1 die Aufzeichnungs- und Aufbewahrungspflichten des AG für den Bereich der SV, insb. die Verpflichtung zur Führung von Entgeltunterlagen für die Beschäftigten. Erg. dazu schreibt Abs. 1a eine bes. Gestaltung der Entgeltunterlagen und der BeitrAbrechnung bei der Ausführung von Dienst- und Werkverträgen im Baugewerbe vor. Abs. 2 trifft Regelungen für den Fall nicht ordnungsgemäß geführter Entgeltunterlagen und ermächtigt den prüfenden RVTr unter bestimmten Voraussetzungen, Beitr auf Basis der vom AG gezahlten oder ggf. geschätzter Entgeltsummen ohne namentliche Benennung der einzelnen AN zu erheben (sog. SummenBeitrBescheid). Abs. 3 regelt die Verpflichtung des AG, die fällige BeitrSchuld rechtzeitig mittels eines BeitrNachweises ggü. der zust. Einzugsstelle anzumelden, einschl. der Folgen bei nicht rechtzeitiger Übermittlung. Erg. zu Abs. 3 schafft Abs. 4 eine Verfahrenserleichterung für solche AG, die den GesamtSVBeitr mit mehreren Orts-, Innungs-, Betriebs- oder landwirtschaftl. Krankenkassen abzurechnen haben bzw. ansonsten abzurechnen hätten, indem ihnen die Möglichkeit eröffnet wird, BeitrNachweise für mehrere Einzugsstellen derselben Krankenkassenart an eine zentrale Stelle zu übermitteln und ggf. auch den GesamtSV-Beitr hierhin abzuführen. Der mWv 1.1.2001 angefügte Abs. 5 enthält eine Sonderregelung für die Aufbewahrung von Entgeltunterlagen aus dem Beitrittsgebiet aus der Zeit vor dem 1.1.1992.

B. Führung und Aufbewahrung von Entgeltunterlagen (Abs. 1)

I. Führung von Entgeltunterlagen

2 In Anlehnung an das Steuerrecht (§ 41 EStG, §§ 146, 147 AO) verpflichtet Abs. 1 S. 1 den AG zur Führung von Lohnunterlagen (Entgeltunterlagen) für den Bereich der SV. Zwar spricht § 28f von Lohnunterlagen, nachfolgend wird aber wie in § 8 BVV, der die Regelungen des Abs. 1 konkretisiert, der neuerliche und inhaltsgleiche Begriff „Entgeltunterlagen" verwendet. Entgeltunterlagen sind **für alle Beschäftigten** (§ 7) zu führen, unabhängig davon, ob es sich um verspfl oder um versfreie BeschVerh. handelt oder ob für sie Beitr zu zahlen sind, und ungeachtet ihrer Staatsangehörigkeit. Erfasst sind auch geringfügig Beschäftigte nach § 8 (BT-Drs. 11/2221 S. 23). Zu den Beschäftigten gehören auch diejenigen, die als Beschäftigte gelten (zB Bezieher von Vorruhestandsgeld, die in § 1 S. 1 Nrn. 2 und 3 iVm. S. 5 SGB VI gen. Personen und Heimarbeiter [§ 12 Abs. 2]). Aufzeichnungspflichtig sind **alle AG** (zum AG-Begriff vgl. die Anm. zu § 28a Rn. 2), und zwar auch dann, wenn sie keine Beitr zu zahlen und deshalb keine Meldungen zu erstatten haben (BT-Drs. 11/2221 S. 23). Die Aufzeichnungspflichten treffen auch diejenigen, die in der SV als AG gelten oder AGPflichten zu erfüllen haben (vgl. Anm. zu § 28a Rn. 2 und zB § 12 Abs. 3 SGB IV, § 174 Abs. 3 SGB VI, § 279d SGB VI). Ein inländischer AG ist auch im Hinblick auf die ins Ausland entsandten AN (vgl. § 4) aufzeichnungspflichtig. Beauftragt der AG dritte Stellen (zB Steuerberater) mit der Erstellung und Führung von Entgeltunterlagen, sind etwaige Aufzeichnungspflichtverletzungen dem AG zuzurechnen, da es sich bei Abs. 1 S. 1 um eine originäre ör. Verpflichtung des AG handelt. Werden vorsätzlich oder leichtfertig entgegen von Abs. 1 S. 1 Entgeltunterlagen (überhaupt) nicht geführt oder nicht aufbewahrt, liegt eine (mit bis zu 50.000 EUR, vgl. § 111 Abs. 4) bußgeldbewehrte **Ordnungswidrigkeit** vor (§ 111 Abs. 1 Nr. 3). Unrichtige oder unvollständige Aufzeichnungen erfüllen dagegen den Ordnungswidrigkeitentatbestand nicht (Wrage in jurisPK-SGB IV, § 111 Rn. 147, 148); vielmehr kommt in diesen Fällen ggf. Abs. 2 zur Anwendung (Rn. 9f.).

II. Inhalt und Beschaffenheit der Entgeltunterlagen

3 Entgeltunterlagen müssen für jeden Beschäftigten **in deutscher Sprache** und **nach KalJahren getrennt** geführt werden. § 19 Abs. 2 SGB X gilt nicht. Überdies enthält Abs. 1 keine Bestimmun-

gen zur inhaltlichen Ausgestaltung der Entgeltunterlagen und zu den aufzeichnungspflichtigen Tatbeständen. Das Nähere über den Inhalt und die Gestaltung der Entgeltunterlagen wird **durch RechtsVO** (konkret die BVV) geregelt (zur VOErmächtigung vgl. § 28 n Nr. 4). Hierzu bestimmt § 8 Abs. 1 BVV, welche Angaben für jeden Beschäftigten in den Entgeltunterlagen enthalten sein müssen (insb. Angaben zum BeschVerh., zum versicherungsrechtl. Status des Vers, zum beitrpfl ArbEntg und zu den Meldungen), und § 8 Abs. 2 BVV, welche erg. Unterlagen zu den Entgeltunterlagen zu nehmen sind. Bestehen Entgeltunterlagen aus mehreren Teilen, müssen diese durch ein betriebl. Ordnungsmerkmal verbunden werden (§ 8 Abs. 1 S. 2 BVV). Die Angaben **müssen vollständig** (lückenlos), **richtig, in zeitlicher Folge und geordnet** vorgenommen werden (§ 10 Abs. 1 S. 3 BVV). Die Aufzeichnungen sind dabei so zu führen, dass sich ein verständiger Dritter bei einer Prüfung innerhalb angemessener Zeit einen Überblick über die formelle und sachliche Richtigkeit der EntgAbrechnung verschaffen kann (§ 10 Abs. 1 S. 1 BVV). Über diese Mindestanforderungen hinaus ist der AG grds. frei in der Gestaltung der Entgeltunterlagen. Für den Bereich der SV und des Steuerrechts müssen insb. keine getrennten Unterlagen geführt werden; vielmehr kann der AG auch nur ein Lohnkonto verwenden, mit dem die steuer- und sozialversicherungsrechtl. Aufzeichnungspflichten gemeinsam erfüllt werden (Werner in jurisPK-SGB IV, § 28 f Rn. 27). Lediglich bei Ausführung von Dienst- oder Werkverträgen im Baugewerbe werden durch Abs. 1 a zusätzliche Anforderungen an die Gestaltung der Entgeltunterlagen gestellt (dazu Rn. 8). Nicht zu den Entgeltunterlagen gehören die BeitrAbrechnungen und die BeitrNachweise (dazu Rn. 7).

III. Aufbewahrungspflicht

Entgeltunterlagen sind **im Geltungsbereich dieses G** (Inland) zu führen und dort geordnet aufzubewahren. Sie müssen aber nicht zwingend in der Betriebsstätte des AG oder gar in Papierform vorgehalten werden. Seit 1. 1. 2008 können Entgeltunterlagen – wie im Steuerrecht (vgl. § 147 Abs. 5, 6 AO) – auch vollständig **auf maschinell verwertbaren Datenträgern** (zB CDs, DVDs) und somit nur noch in automatisierter Form (Dateiform) geführt werden (vgl. § 9 Abs. 5 BVV). Bei der Verwendung von Speichermedien muss allerdings sichergestellt sein, dass der Inhalt der Entgeltunterlagen vollständig und richtig wiedergegeben wird, eine spätere Änderung ausgeschlossen ist, die Formvorschriften (vgl. § 8 BVV) für die Aufbereitung der Daten eingehalten werden und bei einer Betriebsprüfung nach § 28 p jederzeit ohne zeitlichen Verzug der Zugriff auf die Daten möglich ist. Innerhalb der Aufbewahrungsfristen (Rn. 5) ist der AG verpflichtet, die maschinell geführten Daten jederzeit verfügbar und unverzüglich lesbar vorzuhalten (§ 9 Abs. 5 S. 3 BVV); die dafür notwendige technische Ausstattung (PC, Datensichtgerät) ist vom AG zur Verfügung zu stellen (§ 9 Abs. 5 S. 4 BVV iVm. § 147 Abs. 5 AO). Soweit erforderlich, sind zu Prüfungszwecken nach § 28 p die Unterlagen ganz oder teilweise auszudrucken oder lesbare Reproduktionen beizubringen (dazu ausf. SUMMA SUMMARUM 2/2008, S. 2 f.; im Internet: www.deutsche-rentenversicherung.de).

IV. Aufbewahrungsfrist

Entgeltunterlagen für den Bereich der SV sind **bis zum Ablauf des auf die letzte Betriebsprüfung nach § 28 p folgenden KalJahres** aufzubewahren. Die Aufbewahrungsfrist richtet sich **individuell** nach dem Zeitpunkt der Betriebsprüfung nach § 28 p und endet mit Ablauf des hierauf folgenden KalJahres (bezogen auf die Entgeltunterlagen für geprüfte Zeiträume. Bsp.: Bei einer Betriebsprüfung (§ 28 p) im Januar 2011 für die Zeit vom 1. 1. 2007 bis 31. 12. 2010 sind die Entgeltunterlagen für die geprüften Zeiträume (dh. für Zeiten bis 31. 12. 2010) bis zum 31. 12. 2012 aufzubewahren; die Entgeltunterlagen für die Zeit ab 1. 1. 2011 müssen bis zum Ablauf des auf die nächste Prüfung nach § 28 p folgenden KalJahres aufbewahrt werden. Die Aufbewahrungsfrist gilt auch für die BeitrAbrechnungen und die BeitrNachweise (vgl. Abs. 1 S. 4). Soweit mit den Unterlagen steuer- und sozialversicherungsrechtl. Aufzeichnungspflichten gemeinsam erfüllt werden, müssen die ggf. längeren steuerrechtl. Aufbewahrungsfristen (vgl. § 41 Abs. 1 S. 9 EStG, § 147 Abs. 3, 4 AO) beachtet werden. Für die am 31. 12. 1991 im Beitrittsgebiet vorhandenen Entgeltunterlagen gilt eine bes. Aufbewahrungsfrist (vgl. dazu Abs. 5 und Rn. 26).

V. Ausnahmeregelungen (Abs. 1 S. 2, 3)

Eine Verpflichtung zur Führung von Entgeltunterlagen iSd. Abs. 1 S. 1 besteht nicht **bzgl. der Beschäftigten in privaten Haushalten** (Abs. 1 S. 2); betr. AG („Privathaushalte") sind insoweit von diesen Aufzeichnungspflichten befreit. Die Ausnahmeregelung bezieht sich auf alle Beschäftigten in privaten Haushalten, unabhängig davon, ob sie verspfl oder geringfügig (§ 8 a) beschäftigt werden. Wann eine Besch in einem Privathaushalt vorliegt, ist den Anm. zu § 28 p Rn. 35 zu entnehmen. Wird ein AN im Rahmen eines einheitlichen BeschVerh. auch, aber nicht ausschließlich im bzw. für den Privathaushalt seines AG eingesetzt, findet Abs. 1 S. 2 keine Anwendung. Ungeachtet von Abs. 1 S. 2 bleibt der AG „Privathaushalt" aber weiterhin verpflichtet, bzgl. der verspfl Beschäftigten der Einzugsstelle BeitrNachweise zu übermitteln und BeitrAbrechnungen zu erstellen und bzgl. der geringfügig Beschäftigten (§ 8 a) der Minijob-Zentrale den Haushaltsscheck einzureichen. Die landwirtschaftl. Krankenkassen können gem. Abs. 1 S. 3 Ausnahmen von den Aufzeichnungspflichten des Abs. 1 S. 1 bzgl. **mitarbeitender Familienangehöriger in der Landwirtschaft** zulassen.

C. Aufbewahrung von Beitragsabrechnungen und Beitragsnachweisen (Abs. 1 S. 4)

7 Neben den Entgeltunterlagen hat der AG BeitrAbrechnungen (vgl. § 9 BVV, sog. „Krankenkassenlisten") und BeitrNachweise (Abs. 3, vgl. Rn. 14 f.) zu erstellen. Diese Unterlagen sind ebenfalls bis zum Ablauf des auf die letzte Betriebsprüfung nach § 28 p folgenden KalJahres aufzubewahren (vgl. dazu Rn. 5).

D. Besondere Aufzeichnungspflichten im Baugewerbe (Abs. 1 a)

8 Der mWv 1. 8. 2002 eingefügte Abs. 1 a normiert zusätzliche Aufzeichnungspflichten bei der Ausführung von Dienst- oder Werkverträgen im Baugewerbe, indem **zusätzliche Anforderungen an die Gestaltung der Entgeltunterlagen und der BeitrAbrechnung** (§ 9 BVV) gestellt werden. Die Regelung steht in direktem Zusammenhang zu den in § 28 e Abs. 3 a bis 3 f enthaltenen Regelungen über die Generalunternehmerhaftung und ist zugleich für evtl. Bußgeld- oder Strafverfahren relevant (vgl. BT-Drs. 14/8221 S. 16, 25). Unternehmer, die einen Dienst- oder Werkvertrag (§§ 611, 631 BGB) im Baugewerbe ausführen, sind hiernach verpflichtet, die Entgeltunterlagen und die BeitrAbrechnung so zu gestalten, dass eine eindeutige Zuordnung der AN, des ArbEntg (§ 14) und des darauf entfallenden GesamtSVBeitr (§ 28 d) zum jeweiligen Dienst- oder Werkvertrag möglich ist (auftrags-/projekt-/baustellenbezogene Gestaltung). Von Abs. 1 a erfasst werden alle Dienst- und Werkleistungen, die von Betrieben im Geltungsbereich des Bundesrahmentarifvertrags für das Baugewerbe erbracht werden, einschl. der ANÜberlassung (Werner in jurisPK-SGB IV, § 28 f Rn. 36). Gegenstand des Dienst- bzw. Werkvertrags müssen nicht zwingend Bauleistungen iSd. § 175 Abs. 2 SGB III sein. Das einzelne Auftragsvolumen ist unbeachtlich. Nach Auffassung der Spitzenorganisationen der SV kann der betr. Unternehmer seiner Verpflichtung nach Abs. 1 a grds. nur durch eine Kennzeichnung in den Entgeltunterlagen und der BeitrAbrechnung nachkommen, die nachträglich zweifelsfrei nachvollziehen lässt, welcher AN mit welchem ArbEntg (einschl. des darauf entfallenden GesamtSVBeitr) bei der Erfüllung des jeweiligen Dienst-/Werkvertrags mitgewirkt hat. Werden Entgeltunterlagen oder BeitrAbrechnungen nicht entspr. gestaltet, liegt eine Ordnungswidrigkeit vor, die mit einer Geldbuße von bis zu 5.000 EUR geahndet werden kann (§ 111 Abs. 1 Nr. 3 a iVm. Abs. 4).

E. Summenbeitragsbescheid (Abs. 2)

I. Anwendungsbereich

9 Die Vers- und BeitrPfl sowie die BeitrHöhe sind grds. personenbezogen festzustellen (BSG 23. 5. 1995 – 12 RK 63/93 – SozR 3–2400 § 28 h Nr. 3). Abs. 2 enthält hierzu eine Ausnahmeregelung für den Fall nicht ordnungsgemäß geführter Entgeltunterlagen. Hiernach ist der RVTr berechtigt, im Rahmen der Betriebsprüfung nach § 28 p den GesamtSVBeitr (§ 28 d) einschl. der Umlagen U1/U2 nach dem AAG und für EntgAbrZeiträume ab 1. 1. 2009 auch die Insolvenzgeldumlage (§§ 358 ff. SGB III) **ohne namentliche Benennung der einzelnen AN** pauschal **aus der Summe der vom AG gezahlten ArbEntge** oder – falls noch nicht einmal die Entgeltsumme ermittelt werden kann – aus der Summe geschätzter ArbEntge zu erheben und einen sog. SummenBeitrBescheid zu erlassen, wenn infolge nicht ordnungsgemäß geführter Entgeltunterlagen VersPfl, BeitrPfl oder die BeitrHöhe nicht oder nicht ohne unverhältnismäßig großen Verwaltungsaufwand personenbezogen festgestellt werden kann. Mit Abs. 2 werden zwei Fallkonstellationen geregelt. Zum einen erfasst Abs. 2 S. 1 den Fall, dass vom RVTr zwar die Entgeltsumme festgestellt werden kann, nicht aber oder nicht ohne unverhältnismäßig großen Aufwand die Höhe des ArbEntg für den einzelnen Beschäftigten. Zum anderen regelt Abs. 2 S. 3 den Fall, dass noch nicht einmal oder nicht ohne unverhältnismäßig großen Aufwand die Entgeltsumme ermittelt werden kann (dazu Rn. 12). Dabei findet eine **Umkehr der Beweislast** statt, als dass der AG nachzuweisen hat, ob und inwieweit eine vom RVTr behauptete Vers- und BeitrPfl nicht besteht oder Beitr nicht zu zahlen sind, wenn dieser durch unzureichende Aufzeichnungen verhindert, dass der RVTr die für die versicherungsrechtl. Beurteilung und die BeitrBerechnung erforderlichen Tatsachen feststellen kann. Der Erlass eines SummenBeitrBescheides ist ins **Ermessen des prüfenden RVTrs** gestellt. Für die Frage der Rechtmäßigkeit kommt es auf die **Verhältnisse zum Zeitpunkt des Erlasses des Bescheides** an. Soweit nachträglich (zB aufgrund nachgereichter Unterlagen) die erforderlichen versicherungs- und beitragsrechtl. Feststellungen nachgeholt und die zutreffenden BeitrHöhen (durch Nachweis der ArbEntge) festgestellt werden können, ist der SummenBeitrBescheid zu widerrufen (Rn. 13).

II. Voraussetzungen für den Erlass (Abs. 2 S. 1, 2)

Voraussetzung für den Erlass eines SummenBeitrBescheides ist, dass die Aufzeichnungspflichten **10** vom AG nicht ordnungsgemäß erfüllt worden sind und die fehlenden oder unzureichenden Aufzeichnungen **ursächlich** dafür sind, dass VersPfl, BeitrPfl oder die BeitrHöhe für einzelne oder alle Beschäftigte nicht oder nicht ohne unverhältnismäßig großen Aufwand personenbezogen festgestellt werden kann. Abs. 2 findet ausdrücklich auch dann Anwendung, wenn für den einzelnen AN zwar Vers- und BeitrPfl, nicht aber die konkrete BeitrHöhe feststellbar ist. Neben den Fällen der objektiven Nichtfeststellbarkeit ist ein SummenBeitrBescheid im Umkehrschluss aus Abs. 2 S. 2 auch dann zulässig, wenn eine personenbezogene Feststellung zwar an sich möglich, der dazu erforderliche Verwaltungsaufwand aber unverhältnismäßig wäre. Dies gilt insb. dann, wenn eine personenbezogene Zuordnung der ArbEntge bei namentlich bekannten oder im Wege der Sachaufklärung feststellbaren AN mit einem unverhältnismäßig großen Aufwand verbunden wäre. Für die Anwendung des Abs. 2 kommt es objektiv nur auf die nicht ordnungsgemäße Erfüllung der Aufzeichnungspflichten an, nicht aber auf ein Verschulden (BSG 7. 2. 2002 – B 12 KR 12/01 R – SozR 3–2400 § 28 f Nr. 3). Diese Voraussetzung ist erfüllt, wenn die Entgeltunterlagen nicht den unter Rn. 3 gen. Kriterien entsprechen. Erfasst werden grds. alle **Aufzeichnungspflichtverletzungen,** die sich auf die Feststellung der VersPfl, BeitrPfl oder BeitrHöhe auswirken. Die Zurückhaltung oder Nichtvorlage von Unterlagen sowie die Verletzung der Aufbewahrungspflichten stehen der Nichterfüllung bzw. der nicht ordnungsgemäßen Erfüllung der Aufzeichnungspflichten gleich (sa. Werner in jurisPK-SGB IV, § 28 f Rn. 49, 50).

Ausdrücklich unzulässig ist der Erlass eines SummenBeitrBescheides, soweit der RVTr trotz fehlen- **11** der oder unzureichender Unterlagen **ohne unverhältnismäßig großen Verwaltungsaufwand** (zB anhand vorhandener bzw. leicht erreichbarer Unterlagen) die erforderlichen versicherungs- und beitragsrechtl. Feststellungen einschl. der BeitrHöhe personenbezogen treffen kann, insb. dass BeitrPfl nicht bestand oder ArbEntg einem bestimmten AN zuzuordnen ist (Abs. 2 S. 2). Im Rahmen des Abs. 2 gilt auch weiterhin der **Amtsermittlungsgrundsatz** (§ 20 SGB X), dh. trotz Nichterfüllung der Aufzeichnungspflichten durch den AG hat der RVTr grds. entspr. der §§ 20, 21 SGB X Ermittlungen anzustellen und zu versuchen den Sachverhalt aufzuklären. Die anzustellenden Ermittlungen beschränken sich allerdings nach dem **Grundsatz der Verhältnismäßigkeit** auf ein zumutbares/vertretbares Maß (BT-Drs. 11/2221 S. 23). Die Beurteilung dessen, was an Verwaltungsaufwand für die Feststellung erforderlich und zumutbar ist bzw. unverhältnismäßig ist, hängt von den Umständen des Einzelfalls ab. Bei der Aufklärung des Sachverhalts obliegt dem AG eine bes. Mitwirkungspflicht. Er trägt die objektive Beweislast dafür, dass ohne unverhältnismäßig großen Aufwand die Feststellungen getroffen werden können (KassKomm/Seewald, § 28 f SGB IV Rn. 9). Die Verhältnismäßigkeit eines SummenBeitrBescheides unterliegt der gerichtlichen Nachprüfbarkeit (BSG 7. 2. 2002 – B 12 KR 12/01 R – aaO).

III. Schätzung (Abs. 2 S. 3, 4)

Kann der prüfende RVTr aufgrund unzureichender oder fehlender Aufzeichnungen noch nicht **12** einmal oder nicht ohne unverhältnismäßig großen Aufwand die Summe der ArbEntge feststellen, hat er diese in Anlehnung an das Steuerrecht (vgl. § 162 AO) zu schätzen (vgl. BT-Drs. 11/2221 S. 23) und die geschätzte Entgeltsumme dem BeitrBescheid zugrunde zu legen. Diesbzgl. besteht kein Ermessen. Die Schätzung soll den tatsächlichen Verh. möglichst nahe kommen; deshalb bestimmt Abs. 2 S. 4, dass die am Beschäftigungsort üblichen EntlohnungsVerh. mit zu berücksichtigen sind (zB ortsüblicher Tariflohn, Höhe der ArbEntge vergleichbarer AN in derselben Branche). Dabei ist der RVTr nicht an eine etwaige Schätzung der Finanzverwaltung gebunden. Er hat einen eigenen Beurteilungsspielraum, der sich an den Umständen des Einzelfalls orientiert. Bei der Schätzung handelt es sich um eine **im Wege der Beweiserhebung und Beweiswürdigung getroffene Tatsachenfeststellung,** die vollumfänglich der gerichtlichen Nachprüfbarkeit unterliegt (KassKomm/Seewald, § 28 f SGB IV Rn. 10 mwN). Grundlage der Schätzung müssen sachliche und nachvollziehbare Erwägungen sein. Die Schätzung kann sich bspw. an den ortsüblichen EntlohnungsVerh. vergleichbarer AN, an tarifvertragl. Regelungen, an allg. Durchschnittsverdiensten, an der Lohnsteueranmeldung oder auch am Umsatz des AG nach Maßgabe des Einzelfalls orientieren, selbst wenn das Ergebnis uU zu Ungunsten des BeitrSchuldners ausfällt. Unzulässig sind solche Schätzungen, die willkürlich von vollkommen lebensfremden Verh. ausgehen (Werner in jurisPK-SGB IV, § 28 f Rn. 65).

Roßbach

IV. Widerruf, Verrechnung (Abs. 2 S. 5, 6)

13 Abs. 2 S. 5 regelt den Widerruf eines erlassenen SummenBeitrBescheides aufgrund nachträglich veränderter Verh. Es handelt sich um eine spezielle Verfahrensvorschrift, die die allg. Widerrufsbestimmungen der §§ 46, 47 SGB X modifiziert. Gem. Abs. 2 S. 5 ist der prüfende RVTr verpflichtet, einen SummenBeitrBescheid **zu Gunsten oder zu Ungunsten** des AG **ganz oder teilweise** zu widerrufen, soweit sich **nachträglich** die VersPfl/-Freiheit oder BeitrPfl/-Freiheit und die Höhe des ArbEntg feststellen lässt. Gedacht ist hier in erster Linie an die Fälle, in denen vom AG nachträglich Unterlagen vorgelegt werden, die eine versicherungs- und beitragsrechtl. Beurteilung (einschl. der etwaigen BeitrHöhe) für den Einzelnen oder alle Beschäftigten ermöglichen (vgl. BT-Drs. 11/2221 S. 23). Hierbei müssen die konkreten Verh. des einzelnen Beschäftigten und sämtliche für die versicherungs- und beitragsrechtl. Beurteilung maßgebenden Tatsachen nachgewiesen werden. Abs. 2 S. 5 findet aber gleichermaßen dann Anwendung, wenn dem RVTr nachträglich über andere Quellen oder aus anderen nachträglich erreichbaren Unterlagen die erforderlichen Fakten bekannt werden. Zu widerrufen ist nur der Teil des SummenBeitrBescheides, der den/die Beschäftigten betrifft, für den/die entspr. Feststellungen nachgeholt werden können. Bei nachträglicher Feststellung von BeitrPfl müssen die Beitr personenbezogen nacherhoben werden. Die vom AG bereits aufgrund des SummenBeitrBescheides gezahlten Beitr sind mit der aktuellen BeitrForderung zu verrechnen (Abs. 2 S. 6); ggf. zuviel gezahlte Beitr sind zu erstatten (§ 26), bei zu wenig gezahlten Beitr ist die Differenz nachzuentrichten.

F. Beitragsnachweis (Abs. 3)

I. Anwendungsbereich

14 Abs. 3 verpflichtet den AG, der jeweils zust. Einzugsstelle (§ 28 h Abs. 1 S. 1 iVm. § 28 i) einen BeitrNachweis durch Datenübertragung zu übermitteln, mit dem die Höhe der fälligen BeitrSchuld für die betr. Beschäftigten nachgewiesen wird. Die Verpflichtung trifft **grds. alle AG,** insb. auch diejenigen, die als AG gelten oder AGPflichten zu erfüllen haben (zum AG-Begriff vgl. die Anm. zu § 28a Rn. 2). Lediglich für geringfügig Beschäftigte in privaten Haushalten (§ 8a) ist kein BeitrNachweis zu erstellen (Abs. 3 S. 1 2. Hs.); hier findet das sog. Haushaltsscheckverfahren (vgl. dazu § 28a Abs. 7 und 8 sowie § 28h Abs. 3) Anwendung.

II. Inhalt und Bedeutung

15 Der BeitrNachweis ist eine **Eigenerklärung des AG zur Höhe der fälligen BeitrSchuld,** vergleichbar mit der Lohnsteueranmeldung nach § 41a EStG (Werner in jurisPK-SGB IV, § 28f Rn. 73). Im BeitrNachweis sind die gem. § 23 fälligen Beitr für eine bestimmte Einzugsstelle getrennt nach VersZweigen und BeitrGruppen (vgl. dazu § 28b Abs. 2 Nr. 1) und jeweils in einer Summe ohne Bezug zum einzelnen AN auszuweisen. Ein Einzelnachweis pro Beschäftigten erfolgt nicht. Für die Rechtskreise „Ost" und „West" sind jeweils separate BeitrNachweise zu erstellen. Vom 1. 1. 2006 an – mit Neuregelung der Fälligkeit (vgl. Anm. zu § 23 Rn. 6ff.) – enthält der BeitrNachweis grds. die voraussichtliche BeitrSchuld des aktuellen Monats (§ 23 Abs. 1 S. 2) zzgl. eines ggf. verbliebenen RestBeitr aus dem Vormonat oder abzgl. einer evtl. Überzahlung aus dem Vormonat. Ein etwaiger Differenzbetrag (RestBeitr oder Überzahlung) nach Ermittlung der endgültigen BeitrSchuld wird in den BeitrNachweis des Monats aufgenommen, der dem Monat folgt, aus dem der Differenzbetrag dem Grunde nach herrührt; ein Korrektur-BeitrNachweis wird grds. nicht erstellt. Lediglich Beitr für Zeiten vor dem 1. 1. 2009 dürfen nicht in den lfd. BeitrNachweis aufgenommen werden, sondern sind gesondert unter Angabe des Zeitraums, auf den sie entfallen, in einem Korrektur-BeitrNachweis nachzuweisen (zB bei Beitr aus einer im ersten Quartal 2009 gewährten Einmalzahlung, die aufgrund von § 23a Abs. 4 dem KalJahr 2008 zugeordnet wird). Macht der AG von der Vereinfachungsregelung des § 23 Abs. 1 S. 3 Gebrauch, enthält der BeitrNachweis die endgültige BeitrSchuld des Vormonats, soweit auf Grundlage von lfd. ArbEntg ermittelt (dh. ohne Berücksichtigung von Beitr aus Einmalzahlungen), der BeitrSchuld aus einer ggf. im lfd. Monat zu berücksichtigenden Einmalzahlung und eine ggf. verbliebener RestBeitr aus dem Vormonat; eine evtl. Überzahlung aus dem Vormonat wäre abzuziehen. Etwaige Differenzbeträge nach Ermittlung der endgültigen BeitrSchuld werden entspr. der vorangegangenen Ausführungen nachgewiesen. Neben den Beitr werden im BeitrNachweis auch die Umlagen U1/U2 nach dem AAG und für EntgAbrZeiträume ab 1. 1. 2009 zudem die Insolvenzgeldumlage (§§ 358ff. SGB III) ausgewiesen. Nach dem mWv 1. 4. 2003 angefügten S. 4 des Abs. 3 muss im BeitrNachweis mit den Beitr für die geringfügig Beschäftigten (§ 8 Abs. 1 Nr. 1) an die DRV Knappschaft-Bahn-See – Minijob-Zentrale – (§ 28i S. 5) auch die **SteuerNr.** angegeben sein, wenn der BeitrNachweis die vom AG zu zahlende Pauschsteuer iHv 2% nach § 40a Abs. 2 EStG enthält. Die Pauschsteuer nach § 40a Abs. 2 EStG wird von der Minijob-Zentrale zusammen mit den PauschalBeitr gem. §§ 249b SGB V, 172 Abs. 3 SGB VI eingezogen und aus Vereinfachungsgründen im BeitrNachweis ausgewiesen (vgl. § 40a Abs. 6 EStG); die SteuerNr. ist für die anschließende Weiterleitung und Zuordnung der Pauschsteuern erforderlich. Das Nähere zum BeitrNachweis bestimmen gem. § 28b Abs. 2 Nr. 2 die Spitzenorganisationen der SV (vgl. dazu im Einzelnen die „Gemeinsamen Grundsätze zum Aufbau der Datensätze für die Übermittlung von BeitrNachweisen durch Datenübertragung nach § 28b Abs. 2 SGB IV in der vom 1. 1. 2009 an geltenden Fassung" vom 5. 11. 2008, im Internet: www.aok-bv.de). Damit die Vollständigkeit und Richtigkeit des BeitrNachweises nachträglich geprüft werden kann, hat der AG für jeden EntgAbr-Zeitraum eine BeitrAbrechnung nach Maßgabe von § 9 BVV zu erstellen.

Anhand des BeitrNachweises nimmt die Einzugsstelle den BeitrEinzug (§ 28h Abs. 1) sowie die Aufteilung und Weiterleitung der Beitr nach § 28k vor. Bes. Bedeutung kommt dem BeitrNachweis dadurch zu, dass er für die Vollstreckung (§ 66 SGB X) als **Leistungsbescheid der Einzugsstelle** gilt (Abs. 3 S. 3). Der Begriff „Leistungsbescheid" ist § 3 Abs. 2 lit. a VwVG entnommen. Die Zwangsvollstreckung kann mithin unmittelbar aus dem BeitrNachweis gegen den AG betrieben werden; eines gesonderten Verwaltungsaktes bedarf es nicht. Unbeschadet dessen ist die Einzugsstelle aber nicht gehindert, einen eigenen Leistungsbescheid zu erlassen (Hauck/Noftz/Sehnert, § 28f SGB IV Rn. 13). Im Insolvenzverfahren gilt der (maschinelle) BeitrNachweis zudem als **Dokument zur Glaubhaftmachung** der Forderungen der Einzugsstelle (Abs. 3 S. 3); eine nach einzelnen AN aufgeschlüsselte Forderungsaufstellung ist nicht erforderlich (vgl. BT-Drs. 16/39 S. 15). 16

III. Übermittlung

Ein BeitrNachweis ist der jeweiligen Einzugsstelle **grds. für jeden Monat** zu übermitteln, in dem verspfl Beschäftigte oder geringfügig entlohnte Beschäftigte gemeldet sind. Für Monate, für die ausnahmsweise keine Beitr anfallen (zB in den Fällen des § 7 Abs. 3), ist nach Auffassung der Spitzenorganisationen der SV (vgl. Rn. 15) ein sog. **Null-BeitrNachweis** (mit Nullbeträgen) zu übermitteln, um zu verhindern, dass die Einzugsstelle eine Schätzung nach Abs. 3 S. 2 vornimmt. Soll der BeitrNachweis bei gleichbleibenden Verh. unverändert auch für folgende EntgAbrZeiträume gelten, kann der AG diesen als **Dauer-BeitrNachweis** kennzeichnen (vgl. a. BT-Drs. 11/2221 S. 23). Einer mtl. Übermittlung bedarf es dann nicht; jegliche Änderungen in der BeitrHöhe machen aber einen neuen BeitrNachweis erforderlich. Vom 1. 1. 2006 an – mit Einführung des elektronischen Meldeverfahrens (vgl. Anm. zu § 28a Rn. 3) – ist die Übermittlung des BeitrNachweises nur noch durch gesicherte und verschlüsselte **Datenübertragung mittels zugelassener systemgeprüfter EntgAbrProgramme oder maschinell erstellter Ausfüllhilfen** zulässig (§ 26 iVm. §§ 16ff. DEÜV). Ausgeschlossen ist seitdem die Übermittlung in Papierform oder auf Datenträgern (zB CDs, DVDs). Den Aufbau der zu verwendenden Datensätze bestimmen die Spitzenorganisationen der SV bundeseinheitlich in gemeinsamen Grundsätzen (§ 28b Abs. 2 Nr. 2; vgl. dazu Rn. 15). 17

Während der Zeitpunkt der Übermittlung des BeitrNachweises bis zum 31. 12. 2007 durch Satzungsrecht der Einzugsstellen geregelt war und mithin differierte, wird mWv 1. 1. 2008 ein für alle Einzugsstellen einheitlicher Zeitpunkt kraft G festgelegt. Gem. Abs. 3 S. 1 idF ab 1. 1. 2008 ist der BeitrNachweis der Einzugsstelle spätestens zwei Arbeitstage vor Fälligkeit zu übermitteln. Die **Übermittlungsfrist** orientiert sich am Fälligkeitstag des § 23 Abs. 1 S. 2, wonach der GesamtSVBeitr am drittletzten Bankarbeitstag des Monats fällig wird, in dem die Besch, mit der das ArbEntg erzielt wird, ausgeübt worden ist oder als ausgeübt gilt. Der BeitrNachweis muss also spätestens zu Beginn des fünftletzten Bankarbeitstages der Einzugsstelle vorliegen (Fristberechnung gem. § 26 Abs. 1 SGB X). 18

IV. Folgen nicht rechtzeitiger Übermittlung

Übermittelt der AG den BeitrNachweis nicht oder nicht rechtzeitig, ist die Einzugsstelle (§ 28h Abs. 1. S. 1 iVm. § 28i) berechtigt, das beitrpfl ArbEntg zu schätzen und auf dieser Grundlage die BeitrBemessung vorzunehmen (Abs. 3 S. 2). Der auf Grundlage der **Schätzung** berechnete Beitr bestimmt die BeitrSchuld des AG solange, bis ein ordnungsgemäßer BeitrNachweis übermittelt wird. Die Regelung ist als „Kann-Vorschrift" ausgestaltet; faktisch besteht aber für die Einzugsstelle eine Pflicht zur Schätzung, da sie gem. § 28h Abs. 1 iVm. § 76 Abs. 1 die Beitr zur KV, PV, RV und AV – insb. auch im Interesse der FremdVTr – vollständig und rechtzeitig einzuziehen hat. Für die Schätzung genügt die Tatsache, dass der BeitrNachweis nicht rechtzeitig übermittelt wird; die Ursache ist unbeachtlich. Obwohl im G nicht ausdrücklich geregelt, kann die Einzugsstelle auch im Fall von fehlerhaften oder unvollständigen BeitrNachweisen eine Schätzung vornehmen, da derartige Beitr-Nachweise von den Einzugsstellen nicht verarbeitet werden können (sa. Werner in jurisPK-SGB IV, § 28f Rn. 90). Ges. Vorgaben für den Inhalt der Schätzung bestehen nicht (vgl. BT-Drs. 11/2221 S. 24). In der Praxis orientiert sich die Schätzung häufig am BeitrSoll des Vormonats, ggf. unter Berücksichtigung eingetretener Änderungen. Die aufgrund der Schätzung erstellte BeitrBerechnung ist ein Verwaltungsakt (§ 31 SGB X), aus dem die Einzugsstelle nach Bekanntgabe an den AG vollstre- 19 cken kann (§ 66 SGB X). Die Geltung der Schätzung ist allerdings zeitlich **befristet.** Mit der Übermittlung eines ordnungsgemäßen BeitrNachweises ist sie für den betr. Monat auflösend bedingt (§ 32 Abs. 2 Nr. 2 SGB X, Werner in jurisPK-SGB IV, § 28 f Rn. 93); einer Aufhebung gem. §§ 44 ff. SGB X bedarf es nicht (vgl. Hauck/Noftz/Littmann, § 32 SGB X Rn. 19). Aufgrund einer Schätzung zuviel gezahlte Beitr darf die Einzugsstelle nicht einbehalten; ggf. kommt eine Verrechnung in Betracht.

G. Beitragsabrechnung mit einer Zentralstelle (Abs. 4)

I. Voraussetzungen

20 Abs. 4 schafft eine Verfahrensvereinfachung für solche AG, die den GesamtSVBeitr (§ 28 d) mit mehreren Orts-, Innungs-, Betriebs- oder landwirtschaftl. Krankenkassen abzurechnen haben bzw. ansonsten abzurechnen hätten, indem ihnen die Möglichkeit eröffnet wird, die BeitrNachweise (vgl. Abs. 3, Rn. 14 ff.) für mehrere Einzugsstellen (§ 28 h Abs. 1 S. 1 iVm. § 28 i) derselben Krankenkassenart zentral an eine (beauftragte) Stelle zu übermitteln und ggf. auch den GesamtSVBeitr hierhin abzuführen. Voraussetzung ist, dass der AG mit mehreren Orts-, Innungs-, Betriebs- oder landwirtschaftl. Krankenkassen (dh. **mit mind. zwei Krankenkassen derselben Kassenart**) abzurechnen hat. Das Vorhandensein mehrerer Arbeits- oder Betriebsstätten im Zuständigkeitsbereich dieser Einzugsstellen ist nicht gefordert. Die Teilnahme am Verfahren nach Abs. 4 setzt einen Antrag des AG voraus, der weder form- noch fristgebunden ist. Über den Antrag und die Zulassung zum Verfahren entscheidet die beauftragte Stelle der jeweiligen Krankenkassenart nach pflichtgemäßem Ermessen (Werner in jurisPK-SGB IV, § 28 f Rn. 97, Hauck/Noftz/Sehnert, § 28 f SGB IV Rn. 18). Für jede Krankenkassenart ist ein separater Antrag erforderlich. Die Nichtzulassung zum Verfahren ist ein anfechtbarer Verwaltungsakt (§ 31 SGB X). Bei Stattgabe des Antrags hat die beauftragte Stelle die betr. Einzugsstellen von der Teilnahme am Verfahren zu unterrichten (Abs. 4 S. 3).

II. Zentraler Beitragsnachweis

21 Die Möglichkeit zur Übermittlung der BeitrNachweise zentral an eine beauftragte Stelle besteht **für den Bereich der Orts-, Innungs-, Betriebs- und landwirtschaftl. Krankenkassen** (unter den gen. Voraussetzungen, vgl. Rn. 20), nicht aber für die anderen Krankenkassenarten. Die BeitrNachweise können dabei nur für mehrere Krankenkassen derselben Krankenkassenart zentral übermittel werden (zB bei Abrechnung mit mehreren AOKen), nicht aber auch kassenartenübergreifend. Beauftragte Stelle iSd. Abs. 4 ist grds. der jeweilige Bundesverband für die jeweilige Krankenkassenart (AOK-Bundesverband GbR, Bundesverband der Innungskrankenkassen GbR, Bundesverband der Betriebskrankenkassen GbR und Spitzenverband der landwirtschaftl. SV [bis 31. 12. 2008: Bundesverband der landwirtschaftl. Krankenkassen]). Für den Bereich der Orts- und Innungskrankenkassen besteht die Besonderheit, dass der AG anstelle des jeweiligen Bundesverbandes auch eine AOK bzw. IKK wählen kann (Abs. 4 S. 1 Nr. 2); in Betracht kommt die für den AG regional zust. AOK bzw. IKK. Im Bereich der Betriebs- und landwirtschaftl. Krankenkassen besteht diese Möglichkeit nicht; hier können die BeitrNachweise nur zentral an den jeweiligen Bundesverband übermittelt werden, nicht aber an eine einzelne BKK bzw. LKK (vgl. Abs. 4 S. 2). Die Aufgabe der beauftragten Stelle besteht darin, die für die zust. Einzugsstellen (§ 28 h Abs. 1 S. 1 iVm. § 28 i) bestimmten BeitrNachweise (Abs. 3) entgegenzunehmen und anschließend an diese weiterzuleiten (Abs. 4 S. 5).

III. Zentrale Beitragsentrichtung

22 Bei zentraler Übermittlung der BeitrNachweise **im Bereich der Orts- und/oder Innungskrankenkassen** bestimmt Abs. 4 S. 4, dass der AG auch den GesamtSVBeitr (§ 28 d) für die betr. Krankenkassenart zentral an die beauftragte Stelle zu entrichten hat. Für den Bereich der Betriebs- und landwirtschaftl. Krankenkassen ist die zentrale BeitrAbführung an den jeweiligen Bundesverband dagegen nicht möglich; hier ist der GesamtSVBeitr weiterhin an die jeweils als Einzugsstelle zust. BKK bzw. LKK zu zahlen. Auch bei zentraler BeitrAbführung richtet sich die BeitrFälligkeit nach § 23. Für die Frage, ob rechtzeitig gezahlt wurde, kommt es auf den Zeitpunkt der Zahlung an die beauftragte Stelle an (vgl. § 3 Abs. 1 S. 3 BVV). Bei verspäteter Zahlung an die beauftragte Stelle sind Säumniszuschläge (§ 24) von der jeweils zust. Einzugsstelle (§ 28 h Abs. 1 S. 1 iVm. § 28 i) zu erheben.

23 Eingehende Beitr hat die beauftragte Stelle arbeitstäglich und unmittelbar nach Maßgabe von Abs. 4 S. 4 Nr. 1 bis 3 weiterzuleiten. Dies gilt auch dann, wenn die Beitr bereits vor Fälligkeit an die beauftragte Stelle entrichtet worden sind (vgl. BT-Drs. 11/2221 S. 24). Die BeitrWeiterleitung hat ausschließlich durch Überweisung zu erfolgen; andere Formen der Übermittlung (zB per Orderscheck) sind nicht (mehr) zugelassen (vgl. BT-Drs. 14/4375 S. 51). Die Beitr zur KV und PV sind an

die jeweils zust. Einzugsstellen weiterzuleiten; die im GesamtSVBeitr enthaltenen Beitr zur RV und AV werden unmittelbar an die FremdVTr (RVTr, BA) überwiesen. Für die Weiterleitung der RV-Beitr an die RVTr ist der nach § 28 k festgelegte Verteilerschlüssel maßgebend.

Mit der Wahrnehmung dieser Aufgaben wird die beauftragte Stelle aber nicht zur Einzugsstelle iSd. 24 §§ 28 h, 28 i (vgl. BT-Drs. 11/2221 S. 24); auch gehen die Entscheidungsbefugnisse der jeweiligen Einzugsstelle nach § 28 h nicht auf sie über (Werner in jurisPK-SGB IV, § 28 f Rn. 100, 102). Einzugsstelle bleibt jeweils die sich aus § 28 i ergebende Stelle. Die nach Abs. 4 beauftragte Stelle fungiert lediglich als **Servicestelle für den AG**. Die Rechte der Vers aus ihrer Mitgliedschaft bei der zust. Krankenkasse bleiben unberührt.

IV. Prüfrecht der beteiligten Versicherungsträger

Abs. 4 S. 6 räumt den Trn der PV, der RV und der BA – nicht aber den Trn der KV – ein Prüfrecht bei der beauftragten Stelle **bzgl. der Aufgabenerfüllung nach Abs. 4** ein. Das Prüfrecht umfasst die BeitrNachweise, den Geldeingang, die Verwaltung und die (rechtzeitige) Weiterleitung der für sie bestimmten BeitrAnteile am GesamtSVBeitr. Bei der Prüfung hat die beauftragte Stelle entspr. § 28 q Abs. 2 und 3 aufklärend mitzuwirken und angemessene Prüfhilfe zu leisten (Abs. 4 S. 7). Verletzt die beauftragte Stelle schuldhaft eine ihr obliegende Pflicht, ist sie nach Maßgabe von § 28 r Abs. 1 und 2 schadensersatzpflichtig (Abs. 4 S. 7). Werden Beitr schuldhaft verspätet weitergeleitet, hat die beauftragte Stelle Verzugszinsen zu zahlen (Abs. 4 S. 7 iVm. § 28 r Abs. 2).

H. Besondere Aufbewahrungsfrist für Entgeltunterlagen aus dem Beitrittsgebiet (Abs. 5)

Als Sonderregelung zu Abs. 1 S. 1 (dazu Rn. 5) normiert Abs. 5 eine spezielle Aufbewahrungsfrist 26 für die am 31. 12. 1991 im Beitrittsgebiet (§ 18 Abs. 3) vorhandenen Entgeltunterlagen. Diese Entgeltunterlagen sind vom AG bzw. deren Rechtsnachfolgern oder beauftragten Archiv-/Dokumentationszentren abw. zu Abs. 1 S. 1 und ungeachtet bisher durchgeführter Betriebsprüfungen **grds. mind. bis zum 31. 12. 2011** aufzubewahren (Abs. 5 S. 1). Die Regelung erfasst die Entgeltunterlagen aus dem Beitrittsgebiet für Zeiten vor dem 1. 1. 1992, die unabhängig von der Verpflichtung zur Eintragung in den Ausweis für Arbeit und SV der ehemaligen DDR für jeden AN zu führen waren, nicht jedoch die bei jeder Lohnabrechnung angefallenen Listen mit dem ArbEntg aller AN (vgl. BT-Drs. 12/4810 S. 36). Abs. 5 soll den Vers die Möglichkeit einräumen, im Rahmen der von den RVTrn nach § 149 Abs. 2 SGB VI durchzuführenden Kontenklärungen ggf. notwendige Nachweise über die im Beitrittsgebiet bis zum 31. 12. 1991 zurückgelegten BeschZeiten einschl. der erzielten ArbEntge für ihre späteren Rentenansprüche zu erlangen (dazu ausf. SUMMA SUMMARUM 6/2006, S. 6 f., im Internet: www.deutsche-rentenversicherung.de). Die **Aufbewahrungspflicht** besteht grds. bis zum 31. 12. 2011, da der GGeber bis dahin den Abschluss der Kontenklärung bzgl. der im Beitrittsgebiet zurückgelegten Versicherungszeiten prognostiziert. Sie erlischt vor diesem Zeitpunkt, wenn der AG bzw. sein Rechtsnachfolger die Entgeltunterlagen dem Betroffenen aushändigt oder die für die Kontenklärung erforderlichen Daten (BeschZeiten, Höhe der ArbEntge) bescheinigt, nicht jedoch vor Ablauf des auf die letzte Betriebsprüfung nach § 28 p folgenden KalJahres (Abs. 5 S. 2). Zudem entfällt die Aufbewahrungspflicht nach Abs. 5 S. 2 idF ab 1. 1. 2008 bei Auflösung des Unternehmens. Gemeint sind Fälle, in denen Unternehmen infolge von Insolvenz oder Abwicklung nicht mehr bestehen und keine Rechtsnachfolger vorhanden sind. Die Verletzung der Aufbewahrungspflicht ist gem. § 111 Abs. 1 Nr. 3 b eine (mit bis zu 5.000 EUR, vgl. § 111 Abs. 4) bußgeldbewehrte Ordnungswidrigkeit.

§ 28 g Beitragsabzug

¹Der Arbeitgeber und in den Fällen der nach § 7 f Absatz 1 Satz 1 Nummer 2 auf die Deutsche Rentenversicherung Bund übertragenen Wertguthaben die Deutsche Rentenversicherung Bund hat gegen den Beschäftigten einen Anspruch auf den vom Beschäftigten zu tragenden Teil des Gesamtsozialversicherungsbeitrags. ²Dieser Anspruch kann nur durch Abzug vom Arbeitsentgelt geltend gemacht werden. ³Ein unterbliebener Abzug darf nur bei den drei nächsten Lohn- oder Gehaltszahlungen nachgeholt werden, danach nur dann, wenn der Abzug ohne Verschulden des Arbeitgebers unterblieben ist. ⁴Die Sätze 2 und 3 gelten nicht, wenn der Beschäftigte seinen Pflichten nach § 28 o Absatz 1 vorsätzlich oder grob fahrlässig nicht nachkommt oder er den Gesamtsozialversicherungsbeitrag allein trägt oder solange der Beschäftigte nur Sachbezüge erhält.

A. Normzweck

1 § 28 g gilt für die KV, PV, RV und AV, nicht aber für die Alterssicherung der Landwirte und die UV. In Ergänzung zu § 28 e Abs. 1 S. 1 wird das **InnenVerh. zwischen dem AG/der DRV Bund und dem Beschäftigten (Vers)** geregelt. Als Ausgleich für die Verpflichtung zur Zahlung des vollen GesamtSVBeitr (einschl. ANBeitrAnteil) erhält der AG und mWv 1. 7. 2009 in den Fällen des § 7 f Abs. 1 S. 1 Nr. 2 auch die DRV Bund einen (ges.) Anspruch gegen den Beschäftigten (Vers) auf den von diesem zu tragenden BeitrAnteil (S. 1). Zum Schutz des Beschäftigten steht die Realisierung des Anspruchs allerdings grds. unter den Vorbehalten der S. 2 und 3. Nur in bes. Ausnahmefällen räumt S. 4 dem AG ein unbeschränktes Rückgriffsrecht ein.

B. Anspruch auf den vom Beschäftigten zu tragenden Beitragsanteil (S. 1)

1a S. 1 gewährt dem nach § 28 e Abs. 1 S. 1 zur Zahlung des GesamtSVBeitr (§ 28 d) Verpflichteten, dh. dem AG und in den Fällen der nach § 7 f Abs. 1 S. 1 Nr. 2 auf die DRV Bund übertragenen Wertguthaben der DRV Bund, einen **ges. Anspruch** gegen den Beschäftigten (Vers) auf den von diesem zu tragenden BeitrAnteil. Es handelt sich hierbei allerdings nicht um einen Anspruch iSd. § 194 Abs. 1 BGB, da abgesehen von den in S. 4 gen. Fällen weder ein Tun (Zahlung) noch ein Unterlassen (teilweise Nichtgeltendmachung des Vergütungsanspruchs) vom Beschäftigten verlangt werden kann (BSG 29. 6. 2000 – B 4 RA 57/98 R – SozR 3–2400 § 28 g Nr. 2). Vielmehr besteht grds. nur ein **Recht auf Einbehalt des ANBeitrAnteils vom ArbEntg** (dazu Rn. 2 ff.). Im Falle der **DRV Bund** ist die Regelung lediglich als Klarstellung zu verstehen, dass diese berechtigt ist, den BeitrAnteil des Beschäftigten (Vers) von dem ihr übertragenen Wertguthaben einzubehalten, dh. abzuziehen (vgl. a. BT-Drs. 16/10289 S. 20); überdies hat § 28 g für diesen Fall keine Bedeutung. Der Anspruch nach § 28 g ist auf den **vom Beschäftigten (Vers) zu tragenden BeitrAnteil** beschränkt; für den AGBeitrAnteil findet § 28 g keine Anwendung (auch nicht bei einem Verstoß gegen § 28 o Abs. 1, vgl. LAG RP 26. 8. 1999 – 4 Sa 430/99 – AuR 2000, 76–77). Welchen BeitrAnteil der Beschäftigte (Vers) zu tragen hat, normieren die spezialges. Vorschriften für die einzelnen VersZweige und die AV (vgl. § 346 SGB III, § 249 SGB V, § 168 SGB VI, § 58 SGB XI); die Berechnung erfolgt nach Maßgabe von § 2 BVV. Zu den Begriffen „AG" und „Beschäftigter" vgl. die Anm. zu § 28 a Rn. 2 und § 28 e Rn. 2. AG iSd. Vorschrift sind auch diejenigen, die als AG gelten oder Pflichten eines AG zu erfüllen haben. Zu den Beschäftigten zählen auch Personen, die als solche gelten (zB § 12 Abs. 2, § 28 a Abs. 6). § 28 g findet bspw. auch Anwendung auf die Beitr aus dem Vorruhestandsgeld (BT-Drs. 11/2221 S. 24).

C. Geltendmachen des Anspruchs (S. 2)

2 Der **AG** kann seinen Anspruch gegen den Beschäftigten auf dessen BeitrAnteil grds. nur durch Abzug vom ArbEntg geltend machen (sog. **Lohnabzugsverfahren**). Über dieses Abzugsrecht hinausgehende Rückgriffsmöglichkeiten auf den Beschäftigten bestehen grds. nicht; andere Formen der Rückerstattung sind grds. ausgeschlossen (BAG 14. 1. 1988 – 8 AZR 238/85 – USK 8806; LAG München 25. 3. 2009 – 11 Sa 987/08 –). Die Beschränkung des AG auf das Lohnabzugsverfahren entfällt einzig unter den Voraussetzungen des S. 4 (Rn. 6 ff.). Der Beschäftigte wiederum ist zur Duldung des Lohnabzugs hins. seines BeitrAnteils verpflichtet (BSG 25. 10. 1990 – 12 RK 27/89 – SozR 3–2400 § 25 Nr. 2), unabhängig davon, ob der AG Beitr bereits gezahlt hat. Eine **Duldungspflicht** besteht aber nur insoweit, wie ein BeitrAbzug auch zulässig ist (vgl. erg. Rn. 3 ff.). Im Falle einer **Nettolohnvereinbarung** iSd. § 14 Abs. 2 entfällt das Abzugsrecht des AG. Ist das ArbVerh. beendet oder ArbEntg nicht mehr zu zahlen, kann ein Lohnabzug nicht mehr erfolgen und mit Ausnahme der in S. 4 gen. Fälle der Anspruch nicht mehr verwirklicht werden. Nur ausnahmsweise kann unter den Voraussetzungen des § 826 BGB ein Schadensersatzanspruch gegeben sein, wenn der Beschäftigte den AG sittenwidrig geschädigt hat (dazu Rn. 5).

2a Die **DRV Bund** kann ihren Anspruch nach S. 1 nur durch Abzug von dem ihr übertragenen Wertguthaben (§ 7 b) realisieren (vgl. Rn. 1 a).

D. Nachholung eines unterbliebenen Abzugs (S. 3)

3 Zum Schutz des Beschäftigten ist das **Nachholungsrecht grds. zeitlich begrenzt**. S. 3 1. Hs. erlaubt die Nachholung eines unterbliebenen BeitrAbzugs regelmäßig nur bei den drei nächsten Lohn-/Gehaltszahlungen. Eine spätere Nachholung ist vorbehaltlich von S. 3 2. Hs. und S. 4 unzulässig **(Nachholungsverbot)**. Unterblieben ist der BeitrAbzug, wenn der Anspruch des Beschäftigten auf ArbEntg erfüllt wurde, ohne dass vom hierauf entfallenden GesamtSVBeitr der ANBeitrAnteil einbehalten wurde (BAG 7. 3. 2001 – GS 1/00 – NZA 2001, 1195). Umfasst sind sowohl gänzlich unterbliebene als auch zu geringe Abzüge (Segebrecht in jurisPK-SGB IV, § 28 g Rn. 19). Uneingeschränkt zulässig ist der BeitrAbzug bei verspäteter Gehaltszahlung (BAG 15. 12. 1993 – 5 AZR 326/93 – BAGE 75, 225), da dieser noch nicht unterblieben ist. Gleiches gilt für die Dauer eines Statusfeststellungsverfahrens nach § 7 a, da der GesamtSVBeitr erst mit Unanfechtbarkeit der Entscheidung über das Vorliegen einer abhängigen Besch fällig wird (§ 7 a Abs. 6 S. 2); nach Beendigung des Verfahrens kann der ANBeitrAnteil vom ArbEntg einbehalten werden. Unter den „**drei nächsten Lohn-/Gehaltszahlungen**", bei denen eine Nachholung des Abzugs zulässig ist, sind die auf die ArbEntgZahlung, von der der BeitrAbzug hätte erfolgen müssen, folgenden drei Abrechnungszeiträume zu verstehen, für die ArbEntg iSd. § 14 (nach) zu zahlen ist (LAG Köln 6. 2. 1991 – 7 (6) Sa 441/90 –). Das Nachholungsrecht bezieht sich dabei uneingeschränkt auf jede Zahlung von ArbEntg für diesen Zeitraum, also auch auf Nach- und Abschlagszahlungen (ebenso KassKomm/ Seewald, § 28 g SGB IV Rn. 10). Rechtsunerheblich sind insoweit der Zeitpunkt der Auszahlung (LAG Köln aaO) und die Dauer des betriebl. EntgAbrechnungszeiträume (zB wöchentl. oder monatl., Hauck/Noftz/Sehnert, § 28 g SGB IV Rn. 6). Nach der amtl. Begr. (BT-Drs. 11/2221 S. 24) hat der AG beim nachträglichen Lohnabzug das Aufrechnungsverbot gegen nicht pfändbare Forderungen (§ 394 BGB iVm. § 850 c ZPO) zu beachten (krit. Segebrecht in jurisPK-SGB IV, § 28 g Rn. 17).

Später als bei den drei nächsten Lohn-/Gehaltszahlungen ist die Nachholung des BeitrAbzugs ausnahmsweise nur noch dann zulässig, wenn der Abzug ohne Verschulden des AG unterblieben ist (S. 3 2. Hs.). Das **Verschulden** umfasst Vorsatz und alle Grade der Fahrlässigkeit (§ 276 BGB). Betraut der AG einen Dritten mit der EntgAbrechnung (zB einen Steuerberater), hat er dessen Verschulden wie sein eigenes zu vertreten (§ 278 BGB). Unverschuldet ist der Abzug zB dann unterblieben, wenn das Unterlassen auf einer unrichtigen Auskunft der Einzugsstelle (§ 28 h Abs. 1 S. 1 iVm. § 28 i) beruhte (vgl. BT-Drs. 11/2221 S. 24). Dies gilt regelmäßig nicht für einen aus Rechtsirrtum unterbliebenen BeitrAbzug, da die Möglichkeit bestand, eine verbindliche Entscheidung der Einzugsstelle nach § 28 h Abs. 2 einzuholen oder sich über die Rechtslage zu informieren (ausf. KassKomm/ Seewald, § 28 g SGB IV Rn. 12). Im Anwendungsfall des S. 3 2. Hs. unterliegt die Nachholung des BeitrAbzugs grds. keinen zeitlichen Beschränkungen, allerdings verjährt der Anspruch des AG auf den ANBeitrAnteil entspr. § 25 Abs. 1 S. 1 in vier Jahren (BSG 25. 10. 1990 – 12 RK 27/89 – SozR 3– 2400 § 25 Nr. 2). 4

Ist die Nachholung eines unterbliebenen BeitrAbzugs nicht mehr möglich, hat der AG den GesamtSVBeitr (§ 28 d) allein zu tragen. Seine **Zahlungspflicht** ggü. der zust. Einzugsstelle wird hiervon nicht berührt; sie besteht unabhängig davon, ob ein Rückgriff auf den ANBeitrAnteil gem. § 28 g möglich ist oder der Beschäftigte wirtschaftl. an der BeitrAufbringung beteiligt war (vgl. Anm. zu § 28 e Rn. 3). Ungeachtet der zeitlichen Beschränkung des S. 3 kann ein unterbliebener BeitrAbzug mangels Abzugsmöglichkeit nicht mehr nachgeholt werden, wenn das BeschVerh. beendet oder ArbEntg nicht mehr zu zahlen ist. Da § 28 g als **abschließende Regelung** anzusehen ist, stehen dem AG daneben – mit Ausnahme der in S. 4 gen. Fälle – weder zivilrechtl. noch arbeitsrechtl. Rückgriffsmöglichkeiten auf den Beschäftigten zu. Nur ausnahmsweise, wenn der Beschäftigte das ArbVerh. kündigt (oder dem AG Grund zur Kündigung gibt) mit dem Ziel, den BeitrAbzug zu umgehen, kann für den AG ein zivilrechtl. Schadensersatzanspruch gem. § 826 BGB entstehen (vgl. BAG 14. 1. 1988 – 8 AZR 238/85 – USK 8806; LAG München 25. 3. 2009 – 11 Sa 987/08 –). **Vertragl. Vereinbarungen**, die ein über § 28 g hinausgehendes Abzugsrecht oder andere Formen der Rückerstattung vorsehen, sind unwirksam (§ 32 SGB I). 5

E. Unbeschränktes Rückgriffsrecht (S. 4)

Ein „unbeschränktes" (dh. ohne die Einschränkungen der S. 2 und 3) und damit erleichtertes Rückgriffsrecht auf den ANBeitrAnteil besteht ausschließlich in den in S. 4 gen. Fallkonstellationen. Der AG kann in diesen **Ausnahmefällen** den ANBeitrAnteil **auch außerhalb des Lohnabzugsverfahrens** und grds. **ohne zeitliche Beschränkung** vom Beschäftigten fordern. Ein Rückgriff ist sowohl nach Ablauf der nächsten drei Lohn-/Gehaltszahlungen als auch nach Beendigung des BeschVerh. möglich und zulässig (BT-Drs. 11/4865 S. 25). Seinen Anspruch kann der AG auf jede ihm geeignete Weise realisieren (zB Mahn- und Klageverfahren). Gleichwohl die zeitliche Grenze des S. 3 nicht gilt, ist auch im Fall des S. 4 zu berücksichtigen, dass der Anspruch entspr. § 25 Abs. 1 S. 1 in vier Jahren verjährt (vgl. Rn. 4). 6

Nach der 1. Alt. des S. 4 steht dem AG ein „unbeschränktes" Rückgriffsrecht zu, wenn der Beschäftigte vorsätzlich oder grob fahrlässig seinen Auskunfts-, Mitteilungs- und Vorlagepflichten nach § 28 o Abs. 1 (vgl. dortige Anm.) zur Durchführung des Melde- und BeitrVerfahrens nicht nachkommt. Die **Pflichtverletzung des Beschäftigten** muss ursächlich für den unterbliebenen BeitrAbzug (KassKomm/Seewald, § 28 g SGB IV Rn. 14) und entweder vorsätzlich oder grob fahrlässig (vgl. § 45 Abs. 2 S. 3 Nr. 3 SGB X) sein; einfache Fahrlässigkeit genügt nicht. 7

8 Ohne Beachtung der Einschränkungen der S. 2 und 3 kann der AG gem. der 2. Alt. des S. 4 die Zahlung des ANBeitrAnteils auch dann verlangen, wenn **der Beschäftigte den GesamtSVBeitr allein zu tragen hat.** Solche Fallkonstellationen, in denen der Beschäftigte den GesamtSVBeitr in Gänze alleine trägt, existieren allerdings nicht (s. a. Segebrecht in jurisPK-SGB IV, § 28 g Rn. 27). Vielmehr ist die Regelung dahingehend zu verstehen, dass dem AG hins. des vom Beschäftigten allein zu tragenden zusätzlichen Beitr zur KV nach § 241 a SGB V idF bis 31. 12. 2008 und hins. des BeitrZuschlags für Kinderlose in der PV (§§ 55 Abs. 3 S. 1, 58 Abs. 1 S. 3 SGB XI) generell ein „unbeschränktes" Rückgriffsrecht zusteht (ausf. Segebrecht in jurisPK-SGB IV, § 28 g Rn. 30 mwN; aA LAG NI 29. 10. 2008 – 15 Sa 1901/07 –).

9 Solange der Beschäftigte **nur Sachbezüge** erhält (S. 4 Alt. 3), kann der AG die Zahlung des AN-BeitrAnteils an sich fordern, weil ein Lohnabzug nicht möglich ist. Während eine Besch ausschließlich gegen Sachbezüge heutzutage nicht mehr üblich ist, kann dieser Sachverhalt vermehrt für Zeiten des Entgeltersatz-/Sozialleistungsbezuges auftreten (vgl. Anm. zu § 23 c). Über den Wortlaut des S. 4 hinausgehend findet die Regelung auch in den Fällen Anwendung, in denen nicht ausschließlich Sachbezüge gewährt werden, der Barlohn jedoch für den vom Beschäftigten zu tragenden BeitrAnteil nicht ausreicht. Der Beschäftigte muss in diesen Fällen seinen BeitrAnteil ganz oder teilweise aus seinem (Bar)Vermögen bestreiten. Da S. 3 keine Anwendung findet, kann der AG seine Erstattungsforderungen grds. zeitlich unbegrenzt geltend machen (zur Verjährung vgl. Rn. 6).

F. Rechtsweg

10 Für Streitigkeiten zwischen AG und AN über die Berechtigung zum Lohnabzug während des BeschVerh. ist der Rechtsweg zu den Gerichten der **Sozialgerichtsbarkeit** gegeben (BSG 7. 6. 1979 – 12 RK 13/78 – BSGE 48, 195; BSG 25. 9. 1981 – 12 RK 58/80 – BSGE 52, 152; BSG 25. 10. 1990 – 12 RK 27/89 – SozR 3–2400 § 25 Nr. 2). Nach Beendigung des BeschVerh. ist dagegen für zivilrechtl. Ansprüche die **Arbeitsgerichtsbarkeit** zust. (BAG 14. 1. 1988 – 8 AZR 238/85 – USK 8806).

§ 28 h Einzugsstellen

(1) [1]**Der Gesamtsozialversicherungsbeitrag ist an die Krankenkassen (Einzugsstellen) zu zahlen.** [2]**Die Einzugsstelle überwacht die Einreichung des Beitragsnachweises und die Zahlung des Gesamtsozialversicherungsbeitrags.** [3]**Beitragsansprüche, die nicht rechtzeitig erfüllt worden sind, hat die Einzugsstelle geltend zu machen.**

(2) [1]**Die Einzugsstelle entscheidet über die Versicherungspflicht und Beitragshöhe in der Kranken-, Pflege- und Rentenversicherung sowie nach dem Recht der Arbeitsförderung; sie erlässt auch den Widerspruchsbescheid.** [2]**Soweit die Einzugsstelle die Höhe des Arbeitsentgelts nicht oder nicht ohne unverhältnismäßig großen Verwaltungsaufwand ermitteln kann, hat sie dieses zu schätzen.** [3]**Dabei ist für das monatliche Arbeitsentgelt des Beschäftigten das am Beschäftigungsort ortsübliche Arbeitsentgelt mit zu berücksichtigen.** [4]**Die nach § 28 i Satz 5 zuständige Einzugsstelle prüft die Einhaltung der Arbeitsentgeltgrenze bei geringfügiger Beschäftigung nach den §§ 8 und 8a und entscheidet bei deren Überschreiten über die Versicherungspflicht in der Kranken-, Pflege- und Rentenversicherung sowie nach dem Recht der Arbeitsförderung; sie erlässt auch den Widerspruchsbescheid.**

(3) [1]**Bei Verwendung eines Haushaltsschecks vergibt die Einzugsstelle im Auftrag der Bundesagentur für Arbeit der Betriebsnummer des Arbeitgebers, berechnet den Gesamtsozialversicherungsbeitrag und die Umlagen nach dem Aufwendungsausgleichsgesetz und zieht diese vom Arbeitgeber im Wege des Lastschriftverfahrens ein.** [2]**Die Einzugsstelle meldet bei Beginn und Ende der Beschäftigung und zum Jahresende der Datenstelle der Träger der Rentenversicherung die für die Rentenversicherung und die Bundesagentur für Arbeit erforderlichen Daten eines jeden Beschäftigten.** [3]**Die Einzugsstelle teilt dem Beschäftigten den Inhalt der abgegebenen Meldung schriftlich mit.**

(4) **Bei Verwendung eines Haushaltsschecks bescheinigt die Einzugsstelle dem Arbeitgeber zum Jahresende**

1. **den Zeitraum, für den Beiträge zur Rentenversicherung gezahlt wurden, und**
2. **die Höhe des Arbeitsentgelts (§ 14 Absatz 3), des von ihm getragenen Gesamtsozialversicherungsbeitrags und der Umlagen.**

A. Normzweck

§ 28 h gilt für die KV, PV, RV und AV, nicht aber für die Alterssicherung der Landwirte und die **1** UV. Die Norm bestimmt in Abs. 1 S. 1 die Krankenkassen als (alleinige) Einzugsstellen für den GesamtSVBeitr nach § 28 d (vgl. aber § 28 i S. 5 und Rn. 2). Erg. normieren Abs. 1 S. 2, 3 und Abs. 2 die **Aufgaben, Pflichten und Kompetenzen der Einzugsstelle** im Zusammenhang mit dem GesamtSVBeitr und dem BeitrEinzug. Hiernach hat die Einzugsstelle insb. die Einreichung des BeitrNachweises und die Zahlung des GesamtSVBeitr zu überwachen, nicht rechtzeitig erfüllte BeitrAnsprüche geltend zu machen und außerhalb der Betriebsprüfung nach § 28 p und dem Anfrageverfahren nach § 7 a allein über die VersPfl, BeitrPfl und BeitrHöhe in der KV, PV, RV und AV zu entscheiden. Abs. 3 und 4 regeln erg. die speziellen Aufgaben und Pflichten der Einzugsstelle im Haushaltsscheckverfahren.

B. Einzugsstellen (Abs. 1 S. 1)

Einzugsstellen für den GesamtSVBeitr (§ 28 d) sind nach Abs. 1 S. 1 die **Krankenkassen**, dh. die **2** allg. Ortskrankenkassen, die Betriebs- und Innungskrankenkassen, die Ersatzkassen, die landwirtschaftl. Krankenkassen und die DRV Knappschaft-Bahn-See als Tr der KV (§ 4 Abs. 2 SGB V). Zur Zuständigkeit vgl. § 28 i. Neben der Krankenkassen ist seit 1. 4. 2003 auch die **DRV Knappschaft-Bahn-See** – Minijob-Zentrale – als Tr der RV Einzugsstelle (§ 28 i S. 5); sie ist zust. für den Personenkreis der geringfügig Beschäftigten (§§ 8, 8 a). Keine Einzugsstellen iSd. Abs. 1 S. 1 sind die beauftragten Stellen nach § 28 f Abs. 4.

Dass die Zahlung des GesamtSVBeitr, der idR die Beitr zur KV, PV, RV und AV umfasst (vgl. **3** Anm. zu § 28 d), an die nach § 28 i zust. Einzugsstelle zu erfolgen hat (Ausnahme vgl. § 28 f Abs. 4), dient der Vereinfachung des BeitrEinzugsVerfahrens. Die Einzugsstelle ist damit **Gläubigerin des GesamtSVBeitr**. Gleichzeitig ist sie auch Annahmestelle für die BeitrNachweise (§ 28 f Abs. 3) und die Meldungen (§ 28 a iVm. der DEÜV). **Schuldner des GesamtSVBeitr** ist grds. der AG (§ 28 e Abs. 1 S. 1). Seine Zahlungspflicht wird ggü. der Einzugsstelle kraft G begründet, ohne dass es zunächst einer bes. Zahlungsaufforderung oder eines Verwaltungsaktes über die VersPfl, BeitrPfl und BeitrHöhe bedarf (BSG 29. 4. 1976 – 12/3 RK 66/75 – SozR 2200 § 1399 Nr. 4). Im Verh. zu den tangierten FremdVTrn (RVTr, BA, Pflegekassen), für die die Beitr mit eingezogen werden, wird die Einzugsstelle als **ör. Treuhänderin** tätig (st. Rspr., BSG 27. 9. 1961 – 3 RK 74/59 – BSGE 15, 118; BSG 13. 3. 1997 – 12 RK 57/96 – Die Beiträge 1997, 321). Hierbei tritt sie nach außen (ggü. dem BeitrSchuldner) als Inhaberin der BeitrForderung auf; im Innenverhältnis zu den beteiligten FremdVTrn bleibt die BeitrForderung jedoch ein für die Einzugsstelle fremdes Recht, über das sie nicht frei verfügen kann (BSG aaO). Der jeweilige FremdVTr bleibt Inhaber seines BeitrAnspruchs. Vom 1. 1. 2009 an – mit Einrichtung des Gesundheitsfonds (§ 271 SGB V idF ab 1. 1. 2009) und der daraus resultierenden Zuständigkeitsverlagerung für die Verwaltung der Finanzmittel der ges. KV – besteht ein ör. Treuhandverhältnis auch zum BVA als Verwalter des Gesundheitsfonds. Zur Weiterleitung der als GesamtSVBeitr treuhänderisch eingezogenen Beitr zur KV, PV, RV und AV an die tangierten FremdVTr und den Gesundheitsfonds vgl. im Einzelnen § 28 k.

C. Aufgaben/Pflichten der Einzugsstelle im Zusammenhang mit dem Beitragseinzug (Abs. 1 S. 2, 3)

Ob der AG seiner Verpflichtung zur (rechtzeitigen) Einreichung des BeitrNachweises (§ 28 f **4** Abs. 3) und zur (rechtzeitigen) Zahlung des GesamtSVBeitr (§ 28 e Abs. 1 S. 1 iVm. § 23) nachkommt, hat die Einzugsstelle nach Abs. 1 S. 2 zu überwachen. Diese **Überwachungspflicht** ist von der Prüfung der AG nach § 28 p zu unterscheiden. Aufgabe der Einzugsstelle ist es, alle Vorkehrungen für eine vollständige und rechtzeitige BeitrZahlung zu treffen und nicht rechtzeitig erfüllte BeitrAnsprüche geltend zu machen (Rn. 5). BeitrNachweise hat die Einzugsstelle auf offenkundige Fehler zu überprüfen, fehlende Nachweise sind anzumahnen. Der Einzugsstelle obliegen in diesem Zusammenhang ggü. dem Dienst genommenen AG **Fürsorgepflichten** (BSG 27. 9. 1983 – 12 RK 10/82 – BSGE 55, 297). Sie hat den AG zu beraten, zu unterstützen und nach Möglichkeit vor Schaden zu bewahren (BSG aaO mwN). Insb. hat sie durch geeignete Maßnahmen sicherzustellen, dass der AG seine Verpflichtungen sachgerecht erfüllen kann (BSG 18. 11. 1980 – 12 RK 59/79 – BSGE 51, 31). Die Verletzung dieser Pflichten kann ggf. die Verwirkung des Anspruchs der Einzugsstelle zur Folge haben sowie für die FremdVTr einen Schadensersatzanspruch gem. § 28 r und für den AG einen Schadensersatzanspruch aus Amtspflichtverletzung (§ 839 BGB iVm. Art. 34 GG) begründen.

5 Entstandene und fällige (§§ 22, 23), aber **nicht rechtzeitig** (bis zum Ablauf des Fälligkeitstages) **erfüllte BeitrAnsprüche** hat die Einzugsstelle nach Abs. 1 S. 3 ggü. dem BeitrSchuldner geltend zu machen. Sie ist verpflichtet, die nicht oder nicht in richtiger Höhe gezahlten Beitr nachzuerheben. Hierzu gehört die Zahlungsaufforderung an den Schuldner bei nicht rechtzeitiger Zahlung, die Erhebung von Säumniszuschlägen (§ 24) und erforderlichenfalls die Einleitung und Durchführung von Vollstreckungsmaßnahmen (BSG 13. 3. 1997 – 12 RK 57/96 – Die Beiträge 1997, 321). Ist die Einzugsstelle im Besitz eines BeitrNachweises, gilt dieser für die Vollstreckung als Leistungsbescheid (§ 28 f Abs. 3 S. 3). Andernfalls hat die Einzugsstelle den BeitrAnspruch durch Verwaltungsakt festzustellen und hieraus zu vollstrecken (§ 66 SGB X). Kann sie die Höhe des (beitrpfl) ArbEntg nicht oder nicht ohne unverhältnismäßig großen Aufwand ermitteln, hat sie dieses zu schätzen (vgl. Abs. 2 S. 2, Rn. 10). Die Einzugsstelle entscheidet auch über Stundung, Niederschlagung oder Erlass von Beitr (§ 76 Abs. 2 und 3). Zudem kann sie einen Vergleich über rückständige Beitr schließen (§ 76 Abs. 4).

D. Entscheidungsbefugnis der Einzugsstelle (Abs. 2)

6 Zust. für die Entscheidung über die **VersPfl, BeitrPfl und BeitrHöhe in der KV, PV, RV und AV** ist die (nach § 28i zust.) Einzugsstelle (Abs. 2 S. 1). Sie ist außerhalb von Betriebsprüfungen nach § 28p und außerhalb des Statusfeststellungsverfahrens nach § 7a **allein entscheidungsbefugt.** Die alleinige Zuständigkeit der Einzugsstelle, bei abhängig Beschäftigten über die VersPfl und BeitrHöhe zu entscheiden, gilt auch dann, wenn die Entscheidung nur für einen VersZweig außerhalb der KV zu treffen ist (BSG 23. 9. 2003 – B 12 RA 3/02 R – SozR 4–2400 § 28h Nr. 1). Dabei beschränkt sich die Entscheidungsbefugnis nach Abs. 2 S. 1 jeweils auf die Zeit, in der die Einzugsstelle nach § 28i auch zust. gewesen ist (BSG 24. 6. 2008 – B 12 KR 24/07 R – SGb 2009, 487). Im Rahmen einer Betriebsprüfung nach § 28p entscheidet dagegen der prüfende RVTr; hier gilt S. 1 nicht (vgl. § 28p Abs. 1 S. 5). Im Statusfeststellungsverfahren nach § 7a wird die Entscheidung über das Bestehen eines BeschVerh. und die VersPfl in der KV, PV, RV und AV von der DRV Bund getroffen (vgl. dazu das gemeinsame RdSchr. der Spitzenorganisationen der SV „Statusfeststellung von Erwerbstätigen" vom 13. 4. 2010, im Internet: www.deutsche-rentenversicherung.de).

7 Für die Einzugsstelle vollzieht sich der BeitrEinzug idR durch schlichtes Verwaltungshandeln, ohne dass es einer Entscheidung nach Abs. 2 bedarf. Der BeitrSchuldner (AG) hat von sich aus die Vers- und BeitrPfl zu beurteilen und die berechneten Beitr an die Einzugsstelle abzuführen (Rn. 3). Die vom AG getroffene Vorentscheidung ist allerdings vorläufig und voll nachprüfbar (BSG 27. 9. 1961 – 3 RK 74/59 – BSGE 15, 118); eine verbindliche Entscheidung trifft die jeweilige Einzugsstelle. Soweit es sich nicht um schlichtes Verwaltungshandeln im Rahmen der Auskunftserteilung (§§ 14, 15 SGB I) handelt, stellt die Entscheidung der Einzugsstelle einen **Verwaltungsakt (§ 31 SGB X)** dar. Die Feststellung der Vers- und BeitrPfl muss dabei grds. **personenbezogen** erfolgen (BSG 23. 5. 1995 – 12 RK 63/93 – SozR 3–2400 § 28h Nr. 3). Eine personenunabhängige Feststellung durch Allgemeinverfügung (§ 31 S. 2 SGB X), die sich lediglich auf bestimmte Tätigkeiten bezieht, ist unzulässig (BSG aaO mwN). Die getroffene Entscheidung hat **rechtsgestaltende Wirkung iSd. § 12 Abs. 2 S. 2 SGB X** (BSG aaO). Deshalb hat die Einzugsstelle die betroffenen AN schon bei Einleitung des Verwaltungsverfahrens über das Bestehen von VersPfl oder die BeitrHöhe zu benachrichtigen, soweit sie ihr bekannt sind (BSG aaO mwN). Nach Auffassung des BSG ist die Einzugsstelle verpflichtet, ihre Entscheidung unverzüglich und allen Beteiligten gleichzeitig bekanntzugeben (BSG 1. 7. 1999 – B 12 KR 2/99 R – BSGE 84, 136).

8 Wird gegen den Bescheid der Einzugsstelle Widerspruch erhoben, entscheidet hierüber ebenfalls die Einzugsstelle. Kann dem Widerspruch nicht abgeholfen werden, erlässt sie die **Widerspruchsbescheid** (Abs. 2 S. 1 letzter Hs.). Zust. für den Erlass ist die vom Verwaltungsrat bestimmte Stelle (§ 85 Abs. 2 Nr. 2 SGG) oder der in der Satzung der Einzugsstelle bestimmte bes. Ausschuss (§ 36a Abs. 1 Nr. 1). Rechtsbehelfe und Rechtsmittel gegen Entscheidungen der Einzugsstelle richten sich gegen diese, nicht aber gegen die Pflegekasse, den RVTr oder die BA. **Verfahrensbeteiligte** sind gleichwohl nicht nur der AG und die AN, sondern auch die tangierten FremdVTr; im gerichtl. Streitverfahren sind sie notwendig beizuladen (§ 75 Abs. 2 SGG). Der beschwerte FremdVTr ist befugt, einen dem AG erteilten Bescheid der Einzugsstelle anzufechten, um dessen Rücknahme nach § 49 SGB X zu erwirken (ausf. BSG 1. 7. 1999 – B 12 KR 2/99 R – BSGE 84, 136). Eine Bindung der beteiligten FremdVTr an die Entscheidung der Einzugsstelle, ohne dass diese selbst prozessuale Rechte haben, besteht nicht (BSG aaO). Im Gegensatz zu dem bis 31. 12. 1995 geltenden Recht (vgl. Abs. 3 aF) ist die Einzugsstelle seit 1. 1. 1996 nicht mehr ges. verpflichtet, bei Meinungsverschiedenheiten zwischen ihr und den beteiligten FremdVTrn hins. der Beurteilung eines konkreten Sachverhalts auf eine abgestimmte Entscheidung hinzuwirken. Gleichwohl werden auch in der Praxis str. Rechtsfragen und Zweifelsfälle idR im Rahmen von Besprechungen der Spitzenorganisationen der SV erörtert und eine Lösung zugeführt oder anderweitig im Vorfeld zwischen den beteiligten VTrn abgestimmt. Lässt sich eine Einigung nicht erzielen, werden ggf. Musterprozesse geführt. Im Rahmen der Betriebsprüfung nach § 28 p kann der prüfende RVTr Bescheide der Einzugsstellen unter den Voraussetzungen der §§ 44 ff. SGB X aufheben bzw. abändern (vgl. a. BT-Drs. 13/1205 S. 7).

Die Entscheidung der Einzugsstelle nach Abs. 2 bindet die BA hins. der Erbringung von Leistungen grds. nicht (Wissing in jurisPK-SGB IV, § 28 h Rn. 52 mit Hinweis auf BSG 6. 2. 1992 – 7 RAr 134/90 – SozR 3–4100 § 104 Nr. 8). Dies gilt jedoch nicht für Entscheidungen der Einzugsstelle über das Vorliegen eines verspfl BeschVerh. von 9
- Gesellschafter-Geschäftsführern einer GmbH in der Zeit vom 1. 1. 2005 bis 31. 5. 2010, wenn die Besch vor dem 1. 1. 2005 aufgenommen wurde,
- von Ehegatten/Lebenspartnern des AG in der Zeit vom 1. 1. 2005 bis 31. 5. 2010, unabhängig davon, ob die Besch vor oder nach dem 1. 1. 2005 aufgenommen wurde, und
- von Abkömmlingen des AG in der Zeit vom 1. 1. 2008 bis 31. 5. 2010, wenn die Besch vor dem 1. 1. 2008 aufgenommen wurde,

da sich die **BA** in diesen Fällen ausdrücklich **leistungsrechtl. gebunden** erklärt hat. Gleiches gilt, sofern die BA eine Zustimmungserklärung zu § 336 SGB III idF bis 31. 12. 2004 abgegeben hatte; in diesen Fällen akzeptiert die BA ihre leistungsrechtl. Bindung auch nach Ablauf der Bindungsfrist, vorausgesetzt, dass sich die für die versicherungsrechtl. Beurteilung maßgeblichen Verh. zwischenzeitlich nicht geändert haben (vgl. Ziffer 6.3 des unter Rn. 5 gen. RdSchr.).

Für die Entscheidung über die Vers- und BeitrPfl sowie die BeitrHöhe ist die Kenntnis von der Höhe des ArbEntg unabdingbar. Kann die Einzugsstelle die Höhe des ArbEntg nicht oder nicht ohne unverhältnismäßig großen Verwaltungsaufwand ermitteln, hat sie diesen gem. Abs. 2 S. 2 zu schätzen. Bei der **Schätzung** ist für das mtl. ArbEntg des Beschäftigten gem. Abs. 2 S. 3 das am Beschäftigungsort (§ 9) ortsübliche ArbEntg mit zu berücksichtigen. Da § 28 f Abs. 2 S. 3 und 4 inhaltsgleiche Regelungen enthalten, wird hierzu auf die Anm. zu § 28 f Rn. 12 verwiesen. 10

Abs. 2 S. 4 idF vom 11. 8. 2010 verpflichtet speziell die DRV Knappschaft-Bahn-See – Minijob-Zentrale – (als zust. Einzugsstelle nach § 28 i S. 5), bei geringfügig entlohnten BeschVerh. (§§ 8, 8 a) die **Einhaltung der Entgeltgrenze** des Abs. 1 Nr. 1 zu prüfen. Eine dementspr. Verpflichtung war bis zum 10. 8. 2010 in Abs. 2 S. 1 enthalten. Erg. dazu stellt Abs. 2 S. 4 mWv 11. 8. 2010 klar, dass bei einem zum Entfallen der Voraussetzungen des § 8 Abs. 1 Nr. 1 führenden Überschreiten der Geringfügigkeitsgrenze (zB aufgrund der Zusammenrechnung mit einer weiteren Besch nach § 8 Abs. 2) die Minijob-Zentrale sowohl für die Feststellung des Nichtvorliegens einer geringfügigen Besch als auch für die **Feststellung der sich daraus ergebenden VersPfl** in der KV, PV, RV und AV (einschl. der Entscheidung über den Beginn der VersPfl nach § 8 Abs. 2 S. 3) zust. ist (vgl. auch BT-Drs. 17/1684 S. 12). Es handelt sich hierbei um eine Sonderregelung zu § 28 i, mit der die bisherige Verwaltungspraxis legitimiert wird. Wird gegen die getroffene Entscheidung, die einen Verwaltungsakt iSd. § 31 SGB X darstellt, Widerspruch erhoben, entscheidet hierüber ebenfalls die Minijob-Zentrale. Kann dem Widerspruch nicht abgeholfen werden, erlässt sie den **Widerspruchsbescheid** (Abs. 2 S. 4 2. Hs.). Zust. für den Erlass ist die von der Vertreterversammlung bestimmte Stelle (§ 85 Abs. 2 Nr. 2 SGG) oder der in der Satzung bestimmte bes. Ausschuss (§ 36 a Abs. 1 Nr. 1). 11

E. Aufgaben/Pflichten der Einzugsstelle im Haushaltsscheckverfahren (Abs. 3, 4)

Abs. 3 und 4 normieren die bes. Aufgaben und Pflichten der Einzugsstelle im Haushaltsscheckverfahren nach § 28 a Abs. 7 (dazu § 28 a Rn. 36 ff.). Konkret richten sich die Regelungen an die DRV Knappschaft-Bahn-See – Minijob-Zentrale –, die für die Durchführung zust. ist (vgl. Anm. zu § 28 i S. 5). Ziel der Regelungen ist die Entlastung des einfachen AG „Privathaushalt" durch ein vereinfachtes Melde- und BeitrVerfahren. Soweit der AG „Privathaushalt" noch nicht über eine **BBNR** verfügt, vergibt diese der Minijob-Zentrale im Auftrag der (eigentlich zust.) BA (Abs. 3 S. 1). Anschließend teilt sie diese dem AG zur weiteren Verwendung mit. Im Haushaltsscheckverfahren besteht zudem die Besonderheit, dass nicht der AG, sondern die Minijob-Zentrale den **GesamtSVBeitr** (dh. die PauschalBeitr zur KV und RV in Höhe von derzeit je 5% gem. § 249 b S. 2 SGB V, § 48 Abs. 6 KVLG 1989, § 172 Abs. 3 a SGB VI bzw. den vollen RV-Beitr bei Verzicht auf die VersFreiheit in der RV gem. § 5 Abs. 2 S. 2 SGB VI), die **Umlagen** zum Ausgleich der AGAufwendungen bei Krankheit und Mutterschaft nach dem AAG, die **UV-Beitr** in Höhe von derzeit 1,6% (§ 185 Abs. 4 S. 3 SGB VII) sowie ggf. zu zahlende **Pauschsteuern** in Höhe von derzeit 2% (§ 40 a Abs. 2 EStG) berechnet. Grundlage der Berechnung sind die im Haushaltsscheck gemachten Angaben (dazu § 28 a Rn. 39), insb. das gemeldete ArbEntg nach § 14 Abs. 3. Den berechneten Gesamtbetrag zieht die Minijob-Zentrale vom AG im Wege des Lastschriftverfahrens jeweils am 15. 7. für die Monate Januar bis Juni des lfd. Jahres und am 15. 1. für die Monate Juli bis Dezember des vorangegangenen Jahres ein (vgl. § 23 Abs. 2 a und Abs. 3 S. 4 SGB IV, § 40 a Abs. 6 EStG). Hierzu hat der AG nach § 28 a Abs. 7 S. 2 zwingend eine Einzugsermächtigung zu erteilen. Aufgrund dieses bes. Verfahrens ist der AG „Privathaushalt" auch davon ausgenommen, einen BeitrNachweis zu übermitteln (vgl. § 28 f Abs. 3 S. 1 2. Hs.). Das Nähere haben die Spitzenorganisationen der SV in ihrer „Gemeinsa- 12 men Verlautbarung zum Haushaltsscheckverfahren" vom 7. 5. 2008 (im Internet: www.deutsche-rentenversicherung.de) geregelt.

13   Nach Abs. 3 S. 2 ist die Minijob-Zentrale verpflichtet, der Datenstelle der Tr der RV (§ 145 SGB VI) beim Beginn und Ende der Besch sowie zum Jahresende die für die RV und die BA erforderlichen Daten eines jeden Beschäftigten per Datenübertragung zu melden. Die erforderlichen Daten entnimmt sie – soweit möglich – dem Haushaltsscheck. Den Inhalt der an die Datenstelle der Tr der RV erstatteten Meldung hat die Minijob-Zentrale gem. Abs. 3 S. 3 dem Beschäftigten schriftlich mitzuteilen. Deshalb entfällt gleichzeitig die (entspr.) Mitteilungspflicht des AG nach § 28a Abs. 5 (vgl. § 28a Abs. 7 S. 4). In der Praxis stellt die Minijob-Zentrale hierzu dem Beschäftigten mind. einmal jährlich bis zum 30. 4. eines jeden Jahres eine **Bescheinigung über alle im Vorjahr gemeldeten Daten** aus, dh. über die an die RV gemeldeten Zeiten und das gemeldete ArbEntg. Bei Auflösung des ArbVerh. erhält der Beschäftigte diese Bescheinigung unverzüglich nach Abgabe der letzten Meldung.

14   Abs. 4 normiert eine bes. **Bescheinigungspflicht ggü. dem AG.** Hiernach hat die Minijob-Zentrale dem AG zum Jahresende den Zeitraum, für den RV-Beitr gezahlt wurden, und die Höhe des ArbEntg nach § 14 Abs. 3, des von ihm getragenen GesamtSVBeitr und der Umlagen iSd. AAG zu bescheinigen. Zusätzlich wird in der Bescheinigung die Höhe der gezahlten UV-Beitr und Pauschsteuern beziffert. Die Bescheinigung über die Gesamtbelastung, die dem AG aus dem einzelnen ArbVerh. entstanden ist, erfolgt zu steuerlichen Zwecken (zur steuerlichen Geltendmachung, BT-Drs. 15/26 S. 25).

§ 28i Zuständige Einzugsstelle

[1] Zuständige Einzugsstelle für den Gesamtsozialversicherungsbeitrag ist die Krankenkasse, von der die Krankenversicherung durchgeführt wird. [2] Für Beschäftigte, die bei keiner Krankenkasse versichert sind, werden Beiträge zur Rentenversicherung und zur Arbeitsförderung an die Einzugsstelle gezahlt, die der Arbeitgeber in entsprechender Anwendung des § 175 Absatz 3 Satz 2 des Fünften Buches gewählt hat. [3] Zuständige Einzugsstelle ist in den Fällen des § 28f Absatz 2 die nach § 175 Absatz 3 Satz 3 des Fünften Buches bestimmte Krankenkasse. [4] Zuständige Einzugsstelle ist in den Fällen des § 2 Absatz 3 die Deutsche Rentenversicherung Knappschaft-Bahn-See. [5] Bei geringfügigen Beschäftigungen ist zuständige Einzugsstelle die Deutsche Rentenversicherung Knappschaft-Bahn-See als Träger der Rentenversicherung.

A. Normzweck

1   § 28i ist eine reine **Ordnungsnorm,** die für die KV, PV, RV und AV, nicht aber für die Alterssicherung der Landwirte und die UV gilt. In Ergänzung zu § 28h wird die für den Einzug des GesamtSVBeitr (§ 28d) zust. Einzugsstelle bestimmt; sie ist zugleich Annahmestelle für die Meldungen (§ 28a) und die BeitrNachweise (§ 28f Abs. 3). Einzugsstellen sind nach § 28h Abs. 1 S. 1 grds. die Krankenkassen, dh. die allg. Ortskrankenkassen, die Betriebs- und Innungskrankenkassen, die Ersatzkassen, die landwirtschaftl. Krankenkassen und die DRV Knappschaft-Bahn-See als Tr der KV (§ 4 Abs. 2 SGB V). Neben den Krankenkassen ist seit 1. 4. 2003 aber auch die **DRV Knappschaft-Bahn-See** – Minijob-Zentrale – als Tr der RV Einzugsstelle (dazu Rn. 6). Erg. zu den §§ 28h, 28i schafft § 28f Abs. 4 eine Verfahrenserleichterung für solche AG, die den GesamtSVBeitr mit mehreren Orts-, Innungs-, Betriebs- oder landwirtschaftl. Krankenkassen abzurechnen haben bzw. ansonsten abzuführen hätten, indem ihnen die Möglichkeit eröffnet wird, BeitrNachweise für mehrere Einzugsstellen derselben Krankenkassenart an eine zentrale (beauftragte) Stelle zu übermitteln und ggf. auch den GesamtSVBeitr hierhin abzuführen (dazu § 28f Rn. 20); diese beauftragte Stelle wird aber nicht zur Einzugsstelle iSd. §§ 28h, 28i.

B. In der gesetzlichen Krankenversicherung versicherte Beschäftigte (S. 1)

2   Zust. Einzugsstelle für den GesamtSVBeitr (§ 28d) für in der ges. KV versicherte Beschäftigte ist die Krankenkasse iSd. § 4 Abs. 2 SGB V (Rn. 1), von der die KV des Beschäftigten durchgeführt wird (S. 1), dh. bei der eine **Mitgliedschaft** besteht. Unerheblich ist, ob die Mitgliedschaft durch VersPfl (§ 5 SGB V, § 2 KVLG 1989), eine freiwillige Versicherung (§ 9 SGB V, § 6 KVLG 1989) oder eine Familienversicherung (§ 10 SGB V, § 7 KVLG 1989) begründet ist. So sind bspw. die als GesamtSVBeitr abzuführenden Beitr zur RV und/oder AV für in der ges. KV freiwillig Vers an die Krankenkasse, bei der die freiwillige KV besteht, und für krankenversicherungsfreie oder nicht krankenversicherungspflichtige Beschäftigte, die in der landwirtschaftl. KV pflichtversichert sind (zB als

landwirtschaftl. Unternehmer), an die jeweilige LKK zu zahlen. Wechselt der versicherte Beschäftigte die Krankenkasse, wird die neue Krankenkasse Einzugsstelle. Die bisherige Krankenkasse bleibt aber für die Feststellung der Vers- und BeitrPfl nach § 28 h Abs. 2 S. 1 für die (zurückliegenden) Zeiträume zust., in denen bei ihr eine Mitgliedschaft bestand (BSG 24. 6. 2008 – B 12 KR 24/07 R – SGb 2009, 487).

C. Nicht in der gesetzlichen Krankenversicherung versicherte Beschäftigte (S. 2)

S. 2 schafft eine den S. 1 erg. Zuständigkeitsregelung für die aufgrund einer versicherten Besch als GesamtSVBeitr zu zahlenden Beitr zur RV und/oder AV für diejenigen Beschäftigten, die nicht in der ges. KV versichert sind. Gemeint sind Beschäftigte, für die in der ges. KV keine Mitgliedschaft besteht, die also weder pflicht- noch freiwillig noch familienversichert sind (**zB privat Krankenversicherte**), und demzufolge S. 1 nicht anwendbar ist. Zust. Einzugsstelle ist in diesen Fällen grds. die Krankenkasse, bei der zuletzt eine Mitgliedschaft bestanden hat (§ 175 Abs. 3 S. 2 SGB V analog; so auch Scheer in jurisPK-SGB IV, § 28 i Rn. 20). Auch wenn nach dem Wortlaut des S. 2 der Eindruck entstehen könnte, der AG habe in diesen Fällen generell ein Wahlrecht hins. der Einzugsstelle, besteht dieses dann nicht, wenn der Beschäftigte in der Vergangenheit bereits bei einer ges. Krankenkasse versichert war, da in entspr. Anwendung des § 175 Abs. 3 S. 2 SGB V dann nur die zuletzt zust. Krankenkasse „gewählt" werden kann. Bestand noch keine Versicherung in der ges. KV, bestimmt der AG in entspr. Anwendung des § 175 Abs. 3 S. 2 SGB V die zust. Einzugsstelle. Wählbar ist dann eine der in § 173 Abs. 2 SGB V gen. Krankenkassen, die der AN im Falle des Bestehens von VersPfl in der ges. KV wählen könnte. Das Wahlrecht wird durch Erklärung ggü. der gewählten Krankenkasse ausgeübt. Über seine Wahl hat der AG den Beschäftigten unverzüglich zu informieren. **3**

D. Sonderregelungen (S. 3 bis 5)

Zust. Einzugsstelle hins. BeitrForderungen, die aus einem im Rahmen einer Betriebsprüfung nach § 28 p durch den prüfenden RVTr erlassenen **Summenbeitragsbescheid nach § 28 f Abs. 2** (vgl. Anm. zu § 28 f Rn. 9 ff.) resultieren, ist die durch den Spitzenverband Bund der Krankenkassen nach § 175 Abs. 3 S. 3 SGB V bestimmte Krankenkasse (S. 3). Hierzu wird im Einzelnen auf das gemeinsame RdSchr. der Spitzenorganisationen der SV zu den Prüfungen der RVTr bei den AG vom 3. 11. 2010, Ziff. 1.6.1 und 1.6.2 (im Internet: www.deutsche-rentenversicherung.de), verwiesen. **4**

Für die von § 2 Abs. 3 erfassten **deutschen Seeleute**, die auf einem Seeschiff beschäftigt sind, das nicht berechtigt ist, die Bundesflagge zu führen, und auf Antrag des Reeders (§ 13 Abs. 1 S. 1) in der ges. KV, PV, RV und AV versichert werden, ergibt sich nach S. 4 die alleinige Zuständigkeit der DRV Knappschaft-Bahn-See (bis 27. 12. 2007: die See-Krankenkasse). **5**

Zust. Einzugsstelle hins. der **geringfügig Beschäftigten iSd. §§ 8, 8 a** ist allein die DRV Knappschaft-Bahn-See – Minijob-Zentrale, 45115 Essen – als Tr der RV (S. 5). Sie nimmt sowohl die Pauschalbeitr gem. § 249 b SGB V, § 172 Abs. 3, 3a SGB VI als auch die RV-Beitr für geringfügig entlohnte Beschäftigte, die auf die VersFreiheit in der RV gem. § 5 Abs. 2 S. 2 SGB VI verzichtet haben, entgegen. Bei kurzfristig Beschäftigten (§ 8 Abs. 1 Nr. 2) sind mangels anfallender Beitr ihr ggü. nur die Meldungen zu erstatten. Besteht aufgrund der Zusammenrechnung der geringfügigen Besch mit einer weiteren Besch (vgl. § 8 Abs. 2) VersPfl, sind die (individuellen) Beitr an die Krankenkasse abzuführen, die als Einzugsstelle nach S. 1 bzw. 2 zust. ist (vgl. Rn. 1, 2). Für Beschäftigte, die nach dem am 31. 3. 2003 geltenden Recht verspfl waren, aufgrund der Änderungen der Regelungen zu den geringfügigen BeschVerh. seit dem 1. 4. 2003 zwar geringfügig und somit versfrei wären, jedoch nach dem Übergangsrecht der §§ 7 Abs. 2 SGB V, 229 Abs. 6 SGB VI, 434i SGB III ab 1. 4. 2003 verspfl bleiben, ist nicht die Minijob-Zentrale, sondern die sich nach S. 1 bzw. 2 ergebende Krankenkasse zust. (vgl. Rn. 1, 2). Sofern in anderen Fällen als bei einem Verzicht auf die VersFreiheit für die Besch in einem oder mehreren VersZweigen VersPfl besteht, während in einem anderen VersZweig Vers-Freiheit vorliegt, dürfen nur die PauschalBeitr an die Minijob-Zentrale abgeführt werden; die aufgrund der VersPfl anfallenden Beitr erhält das nach S. 1 bzw. 2 zust. Einzugsstelle. Im Einzelnen wird hierzu auf die Geringfügigkeits-Richtlinien der Spitzenorganisationen der SV vom 14. 10. 2009, Abschn. E (im Internet: www.minijob-zentrale.de) verwiesen. Die Minijob-Zentrale ist auch zust. für die Durchführung des Haushaltsscheckverfahrens (vgl. § 28 a Abs. 7 und § 28 h Abs. 3, 4) und für den Einzug der einheitlichen Pauschsteuer nach § 40 a Abs. 2 EStG (vgl. § 40 a Abs. 6 EStG). Hins. der Zuständigkeit der Minijob-Zentrale für die Feststellung der VersPfl in der KV, PV, RV und AV bei einem zum Entfallen der Voraussetzungen des § 8 Abs. 1 Nr. 1 führenden Überschreiten der Geringfügigkeitsgrenze (zB aufgrund der Zusammenrechnung mit einer weiteren Besch nach § 8 Abs. 2) wird auf die Anm. zu § 28 h Rn. 11 verwiesen. **6**

§ 28k Weiterleitung von Beiträgen

(1) ¹Die Einzugsstelle leitet dem zuständigen Träger der Pflegeversicherung, der Rentenversicherung und der Bundesagentur für Arbeit die für diese gezahlten Beiträge einschließlich der Zinsen auf Beiträge und Säumniszuschläge arbeitstäglich weiter; dies gilt entsprechend für die Weiterleitung der Beiträge zur gesetzlichen Krankenversicherung an den Gesundheitsfonds. ²Die Deutsche Rentenversicherung Bund teilt den Einzugsstellen die zuständigen Träger der Rentenversicherung und deren Beitragsanteil spätestens bis zum 31. Oktober eines jeden Jahres für das folgende Kalenderjahr mit. ³Die Deutsche Rentenversicherung Bund legt den Verteilungsschlüssel für die Aufteilung der Beitragseinnahmen der allgemeinen Rentenversicherung auf die einzelnen Träger unter Berücksichtigung der folgenden Parameter fest:

1. Für die Aufteilung zwischen Deutsche Rentenversicherung Bund und Regionalträgern:
   a) Für 2005 die prozentuale Aufteilung der gezahlten Pflichtbeiträge zur Rentenversicherung der Arbeiter und der Rentenversicherung der Angestellten im Jahr 2003,
   b) Fortschreibung dieser Anteile in den folgenden Jahren unter Berücksichtigung der Veränderung des Anteils der bei den Regionalträgern Pflichtversicherten gegenüber dem jeweiligen vorvergangenen Kalenderjahr.
2. Für die Aufteilung der Beiträge unter den Regionalträgern:
   Das Verhältnis der Pflichtversicherten dieser Träger untereinander.
3. Für die Aufteilung zwischen Deutsche Rentenversicherung Bund und Deutsche Rentenversicherung Knappschaft-Bahn-See:

Das Verhältnis der in der allgemeinen Rentenversicherung Pflichtversicherten dieser Träger untereinander.

(2) ¹Bei geringfügigen Beschäftigungen werden die Beiträge zur Krankenversicherung an den Gesundheitsfonds, bei Versicherten in der landwirtschaftlichen Krankenversicherung an den Spitzenverband der landwirtschaftlichen Sozialversicherung weitergeleitet. ²Das Nähere zur Bestimmung des Anteils des Spitzenverbandes der landwirtschaftlichen Sozialversicherung, insbesondere über eine pauschale Berechnung und Aufteilung, vereinbaren die Spitzenverbände der beteiligten Träger der Sozialversicherung.

§ 28l Vergütung

(1) ¹Die Einzugsstellen, die Träger der Rentenversicherung und die Bundesagentur für Arbeit erhalten für
1. die Geltendmachung der Beitragsansprüche,
2. den Einzug, die Verwaltung, die Weiterleitung, die Abrechnung und die Abstimmung der Beiträge,
3. die Prüfung bei den Arbeitgebern,
4. die Durchführung der Meldeverfahren,
5. die Ausstellung der Sozialversicherungsausweise und
6. die Durchführung des Haushaltsscheckverfahrens, soweit es über die Verfahren nach den Nummern 1 bis 5 hinausgeht und Aufgaben der Sozialversicherung betrifft,

eine pauschale Vergütung, mit der alle dadurch entstehenden Kosten abgegolten werden, dies gilt entsprechend für die Künstlersozialkasse. ²Die Höhe und die Verteilung der Vergütung werden durch Vereinbarung zwischen dem Spitzenverband Bund der Krankenkassen, der Deutschen Rentenversicherung Bund, der Bundesagentur für Arbeit und der Künstlersozialkasse geregelt; vor dem Abschluss und vor Änderungen der Vereinbarung ist der Spitzenverband der landwirtschaftlichen Sozialversicherung anzuhören. ³In der Vereinbarung ist auch für den Fall, dass eine Einzugsstelle ihre Pflichten nicht ordnungsgemäß erfüllt und dadurch erhebliche Beitragsrückstände entstehen, festzulegen, dass sich die Vergütung für diesen Zeitraum angemessen mindert. ⁴Die Deutsche Rentenversicherung Knappschaft-Bahn-See wird ermächtigt, die ihr von den Krankenkassen nach Satz 1 zustehende Vergütung mit den nach § 28k Absatz 2 Satz 1 an den Gesundheitsfonds weiterzuleitenden Beiträgen zur Krankenversicherung für geringfügige Beschäftigungen aufzurechnen.

(1 a) weggefallen)

(2) Soweit die Einzugsstellen oder die beauftragten Stellen (§ 28f Absatz 4) bei der Verwaltung von Fremdbeiträgen Gewinne erzielen, wird deren Aufteilung durch Vereinbarungen zwischen den Krankenkassen oder ihren Verbänden und der Deutschen Rentenversicherung Bund sowie der Bundesagentur für Arbeit geregelt.

§ 28 m Sonderregelungen für bestimmte Personengruppen

(1) Der Beschäftigte hat den Gesamtsozialversicherungsbeitrag zu zahlen, wenn sein Arbeitgeber ein ausländischer Staat, eine über- oder zwischenstaatliche Organisation oder eine Person ist, die nicht der inländischen Gerichtsbarkeit untersteht und die Zahlungspflicht nach § 28 e Absatz 1 Satz 1 nicht erfüllt.

(2) ¹Heimarbeiter und Hausgewerbetreibende können, falls der Arbeitgeber seiner Verpflichtung nach § 28 e bis zum Fälligkeitstage nicht nachkommt, den Gesamtsozialversicherungsbeitrag selbst zahlen. ²Soweit sie den Gesamtsozialversicherungsbeitrag selbst zahlen, entfallen die Pflichten des Arbeitgebers; § 28 f Absatz 1 bleibt unberührt.

(3) Zahlt der Beschäftigte oder der Hausgewerbetreibende den Gesamtsozialversicherungsbeitrag, hat er auch die Meldungen nach § 28 a abzugeben; bei den Meldungen hat die Einzugsstelle mitzuwirken.

(4) Der Beschäftigte oder der Hausgewerbetreibende, der den Gesamtsozialversicherungsbeitrag gezahlt hat, hat gegen den Arbeitgeber einen Anspruch auf den vom Arbeitgeber zu tragenden Teil des Gesamtsozialversicherungsbeitrags.

A. Normzweck

§ 28 m enthält **Sonderregelungen** für bestimmte kraft G in der KV, PV, RV und/oder AV versicherte Beschäftigte und Hausgewerbetreibende. Für die Alterssicherung der Landwirte und die UV findet die Vorschrift keine Anwendung. § 28 m modifiziert die Regelung des § 28 e Abs. 1 S. 1, wonach der GesamtSVBeitr (§ 28 d) vom AG zu zahlen und der AN vom Zahlverfahren grds. ausgeschlossen ist. So verpflichtet Abs. 1 Beschäftigte sog. exterritorialer AG zur **Zahlung des Gesamt-SVBeitr**, wenn der AG seiner Zahlungspflicht nach § 28 e Abs. 1 S. 1 nicht nachkommt. Die Regelung hat eine soziale Schutzfunktion und dient der Sicherung von Leistungsansprüchen, denn ohne ausdrückliche Zahlungsverpflichtung des AN bliebe dieser bei Nichtzahlung der Beitr durch den AG im Versicherungsfall ggf. ohne ausreichenden Versicherungsschutz in der RV. Abs. 2 trägt Erfordernissen der Praxis Rechnung (BT-Drs. 11/2221 S. 26) und eröffnet Heimarbeitern und Hausgewerbetreibenden die Möglichkeit, den GesamtSVBeitr selbst zu zahlen. Erg. zu den Abs. 1 und 2 verpflichtet Abs. 3 die betr. Beschäftigten und Hausgewerbetreibenden zur **Erstattung der nach § 28 a erforderlichen Meldungen**, soweit sie den GesamtSVBeitr zahlen bzw. zu zahlen haben. Um sicherzustellen, dass es im Ergebnis bei der gemeinsamen BeitrAufbringung bleibt, gewährt Abs. 4 den von Abs. 1 und 2 betroffenen Personen nach erfolgter BeitrZahlung einen ges. **Anspruch gegen ihren AG** auf den von diesem zu tragenden BeitrAnteil. 1

B. Zahlungspflicht für Beschäftigte exterritorialer Arbeitgeber (Abs. 1)

Abs. 1 betrifft ausschließlich Beschäftigte sog. exterritorialer (nicht der inländischen Gerichtsbarkeit unterliegender) AG. Als **exterritoriale AG** kommen insb. die im Geltungsbereich dieses G ansässigen amtl. Vertretungen ausländischer Staaten (zB Botschaften, Gesandtschaften, Konsulate etc.), die über- und zwischenstaatlichen Organisationen mit Sitz im Geltungsbereich dieses G (zB Einrichtungen der EU, die Internationale Arbeitsorganisation und die nach zwischenstaatlichen Abkommen errichteten Stellen) sowie die nicht der inländischen Gerichtsbarkeit unterliegenden (exterritorialen) Einzelpersonen (zB Mitglieder diplomatischer Missionen und konsularischer Vertretungen, Repräsentanten ausländischer Staaten und deren Begleitung, die sich auf amtl. Einladung der Bundesrepublik Deutschland im Bundesgebiet aufhalten, vgl. im Einzelnen §§ 18 bis 20 GVG) in Betracht. Dem **Territorialitätsprinzip** (§ 3 Nr. 1) entspr. findet Abs. 1 nur auf diejenigen **Beschäftigten** Anwendung, die im Geltungsbereich dieses G beschäftigt sind und in ihrer Besch den inländischen Rechtsvorschriften über die VersPfl unterliegen. Vorbehaltlich abw. Regelungen (vgl. dazu § 6 SGB IV, zB Art. 33, 37 des Wiener Übereinkommens über diplomatische Beziehungen vom 18. 4. 1961 [BGBl. II 1964 S. 959], Art. 48 des Wiener Übereinkommens über konsularische Beziehungen vom 24. 4. 1963 [BGBl. II 1969 S. 1585]) besteht auch für Beschäftigte exterritorialer AG grds. VersPfl in der KV, PV, RV und AV, und zwar unabhängig von ihrer Staatsangehörigkeit. 2

Wie alle AG im Geltungsbereich dieses G haben auch exterritoriale AG die Regelungen der §§ 28 a ff. zu beachten und die sich daraus ergebenden Pflichten zu erfüllen, insb. den GesamtSVBeitr (§ 28 d) für ihre Beschäftigten zu zahlen (§ 28 e Abs. 1 S. 1). Da jedoch die zwangsweise Durchsetzung der BeitrZahlung bei exterritorialen AG nicht möglich ist (weil sie nicht der inländischen Gerichtsbarkeit unterliegen), verpflichtet Abs. 1 den Beschäftigten zur Zahlung des GesamtSVBeitr, wenn der exterritoriale AG seiner Zahlungspflicht nach § 28 e Abs. 1 S. 1 nicht nachkommt. Im Gegensatz zu Abs. 2 begründet Abs. 1 eine **eigenständige Zahlungspflicht,** dh. der Beschäftigte wird BeitrSchuldner, wenn und solange der exterritoriale AG nicht zahlt. Abs. 1 lässt dabei die Beitr- 3

Schuldnerschaft des AG (gem. § 28e Abs. 1 S. 1) unberührt; die Zahlungspflicht des Beschäftigten tritt vielmehr neben die des AG. Zahlt der Beschäftigte, entfällt die Pflicht des AG. Die Zahlungspflicht nach Abs. 1 umfasst den GesamtSVBeitr in voller Höhe, dh. **AN- und AGBeitrAnteil.** Als Ausgleich erhält der Beschäftigte nach erfolgter Zahlung einen ges. Anspruch gegen den AG auf dessen BeitrAnteil (Rn. 7). Zahlt der AG einen Teilbetrag, ist der fehlende Betrag vom Beschäftigten zu entrichten. **Säumniszuschläge** (§ 24), die dadurch entstehen, dass der AG seiner Zahlungspflicht nicht nachkommt, können nicht dem Beschäftigten auferlegt werden, da dieser nicht für den AG haftet. Der Beschäftigte hat als BeitrSchuldner nur für seine eigene Säumnis einzustehen. **BeitrVorschüsse** (§ 28e Abs. 5 iVm. den Satzungsregelungen der Einzugsstelle) können von ihm nicht gefordert werden. Mit der Zahlungspflicht treffen den AN auch die **Meldepflichten** nach § 28a (dazu Rn. 6) sowie die **Aufzeichnungspflichten** nach § 28f; er unterliegt sodann auch der Prüfung nach § 28p.

4   **Übergangsrecht.** Art. 17 Nr. 1 des Melderecht- und BeitrEinzug-EinordnungsG vom 20. 12. 1988 (BGBl. I S. 2330) enthält eine Übergangsregelung zu Abs. 1 für den Bereich der ges. RV. Danach findet Abs. 1 **für die Beitr zur ges. RV** bei denjenigen Beschäftigten exterritorialer AG **keine Anwendung**, die vor dem 23. 12. 1988 mit einem öffentlichen oder privaten Versicherungsunternehmen für sich und ihre Hinterbliebenen einen Versicherungsvertrag für den Fall des Todes und des Erlebens des 65. oder eines niedrigeren Lebensjahres abgeschlossen haben. Diese Beschäftigten werden insoweit von der Pflicht zur Zahlung der RV-Beitr befreit. Die Übergangsregelung bezieht sich ausschließlich auf solche Beschäftigten, für die Abs. 1 ab 1. 1. 1989 anzuwenden ist. Voraussetzung ist, dass der exterritoriale AG seiner Pflicht zur Zahlung der RV-Beitr nach dem bis zum 31. 12. 1988 geltenden Recht nicht nachgekommen und wegen der fehlenden BeitrZahlung vor dem og. Stichtag eine entspr. Lebensversicherung abgeschlossen worden ist (vgl. a. LSG BE 17. 6. 1992 – L 9 Kr 15/92 – Die Beiträge 1992, 304). Für BeschVerh., die bei einem exterritorialen AG erstmals am 23. 12. 1988 oder später aufgenommen worden sind, gilt die Übergangsregelung nicht. Die **Befreiung von der Pflicht zur Zahlung der RV-Beitr** (keine Befreiung von der VersPfl in der RV!) trat bei Vorliegen der Voraussetzungen kraft G zum 1. 1. 1989 ein. Sie gilt für die Dauer der Besch bei einem der in Abs. 1 gen. exterritorialen AG und endet, wenn der AN nicht mehr bei einem exterritorialen AG beschäftigt ist oder der exterritoriale AG seine Zahlungspflichten erfüllt. Der Wechsel zu einem anderen exterritorialen AG ist unerheblich; die Befreiung bezieht sich auch auf alle anschließenden Besch-Verh. bei exterritorialen AG, die ihrer Zahlungspflicht nicht nachkommen. Auf die Befreiung kann nicht verzichtet werden. Beschäftigte, die bis zur Verkündung des og. G am 23. 12. 1988 anstelle ihres exterritorialen AG die RV-Beitr bereits selbst gezahlt haben, sind auch weiterhin hierzu berechtigt, solange die Befreiung gilt (Art. 17 Nr. 1 S. 3 aaO).

C. Zahlungsrecht für Heimarbeiter und Hausgewerbetreibende (Abs. 2)

5   **Heimarbeiter** (vgl. § 12 Abs. 2, 5) gelten als Beschäftigte und sind als solche grds. in der KV, PV, RV und AV pflichtversichert (§ 5 Abs. 1 Nr. 1 SGB V, § 20 Abs. 1 S. 2 Nr. 1 SGB XI, § 1 S. 1 Nr. 1 SGB VI, § 25 Abs. 1 SGB III). **Hausgewerbetreibende** (vgl. § 12 Abs. 1, 5) sind dagegen selbst. Tätige, die der VersPfl in der RV unterliegen (§ 2 S. 1 Nr. 6 SGB VI); der anfallende RV-Beitr ist als GesamtSVBeitr zu zahlen (§ 28d S. 1). Als **AG** der Heimarbeiter oder Hausgewerbetreibenden gilt derjenige, der die Arbeit unmittelbar an sie weitergibt (§ 12 Abs. 3); für Hausgewerbetreibende wird insoweit ein AG fingiert. Dieser AG ist BeitrSchuldner (§ 28e Abs. 1 S. 1); ihm obliegen grds. auch die sonstigen sich aus den §§ 28a ff. ergebenden Pflichten. Abs. 2 eröffnet aber den Heimarbeitern und Hausgewerbetreibenden die Möglichkeit, den GesamtSVBeitr anstelle des AG selbst zu zahlen, wenn dieser seiner Zahlungspflicht nach § 28e Abs. 1 S. 1 nicht bis zum Fälligkeitstag (§ 23 Abs. 1) nachkommt. Im Gegensatz zu Abs. 1 begründet Abs. 2 keine Zahlungspflicht, sondern **nur ein Zahlungsrecht** bzgl. des vom AG geschuldeten GesamtSVBeitr. Dieses Recht entsteht mit Ablauf des Fälligkeitstages, wenn der AG nicht bis dahin gezahlt hat. Es besteht unabhängig davon, ob die Einzugsstelle (§ 28h Abs. 1 S. 1 iVm. § 28i) ggü. dem AG Vollstreckungsmaßnahmen eingeleitet hat (KomGRV, § 28m SGB IV Rn. 2.2). Der Heimarbeiter oder Hausgewerbetreibende kann den GesamtSVBeitr nur in voller Höhe zahlen; die Beschränkung der Zahlung auf einen Teilbetrag ist nicht möglich (zum Anspruch gegen den AG auf dessen BeitrAnteil vgl. Rn. 7). **Säumniszuschläge** (§ 24) infolge verspäteter Zahlung können für den Heimarbeiter oder den Hausgewerbetreibenden nicht anfallen, da sie weder BeitrSchuldner sind noch für den AG haften; Säumniszuschläge treffen allein den AG. Ebenso wenig können von ihnen **BeitrVorschüsse** (§ 28e Abs. 5) gefordert werden. Mit der Übernahme der Zahlung durch den Heimarbeiter bzw. Hausgewerbetreibenden entfallen für den AG die sich aus den §§ 28a ff. ergebenden **Pflichten** mit Ausnahme der Aufzeichnungspflichten nach § 28f (vgl. Abs. 2 S. 2); gleichzeitig gehen die **Meldepflichten** nach § 28a auf den Heimarbeiter bzw. Hausgewerbetreibenden über (vgl. Rn. 6). Macht der Heimarbeiter bzw. Hausgewerbetreibende von der in Abs. 2 enthaltenen Zahlungsmöglichkeit keinen Gebrauch, verbleiben sämtliche sich aus den §§ 28a ff. ergebende Pflichten beim AG.

D. Meldepflichten (Abs. 3)

Heimarbeiter und Hausgewerbetreibende, die den GesamtSVBeitr gem. Abs. 2 anstelle des 6
AG selbst zahlen, haben gem. Abs. 3 auch die nach § 28 a erforderlichen Meldungen zu erstatten;
insoweit entfällt die Pflicht des AG (vgl. Rn. 5). Die **von Abs. 1 betroffenen Beschäftigten** sind
gleichermaßen zur Abgabe der Meldungen verpflichtet. Über den Wortlaut des Abs. 3 hinausgehend
kommt es jedoch bei den in Abs. 1 gen. Personen nicht darauf an, dass sie den GesamtSVBeitr auch
tatsächlich zahlen; dem Regelungszweck entspr. treffen sie die Meldepflichten, sobald sie nach Abs. 1
zahlungspflichtig sind. Ein Verstoß gegen die Meldepflichten ist nach § 111 Abs. 1 Nr. 2 eine (mit bis
zu 25.000 EUR, vgl. § 111 Abs. 4) bußgeldbewehrte **Ordnungswidrigkeit**. Zur Unterstützung der
Meldepflichtigen hat die zust. Einzugsstelle (§ 28 h Abs. 1 S. 1 iVm. § 28 i) bei der Erstattung der
Meldungen mitzuwirken (Abs. 3 2. Hs.). Sie hat dafür zu sorgen, dass die Meldungen rechtzeitig,
vollständig und richtig erstattet werden (vgl. § 28 b Abs. 1). Ihre **Mitwirkungspflicht** besteht darin,
den Meldepflichtigen durch Beratung und Unterstützung in die Lage zu versetzen, seine Pflichten
ordnungsgemäß erfüllen zu können. Voraussetzung dafür ist, dass der Meldepflichtige seine Meldepflicht ihr ggü. anzeigt.

E. Erstattungsanspruch gegen den Arbeitgeber (Abs. 4)

Abs. 4 gewährt den von Abs. 1 und 2 erfassten Beschäftigten (hierzu zählen auch die Heimarbeiter, 7
vgl. § 12 Abs. 2 letzter Hs.) und Hausgewerbetreibenden, die den GesamtSVBeitr selbst gezahlt haben, einen **sozialrechtl. Anspruch** gegen ihren AG auf Erstattung des von diesem zu tragenden
Anteils am GesamtSVBeitr. Welcher BeitrAnteil vom AG zu tragen und damit zu erstatten ist, richtet
sich nach den spezialges. Regelungen über die BeitrTragung für die einzelnen VersZweige und die
AV (vgl. dazu § 346 SGB III, § 249 SGB V, §§ 168 f. SGB VI, § 58 SGB XI). Der Erstattungsanspruch gegen den AG entsteht **nach Zahlung** des GesamtSVBeitr an die Einzugsstelle (§ 28 h Abs. 1
S. 1 iVm. § 28 i); im Voraus kann der AGBeitrAnteil nicht vom AG verlangt werden. Im Gegensatz
zu § 28 g sind hins. der Realisierung des Anspruchs nach Abs. 4 keine Beschränkungen gegeben.
Einwendungen gem. § 412 BGB kann der AG nicht geltend machen (KassKomm/Seewald, § 28 m
SGB IV Rn. 7). Für die **Verjährung** des Erstattungsanspruchs gilt § 25 entspr. (vgl. BSG 25. 10.
1990 – 12 RK 27/89 – SozR 3–2400 § 25 Nr. 2 hins. der Verjährung des Anspruchs des AG auf den
ANBeitrAnteil).

Im **Streitfall** ist der Rechtsweg zu den Gerichten der Sozialgerichtsbarkeit gegeben (Wissing in ju- 8
risPK-SGB IV, § 28 m Rn. 53 mit Hinweis auf LSG NW 6. 11. 1992 – L 16 S 24/92 –). Gleichwohl
wird in den Fällen des Abs. 1 der Erstattungsanspruch wegen des exterritorialen Status des AG nicht
durchsetzbar sein (vgl. §§ 18 bis 20 GVG), wenn der AG die Erstattung verweigert.

§ 28 n Verordnungsermächtigung

Das Bundesministerium für Arbeit und Soziales wird ermächtigt, durch Rechtsverordnung mit Zustimmung des Bundesrates zu bestimmen,
1. die Berechnung des Gesamtsozialversicherungsbeitrags und der Beitragsbemessungsgrenzen für kürzere Zeiträume als ein Kalenderjahr,
2. zu welchem Zeitpunkt die Beiträge als eingezahlt gelten, in welcher Reihenfolge eine
   Schuld getilgt wird und welche Zahlungsmittel verwendet werden dürfen,
3. Näheres über die Weiterleitung und Abrechnung der Beiträge einschließlich Zinsen auf
   Beiträge und der Säumniszuschläge durch die Einzugsstellen an die Träger der Pflegeversicherung, der Rentenversicherung, den Gesundheitsfonds und die Bundesagentur
   für Arbeit, insbesondere über Zahlungsweise und das Verfahren nach § 28 f Absatz 4,
   wobei von der arbeitstäglichen Weiterleitung bei Beträgen unter 2.500 Euro abgesehen
   werden kann,
4. Näheres über die Führung von Lohnunterlagen und zur Beitragsabrechnung sowie zur
   Verwendung des Beitragsnachweises.

§ 28 n ist eine Ermächtigungsnorm iSd. Art. 80 Abs. 1 GG. Sie gilt für die KV, PV, RV und AV 1
nicht aber für die Alterssicherung der Landwirte und die UV. Die derzeitige Fassung ermächtigt das
BMAS, durch RechtsVO mit Zustimmung des Bundesrates Detailregelungen insb. zur Berechnung,
Zahlung, Weiterleitung und Abrechnung des GesamtSVBeitr (§ 28 d) und zur Führung von Lohnunterlagen (Entgeltunterlagen), zur BeitrAbrechnung sowie zur Verwendung des BeitrNachweises zu
treffen, und damit zur näheren Ausgestaltung der in den §§ 28 d bis 28 m enthaltenen Regelungen.
Der Umfang der VOErmächtigung wird durch die Nrn. 1 bis 4 konkretisiert. § 28 n ist zusammen

mit § 28p Abs. 9 Rechtsgrundlage für die zum 1. 7. 2006 in Kraft getretene **VO über die Berechnung, Zahlung, Weiterleitung, Abrechnung und Prüfung des GesamtSVBeitr (BeitragsverfahrensVO – BVV)** vom 3. 5. 2006 (BGBl. I S. 1138), zuletzt geändert durch Art. 12 des G vom 22. 12. 2010 (BGBl. I S. 2309); im Internet: www.gesetze-im-internet.de. Zu § 28n Nr. 1 vgl. im Einzelnen §§ 1, 2 BVV (Berechnung des GesamtSVBeitr und der BBGn), zu § 28n Nr. 2 vgl. §§ 3, 4 BVV (Tag der Zahlung, Zahlungsmittel, Reihenfolge der Tilgung), zu § 28n Nr. 3 vgl. §§ 5, 6 BVV (Weiterleitung und Abrechnung durch die Einzugsstelle) und zu § 28n Nr. 4 vgl. insb. §§ 8, 9, 10 BVV (Entgeltunterlagen, BeitrAbrechnung, Mitwirkung). Mit Inkrafttreten der BVV sind gleichzeitig die BeitragszahlungsVO (BZV) idF der Bek. vom 28. 7. 1997 (BGBl. I S. 1927), zuletzt geändert durch Art. 15 des G vom 21. 3. 2005 (BGBl. I S. 818), und die BeitragsüberwachungsVO (BÜVO) idF der Bek. vom 28. 7. 1997 (BGBl. I S. 1930), zuletzt geändert durch Art. 23 des G vom 24. 4. 2006 (BGBl. I S. 926), die ebenfalls auf Grundlage des § 28n erlassen wurden, außer Kraft getreten. Dabei wurden die bisherigen Regelungen der BZV und der BÜVO weitestgehend übernommen und in aktualisierter Form in der BVV zusammengefasst (vgl. a. SUMMA SUMMARUM 3/2006, S. 8 ff., im Internet: www.deutsche-rentenversicherung.de).

Dritter Titel. Auskunfts- und Vorlagepflicht, Prüfung, Schadensersatzpflicht und Verzinsung

§ 28o Auskunfts- und Vorlagepflicht des Beschäftigten

(1) **Der Beschäftigte hat dem Arbeitgeber die zur Durchführung des Meldeverfahrens und der Beitragszahlung erforderlichen Angaben zu machen und, soweit erforderlich, Unterlagen vorzulegen; dies gilt bei mehreren Beschäftigungen gegenüber allen beteiligten Arbeitgebern.**

(2) ¹**Der Beschäftigte hat auf Verlangen den zuständigen Versicherungsträgern unverzüglich Auskunft über die Art und Dauer seiner Beschäftigungen, die hierbei erzielten Arbeitsentgelte, seine Arbeitgeber und die für die Erhebung von Beiträgen notwendigen Tatsachen zu erteilen und alle für die Prüfung der Meldungen und der Beitragszahlung erforderlichen Unterlagen vorzulegen.** ²Satz 1 gilt für den Hausgewerbetreibenden, soweit er den Geamtsozialversicherungsbeitrag zahlt, entsprechend.

A. Normzweck

1   § 28o normiert die **Auskunfts- und Vorlagepflichten des Beschäftigten** zum einen ggü. dem AG (Abs. 1) und zum anderen ggü. den zust. VTrn (Abs. 2). Mit der Verpflichtung des Beschäftigten nach Abs. 1 soll der AG in die Lage versetzt werden, die ihm obliegenden Melde- und BeitrZahlungspflichten (§§ 28a, 28e Abs. 1 S. 1) ordnungsgemäß erfüllen zu können, weil hierzu zT die „Mitwirkung" der Beschäftigten erforderlich ist. Andererseits sind auch die VTr auf Auskünfte und ggf. Unterlagen der Beschäftigten angewiesen, um eine einzelfallbezogene Überprüfung des VersVerh. vornehmen zu können. Abs. 2 wird durch die §§ 206 SGB V, 196 SGB VI über die Auskunfts- und Vorlagepflichten von Vers oder Personen, für die eine Versicherung durchgeführt werden soll, und die nicht von § 28o erfasst werden, ergänzt. Zu den Mitwirkungspflichten im Zusammenhang mit Sozialleistungen vgl. §§ 60 ff. SGB I. Zu den Auskunfts- und Vorlagepflichten des AG ggü. den VTrn im Zusammenhang mit dem Beitr- und Meldeverfahren vgl. § 98 SGB X.

B. Auskunfts- und Vorlagepflichten ggü. dem Arbeitgeber (Abs. 1)

2   Abs. 1 verpflichtet den Beschäftigten, ggü. seinem AG die zur Durchführung des Meldeverfahrens und der BeitrZahlung notwendigen Angaben zu machen und erforderlichenfalls entspr. Unterlagen vorzulegen. Die Auskunfts- und Vorlagepflichten treffen **alle Beschäftigten** (vgl. § 7), unabhängig davon, ob es sich um verspfl oder um versfreie BeschVerh. handelt. Erfasst werden also auch geringfügig Beschäftigte (§§ 8, 8a). Zu den Beschäftigten gehören auch diejenigen, die als Beschäftigte gelten (zB die Bezieher von Vorruhestandsgeld, die in § 1 S. 1 Nrn. 2, 3 iVm. S. 5 SGB VI gen. Personen und die gem. § 12 Abs. 2 als Beschäftigte geltenden Heimarbeiter). Zum Begriff „AG" vgl. die Anm. zu § 28a Rn. 2. Die Verpflichtungen bestehen gleichermaßen ggü. denjenigen, die als AG gelten oder Pflichten eines AG zu erfüllen haben (vgl. Anm. zu § 28a Rn. 2 und zB § 12 Abs. 3 SGB IV, § 174 Abs. 3 SGB VI, § 279d SGB VI).

3   Die **Auskunftsverpflichtung** des Beschäftigten erstreckt sich auf alle Angaben, die zur Durchführung des Meldeverfahrens und der BeitrZahlung erforderlich sind, dh. die es dem AG ermöglichen,

seinen melde- und beitragsrechtl. Pflichten ordnungsgemäß nachzukommen. Die zur Durchführung des Meldeverfahrens erforderlichen Angaben ergeben sich aus § 28a und § 28c Nr. 3 iVm. der DEÜV (zB die Krankenkasse des AN sowie persönliche Daten wie Name, Geburtsdatum, Adresse, VersicherungsNr. etc.). Zu den für die BeitrZahlung erforderlichen Angaben gehören all diejenigen, die den AG in die Lage versetzen, die VersPfl, BeitrPfl und die BeitrHöhe in der KV, PV, RV und AV richtig beurteilen zu können (vgl. BT-Drs. 11/2221 S. 27). Hier sind insb. auch Angaben über weitere BeschVerh. relevant (vgl. dazu Rn. 5). Eine Auskunftsverpflichtung besteht dabei nur insoweit, wie der AG nicht über die nötigen Informationen verfügt und nicht selbst oder mit größerem Aufwand als über den Beschäftigten beschaffen kann (Hauck/Noftz/Sehnert, § 28o SGB IV Rn. 4). Soweit erforderlich, hat der Beschäftigte die Angaben durch entspr. Unterlagen zu belegen. Die **Vorlage von Unterlagen** ist bspw. notwendig, wenn der AG die für die Vergabe der VersicherungsNr. erforderlichen Daten anhand der amtl. Unterlagen nachprüfen muss (vgl. BT-Drs. 11/2221 S. 27) oder berechtigte Zweifel an den Angaben des Beschäftigten bestehen (ebenso Hauck/Noftz/Sehnert, § 28o SGB IV Rn. 5). Eine Vorlageverpflichtung besteht zudem immer dann, wenn der AG die Unterlagen für die Erfüllung der ihm obliegenen Aufzeichnungspflichten benötigt (dh. die Unterlagen zu den Entgeltunterlagen zu nehmen hat – vgl. dazu § 28f Abs. 1 SGB IV und § 8 BVV), nicht selbst über sie verfügt und sie auch nur über den Beschäftigten beschaffen kann. Vorzulegende und zu den Entgeltunterlagen zu nehmende Unterlagen sind bspw. solche, aus denen die Angaben über die VersFreiheit oder der Befreiung von der VersPfl ersichtlich sind (vgl. § 8 Abs. 2 Nr. 1 BVV, zB Immatrikulationsbescheinigungen von Studenten, Bescheide der RVTr über die Befreiung von der VersPfl etc.). Hierzu zählt auch der Nachweis der Elterneigenschaft nach § 55 Abs. 3 SGB XI (vgl. § 8 Abs. 2 Nr. 12 BVV). Der AG ist berechtigt, die Unterlagen entweder im Original (mit Zustimmung des Beschäftigten) oder als Kopie zu den Entgeltunterlagen zu nehmen (BT-Drs. 11/2221 S. 27).

Die Verpflichtungen nach Abs. 1 bestehen **für die gesamte Dauer des BeschVerh**. Im Gegensatz zu Abs. 2 ist der Beschäftigte nicht nur auf ausdrückliche Nachfrage zur Auskunft und Vorlage verpflichtet; vielmehr hat er auch von sich aus tätig zu werden und dem AG während des BeschVerh. eintretende Änderungen in den tatsächlichen Verh., die versicherungs-, beitrags- und/oder melderechtl. Auswirkungen haben (zB die Aufnahme einer weiteren Besch.), **unaufgefordert** mitzuteilen (BT-Drs. 11/2221 S. 27). 4

Bei MehrfachBesch bestehen die Auskunfts-(Mitteilungs-) und Vorlagepflichten ggü. allen beteiligten AGn (Abs. 1 2. Hs.). Unter datenschutzrechtl. Gesichtspunkten beschränkt sich die Auskunfts- (Mitteilungs-) und Vorlagepflicht bzgl. weiterer BeschVerh. auf die Sachverhalte, die für die Beurteilung der VersPfl, BeitrPfl und BeitrHöhe sowie für die Durchführung des Meldeverfahrens relevant sind (vgl. dazu BSG 23. 2. 1988 – 12 RK 43/87 – SozR 2100 § 8 Nr. 5). So hat der Beschäftigte im Falle zweier nebeneinander ausgeübter Besch, deren ArbEntge insg. in der Gleitzone (§ 20 Abs. 2) liegen, jeweils das Bestehen der anderen Besch und das hierbei erzielten ArbEntge mitzuteilen und ggf. nachzuweisen (BT-Drs. 15/4228 S. 23); Name und Adresse des anderen AG sowie Art der ausgeübten Tätigkeit sind nicht umfasst. Bei Ausübung mehrerer für sich gesehen geringfügig entlohnter Besch wird eine entspr. Mitteilungspflicht ggü. den beteiligten AGn immer dann begründet, wenn die Zusammenrechnung der ArbEntge (§ 8 Abs. 2) zu einem Überschreiten der Geringfügigkeitsgrenze (§ 8 Abs. 1 Nr. 1) und demzufolge zur VersPfl führt. Eine Mitteilungspflicht besteht auch dann, wenn die ArbEntge aus mehreren BeschVerh. die jeweilige BBG übersteigen, so dass § 22 Abs. 2 anzuwenden ist, oder es zu einem die VersFreiheit nach § 6 Abs. 1 Nr. 1 SGB V auslösenden Überschreiten der JAE in der ges. KV kommt. 5

Ein Verstoß gegen Abs. 1 ist seit 1. 4. 2005 eine (mit bis zu 5.000 EUR, vgl. § 111 Abs. 4) bußgeldbewehrte **Ordnungswidrigkeit** (§ 111 Abs. 1 Nr. 4). Kommt der Beschäftigte seinen Auskunfts- und Vorlagepflichten vorsätzlich oder grob fahrlässig nicht nach und ist dadurch ein BeitrAbzug vom Lohn unterblieben, kann der AG seinen **Anspruch auf den ANBeitrAnteil** auch außerhalb des Lohnabzugsverfahrens und grds. ohne zeitliche Beschränkung geltend machen (vgl. § 28g S. 4). 6

C. Auskunfts- und Vorlagepflichten ggü. dem Versicherungsträger (Abs. 2)

Abs. 2 S. 1 orientiert sich an § 98 SGB X. Entspr. der dort dem AG auferlegten Verpflichtung hat der Beschäftigte den zust. VTrn (Kranken- und Pflegekassen, RVTr, BA) auf deren Verlangen Auskunft über seine BeschVerh. und die für die BeitrErhebung notwendigen Tatsachen zu geben und alle für die Prüfung der Meldungen und der BeitrZahlung erforderlichen Unterlagen vorzulegen. Zum Begriff „**Beschäftigter**" vgl. die Anm. zu Rn. 2. Die Auskunfts- und Vorlagepflichten treffen also auch geringfügig Beschäftigte und diejenigen, die als Beschäftigte gelten. Daneben gehören auch ausdrücklich die **Hausgewerbetreibenden** (§ 12 Abs. 1, 5) zum auskunfts- und vorlagepflichtigen Personenkreis, soweit sie den GesamtSVBeitr (§ 28d) nach Maßgabe von § 28m Abs. 2 selbst zahlen (Abs. 2 S. 2). Ansonsten gilt Abs. 2 nicht für selbst. Tätige (vgl. hierzu zB § 206 SGB V, § 196 SGB VI). 7

8   Im Vergleich zu Abs. 1 gestaltet Abs. 2 die **Auskunftspflichten** wesentlich konkreter. Expressis verbis ist Auskunft zu erteilen über die Art und Dauer der Besch, die hierbei erzielten ArbEntge, die AG (Name und Anschrift) und die für die Erhebung von Beitr notwendigen Tatsachen. Zu Letzteren gehören alle Angaben, die den VTr in die Lage versetzen, über VersPfl, BeitrPfl und die BeitrHöhe entscheiden zu können (vgl. BT-Drs. 11/2221 S. 28). Die Auskunftspflicht umfasst Angaben zu sämtlichen jemals ausgeübten – auch bereits beendeten – BeschVerh., die jeweiligen AG und die hierbei erzielten ArbEntge. Anders als im Fall des Abs. 1 bestehen die Auskunfts- und Vorlagepflichten hier auch nach Beendigung des BeschVerh. (vgl. amtl. Begr. aaO). Die Pflicht zur Auskunftserteilung bezieht sich auf reine Tatsachen; die rechtl. Würdigung obliegt dem jeweiligen VTr. Die parallel dazu bestehende Auskunftspflicht des AG nach § 98 SGB X berührt die Auskunfts- und Vorlagepflichten des Beschäftigten nicht. Die **Vorlagepflicht** umfasst alle für die Prüfung der Meldungen und der BeitrZahlung erforderlichen Unterlagen. Die für die Prüfung der Meldungen notwendigen Unterlagen ergeben sich aus § 28a und der DEÜV; zu den für die Prüfung der BeitrZahlung erforderlichen Unterlagen gehören die in den Besitz des Beschäftigten befindlichen Belege und Unterlagen, wie zB EntgAbrechnungen, Arbeitsverträge etc.

9   Im Gegensatz zu Abs. 1 besteht die Auskunfts- und Vorlagepflicht nach Abs. 2 nur **auf Verlangen**, dh. auf gezielte Aufforderung des zust. VTrs. Der Beschäftigte bzw. Hausgewerbetreibende muss insoweit nicht von sich aus tätig werden. Hierbei genügt eine formlose, ggf. auch mündliche Aufforderung (Segebrecht in jurisPK-SGB IV, § 28o Rn. 28). Einer weitergehenden Verpflichtung oder Feststellung durch Verwaltungsakt bedarf es nicht (vgl. erg. Rn. 10). Zwar muss der VTr sein Auskunftsersuchen hins. der im Einzelnen benötigten Auskünfte und Unterlagen konkretisieren, nicht aber begründen (Hauck/Noftz/Sehnert, § 28o SGB IV Rn. 12). Der Auskunfts- und Vorlageverpflichtung ist nach entspr. Aufforderung **unverzüglich**, dh. ohne schuldhaftes Verzögern (§ 121 Abs. 1 S. 1 BGB) nachzukommen.

10 Die leichtfertige oder vorsätzliche Verletzung der Auskunfts- und Vorlagepflichten ist eine **Ordnungswidrigkeit** (§ 111 Abs. 1 Nr. 4), die mit einer Geldbuße von bis zu 5.000 EUR geahndet werden kann (§ 111 Abs. 4). Bei Nichtbefolgung von Abs. 2 hat der VTr zudem die Möglichkeit, die Auskunfts- und Vorlageverpflichtung durch Verwaltungsakt festzustellen und mit Mitteln des Verwaltungszwangs (zB §§ 6 ff. VwVG) durchzusetzen.

§ 28 p Prüfung bei den Arbeitgebern

(1) ¹Die Träger der Rentenversicherung prüfen bei den Arbeitgebern, ob diese ihre Meldepflichten und ihre sonstigen Pflichten nach diesem Gesetzbuch, die im Zusammenhang mit dem Gesamtsozialversicherungsbeitrag stehen, ordnungsgemäß erfüllen; sie prüfen insbesondere die Richtigkeit der Beitragszahlungen und der Meldungen (§ 28 a) mindestens alle vier Jahre. ²Die Prüfung soll in kürzeren Zeitabständen erfolgen, wenn der Arbeitgeber dies verlangt. ³Die Einzugsstelle unterrichtet den für den Arbeitgeber zuständigen Träger der Rentenversicherung, wenn sie eine alsbaldige Prüfung bei dem Arbeitgeber für erforderlich hält. ⁴Die Prüfung umfasst auch die Lohnunterlagen der Beschäftigten, für die Beiträge nicht gezahlt wurden. ⁵Die Träger der Rentenversicherung erlassen im Rahmen der Prüfung Verwaltungsakte zur Versicherungspflicht und Beitragshöhe in der Kranken-, Pflege- und Rentenversicherung sowie nach dem Recht der Arbeitsförderung einschließlich der Widerspruchsbescheide gegenüber den Arbeitgebern; insoweit gelten § 28 h Absatz 2 sowie § 93 in Verbindung mit § 89 Absatz 5 des Zehnten Buches nicht. ⁶Die landwirtschaftlichen Krankenkassen nehmen abweichend von Satz 1 die Prüfung für die bei ihnen versicherten mitarbeitenden Familienangehörigen vor.

(1 a) ¹Die Träger der Rentenversicherung prüfen bei den Arbeitgebern, ob diese ihre Meldepflichten nach dem Künstlersozialversicherungsgesetz ordnungsgemäß erfüllen und die Künstlersozialabgabe rechtzeitig und vollständig entrichten. ²Das Prüfverfahren kann mit der Aufforderung zur Meldung eingeleitet werden. ³Die Träger der Deutschen Rentenversicherung erlassen insoweit die erforderlichen Verwaltungsakte zur Künstlersozialabgabepflicht, zur Höhe der Künstlersozialabgabe und zur Höhe der Vorauszahlungen nach dem Künstlersozialversicherungsgesetz einschließlich der Widerspruchsbescheide. ⁴Die Träger der Rentenversicherung unterrichten die Künstlersozialkasse über Sachverhalte, soweit sie Melde- und Abgabepflichten der Arbeitgeber nach dem Künstlersozialversicherungsgesetz betreffen.

(1 b) ¹Die Träger der Rentenversicherung teilen den Trägern der Unfallversicherung die Feststellungen aus der Prüfung bei den Arbeitgebern nach § 166 Absatz 2 des Siebten Buches mit. ²Die Träger der Unfallversicherung erlassen die erforderlichen Bescheide.

(2) ¹Im Bereich der Regionalträger richtet sich die örtliche Zuständigkeit nach dem Sitz der Lohn- und Gehaltsabrechnungsstelle des Arbeitgebers. ²Die Träger der Renten-

versicherung stimmen sich darüber ab, welche Arbeitgeber sie prüfen; ein Arbeitgeber ist jeweils nur von einem Träger der Rentenversicherung zu prüfen.

(3) Die Träger der Rentenversicherung unterrichten die Einzugsstellen über Sachverhalte, soweit sie die Zahlungspflicht oder die Meldepflicht des Arbeitgebers betreffen.

(4) (weggefallen)

(5) ¹Die Arbeitgeber sind verpflichtet, angemessene Prüfhilfen zu leisten. ²Abrechnungsverfahren, die mit Hilfe automatischer Einrichtungen durchgeführt werden, sind in die Prüfung einzubeziehen.

(6) ¹Zu prüfen sind auch steuerberatende Stellen, Rechenzentren und vergleichbare Einrichtungen, die im Auftrag des Arbeitgebers oder einer von ihm beauftragten Person Löhne und Gehälter abrechnen oder Meldungen erstatten. ²Die örtliche Zuständigkeit richtet sich im Bereich der Regionalträger nach dem Sitz dieser Stellen. ³Absatz 5 gilt entsprechend.

(7) ¹Die Träger der Rentenversicherung haben eine Übersicht über die Ergebnisse ihrer Prüfungen zu führen und bis zum 31. März eines jeden Jahres für das abgelaufene Kalenderjahr den Aufsichtsbehörden vorzulegen. ²Das Nähere über Inhalt und Form der Übersicht bestimmen einvernehmlich die Aufsichtsbehörden der Träger der Rentenversicherung mit Wirkung für diese.

(8) ¹Die Deutsche Rentenversicherung Bund führt eine Datei, in der der Name, die Anschrift, die Betriebsnummer, der für den Arbeitgeber zuständige Unfallversicherungsträger und weitere Identifikationsmerkmale eines jeden Arbeitgebers sowie die für die Planung der Prüfungen bei den Arbeitgebern und die für die Übersichten nach Absatz 7 erforderlichen Daten gespeichert sind; die Deutsche Rentenversicherung Bund darf die in dieser Datei gespeicherten Daten nur für die Prüfung bei den Arbeitgebern und zur Ermittlung der nach dem Künstlersozialversicherungsgesetz abgabepflichtigen Unternehmer verarbeiten und nutzen. ²In die Datei ist eine Kennzeichnung aufzunehmen, wenn nach § 166 Absatz 2 Satz 2 des Siebten Buches die Prüfung der Arbeitgeber in der Unfallversicherung nicht von den Trägern der Rentenversicherung durchzuführen ist; die Träger der Unfallversicherung haben die erforderlichen Angaben zu übermitteln. ³Die Datenstelle der Träger der Rentenversicherung führt für die Prüfung bei den Arbeitgebern eine Datei, in der neben der Betriebsnummer eines jeden Arbeitgebers, die Betriebsnummer des für den Arbeitgeber zuständigen Unfallversicherungsträgers, die Unfallversicherungsmitgliedsnummer des Arbeitgebers, das in der Unfallversicherung beitragspflichtige Entgelt der bei ihm Beschäftigten in Euro, die anzuwendenden Gefahrtarifstellen der bei ihm Beschäftigten, die Versicherungsnummern der bei ihm Beschäftigten einschließlich des Beginns und des Endes von deren Beschäftigung, die Bezeichnung der für jeden Beschäftigten zuständigen Einzugsstelle sowie eine Kennzeichnung des Vorliegens einer geringfügigen Beschäftigung gespeichert sind. ⁴Sie darf die Daten der Stammsatzdatei nach § 150 Absatz 1 und 2 des Sechsten Buches sowie die Daten der Datei nach § 150 Absatz 3 des Sechsten Buches für die Prüfung bei den Arbeitgebern verarbeiten und nutzen; die Daten der Stammsatzdatei darf sie auch für Prüfungen nach § 212a des Sechsten Buches verarbeiten und nutzen. ⁵Sie ist verpflichtet, auf Anforderung des prüfenden Trägers der Rentenversicherung

1. die in den Dateien nach den Sätzen 1 und 3 gespeicherten Daten,
2. die in den Versicherungskonten der Träger der Rentenversicherung gespeicherten, auf den Prüfungszeitraum entfallenden Daten der bei dem zu prüfenden Arbeitgeber Beschäftigten,
3. die bei den für den Arbeitgeber zuständigen Einzugsstellen gespeicherten Daten aus den Beitragsnachweisen (§ 28f Absatz 3) für die Zeit nach dem Zeitpunkt, bis zu dem der Arbeitgeber zuletzt geprüft wurde,
4. die bei der Künstlersozialkasse über den Arbeitgeber gespeicherten Daten zur Melde- und Abgabepflicht für den Zeitraum seit der letzten Prüfung sowie
5. die bei den Trägern der Unfallversicherung gespeicherten Daten zur Melde- und Beitragspflicht sowie zur Gefahrtarifstelle für den Zeitraum seit der letzten Prüfung

zu erheben, zu verarbeiten und zu nutzen, soweit dies für die Prüfung, ob die Arbeitgeber ihre Meldepflichten und ihre sonstigen Pflichten nach diesem Gesetzbuch, die im Zusammenhang mit dem Gesamtsozialversicherungsbeitrag stehen, sowie ihre Pflichten als zur Abgabe Verpflichtete nach dem Künstlersozialversicherungsgesetz und ihre Pflichten nach dem Siebten Buch zur Meldung und Beitragszahlung ordnungsgemäß erfüllen, erforderlich ist. ⁶Die dem prüfenden Träger der Rentenversicherung übermittelten Daten sind unverzüglich nach Abschluss der Prüfung bei der Datenstelle und beim prüfenden Träger der Rentenversicherung zu löschen. ⁷Die Träger der Rentenversicherung, die Einzugsstellen, die Künstlersozialkasse und die Bundesagentur für Arbeit sind verpflichtet, der Deutschen

Rentenversicherung Bund und der Datenstelle die für die Prüfung bei den Arbeitgebern erforderlichen Daten zu übermitteln. ⁸ Sind für die Prüfung bei den Arbeitgebern Daten zu übermitteln, so dürfen sie auch durch Abruf im automatisierten Verfahren übermittelt werden, ohne dass es einer Genehmigung nach § 79 Absatz 1 des Zehnten Buches bedarf.

(9) Das Bundesministerium für Arbeit und Soziales bestimmt im Einvernehmen mit dem Bundesministerium für Gesundheit durch Rechtsverordnung mit Zustimmung des Bundesrates das Nähere über

1. den Umfang der Pflichten des Arbeitgebers und der in Absatz 6 genannten Stellen bei Abrechnungsverfahren, die mit Hilfe automatischer Einrichtungen durchgeführt werden,
2. die Durchführung der Prüfung sowie die Behebung von Mängeln, die bei der Prüfung festgestellt worden sind, und
3. den Inhalt der Datei nach Absatz 8 Satz 1 hinsichtlich der für die Planung der Prüfungen bei Arbeitgebern und der für die Prüfung bei Einzugsstellen erforderlichen Daten, über den Aufbau und die Aktualisierung dieser Datei sowie über den Umfang der Daten aus der Datei nach Absatz 8 Satz 1, die von den Einzugsstellen und der Bundesagentur für Arbeit nach § 28 q Absatz 5 abgerufen werden können.

(10) Arbeitgeber werden wegen der Beschäftigten in privaten Haushalten nicht geprüft.

(11) ¹ Sind beim Übergang der Prüfung der Arbeitgeber von Krankenkassen auf die Träger der Rentenversicherung Angestellte übernommen worden, die am 1. Januar 1995 ganz oder überwiegend mit der Prüfung der Arbeitgeber beschäftigt waren, sind die bis zum Zeitpunkt der Übernahme gültigen Tarifverträge oder sonstigen kollektiven Vereinbarungen für die übernommenen Arbeitnehmer bis zum Inkrafttreten neuer Tarifverträge oder sonstiger kollektiver Vereinbarungen maßgebend. ² Soweit es sich bei einem gemäß Satz 1 übernommenen Beschäftigten um einen Dienstordnungs-Angestellten handelt, tragen der aufnehmende Träger der Rentenversicherung und die abgebende Krankenkasse bei Eintritt des Versorgungsfalles die Versorgungsbezüge anteilig, sofern der Angestellte im Zeitpunkt der Übernahme das 45. Lebensjahr bereits vollendet hatte. ³ § 107 b Absatz 2 bis 5 des Beamtenversorgungsgesetzes gilt sinngemäß.

Übersicht

	Rn.
A. Normzweck	1
B. Prüfung nach Abs. 1	2
I. Adressat der Prüfung, Prüf- und Duldungspflicht	2
II. Gegenstand umd Umfang der Prüfung	3
III. Prüfturnus	6
IV. Ort und Zeit der Prüfung	9
V. Prüfankündigung	10
VI. Abschluss der Prüfung, Verwaltungsakt	11
VII. Widerspruchsverfahren	14
C. Prüfung nach dem KSVG (Abs. 1 a)	15
D. Prüfung im Auftrag der Unfallversicherungsträger (Abs. 1 b)	18
E. Zuständige Prüfinstitution	19
I. Zuständiger Rentenversicherungsträger (Abs. 1, 2)	19
II. Prüfung durch die landwirtschaftlichen Krankenkassen (Abs. 1 S. 6)	21
F. Unterrichtung der Einzugsstellen (Abs. 3)	22
G. Prüfhilfen, Mitwirkungspflichten des Arbeitgebers (Abs. 5)	23
I. Prüfhilfen , Mitwirkungspflichten	23
II. Automatisierte Abrechnungsverfahren	25
III. Folgen fehlender Mitwirkung	26
H. Prüfung bei Abrechnungsstellen (Abs. 6)	27
I. Prüfstatistik (Abs. 7)	28
J. Arbeitgeberdateien (Abs. 8)	29
I. Allgemeines	
II. Prüfplanungs- und Prüfergebnisdatei (Abs. 8 S. 1, 2)	30
III. Basisdatei (Abs. 8 S. 3, 4)	31
IV. Temporäre Datei (Abs. 8 S. 5, 6)	32
K. Verordnungsermächtigung (Abs. 9)	33
L. Ausnahmeregelung für private Haushalte (Abs. 10)	34
M. Bestimmungen anlässlich des Personalübergangs von den Krankenkassen auf die Rentenversicherungsträger (Abs. 11)	36

A. Normzweck

§ 28 p regelt die Prüfung bei den AG für den Bereich des SV-Rechts. Betriebsprüfungen haben 1
unmittelbar im Interesse der VTr und mittelbar im Interesse der Vers den Zweck, die **rechtmäßige
BeitrEntrichtung** zu den einzelnen Zweigen der SV sicherzustellen; sie sollen einerseits helfen
BeitrAusfälle zu vermeiden und andererseits die RVTr davor bewahren, dass aus der Annahme von
Beitr für nicht verspfl Personen Leistungsansprüche entstehen (BSG 30. 11. 1978 – 12 RK 6/76 –
BSGE 47, 194; BSG 29. 7. 2003 – B 12 AL 1/02 R – SGb 2003, 625). Über diese **Kontrollfunktion**
hinaus kommt den Betriebsprüfungen keine Bedeutung zu (BSG aaO). Gegenstand der Prüfung
nach § 28 p ist zum einen die Überprüfung der **ordnungsgemäßen Erfüllung der den AG obliegenden
Zahlungs-, Melde- und sonstigen Pflichten, die im Zusammenhang mit dem GesamtSVBeitr (§ 28 d) stehen** (Abs. 1). Bis zum 31. 12. 1995 oblag diese Prüfung den Krankenkassen als Einzugsstellen. Durch Art. 1 Nr. 4 des 3. SGBÄndG vom 30. 6. 1995 (BGBl. I S. 890) wurde
das Prüfrecht mWv 1. 1. 1996 neu geregelt und den RVTrn übertragen. Der Übergang der Prüfverpflichtung
auf die RVTr vollzog sich in den Jahren 1996 bis 1998 zunächst schrittweise; seit 1. 1. 1999
führen die RVTr die Prüfungen grds. in alleiniger Verantwortung durch (zu den Gründen vgl. BT-Drs. 13/1205). Einzig den landwirtschaftl. Krankenkassen wird aufgrund der in Abs. 1 S. 6 enthaltenen
Sonderregelung ein eigenständiges Prüfrecht hins. der in der Landwirtschaft mitarbeitenden Familienangehörigen
eingeräumt. Durch Art. 2 Nr. 1 des 3. KSVGÄndG vom 12. 6. 2007 (BGBl. I
S. 1034) haben die RVTr zudem die Aufgabe erhalten, bei den AG die **ordnungsgemäße Erfüllung
der ihnen nach dem KSVG obliegenden Melde- und Abgabepflichten** zu prüfen, insb. die
rechtzeitige und vollständige Entrichtung der Künstlersozialabgabe (Abs. 1 a, zu den Gründen vgl.
BT-Drs. 16/4373 S. 1 f.). Um die AG von Doppelprüfungen durch die SVTr zu entlasten (vgl. BT-Drs. 16/9154 S. 30), führen die RVTr mWv 1. 1. 2010 nach § 166 Abs. 2 S. 1 SGB VII im Rahmen
der Prüfungen nach Abs. 1 grds. auch die Prüfung nach § 166 Abs. 1 SGB VII hins. der **ordnungsgemäßen
Erfüllung der den AG nach dem SGB VII obliegenden Beitr- und Meldepflichten**
durch (dazu im Einzelnen Rn. 18). Die Prüfung erfolgt **im Auftrag der UVTr**; Abs. 1 b ergänzt
und konkretisiert diesen Prüfauftrag. Die Abs. 2 bis 11 treffen notwendige erg. Regelungen im Zusammenhang
mit der Aufgabenwahrnehmung nach den Abs. 1 bis 1 b.

B. Prüfung nach Abs. 1

I. Adressat der Prüfung, Prüf- und Duldungspflicht

Abs. 1 S. 1 verpflichtet die RVTr, mind. alle vier Jahre bei den AG die ordnungsgemäße Erfüllung 2
der Meldepflichten und sonstigen Pflichten nach dem SGB IV, die im Zusammenhang mit dem GesamtSVBeitr
(§ 28 d) stehen, zu prüfen (zu der in diesem Rahmen seit 1. 1. 2010 im Auftrag der UVTr
grds. mit durchzuführenden Prüfung vgl. Rn. 5a und 18). Die RVTr führen die Prüfungen grds. in
alleiniger Verantwortung durch (Rn. 19); einzig die Prüfung für die mitarbeitenden Familienangehörigen
in der Landwirtschaft wird aufgrund der in Abs. 1 S. 6 enthaltenen Sonderregelung ausschließlich
von den landwirtschaftl. Krankenkassen durchgeführt (Rn. 21). Abs. 1 räumt den Prüfinstitutionen
insoweit nicht nur ein Prüfrecht ein, sondern verpflichtet sie zugleich **(Prüfpflicht).** Adressat der Prüfung
ist der AG als Schuldner des GesamtSVBeitr (§ 28 e Abs. 1 S. 1) und Meldepflichtiger (§ 28 a
Abs. 1 S. 1). Mit Ausnahme der Privathaushalte (vgl. Abs. 10) sind **alle AG** zu prüfen (zum AG-Begriff
vgl. die Anm. zu § 28 a Rn. 2 und § 28 e Rn. 4). Der AG ist verpflichtet, die Prüfung zu dulden (**Duldungspflicht,**
vgl. LSG BE 4. 8. 2004 – L 9 KR 31/02 – juris) und angemessene Prüfhilfe zu leisten
(dazu Rn. 23). Die Pflicht zur Prüfung und Duldung der Prüfung endet auch nicht mit der Schließung
des Betriebes oder der Entlassung der Beschäftigten (ebenso BT-Drs. 13/1205 S. 6). Mit Eröffnung
eines Insolvenzverfahrens tritt der Insolvenzverwalter in die Rechte und Pflichten des AG ein. In die
Prüfung mit einbezogen sind auch steuerberatende Stellen, Rechenzentren oder vergleichbare Einrichtungen,
die für den AG Entgelte abrechnen oder Meldungen erstatten (sog. Abrechnungsstellen –
Abs. 6), wenn der AG die Prüfung dort durchführen lässt (Rn. 27).

II. Gegenstand und Umfang der Prüfung

Gegenstand der Prüfung ist die ordnungsgemäße Erfüllung der Meldepflichten und sonstigen 3
Pflichten nach dem SGB IV, die **im Zusammenhang mit dem GesamtSVBeitr (§ 28 d) stehen,**
insb. die Richtigkeit der BeitrZahlungen und der Meldungen. Der Inhalt der Prüfung ergibt sich
damit insb. aus § 28 a (Meldepflichten), §§ 28 e, 28 d (Zahlung des GesamtSVBeitr) und § 28 f (Aufzeichnungspflichten,
Übermittlung des BeitrNachweises). Die Prüfung bezieht sich auf das **gesamte
Sozialversicherungsverhältnis** der innerhalb des Prüfzeitraumes beschäftigt gewesenen bzw. für den
AG tätigen Personen. Sie umfasst insb. die vom AG vorgenommenen versicherungsrechtl. Beurteilungen
(insb. der BeschVerh.), die für die BeitrBerechnung vorgenommene Beurteilung der ArbEntge

40 SGB IV § 28p   SGB IV – Gemeinsame Vorschriften für die Sozialversicherung

hins. BeitrPfl/BeitrFreiheit, die Berechnung und zeitliche Zuordnung der Beitr einschl. der Ermittlung der voraussichtlichen BeitrSchuld nach § 23 Abs. 1 S. 2, die abgegebenen Meldungen (insb. ob bei allen Meldetatbeständen/-anlässen nach § 28a die erforderlichen Meldungen vollständig, ordnungsgemäß und rechtzeitig erstattet worden sind), die nach § 28f Abs. 1 vorzulegenden BeitrNachweise hins. Vollständigkeit sowie die nach § 28f Abs. 1 (iVm. § 8 BVV) zu führenden Entgeltunterlagen. Aufgrund ausdrücklicher Bestimmung in § 11 Abs. 1 S. 1 BVV ist den Prüfinstitutionen eine Beschränkung auf **Stichproben** erlaubt. Sie sind somit unabhängig von der Betriebsgröße nicht verpflichtet, eine vollständige Prüfung sämtlicher Sozialversicherungsverhältnisse vorzunehmen (vgl. BSG 29. 7. 2003 – B 12 AL 1/02 R – SGb 2003, 625 mwN). Seit 1. 1. 2009 sind daneben auch die getroffenen Vorkehrungen in Bezug auf den **Insolvenzschutz nach § 7e** von Wertguthaben aus Vereinbarungen nach § 7b zu überprüfen (§ 7e Abs. 6). Die Überprüfung erfolgt anhand des in § 7e Abs. 6 S. 1 Nr. 1 bis 4 festgelegten Prüfkatalogs. Dabei bezieht sich die Prüfung allein auf die Feststellung, ob für ein Wertguthaben eine Insolvenzsicherung nicht getroffen worden ist, die gewählten Sicherungsmittel nicht geeignet iSd. § 7e Abs. 3 sind, die Sicherungsmittel in ihrem Umfang das Wertguthaben um mehr als 30% unterschreiten oder die Sicherungsmittel den im Wertguthaben enthaltenen GesamtSVBeitr nicht umfassen.

4   Zu den zu prüfenden BeitrZahlungen gehören auch die **PflBeitr zur soz. PV für in der ges. KV freiwillig Vers** (obgleich sie nicht zum GesamtSVBeitr gehören, vgl. § 28d S. 2), die **Umlagen zum Ausgleich der AGAufwendungen bei Krankheit und Mutterschaft nach dem AAG** (bzw. für Entgeltabrechnungszeiträume bis 31. 12. 2005 nach dem früheren LFZG, vgl. BT-Drs. 13/1205 S. 6) sowie für Entgeltabrechnungszeiträume ab 1. 1. 2009 die **Umlage für das Insolvenzgeld** gem. §§ 358ff. SGB III idF ab 1. 1. 2009 (vgl. BT-Drs. 16/9154 S. 40). Gegenstand der Prüfung der Umlagen nach dem AAG (bzw. für Entgeltabrechnungszeiträume bis 31. 12. 2005 nach dem früheren LFZG) sowie der Umlage für das Insolvenzgeld gem. §§ 358ff. SGB III sind jeweils die Umlagepflicht und die zutreffende Berechnung und Abführung der Umlagen. Dass die Teilnahme am Verfahren zum Ausgleich der AGAufwendungen bei Krankheit und Mutterschaft sowie die entspr. Umlagezahlungen (U1/U2) Gegenstand der Prüfung nach Abs. 1 sind, hat das BSG in Bezug auf die Rechtslage nach dem LFZG ausdrücklich bestätigt (BSG 30. 10. 2002 – B 1 KR 19/01 R – SozR 3–2400 § 28p Nr. 1). Mit Einführung des AAG zum 1. 1. 2006, das an die Stelle des LFZG getreten ist, hat sich hieran nichts geändert. Die Prüfung der Umlage für das Insolvenzgeld für Entgeltabrechnungszeiträume ab 1. 1. 2009 ist darin begründet, dass hierauf seit 1. 1. 2009 grds. die für den GesamtSVBeitr geltenden Vorschriften des SGB IV – einschl. des § 28p – entspr. Anwendung finden (vgl. § 359 Abs. 1 S. 2 SGB III und BT-Drs. 16/9154 S. 40). Nicht von Abs. 1 umfasst ist die Überprüfung der Zahlung freiwilliger KV-Beitr sowie die Prüfung der BeitrZahlung aus Versorgungsbezügen (§ 256 SGB V); dies obliegt allein den Krankenkassen.

5   Grundlage für die Überprüfung der vom AG vorgenommenen versicherungs- und beitragsrechtl. Beurteilungen sind die nach § 28f Abs. 1 SGB IV iVm. § 8 BVV zu führenden **Entgeltunterlagen**, die für alle Beschäftigten (§ 7) vorzuhalten sind, unabhängig davon, ob es sich um verspfl oder um versfreie BeschVerh. handelt. Aufgrund ausdrücklicher Bestimmung in Abs. 1 S. 4 erstreckt sich die Prüfung auch auf Entgeltunterlagen für Beschäftigte, für die keine Beitr gezahlt wurden (zB kurzfristig Beschäftigte nach § 8 Abs. 1 Nr. 2). Von der Prüfung umfasst sind zudem Unterlagen, die der Klärung dienen, ob ein vers- und beitrpfl BeschVerh. vorliegt (§ 11 Abs. 2 S. 2 BVV). Die RVTr sind in diesem Zusammenhang berechtigt, **über den Bereich der Entgeltabrechnung,** jedoch nicht über den Bereich des Rechnungswesens **hinaus** zu prüfen (vgl. § 11 Abs. 2 S. 1 BVV). Daneben sind sie gem. § 10 Abs. 2 S. 2 BVV verpflichtet, Bescheide und Prüfberichte der Finanzbehörden (Berichte über Lohnsteueraußenprüfungen, Lohnsteuerhaftungsbescheide) einzusehen und versicherungs-/beitragsrechtl. auszuwerten. Stellen die RVTr im Rahmen der Prüfung Ordnungswidrigkeiten nach § 111 Abs. 1 und 2 fest, sind sie Verwaltungsbehörde iSd. § 36 Abs. 1 Nr. 1 OWiG.

5a   MWv 1. 1. 2010 führen die RVTr im Rahmen dieser Prüfung grds. auch die **Prüfung nach § 166 Abs. 1 SGB VII im Auftrag der UVTr** durch (vgl. § 166 Abs. 2 S. 1 SGB VII, dazu im Einzelnen Rn. 18).

III. Prüfturnus

6   Abs. 1 S. 1 2. Hs. verpflichtet die RVTr, die AG **mind. alle vier Jahre** zu prüfen. Das vorgegebene Prüfintervall von max. vier Jahren geht auf die Verjährungsregelung des § 25 Abs. 1 S. 1 zurück. Prüfungen in kürzeren Zeitabständen sind zulässig. Dafür spricht auch die Regelung des Abs. 1 S. 2, nach der die Prüfung **in kürzeren Zeitabständen** erfolgen soll, wenn der AG dies verlangt. Die in Abs. 1 S. 2 verwendete Formulierung „soll" führt zur Ermessensschrumpfung; der RVTr ist daher im Regelfall an die vorgegebene Rechtsfolge gebunden. Nur in bes. gelagerten (atypischen) Fällen kann hiervon abgewichen und das **Verlangen des AG** auf vorzeitige Prüfung abgelehnt werden. Hierbei sind insb. die Prüfkapazitäten und der Vorrang der turnusmäßigen Betriebsprüfungen wegen der bestehenden Verjährungsregelung zu berücksichtigen. Die Durchführung der Prüfung zu einem bestimmten Zeitpunkt kann nach Abs. 1 S. 2 nicht verlangt werden. Des Weiteren ist der RVTr auch

nicht verpflichtet, die Prüfung sowie etwaige Feststellungen (insb. BeitrForderungen) auf den Zeitraum seit Ende des Prüfzeitraumes der vorangegangenen Prüfung bzw. den in der Prüfankündigung (Rn. 10) angegebenen **Prüfzeitraum** zu begrenzen (LSG ST 18. 7. 2007 – L 1 RA 248/03 –), wenngleich das in der Praxis die Regel ist. Entscheidend für die Nachforderung von Beitr/Umlagen ist allein die Tatsache, dass die Ansprüche hierauf noch nicht verjährt (§ 25) sind.

Abs. 1 S. 3 räumt den Einzugsstellen (§ 28 h Abs. 1 S. 1 iVm. § 28 i) die Möglichkeit ein, beim RVTr die sofortige Prüfung eines AG **außerhalb des Vier-Jahres-Rhythmus (sog. Ad-hoc-Prüfung)** anzuregen, wenn sie dies für erforderlich halten. Nach den Festlegungen der Spitzenorganisationen der SV (vgl. dazu Ziff. 1.1.2 des gemeinsamen RdSchr. der Spitzenorganisationen der SV vom 3. 11. 2010 zu den Prüfungen der RVTr bei den AG – im Internet: www.deutsche-rentenversicherung.de) sind Gründe für eine solche Ad-hoc-Prüfung ua. die Eröffnung eines Insolvenzverfahrens oder die Nichteröffnung mangels Masse oder eine vollständige Beendigung der Betriebstätigkeit im Inland, wenn ein Antrag auf Eröffnung des Insolvenzverfahrens nicht gestellt worden ist und ein Insolvenzverfahren offensichtlich mangels Masse nicht in Betracht kommt. Gleiches gilt für anderweitige Betriebsschließungen, es sei denn, sie sind saisonbedingt. Zudem geben insb. folgende Sachverhalte Anlass für eine Ad-hoc-Prüfung: die Vermutung der BeitrHinterziehung in größerem Umfang, fehlende BeitrNachweise für mehr als 12 Monate (trotz intensiver Bemühungen der Einzugsstelle) sowie Hinweise von den mit der Bekämpfung von illegaler Besch und Schwarzarbeit befassten Stellen (§ 2 Abs. 2 SchwarzArbG), sofern es sich nicht nur um geringfügige Meldeverstöße handelt. Im Falle eines berechtigten Prüfersuchens führen die RVTr die Prüfungen vereinbarungsgemäß unverzüglich durch. Hohe BeitrRückstände allein ohne weitere Anhaltspunkte sind kein Grund für eine sofortige Prüfung (Jochim in jurisPK-SGB IV, § 28 p Rn. 93). 7

Neben den Einzugsstellen können auch die UVTr eine sofortige Prüfung eines AG nach § 166 SGB VII anregen (vgl. Ziff. 1.1.2 des unter Rn. 7 gen. RdSchr.). Absprachegemäß geben insb. die unter Rn. 7 gen. Sachverhalte sowie auffällige Lohnsummenschwankungen, die trotz intensiver Bemühungen des zust. UVTrs nicht aufgeklärt werden konnten, in diesen Fällen Anlass für eine Ad-hoc-Prüfung. Zudem können unmittelbar an die RVTr gerichtete **Hinweise** der Behörden der Zollverwaltung, der Kriminalpolizei, der Steuerfahndung und der Staatsanwaltschaften sowie **anderer Stellen oder Personen** (zB Privatpersonen, andere AG) zu versicherungs-, beitrags- oder melderechtl. relevanten Sachverhalten eine sofortige Prüfung eines AG nach Maßgabe des Einzelfalls erforderlich machen. 8

IV. Ort und Zeit der Prüfung

Die Prüfung in den Geschäftsräumen des AG (bzw. seiner Abrechnungsstelle) ist in der Praxis die Regel. Allerdings hat der AG nach § 98 Abs. 1 S. 3 SGB X grds. ein **Wahlrecht**, ob er die prüfrelevanten Unterlagen in seinen Geschäftsräumen oder in den Räumen des prüfenden RVTrs vorlegen will (vgl. a. § 13 BVV). Dieses Wahlrecht entfällt, wenn bes. Gründe die Prüfung in den Räumen des AG erforderlich machen (§ 98 Abs. 1 S. 4 SGB X, zB der begründete Verdacht auf vorsätzliche BeitrHinterziehung oder illegale Besch und Schwarzarbeit). Hat der AG eine Stelle nach Abs. 6 mit der Entgeltabrechnung und/oder der Erstattung der Meldungen betraut, wird die Prüfung mit Zustimmung des AG bei dieser Stelle vorgenommen (Rn. 27). Die Prüfung vor Ort (beim AG bzw. seiner Abrechnungsstelle) ist an **die Betriebszeit** des AG bzw. der Abrechnungsstelle gebunden (vgl. § 98 Abs. 1 S. 3 SGB X). Eine Prüfung in den Räumen des RVTrs erfolgt regelmäßig wegen des umfassenden Prüfrechts und des zT erheblichen Umfangs an prüfrelevanten Unterlagen nur bei kleineren Betrieben. 9

V. Prüfankündigung

Eine beabsichtigte Betriebsprüfung muss dem AG bzw. seiner Abrechnungsstelle grds. im Voraus angekündigt werden (§ 7 Abs. 1 S. 1 BVV). Die Ankündigung soll möglichst einen Monat, sie muss jedoch spätestens 14 Tage vor der Prüfung erfolgen (§ 7 Abs. 1 S. 2 BVV). Mit Zustimmung des AG bzw. der Abrechnungsstelle kann hiervon abgewichen und die Prüfung auch vor Ablauf dieser Frist durchgeführt werden (§§ 7 Abs. 1 S. 3, 12 BVV). Die Anmeldung ist an **keine bes. Form** gebunden, sie muss insb. nicht zwingend schriftlich erfolgen. Machen bes. Gründe eine Prüfung beim AG erforderlich (vgl. § 98 Abs. 1 S. 4 SGB X und Rn. 9), kann die Prüfung auch ohne Ankündigung durchgeführt werden (§ 7 Abs. 1 S. 4 BVV). 10

Der RVTr ist nicht verpflichtet, einen bestimmten Prüfzeitraum oder -umfang ggü. dem AG festzulegen (LSG ST 18. 7. 2007 – L 1 RA 248/03 –). Andererseits ist der RVTr auch nicht an den in der Prüfankündigung mitgeteilten Prüfzeitraum gebunden; er ist insb. nicht verpflichtet, die Prüfung sowie etwaige Feststellungen (insb. BeitrNachforderungen) auf den angekündigten Prüfzeitraum zu beschränken (aaO, vgl. erg. Rn. 6). Die Prüfankündigung dient nicht dem Zweck, den Rahmen der Prüfung festzulegen und den RVTr hierauf zu begrenzen; sie soll den AG lediglich in die Lage versetzen, seinen Mitwirkungspflichten nachzukommen (aaO). 10a

VI. Abschluss der Prüfung, Verwaltungsakt

11   Das Ergebnis der Prüfung ist dem AG gem. § 7 Abs. 4 S. 1 BVV **schriftlich** mitzuteilen; die Mitteilung soll **innerhalb von zwei Monaten nach Abschluss der Prüfung** dem AG zugehen. Hat die Prüfung bei einer Abrechnungsstelle (Abs. 6) stattgefunden, hat die Prüfinstitution dieser und dem AG das Ergebnis mitzuteilen (§ 12 S. 3 BVV). Bleibt die Prüfung ohne Beanstandungen, ergeht eine bloße Prüfmitteilung mit der Information, dass sich keine Beanstandungen ergeben haben (kein Verwaltungsakt iSd. § 31 SGB X). Aus der Nichtbeanstandung von Sachverhalten können weder der AG noch die Beschäftigten Rechte herleiten (BSG 30. 11. 1978 – 12 RK 6/76 – BSGE 47, 194; BSG 29. 7. 2003 – B 12 AL 1/02 R – SGb 2003, 625). Ergeben sich Beanstandungen, insb. BeitrNachforderungen, wird das Ergebnis mit den Feststellungen in Form eines Verwaltungsaktes bekannt gegeben. Vor Erlass eines in die Rechte des AG eingreifenden Verwaltungsaktes ist dieser nach § 24 Abs. 1 SGB X anzuhören. Die Durchführung der **Anhörung** ist dabei an keine bes. Form gebunden. In der Praxis erfolgt die Anhörung regelmäßig im Rahmen der sog. Schlussbesprechung zur Betriebsprüfung, in der der Prüfer die Ergebnisse und Feststellungen und die sich daraus ergebenden Konsequenzen mündlich bekannt gibt.

12   Aufgrund ausdrücklicher Bestimmung in Abs. 1 S. 5 erlassen die RVTr im Rahmen der Prüfung nach § 28 p die ggf. erforderlichen **Verwaltungsakte (§ 31 SGB X) zur Vers- und BeitrPfl sowie zur BeitrHöhe** in der KV, PV, RV und AV. Diese Ermächtigung umfasst auch die Nachforderung von nicht oder nicht in richtiger Höhe gezahlten **Umlagen** zum Ausgleich der AGAufwendungen bei Krankheit und Mutterschaft **nach dem AAG** (bzw. für Entgeltabrechnungszeiträume bis 31. 12. 2005 nach dem früheren LFZG, vgl. BSG 30. 10. 2002 – B 1 KR 19/01 R – SozR 3–2400 § 28 p Nr. 1) sowie nicht oder nicht in richtiger Höhe gezahlten **Umlagen für das Insolvenzgeld** gem. §§ 358 ff. SGB III (vgl. Rn. 4). Die Vers- und BeitrPfl sowie die BeitrHöhe sind grds. personenbezogen festzustellen (vgl. BSG 23. 5. 1995 – 12 RK 63/93 – SozR 3–2400 § 28 h Nr. 3). Unter den Voraussetzungen des § 28 f Abs. 2 kann der RVTr aber hiervon abweichen und einen sog. **SummenBeitrBescheid** erlassen (vgl. Anm. zu § 28 f Rn. 9 ff.). Neben versicherungs- und beitragsrechtl. Feststellungen kann der RVTr auch **melderechtl. Auflagen** erteilen und dem AG zur Abgabe, Stornierung und/oder Korrektur von Meldungen verpflichten. Adressat des Verwaltungsaktes ist der AG als BeitrSchuldner und Meldepflichtiger. Die ansonsten außerhalb der Prüfung bestehende Zuständigkeit der Einzugsstellen für die Entscheidung über die Vers- und BeitrPfl sowie die BeitrHöhe in der KV, PV, RV und AV einschl. des Erlasses der erforderlichen Verwaltungsakte nach § 28 h Abs. 2 gilt in diesem Fall nicht; die RVTr sind allein entscheidungsbefugt. § 93 iVm. § 89 Abs. 5 SGB X findet keine Anwendung. Die RVTr sind in diesem Zusammenhang ermächtigt, **Verwaltungsakte der Einzugsstellen** unter den Voraussetzungen der §§ 44 ff. SGB X aufzuheben bzw. abzuändern (BT-Drs. 13/1205 S. 7). **PflBeitr zur soz. PV für in der ges. KV freiwillig Vers** kann der RVTr nicht selbst nachfordern, da hier nicht der AG, sondern der Vers BeitrSchuldner ist. Die Ermächtigung zum Erlass der erforderlichen Verwaltungsakte nach Abs. 1 S. 5 schließt die Befugnis zur Erhebung von **Säumniszuschlägen (§ 24)** mit ein (unter den Voraussetzungen des § 24). Macht der BeitrSchuldner die Rechtswidrigkeit der Säumniszuschläge geltend, obliegt die Prüfung, ob und inwieweit der Bescheid zurückzunehmen ist, dem RVTr. Zust. für die Entscheidung über der Erlass der Säumniszuschläge (§ 76 Abs. 2 S. 1 Nr. 3) ist dagegen die jeweilige Einzugsstelle.

13   **Einzugsstellen** für den GesamtSVBeitr und Annahmestellen für die Meldungen bleiben weiterhin die Krankenkassen bzw. die DRV Knappschaft-Bahn-See – Minijob-Zentrale – (§ 28 h Abs. 1 S. 1 iVm. § 28 i). Sie haben auch die von den RVTrn im Rahmen der Prüfungen geltend gemachten GesamtSVBeitr und Umlagen einzuziehen. Mit dem BeitrBescheid setzt der jeweilige RVTr deshalb dem BeitrSchuldner eine Frist zur Begleichung der Forderung ggü. der jeweils zust. Einzugsstelle, die dann gem. § 28 h Abs. 1 die rechtzeitige Zahlung überwacht.

VII. Widerspruchsverfahren

14   Gegen den Bescheid des RVTrs ist als Rechtsbehelf der Widerspruch statthaft. Zust. für die Durchführung des Widerspruchsverfahrens, insb. die Abhilfeprüfung und den Erlass eines etwaigen Widerspruchsbescheides, ist der den Bescheid erlassene RVTr (Abs. 1 S. 5). In einem ggf. anschließenden sozialgerichtlichen Streitverfahren ist der RVTr aktiv legitimiert (BSG 30. 10. 2002 – B 1 KR 19/01 R – SozR 3–2400 § 28 p Nr. 1). Der Widerspruch hat **keine aufschiebende Wirkung** (§ 86 a Abs. 2 Nr. 1 SGG); dies gilt seit 1. 1. 2008 auch für im Rahmen der Prüfung getroffene Statusentscheidungen (§ 7 a Abs. 7 S. 1 findet hier keine Anwendung. **Auf Antrag** kann der RVTr jedoch die sofortige Vollziehung des Bescheides unter den Voraussetzungen des § 86 a Abs. 3 SGG ganz oder teilweise aussetzen. Gibt der RVTr dem Antrag statt, fallen für den Aussetzungszeitraum keine Säumniszuschläge (§ 24) an; allerdings wird die Entscheidung zur **Aussetzung der Vollziehung** vom RVTr idR mit der Auflage zur Verzinsung der Forderung gem. § 86 a Abs. 3 S. 4 SGG verbunden (in entspr. Anwendung des § 27 Abs. 1 S. 1 mit 4%). Lehnt der RVTr die Aussetzung der Vollziehung ab, besteht die Möglichkeit, beim zust. SG **einstweiligen Rechtsschutz** nach § 86 b SGG zu beantragen (Antrag auf einstweilige Anordnung der aufschiebenden Wirkung des Widerspruchs).

C. Prüfung nach dem KSVG (Abs. 1 a)

Der mWv 15. 6. 2007 eingefügte Abs. 1 a verpflichtet die RVTr, auch die ordnungsgemäße Erfüllung der den AG nach dem KSVG obliegenden Melde- und Abgabepflichten zu prüfen, insb. die rechtzeitige und vollständige Entrichtung der Künstlersozialabgabe (zu den Gründen vgl. BT-Drs. 16/4373 S. 1 f.). Zur Abgabepflicht vgl. § 24 KSVG, zur Berechnung der Künstlersozialabgabe vgl. §§ 23, 25, 26 KSVG, zu den Melde- und Vorauszahlungspflichten bei bestehender Abgabepflicht vgl. § 27 KSVG. **Gegenstand der Prüfung**, die sich auf Stichproben beschränken kann (§ 13 a S. 1 BVV iVm. § 2 Abs. 2 KSVG-BÜVO), sind die tatsächlichen und rechtl. Verh., die maßgebend sind für die Feststellung der Abgabepflicht dem Grunde nach und der Höhe der Künstlersozialabgabe (§ 13 a S. 1 BVV iVm. § 2 Abs. 1 Nr. 2 KSVG-BÜVO, vgl. erg. Rn. 16 a). Von der Prüfung nach Abs. 1 a werden nur AG erfasst. **Zust. für die Prüfung** der AG sind grds. die RVTr (vgl. dazu Rn. 19). Die Prüfung von Unternehmen ohne Beschäftigte und Unternehmen, die einer Ausgleichsvereinigung (§ 32 KSVG) angehören, erfolgt dagegen weiterhin allein durch die KSK (§ 35 Abs. 1 KSVG; § 1 Abs. 1 KSVG-BÜVO), die auch für die sonstige Abgabeerhebung nach § 23 KSVG außerhalb der Prüfungen zust. bleibt. Anders als Abs. 1 enthält Abs. 1 a keine Vorgabe zur Prüfung in bestimmten Zeitintervallen; die Regelung entspricht insoweit § 35 Abs. 1 KSVG. Vielmehr bestimmt der RVTr den **Zeitpunkt der Prüfung** im Rahmen ordnungsgemäßer Aufgabenerfüllung (§ 13 a S. 2 BVV). Die Prüfung kann auf potentiell abgabepflichtige AG beschränkt werden. 15

Gem. § 13 a S. 1 BVV iVm. § 1 Abs. 2 KSVG-BÜVO kann die Prüfung **in Form einer schriftlichen Prüfung oder als Außenprüfung** erfolgen, wobei die RVTr gem. Abs. 1 a S. 2 berechtigt sind, das Prüfverfahren mit der Aufforderung zur Meldung ggü. dem AG einzuleiten. Von der letztgen. Möglichkeit machen die RVTr im Rahmen von Sonderanschreibeaktionen Gebrauch. Hierbei werden AG, bei denen Anhaltspunkte für eine Abgabepflicht bestehen, aufgefordert, einen Erhebungsbogen auszufüllen, mit dem die für die Feststellung der Abgabepflicht dem Grunde und der Höhe nach relevanten Sachverhalte abgefragt werden (SUMMA SUMMARUM 4/2007, S. 4, 3/2008, S. 13, im Internet: www.deutsche-rentenversicherung.de). Der AG ist verpflichtet, die erforderlichen Angaben zu machen (§ 29 KSVG). Handelt er nicht oder nicht ordnungsgemäß, ist der RVTr befugt, die abgabepflichtigen Entgelte (§ 25 KSVG) zu schätzen (§ 27 Abs. 1 S. 3 KSVG). Anhand der vom AG in diesem Erhebungsbogen gemachten Angaben prüft der RVTr die Abgabepflicht dem Grunde und der Höhe nach. Sofern im Rahmen des schriftlichen Verfahrens durch die Prüfinstitution eine abschließende Entscheidung getroffen werden kann, wird das Verwaltungsverfahren mit einem Verwaltungsakt abgeschlossen (dazu Rn. 16 a). Sind die Angaben nicht hinreichend und ist eine abschließende Entscheidung noch nicht möglich, erfolgt eine Außenprüfung im Rahmen der nächsten turnusmäßigen Betriebsprüfung nach Abs. 1 beim AG. Das **Nähere zur Prüfdurchführung** regelt § 13 a BVV. Für die Prüfung finden danach die §§ 7 bis 13 BVV (vgl. dazu Rn. 10, 11) entspr. Anwendung; erg. gelten § 1 Abs. 2, § 2 Abs. 1 Nr. 2 und Abs. 2, §§ 7 und 8 KSVG-BÜVO und § 27 Abs. 1 S. 4 KSVG. 16

Die RVTr – und nicht die KSK – stellen aufgrund ihrer Prüffeststellungen die Abgabepflicht **durch Bescheid ggü. dem AG** dem Grunde und der Höhe nach fest und führen auch das Widerspruchsverfahren bei von ihnen erlassenen Bescheiden durch (Abs. 1 a S. 3). Die Ermächtigung zum Erlass der erforderlichen Verwaltungsakte schließt die Befugnis zur Erhebung von Säumniszuschlägen mit ein (unter den Voraussetzungen von § 30 KSVG iVm. § 24 SGB IV). Im Fall bestehender Abgabepflicht haben die RVTr zudem die erforderlichen Feststellungen über die Höhe der zu leistenden **Vorauszahlung auf die Künstlersozialabgabe** nach § 27 Abs. 2 KSVG zu treffen. Der mWv 1. 1. 2009 neugefasste Abs. 1 S. 3 stellt insoweit klar, dass die Prüfung der rechtzeitigen und vollständigen Entrichtung der Künstlersozialabgabe auch die zu leistende Vorauszahlung nach § 27 Abs. 2 KSVG umfasst und diese somit Bestandteil der zu erlassenen Bescheide ist (BT-Drs. 16/10488 S. 16). Dabei besteht keine ges. Verpflichtung, die Feststellungen aus den Prüfungen nach Abs. 1 und Abs. 1 a in einer Prüfmitteilung bzw. einem Verwaltungsakt zusammenzufassen; insb. aus Gründen der Übersichtlichkeit werden in der Praxis jeweils separate Prüfmitteilungen / Verwaltungsakte erlassen. Für den Fall, dass der RVTr im Rahmen der Prüfung die Höhe der Vorauszahlung feststellt und der Abgabepflichtige im Rahmen eines Widerspruchsverfahrens dagegen vorgeht, entscheidet der RVTr unter den Voraussetzungen des § 27 Abs. 5 S. 1 KSVG auch über die **Herabsetzung der Vorauszahlung** (vgl. § 27 Abs. 5 S. 2 KSVG). Im Rahmen der sonstigen Abgabeerhebung erteilt weiterhin die KSK die notwendigen Bescheide (§ 27 Abs. 1 a S. 1 KSVG, BT-Drs. 16/10488 S. 16 sowie Rn. 15); sie entscheidet auch außerhalb eines Widerspruchsverfahrens beim RVTr über die Herabsetzung der Höhe der Vorauszahlung (vgl. BT-Drs. 16/10488 S. 20). Kann der RVTr bei der Prüfung die Bemessungsgrundlagen nach § 25 KSVG für die Künstlersozialabgabe (die an selbst. Künstler und Publizisten gezahlten Entgelte) nicht oder nicht in angemessener Zeit ermitteln, weil die Aufzeichnungspflichten (§ 28 KSVG) nicht ordnungsgemäß erfüllt worden sind oder der AG seinen Auskunfts- und Vorlagepflichten (§ 29 KSVG, vgl. erg. Rn. 23) nicht nachkommt, ist er zur **Schätzung** befugt (§ 27 Abs. 1 S. 4 KSVG). Bei der Verletzung der Aufzeichnungspflichten nach § 28 KSVG bzw. der Auskunfts- und Vorlagepflichten nach § 29 KSVG han- 16a

40 SGB IV § 28p SGB IV – Gemeinsame Vorschriften für die Sozialversicherung

delt es sich zudem um Ordnungswidrigkeiten (§ 36 Abs. 2 Nr. 2 und 3 KSVG), die der RVTr mit einer Geldbuße nach Maßgabe von § 36 Abs. 3 KSVG ahnden kann (§ 36 Abs. 4 Nr. 1 KSVG); er ist insoweit Verwaltungsbehörde iSd. § 36 Abs. 1 Nr. 1 OWiG.

17 Einzugsstelle für die Künstlersozialabgabe und die Vorauszahlungen bleibt die KSK. Eine Berechtigung zur Einziehung der Abgabe wird für die RVTr nicht begründet. Der prüfende RVTr ist aber befugt, dem AG eine Zahlungsfrist zur Begleichung der Forderung ggü. der KSK zu setzen. Damit die KSK ihre Funktion als Einzugsstelle erfüllen kann, verpflichtet Abs. 1 a S. 4 die RVTr, die KSK über alle Sachverhalte betr. die Melde- und Abgabepflichten der AG zu unterrichten. Die **Unterrichtung** erfolgt in der Weise, dass die RVTr ihre Prüfberichte und Prüfbescheide (sowie Informationen über lfd. Widerspruchs-/Klageverfahren), soweit sie die Melde- und Abgabepflichten nach dem KSVG betreffen, – per Datensatz – **der KSK** übersenden (vgl. a. § 7 Abs. 4 S. 4 BVV).

D. Prüfung im Auftrag der Unfallversicherungsträger (Abs. 1 b)

18 MWv 1. 1. 2010 führen die RVTr nach § 166 Abs. 2 S. 1 SGB VII bei den AG grds. auch die Prüfung nach § 166 Abs. 1 SGB VII hins. der ordnungsgemäßen Erfüllung der den AG nach dem SGB VII obliegenden Beitr- und Meldepflichten (zu den Gründen vgl. Rn. 1). Die Prüfungen werden **im Auftrag der UVTr** im Rahmen der Prüfungen nach Abs. 1 (Rn. 2 ff.) durchgeführt (vgl. § 166 Abs. 2 S. 1 SGB VII). Geprüft wird **für Prüfzeiträume ab 1. 1. 2009**; die Prüfung für die Jahre 2005 bis 2008 erfolgt in den Jahren 2010 und 2011 weiter durch die UVTr (§ 218 e Abs. 4 SGB VII). Der Prüfauftrag der RVTr nach § 166 Abs. 2 S. 1 SGB VII erstreckt sich grds. auf alle AG. Ausgenommen sind lediglich die in § 166 Abs. 2 S. 2 und 3 SGB VII gen. Fälle, in denen die UVTr weiterhin selbst prüfen und hierfür auch die Prüfungsabstände bestimmen. Das betrifft zum einen die Fälle, in denen sich die Höhe des UV-Beitr nach den §§ 155, 156, 185 Abs. 2 oder 185 Abs. 4 SGB VII nicht nach ArbEntg richtet (§ 166 Abs. 2 S. 2 SGB VII), und zum anderen diejenigen Unternehmer, bei denen keine Prüfung nach Abs. 1 durchzuführen ist (§ 166 Abs. 2 S. 3 SGB VII, zB Unternehmer, die keine AG sind, sowie Privathaushalte [vgl. Abs. 10]). **Gegenstand der Prüfung durch die RVTr** ist, ob die AG die zur Berechnung der UV-Beitr zu berücksichtigenden (in der ges. UV beitrpfl) ArbEntge der Beschäftigten richtig beurteilt und ordnungsgemäß angegeben und den jeweils anzuwendenden unfallversicherungsträgerspezifischen Gefahrtarifstellen iSd. § 157 Abs. 2 SGB VII zutreffend zugeordnet haben (vgl. BT-Drs. 16/9154 S. 30). Die Prüfung kann auf **Stichproben** beschränkt werden (§ 166 Abs. 1 SGB VII iVm. § 11 Abs. 1 S. 1 BVV). Nicht Gegenstand des Prüfauftrages ist die Prüfung der Veranlagung iSd. § 159 SGB VII. Für die Prüfungen erhalten die RVTr von den UVTrn eine **pauschale Vergütung**, mit der alle dadurch entstandenen Kosten abgegolten werden; die Höhe wird regelmäßig durch Vereinbarung zwischen der DGUV und der DRV Bund festgesetzt (§ 166 Abs. 3 SGB VII).

18a Durch Abs. 1 b wird der Prüfauftrag nach § 166 Abs. 2 S. 1 SGB VII ergänzt und konkretisiert. Abs. 1 b S. 1 (iVm. § 7 Abs. 4 S. 6 BVV) verpflichtet die RVTr, den zust. UVTrn ihre Feststellungen aus den bei den AG im Auftrag durchgeführten Prüfungen mitzuteilen. Die **Unterrichtung des zust. UVTrs** erfolgt per Datensatz. Aufgrund dieser Feststellungen erlassen die UVTr sodann die erforderlichen **BeitrBescheide** in eigener Zuständigkeit (Abs. 1 b S. 2); anders als im Fall des Abs. 1 und Abs. 1 a sind die RVTr hierzu nicht befugt (vgl. BT-Drs. 16/9154 S. 41). Obgleich Abs. 1 b bereits zum 1. 1. 2009 in Kraft getreten ist (vgl. Art. 13 Abs. 4 UVMG vom 30. 10. 2008 [BGBl. I S. 2130]), entfaltet er seine Wirkung nach Sinn und Zweck und als bloßer Annex zu § 166 Abs. 2 S. 1 SGB VII idF des UVMG erst vom 1. 1. 2010 an. Hins. des Zeitpunktes des Inkrafttretens des Abs. 1 b handelt es sich offenbar um ein redaktionelles Versehen des GGebers.

18b Für die Prüfung im Auftrag der UVTr gelten die in §§ 7 ff. BVV festgelegten Grundsätze und Verfahrensregelungen (vgl. § 166 Abs. 1 SGB VII). Der prüfende RVTr hat dem AG das Ergebnis dieser Prüfung schriftlich mitzuteilen (§ 7 Abs. 4 S. 5 BVV). Haben sich Beanstandungen ergeben, handelt es sich bei der **Mitteilung an den AG** im Unterschied zu Abs. 1 S. 5 und Abs. 1 a S. 3 nicht um einen Verwaltungsakt iSd. § 31 SGB X, da sich die Rechtsfolgen für den AG nicht aus dieser Mitteilung, sondern erst aus dem folgenden BeitrBescheid des UVTrs (vgl. Abs. 1 b S. 2) ergeben. Widersprüche gegen diese Prüfmitteilung sind insoweit unzulässig. Allerdings wird dem AG im Vorfeld (entweder im Rahmen der Schlussbesprechung oder in einem schriftlichen Verfahren) die **Möglichkeit** gegeben, zu den Feststellungen aus der Prüfung **ggü. dem RVTr Stellung zu nehmen** (vgl. § 168 Abs. 2 S. 2 SGB VII; es handelt sich hierbei nicht um eine Anhörung nach § 24 Abs. 1 SGB X). Soweit die in der Prüfung getroffenen Feststellungen zur **Aufhebung eines BeitrBescheides des UVTrs** führen und der AG ggü. dem RVTr Gelegenheit zur Stellungnahme hatte, kann der UVTr die Bescheidaufhebung ohne vorherige Anhörung des AG nach § 24 Abs. 1 SGB X vornehmen (vgl. § 168 Abs. 2 S. 2 SGB VII).

E. Zuständige Prüfinstitution

I. Zuständiger Rentenversicherungsträger (Abs. 1, 2)

Die Prüfungen nach § 28 p führen die RVTr grds. in alleiniger Verantwortung durch. Verpflichtet 19
sind alle RVTr; das sind die DRV Bund, die DRV Knappschaft-Bahn-See und die RegionalTr der
DRV (§ 125 SGB VI). Zur Vermeidung von Mehrfachprüfungen desselben AG verpflichtet Abs. 2
S. 2 die RVTr, sich wegen ihrer Prüftätigkeit und -zuständigkeit abzustimmen. Im Verh. zwischen den
RegionalTrn und der DRV Bund richtet sich die Prüfzuständigkeit grds. nach der Endziffer (sog.
Prüfziffer) der BBNR des AG. Die **DRV Bund** prüft Betriebe mit den **Prüfziffern 0 bis 4**, die
RegionalTr prüfen in ihrem örtlichen Zuständigkeitsbereich Betriebe mit den **Prüfziffern 5 bis 9**.
Für AG, die eine Stelle nach Abs. 6 mit der Entgeltabrechnung betraut haben und die Prüfung bei
dieser Stelle durchführen lassen, richtet sich die Prüfzuständigkeit nach der Prüfziffer der BBNR dieser Stelle (entspr. der vg. Zuständigkeitsaufteilung). Abw. hiervon ist bei Ad-hoc-Prüfungen (Rn. 7)
und in Fällen, in denen die Abrechnungsstelle keine eigene BBNR besitzt, die BBNR des AG maßgebend. Im Bereich der RegionalTr richtet sich die örtliche Zuständigkeit nach dem Sitz der Lohn-
und Gehaltsabrechnungsstelle des AG (Abs. 2 S. 1) oder – falls sich der AG einer Abrechnungsstelle
bedient – nach dem Sitz der Abrechnungsstelle (Abs. 6 S. 2). Von der og. Zuständigkeitsaufteilung
sind die Betriebe ausgenommen, für die die DRV Knappschaft-Bahn-See zust. ist.

Von der **DRV Knappschaft-Bahn-See** werden alle Betriebe geprüft, die knappschaftlich renten- 20
verspfl AN (§§ 133, 134, 273 SGB VI) beschäftigt haben. Die DRV Knappschaft-Bahn-See bleibt so
lange zust., wie im Prüfzeitraum mind. ein knappschaftlich rentenverspfl AN im Betrieb tätig ist.
Zudem prüft sie alle Betriebe der Seefahrt iSd. § 121 Abs. 3 SGB VII (Betriebe, für die die See-BG
zust. UVTr ist) sowie die in den Zuständigkeitsbereich der Satzung der ehemaligen Bahnversicherungsanstalt fallenden Betriebe.

II. Prüfung durch die landwirtschaftlichen Krankenkassen (Abs. 1 S. 6)

Abw. von der generellen Prüfzuständigkeit der RVTr führen die landwirtschaftl. Krankenkassen die 21
Prüfung für die mitarbeitenden Familienangehörigen in der Landwirtschaft (§ 2 Abs. 1 Nr. 3, Abs. 4
KVLG 1989) in alleiniger Verantwortung durch; ein Prüfrecht der RVTr besteht nicht. Abs. 1 S. 6,
der den bes. Verh. in der landwirtschaftl. SV Rechnung trägt (BT-Drs. 13/1205 S. 7), räumt den
landwirtschaftl. Krankenkassen insoweit ein **eigenständiges Prüfrecht** ein. Für den Inhalt und die
Durchführung der Prüfung gilt § 28 p mit Ausnahme der Regelungen, die sich speziell an die RVTr
richten (KomGRV, § 28 p SGB IV Rn. 8). Werden in einem landwirtschaftl. Betrieb neben mitarbeitenden Familienangehörigen auch nicht zu diesem Kreis gehörende Personen beschäftigt, werden
diese Betriebe sowohl von den landwirtschaftl. Krankenkassen (hins. der Familienangehörigen) als
auch von den RVTrn (hins. der übrigen Beschäftigten) geprüft.

F. Unterrichtung der Einzugsstellen (Abs. 3)

Da die Einzugsstellen (§ 28 h Abs. 1 S. 1 iVm. § 28 i) auch die von den RVTrn im Rahmen der 22
Prüfungen nach Abs. 1 geltend gemachten GesamtSVBeitr und Umlagen gem. § 28 h Abs. 1 einzuziehen haben, erforderlichenfalls im Wege der Zwangsvollstreckung, und darüber hinaus die dem AG
ggf. erteilten melderechtl. Auflagen gem. § 28 b Abs. 1 zu überwachen und durchzusetzen haben,
verpflichtet Abs. 3 die RVTr, die Einzugsstellen **über alle Sachverhalte betr. die Zahlungs- und
Meldepflichten des AG** zu unterrichten. Dies geschieht in der Weise, dass der RVTr der jeweils für
den BeitrEinzug zust. Einzugsstelle eine Durchschrift der Prüfmitteilung bzw. des Beitragsbescheides mit
der sie betr. Anlage (Aufstellung der Nachberechnungen und Gutschriften) übersendet (vgl. a. § 7
Abs. 4 S. 3 BVV). Dabei dürfen der jeweiligen Einzugsstelle nur die Daten übermittelt werden, die sie
zur Erfüllung ihrer ges. Aufgaben gem. §§ 28 h Abs. 1, 28 b Abs. 1 benötigt (vgl. § 35 SGB I iVm.
§ 69 Abs. 1 SGB X). Soweit sich bei der Prüfung keine Beanstandungen ergeben haben, erfolgt keine
Unterrichtung. Zudem informieren die RVTr die Einzugsstellen nach Bescheiderteilung unverzüglich
auch über etwaige Widersprüche, Klagen, Widerspruchsrücknahmen, Klagerücknahmen, Anträge auf
Aussetzung der Vollziehung und die in diesem Zusammenhang ergangenen Entscheidungen.

G. Prüfhilfen, Mitwirkungspflichten des Arbeitgebers (Abs. 5)

I. Prüfhilfen, Mitwirkungspflichten

Abs. 5 verpflichtet den AG, angemessene Prüfhilfe zu leisten. Der Umfang der Pflichten wird 23
durch § 98 SGB X, §§ 28, 29 KSVG, §§ 7 ff. BVV, § 13 a BVV iVm. §§ 7, 8 KSVG-BÜVO und
§ 166 Abs. 1 SGB VII konkretisiert. Hierzu gehört gem. § 98 Abs. 1 S. 2 und 3 SGB X, §§ 10 Abs. 1

und 2, 11 Abs. 1 S. 2 und Abs. 2 S. 2 BVV, § 29 KSVG, §§ 7, 8 KSVG-BÜVO die (geordnete) **Vorlage der prüfrelevanten Unterlagen** und die Auskunftserteilung über alle Tatsachen, die für die Beitr-/Umlageerhebung und für die Feststellung der Abgabepflicht nach dem KSVG und der Höhe der Künstlersozialabgabe notwendig sind; zu den Auskunfts- und Vorlagepflichten im Rahmen der Prüfung im Auftrag der UVTr (Rn. 18) vgl. § 166 Abs. 1 SGB VII. Für die Prüfung nach Abs. 1 sind insb. folgende Unterlagen relevant: Entgeltunterlagen, BeitrNachweise, BeitrAbrechnungen (§ 28 f Abs. 1 SGB IV iVm. §§ 8, 9 BVV), Bescheide/Prüfberichte der Finanzbehörden (§ 10 Abs. 2 S. 1 BVV), Geschäftsbücher, Listen und andere Unterlagen, aus denen die Angaben über die BeschVerh. hervorgehen (§ 98 Abs. 1 S. 3 SGB X) oder die zur Klärung des sozialversicherungsrechtl. Status dienen (vgl. § 11 Abs. 2 S. 2 BVV). Gem. § 10 Abs. 1 S. 1 BVV müssen die nach den §§ 8, 9 BVV zu führenden Aufzeichnungen so beschaffen sein, dass sich der Prüfer innerhalb angemessener Zeit einen Überblick über die formelle und sachliche Richtigkeit der Entgeltabrechnung vermitteln kann; die Angaben sind vollständig, richtig, in zeitlicher Reihenfolge und geordnet vorzunehmen (§ 10 Abs. 1 S. 3 BVV). Da sich die Prüfung nach Abs. 1 auch über den Bereich der Entgeltabrechnung, jedoch nicht über den Bereich des Rechnungswesens hinaus erstrecken kann (§ 11 Abs. 2 S. 1 BVV), hat der AG auch einen Zugriff auf diese Unterlagen (insb. auf die der Finanzbuchhaltung) zu gewährleisten. Für die Prüfung nach Abs. 1 a sind alle für die Feststellung der Abgabepflicht und der Höhe der Künstlersozialabgabe relevanten Aufzeichnungen vorzulegen (vgl. dazu §§ 28, 29 KSVG iVm. § 7 KSVG-BÜVO). Die Aufzeichnungen über die abgabepflichtigen Entgelte (§ 25 KSVG) müssen nachprüfbar sein und auf Anforderung listenmäßig zusammengeführt werden (§ 28 Abs. 1 S. 2 KSVG). Für die Prüfung im Auftrag der UVTr (Rn. 18) sind zusätzlich zu den für die Prüfung nach Abs. 1 vorzulegenden Unterlagen (s.o.) solche relevant, die Aufschluss über die Zuordnung der in ges. UV beitrpfl ArbEntge der Beschäftigten zu den anzuwendenden Gefahrtarifstellen iSd. § 157 Abs. 2 SGB VII geben, sowie der Veranlagungsbescheid des UVTrs (§ 159 SGB VII) und der Bescheid über die letzte Prüfung durch den UVTr; zu den Vorlagepflichten vgl. § 166 Abs. 1 SGB VII.

24   Findet die Prüfung in den Räumen des AG statt, muss dieser einen zur Durchführung der Prüfung geeigneten Raum oder Arbeitsplatz zur Verfügung stellen (§ 7 Abs. 2 S. 2 BVV). Ein Erstattungsanspruch für die dem AG durch die Prüfung entstehenden Kosten bzw. für etwaige Verdienstausfälle besteht nicht (aaO). Soweit Aufzeichnungen (zB Entgeltunterlagen) mit Hilfe eines Datenverarbeitungssystems erstellt und maschinell archiviert bzw. vollständig auf Bildträgern/maschinell verwertbaren Datenträgern (CDs, DVDs) vorgehalten werden, ist der AG verpflichtet, die zur Lesbarmachung der gespeicherten Daten **erforderlichen technischen Hilfsmittel** (PC, Datensichtgerät) auf seine Kosten bereitzustellen (vgl. § 7 Abs. 2 S. 2 BVV, § 9 Abs. 5 S. 4 BVV iVm. § 147 Abs. 5 AO, § 10 Abs. 1 S. 2 BVV, § 13 a BVV). Innerhalb der Aufbewahrungsfristen (§ 28 f Abs. 1 SGB IV, § 28 KSVG) ist der AG verpflichtet, die gespeicherten Daten jederzeit verfügbar und unverzüglich (§ 121 Abs. 1 S. 1 BGB) lesbar vorzuhalten (vgl. § 9 Abs. 1, Abs. 5 S. 3 BVV, § 11 Abs. 1 S. 2 BVV, § 13 a BVV). Soweit erforderlich, können die RVTr zu Prüfungszwecken nach § 28 p verlangen, dass ihnen die gespeicherten Daten unverzüglich ganz oder teilweise ausgedruckt oder **lesbare Reproduktionen** hergestellt oder die Daten auf einem maschinell verwertbaren Datenträger zur Verfügung gestellt werden (vgl. § 9 Abs. 5 S. 4 BVV iVm. § 147 Abs. 5 und 6 AO, § 11 Abs. 1 S. 2 BVV, § 13 a BVV). Zu Prüfungszwecken sind die RVTr zudem befugt, vor Ort auf ihre Kosten Kopien von Unterlagen zu fertigen und elektronische Unterlagen zu speichern (vgl. § 7 Abs. 2 S. 1 BVV, § 13 a BVV).

II. Automatisierte Abrechnungsverfahren

25   Automatisierte Abrechnungsverfahren (mittels eines Datenverarbeitungssystems) sind in die Prüfung mit einzubeziehen (Abs. 5 S. 2). Der AG ist verpflichtet, den Prüfer über das verwendete Verfahren zu unterweisen. Das Nähere über den Umfang der Pflichten des AG wird durch § 10 Abs. 3, 4 BVV geregelt. Fälle, die manuell abgerechnet worden sind oder in denen das ArbEntg manuell vorgegeben worden ist, sind auf Verlangen vorzulegen (§ 10 Abs. 1 S. 4 BVV). Die in § 10 Abs. 5 BVV vorgesehene Möglichkeit der Prüfung der verwendeten Entgeltabrechnungsprogramme mittels Testaufgaben hat heutzutage keine praktische Bedeutung mehr.

III. Folgen fehlender Mitwirkung

26   Kommt der AG seinen Auskunfts- und Vorlagepflichten vorsätzlich oder leichtfertig nicht oder nicht ordnungsgemäß nach, liegt eine **Ordnungswidrigkeit** vor (§ 98 Abs. 5 SGB X, § 36 Abs. 2 Nr. 3 KSVG), die der RVTr mit einem Bußgeld von bis zu 5.000 EUR ahnden kann (§ 98 Abs. 5 SGB X, § 36 Abs. 3, 4 Nr. 1 KSVG). Der RVTr ist zudem befugt, die Mitwirkungsverpflichtung (dh. die Duldung der Betriebsprüfung, die Erteilung von Auskünften und/oder die Vorlage von Unterlagen) durch Verwaltungsakt festzustellen und diese mit Mitteln des Verwaltungszwangs **(Zwangsgeld)** durchzusetzen (vgl. zB § 66 Abs. 1 S. 1 SGB X iVm. §§ 6, 11, 13 VwVG; ausf. LSG BE 4. 8. 2004 – L 9 KR 31/02 – juris). Überdies kann der RVTr im Rahmen einer Prüfung nach Abs. 1 einen **Summenbeitragsbescheid** nach § 28 f Abs. 2 (ggf. unter Schätzung der ArbEntge) erlassen, wenn infolge mangelnder Mitwirkung des AG (zB bei Zurückhaltung oder Nichtvorlage von Unterlagen) die Feststellung der VersPfl, der

BeitrPfl und/oder der BeitrHöhe nicht oder nicht ohne unverhältnismäßig großen Aufwand möglich ist (vgl. im Einzelnen § 28 f Rn. 9 ff.). Bei einer Prüfung nach Abs. 1 a ist der RVTr gem. § 27 Abs. 1 S. 3, 4 KSVG zur **Schätzung** der abgabepflichtigen Entgelte (§ 25 KSVG) befugt.

H. Prüfung bei Abrechnungsstellen (Abs. 6)

Abs. 6 S. 1 bezieht alle Stellen, die für den AG Entgelte abrechnen oder Meldungen erstatten (sog. Abrechnungsstellen), in die Prüfung mit ein. Der RVTr (zur Zuständigkeit vgl. Rn. 19) hat ggü. diesen Stellen ein **eigenständiges Prüfrecht**. In der Praxis werden Prüfungen bei Abrechnungsstellen grds. nur mit Zustimmung der AG vorgenommen. Das Recht des RVTrs auf Prüfung beim AG (oder in den Räumen des RVTrs) bleibt von Abs. 6 S. 1 unberührt (ebenso § 12 S. 4 BVV). Insb. in Fällen, in denen die Abrechnungsstelle nur die Entgeltabrechnung durchführt, nicht aber die Buchführung erledigt, kann eine Prüfung beim AG vom RVTr als erforderlich erachtet werden, um im Hinblick auf § 11 Abs. 2 BVV alle maßgeblichen Unterlagen (insb. die der Finanzbuchhaltung) einsehen zu können. Beendet der AG die Beauftragung der Abrechnungsstelle während der Prüfung, bleibt das Prüfrecht für den zu prüfenden Zeitraum bestehen (§ 12 S. 2 BVV). Für die Durchführung und den Umfang der Prüfung gelten grds. die gleichen Regelungen wie für die Prüfung beim AG selbst (vgl. § 12 S. 1 BVV, wonach die §§ 7 bis 11 BVV entspr. gelten). Die Abrechnungsstelle ist ebenso verpflichtet, angemessene Prüfhilfe zu leisten (Abs. 6 S. 3 iVm. Abs. 5); ihr obliegen die gleichen **Mitwirkungspflichten** wie dem AG (§ 98 Abs. 1 S. 6 SGB X, § 12 S. 1 BVV, Rn. 23 f. entspr.). Das Ergebnis der Prüfung hat der RVTr sowohl dem AG als auch der Abrechnungsstelle schriftlich mitzuteilen (§ 12 S. 3 BVV). 27

I. Prüfstatistik (Abs. 7)

Abs. 7 S. 1 verpflichtet die RVTr, statistische Übersichten über ihre Prüfergebnisse zu führen und diese jeweils bis zum 31. März eines jeden Jahres für das Vorjahr ihren Aufsichtsbehörden (§ 90) vorzulegen. Inhalt und Form der Übersicht werden seit 1. 1. 2001 durch die Aufsichtsbehörden des Bundes und der Länder gemeinsam und einvernehmlich bestimmt (Abs. 7 S. 2). Die für die Übersichten erforderlichen Daten werden in der bei der DRV Bund geführten Datei nach Abs. 8 S. 1 gespeichert (vgl. a. § 14 Abs. 1 BVV). 28

J. Arbeitgeberdateien (Abs. 8)

I. Allgemeines

Zur Vorbereitung, Planung und Durchführung der Prüfungen ermächtigt Abs. 8 die DRV Bund und die Datenstelle der Tr der RV (DSRV – § 145 SGB VI) zur Führung von maschinellen Dateien (zum Begriff „Datei" vgl. § 67 Abs. 3 SGB X), mit denen insb. die erforderlichen Daten über die AG und deren Beschäftigten bereitgestellt werden. Aus datenschutzrechtl. Gründen sieht Abs. 8 **zwei getrennte** (sich ergänzende) **Dateien** durch zwei unterschiedliche Institutionen vor; eine Datei wird von der DRV Bund (sog. Prüfplanungs- und Prüfergebnisdatei, Rn. 30), die andere von der DSRV (sog. Basisdatei, Rn. 31) geführt. Die Dateien verwenden als einziges gemeinsames Merkmal die BBNR des AG, ansonsten sind die Dateninhalte verschieden. Abs. 8 S. 5 und 6 sehen zudem eine **temporäre Datei** bei der DSRV mit den für die Durchführung der Betriebsprüfungen notwendigen Daten vor. Abs. 8 S. 7 verpflichtet in diesem Zusammenhang die RVTr, die Einzugsstellen, die KSK, die BA und die UVTr, die hierfür erforderlichen Daten zu übermitteln. Die Datenübermittlung darf aufgrund ausdrücklicher Bestimmung in Abs. 8 S. 8 durch Abruf im automatisierten Verfahren erfolgen, ohne dass es der sonst erforderlichen Genehmigung nach 79 Abs. 1 SGB X durch die Aufsichtsbehörden bedarf. 29

II. Prüfplanungs- und Prüfergebnisdatei (Abs. 8 S. 1, 2)

Die von der DRV Bund geführte Datei dient der Planung der Prüfungen, der Ermittlung der nach dem KSVG abgabepflichtigen AG und der Erfassung der Prüfergebnisse für die Übersicht nach Abs. 7. Sie enthält nach Abs. 8 S. 1 und 2 die **Betriebsdaten der AG** (Name, Anschrift, BBNR, den für den AG zust. UVTr sowie weitere Identifikationsmerkmale), die **für die Planung der Prüfungen erforderlichen Daten** (zB den zust. RVTr, den Zeitpunkt der nächsten geplanten Prüfung, die Anzahl der Beschäftigten im Prüfzeitraum und der aktuell Beschäftigten, eine Kennzeichnung, ob der AG nach Abs. 1 a zu prüfen ist, sowie eine Kennzeichnung, wenn nach § 166 Abs. 2 S. 2 SGB VII die Prüfung des AG für die ges. UV nicht von den RVTrn durchzuführen ist) sowie die **für die Übersicht nach Abs. 7 erforderlichen Daten**. Das Nähere zum Inhalt der Datei ergibt sich aus § 14 BVV (zur VOErmächtigung vgl. Abs. 9 Nr. 3 und Rn. 33). Die Datei zeichnet sich durch eine bes. **strenge Zweckbindung** aus; die Daten dürfen nur für die Prüfung bei den AG und zur Ermittlung 30 der nach dem KSVG abgabepflichtigen AG verarbeitet und genutzt werden (zu den beiden letztgen. Begriffen vgl. § 67 Abs. 6, 7 SGB X).

III. Basisdatei (Abs. 8 S. 3, 4)

31   Die von der DSRV für die Prüfung bei den AG geführte Basisdatei enthält nach Abs. 8 S. 3 die **BBNR eines jeden AG,** die (nach § 28 a Abs. 3 S. 2 lit. c, f, g und h) **gemeldeten UV-Daten** mit Ausnahme der Arbeitsstunden (dh. die BBNR des für den AG zust. UVTrs, die UV-MitgliedsNr. des AG, das in der ges. UV beitrpfl ArbEntg der bei ihm Beschäftigten und die auf diese anzuwendenden Gefahrtarifstellen iSd. § 157 Abs. 2 SGB VII) sowie weitere **personenbezogene Daten der Beschäftigten** (die VersicherungsNrn., den Beginn und das Ende der BeschVerh., eine Kennzeichnung des Vorliegens einer geringfügigen Besch iSd. § 8 und die Bezeichnung der für den Beschäftigten zust. Einzugsstelle). Anders als die Prüfplanungs- und Prüfergebnisdatei (Rn. 30) wird der Inhalt der Basisdatei abschließend durch G geregelt. Aufgrund ausdrücklicher Ermächtigung in Abs. 8 S. 4 darf die DSRV die bei ihr geführte Stammsatzdatei nach § 150 Abs. 1, 2 SGB VI und die E 101-Datei nach § 150 Abs. 3 SGB VI für die Prüfung bei den AG verarbeiten und nutzen (und damit auch übermitteln). Zum Inhalt der Stammsatzdatei vgl. § 150 Abs. 1, 2 SGB VI; hierzu gehören insb. personenbezogene Daten über das Verh. zur RV. In der sog. E 101-Datei nach § 150 Abs. 3 SGB VI werden zu Kontrollzwecken alle von ausländischen Behörden ausgestellten E 101-Bescheinigungen für nach Deutschland entsandte AN zentral erfasst. Abs. 8 S. 4 2. Hs. erstreckt die Nutzungsbefugnis der Stammsatzdatei auch auf die Prüfungen der unmittelbaren BeitrZahler nach § 212 a SGB VI.

IV. Temporäre Datei (Abs. 8 S. 5, 6)

32   Bei der DSRV ist nach Abs. 8 S. 5 und 6 zudem die **temporäre Speicherung** von für die Durchführung der Prüfungen erforderlichen Daten vorgesehen (sog. temporäre Datei). Hierzu führt die DSRV auf Anforderung des prüfenden RVTrs aufgrund der Informationen aus der Basisdatei und der Prüfplanungsdatei die in Abs. 8 S. 5 Nr. 1 bis 5 näher bezeichneten Daten (dh. die Daten aus der Prüfplanungsdatei und der Basisdatei sowie für den Prüfzeitraum die in den Versicherungskonten der RVTr für die Beschäftigten des AG gespeicherten Daten, die bei den für den AG zust. Einzugsstellen gespeicherten Daten aus den BeitrNachweisen nach § 28 f Abs. 3, die bei der KSK über den AG gespeicherten Daten zur Melde- und Abgabepflicht nach dem KSVG und die bei den UVTrn gespeicherten Daten zur Melde- und BeitrPfl nach dem SGB VII und zu den anzuwendenden Gefahrtarifstellen) zusammen. Die Daten für die temporäre Datei dürfen nur **auf Anforderung des prüfenden RVTrs** und erst kurz vor der Prüfung erhoben werden. Aus Gründen des Datenschutzes ist die Erhebung, Verarbeitung und Nutzung (§ 67 Abs. 5, 6, 7 SGB X) der gen. Daten nur insoweit zulässig, wie diese für Zwecke der Prüfung nach § 28 p SGB IV und § 166 Abs. 2 S. 1 SGB VII erforderlich sind **(Zweckbindung).** Aus dieser temporären Datei werden wiederum **Prüfhilfen für die Unterstützung des Betriebsprüfers** bei der Prüfung erstellt und diesem übermittelt. Wegen der strengen Zweckbindung muss die temporäre Datei unverzüglich (§ 121 Abs. 1 S. 1 BGB) nach Abschluss der Prüfung sowohl bei der DSRV als auch beim prüfenden RVTr wieder gelöscht werden (Abs. 8 S. 6).

K. Verordnungsermächtigung (Abs. 9)

33   Abs. 9 ist zusammen mit § 28 n Rechtsgrundlage für die zum 1. 7. 2006 in Kraft getretene VO über die Berechnung, Zahlung, Weiterleitung, Abrechnung und Prüfung des GesamtSVBeitr **(BeitragsverfahrensVO – BVV)** vom 3. 5. 2006 (BGBl. I S. 1138), zuletzt geändert durch Art. 12 des G vom 22. 12. 2010 (BGBl. I S. 2309); im Internet: www.gesetze-im-internet.de. Mit Inkrafttreten der BVV ist gleichzeitig die BeitragsüberwachungsVO (BÜVO) idF der Bek. vom 28. 7. 1997 (BGBl. I 1930), zuletzt geändert durch Art. 23 des G vom 24. 4. 2006 (BGBl. I S. 926), außer Kraft getreten. Das Nähere über den Umfang der Pflichten der AG und der in Abs. 6 gen. Stellen bei automatisierten Abrechnungsverfahren (Abs. 9 Nr. 1) wird in § 10 Abs. 3, 4, 5 BVV geregelt (die Regelungen gelten gem. § 12 BVV entspr. für die in Abs. 6 gen. Stellen). Detailregelungen zur Durchführung der Prüfung (Abs. 9 Nr. 2) finden sich in den §§ 7 bis 13 a BVV wieder. Regelungen zur Behebung von Mängeln, die bei der Prüfung festgestellt worden sind (Abs. 9 Nr. 2), trifft § 10 Abs. 6 BVV. Das Nähere über den Inhalt, Aufbau und die Aktualisierung der von der DRV Bund nach Abs. 8 S. 1 geführten Prüfplanungs- und Prüfergebnisdatei sowie über den Umfang der Daten, die von den Einzugsstellen und der BA für die Prüfung nach § 28 q Abs. 5 aus dieser Datei abgerufen werden können (Abs. 9 Nr. 3), wird durch § 14 BVV geregelt.

L. Ausnahmeregelung für private Haushalte (Abs. 10)

34   Im Gegensatz zu dem bis 31. 12. 2002 geltenden Recht werden seit 1. 1. 2003 sämtliche AG wegen der Beschäftigten in privaten Haushalten von der ansonsten obligatorischen Prüfung nach

Abs. 1 ff. ausgenommen, unabhängig davon, ob das Haushaltsscheckverfahren (vgl. § 28 a Abs. 7 und 8, § 28 h Abs. 3) Anwendung findet. Unerheblich ist, ob die Beschäftigten geringfügig (§ 8 a) oder verspfl in Privathaushalt beschäftigt werden. Ausweislich der amtl. Begr. sind Prüfungen in privaten Haushalten aus verwaltungsökonomischen Gründen nicht zu rechtfertigen (BT-Drs. 15/26 S. 25). Hintergrund ist die fehlende Verpflichtung der AG „Privathaushalte", für ihre Beschäftigten Entgeltunterlagen zu führen (§ 28 f Abs. 1 S. 2). Abs. 10 bezieht sich dabei allein auf die **turnusmäßige Prüfung**; in Fällen des Verdachts der illegalen Besch und Schwarzarbeit sind Prüfungen nach Maßgabe des SchwarzArbG nicht ausgeschlossen (Jochim in jurisPK-SGB IV, § 28 p Rn. 170).

Wann eine **Besch in einem Privathaushalt** vorliegt, wird in § 8 a S. 2 legaldefiniert. Voraussetzung ist, dass die Besch durch den privaten Haushalt begründet ist und die Tätigkeiten sonst gewöhnlich durch Mitglieder des privaten Haushalts verrichtet werden (sog. haushaltsnahe Dienstleistungen/Tätigkeiten). AG können somit nur natürliche Personen sein. Besch in privaten Haushalten, die durch Dienstleistungsagenturen oder andere Unternehmen begründet sind, werden nicht erfasst (vgl. BT-Drs. 15/26 S. 24). Gleiches gilt für Besch, die mit Hausverwaltungen oder Wohnungseigentümergemeinschaften geschlossen werden, da es sich nicht um Privathaushalte im engeren Sinne handelt. Zu den sog. haushaltsnahen Dienstleistungen gehören ua. Tätigkeiten wie die Zubereitung von Mahlzeiten, die Reinigung der Wohnung, die Gartenpflege sowie die Pflege, Versorgung und Betreuung von Kindern, Kranken und anderen pflegebedürftigen Personen (BT-Drs. 15/91 S. 19). Weitere Voraussetzung ist, dass die Besch ausschließlich im bzw. für den Privathaushalt ausgeübt wird (vgl. BT-Drs. 15/26 S. 24). Das ist dann der Fall, wenn der AN für denselben AG keine weiteren Dienstleistungen (wie zB in den dem Privathaushalt angeschlossenen Geschäftsräumen) erbringt. Wird ein AN im Rahmen eines einheitlichen BeschVerh. auch, aber nicht ausschließlich im bzw. für den Privathaushalt seines AG eingesetzt, findet Abs. 10 keine Anwendung. 35

M. Bestimmungen anlässlich des Personalübergangs von den Krankenkassen auf die Rentenversicherungsträger (Abs. 11)

Der mWv 1. 1. 2001 angefügte Abs. 11 trifft Regelungen für das von den RVTrn übernommene Personal der Krankenkassen anlässlich des Übergangs der Prüfverpflichtung ab 1. 1. 1996 auf die RVTr (vgl. Rn. 1). Die Regelungen entsprechen weitestgehend dem bis zum 31. 12. 2000 geltenden Recht (vgl. Art. II § 15 d SGB IV aF). Anders als die mWv 1. 1. 2001 aufgehobene Vorgängerregelung des Art. II § 15 d SGB IV stellt Abs. 11 S. 1 klar, dass für das übernommene Personal, das am 1. 1. 1995 ganz oder überwiegend mit der AGPrüfung befasst war, nur die bis zum Zeitpunkt der Übernahme **gültigen Tarifverträge und kollektiven Vereinbarungen** (Betriebsvereinbarungen) bis zum Inkrafttreten neuer Tarifverträge/kollektiver Vereinbarungen weitergelten, nicht aber auch einzelvertragl. Regelungen (vgl. BT-Drs. 14/4375 S. 51, 52). Hins. der übernommenen **DO-Angestellten,** die im Zeitpunkt der Übernahme bereits das 45. Lebensjahr vollendet hatten, bestimmt Abs. 11 S. 2, dass die bei Eintritt des Versorgungsfalles zu zahlenden Versorgungsbezüge durch die abgebende Krankenkasse (früherer Dienstherr) und den aufnehmenden RVTr (neuer Dienstherr) ant. zu tragen sind. Die **Aufteilung der Versorgungslast** richtet sich nach § 107 b Abs. 2 bis 5 BeamtVG, dessen sinngemäße Geltung Abs. 11 S. 3 vorschreibt. Bei jüngeren DO-Angestellten trägt der aufnehmende RVTr die Versorgungslast allein. 36

§ 28 q Prüfung bei den Einzugsstellen und den Trägern der Rentenversicherung

(1) ¹Die Träger der Rentenversicherung und die Bundesagentur für Arbeit prüfen bei den Einzugsstellen die Durchführung der Aufgaben, für die die Einzugsstellen eine Vergütung nach § 28 l Absatz 1 erhalten, mindestens alle vier Jahre. ²Satz 1 gilt auch im Verhältnis der Deutschen Rentenversicherung Bund zur Künstlersozialkasse. ³Die Deutsche Rentenversicherung Bund speichert in der in § 28 p Absatz 8 Satz 1 genannten Datei Daten aus dem Bescheid des Trägers der Rentenversicherung nach § 28 p Absatz 1 Satz 5, soweit dies für die Prüfung bei den Einzugsstellen nach Satz 1 erforderlich ist. ⁴Sie darf diese Daten nur für die Prüfung bei den Einzugsstellen verarbeiten und nutzen.

(1 a) ¹Die Träger der Rentenversicherung und die Bundesagentur für Arbeit prüfen bei den Einzugsstellen für das Bundesversicherungsamt als Verwalter des Gesundheitsfonds im Hinblick auf die Krankenversicherungsbeiträge im Sinne des § 28 d Absatz 1 Satz 1 die Geltendmachung der Beitragsansprüche, den Einzug, die Verwaltung, die Weiterleitung und die Abrechnung der Beiträge entsprechend § 28 l Absatz 1 Satz 1 Nummer 1 und 2. ²Absatz 1 Satz 3 und 4 gilt entsprechend. ³Die mit der Prüfung nach Satz 1 befassten Stellen übermitteln dem Bundesversicherungsamt als Verwalter des Gesundheitsfonds die zur Geltendmachung der in § 28 r Absatz 1 und 2 bezeichneten Rechte erforderlichen Prüfungsergebnisse. ⁴Die durch die Aufgabenübertragung und -wahrnehmung entstehen-

den Kosten sind den Trägern der Rentenversicherung und der Bundesagentur für Arbeit aus den Einnahmen des Gesundheitsfonds zu erstatten. ⁵Die Einzelheiten des Verfahrens und der Vergütung vereinbaren die Träger der Rentenversicherung und die Bundesagentur für Arbeit mit dem Bundesversicherungsamt als Verwalter des Gesundheitsfonds.

(2) Die Einzugsstellen haben die für die Prüfung erforderlichen Unterlagen bis zur nächsten Einzugsstellenprüfung aufzubewahren und bei der Prüfung bereitzuhalten.

(3) ¹Die Einzugsstellen sind verpflichtet, bei der Darlegung der Kassen- und Rechnungsführung aufklärend mitzuwirken und bei Verfahren, die mit Hilfe automatischer Einrichtungen durchgeführt werden, angemessene Prüfhilfen zu leisten. ²Der Spitzenverband Bund der Krankenkassen, die Deutsche Rentenversicherung Bund und die Bundesagentur für Arbeit treffen entsprechende Vereinbarungen. ³Die Deutsche Rentenversicherung Knappschaft-Bahn-See und die landwirtschaftlichen Krankenkassen können dabei ausgenommen werden.

(4) ¹Die Prüfung erstreckt sich auf alle Stellen, die Aufgaben der in Absatz 1 genannten Art für die Einzugsstelle wahrnehmen. ²Die Absätze 2 und 3 gelten insoweit für diese Stellen entsprechend.

(5) ¹Die Einzugsstellen und die Bundesagentur für Arbeit prüfen gemeinsam bei den Trägern der Rentenversicherung deren Aufgaben nach § 28p mindestens alle vier Jahre. ²Die Prüfung kann durch Abruf der Arbeitgeberdateien (§ 28p Absatz 8) im automatisierten Verfahren durchgeführt werden. ³Bei geringfügigen Beschäftigungen gelten die Sätze 1 und 2 nicht für die Deutsche Rentenversicherung Knappschaft-Bahn-See als Einzugsstelle.

§ 28r Schadensersatzpflicht, Verzinsung

(1) ¹Verletzt ein Organ oder ein Bediensteter der Einzugsstelle schuldhaft eine diesem nach diesem Abschnitt auferlegte Pflicht, haftet die Einzugsstelle dem Träger der Pflegeversicherung, der Rentenversicherung und der Bundesagentur für Arbeit sowie dem Gesundheitsfonds für einen diesen zugefügten Schaden. ²Die Schadensersatzpflicht wegen entgangener Zinsen beschränkt sich auf den sich aus Absatz 2 ergebenden Umfang.

(2) Werden Beiträge, Zinsen auf Beiträge oder Säumniszuschläge schuldhaft nicht rechtzeitig weitergeleitet, hat die Einzugsstelle Zinsen in Höhe von zwei vom Hundert über dem jeweiligen Basiszinssatz nach § 247 des Bürgerlichen Gesetzbuchs zu zahlen.

(3) ¹Verletzt ein Organ oder ein Bediensteter des Trägers der Rentenversicherung schuldhaft eine diesem nach § 28p auferlegte Pflicht, haftet der Träger der Rentenversicherung dem Gesundheitsfonds, der Krankenkasse, der Pflegekasse und der Bundesagentur für Arbeit für einen diesen zugefügten Schaden; dies gilt entsprechend gegenüber den Trägern der Unfallversicherung für die Prüfung nach § 166 Absatz 2 des Siebten Buches. ²Für entgangene Beiträge sind Zinsen in Höhe von zwei vom Hundert über dem jeweiligen Basiszinssatz nach § 247 des Bürgerlichen Gesetzbuchs zu zahlen.

Vierter Abschnitt. Träger der Sozialversicherung

Erster Titel. Verfassung

§ 29 Rechtsstellung

(1) Die Träger der Sozialversicherung (Versicherungsträger) sind rechtsfähige Körperschaften des öffentlichen Rechts mit Selbstverwaltung.

(2) Die Selbstverwaltung wird, soweit § 44 nichts Abweichendes bestimmt, durch die Versicherten und die Arbeitgeber ausgeübt.

(3) Die Versicherungsträger erfüllen im Rahmen des Gesetzes und des sonstigen für sie maßgebenden Rechts ihre Aufgaben in eigener Verantwortung.

§ 30 Eigene und übertragene Aufgaben

(1) Die Versicherungsträger dürfen nur Geschäfte zur Erfüllung ihrer gesetzlich vorgeschriebenen oder zugelassenen Aufgaben führen und ihre Mittel nur für diese Aufgaben sowie die Verwaltungskosten verwenden.

(2) ¹Den Versicherungsträgern dürfen Aufgaben anderer Versicherungsträger und Träger öffentlicher Verwaltung nur auf Grund eines Gesetzes übertragen werden; dadurch entste-

hende Kosten sind ihnen zu erstatten. ²Verwaltungsvereinbarungen der Versicherungsträger zur Durchführung ihrer Aufgaben bleiben unberührt.

(3) ¹Versicherungsträger können die für sie zuständigen obersten Bundes- und Landesbehörden insbesondere in Fragen der Rechtsetzung kurzzeitig personell unterstützen. ²Dadurch entstehende Kosten sind ihnen grundsätzlich zu erstatten; Ausnahmen werden in den jeweiligen Gesetzen zur Feststellung der Haushalte von Bund und Ländern festgelegt.

§ 31 Organe

(1) ¹Bei jedem Versicherungsträger werden als Selbstverwaltungsorgane eine Vertreterversammlung und ein Vorstand gebildet. ²Jeder Versicherungsträger hat einen Geschäftsführer, der dem Vorstand mit beratender Stimme angehört. ³Die Aufgaben des Geschäftsführers werden bei der Deutschen Rentenversicherung Bund durch das Direktorium wahrgenommen.

(2) Die Vertreterversammlung, der Vorstand und der Geschäftsführer nehmen im Rahmen ihrer Zuständigkeit die Aufgaben des Versicherungsträgers wahr.

(3) ¹Die vertretungsberechtigten Organe des Versicherungsträgers haben die Eigenschaft einer Behörde. ²Sie führen das Dienstsiegel des Versicherungsträgers.

(3 a) ¹Bei den in § 35 a Absatz 1 genannten Krankenkassen wird abweichend von Absatz 1 ein Verwaltungsrat als Selbstverwaltungsorgan sowie ein hauptamtlicher Vorstand gebildet. ²§ 31 Absatz 1 Satz 2 gilt für diese Krankenkassen nicht.

(3 b) ¹Bei der Deutschen Rentenversicherung Bund werden eine Bundesvertreterversammlung und ein Bundesvorstand gebildet. ²Diese Organe entscheiden anstelle der Vertreterversammlung und des Vorstandes, soweit § 64 Absatz 4 gilt.

(4) ¹Die Sektionen, die Bezirksverwaltungen und die Landesgeschäftsstellen der Versicherungsträger können Selbstverwaltungsorgane bilden. ²Die Satzung grenzt die Aufgaben und die Befugnisse dieser Organe gegenüber den Aufgaben und Befugnissen der Organe der Hauptverwaltung ab.

§ 32 Gemeinsame Organe

Organe der landwirtschaftlichen Krankenkassen und der landwirtschaftlichen Alterskassen sind die Organe der landwirtschaftlichen Berufsgenossenschaften, bei denen sie errichtet sind.

§ 33 Vertreterversammlung, Verwaltungsrat

(1) ¹Die Vertreterversammlung beschließt die Satzung und sonstiges autonomes Recht des Versicherungsträgers sowie in den übrigen durch Gesetz oder sonstiges für den Versicherungsträger maßgebendes Recht vorgesehenen Fällen. ²Bei der Deutschen Rentenversicherung Bund wird der Beschluss über die Satzung von der Bundesvertreterversammlung nach § 31 Absatz 3 b gefasst; der Beschluss wird gemäß § 64 Absatz 4 gefasst, soweit die Satzung Regelungen zu Grundsatz- und Querschnittsaufgaben der Deutschen Rentenversicherung oder zu gemeinsamen Angelegenheiten der Träger der Rentenversicherung trifft. ³Im Übrigen entscheidet die Mehrheit der abgegebenen Stimmen der durch Wahl der Versicherten und Arbeitgeber der Deutschen Rentenversicherung Bund bestimmten Mitglieder.

(2) ¹Die Vertreterversammlung vertritt den Versicherungsträger gegenüber dem Vorstand und dessen Mitgliedern. ²Sie kann in der Satzung oder im Einzelfall bestimmen, dass das Vertretungsrecht gemeinsam durch die Vorsitzenden der Vertreterversammlung ausgeübt wird.

(3) ¹Die Absätze 1 und 2 gelten entsprechend für den Verwaltungsrat nach § 31 Absatz 3 a. ²Soweit das Sozialgesetzbuch Bestimmungen über die Vertreterversammlung oder deren Vorsitzenden trifft, gelten diese für den Verwaltungsrat oder dessen Vorsitzenden. ³Dem Verwaltungsrat oder dessen Vorsitzenden obliegen auch die Aufgaben des Vorstandes oder dessen Vorsitzenden nach § 37 Absatz 2, § 38 und nach dem Zweiten Titel.

(4) ¹Soweit das Sozialgesetzbuch Bestimmungen über die Vertreterversammlung oder deren Vorsitzenden trifft, gelten diese für die Bundesvertreterversammlung oder deren Vorsitzenden entsprechend. ²Für den Beschluss über die Satzung gilt Absatz 1 Satz 2 und 3.

§ 34 Satzung

(1) ¹Jeder Versicherungsträger gibt sich eine Satzung. ²Sie bedarf der Genehmigung der nach den besonderen Vorschriften für die einzelnen Versicherungszweige zuständigen Behörde.

(2) ¹Die Satzung und sonstiges autonomes Recht sind öffentlich bekannt zu machen. ²Sie treten, wenn kein anderer Zeitpunkt bestimmt ist, am Tag nach ihrer Bekanntmachung in Kraft. ³Die Art der Bekanntmachung wird durch die Satzung geregelt.

§ 35 Vorstand

(1) ¹Der Vorstand verwaltet den Versicherungsträger und vertritt ihn gerichtlich und außergerichtlich, soweit Gesetz oder sonstiges für den Versicherungsträger maßgebendes Recht nichts Abweichendes bestimmen. ²In der Satzung oder im Einzelfall durch den Vorstand kann bestimmt werden, dass auch einzelne Mitglieder des Vorstands den Versicherungsträger vertreten können.

(2) Der Vorstand erlässt Richtlinien für die Führung der Verwaltungsgeschäfte, soweit diese dem Geschäftsführer obliegen.

(3) ¹Bei der Deutschen Rentenversicherung Bund obliegen die Aufgaben nach den Absätzen 1 und 2 dem Bundesvorstand nach § 31 Absatz 3 b, soweit Grundsatz- und Querschnittsaufgaben oder gemeinsame Angelegenheiten der Träger der Rentenversicherung betroffen sind und soweit Gesetz oder sonstiges für die Deutsche Rentenversicherung Bund maßgebendes Recht nichts Abweichendes bestimmen. ²Soweit das Sozialgesetzbuch Bestimmungen über den Vorstand oder dessen Vorsitzenden trifft, gelten diese für den Bundesvorstand oder dessen Vorsitzenden entsprechend.

§ 35 a Vorstand bei Orts-, Betriebs- und Innungskrankenkassen sowie Ersatzkassen

(1) ¹Bei den Orts-, Betriebs- und Innungskrankenkassen sowie den Ersatzkassen verwaltet der Vorstand die Krankenkasse und vertritt die Krankenkasse gerichtlich und außergerichtlich, soweit Gesetz und sonstiges für die Krankenkasse maßgebendes Recht nichts Abweichendes bestimmt. ²In der Satzung oder im Einzelfall durch den Vorstand kann bestimmt werden, dass auch einzelne Mitglieder des Vorstandes die Krankenkasse vertreten können. ³Innerhalb der vom Vorstand erlassenen Richtlinien verwaltet jedes Mitglied des Vorstands seinen Geschäftsbereich eigenverantwortlich. ⁴Bei Meinungsverschiedenheiten entscheidet der Vorstand; bei Stimmengleichheit entscheidet der Vorsitzende.

(2) ¹Der Vorstand hat dem Verwaltungsrat zu berichten über
1. die Umsetzung von Entscheidungen von grundsätzlicher Bedeutung,
2. die finanzielle Situation und die voraussichtliche Entwicklung.
²Außerdem ist dem Vorsitzenden des Verwaltungsrates aus sonstigen wichtigen Anlässen zu berichten.

(3) ¹Die Mitglieder des Vorstandes üben ihre Tätigkeit hauptamtlich aus. ²Die Amtszeit beträgt bis zu sechs Jahre; die Wiederwahl ist möglich.

(4) ¹Der Vorstand besteht bei Krankenkassen mit bis zu 500.000 Mitgliedern aus höchstens zwei Personen, bei mehr als 500.000 Mitgliedern aus höchstens drei Personen. ²Die Mitglieder des Vorstandes vertreten sich gegenseitig. ³§ 37 Absatz 2 gilt entsprechend. ⁴Besteht der Vorstand nur aus einer Person, hat der Verwaltungsrat einen leitenden Beschäftigten der Krankenkasse mit dessen Stellvertretung zu beauftragen.

(5) ¹Der Vorstand sowie aus seiner Mitte der Vorstandsvorsitzende und dessen Stellvertreter werden von dem Verwaltungsrat gewählt. ²Bei Betriebskrankenkassen bleibt § 147 Absatz 2 des Fünften Buches unberührt; bestellt der Arbeitgeber auf seine Kosten die für die Führung der Geschäfte erforderlichen Personen, so bedarf die Bestellung der Mitglieder des Vorstandes der Zustimmung der Mehrheit der Versichertenvertreter im Verwaltungsrat. ³Stimmt der Verwaltungsrat nicht zu und bestellt der Arbeitgeber keine anderen Mitglieder des Vorstandes, die die Zustimmung finden, werden die Aufgaben der Vorstandsmitglieder auf Kosten der Betriebskrankenkasse durch die Aufsichtsbehörde oder durch Beauftragte der Aufsichtsbehörde einstweilen wahrgenommen.

(6) ¹Der Verwaltungsrat hat bei seiner Wahl darauf zu achten, dass die Mitglieder des Vorstands die erforderliche fachliche Eignung zur Führung der Verwaltungsgeschäfte besitzen auf Grund einer Fort- oder Weiterbildung im Krankenkassendienst oder einer Fachhochschul- oder Hochschulausbildung sowie in beiden Fällen zusätzlich auf Grund mehrjähriger

Berufserfahrung in herausgehobenen Führungsfunktionen. ²Die Höhe der jährlichen Vergütungen der einzelnen Vorstandsmitglieder einschließlich Nebenleistungen sowie die wesentlichen Versorgungsregelungen sind in einer Übersicht jährlich zum 1. März, erstmalig zum 1. März 2004 im Bundesanzeiger und gleichzeitig, begrenzt auf die jeweilige Krankenkasse und ihre Verbände, in der Mitgliederzeitschrift der betreffenden Krankenkasse zu veröffentlichen. ³Die Art und die Höhe finanzieller Zuwendungen, die den Vorstandsmitgliedern in Zusammenhang mit ihrer Vorstandstätigkeit von Dritten gewährt werden, sind dem Vorsitzenden und dem stellvertretenden Vorsitzenden des Verwaltungsrates mitzuteilen.

(7) ¹Für eine Amtsenthebung und eine Amtsentbindung eines Mitglieds des Vorstands durch den Verwaltungsrat gilt § 59 Absatz 2 und 3 entsprechend. ²Gründe für eine Amtsenthebung oder eine Amtsentbindung sind auch Unfähigkeit zur ordnungsgemäßen Geschäftsführung oder Vertrauensentzug durch den Verwaltungsrat, es sei denn, dass das Vertrauen aus offenbar unsachlichen Gründen entzogen worden ist.

§ 36 Geschäftsführer

(1) Der Geschäftsführer führt hauptamtlich die laufenden Verwaltungsgeschäfte, soweit Gesetz oder sonstiges für den Versicherungsträger maßgebendes Recht nichts Abweichendes bestimmen, und vertritt den Versicherungsträger insoweit gerichtlich und außergerichtlich.

(2) Der Geschäftsführer und sein Stellvertreter werden auf Vorschlag des Vorstands von der Vertreterversammlung gewählt; § 59 Absatz 2 bis 4 gilt entsprechend.

(2 a) ¹Der Geschäftsführer und sein Stellvertreter werden bei der Unfallkasse Post und Telekom vom Bundesministerium der Finanzen bestellt; ihre Bestellung bedarf der Zustimmung der Mehrheit der Versichertenvertreter im Vorstand und in der Vertreterversammlung. ²Der Geschäftsführer und sein Stellvertreter werden bei der Unfallkasse des Bundes vom Bundesministerium für Arbeit und Soziales bestellt; die Bestellung bedarf der Zustimmung des Vorstandes. ³Vor der Bestellung des Geschäftsführers der Unfallkasse des Bundes ist der Beirat bei der Künstlersozialkasse zu hören.

(3) ¹Bei den Feuerwehr-Unfallkassen bestimmt die zuständige oberste Verwaltungsbehörde das Nähere über die Führung der Geschäfte. ²Die Bestellung des Geschäftsführers bedarf der Zustimmung des Vorstands.

(3 a) ¹Das Direktorium der Deutschen Rentenversicherung Bund besteht aus einem Präsidenten als Vorsitzenden und zwei Geschäftsführern. ²Die Grundsatz- und Querschnittsaufgaben und die Außendarstellung der Deutschen Rentenversicherung Bund werden grundsätzlich vom Präsidenten wahrgenommen. ³Im Übrigen werden die Aufgabenbereiche der Mitglieder des Direktoriums durch die Satzung bestimmt. ⁴Die Vorschriften über den Geschäftsführer und § 36 Absatz 4 Satz 4 und 5 gelten für das Direktorium entsprechend.

(3 b) ¹Das Direktorium der Deutschen Rentenversicherung Bund wird auf Vorschlag des Bundesvorstandes von der Bundesvertreterversammlung gemäß § 64 Absatz 4 gewählt. ²Über den Vorschlag entscheidet der Bundesvorstand der Deutschen Rentenversicherung Bund gemäß § 64 Absatz 4. ³Die Amtsdauer der Mitglieder beträgt sechs Jahre.

(4) ¹Bei Versicherungsträgern mit mehr als eineinhalb Millionen Versicherten kann die Satzung bestimmen, dass die Vertreterversammlung auf Vorschlag des Vorstands eine aus drei Personen bestehende Geschäftsführung und aus deren Mitte einen Vorsitzenden wählt. ²Das Gleiche gilt bei Versicherungsträgern, die für mehrere Versicherungszweige zuständig sind. ³Die Vorschriften über den Geschäftsführer gelten für die Geschäftsführung entsprechend. ⁴Die Mitglieder der Geschäftsführung vertreten sich gegenseitig. ⁵Die Satzung kann bestimmen, dass auch einzelne Mitglieder der Geschäftsführung den Versicherungsträger vertreten können.

(5) ¹Für den Geschäftsführer, seinen Stellvertreter und die Mitglieder der Geschäftsführung gelten die dienstrechtlichen Vorschriften der Sozialversicherungsgesetze und die hiernach anzuwendenden anderen dienstrechtlichen Vorschriften. ²Die in ihnen vorgeschriebenen Voraussetzungen dienstrechtlicher Art müssen bei der Wahl erfüllt sein.

(6) ¹Soweit nach den für eine dienstordnungsmäßige Anstellung geltenden Vorschriften nur die Anstellung von Personen zulässig ist, die einen bestimmten Ausbildungsgang oder eine Probezeit zurückgelegt oder bestimmte Prüfungen abgelegt haben, gilt das nicht für Bewerber für das Amt eines Geschäftsführers oder eines Mitglieds der Geschäftsführung, die die erforderliche Befähigung durch Lebens- und Berufserfahrung erworben haben. ²Die Feststellung, ob ein Bewerber die erforderliche Befähigung durch Lebens- und Be-

rufserfahrung erworben hat, trifft die für die Sozialversicherung zuständige oberste Verwaltungsbehörde. ³Sie hat innerhalb von vier Monaten nach Vorlage der erforderlichen Unterlagen über die Befähigung des Bewerbers zu entscheiden. ⁴Die Sätze 2 und 3 gelten auch, wenn eine Dienstordnung die Anstellung eines Bewerbers für das Amt eines Stellvertreters des Geschäftsführers zulässt, der die Befähigung hierfür durch Lebens- und Berufserfahrung erworben hat.

§ 36 a Besondere Ausschüsse

(1) ¹Durch Satzung können
1. der Erlass von Widerspruchsbescheiden und
2. in der Unfallversicherung ferner
   a) die erstmalige Entscheidung über Renten, Entscheidungen über Rentenerhöhungen, Rentenherabsetzungen und Rentenentziehungen wegen Änderung der gesundheitlichen Verhältnisse,
   b) Entscheidungen über Abfindungen mit Gesamtvergütungen, Renten als vorläufige Entschädigungen, laufende Beihilfen und Leistungen bei Pflegebedürftigkeit

besonderen Ausschüssen übertragen werden. ²§ 35 Absatz 2 gilt entsprechend.

(2) ¹Die Satzung regelt das Nähere, insbesondere die Zusammensetzung der besonderen Ausschüsse und die Bestellung ihrer Mitglieder. ²Zu Mitgliedern der besonderen Ausschüsse können nur Personen bestellt werden, die die Voraussetzungen der Wählbarkeit als Organmitglied erfüllen und, wenn die Satzung deren Mitwirkung vorsieht, Bedienstete des Versicherungsträgers. ³In Angelegenheiten der Künstlersozialversicherung können auf Vorschlag der Künstlersozialkasse zu Mitgliedern der besonderen Ausschüsse Personen aus den Kreisen der nach dem Künstlersozialversicherungsgesetz Versicherten und der zur Künstlersozialabgabe Verpflichteten und Bedienstete der Deutschen Rentenversicherung Bund, der Deutschen Rentenversicherung Knappschaft-Bahn-See und der Regionalträger der gesetzlichen Rentenversicherung bestellt werden.

(3) Die §§ 40 bis 42 sowie § 63 Absatz 3 a und 4 gelten für die ehrenamtlichen Mitglieder der besonderen Ausschüsse entsprechend.

§ 37 Verhinderung von Organen

(1) ¹Solange und soweit die Wahl zu Selbstverwaltungsorganen nicht zustande kommt oder Selbstverwaltungsorgane sich weigern, ihre Geschäfte zu führen, werden sie auf Kosten des Versicherungsträgers durch die Aufsichtsbehörde selbst oder durch Beauftragte geführt. ²Die Verpflichtung der Aufsichtsbehörde, die Mitglieder der Selbstverwaltungsorgane zu berufen, wenn eine Wahl nicht zustande kommt, bleibt unberührt.

(2) ¹Sind der Geschäftsführer und sein Stellvertreter oder ein Mitglied der Geschäftsführung für längere Zeit an der Ausübung ihres Amtes verhindert oder ist ihr Amt längere Zeit unbesetzt, kann der Vorstand einen leitenden Beschäftigten des Versicherungsträgers mit der vorübergehenden Wahrnehmung dieses Amtes beauftragen; bei einer Geschäftsführung erstreckt sich die Wahrnehmung des Amtes nicht auf den Vorsitz. ²Die Beauftragung ist der Aufsichtsbehörde unverzüglich anzuzeigen.

§ 38 Beanstandung von Rechtsverstößen

(1) ¹Verstößt der Beschluss eines Selbstverwaltungsorgans gegen Gesetz oder sonstiges für den Versicherungsträger maßgebendes Recht, hat der Vorsitzende des Vorstands den Beschluss schriftlich und mit Begründung zu beanstanden und dabei eine angemessene Frist zur erneuten Beschlussfassung zu setzen. ²Die Beanstandung hat aufschiebende Wirkung.

(2) ¹Verbleibt das Selbstverwaltungsorgan bei seinem Beschluss, hat der Vorsitzende des Vorstands die Aufsichtsbehörde zu unterrichten. ²Die aufschiebende Wirkung bleibt bis zu einer Entscheidung der Aufsichtsbehörde, längstens bis zum Ablauf von zwei Monaten nach ihrer Unterrichtung, bestehen.

§ 39 Versichertenälteste und Vertrauenspersonen

(1) Bei den Trägern der Rentenversicherung wählt die Vertreterversammlung Versichertenälteste.

(2) Die Satzung kann bestimmen, dass
1. bei den Trägern der Rentenversicherung die Wahl von Versichertenältesten unterbleibt,

2. auch bei anderen Versicherungsträgern die Vertreterversammlung Versichertenälteste wählt,
3. die Vertreterversammlung Vertrauenspersonen der Arbeitgeber und bei den Trägern der landwirtschaftlichen Unfallversicherung, mit Ausnahme der Gartenbau-Berufsgenossenschaft, Vertrauenspersonen der Selbständigen ohne fremde Arbeitskräfte wählt.

(3) ¹Die Versichertenältesten haben insbesondere die Aufgabe, eine ortsnahe Verbindung des Versicherungsträgers mit den Versicherten und den Leistungsberechtigten herzustellen und diese zu beraten und zu betreuen. ²Die Satzung bestimmt das Nähere.

§ 40 Ehrenämter

(1) ¹Die Mitglieder der Selbstverwaltungsorgane sowie die Versichertenältesten und die Vertrauenspersonen üben ihre Tätigkeit ehrenamtlich aus. ²Stellvertreter haben für die Zeit, in der sie die Mitglieder vertreten oder andere ihnen übertragene Aufgaben wahrnehmen, die Rechte und Pflichten eines Mitglieds. ³Satz 2 gilt für Stellvertreter von Versichertenältesten und Vertrauenspersonen entsprechend.

(2) Niemand darf in der Übernahme oder Ausübung eines Ehrenamts behindert oder wegen der Übernahme oder Ausübung eines solchen Amtes benachteiligt werden.

§ 41 Entschädigung der ehrenamtlich Tätigen

(1) ¹Der Versicherungsträger erstattet den Mitgliedern der Selbstverwaltungsorgane sowie den Versichertenältesten und den Vertrauenspersonen ihre baren Auslagen; er kann hierfür feste Sätze vorsehen. ²Die Auslagen des Vorsitzenden und der stellvertretenden Vorsitzenden eines Selbstverwaltungsorgans für ihre Tätigkeit außerhalb der Sitzung können mit einem Pauschbetrag abgegolten werden.

(2) ¹Der Versicherungsträger ersetzt den Mitgliedern der Selbstverwaltungsorgane sowie den Versichertenältesten und den Vertrauenspersonen den tatsächlich entgangenen regelmäßigen Bruttoverdienst und erstattet ihnen die den Arbeitnehmeranteil übersteigenden Beiträge, die sie als ehrenamtlich tätige Arbeitnehmer nach der Vorschrift des Sechsten Buches über die Beitragstragung selbst zu tragen haben. ²Die Entschädigung beträgt für jede Stunde der versäumten regelmäßigen Arbeitszeit höchstens ein Fünfundsiebzigstel der monatlichen Bezugsgröße (§ 18). ³Wird durch schriftliche Erklärung des Berechtigten glaubhaft gemacht, dass ein Verdienstausfall entstanden ist, lässt sich dessen Höhe jedoch nicht nachweisen, ist für jede Stunde der versäumten regelmäßigen Arbeitszeit ein Drittel des in Satz 2 genannten Höchstbetrags zu ersetzen. ⁴Der Verdienstausfall wird je Kalendertag für höchstens zehn Stunden geleistet; die letzte angefangene Stunde ist voll zu rechnen.

(3) ¹Den Mitgliedern der Selbstverwaltungsorgane kann für jeden Kalendertag einer Sitzung ein Pauschbetrag für Zeitaufwand geleistet werden; die Höhe des Pauschbetrags soll unter Beachtung des § 40 Absatz 1 Satz 1 in einem angemessenen Verhältnis zu dem regelmäßig außerhalb der Arbeitszeit erforderlichen Zeitaufwand, insbesondere für die Vorbereitung der Sitzungen, stehen. ²Ein Pauschbetrag für Zeitaufwand kann für die Tätigkeit außerhalb von Sitzungen den Vorsitzenden und den stellvertretenden Vorsitzenden der Selbstverwaltungsorgane sowie den Versichertenältesten und den Vertrauenspersonen, bei außergewöhnlicher Inanspruchnahme auch anderen Mitgliedern der Selbstverwaltungsorgane geleistet werden.

(4) ¹Die Vertreterversammlung beschließt auf Vorschlag des Vorstands die festen Sätze und die Pauschbeträge nach den Absätzen 1 und 3. ²Bei den in § 35 a Absatz 1 genannten Krankenkassen entfällt der Vorschlag des Vorstandes. ³Die Beschlüsse bedürfen der Genehmigung der Aufsichtsbehörde.

§ 42 Haftung

(1) Die Haftung der Mitglieder der Selbstverwaltungsorgane richtet sich bei Verletzung einer ihnen einem Dritten gegenüber obliegenden Amtspflicht nach § 839 des Bürgerlichen Gesetzbuchs und Artikel 34 des Grundgesetzes.

(2) Die Mitglieder der Selbstverwaltungsorgane haften für den Schaden, der dem Versicherungsträger aus einer vorsätzlichen oder grob fahrlässigen Verletzung der ihnen obliegenden Pflichten entsteht.

(3) Auf Ersatz des Schadens aus einer Pflichtverletzung kann der Versicherungsträger nicht im Voraus, auf einen entstandenen Schadensersatzanspruch nur mit Genehmigung der Aufsichtsbehörde verzichten.

(4) Für Versichertenälteste und Vertrauenspersonen gelten die Absätze 1 bis 3 entsprechend.

Zweiter Titel. Zusammensetzung, Wahl und Verfahren der Selbstverwaltungsorgane, Versichertenältesten und Vertrauenspersonen

§ 43 Mitglieder der Selbstverwaltungsorgane

(1) ¹Die Zahl der Mitglieder der Selbstverwaltungsorgane wird durch die Satzung entsprechend der Größe des Versicherungsträgers bestimmt und kann nur für die folgende Wahlperiode geändert werden. ²Die Vertreterversammlung hat höchstens sechzig Mitglieder; der Verwaltungsrat der in § 35a Absatz 1 genannten Krankenkassen hat höchstens dreißig Mitglieder. ³Die Vertreterversammlungen der Träger der gesetzlichen Rentenversicherung haben jeweils höchstens dreißig Mitglieder; bis zum Ablauf der am 1. Oktober 2005 laufenden Wahlperiode gilt Satz 2. ⁴Für die Bundesvertreterversammlung der Deutschen Rentenversicherung Bund gilt § 44 Absatz 5.

(2) ¹Ein Mitglied, das verhindert ist, wird durch einen Stellvertreter vertreten. ²Stellvertreter sind die als solche in der Vorschlagsliste benannten und verfügbaren Personen in der Reihenfolge ihrer Aufstellung bis zu einer Zahl, die die der Mitglieder um vier übersteigt; Mitglieder, die eine persönliche Stellvertretung nach Satz 5 haben, bleiben hierbei unberücksichtigt. ³Bei dem Bundesvorstand der Deutschen Rentenversicherung Bund sind Stellvertreter die als solche gewählten Personen. ⁴Bei der Bundesvertreterversammlung der Deutschen Rentenversicherung Bund gilt Entsprechendes für die von den Regionalträgern und der Deutschen Rentenversicherung Knappschaft-Bahn-See gewählten Mitglieder. ⁵Anstelle einer Stellvertretung nach Satz 2 können für einzelne oder alle Mitglieder des Vorstandes sowie für einzelne oder alle Mitglieder des Verwaltungsrates der in § 35a Absatz 1 genannten Krankenkassen in der Vorschlagsliste ein erster und ein zweiter persönlicher Stellvertreter benannt werden.

(3) ¹Mitglieder der Vertreterversammlung und ihre Stellvertreter können nicht gleichzeitig bei demselben Versicherungsträger Mitglieder des Vorstandes oder deren Stellvertreter sein. ²Eine Mitgliedschaft in den Selbstverwaltungsorganen mehrerer Krankenkassen ist ausgeschlossen.

§ 44 Zusammensetzung der Selbstverwaltungsorgane

(1) Die Selbstverwaltungsorgane setzen sich zusammen
1. je zur Hälfte aus Vertretern der Versicherten und der Arbeitgeber, soweit in den Nummern 2 und 3 nichts Abweichendes bestimmt ist,
2. bei den Trägern der landwirtschaftlichen Unfallversicherung, mit Ausnahme der Gartenbau-Berufsgenossenschaft, je zu einem Drittel aus Vertretern der versicherten Arbeitnehmer (Versicherten), der Selbständigen ohne fremde Arbeitskräfte und der Arbeitgeber,
3. bei den Ersatzkassen aus Vertretern der Versicherten; dies gilt nicht nach Fusionen mit einer Krankenkasse einer anderen Kassenart oder bei der Gründung neuer Institutionen.

(2) ¹Bei Betriebskrankenkassen, die für einen Betrieb oder mehrere Betriebe desselben Arbeitgebers bestehen, gehören den Selbstverwaltungsorganen außer den Vertretern der Versicherten der Arbeitgeber oder sein Vertreter an. ²Er hat die dieselbe Zahl der Stimmen wie die Vertreter der Versicherten; bei einer Abstimmung kann er jedoch nicht mehr Stimmen abgeben, als den anwesenden Versichertenvertretern zustehen. ³Bei Betriebskrankenkassen, die für Betriebe mehrerer Arbeitgeber bestehen, gehören dem Verwaltungsrat jeder Arbeitgeber oder sein Vertreter an, sofern die Satzung nichts anderes bestimmt. ⁴Die Zahl der dem Verwaltungsrat angehörenden Arbeitgeber oder ihrer Vertreter darf die Zahl der Versichertenvertreter nicht übersteigen; Satz 2 gilt entsprechend. ⁵Die Satzung legt das Verfahren zur Bestimmung der Arbeitgebervertreter des Verwaltungsrates sowie die Verteilung der Stimmen und die Stellvertretung fest. ⁶Die Sätze 1 bis 5 gelten nicht für Betriebskrankenkassen, deren Satzung eine Regelung nach § 173 Absatz 2 Satz 1 Nummer 4 des Fünften Buches enthält.

(2 a) ¹Bei der Eisenbahn-Unfallkasse, der Unfallkasse Post und Telekom, den Unfallkassen der Länder und Gemeinden und den gemeinsamen Unfallkassen für den Landes- und

kommunalen Bereich gehören den Selbstverwaltungsorganen außer den Vertretern der Versicherten eine gleiche Anzahl von Arbeitgebervertretern oder ein Arbeitgebervertreter an. ²Bei der Unfallkasse des Bundes gehören den Selbstverwaltungsorganen Arbeitgebervertreter mit der gleichen Stimmenzahl wie die Vertreter der Versicherten an. ³Die Arbeitgebervertreter werden bestimmt

1. bei den Unfallkassen der Länder von der nach Landesrecht zuständigen Stelle,
2. bei den Unfallkassen der Gemeinden von der nach der Ortssatzung zuständigen Stelle,
3. bei den gemeinsamen Unfallkassen für den Landes- und kommunalen Bereich
   a) für den Landesbereich von der nach Landesrecht zuständigen Stelle,
   b) für den kommunalen Bereich, wenn in den Unfallkassen nur eine Gemeinde einbezogen ist, von der nach der Ortssatzung zuständigen Stelle,
4. bei der Eisenbahn-Unfallkasse vom Bundesministerium für Verkehr, Bau und Stadtentwicklung,
5. bei der Unfallkasse Post und Telekom vom Bundesministerium der Finanzen,
6. bei der Unfallkasse des Bundes vom Bundesministerium für Arbeit und Soziales auf Vorschlag des Bundesministeriums des Innern, des Bundesministeriums der Finanzen, des Bundesministeriums der Verteidigung, des Bundesministeriums für Verkehr, Bau und Stadtentwicklung, des Bundesministeriums für Arbeit und Soziales und der Bundesagentur für Arbeit.

⁴Gehört dem Selbstverwaltungsorgan nur ein Arbeitgebervertreter an, hat er die gleiche Zahl der Stimmen wie die Vertreter der Versicherten; bei einer Abstimmung kann er jedoch nicht mehr Stimmen abgeben, als den anwesenden Vertretern der Versicherten zustehen. ⁵Das Verhältnis der Zahl der Stimmen der Vertreter aus dem Landesbereich zu der Zahl der Stimmen der Vertreter aus dem kommunalen Bereich bei den Unfallkassen im Sinne der Nummer 3 entspricht dem Verhältnis der auf diese beiden Bereiche entfallenden nach § 2 Absatz 1 Nummer 1, 2 und 8 des Siebten Buches versicherten Personen im vorletzten Kalenderjahr vor der Wahl; das Nähere bestimmt die Satzung.

(3) ¹In den Selbstverwaltungsorganen der landwirtschaftlichen Berufsgenossenschaften wirken in Angelegenheiten der Krankenversicherung der Landwirte und der Alterssicherung der Landwirte die Vertreter der Selbständigen, die in der betreffenden Versicherung nicht versichert sind und die nicht zu den in § 51 Absatz 4 genannten Beauftragten gehören, sowie die Vertreter der Arbeitnehmer nicht mit. ²An die Stelle der nicht mitwirkenden Vertreter der Selbständigen treten die Stellvertreter, die in der betreffenden Versicherung versichert sind; sind solche Stellvertreter nicht in genügender Zahl vorhanden, ist die Liste der Stellvertreter nach § 60 zu ergänzen.

(4) ¹Krankenkassen nach § 35a können die Zusammensetzung des Verwaltungsrates, insbesondere die Zahl der dem Verwaltungsrat angehörenden Arbeitgeber- und Versichertenvertreter sowie die Zahl und die Verteilung der Stimmen, in ihrer Satzung mit einer Mehrheit von mehr als drei Vierteln der stimmberechtigten Mitglieder von der folgenden Wahlperiode an abweichend von den Absätzen 1 und 2 regeln. ²Der Verwaltungsrat muss mindestens zur Hälfte aus Vertretern der Versicherten bestehen. ³Im Fall der Vereinigung von Krankenkassen können die Verwaltungsräte der beteiligten Krankenkassen die Zusammensetzung des Verwaltungsrates der neuen Krankenkasse nach den Sätzen 1 und 2 mit der in Satz 1 genannten Mehrheit auch für die laufende Wahlperiode regeln.

(5) ¹Die Vertreterversammlungen der Regionalträger der gesetzlichen Rentenversicherung und der Deutschen Rentenversicherung Knappschaft-Bahn-See wählen aus ihrer Selbstverwaltung jeweils zwei Mitglieder in die Bundesvertreterversammlung der Deutschen Rentenversicherung Bund. ²Die Gewählten müssen je zur Hälfte der Gruppe der Versicherten und der Gruppe der Arbeitgeber angehören. ³Die weiteren Mitglieder der Bundesvertreterversammlung der Deutschen Rentenversicherung Bund werden von den Versicherten und Arbeitgebern der Deutschen Rentenversicherung Bund gewählt; ihre Anzahl wird durch die Satzung festgelegt und darf die Zahl 30 nicht überschreiten. ⁴Der Vertreterversammlung der Deutschen Rentenversicherung Bund gehören die durch Wahl der Versicherten und Arbeitgeber der Deutschen Rentenversicherung Bund bestimmten Mitglieder an.

(6) ¹Der Bundesvorstand der Deutschen Rentenversicherung Bund besteht aus 22 Mitgliedern. ²Zwölf Mitglieder werden auf Vorschlag der Vertreter der Regionalträger, acht Mitglieder auf Vorschlag der nach Absatz 5 Satz 3 gewählten Vertreter der Deutschen Rentenversicherung Bund und zwei Mitglieder auf Vorschlag der Vertreter der Deutschen Rentenversicherung Knappschaft-Bahn-See gewählt. ³Die Gewählten müssen je zur Hälfte der Gruppe der Versicherten und der Gruppe der Arbeitgeber angehören. ⁴Dem Vorstand der Deutschen Rentenversicherung Bund gehören die Mitglieder des Bundesvorstandes

der Deutschen Rentenversicherung Bund an, die auf Vorschlag der nach Absatz 5 Satz 3 gewählten Vertreter der Deutschen Rentenversicherung Bund bestimmt wurden.

§ 45 Sozialversicherungswahlen

(1) ¹Die Wahlen sind entweder allgemeine Wahlen oder Wahlen in besonderen Fällen. ²Allgemeine Wahlen sind die im gesamten Wahlgebiet regelmäßig und einheitlich stattfindenden Wahlen. ³Wahlen in besonderen Fällen sind Wahlen zu den Organen neu errichteter Versicherungsträger und Wahlen, die erforderlich werden, weil eine Wahl für ungültig erklärt worden ist (Wiederholungswahlen).

(2) ¹Die Wahlen sind frei und geheim; es gelten die Grundsätze der Verhältniswahl. ²Das Wahlergebnis wird nach dem Höchstzahlverfahren d'Hondt ermittelt. ³Dabei werden nur die Vorschlagslisten berücksichtigt, die mindestens fünf vom Hundert der abgegebenen gültigen Stimmen erhalten haben.

§ 46 Wahl der Vertreterversammlung

(1) Die Versicherten und die Arbeitgeber wählen die Vertreter ihrer Gruppen in die Vertreterversammlung getrennt auf Grund von Vorschlagslisten; das Gleiche gilt in der landwirtschaftlichen Unfallversicherung, mit Ausnahme der Gartenbau-Berufsgenossenschaft, für die Selbständigen ohne fremde Arbeitskräfte.

(2) Wird aus einer Gruppe nur eine Vorschlagsliste zugelassen oder werden auf mehreren Vorschlagslisten insgesamt nicht mehr Bewerber benannt, als Mitglieder zu wählen sind, gelten die Vorgeschlagenen als gewählt.

(3) ¹Ist eine Wahl zur Vertreterversammlung nicht zustande gekommen oder ist nicht die vorgeschriebene Zahl von Mitgliedern gewählt oder kein Stellvertreter benannt worden, zeigt der Vorstand dies der Aufsichtsbehörde unverzüglich an. ²Diese beruft die Mitglieder und die Stellvertreter aus der Zahl der Wählbaren. ³Bei neu errichteten Versicherungsträgern trifft die Anzeigepflicht den Wahlausschuss.

§ 47 Gruppenzugehörigkeit

(1) Zur Gruppe der Versicherten gehören
1. bei den Krankenkassen deren Mitglieder sowie die Mitglieder der jeweils zugehörigen Pflegekasse,
2. bei den Trägern der Unfallversicherung die versicherten Personen, die regelmäßig mindestens zwanzig Stunden im Monat eine die Versicherung begründende Tätigkeit ausüben, und die Rentenbezieher, die der Gruppe der Versicherten unmittelbar vor dem Ausscheiden aus der versicherten Tätigkeit angehört haben,
3. bei den Trägern der Rentenversicherung diejenigen versicherten Personen, die eine Versicherungsnummer erhalten oder beantragt haben, und die Rentenbezieher.

(2) Zur Gruppe der Arbeitgeber gehören
1. die Personen, die regelmäßig mindestens einen beim Versicherungsträger versicherungspflichtigen Arbeitnehmer beschäftigen; dies gilt nicht für Personen, die bei demselben Versicherungsträger zur Gruppe der Versicherten gehören und nur einen Arbeitnehmer im Haushalt beschäftigen,
2. bei den Trägern der Unfallversicherung auch die versicherten Selbständigen und ihre versicherten Ehegatten, soweit Absatz 3 nichts Abweichendes bestimmt, und die Rentenbezieher, die der Gruppe der Arbeitgeber unmittelbar vor dem Ausscheiden aus der versicherten Tätigkeit angehört haben,
3. bei den Feuerwehr-Unfallkassen auch die Gemeinden und die Gemeindeverbände.

(3) Zur Gruppe der Selbständigen ohne fremde Arbeitskräfte gehören bei den Trägern der landwirtschaftlichen Unfallversicherung, mit Ausnahme der Gartenbau-Berufsgenossenschaft,
1. die versicherten Selbständigen ohne fremde Arbeitskräfte und ihre versicherten Ehegatten; dies gilt nicht für Personen, die in den letzten zwölf Monaten sechsundzwanzig Wochen als Arbeitnehmer in der Land- oder Forstwirtschaft unfallversichert waren,
2. die Rentenbezieher, die der Gruppe der Selbständigen ohne fremde Arbeitskräfte unmittelbar vor dem Ausscheiden aus der versicherten Tätigkeit angehört haben.

(4) Wer gleichzeitig die Voraussetzungen der Zugehörigkeit zu den Gruppen der Versicherten und der Arbeitgeber oder der Selbständigen ohne fremde Arbeitskräfte desselben

Versicherungsträgers erfüllt, gilt nur als zur Gruppe der Arbeitgeber oder der Gruppe der Selbständigen ohne fremde Arbeitskräfte gehörig.

(5) Rentenbezieher im Sinne der Vorschriften über die Selbstverwaltung ist, wer eine Rente aus eigener Versicherung von dem jeweiligen Versicherungsträger bezieht.

§ 48 Vorschlagslisten

(1) ¹Das Recht, Vorschlagslisten einzureichen, haben
1. Gewerkschaften sowie andere selbständige Arbeitnehmervereinigungen mit sozial- oder berufspolitischer Zwecksetzung (sonstige Arbeitnehmervereinigungen) sowie deren Verbände,
2. Vereinigungen von Arbeitgebern sowie deren Verbände,
3. für die Gruppe der Selbständigen ohne fremde Arbeitskräfte berufsständische Vereinigungen der Landwirtschaft sowie deren Verbände und für die Gruppe der bei den Trägern der gesetzlichen Unfallversicherung versicherten Angehörigen der freiwilligen Feuerwehren die Landesfeuerwehrverbände,
4. Versicherte, Selbständige ohne fremde Arbeitskräfte und Arbeitgeber (freie Listen).

²Verbände der vorschlagsberechtigten Organisationen haben nur dann das Recht, Vorschlagslisten einzureichen, wenn alle oder mindestens drei ihrer vorschlagsberechtigten Mitgliedsorganisationen darauf verzichten, eine Vorschlagsliste einzureichen.

(2) ¹Vorschlagslisten der Versicherten und der Selbständigen ohne fremde Arbeitskräfte müssen bei einem Versicherungsträger mit

bis zu		150	Versicherten von	5	Personen,
151	bis	1.000	Versicherten von	10	Personen,
1.001	bis	5.000	Versicherten von	15	Personen,
5.001	bis	10.000	Versicherten von	20	Personen,
10.001	bis	50.000	Versicherten von	30	Personen,
50.001	bis	100.000	Versicherten von	100	Personen,
100.001	bis	500.000	Versicherten von	250	Personen,
500.001	bis	1.000.000	Versicherten von	500	Personen,
1.000.001	bis	3.000.000	Versicherten von	1.000	Personen,
mehr als		3.000.000	Versicherten von	2.000	Personen

unterzeichnet sein. ²Für die in Satz 1 genannte Anzahl von Versicherten ist der 31. Dezember des zweiten Kalenderjahres vor dem Kalenderjahr der Wahlausschreibung maßgebend.

(3) ¹Berechtigt zur Unterzeichnung einer Vorschlagsliste nach Absatz 2 sind Personen, die am Tag der Wahlausschreibung die Voraussetzungen des Wahlrechts nach § 50 oder der Wählbarkeit nach § 51 Absatz 1 Satz 2 erfüllen. ²Von der Gesamtzahl der Unterzeichner dürfen höchstens fünfundzwanzig vom Hundert dem Personenkreis angehören, der nach § 51 Absatz 6 Nummer 5 und 6 nicht wählbar ist.

(4) ¹Die Absätze 2 und 3 gelten für Vorschlagslisten der in Absatz 1 Satz 1 Nummer 1 genannten Arbeitnehmervereinigungen sowie deren Verbände entsprechend. ²Das gilt nicht, wenn diese
1. seit der vorangegangenen Wahl mit mindestens einem Vertreter ununterbrochen in der Vertreterversammlung vertreten sind oder
2. bei der vorangegangenen Wahl einer Gemeinschaftsliste angehörten und mindestens ein Vertreter dieser Gemeinschaftsliste seitdem ununterbrochen der Vertreterversammlung angehört oder
3. bei der vorangegangenen Wahl eine Vorschlagsliste eingereicht oder einer Gemeinschaftsliste angehört hatten und nur deshalb nicht mit mindestens einem Vertreter ununterbrochen der Vertreterversammlung angehören, weil der oder die Vertreter nach einer Vereinigung nicht als Mitglied berufen worden waren.

³Schließen sich zwei oder mehrere Arbeitnehmervereinigungen zu einer neuen Arbeitnehmervereinigung zusammen, gelten die Absätze 2 und 3 nicht, wenn seit der letzten Wahl auch nur eine der bisherigen Arbeitnehmervereinigungen ununterbrochen in der Vertreterversammlung vertreten war.

(5) ¹Für Vorschlagslisten der Arbeitgeber gelten die Absätze 2 und 3, für Vorschlagslisten von Arbeitgebervereinigungen sowie deren Verbände Absatz 4 entsprechend. ²Die Unterzeichner einer Vorschlagsliste müssen zusammen über die den Mindestzahlen entsprechende Stimmenzahl (§ 49 Absatz 2) verfügen.

(6) [1]Die Vorschlagslisten dürfen als Mitglieder der Selbstverwaltungsorgane und deren Stellvertreter von jeweils drei Personen nur einen Beauftragten (§ 51 Absatz 4 Satz 1) enthalten. [2]Die Reihenfolge der Stellvertreter ist so festzulegen, dass erst jeder dritte Stellvertreter zu den Beauftragten gehört.

(7) [1]Eine Zusammenlegung mehrerer Vorschlagslisten zu einer Vorschlagsliste und eine Verbindung mehrerer Vorschlagslisten sind zulässig. [2]Verbundene Listen gelten bei der Ermittlung des Wahlergebnisses im Verhältnis zu den übrigen Listen als eine Liste.

§ 48 a Vorschlagsrecht der Arbeitnehmervereinigungen

(1) [1]Arbeitnehmervereinigungen haben nur dann das Recht, Vorschlagslisten einzureichen, wenn sie die arbeitsrechtlichen Voraussetzungen für die Gewerkschaftseigenschaft erfüllen oder wenn sie nach dem Gesamtbild der tatsächlichen Verhältnisse, insbesondere nach Umfang und Festigkeit ihrer Organisation, der Zahl ihrer beitragszahlenden Mitglieder, ihrer Tätigkeit und ihrem Hervortreten in der Öffentlichkeit eine ausreichende Gewähr für die Ernsthaftigkeit und Dauerhaftigkeit ihrer sozial- oder berufspolitischen Zwecksetzung und die Unterstützung der auf ihren Vorschlag hin gewählten Organmitglieder und Versichertenältesten bieten. [2]Die sozial- oder berufspolitische Tätigkeit darf sich nicht nur auf die Einreichung von Vorschlagslisten zu den Sozialversicherungswahlen beschränken, sondern muss auch als eigenständige Aufgabe der Arbeitnehmervereinigung die Verwirklichung sozialer oder beruflicher Ziele für die versicherten Arbeitnehmer oder einzelne Gruppen der versicherten Arbeitnehmer umfassen.

(2) [1]Der Name und die Kurzbezeichnung einer Arbeitnehmervereinigung dürfen nicht geeignet sein, einen Irrtum über Art, Umfang und Zwecksetzung der Vereinigung herbeizuführen. [2]In der Arbeitnehmervereinigung dürfen nur Arbeitnehmer und, wenn im Namen der Arbeitnehmervereinigung eine bestimmte Personengruppe genannt ist, nur dieser Personengruppe angehörende Arbeitnehmer maßgebenden Einfluss haben.

(3) Eine Arbeitnehmervereinigung, der zu mehr als fünfundzwanzig vom Hundert Bedienstete des Versicherungsträgers angehören, in deren Vorstand Bedienstete einen Stimmanteil von mehr als fünfundzwanzig vom Hundert haben oder in der ihnen auf andere Weise ein nicht unerheblicher Einfluss eingeräumt ist, ist nicht vorschlagsberechtigt.

(4) [1]Die Arbeitnehmervereinigung muss von Beginn des Kalenderjahres vor dem Kalenderjahr der Wahlausschreibung an ständig eine Anzahl beitragszahlender Mitglieder haben, die mindestens der Hälfte der nach § 48 Absatz 2 geforderten Unterschriftenzahl entspricht. [2]Das tatsächliche Beitragsaufkommen muss die Arbeitnehmervereinigung in die Lage versetzen, ihre Vereinstätigkeit nachhaltig auszuüben und den Vereinszweck zu verfolgen.

(5) Die Satzung der Arbeitnehmervereinigung muss Bestimmungen enthalten über

1. Name, Sitz und Zweck der Vereinigung,
2. Eintritt und Austritt der Mitglieder,
3. Rechte und Pflichten der Mitglieder,
4. Zusammensetzung und Befugnisse des Vorstandes und der übrigen Organe,
5. Voraussetzung, Form und Frist der Einberufung der Mitgliederversammlung, Tätigkeitsbericht und Rechnungslegung durch den Vorstand sowie Zustandekommen und Beurkundung der Beschlüsse.

§ 48 b Feststellungsverfahren

(1) [1]Ob eine Vereinigung als Arbeitnehmervereinigung vorschlagsberechtigt ist, wird bei Vereinigungen, bei denen nicht eine ununterbrochene Vertretung nach § 48 Absatz 4 vorliegt, vorab festgestellt. [2]Der Antrag auf Feststellung ist bis zum 28. Februar des dem Wahljahr vorhergehenden Jahres beim Wahlausschuss des Versicherungsträgers einzureichen.

(2) [1]Der Wahlausschuss kann dem Antragsteller eine Frist zur Ergänzung seines Antrags mit ausschließender Wirkung setzen. [2]Die Entscheidung soll innerhalb von drei Monaten nach Ablauf der Antragsfrist getroffen werden.

(3) [1]Gegen die Entscheidung des Wahlausschusses können der Antragsteller und die nach § 57 Absatz 2 anfechtungsberechtigten Personen und Vereinigungen innerhalb von zwei Wochen Beschwerde einlegen. [2]Für das Beschwerdeverfahren gilt Absatz 2 entsprechend.

§ 48c Feststellung der allgemeinen Vorschlagsberechtigung

(1) ¹Arbeitnehmervereinigungen, die bei allen Versicherungsträgern die Voraussetzungen der Vorschlagsberechtigung erfüllen und glaubhaft machen, dass sie bei mindestens fünf Versicherungsträgern Vorschlagslisten einreichen werden, können die Feststellung ihrer allgemeinen Vorschlagsberechtigung beim Bundeswahlbeauftragten beantragen. ²Die Feststellung der allgemeinen Vorschlagsberechtigung hat die Wirkung einer Feststellung nach § 48b Absatz 1 Satz 1.

(2) ¹Der Antrag auf Feststellung ist bis zum 2. Januar des dem Wahljahr vorhergehenden Jahres zu stellen. ²Der Bundeswahlbeauftragte darf die allgemeine Vorschlagsberechtigung nur feststellen, wenn dies ohne zeitaufwendige Ermittlungen möglich ist. ³Die Entscheidung ist spätestens bis zum 31. Januar zu treffen und dem Antragsteller unverzüglich bekannt zu geben. ⁴Der Bundeswahlbeauftragte hat die Namen der Arbeitnehmervereinigungen, deren allgemeine Vorschlagsberechtigung festgestellt wurde, nach Ablauf der Entscheidungsfrist im Bundesanzeiger zu veröffentlichen.

(3) ¹Gegen die Feststellung der allgemeinen Vorschlagsberechtigung können die nach § 57 Absatz 2 anfechtungsberechtigten Personen und Vereinigungen spätestens zwei Wochen nach ihrer Bekanntmachung im Bundesanzeiger Beschwerde einlegen. ²Für das Beschwerdeverfahren gilt § 48b Absatz 2 entsprechend. ³Wird die Entscheidung des Bundeswahlbeauftragten im Beschwerdeverfahren aufgehoben, gilt § 48b mit der Maßgabe, dass der Antrag auf Feststellung innerhalb eines Monats nach Bekanntgabe der Beschwerdeentscheidung zu stellen ist. ⁴Die Ablehnung der Feststellung der allgemeinen Vorschlagsberechtigung ist unanfechtbar.

§ 49 Stimmenzahl

(1) Jeder Versicherte hat eine Stimme.

(2) ¹Das Stimmrecht eines Wahlberechtigten, der zur Gruppe der Arbeitgeber gehört, bemisst sich nach der Zahl der am Stichtag für das Wahlrecht (§ 50 Absatz 1) bei ihm beschäftigten, beim Versicherungsträger versicherungspflichtigen und wahlberechtigten Personen. ²Er hat bei

0 bis	20	Versicherten	eine Stimme,
21 bis	50	Versicherten	zwei Stimmen,
51 bis	100	Versicherten	drei Stimmen und

je weiteren 1 bis 100 Versicherten eine weitere Stimme bis zur Höchstzahl von zwanzig Stimmen. ³Für das Stimmrecht des Arbeitgebers bei einem Regionalträger der gesetzlichen Rentenversicherung ist unerheblich, bei welchem Regionalträger der gesetzlichen Rentenversicherung die Versicherten wahlberechtigt sind.

(3) ¹Bei den Gemeindeunfallversicherungsverbänden, den gemeinsamen Unfallkassen und den Feuerwehr-Unfallkassen haben Gemeinden eine Stimme je angefangene 1.000 Einwohner, Landkreise eine Stimme je angefangene 10.000 Einwohner, Bezirksverbände und Landschaftsverbände eine Stimme je angefangene 100.000 Einwohner. ²Hierbei ist die letzte vor dem Stichtag für das Wahlrecht (§ 50 Absatz 1) von der für die Statistik zuständigen Landesbehörde veröffentlichte und fortgeschriebene Einwohnerzahl zugrunde zu legen.

(4) Die Satzung kann für Abstufung und Höchstzahl der Stimmen von den Absätzen 2 und 3 Abweichendes bestimmen.

§ 50 Wahlrecht

(1) ¹Wahlberechtigt ist, wer an dem in der Wahlausschreibung bestimmten Tag (Stichtag für das Wahlrecht)
1. bei dem Versicherungsträger zu einer der Gruppen gehört, aus deren Vertretern sich die Selbstverwaltungsorgane des Versicherungsträgers zusammensetzen,
2. das sechzehnte Lebensjahr vollendet hat,
3. eine Wohnung in einem Staat, in dem die Verordnung (EWG) Nr. 1408/71 anzuwenden ist, innehat oder sich gewöhnlich dort aufhält oder regelmäßig dort beschäftigt oder tätig ist.

²Wahlberechtigte, die ihren Wohnsitz oder gewöhnlichen Aufenthalt außerhalb des Geltungsbereichs dieses Gesetzbuchs haben, können in der Renten- und Unfallversicherung an der Wahl nur teilnehmen, wenn sie in der Zeit zwischen dem 107. und dem 37. Tag vor dem Wahltag bei dem Versicherungsträger einen Antrag auf Teilnahme an der Wahl

stellen. ³In der Rentenversicherung ist ein Versicherter bei dem Träger wahlberechtigt, der sein Versicherungskonto führt, ein Rentenbezieher bei dem Träger, der die Rente leistet.

(2) Wahlberechtigt ist nicht, wer aus den in § 13 des Bundeswahlgesetzes genannten Gründen vom Wahlrecht ausgeschlossen ist.

(3) Die Satzung kann bestimmen, dass nicht wahlberechtigt ist, wer am Stichtag für das Wahlrecht fällige Beiträge nicht bezahlt hat.

(4) Anstelle eines nach den Absätzen 1 und 2 nicht wahlberechtigten Arbeitgebers kann sein gesetzlicher Vertreter oder, wenn ein solcher nicht vorhanden ist, ein Geschäftsführer oder bevollmächtigter Betriebsleiter das Wahlrecht ausüben; die Absätze 1 und 2 gelten entsprechend.

§ 51 Wählbarkeit

(1) ¹Wählbar ist, wer am Tag der Wahlausschreibung (Stichtag für die Wählbarkeit)
1. bei dem Versicherungsträger zu einer der Gruppen gehört, aus deren Vertretern sich die Selbstverwaltungsorgane des Versicherungsträgers zusammensetzen,
2. das Alter erreicht hat, mit dem nach § 2 des Bürgerlichen Gesetzbuchs die Volljährigkeit eintritt,
3. das Wahlrecht zum Deutschen Bundestag besitzt oder im Gebiet der Bundesrepublik Deutschland seit mindestens sechs Jahren eine Wohnung innehat, sich sonst gewöhnlich aufhält oder regelmäßig beschäftigt oder tätig ist,
4. eine Wohnung in dem Bezirk des Versicherungsträgers oder in einem nicht weiter als einhundert Kilometer von dessen Grenze entfernten Ort im Geltungsbereich dieses Gesetzbuchs innehat oder sich gewöhnlich dort aufhält oder in dem Bezirk des Versicherungsträgers regelmäßig beschäftigt oder tätig ist.

²In der Rentenversicherung gilt § 50 Absatz 1 Satz 3 entsprechend; wer bei einem hiernach zuständigen Regionalträger der gesetzlichen Rentenversicherung nach Satz 1 Nummer 4 nicht wählbar ist, ist wählbar bei dem Regionalträger der gesetzlichen Rentenversicherung, in dessen Zuständigkeitsbereich er seine Wohnung oder seinen gewöhnlichen Aufenthalt hat. ³Satz 1 Nummer 2 und 4 gilt auch in den Fällen der Absätze 2 bis 5, Satz 1 Nummer 3 auch in den Fällen der Absätze 2, 4 und 5.

(2) Wählbar als Vertreter der Arbeitgeber ist auch ein gesetzlicher Vertreter, Geschäftsführer oder bevollmächtigter Betriebsleiter eines Arbeitgebers.

(3) Wählbar als Versichertenältester ist, wer versichert oder Rentenbezieher ist und seine Wohnung oder seinen gewöhnlichen Aufenthalt in dem Versichertenältestenbezirk hat.

(4) ¹Wählbar sind auch andere Personen, wenn sie als Vertreter der Versicherten von den Gewerkschaften oder den sonstigen Arbeitnehmervereinigungen oder deren Verbänden, als Vertreter der Arbeitgeber von den Vereinigungen von Arbeitgebern oder deren Verbänden, als Vertreter der Selbständigen ohne fremde Arbeitskräfte von den berufsständischen Vereinigungen der Landwirtschaft oder deren Verbänden vorgeschlagen werden (Beauftragte). ²Von der Gesamtzahl der Mitglieder einer Gruppe in einem Selbstverwaltungsorgan darf nicht mehr als ein Drittel zu den Beauftragten gehören; jedem Selbstverwaltungsorgan kann jedoch ein Beauftragter je Gruppe angehören. ³Eine Abweichung von Satz 2, die sich infolge der Vertretung eines Organmitglieds ergibt, ist zulässig.

(5) Bei der Berufsgenossenschaft für Transport und Verkehrswirtschaft sind als Vertreter der Versicherten auch Personen wählbar, die mindestens fünf Jahre lang als Seeleute bei der Berufsgenossenschaft für Transport und Verkehrswirtschaft versichert waren, noch in näherer Beziehung zur Seefahrt stehen und nicht Unternehmer sind.

(5 a) Wer nach dem Stichtag für die Wählbarkeit seine Gruppenzugehörigkeit wegen Arbeitslosigkeit verliert, verliert nicht deshalb seine Wählbarkeit bis zum Ende der Amtsperiode.

(6) Wählbar ist nicht, wer
1. aus den in § 13 des Bundeswahlgesetzes genannten Gründen vom Wahlrecht ausgeschlossen ist,
2. auf Grund Richterspruchs nicht die Fähigkeit besitzt, öffentliche Ämter zu bekleiden und Rechte aus öffentlichen Wahlen zu erlangen,
3. in Vermögensverfall geraten ist,
4. seit den letzten Wahlen wegen grober Verletzung seiner Pflichten nach § 59 Absatz 3 seines Amtes enthoben worden ist,
5. a) als Beamter, Angestellter oder Arbeiter bei dem Versicherungsträger,

b) als leitender Beamter oder Angestellter bei einer Behörde, die Aufsichtsrechte gegenüber dem Versicherungsträger hat, oder
c) als anderer Beamter oder Angestellter bei einer solchen Behörde im Fachgebiet Sozialversicherung

beschäftigt ist,

6. a) regelmäßig für den Versicherungsträger oder im Rahmen eines mit ihm abgeschlossenen Vertrags freiberuflich oder
b) in Geschäftsstellen der Deutschen Rentenversicherung Knappschaft-Bahn-See in knappschaftlich versicherten Betrieben

tätig ist.

(7) Die Satzung kann bestimmen, dass nicht wählbar ist, wer am Tag der Wahlausschreibung fällige Beiträge nicht bezahlt hat.

(8) Als Versichertenältester ist nicht wählbar, wer zur geschäftsmäßigen Besorgung fremder Rechtsangelegenheiten zugelassen ist.

§ 52 Wahl des Vorstandes

(1) Die Vertreter der Versicherten und der Arbeitgeber in der Vertreterversammlung wählen auf Grund von Vorschlagslisten getrennt die Vertreter ihrer Gruppe in den Vorstand; das Gleiche gilt in der landwirtschaftlichen Unfallversicherung, mit Ausnahme der Gartenbau-Berufsgenossenschaft, für die Selbständigen ohne fremde Arbeitskräfte.

(2) Die Vorschlagslisten müssen von zwei Mitgliedern der Gruppe der Vertreterversammlung, für die sie gelten sollen, unterzeichnet sein.

(3) § 45 Absatz 2, § 46 Absatz 2 und 3 Satz 1 und 2, § 48 Absatz 7 und § 51 gelten entsprechend.

(4) Die Mitglieder des Bundesvorstandes der Deutschen Rentenversicherung Bund werden gemäß § 64 Absatz 4 gewählt.

§ 53 Wahlorgane

(1) ^{1}Zur Durchführung der Wahlen werden als Wahlorgane Wahlbeauftragte, Wahlausschüsse und Wahlleitungen bestellt. ^{2}Die Mitglieder der Wahlorgane und die Personen, die bei der Ermittlung des Wahlergebnisses zugezogen werden (Wahlhelfer), üben ihre Tätigkeit ehrenamtlich aus.

(2) ^{1}Der Bundeswahlbeauftragte und sein Stellvertreter werden vom Bundesministerium für Arbeit und Soziales, die Landeswahlbeauftragten und ihre Stellvertreter von den für die Sozialversicherung zuständigen obersten Verwaltungsbehörden der Länder bestellt. ^{2}Dem Bundeswahlbeauftragten obliegen die allgemeinen Aufgaben und die Durchführung der Wahlen zu den Selbstverwaltungsorganen der bundesunmittelbaren Versicherungsträger, den Landeswahlbeauftragten die Durchführung der Wahlen zu den Selbstverwaltungsorganen der landesunmittelbaren Versicherungsträger.

(3) Der Bundeswahlbeauftragte kann für einzelne Zweige der Versicherung Richtlinien erlassen, um sicherzustellen, dass die Wahlen einheitlich durchgeführt werden.

(4) Die Wahlbeauftragten und ihre Stellvertreter sind berechtigt, sich an Ort und Stelle davon zu überzeugen, dass die Wahlräume den Vorschriften der Wahlordnung entsprechend eingerichtet sind und dass bei der Wahlhandlung und bei der Ermittlung des Wahlergebnisses den Vorschriften dieses Gesetzes und der Wahlordnung entsprechend verfahren wird.

§ 54 Durchführung der Wahl

(1) Die Wahlberechtigten wählen durch briefliche Stimmabgabe.

(2) ^{1}Soweit Wahlunterlagen nicht übersandt, sondern ausgehändigt werden, hat der Arbeitgeber oder der sonst für die Aushändigung der Wahlunterlagen Zuständige Vorkehrungen zu treffen, dass die Wahlberechtigten ihre Stimmzettel unbeobachtet kennzeichnen und in den Umschlägen verschließen können. ^{2}Sind mehr als 300 Wahlunterlagen an einem Ort auszuhändigen, sollen hierfür besondere Räume eingerichtet werden, in denen auch die Abgabe der Wahlbriefe zu ermöglichen ist. ^{3}Der Arbeitgeber oder der sonst für die Ausgabe der Wahlunterlagen Zuständige hat dafür Sorge zu tragen, dass in den Räumen zur Stimmabgabe und im Bereich der nach Satz 1 zur Wahrung des Wahlgeheimnisses vorzusehenden Einrichtungen jede Beeinflussung der Wahlberechtigten durch Wort, Ton, Schrift oder Bild unterbleibt.

(3) Der Tag, bis zu dem die Wahlbriefe bei den Versicherungsträgern eingegangen sein müssen (Wahltag), ist vom Bundeswahlbeauftragten für alle Versicherungsträger einheitlich zu bestimmen, soweit nicht Abweichungen geboten sind.

(4) Wahlbriefe können von den Absendern bei der Deutschen Post AG unentgeltlich eingeliefert werden, wenn sie sich in amtlichen Wahlbriefumschlägen befinden.

§ 55 Wahlunterlagen und Mitwirkung der Arbeitgeber

(1) Die Wahlberechtigten wählen mit den ihnen ausgehändigten Wahlunterlagen.

(2) Verpflichtet, Wahlunterlagen auszustellen und sie den Wahlberechtigten auszuhändigen, sind
die Versicherungsträger,
die Arbeitgeber im Einvernehmen mit dem Betriebsrat,
die Gemeindeverwaltungen,
die Dienststellen des Bundes und der Länder sowie
die Bundesagentur für Arbeit.

(3) Ist in der Verordnung nach § 56 vorgesehen, dass anstelle der Arbeitgeber die Unfallversicherungsträger die Wahlausweise ausstellen, haben die Arbeitgeber den Unfallversicherungsträgern die hierfür notwendigen Angaben zu machen.

§ 56 Wahlordnung

¹Das Bundesministerium für Arbeit und Soziales erlässt durch Rechtsverordnung mit Zustimmung des Bundesrates die zur Durchführung der Wahlen erforderliche Wahlordnung. ²Es trifft darin insbesondere Vorschriften über
1. die Bestellung der Wahlbeauftragten, die Bildung der Wahlausschüsse und der Wahlleitungen sowie über die Befugnisse, die Beschlussfähigkeit und das Verfahren der Wahlorgane,
2. die Entschädigung der Wahlbeauftragten, der Mitglieder der Wahlausschüsse, der Mitglieder der Wahlleitungen und der Wahlhelfer,
3. die Vorbereitung der Wahlen einschließlich der Unterrichtung der Wahlberechtigten über den Zweck und den Ablauf des Wahlverfahrens sowie über die zur Wahl zugelassenen Vorschlagslisten,
4. den Zeitpunkt für die Wahlen,
5. die Feststellung der Vorschlagsberechtigung, die Angaben und Unterlagen, die zur Feststellung der Vorschlagsberechtigung zu machen oder vorzulegen sind, die Einreichung, den Inhalt und die Form der Vorschlagslisten sowie der dazugehörigen Unterlagen, über ihre Prüfung, die Beseitigung von Mängeln sowie über ihre Zulassung und Bekanntgabe und über Rechtsbehelfe gegen die Entscheidungen der Wahlorgane,
6. die Listenzusammenlegung, die Listenverbindung und die Zurücknahme von Vorschlagslisten,
7. die Wahlbezirke sowie die Wahlräume und ihre Einrichtung,
8. die Ausstellung und Aushändigung von Wahlunterlagen,
9. die Form und den Inhalt der Wahlunterlagen,
10. die Stimmabgabe,
11. die Briefwahl,
12. die Ermittlung und Feststellung der Wahlergebnisse und ihre Bekanntgabe sowie die Benachrichtigung der Gewählten,
13. die Wahlen in besonderen Fällen,
14. die Kosten der Wahlen und einen Kostenausgleich.

§ 57 Rechtsbehelfe im Wahlverfahren

(1) Gegen Entscheidungen und Maßnahmen, die sich unmittelbar auf das Wahlverfahren beziehen, sind nur die in dieser Vorschrift, in § 48 b Absatz 3, § 48 c Absatz 3 Satz 1 und in der Wahlordnung vorgesehenen Rechtsbehelfe zulässig.

(2) Die in § 48 Absatz 1 genannten Personen und Vereinigungen, der Bundeswahlbeauftragte und der zuständige Landeswahlbeauftragte können die Wahl durch Klage gegen den Versicherungsträger anfechten.

(3) ¹Die Klage kann erhoben werden, sobald öffentlich bekannt gemacht ist, dass eine Wahlhandlung unterbleibt, oder sobald ein Wahlergebnis öffentlich bekannt gemacht worden ist. ²Die Klage ist spätestens einen Monat nach dem Tage der öffentlichen Bekannt-

machung des endgültigen Wahlergebnisses bei dem für den Sitz des Versicherungsträgers zuständigen Sozialgericht zu erheben. ³Ein Vorverfahren findet nicht statt.

(4) Die Klage ist unzulässig, soweit von dem Recht, gegen eine Entscheidung des Wahlausschusses den hierfür vorgesehenen Rechtsbehelf einzulegen, kein Gebrauch gemacht worden ist.

(5) Während des Wahlverfahrens kann das Gericht auf Antrag eine einstweilige Anordnung treffen, wenn ein Wahlverstoß vorliegt, der dazu führen würde, dass im Wahlanfechtungsverfahren die Wahl für ungültig erklärt wird.

(6) Hat das Gericht eine Entscheidung nach § 131 Absatz 4 des Sozialgerichtsgesetzes getroffen, kann es auf Antrag eine einstweilige Anordnung hinsichtlich der personellen Besetzung der Selbstverwaltungsorgane erlassen.

(7) Beschlüsse, die ein Selbstverwaltungsorgan bis zu dem Zeitpunkt einer Entscheidung nach § 131 Absatz 4 des Sozialgerichtsgesetzes getroffen hat, bleiben wirksam.

§ 58 Amtsdauer

(1) ¹Die gewählten Bewerber werden Mitglieder des Selbstverwaltungsorgans an dem Tage, an dem die erste Sitzung des Organs stattfindet. ²Die neu gewählte Vertreterversammlung tritt spätestens fünf Monate nach dem Wahltag zusammen.

(2) ¹Die Amtsdauer der Mitglieder der Selbstverwaltungsorgane beträgt sechs Jahre; sie endet jedoch unabhängig vom Zeitpunkt der Wahl mit dem Zusammentritt der in den nächsten allgemeinen Wahlen neu gewählten Selbstverwaltungsorgane. ²Wiederwahl ist zulässig.

§ 59 Verlust der Mitgliedschaft

(1) Die Mitgliedschaft in einem Selbstverwaltungsorgan endet vorzeitig
1. durch Tod,
2. durch Erwerb der Mitgliedschaft für ein anderes Selbstverwaltungsorgan, wenn die gleichzeitige Zugehörigkeit zu beiden Selbstverwaltungsorganen ausgeschlossen ist,
3. mit Eintritt der Unanfechtbarkeit eines Beschlusses nach Absatz 2 oder 3.

(2) ¹Der Vorstand hat ein Mitglied eines Selbstverwaltungsorgans durch Beschluss von seinem Amt zu entbinden, wenn ein wichtiger Grund vorliegt oder wenn die Voraussetzungen der Wählbarkeit nicht vorgelegen haben oder nachträglich weggefallen sind. ²Jedes Mitglied hat dem Vorsitzenden des Vorstands unverzüglich Veränderungen anzuzeigen, die seine Wählbarkeit berühren.

(3) ¹Verstößt ein Mitglied eines Selbstverwaltungsorgans in grober Weise gegen seine Amtspflichten, hat der Vorstand das Mitglied durch Beschluss seines Amtes zu entheben. ²Der Vorstand kann die sofortige Vollziehung des Beschlusses anordnen; die Anordnung hat die Wirkung, dass das Mitglied sein Amt nicht ausüben kann.

(4) ¹Betrifft ein Beschluss nach Absatz 2 oder 3 ein Mitglied der Vertreterversammlung, bedarf er der Zustimmung des Vorsitzenden der Vertreterversammlung. ²Stimmt der Vorsitzende nicht zu oder betrifft der Beschluss ihn selbst, entscheidet die Vertreterversammlung.

(5) Für stellvertretende Mitglieder der Selbstverwaltungsorgane gelten die Absätze 1 bis 4 entsprechend.

(6) Endet die Mitgliedschaft in einem Selbstverwaltungsorgan, tritt bis zur Ergänzung des Organs an die Stelle des ausgeschiedenen Mitglieds ein Stellvertreter.

§ 60 Ergänzung der Selbstverwaltungsorgane

(1) ¹Scheiden Mitglieder oder stellvertretende Mitglieder eines Selbstverwaltungsorgans vorzeitig aus, fordert der Vorsitzende des Vorstands die Stelle, die die Vorschlagsliste der Ausgeschiedenen eingereicht hat (Listenträger), unverzüglich auf, innerhalb zweier Monate Nachfolger vorzuschlagen. ²Sind in einer Liste Stellvertreter in ausreichender Zahl vorhanden und hält der Listenträger weitere Stellvertreter nicht für erforderlich, kann der Vorstand zulassen, dass von einer Ergänzung abgesehen wird, wenn die in § 48 Absatz 6 Satz 2 vorgeschriebene Reihenfolge gewahrt ist.

(1 a) ¹Scheiden von den Regionalträgern oder der Deutschen Rentenversicherung Knappschaft-Bahn-See gewählte Mitglieder oder stellvertretende Mitglieder der Bundesvertreterversammlung der Deutschen Rentenversicherung Bund aus, fordert der Vorsit-

zende des Bundesvorstandes den jeweiligen Regionalträger oder die Deutsche Rentenversicherung Knappschaft-Bahn-See auf, unverzüglich Nachfolger zu wählen. ²Scheiden von den Regionalträgern oder der Deutschen Rentenversicherung Knappschaft-Bahn-See vorgeschlagene Mitglieder oder stellvertretende Mitglieder des Bundesvorstandes der Deutschen Rentenversicherung Bund aus, fordert der Vorsitzende des Bundesvorstandes die Vorschlagsberechtigten auf, unverzüglich Nachfolger zur Wahl vorzuschlagen. ³Das Nähere regelt die Satzung. ⁴Absatz 2, Absatz 3 Satz 2, Absatz 4 und 5 gelten entsprechend.

(2) Liegen bei einem als Nachfolger Vorgeschlagenen die Voraussetzungen der Wählbarkeit nicht vor, fordert der Vorsitzende des Vorstands den Listenträger auf, innerhalb eines Monats einen anderen Nachfolger vorzuschlagen.

(3) ¹Erfüllt ein fristgerecht als Nachfolger für die Vertreterversammlung Vorgeschlagener die Voraussetzungen der Wählbarkeit, stellt der Vorstand nach Anhörung des Vorsitzenden der Vertreterversammlung durch Beschluss fest, dass der Vorgeschlagene als gewählt gilt, und benachrichtigt hiervon das neue Mitglied, den Vorsitzenden der Vertreterversammlung, den Listenträger, die Aufsichtsbehörde und den Wahlbeauftragten. ²Wird dem Vorstand innerhalb der Frist nach den Absätzen 1 und 2 kein Nachfolger vorgeschlagen, der die Voraussetzungen der Wählbarkeit erfüllt, beruft die Aufsichtsbehörde den Nachfolger aus der Zahl der Wählbaren.

(4) ¹Erfüllt ein fristgerecht als Nachfolger für den Vorstand Vorgeschlagener die Voraussetzungen der Wählbarkeit, teilt der Vorsitzende des Vorstandes dies nach Anhörung des Vorsitzenden der Vertreterversammlung allen Mitgliedern der Gruppe in der Vertreterversammlung mit, die den Ausgeschiedenen gewählt hat, und weist darauf hin, dass der Vorgeschlagene als gewählt gilt, wenn innerhalb eines Monats kein anderer Vorschlag beim Vorstand eingeht. ²Nach Ablauf eines Monats gilt Absatz 3 Satz 1 entsprechend. ³Wird dem Vorstand innerhalb der Frist nach den Absätzen 1 und 2 kein Nachfolger vorgeschlagen, der die Voraussetzungen der Wählbarkeit erfüllt, oder wird ihm innerhalb der in Satz 1 genannten Frist noch ein anderer Vorschlag eingereicht, sind sämtliche Mitglieder in der betreffenden Gruppe des Vorstands und ihre Stellvertreter nach § 52 neu zu wählen.

(5) ¹§ 46 Absatz 3 Satz 1 und 2 sowie die § 51 und 57 gelten entsprechend. ²An die Stelle des Zeitpunkts der Wahlausschreibung in § 51 Absatz 1 tritt der Zeitpunkt der Aufforderung nach Absatz 1 Satz 1.

§ 61 Wahl der Versichertenältesten und der Vertrauenspersonen

(1) ¹Für die Wahl der Versichertenältesten und der Vertrauenspersonen gelten die §§ 52, 56 bis 60 und 62 Absatz 4 entsprechend, soweit die Satzung nichts Abweichendes bestimmt. ²Den Vorschlagslisten sind Vorschläge der Organisationen und Wählergruppen zugrunde zu legen, die zur Einreichung von Vorschlagslisten für die Wahl der Mitglieder der Vertreterversammlung berechtigt sind.

(2) ¹Die Stellvertretung der Versichertenältesten und der Vertrauenspersonen wird durch die Satzung geregelt. ²Die Satzung kann die Nachfolge vorzeitig ausscheidender Versichertenältesten und Vertrauenspersonen abweichend von § 60 regeln.

§ 62 Vorsitzende der Selbstverwaltungsorgane

(1) ¹Die Selbstverwaltungsorgane wählen aus ihrer Mitte einen Vorsitzenden und einen stellvertretenden Vorsitzenden, in der landwirtschaftlichen Unfallversicherung, mit Ausnahme der Gartenbau-Berufsgenossenschaft, einen ersten und einen zweiten stellvertretenden Vorsitzenden. ²Der Vorsitzende und die stellvertretenden Vorsitzenden müssen, mit Ausnahme bei den Ersatzkassen, verschiedenen Gruppen angehören.

(2) ¹Erhält in zwei Wahlgängen kein Mitglied die Mehrheit der satzungsmäßigen Mitgliederzahl, ist gewählt, wer im dritten Wahlgang die meisten Stimmen auf sich vereinigt. ²Bei gleicher Stimmenzahl gelten die Mitglieder, die diese Stimmenzahl erreichen, mit der Maßgabe als gewählt, dass sie den Vorsitz unter gegenseitiger Stellvertretung abwechselnd je für ein Jahr zu führen haben. ³Gilt hiernach mehr als die vorgeschriebene Zahl von Personen als gewählt, entscheidet das Los; das Gleiche gilt für die Reihenfolge. ⁴Bei der Wahl des Vorsitzenden und des stellvertretenden Vorsitzenden der Bundesvertreterversammlung und des Bundesvorstandes der Deutschen Rentenversicherung Bund ist abweichend von Satz 1 in den ersten beiden Wahlgängen jeweils eine Mehrheit nach § 64 Absatz 4 erforderlich.

(3) ¹Die Satzung kann bestimmen, dass die Vertreter der einzelnen Gruppen abwechselnd mindestens für ein Jahr den Vorsitz führen. ²Bei den Trägern der landwirtschaftlichen Unfallversicherung, mit Ausnahme der Gartenbau-Berufsgenossenschaft, haben die Vertreter der einzelnen Gruppen während ihrer Amtsdauer abwechselnd je für mindestens ein Jahr den Vorsitz zu führen; Entsprechendes gilt für die Stellvertretung. ³Die Vertreter von zwei Gruppen können vereinbaren, dass für die Dauer der auf ihre Vertreter entfallenden Vorsitzendentätigkeit einer der Vertreter den Vorsitz führt. ⁴Die Satzung bestimmt das Nähere.

(4) Zu Vorsitzenden oder zu stellvertretenden Vorsitzenden gewählte Mitglieder der Selbstverwaltungsorgane erwerben ihr Amt mit der Erklärung, dass sie die Wahl annehmen.

(5) ¹Schließen Tatsachen das Vertrauen der Mitglieder eines Selbstverwaltungsorgans zu der Amtsführung eines Vorsitzenden oder stellvertretenden Vorsitzenden aus, kann ihn das Organ mit einer Mehrheit von zwei Dritteln seiner satzungsmäßigen Mitgliederzahl abberufen. ²Beim Ausscheiden eines Vorsitzenden oder stellvertretenden Vorsitzenden auf eigenen Wunsch endet die Amtsdauer mit der Neuwahl.

(6) ¹Für einen nach Absatz 5 ausscheidenden Vorsitzenden oder stellvertretenden Vorsitzenden wird ein Nachfolger gewählt. ²Für einen nach § 59 ausscheidenden Vorsitzenden oder stellvertretenden Vorsitzenden wird ein Nachfolger nach Ergänzung des Selbstverwaltungsorgans gewählt.

§ 63 Beratung

(1) Jedes Selbstverwaltungsorgan gibt sich eine Geschäftsordnung.

(2) ¹Die Selbstverwaltungsorgane werden von ihren Vorsitzenden nach Bedarf einberufen. ²Sie müssen einberufen werden, wenn ein Drittel der Mitglieder es verlangt.

(3) ¹Die Sitzungen des Vorstands sind nicht öffentlich. ²Die Sitzungen der Vertreterversammlung sind öffentlich, soweit sie sich nicht mit personellen Angelegenheiten des Versicherungsträgers, Grundstücksgeschäften oder geheimhaltungsbedürftigen Tatsachen (§ 35 des Ersten Buches) befassen. ³Für weitere Beratungspunkte kann in nicht öffentlicher Sitzung die Öffentlichkeit ausgeschlossen werden; der Beschluss ist in öffentlicher Sitzung bekannt zu geben.

(3 a) ¹Ein Mitglied eines Selbstverwaltungsorgans darf bei der Beratung und Abstimmung nicht anwesend sein, wenn hierbei personenbezogene Daten eines Arbeitnehmers offengelegt werden, der ihm im Rahmen eines Dienst- oder Arbeitsverhältnisses untergeordnet ist, oder wenn das Mitglied des Selbstverwaltungsorgans Angehöriger der Personalverwaltung des Betriebes ist, dem der Arbeitnehmer angehört. ²Diesen Personen darf insbesondere auch bei der Vorbereitung einer Beratung keine Kenntnis von solchen Daten gegeben werden. ³Personenbezogene Daten im Sinne der Sätze 1 und 2 sind
1. die in § 76 Absatz 1 des Zehnten Buches bezeichneten Daten und
2. andere Daten, soweit Grund zur Annahme besteht, dass durch die Kenntnisnahme der genannten Personen schutzwürdige Belange des Arbeitnehmers beeinträchtigt werden.

(4) ¹Ein Mitglied eines Selbstverwaltungsorgans darf bei der Beratung und Abstimmung nicht anwesend sein, wenn ein Beschluss ihm selbst, einer ihm nahestehenden Person (§ 383 Absatz 1 Nummer 1 bis 3 der Zivilprozessordnung) oder einer von ihm vertretenen Person einen unmittelbaren Vorteil oder Nachteil bringen kann. ²Satz 1 gilt nicht, wenn das Mitglied nur als Angehöriger einer Personengruppe beteiligt ist, deren gemeinsame Interessen durch die Angelegenheit berührt werden.

(5) Der Vorstand kann zu Tagesordnungspunkten, bei denen wesentliche Fragen der Gesundheit berührt werden, einen auf den jeweiligen Gebieten der Sozialmedizin und der Sozialversicherung fachlich einschlägig erfahrenen Arzt mit beratender Stimme hinzuziehen.

§ 64 Beschlussfassung

(1) ¹Soweit Gesetz oder sonstiges für den Versicherungsträger maßgebendes Recht nichts Abweichendes bestimmt, sind die Selbstverwaltungsorgane beschlussfähig, wenn sämtliche Mitglieder ordnungsgemäß geladen sind und die Mehrheit der Mitglieder anwesend und stimmberechtigt ist. ²Ist ein Selbstverwaltungsorgan nicht beschlussfähig, kann der Vorsitzende anordnen, dass in der nächsten Sitzung über den Gegenstand der Abstimmung auch dann beschlossen werden kann, wenn die in Satz 1 bestimmte Mehrheit nicht vorliegt; hierauf ist in der Ladung zur nächsten Sitzung hinzuweisen.

(2) ¹Die Beschlüsse werden, soweit Gesetz oder sonstiges Recht nichts Abweichendes bestimmt, mit der Mehrheit der abgegebenen Stimmen gefasst. ²Bei Stimmengleichheit wird die Abstimmung nach erneuter Beratung wiederholt; bei erneuter Stimmengleichheit gilt der Antrag als abgelehnt.

(3) ¹Der Vorstand kann in eiligen Fällen ohne Sitzung schriftlich abstimmen. ²Die Vertreterversammlung kann schriftlich abstimmen, soweit die Satzung es zulässt. ³Wenn ein Fünftel der Mitglieder des Selbstverwaltungsorgans der schriftlichen Abstimmung widerspricht, ist über die Angelegenheit in der nächsten Sitzung zu beraten und abzustimmen.

(4) ¹Beschlüsse der Bundesvertreterversammlung und des Bundesvorstandes der Deutschen Rentenversicherung Bund in Grundsatz- und Querschnittsaufgaben und in gemeinsamen Angelegenheiten der Träger der Rentenversicherung werden mit der Mehrheit von mindestens zwei Dritteln aller gewichteten Stimmen der satzungsmäßigen Mitgliederzahl getroffen. ²Bei Beschlüssen der Bundesvertreterversammlung und des Bundesvorstandes werden die Stimmen der Regionalträger mit insgesamt 55 vom Hundert und die der Bundesträger mit insgesamt 45 vom Hundert gewichtet. ³In der Bundesvertreterversammlung orientiert sich die Gewichtung innerhalb der Regionalträger und innerhalb der Bundesträger jeweils an der Anzahl der Versicherten der einzelnen Träger. ⁴Im Bundesvorstand gilt Entsprechendes innerhalb der Bundesträger. ⁵Das Nähere zur Stimmengewichtung nach Satz 1 bis 4 regelt die Satzung.

§ 65 Getrennte Abstimmung

(1) In den Selbstverwaltungsorganen der Träger der landwirtschaftlichen Unfallversicherung, mit Ausnahme der Gartenbau-Berufsgenossenschaft, ist zur Beschlussfassung eine Mehrheit in den Gruppen der Versicherten, der Selbständigen ohne fremde Arbeitskräfte und der Arbeitgeber erforderlich für

1. die Wahl des Geschäftsführers und seines Stellvertreters,
2. die Anstellung, die Beförderung, die Kündigung und die Entlassung der der Dienstordnung unterstehenden Angestellten in einer besoldungsrechtlichen Stellung, die einem Amt der Besoldungsgruppe A 12 der Bundesbesoldungsordnung oder einer höheren Besoldungsgruppe vergleichbar ist,
3. die Einstellung, die Höhergruppierung und die Kündigung von Beschäftigten der Entgeltgruppe 12 oder einer höheren Entgeltgruppe,
4. den Beschluss über den Haushalt,
5. die personelle Besetzung von Ausschüssen,
6. den Beschluss über die Unfallverhütungsvorschriften.

(2) Über einen abgelehnten Antrag ist auf Verlangen der Antragsteller innerhalb von drei Wochen nochmals abzustimmen.

§ 66 Erledigungsausschüsse

(1) ¹Die Selbstverwaltungsorgane können die Erledigung einzelner Aufgaben, mit Ausnahme der Rechtsetzung, Ausschüssen übertragen. ²Zu Mitgliedern können bis zur Hälfte der Mitglieder einer jeden Gruppe auch Stellvertreter von Mitgliedern des Organs bestellt werden. ³Die Organe können die Stellvertretung für die Ausschussmitglieder abweichend von § 43 Absatz 2 regeln.

(2) Für die Beratung und Abstimmung gelten die §§ 63 und 64 entsprechend.

Dritter Titel. Haushalts- und Rechnungswesen

§ 67 Aufstellung des Haushaltsplans

(1) Die Versicherungsträger stellen für jedes Kalenderjahr (Haushaltsjahr) einen Haushaltsplan auf, der alle im Haushaltsjahr voraussichtlich zu leistenden Ausgaben und voraussichtlich benötigten Verpflichtungsermächtigungen sowie alle im Haushaltsjahr zu erwartenden Einnahmen enthält.

(2) Im Haushaltsplan sind die Stellen für die Beamten und die dienstordnungsmäßig Angestellten der Versicherungsträger nach Besoldungsgruppen auszubringen; für die übrigen Beschäftigten der Versicherungsträger sind die Haushaltsansätze nach Vergütungs- und Lohngruppen zu erläutern.

§ 68 Bedeutung und Wirkung des Haushaltsplans

(1) ¹Der Haushaltsplan dient der Feststellung der Mittel, die zur Erfüllung der Aufgaben des Versicherungsträgers im Haushaltsjahr voraussichtlich erforderlich sind. ²Er ist die Grundlage für die Haushalts- und Wirtschaftsführung und stellt sicher, dass insbesondere die gesetzlich vorgeschriebenen Ausgaben rechtzeitig geleistet werden können.

(2) Durch den Haushaltsplan werden Ansprüche oder Verbindlichkeiten weder begründet noch aufgehoben.

§ 69 Ausgleich, Wirtschaftlichkeit und Sparsamkeit, Kosten- und Leistungsrechnung, Personalbedarfsermittlung

(1) Der Haushalt ist in Einnahme und Ausgabe auszugleichen.

(2) Bei der Aufstellung und Ausführung des Haushaltsplans hat der Versicherungsträger sicherzustellen, dass er die ihm obliegenden Aufgaben unter Berücksichtigung der Grundsätze der Wirtschaftlichkeit und Sparsamkeit erfüllen kann.

(3) Für alle finanzwirksamen Maßnahmen sind angemessene Wirtschaftlichkeitsuntersuchungen durchzuführen.

(4) In geeigneten Bereichen ist eine Kosten- und Leistungsrechnung einzuführen.

(5) Die Träger der Kranken- und Rentenversicherung, die gewerblichen Berufsgenossenschaften, die Unfallversicherungsträger der öffentlichen Hand sowie die Träger der landwirtschaftlichen Sozialversicherung führen in geeigneten Bereichen ein Benchmarking durch.

(6) ¹Die Sozialversicherungsträger dürfen Planstellen und Stellen nur ausbringen, soweit sie unter Anwendung angemessener und anerkannter Methoden der Personalbedarfsermittlung begründet sind. ²Die Erforderlichkeit der im Haushaltsplan ausgebrachten Planstellen und Stellen ist bei gegebenem Anlass, im Übrigen regelmäßig zu überprüfen.

§ 70 Haushaltsplan

(1) ¹Der Haushaltsplan wird vom Vorstand aufgestellt. ²Die Vertreterversammlung stellt ihn fest.

(2) Der Haushaltsplan der Träger der Unfallversicherung ist vor Beginn des Kalenderjahrs, für das er gelten soll, der Aufsichtsbehörde vorzulegen, wenn diese es verlangt.

(2 a) ¹Der Haushaltsplan der Eisenbahn-Unfallkasse bedarf der Genehmigung des Bundesministeriums für Verkehr, Bau und Stadtentwicklung, der Haushaltsplan der Unfallkasse Post und Telekom der Genehmigung des Bundesministeriums der Finanzen; der Haushaltsplan soll so rechtzeitig festgestellt werden, dass er spätestens am 1. Dezember vor Beginn des Kalenderjahres, für das er gelten soll, der genehmigenden Stelle vorgelegt werden kann. ²Der Haushaltsplan der Unfallkasse des Bundes bedarf der Genehmigung des Bundesversicherungsamtes im Einvernehmen mit dem Bundesministerium für Arbeit und Soziales und dem Bundesministerium der Finanzen; der Haushaltsplan soll so rechtzeitig festgestellt werden, dass er spätestens am 1. Dezember vor Beginn des Kalenderjahres, für das er gelten soll, der genehmigenden Stelle vorgelegt werden kann. ³Die genehmigende Stelle kann die Genehmigung auch für einzelne Ansätze versagen, wenn der Haushaltsplan gegen Gesetz oder sonstiges für den Versicherungsträger maßgebendes Recht verstößt oder die Leistungsfähigkeit des Versicherungsträgers zur Erfüllung seiner Verpflichtungen gefährdet oder wenn die Bewertungs- oder Bewirtschaftungsmaßstäbe des Bundes nicht beachtet sind.

(3) ¹Die Regionalträger der gesetzlichen Rentenversicherung haben den vom Vorstand aufgestellten Haushaltsplan spätestens am 1. Oktober vor Beginn des Kalenderjahrs, für das er gelten soll, der Aufsichtsbehörde von Amts wegen vorzulegen. ²Die Aufsichtsbehörde kann den Haushaltsplan oder einzelne Ansätze innerhalb von sechs Wochen nach Vorlage beanstanden, soweit gegen Gesetz oder sonstiges für den Versicherungsträger maßgebendes Recht verstoßen oder die Leistungsfähigkeit des Versicherungsträgers zur Erfüllung seiner Verpflichtungen gefährdet wird. ³Die Aufsichtsbehörde kann ebenfalls beanstanden, wenn bei landesunmittelbaren Versicherungsträgern die Bewertungs- oder Bewirtschaftungsmaßstäbe des aufsichtführenden Landes und bei bundesunmittelbaren Versicherungsträgern die Bewertungs- und Bewirtschaftungsmaßstäbe des Bundes nicht beachtet sind; die Besonderheiten der Versicherungsträger sind hierbei zu berücksichtigen. ⁴Berücksichtigt die Vertreterversammlung bei der Feststellung des Haushaltsplans die

Beanstandung nicht, kann die Aufsichtsbehörde insoweit den Feststellungsbeschluss aufheben und den Haushaltsplan selbst feststellen.

(4) [1] Für die Deutsche Rentenversicherung Bund gilt Absatz 3 mit der Maßgabe, dass
1. anstelle der Aufsichtsbehörde die Bundesregierung zuständig ist,
2. der Haushaltsplan spätestens am 1. September vorzulegen ist und innerhalb von zwei Monaten beanstandet werden kann.

[2] Im Haushaltsplan der Deutschen Rentenversicherung Bund werden die Einnahmen und Ausgaben für Grundsatz- und Querschnittsaufgaben und für gemeinsame Angelegenheiten der Träger der Rentenversicherung in einer gesonderten Anlage zum Haushalt ausgewiesen. [3] Die Anlage wird vom Bundesvorstand gemäß § 64 Absatz 4 aufgestellt und von der Bundesvertreterversammlung der Deutschen Rentenversicherung Bund gemäß § 64 Absatz 4 festgestellt.

(5) [1] Die Träger der Krankenversicherung und die Träger der Pflegeversicherung haben den vom Vorstand aufgestellten Haushaltsplan spätestens am 1. November vor Beginn des Kalenderjahrs, für das er gelten soll, der Aufsichtsbehörde vorzulegen, wenn diese es verlangt. [2] Die Aufsichtsbehörde kann den Haushaltsplan oder einzelne Ansätze innerhalb von einem Monat nach Vorlage beanstanden, soweit gegen Gesetz oder sonstiges für den Träger maßgebendes Recht verstoßen wird, insbesondere soweit dadurch die wirtschaftliche Leistungsfähigkeit des Versicherungsträgers zur Erfüllung seiner Verpflichtungen gefährdet wird.

§ 71 Haushaltsplan der Deutschen Rentenversicherung Knappschaft-Bahn-See

(1) [1] Der Haushaltsplan der Deutschen Rentenversicherung Knappschaft-Bahn-See ist getrennt nach knappschaftlicher Krankenversicherung, knappschaftlicher Pflegeversicherung, knappschaftlicher Rentenversicherung und allgemeiner Rentenversicherung aufzustellen. [2] Hierbei gelten Verwaltungsausgaben der knappschaftlichen Krankenversicherung und der allgemeinen Rentenversicherung als Verwaltungsausgaben der knappschaftlichen Rentenversicherung. [3] Die Abstimmung nach § 220 Absatz 3 des Sechsten Buches bleibt unberührt.

(2) Die knappschaftliche Krankenversicherung und die allgemeine Rentenversicherung haben der knappschaftlichen Rentenversicherung die Verwaltungsausgaben ihrer Eigeneinrichtungen sowie die nach einem von der Aufsichtsbehörde zu genehmigenden Schlüssel auf sie entfallenden Verwaltungsausgaben zu erstatten.

(3) [1] Der Haushaltsplan bedarf der Genehmigung durch die Bundesregierung. [2] Er soll so rechtzeitig festgestellt werden, dass er bis zum 1. November vor Beginn des Kalenderjahrs, für das er gelten soll, der Bundesregierung vorgelegt werden kann. [3] Diese kann die Genehmigung auch für einzelne Ansätze versagen, wenn der Haushaltsplan gegen Gesetz oder sonstiges für den Versicherungsträger maßgebendes Recht verstößt oder die Leistungsfähigkeit der Deutschen Rentenversicherung Knappschaft-Bahn-See zur Erfüllung ihrer Verpflichtungen gefährdet oder wenn bei Ansätzen für die knappschaftliche oder allgemeine Rentenversicherung die Bewertungs- oder Bewirtschaftungsmaßstäbe des Bundes nicht beachtet sind.

§ 71a Haushaltsplan der Bundesagentur für Arbeit

(1) [1] Der Haushaltsplan der Bundesagentur für Arbeit wird vom Vorstand aufgestellt. [2] Der Verwaltungsrat stellt den Haushaltsplan fest.

(2) Der Haushaltsplan bedarf der Genehmigung durch die Bundesregierung.

(3) Die Genehmigung kann auch für einzelne Ansätze versagt oder unter Bedingungen und mit Auflagen erteilt werden, wenn der Haushaltsplan gegen Gesetz oder sonstiges für die Bundesagentur maßgebendes Recht verstößt oder die Bewertungs- und Bewirtschaftungsmaßstäbe des Bundes oder die Grundsätze der Sozial-, Wirtschafts- und Finanzpolitik der Bundesregierung nicht berücksichtigt werden.

(4) [1] Enthält die Genehmigung Bedingungen oder Auflagen, stellt der Verwaltungsrat erneut den Haushaltsplan fest. [2] Werden Bedingungen oder Auflagen nicht berücksichtigt, hat der Verwaltungsrat der Bundesregierung einen geänderten Haushaltsplan zur Genehmigung vorzulegen; einen nur mit Liquiditätshilfen ausgeglichenen Haushaltsplan kann das Bundesministerium für Arbeit und Soziales in der durch die Bundesregierung genehmigten Fassung selbst feststellen.

§ 71 b Veranschlagung der Arbeitsmarktmittel der Bundesagentur für Arbeit

(1) Die für Ermessensleistungen der aktiven Arbeitsförderung veranschlagten Mittel mit Ausnahme der Mittel für
1. den Gründungszuschuss nach § 58 Absatz 2 des Dritten Buches,
2. die Berufsausbildungsbeihilfe nach § 60 Absatz 2 Satz 2 des Dritten Buches,
3. die allgemeinen Leistungen zur Teilhabe am Arbeitsleben nach § 98 Absatz 1 Nummer 1 des Dritten Buches,
4. Leistungen nach den §§ 219 und 235 a des Dritten Buches,
5. Leistungen der Trägerförderung nach § 434s Absatz 5 des Dritten Buches,
6. den als Folge des Eingliederungsgutscheins für ältere Arbeitnehmer nach § 223 Absatz 1 Satz 1 des Dritten Buches gewährten Eingliederungszuschuss und
7. der Ausbildungsbonus nach § 421 r Absatz 1 Satz 3 des Dritten Buches

sind im Haushalt der Bundesagentur für Arbeit in einen Eingliederungstitel einzustellen.

(2) ¹Die in dem Eingliederungstitel veranschlagten Mittel sind den Agenturen für Arbeit zur Bewirtschaftung zuzuweisen, soweit nicht andere Dienststellen die Aufgaben wahrnehmen. ²Bei der Zuweisung der Mittel sind insbesondere die regionale Entwicklung der Beschäftigung, die Nachfrage nach Arbeitskräften, Art und Umfang der Arbeitslosigkeit sowie die jeweilige Ausgabenentwicklung im abgelaufenen Haushaltsjahr zu berücksichtigen. ³Agenturen für Arbeit, die im Vergleich zu anderen Agenturen für Arbeit schneller und wirtschaftlicher Arbeitslose eingliedern, sind bei der Mittelzuweisung nicht ungünstiger zu stellen.

(3) ¹Die Agenturen für Arbeit stellen für jede Art dieser Ermessensleistungen der Arbeitsförderung Mittel unter Berücksichtigung der Besonderheiten der Lage und Entwicklung des regionalen Arbeitsmarktes bereit. ²Dabei ist ein angemessener Anteil für die Förderung der Anbahnung und Aufnahme einer nach dem Dritten Buch versicherungspflichtigen Beschäftigung sicherzustellen (Vermittlungsbudget).

(4) Die zugewiesenen Mittel sind so zu bewirtschaften, dass eine Bewilligung und Erbringung der einzelnen Leistungen im gesamten Haushaltsjahr gewährleistet ist.

(5) ¹Die Ausgabemittel des Eingliederungstitels sind nur in das nächste Haushaltsjahr übertragbar. ²Die jeweiligen nicht verausgabten Mittel der Agenturen für Arbeit werden diesen im nächsten Haushaltsjahr zusätzlich zu den auf sie entfallenden Mitteln zugewiesen. ³Verpflichtungsermächtigungen für folgende Jahre sind im gleichen Verhältnis anzuheben.

§ 71 c Eingliederungsrücklage der Bundesagentur für Arbeit

¹Die bis zum Ende des Haushaltsjahres nicht verausgabten Mittel des Eingliederungstitels der Bundesagentur für Arbeit werden einer Eingliederungsrücklage zugeführt. ²Soweit Liquiditätshilfen nach § 364 des Dritten Buches geleistet werden, erfolgt eine Zuführung zur Eingliederungsrücklage nicht. ³Die Eingliederungsrücklage ist bis zum Schluss des nächsten Haushaltsjahres aufzulösen und dient zur Deckung der nach § 71 b Absatz 5 gebildeten Ausgabereste.

§ 71 d Haushaltspläne der Träger der landwirtschaftlichen Sozialversicherung

¹Die Haushaltspläne der landwirtschaftlichen Alterskassen, der landwirtschaftlichen Krankenkassen und der landwirtschaftlichen Berufsgenossenschaften bedürfen der Genehmigung durch die Aufsichtsbehörde. ²Die Genehmigung wird im Benehmen mit dem Bundesministerium für Ernährung, Landwirtschaft und Verbraucherschutz erteilt. ³Der Haushaltsplan soll so rechtzeitig vom Vorstand aufgestellt werden, dass er bis zum 15. Oktober vor Beginn des Kalenderjahres, für das er gelten soll, der Aufsichtsbehörde vorgelegt werden kann. ⁴Diese kann die Genehmigung auch für einzelne Ansätze versagen, soweit gegen Gesetz oder sonstiges für den Versicherungsträger maßgebendes Recht verstoßen oder die Leistungsfähigkeit des Versicherungsträgers bei Erfüllung seiner Verpflichtungen gefährdet wird oder soweit bei landesunmittelbaren Versicherungsträgern die Bewertungs- oder Bewirtschaftungsmaßstäbe des aufsichtführenden Landes und bei bundesunmittelbaren Versicherungsträgern die Bewertungs- oder Bewirtschaftungsmaßstäbe des Bundes nicht beachtet sind; die Besonderheiten der Versicherungsträger sind hierbei zu berücksichtigen. ⁵Das Benehmen nach Satz 2 gilt als hergestellt, wenn das Bundesministerium innerhalb von einem Monat nach Zugang des Haushaltsplans keine Bedenken erhebt.

§ 71e Ausweisung der Schiffssicherheitsabteilung im Haushaltsplan

¹Im Haushaltsplan der gewerblichen Berufsgenossenschaft, der die Durchführung von Aufgaben nach § 6 des Seeaufgabengesetzes übertragen worden ist, sind die für die Durchführung anzusetzenden Einnahmen und Ausgaben, insbesondere die Personalkosten, in einer gesonderten Aufstellung auszuweisen. ²Der Haushaltsplan bedarf insoweit der Genehmigung des Bundesversicherungsamtes im Einvernehmen mit dem Bundesministerium für Arbeit und Soziales und dem Bundesministerium für Verkehr, Bau und Stadtentwicklung.

§ 72 Vorläufige Haushaltsführung

(1) Soweit der Haushaltsplan zu Beginn des Haushaltsjahrs noch nicht in Kraft getreten ist, ist der Vorstand ermächtigt zuzulassen, dass der Versicherungsträger die Ausgaben leistet, die unvermeidbar sind,
1. um seine rechtlich begründeten Verpflichtungen und Aufgaben zu erfüllen,
2. um Bauten und Beschaffungen fortzusetzen, sofern durch den Haushalt eines Vorjahrs bereits Beträge bewilligt worden sind.

(2) ¹Der Vorstand hat seinen Beschluss unverzüglich der Aufsichtsbehörde anzuzeigen; der Beschluss des Vorstandes der Deutschen Rentenversicherung Bund ist dem Bundesministerium für Arbeit und Soziales anzuzeigen. ²Bei der Deutschen Rentenversicherung Knappschaft-Bahn-See und der Bundesagentur für Arbeit bedarf der Beschluss der Genehmigung des Bundesministeriums für Arbeit und Soziales, die jeweils im Einvernehmen mit dem Bundesministerium der Finanzen erfolgt.

§ 73 Überplanmäßige und außerplanmäßige Ausgaben

(1) ¹Überplanmäßige und außerplanmäßige Ausgaben sowie Maßnahmen, durch die Verpflichtungen entstehen können, für die Ausgaben im Haushaltsplan nicht veranschlagt sind, bedürfen der Einwilligung des Vorstands, bei der Bundesagentur für Arbeit des Verwaltungsrats. ²Sie darf nur erteilt werden, wenn
1. ein unvorhergesehenes und unabweisbares Bedürfnis vorliegt und
2. durch sie der Haushaltsplan nicht in wesentlichen Punkten verändert wird oder es sich um außerplanmäßige Ausgaben handelt, die nicht von erheblicher finanzieller Bedeutung sind.

(2) ¹Die Einwilligung ist unverzüglich der Aufsichtsbehörde, die Einwilligung des Vorstandes der Deutschen Rentenversicherung Bund dem Bundesministerium für Arbeit und Soziales anzuzeigen, das das Bundesministerium der Finanzen unterrichtet. ²Bei der Deutschen Rentenversicherung Knappschaft-Bahn-See und der Bundesagentur für Arbeit ist die Genehmigung des Bundesministeriums für Arbeit und Soziales erforderlich, die jeweils im Einvernehmen mit dem Bundesministerium der Finanzen erfolgt. ³Bei der Eisenbahn-Unfallkasse ist die Genehmigung des Bundesministeriums für Verkehr, Bau und Stadtentwicklung, bei der Unfallkasse Post und Telekom die Genehmigung des Bundesministeriums der Finanzen erforderlich. ⁴Bei der Unfallkasse des Bundes ist die Genehmigung des Bundesversicherungsamtes erforderlich, die im Einvernehmen mit dem Bundesministerium für Arbeit und Soziales und dem Bundesministerium der Finanzen erfolgt. ⁵Bei den landwirtschaftlichen Alterskassen, den landwirtschaftlichen Krankenkassen und den landwirtschaftlichen Berufsgenossenschaften ist die Genehmigung der Aufsichtsbehörde erforderlich, es sei denn, die Ausgabe überschreitet nicht den Betrag von 50.000 Euro.

(3) Kann die Einwilligung des Vorstands, bei der Bundesagentur für Arbeit des Verwaltungsrats, oder die Genehmigung des Bundesministeriums für Arbeit und Soziales ausnahmsweise und im Einzelfall nicht vor der Leistung von Ausgaben eingeholt werden, weil diese unaufschiebbar sind, sind sie unverzüglich nachzuholen.

§ 74 Nachtragshaushalt

¹Willigt der Vorstand, bei der Bundesagentur für Arbeit der Verwaltungsrat, in überplanmäßige oder außerplanmäßige Ausgaben nach § 73 Absatz 1 nicht ein, ist für Nachträge ein Nachtragshaushaltsplan festzustellen. ²Auf ihn finden die Vorschriften für den Haushaltsplan und die vorläufige Haushaltsführung entsprechende Anwendung.

§ 75 Verpflichtungsermächtigungen

(1) ¹Maßnahmen, die den Versicherungsträger zur Leistung von Ausgaben in künftigen Haushaltsjahren verpflichten können (Verpflichtungsermächtigungen), sind nur zulässig,

wenn der Haushaltsplan dazu ermächtigt. ²Ausnahmen bedürfen der Einwilligung des Vorstands. ³§ 73 Absatz 1 Satz 2 Nummer 1 sowie Absatz 2 und 3 gelten entsprechend.

(2) ¹Verpflichtungen für laufende Geschäfte dürfen eingegangen werden, ohne dass die Voraussetzungen des Absatzes 1 vorliegen. ²Einer Verpflichtungsermächtigung bedarf es auch dann nicht, wenn zu Lasten übertragbarer Ausgaben Verpflichtungen eingegangen werden, die im folgenden Haushaltsjahr zu Ausgaben führen.

§ 76 Erhebung der Einnahmen

(1) Einnahmen sind rechtzeitig und vollständig zu erheben.

(2) ¹Der Versicherungsträger darf Ansprüche nur
1. stunden, wenn die sofortige Einziehung mit erheblichen Härten für die Anspruchsgegner verbunden wäre und der Anspruch durch die Stundung nicht gefährdet wird;
2. niederschlagen, wenn feststeht, dass die Einziehung keinen Erfolg haben wird, oder wenn die Kosten der Einziehung außer Verhältnis zur Höhe des Anspruchs stehen;
3. erlassen, wenn deren Einziehung nach Lage des einzelnen Falles unbillig wäre; unter den gleichen Voraussetzungen können bereits entrichtete Beiträge erstattet oder angerechnet werden.

²Die Stundung soll gegen angemessene Verzinsung und in der Regel nur gegen Sicherheitsleistung gewährt werden. ³Im Falle des Satzes 1 Nummer 2 dürfen Beitragsansprüche auch niedergeschlagen werden, wenn der Arbeitgeber mehr als sechs Monate meldepflichtige Beschäftigte nicht mehr gemeldet hat und die Ansprüche die von den Spitzenverbänden der Sozialversicherung und der Bundesagentur für Arbeit gemeinsam und einheitlich festgelegten Beträge nicht überschreiten; die Grenzbeträge sollen auch an eine vorherige Vollstreckungsmaßnahme gebunden werden, wenn die Kosten der Maßnahme in einem wirtschaftlich vertretbaren Verhältnis zur Höhe der Forderung stehen. ⁴Die Vereinbarung nach Satz 3 bedarf der Genehmigung des Bundesministeriums für Arbeit und Soziales. ⁵Kommt eine Vereinbarung nach Satz 3 nicht innerhalb einer vom Bundesministerium für Arbeit und Soziales festgesetzten Frist zustande, bestimmt dieses nach Anhörung der Beteiligten die Beträge durch Rechtsverordnung mit Zustimmung des Bundesrates.

(3) ¹Für Ansprüche auf den Gesamtsozialversicherungsbeitrag trifft die Entscheidung nach Absatz 2 die zuständige Einzugsstelle. ²Hat die Einzugsstelle einem Schuldner für länger als zwei Monate Beitragsansprüche gestundet, deren Höhe die Bezugsgröße übersteigt, ist sie verpflichtet, bei der nächsten Monatsabrechnung die zuständigen Träger der Rentenversicherung und die Bundesagentur für Arbeit über die Höhe der auf sie entfallenden Beitragsansprüche und über den Zeitraum, für den die Beitragsansprüche gestundet sind, zu unterrichten. ³Die Einzugsstelle darf
1. eine weitere Stundung der Beitragsansprüche sowie
2. die Niederschlagung von Beitragsansprüchen, deren Höhe insgesamt die Bezugsgröße übersteigt, und
3. den Erlass von Beitragsansprüchen, deren Höhe insgesamt den Betrag von einem Sechstel der Bezugsgröße übersteigt,

nur im Einvernehmen mit den beteiligten Trägern der Rentenversicherung und der Bundesagentur für Arbeit vornehmen.

(4) ¹Die Einzugsstelle kann einen Vergleich über rückständige Beitragsansprüche schließen, wenn dies für die Einzugsstelle, die beteiligten Träger der Rentenversicherung und die Bundesagentur für Arbeit wirtschaftlich und zweckmäßig ist. ²Die Einzugsstelle darf den Vergleich über rückständige Beitragsansprüche, deren Höhe die Bezugsgröße insgesamt übersteigt, nur im Einvernehmen mit den beteiligten Trägern der Rentenversicherung und der Bundesagentur für Arbeit schließen. ³Der Träger der Unfallversicherung kann einen Vergleich über rückständige Beitragsansprüche schließen, wenn dies wirtschaftlich und zweckmäßig ist. ⁴Für die Träger der Rentenversicherung gilt Satz 3, soweit es sich nicht um Ansprüche aus dem Gesamtsozialversicherungsbeitrag handelt.

(5) Die Bundesagentur für Arbeit kann einen Vergleich abschließen, wenn dies wirtschaftlich und zweckmäßig ist.

§ 77 Rechnungsabschluss, Jahresrechnung und Entlastung

(1) ¹Die Versicherungsträger schließen für jedes Kalenderjahr zur Rechnungslegung die Rechnungsbücher ab und stellen auf der Grundlage der Rechnungslegung eine Jahresrechnung auf. ²Über die Entlastung des Vorstands und des Geschäftsführers wegen der

Jahresrechnung beschließt die Vertreterversammlung. ³Über die Entlastung des Bundesvorstandes und des Geschäftsführers wegen der Rechnungsergebnisse für die Grundsatz- und Querschnittsaufgaben bei der Deutschen Rentenversicherung Bund beschließt die Bundesvertreterversammlung mit der Mehrheit von mindestens zwei Dritteln der gewichteten Stimmen der satzungsmäßigen Mitgliederzahl. ⁴Über die Entlastung des Vorstands der Bundesagentur für Arbeit beschließt der Verwaltungsrat.

(1 a) ¹Die Jahresrechnung einer Krankenkasse einschließlich der Deutschen Rentenversicherung Knappschaft-Bahn-See, soweit sie die Krankenversicherung nach dem Fünften Buch durchführt, hat ein den tatsächlichen Verhältnissen entsprechendes Bild der Vermögens-, Finanz- und Ertragslage der Krankenkasse zu vermitteln. ²Die gesetzlichen Vertreter der Krankenkasse haben bei der Unterzeichnung der Jahresrechnung nach bestem Wissen schriftlich zu versichern, dass die Jahresrechnung ein den tatsächlichen Verhältnissen entsprechendes Bild im Sinne des Satzes 1 vermittelt. ³Dabei sind bei der Bewertung der in der Jahresrechnung oder den ihr zu Grunde liegenden Büchern und Aufzeichnungen ausgewiesenen Vermögensgegenstände und Verbindlichkeiten insbesondere folgende Grundsätze zu beachten:

1. Die Saldenvorträge zu Beginn des Rechnungsjahres müssen mit den entsprechenden Schlusssalden der Jahresrechnungen des vorhergehenden Rechnungsjahres übereinstimmen.
2. Die Jahresrechnung muss klar und übersichtlich sein: Insbesondere dürfen keine Veränderungen vorgenommen werden, die
    a) dazu führen, dass der ursprüngliche Inhalt einer Eintragung oder Aufzeichnung nicht mehr feststellbar ist, oder
    b) es ungewiss lassen, ob sie ursprünglich oder erst später gemacht worden sind.
3. Die Vermögensgegenstände und Verbindlichkeiten müssen zum Abschlussstichtag einzeln bewertet sein.
4. Es ist vorsichtig zu bewerten, namentlich sind alle vorhersehbaren Risiken und Verluste, die bis zum Abschlussstichtag entstanden sind, zu berücksichtigen, selbst wenn diese erst zwischen dem Abschlussstichtag und dem Tag der Aufstellung der Jahresrechnung bekannt geworden sind; Gewinne sind nur zu berücksichtigen, wenn sie am Abschlussstichtag realisiert sind.
5. Aufwendungen und Erträge des Rechnungsjahres sind unabhängig von den Zeitpunkten der entsprechenden Zahlungen in der Jahresrechnung zu berücksichtigen.
6. Die auf die vorhergehende Jahresrechnung angewandten Bewertungsmethoden sollen beibehalten werden.

⁴Ausführungsbestimmungen über die Grundsätze nach Satz 3 können daneben in die Rechtsverordnung nach § 78 Satz 1 aufgenommen werden, soweit dies erforderlich ist, um eine nach einheitlichen Kriterien und Strukturen gestaltete Jahresrechnung zu schaffen und um eine einheitliche Bewertung der von den Krankenkassen aufgestellten Unterlagen zu ihrer Finanzlage zu erhalten.

(2) Bei der Deutschen Rentenversicherung Knappschaft-Bahn-See sind die Buchführung, die Rechnungslegung und die Rechnungsprüfung für die knappschaftliche Krankenversicherung, knappschaftliche Pflegeversicherung und die allgemeine sowie die knappschaftliche Rentenversicherung getrennt durchzuführen.

(3) Bei der Deutschen Rentenversicherung Bund sind die Rechnungsergebnisse für die Grundsatz- und Querschnittsaufgaben gesondert nachzuweisen.

§ 77 a Geltung von Haushaltsvorschriften des Bundes für die Bundesagentur für Arbeit

¹Für die Aufstellung und Ausführung des Haushaltsplans sowie für die sonstige Haushaltswirtschaft der Bundesagentur für Arbeit gelten die Vorschriften der Bundeshaushaltsordnung sinngemäß. ²Die allgemeinen Grundsätze der Haushaltswirtschaft des Bundes sind zu beachten. ³Abweichungen von Satz 1 können nach § 1 Absatz 3 des Dritten Buches vereinbart werden.

§ 78 Verordnungsermächtigung

¹Die Bundesregierung wird ermächtigt, durch Rechtsverordnung mit Zustimmung des Bundesrates für die Sozialversicherungsträger mit Ausnahme der Bundesagentur für Arbeit Grundsätze über die Aufstellung des Haushaltsplans, seine Ausführung, die Rechnungsprüfung und die Entlastung sowie die Zahlung, die Buchführung und die Rech-

nungslegung zu regeln. ²Die Regelung ist nach den Grundsätzen des für den Bund und die Länder geltenden Haushaltsrechts vorzunehmen; sie hat die Besonderheiten der Sozialversicherung und der einzelnen Versicherungszweige zu berücksichtigen.

§ 79 Geschäftsübersichten und Statistiken der Sozialversicherung

(1) ¹Die Versicherungsträger haben Übersichten über ihre Geschäfts- und Rechnungsergebnisse sowie sonstiges statistisches Material aus ihrem Geschäftsbereich zu erstellen und dem Bundesministerium für Arbeit und Soziales, landesunmittelbare Versicherungsträger auch den für die Sozialversicherung zuständigen obersten Verwaltungsbehörden der Länder oder den von diesen bestimmten Stellen vorzulegen. ²Die Unterlagen für das Bundesministerium für Arbeit und Soziales sind dem im jeweiligen Versicherungszweig im gesamten Geltungsbereich dieses Buches zuständigen Verband maschinell verwertbar und geprüft zuzuleiten. ³Nach Aufbereitung leitet dieser die Unterlagen in maschinell verwertbarer Form an das Bundesministerium für Arbeit und Soziales sowie an die zuständigen obersten Verwaltungsbehörden der Länder oder an die von ihnen bestimmten Stellen weiter. ⁴Der Verband hat die aufbereiteten Unterlagen der landesunmittelbaren Versicherungsträger den für die Sozialversicherung zuständigen obersten Verwaltungsbehörden der Länder oder den von diesen bestimmten Stellen auf Verlangen zuzuleiten; dies gilt entsprechend für Unterlagen der bundesunmittelbaren Versicherungsträger, die Versicherte oder Mitglieder in dem betreffenden Land haben. ⁵Soweit ein Versicherungsträger einem Verband nicht angehört, kann er die Unterlagen dem Bundesministerium für Arbeit und Soziales unmittelbar oder über einen in seinem Versicherungszweig zuständigen Verband vorlegen; bei unmittelbarer Vorlage werden die Unterlagen nach Satz 3 vom Bundesministerium für Arbeit und Soziales zugeleitet. ⁶Das Bundesministerium für Arbeit und Soziales kann zulassen, dass ihm abweichend von Satz 2 die Unterlagen der Träger der allgemeinen Rentenversicherung und der knappschaftlichen Rentenversicherung unmittelbar vorgelegt werden.

(2) ¹Das Nähere zu Absatz 1, insbesondere zu Inhalt, Art und Form der Unterlagen, wird durch allgemeine Verwaltungsvorschriften bestimmt. ²Soweit sich die allgemeinen Verwaltungsvorschriften nur an bundesunmittelbare Versicherungsträger richten, werden sie vom Bundesministerium für Arbeit und Soziales erlassen.

(3) Das Bundesministerium für Arbeit und Soziales erstellt alljährlich eine Übersicht über die gesamten Geschäfts- und Rechnungsergebnisse des abgeschlossenen Geschäftsjahrs.

(3 a) ¹Im Bereich der gesetzlichen Krankenversicherung und der sozialen Pflegeversicherung sind die Absätze 1 bis 3 mit den Maßgaben anzuwenden, dass an die Stelle des Bundesministeriums für Arbeit und Soziales das Bundesministerium für Gesundheit tritt und beim Erlass der allgemeinen Verwaltungsvorschriften nach Absatz 2 Satz 2 auch das Einvernehmen mit dem Bundesministerium für Arbeit und Soziales herzustellen ist. ²Soweit Bedarf für besondere Nachweise im Bereich der landwirtschaftlichen Krankenversicherung besteht, sind die Absätze 1 bis 3 mit den Maßgaben anzuwenden, dass an die Stelle des Bundesministeriums für Arbeit und Soziales das Bundesministerium für Ernährung, Landwirtschaft und Verbraucherschutz tritt und beim Erlass der allgemeinen Verwaltungsvorschriften nach Absatz 2 Satz 2 auch das Einvernehmen mit dem Bundesministerium für Arbeit und Soziales und dem Bundesministerium für Gesundheit herzustellen ist.

(3 b) Soweit Versichertenstatistiken und Statistiken der Sozialgerichtsbarkeit der gesetzlichen Krankenversicherung und der sozialen Pflegeversicherung vom Bundesministerium für Arbeit und Soziales genutzt werden, sind die Daten auch dem Bundesministerium für Arbeit und Soziales vorzulegen.

(4) Diese Vorschrift findet auf die Bundesagentur für Arbeit keine Anwendung.

Vierter Titel. Vermögen

§ 80 Verwaltung der Mittel

(1) Die Mittel des Versicherungsträgers sind so anzulegen und zu verwalten, dass ein Verlust ausgeschlossen erscheint, ein angemessener Ertrag erzielt wird und eine ausreichende Liquidität gewährleistet ist.

(2) Die Mittel der Versicherungsträger sind getrennt von den Mitteln Dritter zu verwalten.

§ 81 Betriebsmittel

Die Versicherungsträger haben nach Maßgabe der besonderen Vorschriften für die einzelnen Versicherungszweige kurzfristig verfügbare Mittel zur Bestreitung ihrer laufenden Ausgaben sowie zum Ausgleich von Einnahme- und Ausgabeschwankungen (Betriebsmittel) bereitzuhalten.

§ 82 Rücklage

Die Versicherungsträger haben nach Maßgabe der besonderen Vorschriften für die einzelnen Versicherungszweige zur Sicherstellung ihrer Leistungsfähigkeit, insbesondere für den Fall, dass Einnahme- und Ausgabeschwankungen durch Einsatz der Betriebsmittel nicht mehr ausgeglichen werden können, eine Rücklage bereitzuhalten.

§ 83 Anlegung der Rücklage

(1) Die Rücklage kann, soweit in den besonderen Vorschriften für die einzelnen Versicherungszweige nichts Abweichendes bestimmt ist und die Anlage den dort geregelten Liquiditätserfordernissen entspricht, nur angelegt werden in

1. Schuldverschreibungen von Ausstellern mit Sitz in einem Mitgliedsstaat der Europäischen Gemeinschaften, wenn die Schuldverschreibungen an einer Börse in der Europäischen Gemeinschaft zum amtlichen Handel zugelassen sind oder in einen anderen organisierten Markt in einem Mitgliedsstaat der Europäischen Gemeinschaften einbezogen sind, der anerkannt und für das Publikum offen ist und dessen Funktionsweise ordnungsgemäß ist. Wertpapiere gemäß Satz 1, deren Zulassung in den amtlichen Handel an einer Börse in der Europäischen Gemeinschaft oder deren Einbeziehung in einen organisierten Markt in einem Mitgliedsstaat der Europäischen Gemeinschaften nach den Ausgabebedingungen zu beantragen ist, dürfen ebenfalls erworben werden, sofern die Zulassung oder Einbeziehung innerhalb eines Jahres nach ihrer Ausgabe erfolgt,
2. Schuldverschreibungen und sonstige Gläubigerrechte verbriefende Wertpapiere von Ausstellern mit Sitz in einem Mitgliedsstaat der Europäischen Gemeinschaften, wenn für die Einlösung der Forderung eine öffentlich-rechtliche Gewährleistung besteht oder eine Sicherungseinrichtung der Kreditwirtschaft für die Einlösung der Forderung eintritt oder kraft Gesetzes eine besondere Deckungsmasse besteht,
3. Schuldbuchforderungen gegen öffentlich-rechtliche Stellen aus dem Gebiet der Europäischen Gemeinschaften,
4. Forderungen aus Darlehen und Einlagen gegen
   a) öffentlich-rechtliche Gebiets- oder Personenkörperschaften oder Sondervermögen aus dem Gebiet der Europäischen Gemeinschaften,
   b) Personen und Gesellschaften des privaten Rechts aus dem Gebiet der Europäischen Gemeinschaften, wenn für die Forderungen eine öffentlich-rechtliche Einrichtung die Gewährleistung für Rückzahlung und Verzinsung übernimmt oder wenn bei Kreditinstituten eine Sicherungseinrichtung der Kreditwirtschaft in die Gewährleistung eintritt,
5. Anteilen an Sondervermögen nach dem Gesetz über Kapitalanlagegesellschaften, wenn sichergestellt ist, dass für das Sondervermögen nur Vermögensgegenstände gemäß den Nummern 1 bis 4 und 8 dieser Vorschrift erworben werden dürfen,
6. Forderungen, für die eine sichere Hypothek, Grund- oder Rentenschuld an einem Grundstück, Wohnungseigentum oder Erbbaurecht im Bereich der Europäischen Gemeinschaften besteht,
7. Beteiligungen an gemeinnützigen Einrichtungen, soweit die Zweckbestimmung der Mittelhingabe vorwiegend den Aufgaben des Versicherungsträgers dient sowie Darlehen für gemeinnützige Zwecke,
8. Grundstücken und grundstücksgleichen Rechten im Gebiet der Europäischen Gemeinschaften.

(2) ^{1}Die Anlegung der Rücklage soll grundsätzlich in der im Inland geltenden Währung erfolgen. ^{2}Der Erwerb von auf die Währung eines anderen Mitgliedsstaates der Europäischen Gemeinschaft lautenden Forderungen ist nur in Verbindung mit einem Kurssicherungsgeschäft zulässig.

(3) Anlagen für soziale Zwecke sollen mit Vorrang berücksichtigt werden.

(4) Den Staaten der Europäischen Gemeinschaften in den Absätzen 1 und 2 stehen die Staaten des Abkommens über den Europäischen Wirtschaftsraum und die Schweiz gleich.

§ 84 Beleihung von Grundstücken

Eine Hypothek, Grundschuld oder Rentenschuld ist als sicher anzusehen, wenn die Beleihung die ersten zwei Drittel des Wertes des Grundstücks, Wohnungseigentums oder Erbbaurechts nicht übersteigt.

§ 85 Genehmigungsbedürftige Vermögensanlagen

(1) ¹Die Darlehen für gemeinnützige Zwecke, der Erwerb und das Leasen von Grundstücken und grundstücksgleichen Rechten sowie die Errichtung, die Erweiterung und der Umbau von Gebäuden bedürfen der Genehmigung der Aufsichtsbehörde. ²Die Absicht, sich zur Aufgabenerfüllung an Einrichtungen mit Ausnahme von Arbeitsgemeinschaften im Sinne dieses Gesetzbuches zu beteiligen, sowie die Absicht, Datenverarbeitungsanlagen und -systeme anzukaufen, zu leasen oder anzumieten oder sich an solchen zu beteiligen, ist der Aufsichtsbehörde vor Abschluss verbindlicher Vereinbarungen anzuzeigen. ³Solange das Systemkonzept der Datenverarbeitung nicht grundlegend verändert wird, ist eine Anzeige nach Satz 2 nicht erforderlich. ⁴Die Sätze 2 und 3 gelten für die Beschaffung und bei den Rentenversicherungsträgern auch für die Eigenentwicklung von Datenverarbeitungsprogrammen entsprechend. ⁵Jede Anzeige hat so umfassend und rechtzeitig zu erfolgen, dass der Aufsichtsbehörde vor Vertragsabschluss ausreichend Zeit zur Prüfung und Beratung des Versicherungsträgers bleibt. ⁶Die Aufsichtsbehörde kann auf eine Anzeige verzichten.

(2) ¹Der Erwerb und das Leasen von Grundstücken und grundstücksgleichen Rechten sowie die Errichtung, die Erweiterung und der Umbau von Gebäuden bedürfen keiner Genehmigung, wenn die veranschlagten Kosten für ein Vorhaben 0,3 vom Hundert des zuletzt festgestellten Haushaltsvolumens des Versicherungsträgers, mindestens jedoch 22.800 Euro (Stand Haushaltsjahr 2000) und höchstens 342.000 Euro (Stand Haushaltsjahr 2000), nicht übersteigen. ²Bei dem Leasen von Grundstücken ist von dem fiktiven Kaufpreis auszugehen.

(3) Der Mindest- und Höchstbetrag nach Absatz 2 verändert sich in demselben Verhältnis wie der Baukostenindex, den das Bundesministerium für Arbeit und Soziales alljährlich bekannt gibt.

(4) Diese Vorschrift findet auf die Bundesagentur für Arbeit keine Anwendung.

(5) Maßnahmen einer Einrichtung, an der ein Versicherungsträger beteiligt ist und die nach den Absätzen 1 bis 4 genehmigungs- oder anzeigepflichtig wären, hat der Versicherungsträger der Aufsichtsbehörde rechtzeitig anzuzeigen.

§ 86 Ausnahmegenehmigung

Die Versicherungsträger können in Einzelfällen mit Genehmigung der Aufsichtsbehörde ihre Rücklage abweichend von § 83 anlegen, wenn sie nicht oder noch nicht nach dieser Vorschrift angelegt werden kann oder wenn wichtige Gründe eine im Interesse des Versicherungsträgers liegende andere Anlegung rechtfertigen.

Fünfter Titel. Aufsicht

§ 87 Umfang der Aufsicht

(1) ¹Die Versicherungsträger unterliegen staatlicher Aufsicht. ²Sie erstreckt sich auf die Beachtung von Gesetz und sonstigem Recht, das für die Versicherungsträger maßgebend ist.

(2) Auf den Gebieten der Prävention in der gesetzlichen Unfallversicherung erstreckt sich die Aufsicht auch auf den Umfang und die Zweckmäßigkeit der Maßnahmen.

(3) ¹Soweit die Deutsche Gesetzliche Unfallversicherung e.V. Aufgaben nach § 14 Absatz 4, § 15 Absatz 1, § 20 Absatz 2 Satz 2, § 31 Absatz 2 Satz 2, § 32 Absatz 4, § 34 Absatz 3 Satz 1, § 40 Absatz 5, § 41 Absatz 4 und § 43 Absatz 5 des Siebten Buches wahrnimmt, untersteht sie der Rechtsaufsicht des Bundesministeriums für Arbeit und Soziales. ²Das Bundesministerium für Arbeit und Soziales kann die Aufsicht mit Ausnahme der Aufsicht im Bereich der Prävention ganz oder teilweise dem Bundesversicherungsamt übertragen.

§ 88 Prüfung und Unterrichtung

(1) Die Aufsichtsbehörde kann die Geschäfts- und Rechnungsführung des Versicherungsträgers prüfen.

(2) Die Versicherungsträger haben der Aufsichtsbehörde oder ihren Beauftragten auf Verlangen alle Unterlagen vorzulegen und alle Auskünfte zu erteilen, die zur Ausübung des Aufsichtsrechts auf Grund pflichtgemäßer Prüfung der Aufsichtsbehörde gefordert werden.

(3) [1] § 274 Absatz 1 Satz 1, 4 und 5 des Fünften Buches Sozialgesetzbuch gilt entsprechend für die Prüfung der Geschäfts-, Rechnungs- und Betriebsführung der landwirtschaftlichen Alterskassen und der landwirtschaftlichen Berufsgenossenschaften sowie ihres Spitzenverbandes. [2] Für diese Prüfung gelten ferner folgende Bestimmungen des § 274 des Fünften Buches entsprechend:
1. Absatz 1 Satz 3 über die Übertragung der Prüfung auf eine öffentlich-rechtliche Prüfungseinrichtung mit der Maßgabe, dass an die Stelle des Bundesministeriums für Gesundheit das Bundesministerium für Arbeit und Soziales tritt,
2. Absatz 2 Satz 1 und 2 über die Kostentragung mit der Maßgabe, dass das Nähere über die Erstattung, einschließlich des Verteilungsmaßstabes und der zu zahlenden Vorschüsse, für die Prüfung der bundesunmittelbaren landwirtschaftlichen Sozialversicherungsträger und des Spitzenverbandes vom Bundesversicherungsamt und für die Prüfung der landesunmittelbaren landwirtschaftlichen Sozialversicherungsträger von den für die Sozialversicherung zuständigen obersten Verwaltungsbehörden der Länder geregelt wird.

§ 89 Aufsichtsmittel

(1) [1] Wird durch das Handeln oder Unterlassen eines Versicherungsträgers das Recht verletzt, soll die Aufsichtsbehörde zunächst beratend darauf hinwirken, dass der Versicherungsträger die Rechtsverletzung behebt. [2] Kommt der Versicherungsträger dem innerhalb angemessener Frist nicht nach, kann die Aufsichtsbehörde den Versicherungsträger verpflichten, die Rechtsverletzung zu beheben. [3] Die Verpflichtung kann mit den Mitteln des Verwaltungsvollstreckungsrechts durchgesetzt werden, wenn ihre sofortige Vollziehung angeordnet worden oder sie unanfechtbar geworden ist. [4] Die Aufsicht kann die Zwangsmittel für jeden Fall der Nichtbefolgung androhen. [5] § 13 Absatz 6 Satz 2 des Verwaltungs-Vollstreckungsgesetzes ist nicht anwendbar.

(2) Absatz 1 gilt für die Aufsicht nach § 87 Absatz 2 entsprechend.

(3) [1] Die Aufsichtsbehörde kann verlangen, dass die Selbstverwaltungsorgane zu Sitzungen einberufen werden. [2] Wird ihrem Verlangen nicht entsprochen, kann sie die Sitzungen selbst anberaumen und die Verhandlungen leiten.

§ 90 Aufsichtsbehörden

(1) [1] Die Aufsicht über die Versicherungsträger, deren Zuständigkeitsbereich sich über das Gebiet eines Landes hinaus erstreckt (bundesunmittelbare Versicherungsträger), führt das Bundesversicherungsamt, auf den Gebieten der Prävention in der gesetzlichen Unfallversicherung das Bundesministerium für Arbeit und Soziales. [2] Die Aufsicht über die Unfallkasse Post und Telekom auf dem Gebiet der Prävention in der gesetzlichen Unfallversicherung führt das Bundesministerium der Finanzen.

(2) Die Aufsicht über die Versicherungsträger, deren Zuständigkeitsbereich sich nicht über das Gebiet eines Landes hinaus erstreckt (landesunmittelbare Versicherungsträger), führen die für die Sozialversicherung zuständigen obersten Verwaltungsbehörden der Länder oder die von den Landesregierungen durch Rechtsverordnung bestimmten Behörden; die Landesregierungen können diese Ermächtigung auf die obersten Landesbehörden weiter übertragen.

(2 a) [1] Die Aufsicht über die Deutsche Rentenversicherung Bund führt das Bundesversicherungsamt. [2] Soweit die Deutsche Rentenversicherung Bund Grundsatz- und Querschnittsaufgaben wahrnimmt, führt das Bundesministerium für Arbeit und Soziales die Aufsicht; es kann die Aufsicht teilweise dem Bundesversicherungsamt übertragen.

(3) Abweichend von Absatz 1 führen die Verwaltungsbehörden nach Absatz 2 die Aufsicht über Versicherungsträger, deren Zuständigkeitsbereich sich über das Gebiet eines Landes, aber nicht über mehr als drei Länder hinaus erstreckt und für die das aufsichtführende Land durch die beteiligten Länder bestimmt ist.

(4) ¹Die Aufsichtsbehörden treffen sich regelmäßig zu einem Erfahrungsaustausch. ²Soweit dieser Erfahrungsaustausch Angelegenheiten der Träger der landwirtschaftlichen Sozialversicherung betrifft, nehmen auch das Bundesministerium für Arbeit und Soziales und das Bundesministerium für Ernährung, Landwirtschaft und Verbraucherschutz teil.

§ 90 a Zuständigkeitsbereich

(1) Der Zuständigkeitsbereich im Sinne des § 90 wird bestimmt:
1. bei Ortskrankenkassen durch die Region, für die sie bestehen (§ 143 des Fünften Buches),
2. bei Betriebskrankenkassen durch die Betriebe, für die sie ihrer Satzung nach zuständig sind; unselbständige Betriebsteile mit weniger als zehn Mitgliedern in einem Land bleiben unberücksichtigt,
3. bei Innungskrankenkassen durch die Bezirke der Handwerksinnungen, für die sie ihrer Satzung nach bestehen,
4. bei Ersatzkassen durch die in der Satzung festgelegten Bezirke.

(2) Enthält die Satzung einer Betriebs- oder Innungskrankenkasse eine Regelung nach § 173 Absatz 2 Satz 1 Nummer 4 des Fünften Buches in der ab 1. Januar 1996 geltenden Fassung, wird der Zuständigkeitsbereich bestimmt durch die Region (§ 173 Absatz 2 Satz 2 des Fünften Buches), für die sie ihrer Satzung nach zuständig ist.

Fünfter Abschnitt. Versicherungsbehörden

§ 91 Arten

(1) ¹Versicherungsbehörden sind die Versicherungsämter und das Bundesversicherungsamt. ²Durch Landesrecht können weitere Versicherungsbehörden errichtet werden.

(2) Die Landesregierungen können einzelne Aufgaben, die dieses Gesetzbuch den obersten Landesbehörden zuweist, auf Versicherungsbehörden und andere Behörden ihres Landes durch Rechtsverordnung übertragen; die Landesregierungen können diese Ermächtigung auf die obersten Landesbehörden weiter übertragen.

§ 92 Versicherungsämter

¹Versicherungsamt ist die untere Verwaltungsbehörde. ²Die Landesregierungen werden ermächtigt, durch Rechtsverordnung zu bestimmen, welche Behörde zuständige Behörde im Sinne von Satz 1 ist. ³Sie können diese Ermächtigung auf die obersten Verwaltungsbehörden der Länder übertragen. ⁴Die Landesregierungen oder die von ihnen bestimmten Stellen können durch Rechtsverordnung bestimmen, dass ein gemeinsames Versicherungsamt für die Bezirke mehrerer unterer Verwaltungsbehörden bei einer dieser Behörden errichtet wird. ⁵Durch Vereinbarung der beteiligten Landesregierungen oder der von ihnen bestimmten Stellen kann ein gemeinsames Versicherungsamt bei einer unteren Verwaltungsbehörde auch für Gebietsteile mehrerer Länder errichtet werden.

§ 93 Aufgaben der Versicherungsämter

(1) ¹Die Versicherungsämter haben in allen Angelegenheiten der Sozialversicherung Auskunft zu erteilen und die sonstigen ihnen durch Gesetz oder sonstiges Recht übertragenen Aufgaben wahrzunehmen. ²Die Landesregierungen können einzelne Aufgaben der Versicherungsämter den Gemeindebehörden durch Rechtsverordnung übertragen; die Landesregierungen können diese Ermächtigung auf die obersten Landesbehörden weiter übertragen.

(2) ¹Die Versicherungsämter haben Anträge auf Leistungen aus der Sozialversicherung entgegenzunehmen. ²Auf Verlangen des Versicherungsträgers haben sie den Sachverhalt aufzuklären, Beweismittel beizufügen, sich, soweit erforderlich, zu den entscheidungserheblichen Tatsachen zu äußern und Unterlagen unverzüglich an den Versicherungsträger weiterzuleiten.

(3) ¹Zuständig ist das Versicherungsamt, in dessen Bezirk der Leistungsberechtigte zur Zeit des Antrags seinen Wohnsitz oder gewöhnlichen Aufenthalt oder seinen Beschäftigungsort oder Tätigkeitsort hat. ²Ist ein solcher Ort im Geltungsbereich dieses Gesetzbuchs nicht vorhanden, richtet sich die Zuständigkeit nach dem Ort, in dem zuletzt die Voraussetzungen des Satzes 1 erfüllt waren.

§ 94 Bundesversicherungsamt

(1) ¹Das Bundesversicherungsamt ist eine selbständige Bundesoberbehörde. ²Es hat seinen Sitz in Bonn.

(2) ¹Das Bundesversicherungsamt hat die ihm durch Gesetz oder sonstiges Recht übertragenen Aufgaben wahrzunehmen. ²Es untersteht dem Bundesministerium für Arbeit und Soziales, für den Bereich der gesetzlichen Krankenversicherung und sozialen Pflegeversicherung dem Bundesministerium für Gesundheit. ³Es ist, soweit es die Aufsicht nach diesem Gesetzbuch ausübt, nur an allgemeine Weisungen des zuständigen Bundesministeriums gebunden.

Sechster Abschnitt. Verfahren des elektronischen Entgeltnachweises

Erster Titel. Allgemeine Vorschriften

§ 95 Anwendungsbereich

(1) Das Verfahren zur Erstellung und Verarbeitung des elektronischen Entgeltnachweises findet auf folgende Auskünfte, Bescheinigungen und Nachweise (erfasste Nachweise) Anwendung:
1. Arbeitsbescheinigung nach § 312 des Dritten Buches,
2. Nebeneinkommensbescheinigung nach § 313 des Dritten Buches,
3. Auskunft über die Beschäftigung nach § 315 Absatz 3 des Dritten Buches,
4. Auskünfte über den Arbeitsverdienst zum Wohngeldantrag nach § 23 Absatz 2 des Wohngeldgesetzes und
5. Einkommensnachweise nach § 2 Absatz 7 Satz 4 und § 9 des Bundeselterngeld- und Elternzeitgesetzes.

(2) Vorschriften, auf Grund derer Einkommen nachzuweisen ist, das nicht nach § 97 Absatz 1 nachgewiesen wird, bleiben unberührt.

§ 96 Errichtung der Zentralen Speicherstelle und der Registratur Fachverfahren

(1) Bei der Datenstelle der Träger der Rentenversicherung (§ 145 Absatz 1 des Sechsten Buches) wird eine räumlich, organisatorisch und personell getrennte Zentrale Speicherstelle eingerichtet, die die nach § 97 Absatz 1 übermittelten Daten speichert.

(2) ¹Der Informationstechnischen Servicestelle der Gesetzlichen Krankenversicherung wird die Wahrnehmung der Aufgaben der Registratur Fachverfahren nach § 100 übertragen. ²Soweit sie Aufgaben nach diesem Gesetz wahrnimmt, gilt sie als öffentliche Stelle.

(3) Die Übertragung der Datenverarbeitung im Auftrag oder die Übermittlung von Daten abweichend von den Regelungen dieses Gesetzes durch die in den Absätzen 1 und 2 genannten Stellen ist unzulässig.

(4) Die Datenverarbeitungssysteme der Zentralen Speicherstelle und der Registratur Fachverfahren müssen voneinander getrennt sein.

Zweiter Titel. Pflichten der Arbeitgeber und Beschäftigten

§ 97 Pflichten des Arbeitgebers

(1) ¹Der Arbeitgeber hat der Zentralen Speicherstelle für jeden Beschäftigten, Beamten, Richter oder Soldaten monatlich gleichzeitig mit der Entgeltabrechnung eine Meldung zu erstatten, welche die Daten enthält, die in die erfassten Nachweise (§ 95 Absatz 1) aufzunehmen sind. ²Das sind insbesondere
1. die Versicherungsnummer (§ 147 des Sechsten Buches) oder Verfahrensnummer (Absatz 4), Familienname, Vornamen, Tag der Geburt und Anschrift des Beschäftigten, Beamten, Richters oder Soldaten,
2. das erfasste Einkommen in Euro, Beginn und Ende des Zeitraums, für den das erfasste Einkommen erzielt worden ist, die Art des Einkommens, die Beitragsgruppen, falls vorhanden, und die laufende Nummer der Meldung sowie

3. Name und Anschrift des Arbeitgebers sowie die Betriebsnummer des Beschäftigungsbetriebs.

³Sonstige personenbezogene Daten darf die Meldung nicht enthalten. ⁴Zusätzlich zur monatlichen Meldung nach Satz 1 hat der Arbeitgeber der Zentralen Speicherstelle die Meldung zu den erfassten Nachweisen zu dem Zeitpunkt und mit dem Inhalt zu übermitteln, den das für den jeweiligen Nachweis geltende Gesetz bestimmt. ⁵Auf die Übermittlung und den Anspruch des Beschäftigten, Beamten, Richters oder Soldaten auf Auskunft über die zu seiner Person gespeicherten Daten ist auf der Entgeltbescheinigung hinzuweisen. ⁶Eine Meldepflicht des Arbeitgebers besteht nicht, wenn Entgelte ausschließlich aus einer geringfügigen Beschäftigung in einem Privathaushalt nach § 8a erzielt werden.

(2) ¹Die Übermittlung der Meldung an die Zentrale Speicherstelle ist zu protokollieren. ²Die Protokollierung umfasst

1. den Absendezeitpunkt der Übermittlung,
2. den Monat, für den die Meldung erfolgt,
3. die Versicherungs- oder Verfahrensnummer des Teilnehmers und
4. die Betriebsnummer des Beschäftigungsbetriebs.

³Die Protokollierung ist nach Ablauf von zwei Jahren zu löschen, sofern sie nicht darüber hinaus zu Beweiszwecken in einem bereits eingeleiteten Verwaltungs- und Gerichtsverfahren benötigt wird und der Arbeitgeber davon Kenntnis hat. ⁴In diesem Fall ist sie unverzüglich nach Mitteilung der abrufenden Behörde, dass das Verfahren abgeschlossen worden ist, zu löschen. ⁵Die Mitteilung hat innerhalb von drei Monaten nach Eintritt der Unanfechtbarkeit der Verwaltungsentscheidung zu erfolgen.

(3) Mit der Übermittlung der Meldung nach Absatz 1 erfüllt der Arbeitgeber seine Verpflichtung zur Erteilung der erfassten Nachweise, soweit in dem für den jeweiligen Nachweis geltenden Gesetz nichts anderes bestimmt ist.

(4) ¹Ist für einen Beschäftigten, Beamten, Richter oder Soldaten keine Versicherungsnummer nach § 147 des Sechsten Buches vorhanden oder zu vergeben, beantragt der Arbeitgeber mit der Meldung nach Absatz 1 die Vergabe einer Verfahrensnummer bei der Zentralen Speicherstelle unter Angabe der für die Vergabe der Verfahrensnummer erforderlichen Daten des Beschäftigten, Beamten, Richters oder Soldaten. ²Die Zentrale Speicherstelle leitet den Antrag an die Datenstelle der Träger der Rentenversicherung weiter. ³Für die Vergabe der Verfahrensnummer gilt § 147 des Sechsten Buches entsprechend. ⁴Dem Beschäftigten und dem Arbeitgeber ist die vergebene Verfahrensnummer unverzüglich mitzuteilen; dies kann auch elektronisch erfolgen.

(5) Werden Daten nach Absatz 1 nach der Übermittlung an die Zentrale Speicherstelle beim Arbeitgeber für einen Abrechnungszeitraum geändert, ist die Meldung für diesen Abrechnungszeitraum unverzüglich zu stornieren und ist unverzüglich eine erneute Meldung mit den geänderten Daten zu erstatten.

(6) Das Bundesministerium für Arbeit und Soziales wird ermächtigt, das Nähere zu Inhalt und Form der vom Arbeitgeber nach Absatz 1 zu übermittelnden Meldungen durch Rechtsverordnung mit Zustimmung des Bundesrates zu bestimmen.

§ 98 Mitwirkung des Beschäftigten

(1) ¹Beschäftigte, Beamte, Richter und Soldaten haben sich zum Verfahren anzumelden, sobald ein erfasster Nachweis erforderlich wird. ²Mit dieser Anmeldung oder mit der ersten Meldung nach § 97 Absatz 1 wird der jeweilige Beschäftigte, Beamte, Richter oder Soldat Teilnehmer am Verfahren.

(2) ¹Für die Anmeldung nach Absatz 1 Satz 1 sind die Versicherungs- oder Verfahrensnummer und die Zertifikatsidentitätsnummer eines zum Zeitpunkt der Einverständniserklärung zum Abruf gültigen qualifizierten Zertifikats, die sich zusammensetzt aus der laufenden Nummer des Zertifikats nach § 7 Absatz 1 Nummer 4 des Signaturgesetzes, dem Namen des Zertifizierungsdiensteanbieters sowie seinem Niederlassungsstaat nach § 7 Absatz 1 Nummer 6 des Signaturgesetzes, anzugeben. ²Die Anmeldung erfolgt über eine Anmeldestelle, die den Antrag unverzüglich an die Registratur Fachverfahren weiterleitet, oder unmittelbar bei der Registratur Fachverfahren. ³Für die Anmeldung können die von den Agenturen für Arbeit hierfür zur Verfügung gestellten Einrichtungen genutzt werden. ⁴Nach der Anmeldung erhält der Teilnehmer eine Bestätigung über die erfolgreiche Anmeldung.

(3) ¹Der gesetzliche Vertreter eines Teilnehmers hat sich zusätzlich zum Verfahren anzumelden. ²Bei der Anmeldung zum Verfahren ist der Nachweis des gesetzlichen Vertre-

tungsrechtes zu führen. ³Erlischt das gesetzliche Vertretungsrecht, ist dies unverzüglich über eine Anmeldestelle oder direkt der Registratur Fachverfahren mitzuteilen. ⁴Zu diesem Zeitpunkt erlischt die Teilnahmeberechtigung des Vertreters.

Dritter Titel. Aufgaben und Befugnisse der Zentralen Speicherstelle und der Registratur Fachverfahren

§ 99 Aufgaben und Befugnisse der Zentralen Speicherstelle

(1) ¹Die Zentrale Speicherstelle erhebt die vom Arbeitgeber nach § 97 Absatz 1 in verschlüsselter Form übermittelten Daten. ²Sie darf diese Daten nur verarbeiten, soweit dies zur Erfüllung ihrer Aufgaben nach diesem Gesetzbuch erforderlich ist.

(2) ¹Die Zentrale Speicherstelle überprüft die übermittelten Daten auf Schlüssigkeit und Vollständigkeit. ²Der Eingang der Meldungen des Arbeitgebers ist zu protokollieren. ³Die Protokollierung umfasst

1. den Eingangszeitpunkt der Übermittlung,
2. den Monat, für den die Meldung erfolgt,
3. die Versicherungs- oder Verfahrensnummer des Teilnehmers und
4. die Betriebsnummer des Beschäftigungsbetriebs.

⁴§ 97 Absatz 2 Satz 3 bis 5 gilt entsprechend. ⁵Sind die Daten nicht schlüssig oder unvollständig oder erfolgt aus sonstigen Gründen keine Speicherung, ist der Arbeitgeber durch eine Fehlermeldung zu unterrichten. ⁶Der Arbeitgeber ist zu einer erneuten unverzüglichen Übermittlung einer korrekten Meldung verpflichtet. ⁷Bei Speicherung der Daten durch die Zentrale Speicherstelle ist der Arbeitgeber ebenfalls unverzüglich zu unterrichten.

(3) ¹Die Zentrale Speicherstelle prüft durch eine Abfrage bei der Registratur Fachverfahren die Möglichkeit der Zuordnung zu einer Zertifikatsidentitätsnummer oder vorläufigen Identitätsnummer und speichert die angenommenen Daten in verschlüsselter Form. ²Der Datenbank-Hauptschlüssel wird durch den Bundesbeauftragten für den Datenschutz und die Informationsfreiheit verwaltet. ³Die Daten dürfen ausschließlich unter der Zertifikatsidentitätsnummer oder der vorläufigen Identitätsnummer gespeichert werden. ⁴§ 79 Absatz 2 des Zehnten Buches findet entsprechende Anwendung. ⁵Die Zentrale Speicherstelle hat sicherzustellen, dass Daten nur durch dazu Befugte abgerufen werden können. ⁶Zur Prüfung dieser Abrufvoraussetzungen werden bei der Zentralen Speicherstelle die Abrufbefugnis der verantwortlichen Person sowie das Vorliegen des Einverständnisses des Teilnehmers mit dem Datenabruf durch die abrufende Behörde gespeichert.

(4) Die Zentrale Speicherstelle hat ein gespeichertes Datum automatisch zu löschen, sobald die Ansprüche, für deren Geltendmachung es nach den in § 95 Absatz 1 genannten Gesetzen erforderlich ist, erloschen sind, spätestens jedoch nach Ablauf von fünf Jahren.

(5) ¹Hat ein Teilnehmer den begründeten Verdacht, dass die vom Arbeitgeber zu seiner Person übermittelten Daten nicht korrekt übermittelt oder gespeichert worden sind und beantragt er bei der abrufenden Behörde eine Überprüfung, ist die Zentrale Speicherstelle verpflichtet, die korrekte Übernahme der Daten unverzüglich zu prüfen. ²Das Prüfergebnis ist der abrufenden Behörde nach Satz 1 unverzüglich zuzuleiten. ³Fehlerhafte Meldungen sind unverzüglich zu stornieren und neu vorzunehmen.

(6) ¹Die Zentrale Speicherstelle darf die an sie übermittelten Daten nur für die Übermittlung an abrufende Behörden und für Auskünfte an Teilnehmer nach diesem Gesetzbuch oder anderen Rechtsvorschriften verwenden. ²Eine Übermittlung, Nutzung oder Beschlagnahme der Daten nach anderen Rechtsvorschriften ist unzulässig. ³Die Zentrale Speicherstelle hat zu gewährleisten, dass Auskünfte an Teilnehmer auch im Wege des automatisierten Abrufs über das Internet erteilt werden können. ⁴Dabei ist sicherzustellen, dass dem jeweiligen Stand der Technik entsprechende Maßnahmen zur Sicherung von Datenschutz und Datensicherheit getroffen werden, die insbesondere die Vertraulichkeit und die Unversehrtheit der bei der Zentralen Speicherstelle gespeicherten und an den Teilnehmer übermittelten Daten gewährleisten. ⁵Der Nachweis der Urheberschaft des Antrags ist durch eine qualifizierte elektronische Signatur nach dem Signaturgesetz zu führen.

(7) ¹Die Zentrale Speicherstelle darf die an sie übermittelten Daten nur an zum Abrufverfahren zugelassene Behörden weiter übermitteln. ²Über einen Antrag auf Zulassung entscheidet die Zentrale Speicherstelle im Einvernehmen mit der Registratur Fachverfah-

ren. ³Sie darf nur Behörden zulassen, die die Vorlage erfasster Nachweise verlangen können. ⁴Die Zentrale Speicherstelle prüft, ob die technischen und datenschutzrechtlichen Voraussetzungen für die Teilnahme am Abrufverfahren durch die ersuchende Behörde gewährleistet sind. ⁵§ 78a des Zehnten Buches gilt entsprechend. ⁶Die abrufende Behörde hat die Zentrale Speicherstelle unverzüglich über alle technischen Veränderungen zu informieren. ⁷Sind die technischen und datenschutzrechtlichen Voraussetzungen nicht oder nicht mehr gegeben, ist die Zulassung zu versagen oder zu entziehen.

§ 100 Aufgaben und Befugnisse der Registratur Fachverfahren

(1) Die Registratur Fachverfahren hat die Aufgabe,
1. die von der Anmeldestelle weitergeleitete oder vom Teilnehmer oder einem gesetzlichen Vertreter elektronisch vorgenommene Anmeldung zum Verfahren entgegenzunehmen,
2. soweit keine Zertifikatsidentitätsnummer und auch keine vorläufige Identitätsnummer vorliegt, für einen Teilnehmer eine vorläufige Identitätsnummer zu vergeben,
3. die Zertifikatsidentitätsnummer oder vorläufige Identitätsnummer des Teilnehmers beziehungsweise des gesetzlichen Vertreters mit der Versicherungs- oder Verfahrensnummer des Teilnehmers zu verbinden und zu speichern,
4. die vorläufige Identitätsnummer und alle einem Teilnehmer zugeordneten Zertifikatsidentitätsnummern zu verbinden und zu speichern,
5. die Registrierung von gesetzlichen Vertretern als Teilnahmeberechtigte bei Beendigung der gesetzlichen Vertretung zu löschen sowie
6. der Zentralen Speicherstelle auf Ersuchen die nach den Nummern 3 und 4 verbundenen Daten zu übermitteln.

(2) ¹Die Registratur Fachverfahren darf personenbezogene Daten nur erheben und verwenden, soweit dies zur Erfüllung ihrer Aufgaben nach diesem Gesetzbuch erforderlich ist. ²Zu diesem Zweck verarbeitet die Registratur Fachverfahren die Angaben des Teilnehmers und seines gesetzlichen Vertreters aus seiner Anmeldung zum Verfahren sowie die Versicherungs- oder Verfahrensnummer des Teilnehmers aus der Meldung nach § 97 Absatz 1.

(3) ¹Ist für den Teilnehmer keine Zertifikatsidentitätsnummer vorhanden, vergibt sie eine vorläufige Identitätsnummer. ²Die vorläufige Identitätsnummer gilt ausschließlich für den Teilnehmer und ist wie die Zertifikatsidentitätsnummer aufgebaut, wobei anstelle des Namens des Zertifizierungsdiensteanbieters die Kennung der Registratur Fachverfahren eingesetzt wird.

(4) Zur Prüfung der Richtigkeit der Versicherungsnummer gleicht die Registratur Fachverfahren bei der Anmeldung eines Teilnehmers die für das Verfahren erforderlichen Daten mit dem Stammdatensatzbestand der Datenstelle der Träger der Rentenversicherung (§ 150 des Sechsten Buches) ab.

(5) Die technischen Einzelheiten der Datenübermittlung zwischen Registratur Fachverfahren und der Datenstelle der Träger der Rentenversicherung nach den Absätzen 1, 2 und 4 regeln diese durch Vereinbarung.

(6) ¹Die Registratur Fachverfahren löscht unverzüglich alle Zertifikatsidentitätsnummern, die nicht mehr als Ordnungskriterium für die in der Zentralen Speicherstelle gespeicherten Daten erforderlich sind. ²Gleiches gilt für vorläufige Identitätsnummern. ³Ansonsten sind in der Registratur Fachverfahren gespeicherte Daten spätestens 80 Jahre nach der Geburt des Teilnehmers zu löschen.

(7) ¹Die Registratur Fachverfahren hat die Anmeldung eines Teilnehmers und die Vergabe einer vorläufigen Identitätsnummer zu protokollieren. ²Die Protokollierung einer Anmeldung enthält den Zeitpunkt des Eingangs der Anmeldung, die gemeldete Versicherungs- oder Verfahrensnummer und die Bestätigung der Deutschen Rentenversicherung über die Richtigkeit der Versicherungs- oder Verfahrensnummer. ³Die Protokollierung der Vergabe einer vorläufigen Identitätsnummer enthält den Zeitpunkt des Eingangs der Meldung des Arbeitgebers, die Versicherungs- oder Verfahrensnummer sowie die vorläufig vergebene Identitätsnummer. ⁴§ 97 Absatz 2 Satz 3 bis 5 gilt entsprechend.

(8) ¹Die Registratur Fachverfahren darf die von ihr verarbeiteten Daten nur für Zwecke nach dieser Vorschrift oder für Auskünfte an den Teilnehmer nach diesem Gesetzbuch oder anderen Rechtsvorschriften verwenden. ²Eine Übermittlung, Nutzung oder Beschlagnahme der Daten nach anderen Rechtsvorschriften ist unzulässig. ³Die Registratur Fachverfahren hat zu gewährleisten, dass Auskünfte an Teilnehmer auch im Wege des automatisierten Abrufs über das Internet erteilt werden können. ⁴Dabei ist sicherzustel-

len, dass dem jeweiligen Stand der Technik entsprechende Maßnahmen zur Sicherung von Datenschutz und Datensicherheit getroffen werden, die insbesondere die Vertraulichkeit und die Unversehrtheit der bei der Registratur Fachverfahren gespeicherten und an den Teilnehmer übermittelten Daten gewährleisten. [5] Der Nachweis der Urheberschaft des Antrags ist durch eine qualifizierte elektronische Signatur nach dem Signaturgesetz zu führen.

Vierter Titel. Abrufverfahren

§ 101 Abrufverfahren bei der Zentralen Speicherstelle

(1) [1] Bei einem Abruf überprüft die Zentrale Speicherstelle zunächst
1. die Zulassung der abrufenden Behörde zum Abrufverfahren,
2. die Erforderlichkeit der abgerufenen Daten für das dem Abruf zugrunde liegende Fachverfahren,
3. das Vorliegen des Einverständnisses des Teilnehmers mit dem Datenabruf,
4. die Gültigkeit aller beim Abruf erforderlichen und genutzten Zertifikate.

[2] Sind die Abrufdaten nicht schlüssig oder unvollständig oder ist aus sonstigen Gründen eine Beantwortung nicht zulässig oder nicht möglich, teilt sie dies der abrufenden Behörde unverzüglich mit. [3] Anderenfalls übermittelt sie die für das jeweilige Verwaltungsverfahren erforderlichen Daten verschlüsselt an die abrufende Behörde.

(2) [1] Die Zentrale Speicherstelle hat die Datenabrufe zu protokollieren. [2] Die Protokollierung umfasst mindestens
1. den Abrufzeitpunkt,
2. die abrufende verantwortliche Person, bei Verwendung eines Abrufagenten auch die weiterverarbeitende Person,
3. die Zertifikatsidentitätsnummer zum abgerufenen Datensatz,
4. den Namen oder die Betriebsnummer der abrufenden Behörde.

[3] § 97 Absatz 2 Satz 3 bis 5 gilt entsprechend.

§ 102 Pflichten der abrufenden Behörde

(1) [1] Bei der Zulassung zum Abrufverfahren nach § 99 Absatz 7 benennt die abrufende Behörde der Zentralen Speicherstelle einen verantwortlichen Mitarbeiter. [2] Dieser ist für die Verwaltung der Abrufbefugnisse der Bediensteten dieser Behörde zuständig. [3] Der Umfang der jeweiligen Abrufbefugnis ist der Zentralen Speicherstelle mitzuteilen. [4] Änderungen hinsichtlich der befugten Bediensteten oder der Abrufbefugnisse sind der Zentralen Speicherstelle unverzüglich mitzuteilen. [5] Jeder Abrufberechtigte muss sich für den jeweiligen Abruf gegenüber der Zentralen Speicherstelle persönlich als Behördenmitarbeiter mit seiner sicheren Authentisierungseinheit nach dem Signaturgesetz authentisieren.

(2) [1] Die abrufende Behörde muss über die notwendigen technischen Einrichtungen zum Abruf verfügen. [2] Der Nachweis ist im Zulassungsantrag nach § 99 Absatz 7 zu führen. [3] Änderungen der technischen Einrichtung sind der Zentralen Speicherstelle unverzüglich anzuzeigen.

(3) [1] Die abrufende Behörde hat die Verbindungsdaten für den Abruf bei der Zentralen Speicherstelle zu protokollieren. [2] Die Protokollierung umfasst mindestens
1. den Abrufzeitpunkt,
2. die abrufende verantwortliche Person, bei Verwendung eines Abrufagenten auch die weiterverarbeitende Person,
3. die Zertifikatsidentitätsnummer zum abgerufenen Datensatz.

[3] § 97 Absatz 2 Satz 3 bis 5 gilt entsprechend.

(4) [1] Abgerufene Daten dürfen nur für Verfahren verwendet werden, für deren Durchführung sie abgerufen worden sind. [2] Eine Übermittlung, Nutzung oder Beschlagnahme nach anderen Rechtsvorschriften ist unzulässig.

§ 103 Rechte und Pflichten des Teilnehmers im Abrufverfahren

(1) [1] Ein Abruf der bei der Zentralen Speicherstelle gespeicherten Daten ist nur zulässig, wenn der Teilnehmer oder dessen gesetzlicher Vertreter mit seiner qualifizierten elektronischen Signatur sein Einverständnis gegenüber der Zentralen Speicherstelle erklärt hat.

²Das Einverständnis kann sich auch auf eine begrenzte Anzahl künftiger Abrufe beziehen. ³Der Teilnehmer hat das Recht, sein Einverständnis jederzeit zu widerrufen oder zeitlich zu begrenzen.

(2) Zum Zeitpunkt der Erklärung des Einverständnisses muss der Teilnehmer oder dessen gesetzlicher Vertreter mit einem gültigen qualifizierten Zertifikat (§ 2 Nummer 7 des Signaturgesetzes) zum Verfahren nach § 98 Absatz 1 oder Absatz 3 angemeldet sein.

(3) Der Teilnehmer ist durch die abrufende Behörde vor Abgabe der Erklärung hinzuweisen auf
1. den Zweck des Abrufs,
2. die Folgen, insbesondere die Rechtsfolgen einer Verweigerung der Mitwirkung nach diesem Gesetzbuch,
3. den Zeitraum und die in diesem Zeitraum erfolgende Anzahl von Abrufen nach Absatz 1 Satz 2
sowie
4. seinen Anspruch auf Auskunft über die zu seiner Person gespeicherten Daten.

(4) ¹Der Teilnehmer hat gegenüber der Zentralen Speicherstelle und der Registratur Fachverfahren Anspruch auf Auskunft über die zu seiner Person gespeicherten Daten. ²Der Teilnehmer kann die Übermittlung der Daten in elektronischer Form verschlüsselt oder in schriftlicher Form verlangen. ³Der Anspruch kann bei der abrufenden Behörde oder direkt gegenüber den in Satz 1 genannten Stellen geltend gemacht werden. ⁴Der Teilnehmer ist über die Weiterleitung seines Anliegens und die Erreichbarkeit der in Satz 1 genannten Stellen zu informieren.

(5) Mit einem Teilnehmer darf weder vereinbart noch darf von ihm verlangt werden, auf gespeicherte Daten zuzugreifen oder einen solchen Zugriff zu gestatten, soweit dies nicht für erfasste Nachweise erforderlich ist.

(6) ¹Teilnehmer, die nach Aufforderung einer abrufenden Behörde ein qualifiziertes Zertifikat erwerben, um ihr Einverständnis nach Absatz 1 zu erklären, erhalten auf Antrag von dieser Behörde die Kosten des qualifizierten Zertifikates in angemessener Höhe erstattet. ²Mit der Aufforderung nach Satz 1 ist der Teilnehmer darüber zu informieren, bis zu welcher Höhe die Kosten als angemessen anerkannt werden.

(7) Die Rechte des Teilnehmers nach diesem Paragraphen können nicht durch Rechtsgeschäft oder Verwaltungshandeln ausgeschlossen oder beschränkt werden.

§§ 104–110 (weggefallen)

Siebter Abschnitt. Aufbewahrung von Unterlagen

§ 110a Aufbewahrungspflicht

(1) Die Behörde bewahrt Unterlagen, die für ihre öffentlich-rechtliche Verwaltungstätigkeit, insbesondere für die Durchführung eines Verwaltungsverfahrens oder für die Feststellung einer Leistung, erforderlich sind, nach den Grundsätzen ordnungsmäßiger Aufbewahrung auf.

(2) ¹Die Behörde kann an Stelle der schriftlichen Unterlagen diese als Wiedergabe auf einem Bildträger oder auf anderen dauerhaften Datenträgern aufbewahren, soweit dies unter Beachtung der Grundsätze der Wirtschaftlichkeit und Sparsamkeit den Grundsätzen ordnungsmäßiger Aufbewahrung entspricht. ²Nach den Grundsätzen ordnungsmäßiger Aufbewahrung von auf Datenträgern aufbewahrten Unterlagen ist insbesondere sicherzustellen, dass
1. die Wiedergabe auf einem Bildträger oder die Daten auf einem anderen dauerhaften Datenträger
   a) mit der diesen zugrunde gelegten schriftlichen Unterlage bildlich und inhaltlich vollständig übereinstimmen, wenn sie lesbar gemacht werden, und über diese Übereinstimmung ein Nachweis geführt wird,
   b) während der Dauer der Aufbewahrungsfrist jederzeit verfügbar sind und unverzüglich bildlich und inhaltlich unverändert lesbar gemacht werden können,
2. die Ausdrucke oder sonstigen Reproduktionen mit der schriftlichen Unterlage bildlich und inhaltlich übereinstimmen und
3. als Unterlage für die Herstellung der Wiedergabe nur dann der Abdruck einer Unterlage verwendet werden darf, wenn die dem Abdruck zugrunde liegende Unterlage bei der Behörde nicht mehr vorhanden ist.

³ Die Sätze 1 und 2 gelten auch für die Aufbewahrung von Unterlagen, die nur mit Hilfe einer Datenverarbeitungsanlage erstellt worden sind, mit der Maßgabe, dass eine bildliche Übereinstimmung der Wiedergabe auf dem dauerhaften Datenträger mit der erstmals erstellten Unterlage nicht sichergestellt sein muss.

(3) ¹ Können aufzubewahrende Unterlagen nur in der Form einer Wiedergabe auf einem Bildträger oder als Daten auf anderen dauerhaften Datenträgern vorgelegt werden, sind, soweit die Akteneinsicht zu gestatten ist, bei der Behörde auf ihre Kosten diejenigen Hilfsmittel zur Verfügung zu stellen, die erforderlich sind, die Unterlagen lesbar zu machen. ² Soweit erforderlich, ist die Behörde verpflichtet, die Unterlagen ganz oder teilweise auszudrucken oder ohne Hilfsmittel lesbare Reproduktionen beizubringen; die Behörde kann Ersatz ihrer Aufwendungen in angemessenem Umfang verlangen.

(4) Absatz 2 gilt nicht für Unterlagen, die als Wiedergabe auf einem Bildträger aufbewahrt werden, wenn diese Wiedergabe vor dem 1. Februar 2003 durchgeführt wird.

§ 110 b Rückgabe, Vernichtung und Archivierung von Unterlagen

(1) ¹ Unterlagen, die für eine öffentlich-rechtliche Verwaltungstätigkeit einer Behörde nicht mehr erforderlich sind, können nach den Absätzen 2 und 3 zurückgegeben oder vernichtet werden. ² Die Anbietungs- und Übergabepflichten nach den Vorschriften des Bundesarchivgesetzes und der entsprechenden gesetzlichen Vorschriften der Länder bleiben unberührt. ³ Satz 1 gilt insbesondere für
1. Unterlagen, deren Aufbewahrungsfristen abgelaufen sind,
2. Unterlagen, die nach Maßgabe des § 110 a Absatz 2 als Wiedergabe auf einem maschinell verwertbaren dauerhaften Datenträger aufbewahrt werden und
3. der Behörde vom Betroffenen oder von Dritten zur Verfügung gestellte Unterlagen.

(2) Unterlagen, die einem Träger der gesetzlichen Rentenversicherung von Versicherten, Antragstellern oder von anderen Stellen zur Verfügung gestellt worden sind, sind diesen zurückzugeben, soweit sie nicht als Ablichtung oder Abschrift dem Träger auf Anforderung von den genannten Stellen zur Verfügung gestellt worden sind; werden die Unterlagen anderen Stellen zur Verfügung gestellt, sind sie von diesen Stellen auf Anforderung zurückzugeben.

(3) Die übrigen Unterlagen im Sinne von Absatz 1 werden vernichtet, soweit kein Grund zu der Annahme besteht, dass durch die Vernichtung schutzwürdige Interessen des Betroffenen beeinträchtigt werden.

§ 110 c Verwaltungsvereinbarungen, Verordnungsermächtigung

(1) ¹ Die Spitzenverbände der Träger der Sozialversicherung und die Bundesagentur für Arbeit vereinbaren gemeinsam unter besonderer Berücksichtigung der schutzwürdigen Interessen der Betroffenen und der Voraussetzungen des Signaturgesetzes das Nähere zu den Grundsätzen ordnungsmäßiger Aufbewahrung im Sinne des § 110 a, den Voraussetzungen der Rückgabe und Vernichtung von Unterlagen sowie die Aufbewahrungsfristen für Unterlagen. ² Die Vereinbarung kann auf bestimmte Sozialleistungsbereiche beschränkt werden; sie ist von den beteiligten Spitzenverbänden abzuschließen. ³ Die Vereinbarungen bedürfen der Genehmigung der beteiligten Bundesministerien.

(2) Soweit Vereinbarungen nicht getroffen sind, wird die Bundesregierung ermächtigt, durch Rechtsverordnung mit Zustimmung des Bundesrates unter besonderer Berücksichtigung der schutzwürdigen Interessen der Betroffenen
1. das Nähere zu bestimmen über
 a) die Grundsätze ordnungsmäßiger Aufbewahrung im Sinne des § 110 a,
 b) die Rückgabe und Vernichtung von Unterlagen,
2. für bestimmte Unterlagen allgemeine Aufbewahrungsfristen festzulegen.

§ 110 d Beweiswirkung

Ist eine Unterlage nach § 110 a Absatz 2 auf anderen dauerhaften maschinell verwertbaren Datenträgern als Bildträgern aufbewahrt und
1. die Wiedergabe mit einer qualifizierten elektronischen Signatur nach dem Signaturgesetz dessen versehen worden, der die Wiedergabe auf dem dauerhaften Datenträger hergestellt oder die Übereinstimmung der Unterlage mit Inhalt und Bild der Wiedergabe unmittelbar nach der Herstellung der Wiedergabe geprüft hat, oder

2. bei urschriftlicher Aufzeichnung des Textes nur in gespeicherter Form diese mit einer qualifizierten elektronischen Signatur nach dem Signaturgesetz dessen versehen ist, der den Text elektronisch signiert hat,

und ist die qualifizierte elektronische Signatur dauerhaft überprüfbar, können der öffentlich-rechtlichen Verwaltungstätigkeit die Daten auf diesem dauerhaften Datenträger zugrunde gelegt werden, soweit nach den Umständen des Einzelfalles kein Anlass ist, ihre sachliche Richtigkeit zu beanstanden.

Achter Abschnitt. Bußgeldvorschriften

§ 111 Bußgeldvorschriften

(1) ¹Ordnungswidrig handelt, wer vorsätzlich oder leichtfertig
1. entgegen § 18f Absatz 1 bis 3 Satz 1, Absatz 3a oder Absatz 5 die Versicherungsnummer erhebt, verarbeitet oder nutzt,
2. entgegen § 28a Absatz 1 bis 3, 4 Satz 1 oder Absatz 9, jeweils in Verbindung mit einer Rechtsverordnung nach § 28c Nummer 1 eine Meldung nicht, nicht richtig, nicht vollständig oder nicht rechtzeitig erstattet,
2a. entgegen § 28a Absatz 7 Satz 1 oder 2 eine Meldung nicht, nicht richtig, nicht vollständig oder nicht rechtzeitig erstattet,
2b. entgegen § 28a Absatz 10 Satz 1 oder Absatz 11 Satz 1, jeweils in Verbindung mit einer Rechtsverordnung nach § 28c Absatz 1 Nummer 1, eine Meldung nicht, nicht richtig, nicht vollständig oder nicht rechtzeitig erstattet,
2c. entgegen § 28a Absatz 12 in Verbindung mit einer Rechtsverordnung nach § 28c Absatz 1 Nummer 1 eine Meldung nicht, nicht richtig, nicht vollständig oder nicht rechtzeitig abgibt,
2d. entgegen § 28e Absatz 3c eine Auskunft nicht, nicht richtig oder nicht vollständig erteilt,
3. entgegen § 28f Absatz 1 Satz 1 Lohnunterlagen nicht führt oder nicht aufbewahrt,
3a. entgegen § 28f Absatz 1a eine Lohnunterlage oder eine Beitragsabrechnung nicht oder nicht richtig gestaltet,
3b. entgegen § 28f Absatz 5 Satz 1 eine Lohnunterlage nicht oder nicht für die vorgeschriebene Dauer aufbewahrt,
4. entgegen § 28o,
   a) eine Auskunft nicht, nicht richtig, nicht vollständig oder nicht rechtzeitig erteilt oder
   b) die erforderlichen Unterlagen nicht, nicht vollständig oder nicht rechtzeitig vorlegt,
5. (weggefallen)
6. (weggefallen)
7. (weggefallen)
8. einer Rechtsverordnung nach § 28c Nummer 3 bis 5, 7 oder 8, § 28n Satz 1 Nummer 4 oder § 28p Absatz 9 oder einer vollziehbaren Anordnung auf Grund einer solchen Rechtsverordnung zuwiderhandelt, soweit die Rechtsverordnung für einen bestimmten Tatbestand auf diese Bußgeldvorschrift verweist,
9. entgegen § 97 Absatz 1 Satz 1 und 2 und Absatz 5 eine Meldung nicht, nicht richtig, nicht vollständig oder nicht rechtzeitig erstattet,
10. entgegen § 97 Absatz 1 Satz 5 die Übermittlung und den Anspruch auf Auskunft nicht dokumentiert,
11. entgegen § 97 Absatz 2 Satz 1 die Übermittlung der Daten nicht oder nicht vollständig protokolliert,
12. entgegen § 97 Absatz 2 Satz 3 und 4 die Protokollierung nicht nach Ablauf der Frist unverzüglich löscht,
13. entgegen § 98 Absatz 3 Satz 3 nicht unverzüglich das Erlöschen seines Vertretungsrechtes mitteilt,
14. entgegen § 103 Absatz 5 mit einem Teilnehmer vereinbart oder verlangt, dass auf gespeicherte Daten zugegriffen oder der Zugriff gestattet wird.

²In den Fällen der Nummer 2a findet § 266a Absatz 2 des Strafgesetzbuches keine Anwendung.

(2) Ordnungswidrig handelt, wer als Arbeitgeber einem Beschäftigten oder Hausgewerbetreibenden einen höheren Betrag von dessen Arbeitsentgelt abzieht, als den Teil, den der Beschäftigte oder Hausgewerbetreibende vom Gesamtsozialversicherungsbeitrag zu tragen hat.

40 SGB IV

(3) Ordnungswidrig handelt, wer
1. entgegen § 40 Absatz 2 einen anderen behindert oder benachteiligt oder
2. entgegen § 77 Absatz 1a Satz 2 eine Versicherung nicht, nicht richtig oder nicht in der vorgeschriebenen Weise abgibt.

(3a) Ordnungswidrig handelt, wer
1. entgegen § 55 Absatz 2 in Verbindung mit einer Rechtsverordnung nach § 56 als Arbeitgeber eine Wahlunterlage nicht, nicht richtig, nicht vollständig oder nicht rechtzeitig ausstellt oder
2. entgegen § 55 Absatz 3 in Verbindung mit einer Rechtsverordnung nach § 56 eine Angabe nicht, nicht richtig, nicht vollständig oder nicht rechtzeitig macht.

(4) Die Ordnungswidrigkeit kann in den Fällen des Absatzes 1 Nummer 2d und 3 und des Absatzes 3 Nummer 2 mit einer Geldbuße bis zu fünfzigtausend Euro, in den Fällen des Absatzes 1 Nummer 2, 2b, 2c und 9 bis 14 mit einer Geldbuße bis zu fünfundzwanzigtausend Euro, in den übrigen Fällen mit einer Geldbuße bis zu fünftausend Euro geahndet werden.

§ 112 Allgemeines über Bußgeldvorschriften

(1) Verwaltungsbehörden im Sinne des § 36 Absatz 1 Nummer 1 des Gesetzes über Ordnungswidrigkeiten sind
1. der Versicherungsträger, soweit das Gesetz nichts anderes bestimmt,
2. die nach Landesrecht zuständige Stelle bei Ordnungswidrigkeiten nach § 111 Absatz 1 Satz 1 Nummer 1; mangels einer Regelung im Landesrecht bestimmt die Landesregierung die zuständige Stelle,
3. die Behörden der Zollverwaltung bei Ordnungswidrigkeiten nach § 111 Absatz 1 Satz 1 Nummer 2, soweit sie einen Verstoß im Rahmen ihrer Prüfungstätigkeit nach § 2 des Schwarzarbeitsbekämpfungsgesetzes feststellen,
4. die Einzugsstelle bei Ordnungswidrigkeiten nach § 111 Absatz 1 Satz 1 Nummer 2, 2a, 4, 8 und Absatz 2,
4a. der Träger der Rentenversicherung bei Ordnungswidrigkeiten nach § 111 Absatz 1 Nummer 3 bis 3b sowie bei Ordnungswidrigkeiten nach § 111 Absatz 1 Satz 1 Nummer 2, 4, 8 und Absatz 2, wenn die Prüfung nach § 28p vom Träger der Rentenversicherung durchgeführt oder die Meldung direkt an sie erstattet wird,
4b. die landwirtschaftliche Krankenkasse bei Ordnungswidrigkeiten nach § 111 Absatz 1 Nummer 3 bis 3b im Falle der Prüfung von mitarbeitenden Familienangehörigen nach § 28p Absatz 1 Satz 6,
4c. die Deutsche Rentenversicherung Bund bei Ordnungswidrigkeiten nach § 111 Absatz 1 Nummer 9 bis 14,
5. die Aufsichtsbehörde des Versicherungsträgers bei Ordnungswidrigkeiten nach § 111 Absatz 3.

(2) Wird in den Fällen des Absatzes 1 Nummer 1 und 4 gegen den Bußgeldbescheid ein zulässiger Einspruch eingelegt, nimmt die von der Vertreterversammlung bestimmte Stelle die weiteren Aufgaben der Verwaltungsbehörde (§ 69 Absatz 2, 3 und 5 des Gesetzes über Ordnungswidrigkeiten) wahr.

(3) ¹Die Geldbußen fließen in den Fällen des Absatzes 1 Nummer 1, 3 und 4 in die Kasse der Verwaltungsbehörde, die den Bußgeldbescheid erlassen hat; § 66 des Zehnten Buches gilt entsprechend. ²Diese Kasse trägt abweichend von § 105 Absatz 2 des Gesetzes über Ordnungswidrigkeiten die notwendigen Auslagen; sie ist auch ersatzpflichtig im Sinne des § 110 Absatz 4 des Gesetzes über Ordnungswidrigkeiten.

§ 113 Zusammenarbeit mit anderen Behörden

¹Zur Verfolgung und Ahndung der Ordnungswidrigkeiten nach § 111 arbeiten die Behörden der Zollverwaltung, die Einzugsstellen und die Träger der Rentenversicherung zusammen, wenn sich im Einzelfall konkrete Anhaltspunkte für Verstöße gegen die in § 2 Absatz 1 des Schwarzarbeitsbekämpfungsgesetzes genannten Vorschriften ergeben. ²Sie unterrichten sich gegenseitig über die für die Verfolgung und Ahndung der Ordnungswidrigkeiten notwendigen Tatsachen. ³Ergeben sich Anhaltspunkte für Verstöße gegen die Mitwirkungspflicht nach § 60 Absatz 1 Satz 1 Nummer 2 des Ersten Buches gegenüber einem Träger der Sozialhilfe oder die Meldepflicht nach § 8a des Asylbewerberleistungsgesetzes, unterrichten sie die Träger der Sozialhilfe oder die für die Durchführung des Asylbewerberleistungsgesetzes zuständigen Behörden.

Neunter Abschnitt. Übergangs- und Außerkrafttretensvorschriften

§ 114 Einkommen beim Zusammentreffen mit Renten wegen Todes

(1) Wenn der versicherte Ehegatte vor dem 1. Januar 2002 verstorben ist oder die Ehe vor diesem Tag geschlossen wurde und mindestens ein Ehegatte vor dem 2. Januar 1962 geboren ist, sind bei Renten wegen Todes als Einkommen zu berücksichtigen:
1. Erwerbseinkommen,
2. Leistungen, die auf Grund oder in entsprechender Anwendung öffentlich-rechtlicher Vorschriften erbracht werden, um Erwerbseinkommen zu ersetzen (Erwerbsersatzeinkommen), mit Ausnahme von Zusatzleistungen.

(2) Absatz 1 gilt auch für Erziehungsrenten, wenn der geschiedene Ehegatte vor dem 1. Januar 2002 verstorben ist oder die geschiedene Ehe vor diesem Tag geschlossen wurde und mindestens einer der geschiedenen Ehegatten vor dem 2. Januar 1962 geboren ist sowie für Waisenrenten an vor dem 1. Januar 2002 geborene Waisen.

(3) ¹Erwerbsersatzeinkommen im Sinne des Absatzes 1 Nummer 2 sind Leistungen nach § 18a Absatz 3 Satz 1 Nummer 1 bis 8. ²Als Zusatzleistungen im Sinne des Absatzes 1 Nummer 2 gelten Leistungen der öffentlich-rechtlichen Zusatzversorgung sowie bei Leistungen nach § 18a Absatz 3 Satz 1 Nummer 2 der Teil, der auf einer Höherversicherung beruht.

(4) ¹Wenn der versicherte Ehegatte vor dem 1. Januar 2002 verstorben ist oder die Ehe vor diesem Tag geschlossen wurde und mindestens ein Ehegatte vor dem 2. Januar 1962 geboren ist, ist das monatliche Einkommen zu kürzen
1. bei Leistungen nach § 18a Absatz 3 Satz 1 Nummer 2, die nach den besonderen Vorschriften für die knappschaftliche Rentenversicherung berechnet sind, um 25 vom Hundert,
2. bei Leistungen nach § 18a Absatz 3 Satz 1 Nummer 5 und 6 um 42,7 vom Hundert bei Leistungsbeginn vor dem Jahre 2011 und um 43,6 vom Hundert bei Leistungsbeginn nach dem Jahre 2010 und
3. bei Leistungen nach § 18a Absatz 3 Satz 1 Nummer 7 um 29 vom Hundert bei Leistungsbeginn vor dem Jahre 2011 und um 31 vom Hundert bei Leistungsbeginn nach dem Jahre 2010.

²Dies gilt auch für Erziehungsrenten, wenn der geschiedene Ehegatte vor dem 1. Januar 2002 verstorben ist oder die geschiedene Ehe vor diesem Tag geschlossen wurde und mindestens einer der geschiedenen Ehegatten vor dem 2. Januar 1962 geboren ist sowie für Waisenrenten an vor dem 1. Januar 2002 geborene Waisen.

(5) Bestand am 31. Dezember 2001 Anspruch auf eine Rente wegen Todes, ist das monatliche Einkommen bis zum 30. Juni 2002 zu kürzen
1. bei Arbeitsentgelt um 35 vom Hundert, bei Arbeitseinkommen um 30 vom Hundert, bei Bezügen aus einem öffentlich-rechtlichen Dienst- oder Amtsverhältnis oder aus einem versicherungsfreien Arbeitsverhältnis mit Anwartschaften auf Versorgung nach beamtenrechtlichen Vorschriften oder Grundsätzen und bei Einkommen, das solchen Bezügen vergleichbar ist, jedoch nur um 27,5 vom Hundert,
2. bei Leistungen nach § 18a Absatz 3 Satz 1 Nummer 2, die nach den besonderen Vorschriften für die knappschaftliche Rentenversicherung berechnet sind, um 25 vom Hundert und bei Leistungen nach § 18a Absatz 3 Satz 1 Nummer 7 um 27,5 vom Hundert,
3. bei Leistungen nach § 18a Absatz 3 Satz 1 Nummer 5 und 6 um 37,5 vom Hundert.

§ 115 Vorfinanzierung des Verfahrens des elektronischen Entgeltnachweises

Die Finanzierung für die Errichtung und den Betrieb der Zentralen Speicherstelle und der Registratur Fachverfahren erfolgt für den Zeitraum 2009 bis einschließlich 2013 durch einen verlorenen Zuschuss aus Bundesmitteln in Höhe von jährlich bis zu 11 Millionen Euro, insgesamt in Höhe von bis zu 55 Millionen Euro.

§ 116 Übergangsregelungen für bestehende Wertguthaben

(1) Wertguthaben für Beschäftigte, die am 1. Januar 2009 abweichend von § 7d Absatz 1 als Zeitguthaben geführt werden, können als Zeitguthaben oder als Entgeltguthaben ge-

führt werden; dies gilt auch für neu vereinbarte Wertguthabenvereinbarungen auf der Grundlage früherer Vereinbarungen.

(2) § 7c Absatz 1 findet nur auf Wertguthabenvereinbarungen Anwendung, die nach dem 1. Januar 2009 geschlossen worden sind.

(3) Für Wertguthabenvereinbarungen nach § 7b, die vor dem 31. Dezember 2008 geschlossen worden sind und in denen entgegen § 7e Absatz 1 und 2 keine Vorkehrungen für den Fall der Insolvenz des Arbeitgebers vereinbart sind, gilt § 7e Absatz 5 und 6 mit Wirkung ab dem 1. Juni 2009.

§ 116a Übergangsregelung zur Beitragshaftung

§ 28e Absatz 3b und 3d Satz 1 in der am 30. September 2009 geltenden Fassung finden weiter Anwendung, wenn der Unternehmer mit der Erbringung der Bauleistungen vor dem 1. Oktober 2009 beauftragt worden ist.

§ 117 Verwaltungsausgaben der knappschaftlichen Krankenversicherung der Rentner

Soweit die Ausgaben der knappschaftlichen Krankenversicherung der Rentner für Versorgungsleistungen der Knappschaftsärzte und Knappschaftszahnärzte die entsprechenden Einnahmen übersteigen, sind sie abweichend von § 71 Absatz 2 der knappschaftlichen Rentenversicherung nicht zu erstatten.

§ 118 Bundeseinheitliche Regelung

Von den in § 95 Absatz 1 Nummer 4 und 5, § 99 Absatz 7 und den §§ 102 und 103 Absatz 3, 4 und 6 getroffenen Regelungen des Verwaltungsverfahrens kann durch Landesrecht nicht abgewichen werden.

§ 119 Übergangsregelungen zum Verfahren des elektronischen Entgeltnachweises

(1) Die Zentrale Speicherstelle hat zu gewährleisten, dass das Abrufverfahren am 1. Januar 2012 vollständig funktionsfähig ist.

(2) ¹Das Bundesministerium für Wirtschaft und Technologie kann im Einvernehmen mit dem Bundesministerium für Arbeit und Soziales den abrufenden Behörden auf deren Antrag gestatten, Aufgaben und Befugnisse nach dem Sechsten Abschnitt zu Erprobungszwecken vor dem 1. Januar 2012 wahrzunehmen. ²Ein entsprechender Antrag der abrufenden Behörde ist an die Zentrale Speicherstelle zu richten.

(3) § 97 Absatz 1 Satz 1 ist bis zum 31. Dezember 2009 mit der Maßgabe anzuwenden, dass der Arbeitgeber für Erprobungszwecke nur auf Anforderung der Zentralen Speicherstelle für jeden Beschäftigten, Beamten, Richter oder Soldaten monatlich gleichzeitig mit der Entgeltabrechnung eine Meldung zu erstatten hat, welche die Daten enthält, die in die erfassten Nachweise (§ 95 Absatz 1) aufzunehmen sind.

(4) Der Arbeitgeber bleibt unbeschadet der Meldungen nach § 97 Absatz 1 bis zum 31. Dezember 2011 verpflichtet, die erfassten Nachweise auch in der bis zum 2. April 2009 vorgeschriebenen Form abzugeben, soweit in dem für den jeweiligen Nachweis geltenden Gesetz nichts anderes bestimmt ist.

§ 120 Außerkrafttreten

(1) § 119 tritt am 1. Januar 2012 außer Kraft.

(2) § 115 tritt mit Ablauf des 31. Dezember 2028 außer Kraft.

50. Sozialgesetzbuch (SGB) Fünftes Buch (V) – Gesetzliche Krankenversicherung –

Vom 20. Dezember 1988 (BGBl. I S. 2477)

Zuletzt geändert durch Art. 9 G zur Einführung eines Bundesfreiwilligendienstes v. 28. 4. 2011 (BGBl. I S. 687)

BGBl. III/FNA 860-5

Einleitung zum SGB V

A. Entwicklung, Bedeutung, Daten

I. Sicherungssysteme

Die Vorsorge gegen das Risiko der Krankheit beruht in der Bundesrepublik Deutschland zum einen auf der öffentlich-rechtlich organisierten **gesetzlichen Krankenversicherung,** zum anderen auf der (im Unterschied zu anderen Rechtsordnungen als Vollversicherung ausgeprägten) **privaten Krankenversicherung.** Der Absicherung der Beamten dient die auf dem beamtenrechtlichen Dienstverhältnis beruhende **beamtenrechtliche Beihilfe.** In der gesetzlichen Krankenversicherung sind derzeit rund 70 Millionen Menschen versichert, das sind über 85% der Bevölkerung (Stand Juni 2011, www.bmg.bund.de). Bei den privaten Krankenversicherungen sind mit etwa 8,9 Millionen Personen rund 11% der Bevölkerung vollversichert (Stand 1. 6. 2011, www.pkv.de). 1

II. SGB V, Gesundheitsreformen

Die Einzelheiten des Rechts der gesetzlichen Krankenversicherung regelt das zum **1. Januar 1989** in Kraft getretene SGB V (BGBl. I 1988, S. 2477). Seit seiner Eingliederung in das SGB ist das Recht der gesetzlichen Krankenversicherung mehrfach reformiert worden, insbesondere durch das **Gesundheitsstrukturgesetz (GSG)** von 1992, durch das **Gesetz zur Reform der gesetzlichen Krankenversicherung ab dem Jahr 2000** (GKVRefG 2000), durch das **Gesetz zur Modernisierung der gesetzlichen Krankenversicherung (GMG)**, durch das **Gesetz zur Stärkung des Wettbewerbs in der gesetzlichen Krankenversicherung (GKV-WSG)** vom 26. März 2007 und zuletzt durch das **Gesetz zur nachhaltigen und sozial ausgewogenen Finanzierung der Gesetzlichen Krankenversicherung (GKV-FinG)** vom 22. 12. 2010 (BGBl. I S. 2309). Vor dem Hintergrund der **demografischen Entwicklung** und des **anhaltenden Kostendrucks** gehört die Fortentwicklung der Absicherung des Krankheitsrisikos zu den bedeutendsten gesellschaftspolitischen Aufgaben der näheren Zukunft. 2

III. Kostenstruktur, Beitragssatz

Die gesetzliche Krankenversicherung hat im Jahr 2010 für Versicherungsleistungen und Verwaltungskosten **Ausgaben von 176,5 Mrd. Euro** (2009: 171,3) bestritten. Davon entfallen 58,1 Mrd. Euro (rund 33%) auf die Krankenhausbehandlung, 27,1 Mrd. Euro (rund 15,4%) auf die ärztliche Behandlung, 40,8 Mrd. Euro (rund 23,1%) auf Arzneimittel einschließlich Heil- und Hilfsmittel, 11,42 Mrd. Euro (rund 6,5%) auf die zahnärztliche Behandlung inklusive Zahnersatz, und 7,8 Mrd. Euro (rund 4,4%) auf die Leistung von Krankengeld. Der **allgemeine Beitragssatz** für die gesetzliche Krankenversicherung ist seit dem 1. 1. 2011 per Gesetz auf **15,5%** festgesetzt, § 241 n. F. Die Haupteinnahmen der Krankenkassen sind Zuweisungen aus dem Gesundheitsfonds (§§ 266, 270); zusätzlich können von den Krankenkassen einkommensunabhängige Zusatzbeiträge erhoben werden, § 242 (vgl. Sichert/Göpffarth, SGb 2010, 394 ff.). 3

IV. Kostendruck

Die Kostenentwicklung im Gesundheitswesen in den Griff zu bekommen, wird eine der größten Herausforderungen der nächsten Zeit bleiben. Die Probleme liegen auf mehreren Ebenen: Von jeher führen ein teilweise zu hohes Preisniveau, prüfungsbedürftige Verteilungsschlüssel und eine partielle Unwirtschaftlichkeit des Medizinbetriebes sowie vorkommende Misswirtschaft zur Verschwendung von Finanzmitteln; nach wie vor gilt es, **Wirtschaftlichkeitsreserven** auszuschöpfen und **Überkapazitäten,** die das Gesundheitswesen durchaus prägen, zu verringern. Ein nicht zu änderndes Problem liegt darin, dass im Gesundheitswesen die Anbieter in wesentlichen Bereichen Art und Menge der Leistungen in beträchtlichem Umfang selbst bestimmen können; ein Wettbewerb auf der Seite der Leistungsanbieter lässt sich nur bedingt ausprägen. Das deutsche Gesundheitswesen ist, wie OECD- 4

Studien regelmäßig ergeben, eines der teuersten der Welt und liefert dabei durchschnittliche Ergebnisse; als prüfungsbedürftige Kostenfaktoren gelten viele Krankenhausbetten, hohe Ausgaben für Medikamente und vergleichsweise hohe Ärztehonorare (bei eher mäßiger Bezahlung der Pflegeberufe). Große Herausforderungen folgen aus der **demografischen Entwicklung.** Die Alterung der Bevölkerung bringt steigende Ausgaben mit sich, denen im Alter geringer werdende Beiträge gegenüberstehen; mit den wirtschaftlichen Auswirkungen einer alternden und schrumpfenden Gesellschaft werden die Nachfrager und die Anbieter von Gesundheitsleistungen konfrontiert sein. Vor eine andauernde Herausforderung werden das Sicherungssysteme gegen das Krankheitsrisiko (nicht nur die gesetzliche Krankenversicherung) schließlich durch die Explosion der **Möglichkeiten moderner Medizin** gestellt. Dabei führt der medizinisch-technische Fortschritt meist nicht dazu, dass vorhandene Verfahren durch effizientere ersetzt werden, sondern dass auf die bereits vorhandenen Möglichkeiten eins obendrauf gesetzt wird („Add-On-Technologies"). Die Kosten des mit Erfolg Machbaren laufen den verfügbaren Finanzen immer schneller davon. Dabei entwickelt sich die medizinische Diagnostik schneller als die Möglichkeiten der Therapie. Die dargelegten Probleme betreffen nicht nur die Bundesrepublik Deutschland und sie betreffen nicht nur die öffentlich-rechtlich organisierte gesetzliche Krankenversicherung. Bei der privaten Krankenversicherung wird man das Zukunftsproblem möglicherweise auf die Frage beschränken können, welchen medizinischen Standard man durch seine Versicherungsprämien erkaufen kann oder will. Die gesetzliche Krankenversicherung steht vor der weit größeren Herausforderung, auf die anstehende Tatsache der Diskrepanz zwischen Möglichkeiten und Finanzierbarkeit gesellschaftspolitisch überzeugend reagieren zu müssen (zu Entwicklungstendenzen Neumann NZS 2005, 617 ff.).

B. Verfassungsrechtliche Rahmenbedingungen

I. Sozialstaatsprinzip

5   Die sozialpolitische Gestaltungsfreiheit des Gesetzgebers steht vor dem Hintergrund verfassungsrechtlicher Wertungen. Diese leiten und begrenzen die Gestaltungsfreiheit. Das **Sozialstaatsprinzip** (vgl. Kingreen, Das Sozialstaatsprinzip im europäischen Verfassungsverbund, 2003; Papier, Der Einfluss des Verfassungsrechts auf das Sozialrecht, in: SRH, 4. Aufl. 2008, § 3 Rn. 1 ff.; ders., Staatsrechtliche Vorgaben für das Sozialrecht, in: FS 50 Jahre BSG, 2004, S. 23 ff.; Zacher, Das soziale Staatsziel, in: Isensee/Kirchhof (Hrsg.), Handbuch des Staatsrechts, Bd. 2, 3. Aufl., 2004, § 28 Rn. 17 ff.) verpflichtet den Gesetzgeber, soziale Gegensätze auszugleichen und für eine gerechte Gesellschaftsordnung zu sorgen. Das BVerfG leitet aus dem in Art. 20 Abs. 1, 28 Abs. 1 S. 1 GG verankerten Sozialstaatsprinzip das **Gebot der sozialen Sicherheit** und das **Gebot der sozialen Gerechtigkeit** ab (BVerfG 17. 8. 1956 – 1 BvB 2/51 – BVerfGE 5, 85, 198; BVerfG 22. 6. 1977 – 1 BvL 2/74 – BVerfGE 45, 376, 387), dieses Gebot bringt das Sozialgesetzbuch in § 1 SGB I zum Ausdruck.

6   Der aus dem Sozialstaatsprinzip fließende **Gestaltungsauftrag** verpflichtet den Gesetzgeber auch im Hinblick auf die Absicherung des Risikos der Krankheit verfassungsrechtlich, sich um einen „erträglichen Ausgleich der widerstreitenden Interessen und um die Herstellung erträglicher Lebensbedingungen für alle zu bemühen" (vgl. BVerfG 19. 12. 1951 – 1 BvR 220/51 – BVerfGE 1, 97, 105). Nur in Ausnahmefällen könnte sich aber aus dem Sozialstaatsprinzip eine unmittelbare Verpflichtungs- und Berechtigungswirkung auf der Ebene der Rechtsanwendung ergeben. Sozialrechtliche Leistungsansprüche, auch im Krankenversicherungsrecht, bedürfen gem. § 31 SGB I einer **gesetzlichen Grundlage.** Soweit der gebotene soziale Mindeststandard gewährleistet bleibt, liegt es im Gestaltungsermessen des Gesetzgebers, auf welche Weise er soziale Gerechtigkeit und soziale Sicherheit herstellt (BVerfG 18. 6. 1975 – 1 BvL 4/74 – BVerfGE 40, 121, 133). Das Sozialstaatsprinzip wirkt dabei auf der einen Seite nicht als Bestandsgarantie für einzelne individuelle Leistungsansprüche. Es kann auf der anderen Seite die Rechtfertigung für gesetzgeberisches Eingreifen begründen; was das Krankenversicherungsrecht angeht, ist das Sozialstaatsprinzip in diesem Sinn etwa Rechtfertigungs- und Differenzierungsgrund für die Orientierung der Beiträge am Einkommen der Versicherten (BVerfG 12. 2. 2003 – 1 BvR 624/01 – BVerfGE 107, 205).

II. Freiheitsrechte

7   Freiheitsrechte haben im Krankenversicherungsrecht sowohl in ihrer Funktion als Abwehrrechte als auch in ihrer Funktion als objektive Wertmaßstäbe und Schutzpflichten des Staates Bedeutung. In ihrer Funktion als **Abwehrrechte** hatten in der Vergangenheit Freiheitsrechte etwa Bedeutung für die Frage der Zulässigkeit des Eingriffs in die allgemeine Handlungsfreiheit (Art. 2 Abs. 1 GG) durch die gesetzlich vorgesehene **Versicherungspflicht** (zuletzt in Bezug auf die gesetzliche Pflegeversicherung bejaht von BVerfG 3. 4. 2001 – 1 BvR 2014/95 – BVerfGE 103, 197, 215) oder für die Frage, ob vor dem Hintergrund von Art. 2 Abs. 2 GG im Verfahren des einstweiligen Rechtsschutzes Anspruch auf ein aus dem Leistungskatalog der GKV **ausgeschlossenes Arzneimittel** (BVerfG (Kammerentschei-

dung) 22. 11. 2002 – 1 BvR 1586/02 – NZS 2003, 253; BVerfG (Kammerentscheidung) 28. 2. 2008 – 1 BvR 1778/05 – Viagra) oder auf eine nicht zugelassene Behandlungsmethode (BVerfG 6. 12. 2005 – 1 BvR 347/98 – NZS 2006, 84) besteht. Große praktische Bedeutung hat das Grundrecht der Berufsfreiheit (Art. 12 Abs. 1 GG), wenn es um **Einschränkungen der Leistungserbringung** im Rahmen der gesetzlichen Krankenversicherung geht. Soweit hier ein Eingriff in einen der Gewährleistungsaspekte der Berufsfreiheit zu bejahen ist, ist zum einen eine hinreichende Ermächtigungsgrundlage notwendig, zum anderen muss der Eingriff verhältnismäßig sein. Die höchstrichterliche Rechtsprechung hat sich ua. mit der **Veröffentlichung von Arzneimittellisten** (Grundrechtseingriff bejaht, BVerfG (Kammerentscheidung) 25. 2. 1999 – 1 BvR 1472/91, 1 BvR 1510/91 – NZS 1999, 338), mit der **Festsetzung von Festbeträgen für Arzneimittel** (Eingriff verneint, BVerfG 17. 12. 2002 – 1 BvL 28/95, 1 BvL 29/95, 1 BvL 30/95 – SozR 3–2500 § 35 Nr. 2) oder mit der (vom Gesetzgeber mit Wirkung vom 1. Januar 2007 aufgehobenen) **Altersgrenze** von 55 Jahren für die Zulassung zur vertragsärztlichen Versorgung (§ 98 Abs. 2 Nr. 12 aF, BVerfG 20. 3. 2001 – 1 BvR 491/96 – BVerfGE 103, 172, 182) befasst. Bei der Prüfung der Verhältnismäßigkeit steht dem Freiheitsrecht der Leistungserbringer der gewichtige Gemeinschaftsbelang der wirtschaftlichen Stabilität des Systems der gesetzlichen Krankenversicherung gegenüber. Streitig und nicht höchstrichterlich entschieden ist bisher die Frage, ob die gem. § 103 möglichen **Zulassungsbeschränkungen bei Überversorgung** in bestimmten Gebieten rechtmäßig sind (vgl. stellv. Kingreen, Die Verwaltung 2003, 33 ff.). Die gem. § 102 vorgesehene **Bedarfszulassung aufgrund von Verhältniszahlen** ist zum 1. Januar 2007 aufgehoben worden; die nicht umgesetzte Regelung des § 102 hat bisher im Zentrum der rechtswissenschaftlichen Auseinandersetzung gestanden. Bei der Frage, ob durch die Zulassungssperre bei Überversorgung der Gewährleistungsaspekt der freien Berufswahl berührt ist, wird man jedoch auf die in diesem Zusammenhang angestellten rechtswissenschaftlichen Überlegungen zurückgreifen können (siehe näher BSG 18. 3. 1998 – B 6 KA 37/96 R – BSGE 82, 41 ff. zur Bedarfszulassung aufgrund der Bedarfsplanungsrichtlinien; Ebsen in: SRH, 4. Aufl. 2008, § 15 Rn. 41 f. mwN.), kaum noch dagegen angesichts geänderter Verhältnisse auf die „Kassenarzt-Entscheidung" des BVerfG aus dem Jahre 1960 (BVerfG 23. 3. 1960 – 1 BvR 216/51 – BVerfGE 11, 30 ff.). Vor dem Hintergrund der gegenüber 1960 ganz veränderten Verhältnisse stellt der Gesichtspunkt der Finanzierbarkeit der gesetzlichen Krankenversicherung ein herausragendes Gemeinschaftsinteresse dar, **gerade im Gesundheitswesen** hat der Kostengesichtspunkt für gesetzgeberische Entscheidungen erhebliches Gewicht (vgl. BVerfG 20. 3. 2001 – 1 BvR 491/96 – BVerfGE 103, 172 ff., 184; BSG 18. 3. 1998 – B 6 KA 37/96 R – BSGE 82, 41 ff.).

III. Gleichheitsrechte

Jeder kann verlangen, bei der Vergabe von Sozialleistungen und damit auch von Leistungen im Rahmen der gesetzlichen Krankenversicherung unter Beachtung des Gleichheitssatzes bedacht zu werden. Allerdings darf der Gesetzgeber bei der Regelung von Massentatbeständen typisieren und pauschalieren (BVerfG 26. 1. 1977 – 1 BvL 17/73 – BVerfGE 43, 213, 227; BVerfG 3. 4. 1979 – 1 BvL 30/76 – BVerfGE 51, 115, 122 f.). In diesem Sinn hat sich die Rechtsprechung etwa mit den Grenzen der **beitragsfreien Mitversicherung von Familienangehörigen** in der gesetzlichen Krankenversicherung (BVerfG 12. 2. 2003 – 1 BvR 624/01 – BVerfGE 107, 205) oder mit der Frage befasst, ob ein Verstoß gegen Art. 3 Abs. 1 iVm. Art. 6 Abs. 1 GG vorliegt, wenn **Pflegeversicherte mit Kindern** (die durch die Kindererziehung einen Beitrag zur Funktionsfähigkeit umlagefinanzierter Sozialversicherungssysteme leisten) gleich hohe Beiträge zahlen wie kinderlose Versicherte (BVerfG 3. 4. 2001 – 1 BvR 1629/94 – BVerfGE 103, 242 ff.). 8

IV. Demokratische Legitimation untergesetzlicher Rechtsnormensetzung

Verfassungsfragen haben beträchtliche Bedeutung schließlich im Hinblick auf die im Bereich der gesetzlichen Krankenversicherung verbreitete Rechtsnormensetzung unterhalb der Rechtsquellenebene der Parlamentsgesetze (grundlegend Axer, Normsetzung der Exekutive in der Sozialversicherung, 2000; siehe auch Axer, in: FS 50 Jahre BSG, 2004, 339 ff.; Kingreen NZS 2007, 113 ff.). Problematisch ist, inwieweit im Bereich der krankenversicherungsrechtlichen Selbstverwaltung die Rechtsetzung über eine hinreichende **demokratische Legitimation** in personeller Hinsicht verfügt. Praktische Bedeutung hat das insbesondere für die **Rechtsetzung des Gemeinsamen Bundesausschusses** (vgl. §§ 91, 92). 9

C. Unionsrechtliche Rahmenbedingungen

I. Freizügigkeit und koordinierende Regelungen

Das europäische Unionsrecht erlangt zunehmende Bedeutung für die gesetzliche Krankenversicherung. Vor dem Hintergrund der im EU-Arbeitsweisevertrag (AEUV) gewährleisteten **Freizügigkeit** 10

Waltermann

(Art. 45 AEUV [ex-Art. 39 EG]) sieht Art. 48 AEUV (ex-Art. 42 EG) vor, dass die auf dem Gebiet der sozialen Sicherheit zur Herstellung der Freizügigkeit der Arbeitnehmer notwendigen Maßnahmen getroffen werden. Das gilt seit dem EWG-Vertrag von 1957. Alle unionsrechtlich garantierte Freizügigkeit könnte nichts nützen, wenn man befürchten müsste, bei der „Wanderung" von einem Mitgliedstaat in einen anderen – und damit von einem nationalen System der sozialen Sicherheit in ein anderes – bestimmte Sozialleistungen nicht erhalten zu können oder schon erworbene Anwartschaften oder Ansprüche auf Sozialleistungen zu verlieren. Das Europäische Parlament und der Rat haben gemäß dem ordentlichen Gesetzgebungsverfahren daher ein System zu schaffen und zu unterhalten, welches aus- und einwandernden Arbeitnehmern und deren anspruchsberechtigten Angehörigen die **Zusammenrechnung** aller nach den verschiedenen nationalen Rechtsvorschriften berücksichtigten Zeiten für den Erwerb und die Aufrechterhaltung des Leistungsanspruchs und die Berechnung der Leistungen sichert und die Zahlung der Leistungen auch an Personen vorsieht, die im Hoheitsgebiet eines anderen Mitgliedstaates wohnen **(Leistungsexport)**. Für die gesetzliche Krankenversicherung hat der letztgenannte Gesichtspunkt praktische Bedeutung. Verwirklicht wird die primärrechtliche Vorgabe durch die **Verordnungen EG 883/2004 und 987/2009** (vormals VO (EWG) 1408/71 und 574/72). Was Leistungen der sozialen Sicherheit im Krankheitsfall angeht, gelten die Art. 17–35 VO 883/2004 (vormals Art. 18–36 VO (EWG) 1408/71). Fallen Wohnstaat und für die Leistung zuständiger Staat auseinander, kommt es zu **Sachleistungsaushilfe** und zum **„Export" von Geldleistungen** (näher oben Art. 1–91 VO (EWG) 1408/71 Rn. 53 ff.). Die Bestimmungen der genannten Verordnungen schaffen vor dem Hintergrund der primärrechtlichen Vorgaben der Art. 45 ff. AEUV (ex-Art. 39 ff. EG) ein **System der Koordinierung**; dagegen bleiben im Sozialrecht die Möglichkeiten einer **Harmonisierung** der nationalen Ordnungen der sozialen Sicherheit eng begrenzt (vgl. Coen, in: Lenz/Borchardt, EU-/EG-Vertrag, 4. Aufl. 2006, Vorb. Art. 136–145). In gewissem Umfang dürfte in Zukunft eine gewisse faktische Harmonierung durch die **„offene Methode der Koordinierung"** erreicht werden (dazu näher Eichenhofer, in: Oetker/Preis, EAS, Teil B, Nr. 1200 Rn. 32–35). Bei der „offenen Methode der Koordinierung" handelt es sich um eine politische Annäherungsstrategie (siehe dazu näher oben Art. 1–91 VO (EWG) 1408/71 Rn. 4). Das kommt auch für den Bereich der Krankenversicherung in Betracht.

II. Gesundheitsschutz

11   Art. 168 AEUV (ex-Art. 152 EG) bestimmt im XIX. Titel über das Gesundheitswesen Näheres zum Beitrag der Union zur Sicherstellung eines hohen Gesundheitsschutzniveaus, namentlich zur Verbesserung des öffentlichen Gesundheitswesens, zur Krankheitsverhütung und zur Vermeidung von Gefahren für die Gesundheit einschließlich der Verringerung drogenkonsumbedingter Gesundheitsschäden. Allerdings gilt gem. Art. 168 Abs. 7 AEUV (ex-Art. 152 Abs. 5 EG) das Subsidiaritätsprinzip, wonach bei der Tätigkeit der Union im Bereich der Gesundheit der Bevölkerung die Verantwortung der Mitgliedstaaten für die Organisation des Gesundheitswesens und die medizinische Versorgung in vollem Umfang gewahrt bleibt.

III. Dienstleistungsfreiheit, Wettbewerbsfreiheit

12   Ein wesentlicher gemeinschaftsrechtlicher Impuls für das Krankenversicherungsrecht folgt aus **nicht sozialpolitisch motivierten Vorschriften** des primären Unionsrechts. Es geht um die Vorschriften des EU-Arbeitsweisevertrag (AEUV) über den **freien Waren- und Dienstleistungsverkehr** (Art. 28 ff., Art. 56 ff. AEUV [ex-Art. 23 ff., Art. 49 ff. EG]) und über den **freien Wettbewerb** (Art. 101 ff. AEUV [ex-Art. 81 ff. EG]). Die inzwischen beträchtliche Bedeutung dieser Vorschriften für das Sozialrecht und dabei gerade für das Krankenversicherungsrecht belegt eine Reihe von viel beachteten Entscheidungen des **EuGH** aus jüngerer Zeit (siehe näher oben Art. 1–100 VO (EWG) 1408/71 Rn. 93; Überblick bei Waltermann, Sozialrecht, 9. Aufl. 2011, Rn. 77). Unter dem Strich ist der EuGH, wie kritisch anzumerken ist, inzwischen allerdings im Begriff, im Bereich des Gesundheitswesens die unionsgesetzliche Aufteilung von Zuständigkeiten zwischen Europäischer Union und Mitgliedstaaten richterrechtlich zu unterlaufen (kritisch mit Recht zB Schlegel SGb 2007, 700, 704 ff.; Udsching/Harich EuR 2006, 794, 798 f.; Wunder GesR 2007, 21, 27): Den potentiellen Empfängern von Dienstleistungen wird eine „passive" Dienstleistungsfreiheit gewährt, Dienstleistungen für Rechnung des nationalen Sozialsystems und an dessen (systembedingten) Leistungsvoraussetzungen und Begrenzungen vorbei in Anspruch zu nehmen. Dabei handelt es sich in Wirklichkeit um richterrechtlich ausgestaltete Freizügigkeit abseits der primärrechtlichen Kompetenzordnung und abseits der sekundärrechtlichen Bestimmungen der VO (EWG) Nr. 1408/71 bzw. der VO (EG) Nr. 883/2004. Darin liegt ein in der Theorie zu missbilligender Wildwuchs, der die Verlässlichkeit der Rechtsordnungen in Frage stellt und der praktisch nur solange ohne Verwerfungen bleiben kann, wie die Inanspruchnahme dieser richterrechtlich gewährten Freizügigkeit die Ausnahme bildet.

D. Strukturprinzipien

Das Recht der gesetzlichen Krankenversicherung ist durch mehrere Strukturprinzipien gekennzeichnet: 13

I. Versicherung

Die gesetzliche Krankenversicherung als Zweig der Sozialversicherung beruht auf dem Versicherungsprinzip. Kennzeichen der Versicherung ist der Zusammenschluss gleichartig Gefährdeter zu einer **Gefahrengemeinschaft.** Dieser Zusammenschluss kann freiwillig sein, aber auch, wie in der gesetzlichen Sozialversicherung oder bei der Kfz-Haftpflichtversicherung (§ 1 PflVG) im Privatversicherungsrecht, kraft gesetzlicher Anordnung erfolgen bzw. sonst zur Pflicht gemacht sein. In der Versicherung hat die Gefahrengemeinschaft gegen jedes ihrer Mitglieder Anspruch auf die **Versicherungsprämie**, das Mitglied hat, wenn die versicherte Gefahr eintritt, **Anspruch auf Deckung** des erfassten Bedarfs. An dem Versicherungscharakter der gesetzlichen Krankenversicherung ändert es nichts, dass diese dem öffentlichen Recht zugeordnet ist. Das Sozialversicherungsrecht orientiert sich inhaltlich in wesentlichen Hinsichten am Privatrecht und am Privatversicherungsrecht, von dort übernimmt es wichtige Grundsätze und Techniken. Dass die gesetzliche Sozialversicherung zugleich durch ihre **sozialpolitische Zielsetzung** besonders geprägt ist, steht außer Frage. Die gesetzliche Sozialversicherung dient dabei nicht nur dem Schutz der einzelnen Versicherten, sie dient, indem sie die Versicherungspflicht vorsieht, zugleich auch dem **Schutz der Allgemeinheit,** konkret der Leistungsfähigkeit der steuerfinanzierten Grundsicherung für Arbeitsuchende bzw. der Sozialhilfe vor mangelnder Risikovorsorge Einzelner (Schlegel NZS 2000, 421, 426f.; Waltermann, Sozialrecht, 9. Aufl. 2011, Rn. 91; siehe auch BSG 12. 10. 2000 – B 12 RA 2/99 R – SozR 3–2600 § 2 Nr. 5). 14

II. Sozialer Ausgleich

Anders als in der privaten Krankenversicherung entsprechen in der gesetzlichen Krankenversicherung die Beiträge nicht dem individuellen Risiko. Die Beitragshöhe richtet sich in der gesetzlichen Krankenversicherung gem. §§ 226f. nach dem Arbeitsentgelt des Stammversicherten, namentlich also nach dem Arbeitsentgelt der gem. § 5 Abs. 1 Nr. 1 versicherten Arbeitnehmer. Allerdings sind die für die private Versicherung an sich kennzeichnenden Differenzierungen nach Geschlecht, Eintrittsalter, Vorerkrankungen und Zahl der versicherten Familienangehörigen auch dort in den Fällen zurückgedrängt, in denen wesentliche gesellschaftliche Anliegen auch für die Absicherung bei privaten Versicherern geöffnet werden. Das für die Sozialversicherung kennzeichnende soziale Schutzprinzip gilt in diesem Sinn namentlich in der privaten Pflegeversicherung; dort besteht nach Maßgabe von § 110 SGB XI Kontrahierungszwang, und es gilt auch dort nicht die individuelle Äquivalenz von Prämie und Leistung, die Versicherungsprämie darf insbesondere nicht den Höchstbetrag der gesetzlichen Pflegeversicherung übersteigen, Kinder des Versicherungsnehmers sind beitragsfrei mitversichert, die Leistungen der privaten Pflegeversicherung müssen nach Art und Umfang den Leistungen der gesetzlichen Pflegeversicherung gleichwertig sein (§ 23 Abs. 1 S. 2 SGB XI). Der Solidarausgleich zwischen Besserverdienenden und Wenigverdienenden und zwischen Gesunden und Kranken ist eine gesellschaftliche Notwendigkeit. 15

III. Sachleistungsprinzip

Die gesetzliche Krankenversicherung baut auf dem Sachleistungsprinzip auf (siehe ausführlich Harich, Das Sachleistungsprinzip in der Gemeinschaftsrechtsordnung, 2006; BSG 7. 8. 1991 – 1 RR 7/88 – SozR 3–2200 § 321 Nr. 1). Die Versicherten erhalten die Leistungen, auf die von Gesetzes wegen Anspruch besteht, unmittelbar in Natur (§ 2 Abs. 2 S. 1), die Krankenkassen sind verpflichtet, die Leistungen zur Verfügung zu stellen. Dazu schließen sie Verträge mit Leistungserbringern, welche die Leistungen den Versicherten konkret erbringen (siehe unten Sammelkommentierung § 95 bis 105 Rn. 1f.). Die Abrechnung der Leistungen erfolgt zwischen den Leistungserbringern und den Krankenkassen, wobei im Bereich der vertrags(zahn)ärztlichen Tätigkeit die kassen(zahn)ärztlichen Vereinigungen zwischengeschaltet sind. Kritiker des Sachleistungsprinzips (vgl. zuletzt Fischer SGb 2008, 461), die für die gesetzliche Krankenversicherung die Einführung von Kostenerstattung empfehlen, weisen gern auf die Historie des Sachleistungsprinzips und die Veränderungen der Wirklichkeit seit der Begründung der gesetzlichen Sozialversicherung durch Bismarck Ende des 19. Jahrhunderts hin. Das führt nicht weiter. Die Frage ist heute, ob nicht das Sachleistungsprinzip erkennbar bessere Möglichkeiten der **Qualitäts- und Kostensteuerung** bietet als ein System der Kostenerstattung. Es ist ein Hauptproblem der privaten Krankenversicherung, dass sie Vergleichbares nicht hat; die privaten Krankenversicherungen würden gern Vertragspartner der Leistungserbringer sein und im Interesse ihrer Versicherten Behandlungsqualität gewährleisten sowie Überversorgung und damit verbundene unnötige Kosten eindämmen. Immerhin können inzwischen auf der Grundlage des geänderten Versi- 16 cherungsvertragsgesetzes (VVG) auch die privaten Krankenversicherungen unmittelbar mit niedergelassenen Ärzten oder Krankenhäusern abrechnen (wenn die Patienten dies wünschen). Dies wird als zusätzliche Dienstleistung beworben. Leistungsbeschaffung und Direktabrechnung finden sich inzwischen zunehmend auch in anderen Bereichen der privaten Versicherungswirtschaft. Die mit dem Sachleistungsprinzip verbundenen Möglichkeiten der Steuerung von Qualität, Wirksamkeit und Wirtschaftlichkeit lassen sich kaum in Abrede stellen.

E. Organisation

I. Träger

17   Die gesetzlichen Krankenkassen sind in Kassenarten gegliedert (§ 21 Abs. 2 SGB I, § 4 Abs. 2 SGB V): Die **Allgemeinen Ortskrankenkassen**, die **Betriebskrankenkassen**, die **Innungskrankenkassen**, die **Landwirtschaftlichen Krankenkassen**, die **Deutsche Rentenversicherung Knappschaft-Bahn-See** als Träger der Krankenversicherung und die **Ersatzkassen**. Die Allgemeinen Ortskrankenkassen (§§ 143 ff.) stehen grundsätzlich jedem Versicherten offen. Die Krankenkassen sind rechtsfähige **Körperschaften des öffentlichen Rechts** mit Selbstverwaltung (§ 4 Abs. 1). Das **Organisationsrecht der Krankenkassen** ist in den §§ 143–206 geregelt, die innere Verfassung der Kassen richtet sich nach den §§ 29 ff. SGB IV, wobei aber beträchtliche krankenversicherungsrechtliche Sonderregelungen existieren (Überblick bei Ebsen, in: SRH, 4. Aufl., 2008, § 15 Rn. 47). Auf Landesebene bilden die Krankenkassen gem. §§ 207 ff. **Landesverbände** mit gesetzlich näher bestimmten Aufgaben (§ 211). Vom **1. Juli 2008** an bilden die Krankenkassen einen **Spitzenverband Bund der Krankenkassen** (§ 217a); damit und mit der Einführung kassenartübergreifender Fusionen durch das GKV-WSG (§ 171a) wird die Bedeutung der organisatorischen Gliederung zurückgehen.

II. Kassenwahl und Risikostrukturausgleich

18   Ein allgemeines Recht auf Kassenwahl besteht seit 1996 (§§ 173–175). Das Wahlrecht besteht im Grundsatz zwischen allen Krankenkassen, die regional zuständig sind. Um strukturelle Benachteiligungen einzelner Kassen durch deren besondere Risikostruktur (hohes Krankheitsrisiko, geringes Einkommen der Versicherten, mitversicherte Familienangehörige) auszugleichen, bekommen die Krankenkassen neben einer Grundpauschale alters-, geschlechts- und risikoadjustierte Zu- und Abschläge als Zuweisungen aus dem Gesundheitsfonds, § 266, sog. **morbiditätsorientierter Risikostrukturausgleich** (vgl. Göpffarth, in Becker/Kingreen, § 266 Rn. 27 ff.; KassKomm/Peters, § 266 SGB I Rn. 8). Dass diese neue Form des Risikostrukturausgleichs Präventionsanreizen entgegenwirken kann, liegt auf der Hand.

III. Mitgliedschaft und Versicherungsverhältnis

19   Der Eintritt in das Beschäftigungsverhältnis begründet nicht nur die Voraussetzungen der Versicherungspflicht gem. § 5 Abs. 1 Nr. 1. Mit dem Tag des Eintritts in das Beschäftigungsverhältnis beginnt bei versicherungspflichtig Beschäftigten gem. § 186 Abs. 1 zugleich die **Mitgliedschaft** in der Krankenkasse. Die Mitgliedschaft ist nicht von einer Anmeldung bei der Krankenkasse abhängig. Wann die Mitgliedschaft bei einzelnen Personengruppen, etwa Beziehern von Arbeitslosengeld, Arbeitslosengeld II, bei versicherungspflichtigen Studenten und bei Rentnern usw. beginnt, regeln § 186 Abs. 2–11. Die Mitgliedschaft Versicherungsberechtigter, also freiwilliger Mitglieder, beginnt gem. § 188 Abs. 1 mit dem Tag des Beitritts zur Krankenkasse; der Beitritt muss schriftlich erklärt werden (§ 188 Abs. 3). Die **Mitgliedschaft endet** bei den Versicherungspflichtigen gem. § 190 regelmäßig mit dem Wegfall der tatbestandlichen Voraussetzungen für die Versicherungspflicht, namentlich bei Tod des Mitglieds (§ 190 Abs. 1) und bei Beendigung des Beschäftigungsverhältnisses (§ 190 Abs. 2), wobei die Fiktion des § 7 Abs. 3 SGB IV zu beachten ist. Die Mitgliedschaft von Personen, deren Versicherungspflicht wegen der **Überschreitung der Jahresarbeitsentgeltgrenze** (§ 6 Abs. 4) erlischt, endet gem. § 190 Abs. 3 nur, wenn das Mitglied innerhalb von zwei Wochen nach Hinweis der Krankenkasse auf die Austrittsmöglichkeit den Austritt erklärt. Geschieht das nicht, **setzt sich die Mitgliedschaft als freiwillige Mitgliedschaft fort** (es sei denn, die Voraussetzungen der freiwilligen Versicherung gem. § 9 Abs. 1 Nr. 1 sind nicht erfüllt. Nach Maßgabe von § 192 bleibt die Mitgliedschaft Versicherungspflichtiger entgegen dem Grundsatz erhalten: Das gilt insbesondere für die Zeit eines **rechtmäßigen Arbeitskampfes** (§ 192 Abs. 1 Nr. 1) oder für Zeiten, in denen **Krankengeld** oder **Mutterschaftsgeld** beansprucht werden kann, oder für Zeiten, in denen **Erziehungsgeld** oder **Elterngeld** bezogen oder **Elternzeit** in Anspruch genommen wird (§ 192 Abs. 1 Nr. 2). Die Mitgliedschaft der **Versicherungsberechtigten** erlischt unter den Voraussetzungen des § 191; die **freiwillige Versicherung** kann durch Kündigung beendet werden (§ 191 Nr. 3).

20   Das Mitgliedschaftsverhältnis ist zum einen Konsequenz der körperschaftlichen Organisationsstruktur der gesetzlichen Krankenversicherung, sie ist zum anderen Anknüpfungspunkt für Leistungsansprü-

che. Gem. § 19 Abs. 1 erlischt der Anspruch auf Leistungen mit dem Ende der Mitgliedschaft, soweit nichts Abweichendes bestimmt ist. Aus dem Mitgliedschaftsverhältnis folgt das **Versicherungsverhältnis** zwischen dem Mitglied und der Krankenkasse, und aus ihm folgt die **Beitragspflicht** des Mitglieds. Schließlich kann das Mitgliedschaftsverhältnis **Versicherungsverhältnisse anderer Personen** als des Mitglieds begründen, insbesondere Versicherungsverhältnisse zwischen Familienangehörigen des Mitglieds und der Krankenkasse gem. § 10. Aus diesen Versicherungsverhältnissen folgen Leistungsansprüche, aber keine Beitragspflichten. Gem. § 19 Abs. 3 erhalten die gem. § 10 versicherten Angehörigen im Fall der Beendigung der Mitgliedschaft des Stammversicherten durch Tod Leistungen längstens für einen Monat nach dem Tod des Mitglieds (siehe näher unten § 19 Rn. 8).

IV. Selbstverwaltung

Die Krankenkassen sind rechtsfähige Körperschaften des öffentlichen Rechts mit Selbstverwaltung (§ 29 Abs. 1 SGB IV), die Selbstverwaltung wird durch die Versicherten und die Arbeitgeber ausgeübt (§§ 29 Abs. 2, 44 SGB IV). Grundsätzlich haben gemäß § 30 Abs. 1 SGB IV die Sozialversicherungsträger die ihnen zugewiesenen Aufgaben selbst wahrzunehmen, sie dürfen ihre Mittel nur für die ihnen zugewiesenen Aufgaben und für die Verwaltungskosten einsetzen. Vor diesem Hintergrund bildet nunmehr § 194 Abs. 1a die Ermächtigungsgrundlage für eine Satzungsregelung, nach der die gesetzlichen Krankenkassen den Abschluss privater Zusatzversicherungsverträge zwischen ihren Versicherten und privaten Krankenversicherungsunternehmen vermitteln können. Eine durch das GKV-WSG geschaffene Erweiterung des Freiraums der Krankenversicherungsträger folgt ferner aus § 197 b. Danach können die Krankenkassen ihnen obliegende Aufgaben einem privaten Dritten, also auch privaten Krankenversicherern, zur Wahrnehmung übertragen.

21

F. Finanzierung

I. Finanzmittel

Für die Finanzierung der gesetzlichen Krankenversicherung gelten die Bestimmungen der §§ 220–274. Die Finanzmittel der gesetzlichen Krankenversicherung beruhen nahezu vollständig auf **Beiträgen** (vgl. § 220 Abs. 1 S. 1), sonstige Einnahmen sind Zuschüsse, Erstattungs- und Ersatzansprüche oder Erträge, Zinsen und Gebühren.

22

II. Beitragstragung

Bei den gem. § 5 Abs. 1 Nr. 1 und Nr. 13 **versicherungspflichtig Beschäftigten** werden die Beiträge im Ausgangspunkt von den Beschäftigten und von deren Arbeitgebern je zur Hälfte getragen (§ 249 Abs. 1), beide Anteile werden vom Arbeitgeber abgeführt (§ 253 SGB V, §§ 28 d–28 n SGB IV). Die hälftige Zuweisung, seit 2005 durch einen den Arbeitnehmern auferlegten zusätzlichen Beitrag von 0,9% bereits in diesem Umfang verlassen, wird durch das GKV-FinG nunmehr aufgegeben. Mit dem „Einfrieren" der Arbeitgeberbeiträge wird in der strategischen Auswirkung also ein torgefährlicher Stürmer im politischen Ringen um finanzierbare und qualitativ gute Gesundheitsvorsorge aus dem Spiel genommen. Bei den Beiträgen der versicherungspflichtigen **Rentner** trägt die Rentenversicherung die Hälfte des um 0,9-Beitragssatzpunkte verminderten allgemeinen Beitragssatzes, im Übrigen tragen die Rentner die Beiträge (siehe §§ 249a, 255). Liegt das Arbeitsentgelt versicherungspflichtig Beschäftigter innerhalb der Gleitzone gem. § 20 Abs. 2 SGB IV, trägt der Arbeitgeber die Beiträge zur gesetzlichen Krankenversicherung in Höhe der Hälfte des ohne die besondere Gleitzonenregelung an sich nach dem Beitragssatz der Krankenkasse zu entrichtenden Betrags (§ 249 Abs. 4); innerhalb der Gleitzone wird nur der versicherte Beschäftigte bei der Beitragsaufbringung entlastet. **Studierende** (§§ 250 Abs. 1 Nr. 3, 236 I) und **freiwillige Mitglieder** (§ 250 Abs. 2) tragen die Beiträge allein; die freiwillig in der gesetzlichen Krankenversicherung versicherten Beschäftigten mit einem **über der Jahresarbeitsentgeltgrenze liegenden Einkommen** (vgl. § 6 Abs. 1 Nr. 1) können von ihrem Arbeitgeber die Hälfte des um 0,9 Beitragssatzpunkte verminderten allgemeinen Beitrags (der im Fall der Versicherungspflicht vom Arbeitgeber zu tragen wäre, höchstens jedoch 50% des bei der Anwendung des allgemeinen Beitragssatzes tatsächlich gezahlten Beitrages) als Zuschuss beanspruchen (§ 257 Abs. 1); der Anspruch ist vor den Sozialgerichten zu verfolgen (BSG 17. 3. 1981 – 12 RK 27/80 – NJW 1982, 2143 f.). Allein von den Mitgliedern ist der **einkommensunabhängige Zusatzbeitrag** zu entrichten, den die Krankenkassen gemäß § 242 erheben können.

23

III. Gesundheitsfonds

Die Finanzierung der gesetzlichen Krankenversicherung ist seit dem 1. Januar 2009 neu strukturiert (vgl. Axer, GesR 2007, 193 ff.). Der allgemeine Beitragssatz ist seit dem 1. 1. 2011 gesetzlich auf 15,5% festgelegt, § 241 n. F. Der Bund trägt aus Steuermitteln einen Betrag in Höhe von 11,8 Milliarden Euro für das Jahr 2010, die Leistungen erhöhen sich in den Folgejahren nach Maßgabe von § 221. Zusätzlich

24

erbringt der Bund 2010 zum Ausgleich konjunkturbedingter Mindereinnahmen weitere 3,9 Milliarden Euro gegenüber dem Gesundheitsfonds, § 221 a. Aus dem Gesundheitsfonds erhalten die Krankenkassen gem. § 266 Abs. 1 Zuweisungen, und zwar neben einer Grundpauschale alters-, geschlechts- und risikoadjustierte Zu- und Abschläge zum Ausgleich der unterschiedlichen Risikostrukturen (morbiditätsorientierter Risikostrukturausgleich) sowie Zuweisungen für sonstige Aufgaben. Soweit der Finanzbedarf der Krankenkassen durch die Zuweisungen nicht gedeckt ist, müssen diese Zusatzbeiträge nach Maßgabe von § 242 erheben (zum Ganzen: Sichert/Göpffarth, SGb 2010, 394 ff.). Der Gesundheitsfonds wird vom Bundesversicherungsamt als Sondervermögen verwaltet.

Erstes Kapitel. Allgemeine Vorschriften

§ 1 Solidarität und Eigenverantwortung

¹Die Krankenversicherung als Solidargemeinschaft hat die Aufgabe, die Gesundheit der Versicherten zu erhalten, wiederherzustellen oder ihren Gesundheitszustand zu bessern. ²Die Versicherten sind für ihre Gesundheit mit verantwortlich; sie sollen durch eine gesundheitsbewußte Lebensführung, durch frühzeitige Beteiligung an gesundheitlichen Vorsorgemaßnahmen sowie durch aktive Mitwirkung an Krankenbehandlung und Rehabilitation dazu beitragen, den Eintritt von Krankheit und Behinderung zu vermeiden oder ihre Folgen zu überwinden. ³Die Krankenkassen haben den Versicherten dabei durch Aufklärung, Beratung und Leistungen zu helfen und auf gesunde Lebensverhältnisse hinzuwirken.

§ 2 Leistungen

(1) ¹Die Krankenkassen stellen den Versicherten die im Dritten Kapitel genannten Leistungen unter Beachtung des Wirtschaftlichkeitsgebots (§ 12) zur Verfügung, soweit diese Leistungen nicht der Eigenverantwortung der Versicherten zugerechnet werden. ²Behandlungsmethoden, Arznei- und Heilmittel der besonderen Therapierichtungen sind nicht ausgeschlossen. ³Qualität und Wirksamkeit der Leistungen haben dem allgemein anerkannten Stand der medizinischen Erkenntnisse zu entsprechen und den medizinischen Fortschritt zu berücksichtigen.

(2) ¹Die Versicherten erhalten die Leistungen als Sach- und Dienstleistungen, soweit dieses oder das Neunte Buch nichts Abweichendes vorsehen. ²Die Leistungen können auf Antrag auch als Teil eines trägerübergreifenden Persönlichen Budgets erbracht werden; § 17 Abs. 2 bis 4 des Neunten Buches in Verbindung mit der Budgetverordnung und § 159 des Neunten Buches finden Anwendung. ³Über die Erbringung der Sach- und Dienstleistungen schließen die Krankenkassen nach den Vorschriften des Vierten Kapitel Verträge mit den Leistungserbringern.

(3) ¹Bei der Auswahl der Leistungserbringer ist ihre Vielfalt zu beachten. ²Den religiösen Bedürfnissen der Versicherten ist Rechnung zu tragen.

(4) Krankenkassen, Leistungserbringer und Versicherte haben darauf zu achten, daß die Leistungen wirksam und wirtschaftlich erbracht und nur im notwendigen Umfang in Anspruch genommen werden.

§ 2 a Leistungen an behinderte und chronisch kranke Menschen

Den besonderen Belangen behinderter und chronisch kranker Menschen ist Rechnung zu tragen.

§ 3 Solidarische Finanzierung

¹Die Leistungen und sonstigen Ausgaben der Krankenkassen werden durch Beiträge finanziert. ²Dazu entrichten die Mitglieder und die Arbeitgeber Beiträge, die sich in der Regel nach den beitragspflichtigen Einnahmen der Mitglieder richten. ³Für versicherte Familienangehörige werden Beiträge nicht erhoben.

§ 4 Krankenkassen

(1) Die Krankenkassen sind rechtsfähige Körperschaften des öffentlichen Rechts mit Selbstverwaltung.

(2) Die Krankenversicherung ist in folgende Kassenarten gegliedert:
Allgemeine Ortskrankenkassen,
Betriebskrankenkassen,
Innungskrankenkassen,
Landwirtschaftliche Krankenkassen,
die Deutsche Rentenversicherung Knappschaft-Bahn-See als Träger der Krankenversicherung (Deutsche Rentenversicherung Knappschaft-Bahn-See),
Ersatzkassen.

(3) Im Interesse der Leistungsfähigkeit und Wirtschaftlichkeit der gesetzlichen Krankenversicherung arbeiten die Krankenkassen und ihre Verbände sowohl innerhalb einer Kassenart als auch kassenartenübergreifend miteinander und mit allen anderen Einrichtungen des Gesundheitswesens eng zusammen.

(4) ¹Die Krankenkassen haben bei der Durchführung ihrer Aufgaben und in ihren Verwaltungsangelegenheiten sparsam und wirtschaftlich zu verfahren und dabei ihre Ausgaben so auszurichten, dass Beitragserhöhungen ausgeschlossen werden, es sei denn, die notwendige medizinische Versorgung ist auch nach Ausschöpfung von Wirtschaftlichkeitsreserven nicht zu gewährleisten. ²Die Verwaltungsausgaben der einzelnen Krankenkasse dürfen sich in den Jahren 2011 und 2012 gegenüber dem Jahr 2010 nicht erhöhen. ³Zu den Verwaltungsausgaben zählen auch die Kosten der Krankenkasse für die Durchführung ihrer Verwaltungsaufgaben durch Dritte. ⁴Abweichend von Satz 2 sind
1. Veränderungen der für die Zuweisung nach § 270 Absatz 1 Satz 1 Buchstabe c maßgeblichen Bestimmungsgrößen sowie
2. Erhöhungen der Verwaltungsausgaben, die auf der Durchführung der Sozialversicherungswahlen beruhen, es sei denn, dass das Wahlverfahren nach § 46 Absatz 2 des Vierten Buches durchgeführt wird,

zu berücksichtigen. ⁵In Fällen unabweisbaren personellen Mehrbedarfs durch gesetzlich neu zugewiesene Aufgaben kann die Aufsichtsbehörde eine Ausnahme von Satz 2 zulassen, soweit die Krankenkasse nachweist, dass der Mehrbedarf nicht durch Ausschöpfung von Wirtschaftlichkeitsreserven gedeckt werden kann. ⁶Die Sätze 2 und 3, Satz 4 Nummer 2 und Satz 5 gelten für die Verbände der Krankenkassen entsprechend.

(5) In den Verwaltungsvorschriften nach § 78 Satz 1 und § 77 Absatz 1a des Vierten Buches ist sicherzustellen, dass Verwaltungsausgaben, die der Werbung neuer Mitglieder dienen, nach für alle Krankenkassen gleichen Grundsätzen gebucht werden.

(6) ¹Bei Krankenkassen, die bis zum 31. Dezember 2011 nicht an mindestens 10 Prozent ihrer Versicherten elektronische Gesundheitskarten nach § 291a ausgegeben haben, reduzieren sich abweichend von Absatz 4 Satz 2 die Verwaltungsausgaben im Jahr 2012 gegenüber dem Jahr 2010 um 2 Prozent. ²§ 291a Absatz 7 Satz 7 gilt entsprechend. ³Für die Bestimmung des Versichertenanteils ist die Zahl der Versicherten am 1. Juli 2011 maßgeblich.

§ 4a Sonderregelungen zum Verwaltungsverfahren

Abweichungen von den Regelungen des Verwaltungsverfahrens gemäß den §§ 266, 267 und 269 durch Landesrecht sind ausgeschlossen.

Zweites Kapitel. Versicherter Personenkreis

Erster Abschnitt. Versicherung kraft Gesetzes

§ 5 Versicherungspflicht

(1) **Versicherungspflichtig sind**
1. Arbeiter, Angestellte und zu ihrer Berufsausbildung Beschäftigte, die gegen Arbeitsentgelt beschäftigt sind,
2. Personen in der Zeit, für die sie Arbeitslosengeld oder Unterhaltsgeld nach dem Dritten Buch beziehen oder nur deshalb nicht beziehen, weil der Anspruch ab Beginn des zweiten Monats bis zur zwölften Woche einer Sperrzeit (§ 144 des Dritten Buches) oder ab Beginn des zweiten Monats wegen einer Urlaubsabgeltung (§ 143 Abs. 2 des Dritten Buches) ruht; dies gilt auch, wenn die Entscheidung, die zum Bezug der Leistung geführt hat, rückwirkend aufgehoben oder die Leistung zurückgefordert oder zurückgezahlt worden ist,
2a. Personen in der Zeit, für die sie Arbeitslosengeld II nach dem Zweiten Buch beziehen, soweit sie nicht familienversichert sind, es sei denn, dass diese Leistung nur dar-

lehensweise gewährt wird oder nur Leistungen nach § 24 Absatz 3 Satz 1 des Zweiten Buches bezogen werden; dies gilt auch, wenn die Entscheidung, die zum Bezug der Leistung geführt hat, rückwirkend aufgehoben oder die Leistung zurückgefordert oder zurückgezahlt worden ist.
3. Landwirte, ihre mitarbeitenden Familienangehörigen und Altenteiler nach näherer Bestimmung des Zweiten Gesetzes über die Krankenversicherung der Landwirte,
4. Künstler und Publizisten nach näherer Bestimmung des Künstlersozialversicherungsgesetzes,
5. Personen, die in Einrichtungen der Jugendhilfe für eine Erwerbstätigkeit befähigt werden sollen,
6. Teilnehmer an Leistungen zur Teilhabe am Arbeitsleben sowie an Abklärungen der beruflichen Eignung oder Arbeitserprobung, es sei denn, die Maßnahmen werden nach den Vorschriften des Bundesversorgungsgesetzes erbracht,
7. behinderte Menschen, die in anerkannten Werkstätten für behinderte Menschen oder in Blindenwerkstätten im Sinne des § 143 des Neunten Buches oder für diese Einrichtungen in Heimarbeit tätig sind,
8. behinderte Menschen, die in Anstalten, Heimen oder gleichartigen Einrichtungen in gewisser Regelmäßigkeit eine Leistung erbringen, die einem Fünftel der Leistung eines voll erwerbsfähigen Beschäftigten in gleichartiger Beschäftigung entspricht; hierzu zählen auch Dienstleistungen für den Träger der Einrichtung,
9. Studenten, die an staatlichen oder staatlich anerkannten Hochschulen eingeschrieben sind, unabhängig davon, ob sie ihren Wohnsitz oder gewöhnlichen Aufenthalt im Inland haben, wenn für sie auf Grund über- oder zwischenstaatlichen Rechts kein Anspruch auf Sachleistungen besteht, bis zum Abschluß des vierzehnten Fachsemesters, längstens bis zur Vollendung des dreißigsten Lebensjahres; Studenten nach Abschluß des vierzehnten Fachsemesters oder nach Vollendung des dreißigsten Lebensjahres sind nur versicherungspflichtig, wenn die Art der Ausbildung oder familiäre sowie persönliche Gründe, insbesondere der Erwerb der Zugangsvoraussetzungen in einer Ausbildungsstätte des Zweiten Bildungswegs, die Überschreitung der Altersgrenze oder eine längere Fachstudienzeit rechtfertigen,
10. Personen, die eine in Studien- oder Prüfungsordnungen vorgeschriebene berufspraktische Tätigkeit ohne Arbeitsentgelt verrichten, sowie zu ihrer Berufsausbildung ohne Arbeitsentgelt Beschäftigte; Auszubildende des Zweiten Bildungswegs, die sich in einem förderungsfähigen Teil eines Ausbildungsabschnitts nach dem Bundesausbildungsförderungsgesetz befinden, sind Praktikanten gleichgestellt,
11. Personen, die die Voraussetzungen für den Anspruch auf eine Rente aus der gesetzlichen Rentenversicherung erfüllen und diese Rente beantragt haben, wenn sie seit der erstmaligen Aufnahme einer Erwerbstätigkeit bis zur Stellung des Rentenantrags mindestens neun Zehntel der zweiten Hälfte des Zeitraums Mitglied oder nach § 10 versichert waren,
11 a. Personen, die eine selbständige künstlerische oder publizistische Tätigkeit vor dem 1. Januar 1983 aufgenommen haben, die Voraussetzungen für den Anspruch auf eine Rente aus der Rentenversicherung erfüllen und diese Rente beantragt haben, wenn sie mindestens neun Zehntel des Zeitraums zwischen dem 1. Januar 1985 und der Stellung des Rentenantrags nach dem Künstlersozialversicherungsgesetz in der gesetzlichen Krankenversicherung versichert waren; für Personen, die am 3. Oktober 1990 ihren Wohnsitz im Beitrittsgebiet hatten, ist anstelle des 1. Januar 1985 der 1. Januar 1992 maßgebend.
12. Personen, die die Voraussetzungen für den Anspruch auf eine Rente aus der gesetzlichen Rentenversicherung erfüllen und diese Rente beantragt haben, wenn sie zu den in § 1 oder § 17 a des Fremdrentengesetzes oder zu den in § 20 des Gesetzes zur Wiedergutmachung nationalsozialistischen Unrechts in der Sozialversicherung genannten Personen gehören und ihren Wohnsitz innerhalb der letzten 10 Jahre vor der Stellung des Rentenantrags in das Inland verlegt haben,
13. Personen, die keinen anderweitigen Anspruch auf Absicherung im Krankheitsfall haben und

    a) zuletzt gesetzlich krankenversichert waren oder
    b) bisher nicht gesetzlich oder privat krankenversichert waren, es sei denn, dass sie zu den in Absatz 5 oder den in § 6 Abs. 1 oder 2 genannten Personen gehören oder bei Ausübung ihrer beruflichen Tätigkeit im Inland gehört hätten.

(2) ¹Der nach Absatz 1 Nr. 11 erforderlichen Mitgliedszeit steht bis zum 31. Dezember 1988 die Zeit der Ehe mit einem Mitglied gleich, wenn die mit dem Mitglied verheiratete Person nicht mehr als nur geringfügig beschäftigt oder geringfügig selbständig tätig war.

² Bei Personen, die ihren Rentenanspruch aus der Versicherung einer anderen Person ableiten, gelten die Voraussetzungen des Absatzes 1 Nr. 11 oder 12 als erfüllt, wenn die andere Person diese Voraussetzungen erfüllt hatte.

(3) Als gegen Arbeitsentgelt beschäftigte Arbeiter und Angestellte im Sinne des Absatzes 1 Nr. 1 gelten Bezieher von Vorruhestandsgeld, wenn sie unmittelbar vor Bezug des Vorruhestandsgeldes versicherungspflichtig waren und das Vorruhestandsgeld mindestens in Höhe von 65 vom Hundert des Bruttoarbeitsentgelts im Sinne des § 3 Abs. 2 des Vorruhestandsgesetzes gezahlt wird.

(4) Als Bezieher von Vorruhestandsgeld ist nicht versicherungspflichtig, wer im Ausland seinen Wohnsitz oder gewöhnlichen Aufenthalt in einem Staat hat, mit dem für Arbeitnehmer mit Wohnsitz oder gewöhnlichem Aufenthalt in diesem Staat keine über- oder zwischenstaatlichen Regelungen über Sachleistungen bei Krankheit bestehen.

(4 a) ¹ Auszubildende, die im Rahmen eines Berufsausbildungsvertrages nach dem Berufsbildungsgesetz in einer außerbetrieblichen Einrichtung ausgebildet werden, stehen den Beschäftigten zur Berufsausbildung im Sinne des Absatzes 1 Nr. 1 gleich. ² Als zu ihrer Berufsausbildung Beschäftigte im Sinne des Absatzes 1 Nr. 1 gelten Personen, die als nicht satzungsmäßige Mitglieder geistlicher Genossenschaften oder ähnlicher religiöser Gemeinschaften für den Dienst in einer solchen Genossenschaft oder ähnlichen religiösen Gemeinschaft außerschulisch ausgebildet werden.

(5) Nach Absatz 1 Nr. 1 oder 5 bis 12 ist nicht versicherungspflichtig, wer hauptberuflich selbständig erwerbstätig ist.

(5 a) ¹ Nach Absatz 1 Nr. 2 a ist nicht versicherungspflichtig, wer unmittelbar vor dem Bezug von Arbeitslosengeld II privat krankenversichert war oder weder gesetzlich noch privat krankenversichert war und zu den in Absatz 5 oder den in § 6 Abs. 1 oder 2 genannten Personen gehört oder bei Ausübung seiner beruflichen Tätigkeit im Inland gehört hätte. ² Satz 1 gilt nicht für Personen, die am 31. Dezember 2008 nach § 5 Abs. 1 Nr. 2a versicherungspflichtig waren, für die Dauer ihrer Hilfebedürftigkeit.

(6) ¹ Nach Absatz 1 Nr. 5 bis 7 oder 8 ist nicht versicherungspflichtig, wer nach Absatz 1 Nr. 1 versicherungspflichtig ist. ² Trifft eine Versicherungspflicht nach Absatz 1 Nr. 6 mit einer Versicherungspflicht nach Absatz 1 Nr. 7 oder 8 zusammen, geht die Versicherungspflicht vor, nach der die höheren Beiträge zu zahlen sind.

(7) ¹ Nach Absatz 1 Nr. 9 oder 10 ist nicht versicherungspflichtig, wer nach Absatz 1 Nr. 1 bis 8, 11 oder 12 versicherungspflichtig oder nach § 10 versichert ist, es sei denn, der Ehegatte, der Lebenspartner oder das Kind des Studenten oder Praktikanten ist nicht versichert. ² Die Versicherungspflicht nach Absatz 1 Nr. 9 geht der Versicherungspflicht nach Absatz 1 Nr. 10 vor.

(8) ¹ Nach Absatz 1 Nr. 11 oder 12 ist nicht versicherungspflichtig, wer nach Absatz 1 Nr. 1 bis 7 oder 8 versicherungspflichtig ist. ² Satz 1 gilt für die in § 190 Abs. 11a genannten Personen entsprechend. ³ Bei Beziehern einer Rente der gesetzlichen Rentenversicherung, die nach dem 31. März 2002 nach § 5 Abs. 1 Nr. 11 versicherungspflichtig geworden sind, deren Anspruch auf Rente schon an diesem Tag bestand und die bis zu diesem Zeitpunkt nach § 10 oder nach § 7 des Zweiten Gesetzes über die Krankenversicherung der Landwirte versichert waren, aber nicht die Vorversicherungszeit des § 5 Abs. 1 Nr. 11 in der seit dem 1. Januar 1993 geltenden Fassung erfüllt hatten und deren Versicherung nach § 10 oder nach § 7 des Zweiten Gesetzes über die Krankenversicherung der Landwirte nicht von einer der in § 9 Abs. 1 Nr. 6 genannten Personen abgeleitet worden ist, geht die Versicherung nach § 10 oder nach § 7 des Zweiten Gesetzes über die Krankenversicherung der Landwirte der Versicherung nach § 5 Abs. 1 Nr. 11 vor.

(8 a) ¹ Nach Absatz 1 Nr. 13 ist nicht versicherungspflichtig, wer nach Absatz 1 Nr. 1 bis 12 versicherungspflichtig, freiwilliges Mitglied oder nach § 10 versichert ist. ² Satz 1 gilt entsprechend für Empfänger laufender Leistungen nach dem Dritten, Vierten, Sechsten und Siebten Kapitel des Zwölften Buches und für Empfänger laufender Leistungen nach § 2 des Asylbewerberleistungsgesetzes. ³ Satz 2 gilt auch, wenn der Anspruch auf diese Leistungen für weniger als einen Monat unterbrochen wird. ⁴ Der Anspruch auf Leistungen nach § 19 Abs. 2 gilt nicht als Absicherung im Krankheitsfall im Sinne von Absatz 1 Nr. 13, sofern im Anschluss daran kein anderweitiger Anspruch auf Absicherung im Krankheitsfall besteht.

(9) ¹ Kommt eine Versicherung nach den §§ 5, 9 oder 10 nach Kündigung des Versicherungsvertrages nicht zu Stande oder endet eine Versicherung nach den §§ 5 oder 10 vor Erfüllung der Vorversicherungszeit nach § 9, ist das private Krankenversicherungsunternehmen zum erneuten Abschluss eines Versicherungsvertrages verpflichtet, wenn der vor-

herige Vertrag für mindestens fünf Jahre vor seiner Kündigung ununterbrochen bestanden hat. ²Der Abschluss erfolgt ohne Risikoprüfung zu gleichen Tarifbedingungen, die zum Zeitpunkt der Kündigung bestanden haben; die bis zum Ausscheiden erworbenen Alterungsrückstellungen sind dem Vertrag zuzuschreiben. ³Wird eine gesetzliche Krankenversicherung nach Satz 1 nicht begründet, tritt der neue Versicherungsvertrag am Tag nach der Beendigung des vorhergehenden Versicherungsvertrages in Kraft. ⁴Endet die gesetzliche Krankenversicherung nach Satz 1 vor Erfüllung der Vorversicherungszeit, tritt der neue Versicherungsvertrag am Tag nach Beendigung der gesetzlichen Krankenversicherung in Kraft. ⁵Die Verpflichtung nach Satz 1 endet drei Monate nach der Beendigung des Versicherungsvertrages, wenn eine Versicherung nach den §§ 5, 9 oder 10 nicht begründet wurde. ⁶Bei Beendigung der Versicherung nach den §§ 5 oder 10 vor Erfüllung der Vorversicherungszeiten nach § 9 endet die Verpflichtung nach Satz 1 längstens zwölf Monate nach der Beendigung des privaten Versicherungsvertrages. ⁷Die vorstehenden Regelungen zum Versicherungsvertrag sind auf eine Anwartschaftsversicherung in der privaten Krankenversicherung entsprechend anzuwenden.

(10) *(nicht belegt)*

(11) ¹Ausländer, die nicht Angehörige eines Mitgliedstaates der Europäischen Union, Angehörige eines Vertragsstaates des Abkommens über den Europäischen Wirtschaftsraum oder Staatsangehörige der Schweiz sind, werden von der Versicherungspflicht nach Absatz 1 Nr. 13 erfasst, wenn sie eine Niederlassungserlaubnis oder eine Aufenthaltserlaubnis mit einer Befristung auf mehr als zwölf Monate nach dem Aufenthaltsgesetz besitzen und für die Erteilung dieser Aufenthaltstitel keine Verpflichtung zur Sicherung des Lebensunterhalts nach § 5 Abs. 1 Nr. 1 des Aufenthaltsgesetzes besteht. ²Angehörige eines anderen Mitgliedstaates der Europäischen Union, Angehörige eines anderen Vertragsstaates des Abkommens über den Europäischen Wirtschaftsraum oder Staatsangehörige der Schweiz werden von der Versicherungspflicht nach Absatz 1 Nr. 13 nicht erfasst, wenn die Voraussetzung für die Wohnortnahme in Deutschland die Existenz eines Krankenversicherungsschutzes nach § 4 des Freizügigkeitsgesetzes/EU ist. ³Bei Leistungsberechtigten nach dem Asylbewerberleistungsgesetz liegt eine Absicherung im Krankheitsfall bereits dann vor, wenn ein Anspruch auf Leistungen bei Krankheit, Schwangerschaft und Geburt nach § 4 des Asylbewerberleistungsgesetzes dem Grunde nach besteht.

Übersicht

	Rn.
A. Normzweck	1
B. Versicherungspflicht	4
C. Die einzelnen Versicherungspflichttatbestände	7
I. Gegen Arbeitsentgelt Beschäftigte, Abs. 1 Nr. 1, Abs. 3–4a	7
II. Arbeitslose	11
1. Arbeitslosengeld (AlG) und Unterhaltsgeld (UG)	12
2. Bezieher von Arbeitslosengeld II (AlG II)	15
III. Landwirtschaftliche Krankenversicherung	16
IV. Selbstständige Künstler und Publizisten	17
V. Personen in Einrichtungen der Jugendhilfe	18
VI. Teilnehmer an Leistungen zur Teilhabe am Arbeitsleben, Abs. 1 Nr. 6	19
VII. Behinderte Menschen, Nr. 7, 8	24
VIII. Studenten	24
IX. Praktikanten und Auszubildende	28
X. Rentner	29
XI. Künstler und Publizisten	35
XII. Fremdrentner und Verfolgte	36
XIII. Auffang-Versicherungspflicht	37
D. Ausschluss der Versicherungspflicht bei hauptberuflich selbständiger Erwerbstätigkeit	41
E. Konkurrenzen	43
F. Verhältnis der GKV zur Privaten Krankenversicherung (PKV)	44

A. Normzweck

1 Gesetzestechnisch werden entsprechend der Vorgehensweise in anderen Zweigen der Versicherung abgestuft nach der typisiert zugrunde gelegten **Schutzbedürftigkeit** Gruppen gebildet. Zunächst wird demgemäß der Kreis der Pflichtversicherten (§ 5 SGB V) umschrieben. Anschließend werden in §§ 6 und 7 SGB V die Fälle der Versicherungsfreiheit (bei vermuteter eigener Sicherungskompetenz, vorhandenem anderweitigen Schutz bzw. fehlendem Sicherungsbedürfnis trotz Erfüllung der Tatbe-

SGB V – Gesetzliche Krankenversicherung   § 5 SGB V 50

standsmerkmale der Versicherungspflicht) bzw. in § 8 SGB V der Befreiung von der Versicherungspflicht (Einräumung einer Wahlmöglichkeit aufgrund beschränkter eigener Einschätzung des Sicherungsbedürfnisses für bestimmte Gruppen) behandelt und schließlich in § 9 SGB V begrenzt die Möglichkeit eines freiwilligen Beitritts zur Versicherung eröffnet. Als Besonderheit findet sich in § 10 SGB V die Bestimmung der im Rahmen der Familienversicherung (ohne eigene Mitgliedschaft mittelbar) Begünstigten. Ergänzt werden die genannten Bestimmungen durch die Regelungen über die Mitgliedschaft in §§ 186 ff. SGB V.

§ 5 umschreibt zunächst in Abs. 1 den Kreis derjenigen, die kraft Gesetzes und grundsätzlich bereits 2
mit Eintritt der gesetzlichen Voraussetzungen Mitglied der Versichertengemeinschaft sind, und deren Schutz genießen. Er enthält insofern – im Gegensatz etwa zu Definitionsnormen wie § 7 SGB IV – eine **vollständige normative Anordnung,** darf dennoch aber immer nur als Teil eines Normenkomplexes gelesen werden, aus dem sich letztendlich das (Nicht-)Vorliegen von Versicherungspflicht ergibt. So kann etwa die Zugehörigkeit zur Beschäftigtenversicherung erst dann abschließend festgestellt werden, wenn nicht nur der Tatbestand von Abs. 1 Nr. 1 erfüllt ist, sondern auch Begrenzungen der Versicherungspflicht geprüft sind, die sich insbesondere aus Abs. 5, § 6 Abs. 1, § 7 Abs. 1 S. 1, 8 ergeben können. Entsprechend kommt der Erlass von Verwaltungsakten über das (Nicht-)Bestehen von Versicherungspflicht nur jeweils auf der Grundlage einer **Zusammenschau** aller einschlägigen Normen in Betracht und ist eine Feststellung bloßer Elemente („Versicherungspflicht dem Grunde nach") unzulässig.

Die Abs. 2–4 a, Abs. 6 S. 1, Abs. 7 S. 1, Abs. 8 S. 1, Abs. 8 a, Abs. 11 ergänzen die Versicherungspflichttatbestände des Abs. 1 tatbestandlich oder hinsichtlich der Rechtsfolge. Abs. 7 S. 2, Abs. 8 S. 2, Abs. 8 a betreffen das Zusammentreffen mehrerer Versicherungspflichttatbestände. Abs. 9 regelt das Verhältnis zwischen gesetzlicher und privater Krankenversicherung. 3

B. Versicherungspflicht

Versicherungspflicht ist eine grundsätzlich **unmittelbar kraft Gesetzes** (allein mit Erfüllung der 4
normativen Tatbestandsmerkmale) eintretende Rechtsfolge, die alle Betroffenen schon deshalb zu beachten haben. Sie kann deshalb durch Verwaltungsakt bzw. gerichtliches Urteil nur festgestellt und nicht etwa als Folge eines subjektiven Rechts zuerkannt werden (ungenau daher etwa BSG v. 13. 8. 1996, SozR 3–4100 § 155 Nr. 4: „Streitig ist ein Anspruch auf Krankenversicherungsschutz ...").

„**Versichert**" sein bedeutet hinsichtlich des Deckungsverhältnisses einen – gegenüber der Mit- 5
gliedschaft schwächeren – Status der Zugehörigkeit. Leistungsrechtlich ist hiermit der Schutz gegen die mit dem Risiko der Krankheit verbundenen Nachteile insofern verbunden, als das System hierfür Leistungen vorsieht. Voraussetzung hierfür ist die Zugehörigkeit zum Kreis der Versicherungspflichtigen, Versicherungsberechtigten oder Familienversicherten. Rechtlich vermittelt wird der Versicherungsschutz über die – mit Ausnahme der nach § 10 SGB V Familienversicherten – regelmäßig eigene **Mitgliedschaft** bei einem Träger der gesetzlichen Krankenversicherung (vgl. § 19 Abs. 1 SGB V). Letztere verkörpert das umfassende Rechtsverhältnis, welches zusätzlich die Pflicht zur Teilnahme an der Finanzierung der Gemeinschaft, aber auch das Recht zu ihrer Mitgestaltung durch Teilnahme an der Selbstverwaltung einschließt. Versicherungspflichtige sind damit stets auch selbst Mitglieder.

Die Einbeziehung in die Versicherung erfolgt nach Maßgabe einer **typisierten Schutzbedürftig-** 6
keit ohne Rücksicht auf die individuellen Verhältnisse (vgl. etwa BSG v. 27. 1. 2000, B 12 KR 16/99 R, SozR 3–2500 § 8 Nr. 5; kritisch zum „Paternalismus des Schutzbedürftigkeitsarguments" etwa Wallrabenstein, Versicherung im Sozialstaat, 2009, S. 368 ff.). Durch die stRspr des BVerfG ist geklärt, dass es in der Gestaltungsfreiheit des Gesetzgebers liegt, den Mitgliederkreis der GKV einerseits danach abzugrenzen, welcher Personenkreis zur Bildung einer leistungsfähigen Solidargemeinschaft erforderlich ist und andererseits danach, welche Personen eines Schutzes durch sie benötigen. Das Gericht hat in diesem Zusammenhang stets betont, dass es sich bei der Funktionsfähigkeit der GKV um ein überragend wichtiges Gemeinschaftsgut handelt (vgl. die Nachweise bei BVerfG v. 4. 2. 2004, 1 BvR 1103/03, SozR 4–2500 § 5 Nr. 1). Die kompetenzgemäße Einbeziehung typisiert Schutzbedürftiger in ein System der Sozialversicherung ist mit Art. 2 Abs. 1 GG vereinbar (vgl. BVerfG v. 9. 12. 2003, 1 BvR 558/99 SozR 4–5868 § 1 Nr. 2 Rn. 38 ff.). Der Gesetzgeber ist im Rahmen seines **weiten Gestaltungsspielraums** durch Art. 3 Abs. 1 GG bereits nicht gehalten, jede denkbare Form von Beschäftigung in den Schutz der Sozialversicherung einzubeziehen (BVerfG v. 1. 7. 1998, 2 BvR 441/90 ua, BVerfGE 98, 169 ff.). Erst recht ist er grundsätzlich nicht zu einer Gleichbehandlung unterschiedlicher Versichertengruppen gezwungen. Die Pflichtversicherung erfasst nach der gesetzlichen Typisierung jedenfalls die Personengruppen, die wegen ihrer niedrigen Einkünfte eines Schutzes für den Fall der Krankheit bedürfen, der durch Zwang zur Eigenvorsorge erreicht werden soll. Soweit die Krankenversicherungspflicht reicht, schützt sie auch die Allgemeinheit vor der Inanspruchnahme von Sozialhilfeleistungen im Krankheitsfall (BVerfG v. 15. 3. 2000, 1 BvL 16/96, SozR 3–2500 § 5 Nr. 42 Rn. 79).

C. Die einzelnen Versicherungspflichttatbestände

I. Gegen Arbeitsentgelt Beschäftigte (Abs. 1 Nr. 1, Abs. 3–4 a)

7   Abs. 1 Nr. 1 regelt den **Grundtatbestand** der Beschäftigtenversicherung als historisch wie aktuell bedeutsamsten Teil der Sozialversicherung. Wer beschäftigt ist, ergibt sich im Einzelnen zunächst aus § 7 SGB IV und sonstigen Normen, nach denen eine Beschäftigung vorliegt oder fingiert wird (zB § 12 Abs. 2 Hs. 2 SGB IV). Die besondere Erwähnung der **Arbeiter** und **Angestellten** als Untergruppen ist bedeutungslos geworden, da jedenfalls mit Inkrafttreten des SGB V unterschiedliche Sachregelungen hieran nicht mehr anknüpfen (vgl. zu den unterschiedlichen Entgeltgrenzen bis 31. 12. 1988 § 165 Abs. 1 Nr. 1, 2 RVO).

8   Der **Erwerb beruflicher Kenntnisse** und Fähigkeiten oder Erfahrungen im Rahmen betrieblicher Berufsbildung begründet eine (fiktive) Beschäftigung (§ 7 Abs. 2). Nr. 1 knüpft unmittelbar hieran an, soweit eine (entgeltliche) Berufsbildung vorliegt, und begründet Versicherungspflicht unabhängig vom Umfang der Beschäftigung (§ 7 Abs. 1 Hs. 2 Nr. 1 SGB V). Soweit eine (entgeltliche, vgl. § 226 Abs. 1 S. 2 SGB V) Berufsausbildung aufgrund eines Berufsausbildungsvertrages nach dem BBiG in einer außerbetrieblichen Einrichtung durchgeführt wird, steht dies nach Abs. 4a S. 1 in vollem Umfang einer Berufsausbildung iSd. Abs. 1 Nr. 1 gleich. Als zu ihrer Berufsausbildung Beschäftigte gelten zudem nach Abs. 4a S. 2 ua Postulanten (in der ersten Vorbereitungszeit zur Einführung in das Ordensleben) und Novizen (in der Zeit der Vorbereitung auf die erste Profess durch Teilnahme am Ordensleben). Damit werden seit dem 1. 1. 2000 jedenfalls Personen, die noch nicht zu den satzungsmäßigen Mitgliedern geistlicher Genossenschaften oder ähnlicher religiöser Gemeinschaften gehören und für den Dienst in einer solchen Gemeinschaft außerschulisch ausgebildet werden, in den Schutz der Solidargemeinschaft einbezogen. Hinsichtlich der satzungsmäßigen Mitglieder bleibt es dagegen unverändert bei der fehlenden Koordinierung mit dem Tatbestand des § 6 Abs. 1 Nr. 7, der Versicherungsfreiheit für nicht Versicherungspflichtige anordnet (vgl. zur Rechtslage vor Inkrafttreten des Abs. 4a S. 2 BSG v. 17. 12. 1996, 12 RK 2/96, SozR 3–2500 § 6 Nr. 14) und der unterschiedlichen Behandlung der Betroffenen in den verschiedenen Versicherungszweigen (vgl. zur gRV § 1 S. 1 Nr. 4 SGB VI).

9   Versicherungspflicht in der Beschäftigtenversicherung setzt über § 7 Abs. 1 S. 1 SGB IV hinaus die **Entgeltlichkeit** einer Beschäftigung voraus. Was im Einzelnen zum Entgelt zählt, ergibt sich aus § 14 iVm. der ArEVO. Entscheidend ist grundsätzlich das **geschuldete**, nicht das gezahlte Arbeitsentgelt (Entstehungsprinzip). Im Rahmen einer Berufsausbildung ist stets ein angemessenes Entgelt geschuldet (§ 17 BBiG). Zu unentgeltlichen nichtbetrieblichen Berufsausbildungen s. Nr. 10. Soweit das Entstehen/Fortbestehen eines entgeltlichen Beschäftigungsverhältnisses gesetzlich fingiert wird (§ 7 Abs. 1a S. 1–3, Abs. 3 S. 1), ist Abs. 1 Nr. 1 unmittelbar anwendbar. Ansonsten stellt das Gesetz den Versicherungsschutz ggf. über § 192 SGB V (Fortbestehen der Mitgliedschaft) sicher.

10 Speziell für die gKV erweitern Abs. 3, 4 in begrenztem Umfang spezialgesetzlich den Kreis der entgeltlich Beschäftigten um **Bezieher von Vorruhestandsgeld**. Anders als in die gRV, die insofern mit § 3 Nr. 4 SGB VI einen eigenständigen Versicherungspflichttatbestand kennt, stellt die gKV die Betroffenen den entgeltlich Beschäftigten gleich und fingiert zur Aufrechterhaltung des Versicherungsschutzes (vgl. BT-Drucks 10/880, S. 14, 19) eine fortbestehende entgeltliche Beschäftigung zwischen dem Bezieher des Vorruhestandsgeldes und seinem früheren Arbeitgeber, für das der Versicherungspflicht-Tatbestand der Beschäftigungsversicherung nach Abs. 1 Nr. 1 anzuwenden ist (BSG v. 7. 12. 2000, B 12 KR 9/00 R, SozR 3–2500 § 312 Nr. 1). Wie zuvor bereits § 165 Abs. S. 2 RVO setzt auch die **gesetzliche Fiktion** des Abs. 3 voraus, dass der Vorruhestandsgeldbezieher unmittelbar vor Bezug des Vorruhestandsgeldes Versicherungspflichtig war und das Vorruhestandsgeld mindestens in Höhe von 65 vH des Bruttoarbeitsentgelts iSv. § 3 Abs. 2 VRG gezahlt wird. **Unmittelbarkeit** in diesem Sinne liegt nur dann vor, wenn der Zahlungsempfänger zuletzt im Zeitpunkt der Beendigung derjenigen Beschäftigung, die zum Bezug des Vorruhestandsgeldes führt, krankenversicherungspflichtig war. Bestand bei Beendigung der Beschäftigung keine Versicherungspflicht, trat diese aber aufgrund eines anderen Sachverhalts vor Beginn des Bezuges von Vorruhestandsgeld ein, reicht dies nicht aus (BSG v. 2. 9. 2009, B 12 KR 13/08 R, SozR 4–2500 § 5 Nr. 9).

11 Abs. 3 wurde in Kraft gesetzt und trotz mehrerer Änderungen von § 5 aufrecht erhalten, obwohl **Zuschüsse der Bundesagentur für Arbeit** zum Vorruhestandsgeld nur beansprucht werden können, wenn die Voraussetzungen vor dem 1. 1. 1989 vorgelegen haben (§ 14 VRG). Diesem Umstand kann in der gKV wie in der gRV entnommen werden, dass der sozialversicherungsrechtliche Schutz auch ohne staatlichen Zuschuss grundsätzlich fortgeführt werden soll, wo die Parteien von einem endgültigen Ausscheiden aus dem Erwerbsleben ausgehen und der Arbeitnehmer deswegen aufgrund privatrechtlicher Vereinbarung einen Ausgleich in Form monatlicher Lohnersatzleistungen wenigstens in desr gesetzlichen Mindesthöhe erhält (vgl. BSG v. 26. 11. 1992, 7 Rar 46/92, BSGE 265, 270, v. 24. 9. 2008, B 12 R 10/07 R, SozR 4–2600 § 3 Nr. 4 und v. 2. 9. 2009, B 12 KR 13/08 R, SozR 4–2500 § 5 Nr. 9). Vom Anwendungsbereich des Abs. 3 ist nach **Abs. 4** ausgenommen, wer zwar

dessen Voraussetzungen erfüllt, seinen Wohnsitz oder gewöhnlichen Aufenthalt jedoch in einem Staat hat, mit dem keine über- oder zwischenstaatlichen Regelungen zur Erbringung von Sachleistungen bestehen. Eine besondere Anpassung des SGB V an das AltTZG ist nicht erfolgt. Ua insofern wird ein entgeltliches Beschäftigungsverhältnis in § 7 Abs. 1 a fingiert.

II. Arbeitslose

Über Zeiträume der Beschäftigung hinaus besteht Krankenversicherungsschutz auch für Zeiten, in denen eine Möglichkeit zur Arbeitserbringung fehlt und anstelle von Arbeitsentgelt **Leistungen aus öffentlichen Kassen** bezogen werden. Der Versicherungsschutz ist zulässig (BSG v. 26. 3. 1996, 12 RK 5/95, SozR 3–2500 § 5 Nr. 26) begrenzt auf die ausdrücklich genannten Leistungen. Dass insofern umgekehrt ausnahmslos Versicherungspflicht eintritt, begegnet keinen verfassungsrechtlichen Bedenken (BSG v. 17. 7. 1997, SozR 3–4100 § 155 Nr. 5). 12

1. Arbeitslosengeld (AlG) und Unterhaltsgeld (UG). Der „Bezug" der Sozialleistungen ALG (§§ 117ff. SGB III) und UG (bis 31. 12. 2004 §§ 153ff. SGB III, seither ist an die Stelle des UG bei beruflicher Weiterbildung ALG nach § 117 Abs. 1 SGB III getreten und wird UG nur noch nach den §§ 160ff. SGB III gezahlt) aus der Arbeitslosenversicherung ist in der gKV für deren **Deckungsverhältnis** relevant **(Abs. 1 Nr. 2 Hs. 1 Regelung 1).** Unmittelbar kraft Gesetzes ist dort der Leistungsbezug aus der Arbeitslosenversicherung akzessorisch mit dem Versicherungsschutz in der gKV verbunden. Zur Entscheidung über das Bestehen von Versicherungspflicht ist allein der hierfür zuständige Träger der gKV berufen (vgl. BSG v. 13. 8. 1996, 12 RK 15/96, SozR 3–4100 § 155 Nr. 4 und v. 26. 5. 2004, B 12 AL 4/03 R, SozR 4–2500 § 5 Nr. 2). 13

Der Tatbestand des Abs. 1 Nr. 2 Hs. 1 Regelung 1 ist zunächst durch den – auch rechtswidrigen – **tatsächlichen Bezug** (ggf. trotz Aufrechnung, Verrechnung, Pfändung etc.) der genannten Leistungen erfüllt. Ebenso genügt – unabhängig von der Erfüllung der hieraus erwachsenden Ansprüche – ein **Verwaltungsakt** (§ 31 S. 1 SGB X), mit dem ein realisierbarer Anspruch auf eine der genannten Leistungen zuerkannt wird (BSG v. 23. 11. 1983, 8 RK 35/82, SozR 4100 § 159 Nr. 5; zustimmend jedenfalls wenn anfänglich gezahlt wurde, LSG Niedersachsen-Bremen v, 29. 4. 2004, L 15 AL 5/02, Juris. Mit dem Erlass eines derartigen Verwaltungsakts, dessen Tatbestandswirkung die Träger der gKV grundsätzlich (mit Ausnahme der Fälle der Nichtigkeit) ohne eigenes Prüfungsrecht hinzunehmen haben, steht – ggf. auch nachträglich – für den gesamten Bewilligungszeitraum gleichzeitig fest, dass auch die Krankenversicherung der Arbeitslosen besteht (BSG v. 22. 5. 2003, B 12 KR 20/02 R, SGb 2003, 398). Schließlich begründet auch das bloße Bestehen eines fälligen **materiell-rechtlichen Anspruchs** ohne feststellenden Verwaltungsakt den Krankenversicherungsschutz (vgl. BSG v. 23. 11. 1983, 8 RK 35/82, SozR 4100 § 159 Nr. 5 und Sächsisches LSG v. 18. 12. 2003, L 3 AL 136/03, Juris). Der im Gesetz genannte „Bezug als Tatbestandsvoraussetzung dient nur zum Schutz des Vertrauens des Betroffenen in den Bestand der Krankenversicherung. Es wäre dagegen nicht gerechtfertigt, etwa bei verzögerter Bearbeitung und Entscheidung über den Leistungsantrag den Beginn der KVdA von der erstmaligen tatsächlichen Zahlung abhängig zu machen (BSG aaO). 14

Wie Abs. 1 Nr. 2 Hs. 1 Regelung 2 zeigt, liegt ein die Krankenversicherungspflicht begründender „Bezug" von ALG oder UG beim **Ruhen** hierauf gerichteten Ansprüche grundsätzlich nicht in Betracht. Versicherungspflicht besteht hier kraft ausdrücklicher gesetzlicher Anordnung nur ausnahmsweise, soweit der Anspruch **über einen Monat hinaus** wegen einer Sperrzeit oder wegen einer Urlaubsabgeltung (s. hierzu BSG v. 7. 2. 2002, B 7 AL 28/01 R, ZfS 2002, 238 und v. 20. 2. 2002, B 11 AL 59/01 R, DBlR 4744 a AFG/§ 105b) ruht. Im Zusammenwirken mit dem nachgehenden Anspruch auf Leistungen aus § 19 Abs. 1 S. 2 SGB V bzw. einer diesem gegenüber vorrangigen Anspruch aus der Familienversicherung (§ 10 SGB V) ergibt sich damit grundsätzlich ein durchgehender Schutz in der gKV. 15

Dagegen kommt nicht in Betracht, iS einer „**weiten Auslegung**" Versicherungspflicht nach Abs. 1 Nr. 2 Hs. 1 Regelung 2 auch dann anzunehmen, wenn während des Ruhens des ALG-Anspruchs wegen einer Urlaubsabgeltung (für weniger als einen Monat) **Arbeitsunfähigkeit** eintritt und über einen Zeitraum von einem Monat hinaus fortbesteht (anders LSG Nordrhein-Westfalen v. 25. 9. 2008, L 16 KR 37/08, Juris). Hier am Beginn des 2. Kalendermonats dennoch ein Ruhen des bestandskräftig abgelehnten Anspruchs auf ALG wegen einer Urlaubsabgeltung anzunehmen, ist weder mit dem Sachverhalt noch mit dem Normwortlaut in Einklang zu bringen. Der fehlende Leistungsbezug am Ende des nachgehenden Leistungsanspruchs nach § 19 Abs. 2 erfassten Zeitraums beruht weder mittelbar noch unmittelbar auf der Urlaubsabgeltung, sondern allein auf der fehlenden Verfügbarkeit wegen der Arbeitsunfähigkeit. Eine **analoge Anwendung** von Abs. 1 Nr. 2 Regelung 2 scheidet methodisch schon grundsätzlich wegen des abschließenden und selektiven Charakters aller Versicherungspflichttatbestände aus. Zudem handelt es sich bei Abs. 1 Nr. 2 Hs. 1 Regelung 2 um eine Ausnahmeregelung, die zeitlich und sachlich begrenzt vom grundsätzlichen Erfordernis des Bezuges (Regelung 1 aaO) dispensiert; insofern kann eine Lücke nicht einfach mit Hilfe eines vom Norminterpreten nach Maßgabe individueller Präferenzen aufzufüllenden allgemeinen „sozialen Schutzprinzips" konstruiert werden. 16

17 Im Sinne der **Konstanz der versicherungsrechtlichen Verhältnisse** bleibt der einmal begründete Krankenversicherungsschutz erhalten, auch wenn der leistungsbewilligende Verwaltungsakt der Arbeitsverwaltung rückwirkend aufgehoben oder die Leistung zurückgefordert oder zurückgezahlt worden ist (Abs. 1 Nr. 2 Hs. 2). Dies gilt auch dann, wenn im arbeitsgerichtlichen Verfahren später festgestellt wird, dass das Arbeitsverhältnis während des Alg-Bezuges fortbestanden hat (BSG v. 21. 6. 1978, 3 RK 96/76 SozR 4100 § 155 Nr. 5).

18 **2. Bezieher von Arbeitslosengeld II (AlG II).** Es handelt sich um eine Folgeregelung zur Schaffung einer Grundsicherung für erwerbsfähige Bezieher einer Grundsicherung nach dem SGB II. Für den „Bezug" des AlG II (§§ 19 ff. SGB II) gilt das vorstehend zum ALG Gesagte. Der Grundsatz der Konstanz des einmal zustande gekommenen Versicherungsverhältnisses gilt auch hier (Nr. 2a Hs. 2). Bezieher von AlG II sind ausnahmsweise nicht aufgrund **Nr. 2 a S. 1** krankenversichert, wenn eine vorrangige **Familienversicherung** (§ 10 SGB V) besteht. Keine Versicherungspflicht besteht zudem, wenn AlG II nur darlehensweise gewährt wird (vgl. §§ 22 Abs. 5, 23 Abs. 1 SGB II) oder nur Leistungen für die Erstausstattung einer Wohnung oder mit Bekleidung oder Leistungen für mehrtägige Klassenfahrten nach § 23 Abs. 3 S. 1 SGB II bezogen werden. Ab dem **1. 1. 2009 sind** Bezieher von ALG nach der neuen Nr. 5a schließlich grundsätzlich auch nicht mehr nach Nr. 2a versichert, wenn sie unmittelbar vor dem Leistungsbezug privat krankenversichert waren.

III. Landwirtschaftliche Krankenversicherung

19 Abs. 1 Nr. 3 verweist für die dort genannten Personen **deklaratorisch** auf das Zweite Gesetz über die Krankenversicherung der Landwirte (KVLG 1989). Die Betroffenen sind damit innerhalb eines weitgehend steuerfinanzierten, organisatorisch wie teilweise sachlich selbstständigen Systems krankenversichert. In der Landwirtschaft Beschäftigte sind nach Abs. 1 Nr. 1 in der allgemeinen KV versichert.

IV. Selbstständige Künstler und Publizisten

20 **Abs. 1 Nr. 4** enthält für selbstständige Künstler und Publizisten iSd. § 1 KSVG einen **deklaratorischen Hinweis** auf die Versicherungspflichttatbestände des KSVG. Die Durchführung dieser Versicherung auf der Leistungsseite erfolgt durch die Träger der allgemeinen KV nach deren Bestimmungen.

V. Personen in Einrichtungen der Jugendhilfe

21 **Abs. 1 Nr. 5** betrifft eine der versicherten **Vorstufen zu einer Erwerbstätigkeit.** Im Rahmen der Jugendsozialarbeit (§ 27 Abs. 1 Nr. 1 SGB I, § 2 Abs. 2 Nr. 1 SGB VIII) können jungen Menschen, die zum Ausgleich sozialer Benachteiligungen oder zur Überwindung individueller Beeinträchtigungen in erhöhtem Maße auf Unterstützung angewiesen sind, geeignete sozialpädagogisch begleitete Ausbildungs- und Beschäftigungsmaßnahmen angeboten werden, die ihren Fähigkeiten und ihrem Entwicklungsstand Rechnung tragen (§ 13 Abs. 2 SGB VIII). Dies ist Aufgabe der Jugendsozialarbeit vorbehaltlich einer landesrechtlichen Ausgestaltung von Inhalt und Umfang derartiger Maßnahmen (§ 15 SGB VIII) allerdings nur subsidiär, nämlich soweit die Ausbildung dieser jungen Menschen nicht durch Maßnamen und Programme anderer Träger und Organisationen sichergestellt wird (§ 13 Abs. 2 SGB VIII). Unter diesen Voraussetzungen, sind Jugendliche deren Vorbereitung auf eine reguläre Erwerbstätigkeit gerade in Einrichtungen der Jugendhilfe erfolgt, unabhängig von einem Entgeltanspruch von Beginn bis Ende der Maßnahme (§ 186 Abs. 4 SGB V, § 190 Abs. 6 SGB V) krankenversichert.

VI. Teilnehmer an Leistungen zur Teilhabe am Arbeitsleben, Abs. 1 Nr. 6

22 Nach § 29 Abs. 1 Nr. 2 SGB I, § 4 Abs. 1 Nr. 3, § 5 Nr. 2, § 33 SGB IX werden im Rahmen der Rehabilitation und Teilnahme behinderter Menschen Leistungen zur Teilnahme am Arbeitsleben erbracht die exemplarisch in § 33 Abs. 3 SGB IX aufgelistet sind. Die Versicherungspflicht ist dabei nicht auf die Leistungsgewährung in Form von Sachleistungen beschränkt (vgl. BSG v. 25. 5. 2011, A 12 R 9/10 R, Terminbericht Nr. 25/11 v. 26. 5. 2011). Zur Auswahl der Leistungen wird soweit erforderlich die berufliche Eignung abgeklärt oder eine Arbeitserprobung durchgeführt (§ 33 Abs. 4 S. 2 Hs. 1 SGB IX). Mit **Beginn dieser Maßnahmen** (§ 186 Abs. 4 SGB V) bis zu deren Ende, ggf. bis zum Ablauf des Tages, bis zu dem darüber hinaus Übergangsgeld gezahlt wird (§ 190 Abs. 7 SGB V) sind die Teilnehmer krankenversichert. Während der Maßnahme ist die Versicherungspflicht dagegen nicht mehr an den Bezug von Übergangsgeld geknüpft. Kein Versicherungsschutz besteht, wenn entsprechende Maßnahmen nach dem Bundesversorgungsgesetz (§ 26 BVG) erbracht werden.

VII. Behinderte Menschen, Nr. 7, 8

23 Beide Vorschriften, mit denen die Regelungen aus §§ 1, 2 SVBG unverändert in das SGB V übernommen wurden, betreffen Behinderte iSv. **§ 2 SGB IX** und führen den Anwendungsbereich des

früheren SVBG insofern fort, als auch sie sich auf den Krankenversicherungsschutz besonders stark behinderter in geschützten Einrichtungen beschränken. Hiervon nicht erfasst ist demgemäß die Versicherung Behinderter auf Grund einer Beschäftigung auf dem freien Arbeitsmarkt. Auf die Zahlung von **Entgelt** kommt es jeweils nicht an (vgl. bereits zum alten Recht BT-Drs. 7/1992, S. 9, 12 f.). Während allerdings für Nr. 7 unabhängig von deren Umfang die Tätigkeit in einer der dort genannten Einrichtungen genügt, kommt es für Nr. 8 zusätzlich auf die regelmäßige Leistungserbringung in einem bestimmten Umfang an.

Nr. 7 betrifft die Arbeitsverrichtung in anerkannten Behindertenwerkstätten (§ 136 Abs. 1 S. 1, § 142 SGB IX) und anerkannten Blindenwerkstätten (§ 143 SGB IX iVm. dem BlindenwarenvertriebsG v. 9. 4. 1965, BGBl. I 311). Die Vorschrift unterscheidet sich von Nr. 7 dadurch, dass die Versicherungspflicht allein schon durch die **Art der Institution** bestimmt wird. Jeder (Behinderte), der „in" einer derartigen Einrichtung tätig ist, ist versichert, während umgekehrt die Versicherungspflicht auf diesen Personenkreis beschränkt ist und daher nicht erfasst ist, wer – unabhängig ggf. von einer räumlichen und organisatorischen Anbindung – mangels Werkstattfähigkeit etwa in einer institutionell von der Werkstatt getrennten Tagesförderstätte tätig ist (BSG v. 10. 9. 1987, SozR 5085 § 1 Nr. 4). Dabei ist innerhalb der Behindertenwerkstätten keine Differenzierung nach Tätigkeiten im Arbeits- und im Arbeitstrainingsbereich veranlasst. Vielmehr führen alle in einer der genannten Einrichtungen verrichteten „Tätigkeiten" einheitlich zur Versicherungspflicht nach Nr. 7, die als lex specialis sonstigen Versicherungspflichttatbeständen vorgeht (vgl. zur versicherungsrechtlichen Gleichbehandlung aller in den institutionell abgegrenzten Einrichtungen Betreuten im SVGB bereits BSG v. 11. 6. 1980, 12 RK 34/78 SozR 5085 § 1 Nr. 2, zum Vorrang der Versicherungspflicht nach Nr. 7 gegenüber derjenigen nach Abs. 1 Nr. 6 BSG v. 14. 2. 2001, B 1 KR 1/00 R, SozR 3–2500 § 44 Nr. 8 – dort allerdings nicht tragend –). 24

Eine **„Tätigkeit"** iS der Nr. 7 grenzt sich nicht nach den üblichen sozialrechtlichen Kriterien von der Beschäftigung ab. Hinreichende, aber auch notwendige Voraussetzung einer Versicherungspflicht ist hier vielmehr, dass der Behinderte einen Bezug zur Arbeitswelt zeigt, indem er entweder in der Werkstatt einen Arbeitsplatz hat oder er an Maßnahmen zur Eingliederung in das Erwerbsleben teilnimmt. Eine Aufnahme ohne das Ziel einer derartigen Eingliederung begründet mithin keine Versicherungspflicht nach Abs. 1 Nr. 7, so dass etwa Personen, die nur zur medizinischen/therapeutischen Betreuung aufgenommen werden, nicht erfasst werden (BSG v. 14. 12. 1994, 4 RK 1/93, SozR 3–2500 § 5 Nr. 19). 25

Hinsichtlich der heterogenen Gruppe der „Anstalten, Heime oder gleichartigen Einrichtungen" iS der **Nr. 8** fehlt es – anders als im Anwendungsbereich der Nr. 7 – an einem förmlichen Anerkennungsverfahren. Hierher gehören entsprechend der gleich lautenden Vorgängernorm in § 2 Abs. 1 SVBehindertenG nur solche Einrichtungen, die ihrer Art nach dazu geeignet sind, Behinderte zu deren Betreuung aufzunehmen (BSG v. 28. 10. 1981, 12 RK 29/80, SozR 5085 § 2 Nr. 1). Auf Grund dieser **institutionellen Begrenzung** des Anwendungsbereichs auf Einrichtungen, die nach ihrer Zweckbestimmung Personen, die wegen ihrer körperlichen, geistigen oder seelischen Behinderung der Betreuung oder Erziehung bedürfen, ständigen Aufenthalt gewähren, ist auch die Beschäftigung eines Behinderten in einem Allgemeinkrankenhaus nicht erfasst. Dass er bei Bedarf ggf. ärztliche Hilfe erhält, ist insofern unerheblich. Neben der Art der Einrichtung kommt es hier zusätzlich auf das **persönliche Leistungsvermögen** des Versicherten an. Unabhängig von der Art der Arbeit muss die Tätigkeit des Behinderten kontinuierlich und gleichmäßig erfolgen. Im Vergleich zu einem voll erwerbsfähigen beschäftigten muss der Behinderte ein Fünftel von dessen Leistung erbringen. Verfassungsrechtliche Bedenken bestehen hiergegen nicht (BSG v. 10. 9. 1987, 12 RK 42/86 SozR 5085 § 1 Nr. 4). 26

VIII. Studenten

Pflichtversichert sind unabhängig vom Wohn- oder Aufenthaltsort (§ 3 Nr. 2 SGB IV) Studenten, die als äußeres Zeichen der Mitgliedschaft an einer **staatlichen Hochschule** eingeschrieben sind, deren Zugangsvoraussetzungen erfüllen, und das Ziel eines Studienabschlusses verfolgen. Trotz Einschreibung sind daher Studienkollegiaten, die die Zugangsvoraussetzungen erst erwerben wollen (BSG v. 29. 9. 1992, 12 RK 16/92 SozR 3–2500 § 5 Nr. 3) oder Teilnehmer eines Sprachkurses, die bei bestehender fachlicher Eignung zunächst die erforderlichen Kenntnisse der deutschen Sprache erwerben wollen (BSG v. 29. 9. 1992, 12 RK 15/92, SozR 3–2500 § 5 Nr. 2), keine Studenten im maßgeblichen und eigenständigen Sinn der gKV. Ebenso ist trotz Einschreibung nicht mehr Student, wer nach erfolgreichem Abschluss seines Studiums nur noch zum Zweck der Promotion eingeschrieben ist. Hochschulen sind diejenigen inländischen Bildungseinrichtungen, die nach dem maßgeblichen Landesrecht staatlich bzw. staatlich anerkannt sind. 27

Versicherungspflicht besteht generell **nicht,** wenn gegen einen ausländischen Versicherungsträger auf Grund über- oder zwischenstaatlichen Rechts ein Anspruch auf Sachleistungen besteht. Versicherungspflicht besteht darüber hinaus ohne Verfassungsverstoß (BSG v. 30. 9. 1992, 12 RK 35/91, SozR 3–2500 § 5 Nr. 5) grundsätzlich auch nicht über das vierzehnte Fachsemester oder das dreißigs- 28 te Lebensjahr hinaus. In die Semesterzahl werden alle Teile eines als Einheit anzusehenden Studiums von fachbedingter Länge einbezogen (BSG v. 30. 9. 1992, SozR 3–2500 § 5 Nr. 7). Hierzu zählt die Zeit des Studiums selbst sowie ggf. diejenige eines Aufbau- oder Erweiterungsstudiums (BSG v. 23. 3. 1993, 12 RK 45/92, SozR 3–2500 § 5 Nr. 10).

29 Eine **Überschreitung** der allgemeinen zeitlichen Grenzen kommt nach der einschränkend zu verstehenden (BSG v. 30. 9. 1992, 12 RK 3/91 SozR 3–2500 § 5 Nr. 8) Ausnahmeregelung in **Nr. 9 Hs. 2** nur in Betracht, wenn und soweit sie jeweils gerade durch besondere Gründe gerechtfertigt ist. In Betracht kommen zB (vgl. BT-Drs. 11/2237 S. 159) Krankheit, Behinderung, Schwangerschaft, Nichtzulassung zur gewählten Ausbildung im Auswahlverfahren, Eingehen einer Dienstverpflichtung als Soldat oder Polizeivollzugsbeamter auf Zeit, Betreuung von behinderten oder aus anderen Gründen auf Hilfe angewiesenen Kindern Jedenfalls ein **privilegierter Grund** muss – ggf. neben nicht privilegierten Umständen – die Verzögerung für sich rechtfertigen. Mehrere privilegierte Gründe können zeitlich auf einander folgend oder im Zusammenwirken die Verzögerung rechtfertigen (vgl. BSG v. 30. 6. 1993, 12 RK 6/93, SozR 3–2500 § 5 Nr. 13).

30 Die **Gründe,** die die Aufnahme eines Studiums oder seinen Abschluss verhindern oder als unzumutbare erscheinen lassen, müssen von solcher Art und solchem Gewicht sein, dass sie eine Überschreitung der Zeitgrenzen nicht nur aus der Sicht des Einzelnen, sondern auch aus übergeordneter („objektiver") Sicht gerechtfertigt erscheinen lassen. Allein der Umstand, dass zunächst eine Berufstätigkeit aufgenommen worden ist, genügt daher ebenso wenig wie die bloße Fortsetzung eines Studiums nach zwischenzeitlich befristeter Beschäftigung bzw. Arbeitslosigkeit nach Vollendung des dreißigsten Lebensjahres (BSG v. 30. 9. 1992, 12 RK 8/91 SozR 3–2500 § 5 Nr. 7). Liegen andererseits vom Gesetz anerkannte Gründe durchgehend vor (vgl. BSG v. 30. 9. 1992, 12 RK 50/91, SozR 3–2500 § 5 Nr. 6) vor, ist Versicherungspflicht bei Aufnahme des Studiums nach Vollendung des dreißigsten Lebensjahres nicht allein deshalb ausgeschlossen (BSG v. 30. 9. 1992, SozR 3–2500 § 5 Nr. 8). **Ausbildungsbedingte Rechtfertigungsgründe** sind solche, die in der Struktur des gewählten Ausbildungsziels wurzeln, etwa die Notwendigkeit einer aufwändiger Fächerkombination. Nicht berücksichtigungsfähig ist dagegen etwa der Umstand, dass ein Ausbildungsgang erst angeboten wurde, als der Student bereits ein höheres Lebensalter erreicht hatte (BSG v. 30. 1. 1997, SozR 3–2500 3 5 Nr. 32). Ausdrücklich privilegiert ist der Erwerb der Zugangsvoraussetzungen in einer Bildungsstätte des **Zweiten Bildungsweges** (vgl. nachfolgend Rn. 28). Auch dann ist jedoch die Verzögerung nur insoweit gerechtfertigt, als sie gerade hierdurch verursacht wurde (BSG v. 30. 9. 1992, 12 RK 3/91, SozR 3–2500 § 5 Nr. 8). Wurde daher etwa der Bildungsgang des zweiten Bildungswegs seinerseits verzögert aufgenommen, muss auch dieser Umstand durch privilegierte Gründe gerechtfertigt sein.

IX. Praktikanten und Auszubildende

31 **Nr. 10** bezieht Personen in drei voneinander zu unterscheidenden Ausbildungsabschnitten in die gKV ein:
- Während Praktikanten in der Zeit ihres Studiums der gegenüber derjenigen nach Nr. 10 vorrangigen (Abs. Abs. 7 S. 2) Versicherungspflicht nach Nr. 9 unterliegen und nicht immatrikulierte Studenten während eines entgeltlichen Betriebspraktikums der Versicherungspflicht als Beschäftigte (Abs. 1 Nr. 1) unterliegen sollen (vgl. hierzu BT-Drs. 14/1245, S. 59), unterfallen Praktikanten während eines in einer **Studien- oder Prüfungsordnung** vorgeschriebenen berufspraktischen Tätigkeit ohne Arbeitsentgelt dem Anwendungsbereich des eigenständigen Versicherungspflichttatbestandes in Nr. 10.
- Der Erwerb beruflicher Kenntnisse, Fertigkeiten oder Erfahrungen im Rahmen betrieblicher Berufsbildung gilt als Beschäftigung (§ 7 Abs. 2). Soweit Entgelt gezahlt wird, sind daher die Betroffenen versicherungspflichtig nach Abs. 1 Nr. 1. Die in Abs. 4 a S. 1 Genannten stehen den von Abs. 1 Nr. 1 Erfassten gleich. Nur soweit Personen zu ihrer Berufsausbildung in **nichtbetrieblichen Einrichtungen** und **unentgeltlich** beschäftigt sind, ist der Anwendungsbereich der Nr. 10 eröffnet.
- **Auszubildende des zweiten Bildungsweges.** Ausbildungen des Zweiten Bildungsweges sind nach der übereinstimmenden Rechtsprechung des BVerwG und des BVerwG solche, die einen sonst an allgemeinbildenden Schulen zu erreichenden Ausbildungsabschluss vermitteln und den Zugang zu einer berufsqualifizierenden Ausbildung erst eröffnen. Der Zweite Bildungsweg eröffnet denjenigen, die keine Möglichkeit hatten, den mittleren Bildungsabschluss bzw. eine Hochschulreife im allgemeinen Schulwesen zu erreichen, letztlich den Zugang zu den Hochschulen. Dementsprechend werden von den nach dem BAföG förderungsfähigen Ausbildungen nur die allgemeinbildenden und nicht die berufsbildenden dem Zweiten Bildungsweg zugerechnet (vgl. insgesamt BSG v. 7. 11. 1995, 12 RK 38/94, USK 9553). Das Bafög knüpft die Förderungsfähigkeit an den Besuch bestimmter in § 2 Abs. 1 S. 1 BAföG genannter Einrichtungen.

X. Rentner

32 Das Inkrafttreten der Nr. 11 zum 1. 1. 1989 markiert eine erneute deutliche **Verschärfung** der Voraussetzungen für die Krankenversicherungspflicht als Rentner (vgl. zur Entwicklung ausführlich

Kasseler Kommentar/Peters, § 5 Rn. 116ff.; zur Verfassungsmäßigkeit der Zugangsvoraussetzungen BSG v. 5. 7. 2006, B 12 KR 15/05 R, SozR 4–2500 § 5 Nr. 4). Damit wird sichergestellt, dass die hiermit verbundenen Vergünstigungen demjenigen Personenkreis vorbehalten bleiben, aus dessen Erwerbsbiographie sich eine ausreichende Zugehörigkeit zur Versichertengemeinschaft ergibt (BSG v. 4. 6. 2009, B 12 KR 26/07 R, SozR 4–2500 § 5 Nr. 8). Auch nach diversen Erhöhungen der Beitragslast verkörpert nämlich der gesetzliche Krankenversicherungsschutz bei Minderung der Erwerbsfähigkeit und im Alter regelmäßig einen deutlichen **Vorteil** gegenüber der Position ua der in der gKV freiwillig Versicherten. So ist die Bemessungsgrundlage der Zwangsversicherten auf die Einnahmearten des § 237 SGB V begrenzt, während freiwillig versicherte Mitglieder der gKV Beiträge aus allen Einnahmearten des § 240 SGB V zahlen.

Der **Rentenantrag** (§ 115 Abs. 1 S. 1 SGB VI) ist für die KVdR mehrfach materiellrechtlich relevant, indem er gleichermaßen den Zeitpunkt, in dem ein inländischer Wohnsitz (§ 3 Nr. 2 SGB IV) vorliegen muss (vgl. hierzu BSG v. 29. 9. 1994, 12 RK 86/92, SozR 3–2500 § 5 Nr. 18), den Endpunkt des Rahmenzeitraums für die Erfüllung der Vorversicherungszeit und den Beginn des Krankenversicherungsschutzes als Rentenantragsteller (§ 189 Abs. 2 S. 1) und als Rentner (§ 186 Abs. 9 SGB V) bezeichnet. Darüber hinaus müssen die materiellrechtlichen Voraussetzungen einer der in § 33 SGB VI genannten Renten aus der inländischen (bzw. aus einer durch supra- oder internationales Recht gleich gestellten) Rente erfüllt sein, sodass es insbesondere nicht auf die tatsächliche **Erfüllung** von Rentenansprüchen durch Zahlung ankommt. Stellt der RV-Träger die Voraussetzungen eines Rechts auf Rente (deklaratorisch) fest, bleibt der Krankenversicherungsschutz durchgehend erhalten. Wird der Rentenantrag mangels Erfüllung der rentenrechtlichen Voraussetzungen abgelehnt, wird er zurückgenommen oder stirbt der Rentenbewerber, wird den Unsicherheiten hinsichtlich des „Anspruchs auf Rente" dadurch Rechnung getragen, dass es bis dahin grundsätzlich bei einer **fiktiven Mitgliedschaft** nach § 189 Abs. 1 S. 1, Abs. 2 SGB V bleibt. Die (Formal-)Mitgliedschaft als Rentenantragsteller ist in den Fällen der Versicherungsfreiheit nach § 6 Abs. 1 SGB V ausgeschlossen und ist gegenüber jeder anderen Versicherungspflicht nachrangig (§ 189 Abs. 1 S. 2 SGB V). 33

Zentrale krankenversicherungsrechtliche Voraussetzung der KVdR ist die Belegung von mindestens 9/10 der zweiten Hälfte des Erwerbslebens mit **Vorversicherungszeiten** gerade in der gKV (BSG v. 3. 9. 1998, B 12 KR 21/97 RSozR 3–2500 § 5 Nr. 39). Das Gesetz stellt auf diese Weise verfassungsrechtlich unbedenklich (BSG v. 17. 5. 2001, B 12 KR 33/00 R, SozR 3–2500 § 5 Nr. 45) für den Regelfall sicher, dass nur Personen einbezogen werden, die sowohl nach Maßgabe ihrer individuellen Erwerbsbiographie hinreichend lange und dauerhaft am Solidarausgleich teilgenommen als auch einen aktuellen **Bezug zum System** haben. Mit der Kontinuität der versicherungsrechtlichen Verhältnisse im Rentenalter wird sichergestellt, dass mit den Leistungsaufwendungen diejenige Versichertengemeinschaft belastet wird, der die Betroffenen auch während ihres Erwerbslebens angehört haben. 34

Der **Rahmenzeitraum** umfasst das gesamte Erwerbsleben. Er beginnt mit der erstmaligen Aufnahme einer entgeltlichen Erwerbstätigkeit und endet auf der Grundlage einer verfassungsrechtlich zulässig typisierenden Betrachtung auch dann mit dem Rentenantrag, wenn die Vorversicherungszeit nur knapp verfehlt wird danach noch weitere geeignete Versicherungszeiten zurückgelegt worden sind (BSG v. 4. 6. 2009, B 12 KR 26/07 R, SozR 4–2500 § 5 Nr. 8). Eine Ausnahme gilt zu deren Schutz nur für geschäftsunfähige Rentner ohne Betreuung; bei ihnen kommt es statt des später gestellten Rentenantrags auf den aufgrund dieses Rentenantrags vom Rentenversicherungsträger festgelegten Rentenbeginn an. (BSG v. 27. 1. 2010, B 12 KR 20/08 R, SozR 4–2500 § 5 Nr. 11). Für die Annahme einer Erwerbstätigkeit am Beginn des Erwerbslebens genügen auch nur vorübergehende, nicht versicherungspflichtige (hinsichtlich geringfügiger Tätigkeiten offen gelassen in BSG v. 22. 2. 1996, 12 RK 33/94 SozR 3–2200 § 165 Nr. 15 und v. 17. 5. 2001, B 12 KR 33/00 R, SozR 3–2500 § 5 Nr. 45), selbständige oder im Ausland ausgeübte (BSG v. 8. 11. 1983, 12 RK 26/82, SozR 2200 § 165 Nr. 72) Tätigkeiten. Eine auf einer Dienstverpflichtung beruhende entgeltliche Beschäftigung ist Erwerbstätigkeit iS der Zugangsvoraussetzungen zur KvdR jedenfalls, wenn sie Versicherungspflicht begründete (zu einer Tätigkeit als DRK Schwesternhelferin BSG v. 17. 5. 2001, B 12 KR 33/00 R, SozR 3–2500 § 5 Nr. 45). 35

Innerhalb des Rahmenzeitraums müssen mindestens 9/10 **der zweiten Hälfte** tatsächlich (vgl. zur fehlenden Gleichstellung von Zeiten der Nachversicherung eines Beamten mit Mitgliedschaftszeiten in der GKV BSG v. 5. 7. 2006, B 12 KR 15/05 R, SozR 4–2500 § 5 Nr. 4) mit Zeiten der Mitgliedschaft oder einer Versicherung nach § 10 belegt sei. Die aktuelle Fassung durch das GKV-WSG v. 26. 3. 2007 (BGBl. I 2007, 378) trägt dem Beschluss des BVerfG v. 15. 3. 2000 (BVerfGE 102, 68) Rechnung, das § 5 Abs. 1 Nr. 11 idF von Art. 1 Nr. 1 des GSG v. 21. 12. 1992 für mit Art. 3 Abs. 1 GG unvereinbar erklärt hatte, soweit hiernach die 9/10-Belegung grundsätzlich nur mit Pflichtversicherungszeiten erfüllt werden konnte. Da eine Neuregelung zunächst nicht innerhalb der vom BVerfG gesetzten Frist bis zum 31. 3. 1993 erfolgt war, richtete sich der Zugang in der Zeit danach wieder nach § 5 Abs. 1 Nr. 11 SGB V idF des GRG v. 20. 12. 1988 (vgl. BSG v. 7. 12. 2000, SozR 3–2500 § 5 Nr. 44). Nach dieser ursprünglichen Fassung der Norm konnte die Vorversicherungszeit auch mit Zeiten einer **freiwilligen Versicherung** in der gKV erfüllt werden. Dem entspricht nunmehr ab dem 1. 4. 2007 auch wieder das geltende Recht. 36

Berchtold

37   Auf der Grundlage der Rechtsprechung des BVerfG kann auch eine nach Nr. 11 der eigenen Mitgliedschaft gleich stehende **Versicherung nach § 10** aus einer freiwilligen Mitgliedschaft abgeleitet sein. Der Mitgliedszeit steht zudem nach Abs. 2 S. 1 für den Zeitraum bis zum 31. 12. 1998, in dem es eine Familienversicherung iSd. zum 1. 1. 1998 in Kraft getretenen SGB V noch nicht gab, grundsätzlich die Zeit der **Ehe mit einem Mitglied** gleich. Auch insofern genügt eine freiwillige Mitgliedschaft. Entscheidend ist in typisierender Anknüpfung unabhängig davon, ob für den Ehegatten ein Anspruch auf Familienhilfe nach § 205 bestanden hat, grundsätzlich nur die Ehe mit dem Mitglied. Ausgeschlossen ist die Anwendung von Abs. 2 S. 1 nur insoweit, als der nicht selbst versicherte Ehegatte mehr als geringfügig abhängig beschäftigt oder selbstständig erwerbstätig war und daher – ebenfalls typisierend – von einer eigenständigen Krankenversicherung ausgegangen werden kann. Schließlich gelten die Voraussetzungen der Nr. 11 für die Inhaber von Rechten auf eine **Hinterbliebenenrente** auch dann als erfüllt, wenn nur der verstorbene Versicherte die erforderlichen Zugehörigkeitszeiten zurückgelegt hat (Abs. 2 S. 2).

XI. Künstler und Publizisten

38   Die Regelung soll durch Bestimmung einer – im Verhältnis zu Nr. 11 gleich berechtigten – alternativen Rahmenfrist eine **Lücke** in der sozialen Absicherung des betroffenen Personenkreises schließen, soweit sie ihre einschlägige Tätigkeit bereits vor Inkrafttreten des KVSG am 1. 1. 1983 begonnen hatten. Die spezielle Rahmenfrist beginnt grundsätzlich mit dem 1. 1. 1985 – bei Personen, die am 3. 10. 1990 ihren Wohnsitz in den neuen Bundesländern hatten, mit dem 1. 1. 1992 **(Nr. 11 a Hs. 2)** – und endet individuell mit der Stellung des Rentenantrages. $9/10$ dieses Zeitraums müssen mit Versicherungszeiten in der GKV nach dem KSVG belegt sein. Abs. 2 ist insofern nicht einschlägig.

XII. Fremdrentner und Verfolgte

39   Nr. 12 stellt gegenüber Nr. 11 eine Sondervorschrift für die dort genannten Vertriebenen und Verfolgten dar. Der Aufbau beider Normen ist identisch. Zwar verzichtet Nr. 12 auf eine Vorversicherungszeit, doch fordert er stattdessen innerhalb einer allgemeinen Rahmenfrist von 10 Jahren vor Stellung des Rentenantrages die Wohnsitzverlegung in das Inland. Die übrigen Voraussetzungen (Wohnsitz oder ständiger Aufenthalt im Inland, Rentenantrag und Bestehen eines „Anspruchs" auf Rente) sind gleich (vgl. insgesamt BSG v. 29. 9. 1994, 12 RK 86/92, SozR 3–2500 § 5 Nr. 18). Auch für die Hinterbliebenen dieses Personenkreises gilt Abs. 2 S. 2

XIII. Auffang-Versicherungspflicht

40   Nr. 13 begründet für die hiervon erfassten Personen, die bisher nicht krankenversichert waren, unabhängig von deren eigenem Willensentschluss eine Krankenversicherungspflicht kraft Gesetzes. Die Norm umschreibt damit seit dem 1. 4. 2007 (Art. 1 Nr. 2 Buchst. a Doppelbuchst cc idF des GKV-Wettbewerbsstärkungsgesetzes v. 26. 3. 2007, BGBl I 378) den komplementären Beitrag der GKV zur Verwirklichung des sozialpolitischen Ziels der Schaffung einer Krankenversicherung als „**Volksversicherung**". Sie erfasst nach Maßgabe der Sonderregelung für Ausländer in Abs. 11 (vgl. nachfolgend RdNr. 45) alle, die ihren Wohnsitz oder gewöhnlichen Aufenthalt im Inland haben (§ 3 Nr. 2 SGB IV) und nicht über vorrangige anderweitige Krankenversicherungsschutz innerhalb (vgl. insofern Abs. 8 a) oder außerhalb der gKV verfügen. Die Regelung wird insofern ergänzt durch den ebenfalls zum 1. 4. 2007 in Kraft getretenen **§ 315 SGB V**, der zunächst nur ein Recht der bisher nicht Gesicherten begründet, einen privaten Versicherungsvertrag im Standardvertrag abzuschließen (vgl. zur Rechtslage ab 1. 1. 2009 darüber hinaus § 12 VAG idF des Art. 44 Nr. 5 GKV-WSG und §§ 178 a ff. idF des Art. 43 GKV-WSG). Nr. 13 gewährleistet für den Personenkreis des Buchst. a) in Anknüpfung an die Versicherungsbiographie die sachliche Kontinuität des Versicherungsschutzes in der GKV, im Übrigen eine Auffangzuständigkeit der GKV im Blick auf die Berufsbiographie (Buchst. b).

41   Nr. 13 setzt für beide von der Norm erfassten Gestaltungen zunächst ausdrücklich das (gegenwärtige) **Fehlen eines „anderweitigen Anspruchs auf Absicherung"** voraus. Der Wortlaut umfasst gleichermaßen die aktuelle Möglichkeit der Begründung eines materiellen Schutzes gegen das Risiko von Krankheit – etwa durch den freiwilligen Beitritt zu einem System (dahingestellt in BSG v. 12. 1. 2011, B 12 KR 11/09 R, Juris; zur Möglichkeit des freiwilligen Beitritts zur GKV vgl. Schleswig-Holsteinisches LSG v. 15. 11. 2010, L 5 KR 201/10 B ER, Juris RdNr. 11: steht der Versicherungspflicht nicht entgegen) – wie erst recht den aktuell vorhandenen Schutz durch eine anderweitige „Absicherung", die sich nicht notwendig aus einer Versicherung ergeben muss (BSG v. 27. 1. 2010, B 12 KR 2/09 R, SozR 4–2500 § 5 Nr. 10). Ein derartiger Schutz ist durch eine Versicherung in der GKV und durch eine private Vollversicherung im von § 315 SGB V vorausgesetzten Umfang gewährleistet. Ebenso genügt unabhängig von der Rechtsgrundlage „jedenfalls" (vgl. BSG v. 27. 1. 2010, B 12 KR 2/09 R, SozR 4–2500 § 5 Nr. 10) eine dem Leistungsumfang der GKV entsprechende anderweitige Absicherung wie zB nach § 10 BVG, § 1 OEG iVm § 10 BVG, § 141 a BEG, § 48

SGB V – Gesetzliche Krankenversicherung § 5 SGB V 50

SGB XII, § 264 SGB V, § 4 AsylbLG (s. hierzu Abs. 11 S. 3) und § 40 SGB VIII (vgl. hierzu BSG v. 27. 1. 2010, B 12 KR 2/09 R, SozR 4–2500 § 5 Nr. 10).

Entgegen dem vordergründigen Wortlaut seines Satzes 1 („... ist nicht versicherungspflichtig") handelt es sich bei **Abs. 8 a** insgesamt um eine **Konkretisierung** des negativen Tatbestandsmerkmals „kein anderweitiger Anspruch auf Absicherung im Krankheitsfall" in Nr. 13 (so ausdrücklich Abs. 8 a S. 4 und zu S. 2 aaO BSG v. 6. 10. 2010, B 12 KR 25/09 R, SozR 4–2500 § 5 Nr. 12). Wer versicherungspflichtig nach Abs. 1 Nr. 1 bis 12, freiwillig versichert oder nach § 10 familienversichert ist, hat daher stets einen anderweitigen Anspruch auf Absicherung iS von Nr. 13 und unterfällt bereits dem Tatbestand der Norm nicht, sodass es einer **Konkurrenzregelung** auf der Rechtsfolgenseite nicht mehr bedarf. Dasselbe gilt im zeitlichen Rahmen des Abs. 8 a Satz 3 für den „Bezug" der in S. 2 aaO ausdrücklich aufgeführten Leistungen, der unabhängig von der tatsächlichen Erbringung (auch hier) mit dem Zeitpunkt eintritt, ab dem derartige Leistungen durch Verwaltungsakt des Sozialhilfeträgers zuerkannt werden (hierzu insgesamt BSG v. 6. 10. 2010, B 12 KR 25/09 R, SozR 4–2500 § 5 Nr. 12). Der nachgehende Anspruch auf Leistungen aus § 19 Abs. 2 ist nach der ausdrücklichen Anordnung des Abs. 8 a S. 4 grundsätzlich keine anderweitige Absicherung im Krankheitsfall iS von Abs. 1 Nr. 13; eine Ausnahme gilt nur dann, wenn im Anschluss an den nachgehenden Leistungsanspruch (voraussichtlich) wieder ein anderweitiger Anspruch auf Absicherung im Krankheitsfall besteht. 42

Nach § 186 Abs. 11 S. 1 beginnt die Mitgliedschaft der nach Abs. 1 Nr. 13 Versicherungspflichtigen mit dem 1. Tag ohne anderweitigen Anspruch auf Absicherung im Krankheitsfall im Inland. Nicht anders als bei § 186 Abs. 11 S. 2 (vgl. hierzu BSG v. 6. 10. 2010, B 12 KR 25/09 R, SozR 4–2500 § 5 Nr. 12) handelt es sich auch bei dieser Norm zugleich um eine Bestimmung des Zeitpunkts, zu dem die Voraussetzungen der Versicherungspflicht vorliegen müssen und zu dem Versicherungspflicht eintritt. Ggf. muss daher zum genannten Zeitpunkt eine Prognose maßgeblicher Umstände zu Grunde gelegt werden.

Die gesetzlichen **Alternativen** unterscheiden innerhalb der mangels eines aktuellen anderweitigen „Anspruchs auf Absicherung" nicht ausreichend gegen das Risiko der Krankheit Gesicherten danach, 43
– ob sie „zuletzt" gesetzlich krankenversichert waren (a) oder
– „bisher" nicht gesetzlich oder privat krankenversichert waren, es sei denn, dass sie zu den in Abs. 5 oder in § 6 Abs. 1 oder 2 genannten Personen gehören oder bei Ausübung ihrer beruflichen Tätigkeit im Inland gehört hätten (b).

Für die damit geregelte Frage der **Systemzuständigkeit** nach Maßgabe der bisherigen **(positiven) Versicherungsbiographie** kann es nicht auf das Vorliegen eines noch unmittelbar vorher gewährleisteten Vollversicherungsschutzes ankommen. Vielmehr ist – zeitlich – „zuletzt" gesetzlich krankenversichert iS des Buchst a) auch derjenige, der nach früherer Absicherung in der GKV zwischenzeitlich einem Sondersystem (hier: der Krankenversorgung der Bundesbahnbeamten) zugeordnet war (BSG v. 12. 1. 2011, B 12 KR 11/09 R, Juris). Ebenso ist (unabhängig von ihrem Umfang) auch jede der gesetzlichen zeitlich nur vorhergehend nachfolgende private Krankenversicherung und jede der gesetzlichen nachfolgende private Krankenversicherung unschädlich, die wegen ihres Umfangs und Inhalts so deutlich hinter dem Modell der Vollversicherung zurückbleibt, dass sie den – inneren – Zusammenhang der früheren gesetzlichen mit dem aktuellen Zustand („zuletzt") erkennbar nicht zu zerstören vermag (zB eine Auslandskrankenversicherung für begrenzte Zeiten des Auslandsaufenthalts oder lediglich ergänzende Versicherungen wie eine Zahnzusatzversicherung). Für das Vorliegen einer ausreichenden Vor- Versicherung in der GKV dürfte schließlich auch ein systemimmanent toleriertes Sicherungsniveau unterhalb der Vollversicherung genügen, zB eine freiwillige Mitgliedschaft in der GKV ohne Zugehörigkeit zur Krankengeldversicherung (vgl. Berchtold, Krankengeld, S. 32 f) bzw. mit ausgeschlossenem Leistungsanspruch für eingebrachte Krankheiten (§ 310 Abs. 2 RVO; vgl. zuletzt BSG v. 17. 6. 1999, B 12 KR 27/98 R, SozR 3–2200 § 310 Nr. 2).

Der **(negative) Grundtatbestand der Alternative b)** bezieht sich zeitlich („bisher") auf das **gesamte Erwerbsleben**. Zu keinem Zeitpunkt darf daher eine gesetzliche Krankenversicherung (ggf. auch ohne Zugehörigkeit zur Krankengeldversicherung und ohne Schutz für eingebrachte Leiden) oder eine (hinreichend am Modell der Vollversicherung orientierte) private Krankenversicherung bestanden haben. Eine frühere sonstige Absicherung (außerhalb von GKV und PKV) ist unbeachtlich. (Nur) die in diesem Sinne „leere Versicherungsbiographie" führt nach Buchst. b) auf der Rechtsfolgenseite ebenso zur Auffangzuständigkeit der GKV wie die zuletzt bestehende gesetzliche Krankenversicherung nach Buchst. a). Während allerdings die isolierte (nicht von einer abschließenden gesetzlichen gefolgte) private Krankenversicherung den notwendigen sachlichen Bezug zur GKV stets umfassend (nach Buchst. a) und Buchst. b) zerstört, bleibt dieser im Fall der zuletzt bestehenden gesetzlichen Krankenversicherung (und unabhängig von einer ggf. vorgehenden privaten Krankenversicherung) immerhin nach Buchst. a) erhalten. 44

Hat der vom negativen Grundtatbestand des Buchst. b) Erfasste allerdings zu irgendeinem Zeitpunkt die Voraussetzungen des Abs. 5 (s. unmittelbar nachfolgend unter D) erfüllt oder gehörte er zu den in § 6 Abs. 1 oder 2 genannten Personen, sind die Voraussetzungen der Nr. 13 trotz des Fehlens 44a

Berchtold 1127

einer früheren gesetzlichen oder privaten Krankenversicherung nicht erfüllt. Unabhängig von ihrem ursprünglichen Regelungszusammenhang belegt die Erfüllung der genannten Tatbestände im vorliegenden Kontext typisierend die (frühere) **Distanz** der Betroffenen zum System der GKV und rechtfertigt damit ihren aktuellen Ausschluss. Aus der Sicht des Verfassungsrechts liegt insofern eine (unbedenkliche) sog. unechte Rückwirkung vor.

45 **Ausländer**, die nicht Angehörige eines Mitgliedstaates der EU, Angehörige eines Vertragsstaates des Abkommens über den EWR oder Staatsangehörige der Schweiz sind, werden (bei Wohnsitz oder gewöhnlichen Aufenthalt im Inland, § 3 Nr. 2 SGB IV) von Nr. 13 nur erfasst, wenn sie eine Niederlassungs-/Aufenthaltserlaubnis mit einer Befristung von mehr als zwölf Monaten nach dem AufenthG besitzen und für die Erteilung dieser Aufenthaltstitel (ausnahmsweise) keine Verpflichtung zur Sicherung des Lebensunterhalts nach § 5 Abs. 1 Nr. 1 AufenthG besteht (§ 5 Abs. 11 S. 1). Diese Voraussetzung tritt neben diejenige des Abs. 8a S. 2 und schließt diesen nicht etwa stets deshalb aus, weil bei dem Personenkreis des Abs. 11 S. 1 die Sozialhilfebedürftigkeit von vorne herein feststehe (vgl. BSG v. 6. 10. 2010, B 12 KR 25/09 R, SozR 4–2500 § 5 Nr. 12). Angehörige eines anderen Mitgliedstaates der EU, Angehörige eines anderen Vertragsstaates des Abkommens über den EWR oder Staatsangehörige der Schweiz werden von der Versicherungspflicht nach Nr. 13 nicht erfasst, wenn die Voraussetzung für die Wohnortnahme in Deutschland die Existenz eines Krankenversicherungsschutzes nach § 4 FreizügG/EU ist (§ 5 abs. 11 S. 2). Der Krankenversicherungsschutz, den nicht erwerbstätige Unionsbürger, ihre Familienangehörigen und ihre Lebenspartner, die den Unionsbürger begleiten oder ihm nachziehen, für das Recht auf Einreise und Aufenthalt nach § 2 Abs. 1 FreizügG/EU nachweisen müssen, ist damit gegenüber demjenigen nach Nr. 13 stets vorrangig. Bei Leistungsberechtigten nach dem AsylbLG liegt eine Absicherung im Krankheitsfall bereits dann vor, wenn ein Anspruch auf Leistungen bei Krankheit, Schwangerschaft und Geburt nach § 4 AsylbLG dem Grunde nach besteht (5 Abs. 11 S. 3). Wie Abs. 8 a S. 2 schließt die Norm der Sache nach das Tatbestandsmerkmal „keinen anderweitigen Anspruch auf Absicherung im Krankheitsfall" in Nr. 13 aus.

D. Ausschluss der Versicherungspflicht bei hauptberuflich selbstständiger Erwerbstätigkeit

46 Es handelt sich bei **Abs. 5** um einen Ausschluss der Versicherungspflicht, nicht um eine Konkurrenzregel. Die Norm nimmt aus Gründen der Missbrauchsabwehr vom Anwendungsbereich des Abs. 1 Nr. 1 oder 5 bis 12 erfasste und deshalb regelmäßig („dem Grunde nach") versicherungspflichtige Personen dennoch generell von der Versicherungspflicht aus. Rechtlich handelt es sich um eine **Reduktion** der betroffenen Tatbestände mit dem Ziel, zu vermeiden, dass hauptberuflich selbstständig Erwerbstätige durch Erfüllung eines vergleichsweise unbedeutenden Versicherungspflichttatbestandes der Weg in den umfassenden Schutz der GKV eröffnet wird obwohl sie weder zu dem des Solidarschutzes bedürftigen Personenkreis gehört (vgl. § 6 Abs. 1 Nr. 1 SGB V) noch nach ihrem Arbeitseinkommen bzw. ihrer wirtschaftlichen Leistungsfähigkeit (vgl. § 226 Abs. 1 SGB V) zu den Lasten der Solidargemeinschaft beitragen. **Hauptanwendungsfall** ist das Zusammentreffen einer „versicherungspflichtigen" abhängigen Beschäftigung nach Abs. 1 Nr. 1 mit einer hauptberuflichen selbstständigen Erwerbstätigkeit, wobei es nicht darauf ankommt, ob diese ausnahmsweise ihrerseits Versicherungspflicht begründet (vgl. insgesamt BSG v. 16. 11. 1995, 4 RK 2/94, SozR 3–5420 § 3 Nr. 1). Nicht **hauptberuflich selbstständig** ist, wer allein eine gesellschaftsrechtliche Funktion als Gesellschafter oder Geschäftsführer ausübt, ohne in einer weiteren Beziehung (gegen Entgelt bzw. mit Gewinnerzielungsabsicht) zur Gesellschaft zu stehen (vgl. BSG v. 4. 6. 2009, B 12 KR 3/08 R, SozR 4–2500 § 10 Nr. 9).

47 **Hauptberuflich** ist eine selbständige Erwerbstätigkeit, wenn sie von der wirtschaftlichen Bedeutung und dem zeitlichen Aufwand her die übrigen Erwerbstätigkeiten zusammen deutlich übersteigt und den Mittelpunkt der Erwerbstätigkeit darstellt (BSG v. 16. 11. 1995, 4 RK 2/94, SozR 3–5420 § 3 Nr. 1, BT-Drs. 11/2237 S. 159). Maßgeblich ist damit unter Zugrundelegung einer vorausschauenden Betrachtung das individuelle Verhältnis der selbstständigen Erwerbstätigkeit im Verhältnis zu dem Versicherungspflicht begründenden Sachverhalt. Entscheidende **Kriterien** sind Zeitaufwand, Arbeitsentgelt und Arbeitseinkommen (vgl. BSG v. 29. 4. 1997, 10/4 RK 3/96, SozR 3–5420 § 3 Nr. 2).

E. Konkurrenzen

48 Die Konkurrenzregeln der Abs. 6 bis 8a betreffen das Zusammentreffen von Versicherungspflicht auf der Grundlage von einander getrennter Sachverhalte bei ein und demselben Betroffenen. Die Konkurrenzregeln sind nicht anwendbar, wo ein und derselbe Sachverhalt gleichzeitig mehrere der in Abs. 1 geregelten Versicherungspflichttatbestände erfüllt. Diese sind vielmehr so gegeneinander abgegrenzt, dass sie sich gegenseitig ausschließen (BSG v. 14. 2. 2001, SozR 3–2500 § 44 Nr. 8). Die

Anwendbarkeit scheitert ebenfalls, wo tatsächlich für mehrere Sachverhalte Versicherungspflicht gegeben ist, also nicht nur einer der Tatbestände des Abs. 1 erfüllt ist, sondern hiervon auch keine Ausnahmen einschlägig sind bzw. Versicherungsfreiheit gegeben ist. Nur die sich ansonsten ergebende mehrfache Begründung von Versicherungspflicht wird durch die Konkurrenzregeln verhindert.

F. Verhältnis der GKV zur Privaten Krankenversicherung (PKV)

Das Zusammenwirken zweier unterschiedlicher Systeme zur Schaffung einer Volksversicherung gegen die finanziellen Risiken von Krankheit macht Regelungen des Zusammenwirkens erforderlich. Insofern begründete **bis zum 31. 12. 2007** Abs. 9 aF (aufgehoben durch Art. 9 Abs. 21 Nr. 1 des G v. 23. 11. 2007 I 2631) ein Kündigungsrecht in der PKV für Personen, die gleichzeitig in der GKV versichert sind. Seit dem **1. 1. 2008** ist Abs. 9 aus systematischen Gründen durch § 205 Abs. 2 VVG ersetzt worden. Die Vorschrift ermöglicht die Vermeidung einer Doppelversicherung durch einseitige Erklärung. Es liegt damit in der freien Willensentschließung des Betroffenen, entsprechende Folgerungen aus der aufgezwungenen Zugehörigkeit zur GKV zu ziehen. 49

Nach **§ 205 Abs. 2 VVG nF** gilt nunmehr: Wird eine versicherte Person kraft Gesetzes kranken- oder pflegeversicherungspflichtig, kann der Versicherungsnehmer binnen drei Monaten nach Eintritt der Versicherungspflicht eine Krankheitskosten-, eine Krankentagegeld- oder eine Pflegekrankenversicherung sowie eine für diese Versicherungen bestehende Anwartschaftsversicherung rückwirkend zum Eintritt der Versicherungspflicht kündigen (S. 1). Die Kündigung ist unwirksam, wenn der Versicherungsnehmer dem Versicherer den Eintritt der Versicherungspflicht nicht innerhalb von zwei Monaten nachweist, nachdem der Versicherer ihn hierzu in Textform aufgefordert hat, es sei denn, der Versicherungsnehmer hat die Versäumung dieser Frist nicht zu vertreten (S. 2). Macht der Versicherungsnehmer von seinem Kündigungsrecht Gebrauch, steht dem Versicherer die Prämie nur bis zu diesem Zeitpunkt zu (S. 3). Später kann der Versicherungsnehmer das Versicherungsverhältnis zum Ende des Monats kündigen, in dem er den Eintritt der Versicherungspflicht nachweist (S. 4). Der Versicherungspflicht steht der gesetzliche Anspruch auf Familienversicherung oder der nicht nur vorübergehende Anspruch auf Heilfürsorge aus einem beamtenrechtlichen oder ähnlichen Dienstverhältnis gleich (S. 5). 50

Die **Kontinuität** des Schutzes in der PKV, wenn entgegen einer ursprünglichen Annahme eine Versicherung in der GKV nach den §§ 5, 9 oder 10 überhaupt nicht zustande kommt oder eine Versicherung nach den §§ 5 oder 10 nicht lange genug dauert, um eine Berechtigung zur freiwilligen Weiterversicherung zu begründen, gewährleistete bis zum 31. 12. 2008 Abs. 10. Die dortige Regelung wurde gem. Art. 9 Abs. 21 Nr. 2 des G v. 23. 11. 2007, BGBl. I 2631 mWv 1. 1. 2008 Abs. 9 nF. Zusätzlich wurde zu selben Zeitpunkt Abs. 9 S. 7 eingefügt (Art. 9 Abs. 21 Nr. 2 des G v. 23. 11. 2007, BGBl. I 2631). 51

Ein **ursprüngliches Scheitern** der Versicherung in der GKV kommt etwa in Betracht, wenn unerwartet nicht in eine Beschäftigung eingetreten werden kann (§ 186 Abs. 1 SGB V) oder sich im Nachhinein ergibt, dass die zur Versicherungspflicht führende Beschäftigung – zB im Blick auf § 6 Abs. 3a (vgl. BT-Drs. 14/1245, S. 59) – nicht vorliegt. Ursache der Kündigung muss aus der Sicht des Erklärenden gerade das tatsächliche Zustandekommen einer Versicherung nach den §§ 5 oder 10 oder die enttäuschte Erwartung des Eintritts einer gesetzlichen oder freiwilligen Versicherung in der GKV gewesen sein. Die Umstände, die das Scheitern oder die defizitäre Dauer der Versicherung in der GKV begründen, müssen jedenfalls hinsichtlich ihrer subjektiven Elemente jeweils nach der Kündigung liegen. Nur dann verdient der Erklärende Schutz und ist der Kontrahierungszwang des PKV-Trägers gerechtfertigt. 52

Rechtsfolge der Nr. 9 ist die Verpflichtung des PKV-Trägers, bei dem vorgehend mindestens fünf Jahre durchgehend ein Vertragsverhältnis bestanden hat, einen erneuten Vertrags zu bisherigen Bedingungen zu schließen nach der Beendigung des Versicherungsvertrages (S. 1, 2). Das neue Versicherungsverhältnis beginnt, wenn eine Versicherung in der GKV überhaupt nicht zu Stande gekommen ist, im unmittelbaren Anschluss an das bisherige (S. 3), bei mangelnder Erfüllung der Vorversicherungszeit, am Tage nach der Beendigung des Versicherungsvertrages (S. 4). Um das Risiko für die Träger der GKV überschaubar zu machen, endet die Frist für den Zugang des Antrags auf Fortsetzung des Versicherungsvertrages (entgegen dem Wortlaut wohl nicht für die Annahmeerklärung des Versicherungsträgers) im ersten Fall drei Monate (S. 5), ansonsten zwölf Monate nach der Beendigung des Versicherungsvertrages S. 6). 53

§ 6 Versicherungsfreiheit

(1) **Versicherungsfrei sind**

1. **Arbeiter und Angestellte, deren regelmäßiges Jahresarbeitsentgelt die Jahresarbeitsentgeltgrenze nach den Absätzen 6 oder 7 übersteigt; Zuschläge, die mit Rücksicht auf den Familienstand gezahlt werden, bleiben unberücksichtigt,**

1 a. abweichend von Nummer 1 nicht-deutsche Besatzungsmitglieder deutscher Seeschiffe, die ihren Wohnsitz oder gewöhnlichen Aufenthalt nicht im Geltungsbereich dieses Gesetzbuchs haben,
2. Beamte, Richter, Soldaten auf Zeit sowie Berufssoldaten der Bundeswehr und sonstige Beschäftigte des Bundes, eines Landes, eines Gemeindeverbandes, einer Gemeinde, von öffentlich-rechtlichen Körperschaften, Anstalten, Stiftungen oder Verbänden öffentlich-rechtlicher Körperschaften oder deren Spitzenverbänden, wenn sie nach beamtenrechtlichen Vorschriften oder Grundsätzen bei Krankheit Anspruch auf Fortzahlung der Bezüge und auf Beihilfe oder Heilfürsorge haben,
3. Personen, die während der Dauer ihres Studiums als ordentliche Studierende einer Hochschule oder einer der fachlichen Ausbildung dienenden Schule gegen Arbeitsentgelt beschäftigt sind,
4. Geistliche der als öffentlich-rechtliche Körperschaften anerkannten Religionsgesellschaften, wenn sie nach beamtenrechtlichen Vorschriften oder Grundsätzen bei Krankheit Anspruch auf Fortzahlung der Bezüge und auf Beihilfe haben,
5. Lehrer, die an privaten genehmigten Ersatzschulen hauptamtlich beschäftigt sind, wenn sie nach beamtenrechtlichen Vorschriften oder Grundsätzen bei Krankheit Anspruch auf Fortzahlung der Bezüge und auf Beihilfe haben,
6. die in den Nummern 2, 4 und 5 genannten Personen, wenn ihnen ein Anspruch auf Ruhegehalt oder ähnliche Bezüge zuerkannt ist und sie Anspruch auf Beihilfe im Krankheitsfalle nach beamtenrechtlichen Vorschriften oder Grundsätzen haben,
7. satzungsmäßige Mitglieder geistlicher Genossenschaften, Diakonissen und ähnliche Personen, wenn sie sich aus überwiegend religiösen oder sittlichen Beweggründen mit Krankenpflege, Unterricht oder anderen gemeinnützigen Tätigkeiten beschäftigen und nicht mehr als freien Unterhalt oder ein geringes Entgelt beziehen, das nur zur Beschaffung der unmittelbaren Lebensbedürfnisse an Wohnung, Verpflegung, Kleidung und dergleichen ausreicht,
8. Personen, die nach dem Krankheitsfürsorgesystem der Europäischen Gemeinschaften bei Krankheit geschützt sind.

(2) Nach § 5 Abs. 1 Nr. 11 versicherungspflichtige Hinterbliebene der in Absatz 1 Nr. 2 und 4 bis 6 genannten Personen sind versicherungsfrei, wenn sie ihren Rentenanspruch nur aus der Versicherung dieser Personen ableiten und nach beamtenrechtlichen Vorschriften oder Grundsätzen bei Krankheit Anspruch auf Beihilfe haben.

(3) ¹Die nach Absatz 1 oder anderen gesetzlichen Vorschriften mit Ausnahme von Absatz 2 und § 7 versicherungsfreien oder von der Versicherungspflicht befreiten Personen bleiben auch dann versicherungsfrei, wenn sie eine der in § 5 Abs. 1 Nr. 1 oder Nr. 5 bis 13 genannten Voraussetzungen erfüllen. ²Dies gilt nicht für die in Absatz 1 Nr. 3 genannten Personen, solange sie während ihrer Beschäftigung versicherungsfrei sind.

(3 a) ¹Personen, die nach Vollendung des 55. Lebensjahres versicherungspflichtig werden, sind versicherungsfrei, wenn sie in den letzten fünf Jahren vor Eintritt der Versicherungspflicht nicht gesetzlich versichert waren. ²Weitere Voraussetzung ist, dass diese Personen mindestens die Hälfte dieser Zeit versicherungsfrei, von der Versicherungspflicht befreit oder nach § 5 Abs. 5 nicht versicherungspflichtig waren. ³Der Voraussetzung nach Satz 2 stehen die Ehe oder die Lebenspartnerschaft mit einer in Satz 2 genannten Person gleich. ⁴Satz 1 gilt nicht für Personen, die nach § 5 Abs. 1 Nr. 13 versicherungspflichtig sind.

(4) ¹Wird die Jahresarbeitsentgeltgrenze überschritten, endet die Versicherungspflicht mit Ablauf des Kalenderjahres, in dem sie überschritten wird. ²Dies gilt nicht, wenn das Entgelt die vom Beginn des nächsten Kalenderjahres an geltende Jahresarbeitsentgeltgrenze nicht übersteigt. ³Rückwirkende Erhöhungen des Entgelts werden dem Kalenderjahr zugerechnet, in dem der Anspruch auf das erhöhte Entgelt entstanden ist.

(5) *(aufgehoben)*

(6) ¹Die Jahresarbeitsentgeltgrenze nach Absatz 1 Nr. 1 beträgt im Jahr 2003 45.900 Euro. ²Sie ändert sich zum 1. Januar eines jeden Jahres in dem Verhältnis, in dem die Bruttolöhne und -gehälter je Arbeitnehmer (§ 68 Abs. 2 Satz 1 des Sechsten Buches) im vergangenen Kalenderjahr zu den entsprechenden Bruttolöhnen und -gehältern im vorvergangenen Kalenderjahr stehen. ³Die veränderten Beträge werden nur für das Kalenderjahr, für das die Jahresarbeitsentgeltgrenze bestimmt wird, auf das nächsthöhere Vielfache von 450 aufgerundet. ⁴Die Bundesregierung setzt die Jahresarbeitsentgeltgrenze in der Rechtsverordnung nach § 160 des Sechsten Buches Sozialgesetzbuch fest.

(7) ¹Abweichend von Absatz 6 Satz 1 beträgt die Jahresarbeitsentgeltgrenze für Arbeiter und Angestellte, die am 31. Dezember 2002 wegen Überschreitens der an diesem Tag

geltenden Jahresarbeitsentgeltgrenze versicherungsfrei und bei einem privaten Krankenversicherungsunternehmen in einer substitutiven Krankenversicherung versichert waren, im Jahr 2003 41.400 Euro. ²Absatz 6 Satz 2 bis 4 gilt entsprechend.

(8) Der Ausgangswert für die Bestimmung der Jahresarbeitsentgeltgrenze für das Jahr 2004 beträgt für die in Absatz 6 genannten Arbeiter und Angestellten 45.594,05 Euro und für die in Absatz 7 genannten Arbeiter und Angestellten 41.034,64 Euro.

A. Normzweck

Innerhalb der **Konzepts der abgestuften Schutzbedürftigkeit,** betrifft § 6 diejenigen, die zwar „dem Grunde nach versicherungspflichtig" sind, dennoch aber – insbesondere im Blick auf eine anderweitige Sicherung – nicht schutzbedürftig oder zur Abwehr eines vermuteten Missbrauchs als nicht schutzwürdig angesehen werden. Erst aus dem Zusammenwirken beider Normkomplexe ergibt sich im Einzelfall die Rechtsfolge des (Nicht-)Vorliegens von Versicherungspflicht. Wie die erneuten **Änderungen** von Abs. 1 Nr. 1, Abs. 4, 9 durch Art. 1 Nr. 2 GKV-Finanzierungsgesetz (GKV-FinG v. 22. 12. 2010, BGBl I 2309) mit Wirkung vom 31. 12. 2010 (Art. 15 Abs. 5 GKV-FinG) exemplarisch zeigen, weisen allerdings die zu Grunde liegenden Einschätzung des Gesetzgebers eine immer geringere Halbwertszeit auf. 1

B. Versicherungsfreiheit (Abs. 1, 3)

Versicherungsfreiheit tritt für die Dauer des sie begründenden Sachverhalts **kraft Gesetzes** – insbesondere also ohne Antrag und ohne konstitutiven Verwaltungsakt – ein. Im Streit der Beteiligten ist die Feststellungsklage (§ 55 Abs. 1 Nr. 1 SGG) die richtige Rechtsschutzform). Die Versicherungsfreiheit lässt für die Betroffenen die Rechtsfolge der Versicherungspflicht unmittelbar für den jeweils Versicherungspflicht begründen Sachverhalt und nach Abs. 3 S. 1 gleichzeitig auch für die nach Abs. 1 oder anderen gesetzlichen Vorschriften mit Ausnahme von Abs. 2 und § 7 Versicherungsfreien auch hinsichtlich aller sonst erfüllten Tatbestände der Versicherungspflicht nach Abs. 1 Nr. 5–12 entfallen (absolute Versicherungsfreiheit). Eine absolute Versicherungsfreiheit ergibt sich zudem auch für die von der Versicherungspflicht Befreiten (Abs. 3 S. 1). Sie entfällt dagegen für die nach Abs. 1 Nr. 3 Versicherungsfreien, solange sie während ihrer Beschäftigung versicherungsfrei sind. 2

C. Die einzelnen Tatbestände der Versicherungsfreiheit

I. Beschäftigte über der Jahresarbeitsentgeltgrenze (Abs. 1 Nr. 1, Abs. 4–8)

Die einschlägigen Regelungen sind durch Art. 1 Nr. 2 GKV-Finanzierungsgesetz (GKV-FinG v. 22. 12. 2010, BGBl I 2309) mit Wirkung vom 31. 12. 2010 (Art. 15 Abs. 5 GKV-FinG) erneut geändert worden. Entsprechend der Vereinbarung im Koalitionsvertrag wurde die **Rechtslage vor Inkrafttreten des GKV-Wettbewerbsstärkungsgesetzes** wieder hergestellt. Mit der Aufhebung der „Drei-Jahres-Regelung" (s. hierzu die Vor-Auflage) soll „in Anwendung des Subsidiaritätsprinzips" und „zur Stärkung des Wettbewerbs zwischen gesetzlicher und privater Krankenversicherung" (BT-Drucks 17/3040 S. 21) insbesondere eine frühere eigenverantwortliche Entscheidung über den Versicherungsschutz ermöglicht werden. Das zentrale Ziel des Gesetzes, die Finanzierung der gKV sicher zu stellen, tritt dahinter – ohne Erwähnung und erst recht ohne Abwägung – zurück (vgl. zu den erwarteten finanziellen Auswirkungen BT-Drucks. 17/2892). Damit bedarf es auch der mit dem GKV-Wettbewerbsstärkungsgesetz eingeführten Übergangsregelung für Arbeitnehmer, die zum Stichtag 2. 2. 2007 die Dreijahresfrist noch nicht erfüllt hatten, nicht mehr. Abs. 9 wurde daher ebenfalls zum 31. 12. 2010 aufgehoben. 3

Ohne die sozialversicherungsrechtlich nicht mehr bedeutsame Unterscheidung nach Arbeitern und Angestellten sind nach **Abs. 1 Nr. 1** grundsätzlich **alle Beschäftigten** (einschließlich der ihnen gleich Gestellten) von Anfang an versicherungsfrei, wenn sie die Jahresarbeitsentgeltgrenze (JAE) bereits zu Beginn der Beschäftigung – voraussichtlich – überschreiten (BSG v. 25. 2. 1997, 12 RK 51/96, SozR 3–2500 § 6 Nr. 15). Umgekehrt tritt nach einer Phase der Versicherungsfreiheit nach Abs. 1 Nr. 1 Versicherungspflicht sofort ein, wenn eine aktualisierte Prognose ergibt, dass die JAE-Grenze künftig unterschritten wird. Hat dagegen Versicherungspflicht bereits bestanden, endet diese nach **Abs. 4 S. 1** idF durch Art. 1 Nr. 2 Buchst. b) aa) GKV-FinG nur dann, wenn sowohl die aktuelle JAE-Grenze des laufenden Kalenderjahrs als auch voraussichtlich diejenige des folgenden Kalenderjahrs überschritten werden und generell (erst) zum Jahresende (zur Sachgerechtigkeit und verfassungsrechtlichen Unbedenklichkeit dieser Regelung vgl. BSG v. 25. 2. 1997, 12 RK 51/96, SozR 3–2500 § 6 Nr. 15). Um einen dem Abs. 4 S. 1 zuzuordnenden Sachverhalt handelt es sich nicht mehr, wenn nach einem Ruhen der Pflichtmitgliedschaft wegen des Wehrdienstes beim früheren Arbeitge- 4 ber auf der Grundlage eines neuen Arbeitsvertrages andere Dienste gegen ein höheres Entgelt erbracht werden (anders BSG v. 25. 2. 1997, 12 RK 51/96, SozR 3–2500 § 6 Nr. 15).

5 Durch die Versicherungsfreiheit des Abs. 1 Nr. 1 bleibt trotz Beschäftigung die **Vorsorgefreiheit** (Art. 2 Abs. 1 GG) erhalten bzw. kehrt zurück (vgl. BVerfG v. 15. 3. 2000, 1 BvL 16/96, SozR 3–2500 § 5 Nr. 42 Rn. 79). Diese Vorsorgefreiheit ist letztlich auf die Art der Krankenversicherung beschränkt. Insofern gilt im Blick auf die gKV:
- Abs. 1 Nr. 1 unterfallende **Berufsanfänger** mit einem Entgelt oberhalb der JAE-Grenze haben nach dem neuen § 9 Abs. 1 Satz 1 Nr. 3 ein einmaliges Recht zum freiwilligen Beitritt (s. dort) und damit ein Optionsrecht zu Gunsten der gKV.
- Wird die JAE-Grenze überschritten, nachdem bereits Versicherungspflicht eingetreten war, endet die Mitgliedschaft nur dann zusammen mit der Versicherungspflicht (Abs. 4 S. 1), wenn das Mitglied innerhalb von zwei Wochen nach Hinweis der Krankenkasse über die Austrittsmöglichkeit seinen **Austritt** erklärt (§ 190 Abs. 3 S. 1).
- Wird in den Fällen des Abs. 4 S. 1 der Austritt nach § 190 Abs. 3 S. 1 erklärt, setzt sich die Mitgliedschaft als **freiwillige Mitgliedschaft** fort, es sei denn, die Voraussetzungen der freiwilligen Versicherung nach § 9 Absatz 1 Satz 1 Nummer 1 sind nicht erfüllt (§ 190 Abs. 3 S. 2 idF durch Art 1 Nr. 12 Buchst. a) GKV-FinG zum 1. 1. 2011 <Art 15 Abs. 6 GKV-FinG>).
- Wird in den Fällen des Abs. 4 S. 1 der Austritt nach § 190 Abs. 3 S. 1 nicht erklärt, setzt sich die Mitgliedschaft nach den Übergangs- bzw. Ausnahmeregelungen des § 190 Abs. 3 S. 3 idF durch Art. 1 Nr. 12 Buchst. b) GKV-FinG zum 1. 1. 2011 <Art. 15 Abs. 6 GKV-FinG>) ausnahmsweise ungeachtet des Voraussetzungen des § 9 Absatz 1 Satz 1 Nummer 1 auch dann als **freiwillige Mitgliedschaft** fort,
  – wenn Personen mit Ablauf des 31. Dezember 2010 aus der Versicherungspflicht ausgeschieden sind, wegen der erneuten Rechtsänderung aber möglicherweise die erforderliche Vor-Versicherungszeit nicht zurückgelegt haben (Regelung 1) und
  – wenn Berufsanfänger aufgrund der ursprünglichen Entgelt-Prognose zunächst versicherungspflichtig nach § 5 Abs. 1 Nr. 1 werden, dann aber noch in dem selben Jahr die JAE-Grenze überschreiten und es deshalb an der Erfüllung der Vor-Versicherungszeit fehlt (Regelung 2).

Fehlt es aufgrund des gesetzlichen Schutzkonzepts von vorne herein an der Einbeziehung in die GKV oder wird von den Möglichkeiten, diesem System beizutreten oder dort zu verbleiben kein Gebrauch gemacht, ist das Krankheitsrisiko grundsätzlich und in aller Regel in der **PKV** abgesichert. Da mit dem Eintritt der Versicherungsfreiheit ua die Möglichkeit zu einer ersetzenden privaten Versicherung eröffnet wird, kennzeichnet die JAE auch die Grenze zwischen GKV und PKV („Friedensgrenze") innerhalb des dualen Krankenversicherungssystems (zu deren Verfassungsmäßigkeit vgl. BVerfG v. 4. 2. 2004, 1 BvR 1103/03, SozR 4–2500 § 5 Nr. 1). Diese ist mit den Neuregelungen wieder zu Gunsten der PKV verschoben worden.

6 Die **allgemeine JAE-Grenze** ergibt sich aus **Abs. 6 S. 1**. Diese ist für das Jahr 2003 mit 45.900 € festgesetzt und wird hiervon ausgehend kalenderjährlich nach den S. 2–4 an die Lohn- und Gehaltsentwicklung angepasst. Für das Jahr 2004 ist der Ausgangswert für die Bestimmung der JAE-Grenze in Abs. 8 bestimmt. Die JAE-Grenze ist für 2010 auf 4.162,50 € monatlich (49.950 € jährlich) und für **2011** auf **4.125,00 € monatlich** (49.500 € jährlich) festgesetzt. Wer versicherungsfrei ist und wegen einer Änderung der JAE-Grenze nach § 6 Abs. 6 S. 2 oder Abs. 7 versicherungspflichtig wird, hat ein Befreiungsrecht nach § 8 Abs. 1 Nr. 1. Für diejenigen, die am 31. 12. 2002 wegen Überschreitens der damals geltenden JAE versicherungsfrei und bei einem privaten KV-Unternehmen in einer „substitutiven Krankenversicherung" versichert waren, gilt nach **Abs. 7 eine besondere (niedrigere) JAE-Grenze** von im Jahre 2003 41.400 €, die in entsprechender Anwendung des Abs. 6 S. 2–4 ebenfalls zu dynamisieren ist; diese beträgt im Jahr 2010 370,00 € monatlich (45.000 jährlich) und im Jahr 2011 3.712,50 € monatlich (44.550 € jährlich).

7 Der JAE gegenüber zu stellen ist zu **Beginn** der Beschäftigung das auf der Grundlage aller bekannten Umstände bei normalem Verlauf – abgesehen von anderweitigen Vereinbarungen oder nicht vorhersehbaren Änderungen (BSG v. 9. 2. 1993, 12 RK 26/90, SozR 3–2200 § 165 Nr. 9) – mit hinreichender Sicherheit aus der Beschäftigung zu erwartende **Arbeitsentgelt** einschließlich insbesondere von Einmalzahlungen (§ 14 SGB IV). Insofern ist gleichermaßen vertragsmäßig geschuldetes wie nach bisheriger Übung zu erwartendes Entgelt zu berücksichtigen. Ausdrücklich unberücksichtigt bleiben nach Abs. 1 Nr. 1 Hs. 2 Zuschläge, die mit Rücksicht auf den Familienstand gezahlt werden (vgl. BSG v. 29. 7. 2003, B 12 UK 16/02 R, SozR 4–2500 § 10 Nr. 3). Das maßgebliche Entgelt muss die JAE-Grenze des laufenden Jahres „tatsächlich" überschreiten; es genügt daher nicht, wenn ein Überschreiten auf der Grundlage bereits getroffener Vereinbarungen erst künftig bevorsteht (BSG aaO).

8 Ist der Fortbestand einer bereits **eingetretenen Versicherungspflicht** zu beurteilen, ist an Stelle einer Prognose zunächst das im Kalenderjahr bereits erzielte, d. h. regelmäßig das geschuldete und fällige Arbeitsentgelt (Entstehungsprinzip) der JAE-Grenze dieses Kalenderjahres gegenüber zu stellen. Rückwirkende Erhöhungen des Entgelts werden aufgrund der gesetzlichen Anordnung in Abs. 4 S. 3 dem Kalenderjahr zugeordnet, in dem der Anspruch auf das höhere Entgelt entstanden ist. Zusätzlich muss zur Vermeidung kontinuierlicher Wechsel prognostisch auch die JAE-Grenze des Folgejahres überschritten werden.

II. Nichtdeutsche Seeleute (Nr. 1 a)

Die Norm regelt seit dem 1. 1. 2004 für Seeleute ohne deutsche Staatsangehörigkeit (§ 13 Abs. 1 **9**
S. 2 SGB IV) einen **selbstständigen Tatbestand** der Freiheit von der Versicherungspflicht nach § 5
Abs. 1 Nr. 1 SGB V. Als Ausnahme von der territorialen Anknüpfung an den Beschäftigungsort (§ 3
Nr. 1 SGB IV) kommt es bei diesen Beschäftigten auf den Wohnsitz oder gewöhnlichen Aufenthalt
im Geltungsbereich des SGB an. Liegt dieser außerhalb, erfolgt trotz inländischer Beschäftigung und
unabhängig von der Entgelthöhe keine Einbeziehung in die GKV.

III. Beamte, Richter, Soldaten und vergleichbar Beschäftigte (Abs. 1 Nr. 2)

Versicherungsfrei sind die Beschäftigten enumerativ aufgeführter privilegierter öffentlicher Arbeit- **10**
geber, die nach beamtenrechtlichen Vorschriften oder Grundsätzen Anspruch auf Fortzahlung der
Bezüge du auf Beihilfe oder Heilfürsorge haben. Damit soll Voraussetzung der Versicherungsfreiheit
ein der GKV **gleichwertiger Schutz** sein. Dies ist jedenfalls dann nicht der Fall, wenn oder konkrete Schutz deutlich hinter der beamtenrechtlichen Sicherung zurückbleibt. Insbesondere ist jedoch
mittlerweile problematisch, dass der Gesetzgeber eine Abstimmung mit § 5 Abs. 1 Nr. 13 unterlassen
hat. So genügt zwar die Beihilfeberechtigung für die Versicherungsfreiheit in der Beschäftigung bei
einem öffentlichrechtlichen Arbeitgeber, schließt aber die Auffangversicherung jedenfalls dann nicht
aus, wenn hierfür das Vorliegen einer Vollversicherung Voraussetzung sein sollte.

IV. Werkstudenten (Abs. 1 Nr. 3)

Unabhängig von der Erfüllung der Voraussetzungen des § 5 Abs. 1 Nr. 9 (BSG v. 23. 9. 1999, B 12 **11**
UK 1/99 R, SozR 3–2500 § 6 Nr. 17) und umgekehrt ohne Auswirkungen auf eine Versicherungspflicht hiernach sind ordentliche Studierende einer Hochschule oder der fachlichen Ausbildung dienenden Schule in einer während des Studiums ausgeübten Beschäftigung versicherungsfrei. Sinn der
Regelung ist es, eine dem Studium zeitlich **untergeordnete Beschäftigung,** deren Entgelt typischerweise der Finanzierung der Ausbildung dient, versicherungsfrei zu lassen („Werkstudentenprivileg"). Zeit und Arbeitskraft müssen überwiegend vom Studium in Anspruch genommen werden. Der
Beschäftigte muss trotz seiner Erwerbstätigkeit seinem Erscheinungsbild nach Student bleiben (vgl. im
Einzelnen die Rechtsprechungs-Nachweise bei Kasseler Kommentar/Peters, § 6 Rn. 40). Anhaltsweise gilt eine Grenze von **20 Wochenstunden** der Beschäftigung.

V. Geistliche (Abs. 1 Nr. 4)

Die Norm entspricht für die Geistlichen als KdöR anerkannter Religionsgesellschaften der für Be- **12**
amte ua getroffenen Regelung.

VI. Lehrer an Ersatzschulen (Abs. 1 Nr. 5)

Die Norm entspricht für hauptamtlich beschäftigte Lehrer privater genehmigter Ersatzschulen der **13**
für Beamte ua getroffenen Regelung.

VII. Ruhegehaltsbezieher (Abs. 1 Nr. 6)

Die Versicherungsfreiheit der in den Nummern 2, 4 und 5 Genannten bleibt auch erhalten, wenn **14**
ihnen Ruhegehalt oder ähnliche Bezüge zuerkannt sind und sie Anspruch auf Beihilfe nach beamtenrechtlichen Vorschriften oder Grundsätzen haben. Da Ruhegehaltsempfänger als solche nicht versicherungspflichtig sind, beschränken sich die Rechtsfolgen der Norm im Rahmen der absoluten Versicherungsfreiheit auf daneben erfüllte Tatbestände einer Versicherungspflicht.

VIII. Mitglieder geistlicher Genossenschaften (Abs. 1 Nr. 7)

Unverändert bleibt dunkel, von welcher Versicherungspflicht die Betroffenen durch die Regelung **15**
frei gestellt werden sollen. Die nach § 5 Abs. 4a S. 2 als zu ihrer Berufsausbildung Beschäftigte iSd.
Abs. 1 Nr. 1 fingierten Postulanten und Novizinnen unterfallen ihr jedenfalls schon deshalb nicht,
weil sie keine „satzungsmäßigen", dh. dem Orden zumindest auf längere Zeit angehörigen Mitglieder
sind. Im Vertrauen auf das Selbstbestimmungsrecht der Kirchen besteht für den erfassten Personenkreis (absolute) Versicherungsfreiheit unabhängig von einem anderweitig gewährleisteten Schutz.

IX. Durch das Krankheitsfürsorgesystem der EG Geschützte (Abs. 1 Nr. 8)

Auch hier begründet die ausreichende Absicherung außerhalb der GKV die Versicherungsfreiheit **16**
hinsichtlich aller die Zugehörigkeit zu ihr begründender Tatbestände.

X. Versicherungspflichtige Hinterbliebene mit Beihilfeanspruch (Abs. 2)

17 Soweit Hinterbliebene der in Abs. 1 Nr. 2 und 4–6 genannten Personen den Tatbestand des § 5 Abs. 1 Nr. 11 erfüllen, ihren Rentenanspruch allein aus der Versicherung der genannten Personen ableiten und wie Beamte einen Beihilfeanspruch haben, bleiben sie iS einer transpersonalen Kontinuität auch ihrerseits krankenversicherungsfrei. Die Versicherungsfreiheit nach Abs. 2 besteht nur als (Hinterbliebenen-)Rentner. Von der Anordnung der absoluten Versicherungsfreiheit in Abs. 3 sind die Betroffenen ausdrücklich ausgenommen.

XI. Eintritt der Versicherungspflicht nach Vollendung des 55. Lebensjahres (Abs. 3 a)

18 Die grundsätzlich ausgeschlossene Begründung einer Pflichtversicherung nach Vollendung des 55. Lebensjahres soll die **Kontinuität** der Zugehörigkeit zu GKV oder PKV gewährleisten und einen Wechsel von Personen mit typischerweise hohem Krankheitsrisiko zu Lasten der GKV im Alter verhindern. Schon, ob sie diesem Ziel genügen kann, ist im Blick auf die engen Voraussetzungen der Versicherungsfreiheit und die hohe Gefahr von Manipulationen zweifelhaft. Die Ausnahmen des S. 4 lassen darüber hinaus eher an eine Verteilung von Versichertengruppen nach ökonomischen Kriterien, denn an eine an Gesichtspunkten der Systemgerechtigkeit und Kontinuität der individuellen Versicherungsbiographie orientierte Vorgehensweise denken.

19 Die Regelung des S. 1 ist anzuwenden, wenn die Voraussetzungen eines die Versicherungspflicht begründenden Tatbestandes erst nach dem **31. 12. 1999** erfüllt werden Das 55. Lebensjahr wird mit dem Tag vollendet, der seiner Zahl nach dem Tag der Geburt vorangeht (§ 187 Abs. 2 S. 2 BGB). Versicherungsfrei ist der Personenkreis, bei dem an diesem Tag oder später Versicherungspflicht eintritt, nur dann, wenn er innerhalb einer Rahmenfrist von fünf Jahren vor Eintritt der „Versicherungspflicht" durchgehend und ausnahmslos nicht gesetzlich (als Mitglied oder Familienversicherter) versichert war (S. 1) und zudem mindestens die Hälfte dieser Zeit zwar in einer grundsätzlich die Pflichtversicherung in der GKV begründenden Beziehung zum System stand, die jedoch nicht aktiviert wurde, weil die Betreffenden selbst oder ihr Ehegatte bzw. Lebenspartner (S. 3) versicherungsfrei, von der Versicherung befreit oder nach § 5 Abs. 5 bereits nicht versichert waren (S. 2). Die **Rahmenfrist** beginnt mit dem Tag, der dem Tag des Eintritts der Versicherungspflicht entspricht, und endet mit dem Tag, der dem Tag des Eintritts der Versicherungspflicht vorangeht (§ 26 Abs. 1 SGB X, § 187 BGB). Die Zeiten der Versicherungsfreiheit etc. von mindestens 910 Tagen (§ 26 Abs. 1 SGB X, § 189 Abs. 1, 191 BGB) können dabei innerhalb der Rahmenfrist auch diskontinuierlich verlaufen.

20 S. 1 ist seit dem 1. 1. 2005 und noch bis 31. 12. 2008 (vgl. ab 1. 1. 2009 § 5 Abs. 5 a, Art. 1 Nr. 2 Buchst. b, Art. 46 Abs. 10 GKV-WSG, BT-Drs. 16/3100 S. 96, zur Änderung von S. 4 ab diesem Zeitpunkt Art. 2 Nr. 01 Buchst b) GKG-WSG und BT-Drs. 16/4200 S. 140 und 16/4247 S. 58) nicht anzuwenden auf die nach § 5 Abs. 1 Nr. 2a versicherten Bezieher von ALG II und seit dem 1. 4. 2007 auf Versicherungspflichtige nach § 5 Abs. 1 Nr. 13 (S. 4). Auf Grund der **Ausnahme** von der Ausnahme unterfallen diese Personen der Versicherungspflicht, auch wenn diese erst nach Vollendung des 55. Lebensjahres eintritt und sie vorher keine (qualifizierte) Beziehung zur GKV hatten. Dies ist nach der Vorstellung der Entwurfsverfasser bei älteren erwerbsfähigen Hilfsbedürftigen „aus Gleichbehandlungsgründen" (BT-Drs. 15/1516 S. 72) geboten, obwohl nicht recht verständlich ist, warum der Versicherungspflicht nur bei dieser Personengruppe auch jenseits des 55. Lebensjahres durchgreift und gerade bei der sonst typisiert vermutete Missbrauch ausgeschlossen sein soll. Die Ausnahme für den Personenkreis des § 5 Abs. 1 Nr. 13 erklärt sich dem gegenüber schlüssig aus dessen Funktion als Auffang-Tatbestand.

§ 7 Versicherungsfreiheit bei geringfügiger Beschäftigung

(1) [1]Wer eine geringfügige Beschäftigung nach §§ 8, 8 a des Vierten Buches ausübt, ist in dieser Beschäftigung versicherungsfrei; dies gilt nicht für eine Beschäftigung
1. im Rahmen betrieblicher Berufsbildung,
2. nach dem Jugendfreiwilligendienstegesetz,
3. nach dem Bundesfreiwilligendienstgesetz.

[2]§ 8 Abs. 2 des Vierten Buches ist mit der Maßgabe anzuwenden, daß eine Zusammenrechnung mit einer nicht geringfügigen Beschäftigung nur erfolgt, wenn diese Versicherungspflicht begründet.

(2) [1]Personen, die am 31. März 2003 nur in einer Beschäftigung versicherungspflichtig waren, die die Merkmale einer geringfügigen Beschäftigung nach den §§ 8, 8a des Vierten Buches erfüllt, und die nach dem 31. März 2003 nicht die Voraussetzungen für eine Versicherung nach § 10 erfüllen, bleiben in dieser Beschäftigung versicherungspflichtig. [2]Sie werden auf ihren Antrag von der Versicherungspflicht befreit. [3]§ 8 Abs. 2 gilt ent-

sprechend mit der Maßgabe, dass an die Stelle des Zeitpunkts des Beginns der Versicherungspflicht der 1. April 2003 tritt. ⁴Die Befreiung ist auf die jeweilige Beschäftigung beschränkt.

A. Normzweck

§ 7 gehört zu den Normen, die die Tatbestände der §§ 8, 8a SGB IV spezialgesetzlich modifizieren und ihnen insbesondere **Rechtsfolgen** zuweisen. Hiernach ist kraft Gesetzes grundsätzlich relativ (nur für diese Beschäftigung) versicherungsfrei, wer eine nur geringfügige Beschäftigung iS der genannten Vorschriften ausübt (Abs. 1 S. 1 Hs. 1). Dies begegnet keinen verfassungsrechtlichen oder europarechtlichen Bedenken (vgl. BSG v. 26. 3. 1996, SozR 3–2500 § 5 Nr. 26 und BSG v. 15. 7. 2009, B 12 KR 14/08 R, SozR 4–2500 § 7 Nr. 1). Die Vorschrift benennt darüber hinaus enumerativ **Ausnahmen** von der Versicherungsfreiheit (Abs. 1 S. 1 Hs. 1) und modifiziert in Abs. 1 S. 2 die Zusammenrechnungsregelung des § 8 Abs. 2 SGB IV). Schließlich enthält Abs. 2 Übergangsregelungen.

1

B. Die Regelungen im Einzelnen

I. Versicherungsfreiheit

Die Rechtsfolgenanordnung des Abs. 1 S. 1 Hs. 1 führt dazu, dass die Betroffenen trotz Erfüllung des Grundtatbestands der abhängigen Beschäftigung vom System der GKV nicht erfasst werden. Dem liegt erkennbar die **Wertung** zu Grunde, dass zeit- oder entgeltgeringfügige Beschäftigungen mangels ausreichender wirtschaftlicher Bedeutung keinen ausreichenden Anlass für eine zwangsweise öffentlich-rechtliche Sicherung des Arbeitnehmers im Krankheitsfall darstellen.

2

II. Ausnahmen von der Versicherungsfreiheit

Die Anordnung der Krankenversicherungsfreiheit ist ausnahmsweise nicht gerechtfertigt, wo einem – am allgemeinen Erwerbsleben gemessen – geringen Entgelt gruppenspezifisch typisierend dennoch entscheidende wirtschaftliche Bedeutung zukommt. Das Gesetz nimmt das bei im Rahmen betrieblicher Berufsbildung (§ 7 Abs. 2 SGB IV) sowie im Rahmen des Jugendfreiwilligendienstgesetzes entgeltlich Beschäftigten (Abs. 1 S. 1 Hs. 2) an. Hinsichtlich der Beschäftigungen im Rahmen der betrieblichen Berufsbildung hat das BSG im Urteil v. 15. 7. 2009 (B 12 KR 14/08 R, SozR 4–2500 § 7 Nr. 1) ausdrücklich bestätigt, dass auch gegen diese Ausnahme verfassungsrechtliche Bedenken nicht bestehen (kritisch hierzu die Anmerkung v. Wallrabenstein, SGb 2008, 493 f).

3

III. Zusammenrechnung

Nach § 8 Abs. 2 SGB IV sind bei Anwendung des § 8 Abs. 1 SGB IV ua geringfügige Beschäftigungen nach Nr. 1 mit Ausnahme einer geringfügigen Beschäftigung nach Nr. 1 mit nicht geringfügige Beschäftigungen zusammenzurechnen (s. hierzu § 8 SGB IV Rn. 12ff.). § 7 Abs. 1 S. 2 reduziert den Anwendungsbereich des § 8 Abs. 2 SGB IV für die GKV dahingehend, dass er nur ihrerseits Versicherungspflicht begründende nicht geringfügige Beschäftigungen erfasst. Bereits der Tatbestand der Geringfügigkeit (und nicht die Rechtsfolge der Versicherungspflicht) entfällt daher für eine iSv. § 8 Abs. 2 SGB IV hinzuzuzählende geringfügige Beschäftigung nur, wenn hinsichtlich der nicht geringfügigen Beschäftigung Versicherungspflicht angeordnet ist und sich nicht kraft Gesetzes oder einer konstitutiven Befreiung Versicherungsfreiheit ergibt. Dies verhindert **Wertungswidersprüche**, indem generell die hinsichtlich der nicht geringfügigen Beschäftigung getroffene Bewertung der Schutzbedürftigkeit auf die ihrer Art nach geringfügige Beschäftigung übertragen wird. Auf diese Weise wird ua verhindert, dass bei Ausübung einer geringfügigen Beschäftigung neben einer solchen mit einem dauerhaften regelmäßigen Arbeitsentgelt oberhalb der Jahresentgeltgrenze durch Aufnahme der geringfügigen Beschäftigung Versicherungspflicht eintreten könnte, obwohl hierdurch gerade nur der Grund für die Versicherungsfreiheit intensiviert und nicht die Schutzbedürftigkeit gesteigert wird.

4

IV. Übergangsvorschrift zum 1. 4. 2003

Abs. 2 gewährleistet die Kontinuität der Versicherung der am **31. 3. 2003** gegen ein Entgelt zwischen 325,01 € und 400 € Beschäftigten. Sie wären durch die Anhebung der Geringfügigkeitsgrenze von 325 € auf 400 € zum 1. 4. 2003 € versicherungsfrei geworden. Abs. 2 S. 1 erhält die Versicherungspflicht dieses Personenkreises grundsätzlich aufrecht, es sei denn, die Betroffenen erfüllen die neuen – mit dem 1. 4. 2003 ebenfalls großzügigeren – Voraussetzungen einer dann vorrangigen Familienversicherung nach § 10. Die Anwendung von S. 1 ist auf eine am 1. 4. 2003 bereits ausgeübte Beschäftigung beschränkt („in dieser Beschäftigung"). S. 2 gewährt ein Befreiungsrecht, das innerhalb

5

einer am 1. 4. 2003 beginnenden Dreimonatsfrist ausgeübt werden muss (S. 3). Die fristgerecht beantragte Befreiung wirkt ab dem 1. 4. 2003 und ist nach S. 4 ebenfalls auf die jeweilige Beschäftigung begrenzt (relativ).

§ 8 Befreiung von der Versicherungspflicht

(1) **Auf Antrag wird von der Versicherungspflicht befreit, wer versicherungspflichtig wird**
1. wegen Änderung der Jahresarbeitsentgeltgrenze nach § 6 Abs. 6 Satz 2 oder Abs. 7,
1 a. durch den Bezug von Arbeitslosengeld oder Unterhaltsgeld (§ 5 Abs. 1 Nr. 2) und in den letzten fünf Jahren vor dem Leistungsbezug nicht gesetzlich krankenversichert war, wenn er bei einem Krankenversicherungsunternehmen versichert ist und Vertragsleistungen erhält, die der Art und dem Umfang nach den Leistungen dieses Buches entsprechen,
2. durch Aufnahme einer nicht vollen Erwerbstätigkeit nach § 2 des Bundeserziehungsgeldgesetzes oder nach § 1 Abs. 6 des Bundeselterngeld- und Elternzeitgesetzes während der Elternzeit; die Befreiung erstreckt sich nur auf die Elternzeit,
2 a. durch Herabsetzung der regelmäßigen Wochenarbeitszeit während der Pflegezeit nach § 3 des Pflegezeitgesetzes; die Befreiung erstreckt sich nur auf die Dauer der Pflegezeit,
3. weil seine Arbeitszeit auf die Hälfte oder weniger als die Hälfte der regelmäßigen Wochenarbeitszeit vergleichbarer Vollbeschäftigter des Betriebes herabgesetzt wird; dies gilt auch für Beschäftigte, die im Anschluß an ihr bisheriges Beschäftigungsverhältnis bei einem anderen Arbeitgeber ein Beschäftigungsverhältnis aufnehmen, das die Voraussetzungen des vorstehenden Halbsatzes erfüllt, sowie für Beschäftigte, die im Anschluss an die Zeiten des Bezugs von Elterngeld oder der Inanspruchnahme von Elternzeit oder Pflegezeit ein Beschäftigungsverhältnis im Sinne des ersten Teilsatzes aufnehmen, das bei Vollbeschäftigung zur Versicherungsfreiheit nach § 6 Absatz 1 Nummer 1 führen würde; Voraussetzung ist ferner, daß der Beschäftigte seit mindestens fünf Jahren wegen Überschreitens der Jahresarbeitsentgeltgrenze versicherungsfrei ist; Zeiten des Bezugs von Erziehungsgeld oder Elterngeld oder der Inanspruchnahme von Elternzeit oder Pflegezeit werden angerechnet,
4. durch den Antrag auf Rente oder den Bezug von Rente oder die Teilnahme an einer Leistung zur Teilhabe am Arbeitsleben (§ 5 Abs. 1 Nr. 6, 11 oder 12),
5. durch die Einschreibung als Student oder die berufspraktische Tätigkeit (§ 5 Abs. 1 Nr. 9 oder 10),
6. durch die Beschäftigung als Arzt im Praktikum,
7. durch die Tätigkeit in einer Einrichtung für behinderte Menschen (§ 5 Abs. 1 Nr. 7 oder 8).

(2) ¹Der Antrag ist innerhalb von drei Monaten nach Beginn der Versicherungspflicht bei der Krankenkasse zu stellen. ²Die Befreiung wirkt vom Beginn der Versicherungspflicht an, wenn seit diesem Zeitpunkt noch keine Leistungen in Anspruch genommen wurden, sonst vom Beginn des Kalendermonats an, der auf die Antragstellung folgt. ³Die Befreiung kann nicht widerrufen werden.

A. Normzweck

1 Nach Benennung der trotz grundsätzlicher Schutzbedürftigkeit bereits von der Rechtsfolge der Versicherungspflicht Ausgenommenen (§ 5 Abs. 5) und der kraft Gesetzes auf Grund Zugehörigkeit zu einer Teilmenge Versicherungsfreien (§ 6, 7) führt das Gesetz in § 8 enumerativ weitere Gruppen grundsätzlich Schutzbedürftiger auf, die ihre Beziehung zur GKV auf Grund **eigener Willensentschließung** beenden können. In der hierin liegenden begrenzten Wiedereröffnung der Vorsorgefreiheit (Art. 2 Abs. 1 GG) realisiert sich das Konzept abgestufter Schutzbedürftigkeit weiter. Allerdings ist die Umsetzung dieses Konzepts stark fragwürdig geworden, seit ein anderweitiger Versicherungsschutz grundsätzlich nicht mehr Tatbestandsvoraussetzung der Befreiung ist und es damit letztlich allein der subjektiven Einschätzung der Betroffenen überlassen bleibt, der angeordneten Zwangsversicherung zu entgehen. Hier drängen sich Fragen zumindest nach der Sinnhaftigkeit bereits der ursprünglichen Einbeziehung auf.

B. Antrag und Rechtsfolge

2 § 8 gibt ein **subjektives öffentliches Recht** auf Befreiung durch einen gebundenen konstitutiven Verwaltungsakt (§ 31 S. 1 SGB X). Richtige Klageart ist im Streit um die begehrte Befreiung daher die kombinierte Anfechtungs- und Verpflichtungsklage (§ 54 Abs. 1 S. 1 SGG). Der verfahrenseröff-

nend (§ 18 Nr. 1 Regelung 2 SGB X) und materiellrechtlich wirkende **Antrag** wird als einseitige empfangsbedürftige öffentlichrechtliche Willenserklärung mit dem Zugang beim gesetzlich zuständigen (§§ 176, 177), ansonsten bei einem (jedem) nach § 173 Abs. 2 wählbaren Träger der GKV (BSG v. 27. 1. 2000, SozR 3–2500 § 8 Nr. 5) bzw. bei demjenigen Träger, bei dem nach Eintritt in die Beschäftigung bereits eine Mitgliedschaft besteht, wirksam (vgl. § 130 Abs. 1 S. 1 BGB). Der Antrag kann formlos gestellt werden, aus Nachweisgründen liegt es indes dringend nahe, zumindest Schriftform zu wählen. Für Minderjährige handelt nach den allgemeinen Vorschriften der gesetzliche Vertreter (§ 11 Abs. 1 Nr. 2 SGB X). Bis zum Eintritt der Bindungswirkung (§ 77 SGG) kann der Antrag wieder zurückgenommen werden.

Anspruch auf Befreiung besteht nur, wenn der Antrag **fristgerecht** innerhalb von drei Monaten 3 nach Beginn der Versicherungspflicht (§ 26 Abs. 1 SGB X, §§ 187 Abs. 2, 188 Abs. 2 Regelung 2 BGB) gestellt worden ist (Abs. 2 S. 1). Mangels entgegen stehender Regelungen (§ 27 Abs. 5 SGB X) kommt ggf. Wiedereinsetzung nach § 27 Abs. 1 S. 1 SGB X in Betracht. Ansonsten besteht für diesen Versicherungspflichttatbestand kein Befreiungsrecht mehr. Der kurzfristige Verzicht auf die Auszahlung einer Rente begründet kein erneutes Befreiungsrecht (BSG v. 11. 11. 2003, B 12 KR 3/03 R, SozR 4–2500 § 8 Nr. 1).

Die **Befreiungsentscheidung** muss durch – ebenfalls formfrei möglichen (§ 33 Abs. 2 S. 1 4 SGB X) – Verwaltungsakt erfolgen, dessen innere Wirksamkeit sich grundsätzlich und frühestens auf ein Zeitraum ab Beginn der Versicherungspflicht erstreckt. Eine Ausnahme von der auf den Beginn der Versicherung zurückwirkenden Befreiung gilt nach Abs. 2 S. 2 nur, wenn „seit diesem Zeitpunkt" **Leistungen** in Anspruch genommen wurden. Dann tritt zunächst Versicherungs- und Beitragspflicht ein und beginnt die Befreiung erst mit dem Beginn des auf die Antragstellung folgenden Monats. Einen Endzeitpunkt für die zunächst „befreiungsschädliche" Inanspruchnahme von Leistungen benennt das Gesetz nicht ausdrücklich. Im Blick auf die einheitliche Rechtsfolge aller Inanspruchnahmen von Leistungen liegt es nahe, auch insofern auf den Zeitpunkt der Antragstellung abzustellen. Die Versicherungsfreiheit endet grundsätzlich mit dem **Ende der Versicherungspflicht,** auf die sie reagiert. Der Verwaltungsakt über die Befreiung erledigt sich, ohne dass es einer gesonderten Aufhebung bedürfte (§ 39 Abs. 2 SGB X). Für diesen Zeitraum wirkt die Befreiung **absolut,** dh. über den ursprünglich Versicherungspflicht begründenden Tatbestand hinaus auch für alle zeitlich parallel erfüllten (§ 6 Abs. 3 S. 1) und die Familienversicherung (§ 10 Abs. 1 S. 1 Nr. 3). Ein Widerruf der Befreiungsentscheidung (§ 47 SGB X) ist ausgeschlossen (Abs. 2 S. 3), die Rücknahme der rechtswidrigen Befreiungsentscheidung (§§ 44 f. SGB X) dagegen grundsätzlich möglich.

C. Die Befreiungstatbestände im Einzelnen

I. Änderung der JAE-Grenze (Abs. 1 Nr. 1)

Die Regelung soll verhindern, dass innerhalb derselben Beschäftigung für bisher nach § 6 Abs. 1 5 Nr. 1 Versicherungsfreie Versicherungspflicht allein (!) durch die Änderung der JAE-Grenze nach § 6 Abs. 6 S. 2 oder Abs. 7 eintritt. Die ausgesprochene Befreiung wirkt unabhängig von der weiteren Entwicklung des individuellen Entgelthöhe wie der JAE-Grenze für die **gesamte Dauer** der Beschäftigung (BSG v. 8. 12. 1999, B 12 UR 12/99 R, SozR 3–2500 § 8 Nr. 4).

II. Bezug von ALG und Unterhaltsgeld (Abs. 1 Nr. 1 a)

Ein Befreiungsrecht haben neben den versicherungspflichtigen Beziehern von ALG I in der Zeit vom 6 1. 1. 2005 bis 31. 12. 2008 auch die Bezieher von ALG II (vgl. zur Rechtslage danach vorstehend § 5 Rn. 15). Die Bezugnahme auf die Versicherungspflicht als Bezieher von Unterhaltsgeld ist weitgehend überflüssig geworden. §§ 153 ff. SGB III waren nur bis zum bis 31. 12. 2004 anwendbar, seither ist an die Stelle des UG bei beruflicher Weiterbildung ALG nach § 117 Abs. 1 SGB III getreten und wird UG nur noch nach den §§ 160 ff. SGB III gezahlt. Allein für den Personenkreis der Nr. 2 fordert das Gesetz gleichermaßen eine vorgängige Distanz zum System der GKV den letzten fünf Jahren vor dem Leistungsbezug durch ausnahmslos fehlende Versicherung als Mitglied oder Familienversicherter wie die aktuelle Versicherung bei einem (privaten) Krankenversicherungsunternehmen mit Vertragsleistungen, die nach Art und dem Umfang (!) den Leistungen des SGB V entsprechen. Dies umfasst einen privaten Vollversicherungsschutz für in der GKV nach § 10 versicherte Angehörige mit.

III. Elternzeit (Abs. 1 Nr. 2)

Personen, die während einer Elternzeit (§§ 15, 16 BBEG, bis 31. 12. 2006 §§ 15, 16 BErzGG) eine 7 nach §§ 1 Abs. 1 Nr. 4, 15 Abs. 4 BEEG (§ 1 Abs. 1 Nr. 4 BErzGG) für den Leistungsanspruch und die Elternzeit unschädliche nicht volle Erwerbstätigkeit (§ 1 Abs. 6 BEEG, § 2 BErzGG) ausüben, werden hierdurch grundsätzlich versicherungspflichtig soweit sie dies im Rahmen einer nicht geringfügigen Beschäftigung tun. Um dies zu vermeiden und die Kontinuität der unmittelbar vorangehenden versicherungsrechtlichen Verhältnisse zu ermöglichen, wird ein Befreiungsrecht eingeräumt. Hiervon müssen ggf. (fristgerecht) auch diejenigen Gebrauch machen, deren Mitgliedschaft nach § 192 Abs. 1 Nr. 2 aufrechterhalten bleibt. Auch bei ihnen fingiert das Gesetz nämlich nicht etwa Versicherungspflicht, sondern eine Mitgliedschaft als Versicherungspflichtige, sodass sie ggf. mit Aufnahme einer nicht geringfügigen Beschäftigung auch iSv. Abs. 1 versicherungspflichtig werden (und nicht etwa leiben). Die Befreiung ist ausdrücklich auf die Elternzeit beschränkt. Bei Fortführung der Beschäftigung darüber hinaus erledigt sich daher der ergangene Verwaltungsakt (§ 39 Abs. 2 SGB X) und tritt mit Ablauf der Elternzeit Versicherungspflicht ein.

IV. Verminderung der Arbeitszeit, Beschäftigung nach Erziehungsgeld, Elterngeld, Elternzeit, Pflegezeit (Abs. 1 Nr. 3)

8 Die Regelung war schon bisher nicht unbedingt lege artis aufgebaut und hat durch die Einbeziehung weiterer Fallgruppen mit Art. 1 Nr. 2a GKV-FinG v. 22. 12. 2010 (BGBl I 1638) mit Wirkung v. 1. 1. 2011 erneut an Unübersichtlichkeit gewonnen. Die Neuregelung geht auf „Beschlussempfehlung und Bericht" des Ausschusses für Gesundheit vom 10. 11. 2010 (BT-Drucks 17/3696) zurück. Eine einheitliche ratio legis für das Befreiungsrecht der unterschiedlichen Personengruppen ist damit entfallen.

9 Nr. 3 gehört für den schon **bisher erfassten Personenkreis** zu den Regelungen, die es ermöglichen, die **Kontinuität** der individuellen Versicherungsbiographie zu konservieren. Voraussetzung des Befreiungsrechts ist zunächst die einer qualifizierten Herabsetzung der Arbeitszeit unmittelbar vorausgehende (BSG v. 27. 1. 2000, SozR 3–2500 § 8 Nr. 5) Versicherungsfreiheit gerade nach **§ 6 Abs. 1 Nr. 1** (BSG v. 14. 7. 2003, B 12 KR 14/03 B) in den letzten fünf Jahren (Teilsatz 2). Seit dem 1. 1. 2011 werden auf den Fünfjahreszeitraum des Teilsatzes 3 – unabhängig davon, ob gleichzeitig die neue Regelung 2 des Teilsatzes 2 Anwendung findet – Zeiten des Bezugs von Erziehungsgeld nach dem BErzGG oder von Elterngeld nach dem BEEG oder von der Inanspruchnahme von Elternzeit nach dem BErzGG bzw. dem BEEG oder von Pflegezeit nach dem PflegeZG „angerechnet" (Teilsatz 4). Das kann nach Sinn und Zweck der Regelung rechtlich nur heißen, dass derartige Zeiten denjenigen einer Versicherungsfreiheit wegen Überschreitens der JAE-Grenze in vollem Umfang gleich gestellt werden. Der originäre Anwendungsbereich der Nr. 3 wird damit um die Gestaltung erweitert, dass im Anschluss an die Inanspruchnahme von Eltern-/Pflegezeit zunächst eine nach § 6 Abs. 1 Nr. 1 versicherungsfreie Beschäftigung aufgenommen wird (vgl. BT-Drucks. 17/3696, S. 65).

10 **Kumulativ** muss bei dem Personenkreis des Teilsatzes 1 die individuelle – neue/niedrigere – Arbeitszeit nach dem Inhalt des unmittelbar anschließenden Beschäftigungsverhältnisses beim selben oder einem anderen (so ausdrücklich die Rechtsgrundverweisung in Teilsatz 2 Regelung 1) Arbeitgeber auf die **Hälfte oder weniger** der regelmäßigen Wochenarbeitszeit vergleichbarer Vollbeschäftigter desselben Betriebes herabgesetzt werden. Dagegen ist weder erforderlich, dass die individuelle Arbeitszeit des bisherigen Beschäftigungsverhältnisses ihrerseits einer Vollbeschäftigung entsprochen haben muss, noch muss die neue individuelle Arbeitszeit der Hälfte oder weniger der bisher konkret geschuldeten entsprechen, noch müssen erst recht (bei fiktiver Annahme einer Vollbeschäftigung) die Voraussetzungen des § 6 Abs. 1 Nr. 1 auch für die neue Beschäftigung vorliegen.

11 Teilsatz 1 „gilt" nunmehr aufgrund der neuen **Regelung 2 in Teilsatz 2** „auch" für Beschäftigte, die im Anschluss an die Zeiten des Bezugs von Elterngeld oder der Inanspruchnahme von Elternzeit oder Pflegezeit ein Beschäftigungsverhältnis im Sinne des ersten Teilsatzes aufnehmen, das bei Vollbeschäftigung zur Versicherungsfreiheit nach § 6 Abs. 1 Nr. 1 führen würde. Ein Übergang von der gesetzlichen Versicherungsfreiheit nach § 6 Abs. 1 Nr. 1 zur Versicherungspflicht findet hier indessen in aller Regel nicht mehr statt. Die Situation der damit neu in den Anwendungsbereich der Norm Einbezogenen hat vielmehr mit derjenigen der von Teilsatz 1 genuin Erfassten kaum etwas zu tun:
– Die in Teilsatz 2 Regelung 2 aufgeführten Zeiten liegen notwendig („im Anschluss") am Ende des Fünfjahreszeitraums. Dass zu diesem Zeitpunkt die Arbeitszeit im erforderlichen Umfang herabgesetzt wird, ist zwar, möglich, keinesfalls aber rechtlich notwendig.
– Erst recht kommt eine bis dahin bestehende Versicherungsfreiheit wegen Überschreitens der JAE-Grenze tatsächlich allenfalls als eher exotische Möglichkeit in Betracht; rechtlich ist auch sie nicht notwendig.
– Auch bei demjenigen Personenkreis, der von den Befreiungsmöglichkeiten der Nr. 2 oder der Nr. 2a Gebrauch gemacht hatte, liegt kein Wechsel von einer Versicherungsfreiheit kraft Gesetzes zu einer Versicherungspflicht kraft Gesetzes vor.
– Die zusätzliche Voraussetzung, dass die im Anschluss aufgenommene und aktuell in Frage stehende Beschäftigung bei Vollbeschäftigung zur Versicherungsfreiheit nach § 6 Abs. 1 Nr. 1 führen würde, ist den Voraussetzungen beim ursprünglich erfassten Personenkreis schließlich gänzlich fremd.

Letztlich kann es sich damit bei der Regelung 2 des Teilsatzes 2 – anders als bei der Regelung 1 aaO – nur um eine **Rechtsfolgenverweisung** handeln. Im Ergebnis wird für einen privilegierten Kreis (nur) fiktiv vom persönlichen Anwendungsbereich des § 6 Abs. 1 Nr. 1 erfasster Personen unter Dispens von den zeitlichen Voraussetzungen dieser Norm von Anfang an ein besonderes Befreiungsrecht geschaffen. Aspekte der unmittelbaren Kontinuität lassen sich hierfür allenfalls in vereinzelten Ausnahmefällen anführen.

V. Rentenantragsteller, Rentner und Rehabilitanden (Abs. 1 Nr. 4)

Der untechnische Wortlaut schafft eine **Vielzahl von Problemen:** Allein durch den „Antrag auf Rente" wird niemand krankenversicherungspflichtig. § 189 begründet lediglich eine fiktive Mitgliedschaft, nicht eine fiktive Versicherungspflicht. Auch der (nur tatsächliche) „Bezug" einer Rente reicht hierzu nicht aus, da ausdrückliche Voraussetzung aller benannten Tatbestände (§ 5 Abs. 1 Nr. 6, 11 oder 12) die Erfüllung der rentenrechtlichen Voraussetzungen ist. Trotz der scheinbar gleichwertigen Alternativen („oder") gibt es für Rentenantragsteller und Rentner nur ein Befreiungsrecht. Stets besteht ab Rentenantragstellung nur eine einzige Mitgliedschaft, wobei lediglich deren Grundlage auf fiktiver (§ 189 Abs. 2 S. 1) oder auf „tatsächlicher" Grundlage (§ 186 Abs. 9) erst im nach hinein geklärt werden kann. Gibt das Gesetz – wie hier – ausnahmsweise ein Befreiungsrecht auch für die Mitgliedschaft auf fiktiver Grundlage, hat es damit ohnehin sein Bewenden, wo die Prüfung der Voraussetzungen für den Rentenbezug negativ verläuft. Liegen diese Voraussetzungen dagegen vor, bestand von Anfang an und durchgehend Versicherungspflicht und kann eine nur einmal mögliche Befreiung auch nur allein hierauf bezogen sein. Für den Beginn einer erneuten Befreiungsfrist mit der Zustellung des Rentenbescheides fehlt es an einer Grundlage (anders zum Beginn der Frist nach bindender Ablehnung und Bekanntgabe des Rücknahme und Bewilligungsbescheides BSG v. 25. 2. 1997, 12 RK 4/96, SozR 3–2500 § 5 Nr. 33). Auch wenn aus demselben Versicherungsverhältnis nach einander mehrere Renten bezogen werden, entsteht krankenversicherungsrechtlich kein weiteres Befreiungsrecht (BSG v. 24. 6. 2008, B 12 KR 28/07 R, juris). Werden Renten aus verschiedenen Versicherungsverhältnissen (Hinterbliebenenrente und Rente aus eigener Versicherung) bezogen, wirkt sich die ursprünglich beantragte Befreiung auch für die spätere Versicherungspflicht aus einem weiteren Rentenbezug aus (§ 6 Abs. 3 S. 1). Wurde bei Bezug der ersten Rente ein Antrag nicht gestellt, ist bei Bezug einer weiteren Rente ein neues Befreiungsrecht eröffnet. 12

VI. Studenten, Praktikanten (Abs. 1 Nr. 5)

Studenten können sich bei einem fortlaufenden Studium in der Regel nur einmal zu dessen **Beginn** befreien lassen (BSG v. 23. 6. 1994, 12 RK 25/93 SozR 3–2500 § 8 Nr. 1). Das BSG entnimmt dies den Reglungen über das Ende der Mitgliedschaft in § 190 Abs. 9. Die Versicherungspflicht und die Mitgliedschaft überdauern hiernach jedenfalls bei Fortsetzung des Studiums an **derselben Universität** das Semesterende. Nach den sog. Materialien zur Vorgängerregelung der Nr. 5 in § 312 Abs. 3 RVO galt dies auch bei einem Hochschulwechsel zur unmittelbaren Fortsetzung des Studiums (BT-Drs. 7/2993 S. 10, für das neue Recht offen gelassen in BSG v. 23. 6. 1994, 12 RK 25/93, SozR 3–2500 § 8 Nr. 1). Jedenfalls nach einer Unterbrechung der Versicherungspflicht durch eine verspätete Einschreibung (mehr als sieben Monate nach Beginn des vorangegangenen Semesters) „beginnt" jedoch Versicherungspflicht erneut und besteht damit auch ein **neues Befreiungsrecht.** Erst recht gilt dies bei Aufnahme eines Zweitstudiums. Besteht zunächst eine vorrangige Familienversicherung (§ 5 Abs. 7 S. 1), beginnt die Versicherungspflicht nach § 5 Abs. 1 Nr. 9 – und hiervon abhängig die Frist des § 8 Abs. 2 S. 1 – erst mit deren Ende. Vom Befreiungsrecht der nach „§ 5 Abs. 1 Nr. 10" Versicherten sind auch die die dort genannten Personen erfasst, die zu ihrer Berufsausbildung ohne Arbeitsentgelt beschäftigt sind. Der Wortlaut der Befreiungsnorm, die auf den Eintritt der Versicherungspflicht aufgrund der „berufspraktischen Tätigkeit" abstellt, ist mit einer umfassenden Begriffsbildung für alle in § 5 Abs. 1 Nr. 10 erfassten Personengruppen vereinbar. 13

VII. Arzt im Praktikum (Abs. 1 Nr. 6)

Die Regelung ist mit Abschaffung des entsprechenden Status durch das Gesetz zur Änderung der Bundesärzteordnung und anderer Gesetze v. 21. 7. 2004 (BGBl. I, 1776) zum 1. 10. 2004 obsolet geworden. 14

VIII. Behinderte (Abs. 1 Nr. 7)

Befreien lassen können sich schließlich Personen, durch die Tätigkeit in einer Einrichtung für behinderte Menschen versicherungspflichtig werden (§ 5 Abs. 1 Nr. 7 oder 8). 15

Zweiter Abschnitt. Versicherungsberechtigung

§ 9 Freiwillige Versicherung

(1) ¹**Der Versicherung können beitreten**
1. **Personen, die als Mitglieder aus der Versicherungspflicht ausgeschieden sind und in den letzten fünf Jahren vor dem Ausscheiden mindestens vierundzwanzig Monate oder un-**

mittelbar vor dem Ausscheiden ununterbrochen mindestens zwölf Monate versichert waren; Zeiten der Mitgliedschaft nach § 189 und Zeiten, in denen eine Versicherung allein deshalb bestanden hat, weil Arbeitslosengeld II zu Unrecht bezogen wurde, werden nicht berücksichtigt,
2. Personen, deren Versicherung nach § 10 erlischt oder nur deswegen nicht besteht, weil die Voraussetzungen des § 10 Abs. 3 vorliegen, wenn sie oder der Elternteil, aus dessen Versicherung die Familienversicherung abgeleitet wurde, die in Nummer 1 genannte Vorversicherungszeit erfüllen,
3. Personen, die erstmals eine Beschäftigung im Inland aufnehmen und nach § 6 Absatz 1 Nummer 1 versicherungsfrei sind; Beschäftigungen vor oder während der beruflichen Ausbildung bleiben unberücksichtigt,
4. schwerbehinderte Menschen im Sinne des Neunten Buches, wenn sie, ein Elternteil, ihr Ehegatte oder ihr Lebenspartner in den letzten fünf Jahren vor dem Beitritt mindestens drei Jahre versichert waren, es sei denn, sie konnten wegen ihrer Behinderung diese Voraussetzung nicht erfüllen; die Satzung kann das Recht zum Beitritt von einer Altersgrenze abhängig machen,
5. Arbeitnehmer, deren Mitgliedschaft durch Beschäftigung im Ausland endete, wenn sie innerhalb von zwei Monaten nach Rückkehr in das Inland wieder eine Beschäftigung aufnehmen,
6. innerhalb von sechs Monaten nach dem Eintritt der Versicherungspflicht Bezieher einer Rente der gesetzlichen Rentenversicherung, die nach dem 31. März 2002 nach § 5 Abs. 1 Nr. 11 versicherungspflichtig geworden sind, deren Anspruch auf Rente schon an diesem Tag bestand, die aber nicht die Vorversicherungszeit nach § 5 Abs. 1 Nr. 11 in der seit dem 1. Januar 1993 geltenden Fassung erfüllt hatten und die deswegen bis zum 31. März 2002 freiwillige Mitglieder waren,
7. innerhalb von sechs Monaten nach ständiger Aufenthaltnahme im Inland oder innerhalb von drei Monaten nach Ende des Bezugs von Arbeitslosengeld II Spätaussiedler sowie deren gemäß § 7 Abs. 2 Satz 1 des Bundesvertriebenengesetzes leistungsberechtigte Ehegatten und Abkömmlinge, die bis zum Verlassen ihres früheren Versicherungsbereichs bei einem dortigen Träger der gesetzlichen Krankenversicherung versichert waren,
8. innerhalb von sechs Monaten ab dem 1. Januar 2005 Personen, die in der Vergangenheit laufende Leistungen zum Lebensunterhalt nach dem Bundessozialhilfegesetz bezogen haben und davor zu keinem Zeitpunkt gesetzlich oder privat krankenversichert waren.

[2] Für die Berechnung der Vorversicherungszeiten nach Satz 1 Nr. 1 gelten 360 Tage eines Bezugs von Leistungen, die nach § 339 des Dritten Buches berechnet werden, als zwölf Monate.

(2) Der Beitritt ist der Krankenkasse innerhalb von drei Monaten anzuzeigen,
1. im Falle des Absatzes 1 Nr. 1 nach Beendigung der Mitgliedschaft,
2. im Falle des Absatzes 1 Nr. 2 nach Beendigung der Versicherung oder nach Geburt des Kindes,
3. im Falle des Absatzes 1 Satz 1 Nummer 3 nach Aufnahme der Beschäftigung,
4. im Falle des Absatzes 1 Nr. 4 nach Feststellung der Behinderung nach § 68 des Neunten Buches,
5. im Falle des Absatzes 1 Nr. 5 nach Rückkehr in das Inland.

(3) Kann zum Zeitpunkt des Beitritts zur gesetzlichen Krankenversicherung nach Absatz 1 Nr. 7 eine Bescheinigung nach § 15 Abs. 1 oder 2 des Bundesvertriebenengesetzes nicht vorgelegt werden, reicht als vorläufiger Nachweis der vom Bundesverwaltungsamt im Verteilungsverfahren nach § 8 Abs. 1 des Bundesvertriebenengesetzes ausgestellte Registrierschein und die Bestätigung der für die Ausstellung einer Bescheinigung nach § 15 Abs. 1 oder 2 des Bundesvertriebenengesetzes zuständigen Behörde, dass die Ausstellung dieser Bescheinigung beantragt wurde.

A. Normzweck

1   Neben dem Zustandekommen des Versicherungsverhältnisses aufgrund der Erfüllung gesetzlich umschriebener Voraussetzungen kennt die gesetzliche Krankenversicherung seit jeher auch die Zuerkennung einer Versicherungsberechtigung. § 9 tut dies im doppelten Sinne des § 2 Abs. 1 SGB IV durch Einräumung eines Rechts zum freiwilligen Beitritt und eines Rechts zur freiwilligen Fortsetzung der Versicherung. Die freiwillige Versicherung endet mit dem Beginn einer **Pflichtmitgliedschaft** (§ 191 S. 1 Nr. 2) und kann grundsätzlich auch nicht begründet werden, wenn der Tatbestand einer Versicherungspflicht erfüllt ist. Abs. 1 führt insofern eine abschließende Reihe jeweils eigen-

ständiger und nicht in einem Rangverhältnis stehender **Beitrittsrechte** auf. Das Gesetz wendet sich damit einem Personenkreis zu, dessen Schutzbedürftigkeit aus seiner Sicht zwar nicht ausreichend ausgeprägt ist, um ihn der Zwangsversicherung zu unterwerfen, der aber den hiervon typischerweise Erfassten zumindest noch ausreichend nahe steht. Die Freiheit der Betroffenen, zu entscheiden, bei welchem Versicherungsunternehmen, in welchem Umfang, zu welchen Bedingungen und mit welcher Beitragsverpflichtung sie Vorsorge treffen wollen, wird damit um eine Entscheidungsalternative erweitert.

Tatbestand der freiwilligen Versicherung ist allein die Beitrittserklärung eines Beitrittsberechtigten. 2 Eines (konstitutiven) Verwaltungsakts bedarf es nicht. Richtige Klageart des Beitrittswilligen im Streit mit der gewählten Krankenkasse ist die kombinierte Anfechtungs- und Feststellungsklage (§ 54 Abs. 1, § 55 Abs. 1 Nr. 1 SGG, vgl. BSG v. 13. 6. 2007, B 12 KR 29/06 R, SozR 4–2500 § 9 Nr. 1 und v. 18. 5. 2005, B 12 P 3/04 R, SozR 4–3300 § 26a Nr. 1).

B. Beitritt

Bei der Erklärung des Beitritts handelt es sich um eine empfangsbedürftige öffentlich-rechtliche 3 **Willenserklärung.** Sie bedarf der Schriftform (§ 188 Abs. 3) und kann – nur zu dessen Lebzeiten (BSG v. 27. 8. 1998, B 10 KR 5/97 R, SozR 3–5420 § 24 Nr. 1) – vom Berechtigten selbst (ab Vollendung des 15. Lebensjahres, § 175 Abs. 1 S. 3), seinem gesetzlichen oder gewillkürten Vertreter sowie einem Betreuer (§ 1896 ff. BGB) abgegeben werden, dessen Aufgabenkreis die „Sorge für die Gesundheit" und die „Vermögenssorge" umfasst (BSG v. 14. 5. 2002, B 12 KR 14/01 R, NZS 2003, 210). Der Träger der Sozialhilfe hat keine Rechtsmacht, anstelle des Berechtigten zu handeln (BSG v. 19. 12. 1991, 12 RK 24/90, SozR 3–5910 § 91a Nr. 1; vgl. zur rückwirkenden Genehmigung eines ohne Vertretungsmacht erklärten Beitritts BSG v. 11. 6. 1992, 12 RK 59/91, SozR 3–2200 § 313 Nr. 1). Der Beitritt wird mit dem Zugang der Erklärung bei der gewählten Krankenkasse (§ 175 Abs. 1 S. 1) wirksam (§ 130 Abs. 1 S. 1, Abs. 3 BGB), die ihrerseits kein Ablehnungsrecht hat (§ 175 Abs. 1 S. 2). Die Beitrittserklärung nach § 9 gilt gleichzeitig als Meldung zur sozialen Pflegeversicherung (§ 50 Abs. 1 S. 3 SGB XI).

Der Beitritt ist für die Tatbestände des Abs. 1 Nr. 1–5 binnen einer einheitlichen **Frist** von drei 4 Monaten zu erklären (§ 26 Abs. 1 SGB X, § 187 Abs. 1, § 188 Abs. 2 Regelung 2 BGB). Der Beginn der Frist richtet sich insofern nach den in Abs. 2 getroffenen Regelungen. Hinsichtlich der in Abs. 1 Nr. 6–8 geregelten Tatbestände wird jeweils in diesem Zusammenhang auch eine Bestimmung über Fristdauer und Fristbeginn getroffen. In alle genannten Fristen ist bei unverschuldeter Säumnis Wiedereinsetzung in den vorigen Stand nach § 27 Abs. 1 möglich ist (BSG v. 14. 5. 2002, B 12 KR 14/01 R, SozR 3–2500 § 9 Nr. 4). Vor Bestellung eines Betreuers für einen nicht geschäftsfähigen Berechtigten beginnen Beitrittsfristen nicht zu laufen (BSG v. 28. 5. 2008, USK 2007-32, B 12 KR 16/07 R).

C. Die Beitrittsberechtigten im Einzelnen

I. Weiterversicherung von Mitgliedern (Abs. 1 Nr. 1)

Als Mitglieder (sonst Nr. 2) aus der Pflichtmitgliedschaft bei einer inländischen KK **Ausgeschie-** 5 **dene** sind beitrittsberechtigt, wenn sie alternativ innerhalb eines zusammenhängenden Rahmenzeitraums von fünf Jahren vor dem Ausscheiden (§ 26 Abs. 1 SGB X, § 187 Abs. 2 S. 1, § 188 Abs. 2 Regelung 2 BGB) insgesamt mindestens vierundzwanzig Monate oder unmittelbar vor dem Ausscheiden ununterbrochen mindestens zwölf Monate (§ 26 Abs. 1 SGB X, § 187 Abs. 2 S. 1, § 188 Abs. 2 Regelung 2 BGB) versichert waren. Für die **Vorversicherungszeit** genügt grundsätzlich jede Art von Versicherung. Zeiten einer (Formal-)Mitgliedschaft als Rentenantragsteller nach § 189 und Zeiten, in denen eine Versicherung allein deshalb bestanden hat, weil Alg II zu Unrecht bezogen wurde, werden nicht berücksichtigt (Abs. 1 Hs. 2). Für die Berechnung der Vorversicherungszeit gelten zur erleichterten Erfüllung der Voraussetzungen ab 4. 1. 2004 (anders vorher BSG v. 19. 6. 2001, SozR 3–2500 § 9 Nr. 3) 360 Tage eines Bezugs von Leistungen nach § 339 SGB III als zwölf Monate (Abs. 1 S. 2). Alg I und II sind nicht zu Unrecht berücksichtigt, solange entsprechende **Verwaltungs-** **akte** der zuständigen Träger vorliegen (vgl. zu Alg I BSG v. 22. 5. 2003, B 12 UR 20/02 R, SGb 2003, 398 und zu Alg II BSG v. 24. 6. 2008, B 12 KR 29/07 R). Der Beitritt ist binnen drei Monaten nach Beendigung der Mitgliedschaft zu erklären (Abs. 2 Nr. 1).

II. Freiwillige Versicherung bei erloschener oder nicht zu Stande gekommener Familienversicherung (Abs. 1 Nr. 2)

Die Vorschrift räumt bei Erlöschen der Familienversicherung unabhängig von dessen Grund ein 6 Recht auf Weiterversicherung im Rahmen einer nunmehr eigenen Mitgliedschaft (Regelung 1) und für Kinder, deren Familienversicherung (allein) an § 10 Abs. 3 scheitert, ein Recht zum Beitritt in Anknüpfung an die Mitgliedschaft des in der GKV versicherten Elternteils ein (Regelung 2). Der Wortlaut („erlischt") lässt ein Beitrittsrecht auch dann entstehen, wenn die Mitgliedschaft des Stammversicherten endet. Seit dem 1. 1. 2000 ist auch das Beitrittsrecht nach Nr. 2 von der Erfüllung einer Vorversicherungszeit iS der Nr. 1 abhängig, die grundsätzlich durch den Familienangehörigen selbst, bei Kindern alternativ auch durch den Stammversicherten, aus dessen Versicherung die bisherige Familienversicherung abgeleitet wurde (nicht aber durch eine Addition von Zeiten aus beiden Bereichen), erfüllt werden kann. Der Beitritt ist im Fall der Regelung 1 drei Monate nach Beendigung der Versicherung, im Fall der Regelung 2 nach der Geburt des Kindes zu erklären, Abs. 2 Nr. 2.

III. Berufsanfänger (Abs. 1 Nr. 3)

7   Bei der mit Wirkung zum 1. 1. 2011 in Kraft getretenen Bestimmung handelt es sich um eine Folgeregelung zu den Änderungen in § 6 zum 31. 12. 2010. Auch insofern wird im Wesentlichen der frühere Rechtszustand wieder hergestellt. § 6 Abs. 1 Nr. 1 unterfallende Berufsanfänger, die erstmals eine Beschäftigung im Inland aufnehmen und ein Entgelt oberhalb der JAE-Grenze erzielen, werden aufgrund der Neuregelung bereits mit dem einmaligem Überschreiten der Versicherungspflichtgrenze versicherungsfrei. Da es zu diesem Zeitpunkt an der Erfüllung der Vorversicherungszeit nach Nr. 1 fehlt, räumt der Gesetzgeber mit Nr. 3 ein einmaliges Wahlrecht ein. Mit der Ergänzung „im Inland", die das frühere Recht nicht kannte, sollen nach der Intention der Entwurfsverfasser entsprechende Unsicherheiten bei den Krankenkassen und den Aufsichtsbehörden beseitigt werden (BT-Drucks 17/3040 S. 22). Halbs . 2 der neuen Nr. 3 präzisiert das Tatbestandsmerkmal „erstmals" in Halbs. 1 in der Weise, dass Beschäftigungen vor oder während der beruflichen Ausbildung unberücksichtigt bleiben. Das Wahlrecht muss nach dem ebenfalls zum 1. 1. 2011 in Kraft getretenen Abs. 2 Nr. 3 innerhalb von drei Monaten nach der Aufnahme der (maßgeblichen) Beschäftigung ausgeübt werden.

IV. Schwerbehinderte Menschen (Abs. 1 Nr. 4)

8   Das Beitrittsrecht setzt die Feststellung der Behinderung nach **§ 68 SGB IX** und grundsätzlich die Erfüllung der Vorversicherungszeit von mindestens insgesamt drei Jahren Versicherung des Beitretenden selbst, eines Elternteils, seines Ehegatten oder seines Lebenspartners innerhalb der letzten fünf Jahre vor dem Beitritt voraus. Die Feststellung der Behinderung hat für die Krankenkasse Tatbestandswirkung und muss als Tatbestandsvoraussetzung des Beitrittsrechts bzw. auslösendes Ereignis für den Fristlauf (Abs. 2 Nr. 4) bei Erklärung des Beitritts vorliegen (anders zum Recht der RVO BSG v. 30. 4. 1979, 86 RK 1/78, SozR 2200 § 176 c Nr. 1 und v. 26. 7. 1979, RK 5/78, SozR 2200 § 176 c Nr. 3). Eine Ausnahme vom Erfordernis der Erfüllung der Vorversicherungszeit besteht insofern, als diese gerade nur und ausschließlich „wegen der Behinderung" nicht möglich war. Hieran fehlt es, wenn während der Rahmenfrist die Voraussetzungen eines Beitrittsrechts nach Nr. 1 zwar vorliegen, jedoch ungenutzt bleiben. Die teilweise Überlagerung der Tatbestände steht ihrer Eigenständigkeit nicht entgegen. (BSG v. 28. 5. 2008, B 12 KR 16/07, R USK 2008-32). Die Satzung kann eine **Altersgrenze** vorsehen (Nr. 4 Hs. 2).

V. Aus dem Ausland zurückgekehrte Arbeitnehmer (Abs. 1 Nr. 5)

9   Die Vorschrift gewährleistet in engen Grenzen das **Wiederaufleben** des durch einen privilegierten Auslandsaufenthalt unterbrochenen Bezuges zur GKV. Beitrittsberechtigt ist nur, wer zuletzt gerade als Arbeitnehmer versichert war und dessen Versicherung wegen des Fortfalls des inländischen Beschäftigungsorts (§ 3 Nr. 1 SGB IV) und der Aufnahme einer Beschäftigung im Ausland endete. Zusätzlich muss nach Rückkehr in das Inland innerhalb von zwei Monaten wieder eine Beschäftigung aufgenommen werden. Dabei genügt als Auslands-Beschäftigung wie als Beschäftigung nach der Rückkehr jede Beschäftigung iS der GKV.

VI. Rentenbezieher (Abs. 1 Nr. 6)

10   Es handelt sich um eine eng auszulegende **Übergangsvorschrift** für diejenigen Rentner, die bereits am 31. 3. 2002 einen Anspruch auf Rente hatten, die Voraussetzung der $^9/_{10}$-Belegung der zweiten Hälfte des Erwerbslebens zwar nicht allein mit Pflichtversicherungszeiten, wohl aber unter Einbeziehung (auch) freiwilliger Versicherungszeiten erfüllten und bei denen daher nach der Übergangsregelung des BVerfG in der Entscheidung v. 15. 3. 2000 (1 BvL 16/96, BVerfGE 102, 68) ab 1. 4. 2002 nach § 5 Abs. 1 Nr. 11 idF des GRG an die Stelle einer bis dahin wegen der fehlenden KVdR-Vorversicherungszeit bestehenden freiwilligen Versicherung eine Pflichtversicherung in der KVdR trat (§ 190 Abs. 11 a). Diesem Personenkreis wird ausnahmsweise (und systemwidrig) die Möglichkeit eröffnet, innerhalb einer großzügig bemessenen Frist von sechs Monaten die gesetzliche Pflichtversicherung dauerhaft zu Gunsten des Fortbestands ihrer freiwilligen Versicherung „abzuwählen". Die neue Mitgliedschaft beginnt dann mit dem Eintritt der Versicherungspflicht am 1. 4. 2003 (§ 188 Abs. 2 S. 2).

VII. Spätaussiedler (Abs. 1 Nr. 7)

Von der zuständigen Behörde als Spätaussiedler iSv. § 7 BVFG Anerkannte (§ 15 Abs. 1, 2 BVFG) und unter den Voraussetzungen von Abs. 3 auch bereits Antragsteller auf eine Bescheinigung nach § 15 Abs. 1, 2 BVFG können der Versicherung ebenfalls beitreten, wenn sie bis zum Verlassen des früheren Versicherungsbereichs bei einem dortigen Träger der GKV versichert waren. Hierfür räumt das Gesetz eine Frist von sechs Monaten nach der ständigen Aufenthaltnahme im Inland oder, wenn Alg II bezogen worden ist als lex specialis gegenüber I Nr. 1 von drei Monaten nach dessen Ende unter Verzicht auf die Vorversicherungszeit ein. Die Vorschrift ersetzt damit die gKV nach § 7 BVFG und führt die Regelung des § 10 FAG weiter. Ihre Bedeutung ist durch das Inkrafttreten vom § 5 Abs. 1 Nr. 13 zum 1. 4. 2007 geschwunden.

VIII. Bezieher von Sozialhilfe (Abs. 1 Nr. 8)

Die zum 1. 1. 2005 in Kraft getretene Norm eröffnet für eine **Übergangszeit** von sechs Monaten ab diesem Zeitpunkt ein Beitrittsrecht für Personen, die in der Vergangenheit laufende Leistungen zum Lebensunterhalt nach dem Bundessozialhilfegesetz bezogen haben und davor zu keinem Zeitpunkt gesetzlich oder privat krankenversichert waren. Das Recht ist auf Personen beschränkt, die seit dem 1. 1. 2005 keine Leistungen nach dem **SGB XII** bezogen haben. Nur sie sind trotz Fehlens jeder Vorbeziehung zur GKV ausnahmsweise ausreichend schutzbedürftig in dem Sinn, dass ihnen ohne Altersbegrenzung die erstmalige Begründung einer eigenen Versicherung ermöglicht werden kann. Dem gegenüber erhalten Leistungsbezieher nach dem SGB XII nach **§ 264 SGB V** grundsätzlich Krankenbehandlung von den Krankenkassen ohne Versichertenstatus und gegen Erstattung der Aufwendungen durch den Sozialhilfeträger (vgl. insgesamt BSG v. 13. 6. 2007, B 12 KR 29/06 R, SozR 4–2500 § 9 Nr. 1).

Dritter Abschnitt. Versicherung der Familienangehörigen

§ 10 Familienversicherung

(1) ¹Versichert sind der Ehegatte, der Lebenspartner und die Kinder von Mitgliedern sowie die Kinder von familienversicherten Kindern, wenn diese Familienangehörigen
1. ihren Wohnsitz oder gewöhnlichen Aufenthalt im Inland haben,
2. nicht nach § 5 Abs. 1 Nr. 1, 2, 3 bis 8, 11 oder 12 oder nicht freiwillig versichert sind,
3. nicht versicherungsfrei oder nicht von der Versicherungspflicht befreit sind; dabei bleibt die Versicherungsfreiheit nach § 7 außer Betracht,
4. nicht hauptberuflich selbständig erwerbstätig sind und
5. kein Gesamteinkommen haben, das regelmäßig im Monat ein Siebtel der monatlichen Bezugsgröße nach § 18 des Vierten Buches überschreitet; bei Renten wird der Zahlbetrag ohne den auf Entgeltpunkte für Kindererziehungszeiten entfallenden Teil berücksichtigt; für geringfügig Beschäftigte nach § 8 Abs. 1 Nr. 1, § 8a des Vierten Buches beträgt das zulässige Gesamteinkommen 400 Euro.

²Eine hauptberufliche selbständige Tätigkeit im Sinne des Satzes 1 Nr. 4 ist nicht deshalb anzunehmen, weil eine Versicherung nach § 1 Abs. 3 des Gesetzes über die Alterssicherung der Landwirte vom 29. Juli 1994 (BGBl. I S. 1890, 1891) besteht. ³Das Gleiche gilt bis zum 31. Dezember 2013 für eine Tagespflegeperson, die bis zu fünf gleichzeitig anwesende, fremde Kinder in Tagespflege betreut. ⁴Ehegatten und Lebenspartner sind für die Dauer der Schutzfristen nach § 3 Abs. 2 und § 6 Abs. 1 des Mutterschutzgesetzes sowie der Elternzeit nicht versichert, wenn sie zuletzt vor diesen Zeiträumen nicht gesetzlich krankenversichert waren.

(2) Kinder sind versichert
1. bis zur Vollendung des achtzehnten Lebensjahres,
2. bis zur Vollendung des dreiundzwanzigsten Lebensjahres, wenn sie nicht erwerbstätig sind,
3. bis zur Vollendung des fünfundzwanzigsten Lebensjahres, wenn sie sich in Schul- oder Berufsausbildung befinden oder ein freiwilliges soziales Jahr oder ein freiwilliges ökologisches Jahr im Sinne des Jugendfreiwilligendienstegesetzes oder Bundesfreiwilligendienst nach dem Bundesfreiwilligendienstgesetz leisten; wird die Schul- oder Berufsausbildung durch Erfüllung einer gesetzlichen Dienstpflicht des Kindes unterbrochen oder verzögert, besteht die Versicherung auch für einen der Dauer dieses Dienstes entsprechenden Zeitraum über das fünfundzwanzigste Lebensjahr hinaus,

4. ohne Altersgrenze, wenn sie als behinderte Menschen (§ 2 Abs. 1 Satz 1 des Neunten Buches) außerstande sind, sich selbst zu unterhalten; Voraussetzung ist, daß die Behinderung zu einem Zeitpunkt vorlag, in dem das Kind nach Nummer 1, 2 oder 3 versichert war.

(3) Kinder sind nicht versichert, wenn der mit den Kindern verwandte Ehegatte oder Lebenspartner des Mitglieds nicht Mitglied einer Krankenkasse ist und sein Gesamteinkommen regelmäßig im Monat ein Zwölftel der Jahresarbeitsentgeltgrenze übersteigt und regelmäßig höher als das Gesamteinkommen des Mitglieds ist; bei Renten wird der Zahlbetrag berücksichtigt.

(4) ¹Als Kinder im Sinne der Absätze 1 bis 3 gelten auch Stiefkinder und Enkel, die das Mitglied überwiegend unterhält, sowie Pflegekinder (§ 56 Abs. 2 Nr. 2 des Ersten Buches). ²Kinder, die mit dem Ziel der Annahme als Kind in die Obhut des Annehmenden aufgenommen sind und für die die zur Annahme erforderliche Einwilligung der Eltern erteilt ist, gelten als Kinder des Annehmenden und nicht mehr als Kinder der leiblichen Eltern. ³Stiefkinder im Sinne des Satzes 1 sind auch die Kinder des Lebenspartners eines Mitglieds.

(5) Sind die Voraussetzungen der Absätze 1 bis 4 mehrfach erfüllt, wählt das Mitglied die Krankenkasse.

(6) ¹Das Mitglied hat die nach den Absätzen 1 bis 4 Versicherten mit den für die Durchführung der Familienversicherung notwendigen Angaben sowie die Änderung dieser Angaben an die zuständige Krankenkasse zu melden. ²Der Spitzenverband Bund der Krankenkassen legt für die Meldung nach Satz 1 ein einheitliches Verfahren und einheitliche Meldevordrucke fest.

A. Normzweck

1 § 10 begründet in strenger Akzessorietät von der Mitgliedschaft des Stammversicherten (BSG v. 29. 7. 2003, B 12 KR 16/02 R, SozR 4–2500 § 10 Nr. 3) für den dort abschließend aufgeführten Personenkreis einen **eigenständigen Status** als Versicherter mit eigenen Leistungsrechten. Indem sie Familienangehörigen damit einen beitragsfreien (§ 3 Abs. 3, 243 Abs. 2 S. 2) Versicherungsschutz vermittelt, dessen Kosten kassenübergreifend (§ 266 Abs. 1 S. 2 SGB V) auf die Versichertengemeinschaft insgesamt verteilt werden, erfüllt die Norm einen herausragenden Beitrag zum **Familienlastenausgleich,** ohne dass dieser von Verfassung wegen gerade in dieser Weise geboten wäre (vgl. BVerfG v. 12. 2. 2003, 1 BvR 624/01, SozR 4–2500 § 10 Nr. 1 und die Nachweise in BSG v. 25. 1. 2001, B 12 KR 5/00, SozR 3–2500 § 10 Nr. 22). Die bis zu ihrem Inkrafttreten den Versicherungsträgern satzungsdispositiv eingeräumte Möglichkeit, auch im Gesetz nicht ausdrücklich aufgeführte sonstige Familienmitglieder in den Kreis der Begünstigten einzubeziehen (§ 205 Abs. 3 S. 1 RVO) ist entfallen. Gegenüber dem Schutz aus eigener Mitgliedschaft ist die Familienversicherung grundsätzlich **nachrangig** (vgl. Abs. 1 S. 1 Nr. 2, § 5 Abs. 7 S. 2, Abs. 8 S. 2, 3, § 190 Abs. 11 a), gegenüber dem nachgehenden Schutz aus § 19 Abs. 2 S. 2 nach mittlerweile ausdrücklicher Regelung dagegen vorrangig. Die eigene Versicherungsfreiheit bzw. Befreiung von der Versicherung wirkt sich grundsätzlich auch auf den Status als Familienversicherter aus (Abs. 1 S. 1 Nr. 3).

B. Begünstigte und allgemeine Voraussetzungen der Familienversicherung (Abs. 1, 4)

2 Als **Familienversicherte** kommen allein in Betracht der Ehegatte, der Lebenspartner, die Kinder sowie die Enkel des Stammversicherten, soweit diese ihrerseits von seinem familienversicherten Kind abstammen. Es handelt sich damit um Personen, denen der Stammversicherte typischer Weise zum Unterhalt verpflichtet ist bzw. die er unabhängig von einer Rechtspflicht tatsächlich unterhält. Als **Kinder** gelten nach Abs. 4 auch Stiefkinder einschließlich der Kinder des Lebenspartners des Mitgliedes (S. 3) und Enkel, die das Mitglied jeweils überwiegend (mehr als die Hälfte, vgl. BSG v. 30. 8. 1994, 12 RK 41/92, SozR 3–2500 § 10 Nr. 6 und v. 3. 2. 1977, 11 RA 38/76, BSGE 43, 186) unterhält (vgl. hierzu BSG v. 30. 8. 1994, SozR 3–2500 § 10 Nr. 6), Pflegekinder (§ 56 Abs. 2 Nr. 2 SGB I) und unter den weiteren Voraussetzungen der S. 2 Kinder, die das Mitglied mit dem Ziel der Annahme in seine Obhut genommen hat. Ausdrücklich nicht versichert sind seit 1. 1. 2000 nach Abs. 1 S. 3 Ehegatten und Lebenspartner in den dort genannten Zeiträumen, wenn sie unmittelbar vorher nicht gesetzlich krankenversichert waren (vgl. hierzu BT-Drs. 14/1245 S. 61).

3 Die **Familienversicherung** beginnt frühestens und endet spätestens mit der Mitgliedschaft des Stammversicherten. Hinzukommen müssen die in der Person jedes Familienversicherten zu erfüllenden Voraussetzungen des Abs. 1, bei Kindern außerdem diejenigen des Abs. 2, 3. Generell fordert das

Gesetz in Gestalt eines Wohnsitzes oder gewöhnlichen Aufenthalts (§ 30 Abs. 3 SGB) zunächst positiv einen hinreichenden **territorialen Bezug** zur inländischen Rechtsordnung Abs. 1 S. 1 Nr. 1), der sich auch auf der Grundlage supra- oder internationalen Rechts ergeben kann (vgl. BSG v. 30. 4. 1997, 12 RK 29/96, SozR 3–2500 § 10 Nr. 11). Darüber hinaus muss durch Erfüllung der negativen Voraussetzungen des Abs. 1 S. 1 Nr. 2 eine hinreichende Nähe zur GKV, eine ausreichendes Schutzbedürfnis innerhalb des Systems und hier gerade durch die Familienversicherung belegt sein.

Eines zusätzlichen Schutzes innerhalb des Systems bedarf nicht, wer hier vorrangig bereits im Rahmen einer **eigenen Mitgliedschaft** versichert ist (Nr. 2). Auch aus der Sicht der Familienversicherung ist nicht schutzbedürftig durch die GKV, wer zwar in eigener Person „dem Grunde nach" schutzbedürftig ist, jedoch unmittelbar kraft Gesetzes oder aufgrund eigenen Willensentschlusses (vgl. insbesondere §§ 6, 8) von der Rechtsfolge der **Versicherungspflicht** ausgenommen ist. Hier wird der Rechtsgedanke des § 6 Abs. 3 auf die Versicherung nach § 10 übertragen und durch Anordnung umfassender Versicherungsfreiheit Distanz zur GKV insgesamt hergestellt. Aufgrund ausdrücklicher Anordnung in Nr. 3 Hs. 2 bleibt insofern nur die Versicherungsfreiheit bei geringfügiger Beschäftigung (§ 7) ohne Auswirkungen. Wie Nr. 3 dient auch die an § 5 Abs. 5 anknüpfende Nr. 4 der Abgrenzung des innerhalb des dualen Systems der GKV zugeordneten Personenkreises. Nicht **hauptberuflich selbstständig** ist, wer allein eine gesellschaftsrechtliche Funktion als Gesellschafter oder Geschäftsführer ausübt, ohne in einer weiteren Beziehung (gegen Entgelt bzw. mit Gewinnerzielungsabsicht) zur Gesellschaft zu stehen (BSG v. 4. 6. 2009, B 12 KR 3/08 R, SozR 4–2500 § 10 Nr. 9). Abs. 1 S. 2 verhindert, dass die Fiktion des § 1 Abs. 3 ALG Ehegatten eines landwirtschaftlichen Unternehmers aus der Familienversicherung ausschließt.

Schließlich ist – ohne verfassungsrechtliche Bedenken (BVerfG v. 9. 6. 1978, 1 BvR 53/78, SozR 2200 § 205 Nr. 19) – nicht schutzbedürftig, wer über eigenes **Einkommen** von nicht nur untergeordneter wirtschaftlicher Bedeutung (regelmäßig im Monat ein Siebtel der monatlichen Bezugsgröße nach § 18 SGB IV), verfügt (Nr. 5). Maßgeblich ist das allein nach dem Steuerrecht zu bemessende Gesamteinkommen iSv. § 16 SGB IV, dh. die Summe der Einkünfte iSd. **Einkommensteuerrechts**. Diese Vorgehensweise erleichtert grundsätzlich den Zugang zur Familienversicherung. (vgl. zur Ermittlung der Einkünfte aus Kapitalvermögen unter Abzug des Sparerfreibetrags BSG v. 22. 5. 2003, B 12 KR 13/02, SozR 4–2500 § 10 Nr. 2), kann aber auch zur Einbeziehung von Einnahmen aus nichtselbstständiger Arbeit führen, die nicht als Arbeitsentgelt iSv. § 14 SGB IV zu berücksichtigen sind (vgl. zu monatlich gezahlten Beträgen einer Kündigungs-Abfindung BSG v. 25. 1. 2006, B 12 KR 2/05 R, SozR 4–2400 § 16 Nr. 3). Eine ausdrückliche Ausnahme gilt für laufende **Renten** (Nr. 5 Hs. 2), die unabhängig vom Rechtsgrund nicht lediglich mit dem Ertragsanteil, sondern mit dem Bruttobetrag berücksichtigt werden (BSG v. 10. 3. 1994, 12 RK 4/92, SozR 3–2500 § 10 Nr. 5, v. 25. 1. 2006, B 12 KR 10/04 R, SozR 4–2500 § 10 Nr. 5 und v. 22. 5. 2003, B 12 KR 13/02 R, SozR 4–2500 § 10 Nr. 2). Lediglich bei Renten aus der gRV ist der auf Entgeltpunkte für Kindererziehungszeiten entfallende Anteil des Zahlbetrages in Abzug zu bringen. Für geringfügig Beschäftigte nach §§ 8 Abs. 1 Nr. 1 und 8a SGB IV beträgt das zulässige Einkommen – im Blick auf Art. 3 Abs. 1 GG nicht unbedenklich – 400 €.

C. Besondere Voraussetzungen der Familienversicherung von Kindern

I. Altersgrenzen (Abs. 2)

Trotz der grundsätzlich lebenslang bestehenden Unterhaltsverpflichtung der Eltern gegenüber ihren Kindern, wird der Versichertengemeinschaft nur eine **begrenzte Beteiligung** zugemutet. Das Gesetz geht **typisierend** davon aus, dass Kinder mit zunehmendem Alter wirtschaftlich selbstständig sind und sich ein Krankenversicherungsschutz zu Lasten der Versichertengemeinschaft damit erübrigt. Grundsätzlich endet damit gemäß Abs. 2 Nr. 1 die Familienversicherung mit Vollendung des 18. Lebensjahres (24 h des dem Geburtstag vorausgehenden Tages, § 26 SGB X, § 187 Abs. 2 BGB). Eine **Fortsetzung** über diesen Zeitpunkt hinaus setzt bis längstens zur Vollendung des 23. Lebensjahres voraus, dass (unabhängig vom Grund der Untätigkeit und in den Grenzen des Abs. 1 Nr. 4) eine Erwerbstätigkeit nicht ausgeübt wird. Bis längstens zur Vollendung des 25. Lebensjahr dauert die Familienversicherung fort, wenn sich Kinder sich in Schul- oder Berufsausbildung befinden oder ein freiwilliges soziales Jahr oder ein freiwilliges ökologisches Jahr im Sinne des Jugendfreiwilligendienstegesetzes leisten. Schulausbildung ist dabei grundsätzlich jede stetig und regelmäßig durchgeführte, auf die Vermittlung von Allgemeinbildung oder beruflicher Grundbildung angelegte Ausbildung mit kontrolliertem Unterricht. Berufsausbildung ist die Vermittlung von spezifischen Kenntnissen und Fertigkeiten für einen künftigen Beruf. Schul- oder Berufsausbildung müssen Zeit und Arbeitskraft zumindest überwiegend in Anspruch nehmen, so dass daneben eine den Lebensunterhalt sichernde Erwerbstätigkeit ausscheidet. Wird die Schul- oder Berufsausbildung durch Erfüllung einer gesetzlichen Dienstpflicht des Kindes unterbrochen oder verzögert, besteht die Versicherung auch für einen der Dauer dieses Dienstes entsprechenden Zeitraum über das fünfundzwanzigste Lebensjahr hinaus (Abs. 2 Nr. 3

Hs. 2). **Ohne Altersbegrenzung** sind schließlich nur Kinder versichert, die als behinderte Menschen iSv. § 2 Abs. 1 S. 1 SGB IX außer Stande sind, sich selbst zu unterhalten, wenn die Behinderung schon zu einem Zeitpunkt vorlag, in dem das Kind nach Abs. 2 Nr. 1, 2 oder 3 versichert war („Vorversicherung", vgl. BSG v. 29. 9. 1994, 12 RK 67/93, SozR 3–7140 § 90 r. 1).

II. Kein Ausschluss der Systemzuständigkeit (Abs. 3)

7   Kinder sind trotz Erfüllung aller sonstigen Voraussetzungen nur dann familienversichert, wenn zunächst der mit ihnen verwandte **Ehegatte oder Lebenspartner** des Mitgliedes kein Mitglied einer gesetzlichen Krankenkasse ist und sein Gesamteinkommen (§ 16 SGB IV) oberhalb der JAE-Grenze des § 6 Abs. 1 Nr. 1 **(absolute Grenze)** liegt. Das ist nicht verfassungswidrig (BVerfG v. 12. 2. 2003, 1 BvR 624/01, SozR 4–2500 § 10 Nr. 1) und gilt auch, wenn die Eltern getrennt leben (BSG v. 25. 1. 2001, B 12 KR 5/00 R, SozR 2500 § 10 Nr. 22). Das Gesetz stellt auf diese Weise – teilweise typisierend und pauschalierend – sicher, dass zur Erzielung von Einkünften getätigter Aufwand zunächst in Abzug gebracht wird (BSG v. 25. 8. 2004, B 12 KR 36/03 R, USK 2004–20). Zuschläge, die mit Rücksicht auf den Familienstand bezogen werden, bleiben auch insofern unberücksichtigt (BSG v. 29. 7. 2003, B 12 KR 16/02 R, SozR 4–2500 § 10 Nr. 3). Darüber hinaus muss der nicht in der GKV versicherte Ehegatte/Lebenspartner zugleich auch innerhalb der Ehe/Lebenspartnerschaft der besser verdienende Teil sein **(relative Grenze).** Nur wenn damit der nicht versicherte Ehegatte/Lebenspartner nicht mehr dem Personenkreis zugehört, für den eine gKV grundsätzlich besteht, und er unter Zugrundelegung einer typisierenden Betrachtung als höher verdienender Elternteil gleichzeitig den Barunterhalt des Kindes sicher zu stellen hat, wird in typisierender Betrachtung die Zuständigkeit der gKV ausgeschlossen. Der Ausschluss mehrerer Kinder von der FamVers ist nicht deshalb verfassungswidrig, weil beim Gesamteinkommen nicht nach der Kinderzahl differenziert wird (BSG v. 25. 1. 2001, B 12 KR 8/00 R SozR 3–2500 § 10 Nr. 21).

D. Verfahrensrecht (Abs. 5, 6)

8   Grundsätzlich bestimmt die Kassenwahl des Mitglieds gleichzeitig die für die Durchführung der Familienversicherung **zuständige Kasse** (§ 173 Abs. 6 SGB VI). Gibt es ausnahmsweise eine gesetzliche Bestimmung der Zuständigkeit, erfasst diese auch die Familienversicherung. Sind die Voraussetzungen der Familienversicherung für Kinder (Abs. 1, 2, 4, nicht „der Abs. 1–4") gegenüber verschiedenen Krankenkassen erfüllt, bestimmt nach Abs. 5 ebenfalls „das Mitglied" die Krankenkasse. Das führt allenfalls bei komplementären Entscheidungen der mehreren entscheidungsbefugten Stammversicherten zur vom Gesetz angestrebten Bestimmung nur einer zuständigen Kasse. Fehlt es demgegenüber an jeder Entscheidung oder werden mehrfach positive/negative Entscheidungen getroffen, bleibt es dem gegenüber bei koexistierenden Versicherungsverhältnissen.

9   Das Mitglied hat die Familienversicherten mit den dafür erforderlichen (und ihm bekannten) Angaben zu **melden** sowie spätere Änderungen dieser Angaben mitzuteilen (Abs. 6 S. 1). Die Erhebung darüber hinaus erforderlicher Daten erfolgt unmittelbar bei dem Familienangehörigen, mit dessen Zustimmung auch beim Stammversicherten (§ 289 S. 2). Abs. 6 S. 2 verpflichtet die Spitzenverbände der Krankenkassen (ab 1. 7. 2008 den neuen Spitzenverband Bund der Krankenkassen), das Meldeverfahren und die Meldevordrucke einheitlich zu gestalten.

10   Da die Familienversicherung **unmittelbar kraft Gesetzes** eintritt, bedarf es zu ihrer Begründung oder Beendigung keines konstitutiven Verwaltungsakts. Eine entsprechende Notwendigkeit ergibt sich mangels Außenwirkung der Eintragung in das Versichertenverzeichnis auch nicht aus § 289 SGB V. Die hiervon unabhängig mögliche und zur Gewährleistung von Rechtssicherheit im Einzelfall gebotene Zuerkennung des Versichertenstatus erfolgt allerdings nicht bereits durch das Aushändigen einer Krankenversicherungskarte (vgl. hierzu BSG v. 7. 12. 2000, B 10 KR 3/99, SozR 3–2500 § 10 Nr. 19) oder die Zuerkennung des Anspruchs auf eine einzelne Leistung. Vielmehr bedarf es eines (feststellenden) Verwaltungsaktes (§ 31 S. 1 SGB X) dar. In den Grenzen der Nichtigkeit (§ 40 SGB X) bietet dieser unabhängig von seiner Rechtmäßigkeit für die Dauer seines Bestandes eine eigenständige Grundlage des Status. Im Streit um die begehrte Familienversicherung ist die kombinierte Anfechtungs- und Feststellungsklage (§ 54 Abs. 1, § 55 Abs. 1 Nr. 1 SGG) die richtige Klageart (BSG v. 26. 10. 1990, 12/3 RK 27/88, USK 9042). Ist bisher ein Verwaltungsakt nicht ergangen, kann unter Zugrundelegung einer vorausschauenden Betrachtungsweise auch das **Fehlen oder der Wegfall** der Familienversicherung (deklaratorisch) ohne Bindung an die §§ 44 ff. auch rückwirkend festgestellt werden (BSG v. 7. 12. 2000, B 10, KR 3/99 R, SozR 3–2500 § 10 Nr. 19). Sich hierdurch ergebenden Schutz-Defiziten ist im Rahmen der entsprechenden Anwendung der §§ 45 und 48 SGB X bei der Zurückforderung erbrachter Leistungen (§ 50 Abs. 2 SGB X) bzw im Zusammenhang der Entscheidung über die Wiedereinsetzung in die Beitrittsfrist des § 9 Abs. 2 Nr. 2 Rechnung zu tragen.

11   Der Eigenständigkeit des Status entspricht dabei **(gerichts-)verfahrensrechtlich,** dass der Familienversicherte selbst – ggf. durch seinen gesetzlichen Vertreter (vgl. BSG v. 18. 3. 1999, B 12 KR

13/98 R, SozR 3–1500 § 78 Nr. 3) dessen Feststellung betreiben kann, seiner akzessorischen Natur, dass auch dem Stammversicherten dieses Recht zusteht (BSG v. 29. 6. 1993, 12 RK 48/91, SozR 3–2500 § 10 Nr. 2). Eine Feststellungsbefugnis hinsichtlich der eigenen Versicherung wie der durch sie vermittelten steht schließlich (auch insofern neben dem Stammversicherten) selbst familienversicherten Kindern mit familienversicherten Kindern zu. Dagegen ist der Sozialhilfeträger nicht berechtigt, die Familienversicherung feststellen zu lassen; er hat als nicht am Versicherungsverhältnis Beteiligter die Tatbestandswirkung der Entscheidung der Krankenkasse hinzunehmen (BSG v. 17. 6. 1999, B 12 KR 11/99 R, SozR 3–5910 § 91 a Nr. 6).

Drittes Kapitel. Leistungen der Krankenversicherung

Erster Abschnitt. Übersicht über die Leistungen

§ 11 Leistungsarten

(1) Versicherte haben nach den folgenden Vorschriften Anspruch auf Leistungen
1. *(aufgehoben)*
2. zur Verhütung von Krankheiten und von deren Verschlimmerung sowie zur Empfängnisverhütung, bei Sterilisation und bei Schwangerschaftsabbruch (§§ 20 bis 24 b),
3. zur Früherkennung von Krankheiten (§§ 25 und 26),
4. zur Behandlung einer Krankheit (§§ 27 bis 52),
5. des Persönlichen Budgets nach § 17 Abs. 2 bis 4 des Neunten Buches.

(2) ¹Versicherte haben auch Anspruch auf Leistungen zur medizinischen Rehabilitation sowie auf unterhaltssichernde und andere ergänzende Leistungen, die notwendig sind, um eine Behinderung oder Pflegebedürftigkeit abzuwenden, zu beseitigen, zu mindern, auszugleichen, ihre Verschlimmerung zu verhüten oder ihre Folgen zu mildern. ²Leistungen der aktivierenden Pflege nach Eintritt von Pflegebedürftigkeit werden von den Pflegekassen erbracht. ³Die Leistungen nach Satz 1 werden unter Beachtung des Neunten Buches erbracht, soweit in diesem Buch nichts anderes bestimmt ist.

(3) Bei stationärer Behandlung umfassen die Leistungen auch die aus medizinischen Gründen notwendige Mitaufnahme einer Begleitperson des Versicherten oder bei stationärer Behandlung in einem Krankenhaus nach § 108 die Mitaufnahme einer Pflegekraft, soweit Versicherte ihre Pflege nach § 66 Absatz 4 Satz 2 des Zwölften Buches durch von ihnen beschäftigte besondere Pflegekräfte sicherstellen.

(4) ¹Versicherte haben Anspruch auf ein Versorgungsmanagement insbesondere zur Lösung von Problemen beim Übergang in die verschiedenen Versorgungsbereiche. ²Die betroffenen Leistungserbringer sorgen für eine sachgerechte Anschlussversorgung des Versicherten und übermitteln sich gegenseitig die erforderlichen Informationen. ³Sie sind zur Erfüllung dieser Aufgabe von den Krankenkassen zu unterstützen. ⁴In das Versorgungsmanagement sind die Pflegeeinrichtungen einzubeziehen; dabei ist eine enge Zusammenarbeit mit Pflegeberatern und Pflegeberaterinnen nach § 7 a des Elften Buches zu gewährleisten. ⁵Das Versorgungsmanagement und eine dazu erforderliche Übermittlung von Daten darf nur mit Einwilligung und nach vorheriger Information des Versicherten erfolgen. ⁶Soweit in Verträgen nach den §§ 140 a bis 140 d nicht bereits entsprechende Regelungen vereinbart sind, ist das Nähere im Rahmen von Verträgen nach § 112 oder § 115 oder in vertraglichen Vereinbarungen mit sonstigen Leistungserbringern der gesetzlichen Krankenversicherung und mit Leistungserbringern nach dem Elften Buch sowie mit den Pflegekassen zu regeln.

(5) Auf Leistungen besteht kein Anspruch, wenn sie als Folge eines Arbeitsunfalls oder einer Berufskrankheit im Sinne der gesetzlichen Unfallversicherung zu erbringen sind.

A. Normzweck

Die Vorschrift beinhaltet in ihrem ersten Teil sozusagen das Vorwort des **Leistungsrechts des SGB V** (ausführlich Becker/Kingreen, in: Becker/Kingreen, § 11 SGB V Rn. 6ff.). Die Abs. 1 und 2 enthalten **Einweisungsvorschriften** (nicht Anspruchsgrundlagen), die das Leistungsrecht vorstrukturieren, die Einzelheiten ergeben sich aus den in den Einweisungsvorschriften genannten speziellen Bestimmungen des SGB V und SGB IX. Die gesetzlichen Bestimmungen des Leistungsrechts werden dabei ergänzt durch **Richtlinien** des Gemeinsamen Bundesausschusses (§ 92) und durch **Gesamtverträge** (§ 83). In der Praxis haben daneben vielfältige **Erläuterungen und Hinweise der Versicherungs-** 1

träger große Bedeutung. Die Abs. 3 und 4 ziehen besondere Fragen (Mitaufnahme einer Begleitperson oder Pflegekraft bei stationärer Behandlung; Anspruch auf ein Versorgungsmanagement) vor die Klammer. Die Abgrenzungen zu den Leistungen der gesetzlichen Unfallversicherung regelt Abs. 5.

B. Mitaufnahme einer Begleitperson

2   Abs. 3 regelt die bereits vor In-Kraft-Treten des SGB V anerkannte (BSG 26. 3. 1980 – 3 RK 32/79 – BSGE 50, 72) medizinisch notwendige stationäre **Mitaufnahme einer Begleitperson**. Erfasst wird dabei sowohl die voll- als auch die teilstationäre Behandlung (vgl. §§ 39, 40 Abs. 2). Aus **medizinischen Gründen notwendig** ist die Mitaufnahme einer Begleitperson dann, wenn namentlich bei Kindern wegen der Trennung von den Eltern der Heilungsprozess verzögert oder gefährdet würde (vgl. KassKomm/Höfler, § 11 SGB V Rn. 22) oder wenn die Begleitperson in das therapeutische Konzept eingebunden ist (H/N/Noftz, § 11 SGB V Rn. 58 a). Die Unterbringung muss in derselben Einrichtung stattfinden; eine Unterbringung außerhalb oder in der Nähe der stationären Einrichtung genügt regelmäßig nicht. Ist die Begleitperson Elternteil des Versicherten, der das 12. Lebensjahr noch nicht vollendet hat, und übt sie eine Erwerbstätigkeit aus, so begründet die Mitaufnahme zugleich einen **Krankengeldanspruch** gemäß § 45 (siehe dort Rn. 3). Nach dem Wortlaut umfassen die Leistungen des Abs. 3 selbst nur die „Mitaufnahme der Begleitperson", dh. die ggf. dadurch selbst entstehenden Aufwendungen (BSG 23. 11. 1995 – 1 RK 11/95 – BSGE 77, 102, 105 f.); für weitere Aufwendungsersatzansprüche, wie zB den Ersatz des Verdienstausfalls der Begleitperson, bleibt demnach kein Raum (ebenso KassKomm/Höfler, § 11 SGB V Rn. 22; H/N/Noftz, § 11 SGB V Rn. 59; aA GK-SGB V/Igl, § 11 Rn. 31). Seit dem 5. 8. 2009 kann zudem gem. Abs. 3 Fall 2 eine Pflegekraft mitaufgenommen werden, wenn Versicherte die Pflege nach § 66 Abs. 4 SGB XII sicherstellen (sog. Arbeitgeber- oder Assistenzmodell). Die Mitaufnahme muss im Gegensatz zu der Mitaufnahme nach Abs. 3 Fall 1 nicht medizinisch notwendig sein; Zweck der Vorschrift ist die Gewährleistung einer kontinuierlichen Versorgung besonders pflegebedürftiger Personen (vgl. H/N/Noftz, § 11 SGB V Rn. 59 e f.).

C. Versorgungsmanagement

3   § 11 Abs. 4 begründet, zum 1. 4. 2007 durch das GKV-WSG (BGBl. I, 378) eingefügt, einen Rechtsanspruch des Versicherten auf ein **Versorgungsmanagement** („Case Management" oder „Managed Care"). Den Versicherten soll beim **Übergang zwischen einzelnen Leistungsbereichen** (zB von der stationären Krankenhausbehandlung in die ambulante fachärztliche Behandlung) die notwendige Hilfe und Unterstützung an die Hand gegeben werden, so dass ein „reibungsloser Übergang zwischen Akutversorgung, Rehabilitation und Pflege" (BT-Drs. 16/3100 S. 96 f.) gewährleistet ist. Im Hintergrund stehen Abstimmungsschwierigkeiten beim Übergang in andere Versorgungsbereiche sowie die Tatsache, dass § 2 Abs. 2 von einer effektiven Leistungserbringung ausgeht. Die neu eingeführten Versorgungsformen (hausarztzentrierte Versorgung, § 73 b; besondere ambulante ärztliche Versorgung, § 73 c; integrierte Versorgung, §§ 140 a ff.) erleichtern die Verwirklichung des Anliegens.

4   Der Anspruch richtet sich, dem System des Rechts der gesetzlichen Krankenversicherung folgend, gegen die Krankenkassen; diese haben die Leistungserbringer gemäß S. 3 bei ihrem Tätigwerden zu unterstützen (Schlegel, jurisPR-SozR 9/2007 Anm. 5; aA BeckOKSozR/Joussen, § 11 SGB V Rn. 14 b). Sicherzustellen ist eine sachgerechte Anschlussversorgung. Insbesondere soll Pflegebedürftigkeit oder baldiger stationärer Wiedereinweisung entgegengewirkt werden. In das Versorgungsmanagement eingebundene Leistungsträger sind zB **Vertragsärzte, Krankenhäuser** oder **Rehabilitations- und Pflegeeinrichtungen**. Für Krankenhäuser folgt aus der Klarstellung des Großen Senats des BSG (BSG (GS) 25. 9. 2007 – GS 1/06 – SGb 2008, 295) zur medizinischen Notwendigkeit einer Krankenhausbehandlung eine praktische Bedeutung des Versorgungsmanagements insbesondere bei Patienten mit schweren psychischen Erkrankungen und Demenz. Gegenstand des Versorgungsmanagements ist insbesondere der **Informationsaustausch** zwischen den betroffenen Leistungsträgern, darüber hinaus die **Beratung** und **Information** der Versicherten. Die Teilnahme am Versorgungsmanagement setzt die **Einwilligung der Versicherten** nach vorausgegangener Information voraus. Einzelheiten können namentlich in Verträgen zur integrierten Versorgung gemäß §§ 140 a–140 d, in Verträgen nach §§ 112, 115 oder durch vertragliche Vereinbarungen mit Leistungserbringern und Pflegekassen gestaltet werden (vgl. § 11 Abs. 4 S. 6).

D. Arbeitsunfall, Berufskrankheit

5   Gemäß Abs. 5 sind Leistungsansprüche gegen die gesetzliche Krankenversicherung ausgeschlossen, soweit Leistungen als Folge eines Arbeitsunfalls oder einer Berufskrankheit zu erbringen sind. Auch

wenn das eingetretene Risiko in beiden Sozialversicherungszweigen gegen Beitragsleistung versichert ist, ist der Doppelbezug von Leistungen mit gleicher Zielsetzung zu vermeiden (verfassungskonform, vgl. BVerfG 9. 11. 1988 – 1 BvL 22/84 u. a. – BVerfGE 79, 87, 98).

Zweiter Abschnitt. Gemeinsame Vorschriften

§ 12 Wirtschaftlichkeitsgebot

(1) ¹Die Leistungen müssen ausreichend, zweckmäßig und wirtschaftlich sein; sie dürfen das Maß des Notwendigen nicht überschreiten. ²Leistungen, die nicht notwendig oder unwirtschaftlich sind, können Versicherte nicht beanspruchen, dürfen die Leistungserbringer nicht bewirken und die Krankenkassen nicht bewilligen.

(2) Ist für eine Leistung ein Festbetrag festgesetzt, erfüllt die Krankenkasse ihre Leistungspflicht mit dem Festbetrag.

(3) Hat die Krankenkasse Leistungen ohne Rechtsgrundlage oder entgegen geltendem Recht erbracht und hat ein Vorstandsmitglied hiervon gewußt oder hätte es hiervon wissen müssen, hat die zuständige Aufsichtsbehörde nach Anhörung des Vorstandsmitglieds den Verwaltungsrat zu veranlassen, das Vorstandsmitglied auf Ersatz des aus der Pflichtverletzung entstandenen Schadens in Anspruch zu nehmen, falls der Verwaltungsrat das Regreßverfahren nicht bereits von sich aus eingeleitet hat.

A. Normzweck

Abs. 1 verpflichtet Krankenkassen, Leistungserbringer und Versicherte auf ein umfassendes **Wirtschaftlichkeitsgebot.** Dass die Leistungen der gesetzlichen Krankenversicherung wirtschaftlich sein müssen, ist selbstverständlich, angesichts der vielfältigen Interessen der am Gesundheitswesen Beteiligten jedoch schwer zu verwirklichen. Das Gesetz tut alles, um in dieser Hinsicht das Signal zu setzen (vgl. §§ 2 Abs. 1, 4, 4 Abs. 3, 4, 12 Abs. 1, 70 Abs. 1, 72 Abs. 2). Der Verwirklichung des Wirtschaftlichkeitsgebots dienen auch die Richtlinien des Gemeinsamen Bundesausschusses (§ 92) und die Wirtschaftlichkeitsprüfung (§ 106). Das Wirtschaftlichkeitsgebot wird durch den **Grundsatz der Beitragssatzstabilität** (§ 71) als Zielvorgabe für alle Beteiligten abgesichert. Die Vorgaben des Abs. 1 gelten für die Erbringung aller Leistungen gemäß § 11; nur ausnahmsweise ist der Leistungsumfang, wie beim Krankengeld oder bei Festbeträgen, gesetzlich festgelegt. Die Vorschrift gewährleistet einerseits den Versicherten den gesetzlich zugebilligten Leistungsstandard; sie soll andererseits Leistungen im Übermaß verhindern. Das ändert nichts daran, dass entscheidende Voraussetzung der Leistungsgewährung ein Bedarf ist, der sich nach medizinischen Kriterien bemisst. Das Wirtschaftlichkeitsgebot gilt auch für das Leistungserbringungsrecht (Abs. 1 S. 2, vgl. BSG 28. 3. 2000 – B 1 KR 11/98 R – BSGE 86, 54). 1

B. Ausreichend, zweckmäßig, wirtschaftlich

Leistungen müssen ausreichend, zweckmäßig und wirtschaftlich sein (Abs. 1, 1. Hs.). Es handelt sich bei diesen Begriffen um **unbestimmte Rechtsbegriffe**, die der vollen gerichtlichen Überprüfung unterliegen (BSG 24. 11. 1983 – 8 RK 6/82 – SozR 2200 § 182 Nr. 93; zur Kontrolldichte bei Entscheidungen des Gemeinsamen Bundesausschusses vgl. BSG 31. 5. 2006 – B 6 KA 13/05 – BSGE 96, 261, 280 ff.). Die Begriffe stehen **gleichrangig** nebeneinander (anders GKV-Komm/Zipperer, § 12 SGB V Rn. 2 a), dabei zugleich in einer **Wechselwirkung** zueinander (vgl. BSG 29. 5. 1962 – 6 RKa 24/59 – BSGE 17, 79, 84). Dass die Begriffe in der Kommentarliteratur zwar unterschieden, nicht selten letztlich aber synonym entfaltet werden, führt zu Unklarheit. Auch wenn sich die Begriffe überschneiden, kommt ihnen doch im Kern jeweils ein eigenständiger Gehalt zu, wobei am Ende unter Berücksichtigung aller Gesichtspunkte ein **Gesamtbild** steht (vgl. BSG 22. 9. 1981 – 11 RK 10/79 – BSGE 52, 134, 139; BSG 17. 1. 1996 – 3 RK 38/94 – SozR 3–2500 § 33 Nr. 18). 2

Im Einzelnen ist mit dem Begriff „**ausreichend**" ein **Mindeststandard** garantiert; ausreichend ist eine Leistung, wenn sie, vom Zweck her betrachtet, nach Umfang und Qualität hinreichende Chancen für einen Heilerfolg bietet (BSG 28. 6. 1983 – 8 RK 22/81 – SozR 2200 § 257 a Nr. 10; BeckOKSozR/Joussen, § 12 SGB V Rn. 4). Der durch den Begriff markierte Mindeststandard bildet die Untergrenze, die nicht unterschritten sein darf. In diesem Sinn reicht einem **sprech- und schreibbehinderten Schüler** ein Personal Computer nicht aus, wenn dieser nicht nach Art eines Laptops täglich mit zur Schule und zurück transportiert werden kann (BSG 6. 2. 1997 – 3 RK 1/96 – SozR 3–2500 § 33, Nr. 22). 3

4 Der Begriff „**zweckmäßig**" markiert oberhalb des Mindeststandards der ausreichenden Leistung eine **Bandbreite**. Es geht darum, welche Maßnahmen im Hinblick auf den angestrebten Behandlungserfolg vom medizinischen Zweck und Ziel aus gesehen zielführend sind. Es ist eine **Prognose** vorzunehmen, die auf dem allgemein anerkannten Stand der medizinischen Erkenntnisse und den Regeln der ärztlichen Kunst (§ 28 Abs. 1 S. 1) zu beruhen hat. Nicht zweckmäßig ist, was überflüssig oder sogar sinnlos ist. Ein **Arzneimittel** ist als zweckmäßig anzusehen, wenn es nach allgemeiner ärztlicher Erfahrung geeignet ist, die Krankheit zu heilen, zu bessern, zu lindern oder eine Verschlimmerung zu verhüten (BSG 21. 11. 1991 – 3 RK 8/90 – BSGE 70, 24, 26 f.). Von Ausnahmefällen (Systemversagen, BSG 7. 11. 2006 – B 1 KR 24/06 R – NZS 2007, 534, 536) und von Extremsituationen (BVerfG 6. 12. 2005 – 1 BVR 347/98 – SozR 4–2500 § 27 Nr. 5) abgesehen ist allgemein zu prüfen, ob eine **anerkannte Maßnahme** im konkreten Fall geeignet ist. In seinem Anwendungsbereich wird die Zweckmäßigkeitsprüfung durch das Verfahren gemäß § 135 Abs. 1 ersetzt. Die Anwendung eines Arzneimittels ist danach nicht zweckmäßig, wenn das verwendete Mittel nach den Regeln des Arzneimittelrechts der Zulassung bedarf und die Zulassung nicht erteilt ist (BSG 6. 1. 2005 – B 1 KR 51/03 B –). Außerhalb des Verfahrens nach § 135 und in Fällen sog. „Systemversagens" können unkonventionelle Maßnahmen bei wissenschaftlich nachgewiesener Wirksamkeit zweckmäßig sein (BSG 28. 3. 2000 – B 1 KR 11/98 R – NZS 2001, 259, 262). Dagegen genügt bei lebensbedrohlichen Erkrankungen bereits eine nicht ganz fernliegende Erfolgsaussicht, um Zweckmäßigkeit annehmen zu können (BVerfG 6. 12. 2005 – 1 BvR 347/98 – NJW 2006, 891 ff.). Zusammengefasst ergibt die Anwendung des Begriffs der Zweckmäßigkeit eine oberhalb des Ausreichenden liegende Bandbreite geeigneter Maßnahmen.

5 Der Begriff „**wirtschaftlich**" im Rahmen des Wirtschaftlichkeitsgebots des § 12 Abs. 1 meint eine Wirtschaftlichkeit **im engeren Sinn** (vgl. BSG 26. 8. 1983 – 8 RK 29/82 – BSGE 55, 277, 279). Wirtschaftlich in diesem Sinn ist eine Maßnahme, wenn sie oberhalb des Mindeststandards in der dargelegten Bandbreite des Zweckmäßigen mit den eingesetzten Mitteln den größtmöglichen Nutzen erreicht oder wenn ein bestimmter Nutzen mit den geringst möglichen Mitteln erzielt wird. Es geht um die Bewertung der Mittel-Zweck-Relation (vgl. BSG 26. 8. 1983 – 8 RK 29/82 – BSGE 55, 277, 279), konkreter ausgedrückt geht es um eine **Kosten-Nutzen-Analyse**. In diese fließen natürlich nicht nur wirtschaftliche, sondern auch medizinische Gesichtspunkte über den Heilungserfolg ein (vgl. BSG 22. 9. 1981 – 11 RK 10/79 – BSGE 52, 134, 138 f.). Bei unterschiedlichen Preisen von Arzneimitteln mit entsprechender Indikation ist danach das preiswertere Arzneimittel zu wählen (vgl. BSG 20. 10. 2004 – B 6 RA 41/03 R – SozR 4–2500 § 106 Nr. 6). Die Prüfung der Wirtschaftlichkeit im engeren Sinn wird bedeutsam, wenn nicht nur ein Weg gegeben ist, um das gewünschte Ziel mit einer ausreichenden und zweckmäßigen Leistung zu erreichen, es also **Alternativen** gibt.

C. Notwendigkeit

6 Die ausreichende, zweckmäßige und wirtschaftliche Leistung darf das Maß des Notwendigen nicht überschreiten. Dieses Maß wird nicht überschritten, wenn die Leistung im Hinblick auf die bestehende behandlungsbedürftige Krankheit (siehe § 27 Rn. 2 f.) „unvermeidlich, zwangsläufig und unentbehrlich" **erforderlich** ist (vgl. BSG 26. 10. 1982 – 3 RK 16/81 – SozR 2200 § 182b Nr. 25). Die Frage der Erforderlichkeit ist im Hinblick auf den Zweck der Maßnahme (siehe § 11 Abs. 1 „Verhütung", „Früherkennung", „Behandlung", siehe ferner § 27 Abs. 1 „erkennen", „heilen", „Verschlimmerung verhüten", „Krankheitsbeschwerden lindern") zu bestimmen. Das Merkmal der Notwendigkeit hat besondere Bedeutung bei der **Krankenhausbehandlung** und bei der Gewährung von **Hilfsmitteln**. Das Merkmal der Notwendigkeit wird hier durch den Begriff der Erforderlichkeit (zum Begriff der Erforderlichkeit einer vollstationären Krankenhausbehandlung siehe § 39 Rn. 11 f. und BSG (GS) 25. 9. 2007 – GS 1/06 – SGb 2008, 295; zur Erforderlichkeit eines Hilfsmittels siehe § 33 Rn. 8) konkretisiert.

D. Abs. 1 S. 2

7 Die Bestimmung wird zum Teil als Beschreibung der Rechtsfolgen angesehen (KassKomm/Höfler, § 12 SGB V Rn. 42). Richtig erscheint, dass sie mit der Verwendung der Begriffe „notwendig oder unwirtschaftlich" nicht die Voraussetzungen des S. 1 weiter konkretisiert; man wird den Relativsatz so zu verstehen haben, dass Leistungen, „die den Voraussetzungen des Abs. 1 S. 1 nicht entsprechen" von Versicherten nicht beansprucht, von Leistungserbringern nicht bewirkt und von den Krankenkassen nicht bewilligt werden dürfen. Dies angenommen, stellt die Bestimmung klar, dass das in Abs. 1 S. 1 aufgestellte Wirtschaftlichkeitsgebot an alle Protagonisten gerichtet ist: an die **Versicherten**, an die **Leistungserbringer** und an die **Krankenkassen**. Daraus folgt, dass die Anforderungen des § 12 Abs. 1 nicht nur im Leistungsrecht, sondern **auch im Recht der Leistungserbringung** zu beachten sind (vgl. § 70 Abs. 1).

Verfassungsrechtlich ist es nicht zu beanstanden, wenn die gesetzliche Krankenversicherung den 8 Versicherten Leistungen nur unter Beachtung des Wirtschaftlichkeitsgebots und nach Maßgabe eines allgemeinen Leistungskatalogs zur Verfügung stellt (vgl. BVerfG 6. 12. 2005 – 1 BvR 347/98 – SozR 4–2500 § 27 Nr. 5). Die finanzielle Stabilität der gesetzlichen Krankenversicherung ist ein Gemeinschaftsbelang von hohem Rang (BVerfG 31. 10. 1984 – 1 BvR 35/82, 1 BvR 356/82, 1 BvR 794/82 – BVerfGE 68, 193, 218; aus jüngerer Zeit BVerfG 13. 9. 2005 – 2 BvF 2/03 – BVerfGE 114, 196, 248). Bedeutung hat das in der Praxis gerade auch für die Leistungserbringer; in Einklang mit den Freiheitsrechten der Leistungserbringer wird durch das Wirtschaftlichkeitsgebot ein **Handlungsrahmen** vorgegeben (vgl. BSG 20. 3. 1996 – 6 RKa 62/94 – BSGE 78, 70, 89). Eine **Therapiefreiheit** in dem Sinn, dass Untersuchungs- und Behandlungsmaßnahmen nach Wahl des Leistungserbringer eingesetzt werden könnten, gibt es ohnehin nicht. Das Wirtschaftlichkeitsgebot wird durch **Wirtschaftlichkeitsprüfungen** nach detaillierten Vorgaben (vgl. § 106) unterstützt. Fortgesetzte Verstöße gegen das Wirtschaftlichkeitsgebot können zu Disziplinarmaßnahmen, unter Umständen zur Entziehung der Zulassung als Vertragsarzt, führen (vgl. BSG 8. 3. 2000 – B 6 KA 62/98 R – SozR 3–2500 § 81 Nr. 6).

In Bezug auf die **zivilrechtliche Haftung** von Leistungserbringern führt das Wirtschaftlichkeits- 9 gebot nicht per se zu einer Relativierung von Sorgfaltspflichten (näher MüKo/Wagner, § 823 BGB Rn. 750 ff.). Es besteht eine Wechselwirkung. Das Arzthaftungsrecht trägt der Ressourcenknappheit bei der Bestimmung der Behandlungsstandards Rechnung. Umgekehrt kann, was im Sinn des Haftungsrechts an sorgfaltsgemäßer Handlungsweise erforderlich ist, insoweit „notwendig" ist, nicht unwirtschaftlich im Sinn von § 12 sein, sondern hält das „Maß des Notwendigen" auf jeden Fall ein. Wenn man gelegentlich liest oder hört, Leistungserbringer befänden sich in einer „ausweglosen Lage" zwischen Haftungsrecht und Wirtschaftlichkeitsgebot, liegt das neben der Sache. Die Auswirkungen des Wirtschaftlichkeitsgebots auf das Handeln von Leistungserbringern und auf die technische und personelle Ausstattung namentlich von Krankenhäusern sind im Einzelfall zu berücksichtigen. Nach der Rechtsprechung des BGH kann der Versicherte von einem kleinen Haus nicht den Standard einer hochspezialisierten Fachklinik erwarten (vgl. BGH 22. 9. 1987 – VI ZR 238/86 – NJW 1988, 763, 764 f.). Eingriffe, die ein Krankenhaus angesichts seiner technischen und personellen Ausstattung überfordern würden, dürfen von ihm andererseits nicht durchgeführt werden (BGH 30. 5. 1989 – VI ZR 200/88 – NJW 1989, 2321 f.). Die ohnehin verfehlte Vorstellung, bei **Überschreitung eines Budgets** arbeite ein Arzt gleichsam unentgeltlich, erlaubt nicht, eine gebotene Behandlungsmaßnahme aufzuschieben.

E. Festbetrag

Abs. 2 schränkt den Anwendungsbereich des Abs. 1 ein, indem er die Leistungspflicht der Kran- 10 kenkasse auf die Gewährung von **Festbeträgen** begrenzt (vgl. dazu BSG 23. 1. 2003 – B 3 KR 7/02 R – BSGE 90, 220, 225). Weitergehende Ansprüche können nicht erhoben werden. Ist für Arznei- und Verbandmittel ein Festbetrag als Obergrenze festgesetzt (§ 31 Abs. 2 S. 1), trägt die Krankenkasse die Kosten nur bis zu dessen Höhe. Wählt der Versicherte ein anderes Mittel, dessen Kosten über den Festbetrag hinausgehen, hat er den überschießenden Teil selbst zu tragen. Mit der Vereinbarung von Festbeträgen soll bereits eine ausreichende, zweckmäßige und wirtschaftliche Versorgung garantiert sein (Jahn/Wältermann, § 12 SGB V, Rn. 11; BeckOKSozR/Joussen, § 12 SGB V Rn. 10). Aber auch dort, wo eine den Vorgaben des § 12 Abs. 1 (Wirtschaftlichkeitsgebot) entsprechende Leistung im Einzelfall den Festbetrag übersteigt, ist eine weitergehende Leistungspflicht der Krankenkasse ausgeschlossen (vgl. BT-Drs. 11/2237 S. 164). Lediglich bei Vorliegen eines sog. Systemversagens (siehe § 13 Rn. 6) kommt eine über den Festbetrag hinausgehende Leistungspflicht in Betracht. Abs. 2 setzt voraus, dass ein Festbetrag **festgesetzt** ist. Vorgesehen ist dies für Arznei- und Verbandmittel (§ 35) sowie für Hilfsmittel (§ 36). Unter bestimmten Voraussetzungen können sie auch für Leistungen der Rettungsdienste festgesetzt werden (§ 133 Abs. 2). Die Festsetzung muss im Bundesarbeitsblatt (BABl.) bekannt gegeben werden.

F. Innenhaftung von Vorstandsmitgliedern

Abs. 3 regelt als Norm des (staatlichen) **Aufsichtsrechts** und somit als lex specialis zu § 89 SGB IV 11 die **Innenhaftung** der Vorstandsmitglieder gegenüber der Krankenkasse als Anstellungskörperschaft. Die Haftung im Außenverhältnis gegenüber Dritten ist nicht Gegenstand der Bestimmung. **Ziel** der Vorschrift ist, aus Wettbewerbsgründen oder Kulanz gewährte Leistungen zu unterbinden (BT-Drs. 12/3608 S. 76). Umstritten ist, ob die Vorschrift neben den Vorstandsmitgliedern der regulären Krankenkassen auch die Vorstände der Sonderkassen (See-Krankenkasse, Landwirtschaftliche Krankenkasse, Deutsche Rentenversicherung Knappschaft-Bahn-See) erfasst (vgl. jurisPK/Engelhard, § 12 SGB V Rn. 163 ff.); dies ist zu bejahen.

12   **Voraussetzung** ist, dass die Krankenkasse Leistungen ohne Rechtsgrundlage oder entgegen geltendem Recht erbracht hat. Die Leistung wird **ohne Rechtsgrundlage** erbracht, wenn sie von keiner gesetzlichen Bestimmung getragen wird; es gilt der Vorbehalt des Gesetzes (§ 31 SGB I). Enthält das Recht nicht nur keine die Leistung rechtfertigende Vorschrift, sondern steht eine Rechtsnorm der Leistung sogar – ausdrücklich oder konkludent – entgegen, wird die Leistung **entgegen geltendem Recht** erbracht. Das Vorstandsmitglied muss von der rechtswidrigen Leistung **gewusst** haben oder seine Unkenntnis muss **fahrlässig** (iSv. § 276 Abs. 2 BGB) gewesen sein. Eine Haftungsmilderung aufgrund betrieblich veranlasster Tätigkeit kommt nicht in Betracht (BGH 14. 2. 1985 – IX ZR 145/83 – NJW 1985, 2194, 2196). Die Pflichtverletzung muss ursächlich für den Schaden gewesen sein.

13   Als **Rechtsfolge** formt § 12 Abs. 3 keine eigenständige Anspruchsgrundlage (vgl. BT-Drs. 12/3608 S. 76; H/N/Noftz, § 12 SGB V Rn. 53; Scholz, in: Becker/Kingreen, § 12 SGB V Rn. 10). Die Norm regelt lediglich die **Rechtspflicht** der zuständigen **Aufsichtsbehörde** (§§ 90, 90a SGB IV), nach Anhörung des Vorstandsmitglieds den Verwaltungsrat zu veranlassen, das Vorstandsmitglied auf Schadensersatz in Anspruch zu nehmen (vgl. BeckOKSozR/Joussen, § 12 SGB V Rn. 15). Diese Pflicht entfällt, wenn der Verwaltungsrat das Regressverfahren bereits von sich aus eingeleitet hat.

§ 13 Kostenerstattung

(1) Die Krankenkasse darf anstelle der Sach- oder Dienstleistung (§ 2 Abs. 2) Kosten nur erstatten, soweit es dieses oder das Neunte Buch vorsieht.

(2) [1]Versicherte können anstelle der Sach- oder Dienstleistungen Kostenerstattung wählen. [2]Hierüber haben sie ihre Krankenkasse vor Inanspruchnahme der Leistung in Kenntnis zu setzen. [3]Der Leistungserbringer hat die Versicherten vor Inanspruchnahme der Leistung darüber zu informieren, dass Kosten, die nicht von der Krankenkasse übernommen werden, von dem Versicherten zu tragen sind. [4]Eine Einschränkung der Wahl auf den Bereich der ärztlichen Versorgung, der zahnärztlichen Versorgung, den stationären Bereich oder auf veranlasste Leistungen ist möglich. [5]Nicht im Vierten Kapitel genannte Leistungserbringer dürfen nur nach vorheriger Zustimmung der Krankenkasse in Anspruch genommen werden. [6]Eine Zustimmung kann erteilt werden, wenn medizinische oder soziale Gründe eine Inanspruchnahme dieser Leistungserbringer rechtfertigen und eine zumindest gleichwertige Versorgung gewährleistet ist. [7]Die Inanspruchnahme von Leistungserbringern nach § 95b Absatz 3 Satz 1 im Wege der Kostenerstattung ist ausgeschlossen. [8]Anspruch auf Erstattung besteht höchstens in Höhe der Vergütung, die die Krankenkasse bei Erbringung als Sachleistung zu tragen hätte. [9]Die Satzung hat das Verfahren der Kostenerstattung zu regeln. [10]Sie kann dabei Abschläge vom Erstattungsbetrag für Verwaltungskosten in Höhe von höchstens 5 Prozent in Abzug bringen. [11]Im Falle der Kostenerstattung nach § 129 Absatz 1 Satz 5 sind die der Krankenkasse entgangenen Rabatte nach § 130a Absatz 8 sowie die Mehrkosten im Vergleich zur Abgabe eines Arzneimittels nach § 129 Absatz 1 Satz 3 und 4 zu berücksichtigen; die Abschläge sollen pauschaliert werden. [12]Die Versicherten sind an ihre Wahl der Kostenerstattung mindestens ein Kalendervierteljahr gebunden.

(3) [1]Konnte die Krankenkasse eine unaufschiebbare Leistung nicht rechtzeitig erbringen oder hat sie eine Leistung zu Unrecht abgelehnt und sind dadurch Versicherten für die selbstbeschaffte Leistung Kosten entstanden, sind diese von der Krankenkasse in der entstandenen Höhe zu erstatten, soweit die Leistung notwendig war. [2]Die Kosten für selbstbeschaffte Leistungen zur medizinischen Rehabilitation nach dem Neunten Buch werden nach § 15 des Neunten Buches erstattet.

(4) [1]Versicherte sind berechtigt, auch Leistungserbringer in anderen Staaten, in denen die Verordnung (EWG) Nr. 1408/71 des Rates vom 14. Juni 1971 zur Anwendung der Systeme der sozialen Sicherheit auf Arbeitnehmer und deren Familien, die innerhalb der Gemeinschaft zu- und abwandern (ABl. EG Nr. L 149 S. 2), in ihrer jeweils geltenden Fassung anzuwenden ist, anstelle der Sach- oder Dienstleistung im Wege der Kostenerstattung in Anspruch zu nehmen, es sei denn, Behandlungen für diesen Personenkreis im anderen Staat sind auf der Grundlage eines Pauschbetrages zu erstatten oder unterliegen auf Grund eines vereinbarten Erstattungsverzichts nicht der Erstattung. [2]Es dürfen nur solche Leistungserbringer in Anspruch genommen werden, bei denen die Bedingungen des Zugangs und der Ausübung des Berufes Gegenstand einer Richtlinie der Europäischen Gemeinschaft sind oder die im jeweiligen nationalen System der Krankenversicherung des Aufenthaltsstaates zur Versorgung der Versicherten berechtigt sind. [3]Der Anspruch auf Erstattung besteht höchstens in Höhe der Vergütung, die die Krankenkasse bei Erbringung als Sachleistung im Inland zu tragen hätte. [4]Die Satzung hat das Verfahren

der Kostenerstattung zu regeln. ⁵Sie hat dabei ausreichende Abschläge vom Erstattungsbetrag für Verwaltungskosten und fehlende Wirtschaftlichkeitsprüfungen vorzusehen sowie vorgesehene Zuzahlungen in Abzug zu bringen. ⁶Ist eine dem allgemein anerkannten Stand der medizinischen Erkenntnisse entsprechende Behandlung einer Krankheit nur in einem anderen Mitgliedstaat der Europäischen Union oder einem anderen Vertragsstaat des Abkommens über den Europäischen Wirtschaftsraum möglich, kann die Krankenkasse die Kosten der erforderlichen Behandlung auch ganz übernehmen.

(5) ¹Abweichend von Absatz 4 können in anderen Staaten, in denen die Verordnung (EWG) Nr. 1408/71 des Rates vom 14. Juni 1971 zur Anwendung der Systeme der sozialen Sicherheit auf Arbeitnehmer und deren Familien, die innerhalb der Gemeinschaft zu- und abwandern (ABl. EG Nr. L 149 S. 2), in ihrer jeweils geltenden Fassung anzuwenden ist, Krankenhausleistungen nach § 39 nur nach vorheriger Zustimmung durch die Krankenkassen in Anspruch genommen werden. ²Die Zustimmung darf nur versagt werden, wenn die gleiche oder eine für den Versicherten ebenso wirksame, dem allgemein anerkannten Stand der medizinischen Erkenntnisse entsprechende Behandlung einer Krankheit rechtzeitig bei einem Vertragspartner der Krankenkasse im Inland erlangt werden kann.

(6) § 18 Abs. 1 Satz 2 und Abs. 2 gilt in den Fällen der Absätze 4 und 5 entsprechend.

A. Normzweck

Die gesetzliche Krankenversicherung folgt im Grundsatz dem **Sachleistungsprinzip** (Einl. Rn. 16 und Kingreen, in: Becker/Kingreen, § 13 SGB V Rn. 3 ff.), die Krankenkassen haben ihren Versicherten Sach- und Dienstleistungen zur Verfügung zu stellen. Sie bedienen sich dazu der Ärzte, Krankenhäuser usw. Das Sachleistungsprinzip als Grundsatz bildet den Ausgangspunkt der Bestimmungen der Abs. 2–6, die **ausnahmsweise Kostenerstattung** vorsehen. Kostenerstattung ist nur unter den gesetzlich bestimmten Voraussetzungen möglich. Im Einzelnen eröffnet **Abs. 2** die Möglichkeit, **Kostenerstattung zu wählen;** unter den Voraussetzungen des **Abs. 3** kann **Kostenerstattung beansprucht** werden, wenn die Krankenkasse nicht rechtzeitig leisten konnte oder die Leistung zu Unrecht abgelehnt hat. **Abs. 4** und **Abs. 5** ziehen die Konsequenz aus der **Rechtsprechung des EuGH** zur Inanspruchnahme von Leistungserbringern in anderen Mitgliedstaaten der EU, des EWR und der Schweiz. **1**

B. Wahl der Kostenerstattung (Abs. 2)

Die Möglichkeit, Kostenerstattung zu wählen, steht **allen Versicherten,** auch den gem. § 10 versicherten Familienangehörigen, offen. Die Wahl erfolgt durch einseitige empfangsbedürftige Willenserklärung gegenüber der Krankenkasse. Sie muss bei mehreren Versicherten (§ 10) nicht für alle einheitlich ausgeübt werden (BeckOKSozR/Joussen, § 13 SGB V Rn. 6). Gem. S. 2 in der bis zum 31. 3. 2007 geltenden Fassung (BGBl. I 2003 S. 2190) waren die Krankenkassen verpflichtet, die Versicherten vor der Wahl zu beraten, um diese vor übereilten Entscheidungen zu bewahren. Entsprechende Informationen obliegen den Krankenkassen nunmehr allein nach den allgemeinen Auskunfts- und Beratungspflichten (§§ 13–15 SGB I); eine Beratung nach Ausübung des Wahlrechts verletzt diese Pflichten nicht. Vor Inanspruchnahme der Leistung sind gem. S. 3 die Leistungserbringer verpflichtet, die Versicherten darüber zu informieren, dass Mehrkosten für Leistungen, die nicht in die Leistungspflicht der Krankenkasse fallen, vom Versicherten zu tragen sind; einer schriftlichen Bestätigung des Versicherten über diese Beratung (S. 4 aF) bedarf es nach dem 2. 1. 2011 nicht mehr. Mit Wirkung vom 2. 1. 2011 an (GKV-FinG, BGBl. I 2010 S. 2309) ist die Mindestbindungsfrist gem. S. 12 bei der Wahl der Kostenerstattung von einem Jahr auf ein Kalendervierteljahr (für größtmögliche Flexibilität bei der Wahl, vgl. BT-Drs. 17/3696 S. 45) verkürzt worden. Eine bedeutsame Beschränkung liegt gem. S. 8 darin, dass der Kostenerstattungsanspruch **höchstens in Höhe** der Vergütung besteht, die die Krankenkasse bei Erbringung als Sachleistung zu tragen hätte. Die Wahl der Kostenerstattung soll nicht zu höheren Kosten für die Gemeinschaft der Versicherten führen. Darin liegt ein Risiko für die Versicherten, mit einem Teil der abgerechneten Kosten belastet zu werden. Denn die Leistungserbringer rechnen auf der Basis eines privatrechtlichen Dienstvertrages nach den Vergütungsrichtlinien der GOÄ ab. Bei der Umsetzung können vor dem Hintergrund der komplexen Vergütungssysteme im Recht der Leistungserbringung erhebliche praktische Schwierigkeiten auftreten. Die Wahl kann von dem Versicherten **mit Einschränkungen ausgeübt** werden. Sie kann auf den Bereich der ärztlichen Versorgung, der zahnärztlichen Versorgung, auf den stationären Bereich oder auf veranlasste Leistungen beschränkt werden (S. 4); veranlasste Leistungen sind Leistungen, die von Ärzten oder Zahnärzten angeordnet und auf diese Anordnung hin von anderen selbständigen Leistungserbringern gewährt werden, zB Arzneimittel oder Hilfsmittel. **2**

Waltermann

3   Gem. Abs. 2 S. 11 aF musste die **Satzung der Krankenkasse**, die das Verfahren der Kostenerstattung regelt, ausreichende Abschläge vom Erstattungsbetrag für Verwaltungskosten und fehlende Wirtschaftlichkeitsprüfungen vorsehen sowie Zuzahlungen in Ansatz bringen. Gem. **S. 10 nF** können die Krankenkassen nunmehr für Verwaltungskosten **Abschläge von bis zu 5%** des Erstattungsbetrages in Ansatz bringen. Abschläge für nicht erfolgte Wirtschaftlichkeitsprüfungen sind nicht mehr erforderlich (BT-Drs. 17/3696 S. 44); die Pflicht zur Berücksichtigung von Zuzahlungen folgt aus S. 8 nF. Im zweiten Halbjahr 2008 haben nur rund 0,19% der Versicherten Kostenerstattung gewählt.

4   Auch wenn Kostenerstattung gewählt ist, können Leistungen der gesetzlichen Krankenversicherung gem. Abs. 2 S. 5–7 **nur durch zugelassene Leistungserbringer** erbracht werden (zugelassen nach Maßgabe der §§ 69–140). Nicht im 4. Kapitel genannte Leistungserbringer dürfen **ausnahmsweise** nach vorheriger Zustimmung der Krankenkasse in Anspruch genommen werden. Die Zustimmung kann erteilt werden, wenn medizinische Gründe oder soziale Gründe die Inanspruchnahme dieser Leistungserbringer rechtfertigen und eine zumindest gleichwertige Versorgung gewährleistet ist (S. 6). Die Zustimmung bezieht sich auf den Einzelfall und steht im pflichtgemäßen Ermessen der Krankenkasse. Im Einzelnen ist die Inanspruchnahme nicht zugelassener Leistungserbringer zustimmungsfähig, wenn in der räumlichen Nähe des Versicherten kein zugelassener Leistungserbringer erreichbar ist (vgl. BT-Drs. 15/1525 S. 80). Eine gleichwertige Versorgung ist **bei Heilpraktikern nicht** gewährleistet (BT-Drs. 15/1525 S. 80). Es gilt ohnehin der Leistungskatalog des § 11 (st. Rspr., vgl. nur BSG 8. 9. 2009 – B 1 KR 1/09 R – SGb 2010, 656 m. w. N.) und es gelten (natürlich) die sonstigen Begrenzungen im Hinblick auf die Wirtschaftlichkeit der Leistungserbringung (§ 12 Abs. 1). Die Inanspruchnahme von Leistungserbringern, die im Rahmen kollektiver Aktionen iSv. § 95 b **auf ihre Zulassung verzichtet** haben (siehe näher Sammelkomm. §§ 95–105, Rn. 8), begründet keinen Kostenerstattungsanspruch (S. 7); ein Vergütungsanspruch des Arztes oder Zahnarztes gegen den Versicherten besteht nicht (§ 95 b Abs. 3 S. 3, vgl. BSG 27. 6. 2007 – B 6 KA 37/06 R – SGb 2008, 235 m. Anm. Joussen).

C. Kostenerstattung bei Selbstbeschaffung

5   Abs. 3 regelt **abschließend** (BSG 4. 4. 2006 – B 1 KR 5/05 R – BSGE 96, 161 verneint zu Recht einen allgemeinen sozialrechtlichen Herstellungsanspruch), unter welchen Voraussetzungen Versicherte Kostenerstattung beanspruchen können, wenn sie sich Leistungen außerhalb des vom SGB V vorgesehenen Weges, auch bei nicht zugelassenen Leistungserbringern, beschaffen. Ein Erstattungsanspruch gemäß Abs. 3 setzt von vornherein voraus, dass die selbst beschaffte Leistung ihrer Art nach Leistung gemäß § 11 sein kann (st. Rspr., vgl. BSG 4. 4. 2006 – B 1 KR 5/05 R – BSGE 96, 161) und sich in dem gemäß § 12 gesetzten Rahmen (namentlich im Rahmen des Notwendigen) hält. Der Anspruch **reicht nicht weiter als ein entsprechender Sachleistungsanspruch.** Auch der Arztvorbehalt (§ 15 Abs. 1) gilt (zu seiner Reichweite siehe § 15 Rn. 2). Der Anspruch auf Kostenerstattung ist gem. § 53 Abs. 2, 3 SGB I abtretbar; der Zessionar erhält damit jedoch nur die Forderung, er tritt nicht in die Rechtstellung aus dem Sozialrechtsverhältnis ein; mit dem Sozialrechtsverhältnis verbindet sich das Recht, den Anspruch im Verwaltungs- und Gerichtsverfahren feststellen zu lassen (BSG 18. 7. 2006 – B 1 KR 24/05 R – BSGE 97, 6).

I. Unaufschiebbare Leistung

6   Kostenerstattung kann beansprucht werden, wenn die Krankenkasse eine unaufschiebbare Leistung nicht rechtzeitig erbringen konnte. Diese Voraussetzung ist vor allem in **Notfällen** gegeben; gemäß § 76 Abs. 1 S. 2 dürfen dann auch andere als die zur vertragsärztlichen Versorgung zugelassenen Ärzte in Anspruch genommen werden (vgl. BSG 24. 5. 1972 – 3 RK 25/69 – BSGE 34, 172; BSG 9. 10. 2001 – B 1 KR 6/01 R – BSGE 89, 39). Allerdings entsteht in Fällen der Notfallbehandlung kein Kostenerstattungsanspruch, soweit von nicht zugelassenen Ärzten gemäß § 76 Abs. 1 S. 2 erbrachte Leistungen im Rahmen der vertragsärztlichen Versorgung ausgeführt und von der kassenärztlichen Vereinigung aus der Gesamtvergütung (§ 85 bzw. § 87 a) vergütet werden; es besteht dann kein Vergütungsanspruch gegen den Versicherten (vgl. BSG 18. 7. 2006 – B 1 KR 24/05 R – SozR 4–2500 § 13 Nr. 9 mwN.; siehe auch BSG 9. 10. 2001 – B 1 KR 6/01 R – BSGE 89, 39, 41). Um die nicht rechtzeitige Erbringung einer unaufschiebbaren Leistung geht es zum anderen in Fällen des sog. **Systemversagens** (vgl. BSG 27. 3. 2007 – B 1 KR 30/06 R – SGb 2007, 287; BSG 4. 4. 2006 – B 1 KR 5/05 R – NZS 2007, 84; BSG 25. 9. 2000 – B 1 KR 5/99 R – SozR 3–2500 § 13 Nr. 22; Wenner, SozSich 2007, 75 ff.). Die Durchbrechung des Sachleistungsprinzips durch Zubilligung eines Anspruchs auf Kostenerstattung bewirkt in diesen Fällen, dass die umfassende Versorgung der Versicherten durch die Krankenkassen sichergestellt bleibt (vgl. BSG 16. 9. 1997 – 1 RK 28/95 – BSGE 81, 54, 56). Praktische Bedeutung bekommt dies, wenn bei **neuen Behandlungsmethoden** (siehe näher § 27 Rn. 11) das gemäß § 135 vorgesehene Anerkennungsverfahren nicht oder nicht zeitgerecht durchgeführt wird (vgl. BSG 16. 9. 1997 – 1 RK 28/95 – BSGE 81, 54; BSG 3. 4. 2001 – B 1 KR 40/00 R – BSGE 88, 62). Nach der Rechtsprechung des BSG ist die Anwendung einer neuen

Behandlungsmethode vor dem Hintergrund von § 135 Abs. 1 von der vorherigen Anerkennung durch den Bundesausschuss im Verfahren gemäß § 92 abhängig. Kommt es dabei zu einem Systemversagen in dem genannten Sinn, ist Kostenerstattung zu leisten. Anspruch auf Kostenerstattung besteht ferner ausnahmsweise bei einer **lebensbedrohlichen oder regelmäßig tödlichen Erkrankung**, wenn eine allgemein anerkannte, medizinischem Standard entsprechende Behandlung nicht zur Verfügung steht und der Versicherte eine nicht anerkannte Behandlungsmethode wählt, bei der eine „nicht ganz entfernt liegende Aussicht auf Heilung oder auf eine spürbare positive Einwirkung auf den Krankheitsverlauf besteht" (BVerfG 6. 12. 2005 – 1 BvR 347/98 – BVerfGE 115, 25). Der Kostenerstattungsanspruch setzt schließlich voraus, dass sich die Versicherten vor der Selbstbeschaffung einer Leistung im Grundsatz **an ihre Krankenkasse wenden** (vgl. BSG 10. 2. 1993 – 1 RK 31/92 – SozR 3–2200 § 182 Nr. 15; BSG 26. 9. 2006 – B 1 KR 3/06 R – SozR 4–2500 § 27 Nr. 10). Die Kostenerstattung für selbst beschaffte Leistungen zur **medizinischen Rehabilitation** richtet sich gemäß Abs. 3 S. 2 nach § 15 SGB IX als lex specialis.

II. Abgelehnte Leistung

Kostenerstattung wegen einer zu Unrecht abgelehnten Leistung setzt einen Antrag des Versicherten 7 auf die Leistung und eine **ablehnende Entscheidung** der Krankenkasse voraus (st. Rspr., vgl. BSG 30. 6. 2009 – B 1 KR 5/09 R – USK 2009-42). Bei Antragstellung sind die Krankenkassen verpflichtet, den Versicherten umfassend zu beraten und ihm mögliche (Sach)Leistungsangebote zu benennen; Fehlinformationen können einen Kostenerstattungsanspruch auslösen (vgl. BSG 4. 4. 2006 – B 1 KR 5/05 R – NZS 2007, 84). Zur Erkennbarkeit des Beratungsbedarfs des Versicherten vgl. BSG 2. 11. 2007 – B 1 KR 14/07 R – BSGE 99, 180. Ist ein Antrag nicht gestellt worden, bevor die Leistung selbst beschafft wurde, fehlt es an der notwendigen **Kausalität** zwischen der (späteren) ablehnenden Entscheidung der Krankenkasse und dem Kostenaufwand, für den Erstattung begehrt wird (vgl. BSG 28. 2. 2008 – B 1 KR 15/07 R – SGb 2008, 228). Dies gilt auch, wenn sich der Versicherte eine ambulante (Krankenhaus)Behandlung selbst verschafft, nachdem ein Antrag auf stationäre Behandlung durch die Krankenkasse abgelehnt wurde (aliud, vgl. LSG Berlin 16. 9. 2009 – L 9 KR 1022/05 – juris). Zum Kausalzusammenhang grundsätzlich BSG 23. 11. 1971 – 3 RK 26/70 – BSGE 33, 202. Auch hier ist Voraussetzung, dass ein Anspruch auf Leistungen der gesetzlichen Krankenversicherung gemäß §§ 11 ff. besteht (BSG 28. 2. 2008 – B 1 KR 19/07 R – SGb 2008, 228); anderenfalls kann die Leistung nicht **zu Unrecht** abgelehnt worden sein.

III. Höhe der Kostenerstattung

Der Anspruch umfasst alle im Zusammenhang mit der Selbstbeschaffung der Leistung entstandenen 8 notwendigen Kosten (zum Begriff der Notwendigkeit vgl. BSG 4. 4. 2006 – B 1 KR 5/05 R – NZS 2007, 84, 86 ff.). Der Zweck der Bestimmung besteht darin, die Versicherten **so zu stellen, wie sie bei Gewährung der Leistung als Sachleistung gestanden hätten** (vgl. BSG 15. 4. 1997 – 1 RK 4/96 – BSGE 80, 181, 182); erfasst sein können also nur Kosten, von denen der Versicherte bei einer regulären Leistungserbringung befreit wäre. Dabei kommt einerseits keine Beschränkung auf diejenigen Kosten in Betracht, welche die Krankenkasse im Fall der Erbringung als Sachleistung gehabt hätte (BT-Drs. 11/2237 S. 164), andererseits besteht kein Anspruch auf Kostenerstattung für rechtsgrundlos geleistete Zahlungen (BSG 23. 7. 1998 – B 1 KR 3/97 R – SozR 3–2500 § 13 Nr. 17). Auch kann Kostenerstattung nur in Höhe des **begründeten** Honoraranspruchs eines Leistungserbringers beansprucht werden, da über dies hinaus geleistete Beträge kann der Versicherte gemäß §§ 812 ff. BGB zurückfordern (vgl. BGH 23. 3. 2006 – III ZR 223/05 – NJW 2006, 1879); im Interesse des Versicherten kommt in Betracht, dass dieser gegen Erstattung den Bereicherungsanspruch an die Krankenkasse zum Inkasso abtritt. Ein Vergütungsanspruch besteht etwa nicht, wenn statt einer vorgeschriebenen Abrechnung von Einzelleistungen nach der GOÄ ein Pauschalhonorar berechnet wird (BSG 27. 3. 2007 – B 1 KR 25/06 – NZS 2008, 147), ferner nicht, wenn der Leistungserbringer über die Folgen einer evtl. Zahlungsverweigerung der Krankenkasse nicht aufklärt (BSG 4. 4. 2006 – B 1 KR 5/05 – SozR 4–2500 § 13 Nr. 8 Rn. 25; BSG 2. 11. 2007 – B 1 KR 14/07 R – BSGE 99, 180; näher *Ulmer*, NZS 2010, 541 ff.). Es genügt, dass Versicherte einer Honorarforderung ausgesetzt sind, diese muss noch nicht erfüllt sein, der Anspruch geht insoweit auf **Freistellung** (dh. auf Zahlung an den Leistungserbringer, vgl. BSG 28. 3. 2000 – B 1 KR 11/98 R – BSGE 86, 54, 55 f.; BSG 18. 7. 2006 – B 1 KR 24/05 R – SozR 4–2500 § 13 Nr. 9). Ansprüche auf Kostenerstattung sind unter den Voraussetzungen des § 53 Abs. 2 und 3 SGB I **übertragbar** (zur Geltendmachung siehe oben Rn. 5 und BSG 18. 7. 2006 – B 1 KR 24/05 R – BSGE 97, 6) und als einmalige Geldleistung (vgl. BSG 3. 8. 2006 – B 3 KR 24/05 R – SozR 4–2500 § 13 Nr. 10) vererblich.

D. Inanspruchnahme von Leistungen im EU- und EWR-Ausland

Abs. 4–6, eingeführt durch das GMG (BGBl. I 2003 S. 2190), setzen die **Rechtsprechung des** 9 **EuGH** zur („passiven") Dienstleistungsfreiheit und Warenverkehrsfreiheit (kritisch mit Recht Schlegel

SGb 2007, 700, 705 f.) um (siehe zuletzt EuGH 16. 5. 2006 – C-372/04 – Slg. 2006, I-4325 – Watts; EuGH 19. 4. 2007 – C-444/05 – NJW 2007, 1663 – Stamatelaki; ausführlich Kingreen, in: Becker/Kingreen, § 13 SGB V Rn. 34 ff.). Mit Wirkung vom 1. Januar 2004 können gesetzlich Krankenversicherte die Leistungserbringer in anderen Mitgliedstaaten auch ohne vorherige Genehmigung der deutschen Krankenkassen in Anspruch nehmen und Kostenerstattung verlangen (Abs. 4); für Krankenhausbehandlungen muss eine vorherige Zustimmung eingeholt werden (Abs. 5; siehe näher Fuchs, NZS 2004, 225 ff.; Wenner, SozSich 2005, 33 ff.; aufschlussreich zu möglichen Ansprüchen und Rückwirkungen aus europäischem Recht BSG 30. 6. 2009 – B 1 KR 22/08 R – ZESAR 2010, 81 ff. m. Anm. Bokeloh). Die Gewährung von Sachleistungen durch ausländische Leistungsträger ist nach Maßgabe von § 140 e möglich. In den **Anwendungsbereich** der Bestimmungen der Abs. 4–6 fällt neben den Mitgliedstaaten der EU und den EWR-Staaten Island, Liechtenstein und Norwegen aufgrund eines Abkommens (BGBl. II 2001 S. 810) auch die Schweiz. Für EU- und EWR-Bürger (und Schweizer) gilt seit dem 1. 5. 2010 die VO (EG) 883/2004 (vgl. Art. 1–91 VO (EG) Nr. 883/2004 Rn. 1, 88 ff.; s. auch Eichenhofer, SGb 2010, 185; Schulte, ZESAR 2010, 143 und 202), welche die VO (EWR) Nr. 1408/71 ablöst. Die Leistungserbringung muss **an die Stelle** der Sach- oder Dienstleistung gemäß §§ 11 ff. treten (siehe oben Rn. 2 ff.), also den rechtlichen Anforderungen für einen Leistungsanspruch genügen (Bsp.: Genehmigung eines Heil- und Kostenplans vor Zahnbehandlung in Tschechien, BSG 30. 6. 2009 – B 1 KR 19/08 R – SozR 4–2500 § 13 Nr. 21). Aus Gründen des Gesundheitsschutzes (vgl. BT-Drs. 15/1525 S. 81) dürfen gemäß S. 2 nur Leistungserbringer in Anspruch genommen werden, bei denen die Bedingungen des Zugangs und der Ausübung des Berufs Gegenstand einer Richtlinie der EU sind oder die im jeweiligen nationalen System der Krankenversicherung des Aufenthaltsstaates zur Versorgung der Versicherten berechtigt sind; dies kann auch auf eine Privatklinik im Ausland zutreffen (vgl. EuGH 19. 4. 2007 – C-444/05 [Stamatelaki] – NJW 2007, 1663; BSG 30. 6. 2009 – B 1 KR 22/08 R – BSGE 104, 1). Im Rahmen von **Abs. 5** sind wegen der Bezugnahme auf § 39 vollstationäre, teilstationäre, vor- und nachstationäre sowie ambulante Krankenhausbehandlungen zustimmungsbedürftig. Bei gleichwertiger Behandlungsmöglichkeit hat die Behandlung im Inland Vorrang (BT-Drs. 15/1525 S. 82). Für den Fall einer ungeplanten Krankenhausbehandlung während eines vorübergehenden Auslandsaufenthalts vgl. Art. 1–91 VO (EG) 883/2004 Rn. 92 f. In der Praxis übernehmen die Versicherten trotz der Leistungsaushilfe die Kosten oft selbst, vgl. Art. 25 Abs. 4,5 VO (EG) 987/2009 zu Erstattungsmöglichkeiten sowie Bieback, in: Fuchs, Europäisches Sozialrecht, Vorbem. Art. 17 VO (EG) 883/2004 Rn. 21. Der Anspruch auf Kostenerstattung nach § 13 Abs. 5 SGB V besteht parallel hierzu (Kingreen, in: Becker/Kingreen, § 13 SGB V Rn. 34). In einem solchen Fall reicht – in teleologischer Reduktion des S. 1 – die nachträgliche Zustimmung der Krankenkasse, wenn diese bei rechtzeitiger Information hätte erteilt werden müssen (vgl. BSG 30. 6. 2009 – B 1 KR 22/08 R – BSGE 104, 1).

§ 14 Teilkostenerstattung

(1) [1]**Die Satzung kann für Angestellte der Krankenkassen und ihrer Verbände, für die eine Dienstordnung nach § 351 der Reichsversicherungsordnung gilt, und für Beamte, die in einer Betriebskrankenkasse oder in der knappschaftlichen Krankenversicherung tätig sind, bestimmen, daß an die Stelle der nach diesem Buch vorgesehenen Leistungen ein Anspruch auf Teilkostenerstattung tritt.** [2]**Sie hat die Höhe des Erstattungsanspruchs in Vomhundertsätzen festzulegen und das Nähere über die Durchführung des Erstattungsverfahrens zu regeln.**

(2) [1]**Die in Absatz 1 genannten Versicherten können sich jeweils im voraus für die Dauer von zwei Jahren für die Teilkostenerstattung nach Absatz 1 entscheiden.** [2]**Die Entscheidung wirkt auch für ihre nach § 10 versicherten Angehörigen.**

A. Normzweck

1   Die Vorschrift regelt einen **Sonderfall zulässiger Kostenerstattung.** Die Bestimmung gilt für die Dienstordnungsangestellten (DO-Angestellten) und Beamten der Krankenkassen und ihrer Verbände. Das Dienstverhältnis der DO-Angestellten (§§ 351 ff. RVO) ist dem Beamtenverhältnis angenähert. Das führt zu folgender **Ausgangslage:** Soweit sie bei Krankheit Anspruch auf Fortzahlung der Bezüge und auf Beihilfe oder Heilfürsorge haben, sind DO-Angestellte gemäß § 6 Abs. 1 Nr. 2 versicherungsfrei. Soweit nach Maßgabe von § 9 die Möglichkeit der freiwilligen Versicherung offen steht, hätte diese freiwillige Versicherung erhebliche Nachteile: Die gesetzlichen Voraussetzungen für einen Beitragszuschuss des Arbeitgebers würden nicht vorliegen (vgl. § 257); weil Sachleistungen der GKV in Anspruch genommen werden könnten, würde zugleich keine Beihilfeberechtigung bestehen (vgl. BSG 14. 4. 1983 – 8 RK 28/81 = SozR 2200 § 355 RVO Nr. 3; s. auch § 5 Abs. 4 S. 1 BhV). Um Nachteile zu vermeiden, müssten also DO-Angestellte die nicht durch Beihilfeleistungen abgedeckten Risiken in der privaten Krankenversicherung versichern. Am Ende wären damit ausgerechnet

die Beschäftigten der Krankenversicherungsträger nicht in der gesetzlichen Krankenversicherung, sondern privat versichert. Solange die Belegschaft der Krankenversicherungsträger durch DO-Angestellte und Beamte geprägt war, war dem abzuhelfen. § 14 Abs. 1 S. 1 gibt in diesem Sinn den Krankenkassen die Befugnis, durch Satzung einen Anspruch auf Teilkostenerstattung zu begründen, wobei die damit verbundene Beschränkung des Leistungsumfangs folgerichtig zu einem geringeren Beitrag führte; seit dem 1. 1. 2009 können die Krankenkassen stattdessen entsprechende Prämienzahlungen vorsehen (s. Rn. 6). DO-Angestellte gibt es nicht bei den BKK und ErsK. Mit Wirkung vom 1. 1. 1993 dürfen DO-Dienstverhältnisse nicht mehr begründet werden (§ 358 RVO). Die praktische Bedeutung der Sonderregelung nimmt folglich ab. Derzeit gibt es noch ca. 13.000 DO-Angestellte (BT-Drs. 16/4247 S. 70) und ca. 11.000 DO-Versorgungsempfänger (Ruhegehalt, Witwen-, Waisengeld, BT-Drs. 16/12660 S. 171).

B. Personenkreis

§ 14 erfasst neben den **DO-Angestellten** (für die eine Dienstordnung gemäß § 351 RVO gilt) **Beamte** (auch wenn sie in einer BKK oder bei einer knappschaftlichen Krankenversicherung tätig sind). In der knappschaftlichen Krankenversicherung sind nur diejenigen **Beamten der Deutschen Rentenversicherung Knappschaft-Bahn-See** tätig, die die Krankenversicherung nach den Vorschriften des SGB V durchführen (vgl. § 167). Die Entscheidung der in Abs. 1 genannten Versicherten erfasst gemäß § 14 Abs. 2 S. 2 auch die (gem. § 10) **familienversicherten Angehörigen**. Hat der Versicherte Teilkostenerstattung gewählt, ist fraglich, wie sich der **Todesfall** des versicherten DO-Angestellten oder Beamten auf Rechtsstellung und Gestaltungsmöglichkeiten der Hinterbliebenen auswirkt. Richtigerweise bleibt die getroffene Entscheidung des Stammversicherten für den Rest des Zweijahreszeitraums gültig (H/N/Noftz, § 14 SGB V Rn. 9). Teilweise wird dies unter Bezug auf den Wortlaut („[DO-]Angestellte [...] und Beamte, die [...] tätig sind") und mit Hinweis auf den Normzweck verneint (KassKomm/Höfler, § 14 SGB V Rn. 3; BeckOKSozR/Joussen, § 14 SGB V Rn. 2); der Hinweis auf den Normzweck lebt dabei jedoch von der Annahme, Zweck der Bestimmung sei die Erhaltung der Betriebsverbundenheit der DO-Angestellten und Beamten und die Vermeidung von Loyalitätskonflikten, was bei Versorgungsempfängern und Hinterbliebenen natürlich keine Rolle spielt. Darauf kann es jedoch nicht entscheidend ankommen. Die Erhaltung der Betriebsverbundenheit und die Vermeidung von Loyalitätskonflikten stehen nicht im Zentrum des Normzwecks. Die Sonderbestimmung soll die Versicherung der DO-Angestellten und Beamten der Krankenkasse in der gesetzlichen Krankenversicherung möglich machen, ohne dass diese dabei Nachteile in Kauf nehmen müssen (s. Rn. 1). Dann muss es folgerichtig nicht nur für den Rest des Zweijahreszeitraums bei der gewählten Lösung bleiben, die **Hinterbliebenen selbst müssen darüber hinaus** nach dessen Ablauf Teilkostenerstattung nach Maßgabe des § 14 Abs. 2 S. 1 durch eigene Erklärung wählen können (ebenso im Ergebnis jurisPK/Helbig, § 14 SGB V Rn. 11; Krauskopf/Wagner, § 14 SGB V Rn. 4). Die Praxis der Krankenversicherungsträger verfährt entsprechend, nicht wenige Satzungen bestimmen, dass sich die Wirkungsdauer der Erklärung um jeweils zwei Jahre verlängert, wenn bis zum Ablauf des jeweiligen Zeitraums keine gegenteilige Erklärung vorliegt. Diese Praxis steht mit dem Gesetzesrecht nicht nur in Einklang; die Satzungen der Krankenkassen könnten den Hinterbliebenen und Versorgungsempfängern die Möglichkeit der Teilkostenerstattung nicht nehmen. Im Ergebnis wird nach Sinn und Zweck des § 14 der Besitzstand nach dem verstorbenen Stammversicherten gewahrt.

C. Regelung durch Satzung

Die Regelung der Einzelheiten erfolgt durch Satzung. Ob eine solche Satzung erlassen wird, steht im **Ermessen** der Krankenkasse. Die Satzung muss die **Höhe des Erstattungsanspruchs** in Vomhundertsätzen festlegen (§ 14 Abs. 1 S. 2). Dem Zweck der Norm entsprechend muss sich die Erstattung an der **Höhe der beamtenrechtlichen Beihilfe orientieren** (vgl. BT-Drs. 11/2237 S. 164); der Höhe nach kann die Erstattung also für den Stammversicherten und für seine Angehörigen unterschiedlich ausfallen. Die Satzung regelt auch das Nähere über die **Durchführung des Erstattungsverfahrens** (§ 14 Abs. 1 S. 2 aE).

D. Wahlrecht

Besteht eine Satzung, haben die Versicherten ein Wahlrecht. Die Wahl erfolgt durch empfangsbedürftige Willenserklärung der Versicherten gegenüber der Krankenkasse. Der Zweijahreszeitraum muss nicht mit Kalenderjahren korrespondieren.

E. Umfang der Kostenerstattung

5 Die Teilkostenerstattung ist hinsichtlich Höhe und Umfang der Leistungen auf die nach dem Sachleistungsprinzip zu erbringenden Leistungen begrenzt; da der Teilkostenerstattungsanspruch an die Stelle der „nach diesem Buch" vorgesehenen Leistungen tritt, muss er sich am Leistungssystem der gesetzlichen Krankenversicherung orientieren. Daraus folgt namentlich, dass die DO-Angestellten und Beamten an die nach dem SGB V zugelassenen Leistungsträger und den Arztvorbehalt gebunden sind und auch hinsichtlich Zuzahlungen und Eigenbeteiligungen den übrigen **pflichtversicherten Mitgliedern gleichgestellt** sind. Da die Ärzte im Teilkostenerstattungsverfahren nach der regelmäßig höheren GOÄ abrechnen können, müssten sich für die DO-Angestellten und Beamten wirtschaftlich nachteilige Deckungslücken ergeben. Um das zu vermeiden, haben die Krankenkassen Satzungen entwickelt, die die länderspezifischen Beihilferegelungen mit dem System der gesetzlichen Krankenversicherung zu vereinbaren suchen (H/N/Noftz, § 14 SGB V Rn. 23).

F. Prämienzahlung

6 Wegen des durch das GKV-WSG seit 1. 1. 2009 geltenden einheitlichen Beitragssatzes können für DO-Angestellte keine Beitragsermäßigungen mehr erfolgen; statt dessen können Prämienzahlungen in einem der Leistungsbeschränkung entsprechenden Umfang vorgesehen werden (vgl. BT-Drs. 16/3100 S. 109 sowie § 53 Abs. 7; für eine Beitragsermäßigung bei einem Verzicht auf Beihilfeansprüche vgl. Vorauflage Rn. 6). Zu diesem Zweck ist der von § 14 erfasst Personenkreis gemäß § 53 Abs. 8 S. 5 ausdrücklich von den maximal zulässigen Prämienzahlungen ausgenommen, so dass die Prämienzahlungen für Versicherte, die Teilkostenerstattung nach § 14 gewählt haben, höher ausfallen können (in der Praxis in der Regel 50% des Krankenversicherungsbeitrags). Die Prämienzahlungen sind steuerfrei (BT-Drs. 16/4247 S. 70). Ein gewisser Nachteil liegt darin, dass die Prämienzahlung grds. gemäß § 53 Abs. 2 S. 2 nach Ablauf des Kalenderjahres gezahlt wird. In der Praxis sehen allerdings einige Krankenkassen eine monatliche Verrechnung vor.

§ 15 Ärztliche Behandlung, Krankenversichertenkarte

(1) [1]Ärztliche oder zahnärztliche Behandlung wird von Ärzten oder Zahnärzten erbracht, soweit nicht in Modellvorhaben nach § 63 Abs. 3 c etwas anderes bestimmt ist. [2]Sind Hilfeleistungen anderer Personen erforderlich, dürfen sie nur erbracht werden, wenn sie vom Arzt (Zahnarzt) angeordnet und von ihm verantwortet werden.

(2) Versicherte, die ärztliche oder zahnärztliche Behandlung in Anspruch nehmen, haben dem Arzt (Zahnarzt) vor Beginn der Behandlung ihre Krankenversichertenkarte zum Nachweis der Berechtigung zur Inanspruchnahme von Leistungen (§ 291 Abs. 2 Satz 1 Nr. 1 bis 10) oder, soweit sie noch nicht eingeführt ist, einen Krankenschein auszuhändigen.

(3) [1]Für die Inanspruchnahme anderer Leistungen stellt die Krankenkasse den Versicherten Berechtigungsscheine aus, soweit es zweckmäßig ist. [2]Der Berechtigungsschein ist vor der Inanspruchnahme der Leistung dem Leistungserbringer auszuhändigen.

(4) [1]In den Berechtigungsscheinen sind die Angaben nach § 291 Abs. 2 Satz 1 Nr. 1 bis 9, bei befristeter Gültigkeit das Datum des Fristablaufs, aufzunehmen. [2]Weitere Angaben dürfen nicht aufgenommen werden.

(5) In dringenden Fällen kann die Krankenversichertenkarte oder der Kranken- oder Berechtigungsschein nachgereicht werden.

(6) [1]Jeder Versicherte erhält die Krankenversichertenkarte bei der erstmaligen Ausgabe und bei Beginn der Versicherung bei einer Krankenkasse sowie bei jeder weiteren, nicht vom Versicherten verschuldeten erneuten Ausgabe gebührenfrei. [2]Die Krankenkassen haben einem Missbrauch der Karten durch geeignete Maßnahmen entgegenzuwirken. [3]Muß die Karte auf Grund von vom Versicherten zu vertretenden Umständen neu ausgestellt werden, wird eine Gebühr von 5 Euro erhoben; diese Gebühr ist auch von den nach § 10 Versicherten zu zahlen. [4]Die Krankenkasse kann die Aushändigung der Krankenversichertenkarte vom Vorliegen der Meldung nach § 10 Abs. 6 abhängig machen.

A. Normzweck

1 Die Vorschrift erfasst zwei Komplexe, sie regelt zum einen den **Arztvorbehalt** (Abs. 1), zum anderen **Modalitäten der Inanspruchnahme** von Leistungen, insb. den Gebrauch der Krankenversichertenkarte (Abs. 2–6).

B. Arztvorbehalt

Der sog. Arztvorbehalt soll für die ärztliche und zahnärztliche Tätigkeit sicherstellen, dass eine im 2 Rahmen der gesetzlichen Krankenversicherung durchgeführte Behandlung durch die Art der angewandten Methoden und die Qualifikation der behandelnden Personen objektiv Erfolg verspricht (BVerfG 10. 5. 1988 – 1 BvR 111/77 – NJW 1988, 2292; BSG 7. 11. 2006 – B 1 KR 24/06 R – NZS 2007, 534). Die Bestimmung verpflichtet zur **persönlichen Leistungserbringung** und ist wegen des Gewichts des Gemeinschaftsbelangs der Gesundheitsversorgung mit Art. 12 Abs. 1 GG vereinbar (BSG 12. 5. 1993 – 6 RKa 21/91 – SozR 3–2500 § 15 Nr. 2; BVerfG 10. 5. 1988 – 1 BvR 111/77 – NJW 1988, 2292). Neben approbierten Ärzten sind seit der Einführung des PsychotherapeutenG auch approbierte und zugelassene **psychologische Psychotherapeuten** bzw. **Kinder- und Jugendpsychotherapeuten** zur selbständigen Behandlung im Rahmen der gesetzlichen Krankenversicherung (ausschließlich auf dem Gebiet der psychotherapeutischen Behandlung, vgl. § 28 Abs. 3 S. 1) berechtigt. § 15 steht in engem Zusammenhang mit § 28; dort ist geregelt, was zum Inhalt der ärztlichen und zahnärztlichen Behandlung gehört. Ärztliche Behandlung liegt vor, wenn die Leistung den Zielen der Krankenbehandlung dient und von einem Arzt aufgrund seines Fachwissens verantwortet werden kann (BSG 10. 5. 1995 – 1 RK 20/94 – NZS 1996, 68). Die Zulassung zur Teilnahme an der vertragsärztlichen Versorgung (§§ 95 ff.) muss ohnehin gegeben sein; andere als die zur vertragsärztlichen Versorgung zugelassenen Leistungserbringer (vgl. § 76 Abs. 1 S. 1) dürfen nur in Notfällen in Anspruch genommen werden (§ 76 Abs. 1 S. 2). Der Arztvorbehalt gilt auch, wenn **Kostenerstattung** nach § 13 in Anspruch genommen wird, und er gilt bei einer Krankenbehandlung im **EU/EWR-Ausland:** Eine Kostenerstattung erfolgt nur, soweit Leistungen oder Heilmittel durch einen Arzt erbracht oder verordnet werden und nur insoweit, als ein Leistungsanspruch im Inland bestünde (BSG 13. 7. 2004 – B 1 KR 33/02 R – SozR 4–2500 § 13 Nr. 3); s. a. § 13 Rn. 9.

C. Hilfeleistungen anderer Personen

Der Arztvorbehalt bewirkt im Zusammenhang mit den Bestimmungen des Zulassungsrechts und 3 des § 28 (s. dort Rn. 2) einen umfassenden **Ausschluss nichtärztlicher Heilbehandler** von der eigenverantwortlichen ärztlichen und zahnärztlichen Behandlung der Versicherten. Dies gilt auch, wenn diese (zB Heilpraktiker) nach ihrem Berufsrecht zur Behandlung an sich berechtigt wären (zum – verfassungsgemäßen – Ausschluss der Heilpraktiker von der Zulassung s. BVerfG 10. 5. 1988 – 1 BvR 111/77 – BVerfGE 78, 155). Der Arzt muss die für ihn reservierte Leistung **grundsätzlich persönlich** erbringen. Das gilt namentlich für Diagnose, Beratung der Patienten, Festlegung der Therapie sowie für operative Eingriffe. Hilfeleistungen anderer Personen dürfen zu Lasten der gesetzlichen Krankenversicherung als Teil der ärztlichen Behandlung unter seiner Aufsicht und Anleitung nur erbracht werden, wenn sie gem. Abs. 1 S. 2 vom Arzt **ex ante angeordnet** und **vom Arzt verantwortet** werden (BSG 1. 3. 1979 – 6 RKa 13/77 – NJW 1979, 2363). Hilfspersonen können sowohl in der Praxis des Arztes Beschäftigte (zB Sprechstundenhilfe, Röntgenassistent) als auch außerhalb der Praxis auf eigene Rechnung tätige qualifizierte Heilbehandler sein, zB Masseure, Krankengymnasten oder Logopäden (Einzelheiten bei jurisPK/Didong, § 15 SGB V Rn. 21; Krauskopf/Wagner, § 28 SGB V Rn. 7 ff., insb. Rn. 9.; zur häuslichen Betreuung durch Praxisassistenten vgl. § 87 Abs. 2 b S. 5. Zu den typischen Hilfeleistungen im Sinne des Abs. 1 S. 2 zählen Tätigkeiten des Arzthelfer, der medizinisch-technischen-Assistenten (Laboruntersuchungen, Ton- und Sprachaudiometrie und vergleichbare Messleistungen) und der Röntgenassistenten (vgl. GKV-Komm/Zipperer, § 28 SGB V Rn. 14 b; H/N/Noftz, § 15 SGB V Rn. 16). Aus dem Arztvorbehalt folgt eine **fachliche Unterordnung** der Hilfspersonen unter die Verantwortung des Arztes. Dieser darf die Hilfeleistung nicht lediglich anordnen (BSG 25. 7. 1979 – 3 RK 45/78 – SozR 2200 § 182 Nr. 48); der Arzt hat die rechtliche Pflicht, die Hilfspersonen im Einzelnen **anzuweisen**, den Behandlungserfolg beständig **zu überprüfen** und ggf. andere oder weitere Maßnahmen zu bestimmen. Es handelt sich deshalb **nicht um Delegation**, welche die Übertragung einer Zuständigkeit voraussetzt (das ermöglichen § 63 Abs. 3 b, Abs. 3 c).

Der Arzt haftet bei Einsatz von Hilfspersonen nach den allgemeinen Regeln des Privatrechts, die 4 Hilfskraft haftet gem. § 823 BGB. Bei unerlaubter Hilfeleistung kann der Abrechnungsanspruch verloren gehen (vgl. LSG NRW 25. 9. 1996 – L 11 Ka 41/96 – NZS 1997, 195).

Um Hilfeleistungen anderer Personen im Sinn von Abs. 1 S. 2 geht es nicht bei Leistungen, welche 5 nicht der ärztlichen oder zahnärztlichen Behandlung zuzurechnen sind, sondern die zum **Tätigkeitsfeld anderer Leistungserbringer** gehören. Nur soweit die Behandlungstätigkeit etwa eines Masseurs oder Krankengymnasten der ärztlichen Behandlung zuzuordnen ist, ist der Masseur oder Krankengymnast dem Arzt untergeordnete Hilfsperson. Stehen handwerklich-technische Fertigkeiten im Vordergrund – etwa bei der Herstellung und Anpassung von orthopädischen Heilmitteln oder Zahnprothesen (vgl. KassKomm/Höfler, § 28 SGB V Rn. 11 mwN. aus der Rspr.) – handelt es sich nicht mehr um eine (zahn-)ärztliche Behandlung im Sinn der gesetzlichen Krankenversicherung. Eine (zahn-)ärztliche Behandlung liegt auch dann nicht vor, wenn ein **nicht ärztlicher Leistungserbringer eine Maßnahme selbständig und eigenverantwortlich** durchführt, die Behandlung also nicht von einem Arzt überwacht und verantwortet wird. **Heilpraktiker** und **Chiropraktiker** sind keine Hilfspersonen iSv. Abs. 1 S. 2 (BSG 1. 3. 1979 – 6 RKa 13/77 – SozR 2200 § 368 Nr. 4; BSG 22. 11. 1968 – 3 RK 47/66 – BSGE 29, 27). Die Kosten einer solchen Behandlung werden dann von den Krankenkassen übernommen, wenn die Maßnahme von einem Arzt als Heilmittel im Sinn von § 32 verordnet wurde (zB Leistungen der physikalischen oder podologischen Therapie; vgl. zu den Heilmitteln auch § 32 Rn. 3 sowie KassKomm/Nolte, § 32 SGB V Rn. 4 ff.). Die Abgrenzung zwischen ärztlicher Behandlung und Heilmittel richtet sich danach, ob die Maßnahme von einem Arzt beaufsichtigt und **verantwortet oder lediglich „verordnet"** wird. Diese Unterscheidung kann insb. dann schwierig sein, wenn Hilfspersonen in der Praxis des Arztes Maßnahmen durchführen, die als Heilmittel qualifiziert werden können. Entscheidend ist hier, ob die anordnende und (umgehend) kontrollierende Tätigkeit des Arztes im Vordergrund steht oder die Verabreichung des Heilmittels an sich (Schneider in Schulin HS-KV § 22 Rn. 37; sa. BSG 28. 6. 2000 – B 6 KA 26/99 R – NZS 2001, 590). Ein **Diätassistent** ist Leistungserbringer von Heilmitteln (vgl. § 32; BSG 28. 6. 2000 – B 6 KA 26/99 R – NZS 2001, 590). Soweit **Hebammen** Leistungen erbringen, die als Hebammenhilfe zu § 5 HebG gehören (zB Schwangerschaftsberatung, einfache Vorsorgeuntersuchungen), sind sie keine Hilfspersonen des Arztes; bei normalen (komplikationslosen) Geburten sind Hebammen dem Arzt nicht untergeordnet, sondern für ihren Tätigkeitsbereich eigenverantwortlich tätig (vgl. Henninger in Schulin HS-KV § 43 Rn. 11).

D. Krankenversichertenkarte

6   Die Krankenversichertenkarte dient als **Versicherungsnachweis** und legitimiert zur Inanspruchnahme ärztlicher oder zahnärztlicher Leistungen. Gem. Abs. 2 muss sie für eine Behandlung dem (Zahn-)Arzt ausgehändigt werden; den Leistungserbringern ermöglicht sie die Identifizierung des Patienten. Die Krankenversichertenkarte dient gem. § 291 Abs. 1 S. 3 zugleich der **Abrechnung von Leistungen**. Die Krankenkassen haben die Krankenversichertenkarte gebührenfrei für jeden Versicherten (also auch für Mitversicherte gem. § 10) zu Beginn der Mitgliedschaft auszugeben (Abs. 6), auch bei Aufenthalt in einem anderen EU-Staat (BSG 5. 7. 2005 – B 1 KR 4/04 R – ZESAR 2006, 81). Gem. §§ 291 Abs. 2 a S. 1, 291 a Abs. 1 sollte die 1995 als Ersatz für den Krankenschein eingeführte Krankenversichertenkarte seit 1. 1. 2006 schrittweise durch die **elektronische Gesundheitskarte** (eGK), welche neben den bisher schon auf der Krankenversichertenkarte gespeicherten administrativen Daten (s. § 291 Abs. 2) auch solche über verordnete Arzneimittel sowie einen Notfalldatensatz des Versicherten enthält, ersetzt werden. Technische Probleme und Unstimmigkeiten haben die Einführung verzögert; die flächendeckende Einführung der eGK soll durch den Sanktionscharakter des durch das GKV-FinG (BGBl. I 2010 S. 2309) neu eingefügten § 4 Abs. 6 beschleunigt werden.

E. Versicherungsnachweis im Ausland

7   Die Verwaltungskommission der europäischen Gemeinschaften hat im Jahr 2003 die Einführung einer **Europäischen Krankenversicherungskarte** (European Health Insurance Card – EHIC) beschlossen (Beschluss Nr. 189, ABl. EG Nr. L 276/1; vgl. auch § 291a Abs. 2, wonach die EHIC in der elektronischen Gesundheitskarte enthalten sein soll). Seit dem 1. 1. 2006 wird die Europäische Krankenversicherungskarte (bzw. eine provisorische Ersatzbescheinigung) in den Mitgliedstaaten sowie in Island, Liechtenstein, Norwegen und der Schweiz anerkannt und ausgegeben. Sie ersetzt den bisherigen Auslandskrankenschein (E 111) für Touristen sowie die Formulare E 110 (Mitarbeiter im internationalen Transportwesen), E 128 (entsandte Arbeitnehmer und Studenten) und E 119 (für Arbeitsuchende). Bei nur vorübergehendem Auslandsaufenthalt berechtigt die EHIC, medizinisch notwendige Sachleistungen ohne vorherige Genehmigung durch die Krankenkasse zu denselben Bedingungen in Anspruch zu nehmen wie sie für die Versicherten des Aufenthaltslandes gelten. In Bezug auf Länder, mit denen ein **Sozialversicherungsabkommen** (vgl. § 17 Rn. 2) besteht, richtet sich der Versicherungsnachweis nach diesem Abkommen (zB für Tunesien Vordruck TN/A11, vgl. Art. 5 Abs. 2 Durchführungsvereinbarung zum Sozialversicherungsabkommen zwischen Deutschland und Tunesien, BGBl. 1986 II S. 603).

8   Für Vertragsärzte folgt aus der **Ausweisfunktion** der Versichertenkarte **Vertrauensschutz nach Rechtsscheingrundsätzen** (BSG 17. 4. 1996 – 3 RK 19/95 – NZS 1997, 76, 77). Es ist in erster Linie Sache der Krankenkassen, gegen eine missbräuchliche Verwendung von Krankenversichertenkarten (namentlich nach Beendigung des Versicherungsschutzes) vorzugehen (s. Rn. 11). Der Vertragsarzt behält seinen Anspruch, wenn er nicht einen **offensichtlichen Missbrauch** hätte erkennen können, etwa durch Identitätsfeststellung anhand eines Unterschriftenvergleichs der Unterschriften auf

Krankenversichertenkarte und Abrechnungsschein (vgl. BSG 12. 11. 2003 – B 3 KR 1/03 R – SozR 4–2500 § 112 Nr. 2); in begründeten Zweifelsfällen darf der Vertragsarzt die Bestätigung der Mitgliedschaft durch Unterschrift, wie sie § 291 Abs. 1 S. 5 vorsieht, im eigenen Interesse nicht versäumen. Ist die Krankenversichertenkarte gefälscht, ergibt sich aus § 6 Abs. 8 Anlage 4 BMV-Ä eine Haftung der Krankenkassen für die entstandenen Behandlungskosten. Dieser Vertrauensschutz gilt ausschließlich für Vertragsärzte. Krankenhäuser können sich bei stationärer Behandlung nicht auf eine gutgläubige Leistungserbringung berufen; zum einen muss die Versichertenkarte im Krankenhaus nicht vorgelegt werden, zum anderen hat es der Gesetzgeber den Vertragsparteien des § 112 überlassen, durch Rahmenverträge Aufnahme und Abrechnung (beispielsweise durch eine Kostenzusage) zwischen Krankenkasse und Krankenhaus zu regeln, wenn ein Versicherter das Krankenhaus auf Sachleistung in Anspruch nimmt (BSG 12. 11. 2003 – B 3 KR 1/03 R – SozR 4–2500 § 112 Nr. 2; BSG 12. 6. 2008 – B 3 KR 19/07 R – BSGE 101, 33). Zur Strafbarkeit bei Missbrauch der Versichertenkarte s. OLG Hamm 9. 3. 2006 – 1 Ss 58/06 – NJW 2006, 2341.

F. Berechtigungsschein (Abs. 3 und 4)

Die Krankenkassen können für Leistungen, die nicht (zahn)ärztliche Leistungen sind (zB Heil- und **9** Hilfsmittel, häusliche Krankenpflege, Krankenhausbehandlung oder Früherkennungsuntersuchungen, vgl. BT-Drs. 11/2237 S. 164), nach pflichtgemäßem Ermessen Berechtigungsscheine ausstellen. Auch der Berechtigungsschein ist ein Ausweispapier, das Vertrauensschutz begründen kann. Die in den Berechtigungsschein aufzunehmenden Daten ergeben sich aus Abs. 4 iVm. § 291 Abs. 2 S. 1 Nr. 1–9; sie entsprechen im Wesentlichen denjenigen der Versichertenkarte.

G. Nachreichen des Ausweises (Abs. 5)

Die Krankenversichertenkarte (bzw. die elektronische Gesundheitskarte) ist vor dem Beginn der **10** Behandlung auszuhändigen (Abs. 2), nur in dringenden Fällen können die Krankenversichertenkarte oder der Berechtigungsschein nachgereicht werden (Abs. 5). Sofern dies nicht geschieht, kann der Leistungserbringer den Versicherten wie einen Privatpatienten in Anspruch nehmen (vgl. §§ 13 Abs. 2, 18 Abs. 8 BMV-Ä sowie §§ 7 Abs. 2, 21 Abs. 8 BMV-Ä/EKV).

H. Missbrauchsschutz

Gem. Abs. 6 S. 2 haben die Krankenkassen einem Missbrauch der Karten durch geeignete Maß- **11** nahmen, wie etwa einen aktuellen Versichertenstammdatendienst über Beendigung der Mitgliedschaft oder über Kartenverlust (vgl. BT-Drs. 16/3100 S. 97), entgegenzuwirken. Bei Beendigung der Mitgliedschaft oder Wechsel der Krankenkasse ist die ausstellende Krankenkasse gem. § 291 Abs. 4 S. 1 verpflichtet, die Karte – ggf. im Wege der Verwaltungsvollstreckung – einzuziehen bzw. die Daten der elektronischen Gesundheitskarte zu aktualisieren.

§ 16 Ruhen des Anspruchs

(1) **Der Anspruch auf Leistungen ruht, solange Versicherte**
1. **sich im Ausland aufhalten, und zwar auch dann, wenn sie dort während eines vorübergehenden Aufenthalts erkranken, soweit in diesem Gesetzbuch nichts Abweichendes bestimmt ist,**
2. **Dienst auf Grund einer gesetzlichen Dienstpflicht oder Dienstleistungen und Übungen nach dem Vierten Abschnitt des Soldatengesetzes leisten,**
2 a. **in einem Wehrdienstverhältnis besonderer Art nach § 6 des Einsatz-Weiterverwendungsgesetzes stehen,**
3. **nach dienstrechtlichen Vorschriften Anspruch auf Heilfürsorge haben oder als Entwicklungshelfer Entwicklungsdienst leisten,**
4. **sich in Untersuchungshaft befinden, nach § 126 a der Strafprozeßordnung einstweilen untergebracht sind oder gegen sie eine Freiheitsstrafe oder freiheitsentziehende Maßregel der Besserung und Sicherung vollzogen wird, soweit die Versicherten als Gefangene Anspruch auf Gesundheitsfürsorge nach dem Strafvollzugsgesetz haben oder sonstige Gesundheitsfürsorge erhalten.**

(2) **Der Anspruch auf Leistungen ruht, soweit Versicherte gleichartige Leistungen von einem Träger der Unfallversicherung im Ausland erhalten.**

(3) ¹**Der Anspruch auf Leistungen ruht, soweit durch das Seemannsgesetz für den Fall der Erkrankung oder Verletzung Vorsorge getroffen ist.** ²**Er ruht insbesondere, solange**

sich der Seemann an Bord des Schiffes oder auf der Reise befindet, es sei denn, er hat nach § 44 Abs. 1 des Seemannsgesetzes die Leistungen der Krankenkasse gewählt oder der Reeder hat ihn nach § 44 Abs. 2 des Seemannsgesetzes an die Krankenkasse verwiesen.

(3 a) ¹Der Anspruch auf Leistungen für nach dem Künstlersozialversicherungsgesetz Versicherte, die mit einem Betrag in Höhe von Beitragsanteilen für zwei Monate im Rückstand sind und trotz Mahnung nicht zahlen, ruht nach näherer Bestimmung des § 16 Abs. 2 des Künstlersozialversicherungsgesetzes. ²Satz 1 gilt entsprechend für Mitglieder nach den Vorschriften dieses Buches, die mit einem Betrag in Höhe von Beitragsanteilen für zwei Monate im Rückstand sind und trotz Mahnung nicht zahlen, ausgenommen sind Untersuchungen zur Früherkennung von Krankheiten nach den §§ 25 und 26 und Leistungen, die zur Behandlung akuter Erkrankungen und Schmerzzustände sowie bei Schwangerschaft und Mutterschaft erforderlich sind; das Ruhen endet, wenn alle rückständigen und die auf die Zeit des Ruhens entfallenden Beitragsanteile gezahlt sind oder wenn Versicherte hilfebedürftig im Sinne des Zweiten oder Zwölften Buches werden. ³Ist eine wirksame Ratenzahlungsvereinbarung zu Stande gekommen, hat das Mitglied ab diesem Zeitpunkt wieder Anspruch auf Leistungen, solange die Raten vertragsgemäß entrichtet werden.

(4) Der Anspruch auf Krankengeld ruht nicht, solange sich Versicherte nach Eintritt der Arbeitsunfähigkeit mit Zustimmung der Krankenkasse im Ausland aufhalten.

A. Normzweck und Grundregeln

1   § 16 regelt, unter welchen Voraussetzungen die Leistungsansprüche des Versicherten ruhen. Ruhen bedeutet dabei, dass ein grds. **bestehender** Leistungsanspruch **nicht verwirklicht** werden kann. Umfasst sind alle Leistungsarten, die das Dritte Kapitel des SGB V kennt; auch Kostenerstattungsansprüche können ruhen (BSG 30. 6. 2009 – B 1 KR 22/08 R – BSGE 104, 1 Rn. 42 ff.). Es ruht in allen Fällen nur der Leistungsanspruch des Versicherten, in dessen Person die Tatbestandsvoraussetzungen vorliegen. Die Normzwecke der einzelnen Ruhenstatbestände des § 16 sind verschieden: **Abs. 1 Nr. 1** folgt dem Territorialitätsprinzip; die Einschränkung entspricht dem Blickwinkel des nationalen Sozialrechts und ist im Hinblick auf die Ausrichtung der gesetzlichen Krankenversicherung auf das Sachleistungsprinzip folgerichtig. **Abs. 1 Nr. 2–4** sowie **Abs. 2–3** wollen Doppelleistungen vermeiden. **Abs. 3 a** ist Sanktionsvorschrift.

B. Auslandsaufenthalt (Abs. 1 Nr. 1)

2   Gem. Abs. 1 Nr. 1 ruht der Leistungsanspruch, solange sich Versicherte **im Ausland**, dh. außerhalb des Staatsgebietes der Bundesrepublik Deutschland, aufhalten. Es ist gleichgültig, ob es sich um einen längeren oder kürzeren Auslandsaufenthalt handelt; auch **Urlaubs-** und **Geschäftsreisen** fallen also unter den Begriff. Nur unter den Voraussetzungen des § 18 Abs. 1 räumt das Gesetz im Grundsatz einen Anspruch auf Auslandskrankenbehandlung ein (siehe dort). Allerdings steht § 16 Abs. 1 Nr. 1 unter dem **Vorbehalt abweichender Bestimmungen** (sogleich Rn. 3 ff.). Unter dem Strich ist die Bedeutung daher auf das sog. **„vertragslose Ausland"** beschränkt; dies sind Staaten, mit denen die Bundesrepublik Deutschland nicht durch überstaatliches (EU-) Recht und/oder durch Sozialversicherungsabkommen verbunden ist. Die Reichweite der Ausnahmen ist am Ende bedeutender als das Prinzip. In Bezug auf Krankengeld ist Abs. 4 zu beachten: Hält sich ein Versicherter nach dem Eintritt der Arbeitsunfähigkeit und mit Zustimmung der Krankenkasse im Ausland auf, ruht der Anspruch auf Krankengeld nicht (siehe unten Rn. 15).

I. Ausnahmen im innerstaatlichen Recht

3   Im innerstaatlichen Recht setzen § **13 Abs. 4–6** die EuGH-Rechtsprechung (EuGH 28. 4. 1998 – C-120/95 – Slg. 1998, I-1871 – Decker; EuGH 12. 7. 2001 – C-368/98 – Slg. 2001, I-5383 – Smits/Peerbooms; EuGH 13. 5. 2003 – C-385/99 – Slg. 2003, I-04.509 – Fauré/van Riet) zu den Ansprüchen gesetzlich Krankenversicherter auf medizinische Behandlung in Form eines Kostenerstattungsanspruchs bei **Aufenthalt im EU-Ausland** um (siehe § 13 Rn. 9). Als EU-Ausland gilt dabei neben den EU- bzw. EWR-Staaten aufgrund Abkommens (Sektorenabkommen v. 21. 6. 1999, BGBl. II 2001 S. 810) auch die Schweiz. § **17** normiert die Ausnahme für die Zeit einer Beschäftigung im Ausland. § **18** erlaubt die Kostenübernahme ua. bei einer nur außerhalb des EU-Auslands möglichen Krankenbehandlung.

II. Ausnahmen im Unionsrecht

4   Beträchtliche praktische Bedeutung haben Ausnahmen des überstaatlichen Rechts der Europäischen Union. Das gilt vor allem im Anwendungsbereich der Koordinierungsvorschriften der **Art. 17–**

35 VO (EG) Nr. 883/2004 (und der dazu einschlägigen Durchführungsbestimmungen der VO (EG) Nr. 987/2009, die mit Wirkung vom 1. 5. 2010 an die Stelle der bisherigen VO (EWG) Nr. 1408/71 und der Durchführungsverordnung VO (EWG) 574/72 getreten sind (näher Art. 1–91 VO (EG) Nr. 883/2004 Rn. 1). Für die Feststellung der Arbeitsunfähigkeit im Fall der Erkrankung im EU-Ausland gilt Art. 27 VO (EG) Nr. 987/2009.

III. Ausnahmen im zwischenstaatlichen Recht

Mit einer Reihe von Staaten bestehen **Sozialversicherungsabkommen** (Übersicht bei Schmidt/ Mader BABl. 2004, 11 ff.), auch (das Unionsrecht ergänzend) mit allen EU-Mitgliedstaaten. Derartige Abkommen bestehen im Übrigen mit Bosnien-Herzegowina, Island, Israel, Kroatien, Marokko, Mazedonien, Montenegro, Norwegen, Schweiz, Serbien, Türkei und Tunesien; diese Abkommen begründen Ansprüche der gesetzlich Krankenversicherten auf Kostenerstattung für eine Auslandsbehandlung. **5**

C. Dienst (Abs. 1 Nr. 2, Nr. 2 a)

Nach Maßgabe von § 193 bestehen Beschäftigungsverhältnis und Mitgliedschaft bei Wehr- und Zivildienst und bei Dienstleistungen oder Übungen nach dem SoldatenG fort. Zugleich sind für die betreffenden Dienstpflichtverhältnisse Leistungsansprüche bei Krankheit – aus dem Steueraufkommen finanziert – in anderen Gesetzen vorgesehen. Deshalb ruht der Beitragsmitteln beruhende Vorsorge durch die gesetzliche Krankenversicherung. Von der gesetzlichen Dienstpflicht umfasst sind im Einzelnen der **Grundwehrdienst**, **Wehrübungen** sowie im **Verteidigungsfall** der unbefristete Wehrdienst. Dienst aufgrund einer gesetzlichen Dienstpflicht erbringen neben den Wehrpflichtigen auch **Zivildienstleistende** sowie **Bundesgrenzschutzpflichtige**. Ferner fallen unter Abs. 1 Nr. 2 Dienstleistungen und Übungen nicht wehrpflichtiger früherer **Berufssoldaten** und **Soldaten auf Zeit**. Dienstpflicht bzw. Dienstleistung oder Übung beginnen mit dem Diensteintritt aufgrund der Einberufung und enden mit der Entlassung; es gelten die für das betreffende Rechtsverhältnis einschlägigen gesetzlichen Bestimmungen. **6**

Eingefügt zum 18. 12. 2007 (BGBl. I 2007 S. 2861) ordnet Abs. 1 Nr. 2 a bei Bestehen eines Wehrdienstverhältnisses besonderer Art gem. § 6 Einsatz-Weiterverwendungsgesetz das Ruhen des Leistungsanspruchs an (BT-Drs. 16/6564 S. 18 f.). Ein **Wehrdienstverhältnis besonderer Art** entsteht unter den Voraussetzungen des § 6 EinsatzWVG kraft Gesetzes oder auf Antrag. Sinn und Zweck ist, den in einem Einsatz Geschädigten, wenn deren Wehrdienstverhältnis endet, durch den Eintritt in das Wehrdienstverhältnis besonderer Art den Status der Soldaten auf Zeit zu verschaffen und Leistungen im Soldatenstatus zu erbringen. Auch im Fall des Wehrdienstverhältnisses besonderer Art bleibt gem. § 193 die Mitgliedschaft in der GKV bestehen; ein Doppelbezug wird durch die Anordnung des Ruhens ausgeschlossen. **7**

D. Dienstrechtliche Heilfürsorge, Entwicklungsdienst (Abs. 1 Nr. 3)

Abs. 1 Nr. 3 **1. Fall** regelt das Ruhen der Ansprüche bei **dienstrechtlicher Heilfürsorge**, er kommt also nur für Angehörige des öffentlichen Dienstes in Betracht, namentlich Beamte, Richter, Soldaten sowie Angestellte und Arbeiter des öffentlichen Dienstes. Unter Heilfürsorge ist die unentgeltliche Gewährung aller zur Gesunderhaltung, Verhütung und frühzeitigen Erkennung von gesundheitlichen Schäden sowie zur Behandlung von Krankheiten erforderlichen medizinischen und medizinisch-technischen Leistungen zu verstehen (BSG 22. 4. 1986 – 1/8 RR 25/83 – SozR 2200 § 313 Nr. 9 mwN.). Auf diese Leistungen muss nach dienstrechtlichen Vorschriften – zB gem. §§ 1 Abs. 1, 30 Abs. 1 SG, § 69 Abs. 2 BBesG – ein Anspruch bestehen; praktische Bedeutung hat dies namentlich bei Dienstunfällen von Beamten. Über das Bestehen des Anspruchs hinaus muss, damit der Anspruch auf Leistungen der gesetzlichen Krankenversicherung ruht, Heilfürsorge **tatsächlich gewährt** werden (BSG 22. 4. 1986 – 1/8 RR 25/83 – SozR 2200 § 313 Nr. 9; aA H/N/Noftz, § 16 SGB V Rn. 35; jurisPK/Blöcher, § 16 SGB V Rn. 34). Abs. 1 Nr. 3 **2. Fall** betrifft die Entwicklungshilfe. Das EntwicklungshelferG (EhfG) gewährleistet die Gesundheitsfürsorge von Entwicklungsdienstleistenden; deren Leistungsansprüche aus der gesetzlichen Unfallversicherung sind nicht nötig. Wer **Entwicklungshelfer** ist, bestimmt § 1 Abs. 1 EhfG. Gem. § 7 Abs. 1 EhfG ist für Entwicklungshelfer, die sich im Ausland aufhalten, ein Kostenerstattungsanspruch zu garantieren. Sofern ein Sozialversicherungsabkommen mit dem Entwicklungsland besteht, geht dieses vor. **8**

E. Hoheitlicher Freiheitsentzug (Abs. 1 Nr. 4)

Abs. 1 Nr. 4 setzt für das Ruhen der Leistungsansprüche zum einen voraus, dass eine freiheitsentziehende Maßnahme vollzogen wird, zum anderen, dass der Versicherte als Gefangener einen An- **9** spruch auf Gesundheitsfürsorge nach dem Strafvollzugsgesetz hat oder sonstige Gesundheitsfürsorge erhält. Als freiheitsentziehende Maßnahmen genannt sind **Untersuchungshaft** (§§ 112 ff. StPO), **einstweilige Unterbringung** in einer besonderen Anstalt gem. § 126 a StPO und der Vollzug einer **Freiheitsstrafe** (§§ 38 f. StGB) bzw. dem gleichgestellt die freiheitsentziehenden **Maßregeln der Besserung und Sicherung** (§§ 61, 63 ff. StGB). **Anspruch auf Gesundheitsfürsorge nach dem StVollzG** haben gem. §§ 56 ff. StVollzG nur Gefangene im Straf- oder Maßregelvollzug. Die hiervon nicht erfassten Untersuchungshäftlinge, einstweilen Untergebrachten und Jugendlichen im Jugendstrafvollzug erhalten **sonstige Gesundheitsfürsorge** (siehe auch Gemeinsames Rundschreiben der Spitzenverbände der Krankenkassen v. 9. 12. 1988, S. 39). Der Anspruch auf Gesundheitsfürsorge ruht seinerseits, solange Strafgefangene als sog. **Freigänger** (§ 39 Abs. 1 StVollzG) aufgrund eines freien Beschäftigungsverhältnisses außerhalb der Anstalt (gem. § 5 Abs. 1 Nr. 1) krankenversichert sind. Gleiches gilt bei **Schwangerschaft und Mutterschaft** (§ 78 StVollzG). Die Voraussetzungen des § 16 Abs. 1 Nr. 4 liegen dann nicht vor. Da die Gesundheitsfürsorge nach dem StVollzG keinen Anspruch auf Krankengeld oder auf sonstige Lohnersatzleistung kennt, ruht ein eventueller **Krankengeldanspruch** (bei Freigängern oder wenn während bestehender Arbeitsunfähigkeit eine freiheitsentziehende Maßnahme vollzogen wird) nicht (vgl. H/N/Noftz, § 16 SGB V Rn. 46 mwN.; SG Hamburg 5. 12. 2003 – 21 KR 479/96 – juris). Darauf, ob die Gesundheitsfürsorge und die Leistungen der gesetzlichen Krankenversicherung deckungsgleich sind, kommt es im Übrigen nicht an.

F. Gleichartige Leistung ausländischer Unfallversicherungsträger (Abs. 2)

10   Für das deutsche Sozialversicherungsrecht ist der Vorrang der Unfallversicherungsträger bei der Leistungserbringung in § 11 Abs. 5 angeordnet. Auch soweit Krankenversicherte gleichartige Leistungen von einem **Unfallversicherungsträger im Ausland** erhalten, ruht der Anspruch auf Leistungen der gesetzlichen Krankenversicherung. Leistungen ausländischer Unfallversicherungsträger, die nicht gleichartig sind, beeinflussen den Leistungsanspruch gegen den deutschen Krankenversicherungsträger nicht. **Gleichartigkeit** setzt nicht vollständige Übereinstimmung, sondern eine Übereinstimmung nach Zweck und Funktion voraus (vgl. BSG 6. 3. 1991 – 13/5 RJ 39/90 – SozR 3–2400 § 18 a Nr. 2; H/N/Noftz, § 16 SGB V Rn. 48). Soweit Leistungen gleichartig sind, ruht der Anspruch nur, **soweit** Versicherte Leistungen erhalten. Wenn allgemein zu Recht angenommen wird, § 16 Abs. 2 solle Doppelleistungen vermeiden, bleiben Leistungsansprüche nach dem SGB V insoweit bestehen, als gleichartige Leistungen des ausländischen Unfallversicherungsträgers in ihrer Höhe hinter den Leistungen der gesetzlichen Krankenversicherung zurückbleiben (sog. Spitzbetrag). Dass nur rechtlich ein Anspruch gegen den ausländischen Unfallversicherungsträger besteht, löst allein die Tatbestandsvoraussetzungen nicht aus, solange der ausländische Träger seiner Leistungspflicht nicht nachkommt oder der Versicherte die Leistung tatsächlich nicht bezieht (vgl. BSG 9. 12. 1976 – 2 RU 39/76 – BSGE 43, 68, 70 mwN.). Sollte ein ausländischer Unfallversicherungsträger eine bestehende Leistungspflicht zu Unrecht verneinen, kommt der Rückgriff des (mit dem Risiko des Ausfalls belasteten) Krankenversicherungsträgers aus abgetretenem Recht in Betracht.

G. Seeleute (Abs. 3)

11   Historisch begründet, haben Seeleute im Hinblick auf die Risiken der Krankheit und Verletzung Ansprüche auf Vorsorge nach dem **Seemannsgesetz** (SeemG). Damit konkurrieren Ansprüche der gemäß § 5 Abs. 1 Nr. 1 krankenversicherten Seeleute. Gemäß § 16 Abs. 3 gehen die sachnäheren Ansprüche nach dem SeemG vor. Der Fürsorgeanspruch des SeemG gilt gemäß § 1 SeemG auf allen Kauffahrteischiffen, die die Bundesflagge führen. Sachlich umfasst der Fürsorgeanspruch nach Maßgabe des SeemG namentlich Heilbehandlung, die Versorgung mit Arznei- und Heilmitteln, die Fortzahlung der Heuer sowie Verpflegung und Unterbringung. Persönlich steht der Anspruch allen Besatzungsmitgliedern (§ 3 ff.) während ihres Aufenthalts an Bord oder außerhalb des Geltungsbereichs des GG zu. § 16 Abs. 3 ist lex specialis gegenüber § 17 Abs. 1 und 2; § 17 Abs. 3 wird von § 16 Abs. 3 nicht berührt.

H. Beitragsrückstände (Abs. 3 a)

12   Die Ruhensbestimmung gilt zum einen für Versicherte nach dem KSVG (S. 1), zum anderen für Mitglieder (S. 2). Was die **Versicherten nach dem KSVG** (S. 1) angeht, enthält die Bestimmung nur einen Teil der Tatbestandsvoraussetzungen für die gesetzliche Anordnung des Ruhens: Der nach dem KSVG Versicherte muss mit einem Beitrag in der Höhe von Beitragsanteilen für zwei Monate im Rückstand sein und trotz Mahnung nicht zahlen. Das Weitere ergibt sich aus der Bestimmung des **§ 16 Abs. 2 KSVG:** Danach ist insbesondere erforderlich, dass der Versicherte in der Mahnung auf

die Folgen des andauernden Zahlungsrückstands hingewiesen worden ist („Rechtsfolgenbelehrung"); die Künstlersozialkasse hat das Ruhen der Leistungsansprüche **durch Bescheid festzustellen;** das Ruhen tritt drei Tage nach dem Zugang des Bescheids beim Versicherten ein. Es bezieht sich auf **sämtliche Leistungsansprüche,** Einschränkungen (wie bei Mitgliedern gemäß S. 2) sind nicht vorgesehen; zu Recht wird darauf hingewiesen, dass eine sachliche Rechtfertigung für die unterschiedliche Behandlung nicht zu erkennen ist (vgl. jurisPK/Blöcher, § 16 SGB V Rn. 50). Widerspruch und Anfechtungsklage gegen den Ruhensbescheid haben **keine aufschiebende Wirkung,** § 16 Abs. 2 S. 4 KSVG. Das **Ruhen endet** kraft Gesetzes (vgl. Gesetzesbegründung, BT-Drs. 11/2964 S. 20 f. [noch zu § 216 a RVO]), wenn alle rückständigen und auf die Zeit des Ruhens entfallenden Beitragsanteile gezahlt sind. Ein Bescheid der Künstlersozialkasse kann zur Klarstellung zweckmäßig sein. Mit der Beendigung der Ruhenswirkung leben Leistungsansprüche für die Zukunft wieder auf (zu Möglichkeiten und Wirkung einer Ratenzahlungsvereinbarung vgl. § 16 Abs. 2 S. 6 KSVG).

Die Anordnung des Ruhens bei Beitragsrückständen von Mitgliedern nach dem SGB V (S. 2), also von Pflichtversicherten (§ 5) und von freiwillig Versicherten (§ 9), wurde durch das GKV-WSG **mit Wirkung vom 1. 4. 2007 eingefügt.** Die Gesetzesänderung steht im Zusammenhang mit der Einführung einer Versicherungspflicht gemäß § 5 Abs. 1 Nr. 13 für Personen, die keinen anderweitigen Anspruch auf Absicherung im Krankheitsfall haben; sie erfasst aber in sinnvoller Gleichbehandlung alle Mitglieder (H/N/Noftz, § 16 SGB V Rn. 65). Praktische Bedeutung hat die Bestimmung gleichwohl nur dort, wo Mitglieder Beitragsanteile oder Beiträge selbst zu entrichten haben. Haben **Dritte** (zB der Arbeitgeber gem. § 28 e Abs. 1 S. 1 SGB IV iVm. § 253 SGB V) Beiträge zu zahlen und gelangen diese in Rückstand, wird ein Ruhen gem. S. 2 nicht ausgelöst; dies gilt selbst dann, wenn der Rückstand pflichtwidrig und schuldhaft durch das Mitglied verursacht worden ist (vgl. Krauskopf/Wagner, § 16 SGB V Rn. 22). Zugleich ist (anders als gem. S. 1) auf der Rechtsfolgenseite die **Ruhenswirkung** eingeschränkt: Ausgenommen sind **Früherkennungsuntersuchungen** nach §§ 25 und 26 sowie Leistungen, die zur Behandlung **akuter Erkrankungen und Schmerzzustände** sowie bei **Schwangerschaft und Mutterschaft** erforderlich sind. Das gilt auch bei **chronischen Erkrankungen;** nach der verwaltungsgerichtlichen Rechtsprechung zu § 4 Abs. 1, 2 AsylbLG, dem der Ausnahmetatbestand des S. 2 nachgebildet ist, zählt die Behandlung einer chronischen Erkrankung solange nicht zum Anspruch, bis eine medizinische Leistung zur Behandlung von Schmerzzuständen erforderlich ist (vgl. OVG Nds 6. 7. 2004 – 12 ME 209/04 – SAR 2004, 129; GK-AsylbLG/Hohm, § 4 Rn. 20 ff. mwN.).

Streitig ist, ob die angeordnete entsprechende Anwendung von S. 1 auch **§ 16 Abs. 2 KSVG** erfasst (so Kingreen, in: Becker/Kingreen, § 16 SGB V Rn. 16; aA Krauskopf/Wagner, § 16 SGB V Rn. 24). Dies anzunehmen entspricht nicht nur der Rechtssystematik, sondern lässt sich auch dem Willen des Gesetzgebers entnehmen (vgl. BT-Drs. 16/4247 S. 31). Allerdings lässt S. 2 – wie dargelegt – abweichende Regelungen im Bereich der Ausnahmen zu. Bzgl. des Endens des Ruhens modifiziert S. 2 Hs. 2 als Sonderregelung für den Bereich des SGB V den Inhalt des § 16 Abs. 2 KSVG. Das Ruhen **endet** auch im Fall des S. 2, wenn alle rückständigen und auf die Zeit des Ruhens entfallenden Beitragsanteile gezahlt sind; allerdings müssen evtl. Beitragsrückstände in der Pflegeversicherung hier – anders als bei Versicherten nach dem KSVG – nicht zusätzlich ausgeglichen sein. Des Weiteren endet das Ruhen, wenn Versicherte hilfebedürftig iSd. SGB II oder SGB XII werden; hierdurch soll insbesondere ein dauerhaftes Ruhen der Leistungen vermieden werden (BT-Drs. 16/4247 S. 31). Nach dem durch das Gesetz vom 17. 7. 2009 eingefügten **S. 3** endet das Ruhen der Leistungen auch, wenn für die Beitragsrückstände eine **Ratenzahlungsvereinbarung** getroffen wurde und das Mitglied die Raten vertragsgemäß zahlt. Hierdurch soll ein zusätzlicher Anreiz zur Tilgung angefallener Beitragsrückstände gesetzt werden (BT-Drs. 16/13428 S. 89). Die Ruhensanordnung bezieht sich gemäß Abs. 3 a S. 2 nur auf das zur Zahlung verpflichtete Mitglied, **nicht auf mitversicherte Familienangehörige.**

I. Krankengeld bei Auslandsaufenthalt (Abs. 4)

Abs. 4 bildet eine Ausnahme zu der allgemeinen Anordnung des Ruhens für Zeiträume eines Auslandsaufenthalts in Abs. 1 Nr. 1. Einen Sonderfall regelt wiederum § 18 Abs. 1 S. 2. Die hM. geht davon aus, dass das Krankengeld auch dann zu gewähren ist, wenn die Arbeitsunfähigkeit erst während des Auslandsaufenthaltes eintritt und die Krankenkasse dem weiteren Verbleib im Ausland nachträglich zustimmt (vgl. nur LSG Berlin 22. 3. 2000 – L 9 KR 69/98 – NZS 2000, 462; H/N/Noftz, § 16 SGB V Rn. 66 ff. mwN.; aA Krauskopf/Wagner, § 16 SGB V Rn. 28). Sinn und Zweck der Ausnahmeregelung ist, eine ungerechtfertigte Inanspruchnahme von Krankengeld auszuschließen und dabei die Schwierigkeit einer Feststellung der Arbeitsunfähigkeit im Ausland zu berücksichtigen. Dies erfordert jedoch bei fehlender Zustimmung vor Urlaubsantritt kein generelles Ruhen des Krankengeldanspruchs; es reicht aus, wenn der Versicherte die Feststellungslast bzgl. des Vorliegens trägt. Die Zustimmung steht im pflichtgemäß auszuübenden Ermessen (§ 39 SGB I) der zuständigen Krankenkasse; sie kann mit Nebenbestimmungen (§ 32 Abs. 2 SGB X) versehen werden.

§ 17 Leistungen bei Beschäftigung im Ausland

(1) ¹Mitglieder, die im Ausland beschäftigt sind und während dieser Beschäftigung erkranken, erhalten die ihnen nach diesem Kapitel und nach den Vorschriften des Zweiten Abschnitts des Zweiten Buches der Reichsversicherungsordnung zustehenden Leistungen von ihrem Arbeitgeber. ²Satz 1 gilt entsprechend für die nach § 10 versicherten Familienangehörigen, soweit sie das Mitglied für die Zeit dieser Beschäftigung begleiten oder besuchen.

(2) Die Krankenkasse hat dem Arbeitgeber die ihm nach Absatz 1 entstandenen Kosten bis zu der Höhe zu erstatten, in der sie ihr im Inland entstanden wären.

(3) Die zuständige Krankenkasse hat dem Reeder die Aufwendungen zu erstatten, die ihm nach § 48 Abs. 2 des Seemannsgesetzes entstanden sind.

A. Normzweck

1   § 17 steht in Zusammenhang mit § 16 Abs. 1 Nr. 1, der das Ruhen des Leistungsanspruchs im Fall eines Auslandsaufenthalts anordnet. § 17 begründet von diesem Grundsatz die Ausnahme, wenn Mitglieder **im Ausland beschäftigt** sind und während dieser Beschäftigung erkranken. Bei dieser Sachlage soll die Absicherung des Krankheitsrisikos erhalten bleiben. Weil die Tätigkeit des Arbeitnehmers im Ausland auf einer Unternehmerentscheidung beruht, soll der Arbeitgeber zunächst die Kosten der im Ausland in Anspruch genommenen Leistungen tragen. § 17 Abs. 1 begründet einen Anspruch des Versicherten gegenüber dem Arbeitgeber „auf Leistungen". Die entstandenen Kosten kann der Arbeitgeber (als „Durchgangsstation", vgl. BSG 28. 9. 2010 – B 1 KR 2/10 R – SozR 4–2500 § 17 Nr. 3) gem. Abs. 2 grds. in der Höhe, wie sie auch im Inland entstanden wären, von der Krankenkasse ersetzt verlangen. Über den Wortlaut hinaus gilt § 17 nicht nur, wenn die Erkrankung während der Auslandsbeschäftigung auftritt, sondern auch, wenn die Krankheit bereits vorher bestand, die Behandlungsbedürftigkeit aber erst im Ausland entsteht (KassKomm/Peters, § 17 SGB V Rn. 5; H/N/Noftz, § 17 SGB V Rn. 5 d). Dem Schutzzweck der Norm entsprechend ist § 17 auch bei Erkrankungen während eines Urlaubs im Beschäftigungsland (nicht anderswo) anwendbar (H/N/Noftz, § 17 SGB V Rn. 7 a); bei Urlaub im Inland besteht ohnehin Krankenversicherungsschutz, Leistungsansprüche ruhen gem. § 16 Abs. 1 Nr. 1 nicht.

B. Anwendungsbereich

2   § 17 ist nur anwendbar, soweit nicht **vorgehende über- oder zwischenstaatliche Regelungen** (vgl. §§ 30 Abs. 2 SGB I, 6 SGB IV sowie die Übersicht einzelner Abkommen unter www.dvka.de (unter: Rechtsquellen)) über die Inanspruchnahme von Leistungen im Ausland eingreifen (zum Hintergrund s. Art. 1–91 VO (EG) Nr. 883/2004 Rn. 48). Dafür, dass die Anwendung schlechthin ausscheidet, wenn ein Abkommen nur besteht (so zB SGB-SozVersGesKom/Heinze, § 17 Anm. 2 S. 2), enthält das Gesetz keinen Anhaltspunkt (Wannagat/Mrozynski, § 17 SGB V Rn. 10). Für eine Behandlung im **EU/EWR-Ausland** gelten zum einen die Bestimmungen des § 13 Abs. 4 (Inanspruchnahme von Leistungserbringern in anderen EU/EWR-Staaten allgemein) und § 13 Abs. 5 (Inanspruchnahme von Krankenhausleistungen); diese Bestimmungen setzen die Rechtsprechung des EuGH zur (passiven) Dienstleistungsfreiheit des Unionsrechts in deutsches Gesetzesrecht um (s. oben § 13 Rn. 9). Zum anderen gelten die koordinierenden Regeln der VO (EG) Nr. 883/2004, welche in Art. 12 auch die Konstellation der Arbeitnehmerentsendung erfassen; nach Maßgabe von Art. 17 ff. VO (EG) Nr. 883/2004 besteht Anspruch auf Sachleistungsaushilfe (früheres Formular E 111, seit 1. 1. 2006 EHIC (vgl. § 15 Rn. 7 ff.)) und auf Geldleistungen des Beschäftigungsstaates. § 17 findet vor diesem Hintergrund in erster Linie im sog. **vertragslosen Ausland** Anwendung. Zur Anwendbarkeit von § 17 bei Wahl deutschen Krankenversicherungsrechts aufgrund Abkommens s. Rn. 3. § 18 erfasst andere Aufenthaltsgründe als die Beschäftigung (s. dort).

C. Im Ausland beschäftigte Mitglieder

3   Wer Mitglied einer deutschen Krankenkasse ist und eine Beschäftigung im Ausland aufnimmt, bleibt unter den Voraussetzungen des **§ 4 SGB IV** versichert. Es kommt nicht darauf an, ob das Mitglied pflichtversichert oder freiwillig gesetzlich krankenversichert ist; für eine Differenzierung fehlt im Wortlaut, aber auch im Hinblick auf den Sinn der Vorschrift jeder Anhaltspunkt, solange es um Beschäftigung gem. § 7 Abs. 1 SGB IV geht. In der Regel liegt der Beschäftigung im Ausland eine **Entsendung** iSv. § 4 SGB IV zu Grunde. Ausreichend kann aber auch ein **entsendungsähnlicher Sachverhalt** sein (BSG 27. 9. 2005 – B 1 KR 13/04 R – SozR 4–2500 § 17 Nr. 1). § 17 setzt grds. die zeitliche Begrenzung des Auslandsaufenthaltes voraus. Daran fehlt es, wenn der Arbeitnehmer

schon vorher (langjährig) in einem anderen Staat gewohnt hat, dort vermutlich auch für weitere Jahre seinen Lebensmittelpunkt behalten wird und das deutsche Krankenversicherungsrecht aufgrund Abkommens gewählt hat (vgl. BSG 27. 9. 2005 – B 1 KR 13/04 R – SozR 4–2500 § 17 Nr. 1). Eine bloße Anwartschaftsversicherung nach § 240 Abs. 4 a mit Beitragsermäßigung führt dagegen nicht zur Anwendbarkeit von § 17.

D. Familienhilfeleistungen

Gem. § 17 Abs. 1 S. 2 haben auch nach § 10 familienversicherte Angehörige einen (selbständigen) **4** gesetzlichen Anspruch gegen den Arbeitgeber des Stammversicherten. Es entsteht insoweit ein gesetzliches Schuldverhältnis zwischen dem Angehörigen und dem Arbeitgeber. Voraussetzung ist, dass die familienversicherten Angehörigen den im Ausland beschäftigten Stammversicherten dorthin **begleiten** oder ihn dort **besuchen**. Ein nur zufälliger Aufenthalt im selben Land erfüllt diese Voraussetzung nicht. Die Vorschrift will sicherstellen, dass die Familienversicherten hinsichtlich der Übernahme der Krankheitskosten genauso behandelt werden wie die Arbeitnehmer (BT-Drs. 11/3480 S. 50). Dahinter verbirgt sich eine notwendig zu ziehende Konsequenz, nicht etwa eine Vergünstigung: Der familienversicherte Besuch ist und bleibt während des Besuchs gesetzlich krankenversichert, dem muss grundsätzlich eine Anspruchsberechtigung gegenüberstehen. Es ruht in Konsequenz des auf das Sachleistungsprinzip ausgerichteten Konzepts der gesetzlichen Krankenversicherung bei Auslandsaufenthalt gem. § 16 Abs. 1 Nr. 1 allerdings grundsätzlich der Leistungsanspruch; denn grundsätzlich sind die Krankenversicherungsträger nicht zur Krankenbehandlung im Ausland (damit auch nicht zur Kostenerstattung) verpflichtet. Wenn das jedoch wiederum bei beruflicher Auslandstätigkeit gem. der Sonderregel des § 17 aus gutem Grund anders ist, muss dies auch die Versicherten gem. § 10 erfassen. Anderenfalls würden die aus der gem. § 4 SGB IV fortbestehenden Versicherungspflicht folgenden Ansprüche zum Teil aus der Hand genommen. Auf Familienangehörige, die zu dem von § 10 Abs. 1 erfassten Personenkreis gehören, jedoch selbst Mitglied gem. §§ 5 oder 9 sind, ist Abs. 1 S. 2 nicht analog anwendbar; diesen Personen ist der Abschluss einer privaten Auslandskrankenversicherung zumutbar (BSG 28. 9. 2010 – B 1 KR 2/10 R – SozR 4–2500 § 17 Nr. 3).

E. Anspruchsinhalt

Das Mitglied und versicherte Familienangehörige „erhalten die Leistungen von ihrem Arbeitge- **5** ber", und zwar die Leistungen, welche ihnen sozialversicherungsrechtlich zustehen; umfasst sind alle Leistungen gem. § 11 (einschränkend Kingreen, in: Becker/Kingreen, § 17 SGB V Rn. 6). Das kann nicht heißen, dass die Leistungspflichten iSv. § 11 den Arbeitgeber treffen würden, sondern bedenkt, dass der **Arbeitgeber in die Leistungspflicht der Krankenkasse** (in dem Umfang, in dem sie gesetzlich besteht) **eingeschaltet** ist (vgl. BSG 9. 3. 1982 – 3 RK 64/80 – SozR 2200 § 222 Nr. 1). Der Arbeitgeber wird dadurch in besonderem Maß in die Pflicht genommen. Entsprechend den tatsächlichen und rechtlichen Möglichkeiten eines Arbeitgebers im Ausland führt seine „Einschaltung" dazu, dass er die Bereitstellung der Kassenleistungen sicherstellen muss, indem er die dazu nötigen Maßnahmen trifft, beispielsweise durch Organisation oder Vermittlung der Behandlung oder durch Kostenzusage bzw. -übernahme. Der Arbeitgeber hat es am ehesten in der Hand, auch auf die Kosten der Behandlung im Ausland Einfluss zu nehmen. Welche Anstrengungen des Arbeitgebers das gesetzliche Schuldverhältnis erfordert, lässt sich im Einzelfall mit Blick auf vergleichbare Schutzpflichten des Arbeitsverhältnisses beantworten, die durch § 17 Abs. 1 kraft Gesetzes erweitert werden. Das BSG entnimmt der intensiven Inpflichtnahme des Arbeitgebers zugleich mit Recht eine Begrenzung der Ausnahmeregelung auf Fälle, bei denen die Auslandsbeschäftigung vorübergehenden Charakter hat (BSG 27. 9. 2005 – B 1 KR 13/04 R – SozR 4–2500 § 17 Nr. 1).

F. Erstattungsanspruch des Arbeitgebers

Der Arbeitgeber kann gem. Abs. 2 die Erstattung seiner Kosten beanspruchen, begrenzt auf die **6** Kosten, die auch im Inland entstanden wären. Die Obergrenze für die Erstattungspflicht der Krankenkasse bilden grds. die **tatsächlich entstandenen Kosten**. Etwas anderes gilt nur dann, wenn die Krankenkasse nach zwischen- oder überstaatlichem Recht einen höheren Betrag zu erstatten hätte (vgl. Rundschreiben der Deutschen Verbindungsstelle Krankenversicherung Ausland vom 22. 12. 1988 zu § 17 unter 2.4.). Wegen des Risikos für den Arbeitgeber, auf einem (erheblichen) Teil der Kosten für die Krankenbehandlung bzw. für einen etwaigen Rücktransport nach Deutschland, der gem. § 60 Abs. 4 S. 1 nicht erstattungsfähig ist, sitzen zu bleiben, empfiehlt sich gerade für Länder mit einem hohen Gesundheitskostenniveau der **Abschluss einer privaten Zusatzversicherung**. Eine mögliche Alternative für Arbeitgeber und Arbeitnehmer kann auch der Abschluss einer privaten (Auslands)Krankenversicherung darstellen, wobei bei einer Beitragsermäßigung eine Anwartschaft in der gesetzlichen Krankenversicherung beibehalten werden kann. Eine **unmittelbare Kostenerstattung** zwischen Krankenkasse und Versicherten ist gesetzlich (vgl. BT-Drs. 11/3480 S. 50) nicht vorgesehen, gebietet sich aber namentlich, wenn der Arbeitgeber seiner Leistungspflicht nicht nachgekommen ist (vgl. BSG 9. 3. 1982 – 3 RK 64/80 – SozR 2200 § 222 Nr. 1; H/N/Noftz, § 17 SGB V Rn. 10). Da eine solche Direkterstattung (im Umfang der geschuldeten Krankenversicherungsleistungen) für die Krankenkasse mit keinerlei Nachteilen verbunden ist und hierfür ein praktisches Bedürfnis existiert, bestehen gegen eine solche Handhabung keine Bedenken. Dasselbe gilt, wenn Arbeitgeber und Arbeitnehmer eine Abtretung des Erstattungsanspruchs vereinbaren (vgl. BSG 28. 9. 2010 – B 1 KR 2/10 R – SozR 4–2500 § 17 Nr. 3).

G. Erstattungsanspruch des Reeders (Abs. 3)

7   Für Aufwendungen, die dem Reeder nach § 48 Abs. 2 SeemannsG für ein Mitglied der Krankenkasse entstanden sind, hat dieser einen Erstattungsanspruch gegenüber der zuständigen Krankenkasse (weiterführend H/N/Noftz, § 17 SGB V Rn. 13ff.; vgl. a. § 16 Rn. 11).

§ 18 Kostenübernahme bei Behandlung außerhalb des Geltungsbereichs des Vertrages zur Gründung der Europäischen Gemeinschaft und des Abkommens über den Europäischen Wirtschaftsraum

(1) ¹Ist eine dem allgemein anerkannten Stand der medizinischen Erkenntnisse entsprechende Behandlung einer Krankheit nur außerhalb des Geltungsbereichs des Vertrages zur Gründung der Europäischen Gemeinschaft und des Abkommens über den Europäischen Wirtschaftsraum möglich, kann die Krankenkasse die Kosten der erforderlichen Behandlung ganz oder teilweise übernehmen. ²Der Anspruch auf Krankengeld ruht in diesem Fall nicht.

(2) In den Fällen des Absatzes 1 kann die Krankenkasse auch weitere Kosten für den Versicherten und für eine erforderliche Begleitperson ganz oder teilweise übernehmen.

(3) ¹Ist während eines vorübergehenden Aufenthalts außerhalb des Geltungsbereichs des Vertrages zur Gründung der Europäischen Gemeinschaft und des Abkommens über den Europäischen Wirtschaftsraum eine Behandlung unverzüglich erforderlich, die auch im Inland möglich wäre, hat die Krankenkasse die Kosten der erforderlichen Behandlung insoweit zu übernehmen, als Versicherte sich hierfür wegen einer Vorerkrankung oder ihres Lebensalters nachweislich nicht versichern können und die Krankenkasse dies vor Beginn des Aufenthalts außerhalb des Geltungsbereichs des Vertrages zur Gründung der Europäischen Gemeinschaft und des Abkommens über den Europäischen Wirtschaftsraum festgestellt hat. ²Die Kosten dürfen nur bis zu der Höhe, in der sie im Inland entstanden wären, und nur für längstens sechs Wochen im Kalenderjahr übernommen werden. ³Eine Kostenübernahme ist nicht zulässig, wenn Versicherte sich zur Behandlung ins Ausland begeben. ⁴Die Sätze 1 und 3 gelten entsprechend für Auslandsaufenthalte, die aus schulischen oder Studiengründen erforderlich sind; die Kosten dürfen nur bis zu der Höhe übernommen werden, in der sie im Inland entstanden wären.

A. Normzweck und Anwendungsbereich

1   § 18 stellt eine **Ausnahme** zu dem gem. § 16 grds. angeordneten Ruhen des Leistungsanspruchs bei Auslandsaufenthalt dar. § 18 gilt nicht bei einer Behandlung in EU- und EWR-Staaten, für Leistungen innerhalb dieser Gebiete gilt § 13 Abs. 4–6 (s. dort). § 18 findet ferner keine Anwendung, wenn über- oder zwischenstaatliche Regelungen (Übersicht einzelner Abkommen abrufbar unter www.dkva.de) bestehen. Abs. 1 setzt eine bereits bis zum Inkrafttreten der Vorschrift im Jahr 1989 geübte Praxis (vgl. BSG 28. 6. 1983 – 8 RK 22/81 – SozR 2200 § 257a Nr. 10; BT-Drs. 11/2237 S. 166) um. Die Auslandsbehandlung ist – wie eine Behandlung im Inland durch nicht zugelassene Leistungserbringer (vgl. § 76 Abs. 1 S. 2) – als **Notfallleistung** nur für den Fall gedacht, dass die notwendige Versorgung im Sachleistungssystem durch die Krankenkassen nicht erbracht werden kann (sog. Systemversagen). Sofern die Voraussetzungen von Abs. 1 erfüllt sind, können gem. Abs. 2 auch weitere Kosten, die mit der Behandlung im Ausland in Zusammenhang stehen (wie etwa Reisekosten), ersetzt werden. Abs. 3 erweitert als Härtefallregelung die Leistungspflicht der Krankenkassen für Behandlungen im Ausland, die von älteren oder chronisch kranken Versicherten, die diese Risiken nicht durch eine private Versicherung absichern können, in Anspruch genommen werden müssen; dies setzt eine vorherige Feststellung durch die Krankenkasse voraus.

B. Voraussetzungen (Abs. 1 S. 1)

I. Erforderlichkeit

§ 18 Abs. 1 erfasst die (in der Praxis nicht häufigen) Fälle, in denen ein Versicherter im Inland erkrankt, eine dem allgemeinen Stand der Medizin entsprechende Behandlung aber **nur außerhalb des EU-/EWR-Raums** möglich ist. Der Gesetzgeber hatte vor allem bestimmte Herz- oder Augenoperationen oder Kapazitätsengpässe mit dadurch bedingten Wartezeiten (vgl. BT-Drs. 11/2237 S. 166) im Blick. Denkbar ist aber auch, dass im Einzelfall aufgrund des individuellen Krankheitsbildes nur eine Behandlung unter anderen klimatischen Bedingungen oder aufgrund geographischer Besonderheiten Erfolg versprechend ist (zB Kurmaßnahmen bei Hautkrankheit am Toten Meer (BSG 23. 11. 1995 – 1 RK 5/95 – SozR 3–2500 § 18 Nr. 1)). Als Ausnahmevorschrift ist § 18 eng auszulegen (BT-Drs. 11/2237 S. 166; BSG 17. 2. 2004 – B 1 KR 55/02 B – SozR 4–2500 § 18 Nr. 2). Die Vorschrift dient nicht dazu, Versicherten zu einer bestmöglichen Behandlung (vgl. BSG 16. 6. 1999 – B 1 KR 4/98 R – SozR 3–2500 § 18 Nr. 4) zu verhelfen, sondern sie soll allein Versorgungslücken oder -engpässe im Inland **unter Beachtung des Wirtschaftlichkeitsgebots** (§ 12 Abs. 1, s. dort) ausgleichen. Eine Kostenübernahme kommt nur in Betracht, wenn im Inland überhaupt keine, also auch keine andere zumutbare Behandlungsmöglichkeit zur Verfügung steht oder die Behandlung im Ausland eindeutig überlegen ist, insb. weil sie die Krankheitsursache beseitigt, während im Inland nur das Symptom kuriert werden könnte (BSG 16. 6. 1999 – B 1 KR 4/98 R – SozR 3–2500 § 18 Nr. 4). Gleichfalls unerheblich ist auch, ob die Behandlung im Vergleich zum Inland **kostengünstiger** ist, da auch die Auswirkungen auf das Gesamtsystem, insb. auf Krankenhäuser im grenznahen Bereich, mitzubeachten sind (BSG 28. 6. 1983 – 8 RK 22/81 – SozR 2200 § 257a Nr. 10). Ein „Gesundheitstourismus" soll vermieden werden (BSG 17. 2. 2004 – B 1 KR 55/02 B – SozR 4–2500 § 18 Nr. 2). Sofern eine entsprechende Behandlung zwar im Inland möglich ist, aber aus **Kapazitätsgründen eine Wartezeit** besteht, kann die Krankenkasse die Kosten der Auslandsbehandlung übernehmen, wenn eine unverzügliche Behandlung medizinisch notwendig ist. Längere Wartezeiten im Inland müssen grds. hingenommen werden (so beispielsweise die Wartezeit auf eine Spenderniere, da durch Dialyse eine Überbrückungsmöglichkeit besteht: BSG 17. 2. 2004 – B 1 KR 55/02 B – SozR 4–2500 § 18 Nr. 2). Für die Frage, ob ein Kapazitätsengpass oder eine Versorgungslücke vorliegen, ist auf den gesamten EU-/EWR-Raum abzustellen (jurisPK/Padé, § 18 SGB V Rn. 29). Dies dürfte den Anwendungsbereich von § 18 auf seltene Krankheiten oder auf Behandlungsmethoden, die an geographische Gegebenheiten gebunden sind, beschränken.

II. Anerkannter Stand der Medizin

Da § 18 Versorgungsdefizite im Inland ausgleichen will, ist auch für eine Behandlung im Ausland Voraussetzung, dass sie gem. § 2 Abs. 1 S. 3 (s. dort) im Hinblick auf **Qualität und Wirksamkeit dem allgemein anerkannten Stand der medizinischen Erkenntnisse** entspricht. Abmilderungen dieser Anforderungen kommen im Anschluss an den Nikolaus-Beschluss des BVerfG (6. 12. 2005 – 1 BvR 347/98 – BVerfGE 115, 25) auch im Anwendungsbereich von § 18 in Betracht (vgl. BSG 20. 4. 2010 – B 1/3 KR 22/08 R – BeckRS 2010, 70344). Dabei darf für eine Behandlung im Ausland keine Aufnahme durch den Gemeinsamen Bundesausschuss (G-BA) in den Leistungskatalog der gesetzlichen Krankenkassen gefordert werden, da sich der Ausschuss für seine Untersuchungen naturgemäß nur auf auch im Inland angebotene Behandlungsmaßnahmen beschränkt (BSG 16. 6. 1999 – B 1 KR 4/98 R – SozR 3–2500 § 18 Nr. 4).

C. Ermessen

Über die Kostenübernahme haben die Krankenkassen nach **pflichtgemäßem Ermessen** (§ 39 SGB I) zu entscheiden. Das Ermessen betrifft dabei sowohl das „Ob" als auch das „Wie" in Bezug auf Umfang („ganz oder teilweise") und Art der Leistung. Der Zielsetzung von § 18 entsprechend ist wichtigstes Kriterium bei der Ermessensausübung die **Schwere der Krankheit** des Versicherten. Ausweislich der Gesetzesbegründung (BT-Drs. 11/2237 S. 166) wurde die Vorschrift als Ermessensleistung ausgestaltet, um den Krankenkassen eine flexible Handhabung zu ermöglichen und eine finanzielle Überforderung zu vermeiden. Deshalb ist bei Vorliegen der tatbestandlichen Voraussetzungen nicht überzeugend, stets oder in der Regel eine volle Kostenübernahme zu fordern (so aber: KassKomm/Peters, § 17 SGB V Rn. 6). Entscheidend sind die konkreten Umstände des Einzelfalls. Sofern es sich um lebensbedrohliche oder folgenschwere Erkrankungen (zB eine bleibende Erblindung) handelt (und der Versicherte aus eigener Kraft nicht über die finanziellen Mittel verfügt), kann das Ermessen der Krankenkasse auch auf Null reduziert sein. Hat die Krankenkasse ihr Ermessen dahin ausgeübt, dass sie Kosten einer Auslandsbehandlung ganz oder teilweise übernimmt, ist für eine gesonderte Ermessensentscheidung über das Krankengeld kein Raum (BT-Drs. 11/2237 S. 166).

D. Verfahren

5   Nach der Rechtsprechung des BSG (BSG 3. 9. 2003 – B 1 KR 34/01 R – SozR 4–2500 § 18 Nr. 1) muss der Versicherte die Kostenübernahme **vor dem Behandlungsbeginn** beantragen, der Kasse Gelegenheit zur Prüfung geben und die Entscheidung abwarten. Die Krankenkassen wiederum müssen gem. § 275 Abs. 2 Nr. 3 die Frage, ob eine Behandlung nur außerhalb des EU-/EWR-Raums möglich ist, durch den Medizinischen Dienst der Krankenversicherung (MDK) prüfen lassen. Die Entscheidung des MDK, die sich naturgemäß nur auf die medizinische Behandlungsbedürftigkeit erstreckt, ist für die Krankenkassen nicht bindend (vgl. BSG 23. 3. 1983 – 3 RK 26/82 – SozR 2200 § 369b Nr. 1), ein Abweichen von den Feststellungen des MDK ohne zwingenden Grund kann jedoch einen Ermessensfehler darstellen (H/N/Noftz, § 18 SGB V Rn. 21a). Mit Recht verneint das BSG (BSG 3. 9. 2003 – B 1 KR 34/01 R – SozR 4–2500 § 18 Nr. 1), auch im Hinblick auf § 275 Abs. 2 Nr. 3, einen Kostenerstattungsanspruch ausnahmslos, wenn Versicherte die Entscheidung der Krankenkasse nicht abgewartet haben (anders jurisPK/Padé, § 18 SGB V Rn. 22; H/N/Noftz, § 18 SGB V Rn. 19). Die Rechtsprechung steht in Einklang mit der Grundausrichtung des Leistungsrechts (das eine Beschaffung auf eigene Faust gegen Kostenerstattung durchweg begrenzt), wahrt den Ausnahmecharakter der Bestimmung und bedenkt, dass die Frage der Erforderlichkeit im Nachhinein meist nicht zutreffend aufgehellt werden kann.

E. Umfang der Kosten

6   Es steht im (pflichtgemäßen) Auswahlermessen der Krankenkasse, ob sie die Behandlungskosten vollständig oder nur teilweise, im letzteren Fall anhand einer Quote oder eines Festbetrages, übernimmt. Eine Begrenzung auf die Kosten, die hypothetisch auch im Inland angefallen wären, sieht § 18 Abs. 1 im Gegensatz zu § 13 Abs. 2 S. 8, Abs. 4 S. 3 oder § 18 Abs. 3 (s. Rn. 8) nicht vor. Die Krankenkasse hat aber die Möglichkeit, die für eine Inlandsbehandlung geltenden Regeln über Zuzahlungen und Festbeträge im Rahmen ihres Ermessens zu berücksichtigen (H/N/Noftz, § 18 SGB V Rn. 21c). „In den Fällen des Abs. 1", dh. wenn die Krankenkasse die Kosten für die Auslandsbehandlung ganz oder teilweise übernimmt, können nach Abs. 2 auch **weitere Kosten des Versicherten oder einer Begleitperson** (ganz oder teilweise) übernommen werden. Voraussetzung für eine solche Übernahme ist, dass die Kosten mit der Behandlung in untrennbarem Zusammenhang stehen. In Betracht kommen hier neben den Reise- und Transportkosten vor allem Aufwendungen für Unterkunft und Verpflegung (vgl. BT-Drs. 11/2237 S. 166).

F. Notfallbehandlung bei vorübergehendem Auslandsaufenthalt (Abs. 3)

I. Voraussetzungen

7   Versicherten, die sich aufgrund ihres Alters oder wegen einer Vorerkrankung (zB als Bluter, Dialysepatient, vgl. BT-Drs. 12/3608 S. 77) nicht privat versichern können, soll ein Kostenerstattungsanspruch für **Notfallbehandlungen** außerhalb des EU-/EWR-Raums zustehen. Voraussetzung ist, dass sich der Versicherte **vorübergehend,** beispielsweise im Rahmen einer Urlaubs-, Besuchs- oder kürzeren Geschäftsreise, ins Ausland begeben hat; aus Abs. 3 S. 2 folgt, dass ein Auslandsaufenthalt von bis zu **sechs Wochen** jedenfalls vorübergehend ist. Während dieses Aufenthalts muss eine **unverzügliche Behandlung erforderlich** werden, die aus medizinischen Gründen nicht bis zur Rückkehr ins Inland hinausgezögert werden kann. Hat sich der Versicherte zur Behandlung ins Ausland begeben, scheidet eine Leistungspflicht gem. Abs. 3 S. 3 aus. In persönlicher Hinsicht setzt § 18 Abs. 3 S. 1 voraus, dass der Versicherte wegen einer Vorerkrankung oder aufgrund seines Alters **keinen privaten Versicherungsschutz** erlangen kann und dies nachweist; die Krankenkasse muss diesen Umstand **vor Beginn des Auslandsaufenthaltes festgestellt** haben. Der Nachweis kann zB anhand von Versicherungsbedingungen oder durch ablehnende Schreiben der Versicherer geführt werden. Dabei sind dem Versicherten auch hohe Risikoprämien zumutbar (aA GKV-Komm/Zipperer, § 18 SGB V Rn. 10; Kingreen, in: Becker/Kingreen, § 18 SGB V Rn. 9). Dem Zweck der Norm entsprechend müssen private Versicherungen einen Abschluss allein aus in der Person des Versicherten liegenden Gründen abgelehnt haben. Dass Versicherungsschutz aus anderen Gründen abgelehnt wird, etwa weil die Reise in ein Kriegsgebiet geht, genügt nicht. Den Krankenkassen bleibt es unbenommen, auf konkrete Nachweise zu verzichten, wenn der Versicherte ein Lebensalter oder typische Erkrankungen aufweist, die erfahrungsgemäß privaten Versicherungsschutz ausschließen (Krauskopf/Wagner, § 18 SGB V Rn. 11).

II. Rechtsfolgen

8   Die nicht im Ermessen stehende Kostenübernahme ist gem. Abs. 3 S. 2 auf die Kosten, die bei einer entsprechenden Behandlung im Inland entstanden wären, und auf einen Zeitraum von höchs-

tens sechs Wochen im Kalenderjahr begrenzt. Eine weitere Grenze ergibt sich aus den tatsächlich entstandenen Kosten.

G. Auslandsaufenthalt aus Schul- oder Studiengründen (Abs. 3 S. 4)

Gem. Abs. 3 S. 4 gelten Abs. 3 S. 1 und 3 entsprechend auch für Auslandsaufenthalte aus **schulischen oder Studiengründen** in Ländern, mit denen kein Sozialversicherungsabkommen besteht. Voraussetzung ist auch hier, dass sich der Versicherte wegen einer Vorerkrankung nicht privat versichern kann. Mangels Verweisung auf Abs. 3 S. 2 ist die Leistungspflicht nicht auf den Zeitraum von sechs Wochen begrenzt. Eine zeitliche Beschränkung ergibt sich aber aus der Dauer der Ausbildung (BT-Drs. 13/11021 S. 10). Gem. Abs. 3 S. 4 2. Hs. sind die erstattungsfähigen Kosten der Höhe nach auf die **hypothetischen Kosten einer Inlandsbehandlung** beschränkt. Ein Anspruch besteht nur, wenn die Ausbildung „zeitweise" im Ausland fortgesetzt wird (BT-Drs. 13/11021 S. 10), nicht, wenn Schule oder Studium vollständig im Ausland absolviert werden (aA H/N/Noftz, § 18 SGB V Rn. 43a). Ihrem Wortlaut nach ist die Norm auf **„erforderliche"** Auslandsaufenthalte begrenzt. Zwingende Auslandsaufenthalte außerhalb des EU-/EWR-Raums dürften in kaum einer Studien- oder Schulordnung zu finden sein; es ist davon auszugehen, dass der Gesetzgeber den „klassischen" Austauschschüler bzw. -studenten vor Augen hatte. Ein **ursächlicher und zeitlicher** Zusammenhang des Auslandsaufenthaltes mit Studium und Schule reicht daher aus (H/N/Noftz, § 18 SGB V Rn. 43a; aA jurisPK/Padé, § 18 SGB V Rn. 47). 9

§ 19 Erlöschen des Leistungsanspruchs

(1) **Der Anspruch auf Leistungen erlischt mit dem Ende der Mitgliedschaft, soweit in diesem Gesetzbuch nichts Abweichendes bestimmt ist.**

(2) ¹**Endet die Mitgliedschaft Versicherungspflichtiger, besteht Anspruch auf Leistungen längstens für einen Monat nach dem Ende der Mitgliedschaft, solange keine Erwerbstätigkeit ausgeübt wird.** ²**Eine Versicherung nach § 10 hat Vorrang vor dem Leistungsanspruch nach Satz 1.**

(3) **Endet die Mitgliedschaft durch Tod, erhalten die nach § 10 versicherten Angehörigen Leistungen längstens für einen Monat nach dem Tode des Mitglieds.**

A. Regelungsinhalt und Übersicht

Abs. 1 bestimmt, dass bei Ende der Mitgliedschaft **grundsätzlich** alle Leistungsansprüche erlöschen. Nach Maßgabe von Abs. 2 und 3 wirkt jedoch der Versicherungsschutz **Versicherungspflichtiger** und gem. § 10 **versicherter Angehöriger** bei Ende der Mitgliedschaft für einen Monat nach. Dieses Schutzes bedürfen freiwillig Versicherte nicht, da sie grds. das Ende ihrer Mitgliedschaft (zB durch Kündigung gem. § 191 Nr. 3) selbst bestimmen können. Wann im Einzelnen eine Mitgliedschaft endet, ist in § 189 Abs. 2 S. 2 (Rentenantragsteller), § 190 (Pflichtversicherte) und § 191 (freiwillig Versicherte) geregelt. 1

B. Erlöschen der Leistungsansprüche

Mit dem Ende der Mitgliedschaft erlöschen alle Leistungsansprüche (vgl. § 11 SGB V, §§ 195 ff. RVO). Bei **Tod des Mitglieds** (vgl. §§ 190 Abs. 1, 191 Nr. 1) endet die Mitgliedschaft im Todeszeitpunkt, **anderenfalls** mit dem Ablauf des letzten Tages, an dem die Mitgliedschaft besteht (vgl. zB § 190 Abs. 2, 7); für gem. § 10 **Familienversicherte** ist das Ende der Mitgliedschaft des Stammversicherten entscheidend. Ansprüche, die bis zum Ende der Mitgliedschaft bereits entstanden, aber noch nicht erfüllt sind, bleiben bestehen. Entscheidender Zeitpunkt ist nicht der Eintritt des Versicherungsfalls oder der Behandlungsbedürftigkeit, sondern der Zeitpunkt der **tatsächlichen Leistungserbringung**, dh. der konkreten Behandlungsmaßnahme oder der (einmaligen) Versorgung mit einem Hilfsmittel (vgl. BSG 23. 1. 2003 – B 3 KR 7/02 R – SozR 4–2500 § 33 Nr. 1; BSG 19. 9. 2007 – B 1 KR 39/06 R – SozR 4–2500 § 19 Nr. 4; vgl. auch Verlautbarung der Spitzenverbände der Krankenkassen vom 24. 7. 2003, WzS 2004, 49). 2

C. Kassenwechsel

Die in § 19 Abs. 1 enthaltene Grundregel gilt auch bei einem **Kassenwechsel**. Der nachgehende Anspruch aus § 19 Abs. 2 ist **subsidiär** und wird durch die Mitgliedschaft bei einer neuen Kranken- 3 kasse verdrängt (BSG 28. 4. 1981 – 3 RK 8/80 – SozR 2200 § 183 Nr. 35; BSG 20. 11. 2001 – B 1 KR 26/00 R – SozR 3–2500 § 19 Nr. 4). Ob die neue oder die alte Krankenkasse zuständig ist, richtet sich nach dem Zeitpunkt der tatsächlichen Leistungserbringung: Besteht an diesem Tag bereits die Mitgliedschaft bei der neuen Krankenkasse, ist diese zuständig (BSG 19. 9. 2007 – B 1 KR 39/06 R – SozR 4–2500 § 19 Nr. 4; BSG 20. 11. 2001 – B 1 KR 26/00 R – SozR 3–2500 § 19 Nr. 4). Dies gilt jedoch nicht, wenn die abgebende Krankenkasse einen Leistungsanspruch zu Unrecht abgelehnt hat und sich mit der Leistungserbringung in Verzug befindet (BSG 23. 1. 2003 – B 3 KR 7/02 R – SozR 4–2500 § 33 Nr. 1). Den normalen Prüfungs-, Entscheidungs- und Zeitablauf zwischen Verordnung, Bewilligungsentscheidung und Lieferung muss die neue Krankenkasse dagegen hinnehmen (BSG aaO). **Früher** hat die Rechtsprechung in Fällen, in denen sich die vor dem Krankenkassenwechsel begonnene Behandlung mit Rücksicht auf die Art der Abrechnung als Einheit darstellt (zB bei Abrechnung mit einer Fallpauschale bei Krankenhausbehandlung) eine Ausnahme von dem oben dargestellten Grundsatz der tatsächlichen Leistungserbringung gemacht; es sollte der Zeitpunkt der Hauptleistung (etwa der Tag der Operation) für die Leistungszuständigkeit maßgebend sein (BSG 20. 11. 2001 – B 1 KR 26/00 R – SozR 3–2500 § 19 Nr. 4). Diese Rechtsprechung ist zu Recht **aufgegeben** (BSG 19. 9. 2007 – B 1 KR 39/06 R – SozR 4–2500 § 19 Nr. 4): Auch Krankenhausleistungen, die mit einer Fallpauschale berechnet werden, sind als teilbare Leistung anzusehen. Die Fallpauschale ist – abhängig von der Dauer (in Tagen) des Krankenhausaufenthalts vor und nach dem Kassenwechsel – zwischen alter und neuer Krankenkasse pro rata temporis aufzuteilen. Ziel ist, die Kosten zwischen alter und neuer Krankenkasse gerecht zu verteilen, einen leicht zu handhabenden Berechnungsmaßstab aufzustellen und Streitigkeiten in den Fällen zu vermeiden, in denen es keine eindeutige Hauptleistung gibt, sondern mehrere Behandlungskomplexe. Bei Leistung von Zahnersatz bestimmt sich die Zuständigkeit nach dem Zeitpunkt der Eingliederung und nicht nach dem der Aufstellung des Heil- und Behandlungsplans, auch wenn letzterer nach st. Rspr. den Beginn der Behandlung im Bereich der Kieferorthopädie darstellt (BSG 20. 11. 2001 – B 1 KR 31/99 R – SozR 3–2500 § 19 Nr. 3; jurisPK/S. Klein, § 19 SGB V Rn. 68).

D. Abweichende Bestimmungen

4   Ist der Anspruch auf **Krankengeld** gem. § 44 entstanden, bleibt die Mitgliedschaft gem. § 192 Abs. 1 Nr. 2 solange bestehen, wie der Anspruch auf Krankengeld (fort)besteht. Dabei ist unerheblich, ob Krankengeld tatsächlich gezahlt wird oder der Anspruch gem. § 49 ruht; entscheidend ist allein, dass der Anspruch dem Grund nach besteht (BSG 2. 11. 2007 – B 1 KR 38/06 R – SozR 4–2500 § 44 Nr. 14; LPK-SGB V/Hänlein, § 192 SGB V Rn. 11; KassKomm/Peters, § 192 SGB V Rn. 11). Während dieses Zeitraums kann die Mitgliedschaft demnach nicht enden. Anders verhält es sich, wenn Arbeitsunfähigkeit vor dem Ende der Mitgliedschaft besteht, diese aber erst nach beendeter Mitgliedschaft festgestellt wird (§ 46 S. 1 Nr. 2, vgl. § 46 Rn. 3 f.). Für freiwillig Versicherte besteht in einem solchen Fall idR kein Anspruch auf Krankengeld (vgl. § 44 Abs. 2 S. 1 Nr. 2), für Pflichtversicherte nur ein nachgehender Anspruch gem. § 19 Abs. 2 für einen Monat. Abweichend von § 46 S. 1 Nr. 2, wonach der Krankengeldanspruch erst am Tag nach der Feststellung der Arbeitsunfähigkeit entsteht, reicht es für die grds. Fortdauer von Krankengeld und Mitgliedschaft gem. § 192 Abs. 1 Nr. 2 aus, wenn die Arbeitsunfähigkeit am letzten Tag der Mitgliedschaft festgestellt wird (aA H/N/Gerlach, § 192 SGB V Rn. 16a; in diesem strengen Sinn auch BSG 5. 5. 2009 – B 1 KR 20/08 R – SozR 4–2500 § 192 Nr. 4; vgl. a. § 46 Rn. 3). Erfolgt die Feststellung der Arbeitsunfähigkeit (auch nur einen Tag) später, sind die Voraussetzungen des § 192 Abs. 1 Nr. 2 nicht erfüllt (jurisPK/S. Klein § 19 Rn. 36; aA LSG SchlH 15. 2. 2005 – L 5 KR 40/03 – NZS 2006, 38). Wird Krankengeld ausdrücklich als nachgehende Leistung gemäß § 19 Abs. 2 gezahlt, wird die Mitgliedschaft nicht nach § 192 Abs. 1 Nr. 2 aufrechterhalten, da der nachgehende Anspruch aus § 19 Abs. 2 eine beendete Mitgliedschaft voraussetzt (BSG 5. 5. 2009 – B 1 KR 20/08 R – SozR 4–2500 § 192 Nr. 4). Das Bestehen der Mitgliedschaft ist auch für den Fall des Wiederauflebens des Krankengeldanspruchs gem. § 48 Abs. 2 erforderlich (BSG 26. 11. 1991 – 1/3 RK 25/90 – SozR 3–2500 § 48 Nr. 1; vgl. a. § 48 Rn. 7). Die Krankenkasse hat bei **kieferorthopädischer Behandlung** unter den Voraussetzungen von § 29 Abs. 3 S. 2 Versicherten auch nach Beendigung der Mitgliedschaft den Kostenanteil (anteilig) zu erstatten, der während der Dauer der Mitgliedschaft als Eigenanteil gem. § 29 Abs. 2 zu leisten war (BSG 8. 3. 1995 – 1 RK 12/94 – SozR 3–2500 § 29 Nr. 2).

E. Nachgehender Anspruch (Abs. 2)

5   Versicherungspflichtige Mitglieder (sowie ihre gem. § 10 familienversicherten Angehörigen) können nach Beendigung ihrer Mitgliedschaft die Versicherungsleistungen **noch für einen Monat beitragsfrei** in Anspruch nehmen. Erfasst werden sämtliche Ansprüche nach dem SGB V einschließlich des Krankengeldes (vgl. zu den weiteren Voraussetzungen hierfür: oben Rn. 4 sowie § 48 Rn. 1 ff.).

Unerheblich ist, ob der Versicherungsfall (die Krankheit) schon vor oder erst nach der Beendigung der Mitgliedschaft eintritt (BT-Drs. 11/2237 S. 166). Als pflichtversichert gelten auch Rentenantragsteller gem. § 189 (Michels, in: Becker/Kingreen, § 19 SGB V Rn. 4). Ziel des nachgehenden Anspruchs ist, der besonderen Schutzbedürftigkeit **Pflichtversicherter** bei Ende der Mitgliedschaft, insb. nach (unerwartetem) Ende einer Beschäftigung, zu begegnen; Lücken im Versicherungsschutz sollen vermieden werden (BT-Drs. 11/2237 S. 166). Diesen Schutz benötigen freiwillig Versicherte nicht, da sie grds. das Ende ihrer Mitgliedschaft selbst bestimmen können; sie werden nach Wortlaut und Regelungssystematik von Abs. 2 nicht erfasst (vgl. BSG 26. 6. 2007 – B 1 KR 19/06 R – USK 2007-28). Entsprechend diesem Schutzgedanken sind nachgehende Ansprüche auch ausgeschlossen, sobald eine (neue) Erwerbstätigkeit ausgeübt wird. Darunter fällt jede entgeltliche, auch geringfügige (BT-Drs. 11/2237 S. 166; kritisch hierzu: Krauskopf/Wagner, § 19 SGB V Rn. 5) Beschäftigung oder selbständige Tätigkeit. Wird während der Monatsfrist eine Beschäftigung aufgenommen und wieder beendet, so lebt der nachgehende Anspruch für die noch verbleibenden Tage dieses Monats wieder auf (allgA; vgl. H/N/Noftz, § 19 SGB V Rn. 52; jurisPK/S. Klein § 19 Rn. 49; KassKomm/Brandts, § 19 SGB V Rn. 32). Für gem. § 10 **Familienversicherte** setzt der nachgehende Anspruch gem. Abs. 2 S. 1 voraus, dass die Voraussetzungen für eine Familienversicherung auch während dieses nachgehenden Monats bestehen; fallen die Voraussetzungen für die Familienversicherung innerhalb dieses Monats weg (zB durch Erreichen der Altersgrenze), erlischt der Leistungsanspruch in diesem Zeitpunkt (Michels, in: Becker/Kingreen, § 19 SGB V Rn. 7; Krauskopf/Wagner, § 19 SGB V Rn. 6). Eine analoge Anwendung von Abs. 2 S. 1, so dass für die Monatsfrist auf das Ende der Familienversicherung selbst abzustellen wäre, ist nicht gerechtfertigt (jurisPK/S. Klein, § 19 SGB V Rn. 52 mwN.).

Die **Subsidiarität** des nachgehenden Anspruch gem. Abs. 2 besteht gegenüber einer Pflichtversicherung, einer Familienversicherung und einer freiwilligen Versicherung. Sie gilt auch, wenn das aktuelle Versicherungsverhältnis keine entsprechenden oder nur geringere Leistungen vorsieht (sog. Verdrängungslehre, vgl. BSG 20. 8. 1986 – 8 RK 74/84 – SozR 2200 § 214 Nr. 2; BSG 26. 6. 2007 – B 1 KR 8/07 R – NZS 2008, 313; jurisPK/S. Klein, § 19 SGB V Rn. 61; LPK/Kruse, § 19 SGB V Rn. 7; aA die Vertreter der sog. Überlagerungslehre, nach der sich gleichartige Leistungsansprüche aus altem und neuen Versicherungsverhältnis grds. überlagern, günstigere Ansprüche aus der nachgehenden Versicherung aber vorgehen, vgl. H/N/Noftz, § 19 SGB V Rn. 61). Abs. 2 soll nicht einen beendeten Zustand verlängern, sondern eine Zeitspanne überbrücken (s. Rn. 5). Mit dem zum 1. 1. 2004 neu eingefügten Abs. 2 S. 2 hat der Gesetzgeber für die **Familienversicherung** gem. § 10 ausdrücklich deren Vorrang gegenüber einem nachgehenden Anspruch nach Abs. 2 S. 1 festgelegt. 6

F. Berechnung der Monatsfrist

Die Berechnung der Monatsfrist richtet sich nach § 26 SGB X, §§ 187 ff. BGB. Die Frist beginnt mit dem auf das Ende der Mitgliedschaft folgenden Tag und endet mit dem Ablauf desjenigen Tages des Folgemonats, der seiner Zahl nach dem Tag entspricht, an dem die Mitgliedschaft endete. Beispiel: Ende der Mitgliedschaft 15. 4., Beginn der Monatsfrist 16. 4., Ende der Monatsfrist 15. 5. Fällt das Ende der Monatsfrist auf einen Sonn- oder Feiertag oder auf einen Sonnabend, enden die Leistungsansprüche gem. § 26 Abs. 4 SGB X mit Ablauf dieses Tages. 7

G. Nachgehende Ansprüche für Familienversicherte bei Tod des Stammversicherten (Abs. 3)

Abs. 3 gewährt bei Tod des Stammversicherten für die gem. § 10 familienversicherten Angehörigen einen für einen Monat nachgehenden Leistungsanspruch. Die Bestimmung ist für Pflichtversicherte im Vergleich zu Abs. 2 die speziellere Norm, für freiwillig Versicherte eine Ausnahmeregelung zu Abs. 1. Voraussetzung ist, dass im Zeitpunkt des Todes des Stammversicherten die Familienversicherung besteht. Fallen die Voraussetzungen für eine Familienversicherung während der nachgehenden Monatsfrist weg, so endet der nachgehende Leistungsanspruch mit diesem Zeitpunkt. Ob der Versicherungsfall vor oder nach dem Tod des Stammversicherten eintritt, ist unerheblich (sa. Rn. 5 sowie BSG 24. 11. 1978 – 11 RK 3/78 – SozR 5420 § 41 Nr. 1). Zur Berechnung der Monatsfrist s. Rn. 7. Abs. 3 erfasst alle Ansprüche, die sich aus der Familienversicherung ergeben können; ein Anspruch auf Krankengeld besteht gem. § 44 Abs. 2 S. 1 Nr. 1 nicht. Die bislang Familienversicherten können nach dem Tod des Stammversicherten gem. § 9 Abs. 1 S. 1 Nr. 2 (in der durch § 9 Abs. 2 bestimmten Frist) der gesetzlichen Krankenversicherung als freiwillige Mitglieder beitreten (s. dort Rn. 6). 8

Dritter Abschnitt. Leistungen zur Verhütung von Krankheiten, betriebliche Gesundheitsförderung und Prävention arbeitsbedingter Gesundheitsgefahren, Förderung der Selbsthilfe

§ 20 Prävention und Selbsthilfe

(1) ¹Die Krankenkasse soll in der Satzung Leistungen zur primären Prävention vorsehen, die die in den Sätzen 2 und 3 genannten Anforderungen erfüllen. ²Leistungen zur Primärprävention sollen den allgemeinen Gesundheitszustand verbessern und insbesondere einen Beitrag zur Verminderung sozial bedingter Ungleichheit von Gesundheitschancen erbringen. ³Der Spitzenverband Bund der Krankenkassen beschließt gemeinsam und einheitlich unter Einbeziehung unabhängigen Sachverstandes prioritäre Handlungsfelder und Kriterien für Leistungen nach Satz 1, insbesondere hinsichtlich Bedarf, Zielgruppen, Zugangswegen, Inhalten und Methodik.

(2) **Die Ausgaben der Krankenkassen für die Wahrnehmung ihrer Aufgaben nach Absatz 1 und nach den §§ 20 a und 20 b sollen insgesamt im Jahr 2006 für jeden ihrer Versicherten einen Betrag von 2,74 Euro umfassen; sie sind in den Folgejahren entsprechend der prozentualen Veränderung der monatlichen Bezugsgröße nach § 18 Abs. 1 des Vierten Buches anzupassen.**

A. Normzweck

1   Die Vorschrift bildet den Auftakt zum Leistungskatalog der gesetzlichen Krankenversicherung und normiert das Konzept der primären Prävention (auch **Primärprävention** genannt). Ziel der als Sollvorschrift ausgestalteten Regelung ist es, dem Bemühen des Gesetzgebers Rechnung zu tragen, Verbesserungen im Bereich der Prävention zu erreichen; die in der Überschrift ebenfalls noch vom Norminhalt erfasste „Selbsthilfe" ist nicht mehr Gegenstand der Regelung; die Neufassung der Vorschrift 2008 ist in der Überschrift nicht nachvollzogen worden. Die „Selbsthilfe" ist nunmehr in § 20 c SGB V geregelt. Der Normzweck wird nicht durch die Gewährung eines konkreten Leistungsanspruchs des Versicherten herbeigeführt, sondern durch eine „Verpflichtung" („sollen"!) der Krankenkassen, entsprechende Maßnahmen zugunsten der Prävention in ihren Satzungen vorzusehen. Ziel ist neben der Verbesserung der Gesundheit der Versicherten und der Verminderung sozial bedingter Ungleichheit von Gesundheitschancen die Kostenreduzierung durch die Verhinderung der Entstehung von Erkrankungen.

B. Primäre Prävention (Abs. 1)

2   Die Krankenkassen sind, in Konkretisierung und Ergänzung der Vorgaben des § 1 S. 2 und 3 SGB V, nach dieser Vorschrift dazu verpflichtet, in ihrer Satzung Leistungen zur primären Prävention vorzusehen. Der Begriff der **Prävention** ist nicht näher erläutert (näher dazu Seewald, FS 50 Jahre BSG, 2004, 289, 292), gemeint sind damit solche Maßnahmen, die sowohl verhaltens- als auch verhältnispräventiv ausgerichtet sind (zu dieser Begrifflichkeit und ihrer (umstrittenen) Unterscheidung Hauck/Noftz/Gerlach, § 20 SGB V Rn. 19), also dazu dienen, den Eintritt eines gesundheitlichen Schadensfalls durch gezielte Maßnahmen zu verhindern oder zu verzögern (BSG 28. 2. 1980 – 8 a RK 5/79 – BSGE 50, 44). Inhalt der Maßnahmen muss daher sein, den allgemeinen Gesundheitszustand zu verbessern und – eingedenk des schon genannten Normzwecks – insbesondere die Inanspruchnahme entsprechender Leistungen durch sozial benachteiligte Bevölkerungsgruppen zu fördern. Die Soll-Vorschrift erfasst nur Leistungen der **Primär**prävention, die ausschließlich auf den gesunden Menschen bezogen ist: Diese ist abzugrenzen von denjenigen der Sekundär- und Tertiärprävention, wobei die Unterscheidung allein zeitlich, hinsichtlich des Interventionszeitpunkts, erfolgt: Die Sekundärprävention soll Gesundheitsbeeinträchtigungen oder Krankheiten frühzeitig erkennen und behandeln helfen, die Tertiärprävention die Verschlimmerung bereits eingetretener Krankheiten verhindern (zur Abgrenzung s. auch BSG 22. 1. 1981 – 8/8 a RK 17/79 – BSGE 51, 115). Die Abgrenzung zur Gesundheitsförderung ist schwierig: Während jedoch die Primärprävention die Krankheitsentstehung verhindern bzw. verzögern soll, umfasst die Gesundheitsförderung Maßnahmen ohne Rücksicht auf eine mögliche Krankheitsentstehung (Wannagat/Mrozynski, § 20 SGB V Rn. 11). Erfasst sind von der Primärprävention nur Maßnahmen, die auf eine konkrete Krankheit bezogen sind, die Maßnahme muss Motivationsansätze bieten und insbesondere auch Ansätze zur Verhaltensänderung nach der Inanspruchnahme der Maßnahme erkennen lassen, was etwa auf den dauerhaften

Besuch eines Fitnessstudios nicht zutrifft. Daher unterfällt dieses auch nicht der Leistung nach § 20 SGB V (so zutreffend LSG Bayern 27. 10. 2009 – L 5 KR 347/09 – BeckRS 2010, 66.625).

Die Krankenkassen **sollen Leistungen der Primärprävention** in ihrer Satzung **vorsehen**. Wenn 3 durch die Formulierung auch deutlich wird, dass kein konkreter Anspruch des einzelnen Versicherten begründet wird (Welti, in: Becker/Kingreen, SGB V, § 20 Rn. 11), hat der Gesetzgeber selbst in seiner Begründung deutlich gemacht, dass er mit der Soll-Vorschrift „eine Aufgabe mit stark verpflichtendem Charakter" normieren wollte (BT-Drs. 14/1977, S. 160). Inhaltlich wird die Verpflichtung der Kassen durch § 20 Abs. 1 S. 3 SGB V näher ausgestaltet. Danach hat der Spitzenverband Bund der Krankenkassen die Aufgabe, gemeinsam und einheitlich prioritäre Handlungsfelder und Kriterien für Leistungen der Primärprävention festzulegen. Dies gilt insbesondere für den Bedarf, die Zielgruppen, Zugangswege, Inhalte und Methodik. Nähere Vorgaben erlegt das Gesetz dem Spitzenverband nicht auf; doch geht die Gesetzesbegründung selbst davon aus, dass die Wirksamkeit einzelner Präventionsverfahren nach den üblichen Kriterien der evidenzbasierten Medizin bemessen wird. Das Verfahren der Beschlussfassung, über die in § 20 Abs. 1 S. 3 SGB V vorgesehene Einbeziehung unabhängigen Sachverstandes hinaus (etwa des öffentlichen Gesundheitsdienstes, der Bundeszentrale für gesundheitliche Aufklärung etc., beispielhafte Aufzählung in BT-Drs. 14/1977, S. 160), richtet sich nach § 213 Abs. 2, 3 SGB V. Als prioritär sind insbesondere solche Handlungsfelder anzusehen, in denen ein nachweisbarer Zusammenhang zwischen Risikofaktoren und möglichen Erkrankungen besteht und bei denen die später zu erbringenden Behandlungsleistungen ebenfalls der gesetzlichen Krankenversicherung zuzuordnen sind (KassKomm/Höfler, § 20 SGB V Rn. 9).

C. Ausgabenvorgabe (Abs. 2)

Abs. 2 enthält Vorgaben bzw. Begrenzungen für den Leistungsumfang in finanzieller Hinsicht. 4 Nach dieser Regelung sollen die Leistungen nach § 20 Abs. 1 SGB V sowie nach §§ 20a, 20b SGB V im Jahr 2006 insgesamt je Versichertem 2,74 € umfassen. Zugleich enthält die Vorschrift eine Anpassungsklausel für die Folgejahre, die sich an der entsprechenden Veränderung der monatlichen Bezugsgröße nach § 18 Abs. 1 SGB V orientiert.

§ 20a Betriebliche Gesundheitsförderung

(1) ¹**Die Krankenkassen erbringen Leistungen zur Gesundheitsförderung in Betrieben (betriebliche Gesundheitsförderung), um unter Beteiligung der Versicherten und der Verantwortlichen für den Betrieb die gesundheitliche Situation einschließlich ihrer Risiken und Potenziale zu erheben und Vorschläge zur Verbesserung der gesundheitlichen Situation sowie zur Stärkung der gesundheitlichen Ressourcen und Fähigkeiten zu entwickeln und deren Umsetzung zu unterstützen.** ² § 20 Abs. 1 Satz 3 gilt entsprechend.

(2) ¹**Bei der Wahrnehmung von Aufgaben nach Absatz 1 arbeiten die Krankenkassen mit dem zuständigen Unfallversicherungsträger zusammen.** ²Sie können Aufgaben nach Absatz 1 durch andere Krankenkassen, durch ihre Verbände oder durch zu diesem Zweck gebildete Arbeitsgemeinschaften (Beauftragte) mit deren Zustimmung wahrnehmen lassen und sollen bei der Aufgabenwahrnehmung mit anderen Krankenkassen zusammenarbeiten. ³ § 88 Abs. 1 Satz 1 und Abs. 2 des Zehnten Buches und § 219 gelten entsprechend.

A. Normzweck

Die Vorschrift greift die lange Zeit in § 20 Abs. 1 SGB V normierte betriebliche Gesundheitsförde- 1 rung auf und hat die dortige Regelung in einen eigenen Regelungszusammenhang überführt. Normzweck ist ein doppelter: Zum einen soll die gesundheitliche Situation im Betrieb einschließlich ihrer Risiken und Potenziale erhoben werden; zum anderen sollen Verbesserungsvorschläge erarbeitet bzw. unterstützt werden. Deutlich wird an der Formulierung „unterstützt", dass die Krankenkassen lediglich ergänzend tätig werden. Unverändert besteht insofern eine primäre Pflicht des Arbeitgebers für den Bereich des Arbeitsschutzes. Die Zuständigkeit der Krankenkassen ist demgegenüber nur subsidiär. Durch die Herausnahme der betrieblichen Gesundheitsförderung aus der allgemeinen Vorschrift zur Primärprävention hat diese einen besonderen, eigenen Stellenwert erhalten. Dies wird noch dadurch untermauert, dass auch die Prävention arbeitsbedingter Gesundheitsgefahren in § 20b SGB V nunmehr eigenständig geregelt ist.

B. Berufliche Gesundheitsförderung (Abs. 1)

Die Krankenkassen sind nach dieser Vorschrift dazu verpflichtet, Leistungen der betrieblichen Ge- 2 sundheitsförderung zu erbringen. Diese sind in Abs. 1 zwar legaldefiniert, doch lässt sich dieser Definition inhaltlich nichts Näheres entnehmen. Inhaltlich ist insofern bedeutsam, dass § 20a eine Weiterentwicklung der früheren Regelung des § 20 Abs. 2 SGB V darstellt. Infolgedessen ist auch die **betriebliche Gesundheitsförderung** wesentlich **als eine Präventivleistung** anzusehen, und zwar unter der primären Prävention. Unverändert bleibt der Arbeitsschutz Aufgabe des Arbeitgebers. Nach dem ArbPlSchG ist es seine Aufgabe, für die Verhütung arbeitsbedingter Gesundheitsgefahren und für eine menschengerechte Gestaltung der Arbeit zu sorgen. Daran ändert auch die Leistungspflicht der gesetzlichen Krankenversicherung nach § 20a SGB V (und nach § 20b SGB V) nichts. Abs. 1 S. 1 sieht ausdrücklich vor, dass die Leistungserbringung der Krankenkasse unter Beteiligung „der Verantwortlichen für den Betrieb" erfolgt. Zudem steht im Mittelpunkt der Leistung deren unterstützende Funktion, wie sich aus dem Wortlaut der Norm unzweideutig ergibt. Neben dem Arbeitgeber ist auch der Unfallversicherungsträger vorrangig für die betriebliche Gesundheitsförderung zuständig, die Krankenkassen werden also lediglich subsidiär tätig. Gleichwohl haben die Kassen ein eigenes Initiativrecht und vor allem auch die Möglichkeit, eine Sachstandserhebung durchzuführen. Nähere Einzelheiten für das, was die Krankenkassen erbringen (sollen), werden entsprechend dem für die Primärprävention vorgesehenen Verfahren durch den Spitzenverband Bund festgelegt. § 20a Abs. 1 S. 2 SGB V verweist insofern auf die Regelung in § 20 Abs. 3 SGB V. Daraus ergibt sich, dass der Spitzenverband gemeinsam und einheitlich unter Einbeziehung unabhängigen Sachverstands vorrangige Handlungsfelder und Leistungskriterien bestimmt, vor allem zu Bedarf, Zielgruppen, Zugangswegen, Inhalten und Methodik (vgl. Kommentierung § 20 Rn. 3).

C. Durchführung (Abs. 2)

3   Für die Durchführung der beruflichen Gesundheitsförderung sieht Abs. 2 S. 1 zunächst eine **Zusammenarbeit** der Krankenkassen mit dem zuständigen Unfallversicherungsträger vor. Dies gilt nicht nur, wie noch unter der Vorgängerregelung, hinsichtlich der Verhütung arbeitsbedingter Gesundheitsgefahren, die eine eigenständige Regelung in § 20b SGB V gefunden haben. Die Pflicht zur Zusammenarbeit erstreckt sich vielmehr auf sämtliche Aufgaben der beruflichen Gesundheitsförderung, wie sie in Abs. 1 normiert sind. Der Pflicht der Krankenkassen zur Zusammenarbeit entspricht umgekehrt die nämliche Pflicht der Träger der Unfallversicherung, die jedenfalls für die Verhütung arbeitsbedingter Gesundheitsgefahren unmittelbar aus § 14 Abs. 2 SGB VII folgt. Die Pflicht zur Zusammenarbeit mit den Trägern der Unfallversicherung ist umfassend angelegt und geht insbesondere über die bloße Unterrichtung hinaus, wie sie noch unter der Vorgängerregelung in § 20 Abs. 2 SGB V aF beispielhaft genannt war. Diese Pflicht ist aber unverändert gegeben und von der „Zusammenarbeit" zweifellos erfasst (für den speziellen Bereich der Prävention arbeitsbedingter Gesundheitsgefahren findet sich eine entsprechende Regelung unverändert, nämlich in § 20b Abs. 1 S. 2 SGB V). Daher ist eine Form der Zusammenarbeit darin zu sehen, dass die Krankenkassen den Unfallversicherungsträger über Zusammenhänge zwischen Erkrankung und Arbeitsbedingungen unterrichten. Insofern kommt dem Informationsfluss unverändert ein entscheidender Anteil der Regelung zu. Auch die Krankenkassen sind untereinander zur Zusammenarbeit verpflichtet, wie sich aus Abs. 2 S. 2 ergibt. Die Wahrnehmung der Pflicht durch die Kasse selbst ist jedoch nicht erforderlich, vielmehr kann die Durchführung der betrieblichen Gesundheitsförderung auch delegiert werden, insbesondere auf die in Abs. 2 S. 2 genannten Beauftragten. Erfasst sind auf diese Weise insbesondere die Arbeitsgemeinschaften, die auch in § 219 SGB V eigenständig normiert sind, sowie sonstige, von den Kassen Beauftragte. Für die Beauftragung sieht Abs. 2 S. 3 eine entsprechende Anwendung der einschlägigen Bestimmung in § 88 SGB X vor. Die Möglichkeit der Übertragung ist als Ermessensvorschrift ausgestaltet, insofern steht den Kassen hier mehr Spielraum zur Verfügung als im Rahmen des spezielleren § 20b SGB V, der vorsieht, dass die Kassen für die Zusammenarbeit Arbeitsgemeinschaften nach § 219 SGB V bilden „sollen".

§ 20b Prävention arbeitsbedingter Gesundheitsgefahren

(1) ¹Die Krankenkassen unterstützen die Träger der gesetzlichen Unfallversicherung bei ihren Aufgaben zur Verhütung arbeitsbedingter Gesundheitsgefahren. ²Insbesondere unterrichten sie diese über die Erkenntnisse, die sie über Zusammenhänge zwischen Erkrankungen und Arbeitsbedingungen gewonnen haben. ³Ist anzunehmen, dass bei einem Versicherten eine berufsbedingte gesundheitliche Gefährdung oder eine Berufskrankheit vorliegt, hat die Krankenkasse dies unverzüglich den für den Arbeitsschutz zuständigen Stellen und dem Unfallversicherungsträger mitzuteilen.

(2) ¹Zur Wahrnehmung der Aufgaben nach Absatz 1 arbeiten die Krankenkassen eng mit den Trägern der gesetzlichen Unfallversicherung zusammen. ²Dazu sollen sie und ihre Verbände insbesondere regionale Arbeitsgemeinschaften bilden. ³§ 88 Abs. 1 Satz 1 und Abs. 2 des Zehnten Buches und § 219 gelten entsprechend.

A. Normzweck

Die Norm steht in engem Zusammenhang zu der Regelung in § 20a SGB V und greift die dort allgemein geregelte Pflicht der Krankenversicherung zur betrieblichen Gesundheitsförderung auf. Während § 20a SGB V insofern sehr allgemein gefasst und generell auf die Gesundheitsförderung im Betrieb angelegt ist, ist Regelungszweck des § 20b SGB V konkret die Prävention arbeitsbedingter Gesundheitsgefahren. Damit wird die ursprünglich (auch) von § 20 Abs. 2 SGB V aF normierte entsprechende Verpflichtung der Krankenkassen näher konkretisiert und von der allgemeinen Pflicht der Gesundheitsförderung getrennt. Durch diese doppelte Regelung in §§ 20a, 20b SGB V und die eigenständige Normierung beider Bereiche – der Gesundheitsförderung wie der Prävention arbeitsbedingter Gesundheitsgefahren – wertet der Gesetzgeber diesen Leistungsbereich der gesetzlichen Krankenversicherung gegenüber der früheren Situation auf. 1

B. Prävention (Abs. 1)

Die Krankenkassen sind nach dieser Vorschrift dazu verpflichtet, die zuständigen Träger der gesetzlichen Unfallversicherung bei ihren Aufgaben zur Verhütung arbeitsbedingter Gesundheitsgefahren zu unterstützen. Diese Aufgabe ist, wie aus § 14 Abs. 2 SGB VII folgt, primär Aufgabe der Unfallversicherung. An dieser Aufgabenverteilung ändert auch § 20b SGB V dezidiert nichts: Vielmehr erhalten die Krankenkassen lediglich eine unterstützende Funktion, die sie durch enge Zusammenarbeit mit dem Unfallversicherungsträger ausüben sollen. Während die berufliche Gesundheitsförderung allgemein dem Leistungsrecht der Krankenkassen über § 20a SGB V zugeordnet ist, wobei die Kassen auch dort nur unterstützend agieren, ist die Prävention arbeitsbedingter Gesundheitsgefahren eigens in § 20b SGB V geregelt. Der Begriff der **arbeitsbedingten Gesundheitsgefahren** kann nicht konkret und einheitlich bestimmt werden. Vielmehr lassen sich diese nur allgemein und abstrakt umschreiben: Gemeint sind Arbeitsbedingungen jedweder Art (also etwa körperliche Schwere der Arbeit, Monotonie, psychische Belastungen, Schicht- und Nachtarbeit, klimatische Verhältnisse am Arbeitsplatz, Zeitdruck, die mögliche Berührung mit Gefahrstoffen am Arbeitsplatz etc.), die allgemein oder im Einzelfall normwidrige Gesundheitsstörungen verursachen oder mitverursachen können (Lauterbach/Eiermann, § 14 SGB VII Rn. 21 ff.; KassKomm/Ricke, § 14 SGB VII Rn. 3). „Arbeitsbedingt" darf dabei nicht zu eng verstanden werden. Erfasst sind vielmehr auch alle anderen, der Arbeit gleichzusetzenden versicherten Tätigkeiten wie der Schulbesuch o. ä. Inhaltlich zielt die unterstützende Tätigkeit der Kassen auf die Prävention, mithin die Verhütung der angesprochenen Gesundheitsgefahren. Die Unterstützungstätigkeit kann dabei breit gefächert sein. Nähere eingrenzende Einzelheiten nennt das Gesetz nicht. In Abs. 1 S. 2 ist beispielhaft eine Unterrichtungspflicht angesprochen, die aber („insbesondere") keinesfalls abschließend verstanden werden darf. Die Unterrichtungspflicht, durch die primär der Informationsfluss zwischen Krankenkassen und Unfallversicherungsträgern gefördert werden soll, bezieht sich besonders auf die Zusammenhänge zwischen Arbeitsbedingungen und Krankheiten. Da gerade die Kassen über Informationen bezüglich auftretender Erkrankungen verfügen, liegt es nahe, hier eine Zusammenarbeit vorzusehen, denn die zur Prävention vorrangig verpflichteten Unfallversicherungsträger können häufig erst dann, wenn sie von bestimmten Zusammenhängen und Erkrankungen erfahren, ihre eigene Präventionsaufgabe effektiv wahrnehmen. Zu diesem Zweck sieht Abs. 1 S. 3 zusätzlich eine konkrete Mitteilungspflicht vor, die eintritt, wenn anzunehmen ist, dass bei einem Versicherten eine berufsbedingte gesundheitliche Gefährdung oder eine Berufskrankheit vorliegt. In diesem Fall muss die Krankenkasse dies sowohl den für den Arbeitsschutz zuständigen Stellen als auch dem Unfallversicherungsträger mitteilen. Denn insbesondere der zuletzt Genannte wird regelmäßig nur auf diesem Weg Kenntnis über bestimmte typische Gefahrensituationen erlangen können. Dem Gesetzgeber geht es erkennbar um die Vernetzung und Zusammenführung separat laufender Datenbestände (vgl. auch BT-Drs. 13/5099, S. 16). Wann davon auszugehen ist, dass ein Zusammenhang zwischen Erkrankung und Arbeitsbedingungen „anzunehmen" ist, ist vom Gesetzeswortlaut nicht näher erfasst. Angesichts des Zwecks der Norm, möglichen arbeitsbedingten Gesundheitsgefahren schon im Vorfeld zu begegnen, wird man an die Auslösung der Mitteilungspflicht jedoch keine zu hohen Anforderungen stellen dürfen. 2

C. Durchführung (Abs. 2)

Für die Durchführung der Prävention arbeitsbedingter Gesundheitsgefahren sieht Abs. 2 S. 1 zunächst eine **enge Zusammenarbeit** der Krankenkassen mit dem zuständigen Unfallversicherungsträger vor (Welti, in: Becker/Kingreen, § 20c SGB V Rn. 6). Die höhere Stufe der Zusammenarbeit („eng") gegenüber der analogen Regelung in § 20a I SGB V hat keine Aussagekraft. Die Zusammenarbeitspflicht ist in beiden Fällen umfassend angelegt. Für die Zusammenarbeit ordnet Abs. 2 insbe- 3 sondere die Bildung regionaler Arbeitsgemeinschaften an, die auch in § 219 SGB V eigenständig normiert sind. Für die dann erforderliche Beauftragung sieht Abs. 2 S. 3 eine entsprechende Anwendung der einschlägigen Bestimmung in § 88 SGB X vor.

§ 20 c Förderung der Selbsthilfe

(1) ¹Die Krankenkassen und ihre Verbände fördern Selbsthilfegruppen und -organisationen, die sich die gesundheitliche Prävention oder die Rehabilitation von Versicherten bei einer der im Verzeichnis nach Satz 2 aufgeführten Krankheiten zum Ziel gesetzt haben, sowie Selbsthilfekontaktstellen im Rahmen der Festlegungen des Absatzes 3. ²Der Spitzenverband Bund der Krankenkassen beschließt ein Verzeichnis der Krankheitsbilder, bei deren gesundheitlicher Prävention oder Rehabilitation eine Förderung zulässig ist; sie haben die Kassenärztliche Bundesvereinigung und die Vertretungen der für die Wahrnehmung der Interessen der Selbsthilfe maßgeblichen Spitzenorganisationen zu beteiligen. ³Selbsthilfekontaktstellen müssen für eine Förderung ihrer gesundheitsbezogenen Arbeit themen-, bereichs- und indikationsgruppenübergreifend tätig sein.

(2) ¹Der Spitzenverband Bund der Krankenkassen beschließt Grundsätze zu den Inhalten der Förderung der Selbsthilfe und zur Verteilung der Fördermittel auf die verschiedenen Förderebenen und Förderbereiche. ²Die in Absatz 1 Satz 2 genannten Vertretungen der Selbsthilfe sind zu beteiligen. ³Die Förderung kann durch pauschale Zuschüsse und als Projektförderung erfolgen.

(3) ¹Die Ausgaben der Krankenkassen und ihrer Verbände für die Wahrnehmung der Aufgaben nach Absatz 1 Satz 1 sollen insgesamt im Jahr 2006 für jeden ihrer Versicherten einen Betrag von 0,55 Euro umfassen; sie sind in den Folgejahren entsprechend der prozentualen Veränderung der monatlichen Bezugsgröße nach § 18 Abs. 1 des Vierten Buches anzupassen. ²Für die Förderung auf der Landesebene und in den Regionen sind die Mittel entsprechend dem Wohnort der Versicherten aufzubringen. ³Mindestens 50 vom Hundert der in Satz 1 bestimmten Mittel sind für kassenartenübergreifende Gemeinschaftsförderung aufzubringen. ⁴Über die Vergabe der Fördermittel aus der Gemeinschaftsförderung beschließen die Krankenkassen oder ihre Verbände auf den jeweiligen Förderebenen gemeinsam nach Maßgabe der in Absatz 2 Satz 1 genannten Grundsätze und nach Beratung mit den zur Wahrnehmung der Interessen der Selbsthilfe jeweils maßgeblichen Vertretungen von Selbsthilfegruppen, -organisationen und -kontaktstellen. ⁵Erreicht eine Krankenkasse den in Satz 1 genannten Betrag der Förderung in einem Jahr nicht, hat sie die nicht verausgabten Fördermittel im Folgejahr zusätzlich für die Gemeinschaftsförderung zur Verfügung zu stellen.

A. Normzweck

1   Die Norm regelt – im Gegensatz zu der früheren Regelung eigenständig – die Leistungen der gesetzlichen Krankenversicherung im Hinblick auf die Förderung der Selbsthilfe. Diese war lange Zeit als Bestandteil der Leistungen der Krankenversicherung zusammen mit der Prävention in § 20 SGB V geregelt, ist nunmehr aber, im Zuge einer Aufwertung auch dieses Leistungsbestandteils, in eine eigenständige Vorschrift überführt worden. Zugleich ist die Leistungspflicht der Krankenkasse inhaltlich von einer bloßen Sollvorschrift zu einer **Förder**pflicht geworden. Ziel der Förderung der Selbsthilfe ist es, bei Prävention und Rehabilitation die zahlreichen und unterschiedlichen Möglichkeiten der Selbsthilfe von Versicherten zur Ergänzung der professionellen Gesundheitsdienste zu nutzen (s. zur Begründung ursprünglich BT-Drs. 14/1245, S. 62). Im Kern konkretisiert die Vorschrift damit auch den das gesamte Krankenversicherungsrecht beherrschenden Grundsatz der Eigenverantwortung in § 1 S. 2 SGB V: Verlangt man schließlich, wie dort vorgesehen, von den Versicherten einen entsprechenden Eigenbeitrag zur Gesundheitserhaltung und -förderung, ist es nur billig, den Kassen ihrerseits eine Verpflichtung zur Unterstützung eben dieses Eigenbeitrags aufzuerlegen. Diese Verpflichtung enthält § 20 c SGB V.

B. Förderpflicht (Abs. 1)

2   Abs. 1 enthält die entscheidende (früher in § 20 Abs. 3 SGB V aF enthaltene, damals jedoch nur als Sollvorschrift ausgestaltete) Pflicht zur institutionellen Förderung der Selbsthilfe. Danach „sollen" Krankenkassen und ihre Verbände die Selbsthilfegruppen und -organisationen nicht nur fördern, sondern „fördern" sie. Durch diese gesetzliche Neufassung wird deutlich, dass es hierbei um eine **Verpflichtung** der Krankenkassen für den Regelfall geht, die lediglich in Ausnahmefällen nicht einzuhalten ist. Da es andererseits aber schon tatbestandlich „nur" um eine Förderung geht, ist zugleich

deutlich, dass eine Vollfinanzierung unverändert nicht in Betracht kommt, sondern es ausschließlich um die Möglichkeit der Bezuschussung geht (s. schon die Gesetzesbegründung in BT-Drs. 12/3608, S. 77). Der Gesetzgeber wollte durch die in Abs. 1 S. 1 vorgenommene Umstellung von der bisherigen Soll-Regelung auf die unbedingte Förderverpflichtung im Rahmen der Festlegungen des Abs. 3 letztlich nur sicherstellen, dass das vorgesehene Fördervolumen nicht unterschritten wird. Die Verknüpfung der Förderverpflichtung mit den Festlegungen zur Höhe der Fördermittel macht dann aber zugleich deutlich, dass auch zukünftig kein Rechtsanspruch eines einzelnen Förderungswürdigen auf Förderung besteht. Dies ist schon deshalb nicht aus der Intention des Gesetzes herauszulesen, weil die Fördermittel der Höhe nach begrenzt sind und infolgedessen bei ihrer Vergabe weiterhin ein Entscheidungsspielraum sowohl zur Auswahl als auch zur Gestaltung der Förderungen besteht.

Profitieren vom Förderanspruch können Selbsthilfegruppen und -organisationen, sofern sie die Zielrichtung des Abs. 1 S. 1 verfolgen. Unter dem Begriff der **Selbsthilfegruppen** sind nach Ansicht der Krankenkassen freiwillige Zusammenschlüsse von Menschen auf örtlicher bzw. regionaler Ebene gemeint, deren Aktivitäten auf die gemeinsame Bewältigung von Krankheiten, psychischen oder sozialen Problemen gerichtet sind, von denen sie selbst unmittelbar oder als Angehörige betroffen sind. Hinzukommen muss eine fehlende Gewinnorientierung sowie die fehlende oder allenfalls geringfügige Mitwirkung von professionellen Kräften und das gemeinsame Ziel der Selbstveränderung und gegenseitigen Hilfe (vgl. Gemeinsame und einheitliche Grundsätze der Spitzenverbände der Krankenkassen zur Förderung der Selbsthilfe gemäß § 20 Abs. 4 SGB V vom 10. März 2000 in der Fassung vom 11. Mai 2006; s. auch http://www.bag-selbsthilfe.de). Demgegenüber werden als **Selbsthilfeorganisationen** Zusammenschlüsse von Selbsthilfegruppen zur überregionalen Interessenvertretung angesehen, die regelmäßig professionelle Strukturen aufweisen und in bestimmten Rechtsformen organisiert sind. Deren maßgebliches Ziel ist es, die Selbsthilfe der Versicherten nach außen hin zu vertreten (s. BT-Drs. 14/1245, S. 62). **Selbsthilfekontaktstellen,** die ebenfalls begünstigt werden können, sind örtlich oder regional arbeitende Beratungseinrichtungen mit hauptamtlichem Personal, die themen- und indikationsübergreifende Dienstleistungen anbieten, die auf die Förderung von Selbsthilfeaktivitäten und auf die Kontaktpflege zwischen Selbsthilfeorganisationen und Externen abzielen (s. zu dieser Begriffsbestimmung auch die Ausführungen der Spitzenverbände der Krankenkassen, DOK 1997, 541).

Begünstigt werden können Selbsthilfegruppen und -organisationen aber nur, wenn sie sich die gesundheitliche Prävention oder die Rehabilitation von Versicherten bei einer der im Verzeichnis nach Abs. 1 S. 2 aufgeführten Krankheiten zum **Ziel** gesetzt haben. Dieses Verzeichnis ist vom Spitzenverband Bund der Krankenkassen zu beschließen, derzeit gilt die Liste der Spitzenverbände der Krankenkassen vom 14. 2. 1997, in der diese diejenigen Krankheitsbilder festgelegt haben, bezüglich derer Selbsthilfegruppen bzw. -organisationen förderungswürdig arbeiten (Abdruck des Textes des Verzeichnisses bei KassKomm/Höfler, § 20 SGB V Rn. 11). Das in der Gesetzesfassung bereits anlässlich der Änderung des § 20 SGB V im Rahmen des Beitragsentlastungsgesetzes vom 1. 11. 1996 geforderte Verzeichnis der Krankheitsbilder, bei denen eine Förderung zulässig ist, wurde von den Spitzenverbänden der Krankenkassen unter Beteiligung der Kassenärztlichen Bundesvereinigung und den Vertretern der Selbsthilfe erarbeitet. Nach der in den Gemeinsamen Grundsätzen (s. Rn. 3) geäußerten Ansicht der Spitzenverbände hat es sich bewährt und gilt weiterhin. Darin sind der Einfachheit halber übergeordnete Krankheits- bzw. Diagnosehauptgruppen aufgeführt. Chronische Krankheiten und Behinderungen, die diesen Hauptgruppen zuzuordnen sind, werden von diesem Krankheitsverzeichnis ebenfalls erfasst. Ausgenommen sind akute Erkrankungen. Die Aufzählung konkreter chronischer Krankheiten hat allerdings lediglich exemplarischen Charakter. Von der Rechtsnatur her handelt es sich bei dem Verzeichnis um eine abstrakt-generelle Regelung, also um eine Rechtsnorm (KassKomm/Höfler, § 20 SGB V Rn. 11; BeckOKSozR/Kaltenborn, § 20 SGB V Rn. 5). Gefördert werden sollen schließlich nach Abs. 1 S. 1 Hs. 1 auch zukünftig nur Selbsthilfegruppen und -organisationen, deren besondere Merkmale und Tätigkeitsfelder in den gemeinsamen und einheitlichen Fördergrundsätzen der Spitzenverbände der Krankenkassen nach Abs. 2 beschrieben werden. Eine Förderung von Zusammenschlüssen mit ausschließlich gesundheitsförderlicher oder primärpräventiver Zielsetzung bleibt danach ausgeschlossen. Die Unterstützung durch übergreifend arbeitende Selbsthilfekontaktstellen ist darüber hinaus für die Entwicklung der gesundheitsbezogenen Selbsthilfe in den Regionen von besonderer Relevanz. Ein Missbrauch der Bezeichnung als Selbsthilfekontaktstelle durch Einrichtungen mit vorrangig anderen Tätigkeitsschwerpunkten wird auf diese Weise verhindert.

C. Förderungsgrundsätze (Abs. 2)

Nach Abs. 2 ist es dem Spitzenverband Bund der Krankenkassen überlassen, Grundsätze zu den Inhalten der Förderung der Selbsthilfe und zur Verteilung der Fördermittel auf die verschiedenen Förderebenen und Förderbereiche zu beschließen. Diese Grundsätze sind in den angesprochenen Gemeinsamen Grundsätzen (vgl. Rn. 3) niedergelegt. Nach Vorstellung des Gesetzgebers werden bei der Regelung der Verteilung das Antragsaufkommen und der Förderbedarf der letzten Jahre sowie die

Empfehlungen der Spitzenorganisationen der Selbsthilfe, die nach S. 2 zu beteiligen sind, maßgeblich zu berücksichtigen sein (zu den Grundsätzen s. auch Welti, in: Becker/Kingreen, § 20c SGB V Rn. 7; Niederbihl, ErsK 2007, 69/69). Die **Verteilungsregelung** sollte zudem so flexibel gestaltet werden, dass sich ändernden Förderbedarfen der verschiedenen Ebenen und Bereiche Rechnung getragen werden kann. Bei der Mittelverteilung auf der regionalen Ebene der Förderung soll zusätzlich die besondere Situation von Regionen und Städten mit hohem Förderbedarf wie zB Mittelpunktstädten, die einen großen Einzugsbereich für Selbsthilfeengagierte aus dem Umland besitzen, beachtet werden. Mit der Regelung in Abs. 2 S. 3 werden die projektbezogene Förderung und die Förderung durch pauschale Zuschüsse gesetzlich gleichgestellt. Sie können auch nebeneinander Anwendung finden. Die Regelung soll, so der Gesetzgeber, zu einer stärkeren Nutzung der für die Antragsteller vielfach bedarfsgerechteren und weniger organisationsaufwändigen pauschalen Förderung führen (vgl. BT-Drs. 16/310, S. 99).

D. Ausgabenvorgaben (Abs. 3)

6   Abs. 3 enthält bestimmte Ausgabenvorgaben, die ähnlich formuliert und strukturiert sind wie diejenigen nach § 20 Abs. 2 SGB V. Wie dort ist für 2006 ein Wert festgelegt (in Höhe von 0,55 €), der dann im Wege des Verweises auf § 18 Abs. 1 SGB IV dynamisiert ist. Auch hier ist eine Soll-Regelung vorgesehen, die inhaltlich so zu verstehen ist, dass die Krankenkassen auf diesem Weg zu finanziellen Ausgaben in der entsprechenden Gesamthöhe verpflichtet werden. In Abs. 3 S. 2–5 sind weitere Einzelheiten zu den Grundsätzen der Vergabe der Fördermittel enthalten. Insgesamt soll durch sie gewährleistet werden, dass sich alle Krankenkassen im gesamten Bundesgebiet auf diesen Ebenen nach der jeweiligen Zahl ihrer Versicherten an der Förderung der Selbsthilfe beteiligen können. Abs. 3 S. 5 schließlich verpflichtet die einzelnen Krankenkassen, falls sie den Förderbetrag pro Versichertem insgesamt nicht ausschöpfen, den Differenzbetrag im Folgejahr in die Gemeinschaftsfonds zu geben. Dadurch wird sichergestellt, dass die gesetzlich vorgesehenen Fördermittel in jedem Fall die Selbsthilfe erreichen.

§ 20d Primäre Prävention durch Schutzimpfungen

(1) [1]**Versicherte haben Anspruch auf Leistungen für Schutzimpfungen im Sinne des § 2 Nr. 9 des Infektionsschutzgesetzes.** [2]**Ausgenommen sind Schutzimpfungen, die wegen eines durch einen nicht beruflichen Auslandsaufenthalt erhöhten Gesundheitsrisikos indiziert sind, es sei denn, dass zum Schutz der öffentlichen Gesundheit ein besonderes Interesse daran besteht, der Einschleppung einer übertragbaren Krankheit in die Bundesrepublik Deutschland vorzubeugen.** [3]**Einzelheiten zu Voraussetzungen, Art und Umfang der Leistungen bestimmt der Gemeinsame Bundesausschuss in Richtlinien nach § 92 auf der Grundlage der Empfehlungen der Ständigen Impfkommission beim Robert Koch-Institut gemäß § 20 Abs. 2 des Infektionsschutzgesetzes unter besonderer Berücksichtigung der Bedeutung der Schutzimpfungen für die öffentliche Gesundheit.** [4]**Abweichungen von den Empfehlungen der Ständigen Impfkommission sind besonders zu begründen.** [5]**Bei der erstmaligen Entscheidung nach Satz 3 muss der Gemeinsame Bundesausschuss zu allen zu diesem Zeitpunkt geltenden Empfehlungen der Ständigen Impfkommission einen Beschluss fassen.** [6]**Die erste Entscheidung soll bis zum 30. Juni 2007 getroffen werden.** [7]**Zu Änderungen der Empfehlungen der Ständigen Impfkommission hat der Gemeinsame Bundesausschuss innerhalb von drei Monaten nach ihrer Veröffentlichung eine Entscheidung zu treffen.** [8]**Kommt eine Entscheidung nach den Sätzen 5 bis 7 nicht termin- oder fristgemäß zu Stande, dürfen insoweit die von der Ständigen Impfkommission empfohlenen Schutzimpfungen mit Ausnahme von Schutzimpfungen nach Satz 2 erbracht werden, bis die Richtlinie vorliegt.**

(2) [1]**Die Krankenkasse kann in ihrer Satzung weitere Schutzimpfungen vorsehen.** [2]**Bis zum Vorliegen einer Richtlinie nach Absatz 1 Satz 5 gelten die bisherigen Satzungsregelungen zu Schutzimpfungen fort.**

(3) [1]**Die Krankenkassen haben außerdem im Zusammenwirken mit den Behörden der Länder, die für die Durchführung von Schutzimpfungen nach dem Infektionsschutzgesetz zuständig sind, unbeschadet der Aufgaben anderer, gemeinsam und einheitlich Schutzimpfungen ihrer Versicherten zu fördern und sich durch Erstattung der Sachkosten an den Kosten der Durchführung zu beteiligen.** [2]**Zur Durchführung der Maßnahmen und zur Erstattung der Sachkosten schließen die Landesverbände der Krankenkassen und die Ersatzkassen gemeinsam Rahmenvereinbarungen mit den in den Ländern dafür zuständigen Stellen.**

A. Normzweck

Die Norm regelt einen eigenen Rechtsanspruch der Versicherten auf Schutzimpfungen im Sinne von § 2 Nr. 9 Infektionsschutzgesetz. Die bislang als Ermessensleistung nach § 23 Abs. 9 SGB V ausgestaltete Leistung ist nunmehr zu einer Pflichtleistung geworden. Auf diese Weise rückt die Prävention durch Impfungen in den Pflichtleistungskatalog, um einen dreifachen Nutzen zu erzielen. Zum einen soll der Geimpfte vor Infektionskrankheiten mit gelegentlich schwerwiegenden Komplikationen geschützt werden, insbesondere dort, wo es keine oder nur begrenzte Therapiemöglichkeiten gibt. Zum zweiten sollen im Wege der Impfung der Ausbruch und die Weiterverbreitung von Epidemien durch den nun vorgesehenen Kollektivschutz verhindert werden. Schließlich hat der Gesetzgeber maßgeblich im Blick, dass Impfungen zu den kosteneffektivsten Präventivmaßnahmen zählen. Daher soll die Aufnahme von Schutzimpfungen auch helfen, Krankheitskosten zu vermeiden und Kosteneinsparungen herbeizuführen (s. BT-Drs. 16/3100, S. 100). Im Ganzen dient § 20 d SGB V damit vor allem der Erreichung eines möglichst hohen Durchimpfungsgrades.

B. Anspruchsinhalt (Abs. 1)

Abs. 1 enthält die nunmehr als **Rechtsanspruch** ausgestaltete Leistungspflicht der Krankenkasse. Sie ist gerichtet auf Leistungen für Schutzimpfungen im Sinne des § 2 Nr. 9 Infektionsschutzgesetzes, also auf die Gabe eines Impfstoffes mit dem Ziel, vor einer übertragbaren Krankheit zu schützen (Welti, in: Becker/Kingreen, § 20 d SGB V Rn. 3). Die Krankenkasse verfügt also nicht mehr über ein diesbezügliches Ermessen, § 23 IX SGB V ist aufgehoben. Durch die Vorschrift sind grundsätzlich sämtliche Kosten für die von der Ständigen Impfkommission empfohlenen Schutzimpfungen der gesetzlich Versicherten auf die GKV verlagert. Zu berücksichtigen ist darüber hinaus, dass nach § 20 Abs. 4 IfSG das Bundesgesundheitsministerium ermächtigt ist, durch Rechtsverordnung ohne Zustimmung des Bundesrats nach Anhörung der Ständigen Impfkommission und des Spitzenverbandes der GKV zu bestimmen, dass die Kosten für bestimmte Schutzimpfungen von den Kassen getragen werden (Welti, in: Becker/Kingreen, § 20 d SGB V Rn. 8; zur Schweinegrippe etwa Correll, NJW 2009, 3069). Von vornherein ausgenommen aus dem Leistungskatalog sind nach Abs. 1 S. 2 solche Schutzimpfungen, die ausschließlich aufgrund eines durch eine nicht berufliche Auslandsreise erhöhten Gesundheitsrisikos indiziert sind, wenn nicht ausnahmsweise ein besonderes öffentliches Interesse an einer Impfung auch in diesem Fall besteht. Auf diese Weise sollen bestimmte private Risiken von den durch die Solidargemeinschaft zu finanzierenden Pflichtleistungen ausgenommen werden. Die Einzelheiten zu den Leistungen, also insbesondere die einzelnen denkbaren Impfungen, sind durch Richtlinien nach § 92 SGB V vom Gemeinsamen Bundesausschuss zu regeln, das nähere Verfahren, insbesondere die Einbeziehung der Empfehlungen der Ständigen Impfkommission, der vom Gesetzgeber unverändert eine hohe Kompetenz zugesprochen wird, sind in Abs. 1 S. 3 bis 8 geregelt. Gemäß dieser Kompetenzzuweisung hat der Gemeinsame Bundesausschuss eine entsprechende Richtlinie erlassen, nämlich die Richtlinie des Gemeinsamen Bundesausschusses über Schutzimpfungen nach § 20 d Abs. 1 SGB V (Schutzimpfungs-Richtlinie/SiR) in der Fassung vom 21. Juni 2007/18. Oktober 2007, veröffentlicht im Bundesanzeiger 2007, Nr. 224, S. 8154, zuletzt geändert am 15. Oktober 2009, veröffentlicht im Bundesanzeiger Nr. 29 (S. 6702) vom 23. 2. 2010, in Kraft getreten am 15. Oktober 2009, veröffentlicht auch im Internet unter www.g-ba.de. In Anlage 1 dieser Richtlinie sind die einschlägigen Impfindikationen aufgelistet.

C. Erweiterung der Leistung (Abs. 2)

Über den Rechtsanspruch nach Abs. 1 hinaus enthält Abs. 2 eine Erweiterungsmöglichkeit zugunsten der Krankenkasse. Diese kann in ihrer Satzung **weitere Schutzimpfungen** vorsehen. Diesbezüglich steht ihr ein Ermessen zu. In Betracht kommt eine entsprechende Erweiterung vor allem dann, wenn regionale Besonderheiten eine zusätzliche, vom Gemeinsamen Bundesausschuss nicht vorgesehene Impfung angezeigt erscheinen lassen. Abs. 2 S. 2 ist durch den Richtlinienerlass obsolet geworden.

D. Zusammenarbeit (Abs. 3)

Krankenkassen und öffentlicher Gesundheitsdienst sollen nach Abs. 3 zusammenarbeiten, um einen möglichst hohen Durchimpfungsgrad zu erreichen. Daher sieht Abs. 3 eine Pflicht der Krankenkasse vor, die Schutzimpfungen ihrer Versicherten zu fördern und sich durch Erstattung der Sachkosten an den Kosten der Durchführung dann zu beteiligen, wenn diese dem öffentlichen Gesundheitsdienst obliegt oder von diesem – zur **Schließung von Impflücken** – durchgeführt wird, etwa durch „aufsuchendes" Impfen in Kindergärten, Schulen oder Senioreneinrichtungen. Diesbezüglich sieht die Norm vor, dass die Landesverbände der Krankenkassen und die Ersatzkassen gemeinsam Rahmenvereinbarungen mit den in den Ländern dafür zuständigen Stellen abschließen. Der Gesetzgeber beabsichtigt somit eine Kostenteilung: Während die Krankenkassen die Sachkosten der Impfungen übernehmen, also insbesondere die Kosten des Impfstoffs und des Verbrauchsmaterials, verbleiben die Personalkosten in diesen Fällen beim öffentlichen Gesundheitsdienst.

§ 21 Verhütung von Zahnerkrankungen (Gruppenprophylaxe)

(1) ¹Die Krankenkassen haben im Zusammenwirken mit den Zahnärzten und den für die Zahngesundheitspflege in den Ländern zuständigen Stellen unbeschadet der Aufgaben anderer gemeinsam und einheitlich Maßnahmen zur Erkennung und Verhütung von Zahnerkrankungen ihrer Versicherten, die das zwölfte Lebensjahr noch nicht vollendet haben, zu fördern und sich an den Kosten der Durchführung zu beteiligen. ²Sie haben auf flächendeckende Maßnahmen hinzuwirken. ³In Schulen und Behinderteneinrichtungen, in denen das durchschnittliche Kariesrisiko der Schüler überproportional hoch ist, werden die Maßnahmen bis zum 16. Lebensjahr durchgeführt. ⁴Die Maßnahmen sollen vorrangig in Gruppen, insbesondere in Kindergärten und Schulen, durchgeführt werden; sie sollen sich insbesondere auf die Untersuchung der Mundhöhle, Erhebung des Zahnstatus, Zahnschmelzhärtung, Ernährungsberatung und Mundhygiene erstrecken. ⁵Für Kinder mit besonders hohem Kariesrisiko sind spezifische Programme zu entwickeln.

(2) ¹Zur Durchführung der Maßnahmen nach Absatz 1 schließen die Landesverbände der Krankenkassen und die Ersatzkassen mit den zuständigen Stellen nach Absatz 1 Satz 1 gemeinsame Rahmenvereinbarungen. ²Der Spitzenverband Bund der Krankenkassen hat bundeseinheitliche Rahmenempfehlungen insbesondere über Inhalt, Finanzierung, nicht versichertenbezogene Dokumentation und Kontrolle zu beschließen.

(3) Kommt eine gemeinsame Rahmenvereinbarung nach Absatz 2 Satz 1 nicht bis zum 30. Juni 1993 zustande, werden Inhalt, Finanzierung, nicht versichertenbezogene Dokumentation und Kontrolle unter Berücksichtigung der bundeseinheitlichen Rahmenempfehlungen des Spitzenverbandes Bund der Krankenkassen durch Rechtsverordnung der Landesregierung bestimmt.

A. Normzweck

1   Die Norm enthält eine Verpflichtung der Krankenkassen zum Zweck der vorbeugenden Zahnpflege für Kinder und Jugendliche. Im Wege einer zahnmedizinischen Gruppenprophylaxe sollen Zahnerkrankungen bei dieser Gruppe vorbeugend erkannt und verhindert werden. Dabei sollen vor allem auch diejenigen von den Leistungen erreicht werden, bei denen regelmäßig zu befürchten ist, dass sie diese Form der Gesundheitsvorsorge ansonsten nicht in Anspruch nehmen (vgl. zur Begründung auch BT-Drs. 14/1245, S. 63). Die Vorschrift ist in Zusammenhang zu sehen mit derjenigen des § 22 SGB V, der als Gegenstück bzw. Ergänzung Regelungen zur individuellen zahnmedizinischen Untersuchung enthält. Der Leistungsinhalt ist eindeutig präventiv ausgerichtet; durch die Form der Gruppenprophylaxe sollen vorhandene Präventionspotentiale weitestgehend ausgeschöpft werden.

B. Maßnahmen der Gruppenprophylaxe (Abs. 1)

2   Abs. 1 enthält die entscheidende Anordnung der Maßnahmen zur Gruppenprophylaxe. Diese zielen auf die Erkennung und Verhütung von Zahnerkrankungen der Versicherten, die das zwölfte Lebensjahr noch nicht vollendet haben. Die Leistungserbringung ist demnach hinsichtlich des **begünstigten Adressatenkreises** auf eine bestimmte Altersgruppe beschränkt, weil der Gesetzgeber selbst davon ausging, dass bei älteren Jugendlichen für eine entsprechende Prophylaxe keine ausreichende Motivation vorhanden sei (BT-Drs. 11/2237, S. 167). Lediglich für Schulen und Behinderteneinrichtungen, in denen das durchschnittliche Kariesrisiko der Schüler überproportional hoch ist, etwa weil sie in sozialen Brennpunkten liegen und somit schichtbedingt ein höherer Bedarf an Prophylaxe entsteht, diese aber regelmäßig keinen hohen Stellenwert erlangt (so der Gesetzgeber in seiner Begründung, vgl. etwa BT-Drs. 14/1245, S. 63), ist die Altersgrenze nach Abs. 1 S. 3 auf 16 Jahre angehoben. Ein eigenständiger, einklagbarer Anspruch eines Versicherten auf Maßnahmen der Gruppenprophylaxe ist dem Gesetz für den Regelfall nicht zu entnehmen. Etwas anderes wird mit Recht für die Fälle vertreten, in denen eine Kasse sich ihrer Pflicht zur Gruppenprophylaxe vollständig durch Untätigkeit entzieht oder ein einzelnes Mitglied von einer durchgeführten Maßnahme ohne erkennbaren Grund ausgeschlossen wird (KassKomm/Höfler, § 21 SGB V Rn. 6; BeckOKSozR/Kaltenborn, § 21 SGB V Rn. 7).

Der **Leistungsinhalt** erstreckt sich auf die angesprochene Prävention. Nach Abs. 1 S. 4 sind die **3** Maßnahmen selbst noch konkretisiert und sollen sich insbesondere auf die Untersuchung der Mundhöhle, Erhebung des Zahnstatus, Zahnschmelzerhärtung, Ernährungsberatung und Mundhygiene erstrecken. Wie im Gesetzestext selbst angesprochen, sollen die Maßnahmen vorrangig in Gruppen durchgeführt werden. Damit wird deutlich, dass dem Gesetzgeber die Reihenuntersuchung als einschlägige Vorgehensmaßnahme vor Augen stand. In Betracht kommen als Maßnahmen vor allem Aufklärungs- und Demonstrationsveranstaltungen. Als Ort für die Maßnahmen werden primär, aber nicht ausschließlich, Schulen und Kindergärten in Betracht kommen, denkbar sind aber auch Gruppenuntersuchungen in anderen geeigneten Räumen, vor allem in Zahnarztpraxen oder mobilen Untersuchungsräumlichkeiten (s. auch Adelt, in: LPK-SGB V, § 21 Rn. 9). Zusätzlich zu diesen allgemeinen Prophylaxemaßnahmen können darüber hinaus spezifische Programme entwickelt werden, nach Abs. 1 S. 5 gilt dies für Kinder „mit besonders hohem Kariesrisiko". In diesem Fall sind etwa besondere Maßnahmen zur Fluoridierung der Zähne möglich, da gerade diese dem Kariesbefall gesondert vorbeugen (vgl. auch Wannagat/Mrozynski, § 21 SGB V Rn. 11). Hilfsweise, wenn diese Maßnahmen ohne Erfolg sind, kann bei Kindern mit hohem oder besonders hohem Kariesrisiko eine Überweisung zur Individualprophylaxe nach § 22 SGB V erfolgen (KassKomm/Höfler, § 21 SGB V Rn. 4).

C. Durchführung der Maßnahme (Abs. 2)

Nach Abs. 2 obliegt die Durchführung der Leistungen zur Verhütung von Zahnerkrankungen im **4** Wege der Gruppenprophylaxe **primär den Landesverbänden** der Krankenkassen und den Ersatzkassen, sie ist also regional angesiedelt. Die Landesverbände schließen mit den in den Ländern für die Zahngesundheitspflege zuständigen Stellen entsprechende gemeinsame Rahmenvereinbarungen ab. Die Finanzierung erfolgt nicht allein durch die Krankenkassen, vielmehr beteiligen sich diese gemäß § 21 Abs. 1 S. 1 a. E. SGB V lediglich an den entstehenden Kosten (näher zur Finanzierung Jahn/Sommer, § 21 SGB V Rn. 13). Die Gemeinsamkeit der Durchführung, die durch die in Abs. 2 S. 1 vorgesehene Verpflichtung zum Abschluss einheitlicher, gemeinsamer Verträge sichergestellt werden soll, soll verhindern, dass die einzelnen Einrichtungen mit einer Vielzahl unterschiedlicher und unterschiedlich organisierter Maßnahmen konfrontiert werden. Im Ergebnis dient die Vorschrift daher der Straffung der Organisation der Prophylaxemaßnahmen (zur Intention vgl. auch Krauskopf/Wagner, § 21 SGB V Rn. 11). Zusätzlich hat der Spitzenverband Bund der Krankenkassen Rahmenempfehlungen zu erlassen, die das Ziel haben, insbesondere (also nicht ausschließlich) Einzelheiten über Inhalt, Finanzierung und die nicht versichertenbezogene Dokumentation und Kontrolle zu regeln (vgl. den Wortlaut der Rahmenempfehlung, abgedruckt in BKK 1989, 284 sowie bei Hauck/Noftz/Gerlach, § 21 SGB V Anhang I). Diese Rahmenempfehlung, die zum Ziel hat zu garantieren, dass die gruppenprophylaktischen Maßnahmen möglichst einheitlich durchgeführt und so dokumentiert werden, dass ihre Ergebnisse überregional verwertbar und zugänglich sind (BT-Drs. 11/3480, S. 51), ist also die rechtliche Grundlage für die einzelnen Rahmenvereinbarungen, die auf regionaler Ebene abzuschließen sind. Abs. 3 enthält schließlich eine Verordnungsermächtigung zugunsten der Landesregierungen, wenn bis zum 30. 6. 1993 keine Rahmenvereinbarung im Sinne von Abs. 2 zustande gekommen ist. Von dieser Ermächtigung wurde aber kein Gebrauch gemacht.

§ 22 Verhütung von Zahnerkrankungen (Individualprophylaxe)

(1) **Versicherte, die das sechste, aber noch nicht das achtzehnte Lebensjahr vollendet haben, können sich zur Verhütung von Zahnerkrankungen einmal in jedem Kalenderhalbjahr zahnärztlich untersuchen lassen.**

(2) **Die Untersuchungen sollen sich auf den Befund des Zahnfleisches, die Aufklärung über Krankheitsursachen und ihre Vermeidung, das Erstellen von diagnostischen Vergleichen zur Mundhygiene, zum Zustand des Zahnfleisches und zur Anfälligkeit gegenüber Karieserkrankungen, auf die Motivation und Einweisung bei der Mundpflege sowie auf Maßnahmen zur Schmelzhärtung der Zähne erstrecken.**

(3) **Versicherte, die das sechste, aber noch nicht das achtzehnte Lebensjahr vollendet haben, haben Anspruch auf Fissurenversiegelung der Molaren.**

(4) *(aufgehoben)*

(5) **Der Gemeinsame Bundesausschuss regelt das Nähere über Art, Umfang und Nachweis der individualprophylaktischen Leistungen in Richtlinien nach § 92.**

A. Normzweck

Die Norm enthält eine Verpflichtung der Krankenkassen zum Zweck der vorbeugenden Zahnpflege **1** für Kinder und Jugendliche. In Ergänzung zu dem in § 21 vorgesehenen Weg einer zahnmedizinischen

Gruppenprophylaxe sollen Zahnerkrankungen nach § 22 SGB V durch eine Individualprophylaxe verhindert werden. Auf diese Weise wird die Möglichkeit eröffnet, individualprophylaktische Maßnahmen schon früh durchzuführen, was vor allem dazu dienen soll, dass Kinder, bei denen im Rahmen der Gruppenprophylaxe ein hohes oder besonders hohes Kariesrisiko festgestellt wurde und die nicht von entsprechenden Programmen in der Gruppenprophylaxe erfasst werden, sich einer derartigen Intensivbetreuung in der Zahnarztpraxis unterziehen können, damit dauerhafte Schäden bereits im Ansatz vermieden werden. Eine Ersetzung oder Verdrängung der Gruppenprophylaxe ist vom Gesetzgeber dezidiert nicht beabsichtigt; vielmehr soll sie durch die Leistung nach § 22 SGB V zielgerichtet für die nicht gruppenprophylaktisch betreuten Kinder mit hohem oder besonders hohem Kariesrisiko ergänzt werden (vgl. BT-Drs. 12/3608, S. 77 f.; Welti, in: Becker/Kingreen, § 22 SGB V Rn. 1).

B. Maßnahmen der Individualprophylaxe (Abs. 1)

2   Abs. 1 enthält die entscheidende Anordnung der Maßnahmen zur Individualprophylaxe. Die Leistungserbringung ist hinsichtlich des **begünstigten Adressatenkreises** auf eine bestimmte Altersgruppe beschränkt, die jedoch weiter gefasst ist als diejenige bei der Gruppenprophylaxe. Anders als dort beginnt der Kreis der Begünstigten mit denjenigen Versicherten, die das sechste Lebensjahr, er endet mit denjenigen, die das achtzehnte Lebensjahr vollendet haben. Kinder zwischen dem siebten und dem zwölften Lebensjahr werden infolgedessen regelmäßig von beiden Prophylaxemaßnahmen erfasst, also sowohl von der Gruppen- als auch von der Individualprophylaxe. Erwachsene sind von der Leistung nicht angesprochen: Der insoweit den Adressatenkreis auch auf Erwachsene erweiternde Abs. 4 ist aufgehoben, weil, so der Gesetzgeber, die sich auch für Erwachsene vorgesehene individualprophylaktischen Leistungen als ineffektiv erwiesen haben (s. BT-Drs. 14/1245, S. 64). Wenn somit auch die Individualprophylaxe infolge der Begrenzung des Adressatenkreises in die Selbstverantwortung der erwachsenen Versicherten gelegt ist, besteht doch unverändert ein Anreizsystem für diese, welches in § 55 Abs. 1 S. 4 SGB V normiert und als Bonusregelung ausgestaltet ist (vgl. Kommentierung dort).

C. Leistungsinhalt (Abs. 2 und 3)

3   Der **Leistungsinhalt (Abs. 2 und 3)** erstreckt sich auf **präventive Maßnahmen.** Nach Abs. 1 besteht für die Begünstigten Anspruch auf eine zahnärztliche Untersuchung je Kalenderhalbjahr. Hierbei handelt es sich, anders als bei der Regelung zur Gruppenprophylaxe, um einen eigenständigen, einklagbaren Anspruch des Versicherten (so auch KassKomm/Höfler, § 22 SGB V Rn. 3; BeckOKSozR/Kaltenborn, § 22 SGB V Rn. 7; Welti, in: Becker/Kingreen, § 22 SGB V Rn. 3). Der Inhalt der Untersuchung ist in Abs. 2 für alle Begünstigten umrissen und soll sich vor allem auf den Befund des Zahnfleisches, die Aufklärung über Krankheitsursachen und ihre Vermeidung, das Erstellen von diagnostischen Vergleichen zur Mundhygiene, zum Zustand des Zahnfleisches und zur Anfälligkeit gegenüber Karieserkrankungen erstrecken, zudem auf die Motivation und Einweisung bei der Mundpflege sowie auf Maßnahmen zur Schmelzhärtung. Zusätzlich erfasst vom Leistungsinhalt und Gegenstand des Rechtsanspruchs ist nach Abs. 3 die Fissurenversiegelung der Molaren, also die Versiegelung von Rissen auf den Backenzähnen (zur Abrechnungsfähigkeit einzelner Leistungen der Individualprophylaxe s. BSG 28. 4. 2004 – B 6 KA 19/03 R – SozR 4–2500 § 87 Nr. 5). Der Gesetzgeber war insofern der Ansicht, dass eine Aufnahme in den Leistungskatalog deshalb geboten ist, weil es sich um eine besonders wirksame Maßnahme zur Kariesvermeidung und um eine effiziente Verhinderung einer ansonsten möglicherweise später notwendigen zahnprothetischen Versorgung handelt (vgl. BT-Drs. 12/3608, S. 78). Insofern ist unter zahnmedizinischen Aspekten entscheidend, dass die Molaren aufgrund ihrer statischen Bedeutung besonders schützenswert sind.

D. Regelungskompetenz (Abs. 5)

4   Nach Abs. 5 obliegt die nähere Ausgestaltung über Art, Umfang und Nachweis der individualprophylaktischen Leistungen dem Gemeinsamen Bundesausschuss, der diesbezüglich eine Richtlinienkompetenz erhält. Diese Aufgabe hat er mit seinen „Richtlinien des Bundesausschusses der Zahnärzte und Krankenkassen über Maßnahmen zur Verhütung von Zahnerkrankungen (Individualprophylaxe)" wahrgenommen, sie gilt in der Fassung vom 4. Juni 2003, veröffentlicht im Bundesanzeiger Nr. 226 (S. 24.966) vom 3. Dezember 2003. In Kraft getreten sind sie am 1. Januar 2004 (aufgeführt auf der Seite www.g-ba.de; vgl. zu den Richtlinien auch Hauck/Noftz/Gerlach, § 22 SGB V Rn. 9; Adelt, in: LPK-SGB V, § 22 Rn. 23 ff.). Insbesondere hat der Ausschuss auch vorgesehen, dass in ein Bonusheft bei den 12- bis 17-Jährigen für jedes Kalenderhalbjahr das Datum der Erhebung des Mundhygienestatus einzutragen ist. Das Bonusheft dient dem Versicherten als Nachweis für seinen Anspruch auf erhöhte Zuschüsse zum Zahnersatz gem. § 30 Abs. 2 SGB V aF, jetzt gleichermaßen im Rahmen des § 55 SGB V. In das Bonusheft sind daher auch die jährlichen Untersuchungen nach Vollendung des 18. Lebensjahres einzutragen.

§ 23 Medizinische Vorsorgeleistungen

(1) Versicherte haben Anspruch auf ärztliche Behandlung und Versorgung mit Arznei-, Verband-, Heil- und Hilfsmitteln, wenn diese notwendig sind,
1. eine Schwächung der Gesundheit, die in absehbarer Zeit voraussichtlich zu einer Krankheit führen würde, zu beseitigen,
2. einer Gefährdung der gesundheitlichen Entwicklung eines Kindes entgegenzuwirken,
3. Krankheiten zu verhüten oder deren Verschlimmerung zu vermeiden oder
4. Pflegebedürftigkeit zu vermeiden.

(2) ¹Reichen bei Versicherten die Leistungen nach Absatz 1 nicht aus, kann die Krankenkasse aus medizinischen Gründen erforderliche ambulante Vorsorgeleistungen in anerkannten Kurorten erbringen. ²Die Satzung der Krankenkasse kann zu den übrigen Kosten, die Versicherten im Zusammenhang mit dieser Leistung entstehen, einen Zuschuß von bis zu 13 Euro täglich vorsehen. ³Bei ambulanten Vorsorgeleistungen für versicherte chronisch kranke Kleinkinder kann der Zuschuss nach Satz 2 auf bis zu 21 Euro erhöht werden.

(3) In den Fällen der Absätze 1 und 2 sind die §§ 31 bis 34 anzuwenden.

(4) ¹Reichen bei Versicherten die Leistungen nach Absatz 1 und 2 nicht aus, kann die Krankenkasse Behandlung mit Unterkunft und Verpflegung in einer Vorsorgeeinrichtung erbringen, mit der ein Vertrag nach § 111 besteht. ²Die Krankenkasse führt statistische Erhebungen über Anträge auf Leistungen nach Satz 1 und Absatz 2 sowie deren Erledigung durch.

(5) ¹Die Krankenkasse bestimmt nach den medizinischen Erfordernissen des Einzelfalls Art, Dauer, Umfang, Beginn und Durchführung der Leistungen nach Absatz 4 sowie die Vorsorgeeinrichtung nach pflichtgemäßem Ermessen. ²Leistungen nach Absatz 4 sollen für längstens drei Wochen erbracht werden, es sei denn, eine Verlängerung der Leistung ist aus medizinischen Gründen dringend erforderlich. ³Satz 2 gilt nicht, soweit der Spitzenverband Bund der Krankenkassen nach Anhörung der für die Wahrnehmung der Interessen der ambulanten und stationären Vorsorgeeinrichtungen auf Bundesebene maßgeblichen Spitzenorganisationen in Leitlinien Indikationen festgelegt und diesen jeweils eine Regeldauer zugeordnet hat; von dieser Regeldauer kann nur abgewichen werden, wenn dies aus dringenden medizinischen Gründen im Einzelfall erforderlich ist. ⁴Leistungen nach Absatz 2 können nicht vor Ablauf von drei, Leistungen nach Absatz 4 können nicht vor Ablauf von vier Jahren nach Durchführung solcher oder ähnlicher Leistungen erbracht werden, deren Kosten auf Grund öffentlich-rechtlicher Vorschriften getragen oder bezuschusst worden sind, es sei denn, eine vorzeitige Leistung ist aus medizinischen Gründen dringend erforderlich.

(6) ¹Versicherte, die eine Leistung nach Absatz 4 in Anspruch nehmen und das achtzehnte Lebensjahr vollendet haben, zahlen je Kalendertag den sich nach § 61 Satz 2 ergebenden Betrag an die Einrichtung. ²Die Zahlung ist an die Krankenkasse weiterzuleiten.

(7) Medizinisch notwendige stationäre Vorsorgemaßnahmen für versicherte Kinder, die das 14. Lebensjahr noch nicht vollendet haben, sollen in der Regel für vier bis sechs Wochen erbracht werden.

A. Normzweck

Die Norm zielt auf Leistungen im Bereich der **medizinischen Vorsorge**, die dazu bestimmt und geeignet sind, Krankheiten bzw. deren Verschlimmerung zu verhüten; eine Krankheit selbst muss daher nicht bereits vorliegen (BSG 28. 2. 1980 – 8 a RK 5/79 – BSGE 50, 44). In Konkretisierung des allgemeinen, auch aus Gründen des Wirtschaftlichkeitsgebots geltenden Grundsatzes „ambulant vor stationär" wird den Versicherten ein Anspruch auf ambulante ärztliche Behandlung und Versorgung, hilfsweise auch auf (ambulante, gegebenenfalls stationäre) Vorsorgeleistungen in Kurorten gewährt. Die Vorschrift ist im Gesamtkontext der §§ 20–26 SGB V zu sehen und von den in diesem Abschnitt geregelten verschiedenen Maßnahmen abzugrenzen (dazu eingehend KassKomm/Höfler, § 23 SGB V Rn. 3 f.).

1

B. Ambulante Vorsorgebehandlung (Abs. 1, 3)

Abs. 1 enthält einen **Rechtsanspruch** des Versicherten auf ärztliche Behandlung und Versorgung unter den dort genannten Voraussetzungen (Welti, in: Becker/Kingreen, § 23 SGB V Rn. 12); die Nr. 1 bis 4 des Abs. 1 machen deutlich, dass es um einen Anspruch auf Vorsorgeleistungen geht, die

2

Beschränkung des Anspruchsinhalts auf Arznei-, Verband-, Heil- und Hilfsmittel lässt erkennen, dass der Rechtsanspruch auf die ambulante Vorsorge gerichtet ist. Diese zielt zudem auf eine Behandlung am Wohnort. Abs. 2 hingegen erweitert die Leistung auf die ambulante Behandlung an einem Kurort, stellt diese Erweiterung indes in das Ermessen der Krankenkasse. Der Begriff des **Versicherten** entspricht den allgemeinen Bestimmungen, richtet sich also nach den §§ 5 ff. SGB V.

3   **Voraussetzung** für den Anspruch auf eine ambulante Vorsorgebehandlung ist, dass alternativ einer der Tatbestände des Abs. 1 Nr. 1 bis 4 erfüllt ist. Gemeinsam ist allen vier Varianten, dass die Leistungspflicht der Krankenkasse auch schon zu einem Zeitpunkt einsetzt, in dem eine im Sinne des § 27 SGB V behandlungsbedürftige Krankheit noch nicht eingetreten ist, sie aber einzutreten droht und es bei wertender Betrachtung nicht um die Aufnahme oder Fortsetzung der Behandlung einer schon bestehenden Krankheit geht (BSG 22. 4. 2009 – B 3 KR 11/07 R – NZS 2010, 325). Ein Anspruch besteht nach **Nr. 1** zunächst, um eine Schwächung der Gesundheit zu beseitigen, die in absehbarer Zeit voraussichtlich zu einer Krankheit führen würde. Mit dem Begriff der **Schwächung** ist ein Stadium angesprochen, das einer Krankheit vorgelagert ist und dazu führt, dass der körperliche, geistige und psychische Zustand des Versicherten so labil ist, dass man bei gleich bleibender beruflicher, körperlicher oder sonstiger Belastung den Ausbruch einer Krankheit in der Zukunft nicht ausschließen kann (BSG 22. 4. 2009 – B 3 KR 11/07 R – NZS 2010, 325; vgl. die Begründung in BT-Drs. 11/2237, S. 168). Es muss allerdings jedenfalls schon eine Krankheit drohen, die zu der Schwächung führt. Prägend für diesen Tatbestand ist die Verhinderung der ohne Vorsorgeleistungen drohenden Gefahr eines gleitenden Übergangs von einem zwar schon regelwidrigen, aber noch nicht behandlungsbedürftigen Gesundheitszustand in einen behandlungsbedürftigen Krankheitszustand. Dies betrifft alle über einen gewissen Zeitraum sich erstreckenden Veränderungen des körperlichen oder geistigen Zustands eines Menschen und passt von vornherein nicht auf plötzlich eintretende, auf äußeren Umständen (beispielsweise Stürze) beruhende Krankheiten wie Frakturen und sonstige Verletzungen (BSG 22. 4. 2009 – B 3 KR 11/07 R – NZS 2010, 325). Daher genügen bloß allgemein gesundheitsfördernde Maßnahmen nicht der Voraussetzung des Abs. 1 Nr. 1, etwa das bloß allgemein zur Muskelstärkung führende Krafttraining (LSG NR 14. 12. 1989 – L 16 Kr 7/89 – juris) oder eine unspezifisch durchgeführte Fußpflege (BSG 16. 11. 1999 – B 1 Kr 9/97 – NZS 2000, 551). Der Anspruch nach § 23 SGB V besteht aber hinsichtlich Abs. 1 Nr. 1 nur, solange die Krankheit noch nicht ausgebrochen ist, ab Ausbruch greift allenfalls § 27 SGB V. Ebenfalls einen Anspruch herbeiführen kann, nach Abs. 1 **Nr. 2**, die **Gefährdung der gesundheitlichen Entwicklung eines Kindes**, also eine Situation, in der die gesundheitliche, mithin körperliche, psychische oder geistige Entwicklung vor Fehlentwicklungen bedroht ist. Soll dieser entgegengewirkt werden, besteht ein Anspruch des Versicherten auf ambulante Vorsorgeleistungen. Der Begriff des Kindes ist auf das Alter bis zur Vollendung des 18. Lebensjahres gerichtet (BT-Drs. 11/2237, S. 168). Nach **Nr. 3** besteht ein Anspruch, wenn **Krankheiten verhütet** oder deren **Verschlimmerung vermieden** werden soll. Hier wird die präventive Leistungsausrichtung besonders erkennbar. Allerdings ist insbesondere hinsichtlich der zweiten Alternative der Nr. 3 eine klare Abgrenzung zum Anspruch nach § 27 SGB V nicht mehr möglich, die Grenzen sind insofern fließend. Notwendig zur Krankheitsverhütung sind Leistungen jedoch nach Ansicht des BSG, wenn die gesundheitliche Situation des Versicherten ohne die in Frage stehende Leistung bei natürlichem Verlauf in einen nach § 27 Abs. 1 SGB V behandlungsbedürftigen Zustand überzugehen droht, ohne dass schon die Schwelle der „Schwächung der Gesundheit" erreicht sein muss. Dabei muss die medizinische Intervention zur Abwendung dieses Übergangs in den Krankheitszustand schon gegenwärtig erforderlich sein. Wenn man zu § 23 Abs. 1 Nr. 1 SGB V abgrenzen möchte, sind hier auch solche ernsthaften gesundheitlichen Risiken betroffen, die noch nicht zugleich eine Gesundheitsschwäche darstellen. Es geht insbesondere um Fälle, bei denen aufgrund konkreter Anhaltspunkte der ernstliche Verdacht einer künftig ausbrechenden und durch Maßnahmen der Krankheitsvorbeugung, etwa der Früherkennung, einzudämmenden oder aufzuhaltenden Krankheit besteht (BSG 22. 4. 2009 – B 3 KR 11/07 R – NZS 2010, 325). Nach **Nr. 4** besteht schließlich ein Anspruch, wenn **Pflegebedürftigkeit** vermieden werden soll. Dies ist der Fall, wenn die Gefahr besteht, dass ohne vorsorgende, ambulante Behandlung der Versicherte aufgrund einer Behinderung oder Krankheit körperlicher, seelischer oder geistiger Natur nicht mehr in der Lage sein wird, gewöhnliche und regelmäßig wiederkehrende Verrichtungen des täglichen Lebens auszuüben, so dass er auf entsprechende Hilfe angewiesen ist; insofern ist § 14 SGB IX heranzuziehen. Entscheidend hierfür ist ein Zeitmoment, dass nämlich die drohende, zu vermeidende Unfähigkeit auf Dauer zu befürchten ist, mindestens für sechs Monate (BSG 22. 4. 2009 – B 3 KR 11/07 R – NZS 2010, 325).

4   Über die Voraussetzungen in Abs. 1 Nr. 1 bis 4 hinaus muss die Behandlung zudem, um Gegenstand des Anspruchs des Versicherten zu sein, **notwendig** sein. Die Notwendigkeit muss im Hinblick auf das in den Nr. 1 bis 4 jeweils genannte Vorsorgeziel gegeben sein. Außerdem ist der Leistungsinhalt auf Arzneimittel, Verband-, Heil- und Hilfsmittel beschränkt, also auf die ambulante Versorgung, wegen der eigenständigen Regelung in Abs. 2 zudem auf die ambulante Versorgung vor Ort. Hinsichtlich des Anspruchsinhalts konkretisiert Abs. 3 den Umfang für die genannten Mittel durch einen Verweis auf die eigentlich für die Krankenbehandlung einschlägigen §§ 31 bis 34 SGB V. Daher gelten insbesondere auch die Zuzahlungsregelungen und Festbetragsfestsetzungen.

C. Ambulante Vorsorgeleistungen in Kurorten (Abs. 2)

Anders als die Regelung in Abs. 1 enthält Abs. 2 keinen Rechtsanspruch des Versicherten, sondern **5** gibt der Krankenkasse die Möglichkeit einer **Ermessensentscheidung** für den Fall, dass bei Versicherten die Leistungen nach Abs. 1 nicht ausreichen, um das Vorsorgeziel zu erreichen. Dann hat die Kasse nach ihrem Ermessen zu entscheiden, ob sie ambulante Vorsorgeleistungen in anerkannten Kurorten erbringen lässt. Abs. 2 erweitert also die räumliche, nicht die inhaltliche Reichweite für Vorsorgeleistungen. Infolgedessen sind die Voraussetzungen des Abs. 1 Nr. 1 bis 4 auch auf die Leistung nach Abs. 2 zu übertragen, sie müssen vorliegen, damit die Kasse überhaupt zu einer Ermessensentscheidung kommen kann. Zusätzlich muss die ambulante Vorsorgeleistung in einem anerkannten Kurort aus medizinischen Gründen erforderlich sein, es muss daher gerade die Verlegung der an sich am Wohnort zu erbringenden ambulanten Leistung in den Kurort angezeigt und geboten sein. Die räumliche Erweiterung ist auf **anerkannte Kurorte** beschränkt, die Anerkennung richtet sich nach den einschlägigen landesrechtlichen Vorschriften. Ein ausländischer Kurort kann nur in Ausnahmefällen von der Kasse bewilligt werden, wenn etwa die Inlandsbehandlung im konkreten Fall keinen Erfolg erwarten lässt (BSG 23. 11. 1995 – 1 RK 5/95 – NZS 1996, 283). Der Leistungsumfang ist auf die ambulanten, in Abs. 1 genannten Inhalte beschränkt. Dabei ist bei einer Behandlung an einem Kurort zu beachten, dass diese regelmäßig als Komplexleistung erbracht wird, die sich aus medizinischen Maßnahmen verschiedenster Art zusammensetzt (s. auch Welti, in: Becker/Kingreen, § 23 SGB V Rn. 19). Der Versicherte muss selber die Kosten für die Unterkunft etc. übernehmen. Diesbezüglich kann die Satzung der Kasse jedoch, nach Abs. 2 S. 2, einen Zuschuss vorsehen, der aber maximal 13 Euro täglich betragen darf, Abs. 2 S. 2, gegebenenfalls 21 Euro, Abs. 2 S. 3. Hinsichtlich der Bewilligung hat die Kasse ein Ermessen auszuüben. Dabei ist nach Abs. 5 S. 4 eine zeitliche Vorgabe zu beachten, die ihre Entscheidung determiniert. Danach können ambulante Vorsorgeleistungen nicht vor Ablauf von drei Jahren nach der Durchführung einer ähnlichen Maßnahme erbracht werden. Etwas anderes gilt nur, wenn eine erneute Behandlung in dieser Form dringend erforderlich ist. Diese Beschränkung dient der Kostensenkung. Demgegenüber sind andere, früher geltende zeitliche Beschränkungen hinsichtlich der Dauer einer einzelnen Maßnahme nicht mehr vorhanden. Insofern richtet sich die Ermessensentscheidung allein nach der medizinischen Notwendigkeit.

D. Stationäre Behandlungen (Abs. 4–7)

Entsprechend der Stufenfolge des § 23 SGB V sehen die Abs. 4–7 für den Fall, dass ambulante Vorsorgeleistungen (vor Ort bzw., bei entsprechender Notwendigkeit, am anerkannten Kurort) nicht **6** ausreichen, um die Vorsorgeziele zu erreichen, die Möglichkeit stationärer Behandlungen vor, die neben der Behandlung die Unterkunft und Verpflegung umfasst. Wie in Abs. 2 und im Unterschied zu Abs. 1 besteht auf diese **kein Rechtsanspruch**, **sondern** die Entscheidung über eine entsprechende Behandlung steht im **Ermessen** der Krankenkasse. Voraussetzung für eine bejahende, die Leistung ermöglichende Entscheidung der Kasse ist somit zum einen das Vorliegen einer der Tatbestände des Abs. 1 Nr. 1 bis 4, zum anderen der Umstand, dass eine ambulante Vorsorgeleistung nicht ausreicht. Ist dies der Fall, kann die Kasse eine stationäre Vorsorgeleistung für regelmäßig maximal drei Wochen (Abs. 5 S. 2) gewähren, gegebenenfalls kommt eine Verlängerung in Betracht, wenn dies aus medizinischen Gründen dringend erforderlich ist. Zusätzlich kann der Spitzenverband Bund festlegen, ob für bestimmte Indikationen eine längere Dauer der stationären Behandlung möglich ist. Nach Abs. 7 ist die regelmäßige Dauer für Kinder bis zur Vollendung des 14. Lebensjahrs verlängert. Nach Abs. 5 obliegt der Kasse die Entscheidung – anhand der medizinischen Erfordernisse – bezüglich Art, Dauer, Umfang, Beginn und Durchführung der Leistung. Wie bei Abs. 2 ist auch hier eine Ermessensbeschränkung insofern gegeben, als auch eine stationäre Vorsorgeleistung regelmäßig nicht vor Ablauf von vier Jahren erneut gewährt werden kann. Die Finanzierung der gewährten stationären Behandlung obliegt der Krankenkasse, nach Abs. 6 fällt jedoch für die dort genannten Versicherten ein Zuzahlungsbetrag (in Höhe von 10 Euro pro Tag, § 61 S. 2 SGB V) an, der an den Träger der stationären Einrichtung zu zahlen ist. Abs. 8 aF enthielt früher eine eigenständige Bestimmung zur Kostenbegrenzung (näher hierzu Hauck/Noftz/Gerlach, § 23 SGB V Rn. 12), wurde jedoch durch das Pflege-Weiterentwicklungsgesetz aufgehoben.

§ 24 Medizinische Vorsorge für Mütter und Väter

(1) ¹**Versicherte haben unter den in § 23 Abs. 1 genannten Voraussetzungen Anspruch auf aus medizinischen Gründen erforderliche Vorsorgeleistungen in einer Einrichtung des Müttergenesungswerks oder einer gleichartigen Einrichtung; die Leistung kann in Form einer Mutter-Kind-Maßnahme erbracht werden.** ²**Satz 1 gilt auch für Vater-Kind-Maßnahmen in dafür geeigneten Einrichtungen.** ³**Vorsorgeleistungen nach den Sätzen 1 und 2**

werden in Einrichtungen erbracht, mit denen ein Versorgungsvertrag nach § 111a besteht.
⁴§ 23 Abs. 4 Satz 1 gilt nicht; § 23 Abs. 4 Satz 2 gilt entsprechend.

(2) § 23 Abs. 5 gilt entsprechend.

(3) ¹Versicherte, die das achtzehnte Lebensjahr vollendet haben und eine Leistung nach Absatz 1 in Anspruch nehmen, zahlen je Kalendertag den sich nach § 61 Satz 2 ergebenden Betrag an die Einrichtung. ²Die Zahlung ist an die Krankenkasse weiterzuleiten.

A. Normzweck

1   Die Norm ergänzt die allgemeine Vorsorgeregelung in § 23 SGB V und ist speziell auf versicherte Mütter und Väter ausgerichtet. Aufgrund der besonderen Belastung und Situation von Müttern und Vätern wird der **Leistungskatalog** bezüglich der Vorsorge **erweitert**. Systematisch knüpft die Norm, insbesondere hinsichtlich ihrer Voraussetzungen, eng an § 23 SGB V an. Zusammen mit der Leistung nach § 41 SGB V und der dort enthaltenen Regelung zur medizinischen Rehabilitation für Mütter und Väter soll die Vorschrift ermöglichen, die Gesundheitsmaßnahmen des Müttergenesungswerks weiterzuführen (vgl. zu dieser Zweckrichtung BT-Drs. 11/2237, S. 180).

B. Leistungsvoraussetzungen (Abs. 1)

2   Abs. 1 enthält für den **Rechtsanspruch** (früher: Ermessensentscheidung der Krankenkasse) der Versicherten auf eine medizinische Vorsorge keine eigenständigen medizinischen Voraussetzungen. Diese ergeben sich vielmehr unmittelbar aus § 23 SGB V. Es muss also entweder eine Schwächung der Gesundheit, eine Gefährdung der gesundheitlichen Entwicklung des Kindes, die Notwendigkeit der Maßnahmen zur Verhütung einer Krankheit bzw. zur Verhinderung ihrer Verschlimmerung oder die Notwendigkeit der Maßnahme zur Vermeidung von Pflegebedürftigkeit gegeben sein. Unstreitig nicht ausreichend ist die bloße Ersparnis eines Urlaubs zur allgemeinen Regeneration. Im Unterschied zu dem Anspruch nach § 23 Abs. 1 SGB V sind begünstigt allein solche Versicherte, die Mutter oder Vater sind. Der Mutter-/Vaterbegriff ist umfassend zu verstehen. Hierunter fallen also zum einen nicht nur Mütter im biologischen Sinn, sondern auch im funktionellen Sinn, die also als Adoptiv- oder Stiefmutter Kinder aufgenommen haben. Gleiches gilt für Väter, die die Betreuungs- und Erziehungsfunktion für ein Kind übernehmen (§ 24 Abs. 1 S. 2 SGB V). Trotz des insofern vermeintlich engen Wortlauts des § 24 Abs. 1 S. 2 SGB V, der eine Erweiterung der Leistungen für Männer nur auf die Väter-Kind-Maßnahme formuliert, ist davon auszugehen, dass die medizinische Vorsorgeleistung insgesamt Müttern wie Vätern offen steht; Väter haben also nach § 24 Abs. 1 iVm. § 23 Abs. 1 SGB V und den dort genannten Voraussetzungen daher insbesondere auch einen Anspruch auf alleinige Vorsorgeleistungen. Dafür spricht schon die gesetzliche Überschrift. Zudem ist die allgemeine Formulierung „Versicherte" explizit offen gehalten (so auch KassKomm/Höfler, § 24 Rn. 4a; Welti, in: Becker/Kingreen, § 24 SGB V Rn. 5; aA BeckOKSozR/Kaltenborn, § 24 SGB V Rn. 8). Demgegenüber nicht zum begünstigten Adressatenkreis gehören andere Personen, die ähnlichen bzw. vergleichbaren Belastungen wie ein Elternteil ausgesetzt sind, ohne jedoch Elternteil zu sein. Damit sind insbesondere pflegende Personen im Bereich der persönlichen Pflege Schwerpflegebedürftiger vom Anwendungsbereich des § 24 SGB V nicht erfasst. Der Gesetzeswortlaut ist eindeutig und, nach zutreffender Ansicht des BSG, nicht auslegungsfähig (BSG 18. 7. 2006 – B 1 KR 62/06 B – juris; s. aber auch Welti, in: Becker/Kingreen, § 24 SGB V Rn. 5). Die Beschränkung der Vorschrift allein auf Mütter und Väter ist zudem nicht verfassungswidrig, insofern erkennt das BSG ein weites gesetzgeberisches Ermessen an, welche Behandlungsmaßnahmen in den Leistungskatalog der gesetzlichen Krankenversicherung einbezogen werden (BSG, ebenda).

3   Als **Leistungsinhalt (Abs. 1)** sieht die Vorschrift einen Rechtsanspruch vor. Die von der Krankenkasse zu erbringende Leistung erstreckt sich auf aus medizinischen Gründen erforderliche Vorsorgeleistungen in einer Einrichtung des Müttergenesungswerks oder einer gleichartigen Einrichtung. Gleichermaßen kann die Leistung auch in Form einer Mutter-Kind-Maßnahme (bzw. Vater-Kind-Maßnahme) durchgeführt werden. Über diese Möglichkeit, die dazu führt, dass der/die Versicherte sein/ihr minderjähriges Kind mitnimmt, entscheidet die Kasse auf der Grundlage des ihr zustehenden Ermessens („kann"). Leitlinie für diese Ermessensentscheidung sind die Bedürfnisse des Kindes sowie die Vorsorgeziele, die hinsichtlich des/der Versicherten erreicht werden sollen. Inhaltlich wird auf diese Weise deutlich, dass die Leistungen nach § 24 SGB V, anders als in der differenzierten Stufengestaltung des § 23 SGB V, stets in einer **Mischform aus ambulanten und stationären Maßnahmen** erfolgen. Im Zentrum steht ein ganzheitlicher Therapieansatz, der vor allem die Erhaltung der Gesundheit von Müttern bzw. Vätern auf Familien mit Kindern erreichen möchte (Hauck/Noftz/Gerlach, § 24 SGB V Rn. 5ff.; BeckOKSozR/Kaltenborn, § 24 SGB V Rn. 7; Welti, in: Becker/Kingreen, § 24 SGB V Rn. 10). Gleichartig sind solche Einrichtungen, die ein ähnliches Konzept verfolgen wie das im Zentrum der gesetzgeberischen Intention stehende Müttergenesungswerk, also etwa Einrichtungen der Familienfürsorge.

C. Absatz 2

Nach **Abs. 2**, der auf § 23 Abs. 5 SGB V verweist, obliegt den Krankenkassen die **nähere Ausge-** 4
staltung über Art, Dauer, Umfang, Beginn und Durchführung der Leistung. Dem Spitzenverband
Bund der Krankenkassen ist die Möglichkeit eröffnet, eine abweichende Regeldauer festzulegen. Für
die Dauer und die Häufigkeit der zu gewährenden Vorsorgeleistung gelten ansonsten die Ausführungen zu § 23 SGB V (vgl. Kommentierung dort, § 23 Rn. 6).

Die Finanzierung der gewährten medizinischen Vorsorge für Mütter und Väter obliegt vollständig 5
der Krankenkasse, nach Abs. 3 fällt jedoch für die dort genannten Versicherten ein **Zuzahlungsbeitrag** (in Höhe von 10 Euro pro Tag, § 61 S. 2 SGB V) an, der an die Einrichtung zu zahlen ist.

§ 24a Empfängnisverhütung

(1) ¹**Versicherte haben Anspruch auf ärztliche Beratung über Fragen der Empfängnisregelung.** ²**Zur ärztlichen Beratung gehören auch die erforderliche Untersuchung und die Verordnung von empfängnisregelnden Mitteln.**

(2) **Versicherte bis zum vollendeten 20. Lebensjahr haben Anspruch auf Versorgung mit empfängnisverhütenden Mitteln, soweit sie ärztlich verordnet werden; § 31 Abs. 2 bis 4 gilt entsprechend.**

A. Normzweck

Die Norm zielt, entgegen ihrer systematischen Stellung, nicht auf eine Krankheitsbehandlung (dazu 1
schon BSG 13. 2. 1975 – 3 RK 68/73 – NJW 1975, 2267; kritisch auch KassKomm/Höfler, § 24a
SGB V Rn. 3; Hauck/Noftz/Gerlach, § 24a SGB V Rn. 6), sondern auf unterschiedlichen Wegen
auf die Verhinderung unerwünschter Schwangerschaften, nämlich durch Beratung auf der einen und
die Möglichkeit der Verschreibung empfängnisverhütender Mittel für „junge" Versicherte auf der
anderen Seite. Ziel des Gesetzgebers war ausweislich seiner Begründung vor allem auch, in Flankierung zu den strafrechtlichen Regelungen in §§ 218 ff. StGB Schwangerschaftsabbrüchen vorzubeugen
(s. etwa BT-Drs. 12/2605, S. 6).

B. Beratungsanspruch (Abs. 1)

Abs. 1 enthält einen umfassenden **Beratungsanspruch** zugunsten aller **Versicherter**. Der Versi- 2
chertenbegriff entspricht den allgemeinen Regelungen, der Anspruch ist insbesondere nicht auf
weibliche Versicherte beschränkt, insofern ist der Wortlaut der Norm eindeutig. Es muss demzufolge lediglich ein Versicherungsverhältnis bestehen, um die Leistung nach Abs. 1 in Anspruch nehmen zu
können. Ausreichend ist zudem, nach überzeugender Rechtsprechung, ein nachlaufendes Versicherungsverhältnis nach § 19 Abs. 2, 3 SGB V (BSG 29. 1. 1980 – 3 RK 36/78 – BSGE 49, 240).

Anspruchinhalt ist die ärztliche Beratung. Diese ist nach **Abs. 1 S. 1** zunächst auf Fragen der 3
Empfängnisregelung gerichtet, also nicht nur auf die Verhütung, sondern auch auf die Förderung der
Empfängnis, also der Vereinigung der männlichen Samenzelle mit der weiblichen Eizelle bis zur Einnistung des befruchteten Eis in der Gebärmutter (BVerfG 28. 5. 1993 – 2 BvF 2/90, 2 BvF 4/92, 2
BvF 5/92 – NJW 1993, 1751). Weitergehende Spezifizierungen zum Beratungsinhalt enthält das
Gesetz nicht; stattdessen hat der Gemeinsame Bundesausschuss Richtlinien zur Empfängnisregelung
und zum Schwangerschaftsabbruch verabschiedet, an denen sich die Reichweite der Beratung orientieren kann (in der Fassung vom 10. Dezember 1985, Bundesanzeiger Nr. 60 a vom 27. März 1986,
zuletzt geändert im 18. März 2010, veröffentlicht im Bundesanzeiger Nr. 79, Seite 1911 vom 28. Mai
2010, in Kraft getreten am 29. Mai 2010, abrufbar unter www.g-ba.de). Danach umfasst die ärztliche
Beratung über Fragen der Empfängnisregelung sowohl die Beratung über Hilfen, die geeignet sind,
eine Schwangerschaft zu ermöglichen als auch eine Schwangerschaft zu verhüten. Eine allgemeine
Sexualaufklärung oder individuelle Sexualberatung fällt demgegenüber nach zutreffender Ansicht des
Gemeinsamen Bundesausschusses nicht unter die Leistungspflicht der gesetzlichen Krankenversicherung; die Vorschrift ist schon von ihrem Wortlaut her nicht so weit interpretierbar (so auch Hauck/
Noftz/Gerlach, § 24a SGB V Rn. 10c; KassKomm/Höfler, § 24a SGB V Rn. 7; aA Peters/Knispel,
§ 24a SGB V Rn. 10; Jahn/Sommer, § 24a SGB V Rn. 4). Die Beratung muss durch einen Vertragsarzt erfolgen, wie auch aus § 73 Abs. 2 Nr. 1 SGB V deutlich wird. Praktisch wird sich aber ohnehin
eine Grenze kaum ziehen lassen.

Der Beratungsanspruch erstreckt sich nach **Abs. 1 S. 2** zusätzlich, zugunsten aller Versicherten, 4
auch auf die erforderliche ärztliche Untersuchung und die Verordnung empfängnisregelnder Mittel.
Die **Untersuchung** ist vom Anspruch erfasst, sofern sie dazu dient, etwa den Gesundheitszustand

festzustellen, der für die Empfängnis relevant ist, also neben einer allgemeinen gynäkologischen Untersuchung beispielsweise zur Ermittlung genetischer Risiken oder von Gefahren einer drohenden Rötelninfektion. In den genannten Richtlinien (Rn. 3) finden sich in Teil B entsprechende Indikationshinweise. Ebenfalls vom Beratungsanspruch nach Abs. 1 erfasst ist die **Verordnung empfängnisregelnder Mittel.** Anders als in Abs. 2 geht es in Abs. 1 allerdings nur um die Verordnung (verschreibungspflichtiger Mittel), nicht um die Kostentragung. Die Mittel fallen also nach Abs. 1 nicht in den Leistungskatalog der gesetzlichen Krankenversicherung, so dass die Kosten von den Versicherten selber aufzubringen sind, wenn nicht Abs. 2 eingreift (KassKomm/Höfler, § 24a SGB V Rn. 7; Beck-OKSozR/Kaltenborn, § 24a SGB V Rn. 9). Anderes gilt nur, eine Erstattung durch die Kassen kommt also auch über Abs. 2 hinaus in Betracht, wenn die Verordnung zugleich auch im Rahmen einer Krankenbehandlung erfolgt, es sich also um eine Leistung im Sinne des § 27 SGB V handelt. Voraussetzung für eine Erbringung einer derartigen Leistung ist dann aber, dass die Verordnung des Mittels nicht primär der Empfängnisregelung dient, sondern sie, etwa aus hormonellen Gründen, medizinisch indiziert ist (BSG 13. 2. 1975 – 3 RK 68/73 – NJW 1975, 2267; Ablehnung der Verordnungsfähigkeit der sog. Anti-Baby-Pille zur Akne-Behandlung durch das SG Düsseldorf 29. 7. 2009 – S 14 KA 166/07 – juris).

C. Versorgungsanspruch (Abs. 2)

5   Nach Abs. 2 wird der Anspruch im Rahmen der Empfängnisverhütung für Versicherte bis zur Vollendung des 20. Lebensjahrs noch erweitert. Sie haben über den Beratungsanspruch des Abs. 1 hinaus **zusätzlich** einen Anspruch auf **Versorgung mit empfängnisverhütenden Mitteln.** Hier ergibt sich daher, anders als in Abs. 1 (vgl. Rn. 4), ein Anspruch nicht bloß auf die Verordnung, sondern auch auf eine Leistung, die auch dazu führt, dass die Versicherung entstehende Kosten übernehmen muss. Ziel des Gesetzgebers war es, ausweislich seiner Begründung, junge Versicherte zu begünstigen, die meist nur über begrenzte wirtschaftliche Mittel verfügen und allein deshalb die Kosten der Empfängnisverhütung häufig nicht aufbringen können (BT-Drs. 12/2605, S. 19). Die Altersgrenze ist willkürlich gezogen und allenfalls mit Kostengründen erklärbar. Vom Versorgungsanspruch erfasst sind nur solche Mittel, die verordnungspflichtig sind, dies folgt aus dem Wortlaut der Norm unmittelbar, also beispielsweise hormonelle Antikonzeptiva (dazu auch BSG 31. 8. 2000 – B 3 KR 11/98 R – BSGE 87, 95), postkoitale Kontrazeptiva oder mechanisch wirkende Mittel wie etwa intrauterine Pessare. Dadurch werden insbesondere Kondome aus dem Anwendungsbereich herausgenommen (kritisch Welti, in: Becker/Kingreen, § 24a SGB V Rn. 8). Auch hier gilt wieder anderes, soweit eine therapeutische Indikation die Verordnung gebietet, dann kann ein Leistungsanspruch wieder aus den allgemeinen Bestimmungen folgen (vgl. auch BSG 24. 1. 1990 – 3 RK 18/88 – NJW 1990, 2343). Infolge des Verweises in Halbs. 2 kommt § 31 Abs. 2–4 SGB V zur Anwendung, so dass eine Zuzahlung zu den verordneten empfängnisverhütenden Mitteln zu leisten ist (vgl. Kommentierung § 31 SGB V Rn. 10 ff.). Auch die Festbetragsregelung sowie die Regelungen zur abzugebenden Packungsgröße kommen durch den Verweis zur Anwendung.

§ 24 b Schwangerschaftsabbruch und Sterilisation

(1) [1]Versicherte haben Anspruch auf Leistungen bei einer durch Krankheit erforderlichen Sterilisation und bei einem nicht rechtswidrigen Abbruch der Schwangerschaft durch einen Arzt. [2]Der Anspruch auf Leistungen bei einem nicht rechtswidrigen Schwangerschaftsabbruch besteht nur, wenn dieser in einer Einrichtung im Sinne des § 13 Abs. 1 des Schwangerschaftskonfliktgesetzes vorgenommen wird.

(2) [1]Es werden ärztliche Beratung über die Erhaltung und den Abbruch der Schwangerschaft, ärztliche Untersuchung und Begutachtung zur Feststellung der Voraussetzungen für eine durch Krankheit erforderliche Sterilisation oder für einen nicht rechtswidrigen Schwangerschaftsabbruch, ärztliche Behandlung, Versorgung mit Arznei-, Verbands- und Heilmitteln sowie Krankenhauspflege gewährt. [2]Anspruch auf Krankengeld besteht, wenn Versicherte wegen einer durch Krankheit erforderlichen Sterilisation oder wegen eines nicht rechtswidrigen Abbruchs der Schwangerschaft durch einen Arzt arbeitsunfähig werden, es sei denn, es besteht ein Anspruch nach § 44 Abs. 1.

(3) Im Fall eines unter den Voraussetzungen des § 218a Abs. 1 des Strafgesetzbuches vorgenommenen Abbruchs der Schwangerschaft haben Versicherte Anspruch auf die ärztliche Beratung über die Erhaltung und den Abbruch der Schwangerschaft, die ärztliche Behandlung mit Ausnahme der Vornahme des Abbruchs und der Nachbehandlung bei komplikationslosem Verlauf, die Versorgung mit Arznei-, Verband- und Heilmitteln sowie auf Krankenhausbehandlung, falls und soweit die Maßnahmen dazu dienen,

1. die Gesundheit des Ungeborenen zu schützen, falls es nicht zum Abbruch kommt,

2. die Gesundheit der Kinder aus weiteren Schwangerschaften zu schützen oder
3. die Gesundheit der Mutter zu schützen, insbesondere zu erwartenden Komplikationen aus dem Abbruch der Schwangerschaft vorzubeugen oder eingetretene Komplikationen zu beseitigen.

(4) ¹Die nach Absatz 3 vom Anspruch auf Leistungen ausgenommene ärztliche Vornahme des Abbruchs umfaßt
1. die Anästhesie,
2. den operativen Eingriff oder die Gabe einer den Schwangerschaftsabbruch herbeiführenden Medikation,
3. die vaginale Behandlung einschließlich der Einbringung von Arzneimitteln in die Gebärmutter,
4. die Injektion von Medikamenten,
5. die Gabe eines wehenauslösenden Medikamentes,
6. die Assistenz durch einen anderen Arzt,
7. die körperlichen Untersuchungen im Rahmen der unmittelbaren Operationsvorbereitung und der Überwachung im direkten Anschluß an die Operation.

²Mit diesen ärztlichen Leistungen im Zusammenhang stehende Sachkosten, insbesondere für Narkosemittel, Verbandmittel, Abdecktücher, Desinfektionsmittel fallen ebenfalls nicht in die Leistungspflicht der Krankenkassen. ³Bei vollstationärer Vornahme des Abbruchs übernimmt die Krankenkasse nicht den allgemeinen Pflegesatz für den Tag, an dem der Abbruch vorgenommen wird.

A. Normzweck

Die Norm zielt zum einen auf nicht rechtswidrige Schwangerschaftsabbrüche und steht somit in unmittelbarem Zusammenhang zu den §§ 218 ff. StGB, zudem regelt sie die Leistung einer durch Krankheit erforderlichen Sterilisation. Die Vorschrift soll primär illegale Abbrüche und Sterilisationen verhindern, um auf diese Weise die mit diesen bestehenden erheblichen Gefahren für die Patientinnen und Patienten zu vermeiden und um, hinsichtlich der Schwangerschaftsabbrüche, die Schwangeren vor sozialen Benachteiligungen zu schützen und ihre Existenz zu sichern (s. auch BT-Drs. 12/2605, S. 20). Verfassungsrechtlich sind die von § 24b SGB V vorgesehenen Leistungen der gesetzlichen Krankenversicherung, nach langem Streit, vom BVerfG gebilligt worden (BVerfG 28. 5. 1993 – 2 BvF 2/90, 2 BvF 4/92, 2 BvF 5/92 – NJW 1993, 1751), in der Entscheidung angemahnte Gesetzesänderungen sind vom Gesetzgeber vorgenommen worden (vgl. zur verfassungsrechtlichen Diskussion Hauck/Noftz/Gerlach, § 24b SGB V Rn. 10 ff.). 1

B. Leistungsvoraussetzungen (Abs. 1)

Abs. 1 enthält die Voraussetzungen der Leistung durch die gesetzliche Krankenversicherung sowohl bei Sterilisation als auch bei einem nicht rechtswidrigen Schwangerschaftsabbruch, sofern nicht eine eigens nach § 27 SGB V zu beurteilende Krankenbehandlung vorliegt. Anders als nach der Vorgängerregelung, die jede nicht rechtswidrige Sterilisation in den Leistungskatalog aufnahm, ist nunmehr nur diejenige **Sterilisation** vom Katalog erfasst, die durch eine Krankheit erforderlich ist. Als Sterilisation gilt jede Herbeiführung einer Unfruchtbarkeit, bei Männern durch die Unterbindung der Samenstränge, bei Frauen durch die operative Ligatur der Eileiter; im Unterschied dazu steht die nicht von § 24b SGB V erfasste Kastration, bei der die Keimdrüsen (also die Hoden bzw. Eierstöcke) entfernt oder durch Bestrahlung zerstört werden. Die Sterilisation muss „durch die Krankheit" erforderlich sein. Dies ist sie, wenn sie von einer Krankheit verursacht und notwendig geworden ist. Die Kausalitätsbeziehung macht deutlich, dass eine Sterilisation ohne jegliche medizinische Indikation keinen Leistungsanspruch gegen die Krankenversicherung herbeiführt (BeckOKSozR/Kaltenborn, § 24b SGB V Rn. 10; Welti, in: Becker/Kingreen, § 24b SGB V Rn. 6). Vorausgesetzt ist also, auch nach Ansicht des BSG, dass die Sterilisation zur Behandlung einer Krankheit notwendig ist oder dass die Zeugungs- bzw. Empfängnisfähigkeit wegen eines regelwidrigen Körper- oder Geisteszustands zuverlässig und auf Dauer beseitigt werden soll (BSG 21. 6. 2005 – B 8 KN 1/04 KR – NZS 2006, 202; BSG 22. 3. 2005 – B 1 KR 11/03 R – NJW 2005, 2456). 2

Zusätzlich gewährt Abs. 1 S. 1 einen Anspruch auf Leistungen bei einem **nicht rechtswidrigen Abbruch der Schwangerschaft** durch einen Arzt. Dieser Anspruch setzt jedoch nach S. 2 voraus, dass die Maßnahme in einer Einrichtung im Sinne des § 13 Abs. 1 Schwangerschaftskonfliktgesetzes durchgeführt wird. Als Schwangerschaftsabbruch wird jede absichtlich herbeigeführte vorzeitige Beendigung einer intakten Schwangerschaft verstanden. Die Rechtmäßigkeit, die Voraussetzung für einen Leistungsanspruch gegenüber der Versicherung nach Abs. 1 ist, bemisst sich heute (zur alten, häufig wechselnden Rechtslage eingehend KassKomm/Höfler, § 24b SGB V Rn. 14 ff.) nach § 218a 3

StGB; das Vorliegen dessen Voraussetzungen muss von einem Arzt festgestellt werden. Dies gilt jedenfalls hinsichtlich der medizinisch-sozialen und der kriminologischen Indikation, wobei bei ersterer keine, bei der letztgenannten die Zwölfwochenfrist zu beachten ist. Unklar ist, ob die gesetzlich nicht ausdrücklich geregelte embryopathische Indikation erfasst ist, wenn also eine schwere, nicht behebbare Gesundheitsbeschädigung des Kindes droht. Zum Teil wird vertreten, hierbei handele es sich um einen Unterfall der medizinisch-sozialen Indikation, die zu einer Rechtmäßigkeit eines Abbruchs führe (so Schnelle, BKK 1996, 78), zum Teil wird insofern darauf verwiesen, dieser Fall sei der Beratungsregelung des § 218a StGB zuzuordnen (Nass, DOK 1995, 626). Überwiegend wird nach dem Einzelfall differenziert (s. nur KassKomm/Höfler, § 24b SGB V Rn. 15d; Hauck/Noftz/Gerlach, § 24b SGB V Rn. 65f.; Peters/Knispel, § 24b SGB V Rn. 20).

C. Leistungsinhalt (Abs. 2)

4   Der Leistungsinhalt für beide Leistungsbereiche richtet sich nach Abs. 2. Dieser ist nach S. 1 primär auf eine ärztliche **Beratung** über den Erhalt oder den Abbruch der Schwangerschaft sowie auf die erforderliche ärztliche **Untersuchung** und Begutachtung gerichtet. Zudem sind vom Leistungskatalog die ärztliche **Behandlung** zur Durchführung des Schwangerschaftsabbruchs bzw. der Sterilisation sowie die Versorgung mit Arznei-, Verband-, Heilmitteln und die Krankenhauspflege erfasst. Hierfür gelten im Einzelnen die Bestimmungen der §§ 27ff. SGB V. Zusätzlich besteht unter bestimmten, in Abs. 2 S. 2 geregelten Voraussetzungen bei einer Sterilisation bzw. einem nicht rechtswidrigen Schwangerschaftsabbruch ein Anspruch auf Krankengeld, sofern durch den Eingriff eine Arbeitsunfähigkeit herbeigeführt wird und kein entsprechender, insofern vorrangiger Anspruch auf Krankengeld nach § 44 SGB V besteht (vgl. Kommentierung dort; Joussen, in: Becker/Kingreen, § 44 SGB V Rn. 1ff.). Dies ist jedoch nur dann denkbar, wenn der Versicherungsfall Krankheit vorliegt, also im Rahmen einer medizinischen Indikation; ansonsten griffe § 44 SGB V schon inhaltlich nicht ein.

D. Teilleistungen (Abs. 3, 4)

5   Die Vorschrift enthält zudem Anspruchsregelungen bezüglich der Sonderkonstellation eines unter den Voraussetzungen des § 218a Abs. 1 StGB vorgenommenen **rechtswidrigen, aber straffreien Schwangerschaftsabbruchs,** also für den Fall, dass ein Schwangerschaftsabbruch ohne Vorliegen einer Indikation vorgenommen worden ist, wenn sich die Schwangere zuvor hat beraten lassen. In diesen Fällen besteht ein nur eingeschränkter Leistungsanspruch, womit der Gesetzgeber die Vorgaben des BVerfG umgesetzt hat (BVerfG 28. 5. 1993 – 2 BvF 2/90, 2 BvF 4/92, 2 BvF 5/92 – NJW 1993, 1751). Der Leistungsinhalt konzentriert sich dann auf Vorfeldmaßnahmen sowie komplikationsbedingte Nachbehandlungen. Darüber hinaus besteht ein Anspruch auf Leistungen zugunsten des ungeborenen Kindes. Kein Leistungsanspruch besteht hinsichtlich des Abbruchs selbst. Zudem ist ein Anspruch auf Krankengeld in diesen Fällen ausgeschlossen. Abs. 4 konkretisiert die Leistungsinhalte für diese Fälle. Gegebenenfalls können anfallende Kosten jedoch unverändert, im Falle der Bedürftigkeit, nach den Bestimmungen des Gesetzes zur Hilfe für Frauen bei Schwangerschaftsabbrüchen in besonderen Fällen übernommen werden (dazu Kruse, in: LPK-SGB V, § 24b Rn. 16ff.).

Vierter Abschnitt. Leistungen zur Früherkennung von Krankheiten

§ 25 Gesundheitsuntersuchungen

(1) **Versicherte, die das fünfunddreißigste Lebensjahr vollendet haben, haben jedes zweite Jahr Anspruch auf eine ärztliche Gesundheitsuntersuchung zur Früherkennung von Krankheiten, insbesondere zur Früherkennung von Herz-Kreislauf- und Nierenerkrankungen sowie der Zuckerkrankheit.**

(2) **Versicherte haben höchstens einmal jährlich Anspruch auf eine Untersuchung zur Früherkennung von Krebserkrankungen, Frauen frühestens vom Beginn des zwanzigsten Lebensjahres an, Männer frühestens vom Beginn des fünfundvierzigsten Lebensjahres an.**

(3) **Voraussetzung für die Untersuchungen nach den Absätzen 1 und 2 ist, daß**
1. **es sich um Krankheiten handelt, die wirksam behandelt werden können,**
2. **das Vor- oder Frühstadium dieser Krankheiten durch diagnostische Maßnahmen erfaßbar ist,**
3. **die Krankheitszeichen medizinisch-technisch genügend eindeutig zu erfassen sind,**
4. **genügend Ärzte und Einrichtungen vorhanden sind, um die aufgefundenen Verdachtsfälle eingehend zu diagnostizieren und zu behandeln.**

(4) ¹Die Untersuchungen nach Absatz 1 und 2 sollen, soweit berufsrechtlich zulässig, zusammen angeboten werden. ²Der Gemeinsame Bundesausschuss bestimmt in den Richtlinien nach § 92 das Nähere über Art und Umfang der Untersuchungen sowie die Erfüllung der Voraussetzungen nach Absatz 3. ³Er kann für geeignete Gruppen von Versicherten eine von Absatz 1 und 2 abweichende Altersgrenze und Häufigkeit der Untersuchungen bestimmen.

(5) ¹In den Richtlinien des Gemeinsamen Bundesausschusses ist ferner zu regeln, dass die Durchführung von Maßnahmen nach den Absätzen 1 und 2 von einer Genehmigung der Kassenärztlichen Vereinigung abhängig ist, wenn es zur Sicherung der Qualität der Untersuchungen geboten ist, dass Ärzte mehrerer Fachgebiete zusammenwirken oder die teilnehmenden Ärzte eine Mindestzahl von Untersuchungen durchführen oder besondere technische Einrichtungen vorgehalten werden oder dass besonders qualifiziertes nichtärztliches Personal mitwirkt. ²Ist es erforderlich, dass die teilnehmenden Ärzte eine hohe Mindestzahl von Untersuchungen durchführen oder dass bei der Leistungserbringung Ärzte mehrerer Fachgebiete zusammenwirken, legen die Richtlinien außerdem Kriterien für die Bemessung des Versorgungsbedarfs fest, so dass eine bedarfsgerechte räumliche Verteilung gewährleistet ist. ³Die Auswahl der Ärzte durch die Kassenärztliche Vereinigung erfolgt auf der Grundlage der Bewertung ihrer Qualifikation und der geeigneten räumlichen Zuordnung ihres Praxissitzes für die Versorgung im Rahmen eines in den Richtlinien geregelten Ausschreibungsverfahrens. ⁴Die Genehmigung zur Durchführung der Früherkennungsuntersuchungen kann befristet und mit für das Versorgungsziel notwendigen Auflagen erteilt werden.

A. Normzweck

Zusammen mit § 26 SGB V dient die Norm primär der Sicherung der Gesundheit durch (sekundär-)präventive Maßnahmen (zum Begriff der Sekundärprävention vgl. § 20 SGB V Rn. 2), die in den Leistungskatalog der gesetzlichen Krankenversicherung aufgenommen werden. Durch entsprechende, in § 25 SGB V in den Leistungskatalog aufgenommene Untersuchungen rein diagnostischer Natur sollen vor allem häufig auftretende und regelmäßig schwere Erkrankungen noch vor ihrem Ausbruch festgestellt und behandelt werden (in diesem Sinne noch zur Vorgängerregelung auch BSG 22. 1. 1981 – 8/8a RK 17/79 – BSGE 51, 115). Die entsprechende Krankheit muss also noch nicht ausgebrochen sein; ist sie es, kommt umgekehrt nur noch eine Krankenbehandlung unter den Voraussetzungen der §§ 27 ff. SGB V in Betracht. 1

B. Allgemeine Untersuchung (Abs. 1)

Abs. 1 enthält einen Anspruch zugunsten eines Versicherten, der das fünfunddreißigste Lebensjahr vollendet hat, sich in jedem zweiten Jahr einer ärztlichen **Gesundheitsuntersuchung zur Früherkennung** von Krankheiten zu unterziehen. Nach Abs. 1 S. 2 ist die Untersuchung insbesondere darauf ausgerichtet, Herz-Kreislauf- und Nierenerkrankungen zu erkennen, in gleicher Weise steht die Zuckerkrankheit im Zentrum der Untersuchung, somit die drei Krankheiten, bei denen der Gesetzgeber von einer entsprechenden Wahrscheinlichkeit ihres Auftretens und einer Schwere hinsichtlich ihres Verlaufs ausgeht. Über diese vom Gesetz selbst vorgesehenen Krankheiten hinaus, die zum Inhalt der Untersuchung gehören, sieht Abs. 4 S. 2 eine Kompetenz des Gemeinsamen Bundesausschusses vor, den Katalog nach Abs. 1 zu erweitern, der („insbesondere") nicht abschließend zu verstehen ist. Der Ausschuss kann, angesichts der offenen Formulierung der Ermächtigung in Abs. 4, auch Abweichungen hinsichtlich des Alters oder der Häufigkeit der Untersuchungen vorsehen. Der Ermächtigung ist der Ausschuss mit den Richtlinien des Bundesausschusses der Ärzte und Krankenkassen über die Gesundheitsuntersuchung zur Früherkennung von Krankheiten („Gesundheitsuntersuchungs-Richtlinien" in der Fassung vom 24. August 1989, veröffentlicht im Bundesarbeitsblatt Nr. 10 vom 29. 9. 1989, zuletzt geändert am 19. Juni 2008, veröffentlicht im Bundesanzeiger Nr. 133, Seite 3236 vom 3. September 2008, in Kraft getreten am 4. September 2008), nachgekommen (veröffentlicht unter www.g-ba.de). Entsprechend der Richtlinien werden bei der Untersuchung insbesondere klinische Untersuchungen, Laboruntersuchungen, ein EKG sowie eine ausführliche ärztliche Beratung durchgeführt (s. näher auch Hauck/Noftz/Gerlach, § 25 SGB V Rn. 15). 2

C. Früherkennung von Krebskrankheiten (Abs. 2)

Zusätzlich zu dem Anspruch nach Abs. 1 steht den Versicherten nach Abs. 2 ein Anspruch auf eine Untersuchung zur Früherkennung von Krebskrankheiten zu. Dieser Anspruch geht als **lex specialis** dem Anspruch nach Abs. 1 vor und besteht jährlich; für Frauen erstmals mit Vollendung des zwanzigsten, für Männer mit Vollendung des fünfundvierzigsten Lebensjahrs. Auch hier hat der Gemein- 3 same Bundesausschuss, nach Abs. 4 S. 3, die Möglichkeit, Abweichungen vorzusehen. Auf dieser Kompetenzzuweisung beruhen die Richtlinien des Bundesausschusses der Ärzte und Krankenkassen über die Früherkennung von Krebserkrankungen („Krebsfrüherkennungs-Richtlinien") in der Fassung vom 18. Juni 2009, veröffentlicht im Bundesanzeiger Nr. 148 a (Beilage) vom 2. Oktober 2009, zuletzt geändert am 18. Februar 2010, veröffentlicht im Bundesanzeiger Nr. 66, Seite 1554 vom 30. April 2010, in Kraft getreten am 1. Mai 2010 (veröffentlicht unter www.g-ba.de).

D. Qualitätssicherung (Abs. 5)

4   Nach Abs. 5 obliegt dem Gemeinsamen Bundesausschuss schließlich eine Qualitätskontrolle, die in den Richtlinien näher auszugestalten ist. In diesen müssen, so der Gesetzestext, bestimmte Einzelheiten der Berufsausübung der mit den Gesundheitsuntersuchungen befassten Ärzte festgelegt werden. Dies gilt insbesondere hinsichtlich einer möglicherweise gebotenen Zusammenarbeit von Vertragsärzten verschiedener Fachrichtungen. In diesen besonderen, in Abs. 5 im Einzelnen vorgesehenen Fällen kann die Teilnahme eines Vertragsarztes von der Genehmigung der Kassenärztlichen Vereinigung abhängig gemacht werden. In der Diskussion ist vor dem Hintergrund entsprechender europäischer Leitlinien insbesondere eine Regelung zum Mammographie-Screening (Kamps, MedR 2009, 216).

§ 26 Kinderuntersuchung

(1) ¹Versicherte Kinder haben bis zur Vollendung des sechsten Lebensjahres Anspruch auf Untersuchungen sowie nach Vollendung des zehnten Lebensjahres auf eine Untersuchung zur Früherkennung von Krankheiten, die ihre körperliche oder geistige Entwicklung in nicht geringfügigem Maße gefährden. ²Zu den Früherkennungsuntersuchungen auf Zahn-, Mund- und Kieferkrankheiten gehören insbesondere die Inspektion der Mundhöhle, die Einschätzung oder Bestimmung des Kariesrisikos, die Ernährungs- und Mundhygieneberatung sowie Maßnahmen zur Schmelzhärtung der Zähne und zur Keimzahlsenkung. ³Die Leistungen nach Satz 2 werden bis zur Vollendung des 6. Lebensjahres erbracht und können von Ärzten oder Zahnärzten erbracht werden.

(2) § 25 Abs. 3 und Abs. 4 Satz 2 gilt entsprechend.

(3) ¹Die Krankenkassen haben im Zusammenwirken mit den für die Kinder- und Gesundheitspflege durch Landesrecht bestimmten Stellen der Länder auf eine Inanspruchnahme der Leistungen nach Absatz 1 hinzuwirken. ²Zur Durchführung der Maßnahmen nach Satz 1 schließen die Landesverbände der Krankenkassen und die Ersatzkassen mit den Stellen der Länder nach Satz 1 gemeinsame Rahmenvereinbarungen.

A. Normzweck

1   Zusammen mit § 25 SGB V dient die Norm der Sicherung des Gesundheitszustands, hier desjenigen versicherter Kinder. Wie die vorangehende Norm geht es auch hier um die Aufwertung und Erweiterung der Gesundheitsvorsorge und damit um ein Anliegen, das dazu dient, die spätere Entstehung von Krankheiten zu verhindern. Damit wirkt die Norm sowohl zugunsten des Versicherten als auch zugunsten der finanziellen Situation der Versicherung: Insofern ist davon auszugehen, dass die (auch hier, wie in § 25 SGB V angesprochene Sekundär-)Prävention geeignet ist, den Finanzbedarf der Versicherung zu reduzieren, der insbesondere durch die teurere Krankheitsbehandlung steigt.

B. Anspruchsvoraussetzungen

2   Nach Abs. 1 ist Voraussetzung für einen Anspruch auf Kinderuntersuchungen nach § 26 die **Versicherteneigenschaft** sowie ein bestimmtes **Alter** des Kindes. Welche Kinder versichert sind, ergibt sich aus den allgemeinen Vorschriften. Erfasst sind also sowohl selbstversicherte Kinder (Halbwaisen-/Waisenrentner) als auch freiwillig oder nach § 10 SGB V familienversicherte (Jahn/Sommer, § 26 SGB V Rn. 5). Hinzu kommt ein bestimmtes Alter. Abhängig von diesem ist der Anspruchsumfang ausgestaltet. Anspruchsberechtigt sind nach der Formulierung des Abs. 1 Kinder bis zur Vollendung des sechsten Lebensjahres sowie – einmalig – Kinder nach Vollendung ihres zehnten Lebensjahres. Der Anspruch auf Kinderuntersuchungen ist also zweigeteilt, dies aber nur hinsichtlich der Anspruchsentstehung, nicht hinsichtlich des Inhalts (dazu Rn. 3). Die Differenzierung ist vom Gesetzgeber bewusst gewählt, ebenso wie die „Pause" zwischen den zeitlichen Abschnitten: Während die (mehrfachen) Untersuchungen vor Vollendung des sechsten Lebensjahres dazu dienen, Früherkennungsuntersuchungen bis zum Schulbeginn zu ermöglichen (vgl. mit dieser Intention BT-Drs. 11/2237, S. 170), ist der (einmalig gegebene) Anspruch für Kinder nach Vollendung des zehnten Lebensjahres auf den Beginn der Pubertät gerichtet (BT-Drs. 13/7264, S. 59).

I. Anspruchsinhalt

Inhaltlich richtet sich der Anspruchsumfang danach, welcher Zeitabschnitt im Rahmen der Anspruchsvoraussetzungen betroffen ist. Für ältere Kinder besteht ein Untersuchungsumfang nur einmalig, für jüngere Kinder (also bis zur Vollendung des sechsten Lebensjahrs) mehrfach. Eine genaue Anzahl der Untersuchungen ist vom Gesetzgeber nicht vorgesehen, wohl aber vom Gemeinsamen Bundesausschuss, der aufgrund des Verweises in Abs. 2 auf die Bestimmungen in § 25 Abs. 2, Abs. 4 S. 2 SGB V zum Richtlinienerlass bezüglich des Umfangs und Inhalts der Untersuchung ermächtigt ist. Von dieser Ermächtigung hat er Gebrauch gemacht, und zwar durch die Richtlinien über die Früherkennung von Krankheiten bei Kindern bis zur Vollendung des 6. Lebensjahres („**Kinder-Richtlinien**") in der Fassung vom 26. April 1976 (veröffentlicht als Beilage Nr. 28 zum Bundesanzeiger Nr. 214 vom 11. 11. 1976), zuletzt geändert am 18. Juni 2009, Bundesanzeiger Nr. 132, Seite 3125 vom 4. September 2009, in Kraft getreten am 5. September 2009, sowie durch die **Richtlinien zur Jugendgesundheitsuntersuchung** vom 26. Juni 1998 (veröffentlicht im Bundesanzeiger Nr. 159 vom 27. 8. 1998), in Kraft getreten am 28. 8. 1998, zuletzt geändert am 19. Juni 2008, veröffentlicht im Bundesanzeiger Nr. 133, Seite 3236 vom 3. September 2008, in Kraft getreten am 4. September 2009, beide veröffentlicht unter www.g-ba.de. Gleiches gilt für die Verordnungsermächtigung gemäß § 26 Abs. 1 S. 3 bezüglich der Früherkennungsuntersuchungen in zahnmedizinischer Hinsicht. Hier finden sich die Richtlinien über die Früherkennungsuntersuchungen auf Zahn-, Mund- und Kieferkrankheiten (zahnärztliche Früherkennung gemäß § 26 Abs. 1 S. 2 SGB V) in der Fassung vom 4. Juni 2003, veröffentlicht im Bundesanzeiger 2003, Nr. 226, Seite 24.966, zuletzt geändert am 8. 12. 2004, veröffentlicht im Bundesanzeiger 2005, Nr. 54, Seite 4094, in Kraft getreten am 1. Januar 2005, veröffentlicht unter www.g-ba.de. Nach den „Kinder-Richtlinien" sind insgesamt neun Untersuchungen entsprechend der Vorgaben des § 26 SGB V vorgesehen: Diese finden regelmäßig in den ersten 64 Lebensmonaten statt (die so genannten U1-U9), die zehnte Untersuchung (nach Vollendung des zehnten Lebensjahres) idealer Weise zum Zeitpunkt des Übertritts in eine weiterführende Schule (so genannte J1). Der Umfang und die einzelnen Teile der Untersuchungen sind in den Richtlinien detailliert geregelt. Nicht Voraussetzung für die Untersuchungen ist eine drohende Gesundheitsgefährdung (in diesem Sinne auch KassKomm/Höfler, § 26 SGB V Rn. 5). Auch wird der Anspruch auf die Untersuchungen nicht durch die parallel möglichen Maßnahmen der Gruppenprophylaxe berührt (BeckOKSozR/Kaltenborn, § 26 SGB V Rn. 5). Entscheidend ist schließlich, dass es sich bei der Regelung nach § 26 SGB V um reine Anspruchsgewährung handelt, der nicht umgekehrt eine Pflicht etwa der Eltern entspricht. Die Inanspruchnahme der Untersuchungen ist, zumindest auf der Grundlage des § 26 SGB V, rein freiwillig. § 26 SGB V enthält insofern ausschließlich eine Verpflichtung der Leistungserbringer bzw. der Krankenversicherung (dazu sowie zu der Vereinbarkeit verpflichtender Früherkennungsuntersuchungen von Kindern mit Art. 6 GG s. eingehend Hümmer, ZfL 2007, 46 ff.; zu entsprechenden Tendenzen, durch Verpflichtungen die Inanspruchnahme von Früherkennungsuntersuchungen zu erhöhen, etwa durch Gesetze zum Schutz von Kindern und Jugendlichen s. Münder, FÜR 2007, 431 ff.).

II. Leistungserbringer

Untersuchungen nach den Kinder- bzw. Jugendgesundheitsrichtlinien sollen, nach den Vorstellungen des Bundesausschusses, diejenigen **Ärzte** durchführen, die die vorgesehenen Leistungen aufgrund ihrer Kenntnis und Erfahrungen erbringen können, nach dem Berufsrecht dazu berechtigt sind und über die erforderlichen Einrichtungen verfügen (zur Honorierung Kingreen, in: Becker/Kingreen, § 26 SGB V Rn. 5). Hierzu zählen Fachärzte für Allgemeinmedizin und praktische Ärzte sowie Fachärzte für Kinderheilkunde und Fachärzte für Innere Medizin, die sich nach § 73 Abs. 1a SGB V für die Teilnahme an der hausärztlichen Versorgung entschieden haben.

Den Krankenkassen kommt dabei nach Abs. 3 eine besondere Rolle zu: Sie sind angehalten, darüber zu wachen, dass die Leistungen nach § 26 Abs. 1 SGB V tatsächlich in Anspruch genommen werden. Dazu sollen sie – auf Landesebene – mit den entsprechend zuständigen Behörden zusammenarbeiten, v. a. durch Abschluss von Vereinbarungen iSv. Abs. 3 S. 2.

Fünfter Abschnitt. Leistungen bei Krankheit

Erster Titel. Krankenbehandlung

§ 27 Krankenbehandlung

(1) ¹**Versicherte haben Anspruch auf Krankenbehandlung, wenn sie notwendig ist, um eine Krankheit zu erkennen, zu heilen, ihre Verschlimmerung zu verhüten oder Krankheitsbeschwerden zu lindern.** ²**Die Krankenbehandlung umfaßt**

1. **Ärztliche Behandlung einschließlich Psychotherapie als ärztliche und psychotherapeutische Behandlung,**
2. **zahnärztliche Behandlung,**
2 a. **Versorgung mit Zahnersatz einschließlich Zahnkronen und Suprakonstruktionen,**
3. **Versorgung mit Arznei-, Verband-, Heil- und Hilfsmitteln,**
4. **häusliche Krankenpflege und Haushaltshilfe,**
5. **Krankenhausbehandlung,**
6. **Leistungen zur medizinischen Rehabilitation und ergänzende Leistungen.**

³Bei der Krankenbehandlung ist den besonderen Bedürfnissen psychisch Kranker Rechnung zu tragen, insbesondere bei der Versorgung mit Heilmitteln und bei der medizinischen Rehabilitation. ⁴Zur Krankenbehandlung gehören auch Leistungen zur Herstellung der Zeugungs- oder Empfängnisfähigkeit, wenn diese Fähigkeit nicht vorhanden war oder durch Krankheit oder wegen einer durch Krankheit erforderlichen Sterilisation verlorengegangen war.

(2) Versicherte, die sich nur vorübergehend im Inland aufhalten, Ausländer, denen eine Aufenthaltserlaubnis nach § 25 Abs. 4 bis 5 des Aufenthaltsgesetzes erteilt wurde, sowie

1. asylsuchende Ausländer, deren Asylverfahren noch nicht unanfechtbar abgeschlossen ist,
2. Vertriebene im Sinne des § 1 Abs. 2 Nr. 2 und 3 des Bundesvertriebenengesetzes sowie Spätaussiedler im Sinne des § 4 des Bundesvertriebenengesetzes, ihre Ehegatten, Lebenspartner und Abkömmlinge im Sinne des § 7 Abs. 2 des Bundesvertriebenengesetzes

haben Anspruch auf Versorgung mit Zahnersatz, wenn sie unmittelbar vor Inanspruchnahme mindestens ein Jahr lang Mitglied einer Krankenkasse (§ 4) oder nach § 10 versichert waren oder wenn die Behandlung aus medizinischen Gründen ausnahmsweise unaufschiebbar ist.

A. Normzweck und Grundkonzeption

1   Die Bestimmung hat mehrere Funktionen: Sie ist zum einen **Anspruchsgrundlage** für Leistungen zur Krankenbehandlung, **soweit nicht** die Anspruchsvoraussetzungen insbesondere in den §§ 28 ff. besonders geregelt sind. Besonders geregelt sind auch Leistungen bei Schwangerschaft und Mutterschaft, § 195 Abs. 2 RVO verweist auf die Vorschriften des SGB V. Leistungen der Empfängnisverhütung und des Schwangerschaftsabbruchs sind inzwischen in das SGB V aufgenommen (§§ 5, 24 a, 24 b). Dass der Ausgangspunkt der Leistungen bei Schwangerschaft und Mutterschaft in der RVO von 1911 verblieb, hat politische Gründe; es konnte bei der Verabschiedung des GRG 1988 kein Konsens über die Ausgestaltung der Leistungen insbesondere bei Schwangerschaftsabbrüchen gefunden werden. Über die Funktion der Anspruchsgrundlage hinaus enthält Abs. 1 S. 2–4 zum anderen die **abschließende Aufzählung des Inhalts** des Anspruchs auf Krankenbehandlung. Eine über die Aufzählung hinausgehende normative Bedeutung hat S. 2 nicht, Voraussetzungen und Umfang der Leistungen zur Krankenbehandlung ergeben sich aus den §§ 28 ff. Neue Leistungen können nur durch Gesetz eingeführt werden (BSG 12. 11. 1985 – 3 RK 48/83 – SozR 2200 § 182 Nr. 101). Unter dem Strich wird der Inhalt des Anspruchs auf Krankenbehandlung aus normativer Sicht bestimmt durch die gesetzlichen Anspruchsgrundlagen (§§ 29–51), durch Rechtsverordnungen (§§ 31 Abs. 4, 34, 35 a), durch Satzungen der Krankenversicherungsträger (§§ 37 Abs. 2, 38 Abs. 2) und durch Richtlinien des Gemeinsamen Bundesausschusses (§§ 55 ff., 91 ff.). Der Anspruch auf Krankenbehandlung, als **Leistungsfall** bezeichnet, hat im Wesentlichen drei Voraussetzungen (vgl. BSG 27. 11. 1985 – 8 RK 66/84 – SozR 2200 § 183 Nr. 49): Es muss ein **Versicherungsverhältnis** bestehen, gegründet auf Mitgliedschaft (des Stammversicherten) oder auf der Familienversicherung (§ 10); es muss der **Versicherungsfall der Krankheit** eingetreten sein (siehe sogleich Rn. 2 ff.); die Behandlung muss **notwendig sein,** um eines der in Abs. 1 S. 1 genannten **Behandlungsziele** zu verwirklichen (BSG 27. 11. 1985 – 8 RK 66/84 – SozR 2200 § 183 Nr. 49; BSG (GS) 25. 9. 2007 – GS 1/06 – SGb 2008, 295 – Krankenhausbehandlung).

B. Versicherungsfall Krankheit

I. Begriff der Krankheit

2   Die Krankenbehandlung setzt den Eintritt des Versicherungsfalls der Krankheit voraus. Der Begriff der Krankheit ist **gesetzlich nicht definiert.** Die damit eröffnete Konkretisierung des Rechtsbegriffs durch die Rechtsprechung lässt Raum für die Berücksichtigung medizinischen Fortschritts und gesellschaftlichen Wandels. Im rechtswissenschaftlichen Schrifttum weitgehend akzeptiert, geht die ständige Rechtsprechung **von folgender Definition aus:** Krankheit im Sinn des Rechts der gesetzlichen Krankenversicherung ist **ein regelwidriger Körper- oder Geisteszustand, der entweder Be-

handlungsbedürftigkeit oder Arbeitsunfähigkeit oder beides zur Folge hat (vgl. BSG 28. 10. 1960 – 3 RK 29/59 – BSGE 13, 134; zuletzt etwa BSG 28. 9. 2010 – B 1 KR 5/10 R – SozR 4–2500 § 27 Nr. 20). Dieser Begriff meint nicht die Krankheit in einem medizinischen, sondern in einem funktional auf die gesetzliche Krankenversicherung bezogenen **juristischen Sinn**. Der im Grunde zweigliedrige Krankheitsbegriff setzt nicht nur einen regelwidrigen Zustand voraus, sondern fordert im Hinblick auf das Leistungsspektrum und die Behandlungsziele des Krankenversicherungsrechts darüber hinaus das Vorliegen von Behandlungsbedürftigkeit oder Arbeitsunfähigkeit (kritisch zur Zweigliedrigkeit Krasney ZSR 1976, 411, 412). Dem richtigen Befund, dass sich die Elemente der Krankheit und der Behandlungsbedürftigkeit an sich nicht sinnvoll voneinander trennen lassen, steht die Praxistauglichkeit der mit der Definition verbundenen Pointierung gegenüber; wie beim Arbeitsunfall verfolgt der funktional auf die gesetzliche Krankenversicherung bezogene juristische Begriff den Zweck, den Zugang zu den Leistungen zu eröffnen.

II. Einzelne Begriffselemente

Bei der Frage, ob ein regelwidriger **Körper- oder Geisteszustand** vorliegt, orientieren sich **3** Rechtsprechung und Lehre am **Leitbild des gesunden Menschen** (BSG 12. 11. 1985 – 3 RK 48/83 – SozR 2200 § 182 Nr. 101). Der gesunde Mensch ist dabei nicht ein Ideal, sondern gemeint ist das Normalbild des Menschen in seiner ganzen Bandbreite und mit den Gegebenheiten der einzelnen Lebensabschnitte. Entscheidend ist, ob dem Einzelnen die Ausübung der **üblichen** körperlichen oder geistigen Funktionen erschwert ist (BSG 12. 11. 1985 – 3 RK 48/83 – SozR 2200 § 182 Nr. 101). Auf die **Ursache** der Regelwidrigkeit kommt es nicht an; im Krankenversicherungsrecht gilt das Finalitätsprinzip. Die genannte Definition zugrunde gelegt, wäre das auf der natürlichen Entwicklung des Menschen beruhende Nachlassen der körperlichen oder geistigen Kräfte nicht Krankheit, ebenso wenig natürliche Zustände wie die Schwangerschaft. Das anzunehmen wäre im Hinblick auf den Zweck der Krankenversicherung unbefriedigend. Der Krankheitsbegriff ist deshalb nach allgemeiner Auffassung für eine wertende Betrachtung offen, es handelt sich um einen **normativen Begriff**. Bei der **Schwangerschaft** nimmt man vor diesem Hintergrund Regelwidrigkeit an, wenn typische Beschwerden auftreten, die das Übliche übersteigen. Bei **altersbedingtem Nachlassen** der körperlichen und geistigen Kräfte (des Sehvermögens, der Merkfähigkeit, der Beweglichkeit) trägt die Rechtsauslegung den Möglichkeiten und Bestrebungen der Medizin Rechnung, die typischen altersbedingten Beeinträchtigungen zu überwinden. Wenn also Beeinträchtigungen wie die Altersweitsichtigkeit durch Verordnung von Brillen oder die altersbedingte Hüftgelenksarthrose durch künstliche Hüftgelenke behoben werden können (behandlungsfähig sind), sind diese Beeinträchtigungen Krankheit im krankenversicherungsrechtlichen Sinn. Der Wunsch nach Körperveränderungen (durch Schönheitsoperation) beruht meist nicht auf Krankheit; eine Entstellung ist Krankheit (BSG 28. 2. 2008 – B 1 KR 19/07 R – SozR 4–2500 § 27 Nr. 14). Die Entwicklung der Medizin kann den Maßstab der Normalität verschieben. Von Entwicklungen zu unterscheiden sind Bestrebungen, Phänomene zu Krankheiten aufzuwerten, um sie behandelbar und mit Arzneien therapierbar zu machen.

Behandlungsbedürftigkeit ist gegeben, wenn durch den regelwidrigen Gesundheitszustand die **4** körperlichen oder psychischen Funktionen so beeinträchtigt sind, dass zu ihrer Wiederherstellung ärztliche Hilfe notwendig ist (BSG 20. 10. 1972 – 3 RK 93/71 – BSGE 35, 10, 12; BSG 10. 7. 1979 – 3 RK 21/78 – SozR 2200 § 182 Nr. 47); dabei genügt ein hinreichend konkreter Krankheitsverdacht, sodass eine Diagnosebehandlung darauf zielt, „eine Krankheit zu erkennen" (BSG 22. 1. 1981 – 8/8 a RK 17/79 – BSGE 51, 115, 117 f.). Behandlungsbedürftigkeit ist zu verneinen, wenn trotz gewisser Symptome nach objektiver medizinwissenschaftlicher Einschätzung eine Krankenbehandlung nicht notwendig erscheint, weil die begründete Aussicht besteht, dass die Regelwidrigkeit sich auch ohne die Krankenbehandlung (bei üblichem Verlauf durch das körpereigene Abwehrsystem) wieder normalisieren wird (BSG 20. 10. 1972 – 3 RK 93/71 – BSGE 35, 10, 12). Behandlungsbedürftigkeit setzt zugleich **Behandlungsfähigkeit** des regelwidrigen Zustands voraus; den Hintergrund dafür bildet das durch Abs. 1 S. 1 normierte Behandlungsziel, den regelwidrigen Gesundheitszustand zu erkennen, zu heilen, seine Verschlimmerung zu verhüten oder Krankheitsbeschwerden zu lindern (BSG 6. 8. 1987 – 3 RK 15/86 – SozR 2200 § 182 Nr. 106). Eine wichtige Funktion hat der Gesichtspunkt der Behandlungsfähigkeit in der Praxis bei **Körperbehinderungen** und **Dauerleiden**; soweit ärztliche Behandlung nichts mehr auszurichten vermag, kann Behandlungsbedürftigkeit mangels Behandlungsfähigkeit zu verneinen sein und namentlich **Pflegebedürftigkeit** in Betracht kommen (vgl. BSG 12. 11. 1985 – 3 RK 45/83 – BSGE 59, 116; KassKomm/Höfler, § 27 SGB V Rn. 25 f.). Die Behandlungsfähigkeit grenzt den Versicherungsfall der Krankheit von anderen Versicherungsfällen, insbesondere dem Versicherungsfall der Pflegebedürftigkeit, ab. In gewisser Weise steckt in dem Begriff der Behandlungsbedürftigkeit zugleich das Anliegen der Notwendigkeit bzw. Erforderlichkeit. Es geht darum, ob im Hinblick auf die Regelwidrigkeit eines Körper- oder Geisteszustandes durch Krankenbehandlung eines der Behandlungsziele erreicht werden kann. Dazu gehört namentlich nicht eine Betreuung, die nicht durch medizinische Erfordernisse der Krankheitserkennung oder -behandlung veranlasst ist (vgl. insoweit auch BSG (GS) 25. 9. 2007 – GS 1/06 – NZS 2008, 419).

5 **Arbeitsunfähigkeit** ist gegeben, wenn der Versicherte wegen des regelwidrigen Körper- oder Geisteszustands nicht oder nur unter der Gefahr einer Verschlimmerung seines Zustands der bisher ausgeübten Erwerbstätigkeit oder einer sonst vertraglich geschuldeten Tätigkeit nachgehen kann (BSG 30. 5. 1967 – 3 RK 15/65 – BSGE 26, 288, 290; BSG 15. 11. 1984 – 3 RK 21/83 – BSGE 57, 227, 228 f.; BSG 8. 2. 2000 – B 1 KR 11/99 R – SozR 3–2500 § 49 Nr. 4). Es genügt, wenn ein regelwidriger Körper- oder Geisteszustand **nur Arbeitsunfähigkeit** zur Folge hat, Behandlungsbedürftigkeit muss nicht hinzukommen (Beispiel: Reparatur einer Beinprothese, BSG 23. 11. 1971 – 3 RK 26/70 – SozR Nr. 48 zu § 182 RVO). BSG und BAG gehen in ständiger Rechtsprechung davon aus, dass entweder Vollarbeitsfähigkeit oder aber Arbeitsunfähigkeit vorliegt (vgl. BSG 21. 3. 2007 – B 11a AL 31/06 R – SozR 4–4300 § 118 Nr. 1; BAG 13. 6. 2006 – 9 AZR 229/05 – BAGE 118, 252; für die Einführung einer Teilarbeitsunfähigkeit de lege ferenda Schulin SGb 1984, 285 ff.; Boecken NZA 1999, 673).

III. Einzelfälle

6 Der Begriff der Krankheit ist in den folgenden Beispielsfällen zu der die Praxis bestimmenden Rechtsprechung **zu bejahen: Adipositas** (starkes Übergewicht), wenn das starke Übergewicht eine Behandlung (uU auch chirurgische Verkleinerung des Magens) mit dem Ziel der Gewichtsreduktion erforderlich macht, weil anderenfalls ein erhöhtes Risiko für Begleit- und Folgeerkrankungen (des Stoffwechsels, von Herz und Kreislauf, des Bewegungsapparates) besteht (BSG 19. 2. 2003 – B 1 KR 1/02 R – SozR 4–2500 § 137c Nr. 1); **Alkoholismus** ist Krankheit, wenn dieser zu einem Verlust der Selbstkontrolle und zwanghafter Abhängigkeit geführt hat (BSG 18. 6. 1968 – 3 RK 63/66 – BSGE 28, 114, 115 f.; BSG 17. 10. 1969 – 3 RK 82/66 – SozR Nr. 23 zu § 184 RVO), gleiches gilt für **Drogenabhängigkeit** und **Medikamentensucht** (BSG 27. 11. 1980 – 8 a/3 RK 60/78 – SozR 2200 § 184 a Nr. 4; BSG 17. 1. 1996 – 3 RK 26/94 – SozR 3–2500 § 129 Nr. 1), Abhängigkeit von Tabakrauch erfüllt diese Voraussetzungen nicht; bei einer **Behinderung** ist Krankheit zu bejahen, wenn sich das Leiden ohne ärztliche Hilfe wahrscheinlich verschlimmern würde oder wenn sich durch Krankenbehandlung eine nicht unwesentliche Besserung der Körperfunktion erreichen lässt (BSG 18. 11. 1969 – 3 RK 75/66 – SozR Nr. 37 zu § 182 RVO); **Bulimie** ist Krankheit, wenn ihr psychische/psychiatrische Fehlentwicklungen zu Grunde liegen, die auf verschiedenste Ursachen zurückzuführen sein können und dementsprechend auch individualisierter Behandlung bedürfen (BSG 20. 1. 2005 – B 3 KR 9/03 R – SozR 4–2500 § 112 Nr. 4); **Erektionsstörung** bei männlichen Versicherten ist Krankheit bei erheblicher Abweichung von der nach Alter und körperlich-psychischer Konstitution zu erwartenden Funktion, insbesondere als Folge anderer Krankheiten (BSG 30. 9. 1999 – B 8 KN 9/98 KR R – SozR 3–2500 § 27 Nr. 11: Krankheit bei 58 bis 62-Jährigen Versicherten; BSG 10. 5. 2005 – B 1 KR 25/03 R – SozR 4–2500 § 34 Nr. 2: Diabetes); **Haarausfall** kann Krankheit sein, wenn eine Abweichung von der gesundheitlichen Norm vorliegt, nicht bei (in unterschiedlichem Alter auftretendem) altersbedingtem Haarausfall bei erwachsenen männlichen Versicherten (BSG 18. 2. 1981 – 3 RK 49/79 – SozR 2200 § 182b Nr. 18; anders uU bei Frauen, vgl. BSG 23. 7. 2002 – B 3 KR 66/01 R – SozR 3–2500 § 33 Nr. 45); **Kiefer- und Zahnstellungsanomalie** ist Krankheit, wenn die Körperfunktionen des Beißens, Kauens oder Artikulierens nicht unerheblich beeinträchtigt sind und die Behandlung voraussichtlich zum vollständigen oder teilweisen Behebung der Funktionsstörung führt oder deren Verschlimmerung verhütet (vgl. BSG 20. 10. 1972 – 3 RK 93/71 – BSGE 35, 10, 12); **neurotische Störungen** sind Krankheit, wenn der Versicherten die Störung auch bei zumutbarer Willensanspannung aus eigener Kraft nicht überwinden können (BSG 1. 7. 1964 – 11/1 RA 158/61 – SozR Nr. 39 zu § 1246 RVO; BSG 14. 1. 1986 – 5 a RKn 5/85 –); bei **Organtransplantationen** ist die Krankenbehandlung des Spenders Folge der Krankheit des Organempfängers, die Aufwendungen sind folglich von der Krankenkasse des Empfängers zu tragen (BSG 12. 12. 1972 – 3 RK 47/70 – SozR Nr. 54 zu § 182 RVO); alle **psychischen Krankheiten** und **psychogenen Erkrankungen**, die behandlungsfähig sind, können den Begriff der Krankheit erfüllen (BSG 28. 2. 1980 – 8 a RK 13/79 – SozR 2200 § 184 a Nr. 3; BSG 12. 11. 1985 – 3 RK 45/83 – SozR 2200 § 184 Nr. 27; BSG 20. 1. 2005 – B 3 KR 9/03 R – SozR 4–2500 § 112 Nr. 4); **Schwangerschaft** als solche ist nicht Krankheit, Regelwidrigkeit liegt jedoch vor, wenn typische Beschwerden auftreten, die das Übliche übersteigen (BSG 13. 2. 1975 – 3 RK 68/73 – SozR 2200 § 182 Nr. 9), Leistungen bei Schwangerschaft und Mutterschaft erfasst § 195 Abs. 1 RVO, Leistungen bei einem Schwangerschaftsabbruch sind in § 24b geregelt; **Transsexualität** kann bei hohem Leidensdruck behandlungsbedürftige Krankheit sein (bejaht von BSG 6. 8. 1987 – 3 RK 15/86 – SozR 2200 § 182 Nr. 106; siehe auch BSG 19. 10. 2004 – B 1 KR 3/03 R – BSGE 93, 252); (schicksalhafte) **Unfruchtbarkeit** einer Frau im gebärfähigen Alter ist Krankheit (BSG 13. 2. 1975 – 3 RK 68/73 – BSGE 39, 167, 168; anders, wenn der Zustand bewusst mit dem Ziel der Sterilisation herbeigeführt wurde, es geht dann bei funktionaler Betrachtung nicht um Krankheit, sondern um Sinneswandel, vgl. BSG 12. 11. 1985 – 3 RK 48/83 – BSGE 59, 119 ff.); zur Krankenbehandlung gehören nach Maßgabe von Abs. 1 S. 4 auch Leistungen zur Herstellung der Zeugungs- oder Empfängnisfähigkeit; bei **Zahnlosigkeit** oder bei **Fehlen von Zähnen** kann Krankheit unter denselben Voraussetzungen gegeben sein wie bei Zahnfehlstellungen (BSG 12. 12. 1972 – 3 RK 67/70 – BSGE

35, 105); **Zeugungsunfähigkeit** ist Krankheit, wenn sie der ärztlichen Behandlung zugänglich ist (BSG 28. 4. 1967 – 3 RK 12/65 – SozR Nr. 23 zu § 182 RVO; BSG 13. 2. 1975 – 3 RK 68/73 – BSGE 39, 167, 168), siehe auch Abs. 1 S. 4.

Der Begriff der Krankheit ist in den folgenden Beispielsfällen vor dem Hintergrund der die Praxis 7
bestimmenden Rechtsprechung zu **verneinen:** Geringe **Körpergröße** stellt keine Krankheit dar, bei einer mit ihr verbundenen psychischen Fixierung auf eine operative Beinverlängerung besteht kein Anspruch auf die Operation, eventuell auf Behandlung einer psychischen Erkrankung (BSG 10. 2. 1993 – 1 RK 14/92 – BSGE 72, 96; BSG 9. 6. 1998 – B 1 KR 18/96 R – BSGE 82, 158); **Legasthenie** (Schwäche des Erlernens des Lesens und Schreibens bei hinreichender Intelligenz und sonst regelrechtem Befund) ist nicht Krankheit im versicherungsrechtlichen Sinn (BSG 10. 7. 1979 – 3 RK 21/78 – BSGE 48, 258); (angeborene oder altersbedingte) **körperliche Unregelmäßigkeiten** und **kosmetische Besonderheiten** sind nicht Krankheit, wenn Versicherte durch sie nicht in ihren Körperfunktionen beeinträchtigt werden oder an einer Abweichung vom Regelfall leiden, die entstellend wirkt (vgl. BSG 19. 10. 2004 – B 1 KR 3/03 R – BSGE 93, 252; BSG 28. 2. 2008 – B 1 KR 19/07 R – WzS 2008, 92, 94: Brustasymmetrie; ausf. Lang in: Becker/Kingreen, SGB V § 27 Rn. 14 ff.).

C. Behandlungsziele

Anspruch auf Krankenbehandlung besteht nur, wenn die Krankenbehandlung notwendig ist, um 8
eines der folgenden Behandlungsziele zu erreichen: eine Krankheit zu erkennen, zu heilen, ihre Verschlimmerung zu verhüten oder Krankheitsbeschwerden zu lindern. Es genügt, wenn **eines** der Ziele durch die Krankenbehandlung erreicht werden kann. Das **Erkennen der Krankheit** ist nicht Selbstzweck, die Diagnose muss der Verwirklichung eines der anderen Behandlungsziele dienen; welche Ursache eine Krankheit hat, ist für sich genommen für die krankenversicherungsrechtliche Leistungsgewährung irrelevant (BSG 12. 11. 1985 – 3 RK 48/83 – SozR 2200 § 182 Nr. 101). Ein Hauptziel der Krankenbehandlung ist die **Heilung der Krankheit.** Diese kann in der Wiederherstellung der Gesundheit, in einer erstmaligen Herstellung der Gesundheit oder in einer Besserung des Gesundheitszustands bestehen (BSG 20. 10. 1972 – 3 RK 93/71 – BSGE 35, 10). Die **Verhütung von Verschlimmerungen** kann sich zB auch auf Folge- oder Begleiterkrankungen beziehen (BSG 20. 10. 1972 – 3 RK 93/71 – BSGE 35, 10) oder eine Lebensverlängerung für begrenzte Zeit bezwecken (BSG 10. 10. 1978 – 3 RK 81/77 – BSGE 47, 83); durch die Verhinderung des Todeseintritts wird im Sinn des Krankenversicherungsrechts eine Verschlimmerung verhütet. Es kommt darauf an, ob sich ein Leiden unbehandelt wahrscheinlich verschlimmern wird und dass der konkreten Verschlimmerung am besten durch eine Krankenbehandlung entgegengewirkt wird (BSG 18. 11. 1969 – 3 RK 75/66 – BSGE 30, 151, 153). Die **Linderung von Krankheitsbeschwerden** ist von den anderen Behandlungszielen regelmäßig mit umfasst, sie kann jedoch auch eigenständiges Behandlungsziel sein; dies betrifft insbesondere die Linderung von Schmerzen. Die Krankenbehandlung muss die genannten Behandlungsziele **gezielt zu bekämpfen suchen**, und es muss ein eindeutiger Krankheitsbezug der Maßnahme bestehen (BSG 16. 11. 1999 – B 1 KR 9/97 R – BSGE 85, 132 – Fußpflege); bloße allgemeine Maßnahmen zur Erhaltung der Gesundheit genügen diesen Anforderungen nicht (BSG 22. 4. 2008 – B 1 KR 22/07 R – SozR 4–2500 § 60 Nr. 4 – Fahrten zum Rehabilitationssport).

D. Notwendigkeit der Krankenbehandlung

Die Krankenbehandlung muss notwendig sein, um eines der vier Behandlungsziele zu erreichen. 9
Im Hintergrund steht das **Wirtschaftlichkeitsgebot** (§ 12 Abs. 1); danach dürfen Leistungen der Krankenversicherung, die ausreichend, zweckmäßig und wirtschaftlich sind, das Maß des Notwendigen nicht überschreiten (s. o. § 12 Rn. 2 ff. zu Begriff der Erforderlichkeit in Zusammenhang mit der Krankenhausbehandlung § 39 Rn. 11 f. und der Gewährung von Hilfsmitteln § 33 Rn. 8). Ob eine Krankenbehandlung im Rechtsinn notwendig ist, richtet sich nach medizinischen Erfordernissen; eine „Einschätzungsprärogative" kommt dem Amt nicht zu, bei der uneingeschränkten Prüfung der Notwendigkeit haben die Gerichte von dem im Behandlungszeitpunkt verfügbaren Wissens- und Kenntnisstand des verantwortlichen Arztes auszugehen (vgl. BSG (GS) 25. 9. 2007 – GS 1/06 – NJW 2008, 1980 ff. für die Krankenhausbehandlung. Praktische Bedeutung hat die durch den Begriff der Notwendigkeit gesetzte Grenze vor allem bei Maßnahmen, deren medizinischer Schwerpunkt sich nicht aus sich heraus ergibt (zB Bewegungstherapie, BSG 18. 5. 1976 – 3 RK 53/74 – BSGE 42, 16, 18 f.; sozialpädiatrische Leistungen, BSG 31. 3. 1998 – B 1 KR 12/96 R – ZfS 1998, 178; Reittherapie, BSG 7. 11. 1979 – 9 RVi 2/78 – SozR 3100 § 11 Nr. 13).

E. Inhalt und Umfang der Leistungen

Die **abschließende Aufzählung der Leistungen** (Abs. 1 S. 2) kann im Hinblick auf den Vorbe- 10
halt des Gesetzes (§ 31 SGB I) nicht ohne gesetzliche Grundlage erweitert werden. Sie hat für die

Versicherten keine über die Aufzählung hinausgehende normative Bedeutung, Inhalt und Umfang der Leistung im Einzelnen richten sich nach den §§ 27 a ff. (s. o. Rn. 1). Durch § 27 näher konkretisiert sind lediglich Leistungen zur Herstellung der Zeugungs- oder Empfängnisfähigkeit; diese gehören gemäß Abs. 1 S. 4 zur Krankenbehandlung, wenn diese Fähigkeit nicht vorhanden war oder durch Krankheit oder wegen einer durch Krankheit erforderlichen Sterilisation verloren gegangen ist.

11   **Neue Untersuchungs- und Behandlungsmethoden** (siehe näher Ulmer SGb 2007, 585; zu einem Grenzfall s. BVerfG 6. 12. 2005 – 1 BvR 347/98 – NZS 2006, 84; zur neueren Rspr. des BSG Wenner SozSich 2007, 75) sind häufig nicht vom Spektrum der Leistungen der gesetzlichen Krankenversicherung umfasst. Neue Behandlungsmethoden werfen auch in den privaten Krankenversicherung (vgl. BGH 23. 6. 1993 – IV ZR 135/92 – BGHZ 123, 83) und im Hinblick auf die Gewährung steuerfinanzierter Beihilfen durch die öffentliche Hand (vgl. BVerwG 15. 3. 1984 – 2 C 2/83 – NJW 1985, 1413) Fragen auf. Sie dürfen in der gesetzlichen Krankenversicherung nur unter den Voraussetzungen des § 135 erbracht werden. Es kommt entscheidend darauf an, dass eine Therapie **rechtlich von der Leistungspflicht der gesetzlichen Krankenversicherung umfasst** ist; das ist bei neuen Untersuchungs- und Behandlungsmethoden gem. § 135 Abs. 1 S. 1 nur der Fall, wenn der Gemeinsame Bundesausschuss in Richtlinien gem. § 92 Abs. 1 S. 2 Nr. 5 eine positive Empfehlung über den diagnostischen und therapeutischen Nutzen der Methode abgegeben hat (vgl. BSG 7. 11. 2006 – B 1 KR 24/06 R – SozR 4–2500 § 27 Nr. 12). Im Hintergrund steht nicht nur der Gesichtspunkt der Wirtschaftlichkeit, sondern auch das Ziel, die Versicherten und die Versichertengemeinschaft vor riskanten und/oder ineffektiven medizinischen Maßnahmen zu schützen (BSG aaO). **Ausnahmsweise** kann ohne die neue Leistungspflicht der Krankenkasse zu bejahen sein, wenn die fehlende Anerkennung darauf zurückzuführen ist, dass das Verfahren vor dem Bundesausschuss trotz Erfüllung der für eine Überprüfung notwendigen formalen und inhaltlichen Voraussetzungen nicht oder nicht zeitgerecht durchgeführt wurde (sog. **Systemversagen**, vgl. BSG 7. 11. 2006 – B 1 KR 24/06 R – SozR 4–2500 § 27 Nr. 12; Lang, in: Becker/Kingreen, § 27 SGB V Rn. 52 ff.); ein Systemversagen liegt vor, wenn die Einleitung oder Durchführung des Verfahrens zur Beurteilung einer neuen Untersuchungs- oder Behandlungsmethode verzögert wird oder wenn der Gemeinsame Bundesausschuss grob fehlerhaft gehandelt hat (BSG 3. 4. 2001 – B 1 KR 40/00 R – BSGE 88, 62). Bei **sehr seltenen Erkrankungen**, die weltweit wegen ihrer Seltenheit nicht systematisch erforscht oder behandelt werden, verlangt das BSG ein Mindestmaß an aussagekräftigen Studien und Daten, welche die Unbedenklichkeit und die therapeutische Wirksamkeit des Mittels zumindest für andere Krankheiten belegen (vgl. BSG 19. 10. 2004 – B 1 KR 27/02 R – BSGE 93, 236: bei drohender Erblindung). Schließlich kommt ausnahmsweise die Verordnung eines Medikaments außerhalb des von der Zulassung umfassten Anwendungsbereichs (**„off-label-use"**) in Betracht, wenn es um die Behandlung einer lebensbedrohlichen oder die Lebensqualität auf Dauer nachhaltig beeinträchtigenden Erkrankung geht, keine andere Therapiemöglichkeit verfügbar ist und aufgrund der Datenlage die begründete Aussicht besteht, dass mit dem betreffenden Präparat ein Behandlungserfolg erzielt werden kann (vgl. auch BVerfG 5. 3. 1997 – 1 BvR 1071/95 – NJW 1997, 3085; siehe auch § 31 Rn. 7). Bei **lebensbedrohlichen oder regelmäßig tödlich verlaufenden Erkrankungen** ist nach der Rechtsprechung des BVerfG (BVerfG 6. 12. 2005 – 1 BvR 347/98 – NZS 2006, 84), soweit eine allgemein anerkannte, medizinischem Standard entsprechende Behandlung nicht zur Verfügung steht, eine Leistungspflicht zu bejahen, wenn eine auf Indizien gestützte, nicht ganz fern liegende Aussicht auf Heilung oder wenigstens auf eine spürbare positive Einwirkung auf den Krankheitsverlauf bzw. ernsthafte Hinweise auf einen nicht ganz entfernt liegenden Behandlungserfolg bestehen. Den Anwendungsbereich dieser grundrechtskonformen Auslegung hat das BSG inzwischen abseits der lebensbedrohlichen oder regelmäßig tödlich verlaufenden Erkrankungen auf wertungsmäßig damit vergleichbare Erkrankungen erweitert (BSG 4. 4. 2006 – B 1 KR 12/04 R – SozR 4–2500 § 27 Nr. 7; zuletzt bejaht für drohendes Erblinden, BSG 5. 5. 2009 – B 1 KR 15/08 R – SozR 4–2500 § 27 Nr. 16); iÜ hat das BSG Leistungspflichten über die vom BVerfG explizit bezeichnete Sachlage hinaus abgelehnt (vgl. BSG 7. 11. 2006 – B 1 KR 24/06 R – SozR 4–2500 § 27 Nr. 12; BSG 26. 9. 2006 – B 1 KR 3/06 R – SozR 4–2500 § 27 Nr. 10). Mit seiner Auffassung, es sei im Hinblick auf das Grundrecht der allgemeinen Handlungsfreiheit iVm. dem Sozialstaatsprinzip sowie Art. 2 Abs. 2 S. 1 GG, weil den Pflichtversicherten regelmäßig erhebliche finanzielle Mittel für eine zusätzliche selbständige Vorsorge nicht zur Verfügung stehen, von Verfassungs wegen geboten, bei Vorliegen der genannten Kriterien einen Leistungsanspruch zu gewähren, bewegt sich das Gericht nah an die Gestaltungsaufgabe des Gesetzgebers heran; es wird die Aufgabe des Gesetzgebers sein, in einer alternden Gesellschaft und bei fortlaufendem technischen Fortschritt (siehe dazu Einleitung Rn. 4) ein handlungsfähiges und finanzierbares Gesundheitswesen zu gewährleisten (kritisch gegenüber der Entscheidung des BVerfG zB Huster JZ 2006, 466; Ulmer SGb 2007, 585, 588).

12   Zu den Leistungen der Krankenbehandlung gehören **Vor- und Nebenleistungen,** die mit einer „Hauptleistung" notwendig verbunden sind, zB die Schulung einer Mutter zur Durchführung einer häuslichen Behandlung ihres Kindes (BSG 29. 6. 1978 – 5 RKn 35/76 – BSGE 46, 299), sowie die Behandlung eines Organspenders (BSG 12. 12. 1972 – 3 RK 47/70 – BSGE 35, 102). Unter bestimmten Voraussetzungen können sog. **Stellvertreterleistungen** zu gewähren sein, wenn diese bei

mindestens gleicher Funktion kostengünstiger sind (BSG 13. 5. 1982 – 8 RK 34/81 – BSGE 53, 273, 276), zB Leistung eines Apparates, um Krankenhausbehandlung zu vermeiden (BSG 22. 2. 1974 – 3 RK 79/72 – BSGE 37, 130). Die Behandlung durch **Heilpraktiker** ist in der gesetzlichen Krankenversicherung nicht zugelassen (vgl. §§ 15 Abs. 1 S. 1, 27 Abs. 1 S. 2 und stellv. BSG 15. 4. 1997 – 1 RK 4/96 – BSGE 80, 181; verfassungsgemäß, vgl. BVerfG 10. 5. 1988 – 1 BvR 111/77 – BVerfGE 78, 155).

Die Leistungen der Krankenbehandlung gemäß §§ 27 ff. sind im Rahmen der gesetzlichen Bestimmungen **umfassend zu erbringen**. Das schließt **Zuzahlungsverlangen** von Leistungserbringern aus; ein entsprechendes Verlangen der Leistungserbringer kann als Pflichtverletzung anzusehen sein (BSG 14. 3. 2001 – B 6 KA 36/00 R – SozR 3–2500 § 81 Nr. 7). Selbstverständlich berechtigt die Behauptung einer unzureichenden oder nicht kostendeckenden Vergütung einer Einzelleistung den Vertragsarzt nicht, Versicherten gesetzlich vorgesehene Leistungen nur außerhalb des Systems der vertragsärztlichen Versorgung zukommen zu lassen oder diese Leistungen zu verweigern; dass der vertragsärztlichen Vergütung eine Mischkalkulation zugrunde liegt, ist offenkundig (vgl. BSG 14. 3. 2001 – B 6 KA 36/00 R – SozR 3–2500 § 81 Nr. 7). 13

F. Besondere Bedürfnisse psychisch Kranker

Bei der Krankenbehandlung ist gemäß Abs. 1 S. 3 den besonderen Bedürfnissen psychisch Kranker Rechnung zu tragen. Das betrifft insbesondere die Versorgung mit Heilmitteln und die medizinische Rehabilitation. Die Bestimmung verfolgt den Zweck, die Rechtsstellung der psychisch Kranken zu verbessern (BT-Drs. 11/3480 S. 51) und hat praktische Bedeutung vor allem in den Bereichen der **Kinder- und Jugendpsychiatrie** sowie der **Gerontopsychiatrie**. 14

G. Besondere Wartezeit bei Zahnbehandlungen (Abs. 2)

Die Bestimmung bezweckt, aufwendige Leistungen, wie sie die Versorgung mit **Zahnersatz** häufig mit sich bringt, im Interesse der Versichertengemeinschaft zu beschränken (vgl. BT-Drs. 12/3608 S. 78). Dazu ist eine **einjährige Wartezeit** vorgesehen, die vor der Inanspruchnahme der Leistung abgelaufen sein muss. Dabei zählt zur Inanspruchnahme der Leistung bereits die Erhebung des Befunds. Anspruch auf Versorgung mit Zahnersatz ohne Wartezeit besteht, wenn die Leistung aus medizinischen Gründen ausnahmsweise unaufschiebbar ist (weil sonst weitere Gesundheitsschäden drohen oder weil die Versorgung zu einem späteren Zeitpunkt nicht mehr Erfolg versprechend ist). Ob die Leistung unaufschiebbar ist, entscheidet der MDK (§ 275 Abs. 2 Nr. 5). 15

§ 27a Künstliche Befruchtung

(1) Die Leistungen der Krankenbehandlung umfassen auch medizinische Maßnahmen zur Herbeiführung einer Schwangerschaft, wenn
1. diese Maßnahmen nach ärztlicher Feststellung erforderlich sind,
2. nach ärztlicher Feststellung hinreichende Aussicht besteht, daß durch die Maßnahmen eine Schwangerschaft herbeigeführt wird; eine hinreichende Aussicht besteht nicht mehr, wenn die Maßnahme drei Mal ohne Erfolg durchgeführt worden ist,
3. die Personen, die diese Maßnahmen in Anspruch nehmen wollen, miteinander verheiratet sind,
4. ausschließlich Ei- und Samenzellen der Ehegatten verwendet werden und
5. sich die Ehegatten vor Durchführung der Maßnahmen von einem Arzt, der die Behandlung nicht selbst durchführt, über eine solche Behandlung unter Berücksichtigung ihrer medizinischen und psychosozialen Gesichtspunkte haben unterrichten lassen und der Arzt sie an einen der Ärzte oder eine der Einrichtungen überwiesen hat, denen eine Genehmigung nach § 121a erteilt worden ist.

(2) ¹Absatz 1 gilt auch für Inseminationen, die nach Stimulationsverfahren durchgeführt werden und bei denen dadurch ein erhöhtes Risiko von Schwangerschaften mit drei oder mehr Embryonen besteht. ²Bei anderen Inseminationen ist Absatz 1 Nr. 2 zweiter Halbsatz und Nr. 5 nicht anzuwenden.

(3) ¹Anspruch auf Sachleistungen nach Absatz 1 besteht nur für Versicherte, die das 25. Lebensjahr vollendet haben; der Anspruch besteht nicht für weibliche Versicherte, die das 40. und für männliche Versicherte, die das 50. Lebensjahr vollendet haben. ²Vor Beginn der Behandlung ist der Krankenkasse ein Behandlungsplan zur Genehmigung vorzulegen. ³Die Krankenkasse übernimmt 50 vom Hundert der mit dem Behandlungsplan genehmigten Kosten der Maßnahmen, die bei ihrem Versicherten durchgeführt werden.

(4) **Der Gemeinsame Bundesausschuss bestimmt in den Richtlinien nach § 92 die medizinischen Einzelheiten zu Voraussetzungen, Art und Umfang der Maßnahmen nach Absatz 1.**

A. Normzweck und systematischer Hintergrund

1 § 27a erweitert den Leistungskatalog des § 27 Abs. 1 S. 2 um die Maßnahme der künstlichen Befruchtung und gibt einen Rechtsanspruch auf medizinische Leistungen zur Herbeiführung einer Schwangerschaft. Die künstliche Befruchtung folgt dem Sachleistungsprinzip, die Versicherten tragen jedoch einen Eigenanteil. Künstliche Befruchtungen dürfen nur von Leistungserbringern durchgeführt werden, die über eine **Genehmigung** gem. § 121a verfügen. Abs. 1 nennt die Voraussetzungen, unter denen Eheleute im sog. **homologen System** (Befruchtung mit Ei- bzw. Samenzellen des Ehegatten) diese Leistung in Anspruch nehmen können. Eine Regelung für **Inseminationen** (künstliche Befruchtung im Körper der Frau) trifft Abs. 2. In Abs. 3 wird der Umfang des Anspruchs begrenzt und von einer bestimmten Altersgrenze an ausgeschlossen. Gem. Abs. 4 soll der Gemeinsame Bundesausschuss in **Richtlinien** nach § 92 medizinische Einzelheiten bestimmen und somit den Anspruch konkretisieren. Die reproduktionsmedizinischen Leistungen gem. § 27a sind von Maßnahmen zur Behandlung der Zeugungs- bzw. Empfängnisunfähigkeit gem. § 27 Abs. 1 S. 4 zu unterscheiden; letztere gehen den Ansprüchen aus § 27a vor. Erst wenn Behandlungsmaßnahmen nach § 27 (chirurgische Eingriffe, Medikamente oder psychotherapeutische Behandlung) keine hinreichende Aussicht auf Erfolg (mehr) bieten, nicht möglich oder unzumutbar sind, greift der **subsidiäre** § 27a ein (BT-Drs. 11/6760 S. 14; BSG 3. 4. 2001 – B 1 KR 22/00 R – SozR 3–2500 § 27a Nr. 2; BSG 23. 3. 2005 – B 1 KR 11/03 R – NJW 2005, 2476, 2478); nur dann ist eine künstliche Befruchtung **erforderlich**, vgl. § 27a Abs. 1 Nr. 1. § 27a ist nur insoweit lex specialis gegenüber § 27, als er abschließend die Leistungsvoraussetzungen für eine künstliche Befruchtung regelt (BSG 9. 10. 2001 – B 1 KR 33/00 R – SozR 3–2500 § 27a Nr. 4).

B. Versicherungsfall

2 Mit § 27a wurde ein **eigenständiger Versicherungsfall** geschaffen, der unabhängig vom Vorliegen einer Krankheit, dh. einem regelwidrigen Körper- oder Geisteszustand beim Versicherten, besteht; nicht eine Krankheit, sondern die nicht gegebene Fähigkeit des Paares, auf natürlichem Weg Kinder zu zeugen und die Möglichkeit einer künstlichen Befruchtung bildet den Versicherungsfall (BVerfG 27. 2. 2009 – 1 BvR 2982/07 – NJW 2009, 1733; st. Rspr., vgl. BSG 3. 3. 2009 – B 1 KR 12/08 R – SozR 4–2500 § 27a Nr. 7 mwN). Welche Umstände die Infertilität verursacht haben, ist in der gesetzlichen Krankenversicherung unerheblich. Selbst wenn keiner der Ehegatten nachweisbar krank ist (sog. idiopathische Sterilität), besteht der Leistungsanspruch. Grds. hat **jeder gesetzlich versicherte Ehegatte** Anspruch auf die erforderlichen Maßnahmen; allerdings sind bei zwei gesetzlich versicherten Ehegatten die sich ergänzenden Einzelansprüche nur einmal zu erfüllen. Bei privater Versicherung des anderen Ehegatten kann der gesetzlich Versicherte – mit Ausnahme der von Abs. 3 erfassten „Nebenleistungen" – auch solche Maßnahmen beanspruchen, die nicht ihm zuzuordnen sind (s. näher Rn. 13).

C. Leistungsvoraussetzungen (Abs. 1)

I. Allgemeines

3 Einen Anspruch auf reproduktionsmedizinische Leistungen haben Versicherte, also Mitglieder oder Familienversicherte (§ 10). Dabei gilt, dass die Maßnahmen **rechtmäßig** sein müssen; hier ist insbesondere das EmbryonenschutzG (BGBl. I 1990 S. 2746) zu beachten (zu den insoweit bestehenden rechtlichen Grenzen vgl. Peters/Schmidt, SGB V § 27a Rn. 48 ff.; BSG 9. 10. 2001 – B 1 KR 33/00 R – SozR 3–2500 § 27a Nr. 4). Die erfolgreiche Durchführung der künstlichen Befruchtung beim ersten Kind schließt die erneute Gewährung entsprechender Maßnahmen zur **Herbeiführung einer weiteren Schwangerschaft** nicht aus; das Gesetz sieht insoweit keine Begrenzung vor (BSG 3. 4. 2001 – B 1 KR 40/00 R – SozR 3–2500 § 27a Nr. 3).

II. Ungewollte Kinderlosigkeit

4 Des Weiteren verlangt die Rspr. als ungeschriebenes Tatbestandsmerkmal zu Recht **ungewollte Kinderlosigkeit**; dies folgt aus dem systematischen Zusammenhang mit § 27 Abs. 1 S. 4 (BSG 22. 3. 2005 – B 1 KR 11/03 R – SozR 4–2500 § 27a Nr. 1). Demnach ist ein Anspruch auf Leistungen ausgeschlossen, wenn eine zuvor erfolgte Sterilisation eines Ehepartners andere als die in § 27 Abs. 1 S. 4 genannten Gründe hatte (zB Familienplanung; s. auch § 27 Rn. 6). „Ungewollt" ist die Kinder-

SGB V – Gesetzliche Krankenversicherung § 27a SGB V 50

losigkeit, wenn keiner der Ehepartner sich frei gegen das eigene Kind entschieden hat, also nicht, wenn auch nur einer der beiden Ehegatten – und sei es auch im Rahmen einer früheren Beziehung mit einem anderen Lebenspartner – freiwillig eine Sterilisation hat vornehmen lassen (s. BSG aaO; näher zum Ganzen Hauck SGb 2009, 321, 323).

III. Erforderlichkeit nach ärztlicher Feststellung (Nr. 1)

Die Maßnahmen nach § 27a müssen gem. Abs. 1 Nr. 1 nach ärztlicher Feststellung erforderlich, 5 dh. medizinisch indiziert sein. Das ist vom Arzt zu bejahen, wenn Maßnahmen nach § 27 keine hinreichende Aussicht auf Erfolg (mehr) bieten, nicht möglich oder unzumutbar sind (s. BR-Drs. 65/90 S. 43; vgl. schon Rn. 1 zum Verhältnis von § 27a zu § 27 Abs. 1 S. 4). Näheres ist in Ziff. 11 der „Richtlinien über künstliche Befruchtung" (s. Rn. 12) geregelt. In Zweifelsfällen kann die Krankenkasse die Erforderlichkeit durch den Medizinischen Dienst prüfen lassen (jurisPK/Follmann, § 27a SGB V Rn. 26).

IV. Hinreichende Erfolgsaussicht (Nr. 2)

Des Weiteren muss nach ärztlicher Feststellung die hinreichende Aussicht bestehen, dass durch die 6 Maßnahmen eine Schwangerschaft herbeigeführt wird, Abs. 1 Nr. 2 **Hs. 1.** Dabei handelt es sich um eine gegenüber § 12 Abs. 1 S. 1 speziellere und – aufgrund der recht geringen Erfolgschancen der In-Vitro-Fertilisation (in etwa 16:100, vgl. BT-Drs. 11/6760 S. 15) – weniger strenge Zweckmäßigkeitsvoraussetzung. Das Alter der Ehegatten sowie die zugrunde liegende Störung sind zu berücksichtigen; Wirtschaftlichkeitsgebot (§ 12 Abs. 1) und Qualitätsgebot (§ 2 Abs. 1 S. 3) gelten auch hier (s. BT-Drs. 11/6760 S. 15; näher Hauck SGb 2009, 321, 323 f.). Seit dem 1. 1. 2004 verneint **Hs. 2** die hinreichende Aussicht auf Erfolg nach **drei erfolglosen Versuchen**, eine Ausnahme für Sonderfälle gibt es nicht mehr (vgl. zur früheren Rechtslage jurisPK/Follmann, § 27a SGB V Rn. 4); die Regelung gilt nur für abgeschlossene Versuche, sie erfasst ihrem Zweck nach auch Versuche, die in einem anderen EG-Mitgliedstaat vorgenommen werden (LSG NRW 18. 3. 2008 – L 5 KR 20/07 – BeckRS 2008, 52.981). Für „andere Inseminationen" iSd. **Abs. 2 S. 2** ist Nr. 2 Hs. 2 nicht anzuwenden.

V. Beschränkung auf Ehepaare (Nr. 3)

Die Ansprüche aus § 27a können nur Ehepaare geltend machen, keinen Anspruch haben unverheiratete Paare und Lebenspartner nach dem LPartG. Das BVerfG hat diese Regelung als verfassungskonform gebilligt (BVerfG 28. 2. 2007 – 1 BvL 5/03 – SozR 4–2500 § 27a Nr. 3; kritisch Brosius-Gersdorf DÖV 2010, 465 ff.).

VI. Homologe Insemination (Nr. 4)

Für die künstliche Befruchtung dürfen ausschließlich Ei- und Samenzellen der Ehegatten verwendet werden. Ein Anspruch auf heterologe Insemination, also die Befruchtung unter Verwendung fremder Ei- bzw. Samenzellen, lässt sich auch nicht unter Rückgriff auf § 27 herleiten (BSG 9. 10. 2001 – B 1 KR 33/00 R – SozR 3–2500 § 27a Nr. 4). Die Beschränkung der Leistungspflicht der Krankenversicherung auf Maßnahmen der künstlichen Befruchtung mit eigenen Ei- und Samenzellen der Ehegatten verletzt nicht Verfassungs- und europäisches Gemeinschaftsrecht (BSG aaO).

VII. Unterrichtung durch unabhängigen Arzt (Nr. 5)

Die Eheleute müssen sich **vor Durchführung** der Maßnahme von einem Arzt über die medizinischen, psychologischen und sozialen Gesichtspunkte einer solchen Behandlung unterrichten lassen. Dabei sollen Alternativen zum eigenen Kind wie zB eine Adoption oder eine Pflegschaftsübernahme erörtert werden. Seelische und körperliche Belastungen, die mit der Behandlung einhergehen, sind darzustellen. Dazu gehört auch die Aufklärung über die generell eher geringe Erfolgsquote der In-Vitro-Fertilisation. Auch auf gesundheitliche Risiken (zB Eierstockzysten, operationsbedingte Komplikationen, Risikoschwangerschaften einschließlich höhergradiger Mehrlingsschwangerschaften) soll der unterrichtende Arzt eingehen (vgl. BT-Drs. 11/6760 S. 15). Danach überweist der Arzt das Ehepaar an einen für die Durchführung der künstlichen Befruchtung nach § 121a zugelassenen Arzt oder eine entsprechende Einrichtung. Um eine möglichst objektive Unterrichtung zu gewährleisten, darf der unterrichtende Arzt die Behandlung nicht durchführen. Die Unterrichtung gem. Nr. 5 ersetzt nicht die allgemeine Aufklärungspflicht des die künstliche Befruchtung durchführenden Arztes. Für „andere Inseminationen" iSd. Abs. 2 S. 2 ist Nr. 5 nicht anzuwenden.

D. Sonderreglung für Inseminationen (Abs. 2)

Abs. 2 S. 1 bestimmt, dass Abs. 1 für Inseminationen nach dem risikobehafteten (vgl. Rn. 9) sog. 10 **Stimulationsverfahren** (Anregung der Fortpflanzungsorgane durch Hormone) gilt; das wäre auch ohne diese Regelung anzunehmen. Für „andere Inseminationen", folglich solche ohne Stimulationsverfahren, gelten gem. S. 2 Abs. 1 Nr. 2 Hs. 2 und Nr. 5 nicht.

E. Altersgrenzen (Abs. 3 S. 1)

11   Den Anspruch haben nur Versicherte, die das **25. Lebensjahr vollendet** haben. Hintergrund ist, dass die Chance zu einer Spontanschwangerschaft nicht durch fehlende Geduld der Ehegatten und Ärzte vertan werden soll (BT-Drs. 15/1525 S. 83). Die Obergrenzen von **40 Jahren für Frauen** und **50 Jahren für Männer** tragen dem Gesichtspunkt Rechnung, dass bereits jenseits des 30. Lebensjahres das natürliche Befruchtungsoptimum überschritten und die Wahrscheinlichkeit einer erfolgreichen Befruchtung nach dem 40. Lebensjahr sehr gering ist (vgl. auch BSG 24. 5. 2007 – B 1 KR 10/06 R – SozR 4–2500 § 27 a Nr. 4). Die Altersobergrenzen sind verfassungskonform (s. BSG 3. 3. 2009 – B 1 KR 12/08 R – SozR 4–2500, § 27 a Nr. 7) und verstoßen nicht gegen das gemeinschaftsrechtliche Verbot der Altersdiskriminierung (BSG 25. 6. 2009 – B 3 KR 7/08 R – SozR 4–2500 § 27 a Nr. 8).

F. Leistungsinhalt und Leistungsumfang

I. Leistungskatalog

12   § 27 a gewährt „medizinische Maßnahmen zur Herbeiführung der Schwangerschaft". Diese werden durch die „Richtlinien über künstliche Befruchtung" (www.g-ba.de/informationen/richtlinien/1; zu neuen Methoden BSG 3. 4. 2001 – B 1 KR 22/00 R – SozR 3–2500 § 27 a Nr. 2; BSG 3. 4. 2001 – B 1 KR 40/00 R – SozR 3–2500 § 27 a Nr. 3) näher konkretisiert. Ziff. 10 der Richtlinien nennt als Maßnahmen insb. **Insemination; In-Vitro-Fertilisation mit Embryo-Transfer** (außerhalb des Körpers befruchtete und rückübertragene Eizelle)**; intratubarer Gameten-Transfer** (Übertragung der aufbereiteten Ei- und Samenzelle in den Eileiter)**; intracytoplasmatische Spermieninjektion.** Nicht vom Leistungskatalog umfasst wird die **Kryokonservierung,** also die Konservierung vorsorglich gewonnener Samenzellen oder imprägnierter Eizellen für die mögliche spätere Wiederholung eines Versuchs der künstlichen Befruchtung (s. näher BSG 22. 3. 2005 – B 1 KR 11/03 R – SozR 4–2500 § 27 a Nr. 1); durch die künstliche Befruchtung soll lediglich die natürliche Zeugung ersetzt werden.

II. Behandlungsbereiche (Abs. 3 S. 3)

13   Die Maßnahmen zur künstlichen Befruchtung lassen sich in **drei Behandlungsbereiche** einteilen: in Maßnahmen unmittelbar am Körper der Ehefrau (zB operative Eizellgewinnung, Embryo-Transfer), Maßnahmen unmittelbar am Körper des Ehemannes (zB operative Samengewinnung) und extrakorporale Maßnahmen (dh. der eigentliche In-Vitro-Prozess). Der Anspruch eines Versicherten gegen seine Krankenkasse gem. § 27 a umfasst zunächst alle Maßnahmen, die „bei ihm", dh. unmittelbar an bzw. in seinem Körper erforderlich sind. Erfasst sind ferner alle extrakorporalen Behandlungsmaßnahmen, unabhängig davon, bei welchem Ehegatten die Unfruchtbarkeit vorliegt (BSG 17. 6. 2008 – B 1 KR 24/07 R – SozR 4–2500 § 13 Nr. 17). Jedoch besteht keine Leistungspflicht für Maßnahmen, die unmittelbar und ausschließlich am Körper des (nicht bei der Krankenkasse versicherten) Ehegatten ihres Versicherten ausgeführt werden (BSG aaO). Sind beide Ehegatten gesetzlich versichert, kann jeder Ehegatte von seiner Krankenkasse alle zur Herbeiführung einer Schwangerschaft notwendigen Maßnahmen verlangen, ausgenommen die in Abs. 3 S. 3 genannten, beim anderen Ehegatten durchzuführenden Maßnahmen (s. zum Ganzen BSG 17. 6. 2008 – B 1 KR 24/07 R – SozR 4–2500 § 13 Nr. 17 mwN); in der Praxis trägt in diesen Fällen die Kasse der Frau alle Kosten für extrakorporale Maßnahmen (vgl. BSG 3. 4. 2001 – B 1 KR 40/00 R – SozR 3–2500 § 27 a Nr. 3 mwN).

III. Kostenübernahme (Abs. 3 S. 3)

14   Die Krankenkasse übernimmt **50% der** mit dem Behandlungsplan (Rn. 15) genehmigten **Kosten** der Maßnahmen, die bei ihrem Versicherten durchgeführt werden (verfassungsgemäß, BVerfG 27. 2. 2009 – 1 BvR 2982/07 –, NJW 2009, 1733). Dabei handelt es sich um einen **Eigenanteil** des Versicherten, nicht um eine Zuzahlung gem. § 61 (vgl. BT-Drs. 15/1600 S. 11). Gleichwohl bleibt es beim Sachleistungsprinzip; die Regelungen über privatärztliche Behandlung gem. der GOÄ sind unanwendbar (BT-Drs. 15/1525 S. 83).

G. Verfahren

15   Vor Behandlungsbeginn muss der Krankenkasse ein **Behandlungsplan zur Genehmigung** vorgelegt werden, Abs. 3 S. 2. Einen Muster-Behandlungsplan enthält Anlage I zu den „Richtlinien über künstliche Befruchtung" (Rn. 12), vgl. auch Ziff. 9.2 der Richtlinien zum notwendigen Inhalt. Die Genehmigung ergeht als **Verwaltungsakt.**

§ 28 Ärztliche und zahnärztliche Behandlung

(1) ¹Die ärztliche Behandlung umfaßt die Tätigkeit des Arztes, die zur Verhütung, Früherkennung und Behandlung von Krankheiten nach den Regeln der ärztlichen Kunst ausreichend und zweckmäßig ist. ²Zur ärztlichen Behandlung gehört auch die Hilfeleistung anderer Personen, die von dem Arzt angeordnet und von ihm zu verantworten ist.

(2) ¹Die zahnärztliche Behandlung umfaßt die Tätigkeit des Zahnarztes, die zur Verhütung, Früherkennung und Behandlung von Zahn-, Mund- und Kieferkrankheiten nach den Regeln der zahnärztlichen Kunst ausreichend und zweckmäßig ist; sie umfasst auch konservierend-chirurgische Leistungen und Röntgenleistungen, die im Zusammenhang mit Zahnersatz einschließlich Zahnkronen und Suprakonstruktionen erbracht werden. ²Wählen Versicherte bei Zahnfüllungen eine darüber hinausgehende Versorgung, haben sie die Mehrkosten selbst zu tragen. ³In diesen Fällen ist von den Kassen die vergleichbare preisgünstigste plastische Füllung als Sachleistung abzurechnen. ⁴In Fällen des Satzes 2 ist vor Beginn der Behandlung eine schriftliche Vereinbarung zwischen dem Zahnarzt und dem Versicherten zu treffen. ⁵Die Mehrkostenregelung gilt nicht für Fälle, in denen intakte plastische Füllungen ausgetauscht werden. ⁶Nicht zur zahnärztlichen Behandlung gehört die kieferorthopädische Behandlung von Versicherten, die zu Beginn der Behandlung das 18. Lebensjahr vollendet haben. ⁷Dies gilt nicht für Versicherte mit schweren Kieferanomalien, die ein Ausmaß haben, das kombinierte kieferchirurgische und kieferorthopädische Behandlungsmaßnahmen erfordert. ⁸Ebenso gehören funktionsanalytische und funktionstherapeutische Maßnahmen nicht zur zahnärztlichen Behandlung; sie dürfen von den Krankenkassen auch nicht bezuschußt werden. ⁹Das Gleiche gilt für implantologische Leistungen, es sei denn, es liegen seltene vom Gemeinsamen Bundesausschuss in Richtlinien nach § 92 Abs. 1 festzulegende Ausnahmeindikationen für besonders schwere Fälle vor, in denen die Krankenkasse diese Leistung einschließlich der Suprakonstruktion als Sachleistung im Rahmen einer medizinischen Gesamtbehandlung erbringt. ¹⁰Absatz 1 Satz 2 gilt entsprechend.

(3) ¹Die psychotherapeutische Behandlung einer Krankheit wird durch Psychologische Psychotherapeuten und Kinder- und Jugendlichenpsychotherapeuten (Psychotherapeuten), soweit sie zur psychotherapeutischen Behandlung zugelassen sind, sowie durch Vertragsärzte entsprechend den Richtlinien nach § 92 durchgeführt. ²Spätestens nach den probatorischen Sitzungen gemäß § 92 Abs. 6a hat der Psychotherapeut vor Beginn der Behandlung den Konsiliarbericht eines Vertragsarztes zur Abklärung einer somatischen Erkrankung sowie, falls der somatisch abklärende Vertragsarzt dies für erforderlich hält, eines psychiatrisch tätigen Vertragsarztes einzuholen.

(4) ¹Versicherte, die das 18. Lebensjahr vollendet haben, leisten je Kalendervierteljahr für jede erste Inanspruchnahme eines an der ambulanten ärztlichen, zahnärztlichen oder psychotherapeutischen Versorgung teilnehmenden Leistungserbringers, die nicht auf Überweisung aus demselben Kalendervierteljahr erfolgt, als Zuzahlung den sich nach § 61 Satz 2 ergebenden Betrag an den Leistungserbringer. ²Satz 1 gilt nicht für Inanspruchnahmen nach § 20d, § 25, zahnärztliche Untersuchungen nach § 55 Abs. 1 Satz 4 und 5 sowie Maßnahmen zur Schwangerenvorsorge nach § 196 Abs. 1 der Reichsversicherungsordnung und § 23 Abs. 1 des Gesetzes über die Krankenversicherung der Landwirte. ³Soweit Versicherte Kostenerstattung nach § 13 Abs. 2 gewählt haben, gelten die Sätze 1 und 2 mit der Maßgabe, dass die Zuzahlung gemäß § 13 Abs. 2 Satz 9 von der Krankenkasse in Abzug zu bringen ist.

A. Grund und Zweck

Die Bestimmung regelt, welche Tätigkeiten des Arztes (Abs. 1), des Zahnarztes (Abs. 2) und der Psychotherapeuten (Abs. 3) die Krankenbehandlung umfasst; dabei enthält Abs. 2 im Hinblick auf die zahnärztliche Behandlung Detailbestimmungen zu nichtplastischen Zahnfüllungen, zur kieferorthopädischen Behandlung (s. auch § 29) und zu implantologischen Leistungen. Im Hintergrund steht der Arztvorbehalt des § 15 Abs. 1. Abs. 4 regelt die Modalitäten der mit Wirkung vom 1.1.2004 eingeführten sog. Praxisgebühr. 1

B. Ärztliche Behandlung (Abs. 1)

Ärztliche Behandlung wird, unbeschadet der Bestimmung des Abs. 3, grds. nur von **zugelassenen Vertragsärzten** (siehe Sammelkommentierung §§ 95–105 Rn. 5) erbracht. Dies sind Vertragsärzte, ermächtigte Ärzte und ärztlich geleitete Einrichtungen (§ 95). Tätigkeit des Arztes im Sinn von Abs. 1 2 ist die von Ärzten selbst zur Verhütung, Früherkennung und Behandlung von Krankheiten durchzuführende Maßnahme (vgl. BSG 10. 5. 1995 – 1 RK 20/94 – SozR 3–2500 § 28 Nr. 1). Die **Hilfeleistung anderer Personen** gehört zur ärztlichen Behandlung, soweit sie vom Arzt angeordnet und verantwortet wird (näher § 15 Rn. 3 ff.). Tätigkeiten, die ein anderes als das medizinische Fachwissen erfordern und die der Arzt mit seiner Sachkunde weder leiten noch kontrollieren (und also nicht verantworten) kann, sind nicht **Hilfeleistung anderer Personen** im Sinn von Abs. 1 S. 2; stehen etwa handwerkliche Tätigkeiten im Vordergrund wie die Herstellung von **orthopädischen Einlagen** (BSG 14. 7. 1965 – 6 RKa 50/64 – BSGE 23, 176) oder geht es um die Tätigkeit eines (Gebärden-)-Dolmetschers (BSG 10. 5. 1995 – 1 RK 20/94 – NZS 1996, 68), handelt es sich nicht mehr um eine (zahn-)ärztliche Tätigkeit. Die **Sehschärfenbestimmung** (Refraktion) ist im Rahmen einer augenärztlichen Untersuchung Teil der ärztlichen Tätigkeit, sie kann aber auch als Teil der Leistung eines Hilfsmittels durch einen Optiker erbracht werden (vgl. BSG 18. 9. 1973 – 6 RKa 2/72 – SozR Nr. 6 zu § 368 RVO). Die Tätigkeiten selbstständig und eigenverantwortlich handelnder Behandler wie **Krankengymnasten** oder **Masseure** zählen nicht zur ärztlichen Tätigkeit, wenn diese Leistungserbringer nicht in der Verantwortung des Arztes tätig werden (s. näher auch § 15 Rn. 3 ff.). Die ärztliche Tätigkeit muss den **Regeln der ärztlichen Kunst** entsprechen (s. zuletzt 22. 4. 2009 – B 3 KR 5/08 R – USK 2009-21). Im Grundsatz besteht Methodenfreiheit; die Erkenntnisse der Schulmedizin dürfen jedoch, vor allem bei lebensbedrohlichen Erkrankungen, nicht ignoriert werden (BGH 21. 6. 1960 – 1 StR 186/60 – NJW 1960, 2253 f.; 3. 5. 1962 – 1 StR 18/62 – NJW 1962, 1780). Neue Untersuchungs- und Behandlungsmethoden werden von der ärztlichen Tätigkeit nicht ohne Weiteres umfasst (s. § 27 Rn. 10). Mit den Begriffen „ausreichend und zweckmäßig" nimmt die Bestimmung auf das Wirtschaftlichkeitsgebot (§ 12) Bezug; es gelten die dazu entwickelten Grundsätze (siehe § 12 Rn. 2 ff.).

C. Zahnärztliche Behandlung (Abs. 2)

I. Grundsätze

3   Die zahnärztliche Behandlung umfasst die Tätigkeit des **zugelassenen Zahnarztes**, die nach den Regeln der zahnärztlichen Kunst erfolgt, einschließlich der konservierend-chirurgischen Leistungen und Röntgenleistungen, die im Zusammenhang mit Zahnersatz einschließlich Zahnkronen und Suprakonstruktionen erbracht werden. Zur zahnärztlichen Tätigkeit gehört gem. Abs. 2 S. 10 auch die Hilfeleistung anderer Personen, die von dem Zahnarzt angeordnet und von ihm verantwortet ist; auch hier gilt der Arztvorbehalt des § 15 Abs. 1. Die zahnärztlichen Leistungen sind im Einzelnen beschrieben in Abschnitt B der **Richtlinie** des Gemeinsamen Bundesausschusses für eine ausreichende, zweckmäßige und wirtschaftliche vertragszahnärztliche Versorgung (Behandlungsrichtlinie, abrufbar unter www.g-ba.de/informationen/richtlinien/32/). Soweit sie nicht gem. Abs. 2 S. 6, 7 ausgeschlossen ist, gehört die kieferorthopädische Behandlung zur zahnärztlichen Behandlung.

II. Mehrkostenregelung

4   Die Bestimmungen in Abs. 2 S. 2–5 regeln die Kostentragung, wenn Versicherte bei Zahnfüllungen eine über die zu den Leistungen der gesetzlichen Krankenversicherung zählenden zahnärztlichen Behandlung hinausgehende **Versorgung wählen.** Wählen Versicherte zB Keramik- oder Goldfüllungen, müssen sie die damit verbundenen Mehrkosten selbst tragen. Insoweit (s. zum Hintergrund Sammelkommentierung §§ 95–105 Rn. 3) entsteht bei dieser Sachlage eine privatrechtliche **Vertragsbeziehung** zwischen dem Versicherten und dem Zahnarzt; die von der zahnärztlichen Behandlung gem. § 28 Abs. 2 umfassten Leistungen bleiben **Sachleistungen** der gesetzlichen Krankenversicherung (vgl. BT-Drs. 13/3695 S. 4). Leistungen wie zB Anästhesie, Röntgen und besondere Maßnahmen beim Reparieren oder Füllen gehören zur vertragszahnärztlichen Leistung, soweit sie auch bei der krankenversicherungsrechtlich geschuldeten zahnärztlichen Behandlung anfallen (vgl. Stellungnahme des BMG DOK 1997, 177). Die **obligatorische schriftliche Vereinbarung** zwischen dem Zahnarzt und dem Versicherten vor dem Beginn der Behandlung abzuschließen, soll auch die zu erwartenden zusätzlichen Kosten für den Versicherten offen legen. Die Mehrkostenregelung gilt gem. S. 5 nicht, wenn intakte plastische (Amalgam-)Füllungen ausgetauscht werden sollen (vgl. BSG 6. 10. 1999 – B 1 KR 13/97 R – SozR 3–2500 § 28 Nr. 4).

III. Leistungsbeschränkung bei kieferorthopädischer Behandlung

5   Aus Abs. 2 S. 6 folgt eine Leistungsbeschränkung: Die kieferorthopädische Behandlung von Versicherten gehört nicht zur zahnärztlichen Behandlung, wenn die Versicherten zu Beginn der Behandlung das 18. Lebensjahr vollendet haben. Eine Ausnahme gilt gem. S. 7 für Versicherte mit schweren Kieferanomalien. Diese müssen ein Ausmaß haben, welches kombinierte kieferchirurgische und kieferorthopädische Behandlungsmaßnahmen erforderlich macht (zum Ganzen BT-Drs. 12/3608 S. 79;

BSG 20. 6. 2055 – B 1 KR 20/04 B). Als Behandlungsbeginn gilt der Tag, an dem der kieferorthopädische Behandlungsplan aufgestellt wird (vgl. BT-Drs. aaO; zur Auswirkung einer Behandlungsunterbrechung vgl. BSG 9. 12. 1997 – 1 RK 11/97 – SozR 3–2500 § 28 Nr. 3).

IV. Weitere Leistungsausschlüsse

Funktionsanalytische und funktionstherapeutische Maßnahmen, dh. Maßnahmen zur Feststellung 6
und Beeinflussung der Gebissfunktion gehören gem. Abs. 2 S. 8 nicht zur zahnärztlichen Behandlung; sie dürfen von den Krankenkassen auch nicht bezuschusst werden. Gleiches gilt für implantologische Leistungen, dh. für Leistungen zum Aufbau verloren gegangener Kieferknochensubstanz, zum Ersatz einzelner Zähne, zur Versorgung mit festsitzenden Brücken und zur Stabilisierung von Totalprothesen (vgl. BT-Drs. 14/1245 S. 65). Nur in besonders gelagerten Ausnahmefällen, in denen vom Gemeinsamen Bundesausschuss in Richtlinien gem. § 92 Abs. 1 festzulegende **Ausnahmeindikationen** bestehen, leistet die gesetzliche Krankenversicherung implantologische Leistungen einschließlich der Suprakonstruktion (also des implantatgestützten Zahnersatzes) als Sachleistung. Das betrifft Fälle, in denen, etwa nach Tumoroperationen, Unfällen oder wegen angeborener Fehlbildungen des Kiefers, größere Kiefer- oder Gesichtsdefekte vorliegen.

D. Psychotherapeutische Behandlung (Abs. 3)

Gem. Abs. 3 sind neben Ärzten und Zahnärzten approbierte Psychotherapeuten zur psychotherapeutischen Behandlung Versicherter zugelassen. Bis 1999 waren Psychotherapeuten als Hilfspersonen 7
gem. § 15 Abs. 1 S. 2 auf ärztliche Anordnung hin tätig. Nunmehr sind psychologische Psychotherapeuten und Kinder- und Jugendlichen-Psychotherapeuten, soweit sie zur psychotherapeutischen Behandlung **zugelassen** sind, zur selbständigen Krankenbehandlung neben den Vertragsärzten befugt. Die psychotherapeutischen Leistungen (zum Begriff der psychotherapeutischen Behandlung siehe § 1 Abs. 3 S. 1 PsychotherapeutenG und zB KassKomm/Höfler, § 28 SGB V Rn. 26) werden durch Richtlinien gem. § 92 (**Psychotherapie-Richtlinien**) näher bestimmt. Nach Maßgabe von Abs. 3 S. 2 hat der Psychotherapeut den **Konsiliarbericht** eines Vertragsarztes einzuholen.

E. Praxisgebühr (Abs. 4)

Mit Wirkung vom 1. 1. 2004 eingeführt, **bezweckt** die Praxisgebühr (verfassungsgemäß, vgl. BSG 8
25. 6. 2009 – B 3 KR 3/08 R – NJW 2010, 1993), dass die Versicherten einen zusätzlichen Beitrag zur Konsolidierung der finanziellen Grundlagen der gesetzlichen Krankenversicherung leisten, ferner sollen die mit dem Arztbesuch bzw. dem Arztwechsel verbundenen Kosten bewusst gemacht werden (vgl. BT-Drs. 15/1525 S. 83). Die Praxisgebühr ist von Versicherten zu entrichten, die das 18. Lebensjahr vollendet haben. Die Gebühr entsteht für jedes Kalendervierteljahr und ist bei der ersten ambulanten Inanspruchnahme eines ärztlichen, zahnärztlichen oder psychotherapeutischen Leistungserbringers zu entrichten. Die Zahlungspflicht entsteht nicht, wenn Leistungen auf einer Überweisung aus demselben Kalendervierteljahr resultieren, sie fällt ferner nach Maßgabe von Abs. 4 S. 2 nicht an bei Vorsorgeleistungen. Ist Kostenerstattung gewählt, wird der Zuzahlungsbetrag gem. § 13 Abs. 2 S. 9 von der Krankenkasse in Abzug gebracht. Die Praxisgebühr (gem. § 61 S. 2 zehn Euro) ist **an den Leistungserbringer zu zahlen** und von diesem gem. § 61 S. 4 zu quittieren. Im Verhältnis zur Krankenkasse verringert sich nach Maßgabe des § 43b Abs. 2 S. 1 Hs. 2 der Vergütungsanspruch des Leistungserbringers. Wird die Zahlung der Praxisgebühr verweigert, steht dem Arzt ein Leistungsverweigerungsrecht zu (§ 13 Abs. 7 BMV-Ärzte). Auch im Hinblick auf die Praxisgebühr gilt die **Belastungsgrenze** des § 62.

§ 29 Kieferorthopädische Behandlung

(1) **Versicherte haben Anspruch auf kieferorthopädische Versorgung in medizinisch begründeten Indikationsgruppen, bei denen eine Kiefer- oder Zahnfehlstellung vorliegt, die das Kauen, Beißen, Sprechen oder Atmen erheblich beeinträchtigt oder zu beeinträchtigen droht.**

(2) ¹**Versicherte leisten zu der kieferorthopädischen Behandlung nach Absatz 1 einen Anteil in Höhe von 20 vom Hundert der Kosten an den Vertragszahnarzt.** ²**Satz 1 gilt nicht für im Zusammenhang mit kieferorthopädischer Behandlung erbrachte konservierend-chirurgische und Röntgenleistungen.** ³**Befinden sich mindestens zwei versicherte Kinder, die bei Beginn der Behandlung das 18. Lebensjahr noch nicht vollendet haben und mit ihren Erziehungsberechtigten in einem gemeinsamen Haushalt leben, in kieferorthopädischer Behandlung, beträgt der Anteil nach Satz 1 für das zweite und jedes weitere Kind 10 vom Hundert.**

(3) ¹Der Vertragszahnarzt rechnet die kieferorthopädische Behandlung abzüglich des Versichertenanteils nach Absatz 2 Satz 1 und 3 mit der Kassenzahnärztlichen Vereinigung ab. ²Wenn die Behandlung in dem durch den Behandlungsplan bestimmten medizinisch erforderlichen Umfang abgeschlossen worden ist, zahlt die Kasse den von den Versicherten geleisteten Anteil nach Absatz 2 Satz 1 und 3 an die Versicherten zurück.

(4) ¹Der Gemeinsame Bundesausschuss bestimmt in den Richtlinien nach § 92 Abs. 1 befundbezogen die objektiv überprüfbaren Indikationsgruppen, bei denen die in Absatz 1 genannten Voraussetzungen vorliegen. ²Dabei sind auch einzuhaltende Standards zur kieferorthopädischen Befunderhebung und Diagnostik vorzugeben.

A. Normzweck

1   Vor dem Hintergrund der §§ 27 Abs. 1 Nr. 2, 28 Abs. 2 regelt die Bestimmung die Einzelheiten der kieferorthopädischen Behandlung. Die kieferorthopädische Behandlung gehört zur zahnärztlichen Behandlung, wenn die Versicherten zu Beginn der Behandlung das 18. Lebensjahr noch nicht vollendet haben (vgl. den Leistungsausschluss gem. § 28 Abs. 2 S. 6); ausnahmsweise wird kieferorthopädische Behandlung auch über Achtzehnjährigen geleistet; das gilt bei schweren Kieferanomalien, die ein Ausmaß haben, welches kombinierte kieferchirurgische und kieferorthopädische Behandlungsmaßnahmen erfordert (§ 28 Abs. 2 S. 7, s. § 28 Rn. 5). Abs. 1 stellt klar, dass der Anspruch auf kieferorthopädische Versorgung im Grundfall voraussetzt, dass eine Kiefer- oder Zahnfehlstellung vorliegt, die das Kauen, Beißen, Sprechen oder Atmen erheblich beeinträchtigt oder zu beeinträchtigen droht. Gem. Abs. 4 bestimmt der Gemeinsame Bundesausschuss **in Richtlinien** nach § 92 Abs. 1 **befundbezogen** die objektiv überprüfbaren **Indikationsgruppen,** bei denen die in Abs. 1 genannten Voraussetzungen vorliegen. Die kieferorthopädische Behandlung wird als Sachleistung zur Verfügung gestellt, allerdings mit einer **Kostenbeteiligung** der Versicherten (die bei erfolgreicher Behandlung zurückzugeben ist, Abs. 3 S. 2).

B. Voraussetzungen

2   Gem. Abs. 1 S. 1 setzt der Anspruch auf kieferorthopädische Behandlung eine **Kiefer- oder Zahnfehlstellung** voraus, die das Kauen, Beißen, Sprechen oder Atmen erheblich beeinträchtigt oder zu beeinträchtigen droht. Kosmetische Korrekturen sind von der Leistungspflicht nicht erfasst. Konkretisiert wird die gesetzliche Voraussetzung dadurch, dass der Gemeinsame Bundesausschuss befundbezogen die medizinisch begründeten Indikationsgruppen, bei denen die genannten Voraussetzungen vorliegen, zu bestimmen hat. Damit haben die **Kieferorthopädie-Richtlinien** die entscheidende Bedeutung für die Frage des Bestehens eines Leistungsanspruchs. Die kieferorthopädische Behandlung wird als Sachleistung erbracht. Sie muss also von einem **Vertragszahnarzt** geleistet werden. Der medizinisch erforderliche Umfang der Behandlung wird durch einen **Behandlungsplan** bestimmt (Abs. 3 S. 2). Im Rahmen der Erbringung als Sachleistung leisten nach Maßgabe von Abs. 2 Versicherte einen **Kostenanteil** in Höhe von **20% der Kosten** an den Vertragszahnarzt. Dieser Kostenanteil bezieht sich jedoch nicht auf die im Zusammenhang mit der kieferorthopädischen Behandlung erbrachten konservierend-chirurgischen Leistungen und Röntgenleistungen. Der von den Versicherten zu tragende Anteil verringert sich, wenn **mindestens zwei versicherte Kinder,** die bei Beginn der Behandlung das 18. Lebensjahr noch nicht vollendet haben und mit ihren Erziehungsberechtigten in einem gemeinsamen Haushalt (Auslegung des Begriffs wie bei § 56 Abs. 1 SGB I) leben, in kieferorthopädischer Behandlung sind; dann beträgt der Kostenanteil für das zweite und für jedes weitere Kind **10%.** Den **Abrechnungsweg** bestimmt Abs. 3: Der Vertragszahnarzt rechnet bei Abzug des Versichertenanteils mit der kassenzahnärztlichen Vereinigung ab.

C. Rückgabe des Versichertenanteils

3   Der an den Vertragszahnarzt geleistete Versichertenanteil wird den Versicherten von ihrer Krankenkasse gem. Abs. 3 S. 2 zurückgezahlt, wenn die Behandlung in dem durch den Behandlungsplan bestimmten medizinisch erforderlichen Umfang abgeschlossen worden ist. Bei **erfolgreichem Abschluss** der Behandlung brauchen die Versicherten am Ende also Kosten der kieferorthopädischen Behandlung nicht zu tragen. Damit wird ein Anreiz zu der gebotenen Mitwirkung der Versicherten gesetzt. Wird die Behandlung abgebrochen oder kann sie wegen Versäumnissen aus medizinischen Gründen nicht mit Aussicht auf die Erreichung des Behandlungsziels fortgesetzt werden, ist die Behandlung nicht in dem erforderlichen Umfang abgeschlossen. Auf ein Verschulden des Versicherten kommt es nicht an (vgl. BSG 15. 1. 1986 – 3 RK 61/84 – SozR 2200 § 182 e Nr. 1). Wird einem Zahnarzt die weitere Behand-

lung (durch Erkrankung oder Tod) unmöglich, kann der Versicherte die Behandlung bei einem anderen Zahnarzt erfolgreich abschließen (vgl. Krauskopf/Wagner, § 29 SGB V Rn. 18).

§§ 30, 30a *(aufgehoben)*

§ 31 Arznei- und Verbandmittel

(1) ¹Versicherte haben Anspruch auf Versorgung mit apothekenpflichtigen Arzneimitteln, soweit die Arzneimittel nicht nach § 34 oder durch Richtlinien nach § 92 Abs. 1 Satz 2 Nr. 6 ausgeschlossen sind, und auf Versorgung mit Verbandmitteln, Harn- und Blutteststreifen. ²Der Gemeinsame Bundesausschuss hat in den Richtlinien nach § 92 Abs. 1 Satz 2 Nr. 6 festzulegen, in welchen medizinisch notwendigen Fällen Stoffe und Zubereitungen aus Stoffen, die als Medizinprodukte nach § 3 Nr. 1 oder Nr. 2 des Medizinproduktegesetzes zur Anwendung am oder im menschlichen Körper bestimmt sind, ausnahmsweise in die Arzneimittelversorgung einbezogen werden; § 34 Abs. 1 Satz 5, 7 und 8 und Abs. 6 sowie die §§ 35, 126 und 127 gelten entsprechend. ³Für verschreibungspflichtige und nicht verschreibungspflichtige Medizinprodukte nach Satz 2 gilt § 34 Abs. 1 Satz 6 entsprechend. ⁴Der Vertragsarzt kann Arzneimittel, die auf Grund der Richtlinien nach § 92 Abs. 1 Satz 2 Nr. 6 von der Versorgung ausgeschlossen sind, ausnahmsweise in medizinisch begründeten Einzelfällen mit Begründung verordnen. ⁵Für die Versorgung nach Satz 1 können die Versicherten unter den Apotheken, für die der Rahmenvertrag nach § 129 Abs. 2 Geltung hat, frei wählen.

(2) ¹Für ein Arznei- oder Verbandmittel, für das ein Festbetrag nach § 35 oder § 35a festgesetzt ist, trägt die Krankenkasse die Kosten bis zur Höhe dieses Betrages, für andere Arznei- oder Verbandmittel die vollen Kosten, jeweils abzüglich der vom Versicherten zu leistenden Zuzahlung und der Abschläge nach den §§ 130, 130a und dem Gesetz zur Einführung von Abschlägen der pharmazeutischen Großhändler. ²Hat die Krankenkasse mit einem pharmazeutischen Unternehmen, das ein Festbetragsarzneimittel anbietet, eine Vereinbarung nach § 130a Abs. 8 abgeschlossen, trägt die Krankenkasse abweichend von Satz 1 den Apothekenverkaufspreis dieses Mittels abzüglich der Zuzahlungen und Abschläge nach den §§ 130 und 130a Abs. 1, 3a und 3b. ³Diese Vereinbarung ist nur zulässig, wenn hierdurch die Mehrkosten der Überschreitung des Festbetrages ausgeglichen werden. ⁴Die Krankenkasse übermittelt die erforderlichen Angaben einschließlich des Arzneimittel- und des Institutionskennzeichens der Krankenkasse an die Vertragspartner nach § 129 Abs. 2; das Nähere ist in den Verträgen nach § 129 Abs. 2 und 5 zu vereinbaren. ⁵Versicherte und Apotheken sind nicht verpflichtet, Mehrkosten an die Krankenkasse zurückzuzahlen, wenn die von der Krankenkasse abgeschlossene Vereinbarung den gesetzlichen Anforderungen nicht entspricht.

(2a) *(aufgehoben)*

(3) ¹Versicherte, die das achtzehnte Lebensjahr vollendet haben, leisten an die abgebende Stelle zu jedem zu Lasten der gesetzlichen Krankenversicherung verordneten Arznei- und Verbandmittel als Zuzahlung den sich nach § 61 Satz 1 ergebenden Betrag, jedoch jeweils nicht mehr als die Kosten des Mittels. ²Satz 1 findet keine Anwendung bei Harn- und Blutteststreifen. ³Satz 1 gilt auch für Medizinprodukte, die nach Absatz 1 Satz 2 und 3 in die Versorgung mit Arzneimitteln einbezogen worden sind. ⁴Der Spitzenverband Bund der Krankenkassen kann durch Beschluss nach § 213 Abs. 2 Arzneimittel, deren Apothekeneinkaufspreis einschließlich Mehrwertsteuer mindestens um 30 vom Hundert niedriger als der jeweils gültige Festbetrag ist, der diesem Preis zugrunde liegt, von der Zuzahlung freistellen, wenn hieraus Einsparungen zu erwarten sind. ⁵Für andere Arzneimittel, für die eine Vereinbarung nach § 130a Abs. 8 besteht, kann die Krankenkasse die Zuzahlung um die Hälfte ermäßigen oder aufheben, wenn hieraus Einsparungen zu erwarten sind. ⁶Absatz 2 Satz 4 gilt entsprechend.

(4) ¹Das Nähere zu therapiegerechten und wirtschaftlichen Packungsgrößen bestimmt das Bundesministerium für Gesundheit durch Rechtsverordnung ohne Zustimmung des Bundesrates. ²Ein Fertigarzneimittel, dessen Packungsgröße die größte der auf Grund der Verordnung nach Satz 1 bestimmte Packungsgröße übersteigt, ist nicht Gegenstand der Versorgung nach Absatz 1 und darf nicht zu Lasten der gesetzlichen Krankenversicherung abgegeben werden.

(5) ¹Versicherte haben Anspruch auf bilanzierte Diäten zur enteralen Ernährung, wenn eine diätetische Intervention mit bilanzierten Diäten medizinisch notwendig, zweckmäßig und wirtschaftlich ist. ²Der Gemeinsame Bundesausschuss legt in den Richtlinien nach § 92 Abs. 1 Satz 2 Nr. 6 fest, unter welchen Voraussetzungen welche bilanzierten Diäten

zur enteralen Ernährung vom Vertragsarzt verordnet werden können und veröffentlicht im Bundesanzeiger eine Zusammenstellung der verordnungsfähigen Produkte. ³§ 34 Abs. 6 gilt entsprechend. ⁴In die Zusammenstellung sollen nur Produkte aufgenommen werden, die die Anforderungen der Richtlinie erfüllen. ⁵Für die Zuzahlung gilt Absatz 3 Satz 1 entsprechend. ⁶Für die Abgabe von bilanzierten Diäten zur enteralen Ernährung gelten die §§ 126 und 127 entsprechend. ⁷Bei Vereinbarungen nach § 84 Abs. 1 Satz 2 Nr. 1 sind Leistungen nach Satz 1 zu berücksichtigen.

A. Normzweck

1   Die Norm greift den in § 27 Abs. 1 S. 3 Nr. 3 SGB V enthaltenen Rechtsanspruch des Versicherten auf die Behandlung mit Arznei- und Verbandsmitteln auf und konkretisiert ihn. Er enthält die einzelnen Voraussetzungen, unter denen die Kassen diese Leistungen erbringen; insofern ist er im Zusammenhang mit den §§ 34 und 35 SGB V zu sehen, die bestimmte Leistungsausschlüsse bzw. -reglementierungen für Arznei- und Verbandsmittel vorsehen. Zudem regelt die Norm den vom Versicherten zu erbringenden Eigenbeitrag bei der Arznei- und Verbandmittelversorgung.

B. Anspruchsvoraussetzungen

2   Der normierte Rechtsanspruch auf Arznei- und Verbandsmittel steht den **Versicherten** zu, die nach den allgemeinen Regeln zu bestimmen sind. Weitere Anspruchsvoraussetzung, die sich nicht aus dem Normtext des § 31 SGB V ergibt, aber in ständiger Rechtsprechung verlangt wird, ist eine entsprechende **vertragsärztliche Verordnung** für ein bestimmtes Arznei- und Verbandsmittel. Die Rechtsprechung argumentiert diesbezüglich systematisch: Der Arztvorbehalt in § 15 Abs. 1 SGB V und die Umfangbeschreibung der vertragsärztlichen Versorgung in § 73 Abs. 2 SGB V, die in Nr. 7 die Verordnung von Arznei- und Verbandsmitteln erfasst, führen dazu, den Rechtsanspruch des Versicherten aus § 31 SGB V als ein konkretisierungsbedürftiges Rahmenrecht anzusehen. Zur Anspruchsdurchsetzung bedarf es also regelmäßig einer vertragsärztlichen Verordnung (BSG 19. 11. 1996 – 1 RK 15/96 – BSGE 79, 257; BSG 16. 12. 1993 – 4 RK 5/92 – BSGE 73, 271; Axer, in: Becker/Kingreen, § 31 SGB V Rn. 11). Dieser Ansicht wird zwar gelegentlich mit beachtlicher Argumentation entgegengetreten (KassKomm/Höfler, § 31 SGB V Rn. 5). Diese Voraussetzung darf aber jedenfalls nicht zu eng gefasst sein. Daher ist der Anspruch des Versicherten auch dann gegeben, wenn er lediglich eine Verordnung erhält, die zwar von einem Vertragsarzt ausgestellt wurde, dieser aber die Grenzen seines Faches damit überschritten hat (BSG 21. 11. 1991 – 3 RK 8/90 – NJW 1992, 1584; s. auch MünchAnwHdbSozR/Plagemann, 2005, § 16 Rn. 16).

Zentraler Anspruchsinhalt der Norm sind Arznei- und Verbandmittel. Diese sind insbesondere gegenüber den in §§ 32 und 33 SGB V geregelten und unter eigenständigen Voraussetzungen zu gewährenden Heil- und Hilfsmitteln (zu diesen s. Kommentierung dort) abzugrenzen.

I. Arzneimittel

3   Der Arzneimittelbegriff des SGB V ist zwar nicht mit dem des AMG identisch (BSG 23. 2. 1995 – 12 RK 66/93 – BSGE 76, 34, 38), gleichwohl hat die Zulassung eines Arzneimittels nach dem AMG Auswirkungen auf den Anspruch des Versicherten (vgl. Rn. 5). Zudem zieht die Rechtsprechung mittlerweile den dort verwendeten Arzneimittelbegriff, trotz der unterschiedlichen Gesetzesintentionen, unmittelbar zu der Prüfung heran, ob es sich bei einem Präparat um ein Arzneimittel im Sinne des SGB V handelt (BSG 4. 4. 2006 – B 1 KR 12/04 R – BSGE 96, 153). Doch muss nicht zwingend ein Arzneimittel im Sinne des AMG auch ein solches nach dem SGB V sein. Kürzer als im AMG definiert, gelten als **Arzneimittel** nach § 31 SGB V Substanzen, deren bestimmungsgemäße Wirkung darin liegt, Krankheitszustände zu heilen oder zu bessern (BSG 18. 5. 1978 – 3 RK 11/77 – BSGE 46, 179, 182; BSG 9. 12. 1997 – 1 RK 23/95 – BSGE 81, 240). Darüber hinausgehend gilt auch als ausreichend, dass das betreffende Mittel lediglich bei der Diagnose verwendet wird, es also dazu dient, körperliche Zustände und Funktionen erkennen zu lassen (BSG 16. 7. 1968 – 9 RV 1070/65 – BSGE 28, 158, 162). Dabei reicht es in der gesetzlichen Krankenversicherung im Allgemeinen aus, wenn auf den objektiven und überwiegenden Verkehrszweck des Mittels abgestellt wird (vgl. BSG 13. 7. 1988 – 9/9a RV 11/87 – NJW 1989, 1565), wobei allerdings im Einzelfall auch der konkrete Verwendungszweck ausschlaggebend sein kann (vgl. BSG 24. 1. 1990 – 3 RK 18/88 – NJW 1990, 2343). Es kann in diesem Sinne auch eine bloß mittelbare Wirkung genügen: So ist ein Empfängnisverhütungsmittel als Arzneimittel im Sinne der Krankenbehandlung anzusehen, sofern es erst zusammen mit einem anderen Arzneimittel die krankheitsbekämpfende Gesamtwirkung auslöst oder gesundheitsschädliche Auswirkungen des Hauptmittels ausschließen soll (BSG 24. 1. 1990 – 3 RK 18/88 – NJW 1990, 2343). Regelmäßig, aber nicht zwingend, wirken Arzneimittel, anders als Heilmittel, auf den inneren Organismus ein, indem sie in geeigneter Weise, durch Einnehmen, Einlauf,

Einspritzen o. ä., zugeführt werden (BSG 21. 11. 1991 – 3 RK 18/90 – SozR 3–2200 § 182 Nr. 11; BSG 8. 6. 1993 – 1 RK 21/91 – NJW 1993, 3018).

Der Rekurs auf den Verwendungszweck der Behandlung führt zur **Trennlinie** gegenüber Mitteln, die nicht zur Einwirkung auf eine Krankheit bzw. zur Diagnose, sondern vielmehr dem **allgemeinen Lebensbedarf** dienen; dies spielt gerade bei der Abgrenzung von Arzneimitteln zu kosmetischen Produkten eine Rolle (etwa Hautcremes, s. BSG 10. 5. 1990 – 6 RKa 15 u. 16 /89 – BSGE 67, 36; BSG 8. 6. 1993 – 1 RK 21/91 – NJW 1993, 3018), ebenso zu (bloßen) Lebensmitteln (zu Ballaststoffen s. BSG 13. 7. 1988 – 9/9 a RV 11/87 – NJW 1989, 1565; zur umfangreichen Diskussion Axer, in: Becker/Kingreen, § 31 SGB V Rn. 7). Hier sieht nur Abs. 1 S. 2 Ausnahmen vor, wenn sie medizinisch notwendig sind. Dann können die dort genannten arzneimittelähnlichen Medizinprodukte, unter den aufgeführten Voraussetzungen, ausnahmsweise in die Arzneimittelversorgung einbezogen werden. Zuständig für diese ausnahmsweise mögliche Zulassung ist der Gemeinsame Bundesausschuss, der eine entsprechende Richtlinie erlassen muss. Die muss insbesondere erklären, wann medizinisch notwendige Fälle vorliegen, und unter der Einsatz dieser Mittel möglich ist. 4

Das Zusammenspiel von AMG bzw. Arzneimittelrichtlinien nach § 92 SGB V und § 31 SGB V hat die Rechtsprechung immer wieder beschäftigt. Auch wenn unterschiedliche Begrifflichkeiten zugrunde zu legen sind, können sowohl Zulassungsentscheidungen nach dem AMG als auch Arzneimittelrichtlinien gemäß § 92 SGB V nach Ansicht des BSG jedenfalls Anhaltspunkte für den Begriff des Arzneimittels geben. Wird einem Fertigarzneimittel die **Zulassung** nach § 25 Abs. 2 AMG versagt, kann es auch nicht als Arzneimittel im Sinne des SGB V gelten und somit nicht verordnet werden (BSG 23. 7. 1998 – B 1 KR 19/98 R – NZS 1999, 245). Generell gilt in diesem Zusammenhang, dass ein zulassungspflichtiges Fertigarzneimittel nicht verordnet werden darf, wenn ihm nach dem AMG die Zulassung zum Verkehr versagt oder wenn diese widerrufen, zurückgenommen oder nach § 30 AMG zum Ruhen gebracht worden ist (BSG 26. 9. 2006 – B 1 KR 1/06 R – SozR 4–2500 § 31 Nr. 5). Dies gilt sogar vor Bestandskraft der Versagungsentscheidung (BSG 8. 3. 1995 – 1 RK 8/94 – SozR 3–2500 § 31 Nr. 3). Ein Arzneimittel kann also nur dann von § 31 SGB V erfasst, darf mit anderen Worten nur dann verordnet werden, wenn es zugelassen ist (BSG 23. 7. 1998 – B 1 KR 19/98 R – NZS 1999, 245; zu Ausnahmen s. Rn. 7). Dies verstößt weder gegen Verfassungs- noch gegen Gemeinschaftsrecht (BSG 6. 11. 2008 – B 1 KR 6/08 R – juris). 5

Eine besondere Rolle spielen zudem (unabhängig von ihrer rechtlichen Einordnung, dazu BSG 26. 1. 2006 – B 3 KR 4/05 R – NZS 2006, 534; kritisch bei Hauck/Noftz/Vahldiek, § 92 SGB V Rn. 1; ausführlich zu den Legitimationsveränderungen des Richtlinienerlasses durch den Gemeinsamen Bundesausschuss auf der Grundlage des GKV-Modernisierungsgesetzes Wolff, NZS 2006, 281; kritisch zu den verfassungsrechtlichen Grundlagen des Richtlinienerlasses auch Merten, NZS 2006, 337; Schimmelpfeng-Schütte, NZS 2006, 567; Kingreen, NJW 2006, 877; s. auch BeckOKSozR/ Joussen, § 92 SGB V) die **Arzneimittelrichtlinien** nach § 92 SGB V. Der Anspruch auf ein Arzneimittel ist durch die Formulierung des § 31 SGB V (über den Ausschlusstatbestand des § 34 SGB V hinaus, dazu vgl. Kommentierung dort) nicht gegeben, wenn er durch eine entsprechende Richtlinie nach § 92 Abs. 1 S. 2 Nr. 6 SGB V ausgeschlossen ist. Der Gemeinsame Bundesausschuss ist danach zum Erlass von Richtlinien ermächtigt, die bestimmte Mittel aus dem verordnungsfähigen Arzneimittelbereich ausschließen, Abs. 1 S. 1 (ohne ihre Eigenschaft als „Arzneimittel" zu tangieren). Der Ausschluss ist seinerseits an Voraussetzungen gebunden, die sich aus § 92 Abs. 1 S. 1 SGB V ergeben; er setzt also voraus, dass der diagnostische oder therapeutische Nutzen, die medizinische Notwendigkeit oder die Wirtschaftlichkeit nicht nachgewiesen, dass Arzneimittel unzweckmäßig oder eine andere wirtschaftliche Behandlungsmöglichkeit verfügbar ist. Ausnahmsweise kann der Vertragsarzt von den Vorgaben des Gemeinsamen Bundesausschusses abweichen und auch solche Arzneimittel verordnen, die von einer Richtlinie ausgenommen sind. Dies folgt aus Abs. 1 S. 3. Möglich ist dies aber nur bei Vorliegen eines medizinisch begründeten Einzelfalls. Die Aufnahme eines Arzneimittels in die Richtlinien und die Zulassung nach dem AMG wird vom BSG gleich eingeschätzt: Im Arzneimittelbereich geht das BSG davon aus, dass für eine Überprüfung durch den Bundesausschuss kein Raum mehr ist, wenn es sich um ein Fertigarzneimittel handelt, das nach dem AMG für den Verkehr zugelassen wurde. Beide Verfahren gewährleisten nämlich vergleichbar Qualität, Wirksamkeit und Unbedenklichkeit (BSG 6. 5. 2009 – B 6 KA 3/08 R – MedR 2010, 276). 6

Von dem Grundsatz, dass überhaupt nur zugelassene Arzneimittel wirksam, das heißt zulasten der Kassen verordnet werden können, kann nur in seltenen **Ausnahmefällen** abgewichen werden. Regelmäßig beschränkt die Zulassung nach dem AMG den Leistungsanspruch des Versicherten auf den im Zulassungsantrag angegebenen Anwendungskreis (BSG 30. 9. 1999 – B 8 KN 9/98 KR R – BSGE 85, 36, 54). Gleichwohl kann es Situationen geben, in denen ausnahmsweise eine indikationsfremde Verordnung zulässig ist: Dieser so genannte **Off-Label-Gebrauch** kann nach Ansicht der Rechtsprechung in Betracht kommen, wenn es sich erstens um eine seltene bzw. schwerwiegende (lebensbedrohliche) Erkrankung handelt, zweitens keine andere Therapie zur Verfügung steht und drittens aufgrund der Befunde und Datenlage die berechtigte bzw. begründete Aussicht vorliegt, dass mit dem betreffenden Arzneimittel kurativ oder palliativ der erwünschte Behandlungserfolg erzielt werden kann (BSG 19. 3. 2002 – B 1 KR 37/00 R – NZS 2002, 646; BSG 14. 12. 2006 – B 1 KR 7

12/06 R – SozR 4–2500 § 31 Nr. 8; BSG 27. 9. 2005 – B 1 KR 6/04 R – BSGE 95, 132; Axer, in: Becker/Kingreen, § 31 SGB V Rn. 21; von Wulffen, FS für Wiegand, 2003, 161, 174; Hauck, Arzneimittel & Recht 2006, 147, 148 f.). Dieser Einschätzung hat sich auch das BVerfG angeschlossen (BVerfG 6. 12. 2005 – 1 BvR 347/98 – NZS 2006, 84). Infolge dieser Rechtsprechung prüft daher das BSG nunmehr, ob ausnahmsweise die Verordnung eines nicht zugelassenen Arzneimittels möglich ist; dies gilt auch für importierte Mittel, bei denen das BSG eine Verordnung für zulässig erachtet, sofern nach Abwägung von Chancen und Risiken der voraussichtliche Nutzen überwiegt und wenn die (regelmäßig) fachärztliche Betreuung nach den Regeln der ärztlichen Kunst durchgeführt und ausreichend dokumentiert wird (BSG 4. 4. 2006 – B 1 KR 7/05 R – BSGE 96, 170; BSG 29. 6. 2006 – B 1 KR 1/06 R – NZS 2007, 489). Die Rechtsprechung zum Off-Label-Gebrauch wird indes auch stark kritisiert (Becker, SGb 2004, 594; Francke/Hart, SGb 2003, 653; Goecke, NZS 2006, 291; Hart, SGb 2005, 649; Schimmelpfeng-Schütte, MedR 2004, 655; dies., GesR 2006, 12; Wölk, ZMGR 2006, 3). Schwierig wird in der Tat eine Grenzziehung, um die sich das BSG allerdings bemüht. Doch darf, wie das BVerfG zu Recht hervorgehoben hat, aus verfassungsrechtlichen Gründen die Möglichkeit einer ausnahmsweise zulässigen Verordnung nicht zugelassener Arzneimittel nicht von vornherein ausgeschlossen werden. In einer Entscheidung aus dem Jahr 2009 hat der 1. Senat angedeutet, dass beim Vorliegen bestimmter Fallkonstellationen die Gewährung von Arzneimitteln nach dem Off-Label-Use anders zu bewerten sein kann. Er vertritt dabei eine Modifizierung der entsprechenden Grundsätze, wenn es darum geht, mit einem bislang nur für die Behandlung speziell von Kindern und Jugendlichen zugelassenen Arzneimittel zulassungsüberschreitend auch Erwachsene zu behandeln, wenn bei diesen ein identisches Nutzen-/Gefahrenpotenzial besteht oder sogar ein geringeres Schutzbedürfnis (BSG 30. 6. 2009 – B 1 KR 5/09 – NJW 2010, 3118).

8 Schließlich sind von dem Anspruch nur **apothekenpflichtige Arzneimittel** erfasst. Daraus folgt, dass der Versicherte nur solche Arzneimittel beanspruchen kann, die nach dem Arzneimittelrecht ausschließlich über Apotheken vertrieben werden dürfen. Dies bestimmt sich nach §§ 43 ff. AMG. Keine vom Anspruch erfassten Arzneimittel sind daher solche, die über Reformhäuser, Drogerien oder Supermärkte erworben werden können (vgl. aber auch BSG 28. 1. 1999 – B 8 KN 1/98 KR R – SozR 3–2500 § 27 Nr. 10). In der Wahl der Apotheke ist der Versicherte frei, Abs. 1 S. 4, sofern die Apotheke Arzneimittel als Sachleistung auf der Grundlage eines Rahmenvertrags nach § 129 Abs. 2 SGB V abgibt. Es kommt in diesem Fall ein Kaufvertrag zwischen Kasse und Apotheke zustande, der Versicherte ist an dem Vertrag nur beteiligt, wenn nach Abs. 2 Mehrkosten anfallen (BSG 3. 8. 2006 – B 3 KR 6/06 R – SozR 4–2500 § 129 Nr. 2).

II. Verbandmittel

9 Als **weiterer Anspruchsinhalt** stehen dem Versicherten nach Abs. 1 Verbandmittel zu. Verbandmittel sind Gegenstände, die direkt oder indirekt dazu bestimmt sind, am oder im menschlichen Körper zu Behandlungszwecken angewendet zu werden, insbesondere dadurch, dass durch sie an der Oberfläche geschädigte Körperteile bedeckt sowie Körperflüssigkeiten aufgesaugt werden. Zudem können sie dazu bestimmt sein, der Anwendung von Arzneimitteln zu dienen: Wundpflaster, Mullbinden, Kompressen sind typische Beispiele. Schließlich besteht der Anspruch nach Abs. 1 auch für Harnteststreifen zur Feststellung des persönlichen Säuregehalts sowie Blutteststreifen, die zur Feststellung des Glykosegehalts im Blut dienen. Schwierig kann die Abgrenzung zu den Hilfsmitteln gemäß § 33 SGB V werden. Eine Unterscheidung ist erforderlich, da nur die Hilfsmittel von § 139 SGB V und dem Hilfsmittelverzeichnis nach § 128 SGB V erfasst sind. Das BSG hat in einer sehr jungen Entscheidung eine Differenzierung vorgenommen (BSG 28. 9. 2006 – B 3 KR 28/05 R – SGb 2007, 494 mit Anmerkung Joussen). Dabei nimmt es die zuvor genannte Definition des Verbandsmittels zum Ausgangspunkt. Doch verweist der Senat zu Recht darauf, dass diese nicht abschließend ist. Erforderlich sei wie stets eine wörtliche Auslegung, der zufolge „Verband" deshalb so heiße, weil damit „verbunden" werde. Dabei mache es auch keinen Unterschied, ob nur einmal oder mehrfach „ge-" bzw. „verbunden" werde. Die entscheidende Abgrenzung zum Hilfsmittel habe daher dort zu erfolgen, wo es nicht mehr um ein Verbinden, sondern um ein Stabilisieren gehe. Die Trennlinie zwischen Hilfs- und Verbandmittel sei daher, so das BSG, in dem „Sprachgebrauch und der medizinischen Praxis" zu sehen (vgl. hierzu auch die Auflistung bei Hauck/Noftz/Gerlach, § 31 SGB V Rn. 38).

10 Ist der Anspruchsinhalt in Abs. 1 näher umrissen, enthält Abs. 2 eine Regelung zur Höhe der Kostentragung und ist insofern eine ergänzende Regelung zu den umstrittenen (aber verfassungsrechtlich als zulässig angesehenen, BVerfG 17. 12. 2002 – 1 BvL 28/95 – NJW 2003, 1232) **Festbeträgen,** die in § 35 SGB V eigenständig geregelt sind. Die Grundregel ist in Abs. 2 S. 1 enthalten, der zufolge die Kasse dann, wenn ein Festbetrag für ein Arznei- oder Verbandmittel festgesetzt ist, die Kosten nur in Höhe dieses Betrages trägt, wobei die vom Versicherten nach Abs. 3 zu leistende Zuzahlung abgezogen und der nach den §§ 130, 130a SGB V von den pharmazeutischen Unternehmen zu gewährende Rabatt berücksichtigt wird. Ist ein Festbetrag nicht festgesetzt, trägt die Kasse die vollen Kosten, abzüglich der genannten Posten. Nähere Einzelheiten zu den verschiedenen Möglichkeiten der Vertragsgestaltung, die zu einer veränderten Höhe der Kostentragungspflicht der Kassen führen können,

sind in Abs. 2 S. 2–5 enthalten, insbesondere im Hinblick auf durch die Verträge nach § 130a VIII SGB V möglicherweise entstehenden Mehrkosten.

III. Diäten (Abs. 5)

Neu zum 1. 1. 2009 aufgenommen wurde ein Anspruch des Versicherten auf bilanzierte Diäten zur enteralen Ernährung. Voraussetzung ist eine entsprechende medizinische Notwendigkeit. Hierzu erhält der Gemeinsame Bundesausschuss nach Abs. 5 S. 2 eine entsprechende Verordnungsermächtigung. Hinsichtlich der Einzelheiten bedient sich die Norm einer umfangreichen Verweisung.

C. Absatz 2 a

Abs. 2a sah während seiner Geltungszeit bis zum Inkrafttreten des Arzneimittelmarktneuordnungsgesetzes eine Regelung in Ergänzung zu Abs. 2 vor und betraf Arzneimittel, die nicht in eine Festbetragsgruppe nach § 35 SGB V einzubeziehen waren. Diese Vorschrift ist aufgehoben, statt einer Festsetzung des Höchstbetrags durch den Spitzenverband Bund der Krankenkassen gilt nun, dass die Erstattungsbeträge für Arzneimittel mit neuen Wirkstoffen, die nicht festbetragsfähig sind, in einem Vertrag zwischen dem Spitzenverband Bund und dem jeweiligen pharmazeutischen Unternehmen vereinbart werden. 11

D. Zuzahlung (Abs. 3)

Der Versicherte ist nach Abs. 3 unter den dort genannten Voraussetzungen zu einer Zuzahlung verpflichtet. Dies gilt unabhängig davon, ob für das Arzneimittel ein Festbetrag festgesetzt wurde oder nicht. Die **Zuzahlungspflicht** erstreckt sich auch auf solche Mittel, die ausnahmsweise nach Abs. 1 S. 2 und 3 in die Versorgung aufgenommen sind. Die Höhe der Zuzahlung bestimmt sich nach § 61 S. 1 SGB V, sie ist insbesondere, anders als in der ursprünglichen Fassung, unabhängig von der Packungsgröße; sie beträgt vielmehr 10 vH des Abgabepreises, mindestens jedoch fünf, höchstens 10 Euro. Die Kosten des Mittels selbst dürfen allerdings keinesfalls überschritten werden. Nach S. 2 sind Teststreifen von der Zuzahlung ausgenommen. Unter bestimmten Voraussetzungen kann der Spitzenverband Bund der Krankenkassen Arzneimittel von der Zuzahlung freistellen; Voraussetzung hierfür ist nach Abs. 3 S. 4, dass der Apothekeneinkaufspreis einschließlich Mehrwertsteuer (ab 1. 1. 2012: Abgabepreis des pharmazeutischen Unternehmers ohne Mehrwertsteuer) mindestens 30 vH niedriger ist als der jeweils gültige Festbetrag, der diesem Preis zugrunde liegt. S. 5 regelt Ähnliches für Arzneimittel, für die eine Vereinbarung nach § 130a Abs. 8 SGB V besteht. 12

E. Packungsgrößen (Abs. 4)

In Abs. 4 finden sich Vorschriften über Packungsgrößen. Hier besteht eine **Ermächtigung** des Bundesministeriums für Gesundheit, welches eine Rechtsverordnung ohne Zustimmung des Bundesrates erlassen kann (mehrfach geänderte Verordnung vom 9. 9. 1993, BGBl. I 1557). Ziel sind therapiegerechte und wirtschaftliche Packungsgrößen. Weder sollen sinnlose und unwirtschaftliche Großpackungen die Kassen unnötig belasten noch soll die Zuzahlungsregelung des Abs. 3 umgangen werden. Auch wenn die Zuzahlungshöhe sich nicht mehr nach der Packungsgröße richtet, ist diese Regelung beibehalten worden, unverändert sind die Größen N1, N2, N3 vorgesehen. Nach S. 2 sind Fertigarzneimittel vom Anspruch des Versicherten nicht erfasst, wenn die Packungsgröße die größte der auf Grund der genannten Rechtsverordnung bestimmten Packungsgröße übersteigt. 13

§ 32 Heilmittel

(1) ¹Versicherte haben Anspruch auf Versorgung mit Heilmitteln, soweit sie nicht nach § 34 ausgeschlossen sind. ²Für nicht nach Satz 1 ausgeschlossene Heilmittel bleibt § 92 unberührt.

(2) ¹Versicherte, die das achtzehnte Lebensjahr vollendet haben, haben zu den Kosten der Heilmittel als Zuzahlung den sich nach § 61 Satz 3 ergebenden Betrag an die abgebende Stelle zu leisten. ²Dies gilt auch, wenn Massagen, Bäder und Krankengymnastik als Bestandteil der ärztlichen Behandlung (§ 27 Satz 2 Nr. 1) oder bei ambulanter Behandlung in Krankenhäusern, Rehabilitations- oder anderen Einrichtungen abgegeben werden. ³Die Zuzahlung für die in Satz 2 genannten Heilmittel, die als Bestandteil der ärztlichen Behandlung abgegeben werden, errechnet sich nach den Preisen, die für die Krankenkasse des Versicherten nach § 125 für den Bereich des Vertragsarztsitzes vereinbart sind. ⁴Bestehen insoweit unterschiedliche Preisvereinbarungen, hat die Krankenkasse einen durch-

schnittlichen Preis zu errechnen. ⁵Die Krankenkasse teilt die anzuwendenden Preise den Kassenärztlichen Vereinigungen mit, die die Vertragsärzte darüber unterrichten.

A. Normzweck

1   Ähnlich konzipiert wie § 31 SGB V und vergleichbar dem dort geregelten Anspruch des Versicherten, in Einzelheiten aber abweichend, enthält die Norm einen Anspruch des Versicherten auf die Versorgung mit Heilmitteln. Dieser Anspruch wird wie in § 31 SGB V nicht unbeschränkt gewährt, sondern steht ebenfalls unter der Ausschlussmöglichkeit des § 34 SGB V sowie der Arzneimittelrichtlinien nach § 92. Zudem enthält auch diese Vorschrift eine Zuzahlungsregelung.

B. Anspruchsvoraussetzung

2   Wie der Anspruch auf Arzneimittel stellt auch derjenige auf Heilmittel in § 32 SGB V eine Konkretisierung des bereits in § 27 I 2 Nr. 3 SGB V enthaltenen allgemeinen Versorgungsanspruchs des Versicherten dar. Voraussetzung des Anspruchs ist die **Versicherteneigenschaft** desjenigen, der ihn geltend macht.

I. Heilmittel

3   Der Anspruch des Versicherten ist auf **Heilmittel** gerichtet. Nachdem die Rechtsprechung früher (BSG 16. 7. 1968 – 9 RV 1070/65 – BSGE 28, 158; BSG 8. 6. 1993 – 1 RK 21/91 – NJW 1993, 3018) formal argumentierte und als Heilmittel von außen auf den Körper wirkende sächliche Mittel ansah, die zu Heilzwecken eingesetzt wurden, und auf diese Weise versuchte, die Heil- von den von innerlich wirkenden Arzneimitteln abzugrenzen (vgl. auch § 31 SGB V Rn. 3), sieht die heutige Rechtsprechung als Heilmittel alle ärztlich verordneten Dienstleistungen an, die einem Heilzweck dienen und einen Heilerfolg sichern und ausschließlich von entsprechend dazu ausgebildeten Personen erbracht werden dürfen (BSG 30. 1. 2001 – B 3 KR 6/00 R – NZS 2001, 532; BSGE 28. 6. 2001 – B 3 KR 3/00 – SozR 3–2500 § 33 Nr. 41; zur Entwicklung Butzer, in: Becker/Kingreen, § 32 SGB V Rn. 4). Kommen neben den Dienstleistungen auch sächliche Mittel zur Anwendung, verbleibt es bei der Definition als Heilmittel, sofern die Dienstleistung als überwiegend anzusehen ist (BSG 19. 3. 2002 – B 1 KR 36/00 R – SozR 3–2500 § 138 Nr. 2 zur Reit-, auch Hippotherapie genannt). Die heutige Begriffsdefinition hat bei aller Verbesserung nicht alle Zweifelsfälle beseitigen können, s. etwa die ausführliche Liste bei KassKomm/Höfler, § 32 SGB V Rn. 16 ff.

4   Neben dieser allgemeinen, positiven Definition des Heilmittels ist dieses im Zweifelsfall von anderen Versorgungsformen, die Gegenstand eines Anspruchs des Versicherten sein können, abzugrenzen. Die **Abgrenzung** zu den Arznei- wie den Hilfsmitteln zeigt sich verhältnismäßig einfach: Anders als dort, wo regelmäßig sächliche Mittel im Vordergrund stehen (für Hilfsmittel etwa BSG 30. 1. 2001 – B 3 KR 6/00 R – NZS 2001, 532), steht wie ausgeführt beim Heilmittel die Dienstleistung im Zentrum. Schwieriger kann die Abgrenzung des Heilmittels zur ärztlichen Behandlung sein; bei letzterer muss allerdings gemäß § 28 SGB V jedenfalls ein Arzt Ausführender sein, zumindest muss er die Maßnahme beaufsichtigen. Schließlich ist stets entscheidend, dass ein Behandlungscharakter im Vordergrund steht: Von dieser Überlegung ausgehend ist ein Heilmittel insbesondere auch von allgemeinen Maßnahmen ohne Behandlungscharakter, etwa einer Sport- oder Gymnastikveranstaltung, abzugrenzen. Zwar wirken sich letztere auch günstig auf den Gesundheitszustand aus, dies genügt jedoch nicht zur Qualifikation als Heilmittel. Entscheidend für die Differenzierung gegenüber Maßnahmen, die der Eigenverantwortung des Versicherten zuzuordnen sind, ist vielmehr zusätzlich der der Maßnahme innewohnende objektive Zweck. Daher kann es sich nur dann um ein Heilmittel handeln, wenn ein Bezug zu einem konkreten Krankenstand vorliegt. Ein nur allgemein günstiger Einfluss auf den Organismus reicht hingegen für die (erforderliche) Annahme einer gezielten Krankheitsbekämpfung nicht aus (BSG 19. 3. 2002 – B 1 KR 36/00 R – SozR 3–2500 § 138 Nr. 2; BeckOKSozR/ Knispel, § 32 SGB V Rn. 5). Auch zur Abgrenzung herangezogen wird von der Rechtsprechung, ob die Maßnahme von einer medizinischen Fachkraft durchgeführt werden muss, dies spricht dann (aber nicht zwingend) für ein Heilmittel (BSG 16. 11. 1999 – B 1 KR 9/97 R – BSGE 85, 132). Jedenfalls nicht erfasst werden vom Heilmittelbegriff vor- und nachbereitende Handlungen, dies gilt etwa für das erforderliche Umkleiden eines Körperbehinderten bei Massagen und Bädern (BSG 20. 5. 2003 – B 1 KR 23/01 – SozR 4–2500 § 32 Nr. 1; Butzer, in: Becker/Kingreen, § 32 SGB V Rn. 10).

II. Heilmittel-Richtlinie

5   Unabhängig von einem möglichen Ausschluss bestimmter Heilmittel nach § 34 SGB V (vgl. Rn. 6) hat der Gemeinsame Bundesausschuss nach § 92 Abs. 1 S. 2 Nr. 6 SGB V die Ermächtigung, den Heilmittelanspruch zu konkretisieren. Da die dort normierte Kompetenz völlig allgemein gehalten ist,

hat er die Befugnis, diesbezüglich Regelungen zu treffen, die bis zu einem Ausschluss reichen. Der Gemeinsame Bundesausschuss hat auf der Grundlage seiner Kompetenz im Wege der Richtlinien über die Verordnung von Heilmitteln (**Heilmittel-Richtlinie,** vom 1. 12. 2003/16. 3. 2004, mit späteren Änderungen, vgl. den Text unter www.g-ba.de) Gebrauch gemacht. Diese enthalten unter anderem eine Liste verordnungsfähiger Einzelmaßnahmen. Darüber hinaus ist in ihnen ein Heilmittelkatalog mit Hinweisen zur Indikation und zur Verordnung durch die Vertragsärzte enthalten. Zusätzlich hat der Ausschuss nach § 138 SGB V die Kompetenz, neue Heilmittel im Hinblick auf ihren therapeutischen Nutzen zu bewerten. Neu sind diejenigen Heilmittel, die bislang noch nicht zum Leistungskatalog der Krankenversicherung zählen (s. BSG 19. 3. 2002 – B 1 KR 36/00 R – SozR 3–2500 § 138 Nr. 2). Vor Anerkennung kann das Heilmittel, wenn nicht ein Fall des Systemversagens vorliegt (dazu BeckOK/Joussen, § 135 SGB V Rn. 16), nicht verordnet werden. Aktiv wird der Ausschuss auf Antrag der Kassenärztlichen Bundesvereinigung, einer Kassenärztlichen Vereinigung oder eines Spitzenverbandes der Krankenkassen. Darüber hinaus kann auch ein einzelner Leistungserbringer – etwa der Angehörige eines Heilhilfeberufs – mit einem gesetzlich geregelten Berufsbild (Diätassistent) jedenfalls bei Vorliegen eines ausreichenden medizinisch-wissenschaftlichen Materials im Wege eines eigenen, im Klageweg durchsetzbaren Antragsrechts verlangen, dass der Gemeinsame Bundesausschuss in einem förmlichen Verfahren über die Aufnahme einer bestimmten Therapieform in den Katalog der im Rahmen der Krankenbehandlung zulässigen Heilmittel entscheidet (BSG 28. 6. 2000 – B 6 KA 26/99 R – NZS 2001, 590; so auch Peters/Hencke, § 138 SGB V Rn. 3). Die Gegenauffassung (Jahn/Limpinsel, SGB V § 138 Rn. 4) verkennt, dass hier das Grundrecht des Betroffenen auf Berufsfreiheit nach Art. 12 Abs. 1 GG einschlägig ist und ihm ein eigenes Antragsrecht verschafft; es genügt nicht, ihn bloß auf die zuvor genannten Verbände bzw. Vereinigungen zu verweisen. Damit ist ein ausreichender Grundrechtsschutz nicht garantiert (BeckOKSozR/Joussen, § 138 SGB V). Nach der Prüfung gibt der Gemeinsame Bundesausschuss zugleich in den Richtlinien nach § 92 Abs. 1 S. 2 Nr. 6 SGB V Empfehlungen für die Sicherung der Qualität bei der Leistungserbringung ab. Bejaht der Ausschuss den therapeutischen Nutzen, so ist das entsprechende Heilmittel in die Zulassungsentscheidung der Krankenkassen mit einzubeziehen, das heißt, der Antragsteller ist bei Erfüllung der Bedingungen des § 124 Abs. 2 SGB V zuzulassen. Verneint er hingegen den therapeutischen Nutzen, ist die Verordnungsfähigkeit zulasten der Krankenkassen ausgeschlossen. In diesem Fall steht dem Antragsteller der Klageweg offen; das zuständige Sozialgericht hat dabei die Pflicht, im Falle der Anfechtungsklage inzident auch die Rechtmäßigkeit der Entscheidung des Gemeinsamen Bundesausschusses zu überprüfen. Eine Feststellungsklage kommt ebenfalls in Betracht, das erforderliche Feststellungsinteresse dürfte zumindest bei einer unmittelbaren Betroffenheit zu bejahen sein.

C. Ausschluss

Wie bei den Arzneimitteln und dem Verweis in § 31 SGB V gewährt auch § 32 SGB V einen **Anspruch** auf Heilmittel **nur eingeschränkt,** soweit sie nämlich nach § 34 SGB V nicht von der Versorgung ausgeschlossen sind (vgl. Kommentierung dort). Darüber hinaus kann auch der Gemeinsame Bundesausschuss im Wege einer Richtlinie Heilmittel von der Versorgung ausschließen. Der Ausschuss hat daher, entgegen früherer Rechtsprechung, eine (wenn auch subsidiäre) Kompetenz neben dem Ministerium (s. BT-Drs. 15/1525, S. 87). Der Ausschuss hat in seiner Anlage 2 zur Heilmittelrichtlinie diejenigen Heilmittel ausgeschlossen, deren therapeutischer Nutzen, medizinische Notwendigkeit oder Wirtschaftlichkeit nicht nachgewiesen ist. Ausgeschlossen sind schließlich, nach § 138 SGB V, auch „neue Heilmittel": Neu sind wie angesprochen diejenigen Heilmittel, die bislang noch nicht zum Leistungskatalog der Krankenversicherung zählen (s. BSG 19. 3. 2002 – B 1 KR 36/00 R – SozR 3–2500 § 138 Nr. 2). Vor Anerkennung kann das Heilmittel, wenn nicht ein Fall des Systemversagens vorliegt (dazu BeckOKSozR/Joussen, § 135 SGB V Rn. 16), nicht verordnet werden.

6

D. Zuzahlung

Wie bei Arzneimitteln auch sieht Abs. 2 eine **Zuzahlungspflicht** für Heilmittel vor. Die Höhe richtet sich wiederum nach § 61 S. 3 SGB V, beträgt also 10 vH der Kosten sowie zusätzlich 10 Euro je Verordnung des Arztes. Nähere Einzelheiten zum Verfahren der Zuzahlung, die an die abgebende Stelle zu leisten ist, finden sich in den S. 2–5.

7

§ 33 Hilfsmittel

(1) ¹**Versicherte haben Anspruch auf Versorgung mit Hörhilfen, Körperersatzstücken, orthopädischen und anderen Hilfsmitteln, die im Einzelfall erforderlich sind, um den Erfolg der Krankenbehandlung zu sichern, einer drohenden Behinderung vorzubeugen oder eine Behinderung auszugleichen, soweit die Hilfsmittel nicht als allgemeine Ge-**

brauchsgegenstände des täglichen Lebens anzusehen oder nach § 34 Abs. 4 ausgeschlossen sind. ²Der Anspruch auf Versorgung mit Hilfsmitteln zum Behinderungsausgleich hängt bei stationärer Pflege nicht davon ab, in welchem Umfang eine Teilhabe am Leben der Gemeinschaft noch möglich ist; die Pflicht der stationären Pflegeeinrichtungen zur Vorhaltung von Hilfsmitteln und Pflegehilfsmitteln, die für den üblichen Pflegebetrieb jeweils notwendig sind, bleibt hiervon unberührt. ³Für nicht durch Satz 1 ausgeschlossene Hilfsmittel bleibt § 92 Abs. 1 unberührt. ⁴Der Anspruch umfasst auch die notwendige Änderung, Instandsetzung und Ersatzbeschaffung von Hilfsmitteln, die Ausbildung in ihrem Gebrauch und, soweit zum Schutz der Versicherten vor unvertretbaren gesundheitlichen Risiken erforderlich, die nach dem Stand der Technik zur Erhaltung der Funktionsfähigkeit und der technischen Sicherheit notwendigen Wartungen und technischen Kontrollen. ⁵Wählen Versicherte Hilfsmittel oder zusätzliche Leistungen, die über das Maß des Notwendigen hinausgehen, haben sie die Mehrkosten und dadurch bedingte höhere Folgekosten selbst zu tragen.

(2) ¹Versicherte haben bis zur Vollendung des 18. Lebensjahres Anspruch auf Versorgung mit Sehhilfen entsprechend den Voraussetzungen nach Absatz 1. ²Für Versicherte, die das 18. Lebensjahr vollendet haben, besteht der Anspruch auf Sehhilfen, wenn sie auf Grund ihrer Sehschwäche oder Blindheit, entsprechend der von der Weltgesundheitsorganisation empfohlenen Klassifikation des Schweregrades der Sehbeeinträchtigung, auf beiden Augen eine schwere Sehbeeinträchtigung mindestens der Stufe 1 aufweisen; Anspruch auf therapeutische Sehhilfen besteht, wenn diese der Behandlung von Augenverletzungen oder Augenerkrankungen dienen. ³Der Gemeinsame Bundesausschuss bestimmt in Richtlinien nach § 92, bei welchen Indikationen therapeutische Sehhilfen verordnet werden. ⁴Der Anspruch auf Versorgung mit Sehhilfen umfaßt nicht die Kosten des Brillengestells.

(3) ¹Anspruch auf Versorgung mit Kontaktlinsen besteht für anspruchsberechtigte Versicherte nach Absatz 2 nur in medizinisch zwingend erforderlichen Ausnahmefällen. ²Der Gemeinsame Bundesausschuss bestimmt in den Richtlinien nach § 92, bei welchen Indikationen Kontaktlinsen verordnet werden. ³Wählen Versicherte statt einer erforderlichen Brille Kontaktlinsen und liegen die Voraussetzungen des Satzes 1 nicht vor, zahlt die Krankenkasse als Zuschuß zu den Kosten von Kontaktlinsen höchstens den Betrag, den sie für eine erforderliche Brille aufzuwenden hätte. ⁴Die Kosten für Pflegemittel werden nicht übernommen.

(4) Ein erneuter Anspruch auf Versorgung mit Sehhilfen nach Absatz 2 besteht für Versicherte, die das vierzehnte Lebensjahr vollendet haben, nur bei einer Änderung der Sehfähigkeit um mindestens 0,5 Dioptrien; für medizinisch zwingend erforderliche Fälle kann der Gemeinsame Bundesausschuss in den Richtlinien nach § 92 Ausnahmen zulassen.

(5) ¹Die Krankenkasse kann den Versicherten die erforderlichen Hilfsmittel auch leihweise überlassen. ²Sie kann die Bewilligung von Hilfsmitteln davon abhängig machen, daß die Versicherten sich das Hilfsmittel anpassen oder sich in seinem Gebrauch ausbilden lassen.

(6) ¹Die Versicherten können alle Leistungserbringer in Anspruch nehmen, die Vertragspartner ihrer Krankenkasse sind. ²Hat die Krankenkasse Verträge nach § 127 Abs. 1 über die Versorgung mit bestimmten Hilfsmitteln geschlossen, erfolgt die Versorgung durch einen Vertragspartner, der den Versicherten von der Krankenkasse zu benennen ist. ³Abweichend von Satz 2 können Versicherte ausnahmsweise einen anderen Leistungserbringer wählen, wenn ein berechtigtes Interesse besteht; dadurch entstehende Mehrkosten haben sie selbst zu tragen.

(7) Die Krankenkasse übernimmt die jeweils vertraglich vereinbarten Preise.

(8) ¹Versicherte, die das 18. Lebensjahr vollendet haben, leisten zu jedem zu Lasten der gesetzlichen Krankenversicherung abgegebenen Hilfsmittel als Zuzahlung den sich nach § 61 Satz 1 ergebenden Betrag zu dem von der Krankenkasse zu übernehmenden Betrag an die abgebende Stelle. ²Der Vergütungsanspruch nach Absatz 7 verringert sich um die Zuzahlung; § 43 b Abs. 1 Satz 2 findet keine Anwendung. ³Die Zuzahlung bei zum Verbrauch bestimmten Hilfsmitteln beträgt 10 vom Hundert des insgesamt von der Krankenkasse zu übernehmenden Betrags, jedoch höchstens 10 Euro für den gesamten Monatsbedarf.

A. Normzweck

1   Im Wesentlichen vergleichbar zu den beiden Vorschriften zu Arznei- und Heilmitteln ist auch der Anspruch auf Hilfsmittel nach § 33 SGB V konzipiert. Er enthält die einzelnen Voraussetzungen sowie nähere Erläuterungen zum Umfang des Anspruchs als Teil der Krankenbehandlung. Auch hier findet

sich eine nähere Konkretisierung des allgemeinen Rechtsanspruchs aus § 27 Abs. 1 S. 2 Nr. 3 SGB V. Ziel dieses Anspruchs der Versicherten ist es, diesen diejenigen sachlichen Mittel zur Verfügung zu stellen, die erforderlich sind, um eine aufgetretene Krankheit bzw. eingetretene Behinderungsfolgen zu bekämpfen (BSG 16. 9. 2004 – B 3 KR 19/03 – SozR 4–2500 § 33 Nr. 7). Stärker noch als die zuvor normierten Ansprüche ist der Anspruch auf Hilfsmittel im Laufe der Zeit aus Kostengründen beschränkt worden, was sich im Gesetzeswortlaut deutlich widerspiegelt.

B. Anspruchsvoraussetzungen

Wie bei den anderen Ansprüchen auf Krankenbehandlung auch, die ihre Grundlage in § 27 SGB V haben, ist grundlegende Voraussetzung für die Geltendmachung des Anspruchs auf ein Hilfsmittel die Versicherteneigenschaft desjenigen, der ihn geltend macht. Dies gilt prinzipiell auch dann, wenn der **Versicherte** vollstationär in einem Pflegeheim (gemäß § 71 SGB XI) untergebracht ist. Hier ergeben sich jedoch Abgrenzungsfragen zum Anspruch auf Pflegehilfsmittel nach § 40 SGB XI, der nachrangig gegenüber Leistungsansprüchen anderer Leistungsträger ist. Nach Ansicht der Rechtsprechung ist es jedoch, soweit ein Hilfsmittel „wegen Krankheit" beansprucht werden kann, unerheblich, ob dieses Hilfsmittel dann zugleich auch noch den Zwecken des § 40 Abs. 1 SGB XI zugute kommt (BSG 25. 1. 1995 – 3/1 RK 63/93 – SozR 3–2500 § 33 Nr. 13; zur Abgrenzung s. auch Butzer, in: Becker/Kingreen, § 33 SGB V Rn. 38). Der Anspruch des Versicherten nach § 33 SGB V ist also unabhängig vom seinem Wohn- und Aufenthaltsort: Auch wenn er in einem **Pflegeheim** wohnt, bleibt er „Versicherter" der Krankenkasse. Die Abgrenzung erfolgt nur funktional. Diejenigen Gegenstände, die der Behandlungspflege bzw. dem Behinderungsausgleich dienen, fallen in den Bereich der von der Krankenkasse geschuldeten Hilfsmittel, was hingegen (ganz) überwiegend der Durchführung der Pflege dient, gehört zur erforderlichen Ausstattung des Pflegeheims (vgl. nunmehr, nach zuvor vertretener aA, zu Recht auch BSG 6. 6. 2002 – B 3 KR 6/01 R – SozR 3–2500 § 33 Nr. 43; BSG 24. 9. 2002 – B 3 KR 15/02 R – NZS 2003, 657; BSG 28. 5. 2003 – B 3 KR 30/02 R – NZS 2004, 101). Ob eine ärztliche Verordnung als Anspruchsvoraussetzung zu verlangen ist, ist umstritten. Anders als im Rahmen des Arzneimittelrechts (s. dort § 31 SGB V Rn. 2) geht das BSG hier davon aus, dass eine vertragsärztliche Verordnung des Hilfsmittels für den Leistungsanspruch nicht erforderlich sein soll. Der Unterschied wird zu Recht damit begründet, dass insofern der Arztvorbehalt nach § 15 Abs. 1 S. 2 SGB V nicht gelte (BSG 13. 5. 1998 – B 8 KN 13/97 R – SozR 3–2500 § 33 Nr. 28; BSG 16. 9. 1999 – B 3 KR 1/99 R – SozR 3–2500 § 33 Nr. 33; Hauck/Noftz/ders., § 15 SGB V Rn. 17; aA BeckOKSozR/Knispel, § 33 SGB V Rn. 54).

I. Hilfsmittel

Der Anspruch des Versicherten ist auf **Hilfsmittel** gerichtet. Als Hilfsmittel sind alle ärztlich verordneten Sachen anzusehen, die den Erfolg der Heilbehandlung sichern oder die Folgen von Gesundheitsschäden mildern oder ausgleichen (BSG 30. 1. 2001 – B 3 KR 6/00 R – NZS 2001, 532; Butzer, in: Becker/Kingreen, § 33 SGB V Rn. 4). Zu den Hilfsmitteln gehören damit, wie auch Abs. 1 S. 1 deutlich macht, Hör- und Sehhilfen, Körperersatzstücke und andere Gegenstände, die im Einzelfall zur Sicherung des Erfolgs der Krankenbehandlung erforderlich sind. Hinzuzuzählen sind zudem diejenigen Geräte, die – bei dem Ziel der Sicherung des Erfolgs der Krankenbehandlung – vom Versicherten selbst angewandt werden (BSG 30. 1. 2001 – B 3 KR 6/00 R – NZS 2001, 532); in diesen Fällen kann aber ggf. ein Anspruch deshalb ausscheiden, weil der Versicherte auf eigene gymnastische Übungen oder den Einsatz eines Gerätes verwiesen werden kann, der als Gebrauchsgegenstand des täglichen Lebens anzusehen ist (BSG 30. 1. 2001 – B 3 KR 6/00 R – NZS 2001, 532; BSG 16. 9. 1999 – B 3 KR 7/98 R – NZS 2000, 296).

Der Hilfsmittelbegriff ist von verschiedenen Ab- und Eingrenzungen geprägt, die in Zweifelsfällen die Bestimmung ermöglichen sollen. Eine erste **Abgrenzung** richtet sich **nach der Art der Sache:** Zu den Hilfsmitteln zählen nur bewegliche Sachen (BSG 6. 8. 1998 – B 3 KR 14/97 R – NJW 2000, 1812). Entscheidend ist daher ihre Beweglichkeit: Damit fallen neben Immobilien auch diejenigen Sachen aus dem Hilfsmittelbegriff heraus, die als Einrichtung einer Wohnung zu deren behindertengerechten Ausstattung gehören. Hilfsmittel können insofern nur diejenigen technischen Hilfsmittel sein, die vom Versicherten getragen oder mitgeführt bzw. bei einem Wohnungswechsel mitgenommen werden können (BSG 6. 8. 1998 – B 3 KR 14/97 R – NJW 2000, 1812; BeckOKSozR/Knispel, § 33 SGB V Rn. 4). Ebenfalls **abzugrenzen** ist das **Hilfs- vom Heilmittel.** Hier hat die Rechtsprechung eine längere Entwicklung gemacht. Mittlerweile unterscheidet sie vor allem danach, dass es bei Heilmitteln um ärztlich verordnete Dienstleistungen, bei Hilfsmitteln hingegen um sächliche medizinische Mittel handelt (BSG 28. 9. 2006 – B 3 KR 28/05 R – SGb 2007, 494 mit Anmerkung Joussen; BSG 28. 6. 2001 – B 3 KR 3/00 R – SozR 3–2500 § 33 Nr. 41; KassKomm/Höfler, § 33 SGB V Rn. 3 a). Auch der Gemeinsame Bundesausschuss hat sich dieser Differenzierung anhand der Begriffe „Sache" (die den Erfolg der Krankenbehandlung sichern oder eine Behinderung ausgleichen soll) und „Dienstleistung" (die einem Heilzweck dienen oder einen Heilerfolg sichern soll und nur von ausgebildeten Personen erbracht werden darf) angeschlossen.

5   Ein Hilfsmittel muss über das zuvor Gesagte hinaus einem bestimmten, in Abs. 1 genannten **Leistungszweck** dienen, nämlich entweder der Sicherung des Erfolgs der Krankenbehandlung oder der Vorbeugung einer drohenden Behinderung bzw. ihrem Ausgleich. In der ersten Alternative muss Ziel die **Sicherung der Krankenbehandlung** sein. Damit unterfallen dem Hilfsmittelbegriff solche Sachen, die konkret der Krankheitsbekämpfung dienen und die spezifisch im Rahmen der Behandlung eingesetzt werden (KassKomm/Höfler, § 33 SGB V Rn. 7). Ausgeschlossen sind infolgedessen Sachen, die eine ärztliche Behandlung überhaupt erst ermöglichen sollen; genügend ist hingegen, dass mit ihnen (bloß) ein therapeutischer Zweck angestrebt, nicht hingegen ein schon eingetretener Heilerfolg gesichert wird, wie etwa bei Orthesen (BSG 19. 4. 2007 – B 3 KR 9/06 R – NJOZ 2007, 4439; BSG 16. 9. 2004 – B 3 KR 15/04 R – SozR 4–2500 § 33 Nr. 7).

6   Alternativ (und in der Rechtsanwendung bedeutsamer) genügt die Zielrichtung, dass das Hilfsmittel dem **Ausgleich einer Behinderung** bzw. ihrer **Vorbeugung** dient. Der Behinderungsbegriff entspricht dem des § 2 Abs. 1 S. 1 SGB IX, es muss also eine Abweichung von einer für das Lebensalter typischen körperlichen Funktion, geistigen Fähigkeit oder seelischen Gesundheit vorliegen, die mit hoher Wahrscheinlichkeit länger als sechs Monate andauert und daher die Teilhabe am Leben in der Gesellschaft beeinträchtigt. In diesem Zusammenhang muss nach der Rechtsprechung jedoch die Beeinträchtigung wesentlich oder zumindest erheblich sein; ob dies der Fall ist, hängt von der konkreten Situation ab; was bei dem einen Versicherten eine wesentliche Beeinträchtigung ist, muss es beim anderen nicht zwangsläufig auch sein (Haarausfall bei einem Mann von BSG 18. 2. 1981 – 3 KR 49/79 – SozR 2200 § 182b Nr. 18 als nicht wesentlich angesehen, bei einer Frau hingegen doch, BSG 23. 7. 2002 – 3 KR 66/01 R – NZS 2003, 211). Es genügt in der Variante der „Vorbeugung" eine drohende Behinderung, die von der Rechtsprechung früher bejaht wurde, wenn es um eine zukünftige Abweichung von der gesundheitlichen Norm geht, für deren Eintritt eine nicht nur entfernte Möglichkeit besteht. Etwas strenger verlangt das BSG nunmehr, dass nicht nur abstrakt eine Behinderung zu erwarten ist, ihr Eintritt muss vielmehr unmittelbar und konkret zu befürchten sein (BSG 22. 4. 2009 – B 3 KR 11/07 R – NZS 2010, 325; BSG 24. 9. 2002 – B 3 KR 15/02 R – NZS 2003, 657).

7   Das in Frage stehende Mittel muss dem **Ausgleich** der (drohenden Nachteile der) Behinderung dienen. Dies ist der Fall, wenn es dem Ausgleich der Behinderung selbst dient. Damit unterfallen dem Hilfsmittelbegriff alle diejenigen Sachen, die primär die ausgefallenen natürlichen Funktionen ersetzen sollen, also vor allem die Funktion von Armen und Beinen, die Orientierung vor allem beim ausgefallenen Sehsinn, etc. (BSG 22. 4. 2009 – B 3 KR 11/07 R – NZS 2010, 325; BSG 6. 8. 1998 – B 3 KR 3/07 R – SozR 3–2500 § 33 Nr. 29; BSG 16. 9. 2004 – B 3 KR 19/03 – SozR 4–2500 § 33 Nr. 7). Ziel muss stets der Ausgleich der entfallenen Funktion sein, soweit die allgemeinen Grundbedürfnisse des täglichen Lebens betroffen sind, etwa die nicht mehr mögliche Körperpflege oder Ernährung. Ein Hilfsmittel liegt dafür vor, wenn es durch seine Anwendung dem behinderten Versicherten möglich ist, ein selbstständiges Leben zu führen und die Anforderungen des Alltags meistern zu können. Die Rechtsprechung ist insofern allerdings recht strikt und erkennt lediglich ein Basisbedürfnis an (Gehen, Stehen, Greifen, Sehen, Hören, Ernährung, Ausscheiden, Körperpflege, Erschließen eines gewissen körperlichen und geistigen Freiraums, s. die detaillierte Aufzählung in BeckOK-SozR/Knispel, § 33 SGB V Rn. 13 ff.); eine vor allem auf eine berufliche oder soziale Rehabilitation gerichtete Funktion darf nicht im Vordergrund stehen, insofern sind andere Leistungsträger vorrangig verpflichtet (BSG 6. 8. 1998 – B 3 KR 3/97 R – SozR 3–2500 § 33 Nr. 29; BSG 16. 9. 2004 – B 3 KR 15/04 R – SozR 4–2500 § 33 Nr. 7).

II. Erforderlichkeit

8   Der Anspruch des Versicherten richtet sich nicht auf jedes Hilfsmittel, entscheidend ist nach dem Wortlaut des § 33 Abs. 1 S. 1 SGB V, dass das Hilfsmittel erforderlich ist, um den Erfolg der Krankenbehandlung zu sichern bzw. die Behinderung auszugleichen. Neben der Möglichkeit, dass ein Hilfsmittel von dem Anspruch ohnehin ausgeschlossen ist, ist dies eine entscheidende Anspruchseinschränkung. Erforderlichkeit wird im Sinne dieser Vorschrift bejaht, wenn sein Einsatz zur Erreichung des mit ihm verfolgten Zwecks unter Zugrundelegung der individuellen Verhältnisse **unentbehrlich oder unvermeidlich** ist (so die überwiegende Formulierung der Rechtsprechung, vgl. etwa BSG 26. 10. 1982 – 3 RK 16/81 – SozR 2200 § 182b Nr. 25; BSG 17. 9. 1986 – 3 RK 5/86 – SozR 3–2200 § 182b Nr. 33). Gelegentlich scheint etwas zurückhaltender verlangt zu werden, dass Hilfsmittel sei erforderlich, wenn es den Zweck „wesentlich fördert" (BSG 23. 7. 2002 – B 3 KR 3/02 R – SozR 3–2500 § 33 Nr. 46). Maßgeblich ist jedoch stets, dass die Auswirkungen der Behinderung im gesamten täglichen Leben beseitigt oder gemildert werden und damit ein Grundbedürfnis des täglichen Lebens betroffen ist (BSG 25. 6. 2009 – B 3 KR 4/08 R – SozR 4–3240 § 33 Nr. 26). Jedenfalls bezieht sich die Erforderlichkeit auch auf das allgemein das Krankenversicherungsrecht beherrschende Gebot der Wirtschaftlichkeit (vgl. BeckOKSozR/Joussen, § 12 SGB V Rn. 8). Das bedeutet,

dass im Zusammenspiel mit den anderen in § 12 Abs. 1 SGB V genannten Kriterien der Wirtschaftlichkeit im weiteren Sinne eine Leistung und damit ein Hilfsmittel nur dann als notwendig bzw. erforderlich anzusehen ist, wenn es ausreichend, zweckmäßig und im Verhältnis zu anderen Möglichkeiten am **kostengünstigsten** ist (BSG 16. 9. 2004 – B 3 KR 19/03 R – SozR 4–2500 § 33 Nr. 7; kritisch im Hinblick auf den Zusammenhang zu § 12 SGB V KassKomm/Höfler, § 33 SGB V Rn. 17). Ob im Rahmen der Erforderlichkeit zu berücksichtigen ist, dass der Versicherte vorrangig auf die Hilfe durch Angehörige zu verweisen ist, ist umstritten. Zum Teil wird explizit abgelehnt, eine Beziehung zwischen der Erforderlichkeit und der Möglichkeit der Hilfeleistung Dritter herzustellen, da es innerhalb des Systems der gesetzlichen Krankenversicherung keinen generellen Vorrang der Hilfe durch Angehörige gebe (BeckOKSozR/Knispel, § 33 SGB V Rn. 23). Dieser generelle Ausschluss ist jedoch zu weitgehend. Richtig dürfte es sein, mit der Rechtsprechung in bestimmten Ausnahmesituationen ein Hilfsmittel aus diesem Grund als nicht erforderlich anzusehen. Doch muss angesichts des von der Gegenauffassung mit Recht vorgebrachten systematischen Arguments dieser Rückgriff auf seltene Ausnahmefälle beschränkt sein, so etwa auf die Situation, dass für die Angehörigen unter anderem eine kostenfreie Familienversicherung nach § 10 SGB V besteht; zudem wird man die Hilfeleistung in entsprechenden „Einstandsgemeinschaften" auf zumutbare, kleinere Hilfeleistungen beschränken müssen. Dementsprechend schließt die Möglichkeit, die Hilfe Dritter in Anspruch zu nehmen, den Anspruch auf Versorgung mit einem Hilfsmittel nicht aus. Insbesondere kann eine analoge Anwendung des § 37 Abs. 3 SGB V die Versorgung mit einem Hilfsmittel allenfalls dann ersetzen, wenn die Hilfeleistungen dem Dirtten aufgrund eines geringen zeitlichen Aufwands zumutbar sind (BSG 12. 8. 2009 – B 3 KR 8/08 R – NJOZ 2010, 2186; s. auch BSG 23. 8. 1995 – 3 RK 7/95 – SozR 3–2500 § 33 Nr. 16; Hs.-KV/Schulin, § 6 Rn. 64; KassKomm/Höfler, § 33 SGB V Rn. 18 b; aA BeckOKSozR/Knispel, § 33 SGB V Rn. 23; Gunder, ErsK 1996, 211, 214). Die Erforderlichkeit wird nicht dadurch beseitigt, dass nicht der Versicherte selbst, sondern eine Hilfsperson das Hilfsmittel anwendet; ausreichend ist, dass das Hilfsmittel letztlich dem Versicherten zugute kommt (BSG 3. 8. 2006 – B 3 KR 25/05 R – NZS 2007, 370).

Hinsichtlich einer **Zweitversorgung** mit einem Hilfsmittel gilt, dass die dauerhafte Zweitversorgung nur dann in Betracht kommt, wenn eine auf die Dauer der tatsächlichen Reparatur beschränkte Versorgung mit einem Ersatzgerät im Einzelfall ausgeschlossen scheint. Sie ist jedenfalls möglich, wenn dies zur Abdeckung der Grundbedürfnisse des Versicherten erforderlich ist (BSG 6. 8. 2009 – B 3 KR 4/09 – BeckRS 2009, 69.456). 8a

Sind mehrere mögliche Hilfsmittel, die die Erforderlichkeit (auch im Hinblick auf die Wirtschaftlichkeit) in gleicher Weise erfüllen, vorhanden, räumt die Rechtsprechung dem Versicherten mit Recht ein **Wahlrecht** ein (BSG 3. 11. 1999 – B 3 KR 16/99 R – NZS 2000, 352). Abs. 1 S. 5 bestätigt dies indirekt: Versicherte können danach ein höherwertiges, kostenintensiveres Hilfsmittel wählen, müssen dann aber entstehende Mehrkosten übernehmen. 9

C. Ausschluss

I. § 33 Abs. 1 S. 1 Alt. 1

Eine grundsätzlich als Hilfsmittel zu qualifizierende Sache kann unter bestimmten Voraussetzungen von der Versorgung ausgeschlossen sein. Dies gilt zunächst nach § 33 Abs. 1 S. 1 a. E. Alt. 1, wenn es sich um einen **allgemeinen Gebrauchsgegenstand des täglichen Lebens** handelt (zu den Entwicklungen in der Rechtsprechung Kingreen NJW 2010, 3408). Dieser Ausschluss beruht auf der Vorstellung, dass die Krankenversicherung nicht dazu dienen soll, die Aufwendungen des täglichen Lebens und Gebrauchsgegenstände des privaten Bereichs zu finanzieren (BSG 18. 2. 1981 – 3 RK 49/79 – SozR 2200 § 182b Nr. 18). Diese sind daher auch nicht als Hilfsmittel im Rahmen der Krankenbehandlung anzusehen. Entscheidendes Differenzierungskriterium zwischen Hilfsmittel und allgemeinem Gebrauchsgegenstand ist nach Ansicht des BSG die Zweckbestimmung. Ist danach ein Gegenstand speziell für die Bedürfnisse behinderter (oder kranker) Menschen entwickelt und hergestellt und wird er von diesem Personenkreis auch überwiegend oder sogar ausschließlich genutzt, handelt es sich nicht um einen Gebrauchsgegenstand des täglichen Lebens (maßgeblich dazu BSG 16. 9. 1999 – B 3 KR 1/99 R – SozR 3–2500 § 33 Nr. 33). Dies ist demnach der Fall, wenn der Einsatz des Mittels zur Lebensbewältigung im Rahmen der Grundbedürfnisse des täglichen Lebens benötigt wird, wobei zu diesen Grundbedürfnissen Stehen, Treppensteigen, Sitzen, Liegen, Greifen, Sehen usw. zu zählen sind (BVerfG 25. 2. 2009 – 1 BvR 120/09 – NZS 2009, 674; bejahend bei einer Lichtsignalanlage für hochgradig Schwerhörige BSG 29. 4. 2010 – B 3 KR 5/09 R – SozR 4– 2500 § 33 Nr. 30). Handelt es sich hingegen um einen Gegenstand, der für alle oder wenigstens die Mehrzahl der Menschen unabhängig von Krankheit oder Behinderung unentbehrlich ist und ist er nicht überwiegend für Behinderte oder Kranke entwickelt worden, ist er als Gebrauchsgegenstand des täglichen Lebens anzusehen. Dies gilt auch dann, wenn er im konkreten Einzelfall dem Ausgleich einer Behinderung dient (BSG 25. 6. 2009 – B 3 KR 4/08 R – SozR 4–3240 § 33 Nr. 26; BSG 10

23. 7. 2002 – B 3 KR 3/02 R – SozR 3–2400 § 33 Nr. 46; BSG 22. 8. 2001 – B 3 P 13/00 R – NZS 2002, 374). So ist dem Grundbedürfnis nach Fortbewegung schon dann Genüge getan, wenn ein Selbstfahrrollstuhl im Nahbereich bewegt werden kann. Nicht geschuldet ist von der GKV das Ermöglichen von Freizeitbeschäftigungen wie Wandern, Dauerlauf, Ausflüge o. ä., die das „Stimulieren aller Sinne", die „Erfahrungen von Geschwindigkeit und Raum", das „Erleben physischen und psychischen Durchhaltens" oder das „Gewinnen von Sicherheit" mit sich bringen (BSG 29. 1. 2009 – B 3 KR 39/08 B – juris). Anders kann dies bei Kindern sein, bei denen zu berücksichtigen ist, dass sie ein Grundbedürfnis der „Teilnahme an sonstigen üblichen Lebensgestlatung Gleichaltriger als Bestandteil des sozialen Lernprozesses" haben. Dies ist in den Abwägungsprozess mit einzubeziehen, insofern nämlich durch das Hilfsmittel, etwa ein behinderungsgerechtes Dreirad, diese Teilnahme am Leben in der Gemeinschaft wesentlich gefördert werden kann (BSG 23. 7. 2002 – B 3 KR 3/02 R – NZS 2003, 482).

11 Infolge dieser Differenzierung war es erforderlich, Gegenstände mit einer **Doppelfunktion** einzuordnen, die also auf der einen Seite im täglichen Leben gebraucht werden, zugleich aber, auf der anderen Seite, auch dem Ausgleich einer Behinderung dienen. Hier geht die Rechtsprechung grundsätzlich davon aus, dass der Charakter als Hilfsmittel dann dominiert, wenn die auf diese Funktion entfallenden Kosten (der Herstellung) überwiegen (BSG 10. 5. 1995 – 1 RK 18/94 – SozR 3–2500 § 33 Nr. 15). Der Gegenstand ist dann Leistungsgegenstand der Krankenversicherung. Doch wird dem Umstand, dass er auch dem alltäglichen Leben dient, dadurch Rechnung getragen, dass eine Verrechnung vorgenommen wird. Der Versicherte muss dann also einen Eigenanteil erbringen, da er ja Aufwendungen für die Beschaffung einer (täglich gebrauchten) Sache erspart. Die Rechtsprechung kommt daher zu dem Ergebnis, dass zwar eine Erstattung erfolgt, der Versicherte aber zu beteiligen ist, wenn er ohne die Behinderung einen allgemeinen Gebrauchsgegenstand des täglichen Lebens angeschafft hätte, der nun durch das Hilfsmittel ersetzt wird, beispielsweise orthopädische Schuhe oder ein Hand-Bike (zusätzlicher Handantrieb für einen Rollstuhl) statt einem Fahrrad (BSG 28. 9. 1976 – 3 RK 9/76 – BSGE 42, 229; BSG 16. 4. 1998 – B 3 KR 9/97 R – SozR 3–2500 § 33 Nr. 27). Im Ergebnis kann der Anspruch aus § 33 Abs. 1 S. 1 SGB V im Grundsatz auf die Gewährung einer behinderungsbedingt erforderlichen Zusatzausrüstung beschränkt sein, wenn der betreffende Gegenstand seiner Art nach als Gebrauchsgegenstand des täglichen Lebens anzusehen ist oder einer Abwandlung oder Ergänzung eines solchen Gegenstands dient (BSG 25. 6. 2009 – B 3 KR 4/08 R – SozR 4–3240 § 33 Nr. 26).

11a Umstritten ist, auch innerhalb des BSG, inwieweit Krankenkassen auch für Hilfsmittel in Anspruch genommen werden können, die (nur) für die Berufsausübung erforderlich sind. Während dies vom 13. Senat bejaht wird (BSG 21. 8. 2008 – B 13 KR 33/07 R – SozR 4–3250 § 14 Nr. 7), lehnt dies der 3. Senat ab, weil Auswirkungen bei der oder auf die Berufsausübung für die Hilfsmittelgewährung nach dem SGB V grundsätzlich unbeachtlich seien. Zuständig sei dann vielmehr der entsprechende Rehabilitationsträger aus der Renten- bzw. Unfallversicherung (BSG 17. 12. 2009 – B 3 KR 20/08 R – Behindertenrecht 2010, 914). Demzufolge sind Gebrauchsvorteile für die Berufsausübung grundsätzlich unbeachtlich.

II. § 33 Abs. 1 S. 1 Alt. 2

12 Nach § 33 Abs. 1 S. 1 a. E. Alt. 2 gehört ein Hilfsmittel ebenfalls nicht zu den Gegenständen, die von der Kasse zu übernehmen sind, wenn er **nach § 34 IV SGB V ausgeschlossen** ist, es sich also um ein Hilfsmittel mit nur geringem oder doch umstrittenem therapeutischen Nutzen handelt oder das einen geringen Abgabepreis hat (vgl. die Kommentierung dort).

D. Umfang und Modalitäten der Leistung

13 An unterschiedlichen Stellen in § 33 SGB V finden sich nähere Ausführungen zum Umfang und den Modalitäten der Leistungserbringung bei Hilfsmitteln. Nach Abs. 1 S. 3 bleibt, wie dies auch bei den Arznei- und Heilmitteln der Fall ist, § 92 SGB V unberührt. Dementsprechend wird der Umfang des Leistungsanspruchs des Versicherten im Bezug auf Hilfsmittel maßgeblich durch Richtlinien des Gemeinsamen Bundesausschusses gestaltet. Nach dieser Vorschrift kann der Ausschuss eine Richtlinie über die Verordnung von Hilfsmitteln beschließen (§ 92 Abs. 1 S. 2 Nr. 6 SGB V), um auf diese Weise die ausreichende, zweckmäßige und wirtschaftliche Versorgung der Versicherten mit Hilfsmitteln zu garantieren. Von dieser Ermächtigung hat der Ausschuss mit den „Richtlinien über die Versorgung von Hilfsmitteln in der vertragsärztlichen Versorgung **(Hilfsmittel-Richtlinien)**" Gebrauch gemacht (17. 6. 1992, zuletzt geändert am 19. 10. 2004, online unter www.g-ba.de). Das daneben bestehende **Hilfsmittelverzeichnis,** auf das in den Hilfsmittel-Richtlinien verwiesen wird, und das seine Regelung in § 139 SGB V gefunden hat, ist hiervon zu unterscheiden. Dort hat der Spitzenverband Bund der Krankenkassen Hilfsmittel aufgeführt, diese Liste ist allerdings nicht abschließend in dem Sinne zu verstehen, dass nur dort genannte Hilfsmittel von den Kassen ersetzt werden können. Vielmehr handelt es sich lediglich um eine Orientierungshilfe für die Gerichte, wie auch der Gesetzgeber selbst beabsichtigt hat (BT-Drs. 16/3100, S. 150; so auch BSG 13. 5. 1998 – B 8 KN 13/97 – SozR 3–2500 § 33 Nr. 28; BSG 6. 2. 2002 – B 3 KR 68/01 R – NZS 2003, 477).

Der Umfang des Leistungsanspruchs wird des Weiteren geprägt von der Regelung in § 33 Abs. 1 S. 4 SGB V: Dort sind Einzelheiten zum **Leistungsumfang** enthalten, insbesondere im Hinblick auf Nebenleistungen, auf die der Versicherte einen Anspruch hat. Insofern wird dem Umstand Rechnung getragen, dass der Anspruch auf Hilfsmittel häufig nicht allein schon durch die Bereitstellung selbst sinnvoll erfüllbar ist. Vielmehr muss der Versicherte gegebenenfalls auch in die Lage versetzt werden, das Mittel zu benutzen, daher sind anfallende Betriebskosten grundsätzlich vom Leistungsumfang umfasst, etwa die Futterkosten für einen Blindenhund (BSG 25. 2. 1981 – 5 a/RKn 35/78 – SozR 2200 § 182b Nr. 19) oder die Energieversorgung für ein als Hilfsmittel geleistetes Gerät (BSG 6. 2. 1997 – 3 RK 3/96 – NZS 1997, 462). Zudem kann erforderlich sein, dass das Mittel geändert, instand gesetzt, repariert oder angepasst werden muss. Diese Leistungen sind von Abs. 1 S. 4 erfasst, auch dann, wenn das Hilfsmittel selbst von der Kasse nicht bewilligt worden ist. Entscheidend ist hierbei, dass die Kasse das Hilfsmittel zum Zeitpunkt der Selbstbeschaffung hätte bewilligen müssen, die Ablehnung des entsprechenden Leistungsantrags also rechtswidrig war (BSG 10. 3. 2010 – B 3 KR 1/09 R – SozR 4–2500 § 33 Nr. 29). Gleiches gilt nach der Rechtsprechung des BSG auch im Hinblick darauf, dass der Anspruch nicht nur Teile und Zubehörteile (des Hilfsmittels) umfasst, sondern sich auch auf all das erstreckt, was erforderlich ist, damit dem Versicherten der Gebrauch des Hilfsmittels ermöglicht wird, also im Hinblick auf die Wartung (BSG 10. 3. 2010 – B 3 KR 1/09 R – SozR 4–2500 § 33 Nr. 29; BSG 25. 1. 1981 – 5 a/R KN 35/78 – SozR 2200 § 182b Nr. 19; BSG 14. 9. 1994 – 3/1 RK 56/93 – NJW 1995, 2435; Butzer, in: Becker/Kingreen, § 33 SGB V Rn. 35). Dies gilt auch dann, wenn ein Zubehörteil für sich genommen ein (eigentlich von der Versorgung ausgeschlossener) Gegenstand des täglichen Gebrauchs ist (BSG 6. 2. 1997 – 3 RK 12/96 – NZS 1997, 467). Die Anzahl des zu gewährenden Hilfsmittels ist abhängig von dem Hilfsmittel selbst; insbesondere bei hygienischen Artikeln kann eine mehrfache Ausstattung erforderlich sein, diese ist dann auch vom Leistungsumfang gedeckt.

Im (pflichtgemäßen) Ermessen der Kasse steht es, ob sie das erforderliche Hilfsmittel dem Versicherten gegebenenfalls – anstelle es ihm zu übereignen – nur leihweise zur Verfügung stellt, dies folgt aus § 33 Abs. 5 SGB V (BSG 16. 4. 1997 – B 3 KR 9/97 R – SozR 3–2500 § 33 Nr. 27). Ansonsten steht es dem Versicherten grundsätzlich (Ausnahme: Abs. 6 S. 2) frei, **wo** er sich das Hilfsmittel **beschafft;** nach Abs. 6 kann er dazu aus denjenigen Leistungserbringern frei wählen, die Vertragspartner seiner Krankenkasse bzw., aufgrund der Übergangsregelung in § 126 Abs. 2 SGB V, sonst versorgungsberechtigt sind. In Ausnahmefällen darf er einen anderen Leistungserbringer wählen, dann muss er jedoch die Mehrkosten selber tragen, wie aus Abs. 6 S. 3 folgt. Kosten entstehen dem Versicherten regelmäßig nicht (Ausnahme Abs. 1 S. 5, s. Rn. 9); nach Abs. 7 sind die Hilfsmittel als Sachleistung von der Kasse kostenfrei zur Verfügung zu stellen; für die Kostenübernahme ist insofern der jeweils vertragliche Preis maßgeblich. Nicht eigens geregelt, aber nach zutreffender Rechtsprechung nicht vom Leistungsanspruch erfasst ist die Leistung eines neuen Hilfsmittels, wenn der Versicherte das alte Mittel schuldhaft **beschädigt oder zerstört** hat (BSG 6. 8. 1987 – 3 RK 21/86 – BSGE 62, 85), dies folgt schon aus dem auch im öffentlichen Recht anwendbaren Grundsatz von Treu und Glauben.

Vom Leistungsumfang bei Hilfsmitteln umfasst sind schließlich nach Abs. 2 und 3 auch **Sehhilfen,** gegebenenfalls auch Kontaktlinsen. Nicht erfasst sind Brillengestelle, diese sind nach Abs. 2 S. 4 vollumfänglich ausdrücklich ausgenommen, also auch im Hinblick auf Sonderanfertigungen (BSG 14. 9. 1994 – 3/1 RK 3693 – SozR 3–2500 § 33 Nr. 12). Die näheren Einzelheiten, auch die Intervallhäufigkeit der Erstattung für Brillengläser, sind in Abs. 2 geregelt, insbesondere die Beschränkung des Anspruchs für Erwachsene, für die das Hilfsmittel nur noch bei einer schweren Sehbeeinträchtigung gewährt wird bzw. – als therapeutische Sehhilfe – zur Behandlung von Augenverletzungen und Augenkrankheiten. Abs. 3 enthält die noch engeren Leistungsvoraussetzungen für Kontaktlinsen, die über die Anforderungen des Abs. 2 hinaus zusätzlich verlangen, dass eine Versorgung mit ihnen medizinisch zwingend erforderlich ist.

E. Zuzahlung

§ 33 Abs. 8 SGB V regelt die Voraussetzungen und den Umfang für die bei Hilfsmitteln anfallenden Zuzahlungen durch den Versicherten. **Grundsätzlich** fällt die Zuzahlung, deren Höhe sich aus der Grundnorm des § 61 SGB V ergibt, bei „jedem zulasten der gesetzlichen Krankenversicherung abgegebenen Hilfsmittel" an. Sie ist an den Leistungserbringer zu zahlen, dessen Anspruch nach Abs. 7 sich entsprechend verringert; das Inkassorisiko trägt, da § 43b Abs. 1 SGB V ausgeschlossen wird, der Leistungserbringer. Die Zuzahlungsregel wird bei Hilfsmitteln, die zum Verbrauch bestimmt sind, entscheidend **durchbrochen:** Abs. 8 S. 2 sieht hierfür vor, dass die Zuzahlung 10 vH des Preises der Packung, höchstens jedoch 10 Euro für den gesamten Monatsbedarf beträgt.

§ 33a *(aufgehoben)*

§ 34 Ausgeschlossene Arznei-, Heil- und Hilfsmittel

(1) ¹Nicht verschreibungspflichtige Arzneimittel sind von der Versorgung nach § 31 ausgeschlossen. ²Der Gemeinsame Bundesausschuss legt in den Richtlinien nach § 92 Abs. 1 Satz 2 Nr. 6 erstmals bis zum 31. März 2004 fest, welche nicht verschreibungspflichtigen Arzneimittel, die bei der Behandlung schwerwiegender Erkrankungen als Therapiestandard gelten, zur Anwendung bei diesen Erkrankungen mit Begründung vom Vertragsarzt ausnahmsweise verordnet werden können. ³Dabei ist der therapeutischen Vielfalt Rechnung zu tragen. ⁴Der Gemeinsame Bundesausschuss hat auf der Grundlage der Richtlinie nach Satz 2 dafür Sorge zu tragen, dass eine Zusammenstellung der verordnungsfähigen Fertigarzneimittel erstellt, regelmäßig aktualisiert wird und im Internet abruffähig sowie in elektronisch weiterverarbeitbarer Form zur Verfügung steht. ⁵Satz 1 gilt nicht für:
1. versicherte Kinder bis zum vollendeten 12. Lebensjahr,
2. versicherte Jugendliche bis zum vollendeten 18. Lebensjahr mit Entwicklungsstörungen.

⁶Für Versicherte, die das achtzehnte Lebensjahr vollendet haben, sind von der Versorgung nach § 31 folgende verschreibungspflichtige Arzneimittel bei Verordnung in den genannten Anwendungsgebieten ausgeschlossen:
1. Arzneimittel zur Anwendung bei Erkältungskrankheiten und grippalen Infekten einschließlich der bei diesen Krankheiten anzuwendenden Schnupfenmittel, Schmerzmittel, hustendämpfenden und hustenlösenden Mittel,
2. Mund- und Rachentherapeutika, ausgenommen bei Pilzinfektionen,
3. Abführmittel,
4. Arzneimittel gegen Reisekrankheit.

⁷Von der Versorgung sind außerdem Arzneimittel ausgeschlossen, bei deren Anwendung eine Erhöhung der Lebensqualität im Vordergrund steht. ⁸Ausgeschlossen sind insbesondere Arzneimittel, die überwiegend zur Behandlung der erektilen Dysfunktion, der Anreizung sowie Steigerung der sexuellen Potenz, zur Raucherentwöhnung, zur Abmagerung oder zur Zügelung des Appetits, zur Regulierung des Körpergewichts oder zur Verbesserung des Haarwuchses dienen. ⁹Das Nähere regeln die Richtlinien nach § 92 Abs. 1 Satz 2 Nr. 6.

(2) *(aufgehoben)*

(3) ¹Der Ausschluss der Arzneimittel, die in Anlage 2 Nummer 2 bis 6 der Verordnung über unwirtschaftliche Arzneimittel in der gesetzlichen Krankenversicherung vom 21. Februar 1990 (BGBl. I S. 301), die zuletzt durch die Verordnung vom 9. Dezember 2002 (BGBl. I S. 4554) geändert worden ist, aufgeführt sind, gilt als Verordnungsausschluss des Gemeinsamen Bundesausschusses und ist Teil der Richtlinien nach § 92 Absatz 1 Satz 2 Nummer 6. ²Bei der Beurteilung von Arzneimitteln der besonderen Therapierichtungen wie homöopathischen, phytotherapeutischen und anthroposophischen Arzneimitteln ist der besonderen Wirkungsweise dieser Arzneimittel Rechnung zu tragen.

(4) ¹Das Bundesministerium für Gesundheit kann durch Rechtsverordnung mit Zustimmung des Bundesrates Hilfsmittel von geringem oder umstrittenem therapeutischen Nutzen oder geringem Abgabepreis bestimmen, deren Kosten die Krankenkasse nicht übernimmt. ²Die Rechtsverordnung kann auch bestimmen, inwieweit geringfügige Kosten der notwendigen Änderung, Instandsetzung und Ersatzbeschaffung sowie der Ausbildung im Gebrauch der Hilfsmittel von der Krankenkasse nicht übernommen werden. ³Die Sätze 1 und 2 gelten nicht für die Instandsetzung von Hörgeräten und ihre Versorgung mit Batterien bei Versicherten, die das achtzehnte Lebensjahr noch nicht vollendet haben. ⁴Für nicht durch Rechtsverordnung nach Satz 1 ausgeschlossene Hilfsmittel bleibt § 92 unberührt.

(5) *(aufgehoben)*

(6) ¹Pharmazeutische Unternehmer können beim Gemeinsamen Bundesausschuss Anträge zur Aufnahme von Arzneimitteln in die Zusammenstellung nach Absatz 1 Satz 2 und 4 stellen. ²Die Anträge sind ausreichend zu begründen; die erforderlichen Nachweise sind dem Antrag beizufügen. ³Sind die Angaben zur Begründung des Antrags unzureichend, teilt der Gemeinsame Bundesausschuss dem Antragsteller unverzüglich mit, welche zusätzlichen Einzelangaben erforderlich sind. ⁴Der Gemeinsame Bundesausschuss hat über ausreichend begründete Anträge nach Satz 1 innerhalb von 90 Tagen zu bescheiden und den Antragsteller über Rechtsmittel und Rechtsmittelfristen zu belehren. ⁵Eine ablehnende Entscheidung muss eine auf objektiven und überprüfbaren Kriterien beruhende Begründung enthalten. ⁶Für das Antragsverfahren sind Gebühren zu erheben. ⁷Das Nähere insbesondere zur ausreichenden Begründung und zu den erforderlichen Nachweisen regelt der Gemeinsame Bundessausschuss.

A. Normzweck

Die Vorschrift greift die in den vorangehenden Anspruchsnormen enthaltene Ausschlussklausel auf **1** und regelt zusammenfassend (aber nicht abschließend), unter welchen Voraussetzungen apothekenpflichtige Arznei-,und Hilfsmittel von der Versorgung der Versicherten ausgeschlossen sind. Ziel der Ausschlüsse ist die finanzielle Entlastung der gesetzlichen Krankenversicherung. Im Kern stellt sich der Ausschluss der einzelnen Mittel als eine besondere Ausprägung des allgemeinen Gebots der Wirtschaftlichkeit dar, das in § 12 SGB V normiert ist. Mit der jetzt gewählten Vorgehensweise hat der Gesetzgeber den Weg über eine Positivliste verworfen. Der gesetzliche Ausschluss der nicht verschreibungspflichtigen Arzneimittel von der Leistungspflicht verstößt nach Ansicht des BSG nicht gegen Verfassungs- und nicht gegen Gemeinschaftsrecht (BSG 6. 11. 2008 – B 1 KR 6/08 R – juris).

B. Ausschluss nicht verschreibungspflichtiger Arzneimittel

Nach der **Grundregel** in § 34 Abs. 1 S. 1 SGB V sind nicht verschreibungspflichtige Arzneimittel **2** von der Versorgung nach § 31 SGB V ausgeschlossen, die Verschreibungspflicht selbst richtet sich nach § 48 AMG. Diese Grundregel für alle Arzneimittel, die man auch als OTC-Präparate bezeichnet (weil sie over the counter verkauft werden), wird in den nachfolgenden Sätzen des Abs. 1 mehrfach durchbrochen, zweimal „nach unten", zweimal „nach oben". Mit Durchbrechung nach unten ist gemeint, dass ausnahmsweise nicht verschreibungspflichtige Arzneimittel Gegenstand der Versorgung sein können, die Durchbrechung nach oben schließt bestimmte verschreibungspflichtige Medikamente aus der Versorgung aus.

I. Abs. 1 S. 2

Nach **Abs. 1 S. 2** wird der Gemeinsame Bundesausschuss ermächtigt, im Wege seiner Richtli- **3** nienkompetenz nach § 92 SGB V bestimmte nicht verschreibungspflichtige Arzneimittel ausnahmsweise zur Versorgung zuzulassen. Dieser Ermächtigung ist der Ausschuss durch die **Ergänzung** der **Arzneimittelrichtlinie** um einen Abschnitt F Nr. 16 nachgekommen (abrufbar unter www.g-ba.de). Nach S. 4 ist er zur ständigen Aktualisierung und Veröffentlichung im Internet verpflichtet. Ein Streit darüber, ob der Ausschuss eine spezielle Richtlinie nach § 34 Abs. 1 S. 2 SGB V zu erlassen hat, zählt zu den Sachen der Krankenversicherung und nicht des Vertragsarztrechts, und zwar unabhängig davon, wer den Erlass einer solchen Richtlinie begehrt (BSG 18. 11. 2009 – B 1 KR 74/08 B – SozR 4–1500 § 10 Nr. 3). **Voraussetzung** für die Ausnahme ist jedenfalls, dass das Arzneimittel zur Behandlung schwerwiegender Erkrankungen als Therapiestandard gilt. Als schwerwiegend gilt eine Erkrankung in diesem Zusammenhang dann, wenn sie lebensbedrohlich ist oder wenn sie auf Grund der Schwere der durch sie verursachten Gesundheitsstörung die Lebensqualität auf Dauer nachhaltig beeinträchtigt (BSG 19. 3. 2002 – B 1 KR 37/00 R – NJW 2003, 460). Der Gesetzgeber hat beispielhaft auf die Onkologie verwiesen (BT-Drs. 15/1525 zu Art. 1 Nr. 22 a). Der Vertragsarzt kann dann in diesen Fällen die vom Ausschuss aufzulistenden Arzneimittel zulasten der Kasse verschreiben, muss dies aber nach Abs. 1 S. 1 a. E. eigens dokumentiert begründen. Ist ein Präparat nicht in der Liste verzeichnet, kann es vom Vertragsarzt zwar verordnet werden, ist dann aber nicht von den Kassen zu tragen, der Arzt stellt dann ein Privatrezept aus.

Bei der Entscheidung über die Ausnahmen hat der Gemeinsame Bundesausschuss nach Abs. 1 S. 3 **4** der **therapeutischen Vielfalt** Rechnung zu tragen. Auf diese Weise will der Gesetzgeber sicherstellen, dass die besonderen Therapierichtungen ausreichend Berücksichtigung finden. Nach Abs. 6, der in Konsequenz einer Entscheidung des EuGH in das Gesetz aufgenommen wurde und die Transparenz des Zulassungsverfahrens erhöhen soll (EuGH 26. 10. 2006 – C 317/05 – MedR 2007, 231), können pharmazeutische Unternehmer beim Bundesausschuss Anträge zur Aufnahme von Arzneimitteln in die Richtlinie stellen. Die näheren Einzelheiten zu den Anforderungen an den Antrag sowie zum zeitlich recht gestrafften Verfahren vor dem Ausschuss finden sich ebenfalls dort (s. auch Axer, in: Becker/Kingreen, § 34 SGB V Rn. 14).

II. Abs. 1 S. 5

Der Ausschluss nicht verschreibungspflichtiger Arzneimittel wird auf eine zweite Weise nach unten **5** durchbrochen, nämlich in Abs. 1 S. 5: Danach gilt der **Ausschluss nicht für versicherte Kinder** bis zum 12. bzw. bei Entwicklungsstörungen bis zum 18. Lebensjahr. Diesen können also nicht verschreibungspflichtige Arzneimittel zulasten der Kasse verordnet werden. Ziel des Gesetzgebers war es hierbei, den besonderen Bedürfnissen der Familien Rechnung zu tragen (BT-Drs. 15/1525 zu Art. 1 Nr. 22 a).

III. Abs. 1 S. 6

6 Eine weitere Abweichung vom Grundsatz des Abs. 1 S. 1 enthält, diesmal aber im Sinne einer Verschärfung, Abs. 1 S. 6. Diesem zufolge sind für erwachsene Versicherte nicht nur die in S. 1 nicht verschreibungspflichtigen, sondern **zusätzlich** noch bestimmte **verschreibungspflichtige Arzneimittel** von der Versorgung **ausgeschlossen**. Diese sind näher in den Nr. 1 bis 4 des S. 6 aufgelistet. Eine Härteklausel für den Ausschluss von Mitteln gegen derartige **Bagatellerkrankungen** sieht das Gesetz nicht (mehr) vor. Unsicherheiten bezüglich der sehr offen gehaltenen Begrifflichkeiten hat der Gemeinsame Bundesausschuss durch eine Anwendungsempfehlung auszuräumen versucht, die in der Arzneimittelrichtlinie, Abschnitt F Nr. 17, niedergelegt ist.

IV. Abs. 1 S. 7

7 Schließlich sind nach Abs. 1 S. 7 auch Arzneimittel von der Versorgung ausgeschlossen, die primär nicht der Krankenbehandlung dienen, sondern bei denen eine Erhöhung der Lebensqualität im Vordergrund steht. Gemeint sind damit so genannte **„Lifestyle-Präparate"**. Eine nicht abschließende Auflistung („insbesondere") findet sich in S. 8. Hier bedarf es also nicht noch einer Ausschlussentscheidung seitens des Gemeinsamen Bundesausschusses; die gesetzliche Regelung war ohnehin eine Reaktion auf die Rechtsprechung des BSG, die für diese Präparate eine Kompetenz des Ausschusses bestritten hatte (BSG 30. 9. 1999 – B 8 KN 9/98 KR R – NJW 2000, 2764; s. dazu auch Zuck, NZS 1999, 167; Glaeske, MedR 1999, 164).

C. Ausschluss von Arzneimitteln bei geringfügigen Gesundheitsstörungen

8 Nach Abs. 2 bestand eine Verordnungsermächtigung zugunsten des Bundesministeriums für Gesundheit, das mit Zustimmung des Bundesrates solche Arzneimittel von der Versorgung ausschließen kann, die ihrer Zweckbestimmung nach üblicherweise bei geringfügigen Gesundheitsstörungen verordnet werden. Das Ministerium hatte während der Geltungsdauer der Norm keine derartige Bagatellarzneimittelliste vorgelegt. Der Gesetzgeber hat daher die Ermächtigung aufgehoben. Seiner Ansicht reichen die ansonsten geltenden gesetzlichen Regelungen aus. Nicht verschreibungspflichtige Arzneimittel sind bereits nach § 34 Abs. 1 SGB V von der Versorgung ausgeschlossen.

D. Ausschluss unwirtschaftlicher Arzneimittel

9 Abs. 3 enthält eine **Fiktionsregelung**. Danach wird der bisher mögliche Ausschluss bestimmter Arzneimittel durch Rechtsverordnung in die Verordnungsausschlüsse durch die Arzneimittelrichtlinien des Gemeinsamen Bundesausschusses überführt. Dieser ist verpflichtet, die Verordnungsausschlüsse zu überprüfen und an den aktuellen Stand der medizinischen Erkenntnisse anzupassen. Wie bisher ist bei der Beurteilung von Arzneimitteln mit besonderen Therapierichtungen wie homöopathischen, phytotherapeutischen und anthroposophischen Arzneimitteln der besonderen Wirkungsweise dieser Arzneimittel Rechnung zu tragen.

E. Ausschluss von Hilfsmitteln

10 Abschließend enthält Abs. 4 eine eigenständige Regelung für den Ausschluss von Hilfsmitteln von geringem oder umstrittenem therapeutischem Nutzen oder geringem Abgabepreis. Wie in den vorhergehenden Absätzen ist auch diesbezüglich eine Verordnungsermächtigung zugunsten des Bundesministeriums für Gesundheit vorgesehen. Gebrauch gemacht wurde von der Ermächtigung durch die **„Verordnung über Hilfsmittel von geringem therapeutischen Nutzen oder geringem Abgabepreis in der gesetzlichen Krankenversicherung"** vom 13. 12. 1989 (BGBl. I 2237, letzte Änderung vom 17. 1. 1995 (BGBl. I, 44)). Nach S. 4 besteht eine nachrangige Ermächtigung des Gemeinsamen Bundesausschusses. Trotz der offenen Formulierung „geringer Abgabepreis" genügt die Vorschrift nach Ansicht des BSG den Bestimmtheitsanforderungen des Art. 80 I GG (BSG 8. 6. 1994 – 3/1 RK 54/93 – SozR 3–2500 § 33 Nr. 9; BSG 25. 10. 1994 – 3/1 RK 57/93 – SozR 3–2500 § 34 Nr. 4). Nach Ansicht der Rechtsprechung ist als „gering" ein Abgabepreis anzusehen, der unabhängig von den Einkommens- und Vermögensverhältnissen, also typisierend für alle Bevölkerungsgruppen als gering angesehen und dessen Tragung allgemein für zumutbar gehalten werden kann (BSG 28. 9. 1993 – 1 RK 37/92 – SozR 3–2500 § 34 Nr. 2; vgl. auch BeckOKSozR/Knispel, § 33 SGB V Rn. 30). Bei Batterien, die zum Betrieb eines Hörgerätes erforderlich sind, hat das BSG den Leistungsausschuss in § 2 Nr. 11 der genannten Verordnung bestätigt, auch für den Fall, dass die Batteriekosten im Einzelfall den Versicherten erheblich belasten (BSG 8. 6. 1994 – 3/1 RK 54/93 – SozR 3–2500 § 33 Nr. 9). Die Geringfügigkeitsgrenze wird hier bei rund 80 Euro im Jahr angesetzt.

S. 3 nimmt daher auch für Jugendliche gerade Instandhaltungskosten und Batteriekosten für Hörgeräte aus der Verordnungsermächtigung heraus.

§ 34a *(aufgehoben)*

§ 35 Festbeträge für Arznei- und Verbandmittel

(1) ¹Der Gemeinsame Bundesausschuss bestimmt in den Richtlinien nach § 92 Abs. 1 Satz 2 Nr. 6, für welche Gruppen von Arzneimitteln Festbeträge festgesetzt werden können. ²In den Gruppen sollen Arzneimittel mit
1. denselben Wirkstoffen,
2. pharmakologisch-therapeutisch vergleichbaren Wirkstoffen, insbesondere mit chemisch verwandten Stoffen,
3. therapeutisch vergleichbarer Wirkung, insbesondere Arzneimittelkombinationen,

zusammengefaßt werden; unterschiedliche Bioverfügbarkeiten wirkstoffgleicher Arzneimittel sind zu berücksichtigen, sofern sie für die Therapie bedeutsam sind. ³Die nach Satz 2 Nr. 2 und 3 gebildeten Gruppen müssen gewährleisten, daß Therapiemöglichkeiten nicht eingeschränkt werden und medizinisch notwendige Verordnungsalternativen zur Verfügung stehen; ausgenommen von diesen Gruppen sind Arzneimittel mit patentgeschützten Wirkstoffen, deren Wirkungsweise neuartig ist oder die eine therapeutische Verbesserung, auch wegen geringerer Nebenwirkungen, bedeuten. ⁴Als neuartig gilt ein Wirkstoff, solange derjenige Wirkstoff, der als erster dieser Gruppe in Verkehr gebracht worden ist, unter Patentschutz steht. ⁵Der Gemeinsame Bundesausschuss ermittelt auch die nach Absatz 3 notwendigen rechnerischen mittleren Tages- oder Einzeldosen oder anderen geeigneten Vergleichsgrößen. ⁶Für die Vorbereitung der Beschlüsse nach Satz 1 durch die Geschäftsstelle des Gemeinsamen Bundesausschusses gilt § 106 Abs. 4a Satz 3 und 7 entsprechend. ⁷Soweit der Gemeinsame Bundesausschuss Dritte beauftragt, hat er zu gewährleisten, dass diese ihre Bewertungsgrundsätze und die Begründung für ihre Bewertungen einschließlich der verwendeten Daten offen legen. ⁸Die Namen beauftragter Gutachter dürfen nicht genannt werden.

(1 a) ¹Für Arzneimittel mit patentgeschützten Wirkstoffen kann abweichend von Absatz 1 Satz 4 eine Gruppe nach Absatz 1 Satz 2 Nr. 2 mit mindestens drei Arzneimitteln gebildet und ein Festbetrag festgesetzt werden, sofern die Gruppenbildung nur für Arzneimittel erfolgt, die jeweils unter Patentschutz stehen. ²Ausgenommen von der Gruppenbildung nach Satz 1 sind Arzneimittel mit patentgeschützten Wirkstoffen, die eine therapeutische Verbesserung, auch wegen geringerer Nebenwirkungen, bedeuten. ³Die Sätze 1 und 2 gelten entsprechend für Arzneimittelkombinationen, die Wirkstoffe enthalten, die in eine Festbetragsgruppe nach Absatz 1 oder 1a Satz 1 einbezogen sind oder die nicht neuartig sind.

(1 b) ¹Eine therapeutische Verbesserung nach Absatz 1 Satz 3 zweiter Halbsatz und Absatz 1 a Satz 2 liegt vor, wenn das Arzneimittel einen therapierelevanten höheren Nutzen als andere Arzneimittel dieser Wirkstoffgruppe hat und deshalb als zweckmäßige Therapie regelmäßig oder auch für relevante Patientengruppen oder Indikationsbereiche den anderen Arzneimitteln dieser Gruppe vorzuziehen ist. ²Bewertungen nach Satz 1 erfolgen für gemeinsame Anwendungsgebiete der Arzneimittel der Wirkstoffgruppe. ³Ein höherer Nutzen nach Satz 1 kann auch eine Verringerung der Häufigkeit oder des Schweregrads therapierelevanter Nebenwirkungen sein. ⁴Der Nachweis einer therapeutischen Verbesserung erfolgt aufgrund der Fachinformationen und durch Bewertung von klinischen Studien nach methodischen Grundsätzen der evidenzbasierten Medizin, soweit diese Studien allgemein verfügbar sind oder gemacht werden und ihre Methodik internationalen Standards entspricht. ⁵Vorrangig sind klinische Studien, insbesondere direkte Vergleichsstudien mit anderen Arzneimitteln dieser Wirkstoffgruppe mit patientenrelevanten Endpunkten, insbesondere Mortalität, Morbidität und Lebensqualität, zu berücksichtigen. ⁶Die Ergebnisse der Bewertung sind in der Begründung zu dem Beschluss nach Absatz 1 Satz 1 fachlich und methodisch aufzubereiten, sodass die tragenden Gründe des Beschlusses nachvollziehbar sind. ⁷Vor der Entscheidung sind die Sachverständigen nach Absatz 2 auch mündlich anzuhören. ⁸Vorbehaltlich einer abweichenden Entscheidung des Gemeinsamen Bundesausschusses aus wichtigem Grund ist die Begründung des Beschlusses bekannt zu machen, sobald die Vorlage nach § 94 Abs. 1 erfolgt, spätestens jedoch mit Bekanntgabe des Beschlusses im Bundesanzeiger. ⁹Ein Arzneimittel, das von einer Festbetragsgruppe freigestellt ist, weil es einen therapierelevanten höheren Nutzen nur für einen Teil der Patienten oder Indikationsbereiche des gemeinsamen Anwendungsgebietes nach

Satz 1 hat, ist nur für diese Anwendungen wirtschaftlich; das Nähere ist in den Richtlinien nach § 92 Abs. 1 Satz 2 Nr. 6 zu regeln.

(2) ¹Sachverständigen der medizinischen und pharmazeutischen Wissenschaft und Praxis sowie der Arzneimittelhersteller und der Berufsvertretungen der Apotheker ist vor der Entscheidung des Gemeinsamen Bundesausschusses Gelegenheit zur Stellungnahme zu geben; bei der Beurteilung von Arzneimitteln der besonderen Therapierichtungen sind auch Stellungnahmen von Sachverständigen dieser Therapierichtungen einzuholen. ²Die Stellungnahmen sind in die Entscheidung einzubeziehen.

(3) ¹Der Spitzenverband Bund der Krankenkassen setzt den jeweiligen Festbetrag auf der Grundlage von rechnerischen mittleren Tages- oder Einzeldosen oder anderen geeigneten Vergleichsgrößen fest. ²Der Spitzenverband Bund der Krankenkassen kann einheitliche Festbeträge für Verbandmittel festsetzen. ³Für die Stellungnahmen der Sachverständigen gilt Absatz 2 entsprechend.

(4) *(aufgehoben)*

(5) ¹Die Festbeträge sind so festzusetzen, daß sie im allgemeinen eine ausreichende, zweckmäßige und wirtschaftliche sowie in der Qualität gesicherte Versorgung gewährleisten. ²Sie haben Wirtschaftlichkeitsreserven auszuschöpfen, sollen einen wirksamen Preiswettbewerb auslösen und haben sich deshalb an möglichst preisgünstigen Versorgungsmöglichkeiten auszurichten; soweit wie möglich ist eine für die Therapie hinreichende Arzneimittelauswahl sicherzustellen. ³Die Festbeträge sind mindestens einmal im Jahr zu überprüfen; sie sind in geeigneten Zeitabständen an eine veränderte Marktlage anzupassen. ⁴Der Festbetrag für die Arzneimittel in einer Festbetragsgruppe nach Absatz 1 Satz 2 Nr. 1 sowie erstmals zum 1. April 2006 auch nach den Nummern 2 und 3 soll den höchsten Abgabepreis des unteren Drittels des Intervalls zwischen dem niedrigsten und dem höchsten Preis einer Standardpackung nicht übersteigen. ⁵Dabei müssen mindestens ein Fünftel aller Verordnungen und mindestens ein Fünftel aller Packungen zum Festbetrag verfügbar sein; zugleich darf die Summe der jeweiligen Vomhundertsätze der Verordnungen und Packungen, die nicht zum Festbetrag erhältlich sind, den Wert von 160 nicht überschreiten. ⁶Bei der Berechnung nach Satz 4 sind hochpreisige Packungen mit einem Anteil von weniger als 1 vom Hundert an den verordneten Packungen in der Festbetragsgruppe nicht zu berücksichtigen. ⁷Für die Zahl der Verordnungen sind die zum Zeitpunkt des Berechnungsstichtages zuletzt verfügbaren Jahresdaten nach § 84 Abs. 5 zu Grunde zu legen.

(6) ¹Sofern zum Zeitpunkt der Anpassung des Festbetrags ein gültiger Beschluss nach § 31 Absatz 3 Satz 4 vorliegt und tatsächlich Arzneimittel auf Grund dieses Beschlusses von der Zuzahlung freigestellt sind, soll der Festbetrag so angepasst werden, dass auch nach der Anpassung eine hinreichende Versorgung mit Arzneimitteln ohne Zuzahlung gewährleistet werden kann. ²In diesem Fall darf die Summe nach Absatz 5 Satz 5 den Wert von 100 nicht überschreiten, wenn zu erwarten ist, dass anderenfalls keine hinreichende Anzahl zuvor auf Grund von § 31 Absatz 3 Satz 4 von der Zuzahlung freigestellter Arzneimittel weiterhin freigestellt wird.

(7) ¹Die Festbeträge sind im Bundesanzeiger bekanntzumachen. ²Klagen gegen die Festsetzung der Festbeträge haben keine aufschiebende Wirkung. ³Ein Vorverfahren findet nicht statt. ⁴Eine gesonderte Klage gegen die Gruppeneinteilung nach Absatz 1 Satz 1 bis 3, gegen die rechnerischen mittleren Tages- oder Einzeldosen oder anderen geeigneten Vergleichsgrößen nach Absatz 1 Satz 4 oder gegen sonstige Bestandteile der Festsetzung der Festbeträge ist unzulässig.

(8) ¹Der Spitzenverband Bund der Krankenkassen erstellt und veröffentlicht Übersichten über sämtliche Festbeträge und die betroffenen Arzneimittel und übermittelt diese im Wege der Datenübertragung dem Deutschen Institut für medizinische Dokumentation und Information zur abruffähigen Veröffentlichung im Internet. ²Die Übersichten sind vierteljährlich zu aktualisieren.

(9) ¹Der Spitzenverband Bund der Krankenkassen rechnet die nach Absatz 7 Satz 1 bekannt gemachten Festbeträge für verschreibungspflichtige Arzneimittel entsprechend den Handelszuschlägen der Arzneimittelpreisverordnung in der ab dem 1. Januar 2012 geltenden Fassung um und macht die umgerechneten Festbeträge bis zum 30. Juni 2011 bekannt. ²Für die Umrechnung ist die Einholung von Stellungnahmen Sachverständiger nicht erforderlich. ³Die umgerechneten Festbeträge finden ab dem 1. Januar 2012 Anwendung.

A. Normzweck

1 Die Vorschrift beinhaltet einen der zentralen, rechtlich aber umstrittensten **Versuche der Kostendämpfung** im Rahmen des Krankenversicherungsrechts; dadurch soll das Prinzip der Wirtschaftlich-

keit konkretisiert werden (BT-Drs. 11/2237, S. 133). Dies versucht die Norm über eine Ermächtigung an den Gemeinsamen Bundesausschuss. Dieser soll durch die Festsetzung von Festbeträgen für bestimmte Arzneimittelgruppen die zum Teil erheblichen Preisspannen zwischen im Wesentlichen vergleichbaren Wirkstoffen ausgleichen; höhere Kosten sind dann von den Kassen nicht mehr zu ersetzen: Nach § 31 Abs. 2 SGB V ist der Leistungsanspruch des Versicherten für Arznei- und Verbandmittel, für die ein Festbetrag festgesetzt ist, maximal auf die Höhe des Festbetrags begrenzt (BSG 17. 12. 2009 – B 3 KR 20/08 R – Behindertenrecht 2010, 914). Hierdurch sollte den Versicherten ein Anreiz zur Wahl preisgünstiger Mittel gegeben werden, ohne ihren Anspruch auf das im Einzelfall medizinisch erforderliche Mittel einzuschränken (vgl. BT-Drs. 11/2237, S. 173). Wählt der Versicherte ein Arznei- oder Verbandmittel, dessen Preis über dem Festbetrag liegt, muss er den über den Festbetrag hinausgehenden Betrag selber leisten. Der Gesetzgeber hatte auf der einen Seite die Hoffnung, dass durch die Festsetzung derartiger Festbeträge den Versicherten ein Anreiz dafür gegeben wird, preisgünstige Arznei- und Verbandmittel zu wählen. Auf der anderen Seite hat er jedoch von Beginn an Wert darauf gelegt, dass diese Festsetzung nicht unverhältnismäßig und mit dem unverändert bestehenden Anspruch des Versicherten auf eine qualitativ einwandfreie Versorgung mit Arznei- und Verbandmitteln vereinbar ist (vgl. insoweit die Begründung des Gesundheitsausschusses zum GRG, BT-Drs. 11/3480, S. 24). Diese Befugnisse berechtigen nicht zu Einschränkungen des GKV-Leistungskatalogs, sondern zu Leistungsbegrenzungen nur im Hinblick auf die Kostengünstigkeit der Versorgung. Das BVerfG hat im Hinblick auf die Festbetragsregelung ausdrücklich darauf hingewiesen, dass der Gesetzgeber das Sachleistungsprinzip nicht aufgegeben habe und der Gesetzestext keine Stütze für die in den Gesetzesmaterialien zum Ausdruck gebrachte Annahme biete, dass Versicherte insbesondere in der Anfangsphase der Regelung notwendige Leistungen nur mit Zuzahlung erhalten könnten (BVerfG 17. 12. 2002 – 1 BvL 28/95 – NJW 2003, 1232).

B. Die Arzneimittelgruppen (Abs. 1)

Abs. 1 enthält das Kernstück der Festbetragsregelung: Der Gemeinsame Bundesausschuss erhält danach die Kompetenz, **Gruppen von Arzneimitteln** zu ermitteln, für die dann, in einem zweiten Schritt, Festbeträge durch den Spitzenverband Bund der Krankenkassen festgesetzt werden (vgl. Abs. 3). Der Gemeinsame Bundesausschuss ist also zur Entscheidung der grundlegenden und vorgelagerten Frage berufen, für welche Gruppen von Arzneimitteln Festbeträge überhaupt festgesetzt werden können. Dies erfolgt im Wege der Ergänzung der Arzneimittelrichtlinien. Vor seiner Entscheidung ist der Ausschuss gemäß Abs. 2 verpflichtet, Sachverständige der medizinischen und pharmazeutischen Wissenschaft und Praxis sowie der Arzneimittelhersteller und der Berufsvertreter der Apotheker zu hören und ihre Stellungnahmen zu berücksichtigen. Um die Festbetragsgruppenfestsetzung durchführen zu können, sieht Abs. 1 S. 6–8 Näheres vor, insbesondere ist die Unterstützung des Ausschusses durch die Geschäftsstelle und Gutachter geregelt; hinsichtlich der Geschäftsstelle des Ausschusses und seiner Rolle im Verfahren wird auf § 106 Abs. 4a S. 3 SGB V Bezug genommen. Die Arzneimittelrichtlinien werden dabei entsprechend der Verfahrensordnung des Ausschusses festgesetzt. Nach S. 2 sind drei Arzneimittelgruppen vorgesehen (vgl. zur Gruppenbildung Posser/Müller, NZS 2004, 178, 181 ff.).

I. Arzneimittel mit denselben Wirkstoffen

Die erste Gruppe (Abs. 1 S. 2 Nr. 1) betrifft **Arzneimittel mit denselben Wirkstoffen**, also solche Mittel, die chemisch identische Wirkstoffe aufweisen. Auf diese erste Gruppe entfallen mehr als ein Drittel der Ausgaben der Krankenkassen. Dabei ist nach Ansicht des BSG eine Gruppenbildung auch für so genannte Kombinationspräparate zulässig; Voraussetzung ist dann aber, dass es sich um identische Kombinationen handelt (vgl. zur Festbetragsfestsetzung für Ovulationshemmer BSG 31. 8. 2000 – B 3 KR 11/98 R – SozR 3–2500 § 35 Nr. 1).

II. Pharmakologisch-therapeutisch vergleichbare Wirkstoffe

In der zweiten Gruppe (Abs. 1 S. 2 Nr. 2) sind – gegenüber Gruppe 1 abgestuft – Arzneimittel zusammengefasst, die **pharmakologisch-therapeutisch vergleichbare Wirkstoffe** enthalten, insbesondere Arzneimittel mit chemisch verwandten Stoffen. Erfasst sind damit Präparate, die zwar einen gleichen Wirkstoff aufweisen, dieser aber unterschiedlich molekular zusammengesetzt ist. In Gruppe 3 (Abs. 1 S. 2 Nr. 3) sind Arzneimittel zusammengefasst, die eine therapeutisch vergleichbare Wirkung aufweisen, insbesondere auch Arzneimittelkombinationen. Die Einbeziehung eines Mittels in die zweite und dritte Gruppe muss aber, so S. 3, jedenfalls gewährleisten, dass die Therapiemöglichkeiten für den Arzt nicht eingeschränkt werden und medizinisch-notwendige Verordnungsalternativen zur Verfügung stehen. Gerade diese Einschränkung dürfte große Probleme aufweisen, weil im Zweifel ein pharmazeutisches Unternehmen stets versuchen wird, durch eine eigene, andersartige molekulare Zusammensetzung seines Präparats dem Arzt eine „besondere Therapievariante" für eine bestimmte

Patientengruppe zur Verfügung zu stellen (mit diesem Bedenken auch KassKomm/Hess, § 35 SGB V Rn. 5). In diesem Fall wäre das Arzneimittel nicht in die Gruppe zwei (oder drei) aufzunehmen. Hier hat der Gemeinsame Bundesausschuss allerdings gegenzusteuern versucht und einheitlich Kriterien festgelegt, die für die Beurteilung etwa der pharmakologisch-therapeutischen Vergleichbarkeit durch ihn maßgeblich sind (Entscheidungsgrundlagen zur Festbetragsgruppenbildung der Stufen 2 u. 3 vom 19. 7. 2007, abrufbar auf der Internetseite des Ausschusses, www.g-ba.de). **Ausgeschlossen** von der Gruppenbildung sind gemäß § 35 Abs. 1 S. 3 Hs. 2 SGB V Arzneimittel mit patentgeschützten Wirkstoffen; auf diese Weise soll verhindert werden, dass der Patentschutz unterlaufen wird. Zusätzlich erforderlich für die Herausnahme ist aber, dass deren Wirkungsweise neuartig ist und eine therapeutische Verbesserung bedeutet, wobei sich letztere auch darin zeigen kann, dass geringere Nebenwirkungen eintreten. Für die Voraussetzung der „Neuartigkeit" enthält S. 4 eine Legaldefinition. Für die Frage, wann eine therapeutische Verbesserung vorliegt, ist Abs. 1 b maßgeblich (dazu Rn. 7).

III. Geeignete Vergleichsgröße

5   Um eine Festsetzung eines Festbetrags zu ermöglichen, genügt nicht die Gruppenbildung allein; vielmehr muss für die Zuordnung verschiedener Arzneimittel in eine Festbetragsgruppe zusätzlich eine **geeignete Vergleichsgröße** festgelegt werden. Diese Festlegung obliegt nach Abs. 1 S. 5 ebenfalls dem Gemeinsamen Bundesausschuss. Als Vergleichsgröße zu ermitteln ist dabei die notwendige rechnerische mittlere Tagesdosis; andere Vergleichsgrößen sind möglich, müssen aber zuvor vom Bundesausschuss definitorisch bestimmt, also vorgegeben werden.

IV. Neu zugelassene Arzneimittel

6   Eine eigenständige Regelung für **neu zugelassene Arzneimittel** enthält Abs. 1a. Trotz des Patentschutzes sollen diese Mittel in die Festbetragsregelung mit einbezogen werden können. Dazu werden Festbetragsgruppen nur mit patentgeschützten Arzneimitteln gebildet, wobei eine Gruppe aus mindestens drei Arzneimitteln bestehen soll. Dem Patentschutz wird aber insofern Rechnung getragen, als eine Festbetragsfestsetzung dann nicht in Betracht kommt, wenn der Hersteller dem Gemeinsamen Bundesausschuss nachweist, dass es sich bei seinem Produkt um ein Arzneimittel mit neuartigen Wirkstoffen einer neuen Wirkstoffklasse handelt, für die es kein vergleichbares Analogpräparat gibt. Nach S. 2 ist eine Festbetragsfestsetzung auch ausgeschlossen, wenn eine therapeutische Verbesserung gegeben ist, die wiederum in geringeren Nebenwirkungen liegen kann (zum Begriff der „therapeutischen Verbesserung" enthält Abs. 1 b Einzelheiten, s. Rn. 7). Auf diese Weise soll nicht nur der Patentschutz gewahrt bleiben, sondern vor allem auch der Anreiz zur Neuentwicklung und Weiterentwicklung hinreichend dadurch geschützt werden, dass für diese Arzneimittel auch weiterhin keine Obergrenzen für die Erstattung bestimmt werden können.

C. Therapeutische Verbesserung (Abs. 1 b)

7   Weist ein Arzneimittel eine „therapeutische Verbesserung" auf, ist es nach Abs. 1 S. 3 Hs. 2 und Abs. 1 a S. 2 nicht in die Festbetragsfestsetzung mit einzubeziehen (zum Begriff der „therapeutischen Verbesserung" auch Posser/Müller, NZS 2004, 178, 184 ff.). Nähere Einzelheiten zu ihrer Bestimmung enthält Abs. 1 b. Nach den schon genannten „Entscheidungsgrundlagen" des Gemeinsamen Bundesausschusses liegt – in Umsetzung des Abs. 1 b – eine therapeutische Verbesserung vor, wenn ein **Zusatznutzen** gegeben ist, wenn also das entsprechende Arzneimittel einen therapierelevanten höheren Nutzen hat und deshalb als zweckmäßige Therapie regelmäßig oder auch für relevante Personengruppen oder Indikationsbereiche den anderen Arzneimitteln dieser Gruppe vorzuziehen ist. Wie aus S. 3 deutlich wird, kann dieser Zusatznutzen insbesondere auch in einer geringeren Nebenwirkung des Präparates begründet sein. Das Verfahren zur Bestimmung des Zusatznutzens ergibt sich aus den S. 4–8. Die Entscheidung des Ausschusses über das Vorliegen einer „therapeutischen Verbesserung" ist nach Abs. 1 b S. 8 bekannt zu machen. Ausreichend ist eine Bekanntmachung im Internet, da eine Form nicht vorgeschrieben ist. Ist ein Zusatznutzen festgestellt, führt dies zum einen dazu, dass das Arzneimittel nicht in die Festbetragsfestsetzung mit einbezogen werden darf. Daraus folgt (in Zusammenspiel mit Abs. 3), dass die Krankenkasse ein solches Arzneimittel tragen muss, und zwar zum vom Hersteller gebildeten, gegenüber dem Festbetrag in der Regel höheren Preis. Umgekehrt gilt dann aber auch, dass das Arzneimittel, das wegen des Zusatznutzens freigestellt ist, nach S. 9 nur für diesen entsprechenden Anwendungsbereich auch wirtschaftlich ist.

D. Festsetzungsverfahren (Abs. 3)

8   Das **Verfahren der Festsetzung** der Festbeträge ist in Abs. 3 enthalten. Es findet statt, nachdem der Gemeinsame Bundesausschuss die ihm obliegende Aufgabe der Gruppenbildung abgeschlossen

hat. Zuständig für die Festsetzung ist bundesweit der Spitzenverband Bund der Krankenkassen, der seinerseits an die vom Bundesausschuss vorgenommene Gruppenbildung gebunden ist, zumindest dann, wenn das Bundesministerium für Gesundheit die Festbetragsgruppen, die Teil der Arzneimittelrichtlinien sind, nicht beanstandet hat (vgl. § 94 SGB V). Die Festsetzung der Festbeträge durch den Spitzenverband Bund der Krankenkassen war ursprünglich, als diese Aufgabe noch von den Spitzenverbänden der Krankenkassen wahrgenommen wurde, verfassungsrechtlich umstritten. Das BSG hielt Abs. 3 für verfassungswidrig (BSG 14. 6. 1995 – 3 RK 20/94 – NZS 1995, 502). Insbesondere, so das BSG, verstoße die Ermächtigung zur Festsetzung von Festbeträgen gegen die nach dem GG für die Normsetzung geltenden Prinzipien der Rechtsstaatlichkeit und Demokratie. Aufgrund des Eingriffs in Art. 12 GG hätte es zumindest einer Rechtsverordnung bedurft. Dieser Argumentation hat sich das BVerfG nicht angeschlossen, sondern die Vorschrift über das Verfahren der Festbetragsfestsetzung als mit dem GG in Einklang stehend angesehen (BVerfG 17. 12. 2002 – 1 BvL 28/95 – NJW 2003, 1232). Auch europarechtlich waren Bedenken gegen die Zuständigkeit der Kassen erhoben worden, vor allem im Hinblick auf Art. 81, 82 EG-Vertrag (vgl. OLG Düsseldorf 10. 11. 1997 – W Kart 7/97, 38 0 84/97 – NZS 1998, 290; s. auch Knispel, NZS 2000, 379). Aufgrund der vor den Gerichten entstandenen Unsicherheiten hat der Gesetzgeber bis zum 31. 12. 2003 das Verfahren für die Festbetragsfestsetzung in § 35a SGB V neu geregelt und die Entscheidung im Wege einer Festbetragsfestsetzungsverordnung gefällt (Festbetrags-AnpassungsG vom 27. 7. 2001 – BGBl. II 1948). Mittlerweile ist jedoch, nach Klärung der Verfassungsmäßigkeit des § 35 Abs. 3 SGB V, die Rückkehr zu dem ursprünglichen Verfahren erfolgt. Abs. 8 regelt nunmehr den Übergang von der Verordnungsermächtigung in § 35a SGB V auf die Selbstverwaltungsträger gemäß § 35 Abs. 3 SGB V. Abs. 3 S. 2 enthält zusätzlich die Kompetenz des Spitzenverbands Bund der Krankenkassen zur Festsetzung von Festbeträgen für Verbandmittel, für die – anders als für Arzneimittel – keine Gruppen zu bilden sind.

E. Verfahren der Festbetragsfestsetzung

Das **Verfahren der Festbetragsfestsetzung** ist daher nunmehr wieder hinsichtlich der Einbeziehung von Sachverständigen an dasjenige der ersten Stufe, also der Gruppenbildung durch den Gemeinsamen Bundesausschuss, angelehnt, auf Abs. 2 wird unmittelbar verwiesen. Zudem enthält Abs. 5 einzelne Kriterien für die Festbetragsfestsetzung durch den Spitzenverband Bund der Krankenkassen. Gerade aus den dort genannten Kriterien lassen sich die Ziele der Norm sehr gut herleiten, wie sie in Rn. 1 schon angesprochen wurden. Es geht letztlich um eine wirtschaftliche, aber unverändert unter ärztlichen Gesichtspunkten einwandfreie Arzneimittelversorgung. Zudem sind bestimmte Überprüfungsvorgaben in der Vorschrift enthalten. Nach Abs. 6 kann der Spitzenverband Bund der Krankenkassen Arzneimittel, deren Apothekeneinkaufspreis mindestens 30 Prozent unter dem jeweils gültigen Festbetrag liegt, von der Zuzahlung freistellen, wenn daraus Einsparungen für die Krankenkassen zu erwarten sind. Zwar sollen für Versicherte weiterhin zuzahlungsfreie Arzneimittel in hinreichender Anzahl zur Verfügung stehen. Doch dürfen bei den für die Krankenkassen durch die Festbetragsabsenkung zu erwartenden Einsparungen erhöhte Zuzahlungen nicht berücksichtigt werden. 9

F. Rechtsschutz, Bekanntmachung und Umrechnung (Abs. 7–9)

Die Festbeträge sind zum einen nach Abs. 8 im Internet zu veröffentlichen. Dazu erstellt der Spitzenverband Bund der Krankenkassen entsprechende Übersichten und übermittelt diese dem Deutschen Institut für medizinische Dokumentation, welches dann seinerseits die Einstellung in das Netz vornimmt. Diese Regelung war zuvor in § 35a Abs. 5 SGB V wortgleich enthalten und hat nun einen neuen Regelungsort gefunden. Zum anderen sind die Festbeträge nach Abs. 7 S. 1 auch im Bundesanzeiger bekannt zu machen; rechtlich ist ihnen die Qualität eines Verwaltungsaktes in Form einer Allgemeinverfügung zuzusprechen (BVerfGE 17. 12. 2002 – 1 BvL 28/95 – NJW 2003, 1232, 1233). Die Einzelheiten zur Möglichkeit der Arzneimittelhersteller, gegen die Verfügung vorzugehen, sind in Abs. 7 geregelt. Ein Vorverfahren findet nach S. 3 nicht statt. Die Anfechtungsklage hat nach S. 2 aber auch keine aufschiebende Wirkung, nach Ansicht des Gesetzgebers ist dies im öffentlichen Interesse geboten (vgl. Begründung des GRG zu § 35 VIII, BT-Drs. 11/3480, S. 54). 10

Abs. 9 entspricht im Wesentlichen dem bisherigen Abs. 8 und sieht nun vor, dass die bestehenden Festbeträge für verschreibungspflichtige Arzneimittel vom Spitzenverband Bund auf die ab dem 1. Januar 2012 geltenden Handelszuschläge für den Großhandel umzurechnen sind. Die Vorschrift enthält zudem die entscheidenden zeitlichen Vorgaben. Bezugpunkt sind die nach § 35 Abs. 7 SGB V bekannt gemachten Festbeträge für verschreibungspflichtige Arzneimittel. Für jeden dieser Festbeträge wird der dem Festbetrag zugrunde liegende rechnerische Herstellerabgabepreis ermittelt, dem sodann die neuen Handelszuschläge hinzugerechnet werden. 11

§ 35a Bewertung des Nutzens von Arzneimitteln mit neuen Wirkstoffen

(1) ¹Der Gemeinsame Bundesausschuss bewertet den Nutzen von erstattungsfähigen Arzneimitteln mit neuen Wirkstoffen. ²Hierzu gehört insbesondere die Bewertung des Zusatznutzens gegenüber der zweckmäßigen Vergleichstherapie, des Ausmaßes des Zusatznutzens und seiner therapeutischen Bedeutung. ³Die Nutzenbewertung erfolgt auf Grund von Nachweisen des pharmazeutischen Unternehmers, die er einschließlich aller von ihm durchgeführten oder in Auftrag gegebenen klinischen Prüfungen spätestens zum Zeitpunkt des erstmaligen Inverkehrbringens als auch der Zulassung neuer Anwendungsgebiete des Arzneimittels an den Gemeinsamen Bundesausschuss elektronisch zu übermitteln hat, und die insbesondere folgende Angaben enthalten müssen:

1. zugelassene Anwendungsgebiete,
2. medizinischer Nutzen,
3. medizinischer Zusatznutzen im Verhältnis zur zweckmäßigen Vergleichstherapie,
4. Anzahl der Patienten und Patientengruppen, für die ein therapeutisch bedeutsamer Zusatznutzen besteht,
5. Kosten der Therapie für die gesetzliche Krankenversicherung,
6. Anforderung an eine qualitätsgesicherte Anwendung.

⁴Bei Arzneimitteln, die pharmakologisch-therapeutisch vergleichbar mit Festbetragsarzneimitteln sind, ist der medizinische Zusatznutzen nach Satz 3 Nummer 3 als therapeutische Verbesserung entsprechend § 35 Absatz 1b Satz 1 bis 5 nachzuweisen. ⁵Legt der pharmazeutische Unternehmer die erforderlichen Nachweise trotz Aufforderung durch den Gemeinsamen Bundesausschuss nicht rechtzeitig oder nicht vollständig vor, gilt ein Zusatznutzen als nicht belegt. ⁶Das Bundesministerium für Gesundheit regelt durch Rechtsverordnung ohne Zustimmung des Bundesrats das Nähere zur Nutzenbewertung. ⁷Darin sind insbesondere festzulegen:

1. Anforderungen an die Übermittlung der Nachweise nach Satz 3,
2. Grundsätze für die Bestimmung der zweckmäßigen Vergleichstherapie und des Zusatznutzens, und dabei auch die Fälle, in denen zusätzliche Nachweise erforderlich sind, und die Voraussetzungen, unter denen Studien bestimmter Evidenzstufen zu verlangen sind; Grundlage sind die internationalen Standards der evidenzbasierten Medizin und der Gesundheitsökonomie,
3. Verfahrensgrundsätze,
4. Grundsätze der Beratung nach Absatz 7,
5. die Veröffentlichung der Nachweise, die der Nutzenbewertung zu Grunde liegen, sowie
6. Übergangsregelungen für Arzneimittel mit neuen Wirkstoffen, die bis zum 31. Juli 2011 erstmals in den Verkehr gebracht werden.

⁸Der Gemeinsame Bundesausschuss regelt weitere Einzelheiten erstmals innerhalb eines Monats nach Inkrafttreten der Rechtsverordnung in seiner Verfahrensordnung. ⁹Zur Bestimmung der zweckmäßigen Vergleichstherapie kann er verlangen, dass der pharmazeutische Unternehmer Informationen zu den Anwendungsgebieten des Arzneimittels übermittelt, für die eine Zulassung beantragt wird. ¹⁰Für Arzneimittel, die zur Behandlung eines seltenen Leidens nach der Verordnung (EG) Nr. 141/2000 des Europäischen Parlaments und des Rates vom 16. Dezember 1999 über Arzneimittel für seltene Leiden zugelassen sind, gilt der medizinische Zusatznutzen durch die Zulassung als belegt; Nachweise nach Satz 3 Nummer 2 und 3 müssen nicht vorgelegt werden. ¹¹Übersteigt der Umsatz des Arzneimittels nach Satz 10 mit der gesetzlichen Krankenversicherung zu Apothekenverkaufspreisen einschließlich Umsatzsteuer in den letzten zwölf Kalendermonaten einen Betrag von 50 Millionen Euro, hat der pharmazeutische Unternehmer innerhalb von drei Monaten nach Aufforderung durch den Gemeinsamen Bundesausschuss Nachweise nach Satz 3 zu übermitteln und darin den Zusatznutzen gegenüber der zweckmäßigen Vergleichstherapie abweichend von Satz 10 nachzuweisen. ¹²Der Umsatz nach Satz 11 ist auf Grund der Angaben nach § 84 Absatz 5 Satz 4 zu ermitteln.

(1 a) ¹Der Gemeinsame Bundesausschuss hat den pharmazeutischen Unternehmer von der Verpflichtung zur Vorlage der Nachweise nach Absatz 1 und das Arzneimittel von der Nutzenbewertung nach Absatz 3 auf Antrag freizustellen, wenn zu erwarten ist, dass den gesetzlichen Krankenkassen nur geringfügige Ausgaben für das Arzneimittel entstehen werden. ²Der pharmazeutische Unternehmer hat seinen Antrag entsprechend zu begründen. ³Der Gemeinsame Bundesausschuss kann die Freistellung befristen. ⁴Das Nähere regelt der Gemeinsame Bundesausschuss in seiner Verfahrensordnung.

(2) ¹Der Gemeinsame Bundesausschuss prüft die Nachweise nach Absatz 1 Satz 3 und entscheidet, ob er die Nutzenbewertung selbst durchführt oder hiermit das Institut für

SGB V – Gesetzliche Krankenversicherung § 35a SGB V 50

Qualität und Wirtschaftlichkeit im Gesundheitswesen oder Dritte beauftragt. ²Der Gemeinsame Bundesausschuss und das Institut für Qualität und Wirtschaftlichkeit im Gesundheitswesen erhalten auf Verlangen Einsicht in die Zulassungsunterlagen bei der zuständigen Bundesoberbehörde. ³Die Nutzenbewertung ist spätestens innerhalb von drei Monaten nach dem nach Absatz 1 Satz 3 maßgeblichen Zeitpunkt für die Einreichung der Nachweise abzuschließen und im Internet zu veröffentlichen.

(3) ¹Der Gemeinsame Bundesausschuss beschließt über die Nutzenbewertung innerhalb von drei Monaten nach ihrer Veröffentlichung. ²§ 92 Absatz 3a gilt entsprechend mit der Maßgabe, dass Gelegenheit auch zur mündlichen Stellungnahme zu geben ist. ³Mit dem Beschluss wird insbesondere der Zusatznutzen des Arzneimittels festgestellt. ⁴Die Geltung des Beschlusses über die Nutzenbewertung kann befristet werden. ⁵Der Beschluss ist im Internet zu veröffentlichen. ⁶Der Beschluss ist Teil der Richtlinie nach § 92 Absatz 1 Satz 2 Nummer 6; § 94 Absatz 1 gilt nicht.

(4) ¹Wurde für ein Arzneimittel nach Absatz 1 Satz 4 keine therapeutische Verbesserung festgestellt, ist es in dem Beschluss nach Absatz 3 in die Festbetragsgruppe nach § 35 Absatz 1 mit pharmakologisch-therapeutisch vergleichbaren Arzneimitteln einzuordnen. ²§ 35 Absatz 1b Satz 6 gilt entsprechend. ³§ 35 Absatz 1b Satz 7 und 8 sowie Absatz 2 gilt nicht.

(5) ¹Frühestens ein Jahr nach Veröffentlichung des Beschlusses nach Absatz 3 kann der pharmazeutische Unternehmer eine erneute Nutzenbewertung beantragen, wenn er die Erforderlichkeit wegen neuer wissenschaftlicher Erkenntnisse nachweist. ²Der Gemeinsame Bundesausschuss entscheidet über diesen Antrag innerhalb von drei Monaten. ³Der pharmazeutische Unternehmer übermittelt dem Gemeinsamen Bundesausschuss auf Anforderung die Nachweise nach Absatz 1 Satz 3 innerhalb von drei Monaten. ⁴Die Absätze 1 bis 4 und 6 bis 8 gelten entsprechend.

(5 a) ¹Stellt der Gemeinsame Bundesausschuss in seinem Beschluss nach Absatz 3 keinen Zusatznutzen oder nach Absatz 4 keine therapeutische Verbesserung fest, hat er auf Verlangen des pharmazeutischen Unternehmers eine Bewertung nach § 35b oder nach § 139a Absatz 3 Nummer 5 in Auftrag zu geben, wenn der pharmazeutische Unternehmer die Kosten hierfür trägt. ²Die Verpflichtung zur Festsetzung eines Festbetrags oder eines Erstattungsbetrags bleibt unberührt.

(6) ¹Für bereits zugelassene und im Verkehr befindliche Arzneimittel kann der Gemeinsame Bundesausschuss eine Nutzenbewertung veranlassen. ²Vorrangig sind Arzneimittel zu bewerten, die für die Versorgung von Bedeutung sind oder mit Arzneimitteln im Wettbewerb stehen, für die ein Beschluss nach Absatz 3 vorliegt. ³Absatz 5 gilt entsprechend. ⁴Bei Zulassung eines neuen Anwendungsgebiets für ein Arzneimittel, für das der Gemeinsame Bundesausschuss eine Nutzenbewertung nach Satz 1 in Auftrag gegeben hat, reicht der pharmazeutische Unternehmer ein Dossier nach Absatz 1 spätestens zum Zeitpunkt der Zulassung ein.

(7) ¹Der Gemeinsame Bundesausschuss berät den pharmazeutischen Unternehmer insbesondere zu vorzulegenden Unterlagen und Studien sowie zur Vergleichstherapie. ²Er kann hierüber Vereinbarungen mit dem pharmazeutischen Unternehmer treffen. ³Die Beratung kann bereits vor Beginn von Zulassungsstudien der Phase drei und unter Beteiligung des Bundesinstituts für Arzneimittel und Medizinprodukte oder das Paul-Ehrlich-Institut stattfinden. ⁴Der pharmazeutische Unternehmer erhält eine Niederschrift über das Beratungsgespräch. ⁵Das Nähere einschließlich der Erstattung der für diese Beratung entstandenen Kosten ist in der Verfahrensordnung zu regeln.

(8) ¹Eine gesonderte Klage gegen die Nutzenbewertung nach Absatz 2, den Beschluss nach Absatz 3 und die Einbeziehung eines Arzneimittels in eine Festbetragsgruppe nach Absatz 4 ist unzulässig. ²§ 35 Absatz 7 Satz 1 bis 3 gilt entsprechend.

A. Normzweck

Die Vorschrift ist durch das AMNOG vollständig neu gefasst worden. Die bisher in § 35a SGB V enthaltene Ermächtigung des Bundesministeriums für Gesundheit zur Festsetzung von Festbeträgen im Rahmen einer Rechtsverordnung galt ohnehin nur bis Ende 2003. Auf dieser Grundlage angepasste oder festgesetzte Festbeträge sind nicht mehr in Kraft, die bisherige Fassung der Vorschrift war daher obsolet geworden. Nunmehr enthält § 35a SGB V Vorschriften zur Nutzenbewertung für Arzneimittel. Ihr Ziel ist es, für jedes erstattungsfähige Arzneimittel, das erstmals in Deutschland in Verkehr gebracht wird, eine Nutzenbewertung durchzuführen. Dies gilt auch dann, wenn ein Arzneimittel mit neuem Wirkstoff für ein weiteres Anwendungsgebiet zugelassen wird. Durch diese Nutzenbewertung wird eine Vereinbarung des Spitzenverbands Bund der Krankenkassen mit dem pharmazeutischen Unternehmer über die Erstattungsbeträge vorbereitet.

B. Nutzenbewertung, Abs. 1

2 **Abs. 1** enthält die **zentrale Aufgabenzuweisung** an den Gemeinsamen Bundesausschuss, der für die Nutzenbewertung von erstattungsfähigen Arzneimitteln mit neuen Wirkstoffen zuständig ist (kritisch Schickert, PharmR 2010, 452). Die Nutzenbewertung einer Arznei soll nach Abs. 3 innerhalb von drei Monaten nach ihrer Veröffentlichung erfolgen. Grundlage für die Bewertung sind nach Abs. 1 Nachweise der Unternehmen, eine Verantwortung des Bundesausschusses zur umfassenden eigenverantwortlichen Aufklärung der Sachlage im Sinne einer Amtsermittlungspflicht besteht ausdrücklich nicht (Brixius, PharmR 2010, 373). Betroffen von der Regelung ist jedes erstattungsfähige Arzneimittel mit neuen Wirkstoffen bzw. die Zulassung eines solchen Arzneimittels für ein weiteres Anwendungsgebiet, insbesondere hinsichtlich des Zusatznutzens.

3 **Neu** ist der **Wirkstoff**, wenn seine Wirkung bei der erstmaligen Zulassung nicht allgemein bekannt ist und er daher der Verschreibungspflicht gemäß § 48 Abs. 1 S. 1 Nr. 3 AMG unterliegt (BT-Drs. 17/2413, S. 20). Infolgedessen gilt die Neuregelung nicht für Generika oder sonstige Arzneimittel mit Wirkstoffen, deren Wirkung der medizinischen Wissenschaft schon allgemein bekannt ist. Eine Nutzenbewertung hat jedoch auch zu erfolgen bei Arzneimitteln mit neuen Wirkstoffen, die mit Festbetragsarzneimitteln pharmakologisch-therapeutisch vergleichbar sind. Für den Nachweis eines dann erforderlichen **Zusatznutzens** gelten allerdings besondere Anforderungen: Verlangt wird insofern der Nachweis der therapeutischen Verbesserung nach § 35 Abs. 1 b S. 3–5 SGB V. Wird in diesen Fällen eine therapeutische Verbesserung festgestellt, bleiben diese Arzneimittel festbetragsfrei, so dass eine Versorgung mit innovativen Arzneimitteln gesichert werden kann (Brixius, PharmR 2010, 373).

4 Die Nutzenbewertung selbst ist ein Verfahren zur **wissenschaftlichen Begutachtung** der Zweckmäßigkeit eines Arzneimittels. Sie beschreibt, welchen therapierelevanten Nutzen das Mittel bei Anwendung in einem bestimmten Indikationsgebiet für eine bestimmte Gruppe von Patienten hat. Verantwortlich für die Bewertung ist der Gemeinsame Bundesausschuss, der durch § 35 a SGB V zur Vornahme der Bewertung legitimiert wird, die ihrerseits auf einem jeweils vom Hersteller vorzulegenden Dossier erfolgt, mit dem dieser den therapierelevanten Nutzen nachweist. Dazu sieht Abs. 1 die Vorlage bestimmter, dort eigens aufgelisteter Angaben vor. Die näheren Einzelheiten für die Vorlage sind vom Gemeinsamen Bundesausschuss in seiner Verfahrensordnung richtlinienartig zu regeln.

5 Für den **Nachweis des Nutzens** eines Arzneimittels sind dabei grundsätzlich die Zulassungsstudien vorzulegen. Allerdings obliegt es dem pharmazeutischen Unternehmer, einen **Zusatznutzen** des Arzneimittels gegenüber den Vergleichstherapien zu belegen (zum Begriff des Zusatznutzens Roters, NZS 2010, 612; Schickert, PharmR 2010, 452). Reicht die Zulassungsstudie hierfür nicht aus, muss er weitere Nachweise erbringen, die vom Gemeinsamen Bundesausschuss verlangt werden können. Als Vergleichstherapie gilt diejenige Behandlung, die nach dem anerkannten Stand der wissenschaftlichen Erkenntnis in einer Indikation zweckmäßig und wirtschaftlich ist. Festgelegt wird sie vom Gemeinsamen Bundesausschuss, der dabei insbesondere die Eignung eines Festbetragsarzneimittels als Vergleichstherapie prüft (BT-Drs. 17/2413, S. 21). Näheres ergibt sich wiederum aus der Verfahrensordnung des Ausschusses.

6 Wird vom pharmazeutischen Unternehmer kein Dossier eingereicht, kommt es zur **Fiktionswirkung** des Abs. 1, der zufolge ein Zusatznutzen als nicht belegt gilt. Auch ohne ein Dossier besteht jedoch die Pflicht des Gemeinsamen Bundesausschusses, einen Beschluss über die Nutzenbewertung als Grundlage für die Vereinbarung eines Erstattungsbetrags für die gesetzliche Krankenversicherung zu treffen. Insofern gilt, dass Arzneimittel ohne Zusatznutzen in eine Festbetragsgruppe eingruppiert werden; hilfsweise ist ein Erstattungsbetrag auf Grundlage der Jahrestherapiekosten der Vergleichstherapie zu vereinbaren.

C. Akteur, Abs. 2

7 **Abs. 2** sieht nähere Vorgaben für das Verfahren vor. Geregelt wird, dass der Gemeinsame Bundesausschuss zunächst die Nachweise des Unternehmers prüft. Dann entscheidet der Ausschuss auf Grundlage dieser Prüfung, ob er die Nutzenbewertung selbst durchführt oder stattdessen das IQWiG einschaltet bzw. einen Dritten beauftragt. Insgesamt gibt das Gesetz einen engen Zeitrahmen vor: Für die Bewertung ist ein maximaler Zeitraum von drei Monaten vorgesehen, beginnend mit dem erstmaligen Inverkehrbringen des Produkts.

D. Rechtsnatur, Verfahren und Rechtsfolgen, Abs. 3–8

8 Die nachfolgenden Absätze enthalten vor allem Ausführungsregelungen zu dem Verfahren der Nutzenbewertung. Als gutachterliche, wissenschaftliche Stellungnahme ist sie nach **Abs. 3** nicht rechtlich

bindend, doch hat die Bewertung im Rahmen des § 91 Abs. 6 SGB V eine besondere Bedeutung. Schon vor dem Hintergrund der Wissenschaftlichkeit sind Stellungnahmen der Fachkreise einzuholen, insbesondere der medizinischen und pharmazeutischen Praxis. Die Anhörungen sind mündlich durchzuführen. Weil die Bewertung selbst rechtlich nicht bindend ist, sondern nur die Preisvereinbarungen nach § 130 b SGB V vorbereitenden Charakter hat, sind sie als unselbstständige Handlungen nach **Abs.** 8 nicht selbst rechtlich angreifbar, sondern erst im Rahmen der abschließenden Entscheidung über die Erstattung des Arzneimittels im Wege der Anfechtung (kritisch hierzu Schickert, PharmR 2010, 452). Dies gilt für die Nutzenbewertung durch den Gemeinsamen Bundesausschuss ebenso wie für die durch das IQWiG und durch einen Dritten. Bei einer nachfolgenden Zuordnung eines Arzneimittels zu einer Festbetragsgruppe ist die Klagemöglichkeit nach § 35 Abs. 7 SGB V erst gegen die Festsetzung des Festbetrags möglich. Wiederholungen einer Nutzenbewertung richten sich nach Abs. 5, hier gilt eine einjährige Sperrfrist.

Abs. 6 sieht vor, dass auch für bereits zugelassene Arzneimittel ohne Festbetrag eine Nutzenbewertung erfolgt. An dieses schließt sich dann die Vereinbarung eines Erstattungsbetrags zwischen dem Spitzenverband Bund und dem pharmazeutischen Unternehmer an. In diesen Verfahren besteht eine Beratungspflicht des Ausschusses gegenüber den Unternehmern nach Abs. 7. 9

§ 35 b Kosten-Nutzen-Bewertung von Arzneimitteln

(1) ¹Der Gemeinsame Bundesausschuss beauftragt auf Grund eines Antrags nach § 130 b Absatz 8 das Institut für Qualität und Wirtschaftlichkeit im Gesundheitswesen mit einer Kosten-Nutzen-Bewertung. ²In dem Auftrag ist insbesondere festzulegen, für welche zweckmäßige Vergleichstherapie und Patientengruppen die Bewertung erfolgen soll sowie welcher Zeitraum, welche Art von Nutzen und Kosten und welches Maß für den Gesamtnutzen bei der Bewertung zu berücksichtigen sind; das Nähere regelt der Gemeinsame Bundesausschuss in seiner Verfahrensordnung; für die Auftragserteilung gilt § 92 Absatz 3 a entsprechend mit der Maßgabe, dass der Gemeinsame Bundesausschuss auch eine mündliche Anhörung durchführt. ³Die Bewertung erfolgt durch Vergleich mit anderen Arzneimitteln und Behandlungsformen unter Berücksichtigung des therapeutischen Zusatznutzens für die Patienten im Verhältnis zu den Kosten; Basis für die Bewertung sind die Ergebnisse klinischer Studien sowie derjenigen Versorgungsstudien, die mit dem Gemeinsamen Bundesausschuss nach Absatz 2 vereinbart wurden oder die der Gemeinsame Bundesausschuss auf Antrag des pharmazeutischen Unternehmens anerkennt; § 35 a Absatz 1 Satz 3 und Absatz 2 Satz 3 gilt entsprechend. ⁴Beim Patienten-Nutzen sollen insbesondere die Verbesserung des Gesundheitszustandes, eine Verkürzung der Krankheitsdauer, eine Verlängerung der Lebensdauer, eine Verringerung der Nebenwirkungen sowie eine Verbesserung der Lebensqualität, bei der wirtschaftlichen Bewertung auch die Angemessenheit und Zumutbarkeit einer Kostenübernahme durch die Versichertengemeinschaft angemessen berücksichtigt werden. ⁵Das Institut bestimmt auftragsbezogen über die Methoden und Kriterien für die Erarbeitung von Bewertungen nach Satz 1 auf der Grundlage der in den jeweiligen Fachkreisen anerkannten internationalen Standards der evidenzbasierten Medizin und der Gesundheitsökonomie. ⁶Das Institut gewährleistet vor Abschluss von Bewertungen hohe Verfahrenstransparenz und eine angemessene Beteiligung der in § 35 Abs. 2 und § 139 a Abs. 5 Genannten. ⁷Das Institut veröffentlicht die jeweiligen Methoden und Kriterien im Internet.

(2) ¹Der Gemeinsame Bundesausschuss kann mit dem pharmazeutischen Unternehmer Versorgungsstudien und die darin zu behandelnden Schwerpunkte vereinbaren. ²Die Frist zur Vorlage dieser Studien bemisst sich nach der Indikation und dem nötigen Zeitraum zur Bereitstellung valider Daten; sie soll drei Jahre nicht überschreiten. ³Das Nähere regelt der Gemeinsame Bundesausschuss in seiner Verfahrensordnung. ⁴Die Studien sind auf Kosten des pharmazeutischen Unternehmers bevorzugt in Deutschland durchzuführen.

(3) ¹Auf Grundlage der Kosten-Nutzen-Bewertung nach Absatz 1 beschließt der Gemeinsame Bundesausschuss über die Kosten-Nutzen-Bewertung und veröffentlicht den Beschluss im Internet. ²§ 92 Absatz 3 a gilt entsprechend. ³Mit dem Beschluss werden insbesondere der Zusatznutzen sowie die Therapiekosten bei Anwendung des jeweiligen Arzneimittels festgestellt. ⁴Der Beschluss ist Teil der Richtlinie nach § 92 Absatz 1 Satz 2 Nummer 6; der Beschluss kann auch Therapiehinweise nach § 92 Absatz 2 enthalten. ⁵§ 94 Absatz 1 gilt nicht.

(4) ¹Gesonderte Klagen gegen den Auftrag nach Absatz 1 Satz 1 oder die Bewertung nach Absatz 1 Satz 3 sind unzulässig. ²Klagen gegen eine Feststellung des Kosten-Nutzen-Verhältnisses nach Absatz 3 haben keine aufschiebende Wirkung.

A. Normzweck

1   Die Vorschrift steht in direkter Beziehung zu der durch das AMNOG neu geregelten Konstruktion der Vergütungsvereinbarung für Arzneimittel zwischen dem Spitzenverband Bund der Krankenkassen und den pharmazeutischen Unternehmen, wie sie sich aus § 130 b SGB V ergibt. § 35 b SGB V enthält, weniger weitgehend als zuvor, nur noch Regelungen zur Kosten-Nutzen-Bewertung. Heranzuziehen ist die Vorschrift nur noch in den Fällen, in denen die Verhandlungen zum Erstattungsbetrag gescheitert sind und ein Schiedsstellenspruch nach § 130 b SGB V vorliegt. Dann können nämlich beide Seiten eine solche Kosten-Nutzen-Bewertung durch das IQWiG verlangen, die eine Basis zur Vereinbarung eines Erstattungsbetrags werden kann. Sinn des Verfahrens ist es primär, eine weitergehende empirische Fundierung der Grundlagen für die Vereinbarung eines Erstattungsbetrags zu erhalten (BT-Drs. 17/2413, S. 23).

B. Grundlagen und Verfahren (Abs. 1)

2   Nach Abs. 1 der Vorschrift beauftragt der Gemeinsame Bundesausschuss das IQWiG mit der Kosten-Nutzen-Bewertung. Nach S. 3 ist das Institut verpflichtet, seine Bewertung auf der Basis der Ergebnisse klinischer Studien sowie derjenigen Versorgungsstudien durchzuführen, die mit dem Gemeinsamen Bundesausschuss nach Abs. 2 vereinbart wurden oder die der Ausschuss auf Antrag des pharmazeutischen Unternehmerns anerkannt. Der Ausschuss ist nach S. 6 verpflichtet, schon für die Auftragserteilung an das IQWiG die entsprechenden Fachkreise anzuhören und dazu die Methoden und Kriterien für die Bewertung im Einzelfall zu konkretisieren. Denn schon zu diesem Zeitpunkt entscheidet sich beispielsweise, für welche Vergleichstherapien und Patientengruppen die Bewertung erfolgen soll und welcher Zeitraum, in welchem Umfang Nutzen und Kosten für andere Zweige der Sozialversicherung und welches Maß für den Gesamtnutzen bei der Bewertung zu berücksichtigen sind (BT-Drs. 17/2413, S. 23). Hinsichtlich des Patientennutzens kann es etwa um die Verbesserung des Gesundheitszustands, aber auch um die Verkürzung einer Krankheitsdauer oder die Verringerung von Nebenwirkungen gehen.

3   Der Auftrag des Bundesausschusses ist auf Entscheidungen gerichtet, die neben der wissenschaftlichen Entscheidung auch Wertentscheidungen beinhaltet. Es ist daher bereits bei der Beauftragung festzulegen, welche Nutzenparameter von Bedeutung sind, wie diese nachgewiesen werden und ob sie zu einem Gesamtwert für den Nutzen zusammengeführt werden müssen (zum Nutzenbegriff eingehend Roters, 2010, 612).

C. Vereinbarungsmöglichkeit (Abs. 2)

4   Nach Abs. 2 kann der Gemeinsame Bundesausschuss mit dem pharmazeutischen Unternehmer Versorgungsstudien und die darin zu behandelnden Schwerpunkte vereinbaren. Auf diese Weise soll sichergestellt werden, dass die Kosten-Nutzen-Bewertung zu verlässlichen Ergebnissen führt. Um eine zeitnahe Bewertung zu ermöglichen, beträgt die Frist zur Vorlage der Studien maximal drei Jahre, dabei handelt es sich allerdings nur um die „Soll"-Vorschrift, eine spätere Vorlage ist damit nicht ausgeschlossen. Die Kostentragungspflicht trifft den pharmazeutischen Unternehmer. Die Vorstellung des Gesetzes, dass die Studien „bevorzugt" in Deutschland durchgeführt werden sollen, zielt darauf ab, dass so die Ergebnisse für die Versorgungs- und Kostensituation in Deutschland aussagekräftig sind. Ob dies insbesondere einer europarechtlichen Prüfung standhält, ist offen.

D. Beschluss (Abs. 3)

5   Die Nutzenbewertungen durch das Institut sind ungeachtet der Qualität, die ihnen im Hinblick auf den Charakter dieses Instituts als unabhängige wissenschaftliche Einrichtung zukommt, aufgrund ihres Charakters als gutachtliche Stellungnahme weder für den Ausschuss noch gegenüber außen stehenden Dritten verbindlich (BSG 31. 5. 2006 – SozR 4–2500 § 92 Nr. 5; KassKomm/Hess, § 35 b SGB V Rn. 9; Becker, Die Steuerung der Arzneimittelversorgung im Recht der GKV, 2006, 182; Maassen/Uwer, MedR 2006, 32, 38). Durch Abs. 3 wird der Gemeinsame Bundesausschuss legitimiert, die Kosten-Nutzen-Bewertung als Grundlage für die Vereinbarung der Vertragspartner auf Bundesebene nach § 130 b SGB V zu beschließen. Damit ist eine Veröffentlichungspflicht im Internet verbunden. Erst durch den Beschluss des Gemeinsamen Bundesausschusses gibt es somit den erforderlichen rechtlich tragfähigen Rahmen für die Vereinbarung eines Abrechnungspreises zwischen dem Spitzenverband Bund der Krankenkassen und dem pharmazeutischen Unternehmer. Auf dieser Grundlage soll die Wirtschaftlichkeit des Arzneimittels sichergestellt werden.

E. Rechtsschutz (Abs. 4)

Gegen den Auftrag zur Kosten-Nutzen-Bewertung sind **keine eigenständigen Klagen** zulässig. 6
Dies folgt daraus, dass die Bewertungen, die beim Institut für Qualität und Wirtschaftlichkeit im Gesundheitswesen in Auftrag gegeben werden, keine rechtliche Außenwirkung entfalten, sondern vom Gemeinsamen Bundesausschuss erst noch umgesetzt werden müssen. Damit übernimmt letztlich dieser die rechtliche Verantwortung für die Bewertung, die dann erst auf dieser Ebene angegriffen (mit einer Feststellungsklage, dazu Axer, in: Becker/Kingreen, § 35 b SGB V Rn. 9) werden können. Das Institut ist in diesen Fällen aber notwendig beizuladen. Klagen gegen eine Feststellung des Kosten-Nutzen-Verhältnisses, die sich gegen den Beschluss nach Abs. 3 richten, haben dann aber jedenfalls keine aufschiebende Wirkung. Sie hemmen zudem auch nicht die Fristen für den Abschluss einer Vereinbarung zwischen dem Spitzenverband Bund der Krankenkassen und den pharmazeutischen Unternehmern (BT-Drs. 17/2413, S. 25).

§ 35 c Zulassungsüberschreitende Anwendung von Arzneimitteln

(1) ¹Für die Abgabe von Bewertungen zum Stand der wissenschaftlichen Erkenntnis über die Anwendung von zugelassenen Arzneimitteln für Indikationen und Indikationsbereiche, für die sie nach dem Arzneimittelgesetz nicht zugelassen sind, beruft das Bundesministerium für Gesundheit Expertengruppen beim Bundesinstitut für Arzneimittel und Medizinprodukte. ²Die Bewertungen werden dem Gemeinsamen Bundesausschuss als Empfehlung zur Beschlussfassung nach § 92 Absatz 1 Satz 2 Nummer 6 zugeleitet. ³Bewertungen sollen nur mit Zustimmung der betroffenen pharmazeutischen Unternehmer erstellt werden. ⁴Gesonderte Klagen gegen diese Bewertungen sind unzulässig.

(2) ¹Außerhalb des Anwendungsbereichs des Absatzes 1 haben Versicherte Anspruch auf Versorgung mit zugelassenen Arzneimitteln in klinischen Studien, sofern hierdurch eine therapierelevante Verbesserung der Behandlung einer schwerwiegenden Erkrankung im Vergleich zu bestehenden Behandlungsmöglichkeiten erwartet ist, damit verbundene Mehrkosten in einem angemessenen Verhältnis zum erwarteten medizinischen Zusatznutzen stehen, die Behandlung durch einen Arzt erfolgt, der an der vertragsärztlichen Versorgung oder an der ambulanten Versorgung nach den §§ 116 b und 117 teilnimmt, und der Gemeinsame Bundesausschuss der Arzneimittelverordnung nicht widerspricht. ²Eine Leistungspflicht der Krankenkasse ist ausgeschlossen, sofern das Arzneimittel auf Grund arzneimittelrechtlicher Vorschriften vom pharmazeutischen Unternehmer kostenlos bereitzustellen ist. ³Der Gemeinsame Bundesausschuss ist mindestens zehn Wochen vor dem Beginn der Arzneimittelverordnung zu informieren; er kann innerhalb von acht Wochen nach Eingang der Mitteilung widersprechen, sofern die Voraussetzungen nach Satz 1 nicht erfüllt sind. ⁴Das Nähere, auch zu den Nachweisen und Informationspflichten, regelt der Gemeinsame Bundesausschuss in den Richtlinien nach § 92 Abs. 1 Satz 2 Nr. 6. ⁵Leisten Studien nach Satz 1 für die Erweiterung einer Zulassung einen entscheidenden Beitrag, hat der pharmazeutische Unternehmer den Krankenkassen die Verordnungskosten zu erstatten. ⁶Dies gilt auch für eine Genehmigung für das Inverkehrbringen nach europäischem Recht.

A. Normzweck

Die Vorschrift enthält Regelungen zur Anwendung von zugelassenen Arzneimitteln für Indikationen und Indikationsbereiche, für die sie nach dem Arzneimittelgesetz nicht zugelassen sind, sie betrifft damit die spezielle Situation, in der ausnahmsweise ein Off-Label-Use zulässig ist. Finden diesbezüglich klinische Studien durch die gesetzliche Krankenversicherung statt, können die Kosten für das Arzneimittel dann, unter den in der Norm genannten Voraussetzungen, von der Krankenkasse übernommen werden. 1

B. Off-Label-Use (Abs. 1)

Die Vorschrift enthält die Voraussetzungen, die den Anspruch der Versicherten auf Arzneimittel betreffen, wenn sie außerhalb der vom AMG zugelassenen Anwendungsgebiete stattfinden sollen. Es geht also um den so genannten „off-label-use", der als Leistung der Versicherung unter bestimmten, engen Voraussetzungen in Betracht kommen kann, wenn es sich um eine schwerwiegende, lebensbedrohliche Erkrankung handelt, keine andere Therapie zur Verfügung steht und aufgrund der vorliegenden Daten die begründete Aussicht auf einen kurativen oder palliativen Behandlungserfolg besteht 2

(BSG 19. 3. 2002 – B 1 KR 37/00 R – NZS 2002, 646; vgl. näher die Ausführungen und Nachweise in § 31 SGB V Rn. 7). Für die Abgabe von **Bewertungen** zum Stand der wissenschaftlichen Erkenntnis für die Anwendung solcher außerhalb der Zulassung nach dem AMG liegenden Indikationsbereiche beruft das Bundesministerium für Gesundheit Expertengruppen beim Bundesinstitut für Arzneimittel und Medizinprodukte. Diese leiten dann ihre Bewertungen, wiederum (nur) als Empfehlungen, nicht als verbindliche Vorgaben, an den Gemeinsamen Bundesausschuss zu, der dann nach § 92 Abs. 1 S. 2 Nr. 6 SGB V entscheiden kann. Nach S. 3 ist das herstellende pharmazeutische Unternehmen bei der Bewertung zu beteiligen, es soll zustimmen. Auf diese Weise will der Gesetzgeber sicherstellen, dass die betreffende Off-Label-Anwendung als bestimmungsgemäßer Gebrauch akzeptiert wird und gegebenenfalls das Unternehmen nach den Vorgaben des AMG für die entsprechende Anwendung haftet (BT-Drs. 15/1525, S. 89).

C. Anspruchsvoraussetzungen der zulassungsüberschreitednen Anwendung (Abs. 2)

3   Es muss, damit eine Erstattung möglich sein kann, der **Anwendungsbereich** der Vorschrift eröffnet sein. Die näheren Voraussetzungen, wann ein Anspruch der Versicherten nach § 35 c SGB V besteht, finden sich in Abs. 2 S. 1. Inhaltlich muss es im Rahmen einer klinischen Studie um die Behandlung mit Arzneimitteln außerhalb des zugelassenen Indikationsbereichs gehen, wie sich aus dem Verweis aus Abs. 1 ergibt. Daraus ergibt sich, dass die Verordnung zugelassener Arzneimittel zur Behandlung im Rahmen ihrer Zulassung nach § 35 c SGB V nicht möglich ist, auch wenn dies in einer klinischen Studie erfolgt. Zudem ist eine Arzneimittelabgabe bei einer klinischen Studie in stationärer Behandlung ebenfalls nicht von § 35 c SGB V erfasst, insoweit gehen die §§ 8 KHEntGG, 10 III BPflV sowie 17 II KHFG vor. Schließlich kann § 35 c SGB V auch nicht herangezogen werden, wo es um die Versorgung mit zugelassenen Arzneimitteln außerhalb ihrer zugelassenen Indikation und außerhalb klinischer Studien geht. Denn hierbei handelt es sich um den klassischen Fall des „off-label-use", der in Abs. 1 geregelt und durch das BSG näher ausgestaltet ist (BSG 19. 3. 2002 – B 1 KR 37/00 R – NZS 2002, 646; vgl. auch § 31 SGB V Rn. 7). Dem Gesetzgeber selbst schwebte als wesentlicher Anwendungsfall die Kinderonkologie vor, da dort immer wieder Arzneimittel verwendet werden (können), die für Kinder nicht zugelassen sind. Hier kann also eine Behandlung nur im Rahmen klinischer Studien gemäß § 35 c SGB V erfolgen (BT-Drs. 16/4247, S. 33).

4   Im Rahmen des zuvor skizzierten Anwendungsbereichs muss es sodann um eine **Behandlung** einer schwerwiegenden Erkrankung gehen. Für diese darf, so Abs. 2 S. 1, das Arzneimittel nicht zugelassen sein. Zudem muss das Mittel nach den wissenschaftlichen Grundlagen der Studie eine therapierelevante Verbesserung erwarten lassen. Diesbezüglich ist ein Vergleich zu bestehenden Behandlungsmöglichkeiten ausschlaggebend. Des Weiteren muss, im Verhältnis zu der bisher zugelassenen Therapie, ein Zusatznutzen zu erwarten sein, der in angemessenem Verhältnis mit den Mehrkosten steht, die durch die Behandlung entstehen. Zu hohe Ansprüche darf man hier aber nicht stellen, da der Zusatznutzen selbst zum Zeitpunkt der Behandlung gerade noch nicht feststeht. Des Weiteren muss die Behandlung durch einen Arzt erfolgen, der an der vertragsärztlichen Versorgung teilnimmt oder zumindest an der ambulanten Versorgung nach den §§ 116 b, 117 SGB V; dass der Arzt zugleich „verantwortlich" an der Studie beteiligt sein muss, wie zum Teil gefordert wird (KassKomm/Hess, § 35 c SGB V Rn. 7), lässt sich schon dem Gesetzestext nicht entnehmen, auch ist die Begrifflichkeit der Verantwortlichkeit insoweit zu unscharf und auch nicht erforderlich. Negativ ist Voraussetzung, dass nach S. 2 das Arzneimittel nicht ohnehin aufgrund arzneimittelrechtlicher Vorschriften vom pharmazeutischen Unternehmer kostenlos bereitzustellen ist (vgl. § 47 Abs. 1 Nr. 2 g AMG). In diesen Fällen muss die Kasse nicht leisten.

D. Beteiligung des Gemeinsamen Bundesausschusses

5   Als letzte Voraussetzung darf schließlich der Gemeinsame Bundesausschuss der Arzneimittelverordnung **nicht widersprochen** haben. Zu diesem Zweck sieht Abs. 2 S. 3 ein Informationsverfahren zugunsten des Ausschusses vor, der mindestens zehn Wochen vor dem Beginn der Verordnung entsprechend zu informieren ist. Das Widerspruchsrecht besteht dann für einen Zeitraum von acht Wochen. Einzelheiten zu dem Verfahren, das der Gesetzgeber „als unbürokratisches Antragsverfahren gestaltet" wissen will (BT-Drs. 16/4247, S. 33), regelt der Bundesausschuss nach Abs. 2 S. 4 in den Richtlinien nach § 92 Abs. 1 S. 2 Nr. 6 SGB V. Die Mitteilung beabsichtigter Verordnungen eröffnet – als Antrag – ein Verwaltungsverfahren nach den Bestimmungen des SGB X. Die Gesetzesbegründung verweist für das Verhalten des Bundesausschusses auf die Sicherheitsmaßnahmen und Auflagen, die im Rahmen der §§ 40 ff. AMG zur Anwendung kommen und dort den Schutz der Menschen in klinischen Studien bewirken sollen. Vorentscheidungen durch die Ethikkommission und die zuständige Zulassungsbehörde im Wege der notwendigen Genehmigung sind daher vom Gemeinsamen Bun-

desausschuss jedenfalls zu berücksichtigen. Es wäre insofern verfahrensökonomisch verfehlt, wenn der Bundesausschuss Tatbestände aufarbeiten und Bewertungen abgeben müsste, wenn andere, in die klinischen Prüfungen eingebundene Stellen ohnehin schon entsprechende Vorentscheidungen im Rahmen ihrer Zuständigkeit gefällt haben. Zudem würde es zu einem nicht verständlichen Mixtum bei der Wahrnehmung verschiedener Zuständigkeiten kommen, wenn der Bundesausschuss für seine Entscheidung auch solche Aspekte aufgreifen müsste, mit denen sich bereits andere Stellen befasst haben. Er kann daher nur Mitteilungen widersprechen, die nicht den Kriterien des Gesetzes entsprechen. Widerspricht er einer Verordnung, muss er dies angemessen anhand nachvollziehbarer und objektiver Kriterien begründen. Er kann auch regeln, wie in den Fällen zu verfahren ist, in denen unter Bezugnahme auf die Studienergebnisse der vorgenannten Studien eine Zulassung bzw. Zulassungserweiterung erfolgt, um eine unzulässige finanzielle Belastung der GKV zu vermeiden. Widerspricht der Ausschuss nicht, entsteht der Anspruch des Versicherten nach S. 1. Bleibt der Ausschuss untätig und reagiert innerhalb der Achtwochenfrist nicht, entsteht der Anspruch ebenfalls, insofern ist das Schweigen des Ausschusses rechtlich als Zustimmung zu werten. Dies folgt aus der gesetzlichen Konzeption, der zufolge der Gemeinsame Bundesausschuss widersprechen „kann", aber nicht muss.

E. Rechtsschutz

Die Entscheidung des Ausschusses, der Verordnung zu widersprechen, ist kein Akt der Normsetzung, sondern eine Einzelentscheidung. Gegen einen Widerspruch des Gemeinsamen Bundesausschusses kann nicht der Patient vorgehen, denn er hat, wenn überhaupt, nur einen Anspruch gegen seine Krankenkasse. Eine **Antragsberechtigung** steht daher demjenigen zu, der von dem Widerspruch unmittelbar belastet ist, also dem Verantwortlichen der klinischen Studie, der die Genehmigung des Bundesausschusses beantragt hat. Vor einer Klage ist entsprechend der Vorgaben des SGB X, von denen eine Ausnahme hier nicht erfolgt, ein Vorverfahren erforderlich. 6

F. Erstattungsanspruch

In den Fällen des Abs. 2 S. 5 kommt es zu einem **Erstattungsanspruch** der Kassen gegen den pharmazeutischen Unternehmer. Dies ist dann der Fall, wenn die Studie für die Erweiterung der Zulassung des verordneten Arzneimittels einen entscheidenden Beitrag leistet. Dann ist es nur konsequent, wenn nicht die Kasse, sondern der Hersteller die Kosten trägt. Dies gilt auch für den Fall einer Genehmigung für das Inverkehrbringen nach europäischem Recht. 7

§ 36 Festbeträge für Hilfsmittel

(1) ¹Der Spitzenverband Bund der Krankenkassen bestimmt Hilfsmittel, für die Festbeträge festgesetzt werden. ²Dabei sollen unter Berücksichtigung des Hilfsmittelverzeichnisses nach § 139 in ihrer Funktion gleichartige und gleichwertige Mittel in Gruppen zusammengefasst und die Einzelheiten der Versorgung festgelegt werden. ³Den Spitzenorganisationen der betroffenen Hersteller und Leistungserbringer ist unter Übermittlung der hierfür erforderlichen Informationen innerhalb einer angemessenen Frist vor der Entscheidung Gelegenheit zur Stellungnahme zu geben; die Stellungnahmen sind in die Entscheidung einzubeziehen.

(2) ¹Der Spitzenverband Bund der Krankenkassen setzt für die Versorgung mit den nach Absatz 1 bestimmten Hilfsmitteln einheitliche Festbeträge fest. ²Absatz 1 Satz 3 gilt entsprechend. ³Die Hersteller und Leistungserbringer sind verpflichtet, dem Spitzenverband Bund der Krankenkassen auf Verlangen die zur Wahrnehmung der Aufgaben nach Satz 1 und nach Absatz 1 Satz 1 und 2 erforderlichen Informationen und Auskünfte, insbesondere auch zu den Abgabepreisen der Hilfsmittel, zu erteilen.

(3) § 35 Abs. 5 und 7 gilt entsprechend.

A. Normzweck

Die Vorschrift stellt das Pendant für Hilfsmittel zu der Festbetragsregelung für Arzneimittel in § 35 SGB V dar, weist bei identischer Zielrichtung jedoch im Verfahren erhebliche Unterschiede auf. Wie bei den Festbeträgen für Arznei- und Verbandmittel geht es auch hier in **Konkretisierung** des Gebots der Wirtschaftlichkeit darum, eine im Allgemeinen ausreichende, zweckmäßige und wirtschaftliche, doch jedenfalls in der Qualität gesicherte Versorgung zu gewährleisten. Doch ist anders als bei § 35 SGB V nicht der Gemeinsame Bundesausschuss für die Gruppenbildung zuständig, sondern der Spitzenverband Bund der Krankenkassen selbst. Er übernimmt hier also beide Verfahrensstufen. Wäh- 1 rend das BSG § 36 SGB V aufgrund eines Verstoßes gegen die für die Normsetzung bestehenden Prinzipien der Rechtsstaatlichkeit und Demokratie für verfassungswidrig hielt (BSG 14. 6. 1995 – 3 RK 23/94 – NZS 1995, 502), hat das BVerfG die Verfassungsmäßigkeit auch dieser Vorschrift bejaht (BVerfG 17. 12. 2002 – 1 BvL 28/95 – NJW 2003, 1232; dazu und zu kartellrechtlichen Einwendungen Butzer, in: Becker/Kingreen, § 36 SGB V Rn. 4 f.).

B. Gruppenbildung (Abs. 1)

2   Abs. 1 regelt die Bildung von **Festbetragsgruppen** im Bereich der Hilfsmittel gemäß § 33 SGB V. Die Gruppenbildung erfolgt durch den Spitzenverband Bund der Krankenkassen. Dabei legt er zunächst fest, für welche Hilfsmittel Festbeträge gelten sollen. Der Festbetragsgruppenbildung sind jedoch dann Grenzen gesetzt, wenn die Vergleichsmöglichkeit der Hilfsmittel nicht gegeben ist, zB wenn keine ausreichenden Versorgungsalternativen zur Verfügung stehen. Können Gruppen gebildet werden, sollen dazu, so S. 2, in ihrer Funktion gleichartige und gleichwertige Mittel in Gruppen zusammengefasst werden. Ausgangspunkt ist das Hilfsmittelverzeichnis nach § 139 SGB V. Mittlerweile sind 34 Produktgruppen festgelegt worden (s. auch Weber, SGB 2003, 440). Den betroffenen Herstellern und Leistungserbringern ist dabei unter Übermittlung der hierfür erforderlichen Informationen Gelegenheit zur Stellungnahme zu geben. Dazu gibt Abs. 1 S. 2 dem Spitzenverband Bund auf, dies in einer „angemessenen Frist" vor der Entscheidung zu tun. Entscheidend für die Angemessenheit ist, dass den Betroffenen ausreichend Gelegenheit gegeben wird, auf die beabsichtigte Festbetragsfestsetzung zu reagieren. Damit soll zudem sichergestellt werden, dass der Spitzenverband den externen Sachverstand in seine Entscheidung mit einbeziehen kann, zudem kann die Beteiligung als besondere Form des rechtlichen Gehörs angesehen werden.

C. Festbetragsfestsetzung (Abs. 2)

3   Nach Abs. 2 obliegt die **Festsetzung der Festbeträge** wie die Gruppenbildung auch dem Spitzenverband Bund der Krankenkassen. Die ursprünglich zuständigen Spitzenverbände der Krankenkassen haben erstmalig am 1. Dezember 2004 für die Festbetragsgruppen Einlagen, Hörhilfen (dazu BSG 17. 12. 2009 – B 3 KR 20/08 R – Behindertenrecht 2010, 139), Inkontinenzhilfen, Hilfsmittel zur Kompressionstherapie, Sehhilfen und Stomaartikel Festbeträge verabschiedet, die am 1. Januar 2005 bundesweit in Kraft getreten und am 10. Dezember 2004 im Bundesanzeiger Nr. 235 a veröffentlicht worden sind. Die Festbetragsfestsetzung wird jährlich angepasst und neu veröffentlicht (im Internet unter www.g-kv.de). Die Kriterien für die Höhe der Festbeträge richten sich über den Verweis in Abs. 3 nach den Vorgaben, die auch für die Arznei- und Verbandsmittel gelten. Auf die Kommentierung zu § 35 Abs. 5 SGB V wird daher verwiesen. Gleiches gilt für die Bekanntmachung, die ebenfalls im Bundesanzeiger zu erfolgen hat. Der Rechtsschutz ist schließlich auch wie bei den Arzneimitteln geregelt, wie der Verweis auf § 35 Abs. 7 SGB V ergibt, zu den Einzelheiten vgl. daher Kommentierung dort sowie bei Butzer, in: Becker/Kingreen, SGB V § 36 Rn. 11.

§ 37 Häusliche Krankenpflege

(1) ¹**Versicherte erhalten in ihrem Haushalt, ihrer Familie oder sonst an einem geeigneten Ort, insbesondere in betreuten Wohnformen, Schulen und Kindergärten, bei besonders hohem Pflegebedarf auch in Werkstätten für behinderte Menschen neben der ärztlichen Behandlung häusliche Krankenpflege durch geeignete Pflegekräfte, wenn Krankenhausbehandlung geboten, aber nicht ausführbar ist, oder wenn sie durch die häusliche Krankenpflege vermieden oder verkürzt wird.** ²§ 10 der Werkstättenverordnung bleibt unberührt. ³**Die häusliche Krankenpflege umfaßt die im Einzelfall erforderliche Grund- und Behandlungspflege sowie hauswirtschaftliche Versorgung.** ⁴Der Anspruch besteht bis zu vier Wochen je Krankheitsfall. ⁵In begründeten Ausnahmefällen kann die Krankenkasse die häusliche Krankenpflege für einen längeren Zeitraum bewilligen, wenn der Medizinische Dienst (§ 275) festgestellt hat, daß dies aus den in Satz 1 genannten Gründen erforderlich ist.

(2) ¹Versicherte erhalten in ihrem Haushalt, ihrer Familie oder sonst an einem geeigneten Ort, insbesondere in betreuten Wohnformen, Schulen und Kindergärten, bei besonders hohem Pflegebedarf auch in Werkstätten für behinderte Menschen als häusliche Krankenpflege Behandlungspflege, wenn diese zur Sicherung des Ziels der ärztlichen Behandlung erforderlich ist; der Anspruch umfasst verrichtungsbezogene krankheitsspezifische Pflegemaßnahmen auch in den Fällen, in denen dieser Hilfebedarf bei der Feststellung der Pflegebedürftigkeit nach den §§ 14 und 15 des Elftes Buches zu berücksichtigen ist. ²§ 10 der Werkstättenverordnung bleibt unberührt. ³Der Anspruch nach Satz 1 besteht

über die dort genannten Fälle hinaus ausnahmsweise auch für solche Versicherte in zugelassenen Pflegeeinrichtungen im Sinne des § 43 des Elften Buches, die auf Dauer, voraussichtlich für mindestens sechs Monate, einen besonders hohen Bedarf an medizinischer Behandlungspflege haben. ⁴Die Satzung kann bestimmen, dass die Krankenkasse zusätzlich zur Behandlungspflege nach Satz 1 als häusliche Krankenpflege auch Grundpflege und hauswirtschaftliche Versorgung erbringt. ⁵Die Satzung kann dabei Dauer und Umfang der Grundpflege und der hauswirtschaftlichen Versorgung nach Satz 4 bestimmen. ⁶Leistungen nach den Sätzen 4 und 5 sind nach Eintritt von Pflegebedürftigkeit im Sinne des Elften Buches nicht zulässig. ⁷Versicherte, die nicht auf Dauer in Einrichtungen nach § 71 Abs. 2 oder 4 des Elften Buches aufgenommen sind, erhalten Leistungen nach Satz 1 und den Sätzen 4 bis 6 auch dann, wenn ihr Haushalt nicht mehr besteht und ihnen nur zur Durchführung der Behandlungspflege vorübergehender Aufenthalt in einer Einrichtung oder in einer anderen geeigneten Unterkunft zur Verfügung gestellt wird.

(3) Der Anspruch auf häusliche Krankenpflege besteht nur, soweit eine im Haushalt lebende Person den Kranken in dem erforderlichen Umfang nicht pflegen und versorgen kann.

(4) Kann die Krankenkasse keine Kraft für die häusliche Krankenpflege stellen oder besteht Grund, davon abzusehen, sind den Versicherten die Kosten für eine selbstbeschaffte Kraft in angemessener Höhe zu erstatten.

(5) Versicherte, die das 18. Lebensjahr vollendet haben, leisten als Zuzahlung den sich nach § 61 Satz 3 ergebenden Betrag, begrenzt auf die für die ersten 28 Kalendertage der Leistungsinanspruchnahme je Kalenderjahr anfallenden Kosten an die Krankenkasse.

(6) ¹Der Gemeinsame Bundesausschuss legt in Richtlinien nach § 92 fest, an welchen Orten und in welchen Fällen Leistungen nach den Absätzen 1 und 2 auch außerhalb des Haushalts und der Familie des Versicherten erbracht werden können. ²Er bestimmt darüber hinaus das Nähere über Art und Inhalt der verrichtungsbezogenen krankheitsspezifischen Pflegemaßnahmen nach Absatz 2 Satz 1.

A. Normzweck

Die Vorschrift regelt eine besondere Form der Krankenpflege (gemäß § 27 Abs. 1 S. 2 Nr. 4 SGB V) und dient damit dem primären **Ziel** der **Krankheitsbekämpfung** im Sinne des § 27 Abs. 1 S. 1 SGB V. Zu diesem Zweck sieht die Vorschrift, auch aus Gründen der Wirtschaftlichkeit, einen Vorrang der häuslichen, klinikersetzenden Pflege vor; zudem besteht unter bestimmten Voraussetzungen ein Anspruch des Versicherten auf Pflege zur Behandlungssicherung. Die Leistungen zur häuslichen Krankenpflege nach § 37 SGB V stehen allerdings unter dem Subsidiaritätsvorbehalt des Abs. 3; sie sind vom Versicherten zu beantragen und müssen von der Krankenkasse bewilligt werden, wobei eine Verordnung des behandelnden Vertragsarztes erforderlich ist (BSG 24. 9. 2002 – B 3 KR 2/02 R – SozR 3–2500 § 132a Nr. 2).

1

B. Häusliche Krankenpflege (Abs. 1)

I. Voraussetzungen

Abs. 1 gewährt dem Versicherten unter bestimmten **Voraussetzungen** eine häusliche Krankenpflege, die als Krankenhausersatzpflege konzipiert ist. Grundvoraussetzung ist die Versicherteneigenschaft des Anspruchstellers. Zudem muss, da es sich um eine Form der Krankenpflege handelt, eine Krankheit vorliegen, eine psychische Krankheit kann anspruchsbegründend sein (BSG 26. 3. 1980 – 3 RK 47/79 – SozR 2200 § 185 Nr. 4). Der Versicherte muss sich zudem in ärztlicher Behandlung befinden.

2

Weitere Voraussetzung nach Abs. 1 ist, dass eine Krankenhausbehandlung zwar geboten, aber nicht durchführbar ist oder, so die zweite Alternative, durch die häusliche Pflege vermieden oder verkürzt werden kann. **Geboten** ist sie, wenn sie erforderlich ist, insofern gilt das Gleiche wie im Rahmen des § 39 SGB V (st. Rspr., BSG 28. 1. 1999 – B 3 KR 4/98 R – SozR 3–2500 § 37 Nr. 1). **Ausführbar** ist sie nicht, wenn die Behandlung, aus welchen Gründen auch immer, im Krankenhaus nicht durchgeführt werden kann. Die Gründe können in der Person des Versicherten (fehlende Transportfähigkeit) genauso liegen wie im Bereich des Krankenhauses (Überbelegung). Zur zweiten Alternative **(vermeiden oder verkürzen)** vertritt das BSG, sie sei gegeben, wenn eine Krankenhausbehandlung medizinisch nicht mehr geboten und eine ambulante Behandlung noch oder jetzt vertretbar ist (BSG 28. 1. 1999 – B 3 KR 4/98 R – SozR 3–2500 § 37 Nr. 1). Gerade dieser Normteil macht deutlich, dass es – auch – Ziel des § 37 SGB V ist, dem Prinzip der Wirtschaftlichkeit

3

4   Schließlich gilt als **negative Voraussetzung** nach Abs. 3, dass eine Pflege durch einen im Haushalt lebenden Angehörigen nicht möglich ist. Wie in der parallelen Bestimmung des § 38 Abs. 3 SGB V wird hier ein Subsidiaritätsgedanke normiert, der dem allgemeinen Grundsatz der Eigenverantwortung des Versicherten Rechnung trägt. Die Nachrangigkeit der Krankenversicherung verlangt, dass der Betreffende im Haushalt, also in häuslicher Gemeinschaft mit dem Versicherten lebt. Nicht genügend ist, dass der Betreffende im selben Haus, aber nicht in derselben Wohnung lebt (BSG 30. 3. 2000 – 3 KR 23/99 R – SozR 3–2500 § 37 Nr. 2). § 37 Abs. 3 SGB V verlangt eine gewisse Dauer und Beständigkeit, insbesondere genügt nicht der bloße besuchsweise Aufenthalt (BSG 22. 4. 1987 – 8 RK 22/85 – SozR 2200 § 185b Nr. 11; BSG 7. 3. 1990 – 3 RK 16/89 – NZA 1990, 672). Verwandtschaftliche Beziehungen sind nicht erforderlich, nicht einmal eine besonders enge, etwa eheähnliche Gemeinschaft. Der Betreffende muss objektiv in der Lage sein, die verlangte bzw. erforderliche Pflege zu übernehmen; darüber hinaus muss ihm die Hilfeleistung nach Ansicht der Rechtsprechung subjektiv zumutbar sein (BSG 30. 3. 2000 – 3 KR 23/99 R – SozR 3–2500 § 37 Nr. 2). Zu Recht verlangt das BSG, über den Wortlaut der Norm hinaus, dass Pflegende wie Versicherte bereit sind, die Pflegemaßnahmen durchzuführen; dies lässt sich mit Verweis auf Art. 1 Abs. 1 GG begründen (BSG 30. 3. 2000 – 3 KR 23/99 R – SozR 3–2500 § 37 Nr. 2; so auch BeckOK-SozR/Knispel, § 37 SGB V Rn. 12; kritisch zu dieser Rspr. KassKomm/Höfler, § 37 SGB V Rn. 18 a). Die negative Voraussetzung ist auch dann erfüllt, wenn ein Haushaltsangehöriger die Pflege nur teilweise übernimmt. Dann ist der Anspruch „insoweit" ausgeschlossen; die Beschränkung gilt insbesondere auch in zeitlicher Hinsicht (dazu BSG 10. 11. 2005 – B 3 KR 38/04 R – SozR 4–2500 § 37 Nr. 6).

II. Anspruchsinhalt

5   Liegen die genannten positiven wie negativen Voraussetzungen vor, hat der Versicherte **Anspruch auf eine häusliche Krankenpflege** durch geeignete Pflegekräfte in seinem Haushalt, seiner Familie oder sonst an einem geeigneten Ort, insbesondere in betreuten Wohnformen, Schulen und Kindergärten; der Anspruch besteht bei besonders hohem Pflegebedarf auch in Werkstätten für behinderte Menschen. Der Anspruch richtet sich auf eine Sachleistung in Natur, die Kasse muss also regelmäßig die Pflegekraft stellen (BSG 26. 3. 1980 – 3 RK 47/79 – SozR 2200 § 185 Nr. 4). Abgesehen von der Ausnahme in Abs. 4 kann die Kasse also nicht lediglich eine entsprechende Geldzahlung an den Versicherten vornehmen, um den Anspruch zu erfüllen (BSG 26. 3. 1980 – 3 RK 47/79 – SozR 2200 § 185 Nr. 1). Der Anspruch richtet sich nach Abs. 1 S. 3 auf die im Einzelfall erforderliche **Grund- und Behandlungspflege** (zur schwierigen Abgrenzung s. Igl/Welti, VSSR 1995, 117; Vogl/Schaaf, SGb 1997, 560) sowie **hauswirtschaftliche Versorgung**.

6   **1. Grundpflege.** Zur **Grundpflege** sind diejenigen Maßnahmen zu zählen, die den alltäglichen Grundbedarf oder die Aktivitäten des alltäglichen Lebens betreffen. Erfasst werden damit pflegerische Leistungen nichtmedizinischer Art für den menschlichen Grundbedarf, also Hilfen zur Befriedigung körperlicher, seelischer oder geistiger Grundbedürfnisse (BSG 30. 9. 1993 – 4 RK 1/92 – SozR 3–2500 § 53 Nr. 4). Anders als bei der Behandlungspflege (Rn. 7) geht es hier nicht primär um einen Behandlungs- und Heilzweck. Als Anhaltspunkt kann auf die in § 14 IV Nr. 1–3 SGB XI genannten Verrichtungen (etwa im Hinblick auf Körperpflege, Ernährung, Mobilität) zurückgegriffen werden, der dortige Katalog ist jedoch nicht als Grenze zu verstehen.

7   **2. Behandlungspflege.** Die **Behandlungspflege** umfasst diejenigen Maßnahmen und Pflegeleistungen, die nur durch eine bestimmte Erkrankung verursacht werden, speziell auf den Gesundheitszustand des Versicherten ausgerichtet sind und ihrerseits dazu beitragen sollen, die Behandlungsziele gemäß § 27 SGB V zu erreichen. Man spricht insofern auch von krankheitsspezifischen Pflegemaßnahmen (BSG 28. 1. 1999 – B 3 KR 4/98 R – SozR 3–2500 § 37 Nr. 1; BSG 17. 3. 2005 – 3 KR 35/04 R – SozR 3–2500 § 37 Nr. 4). Damit unterfällt auch die krankheitsspezifische Beaufsichtigung hierunter, gegebenenfalls auch bis zu 24 Stunden täglich (BSG 28. 1. 1999 – B 3 KR 4/98 R – SozR 3–2500 § 37 Nr. 1). Eine Begrenzung in diesen Fällen ergibt sich dann jedoch vor allem aus Abs. 3 oder durch den Vorrang der Pflegeversicherung (vgl. zu deren Vorrang Rn. 12). Besonderheiten können sich hinsichtlich der Behandlung psychisch Kranker ergeben (dazu näher BeckOKSozR/Knispel, § 37 SGB V Rn. 25).

8   **3. Hauswirtschaftliche Versorgung.** Schließlich umfasst der Leistungsanspruch auch eine hauswirtschaftliche Versorgung. Auch hier kann § 14 IV SGB XI als Anhaltspunkt dienen, so dass insbesondere (aber nicht abschließend) Einkaufen, die Zubereitung von Essen, Spülen, Versorgung mit Wäsche und Kleidung sowie die Reinigung der Wohnung erfasst sind. Abzugrenzen ist hier jedoch

der Anspruch von demjenigen aus § 38 SGB V, der eine umfassende Versorgung in Bezug auf eine Haushaltshilfe regelt.

4. Richtlinien des Gemeinsamen Bundesausschusses (Abs. 6). Der Gemeinsame Bundesausschuss ist dazu berufen, nach § 92 Abs. 1 S. 2 Nr. 6, Abs. 7 SGB V Richtlinien zu erlassen, in denen Regelungen zur ausreichenden, zweckmäßigen und wirtschaftlichen Versorgung auch im Hinblick auf § 37 SGB V getroffen werden. Diesbezüglich gelten die Richtlinien über die Verordnung häuslicher Krankenpflege vom 16. 2. 2000, HPK-RL (abrufbar unter www.g-ba.de). Die dort enthaltenen Regelungen sind jedoch nicht abschließend, das folgt schon daraus, dass der Gemeinsame Bundesausschuss nicht die eigentlichen Voraussetzungen des höherrangigen SGB V überspielen kann. Daher kann es Fälle geben, in denen ein Versicherter Anspruch auf eine häusliche Krankenpflege hat, obwohl dies nicht in der HPK-RL vorgesehen ist (BSG 17. 3. 2005 – 3 KR 35/04 R – SozR 3–2500 § 37 Nr. 4). Die Ermächtigung des Bundesausschusses geht nach Abs. 6 zudem soweit, dass er auch festlegen kann, an welchen Orten und in welchen Fällen Leistungen auch außerhalb des Haushalts und der Familie erbracht werden können.

III. Anspruchsort

Die Leistung wird an einem der genannten **Orte** erbracht, die damit nicht nur Anspruchsinhalt, sondern rechtstechnisch auch Anspruchsvoraussetzung sind. Nur in Ausnahmefällen kann die häusliche Krankenpflege auch an einem anderen Ort erbracht werden (dazu BSG 1. 9. 2005 – 3 KR 19/04 R – SozR 3–2500 § 37 Nr. 5). Unter Haushalt ist der Ort der privaten Lebensführung zu verstehen (näher hierzu Wannagat/Mrozynski, § 38 SGB V Rn. 14 ff.). Es muss sich dabei um den eigenen Haushalt des Versicherten handeln, dabei kommt es nicht darauf an, wem Eigentum und Besitz an der Wohnung und dem Hausrat zustehen und wer die Kosten hierfür trägt. Ausreichend ist auch, dass die Pflege in der Familie des Versicherten erfolgt, selbst wenn dies nicht sein Haushalt ist. Der Familienbegriff ist weit zu fassen; dazu gehört daher auch eine nichteheliche Lebensgemeinschaft (aA noch BSG 10. 5. 1990 – 12/3 RK 23/88 – NJW 1991, 447), Gleiches gilt für die eingetragene Lebenspartnerschaft. Als geeigneter Ort im Sinne des § 37 Abs. 1 S. 1 SGB V werden von der Gesetzesbegründung beispielhaft neue Wohnformen, Wohngemeinschaften und betreutes Wohnen genannt (vgl. BT-Drs. 16/3100, S. 104). Dass die Pflege auch in Werkstätten für behinderte Menschen erfolgen kann, ist daran geknüpft, dass ein besonders hoher Pflegebedarf besteht. Primär, so Sinn dieser Einschränkung, ist das Pflegepersonal der Werkstätte für die Pflege hier verantwortlich.

IV. Anspruchsdauer

Der Anspruch besteht nach S. 4 **bis zu vier Wochen** je Krankheitsfall; von diesem Regelfall kann unter den Voraussetzungen des S. 5 abgewichen werden. Die Krankenkasse kann in begründeten Ausnahmefällen Leistungen nach § 37 Abs. 1 SGB V für einen längeren Zeitraum bewilligen. Dann ist zur Begutachtung der Medizinische Dienst nach S. 5 zwingend einzuschalten, der feststellen muss, dass die Verlängerung erforderlich ist. Je nach Vorliegen der Voraussetzungen für die Verlängerung, die sich auch in diesem Fall an S. 1 zu orientieren haben, ist das Ermessen der Krankenkasse („kann") gegebenenfalls auf Null reduziert.

C. Behandlungssicherungspflege (Abs. 2)

Der zweite in § 37 SGB V geregelte Anspruch zielt auf die so genannte **Behandlungssicherungspflege**. Nach Abs. 2 wird die häusliche Krankenpflege erbracht, wenn dies zur Sicherung des Ziels der ärztlichen Behandlung erforderlich ist. Mögliche Behandlungsziele, zu denen sich nähere Erläuterungen im Gesetz nicht finden, sind all diejenigen, die sich aus § 27 SGB V ergeben. Inhaltlich und hinsichtlich der **Voraussetzungen** ähnelt der Anspruch sehr stark demjenigen aus Abs. 1. Im Unterschied zu der Krankenhausersatzpflege hat der Versicherte hier jedoch nur Anspruch auf eine Behandlungspflege (vgl. Rn. 7), wenn nicht die Satzung der Krankenkasse zusätzlich auch eine Grundpflege sowie hauswirtschaftliche Versorgung vorsieht, was nach Abs. 2 S. 5 möglich ist. Anders als bei der Krankenhausersatzpflege setzt Abs. 2 S. 1 nicht voraus, dass eine stationäre Krankenhausbehandlung an sich erforderlich wäre. Voraussetzung ist vielmehr allein, wie erläutert, dass die Behandlungspflege erforderlich ist, um das Ziel der ärztlichen Behandlung zu sichern. Dies ist etwa der Fall, wenn auf andere Weise die therapiegerechte Einnahme von ärztlich verordneten Medikamenten nicht gewährleistet ist oder falls der Arzt bestimmte Behandlungsmaßnahmen nicht selber vornehmen kann (KassKomm/Höfler, § 37 SGB V Rn. 10). Die Erforderlichkeit, die Abs. 2 S. 1 verlangt, ist anzunehmen, wenn sie für die Erreichung des Behandlungsziels unentbehrlich oder unvermeidlich ist. Über den Anspruch aus Abs. 1 hinausgehend erhalten Versicherte die Behandlungssicherungspflege nach Abs. 2 S. 6 auch, wenn ein eigener Haushalt nicht vorliegt. Zudem können, nach S. 3, Versicherte mit besonders hohem Bedarf an medizinischer Behandlungspflege diese auch bei Aufenthalt in einer stationären Pflegeeinrichtung nach § 43 SGB XI beanspruchen. Voraussetzung ist, dass der besonders hohe Bedarf „auf Dauer" besteht, also mindestens sechs Monate. Hier liegt letztlich eine Erweiterung des Kreises der **Anspruchsberechtigten** gegenüber Abs. 1 vor, um eine Entlastung der Pflegebedürftigen und ihrer Angehörigen herbeizuführen, die dem Gesetzgeber wegen der gedeckelten Leistungsbeträge der Pflegekassen geboten erschien (BT-Drs. 16/3100, S. 105). Infolgedessen verbleiben zwar die Leistungen der Grundpflege und hauswirtschaftlichen Versorgung als Aufgabe der Pflegeversicherung, die Krankenkasse ist aber, unter den entsprechenden Voraussetzungen des § 37 SGB V, für die Behandlungspflege zuständig (dazu auch BSG 30. 3. 2000 – 3 KR 23/99 R – SozR 3–2500 § 37 Nr. 2; Igl, SGb 1999, 111; Rixen, in: Becker/Kingreen, § 37 SGB V Rn. 11 ff.). Schwierig kann es werden, Leistungen zur Behandlungs- und solche zur Grundpflege voneinander abzugrenzen. Der zu Hause lebende Versicherte, der rund um die Uhr medizinisch und pflegerisch versorgt werden muss, hat nämlich einerseits Ansprüche gegen die Krankenkasse aus § 37 SGB V, andererseits gegen die Pflegekasse auf Sachleistungen (Grundpflege und Versorgung) nach § 36 Abs. 3 SGB XI. Da beide Leistungen nach unterschiedlichen Grundsätzen gewährt werden, bedarf es insbesondere dann einer Abgrenzung, wenn Behandlungs- und Grundpflege vom selben Pflegedienst erbracht und einheitlich abgerechnet werden. Galt nach Auffassung des BSG früher, dass in solchen Fällen Zeiten, in denen eine Grundpflege erbracht wird, bei der Bemessung der Behandlungspflege außer Betracht bleiben müssten, ist nun nicht mehr vom Grundsatz der vollen Anrechnung der auf die Grundpflege entfallenden Zeit auszugehen. Stattdessen gilt für die Abrenzung, dass die von der Pflegekasse geschuldete Grundpflege dem konkreten Bedarf nach zeitlich zu erfassen ist; die sich dabei ergebende Zeit ist dann aber nicht mehr vollständig, sondern nur noch zur Hälfte vom Anspruch auf die ärztlich verordnete 24-stündige Behandlungspflege abzuziehen (BSG 17. 6. 2010 – B 3 KR 7/09 R – SGb 2010, 474; Wenner, SozSich 2010, 317).

13 Die **Anspruchsdauer** für die Behandlungssicherungspflege ist, mangels eigener Regelung, anders als bei Abs. 1 nicht begrenzt; dies folgt nicht nur aus der fehlenden Regelung und dem Umstand, dass hier kaum von einer planwidrigen Regelungslücke ausgegangen werden kann, sondern auch daraus, dass Abs. 2 eine Regelung zur Dauer für bestimmte Situationen in die Satzungshoheit der Kassen gestellt hat (wie hier auch Krauskopf/Wagner, § 37 SGB V Rn. 15; BeckOKSozR/Knispel, § 37 SGB V Rn. 20; aA KassKomm/Höfler, § 37 SGB V Rn. 25). Grundpflege und hauswirtschaftliche Versorgung dürfen aber nach Abs. 2 S. 6 nicht mehr gewährt werden, wenn Pflegebedürftigkeit eingetreten ist.

D. Kostenerstattung (Abs. 4)

14 Zwar hat die Krankenkasse (vgl. Rn. 5) grundsätzlich den Anspruch durch **Sachleistung** zu erfüllen; dann haben die Versicherten, wenn die Kasse Verträge mit verschiedenen Leistungserbringern abgeschlossen hat, ein **Wahlrecht** unter den zur Verfügung stehenden Leistungserbringern (BSG 24. 9. 2002 – B 3 A 1/02 R – NZS 2003, 654; BSG 23. 1. 2003 – B 3 KR 7/02 R – NZS 2004, 38). Nach Abs. 4 kann jedoch **ausnahmsweise** auch eine **Kostenerstattung** in Betracht kommen. Danach hat der Versicherte einen Anspruch auf Ersatz der angemessenen Kosten für eine selbst beschaffte Ersatzkraft, wenn die Krankenkasse keine Kraft für die häusliche Krankenpflege stellen kann (etwa infolge einer Kapazitätserschöpfung) oder Grund besteht, davon abzusehen. Letzteres kann sich insbesondere auch aus den berechtigten Wünschen des Versicherten nach § 33 SGB I ergeben.

E. Zuzahlung (Abs. 5)

15 Auch für die Leistung auf häusliche Krankenpflege besteht eine **Zuzahlungspflicht,** geregelt in Abs. 5. Die Höhe richtet sich nach § 61 S. 3 SGB V; sie ist jedoch aus Gründen der Zumutbarkeit **begrenzt** auf die ersten 28 Kalendertage der Inanspruchnahme der Leistung je Kalenderjahr. Im Regelfall der Leistungserbringung durch Sachleistung ist der Zuzahlungsbetrag gemäß § 43b SGB V direkt an den Leistungserbringer zu zahlen.

F. Rechtsschutz

16 Wird der Antrag des Versicherten auf Gewährung einer häuslichen Krankenpflege von der Krankenkasse abgelehnt, stellt diese Ablehnung einen belastenden Verwaltungsakt dar, der mit den zulässigen Rechtsmitteln **(Widerspruch, Anfechtungsklage)** vor dem Sozialgericht angegriffen werden kann. Folgebescheide, die während eines laufenden Klageverfahrens über quartalsweise verordnete häusliche Krankenpflege für spätere Quartale ergehen, werden also nicht Gegenstand des Verfahrens (BSG 21. 11. 2002 – B 3 KR 13/02 R– NZS 2003, 657), sie müssen gesondert angegriffen werden oder im Wege der Klageänderung nach § 99 SGG in das Verfahren aufgenommen werden.

§ 37a Soziotherapie

(1) ¹Versicherte, die wegen schwerer psychischer Erkrankung nicht in der Lage sind, ärztliche oder ärztlich verordnete Leistungen selbständig in Anspruch zu nehmen, haben Anspruch auf Soziotherapie, wenn dadurch Krankenhausbehandlung vermieden oder verkürzt wird oder wenn diese geboten, aber nicht ausführbar ist. ²Die Soziotherapie umfasst im Rahmen des Absatzes 2 die im Einzelfall erforderliche Koordinierung der verordneten Leistungen sowie Anleitung und Motivation zu deren Inanspruchnahme. ³Der Anspruch besteht für höchstens 120 Stunden innerhalb von drei Jahren je Krankheitsfall.

(2) Der Gemeinsame Bundesausschuss bestimmt in den Richtlinien nach § 92 das Nähere über Voraussetzungen, Art und Umfang der Versorgung nach Absatz 1, insbesondere
1. die Krankheitsbilder, bei deren Behandlung im Regelfall Soziotherapie erforderlich ist,
2. die Ziele, den Inhalt, den Umfang, die Dauer und die Häufigkeit der Soziotherapie,
3. die Voraussetzungen, unter denen Ärzte zur Verordnung von Soziotherapie berechtigt sind,
4. die Anforderungen an die Therapiefähigkeit des Patienten,
5. Inhalt und Umfang der Zusammenarbeit des verordnenden Arztes mit dem Leistungserbringer.

(3) Versicherte, die das 18. Lebensjahr vollendet haben, leisten als Zuzahlung je Kalendertag der Leistungsinanspruchnahme den sich nach § 61 Satz 1 ergebenden Betrag an die Krankenkasse.

A. Normzweck

Innerhalb des auf dem Prinzip der Wirtschaftlichkeit beruhenden Grundsatzes „ambulant vor stationär" enthält die Norm einen weiteren Baustein und gewährt Versicherten mit einer psychischen Erkrankung unter bestimmten Voraussetzungen einen **Anspruch auf Soziotherapie:** Um eine stationäre Behandlung und insbesondere wiederkehrende Krankenhausaufenthalte im Sinne eines **„Drehtür-Effektes"** zu **vermeiden** (mit dieser Intention auch BT-Drs. 14/1245, S. 66), wird diesen Versicherten Hilfe gewährt, um Leistungen, auf die sie an sich einen Anspruch haben, auch tatsächlich in Anspruch nehmen zu können. Ziel der gewährten Leistung ist also die dauerhafte selbstständige Inanspruchnahme der medizinischen Leistungen durch den Patienten. Nähere Einzelheiten werden vom Gemeinsamen Bundesausschuss geregelt.

B. Anspruchsvoraussetzungen

Voraussetzung für den Anspruch auf Soziotherapie ist neben der nach allgemeinen Grundsätzen zu bestimmenden **Versicherteneigenschaft** eine vorliegende **schwere psychische Erkrankung** des Versicherten. Die genaue Bestimmung der einschlägigen Krankheitsbilder obliegt nach Abs. 2 Nr. 1 dem Gemeinsamen Bundesausschuss. Nach seinen Soziotherapie-Richtlinien (s. Rn. 7; abrufbar unter www.g-ba.de) kommen als Erkrankung in diesem Sinne solche aus dem schizophrenen Formenkreis sowie eine schwere affektive Störung in Betracht. Erforderlich ist allerdings, dass noch eine Therapiefähigkeit vorhanden ist. Umgekehrt sind, nach Ansicht des Gesetzgebers, Sucht- und gerontopsychiatrische Erkrankungen ausgeschlossen (BT-Drs. 14/1245, S. 66).

Weitere Voraussetzung ist, dass der Versicherte **nicht in der Lage** ist, ärztliche oder ärztlich verordnete Leistungen selbsttätig **in Anspruch zu nehmen.** Dies ist der Fall, wenn er – verursacht („wegen") durch die Erkrankung – zu der selbstständigen Inanspruchnahme vollständig oder in wesentlichen unverzichtbaren Teilen nicht fähig ist (KassKomm/Höfler, § 37a SGB V Rn. 7).

Des Weiteren muss durch die Leistung eine **Krankenhausbehandlung vermieden oder verkürzt** werden; dies ist der Fall, wenn die sonst im Krankenhaus vorgenommene Leistung ebenso auch außerhalb erbracht werden kann. Gleiches gilt, also ein Anspruch besteht ebenfalls, wenn eine Krankenhausbehandlung geboten, aber nicht ausführbar ist; dies entspricht der Voraussetzung in § 37 Abs. 1 SGB V (vgl. § 37 SGB V Rn. 3). Zudem muss für die Behandlung, wie sich indirekt aus Abs. 2 Nr. 2 sowie auch aus § 132b SGB V ergibt, ein Behandlungsplan vorliegen, in dem verschiedene Behandlungselemente zusammengefasst sind. Wie regelmäßig auch bei den übrigen Leistungen im Krankheitsfall muss die Leistung schließlich von einem Vertragsarzt verordnet und bei der Krankenkasse beantragt werden. Vor der Verordnung der Soziotherapie muss die Genehmigung der Krankenkasse vorliegen.

C. Anspruchsinhalt

Der Anspruch des Versicherten erstreckt sich auf die **Soziotherapie.** Diese umfasst, entsprechend der Regelung in Abs. 1 S. 2, die im Einzelfall erforderliche Koordinierung der verordneten Leistungen sowie Anleitung und Motivation zu deren Inanspruchnahme. Das bedeutet, dass die im Rahmen des ärztlich verordneten Behandlungsplanes zu erbringenden Leistungen zwar von den einzelnen Leistungserbringern ausgeführt werden, diese jedoch zugunsten des Versicherten von einer eigens bestellten Person koordiniert werden und der Versicherte motiviert und angeleitet wird. Die Leistung ist als Sachleistung zu erbringen: Die Krankenkassen müssen daher, gemäß § 132b SGB V, entsprechend geeignete Personen bereitstellen bzw. mit ihnen Verträge schließen. Die Eignung muss dabei jedenfalls in persönlicher Hinsicht gegeben sein; so kann die Kasse beispielsweise nur solche Personen als Vertragspartner auswählen, die Kenntnisse über psychiatrische Erkrankungen vorweisen können; infolgedessen kommen als Vertragspartner gemäß § 132b Abs. 1 SGB V vor allem Diplom-Sozialarbeiter, Diplom-Sozialpädagogen oder Fachkrankenpfleger/-schwestern für Psychiatrie in Betracht (nähere Einzelheiten s. BeckOKSozR/Joussen, § 132b SGB V).

6   Die **Anspruchshöchstdauer** beträgt nach Abs. 1 S. 3 120 Stunden innerhalb von drei Jahren je Krankheitsbild. Fraglich ist, wie die Einschränkung „je Krankheitsfall" zu verstehen ist. Die historische Auslegung ergibt dabei eindeutig, dass insofern nicht der Versicherungsfall gemeint ist, sondern die Krankheit im ursächlichen Sinn. Nähere Einzelheiten regeln dann aber auch wiederum die Richtlinien nach Abs. 2. Zutreffend wird man davon auszugehen haben, dass bei einer über 3 Jahre hinausgehenden Behandlungsbedürftigkeit mit Beginn des nächsten Drei-Jahreszeitraums ein neuer Krankheitsfall eintritt und damit wiederum ein Anspruch auf Variotherapie im Umfang von maximal 120 Stunden besteht. Dies folgt aus der deutlichen Intention des Gesetzgebers (BT-Drs. 14/1245, S. 66; so jetzt auch BSG 20. 4. 2010 – B 1/3 KR 21/08 R – SGb 2010, 523).

D. Richtlinien

7   Nach Abs. 2 obliegt dem Gemeinsamen Bundesausschuss, in Richtlinien gemäß § 92 SGB V, das Nähere über Voraussetzungen, Art und Umfang der Versorgung nach Abs. 1 zu bestimmen. Es folgen sodann einige, nicht abschließend zu verstehende mögliche Richtlinieninhalte. Die Verbindlichkeit dieser Richtlinien entspricht denjenigen generell im Leistungsrecht. Richtlinien nach § 92 Abs. 1 S. 2 SGB V sind als untergesetzliche Rechtsnormen anzusehen, die für die Beteiligten an der vertragsärztlichen Versorgung, also für die Kassen, die Ärzte sowie die Versicherten, verbindlich wirken. Die auf diesem Wege erfolgte Übertragung der (den Leistungsumfang der Krankenkassen und damit die entsprechenden Vorschriften des SGB V konkretisierenden) Normsetzungsbefugnis auf den Gemeinsamen Bundesausschuss ist mit dem Grundgesetz vereinbar (BSG 16. 9. 1997 – 1 RK 28/95 – NZS 1998, 337; kritisch etwa Kingreen, NJW 2006, 877; Schimmelpfeng-Schütte, NZS 2006, 567). Somit setzen die Richtlinien unmittelbar verbindliches, nach außen wirksames Recht und geben den Rahmen vor, außerhalb dessen der Versicherte keinen Leistungsanspruch gegen seine Krankenkasse hat (kritisch zur Normqualität Saalfrank, NZS 2008, 17). Der Bundesausschuss hat von seiner Ermächtigung durch den Erlass der „Richtlinien über die Durchführung der Soziotherapie in der vertragsärztlichen Versorgung" Gebrauch gemacht (vgl. unter www.g-ba.de).

E. Zuzahlung (Abs. 3)

8   Erwachsene Versicherte müssen nach Abs. 3 eine Zuzahlung leisten. Deren Höhe richtet sich pro Kalendertag nach den allgemeinen Bestimmungen, also nach § 61 S. 1 SGB V. Die Zuzahlung beträgt demnach 10 vH des Gesamtaufwandes, mindestens jedoch fünf, höchstens 10 Euro. Nach § 43b SGB V ist die Zuzahlung vom Leistungserbringer zugunsten der Krankenkasse einzuziehen.

§ 37b Spezialisierte ambulante Palliativversorgung

(1) [1]**Versicherte mit einer nicht heilbaren, fortschreitenden und weit fortgeschrittenen Erkrankung bei einer zugleich begrenzten Lebenserwartung, die eine besonders aufwändige Versorgung benötigen, haben Anspruch auf spezialisierte ambulante Palliativversorgung.** [2]**Die Leistung ist von einem Vertragsarzt oder Krankenhausarzt zu verordnen.** [3]**Die spezialisierte ambulante Palliativversorgung umfasst ärztliche und pflegerische Leistungen einschließlich ihrer Koordination insbesondere zur Schmerztherapie und Symptomkontrolle und zielt darauf ab, die Betreuung der Versicherten nach Satz 1 in der vertrauten Umgebung des häuslichen oder familiären Bereichs zu ermöglichen; hierzu zählen beispielsweise Einrichtungen der Eingliederungshilfe für behinderte Menschen und der Kinder- und Jugendhilfe.** [4]**Versicherte in stationären Hospizen haben einen Anspruch auf die Teilleistung der erforderlichen ärztlichen Versorgung im Rahmen der spezialisierten ambulanten Palliativversorgung.** [5]**Dies gilt nur, wenn und soweit nicht andere Leistungsträger zur Leistung verpflichtet sind.** [6]**Dabei sind die besonderen Belange von Kindern zu berücksichtigen.**

(2) ¹Versicherte in stationären Pflegeeinrichtungen im Sinne von § 72 Abs. 1 des Elften Buches haben in entsprechender Anwendung des Absatzes 1 einen Anspruch auf spezialisierte Palliativversorgung. ²Die Verträge nach § 132d Abs. 1 regeln, ob die Leistung nach Absatz 1 durch Vertragspartner der Krankenkassen in der Pflegeeinrichtung oder durch Personal der Pflegeeinrichtung erbracht wird; § 132d Abs. 2 gilt entsprechend.

(3) Der Gemeinsame Bundesausschuss bestimmt in den Richtlinien nach § 92 bis zum 30. September 2007 das Nähere über die Leistungen, insbesondere

1. die Anforderungen an die Erkrankungen nach Absatz 1 Satz 1 sowie an den besonderen Versorgungsbedarf der Versicherten,
2. Inhalt und Umfang der spezialisierten ambulanten Palliativversorgung einschließlich von deren Verhältnis zur ambulanten Versorgung und der Zusammenarbeit der Leistungserbringer mit den bestehenden ambulanten Hospizdiensten und stationären Hospizen (integrativer Ansatz); die gewachsenen Versorgungsstrukturen sind zu berücksichtigen,
3. Inhalt und Umfang der Zusammenarbeit des verordnenden Arztes mit dem Leistungserbringer.

A. Normzweck

Der erst 2007 eingeführte Leistungsanspruch auf eine Spezialisierte Ambulante Palliativversorgung 1 (SAPV; zu den gesamten gesetzlichen Neuregelungen in diesem Zusammenhang im Überblick Marburger, WzS 2009, 257) soll Palliativpatienten mit einer begrenzten Lebenserwartung ermöglichen, bis zum Tode in der vertrauten häuslichen Umgebung durch spezielle Teams betreut zu werden. Die Leistung ist primär medizinisch ausgerichtet und umfasst die Schmerztherapie und Symptomkontrolle sowie die Koordinierung einzelner Teilleistungen. Diese Leistungen können auch im Pflegeheim in Anspruch genommen werden. Das Pflegeheim kann hierzu geeignetes Personal anstellen, einen Kooperationsvertrag mit einem auf Palliativmedizin spezialisierten Arzt abschließen oder auf ein Palliativteam zurückgreifen. Die Kassen schließen entsprechende Verträge mit geeigneten Leistungserbringern gemäß § 132d SGB V ab (vgl. BeckOKSozR/Joussen, § 132d SGB V).

B. Anspruchsvoraussetzungen

Anspruchsberechtigt sind (nach den allgemeinen Kriterien zu bestimmende) **Versicherte,** die ge- 2 mäß Abs. 1 S. 1 an einer nicht heilbaren, fortschreitenden und weit fortgeschrittenen Erkrankung bei einer zugleich begrenzten Lebenserwartung leiden. Der Krankheitsbegriff entspricht zunächst dem allgemeinen Krankheitsbegriff des SGB V; hinzukommen muss jedoch nach § 37b SGB V, dass die **Krankheit unheilbar** ist. Dies ist sie, wenn nach dem allgemein anerkannten Stand der medizinischen Erkenntnisse mit den zur Verfügung stehenden Mitteln eine Wiederherstellung der Gesundheit oder eine Besserung des Gesundheitszustandes nicht erwartet werden kann (§ 3 Abs. 1 Palliativ-RL, s. Rn. 5; so auch BeckOKSozR/Knispel, § 37b SGB V Rn. 3). Das Gesetz sieht keine Beschränkung auf bestimmte unheilbare Erkrankungen vor, insoweit ist die Richtlinienermächtigung zugunsten des Gemeinsamen Bundesausschusses nach Abs. 3 S. 1 einschränkend auszulegen. Über die Unheilbarkeit der Krankheit hinaus muss sie sich **zusätzlich** in einer **finalen Phase** befinden, es muss also ein solcher Krankheitsfortschritt vorliegen, dass die Lebenserwartung begrenzt ist. Eine nähere Zeitbestimmung hat der Gesetzgeber bewusst nicht vorgenommen. Sie muss aus dem Sinn und Zweck der Norm im Einzelfall bestimmt werden. Entscheidend ist, dass ein Stadium erreicht ist, in dem eine Behandlung der Erkrankung mit dem Ziel der Wiederherstellung der Gesundheit nicht mehr möglich erscheint und statt dessen eine palliative Behandlung angeraten ist. Aus der Intention des Gesetzes folgt zugleich, dass die zu erwartende Zeitspanne nicht länger sein dürfte als im Rahmen des Systemversagens (vgl. BVerfG 6. 12. 2005 – 1 BvR 347/98 – NZS 2006, 84; aA Padé, in: jurisPK-SGB V § 37b Rn. 34). In diesem Sinne ist eine Krankheit als fortschreitend anzusehen, wenn ihr Verlauf trotz medizinischer Maßnahmen nach dem allgemein anerkannten Stand der medizinischen Erkenntnisse nicht nachhaltig aufgehalten werden kann. Weit fortgeschritten ist sie, wenn die Verbesserung von Symptomatik und Lebensqualität sowie die psychosoziale Betreuung im Vordergrund der Versorgung stehen und nach begründeter Einschätzung der verordnenden Ärztin oder des verordnenden Arztes die Lebenserwartung auf Tage, Wochen oder Monate gesunken ist. Insbesondere bei Kindern sind die Voraussetzungen für die SAPV als Krisenintervention auch bei einer länger prognostizierten Lebenserwartung erfüllt (vgl. § 3 Palliativ-RL).

Weitere Voraussetzung ist nach Abs. 1 S. 1, dass der Versicherte eine **besonders aufwändige** 3 **Versorgung** benötigt. Auch hier enthält das Gesetz keine näheren Ausführungen, überträgt aber wiederum dem Gemeinsamen Bundesausschuss in Abs. 3 Nr. 1 die Möglichkeit, nähere Einzelheiten in einer Richtlinie zu regeln. Dies hat er in § 4 der Palliativ-Richtlinie getan. Man wird insgesamt

Joussen

davon auszugehen haben, dass nicht die übliche „Mehraufwendung" angesichts des nahenden Todes gemeint ist, sondern der Gesetzgeber bewusst deutlich machen wollte, dass gerade die finale Phase und eine besondere Schwere der Erkrankung die „besonders aufwändige" Versorgung verlangen. Schließlich muss die Leistung, wie aus Abs. 1 S. 2 folgt, von einem Vertragsarzt oder Krankenhausarzt **verordnet** worden sein (Rixen, in: Becker/Kingreen, § 37 b SGB V Rn. 10).

C. Anspruchsinhalt

4   Der Anspruch des Versicherten bestimmt sich nach Abs. 1 S. 3. Er ist gerichtet auf die dort definierte **Spezialisierte Ambulante Palliativversorgung**, die ärztliche und pflegerische Leistungen einschließlich ihrer Koordination insbesondere zur Schmerztherapie und Symptomkontrolle umfasst. Die Leistung ergänzt das bestehende Versorgungsangebot, insbesondere das der Vertragsärzte, Krankenhäuser und Pflegedienste. Sie kann als alleinige Beratungsleistung, additiv unterstützende Teilversorgung oder vollständige Patientenbetreuung erbracht werden (vgl. § 1 Abs. 4 der Palliativ-Richtlinie, s. Rn. 5). Als Komplexleistung, die besonders dazu dient, die einzelnen zu erbringenden Leistungen zu koordinieren, zielt sie vor allem darauf, den Versicherten dies in der vertrauten häuslichen Umgebung zu ermöglichen. Mit dieser Vorgabe wird deutlich, dass alle Leistungen daraufhin zu überprüfen sind, inwieweit sie die Verbesserung der Lebensumstände insbesondere durch eine effektive Bekämpfung von Schmerzen sowie anderer Beschwerden durch Pflege und Medikation erreicht. Die Erbringung der Leistung, die als Sachleistung zu gewähren ist, liegt in der Hand von Einrichtungen (neudeutsch sog. „Palliative-Care-Teams", so auch die Gesetzesbegründung BT-Drs. 16/3100, S. 144), mit denen die Kassen nach § 132 d SGB V entsprechende Verträge abschließen. Bei der Leistungserbringung soll nach Abs. 1 S. 4 auf die Belange von Kindern besonders Rücksicht genommen werden. Eine inhaltliche Konsequenz aus dieser Soll-Vorschrift, die einem Anspruch gleich käme, ist nicht gegeben. Ist ein Versicherter in einer stationären Pflegeeinrichtung im Sinne von § 72 Abs. 1 SGB XI untergebracht, ist ein Anspruch auf eine SAPV in gleicher Weise gegeben; Abs. 1 wird durch Abs. 2 unmittelbar für anwendbar erklärt. Die Kassen müssen in den Versorgungsverträgen nach § 132 d SGB V vereinbaren, wer für die Leistungserbringung in diesen Fällen zuständig sein soll.

D. Richtlinien

5   Dem Gemeinsamen Bundesausschuss ist nach Abs. 3 übertragen, in Richtlinien nach § 92 SGB V das Nähere zu den Leistungen im Rahmen der SAPV zu regeln. Die einzelnen in den Nr. 1–3 vorgegebenen möglichen Inhalte sind nicht abschließend zu verstehen, machen aber deutlich, dass der Gesetzgeber dem Ausschuss eine hohe Regelungsdichte ermöglicht. Der Ausschuss hat seine Ermächtigung durch Erlass der **Spezialisierten Ambulanten Palliativversorgungs-Richtlinie (SAPV-RL)** vom 20. Dezember 2007, veröffentlicht im Bundesanzeiger 2008, S. 911, in Kraft getreten am 12. März 2008, wahrgenommen (abrufbar unter www.g-ba.de; ausführlich hierzu Sendowski GesR 2009, 286).

§ 38 Haushaltshilfe

(1) [1]Versicherte erhalten Haushaltshilfe, wenn ihnen wegen Krankenhausbehandlung oder wegen einer Leistung nach § 23 Abs. 2 oder 4, §§ 24, 37, 40 oder § 41 die Weiterführung des Haushalts nicht möglich ist. [2]Voraussetzung ist ferner, daß im Haushalt ein Kind lebt, das bei Beginn der Haushaltshilfe das zwölfte Lebensjahr noch nicht vollendet hat oder das behindert und auf Hilfe angewiesen ist.

(2) [1]Die Satzung kann bestimmen, daß die Krankenkasse in anderen als den in Absatz 1 genannten Fällen Haushaltshilfe erbringt, wenn Versicherten wegen Krankheit die Weiterführung des Haushalts nicht möglich ist. [2]Sie kann dabei von Absatz 1 Satz 2 abweichen sowie Umfang und Dauer der Leistung bestimmen.

(3) **Der Anspruch auf Haushaltshilfe besteht nur, soweit eine im Haushalt lebende Person den Haushalt nicht weiterführen kann.**

(4) [1]Kann die Krankenkasse keine Haushaltshilfe stellen oder besteht Grund, davon abzusehen, sind den Versicherten die Kosten für eine selbstbeschaffte Haushaltshilfe in angemessener Höhe zu erstatten. [2]Für Verwandte und Verschwägerte bis zum zweiten Grad werden keine Kosten erstattet; die Krankenkasse kann jedoch die erforderlichen Fahrkosten und den Verdienstausfall erstatten, wenn die Erstattung in einem angemessenen Verhältnis zu den sonst für eine Ersatzkraft entstehenden Kosten steht.

(5) Versicherte, die das 18. Lebensjahr vollendet haben, leisten als Zuzahlung je Kalendertag der Leistungsinanspruchnahme den sich nach § 61 Satz 1 ergebenden Betrag an die Krankenkasse.

A. Normzweck

Die Vorschrift gibt erkrankten Versicherten einen (allerdings gegenüber eigenen Möglichkeiten 1 subsidiären) **zusätzlichen Anspruch** im Krankheitsfalle: Haben sie bislang ihren eigenen Haushalt geführt und sind sie dazu infolge der Krankheit nicht mehr in der Lage, erhalten sie eine Haushaltshilfe. Primär geht es darum, dass vorhandene Kinder versorgt werden können, der Versicherte also nicht deshalb auf eine Behandlung verzichten muss, weil sie ihm aus erziehungsorganisatorischen Gründen nicht möglich ist (vgl. zu dieser Zielsetzung auch BSG 23. 11. 1995 – 1 RK 11/95 – SozR 3–2500 § 38 Nr. 1).

B. Anspruchsvoraussetzungen

Der Anspruchsteller muss **Versicherter** entsprechend der allgemeinen Bestimmungen sein; es muss 2 sich bei ihm zudem um denjenigen handeln, der bisher den **Haushalt geführt** hat, wobei es unerheblich ist, ob es sich dabei um den selbst Versicherten oder den Familienversicherten handelt (BSG 25. 6. 2002 – B 1 KR 22/01 R – NZS 2003, 546; etwas weiter indes BSG 7. 11. 2000 – B 1 KR 15/99 R – NZS 2001, 532). Unter „Führen" sind dabei alle zur Versorgung der im Haushalt lebenden Menschen erforderlichen Tätigkeiten wie Einkaufen, Kochen, Reinigen etc. zu verstehen. Der Anspruchsteller muss derjenige sein, der die entscheidenden Funktionen zuvor inne hatte, eine reine Mithilfe genügt nicht. Ausreichend ist insofern aber, dass zwei Eheleute oder Lebenspartner den Haushalt gemeinsam, also zu gleichen Teilen geführt haben, da keine überwiegende Rolle verlangt ist (BSG 11. 12. 1980 – 2 RU 37/79 – BSGE 51, 78). Wie bei allen Leistungen in diesem Abschnitt muss, auch wenn dies nicht eigens aus dem Wortlaut erkennbar ist, eine **Krankheit** beim Versicherten vorliegen.

Weitere Voraussetzung ist nach Abs. 1 S. 1, dass der anspruchstellende Versicherte sich einer der 3 genannten **Behandlungen** unterzieht, und zwar unabhängig davon, ob die Krankenkasse diese (voll oder teilweise) erbringt oder der Versicherte sie selber trägt (KassKomm/Höfler, § 38 SGB V Rn. 7). Dabei kann es sich entsprechend dem Wortlaut entweder um eine Krankenhausbehandlung (gemäß § 39 SGB V) handeln, wobei kein Unterschied zwischen einer voll- oder teilstationären Aufnahme gemacht wird, beide Varianten genügen also. Nicht ausreichend hingegen ist nach Ansicht des BSG eine bloß ambulante Behandlung in einem Krankenhaus (BSG 25. 6. 2002 – B 1 KR 22/01 R – NZS 2003, 546). Anstelle einer Krankenhausbehandlung können auch sonstige Leistungen nach den §§ 23 Abs. 2, Abs. 4, S. 24, 37, 40 oder 41 SGB V anspruchauslösend sein.

Die **Weiterführung des Haushalts** darf dem Versicherten **wegen** einer der angesprochenen Be- 4 handlungen **nicht möglich** sein. Der Haushaltsbegriff entspricht dem des § 37 SGB V. Wie dort ist darunter der Ort der privaten Lebensführung zu verstehen, wo also regelmäßig die privaten Grundbedürfnisse wie Ernährung, Kleidung, Körperpflege etc. befriedigt werden (näher hierzu Wannagat/Mrozynski § 38 SGB V Rn. 14 ff.). Erforderlich sind eine gewisse Dauer und Beständigkeit in diesem räumlichen Bereich. Entscheidend ist der eigene Haushalt des Versicherten, den er nicht mehr weiterführen kann. Die Weiterführung muss aber überhaupt noch erforderlich sein, damit ein Anspruch nach § 38 SGB V in Betracht kommt. Die Formulierung „wegen" macht deutlich, dass ein **ursächlicher Zusammenhang** gegeben sein muss zwischen der Behandlung und der Unmöglichkeit der Weiterführung. Daran fehlt es, wenn bereits zuvor eine andere Person die Haushaltsführung übernommen hatte (BSG 7. 11. 2000 – 3 RK 15/99 R – NZS 2001, 532).

Schließlich muss im Haushalt des anspruchstellenden Versicherten ein **Kind** gelebt haben. Als Kin- 5 der kommen die nach § 10 SGB V in Betracht, also leibliche wie Adoptivkinder, ebenso gleichgestellte Stiefkinder, überwiegend unterhaltene Enkel und Pflegekinder. Das Kind darf, so Abs. 1 S. 2 ausdrücklich, bei Beginn der Haushaltshilfe entweder das 12. Lebensjahr noch nicht vollendet haben, entscheidend ist die Berechnung nach §§ 187 Abs. 1 S. 2, 188 I BGB; das Kind darf also seinen 12. Geburtstag noch nicht gefeiert haben. Wird das Kind nach Beginn der Haushaltshilfengewährung älter als 12, ist dies unschädlich, da das Lebensalter nur „bei Beginn" eine Rolle spielt. Alternativ ist Voraussetzung, dass das Kind behindert und auf Hilfe angewiesen ist. Der Behinderungsbegriff ist derjenige des § 2 Abs. 1 SGB IX, eine Pflegebedürftigkeit im Sinne des § 14 SGB XI ist nicht verlangt, ausreichend ist der (sehr viel geringer zu veranschlagende) Hilfebedarf. Jedenfalls muss es sich auch hier um ein Kind handeln. Auch wenn eine Altersgrenze in dieser Alternative nicht enthalten ist, wird zum Teil eine Grenzziehung für erforderlich gehalten. Dies ist jedoch weder mit Wortlaut (der eine Grenze nicht enthält) noch Sinn und Zweck der Norm vereinbar. Bei einem aufgrund einer Behinderung hilfebedürftigen Kind spielt, anders als bei einem nicht behinderten Kind, das Alter für die Hilfebedürftigkeit gerade keine Rolle. Daher ist eine Altersgrenze auch abzulehnen (zu Recht BSG 7. 8. 1991 – 10 RKg 15/91 – BSGE 69, 191; KassKomm/Höfler, § 38 SGB V Rn. 25; BeckOKSozR/Knispel, § 38 SGB V Rn. 7; GK-SGB V/Marschner, § 38 Rn. 19; aA Krauskopf/Wagner, § 38 SGB V Rn. 6).

C. Subsidiarität (Abs. 3)

6   Als weitere, **negative Voraussetzung** für den Anspruch auf Haushaltshilfe verlangt Abs. 3 im Wege einer Subsidiaritätsklausel, dass nicht eine im Haushalt lebende Person den Haushalt weiterführen kann. Hier gilt im Wesentlichen das Gleiche wie im Rahmen des § 37 Abs. 3 SGB V (vgl. Ausführungen dort Rn. 4, insbesondere zum Begriff der „im Haushalt lebenden Person"). Maßgeblich ist auch hier vor allem die Zumutbarkeit der Weiterführung des Haushalts. Diesbezüglich verlaufen die Anforderungen etwas anders als bei § 37 Abs. 3 SGB V, da hier nicht eine Pflegeleistung in Frage steht, sondern die „normale" Haushaltsführung. Im Ergebnis bedarf es einer **Interessenabwägung**. Während von Ehegatten oder Lebenspartnern regelmäßig verlangt werden kann, dass sie im Rahmen ihrer Freizeit oder an Wochenenden den Haushalt weiterführen (BSG 30. 3. 1977 – 5 RKn 20/76 – SozR 2200 § 185b Nr. 2), wird man umgekehrt von erwachsenen Kindern nicht in jedem Fall erwarten können, dass sie für die Haushaltsweiterführung eine Ausbildung abbrechen (BSG 28. 1. 1977 – 5 RKn 32/76 – BSGE 43, 170). Gegebenenfalls kann sich die Bewertung zur Zumutbarkeit im Laufe einer längeren Zeit, die eine Behandlung andauert, auch verändern (BSG 7. 11. 2000 – B 1 KR 15/99 R – NZS 2001, 532), so dass das, was zu Beginn für einen im Haushalt Lebenden zumutbar war, durch Veränderung der Umstände unzumutbar wird und infolgedessen eine Haushaltshilfe zu gewähren ist.

D. Geänderte Voraussetzungen (Abs. 2)

7   Nach Abs. 2 kann die Krankenkasse in ihrer **Satzung** vorsehen, dass eine Haushaltshilfe auch unter anderen als den zuvor genannten Voraussetzungen gewährt wird. Erforderlich ist dann aber, dass die Kasse von dieser gesetzlichen Ermächtigung auch tatsächlich Gebrauch gemacht hat. Einzige Voraussetzung für eine wirksame Satzungsregelung ist, dass daran festgehalten wird, dass der Versicherte den Haushalt selber nicht mehr weiterführen kann. Alle übrigen Voraussetzungen stehen dann zur Disposition der Satzungsregelung, etwa die Altersregel bezüglich des Kindes. Die Satzung kann auch, nach Abs. 2 S. 2, eigenständige Regelungen hinsichtlich des Umfangs und der Dauer der Leistung treffen (zur gesetzlichen Bestimmung Rn. 9).

E. Anspruchsinhalt

8   Der Anspruch ist auf **Haushaltshilfe** gerichtet. Der Begriff ist gesetzlich nicht definiert, vom Gesetzeszweck her ist jedoch deutlich, dass die Leistung umfassender ist als die der häuslichen Krankenpflege. Die Haushaltshilfe umfasst daher diejenigen Dienstleistungen, die im Einzelfall zur Weiterführung des Haushalts notwendig sind, wie etwa Beschaffung und Zubereitung von Mahlzeiten, die Pflege und Wäsche von Kleidung, Reinigung der Wohnung und die Betreuung und Beaufsichtigung des Kindes (BSG 3. 7. 1985 – 3 RK 57/84 – SozR 2200 § 185b Nr. 10; Hauck/Noftz/Gerlach § 38 SGB V Rn. 25).

F. Art und Umfang des Anspruchs

9   Der Anspruch ist regelmäßig auf **Sachleistung** gerichtet, die Krankenkasse hat also eine geeignete Ersatzkraft für die zu erbringenden hauswirtschaftlichen Tätigkeiten zur Verfügung zu stellen. Dazu kann die Kasse eigene Personen einstellen oder gemäß § 132a SGB V Verträge mit geeigneten Versorgern schließen (vgl. BeckOKSozR/Joussen, § 132a SGB V). Hinsichtlich der Dauer enthält § 38 SGB V keine eigenständige Regelung; die Haushaltshilfe ist also so lange zu gewähren, wie die Voraussetzungen vorliegen; die Grenze ergibt sich letztlich aus § 12 SGB V. Dies gilt insbesondere im Hinblick darauf, wie lange täglich die Haushaltshilfe zu gewähren ist (BSG 3. 7. 1985 – 3 RK 57/84 – SozR 2200 § 185b Nr. 10), eine Beschränkung etwa auf 8 Stunden ergibt sich zumindest nicht aus § 38 Abs. 1 SGB V, kann daher allenfalls aus den Gesamtumständen folgen.

10   Kann die Kasse keine Ersatzkraft stellen, sieht Abs. 4 einen **Kostenerstattungsanspruch** vor. Dies gilt auch, wenn Grund besteht, von der Stellung abzusehen; dies kann insbesondere durch einen nach § 33 Abs. 1 SGB I berechtigten Wunsch des Versicherten bedingt sein. Auch hier ist aber jedenfalls ein entsprechender Antrag an die Krankenkasse zu richten (offen BSG 16. 11. 1999 – B 1 KR 1698 R – NZS 2000, 300; aA BSG 23. 11. 1995 – 1 RK 11/95 – SozR 3–2500 § 38 Nr. 1; wie hier BeckOK-SozR/Knispel, § 38 SGB V Rn. 22); davon ist auch deshalb auszugehen, weil der Kasse zunächst Gelegenheit gegeben werden muss, selber eine Haushaltshilfe bereit zu stellen (BSG 26. 3. 1980 – 3 RK 47/79 – SozR 2200 § 185 Nr. 4; BSG 1. 3. 2003 – B 1 KR 13/02 R – USK 2003-106). Der Anspruch richtet sich dann auf die Erstattung der Kosten in angemessener Höhe, wobei der Kasse ein gewisser Beurteilungsspielraum zusteht, der gerichtlich nicht voll nachprüfbar ist (BSG 23. 4. 1980 – 4 RJ 11/79 – SozR 2200 § 1237 Nr. 5; aA KassKomm/Höfler, § 38 SGB V Rn. 35). Als angemessen

gelten regelmäßig die tariflichen oder üblichen Entgelte einer Haushaltshilfe unter Beachtung regionaler Besonderheiten (BSG 23. 4. 1980 – 4 RJ 11/79 – SozR 2200 § 1237 Nr. 5; KassKomm/Höfler, § 38 SGB V Rn. 37). Entscheidend ist jedoch, dass die Kosten, die von der Kasse übernommen werden sollen, jedenfalls entstanden sein müssen. Ausgeschlossen ist die Kostenerstattung nach Abs. 4 S. 2, wenn Verwandte und Verschwägerte bis zum zweiten Grad die Haushaltshilfe übernehmen, hier beschränkt sich der Anspruch auf die erforderlichen Fahrtkosten und den Verdienstausfall (zur Verfassungsgemäßheit der Einschränkung BSG 7. 10. 1987 – 4a RJ 83/86 – Die Leistungen, 1987, 359). Die Rechtsprechung geht zudem davon aus, dass die Einschränkung nach Sinn und Zweck (es gehe um die Pflege der gemeinsamen Kinder) auch für den geschiedenen Ehegatten des Versicherten gilt (BSG 16. 11. 1999 – B 1 Kr 16/98 R – NZS 2000, 300); dies erscheint allerdings nicht überzeugend, denn gerade diese Personen sind ja nicht mehr in die Einstandsgemeinschaft eingebunden.

G. Zuzahlung (Abs. 5)

Die Zuzahlungspflicht des Versicherten richtet sich nach Abs. 5. Dieser verweist auf § 61 S. 1 SGB V und legt somit die Zuzahlung je Kalendertag auf 10 vH der entstehenden Kosten, mindestens jedoch fünf, höchstens 10 Euro fest. Eine Begrenzung der Zuzahlungspflicht ist anders als in § 37 V SGB V nicht vorgesehen. Sie entfällt somit erst mit Erreichung der Belastungsgrenze gemäß § 62 S. 2 SGB V. Die Zuzahlung ist zugunsten der Krankenkasse vom Leistungserbringer einzuziehen (§ 43b Abs. 1 SGB V). Bei der Kostenerstattung nach Abs. 4 mindert sich der Anspruch entsprechend. **11**

§ 39 Krankenhausbehandlung

(1) ¹Die Krankenhausbehandlung wird vollstationär, teilstationär, vor- und nachstationär (§ 115 a) sowie ambulant (§ 115 b) erbracht. ²Versicherte haben Anspruch auf vollstationäre Behandlung in einem zugelassenen Krankenhaus (§ 108), wenn die Aufnahme nach Prüfung durch das Krankenhaus erforderlich ist, weil das Behandlungsziel nicht durch teilstationäre, vor- und nachstationäre oder ambulante Behandlung einschließlich häuslicher Krankenpflege erreicht werden kann. ³Die Krankenhausbehandlung umfaßt im Rahmen des Versorgungsauftrags des Krankenhauses alle Leistungen, die im Einzelfall nach Art und Schwere der Krankheit für die medizinische Versorgung der Versicherten im Krankenhaus notwendig sind, insbesondere ärztliche Behandlung (§ 28 Abs. 1), Krankenpflege, Versorgung mit Arznei-, Heil- und Hilfsmitteln, Unterkunft und Verpflegung; die akutstationäre Behandlung umfasst auch die im Einzelfall erforderlichen und zum frühestmöglichen Zeitpunkt einsetzenden Leistungen zur Frührehabilitation.

(2) Wählen Versicherte ohne zwingenden Grund ein anderes als ein in der ärztlichen Einweisung genanntes Krankenhaus, können ihnen die Mehrkosten ganz oder teilweise auferlegt werden.

(3) ¹Die Landesverbände der Krankenkassen, die Ersatzkassen und die Deutsche Rentenversicherung Knappschaft-Bahn-See gemeinsam erstellen unter Mitwirkung der Landeskrankenhausgesellschaft und der Kassenärztlichen Vereinigung ein Verzeichnis der Leistungen und Entgelte für die Krankenhausbehandlung in den zugelassenen Krankenhäusern im Land oder in einer Region und passen es der Entwicklung an (Verzeichnis stationärer Leistungen und Entgelte). ²Dabei sind die Entgelte so zusammenzustellen, daß sie miteinander verglichen werden können. ³Die Krankenkassen haben darauf hinzuwirken, daß Vertragsärzte und Versicherte das Verzeichnis bei der Verordnung und Inanspruchnahme von Krankenhausbehandlung beachten.

(4) ¹Versicherte, die das achtzehnte Lebensjahr vollendet haben, zahlen von Beginn der vollstationären Krankenhausbehandlung an innerhalb eines Kalenderjahres für längstens 28 Tage den sich nach § 61 Satz 2 ergebenden Betrag je Kalendertag an das Krankenhaus. ²Die innerhalb des Kalenderjahres bereits an einen Träger der gesetzlichen Rentenversicherung geleistete Zahlung nach § 32 Abs. 1 Satz 2 des Sechsten Buches sowie die nach § 40 Abs. 6 Satz 1 geleistete Zahlung sind auf die Zahlung nach Satz 1 anzurechnen.

A. Normzweck

Die Vorschrift regelt mit der Krankenhausbehandlung einen zentralen Bereich der Ansprüche des Versicherten bei Erkrankung und **konkretisiert** den allgemeinen **Anspruch** des § 27 Abs. 1 S. 2 Nr. 5 SGB V. Erfasst sind nicht nur die voll-, teilstationäre, sondern auch die vor- und nachstationäre sowie ambulante Behandlung. Neben dem in Abs. 1 geregelten Umfang der Leistungen enthält Abs. 2 ein Wahlrecht des Versicherten. Abs. 3 geht über die Anspruchsbegründung hinaus und **1** verpflichtet die Krankenkassen zur Erstellung eines Leistungsverzeichnisses, anhand dessen die Entgelte verschiedener Häuser miteinander verglichen werden können. Abs. 4 regelt die Zuzahlung.

B. Anspruch Krankenhausbehandlung (Abs. 1)

2 Abs. 1 enthält die **Grundlage** für den Anspruch des Versicherten auf Krankenhausbehandlung. Er regelt die Voraussetzungen des Anspruchs sowie den Umfang der im Einzelnen dem Versicherten zustehenden Leistungen.

I. Voraussetzungen

3 **1. Versicherter.** Der Anspruchsteller muss **Versicherter** entsprechend der allgemeinen Bestimmungen sein. Zudem muss er, was nicht ausdrücklich aus dem Wortlaut, wohl aber aus dem Regelungszusammenhang der Norm ersichtlich ist, krank sein. Dabei ist keine Beschränkung vorhanden, erfasst sind also alle Formen von Krankheit im Sinne des § 27 Abs. 1 SGB V (s. auch BSG 20. 1. 2005 – B 3 KR 9/03 R – BSGE 94, 139).

4 **2. Behandlungsbedürftigkeit.** Der Versicherte muss zudem so erkrankt sein, dass die Aufnahme nach Prüfung durch das Krankenhaus erforderlich ist. Dies setzt zunächst, nach § 27 Abs. 1 SGB V, eine **Behandlungsbedürftigkeit** voraus. Diese ist gegeben, wenn die Behandlung notwendig ist, um eine Krankheit zu erkennen, zu heilen, ihre Verschlimmerung zu verhüten oder Krankheitsbeschwerden zu lindern, und wenn die Krankheit mit einer gewissen Aussicht auf Erfolg medizinisch behandelt werden kann.

II. Anspruchsinhalt

5 Der Anspruch zielt auf die **Aufnahme in** ein **Krankenhaus**. Dieses muss gemäß § 108 SGB V zugelassen sein. Dabei ist, entsprechend dem Gebot der Wirtschaftlichkeit und dem daraus resultierenden Grundsatz „ambulant vor stationär" nach Abs. 1 S. 2 die Anspruchsreichweite gestaffelt.

6 **1. Krankenhaus.** Das **Krankenhaus** ist als Einrichtung in § 107 Abs. 1 SGB V legaldefiniert. Daraus abgeleitet gilt als Krankenhaus eine Anstalt, die über eine apparative Mindestausstattung verfügt und auf intensive Betreuung durch jederzeit rufbereite Ärzte sowie geschultes Pflegepersonal ausgerichtet ist (BSG 20. 1. 2005 – B 3 KR 9/03 R – BSGE 94, 139; BSG 27. 11. 1980 – 8 a/3 RK 60/78 – BSGE 51, 44; zu einzelnen Beispielen und Abgrenzungen KassKomm/Brandts, § 39 SGB V Rn. 5ff.; Becker, in: Becker/Kingreen, § 39 SGB V Rn. 5ff.). Das Krankenhaus muss zudem **zugelassen** sein; dies bestimmt sich nach § 108 SGB V (vgl. Joussen, in: Steinmeyer, Medizinrecht, § 108 Rn. 1ff.). Nur ausnahmsweise kann in Notfällen eine stationäre Behandlung in einem nicht zugelassenen Krankenhaus in Betracht kommen (BSG 9. 10. 2001 – B 1 KR 6/01 – NZS 2002, 371). Eine Krankenhausbehandlung in einem Krankenhaus ist auch im Ausland möglich, dies ergibt sich aus § 18 SGB V (vgl. Kommentierung dort; Becker/Walser, NZS 2005, 449).

7 **2. Behandlungsart.** Der Anspruch richtet sich auf eine der **Unterbringungsformen,** die in Abs. 1 S. 1 genannt sind. Die unterschiedlichen Formen stehen zum Teil in einem Stufenverhältnis, das sich an dem Prinzip der Wirtschaftlichkeit orientiert. Den umfassendsten (und als Regelfall ausgestalteten) Anspruch auf Krankenhausbehandlung, nämlich auf eine **vollstationäre** Aufnahme, hat der Versicherte, wenn die Aufnahme nach Prüfung durch das Krankenhaus erforderlich ist, weil das Behandlungsziel nicht durch teilstationäre, vor- und nachstationäre oder ambulante Behandlung einschließlich häuslicher Krankenpflege erreicht werden kann, Abs. 1 S. 2. Bei ihr ist der Versicherte physisch und organisatorisch in das spezifische Versorgungssystem des Krankenhauses mindestens einen Tag und eine Nacht lang eingegliedert (BSG 4. 3. 2004 – B 3 KR 4/03 R – NZS 2005, 93; BSG 8. 9. 2004 – B 6 KA 14/03 R – SozR 4–2500 § 39 Nr. 3). Weitgehend Einigkeit besteht darüber, dass der Patient bei der vollstationären Versorgung zeitlich ununterbrochen, also Tag und Nacht, im Krankenhaus untergebracht ist (Hauck/Noftz/ders., § 39 SGB V Rn. 46; Becker, in: Becker/Kingreen, § 39 SGB V Rn. 11; Peters/Schmidt, § 39 SGB V Rn. 130; Gründenwald, WzS 1994, 78, 79). An der vollstationären Unterbringung ändert sich auch nicht dadurch etwas, dass der Patient über Nacht im Krankenhaus bleiben soll, dies aber gegen ärztlichen Rat verlässt (BSG 4. 3. 2004 – B 3 KR 4/03 R – NZS 2005, 93). Jedenfalls vollstationär, auch wenn die regelmäßige Mindestzeitdauer von 24 Stunden nicht erreicht wird, ist die Behandlung in der Intensivstation (BSG 28. 2. 2007 – B 3 KR 15/06 R – SozR 4–2500 § 39 Nr. 7).

8 Von der vollstationären unterscheidet das Gesetz die **teilstationäre** Unterbringung. Bei dieser ist die Inanspruchnahme des Krankenhauses zeitlich beschränkt: Der Versicherte wird dort entweder nur für den Tag oder nur für die Nacht aufgenommen. Die Behandlung erschöpft sich aber nicht auf eine einmalige, kurzzeitige Aufnahme. Vielmehr erstrecken sich teilstationäre Krankenhausbehandlungen auf Grund der im Vordergrund stehenden Krankheitsbilder regelmäßig über einen längeren Zeitraum,

wobei allerdings die medizinisch-organisatorische Infrastruktur eines Krankenhauses benötigt wird, ohne dass eine ununterbrochene Anwesenheit des Patienten im Krankenhaus notwendig ist (BSG 4. 3. 2004 – B 3 KR 4/03 R – NZS 2005, 93; Schomburg, SVFAng 2001, Nr. 126, 25; zur genauen Abgrenzung s. auch Becker, in: Becker/Kingreen, § 39 SGB V Rn. 16).

Neben der voll- und teilstationären Aufnahme kennt § 39 SGB V noch andere Formen der Krankenhausbehandlung. Die aus § 115a SGB V übernommenen Formen der **vor- und nachstationären** Behandlung stehen stets in unmittelbarem Zusammenhang zu einer vollstationären Behandlung und schließen an sie an bzw. gehen ihr voraus (Einzelheiten vgl. Kommentierung zu § 115a SGB V). Schließlich kann die Krankenhausbehandlung auch in Form des **ambulanten Operierens** gemäß § 115b SGB V erbracht werden. Kennzeichen dafür ist, dass der Versicherte weder vor noch nach dem Eingriff eine Nacht in der Einrichtung verbringt (BSG 8. 9. 2004 – B 6 KA 14/03 – SozR 4–2500 § 39 Nr. 3). Der Anspruch kann sich also auch hierauf erstrecken; hier sind die Krankenhäuser gegenüber den niedergelassenen Vertragsärzten gleichberechtigte Teilnehmer an der ambulanten Versorgung (Einzelheiten vgl. Kommentierung zu § 115b SGB V).

9

Der Anspruch auf die vollstationäre Aufnahme ist an die angesprochenen **Bedingungen** geknüpft. Ein Anspruch auf vollstationäre Behandlung ist demnach nur gegeben, wenn die Aufnahme nach Prüfung durch das Krankenhaus erforderlich ist, weil das Behandlungsziel nicht durch teilstationäre, vor- und nachstationäre oder ambulante Behandlung einschließlich häuslicher Krankenpflege erreicht werden kann, Abs. 1 S. 2. Daraus leitet die ständige Rechtsprechung ab, dass eine vollstationäre Behandlung dann erforderlich ist, wenn die mit der Behandlung verfolgten Ziele nur mit den besonderen Mitteln des Krankenhauses verfolgt werden können, und das bedeutet vor allem mit dessen apparativen Mindestausstattung, einem geschulten Pflegepersonal und einem jederzeit abrufbaren Arzt (BSG 29. 5. 1996 – 3 RK 23/95 – SozR 3–2500 § 109 Nr. 1; BSG 21. 11. 1991 – 3 RK 32/89 – SozR 3–2500 § 39 Nr. 1; KassKomm/Höfler, § 39 SGB V Rn. 15; BeckOKSozR/Knispel, § 39 SGB V Rn. 22; s. dort auch ausführlich zu Abgrenzungsproblematiken etwa gegenüber Pflegefällen, die keine Krankenhausbehandlung erforderlich machen). Nicht erforderlich ist, dass alle Mittel des Krankenhauses zur Behandlung erforderlich sind. Entscheidend ist eine Gesamtbetrachtung, anhand derer geprüft werden kann, ob statt der stationären nicht vorrangig auch eine ambulante oder doch zumindest nur teilstationäre Behandlung ausreicht. Bei psychischer Erkrankung ist, da die apparative Medizin nicht in gleichem Maße erforderlich ist, der Schwerpunkt vor allem auf der Erforderlichkeit des Einsatzes von ärztlichem und nichtärztlichem Therapie- und Pflegepersonal und die Art der medikamentösen Behandlung zu legen, die die vollstationäre Behandlung erforderlich machen (BSG 20. 1. 2005 – B 3 KR 9/03 – BSGE 94, 149; BSG 13. 5. 2004 – B 3 KR 18/03 – SozR 4–2500 § 39 Nr. 2).

10

Ob die vollstationäre Behandlung **erforderlich** ist, ist anhand einer **Prüfung durch das Krankenhaus** zu entscheiden. Diesbezüglich war die Rechtsprechung lange Zeit uneinheitlich. Was das Erfordernis der Krankenhausbehandlungsbedürftigkeit angeht, wollte der 1. Senat des BSG allein auf den Gesundheitszustand des Patienten abstellen und danach entscheiden, ob dieser, losgelöst von sonstigen persönlichen Umständen, eine stationäre Versorgung mit den Mitteln eines Krankenhauses erfordert. Demgegenüber war das Merkmal der Erforderlichkeit nach der Rechtsprechung des 3. Senats nicht „abstrakt", bezogen auf den festgestellten medizinischen Bedarf, sondern „konkret", bezogen auf die speziellen Versorgungsbedürfnisse des Versicherten, zu verstehen. Eine Krankenhausbehandlung sei danach auch dann notwendig, wenn ein Patient, der an sich ambulant behandelt werden könnte, wegen der Art der Erkrankung oder aus anderen Gründen eine Betreuung durch hinreichend geschulte medizinische Hilfskräfte in geschützter Umgebung benötige und andere bedarfsgerechte Einrichtungen als das Krankenhaus weder flächendeckend vorhanden seien noch im Einzelfall konkret zur Verfügung stünden (BSG 28. 2. 2007 – B 3 KR 15/06 R – SozR 4–2500 § 39 Nr. 7; BSG 13. 5. 2004 – B 3 KR 18/03 – SozR 4–2500 § 39 Nr. 2; BSG 12. 5. 2005 – B 3 KR 30/04 R – SozR 4–5565 § 14 Nr. 9). Auch in der Kontrolldichte waren die Ansichten geteilt: Während der 1. Senat der Auffassung war, dass Verwaltung und Gericht die medizinische Notwendigkeit der Krankenhausbehandlung selbst in vollem Umfang zu überprüfen und festzustellen hätten, ging der 3. Senat davon aus, dass sie an die Begründung des behandelnden Krankenhausarztes gebunden seien, sofern diese unter Zugrundelegung der im Entscheidungszeitpunkt bekannten oder erkennbaren Umstände vertretbar sei, also nicht im Widerspruch zur allgemeinen oder besonderen ärztlichen Erfahrung stünde (BSG 28. 9. 2006 – B 3 KR 23/05 R – SozR 4–2500 § 112 Nr. 6). Demzufolge war trotz späterer Präzisierungen der 3. Senat unverändert eine Diskrepanz festzustellen, insofern der 3. Senat dem Krankenhausarzt einen der gerichtlichen Kontrolle nicht zugänglichen Entscheidungsspielraum überließ, während der 1. Senat die Erforderlichkeit der Krankenhausbehandlung in vollem Umfang überprüfte (BSG 28. 2. 2007 – B 3 KR 15/06 R – SozR 4–2500 § 39 Nr. 7; s. nunmehr aber BSG 10. 4. 2008 – B 3 KR 19/05 R – USK 2008-38).

11

Nunmehr hat der **Große Senat** eine Entscheidung in diesen Streitfragen getroffen, also zum einen zur Frage, ob der Anspruch erkrankter Versicherter auf vollstationäre Behandlung in einem zugelassenen Krankenhaus voraussetze, dass allein aus medizinischen Gründen eine Krankenhausbehandlung erforderlich sei, weil das Behandlungsziel durch andere Maßnahmen der Krankenbehandlung nicht

12

erreicht werden könne; zum anderen zur Frage, ob das Gericht die Voraussetzungen hierfür voll zu überprüfen habe. Nach seiner Auffassung richtet sich die Beantwortung der Frage, ob einem Versicherten vollstationäre Krankenhausbehandlung zu gewähren ist, allein nach den medizinischen Erfordernissen im konkreten Einzelfall. Grundlage der Beurteilung sind dann „objektiv-medizinische Befunde und wissenschaftliche Erkenntnisse". Kein Anspruch auf stationäre Behandlung besteht, wenn es der Gesundheitszustand des Patienten ermöglicht, das Behandlungsziel durch andere Maßnahmen, insbesondere durch ambulante Behandlung einschließlich häuslicher Krankenpflege zu erreichen; der vom 3. Senat bislang vertretenen Auffassung hat er sich insofern nicht angeschlossen. Zudem sei, so der Große Senat, die Einschätzung, dass eine stationäre Krankenbehandlung erforderlich sei, vom Gericht im Streitfall grundsätzlich **uneingeschränkt zu überprüfen.** Dabei habe es jedoch von dem im Behandlungszeitpunkt verfügbaren Wissens- und Kenntnisstand des verantwortlichen Krankenhausarztes auszugehen, wenn die Krankenkasse im Nachhinein beanstandet, die stationäre Behandlung des Patienten sei nicht gerechtfertigt gewesen (BSG 25. 9. 2007 – GS 1/06 – NJW 2008, 1980; dazu eingehend Heberlein, NZS 2008, 292; s. auch Becker, in: Becker/Kingreen, § 39 SGB V Rn. 23). Infolgedessen hat nun auch der 3. Senat bestätigt, dass die Kasse dann nicht mehr für einen Klinikaufenthalt zahlen muss, wenn für die vom Arzt diagnostizierte Krankheit nach dem Stand der Medizin auch eine ambulante Therapie ausgereicht hätte (BSG 10. 4. 2008 – B 3 KR 19/05 R – NZS 2009, 273; dazu eingehend auch Seewald, SGb 2009, 501).

13   **3. Behandlungsumfang (Abs. 1 S. 3).** Der Behandlungsumfang der Krankenhausbehandlung, unabhängig davon, in welcher Art die Behandlung erfolgt, ist in Abs. 1 S. 3 näher umschrieben. Grundsätzlich sind dem Versicherten alle erforderlichen Leistungen zu erbringen. Dies folgt daraus, dass die Krankenhausbehandlung als eine **komplexe Sachleistung** angesehen wird, die alle Leistungen umfasst, die im Einzelfall nach Art und Schwere der Krankheit für die medizinische Versorgung notwendig sind. Welche Leistungen dies über die pauschal in Abs. 1 S. 3 erwähnten Bestandteile hinaus genau sind, ist im Gesetz nicht ausdrücklich geregelt. Die Rechtsprechung hat diesbezüglich einschlägige Präzisierungen vorgenommen (ausführlich jüngst noch BSG 28. 2. 2007 – B 3 KR 15/06 R – SozR 4–3500 § 39 Nr. 7). Die Notwendigkeit hat sich in diesem Zusammenhang an den Bedürfnissen der Versorgung des Versicherten auszurichten, wobei die Grundsatznormen der §§ 2 Abs. 1 S. 3, 12 SGB V zu beachten sind. Die konkrete Entscheidung über den Umfang der Behandlung ist letztlich den behandelnden Ärzten vor Ort überlassen (dazu BSG 23. 4. 1996 – 1 RK 20/95 – NJW 1997, 1657). Ist eine teil- bzw. vollstationäre Behandlung erforderlich, umfasst der Behandlungsumfang auch die Unterkunft und Verpflegung in der allgemeinen Pflegeklasse. Eine Dauer der Behandlung ist im Gesetz nicht vorgegeben, sie hängt daher vom Vorliegen der allgemeinen Voraussetzungen ab.

III. Ablauf der Leistung

14   Die Leistung nach § 39 Abs. 1 SGB V ist als **Sachleistung** angelegt (BSG 24. 4. 1979 – 3 RK 32/78 – SozR 2200 § 184 Nr. 13). Diese muss regelmäßig bei der Krankenkasse **beantragt** werden (BSG 9. 6. 1998 – B 1 KR 18/96 R – NZS 1999, 242 zur Natur des Antrags). Die Behandlung setzt zudem in der Regel, wie aus Abs. 2 folgt („Einweisung"), eine Verordnung durch einen Vertragsarzt voraus, durch die dieser die Erforderlichkeit der stationären Behandlung vorgibt, ohne indes – wozu er auch nicht befugt wäre – die Leistung bereits als solche in vollem Umfang zu bewilligen (BSG 9. 6. 1998 – B 1 KR 18/96 R – NZS 1999, 242). Dazu sind, trotz ihrer Prüfungspflicht nach Abs. 1 S. 2, auch nicht die Krankenhausärzte befugt. Die Verordnung begründet allenfalls einen Vertrauensschutz zugunsten des Versicherten (Hauck/Noftz/ders. § 39 SGB V Rn. 104; zu weitgehend BSG 21. 8. 1996 – 3 RK 12/96 – NJW 1998, 1813), auf deren Grundlage die Krankenkasse eine gegebenenfalls erbrachte Leistung als Sachleistung gegen sich gelten lassen muss (BSG 23. 4. 1996 – 1 RK 20/95 – NJW 1997, 1657). Dies gilt vor allem auch für die Entscheidungen, die die Krankenhausärzte vor Ort über einzelne Behandlungsbestandteile treffen; allenfalls in Missbrauchsfällen kann es möglich sein, dass die Krankenkasse die gewährte Behandlung dann nicht gegen sich gelten lassen muss, besonders also dann, wenn der Versicherte wusste oder wissen musste, dass eine Leistung nicht in Betracht kommt (BSG 21. 8. 1996 – 3 RK 12/96 – NJW 1998, 1813). In der Regel entscheidet die Krankenkasse über den Antrag nicht durch Verwaltungsakt, auch wenn dies möglich ist; in der Praxis gibt sie meist eine Kostenübernahmeerklärung gegenüber dem Krankenhaus ab, die jedoch keine Voraussetzung für einen späteren Vergütungsanspruch des Krankenhauses gegen die Kasse darstellt. Vielmehr schuldet die Kasse die auf der Grundlage des Krankenhausentgeltrechts beruhende Vergütung, sobald die materiellrechtlichen Voraussetzungen des Anspruchs auf Krankenhausbehandlung vorliegen (BSG 17. 5. 2000 – B 3 KR 33/99 R – SozR 3–2500 § 112 Nr. 1; BSG 7. 7. 2005 – B 3 KR 40/04 R – GesR 2005, 558).

C. Wahl des Krankenhauses (Abs. 2)

15   Grundsätzlich obliegt die Entscheidung über das Krankenhaus, das für die Behandlung zuständig sein und sie vornehmen soll, dem verordnenden Arzt, der diese Entscheidung mit seiner **Einweisung**

vornimmt, Abs. 2. Der Vorgang und die Auswahl des Krankenhauses ist in § 73 Abs. 4 S. 3 SGB V näher vorgegeben, entscheidend ist insbesondere die geographische Nähe (vgl. Kommentierung dort). Gleichwohl kann der Versicherte aus den zugelassenen Krankenhäusern unverändert **frei wählen**. Dann muss er jedoch, so die Regelungsaussage des Abs. 2, damit rechnen, die dadurch entstehenden Mehrkosten ganz oder teilweise tragen zu müssen. Dies hängt von einer Ermessensentscheidung der Krankenkasse ab. Das Ermessen bezieht sich auf das „Ob" und auf das „Wie"; es müssen jedoch überhaupt Mehrkosten in der Behandlung oder etwa in den Fahrtkosten entstanden sein. Eine **Mehrkostentragung** kommt nicht in Betracht, wenn der Versicherte einen **zwingenden Grund** für seine Wahl hat; ein solcher liegt vor, wenn die Inanspruchnahme des von dem Arzt in seiner Einweisung genannten Krankenhauses dem Versicherten nicht zumutbar ist (BSG 20. 1. 1980 – 3 RK 72/80 – NJW 1980, 1350). Dies kann etwa bei einer geographischen Nähe des gewählten Krankenhauses zu bestimmten nahen Angehörigen der Fall sein oder dann, wenn offensichtlich ein Vertrauensverhältnis zwischen dem Versicherten und dem ursprünglich bestimmten Krankenhaus nicht gegeben ist (s. Peters/Schmidt, § 39 SGB V Rn. 248).

D. Verzeichnis (Abs. 3)

Abs. 3 enthält eine Verpflichtung der dort aufgeführten Kassenverbände, ein **Verzeichnis statio-** 16 **närer Leistungen und Entgelte** zu erstellen. Auf diese Weise erhofft sich der Gesetzgeber eine größere Transparenz und bessere Auswahlmöglichkeit für Ärzte und Versicherte bei der Wahl eines Krankenhauses (BT-Drs. 11/2237, S. 177 f.) Bei der Erstellung sind Vertreter der Krankenhäuser und der Ärzte zu beteiligen. Das erstellte Verzeichnis ist bei der Wahl des Krankenhauses durch den Arzt nach § 73 Abs. 4 S. 4 SGB V zu berücksichtigen. Ziel ist es, auf diese Weise einen Vergleich der Entgelte für die verschiedenen stationären Leistungen zu ermöglichen, was indes aufgrund der Umstellung auf das Fallpauschalensystem kaum mehr erforderlich erscheint.

E. Zuzahlung (Abs. 4)

Die Zuzahlungspflicht nach Abs. 4 erlegt allen erwachsenen Versicherten die Pflicht zur Zuzahlung 17 auf. Diese richtet sich in ihrer Höhe nach § 61 S. 2 SGB V, beträgt also zehn Euro. Dieser Betrag fällt vom Beginn des Krankenhausaufenthaltes je Kalendertag an, also auch für den Aufnahme- und für den Entlassungstag. Beschränkt ist die Zuzahlungspflicht auf maximal 28 Tage im Kalenderjahr. Bei einem Jahreswechsel besteht die Zuzahlungspflicht jedenfalls wieder, unabhängig davon, ob bei der Aufnahme im alten Jahr die Höchstdauer von 28 Tagen noch nicht erreicht war (wie hier Hauck/Noftz/ders., § 39 SGB 140; BeckOKSozR/Knispel, § 39 SGB V Rn. 75; aA KassKomm/Höfler, § 39 SGB V Rn. 57a; Becker, in: Becker/Kingreen, § 39 SGB V Rn. 38). Der fällige Betrag ist vom Krankenhaus einzuziehen (zum Verhältnis zur früher explizit angeordneten Weiterleitungspflicht an die Krankenkasse Becker, in: Becker/Kingreen, § 39 SGB V Rn. 37). § 43b SGB V kommt zur Anwendung, so dass im Zweifelsfall, bei Zahlungsverweigerung durch den Versicherten, die Krankenkasse als Anspruchsinhaberin den zwangsweisen Einzug betreiben muss. S. 2 enthält eine spezielle Anrechnungsvorschrift für den Fall, dass bereits Zuzahlungen an den Träger der gesetzlichen Rentenversicherung für eine stationäre Heilbehandlung im Rahmen einer Rehabilitation geleistet wurden, also bei einer so genannten Anschluss-Rehabilitation.

§ 39a Stationäre und ambulante Hospizleistungen

(1) ¹Versicherte, die keiner Krankenhausbehandlung bedürfen, haben im Rahmen der Verträge nach Satz 4 Anspruch auf einen Zuschuß zu stationärer oder teilstationärer Versorgung in Hospizen, in denen palliativ-medizinische Behandlung erbracht wird, wenn eine ambulante Versorgung im Haushalt oder der Familie des Versicherten nicht erbracht werden kann. ²Die Krankenkasse trägt die zuschussfähigen Kosten nach Satz 1 unter Anrechnung der Leistungen nach dem Elften Buch zu 90 vom Hundert, bei Kinderhospizen zu 95 vom Hundert. ³Der Zuschuss darf kalendertäglich 7 vom Hundert der monatlichen Bezugsgröße nach § 18 Abs. 1 des Vierten Buches nicht unterschreiten und unter Anrechnung der Leistungen anderer Sozialleistungsträger die tatsächlichen kalendertäglichen Kosten nach Satz 1 nicht überschreiten. ⁴Der Spitzenverband Bund der Krankenkassen vereinbart mit den für die Wahrnehmung der Interessen der stationären Hospize maßgeblichen Spitzenorganisationen des Nähere über Art und Umfang der Versorgung nach Satz 1. ⁵Dabei ist den besonderen Belangen der Versorgung in Kinderhospizen ausreichend Rechnung zu tragen. ⁶Der Kassenärztlichen Bundesvereinigung ist Gelegenheit zur Stellungnahme zu geben. ⁷In den über die Einzelheiten der Versorgung nach Satz 1 zwischen Krankenkassen und Hospizen abzuschließenden Verträgen ist zu regeln, dass im

Falle von Nichteinigung eine von den Parteien zu bestimmende unabhängige Schiedsperson den Vertragsinhalt festlegt. ⁸Einigen sich die Vertragspartner nicht auf eine Schiedsperson, so wird diese von der für die vertragschließende Krankenkasse zuständigen Aufsichtsbehörde bestimmt. ⁹Die Kosten des Schiedsverfahrens tragen die Vertragspartner zu gleichen Teilen.

(2) ¹Die Krankenkasse hat ambulante Hospizdienste zu fördern, die für Versicherte, die keiner Krankenhausbehandlung und keiner stationären oder teilstationären Versorgung in einem Hospiz bedürfen, qualifizierte ehrenamtliche Sterbebegleitung in deren Haushalt, in der Familie, in stationären Pflegeeinrichtungen, in Einrichtungen der Eingliederungshilfe für behinderte Menschen oder der Kinder- und Jugendhilfe erbringen. ²Voraussetzung der Förderung ist außerdem, dass der ambulante Hospizdienst
1. mit palliativ-medizinisch erfahrenen Pflegediensten und Ärzten zusammenarbeitet sowie
2. unter der fachlichen Verantwortung einer Krankenschwester, eines Krankenpflegers oder einer anderen fachlich qualifizierten Person steht, die über mehrjährige Erfahrung in der palliativ-medizinischen Pflege oder über eine entsprechende Weiterbildung verfügt und eine Weiterbildung als verantwortliche Pflegefachkraft oder in Leitungsfunktionen nachweisen kann.

³Der ambulante Hospizdienst erbringt palliativ-pflegerische Beratung durch entsprechend ausgebildete Fachkräfte und stellt die Gewinnung, Schulung, Koordination und Unterstützung der ehrenamtlich tätigen Personen, die für die Sterbebegleitung zur Verfügung stehen, sicher. ⁴Die Förderung nach Satz 1 erfolgt durch einen angemessenen Zuschuss zu den notwendigen Personalkosten. ⁵Der Zuschuss bezieht sich auf Leistungseinheiten, die sich aus dem Verhältnis der Zahl der qualifizierten Ehrenamtlichen zu der Zahl der Sterbebegleitungen bestimmen. ⁶Die Ausgaben der Krankenkassen für die Förderung nach Satz 1 betragen je Leistungseinheit 11 vom Hundert der monatlichen Bezugsgröße nach § 18 Absatz 1 des Vierten Buches, sie dürfen die zuschussfähigen Personalkosten des Hospizdienstes nicht überschreiten. ⁷Der Spitzenverband Bund der Krankenkassen vereinbart mit den für die Wahrnehmung der Interessen der ambulanten Hospizdienste maßgeblichen Spitzenorganisationen das Nähere zu den Voraussetzungen der Förderung sowie zu Inhalt, Qualität und Umfang der ambulanten Hospizarbeit. ⁸Dabei ist den besonderen Belangen der Versorgung von Kindern durch ambulante Hospizdienste ausreichend Rechnung zu tragen.

A. Normzweck

1   Die Vorschrift regelt die Finanzierung von Hospizleistungen und soll unheilbaren Kranken, die einer Krankenhausbehandlung nicht mehr bedürfen, in der letzten Lebensphase zukommen. Dazu erhalten sie einen Anspruch auf eine besondere Betreuung gemäß § 39a SGB V, der nicht nur in Abs. 1 einen eigenständigen Leistungsanspruch für eine stationäre Hospizversorgung regelt, sondern die Krankenkassen nach Abs. 2 zusätzlich zu einer Förderung ambulanter Hospizdienste verpflichtet, ohne diesbezüglich einen eigenen Anspruch des Versicherten zu begründen.

B. Anspruch auf stationäre Hospizversorgung (Abs. 1)

2   In Abs. 1 regelt die Vorschrift einen eigenständigen Anspruch des Versicherten auf stationäre Hospizleistungen. Als **Hospiz** ist eine Einrichtung anzusehen, in der interdisziplinär Ärzte, Psychologen, Pflegepersonen, Sozialarbeiter, Theologen und Laien zur Betreuung Sterbender und ihrer Angehörigen zusammenwirken (Schiffer, ErsK 2001, 438).

I. Voraussetzungen

3   Der Anspruchsteller muss **Versicherter** entsprechend den allgemeinen Bestimmungen sein. Zudem muss er so schwer erkrankt sein, dass er einer Krankenhausbehandlung nicht (mehr) bedarf. Dies ist der Fall, wenn der Versicherte einer Krankenbehandlung mit dem Ziel einer Heilung oder Besserung nicht mehr zugänglich ist, also bereits ein so weit fortgeschrittenes Krankheitsstadium erreicht ist, dass eine palliativ-medizinische Behandlung erforderlich bzw. angezeigt ist (zur Begriffsbestimmung der finalen Lebensphase s. § 37b SGB V Rn. 3). Zudem muss die stationäre oder teilstationäre Unterbringung in einem Hospiz erforderlich sein: Dies ist sie nach Abs. 1 S. 1 a. E., wenn eine ambulante Versorgung im Haushalt oder der Familie des Versicherten nicht erbracht werden kann. Deutlich wird, dass eine ambulante, wohngebundene Versorgung Vorrang haben soll. Solange ambulante Dienste zu einer Versorgung des Sterbenden ausreichend sind, gehen sie vor. Für die Einbeziehung der Familie gilt das Kriterium der **Zumutbarkeit**, das im Zweifel Vorrang vor dem gesetzgeberischen

Willen „ambulant vor stationär" (BT-Drs. 13/7264, S. 60) haben muss. Der besonderen psychischen Belastung der Angehörigen ist im Zweifel der Vorrang zu geben. Bei einer teil- oder vollstationären Unterbringung erhält der Versicherte in vollem Umfang oder zumindest teilweise Unterkunft und Verpflegung in der Einrichtung. Entscheidend für die Anspruchsentstehung auf einen Zuschuss (vgl. Rn. 4) ist, dass das Hospiz, in dem die stationäre Unterbringung erfolgt, eine palliativ-medizinische Behandlung erbringt. Das bedeutet, dass das Hospiz nicht nur die von einer regulären Pflegeeinrichtung zu erbringenden Grundpflegeleistungen anbieten muss, sondern darüber hinaus auch die besonderen Leistungen, die die Palliativmedizin verlangt; es genügt also nicht eine Einrichtung, die eine bloße Sterbebegleitung gewährt (BT-Drs. 13/7264, S. 60). Schließlich muss die Einrichtung einen Vertrag mit der Krankenkasse abgeschlossen haben. Ein Antrag oder eine Genehmigung der Kasse auf die Unterbringung im stationären Hospiz ist nicht erforderlich, sie muss also insbesondere nicht verordnet werden.

II. Anspruchsinhalt

Art und Umfang der Versorgung vor Ort sind durch Verträge zwischen dem Spitzenverband 4
Bund der Krankenkassen und der maßgeblichen Spitzenorganisation für die Wahrnehmung der Interessen der stationären Hospize auszuhandeln. Die Kassenärztliche Bundesvereinigung ist vorher zu hören und ihr ist Gelegenheit zur Stellungnahme zu geben. Der Gesetzgeber hat also letztlich den Auftrag zur eigentlichen Ausgestaltung des Anspruchs abgegeben, was verfassungsrechtlich kritisiert, aber für zulässig angesehen wurde (BSG 8. 11. 2005 – B 1 KR 26/04 R – SozR 4–2500 § 39 a Nr. 1). Bei Kinderhospizen ist nach Abs. 1 S. 5 zusätzlich zu beachten, dass besondere Interessen betroffen sind. Mit den dort genannten „besonderen Belangen" ist insbesondere ein höherer Personalaufwand gemeint (BT-Drs. 16/3100, S. 106). Kommen die Vertragsparteien hier nicht zu einer Einigung über die Verträge, sehen S. 7–9 ein eigenes Schiedsverfahren vor. Eine **Rahmenvereinbarung** ist jedoch zwischen den Parteien vereinbart worden (Rahmenvereinbarung über Art und Umfang sowie zur Sicherung der Qualität der stationären Hospizversorgung vom 13. 3. 1998, in der Fassung vom 9. 2. 1999; eingehend zum Inhalt der Rahmenvereinbarung Marburger WzS 2009, 137).

Der Versicherte hat bei Vorliegen der Voraussetzungen keinen Anspruch auf eine Sachleistung in 5
Form der Unterbringung; vielmehr begründet § 39 a Abs. 1 SGB V einen Anspruch auf einen **Zuschuss** zu den erforderlichen finanziellen Leistungen im Rahmen der Hospiztätigkeit; die ärztliche Behandlung sowie die zu erbringende Versorgung mit Heil-, Hilfs-, Arznei- und Verbandmitteln bleibt davon unberührt. § 39 a Abs. 1 SGB V gewährt also einen Finanzierungsbeitrag, der nicht die volle Höhe der entstehenden Kosten erreicht; dies wurde vom Gesetzgeber ausdrücklich gewollt, der statt auf eine Vollfinanzierung auf die Eigenbeitragsleistung sowie die Tragung der Hospize durch gesellschaftliches Engagement setzt (BT-Drs. 13/7264, S. 60). Nach § 7 der genannten Rahmenvereinbarung (Rn. 4) sind 90 vH des tagesbezogenen Bedarfssatzes, bei Kinderhospizen 95 vH zuschussfähig; der nicht zuschussfähige Teil darf nach dieser Norm dem Versicherten nicht in Rechnung gestellt werden, ist also vom Träger selbst aufzubringen. Die Höhe des Zuschusses ist nach Abs. 1 S. 2 in der Satzung der Krankenkasse festzulegen; S. 3 gibt insofern einen Mindest- sowie einen Höchstbetrag an. Der Zuschuss ist gegenüber anderen Leistungen anderer Leistungsträger nachrangig. Dies gilt besonders gegenüber Leistungen der Pflegeversicherung. Die Dauer des Anspruchs auf Zuschuss ist nach § 2 Abs. 1 S. 2 der Rahmenvereinbarung auf zunächst vier Wochen beschränkt, kann aber verlängert werden.

C. Förderung ambulanter Hospizleistungen (Abs. 2)

Abs. 2 enthält eine besondere **Förderungspflicht** der Krankenkassen in Bezug auf ambulante (im 6
Gegensatz zu stationären bzw. teilstationären) Hospizdienste. Diese Förderung hat durch einen „angemessenen Zuschuss" zu den Personalkosten zu erfolgen, ohne dass ein eigener Anspruch des Versicherten in diesem Zusammenhang entstünde (allgM, s. nur KassKomm/Höfler, § 39 a SGB V Rn. 16; Hauck/Noftz/ders., § 39 a SGB V Rn. 76).

I. Voraussetzungen

Nach Abs. 2 muss es sich bei der Einrichtung, die gefördert werden kann, um einen **ambulanten** 7
Hospizdienst handeln. Dieser muss nach S. 2 mit palliativ-medizinisch erfahrenen Pflegediensten und Ärzten zusammenarbeiten und unter fachlicher Verantwortung einer besonders qualifizierten Fachperson stehen. Es müssen – durch entsprechend ausgebildete Fachkräfte – Leistungen an Personen erbracht werden, die weder einer Krankenhausbehandlung bedürfen noch einer (teil-)stationären Versorgung in einem Hospiz. Das zu fördernde Hospiz muss zudem den erkrankten Versicherten eine Sterbebegleitung, das heißt eine geistig-seelische Betreuung, in deren Haushalt erbringen. Die Sterbebegleitung darf nur ehrenamtlich erfolgen, eine beruflich ausgeübte Sterbebegleitung wird infolgedessen nicht gefördert. Daran wird deutlich, dass es dem Gesetzgeber primär um eine gesellschaftspolitische Ziel-

richtung zur Förderung des Ehrenamtes geht. Schließlich ist Aufgabe des Hospizdienstes, über die Begleitung hinaus, nach S. 3 auch die Gewinnung, Schulung, Koordination und Unterstützung der ehrenamtlich tätigen Personen. Weitere Einzelheiten zu den Voraussetzungen der Förderung und zu Inhalt, Qualität und Umfang der ambulanten Hospizarbeit sind nach Abs. 2 S. 6 vom Spitzenverband Bund der Krankenkassen mit den für die Wahrnehmung der Interessen der ambulanten Hospizdienste maßgeblichen Spitzenorganisationen in Verträgen zu vereinbaren, besonders zu berücksichtigen sind die besonderen Voraussetzungen und Anforderungen bei Kinderhospizen. Diesem Vertragsauftrag sind die Beteiligten durch die „Rahmenvereinbarung nach § 39a Abs. 2 S. 6 SGB V zu den Voraussetzungen der Förderung sowie zu Inhalt, Qualität und Umfang der ambulanten Hospizarbeit" vom 3. 9. 2002 (in der Fassung vom 17. 1. 2006) nachgekommen (abrufbar etwa unter www.hospiz.net).

II. Förderungsinhalt

8   Die Förderung selbst erfolgt nach Abs. 2 S. 4 in Form eines **Zuschusses** zu den Personalkosten, der fortlaufend zu gewähren ist und nur für die im ambulanten Hospizdienst tätigen Fachkräfte nach S. 2 Nr. 2 und 3 entfällt. Die Höhe des Zuschusses muss **angemessen** sein. Maßstab ist grundsätzlich das Verhältnis der Zahl der qualifizierten Ehrenamtlichen zu der Zahl der Sterbebegleitungen insgesamt. Dieser Maßstab ist jedoch nicht abschließend gemeint („insbesondere" in S. 4 Hs. 2). Zusätzlich legt S. 5 ein Generalbudget fest, das jährlich anzupassen ist. Die Förderung erfolgt auf Antrag. Die Anträge sind, nach § 7 der Rahmenvereinbarung, bis zum 31. 3. eines Kalenderjahres an die Krankenkassen bzw. die von ihnen bestimmten Stelle zu richten.

§ 40 Leistungen zur medizinischen Rehabilitation

(1) ¹Reicht bei Versicherten eine ambulante Krankenbehandlung nicht aus, um die in § 11 Abs. 2 beschriebenen Ziele zu erreichen, erbringt die Krankenkasse aus medizinischen Gründen erforderliche ambulante Rehabilitationsleistungen in Rehabilitationseinrichtungen, für die ein Versorgungsvertrag nach § 111 besteht, oder, soweit dies für eine bedarfsgerechte, leistungsfähige und wirtschaftliche Versorgung der Versicherten mit medizinischen Leistungen ambulanter Rehabilitation erforderlich ist, durch wohnortnahe Einrichtungen. ²Leistungen nach Satz 1 sind auch in stationären Pflegeeinrichtungen nach § 72 Abs. 1 des Elften Buches zu erbringen.

(2) ¹Reicht die Leistung nach Absatz 1 nicht aus, erbringt die Krankenkasse stationäre Rehabilitation mit Unterkunft und Verpflegung in einer nach § 20 Abs. 2 a des Neunten Buches zertifizierten Rehabilitationseinrichtung, mit der ein Vertrag nach § 111 besteht. ²Wählt der Versicherte eine andere zertifizierte Einrichtung, mit der kein Versorgungsvertrag nach § 111 besteht, so hat er die dadurch entstehenden Mehrkosten zu tragen. ³Die Krankenkasse führt nach Geschlecht differenzierte statistische Erhebungen über Anträge auf Leistungen nach Satz 1 und Absatz 1 sowie deren Erledigung durch.

(3) ¹Die Krankenkasse bestimmt nach den medizinischen Erfordernissen des Einzelfalls Art, Dauer, Umfang, Beginn und Durchführung der Leistungen nach den Absätzen 1 und 2 sowie die Rehabilitationseinrichtung nach pflichtgemäßem Ermessen. ²Leistungen nach Absatz 1 sollen für längstens 20 Behandlungstage, Leistungen nach Absatz 2 für längstens drei Wochen erbracht werden, es sei denn, eine Verlängerung der Leistung ist aus medizinischen Gründen dringend erforderlich. ³Satz 2 gilt nicht, soweit der Spitzenverband Bund der Krankenkassen nach Anhörung der für die Wahrnehmung der Interessen der ambulanten und stationären Rehabilitationseinrichtungen auf Bundesebene maßgeblichen Spitzenorganisationen in Leitlinien Indikationen festgelegt und diesen jeweils eine Regeldauer zugeordnet hat; von dieser Regeldauer kann nur abgewichen werden, wenn dies aus dringenden medizinischen Gründen im Einzelfall erforderlich ist. ⁴Leistungen nach den Absätzen 1 und 2 können nicht vor Ablauf von vier Jahren nach Durchführung solcher oder ähnlicher Leistungen erbracht werden, deren Kosten auf Grund öffentlich-rechtlicher Vorschriften getragen oder bezuschusst worden sind, es sei denn, eine vorzeitige Leistung ist aus medizinischen Gründen dringend erforderlich. ⁵§ 23 Abs. 7 gilt entsprechend. ⁶Die Krankenkasse zahlt der Pflegekasse einen Betrag in Höhe von 3.072 Euro für pflegebedürftige Versicherte, für die innerhalb von sechs Monaten nach Antragstellung keine notwendigen Leistungen zur medizinischen Rehabilitation erbracht worden sind. ⁷Satz 6 gilt nicht, wenn die Krankenkasse die fehlende Leistungserbringung nicht zu vertreten hat. ⁸Die Krankenkasse berichtet ihrer Aufsichtsbehörde jährlich über Fälle nach Satz 6.

(4) Leistungen nach den Absätzen 1 und 2 werden nur erbracht, wenn nach den für andere Träger der Sozialversicherung geltenden Vorschriften mit Ausnahme des § 31 des Sechsten Buches solche Leistungen nicht erbracht werden können.

(5) ¹Versicherte, die eine Leistung nach Absatz 1 oder 2 in Anspruch nehmen und das achtzehnte Lebensjahr vollendet haben, zahlen je Kalendertag den sich nach § 61 Satz 2 ergebenden Betrag an die Einrichtung. ²Die Zahlungen sind an die Krankenkasse weiterzuleiten.

(6) ¹Versicherte, die das achtzehnte Lebensjahr vollendet haben und eine Leistung nach Absatz 1 oder 2 in Anspruch nehmen, deren unmittelbarer Anschluß an eine Krankenhausbehandlung medizinisch notwendig ist (Anschlußrehabilitation), zahlen den sich nach § 61 Satz 2 ergebenden Betrag für längstens 28 Tage je Kalenderjahr an die Einrichtung; als unmittelbar gilt der Anschluß auch, wenn die Maßnahme innerhalb von 14 Tagen beginnt, es sei denn, die Einhaltung dieser Frist ist aus zwingenden tatsächlichen oder medizinischen Gründen nicht möglich. ²Die innerhalb des Kalenderjahres bereits an einen Träger der gesetzlichen Rentenversicherung geleistete kalendertägliche Zahlung nach § 32 Abs. 1 Satz 2 des Sechsten Buches sowie die nach § 39 Abs. 4 geleistete Zahlung sind auf die Zahlung nach Satz 1 anzurechnen. ³Die Zahlungen sind an die Krankenkasse weiterzuleiten.

(7) ¹Der Spitzenverband Bund der Krankenkassen legt unter Beteiligung der Arbeitsgemeinschaft nach § 282 (Medizinischer Dienst der Spitzenverbände der Krankenkassen) Indikationen fest, bei denen für eine medizinisch notwendige Leistung nach Absatz 2 die Zuzahlung nach Absatz 6 Satz 1 Anwendung findet, ohne daß es sich um Anschlußrehabilitation handelt. ²Vor der Festlegung der Indikationen ist den für die Wahrnehmung der Interessen der stationären Rehabilitation auf Bundesebene maßgebenden Organisationen Gelegenheit zur Stellungnahme zu geben; die Stellungnahmen sind in die Entscheidung einzubeziehen.

A. Normzweck

Die Vorschrift ist die Grundlage für die von den Krankenkassen als Regelleistung zu gewährenden **1** Leistungen zur medizinischen Rehabilitation. Sie enthält Einzelbestimmungen sowohl zu ambulanten Rehabilitationsleistungen wie zu Leistungen zwecks stationärer Rehabilitation in Rehabilitationseinrichtungen. Beide Leistungen stehen in einem Stufenverhältnis zueinander, Abs. 1 hat Vorrang gegenüber Abs. 2. Damit ist die Norm im Gesamtzusammenhang aller Normen so zu sehen, die der Rehabilitation der Versicherten dienen, also der sozialen Wiedereingliederung durch Verfahren und Leistungsinhalte, die auf Erhaltung oder Wiedergewinnung größtmöglicher körperlicher, seelischer, geistiger, beruflicher und/oder sozialer Selbstbestimmung gerichtet sind. Ziel einer Rehabilitationsmaßnahme nach § 40 SGB V ist also die Behebung oder Minderung einer vorliegenden Funktionseinschränkung, nicht die Beseitigung eines vorliegenden Gesundheitsschadens.

B. Ambulante Rehabilitationsleistungen (Abs. 1)

Der Versicherte hat nach Abs. 1 unter den dort genannten **Voraussetzungen** einen Anspruch auf **2** ambulante Rehabilitationsleistungen. Dies setzt neben der Versicherteneigenschaft des Anspruchstellers, die allgemein zu bestimmen ist, zunächst voraus, dass eine ambulante Krankenbehandlung nicht ausreicht, um eine Behinderung oder Pflegebedürftigkeit abzuwenden, zu beseitigen, zu mindern, auszugleichen, ihre Verschlimmerung zu verhüten oder ihre Folgen zu mildern. Ein Anspruch besteht nach der Gesetzesstruktur also überhaupt nur dann, wenn Maßnahmen der allgemeinen Krankenbehandlung zu diesem Zweck nicht ausreichen. Im Unterschied zu diesen richtet sich der Anspruch nach Abs. 1 auf Komplexleistungen, die umfassend versuchen, das angesprochene Ziel zu erreichen, also etwa Leistungen der Psychotherapie, Leistungen in Form von Hilfs- und Heilmitteln, Maßnahmen zur Selbsthilfe etc. Entscheidend ist hierbei das zeitlich-örtliche Zusammenwirken der unterschiedlichen Leistungen.

Der Anspruch richtet sich auf eine ambulante Maßnahme in einer **Rehabilitationseinrichtung,** **3** für die ein Versorgungsvertrag nach § 111 SGB V besteht. Ebenfalls möglich ist die Durchführung der Maßnahme in einer Eigeneinrichtung der Kasse. Maßgeblich ist, dass der Versicherte die Einrichtung täglich erreichen kann. Hilfsweise kann die Leistung auch durch eine wohnortnahe Einrichtung erbracht werden, ohne dass für diese Einrichtung ein Versorgungsvertrag besteht (zur Zulassung wohnortnaher Einrichtungen BSG 1. 9. 2005 – B 3 KR 3/04 R – NZS 2006, 485). Die Einrichtungswahl obliegt der Kasse nach ihrem pflichtgemäßen Ermessen, wie aus § 40 Abs. 3 S. 1 SGB V folgt (BSG 15. 2. 1978 – 3 RK 29/77 – BSGE 46, 41, 42 f.).

Dies gilt auch für die weiteren Einzelheiten der zu erbringenden Rehabilitationsleistung, also für **4** Art, Dauer, Umfang, Beginn und Durchführung der Leistungen. Die Kasse ist bei ihrer **Ermessensentscheidung** an den Maßstab der „medizinischen Erfordernisse" gebunden, verfügt also nicht über ein freies Ermessen. Dies gilt zwar auch hinsichtlich der Entscheidung, ob die Maßnahme gewährt

Joussen 1257

wird – insofern ist aber zu beachten, dass der Versicherte bei Vorliegen der positiven Voraussetzungen (Rn. 2), und wenn die Kasse nicht lediglich nachrangig zuständig ist (Rn. 5), einen Anspruch auf die Leistung selbst hat. Die Kasse hat dann alle Maßnahmen zu ergreifen, die im Rahmen ihrer wirtschaftlichen Möglichkeiten (§ 12 SGB V) dem Versicherten die erforderliche Leistung gewährt werden können; das Einbringen finanzieller Erwägungen in die Entscheidung wird von der Rechtsprechung gebilligt (BSG 28. 6. 1979 – 1 RA 97/78 – SozR 2200 § 1242 Nr. 3). Eine völlige Leistungsablehnung kann in diesen Fällen allenfalls in besonders gelagerten Ausnahmefällen denkbar sein (BVerfG 9. 2. 1983 – 1 BvL 8/80 – SozR 2200 § 1236 Nr. 39; BSG 12. 9. 1978 – 5 RJ 6/77 – BSGE 47, 50). Wünsche des Versicherten sind dabei auch zu berücksichtigen und in den Abwägungsprozess mit einzubeziehen (BSG 15. 11. 1983 – 1 RA 33/83 – SozR 2200 § 1236 Nr. 43; Luthe, SGb 2001, 345); zudem hat die Kasse bei der Entscheidung, wie die Leistung zu erbringen ist, den individuellen Bedarf des Versicherten ebenso zu berücksichtigen wie die persönlichen Umstände des Versicherten (bzgl. der Möglichkeit der grenzüberschreitenden Inanspruchnahme und Erbringung medizinischer Rehabilitationsleistungen Kingreen, ZESAR 2006, 210).

5   In Bezug auf die Durchführung der Maßnahme gibt § 40 Abs. 3 SGB V einige Leitlinien für die Ermessensentscheidung, insbesondere hinsichtlich der **Dauer** der ambulanten Rehabilitationsleistung. Nach Abs. 3 sollen ambulante Rehabilitationsleistungen im Regelfall maximal 20 Behandlungstage gewährt werden. Anderes kann nur in Ausnahmefällen gelten, wenn eine längere Leistung aus medizinischer Sicht dringend erforderlich ist. Die Regelung zur Dauer ist allerdings dispositiv: Der Spitzenverband Bund der Krankenkassen kann für einzelne Indikationen jeweils eine eigene Regeldauer in dem in § 43 Abs. 3 S. 3 SGB V vorgegebenen Rahmen festlegen. Eine Leistungswiederholung ist regelmäßig erst nach vier Jahren wieder möglich. Auch hier ist eine Ausnahme nur dann möglich, wenn sie dringend medizinisch erforderlich ist. Die Aufnahme des Begriffs „dringend" macht deutlich, dass insoweit höhere Anforderungen an die Erforderlichkeit zu stellen sind als im Rahmen des Abs. 1, also bei der erstmaligen Leistungsgewährung. Die Sätze 6 und 7 enthalten, neu aufgenommen durch das Pflege-Weiterentwicklungsgesetz, Erstattungsregelungen für das Verhältnis von Kranken- zur Pflegekasse, wenn für pflegebedürftige Versicherte innerhalb von sechs Monaten nach Antragstellung keine notwendigen Leistungen zur medizinischen Rehabilitation erbracht worden sind.

6   Nach Abs. 4 der Vorschrift ist die Krankenkasse nur zur Leistung verpflichtet, wenn nicht vorrangig ein anderer Leistungsträger einzustehen hat. Die Leistungen zur medizinischen Rehabilitation sind also **nachrangig,** dies gilt insbesondere gegenüber Leistungen der Rentenversicherung (§ 15 SGB VI; dazu auch BSG 22. 6. 2010 – B 1 KR32/09 R – KrV 2010, 289) und der Unfallversicherung (§ 33 SGB VII). Grundsätzlich ist aber die Zuständigkeit der Krankenkassen ohnehin auf Leistungen zur „medizinischen" Rehabilitation beschränkt, also auf solche Maßnahmen, die gezielt und unmittelbar der Krankheitsbekämpfung dienen. Hier kommt es aber vor allem zu schwierigen Abgrenzungen gegenüber Rehabilitationsleistungen zur Teilhabe am Leben in der Gemeinschaft nach dem SGB IX (insgesamt zur Leistungsabgrenzung in der medizinischen Rehabilitation Mrozynski, SGb 1999, 437; grundlegend auch BSG 15. 2. 1978 – 3 RK 29/77 – BSGE 46, 41). Der Grundsatz der Nachrangigkeit ist allerdings im Hinblick auf § 31 SGB VI schon im Gesetzeswortlaut eingeschränkt (zur Abgrenzung gegenüber Leistungen nach dem BVG näher BSG 16. 11. 1999 – B 1 KR 17/98 R – SozR 3–3100 § 18 c Nr. 3).

C. Stationäre Rehabilitationsleistungen (Abs. 2)

7   Reicht die ambulante Rehabilitationsleistung nicht aus, um die oben genannten Ziele zu erreichen, hat der Versicherte einen weiteren Anspruch, diesmal auf eine stationäre Rehabilitationsleistung. Unter dieser ist die **Gesamtheit von Maßnahmen** bei gleichzeitiger Unterbringung in einer Einrichtung zu verstehen, mit denen versucht wird, nach dem ärztlichen Behandlungsplan den Gesundheitszustand des Versicherten durch Anwendung von Heilmitteln oder durch andere geeignete Hilfen, auch durch geistige und seelische Einwirkung zu verbessern. Abs. 2 ist insofern subsidiär zu Abs. 1. In diesem Fall erbringt die Krankenkasse die Rehabilitationsleistung zuzüglich der Gewährung einer Unterkunft und Verpflegung. Es handelt sich somit um einen Fall der Gesamtleistung auf der Grundlage eines entsprechenden Gesamtkonzepts der Kasse. Wie bei Abs. 1 ist auch hier Maßstab für die Frage, ob der Versicherte einen entsprechenden Anspruch hat, die Erforderlichkeit der stationären Behandlung in medizinischer Hinsicht. Letztlich gilt das Prinzip „ambulant vor stationär", und dann auch „teil- vor vollstationär", wobei die teilstationäre Pflege in Abs. 1 eingeordnet wird (so mit Recht BSG 5. 7. 2000 – B 3 KR 12/99 R – NZS 2001, 357, 358). Wie bei der ambulanten Leistung ist auch hier ein Antrag des Versicherten erforderlich (BSG 8. 9. 1982 – 5 b RJ 18/81 – BSGE 54, 91, 92). Auch hier gilt der Grundsatz der Nachrangigkeit nach Abs. 4.

8   Die Kasse hat wie bei Abs. 1 eine pflichtgemäße **Ermessensentscheidung** zu treffen, die Art, Dauer, Umfang, Beginn und Durchführung der stationären Maßnahme betrifft; die zu Abs. 1 gemachten Ausführungen zur Ermessensentscheidung gelten entsprechend. Bei der Ermessensentscheidung sind im Rahmen des Abs. 2 finanzielle Erwägungen jedoch nicht nur möglich, sondern sogar

geboten; dies ergibt sich aus der Budgetierung der Ausgaben für stationäre Rehabilitationsleistungen in § 23 Abs. 8 SGB V (Udsching, FS für Krasney, 1997, 677, 695; KassKomm/Höfler, § 40 SGB V Rn. 20). Beschränkt ist die Auswahlmöglichkeit hinsichtlich der durchführenden Einrichtung nach § 43 Abs. 2 SGB V auf solche Einrichtungen, mit denen ein Versorgungsvertrag nach § 111 SGB V besteht; der Vertrag ist daher zugleich die Zulassung der Einrichtung zur Teilnahme an der stationären Rehabilitationsleistungserbringung. Die Dauer der Maßnahme ist nach Abs. 3 auf längstens drei Wochen begrenzt, hinsichtlich möglicher Ausnahmen gilt das zu Abs. 1 Gesagte entsprechend (Rn. 5). Auch bei der stationären Rehabilitation ist wie bei der ambulanten eine Wiederholung regelmäßig erst nach vier Jahren möglich, § 40 Abs. 3 S. 4 SGB V gilt in gleicher Weise auch hier (vgl. oben).

Zuzahlungen sind vom Versicherten entsprechend der Regelung in Abs. 6 und 7 zu erbringen, 9 und zwar sowohl für die ambulante wie die stationäre Rehabilitationsleistung (zur Berechnungsmodalität bei einer stationären Rehabilitationsbehandlung BSG 19. 2. 2002 – B 1 KR 32/00 R – NZS 2003, 31). Die Dauer ist grundsätzlich nicht limitiert, jedoch ausnahmsweise auf 28 Tage je Kalenderjahr begrenzt, sofern es sich um eine Anschlussrehabilitation handelt. Der Begriff der Anschlussrehabilitation ist in Abs. 6 legaldefiniert. Abs. 7 enthält zusätzlich eine Begrenzung der Zuzahlungspflicht für besondere Rehabilitationssituationen; dann muss es sich auch nicht um eine Anschlussrehabilitation handeln.

§ 41 Medizinische Rehabilitation für Mütter und Väter

(1) ¹**Versicherte haben unter den in § 27 Abs. 1 genannten Voraussetzungen Anspruch auf aus medizinischen Gründen erforderliche Rehabilitationsleistungen in einer Einrichtung des Müttergenesungswerks oder einer gleichartigen Einrichtung; die Leistung kann in Form einer Mutter-Kind-Maßnahme erbracht werden.** ²Satz 1 gilt auch für Vater-Kind-Maßnahmen in dafür geeigneten Einrichtungen. ³Rehabilitationsleistungen nach den Sätzen 1 und 2 werden in Einrichtungen erbracht, mit denen ein Versorgungsvertrag nach § 111a SGB V besteht. ⁴§ 40 Abs. 2 Satz 1 und 2 gilt nicht; § 40 Abs. 2 Satz 3 gilt entsprechend.

(2) § 40 Abs. 3 und 4 gilt entsprechend.

(3) ¹Versicherte, die das achtzehnte Lebensjahr vollendet haben und eine Leistung nach Absatz 1 in Anspruch nehmen, zahlen je Kalendertag den sich nach § 61 Satz 2 ergebenden Betrag an die Einrichtung. ²Die Zahlungen sind an die Krankenkasse weiterzuleiten.

A. Normzweck

Die Vorschrift gewährt – als Spezialregelung zu § 40 SGB V – den genannten Versicherten einen 1 eigenständigen Rehabilitationsanspruch im Sinne der traditionellen „Mütterkuren". Die Neufassung des Abs. 1 S. 1 durch Art. 1 Nr. 28 GKV-WSG mit Wirkung vom 1. 4. 2007 hat die bisher als Ermessenstatbestand formulierte Leistung auch formal zu einer Rechtsanspruchsleistung umgestaltet. Mütter wie Väter sollen auf diese Weise, bei Vorliegen der entsprechenden Voraussetzungen, in den Genuss dieser besonderen Rehabilitationsmaßnahme kommen.

B. Voraussetzungen

Anspruchsberechtigt sind nach Abs. 1 Versicherte, sofern sie **Mutter bzw. Vater** sind. Die Mutter- 2 bzw. Vatereigenschaft ist zwar nicht ausdrücklich im Normtext, wohl aber, was ausreicht, in der gesetzlichen Überschrift erwähnt. Dies folgt auch daraus, dass als Leistungen ausdrücklich „Vater- bzw. Mutter-Kind-Maßnahmen" erwähnt sind. Weitere Voraussetzung ist das Vorliegen einer Krankheit und/oder einer Behinderung, wie der Verweis auf § 27 SGB V ergibt. Zudem muss die Maßnahme in medizinischer Hinsicht notwendig sein, um eine Krankheit zu erkennen, sie zu heilen, ihre Verschlimmerung zu verhüten oder Krankheitsbeschwerden zu verhindern. Zwar ist der Begriff der „Notwendigkeit" (anders als in § 40 Abs. 1 SGB V) nicht in diesem Sinne final im Gesetzestext bestimmt, doch folgt dies daraus, dass es sich bei § 41 SGB V um eine Norm zur allgemeinen Rehabilitationsleistung handelt, so dass § 11 Abs. 2 SGB V zu berücksichtigen ist. Die Notwendigkeit ist zu bejahen, wenn die zu gewährende Leistung ausreichend, zweckmäßig, wirtschaftlich und erforderlich ist, um den genannten Zweck zu erreichen. Der Versicherte muss wie stets vor Beginn der Leistung einen entsprechenden Antrag stellen.

Sind die genannten positiven Voraussetzungen gegeben, ist in negativer Hinsicht zu beachten, dass 3 über § 41 Abs. 2 SGB V auf § 40 Abs. 4 SGB V verwiesen ist; die medizinische Rehabilitation für Mütter und Väter ist also nur dann von den Krankenkassen zu erbringen, wenn nicht andere Träger vorrangig hierzu berufen sind. Insofern ist auch diese Rehabilitationsleistung **nachrangig,** insbesondere gegenüber Leistungen der Rentenversicherung (zur Ausnahme von dem Vorrang anderer Träger s. Hauck/Noftz/ders., § 41 SGB V Rn. 16).

Joussen

C. Anspruchsinhalt

4   Liegen die Voraussetzungen vor, besteht ein **Anspruch** des/der Versicherten auf die Rehabilitationsleistung in einer Einrichtung des Müttergenesungswerks (Elly-Heuss-Knapp-Stiftung) oder einer gleichartigen, geeigneten Einrichtung, also etwa einer Familienferieneinrichtung, die derartige Rehabilitationsleistungen anbietet. Vergleichbar sind Einrichtungen, bei denen der Schwerpunkt wie beim Müttergenesungswerk auf der Durchführung entsprechender Leistungen liegt. Maßnahmeformen sind vor allem allgemeine Maßnahmen für die Mütter bzw. Väter, allgemeine Mutter-/Vater-/Kind-Maßnahmen (s. § 41 Abs. 1 S. 1 1 Hs. 2 SGB V) sowie Schwerpunktmaßnahmen bei besonderen Erkrankungen. Die Dauer der zu gewährende Rehabilitationsleistung ist nach § 40 III SGB V zu bestimmen, auf den in § 41 Abs. 2 SGB V verwiesen wird. Sie ist daher abhängig von der Notwendigkeit (vgl. Rn. 2) und von der Kasse nach pflichtgemäßem Ermessen zu bestimmen. Die Regeldauer liegt daher auch hier bei drei Wochen; während eine Verkürzung kaum denkbar sein dürfte, ist eine Verlängerung entsprechend den Vorgaben der Norm möglich (Welti, in: Becker/Kingreen, SGB V, § 41 Rn. 9). Ist eine Maßnahme nach § 41 SGB V von der Kasse gewährt, hat sie die gesamten Kosten zu übernehmen. Der bzw. die Versicherte, die die Maßnahme in Anspruch nimmt, ist jedoch entsprechend der Vorgaben in § 41 Abs. 3 SGB V zur Leistung einer **Zuzahlung** in Höhe von 10 Euro je Kalendertag ohne zeitliche Begrenzung verpflichtet.

§ 42 Belastungserprobung und Arbeitstherapie

Versicherte haben Anspruch auf Belastungserprobung und Arbeitstherapie, wenn nach den für andere Träger der Sozialversicherung geltenden Vorschriften solche Leistungen nicht erbracht werden können.

A. Normzweck

1   Im Rahmen der Leistungen zur medizinischen Rehabilitation gewährt § 43 SGB V den Versicherten einen Anspruch auf Belastungserprobung und Arbeitstherapie, die auf diese Weise (anders als die übrigen Rehabilitationsleistungen) zu Regelleistungen der Kassen werden. Ihnen ist insofern eine bloße Ermessensentscheidung verwehrt. Der Anspruch der Versicherten greift jedoch nur subsidiär ein, wie der Wortlaut unmissverständlich deutlich macht.

B. Anspruchsvoraussetzungen

2   Anspruchsberechtigt sind alle Versicherten. Da es sich um Regelleistungen handelt, sind jedoch über den Wortlaut hinaus noch **weitere Voraussetzungen** erforderlich. Zum einen muss eine Krankheit bzw. Behinderung vorliegen; es müssen also die Behandlungsziele der Krankenbehandlung verfolgt werden, wie sich aus § 27 Abs. 1 SGB V ergibt (dazu BSG 18. 5. 1976 – 3 RK 53/74 – BSGE 42, 16). Hinzu kommt, dass für die Leistungen, wie stets, das Wirtschaftlichkeitsgebot zu beachten ist, wie aus § 12 SGB V folgt (dazu BeckOKSozR/Joussen, § 12 SGB V Rn. 1 ff.). Als Gegenstände der medizinischen Versorgung müssen die Leistungen nach § 42 SGB V regelmäßig (jedenfalls bei ambulanter Durchführung) vertragsärztlich verordnet sein (vgl. § 73 Abs. 2 Nr. 5 SGB V). Schließlich darf die Subsidiaritätsklausel des § 42 SGB V nicht eingreifen. Ein Anspruch gegen die Kasse besteht also nur, wenn nicht vorrangige Ansprüche zugunsten des Versicherten bestehen. In Betracht kommen als vorrangige Leistungsträger insbesondere die Rentenversicherung, die zu einer entsprechenden Leistung nach § 15 Abs. 1 Nr. 3 SGB VI verpflichtet ist, sowie Unfall- und Pflegeversicherung. Die Bundesagentur, die nach § 1 Abs. 1 S. 2 und 3 SGB IV als Versicherungsträger in Betracht kommt, ist am Verfahren der medizinischen Rehabilitation jedenfalls zu beteiligen.

C. Anspruchsinhalt

3   Da es sich bei dem Anspruch nach § 42 SGB V um eine Regelleistung handelt, haben die Kassen bei Vorliegen der genannten Voraussetzungen nicht die Möglichkeit einer Ermessensentscheidung. Vielmehr müssen sie eine Belastungserprobung und Arbeitstherapie erbringen. Erforderlich ist in der Regel ein entsprechender Antrag des Versicherten. Nach überwiegender, (schon aus praktischen Gründen) zutreffender Auffassung werden in diesem Zusammenhang nicht nur die ambulanten, sondern auch die stationären Leistungen erfasst (Peters/Schmidt, SGB V, § 42 Rn. 10; KassKomm/Höfler, § 42 SGB V Rn. 4). Unter **Belastungserprobung** sind Maßnahmen zu verstehen, bei denen die Belastungs- und Leistungsfähigkeit des Versicherten festgestellt wird, ebenso seine körperliche und geistige Leistungsbreite. Durchgeführt wird die Erprobung anhand von praktischen Tests. Als **Ar**-

beitstherapie wird eine Leistung angesehen, die die körperliche und seelische Belastbarkeit verbessern und dadurch die zur Arbeitserbringung erforderlichen Grundfähigkeiten, -inhalte und -fertigkeiten wiederherstellen soll (zur Begriffsbestimmung (allerdings im Rahmen des § 12 Abs. 1 MRVG) s. BSG 6. 11. 1997 – 11 RAr 33/97 – BSGE 81, 162). Gemeint sind insbesondere Pünktlichkeit, Selbstvertrauen, Kontaktfähigkeit etc. (Mrozynski, SGb 1985, 277). Abzugrenzen ist die Arbeitstherapie von der Beschäftigungstherapie, die als Heilmittel im Sinne von §§ 27 ff. SGB V anzusehen und entsprechend zu behandeln ist. Maßgebliches Unterscheidungskriterium ist die Ausrichtung der Arbeitstherapie auf einen medizinischen Erfolg und die Bekämpfung von Gesundheitsstörungen; daher ist sie auch regelmäßig einem Behandlungsplan unterworfen und dient, konkreter als die Beschäftigungstherapie, bereits der beruflichen Wiedereingliederung (BSG 29. 6. 1995 – 11 RAr 97/94 – SozR 3–4100 § 101 Nr. 6). Demgegenüber dient die Beschäftigungstherapie der Wiederherstellung von körperlichen oder auch psychischen Grundfunktionen, die durch Krankheit oder Behinderung verloren gegangen sind (Mrozynski, SGb 1985, 277, 285). Sie ist stärker auf allgemeine Lebensbereiche ausgerichtet. Die Grenzen sind indes fließend.

Die **Dauer** bzw. der **Umfang** der von den Kassen zu gewährenden Leistungen sind in § 42 SGB V **4** nicht erwähnt. Daher wird man diese aus den allgemeinen Regelungen des SGB V herleiten müssen, insbesondere aus dem Wirtschaftlichkeitsgebot. Belastungserprobung und Arbeitstherapie sind daher im Hinblick auf Dauer und Umfang abhängig von der Art der geplanten Maßnahme und den Erfordernissen, die sich aus dem Gesundheitszustand des Versicherten als Anspruchsberechtigtem ergeben. Die Regelzeiten, die in § 40 Abs. 3 S. 2 SGB V angegeben sind, können zwar nicht unmittelbar herangezogen werden, gelten aber vergleichbar bzw. als Richtschnur. Bei Bedarf ist daher auch eine Wiederholung einer in § 42 SGB V vorgesehenen Leistung möglich (so auch Peters/Schmidt, SGB V, § 42 Rn. 31).

§ 43 Ergänzende Leistungen zur Rehabilitation

(1) **Die Krankenkasse kann neben den Leistungen, die nach § 44 Abs. 1 Nr. 2 bis 6 sowie nach §§ 53 und 54 des Neunten Buches als ergänzende Leistungen zu erbringen sind,**
1. **solche Leistungen zur Rehabilitation ganz oder teilweise erbringen oder fördern, die unter Berücksichtigung von Art oder Schwere der Behinderung erforderlich sind, um das Ziel der Rehabilitation zu erreichen oder zu sichern, aber nicht zu den Leistungen zur Teilhabe am Arbeitsleben oder den Leistungen zur allgemeinen sozialen Eingliederung gehören,**
2. **wirksame und effiziente Patientenschulungsmaßnahmen für chronisch Kranke erbringen; Angehörige und ständige Betreuungspersonen sind einzubeziehen, wenn dies aus medizinischen Gründen erforderlich ist,**

wenn zuletzt die Krankenkasse Krankenbehandlung geleistet hat oder leistet.

(2) ¹**Die Krankenkasse erbringt aus medizinischen Gründen in unmittelbarem Anschluss an eine Krankenhausbehandlung nach § 39 Abs. 1 oder stationäre Rehabilitation erforderliche sozialmedizinische Nachsorgemaßnahmen für chronisch kranke oder schwerstkranke Kinder und Jugendliche, die das 14. Lebensjahr, in besonders schwerwiegenden Fällen das 18. Lebensjahr, noch nicht vollendet haben, wenn die Nachsorge wegen der Art, Schwere und Dauer der Erkrankung notwendig ist, um den stationären Aufenthalt zu verkürzen oder die anschließende ambulante ärztliche Behandlung zu sichern.** ²**Die Nachsorgemaßnahmen umfassen die im Einzelfall erforderliche Koordinierung der verordneten Leistungen sowie Anleitung und Motivation zu deren Inanspruchnahme.** ³**Angehörige und ständige Betreuungspersonen sind einzubeziehen, wenn dies aus medizinischen Gründen erforderlich ist.** ⁴**Der Spitzenverband Bund der Krankenkassen bestimmt das Nähere zu den Voraussetzungen sowie zu Inhalt und Qualität der Nachsorgemaßnahmen.**

A. Normzweck

Ergänzende Leistungen zur (medizinischen) Rehabilitation können von den Krankenkassen nach **1** dieser Vorschrift auf der Grundlage einer pflichtgemäßen Ermessensentscheidung gewährt werden. Diese Leistungen treten dann (als Ergänzung des sonstigen Leistungskatalogs) „neben" diejenigen, die nach den in Abs. 1 genannten Vorschriften des SGB IX ohnehin von den Kassen zu gewähren sind.

B. Ergänzende Rehabilitationsleistungen (Abs. 1)

Abs. 1 eröffnet den Krankenkassen die Möglichkeit, nicht die Pflicht, die dort genannten Leistun- **2** gen zu erbringen. Grundlage ist eine Ermessensentscheidung der Kasse. Entscheidend ist für das Angebot jedenfalls, dass eine solche Leistung nicht bereits verpflichtend zu erbringen ist. Die im Einzel-

50 SGB V § 43a SGB V – Gesetzliche Krankenversicherung

nen in Nr. 1 des Absatzes vorgesehenen Leistungen sind solche, die allen Versicherten gewährt werden können, die an einer **Behinderung** leiden; auch eine **drohende Behinderung** reicht wegen der Definition in § 2 SGB IX aus. Ziel der dann möglichen, ergänzenden Leistung muss die Rehabilitation sein, sie muss also gemäß § 11 Abs. 2 SGB V auf ein Rehabilitationsziel ausgerichtet sein und dazu beitragen, dass der behinderte Versicherte gemäß § 1 SGB IX selbstbestimmt und gleichberechtigt an den Leistungen in der Gesellschaft teilhaben kann. In Nr. 1 ist jedoch deutlich hervorgehoben, dass es sich nicht um Maßnahmen handeln darf, die zur Teilhabe am Arbeitsleben dienen bzw. zur Teilhabe am Leben in der Gemeinschaft. Aus dieser Einschränkung folgt, dass die Kassen nur solche Maßnahmen ergänzend gewähren darf, die sich als Leistungen der medizinischen Rehabilitation zeigen, also solche, die von einem konkreten Behandlungszweck geprägt sind (zur Abgrenzung zwischen den Leistungen nach § 40 SGB V und nach § 43 SGB V vgl. BSG 22. 4. 2009 – B 3 KR 5/08 – USK 2009-21). Sie müssen daher unterstützenden, akzessorischen Charakter haben. Beispielhaft in Betracht kommen infolgedessen Maßnahmen des Langzeittrainings bei Rheumaerkrankungen oder bestimmte nachsorgende Behandlungen in Suchtfällen. Nicht erfasst sind indes die erforderlichen Sachausstattungen, die allein als Hilfsmittel nach § 31 SGB V zu bewerten sind. Auch nur mittelbar dem Behinderten oder Erkrankten zukommende Leistungen können gewährt werden (BSG 29. 6. 1978 – 5 RKn 35/76 – BSGE 46, 299), etwa Mutterschulungen für die Kinderbetreuung während einer stationären Behandlung (Jahn/Sommer, § 43 SGB V Rn. 10). Reisekosten, Kinderbetreuungskosten etc., die in diesem Zusammenhang anfallen, können ebenfalls gewährt werden, wie der Verweis auf § 44 Abs. 1 Nr. 5 SGB IX und §§ 53, 54 SGB IX ergibt.

3 Ebenfalls ergänzt gewährt werden können **Patientenschulungen,** Abs. 1 Nr. 2. Hierbei handelt es sich um eine lex specialis zu Nr. 1. Diese können chronisch Kranken gewährt werden; chronisch ist eine Erkrankung, wenn sie sich mit der Folge des ständigen Vorhandenseins oder regelmäßigen Eintritts dauerhaft verfestigt hat, ihr Ende also nicht absehbar ist. In gleicher Weise können Schulungen auch den Angehörigen bzw. ständigen Betreuungspersonen gewährt werden. Entscheidend ist im letztgenannten Fall aber, dass die Maßnahmen (aus medizinischen Gründen) **erforderlich** sind. Die Schulung muss daher wirksam und effektiv sein. Beispiele für eine Schulung, die entsprechend der Ermessensentscheidung der Kasse gewährt werden kann, ist etwa die Schulung der Eltern zur Durchführung späterer therapeutischer Übungen für das erkrankte Kind oder die Schulung eines Ehepartners bzw. eingetragenen Lebenspartners zur Durchführung einer Dialyse des erkrankten Partners.

C. Sozialmedizinische Nachsorgemaßnahmen für Kinder (Abs. 2)

4 Abs. 2 enthielt einen Anspruch auf eine weitere ergänzende Leistung zur Rehabilitation. **Begünstigt** sind chronisch kranke oder schwerstkranke Kinder bis zum 14. (ggf. 18.) Lebensjahr, sofern sie versichert sind. Der Begriff der chronischen Krankheit entspricht dem in Abs. 1 (vgl. Rn. 3). Das Kind darf zu Beginn der Nachsorgemaßnahme das 14. (ggf. 18.) Lebensjahr noch nicht vollendet haben. Schwerstkrank ist ein Kind, wenn die Krankheit zu einer weit überdurchschnittlichen Abweichung vom Leitbild eines gesunden Menschen führt. Zugunsten dieser Gruppe besteht **im unmittelbaren Anschluss an eine Krankenhausbehandlung** oder stationäre Rehabilitation ein Anspruch (früher: Ermessensleistung) auf eine Nachsorgeleistung. Der Begriff „unmittelbar" darf aber nicht zu eng ausgelegt werden, hinreichend ist ein enger zeitlicher Zusammenhang. Dann muss die Kasse eine Leistung entsprechend Abs. 2 S. 2 und 3 gewähren. Voraussetzung ist jedoch auch hier die Notwendigkeit der Leistung in Bezug auf die Sicherung der anschließenden ambulanten ärztlichen Behandlung. Die Notwendigkeit muss aus der Art, Schwere und Dauer der Erkrankung folgen.

5 Die **Leistungsinhalte** ergeben sich aus Abs. 2 S. 2 und 3. Danach kann die Kasse die von ihr gewährte Nachsorgemaßnahme entweder selbst erbringen oder auch die Fremderbringung entsprechend fördern; möglich ist also eine Sach- wie eine Dienstleistung. Jedenfalls muss die gewährte Leistung sozialmedizinischer Art sein, wobei eine Erbringung durch Ärzte nicht erforderlich ist. Die Leistungsgewährung kann auch Angehörige und weitere ständige Betreuungspersonen erfassen. Wie in Abs. 1 ist auch hier eine Erforderlichkeit Voraussetzung (vgl. Rn. 3). Nähere Einzelheiten können durch den Spitzenverband Bund der Krankenkassen geregelt werden, S. 4 enthält insofern eine Normermächtigung.

§ 43a Nichtärztliche sozialpädiatrische Leistungen

(1) **Versicherte Kinder haben Anspruch auf nichtärztliche sozialpädiatrische Leistungen, insbesondere auf psychologische, heilpädagogische und psychosoziale Leistungen, wenn sie unter ärztlicher Verantwortung erbracht werden und erforderlich sind, um eine Krankheit zum frühestmöglichen Zeitpunkt zu erkennen und einen Behandlungsplan aufzustellen; § 30 des Neunten Buches bleibt unberührt.**

(2) **Versicherte Kinder haben Anspruch auf nichtärztliche sozialpädiatrische Leistungen, die unter ärztlicher Verantwortung in der ambulanten psychiatrischen Behandlung erbracht werden.**

A. Normzweck

Die Norm gewährt einen Anspruch auf eine Frühdiagnostik versicherter Kinder, durch die Krankheiten zum frühestmöglichen Zeitpunkt erkannt und mit einem entsprechenden Behandlungsplan bekämpft werden sollen. Zu diesem Zweck wird den Kindern ein Anspruch auf entsprechende nichtärztliche sozialpädiatrische Leistungen gewährt. Die Krankenkassen müssen diese Leistungen vergüten.

B. Voraussetzungen

Anspruchsberechtigt sind nach dem eindeutigen Wortlaut nur „**versicherte Kinder**". Dies richtet sich nach den allgemeinen Vorschriften. Eine Altersbegrenzung enthält die Vorschrift nicht; gleichwohl ergibt sich aus dem Inhalt des Anspruchs (dazu Rn. 3), dass er regelmäßig Kindern in jüngerem Alter zugute kommen dürfte. Zwingend ist dies allerdings nicht (in der Literatur im Einzelnen str., vgl. die Nachweise bei Hauck/Noftz/ders., § 43a SGB V Rn. 10). **Weitere Voraussetzungen** lassen sich aus dem weiteren Aufbau der Norm herauslesen. Demzufolge müssen die Leistungen jedenfalls unter ärztlicher Verantwortung erbracht werden. Hier gilt das, was allgemein für die Zulässigkeit von Hilfeleistungen von nichtärztlichen Heilpersonen, etwa in § 15, geregelt ist. Die Leistungen müssen zudem der (Früh-)Diagnostik einer Krankheit und der Aufstellung eines Behandlungsplanes dienen (BSG 15. 3. 1995 – 6 RKa 1/94 – SozR 3–2500 § 118 Nr. 1); andere Behandlungszwecke weitergehender Art dürfen daher nicht verfolgt werden. Dazu müssen die Leistungen (zur Erkennung der Krankheit zum frühestmöglichen Zeitpunkt, zu ihrer Verhinderung, Heilung oder Milderung) erforderlich sein und dürfen lediglich ambulant erbracht werden (wie hier KassKomm/Höfler, § 43a SGB V Rn. 5, 8; Hauck/Noftz/ders., § 43a SGB V Rn. 19f.). Vorrangig sind, wie sich aus dem letzten Halbsatz und dem dortigen Verweis auf § 30 SGB IX ergibt, Leistungen von Ärzten und Frühförderstellen. Der genaue Anspruchsinhalt des Verweises ist indes str. (ausführlich Hauck/Noftz/ders., § 43a SGB V Rn. 20a ff.).

C. Anspruchsinhalt

Die Anspruchsberechtigten haben nach **Abs. 1** einen Anspruch auf die dort genannten nichtärztlichen Leistungen. Die im Gesetzestext aufgezählten Leistungen sind exemplarisch zu verstehen, nicht abschließend („insbesondere"). Es muss sich allerdings stets um „**sozialpädiatrische Leistungen**" handeln. Darunter sind allgemein diejenigen Maßnahmen zu verstehen, die in der Kinderheilkunde unter besonderer Betonung der sozialen Bezüge erbracht werden, also in fächerübergreifender Zusammenarbeit von Ärzten, Psychologen, Sozial- und Heilpädagogen, Logopäden, Spieltherapeuten und etwa Krankengymnasten. Da der Anspruch auf die Erbringung ambulanter Leistungen gerichtet ist, ist § 119 SGB V zu beachten, der Einzelheiten zu der Beteiligung sozialpädiatrischer Zentren in der Versorgung enthält. Diese sind maßgeblich (aber nicht ausschließlich) zu der sozialpädiatrischen Versorgung ermächtigt.

Die Anspruchsberechtigten haben nach **Abs. 2** zudem Anspruch auf nichtärztliche sozialpädiatrische Leistungen, die unter ärztlicher Verantwortung in der ambulanten psychiatrischen Behandlung erbracht werden. Der erst 2009 in das Gesetz aufgenommene Anspruch ist mit der in § 85 Abs. 2 S. 4 SGB V enthaltenen Regelung zusammen zu sehen. Durch diesen Anspruch soll sichergestellt werden, dass nichtärztliche sozialpädiatrische Leistungen unter Verantwortung niedergelassener Fachärzte für Kinder- und Jugendpsychiatrie in der ambulanten psychiatrischen Behandlung von Kindern und Jugendlichen erbracht werden und die Sozialpsychiatrie-Vereinbarungen fortgeführt werden können. Eine Leistungsausweitung auf andere Bereiche außerhalb der sozialpsychiatrischen Versorgung ist nicht beabsichtigt und wird durch die ausdrückliche Begrenzung auf die unter ärztlicher Verantwortung stattfindende ambulante psychiatrische Behandlung ausgeschlossen (BT-Drs. 16/13.428, S. 90).

§ 43 b Zahlungsweg

(1) ¹Leistungserbringer haben Zahlungen, die Versicherte zu entrichten haben, einzuziehen und mit ihrem Vergütungsanspruch gegenüber der Krankenkasse zu verrechnen. ²Zahlt der Versicherte trotz einer gesonderten schriftlichen Aufforderung durch den Leistungserbringer nicht, hat die Krankenkasse die Zahlung einzuziehen.

(2) ¹Zuzahlungen, die Versicherte nach § 28 Abs. 4 zu entrichten haben, hat der Leistungserbringer einzubehalten; sein Vergütungsanspruch gegenüber der Krankenkasse, der Kassenärztlichen oder Kassenzahnärztlichen Vereinigung verringert sich entsprechend. ²Die nach § 83 zu entrichtenden Vergütungen verringern sich in Höhe der Summe der von den mit der Kassenärztlichen oder Kassenzahnärztlichen Vereinigung abrechnenden

Leistungserbringern nach Satz 1 einbehaltenen Zuzahlungen. ³Absatz 1 Satz 2 gilt nicht im Falle der Leistungserbringung und Abrechnung im Rahmen von Gesamtverträgen nach den §§ 82 und 83. ⁴In den Fällen des Satzes 3 haben die Kassenärztliche oder Kassenzahnärztliche Vereinigung im Auftrag der Krankenkasse die Einziehung der Zuzahlung zu übernehmen, wenn der Versicherte trotz einer gesonderten schriftlichen Aufforderung durch den Leistungserbringer nicht zahlt. ⁵Sie können hierzu Verwaltungsakte gegenüber den Versicherten erlassen. ⁶Klagen gegen Verwaltungsakte nach Satz 5 haben keine aufschiebende Wirkung. ⁷Ein Vorverfahren findet nicht statt. ⁸In den Bundesmantelverträgen kann ein von Satz 4 abweichendes Verfahren vereinbart werden; das Nähere zum Verfahren nach den Sätzen 1, 2 und 4 bis 7 ist in den Bundesmantelverträgen zu vereinbaren.

(3) ¹Zuzahlungen, die Versicherte nach § 39 Abs. 4 zu entrichten haben, hat das Krankenhaus einzubehalten; sein Vergütungsanspruch gegenüber der Krankenkasse verringert sich entsprechend. ²Absatz 1 Satz 2 gilt nicht. ³Zahlt der Versicherte trotz einer gesonderten schriftlichen Aufforderung durch das Krankenhaus nicht, hat dieses im Auftrag der Krankenkasse die Zuzahlung einzuziehen. ⁴Die Krankenhäuser werden zur Durchführung des Verwaltungsverfahrens nach Satz 3 beliehen. ⁵Absatz 2 Satz 5 bis 7 gilt entsprechend. ⁶Die zuständige Krankenkasse erstattet dem Krankenhaus je durchgeführtem Verwaltungsverfahren nach Satz 3 eine angemessene Kostenpauschale. ⁷Die dem Krankenhaus für Klagen von Versicherten gegen den Verwaltungsakt entstehenden Kosten werden von den Krankenkassen getragen. ⁸Das Vollstreckungsverfahren für Zuzahlungen nach § 39 Absatz 4 wird von der zuständigen Krankenkasse durchgeführt. ⁹Das Nähere zur Umsetzung der Kostenerstattung nach den Sätzen 6 und 7 vereinbaren der Spitzenverband Bund und die Deutsche Krankenhausgesellschaft. ¹⁰Soweit die Einziehung der Zuzahlung durch das Krankenhaus erfolglos bleibt, verringert sich abweichend von Satz 1 der Vergütungsanspruch des Krankenhauses gegenüber der Krankenkasse nicht.

A. Normzweck

1   Die Vorschrift enthält eine Verrechnungsvorschrift und dient damit der Verfahrensvereinfachung. Geregelt wird der Zahlungsweg für solche Geldleistungen, die von den Versicherten zu erbringen sind, also für Zuzahlungen und Praxisgebühr als einer besonderen Form der Selbstbeteiligung. Ziel der Norm ist es, eine möglichst hohe Effektivität des Zahlungs- und Abrechnungsvorgangs für Zuzahlungen zu garantieren.

B. Zuzahlungen (Abs. 1)

2   Abs. 1 regelt den Zahlungsweg für die von den Versicherten zu erbringenden Zuzahlungen, für die Praxisgebühr gilt Abs. 2; Zuzahlungen bei kieferorthopädischer Behandlung und Zahnersatz sind nicht erfasst, da hier ein Anspruch des Zahnarztes gegen den Versicherten unmittelbar besteht. Beitragsansprüche sind nicht erfasst, stattdessen Zuzahlungspflichten nach §§ 23 Abs. 6, 24 Abs. 2, 31 Abs. 3, 32 Abs. 2, 39 Abs. 4, 40 Abs. 5, 41 Abs. 3 SGB V. Ein Leistungserbringer (§§ 69 ff. SGB V), der einen Anspruch gegen eine Krankenkasse, nicht aber gegen den Versicherten hat, **zieht** nach Abs. 1 den **Anspruch** der Kasse gegen ihren Versicherten **ein** (BSG 29. 10. 1991 – 13/5 RJ 36/90 – BSGE 69, 301). Der Leistungserbringer muss dazu eine schriftliche Zahlungsaufforderung an den Versicherten richten, die erhaltene Leistung verrechnet er dann mit seinem Anspruch gegen die Kasse. Im Fall der Zahlungsverweigerung durch den Versicherten obliegt der Kasse unverändert die Einziehung im Zwangsverfahren (BSG 12. 9. 1984 – 8 RK 35/84 – SozR 2200 § 372 Nr. 1), das **Inkassorisiko** verbleibt also bei ihr (zu der Konstruktion insgesamt und den Risiken BSG 7. 12. 2006 – B 3 KR 29/05 – NJOZ 2007, 3699).

C. Praxisgebühr (Abs. 2)

3   Als lex specialis zu Abs. 1 betrifft diese Vorschrift die Einziehung und Abrechnung der Praxisgebühr, die an § 28 Abs. 4 SGB V anknüpft. Gegenüber den jeweiligen Kassen verringert sich der Vergütungsanspruch der Ärzte entsprechend, sofern sie mit diesen einen **Einzelvertrag** abgeschlossen haben. Bei **Gesamtverträgen** iSv. §§ 82, 83 SGB V gilt die Sonderregelung in Abs. 3 S. 3, da hier keine direkten Vertragsbeziehungen zwischen Kasse und Arzt bestehen. Die näheren Regelungen enthalten hierfür die S. 4–8, insbesondere für das subsidiär eingreifende Zwangseintreibungsverfahren und ein sich möglicherweise anschließendes Klageverfahren. Im Auftrag der Kassen können dabei auch die Kassenärztlichen Vereinigungen tätig werden. Eine Verwaltungsaktbefugnis ist nunmehr aus-

drücklich in S. 5 enthalten (früher str., vgl. Hauck/Noftz/ders., § 43 b SGB V Rn. 57). Der in S. 4 enthaltene Übergang der Einziehungsermächtigung auf die Kassenärztliche Vereinigung ist nach S. 8 durch Normenverträge zwischen der Kassenärztlichen Bundesvereinigung und dem Spitzenverband Bund der Krankenkassen abdingbar (kritisch Rixen, SGb 2004, 2).

D. Einziehung von Zuzahlungen zu Krankenhausleistungen (Abs. 3)

Abs. 3 betrifft die Regelungen zur Zuzahlungen im Rahmen von Krankenhausleistungen. Nach der früheren Fassung musste das Krankenhaus die Zuzahlung an die Kasse weiterleiten (vgl. § 39 SGB V Rn. 17). Nunmehr sieht Abs. 3 vor, dass das Krankenhaus den Zuzahlungsbetrag, der trotz Aufforderung nicht geleistet worden ist, selbstständig einziehen kann. Zu diesem Zweck findet eine Beleihung des Krankenhauses statt (näher hierzu Wagener/Korthus, KH 2009, 829). Vom Spitzenverband Bund der Krankenkassen und der DKG wurde eine „Vereinbarung zur Umsetzung der Kostenerstattung nach § 43 b Abs. 3 S. 8" am 16. 6. 2009 abgeschlossen (im Internet etwa unter www.gkv-spitzenverband.de). 4

Zweiter Titel. Krankengeld

§ 44 Krankengeld

(1) Versicherte haben Anspruch auf Krankengeld, wenn die Krankheit sie arbeitsunfähig macht oder sie auf Kosten der Krankenkasse stationär in einem Krankenhaus, einer Vorsorge- oder Rehabilitationseinrichtung (§ 23 Abs. 4, §§ 24, 40 Abs. 2 und § 41) behandelt werden.

(2) ¹Keinen Anspruch auf Krankengeld haben
1. die nach § 5 Abs. 1 Nr. 2 a, 5, 6, 9, 10 oder 13 sowie die nach § 10 Versicherten; dies gilt nicht für die nach § 5 Abs. 1 Nr. 6 Versicherten, wenn sie Anspruch auf Übergangsgeld haben, und für Versicherte nach § 5 Abs. 1 Nr. 13, soweit sie abhängig beschäftigt und nicht nach den §§ 8 und 8 a des Vierten Buches geringfügig beschäftigt sind,
2. hauptberuflich selbständig Erwerbstätige, es sei denn, das Mitglied erklärt gegenüber der Krankenkasse, dass die Mitgliedschaft den Anspruch auf Krankengeld umfassen soll (Wahlerklärung),
3. Versicherte nach § 5 Absatz 1 Nummer 1, die bei Arbeitsunfähigkeit nicht mindestens sechs Wochen Anspruch auf Fortzahlung des Arbeitsentgelts auf Grund des Entgeltfortzahlungsgesetzes, eines Tarifvertrags, einer Betriebsvereinbarung oder anderer vertraglicher Zusagen oder auf Zahlung einer die Versicherungspflicht begründenden Sozialleistung haben, es sei denn, das Mitglied gibt eine Wahlerklärung ab, dass die Mitgliedschaft den Anspruch auf Krankengeld umfassen soll. Dies gilt nicht für Versicherte, die nach § 10 des Entgeltfortzahlungsgesetzes Anspruch auf Zahlung eines Zuschlages zum Arbeitsentgelt haben,
4. Versicherte, die eine Rente aus einer öffentlich-rechtlichen Versicherungseinrichtung oder Versorgungseinrichtung ihrer Berufsgruppe oder von anderen vergleichbaren Stellen beziehen, die ihrer Art nach den in § 50 Abs. 1 genannten Leistungen entspricht. Für Versicherte nach Satz 1 Nr. 4 gilt § 50 Abs. 2 entsprechend, soweit sie eine Leistung beziehen, die ihrer Art nach den in dieser Vorschrift aufgeführten Leistungen entspricht.

²Für die Wahlerklärung nach Satz 1 Nummer 2 und 3 gilt § 53 Absatz 8 Satz 1 entsprechend. ³Für die nach Nummer 2 und 3 aufgeführten Versicherten bleibt § 53 Abs. 6 unberührt.

(3) Der Anspruch auf Fortzahlung des Arbeitsentgelts bei Arbeitsunfähigkeit richtet sich nach arbeitsrechtlichen Vorschriften.

A. Normzweck

Das Krankengeld hatte geschichtlich von den Leistungen der gesetzlichen Krankenversicherung zunächst die mit Abstand größte Bedeutung (90% nach Einführung 1883, etwa 10% entfielen auf Heilbehandlung und Arzneimittel). Heute liegt der Kostenanteil des Krankengeldes an den Ausgaben der gesetzlichen Krankenversicherung bei rund 4% (s. Einl. Rn. 3). Das Krankengeld bezweckt **Entgeltersatz** (vgl. BSG 20. 8. 1986 – 8 RK 69/84 – SozR 2200 § 183 Nr. 50), es ist unabhängig davon, 1 dass arbeitsrechtlich der Anspruch auf Arbeitsentgelt gem. § 3 EFZG bei Arbeitsunfähigkeit infolge von Krankheit bis zur Dauer von sechs Wochen aufrechterhalten wird (Abs. 3); sofern und solange Arbeitsentgelt gezahlt wird, ruht der Anspruch auf Krankengeld gem. § 49 Abs.1 Nr. 1.

B. Anspruch auf Krankengeld (Abs. 1)

I. Versicherungsverhältnis

2   Anspruch haben nur Versicherte, sowohl Pflichtversicherte (§ 5) als auch freiwillig Versicherte (§ 9). Das Versicherungsverhältnis muss im **Zeitpunkt** des Eintritts der Arbeitsunfähigkeit bestehen. Die Frage der Versicherung richtet sich – vorbehaltlich der Anspruchsausschlüsse gem. Abs. 2 (su. Rn. 5) – nach den allgemeinen Bestimmungen. Die Versicherungspflicht der gem. § 5 Abs.1 Nr. 1 Beschäftigten beginnt gem. § 186 Abs.1 mit dem Tag des Eintritts in das Beschäftigungsverhältnis. Bei Versicherten gem. § 5 Abs. 1 Nr. 2 (Bezug von Arbeitslosengeld gem. SGB III) ist die Leistungsfortzahlung bei Arbeitsunfähigkeit gem. § 126 SGB III zu beachten. Soweit das Gesetz gem. § 7 Abs. 3 S. 1 SGB IV das Fortbestehen einer Beschäftigung gegen Arbeitsentgelt für maximal einen Monat fingiert, besteht Versicherungspflicht gem. § 5 Abs. 1 Nr. 1; Bedeutung hat die Fortdauer des Beschäftigungsverhältnisses ohne Anspruch auf Arbeitsentgelt bei **Streik, Aussperrung** und bei Vereinbarung von **unbezahltem Urlaub**. Bei einem rechtmäßigen Arbeitskampf bleibt die Mitgliedschaft Versicherungspflichtiger und damit das Versicherungsverhältnis ohnehin gem. § 192 Abs. 1 Nr. 1 erhalten. Wird Krankengeld bei Beginn der Arbeitskampfmaßnahme bereits in Anspruch genommen, gilt § 192 Abs. 1 Nr. 2. Ist ein Beschäftigungsverhältnis nur **zum Schein** begründet worden, kommt ein Versicherungsverhältnis nicht zustande (vgl. BSG 4. 12. 1997 – 12 RK 3/97 – SozR 3–2500 § 5 Nr. 37). Zahlt die Krankenkasse Krankengeld ausdrücklich als dem Ende der Mitgliedschaft nachgehende Leistung (§ 19 Abs. 2), bleibt hierdurch die Mitgliedschaft nicht gemäß § 192 Abs. 1 Nr. 2 aufrechterhalten (BSG 5. 5. 2009 – B 1 KR 20/08 R – SozR 4–2500 § 192 Nr. 4; siehe auch § 19 Rn. 4).

II. Arbeitsunfähigkeit durch Krankheit

3   Soweit Versicherte nicht auf Kosten der Krankenkasse stationär in einem Krankenhaus, einer Vorsorgeeinrichtung oder einer Rehabilitationseinrichtung behandelt werden (Abs. 1 S. 1 F 2, dazu Joussen, in: Becker/Kingreen, § 44 SGB V Rn. 18 ff.), setzt der Anspruch auf Krankengeld **krankheitsbedingte Arbeitsunfähigkeit** voraus. Gemeint ist Arbeitsunfähigkeit in einem engen Sinn (vgl. BSG 31. 1. 1995 – 1 RK 1/94 – SozR 3–2500 § 45 Nr. 1). **Arbeitsunfähig ist,** wer überhaupt nicht oder nur auf die Gefahr, seinen Zustand zu verschlimmern, in der Lage ist, seiner bisher ausgeübten Erwerbstätigkeit oder einer ähnlichen (gleich gearteten) Tätigkeit nachzugehen (vgl. etwa BSG 14. 2. 2001 – B 1 KR 30/00 R – SozR 3–2500 § 44 Nr. 9). Abzustellen ist grundsätzlich auf die vor dem Eintritt der Arbeitsunfähigkeit ausgeübte Beschäftigung. Anhand der diese Beschäftigung kennzeichnenden Merkmale ist festzustellen, ob der Versicherte die Tätigkeit unter Berücksichtigung seiner Krankheit ausüben kann. Abzustellen ist auf die konkret zugewiesene Tätigkeit. Die Praxis wird maßgeblich durch die einschlägigen **Arbeitsunfähigkeits-Richtlinien** gem. § 92 Abs. 1 S. 2 Nr. 7 (idF v. 1. 12. 2003, zuletzt geändert am 19. 9. 2006, in Kraft getreten am 23. 12. 2006, abrufbar unter http://www.g-ba.de/informationen/richtlinien/2/) bestimmt. Fraglich ist, unter welchen Voraussetzungen die **Verweisung auf eine andere, gleich geartete Tätigkeit** möglich ist (vgl. BSG 8. 2. 2000 – B 1 KR 11/99 R – SozR 3–2500 § 49 Nr. 4 – bei anerkannten Ausbildungsberufen keine Verweisung auf eine Tätigkeit außerhalb dieses Berufs; 19. 9. 2002 – B 1 KR 11/02 R – SozR 3–2500 § 44 Nr. 10 – frühere Tätigkeit irrelevant, wenn der Betroffene seit dem Verlust des Arbeitsplatzes mehr als sechs Monate als Arbeitsloser krankenversichert war). Solange das ursprüngliche Arbeitsverhältnis noch besteht, kommt die Verweisung auf eine Tätigkeit bei einem anderen Arbeitgeber nicht in Betracht (BSG 7. 8. 1991 – 1/3 RK 28/89 – SozR 3–2200 § 182 Nr. 9). Soweit arbeitsrechtlich das Direktionsrecht des Arbeitgebers reicht, kann eine mögliche Versetzung die Arbeitsunfähigkeit ggf. ausschließen (BSG aaO). Maßstab für die Beurteilung der krankheitsbedingten Arbeitsunfähigkeit eines Versicherten in der Krankenversicherung der Arbeitslosen (§ 5 Abs.1 Nr. 2) sind alle Beschäftigungen, für die sich der Versicherte der Arbeitsverwaltung zwecks Vermittlung zur Verfügung gestellt hat und die ihm arbeitslosenversicherungsrechtlich zumutbar sind; einen darüber hinausgehenden krankenversicherungsrechtlichen „Berufsschutz" gibt es nicht (BSG 4. 4. 2006 – B 1 KR 21/05 R – SozR 4–2500 § 44 Nr. 9 mwN). Die **Arbeitsunfähigkeits-Richtlinien** vom 23. 12. 2006 setzen im Wesentlichen die bisherige Spruchpraxis der höchstrichterlichen Rechtsprechung um. Eine **Teilarbeitsunfähigkeit** ist im Gesetz nicht vorgesehen (vgl. auch BSG 7. 12. 2004 – B 1 KR 5/03 R – SozR 4–2500 § 44 Nr. 3); während einer **stufenweisen Wiedereingliederung** (§ 74) besteht Arbeitsunfähigkeit, wobei der Anspruch auf Krankengeld gem. § 49 Abs.1 Nr. 1 ruht, soweit für die Arbeitsleistung Entgelt gezahlt wird.

Die Arbeitsunfähigkeit muss **auf der Krankheit beruhen.** Dabei braucht die Krankheit nicht die alleinige Ursache der Arbeitsunfähigkeit zu sein. Sind auch andere Bedingungen kausal, ist im Sinne der Theorie der „wesentlichen Bedingung" eine wertende Betrachtung anzustellen; es genügt, wenn die Krankheit im Verhältnis zu anderen Ursachen den Eintritt der Arbeitsunfähigkeit wesentlich mitbewirkt hat (vgl. BSG 23. 11. 1971 – 3 RK 26/70 – SozR Nr. 48 zu § 182 RVO). Im Hintergrund steht der Zweck des Entgeltersatzes durch Krankengeld, die Versicherten wirtschaftlich abzusichern. Krankheitsbedingte Arbeitsunfähigkeit liegt auch vor, wenn die Krankheit dazu führt, dass der **Weg zur Arbeitsstätte und zurück** nicht zurückgelegt werden kann; bei der Beurteilung der Frage, ob der Weg zurückgelegt werden kann, sind alle dem Versicherten zur Verfügung stehenden Hilfsmittel und Beförderungsmöglichkeiten (öffentliche Verkehrsmittel, eigener PKW) zu berücksichtigen (vgl. BSG 28. 8. 2002 – B 5 RJ 8/02 R mwN). Die Notwendigkeit eines **Arztbesuchs** führt für sich allein nicht zur Arbeitsunfähigkeit (vgl. § 3 Abs. 2 Arbeitsunfähigkeits-Richtlinien).

4

C. Versicherte ohne Anspruch auf Krankengeld (Abs. 2)

Mit Wirkung vom 1. 1. 2009 neu gefasst und inhaltlich gegenüber der bis zum 31. 12. 2008 geltenden Fassung in mehreren Punkten geändert sowie zuletzt mWv 1. 8. 2009 nochmals modifiziert, regelt Abs. 2, welche Versicherten keinen Anspruch auf Krankengeld haben (umfassend dazu S. Neumann, NJOZ 2008, 4494, 4495 ff.). Abs. 2 S. 1 **Nr. 1** entspricht Abs. 1 S. 2 in der bis zum 31. 12. 2008 geltenden Fassung. Keinen Krankengeldanspruch haben danach **Versicherte in Rechtsverhältnissen ohne Vergütung** gem. § 5 Abs. 1 Nr. 2a, 5, 6, 9, 10 oder 13 und die gem. § 10 Familienversicherten. Diese Personenkreise erhalten kein Entgelt in dem die Versicherung begründenden Rechtsverhältnis, so dass Entgeltersatz nicht in Betracht kommt. Zu prüfen ist unter Umständen, ob gem. § 192 Abs.1 S. 1 Nr. 2 die Mitgliedschaft Versicherungspflichtiger erhalten geblieben ist. **Hauptberuflich selbständige Erwerbstätige** haben gem. **Nr. 2** grds. keinen Anspruch auf Krankengeld, es sei denn, sie erklären der Krankenkasse gegenüber, dass die Mitgliedschaft den Anspruch auf Krankengeld umfassen soll (sog. **Wahlerklärung**). Damit erlangen sie gegen Zahlung des allgemeinen Beitragssatzes ebenfalls einen „allgemeinen" Krankengeldanspruch (vgl. BT-Drs. 16/12256 S. 64). Gleiches gilt gem. **Nr. 3** für **Beschäftigte ohne Anspruch auf Entgeltfortzahlung** aufgrund des EFZG, eines Tarifvertrags, einer Betriebsvereinbarung oder einer vertraglichen Zusage (Rückausnahme: Heimarbeiter, § 10 EFZG behalten ihren Anspruch auf Krankengeld). Diese Personengruppe war bis zum 31. 12. 2008 zwar krankengeldberechtigt, musste jedoch aufgrund des erhöhten Risikos für die Krankenkassen einen erhöhten Beitragssatz erbringen, § 242 aF. Mit Wegfall der Berechtigung kommt diesen Versicherten nunmehr ein ermäßigter Beitragssatz zugute, § 243 Abs. 1 S. 1 (vgl. BT-Drs 16/3100 S. 107 f.), es sei denn, sie geben eine entsprechende Wahlerklärung ab, dass die Mitgliedschaft den Anspruch auf Krankengeld umfassen soll. Für den Fall, dass namentlich **Rente aus einem berufsständischen Versorgungswerk** (teilweise) bezogen wird und Anspruch auf Krankengeld besteht, sind in § 50 Abs. 1 und 2 der Ausschluss beziehungsweise die Kürzung des Anspruchs nicht angeordnet. Um eine dadurch bestehende Lücke zu schließen, bestimmt nunmehr § 44 Abs. 2 S. 1 **Nr. 4** in der vom 1. 1. 2009 an geltenden Fassung, dass bereits ein Anspruch auf Krankengeld nicht besteht; § 50 Abs. 2 gilt (dafür) entsprechend. Systematisch folgerichtig wäre die Einordnung in § 50 gewesen (vgl. näher S. Neumann, NJOZ 2008, 4494, 4497). Entsprechendes gilt für Renten aus einer **öffentlich-rechtlichen Versorgungseinrichtung.** Für Versicherte, denen gem. Nr. 2 und Nr. 3 kein Anspruch auf Krankengeld zusteht, müssen die Krankenkassen in ihren Satzungen sog. **Wahltarife** anbieten, die einen Anspruch auf Krankengeld entstehen lassen (siehe § 53 Rn. 7).

5

§ 45 Krankengeld bei Erkrankung des Kindes

(1) ¹Versicherte haben Anspruch auf Krankengeld, wenn es nach ärztlichem Zeugnis erforderlich ist, daß sie zur Beaufsichtigung, Betreuung oder Pflege ihres erkrankten und versicherten Kindes der Arbeit fernbleiben, eine andere in ihrem Haushalt lebende Person das Kind nicht beaufsichtigen, betreuen oder pflegen kann und das Kind das zwölfte Lebensjahr noch nicht vollendet hat oder behindert und auf Hilfe angewiesen ist. ²§ 10 Abs. 4 und § 44 Absatz 2 gelten.

(2) ¹Anspruch auf Krankengeld nach Absatz 1 besteht in jedem Kalenderjahr für jedes Kind längstens für 10 Arbeitstage, für alleinerziehende Versicherte längstens für 20 Arbeitstage. ²Der Anspruch nach Satz 1 besteht für Versicherte für nicht mehr als 25 Arbeitstage, für alleinerziehende Versicherte für nicht mehr als 50 Arbeitstage je Kalenderjahr.

(3) ¹Versicherte mit Anspruch auf Krankengeld nach Absatz 1 haben für die Dauer dieses Anspruchs gegen ihren Arbeitgeber Anspruch auf unbezahlte Freistellung von der Ar-

beitsleistung, soweit nicht aus dem gleichen Grund Anspruch auf bezahlte Freistellung besteht. ²Wird der Freistellungsanspruch nach Satz 1 geltend gemacht, bevor die Krankenkasse ihre Leistungsverpflichtung nach Absatz 1 anerkannt hat, und sind die Voraussetzungen dafür nicht erfüllt, ist der Arbeitgeber berechtigt, die gewährte Freistellung von der Arbeitsleistung auf einen späteren Freistellungsanspruch zur Beaufsichtigung, Betreuung oder Pflege eines erkrankten Kindes anzurechnen. ³Der Freistellungsanspruch nach Satz 1 kann nicht durch Vertrag ausgeschlossen oder beschränkt werden.

(4) ¹Versicherte haben ferner Anspruch auf Krankengeld, wenn sie zur Beaufsichtigung, Betreuung oder Pflege ihres erkrankten und versicherten Kindes der Arbeit fernbleiben, sofern das Kind das zwölfte Lebensjahr noch nicht vollendet hat oder behindert und auf Hilfe angewiesen ist und nach ärztlichem Zeugnis an einer Erkrankung leidet,

a) die progredient verläuft und bereits ein weit fortgeschrittenes Stadium erreicht hat,
b) bei der eine Heilung ausgeschlossen und eine palliativ-medizinische Behandlung notwendig oder von einem Elternteil erwünscht ist und
c) die lediglich eine begrenzte Lebenserwartung von Wochen oder wenigen Monaten erwarten lässt.

²Der Anspruch besteht nur für ein Elternteil. ³Absatz 1 Satz 2 und Absatz 3 gelten entsprechend.

(5) Anspruch auf unbezahlte Freistellung nach den Absätzen 3 und 4 haben auch Arbeitnehmer, die nicht Versicherte mit Anspruch auf Krankengeld nach Absatz 1 sind.

A. Normzweck

1   Die Bestimmung hat eine sozialrechtliche und eine arbeitsrechtliche Seite: Sozialrechtlich gewährt sie Anspruch **auf Krankengeld,** im Grundsatz zeitlich begrenzt (Abs. 1, 2), im Ausnahmefall zeitlich unbegrenzt bei schwersten Erkrankungen des Kindes (Abs. 4). Arbeitsrechtlich begründen Abs. 3 für Versicherte mit Anspruch auf Krankengeld und Abs. 5 für Arbeitnehmer, die nicht mit Anspruch auf Krankengeld versichert sind (insoweit gut versteckt), Ansprüche **auf unbezahlte Freistellung.** Im Hintergrund stehen gesellschaftstypische Situationen, die bei Krankheit des Kindes Berufstätigkeit und Betreuung des Kindes erschweren: Die Lockerung des über die Kleinfamilie hinausreichenden Familienverbandes durch räumliche Trennung (konkret von Großeltern), die Erwerbstätigkeit beider Elternteile und die verbreitete Alleinerziehung durch ein Elternteil. Die Bestimmung ist insoweit Element einer Verbesserung der **Vereinbarkeit von Beruf und Familie.**

B. Arbeitsrechtlicher Freistellungsanspruch

2   Soweit nicht aufgrund arbeitsrechtlicher Rechtsquellen (Arbeitsvertrag, Kollektivvertrag, Gesetz, vgl. § 616 BGB) ein bezahlter Freistellungsanspruch besteht, gewähren Abs. 3 und Abs. 5 Ansprüche auf unbezahlte Freistellung von der Arbeitsleistung. Der Anspruch besteht für die **Dauer** des Anspruchs auf Krankengeld, bei schwerster Erkrankung des Kindes (iSv. Abs. 4) gem. Abs. 4 S. 3 iVm. Abs. 3 S. 1 also unbegrenzt. Gem. Abs. 5 **anspruchsberechtigt** sind namentlich Arbeitnehmer, die gem. § 6 Abs. 1 Nr. 1 oder gem. § 7, §§ 8, 8a SGB IV versicherungsfrei oder die gem. § 8 von der Versicherungspflicht befreit sind. Soweit Anspruch auf bezahlte Freistellung, namentlich gem. § 616 BGB, besteht, ruht der Anspruch auf Krankengeld gem. § 49 Abs. 1 S. 1 Nr. 1. Erfüllt der Arbeitgeber bestehende Ansprüche auf Arbeitsentgelt nicht, kommt es zur **Gleichwohlgewährung** von Krankengeld, verbunden mit einem Forderungsübergang gem. § 115 SGB X. Abs. 2 S. 2 erfasst die Fälle, in denen sich, nachdem Arbeitnehmer angesichts der Erkrankung des Kindes die Freistellung zunächst in Anspruch genommen haben, später herausstellt, dass ein Freistellungsanspruch (und eine Leistungsverpflichtung der Krankenkasse) nicht besteht. Das Gesetz löst die Situation dahin auf, dass Arbeitgeber den Freistellungsanspruch insoweit als verbraucht ansehen können. Zu Recht wird aus der Bestimmung abgeleitet, dass das objektiv rechtswidrige Fernbleiben von der Arbeit bei dieser Sachlage nicht ohne Weiteres zu einer Abmahnung oder Kündigung führen kann. Abmahnung und Kündigung bleiben möglich, wenn das Fernbleiben offensichtlich unbegründet oder der Freistellungsanspruch bereits erschöpft ist (ErfK/Rolfs, § 45 SGB V Rn. 10). Der gesetzliche Freistellungsanspruch kann gem. Abs. 3 S. 3 nicht durch Vertrag (auch nicht durch Tarifvertrag oder Betriebsvereinbarung) ausgeschlossen oder beschränkt werden.

C. Voraussetzungen des Anspruchs auf Krankengeld

3   Anspruchsberechtigt sind **Versicherte mit Anspruch auf Krankengeld,** nicht alle Versicherten (etwa versicherte Selbständige, die keine Wahlerklärung abgegeben haben [für einen generellen Aus-

schluss der Selbständigen vom Kinderkrankengeld aber HN/Gerlach, § 45 SGB V Rn. 9; wie hier ErfK/Rolfs, § 45 SGB V Rn. 2]; Leistungsempfänger nach dem SGB III; Rentner). Das ist im Zusammenhang mit dem arbeitsrechtlichen Freistellungsanspruch vollständig formuliert (vgl. Abs. 3 S. 1, Abs. 5) und folgt für den Anspruch auf Krankengeld aus Systemzusammenhang und Sinn und Zweck der Vorschrift (vgl. BSG 31. 1. 1995 – 1 RK 1/94 – SozR 3–2500 § 45 Nr. 1). Das Versicherungsverhältnis muss im Zeitpunkt des erstmaligen Fernbleibens bestehen (KassKomm/Höfler, § 45 SGB V Rn. 3; jurisPK/Meyerhoff, § 45 SGB V Rn. 17). **Beide Elternteile** können, wenn in ihrer Person die Anspruchsvoraussetzungen vorliegen, Krankengeld beanspruchen; die Praxis der Krankenkassen (Besprechungsergebnis der Spitzenverbände vom 29. 6. 1994, DOK 1994, 656) lässt die Übertragung von Ansprüchen zwischen anspruchsberechtigten Ehegatten zu, wenn einer der Ehegatten aus beruflichen Gründen die Betreuung nicht übernehmen kann und der Arbeitgeber des anderen Ehegatten die arbeitsrechtliche Freistellung gewährt.

Auch das **Kind muss gesetzlich krankenversichert** sein (verfassungsgemäß, BSG 31. 3. 1998 – 1 KR 9/96 R – SozR 3–2500 § 45 Nr. 2), sei es im Rahmen der Familienversicherung gem. § 10, sei es aufgrund eigener Versicherung (zB bei Bezug einer Waisenrente). Durch Abs. 1 S. 2 in Bezug genommen, gelten gem. § 10 Abs. 4 als Kinder auch **Stiefkinder, Enkelkinder,** die das Mitglied überwiegend unterhält, **Pflegekinder** (§ 56 Abs. 2 Nr. 2 SGB I) und gem. § 10 Abs. 4 S. 2 Kinder, die mit dem **Ziel der Annahme** als Kind in die Obhut des Anspruchsberechtigten aufgenommen sind. Zur Betreuung von Kindern, die das 12. Lebensjahr vollendet haben, kann Krankengeld bezogen werden, wenn das **Kind behindert** (§ 2 Abs. 1 SGB IX) **und auf Hilfe angewiesen ist.** Das versicherte Kind muss **im Haushalt des Anspruchsberechtigten** leben, dh. an einem Ort gemeinsamer privater Lebens- und Wirtschaftsführung (vgl. BSG 15. 3. 1988 – 4/11a RA 14/87 – SozR 2200 § 1267 Nr. 35). Ein **ärztliches Zeugnis** muss schließlich die folgenden Tatsachen attestieren: Dass das Kind **krank** ist (gem. dem Krankheitsbegriff des SGB V, s. § 27 Rn. 2 ff.) und dass die **Arbeitsbefreiung zur Beaufsichtigung, Betreuung oder Pflege erforderlich** ist. Auch Letzteres zu beurteilen ist in die Hand des Arztes gelegt, weil es das Krankheitsbild ist, von dem die Erforderlichkeit der Beaufsichtigung, Betreuung oder Pflege entscheidend abhängt. Der Arzt ist verpflichtet, Krankheit und Erforderlichkeit zu prüfen und das Attest nur auszustellen, wenn diese Voraussetzungen vorliegen. Vertragsärzte haben für das Attest einen Vordruck (gem. Ziff. 1.1 der Vordruckvereinbarung) zu verwenden. Weitere (nicht vom Arzt zu attestierende) Voraussetzung des Anspruchs ist, dass **keine andere im Haushalt lebende Person** das Kind beaufsichtigen, betreuen oder pflegen kann. Das ist auch der Fall, wenn eine im Haushalt lebende Person dazu nicht in der Lage ist (zB wegen Gebrechlichkeit, wegen zu geringen Alters, wegen Berufstätigkeit oder wegen Ansteckungsgefahr).

D. Dauer des Anspruchs (Abs. 2)

Der Anspruch besteht in jedem Kalenderjahr für jedes Kind für 10 Arbeitstage, für alleinerziehende Versicherte für längstens 20 Arbeitstage, Abs. 2 S. 1. Bezogen auf das Kalenderjahr ist die Dauer des Anspruchs **nach Arbeitstagen** bemessen (nicht also nach Maßgabe von § 48 nach dem Kalender). Es zählen die Tage, an denen gearbeitet werden muss, also unter Umständen auch Sonn- und Feiertage. Der Krankengeldbezug kann auf mehrere Krankheitsfälle verteilt werden. Gezählt wird vom ersten Tag des Fernbleibens an (vgl. BSG 22. 10. 1980 – 3 RK 56/79 – SozR 2200 § 185c Nr. 2). **Alleinerziehend** ist, wer das alleinige Personensorgerecht nach Bürgerlichem Recht hat. Haben Versicherte mehrere Kinder, ist der Anspruch nach Maßgabe von Abs. 2 S. 2 auf 25 bzw. 50 Arbeitstage gedeckelt.

E. Höhe des Anspruchs

Die Berechnung des Krankengeldes folgt § 47, es ist dabei aber zu berücksichtigen, dass der **Anspruch für Arbeitstage** und nicht nach dem Kalender gewährt wird; insoweit kommt § 47 Abs. 1 S. 6 nicht zur Anwendung. **Bei teilzeitbeschäftigten Versicherten** ist das Regelentgelt auf den Arbeitstag zu beziehen, indem das monatliche Arbeitsentgelt durch die Zahl der monatlichen Arbeitstage geteilt wird (vgl. BSG 17. 9. 1986 – 3 RK 51/84 – SozR 2200 § 185c Nr. 3). Bei Vollzeitbeschäftigung erfolgt eine Bemessung nach Arbeitstagen, sofern das Arbeitsentgelt nicht nach Monaten bemessen ist (s. Ergebnisse der Spitzenverbände der Krankenkassen über Fragen aus dem Leistungsrecht v. 26./27. 5. 1987, DOK, 502 ff.).

F. Anspruch ohne zeitliche Begrenzung (Abs. 4)

Voraussetzung auch für den Anspruch auf Krankengeld ohne zeitliche Begrenzung ist, dass der Anspruchsteller **Versicherter mit Anspruch auf Krankengeld** ist. In Bezug auf das **Kind** gelten die Voraussetzungen des Abs. 1. Nicht vorausgesetzt ist jedoch, dass das Kind im Haushalt des Versicherten lebt und dort betreut wird; es soll folgerichtig gerade auch die Betreuung bei stationärer Versorgung im Krankenhaus oder in einem Hospiz sichergestellt sein (vgl. BT-Drs. 14/9031 S. 3). Durch **ärztliches Zeugnis** muss darüber hinaus nachgewiesen sein, dass das Kind an einer Erkrankung leidet, welche die drei krankheitsbezogenen Voraussetzungen kumulativ erfüllt. Es ist Sache des Arztes diese Voraussetzungen in eigener Verantwortung zu verifizieren. Der Anspruch besteht gemäß Abs. 4 S. 2 **nur für ein Elternteil.**

§ 46 Entstehen des Anspruchs auf Krankengeld

¹Der Anspruch auf Krankengeld entsteht
1. bei Krankenhausbehandlung oder Behandlung in einer Vorsorge- oder Rehabilitationseinrichtung (§ 23 Abs. 4, §§ 24, 40 Abs. 2 und § 41) von ihrem Beginn an,
2. im übrigen von dem Tag an, der auf den Tag der ärztlichen Feststellung der Arbeitsunfähigkeit folgt.

²Für die nach dem Künstlersozialversicherungsgesetz Versicherten sowie für Versicherte, die eine Wahlerklärung nach § 44 Absatz 2 Satz 1 Nummer 2 abgegeben haben, entsteht der Anspruch von der siebten Woche der Arbeitsunfähigkeit an. ³Der Anspruch auf Krankengeld für die in Satz 2 genannten Versicherten nach dem Künstlersozialversicherungsgesetz entsteht bereits vor der siebten Woche der Arbeitsunfähigkeit zu dem von der Satzung bestimmten Zeitpunkt, spätestens jedoch mit Beginn der dritten Woche der Arbeitsunfähigkeit, wenn der Versicherte bei seiner Krankenkasse einen Tarif nach § 53 Abs. 6 gewählt hat.

A. Normzweck und Hintergrund

1   § 46 regelt das Entstehen (s. Kommentierung zu § 40 SGB I) des Krankengeldanspruchs, dh. die Frage, von welchem **Zeitpunkt** an dieser mit Erfolg geltend gemacht werden kann. Gem. S. 1 Nr. 1 entsteht der Anspruch insbesondere im Fall einer **Krankenhausbehandlung,** zudem bei einer Behandlung in einer Vorsorge- oder Rehabilitationseinrichtung mit dem Behandlungsbeginn; der durch S. 1 Nr. 2 geregelte **Karenztag** in allen sonstigen Fällen soll Missbrauch und praktische Schwierigkeiten vermeiden, zu denen die nachträgliche Behauptung der Arbeitsunfähigkeit und deren rückwirkende Bescheinigung beitragen könnten (BSG 8. 11. 2005 – B 1 KR 30/04 R – SozR 4–2500 § 46 Nr. 1 mwN). Für Versicherte nach dem KSVG treffen S. 2, 3 eine durch das GKV-WettbewerbsstärkungsG v. 26. 3. 2007 (BGBl. I S. 378) neugefasste Sonderregelung. Der teilweise vertretenen Auffassung, dass § 44 das sog. Stammrecht auf Krankengeld regele, § 46 hingegen Entstehung und Fälligkeit des jeweiligen Einzelanspruchs (ausf. dazu BeckOKSozR/Berchtold, § 46 SGB V Rn. 1 ff.; jurisPK/Meyerhoff, § 46 SGB V Rn. 15), folgt das BSG nicht (BSG 26. 6. 2007 – B 1 KR 8/07 R – SozR 4–2500 § 44 Nr. 12; BSG 19. 9. 2002 – B 1 KR 11/02 R – SozR 3–2500 § 44 Nr. 10). Bei dieser Sicht regelt § 46 letztlich zusätzliche Tatbestandsvoraussetzungen für den Krankengeldanspruch.

B. Entstehen des Anspruchs auf Krankengeld gem. S. 1 Nr. 1

2   Der Krankengeldanspruch entsteht bei Leistungen gem. S. 1 Nr. 1 bereits mit dem Beginn der **stationären Leistungen.** Das gilt auch, wenn nur eine **teilstationäre** Behandlung vorgenommen wird (s. Gerlach/Popken, S. 80). Sofern Versicherte ambulant behandelt werden (vgl. § 44 Abs. 1 S. 1), muss Arbeitsunfähigkeit vorliegen, da ansonsten nicht alle Voraussetzungen des § 44 erfüllt wären.

C. Entstehen des Anspruchs auf Krankengeld gem. S. 1 Nr. 2

I. Allgemeines

3   S. 1 Nr. 2 macht das Entstehen des Anspruchs von der **ärztlichen Feststellung der Arbeitsunfähigkeit** abhängig (aA jurisPK/Meyerhoff, § 46 SGB V Rn. 20; KassKomm/Höfler, § 46 SGB V Rn. 4: Ausschlussregelung; ebenso noch BSG 22. 6. 1966 – 3 RK 14/64 – SozR Nr. 18 zu § 182 RVO). Damit formuliert diese Regelung ein ordnungspolitisch sinnvolles Prinzip. Krankengeld ist von dem Tag an zu leisten, der auf die Feststellung folgt. Weil in aller Regel zunächst Anspruch auf Entgeltfortzahlung nach dem EFZG besteht, hat S. 1 Nr. 2 geringe praktische Bedeutung (s. auch BT-Drs. 11/2237 S. 181 zu § 45). Es ist eine **Obliegenheit** des Versicherten, sich selbständig um die ärztliche Feststellung zu kümmern; die Folgen einer unterbliebenen oder nicht rechtzeitigen ärztlichen Feststellung oder Meldung sind grds. von ihm zu tragen (BSG 8. 11. 2005 – B 1 KR 30/04 R – SozR 4–2500 § 46 Nr. 1). Eine gemäß § 192 Abs. 2 Nr. 1 lediglich vermittelte Mitgliedschaft bleibt

SGB V – Gesetzliche Krankenversicherung § 47 SGB V 50

grds. nur dann durch eine **Folgebescheinigung** über die Arbeitsunfähigkeit aufrechterhalten, wenn diese spätestens am letzten Tag der zuvor bescheinigten Arbeitsunfähigkeit eingeholt wird (vgl. BSG 26. 6. 2007 – B 1 KR 8/07 R – SozR 2500 § 44 Nr. 12 = SGb 2008, 412, m. krit. Anm. Ledge). Von dieser Regel werden **Ausnahmen** gemacht, wenn der Versicherte geschäftsunfähig und ohne gesetzlichen Vertreter ist und er deshalb trotz Vorliegens einer mit Arbeitsunfähigkeit verbundenen Erkrankung die Arbeitsunfähigkeit nicht bereits am Tage ihres Eintritts ärztlich hat feststellen lassen (BSG 22. 6. 1966 – 3 RK 14/64 – SozR Nr. 18 zu § 182 RVO); wenn der Versicherte wegen Bewusstlosigkeit handlungsunfähig ist (jurisPK/Meyerhoff, § 46 SGB V Rn. 21; KassKomm/Höfler, § 46 SGB V Rn. 13); wenn er alles in seiner Macht stehende getan hat, um die ärztliche Feststellung zu erhalten und damit die fehlende Feststellung im Verantwortungsbereich der Krankenkasse liegt (BSG 8. 2. 2000 – B 1 KR 11/99 R – SozR 3–2500 § 49 Nr. 4).

II. Ärztliche Feststellung der Arbeitsunfähigkeit

Die Arbeitsunfähigkeit kann nach allgA von jedem Arzt festgestellt werden. Nicht ausreichend ist die Feststellung durch medizinisches Hilfspersonal (s. BSG 23. 2. 1967 – 5 RKn 112/64 – SozR Nr. 19 zu § 182 RVO zum „Heilgehilfen"). Näheres bezüglich der Feststellung der Arbeitsunfähigkeit regeln die **Arbeitsunfähigkeits-Richtlinien** gem. § 92 Abs. 1 S. 2 Nr. 7 (idF v. 1. 12. 2003, zuletzt geändert am 19. 9. 2006, abrufbar unter http://www.g-ba.de/informationen/richtlinien/2/). Die Feststellung darf nur **auf Grund ärztlicher Untersuchung** erfolgen, § 4 Abs. 1 Arbeitsunfähigkeits-Richtlinien. Eine **Rückdatierung** des Beginns der Arbeitsunfähigkeit ist nur ausnahmsweise und nur nach gewissenhafter Prüfung und in der Regel nur bis zu zwei Tagen zulässig, § 5 Abs. 3 Arbeitsunfähigkeits-Richtlinien. Die Bescheinigung für die Krankengeldzahlung nach Ablauf der Entgeltfortzahlung soll gem. § 6 Abs. 2 Arbeitsunfähigkeits-Richtlinien in der Regel nicht für einen mehr als sieben Tage zurückliegenden und nicht mehr als zwei Tage im Voraus liegenden Zeitraum erfolgen; ist es auf Grund der Erkrankung oder eines besonderen Krankheitsverlaufs offensichtlich sachgerecht, können längere Zeiträume der Arbeitsunfähigkeit bescheinigt werden. Die Krankenkasse ist inhaltlich nicht an die ärztliche Feststellung gebunden, sie hat den Beweiswert einer gutachterlichen Stellungnahme (BSG 11. 8. 2005 – B 1 KR 18/04 R – SozR 4–2500 § 44 Nr. 7 mwN). In Zweifelsfällen muss die Krankenkasse eine Stellungnahme des Medizinischen Dienstes einholen, § 275 Abs. 1 Nr. 3. Das kommt insb. in Betracht, wenn die Arbeitsunfähigkeitserklärung von einem **ausländischen Arzt** stammt, da diesem der Begriff der Arbeitsunfähigkeit nach dem SGB regelmäßig unbekannt sein dürfte (BSG 26. 2. 1992 – 1/3 RK 13/90 – SozR 3–2200 § 182 Nr. 12). An die Arbeitsunfähigkeits-Feststellung durch den Versicherungsträger eines **EG-Landes** sind die Krankenkassen regelmäßig gebunden, sofern sie nicht von der Möglichkeit des Art. 18 Abs. 5 EWG-VO 574/72 Gebrauch machen, den Versicherten durch einen Arzt ihrer Wahl untersuchen zu lassen (EuGH 23. 3. 1987 – 22/86 – SozR 6055 Art. 18 Nr. 1).

D. Entstehen des Anspruchs bei Versicherten nach dem KSVG (S. 2, 3)

Gem. § 46 S. 2 entsteht der Krankengeldanspruch für Versicherte nach dem KSVG sowie für Versicherte, die eine Wahlerklärung gemäß § 44 Abs. 2 S. 1 Nr. 2 abgegeben haben, von der siebten Woche der Arbeitsunfähigkeit an. Auch hier ist die ärztliche Feststellung ausschlaggebend (s. § 47b Rn. 2; zust. Joussen, in: Becker/Kingreen, § 46 SGB V Rn. 5; aA jurisPK/Meyerhoff, § 46 SGB V Rn. 29; KassKomm/Höfler, § 46 SGB V Rn. 16). Hintergrund der sechswöchigen Karenzzeit ist die Überlegung, dass die Versicherten häufig die Vergütung für ihre Arbeit mit zeitlicher Verzögerung erhalten, so dass sie regelmäßig erst später Entgeltersatz benötigen (s. KassKomm/Höfler, § 46 SGB V Rn. 16). Gem. S. 3 kann die Karenzzeit für Versicherte nach dem KSVG aber durch die Wahl eines – entsprechend teureren – **Tarifs nach § 53 Abs. 6 verkürzt** werden.

§ 47 Höhe und Berechnung des Krankengeldes

(1) [1] Das Krankengeld beträgt 70 vom Hundert des erzielten regelmäßigen Arbeitsentgelts und Arbeitseinkommens, soweit es der Beitragsberechnung unterliegt (Regelentgelt). [2] Das aus dem Arbeitsentgelt berechnete Krankengeld darf 90 vom Hundert des bei entsprechender Anwendung des Absatzes 2 berechneten Nettoarbeitsentgelts nicht übersteigen. [3] Für die Berechnung des Nettoarbeitsentgelts nach Satz 2 ist der sich aus dem kalendertäglichen Hinzurechnungsbetrag nach Absatz 2 Satz 6 ergebende Anteil am Nettoarbeitsentgelt mit dem Vomhundertsatz anzusetzen, der sich aus dem Verhältnis des kalendertäglichen Regelentgeltbetrages nach Absatz 2 Satz 1 bis 5 zu dem sich aus diesem Regelentgeltbetrag ergebenden Nettoarbeitsentgelt ergibt. [4] Das nach Satz 1 bis 3 berechnete kalendertägliche Krankengeld darf das sich aus dem Arbeitsentgelt nach Absatz 2 Satz 1 bis 5 ergebende kalendertägliche Nettoarbeitsentgelt nicht übersteigen. [5] Das Regelentgelt wird nach den Absätzen 2, 4 und 6 berechnet. [6] Das Krankengeld wird für Ka-

lendertage gezahlt. ⁷Ist es für einen ganzen Kalendermonat zu zahlen, ist dieser mit dreißig Tagen anzusetzen. ⁸Bei der Berechnung des Regelentgelts nach Satz 1 und des Nettoarbeitsentgelts nach den Sätzen 2 und 4 sind die für die jeweilige Beitragsbemessung und Beitragstragung geltenden Besonderheiten der Gleitzone nach § 20 Abs. 2 des Vierten Buches nicht zu berücksichtigen.

(2) ¹Für die Berechnung des Regelentgelts ist das von dem Versicherten im letzten vor Beginn der Arbeitsunfähigkeit abgerechneten Entgeltabrechnungszeitraum, mindestens das während der letzten abgerechneten vier Wochen (Bemessungszeitraum) erzielte und um einmalig gezahltes Arbeitsentgelt vermindertes Arbeitsentgelt durch die Zahl der Stunden zu teilen, für die es gezahlt wurde. ²Das Ergebnis ist mit der Zahl der sich aus dem Inhalt des Arbeitsverhältnisses ergebenden regelmäßigen wöchentlichen Arbeitsstunden zu vervielfachen und durch sieben zu teilen. ³Ist das Arbeitsentgelt nach Monaten bemessen oder ist eine Berechnung des Regelentgelts nach den Sätzen 1 und 2 nicht möglich, gilt der dreißigste Teil des im letzten vor Beginn der Arbeitsunfähigkeit abgerechneten Kalendermonat erzielten und um einmalig gezahltes Arbeitsentgelt verminderten Arbeitsentgelts als Regelentgelt. ⁴Wenn mit einer Arbeitsleistung Arbeitsentgelt erzielt wird, das für Zeiten einer Freistellung vor oder nach dieser Arbeitsleistung fällig wird (Wertguthaben nach § 7b des Vierten Buches), ist für die Berechnung des Regelentgelts das im Bemessungszeitraum der Beitragsberechnung zugrundeliegende und um einmalig gezahltes Arbeitsentgelt vermindertes Arbeitsentgelt maßgebend; Wertguthaben, die nicht gemäß einer Vereinbarung über flexible Arbeitszeitregelungen verwendet werden (§ 23 b Abs. 2 des Vierten Buches), bleiben außer Betracht. ⁵Bei der Anwendung des Satzes 1 gilt als regelmäßige wöchentliche Arbeitszeit die Arbeitszeit, die dem gezahlten Arbeitsentgelt entspricht. ⁶Für die Berechnung des Regelentgelts ist der dreihundertsechzigste Teil des einmalig gezahlten Arbeitsentgelts, das in den letzten zwölf Kalendermonaten vor Beginn der Arbeitsunfähigkeit nach § 23a des Vierten Buches der Beitragsberechnung zugrunde gelegen hat, dem nach Satz 1 bis 5 berechneten Arbeitsentgelt hinzuzurechnen.

(3) Die Satzung kann bei nicht kontinuierlicher Arbeitsverrichtung und -vergütung abweichende Bestimmungen zur Zahlung und Berechnung des Krankengeldes vorsehen, die sicherstellen, daß das Krankengeld seine Entgeltersatzfunktion erfüllt.

(4) ¹Für Seeleute gelten als Regelentgelt die beitragspflichtigen Einnahmen nach § 233 Abs. 1. ²Für Versicherte, die nicht Arbeitnehmer sind, gilt als Regelentgelt der kalendertägliche Betrag, der zuletzt vor Beginn der Arbeitsunfähigkeit für die Beitragsbemessung aus Arbeitseinkommen maßgebend war. ³Für nach dem Künstlersozialversicherungsgesetz Versicherte ist das Regelentgelt aus dem Arbeitseinkommen zu berechnen, das der Beitragsbemessung für die letzten zwölf Kalendermonate vor Beginn der Arbeitsunfähigkeit zugrunde gelegen hat; dabei ist für den Kalendertag der dreihundertsechzigste Teil dieses Betrages anzusetzen. ⁴Die Zahl dreihundertsechzig ist um die Zahl der Kalendertage zu vermindern, in denen eine Versicherungspflicht nach dem Künstlersozialversicherungsgesetz nicht bestand oder für die nach § 234 Abs. 1 Satz 3 Arbeitseinkommen nicht zugrunde zu legen ist. ⁵Die Beträge nach § 226 Abs. 1 Satz 1 Nr. 2 und 3 bleiben außer Betracht.

(5) *(aufgehoben)*

(6) Das Regelentgelt wird bis zur Höhe des Betrages der kalendertäglichen Beitragsbemessungsgrenze berücksichtigt.

A. Normzweck und Grundregel

1 § 47 bestimmt Höhe und Berechnung des Krankengeldes. Aus Gründen der Praktikabilität wird nicht der konkrete Verdienstausfall ermittelt, sondern eine **pauschalierende Betrachtung** angestellt. Dies geschieht im ersten Schritt durch die Ermittlung des sog. **Regelentgelts,** welches das erzielte regelmäßige Arbeitsentgelt bzw. Arbeitseinkommen (iSd. §§ 14f. SGB IV) abbilden soll, soweit es der Beitragsberechnung unterliegt (Abs. 1 S. 1). Das ermittelte Regelentgelt wird sodann **in zweifacher Hinsicht begrenzt;** der Entgeltersatz soll nicht höher sein als die durch Krankheit ausfallenden Einkünfte. Das Gesetz unterscheidet bei Höhe und Berechnung des Krankengeldes zwischen Arbeitnehmern und sonstigen Personen (Abs. 4).

B. Höhe und Berechnung des Krankengeldes von Arbeitnehmern

I. Grundregel

2 Nach der Grundregel des Abs. 1 S. 1 beträgt das Krankengeld 70% des Regelentgelts und wird zweifach begrenzt: zum einen auf 90% des Nettoarbeitsentgelts (Abs. 1 S. 2), zum anderen auf das

SGB V – Gesetzliche Krankenversicherung §47 SGB V 50

Nettoarbeitsentgelt ohne Berücksichtigung einmalig gezahlten Arbeitsentgelts (Abs. 1 S. 4). Die Gesetzesregelung zur Berechnung des Krankengeldes orientiert sich am Normalfall des nach Arbeitsstunden bemessenen Arbeitsentgelts. Es sind mehrere **Berechnungsschritte** anzustellen. Der im Folgenden zunächst darzustellende **Rechenweg zur Ermittlung des Regelentgelts** für den Normalfall der Vergütung im Arbeitsverhältnis nach Stunden (II.) läuft (ohne Berücksichtigung von Besonderheiten) über die Bestimmung des Bemessungszeitraums (1.) und des erzielten regelmäßigen Arbeitsentgelts (2.) darauf hinaus, das kalendertägliche Regelentgelt (3.) zu ermitteln; die über Entscheidungen des BVerfG in das Gesetz nachträglich aufgenommene Berücksichtigung auch einmalig gezahlten Arbeitsentgelts (4.) führt dazu, dass man (vorbehaltlich weiterer Begrenzungen) ein „kumuliertes Regelentgelt" erhält. Steht der Beitrag von 70% des (kumulierten) Regelentgelts fest, sind im Hinblick auf die gesetzlichen Obergrenzen **zwei Vergleichsberechnungen** (IV.) nötig. Im Einzelnen:

II. Regelentgelt bei nach Stunden bemessenem Arbeitsentgelt

1. Bemessungszeitraum (Abs. 2 S. 1). Bemessungszeitraum ist grds. nur ein (mindestens vierwöchiger) vor Beginn der Arbeitsunfähigkeit **abgerechneter Entgeltabrechnungszeitraum**. Das gewährleistet die Schnelligkeit der Krankengeldberechnung, welche auf den Ergebnissen einer schon beendeten Abrechnung aufbauen kann (BSG 25. 6. 1991 – 1/3 RK 6/90 – SozR 3–2200 § 182 Nr. 8). Fehlzeiten des Arbeitnehmers im entsprechenden Zeitraum, etwa wegen Krankheit, Urlaubs oder Streiks, sind unschädlich. **Kürzere Abrechnungszeiträume** sind entsprechend zusammenzurechnen (Krauskopf/Vay, § 47 SGB V Rn. 16; jurisPK/Bohlken, § 47 SGB V Rn. 27). Sofern der Versicherte seine Arbeit erst während eines laufenden Entgeltabrechnungszeitraums aufgenommen hat, ist der vertraglich vereinbarte Lohn maßgeblich (BSG 30. 5. 2006 – B 1 KR 19/05 R – SozR 4–2500 § 47 Nr. 4; zur Berechnung bei einer von Vornherein auf weniger als vier Wochen angelegten Tätigkeit s. BSG 19. 8. 2003 – B 2 U 46/02 R – SozR 4–2700 § 47 Nr. 1). Für den Bemessungszeitraum ist nur die Zeit vor Beginn der Arbeitsunfähigkeit maßgebend. Auch Zeiten bezahlten Urlaubs und einer Entgeltfortzahlung zählen mit. Nur eine der Krankengeldgewährung unmittelbar vorausgegangene Entgeltfortzahlung wegen derselben ununterbrochenen Arbeitsunfähigkeit ist bei der Berechnung nicht zu berücksichtigen; diese Entgeltfortzahlung liegt nicht vor Beginn der Arbeitsunfähigkeit (BSG 20. 1. 1982 – 3 RK 7/81 – SozR 2200 § 182 Nr. 79). **Änderungen des Arbeitsvertrags,** die erst nach dem Bemessungszeitraum wirksam werden, wie etwa die Umwandlung einer Vollzeitstelle in eine Teilzeitbeschäftigung, sonstige Lohnänderungen etc. bleiben unberücksichtigt (BSG 22. 6. 1973 – 3 RK 105/71 – E 36, 59; 25. 6. 1991 – 1/3 RK 6/90 – SozR 3–2200 § 182 Nr. 8). Dies kann sich folglich finanziell zu Gunsten oder zu Lasten des Arbeitnehmers auswirken. Wenn sich nach den dargestellten Grundsätzen ein Regelentgelt ergibt, welches die Lohnverhältnisse offensichtlich nicht richtig wiedergibt, ist ausnahmsweise auf einen Vergleich mit einem gleichartigen Beschäftigten abzustellen (s. Gerlach/Popken, S. 105).

2. Erzieltes regelmäßiges Arbeitsentgelt. Erzieltes Entgelt ist nur Entgelt, das bereits durch eine entsprechende Arbeitsleistung des Versicherten **erarbeitet worden und ihm zugeflossen** ist (sog. Zuflusstheorie; vgl. BSG 24. 7. 1985 – 8 RK 14/84 – SozR 2200 § 182 Nr. 99; KassKomm/ Höfler, § 27 SGB V Rn. 20; aA Gerlach/Popken, S. 89: Erarbeiten ausreichend). Eine Ausnahme vom Kriterium des tatsächlichen Zuflusses macht die Rspr. in Fällen zunächst **rechtswidrig vorenthaltenen Arbeitsentgelts** (BSG 16. 2. 2005 – B 1 KR 19/03 R – SozR 4–2500 § 47 Nr. 2): Da bei der verspäteten Nachzahlung Sozialabgaben anfallen, soll dem Versicherten auch ein entsprechender Leistungsanspruch zustehen. Einmalig, also nicht regelmäßig gezahltes Arbeitsentgelt ist nach der Gesetzesregelung an dieser Stelle noch nicht zu berücksichtigen (s. aber sogleich Rn. 6).

3. Kalendertägliches Regelentgelt. Zur Ermittlung des Stundeneinkommens ist im nächsten Schritt die im Bemessungszeitraum abgerechnete Summe durch die Zahl der Arbeitsstunden, für die es gezahlt wurde, zu dividieren (Abs. 2 S. 1 aE). Das Stundeneinkommen ist dann mit der regelmäßigen wöchentlichen Arbeitszeit zu multiplizieren und durch sieben zu teilen; unter dem Strich steht dann das kalendertägliche Regelentgelt (Abs. 2 S. 2). Auch **Überstunden** sind zu berücksichtigen, die mindestens während der letzten abgerechneten drei Monate oder 13 Wochen regelmäßig geleistet worden sind (BSG 28. 11. 1979 – 3 RK 103/78 – SozR 2200 § 182 Nr. 59). Die Besonderheiten der Gleitzone (§ 20 Abs. 2 SGB IV) bleiben unberücksichtigt (Abs. 1 S. 8), dh. es ist bei der Berechnung des Regelentgelts nicht vom fiktiv reduzierten, sondern vom tatsächlich erzielten Entgelt auszugehen (jurisPK/Bohlken, § 47 SGB V Rn. 50).

4. Einmalig gezahltes Arbeitsentgelt (Abs. 2 S. 6). Nachdem das BVerfG den Gesetzgeber (mehrfach) ermahnen musste, einmalig gezahltes Arbeitsentgelt nicht nur einseitig auf der Seite der Beitragserhebung, sondern auch bei den Leistungen zu berücksichtigen (vgl. BVerfG 11. 1. 1995 – 1 BvR 892/88 – SozR 3–2200 § 385 Nr. 6; 24. 5. 2000 – 1 BvL 1/98, 1 BvL 4/98, 1 BvL 15/99 – SozR 3–2400 § 23 a Nr. 1; ausführlich Krauskopf/Vay, § 47 SGB V Rn. 36 f.), wurde m. W. v. 22. 6. 2000 (BGBl. I S. 1971) S. 6 an Abs. 2 angefügt. Nunmehr sind Einmalzahlungen iSv. § 23 a SGB IV,

Waltermann 1273

etwa Weihnachts- oder Urlaubsgeld, welche in den letzten zwölf Monaten vor Beginn der Arbeitsunfähigkeit bezahlt worden sind, in Höhe ihres 360. Teils zu berücksichtigen. Sie werden zu dem ermittelten Regelentgelt addiert, es ergibt sich das sog. **kumulierte Regelentgelt.** Das Krankengeld beträgt – vorbehaltlich noch darzustellender Begrenzungen (Rn. 10 ff.) – im Ergebnis also 70% des kumulierten Regelentgelts (Abs. 1 S. 1).

7 **5. Wertguthaben bei flexibler Arbeitszeit (Abs. 2 S. 4, 5).** Die Möglichkeit, über sog. Wertguthaben gem. § 7 Abs. 1a SGB IV Arbeitsfreistellungen vor- bzw. nachzufinanzieren, kann im Rahmen der Krankengeldberechnung zu **unerwünschten Verzerrungen** führen. Um dem entgegenzuwirken, sorgt die Regelung in Abs. 2 S. 4, 5 dafür, dass der Versicherte Krankengeld nur auf der Basis des tatsächlich gezahlten Arbeitsentgelts erhält (vgl. BT-Drs. 13/9818 S. 13) bzw. in der Zeit der Freistellung nicht den Schutz der Sozialversicherung verliert. Erhält ein Versicherter wegen vereinbarter **rückwirkender Beseitigung einer Altersteilzeitregelung** Arbeitsentgelt aus einem aufgelösten Wertguthaben nachgezahlt, kann er nicht deshalb rückwirkend höheres Krankengeld beanspruchen (BSG 14. 12. 2006 – B 1 KR 5/06 R – SozR 4–2500 § 47 Nr. 5).

8 **6. Begrenzung durch Beitragsbemessungsgrenze (Abs. 6).** Gem. Abs. 6 wird das (kumulierte) Regelentgelt nur bis zur Höhe der kalendertäglichen Beitragsbemessungsgrenze (§ 223 Abs. 3) berücksichtigt. Damit soll der Gleichklang von Beitrags- und Leistungsbemessung sichergestellt werden. Maßgeblich ist die Beitragsbemessungsgrenze, welche **am letzten Tag des Bemessungszeitraums** gilt (BSG 17. 3. 1983 – 11 RA 8/82 – SozR 2200 § 1241 Nr. 25; LPK-SGB V/Kruse, § 47 Rn. 11).

III. Regelentgeltberechnung gem. Abs. 2 S. 3

9 Ist das Arbeitsentgelt **nach Monaten bemessen** oder ist eine Berechnung nach Abs. 2 S. 1, 2 **nicht möglich**, gilt ein einfaches, pauschalierendes Verfahren: Als (kalendertägliches) Regelentgelt gilt der dreißigste Teil des im letzten vor Beginn der Arbeitsunfähigkeit abgerechneten Kalendermonat erzielten und um einmalig gezahltes Arbeitsentgelt verminderten Arbeitsentgelts. Im Übrigen folgt die Ermittlung des Regelentgelts den gleichen Grundsätzen wie bei stundenbezogener Abrechnung, es ist also wiederum nur regelmäßig erzieltes Entgelt zu berücksichtigen, welches der Beitragsberechnung unterliegt. Ist noch kein ganzer Monat abgerechnet worden, ist eine Hochrechnung aus dem kürzeren Zeitraum möglich (s. KassKomm/Höfler, § 47 SGB V Rn. 25 a); bei nach Monaten bemessenem Entgelt kann auf das vertraglich festgelegte Gehalt abgestellt werden (jurisPK/Bohlken, § 47 SGB V Rn. 73). Eine **monatliche Bemessung** liegt vor, sofern die Bezüge nicht für die einzelnen Arbeitstage oder -stunden bezahlt werden, sondern der Monat als solcher Bemessungseinheit ist, etwa bei Angestellten mit Monatsgehalt (jurisPK/Bohlken, § 47 SGB V Rn. 67). Unter die Alternative von Abs. 2 S. 3 fallen insbesondere **ergebnisbezogene Vergütungen** wie zB bei der Akkordarbeit (Krauskopf/Vay, § 47 SGB V Rn. 30).

IV. Begrenzung durch das Nettoarbeitsentgelt

10 Das Krankengeld erfährt im Weiteren eine **zweifache Begrenzung durch das Nettoarbeitsentgelt.** Dies soll verhindern, dass Arbeitnehmer mehr Entgeltersatz bekommen als tatsächlich Einkünfte ausfallen (s. Rn. 1). Die erste Grenzziehung bei 90% des Nettoarbeitslohns sorgt auch dafür, dass Versicherte auf jeden Fall weniger bekommen als sie durch geleistete Arbeit erhalten würden (vgl. BT-Drs. 13/4615 S. 8: „Angleichung an das Niveau der Ersatzleistungen anderer Sozialversicherungsträger"). Die zweite Grenzziehung besagt, dass das Krankengeld nicht das Nettoarbeitsentgelt ohne Berücksichtigung einmalig gezahlten Arbeitsentgelts überschreiten darf (s. näher Rn. 12). Im Einzelnen:

11 **1. Berechnung des Nettoarbeitsentgelts.** Um die beiden Begrenzungen zu erkennen, muss man zunächst das Nettoarbeitsentgelt berechnen. Das Nettoarbeitsentgelt ist das um die gesetzlichen Abzüge geminderte Arbeitsentgelt (s. BSG 25. 7. 1979 – 3 RK 74/78 – SozR 2200 § 182 Nr. 49; vgl. auch § 14 Abs. 2 S. 1 SGB IV). Dazu zählen nicht freiwillig gezahlte Beiträge (KassKomm/Höfler, § 47 SGB V Rn. 7; jurisPK/Bohlken, § 47 SGB V Rn. 105). Die Berechnung erfolgt nach denselben Grundsätzen, die auch für die Ermittlung des Regelentgelts gelten. Die Bestimmung des **kumulierten Nettoarbeitsentgelts** wird – kaum verständlich ausgedrückt – in **Abs. 1 S. 3** geregelt: Zunächst sind einfaches (dh. nichtkumuliertes) Regelentgelt und einfaches Nettoarbeitsentgelt gegenüberzustellen; dann wird ermittelt, wie viel Prozent des Regelentgelts das Nettoentgelt ausmacht. Anschließend ist der 360. Teil des einmalig gezahlten Arbeitsentgelts mit diesem Prozentsatz zu multiplizieren, um den entsprechenden Nettobetrag der Einmalzahlung zu erhalten. Dieser Betrag wird endlich zum einfachen Nettoarbeitsentgelt addiert. Dann kennt man das kumulierte Nettoarbeitsentgelt (anschaulich LPK-SGB V/Kruse, § 47 Rn. 6).

12 **2. Die Begrenzungen.** Die erste Grenze für das Krankengeld zieht das Gesetz bei **90% des** (kumulierten) **Nettoarbeitsentgelts (Abs. 1 S. 2).** Die zweite Grenze ist dadurch gesetzt, dass das

SGB V – Gesetzliche Krankenversicherung § 47 SGB V 50

Krankengeld **nicht das Nettoarbeitsentgelt ohne Berücksichtigung einmalig gezahlten Arbeitsentgelts überschreiten darf (Abs. 1 S. 4).** Letzteres hat Bedeutung, wenn das aus dem laufenden Arbeitsentgelt ermittelte kalendertägliche Nettoarbeitsentgelt niedriger ist als der nach Abs. 1 S. 2, 3 ermittelte Betrag. In einem derartigen Fall soll der Versicherte nicht besser gestellt sein als er ohne Eintritt des Versicherungsfalls stünde (s. BT-Drs. 14/4371 S. 16; näher Krauskopf/Vay, § 47 SGB V Rn. 12 b). Abs. 1 S. 4 ist **nicht anzuwenden,** wenn sich die Einmalzahlungen zu mehr als einem Drittel aus Vergütungsbestandteilen zusammensetzen, die der Arbeitgeber im Fall krankheitsbedingter Arbeitsunfähigkeit im Hinblick auf Fehltage nicht kürzen oder gänzlich verweigern darf (BSG 21. 2. 2006 – B 1 KR 11/05 R – SozR 4–2500 § 47 Nr. 3: verfassungskonforme Reduktion); in derartigen Fällen besteht nicht die Gefahr, dass der Versicherte einen ungerechtfertigten Vorteil erhält.

C. Höhe und Berechnung des Krankengeldes bei sonstigen Versicherten (Abs. 4)

Zu den Versicherten, die nicht Arbeitnehmer sind, zählen insb. die **freiwillig versicherten Selbständigen,** aber etwa auch **Teilnehmer an Leistungen der BfA** zur Teilhabe am Arbeitsleben gemäß § 5 Abs. 1 Nr. 6 (BSG 5. 5. 2009 – B 1 KR 16/08 R – SozR 4–2500 § 47 Nr. 11). Ihr Regelentgelt bemisst sich nach dem **tatsächlich erzielten Arbeitseinkommen,** nicht nach dem für die Beitragsbemessung maßgebenden Mindesteinkommen gem. § 240 Abs. 4 S. 1 (vgl. BSG 30. 3. 2004 – B 1 KR 32/02 R – SozR 4–2500 § 47 Nr. 1; 7. 12. 2004 – B 1 KR 17/04 R – NZA 2005, 920: äußerstenfalls kein Krankengeld, wenn keine positiven Einkünfte vorliegen; s. auch LSG BW 30. 10. 2009 – L 4 KR 4766/08 – juris). Eine **Ansparabschreibung** gem. § 7 g Abs. 2 EStG (jetzt: Investitionsabzugsbetrag) wird dem Einkommen nicht hinzugerechnet (BSG 5. 11. 2008 – 1 KR 28/07 R – SGb 2010, 41, m. Anm. Ulmer). Ein bestimmter Bemessungszeitraum ist nicht vorgegeben; es ist vielmehr auf den zuletzt vor Beginn der Arbeitsunfähigkeit für die Beitragsbemessung maßgeblichen kalendertäglichen Betrag der Einkünfte abzustellen. Viel spricht dafür, beim letzten Jahreseinkommen den Ausgangspunkt zu nehmen (vgl. die Rechenbeispiele bei Gerlach/Popken S. 140 ff.; vgl. auch BSG 6. 11. 2008 – B 1 KR 8/08 R; BSG 10. 5. 2010 – B 1 KR 144/09 R – juris). Für die Berechnung des Krankengeldes bei freiwillig versicherten hauptberuflich Selbständigen ist im Sinn einer **widerlegbaren Vermutung** ein Regelentgelt zu Grunde zu legen, das dem Betrag entspricht, aus dem zuletzt vor Eintritt der Arbeitsunfähigkeit Beiträge entrichtet worden sind (BSG 14. 12. 2006 – B 1 KR 11/06 R – SozR 4–2500 § 47 Nr. 7). Auch hier ist die Entgeltersatzfunktion Leitbild. Bei Nichtarbeitnehmern kann naturgemäß keine Begrenzung durch ein Nettoarbeitsentgelt stattfinden, weshalb Abs. 1 S. 2 nur auf Arbeitnehmer anzuwenden ist, nicht auch auf Einkommen abstellt. Für Bezieher von **Übergangsgeld** gem. § 46 SGB IX gilt als Regelentgelt der kalendertägliche Betrag, der zuletzt vor Beginn der Arbeitsunfähigkeit für die Beitragsbemessung maßgebend war (BSG 5. 5. 2009 – B 1 KR 16/08 R – SozR 4–2500 § 47 Nr. 11). Für **Künstler und Publizisten** (Versicherte nach dem KSVG) ist bei der Berechnung das der Beitragsberechnung unterliegende Arbeitseinkommen der letzten 12 Monate vor der Arbeitsunfähigkeit maßgeblich. Die längere Bemessungszeit soll Einkommensschwankungen dieser Berufsgruppen nivellieren. Für den Kalendertag ist der 360. Teil des Jahreseinkommens anzusetzen. Diese Zahl vermindert sich um die Anzahl der Tage, in denen keine Versicherungspflicht nach dem KSVG bestand oder für die kein Arbeitseinkommen nach § 234 Abs. 1 S. 3 zugrunde zu legen ist. Die Beiträge nach § 226 Abs. 1 S. 1 Nr. 2, 3 bleiben bei allen in Abs. 4 genannten Personen außer Betracht (näher Krauskopf/Vay, § 47 SGB V Rn. 46 ff.). Für **Seeleute** werden als Regelentgelt die beitragspflichtigen Einnahmen nach § 233 Abs. 1 bestimmt (Abs. 4 S. 1).

D. Anpassung des Krankengeldes nach § 50 SGB IX (Abs. 5 aF)

Die Anpassung des Krankengeldes bei langwieriger Bezugszeit wurde bis zum 31. 6. 2001 in Abs. 5 geregelt, welcher mit Einführung des SGB IX zum 1. 7. 2001 (BGBl. I S. 1046) aufgehoben wurde. Seitdem richtet sich die Anpassung aller Entgeltersatzleistungen nach **§ 50 SGB IX.**

E. Zahlung des Krankengeldes (Abs. 1 S. 6, 7)

Das Krankengeld ist für **Kalendertage** zu zahlen. Das zwingt allerdings nicht zu einer täglichen Auszahlung (BSG 13. 5. 1992 – 1 RK 26/91 – SozR 3–1200 § 53 Nr. 5). Ein voller Monat ist mit 30 Tagen anzusetzen, geringere Zeiträume dagegen taggenau.

F. Satzungsermächtigung (Abs. 3)

Da der Gesetzgeber aufgrund mannigfaltiger Gestaltungsmöglichkeiten der Arbeitsformen, zB jobsharing, mit einer abschließenden Regelung für die Berechnung des Krankengelds überfordert wäre, eröffnet er in Abs. 3 den Krankenkassen die Möglichkeit, diesbezüglich autonomes Recht in Form von **Satzungen** zu erlassen (s. näher KassKomm/Höfler, § 47 SGB V Rn. 27 ff.).

§ 47 a Krankengeldübergangsregelung

(1) Für Ansprüche auf Krankengeld, die vor dem 22. Juni 2000 entstanden sind und über die am 21. Juni 2000 noch nicht unanfechtbar entschieden war, ist § 47 in der ab dem 22. Juni 2000 geltenden Fassung für Zeiten nach dem 31. Dezember 1996 entsprechend anzuwenden.

(2) ¹Für Ansprüche, über die vor dem 22. Juni 2000 bereits unanfechtbar entschieden wurde, erfolgt die Erhöhung nach Absatz 1 nur für Zeiten vom 22. Juni 2000 an bis zum Ende der Leistungsdauer. ²Entscheidungen über Ansprüche auf Krankengeld, die vor dem 22. Juni 2000 unanfechtbar geworden sind, sind nicht nach § 44 Abs. 1 des Zehnten Buches zurückzunehmen.

(3) ¹Abweichend von § 266 Abs. 2 Satz 3 werden die Ausgaben der Krankenkassen nach Absatz 1 und Absatz 2 Satz 1 für die Zeit bis zum 31. Dezember 2000 bei der Ermittlung der standardisierten Leistungsausgaben nicht berücksichtigt. ²Der Beitragsbedarf nach § 266 Abs. 2 Satz 2 ist um die Ausgaben nach Satz 1 zu erhöhen.

A. Normzweck

1 § 47 a enthält **Übergangsregelungen** zur Berücksichtigung von Einmalzahlungen bei der Krankengeldbemessung. Die Norm ist vor dem Hintergrund der Anforderungen des BVerfG an die Berücksichtigung von Einmalzahlungen auch auf der Leistungsseite zu sehen (vgl. § 47 Rn. 6). § 47 a aF gewährte einen Anspruch auf zusätzliches Krankengeld, soweit allein wegen krankheitsbedingter Arbeitsunfähigkeit einmalig gezahltes Arbeitsentgelt ausfiel und nach § 23 a SGB IV beitragspflichtig gewesen wäre. Der Stichtag der 22. 6. 2000 entspricht dem Tag der Neuregelung in § 47 Abs. 2 S. 6, mit der der verfassungswidrige § 47 a aF auch materiell obsolet geworden ist (vgl. näher BT-Drs. 14/4371 S. 15 ff.). Die Bedeutung der Übergangsvorschriften des § 47 a nF nimmt – im Hinblick auf die Stichtage – stetig ab.

B. Noch nicht unanfechtbar entschiedene Fälle (Abs. 1)

2 § 47 ist in der ab dem 22. 6. 2000 geltenden Fassung für Krankengeldansprüche, die vor diesem Termin entstanden sind und über die am 21. 6. 2000 noch nicht unanfechtbar entschieden war (vgl. § 77 SGG), entsprechend anzuwenden. Dazu gehören auch Fälle, in denen aufgrund objektiv falscher oder irreführender Auskünfte der Krankenkasse Wiedereinsetzung in den vorigen Stand gewährt werden muss (BSG 25. 3. 2003 – B 1 KR 36/01 R – SozR 4–1500 § 67 Nr. 1).

C. Unanfechtbar entschiedene Fälle (Abs. 2)

3 Sofern über Krankengeldansprüche bereits unanfechtbar entschieden worden ist, erfolgt die Erhöhung des Krankengelds nach Abs. 1 nur für die Zeiten vom 22. 6. 2000 an bis zum Ende der Leistungsdauer (Abs. 2 S. 1). Die allgemeinere Norm des § 44 Abs. 1 SGB X wird durch Abs. 2 S. 1 als lex specialis verdrängt, wie S. 2 klarstellt. Das ist verfassungskonform (vgl. BSG 25. 3. 2003 – B 1 KR 36/01 R – SozR 4–1500 § 67 Nr. 1).

D. Risikostrukturausgleich (Abs. 3)

4 Abs. 3 enthält eine Folgeregelung für den Risikostrukturausgleich (§ 266 Abs. 2 S. 3 aF), die 2001 ungerechtfertigte Vorteile derjenigen Krankenkassen ausschließen sollte, die keine oder nur sehr geringe Krankengeldnachzahlungen zu leisten hatten (vgl. BT-Drs. 14/4371 S. 16 f.). Heute kommt Abs. 3 keine weitergehende Bedeutung mehr zu.

§ 47 b Höhe und Berechnung des Krankengeldes bei Beziehern von Arbeitslosengeld, Unterhaltsgeld oder Kurzarbeitergeld

(1) ¹Das Krankengeld für Versicherte nach § 5 Abs. 1 Nr. 2 wird in Höhe des Betrages des Arbeitslosengeldes oder des Unterhaltsgeldes gewährt, den der Versicherte zuletzt bezogen hat. ²Das Krankengeld wird vom ersten Tage der Arbeitsunfähigkeit an gewährt.

(2) ¹Ändern sich während des Bezuges von Krankengeld die für den Anspruch auf Arbeitslosengeld oder Unterhaltsgeld maßgeblichen Verhältnisse des Versicherten, so ist auf Antrag des Versicherten als Krankengeld derjenige Betrag zu gewähren, den der Versicherte als Arbeitslosengeld oder Unterhaltsgeld erhalten würde, wenn er nicht erkrankt wäre. ²Änderungen, die zu einer Erhöhung des Krankengeldes um weniger als zehn vom Hundert führen würden, werden nicht berücksichtigt.

(3) Für Versicherte, die während des Bezuges von Kurzarbeitergeld arbeitsunfähig erkranken, wird das Krankengeld nach dem regelmäßigen Arbeitsentgelt, das zuletzt vor Eintritt des Arbeitsausfalls erzielt wurde (Regelentgelt), berechnet.

(4) ¹Für Versicherte, die arbeitsunfähig erkranken, bevor in ihrem Betrieb die Voraussetzungen für den Bezug von Kurzarbeitergeld nach dem Dritten Buch erfüllt sind, wird, solange Anspruch auf Fortzahlung des Arbeitsentgelts im Krankheitsfalle besteht, neben dem Arbeitsentgelt als Krankengeld der Betrag des Kurzarbeitergeldes gewährt, den der Versicherte erhielte, wenn er nicht arbeitsunfähig wäre. ²Der Arbeitgeber hat das Krankengeld kostenlos zu errechnen und auszuzahlen. ³Der Arbeitnehmer hat die erforderlichen Angaben zu machen.

(5) Bei der Ermittlung der Bemessungsgrundlage für die Leistungen der gesetzlichen Krankenversicherung ist von dem Arbeitsentgelt auszugehen, das bei der Bemessung der Beiträge zur gesetzlichen Krankenversicherung zugrunde gelegt wurde.

(6) ¹In den Fällen des § 232a Abs. 3 wird das Krankengeld abweichend von Absatz 3 nach dem Arbeitsentgelt unter Hinzurechnung des Winterausfallgeldes berechnet. ²Die Absätze 4 und 5 gelten entsprechend.

A. Normzweck und Anwendungsbereich

§ 47b enthält besondere Regelungen zur Höhe und Berechnung von Krankengeld bei Bezug von **Arbeitslosengeld** gem. § 5 Abs. 1 Nr. 2 (Abs. 1, 2) und **Kurzarbeitergeld** (Abs. 3 ff.). Das in der Norm erwähnte **Unterhaltsgeld** (§§ 153 ff. SGB III aF) ist im Arbeitslosengeld bei beruflicher Weiterbildung (§ 117 Abs. 1 Nr. 2 SGB III) aufgegangen und hat somit keinen eigenen Anwendungsbereich mehr (s. § 5 Rn. 12). Das noch in Abs. 6 genannte **Winterausfallgeld** ist ebenfalls keine eigenständige Sozialleistung mehr; es wurde durch G v. 24. 4. 2006 (BGBl. I S. 926) in das Kurzarbeitergeld integriert. Aufgrund des Wegfalls des Winterausfallgeldes und der nunmehr fehlgehenden Verweisung auf § 232a III aF (ebenfalls geändert durch G v. 24. 4. 2006 [BGBl. I S. 926]) ist **Abs. 6** mittlerweile **gegenstandslos** (s. auch Krauskopf/Vay, § 47b SGB V Rn. 25). Greift § 47b ein, wird § **47** insoweit **verdrängt** (BSG 14. 12. 2006 – B 1 KR 9/06 R – SozR 4–2500 § 47 Nr. 6). Bezieher von **Arbeitslosengeld II** haben seit dem 1. 1. 2005 keinen Anspruch auf Krankengeld mehr; ihr Anspruch auf Arbeitslosengeld II bleibt auch bei Arbeitsunfähigkeit bestehen (s. näher KassKomm/Höfler, § 47b SGB V Rn. 5). 1

B. Krankengeld bei Bezug von Arbeitslosengeld (Abs. 1)

Der Anspruch setzt voraus, dass die Arbeitsunfähigkeit **während des Leistungsbezugs eintritt,** das Bestehen eines Leistungsanspruchs ist nicht erforderlich, aber auch nicht ausreichend (BSG 5. 5. 2009 – B 1 KR 20/08 R – SozR 4–2500 § 192 Nr. 4); bei Eintritt der Arbeitsunfähigkeit vor dem Leistungsbezug ist die Regelung nicht einschlägig. Zu beachten ist, dass gem. § **126 SGB III** Arbeitslose ihren Anspruch auf Arbeitslosengeld bis zur Dauer von sechs Wochen nicht verlieren (Leistungsfortzahlung im Krankheitsfall), so dass der Anspruch auf Krankengeld gem. § 49 Abs. 1 Nr. 3a ruht (s. § 49 Rn. 8). Gem. Abs. 1 S. 1 wird das Krankengeld in **Höhe** des Betrags des Arbeitslosengeldes gewährt, welches der Versicherte zuletzt bezogen hat. Maßgeblich ist der letzte bindend gewordene Bewilligungsbescheid (BSG 18. 10. 1991 – 9b RAr 18/90 – SozR 3–4100 § 44 Nr. 7). Das Krankengeld stellt sich nicht als Ersatz für Lohnausfall, sondern als Ersatz für eine entgehende Leistung wegen Arbeitslosigkeit dar (BSG 19. 9. 2002 – B 1 KR 11/02 R – SozR 3–2500 § 44 Nr. 10; s. auch BSG 2. 11. 2007 – B 1 KR 30/06 R – NZA 2008, 578). Trotz des Wortlauts wird im Sinn von § 46 S. 1 Nr. 2 Krankengeld nicht vom ersten Tag der Arbeitsunfähigkeit an gewährt (so die wohl hL, s. HN/Gerlach, § 47b SGB V Rn. 12; Joussen, in: Becker/Kingreen, § 47b SGB V Rn. 2; LPK-SGB V/Kruse, § 47b Rn. 2), sondern nach Maßgabe von § 46 Abs.1 S. 1 Nr. 2 mit Bezug auf die ärztliche Feststellung (BSG 19. 9. 2002 – B 1 KR 11/02 R – SozR 3–2500 § 44 Nr. 10); wer an die Arbeitsunfähigkeit Rechtsfolgen knüpfen will, muss für deren ärztliche Feststellung sorgen. Auch Bezieher von **Teilarbeitslosengeld** (§ 150 SGB III) haben bei Arbeitsunfähigkeit Anspruch auf Krankengeld gem. § 47b; für die Teilbeschäftigung gilt weiterhin § 47 (ausf. HN/Gerlach, § 47b SGB V Rn. 6; Krauskopf/Vay, § 47b SGB V Rn. 5f.). Abs. 1 gilt auch, wenn das Arbeitslosengeld ab Beginn des zweiten Monats bis zur zwölften Woche wegen einer **Sperrzeit** nach § 144 SGB III oder 2 ab Beginn des zweiten Monats wegen einer **Urlaubsabgeltung** gem. § 143 Abs. 2 SGB III ruht (§ 5 Abs. 1 Nr. 2 Fall 2). Für die Zahlung des Krankengeldes in diesen Fällen ist jedoch die Ruhensbestimmung des § 49 Abs. 1 Nr. 3a zu beachten (s. § 49 Rn. 8). Sofern wegen einer Sperrzeit oder Urlaubsabgeltung kein Leistungsbezug iSd. Abs. 1 vorliegt, weil sich die Arbeitsunfähigkeit in einer an ein Beschäftigungsverhältnis anschließenden Sperrzeit einstellt, ist das Krankengeld in Höhe eines **fiktiven Arbeitslosengeldanspruchs** zu gewähren. Es ist nicht auf das zuletzt erzielte Arbeitsentgelt abzustellen (hM; vgl. jurisPK/Bohlken, § 47b SGB V Rn. 34; KassKomm/Höfler, § 47b SGB V Rn. 12). Eine **Dynamisierung**, dh. eine Anpassung des Krankengeldes iSd. § 47b an die allgemeine Lohnentwicklung, kommt nach der Aufhebung des Abs. 1 S. 3 aF durch G v. 23. 12. 2002 (BGBl. I S. 4621) nicht mehr in Betracht. Auch § 50 SGB IX kann nicht herangezogen werden, sonst würde der arbeitsunfähige Versicherte ungerechtfertigt begünstigt (allgA; s. etwa HN/Gerlach, § 47b SGB V Rn. 11; Krauskopf/Vay, § 47b SGB V Rn. 13).

C. Änderung der maßgeblichen Verhältnisse (Abs. 2)

3   Bei einer Änderung der maßgeblichen Umstände kommt eine **Anpassung** des Krankengeldes in Betracht, Abs. 2 S. 1. Zu den maßgeblichen Umständen zählen nur **in der Person** des Versicherten begründete Gegebenheiten, etwa die Änderung des Familienstandes, der Steuerklasse oder des anzurechnenden Einkommens (s. etwa jurisPK/Bohlken, § 47b SGB V Rn. 38). Gesetzliche Leistungsänderungen bleiben unberücksichtigt. Änderungen werden **nur auf Antrag** berücksichtigt, Änderungen, die zu einer Verringerung der Krankengeldzahlung führen würden, bleiben ohne Folge; die §§ 44ff. SGB X bleiben hiervon unberührt. Abs. 2 S. 2 stellt eine **Bagatellgrenze** für diejenigen Fälle auf, in denen die relevanten Änderungen zu einer Erhöhung des Krankengeldes von weniger als **10%** führen würden. Bei mehreren, zeitlich aufeinander folgenden Änderungen der Umstände, die nur kumuliert diese Grenze überschreiten, empfiehlt es sich daher, mit der Antragstellung auf ebendieses Überschreiten zu warten (LPK-SGB V/Kruse, § 47b Rn. 7).

D. Krankengeld für Bezieher von Kurzarbeitergeld (Abs. 3ff.)

4   Bei **Arbeitsunfähigkeit während des Bezugs von Kurzarbeitergeld (Abs. 3)** wird das Krankengeld nach dem kumulierten Regelentgelt (s. § 47 Rn. 3, 6) berechnet. Abweichend von der Regel, dass das Regelentgelt sich nach dem im letzten vor Beginn der Arbeitsunfähigkeit abgerechneten Entgeltabrechnungszeitraum bemisst (s. § 47 Rn. 3), bestimmt Abs. 3, dass bei Beziehern von Kurzarbeitergeld (§§ 169ff. SGB III) jedoch das regelmäßige Entgelt **vor Eintritt des Arbeitsausfalls** maßgeblich ist. Die Versicherten werden dadurch besser gestellt, weil die Zeit der Kurzarbeit nicht zu Buche schlägt. Fällt das so ermittelte Krankengeld höher aus als die Summe aus dem während der Kurzarbeit verbleibenden Arbeitsentgelt und dem Kurzarbeitergeld, ist es – dem Leitprinzip des Krankengeldes folgend, dass der Versicherte nicht mehr Entgeltersatz erhalten soll als tatsächlich Einkünfte ausfallen (s. § 47 Rn. 1) – mit der hM auf die Höhe dieser Summe zu begrenzen (vgl. KassKomm/Höfler, § 47b SGB V Rn. 27 mwN). Tritt die **Arbeitsunfähigkeit vor dem Bezug von Kurzarbeitergeld (Abs. 4)** ein und erhält der Versicherte weiterhin Entgeltfortzahlung gem. § 3 Abs. 1 EFZG, reduziert sich diese mit Beginn der verkürzten Arbeitszeit, § 4 Abs. 3 S. 1 EFZG. Für diesen Fall sieht Abs. 4 S. 1 vor, dass dem Versicherten neben der gekürzten Entgeltfortzahlung zusätzlich (Teil-)Krankengeld in Höhe des Kurzarbeitergeldes gewährt wird, welches er erhielte, wenn er nicht arbeitsunfähig wäre. Die Berechnung und Auszahlung des Krankengeldes erfolgt kostenlos durch den Arbeitgeber, der diese Leistung von der Krankenkasse erstattet bekommt, was besser gesetzlich ausdrücklich geregelt wäre. In allen Fällen gelten nach dem Ende der Kurzarbeit die allgemeinen Regeln. Sofern die ausgefallenen Arbeitsstunden in den Berechnungszeitraum des § 47 fallen, sollte entsprechend § 47b auf den letzten vor Beginn des Arbeitsausfalls abgerechneten Zeitraum abgestellt werden (Krauskopf/Vay, § 47b SGB V Rn. 27); endet im Fall des Abs. 4 die Zeit der Entgeltfortzahlung, ist nach Maßgabe von Abs. 3 zu berechnen (jurisPK/Bohlken, § 47b SGB V Rn. 64). Tritt Arbeitsunfähigkeit vor dem Beginn der Kurzarbeit ein, besteht jedoch kein Anspruch auf Entgeltfortzahlung, greift Abs. 4 nicht ein, es gilt § 47.

E. Bemessungsgrundlage bei anderen Leistungen (Abs. 5)

5   Abs. 5 soll sicherstellen, dass für die Ermittlung **anderer Leistungen** (deutlicher § 164 Abs. 3 AFG aF: „im Übrigen") der gesetzlichen Krankenversicherung nicht vom durch den Arbeitsausfall verminderten Lohn ausgegangen wird, sondern von dem Arbeitsentgelt, welches der Bemessung der Beiträge zur gesetzlichen Krankenversicherung (§ 232a Abs. 2) zugrunde gelegt wurde. Allerdings hat Abs. 5 praktisch **keinen Anwendungsbereich,** da es neben dem Krankengeld und dem Mutterschaftsgeld (für das Sonderregeln gelten, vgl. § 200 Abs. 2 RVO) keine vom Einkommen des Versi-

cherten abhängigen Leistungen gibt (s. auch KassKomm/Höfler, § 47 b SGB V Rn. 32; Joussen, in: Becker/Kingreen, § 47 b SGB V Rn. 7).

§ 48 Dauer des Krankengeldes

(1) ¹Versicherte erhalten Krankengeld ohne zeitliche Begrenzung, für den Fall der Arbeitsunfähigkeit wegen derselben Krankheit jedoch für längstens achtundsiebzig Wochen innerhalb von je drei Jahren, gerechnet vom Tage des Beginns der Arbeitsunfähigkeit an. ²Tritt während der Arbeitsunfähigkeit eine weitere Krankheit hinzu, wird die Leistungsdauer nicht verlängert.

(2) Für Versicherte, die im letzten Dreijahreszeitraum wegen derselben Krankheit für achtundsiebzig Wochen Krankengeld bezogen haben, besteht nach Beginn eines neuen Dreijahreszeitraums ein neuer Anspruch auf Krankengeld wegen derselben Krankheit, wenn sie bei Eintritt der erneuten Arbeitsunfähigkeit mit Anspruch auf Krankengeld versichert sind und in der Zwischenzeit mindestens sechs Monate
1. nicht wegen dieser Krankheit arbeitsunfähig waren und
2. erwerbstätig waren oder der Arbeitsvermittlung zur Verfügung standen.

(3) ¹Bei der Feststellung der Leistungsdauer des Krankengeldes werden Zeiten, in denen der Anspruch auf Krankengeld ruht oder für die das Krankengeld versagt wird, wie Zeiten des Bezugs von Krankengeld berücksichtigt. ²Zeiten, für die kein Anspruch auf Krankengeld besteht, bleiben unberücksichtigt.

A. Normzweck und Grundsatz

§ 48 regelt die Dauer des Krankengeldes. Der Grundsatz in Abs. 1 S. 1 Hs. 1, nach dem Krankengeld ohne zeitliche Begrenzung gewährt wird, wird in mehrfacher Hinsicht durchbrochen, sodass das **Regel-Ausnahme-Verhältnis letztlich umgekehrt** wird (ähnlich KassKomm/Höfler, § 48 SGB V Rn. 1 a). Hintergrund ist, dass das Krankengeld nur einen **vorübergehenden Entgeltausfall** aufgrund von Arbeitsunfähigkeit kompensieren soll; länger andauernde Arbeitsunfähigkeit, welche auf einem Dauerleiden beruht, fällt in den Risikobereich der Rentenversicherung. Das gilt auch, wenn Versicherte die Anspruchsvoraussetzungen für Rentenleistungen nicht erfüllen (vgl. BVerfG 24. 3. 1998 – 1 BvL 6/92 – SozR 3–2500 § 48 Nr. 7). Gem. § 192 Abs. 1 Nr. 2 bleibt die Mitgliedschaft Versicherungspflichtiger in der gesetzlichen Krankenversicherung erhalten, solange ein Anspruch auf Krankengeld besteht oder Krankengeld bezogen wird; damit kann der Anspruch nicht gem. § 19 Abs. 1 erlöschen. Der Bezug von Krankengeld nach dem Ende der Mitgliedschaft ist nur in den Fällen des § 19 Abs. 2 denkbar. 1

B. Arbeitsunfähigkeit wegen derselben Krankheit (Abs. 1 S. 1 Hs. 2, S. 2)

I. Allgemeines

Sofern die Arbeitsunfähigkeit auf derselben Krankheit beruht, ist der Anspruch auf Krankengeld auf **78 Wochen** (= 546 Tage) **innerhalb von je drei Jahren** (sog. Blockfrist) begrenzt. Eine solche Blockfrist bezieht sich stets auf eine bestimmte Krankheit. Dem Wortlaut nach gilt § 48 nicht für den Krankengeldanspruch aufgrund **stationärer Behandlung** iSv. § 44 Abs. 1 S. 1 Fall 2; sofern eine stationäre Behandlung ohne Arbeitsunfähigkeit vorliegt, wird § 48 nach seinem Zweck **analog** anzuwenden sein (ebenso KassKomm/Höfler, § 48 SGB V Rn. 3 a mwN; aA BeckOKSozR/Berchtold, § 48 SGB V Rn. 2: keine Regelungslücke); praktische Bedeutung wird dies nicht haben. 2

II. Dieselbe Krankheit

Dieselbe Krankheit iSv. § 48 liegt vor, wenn es sich um ein **einheitliches Krankheitsgeschehen** handelt, dem **dieselbe Krankheitsursache** oder zumindest ein **innerer Zusammenhang mit ihr** zu Grunde liegt (vgl. zuletzt BSG 7. 12. 2004 – B 1 KR 10/03 R; 12. 10. 1988 – 3/8 RK 28/87 – NZA 1989, 287 f.; jurisPK/Meyerhoff, § 48 SGB V Rn. 14; LPK-SGB V/Kruse, § 48 Rn. 4). Es geht um das **Grundleiden**, aus dem Krankheitszustände mit Behandlungsbedürftigkeit oder Arbeitsunfähigkeit folgen (vgl. BSG 29. 9. 1998 – B 1 KR 2/97 R – SozR 3–2500 § 48 Nr. 8). Eine ohne Unterbrechung andauernde Arbeitsunfähigkeit ist nicht erforderlich; **mehrere Zeiten** der Arbeitsunfähigkeit innerhalb eines Dreijahreszeitraums, die in dem erforderlichen inneren Zusammenhang stehen, werden zusammengerechnet. Nicht ausreichend ist das mehrfache Auftreten der gleichen oder einer gleichartigen Krankheit mit zwischenzeitiger vollständiger Genesung (zB mehrere grippale Infekte). Andererseits kann sich das Grundleiden auch in unterschiedlichen Erscheinungsformen äu- 3 ßern; das BSG nimmt dies etwa bei degenerativen Wirbelsäulenveränderungen an, die wiederholt behandlungsbedürftige Beschwerden auslösen (BSG 7. 12. 2004 – B 1 KR 10/03 R mwN).

III. Hinzutritt einer weiteren Krankheit (Abs. 1 S. 2)

4   Gem. Abs. 1 S. 2 verlängert sich die Leistungsdauer **nicht**, wenn während der Arbeitsunfähigkeit zu der ersten eine weitere Krankheit, dh. eine solche mit eigenständiger medizinischer Grundlage, **hinzutritt**. Innerhalb der Blockfrist „läuft dann die Zeit" weiter (vgl. BSG 8. 12. 1992 – 1 RK 8/92 – SozR 3–2500 § 48 Nr. 3). Es kommt nicht darauf an, ob die hinzutretende Krankheit allein oder nur zusammen mit der ersten Krankheit Arbeitsunfähigkeit herbeiführt (BSG 8. 12. 1992 – 1 RK 8/92 – SozR 3–2500 § 48 Nr. 3; BSG 29. 9. 1998 – B 1 KR 2/97 R – SozR 3–2500 § 48 Nr. 8). „Während" der Arbeitsunfähigkeit tritt eine weitere Krankheit dann hinzu, wenn sie **zumindest für einen Tag gleichzeitig** mit der ersten bestanden hat (BSG 8. 11. 2005 – B 1 KR 27/04 R – SozR 4–2500 § 48 Nr. 3; KassKomm/Höfler, § 48 SGB V Rn. 7a). Auch wenn mehrere Krankheiten zeitgleich Arbeitsunfähigkeit hervorrufen, ist Abs. 1 S. 2 einschlägig (BSG aaO; aA noch LPK-SGB V/Kruse, § 48 Rn. 7). Die Voraussetzungen des § 48 I 2 liegen nicht vor, wenn sich Krankheiten (die nicht miteinander in einem inneren Zusammenhang stehen) nicht in der dargelegten Weise für wenigstens einen Tag überlappen. Ebenfalls nicht ausreichend ist es, dass eine Arbeitsunfähigkeit an einem Tag wegen beider Krankheiten bestand, wenn die erste Krankheit vorher zunächst beendet war (LSG SchlH 24. 2. 2010 – LS KR 112/08 – NZS 2011, 59f.). Fraglich ist, inwieweit im Einzelnen unter den Voraussetzungen des § 48 I 2 diese Eigenständigkeit im Hinblick auf die erste und im Hinblick auf die hinzutretende Krankheit aufgehoben ist. Zu Recht geht das BSG von Folgendem aus (BSG 8. 12. 1992 – 1 RK 8/92 – SozR 3–2500 § 48 Nr. 3): Die hinzugekommene Krankheit setzt, auch was diese selbst betrifft, nicht einen neuen Dreijahreszeitraum in Gang; sie ist vielmehr der durch die erste Krankheit ausgelösten Blockfrist zuzuordnen. Eine davon zu trennende andere Frage ist, wie die erste und die weitere Krankheit **in Bezug auf einen späteren** sie betreffenden Dreijahreszeitraum in Ansatz zu bringen sind. Nach dem klaren Wortsinn des Abs. 1 gelten dessen gegenüber Abs. 2 strengere Maßstäbe nur, wenn die erste oder die weitere Krankheit die Bezugszeit von 78 Wochen ausgeschöpft hat; hat eine dieser Krankheiten oder haben beide weniger als 78 Wochen gedauert, wurde nicht „wegen derselben Krankheit für 78 Wochen Krankengeld bezogen". Es gilt Abs. 1, nicht Abs. 2.

IV. Dreijahreszeitraum

5   Nach der Rechtsprechung des BSG ist der Dreijahreszeitraum nach dem Grundsatz der **starren Rahmenfrist** zu berechnen; die erstmalige Arbeitsunfähigkeit wegen derselben Krankheit löst eine Kette von Dreijahreszeiträumen aus (hM, vgl. BSG 17. 4. 1970 – 3 RK 41/69 – SozR § 183 Nr. 49; KassKomm/Höfler, § 48 SGB V Rn. 5 mwN; diff. Wannagat/Just, § 48 SGB V Rn. 12). Stichtag gem. Abs. 1 S. 2 Hs. 2 (Tag des Beginns der Arbeitsunfähigkeit) ist auch hier gem. § 46 Abs. 1 S. 1 Nr. 2 der Tag nach der ärztlichen Feststellung der Arbeitsunfähigkeit (zu § 47b I 2 s. dort Rn. 2); wer an die Arbeitsunfähigkeit Rechtsfolgen knüpfen will, muss für deren ärztliche Feststellung sorgen (aA die hM, vgl. stellvertretend KassKomm/Höfler, § 48 SGB V Rn. 5; Joussen, in Becker/Kingreen, § 48 SGB V Rn. 5; Krauskopf/Vay, § 48 SGB V Rn. 15). Der Zeitlauf wird auch dann in Gang gesetzt, wenn Krankengeld nicht von Beginn der Arbeitsunfähigkeit an – etwa wegen Ruhens des Anspruchs gem. § 49 – gezahlt wird (vgl. BSG 16. 7. 1971 – 3 RK 101/69 – SozR § 183 Nr. 62).

C. Erneuter Anspruch (Abs. 2)

I. Allgemeines

6   Sofern Krankengeld im letzten Dreijahreszeitraum für 78 Wochen bezogen wurde, kommt ein erneuter Anspruch aufgrund derselben Krankheit innerhalb einer neuen Blockfrist (nicht zwingend der direkt anschließenden, wie es der Wortlaut eigentlich verlangt, s. BSG 29. 9. 1998 – B 1 KR 2/97 R – SozR 3–2500 § 48 Nr. 8) nur unter den **einschränkenden Voraussetzungen des Abs. 2** in Betracht. Ist der besagte Zeitraum nicht vollständig ausgeschöpft worden – und sei es nur um einen Tag –, gilt Abs. 1 (ebenso Joussen, in: Becker/Kingreen, § 48 SGB V Rn. 7; kritisch KassKomm/Höfler, § 48 SGB V Rn. 8c). Abs. 2 ist verfassungskonform (s. näher BVerfG 23. 3. 1998 – 1 BvL 6/92 – SozR 3–2500 § 48 Nr. 7).

II. Versicherungsverhältnis mit Anspruch auf Krankengeld

7   Voraussetzung ist zunächst, dass der Versicherte bei Eintritt der erneuten Arbeitsunfähigkeit mit Anspruch auf Krankengeld versichert ist (das ist nicht der Fall namentlich bei Vorliegen der Voraussetzungen des § 50 Abs. 1 S. 1, s. dort). Das wäre freilich auch ohne explizite Regelung selbstverständlich.

III. Sechsmonatiger Zeitraum ohne Arbeitsunfähigkeit

Des Weiteren muss die auf derselben Krankheit beruhende Arbeitsunfähigkeit des Versicherten für mindestens sechs Monate unterbrochen gewesen sein. Dieser Zeitraum kann sich aus mehreren Teilabschnitten zusammensetzen; er muss nicht an einem Stück vorliegen (s. BT-Drs. 11/2237 S. 181). 8

IV. Sechsmonatige Erwerbstätigkeit oder Verfügbarkeit

Außerdem muss der Versicherte mindestens sechs Monate erwerbstätig gewesen sein oder – alternativ – der Arbeitsvermittlung zur Verfügung gestanden haben, s. § 119 Abs. 1 Nr. 3, V SGB III. Diese Zeitspanne dürfte sich regelmäßig mit der unter Rn. 8 genannten decken. Der Erwerbstätigkeit steht die **Teilnahme an Umschulungsmaßnahmen** im Rahmen der beruflichen Rehabilitation gleich (BSG 3. 11. 1993 – 1 RK 10/93 – SozR 3–2500 § 48 Nr. 5; vgl. auch § 7 Abs. 2 SGB IV). Eine versicherungsfreie – **geringfügige Beschäftigung** iSd. § 8 SGB IV ist nicht ausreichend (vgl. etwa jurisPK/Meyerhoff, § 48 SGB V Rn. 33; wohl auch Krauskopf/Vay, § 48 SGB V Rn. 28). Wie bei Rn. 8 gilt auch hier, dass die sechs Monate nicht ununterbrochen am Stück zurückgelegt sein müssen (s. KassKomm/Höfler, § 48 SGB V Rn. 9 f.). Zur **Höhe** des Anspruchs, wenn der Versicherte sich der Arbeitsvermittlung lediglich mit dem Restleistungsvermögen zur Verfügung gestellt hat, s. BSG 28. 9. 1993 – 1 RK 46/92 – SozR 3–4100 § 158 Nr. 1. 9

V. Erneute Meldung gem. § 49 Abs. 1 Nr. 5

Versicherte müssen ihrer Krankenkasse die Arbeitsunfähigkeit erneut gem. § 49 Abs. 1 Nr. 1 melden, um zu vermeiden, dass der neue Anspruch ruht. Ein automatisches „Wiederaufleben" ist Abs. 2 folglich nicht zu entnehmen (BSG 29. 9. 1998 – B 1 KR 7/98 mwN). 10

VI. Anzurechnende Zeiten (Abs. 3)

Gem. Abs. 3 **S. 1** werden Leistungen, die ruhen (§§ 16, 49) oder versagt wurden (§ 52, § 66 SGB I), wie bezogene Leistungen berücksichtigt. Keine Berücksichtigung erfahren Zeiten, für die kein Anspruch auf Krankengeld bestand, Abs. 3 S. 2. Darunter fallen insb. die Wartezeiten des § 46 sowie diejenigen Zeiten, für die der Anspruch auf Krankengeld rückwirkend entfallen ist, etwa wegen nachträglicher Rentenbewilligung nach § 50 Abs. 1 S. 1 Nr. 1 (s. näher BSG 8. 12. 1992 – 1 RK 9/92 – SozR 3–2500 § 48 Nr. 4). 11

§ 49 Ruhen des Krankengeldes

(1) **Der Anspruch auf Krankengeld ruht,**
1. soweit und solange Versicherte beitragspflichtiges Arbeitsentgelt oder Arbeitseinkommen erhalten; dies gilt nicht für einmalig gezahltes Arbeitsentgelt,
2. solange Versicherte Elternzeit nach dem Bundeselterngeld- und Elternzeitgesetz in Anspruch nehmen; dies gilt nicht, wenn die Arbeitsunfähigkeit vor Beginn der Elternzeit eingetreten ist oder das Krankengeld aus dem Arbeitsentgelt zu berechnen ist, das aus einer versicherungspflichtigen Beschäftigung während der Elternzeit erzielt worden ist,
3. soweit und solange Versicherte Versorgungskrankengeld, Übergangsgeld, Unterhaltsgeld oder Kurzarbeitergeld beziehen,
3 a. solange Versicherte Mutterschaftsgeld oder Arbeitslosengeld beziehen oder der Anspruch wegen einer Sperrzeit nach dem Dritten Buch ruht,
4. soweit und solange Versicherte Entgeltersatzleistungen, die ihrer Art nach den in Nummer 3 genannten Leistungen vergleichbar sind, von einem Träger der Sozialversicherung oder einer staatlichen Stelle im Ausland erhalten,
5. solange die Arbeitsunfähigkeit der Krankenkasse nicht gemeldet wird; dies gilt nicht, wenn die Meldung innerhalb einer Woche nach Beginn der Arbeitsunfähigkeit erfolgt.
6. soweit und solange für Zeiten einer Freistellung von der Arbeitsleistung (§ 7 Abs. 1 a des Vierten Buches) eine Arbeitsleistung nicht geschuldet wird,
7. während der ersten sechs Wochen der Arbeitsunfähigkeit für Versicherte, die eine Wahlerklärung nach § 44 Absatz 2 Satz 1 Nummer 3 abgegeben haben.

(2) ¹Absatz 1 Nr. 3 und 4 ist auch auf einen Krankengeldanspruch anzuwenden, der für einen Zeitraum vor dem 1. Januar 1990 geltend gemacht wird und über den noch keine nicht mehr anfechtbare Entscheidung getroffen worden ist. ²Vor dem 23. Februar 1989 ergangene Verwaltungsakte über das Ruhen eines Krankengeldanspruchs sind nicht nach § 44 Abs. 1 des Zehnten Buches zurückzunehmen.

(3) **Auf Grund gesetzlicher Bestimmungen gesenkte Entgelt- oder Entgeltersatzleistungen dürfen bei der Anwendung des Absatzes 1 nicht aufgestockt werden.**

(4) **Erbringt ein anderer Träger der Sozialversicherung bei ambulanter Ausführung von Leistungen zur medizinischen Rehabilitation Verletztengeld, Versorgungskrankengeld oder Übergangsgeld, werden diesem Träger auf Verlangen seine Aufwendungen für diese Leistungen im Rahmen der nach § 13 Abs. 2 Nr. 7 des Neunten Buches vereinbarten gemeinsamen Empfehlungen erstattet.**

A. Normzweck und Bedeutung

1 § 49 bestimmt – mit Ausnahme von Abs. 1 Nr. 2 und 5 – das Konkurrenzverhältnis des Krankengeldes zu anderen Entgelt- bzw. Entgeltersatzformen. **Mehrfachzahlungen** sollen **verhindert** werden (vgl. etwa BSG 8. 11. 2005 – B 1 KR 33/03 R – SozR 4–2500 § 48 Nr. 2). Dieses Regelungsziel ist verfassungskonform (BSG 20. 8. 1986 – 8 RK 69/84 – SozR 2200 § 183 Nr. 50; 30. 5. 2006 – B 1 KR 14/05 R – USK 2006 – 11 mwN). Das Krankengeld hat subsidiären Charakter, idR haben andere (Sozial-)Leistungen Vorrang. Rechtstechnisch wird dabei der Krankengeldanspruch zum **Ruhen** gebracht, worunter die Rechtsprechung versteht, dass das Stammrecht auf die Leistung fortbesteht, der Anspruch aber nicht erfüllt und die Leistung nicht ausbezahlt werden darf (BSG 29. 6. 1994 – 1 RK 45/93 – SozR 3–1300 § 48 Nr. 33 mwN). Das hat etwa zur Folge, dass Ruhenszeiten gemäß § 48 Abs. 3 bei der Feststellung der Leistungsdauer des Krankengeldes wie Bezugszeiten zu berücksichtigt werden. Das Ruhen tritt **kraft Gesetzes** ein, es bedarf dazu keiner Verwaltungsentscheidung. § 49 gilt sowohl für Pflichtversicherte als auch für freiwillig Versicherte (vgl. BSG 14. 11. 1996 – 2 RU 5/96 – SozR 3–2500 § 49 Nr. 3). **Abs. 1 Nr. 5** (fehlende Meldung an die Krankenkasse) sichert Prüfung und Einflussnahme durch die Kasse auf die Behandlung. Den Übergangsregelungen in Abs. 2 kommt heute keine praktische Bedeutung mehr zu.

B. Ruhenstatbestände (Abs. 1)

I. Bezug von Arbeitsentgelt (Nr. 1 Fall 1)

2 **1. Allgemeines.** Der Krankengeldanspruch ruht, soweit (bedeutsam, wenn der Arbeitgeber ganz oder teilweise nicht leistet) und solange Versicherte **beitragspflichtiges Arbeitsentgelt** erhalten. Für das Arbeitsentgelt ist die Begriffsbestimmung des § 14 SGB IV iVm. § 7 SGB IV maßgebend (s. dort). Auch **Sachbezüge** nach der SvEV und **vermögenswirksame Leistungen** sind zu berücksichtigen. Praktisch bedeutsamster Fall von Nr. 1 ist die **Entgeltfortzahlung** gem. §§ 3 ff. EFZG (der Anspruch auf Arbeitsentgelt bleibt abweichend von § 326 BGB erhalten). Einmalig gezahltes Entgelt (§ 23 a SGB IV, zB Gratifikationen, Prämien, sonstige Sonderleistungen) wird gem. Nr. 1 Hs. 2 nicht berücksichtigt, es zählt nur **laufendes** Arbeitsentgelt. **Arbeitgeberzuschüsse zum Krankengeld** gem. § 23 c SGB IV dürfen nicht als beitragspflichtiges Arbeitsentgelt behandelt werden, sofern sie zusammen mit dem Krankengeld das Nettoarbeitsentgelt gem. § 47 (s. dort) nicht übersteigen (zur Entwicklung s. KassKomm/Höfler, § 49 SGB V Rn. 6 f.). Eine **Urlaubsabgeltung** gem. § 7 Abs. 4 BUrlG stellt kein Entgelt iSd. § 49 dar (s. zuletzt BSG 30. 5. 2006 – B 1 KR 26/05 R – SozR 4–2500 § 49 Nr. 4 mwN).

3 **2. Tatsächlicher Bezug.** Der Versicherte muss das Arbeitsentgelt grds. tatsächlich erhalten haben, dh. es muss ihm **ausbezahlt** worden sein. Ein Anspruch auf Zahlung genügt einerseits nicht (KassKomm/Höfler, § 49 SGB V Rn. 7), ist andererseits aber auch nicht erforderlich (LSG Hamburg 25. 2. 2010 – L 1 KR 27/09 – juris). Eine **Aufrechnung** entspricht der Auszahlung, weil der Gegenwert des Aufrechnungsbetrags, das Arbeitsentgelt, zugeflossen ist (BSG 29. 6. 1994 – 1 RK 45/93 – SozR 3–1300 § 48 Nr. 33). Verweigert der Arbeitgeber zu Unrecht die Auszahlung, ruht der Krankengeldanspruch nicht; die Krankenkasse muss an den Versicherten leisten und hat einen Regressanspruch gegen den Arbeitgeber gem. § 115 Abs. 1 SGB X bis zur Höhe der erbrachten Leistung (s. dazu BSG 13. 5. 1992 – 1/3 RK 10/90 – SozR 3–2200 § 189 Nr. 1). Verweigert der Arbeitgeber zu Recht die Entgeltfortzahlung gem. § 3 EFZG, weil der Versicherte seine Arbeitsunfähigkeit grob fahrlässig herbeigeführt hat (zum sog. „Verschulden gegen sich selbst" s. ErfK/Dörner, § 3 EFZG Rn. 46 ff.), ist ebenfalls Krankengeld zu leisten; grobe Fahrlässigkeit wird von § 52 nicht erfasst (LPK-SGB V/Kruse, § 49 Rn. 4). Der Anspruch auf Krankengeld ruht ferner nicht, wenn der von einem Dritten geschädigte Versicherte mit dem Schädiger einen **Abfindungsvergleich** schließt und der Arbeitgeber deshalb zu Recht (s. § 7 Abs. 1 Nr. 2 EFZG) die Entgeltfortzahlung verweigert (BSG 13. 5. 1992–1/3 RK 10/90 – SozR 3–2200 § 189 Nr. 1). Der Schadensersatzanspruch des Geschädigten geht im Moment des Schadensereignisses gem. § 116 Abs. 1 SGB X auf den Krankenversicherungsträger über (s. § 116 SGB X Rn. 4 f.), so dass der Abfindungsvergleich dem Krankenversicherungsträger gegenüber regelmäßig ins Leere läuft. Hat der Versicherte aufgrund einer nicht rechtsmissbräuchlichen **Eigenkündigung** keinen Entgeltfortzahlungsanspruch mehr, kommt eine analoge Anwendung von Nr. 1 nicht in Betracht (LSG NI/HB 27. 8. 2002 – L 4 KR 138/00 – NZS 2003, 378 f.; Krauskopf/Vay, § 49 SGB

V Rn. 12). Ansonsten dürfte eine entsprechende Anwendung nur bei vorsätzlicher Schädigung der Krankenkasse zu bejahen sein; dies entspricht dem Regelungsgedanken von § 52 Abs. 1 (ebenso zum Abfindungsvergleich jurisPK/Brinkhoff, § 49 SGB V Rn. 29; anders wohl KassKomm/Höfler, § 49 SGB V Rn. 7: auch fahrlässige Nebenpflichtverletzung ausreichend).

II. Bezug von Arbeitseinkommen (Nr. 1 Fall 2)

Auch soweit und solange der Versicherte beitragspflichtiges Arbeitseinkommen aus einer selbständigen Tätigkeit erhält, ruht der Anspruch auf Krankengeld. Es gilt die Definition des Arbeitseinkommens gem. **§ 15 SGB IV** (s. dort Rn. 4). Wird ein versicherter hauptberuflich Selbständiger arbeitsunfähig und stellt er seine bisherige Mitarbeit im Unternehmen vollständig ein, ist regelmäßig anzunehmen, dass er für diese Zeit kein Arbeitseinkommen erzielt (BSG 14. 12. 2006 – B 1 KR 11/06 R – SozR 4–2500 § 47 Nr. 7). **4**

III. Elternzeit (Nr. 2)

Der Krankengeldanspruch ruht grds. (in vollem Umfang) bei Inanspruchnahme von Elternzeit nach dem BEEG. Während dieser Zeit besteht regelmäßig kein Entgeltanspruch, der ersetzt werden könnte. Der Grundsatz kennt zwei Ausnahmen: Krankengeld ruht gem. **Hs. 2 F 1** zum einen nicht, wenn die Arbeitsunfähigkeit **vor Beginn der Elternzeit**, etwa während der Frist des § 6 Abs. 1 MuSchG, eingetreten ist. Jedoch ist zu zahlendes Elterngeld dann gem. § 3 Abs. 2 BEEG zu kürzen. Für Versicherte bietet es sich daher an, Elternzeit erst nach dem Ende der Arbeitsunfähigkeit bzw. des Krankengeldbezugs zu beantragen. Zum anderen ist gem. **Hs. 2 F 2** Krankengeld zu gewähren, wenn der Elternzeitberechtigte während der Elternzeit einer versicherungspflichtigen **(Teilzeit-)Beschäftigung** iSd. § 15 Abs. 4 BEEG nachgeht; die Höhe des Krankengeldes richtet sich dann nach der Höhe des erzielten Arbeitsentgelts. **5**

IV. Bezug von Sozialleistungen (Nr. 3)

Gem. Nr. 3 ruht der Krankengeldanspruch, soweit und solange Versorgungskrankengeld, Übergangsgeld oder Kurzarbeitergeld bezogen wird. Das noch erwähnte Unterhaltsgeld wird nunmehr vom Begriff des Arbeitslosengeldes (Nr. 3a) erfasst (s. § 47b Rn. 1). Es ist auch hier erforderlich, dass die entsprechende Sozialleistung **tatsächlich erbracht** wird (s. schon BSG 9. 12. 1976 – 2 RU 39/76 – SozR 2200 § 1504 Nr. 3 mwN; KassKomm/Höfler, § 49 SGB V Rn. 11; Krauskopf/Vay, § 49 SGB V Rn. 23). Ist das Krankengeld höher als die hinzutretende Sozialleistung, hat der Versicherte Anspruch auf den sog. **Spitzbetrag**, dh. den Differenzbetrag („soweit"; s. bereits BSG 19. 9. 1979 – 11 RA 72/78 – SozR 2200 § 1241b Nr. 2). **6**

Der Anspruch auf **Versorgungskrankengeld** ergibt sich aus den §§ 16ff. BVG. Versorgungskrankengeld wegen einer durch Schädigungsfolgen bedingten Arbeitsunfähigkeit steht dem Beschädigten auch dann zu, wenn durch das Hinzutreten einer nichtschädigungsbedingten Erkrankung, die für sich allein ebenfalls Arbeitsunfähigkeit verursacht hätte, stationäre Krankenhausbehandlung notwendig ist. Der Anspruch auf Krankengeld ruht gem. Nr. 3 (s. BSG 23. 2. 1987 – 9a RV 22/86 – SozR 3100 § 16 Nr. 4). Auch soweit und solange Versicherte **Übergangsgeld** gem. den §§ 160ff. SGB III, 20f. SGB VI, 46ff. SGB IX beziehen, ruht der Krankengeldanspruch. Im Hinblick auf Übergangsgeld gem. §§ 49ff. SGB VII ist der Krankengeldanspruch bereits gem. § 11 Abs. 5 (s. dort Rn. 5) ausgeschlossen. Das **Kurzarbeitergeld** (§§ 169ff. SGB III) ist gemäß § 172 Abs. 2 SGB III gegenüber dem Krankengeld nachrangig. Durch die Spezialregelungen in § 47b Abs. 3, 4 ist ein Anwendungsbereich dieses Ruhenstatbestandes in Nr. 3 nicht mehr auszumachen (ähnlich jurisPK/Brinkhoff, § 49 SGB V Rn. 42; Krauskopf/Vay, § 49 SGB V Rn. 28). **7**

V. Bezug sonstiger Sozialleistungen/Sperrzeit nach dem SGB III (Nr. 3a)

Die in Nr. 3a aufgeführten Sozialleistungen **Mutterschaftsgeld** (§§ 13, 14 MuSchG, § 200 RVO) und **Arbeitslosengeld** (§ 117 SGB III) waren bis zum 31. 12. 1996 in Nr. 3 normiert. Ihre Ausgliederung ist dadurch zu erklären, dass für sie die Spitzbetragregelung (Rn. 6) der Nr. 3 nicht gelten soll (vgl. BT-Drs. 13/2204 S. 124f.); das Krankengeld ruht „solange" (und nicht auch „soweit") überhaupt Mutterschafts- oder Arbeitslosengeld gewährt wird. Das BSG hat die Verfassungsmäßigkeit dieser Regelung bejaht (s. BSG 25. 6. 2002 – B 1 KR 13/01 R – SozR 3–2500 § 11 Nr. 3; krit. Krauskopf/Vay, § 49 SGB V Rn. 32; Waltermann/Grohmann, SGb 1997, 97, 101). Für das ursprünglich ebenfalls von Nr. 3a erfasste **Verletztengeld** gilt nunmehr § 11 Abs. 5 (zur früheren Konkurrenzproblematik s. BSG 8. 11. 2005 – B 1 KR 33/03 R – SozR 4–2500 § 48 Nr. 2; s. auch SG Dresden 10. 12. 2009 – S 18 KR 458/06 – juris). Damit hat der Wegfall des Spitzbetrags jedoch keine Bedeutung mehr: Das Mutterschaftsgeld orientiert sich der Höhe nach am durchschnittlichen Arbeitsentgelt der Versicherten und ist damit idR höher als das zu zahlende Krankengeld (vgl. § 14 Abs. 1 S. 1 MuSchG); die Beträge von Arbeitslosengeld und Krankengeld sind gleich hoch (s. § 47b Rn. 2). **8**

Wegen des Bezugs von **Arbeitslosengeld** ruht der Anspruch auf Krankengeld gem. Nr. 3 a nur, soweit der Anspruch auf Arbeitslosengeld für die **Dauer der Leistungsfortzahlung** von sechs Wochen besteht (vgl. §§ 126 Abs. 1 S. 1, 142 Abs. 1 S. 1 Nr. 2 SGB III; BSG 14. 12. 2006 – B 1 KR 6/06 R – SozR 4–2500 § 44 Nr. 11; 3. 6. 2004 – B 11 AL 55/03 R – SozR 4–4300 § 125 Nr. 1). Das Konkurrenzverhältnis zwischen § 142 Abs. 1 Nr. 2 SGB III und § 49 Abs. 1 Nr. 3 a ist dahin aufzulösen, dass der Krankengeldanspruch nur während des Zeitraums ruht, in dem Arbeitslosengeld gem. § 126 SGB III fortzuzahlen ist (BSG 14. 12. 2006 – B 1 KR 6/06 R – SozR 4–2500 § 44 Nr. 11). Der Anspruch eines Arbeitslosen auf Krankengeld wegen Arbeitsunfähigkeit ist nicht ausgeschlossen, wenn er zugleich wegen der **Nahtlosigkeitsregelung** (§ 125 SGB III) Anspruch auf Arbeitslosengeld hat (s. BSG aaO). Gem. **Nr. 3 a Fall 3** ruht der Krankengeldanspruch folgerichtig, wenn eine **Sperrfrist** gem. § 144 SGB III (nicht nach anderen Vorschriften) den Arbeitslosengeldanspruch zum Ruhen bringt. Die Krankenkasse wird in der Praxis im Hinblick auf die Voraussetzungen des § 144 SGB III der Beurteilung der Arbeitsverwaltung folgen, Tatbestandswirkung hat diese nicht (für Tatbestandswirkung Krauskopf/Vay, § 49 SGB V Rn. 33; jurisPK/Brinkhoff, § 49 SGB V Rn. 48).

VI. Ausländische Entgeltersatzleistungen (Nr. 4)

9   Gem. Nr. 4 ruht der Krankengeldanspruch auch, soweit und solange Versicherte ausländische, ihrer Art nach den in Nr. 3 vergleichbare Entgeltersatzleistungen erhalten. „Vergleichbar" sind ausländische Ersatzleistungen, wenn sie in ihrem Kerngehalt den typischen Merkmalen der inländischen Erwerbsersatzeinkommen entsprechen, dh. **nach ihrer Funktion gleichwertig** sind (vgl. BSG 3. 6. 1991 – 13/5 RJ 39/90 – SozR 3–2400 § 18 a Nr. 2 zu § 18 a Abs. 3 S. 1 SGB IV). Auf die **Fälle der Nr. 3 a** ist die Bestimmung analog anzuwenden, die ausgebliebene Anpassung der – älteren – Nr. 4 kann als Redaktionsversehen angesehen werden (s. HN/Noftz, § 49 SGB V Rn. 41; ErfK/Rolfs, § 49 SGB V Rn. 15; aA: BeckOKSozR/Berchtold, § 49 SGB V Rn. 23).

VII. Unterlassene Meldung der Arbeitsunfähigkeit (Nr. 5)

10   Die **Meldeobliegenheit** soll gewährleisten, dass die Krankenkasse über das (Fort-)Bestehen der Arbeitsunfähigkeit informiert und in die Lage versetzt wird, vor der Entscheidung über den Krankengeldanspruch und ggf. auch während des nachfolgenden Leistungsbezugs den Gesundheitszustand des Versicherten durch den medizinischen Dienst überprüfen zu lassen, um Zweifel an der ärztlichen Beurteilung zu beseitigen und ggf. Maßnahmen zur Sicherung des Heilerfolges und zur Wiederherstellung der Arbeitsfähigkeit einleiten zu können (BSG 8. 2. 2000 – B 1 KR 11/99 R – SozR 3–2500 § 49 Nr. 4). Praktisch hat die Bestimmung wenig Bedeutung, weil gem. § 5 Abs. 1 S. 5 EFZG der Arzt die Arbeitsunfähigkeitsbescheinigung (bei der ein auf Richtlinien zurückgehendes Formular verwendet wird) mit einem Vermerk versehen muss, dass die Krankenkasse unverzüglich (von ihm) informiert wird (vgl. ErfK/Dörner, § 5 EFZG Rn. 13). Dadurch fällt das Risiko einer verspäteten Meldung in den Risikobereich der Krankenkasse (LSG NW 25. 3. 2004 – L 5 KR 149/03 – Breithaupt 2004, 602 ff.; s. auch BSG 28. 10. 1981 – 3 RK 59/80 – SozR 2200 § 216 Nr. 5), auf deren Seite der Arzt als Leistungserbringer steht. Es genügt mit Bezug auf Nr. 5 die Meldung innerhalb von einer Woche nach Beginn der Arbeitsunfähigkeit; die Ausschlussfrist von einer Woche, Nr. 5 Hs. 2, wird nach § 26 SGB X iVm. §§ 187 ff. BGB berechnet. Wird die Frist eingehalten, erhält der Versicherte Krankengeld von dem in § 46 S. 1 Nr. 2 genannten Tag an, ansonsten erst vom Tag der Meldung an. Eine **Wiedereinsetzung in den vorigen Stand** nach Fristablauf kommt nach Funktion und Zweck der Norm nicht in Betracht (s. § 27 Abs. 5 SGB X; Hauck/Noftz/Noftz, § 49 SGB V Rn. 63; aA Joussen, in: Becker/Kingreen, § 49 SGB V Rn. 7). Die Arbeitsunfähigkeit muss der Krankenkasse erneut gemeldet werden, wenn nach einer vorübergehenden leistungsfreien Zeit wieder Krankengeld gezahlt werden soll (BSG aaO). Die Obliegenheit entfällt, wenn auch ohne Arbeitsunfähigkeit Krankengeld zu zahlen ist, namentlich bei stationärer Behandlung. Die Meldung ist **Tatsachenmitteilung**, nicht Willenserklärung; sie bedarf keiner besonderen Form, jedoch verlangt die Rspr. über den Wortlaut hinaus, dass der Krankenkasse die ärztliche **Feststellung** über die Arbeitsunfähigkeit **vorgelegt** wird (s. BSG 12. 11. 1985 – 3 RK 35/84 – SozR 2200 § 216 Nr. 8). Die Konsequenzen einer verspäteten Meldung treffen den Versicherten grds. auch dann, wenn ihm kein Verschulden angelastet werden kann (BSG 8. 2. 2000 – B 1 KR 11/99 R – SozR 3–2500 § 49 Nr. 4 mwN).

VIII. Freistellung gem. § 7 Abs. 1 a SGB IV (Nr. 6)

11   In Freistellungsphasen gem. § 7 Abs. 1 a SGB IV hat der versicherte Arbeitnehmer keine Arbeitsleistung zu erbringen, aufgrund der Besonderheiten der flexiblen Arbeitszeitregeln jedoch einen fälligen Entgeltanspruch. Mangels Entgeltausfalls bedarf es keines Entgeltersatzes. Im Unterschied zu Nr. 1 kommt es bei Nr. 6 nicht darauf an, ob das Entgelt vom Versicherten tatsächlich bezogen wurde (s. KassKomm/Höfler, § 49 SGB V Rn. 21 b). Der praktisch bedeutsamste Fall ist das **Blockmodell** (§ 2 Abs. 2 Nr. 2 ATG).

IX. Versicherte, die eine Wahlerklärung abgegeben haben (Nr. 7)

Nr. 7 wurde durch das G zur Änderung arzneimittelrechtlicher und anderer Vorschriften vom 17. 7. 2009 (BGBl. I S. 1990) mWv 1. 8. 2009 neu eingeführt. Die Regelung soll sicherstellen, dass bei unständig und kurzzeitig Beschäftigten, die sich für den gesetzlichen Krankengeldanspruch entschieden haben, die Krankengeldzahlung zum selben Zeitpunkt einsetzt wie bei sonstigen abhängig beschäftigten Arbeitnehmern (BT-Drs. 16/12256 S. 64). 11a

C. Aufstockungsverbot (Abs. 3)

Abs. 3, unklar abgefasst, gewährleistet, dass aufgrund **gesetzlicher** Bestimmungen „gesenkte" Entgeltleistungen (also Arbeitsentgelt) oder Entgeltersatzleistungen zu Lasten der Krankenversicherung ausgeglichen werden (vgl. BT-Drs. 13/5099 S. 17). Folge ist, dass der Spitzbetrag (Rn. 6) nicht beansprucht werden kann, die „Soweit"-Klausel in Abs. 1 Nr. 1, 3 und 4 bleibt ohne Wirkung. Die Rechtmäßigkeit der Regelung ist umstritten (s. etwa BeckOKSozR/Berchtold, § 49 SGB V Rn. 34; Krauskopf/Vay, § 49 SGB V Rn. 47), ihre praktische Bedeutung aber auch gering (s. jurisPK/ Brinkhoff, § 49 SGB V Rn. 65 mwN). 12

D. Erstattungsanspruch anderer Sozialversicherungsträger (Abs. 4)

Die Regelung des Abs. 4 ist im Kontext zur Neuordnung der Vorschriften zum Übergangsgeld (G v. 19. 6. 2001, BGBl. I S. 1046) zu sehen. § 13 Abs. 2 Nr. 7 SGB IX, auf dessen Grundlage Empfehlungen der Rehabilitationsträger im Hinblick auf den Aufwendungsersatz vereinbart werden konnten, wurde mWv 11. 8. 2010 aufgehoben (BGBl. 2010 I S. 1127), so dass Abs. 4 nun ins Leere greift. 13

§ 50 Ausschluß und Kürzung des Krankengeldes

(1) ¹Für Versicherte, die
1. Rente wegen voller Erwerbsminderung, Erwerbsunfähigkeit oder Vollrente wegen Alters aus der gesetzlichen Rentenversicherung,
2. Ruhegehalt, das nach beamtenrechtlichen Vorschriften oder Grundsätzen gezahlt wird,
3. Vorruhestandsgeld nach § 5 Abs. 3,
4. Leistungen, die ihrer Art nach den in den Nummern 1 und 2 genannten Leistungen vergleichbar sind, wenn sie von einem Träger der gesetzlichen Rentenversicherung oder einer staatlichen Stelle im Ausland gezahlt werden,
5. Leistungen, die ihrer Art nach den in den Nummern 1 und 2 genannten Leistungen vergleichbar sind, wenn sie nach den ausschließlich für das in Artikel 3 des Einigungsvertrages genannte Gebiet geltenden Bestimmungen gezahlt werden,

beziehen, endet ein Anspruch auf Krankengeld vom Beginn dieser Leistungen an; nach Beginn dieser Leistungen entsteht ein neuer Krankengeldanspruch nicht. ²Ist über den Beginn der in Satz 1 genannten Leistungen hinaus Krankengeld gezahlt worden und übersteigt dieses den Betrag der Leistungen, kann die Krankenkasse den überschießenden Betrag vom Versicherten nicht zurückfordern. ³In den Fällen der Nummer 4 gilt das überzahlte Krankengeld bis zur Höhe der dort genannten Leistungen als Vorschuß des Trägers oder der Stelle; es ist zurückzuzahlen. ⁴Wird eine der in Satz 1 genannten Leistungen nicht mehr gezahlt, entsteht ein Anspruch auf Krankengeld, wenn das Mitglied bei Eintritt einer erneuten Arbeitsunfähigkeit mit Anspruch auf Krankengeld versichert ist.

(2) Das Krankengeld wird um den Zahlbetrag
1. der Altersrente, der Rente wegen Erwerbsminderung oder der Landabgaberente aus der Alterssicherung der Landwirte,
2. der Rente wegen teilweiser Erwerbsminderung, Berufsunfähigkeit oder der Teilrente wegen Alters aus der gesetzlichen Rentenversicherung,
3. der Knappschaftsausgleichsleistung oder der Rente für Bergleute oder
4. einer vergleichbaren Leistung, die von einem Träger oder einer staatlichen Stelle im Ausland gezahlt wird,
5. von Leistungen, die ihrer Art nach den in den Nummern 1 bis 3 genannten Leistungen vergleichbar sind, wenn sie nach den ausschließlich für das in dem in Artikel 3 des Einigungsvertrages genannten Gebiets geltenden Bestimmungen gezahlt werden,

gekürzt, wenn die Leistung von einem Zeitpunkt nach dem Beginn der Arbeitsunfähigkeit oder der stationären Behandlung an zuerkannt wird.

A. Normzweck und Hintergrund

1 Ebenso wie § 49 bezweckt § 50 die Vermeidung von Mehrfachzahlungen (BT-Drs. 13/340 S. 9). Während § 49 das Ruhen des Krankengeldanspruchs anordnet, kommt es unter den Voraussetzungen des § 50 zu einem **Anspruchsausschluss** (Abs. 1) bzw. zu einer **Anspruchskürzung** (Abs. 2). Im Gegensatz zu § 49 hat § 50 diejenigen Versicherten im Blick, die **regelmäßig endgültig aus dem Erwerbsleben ausgeschieden** sind. Bezieht der Versicherte eine der in Abs. 1 S. 1 aufgezählten Leistungen, entfällt der Krankengeldanspruch einschließlich des Stammrechts; ob das Krankengeld bereits bewilligt war und ausgezahlt worden ist, ist unerheblich (s. BSG 8. 12. 1992 – 1 RK 9/92 – SozR 3–2500 § 48 Nr. 4). Die Mitgliedschaft bleibt nicht gem. § 192 Abs. 1 Nr. 2 erhalten. Im Fall des Abs. 2 wird der Anspruch in Höhe des Zahlbetrags der dort genannten Leistungen gekürzt. Ob eine **analoge Anwendung** von § 50 möglich ist, ist umstritten (grds. bejahend HN/Noftz, § 50 SGB V Rn. 31; verneinend im Hinblick auf Abs. 1 BeckOKSozR/Berchtold, § 50 SGB V Rn. 8); das BSG hat sie für verschiedene Leistungen zu Recht verneint (BSG 11. 3. 1987 – 8 RK 15/86 – SozR 2200 § 183 Nr. 53 – Berufsunfähigkeitsrente; BSG 4. 5. 1994 – 1 RK 37/93 – SozR 3–2500 § 50 Nr. 1 – Produktionsaufgaberente; BSG 23. 4. 1996 – 1 RK 19/95 – SozR 3–2500 § 50 Nr. 4 – Invalidenrente aus ärztlichem Versorgungswerk; BSG 1. 7. 2003 – B 1 KR 6/02 R – SozR 4–2500 § 50 Nr. 1 – Gesamtversorgung von der Versorgungsanstalt der Deutschen Bundespost), eine abschließende Beantwortung der Frage aber offen gelassen (BSG 4. 5. 1994 – 1 RK 37/93 – SozR 3–2500 § 50 Nr. 1 zu Abs. 2). Die Frage ist jedoch weitgehend obsolet geworden, da § 44 Abs. 2 S. 1 Nr. 4 in derartigen Fällen neuerdings einen Krankengeldanspruch von vornherein nicht entstehen lässt (s. § 44 Rn. 5).

B. Ausschluss des Krankengeldes (Abs. 1)

2 Der Bezug einer der in Abs. 1 S. 1 genannten Leistungen beendet den Anspruch auf Krankengeld. Unerheblich ist, ob die Leistung vor, zeitgleich mit oder nach (S. 1 Hs. 2) dem Krankengeldanspruch beginnt. Jegliche Parallelität von Krankengeld und Rentenleistungen soll ausgeschlossen werden (vgl. BT-Drs. 13/340 S. 9). Darunter fällt auch eine **nachträgliche Rentenbewilligung;** in einem solchen Fall fällt der Krankengeldanspruch insgesamt rückwirkend weg (BSG 27. 7. 2006 – B 1 KR 68/06 B; KassKomm/Höfler, § 50 SGB V Rn. 4). Der Anspruch auf Krankengeld entfällt für Versicherte, die eine der in Abs. 1 aufgezählten Leistungen „beziehen", „vom Beginn dieser Leistung an" (Abs. 1 S. 1 Hs. 1). Das ist der **Zeitpunkt,** von dem an die Leistung **tatsächlich beansprucht werden** kann (BSG 9. 8. 1995 – 13 RJ 43/94 – SozR 3–2500 § 50 Nr. 3 mwN). Generell ist erforderlich, dass die entsprechende Leistung **durch Bescheid bewilligt** worden ist (BSG 25. 1. 1995 – 12 RK 51/93 – SozR 3–2400 § 26 Nr. 6). Auf die jeweilige **Höhe** der verdrängenden Leistung kommt es für die Ausschlusswirkung nicht an (s. näher HN/Noftz, § 50 SGB V Rn. 40a; BSG 28. 9. 2010 – B 1 KR 31/09 R – juris: auch bei einem „Zahlbetrag" iHv null Euro).

I. Ausschlusstatbestände (S. 1)

3 Der Anspruch auf Krankengeld ist gem. **Nr. 1** ausgeschlossen für Bezieher von **Rente wegen voller Erwerbsminderung** (§ 43 Abs. 2 SGB VI), **Erwerbsunfähigkeit** (§ 44 SGB VI aF, gestrichen durch G v. 20. 12. 2000, BGBl. I S. 1827; vgl. aber §§ 302a, 302b SGB VI) oder **Vollrente wegen Alters** aus der gesetzlichen Rentenversicherung (§§ 35 ff., 42 Abs. 1 SGB VI). Der Leistungsausschluss umfasst sowohl unbefristete als auch befristete (§§ 100, 102 Abs. 2 SGB VI) Rentenleistungen. Gem. **Nr. 2** ist der Krankengeldanspruch mit Beginn des **Ruhegehalts nach beamtenrechtlichen Vorschriften** und Grundsätzen ausgeschlossen. Zum Ruhegehalt nach beamtenrechtlichen Grundsätzen zählt das BSG in enger Auslegung nur solche Versorgungsleistungen, die sich in Leistungsvoraussetzungen, Berechnung und Finanzierung eng an beamtenrechtliche Vorschriften anlehnen, wie etwa Pensionen von Abgeordneten, Bundesministern und Parlamentarischen Staatssekretären (BSG 1. 7. 2003 – B 1 KR 6/02 R – SozR 4–2500 § 50 Nr. 1). Nicht erfasst ist eine Zusatzversorgung im öffentlichen Dienst. Das **Vorruhestandsgeld (Nr. 3)** gem. § 5 Abs. 3 hat kaum noch praktische Bedeutung, da für Leistungen nach dem VRG die Anspruchsvoraussetzungen erstmals vor dem 1. 1. 1989 vorgelegen haben müssen (§ 14 VRG). In Bezug auf die Neuregelung durch das ATG ist nunmehr § 49 Abs. 1 Nr. 6 einschlägig (s. § 49 Rn. 11). Der Krankengeldanspruch ist ausgeschlossen **(Nr. 4),** wenn der Versicherte den in Nr. 1 und 2 genanntenvergleichbare **Leistungen von einem ausländischen Rentenversicherungsträger** bezieht (zur Vergleichbarkeit s. § 49 Rn. 9). Regelungen des über- und zwischenstaatlichen Rechts (EG-Recht, Sozialversicherungsabkommen) bleiben unberührt, § 30 Abs. 2 SGB I. **Nr. 5** erfasst den Nr. 1 und 2 vergleichbare Leistungen der **ehem. DDR;** da die meisten Versorgungssysteme der DDR mittlerweile in die Systeme des geltenden Rechts überführt worden sind, hat die Bestimmung kaum noch Bedeutung.

II. Spitzbetrag (S. 2)

Abs. 1 S. 2 bestimmt – insoweit als Ausnahmeregelung zu den §§ 48 Abs. 1 S. 2 Nr. 3, 50 Abs. 1 **4** SGB X –, dass die Krankenkasse den Unterschiedsbetrag zwischen der Rentenleistung nach S. 1 Nr. 1–5 und dem höheren Krankengeld (sog. Spitzbetrag) **nicht zurückfordern** darf. Grund dafür ist das schutzwürdige Vertrauen des Empfängers in die Rechtmäßigkeit des Leistungsbezugs (BSG 8. 12. 1992 – 1 RK 9/92 – SozR 3–2500 § 48 Nr. 4). Umgekehrt kann ein Versicherter, der für eine Zeit nach Zubilligung einer der betreffenden Leistungen trotz Vorliegens von Arbeitsunfähigkeit kein Krankengeld erhalten hat, nicht im Weg des **Herstellungsanspruchs** Krankengeldzahlung beanspruchen (BSG 8. 3. 1990 – 3 RK 9/89 – SozR 3–2200 § 183 Nr. 1); Abs. 1 S. 2 ist damit nur ein **Einwand**, keine Anspruchsgrundlage (BSG aaO; kritisch KassKomm/Höfler, § 50 SGB V Rn. 8 b; Krauskopf/Vay, § 50 SGB V Rn. 19).

III. Rückzahlungspflicht in Fällen von Abs. 1 S. 1 Nr. 4 (S. 3)

Überzahltes Krankengeld gilt in den Fällen von Abs. 1 S. 1 Nr. 4 **als Vorschuss** auf die ausländi- **5** sche Leistung. Es kann daher vereinfacht (§ 42 Abs. 2 SGB I) zurückgefordert werden. Ein eventueller sog. Spitzbetrag verbleibt dem Versicherten („bis zur Höhe der Leistungen").

IV. Entstehen eines neuen Krankengeldanspruchs (S. 4)

Wenn eine der in S. 1 genannten Leistungen nicht mehr gezahlt wird, liegen die Voraussetzungen **6** des Ausschlusstatbestandes nicht mehr vor. Der Anspruch auf Krankengeld setzt dann voraus, dass das Mitglied bei Eintritt einer **erneuten** (nicht bei Fortbestehen der alten, vgl. BSG 29. 9. 1998 – B 1 KR 5/97 R – SozR 3–2500 § 50 Nr. 5) Arbeitsunfähigkeit **mit Anspruch auf Krankengeld versichert** ist. Dabei hat Abs. 1 S. 4, wie sich aus dem systematischen Zusammenhang mit § 48 ergibt, im Grunde nur die dies (folgerichtig) klarstellende Funktion. Geht es bei ununterbrochener Arbeitsunfähigkeit wegen derselben Krankheit (oder wegen einer gem. § 48 Abs. 1 S. 2 hinzubeziehenden zusätzlichen Krankheit) nur um das Wiederaufleben des Anspruchs, kommt es darauf an, ob die Höchstbezugsdauer in der laufenden oder in einer früheren Rahmenfrist bereits ausgeschöpft ist (BSG 29. 9. 1998 – B 1 KR 5/97 R – SozR 3–2500 § 50 Nr. 5). Ein früher nicht ausgeschöpfter Anspruch auf Krankengeld lebt nach zwischenzeitlichem Bezug einer Rente wegen Erwerbsunfähigkeit wieder auf (§ 48 Abs. 1 S. 1), ansonsten gilt § 48 Abs. 2. Nur so wird eine Gleichstellung mit denjenigen Versicherten erreicht, die zwischenzeitlich keine das Krankengeld ausschließenden Leistungen bezogen haben (s. auch BT-Drs. 13/340 S. 9). Es gelten nach Wegfall der Leistungen nach S. 1 die gleichen Vorraussetzungen für den Krankengeldanspruch wie vorher.

C. Kürzung des Krankengeldes (Abs. 2)

Den in Abs. 2 genannten Leistungen kommt nur eine **Teilsicherungsfunktion** zu (vgl. BT- **7** Drs. 11/2237 S. 182 zu § 49); sie führen deshalb zu einer – ggf. rückwirkenden – Kürzung des Krankengeldanspruchs, wenn sie von einem Zeitpunkt **nach Beginn** der Arbeitsunfähigkeit oder der stationären Behandlung zuerkannt werden. Der Krankengeldanspruch bleibt bestehen, wird jedoch um den Zahlbetrag der anderen Leistung vermindert; dabei kann es auch zu einer kompletten Aufzehrung des Krankengeldes kommen (Krauskopf/Vay, § 50 SGB V Rn. 23; LPK-SGB V/Kruse, § 50 Rn. 12). „Zuerkennung" bedeutet hier das gleiche wie „Beginn der Leistung" in Abs. 1 S. 1 (s. Rn. 2). Wird die Leistung vor oder zeitgleich mit dem Beginn der Leistung zuerkannt, ist ungekürzt Krankengeld zu zahlen (allgA, s. jurisPK/Brinkhoff, § 50 SGB V Rn. 37 mwN).

I. Renten nach dem ALG (Nr. 1)

Nach Nr. 1 kommt es zu einer Krankengeldkürzung beim Bezug von Altersrente (§§ 11 f. ALG), **8** Rente wegen Erwerbsminderung (§§ 13 ff. ALG) oder Landabgaberente (§ 121 ff. ALG) nach dem G über die Alterssicherung der Landwirte. Zur Produktionsaufgaberente nach dem FELEG s. Rn. 1.

II. Rente wegen teilweiser Erwerbsminderung, Berufsunfähigkeit oder Teilrente wegen Alters (Nr. 2)

Nr. 2 erfasst als gesetzliche Rentenleistungen mit teilweiser Entgeltersatzfunktion die Rente wegen **9** teilweiser Erwerbsminderung (§§ 43 Abs. 1, 240 SGB VI), die Rente wegen Berufsunfähigkeit (§ 43 Abs. 1 SGB VI aF, §§ 302 a f. SGB VI) sowie die Teilrente wegen Alters (§§ 35 ff., 42 Abs. 2 SGB VI). Zur analogen Anwendung auf Leistungen aus berufsständischen Versorgungswerken s. Rn. 1.

III. Knappschaftsausgleichleistung oder Rente für Bergleute (Nr. 3)

10 Nach Nr. 3 führt der Bezug der Knappschaftsausgleichleistung (§ 239 SGB VI) oder Rente für Bergleute (§§ 45, 242 SGB VI) zur Kürzung des Krankengeldspruches; zum Bezug von Bergmanns(voll)rente aus dem Gebiet der ehem. DDR vgl. § 302a Abs. 4 SGB VI.

IV. Vergleichbare ausländische Leistungen, Leistungen aus dem Beitrittsgebiet (Nr. 4, 5)

11 Für ausländische Leistungen und Leistungen aus dem Beitrittsgebiet mit Teilsicherungsfunktion enthalten Nr. 4 und 5 den Abs. 1 S. 1 Nr. 4 und 5 entsprechende Regelungen (s. Rn. 3).

D. Erstattungsansprüche nach § 103 SGB X

12 Im Fall einer rückwirkenden Rentenbewilligung hat die Krankenkasse einen **Erstattungsanspruch** gegen den Rentenversicherungsträger gem. § 103 SGB X (BSG 13. 9. 1984 – 4 RJ 37/83 – SozR 1300 § 103 Nr. 2). Gegen andere öffentlich-rechtliche Leistungsträger – insb. bei Leistungen nach Abs. 1 S. 1 Nr. 2 – ist der **öffentlich-rechtliche Erstattungsanspruch** einschlägig (ausf. HN/Noftz, § 50 SGB V Rn. 57 ff., 60; Krauskopf/Vay, § 50 SGB V Rn. 32 ff.).

§ 51 Wegfall des Krankengeldes, Antrag auf Leistungen zur Teilhabe

(1) [1] Versicherten, deren Erwerbsfähigkeit nach ärztlichem Gutachten erheblich gefährdet oder gemindert ist, kann die Krankenkasse eine Frist von zehn Wochen setzen, innerhalb der sie einen Antrag auf Leistungen zur medizinischen Rehabilitation und zur Teilhabe am Arbeitsleben zu stellen haben. [2] Haben diese Versicherten ihren Wohnsitz oder gewöhnlichen Aufenthalt im Ausland, kann ihnen die Krankenkasse eine Frist von zehn Wochen setzen, innerhalb der sie entweder einen Antrag auf Leistungen zur medizinischen Rehabilitation und zur Teilhabe am Arbeitsleben bei einem Leistungsträger mit Sitz im Inland oder einen Antrag auf Rente wegen voller Erwerbsminderung bei einem Träger der gesetzlichen Rentenversicherung mit Sitz im Inland zu stellen haben.

(2) Erfüllen Versicherte die Voraussetzungen für den Bezug der Regelaltersrente oder Altersrente aus der Alterssicherung der Landwirte bei Vollendung des 65. Lebensjahres, kann ihnen die Krankenkasse eine Frist von zehn Wochen setzen, innerhalb der sie den Antrag auf diese Leistung zu stellen haben.

(3) [1] Stellen Versicherte innerhalb der Frist den Antrag nicht, entfällt der Anspruch auf Krankengeld mit Ablauf der Frist. [2] Wird der Antrag später gestellt, lebt der Anspruch auf Krankengeld mit dem Tag der Antragstellung wieder auf.

A. Normzweck und Bedeutung

1 Ebenso wie die §§ 49 und 50 soll § 51 den Doppelbezug von Sozialleistungen verhindern, vor allem aber dafür sorgen, dass **Rentenzahlungen den Vorrang vor Krankengeldleistungen** erhalten. Bei dauerhafter Erkrankung ist in erster Linie die Rentenversicherung für Leistungen zuständig (s. BSG 7. 12. 2004 – B 1 KR 6/03 R – SozR 4–2500 § 51 Nr. 1 mwN). Die Krankenkasse soll unter den Voraussetzungen des § 51 erreichen können, dass ihre – für den Empfänger meist günstigere – Leistungsverpflichtung verkürzt und die Rechtsfolgen des § 50 oder des § 51 Abs. 3 S. 1 herbeigeführt werden. Die Notwendigkeit der gewählten Regelungstechnik ergibt sich aus dem Umstand, dass Rente nur auf Antrag gewährt wird (vgl. § 19 S. 1 SGB IV).

B. Antrag auf Rehabilitationsleistungen (Abs. 1 S. 1)

2 Die Krankenkasse kann Versicherten eine Frist von zehn Wochen setzen, innerhalb der sie einen Antrag auf Rehabilitationsleistungen (§§ 9 ff. SGB VI) stellen müssen.

I. Voraussetzungen

3 Voraussetzung für eine rechtmäßige Aufforderung ist zunächst, dass ein **Anspruch auf Krankengeld** besteht, vgl. auch Abs. 3 (hM, s. jurisPK/Brinkhoff, § 51 SGB V Rn. 13 mwN). Das Krankengeld muss nicht tatsächlich ausgezahlt werden, ein Ruhenstatbestand nach § 49 ist nicht hinderlich (KassKomm/Höfler, § 51 SGB V Rn. 4). Vor allem ist ein **ärztliches Gutachten** erforderlich, nach

dem die Erwerbsfähigkeit erheblich gefährdet oder gemindert ist. Ein einfaches Attest genügt nicht. Eine ärztliche Stellungnahme ist nur dann ein Gutachten, wenn darin – jedenfalls summarisch – die erhobenen Befunde wiedergegeben werden und sich der Arzt zu den nach seiner Auffassung durch die festgestellten Gesundheitsstörungen bedingten Leistungseinschränkungen und ihrer voraussichtlichen Dauer äußert (s. BSG 7. 8. 1991 – 1/3 RK 26/90 – SozR 3–2200 § 183 Nr. 2 mwN). Die Erfolgsaussichten des Antrags (vgl. § 10 Abs. 1 Nr. 2 SGB VI) sind unbeachtlich, ggf. kommt es nach Maßgabe von **§ 116 Abs. 2 SGB VI** zu einer fingierten Rentenbeantragung (s. Krauskopf/Vay, § 51 SGB V Rn. 3).

II. Ermessen der Krankenkasse

Die Entscheidung, den Versicherten zur Antragstellung aufzufordern, steht im pflichtgemäßen Ermessen der Krankenkasse („kann"). Die Krankenkasse hat ein **berechtigtes Interesse des Versicherten** am Hinausschieben des Rentenbeginns zu berücksichtigen. Dazu gehören insb. die Gesichtspunkte, ob eine erhebliche Verbesserung des Rentenanspruchs erreicht werden kann, zB durch eine evtl. noch mögliche Erfüllung der Voraussetzungen für die Erhöhung der Rentenbemessungsgrundlage, ob ein Rentenantrag nach tarifvertraglichen Regelungen automatisch zum Arbeitsplatzverlust führen würde oder ob der Anspruch auf Betriebsrente durch einen frühzeitigen Rentenbeginn verloren ginge (s. BSG 4. 6. 1981 – 3 RK 50/80 – SozR 2200 § 1248 Nr. 33; BSG 7. 12. 2004 – B 1 KR 6/03 R – SozR 4–2500 § 51 Nr. 1 mwN; aA Joussen, in: Becker/Kingreen, § 51 SGB V Rn. 5). Diese Gesichtspunkte können den grds. Vorrang der Leistungszuständigkeit des Rentenversicherungsträgers überwiegen. 4

III. Fristsetzung und Aufforderung

Für die Berechnung der Zehnwochenfrist gilt § 26 SGB X (s. dort) iVm. §§ 187 ff. BGB. Die **Aufforderung** erfolgt durch **Verwaltungsakt** (§ 31 SGB X; s. BSG 7. 12. 2004 – B 1 KR 6/03 R – SozR 4–2500 § 51 Nr. 1; Joussen, in: Becker/Kingreen, § 51 SGB V Rn. 5; Krauskopf/Vay, § 51 SGB V Rn. 8). Dieser muss den Versicherten auf die möglichen Rechtsfolgen, insb. auf den mit dem Fristablauf bei Untätigkeit gem. Abs. 3 verbundenen Anspruchsverlust (Rn. 8 ff.) explizit hinweisen (s. BSG aaO). Die Krankenkasse kann den Versicherten auch dann noch (um die Folge des Abs. 3 auszulösen) auffordern, wenn dieser bereits einen Antrag auf Rehabilitationsleistungen oder einen Rentenantrag gestellt hat (sog. **nachgeschobene Aufforderung**, s. BSG 9. 8. 1995 – 13 RJ 43/94 – SozR 3–2200 § 50 Nr. 3; BSG 26. 8. 2008 – B 13 R 37/07 R – SozR 4–2500 § 51 Nr. 2; krit. BeckOKSozR/Berchtold, § 51 SGB V Rn. 9); die Aufforderung ist dann dahingehend zu formulieren, dass der Versicherte den Antrag nicht mehr zurücknehmen oder beschränken soll. 5

C. Aufforderung bei Auslandsaufenthalt (Abs. 1 S. 2)

Abs. 1 S. 2 soll verhindern, dass Versicherte mit Auslandswohnsitz gegenüber Inländern bessergestellt werden (BT-Drs. 11/2237 S. 182 zu § 50). Versicherten, die sich nicht nur vorübergehend im Ausland aufhalten, werden **Rehabilitationsmaßnahmen** allerdings nur gewährt, wenn für den Kalendermonat, in dem der Antrag gestellt ist, zu ihren Gunsten Pflichtbeiträge gezahlt oder nur deshalb nicht gezahlt worden sind, weil sie im Anschluss an eine versicherte Beschäftigung oder selbständige Tätigkeit arbeitsunfähig waren, s. § 111 Abs. 1 SGB VI. Kommen Rehabilitationsmaßnahmen deshalb nicht in Betracht, kann die Krankenkasse direkt zur **Stellung des Rentenantrags** auffordern. Sind die Voraussetzungen für einen Antrag auf Rehabilitationsmaßnahmen jedoch erfüllt (s. auch § 18 SGB IX), hat die Aufforderung zu diesem gem. § 8 Abs. 2 SGB IX Vorrang (ebenso BeckOKSozR/Berchtold, § 51 SozR Rn. 7; jurisPK/Brinkmann, § 51 SGB V Rn. 22; aA KassKomm/Höfler, § 51 SGB V Rn. 12: Wahlrecht). 6

D. Antrag auf Regelaltersrente oder Altersrente nach dem ALG (Abs. 2)

Wenn Versicherte einen Anspruch auf Regelaltersrente gem. § 35 SGB VI oder Altersrente gem. § 11 ALG haben, kann die Krankenkasse sie ebenfalls zur Antragstellung innerhalb von zehn Wochen auffordern. Eine analoge Anwendung auf andere Altersrenten kommt nach hM nicht in Betracht (s. etwa KassKomm/Höfler, § 51 SGB V Rn. 7). Gleiches gilt für beamtenrechtliche Versorgungsbezüge (BSG 21. 9. 1983 – 8 RK 1/82 – SozR 2200 § 183 Nr. 45). Die Entscheidung liegt wiederum im Ermessen der Krankenkasse. 7

E. Rechtsfolgen (Abs. 3)

Abs. 3 regelt die Rechtsfolgen bei **unterbliebener Antragstellung** des Versicherten. Bei fristgemäßer Antragstellung gilt § 50. 8

I. Entfallen des Anspruchs (S. 1)

9 Lässt der Versicherte die Zehnwochenfrist verstreichen oder nimmt er den schon gestellten Antrag zurück (s. näher LPK-SGB V/Kruse, § 51 Rn. 10), **entfällt** der Krankengeldanspruch mit Ablauf der Frist. Eine durch die Leistung von Krankengeld aufrechterhaltene Mitgliedschaft endet, s. § 192 Abs. 1 Nr. 2. Der auf Veranlassung der Krankenkasse gestellte Antrag kann nur noch mit ihrer **Zustimmung** zurückgenommen oder beschränkt werden (BSG 7. 12. 2004 – B 1 KR 6/03 R – SozR 4–2500 § 51 Nr. 1 mwN).

II. Wiederaufleben des Anspruchs (S. 2)

10 Stellt der Versicherte den Antrag nach Fristablauf, lebt der Anspruch auf Krankengeld mit dem Tag der Antragstellung wieder auf. Nach hM kommt es jedoch zu Recht nicht zu einem **Wiederaufleben der Mitgliedschaft** (ausf. jurisPK/Brinkmann, § 51 SGB V Rn. 29 mwN auch zur Gegenauffassung).

Dritter Titel. Leistungsbeschränkungen

§ 52 Leistungsbeschränkung bei Selbstverschulden

(1) **Haben sich Versicherte eine Krankheit vorsätzlich oder bei einem von ihnen begangenen Verbrechen oder vorsätzlichen Vergehen zugezogen, kann die Krankenkasse sie an den Kosten der Leistungen in angemessener Höhe beteiligen und das Krankengeld ganz oder teilweise für die Dauer dieser Krankheit versagen und zurückfordern.**

(2) **Haben sich Versicherte eine Krankheit durch eine medizinisch nicht indizierte ästhetische Operation, eine Tätowierung oder ein Piercing zugezogen, hat die Krankenkasse die Versicherten in angemessener Höhe an den Kosten zu beteiligen und das Krankengeld für die Dauer dieser Behandlung ganz oder teilweise zu versagen oder zurückzufordern.**

A. Normzweck und Hintergrund

1 § 52 ermächtigt die Krankenkassen, in Fällen selbstverschuldeter Krankheit **Leistungsbeschränkungen** vorzunehmen. Grundgedanke ist, dass derjenige, der einen vermeidbaren Versicherungsfall bewusst – und somit rechtsmissbräuchlich – herbeiführt, sich nicht zu Lasten der Versichertengemeinschaft schadlos halten soll (Parallelregelungen: §§ 103, 104 SGB VI, § 101 SGB VII); die Norm stellt damit eine Ausprägung des **Versicherungsprinzips** dar, nach dem selbst herbeigeführte Versicherungsfälle regelmäßig eine Leistungserbringung ausschließen (s. LSG BB 11. 12. 2007 – L 1 B 616/07 KR ER). Rechtsdogmatisch lässt sich die durch § 52 sanktionierte Selbstschädigung als **Obliegenheitsverletzung** klassifizieren (wohl hM, s. HN/Noftz, § 52 SGB V Rn. 3 mwN auch zur Gegenauffassung: „Sozialrechtswidrigkeit").

B. Vorsätzliches Zuziehen einer Krankheit (Abs. 1 Fall 1)

2 Gem. Abs. 1 Fall 1 kann die Krankenkasse Versicherte an den Kosten der Leistungen in angemessener Höhe beteiligen und das Krankengeld ganz oder teilweise für die Dauer der Krankheit versagen oder zurückfordern, wenn diese sich die Krankheit vorsätzlich zugezogen haben. Ein Zuziehen iSd. § 52 liegt vor, wenn zwischen dem Verhalten des Versicherten und der Krankheit ein **ursächlicher Zusammenhang** besteht (jurisPK/Reyels, § 52 SGB V Rn. 41 mwN). **Jede Vorsatzform** – die sich im Gegensatz zu Abs. 1 F 2 auf die Herbeiführung der Krankheit richten muss – ist ausreichend (hM, s. BSG 14. 1. 1987 – 8 RK 35/85 – SozR 2200 § 192 Nr. 2). Es genügt also, wenn der Versicherte die Krankheit zumindest **billigend in Kauf genommen** hat. Grob fahrlässiges Verhalten wird – im Unterschied etwa zu §§ 3 ff. EFZG (s. dazu ErfK/Dörner, § 3 EFZG Rn. 46 ff.) – nicht erfasst. Daher kommt der Abgrenzung von (Eventual-)Vorsatz und Fahrlässigkeit (s. Rn. 3) große Bedeutung zu. Im Einzelnen ist bei **gesundheitsschädlicher Lebensführung** (zB starker Alkoholkonsum, Kettenrauchen, Betreiben von Extremsportarten etc.) regelmäßig kein Vorsatz hinsichtlich einer Krankheit gegeben; anderes kann beim Konsum „harter" Drogen oder bei bewusstem Verkehr mit AIDS-Infizierten gelten (hM, s. KassKomm/Höfler, § 52 SGB V Rn. 5b; Krauskopf/Krauskopf, § 52 SGB V Rn. 4). Bei einem **Suizidversuch** liegt Vorsatz auch hinsichtlich der Selbstverletzung vor; sie ist notwendiges Durchgangsstadium für die Selbsttötung (vgl. die gefestigte Rspr. im Strafrecht zu den versuchten Tötungsdelikten seit BGH 28. 6. 1961 – 2 StR 136/61 – NJW 1961, 1779). Wenngleich nicht ausdrücklich erwähnt, kommt eine Leistungsbeschränkung nach § 52 Abs. 1 Fall 1 nicht in

Betracht, wenn **Rechtfertigungsgründe** (§§ 227 f. BGB, §§ 32 ff. StGB) greifen oder der Versicherte **schuldunfähig** (§§ 104, 827, 828 BGB, §§ 19 ff. StGB) war (s. BeckOKSozR/Heberlein, § 52 SGB V Rn. 11 f.). Die **praktische Bedeutung** des Abs. 1 ist bisher **gering**: Die Krankenkassen sehen wegen der sie treffenden Beweislast für das Vorliegen von Kausalität und Vorsatz regelmäßig von der Anwendung der Regelung ab (Krauskopf/Krauskopf, § 52 SGB V Rn. 4).

C. Verbrechen oder vorsätzliches Vergehen (Abs. 1 Fall 2)

Gem. Abs. 1 Fall 2 kommt eine Leistungsbeschränkung in Betracht, wenn der Versicherte sich die 3 Krankheit bei einem Verbrechen (rechtswidrige Tat mit einer Mindeststrafandrohung von einem Jahr, § 12 Abs. 1 StGB) oder einem vorsätzlichen Vergehen (rechtswidrige Tat mit einer Mindeststrafandrohung von weniger als einem Jahr oder Geldstrafe, § 12 Abs. 2 StGB) zugezogen hat. Das vorsätzliche Begehen eines Verbrechens wird von § 52 nicht verlangt, da die Vorsätzlichkeit den Verbrechenstatbeständen immanent ist. Der für Vergehen geforderte Vorsatz muss sich auf die begangene Tat, nicht auf die zugezogene Krankheit beziehen (vgl. SG Dessau-Roßlau 24. 2. 2010 – S 4 KR 38/08 – BeckRS 2010, 67029); eine Selbstzufügung der Krankheit ist nicht erforderlich (Krauskopf/Krauskopf, § 52 SGB V Rn. 5). Die **Abgrenzung von Eventualvorsatz und bewusster Fahrlässigkeit** ist auch hier, wie bei Abs. 1 Fall 1, von besonderer Relevanz. Nach der Rspr. des BGH handelt der Täter bedingt vorsätzlich, wenn der den Erfolg zumindest billigend in Kauf nimmt oder er sich wenigstens mit der Tatbestandsverwirklichung abfindet, während der bewusst fahrlässig Handelnde mit der als möglich erkannten Folge nicht einverstanden ist und deshalb auf ihren Nichteintritt vertraut (s. zuletzt BGH 5. 3. 2008 – 2 StR 50/08 – NStZ 2008, 451). Hinsichtlich der **Deliktsprüfung** gelten die allgemeinen strafrechtlichen Grundsätze; alle Elemente von Tatbestandsmäßigkeit, Rechtswidrigkeit und Schuld müssen vorliegen. Der Krankenkasse kommt diesbezüglich ein **eigenes Prüfungs- und Beurteilungsrecht** zu; die Tatbestands-/Feststellungswirkung eines strafgerichtlichen Urteils ist allerdings zu beachten (SG Aachen 12. 12. 2005 – S 6 KR 152/04; s. schon KassKomm/Höfler, § 52 SGB V Rn. 12).

D. Medizinisch nicht indizierte Maßnahmen (Abs. 2)

Der durch das GKV-WettbewerbsstärkungsG v. 26. 3. 2007 (BGBl. I S. 378) **neu eingefügte** 4 Abs. 2 ermöglicht es den Krankenkassen, Versicherte bei medizinisch nicht indizierten Maßnahmen (die genannten Fälle ästhetische Operation, Tätowierung und Piercing sind **abschließend,** s. BT-Drs. 16/7439 S. 96) in angemessener Höhe an den Kosten zu beteiligen und das Krankengeld für die Dauer der Behandlung ganz oder teilweise zurückzufordern oder zu kürzen (kritisch im Hinblick auf den abschließenden Katalog vor dem Hintergrund von Art. 3 Abs. 1 GG Prehn, NZS 2010, 260 [264 ff.]; ebenso Joussen, in: Becker/Kingreen, § 52 SGB V Rn. 8). Da sich die Versicherten hier bewusst und aus eigenem Entschluss einer **risikobehafteten Maßnahme** unterziehen, ist es nicht sachgerecht, die mit derartigen Entscheidungen verbundenen Risiken der Versichertengemeinschaft aufzubürden (vgl. BT-Drs. 16/3100 S. 108); ohnehin ist der Schutz der Versichertengemeinschaft in allen Fällen des § 52 unter dem Strich eher gering, da die nach dem Krankenversicherungsrecht bei einer aus der nicht indizierten Maßnahme folgenden Krankheit zu erbringenden Sachleistungen nicht verweigert werden dürfen (vgl. schon BSG 30. 1. 1963 – 3 RK 4/61 – SozR Nr. 13 zu § 184 RVO).

E. Entscheidung der Krankenkasse

I. Ermessensentscheidung

Bei Vorliegen der Voraussetzungen des Abs. 1 liegt es im Ermessen („kann") der Krankenkasse, den 5 Versicherten an den Kosten zu beteiligen bzw. das Krankengeld zu kürzen. Wenn Abs. 2 hinsichtlich des Entschließungsermessens („hat"… „zu") strengere Anforderungen stellt als Abs. 1, ist dies verfehlt (kritisch auch S. Neumann, NJOZ 2008, 4494 f.). Im Hinblick auf die Fassung des Abs. 2 und vor dem Hintergrund des Versicherungsgedankens ist das Entschließungsermessen dem Abs. 1 so gut wie immer richtig ausgeübt, wenn sich die Krankenkasse für die eröffneten Leistungsbeschränkungen entscheidet. Alle Besonderheiten des Einzelfalls lassen sich bei der Ausgestaltung der Leistungsbeschränkungen berücksichtigen, etwa der Grad des Verschuldens, die Höhe der Aufwendungen der Krankenkasse, die finanzielle Leistungsfähigkeit des Versicherten und seine Unterhaltspflichten (vgl. BT-Drs. 11/2237 S. 182 zu § 51). Die Entscheidung ergeht durch **Verwaltungsakt** (jurisPK/Reyels, § 52 SGB V Rn. 102, 132).

II. Kostenbeteiligung

Die Kostenbeteiligung kann sich – wie sich aus der Gesetzessystematik ergibt – auf alle Leistungen 6 der Krankenversicherung (§§ 27 ff.) mit Ausnahme des Krankengeldes beziehen, welches § 52 geson-

III. Versagung und Rückforderung von Krankengeld

7   Die Krankenkasse kann das Krankengeld nur für die **Dauer der Krankheit** versagen oder zurückfordern. § 52 ist in letzterem Fall lex specialis zu den §§ 44 ff. SGB X (s. jurisPK/Reyels, SGB V § 52 Rn. 90 mwN).

§ 52a Leistungsausschluss

¹Auf Leistungen besteht kein Anspruch, wenn sich Personen in den Geltungsbereich dieses Gesetzbuchs begeben, um in einer Versicherung nach § 5 Abs. 1 Nr. 13 oder auf Grund dieser Versicherung in einer Versicherung nach § 10 missbräuchlich Leistungen in Anspruch zu nehmen. ²Das Nähere zur Durchführung regelt die Krankenkasse in ihrer Satzung.

A. Normzweck

1   § 52a SGB V, eingeführt durch das GKV-WettbewerbsstärkungsG v. 26. 3. 2007 (BGBl. I S. 378), soll die Versichertengemeinschaft vor einer **missbräuchlichen Inanspruchnahme von Leistungen** im Zusammenhang mit der neu eingeführten Versicherungspflicht bisher Unversicherter gem. § 5 Abs. 1 Nr. 13 schützen (BT-Drs. 16/3100 S. 108). In Fällen, in denen der Wohnsitz oder der gewöhnliche Aufenthalt in Deutschland begründet wird, um Leistungen in Anspruch zu nehmen, besteht kein Anspruch auf Leistungen der gesetzlichen Krankenversicherung (s. auch die Parallelvorschrift § 33a SGB XI). Zur näheren Ausgestaltung enthält § 52a S. 2 eine **Satzungsermächtigung** an die Krankenkassen.

B. Voraussetzungen

I. Personenkreis

2   § 52a S. 1 betrifft Personen, die sich in den Geltungsbereich (s. § 30 SGB I) des SGB begeben, um **in einer Versicherung nach § 5 Abs. Nr. 13** oder aufgrund dieser Versicherung **in einer Versicherung nach § 10** Leistungen in Anspruch zu nehmen. Gem. § 5 Abs. 1 Nr. 13 sind nunmehr auch Personen pflichtversichert, die keinen anderweitigen Anspruch auf Absicherung im Krankheitsfall haben und zuletzt gesetzlich krankenversichert waren oder bisher nicht gesetzlich oder privat krankenversichert waren, es sei denn, dass sie zu den in § 5 Abs. 5 oder den in § 6 Abs. 1 oder 2 genannten Personen gehören oder bei Ausübung ihrer beruflichen Tätigkeit im Inland gehört hätten (s. näher § 5 Rn. 40 ff.). Zu beachten ist, dass § 5 Abs. 1 Nr. 13 nicht gilt, wenn eine Versicherungspflicht nach § 5 Abs. 1 Nr. 1 bis 12 gegeben ist; des Weiteren ist § 5 Abs. 10 zu berücksichtigen, nach dem für **Ausländer**, die nicht Staatsangehörige eines EU- oder EWR-Staates oder der Schweiz sind, § 5 Abs. 1 Nr. 13 (nur) gilt, wenn sie eine Niederlassungserlaubnis oder eine Aufenthaltserlaubnis mit einer Befristung auf mehr als 12 Monate besitzen und für die Erteilung dieser Aufenthaltstitel keine Verpflichtung zur Sicherung des Lebensunterhalts besteht. Damit hat § 52a S. 1 nur einen **schmalen persönlichen Anwendungsbereich;** die Vorschrift soll aber ja auch nur eine Sicherungsfunktion erfüllen. Erfasst werden Deutsche (Art. 116 GG) ohne bisherigen inländischen Wohnsitz oder gewöhnlichen Aufenthalt, EU-Ausländer, die nicht nur über § 4 FreizügG freizügigkeitsberechtigt sind, sowie Ausländer aus Drittstaaten ohne versicherungspflichtige Tätigkeit, denen ausnahmsweise ein Aufenthaltstitel erteilt wird, ohne dass ihr Lebensunterhalt gesichert ist (vgl. §§ 5 Abs. 1 Nr. 1, 9 Abs. 2 S. 1 AufenthG. Näher zum Ganzen Krauskopf/ders., § 52a SGB V Rn. 5).

II. Missbrauchsabsicht

3   § 52a S. 1 verlangt die **Absicht** („um … zu") des Betroffenen, Leistungen missbräuchlich in Anspruch zu nehmen. Diese Missbrauchsabsicht muss im Zusammenhang mit dem Sichbegeben in den Geltungsbereich des SGB bestehen. Dass der Zuzug ausländerrechtlich nicht zu beanstanden ist, spielt keine Rolle (krit. zum Ganzen Linke, NZS 2008, 342, 344). Auf die Inanspruchnahme der Leistung muss sie sich nicht beziehen. Die offenkundige Schwierigkeit der beweisbelasteten Krankenkasse, das subjektive Kriterium der Absicht nachzuweisen, dürfte auch durch die Mitwirkungspflicht des Anspruchsstellers (§ 60 SGB I) nicht nennenswert erleichtert werden (ähnlich Krauskopf/ders., § 52a SGB V Rn. 11; optimistischer wohl jurisPK/Reyels, § 52a SGB V Rn. 15). Zu bedenken ist, dass die Begründung des Versicherungsschutzes die Verpflichtung zur Beitragsentrichtung einschließt; Sinn hat

solcher Missbrauch nur, wenn es um teure Leistungen geht. Ausweislich der Gesetzesbegründung sollen insb. aufwändige, hochtechnisierte Operationen wie Organtransplantationen nicht in Anspruch genommen werden können; die zur Behandlung akuter Erkrankungen und Schmerzzustände erforderlichen ärztlichen und zahnärztlichen Behandlungen sollen hingegen nicht erfasst sein (BT-Drs. 16/3100 S. 108). In diesen Fällen dürfte regelmäßig keine Missbrauchsabsicht schon bei Zuzug vorliegen (s. auch jurisPK/Reyels, § 52a SGB V Rn. 13). Fraglich ist, ob im Fall der Leistungsinanspruchnahme durch einen Familienangehörigen eines nach § 5 Abs. 1 Nr. 13 Versicherten gem. § 10 hinsichtlich der Absicht auf den Stammversicherten oder den Angehörigen oder auf beide abzustellen ist. Richtig erscheint anzunehmen, dass keinen Anspruch hat, wer die Tatbestandsmerkmale erfüllt; erfüllen kann diese auch der Mitversicherte, erfüllt sie (auch oder nur) der Stammversicherte, gilt der Leistungsausschluss auch für die Mitversicherten. Die Missbrauchsabsicht eines Familienversicherten muss im Zusammenhang mit der Einreise stehen, der Schutz der Mitversicherten ist bei dieser Auslegung prinzipiell geringer als im Grundfall der Familienversicherung (aA Linke, NZS 2008, 342, 344 f.). Ist die Absicht der Inanspruchnahme von Leistungen bei Zuzug nicht das einzige Motiv, kommen vielmehr weitere plausible Gründe für eine Begründung von Aufenthalt oder Wohnort im Geltungsbereich des SGB hinzu, sind die Voraussetzungen des § 52a nicht erfüllt (s. näher Linke NZS 2008, 342, 345).

C. Leistungsausschluss

Liegen die genannten Voraussetzungen vor, kommt es **kraft Gesetzes** zu einem Leistungsausschluss. Bereits gewährte Leistungen kann sich die Krankenkasse nach den allgemeinen Vorschriften (§§ 45, 50 SGB X) erstatten lassen. **4**

Sechster Abschnitt. Selbstbehalt, Beitragsrückzahlung

§ 53 Wahltarife

(1) ¹**Die Krankenkasse kann in ihrer Satzung vorsehen, dass Mitglieder jeweils für ein Kalenderjahr einen Teil der von der Krankenkasse zu tragenden Kosten übernehmen können (Selbstbehalt).** ²**Die Krankenkasse hat für diese Mitglieder Prämienzahlungen vorzusehen.**

(2) ¹**Die Krankenkasse kann in ihrer Satzung für Mitglieder, die im Kalenderjahr länger als drei Monate versichert waren, eine Prämienzahlung vorsehen, wenn sie und ihre nach § 10 mitversicherten Angehörigen in diesem Kalenderjahr Leistungen zu Lasten der Krankenkasse nicht in Anspruch genommen haben.** ²**Die Prämienzahlung darf ein Zwölftel der jeweils im Kalenderjahr gezahlten Beiträge nicht überschreiten und wird innerhalb eines Jahres nach Ablauf des Kalenderjahres an das Mitglied gezahlt.** ³**Die im dritten und vierten Abschnitt genannten Leistungen mit Ausnahme der Leistungen nach § 23 Abs. 2 und den §§ 24 bis 24b sowie Leistungen für Versicherte, die das 18. Lebensjahr noch nicht vollendet haben, bleiben unberücksichtigt.**

(3) ¹**Die Krankenkasse hat in ihrer Satzung zu regeln, dass für Versicherte, die an besonderen Versorgungsformen nach § 63, § 73b, § 73c, § 137f oder § 140a teilnehmen, Tarife angeboten werden.** ²**Für diese Versicherten kann die Krankenkasse eine Prämienzahlung oder Zuzahlungsermäßigungen vorsehen.**

(4) ¹**Die Krankenkasse kann in ihrer Satzung vorsehen, dass Mitglieder für sich und ihre nach § 10 mitversicherten Angehörigen Tarife für Kostenerstattung wählen.** ²**Sie kann die Höhe der Kostenerstattung variieren und hierfür spezielle Prämienzahlungen durch die Versicherten vorsehen.** ³**§ 13 Abs. 2 Satz 2 und 3 gilt nicht.**

(5) **Die Krankenkasse kann in ihrer Satzung die Übernahme der Kosten für Arzneimittel der besonderen Therapierichtungen regeln, die nach § 34 Abs. 1 Satz 1 von der Versorgung ausgeschlossen sind, und hierfür spezielle Prämienzahlungen durch die Versicherten vorsehen.**

(6) ¹**Die Krankenkasse hat in ihrer Satzung für die in § 44 Absatz 2 Nummer 2 und 3 genannten Versicherten gemeinsame Tarife sowie Tarife für die nach dem Künstlersozialversicherungsgesetz Versicherten anzubieten, die einen Anspruch auf Krankengeld entsprechend § 46 Satz 1 oder zu einem späteren Zeitpunkt entstehen lassen, für die Versicherten nach dem Künstlersozialversicherungsgesetz jedoch spätestens mit Beginn der dritten Woche der Arbeitsunfähigkeit.** ²**Von § 47 kann abgewichen werden.** ³**Die Krankenkasse hat entsprechend der Leistungserweiterung Prämienzahlungen des Mitglieds vorzusehen.** ⁴**Die Höhe der Prämienzahlung ist unabhängig von Alter, Geschlecht oder Krank-**

heitsrisiko des Mitglieds festzulegen. ⁵Die Krankenkasse kann durch Satzungsregelung die Durchführung von Wahltarifen nach Satz 1 auf eine andere Krankenkasse oder einen Landesverband übertragen. ⁶In diesen Fällen erfolgt die Prämienzahlung weiterhin an die übertragende Krankenkasse. ⁷Die Rechenschaftslegung erfolgt durch die durchführende Krankenkasse oder den durchführenden Landesverband.

(7) Die Krankenkasse kann in ihrer Satzung für bestimmte Mitgliedergruppen, für die sie den Umfang der Leistungen nach Vorschriften dieses Buches beschränkt, der Leistungsbeschränkung entsprechende Prämienzahlung vorsehen.

(8) ¹Die Mindestbindungsfrist beträgt für die Wahltarife nach den Absätzen 2, 4 und 5 ein Jahr und für die Wahltarife nach den Absätzen 1 und 6 drei Jahre; für die Wahltarife nach Absatz 3 gilt keine Mindestbindungsfrist. ²Die Mitgliedschaft kann frühestens zum Ablauf der Mindestbindungsfrist nach Satz 1, aber nicht vor Ablauf der Mindestbindungsfrist nach § 175 Absatz 4 Satz 1 gekündigt werden; § 175 Absatz 4 Satz 5 gilt mit Ausnahme für Mitglieder in Wahltarifen nach Absatz 6. ³Die Satzung hat für Tarife ein Sonderkündigungsrecht in besonderen Härtefällen vorzusehen. ⁴Die Prämienzahlung an Versicherte darf bis zu 20 vom Hundert, für einen oder mehrere einschließlich Prämienzahlungen nach § 242 30 vom Hundert der vom Mitglied im Kalenderjahr getragenen Beiträge mit Ausnahme der Beitragszuschüsse nach § 106 des Sechsten Buches sowie § 257 Abs. 1 Satz 1, jedoch nicht mehr als 600 Euro, bei einem oder mehreren Tarifen einschließlich Prämienzahlungen nach § 242 900 Euro jährlich betragen. ⁵Satz 4 gilt nicht für Versicherte, die Teilkostenerstattung nach § 14 gewählt haben. ⁶Mitglieder, deren Beiträge vollständig von Dritten getragen werden, können nur Tarife nach Absatz 3 wählen.

(9) ¹Die Aufwendungen für jeden Wahltarif müssen jeweils aus Einnahmen, Einsparungen und Effizienzsteigerungen aus diesen Wahltarifen auf Dauer finanziert werden. ²Die Krankenkassen haben darüber der zuständigen Aufsichtsbehörde regelmäßig, mindestens alle drei Jahre, Rechenschaft abzulegen. ³Sie haben hierzu ein versicherungsmathematisches Gutachten vorzulegen über die wesentlichen versicherungsmathematischen Annahmen, die der Berechnung der Beiträge und der versicherungstechnischen Rückstellungen der Wahltarife zugrunde liegen.

A. Normzweck

1   Die Norm stellt eine gegenüber der früheren Rechtslage erhebliche Erweiterung der Wahlfreiheit der Versicherten in der gesetzlichen Krankenversicherung dar, die zu Gunsten der Versicherten durch verschiedene, in der Vorschrift enthaltenen Modelle garantiert werden soll. Auf diese Weise sollen nach Auffassung des Gesetzgebers mehr Transparenz und Wettbewerb zwischen den Krankenkassen herbeigeführt werden (BT-Drs. 16/3100, S. 108; in vielerlei Hinsicht kritisch etwa Lang in: Becker/Kingreen, § 53 SGB V Rn. 1). Bei allen Wahltarifen, die auf diesem Weg von den Kassen angeboten werden können (bzw. müssen), werden einheitlich, durch Abs. 8 S. 4, Begrenzungen für die Höhe der anfallenden Prämienzahlungen in Form einer relativen Kappungsgrenze vorgenommen. Insgesamt dürfen die Kassen mit den von ihnen zu gestaltenden Tarifmodellen die Grundsätze der Wirtschaftlichkeit nicht verletzen, wie insbesondere Abs. 9 deutlich macht – dies liefe der gesamten gesetzgeberischen Intention zuwider.

B. Selbstbehalt (Abs. 1)

2   Nach Abs. 1 können die Krankenkassen eine **Selbstbehaltsregelung** in ihren Satzungen vorsehen. Kern eines solchen, hinsichtlich ihrer Einführung in das Ermessen der Kasse gestellten Wahltarifs ist die Möglichkeit für die (Pflicht- wie freiwillig) Versicherten, einen Teil der grundsätzlich von der Versicherung zu tragenden Kosten selber zu übernehmen, ohne dass insofern – wie noch nach der Vorgängerregelung – zugleich auch eine Kostenerstattung gewählt werden muss. Ziel eines Selbstbehaltstarifs ist es somit, dass die Versicherten ihre Krankenversicherungsbeiträge – auf der Grundlage einer freiwilligen diesbezüglichen Entscheidung – dadurch senken können, dass sie mit der Kasse eine Selbstbeteiligung in einer bestimmten Höhe vereinbaren. Der Abrechnungszeitraum für Selbstbehaltstarife beträgt ein Jahr, die Mindestbindungsfrist drei Jahre, wie sich unmittelbar aus Abs. 8 ergibt. Wird ein Selbstbehaltstarif angeboten und von dem Versicherten auch gewählt, muss die Krankenkasse zugunsten dieser Versicherten dann auch die Prämienzahlung nach Abs. 2 vorsehen. Leistungen, die der Früherkennung und Prävention dienen sowie Leistungen für Versicherte, die das 18. Lebensjahr noch nicht vollendet haben, müssen indes für den Selbstbehalt unberücksichtigt bleiben (so auch BVA, Schreiben v. 13. 3. 2007, AZ II 1–4927.6–3709/2006, 5), auch wenn dies nicht in § 53 Abs. 1 SGB V ausdrücklich geregelt wurde. Gleiches gilt dann auch für die Zahnprophylaxe nach § 55 Abs. 1 SGB V (wie hier Lang in: Becker/Kingreen, SGB V § 53 Rn. 8).

C. Prämienzahlung (Abs. 2)

In Abs. 2 ist vorgesehen, dass die Krankenkasse in ihrer Satzung zugunsten ihrer Versicherten auch eine Prämienzahlung einführen kann, sofern das Mitglied und seine über ihn mitversicherten Angehörigen Leistungen der Krankenkasse im Kalenderjahr nicht in Anspruch genommen haben. Diese Regelung, die ebenfalls nach Abs. 8 mit einer Mindestbindungsfrist von drei Jahren versehen ist, entspricht der früher unter dem Begriff der **„Beitragsrückerstattung"** firmierenden Konstruktion. Auch die Einführung dieses Wahltarifs steht im Ermessen der Krankenkasse. Er zielt darauf ab, dass die Mitglieder mit dem hier vorgesehenen Selbstbehalt einen Teil des Krankheitskostenrisikos selber tragen, das sonst vollständig von der Krankenversicherung zu tragen wäre. Die Leistungspflicht der Krankenkasse beginnt dann erst jenseits des Selbstbehalts. Voraussetzung für die Möglichkeit, dieses Modell zu wählen, ist, dass das Mitglied im betreffenden Kalenderjahr länger als drei Monate krankenversichert war. Insgesamt ist der Anspruch nach Abs. 2 S. 2 jedoch begrenzt: Die Prämienzahlung darf ein Zwölftel der jeweils im Kalenderjahr gezahlten Beiträge nicht überschreiten. Der Erstattungsbeitrag ist innerhalb eines Jahres nach Ablauf des Kalenderjahres gemäß der Fälligkeitsregelung in Abs. 2 S. 2 an das Mitglied zu zahlen (zu den Einzelheiten s. BVA, Schreiben v. 13. 3. 2007, AZ II 1–4927.6–3709/2006, 3). 3

D. Besondere Versorgungsformen (Abs. 3)

Für spezielle Versorgungsformen muss die Krankenkasse nach Abs. 3 spezielle Tarifgestaltungen anbieten. Dies betrifft **Modellvorhaben** wie die hausarztzentrierte Versorgung, Tarife mit Bindung an bestimmte Leistungserbringer, Disease-Management-Programm sowie die integrierte Versorgung. Die Krankenkasse kann Prämienzahlungen oder Zuzahlungsermäßigungen mit dem Tarif verbinden, wie sich aus Abs. 3 S. 2 ergibt (s. auch Sodan, NZS 2007, 1315). Prämienberechtigt sind alle Versicherten; zu berücksichtigen ist jedoch die Kappungsgrenze je Mitglied nach Abs. 7. Für diesen besonderen Wahltarif gilt die allgemeine Mindestbindungsfrist des Abs. 3 von drei Jahren nicht. Hier gilt stattdessen eine Mindestbindungszeit von nur einem Jahr, wie sich aus den Regelungen zur Ausgestaltung des Versorgungsangebots selbst ergibt (s. auch Jahn/Leopold, § 53 SGB V Rn. 17). 4

E. Kostenerstattung (Abs. 4)

Möglich ist der Krankenkasse auch, für das Kostenerstattungsverfahren **Wahltarife** einzuführen; sie kann dabei die Höhe der **Kostenerstattung** variabel gestalten, wie dies auch bei Kunden privater Krankenversicherungen möglich ist. So wäre es etwa möglich, dem Versicherten den 2,3-fachen Satz nach GoÄ/GoZ zu erstatten. Für die Mehrkosten, die dies gegenüber Sachleistungen bedeutet, muss die Kasse dann eine entsprechend kalkulierte Prämienzahlung des Versicherten einfordern (BT-Drs. 16/3100, S. 108). Auch bei diesem Wahltarif beträgt die Mindestbindung drei Jahre, wie sich aus Abs. 8 ergibt. Unklar ist, ob auf diesem Weg auch Leistungen in Anspruch genommen werden können, die nicht vom Leistungskatalog der gesetzlichen Krankenversicherung erfasst sind. Dies widerspräche jedoch dem grundsätzlich nur substituierenden Charakter der Kostenerstattung gegenüber dem Sachleistungsprinzip (so auch BVA, Schreiben v. 13. 3. 2007, AZ II 1–4927.6–3709/2006, 5; s. auch Isensee NZS 2007, 449; Lang, in: Becker/Kingreen, § 53 SGB V Rn. 15). 5

F. Arzneimittel besonderer Therapierichtungen (Abs. 5)

Des Weiteren kann die Krankenkasse, nach Abs. 5, in ihrer Satzung vorsehen, die Kosten für Arzneimittel derjenigen besonderen Therapierichtungen zu übernehmen, die nach **§ 34 Abs. 1 S. 1 SGB V** eigentlich von der Versorgung ausgeschlossen sind (vgl. näher dazu die Kommentierung zu § 34 SGB V Rn. 2ff.). Sieht die Satzung eine solche Übernahme über den regelmäßigen Leistungskatalog hinaus vor, muss dann zum Ausgleich jedoch geregelt sein, dass vom Versicherten dazu spezielle Prämienzahlungen zu erbringen sind. Zu denken ist insbesondere an Mittel der Homöopathie oder der Anthroposophie. Wählt der Versicherte diesen Wahltarif, gilt die Mindestbindungsfrist des Abs. 8, also eine Frist von drei Jahren. 6

G. Krankengeld, sonstige Leistungsbeschränkungen (Abs. 6, 7)

Für Versicherte, die gemäß § 44 Abs. 2 Nr. 2, 3 keinen Anspruch auf Krankengeld haben (vgl. Joussen, in: Becker/Kingreen, § 44 SGB V Rn. 20), müssen die Krankenkassen in ihren Satzungen Tarife anbieten, die einen solchen **Anspruch auf Krankengeld** entstehen lassen. Dann muss aber 7 auch im Gegenzug eine entsprechende Prämienzahlung durch den Versicherten erfolgen. Die von diesen Wahltarifen begünstigten Mitglieder entscheiden somit eigenständig über ihre finanzielle Absicherung im Krankheitsfall. Von dieser Regelung profitieren beispielsweise freiwillig versicherte Selbstständige, aber auch andere Personengruppen, wie zum Beispiel kurzzeitig Beschäftigte ohne Anspruch auf Entgeltfortzahlung (dazu Neumann, NJOZ 2008, 4494; auch Sodan, NZS 2007, 1313). Über Abs. 6 hinaus kann die Krankenkasse Prämienzahlungen vorsehen, wenn sie von ihrer Möglichkeit Gebrauch macht, den Umfang von **Leistungen für bestimmte Mitgliedergruppen zu beschränken.** Diese Regelung zielte vor allem auf Mitglieder ab, die Teilkostenerstattung nach § 14 SGB V gewählt hatten. Mit der Änderung des § 243 SGB V entfällt die Möglichkeit einer Beitragssatzermäßigung. Die Krankenkassen können stattdessen Prämienrückzahlungen in einem der Leistungsbeschränkung entsprechenden Umfang vorsehen (BT-Drs. 16/3100, S. 109).

§ 54 *(aufgehoben)*

Siebter Abschnitt. Zahnersatz

§ 55 Leistungsanspruch

(1) [1]Versicherte haben nach den Vorgaben in den Sätzen 2 bis 7 Anspruch auf befundbezogene Festzuschüsse bei einer medizinisch notwendigen Versorgung mit Zahnersatz einschließlich Zahnkronen und Suprakonstruktionen (zahnärztliche und zahntechnische Leistungen) in den Fällen, in denen eine zahnprothetische Versorgung notwendig ist und die geplante Versorgung einer Methode entspricht, die gemäß § 135 Abs. 1 anerkannt ist. [2]Die Festzuschüsse umfassen 50 vom Hundert der nach § 57 Abs. 1 Satz 6 und Abs. 2 Satz 6 und 7 festgesetzten Beträge für die jeweilige Regelversorgung. [3]Für eigene Bemühungen zur Gesunderhaltung der Zähne erhöhen sich die Festzuschüsse nach Satz 2 um 20 vom Hundert. [4]Die Erhöhung entfällt, wenn der Gebisszustand des Versicherten regelmäßige Zahnpflege nicht erkennen lässt und der Versicherte während der letzten fünf Jahre vor Beginn der Behandlung

1. die Untersuchungen nach § 22 Abs. 1 nicht in jedem Kalenderhalbjahr in Anspruch genommen hat und
2. sich nach Vollendung des 18. Lebensjahres nicht wenigstens einmal in jedem Kalenderjahr hat zahnärztlich untersuchen lassen.

[5]Die Festzuschüsse nach Satz 2 erhöhen sich um weitere 10 vom Hundert, wenn der Versicherte seine Zähne regelmäßig gepflegt und in den letzten zehn Kalenderjahren vor Beginn der Behandlung, frühestens seit dem 1. Januar 1989, die Untersuchungen nach Satz 4 Nr. 1 und 2 ohne Unterbrechung in Anspruch genommen hat. [6]Dies gilt nicht in den Fällen des Absatzes 2. [7]Für Versicherte, die nach dem 31. Dezember 1978 geboren sind, gilt der Nachweis für eigene Bemühungen zur Gesunderhaltung der Zähne für die Jahre 1997 und 1998 als erbracht.

(2) [1]Versicherte haben bei der Versorgung mit Zahnersatz zusätzlich zu den Festzuschüssen nach Absatz 1 Satz 2 Anspruch auf einen Betrag in jeweils gleicher Höhe, angepasst an die Höhe der für die Regelversorgungsleistungen tatsächlich anfallenden Kosten, höchstens jedoch in Höhe der tatsächlich entstandenen Kosten, wenn sie ansonsten unzumutbar belastet würden; wählen Versicherte, die unzumutbar belastet werden, nach Absatz 4 oder 5 einen über die Regelversorgung hinausgehenden gleich- oder andersartigen Zahnersatz, leisten die Krankenkassen nur den doppelten Festzuschuss. [2]Eine unzumutbare Belastung liegt vor, wenn

1. die monatlichen Bruttoeinnahmen zum Lebensunterhalt des Versicherten 40 vom Hundert der monatlichen Bezugsgröße nach § 18 des Vierten Buches nicht überschreiten,
2. der Versicherte Hilfe zum Lebensunterhalt nach dem Zwölften Buch oder im Rahmen der Kriegsopferfürsorge nach dem Bundesversorgungsgesetz, Leistungen nach dem Recht der bedarfsorientierten Grundsicherung, Leistungen zur Sicherung des Lebensunterhalts nach dem Zweiten Buch, Ausbildungsförderung nach dem Bundesausbildungsförderungsgesetz oder dem Dritten Buch erhält oder
3. die Kosten der Unterbringung in einem Heim oder einer ähnlichen Einrichtung von einem Träger der Sozialhilfe oder der Kriegsopferfürsorge getragen werden.

[3]Als Einnahmen zum Lebensunterhalt der Versicherten gelten auch die Einnahmen anderer in dem gemeinsamen Haushalt lebender Angehöriger und Angehöriger des Lebenspartners. [4]Zu den Einnahmen zum Lebensunterhalt gehören nicht Grundrenten, die Beschädigte nach dem Bundesversorgungsgesetz oder nach anderen Gesetzen in entspre-

chender Anwendung des Bundesversorgungsgesetzes erhalten, sowie Renten oder Beihilfen, die nach dem Bundesentschädigungsgesetz für Schäden an Körper und Gesundheit gezahlt werden, bis zur Höhe der vergleichbaren Grundrente nach dem Bundesversorgungsgesetz. ⁵Der in Satz 2 Nr. 1 genannte Vomhundertsatz erhöht sich für den ersten in dem gemeinsamen Haushalt lebenden Angehörigen des Versicherten um 15 vom Hundert und für jeden weiteren in dem gemeinsamen Haushalt lebenden Angehörigen des Versicherten und des Lebenspartners um 10 vom Hundert der monatlichen Bezugsgröße nach § 18 des Vierten Buches.

(3) ¹Versicherte haben bei der Versorgung mit Zahnersatz zusätzlich zu den Festzuschüssen nach Absatz 1 Satz 2 Anspruch auf einen weiteren Betrag. ²Die Krankenkasse erstattet den Versicherten den Betrag, um den die Festzuschüsse nach Absatz 1 Satz 2 das Dreifache der Differenz zwischen den monatlichen Bruttoeinnahmen zum Lebensunterhalt und der zur Gewährung eines zweifachen Festzuschusses nach Absatz 2 Satz 2 Nr. 1 maßgebenden Einnahmegrenze übersteigen. ³Die Beteiligung an den Kosten umfasst höchstens einen Betrag in Höhe der zweifachen Festzuschüsse nach Absatz 1 Satz 2, jedoch nicht mehr als die tatsächlich entstandenen Kosten.

(4) Wählen Versicherte einen über die Regelversorgung gemäß § 56 Abs. 2 hinausgehenden gleichartigen Zahnersatz, haben sie die Mehrkosten gegenüber den in § 56 Abs. 2 Satz 10 aufgelisteten Leistungen selbst zu tragen.

(5) Die Krankenkassen haben die bewilligten Festzuschüsse nach Absatz 1 Satz 2 bis 7, den Absätzen 2 und 3 in den Fällen zu erstatten, in denen eine von der Regelversorgung nach § 56 Abs. 2 abweichende, andersartige Versorgung durchgeführt wird.

A. Normzweck

Die Vorschrift steht in Nachfolge der früher einzelfallorientierten prozentualen Zuschussregelung für Zahnersatz und regelt die Ansprüche der Versicherten auf Versorgung mit Zahnersatz und Zahnkronen sowie Suprakonstruktionen. Sie konkretisiert damit den Anspruch aus § 27 Abs. 1 S. 1, 2 Nr. 2a und umfasst sowohl die zahnärztliche Behandlung als auch die erforderlichen zahntechnischen Leistungen. Dazu sieht sie eine Regelversorgung für einen in der Norm enthaltenen festen Katalog von Befunden vor. Die Zahnersatzversicherung ist somit eine obligatorische Satzungsleistung der gesetzlichen Krankenkasse (zur Ausgestaltung des Systems, vor allem zur Stellung des Zahnersatzes zwischen Sachleistung und Kostenerstattung s. Axer, NZS 2006, 225). Das genaue Verfahren der Leistungsgewährung ist nicht in § 55 SGB V, sondern im Rahmen des Leistungserbringungsrecht in § 87 Abs. 1a SGB V geregelt (vgl. Kommentierung KassKomm/Hess, § 87 SGB V Rn. 4 ff.; Hauck/Noftz/Engelhard, § 55 SGB V Rn. 161 ff.). Verfassungsrechtlich ist dieses System nicht zu beanstanden (LSG NRW 20. 6. 2006 – L 16 B 62/06 – juris). 1

B. Anspruch auf Zahnersatz (Abs. 1 S. 1)

Nach Abs. 1 S. 1 haben die Versicherten, vorbehaltlich der in Abs. 1 S. 2–7 enthaltenen Konkretisierungen Anspruch auf zahnärztliche und zahntechnische Leistungen. Gegenstand des Anspruchs sind dabei **befundbezogene Festzuschüsse** für Zahnersatz, Zahnkronen und Suprakonstruktionen (also für implantatgestützten Zahnersatz). Voraussetzung für einen Anspruch im Rahmen der vertragszahnärztlichen Versorgung ist, neben der allgemein zu bestimmenden Versicherteneigenschaft und dem Vorliegen einer Krankheit, dass die zahnprothetische Versorgung medizinisch notwendig ist. Zudem muss die geplante Versorgung einer nach § 135 Abs. 1 SGB V anerkannten Methode entsprechen (dazu eingehend BeckOKSozR/Joussen, § 135 SGB V Rn. 3 ff.). Die „Notwendigkeit" entspricht der Begrifflichkeit in § 12 SGB V (vgl. BeckOKSozR/Joussen, § 12 SGB V Rn. 9) und ist hier insbesondere dann zu bejahen, wenn entsprechende zahnmedizinische Gründe vorliegen, beispielsweise Zahnschäden oder -ausfall, denkbar ist aber auch ein allgemeinmedizinischer Notwendigkeitszusammenhang (s. dazu BSG 29. 6. 1994 – 1 RK 40/93 – NZS 1994, 556). Ausgeschlossen sind dadurch vor allem rein ästhetisch veranlasste Behandlungen. 2

Die **Anspruchshöhe** bestimmt sich nach Abs. 1 S. 2–7. Inhaltlich muss die Krankenkasse ihren Versicherten nicht mehr eine prozentuale Bezuschussung, sondern stattdessen befundbezogene Festzuschüsse anbieten (zur Festzuschussregelung im Einzelnen Boecken, VSSR 2005, 1 ff.). Das führt dazu, dass jeder Versicherte bei gleichem Befund den gleichen Betrag von der Krankenkasse erstattet bekommt. Ohne Rücksicht auf die tatsächlich durchgeführte Versorgung steht dem Versicherten ein Festzuschuss zu, der sich auf die vom Gemeinsamen Bundesausschuss festgelegten Befunde bezieht. Dem Grundsatz nach beträgt die Höhe des Festzuschusses 50 vH der nach § 57 Abs. 1 S. 6 SGB V bzw. § 57 Abs. 2 S. 6, 7 SGB V festgesetzten Beträge für die jeweilige Regelversorgung. In Abs. 1 3

S. 3–7 ist vorgesehen, dass sich dieser Festzuschuss unter den dort geregelten Voraussetzungen erhöhen kann, wenn entsprechende eigene Bemühungen der Versicherten um ihre Zahngesundheit vorliegen.

4   **Abs. 2** enthält eine **Härtefallregelung** und sieht einen zusätzlichen Zuschuss bei unzumutbarer Belastung vor. Auf diese Weise kommt das Solidarprinzip besonders deutlich zum Ausdruck, welches letztlich auf diese Weise Vorrang vor dem (durch die Erhöhungsregelungen in Abs. 1 S. 3–7 manifest werdenden) Prinzip der Eigenverantwortung erhält. Der Begriff der **unzumutbaren Belastung** wird in Abs. 2 S. 2 bis 5 näher konkretisiert (vgl. näher Niggehoff, in: Becker/Kingreen, SGB V, § 55 Rn. 23 ff.) und darf nicht zu weit ausgedehnt werden. Muss ein Versicherter etwa wegen Materialunverträglichkeiten innerhalb kürzerer Zeit mehrfach mit Zahnersatz versorgt werden, lässt dies die Verpflichtung zur Zahlung des Eigenanteils auch nicht unter Härtefallaspekten entfallen (BSG 23. 5. 2000 – B 1 KR 3/99 B – NZS 2001, 144; zu weiteren Einzelfällen aus der Rechtsprechung, die diese Voraussetzung näher ausführen, s. KassKomm/Nolte, § 55 SGB V Rn. 35 ff.; Hauck/Noftz/Engelhard, § 55 SGB V Rn. 69 ff.). Liegt eine solche unzumutbare Belastung vor, erhält der Versicherte bei der Versorgung mit Zahnersatz zusätzlich zu den Festzuschüssen nach § 55 Abs. 1 S. 2 SGB V Anspruch auf einen weiteren Betrag in Höhe eines weiteren Festzuschusses und damit auf eine vollständige Übernahme der Kosten der jeweiligen Regelversorgung (BT-Drs. 15/1525, S. 92).

C. Zahnersatz (Abs. 3)

5   Hinsichtlich der Versorgung mit **Zahnersatz** sieht Abs. 3 vor, dass Versicherten ein weiterer Betrag zusteht, der zusätzlich zu den Festzuschüssen nach Abs. 1 S. 2 zu gewähren ist. Insofern ist im Wege einer „gleitenden Härtefallregelung" vorgesehen, dass die Krankenkasse den Versicherten einen Differenzbetrag erstattet, der sich flexibel nach den Einkommensverhältnissen des jeweiligen Versicherten richtet (zu den Einzelheiten, insbesondere zu den erforderlichen Rechenschritten, s. KassKomm/Nolte, § 55 SGB V Rn. 48; mit Rechenbeispielen zudem Jahn/Leopold, § 55 SGB V Rn. 22 ff.).

D. Abweichende Leistungen (Abs. 4, 5)

6   Wählt der Versicherte einen über die Regelversorgung nach § 56 Abs. 2 SGB V hinausgehenden oder von diesem abweichenden gleichartigen Zahnersatz, hat er die Mehrkosten nach Abs. 4 selber zu tragen. Abs. 5 hingegen sieht vor, dass der Versicherte, der eine andersartige, von § 56 Abs. 2 SGB V **abweichende Versorgung** durchführen lässt, einen Anspruch gegen die Krankenkasse erwirbt, der sich auf die Höhe der eigentlich gewährten Festzuschüsse beläuft. Diese werden dann nicht mit der Kassenzahnärztlichen Vereinigung abgerechnet, sondern der Zahnarzt rechnet in diesem Fall die Leistung direkt mit dem Versicherten ab, der seinerseits einen Anspruch auf Erstattung der bewilligten Festzuschüsse gegen seine Versicherung erhält.

§ 56 Festsetzung der Regelversorgungen

(1) **Der Gemeinsame Bundesausschuss bestimmt in Richtlinien, erstmalig bis zum 30. Juni 2004, die Befunde, für die Festzuschüsse nach § 55 gewährt werden und ordnet diesen prothetische Regelversorgungen zu.**

(2) [1]Die Bestimmung der Befunde erfolgt auf der Grundlage einer international anerkannten Klassifikation des Lückengebisses. [2]Dem jeweiligen Befund wird eine zahnprothetische Regelversorgung zugeordnet. [3]Diese hat sich an zahnmedizinisch notwendigen zahnärztlichen und zahntechnischen Leistungen zu orientieren, die zu einer ausreichenden, zweckmäßigen und wirtschaftlichen Versorgung mit Zahnersatz einschließlich Zahnkronen und Suprakonstruktionen bei einem Befund im Sinne von Satz 1 nach dem allgemein anerkannten Stand der zahnmedizinischen Erkenntnisse gehören. [4]Bei der Zuordnung der Regelversorgung zum Befund sind insbesondere die Funktionsdauer, die Stabilität und die Gegenbezahnung zu berücksichtigen. [5]Zumindest bei kleinen Lücken ist festsitzender Zahnersatz zu Grunde zu legen. [6]Bei großen Brücken ist die Regelversorgung auf den Ersatz von bis zu vier fehlenden Zähnen je Kiefer und bis zu drei fehlenden Zähnen je Seitenzahngebiet begrenzt. [7]Bei Kombinationsversorgungen ist die Regelversorgung auf zwei Verbindungselemente je Kiefer, bei Versicherten mit einem Restzahnbestand von höchstens drei Zähnen je Kiefer auf drei Verbindungselemente je Kiefer begrenzt. [8]Regelversorgungen umfassen im Oberkiefer Verblendungen bis einschließlich Zahn fünf, im Unterkiefer bis einschließlich Zahn vier. [9]In die Festlegung der Regelversorgung einzubeziehen sind die Befunderhebung, die Planung, die Vorbereitung des Restgebisses, die Beseitigung von groben Okklusionshindernissen und alle Maßnahmen zur Herstellung und Eingliederung des Zahnersatzes einschließlich der Nachbehand-

lung sowie die Unterweisung im Gebrauch des Zahnersatzes. ¹⁰Bei der Festlegung der Regelversorgung für zahnärztliche Leistungen und für zahntechnische Leistungen sind jeweils die einzelnen Leistungen nach § 87 Abs. 2 und § 88 Abs. 1 getrennt aufzulisten. ¹¹Inhalt und Umfang der Regelversorgung sind in geeigneten Zeitabständen zu überprüfen und an die zahnmedizinische Entwicklung anzupassen. ¹²Der Gemeinsame Bundesausschuss kann von den Vorgaben der Sätze 5 bis 8 abweichen und die Leistungsbeschreibung fortentwickeln.

(3) Vor der Entscheidung des Gemeinsamen Bundesausschusses nach Absatz 2 ist dem Verband Deutscher Zahntechniker-Innungen Gelegenheit zur Stellungnahme zu geben; die Stellungnahme ist in die Entscheidung über die Regelversorgung hinsichtlich der zahntechnischen Leistungen einzubeziehen.

(4) Der Gemeinsame Bundesausschuss hat jeweils bis zum 30. November eines Kalenderjahres die Befunde, die zugeordneten Regelversorgungen einschließlich der nach Absatz 2 Satz 10 aufgelisteten zahnärztlichen und zahntechnischen Leistungen sowie die Höhe der auf die Regelversorgung entfallenden Beträge nach § 57 Abs. 1 Satz 6 und Abs. 2 Satz 6 und 7 in den Abstaffelungen nach § 55 Abs. 1 Satz 2, 3 und 5 sowie Abs. 2 im Bundesanzeiger bekannt zu machen.

(5) ¹§ 94 Abs. 1 Satz 2 gilt mit der Maßgabe, dass die Beanstandungsfrist einen Monat beträgt. ²Erlässt das Bundesministerium für Gesundheit die Richtlinie nach § 94 Abs. 1 Satz 5, gilt § 87 Abs. 6 Satz 4 zweiter Halbsatz und Satz 6 entsprechend.

A. Normzweck

Die Norm ergänzt die Bestimmung in § 55 SGB V und enthält Einzelheiten zur Regelung der Festsetzung der Regelversorgungen beim Zahnersatz, die in Form von Richtlinien des Gemeinsamen Bundesausschusses zu erfolgen hat. Auf diese Weise schafft die Norm die Basis für die Ansprüche des Versicherten auf die Gewährung eines Festzuschusses, die in § 55 SGB V geregelt sind. Zudem enthält die Norm Einzelheiten hinsichtlich des Verfahrens der Festsetzung.

B. Ermächtigung des Bundesausschusses (Abs. 1)

Nach Abs. 1 erhält der Gemeinsame Bundesausschuss eine **Kompetenz**, in Richtlinien diejenigen Befunde festzusetzen, für die Festzuschüsse nach § 55 SGB V gewährt werden. Zudem erstreckt sich diese Kompetenz auch darauf, den Befunden prothetische Regelversorgungen zuzuordnen. Von dieser Ermächtigung hat der Bundesausschuss Gebrauch gemacht in seiner „Richtlinie zur Bestimmung der Befunde und der Regelversorgungsleistungen, für die Festzuschüsse nach §§ 55, 56 SGB V zu gewähren sind **(Festzuschuss-Richtlinie)** sowie über die Höhe der auf die Regelversorgungsleistungen entfallenden Beträge nach § 56 Abs. 4 SGB V" vom 3. 11. 2004, veröffentlicht im Bundesanzeiger 2004, S. 24.463, in Kraft getreten am 1. 1. 2005, zuletzt geändert am 7. 11. 2007, veröffentlicht im Bundesanzeiger 2007, S. 8328, in Kraft getreten am 1. 1. 2008, abrufbar auch unter www.g-ba.de. Entsprechend dieser Vorgaben erfolgt die Festsetzung der Regelversorgung in zwei Schritten. Der Gemeinsame Bundesausschuss hat zunächst festzulegen, für welche Befunde überhaupt Festzuschüsse gewährt werden. Sodann hat er, in einem zweiten Schritt, jedem dieser definierten Befunde eine prothetische Regelversorgung zuzuordnen, also eine Versorgung, die in der Mehrzahl der Fälle bei dem entsprechenden Befund zur Behandlung geeignet ist (Hauck/Noftz/Engelhard, § 56 SGB V Rn. 11). Die Richtlinien enthalten somit die definierten Befunde, die ihnen zugeordneten Regelversorgungen sowie die Höhe der Festzuschüsse.

Die **näheren Voraussetzungen** und **Inhalte** der Richtlinien und damit sowohl der Bestimmung der Befunde als auch der Zuordnung der zahnprothetischen Regelversorgung sind in **Abs. 2** enthalten. Durch die dort in den S. 3–12 vorgesehenen Regelungen hat der Gesetzgeber selbst bereits sehr detaillierte Vorgaben für die inhaltliche Ausgestaltung gemacht, von denen der Gemeinsame Bundesausschuss nach Abs. 2 S. 12 zum Teil allerdings abweichen und die Leistungsbeschreibung eigenständig fortentwickeln kann. Diese Abweichungs- und Fortentwicklungskompetenz ist jedoch auf die das Versorgungsniveau einschränkenden Regelungen für kleine Lücken, große Brücken, Kombinationsversorgungen sowie Verblendungen nach Abs. 2 S. 5–8 beschränkt.

C. Verfahren (Abs. 3, 4)

Abs. 3 und 4 enthalten nähere Vorgaben für das Verfahren der Festsetzung. Nach Abs. 3 muss der Gemeinsame Bundesausschuss dem Verband Deutscher Zahntechniker-Innungen die **Gelegenheit zur Stellungnahme** geben. Diese ist bei der Richtlinienerstellung mit einzubeziehen. Insbesondere

Joussen

gewichtige Einwände seitens der Innungen darf der Bundesausschuss nicht übergehen. Zum Teil wird, mit überzeugender Argumentation, insofern davon gesprochen, der Gemeinsame Bundesausschuss müsse sich sogar mit den Innungen ins Benehmen setzen, wobei inhaltlich keine Unterschiede erkennbar werden (s. Hauck/Noftz/Engelhard, § 56 SGB V Rn. 32 ff.; Niggehoff, in: Becker/Kingreen, § 56 SGB V Rn. 14). Zudem sieht Abs. 4 vor, dass aus Gründen der Transparenz die jeweiligen Festlegungen durch den Bundesausschuss im Bundesanzeiger bekannt zu machen sind. Abs. 5 verkürzt die reguläre Beanstandungsfrist des § 94 Abs. 1 S. 2 SGB V (vgl. dazu die Kommentierung in BeckOKSozR/Joussen, § 94 SGB V) um die Hälfte auf einen Monat.

§ 57 Beziehungen zu Zahnärzten und Zahntechnikern

(1) [1]Der Spitzenverband Bund der Krankenkassen und die Kassenzahnärztliche Bundesvereinigung vereinbaren jeweils bis zum 30. September eines Kalenderjahres für das Folgejahr, erstmalig bis zum 30. September 2004 für das Jahr 2005, die Höhe der Vergütungen für die zahnärztlichen Leistungen bei den Regelversorgungen nach § 56 Abs. 2 Satz 2. [2]Für die erstmalige Vereinbarung ermitteln die Vertragspartner nach Satz 1 den bundeseinheitlichen durchschnittlichen Punktwert des Jahres 2004 für zahnärztliche Leistungen beim Zahnersatz einschließlich Zahnkronen gewichtet nach der Zahl der Versicherten. [3]Soweit Punktwerte für das Jahr 2004 bis zum 30. Juni 2004 von den Partnern der Gesamtverträge nicht vereinbart sind, werden die Punktwerte des Jahres 2003 unter Anwendung der für das Jahr 2004 nach § 71 Abs. 3 maßgeblichen durchschnittlichen Veränderungsrate der beitragspflichtigen Einnahmen aller Mitglieder der Krankenkassen je Mitglied für das gesamte Bundesgebiet festgelegt. [4]Für das Jahr 2005 wird der durchschnittliche Punktwert nach den Sätzen 2 und 3 unter Anwendung der für das Jahr 2005 nach § 71 Abs. 3 maßgeblichen durchschnittlichen Veränderungsrate der beitragspflichtigen Einnahmen aller Mitglieder der Krankenkassen je Mitglied für das gesamte Bundesgebiet festgelegt. [5]Für die folgenden Kalenderjahre gelten § 71 Abs. 1 bis 3 sowie § 85 Abs. 3. [6]Die Beträge nach Satz 1 ergeben sich jeweils aus der Summe der Punktzahlen der nach § 56 Abs. 2 Satz 10 aufgelisteten zahnärztlichen Leistungen, multipliziert mit den jeweils vereinbarten Punktwerten. [7]Die Vertragspartner nach Satz 1 informieren den Gemeinsamen Bundesausschuss über die Beträge nach Satz 6. [8]§ 89 Abs. 4 gilt mit der Maßgabe, dass auch § 89 Abs. 1 und 1a entsprechend gilt. [9]Die Festsetzungsfristen nach § 89 Abs. 1 Satz 1 und 3 und Abs. 1a Satz 2 betragen für die Festsetzungen nach den Sätzen 2 bis 4 zwei Monate.

(2) [1]Die Landesverbände der Krankenkassen und die Ersatzkassen gemeinsam und einheitlich vereinbaren mit den Innungsverbänden der Zahntechniker-Innungen jeweils bis zum 30. September eines Kalenderjahres, erstmalig bis zum 30. September 2004 für das Jahr 2005, die Höchstpreise für die zahntechnischen Leistungen bei den Regelversorgungen nach § 56 Abs. 2 Satz 2; sie dürfen dabei die nach den Sätzen 2 bis 5 für das jeweilige Kalenderjahr ermittelten bundeseinheitlichen durchschnittlichen Preise um bis zu 5 vom Hundert unter- oder überschreiten. [2]Hierzu ermitteln der Spitzenverband Bund der Krankenkassen und der Verband der Zahntechniker-Innungen die bundeseinheitlichen durchschnittlichen Preise des Jahres 2004 für zahntechnische Leistungen beim Zahnersatz einschließlich Zahnkronen und Suprakonstruktionen gewichtet nach der Zahl der Versicherten. [3]Sind Preise für das Jahr 2004 nicht vereinbart, werden die Preise des Jahres 2003 unter Anwendung der für das Jahr 2004 nach § 71 Abs. 3 maßgeblichen durchschnittlichen Veränderungsrate der beitragspflichtigen Einnahmen aller Mitglieder der Krankenkassen je Mitglied für das gesamte Bundesgebiet festgelegt. [4]Für das Jahr 2005 werden die durchschnittlichen Preise nach den Sätzen 2 und 3 unter Anwendung der für das Jahr 2005 nach § 71 Abs. 3 maßgeblichen durchschnittlichen Veränderungsrate der beitragspflichtigen Einnahmen aller Mitglieder der Krankenkassen je Mitglied für das gesamte Bundesgebiet festgelegt. [5]Für die folgenden Kalenderjahre gilt § 71 Abs. 1 bis 3. [6]Die für die Festlegung der Festzuschüsse nach § 55 Abs. 1 Satz 2 maßgeblichen Beträge für die zahntechnischen Leistungen bei den Regelversorgungen, die nicht von Zahnärzten erbracht werden, ergeben sich als Summe der bundeseinheitlichen Preise nach den Sätzen 2 bis 5 für die nach § 56 Abs. 2 Satz 10 aufgelisteten zahntechnischen Leistungen. [7]Die Höchstpreise nach Satz 1 und die Beträge nach Satz 6 vermindern sich um 5 vom Hundert für zahntechnische Leistungen, die von Zahnärzten erbracht werden. [8]Die Vertragspartner nach Satz 2 informieren den Gemeinsamen Bundesausschuss über die Beträge für die zahntechnischen Leistungen bei Regelversorgungen. [9]§ 89 Abs. 7 gilt mit der Maßgabe, dass die Festsetzungsfristen nach § 89 Abs. 1 Satz 1 und 3 und Abs. 1a Satz 2 für die Festsetzungen nach den Sätzen 2 bis 4 jeweils einen Monat betragen.

A. Normzweck

Die Vorschrift dient der Ausgestaltung der Beziehung der Krankenkassen zu Zahnärzten und Zahntechnikern beim Zahnersatz. Sie regelt vor allem die Frage, wer die Vergütung für die zahnärztlichensowie zahntechnischen Leistungen hinsichtlich ihrer Höhe aushandelt, wobei der Gemeinsame Bundesausschuss über die ausgehandelten Vereinbarungen zu informieren ist. Kommt eine Einigung nicht zustande, entscheidet das Schiedsamt nach § 89 Abs. 4 SGB V.

B. Zahnärztliche Leistungen (Abs. 1)

Nach Abs. 1 vereinbaren der Spitzenverband Bund und die Kassenzahnärztliche Bundesvereinigung zu einem bestimmten, in S. 1 genannten Stichtag die Höhe der Vergütungen für zahnärztliche Leistungen bei den Regelversorgungen nach § 56 Abs. 2 S. 2 SGB V. Die **Vereinbarungskompetenz** ist somit auf der **Bundesebene** angesiedelt. Gegenstand der abzuschließenden Vereinbarungen sind die Vergütungen, die sich hinsichtlich ihrer Höhe aus einer Berechnung gemäß Abs. 1 S. 6 ergeben. Für die erstmalige Vereinbarung der entscheidenden Punktwerte galten die S. 2–5 des Abs. 1. Zusammen mit den nach Abs. 2 S. 6 zu ermittelnden Beträgen für die zahntechnischen Leistungen ergibt sich aus den Berechnungen nach Abs. 1 S. 6 ein Euro-Betrag. Dieser bestimmt dann den Festbetrag für den entsprechenden Befund und die hierfür festgelegte Regelversorgung.

C. Zahntechnische Leistungen (Abs. 2)

In Abs. 2 sind die Einzelheiten für die Beziehungen zwischen den Krankenkassen und den Zahntechnikern enthalten. Anders als nach Abs. 1 ist hier die Vereinbarungskompetenz nicht auf die Bundesebene verlagert, sondern die Preise für zahntechnische Leistungen werden auf der **Landesebene** getroffen, und zwar zwischen den Landesverbänden der Krankenkassen und den Ersatzkassen gemeinsam auf der einen Seite und den Zahntechniker-Innungen auf der anderen Seite. Dabei ist vom Gesetzgeber jedoch eine gewisse Orientierung an den Bundesregelungen nach Abs. 1 gewollt (vgl. auch BT-Drs. 15/1600, S. 13). Insgesamt steht ihnen ein Entscheidungsspielraum von 10 vH zu, wie sich aus § 57 Abs. 2 S. 2–5 im Einzelnen ergibt (Jahn/Leopold, § 57 SGB V Rn. 6). Gegenstand der Vereinbarungen nach Abs. 2 sind die Preise für zahntechnische Leistungen bei den Regelversorgungen nach § 56 Abs. 2 S. 2 SGB V. Erfasst sind damit Leistungen für den Zahnersatz einschließlich Zahnkronen und Suprakonstruktionen.

§§ 58, 59 *(aufgehoben)*

Achter Abschnitt. Fahrkosten

§ 60 Fahrkosten

(1) ¹Die Krankenkasse übernimmt nach den Absätzen 2 und 3 die Kosten für Fahrten einschließlich der Transporte nach § 133 (Fahrkosten), wenn sie im Zusammenhang mit einer Leistung der Krankenkasse aus zwingenden medizinischen Gründen notwendig sind. ²Welches Fahrzeug benutzt werden kann, richtet sich nach der medizinischen Notwendigkeit im Einzelfall. ³Die Krankenkasse übernimmt Fahrkosten zu einer ambulanten Behandlung unter Abzug des sich nach § 61 Satz 1 ergebenden Betrages nur nach vorheriger Genehmigung in besonderen Ausnahmefällen, die der Gemeinsame Bundesausschuss in den Richtlinien nach § 92 Abs. 1 Satz 2 Nr. 12 festgelegt hat.

(2) ¹Die Krankenkasse übernimmt die Fahrkosten in Höhe des sich nach § 61 Satz 1 ergebenden Betrages je Fahrt übersteigenden Betrages

1. bei Leistungen, die stationär erbracht werden; dies gilt bei einer Verlegung in ein anderes Krankenhaus nur, wenn die Verlegung aus zwingenden medizinischen Gründen erforderlich ist, oder bei einer mit Einwilligung der Krankenkasse erfolgten Verlegung in ein wohnortnahes Krankenhaus,
2. bei Rettungsfahrten zum Krankenhaus auch dann, wenn eine stationäre Behandlung nicht erforderlich ist,
3. bei anderen Fahrten von Versicherten, die während der Fahrt einer fachlichen Betreuung oder der besonderen Einrichtungen eines Krankenkraftwagens bedürfen oder bei denen dies auf Grund ihres Zustandes zu erwarten ist (Krankentransport),

4. bei Fahrten von Versicherten zu einer ambulanten Krankenbehandlung sowie zu einer Behandlung nach § 115 a oder § 115 b, wenn dadurch eine an sich gebotene vollstationäre oder teilstationäre Krankenhausbehandlung (§ 39) vermieden oder verkürzt wird oder diese nicht ausführbar ist, wie bei einer stationären Krankenhausbehandlung.

²Soweit Fahrten nach Satz 1 von Rettungsdiensten durchgeführt werden, zieht die Krankenkasse die Zuzahlung von in Höhe des sich nach § 61 Satz 1 ergebenden Betrages je Fahrt von dem Versicherten ein.

(3) Als Fahrkosten werden anerkannt

1. bei Benutzung eines öffentlichen Verkehrsmittels der Fahrpreis unter Ausschöpfung von Fahrpreisermäßigungen,
2. bei Benutzung eines Taxis oder Mietwagens, wenn ein öffentliches Verkehrsmittel nicht benutzt werden kann, der nach § 133 berechnungsfähige Betrag,
3. bei Benutzung eines Krankenkraftwagens oder Rettungsfahrzeugs, wenn ein öffentliches Verkehrsmittel, ein Taxi oder ein Mietwagen nicht benutzt werden kann, der nach § 133 berechnungsfähige Betrag,
4. bei Benutzung eines privaten Kraftfahrzeugs für jeden gefahrenen Kilometer den jeweils auf Grund des Bundesreisekostengesetzes festgesetzten Höchstbetrag für Wegstreckenentschädigung, höchstens jedoch die Kosten, die bei Inanspruchnahme des nach Nummer 1 bis 3 erforderlichen Transportmittels entstanden wären.

(4) ¹Die Kosten des Rücktransports in das Inland werden nicht übernommen. ²§ 18 bleibt unberührt.

(5) Im Zusammenhang mit Leistungen zur medizinischen Rehabilitation werden Fahr- und andere Reisekosten nach § 53 Abs. 1 bis 3 des Neunten Buches übernommen.

A. Normzweck

1 Die in der Vorschrift vorgesehene Übernahme von Fahrkosten, die zum Bestandteil des Leistungskatalogs der gesetzlichen Krankenversicherung wird, hat **unterstützende Funktion:** Durch sie sollen andere, medizinisch notwendige Leistungen, auf die der Versicherte einen Anspruch hat, möglich werden. Die Norm hat also funktional-dienenden Charakter. Als unselbstständige Nebenleistung der Versicherung ist sie grundsätzlich wie die Hauptleistung selbst zu behandeln (vgl. BSG 10. 10. 1978 – 3 RK 75/77 – BSGE 47, 79; BSG 23. 2. 1999 – B 1 KR 1/98 R – NZS 1999, 607; Kingreen, in: Becker/Kingreen, § 60 SGB V Rn. 6).

B. Anspruchsvoraussetzungen (Abs. 1)

2 Abs. 1 enthält **übergreifend** die **Voraussetzungen** für die Übernahme der Fahrkosten durch die Versicherung. Diese sind maßgeblich für die in Abs. 2 näher ausgeführten einzelnen Leistungsinhalte. Wesentliche formelle Voraussetzung ist zunächst ein Antrag, es handelt sich insofern um eine Antragsleistung im Sinne von § 19 Abs. 1 S. 1 SGB IV; zudem bedarf es regelmäßig (wenn nicht ein Notfall bzw. eine privilegierte Fahrt iSv. Abs. 2 vorliegt) vorab einer Genehmigung durch die Krankenkasse.

3 Neben diesen formellen Voraussetzungen werden Fahrkosten jedweder Art nur übernommen, wenn sie **im Zusammenhang mit einer Leistung der Krankenkasse** stehen. Als Hauptleistung, der zu dienen die Nebenleistung bestimmt sein kann, kommen vor allem sämtliche Sachleistungen der Krankenkasse in Betracht, wie sie sich aus dem Katalog des § 11 SGB V ergeben. Vorrangige Vorschriften können den Anspruch nach § 60 SGB V gegebenenfalls verdrängen, etwa ein Anspruch auf Aufwendungsersatz nach § 65 a SGB I, der auch einen Anspruch auf Erstattung von Fahrkosten umfasst (vgl. Kommentierung zu § 65 a SGB I Rn. 5). Im Zusammenhang mit der Hauptleistung stehen die zu erstattenden Fahrkosten, wenn eine **Kausalität** vorliegt. Die Hauptleistung muss also die konkret vorgenommene Fahrt zu demjenigen Ort, an dem die Hauptleistung (gemäß der Regelung für die jeweilige Leistung bzw. gemäß § 12 Abs. 1 S. 1 SGB V) bestimmungsgemäß zu erbringen ist, verursacht haben. Die Verursachung erstreckt sich dann auch auf die Kosten für den Rücktransport vom Leistungs- zum Wohnort des Versicherten (BSG 9. 2. 1983 – 5a RKn 24/81 – BSGE 54, 279; KassKomm/Höfler, § 60 SGB V Rn. 9). Trotz einer vorliegenden Verursachung ist der Rücktransport aus dem Aus- ins Inland jedoch explizit nach Abs. 4 ausgeschlossen (mit etwas fragwürdiger Begründung BSG 10. 10. 1978 – 3 RK 75/77 – BSGE 47, 79).

4 Schließlich muss die Fahrt **aus zwingenden medizinischen Gründen notwendig** sein. Diese vom Wortlaut her gesehen sehr hohe Anforderung sieht die Rechtsprechung als erfüllt an, wenn es sich um zwingend und unvermeidlich entstehende Aufwendungen handelt (BSG 23. 3. 1983 – 3 RK 3/82 – BSGE 55, 37). Davon ist auszugehen, wenn alternative Behandlungen, für die Fahrkosten nicht entstünden, nicht gegeben sind. Die Notwendigkeit macht deutlich, dass regelmäßig nur Fahr-

ten auf direktem Weg zwischen dem Aufenthaltsort des Versicherten und dem – nächst erreichbaren – Leistungsort für eine Erstattung in Betracht kommen (BSG 11. 8. 1983 – 5 a RKn 12/82 – BSGE 55, 241; BeckOKSozR/Heberlein, § 60 SGB V Rn. 7; für Einzelfälle s. Kingreen, in: Becker/Kingreen, § 60 SGB V Rn. 10). Fahrkosten können im Zusammenhang mit dem Leistungsort auch dann in den Anspruchsumfang fallen, wenn eine Verlegung erforderlich wird, etwa weil das zunächst aufgesuchte Krankenhaus die Versorgung nicht in dem gebotenen Umfang erbringen kann; dann ist eine Verlegung und somit eine Leistung notwendig, was die Anspruchsvoraussetzung des § 60 SGB V erfüllen kann (dazu BSG 21. 2. 1002 – B 3 KR 4/01 R – NZS 2003, 33). Die Voraussetzung der Notwendigkeit hat auch Auswirkungen auf die Übernahmepflicht von Fahrkosten für Begleitpersonen. Ausdrücklich erwähnt ist sie in § 60 SGB V nicht. Ist die Begleitung jedoch „notwendig", was insbesondere, aber nicht nur bei Eltern oder engen Familienangehörigen der Fall sein kann, etwa dann, wenn die persönlichen Fähigkeiten des Versicherten eine Begleitung erforderlich machen (dazu auch BSG 9. 11. 1977 – 3 RK 90/76 – SozR 2200 § 194 Nr. 2), besteht ein Anspruch auf Erstattung. Andere als medizinische (etwa religiöse) Gründe begründen keine Notwendigkeit (BSG 2. 11. 2007 – B 1 KR 11/07 R – USK 2007-106).

Für die **Fahrt zu einer ambulanten Behandlung** (dazu BSG 22. 4. 2009 – B 3 KR 5/08 R – USK 2009-21, besonders zum Anspruch auf die Übernahme von Fahrkosten zum Rehabilitationssport) sieht Abs. 1 S. 3 als zusätzliche Voraussetzung vor, dass, nach einer zuvor erteilten Genehmigung (bzw. bei Notfällen auf der Grundlage einer nachträglichen Verordnung), ein **besonderer Ausnahmefall** vorliegt. Im Umkehrschluss bedeutet dies, dass Fahrkosten zur ambulanten Behandlung grundsätzlich vom Versicherten selbst zu tragen sind (Jahn/Leopold, § 60 SGB V Rn. 6), wenn nicht entweder die Richtlinien des Bundesausschusses anderes ergeben oder Abs. 2 Nr. 4 eingreift. Zur Bestimmung der insoweit in Betracht kommenden Ausnahmefälle wird der Gemeinsame Bundesausschuss ermächtigt. Diese Einschränkung hat die Rechtsprechung als verfassungsgemäß akzeptiert (BSG 26. 9. 2006 – B 1 KR 20/05 R – SozR 4-2500 § 60 Nr. 1). Von seiner Ermächtigung hat der Ausschuss Gebrauch gemacht durch die Richtlinien über die Verordnung von Krankenfahrten, Krankentransportleistungen und Rettungsfahrten nach § 92 Abs. 1 S. 2 Nr. 12 SGB V (Krankentransport-Richtlinien) in der Fassung vom 22. 1. 2004, veröffentlicht im Bundesanzeiger 2004, Nr. 18, S. 1342, zuletzt geändert am 21. 12. 2004, veröffentlicht im Bundesanzeiger 2005, Nr. 41, S. 2937, in Kraft getreten am 2. März 2005, im Internet unter www.g-ba.de; § 8 enthält dort die einschlägigen Bestimmungen in Ausführung der Ermächtigung des Abs. 1 S. 3. **Etwas anderes** gilt zudem für die Fahrt zu einer ambulanten Behandlung dann, wenn es sich um einen nach **Abs. 2 Nr. 4 privilegierten Tatbestand** handelt, mithin um Fahrten zu einer ambulanten Krankenbehandlung nach §§ 115 a, b SGB V, wenn dadurch eine an sich gebotene voll- bzw. teilstationäre Krankenhausbehandlung vermieden oder verkürzt wird. Insofern wirkt Abs. 2 Nr. 4 gegenüber der Regelung in Abs. 1 S. 3 als lex specialis. In diesen Fällen übernimmt daher die Versicherung die Fahrkosten (näher hierzu Kingreen, in: Becker/Kingreen, § 60 SGB V Rn. 13 f.).

C. Anspruchsinhalt (Abs. 1, 2, 3)

Inhaltlich handelt es sich, bei Vorliegen der genannten Voraussetzungen, um einen **Rechtsanspruch** des Versicherten gegen seine Krankenkasse, der auf die Übernahme der Fahrkosten gerichtet ist. Umstritten ist, ob ein Rechtsanspruch auch dann besteht, wenn die Hauptleistung lediglich im Ermessen der Krankenkasse steht. Zum Teil wird unter Hinweis auf den unklaren Wortlaut vertreten, es bestehe ein Rechtsanspruch auch dann, wenn lediglich das „Ob" der Leistung im Ermessen stehe (so etwa von Hauck/Noftz/Gerlach, § 60 SGB V Rn. 6; BeckOKSozR/Heberlein, § 60 SGB V Rn. 2). Dem kann jedoch nicht gefolgt werden: Wenn nicht ausnahmsweise eine Selbstbindung der Kasse vorliegt, kann man schon aus systematischen Gründen die Krankenkasse nicht als zur Nebenleistung verpflichtet ansehen, wenn es ihr freisteht, die Hauptleistung selbst nicht zu erbringen (wie hier auch zur Vorgängerregelung BSG 22. 10. 1980 – 3 RK 65/79 – SozR 2200 § 194 Nr. 5; KassKomm/Höfler, § 60 SGB V Rn. 4; Schulin/Schneider, Hs. Krankenversicherung, § 26 Rn. 5).

Gerichtet ist der Anspruch allgemein nach dem Wortlaut von Abs. 1 S. 1 auf die **Übernahme der Fahrkosten**. Ausgestaltet wird der Anspruchsinhalt in Abs. 2 und 3. Abgesehen von dem nach Abs. 2 vorgesehenen Abzug des nach § 61 S. 1 SGB V zu erbringenden Zuzahlungsbetrages (dazu die Kommentierung zu § 61 SGB V; für die Verfahrensweise sieht Abs. 2 S. 2 für bestimmte Fälle eine eigenständige Vorgehensweise vor) übernimmt die Kasse die Fahrkosten in vollem Umfang in den (gegenüber der Kostenübernahme bei Transporten zu ambulanten Krankenbehandlung privilegierten) Fällen, die im Einzelnen in Abs. 2 aufgeführt sind. Diese konkretisieren somit den Anspruch, dessen Voraussetzungen in Abs. 1 allgemein formuliert sind, inhaltlich abschließend (BSG 2. 11. 2007 – B 1 KR 4/07 R – ErsK 2007, 505). Nach Nr. 1 übernimmt die Kasse Fahrten anlässlich stationärer Leistungen, insbesondere bei Verlegungsfahrten, wobei auf die Voraussetzung der Notwendigkeit besonders zu achten ist (vgl. oben Rn. 4). Nach Nr. 2 erstreckt sich der Leistungsumfang auch auf Rettungsfahrten zum Krankenhaus, also auf Transporte, die erforderlich sind bzw. werden, weil sich der

Versicherte in unmittelbarer Lebensgefahr befindet oder eine solche droht. Nach Nr. 3 erfasst der Anspruch auch Krankentransporte, also solche Fahrten, bei denen der Versicherte während der Fahrt einer fachlichen Betreuung oder der besonderen Einrichtungen eines Krankenwagens (voraussichtlich) bedürfen. Zu Nr. 4 s. oben Rn. 5. Abgesehen von dem zu erbringenden Eigenanteil werden nach **Abs. 3** abgestuft die dort genannten Leistungen als Fahrkosten anerkannt. Entscheidend ist, dass die Auswahl des Beförderungsmittels dem Gebot der Wirtschaftlichkeit Rechnung zu tragen hat. Vorrang haben daher etwa öffentliche Verkehrsmittel vor Taxifahrten. Welches Transportmittel konkret (erstattungsfähig) zu nutzen ist, bemisst sich, entsprechend der Regelung in Abs. 1 S. 2, nach der medizinischen Notwendigkeit im Einzelfall.

8   Die Krankenkasse **übernimmt** die Kosten für die Fahrten, wenn die entsprechenden Voraussetzungen vorliegen. Da die Kostenerstattung nur nachrangig eingreift, demgegenüber jedoch das Prinzip der Sachleistung den das Krankenversicherungsrecht beherrschenden Grundsatz darstellt, wird man mit der Rechtsprechung auch bezüglich dieser Nebenleistung des § 60 SGB V davon auszugehen haben, dass das Sachleistungsprinzip in der Regel auch beim Krankentransport eingreift (vgl. etwa BSG 29. 11. 1995 – 3 RK 32/94 – NZS 1996, 384; BSGE 3. 11. 1999 – B 3 KR 4/99 R – BSGE 85, 110; zustimmend KassKomm/Höfler, § 60 SGB V Rn. 15; Kingreen, in: Becker/Kingreen, § 60 SGB V Rn. 29; aA BeckOKSozR/Heberlein, § 60 SGB V Rn. 44; Eichenhofer, JZ 1999, 363). Im konkreten Einzelfall, besonders dann, wenn es etwa um öffentliche Verkehrsmittel oder Taxifahrten geht, kommt dann jedoch anstelle der Naturalleistung (vgl. auch BSG 2. 11. 2007 – B 1 KR 11/07 R – SGb 2008, 22) gleichwohl die Erstattung entstandener Kosten in Betracht (vgl. Engelhard, DOK 1991, 134). Fehlfahrten lösen grundsätzlich keine Leistungspflicht der Kasse aus (BSG 2. 11. 2007 – B 1 KR 4/07 – SozR 4–2500 § 60 Nr. 2; aA Kingreen NJW 2008, 3393, 3396).

9   Entstehen Fahrkosten im Zusammenhang mit **Leistungen zur medizinischen Rehabilitation**, werden die Regelungen des § 60 SGB V nach dessen Abs. 5 verdrängt von den insofern vorrangigen Bestimmungen des § 53 Abs. 1–3 SGB IX (BSG 22. 4. 2009 – B 3 KR 5/08 R – USK 2009-21). Anders als im Rahmen der Fahrkostenregelung nach dem SGB V werden von dieser lex specialis insbesondere auch Reisekosten mit umfasst (vgl. die Kommentierung dort).

Neunter Abschnitt. Zuzahlungen, Belastungsgrenze

§ 61 Zuzahlungen

[1] Zuzahlungen, die Versicherte zu leisten haben, betragen zehn vom Hundert des Abgabepreises, mindestens jedoch fünf Euro und höchstens zehn Euro; allerdings jeweils nicht mehr als die Kosten des Mittels. [2] Als Zuzahlungen zu stationären Maßnahmen werden je Kalendertag 10 Euro erhoben. [3] Bei Heilmitteln und häuslicher Krankenpflege beträgt die Zuzahlung zehn vom Hundert der Kosten sowie 10 Euro je Verordnung. [4] Geleistete Zuzahlungen sind von dem zum Einzug Verpflichteten gegenüber dem Versicherten zu quittieren; ein Vergütungsanspruch hierfür besteht nicht.

A. Normzweck

1   Die Norm enthält zusammenfassend für sämtliche Leistungsregelungen des SGB V nähere Bestimmungen zur **Höhe der Zuzahlungen**. Zusätzlich werden für stationäre Leistungen, für Heilmittel sowie für die häusliche Krankenpflege die Zuzahlungen auch dem Grunde nach geregelt. Die Norm ist in Zusammenhang mit der Bestimmung in § 62 SGB V zu sehen, die für den gesamten Regelungsbereich der Zuzahlungen Belastungsgrenzen vorsieht.

B. Zuzahlungsarten (S. 1)

2   S. 1 enthält den **Grundsatz für die allgemeine Berechnung** von Zuzahlungen, die Versicherte zu leisten haben, und die nach der ständigen Rechtsprechung des BVerfG grundsätzlich verfassungsgemäß sind, ohne dass das Sozialstaatsgebot oder die Grundrechte entgegenstehen (BVerfG 6. 12. 2005 – 1 BvR 347/98 – SozR 4–2500 § 27 Nr. 5; eingehend auch BSG 22. 4. 2008 – B 1 KR 18/07 R – KrV 2008, 144). Er ergänzt damit § 43b SGB V, der eine generelle Regelung für den Zahlungsweg bei Zuzahlungen vorsieht (vgl. Kommentierung dort). Die Berechnung erfolgt dabei unter verschiedenen Aspekten. Generell gilt, dass die Zuzahlungen 10 vH des Abgabepreises betragen. Zusätzlich grenzt S. 1 jedoch die konkret zu erbringende Zuzahlung in ihrer Höhe ein: Mindestens müssen fünf, höchstens 10 Euro geleistet werden. Schließlich ist der maximale Zuzahlungsbetrag begrenzt auf die Kosten des Mittels selbst. Da die Norm nicht eigens aufführt, wo Zuzahlungen zu leisten sind, gelten insofern die Bestimmungen in den einzelnen Leistungsarten, sofern S. 2 und 3 nicht Eigenes regeln. Zuzahlungen fallen daher nach S. 1 an für empfängnisverhütende Mittel nach § 24a SGB V,

für Arznei- und Verbandsmittel nach § 31 III 1 SGB V, für Hilfsmittel nach § 33 Abs. 2 S. 5 SGB V, bei der Haushaltshilfe nach § 38 V SGB V sowie bei Fahrkosten nach § 60 Abs. 1 S. 1, 2 SGB V. Bei den einzelnen Leistungsarten finden sich zusätzlich Regelungen für die Frage, inwieweit unter 18jährige Versicherte von den Zuzahlungsregelungen erfasst sind.

C. Zuzahlungen nach S. 2, 3

Neben der allgemeinen Zuzahlungsregelung in S. 1 enthalten S. 2 und 3 Einzelheiten für die Zuzahlungen bei den dort genannten besonderen Leistungsarten. Nach S. 2 werden als Zuzahlungen zu **stationären Maßnahmen** je Kalendertag 10 Euro erhoben. Hier legt das Gesetz somit eine einheitliche Zuzahlungshöhe fest. Die einheitlich festgesetzte Zuzahlungshöhe findet mittels Verweises auch bei der Inanspruchnahme eines Arztes nach § 28 Abs. 4 SGB V Anwendung. Der Begriff der stationären Maßnahme ist umfassend zu verstehen; erfasst sind demnach stationäre Maßnahmen in Vorsorgeeinrichtungen nach § 23 Abs. 6 SGB V, vollstationäre Krankenhausbehandlungen nach § 39 Abs. 4 SGB V, stationäre Rehabilitationen nach § 40 Abs. 6 SGB V sowie medizinische Rehabilitationen für Mütter und Väter nach § 41 Abs. 3 SGB V. Nähere Einzelheiten zur Zuzahlung, insbesondere zu den Zahlungsmodalitäten, finden sich dann in den jeweiligen Leistungsvorschriften, wobei einheitlich gilt, dass Versicherte bis zur Vollendung des 18. Lebensjahres von der Zuzahlung, die regelmäßig direkt an die Einrichtung zu erfolgen hat, freigestellt sind. Gegebenenfalls sind nach den einzelnen Leistungsvorschriften Höchstgrenzen zu beachten, etwa bei der vollstationären Akutbehandlung eine Höchstgrenze für die Zuzahlung von 29 Tagen (vgl. § 40 Abs. 6 SGB V, s. auch die Kommentierung in § 40 Rn. 9). Die Zuzahlung gilt für die Behandlung an jedem Kalendertag, also jeweils auch für den Aufnahme- und Entlassungstag (BSG 19. 2. 2002 – B 1 KR 32/00 R – NZS 2003, 31; Sichert, in: Becker/Kingreen, SGB V, § 61 Rn. 13). Nach S. 3 bestimmt sich die Zuzahlungshöhe bei **Heilmitteln und häuslicher Krankenpflege.** Diesbezüglich gibt es zwei Arten der Zuzahlung, die gemeinsam zu beachten sind. Zum einen werden 10 vH der Kosten erhoben; zum anderen wird zusätzlich zu der prozentual zu berechnenden Zuzahlung eine Zuzahlung von 10 Euro je Verordnung fällig, unabhängig davon, wie viele Heilmittel verordnet werden. Weitere Einzelheiten zur Zuzahlung ergeben sich aus § 32 Abs. 2 SGB V bzw. § 37 Abs. 5 SGB V.

D. Quittungspflicht (S. 4)

Nach S. 4 sind geleistete Zuzahlungen von dem zum Einzug Verpflichteten gegenüber dem Versicherten zu quittieren, ohne dass dafür eine eigene Gebühr berechnet werden darf. Nicht explizit vom Gesetz verlangt, aber ratsam ist die Ausstellung einer schriftlichen Quittung.

§ 62 Belastungsgrenze

(1) ¹Versicherte haben während jedes Kalenderjahres nur Zuzahlungen bis zur Belastungsgrenze zu leisten; wird die Belastungsgrenze bereits innerhalb eines Kalenderjahres erreicht, hat die Krankenkasse eine Bescheinigung darüber zu erteilen, dass für den Rest des Kalenderjahres keine Zuzahlungen mehr zu leisten sind. ²Die Belastungsgrenze beträgt zwei vom Hundert der jährlichen Bruttoeinnahmen zum Lebensunterhalt; für chronisch Kranke, die wegen derselben schwerwiegenden Krankheit in Dauerbehandlung sind, beträgt sie 1 vom Hundert der jährlichen Bruttoeinnahmen zum Lebensunterhalt. ³Abweichend von Satz 2 beträgt die Belastungsgrenze 2 vom Hundert der jährlichen Bruttoeinnahmen zum Lebensunterhalt
1. für nach dem 1. April 1972 geborene chronisch kranke Versicherte, die ab dem 1. Januar 2008 die in § 25 Abs. 1 genannten Gesundheitsuntersuchungen vor der Erkrankung nicht regelmäßig in Anspruch genommen haben,
2. für nach dem 1. April 1987 geborene weibliche und nach dem 1. April 1962 geborene männliche chronisch kranke Versicherte, die an einer Krebsart erkranken, für die eine Früherkennungsuntersuchung nach § 25 Abs. 2 besteht, und die diese Untersuchung ab dem 1. Januar 2008 vor ihrer Erkrankung nicht regelmäßig in Anspruch genommen haben.

⁴Für Versicherte nach Satz 3 Nr. 1 und 2, die an einem für ihre Erkrankung bestehenden strukturierten Behandlungsprogramm teilnehmen, beträgt die Belastungsgrenze 1 vom Hundert der jährlichen Bruttoeinnahmen zum Lebensunterhalt. ⁵Der Gemeinsame Bundesausschuss legt in seinen Richtlinien bis zum 31. Juli 2007 fest, in welchen Fällen Gesundheitsuntersuchungen ausnahmsweise nicht zwingend durchgeführt werden müssen.

⁶Die weitere Dauer der in Satz 2 genannten Behandlung ist der Krankenkasse jeweils spätestens nach Ablauf eines Kalenderjahres nachzuweisen und vom Medizinischen Dienst der Krankenversicherung, soweit erforderlich, zu prüfen. ⁷Die jährliche Bescheinigung darf nur ausgestellt werden, wenn der Arzt ein therapiegerechtes Verhalten des Versicherten, beispielsweise durch Teilnahme an einem strukturierten Behandlungsprogramm nach § 137 f, feststellt; dies gilt nicht für Versicherte, denen das Erfüllen der Voraussetzungen nach Satz 7 nicht zumutbar ist, insbesondere wegen des Vorliegens von Pflegebedürftigkeit der Pflegestufen II und III nach dem Elften Buch oder bei einem Grad der Behinderung von mindestens 60. ⁸Das Nähere regelt der Gemeinsame Bundesausschuss in seinen Richtlinien. ⁹Die Krankenkassen sind verpflichtet, ihre Versicherten zu Beginn eines Kalenderjahres auf die für sie in diesem Kalenderjahr maßgeblichen Untersuchungen nach § 25 Abs. 1 und 2 hinzuweisen. ¹⁰Das Nähere zur Definition einer schwerwiegenden chronischen Erkrankung bestimmt der Gemeinsame Bundesausschuss in den Richtlinien nach § 92.

(2) ¹Bei der Ermittlung der Belastungsgrenzen nach Absatz 1 werden die Zuzahlungen und die Bruttoeinnahmen zum Lebensunterhalt der mit dem Versicherten im gemeinsamen Haushalt lebenden Angehörigen des Versicherten und des Lebenspartners jeweils zusammengerechnet. ²Hierbei sind die jährlichen Bruttoeinnahmen für den ersten in dem gemeinsamen Haushalt lebenden Angehörigen des Versicherten um 15 vom Hundert und für jeden weiteren in dem gemeinsamen Haushalt lebenden Angehörigen des Versicherten und des Lebenspartners um 10 vom Hundert der jährlichen Bezugsgröße nach § 18 des Vierten Buches zu vermindern. ³Für jedes Kind des Versicherten und des Lebenspartners sind die jährlichen Bruttoeinnahmen um den sich nach § 32 Abs. 6 Satz 1 und 2 des Einkommensteuergesetzes ergebenden Betrag zu vermindern; die nach Satz 2 bei der Ermittlung der Belastungsgrenze vorgesehene Berücksichtigung entfällt. ⁴Zu den Einnahmen zum Lebensunterhalt gehören nicht Grundrenten, die Beschädigte nach dem Bundesversorgungsgesetz oder nach anderen Gesetzen in entsprechender Anwendung des Bundesversorgungsgesetzes erhalten, sowie Renten oder Beihilfen, die nach dem Bundesentschädigungsgesetz für Schäden an Körper und Gesundheit gezahlt werden, bis zur Höhe der vergleichbaren Grundrente nach dem Bundesversorgungsgesetz. ⁵Abweichend von den Sätzen 1 bis 3 ist bei Versicherten,

1. die Hilfe zum Lebensunterhalt oder Grundsicherung im Alter und bei Erwerbsminderung nach dem Zwölften Buch oder die ergänzende Hilfe zum Lebensunterhalt nach dem Bundesversorgungsgesetz oder nach einem Gesetz, das dieses für anwendbar erklärt, erhalten,
2. bei denen die Kosten der Unterbringung in einem Heim oder einer ähnlichen Einrichtung von einem Träger der Sozialhilfe oder der Kriegsopferfürsorge getragen werden

sowie für den in § 264 genannten Personenkreis als Bruttoeinnahmen zum Lebensunterhalt für die gesamte Bedarfsgemeinschaft nur der Regelsatz des Haushaltsvorstands nach der Verordnung zur Durchführung des § 28 des Zwölften Buches Sozialgesetzbuch (Regelsatzverordnung) maßgeblich. ⁶Bei Versicherten, die Leistungen zur Sicherung des Lebensunterhalts nach dem Zweiten Buch erhalten, ist abweichend von den Sätzen 1 bis 3 als Bruttoeinnahmen zum Lebensunterhalt für die gesamte Bedarfsgemeinschaft nur die Regelleistung nach § 20 Abs. 2 des Zweiten Buches maßgeblich.

(3) ¹Die Krankenkasse stellt dem Versicherten eine Bescheinigung über die Befreiung nach Absatz 1 aus. ²Diese darf keine Angaben über das Einkommen des Versicherten oder anderer zu berücksichtigender Personen enthalten.

(4) Bei der Versorgung mit Zahnersatz finden § 61 Abs. 1 Nr. 2, Abs. 2 bis 5 und § 62 Abs. 2a in der am 31. Dezember 2003 geltenden Fassung bis zum 31. Dezember 2004 weiter Anwendung.

(5) Die Spitzenverbände der Krankenkassen evaluieren für das Jahr 2006 die Ausnahmeregelungen von der Zuzahlungspflicht hinsichtlich ihrer Steuerungswirkung und legen dem Deutschen Bundestag hierzu über das Bundesministerium für Gesundheit spätestens bis zum 30. Juni 2007 einen Bericht vor.

A. Normzweck

1   Die Norm ergänzt die Regelung des § 61 SGB V zu den Zuzahlungspflichten der Versicherten und begrenzt diese Verpflichtung hinsichtlich ihrer Höhe für bestimmte Fälle. Dahinter steht die Absicht des Gesetzgebers, einen Ausgleich für Härtefälle zu ermöglichen, um auf diese Weise dem Solidarprinzip (in Abgrenzung zur Eigenverantwortung des Versicherten) ausreichend Rechnung zu tragen.

B. Belastungsgrenze (Abs. 1 S. 1)

Abs. 1 S. 1 enthält die zentrale, vor allem sozialpolitisch motivierte allgemeine Regelung bezüglich der äußersten Grenze der Zuzahlungspflicht. Nach dieser Vorschrift ist die Pflicht zur Zuzahlung, für die der allgemeine, im gesamten Gesetz verwendete Begriff einschließlich der Praxisgebühr nach § 28 Abs. 4 SGB V (vgl. neben dem ausdrücklichen Wortlaut auch BT-Drs. 15/1525, S. 83) und ausschließlich der Eigenbeteiligung beim Zahnersatz (s. Abs. 4) maßgeblich ist, insgesamt nach oben gedeckelt, und zwar durch eine in ihrer Höhe näher in Abs. 1 S. 2 ausgeführte **Belastungsgrenze**. Auf diese Weise werden sämtliche Zuzahlungspflichten des SGB V begrenzt. Entscheidend ist für das Erreichen der Belastungsgrenze das Kalenderjahr. Sobald die Grenze im Laufe eines Kalenderjahres erreicht wird, entfällt die weitere Zuzahlungspflicht. Darüber hat die Krankenkasse eine entsprechende Bescheinigung auszustellen, wie sich aus Abs. 1 S. 1 sowie, diese Vorschrift wiederholend, auch aus Abs. 3 eigens ergibt.

C. Höhe der Belastungsgrenze (Abs. 1 S. 2)

Die Höhe der für die Befreiung von der Zuzahlungspflicht maßgeblichen Belastungsgrenze ergibt sich primär aus Abs. 1 S. 2 und wird für bestimmte Versicherte in den nachfolgenden Sätzen des Absatzes modifiziert. Nach der **Grundregel** des Abs. 1 S. 2 beträgt die Belastungsgrenze regelmäßig **zwei vom Hundert** der jährlichen Bruttoeinnahmen zum Lebensunterhalt. Abweichend davon wird für chronisch Kranke eine niedrigere Grenze festgelegt, nämlich in Höhe von **1 vH**, sofern sie wegen derselben schwerwiegenden Krankheit in **Dauerbehandlung** sind. Die Dauerbehandlung ist nach Abs. 2 S. 6 nachzuweisen, S. 7 enthält hierfür entsprechende Vorgaben für den behandelnden, die Bescheinigung ausstellenden Arzt. Nähere Einzelheiten werden einer Regelung durch den Gemeinsamen Bundesausschuss überantwortet, der dieser Ermächtigung bereits nachgekommen ist durch die Richtlinie zur Umsetzung der Regelungen in § 62 SGB V für schwerwiegend chronisch Erkrankte („Chroniker-Richtlinie") in der Fassung vom 22. 1. 2004, veröffentlicht im Bundesanzeiger 2004, Nr. 18, S. 1343, zuletzt geändert am 20. 12. 2007, veröffentlicht im Bundesanzeiger 2008, Nr. 47, S. 1094, in Kraft getreten am 28. März 2008, s. auch unter www.g-ba.de. Die niedrigere Grenze von **1 vH** gilt für chronisch Kranke jedoch nach S. 3 Nr. 1, sofern sie nach dem 1. 4. 1972 geboren sind, dann nicht mehr (sondern stattdessen die allgemeine Grenze der 2 vH), wenn sie die in § 25 I SGB V genannten Gesundheitsuntersuchungen vor der Erkrankung nicht in Anspruch genommen haben. Gleiches gilt nach S. 3 Nr. 2 für chronisch kranke Versicherte mit dem dort genannten Altersstichtag, sofern sie an Krebs erkranken und die entsprechende Früherkennungsuntersuchung nach § 25 II SGB V nicht in Anspruch genommen haben. Diese Sanktionierung für die unterbliebene Eigenvorsorge wird in S. 4 jedoch wieder aufgehoben, so dass die ermäßigte Belastungsgrenze doch wieder greift, wenn der chronisch erkrankte Versicherte an einem für seine Erkrankung bestehenden strukturierten Behandlungsprogramm (im Sinne von § 137 f. SGB V) teilnimmt. Durch diese Art der Gesetzesregelung gleicht der Gesetzgeber letztlich seine Entscheidung aus, bestimmte Vorsorgeuntersuchungen nicht verpflichtend zu machen. Statt einer Pflicht wählt er den Weg des (finanziellen) Anreizes.

Die prozentuale Bestimmung der Belastungsgrenze richtet sich nach den **jährlichen Bruttoeinnahmen zum Lebensunterhalt.** Darunter fallen sämtliche Einnahmen zur Sicherung des Lebensunterhalts; steuerliche Faktoren sind insofern irrelevant. Entscheidend ist allein, dass die Mittel tatsächlich zur Verfügung stehen, unabhängig davon, ob sie konkret zum Lebensunterhalt benötigt werden. Es genügt, dass sie entsprechend geeignet sind (BSG 9. 6. 1998 – B 1 KR 22/96 R – SozR 3–2500 § 61 Nr. 8). Nicht von dem Begriff erfasst sind, da es sich nicht um Einnahmen in diesem Sinne handelt, Erstattungen, die eine Leistung aus eigenem Vermögen zur Grundlage haben (dazu BSG 19. 9. 2007 – B 1 KR 1/07 – NZS 2008, 482); ebenfalls vom Einkommen abgezogen werden die Mittel, die zur Existenzsicherung der Kinder erforderlich sind, also Freibeträge und Kindergeld (BSG 22. 4. 2008 – B 1 KR 5/07 R – SozR 4–2500 § 62 Nr. 5). Demgegenüber fallen unter den Einnahmenbegriff insbesondere alle wiederkehrenden Bezüge und geldwerten Zuwendungen, also etwa Arbeitseinkommen, Mieten, Zinsen sowie Lohnersatzleistungen. Die gesetzliche Einbeziehung der Empfänger von SGB II-Leistungen in die Zuzahlungsregelungen beruht dabei auf sachlichen Gründen, ohne dem allgemeinen Gleichheitssatz des Art. 3 Abs. 3 S. 1 GG zu widersprechen (BSG 22. 4. 2008 – B 1 KR 10/07 R – SGb 2008, 350; s. zur Einbeziehung auch Sichert, in: Becker/Kingreen, § 62 SGB V Rn. 18). Einmalige Zahlungen werden mit einem Zwölftel veranschlagt, sofern ihr Eingang hinreichend wahrscheinlich ist (vgl. § 240 SGB V). Für die Berechnung der Belastungsgrenze sind im Ergebnis die Bruttoeinnahmen zum Lebensunterhalt des laufenden Kalenderjahrs zugrunde zu legen (BSG 10. 5. 2007 – B 10 KR 1/06 R – SozR 4–2500 § 62 Nr. 1). Bei der Ermittlung der Belastungsgrenze für Zuzahlungen sind die zur Erzielung von Einnahmen erforderlichen Aufwendungen einschließlich steuerlich berücksichtigungsfähiger Absetzung für Abnutzung nach dem Jährlichkeitsprinzip zu berücksichtigen (BSG 19. 9. 2007 – B 1 KR 7/07 R – SGb 2008, 361).

Entsprechend der Bestimmung in Abs. 2 S. 4 fallen bestimmte zweckgebundene Zuwendungen aus dem Berechnungssystem heraus. Prinzipiell werden jedoch nach **Abs. 2 S. 1** bei der Ermittlung der Belastungsgrenzen die Zuzahlungen und die Bruttoeinnahmen zum Lebensunterhalt der mit dem Versicherten im gemeinsamen Haushalt lebenden Angehörigen und des Lebenspartners zusammengerechnet, wobei bestimmte Reduktionen gemäß Abs. 2 S. 2 zu erfolgen haben. Unter **Angehörigen** sind entsprechend dem üblichen juristischen Sprachgebrauch (nur) der Ehegatte bzw. eingetragene Lebenspartner sowie Verwandte und Verschwägerte zu sehen (so jedenfalls die Rechtsprechung, s. BSG 15. 12. 1971 – 3 RK 95/68 – NJW 1972, 276; wie hier KassKomm/Höfler, § 62 SGB V Rn. 17 a; enger Hauck/Noftz/Gerlach, § 62 SGB V Rn. 23 ff.). Mit zu berücksichtigen sind auch Einnahmen eines nicht krankenversicherten Angehörigen, auch wenn dessen Eigenanteile nicht angesetzt werden (BSG 19. 2. 2002 – B 1 KR 20/00 R – NZS 2003, 257). Weitergehende Interpretationen, die etwa den nichtehelichen Lebenspartner einbeziehen, überzeugen nicht (wie hier KassKomm/Höfler, § 62 SGB V Rn. 17 a; Sichert, in: Becker/Kingreen, § 62 SGB V Rn. 21). Nähere Einzelheiten bezüglich des Umfangs der Zusammenrechnung enthält wie angesprochen Abs. 2 S. 2, nach S. 3 ist das Ergebnis bei der Berücksichtigung von Kindern in der dort angegebenen Weise um die jeweils einschlägigen Freibeträge (und um das erhaltene Kindergeld, BSG 22. 4. 2008 – B 1 KR 5/07 R – SozR 4–2500 § 62 Nr. 5) zu reduzieren. Auf diese Weise wird gegebenenfalls bestehenden Unterhaltsverpflichtungen Rechnung getragen (vgl. auch BSG 26. 6. 2007 – B 1 KR 41/06 – NZS 2008, 424). Besonderheiten hinsichtlich der Belastungsgrenze ergeben sich nach Abs. 2 S. 5 für die Bezieher von Sozialhilfe und anderen Leistungen. Hier wird, unabhängig von den konkreten Bruttoeinnahmen für die gesamte Bedarfsgemeinschaft, der Regelsatz nach der Verordnung zur Durchführung des § 28 SGB XII zugrunde gelegt. Dahinter steht die Erwägung, diesen Versicherten nur in vermindertem Maße zuzumuten, ihr Einkommen für die Zuzahlungspflichten in der medizinischen Versorgung aufwenden zu müssen. Bei der Berechnung der Belastungsgrenze ist es indes nicht zulässig, einen fiktiven Regelsatz etwa nach dem BSHG zu berücksichtigen. Vielmehr sind lediglich die tatsächlichen Bruttoeinnahmen zum Lebensunterhalt entscheidend, wobei auf das Kalenderjahr abzustellen ist, für das die Belastungsgrenze zu berechnen ist (vgl. BSG 19. 9. 2007 – B 1 KR 1/07 R – NZS 2008, 482; BSG 22. 4. 2008 – B 1 KR 20/07 R – SGb 2008, 351).

D. Rechtsfolgen

4   Ist die Belastungsgrenze erreicht, **entfällt die Zuzahlungspflicht** in der Krankenversicherung für das entsprechende Kalenderjahr. Zudem haben die Versicherten einen eigenständigen Anspruch auf Erteilung der Befreiungsbescheinigung, deren Ausgestaltung sich aus Abs. 3 S. 2 ergibt und insbesondere den Grundsätzen des Datenschutzes Rechnung trägt (vgl. auch BT-Drs. 15/1525, S. 95).

§ 62 a *(aufgehoben)*

Zehnter Abschnitt. Weiterentwicklung der Versorgung

§ 63 Grundsätze

(1) **Die Krankenkassen und ihre Verbände können im Rahmen ihrer gesetzlichen Aufgabenstellung zur Verbesserung der Qualität und der Wirtschaftlichkeit der Versorgung Modellvorhaben zur Weiterentwicklung der Verfahrens-, Organisations-, Finanzierungs- und Vergütungsformen der Leistungserbringung durchführen oder nach § 64 vereinbaren.**

(2) **Die Krankenkassen können Modellvorhaben zu Leistungen zur Verhütung und Früherkennung von Krankheiten sowie zur Krankenbehandlung, die nach den Vorschriften dieses Buches oder auf Grund hiernach getroffener Regelungen keine Leistungen der Krankenversicherung sind, durchführen oder nach § 64 vereinbaren.**

(3) [1]**Bei der Vereinbarung und Durchführung von Modellvorhaben nach Absatz 1 kann von den Vorschriften des Vierten und des Zehnten Kapitels dieses Buches, soweit es für die Modellvorhaben erforderlich ist, und des Krankenhausfinanzierungsgesetzes, des Krankenhausentgeltgesetzes sowie den nach diesen Vorschriften getroffenen Regelungen abgewichen werden; der Grundsatz der Beitragssatzstabilität gilt entsprechend.** [2]**Gegen diesen Grundsatz wird insbesondere für den Fall nicht verstoßen, daß durch ein Modellvorhaben entstehende Mehraufwendungen durch nachzuweisende Einsparungen auf Grund der in dem Modellvorhaben vorgesehenen Maßnahmen ausgeglichen werden.** [3]**Einsparungen nach Satz 2 können, soweit sie die Mehraufwendungen überschreiten, auch an die an einem Modellvorhaben teilnehmenden Versicherten weitergeleitet werden.** [4]**Satz 1 gilt mit der Maßgabe, dass von § 284 Abs. 1 Satz 5 nicht abgewichen werden darf.**

(3a) ¹Gegenstand von Modellvorhaben nach Absatz 1, in denen von den Vorschriften des Zehnten Kapitels dieses Buches abgewichen wird, können insbesondere informationstechnische und organisatorische Verbesserungen der Datenverwendung, einschließlich der Erweiterungen der Befugnisse zur Erhebung, Verarbeitung und Nutzung von personenbezogenen Daten sein. ²Von den Vorschriften des Zehnten Kapitels dieses Buches zur Erhebung, Verarbeitung und Nutzung personenbezogener Daten darf nur mit schriftlicher Einwilligung des Versicherten und nur in dem Umfang abgewichen werden, der erforderlich ist, um die Ziele des Modellvorhabens zu erreichen. ³Der Versicherte ist vor Erteilung der Einwilligung schriftlich darüber zu unterrichten, inwieweit das Modellvorhaben von den Vorschriften des Zehnten Kapitels dieses Buches abweicht und aus welchen Gründen diese Abweichungen erforderlich sind. ⁴Die Einwilligung des Versicherten hat sich auf Zweck, Inhalt, Art, Umfang und Dauer der Erhebung, Verarbeitung und Nutzung seiner personenbezogenen Daten sowie die daran Beteiligten zu erstrecken; die Einwilligung kann widerrufen werden. ⁵Erweiterungen der Krankenversichertenkarte, die von § 291 abweichen, sind nur zulässig, wenn die zusätzlichen Daten informationstechnisch von den Daten, die in § 291 Abs. 2 genannt sind, getrennt werden. ⁶Beim Einsatz mobiler personenbezogener Speicher- und Verarbeitungsmedien gilt § 6c des Bundesdatenschutzgesetzes entsprechend.

(3b) ¹Modellvorhaben nach Absatz 1 können vorsehen, dass Angehörige der im Krankenpflegegesetz und im Altenpflegegesetz geregelten Berufe
1. die Verordnung von Verbandsmitteln und Pflegehilfsmitteln sowie
2. die inhaltliche Ausgestaltung der häuslichen Krankenpflege einschließlich deren Dauer
vornehmen, soweit diese auf Grund ihrer Ausbildung qualifiziert sind und es sich bei der Tätigkeit nicht um selbständige Ausübung von Heilkunde handelt. ²Modellvorhaben nach Absatz 1 können vorsehen, dass Physiotherapeuten mit einer Erlaubnis nach § 1 Abs. 1 Nr. 2 des Masseur- und Physiotherapeutengesetzes die Auswahl und die Dauer der physikalischen Therapie und die Frequenz der Behandlungseinheiten bestimmen, soweit die Physiotherapeuten auf Grund ihrer Ausbildung qualifiziert sind und es sich bei der Tätigkeit nicht um selbständige Ausübung von Heilkunde handelt.

(3c) ¹Modellvorhaben nach Absatz 1 können eine Übertragung der ärztlichen Tätigkeiten, bei denen es sich um selbständige Ausübung von Heilkunde handelt und für die die Angehörigen der im Krankenpflegegesetz geregelten Berufe auf Grund einer Ausbildung nach § 4 Abs. 7 des Krankenpflegegesetzes qualifiziert sind, auf diese vorsehen. ²Satz 1 gilt für die Angehörigen des im Altenpflegegesetz geregelten Berufes auf Grund einer Ausbildung nach § 4 Abs. 7 des Altenpflegegesetzes entsprechend. ³Der Gemeinsame Bundesausschuss legt in Richtlinien fest, bei welchen Tätigkeiten eine Übertragung von Heilkunde auf die Angehörigen der in den Sätzen 1 und 2 genannten Berufe im Rahmen von Modellvorhaben erfolgen kann. ⁴Vor der Entscheidung des Gemeinsamen Bundesausschusses ist der Bundesärztekammer sowie den maßgeblichen Verbänden der Pflegeberufe Gelegenheit zur Stellungnahme zu geben. ⁵Die Stellungnahmen sind in die Entscheidungen einzubeziehen.

(4) ¹Gegenstand von Modellvorhaben nach Absatz 2 können nur solche Leistungen sein, über deren Eignung als Leistung der Krankenversicherung der Gemeinsame Bundesausschuss nach § 91 im Rahmen der Beschlüsse nach § 92 Abs. 1 Satz 2 Nr. 5 oder im Rahmen der Beschlüsse nach § 137c Abs. 1 keine ablehnende Entscheidung getroffen hat. ²Fragen der biomedizinischen Forschung sowie Forschungen zur Entwicklung und Prüfung von Arzneimitteln und Medizinprodukten können nicht Gegenstand von Modellvorhaben sein.

(5) ¹Ziele, Dauer, Art und allgemeine Vorgaben zur Ausgestaltung von Modellvorhaben sowie die Bedingungen für die Teilnahme von Versicherten sind in der Satzung festzulegen. ²Die Modellvorhaben sind im Regelfall auf längstens acht Jahre zu befristen. ³Verträge nach § 64 Abs. 1 sind den für die Vertragsparteien zuständigen Aufsichtsbehörden vorzulegen. ⁴Modellvorhaben nach Absatz 1, in denen von den Vorschriften des Zehnten Kapitels dieses Buches abgewichen werden kann, sind auf längstens fünf Jahre zu befristen; personenbezogene Daten, die in Abweichung von den Regelungen des Zehnten Kapitels dieses Buches erhoben, verarbeitet oder genutzt worden sind, sind unverzüglich nach Abschluss des Modellvorhabens zu löschen. ⁵Über Modellvorhaben nach Absatz 1, in denen von den Vorschriften des Zehnten Kapitels dieses Buches abgewichen wird, sind der Bundesbeauftragte für den Datenschutz oder die Landesbeauftragten für den Datenschutz, soweit diese zuständig sind, rechtzeitig vor Beginn des Modellvorhabens zu unterrichten.

(6) ¹Modellvorhaben nach den Absätzen 1 und 2 können auch von den Kassenärztlichen Vereinigungen im Rahmen ihrer gesetzlichen Aufgabenstellung mit den Krankenkassen

oder ihren Verbänden vereinbart werden. ²Die Vorschriften dieses Abschnitts gelten entsprechend.

§ 64 Vereinbarungen mit Leistungserbringern

(1) ¹Die Krankenkassen und ihre Verbände können mit den in der gesetzlichen Krankenversicherung zugelassenen Leistungserbringern oder Gruppen von Leistungserbringern Vereinbarungen über die Durchführung von Modellvorhaben nach § 63 Abs. 1 oder 2 schließen. ²Soweit die ärztliche Behandlung im Rahmen der vertragsärztlichen Versorgung betroffen ist, können sie nur mit einzelnen Vertragsärzten, mit Gemeinschaften dieser Leistungserbringer oder mit Kassenärztlichen Vereinigungen Verträge über die Durchführung von Modellvorhaben nach § 63 Abs. 1 oder 2 schließen.

(2) *(aufgehoben)*

(3) ¹Werden in einem Modellvorhaben nach § 63 Abs. 1 Leistungen außerhalb der für diese Leistungen geltenden Vergütungen nach § 85 oder § 85a, der Ausgabenvolumen nach § 84 oder der Krankenhausbudgets vergütet, sind die Vergütungen, die Ausgabenvolumen oder die Budgets, in denen die Ausgaben für diese Leistungen enthalten sind, entsprechend der Zahl und der Risikostruktur der am Modellversuch teilnehmenden Versicherten im Verhältnis zur Gesamtzahl der Versicherten zu verringern; die Budgets der teilnehmenden Krankenhäuser sind dem geringeren Leistungsumfang anzupassen. ²Kommt eine Einigung der zuständigen Vertragsparteien über die Verringerung der Vergütungen, Ausgabenvolumen oder Budgets nach Satz 1 nicht zustande, können auch die Krankenkassen oder ihre Verbände, die Vertragspartner der Vereinbarung nach Absatz 1 sind, das Schiedsamt nach § 89 oder die Schiedsstelle nach § 18a Abs. 1 des Krankenhausfinanzierungsgesetzes anrufen. ³Vereinbaren alle gemäß § 18 Abs. 2 des Krankenhausfinanzierungsgesetzes an der Pflegesatzvereinbarung beteiligten Krankenkassen gemeinsam ein Modellvorhaben, das die gesamten mit dem Budget nach § 12 der Bundespflegesatzverordnung oder nach § 3 oder § 4 des Krankenhausentgeltgesetzes vergüteten Leistungen eines Krankenhauses für Versicherte erfaßt, sind die vereinbarten Entgelte für alle Benutzer des Krankenhauses einheitlich zu berechnen.

(4) ¹Die Vertragspartner nach Absatz 1 Satz 1 können Modellvorhaben zur Vermeidung einer unkoordinierten Mehrfachinanspruchnahme von Vertragsärzten durch die Versicherten durchführen. ²Sie können vorsehen, daß der Vertragsarzt, der vom Versicherten weder als erster Arzt in einem Behandlungsquartal noch mit Überweisung noch zur Einholung einer Zweitmeinung in Anspruch genommen wird, von diesem Versicherten verlangen kann, daß die bei ihm in Anspruch genommenen Leistungen im Wege der Kostenerstattung abgerechnet werden.

§ 65 Auswertung der Modellvorhaben

¹Die Krankenkassen oder ihre Verbände haben eine wissenschaftliche Begleitung und Auswertung der Modellvorhaben im Hinblick auf die Erreichung der Ziele der Modellvorhaben nach § 63 Abs. 1 oder Abs. 2 nach allgemein anerkannten wissenschaftlichen Standards zu veranlassen. ²Der von unabhängigen Sachverständigen zu erstellende Bericht über die Ergebnisse der Auswertung ist zu veröffentlichen.

§ 65a Bonus für gesundheitsbewusstes Verhalten

(1) Die Krankenkasse kann in ihrer Satzung bestimmen, unter welchen Voraussetzungen Versicherte, die regelmäßig Leistungen zur Früherkennung von Krankheiten nach den §§ 25 und 26 oder qualitätsgesicherte Leistungen der Krankenkasse zur primären Prävention in Anspruch nehmen, Anspruch auf einen Bonus haben, der zusätzlich zu der in § 62 Abs. 1 Satz 2 genannten abgesenkten Belastungsgrenze hinaus zu gewähren ist.

(2) Die Krankenkasse kann in ihrer Satzung auch vorsehen, dass bei Maßnahmen der betrieblichen Gesundheitsförderung durch Arbeitgeber sowohl der Arbeitgeber als auch die teilnehmenden Versicherten einen Bonus erhalten.

(3) ¹Die Aufwendungen für Maßnahmen nach Absatz 1 müssen mittelfristig aus Einsparungen und Effizienzsteigerungen, die durch diese Maßnahmen erzielt werden, finanziert werden. ²Die Krankenkassen haben regelmäßig, mindestens alle drei Jahre, über diese Einsparungen gegenüber der zuständigen Aufsichtsbehörde Rechenschaft abzulegen. ³Werden keine Einsparungen erzielt, dürfen keine Boni für die entsprechenden Versorgungsformen gewährt werden.

SGB V – Gesetzliche Krankenversicherung § 65b **SGB V 50**

A. Normzweck

Die Vorschrift eröffnet den Krankenkassen die Möglichkeit, in ihrer Satzung bestimmtes, gesund- 1
heitsbewusstes Verhalten durch Boni zu prämieren. Ziel ist es dabei, die Versicherten zu Vorsorgeuntersuchungen anzuhalten, die vom Gesetz nicht verpflichtend ausgestaltet worden sind. Um sie gleichwohl attraktiv zu machen (insofern man leider davon ausgehen muss, dass den Versicherten die Untersuchung erst dann attraktiv erscheint, wenn sie selbst finanzielle Vorteile davon haben), kann jede Kasse in den Grenzen des § 65 a SGB V ein Bonussystem entwickeln. Damit sollen zugleich, dauerhaft, auch die durch Krankheiten entstehenden höheren Kosten minimiert werden. § 65 a SGB V dient damit, wie insbesondere aus **Abs.** 3 deutlich wird, auch der Umsetzung des Wirtschaftlichkeitsgebots (vgl. BT-Drs. 14/1245, S. 53). Die Kassen sind daher entsprechend dieses Absatzes, zu einer Berichtslegung verpflichtet.

B. Bonus durch Vorsorgeuntersuchungen (Abs. 1)

Abs. 1 ermächtigt die Krankenkasse zur Einführung eines Anspruchs der Versicherten auf einen 2
Bonus hinsichtlich der von ihnen zu tragenden finanziellen Beteiligung an den Krankheitskosten. Der Anspruch **kann** von der Kasse in ihrer Satzung **vorgesehen werden,** er muss es jedoch nicht. Die Kasse hat also bezüglich seiner Einführung ein Ermessen. Entscheidet sie sich jedoch für die Einführung eines solchen Anspruchs, hat sie die entsprechenden Voraussetzungen, wann der Bonus erreicht wird, in der Satzung ebenfalls zu normieren. Der Anspruch auf einen Bonus nach Abs. 1 kann inhaltlich nur für diejenigen Versicherten eingeräumt werden, die regelmäßig Leistungen zur Früherkennung von Krankheiten nach den §§ 25 und 26 SGB V oder qualitätsgesicherte Leistungen der Krankenkasse zur primären Prävention in Anspruch nehmen. Mit dem Begriff der primären Prävention rekurriert der Gesetzgeber auf § 20 SGB V. Die Einzelheiten, insbesondere etwa hinsichtlich der Ausfüllung des Tatbestandsmerkmals „regelmäßig", sind von den Kassen zu regeln, sofern sie sich zu einer entsprechenden Satzungsbestimmung entschließen. Der Bonus ist hinsichtlich seiner Ausgestaltung vorgezeichnet durch Abs. 1 a. E., denn er ist jedenfalls zusätzlich zu der in § 61 Abs. 1 S. 2 SGB V genannten abgesenkten Belastungsgrenze hinaus zu gewähren, soll durch diese also insbesondere nicht hinfällig werden.

C. Betriebliche Gesundheitsförderung (Abs. 2)

Über die Möglichkeit des Abs. 1 hinaus kann die Krankenkasse zusätzlich auch Maßnahmen der 3
betrieblichen Gesundheitsförderung unterstützen, wie sich aus Abs. 2 ergibt. Diese Maßnahmen sind im Einzelnen in § 20a SGB V geregelt (vgl. Kommentierung dort). Diese Bestimmung wird durch § 65 a II SGB V **ergänzt,** indem die Kassen für den Fall, dass Versicherte an derartigen Maßnahmen der betrieblichen Gesundheitsförderung teilnehmen, ebenfalls einen Anspruch auf einen Bonus in ihren Satzungen vorsehen können. Der Bonus ist dabei explizit nicht auf Arbeitnehmer beschränkt, vielmehr kann auch der Arbeitgeber von ihm profitieren, etwa wenn er sich im Sinne der Gesundheitsförderung in seinem Betrieb engagiert.

§ 65 b Förderung von Einrichtungen zur Verbraucher- und Patientenberatung

(1) ¹Der Spitzenverband Bund der Krankenkassen fördert Einrichtungen, die Verbraucherinnen und Verbraucher sowie Patientinnen und Patienten in gesundheitlichen und gesundheitsrechtlichen Fragen qualitätsgesichert und kostenfrei informieren und beraten, mit dem Ziel, die Patientenorientierung im Gesundheitswesen zu stärken und Problemlagen im Gesundheitssystem aufzuzeigen. ²Der Spitzenverband Bund der Krankenkassen darf auf den Inhalt oder den Umfang der Beratungstätigkeit keinen Einfluss nehmen. ³Die Förderung einer Einrichtung zur Verbraucher- oder Patientenberatung setzt deren Nachweis über ihre Neutralität und Unabhängigkeit voraus. ⁴Die Entscheidung über die Vergabe der Fördermittel trifft der Spitzenverband Bund der Krankenkassen im Einvernehmen mit der oder dem Beauftragten der Bundesregierung für die Belange der Patientinnen und Patienten; die Fördermittel werden jeweils für eine Laufzeit von fünf Jahren vergeben. ⁵Der Spitzenverband Bund der Krankenkassen wird bei der Vergabe durch einen Beirat beraten. ⁶Dem Beirat gehören neben der oder dem Beauftragten der Bundesregierung für die Belange der Patientinnen und Patienten Vertreterinnen und Vertreter der Wissenschaften und Patientenorganisationen, zwei Vertreterinnen oder Vertreter des Bundesministeriums für Gesundheit und eine Vertreterin oder ein Vertreter des Bundesministeriums für Ernährung, Landwirtschaft und Verbraucherschutz sowie im Fall einer

Joussen

angemessenen finanziellen Beteiligung der privaten Krankenversicherungen an der Förderung nach Satz 1 eine Vertreterin oder ein Vertreter des Verbandes der privaten Krankenversicherung an. [7] Der Spitzenverband Bund der Krankenkassen hat den Beirat jährlich über Angelegenheiten betreffend die Förderung nach Satz 1 zu unterrichten. [8] Der nach Satz 1 geförderten Beratungseinrichtung ist auf Antrag die Gelegenheit zu geben, sich gegenüber dem Beirat zu äußern.

(2) [1] Die Fördersumme nach Absatz 1 Satz 1 beträgt im Jahr 2011 insgesamt 5.200.000 Euro und ist in den Folgejahren entsprechend der prozentualen Veränderung der monatlichen Bezugsgröße nach § 18 Absatz 1 des Vierten Buches anzupassen. [2] Sie umfasst auch die für die Qualitätssicherung und die Berichterstattung notwendigen Aufwendungen. [3] Die Fördermittel nach Satz 1 werden durch eine Umlage der Krankenkassen gemäß dem Anteil ihrer eigenen Mitglieder an der Gesamtzahl der Mitglieder aller Krankenkassen erbracht. [4] Die Zahl der Mitglieder der Krankenkassen ist nach dem Vordruck KM6 der Statistik über die Versicherten in der gesetzlichen Krankenversicherung jeweils zum 1. Juli eines Jahres zu bestimmen.

(3) Die Bundesregierung übermittelt dem Deutschen Bundestag zum 31. März 2013 einen Erfahrungsbericht über die Durchführung der unabhängigen Verbraucher- und Patientenberatung.

A. Normzweck

1   Die Norm trägt dem Umstand Rechnung, dass es in Deutschland verschiedene Einrichtungen zur Verbraucher- und Patientenberatung gibt, die unterschiedliche Schwerpunkte bei ihren Aktivitäten gesetzt haben. Die ideelle und finanzielle Basis dieser Organisationen ist teilweise wenig transparent, der Wirkungsbereich regional sehr unterschiedlich. Mit der verpflichtend vorgesehenen Förderung von Einrichtungen zur Verbraucher- und Patientenberatung sollen nach der Vorstellung des Gesetzgebers solche Organisationen gestärkt werden, die dem Neutralitätsanspruch gerecht werden.

B. Förderung (Abs. 1)

2   Abs. 1 enthält die näheren Einzelheiten, wie die vom Normzweck beabsichtigte Förderung im Einzelnen ausgestaltet werden soll. Insbesondere ist vorgesehen, dass eine Förderung (mit einer Zusage von höchstens fünf Jahren) von Einrichtungen, die sich der Verbraucher- und Patientenberatung widmen, nur dann in Betracht kommt, wenn diese Einrichtungen **neutral und unabhängig** sind (näher hierzu Kaempfe, in: Becker/Kingreen, § 65 b SGB V Rn. 5 ff.). Davon ist auszugehen, wenn die Einrichtungen in der Ausübung ihrer Tätigkeit nicht von einer anderen, einseitig bestimmten Interessen dienenden Organisation abhängig sind. Entscheidend für die Möglichkeit, in die Förderung aufgenommen zu werden, ist eine entsprechende Anerkennung durch den Spitzenverband Bund der Krankenkassen, die im Wege eines Verwaltungsaktes ergeht. Grundlage für seine Entscheidung muss neben der verlangten Neutralität und Unabhängigkeit zusätzlich sein, dass die Einrichtung die im Gesetz vorgesehenen Aufgabenschwerpunkte haben, also der Beratung von Verbrauchern und Patienten dienen und sich die gesundheitliche Information, Beratung und Aufklärung von Versicherten zum Ziel gesetzt haben. Alle drei Zielrichtungen stehen gleichberechtigt nebeneinander, eine genaue Differenzierung ist im Einzelfall kaum möglich, aber auch nicht erforderlich, da als inhaltlich die Voraussetzung für die Förderungswürdigkeit implizieren (zu näheren Definitionen s. KassKomm/Höfler, § 65 b SGB V Rn. 4 ff.). Die Durchführung der Verteilung der Fördermittel obliegt nach Abs. 1 dem Spitzenverband Bund der Krankenkassen. Dabei wird er von einem Beirat (Abs. 1) unterstützt.

C. Durchführung (Abs. 2) und Information (Abs. 3)

3   Der Spitzenverband Bund der Krankenkassen ist zudem für die nähere Ausgestaltung der Finanzierung der Förderung zuständig. Nach Abs. 2 S. 3 erhält er eine entsprechende Regelungskompetenz. Die Finanzierung selbst erfolgt jedoch nicht durch ihn, sondern durch eine Umlage der Krankenkassen. Der Gesetzgeber hat also den Weg der **Umlagefinanzierung** in Höhe von ca. 5,2 Millionen Euro gewählt. Die Finanzierung richtet sich hinsichtlich ihrer Höhe nach dem Anteil ihrer Mitglieder sowie nach der Gesamtzahl aller Mitglieder der Krankenkassen. Die Bundesregierung ist verpflichtet, dem Bundestag zum 31. März 2013 einen Bericht über das Beratungsnetzwerk vorzulegen.

§ 66 Unterstützung der Versicherten bei Behandlungsfehlern

Die Krankenkassen können die Versicherten bei der Verfolgung von Schadensersatzansprüchen, die bei der Inanspruchnahme von Versicherungsleistungen aus Behandlungsfehlern entstanden sind und nicht nach § 116 des Zehnten Buches auf die Krankenkassen übergehen, unterstützen.

A. Normzweck

Die Vorschrift verpflichtet die Krankenkassen zur Unterstützung der Patienten bei der Rechtsverfolgung von Behandlungsfehlern. Die Unterstützung kann insbesondere die außergerichtliche Rechtsberatung sowie die Einholung medizinischer Gutachten umfassen. Rechtsunsicherheiten im Hinblick auf das Rechtsberatungsgesetz bestehen damit nicht mehr (s. die Gesetzesbegründung in BT-Drs. 14/1245, S. 67). Der Gesetzgeber wollte mit dieser Norm darauf reagieren, dass seiner Ansicht nach die Erfahrungen der vergangenen Jahre gezeigt hatten, dass es für die Patienten sehr schwierig ist, im Bereich der Behandlungsfehlerhaftung berechtigte Ansprüche alleine durchzusetzen. Gründe hierfür sind insbesondere das Wissens- und Informationsgefälle zwischen Arzt und Patient und das hohe Prozesskostenrisiko der Versicherten. Vor Erlass dieser Norm blieb es den Krankenkassen überlassen, ob sie die Versicherten bei der Rechtsverfolgung unterstützten. Da dieses Ermessen zumeist in Abschätzung von Aufwand, Erfolgsaussicht und der Berechtigung nach Grund und Höhe des Schadensersatzanspruches ausgeübt wurde, war nach Auffassung des Gesetzgebers eher von einer generell ablehnenden Grundhaltung der Krankenkassen bei Unterstützungsanfragen der Versicherten auszugehen, was ihn zu der Bestimmung des § 66 SGB V veranlasste.

B. Voraussetzungen

Entscheidend ist für die Ermessensleistung (dazu Rn. 3) des § 66 SGB V, dass die Voraussetzungen der Norm vorliegen. Es müssen mithin zunächst – privatrechtliche – Schadensersatzansprüche infolge einer Inanspruchnahme von Versicherungsleistungen aus Behandlungsfehlern entstanden sein, unabhängig davon, ob die Ersatzansprüche auf Vertrag oder Delikt beruhen (eingehend dazu auch Marburger, ZfS 2007, 108). Die Unterstützung kommt also nur in Betracht, sofern Versicherungsleistungen gewährt wurden, sei es auf Antrag, sei es verpflichtend. Bei diesen muss der **Behandlungsfehler** geschehen sein, der bei jeder ärztlichen Maßnahme vorliegt, die sich nach den Grundsätzen und Regeln der ärztlichen Kunst als fehlerhaft darstellt (Jahn/Lühmann, § 66 SGB V Rn. 8; Marburger, ZfS 2007, 108; zu den ärztlichen Behandlungsfehlern zusammenfassend auch Wessel, ZfS 2004, 129). Nicht entscheidend ist, ob ein Arzt den Fehler begangen hat, ausreichend ist, dass die Fehlleistung durch denjenigen erfolgt, der die Versicherungsleistung erbringt. Er kann also insbesondere auch von nichtärztlichen Leistungserbringern, etwa dem Hilfsmittelerbringer, begangen werden, sofern dieser seine Leistung nicht nach den Regeln seiner beruflichen Kunst erbringt (KassKomm/Roters, § 66 SGB V Rn. 4). Der Anspruch darf schließlich, so die letzte Voraussetzung, nicht auf die Krankenkassen nach § 116 SGB X übergegangen sein (vgl. Kommentierung dort; Lang, in: Becker/Kingreen, § 66 SGB V Rn. 2).

C. Rechtsfolge

Die Kassen können die Versicherten, so Kerninhalt der Norm, bei der Verfolgung von Schadensersatzansprüchen, die infolge einer Behandlung entstehen, unterstützen. Es handelt sich somit um eine **Ermessensleistung** („kann"). Erfasst sind Entschließungs- und Auswahlermessen; gegebenenfalls können diese auf Null reduziert sein. Unerheblich ist, ob die Rechtsverfolgung gerichtlich oder außergerichtlich erfolgt. Der Begriff der „Unterstützung" ist vom Gesetz nicht näher ausgeführt. Da aber die Rechtsverfolgung selbst – genauso wenig wie sonstige direkte Geldleistungen – nicht Gegenstand einer Kassenleistung ist, ist der mögliche Umfang der „Unterstützung" beschränkt, wenn er auch über die bloß einzelne, punktuelle Beratung hinausgeht (s. Krasney, SGb 2003, 609). Entscheidend dürfte sein, dass durch die Kassenunterstützung die Beweisführung für den Versicherten erleichtert oder sogar auch erst ermöglicht wird. Dies kann etwa geschehen, indem Auskünfte über die vom Arzt gestellte Diagnose oder sonstige Informationen über die angewandte Therapie gegeben werden.

§ 67 Elektronische Kommunikation

(1) **Zur Verbesserung der Qualität und Wirtschaftlichkeit der Versorgung soll die papiergebundene Kommunikation unter den Leistungserbringern so bald und so umfassend wie möglich durch die elektronische und maschinell verwertbare Übermittlung von Befunden, Diagnosen, Therapieempfehlungen und Behandlungsberichten, die sich auch für eine einrichtungsübergreifende fallbezogene Zusammenarbeit eignet, ersetzt werden.**

(2) **Die Krankenkassen und Leistungserbringer sowie ihre Verbände sollen den Übergang zur elektronischen Kommunikation nach Absatz 1 finanziell unterstützen.**

A. Normzweck

1 Die Vorschrift dient in erster Linie der Förderung der elektronischen Kommunikation unter den Leistungserbringern im Gesundheitswesen (BT-Drs. 15/1525, S. 96). Die Vorschrift steht mit dieser Zielrichtung in engem Zusammenhang zu § 291 a SGB V, wonach die dort genannten Vertragspartner beauftragt sind, Datenstrukturen für den elektronischen Arztbrief, die Arzneimitteldokumentation, die elektronische Patientenakte und weitere Telematikanwendungen zu vereinbaren sowie die dafür erforderliche Informations-, Kommunikations- und Sicherheitsinfrastruktur zu schaffen. Auf dieser Grundlage basierend sollen bisher auf Papierform basierende Informations- und Kommunikationsprozesse so umfassend wie möglich in elektronischer Form erfolgen. Dies ist insbesondere zur Durchführung von Disease-Management-Programmen und für die integrierte Versorgung erforderlich. Zur Förderung der elektronischen Kommunikation sollen auch finanzielle Anreize gesetzt werden.

B. Gesetzesregelung

2 Zur Erreichung dieses Ziels wird das **allgemeine Förderungsziel** in **Abs. 1** formuliert. **Abs. 2** sieht begleitend eine finanzielle **Förderpflicht** der Krankenkassen und Leistungserbringer sowie ihrer Verbände vor. Eine nähere Ausgestaltung dieser Förderpflicht enthält die Vorschrift nicht, die Einzelheiten sind infolgedessen aus dem allgemeinen Recht herzuleiten. Man wird jedoch Abs. 2 als ausreichende Rechtsgrundlage für die Mittelverwendung durch die Krankenkassen und die Kassenärztlichen Vereinigungen anzusehen haben (so auch Jahn/Klose, § 67 SGB V Rn. 7). Der Anwendungsbereich der Vorschrift dürfte indes seit Erlass des Gesetzes zur Organisation der Telematik im Gesundheitswesen nicht mehr nennenswert sein (Gesetz vom 22. 6. 2005, BGBl. I S. 1720).

§ 68 Finanzierung einer persönlichen elektronischen Gesundheitsakte

[1] Zur Verbesserung der Qualität und der Wirtschaftlichkeit der Versorgung können die Krankenkassen ihren Versicherten zu von Dritten angebotenen Dienstleistungen der elektronischen Speicherung und Übermittlung patientenbezogener Gesundheitsdaten finanzielle Unterstützung gewähren. [2] Das Nähere ist durch die Satzung zu regeln.

A. Normzweck

1 Die Vorschrift soll es den Krankenkassen ermöglichen, zur Verbesserung der Qualität und der Wirtschaftlichkeit der Versorgung elektronische Gesundheitsakten zu finanzieren. Mit elektronischen Gesundheitsakten, in die unabhängig von bestehenden Dokumentationspflichten der Behandler Kopien wichtiger medizinischer Daten von Patienten gespeichert werden, können nach Vorstellung des Gesetzgebers die Information und Kommunikation im Gesundheitswesen erheblich verbessert werden. Der Versicherte wird in die Lage versetzt, sektorübergreifend den Leistungserbringern relevante medizinische Informationen einschließlich vorheriger Befunde zur Verfügung zu stellen. Dadurch wird die Behandlungsqualität und -sicherheit erhöht, Doppeluntersuchungen können vermieden werden. Elektronische Gesundheitsakten unterstützen somit auch die Zielsetzungen, die mit der integrierten Versorgung (§§ 140a ff. SGB V) und der Verzahnung der Hausarzt-/Facharztkommunikation (§ 73 Abs. 1 b SGB V) verbunden sind (so BT-Drs. 15/1525, S. 96).

B. Gesetzesregelung

2 Zur Erreichung dieses Ziels können die Krankenkassen in ihrer **Satzung** regeln, ihren Versicherten zu von Dritten angegebenen Dienstleistungen der elektronischen Speicherung und Übermittlung patientenbezogener Gesundheitsdaten finanzielle Unterstützung zu gewähren. Da es um die Finanzierung von „Dienstleistungen" geht, ist der Kauf selbst nicht finanzierungsfähig. Eine Beschränkung der finanziellen Unterstützung ist nicht vorgegeben, denkbar ist daher auch die volle Übernahme entstehender Kosten (wie hier KassKomm/Roters, § 68 SGB V Rn. 5; aA Michels, in: Becker/Kingreen, § 68 SGB V Rn. 7). In der Satzung der Krankenkassen können auch die Qualitätsanforderungen präzisiert und von der Einhaltung dieser Anforderungen die Finanzierung einer solchen Akte abhängig gemacht werden. Abs. 2 ist insofern eine Ermächtigungsgrundlage zugunsten der Krankenkasse.

Viertes Kapitel. Beziehungen der Krankenkassen zu den Leistungserbringern

Erster Abschnitt. Allgemeine Grundsätze

§ 69 Anwendungsbereich

(1) ¹Dieses Kapitel sowie die §§ 63 und 64 regeln abschließend die Rechtsbeziehungen der Krankenkassen und ihrer Verbände zu Ärzten, Zahnärzten, Psychotherapeuten, Apotheken sowie sonstigen Leistungserbringern und ihren Verbänden, einschließlich der Beschlüsse des Gemeinsamen Bundesausschusses und der Landesausschüsse nach den §§ 90 bis 94. ²Die Rechtsbeziehungen der Krankenkassen und ihrer Verbände zu den Krankenhäusern und ihren Verbänden werden abschließend in diesem Kapitel, in den §§ 63, 64 und in dem Krankenhausfinanzierungsgesetz, dem Krankenhausentgeltgesetz sowie den hiernach erlassenen Rechtsverordnungen geregelt. ³Für die Rechtsbeziehungen nach den Sätzen 1 und 2 gelten im Übrigen die Vorschriften des Bürgerlichen Gesetzbuches entsprechend, soweit sie mit den Vorgaben des § 70 und den übrigen Aufgaben und Pflichten der Beteiligten nach diesem Kapitel vereinbar sind. ⁴Die Sätze 1 bis 3 gelten auch, soweit durch diese Rechtsbeziehungen Rechte Dritter betroffen sind.

(2) ¹Die §§ 1, 2, 3 Absatz 1, §§ 19, 20, 21, 32 bis 34a, 48 bis 80, 81 Absatz 2 Nummer 1, 2a und 6, Absatz 3 Nummer 1 und 2, Absatz 4 bis 10 und §§ 82 bis 95 des Gesetzes gegen Wettbewerbsbeschränkungen gelten für die in Absatz 1 genannten Rechtsbeziehungen entsprechend. ²Satz 1 gilt nicht für Verträge und sonstige Vereinbarungen von Krankenkassen oder deren Verbänden mit Leistungserbringern oder deren Verbänden, zu deren Abschluss die Krankenkassen oder deren Verbände gesetzlich verpflichtet sind. ³Satz 1 gilt auch nicht für Beschlüsse, Empfehlungen, Richtlinien oder sonstige Entscheidungen der Krankenkassen oder deren Verbände, zu denen sie gesetzlich verpflichtet sind, sowie für Beschlüsse, Richtlinien und sonstige Entscheidungen des Gemeinsamen Bundesausschusses, zu denen er gesetzlich verpflichtet ist. ⁴Die Vorschriften des Vierten Teils des Gesetzes gegen Wettbewerbsbeschränkungen sind anzuwenden.

§ 70 Qualität, Humanität und Wirtschaftlichkeit

(1) ¹Die Krankenkassen und die Leistungserbringer haben eine bedarfsgerechte und gleichmäßige, dem allgemein anerkannten Stand der medizinischen Erkenntnisse entsprechende Versorgung der Versicherten zu gewährleisten. ²Die Versorgung der Versicherten muß ausreichend und zweckmäßig sein, darf das Maß des Notwendigen nicht überschreiten und muß in der fachlich gebotenen Qualität sowie wirtschaftlich erbracht werden.

(2) Die Krankenkassen und die Leistungserbringer haben durch geeignete Maßnahmen auf eine humane Krankenbehandlung ihrer Versicherten hinzuwirken.

§ 71 Beitragssatzstabilität

(1) ¹Die Vertragspartner auf Seiten der Krankenkassen und der Leistungserbringer haben die Vereinbarungen über die Vergütungen nach diesem Buch so zu gestalten, dass Beitragserhöhungen ausgeschlossen werden, es sei denn, die notwendige medizinische Versorgung ist auch nach Ausschöpfung von Wirtschaftlichkeitsreserven nicht zu gewährleisten (Grundsatz der Beitragssatzstabilität). ²Ausgabensteigerungen auf Grund von gesetzlich vorgeschriebenen Vorsorge- und Früherkennungsmaßnahmen oder für zusätzliche Leistungen, die im Rahmen zugelassener strukturierter Behandlungsprogramme (§ 137 g) auf Grund der Anforderungen der Rechtsverordnung nach § 266 Abs. 7 erbracht werden, verletzen nicht den Grundsatz der Beitragssatzstabilität.

(2) ¹Um den Vorgaben nach Absatz 1 Satz 1 Halbsatz 1 zu entsprechen, darf die vereinbarte Veränderung der jeweiligen Vergütung die sich bei Anwendung der Veränderungsrate für das gesamte Bundesgebiet nach Absatz 3 ergebende Veränderung der Vergütung nicht überschreiten. ²Abweichend von Satz 1 ist eine Überschreitung zulässig, wenn die damit verbundenen Mehrausgaben durch vertraglich abgesicherte oder bereits erfolgte Einsparungen in anderen Leistungsbereichen ausgeglichen werden.

(3) ¹Das Bundesministerium für Gesundheit stellt bis zum 15. September eines jeden Jahres für die Vereinbarungen der Vergütungen des jeweils folgenden Kalenderjahres die

nach den Absätzen 1 und 2 anzuwendende durchschnittliche Veränderungsrate der beitragspflichtigen Einnahmen aller Mitglieder der Krankenkassen je Mitglied für den gesamten Zeitraum der zweiten Hälfte des Vorjahres und der ersten Hälfte des laufenden Jahres gegenüber dem entsprechenden Zeitraum der jeweiligen Vorjahre fest. [2] Grundlage sind die monatlichen Erhebungen der Krankenkassen und die vierteljährlichen Rechnungsergebnisse des Gesundheitsfonds, die die beitragspflichtigen Einnahmen aller Mitglieder der Krankenkassen ausweisen. [3] Die Feststellung wird durch Veröffentlichung im Bundesanzeiger bekannt gemacht.

(4) [1] Die Vereinbarungen über die Vergütung der Leistungen nach § 57 Abs. 1 und 2, §§ 83, 85, 125 und 127 sind den für die Vertragsparteien zuständigen Aufsichtsbehörden vorzulegen. [2] Die Aufsichtsbehörden können die Vereinbarungen bei einem Rechtsverstoß innerhalb von zwei Monaten nach Vorlage beanstanden.

(5) Die Vereinbarungen nach Absatz 4 Satz 1 und die Verträge nach den §§ 73 c und 140 a bis 140 d sind unabhängig von Absatz 4 auch den für die Sozialversicherung zuständigen obersten Verwaltungsbehörden der Länder, in denen sie wirksam werden, vorzulegen.

Zweiter Abschnitt. Beziehungen zu Ärzten, Zahnärzten und Psychotherapeuten

Erster Titel. Sicherstellung der vertragsärztlichen und vertragszahnärztlichen Versorgung

§ 72 Sicherstellung der vertragsärztlichen und vertragszahnärztlichen Versorgung

(1) [1] Ärzte, Zahnärzte, Psychotherapeuten, medizinische Versorgungszentren und Krankenkassen wirken zur Sicherstellung der vertragsärztlichen Versorgung der Versicherten zusammen. [2] Soweit sich die Vorschriften dieses Kapitels auf Ärzte beziehen, gelten sie entsprechend für Zahnärzte, Psychotherapeuten und medizinische Versorgungszentren, sofern nichts Abweichendes bestimmt ist.

(2) Die vertragsärztliche Versorgung ist im Rahmen der gesetzlichen Vorschriften und der Richtlinien des Gemeinsamen Bundesausschusses durch schriftliche Verträge der Kassenärztlichen Vereinigungen mit den Verbänden der Krankenkassen so zu regeln, daß eine ausreichende, zweckmäßige und wirtschaftliche Versorgung der Versicherten unter Berücksichtigung des allgemein anerkannten Standes der medizinischen Erkenntnisse gewährleistet ist und die ärztlichen Leistungen angemessen vergütet werden.

(3) Für die knappschaftliche Krankenversicherung gelten die Absätze 1 und 2 entsprechend, soweit das Verhältnis zu den Ärzten nicht durch die Deutsche Rentenversicherung Knappschaft-Bahn-See nach den örtlichen Verhältnissen geregelt ist.

§ 72 a Übergang des Sicherstellungsauftrags auf die Krankenkassen

(1) Haben mehr als 50 vom Hundert aller in einem Zulassungsbezirk oder einem regionalen Planungsbereich niedergelassenen Vertragsärzte auf ihre Zulassung nach § 95 b Abs. 1 verzichtet oder die vertragsärztliche Versorgung verweigert und hat die Aufsichtsbehörde nach Anhörung der Landesverbände der Krankenkassen, der Ersatzkassen und der Kassenärztlichen Vereinigung festgestellt, daß dadurch die vertragsärztliche Versorgung nicht mehr sichergestellt ist, erfüllen insoweit die Krankenkassen und ihre Verbände den Sicherstellungsauftrag.

(2) An der Erfüllung des Sicherstellungsauftrags nach Absatz 1 wirkt die Kassenärztliche Vereinigung insoweit mit, als die vertragsärztliche Versorgung weiterhin durch zugelassene oder ermächtigte Ärzte sowie durch ermächtigte Einrichtungen durchgeführt wird.

(3) [1] Erfüllen die Krankenkassen den Sicherstellungsauftrag, schließen die Krankenkassen oder die Landesverbände der Krankenkassen und die Ersatzkassen gemeinsam und einheitlich Einzel- oder Gruppenverträge mit Ärzten, Zahnärzten, Krankenhäusern oder sonstigen geeigneten Einrichtungen. [2] Sie können auch Eigeneinrichtungen gemäß § 140 Abs. 2 errichten. [3] Mit Ärzten oder Zahnärzten, die in einem mit anderen Vertragsärzten aufeinander abgestimmten Verfahren oder Verhalten auf ihre Zulassung als Vertragsarzt verzichteten (§ 95 b Abs. 1), dürfen keine Verträge nach Satz 1 abgeschlossen werden.

(4) ¹Die Verträge nach Absatz 3 dürfen mit unterschiedlichem Inhalt abgeschlossen werden. ²Die Höhe der vereinbarten Vergütung an Ärzte oder Zahnärzte soll sich an Inhalt, Umfang und Schwierigkeit der zugesagten Leistungen, an erweiterten Gewährleistungen oder eingeräumten Garantien oder vereinbarten Verfahren zur Qualitätssicherung orientieren. ³Ärzten, die unmittelbar nach der Feststellung der Aufsichtsbehörde nach Absatz 1 Verträge nach Absatz 3 abschließen, können höhere Vergütungsansprüche eingeräumt werden als Ärzten, mit denen erst später Verträge abgeschlossen werden.

(5) Soweit für die Sicherstellung der Versorgung Verträge nach Absatz 3 nicht ausreichen, können auch mit Ärzten und geeigneten Einrichtungen mit Sitz im Ausland Verträge zur Versorgung der Versicherten geschlossen werden.

(6) Ärzte oder Einrichtungen, mit denen nach Absatz 3 und 5 Verträge zur Versorgung der Versicherten geschlossen worden sind, sind verpflichtet und befugt, die für die Erfüllung der Aufgaben der Krankenkassen und die für die Abrechnung der vertraglichen Vergütung notwendigen Angaben, die aus der Erbringung, der Verordnung sowie der Abgabe von Versicherungsleistungen entstehen, aufzuzeichnen und den Krankenkassen mitzuteilen.

§ 73 Kassenärztliche Versorgung

(1) ¹Die vertragsärztliche Versorgung gliedert sich in die hausärztliche und die fachärztliche Versorgung. ²Die hausärztliche Versorgung beinhaltet insbesondere
1. die allgemeine und fortgesetzte ärztliche Betreuung eines Patienten in Diagnostik und Therapie bei Kenntnis seines häuslichen und familiären Umfeldes; Behandlungsmethoden, Arznei- und Heilmittel der besonderen Therapierichtungen sind nicht ausgeschlossen,
2. die Koordination diagnostischer, therapeutischer und pflegerischer Maßnahmen,
3. die Dokumentation, insbesondere Zusammenführung, Bewertung und Aufbewahrung der wesentlichen Behandlungsdaten, Befunde und Berichte aus der ambulanten und stationären Versorgung,
4. die Einleitung oder Durchführung präventiver und rehabilitativer Maßnahmen sowie die Integration nichtärztlicher Hilfen und flankierender Dienste in die Behandlungsmaßnahmen.

(1 a) ¹An der hausärztlichen Versorgung nehmen
1. Allgemeinärzte,
2. Kinderärzte,
3. Internisten ohne Schwerpunktbezeichnung, die die Teilnahme an der hausärztlichen Versorgung gewählt haben,
4. Ärzte, die nach § 95 a Abs. 4 und 5 Satz 1 in das Arztregister eingetragen sind und
5. Ärzte, die am 31. Dezember 2000 an der hausärztlichen Versorgung teilgenommen haben,

teil (Hausärzte). ²Die übrigen Fachärzte nehmen an der fachärztlichen Versorgung teil. ³Der Zulassungsausschuss kann für Kinderärzte und Internisten ohne Schwerpunktbezeichnung eine von Satz 1 abweichende befristete Regelung treffen, wenn eine bedarfsgerechte Versorgung nicht gewährleistet ist. ⁴Kinderärzte mit Schwerpunktbezeichnung können auch an der fachärztlichen Versorgung teilnehmen. ⁵Der Zulassungsausschuss kann Allgemeinärzten und Ärzten ohne Gebietsbezeichnung, die im Wesentlichen spezielle Leistungen erbringen, auf deren Antrag die Genehmigung zur ausschließlichen Teilnahme an der fachärztlichen Versorgung erteilen.

(1 b) ¹Ein Hausarzt darf mit schriftlicher Einwilligung des Versicherten, die widerrufen werden kann, bei Leistungserbringern, die einen seiner Patienten behandeln, die den Versicherten betreffenden Behandlungsdaten und Befunde zum Zwecke der Dokumentation und der weiteren Behandlung erheben. ²Die einen Versicherten behandelnden Leistungserbringer sind verpflichtet, den Versicherten nach dem von ihm gewählten Hausarzt zu fragen und diesem mit schriftlicher Einwilligung des Versicherten, die widerrufen werden kann, die in Satz 1 genannten Daten zum Zwecke der bei diesem durchzuführenden Dokumentation und der weiteren Behandlung zu übermitteln; die behandelnden Leistungserbringer sind berechtigt, mit schriftlicher Einwilligung des Versicherten, die widerrufen werden kann, die für die Behandlung erforderlichen Behandlungsdaten und Befunde bei dem Hausarzt und anderen Leistungserbringern zu erheben und für die Zwecke der von ihnen zu erbringenden Leistungen zu verarbeiten und zu nutzen. ³Der Hausarzt darf die ihm nach den Sätzen 1 und 2 übermittelten Daten nur zu dem Zweck verarbeiten und nutzen, zu dem sie ihm übermittelt worden sind; er ist berechtigt und verpflichtet, die

50 SGB V

für die Behandlung erforderlichen Daten und Befunde an die den Versicherten auch behandelnden Leistungserbringer mit dessen schriftlicher Einwilligung, die widerrufen werden kann, zu übermitteln. ⁴§ 276 Abs. 2 Satz 1 Halbsatz 2 bleibt unberührt. ⁵Bei einem Hausarztwechsel ist der bisherige Hausarzt des Versicherten verpflichtet, dem neuen Hausarzt die bei ihm über den Versicherten gespeicherten Unterlagen mit dessen Einverständnis vollständig zu übermitteln; der neue Hausarzt darf die in diesen Unterlagen enthaltenen personenbezogenen Daten erheben.

(1 c) *(aufgehoben)*

(2) ¹Die vertragsärztliche Versorgung umfaßt die
1. ärztliche Behandlung,
2. zahnärztliche Behandlung und kieferorthopädische Behandlung nach Maßgabe des § 28 Abs. 2,
2 a. Versorgung mit Zahnersatz einschließlich Zahnkronen und Suprakonstruktionen, soweit sie § 56 Abs. 2 entspricht,
3. Maßnahmen zur Früherkennung von Krankheiten,
4. Ärztliche Betreuung bei Schwangerschaft und Mutterschaft,
5. Verordnung von Leistungen zur medizinischen Rehabilitation,
6. Anordnung der Hilfeleistung anderer Personen,
7. Verordnung von Arznei-, Verband-, Heil- und Hilfsmitteln, Krankentransporten sowie Krankenhausbehandlung oder Behandlung in Vorsorge- oder Rehabilitationseinrichtungen,
8. Verordnung häuslicher Krankenpflege,
9. Ausstellung von Bescheinigungen und Erstellung von Berichten, die die Krankenkassen oder der Medizinische Dienst (§ 275) zur Durchführung ihrer gesetzlichen Aufgaben oder die die Versicherten für den Anspruch auf Fortzahlung des Arbeitsentgelts benötigen,
10. medizinische Maßnahmen zur Herbeiführung einer Schwangerschaft nach § 27 a Abs. 1,
11. ärztlichen Maßnahmen nach den §§ 24 a und 24 b,
12. Verordnung von Soziotherapie.

²Die Nummern 2 bis 8, 10 bis 12 sowie 9, soweit sich diese Regelung auf die Feststellung und die Bescheinigung von Arbeitsunfähigkeit bezieht, gelten nicht für Psychotherapeuten.

(3) In den Gesamtverträgen ist zu vereinbaren, inwieweit Maßnahmen zur Vorsorge und Rehabilitation, soweit sie nicht zur kassenärztlichen Versorgung nach Absatz 2 gehören, Gegenstand der kassenärztlichen Versorgung sind.

(4) ¹Krankenhausbehandlung darf nur verordnet werden, wenn eine ambulante Versorgung der Versicherten zur Erzielung des Heil- oder Linderungserfolgs nicht ausreicht. ²Die Notwendigkeit der Krankenhausbehandlung ist bei der Verordnung zu begründen. ³In der Verordnung von Krankenhausbehandlung sind in den geeigneten Fällen auch die beiden nächsterreichbaren, für die vorgesehene Krankenhausbehandlung geeigneten Krankenhäuser anzugeben. ⁴Das Verzeichnis nach § 39 Abs. 3 ist zu berücksichtigen.

(5) ¹Der an der kassenärztlichen Versorgung teilnehmende Arzt und die ermächtigte Einrichtung sollen bei der Verordnung von Arzneimitteln die Preisvergleichsliste nach § 92 Abs. 2 beachten. ²Sie können auf dem Verordnungsblatt oder in dem elektronischen Verordnungsdatensatz ausschließen, dass die Apotheken ein preisgünstigeres wirkstoffgleiches Arzneimittel anstelle des verordneten Mittels abgeben. ³Verordnet der Arzt ein Arzneimittel, dessen Preis den Festbetrag nach § 35 oder § 35a überschreitet, hat der Arzt den Versicherten über die sich aus seiner Verordnung ergebende Pflicht zur Übernahme der Mehrkosten hinzuweisen.

(6) Zur kassenärztlichen Versorgung gehören Maßnahmen zur Früherkennung von Krankheiten nicht, wenn sie im Rahmen der Krankenhausbehandlung oder der stationären Entbindung durchgeführt werden, es sei denn, die ärztlichen Leistungen werden von einem Belegarzt erbracht.

(7) *(aufgehoben)*

(8) ¹Zur Sicherung der wirtschaftlichen Verordnungsweise haben die Kassenärztlichen Vereinigungen und die Kassenärztlichen Bundesvereinigungen sowie die Krankenkassen und ihre Verbände die Vertragsärzte auch vergleichend über preisgünstige verordnungsfähige Leistungen und Bezugsquellen, einschließlich der jeweiligen Preise und Entgelte zu informieren sowie nach dem allgemeinen anerkannten Stand der medizinischen Erkenntnisse Hinweise zu Indikation und therapeutischen Nutzen zu geben. ²Die Informationen

und Hinweise für die Verordnung von Arznei-, Verband- und Heilmitteln erfolgen insbesondere auf der Grundlage der Hinweise nach § 92 Abs. 2 Satz 3, der Rahmenvorgaben nach § 84 Abs. 7 Satz 1 und der getroffenen Arzneimittelvereinbarungen nach § 84 Abs. 1. ³ In den Informationen und Hinweisen sind Handelsbezeichnung, Indikationen und Preise sowie weitere für die Verordnung von Arzneimitteln bedeutsame Angaben insbesondere auf Grund der Richtlinien nach § 92 Abs. 1 Satz 2 Nr. 6 in einer Weise anzugeben, die unmittelbar einen Vergleich ermöglichen; dafür können Arzneimittel ausgewählt werden, die einen maßgeblichen Anteil an der Versorgung der Versicherten im Indikationsgebiet haben. ⁴ Die Kosten der Arzneimittel je Tagesdosis sind nach den Angaben der anatomisch-therapeutisch-chemischen Klassifikation anzugeben. ⁵ Es gilt die vom Deutschen Institut für medizinische Dokumentation und Information im Auftrage des Bundesministeriums für Gesundheit herausgegebene Klassifikation in der jeweils gültigen Fassung. ⁶ Die Übersicht ist für einen Stichtag zu erstellen und in geeigneten Zeitabständen, im Regelfall jährlich, zu aktualisieren. ⁷ Vertragsärzte dürfen für die Verordnung von Arzneimitteln nur solche elektronischen Programme nutzen, die die Informationen nach den Sätzen 2 und 3 sowie über das Vorliegen von Rabattverträgen nach § 130 a Abs. 8 enthalten und die von der Kassenärztlichen Bundesvereinigung für die vertragsärztliche Versorgung zugelassen sind. ⁸ Das Nähere ist in den Verträgen nach § 82 Abs. 1 bis zum 31. Dezember 2006 zu vereinbaren.

§ 73 a Strukturverträge

¹ Die Kassenärztlichen Vereinigungen können mit den Landesverbänden der Krankenkassen und den Ersatzkassen in den Verträgen nach § 83 Versorgungs- und Vergütungsstrukturen vereinbaren, die dem vom Versicherten gewählten Hausarzt oder einem von ihm gewählten Verbund haus- und fachärztlich tätiger Vertragsärzte (vernetzte Praxen) Verantwortung für die Gewährleistung der Qualität und Wirtschaftlichkeit der vertragsärztlichen Versorgung sowie der ärztlich verordneten oder veranlaßten Leistungen insgesamt oder für inhaltlich definierte Teilbereiche dieser Leistungen übertragen; § 71 Abs. 1 gilt. ² Sie können für nach Satz 1 bestimmte Leistungen ein Budget vereinbaren. ³ Das Budget umfaßt Aufwendungen für die von beteiligten Vertragsärzten erbrachten Leistungen; in die Budgetverantwortung können die veranlaßten Ausgaben für Arznei-, Verband- und Heilmittel sowie weitere Leistungsbereiche einbezogen werden. ⁴ Für die Vergütung der vertragsärztlichen Leistungen können die Vertragspartner von den nach § 87 getroffenen Leistungsbewertungen abweichen. ⁵ Die Teilnahme von Versicherten und Vertragsärzten ist freiwillig.

§ 73 b Hausarztzentrierte Versorgung

(1) Die Krankenkassen haben ihren Versicherten eine besondere hausärztliche Versorgung (hausarztzentrierte Versorgung) anzubieten.

(2) Dabei ist sicherzustellen, dass die hausarztzentrierte Versorgung insbesondere folgenden Anforderungen genügt, die über die vom Gemeinsamen Bundesausschuss sowie in den Bundesmantelverträgen geregelten Anforderungen an die hausärztliche Versorgung nach § 73 hinausgehen:
1. Teilnahme der Hausärzte an strukturierten Qualitätszirkeln zur Arzneimitteltherapie unter Leitung entsprechend geschulter Moderatoren,
2. Behandlung nach für die hausärztliche Versorgung entwickelten, evidenzbasierten, praxiserprobten Leitlinien,
3. Erfüllung der Fortbildungspflicht nach § 95 d durch Teilnahme an Fortbildungen, die sich auf hausarzttypische Behandlungsprobleme konzentrieren, wie patientenzentrierte Gesprächsführung, psychosomatische Grundversorgung, Palliativmedizin, allgemeine Schmerztherapie, Geriatrie,
4. Einführung eines einrichtungsinternen, auf die besonderen Bedingungen einer Hausarztpraxis zugeschnittenen, indikatorengestützten und wissenschaftlich anerkannten Qualitätsmanagements.

(3) ¹ Die Teilnahme an der hausarztzentrierten Versorgung ist freiwillig. ² Die Teilnehmer verpflichten sich schriftlich gegenüber ihrer Krankenkasse, nur einen von ihnen aus dem Kreis der Hausärzte nach Absatz 4 gewählten Hausarzt in Anspruch zu nehmen sowie ambulante fachärztliche Behandlung mit Ausnahme der Leistungen der Augenärzte und Frauenärzte nur auf dessen Überweisung; die direkte Inanspruchnahme eines Kinderarztes bleibt unberührt. ³ Der Versicherte ist an diese Verpflichtung und an die Wahl seines Hausarztes mindestens ein Jahr gebunden; er darf den gewählten Hausarzt nur bei

50 SGB V

Vorliegen eines wichtigen Grundes wechseln. [4]Das Nähere zur Durchführung der Teilnahme der Versicherten, insbesondere zur Bindung an den gewählten Hausarzt, zu weiteren Ausnahmen von dem Überweisungsgebot und zu den Folgen bei Pflichtverstößen der Versicherten, regeln die Krankenkassen in ihren Satzungen.

(4) [1]Zur flächendeckenden Sicherstellung des Angebots nach Absatz 1 haben Krankenkassen allein oder in Kooperation mit anderen Krankenkassen spätestens bis zum 30. Juni 2009 Verträge mit Gemeinschaften zu schließen, die mindestens die Hälfte der an der hausärztlichen Versorgung teilnehmenden Allgemeinärzte des Bezirks der Kassenärztlichen Vereinigung vertreten. [2]Können sich die Vertragsparteien nicht einigen, kann die Gemeinschaft die Einleitung eines Schiedsverfahrens nach Absatz 4a beantragen. [3]Ist ein Vertrag nach Satz 1 zustande gekommen oder soll ein Vertrag zur Versorgung von Kindern und Jugendlichen geschlossen werden, können Verträge auch abgeschlossen werden mit

1. vertragsärztlichen Leistungserbringern, die an der hausärztlichen Versorgung nach § 73 Abs. 1a teilnehmen,
2. Gemeinschaften dieser Leistungserbringer,
3. Trägern von Einrichtungen, die eine hausarztzentrierte Versorgung durch vertragsärztliche Leistungserbringer, die an der hausärztlichen Versorgung nach § 73 Abs. 1a teilnehmen, anbieten,
4. Kassenärztlichen Vereinigungen, soweit Gemeinschaften nach Nummer 2 sie hierzu ermächtigt haben.

[4]Finden die Krankenkassen in dem Bezirk einer Kassenärztlichen Vereinigung keinen Vertragspartner, der die Voraussetzungen nach Satz 1 erfüllt, haben sie zur flächendeckenden Sicherstellung des Angebots nach Absatz 1 Verträge mit einem oder mehreren der in Satz 3 genannten Vertragspartner zu schließen. [5]In den Fällen der Sätze 3 und 4 besteht kein Anspruch auf Vertragsabschluss; die Aufforderung zur Abgabe eines Angebots ist unter Bekanntgabe objektiver Auswahlkriterien auszuschreiben. [6]Soweit die hausärztliche Versorgung der Versicherten durch Verträge nach diesem Absatz durchgeführt wird, ist der Sicherstellungsauftrag nach § 75 Abs. 1 eingeschränkt. [7]Die Krankenkassen können den der hausarztzentrierten Versorgung zuzurechnenden Notdienst gegen Aufwendungssatz, der pauschalisiert werden kann, durch die Kassenärztlichen Vereinigungen sicherstellen lassen.

(4 a) [1]Beantragt eine Gemeinschaft gemäß Absatz 4 Satz 2 die Einleitung eines Schiedsverfahrens, haben sich die Parteien auf eine unabhängige Schiedsperson zu verständigen, die den Inhalt des Vertrages nach Absatz 4 Satz 1 festlegt. [2]Einigen sich die Parteien nicht auf eine Schiedsperson, so wird diese von der für die Krankenkasse zuständigen Aufsichtsbehörde bestimmt. [3]Die Kosten des Schiedsverfahrens tragen die Vertragspartner zu gleichen Teilen. [4]Klagen gegen die Bestimmung der Schiedsperson und die Festlegung des Vertragsinhalts haben keine aufschiebende Wirkung.

(5) [1]In den Verträgen nach Absatz 4 sind das Nähere über den Inhalt und die Durchführung der hausarztzentrierten Versorgung, insbesondere die Ausgestaltung der Anforderungen nach Absatz 2, sowie die Vergütung zu regeln. [2]Eine Beteiligung der Kassenärztlichen Vereinigung bei der Ausgestaltung und Umsetzung der Anforderungen nach Absatz 2 ist möglich. [3]Gegenstand der hausarztzentrierten Versorgung dürfen nur solche Leistungen sein, über deren Eignung als Leistung der gesetzlichen Krankenversicherung der Gemeinsame Bundesausschuss nach § 91 im Rahmen der Beschlüsse nach § 92 Abs. 1 Satz 2 Nr. 5 keine ablehnende Entscheidung getroffen hat. [4]Die Einzelverträge können Abweichendes von den Vorschriften dieses Kapitels sowie den nach diesen Vorschriften getroffenen Regelungen regeln. [5]§ 106a Abs. 3 gilt hinsichtlich der arzt- und versichertenbezogenen Prüfung der Abrechnungen auf Rechtmäßigkeit entsprechend.

(5 a) [1]In Verträgen nach Absatz 4, die nach dem 22. September 2010 zustande kommen, ist bei der nach Absatz 5 Satz 1 zu vereinbarenden Vergütung der Grundsatz der Beitragssatzstabilität (§ 71) zu beachten. [2]Der Grundsatz der Beitragssatzstabilität wird insbesondere erfüllt, wenn die Vertragsparteien vereinbaren, dass der rechnerische durchschnittliche Fallwert nicht den sich in der Kassenärztlichen Vereinigung ergebenden rechnerischen durchschnittlichen Fallwert aller an der hausärztlichen Versorgung teilnehmenden Ärzte überschreitet; der sich in der Kassenärztlichen Vereinigung ergebende Fallwert ist dabei um Vergütungsanteile für Leistungen zu bereinigen, die nicht Gegenstand des Vertrages nach Absatz 4 sind. [3]Der Grundsatz der Beitragssatzstabilität wird auch erfüllt, wenn die Vergütung je Versicherten den Bereinigungsbetrag je Versicherten, der auf Grund des Verfahrens nach Absatz 7 Satz 2 ermittelt wird, überschreitet. [4]Die in den Sätzen 2 und 3 genannten Werte können überschritten werden, wenn vertrag-

lich sichergestellt wird, dass diese Mehraufwendungen durch Einsparungen und Effizienzsteigerungen, die aus den Maßnahmen von Verträgen nach Absatz 4 erzielt werden, finanziert werden. ⁵Bei Verträgen, die vor dem 22. September 2010 zustande gekommen sind, ist auch bei Anschlussvereinbarungen mit Geltungsdauer bis einschließlich 30. Juni 2014 § 73 b in der bis zum 21. September 2010 geltenden Fassung anzuwenden.

(6) Die Krankenkassen haben ihre Versicherten in geeigneter Weise umfassend über Inhalt und Ziele der hausarztzentrierten Versorgung sowie über die jeweils wohnortnah teilnehmenden Hausärzte zu informieren.

(7) ¹Die Vertragspartner der Gesamtverträge nach § 83 Abs. 1 haben die Gesamtvergütungen nach § 85 Abs. 2 in den Jahren 2007 und 2008 entsprechend der Zahl der an der hausarztzentrierten Versorgung teilnehmenden Versicherten sowie dem in den Verträgen nach Absatz 4 vereinbarten Inhalt der hausarztzentrierten Versorgung zu bereinigen, soweit der damit verbundene einzelvertragliche Leistungsbedarf den nach § 295 Abs. 2 auf Grundlage des einheitlichen Bewertungsmaßstabes für vertragsärztliche Leistungen abgerechneten Leistungsbedarf vermindert. ²Ab dem 1. Januar 2009 ist der Behandlungsbedarf nach § 87 a Abs. 3 Satz 2 entsprechend der Zahl und der Morbiditätsstruktur der an der hausarztzentrierten Versorgung teilnehmenden Versicherten sowie dem in den Verträgen nach Absatz 4 vereinbarten Inhalt der hausarztzentrierten Versorgung zu bereinigen. ³Kommt eine Einigung über die Verringerung der Gesamtvergütungen nach Satz 1 oder des Behandlungsbedarfs nach Satz 2 nicht zustande, können auch die Krankenkassen, die Vertragspartner der Verträge nach Absatz 4 sind, das Schiedsamt nach § 89 anrufen. ⁴Die für die Bereinigungsverfahren erforderlichen arzt- und versichertenbezogenen Daten übermitteln die Krankenkassen den zuständigen Gesamtvertragspartnern.

(8) Die Vertragsparteien nach Absatz 4 haben bei Vereinbarungen über Leistungen, die über die hausärztliche Versorgung nach § 73 hinausgehen und insoweit nicht unter die Bereinigungspflicht nach Absatz 7 fallen, vertraglich sicherzustellen, dass Aufwendungen für diese Leistungen aus Einsparungen und Effizienzsteigerungen, die aus den Maßnahmen von Verträgen nach Absatz 4 erzielt werden, finanziert werden.

(9) ¹Verträge nach Absatz 4, die nach dem 22. September 2010 zustande kommen, sind der für die Krankenkasse zuständigen Aufsichtsbehörde vorzulegen. ²Die Aufsichtsbehörde kann die Verträge innerhalb von zwei Monaten beanstanden. ³Im Rahmen der Prüfung hat die Aufsichtsbehörde insbesondere auch die Einhaltung der Vorgabe nach Absatz 8 zu prüfen. ⁴Sie kann zusätzliche Informationen und ergänzende Stellungnahmen anfordern; bis zum Eingang der Auskünfte ist der Lauf der Frist nach Satz 2 unterbrochen. ⁵Die Sätze 1 bis 4 gelten entsprechend für Verträge, die in einem Schiedsverfahren nach Absatz 4 a Satz 1 festgelegt werden; die Schiedsperson hat den Vertrag vorzulegen.

A. Normzweck

Die Vorschrift enthält nunmehr, in Fortentwicklung einer früheren fakultativen Ausgestaltung, eine **Verpflichtung** der Krankenkassen, ihren Versicherten zugunsten einer hausarztzentrierten Versorgung Wahlmöglichkeiten anzubieten. Zur Stärkung der „Lotsenfunktion" des Hausarztes sollen die Versicherten die Möglichkeit erhalten, sich freiwillig für ein solches Modell zu entscheiden, welches bestimmten, in der Norm enthaltenen Anforderungen entsprechen muss. Durch die Norm werden einerseits die inhaltlichen Mindestanforderungen an die hausarztzentrierte Versorgung gesetzlich fixiert. Darüber hinaus werden die von den Krankenkassen mit entsprechend qualifizierten Leistungserbringern zu schließenden Verträge aus ihrer bisherigen Einbettung in einen gesamtvertraglichen Rahmen herausgelöst, und die Krankenkassen werden ausdrücklich verpflichtet, gegebenenfalls in Kooperation mit anderen Krankenkassen ihren Versicherten eine derartige flächendeckende Versorgung zur Verfügung zu stellen (vgl. BT-Drs. 16/3100, S. 111).

1

B. Das Modell der hausarztzentrierten Versorgung (Abs. 1–3)

Abs. 1 enthält die **zentrale Aussage** der Norm, der zufolge jede einzelne Krankenkasse verpflichtet ist, ihren Mitgliedern eine besondere hausärztliche Versorgung in Form einer hausarztzentrierten Versorgung anzubieten. Das **Charakteristische** dieses Modells, das der Versicherte frei wählen kann (Abs. 3 S. 1; Huster, in: Becker/Kingreen, § 73b SGB V Rn. 5), liegt darin, dass er bei erfolgter Wahl insofern sein Recht auf freie Arztwahl einschränkt, als er sich durch sie verpflichtet, für mindestens ein Jahr (Abs. 3 S. 2) nur einen von ihm aus dem Kreis der Hausärzte nach Abs. 4 gewählten Hausarzt in Anspruch zu nehmen sowie fachärztliche Behandlung mit Ausnahme der Leistungen der Augenärzte und Frauenärzte nur auf dessen Überweisung hin vornehmen zu lassen (Abs. 3 S. 2). Ein Wech-

2

sel seines von ihm gewählten Hausarztes ist dann nur noch bei Vorliegen eines wichtigen Grundes möglich (Abs. 3 S. 3), also etwa bei einem Umzug des Versicherten, einem Ausscheiden des Arztes aus der hausarztzentrierten Versorgung oder bei erheblichem Vertrauensverlust in der Arzt-Patienten-Beziehung (s. zu näheren Einzelheiten auch Jahn/Limpinsel, § 73b SGB V Rn. 3; KassKomm/Hess, § 73b SGB V Rn. 9ff.). Der Vorteil für den Versicherten liegt insbesondere darin, dass die Kasse nach § 53 Abs. 3 SGB V für einen Versicherten, der sich für dieses Modell entscheidet, besondere günstigere Tarife bzw. Prämien anbieten muss (vgl. Kommentierung dort). Ziel der starken Verpflichtungswirkung ist vor allem, dem Hausarzt die Möglichkeit zu geben, seiner Steuerungsverantwortung nachzukommen, durch die unnötige Doppeluntersuchungen und Krankenhauseinweisungen vermieden werden sowie insbesondere auch eine koordinierte, medizinisch sinnvolle und effiziente Pharmakotherapie erleichtert wird. Nur eine längerfristige, verpflichtende Einschreibung der Versicherten bringt, nach Ansicht des Gesetzgebers, der Krankenkasse die Planungssicherheit, um in entsprechenden Verträgen mit den Leistungserbringern die notwendigen Wirtschaftlichkeitspotentiale zu erschließen, die ihr möglichen, die eine hausarztzentrierte Versorgung durch Auslobung eines Teilnahmebonus an den erzielten Effizienzerfolgen teilhaben zu lassen (s. BT-Drs. 16/3100, S. 111). Für die nähere Ausgestaltung sind die Krankenkassen selber zuständig; Abs. 3 S. 4 gibt ihnen eine entsprechende Satzungskompetenz.

3   Der **Inhalt** der hausarztzentrierten Versorgung ergibt sich aus zwei Aspekten. Zum einen sind, nach Abs. 2, Grundlage für die Versorgung der Versicherten, die sich für ein solches Modell entschieden haben, die allgemeinen Regelungen, die der Gemeinsame Bundesausschuss sowie die Bundesmantelverträge für die hausärztliche Versorgung nach § 73 SGB V vorsehen. Hinzu kommen jedoch weitere Anforderungen, die bei diesem Versorgungsmodell nach Abs. 2 Nr. 1–4 zu beachten sind. Diesen Anforderungen muss das jeweilige Modell der Krankenkasse genügen; sie normieren den qualifizierten Hausarzt und beabsichtigen insbesondere die Verbesserung der Pharmakotherapie, zudem den Einsatz von wissenschaftlich begründeten und zugleich praxiserprobten hausärztlichen Leitlinien, die Konzentration der ärztlichen Fortbildung auf hausarzttypische Probleme sowie die Verbesserung der Prozessqualität durch Einführung eines hausarztspezifischen einrichtungsinternen Qualitätsmanagements. Die Anforderungen nach Nr. 3 und 4 lösen jedoch keinen zusätzlichen Aufwand aus, da der Hausarzt mit der Erfüllung dieser Anforderungen seine ohnehin bestehenden gesetzlichen Verpflichtungen zur Fortbildung und zum internen Qualitätsmanagement erfüllt (BT-Drs. 16/3100, S. 112).

C. Die rechtliche Ausgestaltung zwischen Krankenkassen und Ärzten (Abs. 4–8)

4   In Abs. 4–8 finden sich Vorschriften zur **vertraglichen Ausgestaltung** des hausarztzentrierten Modells. Abs. 4 S. 1 sieht vor, dass die Krankenkassen zwecks Sicherstellung ihrer Verpflichtung aus Abs. 1 allein oder in Kooperation mit anderen Krankenkassen Verträge zu schließen haben, wobei Abs. 4 S. 5 deutlich macht, dass (anders als bei § 73a SGB V wegen der dortigen gesamtvertraglichen Rechtskonstruktion) kein Leistungserbringer einen Anspruch auf einen Vertragsschluss und damit auf die Aufnahme in ein Modell der hausarztzentrierten Versorgung hat. Die potentiellen Vertragspartner ergeben sich aus Abs. 4 S. 3; in Betracht kommen als Vertragspartner vor allem zugelassene Hausärzte, aber auch Gemeinschaften der qualifizierten Hausärzte, zugelassene medizinische Versorgungszentren, Träger von Einrichtungen, die eine hausarztzentrierte Versorgung durch vertragsärztliche Leistungserbringer anbieten, sowie Kassenärztliche Vereinigungen. Bei Streitigkeiten kommt es nach dem erst 2009 eingeführten Abs. 4a zu einem Schiedsverfahren. Abs. 5 enthält die entscheidenden inhaltlichen Vorgaben für die Verträge, insbesondere über die Ausgestaltung der Anforderungen nach Abs. 2 sowie zur Vergütung. Abs. 6 sieht eine Verpflichtung der Krankenkassen zur ausreichenden Information ihrer Versicherten über das jeweilige Hausarztmodell vor, Abs. 7 enthält (zusammen mit Abs. 8) eine Bereinigungsvorschrift hinsichtlich der Vergütung für die Übergangszeit 2007/2008; dadurch sollten Doppelfinanzierungen vermieden werden (näheres dazu und zu dem Vorgang der „Bereinigung" in BT-Drs. 16/3100, S. 113). Ärzte, die an der hausärztlichen Versorgung teilnehmen, sind, von den gesetzlich normierten Ausnahmen abgesehen, nicht berechtigt, fachärztliche Leistungen abzurechnen (BSG 28. 10. 2009 – B 6 KA 22/08 R – SozR 4–2500 § 73 Nr. 4).

§ 73c Besondere ambulante ärztliche Versorgung

(1) ¹Die Krankenkassen können ihren Versicherten die Sicherstellung der ambulanten ärztlichen Versorgung durch Abschluss von Verträgen nach Absatz 4 anbieten. ²Gegenstand der Verträge können Versorgungsaufträge sein, die sowohl die versichertenbezogene gesamte ambulante ärztliche Versorgung als auch einzelne Bereiche der ambulanten ärztlichen Versorgung umfassen. ³Für die personellen und sächlichen Qualitätsanforderungen zur Durchführung der vereinbarten Versorgungsaufträge gelten die vom Gemeinsamen Bundesausschuss sowie die in den Bundesmantelverträgen für die Leistungserbringung in der vertragsärztlichen Versorgung beschlossenen Anforderungen als Mindestvoraussetzungen entsprechend.

(2) ¹Die Versicherten erklären ihre freiwillige Teilnahme an der besonderen ambulanten ärztlichen Versorgung durch nach Absatz 3 verpflichtete Leistungserbringer, indem sie sich schriftlich gegenüber ihrer Krankenkasse verpflichten, für die Erfüllung der in den Verträgen umschriebenen Versorgungsaufträge nur die vertraglich gebundenen Leistungserbringer und andere ärztliche Leistungserbringer nur auf deren Überweisung in Anspruch zu nehmen. ²Der Versicherte ist an diese Verpflichtung mindestens ein Jahr gebunden. ³Das Nähere zur Durchführung der Teilnahme der Versicherten, insbesondere zur Bindung an die vertraglich gebundenen Leistungserbringer, zu Ausnahmen von dem Überweisungsgebot und zu den Folgen bei Pflichtverstößen der Versicherten, regeln die Krankenkassen in ihren Satzungen.

(3) ¹Die Krankenkassen können zur Umsetzung ihres Angebots nach Absatz 1 allein oder in Kooperation mit anderen Krankenkassen Einzelverträge schließen mit
1. vertragsärztlichen Leistungserbringern,
2. Gemeinschaften dieser Leistungserbringer,
3. Trägern von Einrichtungen, die eine besondere ambulante Versorgung nach Absatz 1 durch vertragsärztliche Leistungserbringer anbieten,
4. Kassenärztlichen Vereinigungen.

²Ein Anspruch auf Vertragsschluss besteht nicht. ³Die Aufforderung zur Abgabe eines Angebots ist unter Bekanntgabe objektiver Auswahlkriterien öffentlich auszuschreiben. ⁴Soweit die Versorgung der Versicherten durch Verträge nach Satz 1 durchgeführt wird, ist der Sicherstellungsauftrag nach § 75 Abs. 1 eingeschränkt. ⁵Die Krankenkassen können den diesen Versorgungsaufträgen zuzurechnenden Notdienst gegen Aufwendungsersatz, der pauschalisiert werden kann, durch die Kassenärztlichen Vereinigungen sicherstellen lassen.

(4) ¹In den Verträgen nach Absatz 3 sind das Nähere über den Inhalt, den Umfang und die Durchführung der Versorgungsaufträge, insbesondere die Ausgestaltung der Qualitätsanforderungen, sowie die Vergütung zu regeln. ²Gegenstand der Versorgungsaufträge dürfen nur solche Leistungen sein, über deren Eignung als Leistung der gesetzlichen Krankenversicherung der Gemeinsame Bundesausschuss nach § 91 im Rahmen der Beschlüsse nach § 92 Abs. 1 Satz 2 Nr. 5 keine ablehnende Entscheidung getroffen hat. ³Die Verträge können Abweichendes von den Vorschriften dieses Kapitels sowie nach diesen Vorschriften getroffenen Regelungen regeln. ⁴§ 106 a Abs. 3 gilt hinsichtlich der arzt- und versichertenbezogenen Prüfung der Abrechnungen auf Rechtmäßigkeit entsprechend.

(5) Die Krankenkassen haben ihre Versicherten in geeigneter Weise umfassend über Inhalt und Ziele der besonderen ambulanten ärztlichen Versorgung nach Absatz 1 sowie der daran teilnehmenden Ärzte zu informieren.

(6) ¹Die Vertragspartner der Gesamtverträge nach § 83 Abs. 1 haben die Gesamtvergütungen nach § 85 Abs. 2 in den Jahren 2007 und 2008 entsprechend der Zahl der nach Absatz 3 teilnehmenden Versicherten sowie dem in einem Vertrag nach Absatz 3 vereinbarten Versorgungsauftrag zu bereinigen, soweit der damit verbundene einzelvertragliche Leistungsbedarf den nach § 295 Abs. 2 auf Grundlage des einheitlichen Bewertungsmaßstabes für vertragsärztliche Leistungen abgerechneten Leistungsbedarf vermindert. ²Ab dem 1. Januar 2009 ist der Behandlungsbedarf nach § 87a Abs. 3 Satz 2 entsprechend der Zahl und der Morbiditätsstruktur der nach Absatz 3 teilnehmenden Versicherten sowie dem in einem Vertrag nach Absatz 3 vereinbarten Versorgungsauftrag zu bereinigen. ³Kommt eine Einigung über die Verringerung der Gesamtvergütungen nach Satz 1 oder des Behandlungsbedarfs nach Satz 2 nicht zustande, können auch die Krankenkassen, die Vertragspartner der Verträge nach Absatz 3 sind, das Schiedsamt nach § 89 anrufen. ⁴Die für die Bereinigungsverfahren erforderlichen arzt- und versichertenbezogenen Daten übermitteln die Krankenkassen den zuständigen Gesamtvertragspartnern.

§ 73 d *(aufgehoben)*

§ 74 Stufenweise Wiedereingliederung

Können arbeitsunfähige Versicherte nach ärztlicher Feststellung ihre bisherige Tätigkeit teilweise verrichten und können sie durch eine stufenweise Wiederaufnahme ihrer Tätigkeit voraussichtlich besser wieder in das Erwerbsleben eingegliedert werden, soll der Arzt auf der Bescheinigung über die Arbeitsunfähigkeit Art und Umfang der möglichen Tätigkeiten angeben und dabei in geeigneten Fällen die Stellungnahme des Betriebsarztes oder mit Zustimmung der Krankenkasse die Stellungnahme des Medizinischen Dienstes (§ 275) einholen.

A. Normzweck

1 Die Norm steht im Zusammenhang mit den verschiedenen Regelungen, die das SGB zur Wiedereingliederung arbeitsunfähiger Versicherter in das Erwerbsleben enthält. Besonders zusammen mit den Arbeitsunfähigkeitsrichtlinien, die der Gemeinsame Bundesausschuss erlassen hat, soll gewährleistet werden, dass der Versicherte nach einer Krankheit und bisherigen Arbeitsunfähigkeit infolge dieser Krankheit schonend und kontinuierlich wieder an seine bisherige Arbeitsstelle zurückgebracht wird.

B. Norminhalt

2 Die Vorschrift enthält die Rechtsgrundlage dafür, dass ein arbeitsunfähiger, in der gesetzlichen Krankenversicherung versicherter Arbeitnehmer individuell bei fortbestehender Krankheit wieder an seinen Arbeitsplatz zurückgeführt, das heißt **wiedereingegliedert** wird (zur Rechtsnatur eines derartigen Wiedereingliederungsverhältnisses, insbesondere auch zu seiner Beendigungsmöglichkeit, Schmidt, NZA 2007, 893; zur Frage der Anrechnung des Wiedereingliederungsgeldes auf das Krankengeld ausführlich Fuhrmann, NZS 2008, 299). Die Voraussetzungen einer derartigen Rückführung sind implizit enthalten. Entscheidende Bedeutung kommt insofern aber der ärztlichen Feststellung zu, die nach der Norm entsprechend zu bescheinigen ist. Maßgeblich ist, dass der Arzt zu der Überzeugung gelangt, dass medizinische Gründe einer heranführenden Beschäftigung nicht entgegenstehen und der erkrankte Versicherte seinerseits die Beschäftigung stufenweise wieder aufnehmen möchte. Die Bescheinigung hat den nach S. 2 der Bestimmung vorgegebenen Inhalt möglichst aufzunehmen; zudem sind nach Möglichkeit die dort genannten Stellen in den Feststellungsprozess mit einzubeziehen. Unverändert bleibt der Versicherte, trotz seiner Heranführung an seine Arbeitsstelle, arbeitsunfähig, weil es im rechtlichen Sinne keine Teil-Arbeitsunfähigkeit gibt (sog. „Alles-oder-Nichts-Prinzip", s. BSG 21. 3. 2007 – B 11a AL 31/06 – NZS 2008, 160; BAG 13. 6. 2006 – 9 AZR 229/05 – NZA 2007, 91; dazu die erhellende, kritische Anm. von Lange, SAE 2007, 303; Kruse, in: LPK-SGB V, § 44 Rn. 17; Hauck/Noftz/Klückmann, § 74 SGB Rn. 13; Gagel, NZA 2000, 988, 990; so auch schon der Gesetzgeber BT-Drs. 11/2237, S. 192). Nähere Einzelheiten zur stufenweisen Wiedereingliederung und vor allem ihrer Beurteilung durch die behandelnden Ärzte finden sich in den Richtlinien des Gemeinsamen Bundesausschusses über die Beurteilung der Arbeitsunfähigkeit und die Maßnahmen zur stufenweisen Wiedereingliederung (Arbeitsunfähigkeits-Richtlinien) nach § 92 Abs. 1 S. 2 Nr. 7 SGB V, in der Fassung vom 1. 12. 2003, veröffentlicht im Bundesanzeiger 2004, Nr. 61, S. 6501, zuletzt geändert am 19. 9. 2006, veröffentlicht im Bundesanzeiger Nr. 241, S. 7356, in Kraft getreten am 23. 12. 2006, veröffentlicht unter www.g-ba.de.

§ 75 Inhalt und Umfang der Sicherstellung

(1) [1]Die Kassenärztlichen Vereinigungen und die Kassenärztlichen Bundesvereinigungen haben die vertragsärztliche Versorgung in dem in § 73 Abs. 2 bezeichneten Umfang sicherzustellen und den Krankenkassen und ihren Verbänden gegenüber die Gewähr dafür zu übernehmen, daß die vertragsärztliche Versorgung den gesetzlichen und vertraglichen Erfordernissen entspricht. [2]Die Sicherstellung umfaßt auch die vertragsärztliche Versorgung zu den sprechstundenfreien Zeiten (Notdienst), nicht jedoch die notärztliche Versorgung im Rahmen des Rettungsdienstes, soweit Landesrecht nichts anderes bestimmt. [3]Kommt die Kassenärztliche Vereinigung ihrem Sicherstellungsauftrag aus Gründen, die sie zu vertreten hat, nicht nach, können die Krankenkassen die in den Gesamtverträgen nach § 85 oder § 87a vereinbarten Vergütungen teilweise zurückbehalten. [4]Die Einzelheiten regeln die Partner der Bundesmantelverträge.

(2) [1]Die Kassenärztlichen Vereinigungen und die Kassenärztlichen Bundesvereinigungen haben die Rechte der Vertragsärzte gegenüber den Krankenkassen wahrzunehmen. [2]Sie haben die Erfüllung der den Vertragsärzten obliegenden Pflichten zu überwachen und die Vertragsärzte, soweit notwendig, unter Anwendung der in § 81 Abs. 5 vorgesehenen Maßnahmen zur Erfüllung dieser Pflichten anzuhalten.

(3) [1]Die Kassenärztlichen Vereinigungen und die Kassenärztlichen Bundesvereinigungen haben auch die ärztliche Versorgung von Personen sicherzustellen, die auf Grund dienstrechtlicher Vorschriften über die Gewährung von Heilfürsorge einen Anspruch auf unentgeltliche ärztliche Versorgung haben, soweit die Erfüllung dieses Anspruchs nicht auf andere Weise gewährleistet ist. [2]Die ärztlichen Leistungen sind so zu vergüten, wie die Ersatzkassen die vertragsärztlichen Leistungen vergüten. [3]Die Sätze 1 und 2 gelten entsprechend für ärztliche Untersuchungen zur Durchführung der allgemeinen Wehrpflicht sowie Untersuchungen zur Vorbereitung von Personalentscheidungen und betriebs- und

fürsorgeärztliche Untersuchungen, die von öffentlich-rechtlichen Kostenträgern veranlaßt werden.

(3 a) ¹Die Kassenärztlichen Vereinigungen und die Kassenärztlichen Bundesvereinigungen haben auch die ärztliche Versorgung der in den brancheneinheitlichen Standardtarifen nach § 257 Abs. 2a in Verbindung mit § 314 und nach § 257 Abs. 2a in Verbindung mit § 315 sowie dem brancheneinheitlichen Basistarif nach § 12 Abs. 1a des Versicherungsaufsichtsgesetzes Versicherten mit den in diesen Tarifen versicherten ärztlichen Leistungen sicherzustellen. ²Solange und soweit nach Absatz 3b nichts Abweichendes vereinbart oder festgesetzt wird, sind die in Satz 1 genannten Leistungen einschließlich der belegärztlichen Leistungen nach § 121 nach der Gebührenordnung für Ärzte oder der Gebührenordnung für Zahnärzte mit der Maßgabe zu vergüten, dass Gebühren für die in Abschnitt M des Gebührenverzeichnisses der Gebührenordnung für Ärzte genannten Leistungen sowie für die Leistung nach Nummer 437 des Gebührenverzeichnisses der Gebührenordnung für Ärzte nur bis zum 1,16fachen des Gebührensatzes der Gebührenordnung für Ärzte, Gebühren für die in den Abschnitten A, E und O des Gebührenverzeichnisses der Gebührenordnung für Ärzte genannten Leistungen nur bis zum 1,38fachen des Gebührensatzes der Gebührenordnung für Ärzte, Gebühren für die übrigen Leistungen des Gebührenverzeichnisses der Gebührenordnung für Ärzte nur bis zum 1,8fachen des Gebührensatzes der Gebührenordnung für Ärzte und Gebühren für die Leistungen des Gebührenverzeichnisses der Gebührenordnung für Zahnärzte nur bis zum 2fachen des Gebührensatzes der Gebührenordnung für Zahnärzte berechnet werden dürfen. ³Für die Vergütung von in den §§ 115b und 116b bis 119 genannten Leistungen gilt Satz 2 entsprechend, wenn diese für die in Satz 1 genannten Versicherten im Rahmen der dort genannten Tarife erbracht werden.

(3 b) ¹Die Vergütung für die in Absatz 3a Satz 2 genannten Leistungen kann in Verträgen zwischen dem Verband der privaten Krankenversicherung einheitlich mit Wirkung für die Unternehmen der privaten Krankenversicherung und im Einvernehmen mit den Trägern der Kosten in Krankheits-, Pflege- und Geburtsfällen nach beamtenrechtlichen Vorschriften mit den Kassenärztlichen Vereinigungen oder den Kassenärztlichen Bundesvereinigungen ganz oder teilweise abweichend von den Vorgaben des Absatzes 3a Satz 2 geregelt werden. ²Für den Verband der privaten Krankenversicherung gilt § 12 Abs. 1d des Versicherungsaufsichtsgesetzes entsprechend. ³Wird zwischen den Beteiligten nach Satz 1 keine Einigung über eine von Absatz 3a Satz 2 abweichende Vergütungsregelung erzielt, kann der Beteiligte, der die Abweichung verlangt, die Schiedsstelle nach Absatz 3c anrufen. ⁴Diese hat innerhalb von drei Monaten über die Gegenstände, über die keine Einigung erzielt werden konnte, zu entscheiden und den Vertragsinhalt festzusetzen. ⁵Die Schiedsstelle hat ihre Entscheidung so zu treffen, dass der Vertragsinhalt

1. den Anforderungen an eine ausreichende, zweckmäßige, wirtschaftliche und in der Qualität gesicherte ärztliche Versorgung der in Absatz 3a Satz 1 genannten Versicherten entspricht,
2. die Vergütungsstrukturen vergleichbarer Leistungen aus dem vertragsärztlichen und privatärztlichen Bereich berücksichtigt und
3. die wirtschaftlichen Interessen der Vertragsärzte sowie die finanziellen Auswirkungen der Vergütungsregelungen auf die Entwicklung der Prämien für die Tarife der in Absatz 3a Satz 1 genannten Versicherten angemessen berücksichtigt.

⁶Wird nach Ablauf einer von den Vertragsparteien nach Satz 1 vereinbarten oder von der Schiedsstelle festgesetzten Vertragslaufzeit keine Einigung über die Vergütung erzielt, gilt der bisherige Vertrag bis zu der Entscheidung der Schiedsstelle weiter. ⁷Für die in Absatz 3a Satz 1 genannten Versicherten und Tarife kann die Vergütung für die in den §§ 115b und 116b bis 119 genannten Leistungen in Verträgen zwischen dem Verband der privaten Krankenversicherung einheitlich mit Wirkung für die Unternehmen der privaten Krankenversicherung und im Einvernehmen mit den Trägern der Kosten in Krankheits-, Pflege- und Geburtsfällen nach beamtenrechtlichen Vorschriften mit den entsprechenden Leistungserbringern oder den sie vertretenden Verbänden ganz oder teilweise abweichend von den Vorgaben des Absatzes 3a Satz 2 und 3 geregelt werden; Satz 2 gilt entsprechend. ⁸Wird nach Ablauf einer von den Vertragsparteien nach Satz 7 vereinbarten Vertragslaufzeit keine Einigung über die Vergütung erzielt, gilt der bisherige Vertrag weiter.

(3 c) ¹Die Kassenärztlichen Bundesvereinigungen bilden mit dem Verband der privaten Krankenversicherung je eine gemeinsame Schiedsstelle. ²Sie besteht aus Vertretern der Kassenärztlichen Bundesvereinigung oder der Kassenzahnärztlichen Bundesvereinigung einerseits und Vertretern des Verbandes der privaten Krankenversicherung und der Träger der Kosten in Krankheits-, Pflege- und Geburtsfällen nach beamtenrechtlichen Vorschrif-

ten andererseits in gleicher Zahl, einem unparteiischen Vorsitzenden und zwei weiteren unparteiischen Mitgliedern sowie je einem Vertreter des Bundesministeriums der Finanzen und des Bundesministeriums für Gesundheit. ³Die Amtsdauer beträgt vier Jahre. ⁴Über den Vorsitzenden und die weiteren unparteiischen Mitglieder sowie deren Stellvertreter sollen sich die Vertragsparteien einigen. ⁵Kommt eine Einigung nicht zu Stande, gilt § 89 Abs. 3 Satz 4 bis 6 entsprechend. ⁶Im Übrigen gilt § 129 Abs. 9 entsprechend. ⁷Die Aufsicht über die Geschäftsführung der Schiedsstelle führt das Bundesministerium der Finanzen; § 129 Abs. 10 Satz 2 gilt entsprechend.

(4) ¹Die Kassenärztlichen Vereinigungen und die Kassenärztlichen Bundesvereinigungen haben auch die ärztliche Behandlung von Gefangenen in Justizvollzugsanstalten in Notfällen außerhalb der Dienstzeiten der Anstaltsärzte und Anstaltszahnärzte sicherzustellen, soweit die Behandlung nicht auf andere Weise gewährleistet ist. ²Absatz 3 Satz 2 gilt entsprechend.

(5) Soweit die ärztliche Versorgung in der knappschaftlichen Krankenversicherung nicht durch Knappschaftsärzte sichergestellt wird, gelten die Absätze 1 und 2 entsprechend.

(6) Mit Zustimmung der Aufsichtsbehörden können die Kassenärztlichen Vereinigungen und Kassenärztlichen Bundesvereinigungen weitere Aufgaben der ärztlichen Versorgung insbesondere für andere Träger der Sozialversicherung übernehmen.

(7) ¹Die Kassenärztlichen Bundesvereinigungen haben
1. die erforderlichen Richtlinien für die Durchführung der von ihnen im Rahmen ihrer Zuständigkeit geschlossenen Verträge aufzustellen,
2. in Richtlinien bis spätestens zum 30. Juni 2002 die überbezirkliche Durchführung der vertragsärztlichen Versorgung und den Zahlungsausgleich hierfür zwischen den Kassenärztlichen Vereinigungen zu regeln, soweit nicht in Bundesmantelverträgen besondere Vereinbarungen getroffen sind, und
3. Richtlinien über die Betriebs-, Wirtschafts- und Rechnungsführung der Kassenärztlichen Vereinigungen aufzustellen.

²Die Richtlinie nach Satz 1 Nr. 2 muss sicherstellen, dass die für die erbrachte Leistung zur Verfügung stehende Vergütung die Kassenärztliche Vereinigung erreicht, in deren Bezirk die Leistung erbracht wurde; eine Vergütung auf der Basis bundesdurchschnittlicher Verrechnungspunktwerte ist zulässig. ³Die Richtlinie nach Satz 1 Nr. 2 kann auch Regelungen über die Abrechnungs-, Wirtschaftlichkeits- und Qualitätsprüfung sowie über Verfahren bei Disziplinarangelegenheiten bei überörtlichen Berufsausübungsgemeinschaften, die Mitglieder in mehreren Kassenärztlichen Vereinigungen haben, treffen, soweit hierzu nicht in den Bundesmantelverträgen besondere Vereinbarungen getroffen sind.

(7 a) ¹Abweichend von Absatz 7 Satz 2 muss die für die ärztliche Versorgung geltende Richtlinie nach Absatz 7 Satz 1 Nr. 2 ab dem 1. Januar 2009 sicherstellen, dass die Kassenärztliche Vereinigung, in deren Bezirk die Leistungen erbracht wurden (Leistungserbringer-KV), von der Kassenärztlichen Vereinigung, in deren Bezirk der Versicherte seinen Wohnort hat (Wohnort-KV), für die erbrachten Leistungen jeweils die entsprechenden Vergütungen der in der Leistungserbringer-KV geltenden Euro-Gebührenordnung nach § 87a Abs. 2 erhält. ²Dabei ist das Benehmen mit dem Spitzenverband Bund der Krankenkassen herzustellen.

(8) Die Kassenärztlichen Vereinigungen und die Kassenärztlichen Bundesvereinigungen haben durch geeignete Maßnahmen darauf hinzuwirken, daß die zur Ableistung der Vorbereitungszeiten von Ärzten sowie die zur allgemeinmedizinischen Weiterbildung in den Praxen niedergelassener Vertragsärzte benötigten Plätze zur Verfügung stehen.

(9) Die Kassenärztlichen Vereinigungen sind verpflichtet, mit Einrichtungen nach § 13 des Schwangerschaftskonfliktgesetzes auf deren Verlangen Verträge über die ambulante Erbringung der in § 24 b aufgeführten ärztlichen Leistungen zu schließen und die Leistungen außerhalb des Verteilungsmaßstabes nach den zwischen den Kassenärztlichen Vereinigungen und den Einrichtungen nach § 13 des Schwangerschaftskonfliktgesetzes oder deren Verbänden vereinbarten Sätzen zu vergüten.

§ 76 Freie Arztwahl

(1) ¹Die Versicherten können unter den zur vertragsärztlichen Versorgung zugelassenen Ärzten, den medizinischen Versorgungszentren, den ermächtigten Ärzten, den ermächtigten oder nach § 116 b an der ambulanten Versorgung teilnehmenden Einrichtungen, den Zahnkliniken der Krankenkassen, den Eigeneinrichtungen der Krankenkassen nach § 140 Abs. 2 Satz 2, den nach § 72 a Abs. 3 vertraglich zur ärztlichen Behandlung verpflichteten Ärzten und Zahnärzten, den zum ambulanten Operieren zugelassenen Kran-

kenhäusern sowie den Einrichtungen nach § 75 Abs. 9 frei wählen. ²Andere Ärzte dürfen nur in Notfällen in Anspruch genommen werden. ³Die Inanspruchnahme der Eigeneinrichtungen der Krankenkassen nach § 140 Abs. 1 und 2 Satz 1 richtet sich nach den hierüber abgeschlossenen Verträgen. ⁴Die Zahl der Eigeneinrichtungen darf auf Grund vertraglicher Vereinbarung vermehrt werden, wenn die Voraussetzungen des § 140 Abs. 2 Satz 1 erfüllt sind.

(2) Wird ohne zwingenden Grund ein anderer als einer der nächsterreichbaren an der vertragsärztlichen Versorgung teilnehmenden Ärzte, Einrichtungen oder medizinische Versorgungszentren in Anspruch genommen, hat der Versicherte die Mehrkosten zu tragen.

(3) ¹Die Versicherten sollen den an der vertragsärztlichen Versorgung teilnehmenden Arzt innerhalb eines Kalendervierteljahres nur bei Vorliegen eines wichtigen Grundes wechseln. ²Der Versicherte wählt einen Hausarzt. ³Der Arzt hat den Versicherten vorab über Inhalt und Umfang der hausärztlichen Versorgung (§ 73) zu unterrichten; eine Teilnahme an der hausärztlichen Versorgung hat er auf seinem Praxisschild anzugeben.

(3 a) Die Partner der Verträge nach § 82 Abs. 1 haben geeignete Maßnahmen zu vereinbaren, die einer unkoordinierten Mehrfachinanspruchnahme von Vertragsärzten entgegenwirken und den Informationsaustausch zwischen vor- und nachbehandelnden Ärzten gewährleisten.

(4) Die Übernahme der Behandlung verpflichtet die in Absatz 1 genannten Personen oder Einrichtungen dem Versicherten gegenüber zur Sorgfalt nach den Vorschriften des bürgerlichen Vertragsrechts.

(5) ¹Die Versicherten der knappschaftlichen Krankenversicherung können unter den Knappschaftsärzten und den in Absatz 1 genannten Personen und Einrichtungen frei wählen. ²Die Absätze 2 bis 4 gelten entsprechend.

A. Normzweck

Die Vorschrift enthält eine Grundaussage des Vertragsarztrechts und regelt die Möglichkeit der Versicherten, frei den Arzt bzw. die ärztliche Einrichtung aus dem Kreis der für die vertragsärztliche Versorgung insgesamt zugelassenen Ärzte für die ihnen zustehende Behandlung zu wählen (s. BSG 17. 10. 2007 – B 6 KA 42/06 – SGb 2007, 731). Zugleich regelt die Norm auch die Grenzen der freien Arztwahl sowie die Pflichten der Leistungserbringer, die diesen durch die Behandlung in bürgerlich-rechtlicher Hinsicht entstehen. 1

B. Freie Arztwahl und ihre Grenzen (Abs. 1, 3)

Der Grundsatz der freien Arztwahl, die für alle Versicherten der gesetzlichen Krankenkassen einschließlich (in analoger Anwendung, Abs. 5) für die Versicherten der knappschaftlichen Krankenversicherung gelten, ist **primär** in Abs. 1 S. 1 enthalten. Dabei enthält schon dieser Absatz die entscheidenden Grenzen. Zwar kann der Versicherte prinzipiell frei seinen Arzt für die ihm nach den allgemeinen Grundsätzen zustehenden Behandlungen wählen. Doch ergibt sich aus Abs. 1 S. 1 insofern eine erste **Einschränkung,** als nur ein zur vertragsärztlichen Versorgung zugelassener Arzt (bzw. ärztliche Einrichtung) gewählt werden kann. Damit ist auf die allgemeine Zulassungsnorm des § 95 SGB V verwiesen (s. dazu die Kommentierung von Joussen, in: Becker/Kingreen, § 95 SGB V). Zu beachten ist dabei jedoch die Ausweitung der freien Arztwahl insbesondere auf Krankenhäuser, die zum ambulanten Operieren zugelassen sind, vgl. § 115b SGB V. Eine weitere Einschränkung ergibt sich aus der Möglichkeit, durch Regelung in den Gesamtverträgen die Inanspruchnahme eines zugelassenen Vertragsarztes von einer Überweisung durch andere Vertragsärzte abhängig zu machen (BSG 19. 12. 1984 – 6 RKa 27/83 – BSGE 58, 18; BVerfGE 17. 6. 1999 – 1 BvR 1500/97 – NJW 1999, 3404), wobei dann jedoch auf der Überweisung wieder nur eine bestimmte Vertragsarztart vorgesehen sein darf, nicht hingegen verpflichtend ein bestimmter, namentlich benannter Facharzt. Andere als zu der vertragsärztlichen Versorgung zugelassene Ärzte dürfen nach Abs. 1 S. 2 nur ausnahmsweise, nämlich in Notfällen in Anspruch genommen werden. Ein solcher Notfall liegt vor, wenn dringende Behandlungsbedürftigkeit besteht und ein zur vertragsärztlichen Versorgung zugelassener (oder ermächtigter) Arzt nicht rechtzeitig zur Verfügung steht (BSG 9. 7. 2009 – B 1 KR 18/09 B – MedR 2009, 659; BSG 24. 5. 1972 – 3 RK 25/69 – BSGE 34, 172; BSG 14. 12. 2006 – B 1 KR 114/06 B – juris; Lang, in: Becker/Kingreen, § 76 SGB V Rn. 18). Dies ist vor allem, aber nicht ausschließlich der Fall, wenn das Leben des Versicherten in Gefahr ist; ausreichend sind etwa auch drohende oder bestehende heftige Schmerzen. In diesen Fällen kommt es zu einer Durchbrechung des Sachleistungsprinzips; in Betracht kommt stattdessen ein Anspruch auf Kostenerstattung (vgl. dazu 2

BeckOKSozR/Joussen, § 13 SGB V Rn. 12 ff.; zur Notfallbehandlung im Krankenhaus und den dann entstehenden Kosten und Abrechnungsfragen s. BSG 24. 10. 1961 – 6 RKa 19/60 – BSGE 15, 169; BSG 7. 12. 1988 – 6 RKa 34/87 – SGb 1989, 63). Dabei gilt aber jedenfalls auch dann eine Begrenzung auf das allgemeine Leistungsrecht (BSG 24. 5. 1972 – 3 RK 25/69 – BSGE 34, 172; BSG 17. 10. 2007 – B 6 KA 42/06 – SGb 2007, 731), wenn nicht wiederum zugleich die Grundsätze des Systemversagens eingreifen (dazu BeckOKSozR/Joussen, § 13 Rn. 13 ff.).

3 Eine weitere Einschränkung der freien Arztwahl kann sich aus Abs. 3 ergeben, der eine **grundsätzliche Bindung** des Versicherten an die Behandlung durch einen Arzt im Kalendervierteljahr vorsieht. Ein Wechsel ist dann nur in bestimmten Fällen möglich, nämlich bei Vorliegen eines wichtigen Grundes, etwa bei schwerwiegenden Vertrauensstörungen. De facto wird der Wechsel jedoch kaum noch sanktioniert, schon mangels Praktikabilität. Von Abs. 3 ohnehin nicht betroffen war der Wechsel auf der Grundlage eines vorliegenden Überweisungsscheins. Nach Abs. 3 S. 2 wählt der Versicherte einen Hausarzt. Die freie Arztwahl kann in diesem Zusammenhang dann eingeschränkt sein, wenn der Versicherte – freiwillig – an einem Modell der hausarztzentrierten Versorgung nach § 73b SGB V teilnimmt (vgl. Abs. 3a; dazu Lang, in: Becker/Kingreen, § 76 SGB V Rn. 21; zu Abs. 3a auch BSG 17. 6. 2009 – B 6 KA 6/09 B – juris).

C. Mehrkosten (Abs. 2)

4 Zwar von der freien Arztwahl gedeckt, aber hinsichtlich der entstehenden Mehrkosten nicht vollständig abgedeckt ist der Verzicht auf die **Auswahl des nächsterreichbaren** und die stattdessen erfolgende Auswahl eines anderen **Vertragsarztes**. Das bedeutet, dass der Versicherte einen solchen Arzt, sofern er nach § 95 SGB V zur vertragsärztlichen Versorgung zugelassen ist, zwar auswählen kann. Entstehen dadurch jedoch Mehrkosten, muss der Versicherte diese tragen (Lang, in: Becker/Kingreen, § 76 SGB V Rn. 16). Viele Kosten, die hierunter fallen, kommen jedoch schon deshalb nicht mehr in Betracht, weil Fahrkosten zur ambulanten Behandlung regelmäßig ohnehin nicht mehr erstattungsfähig sind (vgl. Kommentierung zu § 60 SGB V). In Betracht kommen Mehrkosten allerdings hinsichtlich der Besuchsfahrten des behandelnden Arztes zum Wohnort des Versicherten.

D. Pflichten aus der Behandlungsübernahme (Abs. 4)

5 Abs. 4 enthält eine Regelung zur Sorgfaltspflicht. Übernimmt ein Vertragsarzt die Behandlung eines Versicherten, ist er zu einer Sorgfaltsbeachtung entsprechend der Regelungen des bürgerlichen Vertragsrechts verpflichtet. Unabhängig von der schwierigen dogmatischen Frage der Rechtsbeziehungen zwischen Arzt und Versichertem im Rahmen der gesetzlichen Krankenversicherung (zum Streitstand s. etwa KassKomm/Hess, § 76 SGB V Rn. 24; Lang, in: Becker/Kingreen, § 76 SGB V Rn. 22) ist somit jedenfalls für die Sorgfaltspflicht auf die **bürgerlichrechtlichen Vorschriften** Bezug genommen. Folge dieser Anordnung ist eine Anwendung der Haftungsregelungen sowohl auf vertraglicher wie deliktischer Grundlage, unabhängig von möglichen Legalzessionen nach § 116 SGB X.

Zweiter Titel. Kassenärztliche und Kassenzahnärztliche Vereinigungen

§ 77 Kassenärztliche Vereinigungen und Bundesvereinigungen

(1) [1]Zur Erfüllung der ihnen durch dieses Buch übertragenen Aufgaben der vertragsärztlichen Versorgung bilden die Vertragsärzte für den Bereich jedes Landes eine Kassenärztliche und eine Kassenzahnärztliche Vereinigung (Kassenärztliche Vereinigungen). [2]Soweit in einem Land mehrere Kassenärztliche Vereinigungen mit weniger als 10.000 Mitgliedern bestehen, werden diese zusammengelegt. [3]Sind in einem Land mehrere Kassenzahnärztliche Vereinigungen mit weniger als 5.000 Mitgliedern vorhanden, werden diese ebenfalls zusammengelegt.

(2) [1]Die zu vereinigenden Kassenärztlichen Vereinigungen führen die erforderlichen Organisationsänderungen im Einvernehmen mit den für die Sozialversicherung zuständigen obersten Verwaltungsbehörden der Länder durch. [2]Die Kassenärztlichen Vereinigungen können längstens bis zum 31. Dezember 2006 für die bisherigen Zuständigkeitsbereiche der vereinigten Kassenärztlichen Vereinigungen unterschiedliche Gesamtvergütungen gemäß § 85 Abs. 1 bis 3e vereinbaren und unterschiedliche Verteilungsmaßstäbe gemäß § 85 Abs. 4 anwenden. [3]Im Einvernehmen mit der zuständigen Aufsichtsbehörde können die

Vertragspartner nach § 83 gemeinsam eine Verlängerung der in Satz 2 genannten Frist um bis zu vier Quartale vereinbaren, falls dies aus besonderen Gründen erforderlich ist.

(3) ¹Die zugelassenen Ärzte, die im Rahmen der vertragsärztlichen Versorgung in den zugelassenen medizinischen Versorgungszentren tätigen angestellten Ärzte, die bei Vertragsärzten nach § 95 Abs. 9 und 9a angestellten Ärzte und die an der vertragsärztlichen Versorgung teilnehmenden ermächtigten Krankenhausärzte sind Mitglieder der für ihren Arztsitz zuständigen Kassenärztlichen Vereinigung. ²Voraussetzung der Mitgliedschaft angestellter Ärzte in der für ihren Arztsitz zuständigen Kassenärztlichen Vereinigung ist, dass sie mindestens halbtags beschäftigt sind.

(4) ¹Die Kassenärztlichen Vereinigungen bilden die Kassenärztliche Bundesvereinigung und die Kassenzahnärztliche Bundesvereinigung (Kassenärztliche Bundesvereinigungen). ²Die Kassenärztlichen Vereinigungen und Kassenärztlichen Bundesvereinigungen können die für sie zuständigen obersten Bundes- und Landesbehörden insbesondere in Fragen der Rechtsetzung kurzzeitig personell unterstützen. ³Dadurch entstehende Kosten sind ihnen grundsätzlich zu erstatten; Ausnahmen werden in den jeweiligen Gesetzen zur Feststellung der Haushalte von Bund und Ländern festgelegt.

(5) Die Kassenärztlichen Vereinigungen und die Kassenärztlichen Bundesvereinigungen sind Körperschaften des öffentlichen Rechts.

(6) § 94 Abs. 1a bis 4 und § 97 Abs. 1 Satz 1 bis 4 des Zehnten Buches gelten entsprechend.

§ 77a Dienstleistungsgesellschaften

(1) Die Kassenärztlichen Vereinigungen und die Kassenärztlichen Bundesvereinigungen können zur Erfüllung der in Absatz 2 aufgeführten Aufgaben Gesellschaften gründen.

(2) Gesellschaften nach Absatz 1 können gegenüber vertragsärztlichen Leistungserbringern folgende Aufgaben erfüllen:
1. Beratung beim Abschluss von Verträgen, die die Versorgung von Versicherten mit Leistungen der gesetzlichen Krankenversicherung betreffen,
2. Beratung in Fragen der Datenverarbeitung, der Datensicherung und des Datenschutzes,
3. Beratung in allgemeinen wirtschaftlichen Fragen, die die Vertragsarzttätigkeit betreffen,
4. Vertragsabwicklung für Vertragspartner von Verträgen, die die Versorgung von Versicherten mit Leistungen der gesetzlichen Krankenversicherung betreffen,
5. Übernahme von Verwaltungsaufgaben für Praxisnetze.

(3) ¹Gesellschaften nach Absatz 1 dürfen nur gegen Kostenersatz tätig werden. ²Eine Finanzierung aus Mitteln der Kassenärztlichen Vereinigungen oder Kassenärztlichen Bundesvereinigungen ist ausgeschlossen.

§ 78 Aufsicht, Haushalts- und Rechnungswesen, Vermögen, Statistiken

(1) Die Aufsicht über die Kassenärztlichen Bundesvereinigungen führt das Bundesministerium für Gesundheit, die Aufsicht über die Kassenärztlichen Vereinigungen führen die für die Sozialversicherung zuständigen obersten Verwaltungsbehörden der Länder.

(2) ¹Die Aufsicht über die für den Bereich mehrerer Länder gebildeten gemeinsamen Kassenärztlichen Vereinigungen führt die für die Sozialversicherung zuständige oberste Verwaltungsbehörde des Landes, in dem diese Vereinigungen ihren Sitz haben. ²Die Aufsicht ist im Benehmen mit den zuständigen obersten Verwaltungsbehörden der beteiligten Länder wahrzunehmen.

(3) ¹Die Aufsicht erstreckt sich auf die Beachtung von Gesetz und sonstigem Recht. ²Die §§ 88 und 89 des Vierten Buches gelten entsprechend. ³Für das Haushalts- und Rechnungswesen einschließlich der Statistiken gelten die §§ 67 bis 70 Abs. 1 und 5, §§ 72 bis 77 Abs. 1, §§ 78 und 79a Abs. 1 und 2 in Verbindung mit Abs. 3a, für das Vermögen die §§ 80 und 85 des Vierten Buches, für die Verwendung der Mittel der Kassenärztlichen Vereinigungen § 305b entsprechend.

§ 79 Organe

(1) Bei den Kassenärztlichen Vereinigungen und den Kassenärztlichen Bundesvereinigungen werden eine Vertreterversammlung als Selbstverwaltungsorgan sowie ein hauptamtlicher Vorstand gebildet.

(2) ¹Die Satzungen bestimmen die Zahl der Mitglieder der Vertreterversammlung der Kassenärztlichen Vereinigungen und Kassenärztlichen Bundesvereinigungen. ²Die Vertreterversammlung der Kassenärztlichen Vereinigungen hat bis zu 30 Mitglieder. ³Bei mehr als 5.000 Mitgliedern der Kassenärztlichen Vereinigung oder mehr als 2.000 Mitgliedern der Kassenzahnärztlichen Vereinigung kann die Zahl der Mitglieder auf bis zu 40, bei mehr als 10.000 Mitgliedern der Kassenärztlichen Vereinigung oder mehr als 5.000 Mitgliedern der Kassenzahnärztlichen Vereinigung auf bis zu 50 erhöht werden. ⁴Die Vertreterversammlung der Kassenärztlichen Bundesvereinigungen hat bis zu 60 Mitglieder.

(3) ¹Die Vertreterversammlung hat insbesondere
1. die Satzung und sonstiges autonomes Recht zu beschließen,
2. den Vorstand zu überwachen,
3. alle Entscheidungen zu treffen, die für die Körperschaft von grundsätzlicher Bedeutung sind,
4. den Haushaltsplan festzustellen,
5. über die Entlastung des Vorstandes wegen der Jahresrechnung zu beschließen,
6. die Körperschaft gegenüber dem Vorstand und dessen Mitgliedern zu vertreten,
7. über den Erwerb, die Veräußerung oder die Belastung von Grundstücken sowie über die Errichtung von Gebäuden zu beschließen.

²Sie kann sämtliche Geschäfts- und Verwaltungsunterlagen einsehen und prüfen.

(4) ¹Der Vorstand der Kassenärztlichen Vereinigungen und Kassenärztlichen Bundesvereinigungen besteht aus bis zu drei Mitgliedern. ²Die Mitglieder des Vorstandes vertreten sich gegenseitig. ³Sie üben ihre Tätigkeit hauptamtlich aus. ⁴Wird ein Arzt in den hauptamtlichen Vorstand gewählt, kann er eine ärztliche Tätigkeit als Nebentätigkeit in begrenztem Umfang weiterführen oder seine Zulassung ruhen lassen. ⁵Die Amtszeit beträgt sechs Jahre; die Wiederwahl ist möglich. ⁶Die Höhe der jährlichen Vergütungen der einzelnen Vorstandsmitglieder einschließlich Nebenleistungen sowie die wesentlichen Versorgungsregelungen sind in einer Übersicht jährlich zum 1. März, erstmalig zum 1. März 2005 im Bundesanzeiger und gleichzeitig getrennt nach den kassenärztlichen und kassenzahnärztlichen Organisationen in den jeweiligen ärztlichen Mitteilungen der Kassenärztlichen Bundesvereinigungen zu veröffentlichen. ⁷Die Art und die Höhe finanzieller Zuwendungen, die den Vorstandsmitgliedern im Zusammenhang mit ihrer Vorstandstätigkeit von Dritten gewährt werden, sind dem Vorsitzenden und den stellvertretenden Vorsitzenden der Vertreterversammlung mitzuteilen.

(5) ¹Der Vorstand verwaltet die Körperschaft und vertritt sie gerichtlich und außergerichtlich, soweit Gesetz oder sonstiges Recht nichts Abweichendes bestimmen. ²In der Satzung oder im Einzelfall durch den Vorstand kann bestimmt werden, dass auch einzelne Mitglieder des Vorstandes die Körperschaft vertreten können.

(6) ¹§ 35a Abs. 1 Satz 3 und 4, Abs. 2, 5 Satz 1, Abs. 7 und § 42 Abs. 1 bis 3 des Vierten Buches gelten entsprechend. ²Die Vertreterversammlung hat bei ihrer Wahl darauf zu achten, dass die Mitglieder des Vorstandes die erforderliche fachliche Eignung für ihren jeweiligen Geschäftsbereich besitzen.

§ 79a Verhinderung von Organen; Bestellung eines Beauftragten

(1) ¹Solange und soweit die Wahl der Vertreterversammlung und des Vorstandes nicht zustande kommt oder die Vertreterversammlung oder der Vorstand sich weigern, ihre Geschäfte zu führen, nimmt auf Kosten der Kassenärztlichen Vereinigung oder der Kassenärztlichen Bundesvereinigung die Aufsichtsbehörde selbst oder ein von ihr bestellter Beauftragter die Aufgaben der Kassenärztlichen Vereinigung oder der Kassenärztlichen Bundesvereinigung wahr. ²Auf deren Kosten werden die Geschäfte durch die Aufsichtsbehörde selbst oder durch den von ihr bestellten Beauftragten auch dann geführt, wenn die Vertreterversammlung oder der Vorstand die Funktionsfähigkeit der Körperschaft gefährden, insbesondere wenn sie die Körperschaft nicht mehr im Einklang mit den Gesetzen und der Satzung verwalten, die Auflösung der Kassenärztlichen Vereinigung betreiben oder das Vermögen gefährdende Entscheidungen beabsichtigen oder treffen.

(2) ¹Der Übernahme der Geschäfte durch die Aufsichtsbehörde selbst oder der Einsetzung eines Beauftragten hat eine Anordnung vorauszugehen, mit der die Aufsichtsbehörde der Kassenärztlichen Vereinigung aufgibt, innerhalb einer bestimmten Frist das Erforderliche zu veranlassen. ²Widerspruch und Klage gegen die Anordnung und die Entscheidung über die Bestellung des Beauftragten oder die Wahrnehmung der Aufgaben der Kassenärztlichen Vereinigung oder der Kassenärztlichen Bundesvereinigung durch die Aufsichtsbehörde selbst haben keine aufschiebende Wirkung. ³Die Aufsichtsbehörde oder

die von ihr bestellten Beauftragten haben die Stellung des Organs der Kassenärztlichen Vereinigung, für das sie die Geschäfte führen.

§ 79 b Beratender Fachausschuß für Psychotherapie

¹Bei den Kassenärztlichen Vereinigungen und der Kassenärztlichen Bundesvereinigung wird ein beratender Fachausschuß für Psychotherapie gebildet. ²Der Ausschuß besteht aus fünf Psychologischen Psychotherapeuten und einem Kinder- und Jugendlichenpsychotherapeuten sowie Vertretern der Ärzte in gleicher Zahl, die von der Vertreterversammlung aus dem Kreis der Mitglieder ihrer Kassenärztlichen Vereinigung in unmittelbarer und geheimer Wahl gewählt werden. ³Für die Wahl der Mitglieder des Fachausschusses bei der Kassenärztlichen Bundesvereinigung gilt Satz 2 mit der Maßgabe, daß die von den Psychotherapeuten gestellten Mitglieder des Fachausschusses zugelassene Psychotherapeuten sein müssen. ⁴Abweichend von Satz 2 werden für die laufende Wahlperiode der Kassenärztlichen Vereinigungen und der Kassenärztlichen Bundesvereinigung die von den Psychotherapeuten gestellten Mitglieder des Fachausschusses auf Vorschlag der für die beruflichen Interessen maßgeblichen Organisationen der Psychotherapeuten auf Landes- und Bundesebene von der jeweils zuständigen Aufsichtsbehörde berufen. ⁵Dem Ausschuß ist vor Entscheidungen der Kassenärztlichen Vereinigungen und der Kassenärztlichen Bundesvereinigung in den die Sicherstellung der psychotherapeutischen Versorgung berührenden wesentlichen Fragen rechtzeitig Gelegenheit zur Stellungnahme zu geben. ⁶Seine Stellungnahmen sind in die Entscheidungen einzubeziehen. ⁷Das Nähere regelt die Satzung. ⁸Die Befugnisse der Vertreterversammlungen der Kassenärztlichen Vereinigungen und der Kassenärztlichen Bundesvereinigung bleiben unberührt.

§ 79 c Beratender Fachausschuss für hausärztliche Versorgung; weitere beratende Fachausschüsse

¹Bei der Kassenärztlichen Bundesvereinigung wird ein beratender Fachausschuss für die hausärztliche Versorgung gebildet, der aus Mitgliedern besteht, die an der hausärztlichen Versorgung teilnehmen. ²Weitere beratende Fachausschüsse, insbesondere für rehabilitationsmedizinische Fragen können gebildet werden. ³Die Mitglieder der beratenden Fachausschüsse sind von der Vertreterversammlung aus dem Kreis der Mitglieder der Kassenärztlichen Vereinigungen in unmittelbarer und geheimer Wahl zu wählen. ⁴Das Nähere über die beratenden Fachausschüsse und ihre Zusammensetzung regelt die Satzung. ⁵§ 79 b Satz 5 bis 8 gilt entsprechend.

§ 80 Wahlen

(1) ¹Die Mitglieder der Kassenärztlichen Vereinigungen wählen in unmittelbarer und geheimer Wahl die Mitglieder der Vertreterversammlung. ²Die Wahlen erfolgen nach den Grundsätzen der Verhältniswahl auf Grund von Listen- und Einzelwahlvorschlägen. ³Die Psychotherapeuten wählen ihre Mitglieder der Vertreterversammlung entsprechend den Sätzen 1 und 2 mit der Maßgabe, dass sie höchstens mit einem Zehntel der Mitglieder in der Vertreterversammlung vertreten sind. ⁴Das Nähere zur Wahl der Mitglieder der Vertreterversammlung, einschließlich des Anteils der übrigen Mitglieder der Kassenärztlichen Vereinigungen, bestimmt die Satzung.

(1 a) ¹Der Vorsitzende und jeweils ein Stellvertreter des Vorsitzenden der Kassenärztlichen Vereinigungen sind Mitglieder der Vertreterversammlung der Kassenärztlichen Bundesvereinigungen. ²Die Mitglieder der Vertreterversammlungen der Kassenärztlichen Vereinigungen wählen in unmittelbarer und geheimer Wahl aus ihren Reihen die weiteren Mitglieder der Vertreterversammlung der Kassenärztlichen Bundesvereinigungen. ³Absatz 1 gilt entsprechend mit der Maßgabe, dass die Kassenärztlichen Vereinigungen entsprechend ihrem jeweiligen Anteil ihrer Mitglieder an der Gesamtzahl der Mitglieder der Kassenärztlichen Vereinigungen berücksichtigt werden.

(2) ¹Die Vertreterversammlung wählt in unmittelbarer und geheimer Wahl
1. aus ihrer Mitte einen Vorsitzenden und einen stellvertretenden Vorsitzenden,
2. die Mitglieder des Vorstandes,
3. den Vorsitzenden des Vorstandes und den stellvertretenden Vorsitzenden des Vorstandes.

²Der Vorsitzende der Vertreterversammlung und sein Stellvertreter dürfen nicht zugleich Vorsitzender oder stellvertretender Vorsitzender des Vorstandes sein.

(3) ¹Die Mitglieder der Vertreterversammlung der Kassenärztlichen Vereinigungen und der Kassenärztlichen Bundesvereinigungen werden für sechs Jahre gewählt. ²Die Amtsdauer endet ohne Rücksicht auf den Zeitpunkt der Wahl jeweils mit dem Schluß des sechsten Kalenderjahres. ³Die Gewählten bleiben nach Ablauf dieser Zeit bis zur Amtsübernahme ihrer Nachfolger im Amt.

§ 81 Satzung

(1) ¹Die Satzung muss insbesondere Bestimmungen enthalten über
1. Namen, Bezirk und Sitz der Vereinigung,
2. Zusammensetzung, Wahl und Zahl der Mitglieder der Organe,
3. Öffentlichkeit und Art der Beschlussfassung der Vertreterversammlung,
4. Rechte und Pflichten der Organe und der Mitglieder,
5. Aufbringung und Verwaltung der Mittel,
6. jährliche Prüfung der Betriebs- und Rechnungsprüfung und Abnahme der Jahresrechnung,
7. Änderung der Satzung,
8. Entschädigungsregelung für Organmitglieder,
9. Art der Bekanntmachungen,
10. die vertragsärztlichen Pflichten zur Ausfüllung des Sicherstellungsauftrags.
²Die Satzung bedarf der Genehmigung der Aufsichtsbehörde.

(2) Sollen Verwaltungs- und Abrechnungsstellen errichtet werden, müssen die Satzungen der Kassenärztlichen Vereinigungen Bestimmungen über Errichtung und Aufgaben dieser Stellen enthalten.

(3) Die Satzungen der Kassenärztlichen Vereinigungen müssen Bestimmungen enthalten, nach denen
1. die von den Kassenärztlichen Bundesvereinigungen abzuschließenden Verträge und die dazu gefaßten Beschlüsse sowie die Bestimmungen über die überbezirkliche Durchführung der vertragsärztlichen Versorgung und den Zahlungsausgleich zwischen den Kassenärztlichen Vereinigungen für die Kassenärztlichen Vereinigungen und ihre Mitglieder verbindlich sind,
2. die Richtlinien nach § 75 Abs. 7, § 92 und § 137 Abs. 1 und 4 für die Kassenärztlichen Vereinigungen und ihre Mitglieder verbindlich sind.

(4) Die Satzungen der Kassenärztlichen Vereinigungen müssen Bestimmungen enthalten über die Fortbildung der Ärzte auf dem Gebiet der vertragsärztlichen Tätigkeit, das Nähere über die Art und Weise der Fortbildung sowie die Teilnahmepflicht.

(5) ¹Die Satzungen der Kassenärztlichen Vereinigungen müssen ferner die Voraussetzungen und das Verfahren zur Verhängung von Maßnahmen gegen Mitglieder bestimmen, die ihre vertragsärztlichen Pflichten nicht oder nicht ordnungsgemäß erfüllen. ²Maßnahmen nach Satz 1 sind je nach der Schwere der Verfehlung Verwarnung, Verweis, Geldbuße oder die Anordnung des Ruhens der Zulassung oder der vertragsärztlichen Beteiligung bis zu zwei Jahren. ³Das Höchstmaß der Geldbußen kann bis zu Zehntausend Euro betragen. ⁴Ein Vorverfahren (§ 78 des Sozialgerichtsgesetzes) findet nicht statt.

§ 81a Stellen zur Bekämpfung von Fehlverhalten im Gesundheitswesen

(1) ¹Die Kassenärztlichen Vereinigungen und die Kassenärztlichen Bundesvereinigungen richten organisatorische Einheiten ein, die Fällen und Sachverhalten nachzugehen haben, die auf Unregelmäßigkeiten oder auf rechtswidrige oder zweckwidrige Nutzung von Finanzmitteln im Zusammenhang mit den Aufgaben der jeweiligen Kassenärztlichen Vereinigung oder Kassenärztlichen Bundesvereinigung hindeuten. ²Sie nehmen Kontrollbefugnisse nach § 67c Abs. 3 des Zehnten Buches wahr.

(2) ¹Jede Person kann sich in den Angelegenheiten des Absatzes 1 an die Kassenärztlichen Vereinigungen und Kassenärztlichen Bundesvereinigungen wenden. ²Die Einrichtungen nach Absatz 1 gehen den Hinweisen nach, wenn sie auf Grund der einzelnen Angaben oder der Gesamtumstände glaubhaft erscheinen.

(3) Die Kassenärztlichen Vereinigungen und die Kassenärztlichen Bundesvereinigungen haben zur Erfüllung der Aufgaben nach Absatz 1 untereinander und mit den Krankenkassen und ihren Verbänden zusammenzuarbeiten.

(4) Die Kassenärztlichen Vereinigungen und die Kassenärztlichen Bundesvereinigungen sollen die Staatsanwaltschaft unverzüglich unterrichten, wenn die Prüfung ergibt, dass ein

SGB V – Gesetzliche Krankenversicherung § 81a **SGB V 50**

Anfangsverdacht auf strafbare Handlungen mit nicht nur geringfügiger Bedeutung für die gesetzliche Krankenversicherung bestehen könnte.

(5) ¹Der Vorstand hat der Vertreterversammlung im Abstand von zwei Jahren, erstmals bis zum 31. Dezember 2005, über die Arbeit und Ergebnisse der organisatorischen Einheiten nach Absatz 1 zu berichten. ²Der Bericht ist der zuständigen Aufsichtsbehörde zuzuleiten.

A. Normzweck

Die Norm enthält eine Verpflichtung der ärztlichen Vereinigungen zur Einrichtung von Stellen, die die **Aufgabe** haben, Fehlverhalten im Gesundheitswesen zu bekämpfen. Ziel der Einrichtungen ist es in erster Linie, den effizienten Einsatz von Finanzmitteln im Krankenversicherungsbereich zu stärken (s. BT-Drs. 15/1525, S. 99). Der Vorschrift kommt damit, neben der erhofften Wirkung hinsichtlich der Wirtschaftlichkeit des Gesundheitswesens, eine präventive Funktion zu. Die „Selbstreinigungskräfte", von denen der Gesetzgeber selber spricht, sollen gestärkt und damit eine gegebenenfalls anstehende strafrechtliche Sanktionierung späteren Fehlverhaltens verhindert werden (zum Normzweck, auch hinsichtlich weiterer vom SGB vorgesehenen Stellen zur Bekämpfung von Fehlverhalten im Gesundheitswesen, etwa in § 197a SGB V, § 47a SGB XI, s. Rixen, ZfSH/SGB 2005, 131; eingehend zur Norm insbesondere Köhler, VerwArch 2009, 391). 1

B. Einrichtung und Aufgaben der Prüfstelle

Zur Erreichung dieses Ziels werden die im Gesetzestext genannten ärztlichen Vereinigungen dazu verpflichtet, **eigenständige** und **unabhängige organisatorische** Stellen zu bilden. Diese Ermittlungs- oder auch Prüfstelle genannte organisatorische Einheit hat nach Abs. 1 S. 1 die Pflicht, Fällen und Sachverhalten nachzugehen, die auf Unregelmäßigkeiten oder auf rechtswidrige oder zweckwidrige Nutzung von Finanzmitteln hindeuten, die im Zusammenhang mit den Aufgaben der jeweiligen Ärztevereinigung entstehen. Der Begriff der „Unregelmäßigkeit" ist sehr weit zu verstehen, die systematische Auslegung lässt jedoch deutlich werden, dass es hier nicht um ärztliche Fehler, sondern um wirtschaftliche Unregelmäßigkeiten geht. Damit ist vor allem auch der große Bereich des Abrechnungsbetruges erfasst, der in die Prüf- und Ermittlungskompetenz fällt; dies gilt besonders für falsche bzw. gefälschte Abrechnungen zwischen verschiedenen Leistungserbringern zulasten der Krankenkassen. Der Begriff **„hindeuten"** ist nicht zu eng zu verstehen: Es genügt daher, dass Hinweise vorhanden sind, die noch nicht Beweisqualität haben, sondern lediglich vorhandene Unregelmäßigkeiten glaubhaft als nahe liegend erscheinen lassen. Wann dies der Fall ist, ist Frage des Einzelfalls. Es darf jedoch keine Willkür bei der Ermittlungseinleitung vorliegen. Der Gesetzgeber ist der Ansicht, dass eine Nachforschungspflicht besteht und die Stellen verpflichtet sind, entsprechenden Hinweisen nachzugehen, wenn diese hinreichend substantiiert sind (BT-Drs. 15/1525, S. 99). 2

Die **Kompetenz** ist beschränkt auf den Bereich der jeweils einrichtenden Vereinigung, eine darüber hinausgehende Ermittlungskompetenz, etwa gleich der einer Staatsanwaltschaft, steht der Stelle nicht zu (Jahn/Limpinsel, § 81a SGB V Rn. 4). Zugleich sind die Stellen Kontrollinstanzen gemäß § 67c Abs. 3 SGB X, also für den dort geregelten Bereich des Datenschutzes (vgl. Kommentierung dort). Ausgelöst werden können die Ermittlungen nach Abs. 2 von **jeder Person,** also nicht nur von Ärzten oder anderen Leistungserbringern selbst. Die Kassenärztlichen Vereinigungen und Bundesvereinigungen sowie unmittelbar die Einrichtungen nach Abs. 1 sollen Ansprechpartner für alle sein, die zum effizienten Einsatz der Finanzmittel im Gesundheitswesen beitragen wollen. Deshalb sieht Abs. 2 vor, dass sich jedermann an die Einrichtungen wenden kann. Die Ermittlungspflicht besteht auch bei anonymen Hinweisen, sofern die hinreichende Substantiierung vorhanden ist, es sich also nicht lediglich um pauschale, undifferenzierte Behauptungen handelt. 3

Nach Abs. 3 sind die Kassenärztlichen Vereinigungen und die Kassenärztliche Bundesvereinigung zur **Zusammenarbeit** untereinander und mit den Krankenkassen und deren Verbänden verpflichtet, um das Ziel der Norm, die Bekämpfung von Fehlverhalten im Gesundheitswesen, zu erreichen. Dies soll vor allem dadurch geschehen, dass sie etwa Erfahrungen austauschen und sich wechselseitig Hinweise geben. Ihre jeweilige Verantwortlichkeit bleibt jedoch unverändert und eigenständig erhalten. Abs. 3 rechtfertigt zudem keinesfalls die Übermittlung von personenbezogenen Daten. Insofern gehen datenschutzrechtliche Schutzbestimmungen unverändert vor. Dies gilt vor allem auch hinsichtlich der Berichtspflicht nach Abs. 5, die auf eine vollständige Anonymisierung zu achten hat. Eine Zusammenarbeitspflicht besteht nach Abs. 4 auch mit der Staatsanwaltschaft, die unverzüglich zu unterrichten ist, wenn die Prüfung ergibt, dass ein Anfangsverdacht auf ein strafwürdiges Verhalten mit nicht nur geringfügiger Bedeutung für die gesetzliche Krankenversicherung bestehen könnte. Die Unverzüglichkeit ist eingehalten, wenn die Information der Staatsanwaltschaft erfolgt, sobald die Stelle die Überzeugung von einem Anfangsverdacht hat. Der Begriff des „nicht nur geringfügig" ist schwer 4

Joussen

zu erfassen. Entscheidend ist, dass bloße Bagatellvergehen nicht gleich strafrechtlich verfolgt werden sollen, sondern nur dann, wenn an ihrer Verfolgung ein „öffentliches Interesse" besteht. Hilfsweise kann auf die Auslegung des entsprechenden Tatbestandsmerkmals („öffentliches Interesse") in § 248a StGB zurückgegriffen werden.

Dritter Titel. Verträge auf Bundes- und Landesebene

§ 82 Grundsätze

(1) ¹Den allgemeinen Inhalt der Gesamtverträge vereinbaren die Kassenärztlichen Bundesvereinigungen mit dem Spitzenverband Bund der Krankenkassen in Bundesmantelverträgen. ²Der Inhalt der Bundesmantelverträge ist Bestandteil der Gesamtverträge.

(2) ¹Die Vergütungen der an der vertragsärztlichen Versorgung teilnehmenden Ärzte und Einrichtungen werden von den Landesverbänden der Krankenkassen und den Ersatzkassen mit den Kassenärztlichen Vereinigungen durch Gesamtverträge geregelt. ²Die Verhandlungen können auch von allen Kassenarten gemeinsam geführt werden.

(3) Die Kassenärztlichen Bundesvereinigungen können mit nicht bundesunmittelbaren Ersatzkassen, der Deutschen Rentenversicherung Knappschaft-Bahn-See und den landwirtschaftlichen Krankenkassen von § 83 Satz 1 abweichende Verfahren zur Vereinbarung der Gesamtverträge, von § 85 Abs. 1 und § 87a Abs. 3 abweichende Verfahren zur Entrichtung der in den Gesamtverträgen vereinbarten Vergütungen sowie von § 291 Abs. 2 Nr. 1 abweichende Kennzeichen vereinbaren.

§ 83 Gesamtverträge

¹Die Kassenärztlichen Vereinigungen schließen mit den für ihren Bezirk zuständigen Landesverbänden der Krankenkassen und den Ersatzkassen Gesamtverträge über die vertragsärztliche Versorgung der Mitglieder mit Wohnort in ihrem Bezirk einschließlich der mitversicherten Familienangehörigen; die Landesverbände der Krankenkassen schließen die Gesamtverträge mit Wirkung für die Krankenkassen der jeweiligen Kassenart. ²Für die Deutsche Rentenversicherung Knappschaft-Bahn-See gilt Satz 1 entsprechend, soweit die ärztliche Versorgung durch die Kassenärztliche Vereinigung sichergestellt wird. ³§ 82 Abs. 2 Satz 2 gilt entsprechend.

§ 84 Arznei- und Heilmittelvereinbarung; Richtgrößen

(1) ¹Die Landesverbände der Krankenkassen und die Ersatzkassen gemeinsam und einheitlich und die Kassenärztliche Vereinigung treffen zur Sicherstellung der vertragsärztlichen Versorgung mit Arznei- und Verbandmitteln bis zum 30. November für das jeweils folgende Kalenderjahr eine Arzneimittelvereinbarung. ²Die Vereinbarung umfasst
1. ein Ausgabenvolumen für die insgesamt von den Vertragsärzten nach § 31 veranlassten Leistungen,
2. Versorgungs- und Wirtschaftlichkeitsziele und konkrete, auf die Umsetzung dieser Ziele ausgerichtete Maßnahmen, insbesondere Verordnungsanteile für Wirkstoffe und Wirkstoffgruppen im jeweiligen Anwendungsgebiet, auch zur Verordnung wirtschaftlicher Einzelmengen (Zielvereinbarungen), insbesondere zur Information und Beratung und
3. Kriterien für Sofortmaßnahmen zur Einhaltung des vereinbarten Ausgabenvolumens innerhalb des laufenden Kalenderjahres.

³Kommt eine Vereinbarung bis zum Ablauf der in Satz 1 genannten Frist nicht zustande, gilt die bisherige Vereinbarung bis zum Abschluss einer neuen Vereinbarung oder einer Entscheidung durch das Schiedsamt weiter. ⁴Die Landesverbände der Krankenkassen und die Ersatzkassen teilen das nach Satz 2 Nr. 1 vereinbarte oder schiedsamtlich festgelegte Ausgabenvolumen dem Spitzenverband Bund der Krankenkassen mit. ⁵Die Krankenkasse kann mit Ärzten abweichende oder über die Regelungen nach Satz 2 hinausgehende Vereinbarungen treffen.

(2) Bei der Anpassung des Ausgabenvolumens nach Absatz 1 Nr. 1 sind insbesondere zu berücksichtigen
1. Veränderungen der Zahl und Altersstruktur der Versicherten,
2. Veränderungen der Preise der Arznei- und Verbandmittel,
3. Veränderungen der gesetzlichen Leistungspflicht der Krankenkassen,
4. Änderungen der Richtlinien des Gemeinsamen Bundesausschusses nach § 92 Abs. 1 Nr. 6,

5. der wirtschaftliche und qualitätsgesicherte Einsatz innovativer Arzneimittel,
6. Veränderungen der sonstigen indikationsbezogenen Notwendigkeit und Qualität bei der Arzneimittelverordnung auf Grund von getroffenen Zielvereinbarungen nach Absatz 1 Nr. 2,
7. Veränderungen des Verordnungsumfangs von Arznei- und Verbandmitteln auf Grund von Verlagerungen zwischen den Leistungsbereichen und
8. Ausschöpfung von Wirtschaftlichkeitsreserven entsprechend den Zielvereinbarungen nach Absatz 1 Nr. 2.

(3) ¹Überschreitet das tatsächliche, nach Absatz 5 Satz 1 bis 3 festgestellte Ausgabenvolumen für Arznei- und Verbandmittel das nach Absatz 1 Nr. 1 vereinbarte Ausgabenvolumen, ist diese Überschreitung Gegenstand der Gesamtverträge. ²Die Vertragsparteien haben dabei die Ursachen der Überschreitung, insbesondere auch die Erfüllung der Zielvereinbarungen nach Absatz 1 Nr. 2 zu berücksichtigen. ³Bei Unterschreitung des nach Absatz 1 Nr. 1 vereinbarten Ausgabenvolumens kann diese Unterschreitung Gegenstand der Gesamtverträge werden.

(4) Werden die Zielvereinbarungen nach Absatz 1 Nr. 2 erfüllt, entrichten die beteiligten Krankenkassen auf Grund einer Regelung der Parteien der Gesamtverträge auch unabhängig von der Einhaltung des vereinbarten Ausgabenvolumens nach Absatz 1 Nr. 1 einen vereinbarten Bonus an die Kassenärztliche Vereinigung.

(4 a) Die Vorstände der Krankenkassenverbände sowie der Ersatzkassen, soweit sie Vertragspartei nach Absatz 1 sind, und der Kassenärztlichen Vereinigungen haften für eine ordnungsgemäße Umsetzung der vorgenannten Maßnahmen.

(5) ¹Zur Feststellung des tatsächlichen Ausgabenvolumens nach Absatz 3 erfassen die Krankenkassen die während der Geltungsdauer der Arzneimittelvereinbarung veranlassten Ausgaben arztbezogen, nicht versichertenbezogen. ²Sie übermitteln diese Angaben nach Durchführung der Abrechnungsprüfung dem Spitzenverband Bund der Krankenkassen, der diese Daten kassenartenübergreifend zusammenführt und jeweils der Kassenärztlichen Vereinigung übermittelt, der die Ärzte, welche die Ausgaben veranlasst haben, angehören; zugleich übermittelt der Spitzenverband Bund der Krankenkassen diese Daten den Landesverbänden der Krankenkassen und den Ersatzkassen, die Vertragspartner der jeweiligen Kassenärztlichen Vereinigung nach Absatz 1 sind. ³Ausgaben nach Satz 1 sind auch Ausgaben für Arznei- und Verbandmittel, die durch Kostenerstattung vergütet worden sind. ⁴Zudem erstellt der Spitzenverband Bund der Krankenkassen für jede Kassenärztliche Vereinigung monatliche Berichte über die Entwicklung der Ausgaben von Arznei- und Verbandmitteln und übermitteln diese Berichte als Schnellinformationen den Vertragspartnern nach Absatz 1 insbesondere für Abschluss und Durchführung der Arzneimittelvereinbarung sowie für die Informationen nach § 73 Abs. 8. ⁵Für diese Berichte gelten Satz 1 und 2 entsprechend; Satz 2 gilt mit der Maßgabe, dass die Angaben vor Durchführung der Abrechnungsprüfung zu übermitteln sind. ⁶Die Kassenärztliche Bundesvereinigung erhält für die Vereinbarung der Rahmenvorgaben nach Absatz 7 und für die Informationen nach § 73 Abs. 8 eine Auswertung dieser Berichte. ⁷Die Krankenkassen sowie der Spitzenverband Bund der Krankenkassen können eine Arbeitsgemeinschaft nach § 219 mit der Durchführung der vorgenannten Aufgaben beauftragen. ⁸§ 304 Abs. 1 Satz 1 Nr. 2 gilt entsprechend.

(6) ¹Die Vertragspartner nach Absatz 1 vereinbaren bis zum 15. November für das jeweils folgende Kalenderjahr zur Sicherstellung der vertragsärztlichen Versorgung die auf das Kalenderjahr bezogene Volumen der je Arzt verordneten Arznei- und Verbandmittel (Richtgrößenvolumen) arztgruppenspezifische fallbezogene Richtgrößen als Durchschnittswerte unter Berücksichtigung der nach Absatz 1 getroffenen Arzneimittelvereinbarung, erstmals bis zum 31. März 2002. ²Zusätzlich sollen die Vertragspartner nach Absatz 1 die Richtgrößen nach altersgemäß gegliederten Patientengruppen und darüber hinaus auch nach Krankheitsarten bestimmen. ³Die Richtgrößen leiten den Vertragsarzt bei seinen Entscheidungen über die Verordnung von Arznei- und Verbandmitteln nach dem Wirtschaftlichkeitsgebot. ⁴Die Überschreitung des Richtgrößenvolumens löst eine Wirtschaftlichkeitsprüfung nach § 106 Abs. 5 a unter den dort genannten Voraussetzungen aus.

(7) ¹Die Kassenärztliche Bundesvereinigung und der Spitzenverband Bund der Krankenkassen vereinbaren bis zum 30. September für das jeweils folgende Kalenderjahr Rahmenvorgaben für die Inhalte der Arzneimittelvereinbarungen nach Absatz 1 sowie für die Inhalte der Informationen und Hinweise nach § 73 Abs. 8. ²Die Rahmenvorgaben haben die Arzneimittelverordnungen zwischen den Kassenärztlichen Vereinigungen zu vergleichen und zu bewerten; dabei ist auf Unterschiede in der Versorgungsqualität und Wirtschaftlichkeit hinzuweisen. ³Von den Rahmenvorgaben dürfen die Vertragspartner der

Arzneimittelvereinbarung nur abweichen, soweit dies durch die regionalen Versorgungsbedingungen begründet ist. ⁴Die Vertragsparteien nach Satz 1 beschließen mit verbindlicher Wirkung für die Vereinbarungen der Richtgrößen nach Absatz 6 Satz 1 die Gliederung der Arztgruppen und das Nähere zum Fallbezug. ⁵Ebenfalls mit verbindlicher Wirkung für die Vereinbarungen der Richtgrößen nach Absatz 6 Satz 2 sollen sie die altersgemäße Gliederung der Patientengruppen und die Krankheitsarten bestimmen. ⁶Darüber hinaus können sie für die Vereinbarungen nach Absatz 6 Satz 1 Empfehlungen beschließen. ⁷Der Beschluss nach Satz 4 ist bis zum 31. Januar 2002 zu fassen.

(8) ¹Die Absätze 1 bis 4 und 4b bis 7 sind für Heilmittel unter Berücksichtigung der besonderen Versorgungs- und Abrechnungsbedingungen im Heilmittelbereich entsprechend anzuwenden. ²Veranlasste Ausgaben im Sinne des Absatzes 5 Satz 1 betreffen die während der Geltungsdauer der Heilmittelvereinbarung mit den Krankenkassen abgerechneten Leistungen.

(9) Das Bundesministerium für Gesundheit kann bei Ereignissen mit erheblicher Folgewirkung für die medizinische Versorgung zur Gewährleistung der notwendigen Versorgung mit Arznei- und Verbandmitteln die Ausgabenvolumen nach Absatz 1 Nr. 1 durch Rechtsverordnung mit Zustimmung des Bundesrates erhöhen.

§ 85 Gesamtvergütung

(1) Die Krankenkasse entrichtet nach Maßgabe der Gesamtverträge an die jeweilige Kassenärztliche Vereinigung mit befreiender Wirkung eine Gesamtvergütung für die gesamte vertragsärztliche Versorgung der Mitglieder mit Wohnort im Bezirk der Kassenärztlichen Vereinigung einschließlich der mitversicherten Familienangehörigen.

(2) ¹Die Höhe der Gesamtvergütung wird im Gesamtvertrag vereinbart; die Landesverbände der Krankenkassen treffen die Vereinbarung mit Wirkung für die Krankenkassen der jeweiligen Kassenart. ²Die Gesamtvergütung ist das Ausgabenvolumen für die Gesamtheit der zu vergütenden vertragsärztlichen Leistungen; sie kann als Festbetrag oder auf der Grundlage des Bewertungsmaßstabes nach Einzelleistungen, nach einer Kopfpauschale, nach einer Fallpauschale oder nach einem System berechnet werden, das sich aus der Verbindung dieser oder weiterer Berechnungsarten ergibt. ³Die Vereinbarung unterschiedlicher Vergütungen für die Versorgung verschiedener Gruppen von Versicherten ist nicht zulässig. ⁴Die Vertragsparteien haben auch eine angemessene Vergütung für nichtärztliche Leistungen im Rahmen sozialpädiatrischer und psychiatrischer Tätigkeit und für eine besonders qualifizierte onkologische Versorgung zu vereinbaren; das Nähere ist jeweils im Bundesmantelvertrag zu vereinbaren. ⁵Die Vergütungen der Untersuchungen nach den §§ 22, 25 Abs. 1 und 2, § 26 werden als Pauschalen vereinbart. ⁶Beim Zahnersatz sind Vergütungen für die Aufstellung eines Heil- und Kostenplans nicht zulässig. ⁷Soweit die Gesamtvergütung auf der Grundlage von Einzelleistungen vereinbart wird, ist der Betrag des Ausgabenvolumens nach Satz 2 zu bestimmen sowie eine Regelung zur Vermeidung der Überschreitung dieses Betrages zu treffen. ⁸Ausgaben für Kostenerstattungsleistungen nach § 13 Abs. 2 und nach § 53 Abs. 4 mit Ausnahme der Kostenerstattungsleistungen nach § 13 Abs. 2 Satz 6 und Ausgaben auf Grund der Mehrkostenregelung nach § 28 Abs. 2 Satz 2 Satz 3 sind auf das Ausgabenvolumen nach Satz 2 anzurechnen.

(2 a) Vertragsärztliche Leistungen bei der Substitutionsbehandlung der Drogenabhängigkeit gemäß den Richtlinien des Gemeinsamen Bundesausschusses werden von den Krankenkassen außerhalb der nach Absatz 2 vereinbarten Gesamtvergütungen vergütet.

(2 b) ¹Die am 31. Dezember 1992 geltenden Punktwerte für zahnärztliche Leistungen bei Zahnersatz einschließlich Zahnkronen und bei kieferorthopädischer Behandlung werden zum 1. Januar 1993 für die Dauer eines Kalenderjahres um 10 vom Hundert abgesenkt. ²Ab 1. Januar 1994 erfolgt die Anpassung auf der abgesenkten Basis, wobei sich die Vergütungsanpassung in den Jahren 1994 und 1995 höchstens um den Vomhundertsatz verändern darf, um den sich die nach den §§ 270 und 270a zu ermittelnden beitragspflichtigen Einnahmen der Mitglieder der Krankenkassen je Mitglied verändern; die Vomhundertsätze sind für die alten und neuen Länder getrennt festzulegen. ³Der Bewertungsausschuß (§ 87) kann anstelle der zum 1. Januar 1993 in Kraft tretenden Absenkung nach Satz 1 eine unterschiedliche Absenkung der Bewertungszahlen der einzelnen Leistungen vornehmen. ⁴Dabei ist sicherzustellen, daß die Absenkung insgesamt 10 vom Hundert beträgt. ⁵Die Angleichung des Vergütungsniveaus im Beitrittsgebiet gemäß § 311 Abs. 1 Buchstabe a bleibt hiervon unberührt.

(2 c) ¹Die Vertragspartner nach § 82 Abs. 1 können vereinbaren, daß für die Gesamtvergütungen getrennte Vergütungsanteile für die an der vertragsärztlichen Versorgung betei-

ligten Arztgruppen zugrunde gelegt werden; sie können auch die Grundlagen für die Bemessung der Vergütungsanteile regeln. ²§ 89 Abs. 1 gilt nicht.

(2 d) Die am 31. Dezember 2010 geltenden Punktwerte für zahnärztliche Leistungen ohne Zahnersatz dürfen sich im Jahr 2011 höchstens um die um 0,25 Prozentpunkte verminderte und im Jahr 2012 höchstens um die um 0,5 Prozentpunkte verminderte nach § 71 Absatz 3 für das gesamte Bundesgebiet festgestellte Veränderungsrate verändern; dies gilt nicht für Leistungen der Individualprophylaxe und Früherkennung.

(3) ¹Die Vertragsparteien des Gesamtvertrages vereinbaren die Veränderungen der Gesamtvergütungen unter Berücksichtigung der Praxiskosten, der für die vertragsärztliche Tätigkeit aufzuwendenden Arbeitszeit sowie der Art und des Umfangs der ärztlichen Leistungen, soweit sie auf einer Veränderung des gesetzlichen oder satzungsmäßigen Leistungsumfangs beruhen. ²Bei der Vereinbarung der Veränderungen der Gesamtvergütungen ist der Grundsatz der Beitragssatzstabilität (§ 71) in Bezug auf das Ausgabenvolumen für die Gesamtheit der zu vergütenden vertragsärztlichen Leistungen zu beachten. ³Abweichend von Satz 2 ist eine Überschreitung der Veränderungsraten nach § 71 Abs. 3 zulässig, wenn Mehrausgaben auf Grund von Beschlüssen des Gemeinsamen Bundesausschusses nach § 135 Abs. 1 entstehen; dabei ist zu prüfen, inwieweit die Mehrausgaben durch Minderausgaben auf Grund eines Wegfalls von Leistungen, die auf Grund einer Prüfung nach § 135 Abs. 1 Satz 2 und 3 nicht mehr zu Lasten der Krankenkassen erbracht werden dürfen, ausgeglichen werden können.

(3 a) ¹Die nach Absatz 3 zu vereinbarenden Veränderungen der Gesamtvergütungen als Ausgabenvolumen für die Gesamtheit der zu vergütenden vertragsärztlichen Leistungen dürfen sich in den Jahren 1993, 1994 und 1995 höchstens um den Vomhundertsatz verändern, um den sich die nach den §§ 270 und 270a zu ermittelnden beitragspflichtigen Einnahmen der Mitglieder aller Krankenkassen mit Sitz im Bundesgebiet außerhalb des Beitrittsgebiets je Mitglied verändern. ²Die Veränderungen der Gesamtvergütungen im Jahre 1993 sind auf das entsprechend der Zuwachsrate der beitragspflichtigen Einnahmen nach Satz 1 im Jahr 1992 erhöhte Vergütungsvolumen im Jahr 1991 zu beziehen. ³Bei der Bestimmung der Gesamtvergütungen der Vertragszahnärzte werden zahnprothetische und kieferorthopädische Leistungen nicht berücksichtigt. ⁴Soweit nichtärztliche Dialyseleistungen im Rahmen der vertragsärztlichen Versorgung erbracht werden, werden sie außerhalb der Gesamtvergütungen nach Vergütungssätzen honoriert, die von den Kassenärztlichen Vereinigungen und den Landesverbänden der Krankenkassen sowie den Ersatzkassen vereinbart werden; Satz 1 gilt entsprechend. ⁵Vergütungszuschläge nach § 135 Abs. 4 sowie Mehrausgaben auf Grund der gesetzlichen Leistungsausweitung in § 22 werden entsprechend der Zahl der erbrachten Leistungen zusätzlich berücksichtigt. ⁶Der Teil der Gesamtvergütungen, der auf die in dem einheitlichen Bewertungsmaßstab für Ärzte in den Abschnitten B VI und B VII aufgeführten Zuschläge für Leistungen des ambulanten Operierens sowie die damit verbundenen Operations- und Anästhesieleistungen entfällt, wird zusätzlich zu den in Satz 1 festgelegten Veränderungen im Jahr 1993 um 10 vom Hundert und im Jahr 1994 um weitere 20 vom Hundert erhöht. ⁷Der Teil der Gesamtvergütungen, der auf die ärztlichen Leistungen nach den §§ 25 und 26, die ärztlichen Leistungen der Schwangerschafts- und Mutterschaftsvorsorge im Rahmen des § 196 Abs. 1 der Reichsversicherungsordnung sowie die ärztlichen Leistungen im Rahmen der von den Krankenkassen satzungsgemäß übernommenen Schutzimpfungen entfällt, wird zusätzlich zu den in Satz 1 festgelegten Veränderungen in den Jahren 1993, 1994 und 1995 um jeweils 6 vom Hundert erhöht. ⁸Zusätzlich zu den nach Satz 1 zu vereinbarenden Veränderungen der Gesamtvergütungen werden die Gesamtvergütungen der Vertragsärzte des Jahres 1995 um einen Betrag erhöht, der 1,71 vom Hundert der Ausgaben der Krankenkassen für ambulante ärztliche Behandlung im Jahre 1993 entspricht; § 72 Abs. 1 Satz 2 gilt nicht.

(3 b) ¹Für die Veränderungen der Gesamtvergütungen im Beitrittsgebiet sind die beitragspflichtigen Einnahmen der Mitglieder aller Krankenkassen im Beitrittsgebiet zugrunde zu legen. ²Die Veränderungen der Gesamtvergütungen für die vertragsärztliche Versorgung im Jahr 1993 sind auf das verdoppelte, um 4 vom Hundert erhöhte Vergütungsvolumen des ersten Halbjahres 1992 zu beziehen. ³In den Jahren 1993 und 1994 sind die nach Absatz 3a Satz 1 erhöhten Vergütungsvolumina jeweils um weitere 3 vom Hundert, im Jahre 1995 die Vergütungsvolumina der Ärzte um weitere 4 vom Hundert zu erhöhen; § 72 Abs. 1 Satz 2 gilt für die Erhöhung im Jahre 1995 nicht. ⁴Die Gesamtvergütungen für die zahnärztliche Behandlung ohne Zahnersatz und Kieferorthopädie sind auf das um die Ausweitung der halben Leistungsmenge gegenüber dem Jahr 1991 bereinigte verdoppelte Vergütungsvolumen des ersten Halbjahres 1992 zu beziehen. ⁵Die Bereinigung erfolgt in der Weise, daß die halbierten Ausgaben des Jahres 1991 um die für

50 SGB V SGB V – Gesetzliche Krankenversicherung

das Jahr 1992 vereinbarte Punktwertsteigerung sowie um die Hälfte der Steigerung der Leistungsmenge erhöht werden. [6]Zugrunde zu legen sind die jahresdurchschnittlichen Punktwerte.

(3 c) [1]Weicht die bei der Vereinbarung der Gesamtvergütung zu Grunde gelegte Zahl der Mitglieder von der tatsächlichen Zahl der Mitglieder im Vereinbarungszeitraum ab, ist die Abweichung bei der jeweils folgenden Vereinbarung der Veränderung der Gesamtvergütung zu berücksichtigen. [2]Die Krankenkassen, für die Verträge nach § 83 Satz 1 geschlossen sind, ermitteln hierzu monatlich die Zahl ihrer Mitglieder, gegliedert nach den Bezirken der Kassenärztlichen Vereinigungen, in denen die Mitglieder ihren Wohnsitz haben, und melden diese nach dem in § 79 des Vierten Buches Sozialgesetzbuch festgelegten Verfahren.

(3 d) [1]Zur Angleichung der Vergütung der vertragsärztlichen Leistungen je Vertragsarzt im Gebiet der in Artikel 1 Abs. 1 des Einigungsvertrages genannten Länder und dem übrigen Bundesgebiet werden die Gesamtvergütungen nach Absatz 2 im Gebiet der in Artikel 1 Abs. 1 des Einigungsvertrages genannten Länder in den Jahren 2004 bis 2006 zusätzlich zur Erhöhung nach Absatz 3 schrittweise um insgesamt 3,8 vom Hundert erhöht. [2]Die Gesamtvergütungen nach Absatz 2 im übrigen Bundesgebiet werden in den Jahren 2004 bis 2006 schrittweise um insgesamt 0,6 vom Hundert abgesenkt. [3]Die Veränderungen der Gesamtvergütungen der Kassenärztlichen Vereinigungen im Gebiet der in Artikel 1 Abs. 1 des Einigungsvertrages genannten Länder sind im Jahr 2005 auf die nach Satz 1 erhöhte Vergütungssumme des Jahres 2004 zu beziehen. [4]Die Veränderungen der Gesamtvergütungen der Kassenärztlichen Vereinigungen im übrigen Bundesgebiet sind im Jahr 2005 auf die nach Satz 3 abgesenkte Vergütungssumme im Jahr 2004 zu beziehen. [5]Die Regelungen nach den Sätzen 4 und 5 gelten für das Jahr 2006 entsprechend. [6]Die Regelungen dieses Absatzes gelten nicht für das Land Berlin und nicht für die Vergütung vertragszahnärztlicher Leistungen.

(3 e) [1]Die Veränderungen der Gesamtvergütungen für die vertragsärztliche Versorgung nach Absatz 3 im Jahr 2004 sind auf das nach Satz 2 bereinigte Vergütungsvolumen des Jahres 2003 zu beziehen. [2]Die Bereinigung umfasst den Anteil der Gesamtvergütungen, der auf Leistungen entfällt, auf die die Versicherten auf Grund der in den §§ 24b und 27a getroffenen Regelungen ab 1. Januar 2004 keinen Anspruch mehr haben.

(3 f) Die nach Absatz 3 zu vereinbarenden Veränderungen der Gesamtvergütungen als Ausgabenvolumen für die Gesamtheit der zu vergütenden vertragszahnärztlichen Leistungen ohne Zahnersatz dürfen sich im Jahr 2011 höchstens um die um 0,25 Prozentpunkte verminderte und im Jahr 2012 höchstens um die um 0,5 Prozentpunkte verminderte nach § 71 Absatz 3 für das gesamte Bundesgebiet festgestellte Veränderungsrate verändern; dies gilt nicht für Leistungen der Individualprophylaxe und Früherkennung.

(4) [1]Die Kassenärztliche Vereinigung verteilt die Gesamtvergütungen an die Vertragsärzte; in der vertragsärztlichen Versorgung verteilt sie die Gesamtvergütungen getrennt für die Bereiche der hausärztlichen und der fachärztlichen Versorgung (§ 73). [2]Sie wendet dabei ab dem 1. Juli 2004 den mit den Landesverbänden der Krankenkassen und den Ersatzkassen gemeinsam und einheitlich zu vereinbarenden Verteilungsmaßstab an; für die Vergütung der im ersten und zweiten Quartal 2004 erbrachten vertragsärztlichen Leistungen wird der am 31. Dezember 2003 geltende Honorarverteilungsmaßstab angewandt. [3]Bei der Verteilung der Gesamtvergütungen sind Art und Umfang der Leistungen der Vertragsärzte zu Grunde zu legen; dabei ist jeweils für die von den Krankenkassen einer Kassenart gezahlten Vergütungsbeträge ein Punktwert in gleicher Höhe zu Grunde zu legen. [4]Im Verteilungsmaßstab sind Regelungen zur Vergütung der psychotherapeutischen Leistungen der Psychotherapeuten, der Fachärzte für Kinder- und Jugendpsychiatrie und -psychotherapie, der Fachärzte für Psychiatrie und Psychotherapie, der Fachärzte für Nervenheilkunde, der Fachärzte für psychotherapeutische Medizin sowie der ausschließlich psychotherapeutisch tätigen Ärzte zu treffen, die eine angemessene Höhe der Vergütung je Zeiteinheit gewährleisten. [5]Der Verteilungsmaßstab hat sicherzustellen, dass die Gesamtvergütungen gleichmäßig auf das gesamte Jahr verteilt werden. [6]Der Verteilungsmaßstab hat Regelungen zur Verhinderung einer übermäßigen Ausdehnung der Tätigkeit des Vertragsarztes entsprechend seinem Versorgungsauftrag nach § 95 Abs. 3 Satz 1 vorzusehen. [7]Insbesondere sind arztgruppenspezifische Grenzwerte festzulegen, bis zu denen die von einer Arztpraxis erbrachten Leistungen mit festen Punktwerten zu vergüten sind (Regelleistungsvolumina). [8]Für den Fall der Überschreitung der Grenzwerte ist vorzusehen, dass die den Grenzwert überschreitende Leistungsmenge mit abgestaffelten Punktwerten vergütet wird. [9]Widerspruch und Klage gegen die Honorarfestsetzung sowie ihre Änderung oder Aufhebung haben keine aufschiebende Wirkung. [10]Die vom Bewertungs-

ausschuss nach Absatz 4a Satz 1 getroffenen Regelungen sind Bestandteil der Vereinbarungen nach Satz 2. [11] Der Verteilungsmaßstab kann eine nach Versorgungsgraden unterschiedliche Verteilung vorsehen. [12] Die Kassenärztliche Vereinigung stellt den Landesverbänden der Krankenkassen und den Ersatzkassen die für die Vereinbarung des Verteilungsmaßstabes in der vertragsärztlichen Versorgung erforderlichen Daten nach Maßgabe der Vorgaben des Bewertungsausschusses nach Absatz 4a Satz 4 unentgeltlich zur Verfügung. [13] Satz 11 gilt nicht für die vertragszahnärztliche Versorgung.

(4 a) [1] Der Bewertungsausschuss (§ 87 Abs. 1 Satz 1) bestimmt Kriterien zur Verteilung der Gesamtvergütungen nach Absatz 4, insbesondere zur Festlegung der Vergütungsanteile für die hausärztliche und die fachärztliche Versorgung sowie für deren Anpassung an solche Veränderungen der vertragsärztlichen Versorgung, die bei der Bestimmung der Anteile der hausärztlichen und der fachärztlichen Versorgung an der Gesamtvergütung zu beachten sind; er bestimmt ferner, erstmalig bis zum 29. Februar 2004, den Inhalt der nach Absatz 4 Satz 4, 6, 7 und 8 zu treffenden Regelungen. [2] Bei der erstmaligen Bestimmung der Vergütungsanteile für die hausärztliche Versorgung nach Satz 1 ist der auf die hausärztliche Versorgung entfallende Anteil an der Gesamtheit des in einer Kassenärztlichen Vereinigung abgerechneten Punktzahlvolumens des Jahres 1996 zu Grunde zu legen; übersteigt in den Jahren 1997 bis 1999 der in einer Kassenärztlichen Vereinigung auf die hausärztliche Versorgung entfallende Anteil der abgerechneten Punkte am gesamten Punktzahlvolumen den entsprechenden Anteil des Jahres 1996, ist von dem jeweils höheren Anteil auszugehen. [3] Veränderungen in der Zahl der an der hausärztlichen Versorgung teilnehmenden Ärzte in den Jahren nach 1996 sind zu berücksichtigen. [4] Der Bewertungsausschuss bestimmt Art und Umfang, das Verfahren und den Zeitpunkt der Übermittlung der Daten nach Absatz 4 Satz 12.

(4 b) [1] Ab einer Gesamtpunktmenge je Vertragszahnarzt aus vertragszahnärztlicher Behandlung einschließlich der kieferorthopädischen Behandlung von 262.500 Punkten je Kalenderjahr verringert sich der Vergütungsanspruch für die weiteren vertragszahnärztlichen Behandlungen im Sinne des § 73 Abs. 2 Nr. 2 um 20 vom Hundert, ab einer Punktmenge von 337.500 je Kalenderjahr um 30 vom Hundert und ab einer Punktmenge von 412.500 je Kalenderjahr um 40 vom Hundert; für Kieferorthopäden verringert sich der Vergütungsanspruch für die weiteren vertragszahnärztlichen Behandlungen ab einer Gesamtpunktmenge von 280.000 Punkten je Kalenderjahr um 20 vom Hundert, ab einer Punktmenge von 360.000 Punkten je Kalenderjahr um 30 vom Hundert und ab einer Punktmenge von 440.000 Punkten je Kalenderjahr um 40 vom Hundert. [2] Satz 1 gilt für ermäßigte Zahnärzte, für bei Vertragszahnärzten nach § 95 Abs. 9 Satz 1 angestellte Zahnärzte und für in medizinischen Versorgungszentren angestellte Zahnärzte entsprechend. [3] Die Punktmengengrenzen bei Berufsausübungsgemeinschaften richten sich nach der Zahl der zahnärztlichen Mitglieder. [4] Die Punktmengen erhöhen sich um 25 vom Hundert für Entlastungs-, Weiterbildungs- und Vorbereitungsassistenten. [5] Bei Teilzeit oder nicht ganzjähriger Beschäftigung verringert sich die Punktmengengrenze nach Satz 1 oder die zusätzlich zu berücksichtigende Punktmenge nach Satz 4 entsprechend der Beschäftigungsdauer. [6] Die Punktmengen umfassen alle vertragszahnärztlichen Leistungen im Sinne des § 73 Abs. 2 Nr. 2. [7] In die Ermittlung der Punktmengen sind die Kostenerstattungen nach § 13 Abs. 2 einzubeziehen. [8] Diese werden den Kassenzahnärztlichen Vereinigungen von den Krankenkassen mitgeteilt.

(4 c) Die Kassenzahnärztliche Vereinigung hat die zahnprothetischen und kieferorthopädischen Rechnungen zahnarzt- und krankenkassenbezogen nach dem Leistungsquartal zu erfassen und mit den abgerechneten Leistungen nach § 28 Abs. 2 Satz 1, 3, 7, 9 und den gemeldeten Kostenerstattungen nach § 13 Abs. 2 und nach § 53 Abs. 4 zusammenzuführen und die Punktmengen bei der Ermittlung der Gesamtpunktmenge nach Absatz 4b zugrunde zu legen.

(4 d) [1] Die Kassenzahnärztlichen Vereinigungen teilen den Krankenkassen bei jeder Rechnungslegung mit, welche Vertragszahnärzte, welche bei Vertragszahnärzten nach § 95 Abs. 9 Satz 1 angestellten Zahnärzte und welche in medizinischen Versorgungszentren angestellten Zahnärzte die Punktmengengrenzen nach Absatz 4b überschreiten. [2] Dabei ist für diese Zahnärzte die Punktmenge sowie der Zeitpunkt anzugeben, ab dem die Überschreitung der Punktmengengrenzen eingetreten ist. [3] Die Zahl der Entlastungs-, Weiterbildungs- und Vorbereitungsassistenten einschließlich ihrer Beschäftigungsdauer sind, bezogen auf die einzelne Praxis, ebenfalls mitzuteilen.

(4 e) [1] Die Kassenzahnärztlichen Vereinigungen haben die Honorareinsparungen aus den Vergütungsminderungen nach Absatz 4b an die Krankenkassen weiterzugeben. [2] Die Durchführung der Vergütungsminderung durch die Kassenzahnärztliche Vereinigung er-

folgt durch Absenkung der vertraglich vereinbarten Punktwerte ab dem Zeitpunkt der jeweiligen Grenzwertüberschreitungen nach Absatz 4 b. ³Die abgesenkten Punktwerte nach Satz 2 sind den auf dem Zeitpunkt der Grenzwertüberschreitungen folgenden Abrechnungen gegenüber den Krankenkassen zugrunde zu legen. ⁴Überzahlungen werden mit der nächsten Abrechnung verrechnet. ⁵Weitere Einzelheiten können die Vertragspartner der Vergütungsverträge (§ 83) regeln.

(4 f) ¹Die Krankenkasse hat ein Zurückbehaltungsrecht in Höhe von 10 vom Hundert gegenüber jeder Forderung der Kassenzahnärztlichen Vereinigung, solange die Kassenzahnärztliche Vereinigung ihren Pflichten aus den Absätzen 4 c bis 4 e nicht nachkommt. ²Der Anspruch auf Auszahlung der nach Satz 1 einbehaltenen Beträge erlischt, wenn die Kassenzahnärztliche Vereinigung bis zur letzten Quartalsabrechnung eines Jahres ihre Verpflichtungen für dieses Jahr nicht oder nicht vollständig erfüllt.

§§ 85 a, 85 b *(aufgehoben)*

§ 85 c Vergütung ärztlicher Leistungen im Jahr 2006

¹Für Krankenkassen, die im Jahr 2006 die Gesamtvergütung erstmalig nach dem Wohnortprinzip gemäß § 83 Satz 1 vereinbaren, ergibt sich der Ausgangsbetrag für die Vereinbarung der Gesamtvergütung jeweils durch die Multiplikation folgender Faktoren:
1. des Betrages, der sich bei der Teilung der für das Jahr 2005 geltenden Gesamtvergütung durch die Zahl der Mitglieder der Krankenkasse ergibt,
2. der Zahl der Mitglieder der Krankenkasse mit Wohnort im Bezirk der vertragschließenden Kassenärztlichen Vereinigung.

²Die Zahl der Mitglieder der Krankenkasse ist nach dem Vordruck KM 6 der Statistik über die Versicherten in der gesetzlichen Krankenversicherung zum 1. Juli 2005 zu bestimmen.

§§ 85 d, 86 *(aufgehoben)*

§ 87 Bundesmantelvertrag, einheitlicher Bewertungsmaßstab, bundeseinheitliche Orientierungswerte

(1) ¹Die Kassenärztlichen Bundesvereinigungen vereinbaren mit dem Spitzenverband Bund der Krankenkassen durch Bewertungsausschüsse als Bestandteil der Bundesmantelverträge einen einheitlichen Bewertungsmaßstab für die ärztlichen und einen einheitlichen Bewertungsmaßstab für die zahnärztlichen Leistungen. ²In den Bundesmantelverträgen sind auch die Regelungen, die zur Organisation der vertragsärztlichen Versorgung notwendig sind, insbesondere Vordrucke und Nachweise, zu vereinbaren. ³Bei der Gestaltung der Arzneiverordnungsblätter ist § 73 Abs. 5 zu beachten. ⁴Die Arzneiverordnungsblätter sind so zu gestalten, daß bis zu drei Verordnungen je Verordnungsblatt möglich sind. ⁵Dabei ist für jede Verordnung ein Feld für die Auftragung des Kennzeichens nach § 300 Abs. 1 Nr. 1 sowie ein weiteres Feld vorzusehen, in dem der Arzt seine Entscheidung nach § 73 Abs. 5 durch Ankreuzen kenntlich machen kann. ⁶Spätestens bis zum 1. Januar 2006 ist auf der Grundlage der von der Gesellschaft für Telematik nach § 291 a Abs. 7 Satz 2 und § 291 b getroffenen Regelungen der Telematikinfrastruktur auch ein elektronischer Verordnungsdatensatz für die Übermittlung der Verordnungsdaten an Apotheken und Krankenkassen zu vereinbaren.

(1 a) ¹In dem Bundesmantelvertrag haben die Kassenzahnärztliche Bundesvereinigung und der Spitzenverband Bund der Krankenkassen festzulegen, dass die Kosten für Zahnersatz einschließlich Zahnkronen und Suprakonstruktionen, soweit die gewählte Versorgung der Regelversorgung nach § 56 Abs. 2 entspricht, gegenüber den Versicherten nach Absatz 2 abzurechnen sind. ²Darüber hinaus sind im Bundesmantelvertrag folgende Regelungen zu treffen: Der Vertragszahnarzt hat vor Beginn der Behandlung einen kostenfreien Heil- und Kostenplan zu erstellen, der den Befund, die Regelversorgung und die tatsächlich geplante Versorgung auch in den Fällen des § 55 Abs. 4 und 5 nach Art, Umfang und Kosten beinhaltet. ³Im Heil- und Kostenplan sind Angaben zum Herstellungsort des Zahnersatzes zu machen. ⁴Der Heil- und Kostenplan ist von der Krankenkasse vor Beginn der Behandlung insgesamt zu prüfen. ⁵Die Krankenkasse kann den Befund, die Versorgungsnotwendigkeit und die geplante Versorgung begutachten lassen. ⁶Bei beste-

hender Versorgungsnotwendigkeit bewilligt die Krankenkasse die Festzuschüsse gemäß § 55 Abs. 1 oder 2 entsprechend dem im Heil- und Kostenplan ausgewiesenen Befund. [7]Nach Abschluss der Behandlung rechnet der Vertragszahnarzt die von der Krankenkasse bewilligten Festzuschüsse mit Ausnahme der Fälle des § 55 Abs. 5 mit der Kassenzahnärztlichen Vereinigung ab. [8]Der Vertragszahnarzt hat bei Rechnungslegung eine Durchschrift der Rechnung des gewerblichen oder des praxiseigenen Labors über zahntechnische Leistungen und die Erklärung nach Anhang VIII der Richtlinie 93/42/EWG des Rates vom 14. Juni 1993 über Medizinprodukte (ABl. EG Nr. L 169 S. 1) in der jeweils geltenden Fassung beizufügen. [9]Der Bundesmantelvertrag regelt auch das Nähere zur Ausgestaltung des Heil- und Kostenplans, insbesondere muss aus dem Heil- und Kostenplan erkennbar sein, ob die zahntechnischen Leistungen von Zahnärzten erbracht werden oder nicht.

(2) [1]Der einheitliche Bewertungsmaßstab bestimmt den Inhalt der abrechnungsfähigen Leistungen und ihr wertmäßiges, in Punkten ausgedrücktes Verhältnis zueinander; soweit möglich, sind die Leistungen mit Angaben für den zur Leistungserbringung erforderlichen Zeitaufwand des Vertragsarztes zu versehen; dies gilt nicht für vertragszahnärztliche Leistungen. [2]Die Bewertungsmaßstäbe sind in bestimmten Zeitabständen auch daraufhin zu überprüfen, ob die Leistungsbeschreibungen und ihre Bewertungen noch dem Stand der medizinischen Wissenschaft und Technik sowie dem Erfordernis der Rationalisierung im Rahmen wirtschaftlicher Leistungserbringung entsprechen; bei der Bewertung der Leistungen ist insbesondere der Aspekt der wirtschaftlichen Nutzung der bei der Erbringung von Leistungen eingesetzten medizinisch-technischen Geräte zu berücksichtigen. [3]Im Bewertungsmaßstab für die ärztlichen Leistungen ist die Bewertung der Leistungen nach Satz 1 unter Berücksichtigung der Besonderheiten der jeweils betroffenen Arztgruppen auf der Grundlage von sachgerechten Stichproben bei vertragsärztlichen Leistungserbringern auf betriebswirtschaftlicher Basis zu ermitteln; die Bewertung der von einer Arztpraxis oder einem medizinischen Versorgungszentrum in einem bestimmten Zeitraum erbrachten Leistungen kann dabei insgesamt so festgelegt werden, dass sie ab einem bestimmten Schwellenwert mit zunehmender Menge sinkt.

(2a) [1]Die im einheitlichen Bewertungsmaßstab für ärztliche Leistungen aufgeführten Leistungen sind entsprechend der in § 73 Abs. 1 festgelegten Gliederung der vertragsärztlichen Versorgung in Leistungen der hausärztlichen und Leistungen der fachärztlichen Versorgung zu gliedern mit der Maßgabe, dass unbeschadet gemeinsam abrechenbarer Leistungen Leistungen der hausärztlichen Versorgung nur von den an der hausärztlichen Versorgung teilnehmenden Ärzten und Leistungen der fachärztlichen Versorgung nur von den an der fachärztlichen Versorgung teilnehmenden Ärzten abgerechnet werden dürfen; die Leistungen der fachärztlichen Versorgung sind in der Weise zu gliedern, dass den einzelnen Facharztgruppen die von ihnen ausschließlich abrechenbaren Leistungen zugeordnet werden. [2]Bei der Bestimmung der Arztgruppen nach Satz 1 ist der Versorgungsauftrag der jeweiligen Arztgruppe im Rahmen der vertragsärztlichen Versorgung zu Grunde zu legen.

(2b) [1]Die im einheitlichen Bewertungsmaßstab für ärztliche Leistungen aufgeführten Leistungen der hausärztlichen Versorgung sind als Versichertenpauschalen abzubilden; für Leistungen, die besonders gefördert werden sollen, können Einzelleistungen oder Leistungskomplexe vorgesehen werden. [2]Mit den Pauschalen nach Satz 1 werden die gesamten im Abrechnungszeitraum üblicherweise im Rahmen der hausärztlichen Versorgung eines Versicherten erbrachten Leistungen einschließlich der anfallenden Betreuungs-, Koordinations- und Dokumentationsleistungen vergütet. [3]Die Pauschalen nach Satz 1 können nach Morbiditätskriterien wie Alter und Geschlecht differenziert werden, um mit dem Gesundheitszustand verbundene Unterschiede im Behandlungsaufwand der Versicherten zu berücksichtigen. [4]Zudem können Qualitätszuschläge vorgesehen werden, mit denen die in besonderen Behandlungsfällen erforderliche Qualität vergütet wird. [5]Bis spätestens zum 31. Oktober 2008 ist mit Wirkung zum 1. Januar 2009 eine Regelung zu treffen, nach der ärztlich angeordnete Hilfeleistungen anderer Personen nach § 28 Abs. 1 Satz 2, die in der Häuslichkeit der Patienten in Abwesenheit des Arztes erbracht werden, vergütet werden.

(2c) [1]Die im einheitlichen Bewertungsmaßstab für ärztliche Leistungen aufgeführten Leistungen der fachärztlichen Versorgung sind arztgruppenspezifisch und unter Berücksichtigung der Besonderheiten kooperativer Versorgungsformen als Grund- und Zusatzpauschalen abzubilden; Einzelleistungen können vorgesehen werden, soweit dies medizinisch oder auf Grund von Besonderheiten bei Veranlassung und Ausführung der Leistungserbringung erforderlich ist. [2]Mit den Grundpauschalen nach Satz 1 werden die üblicherweise von der Arztgruppe in jedem Behandlungsfall erbrachten Leistungen vergütet. ³Mit den Zusatzpauschalen nach Satz 1 wird der besondere Leistungsaufwand vergütet, der sich aus den Leistungs-, Struktur- und Qualitätsmerkmalen des Leistungserbringers und, soweit dazu Veranlassung besteht, in bestimmten Behandlungsfällen ergibt. ⁴Abweichend von Satz 3 wird die Behandlung von Versichertengruppen, die mit einem erheblichen therapeutischen Leistungsaufwand und überproportionalen Kosten verbunden ist, mit arztgruppenspezifischen diagnosebezogenen Fallpauschalen vergütet. ⁵Für die Versorgung im Rahmen von kooperativen Versorgungsformen sind spezifische Fallpauschalen festzulegen, die dem fallbezogenen Zusammenwirken von Ärzten unterschiedlicher Fachrichtungen in diesen Versorgungsformen Rechnung tragen. ⁶Die Bewertungen für psychotherapeutische Leistungen haben eine angemessene Höhe der Vergütung je Zeiteinheit zu gewährleisten.

(2 d) ¹Im einheitlichen Bewertungsmaßstab für ärztliche Leistungen sind Regelungen einschließlich Prüfkriterien vorzusehen, die sicherstellen, dass der Leistungsinhalt der in den Absätzen 2 b und 2 c genannten Pauschalen jeweils vollständig erbracht wird, die jeweiligen notwendigen Qualitätsstandards eingehalten, die abgerechneten Leistungen auf den medizinisch notwendigen Umfang begrenzt sowie bei Abrechnung der Fallpauschalen nach Absatz 2 c Satz 5 die Mindestanforderungen zu der institutionellen Ausgestaltung der Kooperation der beteiligten Ärzte eingehalten werden; dazu kann die Abrechenbarkeit der Leistungen an die Einhaltung der vom Gemeinsamen Bundesausschuss und in den Bundesmantelverträgen beschlossenen Qualifikations- und Qualitätssicherungsanforderungen sowie an die Einhaltung der gegenüber der Kassenärztlichen Vereinigung zu erbringenden Dokumentationsverpflichtungen insbesondere gemäß § 295 Abs. 3 Satz 2 geknüpft werden. ²Zudem können Regelungen vorgesehen werden, die darauf abzielen, dass die Abrechnung der Versichertenpauschalen nach Absatz 2 b Satz 1 sowie der Grundpauschalen nach Absatz 2 c Satz 1 für einen Versicherten nur durch einen Arzt im Abrechnungszeitraum erfolgt, oder es können Regelungen zur Kürzung der Pauschalen für den Fall eines Arztwechsels des Versicherten innerhalb des Abrechnungszeitraums vorgesehen werden. ³Die Regelungen nach den Absätzen 2 b, 2 c Satz 1 bis 3 und 5 sowie nach diesem Absatz sind auf der Grundlage des zum Zeitpunkt des Beschlusses geltenden einheitlichen Bewertungsmaßstabes erstmalig spätestens bis zum 31. Oktober 2007 mit Wirkung zum 1. Januar 2008, die Regelung nach Absatz 2 c Satz 6 erstmalig spätestens bis zum 31. Oktober 2008 mit Wirkung zum 1. Januar 2009, die Regelung nach Absatz 2 c Satz 4 erstmalig spätestens bis zum 31. Oktober 2010 mit Wirkung zum 1. Januar 2011 zu treffen.

(2 e) ¹Im einheitlichen Bewertungsmaßstab für die ärztlichen Leistungen sind jährlich bis zum 31. August jeweils bundeseinheitliche Punktwerte als Orientierungswerte in Euro zur Vergütung der vertragsärztlichen Leistungen

1. im Regelfall,
2. bei Feststellung von Unterversorgung oder drohender Unterversorgung gemäß § 100 Abs. 1 Satz 1 sowie
3. bei Feststellung von Überversorgung gemäß § 103 Abs. 1 Satz 1

festzulegen. ²Der Orientierungswert gemäß Satz 1 Nr. 2 soll den Orientierungswert gemäß Satz 1 Nr. 1 so überschreiten und der Orientierungswert gemäß Satz 1 Nr. 3 soll den Orientierungswert gemäß Satz 1 Nr. 1 so unterschreiten, dass sie eine steuernde Wirkung auf das ärztliche Niederlassungsverhalten entfalten, die Orientierungswerte nach Satz 1 Nr. 2 und 3 können dazu auch nach Versorgungsgraden differenziert werden. ³Die Orientierungswerte nach Satz 1 Nr. 3 sind übergangsweise danach zu differenzieren, ob sie zur Vergütung vertragsärztlicher Leistungen von Ärzten, die bereits vor der erstmaligen Vereinbarung der Orientierungswerte zugelassen waren (Altfälle) oder von Ärzten, die erst nach der erstmaligen Vereinbarung der Orientierungswerte zugelassen werden (Neufälle), angewendet werden, mit dem Ziel einer möglichst zeitnahen Angleichung der Orientierungswerte für Alt- und Neufälle. ⁴Der Bewertungsausschuss bestimmt die Fälle, in denen die Orientierungswerte gemäß Satz 1 Nr. 2 und 3 zwingend anzuwenden sind sowie ihren Anwendungszeitraum.

(2 f) ¹Der für ärztliche Leistungen zuständige Bewertungsausschuss legt jährlich bis zum 31. August Indikatoren zur Messung der regionalen Besonderheiten bei der Kosten- und Versorgungsstruktur nach § 87 a Abs. 2 Satz 2 fest, auf deren Grundlage in den regionalen Punktwertvereinbarungen von den Orientierungswerten nach Absatz 2 e Satz 1 abgewichen werden kann. ²Der Bewertungsausschuss kann die zur Festlegung der Indikatoren erforderlichen Datenerhebungen und -auswertungen gemäß Absatz 3 f Satz 3 durchführen; soweit möglich hat er bei der Festlegung der Indikatoren amtliche Indikatoren zugrunde zu legen. ³Als Indikatoren für das Vorliegen von regionalen Besonderheiten bei

der Versorgungsstruktur dienen insbesondere Indikatoren, die Abweichungen der regionalen Fallzahlentwicklung von der bundesdurchschnittlichen Fallzahlentwicklung messen. ⁴Als Indikatoren für das Vorliegen von regionalen Besonderheiten bei der Kostenstruktur dienen insbesondere Indikatoren, die Abweichungen der für die Arztpraxen maßgeblichen regionalen Investitions- und Betriebskosten von den entsprechenden bundesdurchschnittlichen Kosten messen.

(2 g) Bei der Anpassung der Orientierungswerte nach Absatz 2 e sind insbesondere
1. die Entwicklung der für Arztpraxen relevanten Investitions- und Betriebskosten, soweit diese nicht bereits durch die Weiterentwicklung der Bewertungsrelationen nach Absatz 2 Satz 2 erfasst worden sind,
2. Möglichkeiten zur Ausschöpfung von Wirtschaftlichkeitsreserven, soweit diese nicht bereits durch die Weiterentwicklung der Bewertungsrelationen nach Absatz 2 Satz 2 erfasst worden sind,
3. die allgemeine Kostendegression bei Fallzahlsteigerungen, soweit diese nicht durch eine Abstaffelungsregelung nach Absatz 2 Satz 3 berücksichtigt worden ist, sowie
4. aufgetretene Defizite bei der Steuerungswirkung der Orientierungswerte gemäß Absatz 2 e Satz 1 Nr. 2 und 3

zu berücksichtigen.

(2 h) ¹Die im einheitlichen Bewertungsmaßstab für zahnärztliche Leistungen aufgeführten Leistungen können zu Leistungskomplexen zusammengefasst werden. ²Die Leistungen sind entsprechend einer ursachengerechten, zahnsubstanzschonenden und präventionsorientierten Versorgung insbesondere nach dem Kriterium der erforderlichen Arbeitszeit gleichgewichtig in und zwischen den Leistungsbereichen für Zahnerhaltung, Prävention, Zahnersatz und Kieferorthopädie zu bewerten. ³Bei der Festlegung der Bewertungsrelationen ist wissenschaftlicher Sachverstand einzubeziehen. ⁴Kommt eine Vereinbarung ganz oder teilweise bis zum 31. Dezember 2001 nicht zu Stande, hat das Bundesministerium für Gesundheit unverzüglich den erweiterten Bewertungsausschuss nach Absatz 4 mit Wirkung für die Vertragsparteien anzurufen. ⁵Der erweiterte Bewertungsausschuss setzt mit der Mehrheit seiner Mitglieder innerhalb von sechs Monaten die Vereinbarung fest.

(3) ¹Der Bewertungsausschuß besteht aus drei von der Kassenärztlichen Bundesvereinigung bestellten Vertretern sowie drei vom Spitzenverband Bund der Krankenkassen bestellten Vertreter. ²Den Vorsitz führt abwechselnd ein Vertreter der Ärzte und ein Vertreter der Krankenkassen.

(3 a) ¹Der Bewertungsausschuss analysiert die Auswirkungen seiner Beschlüsse insbesondere auf die vertragsärztlichen Honorare, die Versorgung der Versicherten mit vertragsärztlichen Leistungen, die Ausgaben der Krankenkassen für vertragsärztliche Leistungen sowie die regionale Verteilung der an der vertragsärztlichen Versorgung teilnehmenden Leistungserbringer. ²Er übermittelt dem Bundesministerium für Gesundheit vierteljährlich vorläufige und endgültige Daten und Berichte zur aktuellen Entwicklung der Vergütungs- und Leistungsstruktur in der vertragsärztlichen Versorgung im Quartal. ³Außerdem legt er jährlich spätestens bis zum 30. Juni einen Bericht zur Entwicklung der Vergütungs- und Leistungsstruktur in der vertragsärztlichen Versorgung und der regionalen Verteilung der an der vertragsärztlichen Versorgung teilnehmenden Leistungserbringer im Vorjahr vor. ⁴Das Bundesministerium für Gesundheit legt die Berichte nach den Sätzen 2 und 3 dem Deutschen Bundestag umgehend vor. ⁵Das Bundesministerium für Gesundheit kann das Nähere zum Inhalt der Analysen nach Satz 1, zum Inhalt, Umfang und Zeitpunkt der Datenübermittlungen und Berichte nach Satz 2 und zum Inhalt des Berichts nach Satz 3 bestimmen. ⁶Absatz 6 gilt entsprechend.

(3 b) ¹Der Bewertungsausschuss wird bei der Wahrnehmung seiner Aufgaben von einem Institut unterstützt, das gemäß der vom Bewertungsausschuss nach Absatz 3 e zu vereinbarenden Geschäftsordnung die Beschlüsse nach § 85 Abs. 4 a, §§ 87, 87 a bis 87 c und die Analysen und Berichte nach Absatz 3 a, 7 und 8 vorbereitet. ²Träger des Instituts sind die Kassenärztliche Bundesvereinigung und der Spitzenverband Bund der Krankenkassen. ³Ist das Institut am 1. Juli 2008 nicht oder nicht in einer seinen Aufgaben entsprechenden Weise errichtet, kann das Bundesministerium für Gesundheit eine oder mehrere der in Satz 2 genannten Organisationen zur Errichtung des Instituts verpflichten oder eine oder mehrere der in Satz 2 genannten Organisationen oder einen Dritten mit den Aufgaben nach Satz 1 beauftragen. ⁴Satz 3 gilt entsprechend, wenn das Institut seine Aufgaben nicht in dem vorgesehenen Umfang oder nicht entsprechend den geltenden Vorgaben erfüllt oder wenn es aufgelöst wird. ⁵Abweichend von den Sätzen 1 und 2 können die in Satz 2 genannten Organisationen einen Dritten mit den Aufgaben nach Satz 1 beauftra-

gen. ⁶Sie haben im Zeitraum bis zur Herstellung der vollständigen Arbeitsfähigkeit des Instituts oder des von ihnen beauftragten Dritten sicherzustellen, dass der Bewertungsausschuss die in Satz 1 genannten Aufgaben in vollem Umfang und fristgerecht erfüllen kann. ⁷Hierzu hat der Bewertungsausschuss festzustellen, ob und in welchem Umfang das Institut oder der beauftragte Dritte arbeitsfähig ist und ob abweichend von Satz 2 die dort genannten Aufgaben in einer Übergangsphase bis zum 31. Oktober 2008 zwischen dem Institut oder dem beauftragten Dritten und der Kassenärztlichen Bundesvereinigung und dem Spitzenverband Bund der Krankenkassen aufgeteilt werden sollen; Absatz 6 gilt entsprechend.

(3 c) ¹Die Finanzierung des Instituts oder des beauftragten Dritten nach Absatz 3 b erfolgt durch die Erhebung eines Zuschlags auf jeden ambulant-kurativen Behandlungsfall in der vertragsärztlichen Versorgung. ²Der Zuschlag ist von den Krankenkassen außerhalb der Gesamtvergütung nach § 85 oder der morbiditätsbedingten Gesamtvergütung nach § 87 a zu finanzieren. ³Das Nähere bestimmt der Bewertungsausschuss in seinem Beschluss nach Absatz 3 e Satz 1 Nr. 2.

(3 d) ¹Über die Ausstattung des Instituts oder des beauftragten Dritten nach Absatz 3 b mit den für die Aufgabenwahrnehmung erforderlichen Sachmitteln, die Einstellung des Personals und die Nutzung der Daten gemäß Absatz 3 f durch das Institut oder den beauftragten Dritten entscheidet der Bewertungsausschuss; Absatz 6 gilt entsprechend. ²Die innere Organisation ist jeweils so zu gestalten, dass sie den besonderen Anforderungen des Datenschutzes nach § 78 a des Zehnten Buches gerecht wird.

(3 e) ¹Der Bewertungsausschuss beschließt
1. eine Geschäftsordnung, in der er Regelungen zur Arbeitsweise des Bewertungsausschusses und des Instituts oder des beauftragten Dritten gemäß Absatz 3 b, insbesondere zur Geschäftsführung und zur Art und Weise der Vorbereitung der in Absatz 3 b Satz 2 genannten Beschlüsse, Analysen und Berichte trifft, sowie
2. eine Finanzierungsregelung, in der er Näheres zur Erhebung des Zuschlags nach Absatz 3 c bestimmt.

²Die Geschäftsordnung und die Finanzierungsregelung bedürfen der Genehmigung des Bundesministeriums für Gesundheit.

(3 f) ¹Die Kassenärztlichen Vereinigungen und die Krankenkassen erfassen jeweils nach Maßgabe der vom Bewertungsausschuss zu bestimmenden inhaltlichen und verfahrensmäßigen Vorgaben die für die Aufgaben des Bewertungsausschusses nach diesem Gesetz erforderlichen Daten, einschließlich der Daten nach § 73 b Abs. 7 Satz 4 und § 73 c Abs. 6 Satz 4 sowie § 140 d Abs. 2 Satz 4, arzt- und versichertenbezogen in einheitlicher pseudonymisierter Form. ²Die Daten nach Satz 1 werden jeweils unentgeltlich von den Kassenärztlichen Vereinigungen an die Kassenärztliche Bundesvereinigung und von den Krankenkassen an den Spitzenverband Bund der Krankenkassen übermittelt, die diese Daten jeweils zusammenführen und sie unentgeltlich dem Institut oder dem beauftragten Dritten gemäß Absatz 3 b übermitteln. ³Soweit erforderlich hat der Bewertungsausschuss darüber hinaus Erhebungen und Auswertungen mit nicht personenbezogener Daten durchzuführen oder in Auftrag zu geben oder Sachverständigengutachten einzuholen. ⁴Für die Erhebung und Verarbeitung der Daten nach den Sätzen 2 und 3 kann der Bewertungsausschuss eine Datenstelle errichten oder eine externe Datenstelle beauftragen; für die Finanzierung der Datenstelle gelten die Absätze 3 c und 3 e entsprechend. ⁵Personenbezogene Daten nach Satz 1 sind zu löschen, sobald sie nicht mehr benötigt werden. ⁶Das Verfahren der Pseudonymisierung nach Satz 1 ist vom Bewertungsausschuss im Einvernehmen mit dem Bundesamt für Sicherheit in der Informationstechnik zu bestimmen.

(3 g) Die Regelungen der Absätze 3 a bis 3 f gelten nicht für den für zahnärztliche Leistungen zuständigen Bewertungsausschuss.

(4) ¹Kommt im Bewertungsausschuß durch übereinstimmenden Beschluß aller Mitglieder eine Vereinbarung über den Bewertungsmaßstab ganz oder teilweise nicht zustande, wird der Bewertungsausschuß auf Verlangen von mindestens zwei Mitgliedern um einen unparteiischen Vorsitzenden und zwei weitere unparteiische Mitglieder erweitert. ²Für die Benennung des unparteiischen Vorsitzenden gilt § 89 Abs. 3 entsprechend. ³Von den weiteren unparteiischen Mitgliedern wird ein Mitglied von der Kassenärztlichen Bundesvereinigung sowie ein Mitglied vom Spitzenverband Bund der Krankenkassen benannt.

(5) ¹Der erweiterte Bewertungsausschuß setzt mit der Mehrheit seiner Mitglieder die Vereinbarung fest. ²Die Festsetzung hat die Rechtswirkung einer vertraglichen Vereinbarung im Sinne des § 82 Abs. 1. ³Zur Vorbereitung von Maßnahmen nach Satz 1 für den Bereich der ärztlichen Leistungen hat das Institut oder der beauftragte Dritte nach Ab-

satz 3 b dem zuständigen erweiterten Bewertungsausschuss unmittelbar und unverzüglich nach dessen Weisungen zuzuarbeiten.

(6) ¹Das Bundesministerium für Gesundheit kann an den Sitzungen der Bewertungsausschüsse, des Instituts oder des beauftragten Dritten nach Absatz 3 b sowie der von diesen jeweils gebildeten Unterausschüssen und Arbeitsgruppen teilnehmen; ihm sind die Beschlüsse der Bewertungsausschüsse zusammen mit den den Beschlüssen zugrunde liegenden Beratungsunterlagen und den für die Beschlüsse jeweils entscheidungserheblichen Gründen vorzulegen. ²Das Bundesministerium für Gesundheit kann die Beschlüsse innerhalb von zwei Monaten beanstanden; es kann im Rahmen der Prüfung eines Beschlusses vom Bewertungsausschuss zusätzliche Informationen und ergänzende Stellungnahmen dazu anfordern; bis zum Eingang der Auskünfte ist der Lauf der Frist unterbrochen. ³Die Nichtbeanstandung eines Beschlusses kann vom Bundesministerium für Gesundheit mit Auflagen verbunden werden; das Bundesministerium für Gesundheit kann zur Erfüllung einer Auflage eine angemessene Frist setzen. ⁴Kommen Beschlüsse der Bewertungsausschüsse ganz oder teilweise nicht oder nicht innerhalb einer vom Bundesministerium für Gesundheit gesetzten Frist zustande oder werden die Beanstandungen des Bundesministeriums für Gesundheit nicht innerhalb einer von ihm gesetzten Frist behoben, kann das Bundesministerium für Gesundheit die Vereinbarungen festsetzen; es kann dazu Datenerhebungen in Auftrag geben oder Sachverständigengutachten einholen. ⁵Zur Vorbereitung von Maßnahmen nach Satz 4 für den Bereich der ärztlichen Leistungen hat das Institut oder der beauftragte Dritte oder die vom Bundesministerium für Gesundheit beauftragte Organisation gemäß Absatz 3 b dem Bundesministerium für Gesundheit unmittelbar und unverzüglich nach dessen Weisungen zuzuarbeiten. ⁶Die mit den Maßnahmen nach Satz 4 verbundenen Kosten sind von dem Spitzenverband Bund der Krankenkassen und der Kassenärztlichen Bundesvereinigung jeweils zur Hälfte zu tragen; das Nähere bestimmt das Bundesministerium für Gesundheit. ⁷Abweichend von Satz 4 kann das Bundesministerium für Gesundheit für den Fall, dass Beschlüsse der Bewertungsausschüsse nicht oder teilweise nicht oder nicht innerhalb einer vom Bundesministerium für Gesundheit gesetzten Frist zustande kommen, den erweiterten Bewertungsausschuss nach Absatz 4 mit Wirkung für die Vertragspartner anrufen. ⁸Der erweiterte Bewertungsausschuss setzt mit der Mehrheit seiner Mitglieder innerhalb einer vom Bundesministerium für Gesundheit gesetzten Frist die Vereinbarung fest; Satz 1 bis 6 gilt entsprechend.

(7) ¹Der Bewertungsausschuss berichtet dem Bundesministerium für Gesundheit bis zum 31. März 2012 über die Steuerungswirkung der auf der Grundlage der Orientierungswerte nach Absatz 2 e Satz 1 Nr. 2 und 3 vereinbarten Punktwerte nach § 87 a Abs. 2 Satz 1 auf das ärztliche Niederlassungsverhalten. ²Absatz 6 Satz 4 bis 6 gilt entsprechend. ³Auf der Grundlage der Berichterstattung nach Satz 1 berichtet das Bundesministerium für Gesundheit dem Deutschen Bundestag bis zum 30. Juni 2012, ob auch für den Bereich der ärztlichen Versorgung auf die Steuerung des Niederlassungsverhaltens durch Zulassungsbeschränkungen verzichtet werden kann.

(8) ¹Der Bewertungsausschuss evaluiert die Umsetzung von § 87 a Abs. 6 und § 87 b Abs. 4 in Bezug auf den datenschutzrechtlichen Grundsatz der Datenvermeidung und Datensparsamkeit insbesondere unter Einbeziehung der Möglichkeit von Verfahren der Pseudonymisierung und berichtet hierüber dem Bundesministerium für Gesundheit bis zum 30. Juni 2010. ²Absatz 6 Satz 4 bis 6 gilt entsprechend. ³Das Bundesministerium für Gesundheit berichtet auf dieser Grundlage dem Deutschen Bundestag bis zum 31. Dezember 2010.

(9) ¹Der für ärztliche Leistungen zuständige Bewertungsausschuss legt dem Bundesministerium für Gesundheit bis zum 30. April 2011 ein Konzept für eine schrittweise Konvergenz der Vergütungen vor. ²Das Bundesministerium für Gesundheit legt das Konzept umgehend dem Deutschen Bundestag vor.

§ 87 a Regionale Euro-Gebührenordnung, Morbiditätsbedingte Gesamtvergütung, Behandlungsbedarf der Versicherten

(1) Abweichend von § 82 Abs. 2 Satz 2 und § 85 gelten für die Vergütung vertragsärztlicher Leistungen ab 1. Januar 2009 die in Absatz 2 bis 6 getroffenen Regelungen; dies gilt nicht für vertragszahnärztliche Leistungen.

(2) ¹Die Kassenärztliche Vereinigung und die Landesverbände der Krankenkassen und die Ersatzkassen gemeinsam und einheitlich vereinbaren auf der Grundlage der Orientierungswerte gemäß § 87 Abs. 2 e Satz 1 Nr. 1 bis 3 jeweils bis zum 31. Oktober eines jeden Jahres Punktwerte, die zur Vergütung der vertragsärztlichen Leistungen im Folgejahr an-

zuwenden sind. ²Die Vertragspartner nach Satz 1 können dabei einen Zuschlag auf oder einen Abschlag von den Orientierungswerten gemäß § 87 Abs. 2 e Satz 1 Nr. 1 bis 3 vereinbaren, um insbesondere regionale Besonderheiten bei der Kosten- und Versorgungsstruktur zu berücksichtigen. ³Dabei sind zwingend die Vorgaben des Bewertungsausschusses gemäß § 87 Abs. 2 f anzuwenden. ⁴Der Zuschlag oder der Abschlag darf nicht nach Arztgruppen und nach Kassenarten differenziert werden und ist einheitlich auf alle Orientierungswerte gemäß § 87 Abs. 2 e Satz 1 Nr. 1 bis 3 anzuwenden. ⁵Bei der Festlegung des Zu- oder Abschlags ist zu gewährleisten, dass die medizinisch notwendige Versorgung der Versicherten sichergestellt ist. ⁶Aus den vereinbarten Punktwerten und dem einheitlichen Bewertungsmaßstab für ärztliche Leistungen gemäß § 87 Abs. 1 ist eine regionale Gebührenordnung mit Europreisen (regionale Euro-Gebührenordnung) zu erstellen; in der Gebührenordnung sind dabei sowohl die Preise für den Regelfall als auch die Preise bei Vorliegen von Unter- und Überversorgung auszuweisen.

(3) ¹Ebenfalls jährlich bis zum 31. Oktober vereinbaren die in Absatz 2 Satz 1 genannten Vertragsparteien gemeinsam und einheitlich für das Folgejahr mit Wirkung für die Krankenkassen die von den Krankenkassen mit befreiender Wirkung an die jeweilige Kassenärztliche Vereinigung zu zahlenden morbiditätsbedingten Gesamtvergütungen für die gesamte vertragsärztliche Versorgung der Versicherten mit Wohnort im Bezirk der Kassenärztlichen Vereinigung. ²Hierzu vereinbaren sie als Punktzahlvolumen auf der Grundlage des einheitlichen Bewertungsmaßstabes den mit der Zahl und der Morbiditätsstruktur der Versicherten verbundenen Behandlungsbedarf und bewerten diesen mit den nach Absatz 2 Satz 1 vereinbarten Punktwerten in Euro; der vereinbarte Behandlungsbedarf gilt als notwendige medizinische Versorgung gemäß § 71 Abs. 1 Satz 1. ³Die im Rahmen des Behandlungsbedarfs erbrachten Leistungen sind mit den Preisen der Euro-Gebührenordnung nach Absatz 2 Satz 6 zu vergüten. ⁴Darüber hinausgehende Leistungen, die sich aus einem bei der Vereinbarung der morbiditätsbedingten Gesamtvergütung nicht vorhersehbaren Anstieg des morbiditätsbedingten Behandlungsbedarfs ergeben, sind von den Krankenkassen zeitnah, spätestens im folgenden Abrechnungszeitraum nach Maßgabe der Kriterien nach Absatz 5 Satz 1 Nr. 1 ebenfalls mit den in der Euro-Gebührenordnung nach Absatz 2 Satz 6 enthaltenen Preisen zu vergüten. ⁵Vertragsärztliche Leistungen bei der Substitutionsbehandlung der Drogenabhängigkeit gemäß den Richtlinien des Gemeinsamen Bundesausschusses sind von den Krankenkassen außerhalb der nach Satz 1 vereinbarten Gesamtvergütungen mit den Preisen der Euro-Gebührenordnung nach Absatz 2 zu vergüten; in Vereinbarungen nach Satz 1 kann darüber hinaus geregelt werden, dass weitere vertragsärztliche Leistungen außerhalb der nach Satz 1 vereinbarten Gesamtvergütungen mit den Preisen der Euro-Gebührenordnung nach Absatz 2 vergütet werden, wenn sie besonders gefördert werden sollen oder soweit dies medizinisch oder auf Grund von Besonderheiten bei Veranlassung und Ausführung der Leistungserbringung erforderlich ist.

(3 a) ¹Für den Fall der überbezirklichen Durchführung der vertragsärztlichen Versorgung sind die Leistungen abweichend von Absatz 3 Satz 3 und 4 von den Krankenkassen mit den Preisen zu vergüten, die in der Kassenärztlichen Vereinigung gelten, deren Mitglied der Leistungserbringer ist. ²Weichen die nach Absatz 2 Satz 6 vereinbarten Preise von den Preisen nach Satz 1 ab, so ist die Abweichung zeitnah, spätestens bei der jeweils folgenden Vereinbarung der Veränderung der morbiditätsbedingten Gesamtvergütung zu berücksichtigen. ³Die Zahl der Versicherten nach Absatz 3 Satz 2 ist entsprechend der Zahl der auf den zu Grunde gelegten Zeitraum entfallenden Versichertentage zu ermitteln. ⁴Weicht die bei der Vereinbarung der morbiditätsbedingten Gesamtvergütung zu Grunde gelegte Zahl der Versicherten von der tatsächlichen Zahl der Versicherten im Vereinbarungszeitraum ab, ist die Abweichung zeitnah, spätestens bei der jeweils folgenden Vereinbarung der Veränderung der morbiditätsbedingten Gesamtvergütung zu berücksichtigen. ⁵Ausgaben für Kostenerstattungsleistungen nach § 13 Abs. 2 und nach § 53 Abs. 4 mit Ausnahme der Kostenerstattungsleistungen nach § 13 Abs. 2 Satz 6 sind auf die nach Absatz 3 Satz 1 zu zahlende Gesamtvergütung anzurechnen.

(4) Bei der Anpassung des Behandlungsbedarfs nach Absatz 3 Satz 2 sind insbesondere Veränderungen

1. der Zahl und der Morbiditätsstruktur der Versicherten,
2. Art und Umfang der ärztlichen Leistungen, soweit sie auf einer Veränderung des gesetzlichen oder satzungsmäßigen Leistungsumfangs der Krankenkassen oder auf Beschlüssen des Gemeinsamen Bundesausschusses nach § 135 Abs. 1 beruhen,
3. des Umfangs der vertragsärztlichen Leistungen auf Grund von Verlagerungen von Leistungen zwischen dem stationären und dem ambulanten Sektor und

4. des Umfangs der vertragsärztlichen Leistungen auf Grund der Ausschöpfung von Wirtschaftlichkeitsreserven bei der vertragsärztlichen Leistungserbringung

nach Maßgabe des vom Bewertungsausschuss beschlossenen Verfahrens nach Absatz 5 zu berücksichtigen.

(5) ¹Der Bewertungsausschuss beschließt ein Verfahren
1. zur Bestimmung des Umfangs des nicht vorhersehbaren Anstiegs des morbiditätsbedingten Behandlungsbedarfs nach Absatz 3 Satz 4,
2. zur Bestimmung von Veränderungen der Morbiditätsstruktur nach Absatz 4 Nr. 1 sowie
3. zur Bestimmung von Veränderungen von Art und Umfang der vertragsärztlichen Leistungen nach Absatz 4 Nr. 2, 3 und 4.

²Der Bewertungsausschuss bildet zur Bestimmung der Veränderungen der Morbiditätsstruktur nach Satz 1 Nr. 2 diagnosebezogene Risikoklassen für Versicherte mit vergleichbarem Behandlungsbedarf nach einem zur Anwendung in der vertragsärztlichen Versorgung geeigneten Klassifikationsverfahren; Grundlage hierfür sind die vertragsärztlichen Behandlungsdiagnosen gemäß § 295 Abs. 1 Satz 2 sowie die Menge der vertragsärztlichen Leistungen. ³Falls erforderlich können weitere für die ambulante Versorgung relevante Morbiditätskriterien herangezogen werden, die mit den im jeweils geltenden Risikostrukturausgleich verwendeten Morbiditätskriterien vereinbar sind. ⁴Der Bewertungsausschuss hat darüber hinaus ein Verfahren festzulegen, nach welchem die Relativgewichte nach Satz 2 im Falle von Vergütungen nach Absatz 3 Satz 5 zu bereinigen sind. ⁵Der Beschluss nach Satz 1 Nr. 1 ist erstmalig bis zum 31. August 2008, die Beschlüsse nach den Nummern 2 und 3 sowie Satz 4 sind erstmalig bis zum 30. Juni 2009 zu treffen.

(6) ¹Die für die Vereinbarungen nach den Absätzen 2 bis 4 erforderlichen versichertenbezogenen Daten übermitteln die Krankenkassen im Wege elektronischer Datenverarbeitung unentgeltlich an die in Absatz 2 Satz 1 genannten Vertragsparteien; sie können für die Erhebung und Verarbeitung der erforderlichen Daten auch eine Arbeitsgemeinschaft beauftragen. ²Art, Umfang, Zeitpunkt und Verfahren der Datenübermittlung bestimmt der Bewertungsausschuss erstmals bis zum 31. März 2009. ³Die in Absatz 2 Satz 1 genannten Verbände der Krankenkassen und die Ersatzkassen sind in diesem Umfang befugt, versichertenbezogene Daten zu erheben und zu verwenden. ⁴Personenbezogene Daten sind zu löschen, sobald sie für den Zweck, für den sie erhoben wurden, nicht mehr erforderlich sind.

§ 87b Vergütung der Ärzte (arzt- und praxisbezogene Regelleistungsvolumina)

(1) ¹Abweichend von § 85 werden die vertragsärztlichen Leistungen ab dem 1. Januar 2009 von der Kassenärztlichen Vereinigung auf der Grundlage der regional geltenden Euro-Gebührenordnung nach § 87a Abs. 2 vergütet. ²Satz 1 gilt nicht für vertragszahnärztliche Leistungen.

(2) ¹Zur Verhinderung einer übermäßigen Ausdehnung der Tätigkeit des Arztes und der Arztpraxis sind arzt- und praxisbezogene Regelleistungsvolumina festzulegen. ²Ein Regelleistungsvolumen nach Satz 1 ist die von einem Arzt oder der Arztpraxis in einem bestimmten Zeitraum abrechenbare Menge der vertragsärztlichen Leistungen, die mit den in der Euro-Gebührenordnung gemäß § 87a Abs. 2 enthaltenen und für den Arzt oder die Arztpraxis geltenden Preisen zu vergüten ist. ³Abweichend von Absatz 1 Satz 1 ist die das Regelleistungsvolumen überschreitende Leistungsmenge mit abgestaffelten Preisen zu vergüten; bei einer außergewöhnlich starken Erhöhung der Zahl der behandelten Versicherten kann hiervon abgewichen werden. ⁴Bei der Bestimmung des Zeitraums, für den ein Regelleistungsvolumen festgelegt wird, ist insbesondere sicherzustellen, dass eine kontinuierliche Versorgung der Versicherten gewährleistet ist. ⁵Für den Fall, dass es im Zeitablauf wegen eines unvorhersehbaren Anstiegs der Morbidität gemäß § 87a Abs. 3 Satz 4 zu Nachzahlungen der Krankenkassen kommt, sind die Regelleistungsvolumina spätestens im folgenden Abrechnungszeitraum entsprechend anzupassen. ⁶Antragspflichtige psychotherapeutische Leistungen der Psychotherapeuten, der Fachärzte für Kinder- und Jugendpsychiatrie und -psychotherapie, der Fachärzte für Psychiatrie und Psychotherapie, der Fachärzte für Nervenheilkunde, der Fachärzte für Psychosomatik und Psychotherapie sowie der ausschließlich psychotherapeutisch tätigen Ärzte sind außerhalb der Regelleistungsvolumina zu vergüten. ⁷Weitere vertragsärztliche Leistungen können außerhalb der Regelleistungsvolumina vergütet werden, wenn sie besonders gefördert werden sollen oder soweit dies medizinisch oder auf Grund von Besonderheiten bei Veranlassung und Ausführung der Leistungserbringung erforderlich ist.

(3) ¹Die Werte für die Regelleistungsvolumina nach Absatz 2 sind morbiditätsgewichtet und differenziert nach Arztgruppen und nach Versorgungsgraden sowie unter Berücksichtigung der Besonderheiten kooperativer Versorgungsformen festzulegen; bei der Differenzierung der Arztgruppen ist die nach § 87 Abs. 2a zugrunde zu legende Definition der Arztgruppen zu berücksichtigen. ²Bei der Bestimmung des Regelleistungsvolumens nach Absatz 2 sind darüber hinaus insbesondere

1. die Summe der für einen Bezirk der Kassenärztlichen Vereinigung nach § 87a Abs. 3 insgesamt vereinbarten morbiditätsbedingten Gesamtvergütungen,
2. zu erwartende Zahlungen im Rahmen der überbezirklichen Durchführung der vertragsärztlichen Versorgung gemäß § 75 Abs. 7 und 7a,
3. zu erwartende Zahlungen für die nach Absatz 2 Satz 3 abgestaffelt zu vergütenden und für die nach Absatz 2 Satz 6 und 7 außerhalb der Regelleistungsvolumina zu vergütenden Leistungsmengen,
4. Zahl und Tätigkeitsumfang der der jeweiligen Arztgruppe angehörenden Ärzte

zu berücksichtigen. ³Soweit dazu Veranlassung besteht, sind auch Praxisbesonderheiten zu berücksichtigen. ⁴Zudem können auf der Grundlage der Zeitwerte nach § 87 Abs. 2 Satz 1 Kapazitätsgrenzen je Arbeitstag für das bei gesicherter Qualität zu erbringende Leistungsvolumen des Arztes oder der Arztpraxis festgelegt werden. ⁵Anteile der Vergütungssumme nach Satz 2 Nr. 1 können für die Bildung von Rückstellungen zur Berücksichtigung einer Zunahme von an der vertragsärztlichen Versorgung teilnehmenden Ärzte, für Sicherstellungsaufgaben und zum Ausgleich von überproportionalen Honorarverlusten verwendet werden. ⁶Die Morbidität nach Satz 1 ist mit Hilfe der Morbiditätskriterien Alter und Geschlecht zu bestimmen. ⁷Als Tätigkeitsumfang nach Satz 2 gilt der Umfang des Versorgungsauftrags, mit dem die der jeweiligen Arztgruppe angehörenden Vertragsärzte zur Versorgung zugelassen sind, und der Umfang des Versorgungsauftrags, der für die angestellten Ärzte der jeweiligen Arztgruppe vom Zulassungsausschuss genehmigt worden ist. ⁸Fehlschätzungen bei der Bestimmung des voraussichtlichen Umfangs der Leistungsmengen nach Satz 2 Nr. 3 sind zu berichtigen; die Vergütungsvereinbarungen nach § 87a Abs. 3 bleiben unberührt.

(4) ¹Der Bewertungsausschuss bestimmt erstmalig bis zum 31. August 2008 das Verfahren zur Berechnung und zur Anpassung der Regelleistungsvolumina nach den Absätzen 2 und 3 sowie Art und Umfang, das Verfahren und den Zeitpunkt der Übermittlung der dafür erforderlichen Daten. ²Er bestimmt darüber hinaus ebenfalls erstmalig bis zum 31. August 2008 Vorgaben zur Umsetzung von Absatz 2 Satz 3, 6 und 7 sowie Grundsätze zur Bildung von Rückstellungen nach Absatz 3 Satz 5. ³Die Kassenärztliche Vereinigung, die Landesverbände der Krankenkassen und die Ersatzkassen stellen gemeinsam erstmalig bis zum 15. November 2008 und danach jeweils bis zum 31. Oktober eines jeden Jahres gemäß den Vorgaben des Bewertungsausschusses nach den Sätzen 1 und 2 unter Verwendung der erforderlichen regionalen Daten die für die Zuweisung der Regelleistungsvolumina nach Absatz 5 konkret anzuwendende Berechnungsformel fest. ⁴Die Krankenkassen übermitteln den in Satz 3 genannten Parteien unentgeltlich die erforderlichen Daten, auch versichertenbezogen, nach Maßgabe der Vorgaben des Bewertungsausschusses. ⁵Die Parteien nach Satz 3 können eine Arbeitsgemeinschaft mit der Erhebung und Verwendung der nach Satz 3 erforderlichen Daten beauftragen. ⁶§ 304 Abs. 1 Satz 1 Nr. 2 gilt entsprechend.

(5) ¹Die Zuweisung der Regelleistungsvolumina an den Arzt oder die Arztpraxis einschließlich der Mitteilung der Leistungen, die außerhalb der Regelleistungsvolumina vergütet werden, sowie der jeweils geltenden regionalen Preise obliegt der Kassenärztlichen Vereinigung; die Zuweisung erfolgt erstmals zum 30. November 2008 und in der Folge jeweils spätestens vier Wochen vor Beginn der Geltungsdauer des Regelleistungsvolumens. ²§ 85 Abs. 4 Satz 9 gilt. ³Die nach § 85 Abs. 4 der Kassenärztlichen Vereinigung zugewiesenen Befugnisse, insbesondere zur Bestimmung von Abrechnungsfristen und -belegen sowie zur Verwendung von Vergütungsanteilen für Verwaltungsaufwand, bleiben unberührt. ⁴Kann ein Regelleistungsvolumen nicht rechtzeitig vor Beginn des Geltungszeitraums zugewiesen werden, gilt das bisherige dem Arzt oder der Arztpraxis zugewiesene Regelleistungsvolumen vorläufig fort. ⁵Zahlungsansprüche aus einem zu einem späteren Zeitpunkt zugewiesenen höheren Regelleistungsvolumen sind rückwirkend zu erfüllen.

§ 87c Vergütung vertragsärztlicher Leistungen in den Jahren 2009 und 2010

(1) ¹Abweichend von § 87 Abs. 2e Satz 1 erfolgt die erstmalige Festlegung des Orientierungswertes nach § 87 Abs. 2e Satz 1 Nr. 1 für das Jahr 2009 bis zum 31. August 2008, die erstmalige Festlegung der Orientierungswerte nach § 87 Abs. 2e Satz 1 Nr. 2 und 3

für das Jahr 2010 bis zum 31. August 2009. ²Dabei ist der Orientierungswert nach § 87 Abs. 2e Satz 1 Nr. 1 für das Jahr 2009 rechnerisch durch die Division des Finanzvolumens nach Satz 3 durch die Leistungsmenge nach Satz 4 zu ermitteln, es sei denn, durch übereinstimmenden Beschluss aller Mitglieder des für ärztliche Leistungen zuständigen Bewertungsausschusses wird der Orientierungswert nach § 87 Abs. 2e Satz 1 Nr. 1 in anderer Höhe festgelegt. ³Das Finanzvolumen ergibt sich aus der Summe der bundesweit insgesamt für das Jahr 2008 nach § 85 Abs. 1 zu entrichtenden Gesamtvergütungen in Euro, welche um die für das Jahr 2009 geltende Veränderungsrate nach § 71 Abs. 3 für das gesamte Bundesgebiet zu erhöhen ist. ⁴Die Leistungsmenge ist als Punktzahlvolumen auf der Grundlage des einheitlichen Bewertungsmaßstabes abzubilden; sie ergibt sich aus der Hochrechnung der dem Bewertungsausschuss vorliegenden aktuellen Abrechnungsdaten, die mindestens vier Kalendervierteljahre umfassen. ⁵Bei der Hochrechnung sind Simulationsberechnungen zu den Auswirkungen des zum 1. Januar 2008 in Kraft getretenen einheitlichen Bewertungsmaßstabes auf die von den Ärzten abgerechnete Leistungsmenge sowie unterjährige Schwankungen der Leistungsmenge im Zeitverlauf entsprechend der in den Vorjahren zu beobachtenden Entwicklung zu berücksichtigen. ⁶Für die Hochrechnung nach Satz 4 übermitteln die Kassenärztlichen Vereinigungen dem Bewertungsausschuss unentgeltlich bis zum 1. Juni 2008 die ihnen vorliegenden aktuellen Daten über die Menge der abgerechneten vertragsärztlichen Leistungen, die mindestens vier Kalendervierteljahre umfassen, jeweils nach sachlich-rechnerischer Richtigstellung und Anwendung honorarwirksamer Begrenzungsregelungen. ⁷Bei der Festlegung des Orientierungswertes nach § 87 Abs. 2e Satz 1 Nr. 1 für das Jahr 2010 hat der Bewertungsausschuss über die in § 87 Abs. 2g genannten Kriterien hinaus Fehlschätzungen bei der Ermittlung der Leistungsmenge nach den Sätzen 4 und 5 zu berücksichtigen.

(2) Liegen zur Ermittlung der Indikatoren nach § 87 Abs. 2f Satz 4 keine amtlichen Indikatoren vor und ist es dem Bewertungsausschuss bis zum 31. August 2008 nicht möglich, die zur Erstellung eigener Indikatoren erforderlichen Daten zu erheben und auszuwerten, kann der Bewertungsausschuss diese Indikatoren für das Jahr 2009 abweichend von § 87 Abs. 2f Satz 4 mit Hilfe von amtlichen Indikatoren ermitteln, die Abweichungen der Wirtschaftskraft eines Bundeslandes von der bundesdurchschnittlichen Wirtschaftskraft messen.

(3) ¹Abweichend von § 87 Abs. 2 Satz 1 vereinbaren die Vertragspartner nach § 87a Abs. 2 Satz 1 auf der Grundlage des vom Bewertungsausschuss gemäß Absatz 1 für das Jahr 2009 vereinbarten Orientierungswertes bis zum 15. November 2008 einen Punktwert, der zur Vergütung der vertragsärztlichen Leistungen im Jahr 2009 anzuwenden ist. ²Abweichend von § 87a Abs. 2 Satz 6 zweiter Halbsatz enthält die zu erstellende regionale Gebührenordnung für das Jahr 2009 keine Preise bei Vorliegen von Unter- und Überversorgung. ³Die Punktwerte für die Vergütung vertragsärztlicher Leistungen im Falle von Unter- und Überversorgung werden auf Grundlage der vom Bewertungsausschuss gemäß Absatz 1 für das Jahr 2010 vereinbarten Orientierungswerte erstmalig bis zum 31. Oktober 2009 für das Jahr 2010 vereinbart und auf dieser Grundlage die Preise bei Vorliegen von Unter- und Überversorgung erstmalig in der regionalen Gebührenordnung für das Jahr 2010 ausgewiesen.

(4) ¹Abweichend von § 87 Abs. 3 Satz 1 erfolgen die erstmaligen Vereinbarungen der morbiditätsbedingten Gesamtvergütungen für das Jahr 2009 bis zum 15. November 2008. ²Dabei wird der mit der Zahl und der Morbiditätsstruktur der Versicherten verbundene Behandlungsbedarf für jede Krankenkasse wie folgt bestimmt: ³Für jede Krankenkasse ist die im Jahr 2008 voraussichtlich erbrachte Menge der vertragsärztlichen Leistungen je Versicherten der jeweiligen Krankenkasse unter dem Bewertungsausschuss unter Berücksichtigung der Kriterien gemäß § 87a Abs. 4 Satz 1 Nr. 1 bis 4 zu schätzende bundesdurchschnittliche Veränderungsrate der morbiditätsbedingten Leistungsmenge je Versicherten des Jahres 2009 gegenüber dem Vorjahr anzupassen und mit der voraussichtlichen Zahl der Versicherten der Krankenkasse im Jahr 2009 zu multiplizieren. ⁴Die im Jahr 2008 voraussichtlich erbrachte Menge der vertragsärztlichen Leistungen ergibt sich aus der Hochrechnung der den Vertragsparteien vorliegenden aktuellen Daten über die Menge der abgerechneten vertragsärztlichen Leistungen, die mindestens vier Kalendervierteljahre umfassen, jeweils nach sachlich-rechnerischer Richtigstellung und Anwendung honorarwirksamer Begrenzungsregelungen; bei der Hochrechnung sind Simulationsberechnungen zu den Auswirkungen des zum 1. Januar 2008 in Kraft getretenen einheitlichen Bewertungsmaßstabes auf die von den Ärzten abgerechnete Leistungsmenge sowie unterjährige Schwankungen der Leistungsmenge im Zeitverlauf entsprechend der in den Vorjahren zu beobachtenden Entwicklung zu berücksichtigen. ⁵Fehlschätzungen nach den Sätzen 3 und 4 sind bei der Vereinbarung der Gesamtvergütung für das Jahr 2010 zu berichtigen.

⁶Der Bewertungsausschuss beschließt bis zum 31. August 2008 ein zwingend zu beachtendes Verfahren zur Berechnung des Behandlungsbedarfs nach den Sätzen 1 bis 4 einschließlich der dafür erforderlichen Daten. ⁷Die Kassenärztlichen Vereinigungen übermitteln den in § 87a Abs. 2 Satz 1 genannten Verbänden der Krankenkassen und den Ersatzkassen die Daten nach Satz 5 unentgeltlich bis zum 31. Oktober 2008.

§ 87d Vergütung vertragsärztlicher Leistungen in den Jahren 2011 und 2012

(1) ¹Für die Jahre 2011 und 2012 ist kein Beschluss nach § 87 Absatz 2g zur Anpassung der Orientierungswerte nach § 87 Absatz 2e zu treffen. ²Die Festlegungen nach § 87 Absatz 2e Satz 1 Nummer 2 und 3 werden im Jahr 2011 und 2012 nicht angewendet. ³Die in § 87a Absatz 2 Satz 1 genannten Punktwerte werden für die Jahre 2011 und 2012 nicht angepasst. ⁴Die nach § 87a Absatz 2 Satz 2 bis 5 für das Jahr 2010 vereinbarten Zuschläge dürfen mit Wirkung für die Jahre 2011 und 2012 in der Höhe nicht angepasst und darüber hinausgehende Zuschläge auf die Orientierungswerte nicht vereinbart werden. ⁵Für die Jahre 2011 und 2012 ist kein Beschluss nach § 87 Absatz 2f zu treffen. ⁶Die regionale Euro-Gebührenordnung, die nach § 87a Absatz 2 Satz 6 zweiter Halbsatz zu erstellen ist, enthält für die Jahre 2011 und 2012 ausschließlich Preise für den Regelfall.

(2) ¹Die nach § 87a Absatz 3 und 4 von den Krankenkassen mit befreiender Wirkung an die jeweiligen Kassenärztlichen Vereinigungen zu zahlenden morbiditätsbedingten Gesamtvergütungen sind für das Jahr 2011 bis spätestens vier Wochen nach der in Satz 7 genannten Frist sowie für das Jahr 2012 bis spätestens zum 31. Oktober 2011 nach Maßgabe dieses Absatzes zu ermitteln. ²Der Behandlungsbedarf für das Jahr 2011 ist je Krankenkasse zu ermitteln, indem der für das Jahr 2010 vereinbarte, bereinigte und basiswirksam um 1,25 Prozent erhöhte Behandlungsbedarf je Versicherten mit der voraussichtlichen Zahl der Versicherten der Krankenkasse im Jahr 2011 multipliziert wird. ³§ 87a Absatz 3 Satz 5 zweiter Halbsatz bleibt unberührt. ⁴Zusätzlich ist der Behandlungsbedarf je Versicherten mit Wohnort im Bezirk der Kassenärztlichen Vereinigung für das Jahr 2011 je Krankenkasse um einen nicht nach Krankenkassen differenzierten regionalen Anpassungsfaktor zu erhöhen, soweit sich nach Berechnungen gemäß Satz 7 ein Anpassungsbedarf ergibt. ⁵Der sich aus den Sätzen 2 bis 4 ergebende angepasste Behandlungsbedarf für das Jahr 2011 wird mit den in Absatz 1 Satz 3 genannten Punktwerten in Euro bewertet. ⁶Die Regelungen nach § 87a Absatz 3 Satz 4 sowie nach § 87a Absatz 4 Nummer 1, 3 und 4 werden für das Jahr 2011 nicht angewendet. ⁷Der Bewertungsausschuss beschließt bis spätestens zum 13. Oktober 2010 ein zwingend zu beachtendes Verfahren nach Satz 4 zur Anpassung des Behandlungsbedarfs der Versicherten mit Wohnort im Bezirk einer Kassenärztlichen Vereinigung, soweit der durchschnittliche Behandlungsbedarf dieser Versicherten einen vom Bewertungsausschuss zu bestimmenden Wert unterschreitet. ⁸Die Regelungen der Sätze 2, 3, 5 und 6 gelten für das Jahr 2012 entsprechend.

(3) Kommt der Beschluss nach Absatz 2 Satz 7 ganz oder teilweise nicht oder nicht innerhalb der genannten Frist zustande, gilt § 87b Absatz 5 Satz 4 und 5 entsprechend.

(4) ¹Die Kassenärztliche Vereinigung, die Landesverbände der Krankenkassen und die Ersatzkassen vereinbaren gemeinsam und einheitlich Maßnahmen zur Ausgabenbegrenzung der vertragsärztlichen Leistungen, die außerhalb der morbiditätsbedingten Gesamtvergütung vergütet werden, und zwar erstmals bis spätestens zum 31. Dezember 2010 mit Wirkung für das Jahr 2011. ²Das Ausgabenvolumen für diese Leistungen im Jahr 2011 soll dabei das Ausgabenvolumen des Jahres 2010, erhöht um die um 0,25 Prozentpunkte verminderte der für das Jahr 2011 nach § 71 Absatz 3 für das gesamte Bundesgebiet festgestellten Veränderungsrate nicht überschreiten. ³Hierzu können die Vertragspartner nach Satz 1 abweichend von § 87b Absatz 1 Satz 1 eine Abstaffelung der Preise in der regionalen Euro-Gebührenordnung oder Mengenbegrenzungsregelungen vereinbaren. ⁴Die Partner der Bundesmantelverträge können für die Vereinbarungen nach Satz 1 Empfehlungen zum Umfang sowie zum Verfahren der Ausgabenbegrenzung vereinbaren. ⁵Die Vorgaben dieses Absatzes gelten nicht für gesetzlich vorgeschriebene, auf Beschlüssen des Gemeinsamen Bundesausschusses nach § 135 Absatz 1 beruhende Vorsorge- und Früherkennungsmaßnahmen, nichtärztliche Dialyseleistungen sowie ab dem Jahr 2009 eingeführte ärztliche Leistungen, soweit diese Leistungen auf einer Veränderung des gesetzlichen Leistungsumfangs der Krankenkassen oder auf Beschlüssen des Gemeinsamen Bundesausschusses nach § 135 Absatz 1 beruhen. ⁶Die Regelungen dieses Absatzes gelten für das Jahr 2012 entsprechend mit der Maßgabe, dass das Ausgabenvolumen des Jahres 2012 das Ausgabenvolumen des Jahres 2011, erhöht um die um 0,5 Prozentpunkte verminderte der für das Jahr 2012 nach § 71 Absatz 3 für das gesamte Bundesgebiet festgestellten Veränderungsrate nicht überschreiten soll.

§ 87e Zahlungsanspruch bei Mehrkosten

¹Abrechnungsgrundlage für die Mehrkosten nach § 28 Abs. 2 Satz 2 und § 55 Abs. 4 ist die Gebührenordnung für Zahnärzte. ²Der Zahlungsanspruch des Vertragszahnarztes gegenüber dem Versicherten ist bei den für diese Mehrkosten zu Grunde liegenden Leistungen auf das 2,3fache des Gebührensatzes der Gebührenordnung für Zahnärzte begrenzt. ³Bei Mehrkosten für lichthärtende Composite-Füllungen in Schicht- und Ätztechnik im Seitenzahnbereich nach § 28 Abs. 2 Satz 2 ist höchstens das 3,5fache des Gebührensatzes der Gebührenordnung für Zahnärzte berechnungsfähig. ⁴Die Begrenzung nach den Sätzen 2 und 3 entfällt, wenn der Gemeinsame Bundesausschuss seinen Auftrag gemäß § 92 Abs. 1a und der Bewertungsausschuss seinen Auftrag gemäß § 87 Abs. 2h Satz 2 erfüllt hat. ⁵Maßgebend ist der Tag des Inkrafttretens der Richtlinien und der Tag des Beschlusses des Bewertungsausschusses.

Vierter Titel. Zahntechnische Leistungen

§ 88 Bundesleistungsverzeichnis, Vergütungen

(1) ¹Der Spitzenverband Bund der Krankenkassen vereinbart mit dem Verband Deutscher Zahntechniker-Innungen ein bundeseinheitliches Verzeichnis der abrechnungsfähigen zahntechnischen Leistungen. ²Das bundeseinheitliche Verzeichnis ist im Benehmen mit der Kassenzahnärztlichen Bundesvereinigung zu vereinbaren.

(2) ¹Die Landesverbände der Krankenkassen und die Ersatzkassen vereinbaren mit den Innungsverbänden der Zahntechniker die Vergütungen für die nach dem bundeseinheitlichen Verzeichnis abrechnungsfähigen zahntechnischen Leistungen, ohne die zahntechnischen Leistungen beim Zahnersatz einschließlich Zahnkronen und Suprakonstruktionen. ²Die vereinbarten Vergütungen sind Höchstpreise. ³Die Krankenkassen können die Versicherten sowie die Zahnärzte über preisgünstige Versorgungsmöglichkeiten informieren.

(3) ¹Preise für zahntechnische Leistungen nach Absatz 1, ohne die zahntechnischen Leistungen beim Zahnersatz einschließlich Zahnkronen und Suprakonstruktionen, die von einem Zahnarzt erbracht werden, haben die Preise nach Absatz 2 Satz 1 und 2 um mindestens 5 vom Hundert zu unterschreiten. ²Hierzu können Verträge nach § 83 abgeschlossen werden.

Fünfter Titel. Schiedswesen

§ 89 Schiedsamt

(1) ¹Kommt ein Vertrag über die vertragsärztliche Versorgung ganz oder teilweise nicht zustande, setzt das Schiedsamt mit der Mehrheit seiner Mitglieder innerhalb von drei Monaten den Vertragsinhalt fest. ²Kündigt eine Vertragspartei einen Vertrag, hat sie die Kündigung dem zuständigen Schiedsamt schriftlich mitzuteilen. ³Kommt bis zum Ablauf eines Vertrages ein neuer Vertrag nicht zustande, setzt das Schiedsamt mit der Mehrheit seiner Mitglieder innerhalb von drei Monaten dessen Inhalt fest. ⁴In diesem Fall gelten die Bestimmungen des bisherigen Vertrages bis zur Entscheidung des Schiedsamts vorläufig weiter. ⁵Kommt ein Vertrag bis zum Ablauf von drei Monaten durch Schiedsspruch nicht zu Stande und setzt das Schiedsamt auch innerhalb einer von der zuständigen Aufsichtsbehörde bestimmten Frist den Vertragsinhalt nicht fest, setzt die für das Schiedsamt zuständige Aufsichtsbehörde den Vertragsinhalt fest. ⁶Die Klage gegen die Festsetzung des Schiedsamts hat keine aufschiebende Wirkung.

(1a) ¹Kommt ein gesetzlich vorgeschriebener Vertrag über die vertragsärztliche Versorgung ganz oder teilweise nicht zustande und stellt keine der Vertragsparteien bei dem Schiedsamt den Antrag, eine Einigung herbeizuführen, können die zuständigen Aufsichtsbehörden nach Ablauf einer von ihnen gesetzten angemessenen Frist das Schiedsamt mit Wirkung für die Vertragsparteien anrufen. ²Das Schiedsamt setzt mit der Mehrheit seiner Mitglieder innerhalb von drei Monaten den Vertragsinhalt fest. ³Absatz 1 Satz 5 gilt entsprechend. ⁴Die Klage gegen die Festsetzung des Schiedsamts hat keine aufschiebende Wirkung.

(2) ¹Die Kassenärztlichen Vereinigungen, die Landesverbände der Krankenkassen sowie die Ersatzkassen bilden je ein gemeinsames Schiedsamt für die vertragsärztliche und die vertragszahnärztliche Versorgung (Landesschiedsamt). ²Das Schiedsamt besteht aus Ver-

tretern der Ärzte und der Krankenkassen in gleicher Zahl sowie einem unparteiischen Vorsitzenden und zwei weiteren unparteiischen Mitgliedern. ³Bei der Entscheidung über einen Vertrag, der nicht alle Kassenarten betrifft, wirken nur Vertreter der betroffenen Kassenarten im Schiedsamt mit. ⁴Die in Satz 1 genannten Krankenkassen und Verbände der Krankenkassen können von Satz 3 abweichende Regelungen vereinbaren.

(3) ¹Über den Vorsitzenden und die zwei weiteren unparteiischen Mitglieder sowie deren Stellvertreter sollen sich die Kassenärztlichen Vereinigungen, die Landesverbände der Krankenkassen und die Ersatzkassen einigen. ² § 213 Abs. 2 in der bis zum 31. Dezember 2008 geltenden Fassung gilt für die Landesverbände der Krankenkassen und die Ersatzkassen entsprechend. ³Die Amtsdauer beträgt vier Jahre. ⁴Soweit eine Einigung nicht zustande kommt, stellen die Beteiligten eine gemeinsame Liste auf, die mindestens die Namen für zwei Vorsitzende und je zwei weitere unparteiische Mitglieder sowie deren Stellvertreter enthalten muß. ⁵Kommt es nicht zu einer Einigung über den Vorsitzenden, die unparteiischen Mitglieder oder die Stellvertreter aus der gemeinsam erstellten Liste, entscheidet das Los, wer das Amt des Vorsitzenden, der weiteren unparteiischen Mitglieder und der Stellvertreter auszuüben hat. ⁶Die Amtsdauer beträgt in diesem Fall ein Jahr. ⁷Die Mitglieder des Schiedsamts führen ihr Amt als Ehrenamt. ⁸Sie sind an Weisungen nicht gebunden.

(4) ¹Die Kassenärztlichen Bundesvereinigungen und der Spitzenverband Bund der Krankenkassen, bilden je ein gemeinsames Schiedsamt für die vertragsärztliche und die vertragszahnärztliche Versorgung. ²Absatz 2 Satz 2 bis 4 und Absatz 3 gelten entsprechend.

(5) ¹Die Aufsicht über die Schiedsämter nach Absatz 2 führen die für die Sozialversicherung zuständigen obersten Verwaltungsbehörden der Länder oder die von den Landesregierungen durch Rechtsverordnung bestimmten Behörden; die Landesregierungen können diese Ermächtigung auf die obersten Landesbehörden weiterübertragen. ²Die Aufsicht über die Schiedsämter nach Absatz 4 führt das Bundesministerium für Gesundheit. ³Die Aufsicht erstreckt sich auf die Beachtung von Gesetz und sonstigem Recht. ⁴Die Entscheidungen der Schiedsämter über die Vergütung der Leistungen nach § 57 Abs. 1 und 2, §§ 83, 85 und 87a sind den zuständigen Aufsichtsbehörden vorzulegen. ⁵Die Aufsichtsbehörden können eine Entscheidung bei einem Rechtsverstoß innerhalb von zwei Monaten nach Vorlage beanstanden. ⁶Für Klagen der Vertragspartner gegen die Beanstandung gelten die Vorschriften über die Anfechtungsklage entsprechend.

(6) Das Bundesministerium für Gesundheit bestimmt durch Rechtsverordnung mit Zustimmung des Bundesrates das Nähere über die Zahl, die Bestellung, die Amtsdauer, die Amtsführung, die Erstattung der baren Auslagen und die Entschädigung für Zeitaufwand der Mitglieder der Schiedsämter, die Geschäftsführung, das Verfahren, die Erhebung und die Höhe der Gebühren sowie über die Verteilung der Kosten.

(7) ¹Der Verband Deutscher Zahntechniker-Innungen und der Spitzenverband Bund der Krankenkassen bilden ein Bundesschiedsamt. ²Das Schiedsamt besteht aus Vertretern des Verbandes Deutscher Zahntechniker-Innungen und des Spitzenverbandes Bund der Krankenkassen in gleicher Zahl sowie einem unparteiischen Vorsitzenden und zwei weiteren unparteiischen Mitgliedern. ³Im übrigen gelten die Absätze 1, 1a, 3 und 5 Satz 2 und 3 sowie die auf Grund des Absatzes 6 erlassene Schiedsamtsverordnung entsprechend.

(8) ¹Die Innungsverbände der Zahntechniker, die Landesverbände der Krankenkassen und die Ersatzkassen bilden ein Landesschiedsamt. ²Das Schiedsamt besteht aus Vertretern der Innungsverbände der Zahntechniker und der Krankenkassen in gleicher Zahl sowie einem unparteiischen Vorsitzenden und zwei weiteren unparteiischen Mitgliedern. ³Im übrigen gelten die Absätze 1, 1a und 3 sowie Absatz 5 entsprechend.

Sechster Titel. Landesausschüsse und Gemeinsamer Bundesausschuss

§ 90 Landesausschüsse

(1) ¹Die Kassenärztlichen Vereinigungen und die Landesverbände der Krankenkassen sowie die Ersatzkassen bilden für den Bereich jedes Landes einen Landesausschuß der Ärzte und Krankenkassen und einen Landesausschuß der Zahnärzte und Krankenkassen. ²Die Ersatzkassen können diese Aufgabe auf eine im Bezirk der Kassenärztlichen Vereinigung von den Ersatzkassen gebildete Arbeitsgemeinschaft oder eine Ersatzkasse übertragen.

(2) ¹Die Landesausschüsse bestehen aus einem unparteiischen Vorsitzenden, zwei weiteren unparteiischen Mitgliedern, acht Vertretern der Ärzte, drei Vertretern der Ortskran-

kenkassen, zwei Vertretern der Ersatzkassen, je einem Vertreter der Betriebskrankenkassen, der Innungskrankenkassen und der landwirtschaftlichen Krankenkassen. ²Über den Vorsitzenden und die zwei weiteren unparteiischen Mitglieder sowie deren Stellvertreter sollen sich die Kassenärztlichen Vereinigungen und die Landesverbände sowie die Ersatzkassen einigen. ³Kommt eine Einigung nicht zustande, werden sie durch die für die Sozialversicherung zuständige oberste Verwaltungsbehörde des Landes im Benehmen mit den Kassenärztlichen Vereinigungen, den Landesverbänden der Krankenkassen sowie den Ersatzkassen berufen. ⁴Besteht in dem Bereich eines Landesausschusses ein Landesverband einer bestimmten Kassenart nicht und verringert sich dadurch die Zahl der Vertreter der Krankenkassen, verringert sich die Zahl der Ärzte entsprechend. ⁵Die Vertreter der Ärzte und ihre Stellvertreter werden von den Kassenärztlichen Vereinigungen, die Vertreter der Krankenkassen und ihre Stellvertreter werden von den Landesverbänden der Krankenkassen sowie den Ersatzkassen bestellt.

(3) ¹Die Mitglieder der Landesausschüsse führen ihr Amt als Ehrenamt. ²Sie sind an Weisungen nicht gebunden. ³Die beteiligten Kassenärztlichen Vereinigungen einerseits und die Verbände der Krankenkassen sowie die Ersatzkassen andererseits tragen die Kosten der Landesausschüsse je zur Hälfte. ⁴Das Bundesministerium für Gesundheit bestimmt durch Rechtsverordnung mit Zustimmung des Bundesrates nach Anhörung der Kassenärztlichen Bundesvereinigungen und des Spitzenverbandes Bund der Krankenkassen das Nähere über die Amtsdauer, die Amtsführung, die Erstattung der baren Auslagen und die Entschädigung für Zeitaufwand der Ausschußmitglieder sowie über die Verteilung der Kosten.

(4) ¹Die Aufgaben der Landesausschüsse bestimmen sich nach diesem Buch. ²Die Aufsicht über die Geschäftsführung der Landesausschüsse führen die für die Sozialversicherung zuständigen obersten Verwaltungsbehörden der Länder.

§ 91 Gemeinsamer Bundesausschuss

(1) ¹Die Kassenärztlichen Bundesvereinigungen, die Deutsche Krankenhausgesellschaft und der Spitzenverband Bund der Krankenkassen bilden einen Gemeinsamen Bundesausschuss. ²Der Gemeinsame Bundesausschuss ist rechtsfähig. ³Er wird durch den Vorsitzenden des Beschlussgremiums gerichtlich und außergerichtlich vertreten.

(2) ¹Das Beschlussgremium des Gemeinsamen Bundesausschusses besteht aus einem unparteiischen Vorsitzenden, zwei weiteren unparteiischen Mitgliedern, einem von der Kassenzahnärztlichen Bundesvereinigung, jeweils zwei von der Kassenärztlichen Bundesvereinigung und der Deutschen Krankenhausgesellschaft und fünf von dem Spitzenverband Bund der Krankenkassen benannten Mitgliedern. ²Über den unparteiischen Vorsitzenden und die weiteren unparteiischen Mitglieder sowie jeweils zwei Stellvertreter sollen sich die Organisationen nach Absatz 1 Satz 1 einigen. ³Kommt eine Einigung nicht zustande, erfolgt eine Berufung durch das Bundesministerium für Gesundheit im Benehmen mit den Organisationen nach Absatz 1 Satz 1. ⁴Die Unparteiischen üben ihre Tätigkeit in der Regel hauptamtlich aus; eine ehrenamtliche Ausübung ist zulässig, soweit die Unparteiischen von ihren Arbeitgebern in dem für die Tätigkeit erforderlichen Umfang freigestellt werden. ⁵Die Stellvertreter der Unparteiischen sind ehrenamtlich tätig. ⁶Hauptamtliche Unparteiische stehen während ihrer Amtszeit in einem Dienstverhältnis zum Gemeinsamen Bundesausschuss. ⁷Zusätzlich zu ihren Aufgaben im Beschlussgremium übernehmen die einzelnen Unparteiischen den Vorsitz der Unterausschüsse des Gemeinsamen Bundesausschusses. ⁸Die Organisationen nach Absatz 1 Satz 1 schließen die Dienstvereinbarung mit dem unparteiischen Vorsitzenden. ⁹Die von den Organisationen benannten sonstigen Mitglieder des Beschlussgremiums üben ihre Tätigkeit ehrenamtlich aus; sie sind bei den Entscheidungen im Beschlussgremium an Weisungen nicht gebunden. ¹⁰Die Organisationen nach Absatz 1 Satz 1 benennen für jedes von ihnen benannte Mitglied bis zu drei Stellvertreter. ¹¹Die Amtszeit im Beschlussgremium beträgt vier Jahre; eine zweite Amtszeit ist zulässig.

(3) ¹Für die Tragung der Kosten des Gemeinsamen Bundesausschusses mit Ausnahme der Kosten der von den Organisationen nach Absatz 1 Satz 1 benannten Mitglieder gilt § 139c Abs. 1 entsprechend. ²Im Übrigen gilt § 90 Abs. 3 Satz 4 entsprechend mit der Maßgabe, dass vor Erlass der Rechtsverordnung außerdem die Deutsche Krankenhausgesellschaft anzuhören ist.

(4) ¹Der Gemeinsame Bundesausschuss beschließt
1. eine Verfahrensordnung, in der er insbesondere methodische Anforderungen an die wissenschaftliche sektorenübergreifende Bewertung des Nutzens, einschließlich Bewer-

tungen nach den §§ 35a und 35b, der Notwendigkeit und der Wirtschaftlichkeit von Maßnahmen als Grundlage für Beschlüsse sowie die Anforderungen an den Nachweis der fachlichen Unabhängigkeit von Sachverständigen und das Verfahren der Anhörung zu den jeweiligen Richtlinien, insbesondere die Feststellung der anzuhörenden Stellen, die Art und Weise der Anhörung und deren Auswertung, regelt,
2. eine Geschäftsordnung, in der er Regelungen zur Arbeitsweise des Gemeinsamen Bundesausschusses insbesondere zur Geschäftsführung, zur Vorbereitung der Richtlinienbeschlüsse durch Einsetzung von in der Regel sektorenübergreifend gestalteten Unterausschüssen, zum Vorsitz der Unterausschüsse durch die Unparteiischen des Beschlussgremiums sowie zur Zusammenarbeit der Gremien und der Geschäftsstelle des Gemeinsamen Bundesausschusses trifft; in der Geschäftsordnung sind Regelungen zu treffen zur Gewährleistung des Mitberatungsrechts der von den Organisationen nach § 140f Abs. 2 entsandten sachkundigen Personen.

[2] Die Verfahrensordnung und die Geschäftsordnung bedürfen der Genehmigung des Bundesministeriums für Gesundheit.

(5) [1] Bei Beschlüssen, deren Gegenstand die Berufsausübung der Ärzte, Psychotherapeuten oder Zahnärzte berührt, ist der jeweiligen Arbeitsgemeinschaft der Kammern dieser Berufe auf Bundesebene Gelegenheit zur Stellungnahme zu geben. [2] § 137 Abs. 3 Satz 7 bleibt unberührt.

(6) Die Beschlüsse des Gemeinsamen Bundesausschusses mit Ausnahme der Beschlüsse zu Entscheidungen nach § 137b und zu Empfehlungen nach § 137f sind für die Träger nach Absatz 1 Satz 1, deren Mitglieder und Mitgliedskassen sowie für die Versicherten und die Leistungserbringer verbindlich.

(7) [1] Das Beschlussgremium des Gemeinsamen Bundesausschusses nach Absatz 2 Satz 1 fasst seine Beschlüsse mit der Mehrheit seiner Mitglieder, sofern die Geschäftsordnung nichts anderes bestimmt. [2] Beschlüsse zur Arzneimittelversorgung und zur Qualitätssicherung sind in der Regel sektorenübergreifend zu fassen. [3] Halten der Vorsitzende und die weiteren unparteiischen Mitglieder einen Beschlussvorschlag einheitlich für nicht sachgerecht, können sie dem Beschlussgremium gemeinsam einen eigenen Beschlussvorschlag vorlegen. [4] Das Beschlussgremium hat diesen Vorschlag bei seiner Entscheidung zu berücksichtigen. [5] Die Sitzungen des Beschlussgremiums sind in der Regel öffentlich.

(8) [1] Die Aufsicht über den Gemeinsamen Bundesausschuss führt das Bundesministerium für Gesundheit. [2] Die §§ 67, 88 und 89 des Vierten Buches gelten entsprechend.

(9) [1] Die Organisationen nach Absatz 1 Satz 1 bestellen den Vorsitzenden des Beschlussgremiums bis zum 31. Juli 2008. [2] Der Vorsitzende setzt danach umgehend die Mitglieder des Beschlussgremiums sowie die weiteren unparteiischen Mitglieder ein. [3] Die Bildung des Beschlussgremiums ist bis zum 30. September 2008 abzuschließen. [4] Bis zur Bestellung des Vorsitzenden nimmt der Vorsitzende des Gemeinsamen Bundesausschusses nach § 91 Abs. 2 Satz 1 in der bis zum 30. Juni 2008 geltenden Fassung die Aufgaben des Vorsitzenden des Gemeinsamen Bundesausschusses weiter wahr. [5] Beschlüsse fasst der Gemeinsame Bundesausschuss bis zur Bestellung des Beschlussgremiums in der Besetzung der bis zum 30. Juni 2008 geltenden Regelungen.

§ 92 Richtlinien des Gemeinsamen Bundesausschusses

(1) [1] Der Gemeinsame Bundesausschuss beschließt die zur Sicherung der ärztlichen Versorgung erforderlichen Richtlinien über die Gewähr für eine ausreichende, zweckmäßige und wirtschaftliche Versorgung der Versicherten; dabei ist den besonderen Erfordernissen der Versorgung behinderter oder von Behinderung bedrohter Menschen und psychisch Kranker Rechnung zu tragen, vor allem bei den Leistungen zur Belastungserprobung und Arbeitstherapie; er kann dabei die Erbringung und Verordnung von Leistungen oder Maßnahmen einschränken oder ausschließen, wenn nach allgemein anerkanntem Stand der medizinischen Erkenntnisse der diagnostische oder therapeutische Nutzen, die medizinische Notwendigkeit oder die Wirtschaftlichkeit nicht nachgewiesen sind; er kann die Verordnung von Arzneimitteln einschränken oder ausschließen, wenn die Unzweckmäßigkeit erwiesen oder eine andere, wirtschaftlichere Behandlungsmöglichkeit mit vergleichbarem diagnostischen oder therapeutischen Nutzen verfügbar ist. [2] Er soll insbesondere Richtlinien beschließen über die

1. ärztliche Behandlung,
2. zahnärztliche Behandlung einschließlich der Versorgung mit Zahnersatz sowie kieferorthopädische Behandlung,
3. Maßnahmen zur Früherkennung von Krankheiten,

4. ärztliche Betreuung bei Schwangerschaft und Mutterschaft,
5. Einführung neuer Untersuchungs- und Behandlungsmethoden,
6. Verordnung von Arznei-, Verband-, Heil- und Hilfsmitteln, Krankenhausbehandlung, häuslicher Krankenpflege und Soziotherapie,
7. Beurteilung der Arbeitsunfähigkeit einschließlich der Arbeitsunfähigkeit der nach § 5 Abs. 1 Nr. 2a und der nach § 10 versicherten erwerbsfähigen Hilfebedürftigen im Sinne des Zweiten Buches,
8. Verordnung der im Einzelfall gebotenen Leistungen zur medizinischen Rehabilitation und die Beratung über Leistungen zur medizinischen Rehabilitation, Leistungen zur Teilhabe am Arbeitsleben und ergänzende Leistungen zur Rehabilitation,
9. Bedarfsplanung,
10. medizinische Maßnahmen zur Herbeiführung einer Schwangerschaft nach § 27a Abs. 1,
11. Maßnahmen nach den §§ 24a und 24b,
12. Verordnung von Krankentransporten,
13. Qualitätssicherung,
14. spezialisierte ambulante Palliativversorgung,
15. Schutzimpfungen.

(1a) ¹Die Richtlinien nach Absatz 1 Satz 2 Nr. 2 sind auf eine ursachengerechte, zahnsubstanzschonende und präventionsorientierte zahnärztliche Behandlung einschließlich der Versorgung mit Zahnersatz sowie kieferorthopädischer Behandlung auszurichten. ²Der Gemeinsame Bundesausschuss hat die Richtlinien auf der Grundlage von externem, umfassendem zahnmedizinisch-wissenschaftlichem Sachverstand zu beschließen. ³Das Bundesministerium für Gesundheit kann dem Gemeinsamen Bundesausschuss vorgeben, einen Beschluss zu einzelnen dem Bundesausschuss durch Gesetz zugewiesenen Aufgaben zu fassen oder zu überprüfen und hierzu eine angemessene Frist setzen. ⁴Bei Nichteinhaltung der Frist fasst eine aus den Mitgliedern des Bundesausschusses zu bildende Schiedsstelle innerhalb von 30 Tagen den erforderlichen Beschluss. ⁵Die Schiedsstelle besteht aus dem unparteiischen Vorsitzenden, den zwei weiteren unparteiischen Mitgliedern des Bundesausschusses und je einem von der Kassenzahnärztlichen Bundesvereinigung und dem Spitzenverband Bund der Krankenkassen bestimmten Vertreter. ⁶Vor der Entscheidung des Bundesausschusses über die Richtlinien nach Absatz 1 Satz 2 Nr. 2 ist den für die Wahrnehmung der Interessen von Zahntechnikern maßgeblichen Spitzenorganisationen auf Bundesebene Gelegenheit zur Stellungnahme zu geben; die Stellungnahmen sind in die Entscheidung einzubeziehen.

(1b) Vor der Entscheidung des Gemeinsamen Bundesausschusses über die Richtlinien nach Absatz 1 Satz 2 Nr. 4 ist den in § 134 Abs. 2 genannten Organisationen der Leistungserbringer auf Bundesebene Gelegenheit zur Stellungnahme zu geben; die Stellungnahmen sind in die Entscheidung einzubeziehen.

(2) ¹Die Richtlinien nach Absatz 1 Satz 2 Nr. 6 haben Arznei- und Heilmittel unter Berücksichtigung der Bewertungen nach den §§ 35a und 35b so zusammenzustellen, daß dem Arzt die wirtschaftliche und zweckmäßige Auswahl der Arzneimitteltherapie ermöglicht wird. ²Die Zusammenstellung der Arzneimittel ist nach Indikationsgebieten und Stoffgruppen zu gliedern. ³Um dem Arzt eine therapie- und preisgerechte Auswahl der Arzneimittel zu ermöglichen, sind zu den einzelnen Indikationsgebieten Hinweise aufzunehmen, aus denen sich für Arzneimittel mit pharmakologisch vergleichbaren Wirkstoffen oder therapeutisch vergleichbarer Wirkung eine Bewertung des therapeutischen Nutzens auch im Verhältnis zu den Therapiekosten und damit zur Wirtschaftlichkeit der Verordnung ergibt; § 73 Abs. 8 Satz 3 bis 6 gilt entsprechend. ⁴Um dem Arzt eine therapie- und preisgerechte Auswahl der Arzneimittel zu ermöglichen, können ferner für die einzelnen Indikationsgebiete die Arzneimittel in folgenden Gruppen zusammengefaßt werden:
1. Mittel, die allgemein zur Behandlung geeignet sind,
2. Mittel, die nur bei einem Teil der Patienten oder in besonderen Fällen zur Behandlung geeignet sind,
3. Mittel, bei deren Verordnung wegen bekannter Risiken oder zweifelhafter therapeutischer Zweckmäßigkeit besondere Aufmerksamkeit geboten ist.

⁵Absatz 3a gilt entsprechend. ⁶In den Therapiehinweisen nach den Sätzen 1 und 7 können Anforderungen an die qualitätsgesicherte Anwendung von Arzneimitteln festgestellt werden, insbesondere bezogen auf die Qualifikation des Arztes oder auf die zu behandelnden Patientengruppen. ⁷In den Richtlinien nach Absatz 1 Satz 2 Nr. 6 können auch Therapiehinweise zu Arzneimitteln außerhalb von Zusammenstellungen gegeben werden; die Sätze 3 und 4 sowie Absatz 1 Satz 1 dritter Halbsatz gelten entsprechend. ⁸Die The-

rapiehinweise nach den Sätzen 1 und 7 können Empfehlungen zu den Anteilen einzelner Wirkstoffe an den Verordnungen im Indikationsgebiet vorsehen. ⁹Der Gemeinsame Bundesausschuss regelt die Grundsätze für die Therapiehinweise nach den Sätzen 1 und 7 in seiner Verfahrensordnung. ¹⁰Verordnungseinschränkungen oder Verordnungsausschlüsse nach Absatz 1 für Arzneimittel beschließt der Gemeinsame Bundesausschuss gesondert in Richtlinien außerhalb von Therapiehinweisen. ¹¹Der Gemeinsame Bundesausschuss kann die Verordnung eines Arzneimittels nur einschränken oder ausschließen, wenn die Wirtschaftlichkeit nicht durch einen Festbetrag nach § 35 oder durch die Vereinbarung eines Erstattungsbetrags nach § 130 b hergestellt werden kann. ¹²Verordnungseinschränkungen oder -ausschlüsse eines Arzneimittels wegen Unzweckmäßigkeit nach Absatz 1 Satz 1 dürfen den Feststellungen der Zulassungsbehörde über Qualität, Wirksamkeit und Unbedenklichkeit eines Arzneimittels nicht widersprechen.

(2 a) ¹Der Gemeinsame Bundesausschuss kann im Einzelfall mit Wirkung für die Zukunft vom pharmazeutischen Unternehmer im Benehmen mit der Arzneimittelkommission der deutschen Ärzteschaft und dem Bundesinstitut für Arzneimittel und Medizinprodukte oder dem Paul-Ehrlich-Institut innerhalb einer angemessenen Frist ergänzende versorgungsrelevante Studien zur Bewertung der Zweckmäßigkeit eines Arzneimittels fordern. ²Absatz 3 a gilt für die Forderung nach Satz 1 entsprechend. ³Das Nähere zu den Voraussetzungen, zu der Forderung ergänzender Studien, zu Fristen sowie zu den Anforderungen an die Studien regelt der Gemeinsame Bundesausschuss in seiner Verfahrensordnung. ⁴Werden die Studien nach Satz 1 nicht oder nicht rechtzeitig vorgelegt, kann der Gemeinsame Bundesausschuss das Arzneimittel abweichend von Absatz 1 Satz 1 von der Verordnungsfähigkeit ausschließen. ⁵Eine gesonderte Klage gegen die Forderung ergänzender Studien ist ausgeschlossen.

(3) ¹Für Klagen gegen die Zusammenstellung der Arzneimittel nach Absatz 2 gelten die Vorschriften über die Anfechtungsklage entsprechend. ²Die Klagen haben keine aufschiebende Wirkung. ³Ein Vorverfahren findet nicht statt. ⁴Eine gesonderte Klage gegen die Gliederung nach Indikationsgebieten oder Stoffgruppen nach Absatz 2 Satz 2, die Zusammenfassung der Arzneimittel in Gruppen nach Absatz 2 Satz 4 oder gegen sonstige Bestandteile der Zusammenstellung nach Absatz 2 ist unzulässig.

(3 a) ¹Vor der Entscheidung über die Richtlinien zur Verordnung von Arzneimitteln nach Absatz 1 Satz 2 Nr. 6 und Therapiehinweisen nach Absatz 2 Satz 7 ist den Sachverständigen der medizinischen und pharmazeutischen Wissenschaft und Praxis sowie den für die Wahrnehmung der wirtschaftlichen Interessen gebildeten maßgeblichen Spitzenorganisationen der pharmazeutischen Unternehmer, den betroffenen pharmazeutischen Unternehmern, den Berufsvertretungen der Apotheker und den maßgeblichen Dachverbänden der Ärztegesellschaften der besonderen Therapierichtungen auf Bundesebene Gelegenheit zur Stellungnahme zu geben. ²Die Stellungnahmen sind in die Entscheidung einzubeziehen. ³Der Gemeinsame Bundesausschuss hat unter Wahrung der Betriebs- und Geschäftsgeheimnisse Gutachten oder Empfehlungen von Sachverständigen, die er bei Richtlinien zur Verordnung von Arzneimitteln nach Absatz 1 Satz 2 Nr. 6 sowie bei Therapiehinweisen nach Absatz 2 Satz 7 zu Grunde legt, bei Einleitung des Stellungnahmeverfahrens zu benennen und zu veröffentlichen sowie in den tragenden Gründen der Beschlüsse zu benennen.

(4) In den Richtlinien nach Absatz 1 Satz 2 Nr. 3 sind insbesondere zu regeln
1. die Anwendung wirtschaftlicher Verfahren und die Voraussetzungen, unter denen mehrere Maßnahmen zur Früherkennung zusammenzufassen sind,
2. das Nähere über die Bescheinigungen und Aufzeichnungen bei Durchführung der Maßnahmen zur Früherkennung von Krankheiten,
3. Einzelheiten zum Verfahren und zur Durchführung von Auswertungen der Aufzeichnungen sowie der Evaluation der Maßnahmen zur Früherkennung von Krankheiten.

(5) ¹Vor der Entscheidung des Gemeinsamen Bundesausschusses über die Richtlinien nach Absatz 1 Satz 2 Nr. 8 ist den in § 111 b Satz 1 genannten Organisationen der Leistungerbringer, den Rehabilitationsträgern (§ 6 Abs. 1 Nr. 2 bis 7 des Neunten Buches) sowie der Bundesarbeitsgemeinschaft für Rehabilitation Gelegenheit zur Stellungnahme zu geben; die Stellungnahmen sind in die Entscheidung einzubeziehen. ²In den Richtlinien ist zu regeln, bei welchen Behinderungen, unter welchen Voraussetzungen und nach welchem Verfahren die Vertragsärzte die Krankenkassen über die Behinderungen von Versicherten zu unterrichten haben.

(6) ¹In den Richtlinien nach Absatz 1 Satz 2 Nr. 6 ist insbesondere zu regeln
1. der Katalog verordnungsfähiger Heilmittel,
2. die Zuordnung der Heilmittel zu Indikationen,

3. die Besonderheiten bei Wiederholungsverordnungen und
4. Inhalt und Umfang der Zusammenarbeit des verordnenden Vertragsarztes mit dem jeweiligen Heilmittelerbringer.

²Vor der Entscheidung des Bundesausschusses über die Richtlinien zur Verordnung von Heilmitteln nach Absatz 1 Satz 2 Nr. 6 ist den in § 125 Abs. 1 Satz 1 genannten Organisationen der Leistungserbringer Gelegenheit zur Stellungnahme zu geben; die Stellungnahmen sind in die Entscheidung einzubeziehen.

(6 a) ¹In den Richtlinien nach Absatz 1 Satz 2 Nr. 1 ist insbesondere das Nähere über die psychotherapeutisch behandlungsbedürftigen Krankheiten, die zur Krankenbehandlung geeigneten Verfahren, das Antrags- und Gutachterverfahren, die probatorischen Sitzungen sowie über Art, Umfang und Durchführung der Behandlung zu regeln. ²Die Richtlinien haben darüber hinaus Regelungen zu treffen über die inhaltlichen Anforderungen an den Konsiliarbericht und an die fachlichen Anforderungen des den Konsiliarbericht (§ 28 Abs. 3) abgebenden Vertragsarztes. ³Sie sind erstmalig zum 31. Dezember 1998 zu beschließen und treten am 1. Januar 1999 in Kraft.

(7) ¹In den Richtlinien nach Absatz 1 Satz 2 Nr. 6 sind insbesondere zu regeln
1. die Verordnung der häuslichen Krankenpflege und deren ärztliche Zielsetzung,
2. Inhalt und Umfang der Zusammenarbeit des verordnenden Vertragsarztes mit dem jeweiligen Leistungserbringer und dem Krankenhaus,
3. die Voraussetzungen für die Verordnung häuslicher Krankenpflege und für die Mitgabe von Arzneimitteln im Krankenhaus im Anschluss an einen Krankenhausaufenthalt.

²Vor der Entscheidung des Gemeinsamen Bundesausschusses über die Richtlinien zur Verordnung von häuslicher Krankenpflege nach Absatz 1 Satz 2 Nr. 6 ist den in § 132 a Abs. 1 Satz 1 genannten Leistungserbringern Gelegenheit zur Stellungnahme zu geben; die Stellungnahmen sind in die Entscheidung einzubeziehen.

(7 a) Vor der Entscheidung des Gemeinsamen Bundesausschusses über die Richtlinien zur Verordnung von Hilfsmitteln nach Absatz 1 Satz 2 Nr. 6 ist den in § 128 Abs. 1 Satz 4 genannten Organisationen der betroffenen Leistungserbringer und Hilfsmittelhersteller auf Bundesebene Gelegenheit zur Stellungnahme zu geben; die Stellungnahmen sind in die Entscheidung einzubeziehen.

(7 b) ¹Vor der Entscheidung über die Richtlinien zur Verordnung von spezialisierter ambulanter Palliativversorgung nach Absatz 1 Satz 2 Nr. 14 ist den maßgeblichen Organisationen der Hospizarbeit und der Palliativversorgung sowie den in § 132 a Abs. 1 Satz 1 genannten Organisationen Gelegenheit zur Stellungnahme zu geben. ²Die Stellungnahmen sind in die Entscheidung einzubeziehen.

(7 c) Vor der Entscheidung über die Richtlinien zur Verordnung von Soziotherapie nach Absatz 1 Satz 2 Nr. 6 ist den maßgeblichen Organisationen der Leistungserbringer der Soziotherapieversorgung Gelegenheit zur Stellungnahme zu geben; die Stellungnahmen sind in die Entscheidung einzubeziehen.

(8) Die Richtlinien des Gemeinsamen Bundesausschusses sind Bestandteil der Bundesmantelverträge.

§ 92 a *(aufgehoben)*

§ 93 Übersicht über ausgeschlossene Arzneimittel

(1) ¹Der Gemeinsame Bundesausschuss soll in regelmäßigen Zeitabständen die nach § 34 Abs. 1 oder durch Rechtsverordnung auf Grund des § 34 Abs. 2 und 3 ganz oder für bestimmte Indikationsgebiete von der Versorgung nach § 31 ausgeschlossenen Arzneimittel in einer Übersicht zusammenstellen. ²Die Übersicht ist im Bundesanzeiger bekanntzumachen.

(2) Kommt der Gemeinsame Bundesausschuß seiner Pflicht nach Absatz 1 nicht oder nicht in einer vom Bundesministerium für Gesundheit gesetzten Frist nach, kann das Bundesministerium für Gesundheit die Übersicht zusammenstellen und im Bundesanzeiger bekannt machen.

§ 94 Wirksamwerden der Richtlinien

(1) ¹Die vom Gemeinsamen Bundesausschuss beschlossenen Richtlinien sind dem Bundesministerium für Gesundheit vorzulegen. ²Es kann sie innerhalb von zwei Monaten beanstanden; bei Beschlüssen nach § 35 Abs. 1 innerhalb von vier Wochen. ³Das Bun-

desministerium für Gesundheit kann im Rahmen der Richtlinienprüfung vom Gemeinsamen Bundesausschuss zusätzliche Informationen und ergänzende Stellungnahmen anfordern; bis zum Eingang der Auskünfte ist der Lauf der Frist nach Satz 2 unterbrochen. ⁴Die Nichtbeanstandung einer Richtlinie kann vom Bundesministerium für Gesundheit mit Auflagen verbunden werden; das Bundesministerium für Gesundheit kann zur Erfüllung einer Auflage eine angemessene Frist setzen. ⁵Kommen die für die Sicherstellung der ärztlichen Versorgung erforderlichen Beschlüsse des Gemeinsamen Bundesausschusses nicht oder nicht innerhalb einer vom Bundesministerium für Gesundheit gesetzten Frist zustande oder werden die Beanstandungen des Bundesministeriums für Gesundheit nicht innerhalb der von ihm gesetzten Frist behoben, erläßt das Bundesministerium für Gesundheit die Richtlinien.

(2) ¹Die Richtlinien sind im Bundesanzeiger und deren tragende Gründe im Internet bekanntzumachen. ²Die Bekanntmachung der Richtlinien muss auch einen Hinweis auf die Fundstelle der Veröffentlichung der tragenden Gründe im Internet enthalten.

Siebter Titel. Voraussetzungen und Formen der Teilnahme von Ärzten und Zahnärzten an der Versorgung

§ 95 Teilnahme an der vertragsärztlichen Versorgung

(1) ¹An der vertragsärztlichen Versorgung nehmen zugelassene Ärzte und zugelassene medizinische Versorgungszentren sowie ermächtigte Ärzte und ermächtigte Einrichtungen teil. ²Medizinische Versorgungszentren sind fachübergreifende ärztlich geleitete Einrichtungen, in denen Ärzte, die in das Arztregister nach Absatz 2 Satz 3 eingetragen sind, als Angestellte oder Vertragsärzte tätig sind. ³Eine Einrichtung nach Satz 2 ist dann fachübergreifend, wenn in ihr Ärzte mit verschiedenen Facharzt- oder Schwerpunktbezeichnungen tätig sind; sie ist nicht fachübergreifend, wenn die Ärzte der hausärztlichen Arztgruppe nach § 101 Abs. 5 angehören und wenn die Ärzte oder Psychotherapeuten der psychotherapeutischen Arztgruppe nach § 101 Abs. 4 angehören. ⁴Sind in einer Einrichtung nach Satz 2 ein fachärztlicher und ein hausärztlicher Internist tätig, so ist die Einrichtung fachübergreifend. ⁵Sind in einem medizinischen Versorgungszentrum Angehörige unterschiedlicher Berufsgruppen, die an der vertragsärztlichen Versorgung teilnehmen, tätig, ist auch eine kooperative Leitung möglich. ⁶Die medizinischen Versorgungszentren können sich aller zulässigen Organisationsformen bedienen; sie können von den Leistungserbringern, die auf Grund von Zulassung, Ermächtigung oder Vertrag an der medizinischen Versorgung der Versicherten teilnehmen, gegründet werden. ⁷Die Zulassung erfolgt für den Ort der Niederlassung als Arzt oder den Ort der Niederlassung als medizinisches Versorgungszentrum (Vertragsarztsitz).

(2) ¹Um die Zulassung als Vertragsarzt kann sich jeder Arzt bewerben, der seine Eintragung in ein Arzt- oder Zahnarztregister (Arztregister) nachweist. ²Die Arztregister werden von den Kassenärztlichen Vereinigungen für jeden Zulassungsbezirk geführt. ³Die Eintragung in ein Arztregister erfolgt auf Antrag

1. nach Erfüllung der Voraussetzungen nach § 95 a für Vertragsärzte und nach § 95 c für Psychotherapeuten,
2. nach Ableistung einer zweijährigen Vorbereitungszeit für Vertragszahnärzte.

⁴Das Nähere regeln die Zulassungsverordnungen. ⁵Um die Zulassung kann sich ein medizinisches Versorgungszentrum bewerben, dessen Ärzte in das Arztregister nach Satz 3 eingetragen sind; Absatz 2 a gilt für die Ärzte in einem zugelassenen medizinischen Versorgungszentrum entsprechend. ⁶Für die Zulassung eines medizinischen Versorgungszentrums in der Rechtsform einer juristischen Person des Privatrechts ist außerdem Voraussetzung, dass die Gesellschafter selbstschuldnerische Bürgschaftserklärungen für Forderungen von Kassenärztlichen Vereinigungen und Krankenkassen gegen das medizinische Versorgungszentrum aus dessen vertragsärztlicher Tätigkeit abgeben; dies gilt auch für Forderungen, die erst nach Auflösung des medizinischen Versorgungszentrums fällig werden. ⁷Die Anstellung eines Arztes in einem zugelassenen medizinischen Versorgungszentrum bedarf der Genehmigung des Zulassungsausschusses. ⁸Die Genehmigung ist zu erteilen, wenn die Voraussetzungen des Satzes 5 erfüllt sind. ⁹Anträge auf Zulassung eines Arztes und auf Zulassung eines medizinischen Versorgungszentrums sowie auf Genehmigung der Anstellung eines Arztes in einem zugelassenen medizinischen Versorgungszentrum sind abzulehnen, wenn bei Antragstellung für die dort tätigen Ärzte Zulassungsbeschränkungen nach § 103 Abs. 1 Satz 2 angeordnet sind. ¹⁰Für die in den medizinischen Versorgungszentren angestellten Ärzte gilt § 135 entsprechend.

(2a) ¹Voraussetzung für die Zulassung als Vertragsarzt ist ferner, daß der Antragsteller auf Grund des bis zum 18. Juni 1993 geltenden Rechts darauf vertrauen konnte, zukünftig eine Zulassung zu erhalten. ²Dies gilt nicht für einen Antrag auf Zulassung in einem Gebiet, für das der Landesausschuß der Ärzte und Krankenkassen nach § 100 Abs. 1 Satz 1 Unterversorgung festgestellt hat.

(3) ¹Die Zulassung bewirkt, daß der Vertragsarzt Mitglied der für seinen Kassenarztsitz zuständigen Kassenärztlichen Vereinigung wird und zur Teilnahme an der vertragsärztlichen Versorgung im Umfang seines aus der Zulassung folgenden zeitlich vollen oder hälftigen Versorgungsauftrages berechtigt und verpflichtet ist. ²Die Zulassung des medizinischen Versorgungszentrums bewirkt, dass die im Versorgungszentrum angestellten Ärzte Mitglieder der für den Vertragsarztsitz des Versorgungszentrums zuständigen Kassenärztlichen Vereinigung sind und dass das zugelassene medizinische Versorgungszentrum insoweit zur Teilnahme an der vertragsärztlichen Versorgung berechtigt und verpflichtet ist. ³Die vertraglichen Bestimmungen über die vertragsärztliche Versorgung sind verbindlich.

(4) ¹Die Ermächtigung bewirkt, daß der ermächtigte Arzt oder die ermächtigte Einrichtung zur Teilnahme an der vertragsärztlichen Versorgung berechtigt und verpflichtet ist. ²Die vertraglichen Bestimmungen über die vertragsärztliche Versorgung sind für sie verbindlich. ³Die Absätze 5 bis 7, § 75 Abs. 2 und § 81 Abs. 5 gelten entsprechend.

(5) ¹Die Zulassung ruht auf Beschluß des Zulassungsausschusses, wenn der Vertragsarzt seine Tätigkeit nicht aufnimmt oder nicht ausübt, ihre Aufnahme aber in angemessener Frist zu erwarten ist, oder auf Antrag eines Vertragsarztes, der in den hauptamtlichen Vorstand nach § 79 Abs. 1 gewählt worden ist. ²Unter den gleichen Voraussetzungen kann bei vollem Versorgungsauftrag das hälftige Ruhen der Zulassung beschlossen werden.

(6) ¹Die Zulassung ist zu entziehen, wenn ihre Voraussetzungen nicht oder nicht mehr vorliegen, der Vertragsarzt die vertragsärztliche Tätigkeit nicht aufnimmt oder nicht mehr ausübt oder seine vertragsärztlichen Pflichten gröblich verletzt. ²Der Zulassungsausschuss kann in diesen Fällen statt einer vollständigen auch eine hälftige Entziehung der Zulassung beschließen. ³Einem medizinischen Versorgungszentrum ist die Zulassung auch dann zu entziehen, wenn die Gründungsvoraussetzung des Absatzes 1 Satz 6 zweiter Halbsatz länger als sechs Monate nicht mehr vorliegt.

(7) ¹Die Zulassung endet mit dem Tod, mit dem Wirksamwerden eines Verzichts oder mit dem Wegzug des Berechtigten aus dem Bezirk seines Kassenarztsitzes. ²Die Zulassung eines medizinischen Versorgungszentrums endet mit dem Wirksamwerden eines Verzichts, der Auflösung oder mit dem Wegzug des zugelassenen medizinischen Versorgungszentrums aus dem Bezirk des Vertragsarztsitzes. ³Für Vertragsärzte, die im Jahr 2008 das 68. Lebensjahr vollendet haben, findet § 95 Abs. 7 Satz 3 bis 9 in der bis zum 30. September 2008 geltenden Fassung keine Anwendung, es sei denn, der Vertragsarztsitz wird nach § 103 Abs. 4 fortgeführt. ⁴Die Zulassung endet in diesen Fällen am 31. März 2009, es sei denn, der Vertragsarzt erklärt gegenüber dem Zulassungsausschuss die Wiederaufnahme seiner Tätigkeit. ⁵Bis zu diesem Zeitpunkt gilt die Zulassung als ruhend. ⁶In den Fällen der Anstellung von Ärzten in einem zugelassenen medizinischen Versorgungszentrum gelten die Sätze 3 bis 5 entsprechend.

(8) *(aufgehoben)*

(9) ¹Der Vertragsarzt kann mit Genehmigung des Zulassungsausschusses Ärzte, die in das Arztregister eingetragen sind, anstellen, sofern für die Arztgruppe, der der anzustellende Arzt angehört, keine Zulassungsbeschränkungen angeordnet sind. ²Sind Zulassungsbeschränkungen angeordnet, gilt Satz 1 mit der Maßgabe, dass die Voraussetzungen des § 101 Abs. 1 Satz 1 Nr. 5 erfüllt sein müssen. ³Das Nähere zu der Anstellung von Ärzten bei Vertragsärzten bestimmen die Zulassungsverordnungen. ⁴Absatz 7 Satz 7 gilt entsprechend.

(9a) ¹Der an der hausärztlichen Versorgung teilnehmende Vertragsarzt kann mit Genehmigung des Zulassungsausschusses Ärzte, die von einer Hochschule mindestens halbtags als angestellte oder beamtete Hochschullehrer für Allgemeinmedizin oder als deren wissenschaftliche Mitarbeiter beschäftigt werden und in das Arztregister eingetragen sind, unabhängig von Zulassungsbeschränkungen anstellen. ²Bei der Ermittlung des Versorgungsgrades in einem Planungsbereich sind diese angestellten Ärzte nicht mitzurechnen.

(10) ¹Psychotherapeuten werden zur vertragsärztlichen Versorgung zugelassen, wenn sie
1. bis zum 31. Dezember 1998 die Voraussetzungen der Approbation nach § 12 des Psychotherapeutengesetzes und des Fachkundenachweises nach § 95c Satz 2 Nr. 3 erfüllt und den Antrag auf Erteilung der Zulassung gestellt haben,

2. bis zum 31. März 1999 die Approbationsurkunde vorlegen und
3. in der Zeit vom 25. Juni 1994 bis zum 24. Juni 1997 an der ambulanten psychotherapeutischen Versorgung der Versicherten der gesetzlichen Krankenversicherung teilgenommen haben.
²Der Zulassungsausschuß hat über die Zulassunganträge bis zum 30. April 1999 zu entscheiden.

(11) ¹Psychotherapeuten werden zur vertragsärztlichen Versorgung ermächtigt, wenn sie

1. bis zum 31. Dezember 1998 die Voraussetzungen der Approbation nach § 12 des Psychotherapeutengesetzes erfüllt und 500 dokumentierte Behandlungsstunden oder 250 dokumentierte Behandlungsstunden unter qualifizierter Supervision in Behandlungsverfahren erbracht haben, die der Gemeinsame Bundesausschuß in den bis zum 31. Dezember 1998 geltenden Richtlinien über die Durchführung der Psychotherapie in der vertragsärztlichen Versorgung anerkannt hat (Psychotherapie-Richtlinien in der Neufassung vom 3. Juli 1987 – BAnz. Nr. 156 Beilage Nr. 156a –, zuletzt geändert durch Bekanntmachung vom 12. März 1997 – BAnz. Nr. 49 S. 2946), und den Antrag auf Nachqualifikation gestellt haben,
2. bis zum 31. März 1999 die Approbationsurkunde vorlegen und
3. in der Zeit vom 25. Juni 1994 bis zum 24. Juni 1997 an der ambulanten psychotherapeutischen Versorgung der Versicherten der gesetzlichen Krankenversicherung teilgenommen haben.

²Der Zulassungsausschuß hat über die Anträge bis zum 30. April 1999 zu entscheiden. ³Die erfolgreiche Nachqualifikation setzt voraus, daß die für die Approbation gemäß § 12 Abs. 1 und § 12 Abs. 3 des Psychotherapeutengesetzes geforderte Qualifikation, die geforderten Behandlungsstunden, Behandlungsfälle und die theoretische Ausbildung in vom Gemeinsamen Bundesausschuß anerkannten Behandlungsverfahren erbracht wurden. ⁴Bei Nachweis des erfolgreichen Abschlusses der Nachqualifikation hat der Zulassungsausschuß auf Antrag die Ermächtigung in eine Zulassung umzuwandeln. ⁵Die Ermächtigung des Psychotherapeuten erlischt bei Beendigung der Nachqualifikation, spätestens fünf Jahre nach Erteilung der Ermächtigung; sie bleibt jedoch bis zur Entscheidung des Zulassungsausschusses erhalten, wenn der Antrag auf Umwandlung bis fünf Jahre nach Erteilung der Ermächtigung gestellt wurde.

(11a) ¹Für einen Psychotherapeuten, der bis zum 31. Dezember 1998 wegen der Betreuung und der Erziehung eines Kindes in den ersten drei Lebensjahren, für das die Personensorge zustand und mit dem er in einem Haushalt gelebt hat, keine Erwerbstätigkeit ausgeübt hat, wird die in Absatz 11 Satz 1 Nr. 1 genannte Frist zur Antragstellung für eine Ermächtigung und zur Erfüllung der Behandlungsstunden um den Zeitraum hinausgeschoben, der der Kindererziehungszeit entspricht, höchstens jedoch um drei Jahre. ²Die Ermächtigung eines Psychotherapeuten ruht in der Zeit, in der er wegen der Betreuung und der Erziehung eines Kindes in den ersten drei Lebensjahren, für das ihm die Personensorge zusteht und das mit ihm in einem Haushalt lebt, keine Erwerbstätigkeit ausübt. ³Sie verlängert sich längstens um den Zeitraum der Kindererziehung.

(11b) ¹Für einen Psychotherapeuten, der in dem in Absatz 10 Satz 1 Nr. 3 und Absatz 11 Satz 1 Nr. 3 genannten Zeitraum wegen der Betreuung und Erziehung eines Kindes in den ersten drei Lebensjahren, für das ihm die Personensorge zustand und mit dem er in einem Haushalt gelebt hat, keine Erwerbstätigkeit ausgeübt hat, wird der Beginn der Frist um die Zeit vorverlegt, die der Zeit der Kindererziehung in dem Dreijahreszeitraum entspricht. ²Begann die Kindererziehungszeit vor dem 25. Juni 1994, berechnet sich die Frist vom Zeitpunkt des Beginns der Kindererziehungszeit an.

(12) ¹Der Zulassungsausschuß kann über Zulassungsanträge von Psychotherapeuten und überwiegend oder ausschließlich psychotherapeutisch tätige Ärzte, die nach dem 31. Dezember 1998 gestellt werden, erst dann entscheiden, wenn der Landesausschuß der Ärzte und Krankenkassen die Feststellung nach § 103 Abs. 1 Satz 1 getroffen hat. ²Anträge nach Satz 1 sind wegen Zulassungsbeschränkungen auch dann abzulehnen, wenn diese bei Antragstellung noch nicht angeordnet waren.

(13) ¹In Zulassungssachen der Psychotherapeuten und der überwiegend oder ausschließlich psychotherapeutisch tätigen Ärzte (§ 101 Abs. 4 Satz 1) treten abweichend von § 96 Abs. 2 Satz 1 und § 97 Abs. 2 Satz 1 an die Stelle der Vertreter der Ärzte Vertreter der Psychotherapeuten und der Ärzte in gleicher Zahl; unter den Vertretern der Psychotherapeuten muß mindestens ein Kinder- und Jugendlichenpsychotherapeut sein. ²Für die erstmalige Besetzung der Zulassungsausschüsse und der Berufungsausschüsse nach Satz 1

werden die Vertreter der Psychotherapeuten von der zuständigen Aufsichtsbehörde auf Vorschlag der für die beruflichen Interessen maßgeblichen Organisationen der Psychotherapeuten auf Landesebene berufen.

§ 95a Voraussetzung für die Eintragung in das Arztregister für Vertragsärzte

(1) Bei Ärzten setzt die Eintragung in das Arztregister voraus:
1. die Approbation als Arzt,
2. den erfolgreichen Abschluß entweder einer allgemeinmedizinischen Weiterbildung oder einer Weiterbildung in einem anderen Fachgebiet mit der Befugnis zum Führen einer entsprechenden Gebietsbezeichnung oder den Nachweis einer Qualifikation, die gemäß den Absätzen 4 und 5 anerkannt ist.

(2) ¹Eine allgemeinmedizinische Weiterbildung im Sinne des Absatzes 1 Nr. 2 ist nachgewiesen, wenn der Arzt nach landesrechtlichen Vorschriften zum Führen der Facharztbezeichnung für Allgemeinmedizin berechtigt ist und diese Berechtigung nach einer mindestens fünfjährigen erfolgreichen Weiterbildung in der Allgemeinmedizin bei zur Weiterbildung ermächtigten Ärzten und in dafür zugelassene Einrichtungen erworben hat. ²Bis zum 31. Dezember 2008 ist eine dem Satz 1 entsprechende mindestens dreijährige Weiterbildung ausnahmsweise ausreichend, wenn nach den entsprechenden landesrechtlichen Vorschriften eine begonnene Weiterbildung in der Allgemeinmedizin, für die eine Dauer von mindestens drei Jahren vorgeschrieben war, wegen der Erziehung eines Kindes in den ersten drei Lebensjahren, für das dem Arzt die Personensorge zustand und mit dem er in einem Haushalt gelebt hat, die Weiterbildung unterbrochen worden ist und nach den landesrechtlichen Vorschriften als mindestens dreijährige Weiterbildung fortgesetzt werden darf. ³Satz 2 gilt entsprechend, wenn aus den dort genannten Gründen der Kindererziehung die Aufnahme einer vertragsärztlichen Tätigkeit in der Allgemeinmedizin vor dem 1. Januar 2006 nicht möglich war und ein entsprechender Antrag auf Eintragung in das Arztregister auf der Grundlage einer abgeschlossenen mindestens dreijährigen Weiterbildung bis zum 31. Dezember 2008 gestellt wird.

(3) ¹Die allgemeinmedizinische Weiterbildung muß unbeschadet ihrer mindestens fünfjährigen Dauer inhaltlich mindestens den Anforderungen nach Artikel 28 der Richtlinie 2005/36/EG des Europäischen Parlaments und des Rates vom 7. September 2005 über die Anerkennung von Berufsqualifikationen (ABl. EU Nr. L 255 S. 22, 2007 Nr. L 271 S. 18) entsprechen und mit dem Erwerb der Facharztbezeichnung für Allgemeinmedizin abschließen. ²Sie hat insbesondere folgende Tätigkeiten einzuschließen:
1. mindestens sechs Monate in der Praxis eines zur Weiterbildung in der Allgemeinmedizin ermächtigten niedergelassenen Arztes,
2. mindestens sechs Monate in zugelassenen Krankenhäusern,
3. höchstens sechs Monate in anderen zugelassenen Einrichtungen oder Diensten des Gesundheitswesens, die sich mit Allgemeinmedizin befassen, soweit der Arzt mit einer patientenbezogenen Tätigkeit betraut ist.

(4) Die Voraussetzungen zur Eintragung sind auch erfüllt, wenn der Arzt auf Grund von landesrechtlichen Vorschriften zur Ausführung des Artikels 30 der Richtlinie 2005/36/EG des Europäischen Parlaments und des Rates vom 7. September 2005 über die Anerkennung von Berufsqualifikationen (ABl. EU Nr. L 255 S. 22, 2007 Nr. L 271 S. 18) bis zum 31. Dezember 1995 die Bezeichnung „Praktischer Arzt" erworben hat.

(5) ¹Einzutragen sind auf ihren Antrag auch im Inland zur Berufsausübung zugelassene Ärzte, wenn sie Inhaber eines Ausbildungsnachweises über eine inhaltlich mindestens den Anforderungen nach Artikel 28 der Richtlinie 2005/36/EG des Europäischen Parlaments und des Rates vom 7. September 2005 über die Anerkennung von Berufsqualifikationen (ABl. EU Nr. L 255 S. 22, 2007 Nr. L 271 S. 18) entsprechende besondere Ausbildung in der Allgemeinmedizin sind und dieser Ausbildungsnachweis in einem Mitgliedstaat der Europäischen Union oder einem anderen Vertragsstaat des Abkommens über den Europäischen Wirtschaftsraum oder einem Vertragsstaat, dem die Europäische Gemeinschaft oder Deutschland und die Europäische Union vertraglich einen entsprechenden Rechtsanspruch eingeräumt haben, ausgestellt worden ist. ²Einzutragen sind auch Inhaber von Bescheinigungen über besondere erworbene Rechte von praktischen Ärzten nach Artikel 30 der in Satz 1 genannten Richtlinie, Inhaber eines Ausbildungsnachweises über eine inhaltlich mindestens den Anforderungen nach Artikel 25 dieser Richtlinie entsprechende fachärztliche Weiterbildung oder Inhaber einer Bescheinigung über besondere erworbene Rechte von Fachärzten nach Artikel 27 dieser Richtlinie.

§ 95 b Kollektiver Verzicht auf die Zulassung

(1) Mit den Pflichten eines Vertragsarztes ist es nicht vereinbar, in einem mit anderen Ärzten aufeinander abgestimmten Verfahren oder Verhalten auf die Zulassung als Vertragsarzt zu verzichten.

(2) Verzichten Vertragsärzte in einem mit anderen Vertragsärzten aufeinander abgestimmten Verfahren oder Verhalten auf ihre Zulassung als Vertragsarzt und kommt es aus diesem Grund zur Feststellung der Aufsichtsbehörde nach § 72 a Abs. 1, kann eine erneute Zulassung frühestens nach Ablauf von sechs Jahren nach Abgabe der Verzichtserklärung erteilt werden.

(3) [1]Nimmt ein Versicherter einen Arzt oder Zahnarzt in Anspruch, der auf seine Zulassung nach Absatz 1 verzichtet hat, zahlt die Krankenkasse die Vergütung mit befreiender Wirkung an den Arzt oder Zahnarzt. [2]Der Vergütungsanspruch gegen die Krankenkasse ist auf das 1,0fache des Gebührensatzes der Gebührenordnung für Ärzte oder der Gebührenordnung für Zahnärzte beschränkt. [3]Ein Vergütungsanspruch des Arztes oder Zahnarztes gegen den Versicherten besteht nicht. [4]Abweichende Vereinbarungen sind nichtig.

§ 95 c Voraussetzung für die Eintragung von Psychotherapeuten in das Arztregister

[1]Bei Psychotherapeuten setzt die Eintragung in das Arztregister voraus:
1. die Approbation als Psychotherapeut nach § 2 oder 12 des Psychotherapeutengesetzes und
2. den Fachkundenachweis.

[2]Der Fachkundenachweis setzt voraus

1. für den nach § 2 Abs. 1 des Psychotherapeutengesetzes approbierten Psychotherapeuten, daß der Psychotherapeut die vertiefte Ausbildung gemäß § 8 Abs. 3 Nr. 1 des Psychotherapeutengesetzes in einem durch den Gemeinsamen Bundesausschuss nach § 92 Abs. 6a anerkannten Behandlungsverfahren erfolgreich abgeschlossen hat;
2. für den nach § 2 Abs. 2 und Abs. 3 des Psychotherapeutengesetzes approbierten Psychotherapeuten, daß die der Approbation zugrundeliegende Ausbildung und Prüfung in einem durch den Gemeinsamen Bundesausschuss nach § 92 Abs. 6a anerkannten Behandlungsverfahren abgeschlossen wurden;
3. für den nach § 12 des Psychotherapeutengesetzes approbierten Psychotherapeuten, daß er die für eine Approbation geforderte Qualifikation, Weiterbildung oder Behandlungsstunden, Behandlungsfälle und die theoretische Ausbildung in einem durch den Gemeinsamen Bundesausschuss nach § 92 Abs. 1 Satz 2 Nr. 1 anerkannten Behandlungsverfahren nachweist.

§ 95 d Pflicht zur fachlichen Fortbildung

(1) [1]Der Vertragsarzt ist verpflichtet, sich in dem Umfang fachlich fortzubilden, wie es zur Erhaltung und Fortentwicklung der zu seiner Berufsausübung in der vertragsärztlichen Versorgung erforderlichen Fachkenntnisse notwendig ist. [2]Die Fortbildungsinhalte müssen dem aktuellen Stand der wissenschaftlichen Erkenntnisse auf dem Gebiet der Medizin, Zahnmedizin oder Psychotherapie entsprechen. [3]Sie müssen frei von wirtschaftlichen Interessen sein.

(2) [1]Der Nachweis über die Fortbildung kann durch Fortbildungszertifikate der Kammern der Ärzte, der Zahnärzte sowie der Psychologischen Psychotherapeuten und Kinder- und Jugendlichenpsychotherapeuten erbracht werden. [2]Andere Fortbildungszertifikate müssen den Kriterien entsprechen, die die jeweilige Arbeitsgemeinschaft der Kammern dieser Berufe auf Bundesebene aufgestellt hat. [3]In Ausnahmefällen kann die Übereinstimmung der Fortbildung mit den Anforderungen nach Absatz 1 Satz 2 und 3 auch durch sonstige Nachweise erbracht werden; die Einzelheiten werden von den Kassenärztlichen Bundesvereinigungen nach Absatz 6 Satz 2 geregelt.

(3) [1]Ein Vertragsarzt hat alle fünf Jahre gegenüber der Kassenärztlichen Vereinigung den Nachweis zu erbringen, dass er in dem zurückliegenden Fünfjahreszeitraum seiner Fortbildungspflicht nach Absatz 1 nachgekommen ist; für die Zeit des Ruhens der Zulassung ist die Frist unterbrochen. [2]Endet die bisherige Zulassung infolge Wegzugs des Vertragsarztes aus dem Bezirk seines Vertragsarztsitzes, läuft die bisherige Frist weiter. [3]Vertragsärzte, die am 30. Juni 2004 bereits zugelassen sind, haben den Nachweis nach Satz 1

erstmals bis zum 30. Juni 2009 zu erbringen. ⁴Erbringt ein Vertragsarzt den Fortbildungsnachweis nicht oder nicht vollständig, ist die Kassenärztliche Vereinigung verpflichtet, das an ihn zu zahlende Honorar aus der Vergütung vertragsärztlicher Tätigkeit für die ersten vier Quartale, die auf den Fünfjahreszeitraum folgen, um 10 vom Hundert zu kürzen, ab dem darauf folgenden Quartal um 25 vom Hundert. ⁵Ein Vertragsarzt kann die für den Fünfjahreszeitraum festgelegte Fortbildung binnen zwei Jahren ganz oder teilweise nachholen; die nachgeholte Fortbildung wird auf den folgenden Fünfjahreszeitraum nicht angerechnet. ⁶Die Honorarkürzung endet nach Ablauf des Quartals, in dem der vollständige Fortbildungsnachweis erbracht wird. ⁷Erbringt ein Vertragsarzt den Fortbildungsnachweis nicht spätestens zwei Jahre nach Ablauf des Fünfjahreszeitraums, soll die Kassenärztliche Vereinigung unverzüglich gegenüber dem Zulassungsausschuss einen Antrag auf Entziehung der Zulassung stellen. ⁸Wird die Zulassungsentziehung abgelehnt, endet die Honorarkürzung nach Ablauf des Quartals, in dem der Vertragsarzt den vollständigen Fortbildungsnachweis des folgenden Fünfjahreszeitraums erbringt.

(4) Die Absätze 1 bis 3 gelten für ermächtigte Ärzte entsprechend.

(5) ¹Die Absätze 1 und 2 gelten entsprechend für angestellte Ärzte eines medizinischen Versorgungszentrums, eines Vertragsarztes oder einer Einrichtung nach § 119 b. ²Den Fortbildungsnachweis nach Absatz 3 für die von ihm angestellten Ärzte führt das medizinische Versorgungszentrum oder der Vertragsarzt; für die in einer Einrichtung nach § 119 b angestellten Ärzte wird der Fortbildungsnachweis nach Absatz 3 von der Einrichtung geführt. ³Übt ein angestellter Arzt die Beschäftigung länger als drei Monate nicht aus, hat die Kassenärztliche Vereinigung auf Antrag den Fünfjahreszeitraum um die Fehlzeiten zu verlängern. ⁴Absatz 3 Satz 2 bis 6 und 8 gilt entsprechend mit der Maßgabe, dass das Honorar des medizinischen Versorgungszentrums, des Vertragsarztes oder der Einrichtung nach § 119 b gekürzt wird. ⁵Die Honorarkürzung endet auch dann, wenn der Kassenärztlichen Vereinigung die Beendigung des Beschäftigungsverhältnisses nachgewiesen wird, nach Ablauf des Quartals, in dem das Beschäftigungsverhältnis endet. ⁶Besteht das Beschäftigungsverhältnis fort und hat das zugelassene medizinische Versorgungszentrum oder der Vertragsarzt nicht spätestens zwei Jahre nach Ablauf des Fünfjahreszeitraums für einen angestellten Arzt den Fortbildungsnachweis erbracht, soll die Kassenärztliche Vereinigung unverzüglich gegenüber dem Zulassungsausschuss einen Antrag auf Widerruf der Genehmigung der Anstellung stellen.

(6) ¹Die Kassenärztlichen Bundesvereinigungen regeln im Einvernehmen mit den zuständigen Arbeitsgemeinschaften der Kammern auf Bundesebene den angemessenen Umfang der im Fünfjahreszeitraum notwendigen Fortbildung. ²Die Kassenärztlichen Bundesvereinigungen regeln das Verfahren des Fortbildungsnachweises und der Honorarkürzung. ³Es ist insbesondere festzulegen, in welchen Fällen Vertragsärzte bereits vor Ablauf des Fünfjahreszeitraums Anspruch auf eine schriftliche Anerkennung abgeleisteter Fortbildung haben. ⁴Die Regelungen sind für die Kassenärztlichen Vereinigungen verbindlich.

§ 96 Zulassungsausschüsse

(1) Zur Beschlußfassung und Entscheidung in Zulassungssachen errichten die Kassenärztlichen Vereinigungen und die Landesverbände der Krankenkassen sowie die Ersatzkassen für den Bezirk jeder Kassenärztlichen Vereinigung oder für Teile dieses Bezirks (Zulassungsbezirk) einen Zulassungsausschuß für Ärzte und einen Zulassungsausschuß für Zahnärzte.

(2) ¹Die Zulassungsausschüsse bestehen aus Vertretern der Ärzte und der Krankenkassen in gleicher Zahl. ²Die Vertreter der Ärzte und ihre Stellvertreter werden von den Kassenärztlichen Vereinigungen, die Vertreter der Krankenkassen und ihre Stellvertreter von den Landesverbänden der Krankenkassen und den Ersatzkassen bestellt. ³Die Mitglieder der Zulassungsausschüsse führen ihr Amt als Ehrenamt. ⁴Sie sind an Weisungen nicht gebunden. ⁵Den Vorsitz führt abwechselnd ein Vertreter der Ärzte und der Krankenkassen. ⁶Die Zulassungsausschüsse beschließen mit einfacher Stimmenmehrheit, bei Stimmengleichheit gilt ein Antrag als abgelehnt.

(3) ¹Die Geschäfte der Zulassungsausschüsse werden bei den Kassenärztlichen Vereinigungen geführt. ²Die Kosten der Zulassungsausschüsse werden, soweit sie nicht durch Gebühren gedeckt sind, je zur Hälfte von den Kassenärztlichen Vereinigungen einerseits und den Landesverbänden der Krankenkassen und den Ersatzkassen andererseits getragen.

(4) ¹Gegen die Entscheidungen der Zulassungsausschüsse können die am Verfahren beteiligten Ärzte und Einrichtungen, die Kassenärztlichen Vereinigungen und die Landesverbände der Krankenkassen sowie die Ersatzkassen den Berufungsausschuß anrufen. ²Die Anrufung hat aufschiebende Wirkung.

§ 97 Berufungsausschüsse

(1) ¹Die Kassenärztlichen Vereinigungen und die Landesverbände der Krankenkassen sowie die Ersatzkassen errichten für den Bezirk jeder Kassenärztlichen Vereinigung einen Berufungsausschuß für Ärzte und einen Berufungsausschuß für Zahnärzte. ²Sie können nach Bedarf mehrere Berufungsausschüsse für den Bezirk einer Kassenärztlichen Vereinigung oder einen gemeinsamen Berufungsausschuß für die Bezirke mehrerer Kassenärztlicher Vereinigungen errichten.

(2) ¹Die Berufungsausschüsse bestehen aus einem Vorsitzenden mit der Befähigung zum Richteramt und aus Vertretern der Ärzte einerseits und der Landesverbände der Krankenkassen sowie der Ersatzkassen andererseits in gleicher Zahl als Beisitzern. ²Über den Vorsitzenden sollen sich die Beisitzer einigen. ³Kommt eine Einigung nicht zustande, beruft ihn die für die Sozialversicherung zuständige oberste Verwaltungsbehörde im Benehmen mit den Kassenärztlichen Vereinigungen und den Landesverbänden der Krankenkassen sowie den Ersatzkassen. ⁴§ 96 Abs. 2 Satz 2 bis 5 und 7 und Abs. 3 gilt entsprechend.

(3) ¹Für das Verfahren sind § 84 Abs. 1 und § 85 Abs. 3 des Sozialgerichtsgesetzes anzuwenden. ²Das Verfahren vor dem Berufungsausschuß gilt als Vorverfahren (§ 78 des Sozialgerichtsgesetzes).

(4) Der Berufungsausschuß kann die sofortige Vollziehung seiner Entscheidung im öffentlichen Interesse anordnen.

(5) ¹Die Aufsicht über die Geschäftsführung der Zulassungsausschüsse und der Berufungsausschüsse führen die für die Sozialversicherung zuständigen obersten Verwaltungsbehörden der Länder. ²Sie berufen die Vertreter der Ärzte und der Krankenkassen, wenn und solange die Kassenärztlichen Vereinigungen, die Landesverbände der Krankenkassen oder die Ersatzkassen diese nicht bestellen.

§ 98 Zulassungsverordnungen

(1) ¹Die Zulassungsverordnungen regeln das Nähere über die Teilnahme an der vertragsärztlichen Versorgung sowie die zu ihrer Sicherstellung erforderliche Bedarfsplanung (§ 99) und die Beschränkung von Zulassungen. ²Sie werden vom Bundesministerium für Gesundheit mit Zustimmung des Bundesrates als Rechtsverordnung erlassen.

(2) Die Zulassungsverordnungen müssen Vorschriften enthalten über

1. die Zahl, die Bestellung und die Abberufung der Mitglieder der Ausschüsse sowie ihrer Stellvertreter, ihre Amtsdauer, ihre Amtsführung und die ihnen zu gewährende Erstattung der baren Auslagen und Entschädigung für Zeitaufwand,
2. die Geschäftsführung der Ausschüsse,
3. das Verfahren der Ausschüsse entsprechend den Grundsätzen des Vorverfahrens in der Sozialgerichtsbarkeit,
4. die Verfahrensgebühren unter Berücksichtigung des Verwaltungsaufwandes und der Bedeutung der Angelegenheit für den Gebührenschuldner sowie über die Verteilung der Kosten der Ausschüsse auf die beteiligten Verbände,
5. die Führung der Arztregister durch die Kassenärztlichen Vereinigungen und die Führung von Bundesarztregistern durch die Kassenärztlichen Bundesvereinigungen sowie das Recht auf Einsicht in diese Register und die Registerakten, insbesondere durch die betroffenen Ärzte und Krankenkassen,
6. das Verfahren für die Eintragung in die Arztregister sowie über die Verfahrensgebühren unter Berücksichtigung des Verwaltungsaufwandes und der Bedeutung der Angelegenheit für den Gebührenschuldner,
7. die Bildung und Abgrenzung der Zulassungsbezirke,
8. die Aufstellung, Abstimmung, Fortentwicklung und Auswertung der für die mittel- und langfristige Sicherstellung der vertragsärztlichen Versorgung erforderlichen Bedarfspläne sowie die hierbei notwendige Zusammenarbeit mit anderen Stellen, deren Unterrichtung und die Beratung in den Landesausschüssen der Ärzte und Krankenkassen,
9. die Ausschreibung von Vertragsarztsitzen,
10. die Voraussetzungen für die Zulassung hinsichtlich der Vorbereitung und der Eignung zur Ausübung der vertragsärztlichen Tätigkeit sowie die nähere Bestimmung des zeitlichen Umfangs des Versorgungsauftrages aus der Zulassung,
11. die Voraussetzungen, unter denen Ärzte, insbesondere in Krankenhäusern und Einrichtungen der beruflichen Rehabilitation, oder in besonderen Fällen Einrichtungen durch die Zulassungsausschüsse zur Teilnahme an der vertragsärztlichen Versorgung

ermächtigt werden können, die Rechte und Pflichten der ermächtigten Ärzte und ermächtigten Einrichtungen sowie die Zulässigkeit einer Vertretung von ermächtigten Krankenhausärzten durch Ärzte mit derselben Gebietsbezeichnung,
12. *(aufgehoben)*
13. die Voraussetzungen, unter denen nach den Grundsätzen der Ausübung eines freien Berufes die Vertragsärzte angestellte Ärzte, Assistenten und Vertreter in der vertragsärztlichen Versorgung beschäftigen dürfen oder die vertragsärztliche Tätigkeit an weiteren Orten ausüben können,
13 a. die Voraussetzungen, unter denen die zur vertragsärztlichen Versorgung zugelassenen Leistungserbringer die vertragsärztliche Tätigkeit gemeinsam ausüben können,
14. die Teilnahme an der vertragsärztlichen Versorgung durch Ärzte, denen die zuständige deutsche Behörde eine Erlaubnis zur vorübergehenden Ausübung des ärztlichen Berufes erteilt hat, sowie durch Ärzte, die zur vorübergehenden Erbringung von Dienstleistungen im Sinne des Artikels 50 des Vertrages zur Gründung der Europäischen Gemeinschaft oder des Artikels 37 des Abkommens über den Europäischen Wirtschaftsraum im Inland tätig werden,
15. die zur Sicherstellung der vertragsärztlichen Versorgung notwendigen angemessenen Fristen für die Beendigung der vertragsärztlichen Tätigkeit bei Verzicht.

Achter Titel. Bedarfsplanung, Unterversorgung, Überversorgung

§ 99 Bedarfsplan

(1) ¹Die Kassenärztlichen Vereinigungen haben im Einvernehmen mit den Landesverbänden der Krankenkassen und den Ersatzkassen sowie im Benehmen mit den zuständigen Landesbehörden nach Maßgabe der vom Gemeinsamen Bundesausschuss erlassenen Richtlinien auf Landesebene einen Bedarfsplan zur Sicherstellung der vertragsärztlichen Versorgung aufzustellen und jeweils der Entwicklung anzupassen. ²Die Ziele und Erfordernisse der Raumordnung und Landesplanung sowie der Krankenhausplanung sind zu beachten. ³Der Bedarfsplan ist in geeigneter Weise zu veröffentlichen.

(2) Kommt das Einvernehmen zwischen den Kassenärztlichen Vereinigungen, den Landesverbänden der Krankenkassen und den Ersatzkassen nicht zustande, kann jeder der Beteiligten den Landesausschuß der Ärzte und Krankenkassen anrufen.

(3) Die Landesausschüsse beraten die Bedarfspläne nach Absatz 1 und entscheiden im Falle des Absatzes 2.

§ 100 Unterversorgung

(1) ¹Den Landesausschüssen der Ärzte und Krankenkassen obliegt die Feststellung, daß in bestimmten Gebieten eines Zulassungsbezirks eine ärztliche Unterversorgung eingetreten ist oder in absehbarer Zeit droht. ²Sie haben den für die betroffenen Gebiete zuständigen Kassenärztlichen Vereinigungen eine angemessene Frist zur Beseitigung oder Abwendung der Unterversorgung einzuräumen.

(2) Konnte durch Maßnahmen einer Kassenärztlichen Vereinigung oder durch andere geeignete Maßnahmen die Sicherstellung nicht gewährleistet werden und dauert die Unterversorgung auch nach Ablauf der Frist an, haben die Landesausschüsse mit verbindlicher Wirkung für die Zulassungsausschüsse nach deren Anhörung Zulassungsbeschränkungen in anderen Gebieten nach den Zulassungsverordnungen anzuordnen.

(3) Den Landesausschüssen der Ärzte und Krankenkassen obliegt nach Maßgabe der Richtlinien nach § 101 Abs. 1 Nr. 3 a die Feststellung, dass in einem nicht unterversorgten Planungsbereich zusätzlicher lokaler Versorgungsbedarf besteht.

(4) Absatz 1 Satz 2 und Absatz 2 gelten nicht für Zahnärzte.

§ 101 Überversorgung

(1) ¹Der Gemeinsame Bundesausschuss beschließt in Richtlinien Bestimmungen über
1. einheitliche Verhältniszahlen für den allgemeinen bedarfsgerechten Versorgungsgrad in der vertragsärztlichen Versorgung,
2. Maßstäbe für eine ausgewogene hausärztliche und fachärztliche Versorgungsstruktur,
3. Vorgaben für die ausnahmsweise Besetzung zusätzlicher Vertragsarztsitze, soweit diese zur Wahrung der Qualität der vertragsärztlichen Versorgung in einem Versorgungsbereich unerläßlich sind,

3 a. allgemeine Voraussetzungen, nach denen die Landesausschüsse der Ärzte und Krankenkassen nach § 100 Abs. 3 einen zusätzlichen lokalen Versorgungsbedarf in nicht unterversorgten Planungsbereichen feststellen können,
4. Ausnahmeregelungen für die Zulassung eines Arztes in einem Planungsbereich, für den Zulassungsbeschränkungen angeordnet sind, sofern der Arzt die vertragsärztliche Tätigkeit gemeinsam mit einem dort bereits tätigen Vertragsarzt desselben Fachgebiets oder, sofern die Weiterbildungsordnungen Facharztbezeichnungen vorsehen, derselben Facharztbezeichnung ausüben will und sich die Partner der Berufsausübungsgemeinschaft gegenüber dem Zulassungsausschuß zu einer Leistungsbegrenzung verpflichten, die den bisherigen Praxisumfang nicht wesentlich überschreitet, dies gilt für die Anstellung eines Arztes in einer Einrichtung nach § 311 Abs. 2 Satz 1 und in einem medizinischen Versorgungszentrum entsprechend; bei der Ermittlung des Versorgungsgrades ist der Arzt nicht mitzurechnen,
5. Regelungen für die Anstellung von Ärzten bei einem Vertragsarzt desselben Fachgebiets oder, sofern die Weiterbildungsordnungen Facharztbezeichnungen vorsehen, mit derselben Facharztbezeichnung in einem Planungsbereich, für den Zulassungsbeschränkungen angeordnet sind, sofern sich der Vertragsarzt gegenüber dem Zulassungsausschuß zu einer Leistungsbegrenzung verpflichtet, die den bisherigen Praxisumfang nicht wesentlich überschreitet, und Ausnahmen von der Leistungsbegrenzung, soweit und solange dies zur Deckung eines zusätzlichen lokalen Versorgungsbedarfs erforderlich ist; bei der Ermittlung des Versorgungsgrades sind die angestellten Ärzte nicht mitzurechnen.

[2] Sofern die Weiterbildungsordnungen mehrere Facharztbezeichnungen innerhalb desselben Fachgebiets vorsehen, bestimmen die Richtlinien nach Nummer 4 und 5 auch, welche Facharztbezeichnungen bei der gemeinschaftlichen Berufsausübung nach Nummer 4 und bei der Anstellung nach Nummer 5 vereinbar sind. [3] Überversorgung ist anzunehmen, wenn der allgemeine bedarfsgerechte Versorgungsgrad um 10 vom Hundert überschritten ist. [4] Der allgemeine bedarfsgerechte Versorgungsgrad ist erstmals bundeseinheitlich zum Stand vom 31. Dezember 1990 zu ermitteln. [5] Bei der Ermittlung des Versorgungsgrades ist die Entwicklung des Zugangs zur vertragsärztlichen Versorgung seit dem 31. Dezember 1980 arztgruppenspezifisch angemessen zu berücksichtigen. [6] Die regionalen Planungsbereiche sollen den Stadt- und Landkreisen entsprechen. [7] Bei der Berechnung des Versorgungsgrades in einem Planungsbereich sind Vertragsärzte mit einem hälftigen Versorgungsauftrag mit dem Faktor 0,5 sowie die bei einem Vertragsarzt nach § 95 Abs. 9 Satz 1 angestellten Ärzte und die in einem medizinischen Versorgungszentrum angestellten Ärzte entsprechend ihrer Arbeitszeit anteilig zu berücksichtigen.

(2) [1] Der Gemeinsame Bundesausschuss hat die auf der Grundlage des Absatzes 1 Satz 3 und 4 ermittelten Verhältniszahlen anzupassen oder neue Verhältniszahlen festzulegen, wenn dies erforderlich ist
1. wegen der Änderung der fachlichen Ordnung der Arztgruppen,
2. weil die Zahl der Ärzte einer Arztgruppe bundesweit die Zahl 1.000 übersteigt oder
3. zur Sicherstellung der bedarfsgerechten Versorgung.
[2] Bei Anpassungen oder Neufestlegungen ist die Zahl der Ärzte zum Stand vom 31. Dezember des Vorjahres zugrunde zu legen.

(3) [1] Im Falle des Absatzes 1 Satz 1 Nr. 4 erhält der Arzt eine auf die Dauer der gemeinsamen vertragsärztlichen Tätigkeit beschränkte Zulassung. [2] Die Beschränkung und die Leistungsbegrenzung nach Absatz 1 Satz 1 Nr. 4 enden bei Aufhebung der Zulassungsbeschränkungen nach § 103 Abs. 3, spätestens jedoch nach zehnjähriger gemeinsamer vertragsärztlicher Tätigkeit. [3] Endet die Beschränkung, wird der Arzt bei der Ermittlung des Versorgungsgrades mitgerechnet. [4] Im Falle der Praxisfortführung nach § 103 Abs. 4 ist bei der Auswahl der Bewerber die gemeinschaftliche Praxisausübung des in Absatz 1 Satz 1 Nr. 4 genannten Arztes erst nach mindestens fünfjähriger gemeinsamer vertragsärztlicher Tätigkeit zu berücksichtigen. [5] Für die Einrichtungen nach § 311 Abs. 2 Satz 1 gelten die Sätze 2 und 3 entsprechend.

(3 a) [1] Die Leistungsbegrenzung nach Absatz 1 Satz 1 Nr. 5 endet bei Aufhebung der Zulassungsbeschränkungen. [2] Endet die Leistungsbegrenzung, wird der angestellte Arzt bei der Ermittlung des Versorgungsgrades mitgerechnet.

(4) [1] Überwiegend oder ausschließlich psychotherapeutisch tätige Ärzte und Psychotherapeuten bilden eine Arztgruppe im Sinne des Absatzes 2. [2] Der allgemeine bedarfsgerechte Versorgungsgrad ist für diese Arztgruppe erstmals zum Stand vom 1. Januar 1999 zu ermitteln. [3] Zu zählen sind die zugelassenen Ärzte sowie die Psychotherapeuten, die nach § 95 Abs. 10 zugelassen werden. [4] Dabei sind überwiegend psychotherapeutisch täti-

ge Ärzte mit dem Faktor 0,7 zu berücksichtigen. ⁵In den Richtlinien nach Absatz 1 ist für die Zeit bis zum 31. Dezember 2013 sicherzustellen, dass mindestens ein Versorgungsanteil in Höhe von 25 Prozent der allgemeinen Verhältniszahl den überwiegend oder ausschließlich psychotherapeutisch tätigen Ärzten und mindestens ein Versorgungsanteil in Höhe von 20 Prozent der allgemeinen Verhältniszahl den Leistungserbringern nach Satz 1, die ausschließlich Kinder und Jugendliche psychotherapeutisch betreuen, vorbehalten ist. ⁶Bei der Feststellung der Überversorgung nach § 103 Abs. 1 sind die in Satz 5 bestimmten Versorgungsanteile und die ermächtigten Psychotherapeuten nach § 95 Abs. 11 mitzurechnen.

(5) ¹Hausärzte (§ 73 Abs. 1 a) bilden ab dem 1. Januar 2001 mit Ausnahme der Kinderärzte eine Arztgruppe im Sinne des Absatzes 2; Absatz 4 bleibt unberührt. ²Der allgemeine bedarfsgerechte Versorgungsgrad ist für diese Arztgruppe erstmals zum Stand vom 31. Dezember 1995 zu ermitteln. ³Die Verhältniszahlen für die an der fachärztlichen Versorgung teilnehmenden Internisten sind zum Stand vom 31. Dezember 1995 neu zu ermitteln. ⁴Der Gemeinsame Bundesausschuss hat die neuen Verhältniszahlen bis zum 31. März 2000 zu beschließen. ⁵Der Landesausschuss hat die Feststellungen nach § 103 Abs. 1 Satz 1 erstmals zum Stand vom 31. Dezember 2000 zu treffen. ⁶Ein Wechsel für Internisten ohne Schwerpunktbezeichnung in die hausärztliche oder fachärztliche Versorgung ist nur dann zulässig, wenn dafür keine Zulassungsbeschränkungen nach § 103 Abs. 1 angeordnet sind.

(6) Absatz 1 Satz 1 Nr. 3 bis 5 und Absätze 3 und 3 a gelten nicht für Zahnärzte.

§ 102 *(aufgehoben)*

§ 103 Zulassungsbeschränkungen

(1) ¹Die Landesausschüsse der Ärzte und Krankenkassen stellen fest, ob eine Überversorgung vorliegt. ²Wenn dies der Fall ist, hat der Landesausschuß nach den Vorschriften der Zulassungsverordnungen und unter Berücksichtigung der Richtlinien des Gemeinsamen Bundesausschusses Zulassungsbeschränkungen anzuordnen.

(2) ¹Die Zulassungsbeschränkungen sind räumlich zu begrenzen. ²Sie können einen oder mehrere Planungsbereiche einer Kassenärztlichen Vereinigung umfassen. ³Sie sind arztgruppenbezogen unter angemessener Berücksichtigung der Besonderheiten bei den Kassenarten anzuordnen.

(3) Die Zulassungsbeschränkungen sind aufzuheben, wenn die Voraussetzungen für eine Überversorgung entfallen sind.

(4) ¹Wenn die Zulassung eines Vertragsarztes in einem Planungsbereich, für den Zulassungsbeschränkungen angeordnet sind, durch Erreichen der Altersgrenze, Tod, Verzicht oder Entziehung endet und die Praxis von einem Nachfolger fortgeführt werden soll, hat die Kassenärztliche Vereinigung auf Antrag des Vertragsarztes oder seiner zur Verfügung über die Praxis berechtigten Erben diesen Vorgang in den für ihre amtlichen Bekanntmachungen vorgesehenen Blättern unverzüglich auszuschreiben und eine Liste der eingehenden Bewerbungen zu erstellen. ²Satz 1 gilt auch bei hälftigem Verzicht oder bei hälftiger Entziehung der Zulassung. ³Dem Zulassungsausschuß sowie dem Vertragsarzt oder seinen Erben ist eine Liste der eingehenden Bewerbungen zur Verfügung zu stellen. ⁴Unter mehreren Bewerbern, die die ausgeschriebene Praxis als Nachfolger des bisherigen Vertragsarztes fortführen wollen, hat der Zulassungsausschuß den Nachfolger nach pflichtgemäßem Ermessen auszuwählen. ⁵Bei der Auswahl der Bewerber sind die berufliche Eignung, das Approbationsalter und die Dauer der ärztlichen Tätigkeit zu berücksichtigen, ferner, ob der Bewerber der Ehegatte, ein Kind, ein angestellter Arzt des bisherigen Vertragsarztes oder ein Vertragsarzt ist, mit dem die Praxis bisher gemeinschaftlich ausgeübt wurde. ⁶Ab dem 1. Januar 2006 sind für ausgeschriebene Hausarztsitze vorrangig Allgemeinärzte zu berücksichtigen. ⁷Die wirtschaftlichen Interessen des ausscheidenden Vertragsarztes oder seiner Erben sind nur insoweit zu berücksichtigen, als der Kaufpreis die Höhe des Verkehrswerts der Praxis nicht übersteigt.

(4 a) ¹Verzichtet ein Vertragsarzt in einem Planungsbereich, für den Zulassungsbeschränkungen angeordnet sind, auf seine Zulassung, um in einem medizinischen Versorgungszentrum tätig zu werden, so hat der Zulassungsausschuss die Anstellung zu genehmigen; eine Fortführung der Praxis nach Absatz 4 ist nicht möglich. ²Soll die vertragsärztliche Tätigkeit in den Fällen der Beendigung der Zulassung nach Absatz 4 Satz 1 von einem Praxisnachfolger weitergeführt werden, kann die Praxis auch in der Form weitergeführt werden, dass ein medizinisches Versorgungszentrum den Vertragsarztsitz übernimmt und

die vertragsärztliche Tätigkeit durch einen angestellten Arzt in der Einrichtung weiterführt. ³Die Absätze 4 und 5 gelten entsprechend. ⁴Nach einer Tätigkeit von mindestens fünf Jahren in einem medizinischen Versorgungszentrum, dessen Sitz in einem Planungsbereich liegt, für den Zulassungsbeschränkungen angeordnet sind, erhält ein Arzt unbeschadet der Zulassungsbeschränkungen auf Antrag eine Zulassung in diesem Planungsbereich; dies gilt nicht für Ärzte, die auf Grund einer Nachbesetzung nach Satz 5 oder erst seit dem 1. Januar 2007 in einem medizinischen Versorgungszentrum tätig sind. ⁵Medizinischen Versorgungszentren ist die Nachbesetzung einer Arztstelle möglich, auch wenn Zulassungsbeschränkungen angeordnet sind.

(4 b) ¹Verzichtet ein Vertragsarzt in einem Planungsbereich, für den Zulassungsbeschränkungen angeordnet sind, auf seine Zulassung, um bei einem Vertragsarzt als nach § 95 Abs. 9 Satz 1 angestellter Arzt tätig zu werden, so hat der Zulassungsausschuss die Anstellung zu genehmigen; eine Fortführung der Praxis nach Absatz 4 ist nicht möglich. ²Die Nachbesetzung der Stelle eines nach § 95 Abs. 9 Satz 1 angestellten Arztes ist möglich, auch wenn Zulassungsbeschränkungen angeordnet sind.

(5) ¹Die Kassenärztlichen Vereinigungen (Registerstelle) führen für jeden Planungsbereich eine Warteliste. ²In die Warteliste werden auf Antrag die Ärzte, die sich um einen Vertragsarztsitz bewerben und in das Arztregister eingetragen sind, aufgenommen. ³Bei der Auswahl der Bewerber für die Übernahme einer Vertragsarztpraxis nach Absatz 4 ist die Dauer der Eintragung in die Warteliste zu berücksichtigen.

(6) ¹Endet die Zulassung eines Vertragsarztes, der die Praxis bisher mit einem oder mehreren Vertragsärzten gemeinschaftlich ausgeübt hat, so gelten die Absätze 4 und 5 entsprechend. ²Die Interessen des oder der in der Praxis verbleibenden Vertragsärzte sind bei der Bewerberauswahl angemessen zu berücksichtigen.

(7) ¹In einem Planungsbereich, für den Zulassungsbeschränkungen angeordnet sind, haben Krankenhausträger das Angebot zum Abschluß von Belegarztverträgen auszuschreiben. ²Kommt ein Belegarztvertrag mit einem im Planungsbereich niedergelassenen Vertragsarzt nicht zustande, kann der Krankenhausträger mit einem bisher im Planungsbereich nicht niedergelassenen geeigneten Arzt einen Belegarztvertrag schließen. ³Dieser erhält eine auf die Dauer der belegärztlichen Tätigkeit beschränkte Zulassung; die Beschränkung entfällt bei Aufhebung der Zulassungsbeschränkungen nach Absatz 3, spätestens nach Ablauf von zehn Jahren.

(8) Die Absätze 1 bis 7 gelten nicht für Zahnärzte.

§ 104 Verfahren bei Zulassungsbeschränkungen

(1) Die Zulassungsverordnungen bestimmen, unter welchen Voraussetzungen, in welchem Umfang und für welche Dauer zur Sicherstellung einer bedarfsgerechten ärztlichen Versorgung in solchen Gebieten eines Zulassungsbezirks, in denen eine vertragsärztliche Unterversorgung eingetreten ist oder in absehbarer Zeit droht, Beschränkungen der Zulassungen in hiervon nicht betroffenen Gebieten von Zulassungsbezirken nach vorheriger Ausschöpfung anderer geeigneter Maßnahmen vorzusehen und inwieweit hierbei die Zulassungsausschüsse an die Anordnung der Landesausschüsse gebunden sind und Härtefälle zu berücksichtigen haben.

(2) Die Zulassungsverordnungen bestimmen nach Maßgabe des § 101 auch das Nähere über das Verfahren bei der Anordnung von Zulassungsbeschränkungen bei vertragsärztlicher Überversorgung.

(3) Die Absätze 1 und 2 gelten nicht für Zahnärzte.

§ 105 Förderung der vertragsärztlichen Versorgung

(1) ¹Die Kassenärztlichen Vereinigungen haben mit Unterstützung der Kassenärztlichen Bundesvereinigungen entsprechend den Bedarfsplänen alle geeigneten finanziellen und sonstigen Maßnahmen zu ergreifen, um die Sicherstellung der vertragsärztlichen Versorgung zu gewährleisten, zu verbessern oder zu fördern; zu den möglichen Maßnahmen gehört auch die Zahlung von Sicherstellungszuschlägen an Vertragsärzte in Gebieten oder in Teilen von Gebieten, für die der Landesausschuss der Ärzte und Krankenkassen die Feststellung nach § 100 Abs. 1 und 3 getroffen hat. ²Zum Betreiben von Einrichtungen, die der unmittelbaren medizinischen Versorgung der Versicherten dienen, oder zur Beteiligung an solchen Einrichtungen bedürfen die Kassenärztlichen Vereinigungen des Benehmens mit den Landesverbänden der Krankenkassen und den Ersatzkassen.

(2) ¹Die Kassenärztlichen Vereinigungen haben darauf hinzuwirken, daß medizinisch-technische Leistungen, die der Arzt zur Unterstützung seiner Maßnahmen benötigt, wirtschaftlich erbracht werden. ²Die Kassenärztlichen Vereinigungen sollen ermöglichen, solche Leistungen im Rahmen der vertragsärztlichen Versorgung von Gemeinschaftseinrichtungen der niedergelassenen Ärzte zu beziehen, wenn eine solche Erbringung medizinischen Erfordernissen genügt.

(3) Die Kassenärztlichen Vereinigungen können den freiwilligen Verzicht auf die Zulassung als Vertragsarzt vom zweiundsechzigsten Lebensjahr an finanziell fördern.

(4) ¹Der Landesausschuss der Ärzte und Krankenkassen entscheidet über die Gewährung der Sicherstellungszuschläge nach Absatz 1 Satz 1 zweiter Halbsatz, über die Höhe der zu zahlenden Sicherstellungszuschläge je Arzt, über die Dauer der Maßnahme sowie über die Anforderungen an den berechtigten Personenkreis. ²Die für den Vertragsarzt zuständige Kassenärztliche Vereinigung und die Krankenkassen, die an diese Kassenärztliche Vereinigung eine Vergütung nach Maßgabe des Gesamtvertrages nach § 83 oder § 87a entrichten, tragen den sich aus Satz 1 ergebenden Zahlbetrag an den Vertragsarzt jeweils zur Hälfte. ³Abweichend von Satz 2 tragen die Krankenkassen in den Jahren 2007 bis einschließlich 2009 den sich aus Satz 1 ergebenden Zahlbetrag an den Vertragsarzt in voller Höhe. ⁴Satz 3 gilt nicht für die vertragszahnärztliche Versorgung. ⁵Über das Nähere zur Aufteilung des auf die Krankenkassen entfallenden Betrages nach Satz 2 auf die einzelnen Krankenkassen entscheidet der Landesausschuss der Ärzte und Krankenkassen.

A. Recht der Leistungserbringung

Im Hintergrund der Teilnahme von Ärzten, Zahnärzten und Psychotherapeuten an der Versorgung steht die grundsätzliche Ausrichtung des Leistungsrechts am **Sachleistungsprinzip** (siehe Einl. Rn. 16). Die Krankenkassen haben den Versicherten Sach- und Dienstleistungen zu beschaffen. Sie bedienen sich dazu der Ärzte, Krankenhäuser und sonstigen Leistungserbringer. Was die Versorgung durch Ärzte, Zahnärzte und Psychotherapeuten betrifft, liegen der Erbringung von Sach- und Dienstleistungen auf der Grundlage des Sachleistungsprinzips **vier Rechtsverhältnisse** zugrunde: Die **Ansprüche der Versicherten** auf die Leistungen (gem. §§ 11 ff.) richten sich gegen die Krankenkassen. Die Krankenkassen erbringen die Leistungen **durch die Leistungserbringer** (Ärzte, Zahnärzte, Psychotherapeuten etc.). Dabei besteht jedoch keine unmittelbare Verbindung zwischen den Krankenkassen und den Ärzten, Zahnärzten und Psychotherapeuten; die Rechtsbeziehungen zwischen den Krankenkassen und den zugelassenen Vertrags(zahn)ärzten und Psychotherapeuten, ausgestaltet durch die §§ 72 bis 106 a, sind dadurch gekennzeichnet, dass die **Kassen(zahn)ärztlichen Vereinigungen** zwischengeschaltet sind. Anders als bei der Leistungserbringung insbesondere durch die Krankenhäuser und durch Apotheken ergeben die Rechtsbeziehungen nicht ein Dreieck, sondern **Viereck** (zu den Grundzügen siehe Waltermann, Sozialrecht, 9. Aufl., 2011, Rn. 190 ff. sowie 194 ff.; umfassend Schneider, Handbuch des Kassenarztrechts, 1994, S. 71 ff.). Die Rechtsbeziehungen in diesem Viereck sind (abgesehen von dem Rechtsverhältnis zwischen Versicherten und Vertrags(zahn)ärzten (dazu sogleich Rn. 3) **im Wesentlichen öffentlich-rechtlicher** Natur: Eindeutig ist dies bei dem Leistungsanspruch des Versicherten gegen die Krankenkasse; dieser hat seine Grundlage im sozialversicherungsrechtlichen Versicherungsverhältnis. Die Kassen(zahn)ärztlichen Vereinigungen (vgl. §§ 77 ff.) sind Zwangskörperschaften des öffentlichen Rechts. Sie und die Kassen(zahn)ärztlichen Bundesvereinigungen haben die vertragsärztliche Versorgung in dem gem. § 73 Abs. 2 bezeichneten Umfang sicherzustellen und den Krankenkassen und ihren Verbänden gegenüber öffentlich-rechtlich die Gewähr dafür zu übernehmen, dass die vertragsärztliche Versorgung den gesetzlichen und vertraglichen Erfordernissen entspricht (§ 75 Abs. 1 S. 1). Die Kassen(zahn)ärztlichen Vereinigungen haben insoweit einen **Sicherstellungsauftrag**. Der Sicherstellungsauftrag der Kassen(zahn)ärztlichen Vereinigungen ist dort eingeschränkt, wo sich die Versorgung der Versicherten nach Verträgen zur **integrierten Versorgung** (§ 140 a Abs. 1 S. 3) richtet; die integrierte Versorgung beruht auf Verträgen zwischen Krankenkassen und Ärzten, Zahnärzten oder Psychotherapeuten ohne den Weg über die Kassen(zahn)ärztlichen Vereinigungen (§ 140 a Abs. 1, 3). Als Vertragspartner der Krankenkassen kommen neben den zugelassenen Leistungserbringern auch Träger (in Form von Managementgesellschaften) in Betracht; diese schließen dann ihrerseits Verträge mit zugelassenen Ärzten, Zahnärzten und Psychotherapeuten. Bis Dezember 2008 sind rund 6.400 Verträge zur integrierten Versorgung abgeschlossen worden. Auch bei **hausarztzentrierter Versorgung** (§ 73 b) und bei der **besonderen ambulanten ärztlichen Versorgung** (§ 73 c) werden Verträge ohne den Weg über die kassen(zahn)ärztlichen Vereinigungen geschlossen.

Die Kassen(zahn)ärztlichen Vereinigungen schließen zur Erfüllung ihrer Aufgaben mit den Verbänden der Krankenkassen **Gesamtverträge** (§§ 82 ff.), der allgemeine Inhalt der Gesamtverträge wird gem. § 82 Abs. 1 in **Bundesmantelverträgen** vereinbart. Die Gesamtverträge enthalten im Wesentlichen die Vereinbarungen über die Vergütungen der an der vertragsärztlichen Versorgung teilnehmenden Ärzte und ärztlich geleiteten Einrichtungen (§ 82 Abs. 2 S. 1). Die in den Gesamtverträgen vereinbarte **Gesamtvergütung** wird von den Krankenkassen für die gesamte (zahn)ärztliche Versorgung mit befreiender Wirkung an die Kassen(zahn)ärztlichen Vereinigungen geleistet (§ 85 Abs. 1); damit sind die Honoraransprüche abgegolten. Durch das **GKV-WSG** wurde das Vergütungssystem **mit Wirkung vom 1. 1. 2009** neu gestaltet (vgl. Wille/Koch, Gesundheitsreform 2007, Rn. 469 ff.). § 87 a Abs. 2 sieht die Erstellung einer **regionalen Gebührenordnung mit Europreisen** vor. Diese wird besondere Preise für Regionen mit Unter- und Überversorgung ausweisen. Im Einzelfall ist zunächst nach Maßgabe von § 87 ein **einheitlicher Bewertungsmaßstab (EBM)** zu vereinbaren, in dem bundeseinheitliche **Punktwerte als Orientierungswerte** festzulegen sind. Auf der Grundlage der Orientierungswerte sind nach Maßgabe von § 87 a Abs. 2 **Punktwerte für die Vergütung in dem jeweiligen Jahr** festzulegen. Aus den vereinbarten Punktwerten und dem einheitlichen Bewertungsmaßstab ist die regionale Euro-Gebührenordnung zu erstellen. § 87 a Abs. 3 bestimmt, wie die **morbiditätsbezogene Gesamtvergütung** festgelegt wird. Um zu verhindern, dass die Vergütung nach Europreisen eine Ausdehnung der Tätigkeit über den Behandlungsbedarf hinaus zur Folge hat, sind nach Maßgabe von § 87 b arzt- und praxisbezogene **Regelleistungsvolumina** festzulegen. Überschreitungen der Leistungsmengen führen zur Abstaffelung der Vergütung.

B. Rechtsbeziehung zwischen Versicherten und Vertrags(zahn)ärzten

3   Der BGH (zB BGH 18. 3. 1980 – VI ZR 247/78 – BGHZ 76, 259, 261; BGH 28. 4. 1987 – VI ZR 171/86 – BGHZ 100, 363, 367) fasst die Rechtsbeziehung zwischen Vertragsärzten und Kassenpatienten als **privatrechtliche vertragliche Verbindung** auf, die in der Regel dienstvertragliche Natur habe. Das BSG (zB BSG 19. 10. 1971 – 6 RKa 10/70 – BSGE 33, 158, 160 f.; BSG 19. 11. 1985 – 6 RKa 14/83 – BSGE 59, 172, 177) verneint in Einklang mit dem überwiegenden sozialrechtlichen Schrifttum (Nachweise bei Waltermann, Sozialrecht, 9. Aufl., 2011, Rn. 198) ein privatrechtliches Vertragsverhältnis und nimmt ein gesetzliches Rechtsverhältnis mit öffentlich-rechtlicher Natur an. Beides erscheint nicht überzeugend: Vor dem Hintergrund der auf dem Sachleistungsprinzip (siehe Einl. Rn. 16) beruhenden Ausgestaltung der Leistungserbringung sind die für ein privatrechtliches Vertragsverhältnis zwischen dem Kassenpatienten und den Ärzten, Zahnärzten und Psychotherapeuten erforderlichen rechtsgeschäftlichen Willenserklärungen nicht verifizierbar. Der Kassenpatient nimmt die Sachleistung in Anspruch, er gibt dabei, vor dem Hintergrund der krankenversicherungsrechtlichen Rechtslage ausgelegt, keine auf Vertragsschluss gerichtete Willenserklärung ab. Für den Leistungsanspruch des Versicherten genügt es, dass die gesetzlichen Anspruchsvoraussetzungen des SGB V vorliegen. Irgendeiner privatrechtlichen Willenserklärung des Kassenpatienten bedarf es nicht. Auch der Vertrags(zahn)arzt erklärt nicht, dass er sich zu Diensten verpflichten wolle, sondern erbringt dem Versicherten Sach- und Dienstleistungen in Erfüllung seiner Verpflichtung zur Teilnahme an der vertragsärztlichen Versorgung (§ 95 Abs. 3 S. 1). Es besteht jedoch ein **gesetzliches Schuldverhältnis** zwischen den Versicherten und den Ärzten, Zahnärzten und Psychotherapeuten. Dieses gesetzliche Schuldverhältnis ist **privatrechtlicher Natur.** Die Ärzte, Zahnärzte und Psychotherapeuten werden, auch wenn sie gem. §§ 95 ff. zur vertragsärztlichen Behandlung besonders zugelassen sind, als selbstständige Freiberufler, somit als Private, tätig. Sie handeln als Private wegen der besonderen Ausgestaltung durch das SGB V nur nicht als Dienst- oder Auftragnehmer kraft Rechtsgeschäfts. Das privatrechtliche gesetzliche Schuldverhältnis wird gem. **§ 76 Abs. 4** durch die tatsächliche Übernahme der Behandlung begründet. Das kraft Gesetzes zwischen Vertragsarzt und Kassenpatient entstehende Behandlungsverhältnis begründet gem. § 241 Abs. 1 BGB, § 76 die Leistungspflicht des Arztes, deren Inhalt sich nach den Leistungspflichten der Krankenkassen gem. §§ 11 ff. und den krankenversicherungsrechtlichen Vorschriften über die Leistungserbringung (s. auch §§ 91 f.) bestimmt. Über die Leistungspflichten hinaus bestehen gem. **§§ 241 Abs. 2, 242 BGB unselbstständige und selbstständige Nebenpflichten** des Vertragsarztes und des Kassenpatienten (Sorgfaltspflichten, Aufklärungspflichten, Verschwiegenheitspflichten, Recht auf Einsicht in die Krankenunterlagen). Wenn § 76 Abs. 4 für die Beziehungen zu Ärzten und Zahnärzten lediglich bestimmt, dass die Übernahme der Behandlung die Leistungserbringer zur Sorgfalt nach den Vorschriften des bürgerlichen Vertragsrechts verpflichtet, ist dies nur zu eng. Für die **deliktsrechtliche Haftung** bedeutet die Einordnung als gesetzliches Schuldverhältnis, dass auch bei der Annahme eines privatrechtlichen gesetzlichen Schuldverhältnisses die Vorschriften insbesondere der §§ 823 ff. BGB einschlägig sind; der Rechtsprechung des BGH ist also – insoweit – zuzustimmen. § 76 Abs. 1 garantiert die **freie Arztwahl;** die Versicherten können unter den zur vertragsärztlichen Versorgung zugelassenen Ärzten, den medizinischen Versorgungszentren, den ermächtigten Ärzten, den ermächtigten oder nach § 116 b an der ambulanten Versorgung teilnehmenden ärztlich geleiteten Einrichtungen, den Zahnkliniken der Krankenkassen, den Eigeneinrichtungen der Krankenkassen nach § 140 Abs. 2 S. 2, den nach § 72 a Abs. 3 vertraglich zur ärztlichen Behandlung verpflichteten Ärzten und Zahnärzten, den zum ambulanten Operieren zugelassenen Krankenhäusern sowie den Einrichtungen nach § 75 Abs. 9 frei wählen. Andere Ärzte dürfen nur in Notfällen in Anspruch genommen werden (siehe auch § 13 Rn. 6). Nimmt ein Versicherter ohne zwingenden Grund einen anderen als einen der nächsterreichbaren an der vertragsärztlichen Versorgung teilnehmenden Leistungserbringer in Anspruch, hat er

die Mehrkosten zu tragen (§ 76 Abs. 2). Versicherte sollen den an der vertragsärztlichen Versorgung teilnehmenden Arzt **innerhalb eines Kalendervierteljahres** nur bei Vorliegen eines wichtigen Grundes **wechseln** (§ 76 Abs. 3 S. 1).

C. Zulassung zum Vertrags(zahn)arzt oder Psychotherapeuten

Das Rechtsverhältnis zwischen den Kassen(zahn)ärztlichen Vereinigungen und den Vertrags(zahn)ärzten ist ein durch Gesetz und Satzung ausgestaltetes **öffentlich-rechtliches Mitgliedschaftsverhältnis**. Es entsteht durch die Zulassung zur vertrags(zahn)ärztlichen Versorgung; die Zulassung bewirkt zugleich, dass der Vertragsarzt zur Teilnahme an der vertragsärztlichen Versorgung berechtigt und verpflichtet ist (§ 95 Abs. 3). Die Psychotherapeuten sind seit 1999 in das System einbezogen (vgl. § 95 Abs. 10; dazu Spellbrink, NZS 1999, 1 ff.; zur Gemeinschaftsrechtswidrigkeit der Übergangsregelung s. EuGH 6. 12. 2007 – Rs. C – 456/05 – NZS 2008, 650).

I. Zulassung

Um die Zulassung kann sich bewerben, wer als Arzt seine Eintragung in das Arzt- oder Zahnarztregister nachweist. Die **Eintragung in das Arztregister** setzt neben der Approbation als Arzt und einer zweijährigen Vorbereitungszeit voraus, dass der Arzt eine allgemeinmedizinische Weiterbildung oder eine Weiterbildung in einem anderen Fachgebiet erfolgreich abgeschlossen hat oder über eine gleichgestellte Qualifikation verfügt (§§ 95 Abs. 2, 95 a Abs. 1, 4, 5). Für die Zulassung eines **medizinischen Versorgungszentrums** müssen dessen Ärzte in das Arztregister eingetragen sein (§ 95 Abs. 2 S. 5). Die Zulassung begründet den **Status als Vertragsarzt.** Sie wird für einen bestimmten Ort der Niederlassung als **Vertragsarztsitz** erteilt. Voraussetzung für die Zulassung ist nicht mehr, dass Antragsteller das **55. Lebensjahr** noch nicht vollendet haben; § 98 Abs. 2 Nr. 12 wurde aufgehoben. Entscheidungen über die Zulassung und die Ermächtigung treffen die **Zulassungsausschüsse** (§ 96); diese werden von den Krankenkassen und den Kassen(zahn)ärztlichen Vereinigungen errichtet und paritätisch besetzt. Rechtsbehelfsinstanz sind die **Berufungsausschüsse** (§ 97). Die Einzelheiten regeln die Bestimmungen der auf der Grundlage von § 98 erlassenen **Zulassungsverordnungen** (vgl. Zulassungsordnung für Kassenärzte (Ärzte-ZO) vom 28. 5. 1957, zuletzt geändert durch Art. 13 G v. 28. 5. 2008 BGBl I S. 874). Die Zulassung ist wegen des mit der gestiegenen Zahl der Vertragsärzte verbundenen Konkurrenzdrucks und des damit verbundenen Risikos von Kostensteigerungen durch Ausweitung der Leistungsmengen mit einer **Bedarfsplanung** verbunden. Wird bei der ärztlichen Versorgung eine Überversorgung festgestellt, haben die Landesauschüsse der Ärzte und Krankenkassen nach Maßgabe von § 103 **Zulassungsbeschränkungen** anzuordnen. Gem. § 99 haben die Kassen(zahn)ärztlichen Vereinigungen im Einvernehmen mit den Kassenverbänden auf Landesebene und nach Maßgabe von Bedarfsplanungsrichtlinien des Gemeinsamen Bundesausschusses flächendeckende Bedarfspläne aufzustellen. Wird in bestimmten Gebieten eines Zulassungsbezirks eine ärztliche Unterversorgung festgestellt, können nach Maßgabe von § 100 Abs. 2 Zulassungsbeschränkungen in anderen Gebieten angeordnet werden. Das Verfahren bei Zulassungsbeschränkungen wegen **Unterversorgung** oder **Überversorgung** regelt § 104. Zulassungsbeschränkungen bewirken, dass im Prinzip nur **Praxisnachfolger** zugelassen werden können, die den Vertragsarztsitz ausscheidender Vertragsärzte übernehmen. Das Verfahren regeln § 103 Abs. 4 und die Ärzte-ZV. Die **Entziehung** der Zulassung ist an eine strikte Verhältnismäßigkeitsprüfung gebunden (vgl. den Fall LSG Schleswig-Holstein 31. 3. 2009 – L 4 B 542/08 – NZS 2009, 695 ff. [Trinksucht]).

II. Teilnahme an der vertragsärztlichen Versorgung

Mit der Zulassung verbinden sich das Recht und die Pflicht zur Teilnahme an der vertragsärztlichen Versorgung (§ 95 Abs. 3 S. 1). Dabei kann aus der Zulassung ein zeitlich **voller** oder ein zeitlich **hälftiger Versorgungsauftrag** folgen. Auf der Grundlage von § 98 Abs. 1 Nr. 10 regeln §§ 19 a ff. **Ärzte-ZV** die näheren Einzelheiten des aus der Zulassung folgenden Versorgungsauftrags. Gem. § 20 Abs. 1 Ärzte-ZV ist für die Ausübung der vertragsärztlichen Tätigkeit ein Arzt nicht geeignet, der wegen eines Beschäftigungsverhältnisses oder wegen anderer nicht ehrenamtlicher Tätigkeiten für die Versorgung der Versicherten persönlich nicht in erforderlichem Maß zur Verfügung steht. Die Rechtsprechung veranschlagt den höchstmöglichen zeitlichen Rahmen für ein neben der vollen vertragsärztlichen Tätigkeit ausgeübtes Beschäftigungsverhältnis auf ein Drittel der üblichen regelmäßigen wöchentlichen Arbeitszeit (bezogen auf die Jahre 2001, 2002 etwa 13 Stunden, vgl. BSG 30. 1. 2002 – B 6 KA 20/01 R – BSGE 89, 134, 140; zum ganzen Wenner, GesR 2004, 353 ff.). **Nebentätigkeiten** außerhalb eines Beschäftigungsverhältnisses, zB als Sachverständiger, Dozent, Belegarzt, wird man nicht nach demselben Schema beurteilen, weil in der Begründung des BSG die Einbindung in eine fremdbestimmte Arbeitsorganisation eine hervorgehobene Rolle spielt. Fraglich ist, ob die Tätigkeit als Durchgangsarzt oder die **Behandlung von Privatpatienten** von § 20 Abs. 1 Ärzte-ZV erfasst werden (zum Ganzen Schallen, Zulassungsverordnung für Vertragsärzte, Vertragszahnärzte, medizinische Versorgungszentren, Psychotherapeuten, 6. Aufl., 2008 S. 211 ff.). Unabhängig davon muss von Gesetzes wegen gem. § 95 Abs. 3 S. 1 die vertragsärztliche Tätigkeit deutlich erkennbar den Schwerpunkt der aktiven, auf Erwerb ausgerichteten Tätigkeit bilden, und sie darf durch andere Tätigkeiten nicht fühlbar beeinträchtigt sein (zu haftungsrechtlichen Anforderungen vgl. § 12 Rn. 9).

III. Hausärztliche und fachärztliche Versorgung

7   Die vertragsärztliche Versorgung gliedert sich gem. § 73 Abs. 1 in die hausärztliche und die fachärztliche Versorgung (vgl. zur Verfassungsmäßigkeit BVerfG 17. 6. 1999 – 1 BvR 2507/97 – NJW 1999, 2730 f.). An der hausärztlichen Versorgung nehmen Ärzte für Allgemeinmedizin, Kinderärzte und Internisten ohne Schwerpunktbezeichnung teil (§ 73 Abs. 1 a). Inhalt und Umfang der hausärztlichen Versorgung richten sich nach § 73 Abs. 1 S. 2 Nr. 1–4 und werden durch Bundesmantelverträge näher bestimmt. Fachärztliche Leistungen dürfen nur von Fachärzten erbracht werden. Die Begrenzung der Facharzttätigkeit auf das eigene Fach und die Einschränkungen der Abrechenbarkeit bestimmter Leistungen gem. § 135 Abs. 2 sind mit Art. 12 Abs. 1 GG vereinbar (BVerfG 16. 7. 2004 – 1 BvR 1127/01 – NZS 2005, 91 ff.).

IV. Kollektiver Verzicht auf die Zulassung

8   Verzichten Vertrags(zahn)ärzte auf ihre Zulassung, **entfällt** mit dem Ende der Zulassung (oder Ermächtigung) die Teilnahme an der vertrags(zahn)ärztlichen Versorgung. Nicht zugelassen, können die Ärzte oder Zahnärzte **keine Sachleistungen** der gesetzlichen Krankenversicherung erbringen und grundsätzlich **nicht gegen Kostenerstattung** behandeln. Das Gesetz versperrt die Möglichkeiten, gegen Kostenerstattung Leistungen zu erbringen ausdrücklich, wenn Vertrags(zahn)ärzte in einem mit anderen Ärzten aufeinander abgestimmten Verfahren oder Verhalten auf die Zulassung als Vertrags(zahn)arzt verzichten; gem. **§ 13 Abs. 2 S. 8** ist die Inanspruchnahme von Leistungserbringern, die kollektiv auf ihre Zulassung verzichtet haben, im Weg der Kostenerstattung ausgeschlossen. Nimmt ein Versicherter einen Vertrags(zahn)arzt, der auf seine Zulassung kollektiv verzichtet hat, berechtigterweise (dazu sogleich) in Anspruch, zahlt die Krankenkasse die Vergütung mit befreiender Wirkung an den in Anspruch genommenen Arzt oder Zahnarzt; dessen Vergütungsanspruch gegen die Krankenkasse ist auf das 1,0-fache des Gebührensatzes der GoÄ bzw. GoZ beschränkt. Ein Vergütungsanspruch des Arztes oder Zahnarztes gegen den Versicherten besteht nicht, abweichende Vereinbarungen sind nichtig (§ 95 b Abs. 3 S. 1–4). Das Regelungsanliegen des § 95 b wäre dabei offenkundig nicht zu verwirklichen, wenn § 95 b Abs. 3 so verstanden werden könnte, dass Leistungserbringer, die auf ihre Zulassung verzichtet haben, immer dann, wenn sie einen Versicherten behandeln, mit der Krankenkasse gem. § 95 b Abs. 3 S. 1, 2 abrechnen könnten; zu Recht geht das BSG davon aus, dass die Bestimmung, die **Ausnahmecharakter** hat, voraussetzt, dass aus der vertrags(zahn)ärztlichen Versorgung Ausgeschiedene **berechtigterweise** in Anspruch genommen werden. Da ausgeschiedene Leistungserbringer aber zur Teilnahme an der vertragsärztlichen Versorgung nicht gem. § 95 Abs. 3 S. 1 berechtigt und verpflichtet sind, kommt deren Inanspruchnahme durch Versicherte nach den allgemeinen Regeln nur in Betracht, wenn eine **Notfallsituation** vorliegt (vgl. § 76 Abs. 1 S. 2) oder gem. § 13 Abs. 3, wenn eine Krankenkasse eine **unaufschiebbare Leistung** nicht rechtzeitig erbringen kann (vgl. BSG 27. 6. 2007 – B 6 KA 37/06 R – SGb 2008, 235 ff. mit Anm. Joussen; Platzer, NZS 2008, S. 244 ff.). In der Tat kann § 95 b Abs. 3 S. 1, 2 nicht bezwecken, durch Verzicht aus der vertrags(zahn)ärztlichen Versorgung Ausgeschiedenen einen Dauerstatus für die Abrechnung nach der Gebührenordnung für Ärzte oder Zahnärzte zu gewähren, der vorbei an den Grundsätzen der vertragsärztlichen Versorgung einschließlich der Wirtschaftlichkeitsprüfung und Punktwertdegression und jenseits der Disziplinargewalt der Kassen(zahn)ärztlichen Vereinigungen den Ausgeschiedenen auch noch Vorteile gewähren müsste. Das Gesetz sieht für den Fall des kollektiven Verzichts auf die Zulassung nach Feststellung der Aufsichtsbehörde gem. § 72 a Abs. 1 als **Sanktion** vor, dass eine **erneute Zulassung frühestens nach Ablauf von sechs Jahren** nach der Abgabe der Verzichtserklärung erteilt werden kann (kritisch insoweit Joussen, SGb 2008, 388, 392). Die Krankenkassen dürfen mit Ärzten oder Zahnärzten, die kollektiv auf ihre Zulassung verzichtet haben, keine Verträge über die Sicherstellung der vertragsärztlichen Versorgung abschließen (§ 72 a Abs. 3 S. 3). Mit dem Verzicht auf die Zulassung verbindet sich der Verlust der Möglichkeit, mit den Krankenkassen Verträge gem. §§ 73 b, 140 a zu schließen; die Teilnahme an der hausarztzentrierten Versorgung und der integrierten Versorgung setzt die Zulassung der Leistungserbringer voraus.

Neunter Titel. Wirtschaftlichkeits- und Abrechnungsprüfung

§ 106 Wirtschaftlichkeitsprüfung in der vertragsärztlichen Versorgung

(1) **Die Krankenkassen und die Kassenärztlichen Vereinigungen überwachen die Wirtschaftlichkeit der vertragsärztlichen Versorgung durch Beratungen und Prüfungen.**

(1 a) In erforderlichen Fällen berät die in Absatz 4 genannte Prüfungsstelle die Vertragsärzte auf der Grundlage von Übersichten über die von ihnen im Zeitraum eines Jahres oder in einem kürzeren Zeitraum erbrachten, verordneten oder veranlassten Leistungen über Fragen der Wirtschaftlichkeit und Qualität der Versorgung.

(2) ¹Die Wirtschaftlichkeit der Versorgung wird geprüft durch
1. arztbezogene Prüfung ärztlich verordneter Leistungen bei Überschreitung der Richtgrößenvolumina nach § 84 (Auffälligkeitsprüfung),
2. arztbezogene Prüfung ärztlicher und ärztlich verordneter Leistungen auf der Grundlage von arztbezogenen und versichertenbezogenen Stichproben, die mindestens 2 vom Hundert der Ärzte je Quartal umfassen (Zufälligkeitsprüfung).

²Die Höhe der Stichprobe nach Satz 1 Nr. 2 ist nach Arztgruppen gesondert zu bestimmen. ³Die Prüfungen nach Satz 1 Nr. 2 umfassen neben dem zur Abrechnung vorgelegten Leistungsvolumen auch Überweisungen, Krankenhauseinweisungen und Feststellungen der Arbeitsunfähigkeit sowie sonstige veranlasste Leistungen, insbesondere aufwändige medizinisch-technische Leistungen; honorarwirksame Begrenzungsregelungen haben keinen Einfluss auf die Prüfungen. ⁴Die Landesverbände der Krankenkassen und die Ersatzkassen können gemeinsam und einheitlich mit den Kassenärztlichen Vereinigungen über die in Satz 1 vorgesehenen Prüfungen hinaus Prüfungen ärztlicher und ärztlich verordneter Leistungen nach Durchschnittswerten oder andere arztbezogene Prüfungsarten vereinbaren; dabei dürfen versichertenbezogene Daten nur nach den Vorschriften des Zehnten Kapitels erhoben, verarbeitet oder genutzt werden. ⁵Die Prüfungen bei Überschreitung der Richtgrößenvolumina sind für den Zeitraum eines Jahres durchzuführen; sie können für den Zeitraum eines Quartals durchgeführt werden, wenn dies die Wirksamkeit der Prüfung zur Verbesserung der Wirtschaftlichkeit erhöht und hierdurch das Prüfungsverfahren vereinfacht wird; kann eine Richtgrößenprüfung nicht durchgeführt werden, erfolgt die Richtgrößenprüfung auf Grundlage des Fachgruppendurchschnitts mit ansonsten gleichen gesetzlichen Vorgaben. ⁶Der einer Prüfung nach Satz 1 Nr. 2 zu Grunde zu legende Zeitraum beträgt mindestens ein Jahr. ⁷Auffälligkeitsprüfungen nach Satz 1 Nr. 1 sollen in der Regel für nicht mehr als 5 vom Hundert der Ärzte einer Fachgruppe durchgeführt werden; die Festsetzung eines den Krankenkassen zu erstattenden Mehraufwands nach Absatz 5 a muss innerhalb von zwei Jahren nach Ende des geprüften Verordnungszeitraums erfolgen. ⁸Verordnungen von Arzneimitteln, für die der Arzt einem Vertrag nach § 130 a Abs. 8 beigetreten ist, sind nicht Gegenstand einer Prüfung nach Satz 1 Nr. 1. ⁹Ihre Wirtschaftlichkeit ist durch Vereinbarungen in diesen Verträgen zu gewährleisten; die Krankenkasse übermittelt der Prüfungsstelle die notwendigen Angaben, insbesondere die Arzneimittelkennzeichen, die teilnehmenden Ärzte und die Laufzeit der Verträge. ¹⁰Insbesondere sollen bei Prüfungen nach Satz 1 auch Ärzte geprüft werden, deren ärztlich verordnete Leistungen in bestimmten Anwendungsgebieten deutlich von der Fachgruppe abweichen sowie insbesondere auch verordnete Leistungen von Ärzten, die an einer Untersuchung nach § 67 Abs. 6 des Arzneimittelgesetzes beteiligt sind. ¹¹Die Kassenärztliche Bundesvereinigung hat den Kassenärztlichen Vereinigungen zu diesem Zweck die teilnehmenden Ärzte mitzuteilen; die Kassenärztlichen Vereinigungen übermitteln diese Daten an die Prüfungsstelle. ¹²Die Krankenkassen übermitteln der Prüfungsstelle die Daten der in der ambulanten Versorgung außerhalb der vertragsärztlichen Versorgung verordneten Leistungen. ¹³Die §§ 296 und 297 gelten entsprechend. ¹⁴Dabei sind zusätzlich die Zahl der Behandlungsfälle und eine Zuordnung der verordneten Leistungen zum Datum der Behandlung zu übermitteln. ¹⁵Die Vertragspartner können die Prüfungsstelle mit der Prüfung ärztlich verordneter Leistungen nach Satz 11 beauftragen und tragen die Kosten. ¹⁶In diesem Fall wird nach den gleichen Maßstäben wie in der vertragsärztlichen Versorgung geprüft. ¹⁷Das Nähere regelt die Prüfungsstelle.

(2 a) Gegenstand der Beurteilung der Wirtschaftlichkeit in den Prüfungen nach Absatz 2 Satz 1 Nr. 2 sind, soweit dafür Veranlassung besteht,
1. die medizinische Notwendigkeit der Leistungen (Indikation),
2. die Eignung der Leistungen zur Erreichung des therapeutischen oder diagnostischen Ziels (Effektivität),
3. die Übereinstimmung der Leistungen mit den anerkannten Kriterien für ihre fachgerechte Erbringung (Qualität), insbesondere mit den in den Richtlinien des Gemeinsamen Bundesausschusses enthaltenen Vorgaben,
4. die Angemessenheit der durch die Leistungen verursachten Kosten im Hinblick auf das Behandlungsziel,
5. bei Leistungen des Zahnersatzes und der Kieferorthopädie auch die Vereinbarkeit der Leistungen mit dem Heil- und Kostenplan.

50 SGB V SGB V – Gesetzliche Krankenversicherung

(2 b) ¹Die Kassenärztlichen Bundesvereinigungen und der Spitzenverband Bund der Krankenkassen vereinbaren Richtlinien zum Inhalt und zur Durchführung der Prüfungen nach Absatz 2 Satz 1 Nr. 2, insbesondere zu den Beurteilungsgegenständen nach Absatz 2 a, zur Bestimmung und zum Umfang der Stichproben sowie zur Auswahl von Leistungsmerkmalen, erstmalig bis zum 31. Dezember 2004. ²Die Richtlinien sind dem Bundesministerium für Gesundheit vorzulegen. ³Es kann sie innerhalb von zwei Monaten beanstanden. ⁴Kommen die Richtlinien nicht zustande oder werden die Beanstandungen des Bundesministeriums für Gesundheit nicht innerhalb einer von ihm gesetzten Frist behoben, kann das Bundesministerium für Gesundheit die Richtlinien erlassen.

(2 c) ¹Die Prüfungen nach Absatz 2 Satz 1 werden auf der Grundlage der Daten durchgeführt, die den Prüfungsstellen nach Absatz 4 a gemäß § 296 Abs. 1, 2 und 4 sowie § 297 Abs. 1 bis 3 übermittelt werden. ²Hat die Prüfungsstelle Zweifel an der Richtigkeit der übermittelten Daten, ermittelt sie die Datengrundlagen für die Prüfung aus einer Stichprobe der abgerechneten Behandlungsfälle des Arztes und rechnet die so ermittelten Teildaten nach einem statistisch zulässigen Verfahren auf die Grundgesamtheit der Arztpraxis hoch.

(3) ¹Die in Absatz 2 Satz 4 genannten Vertragspartner vereinbaren Inhalt und Durchführung der Beratung nach Absatz 1 a und der Prüfung der Wirtschaftlichkeit nach Absatz 2 gemeinsam und einheitlich; die Richtlinien nach Absatz 2 b sind Inhalt der Vereinbarungen. ²In den Vereinbarungen ist insbesondere das Verfahren der Bestimmung der Stichproben für die Prüfungen nach Absatz 2 Satz 1 Nr. 2 festzulegen; dabei kann die Bildung von Stichprobengruppen abweichend von den Fachgebieten nach ausgewählten Leistungsmerkmalen vorgesehen werden. ³In den Verträgen ist auch festzulegen, unter welchen Voraussetzungen Einzelfallprüfungen durchgeführt und pauschale Honorarkürzungen vorgenommen werden; festzulegen ist ferner, dass die Prüfungsstelle auf Antrag der Kassenärztlichen Vereinigung, der Krankenkasse oder ihres Verbandes Einzelfallprüfungen durchführt. ⁴Für den Fall wiederholt festgestellter Unwirtschaftlichkeit sind pauschale Honorarkürzungen vorzusehen.

(3 a) Ergeben die Prüfungen nach Absatz 2 und nach § 275 Abs. 1 Nr. 3 b, Abs. 1 a und Abs. 1 b, daß ein Arzt Arbeitsunfähigkeit festgestellt hat, obwohl die medizinischen Voraussetzungen dafür nicht vorlagen, kann der Arbeitgeber, der zu Unrecht Arbeitsentgelt gezahlt hat, und die Krankenkasse, die zu Unrecht Krankengeld gezahlt hat, von dem Arzt Schadensersatz verlangen, wenn die Arbeitsunfähigkeit grob fahrlässig oder vorsätzlich festgestellt worden ist, obwohl die Voraussetzungen dafür nicht vorgelegen hatten.

(3 b) ¹Durch Vereinbarung nach Absatz 3 kann eine arztbezogene Prüfung ärztlich verordneter Leistungen, bezogen auf die Wirkstoffauswahl und die Wirkstoffmenge, im jeweiligen Anwendungsgebiet vorgesehen werden. ²Dafür sind insbesondere für Wirkstoffe und Wirkstoffgruppen Verordnungsanteile und Wirkstoffmengen in den Anwendungsgebieten für Vergleichsgruppen von Ärzten zu bestimmen. ³Dabei sind Regelungen für alle Anwendungsgebiete zu treffen, die für die Versorgung und die Verordnungskosten in der Arztgruppe von Bedeutung sind. ⁴Regelungen nach Satz 2 sind unter Beachtung der Richtlinien nach § 92 Absatz 1 Satz 2, der Vereinbarungen nach den §§ 84, 130 b oder 130 c und der Hinweise nach § 73 Absatz 8 Satz 1 zu treffen. ⁵Eine Vereinbarung nach Satz 1 ist zu veröffentlichen. ⁶Sie löst die Richtgrößenprüfungen nach Absatz 2 ab. ⁷In der Vereinbarung nach Satz 1 sind Regelungen über den auszugleichenden Betrag bei Nichteinhaltung der Zielvorgaben zu vereinbaren. ⁸Praxisbesonderheiten sind entsprechend Absatz 5 a anzuerkennen, sofern in der Vereinbarung nach Satz 1 nichts anderes vorgesehen ist. ¹⁰Liegt eine Vereinbarung nach Satz 1 vor, kann auf den Abschluss einer Vereinbarung nach § 84 Absatz 6 verzichtet werden. ¹¹Die Vertragsparteien vereinbaren Regelungen darüber, wie viele Ärzte zu prüfen sind; Absatz 2 Satz 7 erster Halbsatz gilt entsprechend. ¹²Die Vereinbarung nach Satz 1 gilt in diesem Fall auch nach ihrer Kündigung bis zum Abschluss einer neuen Vereinbarung nach Satz 1 oder nach § 84 Absatz 6 fort.

(4) ¹Die in Absatz 2 Satz 4 genannten Vertragspartner bilden bei der Kassenärztlichen Vereinigung oder bei einem der in Satz 5 genannten Landesverbände eine gemeinsame Prüfungsstelle und einen gemeinsamen Beschwerdeausschuss. ²Der Beschwerdeausschuss besteht aus Vertretern der Kassenärztlichen Vereinigung und der Krankenkassen in gleicher Zahl sowie einem unparteiischen Vorsitzenden. ³Die Amtsdauer beträgt zwei Jahre. ⁴Bei Stimmengleichheit gibt die Stimme des Vorsitzenden den Ausschlag. ⁵Über den Vorsitzenden, dessen Stellvertreter sowie den Sitz des Beschwerdeausschusses sollen sich die Kassenärztliche Vereinigung, die Landesverbände der Krankenkassen und die Ersatzkassen einigen. ⁶Kommt eine Einigung nicht zu Stande, beruft die Aufsichtsbehörde nach

Absatz 7 im Benehmen mit der Kassenärztlichen Vereinigung, den Landesverbänden der Krankenkassen sowie den Ersatzkassen den Vorsitzenden und dessen Stellvertreter und entscheidet über den Sitz des Beschwerdeausschusses.

(4 a) ¹Die Prüfungsstelle und der Beschwerdeausschuss nehmen ihre Aufgaben jeweils eigenverantwortlich wahr; der Beschwerdeausschuss wird bei der Erfüllung seiner laufenden Geschäfte von der Prüfungsstelle organisatorisch unterstützt. ²Die Prüfungsstelle wird bei der Kassenärztlichen Vereinigung oder bei einem der in Absatz 4 Satz 5 genannten Landesverbände oder bei einer bereits bestehenden Arbeitsgemeinschaft im Land errichtet. ³Über die Errichtung, den Sitz und den Leiter der Prüfungsstelle einigen sich die Vertragspartner nach Absatz 2 Satz 4; sie einigen sich auf Vorschlag des Leiters jährlich bis zum 30. November über die personelle, sachliche sowie finanzielle Ausstattung der Prüfungsstelle für das folgende Kalenderjahr. ⁴Der Leiter führt die laufenden Verwaltungsgeschäfte der Prüfungsstelle und gestaltet die innere Organisation so, dass sie den besonderen Anforderungen des Datenschutzes nach § 78 a des Zehnten Buches gerecht wird. ⁵Kommt eine Einigung nach Satz 2 und 3 nicht zu Stande, entscheidet die Aufsichtsbehörde nach Absatz 7. ⁶Die Prüfungsstelle bereitet die für die Prüfungen nach Absatz 2 erforderlichen Daten und sonstigen Unterlagen auf, trifft Feststellungen zu den für die Beurteilung der Wirtschaftlichkeit wesentlichen Sachverhalten und entscheidet gemäß Absatz 5 Satz 1. ⁷Die Kosten der Prüfungsstelle und des Beschwerdeausschusses tragen die Kassenärztliche Vereinigung und die beteiligten Krankenkassen je zur Hälfte. ⁸Das Bundesministerium für Gesundheit bestimmt durch Rechtsverordnung mit Zustimmung des Bundesrates das Nähere zur Geschäftsführung der Prüfungsstellen und der Beschwerdeausschüsse einschließlich der Entschädigung der Vorsitzenden der Ausschüsse und zu den Pflichten der von den in Absatz 2 Satz 4 genannten Vertragspartnern entsandten Vertreter. ⁹Die Rechtsverordnung kann auch die Voraussetzungen und das Verfahren zur Verhängung von Maßnahmen gegen Mitglieder der Ausschüsse bestimmen, die ihre Pflichten nach diesem Gesetzbuch nicht oder nicht ordnungsgemäß erfüllen.

(4 b) ¹Werden Wirtschaftlichkeitsprüfungen nicht in dem vorgesehenen Umfang oder nicht entsprechend den für ihre Durchführung geltenden Vorgaben durchgeführt, haften die zuständigen Vorstandsmitglieder der Krankenkassenverbände und Kassenärztlichen Vereinigungen für die ordnungsgemäße Umsetzung dieser Regelung. ²Können Wirtschaftlichkeitsprüfungen nicht in dem vorgesehenen Umfang oder nicht entsprechend den für ihre Durchführung geltenden Vorgaben durchgeführt werden, weil die erforderlichen Daten nach den §§ 296 und 297 nicht oder nicht im vorgesehenen Umfang oder nicht fristgerecht übermittelt worden sind, haften die zuständigen Vorstandsmitglieder der Krankenkassen oder der Kassenärztlichen Vereinigungen. ³Die zuständige Aufsichtsbehörde hat nach Anhörung der Vorstandsmitglieder und der jeweils entsandten Vertreter im Ausschuss den Verwaltungsrat oder die Vertreterversammlung zu veranlassen, das Vorstandsmitglied auf Ersatz des aus der Pflichtverletzung entstandenen Schadens in Anspruch zu nehmen, falls der Verwaltungsrat oder die Vertreterversammlung das Regressverfahren nicht bereits von sich aus eingeleitet hat.

(4 c) ¹Die Vertragspartner nach Absatz 2 Satz 4 können mit Zustimmung der für sie zuständigen Aufsichtsbehörde die gemeinsame Bildung einer Prüfungsstelle und eines Beschwerdeausschusses über den Bereich eines Landes oder einer anderen Kassenärztlichen Vereinigung hinaus vereinbaren. ²Die Aufsicht über eine für den Bereich mehrerer Länder tätige Prüfungsstelle und einen für den Bereich mehrerer Länder tätigen Beschwerdeausschuss führt die für die Sozialversicherung zuständige oberste Verwaltungsbehörde des Landes, in dem der Ausschuss oder die Stelle ihren Sitz hat. ³Die Aufsicht ist im Benehmen mit den zuständigen obersten Verwaltungsbehörden der beteiligten Länder wahrzunehmen.

(4 d) *(aufgehoben)*

(5) ¹Die Prüfungsstelle entscheidet, ob der Vertragsarzt, der ermächtigte Arzt oder die ermächtigte Einrichtung gegen das Wirtschaftlichkeitsgebot verstoßen hat und welche Maßnahmen zu treffen sind. ²Dabei sollen gezielte Beratungen weiteren Maßnahmen in der Regel vorangehen. ³Gegen die Entscheidungen der Prüfungsstelle können die betroffenen Ärzte und ärztlich geleiteten Einrichtungen, die Krankenkasse, die betroffenen Landesverbände der Krankenkassen sowie die Kassenärztlichen Vereinigungen die Beschwerdeausschüsse anrufen. ⁴Die Anrufung hat aufschiebende Wirkung. ⁵Für das Verfahren sind § 84 Abs. 1 und § 85 Abs. 3 des Sozialgerichtsgesetzes anzuwenden. ⁶Das Verfahren vor dem Beschwerdeausschuß gilt als Vorverfahren (§ 78 des Sozialgerichtsgesetzes). ⁷Die Klage gegen eine vom Beschwerdeausschuss festgesetzte Honorarkürzung hat keine aufschiebende Wirkung. ⁸Abweichend von Satz 3 findet in Fällen der Festsetzung einer Aus-

gleichpflicht für den Mehraufwand bei Leistungen, die durch das Gesetz oder durch die Richtlinien nach § 92 ausgeschlossen sind, ein Vorverfahren nicht statt.

(5 a) [1]Beratungen nach Absatz 1a bei Überschreitung der Richtgrößenvolumen nach § 84 Abs. 6 und 8 werden durchgeführt, wenn das Verordnungsvolumen eines Arztes in einem Kalenderjahr das Richtgrößenvolumen um mehr als 15 vom Hundert übersteigt und auf Grund der vorliegenden Daten die Prüfungsstelle nicht davon ausgeht, dass die Überschreitung in vollem Umfang durch Praxisbesonderheiten begründet ist (Vorab-Prüfung). [2]Die nach § 84 Abs. 6 zur Bestimmung der Richtgrößen verwendeten Maßstäbe können zur Feststellung von Praxisbesonderheiten nicht erneut herangezogen werden. [3]Bei einer Überschreitung des Richtgrößenvolumens um mehr als 25 vom Hundert hat der Vertragsarzt nach Feststellung durch die Prüfungsstelle den sich daraus ergebenden Mehraufwand den Krankenkassen zu erstatten, soweit dieser nicht durch Praxisbesonderheiten begründet ist. [4]Die Prüfungsstelle soll vor ihren Entscheidungen und Festsetzungen auf eine entsprechende Vereinbarung mit dem Vertragsarzt hinwirken, die eine Minderung des Erstattungsbetrages um bis zu einem Fünftel zum Inhalt haben kann. [5]Die in Absatz 2 Satz 4 genannten Vertragspartner bestimmen in Vereinbarungen nach Absatz 3 die Maßstäbe zur Prüfung der Berücksichtigung von Praxisbesonderheiten. [6]Die Prüfungsstelle beschließt unter Beachtung der Vereinbarung nach Absatz 3 die Grundsätze des Verfahrens der Anerkennung von Praxisbesonderheiten. [7]Die Kosten für verordnete Arznei-, Verband- und Heilmittel, die durch gesetzlich bestimmte oder in den Vereinbarungen nach Absatz 3 und § 84 Abs. 6 vorab anerkannte Praxisbesonderheiten bedingt sind, sollen vor der Einleitung eines Prüfverfahrens von den Verordnungskosten des Arztes abgezogen werden; der Arzt ist hierüber zu informieren. [8]Weitere Praxisbesonderheiten ermittelt die Prüfungsstelle auf Antrag des Arztes, auch durch Vergleich mit den Diagnosen und Verordnungen in einzelnen Anwendungsbereichen der entsprechenden Fachgruppe. [9]Sie kann diese aus einer Stichprobe nach Absatz 2c Satz 2 ermitteln. [10]Der Prüfungsstelle sind die hierfür erforderlichen Daten nach den §§ 296 und 297 der entsprechenden Fachgruppe zu übermitteln. [11]Eine Klage gegen die Entscheidung des Beschwerdeausschusses hat keine aufschiebende Wirkung. [12]Vorab anerkannte Praxisbesonderheiten nach Satz 7 sind auch Kosten für im Rahmen von Vereinbarungen nach § 84 Absatz 1 Satz 5 verordnete Arzneimittel, insbesondere für parenterale Zubereitungen aus Fertigarzneimitteln zur unmittelbaren ärztlichen Anwendung bei Patienten, soweit dabei die Bestimmungen zur Verordnung dieser Arzneimittel nach § 73 d berücksichtigt sind.

(5 b) [1]Gegenstand der Prüfungen nach Absatz 2 ist auch die Einhaltung der Verordnungseinschränkungen und Verordnungsausschlüsse in den Richtlinien nach § 92 Absatz 1 Satz 2 Nummer 6. [2]Das Nähere ist in Vereinbarungen nach Absatz 3 zu regeln.

(5 c) [1]Die Prüfungsstelle setzt den Krankenkassen zustehenden Betrag nach Absatz 5 a fest; Zuzahlungen der Versicherten sowie Rabatte nach § 130 a Abs. 8 auf Grund von Verträgen, denen der Arzt nicht beigetreten ist, sind als pauschalierte Beträge abzuziehen. [2]Die Krankenkassen sollen der Prüfungsstelle die pauschalen Abzugsbeträge nach Satz 1 als Summe der Zuzahlungen der Versicherten und der erhaltenen Rabatte nach § 130 a Absatz 8 für die von der Apotheke abgerechneten Arzneimittel arztbezogen übermitteln. [3]Die nach Maßgabe der Gesamtverträge zu entrichtende Vergütung verringert sich um diesen Betrag. [4]Die Kassenärztliche Vereinigung hat in der jeweiligen Höhe Rückforderungsansprüche gegen den Vertragsarzt, die der an die Kassenärztliche Vereinigung zu entrichtenden Vergütung zugerechnet werden. [5]Soweit der Vertragsarzt nachweist, dass ihn die Rückforderung wirtschaftlich gefährden würde, kann die Kassenärztliche Vereinigung sie entsprechend § 76 Abs. 2 Nr. 1 und 3 des Vierten Buches stunden oder erlassen. [6]Abweichend von Satz 5 können die Krankenkassen ihre Rückforderung stunden oder erlassen; in diesem Fall gilt Satz 3 nicht. [7]Abweichend von Satz 1 setzt die Prüfungsstelle für Ärzte, die erstmals das Richtgrößenvolumen um mehr als 25 Prozent überschreiten, für die Erstattung der Mehrkosten einen Betrag von insgesamt nicht mehr als 25.000 Euro für die ersten beiden Jahre einer Überschreitung des Richtgrößenvolumens fest.

(5 d) [1]Ein vom Vertragsarzt zu erstattender Mehraufwand wird abweichend von Absatz 5 a Satz 3 nicht festgesetzt, soweit die Prüfungsstelle mit dem Arzt eine individuelle Richtgröße vereinbart, die eine wirtschaftliche Verordnungsweise des Arztes unter Berücksichtigung von Praxisbesonderheiten gewährleistet. [2]In dieser Vereinbarung muss sich der Arzt verpflichten, ab dem Quartal, das auf die Vereinbarung folgt, jeweils den sich aus einer Überschreitung dieser Richtgröße ergebenden Mehraufwand den Krankenkassen zu erstatten. [3]Die Richtgröße ist für den Zeitraum von vier Quartalen zu vereinbaren und für den folgenden Zeitraum zu überprüfen, soweit hierzu nichts anderes vereinbart ist. [4]Eine Zielvereinbarung nach § 84 Abs. 1 kann als individuelle Richtgröße nach Satz 1

vereinbart werden, soweit darin hinreichend konkrete und ausreichende Wirtschaftlichkeitsziele für einzelne Wirkstoffe oder Wirkstoffgruppen festgelegt sind.

(6) Die Absätze 1 bis 5 gelten auch für die Prüfung der Wirtschaftlichkeit der im Krankenhaus erbrachten ambulanten ärztlichen und belegärztlichen Leistungen; § 106 a gilt entsprechend.

(7) ¹Die Aufsicht über die Prüfungsstellen und Beschwerdeausschüsse führen die für die Sozialversicherung zuständigen obersten Verwaltungsbehörden der Länder. ²Die Prüfungsstellen und die Beschwerdeausschüsse erstellen einmal jährlich eine Übersicht über die Zahl der durchgeführten Beratungen und Prüfungen sowie die von ihnen festgesetzten Maßnahmen. ³Die Übersicht ist der Aufsichtsbehörde vorzulegen.

§ 106 a Abrechnungsprüfung in der vertragsärztlichen Versorgung

(1) Die Kassenärztlichen Vereinigungen und die Krankenkassen prüfen die Rechtmäßigkeit und Plausibilität der Abrechnungen in der vertragsärztlichen Versorgung.

(2) ¹Die Kassenärztliche Vereinigung stellt die sachliche und rechnerische Richtigkeit der Abrechnungen der Vertragsärzte fest; dazu gehört auch die arztbezogene Prüfung der Abrechnungen auf Plausibilität sowie die Prüfung der abgerechneten Sachkosten. ²Gegenstand der arztbezogenen Plausibilitätsprüfung ist insbesondere der Umfang der je Tag abgerechneten Leistungen im Hinblick auf den damit verbundenen Zeitaufwand des Vertragsarztes. ³Bei der Prüfung nach Satz 2 ist ein Zeitrahmen für das pro Tag höchstens abrechenbare Leistungsvolumen zu Grunde zu legen; zusätzlich können Zeitrahmen für die in längeren Zeitperioden höchstens abrechenbaren Leistungsvolumina zu Grunde gelegt werden. ⁴Soweit Angaben zum Zeitaufwand nach § 87 Abs. 2 Satz 1 zweiter Halbsatz bestimmt sind, sind diese bei den Prüfungen nach Satz 2 zu Grunde zu legen. ⁵Satz 2 bis 4 gilt nicht für die vertragszahnärztliche Versorgung. ⁶Bei den Prüfungen ist von dem durch den Vertragsarzt angeforderten Punktzahlvolumen unabhängig von honorarwirksamen Begrenzungsregelungen auszugehen. ⁷Soweit es für den jeweiligen Prüfungsgegenstand erforderlich ist, sind die Abrechnungen vorangegangener Abrechnungszeiträume in die Prüfung einzubeziehen. ⁸Die Kassenärztliche Vereinigung unterrichtet die in Absatz 5 genannten Verbände der Krankenkassen sowie die Ersatzkassen unverzüglich über die Durchführung der Prüfungen und deren Ergebnisse.

(3) ¹Die Krankenkassen prüfen die Abrechnungen der Vertragsärzte insbesondere hinsichtlich

1. des Bestehens und des Umfangs ihrer Leistungspflicht,
2. der Plausibilität von Art und Umfang der für die Behandlung eines Versicherten abgerechneten Leistungen in Bezug auf die angegebene Diagnose, bei zahnärztlichen Leistungen in Bezug auf die angegebenen Befunde,
3. der Plausibilität der Zahl der vom Versicherten in Anspruch genommenen Vertragsärzte, unter Berücksichtigung ihrer Fachgruppenzugehörigkeit,
4. der vom Versicherten an den Arzt zu zahlenden Zuzahlung nach § 28 Abs. 4 und der Beachtung des damit verbundenen Verfahrens nach § 43 b Abs. 2.

²Sie unterrichten die Kassenärztlichen Vereinigungen unverzüglich über die Durchführung der Prüfungen und deren Ergebnisse.

(4) ¹Die Krankenkassen oder ihre Verbände können, sofern dazu Veranlassung besteht, gezielte Prüfungen durch die Kassenärztliche Vereinigung nach Absatz 2 beantragen. ²Die Kassenärztliche Vereinigung kann, sofern dazu Veranlassung besteht, Prüfungen durch die Krankenkassen nach Absatz 3 beantragen. ³Bei festgestellter Unplausibilität nach Absatz 3 Satz 1 Nr. 2 oder 3 kann die Krankenkasse oder ihr Verband eine Wirtschaftlichkeitsprüfung nach § 106 beantragen; dies gilt für die Kassenärztliche Vereinigung bei festgestellter Unplausibilität nach Absatz 2 entsprechend.

(5) ¹Die Kassenärztlichen Vereinigungen und die Landesverbände der Krankenkassen und die Ersatzkassen gemeinsam und einheitlich vereinbaren Inhalt und Durchführung der Prüfungen nach den Absätzen 2 bis 4. ²In den Vereinbarungen sind auch Maßnahmen für den Fall von Verstößen gegen Abrechnungsbestimmungen, einer Überschreitung der Zeitrahmen nach Absatz 2 Satz 3 sowie des Nichtbestehens einer Leistungspflicht der Krankenkassen, soweit dies dem Leistungserbringer bekannt sein musste, vorzusehen. ³Der Inhalt der Richtlinien nach Absatz 6 ist Bestandteil der Vereinbarungen.

(6) ¹Die Kassenärztlichen Bundesvereinigungen und der Spitzenverband Bund der Krankenkassen vereinbaren erstmalig bis zum 30. Juni 2004 Richtlinien zum Inhalt und zur Durchführung der Prüfungen nach den Absätzen 2 und 3; die Richtlinien enthalten

insbesondere Vorgaben zu den Kriterien nach Absatz 2 Satz 2 und 3. ²Die Richtlinien sind dem Bundesministerium für Gesundheit vorzulegen. ³Es kann sie innerhalb von zwei Monaten beanstanden. ⁴Kommen die Richtlinien nicht zu Stande oder werden die Beanstandungen des Bundesministeriums für Gesundheit nicht innerhalb einer von ihm gesetzten Frist behoben, kann das Bundesministerium für Gesundheit die Richtlinien erlassen.

(7) § 106 Abs. 4 b gilt entsprechend.

Dritter Abschnitt. Beziehungen zu Krankenhäusern und anderen Einrichtungen

§ 107 Krankenhäuser, Vorsorge- oder Rehabilitationseinrichtungen

(1) Krankenhäuser im Sinne dieses Gesetzbuchs sind Einrichtungen, die
1. der Krankenhausbehandlung oder Geburtshilfe dienen,
2. fachlich-medizinisch unter ständiger ärztlicher Leitung stehen, über ausreichende, ihrem Versorgungsauftrag entsprechende diagnostische und therapeutische Möglichkeiten verfügen und nach wissenschaftlich anerkannten Methoden arbeiten,
3. mit Hilfe von jederzeit verfügbarem ärztlichem, Pflege-, Funktions- und medizinisch-technischem Personal darauf eingerichtet sind, vorwiegend durch ärztliche und pflegerische Hilfeleistung Krankheiten der Patienten zu erkennen, zu heilen, ihre Verschlimmerung zu verhüten, Krankheitsbeschwerden zu lindern oder Geburtshilfe zu leisten, und in denen
4. die Patienten untergebracht und verpflegt werden können.

(2) Vorsorge- oder Rehabilitationseinrichtungen im Sinne dieses Gesetzbuchs sind Einrichtungen, die
1. der stationären Behandlung der Patienten dienen, um
   a) eine Schwächung der Gesundheit, die in absehbarer Zeit voraussichtlich zu einer Krankheit führen würde, zu beseitigen oder einer Gefährdung der gesundheitlichen Entwicklung eines Kindes entgegenzuwirken (Vorsorge) oder
   b) eine Krankheit zu heilen, ihre Verschlimmerung zu verhüten oder Krankheitsbeschwerden zu lindern oder im Anschluß an Krankenhausbehandlung den dabei erzielten Behandlungserfolg zu sichern oder zu festigen, auch mit dem Ziel, eine drohende Behinderung oder Pflegebedürftigkeit abzuwenden, zu beseitigen, zu mindern, auszugleichen, ihre Verschlimmerung zu verhüten oder ihre Folgen zu mildern (Rehabilitation), wobei Leistungen der aktivierenden Pflege nicht von den Krankenkassen übernommen werden dürfen,
2. fachlich-medizinisch unter ständiger ärztlicher Verantwortung und unter Mitwirkung von besonders geschultem Personal darauf eingerichtet sind, den Gesundheitszustand der Patienten nach einem ärztlichen Behandlungsplan vorwiegend durch Anwendung von Heilmitteln einschließlich Krankengymnastik, Bewegungstherapie, Sprachtherapie oder Arbeits- und Beschäftigungstherapie, ferner durch andere geeignete Hilfen, auch durch geistige und seelische Einwirkungen, zu verbessern und den Patienten bei der Entwicklung eigener Abwehr- und Heilungskräfte zu helfen, und in denen
3. die Patienten untergebracht und verpflegt werden können.

§ 108 Zugelassene Krankenhäuser

Die Krankenkassen dürfen Krankenhausbehandlung nur durch folgende Krankenhäuser (zugelassene Krankenhäuser) erbringen lassen:
1. Krankenhäuser, die nach den landesrechtlichen Vorschriften als Hochschulklinik anerkannt sind,
2. Krankenhäuser, die in den Krankenhausplan eines Landes aufgenommen sind (Plankrankenhäuser), oder
3. Krankenhäuser, die einen Versorgungsvertrag mit den Landesverbänden der Krankenkassen und den Verbänden der Ersatzkassen abgeschlossen haben.

§ 108 a Krankenhausgesellschaften

¹Die Landeskrankenhausgesellschaft ist ein Zusammenschluß von Trägern zugelassener Krankenhäuser im Land. ²In der Deutschen Krankenhausgesellschaft sind die Landeskran-

kenhausgesellschaften zusammengeschlossen. ³Bundesverbände oder Landesverbände der Krankenhausträger können den Krankenhausgesellschaften angehören.

§ 109 Abschluß von Versorgungsverträgen mit Krankenhäusern

(1) ¹Der Versorgungsvertrag nach § 108 Nr. 3 kommt durch Einigung zwischen den Landesverbänden der Krankenkassen und den Ersatzkassen gemeinsam und dem Krankenhausträger zustande; er bedarf der Schriftform. ²Bei den Hochschulkliniken gilt die Anerkennung nach den landesrechtlichen Vorschriften, bei den Plankrankenhäusern die Aufnahme in den Krankenhausbedarfsplan nach § 8 Abs. 1 Satz 2 des Krankenhausfinanzierungsgesetzes als Abschluss des Versorgungsvertrages. ³Dieser ist für alle Krankenkassen im Inland unmittelbar verbindlich. ⁴Die Vertragsparteien nach Satz 1 können im Einvernehmen mit der für die Krankenhausplanung zuständigen Landesbehörde eine gegenüber dem Krankenhausplan geringere Bettenzahl vereinbaren, soweit die Leistungsstruktur des Krankenhauses nicht verändert wird; die Vereinbarung kann befristet werden. ⁵Enthält der Krankenhausplan keine oder keine abschließende Festlegung der Bettenzahl oder der Leistungsstruktur des Krankenhauses, werden diese durch die Vertragsparteien nach Satz 1 im Benehmen mit der für die Krankenhausplanung zuständigen Landesbehörde ergänzend vereinbart.

(2) ¹Ein Anspruch auf Abschluß eines Versorgungsvertrags nach § 108 Nr. 3 besteht nicht. ²Bei notwendiger Auswahl zwischen mehreren geeigneten Krankenhäusern, die sich um den Abschluß eines Versorgungsvertrags bewerben, entscheiden die Landesverbände der Krankenkassen und die Ersatzkassen gemeinsam unter Berücksichtigung der öffentlichen Interessen und der Vielfalt der Krankenhausträger nach pflichtgemäßem Ermessen, welches Krankenhaus den Erfordernissen einer bedarfsgerechten, leistungsfähigen und wirtschaftlichen Krankenhausbehandlung am besten gerecht wird.

(3) ¹Ein Versorgungsvertrag nach § 108 Nr. 3 darf nicht abgeschlossen werden, wenn das Krankenhaus
1. nicht die Gewähr für eine leistungsfähige und wirtschaftliche Krankenhausbehandlung bietet oder
2. für eine bedarfsgerechte Krankenhausbehandlung der Versicherten nicht erforderlich ist.

²Abschluß und Ablehnung des Versorgungsvertrags werden mit der Genehmigung durch die zuständigen Landesbehörden wirksam. ³Verträge, die vor dem 1. Januar 1989 nach § 371 Abs. 2 der Reichsversicherungsordnung abgeschlossen worden sind, gelten bis zu ihrer Kündigung nach § 110 weiter.

(4) ¹Mit einem Versorgungsvertrag nach Absatz 1 wird das Krankenhaus für die Dauer des Vertrages zur Krankenhausbehandlung der Versicherten zugelassen. ²Das zugelassene Krankenhaus ist im Rahmen seines Versorgungsauftrags zur Krankenhausbehandlung (§ 39) der Versicherten verpflichtet. ³Die Krankenkassen sind verpflichtet, unter Beachtung der Vorschriften dieses Gesetzbuchs mit dem Krankenhausträger Pflegesatzverhandlungen nach Maßgabe des Krankenhausfinanzierungsgesetzes, des Krankenhausentgeltgesetzes und der Bundespflegesatzverordnung zu führen.

§ 110 Kündigung von Versorgungsverträgen mit Krankenhäusern

(1) ¹Ein Versorgungsvertrag nach § 109 Abs. 1 kann von jeder Vertragspartei mit einer Frist von einem Jahr ganz oder teilweise gekündigt werden, von den Landesverbänden der Krankenkassen und den Ersatzkassen nur gemeinsam und nur aus den in § 109 Abs. 3 Satz 1 genannten Gründen. ²Eine Kündigung ist nur zulässig, wenn die Kündigungsgründe nicht nur vorübergehend bestehen. ³Bei Plankrankenhäusern ist die Kündigung mit einem Antrag an die zuständige Landesbehörde auf Aufhebung oder Änderung des Feststellungsbescheids nach § 8 Abs. 1 Satz 2 des Krankenhausfinanzierungsgesetzes zu verbinden, mit dem das Krankenhaus in den Krankenhausplan des Landes aufgenommen worden ist.

(2) ¹Die Kündigung durch die in Absatz 1 Satz 1 genannten Verbände erfolgt im Benehmen mit den als Pflegesatzparteien betroffenen Krankenkassen. ²Sie wird mit der Genehmigung durch die zuständige Landesbehörde wirksam. ³Diese hat ihre Entscheidung zu begründen. ⁴Bei Plankrankenhäusern kann die Genehmigung nur versagt werden, wenn und soweit das Krankenhaus für die Versorgung unverzichtbar ist. ⁵Die Genehmigung gilt als erteilt, wenn die zuständige Landesbehörde nicht innerhalb von drei Monaten nach Mitteilung der Kündigung widersprochen hat. ⁶Die Landesbehörde hat einen Widerspruch spätestens innerhalb von drei weiteren Monaten schriftlich zu begründen.

§ 111 Versorgungsverträge mit Vorsorge- oder Rehabilitationseinrichtungen

(1) Die Krankenkassen dürfen medizinische Leistungen zur Vorsorge (§ 23 Abs. 4) oder Leistungen zur medizinischen Rehabilitation einschließlich der Anschlußheilbehandlung (§ 40), die eine stationäre Behandlung, aber keine Krankenhausbehandlung erfordern, nur in Vorsorge- oder Rehabilitationseinrichtungen erbringen lassen, mit denen ein Versorgungsvertrag nach Absatz 2 besteht.

(2) [1]Die Landesverbände der Krankenkassen und die Ersatzkassen gemeinsam schließen mit Wirkung für ihre Mitgliedskassen einheitliche Versorgungsverträge über die Durchführung der in Absatz 1 genannten Leistungen mit Vorsorge- oder Rehabilitationseinrichtungen, die

1. die Anforderungen des § 107 Abs. 2 erfüllen und
2. für eine bedarfsgerechte, leistungsfähige und wirtschaftliche Versorgung der Versicherten ihrer Mitgliedskassen mit stationären medizinischen Leistungen zur Vorsorge oder Leistungen zur medizinischen Rehabilitation einschließlich der Anschlußheilbehandlung notwendig sind.

[2]§ 109 Abs. 1 Satz 1 gilt entsprechend. [3]Die Landesverbände der Krankenkassen eines anderen Bundeslandes und die Ersatzkassen können einem nach Satz 1 geschlossenen Versorgungsvertrag beitreten, soweit für die Behandlung der Versicherten ihrer Mitgliedskassen in der Vorsorge- oder Rehabilitationseinrichtung ein Bedarf besteht.

(3) [1]Bei Vorsorge- oder Rehabilitationseinrichtungen, die vor dem 1. Januar 1989 stationäre medizinische Leistungen für die Krankenkassen erbracht haben, gilt ein Versorgungsvertrag in dem Umfang der in den Jahren 1986 bis 1988 erbrachten Leistungen als abgeschlossen. [2]Satz 1 gilt nicht, wenn die Einrichtung die Anforderungen nach Absatz 2 Satz 1 nicht erfüllt und die zuständigen Landesverbände der Krankenkassen und die Ersatzkassen gemeinsam dies bis zum 30. Juni 1989 gegenüber dem Träger der Einrichtung schriftlich geltend machen.

(4) [1]Mit dem Versorgungsvertrag wird die Vorsorge- oder Rehabilitationseinrichtung für die Dauer des Vertrages zur Versorgung der Versicherten mit stationären medizinischen Leistungen zur Vorsorge oder Rehabilitation zugelassen. [2]Der Versorgungsvertrag kann von den Landesverbänden der Krankenkassen und den Ersatzkassen gemeinsam mit einer Frist von einem Jahr gekündigt werden, wenn die Voraussetzungen für seinen Abschluß nach Absatz 2 Satz 1 nicht mehr gegeben sind. [3]Mit der für die Krankenhausplanung zuständigen Landesbehörde ist Einvernehmen über Abschluß und Kündigung des Versorgungsvertrags anzustreben.

(5) Die Vergütungen für die in Absatz 1 genannten Leistungen werden zwischen den Krankenkassen und den Trägern der zugelassenen Vorsorge- oder Rehabilitationseinrichtungen vereinbart.

(6) Soweit eine wirtschaftlich und organisatorisch selbständige, gebietsärztlich geleitete Vorsorge- oder Rehabilitationseinrichtung an einem zugelassenen Krankenhaus die Anforderungen des Absatzes 2 Satz 1 erfüllt, gelten im übrigen die Absätze 1 bis 5.

§ 111a Versorgungsverträge mit Einrichtungen des Müttergenesungswerks oder gleichartigen Einrichtungen

(1) [1]Die Krankenkassen dürfen stationäre medizinische Leistungen zur Vorsorge für Mütter und Väter (§ 24) oder Rehabilitation für Mütter und Väter (§ 41) nur in Einrichtungen des Müttergenesungswerks oder gleichartigen Einrichtungen oder für Vater-Kind-Maßnahmen geeigneten Einrichtungen erbringen lassen, mit denen ein Versorgungsvertrag besteht. [2]§ 111 Abs. 2, 4 Satz 1 und 2 und Abs. 5 sowie § 111b gelten entsprechend.

(2) [1]Bei Einrichtungen des Müttergenesungswerks oder gleichartigen Einrichtungen, die vor dem 1. August 2002 stationäre medizinische Leistungen für die Krankenkassen erbracht haben, gilt ein Versorgungsvertrag in dem Umfang der im Jahr 2001 erbrachten Leistungen als abgeschlossen. [2]Satz 1 gilt nicht, wenn die Einrichtung die Anforderungen nach § 111 Abs. 2 Satz 1 nicht erfüllt und die zuständigen Landesverbände der Krankenkassen und die Ersatzkassen gemeinsam dies bis zum 1. Januar 2004 gegenüber dem Träger der Einrichtung schriftlich geltend machen.

§ 111b *(aufgehoben)*

§ 112 Zweiseitige Verträge und Rahmenempfehlungen über Krankenhausbehandlung

(1) Die Landesverbände der Krankenkassen und die Ersatzkassen gemeinsam schließen mit der Landeskrankenhausgesellschaft oder mit den Vereinigungen der Krankenhausträger im Land gemeinsam Verträge, um sicherzustellen, daß Art und Umfang der Krankenhausbehandlung den Anforderungen dieses Gesetzbuchs entsprechen.

(2) ¹Die Verträge regeln insbesondere
1. die allgemeinen Bedingungen der Krankenhausbehandlung einschließlich der
   a) Aufnahme und Entlassung der Versicherten,
   b) Kostenübernahme, Abrechnung der Entgelte, Berichte und Bescheinigungen,
2. die Überprüfung der Notwendigkeit und Dauer der Krankenhausbehandlung einschließlich eines Kataloges von Leistungen, die in der Regel teilstationär erbracht werden können,
3. Verfahrens- und Prüfungsgrundsätze für Wirtschaftlichkeits- und Qualitätsprüfungen,
4. die soziale Betreuung und Beratung der Versicherten im Krankenhaus,
5. den nahtlosen Übergang von der Krankenhausbehandlung zur Rehabilitation oder Pflege,
6. das Nähere über Voraussetzungen, Art und Umfang der medizinischen Maßnahmen zur Herbeiführung einer Schwangerschaft nach § 27a Abs. 1.

²Sie sind für die Krankenkassen und die zugelassenen Krankenhäuser im Land unmittelbar verbindlich.

(3) Kommt ein Vertrag nach Absatz 1 bis zum 31. Dezember 1989 ganz oder teilweise nicht zustande, wird sein Inhalt auf Antrag einer Vertragspartei durch die Landesschiedsstelle nach § 114 festgesetzt.

(4) ¹Die Verträge nach Absatz 1 können von jeder Vertragspartei mit einer Frist von einem Jahr ganz oder teilweise gekündigt werden. ²Satz 1 gilt entsprechend für die von der Landesschiedsstelle nach Absatz 3 getroffenen Regelungen. ³Diese können auch ohne Kündigung jederzeit durch einen Vertrag nach Absatz 1 ersetzt werden.

(5) Der Spitzenverband Bund der Krankenkassen und die Deutsche Krankenhausgesellschaft oder die Bundesverbände der Krankenhausträger gemeinsam sollen Rahmenempfehlungen zum Inhalt der Verträge nach Absatz 1 abgeben.

(6) Beim Abschluß der Verträge nach Absatz 1 und bei Abgabe der Empfehlungen nach Absatz 5 sind, soweit darin Regelungen nach Absatz 2 Nr. 5 getroffen werden, die Spitzenorganisationen der Vorsorge- und Rehabilitationseinrichtungen zu beteiligen.

§ 113 Qualitäts- und Wirtschaftlichkeitsprüfung der Krankenhausbehandlung

(1) ¹Die Landesverbände der Krankenkassen, die Ersatzkassen und der Landesausschuß des Verbandes der privaten Krankenversicherung können gemeinsam die Wirtschaftlichkeit, Leistungsfähigkeit und Qualität der Krankenhausbehandlung eines zugelassenen Krankenhauses durch einvernehmlich mit dem Krankenhausträger bestellte Prüfer untersuchen lassen. ²Kommt eine Einigung über den Prüfer nicht zustande, wird dieser auf Antrag innerhalb von zwei Monaten von der Landesschiedsstelle nach § 114 Abs. 1 bestimmt. ³Der Prüfer ist unabhängig und an Weisungen nicht gebunden.

(2) Die Krankenhäuser und ihre Mitarbeiter sind verpflichtet, dem Prüfer und seinen Beauftragten auf Verlangen die für die Wahrnehmung ihrer Aufgaben notwendigen Unterlagen vorzulegen und Auskünfte zu erteilen.

(3) ¹Das Prüfungsergebnis ist, unabhängig von den sich daraus ergebenden Folgerungen für eine Kündigung des Versorgungsvertrags nach § 110, in der nächstmöglichen Pflegesatzvereinbarung mit Wirkung für die Zukunft zu berücksichtigen. ²Die Vorschriften über Wirtschaftlichkeitsprüfungen nach der Bundespflegesatzverordnung bleiben unberührt.

(4) Die Wirtschaftlichkeit und Qualität der Versorgung durch psychiatrische Institutsambulanzen (§ 118) und sozialpädiatrische Zentren (§ 119) werden von den Krankenkassen in entsprechender Anwendung der nach § 106 Abs. 2 und 3, § 106a und § 136 geltenden Regelungen geprüft.

§ 114 Landesschiedsstelle

(1) ¹Die Landesverbände der Krankenkassen und die Ersatzkassen gemeinsam und die Landeskrankenhausgesellschaften oder die Vereinigungen der Krankenhausträger im Land

gemeinsam bilden für jedes Land eine Schiedsstelle. ²Diese entscheidet in den ihr nach diesem Buch zugewiesenen Aufgaben.

(2) ¹Die Landesschiedsstelle besteht aus Vertretern der Krankenkassen und zugelassenen Krankenhäuser in gleicher Zahl sowie einem unparteiischen Vorsitzenden und zwei weiteren unparteiischen Mitgliedern. ²Die Vertreter der Krankenkassen und deren Stellvertreter werden von den Landesverbänden der Krankenkassen und den Ersatzkassen, die Vertreter der zugelassenen Krankenhäuser und deren Stellvertreter von der Landeskrankenhausgesellschaft bestellt. ³Der Vorsitzende und die weiteren unparteiischen Mitglieder werden von den beteiligten Organisationen gemeinsam bestellt. ⁴Kommt eine Einigung nicht zustande, werden sie in entsprechender Anwendung des Verfahrens nach § 89 Abs. 3 Satz 3 und 4 durch Los bestellt. ⁵Soweit beteiligte Organisationen keine Vertreter bestellen oder im Verfahren nach Satz 3 keine Kandidaten für das Amt des Vorsitzenden oder der weiteren unparteiischen Mitglieder benennen, bestellt die zuständige Landesbehörde auf Antrag einer beteiligten Organisation die Vertreter und benennt die Kandidaten; die Amtsdauer der Mitglieder der Schiedsstelle beträgt in diesem Fall ein Jahr.

(3) ¹Die Mitglieder der Schiedsstelle führen ihr Amt als Ehrenamt. ²Sie sind an Weisungen nicht gebunden. ³Jedes Mitglied hat eine Stimme. ⁴Die Entscheidungen werden mit der Mehrheit der Mitglieder getroffen. ⁵Ergibt sich keine Mehrheit, gibt die Stimme des Vorsitzenden den Ausschlag.

(4) Die Aufsicht über die Geschäftsführung der Schiedsstelle führt die zuständige Landesbehörde.

(5) Die Landesregierungen werden ermächtigt, durch Rechtsverordnung das Nähere über die Zahl, die Bestellung, die Amtsdauer und die Amtsführung, die Erstattung der baren Auslagen und die Entschädigung für Zeitaufwand der Mitglieder der Schiedsstelle und der erweiterten Schiedsstelle (§ 115 Abs. 3), die Geschäftsführung, das Verfahren, die Erhebung und die Höhe der Gebühren sowie über die Verteilung der Kosten zu bestimmen.

Vierter Abschnitt. Beziehungen zu Krankenhäusern und Vertragsärzten

§ 115 Dreiseitige Verträge und Rahmenempfehlungen zwischen Krankenkassen, Krankenhäusern und Vertragsärzten

(1) Die Landesverbände der Krankenkassen und die Ersatzkassen gemeinsam und die Kassenärztlichen Vereinigungen schließen mit der Landeskrankenhausgesellschaft oder mit den Vereinigungen der Krankenhausträger im Land gemeinsam Verträge mit dem Ziel, durch enge Zusammenarbeit zwischen Vertragsärzten und zugelassenen Krankenhäusern eine nahtlose ambulante und stationäre Behandlung der Versicherten zu gewährleisten.

(2) ¹Die Verträge regeln insbesondere
1. die Förderung des Belegarztwesens und der Behandlung in Einrichtungen, in denen die Versicherten durch Zusammenarbeit mehrerer Vertragsärzte ambulant und stationär versorgt werden (Praxiskliniken),
2. die gegenseitige Unterrichtung über die Behandlung der Patienten sowie über die Überlassung und Verwendung von Krankenunterlagen,
3. die Zusammenarbeit bei der Gestaltung und Durchführung eines ständig einsatzbereiten Notdienstes,
4. die Durchführung einer vor- und nachstationären Behandlung im Krankenhaus nach § 115a einschließlich der Prüfung der Wirtschaftlichkeit und der Verhinderung von Mißbrauch; in den Verträgen können von § 115a Abs. 2 Satz 1 bis 3 abweichende Regelungen vereinbart werden,
5. die allgemeinen Bedingungen der ambulanten Behandlung im Krankenhaus.

²Sie sind für die Krankenkassen, die Vertragsärzte und die zugelassenen Krankenhäuser im Land unmittelbar verbindlich.

(3) ¹Kommt ein Vertrag nach Absatz 1 ganz oder teilweise nicht zustande, wird sein Inhalt auf Antrag einer Vertragspartei durch die Landesschiedsstelle nach § 114 festgesetzt. ²Diese wird hierzu um Vertreter der Vertragsärzte in der gleichen Zahl erweitert, wie sie jeweils für die Vertreter der Krankenkassen und Krankenhäuser vorgesehen ist (erweiterte Schiedsstelle). ³Die Vertreter der Vertragsärzte werden von den Kassenärztlichen Vereinigungen bestellt. ⁴Das Nähere wird durch die Rechtsverordnung nach § 114 Abs. 5 be-

stimmt. ⁵Für die Kündigung der Verträge sowie die vertragliche Ablösung der von der erweiterten Schiedsstelle festgesetzten Verträge gilt § 112 Abs. 4 entsprechend.

(4) ¹Kommt eine Regelung nach Absatz 1 bis 3 bis zum 31. Dezember 1990 ganz oder teilweise nicht zustande, wird ihr Inhalt durch Rechtsverordnung der Landesregierung bestimmt. ²Eine Regelung nach den Absätzen 1 bis 3 ist zulässig, solange und soweit die Landesregierung eine Rechtsverordnung nicht erlassen hat.

(5) Der Spitzenverband Bund der Krankenkassen, die Kassenärztlichen Bundesvereinigungen und die Deutsche Krankenhausgesellschaft oder die Bundesverbände der Krankenhausträger gemeinsam sollen Rahmenempfehlungen zum Inhalt der Verträge nach Absatz 1 abgeben.

§ 115 a Vor- und nachstationäre Behandlung im Krankenhaus

(1) Das Krankenhaus kann bei Verordnung von Krankenhausbehandlung Versicherte in medizinisch geeigneten Fällen ohne Unterkunft und Verpflegung behandeln, um
1. die Erforderlichkeit einer vollstationären Krankenhausbehandlung zu klären oder die vollstationäre Krankenhausbehandlung vorzubereiten (vorstationäre Behandlung) oder
2. im Anschluß an eine vollstationäre Krankenhausbehandlung den Behandlungserfolg zu sichern oder zu festigen (nachstationäre Behandlung).

(2) ¹Die vorstationäre Behandlung ist auf längstens drei Behandlungstage innerhalb von fünf Tagen vor Beginn der stationären Behandlung begrenzt. ²Die nachstationäre Behandlung darf sieben Behandlungstage innerhalb von 14 Tagen, bei Organübertragungen nach § 9 Abs. 1 des Transplantationsgesetzes drei Monate nach Beendigung der stationären Krankenhausbehandlung nicht überschreiten. ³Die Frist von 14 Tagen oder drei Monaten kann in medizinisch begründeten Einzelfällen im Einvernehmen mit dem einweisenden Arzt verlängert werden. ⁴Kontrolluntersuchungen bei Organübertragungen nach § 9 Abs. 1 des Transplantationsgesetzes dürfen vom Krankenhaus auch nach Beendigung der nachstationären Behandlung fortgeführt werden, um die weitere Krankenbehandlung oder Maßnahmen der Qualitätssicherung wissenschaftlich zu begleiten oder zu unterstützen. ⁵Eine notwendige ärztliche Behandlung außerhalb des Krankenhauses während der vor- und nachstationären Behandlung wird im Rahmen des Sicherstellungsauftrags durch die an der vertragsärztlichen Versorgung teilnehmenden Ärzte gewährleistet. ⁶Das Krankenhaus hat den einweisenden Arzt über die vor- oder nachstationäre Behandlung sowie diesen und die an der weiteren Krankenbehandlung jeweils beteiligten Ärzte über die Kontrolluntersuchungen und deren Ergebnis unverzüglich zu unterrichten. ⁷Die Sätze 2 bis 6 gelten für die Nachbetreuung von Organspendern nach § 8 Abs. 3 Satz 1 des Transplantationsgesetzes entsprechend.

(3) ¹Die Landesverbände der Krankenkassen, die Ersatzkassen und der Landesausschuß des Verbandes der privaten Krankenversicherung gemeinsam vereinbaren mit der Landeskrankenhausgesellschaft oder mit den Vereinigungen der Krankenhausträger im Land gemeinsam und im Benehmen mit der Kassenärztlichen Vereinigung die Vergütung der Leistungen mit Wirkung für die Vertragsparteien nach § 18 Abs. 2 des Krankenhausfinanzierungsgesetzes. ²Die Vergütung soll pauschaliert werden und geeignet sein, eine Verminderung der stationären Kosten herbeizuführen. ³Der Spitzenverband Bund der Krankenkassen und die Deutsche Krankenhausgesellschaft oder die Bundesverbände der Krankenhausträger gemeinsam geben im Benehmen mit der Kassenärztlichen Bundesvereinigung Empfehlungen zur Vergütung ab. ⁴Diese gelten bis zum Inkrafttreten einer Vereinbarung nach Satz 1. ⁵Kommt eine Vereinbarung über die Vergütung innerhalb von drei Monaten nicht zustande, nachdem eine Vertragspartei schriftlich zur Aufnahme der Verhandlungen aufgefordert hat, setzt die Schiedsstelle nach § 18 a Abs. 1 des Krankenhausfinanzierungsgesetzes auf Antrag einer Vertragspartei oder der zuständigen Landesbehörde die Vergütung fest.

§ 115 b Ambulantes Operieren im Krankenhaus

(1) ¹Der Spitzenverband Bund der Krankenkassen, die Deutsche Krankenhausgesellschaft oder die Bundesverbände der Krankenhausträger gemeinsam und die Kassenärztlichen Bundesvereinigungen vereinbaren
1. einen Katalog ambulant durchführbarer Operationen und sonstiger stationsersetzender Eingriffe,
2. einheitliche Vergütungen für Krankenhäuser und Vertragsärzte.

² In der Vereinbarung nach Satz 1 Nr. 1 sind bis zum 31. Dezember 2000 die ambulant durchführbaren Operationen und stationsersetzenden Eingriffe gesondert zu benennen, die in der Regel ambulant durchgeführt werden können, und allgemeine Tatbestände zu bestimmen, bei deren Vorliegen eine stationäre Durchführung erforderlich sein kann. ³ In der Vereinbarung sind die Qualitätsvoraussetzungen nach § 135 Abs. 2 sowie die Richtlinien und Beschlüsse des Gemeinsamen Bundesausschusses nach § 92 Abs. 1 Satz 2 und § 137 zu berücksichtigen.

(2) ¹ Die Krankenhäuser sind zur ambulanten Durchführung der in dem Katalog genannten Operationen und stationsersetzenden Eingriffe zugelassen. ² Hierzu bedarf es einer Mitteilung des Krankenhauses an die Landesverbände der Krankenkassen und die Ersatzkassen, die Kassenärztliche Vereinigung und den Zulassungsausschuß (§ 96); die Kassenärztliche Vereinigung unterrichtet die Landeskrankenhausgesellschaft über den Versorgungsgrad in der vertragsärztlichen Versorgung. ³ Das Krankenhaus ist zur Einhaltung des Vertrages nach Absatz 1 verpflichtet. ⁴ Die Leistungen werden unmittelbar von den Krankenkassen vergütet. ⁵ Die Prüfung der Wirtschaftlichkeit und Qualität erfolgt durch die Krankenkassen; die Krankenhäuser übermitteln den Krankenkassen die Daten nach § 301, soweit dies für die Erfüllung der Aufgaben der Krankenkassen erforderlich ist.

(3) ¹ Kommt eine Vereinbarung nach Absatz 1 ganz oder teilweise nicht zu Stande, wird ihr Inhalt auf Antrag einer Vertragspartei durch das Bundesschiedsamt nach § 89 Abs. 4 festgesetzt. ² Dieses wird hierzu um Vertreter der Deutschen Krankenhausgesellschaft in der gleichen Zahl erweitert, wie sie jeweils für die Vertreter der Krankenkassen und der Kassenärztlichen Bundesvereinigungen vorgesehen ist (erweitertes Bundesschiedsamt). ³ Das erweiterte Bundesschiedsamt beschließt mit einer Mehrheit von zwei Dritteln der Stimmen der Mitglieder. ⁴ § 112 Abs. 4 gilt entsprechend.

(4) ¹ Bis zum Inkrafttreten einer Regelung nach Absatz 1 oder 3, jedoch längstens bis zum 31. Dezember 1994, sind die Krankenhäuser zur Durchführung ambulanter Operationen auf der Grundlage des einheitlichen Bewertungsmaßstabs (§ 87) berechtigt. ² Hierzu bedarf es einer Mitteilung des Krankenhauses an die Landesverbände der Krankenkassen und der Ersatzkassen, die Kassenärztliche Vereinigung und den Zulassungsausschuß (§ 96), in der die im Krankenhaus ambulant durchführbaren Operationen bezeichnet werden; Absatz 2 Satz 2 zweiter Halbsatz gilt entsprechend. ³ Die Vergütung richtet sich nach dem einheitlichen Bewertungsmaßstab mit den für die Versicherten geltenden Vergütungssätzen. ⁴ Absatz 2 Satz 4 und 5 gilt entsprechend.

(5) ¹ In der Vereinbarung nach Absatz 1 können Regelungen über ein gemeinsames Budget zur Vergütung der ambulanten Operationsleistungen der Krankenhäuser und der Vertragsärzte getroffen werden. ² Die Mittel sind aus der Gesamtvergütung und den Budgets der zum ambulanten Operieren zugelassenen Krankenhäuser aufzubringen.

§ 115 c Fortsetzung der Arzneimitteltherapie nach Krankenhausbehandlung

(1) ¹ Ist im Anschluss an eine Krankenhausbehandlung die Verordnung von Arzneimitteln erforderlich, hat das Krankenhaus dem weiterbehandelnden Vertragsarzt die Therapievorschläge unter Verwendung der Wirkstoffbezeichnungen mitzuteilen. ² Falls preisgünstigere Arzneimittel mit pharmakologisch vergleichbaren Wirkstoffen oder therapeutisch vergleichbarer Wirkung verfügbar sind, ist mindestens ein preisgünstigerer Therapievorschlag anzugeben. ³ Abweichungen in den Fällen der Sätze 1 und 2 sind in medizinisch begründeten Ausnahmefällen zulässig.

(2) Ist im Anschluss an eine Krankenhausbehandlung die Fortsetzung der im Krankenhaus begonnenen Arzneimitteltherapie in der vertragsärztlichen Versorgung für einen längeren Zeitraum notwendig, soll das Krankenhaus bei der Entlassung Arzneimittel anwenden, die auch bei Verordnung in der vertragsärztlichen Versorgung zweckmäßig und wirtschaftlich sind, soweit dies ohne eine Beeinträchtigung der Behandlung im Einzelfall oder ohne eine Verlängerung der Verweildauer möglich ist.

§ 116 Ambulante Behandlung durch Krankenhausärzte

¹ Krankenhausärzte mit abgeschlossener Weiterbildung können mit Zustimmung des Krankenhausträgers vom Zulassungsausschuß (§ 96) zur Teilnahme an der vertragsärztlichen Versorgung der Versicherten ermächtigt werden. ² Die Ermächtigung ist zu erteilen, soweit und solange eine ausreichende ärztliche Versorgung der Versicherten ohne die besonderen Untersuchungs- und Behandlungsmethoden oder Kenntnisse von hierfür geeigneten Krankenhausärzten nicht sichergestellt wird.

§ 116a Ambulante Behandlung durch Krankenhäuser bei Unterversorgung

Der Zulassungsausschuss kann zugelassene Krankenhäuser für das entsprechende Fachgebiet in den Planungsbereichen, in denen der Landesausschuss der Ärzte und Krankenkassen Unterversorgung festgestellt hat, auf deren Antrag zur vertragsärztlichen Versorgung ermächtigen, soweit und solange dies zur Deckung der Unterversorgung erforderlich ist.

§ 116b Ambulante Behandlung im Krankenhaus

(1) ¹Die Krankenkassen oder ihre Landesverbände können mit zugelassenen Krankenhäusern, die an der Durchführung eines strukturierten Behandlungsprogramms nach § 137g teilnehmen, Verträge über ambulante ärztliche Behandlung schließen, soweit die Anforderungen an die ambulante Leistungserbringung in den Verträgen zu den strukturierten Behandlungsprogrammen dies erfordern. ²Für die sächlichen und personellen Anforderungen an die ambulante Leistungserbringung des Krankenhauses gelten als Mindestvoraussetzungen die Anforderungen nach § 135 entsprechend.

(2) ¹Ein zugelassenes Krankenhaus ist zur ambulanten Behandlung der in dem Katalog nach Absatz 3 und 4 genannten hochspezialisierten Leistungen, seltenen Erkrankungen und Erkrankungen mit besonderen Krankheitsverläufen berechtigt, wenn und soweit es im Rahmen der Krankenhausplanung des Landes auf Antrag des Krankenhausträgers unter Berücksichtigung der vertragsärztlichen Versorgungssituation dazu bestimmt worden ist. ²Eine Bestimmung darf nicht erfolgen, wenn und soweit das Krankenhaus nicht geeignet ist. ³Eine einvernehmliche Bestimmung mit den an der Krankenhausplanung unmittelbar Beteiligten ist anzustreben.

(3) ¹Der Katalog zur ambulanten Behandlung umfasst folgende hochspezialisierte Leistungen, seltene Erkrankungen und Erkrankungen mit besonderen Krankheitsverläufen:
1. hochspezialisierte Leistungen
   – CT/MRT-gestützte interventionelle schmerztherapeutische Leistungen
   – Brachytherapie,
2. seltene Erkrankungen und Erkrankungen mit besonderen Krankheitsverläufen
   – Diagnostik und Versorgung von Patienten mit onkologischen Erkrankungen
   – Diagnostik und Versorgung von Patienten mit HIV/Aids
   – Diagnostik und Versorgung von Patienten mit schweren Verlaufsformen rheumatologischer Erkrankungen
   – spezialisierte Diagnostik und Therapie der schweren Herzinsuffizienz (NYHA Stadium 3–4)
   – Diagnostik und Versorgung von Patienten mit Tuberkulose
   – Diagnostik und Versorgung von Patienten mit Mucoviszidose
   – Diagnostik und Versorgung von Patienten mit Hämophilie
   – Diagnostik und Versorgung von Patienten mit Fehlbildungen, angeborenen Skelettsystemfehlbildungen und neuromuskulären Erkrankungen
   – Diagnostik und Therapie von Patienten mit schwerwiegenden immunologischen Erkrankungen
   – Diagnostik und Versorgung von Patienten mit Multipler Sklerose
   – Diagnostik und Versorgung von Patienten mit Anfallsleiden
   – Diagnostik und Versorgung von Patienten im Rahmen der pädiatrischen Kardiologie
   – Diagnostik und Versorgung von Frühgeborenen mit Folgeschäden.

²Für die sächlichen und personellen Anforderungen an die ambulante Leistungserbringung des Krankenhauses gelten die Anforderungen für die vertragsärztliche Versorgung entsprechend.

(4) ¹Der Gemeinsame Bundesausschuss hat erstmals bis zum 31. März 2004 den Katalog nach Absatz 3 zu ergänzen um weitere seltene Erkrankungen und Erkrankungen mit besonderen Krankheitsverläufen sowie um hochspezialisierte Leistungen, die die Kriterien nach Satz 2 erfüllen. ²Voraussetzung für die Aufnahme in den Katalog ist, dass der diagnostische oder therapeutische Nutzen, die medizinische Notwendigkeit und die Wirtschaftlichkeit belegt sind, wobei bei der Bewertung der medizinischen Notwendigkeit und der Wirtschaftlichkeit die Besonderheiten der Leistungserbringung im Krankenhaus im Vergleich zur Erbringung in der Vertragsarztpraxis zu berücksichtigen sind. ³Die Richtlinien haben außerdem Regelungen dazu zu treffen, ob und in welchen Fällen die ambulante Leistungserbringung durch das Krankenhaus die Überweisung durch den Hausarzt oder den Facharzt voraussetzt. ⁴In den Richtlinien sind zusätzliche sächliche und personelle Anforderungen sowie die einrichtungsübergreifenden Maßnahmen der Qualitätssi-

cherung nach § 135 a in Verbindung mit § 137 an die ambulante Leistungserbringung des Krankenhauses zu regeln; als Mindestanforderungen gelten die Anforderungen nach § 135 entsprechend. ⁵Der Gemeinsame Bundesausschuss hat den gesetzlich festgelegten Katalog, die Qualifikationsanforderungen und die Richtlinien spätestens alle zwei Jahre daraufhin zu überprüfen, ob sie noch den in den Sätzen 2 bis 4 genannten Kriterien entsprechen sowie zu prüfen, ob neue hochspezialisierte Leistungen, neue seltene Erkrankungen und neue Erkrankungen mit besonderen Krankheitsverläufen in den Katalog nach Absatz 3 aufgenommen werden müssen.

(5) ¹Die nach Absatz 2 von den Krankenhäusern erbrachten Leistungen werden unmittelbar von den Krankenkassen vergütet. ²Die Vergütung hat der Vergütung vergleichbarer vertragsärztlicher Leistungen zu entsprechen. ³Das Krankenhaus teilt den Krankenkassen die von ihm nach den Absätzen 3 und 4 ambulant erbringbaren Leistungen mit und bezeichnet die hierfür berechenbaren Leistungen auf der Grundlage des einheitlichen Bewertungsmaßstabes (§ 87). ⁴Die Vergütung der in den Jahren 2007 und 2008 erbrachten ambulanten Leistungen erfolgt in den einzelnen Quartalen nach Maßgabe des durchschnittlichen Punktwertes, der sich aus den letzten vorliegenden Quartalsabrechnungen in der vertragsärztlichen Versorgung bezogen auf den Bezirk einer Kassenärztlichen Vereinigung ergibt. ⁵Der Punktwert nach Satz 4 wird aus den im Bezirk einer Kassenärztlichen Vereinigung geltenden kassenartenbezogenen Auszahlungspunktwerten je Quartal, jeweils gewichtet mit den auf der Grundlage des einheitlichen Bewertungsmaßstabes für ärztliche Leistungen abgerechneten Punktzahlvolumina, berechnet. ⁶Die Kassenärztliche Vereinigung, die Landesverbände der Krankenkassen und die Ersatzkassen stellen regelmäßig acht Wochen nach Quartalsbeginn, erstmals bis zum 31. Mai 2007, den durchschnittlichen Punktwert nach Satz 4 gemeinsam und einheitlich fest. ⁷Erfolgt die Feststellung des durchschnittlichen Punktwertes bis zu diesem Zeitpunkt nicht, stellt die für die Kassenärztliche Vereinigung zuständige Aufsichtsbehörde den Punktwert fest. ⁸Ab dem 1. Januar 2009 werden die ambulanten Leistungen des Krankenhauses mit dem Preis der in seiner Region geltenden Euro-Gebührenordnung (§ 87 a Abs. 2 Satz 6) vergütet. ⁹Die Prüfung der Wirtschaftlichkeit und Qualität erfolgt durch die Krankenkassen.

(6) ¹Die ambulante Behandlung nach Absatz 2 schließt die Verordnung von Leistungen nach § 73 Abs. 2 Nr. 5 bis 8 und 12 ein, soweit diese zur Erfüllung des Behandlungsauftrags im Rahmen der Zulassung erforderlich sind; § 73 Abs. 2 Nr. 9 gilt entsprechend. ²Die Richtlinien nach § 92 Abs. 1 Satz 2 gelten entsprechend. ³Die Vereinbarungen über Vordrucke und Nachweise nach § 87 Abs. 1 Satz 2 sowie die Richtlinien nach § 75 Abs. 7 gelten entsprechend, soweit sie Regelungen zur Verordnung von Leistungen nach Satz 1 betreffen. ⁴Die Krankenhäuser haben dabei ein Kennzeichen nach § 293 zu verwenden, das eine eindeutige Zuordnung im Rahmen der Abrechnung nach den §§ 300 und 302 ermöglicht. ⁵Für die Prüfung der Wirtschaftlichkeit der Verordnungen nach Satz 1 gilt § 113 Abs. 4 entsprechend, soweit vertraglich nichts anderes vereinbart ist.

§ 117 Hochschulambulanzen

(1) ¹Der Zulassungsausschuss (§ 96) ist verpflichtet, auf Verlangen von Hochschulen oder Hochschulkliniken die Ambulanzen, Institute und Abteilungen der Hochschulkliniken (Hochschulambulanzen) zur ambulanten ärztlichen Behandlung der Versicherten und der in § 75 Abs. 3 genannten Personen zu ermächtigen. ²Die Ermächtigung ist so zu gestalten, dass die Hochschulambulanzen die Untersuchung und Behandlung der in Satz 1 genannten Personen in dem für Forschung und Lehre erforderlichen Umfang durchführen können. ³Das Nähere zur Durchführung der Ermächtigung regeln die Kassenärztlichen Vereinigungen im Einvernehmen mit den Landesverbänden der Krankenkassen und den Ersatzkassen gemeinsam und einheitlich durch Vertrag mit den Hochschulen oder Hochschulkliniken.

(2) ¹Absatz 1 gilt entsprechend für die Ermächtigung der Hochschulambulanzen an Psychologischen Universitätsinstituten im Rahmen des für Forschung und Lehre erforderlichen Umfangs und der Ambulanzen an Ausbildungsstätten nach § 6 des Psychotherapeutengesetzes zur ambulanten psychotherapeutischen Behandlung der Versicherten und der in § 75 Abs. 3 genannten Personen in Behandlungsverfahren, die vom Gemeinsamen Bundesausschuss nach § 92 Abs. 6a anerkannt sind, sofern die Krankenbehandlung unter der Verantwortung von Personen stattfindet, die die fachliche Qualifikation für die psychotherapeutische Behandlung im Rahmen der vertragsärztlichen Versorgung erfüllen. ²Im Rahmen der Ermächtigung der Hochschulambulanzen an Psychologischen Universitätsinstituten sind Fallzahlbegrenzungen vorzusehen. ³Für die Vergütung gilt § 120 Abs. 2 bis 4 entsprechend.

§ 118 Psychiatrische Institutsambulanzen

(1) ¹Psychiatrische Krankenhäuser sind vom Zulassungsausschuss zur ambulanten psychiatrischen und psychotherapeutischen Versorgung der Versicherten zu ermächtigen. ²Die Behandlung ist auf diejenigen Versicherten auszurichten, die wegen Art, Schwere oder Dauer ihrer Erkrankung oder wegen zu großer Entfernung zu geeigneten Ärzten auf die Behandlung durch diese Krankenhäuser angewiesen sind. ³Der Krankenhausträger stellt sicher, dass die für die ambulante psychiatrische und psychotherapeutische Behandlung erforderlichen Ärzte und nichtärztlichen Fachkräfte sowie die notwendigen Einrichtungen bei Bedarf zur Verfügung stehen.

(2) ¹Allgemeinkrankenhäuser mit selbständigen, fachärztlich geleiteten psychiatrischen Abteilungen mit regionaler Versorgungsverpflichtung sind zur psychiatrischen und psychotherapeutischen Behandlung der im Vertrag nach Satz 2 vereinbarten Gruppe von Kranken ermächtigt. ²Der Spitzenverband Bund der Krankenkassen mit der Deutschen Krankenhausgesellschaft und der Kassenärztlichen Bundesvereinigung legen in einem Vertrag die Gruppe psychisch Kranker fest, die wegen ihrer Art, Schwere oder Dauer ihrer Erkrankung der ambulanten Behandlung durch die Einrichtungen nach Satz 1 bedürfen. ³Kommt der Vertrag ganz oder teilweise nicht zu Stande, wird sein Inhalt auf Antrag einer Vertragspartei durch das Bundesschiedsamt nach § 89 Abs. 4 festgelegt. ⁴Dieses wird hierzu um Vertreter der Deutschen Krankenhausgesellschaft in der gleichen Zahl erweitert, wie sie jeweils für die Vertreter der Krankenkassen und der Kassenärztlichen Bundesvereinigung vorgesehen ist (erweitertes Bundesschiedsamt). ⁵Das erweiterte Bundesschiedsamt beschließt mit einer Mehrheit von zwei Dritteln der Stimmen der Mitglieder. ⁶Absatz 1 Satz 3 gilt. ⁷Für die Qualifikation der Krankenhausärzte gilt § 135 Abs. 2 entsprechend.

§ 119 Sozialpädiatrische Zentren

(1) ¹Sozialpädiatrische Zentren, die fachlich-medizinisch unter ständiger ärztlicher Leitung stehen und die Gewähr für eine leistungsfähige und wirtschaftliche sozialpädiatrische Behandlung bieten, können vom Zulassungausschuß (§ 96) zur ambulanten sozialpädiatrischen Behandlung von Kindern ermächtigt werden. ²Die Ermächtigung ist zu erteilen, soweit und solange sie notwendig ist, um eine ausreichende sozialpädiatrische Behandlung sicherzustellen.

(2) ¹Die Behandlung durch sozialpädiatrische Zentren ist auf diejenigen Kinder auszurichten, die wegen der Art, Schwere oder Dauer ihrer Krankheit oder einer drohenden Krankheit nicht von geeigneten Ärzten oder in geeigneten Frühförderstellen behandelt werden können. ²Die Zentren sollen mit den Ärzten und den Frühförderstellen eng zusammenarbeiten.

§ 119a Ambulante Behandlung in Einrichtungen der Behindertenhilfe

¹Einrichtungen der Behindertenhilfe, die über eine ärztlich geleitete Abteilung verfügen, sind vom Zulassungsausschuss zur ambulanten ärztlichen Behandlung von Versicherten mit geistiger Behinderung zu ermächtigen, soweit und solange eine ausreichende ärztliche Versorgung dieser Versicherten ohne die besonderen Untersuchungs- und Behandlungsmethoden oder Kenntnisse der Ärzte in den Einrichtungen durch niedergelassene Ärzte nicht sichergestellt ist. ²Die Behandlung ist auf diejenigen Versicherten auszurichten, die wegen der Art oder Schwere ihrer Behinderung auf die ambulante Behandlung in diesen Einrichtungen angewiesen sind. ³In dem Zulassungsbescheid ist zu regeln, ob und in welchen Fällen die Ärzte in den Einrichtungen unmittelbar oder auf Überweisung in Anspruch genommen werden können. ⁴Die ärztlich geleiteten Abteilungen sollen mit den übrigen Leistungserbringern eng zusammenarbeiten.

§ 119b Ambulante Behandlung in stationären Pflegeeinrichtungen

¹Stationäre Pflegeeinrichtungen können einzeln oder gemeinsam bei entsprechendem Bedarf unbeschadet des § 75 Abs. 1 Kooperationsverträge mit dafür geeigneten vertragsärztlichen Leistungserbringern schließen. ²Auf Antrag der Pflegeeinrichtung hat die Kassenärztliche Vereinigung zur Sicherstellung einer ausreichenden ärztlichen Versorgung von pflegebedürftigen Versicherten in der Pflegeeinrichtung Verträge nach Satz 1 anzustreben. ³Kommt ein Vertrag nach Satz 1 nicht innerhalb einer Frist von sechs Monaten nach Zugang des Antrags der Pflegeeinrichtung zustande, ist die Pflegeeinrichtung vom

Zulassungsausschuss zur Teilnahme an der vertragsärztlichen Versorgung der pflegebedürftigen Versicherten in der Pflegeeinrichtung mit angestellten Ärzten, die in das Arztregister eingetragen sind und geriatrisch fortgebildet sein sollen, zu ermächtigen; soll die Versorgung der pflegebedürftigen Versicherten durch einen in mehreren Pflegeeinrichtungen angestellten Arzt erfolgen, ist der angestellte Arzt zur Teilnahme an der vertragsärztlichen Versorgung der pflegebedürftigen Versicherten in den Pflegeeinrichtungen zu ermächtigen. ⁴Das Recht auf freie Arztwahl der Versicherten in der Pflegeeinrichtung bleibt unberührt. ⁵Der in der Pflegeeinrichtung tätige Arzt ist bei seinen ärztlichen Entscheidungen nicht an Weisungen von Nichtärzten gebunden. ⁶Er soll mit den übrigen Leistungserbringern eng zusammenarbeiten.

§ 120 Vergütung ambulanter Krankenhausleistungen

(1) ¹Die im Krankenhaus erbrachten ambulanten ärztlichen Leistungen der ermächtigten Krankenhausärzte, die in stationären Pflegeeinrichtungen erbrachten ambulanten ärztlichen Leistungen von nach § 119 b Satz 3 zweiter Halbsatz ermächtigten Ärzten und ambulante ärztliche Leistungen, die in ermächtigten Einrichtungen erbracht werden, werden nach den für Vertragsärzte geltenden Grundsätzen aus der vertragsärztlichen Gesamtvergütung vergütet. ²Die mit diesen Leistungen verbundenen allgemeinen Praxiskosten, die durch die Anwendung von ärztlichen Geräten entstehenden Kosten sowie die sonstigen Sachkosten sind mit den Gebühren abgegolten, soweit in den einheitlichen Bewertungsmaßstäben nichts Abweichendes bestimmt ist. ³Die den ermächtigten Krankenhausärzten zustehende Vergütung wird für diese vom Krankenhausträger mit der Kassenärztlichen Vereinigung abgerechnet und nach Abzug der anteiligen Verwaltungskosten sowie der dem Krankenhaus nach Satz 2 entstehenden Kosten an die berechtigten Krankenhausärzte weitergeleitet. ⁴Die Vergütung der von nach § 119 b Satz 3 zweiter Halbsatz ermächtigten Ärzten erbrachten Leistungen wird von der stationären Pflegeeinrichtung mit der Kassenärztlichen Vereinigung abgerechnet.

(1 a) ¹Ergänzend zur Vergütung nach Absatz 1 sollen die Landesverbände der Krankenkassen und die Ersatzkassen gemeinsam und einheitlich für die in kinder- und jugendmedizinischen, kinderchirurgischen und kinderorthopädischen sowie insbesondere pädaudiologischen und kinderradiologischen Fachabteilungen von Krankenhäusern erbrachten ambulanten Leistungen mit dem Krankenhausträger fall- oder einrichtungsbezogene Pauschalen vereinbaren, wenn diese erforderlich sind, um die Behandlung von Kindern und Jugendlichen, die auf Überweisung erfolgt, angemessen zu vergüten. ²Die Pauschalen werden von der Krankenkasse unmittelbar vergütet. ³§ 295 Absatz 1 b Satz 1 gilt entsprechend. ⁴Das Nähere über Form und Inhalt der Abrechnungsunterlagen und der erforderlichen Vordrucke wird in der Vereinbarung nach § 301 Absatz 3 geregelt. ⁵Soweit für ein Jahr für diese Leistungen erstmals Pauschalen nach Satz 1 vereinbart werden, sind bei besonderen Einrichtungen einmalig die Erlössumme nach § 6 Absatz 3 des Krankenhausentgeltgesetzes für dieses Jahr sowie der Gesamtbetrag nach § 6 Absatz 1 der Bundespflegesatzverordnung für dieses Jahr und entsprechend das darin enthaltene Budget nach § 12 der Bundespflegesatzverordnung jeweils in Höhe der Summe der nach Satz 1 vereinbarten Pauschalen zu vermindern. ⁶Der jeweilige Minderungsbetrag ist bereits bei der Vereinbarung der Vergütung nach Satz 1 festzulegen. ⁷Bei der Vereinbarung des Landesbasisfallwerts nach § 10 des Krankenhausentgeltgesetzes ist die Summe der für das jeweilige Jahr erstmalig vereinbarten ambulanten Pauschalen ausgabenmindernd zu berücksichtigen.

(2) ¹Die Leistungen der Hochschulambulanzen, der psychiatrischen Institutsambulanzen und der sozialpädiatrischen Zentren werden unmittelbar von der Krankenkasse vergütet. ²Die Vergütung wird von den Landesverbänden der Krankenkassen und den Ersatzkassen gemeinsam und einheitlich mit den Hochschulen oder Hochschulkliniken, den Krankenhäusern oder den sie vertretenden Vereinigungen im Land vereinbart. ³Sie muss die Leistungsfähigkeit der psychiatrischen Institutsambulanzen und der sozialpädiatrischen Zentren bei wirtschaftlicher Betriebsführung gewährleisten. ⁴Bei der Vergütung der Leistungen der Hochschulambulanzen soll eine Abstimmung mit Entgelten für vergleichbare Leistungen erfolgen. ⁵Bei Hochschulambulanzen an öffentlich geförderten Krankenhäusern ist ein Investitionskostenabschlag zu berücksichtigen. ⁶Die Gesamtvergütungen nach § 85 für das Jahr 2003 sind auf der Grundlage der um die für Leistungen der Polikliniken gezahlten Vergütungen bereinigten Gesamtvergütungen des Vorjahres zu vereinbaren.

(3) ¹Die Vergütung der Leistungen der Hochschulambulanzen, der psychiatrischen Institutsambulanzen, der sozialpädiatrischen Zentren und sonstiger ermächtigter ärztlich geleiteter Einrichtungen kann pauschaliert werden. ²Bei den öffentlich geförderten Krankenhäusern ist die Vergütung nach Absatz 1 um einen Investitionskostenabschlag von

10 vom Hundert zu kürzen. ³§ 295 Absatz 1 b Satz 1 gilt entsprechend. ⁴Das Nähere über Form und Inhalt der Abrechnungsunterlagen und der erforderlichen Vordrucke wird für die Hochschulambulanzen, die psychiatrischen Institutsambulanzen und sozialpädiatrischen Zentren von den Vertragsparteien nach § 301 Absatz 3, für die sonstigen ermächtigten ärztlich geleiteten Einrichtungen von den Vertragsparteien nach § 83 Satz 1 vereinbart.

(4) Kommt eine Vereinbarung nach Absatz 1 a Satz 1 oder nach Absatz 2 Satz 2 ganz oder teilweise nicht zustande, setzt die Schiedsstelle nach § 18 a Abs. 1 des Krankenhausfinanzierungsgesetzes auf Antrag einer Vertragspartei die Vergütung fest; im Falle von Vereinbarungen nach Absatz 1 a Satz 1 hat die Schiedsstelle zunächst festzustellen, ob die Vereinbarung erforderlich ist, um die Behandlung von Kindern und Jugendlichen, die auf Überweisung erfolgt, angemessen zu vergüten.

(5) Beamtenrechtliche Vorschriften über die Entrichtung eines Entgelts bei der Inanspruchnahme von Einrichtungen, Personal und Material des Dienstherrn oder vertragliche Regelungen über ein weitergehendes Nutzungsentgelt, das neben der Kostenerstattung auch einen Vorteilsausgleich umfaßt, und sonstige Abgaben der Ärzte werden durch die Absätze 1 bis 4 nicht berührt.

§ 121 Belegärztliche Leistungen

(1) ¹Die Vertragsparteien nach § 115 Abs. 1 wirken gemeinsam mit Krankenkassen und zugelassenen Krankenhäusern auf eine leistungsfähige und wirtschaftliche belegärztliche Behandlung der Versicherten hin. ²Die Krankenhäuser sollen Belegärzten gleicher Fachrichtung die Möglichkeit geben, ihre Patienten gemeinsam zu behandeln (kooperatives Belegarztwesen).

(2) Belegärzte im Sinne dieses Gesetzbuchs sind nicht am Krankenhaus angestellte Vertragsärzte, die berechtigt sind, ihre Patienten (Belegpatienten) im Krankenhaus unter Inanspruchnahme der hierfür bereitgestellten Dienste, Einrichtungen und Mittel vollstationär oder teilstationär zu behandeln, ohne hierfür vom Krankenhaus eine Vergütung zu erhalten.

(3) ¹Die belegärztlichen Leistungen werden aus der vertragsärztlichen Gesamtvergütung vergütet. ²Die Vergütung hat die Besonderheiten der belegärztlichen Tätigkeit zu berücksichtigen. ³Hierzu gehören auch leistungsgerechte Entgelte für
1. den ärztlichen Bereitschaftsdienst für Belegpatienten und
2. die vom Belegarzt veranlaßten Leistungen nachgeordneter Ärzte des Krankenhauses, die bei der Behandlung seiner Belegpatienten in demselben Fachgebiet wie der Belegarzt tätig werden.

(4) Der Bewertungsausschuss hat in einem Beschluss nach § 87 mit Wirkung zum 1. April 2007 im einheitlichen Bewertungsmaßstab für ärztliche Leistungen Regelungen zur angemessenen Bewertung der belegärztlichen Leistungen unter Berücksichtigung der Vorgaben nach Absatz 3 Satz 2 und 3 zu treffen.

(5) Abweichend von den Vergütungsregelungen in Absatz 2 bis 4 können Krankenhäuser mit Belegbetten zur Vergütung der belegärztlichen Leistungen mit Belegärzten Honorarverträge schließen.

§ 121 a Genehmigung zur Durchführung künstlicher Befruchtungen

(1) ¹Die Krankenkassen dürfen Maßnahmen zur Herbeiführung einer Schwangerschaft (§ 27 a Abs. 1) nur erbringen lassen durch
1. Vertragsärzte,
2. zugelassene medizinische Versorgungszentren,
3. ermächtigte Ärzte,
4. ermächtigte ärztlich geleitete Einrichtungen oder
5. zugelassene Krankenhäuser,

denen die zuständige Behörde eine Genehmigung nach Absatz 2 zur Durchführung dieser Maßnahmen erteilt hat. ²Satz 1 gilt bei Inseminationen nur dann, wenn sie nach Stimulationsverfahren durchgeführt werden, bei denen dadurch ein erhöhtes Risiko von Schwangerschaften mit drei oder mehr Embryonen besteht.

(2) Die Genehmigung darf den im Absatz 1 Satz 1 genannten Ärzten oder Einrichtungen nur erteilt werden, wenn sie

1. über die für die Durchführung der Maßnahmen zur Herbeiführung einer Schwangerschaft (§ 27a Abs. 1) notwendigen diagnostischen und therapeutischen Möglichkeiten verfügen und nach wissenschaftlich anerkannten Methoden arbeiten und
2. die Gewähr für eine bedarfsgerechte, leistungsfähige und wirtschaftliche Durchführung von Maßnahmen zur Herbeiführung einer Schwangerschaft (§ 27a Abs. 1) bieten.

(3) ¹Ein Anspruch auf Genehmigung besteht nicht. ²Bei notwendiger Auswahl zwischen mehreren geeigneten Ärzten oder Einrichtungen, die sich um die Genehmigung bewerben, entscheidet die zuständige Behörde unter Berücksichtigung der öffentlichen Interessen und der Vielfalt der Bewerber nach pflichtgemäßem Ermessen, welche Ärzte oder welche Einrichtungen den Erfordernissen einer bedarfsgerechten, leistungsfähigen und wirtschaftlichen Durchführung von Maßnahmen zur Herbeiführung einer Schwangerschaft (§ 27a Abs. 1) am besten gerecht werden.

(4) Die zur Erteilung der Genehmigung zuständigen Behörden bestimmt die nach Landesrecht zuständige Stelle, mangels einer solchen Bestimmung die Landesregierung; diese kann die Ermächtigung weiter übertragen.

§ 122 Behandlung in Praxiskliniken

¹Der Spitzenverband Bund der Krankenkassen und die für die Wahrnehmung der Interessen der in Praxiskliniken tätigen Vertragsärzte gebildete Spitzenorganisation vereinbaren in einem Rahmenvertrag
1. einen Katalog von in Praxiskliniken nach § 115 Absatz 2 Satz 1 Nr. 1 ambulant oder stationär durchführbaren stationsersetzenden Behandlungen,
2. Maßnahmen zur Sicherung der Qualität der Behandlung, der Versorgungsabläufe und der Behandlungsergebnisse.

²Die Praxiskliniken nach § 115 Absatz 2 Satz 1 Nr. 1 sind zur Einhaltung des Vertrages nach Satz 1 verpflichtet.

§ 123 *(aufgehoben)*

Fünfter Abschnitt. Beziehungen zu Leistungserbringern von Heilmitteln

§ 124 Zulassung

(1) Heilmittel, die als Dienstleistungen abgegeben werden, insbesondere Leistungen der physikalischen Therapie, der Sprachtherapie oder der Ergotherapie, dürfen an Versicherte nur von zugelassenen Leistungserbringern abgegeben werden.

(2) ¹Zuzulassen ist, wer
1. die für die Leistungserbringung erforderliche Ausbildung sowie eine entsprechende zur Führung der Berufsbezeichnung berechtigende Erlaubnis besitzt,
2. über eine Praxisausstattung verfügt, die eine zweckmäßige und wirtschaftliche Leistungserbringung gewährleistet, und
3. die für die Versorgung der Versicherten geltenden Vereinbarungen anerkennt.

²Ein zugelassener Leistungserbringer von Heilmitteln ist in einem weiteren Heilmittelbereich zuzulassen, sofern er für diesen Bereich die Voraussetzungen des Satzes 1 Nr. 2 und 3 erfüllt und eine oder mehrere Personen beschäftigt, die die Voraussetzungen des Satzes 1 Nr. 1 nachweisen.

(3) Krankenhäuser, Rehabilitationseinrichtungen und ihnen vergleichbare Einrichtungen dürfen die in Absatz 1 genannten Heilmittel durch Personen abgeben, die die Voraussetzungen nach Absatz 2 Nr. 1 erfüllen; Absatz 2 Nr. 2 und 3 gilt entsprechend.

(4) ¹Der Spitzenverband Bund der Krankenkassen gibt Empfehlungen für eine einheitliche Anwendung der Zulassungsbedingungen nach Absatz 2 ab. ²Die für die Wahrnehmung der wirtschaftlichen Interessen maßgeblichen Spitzenorganisationen der Leistungserbringer auf Bundesebene sollen gehört werden.

(5) ¹Die Zulassung wird von den Landesverbänden der Krankenkassen und den Ersatzkassen erteilt. ²Die Zulassung berechtigt zur Versorgung der Versicherten.

(6) ¹Die Zulassung kann widerrufen werden, wenn der Leistungserbringer nach Erteilung der Zulassung die Voraussetzungen nach Absatz 2 Nr. 1, 2 oder 3 nicht mehr erfüllt.

² Die Zulassung kann auch widerrufen werden, wenn der Leistungserbringer die Fortbildung nicht innerhalb der Nachfrist gemäß § 125 Abs. 2 Satz 3 erbringt. ³ Absatz 5 Satz 1 gilt entsprechend.

(7) ¹ Die am 30. Juni 2008 bestehenden Zulassungen, die von den Verbänden der Ersatzkassen erteilt wurden, gelten als von den Ersatzkassen gemäß Absatz 5 erteilte Zulassungen weiter. ² Absatz 6 gilt entsprechend.

§ 125 Rahmenempfehlungen und Verträge

(1) ¹ Der Spitzenverband Bund der Krankenkassen und die für die Wahrnehmung der Interessen der Heilmittelerbringer maßgeblichen Spitzenorganisationen auf Bundesebene sollen unter Berücksichtigung der Richtlinien nach § 92 Abs. 1 Satz 2 Nr. 6 gemeinsam Rahmenempfehlungen über die einheitliche Versorgung mit Heilmitteln abgeben; es kann auch mit den für den jeweiligen Leistungsbereich maßgeblichen Spitzenorganisationen eine gemeinsame entsprechende Rahmenempfehlung abgegeben werden. ² Vor Abschluß der Rahmenempfehlungen ist der Kassenärztlichen Bundesvereinigung Gelegenheit zur Stellungnahme zu geben. ³ Die Stellungnahme ist in den Entscheidungsprozeß der Partner der Rahmenempfehlungen einzubeziehen. ⁴ In den Rahmenempfehlungen sind insbesondere zu regeln:

1. Inhalt der einzelnen Heilmittel einschließlich Umfang und Häufigkeit ihrer Anwendungen im Regelfall sowie deren Regelbehandlungszeit,
2. Maßnahmen zur Fortbildung und Qualitätssicherung, die die Qualität der Behandlung, der Versorgungsabläufe und der Behandlungsergebnisse umfassen,
3. Inhalt und Umfang der Zusammenarbeit des Heilmittelerbringers mit dem verordnenden Vertragsarzt,
4. Maßnahmen der Wirtschaftlichkeit der Leistungserbringung und deren Prüfung und
5. Vorgaben für Vergütungsstrukturen.

(2) ¹ Über die Einzelheiten der Versorgung mit Heilmitteln, über die Preise, deren Abrechnung und die Verpflichtung der Leistungserbringer zur Fortbildung schließen die Krankenkassen, ihre Landesverbände oder Arbeitsgemeinschaften Verträge mit Leistungserbringern oder Verbänden oder sonstigen Zusammenschlüssen der Leistungserbringer; die vereinbarten Preise sind Höchstpreise. ² Für den Fall, dass die Fortbildung gegenüber dem jeweiligen Vertragspartner nicht nachgewiesen wird, sind in den Verträgen nach Satz 1 Vergütungsabschläge vorzusehen. ³ Dem Leistungserbringer ist eine Frist zu setzen, innerhalb derer er die Fortbildung nachholen kann. ⁴ Soweit sich die Vertragspartner in den mit Verbänden der Leistungserbringer abgeschlossenen Verträgen nicht auf die Vertragspreise oder eine Anpassung der Vertragspreise einigen, werden die Preise von einer von den Vertragspartnern gemeinsam zu benennenden unabhängigen Schiedsperson festgelegt. ⁵ Einigen sich die Vertragspartner nicht auf eine Schiedsperson, wird diese von der für die vertragsschließende Krankenkasse oder den vertragsschließenden Landesverband zuständigen Aufsichtsbehörde bestimmt. ⁶ Die Kosten des Schiedsverfahrens tragen die Verbände der Leistungserbringer sowie die Krankenkassen oder ihre Landesverbände je zur Hälfte.

Sechster Abschnitt. Beziehungen zu Leistungserbringern von Hilfsmitteln

§ 126 Versorgung durch Vertragspartner

(1) ¹ Hilfsmittel dürfen an Versicherte nur auf der Grundlage von Verträgen nach § 127 Abs. 1, 2 und 3 abgegeben werden. ² Vertragspartner der Krankenkassen können nur Leistungserbringer sein, die die Voraussetzungen für eine ausreichende, zweckmäßige und funktionsgerechte Herstellung, Abgabe und Anpassung der Hilfsmittel erfüllen. ³ Der Spitzenverband Bund der Krankenkassen gibt Empfehlungen für eine einheitliche Anwendung der Anforderungen nach Satz 2, einschließlich der Fortbildung der Leistungserbringer, ab.

(1 a) ¹ Die Krankenkassen stellen sicher, dass die Voraussetzungen nach Absatz 1 Satz 2 erfüllt sind. ² Sie haben von der Erfüllung auszugehen, wenn eine Bestätigung einer geeigneten Stelle vorliegt. ³ Die näheren Einzelheiten des Verfahrens nach Satz 2 einschließlich der Bestimmung und Überwachung der geeigneten Stellen, Inhalt und Gültigkeitsdauer der Bestätigungen, der Überprüfung ablehnender Entscheidungen und der Erhebung von Entgelten vereinbart der Spitzenverband Bund der Krankenkassen mit den für die Wahr-

nehmung der Interessen der Leistungserbringer maßgeblichen Spitzenorganisationen auf Bundesebene. ⁴Dabei ist sicherzustellen, dass Leistungserbringer das Verfahren unabhängig von einer Mitgliedschaft bei einem der Vereinbarungspartner nach Satz 3 nutzen können und einen Anspruch auf Erteilung der Bestätigung haben, wenn sie die Voraussetzungen nach Absatz 1 Satz 2 erfüllen. ⁵Erteilte Bestätigungen sind einzuschränken, auszusetzen oder zurückzuziehen, wenn die erteilende Stelle feststellt, dass die Voraussetzungen nicht oder nicht mehr erfüllt sind, soweit der Leistungserbringer nicht innerhalb einer angemessenen Frist die Übereinstimmung herstellt. ⁶Die in der Vereinbarung nach Satz 3 bestimmten Stellen dürfen die für die Feststellung und Bestätigung der Erfüllung der Anforderungen nach Absatz 1 Satz 2 erforderlichen Daten von Leistungserbringern erheben, verarbeiten und nutzen. ⁷Sie dürfen den Spitzenverband Bund der Krankenkassen über ausgestellte sowie über verweigerte, eingeschränkte, ausgesetzte und zurückgezogene Bestätigungen einschließlich der für die Identifizierung der jeweiligen Leistungserbringer erforderlichen Daten unterrichten. ⁸Der Spitzenverband Bund ist befugt, die übermittelten Daten zu verarbeiten und den Krankenkassen bekannt zu geben.

(2) ¹Für Leistungserbringer, die am 31. März 2007 über eine Zulassung nach § 126 in der zu diesem Zeitpunkt geltenden Fassung verfügten, gelten die Voraussetzungen nach Absatz 1 Satz 2 bis zum 30. Juni 2010 insoweit als erfüllt. ²Bei wesentlichen Änderungen der betrieblichen Verhältnisse können die Krankenkassen ergänzende Nachweise verlangen; Absatz 1a Satz 2 gilt entsprechend. ³Die in Satz 1 genannten Leistungserbringer bleiben abweichend von Absatz 1 Satz 1 bis zum 31. Dezember 2009 zur Versorgung der Versicherten berechtigt, soweit keine Ausschreibungen nach § 127 Abs. 1 erfolgen.

(3) Für nichtärztliche Dialyseleistungen, die nicht in der vertragsärztlichen Versorgung erbracht werden, gelten die Regelungen dieses Abschnitts entsprechend.

§ 127 Verträge

(1) ¹Soweit dies zur Gewährleistung einer wirtschaftlichen und in der Qualität gesicherten Versorgung zweckmäßig ist, können die Krankenkassen, ihre Landesverbände oder Arbeitsgemeinschaften im Wege der Ausschreibung Verträge mit Leistungserbringern oder zu diesem Zweck gebildeten Zusammenschlüssen der Leistungserbringer über die Lieferung einer bestimmten Menge von Hilfsmitteln, die Durchführung einer bestimmten Anzahl von Versorgungen oder die Versorgung für einen bestimmten Zeitraum schließen. ²Dabei haben sie die Qualität der Hilfsmittel sowie die notwendige Beratung der Versicherten und sonstige erforderliche Dienstleistungen sicherzustellen und für eine wohnortnahe Versorgung der Versicherten zu sorgen. ³Die im Hilfsmittelverzeichnis nach § 139 festgelegten Anforderungen an die Qualität der Versorgung und der Produkte sind zu beachten. ⁴Für Hilfsmittel, die für einen bestimmten Versicherten individuell angefertigt werden, oder Versorgungen mit hohem Dienstleistungsanteil sind Ausschreibungen in der Regel nicht zweckmäßig.

(1a) ¹Der Spitzenverband Bund der Krankenkassen und die Spitzenorganisationen der Leistungserbringer auf Bundesebene geben erstmalig bis zum 30. Juni 2009 gemeinsam Empfehlungen zur Zweckmäßigkeit von Ausschreibungen ab. ²Kommt eine Einigung bis zum Ablauf der nach Satz 1 bestimmten Frist nicht zustande, wird der Empfehlungsinhalt durch eine von den Empfehlungspartnern nach Satz 1 gemeinsam zu benennende unabhängige Schiedsperson festgelegt. ³Einigen sich die Empfehlungspartner nicht auf eine Schiedsperson, so wird diese von der für den Spitzenverband Bund der Krankenkassen zuständigen Aufsichtsbehörde bestimmt. ⁴Die Kosten des Schiedsverfahrens tragen der Spitzenverband Bund und die Spitzenorganisationen der Leistungserbringer je zur Hälfte.

(2) ¹Soweit Ausschreibungen nach Absatz 1 nicht durchgeführt werden, schließen die Krankenkassen, ihre Landesverbände oder Arbeitsgemeinschaften Verträge mit Leistungserbringern oder Verbänden oder sonstigen Zusammenschlüssen der Leistungserbringer über die Einzelheiten der Versorgung mit Hilfsmitteln, deren Wiedereinsatz, die Qualität der Hilfsmittel und zusätzlich zu erbringender Leistungen, die Anforderungen an die Fortbildung der Leistungserbringer, die Preise und die Abrechnung. ²Absatz 1 Satz 2 und 3 gilt entsprechend. ³Die Absicht, über die Versorgung mit bestimmten Hilfsmitteln Verträge zu schließen, ist in geeigneter Weise öffentlich bekannt zu machen. ⁴Über die Inhalte abgeschlossener Verträge sind andere Leistungserbringer auf Nachfrage unverzüglich zu informieren.

(2a) ¹Den Verträgen nach Absatz 2 Satz 1 können Leistungserbringer zu den gleichen Bedingungen als Vertragspartner beitreten, soweit sie nicht auf Grund bestehender Verträge bereits zur Versorgung der Versicherten berechtigt sind. ²Verträgen, die mit Verbänden oder sonstigen Zusammenschlüssen der Leistungserbringer abgeschlossen wurden, können auch Verbände und sonstige Zusammenschlüsse der Leistungserbringer beitreten. ³Die Sätze 1 und 2 gelten entsprechend für fortgeltende Verträge, die vor dem 1. April 2007 abgeschlossen wurden. ⁴§ 126 Abs. 1a und 2 bleibt unberührt.

(3) ¹Soweit für ein erforderliches Hilfsmittel keine Verträge der Krankenkasse nach Absatz 1 und 2 mit Leistungserbringern bestehen oder durch Vertragspartner eine Versorgung der Versicherten in einer für sie zumutbaren Weise nicht möglich ist, trifft die Krankenkasse eine Vereinbarung im Einzelfall mit einem Leistungserbringer; Absatz 1 Satz 2 und 3 gilt entsprechend. ²Sie kann vorher auch bei anderen Leistungserbringern in pseudonymisierter Form Preisangebote einholen. ³In den Fällen des § 33 Abs. 1 Satz 5 und Abs. 6 Satz 3 gilt Satz 1 entsprechend.

(4) Für Hilfsmittel, für die ein Festbetrag festgesetzt wurde, können in den Verträgen nach den Absätzen 1, 2 und 3 Preise höchstens bis zur Höhe des Festbetrags vereinbart werden.

(5) ¹Die Krankenkassen haben ihre Versicherten über die zur Versorgung berechtigten Vertragspartner und auf Nachfrage über die wesentlichen Inhalte der Verträge zu informieren. ²Sie können auch den Vertragsärzten entsprechende Informationen zur Verfügung stellen.

Die Vorschriften der §§ 124–127 SGB V regeln die **Beziehungen zwischen den Krankenkassen** auf der einen **und den Leistungserbringern von Heil- bzw. Hilfsmitteln** auf der anderen Seite. Die Regelungen bezüglich der Heil- und bezüglich der Hilfsmittel weichen strukturell voneinander ab: Während bei den Heilmitteln vorgesehen ist, dass die Leistungen nur von zugelassenen Leistungserbringern vorgenommen werden dürfen, gilt im Hilfsmittelbereich ausschließlich ein Vertragsregime, eine Zulassung ist dort daher nicht mehr vorherrschend. Die genaue inhaltliche Ausgestaltung der einheitlichen Versorgung ist dann jeweils Rahmenempfehlungen bzw. Verträgen vorbehalten (§§ 125, 127 SGB V). 1

Für den Bereich der **Heilmittel**, auf die der Versicherte im Rahmen der §§ 32, 34 SGB V (vgl. Kommentierung dort) einen Anspruch hat, regeln die **§§ 124, 125 SGB V** die näheren Einzelheiten hinsichtlich der Beziehung zwischen der Krankenkasse und den Leistungserbringern, eine Regelung, die aufgrund des vorherrschenden Sachleistungsprinzips erforderlich ist. Nur **zugelassene Leistungserbringer** dürfen gemäß § 124 Abs. 1 S. 1 SGB V Heilmittel an die Versicherten abgeben. Die Zulassung selbst wird im Wege eines Verwaltungsaktes von den in § 124 Abs. 5 SGB V genannten Stellen erteilt. Ein Anspruch auf Zulassung ergibt sich aus § 124 Abs. 2 SGB V, der die entsprechenden Voraussetzungen regelt, wobei die persönliche Eignung und Zuverlässigkeit des Leistungserbringers hinsichtlich der Qualität und Zuverlässigkeit der Leistungserbringung einschließlich der Abrechnung als ungeschriebenes Tatbestandsmerkmal hinzukommen (BSG 13. 12. 2001 – B 3 KR 19/00 R – NZS 2002, 535 zur Unzuverlässigkeit eines alkoholabhängigen Heilmittelerbringers). Maßgeblich ist für die geschriebenen Voraussetzungen, dass die entscheidenden fachlichen Qualifikationen, die in Abs. 2 Nr. 1 verlangt werden, von den Kassenverbänden dann nicht mehr in Frage gestellt werden können, wenn eine positive Entscheidung der nach dem Berufsrecht zuständigen Behörde vorliegt. Insoweit gilt eine Tatbestandswirkung (BSG 29. 11. 1995 – 3 RK 36/94 – NZS 1996, 328; BSG 13. 12. 2001 – B 3 KR 19/00 R – NZS 2002, 535; Butzer, in: Becker/Kingreen, § 124 SGB V Rn. 6). Hinsichtlich der Nr. 2 sind demgegenüber die nach Abs. 5 entscheidenden Verbände beurteilungsbefugt (BSG 27. 3. 1996 – 3 RK 25/95 – SozR 3–2500 § 124 Nr. 5). Die nach Nr. 3 erforderliche Anerkennung der geltenden Verträge ist auch dann zu verlangen, wenn der Leistungserbringer nicht Mitglied einer der vertragsschließenden Parteien ist (BSG 10. 7. 1996 – 3 RK 27/95 – SozR 3–2500 § 126 Nr. 2). Abs. 3 erweitert den Kreis der berechtigten Heilmittelerbringer auf die dort genannten Einrichtungen ohne entsprechende Zulassung. Abs. 4 sieht vor, dass der Spitzenverband Bund der Krankenkassen Empfehlungen für eine einheitliche Vorgehensweise hinsichtlich der Zulassungsvoraussetzungen nach Abs. 2 vorgibt. Nach Abs. 6 besteht eine Widerrufsmöglichkeit für die Zulassung, die eine lex specialis gegenüber § 48 SGB X darstellt. Entgegen der missverständlichen Regelung („kann") handelt es sich nicht um eine Ermessensregelung. Die Formulierung „kann" impliziert vielmehr eine Ermächtigung, von der Gebrauch gemacht werden muss, wenn die Zulassungsvoraussetzungen nicht mehr vorliegen (BSG 29. 11. 1995 – 3 RK 25/94 – NJW 1997, 822; näher auch Butzer, in: Becker/Kingreen, § 124 SGB V Rn. 15). 2

§ 125 SGB V sieht vor, dass zur Gewährleistung einer einheitlichen Versorgung in qualitativer Hinsicht im Bundesgebiet der Spitzenverband Bund der Krankenkassen zusammen mit den für die Wahrnehmung der Interessen der Heilmittelerbringer maßgeblichen Spitzenorganisationen auf Bundesebene **Rahmenempfehlungen** über eine einheitliche Versorgung mit Heilmitteln abgeben können. Inhalte dieser Empfehlungen sind exemplarisch in S. 4 der Vorschrift aufgeführt (zu den bis Mitte 2008 vorliegenden Rahmenempfehlungen Butzer, in: Becker/Kingreen, § 125 SGB V Rn. 7). Die einschlägigen Richtlinien des Gemeinsamen Bundesausschusses sind dabei „zu berücksichtigen". Da 3 sie ranghöher sind, muss das „berücksichtigen" jedoch eng ausgelegt werden: Die Rahmenempfehlungen dürfen von diesen also nicht abweichen. Eine eigenständige Rechtsverbindlichkeit kommt den Rahmenempfehlungen nicht zu, aber als Binnenrecht können sie gleichwohl Wirkung entfalten (BSG 10. 7. 1996 – 3 RK 10/96 – NZS 1998, 26). Über diese Rahmenempfehlungen hinaus sieht Abs. 2 verpflichtend den Abschluss von (öffentlich-rechtlichen) **Verträgen** (zum früheren Streitstand s. Butzer, in: Becker/Kingreen, § 125 SGB V Rn. 8) über die Einzelheiten der Versorgung, der Preise und ihrer Abrechnung sowie über die Verpflichtung der Leistungserbringer zur Weiterbildung vor (näher hierzu Knispel, NZS 2004, 623, 630). Die Vertragspartner dieser Heilmittel-Rahmenverträge können im Verhältnis zueinander dann aber nur gerichtlichen Rechtsschutz hinsichtlich der Einhaltung von Kernregelungen dieser Verträge beanspruchen, nicht hingegen hinsichtlich der Auslegung von Detailfragen (BSG 27. 10. 2009 – B 1 KR 4/09 R – SozR 4–2500 § 125 Nr. 5).

4   Anders als im Rahmen der Heilmittelerbringung, die nach § 124 SGB V strikt daran gebunden ist, dass der Leistungserbringer von den Krankenkassen zugelassen ist, ist diese Zulassung im **Hilfsmittelbereich** nicht mehr erforderlich. Zwar galt nach § 126 Abs. 2 SGB V noch eine Übergangsvorschrift bis Ende 2008, doch ist nach **§ 126 Abs. 1 SGB V** systematisch klar gestellt, dass nicht die Zulassung maßgeblich ist, sondern Verträge Grundlage der Versorgung sind: Hilfsmittel dürfen danach nur auf der Grundlage von Verträgen nach § 127 SGB V an die Versicherten abgegeben werden. Ähnlich wie im Zulassungsrecht ist jedoch auch im § 126 SGB V wieder näher ausgeführt, mit wem Verträge abgeschlossen werden dürfen. Entscheidend ist nach Abs. 1 S. 2, dass Vertragspartner der Krankenkasse nur sein kann, wer die Voraussetzungen für eine ausreichende, zweckmäßige und funktionsgerechte Herstellung, Abgabe und Anpassung der Hilfsmittel erfüllt. Auch hier gilt wieder eine faktische Bindungswirkung der nach dem Berufsrecht zuständigen Behörde, es sei denn, es bestehen keine diesbezüglichen berufsrechtlichen Vorgaben, dann ist die Krankenkasse selbst zur Entscheidung befugt (BSG 27. 3. 1996 – 3 RK 25/95 – SozR 3–2500 § 124 Nr. 5). Nach Abs. 1 S. 3 erhält auch hier der Spitzenverband Bund der Krankenkassen die Kompetenz, Empfehlungen über eine einheitliche Anwendung der Anforderungen nach S. 2 abzugeben (vgl. „Gemeinsame Empfehlungen für eine einheitliche Anwendung der Anforderungen zur ausreichenden, zweckmäßigen und funktionsgerechten Herstellung, Abgabe und Anpassung der Hilfsmittel gemäß § 126 Abs. 1 S. 2 SGB V nF" vom 2. 5. 1991 in der Fassung vom 27. 3. 2007, im Internet etwa unter www.aok-gesundheitspartner.de; dazu ausführlich auch Jahn/Limpinsel, § 126 SGB V Rn. 5). Eine Verbindlichkeit kommt diesen Empfehlungen zwar ebenfalls wieder nach de iure nicht zu, aber es handelt sich gleichwohl um Verwaltungsbinnenrecht, welches die Kassen nach innen hin binden kann (BSG 27. 3. 1996 – 3 RK 25/95 – SozR 3–2500 § 124 Nr. 5).

5   Nach **§ 127 SGB V** erhalten die Krankenkassen die Möglichkeit, die Versorgung auf einzelne Leistungserbringer zu beschränken. Nach Vorstellung des Gesetzgebers soll gerade durch die in Abs. 1 S. 1 vorgesehenen Ausschreibungen der Preiswettbewerb im Hilfsmittelbereich gefördert werden. Bei den Ausschreibungen sind, zumindest nach Intention des Gesetzgebers, die jeweils gültigen Vorschriften des Vergaberechts anzuwenden; gerade um die Frage der Reichweite des Vergaberechts in diesem Zusammenhang ist indes heftiger Streit entbrannt, der an die auch europarechtlich komplexe Fragestellung anknüpft, inwieweit die gesetzlichen Krankenkassen dem Kartellvergaberecht nach §§ 97 ff. GWB unterliegen, und zwar insbesondere auch dann, wenn sie Hilfsmittel ausschreiben (dazu und vor allem zur Bestimmung des § 127 II 2 SGB V eingehend, mit Verweisen auch auf erste Entscheidungen aus der Rechtsprechung, Butzer, in: Becker/Kingreen, § 127 SGB V Rn. 9; Hartmann/Suoglu, SGb 2007, 406; Goodarzi/Junker, NZS 2007, 632; Frenz, NZS 2007, 233; Koenig/Klahn/Koch, SGb 2004, 197). In Verbindung mit Abs. 2 S. 1 sieht die Regelung vor, dass dieses Instrument von den Krankenkassen vorrangig einzusetzen ist. Für den Fall, dass Ausschreibungen nicht zweckmäßig sind, sieht Abs. 2 S. 1 den Abschluss von Rahmenverträgen über die Versorgung vor. Die vertraglichen Gestaltungsmöglichkeiten sind dahingehend flexibilisiert, dass Krankenkassen und Organisationen der Krankenkassen in jeder möglichen Konstellation mit einzelnen Leistungserbringern und Organisationen der Leistungserbringer Verträge schließen können. Einen Rechtsanspruch auf Abschluss eines Versorgungsvertrags gewährt § 127 SGB V grundsätzlich nicht. Etwas anderes kann nur gelten, wenn anders ein rechtmäßiges Verhalten für die Krankenkasse nicht möglich ist (BSG 10. 3. 2010 – B 3 KR 26/08 R – SGb 2010, 278). Bestehen weder Verträge nach Abs. 1 noch Abs. 2 eröffnet Abs. 3 die Möglichkeit des Abschlusses von Einzelvereinbarungen über die konkrete Versorgung. Abs. 4 greift die Festbetragsregelung auf und legt fest, dass der Festbetrag nach § 36 SGB V (s. Kommentierung dort) jedenfalls die Höchstgrenze der Vertragspreise darstellt, der unterschritten, aber nicht überschritten werden darf. Abs. 5 enthält eine eigenständige Informationsverpflichtung der Krankenkassen gegenüber den zur Versorgung berechtigten Vertragspartnern.

§ 128 Unzulässige Zusammenarbeit zwischen Leistungserbringern und Vertragsärzten

(1) ¹**Die Abgabe von Hilfsmitteln an Versicherte über Depots bei Vertragsärzten ist unzulässig, soweit es sich nicht um Hilfsmittel handelt, die zur Versorgung in Notfällen be-

nötigt werden. ²Satz 1 gilt entsprechend für die Abgabe von Hilfsmitteln in Krankenhäusern und anderen medizinischen Einrichtungen.

(2) ¹Leistungserbringer dürfen Vertragsärzte sowie Ärzte in Krankenhäusern und anderen medizinischen Einrichtungen nicht gegen Entgelt oder Gewährung sonstiger wirtschaftlicher Vorteile an der Durchführung der Versorgung mit Hilfsmitteln beteiligen oder solche Zuwendungen im Zusammenhang mit der Verordnung von Hilfsmitteln gewähren. ²Unzulässig ist ferner die Zahlung einer Vergütung für zusätzliche privatärztliche Leistungen, die im Rahmen der Versorgung mit Hilfsmitteln von Vertragsärzten erbracht werden, durch Leistungserbringer. ³Wirtschaftliche Vorteile im Sinne des Satzes 1 sind auch die unentgeltliche oder verbillige Überlassung von Geräten und Materialien und Durchführung von Schulungsmaßnahmen sowie die Gestellung von Räumlichkeiten oder Personal oder die Beteiligung an den Kosten hierfür.

(3) ¹Die Krankenkassen stellen vertraglich sicher, dass Verstöße gegen die Verbote nach den Absätzen 1 und 2 angemessen geahndet werden. ²Für den Fall schwerwiegender und wiederholter Verstöße ist vorzusehen, dass Leistungserbringer für die Dauer von bis zu zwei Jahren von der Versorgung der Versicherten ausgeschlossen werden können.

(4) ¹Vertragsärzte dürfen nur auf der Grundlage vertraglicher Vereinbarungen mit Krankenkassen über die ihnen im Rahmen der vertragsärztlichen Versorgung obliegenden Aufgaben hinaus an der Durchführung der Versorgung mit Hilfsmitteln mitwirken. ²Die Absätze 1 bis 3 bleiben unberührt. ³Über eine Mitwirkung nach Satz 1 informieren die Krankenkassen die für die jeweiligen Vertragsärzte zuständige Ärztekammer.

(4 a) ¹Krankenkassen können mit Vertragsärzten Verträge nach Absatz 4 abschließen, wenn die Wirtschaftlichkeit und die Qualität der Versorgung dadurch nicht eingeschränkt werden. ²§ 126 Absatz 1 Satz 2 und 3 sowie Absatz 1 a gilt entsprechend auch für die Vertragsärzte. ³In den Verträgen sind die von den Vertragsärzten zusätzlich zu erbringenden Leistungen und welche Vergütung sie dafür erhalten eindeutig festzulegen. ⁴Die zusätzlichen Leistungen sind unmittelbar von den Krankenkassen an die Vertragsärzte zu vergüten. ⁵Jede Mitwirkung der Leistungserbringer an der Abrechnung und der Abwicklung der Vergütung der von den Vertragsärzten erbrachten Leistungen ist unzulässig.

(4 b) ¹Vertragsärzte, die auf der Grundlage von Verträgen nach Absatz 4 an der Durchführung der Hilfsmittelversorgung mitwirken, haben die von ihnen ausgestellten Verordnungen der jeweils zuständigen Krankenkasse zur Genehmigung der Versorgung zu übersenden. ²Die Verordnungen sind den Versicherten von den Krankenkassen zusammen mit der Genehmigung zu übermitteln. ³Dabei haben die Krankenkassen die Versicherten in geeigneter Weise über die verschiedenen Versorgungswege zu beraten.

(5) Absatz 4 Satz 3 gilt entsprechend, wenn Krankenkassen Auffälligkeiten bei der Ausführung von Verordnungen von Vertragsärzten bekannt werden, die auf eine mögliche Zuweisung von Versicherten an bestimmte Leistungserbringer oder eine sonstige Form unzulässiger Zusammenarbeit hindeuten.

(6) ¹Ist gesetzlich nichts anderes bestimmt, gelten bei der Erbringung von Leistungen nach den §§ 31 und 116 b Absatz 6 die Absätze 1 bis 3 sowohl zwischen pharmazeutischen Unternehmern, Apotheken, pharmazeutischen Großhändlern und sonstigen Anbietern von Gesundheitsleistungen als auch jeweils gegenüber Vertragsärzten, Ärzten in Krankenhäusern und Krankenhausträgern entsprechend. ²Hiervon unberührt bleiben gesetzlich zulässige Vereinbarungen von Krankenkassen mit Leistungserbringern über finanzielle Anreize für die Mitwirkung an der Erschließung von Wirtschaftlichkeitsreserven und die Verbesserung der Qualität der Versorgung bei der Verordnung von Leistungen nach den §§ 31 und 116 b Absatz 6.

Siebter Abschnitt. Beziehungen zu Apotheken und pharmazeutischen Unternehmern

§ 129 Rahmenvertrag über die Arzneimittelversorgung

(1) ¹Die Apotheken sind bei der Abgabe verordneter Arzneimittel an Versicherte nach Maßgabe des Rahmenvertrages nach Absatz 2 verpflichtet zur
1. Abgabe eines preisgünstigen Arzneimittels in den Fällen, in denen der verordnende Arzt
    a) ein Arzneimittel nur unter seiner Wirkstoffbezeichnung verordnet oder
    b) die Ersetzung des Arzneimittels durch ein wirkstoffgleiches Arzneimittel nicht ausgeschlossen hat,

2. Abgabe von preisgünstigen importierten Arzneimitteln, deren für den Versicherten maßgeblicher Arzneimittelabgabepreis unter Berücksichtigung der Abschläge nach § 130a Absatz 1, 1a, 2, 3a und 3b mindestens 15 vom Hundert oder mindestens 15 Euro niedriger ist als der Preis des Bezugsarzneimittels; in dem Rahmenvertrag nach Absatz 2 können Regelungen vereinbart werden, die zusätzliche Wirtschaftlichkeitsreserven erschließen,
3. Abgabe von wirtschaftlichen Einzelmengen und
4. Angabe des Apothekenabgabepreises auf der Arzneimittelpackung.

²Bei der Abgabe eines Arzneimittels nach Satz 1 Nummer 1 haben die Apotheken ein Arzneimittel abzugeben, das mit dem verordneten in Wirkstärke und Packungsgröße identisch ist, für ein gleiches Anwendungsgebiet zugelassen ist und die gleiche oder eine austauschbare Darreichungsform besitzt; als identisch gelten dabei Packungsgrößen mit dem gleichen Packungsgrößenkennzeichen nach der in § 31 Absatz 4 genannten Rechtsverordnung. ³Dabei ist die Ersetzung durch ein wirkstoffgleiches Arzneimittel vorzunehmen, für das eine Vereinbarung nach § 130a Abs. 8 mit Wirkung für die Krankenkasse besteht, soweit hierzu in Verträgen nach Absatz 5 nichts anderes vereinbart ist. ⁴Besteht keine entsprechende Vereinbarung nach § 130a Abs. 8, hat die Apotheke die Ersetzung durch ein preisgünstigeres Arzneimittel nach Maßgabe des Rahmenvertrages vorzunehmen. ⁵Abweichend von den Sätzen 3 und 4 können Versicherte gegen Kostenerstattung ein anderes Arzneimittel erhalten, wenn die Voraussetzungen nach Satz 2 erfüllt sind. ⁶§ 13 Absatz 2 Satz 2 und 12 findet keine Anwendung. ⁷Bei der Abgabe von importierten Arzneimitteln und ihren Bezugsarzneimitteln gelten die Sätze 3 und 4 entsprechend; dabei hat die Abgabe eines Arzneimittels, für das eine Vereinbarung nach § 130a Absatz 8 besteht, Vorrang vor der Abgabe nach Satz 1 Nummer 2.

(1a) Der Gemeinsame Bundesausschuss gibt in den Richtlinien nach § 92 Abs. 1 Satz 2 Nr. 6 unverzüglich Hinweise zur Austauschbarkeit von Darreichungsformen unter Berücksichtigung ihrer therapeutischen Vergleichbarkeit.

(2) Der Spitzenverband Bund der Krankenkassen und die für die Wahrnehmung der wirtschaftlichen Interessen gebildete maßgebliche Spitzenorganisation der Apotheker regeln in einem gemeinsamen Rahmenvertrag das Nähere.

(3) Der Rahmenvertrag nach Absatz 2 hat Rechtswirkung für Apotheken, wenn sie
1. einem Mitgliedsverband der Spitzenorganisation angehören und die Satzung des Verbandes vorsieht, daß von der Spitzenorganisation abgeschlossene Verträge dieser Art Rechtswirkung für die dem Verband angehörenden Apotheken haben, oder
2. dem Rahmenvertrag beitreten.

(4) ¹Im Rahmenvertrag nach Absatz 2 ist zu regeln, welche Maßnahmen die Vertragspartner auf Landesebene ergreifen können, wenn Apotheken gegen ihre Verpflichtungen nach Absatz 1, 2 oder 5 verstoßen. ²Bei gröblichen und wiederholten Verstößen ist vorzusehen, daß Apotheken von der Versorgung der Versicherten bis zur Dauer von zwei Jahren ausgeschlossen werden können.

(5) ¹Die Krankenkassen oder ihre Verbände können mit der für die Wahrnehmung der wirtschaftlichen Interessen maßgeblichen Organisation der Apotheker auf Landesebene ergänzende Verträge schließen. ²Absatz 3 gilt entsprechend. ³Die Versorgung mit in Apotheken hergestellten parenteralen Zubereitungen als Fertigarzneimitteln in der Onkologie zur unmittelbaren ärztlichen Anwendung bei Patienten kann von der Krankenkasse durch Verträge mit Apotheken sichergestellt werden; dabei können Abschläge auf den Abgabepreis des pharmazeutischen Unternehmers und die Preise und Preisspannen der Apotheken vereinbart werden. ⁴In dem Vertrag nach Satz 1 kann abweichend vom Rahmenvertrag nach Absatz 2 vereinbart werden, dass die Apotheke die Ersetzung wirkstoffgleicher Arzneimittel so vorzunehmen hat, dass der Krankenkasse Kosten nur in Höhe eines zu vereinbarenden durchschnittlichen Betrags je Arzneimittel entstehen.

(5a) Bei Abgabe eines nicht verschreibungspflichtigen Arzneimittels gilt bei Abrechnung nach § 300 ein für die Versicherten maßgeblicher Arzneimittelabgabepreis in Höhe des Abgabepreises des pharmazeutischen Unternehmens zuzüglich der Zuschläge nach den §§ 2 und 3 der Arzneimittelpreisverordnung in der am 31. Dezember 2003 gültigen Fassung.

(5b) ¹Apotheken können an vertraglich vereinbarten Versorgungsformen beteiligt werden; die Angebote sind öffentlich auszuschreiben. ²In Verträgen nach Satz 1 sollen auch Maßnahmen zur qualitätsgesicherten Beratung des Versicherten durch die Apotheke vereinbart werden. ³In der integrierten Versorgung kann in Verträgen nach Satz 1 das Nähere über Qualität und Struktur der Arzneimittelversorgung für die an der integrierten Versorgung teilnehmenden Versicherten auch abweichend von Vorschriften dieses Buches vereinbart werden.

(5 c) ¹Für Zubereitungen aus Fertigarzneimitteln gelten die Preise, die zwischen der mit der Wahrnehmung der wirtschaftlichen Interessen gebildeten maßgeblichen Spitzenorganisation der Apotheker und dem Spitzenverband Bund der Krankenkassen auf Grund von Vorschriften nach dem Arzneimittelgesetz vereinbart sind. ²Gelten für Fertigarzneimittel in parenteralen Zubereitungen keine Vereinbarungen über die zu berechnenden Einkaufspreise nach Satz 1, berechnet die Apotheke ihre tatsächlich vereinbarten Einkaufspreise, höchstens jedoch die Apothekeneinkaufspreise, die bei Abgabe an Verbraucher auf Grund der Preisvorschriften nach dem Arzneimittelgesetz oder auf Grund von Satz 1 gelten, jeweils abzüglich der Abschläge nach § 130 a Absatz 1. ³Kostenvorteile durch die Verwendung von Teilmengen von Fertigarzneimitteln sind zu berücksichtigen. ⁴Der Spitzenverband Bund der Krankenkassen und die Krankenkasse können von der Apotheke Nachweise über Bezugsquellen und verarbeitete Mengen sowie die tatsächlich vereinbarten Einkaufspreise und vom pharmazeutischen Unternehmer über die vereinbarten Preise für Fertigarzneimittel in parenteralen Zubereitungen verlangen. ⁵Die Krankenkasse kann ihren Landesverband mit der Prüfung beauftragen.

(6) ¹Die für die Wahrnehmung der wirtschaftlichen Interessen gebildete maßgebliche Spitzenorganisation der Apotheker ist verpflichtet, die zur Wahrnehmung der Aufgaben nach Absatz 1 Satz 4 und Absatz 1 a, die zur Herstellung einer pharmakologisch-therapeutischen und preislichen Transparenz im Rahmen der Richtlinien nach § 92 Abs. 1 Satz 2 Nr. 6 und die zur Festsetzung von Festbeträgen nach § 35 Abs. 1 und 2 oder zur Erfüllung der Aufgaben nach § 35 a Abs. 1 Satz 2 und Abs. 5 erforderlichen Daten dem Gemeinsamen Bundesausschuss sowie dem Spitzenverband Bund der Krankenkassen zu übermitteln und auf Verlangen notwendige Auskünfte zu erteilen. ²Das Nähere regelt der Rahmenvertrag nach Absatz 2.

(7) Kommt der Rahmenvertrag nach Absatz 2 ganz oder teilweise nicht oder nicht innerhalb einer vom Bundesministerium für Gesundheit bestimmten Frist zustande, wird der Vertragsinhalt durch die Schiedsstelle nach Absatz 8 festgesetzt.

(8) ¹Der Spitzenverband Bund der Krankenkassen und die für die Wahrnehmung der wirtschaftlichen Interessen gebildete maßgebliche Spitzenorganisation der Apotheker bilden eine gemeinsame Schiedsstelle. ²Sie besteht aus Vertretern der Krankenkassen und der Apotheker in gleicher Zahl sowie aus einem unparteiischen Vorsitzenden und zwei weiteren unparteiischen Mitgliedern. ³Über den Vorsitzenden und die zwei weiteren unparteiischen Mitglieder sowie deren Stellvertreter sollen sich die Vertragspartner einigen. ⁴Kommt eine Einigung nicht zustande, gilt § 89 Absatz 3 Satz 4 und 5 entsprechend.

(9) ¹Die Schiedsstelle gibt sich eine Geschäftsordnung. ²Die Mitglieder der Schiedsstelle führen ihr Amt als Ehrenamt. ³Sie sind an Weisungen nicht gebunden. ⁴Jedes Mitglied hat eine Stimme. ⁵Die Entscheidungen werden mit der Mehrheit der Mitglieder getroffen. ⁶Ergibt sich keine Mehrheit, gibt die Stimme des Vorsitzenden den Ausschlag. ⁷Klagen gegen Festsetzungen der Schiedsstelle haben keine aufschiebende Wirkung.

(10) ¹Die Aufsicht über die Geschäftsführung der Schiedsstelle führt das Bundesministerium für Gesundheit. ²Er kann durch Rechtsverordnung mit Zustimmung des Bundesrates das Nähere über die Zahl und die Bestellung der Mitglieder, die Erstattung der baren Auslagen und die Entschädigung für Zeitaufwand der Mitglieder, das Verfahren sowie über die Verteilung der Kosten regeln.

§ 129 a Krankenhausapotheken

¹Die Krankenkassen oder ihre Verbände vereinbaren mit dem Träger des zugelassenen Krankenhauses das Nähere über die Abgabe verordneter Arzneimittel durch die Krankenhausapotheke an Versicherte, insbesondere die Höhe des für den Versicherten maßgeblichen Abgabepreises. ²Die nach § 300 Abs. 3 getroffenen Regelungen sind Teil der Vereinbarungen nach Satz 1. ³Eine Krankenhausapotheke darf verordnete Arzneimittel zu Lasten von Krankenkassen nur abgeben, wenn für sie eine Vereinbarung nach Satz 1 besteht. ⁴Die Regelungen des § 129 Absatz 5 c Satz 4 bis 5 gelten für Vereinbarungen nach Satz 1 entsprechend.

§ 130 Rabatt

(1) ¹Die Krankenkassen erhalten von den Apotheken für verschreibungspflichtige Fertigarzneimittel einen Abschlag von 2,05 Euro je Arzneimittel, für sonstige Arzneimittel einen Abschlag in Höhe von 5 vom Hundert auf den für den Versicherten maßgeblichen

Arzneimittelabgabepreis. ²Der Abschlag nach Satz 1 erster Halbsatz ist erstmalig mit Wirkung für das Kalenderjahr 2013 von den Vertragspartnern in der Vereinbarung nach § 129 Abs. 2 so anzupassen, dass die Summe der Vergütungen der Apotheken für die Abgabe verschreibungspflichtiger Arzneimittel leistungsgerecht ist unter Berücksichtigung von Art und Umfang der Leistungen und der Kosten der Apotheken bei wirtschaftlicher Betriebsführung. ³Dabei sind

1. Veränderungen der Leistungen der Apotheken auf Grundlage einer standardisierten Beschreibung der Leistungen im Jahre 2011 zu ermitteln;
2. Einnahmen und Kosten der Apotheken durch tatsächliche Betriebsergebnisse repräsentativ ausgewählter Apotheken zu berücksichtigen.

(2) ¹Ist für das Arzneimittel ein Festbetrag nach § 35 oder § 35a festgesetzt, bemißt sich der Abschlag nach dem Festbetrag. ²Liegt der maßgebliche Arzneimittelabgabepreis nach Absatz 1 unter dem Festbetrag, bemißt sich der Abschlag nach dem niedrigeren Abgabepreis.

(3) ¹Die Gewährung des Abschlags setzt voraus, daß die Rechnung des Apothekers innerhalb von zehn Tagen nach Eingang bei der Krankenkasse beglichen wird. ²Das Nähere regelt der Rahmenvertrag nach § 129.

§ 130a Rabatte der pharmazeutischen Unternehmer

(1) ¹Die Krankenkassen erhalten von Apotheken für ab dem 1. Januar 2003 zu ihren Lasten abgegebene Arzneimittel einen Abschlag in Höhe von 6 vom Hundert des Abgabepreises des pharmazeutischen Unternehmers ohne Mehrwertsteuer. ²Pharmazeutische Unternehmer sind verpflichtet, den Apotheken den Abschlag zu erstatten. ³Soweit pharmazeutische Großhändler nach Absatz 5 bestimmt sind, sind pharmazeutische Unternehmer verpflichtet, den Abschlag den pharmazeutischen Großhändlern zu erstatten. ⁴Der Abschlag ist den Apotheken und pharmazeutischen Großhändlern innerhalb von zehn Tagen nach Geltendmachung des Anspruches zu erstatten. ⁵Satz 1 gilt für Fertigarzneimittel, deren Apothekenabgabepreise aufgrund der Preisvorschriften nach dem Arzneimittelgesetz oder aufgrund des § 129 Abs. 5a bestimmt sind, sowie für Arzneimittel, die nach § 129a abgegeben werden. ⁶Die Krankenkassen erhalten den Abschlag nach Satz 1 für Fertigarzneimittel in parenteralen Zubereitungen sowie für Arzneimittel, die nach § 129a abgegeben werden, auf den Abgabepreis des pharmazeutischen Unternehmers ohne Mehrwertsteuer, der bei Abgabe an Verbraucher auf Grund von Preisvorschriften nach dem Arzneimittelgesetz gilt. ⁷Wird nur eine Teilmenge des Fertigarzneimittels zubereitet, wird der Abschlag nur für diese Mengeneinheiten erhoben.

(1a) ¹Vom 1. August 2010 bis zum 31. Dezember 2013 beträgt der Abschlag für verschreibungspflichtige Arzneimittel einschließlich Fertigarzneimittel in parenteralen Zubereitungen abweichend von Absatz 1 16 Prozent. ²Satz 1 gilt nicht für Arzneimittel nach Absatz 3b Satz 1. ³Die Differenz des Abschlags nach Satz 1 zu dem Abschlag nach Absatz 1 mindert die am 30. Juli 2010 bereits vertraglich vereinbarten Rabatte nach Absatz 8 entsprechend. ⁴Eine Absenkung des Abgabepreises des pharmazeutischen Unternehmers ohne Mehrwertsteuer gegenüber dem Preisstand am 1. August 2009, die ab dem 1. August 2010 vorgenommen wird, mindert den Abschlag nach Satz 1 in Höhe des Betrags der Preissenkung, höchstens in Höhe der Differenz des Abschlags nach Satz 1 zu dem Abschlag nach Absatz 1; § 130a Absatz 3b Satz 2 zweiter Halbsatz gilt entsprechend. ⁵Für Arzneimittel, die nach dem 1. August 2009 in den Markt eingeführt wurden, gilt Satz 4 mit der Maßgabe, dass der Preisstand der Markteinführung Anwendung findet. ⁶Hat ein pharmazeutischer Unternehmer für ein Arzneimittel, das im Jahr 2010 zu Lasten der gesetzlichen Krankenversicherung abgegeben wurde und das dem erhöhten Abschlag nach Satz 1 unterliegt, auf Grund einer Preissenkung ab dem 1. August 2010 nicht den Abschlag gezahlt, obwohl die Preissenkung nicht zu einer Unterschreitung des am 1. August 2009 geltenden Abgabepreises des pharmazeutischen Unternehmers um mindestens 10 Prozent geführt hat, gilt für die im Jahr 2011 abgegebenen Arzneimittel abweichend von Satz 1 ein Abschlag von 20,5 Prozent. ⁷Das gilt nicht, wenn der pharmazeutische Unternehmer den nach Satz 6 nicht gezahlten Abschlag spätestens bis zu dem Tag vollständig leistet, an dem der Abschlag für die im Dezember 2010 abgegebenen Arzneimittel zu zahlen ist. ⁸Der erhöhte Abschlag von 20,5 Prozent wird durch eine erneute Preissenkung gegenüber dem am 1. August 2009 geltenden Abgabepreis des pharmazeutischen Unternehmers gemindert; Satz 4 gilt entsprechend.

(2) ¹Die Krankenkassen erhalten von den Apotheken für die zu ihren Lasten abgegebenen Impfstoffe für Schutzimpfungen nach § 20d Absatz 1 einen Abschlag auf den Abgabepreis des pharmazeutischen Unternehmers ohne Mehrwertsteuer, mit dem der

Unterschied zu einem geringeren durchschnittlichen Preis nach Satz 2 je Mengeneinheit ausgeglichen wird. ²Der durchschnittliche Preis je Mengeneinheit ergibt sich aus den tatsächlich gültigen Abgabepreisen des pharmazeutischen Unternehmers in den vier Mitgliedstaaten der Europäischen Union mit den am nächsten kommenden Bruttonationaleinkommen, gewichtet nach den jeweiligen Umsätzen und Kaufkraftparitäten. ³Absatz 1 Satz 2 bis 4, Absätze 6 und 7 sowie § 131 Absatz 4 gelten entsprechend. ⁴Der pharmazeutische Unternehmer ermittelt die Höhe des Abschlags nach Satz 1 und den durchschnittlichen Preis nach Satz 2 und übermittelt dem Spitzenverband Bund der Krankenkassen auf Anfrage die Angaben zu der Berechnung. ⁵Das Nähere regelt der Spitzenverband Bund der Krankenkassen. ⁶Bei Preisvereinbarungen für Impfstoffe, für die kein einheitlicher Apothekenabgabepreis nach den Preisvorschriften auf Grund des Arzneimittelgesetzes gilt, darf höchstens ein Betrag vereinbart werden, der dem entsprechenden Apothekenabgabepreis abzüglich des Abschlags nach Satz 1 entspricht.

(3) Die Absätze 1, 1a und 2 gelten nicht für Arzneimittel, für die ein Festbetrag auf Grund des § 35 oder des § 35 a festgesetzt ist.

(3 a) ¹Erhöht sich der Abgabepreis des pharmazeutischen Unternehmers ohne Mehrwertsteuer gegenüber dem Preisstand am 1. August 2009, erhalten die Krankenkassen für die zu ihren Lasten abgegebenen Arzneimittel ab dem 1. August 2010 bis zum 31. Dezember 2013 einen Abschlag in Höhe des Betrages der Preiserhöhung; dies gilt nicht für Preiserhöhungsbeträge oberhalb des Festbetrags. ²Für Arzneimittel, die nach dem 1. August 2010 in den Markt eingeführt werden, gilt Satz 1 mit der Maßgabe, dass der Preisstand der Markteinführung Anwendung findet. ³Bei Neueinführungen eines Arzneimittels, für das der pharmazeutische Unternehmer bereits ein Arzneimittel mit gleichem Wirkstoff und vergleichbarer Darreichungsform in Verkehr gebracht hat, ist der Abschlag auf Grundlage des Preises je Mengeneinheit der Packung zu berechnen, die dem neuen Arzneimittel in Bezug auf die Packungsgröße unter Berücksichtigung der Wirkstärke am nächsten kommt. ⁴Satz 3 gilt entsprechend bei Änderungen zu den Angaben des pharmazeutischen Unternehmers oder zum Mitvertrieb durch einen anderen pharmazeutischen Unternehmer. ⁵Für importierte Arzneimittel, die nach § 129 Absatz 1 Satz 1 Nummer 2 abgegeben werden, gilt abweichend von Satz 1 ein Abrechnungsbetrag von höchstens dem Betrag, welcher entsprechend den Vorgaben des § 129 Absatz 1 Satz 1 Nummer 2 niedriger ist als der Arzneimittelabgabepreis des Bezugsarzneimittels einschließlich Mehrwertsteuer, unter Berücksichtigung von Abschlägen für das Bezugsarzneimittel aufgrund dieser Vorschrift. ⁶Abschläge nach Absatz 1, 1a und 3b werden zusätzlich zu dem Abschlag nach den Sätzen 1 bis 5 erhoben. ⁷Rabattbeträge, die auf Preiserhöhungen nach Absatz 1 und 3b zu gewähren sind, vermindern den Abschlag nach den Sätzen 1 bis 5 entsprechend. ⁸Für die Abrechnung des Abschlags nach den Sätzen 1 bis 5 gelten die Absätze 1, 5 bis 7 und 9 entsprechend. ⁹Absatz 4 findet Anwendung. ¹⁰Das Nähere regelt der Spitzenverband Bund der Krankenkassen.

(3 b) ¹Für patentfreie, wirkstoffgleiche Arzneimittel erhalten die Krankenkassen ab dem 1. April 2006 einen Abschlag von 10 vom Hundert des Abgabepreises des pharmazeutischen Unternehmers ohne Mehrwertsteuer; für preisgünstige importierte Arzneimittel gilt Absatz 3a Satz 5 entsprechend. ²Eine Absenkung des Abgabepreises des pharmazeutischen Unternehmers ohne Mehrwertsteuer, die ab dem 1. Januar 2007 vorgenommen wird, vermindert den Abschlag nach Satz 1 in Höhe des Betrages der Preissenkung; wird der Preis innerhalb der folgenden 36 Monate erhöht, erhöht sich der Abschlag nach Satz 1 um den Betrag der Preiserhöhung ab der Wirksamkeit der Preiserhöhung bei der Abrechnung mit der Krankenkasse. ³Die Sätze 1 und 2 gelten nicht für Arzneimittel, deren Apothekeneinkaufspreis einschließlich Mehrwertsteuer mindestens um 30 vom Hundert niedriger als der jeweils gültige Festbetrag ist, der diesem Preis zugrunde liegt. ⁴Absatz 3a Satz 7 bis 10 gilt entsprechend. ⁵Satz 2 gilt nicht für ein Arzneimittel, dessen Abgabepreis nach Satz 1 im Zeitraum von 36 Monaten vor der Preissenkung erhöht worden ist; Preiserhöhungen vor dem 1. Dezember 2006 sind nicht zu berücksichtigen. ⁶Für ein Arzneimittel, dessen Preis einmalig zwischen dem 1. Dezember 2006 und 1. April 2007 erhöht und anschließend gesenkt worden ist, kann der pharmazeutische Unternehmer den Abschlag nach Satz 1 durch eine ab 1. April 2007 neu vorgenommene Preissenkung von mindestens 10 vom Hundert des Abgabepreises des pharmazeutischen Unternehmers ohne Mehrwertsteuer ablösen, sofern er für die Dauer von zwölf Monaten ab der neu vorgenommenen Preissenkung einen weiteren Abschlag von 2 vom Hundert des Abgabepreises nach Satz 1 gewährt.

(4) ¹Das Bundesministerium für Gesundheit hat nach einer Überprüfung der Erforderlichkeit der Abschläge nach den Absätzen 1, 1a und 3a nach Maßgabe des Artikels 4 der Richtlinie 89/105/EWG des Rates vom 21. Dezember 1988 betreffend die Transparenz

von Maßnahmen zur Regelung der Preisfestsetzung bei Arzneimitteln für den menschlichen Gebrauch und ihre Einbeziehung in die staatlichen Krankenversicherungssysteme die Abschläge durch Rechtsverordnung mit Zustimmung des Bundesrates aufzuheben oder zu verringern, wenn und soweit diese nach der gesamtwirtschaftlichen Lage, einschließlich ihrer Auswirkung auf die gesetzliche Krankenversicherung, nicht mehr gerechtfertigt sind. [2]Über Anträge pharmazeutischer Unternehmer nach Artikel 4 der in Satz 1 genannten Richtlinie auf Ausnahme von den nach den Absätzen 1, 1a und 3a vorgesehenen Abschlägen entscheidet das Bundesministerium für Gesundheit. [3]Das Vorliegen eines Ausnahmefalls und der besonderen Gründe sind im Antrag hinreichend darzulegen. [4]§ 34 Absatz 6 Satz 3 bis 5 und 7 gilt entsprechend. [5]Das Bundesministerium für Gesundheit kann Sachverständige mit der Prüfung der Angaben des pharmazeutischen Unternehmers beauftragen. [6]Dabei hat es die Wahrung der Betriebs- und Geschäftsgeheimnisse sicherzustellen. [7]§ 137g Absatz 1 Satz 8 bis 10 und 14 gilt entsprechend mit der Maßgabe, dass die tatsächlich entstandenen Kosten auf der Grundlage pauschalierter Kostensätze berechnet werden können. [8]Das Bundesministerium für Gesundheit kann die Aufgaben nach den Sätzen 2 bis 7 auf eine Bundesoberbehörde übertragen.

(5) Der pharmazeutische Unternehmer kann berechtigte Ansprüche auf Rückzahlung der Abschläge nach den Absätzen 1, 1a, 2, 3a und 3b gegenüber der begünstigten Krankenkasse geltend machen.

(6) [1]Zum Nachweis des Abschlags übermitteln die Apotheken die Arzneimittelkennzeichen über die abgegebenen Arzneimittel sowie deren Abgabedatum auf der Grundlage der den Krankenkassen nach § 300 Abs. 1 übermittelten Angaben maschinenlesbar an die pharmazeutischen Unternehmer oder, bei einer Vereinbarung nach Absatz 5, an die pharmazeutischen Großhändler. [2]Im Falle einer Regelung nach Absatz 5 Satz 4 ist zusätzlich das Kennzeichen für den pharmazeutischen Großhändler zu übermitteln. [3]Die pharmazeutischen Unternehmer sind verpflichtet, die erforderlichen Angaben zur Bestimmung des Abschlags an die für die Wahrnehmung der wirtschaftlichen Interessen maßgeblichen Organisationen der Apotheker sowie den Spitzenverband Bund der Krankenkassen zur Erfüllung ihrer gesetzlichen Aufgaben auf maschinell lesbaren Datenträgern zu übermitteln. [4]Die für die Wahrnehmung der wirtschaftlichen Interessen gebildeten maßgeblichen Spitzenorganisationen der Apotheker, der pharmazeutischen Großhändler und der pharmazeutischen Unternehmer können in einem gemeinsamen Rahmenvertrag das Nähere regeln.

(7) [1]Die Apotheke kann den Abschlag nach Ablauf der Frist nach Absatz 1 Satz 4 gegenüber pharmazeutischen Großhändlern verrechnen. [2]Pharmazeutische Großhändler können den nach Satz 1 verrechneten Abschlag, auch in pauschalierter Form, gegenüber den pharmazeutischen Unternehmern verrechnen.

(8) [1]Die Krankenkassen oder ihre Verbände können mit pharmazeutischen Unternehmern Rabatte für die zu ihren Lasten abgegebenen Arzneimittel vereinbaren. [2]Dabei kann insbesondere eine mengenbezogene Staffelung des Preisnachlasses, ein jährliches Umsatzvolumen mit Ausgleich von Mehrerlösen oder eine Erstattung in Abhängigkeit von messbaren Therapieerfolgen vereinbart werden. [3]Rabatte nach Satz 1 sind von den pharmazeutischen Unternehmern an die Krankenkassen zu vergüten. [4]Eine Vereinbarung nach Satz 1 berührt die Abschläge nach den Absätzen 3a und 3b nicht; Abschläge nach den Absätzen 1, 1a und 2 können abgelöst werden, sofern dies ausdrücklich vereinbart ist. [5]Die Krankenkassen oder ihre Verbände können Leistungserbringer oder Dritte am Abschluss von Verträgen nach Satz 1 beteiligen oder diese mit dem Abschluss solcher Verträge beauftragen. [6]Die Vereinbarung von Rabatten nach Satz 1 soll für eine Laufzeit von zwei Jahren erfolgen. [7]Dabei ist der Vielfalt der Anbieter Rechnung zu tragen.

(9) [1]Pharmazeutische Unternehmer können einen Antrag nach Absatz 4 Satz 2 auch für ein Arzneimittel stellen, das zur Behandlung eines seltenen Leidens nach der Verordnung (EG) Nr. 141/2000 des Europäischen Parlaments und des Rates vom 16. Dezember 1999 zugelassen ist. [2]Dem Antrag ist stattzugeben, wenn der Antragsteller nachweist, dass durch einen Abschlag nach den Absätzen 1, 1a und 3a seine Aufwendungen insbesondere für Forschung und Entwicklung für das Arzneimittel nicht mehr finanziert werden.

§ 130b Vereinbarungen zwischen dem Spitzenverband Bund der Krankenkassen und pharmazeutischen Unternehmern über Erstattungsbeträge für Arzneimittel

(1) [1]Der Spitzenverband Bund der Krankenkassen vereinbart mit pharmazeutischen Unternehmern im Benehmen mit dem Verband der privaten Krankenversicherung auf

Grundlage des Beschlusses des Gemeinsamen Bundesausschusses über die Nutzenbewertung nach § 35a Absatz 3 mit Wirkung für alle Krankenkassen Erstattungsbeträge für Arzneimittel, die mit diesem Beschluss keiner Festbetragsgruppe zugeordnet wurden. ²Der Erstattungsbetrag wird als Rabatt auf den Abgabepreis des pharmazeutischen Unternehmers vereinbart. ³Der pharmazeutische Unternehmer gewährt den Rabatt bei der Abgabe des Arzneimittels. ⁴Der Großhandel gewährt den Rabatt bei Abgabe an die Apotheken. ⁵Die Apotheken gewähren den Krankenkassen den Rabatt bei der Abrechnung. ⁶Für Arzneimittel nach § 129a kann mit dem pharmazeutischen Unternehmer höchstens der Erstattungsbetrag vereinbart werden. ⁷§ 130a Absatz 8 Satz 4 gilt entsprechend. ⁸Die Vereinbarung soll auch Anforderungen an die Zweckmäßigkeit, Qualität und Wirtschaftlichkeit einer Verordnung beinhalten. ⁹Der pharmazeutische Unternehmer soll dem Spitzenverband Bund der Krankenkassen die Angaben zur Höhe seines tatsächlichen Abgabepreises in anderen europäischen Ländern übermitteln.

(2) ¹Eine Vereinbarung nach Absatz 1 soll vorsehen, dass Verordnungen des Arzneimittels von der Prüfungsstelle als Praxisbesonderheiten im Sinne von § 106 Absatz 5a anerkannt werden, wenn der Arzt bei der Verordnung im Einzelfall die dafür vereinbarten Anforderungen an die Verordnung eingehalten hat. ²Diese Anforderungen sind in den Programmen zur Verordnung von Arzneimitteln nach § 73 Absatz 8 Satz 7 zu hinterlegen. ³Das Nähere ist in den Verträgen nach § 82 Absatz 1 zu vereinbaren.

(3) ¹Für ein Arzneimittel, das nach dem Beschluss des Gemeinsamen Bundesausschusses nach § 35a Absatz 3 keinen Zusatznutzen hat und keiner Festbetragsgruppe zugeordnet werden kann, ist ein Erstattungsbetrag nach Absatz 1 zu vereinbaren, der nicht zu höheren Jahrestherapiekosten führt als die nach § 35a Absatz 1 Satz 7 bestimmte zweckmäßige Vergleichstherapie. ²Absatz 2 findet keine Anwendung. ³Soweit nichts anderes vereinbart wird, kann der Spitzenverband Bund der Krankenkassen zur Festsetzung eines Festbetrags nach § 35 Absatz 3 die Vereinbarung abweichend von Absatz 7 außerordentlich kündigen.

(4) ¹Kommt eine Vereinbarung nach Absatz 1 oder 3 nicht innerhalb von sechs Monaten nach Veröffentlichung des Beschlusses nach § 35a Absatz 3 oder nach § 35b Absatz 3 zustande, setzt die Schiedsstelle nach Absatz 5 den Vertragsinhalt innerhalb von drei Monaten fest. ²Die Schiedsstelle soll die Höhe des tatsächlichen Abgabepreises in anderen europäischen Ländern berücksichtigen; dies gilt nicht für eine Vereinbarung nach Absatz 3. ³Der im Schiedsspruch festgelegte Erstattungsbetrag gilt ab dem 13. Monat nach dem in § 35a Absatz 1 Satz 3 genannten Zeitpunkt mit der Maßgabe, dass die Preisdifferenz zwischen dem von der Schiedsstelle festgelegten Erstattungsbetrag und dem tatsächlich gezahlten Abgabepreis bei der Festsetzung auszugleichen ist. ⁴Die Schiedsstelle gibt dem Verband der privaten Krankenversicherung vor ihrer Entscheidung Gelegenheit zur Stellungnahme. ⁵Klagen gegen Entscheidungen der Schiedsstelle haben keine aufschiebende Wirkung. ⁶Ein Vorverfahren findet nicht statt.

(5) ¹Der Spitzenverband Bund der Krankenkassen und die für die Wahrnehmung der wirtschaftlichen Interessen gebildeten maßgeblichen Spitzenorganisationen der pharmazeutischen Unternehmer auf Bundesebene bilden eine gemeinsame Schiedsstelle. ²Sie besteht aus einem unparteiischen Vorsitzenden und zwei weiteren unparteiischen Mitgliedern sowie aus jeweils zwei Vertretern der Vertragsparteien nach Absatz 1. ³Die Patientenorganisationen nach § 140f können beratend an den Sitzungen der Schiedsstelle teilnehmen. ⁴Über den Vorsitzenden und die zwei weiteren unparteiischen Mitglieder sowie deren Stellvertreter sollen sich die Verbände nach Satz 1 einigen. ⁵Kommt eine Einigung nicht zustande, gilt § 89 Absatz 3 Satz 4 und 5 entsprechend.

(6) ¹Die Schiedsstelle gibt sich eine Geschäftsordnung. ²Über die Geschäftsordnung entscheiden die unparteiischen Mitglieder im Benehmen mit den Verbänden nach Absatz 5 Satz 1. ³Die Geschäftsordnung bedarf der Genehmigung des Bundesministeriums für Gesundheit. ⁴Im Übrigen gilt § 129 Absatz 9 und 10 entsprechend. ⁵In der Rechtsverordnung nach § 129 Absatz 10 Satz 2 kann das Nähere über die Zahl und die Bestellung der Mitglieder, die Erstattung der baren Auslagen und die Entschädigung für Zeitaufwand der Mitglieder, das Verfahren sowie über die Verteilung der Kosten geregelt werden.

(7) ¹Eine Vereinbarung nach Absatz 1 oder 3 oder ein Schiedsspruch nach Absatz 4 kann von einer Vertragspartei frühestens nach einem Jahr gekündigt werden. ²Die Vereinbarung oder der Schiedsspruch gilt bis zum Wirksamwerden einer neuen Vereinbarung fort. ³Bei Veröffentlichung eines neuen Beschlusses zur Nutzenbewertung nach § 35a Absatz 3 oder zur Kosten-Nutzen-Bewertung nach § 35b Absatz 3 für das Arzneimittel sowie bei Vorliegen der Voraussetzungen für die Bildung einer Festbetragsgruppe nach § 35 Absatz 1 ist eine Kündigung vor Ablauf eines Jahres möglich.

(8) ¹Nach einem Schiedsspruch nach Absatz 4 kann jede Vertragspartei beim Gemeinsamen Bundesausschuss eine Kosten-Nutzen-Bewertung nach § 35 b beantragen. ²Die Geltung des Schiedsspruchs bleibt hiervon unberührt. ³Der Erstattungsbetrag ist auf Grund des Beschlusses über die Kosten-Nutzen-Bewertung nach § 35 b Absatz 3 neu zu vereinbaren. ⁴Die Absätze 1 bis 7 gelten entsprechend.

(9) ¹Die Verbände nach Absatz 5 Satz 1 treffen eine Rahmenvereinbarung über die Maßstäbe für Vereinbarungen nach Absatz 1. ²Darin legen sie insbesondere Kriterien fest, die neben dem Beschluss nach § 35 a und den Vorgaben nach Absatz 1 zur Vereinbarung eines Erstattungsbetrags nach Absatz 1 heranzuziehen sind. ³Die Jahrestherapiekosten vergleichbarer Arzneimittel sollen angemessen berücksichtigt werden. ⁴Kommt eine Rahmenvereinbarung nicht zustande, setzen die unparteiischen Mitglieder der Schiedsstelle die Rahmenvereinbarung im Benehmen mit den Verbänden auf Antrag einer Vertragspartei nach Satz 1 fest; eine Klage gegen die Festsetzung hat keine aufschiebende Wirkung.

(10) Der Gemeinsame Bundesausschuss, der Spitzenverband Bund der Krankenkassen und das Institut für Qualität und Wirtschaftlichkeit im Gesundheitswesen schließen mit dem Verband der privaten Krankenversicherung eine Vereinbarung über die von den Unternehmen der privaten Krankenversicherung zu erstattenden Kosten für die Nutzen-Bewertung nach § 35 a und für die Kosten-Nutzen-Bewertung nach § 35 b sowie für die Festsetzung eines Erstattungsbetrags nach Absatz 4.

§ 130 c Verträge von Krankenkassen mit pharmazeutischen Unternehmern

(1) ¹Krankenkassen oder ihre Verbände können abweichend von bestehenden Vereinbarungen oder Schiedssprüchen nach § 130 b mit pharmazeutischen Unternehmern Vereinbarungen über die Erstattung von Arzneimitteln sowie zur Versorgung ihrer Versicherten mit Arzneimitteln treffen. ²Dabei kann insbesondere eine mengenbezogene Staffelung des Preisnachlasses, ein jährliches Umsatzvolumen mit Ausgleich von Mehrerlösen oder eine Erstattung in Abhängigkeit von messbaren Therapieerfolgen vereinbart werden. ³Durch eine Vereinbarung nach Satz 1 kann eine Vereinbarung nach § 130 b ergänzt oder abgelöst werden. ⁴Die Ergebnisse der Bewertungen nach den §§ 35 a und 35 b, die Richtlinien nach § 92, die Vereinbarungen nach § 84 und die Informationen nach § 73 Absatz 8 Satz 1 sind zu berücksichtigen. ⁵§ 130 a Absatz 8 gilt entsprechend.

(2) Die Krankenkassen informieren ihre Versicherten und die an der vertragsärztlichen Versorgung teilnehmenden Ärzte umfassend über die vereinbarten Versorgungsinhalte.

(3) Die Krankenkassen oder ihre Verbände können mit Ärzten, kassenärztlichen Vereinigungen oder Verbänden von Ärzten Regelungen zur bevorzugten Verordnung von Arzneimitteln nach Absatz 1 Satz 1 entsprechend § 84 Absatz 1 Satz 5 treffen.

(4) ¹Arzneimittelverordnungen im Rahmen einer Vereinbarung nach Absatz 3 Satz 1 sind von der Prüfungsstelle als Praxisbesonderheiten im Sinne von § 106 Absatz 5 a anzuerkennen, soweit dies vereinbart wurde und die vereinbarten Voraussetzungen zur Gewährleistung von Zweckmäßigkeit, Qualität und Wirtschaftlichkeit der Versorgung eingehalten sind. ²§ 106 Absatz 5 a Satz 12 gilt entsprechend.

(5) ¹Informationen über die Regelungen nach Absatz 3 sind in den Programmen zur Verordnung von Arzneimitteln nach § 73 Absatz 8 Satz 7 zu hinterlegen. ²Das Nähere ist in den Verträgen nach § 82 Absatz 1 zu vereinbaren.

§ 131 Rahmenverträge mit pharmazeutischen Unternehmern

(1) Der Spitzenverband Bund der Krankenkassen und die für die Wahrnehmung der wirtschaftlichen Interessen gebildeten maßgeblichen Spitzenorganisationen der pharmazeutischen Unternehmer auf Bundesebene können einen Vertrag über die Arzneimittelversorgung in der gesetzlichen Krankenversicherung schließen.

(2) Der Vertrag kann sich erstrecken auf
1. die Bestimmung therapiegerechter und wirtschaftlicher Packungsgrößen und die Ausstattung der Packungen,
2. Maßnahmen zur Erleichterung der Erfassung und Auswertung von Arzneimittelpreisdaten, Arzneimittelverbrauchsdaten und Arzneimittelverordnungsdaten einschließlich des Datenaustausches, insbesondere für die Ermittlung der Preisvergleichsliste (§ 92 Abs. 2) und die Festsetzung von Festbeträgen.

(3) § 129 Abs. 3 gilt für pharmazeutische Unternehmer entsprechend.

(4) ¹Die pharmazeutischen Unternehmer sind verpflichtet, die zur Herstellung einer pharmakologisch-therapeutischen und preislichen Transparenz im Rahmen der Richtlinien nach § 92 Abs. 1 Satz 2 Nr. 6 und die zur Festsetzung von Festbeträgen nach § 35 Abs. 1 und 2 oder zur Erfüllung der Aufgaben nach § 35a Abs. 1 Satz 2 und Abs. 5 sowie die zur Wahrnehmung der Aufgaben nach § 129 Abs. 1a erforderlichen Daten dem Gemeinsamen Bundesausschuss sowie dem Spitzenverband Bund der Krankenkassen zu übermitteln und auf Verlangen notwendige Auskünfte zu erteilen. ²Für die Abrechnung von Fertigarzneimitteln übermitteln die pharmazeutischen Unternehmer die für die Abrechnung nach § 300 erforderlichen Preis- und Produktangaben einschließlich der Rabatte nach § 130a an die in § 129 Abs. 2 genannten Verbände sowie an die Kassenärztliche Bundesvereinigung und den Gemeinsamen Bundesausschuss im Wege elektronischer Datenübertragung und maschinell verwertbar auf Datenträgern; dabei ist auch der für den Versicherten maßgebliche Arzneimittelabgabepreis (§ 129 Abs. 5 a) anzugeben. ³Das Nähere zur Übermittlung der in Satz 2 genannten Angaben vereinbaren die Verbände nach § 129 Absatz 2. ⁴Sie können die Übermittlung der Angaben nach Satz 2 innerhalb angemessener Frist unmittelbar von dem pharmazeutischen Unternehmer verlangen. ⁵Sie können fehlerhafte Angaben selbst korrigieren und die durch eine verspätete Übermittlung oder erforderliche Korrektur entstandenen Aufwendungen geltend machen. ⁶Die nach Satz 2 übermittelten Angaben oder, im Falle einer Korrektur nach Satz 5, die korrigierten Angaben sind verbindlich. ⁷Die Abrechnung der Apotheken gegenüber den Krankenkassen und die Erstattung der Abschläge nach § 130a Absatz 1, 1a, 2, 3a und 3b durch die pharmazeutischen Unternehmer an die Apotheken erfolgt auf Grundlage der Angaben nach Satz 2. ⁸Die Korrektur fehlerhafter Angaben und die Geltendmachung der Ansprüche kann auf Dritte übertragen werden. ⁹Zur Sicherung der Ansprüche nach Satz 4 können einstweilige Verfügungen auch ohne die Darlegung und Glaubhaftmachung der in den §§ 935 und 940 der Zivilprozessordnung bezeichneten Voraussetzungen erlassen werden. ¹⁰Entsprechendes gilt für einstweilige Anordnungen nach § 86b Absatz 2 Satz 1 und 2 des Sozialgerichtsgesetzes.

(5) ¹Die pharmazeutischen Unternehmer sind verpflichtet, auf den äußeren Umhüllungen der Arzneimittel das Arzneimittelkennzeichen nach § 300 Abs. 1 Nr. 1 in einer für Apotheken maschinell erfaßbaren bundeseinheitlichen Form anzugeben. ²Das Nähere regelt der Spitzenverband Bund der Krankenkassen und die für die Wahrnehmung der wirtschaftlichen Interessen gebildeten maßgeblichen Spitzenorganisationen der pharmazeutischen Unternehmer auf Bundesebene in Verträgen.

Achter Abschnitt. Beziehungen zu sonstigen Leistungserbringern

§ 132 Versorgung mit Haushaltshilfe

(1) ¹Die Krankenkasse kann zur Gewährung von Haushaltshilfe geeignete Personen anstellen. ²Wenn die Krankenkasse dafür andere geeignete Personen, Einrichtungen oder Unternehmen in Anspruch nimmt, hat sie über Inhalt, Umfang, Vergütung sowie Prüfung der Qualität und Wirtschaftlichkeit der Dienstleistungen Verträge zu schließen.

(2) ¹Die Krankenkasse hat darauf zu achten, daß die Leistungen wirtschaftlich und preisgünstig erbracht werden. ²Bei der Auswahl der Leistungserbringer ist ihrer Vielfalt, insbesondere der Bedeutung der freien Wohlfahrtspflege, Rechnung zu tragen.

§ 132a Versorgung mit häuslicher Krankenpflege

(1) ¹Der Spitzenverband Bund der Krankenkassen gemeinsam und einheitlich und die für die Wahrnehmung der Interessen von Pflegediensten maßgeblichen Spitzenorganisationen auf Bundesebene sollen unter Berücksichtigung der Richtlinien nach § 92 Abs. 1 Satz 2 Nr. 6 gemeinsam Rahmenempfehlungen über die einheitliche Versorgung mit häuslicher Krankenpflege abgeben; für Pflegedienste, die einer Kirche oder einer Religionsgemeinschaft des öffentlichen Rechts oder einem sonstigen freigemeinnützigen Träger zuzuordnen sind, können die Rahmenempfehlungen gemeinsam mit den übrigen Partnern der Rahmenempfehlungen auch von der Kirche oder der Religionsgemeinschaft oder von dem Wohlfahrtsverband abgeschlossen werden, dem die Einrichtung angehört. ²Vor Abschluß der Vereinbarung ist der Kassenärztlichen Bundesvereinigung und der Deutschen Krankenhausgesellschaft Gelegenheit zur Stellungnahme zu geben. ³Die Stellungnahmen sind in den Entscheidungsprozeß der Partner der Rahmenempfehlungen einzubeziehen. ⁴In den Rahmenempfehlungen sind insbesondere zu regeln:

1. Inhalte der häuslichen Krankenpflege einschließlich deren Abgrenzung,
2. Eignung der Leistungserbringer,
3. Maßnahmen zur Qualitätssicherung und Fortbildung,
4. Inhalt und Umfang der Zusammenarbeit des Leistungserbringers mit dem verordnenden Vertragsarzt und dem Krankenhaus,
5. Grundsätze der Wirtschaftlichkeit der Leistungserbringung einschließlich deren Prüfung und
6. Grundsätze der Vergütungen und ihrer Strukturen.

(2) ¹Über die Einzelheiten der Versorgung mit häuslicher Krankenpflege, über die Preise und deren Abrechnung und die Verpflichtung der Leistungserbringer zur Fortbildung schließen die Krankenkassen Verträge mit den Leistungserbringern. ²Wird die Fortbildung nicht nachgewiesen, sind Vergütungsabschläge vorzusehen. ³Dem Leistungserbringer ist eine Frist zu setzen, innerhalb derer er die Fortbildung nachholen kann. ⁴Erbringt der Leistungserbringer in diesem Zeitraum die Fortbildung nicht, ist der Vertrag zu kündigen. ⁵Die Krankenkassen haben darauf zu achten, daß die Leistungen wirtschaftlich und preisgünstig erbracht werden. ⁶In den Verträgen ist zu regeln, dass im Falle von Nichteinigung eine von den Parteien zu bestimmende unabhängige Schiedsperson den Vertragsinhalt festlegt. ⁷Einigen sich die Vertragspartner nicht auf eine Schiedsperson, so wird diese von der für die vertragschließende Krankenkasse zuständigen Aufsichtsbehörde bestimmt. ⁸Die Kosten des Schiedsverfahrens tragen die Vertragspartner zu gleichen Teilen. ⁹Bei der Auswahl der Leistungserbringer ist ihrer Vielfalt, insbesondere der Bedeutung der freien Wohlfahrtspflege, Rechnung zu tragen. ¹⁰Abweichend von Satz 1 kann die Krankenkasse zur Gewährung von häuslicher Krankenpflege geeignete Personen anstellen.

§ 132 b Versorgung mit Soziotherapie

Die Krankenkassen oder die Landesverbände der Krankenkassen können unter Berücksichtigung der Richtlinien nach § 37 a Abs. 2 mit geeigneten Personen oder Einrichtungen Verträge über die Versorgung mit Soziotherapie schließen, soweit dies für eine bedarfsgerechte Versorgung notwendig ist.

§ 132 c Versorgung mit sozialmedizinischen Nachsorgemaßnahmen

(1) Die Krankenkassen oder die Landesverbände der Krankenkassen können mit geeigneten Personen oder Einrichtungen Verträge über die Erbringung sozialmedizinischer Nachsorgemaßnahmen schließen, soweit dies für eine bedarfsgerechte Versorgung notwendig ist.

(2) Der Spitzenverband Bund der Krankenkassen legt in Empfehlungen die Anforderungen an die Leistungserbringer der sozialmedizinischen Nachsorgemaßnahmen fest.

§ 132 d Spezialisierte ambulante Palliativversorgung

(1) ¹Über die spezialisierte ambulante Palliativversorgung einschließlich der Vergütung und deren Abrechnung schließen die Krankenkassen unter Berücksichtigung der Richtlinien nach § 37 b Verträge mit geeigneten Einrichtungen oder Personen, soweit dies für eine bedarfsgerechte Versorgung notwendig ist. ²In den Verträgen ist ergänzend zu regeln, in welcher Weise die Leistungserbringer auch beratend tätig werden.

(2) Der Spitzenverband Bund der Krankenkassen legt gemeinsam und einheitlich unter Beteiligung der Deutschen Krankenhausgesellschaft, der Vereinigungen der Träger der Pflegeeinrichtungen auf Bundesebene, der Spitzenorganisationen der Hospizarbeit und der Palliativversorgung sowie der Kassenärztlichen Bundesvereinigung in Empfehlungen
1. die sächlichen und personellen Anforderungen an die Leistungserbringung,
2. Maßnahmen zur Qualitätssicherung und Fortbildung,
3. Maßstäbe für eine bedarfsgerechte Versorgung mit spezialisierter ambulanter Palliativversorgung

fest.

§ 132 e Versorgung mit Schutzimpfungen

(1) ¹Die Krankenkassen oder ihre Verbände schließen mit Kassenärztlichen Vereinigungen, geeigneten Ärzten, deren Gemeinschaften, Einrichtungen mit geeignetem ärztlichen Personal oder dem öffentlichen Gesundheitsdienst Verträge über die Durchführung von

Schutzimpfungen nach § 20 d Abs. 1 und 2. ²Dabei haben sie sicherzustellen, dass insbesondere die an der vertragsärztlichen Versorgung teilnehmenden Ärzte berechtigt sind, Schutzimpfungen zu Lasten der Krankenkasse vorzunehmen. ³Im Fall von Nichteinigung innerhalb einer Frist von drei Monaten nach der Entscheidung gemäß § 20 d Absatz 1 Satz 3 legt eine von den Vertragsparteien zu bestimmende unabhängige Schiedsperson den Vertragsinhalt fest. ⁴Einigen sich die Vertragsparteien nicht auf eine Schiedsperson, so wird diese von der für die vertragsschließende Krankenkasse oder für den vertragsschließenden Verband zuständigen Aufsichtsbehörde bestimmt. ⁵Die Kosten des Schiedsverfahrens tragen die Vertragspartner zu gleichen Teilen.

(2) ¹Die Krankenkassen oder ihre Verbände können zur Versorgung ihrer Versicherten mit Impfstoffen für Schutzimpfungen nach § 20 d Absatz 1 und 2 Verträge mit einzelnen pharmazeutischen Unternehmern schließen; § 130 a Absatz 8 gilt entsprechend. ²Soweit nicht anders vereinbart, erfolgt die Versorgung der Versicherten ausschließlich mit dem vereinbarten Impfstoff.

§ 133 Versorgung mit Krankentransportleistungen

(1) ¹Soweit die Entgelte für die Inanspruchnahme von Leistungen des Rettungsdienstes und anderer Krankentransporte nicht durch landesrechtliche oder kommunalrechtliche Bestimmungen festgelegt werden, schließen die Krankenkassen oder ihre Landesverbände Verträge über die Vergütung dieser Leistungen unter Beachtung des § 71 Abs. 1 bis 3 mit dafür geeigneten Einrichtungen oder Unternehmen. ²Kommt eine Vereinbarung nach Satz 1 nicht zu Stande und sieht das Landesrecht für diesen Fall eine Festlegung der Vergütungen vor, ist auch bei dieser Festlegung § 71 Abs. 1 bis 3 zu beachten. ³Sie haben dabei die Sicherstellung der flächendeckenden rettungsdienstlichen Versorgung und die Empfehlungen der Konzertierten Aktion im Gesundheitswesen zu berücksichtigen. ⁴Die vereinbarten Preise sind Höchstpreise. ⁵Die Preisvereinbarungen haben sich an möglichst preisgünstigen Versorgungsmöglichkeiten auszurichten.

(2) Werden die Entgelte für die Inanspruchnahme von Leistungen des Rettungsdienstes durch landesrechtliche oder kommunalrechtliche Bestimmungen festgelegt, können die Krankenkassen ihre Leistungspflicht zur Übernahme der Kosten auf Festbeträge an die Versicherten in Höhe vergleichbarer wirtschaftlich erbrachter Leistungen beschränken, wenn

1. vor der Entgeltfestsetzung den Krankenkassen oder ihren Verbänden keine Gelegenheit zur Erörterung gegeben wurde,
2. bei der Entgeltbemessung Investitionskosten und Kosten der Reservevorhaltung berücksichtigt worden sind, die durch eine über die Sicherstellung der Leistungen des Rettungsdienstes hinausgehende öffentliche Aufgabe der Einrichtungen bedingt sind, oder
3. die Leistungserbringung gemessen an den rechtlich vorgegebenen Sicherstellungsverpflichtungen unwirtschaftlich ist.

(3) Absatz 1 gilt auch für Leistungen des Rettungsdienstes und andere Krankentransporte im Rahmen des Personenbeförderungsgesetzes.

§ 134 *(aufgehoben)*

§ 134 a Versorgung mit Hebammenhilfe

(1) ¹Der Spitzenverband Bund der Krankenkassen schließt mit den für die Wahrnehmung der wirtschaftlichen Interessen gebildeten maßgeblichen Berufsverbänden der Hebammen und den Verbänden der von Hebammen geleiteten Einrichtungen auf Bundesebene mit bindender Wirkung für die Krankenkassen Verträge über die Versorgung mit Hebammenhilfe, die abrechnungsfähigen Leistungen unter Einschluss einer Betriebskostenpauschale bei ambulanten Entbindungen in von Hebammen geleiteten Einrichtungen und der Anforderungen an die Qualitätssicherung in diesen Einrichtungen sowie über die Höhe der Vergütung und die Einzelheiten der Vergütungsabrechnung durch die Krankenkassen. ²Die Vertragspartner haben dabei den Bedarf der Versicherten an Hebammenhilfe und deren Qualität, den Grundsatz der Beitragssatzstabilität sowie die berechtigten wirtschaftlichen Interessen der freiberuflich tätigen Hebammen zu berücksichtigen.

(2) ¹Die Verträge nach Absatz 1 haben Rechtswirkung für freiberuflich tätige Hebammen, wenn sie

1. einem Verband nach Absatz 1 Satz 1 auf Bundes- oder Landesebene angehören und die Satzung des Verbandes vorsieht, dass die von dem Verband nach Absatz 1 abgeschlos-

senen Verträge Rechtswirkung für die dem Verband angehörenden Hebammen haben, oder
2. einem nach Absatz 1 geschlossenen Vertrag beitreten.

²Hebammen, für die die Verträge nach Absatz 1 keine Rechtswirkung haben, sind nicht als Leistungserbringer zugelassen. ³Das Nähere über Form und Verfahren des Nachweises der Mitgliedschaft in einem Verband nach Satz 1 Nr. 1 sowie des Beitritts nach Satz 1 Nr. 2 regelt der Spitzenverband Bund der Krankenkassen.

(3) ¹Kommt ein Vertrag nach Absatz 1 ganz oder teilweise nicht bis zum Ablauf
a) der nach Absatz 1 Satz 1 bestimmten Frist oder
b) einer von den Vertragspartnern vereinbarten Vertragslaufzeit

zu Stande, wird der Vertragsinhalt durch die Schiedsstelle nach Absatz 4 festgesetzt. ²Im Falle des Satzes 1 Buchstabe b gilt der bisherige Vertrag bis zu der Entscheidung der Schiedsstelle weiter.

(4) ¹Der Spitzenverband Bund der Krankenkassen und die für die Wahrnehmung der wirtschaftlichen Interessen gebildeten maßgeblichen Berufsverbände der Hebammen sowie die Verbände der von Hebammen geleiteten Einrichtungen auf Bundesebene bilden eine gemeinsame Schiedsstelle. ²Sie besteht aus Vertretern der Krankenkassen und der Hebammen in gleicher Zahl sowie aus einem unparteiischen Vorsitzenden und zwei weiteren unparteiischen Mitgliedern. ³Die Amtsdauer beträgt vier Jahre. ⁴Über den Vorsitzenden und die zwei weiteren unparteiischen Mitglieder sowie deren Stellvertreter sollen sich die Vertragspartner einigen. ⁵Kommt eine Einigung nicht zu Stande, gilt § 89 Abs. 3 Satz 5 und 6 entsprechend. ⁶Im Übrigen gilt § 129 Abs. 9 und 10 entsprechend.

(5) Als Hebammen im Sinne dieser Vorschrift gelten auch Entbindungspfleger.

Neunter Abschnitt. Sicherung der Qualität der Leistungserbringung

§ 135 Bewertung von Untersuchungs- und Behandlungsmethoden

(1) ¹Neue Untersuchungs- und Behandlungsmethoden dürfen in der vertragsärztlichen und vertragszahnärztlichen Versorgung zu Lasten der Krankenkassen nur erbracht werden, wenn der Gemeinsame Bundesausschuss auf Antrag eines Unparteiischen nach § 91 Abs. 2 Satz 1, einer Kassenärztlichen Bundesvereinigung, einer Kassenärztlichen Vereinigung oder des Spitzenverbandes Bund der Krankenkassen in Richtlinien nach § 92 Abs. 1 Satz 2 Nr. 5 Empfehlungen abgegeben hat über

1. die Anerkennung des diagnostischen und therapeutischen Nutzens der neuen Methode sowie deren medizinische Notwendigkeit und Wirtschaftlichkeit – auch im Vergleich zu bereits zu Lasten der Krankenkassen erbrachte Methoden – nach dem jeweiligen Stand der wissenschaftlichen Erkenntnisse in der jeweiligen Therapierichtung,
2. die notwendige Qualifikation der Ärzte, die apparativen Anforderungen sowie Anforderungen an Maßnahmen der Qualitätssicherung, um eine sachgerechte Anwendung der neuen Methode zu sichern, und
3. die erforderlichen Aufzeichnungen über die ärztliche Behandlung.

²Der Gemeinsame Bundesausschuss überprüft die zu Lasten der Krankenkassen erbrachten vertragsärztlichen und vertragszahnärztlichen Leistungen daraufhin, ob sie den Kriterien nach Satz 1 Nr. 1 entsprechen. ³Falls die Überprüfung ergibt, daß diese Kriterien nicht erfüllt werden, dürfen die Leistungen nicht mehr als vertragsärztliche oder vertragszahnärztliche Leistungen zu Lasten der Krankenkassen erbracht werden. ⁴Hat der Gemeinsame Bundesausschuss in einem Verfahren zur Bewertung einer neuen Untersuchungs- und Behandlungsmethode nach Ablauf von sechs Monaten seit Vorliegen der für die Entscheidung erforderlichen Auswertung der wissenschaftlichen Erkenntnisse noch keinen Beschluss gefasst, können die Antragsberechtigten nach Satz 1 sowie das Bundesministerium für Gesundheit vom Gemeinsamen Bundesausschuss die Beschlussfassung innerhalb eines Zeitraums von weiteren sechs Monaten verlangen. ⁵Kommt innerhalb dieser Frist kein Beschluss zustande, darf die Untersuchungs- und Behandlungsmethode in der vertragsärztlichen oder vertragszahnärztlichen Versorgung zu Lasten der Krankenkassen erbracht werden.

(2) ¹Für ärztliche und zahnärztliche Leistungen, welche wegen der Anforderungen an ihre Ausführung oder wegen der Neuheit des Verfahrens besonderer Kenntnisse und Erfahrungen (Fachkundenachweis) sowie einer besonderen Praxisausstattung oder weiterer Anforderungen an die Strukturqualität bedürfen, können die Partner der Bundesmantelverträge einheitlich entsprechende Voraussetzungen für die Ausführung und Abrechnung

dieser Leistungen vereinbaren. ²Soweit für die notwendigen Kenntnisse und Erfahrungen, welche als Qualifikation vorausgesetzt werden müssen, in landesrechtlichen Regelungen zur ärztlichen Berufsausübung, insbesondere solchen des Facharztrechts, bundesweit inhaltsgleich und hinsichtlich der Qualitätsvoraussetzungen nach Satz 1 gleichwertige Qualifikationen eingeführt sind, sind diese notwendige und ausreichende Voraussetzung. ³Wird die Erbringung ärztlicher Leistungen erstmalig von einer Qualifikation abhängig gemacht, so können die Vertragspartner für Ärzte, welche entsprechende Qualifikationen nicht während einer Weiterbildung erworben haben, übergangsweise Qualifikationen einführen, welche dem Kenntnis- und Erfahrungsstand der facharztrechtlichen Regelungen entsprechen müssen. ⁴Abweichend von Satz 2 können die Vertragspartner nach Satz 1 zur Sicherung der Qualität und der Wirtschaftlichkeit der Leistungserbringung Regelungen treffen, nach denen die Erbringung bestimmter medizinisch-technischer Leistungen den Fachärzten vorbehalten ist, für die diese Leistungen zum Kern ihres Fachgebietes gehören.

§ 135a Verpflichtung zur Qualitätssicherung

(1) ¹Die Leistungserbringer sind zur Sicherung und Weiterentwicklung der Qualität der von ihnen erbrachten Leistungen verpflichtet. ²Die Leistungen müssen dem jeweiligen Stand der wissenschaftlichen Erkenntnisse entsprechen und in der fachlich gebotenen Qualität erbracht werden.

(2) ¹Vertragsärzte, medizinische Versorgungszentren, zugelassene Krankenhäuser, Erbringer von Vorsorgeleistungen oder Rehabilitationsmaßnahmen und Einrichtungen, mit denen ein Versorgungsvertrag nach § 111a besteht, sind nach Maßgabe der §§ 137 und 137d verpflichtet,
1. sich an einrichtungsübergreifenden Maßnahmen der Qualitätssicherung zu beteiligen, die insbesondere zum Ziel haben, die Ergebnisqualität zu verbessern und
2. einrichtungsintern ein Qualitätsmanagement einzuführen und weiterzuentwickeln.

²Vertragsärzte, medizinische Versorgungszentren und zugelassene Krankenhäuser haben der Institution nach § 137a Abs. 1 die für die Wahrnehmung ihrer Aufgaben nach § 137a Abs. 2 Nr. 2 und 3 erforderlichen Daten zur Verfügung zu stellen.

§ 136 Förderung der Qualität durch die Kassenärztlichen Vereinigungen

(1) ¹Die Kassenärztlichen Vereinigungen haben Maßnahmen zur Förderung der Qualität der vertragsärztlichen Versorgung durchzuführen. ²Die Ziele und Ergebnisse dieser Qualitätssicherungsmaßnahmen sind von den Kassenärztlichen Vereinigungen zu dokumentieren und jährlich zu veröffentlichen.

(2) ¹Die Kassenärztlichen Vereinigungen prüfen die Qualität der in der vertragsärztlichen Versorgung erbrachten Leistungen einschließlich der belegärztlichen Leistungen im Einzelfall durch Stichproben; in Ausnahmefällen sind auch Vollerhebungen zulässig. ²Der Gemeinsame Bundesausschuss entwickelt in Richtlinien nach § 92 Abs. 1 Satz 2 Nr. 13 Kriterien zur Qualitätsbeurteilung in der vertragsärztlichen Versorgung sowie nach Maßgabe des § 299 Abs. 1 und 2 Vorgaben zu Auswahl, Umfang und Verfahren der Qualitätsprüfungen nach Satz 1; dabei sind die Ergebnisse nach § 137a Abs. 2 Nr. 1 und 2 zu berücksichtigen.

(3) Die Absätze 1 und 2 gelten auch für die im Krankenhaus erbrachten ambulanten ärztlichen Leistungen.

(4) ¹Zur Förderung der Qualität der vertragsärztlichen Versorgung können die Kassenärztlichen Vereinigungen mit einzelnen Krankenkassen oder mit den für ihren Bezirk zuständigen Landesverbänden der Krankenkassen oder den Verbänden der Ersatzkassen unbeschadet der Regelungen der §§ 87a bis 87c ab dem 1. Januar 2009 gesamtvertragliche Vereinbarungen schließen, in denen für bestimmte Leistungen einheitlich strukturierte und elektronisch dokumentierte besondere Leistungs-, Struktur- oder Qualitätsmerkmale festgelegt werden, bei deren Erfüllung die an dem jeweiligen Vertrag teilnehmenden Ärzte Zuschläge zu den Vergütungen erhalten. ²In den Verträgen nach Satz 1 ist ein Abschlag von den nach § 87a Abs. 2 Satz 1 vereinbarten Punktwerten für die an dem jeweiligen Vertrag beteiligten Krankenkassen und von den Vertrag erfassten Leistungen, die von den an dem Vertrag nicht teilnehmenden Ärzten der jeweiligen Facharztgruppe erbracht werden, zu vereinbaren, durch den die Mehrleistungen nach Satz 1 für die beteiligten Krankenkassen ausgeglichen werden.

§§ 136a, 136b *(aufgehoben)*

§ 137 Richtlinien und Beschlüsse zur Qualitätssicherung

(1) ¹Der Gemeinsame Bundesausschuss bestimmt für die vertragsärztliche Versorgung und für zugelassene Krankenhäuser grundsätzlich einheitlich für alle Patienten durch Richtlinien nach § 92 Abs. 1 Satz 2 Nr. 13 insbesondere

1. die verpflichtenden Maßnahmen der Qualitätssicherung nach § 135a Abs. 2, § 115b Abs. 1 Satz 3 und § 116b Abs. 4 Satz 4 und 5 unter Beachtung der Ergebnisse nach § 137a Abs. 2 Nr. 1 und 2 sowie die grundsätzlichen Anforderungen an ein einrichtungsinternes Qualitätsmanagement und
2. Kriterien für die indikationsbezogene Notwendigkeit und Qualität der durchgeführten diagnostischen und therapeutischen Leistungen, insbesondere aufwändiger medizintechnischer Leistungen; dabei sind auch Mindestanforderungen an die Struktur-, Prozess- und Ergebnisqualität festzulegen.

²Soweit erforderlich erlässt er die notwendigen Durchführungsbestimmungen und Grundsätze für Konsequenzen insbesondere für Vergütungsabschläge für Leistungserbringer, die ihre Verpflichtungen zur Qualitätssicherung nicht einhalten. ³Der Verband der privaten Krankenversicherung, die Bundesärztekammer sowie die Berufsorganisationen der Pflegeberufe sind bei den Richtlinien nach § 92 Abs. 1 Satz 2 Nr. 13 zu beteiligen.

(2) ¹Die Richtlinien nach Absatz 1 sind sektorenübergreifend zu erlassen, es sei denn, die Qualität der Leistungserbringung kann nur durch sektorbezogene Regelungen angemessen gesichert werden. ²Die Regelungen in Absatz 3 und 4 bleiben unberührt.

(3) ¹Der Gemeinsame Bundesausschuss fasst für zugelassene Krankenhäuser grundsätzlich einheitlich für alle Patienten auch Beschlüsse über

1. die im Abstand von fünf Jahren zu erbringenden Nachweise über die Erfüllung der Fortbildungspflichten der Fachärzte, der Psychologischen Psychotherapeuten und der Kinder- und Jugendlichenpsychotherapeuten,
2. einen Katalog planbarer Leistungen nach den §§ 17 und 17b des Krankenhausfinanzierungsgesetzes, bei denen die Qualität des Behandlungsergebnisses in besonderem Maße von der Menge der erbrachten Leistungen abhängig ist sowie Mindestmengen für die jeweiligen Leistungen je Arzt oder Krankenhaus und Ausnahmetatbestände,
3. Grundsätze zur Einholung von Zweitmeinungen vor Eingriffen und
4. Inhalt, Umfang und Datenformat eines im Abstand von zwei Jahren zu veröffentlichenden strukturierten Qualitätsberichts der zugelassenen Krankenhäuser, in dem der Stand der Qualitätssicherung insbesondere unter Berücksichtigung der Anforderungen nach Absatz 1 sowie der Umsetzung der Regelungen nach den Nummern 1 und 2 dargestellt wird. Der Bericht hat auch Art und Anzahl der Leistungen des Krankenhauses auszuweisen und ist in einem für die Abbildung aller Kriterien geeigneten standardisierten Datensatzformat zu erstellen. Er ist über den in dem Beschluss festgelegten Empfängerkreis hinaus auch von den Landesverbänden der Krankenkassen und den Ersatzkassen im Internet zu veröffentlichen.

²Wenn die nach Satz 1 Nr. 2 erforderliche Mindestmenge bei planbaren Leistungen voraussichtlich nicht erreicht wird, dürfen entsprechende Leistungen nicht erbracht werden. ³Die für die Krankenhausplanung zuständige Landesbehörde kann Leistungen aus dem Katalog nach Satz 1 Nr. 2 bestimmen, bei denen die Anwendung von Satz 2 die Sicherstellung einer flächendeckenden Versorgung der Bevölkerung gefährden könnte; sie entscheidet auf Antrag des Krankenhauses bei diesen Leistungen über die Nichtanwendung von Satz 2. ⁴Zum Zwecke der Erhöhung von Transparenz und Qualität der stationären Versorgung können die Kassenärztlichen Vereinigungen sowie die Krankenkassen und ihre Verbände die Vertragsärzte und die Versicherten auf der Basis der Qualitätsberichte nach Nummer 4 auch vergleichend über die Qualitätsmerkmale der Krankenhäuser informieren und Empfehlungen aussprechen. ⁵Der Verband der privaten Krankenversicherung, die Bundesärztekammer sowie die Berufsorganisationen der Pflegeberufe sind bei den Beschlüssen nach den Nummer 1 bis 4 zu beteiligen; bei den Beschlüssen nach Nummer 1 ist zusätzlich die Bundespsychotherapeutenkammer zu beteiligen. ⁶Die Beschlüsse sind für zugelassene Krankenhäuser unmittelbar verbindlich. ⁷Sie haben Vorrang vor Verträgen nach § 112 Abs. 1, soweit diese keine ergänzenden Regelungen zur Qualitätssicherung enthalten. ⁸Verträge zur Qualitätssicherung nach § 112 Abs. 1 gelten bis zum Inkrafttreten von Richtlinien nach Absatz 1 fort. ⁹Ergänzende Qualitätsanforderungen einschließlich Vorgaben zur Führung klinischer Krebsregister im Rahmen der Krankenhausplanung der Länder sind zulässig.

(4) ¹Der Gemeinsame Bundesausschuss hat auch Qualitätskriterien für die Versorgung mit Füllungen und Zahnersatz zu beschließen. ²Bei der Festlegung von Qualitätskriterien

für Zahnersatz ist der Verband Deutscher Zahntechniker-Innungen zu beteiligen; die Stellungnahmen sind in die Entscheidung einzubeziehen. ³Der Zahnarzt übernimmt für Füllungen und die Versorgung mit Zahnersatz eine zweijährige Gewähr. ⁴Identische und Teilwiederholungen von Füllungen sowie die Erneuerung und Wiederherstellung von Zahnersatz einschließlich Zahnkronen sind in diesem Zeitraum vom Zahnarzt kostenfrei vorzunehmen. ⁵Ausnahmen hiervon bestimmen die Kassenzahnärztliche Bundesvereinigung und der Spitzenverband Bund der Krankenkassen. ⁶§ 195 des Bürgerlichen Gesetzbuchs bleibt unberührt. ⁷Längere Gewährleistungsfristen können zwischen den Kassenzahnärztlichen Vereinigungen und den Landesverbänden der Krankenkassen und den Ersatzkassen sowie in Einzel- oder Gruppenverträgen zwischen Zahnärzten und Krankenkassen vereinbart werden. ⁸Die Krankenkassen können hierfür Vergütungszuschläge gewähren; der Eigenanteil der Versicherten bei Zahnersatz bleibt unberührt. ⁹Die Zahnärzte, die ihren Patienten eine längere Gewährleistungsfrist einräumen, können dies ihren Patienten bekannt machen.

§ 137a Umsetzung der Qualitätssicherung und Darstellung der Qualität

(1) ¹Der Gemeinsame Bundesausschuss nach § 91 beauftragt im Rahmen eines Vergabeverfahrens eine fachlich unabhängige Institution, Verfahren zur Messung und Darstellung der Versorgungsqualität für die Durchführung der einrichtungsübergreifenden Qualitätssicherung nach § 115b Abs. 1, § 116b Abs. 4 Satz 4 und 5, § 137 Abs. 1 und § 137f Abs. 2 Nr. 2 zu entwickeln, die möglichst sektorenübergreifend anzulegen sind. ²Dieser Institution soll auch die Aufgabe übertragen werden, sich an der Durchführung der einrichtungsübergreifenden Qualitätssicherung zu beteiligen. ³Bereits existierende Einrichtungen sollen genutzt und, soweit erforderlich, in ihrer Organisationsform den in den Sätzen 1 und 2 genannten Aufgaben angepasst werden.

(2) ¹Die Institution ist insbesondere zu beauftragen,
1. für die Messung und Darstellung der Versorgungsqualität möglichst sektorenübergreifend abgestimmte Indikatoren und Instrumente zu entwickeln,
2. die notwendige Dokumentation für die einrichtungsübergreifende Qualitätssicherung unter Berücksichtigung des Gebotes der Datensparsamkeit zu entwickeln,
3. sich an der Durchführung der einrichtungsübergreifenden Qualitätssicherung zu beteiligen und soweit erforderlich, die weiteren Einrichtungen nach Satz 2 einzubeziehen, sowie
4. die Ergebnisse der Qualitätssicherungsmaßnahmen durch die Institution in geeigneter Weise und in einer für die Allgemeinheit verständlichen Form zu veröffentlichen.

²In den Fällen, in denen weitere Einrichtungen an der Durchführung der verpflichtenden Maßnahmen der Qualitätssicherung nach § 137 Abs. 1 Nr. 1 mitwirken, haben diese der Institution nach Absatz 1 die für die Wahrnehmung ihrer Aufgaben nach Absatz 2 erforderlichen Daten zur Verfügung zu stellen. ³Die Institution nach Absatz 1 hat die im Rahmen der verpflichtenden Maßnahmen der Qualitätssicherung nach § 137 Abs. 1 Nr. 1 erhobenen und gemäß Satz 2 übermittelten Daten für Zwecke der wissenschaftlichen Forschung und der Weiterentwicklung der sektoren- und einrichtungsübergreifenden Qualitätssicherung in einem transparenten Verfahren und unter Beachtung datenschutzrechtlicher Vorschriften vorzuhalten und auszuwerten. ⁴Die Institution hat dem Gemeinsamen Bundesausschuss auf Anforderung Datenauswertungen zur Verfügung zu stellen, sofern er diese zur Erfüllung seiner gesetzlichen Aufgaben benötigt.

(3) Bei der Entwicklung der Inhalte nach Absatz 2 sind die Kassenärztlichen Bundesvereinigungen, die Deutsche Krankenhausgesellschaft, der Spitzenverband Bund der Krankenkassen, der Verband der privaten Krankenversicherung, die Bundesärztekammer, die Bundeszahnärztekammer, die Bundespsychotherapeutenkammer, die Berufsorganisationen der Krankenpflegeberufe, die wissenschaftlichen medizinischen Fachgesellschaften, die für die Wahrnehmung der Interessen der Patientinnen und Patienten und der Selbsthilfe chronisch kranker und behinderter Menschen maßgeblichen Organisationen auf Bundesebene sowie der oder die Beauftragte der Bundesregierung für die Belange der Patientinnen und Patienten zu beteiligen.

(4) ¹Für die Erfüllung der Aufgaben erhält die Institution vom Gemeinsamen Bundesausschuss eine leistungsbezogene Vergütung. ²Die Institution kann auch im Auftrag anderer Institutionen gegen Kostenbeteiligung Aufgaben nach Absatz 2 wahrnehmen.

(5) Der Gemeinsame Bundesausschuss hat im Rahmen der Beauftragung sicherzustellen, dass die an der Aufgabenerfüllung nach Absatz 2 beteiligten Institutionen und Personen mögliche Interessenkonflikte offen zu legen haben.

§ 137 b Förderung der Qualitätssicherung in der Medizin

¹Der Gemeinsame Bundesausschuss hat den Stand der Qualitätssicherung im Gesundheitswesen festzustellen, sich daraus ergebenden Weiterentwicklungsbedarf zu benennen, eingeführte Qualitätssicherungsmaßnahmen auf ihre Wirksamkeit hin zu bewerten und Empfehlungen für eine an einheitlichen Grundsätzen ausgerichtete sowie sektoren- und berufsgruppenübergreifende Qualitätssicherung im Gesundheitswesen einschließlich ihrer Umsetzung zu erarbeiten. ²Er erstellt in regelmäßigen Abständen einen Bericht über den Stand der Qualitätssicherung.

§ 137 c Bewertung von Untersuchungs- und Behandlungsmethoden im Krankenhaus

(1) ¹Der Gemeinsame Bundesausschuss nach § 91 überprüft auf Antrag des Spitzenverbandes Bund, der Deutschen Krankenhausgesellschaft oder eines Bundesverbandes der Krankenhausträger Untersuchungs- und Behandlungsmethoden, die zu Lasten der gesetzlichen Krankenkassen im Rahmen einer Krankenhausbehandlung angewandt werden oder angewandt werden sollen, daraufhin, ob sie für eine ausreichende, zweckmäßige und wirtschaftliche Versorgung der Versicherten unter Berücksichtigung des allgemein anerkannten Standes der medizinischen Erkenntnisse erforderlich sind. ²Ergibt die Überprüfung, dass die Methode nicht den Kriterien nach Satz 1 entspricht, erlässt der Gemeinsame Bundesausschuss eine entsprechende Richtlinie.

(2) ¹Wird eine Beanstandung des Bundesministeriums für Gesundheit nach § 94 Abs. 1 Satz 2 nicht innerhalb der von ihm gesetzten Frist behoben, kann das Bundesministerium die Richtlinie erlassen. ²Ab dem Tag des Inkrafttretens einer Richtlinie darf die ausgeschlossene Methode im Rahmen einer Krankenhausbehandlung nicht mehr zu Lasten der Krankenkassen erbracht werden; die Durchführung klinischer Studien bleibt unberührt.

§ 137 d Qualitätssicherung bei der ambulanten und stationären Vorsorge oder Rehabilitation

(1) ¹Für stationäre Rehabilitationseinrichtungen, mit denen ein Vertrag nach § 111 oder § 111 a und für ambulante Rehabilitationseinrichtungen, mit denen ein Vertrag über die Erbringung ambulanter Leistungen zur medizinischen Rehabilitation nach § 40 Abs. 1 besteht, vereinbart der Spitzenverband Bund der Krankenkassen auf der Grundlage der Empfehlungen nach § 20 Abs. 1 des Neunten Buches mit den für die Wahrnehmung der Interessen der ambulanten und stationären Rehabilitationseinrichtungen und der Einrichtungen des Müttergenesungswerks oder gleichartiger Einrichtungen auf Bundesebene maßgeblichen Spitzenorganisationen die Maßnahmen der Qualitätssicherung nach § 135 a Abs. 2 Nr. 1. ²Die Kosten der Auswertung von Maßnahmen der einrichtungsübergreifenden Qualitätssicherung tragen die Krankenkassen anteilig nach ihrer Belegung der Einrichtungen oder Fachabteilungen. ³Das einrichtungsinterne Qualitätsmanagement und die Verpflichtung zur Zertifizierung für stationäre Rehabilitationseinrichtungen richten sich nach § 20 des Neunten Buches.

(2) ¹Für stationäre Vorsorgeeinrichtungen, mit denen ein Versorgungsvertrag nach § 111 und für Einrichtungen, mit denen ein Versorgungsvertrag nach § 111 a besteht, vereinbart der Spitzenverband Bund der Krankenkassen mit den für die Wahrnehmung der Interessen der stationären Vorsorgeeinrichtungen und der Einrichtungen des Müttergenesungswerks oder gleichartiger Einrichtungen auf Bundesebene maßgeblichen Spitzenorganisationen die Maßnahmen der Qualitätssicherung nach § 135 a Abs. 2 Nr. 1 und die Anforderungen an ein einrichtungsinternes Qualitätsmanagement nach § 135 a Abs. 2 Nr. 2. ²Dabei sind die gemeinsamen Empfehlungen nach § 20 Abs. 1 des Neunten Buches zu berücksichtigen und in ihren Grundzügen zu übernehmen. ³Die Kostentragungspflicht nach Absatz 1 Satz 3 gilt entsprechend.

(3) Für Leistungserbringer, die ambulante Vorsorgeleistungen nach § 23 Abs. 2 erbringen, vereinbart der Spitzenverband Bund der Krankenkassen mit der Kassenärztlichen Bundesvereinigung und den maßgeblichen Bundesverbänden der Leistungserbringer, die ambulante Vorsorgeleistungen durchführen, die grundsätzlichen Anforderungen an ein einrichtungsinternes Qualitätsmanagement nach § 135 a Abs. 2 Nr. 2.

(4) ¹Die Vertragspartner haben durch geeignete Maßnahmen sicherzustellen, dass die Anforderungen an die Qualitätssicherung für die ambulante und stationäre Vorsorge und Rehabilitation einheitlichen Grundsätzen genügen, und die Erfordernisse einer sektor-

und berufsgruppenübergreifenden Versorgung angemessen berücksichtigt sind. ²Bei Vereinbarungen nach den Absätzen 1 und 2 ist der Bundesärztekammer, der Bundespsychotherapeutenkammer und der Deutschen Krankenhausgesellschaft Gelegenheit zur Stellungnahme zu geben.

§ 137 e *(aufgehoben)*

§ 137 f Strukturierte Behandlungsprogramme bei chronischen Krankheiten

(1) ¹Der Gemeinsame Bundesausschuss nach § 91 empfiehlt dem Bundesministerium für Gesundheit für die Abgrenzung der Versichertengruppen nach § 267 Abs. 2 Satz 4 nach Maßgabe von Satz 2 geeignete chronische Krankheiten, für die strukturierte Behandlungsprogramme entwickelt werden sollen, die den Behandlungsablauf und die Qualität der medizinischen Versorgung chronisch Kranker verbessern. ²Bei der Auswahl der zu empfehlenden chronischen Krankheiten sind insbesondere die folgenden Kriterien zu berücksichtigen:
1. Zahl der von der Krankheit betroffenen Versicherten,
2. Möglichkeiten zur Verbesserung der Qualität der Versorgung,
3. Verfügbarkeit von evidenzbasierten Leitlinien,
4. sektorenübergreifender Behandlungsbedarf,
5. Beeinflussbarkeit des Krankheitsverlaufs durch Eigeninitiative des Versicherten und
6. hoher finanzieller Aufwand der Behandlung.

(2) ¹Der Gemeinsame Bundesausschuss nach § 91 empfiehlt dem Bundesministerium für Gesundheit und für die Rechtsverordnung nach § 266 Abs. 7 Anforderungen an die Ausgestaltung von Behandlungsprogrammen nach Absatz 1. ²Zu benennen sind insbesondere Anforderungen an die
1. Behandlung nach dem aktuellen Stand der medizinischen Wissenschaft unter Berücksichtigung von evidenzbasierten Leitlinien oder nach der jeweils besten, verfügbaren Evidenz sowie unter Berücksichtigung des jeweiligen Versorgungssektors,
2. durchzuführenden Qualitätssicherungsmaßnahmen unter Berücksichtigung der Ergebnisse nach § 137 a Abs. 2 Nr. 1 und 2,
3. Voraussetzungen und Verfahren für die Einschreibung des Versicherten in ein Programm, einschließlich der Dauer der Teilnahme,
4. Schulungen der Leistungserbringer und der Versicherten,
5. Dokumentation und
6. Bewertung der Wirksamkeit und der Kosten (Evaluation) und die zeitlichen Abstände zwischen den Evaluationen eines Programms sowie die Dauer seiner Zulassung nach § 137 g.

³Das Bundesministerium für Gesundheit gibt dem Gemeinsamen Bundesausschuss nach Satz 1 bekannt, für welche chronischen Krankheiten nach Absatz 1 die Anforderungen zu empfehlen sind; die Empfehlung ist unverzüglich nach dieser Bekanntgabe vorzulegen. ⁴Der Spitzenverband Bund der Krankenkassen hat den Medizinischen Dienst des Spitzenverbandes Bund der Krankenkassen zu beteiligen. ⁵Den für die Wahrnehmung der Interessen der ambulanten und stationären Vorsorge- und Rehabilitationseinrichtungen und der Selbsthilfe sowie den für die sonstigen Leistungserbringer auf Bundesebene maßgeblichen Spitzenorganisationen ist Gelegenheit zur Stellungnahme zu geben, soweit ihre Belange berührt sind; die Stellungnahmen sind in die Entscheidungen mit einzubeziehen.

(3) ¹Für die Versicherten ist die Teilnahme an Programmen nach Absatz 1 freiwillig. ²Voraussetzung für die Einschreibung ist die nach umfassender Information durch die Krankenkasse erteilte schriftliche Einwilligung zur Teilnahme an dem Programm, zur Erhebung, Verarbeitung und Nutzung der in der Rechtsverordnung nach § 266 Abs. 7 festgelegten Daten durch die Krankenkasse, die Sachverständigen nach Absatz 4 und die beteiligten Leistungserbringer sowie zur Übermittlung dieser Daten an die Krankenkasse. ³Die Einwilligung kann widerrufen werden.

(4) Die Krankenkassen oder ihre Verbände haben eine externe Evaluation der Programme nach Absatz 1 durch einen vom Bundesversicherungsamt im Benehmen mit der Krankenkasse oder dem Verband auf deren Kosten bestellten unabhängigen Sachverständigen auf der Grundlage allgemein anerkannter wissenschaftlicher Standards zu veranlassen, die zu veröffentlichen ist.

(5) ¹Die Verbände der Krankenkassen und der Spitzenverband Bund der Krankenkassen unterstützen ihre Mitglieder bei dem Aufbau und der Durchführung von Programmen

nach Absatz 1; hierzu gehört auch, dass die in Satz 2 genannten Aufträge auch von diesen Verbänden erteilt werden können, soweit hierdurch bundes- oder landeseinheitliche Vorgaben umgesetzt werden sollen. ²Die Krankenkassen können ihre Aufgaben zur Durchführung von mit zugelassenen Leistungserbringern vertraglich vereinbarten Programmen nach Absatz 1 auf Dritte übertragen. ³§ 80 des Zehnten Buches bleibt unberührt.

(6) ¹Soweit in den Verträgen zur Durchführung strukturierter Behandlungsprogramme nach Absatz 1 die Bildung einer Arbeitsgemeinschaft vorgesehen ist, darf diese zur Erfüllung ihrer Aufgaben abweichend von § 80 Abs. 5 Nr. 2 des Zehnten Buches dem Auftragnehmer die Verarbeitung des gesamten Datenbestandes übertragen. ²Der Auftraggeber hat den für ihn zuständigen Datenschutzbeauftragten rechtzeitig vor der Auftragserteilung die in § 80 Abs. 3 Satz 1 Nr. 1 bis 4 des Zehnten Buches genannten Angaben schriftlich anzuzeigen. ³§ 80 Abs. 6 Satz 4 des Zehnten Buches bleibt unberührt. ⁴Die für die Auftraggeber und Auftragnehmer zuständigen Aufsichtsbehörden haben bei der Kontrolle der Verträge nach Satz 1 eng zusammenzuarbeiten.

§ 137 g Zulassung strukturierter Behandlungsprogramme

(1) ¹Das Bundesversicherungsamt hat auf Antrag einer oder mehrerer Krankenkassen oder eines Verbandes der Krankenkassen die Zulassung von Programmen nach § 137 f Abs. 1 zu erteilen, wenn die Programme und die zu ihrer Durchführung geschlossenen Verträge die in der Rechtsverordnung nach § 266 Abs. 7 genannten Anforderungen erfüllen. ²Dabei kann es wissenschaftliche Sachverständige hinzuziehen. ³Die Zulassung ist zu befristen. ⁴Sie kann mit Auflagen und Bedingungen versehen werden. ⁵Die Zulassung ist innerhalb von drei Monaten zu erteilen. ⁶Die Frist nach Satz 5 gilt als gewahrt, wenn die Zulassung aus Gründen, die von der Krankenkasse zu vertreten sind, nicht innerhalb dieser Frist erteilt werden kann. ⁷Die Zulassung wird mit dem Tage wirksam, an dem die in der Rechtsverordnung nach § 266 Abs. 7 genannten Anforderungen erfüllt und die Verträge nach Satz 1 geschlossen sind, frühestens mit dem Tag der Antragstellung, nicht jedoch vor dem Inkrafttreten dieser Verordnungsregelungen. ⁸Für die Bescheiderteilung sind Kosten deckende Gebühren zu erheben. ⁹Die Kosten werden nach dem tatsächlich entstandenen Personal- und Sachaufwand berechnet. ¹⁰Zusätzlich zu den Personalkosten entstehende Verwaltungsausgaben sind den Kosten in ihrer tatsächlichen Höhe hinzuzurechnen. ¹¹Soweit dem Bundesversicherungsamt im Zusammenhang mit der Zulassung von Programmen nach § 137 f Abs. 1 notwendige Vorhaltekosten entstehen, die durch die Gebühren nach Satz 8 nicht gedeckt sind, sind diese aus dem Gesundheitsfonds zu finanzieren. ¹²Das Nähere über die Berechnung der Kosten nach den Sätzen 9 und 10 und über die Berücksichtigung der Kosten nach Satz 11 im Risikostrukturausgleich regelt das Bundesministerium für Gesundheit ohne Zustimmung des Bundesrates in der Rechtsverordnung nach § 266 Abs. 7. ¹³In der Rechtsverordnung nach § 266 Abs. 7 kann vorgesehen werden, dass die tatsächlich entstandenen Kosten nach den Sätzen 9 und 10 auf der Grundlage pauschalierter Kostensätze zu berechnen sind. ¹⁴Klagen gegen die Gebührenbescheide des Bundesversicherungsamts haben keine aufschiebende Wirkung.

(2) ¹Die Verlängerung der Zulassung eines Programms nach § 137 f Abs. 1 erfolgt auf der Grundlage der Evaluation nach § 137 f Abs. 4. ²Im Übrigen gilt Absatz 1 für die Verlängerung der Zulassung entsprechend.

§ 138 Neue Heilmittel

Die an der vertragsärztlichen Versorgung teilnehmenden Ärzte dürfen neue Heilmittel nur verordnen, wenn der Gemeinsame Bundesausschuss zuvor ihren therapeutischen Nutzen anerkannt und in den Richtlinien nach § 92 Abs. 1 Satz 2 Nr. 6 Empfehlungen für die Sicherung der Qualität bei der Leistungserbringung abgegeben hat.

§ 139 Hilfsmittelverzeichnis, Qualitätssicherung bei Hilfsmitteln

(1) ¹Der Spitzenverband Bund der Krankenkassen erstellt ein systematisch strukturiertes Hilfsmittelverzeichnis. ²In dem Verzeichnis sind von der Leistungspflicht umfasste Hilfsmittel aufzuführen. ³Das Hilfsmittelverzeichnis ist im Bundesanzeiger bekannt zu machen.

(2) ¹Soweit dies zur Gewährleistung einer ausreichenden, zweckmäßigen und wirtschaftlichen Versorgung erforderlich ist, können im Hilfsmittelverzeichnis indikations- oder einsatzbezogen besondere Qualitätsanforderungen für Hilfsmittel festgelegt werden.

² Besondere Qualitätsanforderungen nach Satz 1 können auch festgelegt werden, um eine ausreichend lange Nutzungsdauer oder in geeigneten Fällen den Wiedereinsatz von Hilfsmitteln bei anderen Versicherten zu ermöglichen. ³ Im Hilfsmittelverzeichnis können auch die Anforderungen an die zusätzlich zur Bereitstellung des Hilfsmittels zu erbringenden Leistungen geregelt werden.

(3) ¹ Die Aufnahme eines Hilfsmittels in das Hilfsmittelverzeichnis erfolgt auf Antrag des Herstellers. ² Über die Aufnahme entscheidet der Spitzenverband Bund der Krankenkassen; er kann vom Medizinischen Dienst prüfen lassen, ob die Voraussetzungen nach Absatz 4 erfüllt sind.

(4) Das Hilfsmittel ist aufzunehmen, wenn der Hersteller die Funktionstauglichkeit und Sicherheit, die Erfüllung der Qualitätsanforderungen nach Absatz 2 und, soweit erforderlich, den medizinischen Nutzen nachgewiesen hat und es mit den für eine ordnungsgemäße und sichere Handhabung erforderlichen Informationen in deutscher Sprache versehen ist.

(5) ¹ Für Medizinprodukte im Sinne des § 3 Nr. 1 des Medizinproduktegesetzes gilt der Nachweis der Funktionstauglichkeit und der Sicherheit durch die CE-Kennzeichnung grundsätzlich als erbracht. ² Der Spitzenverband Bund der Krankenkassen vergewissert sich von der formalen Rechtmäßigkeit der CE-Kennzeichnung anhand der Konformitätserklärung und, soweit zutreffend, der Zertifikate der an der Konformitätsbewertung beteiligten Benannten Stelle. ³ Aus begründetem Anlass können zusätzliche Prüfungen vorgenommen und hierfür erforderliche Nachweise verlangt werden. ⁴ Prüfungen nach Satz 3 können nach erfolgter Aufnahme des Produkts auch auf der Grundlage von Stichproben vorgenommen werden. ⁵ Ergeben sich bei den Prüfungen nach Satz 2 bis 4 Hinweise darauf, dass Vorschriften des Medizinprodukterechts nicht beachtet sind, sind unbeschadet sonstiger Konsequenzen die danach zuständigen Behörden hierüber zu informieren.

(6) ¹ Legt der Hersteller unvollständige Antragsunterlagen vor, ist ihm eine angemessene Frist, die insgesamt sechs Monate nicht übersteigen darf, zur Nachreichung fehlender Unterlagen einzuräumen. ² Wenn nach Ablauf der Frist die für die Entscheidung über den Antrag erforderlichen Unterlagen nicht vollständig vorliegen, ist der Antrag abzulehnen. ³ Ansonsten entscheidet der Spitzenverband Bund der Krankenkassen innerhalb von drei Monaten nach Vorlage der vollständigen Unterlagen. ⁴ Über die Entscheidung ist ein Bescheid zu erteilen. ⁵ Die Aufnahme ist zu widerrufen, wenn die Anforderungen nach Absatz 4 nicht mehr erfüllt sind.

(7) ¹ Das Verfahren zur Aufnahme von Hilfsmitteln in das Hilfsmittelverzeichnis regelt der Spitzenverband Bund der Krankenkassen nach Maßgabe der Absätze 3 bis 6. ² Er kann dabei vorsehen, dass von der Erfüllung bestimmter Anforderungen ausgegangen wird, sofern Prüfzertifikate geeigneter Institutionen vorgelegt werden oder die Einhaltung einschlägiger Normen oder Standards in geeigneter Weise nachgewiesen wird.

(8) ¹ Das Hilfsmittelverzeichnis ist regelmäßig fortzuschreiben. ² Die Fortschreibung umfasst die Weiterentwicklung und Änderungen der Systematik und der Anforderungen nach Absatz 2, die Aufnahme neuer Hilfsmittel sowie die Streichung von Produkten, deren Aufnahme zurückgenommen oder nach Absatz 6 Satz 5 widerrufen wurde. ³ Vor einer Weiterentwicklung und Änderungen der Systematik und der Anforderungen nach Absatz 2 ist den Spitzenorganisationen der betroffenen Hersteller und Leistungserbringer unter Übermittlung der hierfür erforderlichen Informationen innerhalb einer angemessenen Frist Gelegenheit zur Stellungnahme zu geben; die Stellungnahmen sind in die Entscheidung einzubeziehen.

§ 139 a Institut für Qualität und Wirtschaftlichkeit im Gesundheitswesen

(1) ¹ Der Gemeinsame Bundesausschuss nach § 91 gründet ein fachlich unabhängiges, rechtsfähiges, wissenschaftliches Institut für Qualität und Wirtschaftlichkeit im Gesundheitswesen und ist dessen Träger. ² Hierzu kann eine Stiftung des privaten Rechts errichtet werden.

(2) ¹ Die Bestellung der Institutsleitung hat im Einvernehmen mit dem Bundesministerium für Gesundheit zu erfolgen. ² Wird eine Stiftung des privaten Rechts errichtet, erfolgt das Einvernehmen innerhalb des Stiftungsvorstands, in den das Bundesministerium für Gesundheit einen Vertreter entsendet.

(3) Das Institut wird zu Fragen von grundsätzlicher Bedeutung für die Qualität und Wirtschaftlichkeit der im Rahmen der gesetzlichen Krankenversicherung erbrachten Leistungen insbesondere auf folgenden Gebieten tätig:

1. Recherche, Darstellung und Bewertung des aktuellen medizinischen Wissensstandes zu diagnostischen und therapeutischen Verfahren bei ausgewählten Krankheiten,
2. Erstellung von wissenschaftlichen Ausarbeitungen, Gutachten und Stellungnahmen zu Fragen der Qualität und Wirtschaftlichkeit der im Rahmen der gesetzlichen Krankenversicherung erbrachten Leistungen unter Berücksichtigung alters-, geschlechts- und lebenslagenspezifischer Besonderheiten,
3. Bewertungen evidenzbasierter Leitlinien für die epidemiologisch wichtigsten Krankheiten,
4. Abgabe von Empfehlungen zu Disease-Management-Programmen,
5. Bewertung des Nutzens und der Kosten von Arzneimitteln,
6. Bereitstellung von für alle Bürgerinnen und Bürger verständlichen allgemeinen Informationen zur Qualität und Effizienz in der Gesundheitsversorgung sowie zu Diagnostik und Therapie von Krankheiten mit erheblicher epidemiologischer Bedeutung.

(4) [1]Das Institut hat zu gewährleisten, dass die Bewertung des medizinischen Nutzens nach den international anerkannten Standards der evidenzbasierten Medizin und die ökonomische Bewertung nach den hierfür maßgeblichen international anerkannten Standards, insbesondere der Gesundheitsökonomie erfolgt. [2]Es hat in regelmäßigen Abständen über die Arbeitsprozesse und -ergebnisse einschließlich der Grundlagen für die Entscheidungsfindung öffentlich zu berichten.

(5) [1]Das Institut hat in allen wichtigen Abschnitten des Bewertungsverfahrens Sachverständigen der medizinischen, pharmazeutischen und gesundheitsökonomischen Wissenschaft und Praxis, den Arzneimittelherstellern sowie den für die Wahrnehmung der Interessen der Patientinnen und Patienten und der Selbsthilfe chronisch Kranker und behinderter Menschen maßgeblichen Organisationen sowie der oder dem Beauftragten der Bundesregierung für die Belange der Patientinnen und Patienten Gelegenheit zur Stellungnahme zu geben. [2]Die Stellungnahmen sind in die Entscheidung einzubeziehen.

(6) Zur Sicherstellung der fachlichen Unabhängigkeit des Instituts haben die Beschäftigten vor ihrer Einstellung alle Beziehungen zu Interessenverbänden, Auftragsinstituten, insbesondere der pharmazeutischen Industrie und der Medizinprodukteindustrie, einschließlich Art und Höhe von Zuwendungen offen zu legen.

§ 139 b Aufgabendurchführung

(1) [1]Der Gemeinsame Bundesausschuss nach § 91 beauftragt das Institut mit Arbeiten nach § 139 a Abs. 3. [2]Die den Gemeinsamen Bundesausschuss bildenden Institutionen, das Bundesministerium für Gesundheit und die für die Wahrnehmung der Interessen der Patientinnen und Patienten und der Selbsthilfe chronisch kranker und behinderter Menschen maßgeblichen Organisationen sowie die oder der Beauftragte der Bundesregierung für die Belange der Patientinnen und Patienten können die Beauftragung des Institutes beim Gemeinsamen Bundesausschuss beantragen.

(2) [1]Das Bundesministerium für Gesundheit kann die Bearbeitung von Aufgaben nach § 139 a Abs. 3 unmittelbar beim Institut beantragen. [2]Das Institut kann einen Antrag des Bundesministeriums für Gesundheit als unbegründet ablehnen, es sei denn, das Bundesministerium für Gesundheit übernimmt die Finanzierung der Bearbeitung des Auftrags.

(3) [1]Zur Erledigung der Aufgaben nach § 139 a Abs. 3 Nr. 1 bis 5 hat das Institut wissenschaftliche Forschungsaufträge an externe Sachverständige zu vergeben. [2]Diese haben alle Beziehungen zu Interessenverbänden, Auftragsinstituten, insbesondere der pharmazeutischen Industrie und der Medizinprodukteindustrie, einschließlich Art und Höhe von Zuwendungen offen zu legen.

(4) [1]Das Institut leitet die Arbeitsergebnisse der Aufträge nach den Absätzen 1 und 2 dem Gemeinsamen Bundesausschuss nach § 91 als Empfehlungen zu. [2]Der Gemeinsame Bundesausschuss hat die Empfehlungen im Rahmen seiner Aufgabenstellung zu berücksichtigen.

§ 139 c Finanzierung

[1]Die Finanzierung des Instituts nach § 139 a Abs. 1 erfolgt jeweils zur Hälfte durch die Erhebung eines Zuschlags für jeden abzurechnenden Krankenhausfall und durch die zusätzliche Anhebung der Vergütungen für die ambulante vertragsärztliche und vertragszahnärztliche Versorgung nach den §§ 85 und 87 a um einen entsprechenden Vomhundertsatz. [2]Die im stationären Bereich erhobenen Zuschläge werden in der Rechnung des Krankenhauses gesondert ausgewiesen; sie gehen nicht in die Gesamtbeträge nach den

§§ 3 und 4 des Krankenhausentgeltgesetzes oder nach § 6 der Bundespflegesatzverordnung sowie nicht in die entsprechenden Erlösausgleiche ein. ³Der Zuschlag für jeden Krankenhausfall, die Anteile der Kassenärztlichen und der Kassenzahnärztlichen Vereinigungen sowie das Nähere zur Weiterleitung dieser Mittel an eine zu benennende Stelle werden durch den Gemeinsamen Bundesausschuss festgelegt.

Zehnter Abschnitt. Eigeneinrichtungen der Krankenkassen

§ 140 Eigeneinrichtungen

(1) ¹Krankenkassen dürfen der Versorgung der Versicherten dienende Eigeneinrichtungen, die am 1. Januar 1989 bestehen, weiterbetreiben. ²Die Eigeneinrichtungen können nach Art, Umfang und finanzieller Ausstattung an den Versorgungsbedarf unter Beachtung der Landeskrankenhausplanung und der Zulassungsbeschränkungen im vertragsärztlichen Bereich angepasst werden; sie können Gründer von medizinischen Versorgungszentren nach § 95 Abs. 1 sein.

(2) ¹Sie dürfen neue Eigeneinrichtungen nur errichten, soweit sie die Durchführung ihrer Aufgaben bei der Gesundheitsvorsorge und der Rehabilitation auf andere Weise nicht sicherstellen können. ²Die Krankenkassen oder ihre Verbände dürfen Eigeneinrichtungen auch dann errichten, wenn mit ihnen der Sicherstellungsauftrag nach § 72a Abs. 1 erfüllt werden soll.

Elfter Abschnitt. Beziehungen zu Leistungserbringern in der integrierten Versorgung

§ 140a Integrierte Versorgung

(1) ¹Abweichend von den übrigen Regelungen dieses Kapitels können die Krankenkassen Verträge über eine verschiedene Leistungssektoren übergreifende Versorgung der Versicherten oder eine interdisziplinär-fachübergreifende Versorgung mit den in § 140b Abs. 1 genannten Vertragspartnern abschließen. ²Die Verträge zur integrierten Versorgung sollen eine bevölkerungsbezogene Flächendeckung der Versorgung ermöglichen. ³Soweit die Versorgung der Versicherten nach diesen Verträgen durchgeführt wird, ist der Sicherstellungsauftrag nach § 75 Abs. 1 eingeschränkt. ⁴Das Versorgungsangebot und die Voraussetzungen seiner Inanspruchnahme ergeben sich aus dem Vertrag zur integrierten Versorgung.

(2) ¹Die Teilnahme der Versicherten an den integrierten Versorgungsformen ist freiwillig. ²Ein behandelnder Leistungserbringer darf aus der gemeinsamen Dokumentation nach § 140b Abs. 3 die den Versicherten betreffenden Behandlungsdaten und Befunde nur dann abrufen, wenn der Versicherte ihm gegenüber seine Einwilligung erteilt hat, die Information für den konkret anstehenden Behandlungsfall genutzt werden soll und der Leistungserbringer zu dem Personenkreis gehört, der nach § 203 des Strafgesetzbuches zur Geheimhaltung verpflichtet ist.

(3) Die Versicherten haben das Recht, von ihrer Krankenkasse umfassend über die Verträge zur integrierten Versorgung, die teilnehmenden Leistungserbringer, besondere Leistungen und vereinbarte Qualitätsstandards informiert zu werden.

§ 140b Verträge zu integrierten Versorgungsformen

(1) ¹Die Krankenkassen können die Verträge nach § 140a Abs. 1 nur mit
1. einzelnen, zur vertragsärztlichen Versorgung zugelassenen Ärzten und Zahnärzten und einzelnen sonstigen, nach diesem Kapitel zur Versorgung der Versicherten berechtigten Leistungserbringern oder deren Gemeinschaften,
2. Trägern zugelassener Krankenhäuser, soweit sie zur Versorgung der Versicherten berechtigt sind, Trägern von stationären Vorsorge- und Rehabilitationseinrichtungen, soweit mit ihnen ein Versorgungsvertrag nach § 111 Abs. 2 besteht, Trägern von ambulanten Rehabilitationseinrichtungen oder deren Gemeinschaften,
3. Trägern von Einrichtungen nach § 95 Abs. 1 Satz 2 oder deren Gemeinschaften,
4. Trägern von Einrichtungen, die eine integrierte Versorgung nach § 140a durch zur Versorgung der Versicherten nach dem Vierten Kapitels berechtigte Leistungserbringer anbieten,

5. Pflegekassen und zugelassenen Pflegeeinrichtungen auf der Grundlage des § 92 b des Elften Buches,
6. Gemeinschaften der vorgenannten Leistungserbringer und deren Gemeinschaften,
7. Praxiskliniken nach § 115 Absatz 2 Satz 1 Nr. 1,
8. pharmazeutischen Unternehmern,
9. Herstellern von Medizinprodukten im Sinne des Gesetzes über Medizinprodukte

abschließen. ²Für pharmazeutische Unternehmer und Hersteller von Medizinprodukten nach den Nummern 8 und 9 gilt § 95 Absatz 1 Satz 6 zweiter Teilsatz nicht.

(2) *(aufgehoben)*

(3) ¹In den Verträgen nach Absatz 1 müssen sich die Vertragspartner der Krankenkassen zu einer qualitätsgesicherten, wirksamen, ausreichenden, zweckmäßigen und wirtschaftlichen Versorgung der Versicherten verpflichten. ²Die Vertragspartner haben die Erfüllung der Leistungsansprüche der Versicherten nach den §§ 2 und 11 bis 62 in dem Maße zu gewährleisten, zu dem die Leistungserbringer nach diesem Kapitel verpflichtet sind. ³Insbesondere müssen die Vertragspartner die Gewähr dafür übernehmen, dass sie die organisatorischen, betriebswirtschaftlichen sowie die medizinischen und medizinisch-technischen Voraussetzungen für die vereinbarte integrierte Versorgung entsprechend dem allgemein anerkannten Stand der medizinischen Erkenntnisse und des medizinischen Fortschritts erfüllen und eine an dem Versorgungsbedarf der Versicherten orientierte Zusammenarbeit zwischen allen an der Versorgung Beteiligten einschließlich der Koordination zwischen den verschiedenen Versorgungsbereichen und einer ausreichenden Dokumentation, die allen an der integrierten Versorgung Beteiligten im jeweils erforderlichen Umfang zugänglich sein muss, sicherstellen. ⁴Gegenstand des Versorgungsauftrags an die Vertragspartner der Krankenkassen nach den Absätzen 1 und 2 dürfen nur solche Leistungen sein, über deren Eignung als Leistung der Krankenversicherung der Gemeinsame Bundesausschuss nach § 91 im Rahmen der Beschlüsse nach § 92 Abs. 1 Satz 2 Nr. 5 und im Rahmen der Beschlüsse nach § 137 c Abs. 1 keine ablehnende Entscheidung getroffen hat.

(4) ¹Die Verträge können Abweichendes von den Vorschriften dieses Kapitels, des Krankenhausfinanzierungsgesetzes, des Krankenhausentgeltgesetzes sowie den nach diesen Vorschriften getroffenen Regelungen insoweit regeln, als die abweichende Regelung dem Sinn und der Eigenart der integrierten Versorgung entspricht, die Qualität, die Wirksamkeit und die Wirtschaftlichkeit der integrierten Versorgung verbessert oder aus sonstigen Gründen zu ihrer Durchführung erforderlich ist. ²Der Grundsatz der Beitragssatzstabilität nach § 71 Abs. 1 gilt für Verträge, die bis zum 31. Dezember 2008 abgeschlossen werden, nicht. ³Die Vertragspartner der integrierten Versorgung können sich auf der Grundlage ihres jeweiligen Zulassungsstatus für die Durchführung der integrierten Versorgung darauf verständigen, dass Leistungen auch dann erbracht werden können, wenn die Erbringung dieser Leistungen vom Zulassungs- oder Ermächtigungsstatus des jeweiligen Leistungserbringers nicht gedeckt ist. ⁴Die Krankenhäuser sind unabhängig von Satz 3 im Rahmen eines Vertrages zur integrierten Versorgung zur ambulanten Behandlung der im Katalog nach § 116 b Abs. 3 genannten hochspezialisierten Leistungen, seltenen Erkrankungen und Erkrankungen mit besonderen Behandlungsverläufen berechtigt.

(5) Ein Beitritt Dritter zu Verträgen der integrierten Versorgung ist nur mit Zustimmung aller Vertragspartner möglich.

§ 140 c Vergütung

(1) ¹Die Verträge zur integrierten Versorgung legen die Vergütung fest. ²Aus der Vergütung für die integrierten Versorgungsformen sind sämtliche Leistungen, die von teilnehmenden Versicherten im Rahmen des vertraglichen Versorgungsauftrags in Anspruch genommen werden, zu vergüten. ³Dies gilt auch für die Inanspruchnahme von Leistungen von nicht an der integrierten Versorgung teilnehmenden Leistungserbringern, soweit die Versicherten von an der integrierten Versorgung teilnehmenden Leistungserbringern an die nicht teilnehmenden Leistungserbringer überwiesen wurden oder aus sonstigen, in dem Vertrag zur integrierten Versorgung geregelten Gründen berechtigt waren, nicht teilnehmende Leistungserbringer in Anspruch zu nehmen.

(2) ¹Die Verträge zur integrierten Versorgung können die Übernahme der Budgetverantwortung insgesamt oder für definierte Teilbereiche (kombiniertes Budget) vorsehen. ²Die Zahl der teilnehmenden Versicherten und deren Risikostruktur sind zu berücksichtigen. ³Ergänzende Morbiditätskriterien sollen in den Vereinbarungen berücksichtigt werden.

§ 140 d Anschubfinanzierung, Bereinigung

(1) ¹Zur Förderung der integrierten Versorgung hat jede Krankenkasse in den Jahren 2004 bis 2008 jeweils Mittel bis zu 1 vom Hundert von der nach § 85 Abs. 2 an die Kassenärztliche Vereinigung zu entrichtenden Gesamtvergütung sowie von den Rechnungen der einzelnen Krankenhäuser für voll- und teilstationäre Versorgung einzubehalten, soweit die einbehaltenen Mittel zur Umsetzung von nach § 140 b geschlossenen Verträgen erforderlich sind. ²Sie dürfen nur für voll- oder teilstationäre und ambulante Leistungen der Krankenhäuser und für ambulante vertragsärztliche Leistungen verwendet werden; dies gilt nicht für Aufwendungen für besondere Integrationsaufgaben. ³Satz 2 gilt nicht für Verträge, die vor dem 1. April 2007 abgeschlossen worden sind. ⁴Die Krankenkassen müssen gegenüber den Kassenärztlichen Vereinigungen und den Krankenhäusern die Verwendung der einbehaltenen Mittel darlegen. ⁵Satz 1 gilt nicht für die vertragszahnärztlichen Gesamtvergütungen. ⁶Die nach Satz 1 einbehaltenen Mittel sind ausschließlich zur Finanzierung der nach § 140 c Abs. 1 Satz 1 vereinbarten Vergütungen zu verwenden. ⁷Sie sollen in dem Bezirk der Kassenärztlichen Vereinigung, an die die nach Satz 1 verringerten Gesamtvergütungen gezahlt wurden, verwendet werden. ⁸Werden die einbehaltenen Mittel nicht innerhalb von drei Jahren für die Zwecke nach Satz 1 verwendet, sind die nicht verwendeten Mittel spätestens zum 31. März 2009 an die Kassenärztliche Vereinigung sowie an die einzelnen Krankenhäuser, soweit die Mittel in den Jahren 2007 und 2008 einbehalten wurden, entsprechend ihrem Anteil an den jeweils einbehaltenen Beträgen auszuzahlen.

(2) ¹Die Vertragspartner der Gesamtverträge nach § 83 Abs. 1 haben für den Fall, dass die zur Förderung der integrierten Versorgung aufgewendeten Mittel die nach Absatz 1 einbehaltenen Mittel übersteigen, die Gesamtvergütungen nach § 85 Abs. 2 in den Jahren 2004 bis einschließlich 2008 entsprechend der Zahl der an der integrierten Versorgung teilnehmenden Versicherten sowie dem im Vertrag nach § 140 a vereinbarten Versorgungsauftrag zu bereinigen, soweit der damit verbundene einzelvertragliche Leistungsbedarf den nach § 295 Abs. 2 auf Grundlage des einheitlichen Bewertungsmaßstabes für vertragsärztliche Leistungen abgerechneten Leistungsbedarf vermindert. ²Ab dem 1. Januar 2009 ist der Behandlungsbedarf nach § 87 a Abs. 3 Satz 2 ist entsprechend der Zahl und der Morbiditätsstruktur der an der integrierten Versorgung teilnehmenden Versicherten sowie dem im Vertrag nach § 140 a vereinbarten Versorgungsbedarf zu bereinigen. ³Kommt eine Einigung über die Verringerung der Gesamtvergütungen nach Satz 1 oder des Behandlungsbedarfs nach Satz 2 nicht zu Stande, können auch die Krankenkassen oder ihre Verbände, die Vertragspartner der Verträge nach § 140 a sind, das Schiedsamt nach § 89 anrufen. ⁴Die für die Bereinigungsverfahren erforderlichen arzt- und versichertenbezogenen Daten übermitteln die Krankenkassen den zuständigen Gesamtvertragspartnern.

(3) ¹Die Vertragspartner der Vereinbarungen nach § 84 Abs. 1 haben die Ausgabenvolumen rechnerisch zu bereinigen, soweit die integrierte Versorgung die Versorgung mit Arznei- und Heilmitteln einschließt. ²Die Ausgabenvolumen sind entsprechend der Zahl und der Risikostruktur der an der integrierten Versorgung teilnehmenden Versicherten zu verringern. ³Ergänzende Morbiditätskriterien sollen berücksichtigt werden.

(4) Mit der nach § 140 c Abs. 1 Satz 1 mit Krankenhäusern zu vereinbarenden Vergütung werden bis zum 31. Dezember 2008 nur die Leistungen finanziert, die über die im Gesamtbetrag nach den §§ 3 und 4 des Krankenhausentgeltgesetzes oder dem § 6 der Bundespflegesatzverordnung enthaltenen Leistungen hinaus vereinbart werden.

(5) ¹Die Krankenkassen melden der von der Kassenärztlichen Bundesvereinigung, der Deutschen Krankenhausgesellschaft und dem Spitzenverband Bund der Krankenkassen gebildeten gemeinsamen Registrierungsstelle die Einzelheiten über die Verwendung der einbehaltenen Mittel nach Absatz 1 Satz 1. ²Die Registrierungsstelle veröffentlicht einmal jährlich einen Bericht über die Entwicklung der integrierten Versorgung. ³Der Bericht soll auch Informationen über Inhalt und Umfang der Verträge enthalten.

Zwölfter Abschnitt. Beziehungen zu Leistungserbringern in Staaten, in denen die Verordnung (EWG) Nr. 1408/71 anzuwenden ist

§ 140 e Verträge mit Leistungserbringern in Staaten, in denen die Verordnung (EWG) Nr. 1408/71 anzuwenden ist

Krankenkassen dürfen zur Versorgung ihrer Versicherten nach Maßgabe des Dritten Kapitels und des dazugehörigen untergesetzlichen Rechts Verträge mit Leistungserbringern nach § 13 Abs. 4 Satz 2 in Staaten abschließen, in denen die Verordnung (EWG)

Nr. 1408/71 des Rates vom 14. Juni 1971 zur Anwendung der Systeme der sozialen Sicherheit auf Arbeitnehmer und deren Familien, die innerhalb der Gemeinschaft zu- und abwandern (ABl. EG Nr. L 149 S. 2), in ihrer jeweils geltenden Fassung anzuwenden ist.

Dreizehnter Abschnitt. Beteiligung von Patientinnen und Patienten, Beauftragte oder Beauftragter der Bundesregierung für die Belange der Patientinnen und Patienten

§ 140 f Beteiligung von Interessenvertretungen der Patientinnen und Patienten

(1) Die für die Wahrnehmung der Interessen der Patientinnen und Patienten und der Selbsthilfe chronisch kranker und behinderter Menschen maßgeblichen Organisationen sind in Fragen, die die Versorgung betreffen, nach Maßgabe der folgenden Vorschriften zu beteiligen.

(2) [1] Im Gemeinsamen Bundesausschuss nach § 91 und im Beirat der Arbeitsgemeinschaft für Aufgaben der Datentransparenz nach § 303 b erhalten die für die Wahrnehmung der Interessen der Patientinnen und Patienten und der Selbsthilfe chronisch kranker und behinderter Menschen auf Bundesebene maßgeblichen Organisationen ein Mitberatungsrecht; die Organisationen benennen hierzu sachkundige Personen. [2] Das Mitberatungsrecht beinhaltet auch das Recht zur Anwesenheit bei der Beschlussfassung. [3] Die Zahl der sachkundigen Personen soll höchstens der Zahl der von dem Spitzenverband Bund der Krankenkassen entsandten Mitglieder in diesen Gremien entsprechen. [4] Die sachkundigen Personen werden einvernehmlich von den in der Verordnung nach § 140 g genannten oder nach der Verordnung anerkannten Organisationen benannt. [5] Bei Beschlüssen des Gemeinsamen Bundesausschusses nach § 56 Abs. 1, § 92 Abs. 1 Satz 2, § 116 b Abs. 4, § 136 Abs. 2 Satz 2, §§ 137, 137 a, 137 b, 137 c und 137 f erhalten die Organisationen das Recht, Anträge zu stellen.

(3) [1] In den Landesausschüssen nach § 90 sowie den Zulassungsausschüssen nach § 96 und den Berufungsausschüssen nach § 97, soweit Entscheidungen über die ausnahmsweise Besetzung zusätzlicher Vertragsarztsitze nach § 101 Abs. 1 Satz 1 Nr. 3 oder über die Ermächtigung von Ärzten und Einrichtungen betroffen sind, erhalten die auf Landesebene für die Wahrnehmung der Interessen der Patientinnen und Patienten und der Selbsthilfe chronisch kranker und behinderter Menschen maßgeblichen Organisationen ein Mitberatungsrecht; die Organisationen benennen hierzu sachkundige Personen. [2] Das Mitberatungsrecht beinhaltet auch das Recht zur Anwesenheit bei der Beschlussfassung. [3] Die Zahl der sachkundigen Personen soll höchstens der Zahl der von den Krankenkassen entsandten Mitglieder in diesen Gremien entsprechen. [4] Die sachkundigen Personen werden einvernehmlich von den in der Verordnung nach § 140 g genannten oder nach der Verordnung anerkannten Organisationen benannt.

(4) [1] Bei einer Änderung, Neufassung oder Aufhebung der in § 21 Abs. 2, § 84 Abs. 7 Satz 6, §§ 111 b, 112 Abs. 5, § 115 Abs. 5, § 124 Abs. 4, § 125 Abs. 1, § 126 Abs. 1 Satz 3, § 127 Abs. 1 a Satz 1, §§ 132 a, 132 b Abs. 2 und § 132 d Abs. 2 vorgesehenen Rahmenempfehlungen, Empfehlungen und Richtlinien des Spitzenverbandes Bund der Krankenkassen, des Hilfsmittelverzeichnisses nach § 139 sowie bei der Bestimmung der Festbetragsgruppen nach § 36 Abs. 1 und der Festsetzung der Festbeträge nach § 36 Abs. 2 wirken die in der Verordnung nach § 140 g genannten oder nach der Verordnung anerkannten Organisationen beratend mit. [2] Das Mitberatungsrecht beinhaltet auch das Recht zur Anwesenheit bei der Beschlussfassung. [3] Wird ihrem schriftlichen Anliegen nicht gefolgt, sind ihnen auf Verlangen die Gründe dafür schriftlich mitzuteilen.

(5) [1] Die sachkundigen Personen erhalten Reisekosten nach dem Bundesreisekostengesetz oder nach den Vorschriften des Landes über Reisekostenvergütung, Ersatz des Verdienstausfalls in entsprechender Anwendung des § 41 Abs. 2 des Vierten Buches sowie einen Pauschbetrag für Zeitaufwand in Höhe eines Fünfzigstels der monatlichen Bezugsgröße (§ 18 des Vierten Buches) für jeden Kalendertag einer Sitzung. [2] Der Anspruch richtet sich gegen die Gremien, in denen sie als sachkundige Personen mitberatend tätig sind.

(6) [1] Die in der Verordnung nach § 140 g genannten oder nach der Verordnung anerkannten Organisationen sowie die sachkundigen Personen werden bei der Durchführung ihres Mitberatungsrechts nach Absatz 2 vom Gemeinsamen Bundesausschuss durch geeignete Maßnahmen organisatorisch und inhaltlich unterstützt. [2] Hierzu kann der Ge-

meinsame Bundesausschuss eine Stabstelle Patientenbeteiligung einrichten. ³Die Unterstützung erfolgt insbesondere durch Organisation von Fortbildung und Schulungen, Aufbereitung von Sitzungsunterlagen, koordinatorische Leitung des Benennungsverfahrens auf Bundesebene und bei der Ausübung des in Absatz 2 Satz 4 genannten Antragsrechts.

§ 140 g Verordnungsermächtigung

Das Bundesministerium für Gesundheit wird ermächtigt, durch Rechtsverordnung mit Zustimmung des Bundesrates Näheres zu den Voraussetzungen der Anerkennung der für die Wahrnehmung der Interessen der Patientinnen und Patienten und der Selbsthilfe chronisch kranker und behinderter Menschen maßgeblichen Organisationen auf Bundesebene, insbesondere zu den Erfordernissen an die Organisationsform und die Offenlegung der Finanzierung, sowie zum Verfahren der Patientenbeteiligung zu regeln.

§ 140 h Amt, Aufgabe und Befugnisse der oder des Beauftragten der Bundesregierung für die Belange der Patientinnen und Patienten

(1) ¹Die Bundesregierung bestellt eine Beauftragte oder einen Beauftragten für die Belange der Patientinnen und Patienten. ²Der beauftragten Person ist die für die Erfüllung ihrer Aufgabe notwendige Personal- und Sachausstattung zur Verfügung zu stellen. ³Das Amt endet, außer im Falle der Entlassung, mit dem Zusammentreten eines neuen Bundestages.

(2) ¹Aufgabe der beauftragten Person ist es, darauf hinzuwirken, dass die Belange von Patientinnen und Patienten besonders hinsichtlich ihrer Rechte auf umfassende und unabhängige Beratung und objektive Information durch Leistungserbringer, Kostenträger und Behörden im Gesundheitswesen und auf die Beteiligung bei Fragen der Sicherstellung der medizinischen Versorgung berücksichtigt werden. ²Sie setzt sich bei der Wahrnehmung dieser Aufgabe dafür ein, dass unterschiedliche Lebensbedingungen und Bedürfnisse von Frauen und Männern beachtet und in der medizinischen Versorgung sowie in der Forschung geschlechtsspezifische Aspekte berücksichtigt werden.

(3) ¹Zur Wahrnehmung der Aufgabe nach Absatz 2 beteiligen die Bundesministerien die beauftragte Person bei allen Gesetzes-, Verordnungs- und sonstigen wichtigen Vorhaben, soweit sie Fragen der Rechte und des Schutzes von Patientinnen und Patienten behandeln oder berühren. ²Alle Bundesbehörden und sonstigen öffentlichen Stellen im Bereich des Bundes unterstützen die beauftragte Person bei der Erfüllung der Aufgabe.

Fünftes Kapitel. Sachverständigenrat zur Begutachtung der Entwicklung im Gesundheitswesen

§ 141 *(aufgehoben)*

§ 142 Unterstützung der Konzertierten Aktion; Sachverständigenrat

(1) ¹Das Bundesministerium für Gesundheit beruft einen Sachverständigenrat zur Begutachtung der Entwicklung im Gesundheitswesen. ²Zur Unterstützung der Arbeiten des Sachverständigenrates richtet das Bundesministerium für Gesundheit eine Geschäftsstelle ein.

(2) ¹Der Sachverständigenrat hat die Aufgabe, Gutachten zur Entwicklung der gesundheitlichen Versorgung mit ihren medizinischen und wirtschaftlichen Auswirkungen zu erstellen. ²Im Rahmen der Gutachten entwickelt der Sachverständigenrat unter Berücksichtigung der finanziellen Rahmenbedingungen und vorhandener Wirtschaftlichkeitsreserven Prioritäten für den Abbau von Versorgungsdefiziten und bestehenden Überversorgungen und zeigt Möglichkeiten und Wege zur Weiterentwicklung des Gesundheitswesens auf; er kann in seine Gutachten Entwicklungen in anderen Zweigen der Sozialen Sicherung einbeziehen. ³Das Bundesministerium für Gesundheit kann den Gegenstand der Gutachten näher bestimmen sowie den Sachverständigenrat mit der Erstellung von Sondergutachten beauftragen.

(3) ¹Der Sachverständigenrat erstellt das Gutachten im Abstand von zwei Jahren und leitet es dem Bundesministerium für Gesundheit in der Regel zum 15. April, erstmals im Jahr 2005, zu. ²Das Bundesministerium für Gesundheit legt das Gutachten den gesetzgebenden Körperschaften des Bundes unverzüglich vor.

Sechstes Kapitel. Organisation der Krankenkassen

Erster Abschnitt. Arten der Krankenkassen

Erster Titel. Ortskrankenkassen

§ 143 Bezirk der Ortskrankenkassen

(1) Ortskrankenkassen bestehen für abgegrenzte Regionen.

(2) ¹Die Landesregierung kann die Abgrenzung der Regionen durch Rechtsverordnung regeln. ²Die Landesregierung kann die Ermächtigung auf die nach Landesrecht zuständige Behörde übertragen.

(3) Die betroffenen Länder können durch Staatsvertrag vereinbaren, daß sich die Region über mehrere Länder erstreckt.

§ 144 Freiwillige Vereinigung

(1) ¹Ortskrankenkassen können sich auf Beschluss ihrer Verwaltungsräte auch dann vereinigen, wenn sich der Bezirk der neuen Krankenkasse nach der Vereinigung über das Gebiet eines Landes hinaus erstreckt. ²Der Beschluß bedarf der Genehmigung der vor der Vereinigung zuständigen Aufsichtsbehörden.

(2) Die beteiligten Krankenkassen fügen dem Antrag auf Genehmigung eine Satzung, einen Vorschlag zur Berufung der Mitglieder der Organe, ein Konzept zur Organisations-, Personal- und Finanzstruktur der neuen Krankenkasse einschließlich der Zahl und der Verteilung ihrer Geschäftsstellen sowie eine Vereinbarung über die Rechtsbeziehungen zu Dritten bei.

(3) Die Aufsichtsbehörde genehmigt die Satzung und die Vereinbarung, beruft die Mitglieder der Organe und bestimmt den Zeitpunkt, an dem die Vereinigung wirksam wird.

(4) ¹Mit diesem Zeitpunkt sind die bisherigen Krankenkassen geschlossen. ²Die neue Krankenkasse tritt in die Rechte und Pflichten der bisherigen Krankenkassen ein.

§ 145 Vereinigung innerhalb eines Landes auf Antrag

(1) Die Landesregierung kann auf Antrag einer Ortskrankenkasse oder des Landesverbandes durch Rechtsverordnung einzelne oder alle Ortskrankenkassen des Landes nach Anhörung der betroffenen Ortskrankenkassen und ihrer Landesverbände vereinigen, wenn
1. durch die Vereinigung die Leistungsfähigkeit der betroffenen Krankenkassen verbessert werden kann oder
2. der Bedarfssatz einer Ortskrankenkasse den durchschnittlichen Bedarfssatz aller Ortskrankenkassen auf Bundes- oder Landesebene um mehr als 5 vom Hundert übersteigt. § 313 Abs. 10 Buchstabe a gilt entsprechend.

(2) Die Landesregierung vereinigt auf Antrag des Landesverbandes durch Rechtsverordnung einzelne oder alle Ortskrankenkassen des Landes nach Anhörung der betroffenen Ortskrankenkassen und ihrer Landesverbände, wenn
1. die Voraussetzungen nach Absatz 1 erfüllt sind und
2. eine freiwillige Vereinigung innerhalb von zwölf Monaten nach Antragstellung nicht zustande gekommen ist. Erstreckt sich der Bezirk nach der Vereinigung der Ortskrankenkassen über das Gebiet eines Landes hinaus, gilt § 143 Abs. 3 entsprechend.

(3) ¹Bedarfssatz ist das Verhältnis der Ausgaben für Leistungen zur Summe der beitragspflichtigen Einnahmen der Mitglieder im abgelaufenen Geschäftsjahr. ²Die Ausgaben sind zu mindern um die von Dritten erstatteten Ausgaben für Leistungen, um die Ausgaben für Mehr- und Erprobungsleistungen sowie für Leistungen, auf die kein Rechtsanspruch besteht, um den nach § 266 erhaltenen Risikostrukturausgleich und um den nach § 269 erhaltenen Ausgleich aus dem Risikopool. ³Zu den Ausgaben zählen auch die nach den §§ 266 und 269 zu tragenden Ausgleiche.

§ 146 Verfahren bei Vereinigung innerhalb eines Landes auf Antrag

(1) Werden Ortskrankenkassen nach § 145 vereinigt, legen sie der Aufsichtsbehörde eine Satzung, einen Vorschlag zur Berufung der Mitglieder der Organe und eine Vereinbarung über die Neuordnung der Rechtsbeziehungen zu Dritten vor.

(2) Die Aufsichtsbehörde genehmigt die Satzung und die Vereinbarung, beruft die Mitglieder der Organe und bestimmt den Zeitpunkt, an dem die Vereinigung wirksam wird.

(3) [1]Mit diesem Zeitpunkt sind die bisherigen Krankenkassen geschlossen. [2]Die neue Krankenkasse tritt in die Rechte und Pflichten der bisherigen Krankenkassen ein.

(4) [1]Kommen die beteiligten Krankenkassen ihrer Verpflichtung nach Absatz 1 nicht innerhalb einer von der Aufsichtsbehörde gesetzten Frist nach, setzt die Aufsichtsbehörde die Satzung fest, bestellt die Mitglieder der Organe, regelt die Neuordnung der Rechtsbeziehungen zu Dritten und bestimmt den Zeitpunkt, an dem die Vereinigung wirksam wird. [2]Absatz 3 gilt.

§ 146a Schließung

[1]Eine Ortskrankenkasse wird von der Aufsichtsbehörde geschlossen, wenn ihre Leistungsfähigkeit nicht mehr auf Dauer gesichert ist. [2]Die Aufsichtsbehörde bestimmt den Zeitpunkt, an dem die Schließung wirksam wird. [3]§ 155, mit Ausnahme von Absatz 4 Satz 9, und § 164 Abs. 2 bis 5 gelten entsprechend.

Zweiter Titel. Betriebskrankenkassen

§ 147 Errichtung

(1) Der Arbeitgeber kann für einen oder mehrere Betriebe eine Betriebskrankenkasse errichten, wenn

1. in diesen Betrieben regelmäßig mindestens 1.000 Versicherungspflichtige beschäftigt werden und
2. ihre Leistungsfähigkeit auf Dauer gesichert ist.

(2) [1]Bei Betriebskrankenkassen, deren Satzung keine Regelung nach § 173 Abs. 2 Satz 1 Nr. 4 enthält, kann der Arbeitgeber auf seine Kosten die für die Führung der Geschäfte erforderlichen Personen bestellen. [2]Nicht bestellt werden dürfen Personen, die im Personalbereich des Betriebes oder Dienstbetriebes tätig sein dürfen. [3]Wird eine Betriebskrankenkasse nach dem 31. Dezember 1995 errichtet, ist in der dem Antrag auf Genehmigung nach § 148 Abs. 3 beigefügten Satzung zu bestimmen, ob der Arbeitgeber auf seine Kosten das Personal bestellt. [4]Lehnt der Arbeitgeber die weitere Übernahme der Kosten des für die Führung der Geschäfte erforderlichen Personals durch unwiderrufliche Erklärung gegenüber dem Vorstand der Krankenkasse ab, übernimmt die Betriebskrankenkasse spätestens zum 1. Januar des auf den Zugang der Erklärung folgenden übernächsten Kalenderjahres die bisher mit der Führung der Geschäfte der Betriebskrankenkasse beauftragten Personen, wenn diese zustimmen. [5]Die Betriebskrankenkasse tritt in die Rechte und Pflichten aus den Dienst- oder Arbeitsverhältnissen der übernommenen Personen ein; § 613a des Bürgerlichen Gesetzbuchs ist entsprechend anzuwenden. [6]Neueinstellungen nimmt vom Tag des Zugangs der Erklärung nach Satz 4 an die Betriebskrankenkasse vor. [7]Die Sätze 4 bis 6 gelten entsprechend, wenn die Betriebskrankenkasse in ihrer Satzung eine Regelung nach § 173 Abs. 2 Satz 1 Nr. 4 vorsieht, vom Tag des Wirksamwerdens dieser Satzungsbestimmung an.

(2a) [1]Betriebskrankenkassen nach Absatz 2 Satz 1, bei denen der Arbeitgeber auf seine Kosten die für die Führung der Geschäfte erforderlichen Personen bestellt, leiten 85 vom Hundert ihrer Zuweisungen, die sie nach § 270 Absatz 1 Satz 1 Buchstabe c erhalten, an den Arbeitgeber weiter. [2]Trägt der Arbeitgeber die Kosten der für die Führung der Geschäfte der Betriebskrankenkasse erforderlichen Personen nur anteilig, reduziert sich der von der Betriebskrankenkasse an den Arbeitgeber weiterzuleitende Betrag entsprechend. [3]Die weitergeleiteten Beträge sind gesondert auszuweisen. [4]Der weiterzuleitende Betrag nach den Sätzen 1 und 2 ist auf die Höhe der Kosten begrenzt, die der Arbeitgeber tatsächlich trägt.

(3) [1]Betriebskrankenkassen, deren Satzung am 1. Januar 2004 eine Regelung nach § 173 Abs. 2 Satz 1 Nr. 4 enthält und bei denen der Arbeitgeber die Kosten des für die Führung der Geschäfte erforderlichen Personals trägt, übernehmen spätestens bis zum 31. Dezem-

ber 2004 die mit der Führung der Geschäfte beauftragten Personen, wenn diese zustimmen. [2]Absatz 2 Satz 5 gilt entsprechend. [3]Neueinstellungen nimmt ab dem 1. Januar 2004 die Betriebskrankenkasse vor.

(4) [1]Absatz 1 gilt nicht für Betriebe, die als Leistungserbringer zugelassen sind oder deren maßgebliche Zielsetzung die Wahrnehmung wirtschaftlicher Interessen von Leistungserbringern ist, soweit sie nach diesem Buch Verträge mit den Krankenkassen oder deren Verbänden zu schließen haben. [2]Satz 1 gilt nicht für Leistungserbringer, die nicht überwiegend Leistungen auf Grund von Verträgen mit den Krankenkassen oder deren Verbänden erbringen.

§ 148 Verfahren bei Errichtung

(1) [1]Die Errichtung der Betriebskrankenkasse bedarf der Genehmigung der nach der Errichtung zuständigen Aufsichtsbehörde. [2]Die Genehmigung darf nur versagt werden, wenn eine der in § 147 Abs. 1 genannten Voraussetzungen nicht vorliegt oder die Krankenkasse zum Errichtungszeitpunkt nicht 1.000 Mitglieder haben wird.

(2) [1]Die Errichtung bedarf der Zustimmung der Mehrheit der im Betrieb Beschäftigten. [2]Die Aufsichtsbehörde oder die von ihr beauftragte Behörde leitet die Abstimmung. [3]Die Abstimmung ist geheim.

(3) [1]Der Arbeitgeber hat dem Antrag auf Genehmigung eine Satzung beizufügen. [2]Die Aufsichtsbehörde genehmigt die Satzung und bestimmt den Zeitpunkt, an dem die Errichtung wirksam wird.

§ 149 Ausdehnung auf weitere Betriebe

[1]Eine Betriebskrankenkasse, deren Satzung keine Regelung nach § 173 Abs. 2 Satz 1 Nr. 4 enthält, kann auf Antrag des Arbeitgebers auf weitere Betriebe desselben Arbeitgebers ausgedehnt werden. [2]§ 148 gilt entsprechend.

§ 150 Freiwillige Vereinigung

(1) [1]Betriebskrankenkassen können sich auf Beschluß ihrer Verwaltungsräte zu einer gemeinsamen Betriebskrankenkasse vereinigen. [2]Der Beschluß bedarf der Genehmigung der vor der Vereinigung zuständigen Aufsichtsbehörden.

(2) [1]§ 144 Abs. 2 bis 4 gilt entsprechend. [2]Für Betriebskrankenkassen, deren Satzungen eine Regelung nach § 173 Abs. 2 Satz 1 Nr. 4 enthalten, gelten die §§ 145 und 146 entsprechend; für die Vereinigung einer oder mehrerer bundesunmittelbarer Betriebskrankenkassen mit anderen Betriebskrankenkassen gilt § 168a Abs. 2 entsprechend.

§ 151 Ausscheiden von Betrieben

(1) Geht von mehreren Betrieben desselben Arbeitgebers, für die eine gemeinsame Betriebskrankenkasse besteht, einer auf einen anderen Arbeitgeber über, kann jeder beteiligte Arbeitgeber das Ausscheiden des übergegangenen Betriebes aus der gemeinsamen Betriebskrankenkasse beantragen.

(2) [1]Besteht für mehrere Betriebe verschiedener Arbeitgeber eine gemeinsame Betriebskrankenkasse, kann jeder beteiligte Arbeitgeber beantragen, mit seinem Betrieb aus der gemeinsamen Betriebskrankenkasse auszuscheiden. [2]Satz 1 gilt nicht für Betriebskrankenkassen mehrerer Arbeitgeber, deren Satzung eine Regelung nach § 173 Abs. 2 Satz 1 Nr. 4 enthält.

(3) [1]Über den Antrag auf Ausscheiden des Betriebes aus der gemeinsamen Betriebskrankenkasse entscheidet die Aufsichtsbehörde. [2]Sie bestimmt den Zeitpunkt, an dem das Ausscheiden wirksam wird.

§ 152 Auflösung

[1]Eine Betriebskrankenkasse kann auf Antrag des Arbeitgebers aufgelöst werden, wenn der Verwaltungsrat mit einer Mehrheit von mehr als drei Vierteln der stimmberechtigten Mitglieder zustimmt. [2]Über den Antrag entscheidet die Aufsichtsbehörde. [3]Sie bestimmt den Zeitpunkt, an dem die Auflösung wirksam wird. [4]Die Sätze 1 und 2 gelten nicht, wenn die Satzung der Betriebskrankenkasse eine Regelung nach § 173 Abs. 2 Satz 1 Nr. 4

enthält. ⁵Für Betriebskrankenkassen mehrerer Arbeitgeber, die nach dem 31. Dezember 1995 vereinigt wurden, ist der Antrag nach Satz 1 von allen beteiligten Arbeitgebern zu stellen.

§ 153 Schließung

¹Eine Betriebskrankenkasse wird von der Aufsichtsbehörde geschlossen, wenn
1. der Betrieb schließt, für den sie errichtet worden ist und die Satzung keine Regelung nach § 173 Abs. 2 Satz 1 Nr. 4 enthält,
2. sie nicht hätte errichtet werden dürfen oder
3. ihre Leistungsfähigkeit nicht mehr auf Dauer gesichert ist.

²Die Aufsichtsbehörde bestimmt den Zeitpunkt, an dem die Schließung wirksam wird.

§ 154 *(aufgehoben)*

§ 155 Abwicklung der Geschäfte, Haftung für Verpflichtungen

(1) ¹Der Vorstand einer aufgelösten oder geschlossenen Betriebskrankenkasse wickelt die Geschäfte ab. ²Bis die Geschäfte abgewickelt sind, gilt die Betriebskrankenkasse als fortbestehend, soweit es der Zweck der Abwicklung erfordert. ³Scheidet ein Vorstand nach Auflösung oder Schließung aus dem Amt, bestimmt die Aufsichtsbehörde nach Anhörung des Spitzenverbandes Bund der Krankenkassen und des Landesverbandes den Abwicklungsvorstand. ⁴§ 35a Abs. 7 des Vierten Buches gilt entsprechend.

(2) ¹Der Vorstand macht die Auflösung oder Schließung öffentlich bekannt. ²Die Befriedigung von Gläubigern, die ihre Forderungen nicht innerhalb von sechs Monaten nach der Bekanntmachung anmelden, kann verweigert werden, wenn die Bekanntmachung einen entsprechenden Hinweis enthält. ³Bekannte Gläubiger sind unter Hinweis auf diese Folgen zur Anmeldung besonders aufzufordern. ⁴Die Sätze 2 und 3 gelten nicht für Ansprüche aus der Versicherung sowie für Forderungen auf Grund zwischen- oder überstaatlichen Rechts.

(3) ¹Verbleibt nach Abwicklung der Geschäfte noch Vermögen, geht dieses auf den Landesverband über. ²Das Vermögen geht auf den Spitzenverband Bund der Krankenkassen über, der dieses auf die übrigen Betriebskrankenkassen verteilt, wenn der Landesverband nicht besteht oder die Betriebskrankenkasse keinem Landesverband angehörte.

(4) ¹Reicht das Vermögen einer aufgelösten oder geschlossenen Betriebskrankenkasse nicht aus, um die Gläubiger zu befriedigen, hat der Arbeitgeber die Verpflichtungen zu erfüllen. ²Sind mehrere Arbeitgeber beteiligt, haften sie als Gesamtschuldner. ³Reicht das Vermögen des Arbeitgebers nicht aus, um die Gläubiger zu befriedigen, haben die übrigen Betriebskrankenkassen die Verpflichtungen zu erfüllen. ⁴Die Sätze 1 bis 3 gelten nicht, wenn die Satzung der geschlossenen Betriebskrankenkasse eine Regelung nach § 173 Abs. 2 Satz 1 Nr. 4 enthält; in diesem Fall haben die übrigen Betriebskrankenkassen die Verpflichtungen zu erfüllen. ⁵Die Erfüllung der Verpflichtungen nach den Sätzen 3 und 4 kann nur vom Spitzenverband Bund der Krankenkassen verlangt werden, der die Verteilung auf die einzelnen Betriebskrankenkassen vornimmt und die zur Tilgung erforderlichen Beträge von den Betriebskrankenkassen anfordert. ⁶Sind die Betriebskrankenkassen zur Erfüllung dieser Verpflichtungen nicht in der Lage, macht der Spitzenverband Bund der Krankenkassen den nicht gedeckten Betrag bei allen anderen Krankenkassen mit Ausnahme der Landwirtschaftlichen Krankenkassen geltend. ⁷Klagen gegen die Geltendmachung der Beträge und gegen ihre Vollstreckung haben keine aufschiebende Wirkung. ⁸Übersteigen die Verpflichtungen einer Betriebskrankenkasse ihr Vermögen zum Zeitpunkt des Inkrafttretens einer Satzungsbestimmung nach § 173 Abs. 2 Satz 1 Nr. 4, hat der Arbeitgeber den Unterschiedsbetrag innerhalb von sechs Monaten nach dem Inkrafttreten der Satzungsbestimmung auszugleichen. ⁹§ 164 Abs. 2 bis 4 gilt entsprechend mit der Maßgabe, dass § 164 Abs. 3 Satz 3 nur für Beschäftigte gilt, deren Arbeitsverhältnis nicht durch ordentliche Kündigung beendet werden kann.

(5) ¹Für die Erfüllung
1. einer am 1. Januar 2008 bestehende Verschuldung,
2. der sonstigen Schließungskosten, wenn die Auflösung oder Schließung innerhalb von 10 Jahren nach dem 1. Januar 2008 erfolgt und die an diesem Tag bestehende Verschuldung nach Nummer 1 zum Zeitpunkt der Auflösung oder Schließung noch nicht getilgt war,

50 SGB V

3. der Ansprüche der Leistungserbringer und der Ansprüche aus der Versicherung,
4. der in § 171d Abs. 1 Satz 3 genannten Verpflichtungen bis zum 31. Dezember 2049 sowie
5. der Forderungen auf Grund zwischen- und überstaatlichen Rechts

einer aufgelösten oder geschlossenen Betriebskrankenkasse haftet auch die neue Krankenkasse, wenn sich eine Betriebskrankenkasse nach dem 1. April 2007 mit einer anderen Krankenkasse nach § 171a vereinigt und die neue Krankenkasse einer anderen Kassenart angehört. [2]Die Haftung nach Satz 1 wird nicht dadurch berührt, dass sich die aufgelöste oder geschlossene Betriebskrankenkasse nach dem 1. April 2007 mit einer anderen Krankenkasse nach § 171a vereinigt hat und die neue Krankenkasse einer anderen Kassenart angehört. [3]Der Spitzenverband Bund der Krankenkassen stellt für jede Betriebskrankenkasse die Höhe der am 1. Januar 2008 bestehenden Verschuldung fest und nimmt ihre Verteilung auf die einzelnen Betriebskrankenkassen bei Auflösung oder Schließung einer Betriebskrankenkasse vor. [4]Absatz 4 Satz 5 bis 7 gilt entsprechend.

§ 156 Betriebskrankenkassen öffentlicher Verwaltungen

[1]Die §§ 147 bis 155 Abs. 4 gelten entsprechend für Dienstbetriebe von Verwaltungen des Bundes, der Länder, der Gemeindeverbände oder der Gemeinden. [2]An die Stelle des Arbeitgebers tritt die Verwaltung.

Dritter Titel. Innungskrankenkassen

§ 157 Errichtung

(1) Eine oder mehrere Handwerksinnungen können für die Handwerksbetriebe ihrer Mitglieder, die in die Handwerksrolle eingetragen sind, eine Innungskrankenkasse errichten.

(2) Eine Innungskrankenkasse darf nur errichtet werden, wenn
1. in den Handwerksbetrieben der Mitglieder der Handwerksinnung regelmäßig mindestens 1.000 Versicherungspflichtige beschäftigt werden,
2. ihre Leistungsfähigkeit auf Dauer gesichert ist.

(3) Absatz 1 gilt nicht für Handwerksbetriebe, die als Leistungserbringer zugelassen sind, soweit sie nach diesem Buch Verträge mit den Krankenkassen oder deren Verbänden zu schließen haben.

§ 158 Verfahren bei Errichtung

(1) [1]Die Errichtung der Innungskrankenkasse bedarf der Genehmigung der nach der Errichtung zuständigen Aufsichtsbehörde. [2]Die Genehmigung darf nur versagt werden, wenn eine der in § 157 genannten Voraussetzungen nicht vorliegt oder die Krankenkasse zum Errichtungszeitpunkt nicht 1.000 Mitglieder haben wird.

(2) Die Errichtung bedarf der Zustimmung der Innungsversammlung und der Mehrheit der in den Innungsbetrieben Beschäftigten.

(3) [1]Für das Verfahren gilt § 148 Abs. 2 Satz 2 und 3 und Abs. 3 entsprechend. [2]An die Stelle des Arbeitgebers tritt die Handwerksinnung.

§ 159 Ausdehnung auf weitere Handwerksinnungen

(1) [1]Wird eine Handwerksinnung, die allein oder gemeinsam mit anderen Handwerksinnungen eine Innungskrankenkasse errichtet hat (Trägerinnung), mit einer anderen Handwerksinnung vereinigt, für die keine Innungskrankenkasse besteht, so gehören die in den Betrieben der anderen Handwerksinnung versicherungspflichtigen Beschäftigten der Innungskrankenkasse an, wenn die Mehrheit der in den Innungsbetrieben Beschäftigten zustimmt; § 157 Abs. 2 Nr. 2 gilt entsprechend. [2]Satz 1 gilt entsprechend, wenn eine Trägerinnung ihren Zuständigkeitsbereich örtlich oder sachlich erweitert. [3]§ 158 gilt entsprechend.

(2) [1]Wird auf Grund von Änderungen des Handwerksrechts der Kreis der Innungsmitglieder einer Trägerinnung verändert, hat die zuständige Aufsichtsbehörde den Mitgliederkreis der Innungskrankenkasse entsprechend anzupassen. [2]Sind von der Anpassung

mehr als 1.000 Beschäftigte von Innungsmitgliedern der Trägerinnung betroffen, gelten die §§ 157, 158 entsprechend.

(3) Erstreckt sich die Innungskrankenkasse nach der Anpassung über die Bezirke mehrerer Aufsichtsbehörden, treffen die Entscheidung nach Absatz 2 die Aufsichtsbehörden, die vor der Anpassung zuständig waren.

§ 160 Vereinigung von Innungskrankenkassen

(1) ¹Innungskrankenkassen können sich auf Beschluß ihrer Verwaltungsräte miteinander vereinigen. ²Der Beschluß bedarf der Genehmigung der vor der Vereinigung zuständigen Aufsichtsbehörden. ³Für das Verfahren gilt § 144 Abs. 2 bis 4 entsprechend.

(2) ¹Innungskrankenkassen werden vereinigt, wenn sich ihre Trägerinnungen vereinigen. ²Für das Verfahren gilt § 146 entsprechend.

(3) Für die Vereinigung von Innungskrankenkassen durch die Landesregierung gelten die §§ 145 und 146 entsprechend.

§ 161 Ausscheiden einer Handwerksinnung

¹Eine Handwerksinnung kann das Ausscheiden aus einer gemeinsamen Innungskrankenkasse beantragen. ²Über den Antrag auf Ausscheiden entscheidet die Aufsichtsbehörde. ³Sie bestimmt den Zeitpunkt, an dem das Ausscheiden wirksam wird. ⁴Die Sätze 1 bis 3 gelten nicht für Innungskrankenkassen, deren Satzung eine Regelung nach § 173 Abs. 2 Satz 1 Nr. 4 enthält.

§ 162 Auflösung

¹Eine Innungskrankenkasse kann auf Antrag der Innungsversammlung nach Anhörung des Gesellenausschusses, eine gemeinsame Innungskrankenkasse auf Antrag aller Innungsversammlungen nach Anhörung der Gesellenausschüsse aufgelöst werden, wenn der Verwaltungsrat mit einer Mehrheit von mindestens drei Vierteln der stimmberechtigten Mitglieder zustimmt. ²Über den Antrag entscheidet die Aufsichtsbehörde. ³Sie bestimmt den Zeitpunkt, an dem die Auflösung wirksam wird. ⁴Die Sätze 1 bis 3 gelten nicht, wenn die Satzung der Innungskrankenkasse eine Regelung nach § 173 Abs. 2 Satz 1 Nr. 4 enthält.

§ 163 Schließung

¹Eine Innungskrankenkasse wird von der Aufsichtsbehörde geschlossen, wenn
1. die Handwerksinnung, die sie errichtet hat, aufgelöst wird, eine gemeinsame Innungskrankenkasse dann, wenn alle beteiligten Handwerksinnungen aufgelöst werden,
2. sie nicht hätte errichtet werden dürfen oder
3. ihre Leistungsfähigkeit nicht mehr auf Dauer gesichert ist.

²Die Aufsichtsbehörde bestimmt den Zeitpunkt, an dem die Schließung wirksam wird. ³Satz 1 Nr. 1 gilt nicht, wenn die Satzung der Innungskrankenkasse eine Regelung nach § 173 Abs. 2 Satz 1 Nr. 4 enthält.

§ 164 Auseinandersetzung, Abwicklung der Geschäfte, Haftung bei Verpflichtungen, Dienstordnungsangestellte

(1) ¹Bei Auflösung und Schließung von Innungskrankenkassen gelten die §§ 154 und 155 Abs. 1 bis 3 entsprechend. ²Reicht das Vermögen einer aufgelösten oder geschlossenen Innungskrankenkasse nicht aus, um die Gläubiger zu befriedigen, hat die Handwerksinnung die Verpflichtungen zu erfüllen. ³Sind mehrere Handwerksinnungen beteiligt, haften sie als Gesamtschuldner. ⁴Reicht das Vermögen der Handwerksinnung nicht aus, um die Gläubiger zu befriedigen, haben die übrigen Innungskrankenkassen die Verpflichtungen zu erfüllen. ⁵Die Sätze 2 bis 4 gelten nicht, wenn die Satzung der geschlossenen Innungskrankenkasse eine Regelung nach § 173 Abs. 2 Satz 1 Nr. 4 enthält; in diesem Fall haben die übrigen Innungskrankenkassen die Verpflichtungen zu erfüllen. ⁶Für die Haftung nach den Sätzen 4 und 5 gilt § 155 Abs. 4 Satz 5 bis 7 und Abs. 5 entsprechend. ⁷Für die Haftung im Zeitpunkt des Inkrafttretens einer Satzungsbestimmung nach § 173 Abs. 2 Satz 1 Nr. 4 gilt § 155 Abs. 4 Satz 8 entsprechend.

(2) Die Versorgungsansprüche der am Tag der Auflösung oder Schließung einer Innungskrankenkasse vorhandenen Versorgungsempfänger und ihrer Hinterbliebenen bleiben unberührt.

(3) ¹Die dienstordnungsmäßigen Angestellten sind verpflichtet, eine vom Landesverband der Innungskrankenkassen nachgewiesene dienstordnungsmäßige Stellung bei ihm oder einer anderen Innungskrankenkasse anzutreten, wenn die Stellung nicht in auffälligem Mißverhältnis zu den Fähigkeiten der Angestellten steht. ²Entstehen hierdurch geringere Besoldungs- oder Versorgungsansprüche, sind diese auszugleichen. ³Den übrigen Beschäftigten ist bei dem Landesverband der Innungskrankenkassen oder einer anderen Innungskrankenkasse eine Stellung anzubieten, die ihnen unter Berücksichtigung ihrer Fähigkeiten und bisherigen Dienststellung zuzumuten ist. ⁴Jede Innungskrankenkasse ist verpflichtet, entsprechend ihrem Anteil an der Zahl der Versicherten aller Innungskrankenkassen dienstordnungsmäßige Stellungen nach Satz 1 nachzuweisen und Anstellungen nach Satz 3 anzubieten; die Nachweise und Angebote sind den Beschäftigten in geeigneter Form zugänglich zu machen.

(4) ¹Die Vertragsverhältnisse der Beschäftigten, die nicht nach Absatz 3 untergebracht werden, enden mit dem Tag der Auflösung oder Schließung. ²Vertragsmäßige Rechte, zu einem früheren Zeitpunkt zu kündigen, werden hierdurch nicht berührt.

(5) Für die Haftung aus den Verpflichtungen nach den Absätzen 2 bis 4 gilt Absatz 1 und § 155 Abs. 5 entsprechend.

Vierter Titel. *(aufgehoben)*

§ 165 *(aufgehoben)*

Fünfter Titel. Landwirtschaftliche Krankenkassen

§ 166 Landwirtschaftliche Krankenkassen

¹Träger der Krankenversicherung der Landwirte sind die in § 17 des Zweiten Gesetzes über die Krankenversicherung der Landwirte vorgesehenen Krankenkassen. ²Es gelten die Vorschriften der Gesetze über die Krankenversicherung der Landwirte.

Sechster Titel. Deutsche Rentenversicherung Knappschaft-Bahn-See

§ 167 Deutsche Rentenversicherung Knappschaft-Bahn-See

Die Deutsche Rentenversicherung Knappschaft-Bahn-See führt die Krankenversicherung nach den Vorschriften dieses Buches durch.

Siebter Titel. Ersatzkassen

§ 168 Ersatzkassen

(1) Ersatzkassen sind am 31. Dezember 1992 bestehende Krankenkassen, bei denen Versicherte die Mitgliedschaft bis zum 31. Dezember 1995 durch Ausübung des Wahlrechts erlangen können.

(2) Beschränkungen des aufnahmeberechtigten Mitgliederkreises sind nicht zulässig.

(3) ¹Der Bezirk einer Ersatzkasse kann durch Satzungsregelung auf das Gebiet eines oder mehrerer Länder oder das Bundesgebiet erweitert werden. ²Die Satzungsregelung bedarf der Genehmigung der vor der Erweiterung zuständigen Aufsichtsbehörde.

§ 168a Vereinigung von Ersatzkassen

(1) ¹Ersatzkassen können sich auf Beschluß ihrer Verwaltungsräte vereinigen. ²Der Beschluß bedarf der Genehmigung der vor der Vereinigung zuständigen Aufsichtsbehörden. ³Für das Verfahren gilt § 144 Abs. 2 bis 4 entsprechend.

(2) ¹Das Bundesministerium für Gesundheit kann auf Antrag einer Ersatzkasse durch Rechtsverordnung mit Zustimmung des Bundesrates einzelne Ersatzkassen nach Anhörung der betroffenen Ersatzkassen vereinigen. ²Für die Vereinigung von Ersatzkassen durch Rechtsverordnung des Bundesministeriums für Gesundheit gelten die §§ 145 und 146 entsprechend.

§ 169 *(aufgehoben)*

§ 170 Schließung

¹Eine Ersatzkasse wird von der Aufsichtsbehörde geschlossen, wenn ihre Leistungsfähigkeit nicht mehr auf Dauer gesichert ist. ²Die Aufsichtsbehörde bestimmt den Zeitpunkt, an dem die Schließung wirksam wird.

§ 171 Auseinandersetzung, Abwicklung der Geschäfte, Haftung für Verpflichtungen

¹Bei Schließung gelten die §§ 154, 155 Abs. 1 bis 3 und § 164 Abs. 2 bis 5 entsprechend mit der Maßgabe, dass § 164 Abs. 3 Satz 3 nur für Beschäftigte gilt, deren Arbeitsverhältnis nicht durch ordentliche Kündigung beendet werden kann. ²Reicht das Vermögen einer geschlossenen Ersatzkasse nicht aus, um die Gläubiger zu befriedigen, gilt § 155 Abs. 4 Satz 4 bis 7 und Abs. 5 entsprechend.

Achter Titel. Kassenartenübergreifende Regelungen

§ 171a Kassenartenübergreifende Vereinigung von Krankenkassen

(1) ¹Die im Ersten bis Dritten und Siebten Titel dieses Abschnitts genannten Krankenkassen können sich auf Beschluss ihrer Verwaltungsräte mit den in diesen Titeln genannten Krankenkassen anderer Kassenarten vereinigen. ²Der Beschluss bedarf der Genehmigung der vor der Vereinigung zuständigen Aufsichtsbehörden. ³§ 144 Abs. 2 bis 4 gilt entsprechend mit der Maßgabe, dass dem Antrag auf Genehmigung auch eine Erklärung beizufügen ist, welche Kassenartzugehörigkeit aufrechterhalten bleiben soll. ⁴Soll danach die neue Krankenkasse Mitglied des Verbandes werden, dem die an der Vereinigung beteiligte Krankenkasse mit der kleinsten Mitgliederzahl am Tag der Beantragung der Genehmigung angehört hat, kann dieser die Mitgliedschaft der neuen Krankenkasse gegenüber den Aufsichtsbehörden nach Satz 2 ablehnen, wenn auf Grund einer von der Aufsichtsbehörde dieses Verbandes durchgeführten Prüfung einvernehmlich festgestellt wird, dass hierdurch seine finanziellen Grundlagen gefährdet würden.

(2) ¹Die neue Krankenkasse hat für die Dauer von fünf Jahren nach dem Wirksamwerden der Vereinigung Zahlungsverpflichtungen auf Grund der Haftung nach Schließung einer Krankenkasse oder der Gewährung finanzieller Hilfen nach § 265a gegenüber den Verbänden zu erfüllen, denen gegenüber die an der Vereinigung beteiligten Krankenkassen ohne die Vereinigung zahlungspflichtig geworden wären. ²§ 155 Abs. 5 gilt. ³Die für die Ermittlung der Zahlungsverpflichtung maßgeblichen Größen sind auf die neue Krankenkasse unter Zugrundelegung des Verhältnisses anzuwenden, in dem diese Größen bei den an der Vereinigung beteiligten Krankenkassen am Tag der Stellung des Antrags auf Genehmigung der Vereinigung zueinander gestanden haben. ⁴Die neue Krankenkasse hat den betroffenen Verbänden die für die Ermittlung der Höhe des Zahlungsanspruchs erforderlichen Angaben mitzuteilen. ⁵Handelt es sich bei der neuen Krankenkasse um eine Betriebs- oder Ersatzkasse, gilt bei Schließung dieser Krankenkasse § 164 Abs. 2 bis 5 entsprechend.

§ 171b Insolvenz von Krankenkassen

(1) ¹Vom 1. Januar 2010 an findet § 12 Abs. 1 Nr. 2 der Insolvenzordnung auf Krankenkassen keine Anwendung. ²Von diesem Zeitpunkt an gilt die Insolvenzordnung für die Krankenkassen nach Maßgabe der nachfolgenden Absätze.

(2) ¹Wird eine Krankenkasse zahlungsunfähig oder ist sie voraussichtlich nicht in der Lage, die bestehenden Zahlungspflichten im Zeitpunkt der Fälligkeit zu erfüllen (drohende Zahlungsunfähigkeit), oder tritt Überschuldung ein, hat der Vorstand der Krankenkas-

se dies der zuständigen Aufsichtsbehörde unter Beifügung aussagefähiger Unterlagen unverzüglich anzuzeigen. ²Verbindlichkeiten der Krankenkasse, für die nach § 171d Abs. 1 der Spitzenverband Bund der Krankenkassen haftet, sind bei der Feststellung der Überschuldung nicht zu berücksichtigen.

(3) ¹Der Antrag auf Eröffnung des Insolvenzverfahrens über das Vermögen der Krankenkasse kann nur von der Aufsichtsbehörde gestellt werden. ²Liegen zugleich die Voraussetzungen für eine Schließung wegen auf Dauer nicht mehr gesicherter Leistungsfähigkeit vor, soll die Aufsichtsbehörde anstelle des Antrages nach Satz 1 die Krankenkasse schließen. ³Stellt die Aufsichtsbehörde den Antrag nach Satz 1 nicht innerhalb von drei Monaten nach Eingang der in Absatz 2 Satz 1 genannten Anzeige, ist die spätere Stellung eines Insolvenzantrages so lange ausgeschlossen, wie der Insolvenzgrund, der zu der Anzeige geführt hat, fortbesteht.

(4) ¹Die Aufsichtsbehörde hat den Spitzenverband Bund der Krankenkassen unverzüglich über die Antragstellung nach Absatz 3 Satz 1 zu unterrichten. ²Vor der Bestellung des Insolvenzverwalters hat das Insolvenzgericht die Aufsichtsbehörde zu hören. ³Der Aufsichtsbehörde ist der Eröffnungsbeschluss gesondert zuzustellen. ⁴Die Aufsichtsbehörde und der Spitzenverband Bund der Krankenkassen können jederzeit vom Insolvenzgericht und dem Insolvenzverwalter Auskünfte über den Stand des Verfahrens verlangen.

(5) Mit dem Tag der Eröffnung des Insolvenzverfahrens oder dem Tag der Rechtskraft des Beschlusses, durch den die Eröffnung des Insolvenzverfahrens mangels Masse abgelehnt worden ist, ist die Krankenkasse geschlossen mit der Maßgabe, dass die Abwicklung der Geschäfte der Krankenkasse im Fall der Eröffnung des Insolvenzverfahrens nach den Vorschriften der Insolvenzordnung erfolgt.

(6) ¹Zum Vermögen einer Krankenkasse gehören die Betriebsmittel, die Rücklage und das Verwaltungsvermögen. ²Abweichend von § 260 Abs. 2 Satz 2 bleiben die Beitragsforderungen der Krankenkasse außer Betracht, soweit sie dem Gesundheitsfonds als Sondervermögen zufließen.

(7) Für die bis zum 31. Dezember 2009 entstandenen Wertguthaben aus Altersteilzeitvereinbarungen sind die Verpflichtungen nach § 8a des Altersteilzeitgesetzes vollständig spätestens ab dem 1. Januar 2015 zu erfüllen.

§ 171c Aufhebung der Haftung nach § 12 Abs. 2 der Insolvenzordnung

Vom 1. Januar 2009 an haften die Länder nicht mehr nach § 12 Abs. 2 der Insolvenzordnung für die Ansprüche der Beschäftigten von Krankenkassen auf Leistungen der Altersversorgung und auf Insolvenzgeld.

§ 171d Haftung im Insolvenzfall

(1) ¹Wird über das Vermögen einer Krankenkasse das Insolvenzverfahren eröffnet oder die Eröffnung mangels Masse rechtskräftig abgewiesen (Insolvenzfall), haftet der Spitzenverband Bund der Krankenkassen für die bis zum 31. Dezember 2009 entstandenen Altersversorgungs- und Altersteilzeitverpflichtungen dieser Krankenkasse und für Verpflichtungen aus Darlehen, die zur Ablösung von Verpflichtungen gegenüber einer öffentlich-rechtlichen Einrichtung zur betrieblichen Altersversorgung aufgenommen worden sind, soweit die Erfüllung dieser Verpflichtungen durch den Insolvenzfall beeinträchtigt oder unmöglich wird. ²Soweit der Träger der Insolvenzsicherung nach dem Betriebsrentengesetz die unverfallbaren Altersversorgungsverpflichtungen einer Krankenkasse zu erfüllen hat, ist ein Rückgriff gegen die anderen Krankenkassen oder ihre Verbände ausgeschlossen. ³Der Spitzenverband Bund der Krankenkassen macht die zur Erfüllung seiner Haftungsverpflichtung erforderlichen Beträge bei den übrigen Krankenkassen der Kassenart sowie bis zum 31. Dezember 2049 anteilig auch bei den Krankenkassen geltend, die aus einer Vereinigung nach § 171a hervorgegangen sind, wenn an der Vereinigung eine Krankenkasse beteiligt war, die dieser Kassenart angehört hat. ⁴Sind die in Satz 3 genannten Krankenkassen nicht in der Lage, die Verpflichtungen nach Satz 1 zu erfüllen, macht der Spitzenverband Bund der Krankenkassen den nicht gedeckten Betrag bei allen anderen Krankenkassen geltend. ⁵§ 155 Abs. 4 Satz 7 und § 164 Abs. 2 bis 4 gelten entsprechend.

(1a) Die Haftung für Altersteilzeitverpflichtungen nach Absatz 1 Satz 1 gilt nicht für Insolvenzfälle nach dem 1. Januar 2015.

(2) ¹Das Nähere zur Geltendmachung der Beträge nach Absatz 1 Satz 3 und 4, Absatz 5 Satz 1 und 2 sowie nach § 155 Abs. 4 Satz 5 und 6 und Abs. 5 Satz 1 Nr. 3 und 5 regelt das Bundesministerium für Gesundheit durch Rechtsverordnung mit Zustimmung des

Bundesrates. ²Dabei ist vorzusehen, dass Betriebs- und Innungskrankenkassen, deren Satzungen keine Regelung nach § 173 Abs. 2 Satz 1 Nr. 4 enthalten, an der Finanzierung mit einer Quote in Höhe von 20 Prozent des an sich zu zahlenden Betrages beteiligt werden. ³In der Rechtsverordnung kann auch geregelt werden, welche Angaben die Krankenkassen dem Spitzenverband Bund der Krankenkassen für die Durchführung des Absatzes 1 Satz 3 und 4 mitzuteilen haben, einschließlich der Zeitpunkte für die Übermittlung dieser Angaben.

(3) ¹Im Fall der Insolvenz einer Krankenkasse, bei der vor dem 1. Januar 2010 das Insolvenzverfahren nicht zulässig war, umfasst der Insolvenzschutz nach dem Vierten Abschnitt des Betriebsrentengesetzes nur die Ansprüche und Anwartschaften aus Versorgungszusagen, die nach dem 31. Dezember 2009 entstanden sind. ²Die §§ 7 bis 15 des Betriebsrentengesetzes gelten nicht für Krankenkassen, die auf Grund Landesgesetz Pflichtmitglied beim Kommunalen Versorgungsverband Baden-Württemberg oder Sachsen sind. ³Hiervon ausgenommen ist die AOK Baden-Württemberg. ⁴Falls die Mitgliedschaft endet, gilt Satz 1 entsprechend.

(4) ¹Hat der Spitzenverband Bund der Krankenkassen auf Grund des Absatzes 1 Leistungen zu erbringen, gehen die Ansprüche der Berechtigten auf ihn über; § 9 Absatz 2 bis 3a mit Ausnahme des Absatzes 3 Satz 1 letzter Halbsatz des Betriebsrentengesetzes gilt entsprechend für den Spitzenverband Bund der Krankenkassen. ²Der Spitzenverband Bund der Krankenkassen macht die Ansprüche nach Satz 1 im Insolvenzverfahren zu Gunsten der Krankenkassen nach Absatz 1 Satz 3 und 4 geltend.

(5) ¹Für die in § 155 Abs. 5 Satz 1 Nr. 3 und 5 genannten Ansprüche und Forderungen haften im Insolvenzfall die übrigen Krankenkassen der Kassenart. ²Übersteigen die Verpflichtungen nach Satz 1 1 Prozent des Gesamtbetrages der Zuweisungen, den die Krankenkassen der jeweiligen Kassenart aus dem Gesundheitsfonds jährlich erhalten, haften hierfür auch die Krankenkassen der anderen Kassenarten. ³§ 155 Abs. 4 Satz 5 bis 7 gilt entsprechend. ⁴Soweit Krankenkassen nach Satz 1 oder Satz 2 Leistungen zu erbringen haben, gehen die Ansprüche der Versicherten und der Leistungserbringer auf sie über. ⁵Absatz 4 Satz 2 gilt entsprechend.

§ 171e Deckungskapital für Altersversorgungsverpflichtungen

(1) ¹Krankenkassen haben für Versorgungszusagen, die eine direkte Einstandspflicht nach § 1 Abs. 1 Satz 3 des Betriebsrentengesetzes auslösen sowie für ihre Beihilfeverpflichtungen durch mindestens jährliche Zuführungen vom 1. Januar 2010 an bis spätestens zum 31. Dezember 2049 ein wertgleiches Deckungskapital zu bilden, mit dem der voraussichtliche Barwert dieser Verpflichtungen an diesem Tag vollständig ausfinanziert wird. ²Auf der Passivseite der Vermögensrechnung sind Rückstellungen in Höhe des vorhandenen Deckungskapitals zu bilden. ³Satz 1 gilt nicht, soweit eine Krankenkasse der Aufsichtsbehörde durch ein versicherungsmathematisches Gutachten nachweist, dass für ihre Verpflichtungen aus Versorgungsanwartschaften und -ansprüchen sowie für ihre Beihilfeverpflichtungen ein Deckungskapital besteht, das die in Satz 1 und in der Rechtsverordnung nach Absatz 3 genannten Voraussetzungen erfüllt. ⁴Der Nachweis ist bei wesentlichen Änderungen der Berechnungsgrundlagen, in der Regel alle fünf Jahre, zu aktualisieren. ⁵Das Deckungskapital darf nur zweckentsprechend verwendet werden.

(2) ¹Soweit Krankenversicherungsträger vor dem 31. Dezember 2009 Mitglied einer öffentlich-rechtlichen Versorgungseinrichtung geworden sind, werden die zu erwartenden Versorgungsleistungen im Rahmen der Verpflichtungen nach Absatz 1 entsprechend berücksichtigt. ²Wurde vor dem 31. Dezember 2009 Deckungskapital bei aufsichtspflichtigen Unternehmen im Sinne des § 1 Abs. 1 Nr. 1 und 2 des Versicherungsaufsichtsgesetzes gebildet, wird dieses anteilig berücksichtigt, sofern es sich um Versorgungszusagen nach Absatz 1 Satz 1 handelt. ³Soweit Krankenversicherungsträger dem Versorgungsrücklagegesetz des Bundes oder entsprechender Landesgesetze unterliegen, ist das nach den Vorgaben dieser Gesetze gebildete Kapital ebenfalls zu berücksichtigen.

(3) ¹Das Bundesministerium für Gesundheit regelt durch Rechtsverordnung mit Zustimmung des Bundesrates das Nähere über

1. die Abgrenzung der Versorgungsverpflichtungen, für die das Deckungskapital zu bilden ist,
2. die allgemeinen versicherungsmathematischen Vorgaben für die Ermittlung des Barwertes der Versorgungsverpflichtungen,
3. die Höhe der für die Bildung des Deckungskapitals erforderlichen Zuweisungsbeträge und über die Überprüfung und Anpassung der Höhe der Zuweisungsbeträge,

4. das Zahlverfahren der Zuweisungen zum Deckungskapital,
5. die Anrechnung von Deckungskapital bei den jeweiligen Durchführungswegen der betrieblichen Altersversorgung sowie über die Anlage des Deckungskapitals.
²Das Bundesministerium für Gesundheit kann die Befugnis nach Satz 1 durch Rechtsverordnung mit Zustimmung des Bundesrates auf das Bundesversicherungsamt übertragen. ³In diesem Fall gilt für die dem Bundesversicherungsamt entstehenden Ausgaben § 271 Abs. 6 entsprechend.

(4) Die Ermittlung der Höhe des erforderlichen Deckungskapitals durch die Krankenkasse und die Zuführungspläne zum Deckungskapital sind von der Aufsichtsbehörde zu genehmigen.

(5) ¹Für Amtshandlungen nach Absatz 4 werden Gebühren und Auslagen erhoben. ²Das Bundesministerium für Gesundheit wird ermächtigt, durch Rechtsverordnung mit Zustimmung des Bundesrates die gebührenpflichtigen Tatbestände, die Höhe der Gebühren und die Auslagenerstattung zu bestimmen. ³Es kann dafür feste Sätze, auch in Form von Zeitgebühren, und Rahmensätze vorsehen. ⁴Die Gebührensätze sind so zu bemessen, dass der mit den Amtshandlungen verbundene gesamte Personal- und Sachaufwand der Aufsichtsbehörde gedeckt wird. ⁵Das Bundesministerium für Gesundheit kann die Verordnungsermächtigung nach Satz 2 durch Rechtsverordnung mit Zustimmung des Bundesrates auf das Bundesversicherungsamt übertragen.

§ 171 f Insolvenzfähigkeit von Krankenkassenverbänden

Die §§ 171 b bis 171 e gelten für die Verbände der Krankenkassen entsprechend.

§ 172 Vermeidung der Schließung oder Insolvenz von Krankenkassen

(1) ¹Vor Errichtung, Vereinigung, Öffnung (§ 173 Abs. 2 Satz 1 Nr. 4), Auflösung oder Schließung von Krankenkassen sind die Verbände der beteiligten Krankenkassen zu hören. ²Satz 1 gilt entsprechend, wenn eine Krankenkasse ihren Sitz in den Bezirk eines anderen Verbandes verlegt.

(2) ¹Die Krankenkassen haben dem Spitzenverband Bund der Krankenkassen auf Verlangen unverzüglich die Unterlagen vorzulegen und die Auskünfte zu erteilen, die dieser zur Beurteilung ihrer dauerhaften Leistungsfähigkeit für erforderlich hält, oder ihm auf Verlangen die Einsichtnahme in diese Unterlagen in ihren Räumen zu gestatten. ²Stellt der Spitzenverband Bund der Krankenkassen fest, dass in der letzten Vierteljahresrechnung einer Krankenkasse die Ausgaben die Einnahmen um einen Betrag überstiegen haben, der größer ist als 0,5 Prozent der durchschnittlichen monatlichen Zuweisungen aus dem Gesundheitsfonds für den zu beurteilenden Berichtszeitraum, so hat er hierüber die zuständige Aufsichtsbehörde zu unterrichten. ³Darüber hinaus hat der Spitzenverband Bund der Krankenkassen den Aufsichtsbehörden die in den Jahresrechnungen zum Stichtag 31. Dezember eines jeden Kalenderjahres ausgewiesenen Betriebsmittel, Rücklagen und Geldmittel zur Anschaffung und Erneuerung von Verwaltungsvermögen einer Krankenkasse mitzuteilen. ⁴Die Aufsichtsbehörde hat unter Berücksichtigung der in den Sätzen 2 und 3 genannten Finanzdaten vom Vorstand einer Krankenkasse unverzüglich die Vorlage der in Satz 1 genannten Unterlagen und Auskünfte zu verlangen, wenn sich daraus Anhaltspunkte für eine dauerhafte Gefährdung der wirtschaftlichen Leistungsfähigkeit der Kasse ergeben. ⁵Hält der Verband auf Grund der nach Satz 1 übermittelten Informationen die dauerhafte Leistungsfähigkeit der Krankenkasse für bedroht, hat er die Krankenkasse über geeignete Maßnahmen zur Sicherung ihrer dauerhaften Leistungsfähigkeit zu beraten und die Aufsichtsbehörde der Krankenkasse über die finanzielle Situation der Krankenkasse und die vorgeschlagenen Maßnahmen zu unterrichten. ⁶Kommt eine Krankenkasse ihren Verpflichtungen nach den Sätzen 1 und 4 nicht nach, ist die Aufsichtsbehörde der Krankenkasse auch hierüber zu unterrichten.

(3) ¹Stellt die Aufsichtsbehörde im Benehmen mit dem Spitzenverband Bund der Krankenkassen fest, dass bei einer Krankenkasse nur durch die Vereinigung mit einer anderen Krankenkasse die Leistungsfähigkeit auf Dauer gesichert oder der Eintritt von Zahlungsunfähigkeit oder Überschuldung vermieden werden kann, kann dieser der Aufsichtsbehörde Vorschläge für eine Vereinigung dieser Krankenkasse mit einer anderen Krankenkasse vorlegen. ²Kommt bei der in ihrer Leistungsfähigkeit gefährdeten Krankenkasse ein Beschluss über eine freiwillige Vereinigung innerhalb einer von der Aufsichtsbehörde gesetzten Frist nicht zustande, ersetzt die Aufsichtsbehörde diesen Beschluss.

Zweiter Abschnitt. Wahlrechte der Mitglieder

§ 173 Allgemeine Wahlrechte

(1) Versicherungspflichtige (§ 5) und Versicherungsberechtigte (§ 9) sind Mitglied der von ihnen gewählten Krankenkasse, soweit in den nachfolgenden Vorschriften, im Zweiten Gesetz über die Krankenversicherung der Landwirte oder im Künstlersozialversicherungsgesetz nichts Abweichendes bestimmt ist.

(2) ¹Versicherungspflichtige und Versicherungsberechtigte können wählen
1. die Ortskrankenkasse des Beschäftigungs- oder Wohnorts,
2. jede Ersatzkasse, deren Zuständigkeit sich nach der Satzung auf den Beschäftigungs- oder Wohnort erstreckt,
3. die Betriebs- oder Innungskrankenkasse, wenn sie in dem Betrieb beschäftigt sind, für den die Betriebs- oder die Innungskrankenkasse besteht,
4. die Betriebs- oder Innungskrankenkasse, wenn die Satzung der Betriebs- oder Innungskrankenkasse dies vorsieht,
4 a. die Deutsche Rentenversicherung Knappschaft-Bahn-See,
5. die Krankenkasse, bei der vor Beginn der Versicherungspflicht oder Versicherungsberechtigung zuletzt eine Mitgliedschaft oder eine Versicherung nach § 10 bestanden hat,
6. die Krankenkasse, bei der der Ehegatte versichert ist.

²Falls die Satzung eine Regelung nach Nummer 4 enthält, gilt diese für die Gebiete der Länder, in denen Betriebe oder Innungsbetriebe bestehen und die Zuständigkeit für diese Betriebe sich aus der Satzung der Betriebs- oder Innungskrankenkasse ergibt; soweit eine Satzungsregelung am 31. März 2007 für ein darüber hinaus gehendes Gebiet gegolten hat, bleibt dies unberührt; die Satzung darf das Wahlrecht nicht auf bestimmte Personen beschränken oder von Bedingungen abhängig machen. ³Eine Satzungsregelung nach Satz 1 Nr. 4 kann nicht widerrufen werden. ⁴Ist an der Vereinigung von Betriebskrankenkassen oder von Innungskrankenkassen eine Krankenkasse mit einer Satzungsregelung nach Satz 1 Nr. 4 beteiligt, gilt diese Satzungsregelung auch für die vereinigte Krankenkasse. ⁵Satz 1 Nr. 4 und Satz 4 gelten nicht für Betriebskrankenkassen, die für Betriebe privater Kranken- oder Lebensversicherungen errichtet oder aus einer Vereinigung mit solchen Betriebskrankenkassen hervorgegangen sind, wenn die Satzung dieser Krankenkassen am 26. September 2003 keine Regelung nach Satz 1 Nr. 4 enthalten hat.

(2 a) § 2 Abs. 1 der Verordnung über den weiteren Ausbau der knappschaftlichen Versicherung in der im Bundesgesetzblatt Teil III, Gliederungsnummer 822-4, veröffentlichten bereinigten Fassung, die zuletzt durch Artikel 22 Nr. 1 des Gesetzes vom 22. Dezember 1983 (BGBl. I S. 1532) geändert worden ist, gilt nicht für Personen, die nach dem 31. März 2007 Versicherte der Deutschen Rentenversicherung Knappschaft-Bahn-See werden.

(3) Studenten können zusätzlich die Ortskrankenkasse oder jede Ersatzkasse an dem Ort wählen, in dem die Hochschule ihren Sitz hat.

(4) Nach § 5 Abs. 1 Nr. 5 bis 8 versicherungspflichtige Jugendliche, Teilnehmer an Leistungen zur Teilhabe am Arbeitsleben, behinderte Menschen und nach § 5 Abs. 1 Nr. 11 und 12 versicherte Rentner sowie nach § 9 Abs. 1 Nr. 4 versicherte behinderte Menschen können zusätzlich die Krankenkasse wählen, bei der ein Elternteil versichert ist.

(5) Versicherte Rentner können zusätzlich die Betriebs- oder Innungskrankenkasse wählen, wenn sie in dem Betrieb beschäftigt gewesen sind, für den die Betriebs- oder Innungskrankenkasse besteht.

(6) Für nach § 10 Versicherte gilt die Wahlentscheidung des Mitglieds.

(7) War an einer Vereinigung nach § 171a eine Betriebs- oder Innungskrankenkasse ohne Satzungsregelung nach Absatz 2 Satz 1 Nr. 4 beteiligt, und gehört die aus der Vereinigung hervorgegangene Krankenkasse einem Verband der Betriebs- oder Innungskrankenkassen an, ist die neue Krankenkasse auch für die Versicherungspflichtigen und Versicherungsberechtigten wählbar, die ein Wahlrecht zu der Betriebs- oder Innungskrankenkasse gehabt hätten, wenn deren Satzung vor der Vereinigung eine Regelung nach Absatz 2 Satz 1 Nr. 4 enthalten hätte.

§ 174 Besondere Wahlrechte

(1) *(aufgehoben)*

(2) Für Versicherungspflichtige und Versicherungsberechtigte, die bei einer Betriebs- oder Innungskrankenkasse beschäftigt sind oder vor dem Rentenbezug beschäftigt waren, gilt § 173 Abs. 2 Satz 1 Nr. 3 entsprechend.

(3) Versicherungspflichtige und Versicherungsberechtigte, die bei einem Verband der Betriebs- oder Innungskrankenkassen beschäftigt sind oder vor dem Rentenbezug beschäftigt waren, können eine Betriebs- oder Innungskrankenkasse am Wohn- oder Beschäftigungsort wählen.

(4) *(aufgehoben)*

(5) Abweichend von § 173 werden Versicherungspflichtige nach § 5 Abs. 1 Nr. 13 Mitglied der Krankenkasse oder des Rechtsnachfolgers der Krankenkasse, bei der sie zuletzt versichert waren, andernfalls werden sie Mitglied der von ihnen nach § 173 Abs. 1 gewählten Krankenkasse; § 173 gilt.

§ 175 Ausübung des Wahlrechts

(1) [1]Die Ausübung des Wahlrechts ist gegenüber der gewählten Krankenkasse zu erklären. [2]Diese darf die Mitgliedschaft nicht ablehnen. [3]Das Wahlrecht kann nach Vollendung des 15. Lebensjahres ausgeübt werden.

(2) [1]Die gewählte Krankenkasse hat nach Ausübung des Wahlrechts unverzüglich eine Mitgliedsbescheinigung auszustellen. [2]Hat innerhalb der letzten 18 Monate vor Beginn der Versicherungspflicht oder Versicherungsberechtigung eine Mitgliedschaft bei einer anderen Krankenkasse bestanden, kann die Mitgliedsbescheinigung nur ausgestellt werden, wenn die Kündigungsbestätigung nach Absatz 4 Satz 3 vorgelegt wird. [3]Eine Mitgliedsbescheinigung ist zum Zweck der Vorlage bei der zur Meldung verpflichteten Stelle auch bei Eintritt einer Versicherungspflicht unverzüglich auszustellen.

(3) [1]Versicherungspflichtige haben der zur Meldung verpflichteten Stelle unverzüglich eine Mitgliedsbescheinigung vorzulegen. [2]Wird die Mitgliedsbescheinigung nicht spätestens zwei Wochen nach Eintritt der Versicherungspflicht vorgelegt, hat die zur Meldung verpflichtete Stelle den Versicherungspflichtigen ab Eintritt der Versicherungspflicht bei der Krankenkasse anzumelden, bei der zuletzt eine Versicherung bestand; bestand vor Eintritt der Versicherungspflicht keine Versicherung, hat die zur Meldung verpflichtete Stelle den Versicherungspflichtigen ab Eintritt der Versicherungspflicht bei einer nach § 173 wählbaren Krankenkasse anzumelden und den Versicherungspflichtigen unverzüglich über die gewählte Krankenkasse zu unterrichten. [3]Für die Fälle, in denen eine Mitgliedsbescheinigung nach Satz 1 nicht vorgelegt wird und keine Meldung nach Satz 2 erfolgt, legt der Spitzenverband Bund der Krankenkassen Regeln über die Zuständigkeit fest.

(4) [1]Versicherungspflichtige und Versicherungsberechtigte sind an die Wahl der Krankenkasse mindestens 18 Monate gebunden, wenn sie das Wahlrecht ab dem 1. Januar 2002 ausüben. [2]Eine Kündigung der Mitgliedschaft ist zum Ablauf des übernächsten Kalendermonats möglich, gerechnet von dem Monat, in dem das Mitglied die Kündigung erklärt. [3]Die Krankenkasse hat dem Mitglied unverzüglich, spätestens jedoch innerhalb von zwei Wochen nach Eingang der Kündigung eine Kündigungsbestätigung auszustellen. [4]Die Kündigung wird wirksam, wenn das Mitglied innerhalb der Kündigungsfrist eine Mitgliedschaft bei einer anderen Krankenkasse durch eine Mitgliedsbescheinigung oder das Bestehen einer anderweitigen Absicherung im Krankheitsfall nachweist. [5]Erhebt die Krankenkasse ab dem 1. Januar 2009 einen Zusatzbeitrag, erhöht sie ihren Zusatzbeitrag oder verringert sie ihre Prämienzahlung, kann die Mitgliedschaft abweichend von Satz 1 bis zur erstmaligen Fälligkeit der Beitragserhebung, der Beitragserhöhung oder der Prämienverringerung gekündigt werden. [6]Die Krankenkasse hat ihre Mitglieder auf das Kündigungsrecht nach Satz 5 spätestens einen Monat vor erstmaliger Fälligkeit hinzuweisen. [7]Kommt die Krankenkasse ihrer Hinweispflicht nach Satz 6 gegenüber einem Mitglied verspätet nach, verschiebt sich für dieses Mitglied die Erhebung oder die Erhöhung des Zusatzbeitrags und die Frist für die Ausübung des Sonderkündigungsrechts um den entsprechenden Zeitraum. [8]Die Sätze 1 und 4 gelten nicht, wenn die Kündigung eines Versicherungsberechtigten erfolgt, weil die Voraussetzungen einer Versicherung nach § 10 erfüllt sind, Satz 1 gilt nicht, wenn die Kündigung erfolgt, weil keine Mitgliedschaft bei einer Krankenkasse begründet werden soll. [9]Die Krankenkassen können in ihren Satzungen vorsehen, dass die Frist nach Satz 1 nicht gilt, wenn eine Mitgliedschaft bei einer anderen Krankenkasse der gleichen Kassenart begründet werden soll. [10]Die Kündigung der Mitgliedschaft durch eine Person, die am 2. Februar 2007 oder später erfolgt, um in ein privates Krankenversicherungsunternehmen zu wechseln, ist unwirksam, wenn die Voraussetzungen des § 6 Abs. 1 Nr. 1 zu diesem Zeitpunkt nicht vorliegen.

(5) Absatz 4 gilt nicht für Versicherungspflichtige, die durch die Errichtung oder Ausdehnung einer Betriebs- oder Innungskrankenkasse oder durch betriebliche Veränderungen Mitglieder einer Betriebs- oder Innungskrankenkasse werden können, wenn sie die Wahl innerhalb von zwei Wochen nach dem Zeitpunkt der Errichtung, Ausdehnung oder betrieblichen Veränderung ausüben.

(6) Der Spitzenverband Bund der Krankenkassen legt für die Meldungen und Mitgliedsbescheinigungen nach dieser Vorschrift einheitliche Verfahren und Vordrucke fest.

§§ 176–185 *(aufgehoben)*

Dritter Abschnitt. Mitgliedschaft und Verfassung

Erster Titel. Mitgliedschaft

§ 186 Beginn der Mitgliedschaft Versicherungspflichtiger

(1) Die Mitgliedschaft versicherungspflichtig Beschäftigter beginnt mit dem Tag des Eintritts in das Beschäftigungsverhältnis.

(2) ¹Die Mitgliedschaft unständig Beschäftigter (§ 179 Abs. 2) beginnt mit dem Tag der Aufnahme der unständigen Beschäftigung, für die die zuständige Krankenkasse erstmalig Versicherungspflicht festgestellt hat, wenn die Feststellung innerhalb eines Monats nach Aufnahme der Beschäftigung erfolgt, andernfalls mit dem Tag der Feststellung. ²Die Mitgliedschaft besteht auch an den Tagen fort, an denen der unständig Beschäftigte vorübergehend, längstens für drei Wochen nicht beschäftigt wird.

(2 a) Die Mitgliedschaft der Bezieher von Arbeitslosengeld II nach dem Zweiten Buch und Arbeitslosengeld oder Unterhaltsgeld nach dem Dritten Buch beginnt mit dem Tag, von dem an die Leistung bezogen wird.

(3) ¹Die Mitgliedschaft der nach dem Künstlersozialversicherungsgesetz Versicherten beginnt mit dem Tag, an dem die Versicherungspflicht auf Grund der Feststellung der Künstlersozialkasse beginnt. ²Ist die Versicherungspflicht nach dem Künstlersozialversicherungsgesetz durch eine unständige Beschäftigung (§ 179 Abs. 2) unterbrochen worden, beginnt die Mitgliedschaft mit dem Tag nach dem Ende der unständigen Beschäftigung. ³Kann nach § 9 des Künstlersozialversicherungsgesetzes ein Versicherungsvertrag gekündigt werden, beginnt die Mitgliedschaft mit dem auf die Kündigung folgenden Monat, spätestens zwei Monate nach der Feststellung der Versicherungspflicht.

(4) Die Mitgliedschaft von Personen, die in Einrichtungen der Jugendhilfe für eine Erwerbstätigkeit befähigt werden, beginnt mit dem Beginn der Maßnahme.

(5) Die Mitgliedschaft versicherungspflichtiger Teilnehmer an Leistungen zur Teilhabe am Arbeitsleben beginnt mit dem Beginn der Maßnahme.

(6) Die Mitgliedschaft versicherungspflichtiger behinderter Menschen beginnt mit dem Beginn der Tätigkeit in den anerkannten Werkstätten für behinderte Menschen, Anstalten, Heimen oder gleichartigen Einrichtungen.

(7) Die Mitgliedschaft versicherungspflichtiger Studenten beginnt mit dem Semester, frühestens mit dem Tag der Einschreibung oder der Rückmeldung an der Hochschule.

(8) ¹Die Mitgliedschaft versicherungspflichtiger Praktikanten beginnt mit dem Tag der Aufnahme der berufspraktischen Tätigkeit. ²Die Mitgliedschaft von zu ihrer Berufsausbildung ohne Arbeitsentgelt Beschäftigten beginnt mit dem Tag des Eintritts in die Beschäftigung.

(9) Die Mitgliedschaft versicherungspflichtiger Rentner beginnt mit dem Tag der Stellung des Rentenantrags.

(10) Wird die Mitgliedschaft Versicherungspflichtiger zu einer Krankenkasse gekündigt (§ 175), beginnt die Mitgliedschaft bei der neugewählten Krankenkasse abweichend von den Absätzen 1 bis 9 mit dem Tag nach Eintritt der Rechtswirksamkeit der Kündigung.

(11) ¹Die Mitgliedschaft der nach § 5 Abs. 1 Nr. 13 Versicherungspflichtigen beginnt mit dem ersten Tag ohne anderweitigen Anspruch auf Absicherung im Krankheitsfall im Inland. ²Die Mitgliedschaft von Ausländern, die nicht Angehörige eines Mitgliedstaates der Europäischen Union, eines Vertragsstaates des Abkommens über den Europäischen Wirtschaftsraum oder Staatsangehörige der Schweiz sind, beginnt mit dem ersten Tag der

Geltung der Niederlassungserlaubnis oder der Aufenthaltserlaubnis. ³Für Personen, die am 1. April 2007 keinen anderweitigen Anspruch auf Absicherung im Krankheitsfall haben, beginnt die Mitgliedschaft an diesem Tag. ⁴Zeigt der Versicherte aus Gründen, die er nicht zu vertreten hat, das Vorliegen der Voraussetzungen der Versicherungspflicht nach den in Satz 1 und 2 genannten Zeitpunkten an, hat die Krankenkasse in ihrer Satzung vorzusehen, dass der für die Zeit seit dem Eintritt der Versicherungspflicht nachzuzahlende Beitrag angemessen ermäßigt, gestundet oder von seiner Erhebung abgesehen werden kann.

§ 187 Beginn der Mitgliedschaft bei einer neu errichteten Krankenkasse

Die Mitgliedschaft bei einer neu errichteten Krankenkasse beginnt für Versicherungspflichtige, für die diese Krankenkasse zuständig ist, mit dem Zeitpunkt, an dem die Errichtung der Krankenkasse wirksam wird.

§ 188 Beginn der freiwilligen Mitgliedschaft

(1) Die Mitgliedschaft Versicherungsberechtigter beginnt mit dem Tag ihres Beitritts zur Krankenkasse.

(2) ¹Die Mitgliedschaft der in § 9 Abs. 1 Nr. 1 und 2 genannten Versicherungsberechtigten beginnt mit dem Tag nach dem Ausscheiden aus der Versicherungspflicht oder mit dem Tag nach dem Ende der Versicherung nach § 10. ²Die Mitgliedschaft der in § 9 Abs. 1 Nr. 6 genannten Versicherungsberechtigten beginnt mit dem Eintritt der Versicherungspflicht nach § 5 Abs. 1 Nr. 11.

(3) Der Beitritt ist schriftlich zu erklären.

§ 189 Mitgliedschaft von Rentenantragstellern

(1) ¹Als Mitglieder gelten Personen, die eine Rente der gesetzlichen Rentenversicherung beantragt haben und die Voraussetzungen nach § 5 Abs. 1 Nr. 11 und 12 und Abs. 2, jedoch nicht die Voraussetzungen für den Bezug der Rente erfüllen. ²Satz 1 gilt nicht für Personen, die nach anderen Vorschriften versicherungspflichtig oder nach § 6 Abs. 1 versicherungsfrei sind.

(2) ¹Die Mitgliedschaft beginnt mit dem Tag der Stellung des Rentenantrags. ²Sie endet mit dem Tod oder mit dem Tag, an dem der Antrag zurückgenommen oder die Ablehnung des Antrags unanfechtbar wird.

§ 190 Ende der Mitgliedschaft Versicherungspflichtiger

(1) Die Mitgliedschaft Versicherungspflichtiger endet mit dem Tod des Mitglieds.

(2) Die Mitgliedschaft versicherungspflichtig Beschäftigter endet mit Ablauf des Tages, an dem das Beschäftigungsverhältnis gegen Arbeitsentgelt endet.

(3) ¹Die Mitgliedschaft von Personen, deren Versicherungspflicht nach § 6 Abs. 4 erlischt, endet zu dem in dieser Vorschrift vorgesehenen Zeitpunkt nur, wenn das Mitglied innerhalb von zwei Wochen nach Hinweis der Krankenkasse über die Austrittsmöglichkeit seinen Austritt erklärt. ²Wird der Austritt nicht erklärt, setzt sich die Mitgliedschaft als freiwillige Mitgliedschaft fort, es sei denn, die Voraussetzungen der freiwilligen Versicherung nach § 9 Absatz 1 Satz 1 Nummer 1 sind nicht erfüllt. ³Wird der Austritt nicht erklärt, setzt sich die Mitgliedschaft als freiwillige Mitgliedschaft auch fort für Personen, die mit Ablauf des 31. Dezember 2010 oder mit Ablauf des Kalenderjahres der erstmaligen Beschäftigungsaufnahme im Inland nach § 6 Absatz 4 Satz 1 aus der Versicherungspflicht ausgeschieden sind, die Voraussetzungen der freiwilligen Versicherung nach § 9 Absatz 1 Satz 1 Nummer 1 aber nicht erfüllen.

(4) Die Mitgliedschaft unständig Beschäftigter endet, wenn das Mitglied die berufsmäßige Ausübung der unständigen Beschäftigung nicht nur vorübergehend aufgibt, spätestens mit Ablauf von drei Wochen nach dem Ende der letzten unständigen Beschäftigung.

(5) Die Mitgliedschaft der nach dem Künstlersozialversicherungsgesetz Versicherten endet mit dem Tage, an dem die Versicherungspflicht auf Grund der Feststellung der Künstlersozialkasse endet; § 192 Abs. 1 Nr. 2 und 3 bleibt unberührt.

(6) Die Mitgliedschaft von Personen, die in Einrichtungen der Jugendhilfe für eine Erwerbstätigkeit befähigt werden, endet mit dem Ende der Maßnahme.

(7) Die Mitgliedschaft versicherungspflichtiger Teilnehmer an Leistungen zur Teilhabe am Arbeitsleben endet mit dem Ende der Maßnahme, bei Weiterzahlung des Übergangsgeldes mit Ablauf des Tages, bis zu dem Übergangsgeld gezahlt wird.

(8) Die Mitgliedschaft von versicherungspflichtigen behinderten Menschen in anerkannten Werkstätten für behinderte Menschen, Anstalten, Heimen oder gleichartigen Einrichtungen endet mit Aufgabe der Tätigkeit.

(9) Die Mitgliedschaft versicherungspflichtiger Studenten endet einen Monat nach Ablauf des Semesters, für das sie sich zuletzt eingeschrieben oder zurückgemeldet haben.

(10) ¹Die Mitgliedschaft versicherungspflichtiger Praktikanten endet mit dem Tag der Aufgabe der berufspraktischen Tätigkeit. ²Die Mitgliedschaft von zu ihrer Berufsausbildung ohne Arbeitsentgelt Beschäftigten endet mit dem Tag der Aufgabe der Beschäftigung.

(11) Die Mitgliedschaft versicherungspflichtiger Rentner endet
1. mit Ablauf des Monats, in dem der Anspruch auf Rente wegfällt oder die Entscheidung über den Wegfall oder den Entzug der Rente unanfechtbar geworden ist, frühestens mit Ablauf des Monats, für den letztmalig Rente zu zahlen ist,
2. bei Gewährung einer Rente für zurückliegende Zeiträume mit Ablauf des Monats, in dem die Entscheidung unanfechtbar wird.

(11a) Die Mitgliedschaft der in § 9 Abs. 1 Nr. 6 genannten Personen, die das Beitrittsrecht ausgeübt haben, sowie ihrer Familienangehörigen, die nach dem 31. März 2002 nach § 5 Abs. 1 Nr. 11 versicherungspflichtig geworden sind, deren Anspruch auf Rente schon an diesem Tag bestand, die aber nicht die Vorversicherungszeit des § 5 Abs. 1 Nr. 11 in der seit dem 1. Januar 1993 geltenden Fassung erfüllt hatten und die bis zum 31. März 2002 nach § 10 oder nach § 7 des Zweiten Gesetzes über die Krankenversicherung der Landwirte versichert waren, endet mit dem Eintritt der Versicherungspflicht nach § 5 Abs. 1 Nr. 11.

(12) Die Mitgliedschaft der Bezieher von Arbeitslosengeld II nach dem Zweiten Buch und Arbeitslosengeld oder Unterhaltsgeld nach dem Dritten Buch endet mit Ablauf des letzten Tages, für den die Leistung bezogen wird.

(13) ¹Die Mitgliedschaft der in § 5 Abs. 1 Nr. 13 genannten Personen endet mit Ablauf des Vortages, an dem
1. ein anderweitiger Anspruch auf Absicherung im Krankheitsfall begründet wird oder
2. der Wohnsitz oder gewöhnliche Aufenthalt in einen anderen Staat verlegt wird.
²Satz 1 Nr. 1 gilt nicht für Mitglieder, die Empfänger von Leistungen nach dem Dritten, Vierten, Sechsten und Siebten Kapitel des Zwölften Buches sind.

§ 191 Ende der freiwilligen Mitgliedschaft

Die freiwillige Mitgliedschaft endet
1. mit dem Tod des Mitglieds,
2. mit Beginn einer Pflichtmitgliedschaft oder
3. mit dem Wirksamwerden der Kündigung (§ 175 Abs. 4); die Satzung kann einen früheren Zeitpunkt bestimmen, wenn das Mitglied die Voraussetzungen einer Versicherung nach § 10 erfüllt.

§ 192 Fortbestehen der Mitgliedschaft Versicherungspflichtiger

(1) Die Mitgliedschaft Versicherungspflichtiger bleibt erhalten, solange
1. sie sich in einem rechtmäßigen Arbeitskampf befinden,
2. Anspruch auf Krankengeld oder Mutterschaftsgeld besteht oder eine dieser Leistungen oder nach gesetzlichen Vorschriften Erziehungsgeld oder Elterngeld bezogen oder Elternzeit in Anspruch genommen wird,
3. von einem Rehabilitationsträger während einer Leistung zur medizinischen Rehabilitation Verletztengeld, Versorgungskrankengeld oder Übergangsgeld gezahlt wird oder
4. Kurzarbeitergeld nach dem Dritten Buch bezogen wird.

(2) Während der Schwangerschaft bleibt die Mitgliedschaft Versicherungspflichtiger auch erhalten, wenn das Beschäftigungsverhältnis vom Arbeitgeber zulässig aufgelöst oder das Mitglied unter Wegfall des Arbeitsentgelts beurlaubt worden ist, es sei denn, es besteht eine Mitgliedschaft nach anderen Vorschriften.

§ 193 Fortbestehen der Mitgliedschaft bei Wehrdienst oder Zivildienst

(1) ¹Bei versicherungspflichtig Beschäftigten, denen nach § 1 Abs. 2 des Arbeitsplatzschutzgesetzes Entgelt weiterzugewähren ist, gilt das Beschäftigungsverhältnis als durch den Wehrdienst nach § 4 Abs. 1 und § 6b Abs. 1 des Wehrpflichtgesetzes nicht unterbrochen. ²Dies gilt auch für Personen in einem Wehrdienstverhältnis besonderer Art nach § 6 des Einsatz-Weiterverwendungsgesetzes, wenn sie den Einsatzunfall in einem Versicherungsverhältnis erlitten haben.

(2) ¹Bei Versicherungspflichtigen, die nicht unter Absatz 1 fallen, sowie bei freiwilligen Mitgliedern berührt der Wehrdienst nach § 4 Abs. 1 und § 6b Abs. 1 des Wehrpflichtgesetzes eine bestehende Mitgliedschaft bei einer Krankenkasse nicht. ²Die versicherungspflichtige Mitgliedschaft gilt als fortbestehend, wenn die Versicherungspflicht am Tag vor dem Beginn des Wehrdienstes endet oder wenn zwischen dem letzten Tag der Mitgliedschaft und dem Beginn des Wehrdienstes ein Samstag, Sonntag oder gesetzlicher Feiertag liegt. ³Absatz 1 Satz 2 gilt entsprechend.

(3) Die Absätze 1 und 2 gelten für den Zivildienst entsprechend.

(4) ¹Die Absätze 1 und 2 gelten für Personen, die Dienstleistungen oder Übungen nach dem Vierten Abschnitt des Soldatengesetzes leisten. ²Die Dienstleistungen und Übungen gelten nicht als Beschäftigungen im Sinne des § 5 Abs. 1 Nr. 1 und § 6 Abs. 1 Nr. 3.

(5) Die Zeit in einem Wehrdienstverhältnis besonderer Art nach § 6 des Einsatz-Weiterverwendungsgesetzes gilt nicht als Beschäftigung im Sinne von § 5 Abs. 1 Nr. 1 und § 6 Abs. 1 Nr. 3.

Zweiter Titel. Satzung, Organe

§ 194 Satzung der Krankenkassen

(1) Die Satzung muß insbesondere Bestimmungen enthalten über

1. Namen und Sitz der Krankenkasse,
2. Bezirk der Krankenkasse und Kreis der Mitglieder,
3. Art und Umfang der Leistungen, soweit sie nicht durch Gesetz bestimmt sind,
4. Festsetzung, Fälligkeit und Zahlung des Zusatzbeitrags nach § 242,
5. Zahl der Mitglieder der Organe,
6. Rechte und Pflichten der Organe,
7. Art der Beschlußfassung des Verwaltungsrates,
8. Bemessung der Entschädigungen für Organmitglieder,
9. jährliche Prüfung der Betriebs- und Rechnungsführung und Abnahme der Jahresrechnung,
10. Zusammensetzung und Sitz der Widerspruchsstelle und
11. Art der Bekanntmachungen.

(1 a) ¹Die Satzung kann eine Bestimmung enthalten, nach der die Krankenkasse den Abschluss privater Zusatzversicherungsverträge zwischen ihren Versicherten und privaten Krankenversicherungsunternehmen vermitteln kann. ²Gegenstand dieser Verträge können alle Leistungen sein, die den gesetzlichen Krankenversicherungsschutz ergänzen, insbesondere Ergänzungstarife zur Kostenerstattung, Wahlarztbehandlung im Krankenhaus, Ein- oder Zweibettzuschlag im Krankenhaus sowie eine Auslandskrankenversicherung.

(2) ¹Die Satzung darf keine Bestimmungen enthalten, die den Aufgaben der gesetzlichen Krankenversicherung widersprechen. ²Sie darf Leistungen nur vorsehen, soweit dieses Buch sie zuläßt.

§ 195 Genehmigung der Satzung

(1) Die Satzung bedarf der Genehmigung der Aufsichtsbehörde.

(2) ¹Ergibt sich nachträglich, daß eine Satzung nicht hätte genehmigt werden dürfen, kann die Aufsichtsbehörde anordnen, daß die Krankenkasse innerhalb einer bestimmten Frist die erforderliche Änderung vornimmt. ²Kommt die Krankenkasse der Anordnung nicht innerhalb dieser Frist nach, kann die Aufsichtsbehörde die erforderliche Änderung anstelle der Krankenkasse selbst vornehmen. ³Klagen gegen Maßnahmen der Aufsichtsbehörde nach den Sätzen 1 und 2 haben keine aufschiebende Wirkung.

(3) Absatz 2 gilt entsprechend, wenn die Satzung wegen nachträglich eingetretener Umstände einer Änderung bedarf.

§ 196 Einsichtnahme in die Satzung

(1) Die geltende Satzung kann in den Geschäftsräumen der Krankenkasse während der üblichen Geschäftsstunden eingesehen werden.

(2) Jedes Mitglied erhält unentgeltlich ein Merkblatt über Beginn und Ende der Mitgliedschaft bei Pflichtversicherung und freiwilliger Versicherung, über Beitrittsrechte sowie die von der Krankenkasse zu gewährenden Leistungen und über die Beiträge.

§ 197 Verwaltungsrat

(1) Der Verwaltungsrat hat insbesondere
1. die Satzung und sonstiges autonomes Recht zu beschließen,
1 a. den Vorstand zu überwachen,
1 b. alle Entscheidungen zu treffen, die für die Krankenkasse von grundsätzlicher Bedeutung sind,
2. den Haushaltsplan festzustellen,
3. über die Entlastung des Vorstands wegen der Jahresrechnung zu beschließen,
4. die Krankenkasse gegenüber dem Vorstand und dessen Mitgliedern zu vertreten,
5. über den Erwerb, die Veräußerung oder die Belastung von Grundstücken sowie über die Errichtung von Gebäuden zu beschließen und
6. über die Auflösung der Krankenkasse oder die freiwillige Vereinigung mit anderen Krankenkassen zu beschließen.

(2) Der Verwaltungsrat kann sämtliche Geschäfts- und Verwaltungsunterlagen einsehen und prüfen.

(3) Der Verwaltungsrat soll zur Erfüllung seiner Aufgaben Fachausschüsse bilden.

§ 197 a Stellen zur Bekämpfung von Fehlverhalten im Gesundheitswesen

(1) ¹Die Krankenkassen, wenn angezeigt ihre Landesverbände, und der Spitzenverband Bund der Krankenkassen richten organisatorische Einheiten ein, die Fällen und Sachverhalten nachzugehen haben, die auf Unregelmäßigkeiten oder auf rechtswidrige oder zweckwidrige Nutzung von Finanzmitteln im Zusammenhang mit den Aufgaben der jeweiligen Krankenkasse oder des jeweiligen Verbandes hindeuten. ²Sie nehmen Kontrollbefugnisse nach § 67 c Abs. 3 des Zehnten Buches wahr.

(2) ¹Jede Person kann sich in Angelegenheiten des Absatzes 1 an die Krankenkassen und die weiteren in Absatz 1 genannten Organisationen wenden. ²Die Einrichtungen nach Absatz 1 gehen den Hinweisen nach, wenn sie auf Grund der einzelnen Angaben oder der Gesamtumstände glaubhaft erscheinen.

(3) Die Krankenkassen und die weiteren in Absatz 1 genannten Organisationen haben zur Erfüllung der Aufgaben nach Absatz 1 untereinander und mit den Kassenärztlichen Vereinigungen und Kassenärztlichen Bundesvereinigungen zusammenzuarbeiten.

(4) Die Krankenkassen und die weiteren in Absatz 1 genannten Organisationen sollen die Staatsanwaltschaft unverzüglich unterrichten, wenn die Prüfung ergibt, dass ein Anfangsverdacht auf strafbare Handlungen mit nicht nur geringfügiger Bedeutung für die gesetzliche Krankenversicherung bestehen könnte.

(5) ¹Der Vorstand der Krankenkassen und der weiteren in Absatz 1 genannten Organisationen hat dem Verwaltungsrat im Abstand von zwei Jahren, erstmals bis zum 31. Dezember 2005, über die Arbeit und Ergebnisse der organisatorischen Einheiten nach Absatz 1 zu berichten. ²Der Bericht ist der zuständigen Aufsichtsbehörde zuzuleiten.

§ 197 b Aufgabenerledigung durch Dritte

¹Krankenkassen können die ihnen obliegenden Aufgaben durch Arbeitsgemeinschaften oder durch Dritte mit deren Zustimmung wahrnehmen lassen, wenn die Aufgabenwahrnehmung durch die Arbeitsgemeinschaften oder den Dritten wirtschaftlicher ist, es im wohlverstandenen Interesse der Betroffenen liegt und Rechte der Versicherten nicht beeinträchtigt werden. ²Wesentliche Aufgaben zur Versorgung der Versicherten dürfen nicht in Auftrag gegeben werden. ³§ 88 Abs. 3 und 4 und die §§ 89, 90 bis 92 und 97 des Zehnten Buches gelten entsprechend.

Vierter Abschnitt. Meldungen

§ 198 Meldepflicht des Arbeitgebers für versicherungspflichtig Beschäftigte

Der Arbeitgeber hat die versicherungspflichtig Beschäftigten nach den §§ 28 a bis 28 c des Vierten Buches an die zuständige Krankenkasse zu melden.

§ 199 Meldepflichten bei unständiger Beschäftigung

(1) ¹Unständig Beschäftigte haben der nach § 179 Abs. 1 zuständigen Krankenkasse Beginn und Ende der berufsmäßigen Ausübung von unständigen Beschäftigungen unverzüglich zu melden. ²Der Arbeitgeber hat die unständig Beschäftigten auf ihre Meldepflicht hinzuweisen.

(2) ¹Gesamtbetriebe, in denen regelmäßig unständig Beschäftigte beschäftigt werden, haben die sich aus diesem Buch ergebenden Pflichten der Arbeitgeber zu übernehmen. ²Welche Einrichtungen als Gesamtbetriebe gelten, richtet sich nach Landesrecht.

§ 200 Meldepflichten bei sonstigen versicherungspflichtigen Personen

(1) ¹Eine Meldung nach § 28 a Abs. 1 bis 3 des Vierten Buches hat zu erstatten
1. für Personen, die in Einrichtungen der Jugendhilfe für eine Erwerbstätigkeit befähigt werden sollen oder in Werkstätten für behinderte Menschen, Blindenwerkstätten, Anstalten, Heimen oder gleichartigen Einrichtungen tätig sind, der Träger dieser Einrichtung,
2. für Personen, die an Leistungen zur Teilhabe am Arbeitsleben teilnehmen, der zuständige Rehabilitationsträger,
3. für Personen, die Vorruhestandsgeld beziehen, der zur Zahlung des Vorruhestandsgeldes Verpflichtete.

²§ 28 a Abs. 5 sowie die §§ 28 b und 28 c des Vierten Buches gelten entsprechend.

(2) ¹Die staatlichen und die staatlich anerkannten Hochschulen haben versicherte Studenten, die Ausbildungsstätten versicherungspflichtige Praktikanten und zu ihrer Berufsausbildung ohne Arbeitsentgelt Beschäftigte der zuständigen Krankenkasse zu melden. ²Das Bundesministerium für Gesundheit regelt durch Rechtsverordnung mit Zustimmung des Bundesrates Inhalt, Form und Frist der Meldungen sowie das Nähere über das Meldeverfahren.

§ 201 Meldepflichten bei Rentenantragstellung und Rentenbezug

(1) ¹Wer eine Rente der gesetzlichen Rentenversicherung beantragt, hat mit dem Antrag eine Meldung für die zuständige Krankenkasse einzureichen. ²Der Rentenversicherungsträger hat die Meldung unverzüglich an die zuständige Krankenkasse weiterzugeben.

(2) Wählen versicherungspflichtige Rentner oder Hinterbliebene eine andere Krankenkasse, hat die gewählte Krankenkasse dies der bisherigen Krankenkasse und dem zuständigen Rentenversicherungsträger unverzüglich mitzuteilen.

(3) ¹Nehmen versicherungspflichtige Rentner oder Hinterbliebene eine versicherungspflichtige Beschäftigung auf, für die eine andere als die bisherige Krankenkasse zuständig ist, hat die für das versicherungspflichtige Beschäftigungsverhältnis zuständige Krankenkasse dies der bisher zuständigen Krankenkasse und dem Rentenversicherungsträger mitzuteilen. ²Satz 1 gilt entsprechend, wenn das versicherungspflichtige Beschäftigungsverhältnis endet.

(4) Der Rentenversicherungsträger hat der zuständigen Krankenkasse unverzüglich mitzuteilen
1. Beginn und Höhe einer Rente der gesetzlichen Rentenversicherung, den Monat, für den die Rente erstmalig laufend gezahlt wird,
1 a. die aktuelle Höhe einer Rente der gesetzlichen Rentenversicherung, soweit die Krankenkasse diese Bezugsdaten für die Prüfung einer Anspruchsberechtigung nach § 242 b anfordert,
2. den Tag der Rücknahme des Rentenantrags,
3. bei Ablehnung des Rentenantrags den Tag, an dem über den Rentenantrag verbindlich entschieden worden ist,

4. Ende, Entzug, Wegfall und sonstige Nichtleistung der Rente sowie
5. Beginn und Ende der Beitragszahlung aus der Rente.

(5) ¹Wird der Bezieher einer Rente der gesetzlichen Rentenversicherung versicherungspflichtig, hat die Krankenkasse dies dem Rentenversicherungsträger unverzüglich mitzuteilen. ²Satz 1 gilt entsprechend, wenn die Versicherungspflicht aus einem anderen Grund als den in Absatz 4 Nr. 4 genannten Gründen endet.

(6) ¹Die Meldungen sind auf maschinell verwertbaren Datenträgern oder durch Datenübertragung zu erstatten. ²Der Spitzenverband Bund der Krankenkassen vereinbart mit der Deutschen Rentenversicherung Bund das Nähere über das Verfahren im Benehmen mit dem Bundesversicherungsamt. ³Kommt eine Vereinbarung nach Satz 3 bis zum 31. Dezember 1995 nicht zustande, bestimmt das Bundesministerium für Gesundheit im Einvernehmen mit dem Bundesministerium für Arbeit und Soziales das Nähere über das Verfahren.

§ 202 Meldepflichten bei Versorgungsbezügen

(1) ¹Die Zahlstelle hat bei der erstmaligen Bewilligung von Versorgungsbezügen sowie bei Mitteilung über die Beendigung der Mitgliedschaft eines Versorgungsempfängers die zuständige Krankenkasse des Versorgungsempfängers zu ermitteln und dieser Beginn, Höhe, Veränderungen und Ende der Versorgungsbezüge unverzüglich mitzuteilen. ²Bei den am 1. Januar 1989 vorhandenen Versorgungsempfängern hat die Ermittlung der Krankenkasse innerhalb von sechs Monaten zu erfolgen. ³Der Versorgungsempfänger hat der Zahlstelle seine Krankenkasse anzugeben und einen Kassenwechsel sowie die Aufnahme einer versicherungspflichtigen Beschäftigung anzuzeigen. ⁴Die Krankenkasse hat der Zahlstelle der Versorgungsbezüge und dem Bezieher von Versorgungsbezügen unverzüglich die Beitragspflicht des Versorgungsempfängers, deren Umfang und den Beitragssatz aus Versorgungsbezügen mitzuteilen. ⁵Die Krankenkasse kann mit der Zahlstelle der Versorgungsbezüge Abweichendes vereinbaren.

(2) ¹Die Zahlstelle hat der zuständigen Krankenkasse die Meldung durch gesicherte und verschlüsselte Datenübertragung aus systemgeprüften Programmen oder mittels maschineller Ausfüllhilfen zu erstatten. ²Den Aufbau des Datensatzes, notwendige Schlüsselzahlen und Angaben legt der Spitzenverband Bund der Krankenkassen in Grundsätzen fest, die vom Bundesministerium für Arbeit und Soziales im Einvernehmen mit dem Bundesministerium für Gesundheit zu genehmigen sind; die Bundesvereinigung der Deutschen Arbeitgeberverbände ist anzuhören.

(3) ¹Übermittelt die Zahlstelle die Meldungen nach Absatz 2, so hat die Krankenkasse alle Angaben gegenüber der Zahlstelle durch Datenübertragung zu erstatten. ²Absatz 2 Satz 2 gilt entsprechend.

§ 203 Meldepflichten bei Bezug von Erziehungsgeld oder Elterngeld

Die Zahlstelle des Erziehungsgeldes oder Elterngeldes hat der zuständigen Krankenkasse Beginn und Ende der Zahlung des Erziehungsgeldes oder Elterngeldes unverzüglich mitzuteilen.

§ 203 a Meldepflicht bei Bezug von Arbeitslosengeld, Arbeitslosengeld II oder Unterhaltsgeld

Die Agenturen für Arbeit oder in den Fällen des § 6a des Zweiten Buches die zugelassenen kommunalen Träger erstatten die Meldungen hinsichtlich der nach § 5 Abs. 1 Nr. 2 und Nr. 2a Versicherten entsprechend §§ 28a bis 28c des Vierten Buches.

§ 204 Meldepflichten bei Einberufung zum Wehrdienst oder Zivildienst

(1) ¹Bei Einberufung zu einem Wehrdienst hat bei versicherungspflichtig Beschäftigten der Arbeitgeber und bei Arbeitslosen die Agentur für Arbeit den Beginn des Wehrdienstes sowie das Ende des Grundwehrdienstes und einer Wehrübung oder einer Dienstleistung oder Übung nach dem Vierten Abschnitt des Soldatengesetzes der zuständigen Krankenkasse unverzüglich zu melden. ²Das Ende eines Wehrdienstes nach § 4 Abs. 1 Nr. 6 des Wehrpflichtgesetzes hat das Bundesministerium der Verteidigung oder die von ihm bestimmte Stelle zu melden. ³Sonstige Versicherte haben die Meldungen nach Satz 1 selbst zu erstatten.

(2) ¹Absatz 1 gilt für den Zivildienst entsprechend. ²An die Stelle des Bundesministeriums der Verteidigung tritt das Bundesamt für den Zivildienst.

§ 205 Meldepflichten bestimmter Versicherungspflichtiger

Versicherungspflichtige, die eine Rente der gesetzlichen Rentenversicherung oder der Rente vergleichbare Einnahmen (Versorgungsbezüge) beziehen, haben ihrer Krankenkasse unverzüglich zu melden
1. Beginn und Höhe der Rente,
2. Beginn, Höhe, Veränderungen und die Zahlstelle der Versorgungsbezüge sowie
3. Beginn, Höhe und Veränderungen des Arbeitseinkommens.

§ 206 Auskunfts- und Mitteilungspflichten der Versicherten

(1) ¹Wer versichert ist oder als Versicherter in Betracht kommt, hat der Krankenkasse, soweit er nicht nach § 28 o des Vierten Buches auskunftspflichtig ist,
1. auf Verlangen über alle für die Feststellung der Versicherungs- und Beitragspflicht und für die Durchführung der der Krankenkasse übertragenen Aufgaben erforderlichen Tatsachen unverzüglich Auskunft zu erteilen,
2. Änderungen in den Verhältnissen, die für die Feststellung der Versicherungs- und Beitragspflicht erheblich sind und nicht durch Dritte gemeldet werden, unverzüglich mitzuteilen.

²Er hat auf Verlangen die Unterlagen, aus denen die Tatsachen oder die Änderung der Verhältnisse hervorgehen, der Krankenkasse in deren Geschäftsräumen unverzüglich vorzulegen.

(2) Entstehen der Krankenkasse durch eine Verletzung der Pflichten nach Absatz 1 zusätzliche Aufwendungen, kann sie von dem Verpflichteten die Erstattung verlangen.

Siebtes Kapitel. Verbände der Krankenkassen

§ 207 Bildung und Vereinigung von Landesverbänden

(1) ¹In jedem Land bilden
die Ortskrankenkassen einen Landesverband der Ortskrankenkassen,
die Betriebskrankenkassen einen Landesverband der Betriebskrankenkassen,
die Innungskrankenkassen einen Landesverband der Innungskrankenkassen.
²Die Landesverbände der Krankenkassen sind Körperschaften des öffentlichen Rechts.
³Die Krankenkassen gehören mit Ausnahme der Betriebskrankenkassen der Dienstbetriebe des Bundes dem Landesverband des Landes an, in dem sie ihren Sitz haben. ⁴Andere Krankenkassen können den Landesverbänden beitreten.

(2) ¹Bestehen in einem Land am 1. Januar 1989 mehrere Landesverbände, bestehen diese fort, wenn die für die Sozialversicherung zuständige oberste Verwaltungsbehörde des Landes ihre Zustimmung nicht bis zum 31. Dezember 1989 versagt. ²Die für die Sozialversicherung zuständigen obersten Verwaltungsbehörden der Länder können ihre Zustimmung nach Satz 1 unter Einhaltung einer einjährigen Frist zum Ende eines Kalenderjahres widerrufen. ³Versagen oder widerrufen sie die Zustimmung, regeln sie die Durchführung der erforderlichen Organisationsänderungen.

(2 a) Vereinigen sich in einem Land alle Mitglieder eines Landesverbandes oder werden alle Mitglieder eines Landesverbandes durch die Landesregierung zu einer Krankenkasse vereinigt, tritt diese Krankenkasse in die Rechte und Pflichten des Landesverbandes ein.

(3) ¹Länderübergreifende Landesverbände bestehen fort, wenn nicht eine der für die Sozialversicherung zuständigen obersten Verwaltungsbehörden in den betroffenen Ländern ihre Zustimmung bis zum 31. Dezember 1989 versagt. ²Jede dieser obersten Verwaltungsbehörden der Länder kann ihre Zustimmung unter Einhaltung einer einjährigen Frist zum Ende eines Kalenderjahres widerrufen. ³Wird die Zustimmung versagt oder widerrufen, regeln die beteiligten Länder die Durchführung der erforderlichen Organisationsänderungen einvernehmlich.

(4) ¹Besteht in einem Land nur eine Krankenkasse der gleichen Art, nimmt sie zugleich die Aufgaben eines Landesverbandes wahr. ²Sie hat insoweit die Rechtsstellung eines Landesverbands.

(4 a) ¹Besteht in einem Land für eine Kassenart kein Landesverband, nimmt ein anderer Landesverband dieser Kassenart mit Zustimmung der für die Sozialversicherung zuständigen obersten Verwaltungsbehörden der beteiligten Länder die Aufgabe eines Landesverbandes in diesem Land wahr. ²Kommt eine Einigung der Beteiligten nicht innerhalb von drei Monaten nach Wegfall des Landesverbandes zustande, nimmt der Bundesverband der Kassenart diese Aufgabe wahr.

(5) ¹Mit Zustimmung der für die Sozialversicherung zuständigen obersten Verwaltungsbehörden der Länder können sich Landesverbände der gleichen Krankenkassenart zu einem Verband zusammenschließen. ²Das gilt auch, wenn die Landesverbände ihren Sitz in verschiedenen Ländern haben.

§ 208 Aufsicht, Haushalts- und Rechnungswesen, Vermögen, Statistiken

(1) Die Landesverbände unterstehen der Aufsicht der für die Sozialversicherung zuständigen obersten Verwaltungsbehörde des Landes, in dem sie ihren Sitz haben.

(2) ¹Für die Aufsicht gelten die §§ 87 bis 89 des Vierten Buches. ²Für das Haushalts- und Rechnungswesen einschließlich der Statistiken gelten die §§ 67 bis 70 Abs. 1 und 5, §§ 72 bis 77 Abs. 1, §§ 78 und 79 Abs. 1 und 2, für das Vermögen die §§ 80 und 85 des Vierten Buches. ³Für das Verwaltungsvermögen gilt § 263 entsprechend.

§ 209 Verwaltungsrat der Landesverbände

(1) ¹Bei den Landesverbänden der Krankenkassen wird als Selbstverwaltungsorgan ein Verwaltungsrat nach näherer Bestimmung der Satzungen gebildet. ²Der Verwaltungsrat hat höchstens 30 Mitglieder. ³In dem Verwaltungsrat müssen, soweit möglich, alle Mitgliedskassen vertreten sein.

(2) ¹Der Verwaltungsrat setzt sich je zur Hälfte aus Vertretern der Versicherten und der Arbeitgeber zusammen. ²Die Versicherten wählen die Vertreter der Versicherten, die Arbeitgeber wählen die Vertreter der Arbeitgeber. ³§ 44 Abs. 4 des Vierten Buches gilt entsprechend.

(3) Die Mitglieder des Verwaltungsrats werden von dem Verwaltungsrat der Mitgliedskassen aus dessen Reihen gewählt.

(4) ¹Für den Verwaltungsrat gilt § 197 entsprechend. ²§ 33 Abs. 3, § 37 Abs. 1, die §§ 40, 41, 42 Abs. 1 bis 3, § 51 Abs. 1 Satz 1 Nr. 3, die §§ 58, 59, 62, 63 Abs. 1, 3, 4, § 64 Abs. 3 und § 66 Abs. 1 des Vierten Buches gelten entsprechend.

§ 209 a Vorstand bei den Landesverbänden

¹Bei den Landesverbänden der Orts-, Betriebs- und Innungskrankenkassen wird ein Vorstand gebildet. ²Er besteht aus höchstens drei Personen. ³§ 35 a Abs. 1 bis 3 und 5 bis 7 des Vierten Buches gilt entsprechend.

§ 210 Satzung der Landesverbände

(1) ¹Jeder Landesverband hat durch seinen Verwaltungsrat eine Satzung aufzustellen. ²Die Satzung bedarf der Genehmigung der für die Sozialversicherung zuständigen obersten Verwaltungsbehörde des Landes. ³Die Satzung muß Bestimmungen enthalten über
1. Namen, Bezirk und Sitz des Verbandes,
2. Zahl und Wahl der Mitglieder des Verwaltungsrats und ihrer Vertreter,
3. Entschädigungen für Organmitglieder,
4. Öffentlichkeit des Verwaltungsrats,
5. Rechte und Pflichten der Mitgliedskassen,
6. Aufbringung und Verwaltung der Mittel,
7. jährliche Prüfung der Betriebs- und Rechnungsführung,
8. Art der Bekanntmachungen.
⁴§ 34 Abs. 2 des Vierten Buches gilt entsprechend.

(2) Die Satzung muß ferner Bestimmungen darüber enthalten, daß die von dem Spitzenverband Bund der Krankenkassen abzuschließenden Verträge und die Richtlinien nach den §§ 92, und § 282 für die Landesverbände und ihre Mitgliedskassen verbindlich sind.

§ 211 Aufgaben der Landesverbände

(1) Die Landesverbände haben die ihnen gesetzlich zugewiesenen Aufgaben zu erfüllen.

(2) Die Landesverbände unterstützen die Mitgliedskassen bei der Erfüllung ihrer Aufgaben und bei der Wahrnehmung ihrer Interessen, insbesondere durch

1. Beratung und Unterrichtung,
2. Sammlung und Aufbereitung von statistischem Material zu Verbandszwecken,
3. Abschluß und Änderung von Verträgen, insbesondere mit anderen Trägern der Sozialversicherung, soweit sie von der Mitgliedskasse hierzu bevollmächtigt worden sind,
4. Übernahme der Vertretung der Mitgliedskassen gegenüber anderen Trägern der Sozialversicherung, Behörden und Gerichten,
5. Entscheidung von Zuständigkeitskonflikten zwischen den Mitgliedskassen,
6. Förderung und Mitwirkung bei der beruflichen Aus-, Fort- und Weiterbildung der bei den Mitgliedskassen Beschäftigten,
7. Arbeitstagungen,
8. Entwicklung und Abstimmung von Verfahren und Programmen für die automatische Datenverarbeitung, den Datenschutz und die Datensicherung sowie den Betrieb von Rechenzentren in Abstimmung mit den Mitgliedskassen.

(3) Die Landesverbände sollen die zuständigen Behörden in Fragen der Gesetzgebung und Verwaltung unterstützen; § 30 Abs. 3 des Vierten Buches ist entsprechend anzuwenden.

(4) [1]Die für die Finanzierung der Aufgaben eines Landesverbandes erforderlichen Mittel werden von seinen Mitgliedskassen sowie von den Krankenkassen derselben Kassenart mit Mitgliedern mit Wohnsitz im Zuständigkeitsbereich des Landesverbandes aufgebracht. [2]Die mitgliedschaftsrechtliche Zuordnung der Krankenkassen nach § 207 Abs. 1 Satz 3 bleibt unberührt. [3]Das Nähere zur Aufbringung der Mittel nach Satz 1 vereinbaren die Landesverbände. [4]Kommt die Vereinbarung nach Satz 3 nicht bis zum 1. November eines Jahres zustande, wird der Inhalt der Vereinbarung durch eine von den Vertragsparteien zu bestimmende Schiedsperson festgelegt.

§ 211a Entscheidungen auf Landesebene

[1]Die Landesverbände der Krankenkassen und die Ersatzkassen sollen sich über die von ihnen nach diesem Gesetz gemeinsam und einheitlich zu treffenden Entscheidungen einigen. [2]Kommt eine Einigung nicht zustande, erfolgt die Beschlussfassung durch je einen Vertreter der Kassenart, dessen Stimme mit der landesweiten Anzahl der Versicherten nach der Statistik KM 6 seiner Kassenart zu gewichten ist. [3]Die Gewichtung ist entsprechend der Entwicklung der Versichertenzahlen nach der Statistik KM 6 jährlich zum 1. Januar anzupassen.

§ 212 Bundesverbände, Deutsche Rentenversicherung Knappschaft-Bahn-See, Verbände der Ersatzkassen

(1) [1]Die nach § 212 Abs. 1 in der bis zum 31. Dezember 2008 geltenden Fassung bestehenden Bundesverbände werden kraft Gesetzes zum 1. Januar 2009 in Gesellschaften des bürgerlichen Rechts umgewandelt. [2]Gesellschafter der Gesellschaften sind die am 31. Dezember 2008 vorhandenen Mitglieder des jeweiligen Bundesverbandes. [3]Die Gesellschaften sind bis zum 31. Dezember 2012 verpflichtet, den bei den bis zum 31. Dezember 2008 bestehenden Bundesverbänden unbefristet tätigen Angestellten ein neues Beschäftigungsverhältnis zu vermitteln. [4]So lange sind betriebsbedingte Kündigungen unzulässig [5]Nach dem 31. Dezember 2012 steht es den Gesellschaftern frei, über den Fortbestand der Gesellschaft und die Gestaltung der Gesellschaftsverhältnisse zu entscheiden. [6]Soweit sich aus den folgenden Vorschriften nichts anderes ergibt, finden die Vorschriften des Bürgerlichen Gesetzbuchs über die Gesellschaft bürgerlichen Rechts Anwendung. [7]Der Gesellschaft nach Satz 1 können Krankenkassen der jeweiligen Kassenart beitreten.

(2) *(aufgehoben)*

(3) Für die knappschaftliche Krankenversicherung nimmt die Deutsche Rentenversicherung Knappschaft-Bahn-See die Aufgaben eines Landesverbands wahr.

(4) [1]Die Gesellschaften nach Absatz 1 sind Rechtsnachfolger der nach § 212 in der bis zum 31. Dezember 2008 geltenden Fassung bestehenden Bundesverbände. [2]Zweck der Gesellschaft ist die Erfüllung ihrer sich nach § 214 ergebenden oder zusätzlich vertraglich

vereinbarten Aufgaben. ³Bis zum Abschluss eines Gesellschaftsvertrages gelten die zur Erreichung des Gesellschaftszwecks erforderlichen Pflichte und Rechte als vereinbart. ⁴Das Betriebsverfassungsgesetz findet Anwendung.

(5) ¹Die Ersatzkassen können sich zu Verbänden zusammenschließen. ²Die Verbände haben in der Satzung ihre Zwecke und Aufgaben festzusetzen. ³Die Satzungen bedürfen der Genehmigung, der Antrag auf Eintragung in das Vereinsregister der Einwilligung der Aufsichtsbehörde. ⁴Die Ersatzkassen haben für alle Verträge auf Landesebene, die nicht gemeinsam und einheitlich abzuschließen sind, jeweils einen Bevollmächtigten mit Abschlussbefugnis zu benennen. ⁵Ersatzkassen können sich auf eine gemeinsame Vertretung auf Landesebene einigen. ⁶Für gemeinsam und einheitlich abzuschließende Verträge auf Landesebene müssen sich die Ersatzkassen auf einen gemeinsamen Bevollmächtigten mit Abschlussbefugnis einigen. ⁷In den Fällen der Sätze 5 und 6 können die Ersatzkassen die Verbände der Ersatzkassen als Bevollmächtigte benennen. ⁸Sofern nichts anderes bestimmt ist, haben die Ersatzkassen für sonstige Maßnahmen und Entscheidungen einen gemeinsamen Vertreter zu benennen. ⁹Können sich die Ersatzkassen in den Fällen der Sätze 6 und 8 nicht auf einen gemeinsamen Vertreter einigen, bestimmt die Aufsicht den Vertreter. ¹⁰Soweit für die Aufgabenerfüllung der Erlass von Verwaltungsakten notwendig ist, haben im Falle der Bevollmächtigung die Verbände der Ersatzkassen hierzu die Befugnis.

§ 213 Rechtsnachfolge, Vermögensübergang, Arbeitsverhältnisse

(1) ¹Das den bis zum 31. Dezember 2008 bestehenden Bundesverbänden zustehende Vermögen wandelt sich in Gesamthandsvermögen der Gesellschaften des bürgerlichen Rechts um. ²Für die Arbeitsverhältnisse findet § 613a des Bürgerlichen Gesetzbuchs entsprechend Anwendung. ³Für Ansprüche aus Dienst- und Arbeitsvertrag einschließlich der Ansprüche auf Versorgung haften die Gesellschafter zeitlich unbeschränkt. ⁴Bei Auflösung eines Verbandes der Ersatzkassen oder des Austritts eines Mitglieds aus einem Verband der Ersatzkassen haften die Vereinsmitglieder für Ansprüche aus Dienst- und Arbeitsvertrag einschließlich der Ansprüche auf Versorgung zeitlich unbeschränkt. ⁵Die bei den bis zum 31. Dezember 2008 bestehenden Bundesverbänden tätigen Angestellten, für die die Dienstordnung gilt, werden unter Wahrung ihrer Rechtsstellung und Fortgeltung der jeweiligen Dienstordnungen bei den Gesellschaften beschäftigt. ⁶§ 164 Abs. 2 und 3 gilt entsprechend. ⁷Angestellte, für die die Dienstordnung gilt, haben einen Anspruch auf Anstellung bei einem Landesverband ihrer Wahl; der Landesverband muss zuvor Mitglied des Bundesverbandes nach § 212 in der bis zum 31. Dezember 2008 geltenden Fassung gewesen sein, bei dem der Dienstordnungsangestellte angestellt war. ⁸Der Landesverband oder die Krankenkasse, der oder die einen Dienstordnungsangestellten oder einen übrigen Beschäftigten anstellt, dessen Arbeitsplatz bei einem der bis zum 31. Dezember 2008 bestehenden Bundesverbände oder bei einer der in Satz 1 genannten Gesellschaften bürgerlichen Rechts weggefallen ist, hat einen Ausgleichsanspruch gegen die übrigen Landesverbände oder Krankenkassen der Kassenart. ⁹Für die Vergütungs- und Versorgungsansprüche haften die Gesellschafter zeitlich unbeschränkt. ¹⁰Die Sätze 6 bis 9 gelten auch für die Beschäftigten der Verbände der Ersatzkassen.

(2) ¹Die in den Bundesverbänden bis zum 31. Dezember 2008 bestehenden Personalräte nehmen ab dem 1. Januar 2009 die Aufgaben eines Betriebsrates mit dessen Rechten und Pflichten nach dem Betriebsverfassungsgesetz übergangsweise wahr. ²Das Übergangsmandat endet, sobald ein Betriebsrat gewählt und das Wahlergebnis bekannt gegeben ist; es besteht längstens bis zum 31. Mai 2010.

(3) ¹Die in den Bundesverbänden am 31. Dezember 2008 jeweils bestehenden Dienstvereinbarungen gelten in den Gesellschaften des bürgerlichen Rechts als Betriebsvereinbarungen für längstens 24 Monate fort, soweit sie nicht durch andere Regelungen ersetzt werden.

(4) ¹Auf die bis zum 31. Dezember 2008 förmlich eingeleiteten Beteiligungsverfahren im Bereich der Bundesverbände finden bis zu deren Abschluss die Bestimmungen des Bundespersonalvertretungsgesetzes sinngemäß Anwendung. ²Dies gilt auch für Verfahren vor der Einigungsstelle und den Verwaltungsgerichten. ³In den Fällen der Sätze 1 und 2 tritt in diesen Verfahren an die Stelle der Personalvertretung die nach dem Betriebsverfassungsgesetz zuständige Arbeitnehmervertretung.

(5) Bei der Fusion von Landesverbänden wird die Gesellschaft mit dem Rechtsnachfolger des fusionierten Landesverbandes fortgeführt.

(6) ¹Der Spitzenverband Bund soll den Beschäftigten der nach § 212 Abs. 1 in der bis zum 31. Dezember 2008 geltenden Fassung bestehenden Bundesverbände sowie den Be-

schäftigten der Verbände der Ersatzkassen eine Anstellung anbieten, soweit dies für eine ordnungsgemäße Erfüllung der Aufgaben des Spitzenverbandes Bund erforderlich ist. ²Einer vorherigen Ausschreibung bedarf es nicht.

§ 214 Aufgaben

¹Die Gesellschaft hat die Aufgabe, die Verpflichtungen auf Grund der Rechtsnachfolge oder aus Gesetz zu erfüllen. ²Die Gesellschafter können im Gesellschaftsvertrag weitere Aufgaben zur Unterstützung der Durchführung der gesetzlichen Krankenversicherung vereinbaren.

§§ 215–217 *(aufgehoben)*

§ 217 a Errichtung des Spitzenverbandes Bund der Krankenkassen

(1) Die Krankenkassen bilden den Spitzenverband Bund der Krankenkassen.

(2) Der Spitzenverband Bund der Krankenkassen ist eine Körperschaft des öffentlichen Rechts.

§ 217 b Organe

(1) ¹Bei dem Spitzenverband Bund der Krankenkassen wird als Selbstverwaltungsorgan ein Verwaltungsrat gebildet. ²Ein Mitglied des Verwaltungsrates muss dem Verwaltungsrat oder der Vertreterversammlung einer Mitgliedskasse angehören. ³§ 33 Abs. 3, die §§ 37, 40, 41, 42 Abs. 1 bis 3, die §§ 58, 59, 62, § 63 Abs. 1, 3, 4, § 64 Abs. 1 bis 3 und § 66 Abs. 1 des Vierten Buches und § 197 gelten entsprechend. ⁴Abweichend von § 58 Abs. 2 des Vierten Buches endet die Amtsdauer der im Jahr 2007 gewählten Mitglieder sieben Monate nach den nächsten allgemeinen Wahlen in der Sozialversicherung.

(2) ¹Bei dem Spitzenverband Bund der Krankenkassen wird ein Vorstand gebildet. ²Der Vorstand besteht aus höchstens drei Personen. ³Der Vorstand sowie aus seiner Mitte der Vorstandsvorsitzende und dessen Stellvertreter werden von dem Verwaltungsrat gewählt. ⁴Der Vorstand verwaltet den Spitzenverband und vertritt den Spitzenverband gerichtlich und außergerichtlich, soweit Gesetz oder sonstiges für den Spitzenverband maßgebendes Recht nichts Abweichendes bestimmen. ⁵Die Mitglieder des Vorstandes üben ihre Tätigkeit hauptamtlich aus. ⁶§ 35 a Abs. 1 bis 3, 6 und 7 des Vierten Buches gilt entsprechend.

(3) ¹Bei dem Spitzenverband Bund der Krankenkassen wird eine Mitgliederversammlung gebildet. ²Die Mitgliederversammlung wählt den Verwaltungsrat. ³In die Mitgliederversammlung entsendet jede Mitgliedskasse jeweils einen Vertreter der Versicherten und der Arbeitgeber aus ihrem Verwaltungsrat oder ihrer Vertreterversammlung. ⁴Eine Ersatzkasse, deren Verwaltungsrat nicht zur Hälfte mit Vertretern der Arbeitgeber besetzt ist, entsendet jeweils zwei Vertreter der Versicherten aus ihrem Verwaltungsrat. ⁵§ 64 Abs. 1 und 3 des Vierten Buches gilt entsprechend.

§ 217 c Wahl des Verwaltungsrates und des Vorsitzenden der Mitgliederversammlung

(1) ¹Der Verwaltungsrat besteht aus höchstens 52 Mitgliedern. ²Zu wählen sind als Mitglieder des Verwaltungsrates Versichertenvertreter und Arbeitgebervertreter für die Allgemeinen Ortskrankenkassen, die Ersatzkassen, die Betriebskrankenkassen und die Innungskrankenkassen sowie gemeinsame Versicherten- und Arbeitgebervertreter für die Deutsche Rentenversicherung Knappschaft-Bahn-See und die Landwirtschaftlichen Krankenkassen. ³Abweichend von Satz 2 sind für die Ersatzkassen, deren Verwaltungsrat nicht zur Hälfte mit Vertretern der Arbeitgeber besetzt ist, nur Versichertenvertreter zu wählen. ⁴Für jedes Mitglied ist ein Stellvertreter zu wählen. ⁵§ 43 Absatz 2 des Vierten Buches gilt entsprechend. ⁶Die Verteilung der Sitze bestimmt sich nach den bundesweiten Versichertenzahlen der Kassenarten zum 1. Januar des Kalenderjahres, in dem die Mitgliederversammlung den Verwaltungsrat für die neue Wahlperiode wählt.

(2) ¹Die für die Krankenkassen einer Kassenart zu wählenden Mitglieder des Verwaltungsrates müssen jeweils zur Hälfte der Gruppe der Versicherten und der Gruppe der Arbeitgeber angehören. ²Abweichend von Satz 1 ist für die Festlegung der Zahl der Arbeitgebervertreter, die für die Ersatzkassen zu wählen sind, deren Verwaltungsrat mit Ar-

beitgebervertretern besetzt ist, die Hälfte des Anteils der Versichertenzahlen dieser Ersatzkassen an den bundesweiten Versichertenzahlen aller Ersatzkassen zum 1. Januar des Kalenderjahres zu Grunde zu legen, in dem der Verwaltungsrat gewählt wird. ³Bei Abstimmungen des Verwaltungsrates sind die Stimmen zu gewichten, soweit dies erforderlich ist, um insgesamt eine Parität der Stimmen zwischen Versichertenvertretern und Arbeitgebervertretern im Verwaltungsrat herzustellen. ⁴Die Verteilung der Sitze und die Gewichtung der Stimmen zwischen den Kassenarten haben zu einer größtmöglichen Annäherung an den prozentualen Versichertenanteil der jeweiligen Kassenart zu führen. ⁵Die Einzelheiten zur Sitzverteilung und Stimmengewichtung regelt die Satzung spätestens sechs Monate vor dem Ende der Amtsdauer des Verwaltungsrates. ⁶Die Satzung kann vorsehen, dass die Stimmenverteilung während einer Wahlperiode an die Entwicklung der Versichertenzahlen angepasst wird.

(3) ¹Die Wahl des Verwaltungsrates wird nach Vorschlagslisten durchgeführt. ²Jede Kassenart soll eine Vorschlagsliste erstellen, die mindestens so viele Bewerber enthält, wie ihr Sitze nach der Satzung zugeordnet sind. ³Entsprechendes gilt für die nach Absatz 1 gemeinsam zu wählenden Mitglieder für die Deutsche Rentenversicherung Knappschaft-Bahn-See und die Landwirtschaftlichen Krankenkassen. ⁴Verständigt sich eine Kassenart nicht auf eine Vorschlagsliste, benennt jede Krankenkasse dieser Kassenart einen Bewerber als Versichertenvertreter und einen Bewerber als Arbeitgebervertreter; die Ersatzkassen, deren Verwaltungsrat nicht zur Hälfte mit Vertretern der Arbeitgeber besetzt ist, benennen jeweils bis zu drei Versichertenvertreter. ⁵Aus den eingereichten Einzelvorschlägen erstellt der Vorsitzende der Mitgliederversammlung die kassenartbezogene Vorschlagsliste mit den Bewerbern. ⁶Entsprechendes gilt für die Erstellung der Vorschlagslisten mit den zu wählenden Stellvertretern. ⁷Die Vorschlagslisten werden getrennt für die Vertreter der Versicherten und der Arbeitgeber sowie jeweils deren Stellvertreter erstellt. ⁸Die Wahl erfolgt jeweils getrennt für die Vertreter der Versicherten und der Arbeitgeber, getrennt für deren Stellvertreter sowie getrennt nach Kassenarten. ⁹Die Versichertenvertreter in der Mitgliederversammlung wählen die Versichertenvertreter und deren Stellvertreter aus den Vorschlagslisten für den Verwaltungsrat. ¹⁰Die Arbeitgebervertreter in der Mitgliederversammlung wählen die Arbeitgebervertreter und deren Stellvertreter aus den Vorschlagslisten für den Verwaltungsrat. ¹¹Bei den nach Satz 8 getrennten Wahlgängen hat ein wahlberechtigter Vertreter der Mitgliedskasse bei einem Wahlgang so viele Stimmen, wie jeweils Sitze nach der Satzung zur Verfügung stehen.

(4) ¹Gewählt sind jeweils die Bewerber auf der Vorschlagsliste, die die höchste der nach Absatz 4 gewichteten, abgegebenen Stimmenzahl erhalten (Höchstzahlen). ²Dabei sind so viele Bewerber mit den Höchstzahlen gewählt, wie Sitze je Kassenart nach der Satzung zu verteilen sind. ³Entsprechendes gilt für die Wahl der Stellvertreter.

(5) ¹Bei der Wahl der Mitglieder des Verwaltungsrates durch die Mitgliederversammlung sind die Stimmen der Mitgliedskassen des Spitzenverbandes Bund zu gewichten. ²Die Gewichtung orientiert sich an der bundesweiten Anzahl der Versicherten eines Mitgliedes am 1. Januar eines Jahres. ³Die Gewichtung ist entsprechend der Entwicklung der Versichertenzahlen jährlich zum 1. Februar anzupassen. ⁴Das Nähere regelt die Satzung.

(6) ¹Die Mitgliederversammlung wählt aus ihren Reihen einen Vorsitzenden und dessen Stellvertreter. ²Die Wahl des Vorsitzenden der Mitgliederversammlung erfolgt mit einer Mehrheit von zwei Dritteln der abgegebenen Stimmen der Mitgliedskassen. ³Für die Mitgliedskasse kann nur eine einheitliche Stimmabgabe erfolgen. ⁴Das Bundesministerium für Gesundheit lädt die Mitglieder des Spitzenverbandes Bund zu der ersten konstituierenden Mitgliederversammlung ein und leitet in dieser ersten Sitzung die Wahl des Vorsitzenden der Mitgliederversammlung. ⁵Für die erste Sitzung der Mitgliederversammlung gilt § 76 der Wahlordnung für die Sozialversicherung entsprechend mit der Maßgabe, dass der Vertreter des Bundesministeriums für Gesundheit die Aufgaben des Wahlausschusses wahrnimmt. ⁶Zu den nachfolgenden Sitzungen der Mitgliederversammlung beruft der Vorsitzende ein. ⁷Er leitet die Wahl des Verwaltungsrates und stellt das Wahlergebnis fest. ⁸Das Nähere regelt die Satzung.

(7) ¹Der Vorsitzende der Mitgliederversammlung lädt den gewählten Verwaltungsrat zu seiner konstituierenden Sitzung ein und leitet die Wahl des Vorsitzenden des Verwaltungsrates. ²Für die erste Sitzung des Verwaltungsrates gelten die §§ 75 und 76 der Wahlordnung für die Sozialversicherung entsprechend mit der Maßgabe, dass der Vorsitzende der Mitgliederversammlung die Aufgaben des Wahlausschusses wahrnimmt.

(8) Das Nähere zur Durchführung der Wahl des Verwaltungsrates und der Wahl des Vorsitzenden der Mitgliederversammlung sowohl für die Wahl im Errichtungsstadium wie auch für die folgenden Wahlen nach Ablauf der jeweiligen Amtsperioden kann das Bun-

desministerium für Gesundheit durch Rechtsverordnung ohne Zustimmung des Bundesrates in einer Wahlordnung regeln.

§ 217d Aufsicht, Haushalts- und Rechnungswesen, Vermögen, Statistiken

¹Der Spitzenverband Bund der Krankenkassen untersteht der Aufsicht des Bundesministeriums für Gesundheit, bei Ausführung des § 217f Abs. 3 der Aufsicht des Bundesministeriums für Arbeit und Soziales. ²Die Aufsicht über den Spitzenverband Bund der Krankenkassen in seiner Funktion als Verbindungsstelle nach § 219a wird vom Bundesministerium für Gesundheit im Einvernehmen mit dem Bundesministerium für Arbeit und Soziales ausgeübt. ³§ 208 Abs. 2 gilt entsprechend.

§ 217e Satzung

(1) ¹Der Verwaltungsrat hat eine Satzung zu beschließen. ²Die Satzung bedarf der Genehmigung der zuständigen Aufsichtsbehörde. ³Der Spitzenverband Bund hat seinen Sitz in Berlin; die Satzung kann einen davon abweichenden Sitz bestimmen. ⁴Die Verbindungsstelle (§ 219a) hat ihren Sitz in Bonn; die Satzung kann einen davon abweichenden Sitz in Berücksichtigung der spezifischen Aufgabenstellung festlegen. ⁵Die Satzung muss Bestimmungen enthalten über

1. die Wahl des Verwaltungsrates und des Vorstandes sowie die Ergänzung des Verwaltungsrates bei vorzeitigem Ausscheiden eines Mitglieds,
2. die Entschädigung der Mitglieder des Verwaltungsrates,
3. die Aufbringung und Verwaltung der Mittel,
4. die Beurkundung der Beschlüsse des Verwaltungsrates,
5. die Herstellung der Öffentlichkeit der Sitzungen des Verwaltungsrates,
6. das Nähere über die Entsendung der Vertreter der Mitgliedskassen in die Mitgliederversammlung, über die Wahl des Vorsitzenden der Mitgliederversammlung sowie dessen Aufgaben,
7. die Rechte und Pflichten der Mitgliedskassen,
8. die jährliche Prüfung der Betriebs- und Rechnungsführung,
9. die Art der Bekanntmachung.

⁹§ 34 Abs. 2 des Vierten Buches gilt entsprechend.

(2) Die vom Spitzenverband Bund der Krankenkassen abgeschlossenen Verträge und seine sonstigen Entscheidungen gelten für die Mitgliedskassen des Spitzenverbandes, die Landesverbände der Krankenkassen und die Versicherten.

§ 217f Aufgaben des Spitzenverbandes Bund der Krankenkassen

(1) Der Spitzenverband Bund der Krankenkassen hat ab dem 1. Juli 2008 die ihm gesetzlich zugewiesenen Aufgaben zu erfüllen.

(2) Der Spitzenverband Bund der Krankenkassen unterstützt die Krankenkassen und ihre Landesverbände bei der Erfüllung ihrer Aufgaben und bei der Wahrnehmung ihrer Interessen, insbesondere durch die Entwicklung von und Abstimmung zu Datendefinitionen (Formate, Strukturen und Inhalte) und Prozessoptimierungen (Vernetzung der Abläufe) für den elektronischen Datenaustausch in der gesetzlichen Krankenversicherung und mit den Arbeitgebern.

(3) ¹Der Spitzenverband Bund der Krankenkassen trifft in grundsätzlichen Fach- und Rechtsfragen Entscheidungen zum Beitrags- und Meldeverfahren und zur einheitlichen Erhebung der Beiträge (§§ 23, 76 des Vierten Buches). ²Der Spitzenverband Bund der Krankenkassen gibt Empfehlungen zur Benennung und Verteilung von beauftragten Stellen nach § 28f Abs. 4 des Vierten Buches.

(4) Der Spitzenverband Bund der Krankenkassen trifft Entscheidungen zur Organisation des Qualitäts- und Wirtschaftlichkeitswettbewerbs der Krankenkassen, insbesondere zu dem Erlass von Rahmenrichtlinien für den Aufbau und die Durchführung eines zielorientierten Benchmarking der Leistungs- und Qualitätsdaten.

(5) Die von den bis zum 31. Dezember 2008 bestehenden Bundesverbänden sowie der Deutschen Rentenversicherung Knappschaft-Bahn-See, den Verbänden der Ersatzkassen und der See-Krankenkasse bis zum 30. Juni 2008 zu treffenden Vereinbarungen, Regelungen und Entscheidungen gelten solange fort, bis der Spitzenverband Bund im Rahmen seiner Aufgabenstellung neue Vereinbarungen, Regelungen oder Entscheidungen trifft oder Schiedsämter den Inhalt von Verträgen neu festsetzen.

§ 217g Errichtungsbeauftragter

(1) ¹Die Bundesverbände nach § 212 in der bis zum 31. Dezember 2008 geltenden Fassung, die Deutsche Rentenversicherung Knappschaft-Bahn- See, die See-Krankenkasse und die Verbände der Ersatzkassen bestellen zum Aufbau des Spitzenverbandes Bund der Krankenkassen einen Errichtungsbeauftragten. ²Ist eine Bestellung bis zum 30. April 2007 nicht erfolgt, bestellt das Bundesministerium für Gesundheit einen Errichtungsbeauftragten. ³Er unterstützt den Spitzenverband in der Errichtungsphase, insbesondere bei der Organisation der Mitgliederversammlung, der Ausarbeitung der Satzung sowie den Wahlen des Verwaltungsrates und des Vorstandes. ⁴Ist ein Vorstand bis zum 1. Juli 2007 nicht gewählt, hat der Errichtungsbeauftragte bis zur Wahl des Vorstandes die Stellung eines Vorstandes und dessen Rechte und Pflichten.

(2) ¹Die Kosten der Errichtung und die Vergütung des Errichtungsbeauftragten werden vom Spitzenverband Bund der Krankenkassen getragen. ²Solange der Spitzenverband Bund keinen Haushaltsplan beschlossen hat, werden diese Aufwendungen von den Bundesverbänden nach § 212 in der bis zum 31. Dezember 2008 geltenden Fassung, der Deutschen Rentenversicherung Knappschaft-Bahn-See und den Verbänden der Ersatzkassen als Gesamtschuldner im Verhältnis der beitragspflichtigen Einnahmen der Mitglieder der Krankenkassen in der jeweiligen Kassenart aufgebracht. ³Die nach Satz 2 Verpflichteten haben einen angemessenen Vorschuss auf die zu erwartenden Aufwendungen zu zahlen.

§ 218 Regionale Kassenverbände

(1) Orts-, Betriebs- und Innungskrankenkassen können sich durch übereinstimmenden Beschluß ihrer Verwaltungsräte zu einem Kassenverband vereinigen, wenn sie ihren Sitz im Bezirk desselben Versicherungsamts haben.

(2) Mit Genehmigung der für die Sozialversicherung zuständigen obersten Verwaltungsbehörde des Landes kann sich ein Kassenverband über die Bezirke oder Bezirksteile mehrerer Versicherungsämter erstrecken.

§ 219 Arbeitsgemeinschaften

Die Krankenkassen und ihre Verbände können insbesondere mit Kassenärztlichen Vereinigungen und anderen Leistungserbringern sowie mit dem öffentlichen Gesundheitsdienst zur Förderung der Gesundheit, Prävention, Versorgung chronisch Kranker und Rehabilitation Arbeitsgemeinschaften zur Wahrnehmung der in § 94 Abs. 1a Satz 1 des Zehnten Buches genannten Aufgaben bilden.

§ 219a Deutsche Verbindungsstelle Krankenversicherung – Ausland

(1) ¹Der Spitzenverband Bund der Krankenkassen nimmt die Aufgaben der Deutschen Verbindungsstelle Krankenversicherung – Ausland (Verbindungsstelle) wahr. ²Er erfüllt dabei die ihm durch über- und zwischenstaatliches sowie durch innerstaatliches Recht übertragenen Aufgaben. ³Insbesondere gehören hierzu:
1. Vereinbarungen mit ausländischen Verbindungsstellen,
2. Kostenabrechnungen mit in- und ausländischen Stellen,
3. Festlegung des anzuwendenden Versicherungsrechts,
4. Koordinierung der Verwaltungshilfe in grenzüberschreitenden Fällen sowie
5. Informationen, Beratung und Aufklärung.

⁴Die Satzung des Spitzenverbandes kann Einzelheiten zur Aufgabenerfüllung regeln und dabei im Rahmen der Zuständigkeit des Spitzenverbandes Bund der Verbindungsstelle auch weitere Aufgaben übertragen.

(2) ¹Der Spitzenverband Bund der Krankenkassen ist Rechtsnachfolger der Deutschen Verbindungsstelle Krankenversicherung – Ausland (Verbindungsstelle) nach § 219a in der bis zum 31. Dezember 2007 geltenden Fassung. ²§ 613a des Bürgerlichen Gesetzbuchs findet entsprechend Anwendung. ³Der für das Jahr 2008 aufgestellte Haushaltsplan gilt als Teil des Haushalts des Spitzenverbandes fort.

(3) ¹Der Verwaltungsrat hat für die Erfüllung der Aufgaben nach Absatz 1 einen Geschäftsführer und seinen Stellvertreter zu bestellen. ²Der Geschäftsführer verwaltet den Spitzenverband Bund in allen Angelegenheiten nach Absatz 1 und vertritt den Spitzenverband Bund in diesen Angelegenheiten gerichtlich und außergerichtlich, soweit Gesetz

oder sonstiges maßgebendes Recht nichts anderes bestimmen. ³Für den Abschluss des Dienstvertrages gilt § 35a Abs. 6 Satz 1 des Vierten Buches entsprechend. ⁴Das Nähere über die Grundsätze der Geschäftsführung durch den Geschäftsführer bestimmt die Satzung.

(4) ¹Der Verwaltungsrat hat den Gesamthaushaltsplan des Spitzenverbandes Bund für den Aufgabenbereich der Verbindungsstelle zu untergliedern. ²Die Haushaltsführung hat getrennt nach den Aufgabenbereichen zu erfolgen.

(5) ¹Die zur Finanzierung der Verbindungsstelle erforderlichen Mittel werden durch eine Umlage, deren Berechnungskriterien in der Satzung festgelegt werden (§ 217e Abs. 1 Nr. 3), und durch die sonstigen Einnahmen der Verbindungsstelle aufgebracht. ²Die Satzung muss insbesondere Bestimmungen zur ausschließlichen Verwendung der für die Aufgabenerfüllung verfügbaren Mittel für Zwecke der Verbindungsstelle enthalten.

§§ 219b–219d *(aufgehoben)*

Achtes Kapitel. Finanzierung

Erster Abschnitt. Beiträge

Erster Titel. Aufbringung der Mittel

§ 220 Grundsatz

(1) **Die Mittel der Krankenversicherung werden durch Beiträge und sonstige Einnahmen aufgebracht.**

(2) ¹Der beim Bundesversicherungsamt gebildete Schätzerkreis schätzt für jedes Jahr bis zum 15. Oktober die voraussichtlichen jährlichen Einnahmen des Gesundheitsfonds und die voraussichtlichen jährlichen Ausgaben der Krankenkassen sowie die voraussichtliche Zahl der Versicherten und der Mitglieder der Krankenkassen. ²Diese Schätzung dient als Grundlage für die Festlegung des durchschnittlichen Zusatzbeitrags nach § 242a für das Folgejahr.

(3) ¹Für das Haushalts- und Rechnungswesen einschließlich der Statistiken bei der Verwaltung des Gesundheitsfonds durch das Bundesversicherungsamt gelten die §§ 67 bis 69, 70 Abs. 5, § 72 Abs. 1 und 2 Satz 1 erster Halbsatz, die §§ 73 bis 77 Abs. 1a und § 79 Abs. 1 und 2 in Verbindung mit Abs. 3a des Vierten Buches sowie die auf Grund des § 78 des Vierten Buches erlassenen Rechtsverordnungen entsprechend. ²Für das Vermögen gelten die §§ 80 und 85 des Vierten Buches entsprechend.

§ 221 Beteiligung des Bundes an Aufwendungen

(1) ¹Der Bund leistet zur pauschalen Abgeltung der Aufwendungen der Krankenkassen für versicherungsfremde Leistungen 7,2 Milliarden Euro für das Jahr 2009 und 11,8 Milliarden Euro für das Jahr 2010 in monatlich zum ersten Bankarbeitstag zu überweisenden Teilbeträgen an den Gesundheitsfonds. ²Die Leistungen des Bundes erhöhen sich in den Folgejahren um jährlich 1,5 Milliarden Euro bis zu einer jährlichen Gesamtsumme von 14 Milliarden Euro.

(2) ¹Der Gesundheitsfonds überweist von den ihm zufließenden Leistungen des Bundes nach Absatz 1 den auf die Landwirtschaftlichen Krankenkassen entfallenden Anteil an der Beteiligung des Bundes an den Spitzenverband der landwirtschaftlichen Sozialversicherung zur Weiterleitung an die Landwirtschaftlichen Krankenkassen. ²Der Überweisungsbetrag nach Satz 1 bemisst sich nach dem Verhältnis der Anzahl der Versicherten dieser Krankenkassen zu der Anzahl der Versicherten aller Krankenkassen; maßgebend sind die Verhältnisse am 1. Juli des Vorjahres.

§ 221a Weitere Beteiligung des Bundes für das Jahr 2011

¹Der Bund leistet im Jahr 2011 weitere 2 Milliarden Euro in monatlich zum ersten Bankarbeitstag zu überweisenden Teilbeträgen an den Gesundheitsfonds. ²§ 221 Absatz 2

gilt entsprechend mit der Maßgabe, dass an die landwirtschaftlichen Krankenkassen 50 Prozent des Betrages zu überweisen sind, der sich bei der Bemessung nach § 221 Absatz 2 Satz 2 ergibt.

§ 221 b Leistungen des Bundes für den Sozialausgleich

¹Der Bund leistet zum Sozialausgleich nach § 242 b ab dem Jahr 2015 in monatlich zum ersten Bankarbeitstag zu überweisenden Teilbeträgen Zahlungen an den Gesundheitsfonds, die der Liquiditätsreserve nach § 271 Absatz 2 zuzuführen sind. ²Die Höhe der Zahlungen wird im Jahr 2014 gesetzlich festgelegt. ³Dieser Sozialausgleich beinhaltet zusätzlich jeweils in voller Höhe die Zahlungen für die Zusatzbeiträge, die für Mitglieder nach § 242 Absatz 4 Satz 1 erhoben werden, sowie die Zahlungen für Zusatzbeiträge, die von der Bundesagentur für Arbeit nach § 26 Absatz 3 des Zweiten Buches gezahlt werden.

§ 222 Befristete Ausnahme vom Verbot der Finanzierung durch Aufnahme von Darlehen

(1) Abweichend von § 220 Abs. 2 können Krankenkassen bis zum 31. Dezember 1998 Beitragserhöhungen in dem in Artikel 1 Abs. 1 des Einigungsvertrages genannten Gebiet einschließlich des Landes Berlin dadurch vermeiden, daß sie zum Haushaltsausgleich Darlehen aufnehmen.

(2) ¹Die Darlehensaufnahme bedarf der Genehmigung der Aufsichtsbehörde. ²Die Genehmigung darf nur erteilt werden, wenn die Krankenkasse nachweist, daß sie alle Wirtschaftlichkeitsreserven ausgeschöpft hat und nach Abstimmung mit ihrem Bundesverband nachprüfbar darlegt, wie die Gründe für die bisherige Verschuldung innerhalb von fünf Jahren beseitigt und die Darlehen innerhalb von längstens zehn Jahren zuückgezahlt werden. ³Die Aufsichtsbehörde hat die Geschäfts- und Rechnungsführung der Krankenkasse, der eine Darlehensaufnahme genehmigt worden ist, mindestens in jährlichen Abständen zu prüfen.

(3) ¹Die Darlehen sollen vorrangig bei Krankenkassen oder deren Verbänden aufgenommen werden; § 220 Abs. 3 findet insoweit keine Anwendung. ²Mittel der Krankenkassen und der Verbände dürfen nur insoweit zur Gewährung von Darlehen verwendet werden, als dies nicht Beitragserhöhungen zur Folge hat.

(4) ¹Krankenkassen in dem in Absatz 1 genannten Gebiet, die abweichend von § 220 vor Inkrafttreten des Gesetzes zur Stärkung der Finanzgrundlagen der gesetzlichen Krankenversicherung in den neuen Ländern vom 24. März 1998 (BGBl. I S. 526) Darlehen zum Haushaltsausgleich aufgenommen haben, haben der Aufsichtsbehörde unverzüglich nachprüfbar darzulegen, wie die Gründe für die bisherige Verschuldung innerhalb von fünf Jahren beseitigt und die Darlehen innerhalb von längstens zehn Jahren zurückgezahlt werden. ²Die Krankenkasse hat sich dabei mit ihrem Bundesverband abzustimmen. ³Das Konzept für die Beseitigung der Gründe der Verschuldung und für die Rückzahlung der Darlehen bedarf der Genehmigung der Aufsichtsbehörde. ⁴Wird das Konzept nicht genehmigt, sind die Darlehen unverzüglich zurückzuzahlen; § 220 Abs. 2 gilt; die Absätze 1 bis 3 finden keine Anwendung. ⁵In den Fällen der Sätze 3 oder 4 hat die Aufsichtsbehörde die Geschäfts- und Rechnungsführung dieser Krankenkassen mindestens in jährlichen Abständen zu prüfen.

(5) Absatz 4 gilt für Krankenkassen, die bis zum 31. Dezember 2003 abweichend von § 220 Darlehen zum Haushaltsausgleich aufgenommen haben, mit der Maßgabe, dass die Verschuldung jeweils jährlich zu mindestens einem Viertel spätestens bis zum 31. Dezember 2007 abzubauen ist; Darlehensaufnahmen nach dem 31. Dezember 2003 sind nicht zulässig.

§ 223 Beitragspflicht, beitragspflichtige Einnahmen, Beitragsbemessungsgrenze

(1) Die Beiträge sind für jeden Kalendertag der Mitgliedschaft zu zahlen, soweit dieses Buch nichts Abweichendes bestimmt.

(2) ¹Die Beiträge werden nach den beitragspflichtigen Einnahmen der Mitglieder bemessen. ²Für die Berechnung ist die Woche zu sieben, der Monat zu dreißig und das Jahr zu dreihundertsechzig Tagen anzusetzen.

(3) ¹Beitragspflichtige Einnahmen sind bis zu einem Betrag von einem Dreihundertsechzigstel der Jahresarbeitsentgeltgrenze nach § 6 Abs. 7 für den Kalendertag zu berücksichtigen (Beitragsbemessungsgrenze). ²Einnahmen, die diesen Betrag übersteigen, bleiben außer Ansatz, soweit dieses Buch nichts Abweichendes bestimmt.

§ 224 Beitragsfreiheit bei Krankengeld, Mutterschaftsgeld oder Erziehungsgeld oder Elterngeld

(1) ¹Beitragsfrei ist ein Mitglied für die Dauer des Anspruchs auf Krankengeld oder Mutterschaftsgeld oder des Bezugs von Erziehungsgeld oder Elterngeld. ²Die Beitragsfreiheit erstreckt sich nur auf die in Satz 1 genannten Leistungen.

(2) Durch die Beitragsfreiheit wird ein Anspruch auf Schadensersatz nicht ausgeschlossen oder gemindert.

§ 225 Beitragsfreiheit bestimmter Rentenantragsteller

¹Beitragsfrei ist ein Rentenantragsteller bis zum Beginn der Rente, wenn er
1. als hinterbliebener Ehegatte eines nach § 5 Abs. 1 Nr. 11 oder 12 versicherungspflichtigen Rentners, der bereits Rente bezogen hat, Hinterbliebenenrente beantragt,
2. als Waise eines nach § 5 Abs. 1 Nr. 11 oder 12 versicherungspflichtigen Rentners, der bereits Rente bezogen hat, vor Vollendung des achtzehnten Lebensjahres Waisenrente beantragt oder
3. ohne die Versicherungspflicht nach § 5 Abs. 1 Nr. 11 oder 12 nach § 10 dieses Buches oder nach § 7 des Zweiten Gesetzes über die Krankenversicherung der Landwirte versichert wäre.

²Satz 1 gilt nicht, wenn der Rentenantragsteller Arbeitseinkommen oder Versorgungsbezüge erhält. ³§ 226 Abs. 2 gilt entsprechend.

Zweiter Titel. Beitragspflichtige Einnahmen der Mitglieder

§ 226 Beitragspflichtige Einnahmen versicherungspflichtig Beschäftigter

(1) ¹Bei versicherungspflichtig Beschäftigten werden der Beitragsbemessung zugrunde gelegt
1. das Arbeitsentgelt aus einer versicherungspflichtigen Beschäftigung,
2. der Zahlbetrag der Rente der gesetzlichen Rentenversicherung,
3. der Zahlbetrag der der Rente vergleichbaren Einnahmen (Versorgungsbezüge),
4. das Arbeitseinkommen, soweit es neben einer Rente der gesetzlichen Rentenversicherung oder Versorgungsbezügen erzielt wird.

²Dem Arbeitsentgelt steht das Vorruhestandsgeld gleich. ³Bei Auszubildenden, die in einer außerbetrieblichen Einrichtung im Rahmen eines Berufsausbildungsvertrages nach dem Berufsbildungsgesetz ausgebildet werden, steht die Ausbildungsvergütung dem Arbeitsentgelt gleich.

(2) Die nach Absatz 1 Satz 1 Nr. 3 und 4 zu bemessenden Beiträge sind nur zu entrichten, wenn die monatlichen beitragspflichtigen Einnahmen nach Absatz 1 Satz 1 Nr. 3 und 4 insgesamt ein Zwanzigstel der monatlichen Bezugsgröße nach § 18 des Vierten Buches übersteigen.

(3) Für Schwangere, deren Mitgliedschaft nach § 192 Abs. 2 erhalten bleibt, gelten die Bestimmungen der Satzung.

(4) Bei Arbeitnehmern, die gegen ein monatliches Arbeitsentgelt bis zum oberen Grenzbetrag der Gleitzone (§ 20 Absatz 2 des Vierten Buches) mehr als geringfügig beschäftigt sind, gilt der Betrag der beitragspflichtigen Einnahme nach § 163 Absatz 10 Satz 1 bis 5 und 8 des Sechsten Buches entsprechend.

§ 227 Beitragspflichtige Einnahmen versicherungspflichtiger Rückkehrer in die gesetzliche Krankenversicherung und bisher nicht Versicherter

Für die nach § 5 Abs. 1 Nr. 13 Versicherungspflichtigen gilt § 240 entsprechend.

§ 228 Rente als beitragspflichtige Einnahmen

(1) Als Rente der gesetzlichen Rentenversicherung gelten Renten der allgemeinen Rentenversicherung sowie Renten der knappschaftlichen Rentenversicherung einschließlich der Steigerungsbeträge aus Beiträgen der Höherversicherung.

(2) ¹Bei der Beitragsbemessung sind auch Nachzahlungen einer Rente aus der gesetzlichen Rentenversicherung zu berücksichtigen, soweit sie auf einen Zeitraum entfallen, in dem der Rentner Anspruch auf Leistungen nach diesem Buch hatte. ²Die Beiträge aus der Nachzahlung gelten als Beiträge für die Monate, für die die Rente nachgezahlt wird.

§ 229 Versorgungsbezüge als beitragspflichtige Einnahmen

(1) ¹Als der Rente vergleichbare Einnahmen (Versorgungsbezüge) gelten, soweit sie wegen einer Einschränkung der Erwerbsfähigkeit oder zur Alters- oder Hinterbliebenenversorgung erzielt werden,
1. Versorgungsbezüge aus einem öffentlich-rechtlichen Dienstverhältnis oder aus einem Arbeitsverhältnis mit Anspruch auf Versorgung nach beamtenrechtlichen Vorschriften oder Grundsätzen; außer Betracht bleiben
   a) lediglich übergangsweise gewährte Bezüge,
   b) unfallbedingte Leistungen und Leistungen der Beschädigtenversorgung,
   c) bei einer Unfallversorgung ein Betrag von 20 vom Hundert des Zahlbetrags und
   d) bei einer erhöhten Unfallversorgung der Unterschiedsbetrag zum Zahlbetrag der Normalversorgung, mindestens 20 vom Hundert des Zahlbetrags der erhöhten Unfallversorgung,
2. Bezüge aus der Versorgung der Abgeordneten, Parlamentarischen Staatssekretäre und Minister,
3. Renten der Versicherungs- und Versorgungseinrichtungen, die für Angehörige bestimmter Berufe errichtet sind,
4. Renten und Landabgaberenten nach dem Gesetz über die Alterssicherung der Landwirte mit Ausnahme einer Übergangshilfe,
5. Renten der betrieblichen Altersversorgung einschließlich der Zusatzversorgung im öffentlichen Dienst und der hüttenknappschaftlichen Zusatzversorgung.

²Satz 1 gilt auch, wenn Leistungen dieser Art aus dem Ausland oder von einer zwischenstaatlichen oder überstaatlichen Einrichtung bezogen werden. ³Tritt an die Stelle der Versorgungsbezüge eine nicht regelmäßig wiederkehrende Leistung oder ist eine solche Leistung vor Eintritt des Versicherungsfalls vereinbart oder zugesagt worden, gilt ein Einhundertzwanzigstel der Leistung als monatlicher Zahlbetrag der Versorgungsbezüge, längstens jedoch für einhundertzwanzig Monate.

(2) Für Nachzahlungen von Versorgungsbezügen gilt § 228 Abs. 2 entsprechend.

§ 230 Rangfolge der Einnahmearten versicherungspflichtig Beschäftigter

¹Erreicht das Arbeitsentgelt nicht die Beitragsbemessungsgrenze, werden nacheinander der Zahlbetrag der Versorgungsbezüge und das Arbeitseinkommen des Mitglieds bis zur Beitragsbemessungsgrenze berücksichtigt. ²Der Zahlbetrag der Rente der gesetzlichen Rentenversicherung wird getrennt von den übrigen Einnahmearten bis zur Beitragsbemessungsgrenze berücksichtigt.

§ 231 Erstattung von Beiträgen

(1) Beiträge aus Versorgungsbezügen oder Arbeitseinkommen werden dem Mitglied durch die Krankenkasse auf Antrag erstattet, soweit sie auf Beträge entfallen, um die die Versorgungsbezüge und das Arbeitseinkommen zusammen mit dem Arbeitsentgelt einschließlich des einmalig gezahlten Arbeitsentgelts die anteilige Jahresarbeitsentgeltgrenze nach § 6 Abs. 7 überschritten haben.

(2) ¹Die zuständige Krankenkasse erstattet dem Mitglied auf Antrag die von ihm selbst getragenen Anteile an den Beiträgen aus der Rente der gesetzlichen Rentenversicherung, soweit sie auf Beträge entfallen, um die die Rente zusammen mit den übrigen der Beitragsbemessung zugrunde gelegten Einnahmen des Mitglieds die Beitragsbemessungsgrenze überschritten hat. ²Die Satzung der Krankenkasse kann Näheres über die Durchführung der Erstattung bestimmen. ³Wenn dem Mitglied auf Antrag von ihm getragene Beitragsanteile nach Satz 1 erstattet werden, werden dem Träger der gesetzlichen Rentenversicherung die von diesem insoweit getragenen Beitragsanteile erstattet.

§ 232 Beitragspflichtige Einnahmen unständig Beschäftigter

(1) ¹Für unständig Beschäftigte ist als beitragspflichtige Einnahmen ohne Rücksicht auf die Beschäftigungsdauer das innerhalb eines Kalendermonats erzielte Arbeitsentgelt bis zur Höhe von einem Zwölftel der Jahresarbeitsentgeltgrenze nach § 6 Abs. 7 zugrunde zu legen. ²Die §§ 226 und 228 bis 231 dieses Buches sowie § 23a des Vierten Buches gelten.

(2) ¹Bestanden innerhalb eines Kalendermonats mehrere unständige Beschäftigungen und übersteigt das Arbeitsentgelt insgesamt die genannte monatliche Bemessungsgrenze nach Absatz 1, sind bei der Berechnung der Beiträge die einzelnen Arbeitsentgelte anteilmäßig nur zu berücksichtigen, soweit der Gesamtbetrag die monatliche Bemessungsgrenze nicht übersteigt. ²Auf Antrag des Mitglieds oder eines Arbeitgebers verteilt die Krankenkasse die Beiträge nach den anrechenbaren Arbeitsentgelten.

(3) Unständig ist die Beschäftigung, die auf weniger als eine Woche entweder nach der Natur der Sache befristet zu sein pflegt oder im Voraus durch den Arbeitsvertrag befristet ist.

§ 232a Beitragspflichtige Einnahmen der Bezieher von Arbeitslosengeld, Unterhaltsgeld oder Kurzarbeitergeld

(1) ¹Als beitragspflichtige Einnahmen gelten
1. bei Personen, die Arbeitslosengeld oder Unterhaltsgeld nach dem Dritten Buch beziehen, 80 vom Hundert des der Leistung zugrunde liegenden, durch sieben geteilten wöchentlichen Arbeitsentgelts nach § 226 Abs. 1 Satz 1 Nr. 1, soweit es ein Dreihundertsechzigstel der Jahresarbeitsentgeltgrenze nach § 6 Abs. 7 nicht übersteigt; 80 vom Hundert des beitragspflichtigen Arbeitsentgelts aus einem nicht geringfügigen Beschäftigungsverhältnis sind abzuziehen,
2. bei Personen, die Arbeitslosengeld II beziehen, der dreißigste Teil des 0,3450fachen der monatlichen Bezugsgröße; in Fällen, in denen diese Personen weitere beitragspflichtige Einnahmen haben, wird der Zahlbetrag des Arbeitslosengeldes II für die Beitragsbemessung diesen beitragspflichtigen Einnahmen mit der Maßgabe hinzugerechnet, dass als beitragspflichtige Einnahmen insgesamt der in diesem Satz genannte Teil der Bezugsgröße gilt. Die Festlegung der beitragspflichtigen Einnahmen von Personen, die Arbeitslosengeld II beziehen, wird jeweils bis zum 30. September, erstmals bis zum 30. September 2007, für den gesamten Zeitraum der zweiten Hälfte des Vorjahres und der ersten Hälfte des laufenden Jahres im Vergleich zum Zeitraum vom 1. Juli 2005 bis zum 30. Juni 2006 überprüft. Unterschreiten die Beitragsmehreinnahmen des Gesundheitsfonds aus der Erhöhung des pauschalen Krankenversicherungsbeitrags für geringfügig Beschäftigte im gewerblichen Bereich (§ 249b) in dem in Satz 1 genannten Zeitraum den Betrag von 170 Millionen Euro im Vergleich zum Zeitraum 1. Juli 2005 bis 30. Juni 2006, hat der Gesundheitsfonds gegen den Bund einen entsprechenden Ausgleichsanspruch, der jeweils bis zum Ende des Jahres, in dem die Festlegung durchgeführt wird, abzuwickeln ist. Das Bundesversicherungsamt regelt im Einvernehmen mit dem Bundesministerium für Arbeit und Soziales, dem Bundesministerium für Gesundheit sowie dem Bundesministerium der Finanzen das Nähere über die Höhe des Ausgleichsanspruchs. Dabei ist die Veränderung der Anzahl der geringfügig Beschäftigten zu berücksichtigen.

²Bei Personen, die Teilarbeitslosengeld oder Teilunterhaltsgeld nach dem Dritten Buch beziehen, ist Satz 1 Nr. 1 zweiter Teilsatz nicht anzuwenden. ³Ab Beginn des zweiten Monats bis zur zwölften Woche einer Sperrzeit oder ab Beginn des zweiten Monats eines Ruhenszeitraumes wegen einer Urlaubsabgeltung gelten die Leistungen als bezogen.

(1a) ¹Ist in den Fällen des Absatzes 1 Nummer 2 bei laufenden weiteren beitragspflichtigen Einnahmen zu erwarten, dass diese während des Zeitraums, für den Arbeitslosengeld II bewilligt wurde (Bewilligungszeitraum nach § 41 Absatz 1 Satz 4 des Zweiten Buches), in unterschiedlicher Höhe anfallen, kann zur Bestimmung der weiteren beitragspflichtigen Einnahmen ein monatlicher Durchschnittswert gebildet werden. ²Der monatliche Durchschnittswert nach Satz 1 wird gebildet, indem die zu erwartenden gesamten weiteren beitragspflichtigen Einnahmen im Bewilligungszeitraum durch die Anzahl der Monate im Bewilligungszeitraum geteilt werden. ³Erweist sich nach Ablauf des Bewilligungszeitraums, dass der tatsächliche monatliche Durchschnittswert von dem nach den Sätzen 1 und 2 gebildeten monatlichen Durchschnittswert um mehr als 20 Euro abweicht, ist der tatsächliche monatliche Durchschnittswert als weitere beitragspflichtige Einnahme zu berücksichtigen.

(2) Soweit Kurzarbeitergeld nach dem Dritten Buch gewährt wird, gelten als beitragspflichtige Einnahmen nach § 226 Abs. 1 Satz 1 Nr. 1 80 vom Hundert des Unterschiedsbetrages zwischen dem Sollentgelt und dem Istentgelt nach § 179 des Dritten Buches.

(3) § 226 gilt entsprechend.

§ 233 Beitragspflichtige Einnahmen der Seeleute

(1) Für Seeleute gilt als beitragspflichtige Einnahme der Betrag, der nach dem Recht der gesetzlichen Unfallversicherung für die Beitragsberechnung maßgebend ist.

(2) § 226 Abs. 1 Satz 1 Nr. 2 bis 4 und Abs. 2 sowie die §§ 228 bis 231 gelten entsprechend.

§ 234 Beitragspflichtige Einnahmen der Künstler und Publizisten

(1) ¹Für die nach dem Künstlersozialversicherungsgesetz versicherungspflichtigen Mitglieder wird der Beitragsbemessung der dreihundertsechzigste Teil des voraussichtlichen Jahresarbeitseinkommens (§ 12 des Künstlersozialversicherungsgesetzes), mindestens jedoch der einhundertachtzigste Teil der monatlichen Bezugsgröße nach § 18 des Vierten Buches Sozialgesetzbuch zugrunde gelegt. ²Für die Dauer des Bezugs von Elterngeld oder Erziehungsgeld oder für die Zeit, in der Erziehungsgeld nur wegen des zu berücksichtigenden Einkommens nicht bezogen wird, wird auf Antrag des Mitglieds das in dieser Zeit voraussichtlich erzielte Arbeitseinkommen nach Satz 1 mit dem auf den Kalendertag entfallenden Teil zugrunde gelegt, wenn es im Durchschnitt monatlich 325 Euro übersteigt. ³Für Kalendertage, für die Anspruch auf Krankengeld oder Mutterschaftsgeld besteht oder für die Beiträge nach § 251 Abs. 1 zu zahlen sind, wird Arbeitseinkommen nicht zugrunde gelegt. ⁴Arbeitseinkommen sind auch die Vergütungen für die Verwertung und Nutzung urheberrechtlich geschützter Werke oder Leistungen.

(2) § 226 Abs. 1 Satz 1 Nr. 2 bis 4 und Abs. 2 sowie die §§ 228 bis 231 gelten entsprechend.

§ 235 Beitragspflichtige Einnahmen von Rehabilitanden, Jugendlichen und Behinderten in Einrichtungen

(1) ¹Für die nach § 5 Abs. 1 Nr. 6 versicherungspflichtigen Teilnehmer an Leistungen zur Teilhabe am Arbeitsleben gilt als beitragspflichtige Einnahmen 80 vom Hundert des Regelentgelts, das der Berechnung des Übergangsgeldes zugrunde liegt. ²Das Entgelt ist um den Zahlbetrag der Rente wegen verminderter Erwerbsfähigkeit sowie um das Entgelt zu kürzen, das aus einer die Versicherungspflicht begründenden Beschäftigung erzielt wird. ³Bei Personen, die kein Teilübergangsgeld nach dem Dritten Buch beziehen, ist Satz 2 nicht anzuwenden. ⁴Wird das Übergangsgeld, das Verletztengeld oder das Versorgungskrankengeld angepaßt, ist das Entgelt um den gleichen Vomhundertsatz zu erhöhen. ⁵Für Teilnehmer, die kein Übergangsgeld erhalten, sowie für die nach § 5 Abs. 1 Nr. 5 Versicherungspflichtigen gilt als beitragspflichtige Einnahmen ein Arbeitsentgelt in Höhe von 20 vom Hundert der monatlichen Bezugsgröße nach § 18 des Vierten Buches.

(2) ¹Für Personen, deren Mitgliedschaft nach § 192 Abs. 1 Nr. 3 erhalten bleibt, sind die vom zuständigen Rehabilitationsträger nach § 251 Abs. 1 zu tragenden Beiträge nach 80 vom Hundert des Regelentgelts zu bemessen, das der Berechnung des Übergangsgeldes, des Verletztengeldes oder des Versorgungskrankengeldes zugrunde liegt. ²Absatz 1 Satz 3 gilt.

(3) Für die nach § 5 Abs. 1 Nr. 7 und 8 versicherungspflichtigen behinderten Menschen ist als beitragspflichtige Einnahmen das tatsächlich erzielte Arbeitsentgelt, mindestens jedoch ein Betrag in Höhe von 20 vom Hundert der monatlichen Bezugsgröße nach § 18 des Vierten Buches zugrunde zu legen.

(4) § 226 Abs. 1 Satz 1 Nr. 2 bis 4 und Abs. 2 sowie die §§ 228 bis 231 gelten entsprechend; bei Anwendung des § 230 Satz 1 ist das Arbeitsentgelt vorrangig zu berücksichtigen.

§ 236 Beitragspflichtige Einnahmen der Studenten und Praktikanten

(1) ¹Für die nach § 5 Abs. 1 Nr. 9 und 10 Versicherungspflichtigen gilt als beitragspflichtige Einnahmen ein Dreißigstel des Betrages, der als monatlicher Bedarf nach § 13 Abs. 1 Nr. 2 und Abs. 2 des Bundesausbildungsförderungsgesetzes für Studenten festge-

setzt ist, die nicht bei ihren Eltern wohnen. ²Änderungen des Bedarfsbetrags sind vom Beginn des auf die Änderung folgenden Semesters an zu berücksichtigen.

(2) ¹§ 226 Abs. 1 Satz 1 Nr. 2 bis 4 und Abs. 2 sowie die §§ 228 bis 231 gelten entsprechend. ²Die nach § 226 Abs. 1 Satz 1 Nr. 3 und 4 zu bemessenden Beiträge sind nur zu entrichten, soweit sie die nach Absatz 1 zu bemessenden Beiträge übersteigen.

§ 237 Beitragspflichtige Einnahmen versicherungspflichtiger Rentner

¹Bei versicherungspflichtigen Rentnern werden der Beitragsbemessung zugrunde gelegt
1. der Zahlbetrag der Rente der gesetzlichen Rentenversicherung,
2. der Zahlbetrag der der Rente vergleichbaren Einnahmen und
3. das Arbeitseinkommen.

²§ 226 Abs. 2 und die §§ 228, 229 und 231 gelten entsprechend.

§ 238 Rangfolge der Einnahmearten versicherungspflichtiger Rentner

Erreicht der Zahlbetrag der Rente der gesetzlichen Rentenversicherung nicht die Beitragsbemessungsgrenze, werden nacheinander der Zahlbetrag der Versorgungsbezüge und das Arbeitseinkommen des Mitglieds bis zur Beitragsbemessungsgrenze berücksichtigt.

§ 238a Rangfolge der Einnahmearten freiwillig versicherter Rentner

Bei freiwillig versicherten Rentnern werden der Beitragsbemessung nacheinander der Zahlbetrag der Rente, der Zahlbetrag der Versorgungsbezüge, das Arbeitseinkommen und die sonstigen Einnahmen, die die wirtschaftliche Leistungsfähigkeit des freiwilligen Mitglieds bestimmen (§ 240 Abs. 1), bis zur Beitragsbemessungsgrenze zugrunde gelegt.

§ 239 Beitragsbemessung bei Rentenantragstellern

¹Bei Rentenantragstellern wird die Beitragsbemessung für die Zeit der Rentenantragstellung bis zum Beginn der Rente durch den Spitzenverband Bund der Krankenkassen geregelt. ²Dies gilt auch für Personen, bei denen die Rentenzahlung eingestellt wird, bis zum Ablauf des Monats, in dem die Entscheidung über Wegfall oder Entzug der Rente unanfechtbar geworden ist. ³§ 240 gilt entsprechend.

§ 240 Beitragspflichtige Einnahmen freiwilliger Mitglieder

(1) ¹Für freiwillige Mitglieder wird die Beitragsbemessung einheitlich durch den Spitzenverband Bund der Krankenkassen geregelt. ²Dabei ist sicherzustellen, daß die Beitragsbelastung die gesamte wirtschaftliche Leistungsfähigkeit des freiwilligen Mitglieds berücksichtigt.

(2) ¹Bei der Bestimmung der wirtschaftlichen Leistungsfähigkeit sind mindestens die Einnahmen des freiwilligen Mitglieds zu berücksichtigen, die bei einem vergleichbaren versicherungspflichtig Beschäftigten der Beitragsbemessung zugrunde zu legen sind. ²Abstufungen nach dem Familienstand oder der Zahl der Angehörigen, für die eine Versicherung nach § 10 besteht, sind unzulässig. ³Der in Absatz 4 Satz 2 genannte Existenzgründungszuschuss und der zur sozialen Sicherung vorgesehene Teil des Gründungszuschusses nach § 57 des Dritten Buches in Höhe von monatlich 300 Euro dürfen nicht berücksichtigt werden. ⁴Ebenfalls nicht zu berücksichtigen ist das an eine Pflegeperson weitergereichte Pflegegeld bis zur Höhe des Pflegegeldes nach § 37 Absatz 1 des Elften Buches. ⁵Die §§ 223 und 228 Abs. 2, § 229 Abs. 2 und die §§ 238a, § 247 Abs. 1 und § 248 dieses Buches sowie § 23a des Vierten Buches gelten entsprechend.

(3) ¹Für freiwillige Mitglieder, die neben dem Arbeitsentgelt eine Rente der gesetzlichen Rentenversicherung beziehen, ist der Zahlbetrag der Rente getrennt von den übrigen Einnahmen bis zur Beitragsbemessungsgrenze zu berücksichtigen. ²Soweit dies insgesamt zu einer über der Beitragsbemessungsgrenze liegenden Beitragsbelastung führen würde, ist statt des entsprechenden Beitrags aus der Rente nur der Zuschuß des Rentenversicherungsträgers einzuzahlen.

(4) ¹Als beitragspflichtige Einnahmen gilt für den Kalendertag mindestens der neunzigste Teil der monatlichen Bezugsgröße. ²Für freiwillige Mitglieder, die hauptberuflich selbständig erwerbstätig sind, gilt als beitragspflichtige Einnahmen für den Kalendertag der dreißigste Teil der monatlichen Beitragsbemessungsgrenze (§ 223), bei Nachweis niedri-

gerer Einnahmen jedoch mindestens der vierzigste, für freiwillige Mitglieder, die Anspruch auf einen monatlichen Gründungszuschuss nach § 57 des Dritten Buches oder einen monatlichen Existenzgründungszuschuss nach § 421l des Dritten Buches oder eine entsprechende Leistung nach § 16 des Zweiten Buches haben, der sechzigste Teil der monatlichen Bezugsgröße. ³Der Spitzenverband Bund der Krankenkassen bestimmt, unter welchen Voraussetzungen darüber hinaus der Beitragsbemessung hauptberuflich selbstständig Erwerbstätiger niedrigere Einnahmen, mindestens jedoch der sechzigste Teil der monatlichen Bezugsgröße, zugrunde gelegt werden. ⁴Dabei sind insbesondere das Vermögen des Mitglieds sowie Einkommen und Vermögen von Personen, die mit dem Mitglied in Bedarfsgemeinschaft leben, zu berücksichtigen. ⁵Für die Beurteilung der selbständigen Erwerbstätigkeit einer Tagespflegeperson gilt § 10 Abs. 1 Satz 2 und 3 entsprechend. ⁶Veränderungen der Beitragsbemessung auf Grund eines vom Versicherten geführten Nachweises nach Satz 2 können nur zum ersten Tag des auf die Vorlage dieses Nachweises folgenden Monats wirksam werden. ⁷Für freiwillige Mitglieder, die Schüler einer Fachschule oder Berufsfachschule oder als Studenten an einer ausländischen staatlichen oder staatlich anerkannten Hochschule eingeschrieben sind oder regelmäßig als Arbeitnehmer ihre Arbeitsleistung im Umherziehen anbieten (Wandergesellen), gilt § 236 in Verbindung mit § 245 Abs. 1 entsprechend. ⁸Satz 1 gilt nicht für freiwillige Mitglieder, die die Voraussetzungen für den Anspruch auf eine Rente aus der gesetzlichen Rentenversicherung erfüllen und diese Rente beantragt haben, wenn sie seit der erstmaligen Aufnahme einer Erwerbstätigkeit bis zur Stellung des Rentenantrags mindestens neun Zehntel der zweiten Hälfte dieses Zeitraums Mitglied oder nach § 10 versichert waren; § 5 Abs. 2 Satz 1 gilt entsprechend.

(4 a) ¹Der Beitragsbemessung für freiwillige Mitglieder sind 10 vom Hundert der monatlichen Bezugsgröße nach § 18 des Vierten Buches zugrunde zu legen, wenn der Anspruch auf Leistungen für das Mitglied und seine nach § 10 versicherten Angehörigen während eines Auslandsaufenthaltes, der durch die Berufstätigkeit des Mitglieds, seines Ehegatten, seines Lebenspartners oder eines seiner Elternteile bedingt ist, oder nach § 16 Abs. 1 Nr. 3 ruht. ²Satz 1 gilt entsprechend, wenn nach § 16 Abs. 1 der Anspruch auf Leistungen aus anderem Grund für länger als drei Kalendermonate ruht, sowie für Versicherte während einer Tätigkeit für eine internationale Organisation im Geltungsbereich dieses Gesetzes.

(5) Soweit bei der Beitragsbemessung freiwilliger Mitglieder das Einkommen von Ehegatten oder Lebenspartnern nach dem Lebenspartnerschaftsgesetz, die nicht einer Krankenkasse nach § 4 Absatz 2 angehören, berücksichtigt wird, ist von diesem Einkommen für jedes gemeinsame unterhaltsberechtigte Kind, für das eine Familienversicherung wegen der Regelung des § 10 Absatz 3 nicht besteht, ein Betrag in Höhe von einem Drittel der monatlichen Bezugsgröße, für nach § 10 versicherte Kinder ein Betrag in Höhe von einem Fünftel der monatlichen Bezugsgröße abzusetzen.

Dritter Titel. Beitragssätze, Zusatzbeitrag

§ 241 Allgemeiner Beitragssatz

Der allgemeine Beitragssatz beträgt 15,5 Prozent der beitragspflichtigen Einnahmen der Mitglieder.

§ 241a *(aufgehoben)*

§ 242 Kassenindividueller Zusatzbeitrag

(1) ¹Soweit der Finanzbedarf einer Krankenkasse durch die Zuweisungen aus dem Fonds nicht gedeckt ist, hat sie in ihrer Satzung zu bestimmen, dass von ihren Mitgliedern ein einkommensunabhängiger Zusatzbeitrag erhoben wird. ²Von Mitgliedern, die das Sonderkündigungsrecht nach § 175 Abs. 4 Satz 5 wegen der erstmaligen Erhebung des Zusatzbeitrags fristgemäß ausgeübt haben, wird der Zusatzbeitrag nicht erhoben. ³Wird das Sonderkündigungsrecht wegen einer Erhöhung des Zusatzbeitrags ausgeübt, wird der erhöhte Zusatzbeitrag nicht erhoben. ⁴Wird die Kündigung nicht wirksam, wird der Zusatzbeitrag im vollen Umfang erhoben.

(2) ¹Soweit die Zuweisungen aus dem Fonds den Finanzbedarf einer Krankenkasse übersteigen, kann sie in ihrer Satzung bestimmen, dass Prämien an ihre Mitglieder ausge-

zahlt werden. ²Auszahlungen dürfen erst vorgenommen werden, wenn die Krankenkasse ihrer Verpflichtung nach § 261 nachgekommen ist. ³Auszahlungen an Mitglieder, die sich mit der Zahlung ihrer Beiträge in Rückstand befinden, sind ausgeschlossen. ⁴Prämienauszahlungen nach Satz 1 sind getrennt von den Auszahlungen nach § 53 zu buchen und auszuweisen.

(3) ¹Die Krankenkassen haben den Zusatzbeitrag nach Absatz 1 so zu bemessen, dass er zusammen mit den Zuweisungen aus dem Gesundheitsfonds und den sonstigen Einnahmen die im Haushaltsjahr voraussichtlich zu leistenden Ausgaben und die vorgeschriebene Auffüllung der Rücklage deckt. ²Ergibt sich während des Haushaltsjahres, dass die Betriebsmittel der Krankenkasse einschließlich der Zuführung aus der Rücklage zur Deckung der Ausgaben nicht ausreichen, ist der Zusatzbeitrag durch Änderung der Satzung zu erhöhen. ³Muss eine Kasse kurzfristig ihre Leistungsfähigkeit erhalten, so hat der Vorstand zu beschließen, dass der Zusatzbeitrag bis zur satzungsmäßigen Neuregelung erhöht wird; der Beschluss bedarf der Genehmigung der Aufsichtsbehörde. ⁴Kommt kein Beschluss zustande, ordnet die Aufsichtsbehörde die notwendige Erhöhung des Zusatzbeitrags an. ⁵Klagen gegen die Anordnung nach Satz 4 haben keine aufschiebende Wirkung.

(4) ¹Für Mitglieder nach § 5 Absatz 1 Nummer 2 sowie für Mitglieder, die Leistungen zur Sicherung des Lebensunterhalts nach dem Zweiten Buch erhalten und nach § 5 Absatz 1 Nummer 13 oder freiwillig versichert sind, wird der Zusatzbeitrag nach Absatz 1 Satz 1, höchstens jedoch in Höhe des Zusatzbeitrags nach § 242a erhoben; dies gilt auch dann, wenn sie weitere beitragspflichtige Einnahmen haben. ²Ist der Zusatzbeitrag nach Absatz 1 Satz 1 höher als der Zusatzbeitrag nach § 242a, kann die Krankenkasse in ihrer Satzung regeln, dass die Differenz von den in Satz 1 genannten Mitgliedern zu zahlen ist.

(5) ¹Abweichend von Absatz 1 Satz 1 wird ein Zusatzbeitrag nicht erhoben von
1. Mitgliedern nach § 5 Absatz 1 Nummer 6, 7 und 8 und Absatz 4a Satz 1,
2. Mitgliedern, deren Mitgliedschaft nach § 192 Absatz 1 Nummer 2 oder 3 oder Absatz 2 fortbesteht,
3. Mitgliedern, die Verletztengeld nach dem Siebten Buch, Versorgungskrankengeld nach dem Bundesversorgungsgesetz oder vergleichbare Entgeltersatzleistungen beziehen,
4. Mitgliedern, deren Mitgliedschaft nach § 193 Absatz 2 bis 5 oder nach § 8 des Eignungsübungsgesetzes fortbesteht, sowie
5. von Beschäftigten, bei denen § 20 Absatz 3 Satz 1 Nummer 1 oder 2 oder Satz 2 des Vierten Buches angewendet wird,

soweit und solange sie keine weiteren beitragspflichtigen Einnahmen beziehen. ²Satz 1 Nummer 2 gilt für freiwillige Mitglieder entsprechend.

(6) ¹Ist ein Mitglied mit der Zahlung des kassenindividuellen Zusatzbeitrags für jeweils sechs Kalendermonate säumig, so hat es der Krankenkasse zusätzlich einen Verspätungszuschlag zu zahlen, der in der Höhe auf die Summe der letzten drei fälligen Zusatzbeiträge begrenzt ist und mindestens 20 Euro beträgt. ²Das Nähere, insbesondere die Höhe des Verspätungszuschlags nach Satz 1, regelt die Krankenkasse in ihrer Satzung. ³§ 24 des Vierten Buches ist neben Satz 1 nicht anzuwenden. ⁴§ 242b ist für die in Satz 1 genannten Fälle bis zur vollständigen Entrichtung der ausstehenden Zusatzbeiträge und Zahlung des Verspätungszuschlags durch das Mitglied nicht anzuwenden. ⁵Ist eine wirksame Ratenzahlungsvereinbarung zustande gekommen, hat das Mitglied ab diesem Zeitpunkt wieder Anspruch auf Sozialausgleich nach § 242b, solange die Raten vertragsgemäß entrichtet werden. ⁶Die Krankenkasse teilt den beitragsabführenden Stellen ohne Angaben von Gründen Beginn und Ende des Zeitraums mit, in dem der Sozialausgleich nach § 242b gemäß den Sätzen 4 und 5 nicht durchzuführen ist.

§ 242a Durchschnittlicher Zusatzbeitrag

(1) ¹Der durchschnittliche Zusatzbeitrag der Krankenkassen ergibt sich aus der Differenz zwischen den voraussichtlichen jährlichen Ausgaben der Krankenkassen und den voraussichtlichen jährlichen Einnahmen des Gesundheitsfonds, die für die Höhe der Zuweisungen nach den §§ 266 und 270 zur Verfügung stehen, geteilt durch die voraussichtliche Zahl der Mitglieder der Krankenkassen, wiederum geteilt durch die Zahl 12. ²Zusätzlich werden die erforderlichen Mittel für die vorgeschriebene Auffüllung der Rücklage aller Krankenkassen auf den in § 261 Absatz 2 Satz 2 genannten Mindestwert berücksichtigt, soweit unerwartete außergewöhnliche Ausgabenzuwächse in der gesetzlichen Krankenversicherung eingetreten sind.

(2) ¹Das Bundesministerium für Gesundheit legt nach Auswertung der Ergebnisse des Schätzerkreises nach § 220 Absatz 2 die Höhe des durchschnittlichen Zusatzbeitrags als

Euro-Betrag für das Folgejahr im Einvernehmen mit dem Bundesministerium der Finanzen fest und gibt diesen Wert jeweils bis zum 1. November eines Kalenderjahres im Bundesanzeiger bekannt. ²Den Wert nach Satz 1 für das Jahr 2011 gibt das Bundesministerium für Gesundheit im Einvernehmen mit dem Bundesministerium der Finanzen am 3. Januar 2011 im Bundesanzeiger bekannt.

§ 242 b Sozialausgleich

(1) ¹Übersteigt der durchschnittliche Zusatzbeitrag nach § 242 a 2 Prozent (Belastungsgrenze für den Sozialausgleich) der beitragspflichtigen Einnahmen des Mitglieds, so hat das Mitglied Anspruch auf einen Sozialausgleich. ²Der Sozialausgleich wird durchgeführt, indem der monatliche einkommensabhängige Beitragssatzanteil des Mitglieds individuell verringert wird. ³Die in § 23 b Absatz 2 des Vierten Buches genannten beitragspflichtigen Einnahmen bleiben bei der Durchführung des Sozialausgleichs unberücksichtigt. ⁴Die in § 226 Absatz 1 Satz 1 Nummer 3 und 4 genannten beitragspflichtigen Einnahmen werden bei der Durchführung des Sozialausgleichs Pflichtversicherter – mit Ausnahme der Mitglieder nach § 5 Absatz 1 Nummer 13 – nur berücksichtigt, wenn sie insgesamt 5 Prozent der monatlichen Bezugsgröße nach § 18 des Vierten Buches übersteigen. ⁵Im Hinblick auf die beitragspflichtigen Einnahmen nach Satz 1 gilt für Bezieherinnen und Bezieher von Arbeitslosengeld nach dem Dritten Buch § 232 a Absatz 1 Satz 1 Nummer 1 mit der Maßgabe, dass 67 Prozent des der Leistung zugrunde liegenden Arbeitsentgelts berücksichtigt werden. ⁶§ 232 a Absatz 1 Satz 3 gilt entsprechend. ⁷Für diesen Personenkreis wird der Sozialausgleich in der Weise durchgeführt, dass dem Mitglied die Differenz zwischen dem monatlichen und dem verringerten Beitrag nach Absatz 2 Satz 1 vom zuständigen Leistungsträger ausgezahlt wird und der Leistungsträger eine entsprechende Verringerung des Beitrags für die Leistung vornimmt. ⁸Im Hinblick auf die beitragspflichtigen Einnahmen nach Satz 1 für Bezieherinnen und Bezieher von Kurzarbeitergeld gilt § 232 a Absatz 2 mit der Maßgabe, dass 67 Prozent des Unterschiedsbetrags zwischen dem Sollentgelt und dem Istentgelt nach § 179 des Dritten Buches berücksichtigt werden. ⁹Die individuelle Verringerung des monatlichen Beitragssatzanteils des Mitglieds nach Satz 1 bleibt bei der Berechnung des Nettoentgelts für den Erhalt von Entgeltersatzleistungen oder anderer Leistungen außer Betracht.

(2) ¹Ein verringerter Beitragssatzanteil des Mitglieds wird von der den Beitrag abführenden Stelle ermittelt, indem die Belastungsgrenze nach Absatz 1 mit den beitragspflichtigen Einnahmen des Mitglieds vervielfacht und anschließend vom durchschnittlichen Zusatzbeitrag nach § 242 a abgezogen wird. ²Anschließend wird die nach Satz 1 ermittelte Überforderung vom einkommensabhängigen Beitragssatzanteil des Mitglieds abgezogen, höchstens jedoch, bis der Beitragssatzanteil des Mitglieds auf null Euro reduziert ist. ³Kann der Anspruch des Mitglieds auf Sozialausgleich nicht vollständig durch eine Verringerung des monatlichen einkommensabhängigen Beitragssatzanteils des Mitglieds beglichen werden, gilt für die Erstattung des ausstehenden Betrags Absatz 5 entsprechend. ⁴Im Falle des Satzes 4 ist die den Beitrag abführende Stelle verpflichtet, das Mitglied einmalig in geeigneter schriftlicher Form auf sein Antragsrecht nach Absatz 5 Satz 1 hinzuweisen und die zuständige Krankenkasse entsprechend zu informieren. ⁵Bei einmalig gezahltem Arbeitsentgelt gilt § 23 a des Vierten Buches unter Berücksichtigung der anteiligen Belastungsgrenze des laufenden Kalenderjahres entsprechend. ⁶Für den bis zur anteiligen Belastungsgrenze zu verbeitragenden Anteil der Einmalzahlung ist im Rahmen des gewährten Sozialausgleichs ein Beitrag abzuführen, der sich aus der Summe des Beitragssatzanteils des Mitglieds und der Belastungsgrenze nach Absatz 1 ergibt. ⁷Der über der anteiligen Belastungsgrenze liegende Anteil der Einmalzahlung ist mit dem für das Mitglied maßgeblichen Beitragssatz zu verbeitragen. ⁸Satz 1 gilt für die Bezieherinnen und Bezieher von Arbeitslosengeld entsprechend mit der Maßgabe, dass ein Zahlbetrag ermittelt wird, der abweichend von Satz 3 zusätzlich von der Bundesagentur für Arbeit an das Mitglied ausgezahlt wird.

(3) ¹Hat ein Mitglied zeitgleich mehrere beitragspflichtige Einnahmen, so prüft die Krankenkasse im Hinblick auf die Summe dieser Einnahmen, ob ein Anspruch auf Sozialausgleich nach Absatz 1 besteht, und teilt dies den Beitrag abführenden Stellen mit. ²Besteht dieser Anspruch, teilt die Krankenkasse der den Beitrag abführenden Stelle, die den höchsten Bruttobetrag der Einnahmen gewährt, mit, dass von ihr ein verringerter Beitragssatzanteil des Mitglieds nach Absatz 2 abzuführen ist. ³Handelt es sich bei einer beitragspflichtigen Einnahme im Falle des Satzes 1 um eine Rente der gesetzlichen Rentenversicherung nach § 228, deren Höhe 260 Euro übersteigt, so führt abweichend von Satz 2 stets der Rentenversicherungsträger den verringerten Mitgliedsbeitrag ab. ⁴Den

weiteren beitragsabführenden Stellen hat die Krankenkasse mitzuteilen, dass sie im Rahmen des gewährten Sozialausgleichs einen Beitrag abzuführen haben, der sich aus der Summe des Beitragssatzanteils des Mitglieds und der Belastungsgrenze nach Absatz 1 vervielfacht mit den beitragspflichtigen Einnahmen des Mitglieds ergibt. [5] Abweichend von Satz 4 ergibt sich für Bezieherinnen und Bezieher von Arbeitslosengeld der zusätzlich abzuführende Betrag, um den der Zahlbetrag der Bundesagentur für Arbeit verringert wird, aus der Belastungsgrenze vervielfacht mit den beitragspflichtigen Einnahmen des Mitglieds. [6] Für Mitglieder nach Satz 1 führt die Krankenkasse eine Überprüfung des über das Jahr durchgeführten Sozialausgleichs durch und erstattet dem Mitglied zu viel gezahlte Beiträge oder fordert zu wenig gezahlte Beiträge vom Mitglied zurück. [7] Bei einem rückständigen Betrag unter 20 Euro ist die Nachforderung nicht zu erheben. [8] Für einmalig gezahltes Arbeitsentgelt führen die beitragsabführenden Stellen im laufenden Kalenderjahr im Rahmen des gewährten Sozialausgleichs einen Beitrag ab, der sich aus der Summe des Beitragssatzanteils des Mitglieds und der Belastungsgrenze nach Absatz 1 ergibt.

(4) [1] Zahlen Mitglieder ihre Beiträge selbst, wird der Sozialausgleich nach den Absätzen 1 bis 3 von der zuständigen Krankenkasse durchgeführt. [2] Für Arbeitnehmer, die auf Grund mehrerer Beschäftigungsverhältnisse gegen ein monatliches Arbeitsentgelt bis zum oberen Grenzbetrag der Gleitzone nach § 20 Absatz 2 des Vierten Buches mehr als geringfügig beschäftigt sind, teilt die Krankenkasse den Arbeitgebern die anteiligen abzuführenden Beiträge unter Berücksichtigung des Sozialausgleichs gemäß § 28h Absatz 2a Nummer 2 des Vierten Buches mit.

(5) [1] Abweichend von den Absätzen 2 und 3 prüft für unständig Beschäftigte die zuständige Krankenkasse auf Antrag des Mitglieds jeweils nach Ablauf von drei abgerechneten Kalendermonaten, längstens für die Dauer von zwölf abgerechneten Kalendermonaten, den Anspruch auf Sozialausgleich und erstattet dem Mitglied zu viel gezahlte Beiträge. [2] Die Krankenkassen sind verpflichtet, unständig beschäftigte Mitglieder regelmäßig, spätestens alle zehn Monate, in geeigneter schriftlicher Form auf ihr Antragsrecht nach Satz 1 hinzuweisen.

(6) Mitglieder, von denen gemäß § 242 Absatz 5 kein Zusatzbeitrag erhoben oder deren Zusatzbeitrag nach § 251 Absatz 6 vollständig von Dritten getragen oder gezahlt wird oder die Leistungen nach dem Dritten oder Vierten Kapitel des Zwölften Buches beziehen, haben keinen Anspruch auf einen Sozialausgleich.

(7) [1] Die Deutsche Rentenversicherung Bund, die Künstlersozialkasse und die Bundesagentur für Arbeit übermitteln dem Bundesversicherungsamt zusätzlich zu der Höhe der von ihnen abgeführten Beiträge gesondert den Betrag, der ohne die Durchführung des Sozialausgleichs zu zahlen gewesen wäre. [2] Entsprechendes gilt für die Krankenkassen im Hinblick auf die Weiterleitung der Krankenversicherungsbeiträge nach § 252 Absatz 2 Satz 2 und § 28k Absatz 1 Satz 1 des Vierten Buches. [3] Die Krankenkassen teilen dem Bundesversicherungsamt zudem die Beträge mit, die sie ihren Mitgliedern im Rahmen des Sozialausgleichs nach Absatz 3 Satz 6 sowie den Absätzen 5 und 8 erstattet beziehungsweise von ihnen nachgefordert haben.

(8) Für das Jahr 2011 wird der Sozialausgleich bis zum 30. Juni 2012 von der zuständigen Krankenkasse durchgeführt.

§ 243 Ermäßigter Beitragssatz

[1] Für Mitglieder, die keinen Anspruch auf Krankengeld haben, gilt ein ermäßigter Beitragssatz. [2] Dies gilt nicht für die Beitragsbemessung nach § 240 Absatz 4a. [3] Der ermäßigte Beitragssatz beträgt 14,9 Prozent der beitragspflichtigen Einnahmen der Mitglieder.

§ 244 Ermäßigter Beitrag für Wehrdienstleistende und Zivildienstleistende

(1) [1] Bei Einberufung zu einem Wehrdienst wird der Beitrag für
1. Wehrdienstleistende nach § 193 Abs. 1 auf ein Drittel,
2. Wehrdienstleistende nach § 193 Abs. 2 auf ein Zehntel

des Beitrags ermäßigt, der vor der Einberufung zuletzt zu entrichten war. [2] Dies gilt nicht für aus Renten der gesetzlichen Rentenversicherung, Versorgungsbezügen und Arbeitseinkommen zu bemessende Beiträge.

(2) Das Bundesministerium für Gesundheit kann im Einvernehmen mit dem Bundesministerium der Verteidigung und dem Bundesministerium der Finanzen durch Rechts-

verordnung mit Zustimmung des Bundesrates für die Beitragszahlung nach Absatz 1 Satz 1 Nr. 2 eine pauschale Beitragsberechnung vorschreiben und die Zahlungsweise regeln.

(3) ¹Die Absätze 1 und 2 gelten für Zivildienstleistende entsprechend. ²Bei einer Rechtsverordnung nach Absatz 2 tritt an die Stelle des Bundesministeriums der Verteidigung das Bundesministerium für Familie, Senioren, Frauen und Jugend.

§ 245 Beitragssatz für Studenten und Praktikanten

(1) Für die nach § 5 Abs. 1 Nr. 9 und 10 Versicherungspflichtigen gelten als Beitragssatz sieben Zehntel des allgemeinen Beitragssatzes.

(2) Der Beitragssatz nach Absatz 1 gilt auch für Personen, deren Mitgliedschaft in der studentischen Krankenversicherung nach § 190 Abs. 9 endet und die sich freiwillig weiterversichert haben, bis zu der das Studium abschließenden Prüfung, jedoch längstens für die Dauer von sechs Monaten.

§ 246 Beitragssatz für Bezieher von Arbeitslosengeld II

Für Personen, die Arbeitslosengeld II beziehen, gilt als Beitragssatz der ermäßigte Beitragssatz nach § 243.

§ 247 Beitragssatz aus der Rente

Für Versicherungspflichtige findet für die Bemessung der Beiträge aus Renten der gesetzlichen Rentenversicherung der allgemeine Beitragssatz nach § 241 Anwendung.

§ 248 Beitragssatz aus Versorgungsbezügen und Arbeitseinkommen

¹Bei Versicherungspflichtigen gilt für die Bemessung der Beiträge aus Versorgungsbezügen und Arbeitseinkommen der allgemeine Beitragssatz. ²Abweichend von Satz 1 gilt bei Versicherungspflichtigen für die Bemessung der Beiträge aus Versorgungsbezügen nach § 229 Abs. 1 Satz 1 Nr. 4 die Hälfte des allgemeinen Beitragssatzes zuzüglich 0,45 Beitragssatzpunkte.

Vierter Titel. Tragung der Beiträge

§ 249 Tragung der Beiträge bei versicherungspflichtiger Beschäftigung

(1) ¹Bei versicherungspflichtig Beschäftigten nach § 5 Abs. 1 Nr. 1 und 13 trägt der Arbeitgeber die Hälfte der Beiträge des Mitglieds aus dem Arbeitsentgelt nach dem um 0,9 Beitragssatzpunkte verminderten allgemeinen Beitragssatz; im Übrigen tragen die Beschäftigten die Beiträge. ²Bei geringfügig Beschäftigten gilt § 249 b.

(2) Der Arbeitgeber trägt den Beitrag allein für Beschäftigte, soweit Beiträge für Kurzarbeitergeld zu zahlen sind.

(3) *(aufgehoben)*

(4) Abweichend von Absatz 1 werden die Beiträge bei versicherungspflichtig Beschäftigten mit einem monatlichen Arbeitsentgelt innerhalb der Gleitzone nach § 20 Abs. 2 des Vierten Buches vom Arbeitgeber in Höhe der Hälfte des Betrages, der sich ergibt, wenn der Beitragssatz der Krankenkasse auf das der Beschäftigung zugrunde liegende Arbeitsentgelt angewendet wird, im Übrigen vom Versicherten getragen.

§ 249 a Tragung der Beiträge bei Versicherungspflichtigen mit Rentenbezug

Bei Versicherungspflichtigen, die eine Rente aus der gesetzlichen Rentenversicherung beziehen, trägt der Träger der Rentenversicherung die Hälfte der nach der Rente zu bemessenden Beiträge nach dem um 0,9 Beitragssatzpunkte verminderten allgemeinen Beitragssatz; im Übrigen tragen die Rentner die Beiträge.

§ 249 b Beitrag des Arbeitgebers bei geringfügiger Beschäftigung

¹Der Arbeitgeber einer Beschäftigung nach § 8 Abs. 1 Nr. 1 des Vierten Buches hat für Versicherte, die in dieser Beschäftigung versicherungsfrei oder nicht versicherungspflichtig

sind, einen Beitrag in Höhe von 13 vom Hundert des Arbeitsentgelts dieser Beschäftigung zu tragen. ²Für Beschäftigte in Privathaushalten nach § 8 a Satz 1 des Vierten Buches, die in dieser Beschäftigung versicherungsfrei oder nicht versicherungspflichtig sind, hat der Arbeitgeber einen Beitrag in Höhe von 5 vom Hundert des Arbeitsentgelts dieser Beschäftigung zu tragen. ³Für den Beitrag des Arbeitgebers gelten der Dritte Abschnitt des Vierten Buches sowie § 111 Abs. 1 Nr. 2 bis 4, 8 und Abs. 2 und 4 des Vierten Buches entsprechend.

§ 250 Tragung der Beiträge durch das Mitglied

(1) Versicherungspflichtige tragen die Beiträge aus
1. den Versorgungsbezügen,
2. dem Arbeitseinkommen,
3. den beitragspflichtigen Einnahmen nach § 236 Abs. 1,

sowie den Zusatzbeitrag nach § 242 allein.

(2) Freiwillige Mitglieder, in § 189 genannte Rentenantragsteller sowie Schwangere, deren Mitgliedschaft nach § 192 Abs. 2 erhalten bleibt, tragen den Beitrag allein.

(3) Versicherungspflichtige nach § 5 Abs. 1 Nr. 13 tragen ihre Beiträge mit Ausnahme der aus Arbeitsentgelt und aus Renten der gesetzlichen Rentenversicherung zu tragenden Beiträge allein.

§ 251 Tragung der Beiträge durch Dritte

(1) Der zuständige Rehabilitationsträger trägt die auf Grund der Teilnahme an Leistungen zur Teilhabe am Arbeitsleben sowie an Berufsfindung oder Arbeitsprobung (§ 5 Abs. 1 Nr. 6) oder des Bezugs von Übergangsgeld, Verletztengeld oder Versorgungskrankengeld (§ 192 Abs. 1 Nr. 3) zu zahlenden Beiträge.

(2) ¹Der Träger der Einrichtung trägt den Beitrag allein
1. für die nach § 5 Abs. 1 Nr. 5 versicherungspflichtigen Jugendlichen,
2. für die nach § 5 Abs. 1 Nr. 7 oder 8 versicherungspflichtigen behinderten Menschen, wenn das tatsächliche Arbeitsentgelt den nach § 235 Abs. 3 maßgeblichen Mindestbetrag nicht übersteigt; im übrigen gilt § 249 Abs. 1 und Abs. 3 entsprechend.

²Für die nach § 5 Abs. 1 Nr. 7 versicherungspflichtigen behinderten Menschen sind die Beiträge, die der Träger der Einrichtung zu tragen hat, von den für die behinderten Menschen zuständigen Leistungsträgern zu erstatten.

(3) ¹Die Künstlersozialkasse trägt die Beiträge für die nach dem Künstlersozialversicherungsgesetz versicherungspflichtigen Mitglieder. ²Hat die Künstlersozialkasse nach § 16 Abs. 2 Satz 2 des Künstlersozialversicherungsgesetzes das Ruhen der Leistungen festgestellt, entfällt für die Zeit des Ruhens die Pflicht zur Entrichtung des Beitrages, es sei denn, das Ruhen endet nach § 16 Abs. 2 Satz 5 des Künstlersozialversicherungsgesetzes. ³Bei einer Vereinbarung nach § 16 Abs. 2 Satz 6 des Künstlersozialversicherungsgesetzes ist die Künstlersozialkasse zur Entrichtung der Beiträge für die Zeit des Ruhens insoweit verpflichtet, als der Versicherte seine Beitragsanteile zahlt.

(4) Der Bund trägt die Beiträge für Wehrdienst- und Zivildienstleistende im Falle des § 193 Abs. 2 und 3 sowie für die nach § 5 Abs. 1 Nr. 2a versicherungspflichtigen Bezieher von Arbeitslosengeld II.

(4 a) Die Bundesagentur für Arbeit trägt die Beiträge für die Bezieher von Arbeitslosengeld und Unterhaltsgeld nach dem Dritten Buch.

(4 b) Für Personen, die als nicht satzungsmäßige Mitglieder geistlicher Genossenschaften oder ähnlicher religiöser Gemeinschaften für den Dienst in einer solchen Genossenschaft oder ähnlichen religiösen Gemeinschaft außerschulisch ausgebildet werden, trägt die geistliche Genossenschaft oder ähnliche religiöse Gemeinschaft die Beiträge.

(4 c) Für Auszubildende, die in einer außerbetrieblichen Einrichtung im Rahmen eines Berufsausbildungsvertrages nach dem Berufsbildungsgesetz ausgebildet werden, trägt der Träger der Einrichtung die Beiträge.

(5) ¹Die Krankenkassen sind zur Prüfung der Beitragszahlung berechtigt. ²In den Fällen der Absätze 3, 4 und 4a ist das Bundesversicherungsamt zur Prüfung der Beitragszahlung berechtigt.

(6) ¹Den Zusatzbeitrag nach § 242 hat das Mitglied zu tragen. ²Abweichend von Satz 1 wird für Mitglieder, für die ein Zusatzbeitrag nach § 242 Absatz 4 Satz 1 erhoben wird,

der Zusatzbeitrag aus den Mitteln der Liquiditätsreserve des Gesundheitsfonds nach § 271 Absatz 2 aufgebracht. ³Eine nach § 242 Absatz 4 Satz 2 erhobene Differenz zwischen dem kassenindividuellen Zusatzbeitrag und dem Zusatzbeitrag nach § 242a ist von den in Satz 2 genannten Mitgliedern selbst zu tragen. ⁴Satz 2 gilt entsprechend für Mitglieder, deren Zusatzbeiträge nach § 26 Absatz 3 des Zweiten Buches von der Bundesagentur für Arbeit in der erforderlichen Höhe gezahlt werden.

Fünfter Titel. Zahlung der Beiträge

§ 252 Beitragszahlung

(1) ¹Soweit gesetzlich nichts Abweichendes bestimmt ist, sind die Beiträge von demjenigen zu zahlen, der sie zu tragen hat. ²Abweichend von Satz 1 zahlen die Bundesagentur für Arbeit oder in den Fällen des § 6a des Zweiten Buches die zugelassenen kommunalen Träger die Beiträge mit Ausnahme des Zusatzbeitrags nach §§ 242, 242a für die Bezieher von Arbeitslosengeld II nach dem Zweiten Buch.

(2) ¹Die Beitragszahlung erfolgt in den Fällen des § 251 Abs. 3, 4 und 4a an den Gesundheitsfonds. ²Ansonsten erfolgt die Beitragszahlung an die nach § 28i des Vierten Buches zuständige Einzugsstelle. ³Die Einzugsstellen leiten die nach Satz 2 gezahlten Beiträge einschließlich der Zinsen auf Beiträge und Säumniszuschläge arbeitstäglich an den Gesundheitsfonds weiter. ⁴Das Weitere zum Verfahren der Beitragszahlungen nach Satz 1 und Beitragsweiterleitungen nach Satz 3 wird durch Rechtsverordnung nach den §§ 28c und 28n des Vierten Buches geregelt.

(2a) ¹Im Falle des § 251 Absatz 6 Satz 2 erfolgt die Zahlung der Zusatzbeiträge nach § 242 Absatz 4 Satz 1 monatlich entsprechend der Anzahl dieser Mitglieder an die zuständigen Krankenkassen. ²Das Nähere über das Verfahren bestimmt das Bundesversicherungsamt im Benehmen mit dem Spitzenverband Bund der Krankenkassen.

(2b) ¹Im Falle des § 251 Absatz 6 Satz 4 erfolgt die Zahlung für die Aufwendungen, die der Bundesagentur für Arbeit nach § 26 Absatz 3 des Zweiten Buches entstanden sind, jeweils spätestens am drittletzten Bankarbeitstag eines Kalenderjahres an die Bundesagentur für Arbeit. ²Das Nähere über das Verfahren bestimmt das Bundesversicherungsamt im Benehmen mit der Bundesagentur für Arbeit.

(3) ¹Schuldet ein Mitglied Auslagen, Gebühren, Beiträge, den Zusatzbeitrag nach § 242, den Verspätungszuschlag nach § 242 Absatz 6, Prämien nach § 53, Säumniszuschläge, Zinsen, Bußgelder oder Zwangsgelder, kann es bei Zahlung bestimmen, welche Schuld getilgt werden soll. ²Trifft das Mitglied keine Bestimmung, werden die Schulden in der genannten Reihenfolge getilgt. ³Innerhalb der gleichen Schuldenart werden die einzelnen Schulden nach ihrer Fälligkeit, bei gleichzeitiger Fälligkeit anteilmäßig getilgt.

(4) Für die Haftung der Einzugsstellen wegen schuldhafter Pflichtverletzung beim Einzug von Beiträgen nach Absatz 2 Satz 2 gilt § 28r Abs. 1 und 2 des Vierten Buches entsprechend.

(5) Das Bundesministerium für Gesundheit regelt durch Rechtsverordnung mit Zustimmung des Bundesrates das Nähere über die Prüfung der von den Krankenkassen mitzuteilenden Daten durch die mit der Prüfung nach § 274 befassten Stellen einschließlich der Folgen fehlerhafter Datenlieferungen oder nicht prüfbarer Daten sowie das Verfahren der Prüfung und der Prüfkriterien für die Bereiche der Beitragsfestsetzung, des Beitragseinzugs und der Weiterleitung von Beiträgen nach Absatz 2 Satz 2 durch die Krankenkassen, auch abweichend von § 274.

§ 253 Beitragszahlung aus dem Arbeitsentgelt

Für die Zahlung der Beiträge aus Arbeitsentgelt bei einer versicherungspflichtigen Beschäftigung gelten die Vorschriften über den Gesamtsozialversicherungsbeitrag nach den §§ 28d bis 28n und § 28r des Vierten Buches.

§ 254 Beitragszahlung der Studenten

¹Versicherungspflichtige Studenten haben vor der Einschreibung oder Rückmeldung an der Hochschule die Beiträge für das Semester im voraus an die zuständige Krankenkasse zu zahlen. ²Der Spitzenverband Bund der Krankenkassen kann andere Zahlungsweisen vorsehen. ³Weist ein als Student zu Versichernder die Erfüllung der ihm gegenüber der

Krankenkasse auf Grund dieses Gesetzbuchs auferlegten Verpflichtungen nicht nach, verweigert die Hochschule die Einschreibung oder die Annahme der Rückmeldung.

§ 255 Beitragszahlung aus der Rente

(1) [1]Beiträge, die Versicherungspflichtige aus ihrer Rente zu tragen haben, sind mit Ausnahme des Zusatzbeitrags nach § 242 von den Trägern der Rentenversicherung bei der Zahlung der Rente einzubehalten und zusammen mit den von den Trägern der Rentenversicherung zu tragenden Beiträgen an die Deutsche Rentenversicherung Bund für die Krankenkassen mit Ausnahme der landwirtschaftlichen Krankenkassen zu zahlen. [2]Bei einer Änderung in der Höhe der Beiträge ist die Erteilung eines besonderen Bescheides durch den Träger der Rentenversicherung nicht erforderlich.

(2) [1]Ist bei der Zahlung der Rente die Einbehaltung von Beiträgen nach Absatz 1 unterblieben, sind die rückständigen Beiträge durch den Träger der Rentenversicherung aus der weiterhin zu zahlenden Rente einzubehalten; § 51 Abs. 2 des Ersten Buches gilt entsprechend. [2]Wird die Rente nicht mehr gezahlt, obliegt der Einzug von rückständigen Beiträgen der zuständigen Krankenkasse. [3]Der Träger der Rentenversicherung haftet mit dem von ihm zu tragenden Anteil an den Aufwendungen für die Krankenversicherung.

(3) [1]Soweit im Folgenden nichts Abweichendes bestimmt ist, werden die Beiträge nach den Absätzen 1 und 2 am letzten Bankarbeitstag des Monats fällig, der dem Monat folgt, für den die Rente gezahlt wird. [2]Wird eine Rente am letzten Bankarbeitstag des Monats ausgezahlt, der dem Monat vorausgeht, in dem sie fällig wird (§ 272a des Sechsten Buches), werden die Beiträge nach den Absätzen 1 und 2 abweichend von Satz 1 am letzten Bankarbeitstag des Monats, für den die Rente gezahlt wird, fällig. [3]Am Achten eines Monats wird ein Betrag in Höhe von 300 Millionen Euro fällig; die im selben Monat fälligen Beträge nach den Sätzen 1 und 2 verringern sich um diesen Betrag. [4]Die Deutsche Rentenversicherung Bund leitet die Beiträge nach den Absätzen 1 und 2 an den Gesundheitsfonds weiter und teilt dem Bundesversicherungsamt bis zum 15. des Monats die voraussichtliche Höhe der am letzten Bankarbeitstag fälligen Beträge mit.

§ 256 Beitragszahlung aus Versorgungsbezügen

(1) [1]Für Versicherungspflichtige, die eine Rente der gesetzlichen Rentenversicherung beziehen, haben die Zahlstellen der Versorgungsbezüge die Beiträge aus Versorgungsbezügen einzubehalten und an die zuständige Krankenkasse zu zahlen. [2]Die zu zahlenden Beiträge werden fällig mit der Auszahlung der Versorgungsbezüge, von denen sie einzubehalten sind. [3]Die Zahlstellen haben der Krankenkasse die einbehaltenen Beiträge nachzuweisen; § 28f Absatz 3 Satz 5 des Vierten Buches gilt entsprechend. [4]Bezieht das Mitglied Versorgungsbezüge von mehreren Zahlstellen und übersteigen die Versorgungsbezüge zusammen mit dem Zahlbetrag der Rente der gesetzlichen Rentenversicherung die Beitragsbemessungsgrenze, verteilt die Krankenkasse auf Antrag des Mitglieds oder einer der Zahlstellen die Beiträge.

(2) [1]§ 255 Abs. 2 Satz 1 und 2 gilt entsprechend. [2]Die Krankenkasse zieht die Beiträge aus nachgezahlten Versorgungsbezügen ein. [3]Dies gilt nicht für Beiträge aus Nachzahlungen aufgrund von Anpassungen der Versorgungsbezüge an die wirtschaftliche Entwicklung. [4]Die Erstattung von Beiträgen obliegt der zuständigen Krankenkasse. [5]Die Krankenkassen können mit den Zahlstellen der Versorgungsbezüge Abweichendes vereinbaren.

(3) [1]Die Krankenkasse überwacht die Beitragszahlung. [2]Sind für die Überwachung der Beitragszahlung durch eine Zahlstelle mehrere Krankenkassen zuständig, haben sie zu vereinbaren, daß eine dieser Krankenkassen die Überwachung für die beteiligten Krankenkassen übernimmt. [3]§ 98 Abs. 1 Satz 2 des Zehnten Buches gilt entsprechend.

(4) Zahlstellen, die regelmäßig an weniger als dreißig beitragspflichtige Mitglieder Versorgungsbezüge auszahlen, können bei der zuständigen Krankenkasse beantragen, daß das Mitglied die Beiträge selbst zahlt.

Zweiter Abschnitt. Beitragszuschüsse

§ 257 Beitragszuschüsse für Beschäftigte

(1) [1]Freiwillig in der gesetzlichen Krankenversicherung versicherte Beschäftigte, die nur wegen Überschreitens der Jahresarbeitsentgeltgrenze versicherungsfrei sind, erhalten von

ihrem Arbeitgeber als Beitragszuschuß die Hälfte des Beitrags, der bei Anwendung des um 0,9 Beitragssatzpunkte verminderten allgemeinen Beitragssatzes der gesetzlichen Krankenversicherung zu zahlen wäre. ²Bestehen innerhalb desselben Zeitraums mehrere Beschäftigungsverhältnisse, sind die beteiligten Arbeitgeber anteilig nach dem Verhältnis der Höhe der jeweiligen Arbeitsentgelte zur Zahlung des Beitragszuschusses verpflichtet. ³Für Beschäftigte, die Kurzarbeitergeld nach dem Dritten Buch beziehen, ist zusätzlich zu dem Zuschuß nach Satz 1 die Hälfe des Betrages zu zahlen, den der Arbeitgeber bei Versicherungspflicht des Beschäftigten bei der Krankenkasse, bei der die Mitgliedschaft besteht, nach § 249 Abs. 2 Nr. 3 als Beitrag zu tragen hätte.

(2) ¹Beschäftigte, die nur wegen Überschreitens der Jahresarbeitsentgeltgrenze oder auf Grund von § 6 Abs. 3a versicherungsfrei oder die von der Versicherungspflicht befreit und bei einem privaten Krankenversicherungsunternehmen versichert sind und für sich und ihre Angehörigen, die bei Versicherungspflicht des Beschäftigten nach § 10 versichert wären, Vertragsleistungen beanspruchen können, die der Art nach den Leistungen dieses Buches entsprechen, erhalten von ihrem Arbeitgeber einen Beitragszuschuß. ²Der Zuschuß beträgt die Hälfte des Betrages der bei Anwendung des um 0,9 Beitragssatzpunkte verminderten allgemeinen Beitragssatzes und der nach § 226 Abs. 1 Satz 1 Nr. 1 und § 232a Abs. 2 bei Versicherungspflicht zugrunde zu legenden beitragspflichtigen Einnahmen als Beitrag ergibt, höchstens jedoch die Hälfte des Betrages, den der Beschäftigte für seine Krankenversicherung zu zahlen hat. ³Für Personen, die bei Mitgliedschaft in einer Krankenkasse keinen Anspruch auf Krankengeld hätten, findet der Beitragssatz nach § 243 Anwendung. ⁴Für Beschäftigte, die Kurzarbeitergeld nach dem Dritten Buch beziehen, gilt Absatz 1 Satz 3 mit der Maßgabe, daß sie höchstens den Betrag erhalten, den sie tatsächlich zu zahlen haben. ⁵Absatz 1 Satz 2 gilt.

(2 a) ¹Der Zuschuss nach Absatz 2 wird ab 1. Januar 2009 für eine private Krankenversicherung nur gezahlt, wenn das Versicherungsunternehmen

1. diese Krankenversicherung nach Art der Lebensversicherung betreibt,
2. einen Basistarif im Sinne des § 12 Abs. 1a des Versicherungsaufsichtsgesetzes anbietet,
3. soweit es über versicherte Personen im brancheneinheitlichen Standardtarif im Sinne von § 257 Abs. 2a in der bis zum 31. Dezember 2008 geltenden Fassung verfügt, sich verpflichtet, die in § 257 Abs. 2a in der bis zum 31. Dezember 2008 geltenden Fassung in Bezug auf den Standardtarif genannten Pflichten einzuhalten,
4. sich verpflichtet, den überwiegenden Teil der Überschüsse, die sich aus dem selbst abgeschlossenen Versicherungsgeschäft ergeben, zugunsten der Versicherten zu verwenden,
5. vertraglich auf das ordentliche Kündigungsrecht verzichtet,
6. die Krankenversicherung nicht zusammen mit anderen Versicherungssparten betreibt, wenn das Versicherungsunternehmen seinen Sitz im Geltungsbereich dieses Gesetzes hat.

²Der Versicherungsnehmer hat dem Arbeitgeber jeweils nach Ablauf von drei Jahren eine Bescheinigung des Versicherungsunternehmens darüber vorzulegen, dass die Aufsichtsbehörde dem Versicherungsunternehmen bestätigt hat, dass es die Versicherung, die Grundlage des Versicherungsvertrages ist, nach den in Satz 1 genannten Voraussetzungen betreibt.

(2 b) *(aufgehoben)*

(2 c) *(aufgehoben)*

(3) ¹Für Bezieher von Vorruhestandsgeld nach § 5 Abs. 3, die als Beschäftigte bis unmittelbar vor Beginn der Vorruhestandsleistungen Anspruch auf den vollen oder anteiligen Beitragszuschuß nach Absatz 1 hatten, bleibt der Anspruch für die Dauer der Vorruhestandsleistungen gegen den zur Zahlung des Vorruhestandsgeldes Verpflichteten erhalten. ²Der Zuschuß beträgt die Hälfte des Beitrags, den der Bezieher von Vorruhestandsgeld als versicherungspflichtig Beschäftigter zu zahlen hätte, höchstens jedoch die Hälfte des Betrages, den er zu zahlen hat. ³Absatz 1 Satz 2 gilt entsprechend.

(4) ¹Für Bezieher von Vorruhestandsgeld nach § 5 Abs. 3, die als Beschäftigte bis unmittelbar vor Beginn der Vorruhestandsleistungen Anspruch auf den vollen oder anteiligen Beitragszuschuß nach Absatz 2 hatten, bleibt der Anspruch für die Dauer der Vorruhestandsleistungen gegen den zur Zahlung des Vorruhestandsgeldes Verpflichteten erhalten. ²Der Zuschuß beträgt die Hälfte des aus dem Vorruhestandsgeld bis zur Beitragsbemessungsgrenze (§ 223 Abs. 3) und neun Zehntel des allgemeinen Beitragssatzes als Beitrag errechneten Betrages, höchstens jedoch die Hälfte des Betrages, den der Bezieher von Vorruhestandsgeld für seine Krankenversicherung zu zahlen hat. ³Absatz 2 Satz 3 gilt entsprechend. ⁴Der Beitragssatz ist auf eine Stelle nach dem Komma zu runden.

§ 258 Beitragszuschüsse für andere Personen

[1]In § 5 Abs. 1 Nr. 6, 7 oder 8 genannte Personen, die nach § 6 Abs. 3a versicherungsfrei sind, sowie Bezieher von Übergangsgeld, die nach § 8 Abs. 1 Nr. 4 von der Versicherungspflicht befreit sind, erhalten vom zuständigen Leistungsträger einen Zuschuß zu ihrem Krankenversicherungsbeitrag. [2]Als Zuschuß ist der Betrag zu zahlen, der von dem Leistungsträger als Beitrag bei Krankenversicherungspflicht zu zahlen wäre, höchstens jedoch der Betrag, der an das private Krankenversicherungsunternehmen zu zahlen ist. [3]§ 257 Abs. 2a gilt entsprechend.

Dritter Abschnitt. Verwendung und Verwaltung der Mittel

§ 259 Mittel der Krankenkasse

Die Mittel der Krankenkasse umfassen die Betriebsmittel, die Rücklage und das Verwaltungsvermögen.

§ 260 Betriebsmittel

(1) Betriebsmittel dürfen nur verwendet werden
1. für die gesetzlich oder durch die Satzung vorgesehenen Aufgaben sowie für die Verwaltungskosten; die Aufgaben der Krankenkassen als Pflegekassen sind keine gesetzlichen Aufgaben im Sinne dieser Vorschrift,
2. zur Auffüllung der Rücklage und zur Bildung von Verwaltungsvermögen.

(2) [1]Die Betriebsmittel sollen im Durchschnitt des Haushaltsjahres monatlich das Eineinhalbfache des nach dem Haushaltsplan der Krankenkasse auf einen Monat entfallenden Betrages der Ausgaben für die in Absatz 1 Nr. 1 genannten Zwecke nicht übersteigen. [2]Bei der Feststellung der vorhandenen Betriebsmittel sind die Forderungen und Verpflichtungen der Krankenkasse zu berücksichtigen, soweit sie nicht der Rücklage oder dem Verwaltungsvermögen zuzuordnen sind. [3]Durchlaufende Gelder bleiben außer Betracht.

(3) Die Betriebsmittel sind im erforderlichen Umfang bereitzuhalten und im übrigen so anzulegen, daß sie für die in Absatz 1 genannten Zwecke verfügbar sind.

§ 261 Rücklage

(1) Die Krankenkasse hat zur Sicherstellung ihrer Leistungsfähigkeit eine Rücklage zu bilden.

(2) [1]Die Satzung bestimmt die Höhe der Rücklage in einem Vomhundertsatz des nach dem Haushaltsplan durchschnittlich auf den Monat entfallenden Betrages der Ausgaben für die in § 260 Abs. 1 Nr. 1 genannten Zwecke (Rücklagesoll). [2]Die Rücklage muß mindestens ein Viertel und darf höchstens das Einfache des Betrages der auf den Monat entfallenden Ausgaben nach Satz 1 betragen.

(3) [1]Die Krankenkasse kann Mittel aus der Rücklage den Betriebsmitteln zuführen, wenn Einnahme- und Ausgabeschwankungen innerhalb eines Haushaltsjahres nicht durch die Betriebsmittel ausgeglichen werden können. [2]In diesem Fall soll die Rücklage in Anspruch genommen werden, wenn dadurch Erhöhungen des Zusatzbeitrags nach § 242 während des Haushaltsjahres vermieden werden.

(4) [1]Ergibt sich bei der Aufstellung des Haushaltsplans, daß die Rücklage geringer ist als das Rücklagesoll, ist bis zur Erreichung des Rücklagesolls die Auffüllung der Rücklage mit einem Betrag in Höhe von mindestens einem Viertel des Rücklagesolls im Haushaltsplan vorzusehen. [2]Satz 1 gilt nicht, wenn allein wegen der Auffüllung der Rücklage eine Erhöhung des Zusatzbeitrags nach § 242 erforderlich würde.

(5) Übersteigt die Rücklage das Rücklagesoll, ist der übersteigende Betrag den Betriebsmitteln zuzuführen.

(6) [1]Die Rücklage ist getrennt von den sonstigen Mitteln so anzulegen, daß sie für den nach Absatz 1 genannten Zweck verfügbar ist. [2]Sie wird vorbehaltlich des § 262 von der Krankenkasse verwaltet.

§ 262 Gesamtrücklage

(1) [1]Die Satzungen der Landesverbände können bestimmen, daß die von den Verbandsmitgliedern zu bildenden Rücklagen bis zu einem Drittel des Rücklagesolls von

dem Landesverband als Sondervermögen (Gesamtrücklage) verwaltet werden. ²Die Gesamtrücklage ist vorrangig vor dem von der Krankenkasse verwalteten Teil der Rücklage aufzufüllen.

(2) ¹Die im Laufe eines Jahres entstehenden Kapitalerträge und die aus den Veräußerungen erwachsenden Gewinne der Gesamtrücklage werden gegen die aus Veräußerungen entstehenden Verluste ausgeglichen. ²Der Unterschied wird auf die beteiligten Krankenkassen nach der Höhe ihres Rücklageguthabens beim Landesverband im Jahresdurchschnitt umgelegt.

(3) ¹Ergibt sich nach Absatz 2 ein Überschuß, wird er den Krankenkassen ausgezahlt, deren Rücklageguthaben beim Landesverband den nach Absatz 1 bestimmten Anteil erreicht hat. ²Ist dieses Rücklageguthaben noch nicht erreicht, wird der Überschuß bis zur Höhe des fehlenden Betrages nicht ausgezahlt, sondern gutgeschrieben. ³Ergibt sich nach Absatz 2 ein Fehlbetrag, wird er dem Rücklageguthaben der Krankenkassen zur Last geschrieben.

(4) ¹Die Krankenkasse kann über ihr Rücklageguthaben beim Landesverband erst verfügen, wenn die von ihr selbst verwalteten Rücklagemittel verbraucht sind. ²Hat die Krankenkasse ihr Rücklageguthaben verbraucht, kann sie von dem Landesverband ein Darlehen aus der Gesamtrücklage erhalten. ³Die Satzung des Landesverbands trifft Regelungen über die Voraussetzungen der Darlehensgewährung, die Rückzahlung und die Verzinsung.

(5) Die Gesamtrücklage ist so anzulegen, daß sie für die in § 261 Abs. 1 und 4 genannten Zwecke verfügbar ist.

§ 263 Verwaltungsvermögen

(1) ¹Das Verwaltungsvermögen der Krankenkasse umfaßt
1. Vermögensanlagen, die der Verwaltung der Krankenkasse sowie der Führung ihrer betrieblichen Einrichtungen (Eigenbetriebe) zu dienen bestimmt sind,
2. die zur Anschaffung und Erneuerung dieser Vermögensteile und für künftig zu zahlende Versorgungsbezüge der Bediensteten und ihrer Hinterbliebenen bereitgehaltenen Geldmittel,

soweit sie für die Erfüllung der Aufgaben der Krankenkasse erforderlich sind. ²Zum Verwaltungsvermögen gehören auch Grundstücke, die nur teilweise für Zwecke der Verwaltung der Krankenkasse oder für Eigenbetriebe erforderlich sind.

(2) Als Verwaltungsvermögen gelten auch sonstige Vermögensanlagen auf Grund rechtlicher Verpflichtung oder Ermächtigung, soweit sie nicht den Betriebsmitteln, der Rücklage oder einem Sondervermögen zuzuordnen sind.

§ 263a Rechtsträgerabwicklung

Mit Wirkung vom 30. März 2005 geht das nach § 27 Abs. 1 des Rechtsträger-Abwicklungsgesetzes vom 6. September 1965 (BGBl. I S. 1065) vom Bund treuhänderisch verwaltete Vermögen der LVA Mark Brandenburg – Abteilung Krankenversicherung, der LVA Ostpreußen – Abteilung Krankenversicherung, der Sudetendeutschen Angestellten Krankenkassen und der Besonderen Ortskrankenkasse für Binnenschifffahrt und verwandte Betriebe sowie der Landkrankenkasse für den Landkreis Bromberg auf den Bund über.

§ 264 Übernahme der Krankenbehandlung für nicht Versicherungspflichtige gegen Kostenerstattung

(1) Die Krankenkasse kann für Arbeits- und Erwerbslose, die nicht gesetzlich gegen Krankheit versichert sind, für andere Hilfeempfänger sowie für die vom Bundesministerium für Gesundheit bezeichneten Personenkreise die Krankenbehandlung übernehmen, sofern der Krankenkasse Ersatz der vollen Aufwendungen für den Einzelfall sowie eines angemessenen Teils ihrer Verwaltungskosten gewährleistet wird.

(2) ¹Die Krankenbehandlung von Empfängern von Leistungen nach dem Dritten bis Neunten Kapitel des Zwölften Buches, von Empfängern laufender Leistungen nach § 2 des Asylbewerberleistungsgesetzes und von Empfängern von Krankenhilfeleistungen nach dem Achten Buch, die nicht versichert sind, wird von der Krankenkasse übernommen. ²Satz 1 gilt nicht für Empfänger, die voraussichtlich nicht mindestens einen Monat ununterbrochen Hilfe zum Lebensunterhalt beziehen, für Personen, die ausschließlich Leistungen nach § 11 Abs. 5 Satz 3 und § 33 des Zwölften Buches beziehen sowie für die in § 24 des Zwölften Buches genannten Personen.

(3) ¹Die in Absatz 2 Satz 1 genannten Empfänger haben unverzüglich eine Krankenkasse im Bereich des für die Hilfe zuständigen Trägers der Sozialhilfe oder der öffentlichen Jugendhilfe zu wählen, die ihre Krankenbehandlung übernimmt. ²Leben mehrere Empfänger in häuslicher Gemeinschaft, wird das Wahlrecht vom Haushaltsvorstand für sich und für die Familienangehörigen ausgeübt, die bei Versicherungspflicht des Haushaltsvorstands nach § 10 versichert wären. ³Wird das Wahlrecht nach den Sätzen 1 und 2 nicht ausgeübt, gelten § 28 i des Vierten Buches und § 175 Abs. 3 Satz 2 entsprechend.

(4) ¹Für die in Absatz 2 Satz 1 genannten Empfänger gelten § 11 Abs. 1 sowie die §§ 61 und 62 entsprechend. ²Sie erhalten eine Krankenversichertenkarte nach § 291. ³Als Versichertenstatus nach § 291 Abs. 2 Nr. 7 gilt für Empfänger bis zur Vollendung des 65. Lebensjahres die Statusbezeichnung „Mitglied", für Empfänger nach Vollendung des 65. Lebensjahres die Statusbezeichnung „Rentner". ⁴Empfänger, die das 65. Lebensjahr noch nicht vollendet haben, in häuslicher Gemeinschaft leben und nicht Haushaltsvorstand sind, erhalten die Statusbezeichnung „Familienversicherte".

(5) ¹Wenn Empfänger nicht mehr bedürftig im Sinne des Zwölften Buches oder des Achten Buches sind, meldet der Träger der Sozialhilfe oder der öffentlichen Jugendhilfe diese bei der jeweiligen Krankenkasse ab. ²Bei der Abmeldung hat der Träger der Sozialhilfe oder der öffentlichen Jugendhilfe die Krankenversichertenkarte vom Empfänger einzuziehen und an die Krankenkasse zu übermitteln. ³Aufwendungen, die der Krankenkasse nach Abmeldung durch eine missbräuchliche Verwendung der Karte entstehen, hat der Träger der Sozialhilfe oder der öffentlichen Jugendhilfe zu erstatten. ⁴Satz 3 gilt nicht in den Fällen, in denen die Krankenkasse auf Grund gesetzlicher Vorschriften oder vertraglicher Vereinbarungen verpflichtet ist, ihre Leistungspflicht vor der Inanspruchnahme der Leistung zu prüfen.

(6) ¹Bei der Bemessung der Vergütungen nach § 85 oder § 85 a ist die vertragsärztliche Versorgung der Empfänger zu berücksichtigen. ²Werden die Gesamtvergütungen nach § 85 nach Kopfpauschalen berechnet, gelten die Empfänger als Mitglieder. ³Leben mehrere Empfänger in häuslicher Gemeinschaft, gilt abweichend von Satz 2 nur der Haushaltsvorstand nach Absatz 3 als Mitglied; die vertragsärztliche Versorgung der Familienangehörigen, die nach § 10 versichert wären, wird durch die für den Haushaltsvorstand zu zahlende Kopfpauschale vergütet.

(7) ¹Die Aufwendungen, die den Krankenkassen durch die Übernahme der Krankenbehandlung nach den Absätzen 2 bis 6 entstehen, werden ihnen von den für die Hilfe zuständigen Trägern der Sozialhilfe oder der öffentlichen Jugendhilfe vierteljährlich erstattet. ²Als angemessene Verwaltungskosten einschließlich Personalaufwand für den Personenkreis nach Absatz 2 werden bis zu 5 vom Hundert der abgerechneten Leistungsaufwendungen festgelegt. ³Wenn Anhaltspunkte für eine unwirtschaftliche Leistungserbringung oder -gewährung vorliegen, kann der zuständige Träger der Sozialhilfe oder der öffentlichen Jugendhilfe von der jeweiligen Krankenkasse verlangen, die Angemessenheit der Aufwendungen zu prüfen und nachzuweisen.

Vierter Abschnitt. Finanzausgleiche und Zuweisungen aus dem Gesundheitsfonds

§ 265 Finanzausgleich für aufwendige Leistungsfälle

¹Die Satzungen der Landesverbände und der Verbände der Ersatzkassen können eine Umlage der Verbandsmitglieder vorsehen, um die Kosten für aufwendige Leistungsfälle und für andere aufwendige Belastungen ganz oder teilweise zu decken. ²Die Hilfen können auch als Darlehen gewährt werden; Näheres über Voraussetzungen, Rückzahlung und Verzinsung regelt die Satzung des Verbandes.

§ 265 a Finanzielle Hilfen zur Vermeidung der Schließung oder Insolvenz einer Krankenkasse

(1) ¹Die Satzung des Spitzenverbandes Bund der Krankenkassen hat bis zum 31. März 2009 Bestimmungen über die Gewährung finanzieller Hilfen zur Ermöglichung oder Erleichterung von Vereinigungen von Krankenkassen, die zur Abwendung von Haftungsrisiken für notwendig erachtet werden, vorzusehen. ²Näheres über Voraussetzungen, Umfang, Finanzierung und Durchführung der Hilfen regelt die Satzung des Spitzenverbandes Bund der Krankenkassen. ³In der Satzung ist vorzusehen, dass die Hilfen nur gewährt

werden, wenn finanzielle Hilfe nach § 265b in ausreichender Höhe gewährt wird. ⁴Die Satzungsregelungen werden mit 70 Prozent der nach § 217c Abs. 1 Satz 2 gewichteten Stimmen der Mitglieder beschlossen.

(2) ¹Der Antrag auf Gewährung einer finanziellen Hilfe nach Absatz 1 kann nur von der Aufsichtsbehörde gestellt werden. ²Der Vorstand des Spitzenverbandes Bund der Krankenkassen entscheidet über die Gewährung der Hilfe nach Absatz 1. ³Die Hilfen können auch als Darlehen gewährt werden. ⁴Sie sind zu befristen und mit Auflagen zu versehen, die der Verbesserung der Wirtschaftlichkeit und Leistungsfähigkeit dienen.

(3) ¹Der Spitzenverband Bund der Krankenkassen macht die zur Finanzierung der Hilfen erforderlichen Beträge durch Bescheid bei seinen Mitgliedskassen mit Ausnahme der Landwirtschaftlichen Krankenkassen geltend. ²Bei der Aufteilung der Finanzierung der Hilfen sind die unterschiedliche Leistungsfähigkeit der Krankenkassen sowie bereits geleistete Hilfen nach § 265b angemessen zu berücksichtigen. ³Klagen gegen die Bescheide, mit denen die Beträge zur Finanzierung der Hilfeleistungen angefordert werden, haben keine aufschiebende Wirkung.

(4) Ansprüche und Verpflichtungen auf Grund der bis zum 31. Dezember 2008 geltenden Fassung des § 265a bleiben unberührt.

§ 265b Freiwillige finanzielle Hilfen

(1) ¹Krankenkassen können mit anderen Krankenkassen derselben Kassenart Verträge über die Gewährung von Hilfeleistungen schließen, um
1. deren Leistungs- und Wettbewerbsfähigkeit zu erhalten,
2. Haftungsfälle nach § 155 Abs. 4 und 5 und § 171d Abs. 1 Satz 3 und 4 insbesondere durch die Unterstützung von freiwilligen Vereinigungen zu verhindern oder
3. die Aufteilung der Beträge nach § 171d Abs. 1 Satz 3 und 4 abweichend von der nach § 171d Abs. 2 erlassenen Rechtsverordnung zu regeln.

²In den Verträgen ist Näheres über Umfang, Finanzierung und Durchführung der Hilfeleistungen zu regeln. ³§ 60 des Zehnten Buches gilt entsprechend.

(2) Die Verträge sind von den für die am Vertrag beteiligten Krankenkassen zuständigen Aufsichtsbehörden zu genehmigen.

§ 266 Zuweisungen aus dem Gesundheitsfonds (Risikostrukturausgleich)

(1) ¹Die Krankenkassen erhalten als Zuweisungen aus dem Gesundheitsfonds (§ 271) zur Deckung ihrer Ausgaben eine Grundpauschale, alters-, geschlechts- und risikoadjustierte Zu- und Abschläge zum Ausgleich der unterschiedlichen Risikostrukturen und Zuweisungen für sonstige Ausgaben (§ 270); die Zuweisungen werden jeweils entsprechend § 272 angepasst. ²Mit den alters-, geschlechts- und risikoadjustierten Zuweisungen wird jährlich ein Risikostrukturausgleich durchgeführt, mit dem die finanziellen Auswirkungen von Unterschieden in der Verteilung der Versicherten auf nach Alter und Geschlecht getrennte Versichertengruppen (§ 267 Abs. 2) und Morbiditätsgruppen (§ 268) zwischen den Krankenkassen ausgeglichen werden.

(2) ¹Die Grundpauschale und die alters-, geschlechts- und risikoadjustierten Zu- und Abschläge dienen zur Deckung der standardisierten Leistungsausgaben der Krankenkassen. ²Die standardisierten Leistungsausgaben je Versicherten werden auf der Basis der durchschnittlichen Leistungsausgaben je Versicherten aller Krankenkassen jährlich so bestimmt, daß das Verhältnis der standardisierten Leistungsausgaben je Versicherten der Versichertengruppen zueinander dem Verhältnis der nach § 267 Abs. 3 für alle Krankenkassen ermittelten durchschnittlichen Leistungsausgaben je Versicherten der Versichertengruppen nach § 267 Abs. 2 zueinander entspricht.

(3) *(aufgehoben)*

(4) ¹Bei der Ermittlung der standardisierten Leistungsausgaben nach Absatz 2 bleiben außer Betracht
1. die von Dritten erstatteten Ausgaben,
2. Aufwendungen für satzungsgemäße Mehr- und Erprobungsleistungen sowie für Leistungen, auf die kein Rechtsanspruch besteht,
3. Aufwendungen, die im Risikopool (§ 269) ausgeglichen werden.

²Aufwendungen für eine stationäre Anschlußrehabilitation (§ 40 Abs. 6 Satz 1) sind in die Ermittlung der durchschnittlichen Leistungsausgaben nach Satz 1 einzubeziehen. ³Die

Aufwendungen für die Leistungen der Knappschaftsärzte und -zahnärzte werden in der gleichen Weise berechnet wie für Vertragsärzte und -zahnärzte.

(5) ¹Das Bundesversicherungsamt ermittelt die Höhe der Zuweisungen und weist die entsprechenden Mittel den Krankenkassen zu. ²Es gibt für die Ermittlung der Höhe der Zuweisung nach Absatz 2 Satz 1 jährlich bekannt
1. die Höhe der standardisierten Leistungsausgaben aller am Ausgleich beteiligten Krankenkassen je Versicherten, getrennt nach Versichertengruppen (§ 267 Abs. 2) und Morbiditätsgruppen (§ 268 Abs. 1), und
2. die Höhe der alters-, geschlechts- und risikoadjustierten Zu- und Abschläge.

³Das Bundesversicherungsamt kann zum Zwecke der einheitlichen Zuordnung und Erfassung der für die Berechnung maßgeblichen Daten über die Vorlage der Geschäfts- und Rechnungsergebnisse hinaus weitere Auskünfte und Nachweise verlangen.

(6) ¹Das Bundesversicherungsamt stellt im Voraus für ein Kalenderjahr die Werte nach Absatz 5 Satz 2 Nr. 1 und 2 vorläufig fest. ²Es legt bei der Berechnung der Höhe der monatlichen Zuweisungen die Werte nach Satz 1, die zuletzt erhobene Zahl der Versicherten der Krankenkassen und die zum 1. Oktober des Vorjahres erhobene Zahl der Versicherten der Krankenkassen je Versichertengruppe nach § 267 Abs. 2 und je Morbiditätsgruppe nach § 268 zugrunde. ³Nach Ablauf des Kalenderjahres ist die Höhe der Zuweisung für jede Krankenkasse vom Bundesversicherungsamt aus den für dieses Jahr erstellten Geschäfts- und Rechnungsergebnissen und den zum 1. Oktober dieses Jahres erhobenen Versichertenzahlen der beteiligten Krankenkassen zu ermitteln. ⁴Die nach Satz 2 erhaltenen Zuweisungen gelten als Abschlagszahlungen. ⁵Sie sind nach der Ermittlung der endgültigen Höhe der Zuweisung für das Geschäftsjahr nach Satz 3 auszugleichen. ⁶Werden nach Abschluss der Ermittlung der Werte nach Satz 3 sachliche oder rechnerische Fehler in den Berechnungsgrundlagen festgestellt, hat das Bundesversicherungsamt diese bei der nächsten Ermittlung der Höhe der Zuweisungen nach den dafür geltenden Vorschriften zu berücksichtigen. ⁷Klagen gegen die Höhe der Zuweisungen im Risikostrukturausgleich einschließlich der hierauf entfallenden Nebenkosten haben keine aufschiebende Wirkung.

(7) ¹Das Bundesministerium für Gesundheit regelt durch Rechtsverordnung mit Zustimmung des Bundesrates das Nähere über
1. die Ermittlung der Höhe der Grundpauschale nach Absatz 1 Satz 1 und ihre Bekanntgabe an die Versicherten, der Werte nach Absatz 5 sowie die Art, den Umfang und den Zeitpunkt der Bekanntmachung der für die Durchführung des Risikoausgleichsverfahrens erforderlichen Daten,
2. die Abgrenzung der Leistungsausgaben nach Absatz 2, 4 und 5; dabei können für in § 267 Abs. 3 genannte Versichertengruppen abweichend von Absatz 2 Satz 3 besondere Standardisierungsverfahren und Abgrenzungen für die Berücksichtigung des Krankengeldes geregelt werden,
2a. die Abgrenzung und die Verfahren der Standardisierung der sonstigen Ausgaben nach § 270 sowie die Kriterien der Zuweisung der Mittel zur Deckung dieser Ausgaben,
3. die Abgrenzung der zu berücksichtigenden Versichertengruppen nach § 267 Abs. 2; hierzu gehört auch die Festlegung der Krankheiten nach § 137f Abs. 2 Satz 3, die Gegenstand von Programmen nach § 137g sein können, der Anforderungen an die Zulassung dieser Programme sowie der für die Durchführung dieser Programme für die jeweiligen Krankheiten erforderlichen personenbezogenen Daten einschließlich der Altersabstände zwischen den Altersgruppen, auch abweichend von § 267 Abs. 2,
4. die Berechnungsverfahren sowie die Durchführung des Zahlungsverkehrs einschließlich der Stelle, der die Berechnungen und die Durchführung des Zahlungsverkehrs übertragen werden können,
5. die Fälligkeit der Beträge und die Erhebung von Säumniszuschlägen,
6. das Verfahren und die Durchführung des Ausgleichs,
7. die Festsetzung der Stichtage und Fristen nach § 267; anstelle des Stichtages nach § 267 Abs. 2 kann ein Erhebungszeitraum bestimmt werden,
8. die von den Krankenkassen, den Rentenversicherungsträgern und den Leistungserbringern mitzuteilenden Angaben,
9. die Prüfung der von den Krankenkassen mitzuteilenden Daten durch die mit der Prüfung nach § 274 befassten Stellen einschließlich der Folgen fehlerhafter Datenlieferungen oder nicht prüfbarer Daten sowie das Verfahren der Prüfung und der Prüfkriterien, auch abweichend von § 274.

²Abweichend von Satz 1 können die Verordnungsregelungen zu Absatz 4 Satz 2 und Satz 1 Nr. 3 ohne Zustimmung des Bundesrates erlassen werden.

(8) *(aufgehoben)*

(9) Die Landwirtschaftlichen Krankenkassen nehmen am Risikostrukturausgleich nicht teil.

(10) Für die Durchführung des Jahresausgleichs für das Berichtsjahr 2008 und für Korrekturen der Berichtsjahre bis einschließlich 2008 ist § 266 in der bis zum 31. Dezember 2008 geltenden Fassung zugrunde zu legen.

§ 267 Datenerhebungen zum Risikostrukturausgleich

(1) Die Krankenkassen erheben für jedes Geschäftsjahr nicht versichertenbezogen die Leistungsausgaben in der Gliederung und nach den Bestimmungen des Kontenrahmens.

(2) ¹Die Krankenkassen erheben jährlich zum 1. Oktober die Zahl der Mitglieder und der nach § 10 versicherten Familienangehörigen nach Altersgruppen mit Altersabständen von fünf Jahren, getrennt nach Mitgliedergruppen und Geschlecht. ²Die Trennung der Mitgliedergruppen erfolgt danach, ob

1. die Mitglieder bei Arbeitsunfähigkeit für Anspruch auf Fortzahlung des Arbeitsentgelts oder auf Zahlung einer die Versicherungspflicht begründenden Sozialleistung haben, die Mitglieder nach § 46 Satz 2 einen Anspruch auf Krankengeld von der siebten Woche der Arbeitsunfähigkeit an haben oder die Mitglieder eine Wahlerklärung nach § 44 Absatz 2 Satz 1 Nummer 3 abgegeben haben,
2. die Mitglieder keinen Anspruch auf Krankengeld haben oder ob die Krankenkasse den Umfang der Leistungen auf Grund von Vorschriften dieses Buches beschränkt hat oder
3. die Mitglieder nach § 10 des Entgeltfortzahlungsgesetzes Anspruch auf Zahlung eines Zuschlages zum Arbeitsentgelt haben.

³Die Zahl der Personen, deren Erwerbsfähigkeit nach den §§ 43 und 45 des Sechsten Buches gemindert ist, wird in der Erhebung nach Satz 1 als eine gemeinsame weitere Mitgliedergruppe getrennt erhoben.

(3) ¹Die Krankenkassen erheben in Abständen von längstens drei Jahren, erstmals für das Geschäftsjahr 1994, nicht versichertenbezogen die in Absatz 1 genannten Leistungsausgaben und die Krankengeldtage auch getrennt nach den Altersgruppen gemäß Absatz 2 Satz 1 und nach dem Geschlecht der Versicherten, die Krankengeldausgaben nach § 44 und die Krankengeldtage zusätzlich gegliedert nach den in Absatz 2 Satz 2 genannten Mitgliedergruppen; die Ausgaben für Mehr- und Erprobungsleistungen und für Leistungen, auf die kein Rechtsanspruch besteht, werden mit Ausnahme der Leistungen nach § 266 Abs. 4 Satz 2 nicht erhoben. ²Bei der Erhebung nach Satz 1 sind die Leistungsausgaben für die Gruppe der Personen, deren Erwerbsfähigkeit nach den §§ 43 und 45 des Sechsten Buches gemindert ist, getrennt zu erheben. ³Die Leistungsausgaben für die Gruppen der Versicherten nach Absatz 2 Satz 4 sind bei der Erhebung nach den Sätzen 1 bis 3 nach Versichertengruppen getrennt zu erheben. ⁴Die Erhebung der Daten nach den Sätzen 1 bis 3 kann auf für die Region und die Krankenkassenart repräsentative Stichproben im Bundesgebiet oder in einzelnen Ländern begrenzt werden. ⁵Der Gesamtumfang der Stichproben beträgt höchstens 10 vom Hundert aller in der gesetzlichen Krankenversicherung Versicherten.

(4) Die Krankenkassen legen die Ergebnisse der Datenerhebung nach den Absätzen 1 und 3 bis zum 31. Mai des Folgejahres, die Ergebnisse der Datenerhebung nach Absatz 2 spätestens drei Monate nach dem Erhebungsstichtag über den Spitzenverband Bund der Krankenkassen der in der Rechtsordnung nach § 266 Abs. 7 genannten Stelle auf maschinell verwertbaren Datenträgern vor.

(5) ¹Für die Datenerfassung nach Absatz 3 können die hiervon betroffenen Krankenkassen auf der Krankenversichertenkarte auch Kennzeichen für die Mitgliedergruppen nach Absatz 3 Satz 1 bis 3 verwenden. ²Enthält die Krankenversichertenkarte Kennzeichnungen nach Satz 1, übertragen Ärzte und Zahnärzte diese Kennzeichnungen auf die für die vertragsärztliche Versorgung verbindlichen Verordnungsblätter und Überweisungsscheine oder in die entsprechenden elektronischen Datensätze. ³Die Kassenärztlichen und Kassenzahnärztlichen Vereinigungen und die Leistungserbringer verwenden die Kennzeichen nach Satz 1 bei der Leistungsabrechnung; sie weisen zusätzlich die Summen der den einzelnen Kennzeichen zugeordneten Abrechnungsbeträge in der Leistungsabrechnung gesondert aus. ⁴Andere Verwendungen der Kennzeichen nach Satz 1 sind unzulässig. ⁵Die Kassenärztlichen und Kassenzahnärztlichen Vereinigungen und die Leistungserbringer stellen die für die Datenerfassung nach den Absätzen 1 bis 3 notwendigen Abrechnungsdaten in geeigneter Weise auf maschinell verwertbaren Datenträgern zur Verfügung.

(6) ¹Die Krankenkassen übermitteln den Trägern der gesetzlichen Rentenversicherung über den Spitzenverband Bund der Krankenkassen die Kennzeichen nach § 293 Abs. 1 sowie die Versicherungsnummern nach § 147 des Sechsten Buches der bei ihnen pflichtversicherten Rentner. ²Die Träger der gesetzlichen Rentenversicherung melden den zuständigen Krankenkassen über den Spitzenverband Bund der Krankenkassen jährlich bis zum 31. Dezember auf der Grundlage der Kennzeichen nach Satz 1 die Information, welche Versicherten eine Rente wegen Erwerbsminderung oder eine Berufs- oder Erwerbsunfähigkeitsrente erhalten. ³Die Träger der gesetzlichen Rentenversicherung können die Durchführung der Aufgaben nach Satz 2 auf die Deutsche Post AG übertragen; die Krankenkassen übermitteln über den Spitzenverband Bund der Krankenkassen die Daten nach Satz 1 in diesem Fall an die Deutsche Post AG. ⁴§ 119 Abs. 6 Satz 1 des Sechsten Buches gilt. ⁵Die Träger der gesetzlichen Rentenversicherung oder die nach Satz 3 beauftragte Stelle löschen die Daten nach Satz 1, sobald sie ihre Aufgaben nach diesem Absatz durchgeführt haben. ⁶Die Krankenkassen dürfen die Daten nur für die Datenerhebung nach den Absätzen 1 bis 3 verwenden. ⁷Die Daten nach Satz 2 sind zu löschen, sobald der Risikostrukturausgleich nach § 266 durchgeführt und abgeschlossen ist.

(7) ¹Der Spitzenverband Bund der Krankenkassen bestimmt das Nähere über
1. den Erhebungsumfang, die Auswahl der Regionen und der Stichprobenverfahren nach Absatz 3 und
2. das Verfahren der Kennzeichnung nach Absatz 5 Satz 1.

²Der Spitzenverband Bund der Krankenkassen vereinbart
1. mit den Kassenärztlichen Bundesvereinigungen in den Vereinbarungen nach § 295 Abs. 3 das Nähere über das Verfahren nach Absatz 5 Satz 2 bis 4 und
2. mit der Deutschen Rentenversicherung Bund das Nähere über das Verfahren der Meldung nach Absatz 6.

(8) *(aufgehoben)*

(9) Die Kosten werden getragen
1. für die Erhebung nach den Absätzen 1 und 2 von den betroffenen Krankenkassen,
2. für die Erhebung nach Absatz 3 vom Spitzenverband Bund der Krankenkassen,
3. für die Erhebung und Verarbeitung der Daten nach Absatz 5 von den Kassenärztlichen und Kassenzahnärztlichen Vereinigungen und den übrigen Leistungserbringern,
4. für die Meldung nach Absatz 6 von den Trägern der gesetzlichen Rentenversicherung.

(10) Die Absätze 1 bis 9 gelten nicht für die Landwirtschaftlichen Krankenkassen.

(11) Für die Durchführung des Jahresausgleichs für das Berichtsjahr 2008 und für Korrekturen der Berichtsjahre bis einschließlich 2008 ist § 267 in der bis zum 31. Dezember 2008 geltenden Fassung zugrunde zu legen.

§ 268 Weiterentwicklung des Risikostrukturausgleichs

(1) ¹Die Versichertengruppen nach § 266 Abs. 1 Satz 2 und 3 und die Gewichtungsfaktoren nach § 266 Abs. 2 Satz 2 sind vom 1. Januar 2009 an abweichend von § 266 nach Klassifikationsmerkmalen zu bilden (Morbiditätsgruppen), die zugleich
1. die Morbidität der Versicherten auf der Grundlage von Diagnosen, Diagnosegruppen, Indikationen, Indikationengruppen, medizinischen Leistungen oder Kombinationen dieser Merkmale unmittelbar berücksichtigen,
2. an der Höhe der durchschnittlichen krankheitsspezifischen Leistungsausgaben der zugeordneten Versicherten orientiert sind,
3. Anreize zu Risikoselektion verringern,
4. keine Anreize zu medizinisch nicht gerechtfertigten Leistungsausweitungen setzen und
5. 50 bis 80 insbesondere kostenintensive chronische Krankheiten und Krankheiten mit schwerwiegendem Verlauf der Auswahl der Morbiditätsgruppen zugrunde legen.

²Im Übrigen gilt § 266.

(2) ¹Das Bundesministerium für Gesundheit regelt bis zum 31. Dezember 2009 durch Rechtsverordnung nach § 266 Abs. 7 mit Zustimmung des Bundesrates das Nähere zur Umsetzung der Vorgaben nach Absatz 1. ²Dabei ist ein einvernehmlicher Vorschlag des Spitzenverbandes Bund der Krankenkassen zur Bestimmung der Versichertengruppen und Gewichtungsfaktoren sowie ihrer Klassifikationsmerkmale nach Absatz 1 einzubeziehen. ³Bei der Gruppenbildung sind auch internationale Erfahrungen mit Klassifikationsmodellen direkter Morbiditätsorientierung zu berücksichtigen. ⁴In der Verordnung ist auch zu bestimmen, ob einzelne oder mehrere der bis zum 31. Dezember 2008 geltenden Kriterien zur Bestimmung der Versichertengruppen neben den in Absatz 1 Satz 1 genannten

Vorgaben weitergelten; § 266 Abs. 7 Nr. 3 gilt. ⁵Für die Auswahl geeigneter Gruppenbildungen, Gewichtungsfaktoren und Klassifikationsmerkmale gibt das Bundesministerium für Gesundheit eine wissenschaftliche Untersuchung in Auftrag. ⁶Es hat sicherzustellen, dass die Untersuchung bis zum 31. Dezember 2003 abgeschlossen ist.

(3) ¹Für die Vorbereitung der Gruppenbildung und Durchführung der Untersuchung nach Absatz 2 Satz 5 erheben die Krankenkassen für die Jahre 2001 und 2002 als Stichproben entsprechend § 267 Abs. 3 Satz 3 und 4 bis zum 15. August des jeweiligen Folgejahres getrennt nach den Versichertengruppen nach § 267 Abs. 2 je Versicherten die Versichertentage und die Leistungsausgaben in der Gliederung und nach den Bestimmungen des Kontenrahmens in den Bereichen

1. Krankenhaus einschließlich der Angaben nach § 301 Abs. 1 Satz 1 Nr. 6, 7 und 9 sowie die Angabe des Tages der Aufnahme und der Aufnahmediagnosen nach § 301 Abs. 1 Satz 1 Nr. 3, jedoch ohne das Institutionskennzeichen der aufnehmenden Institution und ohne die Uhrzeit der Entlassung,
2. stationäre Anschlussrehabilitation einschließlich der Angaben nach § 301 Abs. 4 Satz 1 Nr. 5 und 7, jedoch ohne das Institutionskennzeichen der aufnehmenden Institution,
3. Arzneimittel einschließlich des Kennzeichens nach § 300 Abs. 1 Nr. 1,
4. Krankengeld nach § 44 einschließlich der Angaben nach § 295 Abs. 1 Satz 1 Nr. 1,
5. vertragsärztliche Versorgung einschließlich der Angaben nach § 295 Abs. 1 Satz 1 Nr. 2 sowie der abgerechneten Punktzahlen und Kosten und der Angaben nach § 295 Abs. 1 Satz 4, jedoch ohne den Tag der Behandlung,
6. der Leistungserbringer nach § 302 einschließlich der Diagnose, des Befunds und des Tages der Leistungserbringung, jedoch ohne die Leistungen nach Art, Menge und Preis sowie ohne die Arztnummer des verordnenden Arztes,
7. die nach den Nummern 1 bis 6 nicht erfassten Leistungsausgaben ohne die Leistungsausgaben nach § 266 Abs. 4 Satz 1.

²Sofern die Erhebung nach Satz 1 Nummer 1 bis 7 Diagnosedaten und Arzneimittelkennzeichen beinhaltet, dürfen ausschließlich Diagnosedaten und Arzneimittelkennzeichen verarbeitet oder genutzt werden, die von den Krankenkassen nach den §§ 294 bis 303 erhoben wurden. ³Die für die Stichprobe erforderlichen versichertenbezogenen Daten sind zu pseudonymisieren. ⁴Der Schlüssel für die Herstellung des Pseudonyms ist vom Beauftragten für den Datenschutz der Krankenkasse aufzubewahren und darf anderen Personen nicht zugänglich gemacht werden. ⁵Die Kassenärztlichen und Kassenzahnärztlichen Vereinigungen übermitteln den Krankenkassen die erforderlichen Daten zu Satz 1 Nr. 5 bis spätestens 1. Juli des Folgejahres. ⁶Die Daten sind vor der Übermittlung mit einem Pseudonym je Versicherten zu versehen, das den Kassenärztlichen und Kassenzahnärztlichen Vereinigungen hierfür von den Krankenkassen übermittelt wird. ⁷Die Krankenkassen übermitteln die Daten nach Satz 1 in pseudonymisierter und maschinenlesbarer Form über ihren Spitzenverband an das Bundesversicherungsamt. ⁸Die Herstellung des Versichertenbezugs ist zulässig, soweit dies für die Berücksichtigung nachträglicher Veränderungen der nach Satz 7 übermittelten Daten erforderlich ist. ⁹Über die Pseudonymisierung in der Krankenkasse und über jede Herstellung des Versichertenbezugs ist eine Niederschrift anzufertigen. ¹⁰Die Spitzenverbände der Krankenkassen bestimmen bis zum 31. März 2002 im Einvernehmen mit dem Bundesversicherungsamt in ihrer Vereinbarung nach § 267 Abs. 7 Nr. 1 und 2 sowie in Vereinbarungen mit der Kassenärztlichen Bundesvereinigung und den für die Wahrnehmung der wirtschaftlichen Interessen der übrigen Leistungserbringer gebildeten maßgeblichen Spitzenorganisationen das Nähere über den Umfang der Stichproben und das Verfahren der Datenerhebung und -übermittlung. ¹¹In der Vereinbarung nach Satz 10 kann die Stichprobenerhebung ergänzend auch auf das erste Halbjahr 2003 erstreckt werden. ¹² § 267 Abs. 9 und 10 gilt. ¹³Kommen die Vereinbarungen nach Satz 10 nicht zustande, bestimmt das Bundesministerium für Gesundheit bis zum 30. Juni 2002 in der Rechtsverordnung nach § 266 Abs. 7 das Nähere über das Verfahren. ¹⁴Die Rechtsverordnung bestimmt außerdem, welche der in Satz 1 genannten Daten vom 1. Januar 2005 an für die Durchführung des Risikostrukturausgleichs sowie für seine weitere Entwicklung zu erheben sind, sowie Verfahren und Umfang dieser Datenerhebung, Satz 2 gilt entsprechend; im Übrigen gilt § 267.

§ 269 Solidarische Finanzierung aufwändiger Leistungsfälle (Risikopool)

(1) ¹Ergänzend zum Risikostrukturausgleich (§ 266) werden die finanziellen Belastungen für aufwändige Leistungsfälle vom 1. Januar 2002 an zwischen den Krankenkassen teilweise ausgeglichen. ²Übersteigt die Summe der Leistungsausgaben einer Krankenkasse für Krankenhausbehandlung einschließlich der übrigen stationär erbrachten Leistungen,

Arznei- und Verbandmittel, nichtärztliche Leistungen der ambulanten Dialyse, Kranken- und Sterbegeld für einen Versicherten (ausgleichsfähige Leistungsausgaben) im Geschäftsjahr abzüglich der von Dritten erstatteten Ausgaben die Ausgabengrenze (Schwellenwert) nach Satz 3, werden 60 vom Hundert des übersteigenden Betrags aus dem gemeinsamen Risikopool aller Krankenkassen finanziert. ³Der Schwellenwert beträgt in den Jahren 2002 und 2003 20.450 Euro und ist in den Folgejahren entsprechend der prozentualen Veränderung der monatlichen Bezugsgröße nach § 18 Abs. 1 des Vierten Buches anzupassen. ⁴Der Risikopool wird aus der hierfür zu ermittelnden Finanzkraft aller Krankenkassen finanziert; dazu wird ein gesonderter Ausgleichsbedarfssatz ermittelt. ⁵§ 266 Abs. 3 gilt entsprechend. ⁶Abweichend von Satz 2 werden die Leistungsausgaben für Leistungen der nichtärztlichen ambulanten Dialyse für das Ausgleichsjahr 2002 nicht berücksichtigt.

(2) Für die getrennt vom Risikostrukturausgleich zu ermittelnden Ausgleichsansprüche und -verpflichtungen jeder Krankenkasse, die Ermittlung der ausgleichsfähigen Leistungsausgaben, die Durchführung des Risikopools, das monatliche Abschlagsverfahren und die Säumniszuschläge gilt § 266 Abs. 2 Satz 1, Abs. 4 Satz 1 Nr. 1 und 2, Satz 2, Abs. 5 Satz 1, 2 Nr. 3, Satz 3, Abs. 6, 8 und 9 entsprechend.

(3) ¹Für die Ermittlung der Ausgleichsansprüche und -verpflichtungen aus dem Risikopool erheben die Krankenkassen jährlich die Summe der Leistungsausgaben nach Absatz 1 Satz 2 je Versicherten. ²Die auf den einzelnen Versicherten bezogene Zusammenführung der Daten nach Satz 1 durch die Krankenkasse ist nur für die Berechnung der Schwellenwertüberschreitung zulässig; der zusammengeführte versichertenbezogene Datensatz ist nach Abschluss dieser Berechnung unverzüglich zu löschen. ³Überschreitet die Summe der Leistungsausgaben für einen Versicherten den Schwellenwert nach Absatz 1 Satz 3, melden die Krankenkassen diese Leistungsausgaben unter Angabe eines Pseudonyms über den Spitzenverband Bund der Krankenkassen dem Bundesversicherungsamt. ⁴Die Herstellung des Versichertenbezugs ist zulässig, soweit dies für die Prüfung der nach Satz 3 gemeldeten Leistungsausgaben oder die Berücksichtigung nachträglicher Veränderungen der ausgleichsfähigen Leistungsausgaben erforderlich ist. ⁵Für die Erhebung und Meldung der Leistungsausgaben, der beitragspflichtigen Einnahmen, der Zahl der Versicherten und die Abgrenzung der Versichertengruppen gilt im Übrigen § 267 Abs. 1 bis 4 und 10 entsprechend. ⁶§ 267 Abs. 9 gilt.

(4) Das Bundesministerium für Gesundheit regelt in der Rechtsverordnung nach § 266 Abs. 7 das Nähere über

1. die Abgrenzung der für den Risikopool erforderlichen Daten, der ausgleichsfähigen Leistungsausgaben und der Ermittlung der Schwellenwerte nach Absatz 1 sowie das Nähere über die Berücksichtigung der von Dritten erstatteten Ausgaben nach Absatz 1 Satz 2,
2. die Berechnungsverfahren, die Fälligkeit der Beträge, die Erhebung von Säumniszuschlägen, das Verfahren und die Durchführung des Ausgleichs,
3. die von den Krankenkassen und den Leistungserbringern mitzuteilenden Angaben,
4. die Art, den Umfang und den Zeitpunkt der Bekanntmachung der für die Durchführung des Risikopools erforderlichen Rechenwerte,
5. die Prüfung der von den Krankenkassen mitzuteilenden Daten durch die mit der Prüfung nach § 274 befassten Stellen einschließlich der Folgen fehlerhafter Datenlieferungen oder nicht prüfbarer Daten sowie das Verfahren der Prüfung und der Prüfkriterien, auch abweichend von § 274.

(5) ¹Das Nähere zur Erhebung und Abgrenzung der Daten und Datenträger und zur einheitlichen Gestaltung des Pseudonyms nach Absatz 3 legt der Spitzenverband Bund der Krankenkassen im Einvernehmen mit dem Bundesversicherungsamt fest. ²Kommt die Vereinbarung nach Satz 1 bis zum 30. April 2002 nicht zustande, bestimmt das Bundesministerium für Gesundheit das Nähere in der Rechtsverordnung nach § 266 Abs. 7.

(6) Der Risikopool wird letztmalig für das Geschäftsjahr durchgeführt, das dem Jahr vorausgeht, in dem die Weiterentwicklung des Risikostrukturausgleichs nach § 268 Abs. 1 in Kraft tritt.

(7) Für die Durchführung des Risikopools für das Berichtsjahr 2008 und für Korrekturen der Berichtsjahre bis einschließlich 2008 ist § 269 in der bis zum 31. Dezember 2008 geltenden Fassung zugrunde zu legen.

§ 270 Zuweisungen aus dem Gesundheitsfonds für sonstige Ausgaben

(1) ¹Die Krankenkassen erhalten aus dem Gesundheitsfonds Zuweisungen zur Deckung
a) ihrer standardisierten Aufwendungen nach § 266 Abs. 4 Satz 1 Nr. 2 mit Ausnahme der Leistungen nach § 53 Abs. 5,

b) ihrer standardisierten Aufwendungen, die auf Grund der Entwicklung und Durchführung von Programmen nach § 137g entstehen und die in der Rechtsverordnung nach § 266 Abs. 7 näher zu bestimmen sind, sowie
c) ihrer standardisierten Verwaltungsausgaben.

²§ 266 Abs. 5 Satz 1 und 3, Abs. 6 und 9 gilt entsprechend.

(2) ¹Für die Ermittlung der Höhe der Zuweisungen nach Absatz 1 erheben die Krankenkassen nicht versichertenbezogen jährlich die Aufwendungen nach § 266 Abs. 4 Satz 1 Nr. 2 und die Verwaltungsausgaben. ²§ 267 Abs. 4 gilt entsprechend.

§ 271 Gesundheitsfonds

(1) Das Bundesversicherungsamt verwaltet als Sondervermögen (Gesundheitsfonds) die eingehenden Beträge aus:
1. den von den Einzugsstellen nach § 28k Abs. 1 Satz 1 des Vierten Buches und nach § 252 Abs. 2 Satz 3 eingezogenen Beiträgen für die gesetzliche Krankenversicherung,
2. den Beiträgen aus Rentenzahlungen nach § 255,
3. den Beiträgen nach § 28k Abs. 2 des Vierten Buches,
4. der Beitragszahlung nach § 252 Abs. 2 und
5. den Bundesmitteln nach den §§ 221 und 221a.

(2) ¹Der Gesundheitsfonds hat eine Liquiditätsreserve aufzubauen, aus der unterjährige Schwankungen in den Einnahmen, bei der Festsetzung des einheitlichen Betrags nach § 266 Abs. 2 nicht berücksichtigte Einnahmeausfälle, die Aufwendungen für die Erhöhung der Zuweisungen nach § 272 Abs. 2 sowie die Aufwendungen für den Sozialausgleich nach § 242b und zusätzlich die Zahlungen für die Zusatzbeiträge nach § 251 Absatz 6 Satz 2 und 4 zu decken sind. ²Die Liquiditätsreserve ist ab dem Jahr 2009 schrittweise aufzubauen und muss spätestens nach Ablauf des Geschäftsjahres 2012 und der jeweils folgenden Geschäftsjahre mindestens 20 Prozent der durchschnittlich auf den Monat entfallenden Ausgaben des Gesundheitsfonds betragen. ³Die die voraussichtlichen jährlichen Ausgaben der Krankenkassen nach § 242a Absatz 1 Satz 1 übersteigenden jährlichen Einnahmen des Gesundheitsfonds sind der Liquiditätsreserve zuzuführen.

(3) ¹Reicht die Liquiditätsreserve nicht aus, um alle Zuweisungen nach § 266 Abs. 1 Satz 1 zu erfüllen, leistet der Bund dem Gesundheitsfonds ein nicht zu verzinsendes Liquiditätsdarlehen in Höhe der fehlenden Mittel. ²Das Darlehen ist im Haushaltsjahr zurückzuzahlen. ³Die jahresendliche Rückzahlung ist durch geeignete Maßnahmen sicherzustellen.

(4) Die im Laufe eines Jahres entstehenden Kapitalerträge werden dem Sondervermögen gutgeschrieben.

(5) Die Mittel des Gesundheitsfonds sind so anzulegen, dass sie für den in den §§ 266, 269 und 270 genannten Zweck verfügbar sind.

(6) ¹Die dem Bundesversicherungsamt bei der Verwaltung des Fonds entstehenden Ausgaben einschließlich der Ausgaben für die Durchführung des Risikostrukturausgleichs werden aus den Einnahmen des Gesundheitsfonds gedeckt. ²Das Nähere regelt die Rechtsverordnung nach § 266 Abs. 7.

§ 271a Sicherstellung der Einnahmen des Gesundheitsfonds

(1) ¹Steigen die Beitragsrückstände einer Krankenkasse erheblich an, so hat die Krankenkasse nach Aufforderung durch das Bundesversicherungsamt diesem die Gründe hierfür zu berichten und innerhalb einer Frist von vier Wochen glaubhaft zu machen, dass der Anstieg nicht auf eine Pflichtverletzung zurückzuführen ist. ²Entscheidungserhebliche Tatsachen sind durch geeignete Unterlagen glaubhaft zu machen.

(2) ¹Werden die entscheidungserheblichen Unterlagen nicht vorgelegt oder reichen diese nicht zur Glaubhaftmachung eines unverschuldeten Beitragsrückstandes aus, wird die Krankenkasse säumig. ²Für jeden angefangenen Monat nach Aufforderung zur Berichtslegung wird vorläufig ein Säumniszuschlag in Höhe von 10 Prozent von dem Betrag erhoben, der sich aus der Rückstandsquote des die Berichtspflicht auslösenden Monats abzüglich der des Vorjahresmonats oder der des Vorjahresdurchschnitts der Krankenkasse, multipliziert mit den insgesamt zum Soll gestellten Beiträgen der Krankenkasse des die Berichtspflicht auslösenden Monats, ergibt. ³Es wird der jeweils niedrigere Wert zur Berechnung der Säumniszuschläge in Ansatz gebracht.

(3) ¹Die Krankenkasse erhält ihre Säumniszuschläge zurück, wenn sie innerhalb einer angemessenen, vom Bundesversicherungsamt festzusetzenden Frist, die im Regelfall drei

Monate nach Eintritt der Säumnis nach Absatz 2 nicht unterschreiten soll, glaubhaft macht, dass die Beitragsrückstände nicht auf eine Pflichtverletzung ihrerseits zurückzuführen sind. ²Anderenfalls werden die Säumniszuschläge endgültig festgesetzt und verbleiben dem Gesundheitsfonds.

(4) ¹Bleiben die Beitragsrückstände auch nach Ablauf der Frist nach Absatz 3 erheblich im Sinne des Absatzes 1 und ist die Krankenkasse säumig im Sinne des Absatzes 2, ist von einer fortgesetzten Pflichtverletzung auszugehen. ²In diesem Fall soll das Bundesversicherungsamt den Säumniszuschlag um weitere 10 Prozentpunkte pro Monat bis zur vollen Höhe des für die Berechnung der Säumniszuschläge zu Grunde gelegten Differenzbetrages nach Absatz 2 erhöhen. ³Diese Säumniszuschläge gelten als endgültig festgesetzt und verbleiben dem Gesundheitsfonds.

(5) Klagen gegen die Erhebung von Säumniszuschlägen haben keine aufschiebende Wirkung.

(6) § 28 r des Vierten Buches und § 251 Abs. 5 Satz 2 bleiben unberührt.

§ 272 Übergangsregelungen zur Einführung des Gesundheitsfonds

(1) ¹Bei der Ermittlung der Höhe der Zuweisungen aus dem Gesundheitsfonds ist sicherzustellen, dass sich die Belastungen auf Grund der Einführung des Gesundheitsfonds für die in einem Land tätigen Krankenkassen in jährlichen Schritten von jeweils höchstens 100 Millionen Euro aufbauen. ²Hierfür stellt das Bundesversicherungsamt für jedes Ausgleichsjahr und für jedes Land die Höhe der fortgeschriebenen Einnahmen der Krankenkassen für die in einem Land wohnhaften Versicherten den Zuweisungen aus dem Gesundheitsfonds ohne Berücksichtigung der sich aus Absatz 2 ergebenden Zuweisungserhöhungen gegenüber. ³Dabei sind als Einnahmen die fiktiven Beitragseinnahmen auf Grund der am 30. Juni 2008 geltenden Beitragssätze, bereinigt um Ausgleichsansprüche und -verpflichtungen auf Grund des Risikostrukturausgleichs und des Risikopools in der bis zum 31. Dezember 2008 geltenden Fassung und fortgeschrieben entsprechend der Veränderungsrate nach § 71 Abs. 3, zu berücksichtigen.

(2) ¹Ergibt die Gegenüberstellung nach Absatz 1 Satz 2, dass die Belastungswirkungen in Bezug auf die in einem Land tätigen Krankenkassen den nach Absatz 1 Satz 1 jeweils maßgeblichen Betrag übersteigen, sind die Zuweisungen an die Krankenkassen für deren Versicherte mit Wohnsitz in den jeweiligen Ländern im Jahresausgleich für das jeweilige Ausgleichsjahr so zu verändern, dass dieser Betrag genau erreicht wird. ²Die zur Erhöhung der Zuweisungen nach Satz 1 erforderlichen Beträge werden aus Mitteln der Liquiditätsreserve nach § 271 Abs. 2 aufgebracht.

(3) Die Regelungen der Absätze 1 und 2 finden letztmalig in dem Jahr Anwendung, das dem Jahr vorausgeht, in dem erstmalig in keinem Bundesland eine Überschreitung des nach Absatz 1 Satz 1 jeweils maßgeblichen Betrages festgestellt wurde.

(4) ¹Das Nähere zur Umsetzung der Vorgaben der Absätze 1 und 2, insbesondere zur Bestimmung der Beitragssätze, der Einnahmen und ihrer Fortschreibung und der Zuweisungen, sowie die Festlegung der Abschlagszahlungen regelt die Rechtsverordnung nach § 266 Abs. 7. ²Dies gilt auch für die Festlegung der Vorgaben für ein von der Bundesregierung in Auftrag zu gebendes Gutachten. ³In diesem sind bereits vor Inkrafttreten des Gesundheitsfonds die Auswirkungen nach Absatz 1 zu quantifizieren.

§ 273 Sicherung der Datengrundlagen für den Risikostrukturausgleich

(1) ¹Das Bundesversicherungsamt prüft im Rahmen der Durchführung des Risikostrukturausgleichs nach Maßgabe der folgenden Absätze die Datenmeldungen der Krankenkassen hinsichtlich der Vorgaben des § 268 Absatz 3 Satz 1, 2 und 14, insbesondere die Zulässigkeit der Meldung von Diagnosedaten und Arzneimittelkennzeichen. ²§ 266 Absatz 7 Satz 1 Nummer 9 und § 274 bleiben unberührt.

(2) ¹Das Bundesversicherungsamt unterzieht die Daten nach § 268 Absatz 3 Satz 14 in Verbindung mit Satz 1 Nummer 5 einer Prüfung zur Feststellung einer Auffälligkeit. ²Die Daten nach § 268 Absatz 3 Satz 14 in Verbindung mit Satz 1 Nummer 1 bis 4 und 6 bis 7 kann das Bundesversicherungsamt einer Prüfung zur Feststellung einer Auffälligkeit unterziehen. ³Die Prüfung erfolgt als kassenübergreifende Vergleichsanalyse. ⁴Der Vergleichsanalyse sind geeignete Analysegrößen, insbesondere Häufigkeit und Schweregrad der übermittelten Diagnosen, sowie geeignete Vergleichskenngrößen und Vergleichszeitpunkte zugrunde zu legen, um Veränderungen der Daten und ihre Bedeutung für die Klassifikation der Versicherten nach Morbidität nach § 268 Absatz 1 Satz 1 Nummer 1 erkennbar

zu machen. ⁵Das Nähere, insbesondere einen Schwellenwert für die Feststellung einer Auffälligkeit, bestimmt das Bundesversicherungsamt im Benehmen mit dem Spitzenverband Bund der Krankenkassen.

(3) ¹Hat das Bundesversicherungsamt eine Auffälligkeit nach Absatz 2 festgestellt, unterzieht es die betroffene Krankenkasse insbesondere wegen der Zulässigkeit der Meldung von Diagnosedaten nach § 268 Absatz 3 Satz 14 einer Einzelfallprüfung. ²Das Gleiche gilt auch dann, wenn bestimmte Tatsachen den Verdacht begründen, dass eine Krankenkasse die Vorgaben des § 268 Absatz 3 Satz 1, 2 und 14 nicht eingehalten hat. ³Das Bundesversicherungsamt kann von der betroffenen Krankenkasse weitere Auskünfte und Nachweise verlangen, insbesondere über die zugehörigen anonymisierten Arztnummern sowie die abgerechneten Gebührenpositionen. ⁴Das Nähere über die einheitliche technische Aufbereitung der Daten kann das Bundesversicherungsamt bestimmen. ⁵Das Bundesversicherungsamt kann die betroffene Krankenkasse auch vor Ort prüfen. ⁶Eine Prüfung der Leistungserbringer, insbesondere im Hinblick auf Diagnosedaten, ist ausgeschlossen. ⁷Die von den Krankenkassen übermittelten Daten dürfen ausschließlich für die Prüfung zur Feststellung einer Auffälligkeit nach Absatz 2 sowie für die Einzelfallprüfung nach diesem Absatz verarbeitet oder genutzt werden.

(4) ¹Das Bundesversicherungsamt stellt als Ergebnis der Prüfungen nach den Absätzen 2 und 3 fest, ob und in welchem Umfang die betroffene Krankenkasse die Vorgaben des § 268 Absatz 3 Satz 1, 2 und 14 eingehalten hat. ²Hat die betroffene Krankenkasse die Vorgaben des § 268 Absatz 3 Satz 1, 2 und 14 nicht oder nur teilweise eingehalten, ermittelt das Bundesversicherungsamt einen Korrekturbetrag, um den die Zuweisungen nach § 266 Absatz 2 Satz 1 für diese Krankenkasse zu kürzen sind. ³Das Nähere über die Ermittlung des Korrekturbetrags und die Kürzung der Zuweisungen regelt das Bundesministerium für Gesundheit durch Rechtsverordnung nach § 266 Absatz 7 mit Zustimmung des Bundesrates.

(5) ¹Das Bundesversicherungsamt teilt der betroffenen Krankenkasse seine Feststellung nach Absatz 4 Satz 1 und den Korrekturbetrag nach Absatz 4 Satz 2 mit. ²Klagen bei Streitigkeiten nach dieser Vorschrift haben keine aufschiebende Wirkung.

Fünfter Abschnitt. Prüfung der Krankenkassen und ihrer Verbände

§ 274 Prüfung der Geschäfts-, Rechnungs- und Betriebsführung

(1) ¹Das Bundesversicherungsamt und die für die Sozialversicherung zuständigen obersten Verwaltungsbehörden der Länder haben mindestens alle fünf Jahre die Geschäfts-, Rechnungs- und Betriebsführung der ihrer Aufsicht unterstehenden Krankenkassen und deren Arbeitsgemeinschaften zu prüfen. ²Das Bundesministerium für Gesundheit hat mindestens alle fünf Jahre die Geschäfts-, Rechnungs- und Betriebsführung des Spitzenverbandes Bund der Krankenkassen und der Kassenärztlichen Bundesvereinigungen sowie der Prüfstelle und des Beschwerdeausschusses nach § 106, die für die Sozialversicherung zuständigen obersten Verwaltungsbehörden der Länder haben mindestens alle fünf Jahre die Geschäfts-, Rechnungs- und Betriebsführung der Landesverbände der Krankenkassen und der Kassenärztlichen Vereinigungen zu prüfen. ³Das Bundesministerium für Gesundheit kann die Prüfung der bundesunmittelbaren Krankenkassen, des Spitzenverbandes Bund der Krankenkassen und der Kassenärztlichen Bundesvereinigungen, die für die Sozialversicherung zuständigen obersten Verwaltungsbehörden der Länder können die Prüfung der landesunmittelbaren Krankenkassen, der Landesverbände der Krankenkassen und der Kassenärztlichen Vereinigungen auf eine öffentlich-rechtliche Prüfungseinrichtung übertragen, die bei der Durchführung der Prüfung unabhängig ist, oder eine solche Prüfungseinrichtung errichten. ⁴Die Prüfung hat sich auf den gesamten Geschäftsbetrieb zu erstrecken; sie umfaßt die Prüfung seiner Gesetzmäßigkeit und Wirtschaftlichkeit. ⁵Die Krankenkassen, die Verbände und Arbeitsgemeinschaften der Krankenkassen, die Kassenärztlichen Vereinigungen und die Kassenärztlichen Bundesvereinigungen haben auf Verlangen alle Unterlagen vorzulegen und alle Auskünfte zu erteilen, die zur Durchführung der Prüfung erforderlich sind.

(2) ¹Die Kosten, die den mit der Prüfung befaßten Stellen entstehen, tragen die Krankenkassen ab dem Jahr 2009 nach der Zahl ihrer Mitglieder. ²Das Nähere über die Erstattung der Kosten einschließlich der zu zahlenden Vorschüsse regeln für die Prüfung der bundesunmittelbaren Krankenkassen und des Spitzenverbandes Bund der Krankenkassen das Bundesministerium für Gesundheit, für die Prüfung der landesunmittelbaren Krankenkassen und der Landesverbände die für die Sozialversicherung zuständigen obersten

Verwaltungsbehörden der Länder. ³Die Kassenärztlichen Vereinigungen, die Kassenärztlichen Bundesvereinigungen sowie die Verbände und Arbeitsgemeinschaften der Krankenkassen tragen die Kosten der bei ihnen durchgeführten Prüfungen selbst. ⁴Die Kosten werden nach dem tatsächlich entstandenen Personal- und Sachaufwand berechnet. ⁵Der Berechnung der Kosten für die Prüfung der Kassenärztlichen Bundesvereinigungen sind die vom Bundesministerium des Innern erstellten Übersichten über die Personalkostenansätze des laufenden Rechnungsjahres für Beamte, Angestellte und Lohnempfänger einschließlich der Sachkostenpauschale eines Arbeitsplatzes/Beschäftigten in der Bundesverwaltung, der Berechnung der Kosten für die Prüfung der Kassenärztlichen Vereinigungen die entsprechenden, von der zuständigen obersten Landesbehörde erstellten Übersichten zugrunde zu legen. ⁶Fehlt es in einem Land an einer solchen Übersicht, gilt die Übersicht des Bundesministeriums des Innern entsprechend. ⁷Zusätzlich zu den Personalkosten entstehende Verwaltungsausgaben sind den Kosten in ihrer tatsächlichen Höhe hinzuzurechnen. ⁸Die Personalkosten sind pro Prüfungsstunde anzusetzen. ⁹Die Kosten der Vor- und Nachbereitung der Prüfung einschließlich der Abfassung des Prüfungsberichts und einer etwaigen Beratung sind einzubeziehen. ¹⁰Die Prüfungskosten nach Satz 1 werden um die Prüfungskosten vermindert, die von den in Satz 3 genannten Stellen zu tragen sind.

(3) ¹Das Bundesministerium für Gesundheit kann mit Zustimmung des Bundesrates allgemeine Verwaltungsvorschriften für die Durchführung der Prüfungen erlassen. ²Dabei ist ein regelmäßiger Erfahrungsaustausch zwischen den Prüfungseinrichtungen vorzusehen.

(4) Der Bundesrechnungshof prüft die Haushalts- und Wirtschaftsführung der gesetzlichen Krankenkassen, ihrer Verbände und Arbeitsgemeinschaften.

Neuntes Kapitel. Medizinischer Dienst der Krankenversicherung

Erster Abschnitt. Aufgaben

§ 275 Begutachtung und Beratung

(1) Die Krankenkassen sind in den gesetzlich bestimmten Fällen oder wenn es nach Art, Schwere, Dauer oder Häufigkeit der Erkrankung oder nach dem Krankheitsverlauf erforderlich ist, verpflichtet,
1. bei Erbringung von Leistungen, insbesondere zur Prüfung von Voraussetzungen, Art und Umfang der Leistung, sowie bei Auffälligkeiten zur Prüfung der ordnungsgemäßen Abrechnung,
2. zur Einleitung von Leistungen zur Teilhabe, insbesondere zur Koordinierung der Leistungen und Zusammenarbeit der Rehabilitationsträger nach den §§ 10 bis 12 des Neunten Buches, im Benehmen mit dem behandelnden Arzt,
3. bei Arbeitsunfähigkeit
   a) zur Sicherung des Behandlungserfolgs, insbesondere zur Einleitung von Maßnahmen der Leistungsträger für die Wiederherstellung der Arbeitsfähigkeit, oder
   b) zur Beseitigung von Zweifeln an der Arbeitsunfähigkeit

eine gutachtliche Stellungnahme des Medizinischen Dienstes der Krankenversicherung (Medizinischer Dienst) einzuholen.

(1 a) ¹Zweifel an der Arbeitsunfähigkeit nach Absatz 1 Nr. 3 Buchstabe b sind insbesondere in Fällen anzunehmen, in denen
a) Versicherte auffällig häufig oder auffällig häufig nur für kurze Dauer arbeitsunfähig sind oder der Beginn der Arbeitsunfähigkeit häufig auf einen Arbeitstag am Beginn oder am Ende einer Woche fällt oder
b) die Arbeitsunfähigkeit von einem Arzt festgestellt worden ist, der durch die Häufigkeit der von ihm ausgestellten Bescheinigungen über Arbeitsunfähigkeit auffällig geworden ist.

²Die Prüfung hat unverzüglich nach Vorlage der ärztlichen Feststellung über die Arbeitsunfähigkeit zu erfolgen. ³Der Arbeitgeber kann verlangen, daß die Krankenkasse eine gutachtliche Stellungnahme des Medizinischen Dienstes zur Überprüfung der Arbeitsunfähigkeit einholt. ⁴Die Krankenkasse kann von einer Beauftragung des Medizinischen Dienstes absehen, wenn sich die medizinischen Voraussetzungen der Arbeitsunfähigkeit eindeutig aus den der Krankenkasse vorliegenden ärztlichen Unterlagen ergeben.

(1 b) ¹Der Medizinische Dienst überprüft bei Vertragsärzten, die nach § 106 Abs. 2 Satz 1 Nr. 2 geprüft werden, stichprobenartig und zeitnah Feststellungen der Arbeitsunfähigkeit. ²Die in § 106 Abs. 2 Satz 4 genannten Vertragspartner vereinbaren das Nähere.

(1 c) ¹Bei Krankenhausbehandlung nach § 39 ist eine Prüfung nach Absatz 1 Nr. 1 zeitnah durchzuführen. ²Die Prüfung nach Satz 1 ist spätestens sechs Wochen nach Eingang der Abrechnung bei der Krankenkasse einzuleiten und durch den Medizinischen Dienst dem Krankenhaus anzuzeigen. ³Falls die Prüfung nicht zu einer Minderung des Abrechnungsbetrags führt, hat die Krankenkasse dem Krankenhaus eine Aufwandspauschale in Höhe von 300 Euro zu entrichten.

(2) Die Krankenkassen haben durch den Medizinischen Dienst prüfen zu lassen
1. die Notwendigkeit der Leistungen nach den §§ 23, 24, 40 und 41 unter Zugrundelegung eines ärztlichen Behandlungsplans in Stichproben vor Bewilligung und regelmäßig bei beantragter Verlängerung; der Spitzenverband Bund der Krankenkassen regelt in Richtlinien den Umfang und die Auswahl der Stichprobe und kann Ausnahmen zulassen, wenn Prüfungen nach Indikation und Personenkreis nicht notwendig erscheinen; dies gilt insbesondere für Leistungen zur medizinischen Rehabilitation im Anschluß an eine Krankenhausbehandlung (Anschlußheilbehandlung),
2. *(aufgehoben)*
3. bei Kostenübernahme einer Behandlung im Ausland, ob die Behandlung einer Krankheit nur im Ausland möglich ist (§ 18),
4. ob und für welchen Zeitraum häusliche Krankenpflege länger als vier Wochen erforderlich ist (§ 37 Abs. 1),
5. ob Versorgung mit Zahnersatz aus medizinischen Gründen ausnahmsweise unaufschiebbar ist (§ 27 Abs. 2).

(3) Die Krankenkassen können in geeigneten Fällen durch den Medizinischen Dienst prüfen lassen
1. vor Bewilligung eines Hilfsmittels, ob das Hilfsmittel erforderlich ist (§ 33); der Medizinische Dienst hat hierbei den Versicherten zu beraten; er hat mit den Orthopädischen Versorgungsstellen zusammenzuarbeiten,
2. bei Dialysebehandlung, welche Form der ambulanten Dialysebehandlung unter Berücksichtigung des Einzelfalls notwendig und wirtschaftlich ist,
3. die Evaluation durchgeführter Hilfsmittelversorgungen,
4. ob Versicherten bei der Inanspruchnahme von Versicherungsleistungen aus Behandlungsfehlern ein Schaden entstanden ist (§ 66).

(3 a) Ergeben sich bei der Auswertung der Unterlagen über die Zuordnung von Patienten zu den Behandlungsbereichen nach § 4 der Psychiatrie-Personalverordnung in vergleichbaren Gruppen Abweichungen, so können die Landesverbände der Krankenkassen und die Verbände der Ersatzkassen die Zuordnungen durch den Medizinischen Dienst überprüfen lassen; das zu übermittelnde Ergebnis der Überprüfung darf keine Sozialdaten enthalten.

(4) Die Krankenkassen und ihre Verbände sollen bei der Erfüllung anderer als der in Absatz 1 bis 3 genannten Aufgaben im notwendigen Umfang den Medizinischen Dienst oder andere Gutachterdienste zu Rate ziehen, insbesondere für allgemeine medizinische Fragen der gesundheitlichen Versorgung und Beratung der Versicherten, für Fragen der Qualitätssicherung, für Vertragsverhandlungen mit den Leistungserbringern und für Beratungen der gemeinsamen Ausschüsse von Ärzten und Krankenkassen, insbesondere der Prüfungsausschüsse.

(5) ¹Die Ärzte des Medizinischen Dienstes sind bei der Wahrnehmung ihrer medizinischen Aufgaben nur ihrem ärztlichen Gewissen unterworfen. ²Sie sind nicht berechtigt, in die ärztliche Behandlung einzugreifen.

§ 275 a *(aufgehoben)*

§ 276 Zusammenarbeit

(1) ¹Die Krankenkassen sind verpflichtet, dem Medizinischen Dienst die für die Beratung und Begutachtung erforderlichen Unterlagen vorzulegen und Auskünfte zu erteilen. ²Unterlagen, die der Versicherte über seine Mitwirkungspflicht nach den §§ 60 und 65 des Ersten Buches hinaus seiner Krankenkasse freiwillig selbst überlassen hat, dürfen an den Medizinischen Dienst nur weitergegeben werden, soweit der Versicherte eingewilligt hat. ³Für die Einwilligung gilt § 67 b Abs. 2 des Zehnten Buches.

(2) ¹Der Medizinische Dienst darf Sozialdaten nur erheben und speichern, soweit dies für die Prüfungen, Beratungen und gutachtlichen Stellungnahmen nach § 275 und für die Modellvorhaben nach § 275 a erforderlich ist; haben die Krankenkassen nach § 275 Abs. 1 bis 3 eine gutachtliche Stellungnahme oder Prüfung durch den Medizinischen Dienst veranlaßt, sind die Leistungserbringer verpflichtet, Sozialdaten auf Anforderung des Medizinischen Dienstes unmittelbar an diesen zu übermitteln, soweit dies für die gutachtliche Stellungnahme und Prüfung erforderlich ist. ²Die rechtmäßig erhobenen und gespeicherten Sozialdaten dürfen nur für die in § 275 genannten Zwecke verarbeitet oder genutzt werden, für andere Zwecke, soweit dies durch Rechtsvorschriften des Sozialgesetzbuchs angeordnet oder erlaubt ist. ³Die Sozialdaten sind nach fünf Jahren zu löschen. ⁴Die §§ 286, 287 und 304 Abs. 1 Satz 2 und 3 und Abs. 2 gelten für den Medizinischen Dienst entsprechend. ⁵Der Medizinische Dienst hat Sozialdaten zur Identifikation des Versicherten getrennt von den medizinischen Sozialdaten des Versicherten zu speichern. ⁶Durch technische und organisatorische Maßnahmen ist sicherzustellen, dass die Sozialdaten nur den Personen zugänglich sind, die sie zur Erfüllung ihrer Aufgaben benötigen. ⁷Der Schlüssel für die Zusammenführung der Daten ist vom Beauftragten für den Datenschutz des Medizinischen Dienstes aufzubewahren und darf anderen Personen nicht zugänglich gemacht werden. ⁸Jede Zusammenführung ist zu protokollieren.

(2 a) ¹Ziehen die Krankenkassen den Medizinischen Dienst oder einen anderen Gutachterdienst nach § 275 Abs. 4 zu Rate, können sie ihn mit Erlaubnis der Aufsichtsbehörde beauftragen, Datenbestände leistungserbringer- oder fallbezogen für zeitlich befristete und im Umfang begrenzte Aufträge nach § 275 Abs. 4 auszuwerten; die versichertenbezogenen Sozialdaten sind vor der Übermittlung an den Medizinischen Dienst oder den anderen Gutachterdienst zu anonymisieren. ²Absatz 2 Satz 2 gilt entsprechend.

(2 b) Beauftragt der Medizinische Dienst einen Gutachter (§ 279 Abs. 5), ist die Übermittlung von erforderlichen Daten zwischen Medizinischem Dienst und dem Gutachter zulässig, soweit dies zur Erfüllung des Auftrages erforderlich ist.

(3) Für das Akteneinsichtsrecht des Versicherten gilt § 25 des Zehnten Buches entsprechend.

(4) ¹Wenn es im Einzelfall zu einer gutachtlichen Stellungnahme über die Notwendigkeit und Dauer der stationären Behandlung des Versicherten erforderlich ist, sind die Ärzte des Medizinischen Dienstes befugt, zwischen 8.00 und 18.00 Uhr die Räume der Krankenhäuser und Vorsorge- oder Rehabilitationseinrichtungen zu betreten, um dort die Krankenunterlagen einzusehen und, soweit erforderlich, den Versicherten untersuchen zu können. ²In den Fällen des § 275 Abs. 3 a sind die Ärzte des Medizinischen Dienstes befugt, zwischen 8.00 und 18.00 Uhr die Räume der Krankenhäuser zu betreten, um dort die zur Prüfung erforderlichen Unterlagen einzusehen.

(5) ¹Wenn sich im Rahmen der Überprüfung der Feststellungen von Arbeitsunfähigkeit (§ 275 Abs. 1 Nr. 3 b, Abs. 1 a und Abs. 1 b) aus den ärztlichen Unterlagen ergibt, daß der Versicherte auf Grund seines Gesundheitszustands nicht in der Lage ist, einer Vorladung des Medizinischen Dienstes Folge zu leisten oder wenn der Versicherte einen Vorladungstermin unter Berufung auf seinen Gesundheitszustand absagt und der Untersuchung fernbleibt, soll die Untersuchung in der Wohnung des Versicherten stattfinden. ²Verweigert er hierzu seine Zustimmung, kann ihm die Leistung versagt werden. ³Die §§ 65, 66 des Ersten Buches bleiben unberührt.

(6) Die Aufgaben des Medizinischen Dienstes im Rahmen der sozialen Pflegeversicherung ergeben sich zusätzlich zu den Bestimmungen dieses Buches aus den Vorschriften des Elften Buches.

§ 277 Mitteilungspflichten

(1) ¹Der Medizinische Dienst hat dem an der vertragsärztlichen Versorgung teilnehmenden Arzt, sonstigen Leistungserbringern, über deren Leistungen er eine gutachtliche Stellungnahme abgegeben hat, und der Krankenkasse das Ergebnis der Begutachtung und der Krankenkasse die erforderlichen Angaben über den Befund mitzuteilen. ²Er ist befugt, den an der vertragsärztlichen Versorgung teilnehmenden Ärzten und den sonstigen Leistungserbringern, über deren Leistungen er eine gutachtliche Stellungnahme abgegeben hat, die erforderlichen Angaben über den Befund mitzuteilen. ³Der Versicherte kann der Mitteilung über den Befund an die Leistungserbringer widersprechen.

(2) ¹Die Krankenkasse hat, solange ein Anspruch auf Fortzahlung des Arbeitsentgelts besteht, dem Arbeitgeber und dem Versicherten das Ergebnis des Gutachtens des Medizinischen Dienstes über die Arbeitsunfähigkeit mitzuteilen, wenn das Gutachten mit der

Bescheinigung des Kassenarztes im Ergebnis nicht übereinstimmt. ²Die Mitteilung darf keine Angaben über die Krankheit des Versicherten enthalten.

Zweiter Abschnitt. Organisation

§ 278 Arbeitsgemeinschaft

(1) ¹In jedem Land wird eine von den Krankenkassen der in Absatz 2 genannten Kassenarten gemeinsam getragene Arbeitsgemeinschaft „Medizinischer Dienst der Krankenversicherung" errichtet. ²Die Arbeitsgemeinschaft ist nach Maßgabe des Artikels 73 Abs. 4 Satz 3 und 4 des Gesundheits-Reformgesetzes eine rechtsfähige Körperschaft des öffentlichen Rechts.

(2) Mitglieder der Arbeitsgemeinschaft sind die Landesverbände der Orts-, Betriebs- und Innungskrankenkassen, die landwirtschaftlichen Krankenkassen und die Ersatzkassen.

(3) ¹Bestehen in einem Land mehrere Landesverbände einer Kassenart, kann durch Beschluß der Mitglieder der Arbeitsgemeinschaft in einem Land ein weiterer Medizinischer Dienst errichtet werden. ²Für mehrere Länder kann durch Beschluß der Mitglieder der betroffenen Arbeitsgemeinschaften ein gemeinsamer Medizinischer Dienst errichtet werden. ³Die Beschlüsse bedürfen der Zustimmung der für die Sozialversicherung zuständigen obersten Verwaltungsbehörden der betroffenen Länder.

§ 279 Verwaltungsrat und Geschäftsführer

(1) Organe des Medizinischen Dienstes sind der Verwaltungsrat und der Geschäftsführer.

(2) ¹Der Verwaltungsrat wird von den Vertreterversammlungen der Mitglieder gewählt. ²§ 51 Abs. 1 Satz 1 Nr. 2 bis 4, Abs. 6 Nr. 2 bis 4, Nr. 5 Buchstabe b und c und Nr. 6 Buchstabe a des Vierten Buches gilt entsprechend. ³Beschäftigte des Medizinischen Dienstes sind nicht wählbar.

(3) ¹Der Verwaltungsrat hat höchstens sechzehn Vertreter. ²Sind mehrere Landesverbände einer Kassenart Mitglieder des Medizinischen Dienstes, kann die Zahl der Vertreter im Verwaltungsrat angemessen erhöht werden. ³Die Mitglieder haben sich über die Zahl der Vertreter, die auf die einzelne Kassenart entfällt, zu einigen. ⁴Kommt eine Einigung nicht zustande, entscheidet die für die Sozialversicherung zuständige oberste Verwaltungsbehörde des Landes.

(4) ¹Der Geschäftsführer führt die Geschäfte des Medizinischen Dienstes nach den Richtlinien des Verwaltungsrats. ²Er stellt den Haushaltsplan auf und vertritt den Medizinischen Dienst gerichtlich und außergerichtlich.

(5) Die Fachaufgaben des Medizinischen Dienstes werden von Ärzten und Angehörigen anderer Heilberufe wahrgenommen; der Medizinische Dienst hat vorrangig Gutachter zu beauftragen.

(6) Folgende Vorschriften des Vierten Buches gelten entsprechend: §§ 34, 37, 38, 40 Abs. 1 Satz 1 und 2 und Abs. 2, §§ 41, 42 Abs. 1 bis 3, § 43 Abs. 2, §§ 58, 59 Abs. 1 bis 3, Abs. 5 und 6, §§ 60, 62 Abs. 1 Satz 1 erster Halbsatz, Abs. 2, Abs. 3 Satz 1 und 4 und Abs. 4 bis 6, § 63 Abs. 1 und 2, Abs. 3 Satz 2 und 3, Abs. 4 und 5, § 64 Abs. 1 und Abs. 2 Satz 2, Abs. 3 Satz 2 und 3 und § 66 Abs. 1 Satz 1 und Abs. 2.

§ 280 Aufgaben des Verwaltungsrats

(1) ¹Der Verwaltungsrat hat
1. die Satzung zu beschließen,
2. den Haushaltsplan festzustellen,
3. die jährliche Betriebs- und Rechnungsführung zu prüfen,
4. Richtlinien für die Erfüllung der Aufgaben des Medizinischen Dienstes unter Berücksichtigung der Richtlinien und Empfehlungen des Spitzenverbandes Bund der Krankenkassen nach § 282 Abs. 2 aufzustellen,
5. Nebenstellen zu errichten und aufzulösen,
6. den Geschäftsführer und seinen Stellvertreter zu wählen und zu entlasten.

²§ 210 Abs. 1 gilt entsprechend.

(2) ¹Beschlüsse des Verwaltungsrats werden mit einfacher Mehrheit der Mitglieder gefaßt. ²Beschlüsse über Haushaltsangelegenheiten und über die Aufstellung und Änderung der Satzung bedürfen einer Mehrheit von zwei Dritteln der Mitglieder.

§ 281 Finanzierung und Aufsicht

(1) ¹Die zur Finanzierung der Aufgaben des Medizinischen Dienstes nach § 275 Abs. 1 bis 3a erforderlichen Mittel werden von den Krankenkassen nach § 278 Abs. 1 Satz 1 durch eine Umlage aufgebracht. ²Die Mittel sind im Verhältnis der Zahl der Mitglieder der einzelnen Krankenkassen mit Wohnort im Einzugsbereich des Medizinischen Dienstes aufzuteilen. ³Die Zahl der nach Satz 2 maßgeblichen Mitglieder der Krankenkasse ist nach dem Vordruck KM 6 der Statistik über die Versicherten in der gesetzlichen Krankenversicherung jeweils zum 1. Juli eines Jahres zu bestimmen. ⁴Werden dem Medizinischen Dienst Aufgaben übertragen, die für die Prüfung von Ansprüchen gegenüber Leistungsträgern bestimmt sind, die nicht Mitglied der Arbeitsgemeinschaft nach § 278 sind, sind ihm die hierdurch entstehenden Kosten von den anderen Leistungsträgern zu erstatten. ⁵Die Pflegekassen tragen abweichend von Satz 3 die Hälfte der Umlage nach Satz 1.

(1 a) ¹Die Leistungen der Medizinischen Dienste oder anderer Gutachterdienste im Rahmen der ihnen nach § 275 Abs. 4 übertragenen Aufgaben sind von dem jeweiligen Auftraggeber durch aufwandsorientierte Nutzerentgelte zu vergüten. ²Eine Verwendung von Umlagemitteln nach Absatz 1 Satz 1 zur Finanzierung dieser Aufgaben ist auszuschließen.

(2) ¹Für das Haushalts- und Rechnungswesen einschließlich der Statistiken gelten die §§ 67 bis 69, § 70 Abs. 5, § 72 Abs. 1 und 2 Satz 1 erster Halbsatz, die §§ 73 bis 77 Abs. 1 und § 79 Abs. 1 und 2 in Verbindung mit Absatz 3a des Vierten Buches sowie die auf Grund des § 78 des Vierten Buches erlassenen Rechtsverordnungen entsprechend. ²Für das Vermögen gelten die §§ 80 und 85 des Vierten Buches entsprechend.

(3) ¹Der Medizinische Dienst untersteht der Aufsicht der für die Sozialversicherung zuständigen obersten Verwaltungsbehörde des Landes, in dem er seinen Sitz hat. ²§ 87 Abs. 1 Satz 2 und die §§ 88 und 89 des Vierten Buches sowie § 274 gelten entsprechend. ³§ 275 Abs. 5 ist zu beachten.

§ 282 Medizinischer Dienst des Spitzenverbandes Bund der Krankenkassen

(1) ¹Der Spitzenverband Bund der Krankenkassen bildet zum 1. Juli 2008 einen Medizinischen Dienst auf Bundesebene (Medizinischer Dienst des Spitzenverbandes Bund der Krankenkassen). ²Dieser ist nach Maßgabe des Artikels 73 Abs. 4 Satz 3 und 4 des Gesundheits-Reformgesetzes eine rechtsfähige Körperschaft des öffentlichen Rechts.

(2) ¹Der Medizinische Dienst des Spitzenverbandes Bund der Krankenkassen berät den Spitzenverband Bund der Krankenkassen in allen medizinischen Fragen der diesem zugewiesenen Aufgaben. ²Der Medizinische Dienst des Spitzenverbandes Bund der Krankenkassen koordiniert und fördert die Durchführung der Aufgaben und die Zusammenarbeit der Medizinischen Dienste der Krankenversicherung in medizinischen und organisatorischen Fragen. ³Der Spitzenverband Bund der Krankenkassen erlässt Richtlinien über die Zusammenarbeit der Krankenkassen mit den Medizinischen Diensten, zur Sicherstellung einer einheitlichen Begutachtung sowie über Grundsätze zur Fort- und Weiterbildung. ⁴Im Übrigen kann er Empfehlungen abgeben. ⁵Die Medizinischen Dienste der Krankenversicherung haben den Medizinischen Dienst des Spitzenverbandes Bund der Krankenkassen bei der Wahrnehmung seiner Aufgaben zu unterstützen.

(3) ¹Der Medizinische Dienst des Spitzenverbandes Bund der Krankenkassen untersteht der Aufsicht des Bundesministeriums für Gesundheit. ²§ 208 Abs. 2 und § 274 gelten entsprechend. ³§ 275 Abs. 5 ist zu beachten.

§ 283 Ausnahmen

¹Die Aufgaben des Medizinischen Dienstes nehmen für die Bereiche der Bundesbahn-Betriebskrankenkasse sowie der Reichsbahn-Betriebskrankenkasse, auch für den Fall der Vereinigung der beiden Kassen zur Bahnbetriebskrankenkasse, und der Betriebskrankenkasse des Bundesverkehrsministeriums, soweit deren Mitglieder in dem Dienstbezirk der Bahnbetriebskrankenkasse wohnen, die Ärzte des Bundeseisenbahnvermögens wahr. ²Für die anderen Mitglieder der Betriebskrankenkasse des Bundesministeriums für Verkehr, Bau- und Wohnungswesen und die Betriebskrankenkasse nach § 7 Postsozialversicherungsorganisationsgesetz (DIE BKK POST) schließen diese Betriebskrankenkassen Verträge mit den Medizinischen Diensten. ³Die Aufgaben des Medizinischen Dienstes nimmt für die Krankenversicherung der Deutschen Rentenversicherung Knappschaft-Bahn-See deren Sozialmedizinischer Dienst wahr.

Zehntes Kapitel. Versicherungs- und Leistungsdaten, Datenschutz, Datentransparenz

Erster Abschnitt. Informationsgrundlagen

Erster Titel. Grundsätze der Datenverwendung

§ 284 Sozialdaten bei den Krankenkassen

(1) ¹Die Krankenkassen dürfen Sozialdaten für Zwecke der Krankenversicherung nur erheben und speichern, soweit diese für
1. die Feststellung des Versicherungsverhältnisses und der Mitgliedschaft, einschließlich der für die Anbahnung eines Versicherungsverhältnisses erforderlichen Daten,
2. die Ausstellung des Berechtigungsscheines, der Krankenversichertenkarte und der elektronischen Gesundheitskarte,
3. die Feststellung der Beitragspflicht und der Beiträge, deren Tragung und Zahlung und die Durchführung des Sozialausgleichs,
4. die Prüfung der Leistungspflicht und der Erbringung von Leistungen an Versicherte einschließlich der Voraussetzungen von Leistungsbeschränkungen, die Bestimmung des Zuzahlungsstatus und die Durchführung der Verfahren bei Kostenerstattung, Beitragsrückzahlung und der Ermittlung der Belastungsgrenze,
5. die Unterstützung der Versicherten bei Behandlungsfehlern,
6. die Übernahme der Behandlungskosten in den Fällen des § 264,
7. die Beteiligung des Medizinischen Dienstes,
8. die Abrechnung mit den Leistungserbringern, einschließlich der Prüfung der Rechtmäßigkeit und Plausibilität der Abrechnung,
9. die Überwachung der Wirtschaftlichkeit der Leistungserbringung,
10. die Abrechnung mit anderen Leistungsträgern,
11. die Durchführung von Erstattungs- und Ersatzansprüchen,
12. die Vorbereitung, Vereinbarung und Durchführung von Vergütungsverträgen nach den §§ 85 c und 87 a bis 87 c,
13. die Vorbereitung und Durchführung von Modellvorhaben, die Durchführung des Versorgungsmanagements nach § 11 Abs. 4, die Durchführung von Verträgen zu integrierten Versorgungsformen und zur ambulanten Erbringung hochspezialisierter Leistungen, einschließlich der Durchführung von Wirtschaftlichkeitsprüfungen und Qualitätsprüfungen, soweit Verträge ohne Beteiligung der Kassenärztlichen Vereinigungen abgeschlossen wurden,
14. die Durchführung des Risikostrukturausgleichs (§ 266 Abs. 1 bis 6, § 267 Abs. 1 bis 6, § 268 Abs. 3) und des Risikopools (§ 269 Abs. 1 bis 3) sowie zur Gewinnung von Versicherten für die Programme nach § 137 g und zur Vorbereitung und Durchführung dieser Programme

erforderlich sind. ²Versichertenbezogene Angaben über ärztliche Leistungen dürfen auch auf maschinell verwertbaren Datenträgern gespeichert werden, soweit dies für die in Satz 1 Nr. 4, 8, 9, 10, 11, 12, 13, 14 bezeichneten Zwecke erforderlich ist. ³Versichertenbezogene Angaben über ärztlich verordnete Leistungen dürfen auf maschinell verwertbaren Datenträgern gespeichert werden, soweit dies für die in Satz 1 Nr. 4, 8, 9, 10, 11, 12, 13, 14 und § 305 Abs. 1 bezeichneten Zwecke erforderlich ist. ⁴Die nach den Sätzen 2 und 3 gespeicherten Daten sind zu löschen, sobald sie für die genannten Zwecke nicht mehr benötigt werden. ⁵Im Übrigen gelten für die Datenerhebung und -speicherung die Vorschriften des Ersten und Zehnten Buches.

(2) Im Rahmen der Überwachung der Wirtschaftlichkeit der vertragsärztlichen Versorgung dürfen versichertenbezogene Leistungs- und Gesundheitsdaten auf maschinell verwertbaren Datenträgern nur gespeichert werden, soweit dies für Stichprobenprüfungen nach § 106 Abs. 2 Satz 1 Nr. 2 erforderlich ist.

(3) ¹Die rechtmäßig erhobenen und gespeicherten versichertenbezogenen Daten dürfen nur für die Zwecke der Aufgaben nach Absatz 1 in dem jeweils erforderlichen Umfang verarbeitet oder genutzt werden, für andere Zwecke, soweit dies durch Rechtsvorschriften des Sozialgesetzbuchs angeordnet oder erlaubt ist. ²Die Daten, die nach § 295 Abs. 1 b Satz 1 an die Krankenkasse übermittelt werden, dürfen nur zu Zwecken nach Absatz 1

Satz 1 Nr. 4, 8, 9, 10, 11, 12, 13, 14 und § 305 Abs. 1 versichertenbezogen verarbeitet und genutzt werden und nur, soweit dies für diese Zwecke erforderlich ist; für die Verarbeitung und Nutzung dieser Daten zu anderen Zwecken ist der Versichertenbezug vorher zu löschen.

(4) ¹Zur Gewinnung von Mitgliedern dürfen die Krankenkassen Daten erheben, verarbeiten und nutzen, wenn die Daten allgemein zugänglich sind, es sei denn, dass das schutzwürdige Interesse des Betroffenen an dem Ausschluss der Verarbeitung oder Nutzung überwiegt. ²Ein Abgleich der erhobenen Daten mit den Angaben nach § 291 Abs. 2 Nr. 2, 3, 4 und 5 ist zulässig. ³Widerspricht der Betroffene bei der verantwortlichen Stelle der Nutzung oder Übermittlung seiner Daten, ist sie unzulässig. ⁴Die Daten sind zu löschen, sobald sie für die Zwecke nach Satz 1 nicht mehr benötigt werden. ⁵Im Übrigen gelten für die Datenerhebung, Verarbeitung und Nutzung die Vorschriften des Ersten und Zehnten Buches.

§ 285 Personenbezogene Daten bei den Kassenärztlichen Vereinigungen

(1) Die Kassenärztlichen Vereinigungen dürfen Einzelangaben über die persönlichen und sachlichen Verhältnisse der Ärzte nur erheben und speichern, soweit dies zur Erfüllung der folgenden Aufgaben erforderlich ist:
1. Führung des Arztregisters (§ 95),
2. Sicherstellung und Vergütung der vertragsärztlichen Versorgung einschließlich der Überprüfung der Zulässigkeit und Richtigkeit der Abrechnung,
3. Vergütung der ambulanten Krankenhausleistungen (§ 120),
4. Vergütung der belegärztlichen Leistungen (§ 121),
5. Durchführung von Wirtschaftlichkeitsprüfungen (§ 106),
6. Durchführung von Qualitätsprüfungen (§ 136).

(2) Einzelangaben über die persönlichen und sachlichen Verhältnisse der Versicherten dürfen die Kassenärztlichen Vereinigungen nur erheben und speichern, soweit dies zur Erfüllung der in Absatz 1 Nr. 2, 5, 6 sowie den §§ 106a und 305 genannten Aufgaben erforderlich ist.

(3) ¹Die rechtmäßig erhobenen und gespeicherten Sozialdaten dürfen nur für die Zwecke der Aufgaben nach Absatz 1 in dem jeweils erforderlichen Umfang verarbeitet oder genutzt werden, für andere Zwecke, soweit dies durch Rechtsvorschriften des Sozialgesetzbuchs angeordnet oder erlaubt ist. ²Die nach Absatz 1 Nr. 6 rechtmäßig erhobenen und gespeicherten Daten dürfen den ärztlichen und zahnärztlichen Stellen nach § 17a der Röntgenverordnung übermittelt werden, soweit dies für die Durchführung von Qualitätsprüfungen erforderlich ist. ³Die beteiligten Kassenärztlichen Vereinigungen dürfen die nach Absatz 1 und 2 rechtmäßig erhobenen und gespeicherten Sozialdaten der für die überörtliche Berufsausübungsgemeinschaft zuständigen Kassenärztlichen Vereinigung übermitteln, soweit dies zur Erfüllung der in Absatz 1 Nr. 1, 2, 4, 5 und 6 genannten Aufgaben erforderlich ist. ⁴Sie dürfen die nach den Absätzen 1 und 2 rechtmäßig erhobenen Sozialdaten der nach § 24 Abs. 3 Satz 3 der Zulassungsverordnung für Vertragsärzte und § 24 Abs. 3 Satz 3 der Zulassungsverordnung für Vertragszahnärzte ermächtigten Vertragsärzte und Vertragszahnärzte auf Anforderung auch untereinander übermitteln, soweit dies zur Erfüllung der in Absatz 1 Nr. 2 genannten Aufgaben erforderlich ist. ⁵Die zuständige Kassenärztliche und die zuständige Kassenzahnärztliche Vereinigung dürfen die nach Absatz 1 und 2 rechtmäßig erhobenen und gespeicherten Sozialdaten der Leistungserbringer, die vertragsärztliche und vertragszahnärztliche Leistungen erbringen, auf Anforderung untereinander übermitteln, soweit dies zur Erfüllung der in Absatz 1 Nr. 2 sowie in § 106a genannten Aufgaben erforderlich ist. ⁶Sie dürfen rechtmäßig erhobene und gespeicherte Sozialdaten auf Anforderung auch untereinander übermitteln, soweit dies zur Erfüllung der in § 32 Abs. 1 der Zulassungsverordnung für Vertragsärzte und § 32 Abs. 1 der Zulassungsverordnung für Vertragszahnärzte genannten Aufgaben erforderlich ist.

(4) Soweit sich die Vorschriften dieses Kapitels auf Ärzte und Kassenärztliche Vereinigungen beziehen, gelten sie entsprechend für Psychotherapeuten, Zahnärzte und Kassenzahnärztliche Vereinigungen.

§ 286 Datenübersicht

(1) ¹Die Krankenkassen und die Kassenärztlichen Vereinigungen erstellen einmal jährlich eine Übersicht über die Art der von ihnen oder in ihrem Auftrag gespeicherten Sozialdaten. ²Die Übersicht ist der zuständigen Aufsichtsbehörde vorzulegen.

(2) Die Krankenkassen und die Kassenärztlichen Vereinigungen sind verpflichtet, die Übersicht nach Absatz 1 in geeigneter Weise zu veröffentlichen.

(3) Die Krankenkassen und die Kassenärztlichen Vereinigungen regeln in Dienstanweisungen das Nähere insbesondere über
1. die zulässigen Verfahren der Verarbeitung der Daten,
2. Art, Form, Inhalt und Kontrolle der einzugebenden und der auszugebenden Daten,
3. die Abgrenzung der Verantwortungsbereiche bei der Datenverarbeitung,
4. die weiteren zur Gewährleistung von Datenschutz und Datensicherheit zu treffenden Maßnahmen, insbesondere der Maßnahmen nach der Anlage zu § 78 a des Zehnten Buches.

§ 287 Forschungsvorhaben

(1) Die Krankenkassen und die Kassenärztlichen Vereinigungen dürfen mit Erlaubnis der Aufsichtsbehörde die Datenbestände leistungserbringer- oder fallbeziehbar für zeitlich befristete und im Umfang begrenzte Forschungsvorhaben, insbesondere zur Gewinnung epidemiologischer Erkenntnisse, von Erkenntnissen über Zusammenhänge zwischen Erkrankungen und Arbeitsbedingungen oder von Erkenntnissen über örtliche Krankheitsschwerpunkte, selbst auswerten oder über die sich aus § 304 ergebenden Fristen hinaus aufbewahren.

(2) Sozialdaten sind zu anonymisieren.

Zweiter Titel. Informationsgrundlagen der Krankenkassen

§ 288 Versichertenverzeichnis

[1] Die Krankenkasse hat ein Versichertenverzeichnis zu führen. [2] Das Versichertenverzeichnis hat alle Angaben zu enthalten, die zur Feststellung der Versicherungspflicht oder -berechtigung, zur Bemessung und Einziehung der Beiträge, soweit nach der Art der Versicherung notwendig, sowie zur Feststellung des Leistungsanspruchs einschließlich der Versicherung nach § 10 erforderlich sind.

§ 289 Nachweispflicht bei Familienversicherung

[1] Für die Eintragung in das Versichertenverzeichnis hat die Krankenkasse die Versicherung nach § 10 bei deren Beginn festzustellen. [2] Sie kann die dazu erforderlichen Daten vom Angehörigen oder mit dessen Zustimmung vom Mitglied erheben. [3] Der Fortbestand der Voraussetzungen der Versicherung nach § 10 ist auf Verlangen der Krankenkasse nachzuweisen.

§ 290 Krankenversichertennummer

(1) [1] Die Krankenkasse verwendet für jeden Versicherten eine Krankenversichertennummer. [2] Die Krankenversichertennummer besteht aus einem unveränderbaren Teil zur Identifikation des Versicherten und einem veränderbaren Teil, der bundeseinheitliche Angaben zur Kassenzugehörigkeit enthält und aus dem bei Vergabe der Nummer an Versicherte nach § 10 sicherzustellen ist, dass der Bezug zu den Angehörigen, der Mitglied ist, hergestellt werden kann. [3] Der Aufbau und das Verfahren der Vergabe der Krankenversichertennummer haben den Richtlinien nach Absatz 2 zu entsprechen. [4] Die Rentenversicherungsnummer darf nicht als Krankenversichertennummer verwendet werden. [5] Eine Verwendung der Rentenversicherungsnummer zur Bildung der Krankenversichertennummer entsprechend den Richtlinien nach Absatz 2 ist zulässig, wenn nach dem Stand von Wissenschaft und Technik sichergestellt ist, dass nach Vergabe der Krankenversichertennummer weder aus der Krankenversichertennummer auf die Rentenversicherungsnummer noch aus der Rentenversicherungsnummer auf die Krankenversichertennummer zurückgeschlossen werden kann; dieses Erfordernis gilt auch in Bezug auf die vergebende Stelle. [6] Die Prüfung einer Mehrfachvergabe der Krankenversichertennummer durch die Vertrauensstelle bleibt davon unberührt. [7] Wird die Rentenversicherungsnummer zur Bildung der Krankenversichertennummer verwendet, ist für Personen, denen eine Krankenversichertennummer zugewiesen werden muss und die noch keine Rentenversicherungsnummer erhalten haben, eine Rentenversicherungsnummer zu vergeben.

(2) ¹Der Spitzenverband Bund der Krankenkassen hat den Aufbau und das Verfahren der Vergabe der Krankenversichertennummer durch Richtlinien zu regeln. ²Die Krankenversichertennummer ist von einer von den Krankenkassen und ihren Verbänden räumlich, organisatorisch und personell getrennten Vertrauensstelle zu vergeben. ³Die Vertrauensstelle gilt als öffentliche Stelle und unterliegt dem Sozialgeheimnis nach § 35 des Ersten Buches. ⁴Sie untersteht der Rechtsaufsicht des Bundesministeriums für Gesundheit. ⁵§ 274 Abs. 1 Satz 2 gilt entsprechend. ⁶Die Richtlinien sind dem Bundesministerium für Gesundheit vorzulegen. ⁷Es kann sie innerhalb von zwei Monaten beanstanden. ⁸Kommen die Richtlinien nicht innerhalb der gesetzten Frist zustande oder werden die Beanstandungen nicht innerhalb der vom Bundesministerium für Gesundheit gesetzten Frist behoben, kann das Bundesministerium für Gesundheit die Richtlinien erlassen.

§ 291 Krankenversichertenkarte

(1) ¹Die Krankenkasse stellt spätestens bis zum 1. Januar 1995 für jeden Versicherten eine Krankenversichertenkarte aus, die den Krankenschein nach § 15 ersetzt. ²Die Karte ist von dem Versicherten zu unterschreiben. ³Sie darf vorbehaltlich § 291a nur für den Nachweis der Berechtigung zur Inanspruchnahme von Leistungen im Rahmen der vertragsärztlichen Versorgung sowie für die Abrechnung mit den Leistungserbringern verwendet werden. ⁴Die Karte gilt nur für die Dauer der Mitgliedschaft bei der ausstellenden Krankenkasse und ist nicht übertragbar. ⁵Bei Inanspruchnahme ärztlicher Behandlung bestätigt der Versicherte auf dem Abrechnungsschein des Arztes das Bestehen der Mitgliedschaft durch seine Unterschrift. ⁶Die Krankenkasse kann die Gültigkeit der Karte befristen.

(2) ¹Die Krankenversichertenkarte enthält neben der Unterschrift und einem Lichtbild des Versicherten in einer für eine maschinelle Übertragung auf die für die vertragsärztliche Versorgung vorgesehenen Abrechnungsunterlagen und Vordrucke (§ 295 Abs. 3 Nr. 1 und 2) geeigneten Form vorbehaltlich § 291a ausschließlich folgende Angaben:

1. Bezeichnung der ausstellenden Krankenkasse, einschließlich eines Kennzeichens für die Kassenärztliche Vereinigung, in deren Bezirk das Mitglied seinen Wohnsitz hat,
2. Familienname und Vorname des Versicherten,
3. Geburtsdatum,
4. Geschlecht,
5. Anschrift,
6. Krankenversichertennummer,
7. Versichertenstatus, für Versichertengruppen nach § 267 Abs. 2 Satz 4 in einer verschlüsselten Form,
8. Zuzahlungsstatus,
9. Tag des Beginns des Versicherungsschutzes,
10. bei befristeter Gültigkeit der Karte das Datum des Fristablaufs;

die Erweiterung der Krankenversichertenkarte um das Lichtbild sowie die Angaben zum Geschlecht und zum Zuzahlungsstatus haben spätestens bis zum 1. Januar 2006 zu erfolgen; Versicherte bis zur Vollendung des 15. Lebensjahres sowie Versicherte, deren Mitwirkung bei der Erstellung des Lichtbildes nicht möglich ist, erhalten eine Krankenversichertenkarte ohne Lichtbild. ²Sofern für die Krankenkasse Verträge nach § 83 Satz 2 geschlossen sind, ist für die Mitglieder, die ihren Wohnsitz außerhalb der Bezirke der beteiligten Kassenärztlichen Vereinigungen haben, als Kennzeichen nach Satz 1 Nr. 1 das Kennzeichen der Kassenärztlichen Vereinigung zu verwenden, in deren Bezirk die Krankenkasse ihren Sitz hat.

(2 a) ¹Die Krankenkasse erweitert die Krankenversichertenkarte nach Absatz 1 bis spätestens zum 1. Januar 2006 zu einer elektronischen Gesundheitskarte nach § 291a. ²Neben der Verwendung nach Absatz 1 Satz 3 hat die Gesundheitskarte die Durchführung der Anwendungen nach § 291a Abs. 2 und 3 zu gewährleisten. ³Über die Angaben nach Absatz 2 Satz 1 hinaus kann die elektronische Gesundheitskarte auch Angaben zum Nachweis von Wahltarifen nach § 53 und von zusätzlichen Vertragsverhältnissen sowie in den Fällen des § 16 Abs. 3a Angaben zum Ruhen des Anspruchs auf Leistungen enthalten. ⁴Die elektronische Gesundheitskarte muss technisch geeignet sein, Authentifizierung, Verschlüsselung und elektronische Signatur zu ermöglichen.

(2 b) ¹Die Krankenkassen sind verpflichtet, Dienste anzubieten, mit denen die Leistungserbringer die Gültigkeit und die Aktualität der Daten nach Absatz 1 und 2 bei den Krankenkassen online überprüfen und auf der elektronischen Gesundheitskarte aktualisieren können. ²Diese Dienste müssen auch ohne Netzanbindung an die Praxisverwaltungs-

systeme der Leistungserbringer online genutzt werden können. ³Die an der vertragsärztlichen Versorgung teilnehmenden Ärzte, Einrichtungen und Zahnärzte prüfen bei der erstmaligen Inanspruchnahme ihrer Leistungen durch einen Versicherten im Quartal die Leistungspflicht der Krankenkasse durch Nutzung der Dienste nach Satz 1. ⁴Dazu ermöglichen sie den Online-Abgleich und die -Aktualisierung der auf der elektronischen Gesundheitskarte gespeicherten Daten nach Absatz 1 und 2 mit den bei der Krankenkasse vorliegenden aktuellen Daten. ⁵Die Prüfungspflicht besteht ab dem Zeitpunkt, ab dem die Dienste nach Satz 1 sowie die Anbindung an die Telematikinfrastruktur zur Verfügung stehen und die Vereinbarungen nach § 291a Absatz 7a und 7b geschlossen sind. ⁶§ 15 Absatz 5 ist entsprechend anzuwenden. ⁷Die Durchführung der Prüfung ist auf der elektronischen Gesundheitskarte zu speichern. ⁸Die Mitteilung der durchgeführten Prüfung ist Bestandteil der an die Kassenärztliche oder Kassenzahnärztliche Vereinigung zu übermittelnden Abrechnungsunterlagen nach § 295. ⁹Die technischen Einzelheiten zur Durchführung des Verfahrens nach Satz 2 bis 5 sind in den Vereinbarungen nach § 295 Absatz 3 zu regeln.

(3) Das Nähere über die bundesweite Gestaltung der Krankenversichertenkarte vereinbaren die Vertragspartner im Rahmen der Verträge nach § 87 Abs. 1.

(4) ¹Bei Beendigung des Versicherungsschutzes oder bei einem Krankenkassenwechsel ist die Krankenversichertenkarte von der bisherigen Krankenkasse einzuziehen. ²Abweichend von Satz 1 kann der Spitzenverband Bund der Krankenkassen zur Verbesserung der Wirtschaftlichkeit und der Optimierung der Verfahrensabläufe für die Versicherten die Weiternutzung der elektronischen Gesundheitskarte bei Kassenwechsel beschließen; dabei ist sicherzustellen, dass die Daten nach Absatz 2 Nr. 1, 6, 7, 9 und 10 fristgerecht aktualisiert werden. ³Der Beschluss bedarf der Genehmigung des Bundesministeriums für Gesundheit. ⁴Vor Erteilung der Genehmigung ist dem Bundesbeauftragten für den Datenschutz und die Informationsfreiheit Gelegenheit zur Stellungnahme zu geben. ⁵Wird die elektronische Gesundheitskarte nach Satz 1 eingezogen, hat die einziehende Krankenkasse sicherzustellen, dass eine Weiternutzung der Daten nach § 291a Abs. 3 Satz 1 durch die Versicherten möglich ist. ⁶Vor Einzug der elektronischen Gesundheitskarte hat die einziehende Krankenkasse über Möglichkeiten zur Löschung der Daten nach § 291a Abs. 3 Satz 1 zu informieren. ⁷Die Sätze 5 und 6 gelten auch bei Austausch der elektronischen Gesundheitskarte im Rahmen eines bestehenden Versicherungsverhältnisses.

§ 291a Elektronische Gesundheitskarte

(1) Die Krankenversichertenkarte nach § 291 Abs. 1 wird bis spätestens zum 1. Januar 2006 zur Verbesserung von Wirtschaftlichkeit, Qualität und Transparenz der Behandlung für die in den Absätzen 2 und 3 genannten Zwecke zu einer elektronischen Gesundheitskarte erweitert.

(1 a) ¹Werden von Unternehmen der privaten Krankenversicherung elektronische Gesundheitskarten für die Verarbeitung und Nutzung von Daten nach Absatz 2 Satz 1 Nr. 1 und Absatz 3 Satz 1 an ihre Versicherten ausgegeben, gelten Absatz 2 Satz 1 Nr. 1 und Satz 2 sowie die Absätze 3 bis 5, 6 und 8 entsprechend. ²Für den Einsatz elektronischer Gesundheitskarten nach Satz 1 können Unternehmen der privaten Krankenversicherung als Versichertennummer den unveränderbaren Teil der Krankenversichertennummer nach § 290 Abs. 1 Satz 2 nutzen. ³§ 290 Abs. 1 Satz 4 bis 7 gilt entsprechend. ⁴Die Vergabe der Versichertennummer erfolgt durch die Vertrauensstelle nach § 290 Abs. 2 Satz 2 und hat den Vorgaben der Richtlinien nach § 290 Abs. 2 Satz 1 für den unveränderbaren Teil der Krankenversichertennummer zu entsprechen. ⁵Die Kosten zur Bildung der Versichertennummer und, sofern die Vergabe einer Rentenversicherungsnummer erforderlich ist, zur Vergabe der Rentenversicherungsnummer tragen die Unternehmen der privaten Krankenversicherung. ⁶Die Regelungen dieses Absatzes gelten auch für die Postbeamtenkrankenkasse und die Krankenversorgung der Bundesbahnbeamten.

(2) ¹Die elektronische Gesundheitskarte hat die Angaben nach § 291 Abs. 2 zu enthalten und muss geeignet sein, Angaben aufzunehmen für

1. die Übermittlung ärztlicher Verordnungen in elektronischer und maschinell verwertbarer Form sowie
2. den Berechtigungsnachweis zur Inanspruchnahme von Leistungen im Geltungsbereich der Verordnung (EWG) Nr. 1408/71 des Rates vom 14. Juni 1971 zur Anwendung der Systeme der sozialen Sicherheit auf Arbeitnehmer und deren Familien, die innerhalb der Gemeinschaft zu- und abwandern (ABl. EG Nr. L 149 S. 2) und der Verordnung (EWG) Nr. 574/72 des Rates vom 21. März 1972 über die Durchführung der Verord-

nung (EWG) Nr. 1408/71 zur Anwendung der Systeme der sozialen Sicherheit auf Arbeitnehmer und deren Familien, die innerhalb der Gemeinschaft zu- und abwandern (ABl. EG Nr. L 74 S. 1) in den jeweils geltenden Fassungen.
²§ 6 c des Bundesdatenschutzgesetzes findet Anwendung.

(3) ¹Über Absatz 2 hinaus muss die Gesundheitskarte geeignet sein, folgende Anwendungen zu unterstützen, insbesondere das Erheben, Verarbeiten und Nutzen von
1. medizinischen Daten, soweit sie für die Notfallversorgung erforderlich sind,
2. Befunden, Diagnosen, Therapieempfehlungen sowie Behandlungsberichten in elektronischer und maschinell verwertbarer Form für eine einrichtungsübergreifende, fallbezogene Kooperation (elektronischer Arztbrief),
3. Daten zur Prüfung der Arzneimitteltherapiesicherheit,
4. Daten über Befunde, Diagnosen, Therapiemaßnahmen, Behandlungsberichte sowie Impfungen für eine fall- und einrichtungsübergreifende Dokumentation über den Patienten (elektronische Patientenakte),
5. durch von Versicherten selbst oder für sie zur Verfügung gestellte Daten sowie
6. Daten über in Anspruch genommene Leistungen und deren vorläufige Kosten für die Versicherten (§ 305 Abs. 2);

die Verarbeitung und Nutzung von Daten nach Nummer 1 muss auch auf der Karte ohne Netzzugang möglich sein. ²Spätestens bei der Versendung der Karte hat die Krankenkasse die Versicherten umfassend und in allgemein verständlicher Form über deren Funktionsweise, einschließlich der Art der auf ihr oder durch sie zu erhebenden, zu verarbeitenden oder zu nutzenden personenbezogenen Daten zu informieren. ³Mit dem Erheben, Verarbeiten und Nutzen von Daten der Versicherten nach diesem Absatz darf erst begonnen werden, wenn die Versicherten jeweils gegenüber dem Arzt, Zahnarzt, Psychotherapeuten oder Apotheker dazu ihre Einwilligung erklärt haben. ⁴Die Einwilligung ist bei erster Verwendung der Karte vom Leistungserbringer oder unter dessen Aufsicht von einer Person, die bei dem Leistungserbringer oder in einem Krankenhaus als berufsmäßiger Gehilfe oder zur Vorbereitung auf den Beruf tätig ist auf der Karte zu dokumentieren; die Einwilligung ist jederzeit widerruflich und kann auf einzelne Anwendungen nach diesem Absatz beschränkt werden. ⁵§ 6 c des Bundesdatenschutzgesetzes findet Anwendung.

(4) Zum Zwecke des Erhebens, Verarbeitens oder Nutzens mittels der elektronischen Gesundheitskarte dürfen, soweit es zur Versorgung der Versicherten erforderlich ist, auf Daten
1. nach Absatz 2 Satz 1 Nr. 1 ausschließlich
   a) Ärzte,
   b) Zahnärzte,
   c) Apotheker, Apothekerassistenten, Pharmazieingenieure, Apothekenassistenten,
   d) Personen, die
      aa) bei den unter Buchstabe a bis c Genannten oder
      bb) in einem Krankenhaus
      als berufsmäßige Gehilfen oder zur Vorbereitung auf den Beruf tätig sind, soweit dies im Rahmen der von ihnen zulässigerweise zu erledigenden Tätigkeiten erforderlich ist und der Zugriff unter Aufsicht der in Buchstabe a bis c Genannten erfolgt,
   e) sonstige Erbringer ärztlich verordneter Leistungen,
2. nach Absatz 3 Satz 1 Nr. 1 bis 5 ausschließlich
   a) Ärzte,
   b) Zahnärzte,
   c) Apotheker, Apothekerassistenten, Pharmazieingenieure, Apothekenassistenten,
   d) Personen, die
      aa) bei den unter Buchstabe a bis c Genannten oder
      bb) in einem Krankenhaus
      als berufsmäßige Gehilfen oder zur Vorbereitung auf den Beruf tätig sind, soweit dies im Rahmen der von ihnen zulässigerweise zu erledigenden Tätigkeiten erforderlich ist und der Zugriff unter Aufsicht der in Buchstabe a bis c Genannten erfolgt,
   e) nach Absatz 3 Satz 1 Nr. 1 in Notfällen auch Angehörige eines anderen Heilberufs, der für die Berufsausübung oder die Führung der Berufsbezeichnung eine staatlich geregelte Ausbildung erfordert,
   f) Psychotherapeuten

zugreifen. Die Versicherten haben das Recht, auf die Daten nach Absatz 2 Satz 1 und Absatz 3 Satz 1 zuzugreifen.

(5) ¹Das Erheben, Verarbeiten und Nutzen von Daten mittels der elektronischen Gesundheitskarte in den Fällen des Absatzes 3 Satz 1 ist nur mit dem Einverständnis der Versicher-

ten zulässig. ²Durch technische Vorkehrungen ist zu gewährleisten, dass in den Fällen des Absatzes 3 Satz 1 Nr. 2 bis 6 der Zugriff nur durch Autorisierung der Versicherten möglich ist. ³Der Zugriff auf Daten sowohl nach Absatz 2 Satz 1 Nr. 1 als auch nach Absatz 3 Satz 1 mittels der elektronischen Gesundheitskarte darf nur in Verbindung mit einem elektronischen Heilberufsausweis, im Falle des Absatzes 2 Satz 1 Nr. 1 auch in Verbindung mit einem entsprechenden Berufsausweis, erfolgen, die jeweils über eine Möglichkeit zur sicheren Authentifizierung und über eine qualifizierte elektronische Signatur verfügen; im Falle des Absatzes 3 Satz 1 Nr. 5 können die Versicherten auch mittels einer eigenen Signaturkarte, die über eine qualifizierte elektronische Signatur verfügt, zugreifen. ⁴Zugriffsberechtigte Personen nach Absatz 4 Satz 1 Nr. 1 Buchstabe d und e sowie Nr. 2 Buchstabe d und e, die über keinen elektronischen Heilberufsausweis oder entsprechenden Berufsausweis verfügen, können auf die entsprechenden Daten zugreifen, wenn sie hierfür von Personen autorisiert sind, die über einen elektronischen Heilberufsausweis oder entsprechenden Berufsausweis verfügen, und wenn nachprüfbar elektronisch protokolliert wird, wer auf die Daten zugegriffen hat und von welcher Person die zugreifende Person autorisiert wurde. ⁵Der Zugriff auf Daten nach Absatz 2 Satz 1 Nr. 1 mittels der elektronischen Gesundheitskarte kann abweichend von den Sätzen 3 und 4 auch erfolgen, wenn die Versicherten den jeweiligen Zugriff durch ein geeignetes technisches Verfahren autorisieren.

(5 a) ¹Die Länder bestimmen entsprechend dem Stand des Aufbaus der Telematikinfrastruktur

1. die Stellen, die für die Ausgabe elektronischer Heilberufs- und Berufsausweise zuständig sind, und
2. die Stellen, die bestätigen, dass eine Person
    a) befugt ist, einen der von Absatz 4 Satz 1 erfassten Berufe im Geltungsbereich dieses Gesetzes auszuüben oder, sofern für einen der in Absatz 4 Satz 1 erfassten Berufe lediglich die Führung der Berufsbezeichnung geschützt ist, die Berufsbezeichnung zu führen oder
    b) zu den sonstigen Zugriffsberechtigten nach Absatz 4 gehört.

²Die Länder können zur Wahrnehmung der Aufgaben nach Satz 1 gemeinsame Stellen bestimmen. ³Entfällt die Befugnis zur Ausübung des Berufs, zur Führung der Berufsbezeichnung oder sonst das Zugriffsrecht nach Absatz 4, hat die jeweilige Stelle nach Satz 1 Nr. 2 oder Satz 2 die herausgebende Stelle in Kenntnis zu setzen; diese hat unverzüglich die Sperrung der Authentifizierungsfunktion des elektronischen Heilberufs- oder Berufsausweises zu veranlassen.

(6) ¹Daten nach Absatz 2 Satz 1 Nr. 1 und Absatz 3 Satz 1 müssen auf Verlangen der Versicherten gelöscht werden; die Verarbeitung und Nutzung von Daten nach Absatz 2 Satz 1 Nr. 1 für Zwecke der Abrechnung bleiben davon unberührt. ²Durch technische Vorkehrungen ist zu gewährleisten, dass mindestens die letzten 50 Zugriffe auf die Daten nach Absatz 2 oder Absatz 3 für Zwecke der Datenschutzkontrolle protokolliert werden. ³Eine Verwendung der Protokolldaten für andere Zwecke ist unzulässig. ⁴Die Protokolldaten sind durch geeignete Vorkehrungen gegen zweckfremde Verwendung und sonstigen Missbrauch zu schützen.

(7) ¹Der Spitzenverband Bund der Krankenkassen, die Kassenärztliche Bundesvereinigung, die Kassenzahnärztliche Bundesvereinigung, die Bundesärztekammer, die Bundeszahnärztekammer, die Deutsche Krankenhausgesellschaft sowie die für die Wahrnehmung der wirtschaftlichen Interessen gebildete maßgebliche Spitzenorganisation der Apotheker auf Bundesebene schaffen die für die Einführung und Anwendung der elektronischen Gesundheitskarte, insbesondere des elektronischen Rezeptes und der elektronischen Patientenakte, erforderliche interoperable und kompatible Informations-, Kommunikations- und Sicherheitsinfrastruktur (Telematikinfrastruktur). ²Sie nehmen diese Aufgabe durch eine Gesellschaft für Telematik nach Maßgabe des § 291 b wahr, die die Regelungen zur Telematikinfrastruktur trifft sowie deren Aufbau und Betrieb übernimmt. ³Vereinbarungen und Richtlinien zur elektronischen Datenübermittlung nach diesem Buch müssen, soweit sie die Telematikinfrastruktur berühren, mit deren Regelungen vereinbar sein. ⁴Die in Satz 1 genannten Spitzenorganisationen treffen eine Vereinbarung zur Finanzierung

1. der erforderlichen erstmaligen Ausstattungskosten, die den Leistungserbringern in der Festlegungs-, Erprobungs- und Einführungsphase der Telematikinfrastruktur sowie
2. der Kosten, die den Leistungserbringern im laufenden Betrieb der Telematikinfrastruktur, einschließlich der Aufteilung dieser Kosten auf die in den Absätzen 7 a und 7 b genannten Leistungssektoren, entstehen.

⁵Zur Finanzierung der Gesellschaft für Telematik zahlt der Spitzenverband Bund der Krankenkassen für den Zeitraum vom 1. Juli 2008 bis zum 31. Dezember 2008 an die

Gesellschaft für Telematik einen Betrag in Höhe von 0,50 Euro je Mitglied der gesetzlichen Krankenversicherung und ab dem Jahr 2009 jährlich einen Betrag in Höhe von 1,00 Euro je Mitglied der gesetzlichen Krankenversicherung; die Zahlungen sind quartalsweise, spätestens drei Wochen vor Beginn des jeweiligen Quartals, zu leisten. [6]Die Höhe des Betrages kann das Bundesministerium für Gesundheit entsprechend dem Mittelbedarf der Gesellschaft für Telematik und unter Beachtung des Gebotes der Wirtschaftlichkeit durch Rechtsverordnung ohne Zustimmung des Bundesrates anpassen. [7]Die Kosten der Sätze 4 und 5 zählen nicht zu den Ausgaben nach § 4 Abs. 4 Satz 2 und 6.

(7 a) [1]Die bei den Krankenhäusern entstehenden Investitions- und Betriebskosten nach Absatz 7 Satz 4 Nr. 1 und 2 werden durch einen Zuschlag finanziert (Telematikzuschlag). [2]Der Zuschlag nach Satz 1 wird in der Rechnung des Krankenhauses jeweils gesondert ausgewiesen; er geht nicht in den Gesamtbetrag nach § 6 der Bundespflegesatzverordnung oder das Erlösbudget nach § 4 des Krankenhausentgeltgesetzes sowie nicht in die entsprechenden Erlösausgleiche ein. [3]Das Nähere zur Höhe und Erhebung des Zuschlags nach Satz 1 regelt der Spitzenverband Bund der Krankenkassen gemeinsam mit der Deutschen Krankenhausgesellschaft in einer gesonderten Vereinbarung. [4]Kommt eine Vereinbarung nicht innerhalb einer vom Bundesministerium für Gesundheit gesetzten Frist oder, in den folgenden Jahren, jeweils bis zum 30. Juni zu Stande, legt die Schiedsstelle nach § 18a Absatz 6 des Krankenhausfinanzierungsgesetzes auf Antrag einer Vertragspartei oder des Bundesministeriums für Gesundheit mit Wirkung für die Vertragsparteien innerhalb einer Frist von zwei Monaten den Vereinbarungsinhalt fest. [5]Die Klage gegen die Festsetzung der Schiedsstelle hat keine aufschiebende Wirkung. [6]Für die Finanzierung der Investitions- und Betriebskosten nach Absatz 7 Satz 4 Nummer 1 und 2, die bei Leistungserbringern nach § 115b Absatz 2 Satz 1, § 116b Absatz 2 Satz 1 und § 120 Absatz 2 Satz 1 sowie bei Notfallambulanzen in Krankenhäusern, die Leistungen für die Versorgung im Notfall erbringen, entstehen, finden die Sätze 1 und 2 erster Halbsatz sowie die Sätze 3 und 4 entsprechend Anwendung.

(7 b) [1]Zum Ausgleich der Kosten nach Absatz 7 Satz 4 erhalten die in diesem Absatz genannten Leistungserbringer nutzungsbezogene Zuschläge von den Krankenkassen. [2]Das Nähere zu den Regelungen der Vereinbarung nach Absatz 7 Satz 4 für die an der vertragsärztlichen Versorgung teilnehmenden Ärzte, Zahnärzte, Psychotherapeuten sowie medizinischen Versorgungszentren vereinbaren der Spitzenverband Bund der Krankenkassen und die Kassenärztlichen Bundesvereinigungen in den Bundesmantelverträgen. [3]Das Nähere zu den Regelungen der Vereinbarung nach Absatz 7 Satz 4 für die Arzneimittelversorgung vereinbaren der Spitzenverband Bund der Krankenkassen und die für die Wahrnehmung der wirtschaftlichen Interessen gebildete maßgebliche Spitzenorganisation der Apotheker auf Bundesebene im Rahmenvertrag nach § 129 Abs. 2. [4]Kommt eine Vereinbarung nach Satz 2 nicht innerhalb einer vom Bundesministerium für Gesundheit gesetzten Frist oder, in den folgenden Jahren, jeweils bis zum 30. Juni zu Stande, legt das jeweils zuständige Schiedsamt nach § 89 Absatz 4 auf Antrag einer Vertragspartei oder des Bundesministeriums für Gesundheit mit Wirkung für die Vertragsparteien innerhalb einer Frist von zwei Monaten den Vereinbarungsinhalt fest. [5]Kommt eine Vereinbarung nach Satz 3 nicht innerhalb einer vom Bundesministerium für Gesundheit gesetzten Frist oder, in den folgenden Jahren, jeweils bis zum 30. Juni zu Stande, legt die Schiedsstelle nach § 129 Absatz 8 auf Antrag einer Vertragspartei oder des Bundesministeriums für Gesundheit innerhalb einer Frist von zwei Monaten den Vereinbarungsinhalt fest. [6]In den Fällen der Sätze 4 und 5 ist Absatz 7a Satz 5 entsprechend anzuwenden.

(7 c) *(aufgehoben)*

(7 d) [1]Kommt eine Vereinbarung zu den Kosten nach Absatz 7 Satz 4 Nr. 1 nicht innerhalb einer vom Bundesministerium für Gesundheit gesetzten Frist als Grundlage der Vereinbarungen nach Absatz 7a Satz 3 und 5 sowie Absatz 7b Satz 2 und 3 zu Stande, trifft der Spitzenverband Bund der Krankenkassen Vereinbarungen zur Finanzierung der den jeweiligen Leistungserbringern entstehenden Kosten nach Absatz 7 Satz 4 Nr. 1 jeweils mit der Deutschen Krankenhausgesellschaft, den Kassenärztlichen Bundesvereinigungen und der für die Wahrnehmung der wirtschaftlichen Interessen gebildeten maßgeblichen Spitzenorganisation der Apotheker auf Bundesebene. [2]Soweit diese Vereinbarungen nicht zu Stande kommen, entscheidet bei Nichteinigung mit der Deutschen Krankenhausgesellschaft die Schiedsstelle nach § 18a Abs. 6 des Krankenhausfinanzierungsgesetzes, bei Nichteinigung mit den Kassenärztlichen Bundesvereinigungen das jeweils zuständige Schiedsamt nach § 89 Abs. 4 und bei Nichteinigung mit der für die Wahrnehmung der wirtschaftlichen Interessen gebildeten maßgeblichen Spitzenorganisation der Apotheker auf Bundesebene die Schiedsstelle nach § 129 Abs. 8 jeweils auf Antrag einer Vertragspartei innerhalb einer Frist von zwei Monaten.

(7 e) ¹Kommt eine Vereinbarung zu den Kosten nach Absatz 7 Satz 4 Nr. 2 nicht innerhalb einer vom Bundesministerium für Gesundheit gesetzten Frist als Grundlage der Vereinbarungen nach Absatz 7a Satz 3 und 5, Absatz 7b Satz 2 und 3 zu Stande, bilden die Spitzenorganisationen nach Absatz 7 Satz 1 eine gemeinsame Kommission aus Sachverständigen. ²Die Kommission ist innerhalb einer Woche nach Ablauf der Frist nach Satz 1 zu bilden. ³Sie besteht aus jeweils zwei Mitgliedern, die von den Spitzenorganisationen der Leistungserbringer und von dem Spitzenverband Bund der Krankenkassen berufen werden sowie einer oder einem unparteiischen Vorsitzenden, über die oder den sich die Spitzenorganisationen nach Absatz 7 Satz 1 gemeinsam verständigen. ⁴Kommt es innerhalb der Frist nach Satz 2 nicht zu einer Einigung über den Vorsitz oder die Berufung der weiteren Mitglieder, beruft das Bundesministerium für Gesundheit die Vorsitzende oder den Vorsitzenden und die weiteren Sachverständigen. ⁵Die Kosten der Kommission sind aus den Finanzmitteln der Gesellschaft für Telematik zu begleichen. ⁶Die Kommission gibt innerhalb von drei Monaten eine Empfehlung zur Aufteilung der Kosten, die den einzelnen Leistungssektoren nach den Absätzen 7a und 7b im laufenden Betrieb der Telematikinfrastruktur entstehen. ⁷Die Empfehlung der Kommission ist innerhalb eines Monats in der Vereinbarung nach Absatz 7 Satz 4 Nr. 2 zu berücksichtigen. ⁸Das Bundesministerium für Gesundheit wird ermächtigt, durch Rechtsverordnung ohne Zustimmung des Bundesrates die Aufteilung der Kosten, die den einzelnen Leistungssektoren nach den Absätzen 7a und 7b im laufenden Betrieb der Telematikinfrastruktur entstehen, als Grundlage der Vereinbarungen nach den Absätzen 7a und 7b festzulegen, sofern die Empfehlung der Kommission nicht berücksichtigt wird.

(8) ¹Vom Inhaber der Karte darf nicht verlangt werden, den Zugriff auf Daten nach Absatz 2 Satz 1 Nr. 1 oder Absatz 3 Satz 1 anderen als den in Absatz 4 Satz 1 genannten Personen oder zu anderen Zwecken als denen der Versorgung der Versicherten, einschließlich der Abrechnung der zum Zwecke der Versorgung erbrachten Leistungen, zu gestatten; mit ihnen darf nicht vereinbart werden, Derartiges zu gestatten. ²Sie dürfen nicht bevorzugt oder benachteiligt werden, weil sie einen Zugriff bewirkt oder verweigert haben.

§ 291 b Gesellschaft für Telematik

(1) ¹Im Rahmen der Aufgaben nach § 291a Abs. 7 Satz 2 hat die Gesellschaft für Telematik
1. die technischen Vorgaben einschließlich eines Sicherheitskonzepts zu erstellen,
2. Inhalt und Struktur der Datensätze für deren Bereitstellung und Nutzung festzulegen

sowie die notwendigen Test- und Zertifizierungsmaßnahmen sicherzustellen. ²Sie hat die Interessen von Patientinnen und Patienten zu wahren und die Einhaltung der Vorschriften zum Schutz personenbezogener Daten sicherzustellen. ³Die Gesellschaft für Telematik hat Aufgaben nur insoweit wahrzunehmen, wie dies zur Schaffung einer interoperablen und kompatiblen Telematikinfrastruktur erforderlich ist. ⁴Mit Teilaufgaben der Gesellschaft für Telematik können einzelne Gesellschafter oder Dritte beauftragt werden; hierbei sind durch die Gesellschaft für Telematik Interoperabilität, Kompatibilität und das notwendige Sicherheitsniveau der Telematikinfrastruktur zu gewährleisten.

(1 a) ¹Die Komponenten und Dienste der Telematikinfrastruktur werden von der Gesellschaft für Telematik zugelassen. ²Die Zulassung wird erteilt, wenn die Komponenten und Dienste funktionsfähig, interoperabel und sicher sind. ³Die Gesellschaft für Telematik prüft die Funktionsfähigkeit und Interoperabilität auf der Grundlage der von ihr veröffentlichten Prüfkriterien. ⁴Der Nachweis der Sicherheit erfolgt nach den Vorgaben des Bundesamtes für Sicherheit in der Informationstechnik durch eine Sicherheitszertifizierung. ⁵Hierzu entwickelt das Bundesamt für Sicherheit in der Informationstechnik geeignete Prüfvorschriften und veröffentlicht diese im Bundesanzeiger und im elektronischen Bundesanzeiger. ⁶Das Nähere zum Zulassungsverfahren und zu den Prüfkriterien wird von der Gesellschaft für Telematik in Abstimmung mit dem Bundesamt für Sicherheit in der Informationstechnik beschlossen. ⁷Die Gesellschaft für Telematik veröffentlicht eine Liste mit den zugelassenen Komponenten und Diensten. ⁸Die für die Aufgaben nach Satz 4 und 5 beim Bundesamt für Sicherheit in der Informationstechnik entstehenden Kosten sind diesem durch die Gesellschaft für Telematik zu erstatten. ⁹Die Einzelheiten werden von dem Bundesamt für Sicherheit in der Informationstechnik und der Gesellschaft für Telematik einvernehmlich festgelegt.

(1 b) ¹Betriebsleistungen sind auf der Grundlage der von der Gesellschaft für Telematik zu beschließenden Rahmenbedingungen zu erbringen. ²Zur Durchführung des operativen

Betriebs der Komponenten, Dienste und Schnittstellen der Telematikinfrastruktur hat die Gesellschaft für Telematik oder, soweit einzelne Gesellschafter oder Dritte nach Absatz 1 Satz 4 erster Halbsatz beauftragt worden sind, haben die Beauftragten Aufträge zu vergeben. ³Bei der Vergabe dieser Aufträge sind abhängig vom Auftragswert die Vorschriften über die Vergabe öffentlicher Aufträge: der Vierte Teil des Gesetzes gegen Wettbewerbsbeschränkungen sowie die Vergabeverordnung und § 22 der Verordnung über das Haushaltswesen in der Sozialversicherung sowie der Abschnitt 1 des Teils A der Verdingungsordnung für Leistungen (VOL/A) anzuwenden. ⁴Für die freihändige Vergabe von Leistungen gemäß § 3 Nr. 4 Buchstabe p der Verdingungsordnung für Leistungen – Teil A (VOL/A) werden die Ausführungsbestimmungen vom Bundesministerium für Gesundheit festgelegt und im elektronischen Bundesanzeiger veröffentlicht. ⁵Abweichend von den Sätzen 2 bis 4 sind spätestens ab dem 1. Januar 2009 Anbieter zur Durchführung des operativen Betriebs der Komponenten, Dienste und Schnittstellen der Telematikinfrastruktur von der Gesellschaft für Telematik oder, soweit einzelne Gesellschafter oder Dritte nach Absatz 1 Satz 4 erster Halbsatz beauftragt worden sind, von den Beauftragten in einem transparenten und diskriminierungsfreien Verfahren zuzulassen, wenn

1. die zu verwendenden Komponenten und Dienste gemäß Absatz 1a zugelassen sind,
2. der Anbieter oder die Anbieterin den Nachweis erbringt, dass die Verfügbarkeit und Sicherheit der Betriebsleistung gewährleistet ist und
3. der Anbieter oder die Anbieterin sich vertraglich verpflichtet, die Rahmenbedingungen für Betriebsleistungen der Gesellschaft für Telematik einzuhalten.

⁶Die Gesellschaft für Telematik beziehungsweise die von ihr beauftragten Organisationen können die Anzahl der Zulassungen beschränken, soweit dies zur Gewährleistung von Interoperabilität, Kompatibilität und des notwendigen Sicherheitsniveaus erforderlich ist. ⁷Die Gesellschaft für Telematik beziehungsweise die von ihr beauftragten Organisationen veröffentlichen

1. die fachlichen und sachlichen Voraussetzungen, die für den Nachweis nach Satz 5 Nr. 2 erfüllt sein müssen, sowie
2. eine Liste mit den zugelassenen Anbietern.

(1 c) ¹Die Gesellschaft für Telematik beziehungsweise die von ihr beauftragten Organisationen können für die Zulassungen der Absätze 1a und 1b Entgelte verlangen. ²Der Entgeltkatalog bedarf der Zustimmung des Bundesministeriums für Gesundheit.

(2) Der Gesellschaftsvertrag bedarf der Zustimmung des Bundesministeriums für Gesundheit und ist nach folgenden Grundsätzen zu gestalten:

1. Die in § 291a Abs. 7 Satz 1 genannten Spitzenorganisationen sind Gesellschafter der Gesellschaft für Telematik. Die Geschäftsanteile entfallen zu 50 Prozent auf den Spitzenverband Bund der Krankenkassen und zu 50 Prozent auf die anderen in § 291a Abs. 7 Satz 1 genannten Spitzenorganisationen. Mit Zustimmung des Bundesministeriums für Gesundheit können die Gesellschafter den Beitritt weiterer Spitzenorganisationen der Leistungserbringer auf Bundesebene und des Verbandes der Privaten Krankenversicherung beschließen; im Falle eines Beitritts sind die Geschäftsanteile innerhalb der Gruppen der Kostenträger und Leistungserbringer entsprechend anzupassen;
2. unbeschadet zwingender gesetzlicher Mehrheitserfordernisse entscheiden die Gesellschafter mit der Mehrheit von 67 Prozent der sich aus den Geschäftsanteilen ergebenden Stimmen, soweit nicht der Gesellschaftsvertrag eine geringere Mehrheit vorsieht;
3. das Bundesministerium für Gesundheit entsendet in die Versammlung der Gesellschafter eine Vertreterin oder einen Vertreter ohne Stimmrecht;
4. es ist ein Beirat einzurichten, der die Gesellschaft in fachlichen Belangen berät. Er kann Angelegenheiten von grundsätzlicher Bedeutung der Versammlung der Gesellschafter zur Befassung vorlegen und ist vor der Beschlussfassung zu Angelegenheiten von grundsätzlicher Bedeutung zu hören. Der Beirat besteht aus vier Vertreterinnen oder Vertretern der Länder, drei Vertreterinnen oder Vertretern der für die Wahrnehmung der Interessen der Patientinnen und Patienten und der Selbsthilfe chronisch kranker und behinderter Menschen maßgeblichen Organisationen, drei Vertreterinnen oder Vertretern der Wissenschaft, drei Vertreterinnen oder Vertretern der für die Wahrnehmung der Interessen der Industrie maßgeblichen Bundesverbände aus dem Bereich der Informationstechnologie sowie der oder dem Bundesbeauftragten für den Datenschutz und die Informationsfreiheit und der oder dem Beauftragten für die Belange der Patientinnen und Patienten. Vertreterinnen oder Vertreter weiterer Gruppen und Bundesbehörden können berufen werden. Die Mitglieder des Beirats werden von der Versammlung der Gesellschafter im Einvernehmen mit dem Bundesministerium für Gesundheit berufen; die Vertreterinnen und Vertreter der Länder werden von den Län-

dern benannt. Die Gesellschafter, die Geschäftsführerin oder der Geschäftsführer der Gesellschaft sowie das Bundesministerium für Gesundheit können an den Sitzungen des Beirats teilnehmen.

(3) ¹Wird die Gesellschaft für Telematik nicht innerhalb einer vom Bundesministerium für Gesundheit gesetzten Frist gegründet oder löst sich die Gesellschaft für Telematik auf, kann das Bundesministerium für Gesundheit eine oder mehrere der in § 291a Abs. 7 Satz 1 genannten Spitzenorganisationen zur Errichtung der Gesellschaft für Telematik verpflichten; die übrigen Spitzenorganisationen können mit Zustimmung des Bundesministeriums für Gesundheit der Gesellschaft für Telematik als Gesellschafter beitreten. ²Für die Finanzierung der Gesellschaft für Telematik nach Satz 1 gilt § 291a Abs. 7 Satz 5 bis 7 entsprechend.

(4) ¹Die Beschlüsse der Gesellschaft für Telematik zu den Regelungen, dem Aufbau und dem Betrieb der Telematikinfrastruktur sind dem Bundesministerium für Gesundheit vorzulegen, das sie, soweit sie gegen Gesetz oder sonstiges Recht verstoßen, innerhalb eines Monats beanstanden kann; bei der Prüfung der Beschlüsse hat das Bundesministerium für Gesundheit der oder dem Bundesbeauftragten für den Datenschutz und die Informationsfreiheit Gelegenheit zur Stellungnahme zu geben. ²In begründeten Einzelfällen, insbesondere wenn die Prüfung der Beschlüsse innerhalb von einem Monat nicht abgeschlossen werden kann, kann das Bundesministerium für Gesundheit die Frist vor ihrem Ablauf um höchstens einen Monat verlängern. ³Erfolgt keine Beanstandung, werden die Beschlüsse nach Ablauf der Beanstandungsfrist für die Leistungserbringer und Krankenkassen sowie ihre Verbände nach diesem Buch verbindlich. ⁴Kommen die erforderlichen Beschlüsse nicht oder nicht innerhalb einer vom Bundesministerium für Gesundheit gesetzten Frist zu Stande oder werden die Beanstandungen des Bundesministeriums für Gesundheit nicht innerhalb der von ihm gesetzten Frist behoben, legt das Bundesministerium für Gesundheit ihre Inhalte im Benehmen mit den zuständigen obersten Landesbehörden durch Rechtsverordnung ohne Zustimmung des Bundesrates fest. ⁵Die Gesellschaft für Telematik ist verpflichtet, dem Bundesministerium für Gesundheit zur Vorbereitung der Rechtsverordnung unverzüglich nach dessen Weisungen zuzuarbeiten.

(5) Die vom Bundesministerium für Gesundheit und von seinem Geschäftsbereich zur Vorbereitung der Rechtsverordnung nach Absatz 4 veranlassten Kosten sind unverzüglich aus den Finanzmitteln der Gesellschaft für Telematik zu begleichen; dies gilt auch, soweit Arbeiten zur Vorbereitung der Rechtsverordnung im Rahmen von Forschungs- und Entwicklungstätigkeiten durchgeführt werden.

(6) ¹Kosten für Forschungs- und Entwicklungstätigkeiten zur Schaffung der Telematikinfrastruktur, die vom Bundesministerium für Gesundheit in der Zeit vom 1. November 2004 bis zum 27. Juni 2005 finanziert wurden, sind von den Spitzenverbänden der Krankenkassen zu erstatten. ²Absatz 3 Satz 2 und 3 gilt entsprechend.

§ 292 Angaben über Leistungsvoraussetzungen

¹Die Krankenkasse hat Angaben über Leistungen, die zur Prüfung der Voraussetzungen späterer Leistungsgewährung erforderlich sind, aufzuzeichnen. ²Hierzu gehören insbesondere Angaben zur Feststellung der Voraussetzungen von Leistungsansprüchen bei Krankenhausbehandlung, medizinischen Leistungen zur Gesundheitsvorsorge und Rehabilitation sowie zur Feststellung der Voraussetzungen der Kostenerstattung und zur Leistung von Zuschüssen. ³Im Falle der Arbeitsunfähigkeit sind auch die Diagnosen aufzuzeichnen.

§ 293 Kennzeichen für Leistungsträger und Leistungserbringer

(1) ¹Die Krankenkassen verwenden im Schriftverkehr, einschließlich des Einsatzes elektronischer Datenübertragung oder maschinell verwertbarer Datenträger, beim Datenaustausch, für Maßnahmen zur Qualitätssicherung und für Abrechnungszwecke mit den anderen Trägern der Sozialversicherung, der Bundesagentur für Arbeit und den Versorgungsverwaltungen der Länder sowie mit ihren Vertragspartnern einschließlich deren Mitgliedern bundeseinheitliche Kennzeichen. ²Der Spitzenverband Bund der Krankenkassen, die Bundesagentur für Arbeit und die Versorgungsverwaltungen der Länder bilden für die Vergabe der Kennzeichen nach Satz 1 eine Arbeitsgemeinschaft.

(2) Die Mitglieder der Arbeitsgemeinschaft nach Absatz 1 Satz 2 gemeinsam vereinbaren mit den Spitzenorganisationen der Leistungserbringer einheitlich Art und Aufbau der Kennzeichen und das Verfahren der Vergabe und ihre Verwendung.

(3) Kommt eine Vereinbarung nach Absatz 2 nicht oder nicht innerhalb einer vom Bundesministerium für Gesundheit gesetzten Frist zustande, kann dieses im Einvernehmen mit dem Bundesministerium für Arbeit und Soziales nach Anhörung der Beteiligten das Nähere der Regelungen über Art und Aufbau der Kennzeichen und das Verfahren der Vergabe und ihre Verwendung durch Rechtsverordnung mit Zustimmung des Bundesrates bestimmen.

(4) ¹Die Kassenärztliche und die Kassenzahnärztliche Bundesvereinigung führen jeweils ein bundesweites Verzeichnis der an der vertragsärztlichen Versorgung teilnehmenden Ärzte und Zahnärzte sowie Einrichtungen. ²Das Verzeichnis enthält folgende Angaben:

1. Arzt- oder Zahnarztnummer (unverschlüsselt),
2. Hausarzt- oder Facharztkennung,
3. Teilnahmestatus,
4. Geschlecht des Arztes oder Zahnarztes,
5. Titel des Arztes oder Zahnarztes,
6. Name des Arztes oder Zahnarztes,
7. Vorname des Arztes oder Zahnarztes,
8. Geburtsdatum des Arztes oder Zahnarztes,
9. Straße der Arzt- oder Zahnarztpraxis oder der Einrichtung,
10. Hausnummer der Arzt- oder Zahnarztpraxis oder der Einrichtung,
11. Postleitzahl der Arzt- oder Zahnarztpraxis oder der Einrichtung,
12. Ort der Arzt- oder Zahnarztpraxis oder der Einrichtung,
13. Beginn der Gültigkeit der Arzt- oder Zahnarztnummer und
14. Ende der Gültigkeit der Arzt- oder Zahnarztnummer.

³Das Verzeichnis ist in monatlichen oder kürzeren Abständen zu aktualisieren. ⁴Die Arzt- und Zahnarztnummer ist so zu gestalten, dass sie ohne zusätzliche Daten über den Arzt oder Zahnarzt nicht einem bestimmten Arzt oder Zahnarzt zugeordnet werden kann; dabei ist zu gewährleisten, dass die Arzt- und Zahnarztnummer eine Identifikation des Arztes oder Zahnarztes auch für die Krankenkassen und ihre Verbände für die gesamte Dauer der vertragsärztlichen oder vertragszahnärztlichen Tätigkeit ermöglicht. ⁵Die Kassenärztliche Bundesvereinigung und die Kassenzahnärztliche Bundesvereinigung stellen sicher, dass das Verzeichnis die Arzt- und Zahnarztnummern enthält, welche Vertragsärzte und -zahnärzte im Rahmen der Abrechnung ihrer erbrachten und verordneten Leistungen mit den Krankenkassen nach den Vorschriften des Zweiten Abschnitts verwenden. ⁶Die Kassenärztliche Bundesvereinigung und die Kassenzahnärztliche Bundesvereinigung stellen dem Spitzenverband Bund der Krankenkassen das Verzeichnis bis zum 31. März 2004 im Wege elektronischer Datenübertragung oder maschinell verwertbar auf Datenträgern zur Verfügung; Änderungen des Verzeichnisses sind dem Spitzenverband Bund der Krankenkassen in monatlichen oder kürzeren Abständen unentgeltlich zu übermitteln. ⁷Der Spitzenverband Bund der Krankenkassen stellt seinen Mitgliedsverbänden und den Krankenkassen das Verzeichnis zur Erfüllung ihrer Aufgaben, insbesondere im Bereich der Gewährleistung der Qualität und der Wirtschaftlichkeit der Versorgung sowie der Aufbereitung der dafür erforderlichen Datengrundlagen, zur Verfügung; für andere Zwecke darf der Spitzenverband Bund der Krankenkassen das Verzeichnis nicht verwenden.

(5) ¹Die für die Wahrnehmung der wirtschaftlichen Interessen gebildete maßgebliche Spitzenorganisation der Apotheker führt ein bundeseinheitliches Verzeichnis über die Apotheken und stellt dieses dem Spitzenverband Bund der Krankenkassen im Wege elektronischer Datenübertragung oder maschinell verwertbar auf Datenträgern unentgeltlich zur Verfügung. ²Änderungen des Verzeichnisses sind dem Spitzenverband Bund der Krankenkassen in monatlichen oder kürzeren Abständen unentgeltlich zu übermitteln. ³Das Verzeichnis enthält den Namen des Apothekers, die Anschrift und das Kennzeichen der Apotheke; es ist in monatlichen oder kürzeren Abständen zu aktualisieren. ⁴Der Spitzenverband Bund der Krankenkassen stellt seinen Mitgliedsverbänden und den Krankenkassen das Verzeichnis zur Erfüllung ihrer Aufgaben im Zusammenhang mit der Abrechnung der Apotheken, der in den §§ 129 und 300 getroffenen Regelungen sowie der damit verbundenen Datenaufbereitungen zur Verfügung; für andere Zwecke darf der Spitzenverband Bund der Krankenkassen das Verzeichnis nicht verwenden. ⁵Apotheken nach Satz 1 sind verpflichtet, die für das Verzeichnis erforderlichen Auskünfte zu erteilen. ⁶Weitere Anbieter von Arzneimitteln sind gegenüber dem Spitzenverband Bund der Krankenkassen entsprechend auskunftspflichtig.

Zweiter Abschnitt. Übermittlung und Aufbereitung von Leistungsdaten, Datentransparenz

Erster Titel. Übermittlung von Leistungsdaten

§ 294 Pflichten der Leistungserbringer

Die an der vertragsärztlichen Versorgung teilnehmenden Ärzte und die übrigen Leistungserbringer sind verpflichtet, die für die Erfüllung der Aufgaben der Krankenkassen sowie der Kassenärztlichen Vereinigungen notwendigen Angaben, die aus der Erbringung, der Verordnung sowie der Abgabe von Versicherungsleistungen entstehen, aufzuzeichnen und gemäß den nachstehenden Vorschriften den Krankenkassen, den Kassenärztlichen Vereinigungen oder den mit der Datenverarbeitung beauftragten Stellen mitzuteilen.

§ 294a Mitteilung von Krankheitsursachen und drittverursachten Gesundheitsschäden

(1) ¹Liegen Anhaltspunkte dafür vor, dass eine Krankheit eine Berufskrankheit im Sinne der gesetzlichen Unfallversicherung oder deren Spätfolgen oder die Folge oder Spätfolge eines Arbeitsunfalls, eines sonstigen Unfalls, einer Körperverletzung, einer Schädigung im Sinne des Bundesversorgungsgesetzes oder eines Impfschadens im Sinne des Infektionsschutzgesetzes ist oder liegen Hinweise auf drittverursachte Gesundheitsschäden vor, sind die an der vertragsärztlichen Versorgung teilnehmenden Ärzte und Einrichtungen sowie die Krankenhäuser nach § 108 verpflichtet, die erforderlichen Daten, einschließlich der Angaben über Ursachen und den möglichen Verursacher, den Krankenkassen mitzuteilen. ²Für die Geltendmachung von Schadenersatzansprüchen, die nach § 116 des Zehnten Buches auf die Krankenkassen übergehen, übermitteln die Kassenärztlichen Vereinigungen den Krankenkassen die erforderlichen Angaben versichertenbezogen.

(2) ¹Liegen Anhaltspunkte für ein Vorliegen der Voraussetzungen des § 52 Abs. 2 vor, sind die an der vertragsärztlichen Versorgung teilnehmenden Ärzte und Einrichtungen sowie die Krankenhäuser nach § 108 verpflichtet, den Krankenkassen die erforderlichen Daten mitzuteilen. ²Die Versicherten sind über den Grund der Meldung nach Satz 1 und die gemeldeten Daten zu informieren.

§ 295 Abrechnung ärztlicher Leistungen

(1) ¹Die an der vertragsärztlichen Versorgung teilnehmenden Ärzte und Einrichtungen sind verpflichtet,
1. in dem Abschnitt der Arbeitsunfähigkeitsbescheinigung, den die Krankenkasse erhält, die Diagnosen,
2. in den Abrechnungsunterlagen für die vertragsärztlichen Leistungen die von ihnen erbrachten Leistungen einschließlich des Tages der Behandlung, bei ärztlicher Behandlung mit Diagnosen, bei zahnärztlicher Behandlung mit Zahnbezug und Befunden,
3. in den Abrechnungsunterlagen sowie auf den Vordrucken für die vertragsärztliche Versorgung ihre Arztnummer, in Überweisungsfällen die Arztnummer des überweisenden Arztes sowie die Angaben nach § 291 Abs. 2 Nr. 1 bis 10 maschinenlesbar

aufzuzeichnen und zu übermitteln. ²Die Diagnosen nach Satz 1 Nr. 1 und 2 sind nach der Internationalen Klassifikation der Krankheiten in der jeweiligen vom Deutschen Institut für medizinische Dokumentation und Information im Auftrag des Bundesministeriums für Gesundheit herausgebenen deutschen Fassung zu verschlüsseln. ³Das Bundesministerium für Gesundheit kann das Deutsche Institut für medizinische Dokumentation und Information beauftragen, den in Satz 2 genannten Schlüssel um Zusatzkennzeichen zur Gewährleistung der für die Erfüllung der Aufgaben der Krankenkassen notwendigen Aussagefähigkeit des Schlüssels zu ergänzen. ⁴Von Vertragsärzten durchgeführte Operationen und sonstige Prozeduren sind nach dem vom Deutschen Institut für medizinische Dokumentation und Information im Auftrag des Bundesministeriums für Gesundheit herausgebenen Schlüssel zu verschlüsseln. ⁵Das Bundesministerium für Gesundheit gibt den Zeitpunkt des Inkrafttretens der jeweiligen Fassung des Diagnosenschlüssels nach Satz 2 sowie des Prozedurenschlüssels nach Satz 4 im Bundesanzeiger bekannt.

(1 a) Für die Erfüllung der Aufgaben nach § 106 a sind die an der vertragsärztlichen Versorgung teilnehmenden Ärzte verpflichtet und befugt, auf Verlangen der Kassenärztlichen Vereinigungen die für die Prüfung erforderlichen Befunde vorzulegen.

(1 b) ¹Ärzte, Einrichtungen und medizinische Versorgungszentren, die ohne Beteiligung der Kassenärztlichen Vereinigungen mit den Krankenkassen oder ihren Verbänden Verträge zu integrierten Versorgungsformen (§ 140 a) oder zur Versorgung nach § 73 b oder § 73 c abgeschlossen haben, psychiatrische Institutsambulanzen sowie Krankenhäuser, die gemäß § 116 b Abs. 2 an der ambulanten Behandlung teilnehmen, übermitteln die in Absatz 1 genannten Angaben, bei Krankenhäusern einschließlich ihres Institutionskennzeichens, an die jeweiligen Krankenkassen im Wege elektronischer Datenübertragung oder maschinell verwertbar auf Datenträgern. ²Das Nähere regelt der Spitzenverband Bund der Krankenkassen mit Ausnahme der Datenübermittlung der psychiatrischen Institutsambulanzen. ³Die psychiatrischen Institutsambulanzen übermitteln die Angaben nach Satz 1 zusätzlich an die DRG-Datenstelle nach § 21 Absatz 1 Satz 1 des Krankenhausentgeltgesetzes. ⁴Die Selbstverwaltungspartner nach § 17 b Absatz 2 des Krankenhausfinanzierungsgesetzes vereinbaren das Nähere zur Datenübermittlung nach Satz 3; § 21 Absatz 4, 5 Satz 1 und 2 sowie Absatz 6 des Krankenhausentgeltgesetzes sind entsprechend anzuwenden.

(2) ¹Für die Abrechung der Vergütung übermitteln die Kassenärztlichen Vereinigungen im Wege elektronischer Datenübertragung oder maschinell verwertbar auf Datenträgern den Krankenkassen für jedes Quartal für jeden Behandlungsfall folgende Daten:
1. Angaben nach § 291 Abs. 2 Nr. 1, 6 und 7,
2. Arzt- oder Zahnarztnummer, in Überweisungsfällen die Arzt- oder Zahnarztnummer des überweisenden Arztes,
3. Art der Inanspruchnahme,
4. Art der Behandlung,
5. Tag der Behandlung,
6. abgerechnete Gebührenpositionen mit den Schlüsseln nach Absatz 1 Satz 5, bei zahnärztlicher Behandlung mit Zahnbezug und Befunden,
7. Kosten der Behandlung,
8. Zuzahlungen nach § 28 Abs. 4.

²Für nichtärztliche Dialyseleistungen gilt Satz 1 mit der Maßgabe, dass die für die Zwecke des Risikostrukturausgleichs (§ 266 Abs. 4, § 267 Abs. 1 bis 6) und des Risikopools (§ 269 Abs. 3) erforderlichen Angaben versichertenbezogen erstmals für das erste Quartal 2002 bis zum 1. Oktober 2002 zu übermitteln sind. ³Die Kassenärztlichen Vereinigungen übermitteln für die Durchführung der Programme nach § 137 g die in der Rechtsverordnung nach § 266 Abs. 7 festgelegten Angaben versichertenbezogen an die Krankenkassen, soweit sie an der Durchführung dieser Programme beteiligt sind. ⁴Die Kassenärztlichen Vereinigungen übermitteln den Krankenkassen die Angaben nach Satz 1 für Versicherte, die an den Programmen nach § 137 f teilnehmen, versichertenbezogen. ⁵§ 137 f Abs. 3 Satz 2 bleibt unberührt.

(2 a) Die an der vertragsärztlichen Versorgung teilnehmenden Ärzte und Einrichtungen sowie Leistungserbringer, die ohne Beteiligung der Kassenärztlichen Vereinigungen mit den Krankenkassen oder ihren Verbänden Verträge zu integrierten Versorgungsformen (§ 140 a) oder zur Versorgung nach § 73 b oder § 73 c abgeschlossen haben sowie Krankenhäuser, die gemäß § 116 b Abs. 2 an der ambulanten Behandlung teilnehmen, sind verpflichtet, die Angaben gemäß § 292 aufzuzeichnen und den Krankenkassen zu übermitteln.

(3) ¹Die Vertragsparteien der Verträge nach § 82 Abs. 1 und § 87 Abs. 1 vereinbaren als Bestandteil dieser Verträge das Nähere über
1. Form und Inhalt der Abrechnungsunterlagen für die vertragsärztlichen Leistungen,
2. Form und Inhalt der im Rahmen der vertragsärztlichen Versorgung erforderlichen Vordrucke,
3. die Erfüllung der Pflichten der Vertragsärzte nach Absatz 1,
4. die Erfüllung der Pflichten der Kassenärztlichen Vereinigungen nach Absatz 2, insbesondere auch Form, Frist und Umfang der Weiterleitung der Abrechnungsunterlagen an die Krankenkassen oder deren Verbände,
5. Einzelheiten der Datenübermittlung und der Aufbereitung von Abrechnungsunterlagen nach den §§ 296 und 297.

²Die Vertragsparteien nach Satz 1 vereinbaren erstmalig bis zum 30. Juni 2009 Richtlinien für die Vergabe und Dokumentation der Schlüssel nach Absatz 1 Satz 5 für die Abrechnung und Vergütung der vertragsärztlichen Leistungen (Kodierrichtlinien); § 87 Abs. 6 gilt entsprechend.

(4) ¹Die an der vertragsärztlichen Versorgung teilnehmenden Ärzte, Einrichtungen und medizinischen Versorgungszentren haben die für die Abrechnung der Leistungen notwendigen Angaben der Kassenärztlichen Vereinigung im Wege elektronischer Datenübertragung oder maschinell verwertbar auf Datenträgern zu übermitteln. ²Das Nähere regelt die Kassenärztliche Bundesvereinigung.

§ 296 Auffälligkeitsprüfungen

(1) ¹Für die arztbezogenen Prüfungen nach § 106 übermitteln die Kassenärztlichen Vereinigungen im Wege elektronischer Datenübertragung oder maschinell verwertbar auf Datenträgern den Prüfungsstellen nach § 106 Abs. 4a aus den Abrechnungsunterlagen der Vertragsärzte für jedes Quartal folgende Daten:
1. Arztnummer, einschließlich von Angaben nach § 293 Abs. 4 Satz 1 Nr. 2, 3, 6, 7 und 9 bis 14 und Angaben zu Schwerpunkt- und Zusatzbezeichnungen sowie zusätzlichen Abrechnungsgenehmigungen,
2. Kassennummer,
3. die abgerechneten Behandlungsfälle sowie deren Anzahl, getrennt nach Mitgliedern und Rentnern sowie deren Angehörigen,
4. die Überweisungsfälle sowie die Notarzt- und Vertreterfälle sowie deren Anzahl, jeweils in der Aufschlüsselung nach Nummer 3,
5. durchschnittliche Anzahl der Fälle der vergleichbaren Fachgruppe in der Gliederung nach den Nummern 3 und 4,
6. Häufigkeit der abgerechneten Gebührenposition unter Angabe des entsprechenden Fachgruppendurchschnitts,
7. in Überweisungsfällen die Arztnummer des überweisenden Arztes.

²Soweit zur Prüfung der Einhaltung der Richtlinien nach Maßgabe von § 106 Abs. 5b erforderlich, sind die Daten nach Satz 1 Nr. 3 jeweils unter Angabe der nach § 295 Abs. 1 Satz 2 verschlüsselten Diagnose zu übermitteln.

(2) ¹Für die arztbezogenen Prüfungen nach § 106 übermitteln die Krankenkassen im Wege elektronischer Datenübertragung oder maschinell verwertbar auf Datenträgern den Prüfungsstellen nach § 106 Abs. 4a über die von allen Vertragsärzten verordneten Leistungen (Arznei-, Verband-, Heil- und Hilfsmittel sowie Krankenhausbehandlungen) für jedes Quartal folgende Daten:
1. Arztnummer des verordnenden Arztes,
2. Kassennummer,
3. Art, Menge und Kosten verordneter Arznei-, Verband-, Heil- und Hilfsmittel, getrennt nach Mitgliedern und Rentnern sowie deren Angehörigen, oder in der nach § 84 Abs. 6 Satz 2 bestimmten Gliederung, bei Arzneimitteln einschließlich des Kennzeichens nach § 300 Abs. 3 Nr. 1,
4. Häufigkeit von Krankenhauseinweisungen sowie Dauer der Krankenhausbehandlung.

²Werden die Aufgreifkriterien nach § 106 Abs. 5a von einem Arzt überschritten, sind der Prüfungsstelle auch die Versichertennummern arztbezogen zu übermitteln.

(3) ¹Die Kassenärztliche Bundesvereinigung und der Spitzenverband Bund der Krankenkassen bestimmen im Vertrag nach § 295 Abs. 3 Nr. 5 Näheres über die nach Absatz 2 Nr. 3 anzugebenden Arten und Gruppen von Arznei-, Verband- und Heilmitteln. ²Sie können auch vereinbaren, dass jedes einzelne Mittel oder dessen Kennzeichen angegeben wird. ³Zu vereinbaren ist ferner Näheres zu den Fristen der Datenübermittlungen nach den Absätzen 1 und 2 sowie zu den Folgen der Nichteinhaltung dieser Fristen.

(4) Für die Prüfung nach § 106 Abs. 5a sind die an der vertragsärztlichen Versorgung teilnehmenden Ärzte verpflichtet und befugt, auf Verlangen der Prüfungsstelle nach § 106 Abs. 4a die für die Prüfung erforderlichen Befunde vorzulegen.

§ 297 Zufälligkeitsprüfungen

(1) Die Kassenärztlichen Vereinigungen übermitteln den Prüfungsstellen nach § 106 Abs. 4a für jedes Quartal eine Liste der Ärzte, die gemäß § 106 Abs. 3 in die Prüfung nach § 106 Abs. 2 Satz 1 Nr. 2 einbezogen werden.

(2) ¹Die Kassenärztlichen Vereinigungen übermitteln im Wege der elektronischen Datenübertragung oder maschinell verwertbar auf Datenträgern den Prüfungsstellen nach § 106 Abs. 4a aus den Abrechnungsunterlagen der in die Prüfung einbezogenen Vertragsärzte folgende Daten:

1. Arztnummer,
2. Kassennummer,
3. Krankenversichertennummer,
4. abgerechnete Gebührenpositionen je Behandlungsfall einschließlich des Tages der Behandlung, bei ärztlicher Behandlung mit der nach dem in § 295 Abs. 1 Satz 2 genannten Schlüssel verschlüsselten Diagnose, bei zahnärztlicher Behandlung mit Zahnbezug und Befunden, bei Überweisungen mit dem Auftrag des überweisenden Arztes.

²Die Daten sind jeweils für den Zeitraum eines Jahres zu übermitteln.

(3) ¹Die Krankenkassen übermitteln im Wege der elektronischen Datenübertragung oder maschinell verwertbar auf Datenträgern den Prüfungsstellen nach § 106 Abs. 4 a die Daten über die von den in die Prüfung nach § 106 Abs. 2 Satz 1 Nr. 2 einbezogenen Vertragsärzten verordneten Leistungen sowie die Feststellungen der Arbeitsunfähigkeit jeweils unter Angabe der Arztnummer, der Kassennummer und der Krankenversichertennummer. ²Die Daten über die verordneten Arzneimittel enthalten zusätzlich jeweils das Kennzeichen nach § 300 Abs. 3 Nr. 1. ³Die Daten über die Verordnungen von Krankenhausbehandlung enthalten zusätzlich jeweils die gemäß § 301 übermittelten Angaben über den Tag und den Grund der Aufnahme, die Einweisungsdiagnose, die Aufnahmediagnose, die Art der durchgeführten Operationen und sonstigen Prozeduren sowie die Dauer der Krankenhausbehandlung. ⁴Die Daten über die Feststellungen der Arbeitsunfähigkeit enthalten zusätzlich die gemäß § 295 Abs. 1 übermittelte Diagnose sowie die Dauer der Arbeitsunfähigkeit. ⁵Die Daten sind jeweils für den Zeitraum eines Jahres zu übermitteln.

(4) Daten über kassen- und vertragsärztliche Leistungen und Daten über verordnete Leistungen dürfen, soweit sie versichertenbezogen sind, auf maschinell verwertbaren Datenträgern nur zusammengeführt werden, soweit dies zur Durchführung der Prüfungen nach § 106 Abs. 2 Satz 1 Nr. 2 erforderlich ist.

§ 298 Übermittlung versichertenbezogener Daten

Im Rahmen eines Prüfverfahrens ist die versichertenbezogene Übermittlung von Angaben über ärztliche oder ärztlich verordnete Leistungen zulässig, soweit die Wirtschaftlichkeit oder Qualität der ärztlichen Behandlungs- oder Verordnungsweise im Einzelfall zu beurteilen ist.

§ 299 Datenerhebung, -verarbeitung und -nutzung für Zwecke der Qualitätssicherung

(1) ¹Werden für Zwecke der Qualitätssicherung nach § 135 a Abs. 2 oder § 136 Abs. 2 Sozialdaten von Versicherten erhoben, verarbeitet und genutzt, so haben die Richtlinien und Beschlüsse nach § 136 Abs. 2 Satz 2 und § 137 Abs. 1 Satz 1 und Absatz 3 des Gemeinsamen Bundesausschusses sowie die Vereinbarungen nach § 137 d sicherzustellen, dass
1. in der Regel die Datenerhebung auf eine Stichprobe der betroffenen Patienten begrenzt wird und die versichertenbezogenen Daten pseudonymisiert werden,
2. die Auswertung der Daten, soweit sie nicht im Rahmen der Qualitätsprüfungen durch die Kassenärztlichen Vereinigungen erfolgt, von einer unabhängigen Stelle vorgenommen wird und
3. eine qualifizierte Information der betroffenen Patienten in geeigneter Weise stattfindet.

²Abweichend von Satz 1 Nr. 1 können die Richtlinien, Beschlüsse und Vereinbarungen auch eine Vollerhebung der Daten aller betroffenen Patienten vorsehen, sofern dieses aus gewichtigen medizinisch fachlichen oder gewichtigen methodischen Gründen, die als Bestandteil der Richtlinien, Beschlüsse und Vereinbarungen dargelegt werden müssen, erforderlich ist. ³Die zu erhebenden Daten sowie Auswahl, Umfang und Verfahren der Stichprobe sind in den Richtlinien und Beschlüssen sowie den Vereinbarungen nach Satz 1 festzulegen und von den an der vertragsärztlichen Versorgung teilnehmenden Ärzten und den übrigen Leistungserbringern zu erheben und zu übermitteln. ⁴Es ist auszuschließen, dass die Krankenkassen, Kassenärztlichen Vereinigungen oder deren jeweilige Verbände Kenntnis von Daten erlangen, die über den Umfang der ihnen nach den §§ 295, 300, 301, 301 a und 302 zu übermittelnden Daten hinaus geht.

(2) ¹Das Verfahren zur Pseudonymisierung der Daten wird durch die an der vertragsärztlichen Versorgung teilnehmenden Ärzte und übrigen Leistungserbringer angewendet. ²Es ist in den Richtlinien und Beschlüssen sowie den Vereinbarungen nach Absatz 1 Satz 1 unter Berücksichtigung der Empfehlungen des Bundesamtes für Sicherheit in der

Informationstechnik festzulegen. ³Abweichend von Satz 1 hat die Pseudonymisierung bei einer Vollerhebung nach Absatz 1 Satz 2 durch eine von den Krankenkassen, Kassenärztlichen Vereinigungen oder deren jeweiligen Verbänden räumlich organisatorisch und personell getrennten Vertrauensstelle zu erfolgen.

(3) ¹Zur Auswertung der für Zwecke der Qualitätssicherung nach § 135 a Abs. 2 erhobenen Daten bestimmen in den Fällen des § 137 Abs. 1 Satz 1 und Abs. 3 der Gemeinsame Bundesausschuss und im Falle des § 137d die Vereinbarungspartner eine unabhängige Stelle. ²Diese darf Auswertungen nur für Qualitätssicherungsverfahren mit zuvor in den Richtlinien, Beschlüssen oder Vereinbarungen festgelegten Auswertungszielen durchführen. ³Daten, die für Zwecke der Qualitätssicherung nach § 135 a Abs. 2 für ein Qualitätssicherungsverfahren verarbeitet werden, dürfen nicht mit für andere Zwecke als die Qualitätssicherung erhobenen Datenbeständen zusammengeführt und ausgewertet werden.

§ 300 Arzneimittelabrechnung

(1) Die Apotheken und weitere Anbieter von Arzneimitteln sind verpflichtet, unabhängig von der Höhe der Zuzahlung (oder dem Eigenanteil),
1. bei Abgabe von Fertigarzneimitteln für Versicherte das nach Absatz 3 Nr. 1 zu verwendende Kennzeichen maschinenlesbar auf das für die vertragsärztliche Versorgung verbindliche Verordnungsblatt oder in den elektronischen Verordnungsdatensatz zu übertragen,
2. die Verordnungsblätter oder die elektronischen Verordnungsdatensätze an die Krankenkassen weiterzuleiten und diesen die nach Maßgabe der nach Absatz 3 Nr. 2 getroffenen Vereinbarungen erforderlichen Abrechnungsdaten zu übermitteln.

(2) ¹Die Apotheken und weitere Anbieter von Arzneimitteln können zur Erfüllung ihrer Verpflichtungen nach Absatz 1 Rechenzentren in Anspruch nehmen. ²Die Rechenzentren dürfen die Daten für im Sozialgesetzbuch bestimmte Zwecke und ab dem 1. Januar 2003 nur in einer auf diese Zwecke ausgerichteten Weise verarbeiten und nutzen, soweit sie dazu von einer berechtigten Stelle beauftragt worden sind; anonymisierte Daten dürfen auch für andere Zwecke verarbeitet und genutzt werden. ³Die Rechenzentren übermitteln die Daten nach Absatz 1 auf Anforderung den Kassenärztlichen Vereinigungen, soweit diese Daten zur Erfüllung ihrer Aufgaben nach § 73 Abs. 8, den §§ 84 und 305 a erforderlich sind, sowie dem Bundesministerium für Gesundheit oder einer von ihm benannten Stelle im Wege elektronischer Datenübertragung oder maschinell verwertbar auf Datenträgern. ⁴Dem Bundesministerium für Gesundheit oder der von ihm benannten Stelle sind die Daten nicht arzt- und nicht versichertenbezogen zu übermitteln. ⁵Vor der Verarbeitung der Daten durch die Kassenärztlichen Vereinigungen ist der Versichertenbezug durch eine von der jeweiligen Kassenärztlichen Vereinigung räumlich, organisatorisch und personell getrennten Stelle zu pseudonymisieren. ⁶Die Rechenzentren übermitteln die erforderlichen Abrechnungsdaten auf Anforderung unverzüglich an den Prüfungsausschuss für die Feststellung von Über- und Unterschreitungen von Durchschnittskosten je definierter Dosiereinheit nach § 84 Abs. 7a arztbezogen, nicht versichertenbezogen.

(3) ¹Der Spitzenverband Bund der Krankenkassen und die für die Wahrnehmung der wirtschaftlichen Interessen gebildete maßgebliche Spitzenorganisation der Apotheker regeln in einer Arzneimittelabrechnungsvereinbarung das Nähere insbesondere über
1. die Verwendung eines bundeseinheitlichen Kennzeichens für das verordnete Fertigarzneimittel als Schlüssel zu Handelsname, Hersteller, Darreichungsform, Wirkstoffstärke und Packungsgröße des Arzneimittels,
2. die Einzelheiten der Übertragung des Kennzeichens und der Abrechnung, die Voraussetzungen und Einzelheiten der Übermittlung der Abrechnungsdaten im Wege elektronischer Datenübertragung oder maschinell verwertbar auf Datenträgern sowie die Weiterleitung der Verordnungsblätter an die Krankenkassen, spätestens zum 1. Januar 2006 auch die Übermittlung des elektronischen Verordnungsdatensatzes,
3. die Übermittlung des Apothekenverzeichnisses nach § 293 Abs. 5.

²Bei der nach Absatz 1 Satz 1 Nummer 2 genannten Datenübermittlung sind das bundeseinheitliche Kennzeichen der Fertigarzneimittel in parenteralen Zubereitungen sowie die enthaltenen Mengeneinheiten von Fertigarzneimitteln zu übermitteln. ³Satz 2 gilt auch für Fertigarzneimittel, aus denen wirtschaftliche Einzelmengen nach § 129 Absatz 1 Satz 1 Nummer 3 abgegeben werden. ⁴Für Fertigarzneimittel in parenteralen Zubereitungen sind zusätzlich die mit dem pharmazeutischen Unternehmer vereinbarten Preise ohne Mehrwertsteuer zu übermitteln. ⁵Besteht eine parenterale Zubereitung aus mehr als drei Fertigarzneimitteln, können die Vertragsparteien nach Satz 1 vereinbaren, Angaben

für Fertigarzneimittel von der Übermittlung nach den Sätzen 1 und 2 auszunehmen, wenn eine Übermittlung unverhältnismäßig aufwändig wäre.

(4) Kommt eine Vereinbarung nach Absatz 3 nicht oder nicht innerhalb einer vom Bundesministerium für Gesundheit gesetzten Frist zustande, wird ihr Inhalt durch die Schiedsstelle nach § 129 Abs. 8 festgesetzt.

§ 301 Krankenhäuser

(1) ¹Die nach § 108 zugelassenen Krankenhäuser sind verpflichtet, den Krankenkassen bei Krankenhausbehandlung folgende Angaben im Wege elektronischer Datenübertragung oder maschinell verwertbar auf Datenträgern zu übermitteln:

1. die Angaben nach § 291 Abs. 2 Nr. 1 bis 10 sowie das krankenhausinterne Kennzeichen des Versicherten,
2. das Institutionskennzeichen des Krankenhauses und der Krankenkasse,
3. den Tag, die Uhrzeit und den Grund der Aufnahme sowie die Einweisungsdiagnose, die Aufnahmediagnose, bei einer Änderung der Aufnahmediagnose die nachfolgenden Diagnosen, die voraussichtliche Dauer der Krankenhausbehandlung sowie, falls diese überschritten wird, auf Verlangen der Krankenkasse die medizinische Begründung, bei Kleinkindern bis zu einem Jahr das Aufnahmegewicht,
4. bei ärztlicher Verordnung von Krankenhausbehandlung die Arztnummer des einweisenden Arztes, bei Verlegung das Institutionskennzeichen des veranlassenden Krankenhauses, bei Notfallaufnahme die die Aufnahme veranlassende Stelle,
5. die Bezeichnung der aufnehmenden Fachabteilung, bei Verlegung die der weiterbehandelnden Fachabteilungen,
6. Datum und Art der im jeweiligen Krankenhaus durchgeführten Operationen und sonstigen Prozeduren,
7. den Tag, die Uhrzeit und den Grund der Entlassung oder der Verlegung, bei externer Verlegung das Institutionskennzeichen der aufnehmenden Institution, bei Entlassung oder Verlegung die für die Krankenhausbehandlung maßgebliche Hauptdiagnose und die Nebendiagnosen,
8. Angaben über die im jeweiligen Krankenhaus durchgeführten Leistungen zur medizinischen Rehabilitation und ergänzende Leistungen sowie Aussagen zur Arbeitsfähigkeit und Vorschläge für die Art der weiteren Behandlung mit Angabe geeigneter Einrichtungen,
9. die nach den §§ 115a und 115b sowie nach dem Krankenhausentgeltgesetz und der Bundespflegesatzverordnung berechneten Entgelte.

²Die Übermittlung der medizinischen Begründung von Verlängerungen der Verweildauer nach Satz 1 Nr. 3 sowie der Angaben nach Satz 1 Nr. 8 ist auch in nicht maschinenlesbarer Form zulässig.

(2) ¹Die Diagnosen nach Absatz 1 Satz 1 Nr. 3 und 7 sind nach der Internationalen Klassifikation der Krankheiten in der jeweiligen vom Deutschen Institut für medizinische Dokumentation und Information im Auftrag des Bundesministeriums für Gesundheit herausgegebenen deutschen Fassung zu verschlüsseln. ²Die Operationen und sonstigen Prozeduren nach Absatz 1 Satz 1 Nr. 6 sind nach dem vom Deutschen Institut für medizinische Dokumentation und Information im Auftrag des Bundesministeriums für Gesundheit herausgegebenen Schlüssel zu verschlüsseln; der Schlüssel hat die sonstigen Prozeduren zu umfassen, die nach § 17b des Krankenhausfinanzierungsgesetzes abgerechnet werden können. ³Das Bundesministerium für Gesundheit gibt den Zeitpunkt der Inkraftsetzung der jeweiligen Fassung des Diagnosenschlüssels nach Satz 1 sowie des Prozedurenschlüssels nach Satz 2 im Bundesanzeiger bekannt; es kann das Deutsche Institut für medizinische Dokumentation und Information beauftragen, den in Satz 1 genannten Schlüssel um Zusatzkennzeichen zur Gewährleistung der für die Erfüllung der Aufgaben der Krankenkassen notwendigen Aussagefähigkeit des Schlüssels zu ergänzen.

(3) Das Nähere über Form und Inhalt der erforderlichen Vordrucke, die Zeitabstände für die Übermittlung der Angaben nach Absatz 1 und das Verfahren der Abrechnung im Wege elektronischer Datenübertragung oder maschinell verwertbar auf Datenträgern vereinbart der Spitzenverband Bund der Krankenkassen mit der Deutschen Krankenhausgesellschaft oder den Bundesverbänden der Krankenhausträger gemeinsam.

(4) ¹ Vorsorge- oder Rehabilitationseinrichtungen, für die ein Versorgungsvertrag nach § 111 besteht, sind verpflichtet, den Krankenkassen bei stationärer Behandlung folgende Angaben im Wege elektronischer Datenübertragung oder maschinell verwertbar auf Datenträgern zu übermitteln:

SGB V – Gesetzliche Krankenversicherung   SGB V 50

1. die Angaben nach § 291 Abs. 2 Nr. 1 bis 10 sowie das interne Kennzeichen der Einrichtung für den Versicherten,
2. das Institutionskennzeichen der Vorsorge- oder Rehabilitationseinrichtung und der Krankenkasse,
3. den Tag der Aufnahme, die Einweisungsdiagnose, die Aufnahmediagnose, die voraussichtliche Dauer der Behandlung sowie, falls diese überschritten wird, auf Verlangen der Krankenkasse die medizinische Begründung,
4. bei ärztlicher Verordnung von Vorsorge- oder Rehabilitationsmaßnahmen die Arztnummer des einweisenden Arztes,
5. den Tag, die Uhrzeit und den Grund der Entlassung oder der externen Verlegung sowie die Entlassungs- oder Verlegungsdiagnose; bei externer Verlegung das Institutionskennzeichen der aufnehmenden Institution,
6. Angaben über die durchgeführten Vorsorge- und Rehabilitationsmaßnahmen sowie Vorschläge für die Art der weiteren Behandlung mit Angabe geeigneter Einrichtungen,
7. die berechneten Entgelte.

²Die Übermittlung der medizinischen Begründung von Verlängerungen der Verweildauer nach Satz 1 Nr. 3 sowie Angaben nach Satz 1 Nr. 6 ist auch in nicht maschinenlesbarer Form zulässig. ³Für die Angabe der Diagnosen nach Satz 1 Nr. 3 und 5 gilt Absatz 2 entsprechend. ⁴Absatz 3 gilt entsprechend.

(5) ¹Die ermächtigten Krankenhausärzte sind verpflichtet, dem Krankenhausträger im Rahmen des Verfahrens nach § 120 Abs. 1 Satz 3 die für die Abrechnung der vertragsärztlichen Leistungen erforderlichen Unterlagen zu übermitteln; § 295 gilt entsprechend. ²Der Krankenhausträger hat den Kassenärztlichen Vereinigungen die Abrechnungsunterlagen zum Zweck der Abrechnung vorzulegen. ³Die Sätze 1 und 2 gelten für die Abrechnung wahlärztlicher Leistungen entsprechend.

§ 301a Abrechnung der Hebammen und Entbindungspfleger

(1) ¹Freiberuflich tätige Hebammen und Entbindungspfleger sind verpflichtet, den Krankenkassen folgende Angaben im Wege elektronischer Datenübertragung oder maschinell verwertbar auf Datenträgern zu übermitteln:
1. die Angaben nach § 291 Abs. 2 Satz 1 Nr. 1 bis 3, 5 bis 7 sowie 9 und 10,
2. die erbrachten Leistungen mit dem Tag der Leistungserbringung,
3. die Zeit und die Dauer der erbrachten Leistungen, soweit dies für die Höhe der Vergütung von Bedeutung ist,
4. bei der Abrechnung von Wegegeld Datum, Zeit und Ort der Leistungserbringung sowie die zurückgelegte Entfernung,
5. bei der Abrechnung von Auslagen die Art der Auslage und, soweit Auslagen für Arzneimittel abgerechnet werden, eine Auflistung der einzelnen Arzneimittel,
6. das Kennzeichen nach § 293; rechnet die Hebamme ihre oder der Entbindungspfleger seine Leistungen über eine zentrale Stelle ab, so ist in der Abrechnung neben dem Kennzeichen der abrechnenden Stelle das Kennzeichen der Hebamme oder des Entbindungspflegers anzugeben.

²Ist eine ärztliche Anordnung für die Abrechnung der Leistung vorgeschrieben, ist diese der Rechnung beizufügen.

(2) § 302 Abs. 2 Satz 1 bis 3 und Abs. 3 gilt entsprechend.

§ 302 Abrechnung der sonstigen Leistungserbringer

(1) Die Leistungserbringer im Bereich der Heil- und Hilfsmittel und die weiteren Leistungserbringer sind verpflichtet, den Krankenkassen im Wege elektronischer Datenübertragung oder maschinell verwertbar auf Datenträgern die von ihnen erbrachten Leistungen nach Art, Menge und Preis zu bezeichnen und den Tag der Leistungserbringung sowie die Arztnummer des verordnenden Arztes, die Verordnung des Arztes mit der Diagnose und den erforderlichen Angaben über den Befund und die Angaben nach § 291 Abs. 2 Nr. 1 bis 10 anzugeben; bei der Abrechnung über die Abgabe von Hilfsmitteln sind dabei die Bezeichnungen des Hilfsmittelverzeichnisses nach § 139 zu verwenden.

(2) ¹Das Nähere über Form und Inhalt des Abrechnungsverfahrens bestimmt der Spitzenverband Bund der Krankenkassen in Richtlinien, die in den Leistungs- oder Lieferverträgen zu beachten sind. ²Die Leistungserbringer nach Absatz 1 können zur Erfüllung ihrer Verpflichtungen Rechenzentren in Anspruch nehmen. ³Die Rechenzentren dürfen die Daten für im Sozialgesetzbuch bestimmte Zwecke und nur in einer auf diese Zwecke

ausgerichteten Weise verarbeiten und nutzen, soweit sie dazu von einer berechtigten Stelle beauftragt worden sind; anonymisierte Daten dürfen auch für andere Zwecke verarbeitet und genutzt werden. [4]Die Rechenzentren dürfen die Daten nach Absatz 1 den Kassenärztlichen Vereinigungen übermitteln, soweit diese Daten zur Erfüllung ihrer Aufgaben nach § 73 Abs. 8, § 84 und § 305 a erforderlich sind.

(3) Die Richtlinien haben auch die Voraussetzungen und das Verfahren bei Teilnahme an einer Abrechnung im Wege elektronischer Datenübertragung oder maschinell verwertbar auf Datenträgern zu regeln.

§ 303 Ergänzende Regelungen

(1) Die Landesverbände der Krankenkassen und die Verbände der Ersatzkassen können mit den Leistungserbringern oder ihren Verbänden vereinbaren, daß
1. der Umfang der zu übermittelnden Abrechnungsbelege eingeschränkt,
2. bei der Abrechnung von Leistungen von einzelnen Angaben ganz oder teilweise abgesehen

wird, wenn dadurch eine ordnungsgemäße Abrechnung und die Erfüllung der gesetzlichen Aufgaben der Krankenkassen nicht gefährdet werden.

(2) [1]Die Krankenkassen können zur Vorbereitung und Kontrolle der Umsetzung der Vereinbarungen nach § 84, zur Vorbereitung der Prüfungen nach den § 112 Abs. 2 Satz 1 Nr. 2 und § 113, zur Vorbereitung der Unterrichtung der Versicherten nach § 305 sowie zur Vorbereitung und Umsetzung der Beratung der Vertragsärzte nach § 305 a Arbeitsgemeinschaften nach § 219 mit der Speicherung, Verarbeitung und Nutzung der dafür erforderlichen Daten beauftragen. [2]Die den Arbeitsgemeinschaften übermittelten versichertenbezogenen Daten sind vor der Übermittlung zu anonymisieren. [3]Die Identifikation des Versicherten durch die Krankenkasse ist dabei zu ermöglichen; sie ist zulässig, soweit sie für die in Satz 1 genannten Zwecke erforderlich ist. [4]§ 286 gilt entsprechend.

(3) [1]Werden die den Krankenkassen nach § 291 Abs. 2 Nr. 1 bis 10, § 295 Abs. 1 und 2, § 300 Abs. 1, § 301 Abs. 1, § 301 a und 302 Abs. 1 zu übermittelnden Daten nicht im Wege elektronischer Datenübertragung oder maschinell verwertbar auf Datenträgern übermittelt, haben die Krankenkassen die Daten nachzuerfassen. [2]Erfolgt die nicht maschinell verwertbare Datenübermittlung aus Gründen, die der Leistungserbringer zu vertreten hat, haben die Krankenkassen die mit der Nacherfassung verbundenen Kosten den betroffenen Leistungserbringern durch eine pauschale Rechnungskürzung in Höhe von bis zu 5 vom Hundert des Rechnungsbetrages in Rechnung zu stellen. [3]Für die Angabe der Diagnosen nach § 295 Abs. 1 gilt Satz 1 ab dem Zeitpunkt der Inkraftsetzung der überarbeiteten Zehnten Fassung des Schlüssels gemäß § 295 Abs. 1 Satz 3.

Zweiter Titel. Datentransparenz

§ 303 a Arbeitsgemeinschaft für Aufgaben der Datentransparenz

(1) [1]Der Spitzenverband Bund der Krankenkassen und die Kassenärztliche Bundesvereinigung bilden eine Arbeitsgemeinschaft für Aufgaben der Datentransparenz. [2]Sofern die Arbeitsgemeinschaft nicht bis zum 30. Juni 2004 gebildet wird, kann das Bundesministerium für Gesundheit durch Rechtsverordnung ohne Zustimmung des Bundesrates die Arbeitsgemeinschaft bilden.

(2) Die Arbeitsgemeinschaft für Aufgaben der Datentransparenz hat die Erfüllung der Aufgaben einer Vertrauensstelle (§ 303 c) und einer Datenaufbereitungsstelle (§ 303 d) zu gewährleisten.

(3) [1]Die Arbeitsgemeinschaft für Aufgaben der Datentransparenz hat Anforderungen für einheitliche und sektorenübergreifende Datendefinitionen für den Datenaustausch in der gesetzlichen Krankenversicherung zu erarbeiten. [2]Die Arbeitsgemeinschaft legt dem Bundesministerium für Gesundheit bis zum 31. Dezember 2006 einen Bericht vor. [3]Den auf Bundesebene maßgeblichen Spitzenorganisationen der Leistungserbringer ist Gelegenheit zur Stellungnahme zu geben, soweit ihre Belange berührt sind. [4]Die Stellungnahmen sind in den Bericht einzubeziehen.

§ 303 b Beirat

[1]Bei der Arbeitsgemeinschaft für Aufgaben der Datentransparenz wird für die Aufgaben nach den §§ 303 e und 303 f ein Beirat aus Vertretern der Arbeitsgemeinschaft, der Deut-

schen Krankenhausgesellschaft, der für die Wahrnehmung der wirtschaftlichen Interessen gebildeten maßgeblichen Spitzenorganisationen der Leistungserbringer auf Bundesebene, des Bundesbeauftragten für den Datenschutz, der oder des Beauftragten der Bundesregierung für die Belange der Patientinnen und Patienten sowie die für die Wahrnehmung der Interessen der Patientinnen und Patienten und der Selbsthilfe chronisch Kranker und behinderter Menschen maßgeblichen Organisationen auf Bundesebene und der für die gesetzliche Krankenversicherung zuständigen obersten Bundes- und Landesbehörden gebildet. ²Das Nähere zum Verfahren regeln die Mitglieder des Beirates.

§ 303 c Vertrauensstelle

(1) ¹Die Vertrauensstelle hat den Versicherten- und Leistungserbringerbezug der ihr von den Krankenkassen und den Kassenärztlichen Vereinigungen nach § 303 e Abs. 2 übermittelten Leistungs- und Abrechnungsdaten durch Anwendung eines Verfahrens nach Absatz 2 zu pseudonymisieren. ²Es ist auszuschließen, dass Versicherte oder Leistungserbringer durch die Verarbeitung und Nutzung der Daten bei der Vertrauensstelle, der Datenaufbereitungsstelle oder den nutzungsberechtigten Stellen nach § 303 f Abs. 1 wieder identifiziert werden können.

(2) ¹Das von der Vertrauensstelle einheitlich anzuwendende Verfahren der Pseudonymisierung ist von der Arbeitsgemeinschaft nach § 303 a Abs. 1 im Einvernehmen mit dem Bundesamt für Sicherheit in der Informationstechnik zu bestimmen. ²Das Pseudonym ist so zu gestalten, dass für alle Leistungsbereiche ein bundesweit eindeutiger periodenübergreifender Bezug der Abrechnungs- und Leistungsdaten zu dem Versicherten, der Leistungen in Anspruch genommen hat, und zu dem Leistungserbringer, der Leistungen erbracht und verordnet hat, hergestellt werden kann; ferner hat das Pseudonym für den Versicherten Angaben zum Geburtsjahr, Geschlecht, Versichertenstatus sowie die ersten beiden Ziffern der Postleitzahl und für den Leistungserbringer Angaben zur Art des Leistungserbringers, Spezialisierung sowie die ersten beiden Ziffern der Postleitzahl zu enthalten. ³Eine Identifikation des Versicherten und des Leistungserbringers durch diese Angaben ist auszuschließen. ⁴Unmittelbar nach Erhebung der Daten durch die Vertrauensstelle sind die zu pseudonymisierenden personenbezogenen Daten von den Leistungs- und Abrechnungsdaten zu trennen. ⁵Die erzeugten Pseudonyme sind mit den entsprechenden Leistungs- und Abrechnungsdaten wieder zusammenzuführen und der Datenaufbereitungsstelle zu übermitteln. ⁶Nach der Übermittlung der pseudonymisierten Daten an die Datenaufbereitungsstelle sind die Daten bei der Vertrauensstelle zu löschen.

(3) ¹Die Vertrauensstelle ist räumlich, organisatorisch und personell von den Trägern der Arbeitsgemeinschaft für Datentransparenz und ihren Mitgliedern sowie von den nutzungsberechtigten Stellen nach § 303 f Abs. 1 zu trennen. ²Die Vertrauensstelle gilt als öffentliche Stelle und unterliegt dem Sozialgeheimnis nach § 35 des Ersten Buches. ³Sie untersteht der Rechtsaufsicht des Bundesministeriums für Gesundheit. ⁴§ 274 Abs. 1 Satz 2 gilt entsprechend.

§ 303 d Datenaufbereitungsstelle

(1) ¹Die Datenaufbereitungsstelle hat die ihr von der Vertrauensstelle übermittelten Daten zur Erstellung von Datengrundlagen für die in § 303 f Abs. 2 genannten Zwecke aufzubereiten und den in § 303 f Abs. 1 genannten Nutzungsberechtigten zur Verfügung zu stellen. ²Die Daten sind zu löschen, sobald sie für die Erfüllung der Aufgaben der Datenaufbereitungsstelle nicht mehr erforderlich sind.

(2) ¹Die Datenaufbereitungsstelle ist räumlich, organisatorisch und personell von den Trägern der Arbeitsgemeinschaft für Datentransparenz und ihren Mitgliedern sowie von den nutzungsberechtigten Stellen nach § 303 f Abs. 1 zu trennen. ²Die Datenaufbereitungsstelle gilt als öffentliche Stelle und unterliegt dem Sozialgeheimnis nach § 35 des Ersten Buches. ³Sie untersteht der Rechtsaufsicht des Bundesministeriums für Gesundheit. ⁴§ 274 Abs. 1 Satz 2 gilt entsprechend.

§ 303 e Datenübermittlung und -erhebung

(1) ¹Die Arbeitsgemeinschaft für Aufgaben der Datentransparenz hat im Benehmen mit dem Beirat bis zum 31. Dezember 2004 Richtlinien über die Auswahl der Daten, die zur Erfüllung der Zwecke nach § 303 f Abs. 2 erforderlich sind, die Struktur, die Prüfqualität und das Verfahren der Übermittlung der Abrechnungs- und Leistungsdaten an die Vertrauensstelle zu beschließen. ²Der Umfang der zu erhebenden Daten (Vollerhebung oder

Stichprobe) hat die Erfüllung der Zwecke nach Satz 1 zu gewährleisten; es ist zu prüfen, ob die Erhebung einer Stichprobe ausreichend ist. ³Die Richtlinien sind dem Bundesministerium für Gesundheit vorzulegen. ⁴Das Bundesministerium für Gesundheit kann sie innerhalb von zwei Monaten beanstanden. ⁵Kommen die Richtlinien nicht innerhalb der Frist nach Satz 1 zu Stande oder werden die Beanstandungen nicht innerhalb einer vom Bundesministerium für Gesundheit gesetzten Frist behoben, erlässt das Bundesministerium für Gesundheit die Richtlinien zur Erhebung der Daten.

(2) ¹Die Krankenkassen und die Mitglieder der Kassenärztlichen Bundesvereinigung sind verpflichtet, für die Erfüllung der Zwecke nach § 303 f Abs. 2 Satz 2 Leistungs- und Abrechnungsdaten entsprechend der Richtlinien nach Absatz 1 an die Vertrauensstelle zu übermitteln. ²Die Übermittlung der Daten hat unverzüglich nach der Prüfung der Daten durch die Krankenkassen und die Mitglieder der Kassenärztlichen Bundesvereinigung, spätestens jedoch zwölf Monate nach Übermittlung durch den Leistungserbringer zu erfolgen.

(3) Werden die Daten für eine Region nicht fristgerecht übermittelt, sind die jeweiligen Krankenkassen und ihre Landes- und Bundesverbände, die jeweiligen Mitglieder der Kassenärztlichen Bundesvereinigung und die Kassenärztliche Bundesvereinigung von der Berechtigung, den Gesamtdatenbestand dieser Region bei der Datenaufbereitungsstelle zu verarbeiten und nutzen, ausgeschlossen.

(4) Der Beirat unterrichtet bis zum 31. Dezember 2006 das Bundesministerium für Gesundheit über die Erfahrungen der Datenerhebung nach den Absätzen 1 bis 3.

§ 303 f Datenverarbeitung und -nutzung

(1) Die bei der Datenaufbereitungsstelle gespeicherten Daten können von dem Spitzenverband Bund der Krankenkassen, den Bundes- und Landesverbänden der Krankenkassen, den Krankenkassen, der Kassenärztlichen Bundesvereinigung und ihren Mitgliedern, den für die Wahrnehmung der wirtschaftlichen Interessen gebildeten maßgeblichen Spitzenorganisationen der Leistungserbringer auf Bundesebene, Institutionen der Gesundheitsberichterstattung des Bundes und der Länder, Institutionen der Gesundheitsversorgungsforschung, Hochschulen und sonstigen Einrichtungen mit der Aufgabe unabhängiger wissenschaftlicher Forschung, sofern die Daten wissenschaftlichen Vorhaben dienen, dem Institut für Qualität und Wirtschaftlichkeit im Gesundheitswesen sowie von den für die gesetzliche Krankenversicherung zuständigen obersten Bundes- und Landesbehörden sowie deren jeweiligen nachgeordneten Bereichen verarbeitet und genutzt werden, soweit sie für die Erfüllung ihrer Aufgaben erforderlich sind.

(2) ¹Die Nutzungsberechtigten können die Daten insbesondere für folgende Zwecke verarbeiten und nutzen:
1. Wahrnehmung von Steuerungsaufgaben durch die Kollektivvertragspartner,
2. Verbesserung der Qualität der Versorgung,
3. Planung von Leistungsressourcen (Krankenhausplanung etc.),
4. Längsschnittanalysen über längere Zeiträume, Analysen von Behandlungsabläufen, des Versorgungsgeschehens zum Erkennen von Fehlentwicklungen und Ansatzpunkten für Reformen (Über-, Unter- und Fehlversorgung),
5. Unterstützung politischer Entscheidungsprozesse zur Weiterentwicklung der gesetzlichen Krankenversicherung,
6. Analyse und Entwicklung von sektorübergreifenden Versorgungsformen.

²Die Arbeitsgemeinschaft für Aufgaben der Datentransparenz erstellt bis zum 31. Dezember 2004 im Benehmen mit dem Beirat einen Katalog, der die Zwecke festlegt, für welche die bei der Datenaufbereitungsstelle gespeicherten Daten verarbeitet und genutzt werden dürfen, sowie die Erhebung und das Verfahren zur Berechnung von Nutzungsgebühren regelt. ³Der Katalog ist dem Bundesministerium für Gesundheit vorzulegen. ⁴Das Bundesministerium für Gesundheit kann ihn innerhalb von zwei Monaten beanstanden. ⁵Kommt der Katalog nicht innerhalb der Frist nach Satz 2 zu Stande oder werden die Beanstandungen nicht innerhalb einer vom Bundesministerium für Gesundheit gesetzten Frist behoben, erlässt das Bundesministerium für Gesundheit im Benehmen mit den Ländern den Katalog.

(3) ¹Die Datenaufbereitungsstelle hat bei Anfragen der nach Absatz 1 berechtigten Stellen zu prüfen, ob der Zweck zur Verarbeitung und Nutzung der Daten dem Katalog nach Absatz 2 entspricht, und ob der Umfang und die Struktur der Daten für diesen Zweck ausreichend und erforderlich sind. ²Die Prüfung nach Satz 1 entfällt, sofern datenliefernde Stellen nach § 303 e Abs. 2 die von ihnen bereitgestellten Daten nutzen wollen oder die Nutzung durch ihre Verbände gestattet haben.

Dritter Abschnitt. Datenlöschung, Auskunftspflicht

§ 304 Aufbewahrung von Daten bei Krankenkassen, Kassenärztlichen Vereinigungen und Geschäftsstellen der Prüfungsausschüsse

(1) ¹Für das Löschen der für Aufgaben der gesetzlichen Krankenversicherung bei Krankenkassen, Kassenärztlichen Vereinigungen und Geschäftsstellen der Prüfungsausschüsse gespeicherten Sozialdaten gilt § 84 Abs. 2 des Zehnten Buches entsprechend mit der Maßgabe, daß
1. die Daten nach § 292 spätestens nach zehn Jahren,
2. Daten nach § 295 Abs. 1a, 1b und 2 sowie Daten, die für die Prüfungsausschüsse und ihre Geschäftsstellen für die Prüfungen nach § 106 erforderlich sind, spätestens nach vier Jahren und Daten, die auf Grund der nach § 266 Abs. 7 Satz 1 erlassenen Rechtsverordnung für die Durchführung des Risikostrukturausgleichs (§§ 266, 267) oder des Risikopools (§ 269) erforderlich sind, spätestens nach den in der Rechtsverordnung genannten Fristen

zu löschen sind. ²Die Aufbewahrungsfristen beginnen mit dem Ende des Geschäftsjahres, in dem die Leistungen gewährt oder abgerechnet wurden. ³Die Krankenkassen können für Zwecke der Krankenversicherung Leistungsdaten länger aufbewahren, wenn sichergestellt ist, daß ein Bezug zum Arzt und Versicherten nicht mehr herstellbar ist.

(2) Im Falle des Wechsels der Krankenkasse ist die bisher zuständige Krankenkasse verpflichtet, die für die Fortführung der Versicherung erforderlichen Angaben nach den §§ 288 und 292 auf Verlangen der neuen Krankenkasse mitzuteilen.

(3) Für die Aufbewahrung der Kranken- und sonstigen Berechtigungsscheine für die Inanspruchnahme von Leistungen einschließlich der Verordnungsblätter für Arznei-, Verband-, Heil- und Hilfsmittel gilt § 84 Abs. 2 und 6 des Zehnten Buches.

§ 305 Auskünfte an Versicherte

(1) ¹Die Krankenkassen unterrichten die Versicherten auf deren Antrag über die im jeweils letzten Geschäftsjahr in Anspruch genommenen Leistungen und deren Kosten. ²Die Kassenärztlichen und die Kassenzahnärztlichen Vereinigungen übermitteln den Krankenkassen in den Fällen des Satzes 1 die Angaben über die von den Versicherten in Anspruch genommenen ärztlichen und zahnärztlichen Leistungen und deren Kosten für jeden Versicherten gesondert in einer Form, die eine Kenntnisnahme durch die Krankenkassen ausschließt. ³Die Krankenkassen leiten die Angaben an den Versicherten weiter. ⁴Eine Mitteilung an die Leistungserbringer über die Unterrichtung des Versicherten ist nicht zulässig. ⁵Die Krankenkassen können in ihrer Satzung das Nähere über das Verfahren der Unterrichtung regeln.

(2) ¹Die an der vertragsärztlichen Versorgung teilnehmenden Ärzte, Einrichtungen und medizinischen Versorgungszentren haben die Versicherten auf Verlangen schriftlich in verständlicher Form, direkt im Anschluss an die Behandlung oder mindestens quartalsweise spätestens vier Wochen nach Ablauf des Quartals, in dem die Leistungen in Anspruch genommen worden sind, über die zu Lasten der Krankenkassen erbrachten Leistungen und deren vorläufige Kosten (Patientenquittung) zu unterrichten. ²Satz 1 gilt auch für die vertragszahnärztliche Versorgung. ³Der Versicherte erstattet für eine quartalsweise schriftliche Unterrichtung nach Satz 1 eine Aufwandspauschale in Höhe von 1 Euro zuzüglich Versandkosten. ⁴Das Nähere regelt die Kassenärztliche Bundesvereinigung. ⁵Die Krankenhäuser unterrichten die Versicherten auf Verlangen schriftlich in verständlicher Form innerhalb von vier Wochen nach Abschluss der Krankenhausbehandlung über die erbrachten Leistungen und die dafür von den Krankenkassen zu zahlenden Entgelte. ⁶Das Nähere regelt der Spitzenverband Bund der Krankenkassen und die Deutsche Krankenhausgesellschaft durch Vertrag. ⁷Kommt eine Regelung nach den Sätzen 4 und 6 bis zum 30. Juni 2004 nicht zu Stande, kann das Bundesministerium für Gesundheit das Nähere durch Rechtsverordnung mit Zustimmung des Bundesrates bestimmen.

(3) ¹Die Krankenkassen informieren ihre Versicherten auf Verlangen umfassend über in der gesetzlichen Krankenversicherung zugelassene Leistungserbringer einschließlich medizinische Versorgungszentren und Leistungserbringer in der integrierten Versorgung sowie über die verordnungsfähigen Leistungen und Bezugsquellen, einschließlich der Informationen nach § 73 Abs. 8, § 127 Abs. 3. ²Die Krankenkasse hat Versicherte vor deren Entscheidung über die Teilnahme an besonderen Versorgungsformen in Wahltarifen nach

50 SGB V

§ 53 Abs. 3 umfassend über darin erbrachte Leistungen und die beteiligten Leistungserbringer zu informieren. ³§ 69 Absatz 1 Satz 3 gilt entsprechend.

§ 305 a Beratung der Vertragsärzte

¹Die Kassenärztlichen Vereinigungen und die Krankenkassen beraten in erforderlichen Fällen die Vertragsärzte auf der Grundlage von Übersichten über die von ihnen im Zeitraum eines Jahres oder in einem kürzeren Zeitraum erbrachten, verordneten oder veranlassten Leistungen über Fragen der Wirtschaftlichkeit. ²Ergänzend können die Vertragsärzte den Kassenärztlichen Vereinigungen die Daten über die von ihnen verordneten Leistungen nicht versichertenbezogen übermitteln, die Kassenärztlichen Vereinigungen können diese Daten für ihre Beratung des Vertragsarztes auswerten und auf der Grundlage dieser Daten erstellte vergleichende Übersichten den Vertragsärzten nicht arztbezogen zur Verfügung stellen. ³Die Vertragsärzte und die Kassenärztlichen Vereinigungen dürfen die Daten nach Satz 2 nur für im Sozialgesetzbuch bestimmte Zwecke verarbeiten und nutzen. ⁴Ist gesetzlich oder durch Vereinbarung nach § 130 a Abs. 8 nichts anderes bestimmt, dürfen Vertragsärzte Daten über von ihnen verordnete Arzneimittel nur solchen Stellen übermitteln, die sich verpflichten, die Daten ausschließlich als Nachweis für die in einer Kassenärztlichen Vereinigung oder einer Region mit mindestens jeweils 300.000 Einwohnern oder mit jeweils mindestens 1.300 Ärzten insgesamt in Anspruch genommenen Leistungen zu verarbeiten; eine Verarbeitung dieser Daten mit regionaler Differenzierung innerhalb einer Kassenärztlichen Vereinigung, für einzelne Vertragsärzte oder Einrichtungen sowie für einzelne Apotheken ist unzulässig. ⁵Satz 4 gilt auch für die Übermittlung von Daten über die nach diesem Buch verordnungsfähigen Arzneimittel durch Apotheken, den Großhandel, Krankenkassen sowie deren Rechenzentren. ⁶Abweichend von Satz 4 dürfen Leistungserbringer und Krankenkassen Daten über verordnete Arzneimittel in vertraglichen Versorgungsformen nach den §§ 63, 73 b, 73 c, 137 f oder 140 a nutzen.

§ 305 b Rechenschaft über die Verwendung der Mittel

Die Krankenkassen haben in ihren Mitgliederzeitschriften in hervorgehobener Weise und gebotener Ausführlichkeit jährlich über die Verwendung ihrer Mittel im Vorjahr Rechenschaft abzulegen und dort zugleich ihre Verwaltungsausgaben gesondert auch als Beitragssatzanteil auszuweisen.

Elftes Kapitel. Straf- und Bußgeldvorschriften

§ 306 Zusammenarbeit zur Verfolgung und Ahndung von Ordnungswidrigkeiten

¹Zur Verfolgung und Ahndung von Ordnungswidrigkeiten arbeiten die Krankenkassen insbesondere mit der Bundesagentur für Arbeit, den Behörden der Zollverwaltung, den Rentenversicherungsträgern, den Trägern der Sozialhilfe, den in § 71 des Aufenthaltsgesetzes genannten Behörden, den Finanzbehörden, den nach Landesrecht für die Verfolgung und Ahndung von Ordnungswidrigkeiten nach dem Schwarzarbeitsbekämpfungsgesetz zuständigen Behörden, den Trägern der Unfallversicherung und den für den Arbeitsschutz zuständigen Landesbehörden zusammen, wenn sich im Einzelfall konkrete Anhaltspunkte ergeben für

1. Verstöße gegen das Schwarzarbeitsbekämpfungsgesetz,
2. eine Beschäftigung oder Tätigkeit von nichtdeutschen Arbeitnehmern ohne den erforderlichen Aufenthaltstitel nach § 4 Abs. 3 des Aufenthaltsgesetzes, eine Aufenthaltsgestattung oder eine Duldung, die zur Ausübung der Beschäftigung berechtigen, oder eine Genehmigung nach § 284 Abs. 1 des Dritten Buches,
3. Verstöße gegen die Mitwirkungspflicht nach § 60 Abs. 1 Satz 1 Nr. 2 des Ersten Buches gegenüber einer Dienststelle der Bundesagentur für Arbeit, einem Träger der gesetzlichen Unfall- oder Rentenversicherung oder einen Träger der Sozialhilfe oder gegen die Meldepflicht nach § 8a des Asylbewerberleistungsgesetzes,
4. Verstöße gegen das Arbeitnehmerüberlassungsgesetz,
5. Verstöße gegen die Vorschriften des Vierten und des Siebten Buches über die Verpflichtung zur Zahlung von Beiträgen, soweit sie im Zusammenhang mit den in den Nummern 1 bis 4 genannten Verstößen stehen,

6. Verstöße gegen Steuergesetze,
7. Verstöße gegen das Aufenthaltsgesetz.

²Sie unterrichten die für die Verfolgung und Ahndung zuständigen Behörden, die Träger der Sozialhilfe sowie die Behörden nach § 71 des Aufenthaltsgesetzes. ³Die Unterrichtung kann auch Angaben über die Tatsachen enthalten, die für die Einziehung der Beiträge zur Kranken- und Rentenversicherung erforderlich sind. ⁴Die Übermittlung von Sozialdaten, die nach den §§ 284 bis 302 von Versicherten erhoben werden, ist unzulässig.

§ 307 Bußgeldvorschriften

(1) Ordnungswidrig handelt, wer entgegen § 291a Abs. 8 Satz 1 eine dort genannte Gestattung verlangt oder mit dem Inhaber der Karte eine solche Gestattung vereinbart.

(2) Ordnungswidrig handelt, wer vorsätzlich oder leichtfertig
1. a) als Arbeitgeber entgegen § 204 Abs. 1 Satz 1, auch in Verbindung mit Absatz 2 Satz 1, oder
   b) entgegen § 204 Abs. 1 Satz 3, auch in Verbindung mit Absatz 2 Satz 1, oder § 205 Nr. 3 oder
   c) als für die Zahlstelle Verantwortlicher entgegen § 202 Satz 1
   eine Meldung nicht, nicht richtig, nicht vollständig oder nicht rechtzeitig erstattet,
2. entgegen § 206 Abs. 1 Satz 1 eine Auskunft oder eine Änderung nicht, nicht richtig, nicht vollständig oder nicht rechtzeitig erteilt oder mitteilt oder
3. entgegen § 206 Abs. 1 Satz 2 die erforderlichen Unterlagen nicht, nicht vollständig oder nicht rechtzeitig vorlegt.

(3) Die Ordnungswidrigkeit kann in den Fällen des Absatzes 1 mit einer Geldbuße bis zu fünfzigtausend Euro, in den übrigen Fällen mit einer Geldbuße bis zu zweitausendfünfhundert Euro geahndet werden.

§ 307a Strafvorschriften

(1) Mit Freiheitsstrafe bis zu drei Jahren oder mit Geldstrafe wird bestraft, wer entgegen § 171b Absatz 2 Satz 1 die Zahlungsunfähigkeit oder die Überschuldung nicht, nicht richtig oder nicht rechtzeitig anzeigt.

(2) Handelt der Täter fahrlässig, so ist die Strafe Freiheitsstrafe bis zu einem Jahr oder Geldstrafe.

§ 307b Strafvorschriften

(1) Mit Freiheitsstrafe bis zu einem Jahr oder mit Geldstrafe wird bestraft, wer entgegen § 291a Abs. 4 Satz 1 auf dort genannte Daten zugreift.

(2) Handelt der Täter gegen Entgelt oder in der Absicht, sich oder einen Anderen zu bereichern oder einen Anderen zu schädigen, so ist die Strafe Freiheitsstrafe bis zu drei Jahren oder Geldstrafe.

(3) ¹Die Tat wird nur auf Antrag verfolgt. ²Antragsberechtigt sind der Betroffene, der Bundesbeauftragte für den Datenschutz oder die zuständige Aufsichtsbehörde.

Zwölftes Kapitel. Überleitungsregelungen aus Anlaß der Herstellung der Einheit Deutschlands

§ 308 *(aufgehoben)*

§ 309 Versicherter Personenkreis

(1) Soweit Vorschriften dieses Buches
1. an die Bezugsgröße anknüpfen, gilt vom 1. Januar 2001 an die Bezugsgröße nach § 18 Abs. 1 des Vierten Buches auch in dem in Artikel 3 des Einigungsvertrages genannten Gebiet,
2. an die Beitragsbemessungsgrenze in der allgemeinen Rentenversicherung anknüpfen, gilt von dem nach Nummer 1 maßgeblichen Zeitpunkt an die Beitragsbemessungsgrenze nach § 159 des Sechsten Buches auch in dem in Artikel 3 des Einigungsvertrages genannten Gebiet.

(2)–(4) *(aufgehoben)*

(5) ¹Zeiten der Versicherung, die in dem in Artikel 3 des Einigungsvertrages genannten Gebiet bis zum 31. Dezember 1990 in der Sozialversicherung oder in der Freiwilligen Krankheitskostenversicherung der Staatlichen ehemaligen Versicherung der Deutschen Demokratischen Republik oder in einem Sonderversorgungssystem (§ 1 Abs. 3 des Anspruchs- und Anwartschaftsüberführungsgesetzes) zurückgelegt wurden, gelten als Zeiten einer Pflichtversicherung bei einer Krankenkasse im Sinne dieses Buches. ²Für die Anwendung des § 5 Abs. 1 Nr. 11 gilt Satz 1 vom 1. Januar 1991 an entsprechend für Personen, die ihren Wohnsitz und ihre Versicherung im Gebiet der Bundesrepublik Deutschland nach dem Stand vom 2. Oktober 1990 hatten und in dem in Artikel 3 des Einigungsvertrages genannten Gebiet beschäftigt waren, wenn sie nur wegen Überschreitung der in diesem Gebiet geltenden Jahresarbeitsentgeltgrenze versicherungsfrei waren und die Jahresarbeitsentgeltgrenze nach § 6 Abs. 1 Nr. 1 nicht überschritten wurde.

§ 310 Leistungen

(1), (2) *(aufgehoben)*

(3) Die erforderlichen Untersuchungen gemäß § 30 Abs. 2 Satz 2 und Abs. 7 gelten für den Zeitraum der Jahre 1989 bis 1991 als in Anspruch genommen.

§ 311 Beziehungen der Krankenkassen zu den Leistungserbringern

(1) *(aufgehoben)*

(2) ¹Die im Beitrittsgebiet bestehenden ärztlich geleiteten kommunalen, staatlichen und freigemeinnützigen Gesundheitseinrichtungen einschließlich der Einrichtungen des Betriebsgesundheitswesens (Polikliniken, Ambulatorien, Arztpraxen) sowie diabetologische, nephrologische, onkologische und rheumatologische Fachambulanzen nehmen in dem Umfang, in dem sie am 31. Dezember 2003 zur vertragsärztlichen Versorgung zugelassen sind, weiterhin an der vertragsärztlichen Versorgung teil. ²Im Übrigen gelten für die Einrichtungen nach Satz 1 die Vorschriften dieses Buches, die sich auf medizinische Versorgungszentren beziehen, entsprechend.

(2 a), (3) *(aufgehoben)*

(4) *(aufgehoben)*

(5) § 83 gilt mit der Maßgabe, daß die Verbände der Krankenkassen mit den ermächtigten Einrichtungen oder ihren Verbänden im Einvernehmen mit den Kassenärztlichen Vereinigungen besondere Verträge schließen können.

(6) *(aufgehoben)*

(7) Bei Anwendung des § 95 gilt das Erfordernis des Absatzes 2 Satz 3 dieser Vorschrift nicht

a) für Ärzte, die bei Inkrafttreten dieses Gesetzes in dem in Artikel 3 des Einigungsvertrages genannten Gebiet die Facharztanerkennung besitzen,

b) für Zahnärzte, die bereits zwei Jahre in dem in Artikel 3 des Einigungsvertrages genannten Gebiet zahnärztlich tätig sind.

(8) Die Absätze 5 und 7 gelten nicht in dem in Artikel 3 des Einigungsvertrages genannten Teil des Landes Berlin.

§§ 311 a–313 *(aufgehoben)*

§ 313 a Risikostrukturausgleich

Der Risikostrukturausgleich (§ 266) wird ab 2001 bis zum Ausgleichsjahr 2007 abweichend von § 313 Abs. 10 Buchstabe a und von Artikel 35 Abs. 9 des Gesundheitsstrukturgesetzes mit folgender Maßgabe durchgeführt:

1. Die Verhältniswerte und die standardisierten Leistungsausgaben (§ 266 Abs. 2 Satz 3) sowie der Beitragsbedarf (§ 266 Abs. 2 Satz 2) sind für Versicherte in dem in Artikel 1 Abs. 1 des Einigungsvertrages genannten Gebiet getrennt zu ermitteln und zugrunde zu legen.
2. Für die Ermittlung des Ausgleichsbedarfssatzes (§ 266 Abs. 3) sind die Beitragsbedarfssumme und die Summe der beitragspflichtigen Einnahmen der Mitglieder aller Krankenkassen im gesamten Bundesgebiet zugrunde zu legen.

3. Die Verhältniswerte und die standardisierten Leistungsausgaben (§ 266 Abs. 2 Satz 3) sowie der Beitragsbedarf (§ 266 Abs. 2 Satz 2) sind für die Versicherten im Gebiet der Bundesrepublik Deutschland nach dem Stand vom 2. Oktober 1990 einschließlich des in Artikel 3 des Einigungsvertrages genannten Teils des Landes Berlin getrennt zu ermitteln und zu Grunde zu legen.
4. Die Werte nach Nummer 3 sind zusätzlich für die Versicherten aller Krankenkassen im gesamten Bundesgebiet zu ermitteln.
5. Für die Feststellung der Ausgleichsansprüche und -verpflichtungen (§ 266 Abs. 2) der Krankenkassen in dem in Nummer 1 genannten Gebiet sind die nach Nummer 1 ermittelten standardisierten Leistungsausgaben um den Unterschiedsbetrag zwischen den Werten nach Nummer 4 und nach Nummer 1, gewichtet mit dem Faktor nach Nummer 7 zu erhöhen.
6. Für die Feststellung der Ausgleichsansprüche und -verpflichtungen (§ 266 Abs. 2) der Krankenkassen in dem in Nummer 3 genannten Gebiet sind die nach Nummer 3 ermittelten standardisierten Leistungsausgaben um den Unterschiedsbetrag zwischen den Werten nach Nummer 3 und nach Nummer 4, gewichtet mit dem Faktor nach Nummer 7 zu verringern.
7. Der Gewichtungsfaktor beträgt im Jahr 2001 25 vom Hundert und erhöht sich bis zum Jahr 2007 jährlich um 12,5 Prozentpunkte.

Dreizehntes Kapitel. Weitere Übergangsvorschriften

§ 314 Beitragszuschüsse für Beschäftigte

(1) Versicherungsverträge, die den Standardtarif nach § 257 Abs. 2a in der bis zum 31. Dezember 2008 geltenden Fassung zum Gegenstand haben, werden auf Antrag der Versicherten auf Versicherungsverträge nach dem Basistarif gemäß § 12 Abs. 1a des Versicherungsaufsichtsgesetzes umgestellt.

(2) ¹Zur Gewährleistung der in § 257 Absatz 2a Satz 1 Nr. 2 und 2a bis 2c in der bis zum 31. Dezember 2008 geltenden Fassung genannten Begrenzung bleiben im Hinblick auf die ab 1. Januar 2009 weiterhin im Standardtarif Versicherten alle Versicherungsunternehmen, die die nach § 257 Abs. 2 zuschussberechtigte Krankenversicherung betreiben, verpflichtet, an einem finanziellen Spitzenausgleich teilzunehmen, dessen Ausgestaltung zusammen mit den Einzelheiten des Standardtarifs zwischen der Bundesanstalt für Finanzdienstleistungsaufsicht und dem Verband der privaten Krankenversicherung mit Wirkung für die beteiligten Unternehmen zu vereinbaren ist und der eine gleichmäßige Belastung dieser Unternehmen bewirkt. ²Für in Absatz 2a Satz 1 Nr. 2c in der bis 31. Dezember 2008 geltenden Fassung genannte Personen, bei denen eine Behinderung nach § 4 Abs. 1 des Gesetzes zur Eingliederung Schwerbehinderter in Arbeit, Beruf und Gesellschaft festgestellt worden ist, wird ein fiktiver Zuschlag von 100 vom Hundert auf die Bruttoprämie angerechnet, der in den Ausgleich nach Satz 1 einbezogen wird.

§ 315 Standardtarif für Personen ohne Versicherungsschutz

(1) ¹Personen, die weder
1. in der gesetzlichen Krankenversicherung versichert oder versicherungspflichtig sind,
2. über eine private Krankheitsvollversicherung verfügen,
3. einen Anspruch auf freie Heilfürsorge haben, beihilfeberechtigt sind oder vergleichbare Ansprüche haben,
4. Anspruch auf Leistungen nach dem Asylbewerberleistungsgesetz haben, noch
5. Leistungen nach dem Dritten, Vierten, Sechsten und Siebten Kapitel des Zwölften Buches beziehen,

können bis zum 31. Dezember 2008 Versicherungsschutz im Standardtarif gemäß § 257 Abs. 2a verlangen; in den Fällen der Nummern 4 und 5 begründen Zeiten einer Unterbrechung des Leistungsbezugs von weniger als einem Monat keinen entsprechenden Anspruch. ²Der Antrag darf nicht abgelehnt werden. ³Die in § 257 Abs. 2a Nr. 2b genannten Voraussetzungen gelten für Personen nach Satz 1 nicht; Risikozuschläge dürfen für sie nicht verlangt werden. ⁴Abweichend von Satz 1 Nummer 3 können auch Personen mit Anspruch auf Beihilfe nach beamtenrechtlichen Grundsätzen, die bisher nicht über eine auf Ergänzung der Beihilfe beschränkte private Krankenversicherung verfügen und auch nicht freiwillig in der gesetzlichen Krankenversicherung versichert sind, eine die Beihilfe ergänzende Absicherung im Standardtarif gemäß § 257 Abs. 2a Nr. 2b verlangen.

(2) ¹Der Beitrag von im Standardtarif nach Absatz 1 versicherten Personen darf den durchschnittlichen Höchstbeitrag der gesetzlichen Krankenversicherung gemäß § 257 Abs. 2a Satz 1 Nr. 2 nicht überschreiten; die dort für Ehegatten oder Lebenspartner vorgesehene besondere Beitragsbegrenzung gilt für nach Absatz 1 versicherte Personen nicht. ²§ 12 Abs. 1c Satz 4 bis 6 des Versicherungsaufsichtsgesetzes in der ab 1. Januar 2009 geltenden Fassung gilt für nach Absatz 1 im Standardtarif versicherte Personen entsprechend.

(3) ¹Eine Risikoprüfung ist nur zulässig, soweit sie für Zwecke des finanziellen Spitzenausgleichs nach § 257 Abs. 2b oder für spätere Tarifwechsel erforderlich ist. ²Abweichend von § 257 Abs. 2b sind im finanziellen Spitzenausgleich des Standardtarifs für Versicherte nach Absatz 1 die Begrenzungen gemäß Absatz 2 sowie die durch das Verbot von Risikozuschlägen gemäß Abs. 1 Satz 3 auftretenden Mehraufwendungen zu berücksichtigen.

(4) Die gemäß Absatz 1 abgeschlossenen Versicherungsverträge im Standardtarif werden zum 1. Januar 2009 auf Verträge im Basistarif nach § 12 Abs. 1a des Versicherungsaufsichtsgesetzes umgestellt.

§ 316 Übergangsregelung zur enteralen Ernährung

Versicherte haben bis zur Veröffentlichung der Zusammenstellung nach § 31 Abs. 5 Satz 2 im Bundesanzeiger Anspruch auf enterale Ernährung nach Maßgabe des Kapitels E der Arzneimittel-Richtlinien in der Fassung vom 25. August 2005 (BAnz. S. 13241).

§ 317 Psychotherapeuten

¹Abweichend von § 95 Abs. 10 werden Psychotherapeuten zur vertragsärztlichen Versorgung zugelassen, wenn sie

1. eine Approbation nach dem Psychotherapeutengesetz und den Fachkundenachweis nach § 95c Satz 2 Nr. 3 haben,
2. in der Zeit vom 25. Juni 1994 bis zum 24. Juni 1997 an der ambulanten psychotherapeutischen Versorgung in einem anderen Mitgliedstaat der Europäischen Union oder in einem anderen Vertragsstaat des Abkommens über den Europäischen Wirtschaftsraum teilgenommen haben und diese Tätigkeit vergleichbar mit der in der gesetzlichen Krankenversicherung war und
3. bis zum 30. Juni 2009 die Approbationsurkunde vorlegen und den Antrag auf Erteilung der Zulassung gestellt haben.

²Der Zulassungsausschuss hat über die Zulassungsanträge bis zum 30. September 2009 zu entscheiden.

§ 318 Übergangsregelung für die knappschaftliche Krankenversicherung

¹Die Regelung des § 37 Abs. 3 der Risikostruktur-Ausgleichsverordnung ist nicht anzuwenden, wenn die Deutsche Rentenversicherung Knappschaft- Bahn-See die Verwaltungsausgaben der knappschaftlichen Krankenversicherung abweichend von § 71 Abs. 1 Satz 2 des Vierten Buches getrennt im Haushaltsplan ausweist sowie die Rechnungslegung und den Jahresabschluss nach § 77 des Vierten Buches für die Verwaltungsausgaben der knappschaftlichen Krankenversicherung getrennt durchführt. ²Satz 1 gilt nur, wenn das Bundesversicherungsamt rechtzeitig vor der Bekanntmachung nach § 37 Abs. 5 der Risikostruktur-Ausgleichsverordnung für das folgende Ausgleichsjahr auf der Grundlage eines von der Deutschen Rentenversicherung Knappschaft-Bahn-See erbrachten ausreichenden Nachweises feststellt, dass die Verwaltungsausgaben der knappschaftlichen Krankenversicherung getrennt im Haushaltsplan ausgewiesen sind. ³Entsprechend gilt Satz 1 für den Jahresausgleich nach § 41 der Risikostruktur-Ausgleichsverordnung nur, wenn das Bundesversicherungsamt rechtzeitig vor der Durchführung des Jahresausgleichs auf der Grundlage eines von der Deutschen Rentenversicherung Knappschaft-Bahn-See erbrachten ausreichenden Nachweises feststellt, dass sie die Rechnungslegung und den Jahresabschluss nach § 77 des Vierten Buches für die Verwaltungsausgaben der knappschaftlichen Krankenversicherung getrennt durchgeführt hat.

§ 319 Übergangsregelung zum Krankengeldwahltarif

(1) Wahltarife, die Versicherte auf der Grundlage der bis zum 31. Juli 2009 geltenden Fassung des § 53 Absatz 6 abgeschlossen haben, enden zu diesem Zeitpunkt.

(2) ¹Versicherte, die am 31. Juli 2009 Leistungen aus einem Wahltarif nach § 53 Absatz 6 bezogen haben, haben Anspruch auf Leistungen nach Maßgabe ihres Wahltarifs bis zum Ende der Arbeitsunfähigkeit, die den Leistungsanspruch ausgelöst hat. ²Aufwendungen nach Satz 1 bleiben bei der Anwendung des § 53 Absatz 9 Satz 1 unberücksichtigt.

(3) ¹Die Wahlerklärung nach § 44 Absatz 2 Satz 1 Nummer 2 oder Nummer 3 kann bis zum 30. September 2009 mit Wirkung vom 1. August 2009 abgegeben werden. ²Wahltarife nach § 53 Absatz 6 können bis zum 30. September 2009 oder zu einem in der Satzung der Krankenkasse festgelegten späteren Zeitpunkt mit Wirkung vom 1. August 2009 neu abgeschlossen werden. ³Abweichend von den Sätzen 1 und 2 können Versicherte nach Absatz 2 innerhalb von acht Wochen nach dem Ende des Leistungsbezugs rückwirkend zu dem Tag, der auf den letzten Tag des Leistungsbezugs folgt, die Wahlerklärung nach § 44 Absatz 2 Satz 1 Nummer 2 oder Nummer 3 abgeben oder einen Wahltarif wählen.

§ 320 Übergangsregelung zur befristeten Weiteranwendung aufgehobener Vorschriften

§ 120 Absatz 6 und § 295 Absatz 1b Satz 5 bis 8 in der Fassung des Artikels 15 Nummer 6a Buchstabe c und Nummer 13a Buchstabe b des Gesetzes vom 17. Juli 2009 (BGBl. I S. 1990) sind bis zum 1. Juli 2011 weiter anzuwenden.

60. Sozialgesetzbuch (SGB) Sechstes Buch (VI)
– Gesetzliche Rentenversicherung –

In der Fassung der Bekanntmachung vom 19. Februar 2002 (BGBl. I S. 754, ber. S. 1404, 3384)
FNA 860–6

zuletzt geänd. durch Art. 10 G zur Einführung eines Bundesfreiwilligendienstes v. 28. 4. 2011
(BGBl. I S. 687)

Erstes Kapitel. Versicherter Personenkreis

Erster Abschnitt. Versicherung kraft Gesetzes

§ 1 Beschäftigte

¹Versicherungspflichtig sind
1. Personen, die gegen Arbeitsentgelt oder zu ihrer Berufsausbildung beschäftigt sind; während des Bezugs von Kurzarbeitergeld nach dem Dritten Buch besteht die Versicherungspflicht fort,
2. behinderte Menschen, die
    a) in anerkannten Werkstätten für behinderte Menschen oder in Blindenwerkstätten im Sinne des § 143 des Neunten Buches oder für diese Einrichtungen in Heimarbeit tätig sind,
    b) in Anstalten, Heimen oder gleichartigen Einrichtungen in gewisser Regelmäßigkeit eine Leistung erbringen, die einem Fünftel der Leistung eines voll erwerbsfähigen Beschäftigten in gleichartiger Beschäftigung entspricht; hierzu zählen auch Dienstleistungen für den Träger der Einrichtung,
3. Personen, die in Einrichtungen der Jugendhilfe oder in Berufsbildungswerken oder ähnlichen Einrichtungen für behinderte Menschen für eine Erwerbstätigkeit befähigt werden sollen; dies gilt auch für Personen während der individuellen betrieblichen Qualifizierung im Rahmen der Unterstützten Beschäftigung nach § 38a des Neunten Buches,
3a. Auszubildende, die in einer außerbetrieblichen Einrichtung im Rahmen eines Berufsausbildungsvertrages nach dem Berufsbildungsgesetz ausgebildet werden,
4. Mitglieder geistlicher Genossenschaften, Diakonissen und Angehörige ähnlicher Gemeinschaften während ihres Dienstes für die Gemeinschaft und während der Zeit ihrer außerschulischen Ausbildung.

²Die Versicherungspflicht von Personen, die gegen Arbeitsentgelt oder zu ihrer Berufsausbildung beschäftigt sind, erstreckt sich auch auf Deutsche, die im Ausland bei einer amtlichen Vertretung des Bundes oder der Länder oder bei deren Leitern, deutschen Mitgliedern oder Bediensteten beschäftigt sind. ³Personen, die Wehrdienst leisten und nicht in einem Dienstverhältnis als Berufssoldat oder Soldat auf Zeit stehen, sind in dieser Beschäftigung nicht nach Satz 1 Nr. 1 versicherungspflichtig; sie gelten als Wehrdienstleistende im Sinne des § 3 Satz 1 Nr. 2 oder 2a und Satz 4. ⁴Mitglieder des Vorstandes einer Aktiengesellschaft sind in dem Unternehmen, dessen Vorstand sie angehören, nicht versicherungspflichtig beschäftigt, wobei Konzernunternehmen im Sinne des § 18 des Aktiengesetzes als ein Unternehmen gelten. ⁵Die in Satz 1 Nr. 2 bis 4 genannten Personen gelten als Beschäftigte im Sinne des Rechts der Rentenversicherung.

A. Normzweck

1   Auch die gRV bildet abgestuft nach der typisiert zugrunde gelegten **Schutzbedürftigkeit** Gruppen der Versicherten. Zunächst wird demgemäß der Kreis der kraft Gesetzes Pflichtversicherten umschrieben. Das SGB VI unterscheidet insofern die Beschäftigten und ihnen gleich Gestellte (§ 1), die versicherungspflichtigen Selbstständigen (§ 2) und sonstige versicherungspflichtige Personen (§ 3). Als Besonderheit kennt die gRV darüber hinaus eine Versicherungspflicht auf Antrag (§ 4). § 5 umschreibt die Fälle der gesetzlichen Versicherungsfreiheit trotz Erfüllung der Tatbestandsmerkmale der Versicherungspflicht, § 8 SGB V die Voraussetzungen der Befreiung von der Versicherungspflicht. § 7 eröffnet eine grundsätzlich umfassende Möglichkeit zur freiwilligen Versicherung. § 8 begründet einen Versichertenstatus durch Nachversicherung, Versorgungsausgleich und Rentensplitting.

§ 1 wendet sich in diesem Zusammenhang dem generell in allen Zweigen der S V versicherten Personenkreis zu (§ 2 Abs. 2 Nr. 1, 2 SGB IV), der historisch und unverändert auch zahlenmäßig den **Kern des Systems** bildet. Besonders nachhaltig bedarf nämlich unabhängig von einer Einkommensgrenze (BVerfG v. 14. 10. 1970, 1 BvR 307/68, SozR Nr. 7 zu Art. 2 GG) nach der klassischen sozialpolitischen Einschätzung des Gesetzgebers eines Schutzes gegen den (teilweisen) Wegfall des Erwerbseinkommens bei Gefährdung oder Minderung seiner Erwerbsfähigkeit, Unzumutbarkeit einer Erwerbstätigkeit im Alter und Ersatz bei Tod (vgl. § 23 SGB I), wer abhängig beschäftigt oder vergleichbar schutzbedürftig ist (BSG v. 11. 10. 2001, B 12 KR 19/00 R, USK 2001 – 44). § 1 ordnet insofern unmittelbar kraft Gesetzes und grundsätzlich bereits mit Eintritt der gesetzlichen Voraussetzungen an, dass die **Beschäftigte** iSd. S. 1 Nr. 1 und ihnen bereichsspezifisch gleich Gestellte (S. 5) Mitglieder der durch gesetzlichen Zwang gebildeten Versichertengemeinschaft sind, sich an der Finanzierung von deren aktuellen Ausgaben beteiligen müssen und ihrerseits nach Erfüllung im Einzelfall erforderlicher Vorversicherungszeiten – deren Schutz genießen. Er enthält insofern – im Gegensatz etwa zu Definitionsnormen wie § 7 SGB IV – eine vollständige normative Anordnung, darf dennoch aber immer nur als **Teil eines Normenkomplexes** gelesen werden, aus dem sich letztendlich das (Nicht-)Vorliegen von Versicherungspflicht ergibt. So kann etwa die Frage nach der Zugehörigkeit zur Beschäftigtenversicherung erst dann abschließend beantwortet werden, wenn nicht nur der Tatbestand von Abs. 1 Nr. 1 erfüllt ist, sondern zusätzlich auch die Begrenzungen der Versicherungspflicht geprüft sind, die sich aus einer Tatbestandsreduktion (wie S. 4) oder den gesetzlichen Rechtsfolgenreduktionen in § 5 ergeben können (vgl. BSG v. 27. 9. 2007, B 12 R 12/06 R, USK 2007 – 66). Entsprechend kommt der Erlass von **Verwaltungsakten** über das (Nicht-)Bestehen von Versicherungspflicht nur jeweils auf der Grundlage einer Zusammenschau aller einschlägigen Normen in Betracht und ist eine Feststellung bloßer Elemente („Versicherungspflicht dem Grunde nach") unzulässig.

B. Versicherungspflicht

Versicherungspflichtige sind unabhängig von ihrer persönlichen Vorsorgefähigkeit und -willigkeit unter gesetzlicher Begrenzung ihres Grundrechts auf Vorsorgefreiheit aus Art. 2 Abs. 1 GG nach typisierenden Gesichtspunkten mit Erfüllung der gesetzlichen Voraussetzungen Teil einer staatlich organisierten Risikogemeinschaft (vgl. BSG v. 24. 11. 2005, B 12 A 1/04 R, SozR 4–2600 § 2 Nr. 7 und BVerfG v. 14. 10. 1970, 1 BvR 753/68 ua., SozR Nr. 8 zu Art. 2 GG). Dem **Gesetzgeber** bleibt überlassen, diese Gemeinschaft so zu bilden, wie es dem Bedürfnissen der seiner Einschätzung nach Schutzbedürftigen einerseits und der Funktionsfähigkeit der Gemeinschaft andererseits entspricht. Innerhalb der Gemeinschaft der Schutzbedürftigen findet ein **sozialer Ausgleich** bereits auf dieser Ebene ua in der Weise statt, dass trotz unterschiedlicher Gefahr des Eintritts einer Erwerbsminderung vor Erreichen von Altersgrenzen eine einheitliche Risikogemeinschaft gebildet und dieser ebenfalls unabhängig von der individuellen Situation und in solidarischer Verantwortung aller Versicherten auch die Versorgung von Hinterbliebenen zugeordnet wird (BVerfG v. 18. 2. 1998, 1 BvR 1318/86 ua, BVerfGE 97, 271, 285). Das **BVerfG** hat in stRspr insbesondere geklärt (vgl. die Nachweise bei BSG v. 5. 7. 2006, B 12 KR 20/04 R, SozR 4–2600 § 157 Nr. 1), dass
– der Gesetzgeber ua mit der Schaffung einer gRV seinem im Sozialstaatsprinzip wurzelnden Auftrag genügt, soziale Sicherungssysteme gegen die Wechselfälle des Lebens zu schaffen,
– die gRV eine SV iSv. Art. 74 Abs. 1 Nr. 12 GG ist,
– das Leistungsspektrum der gRV herkömmliche Risiken der RV abdeckt,
– die Gesetzgebungskompetenz aus Art. 74 Abs. 1 Nr. 12 GG bereits aus sich heraus auch auf die Finanzierung der SV gerichtet ist,
– eine gRV nur bundesgesetzlich und einheitlich ausgestaltet werden kann,
– es keinen verfassungsrechtlichen Bedenken begegnet, wenn der Gesetzgeber bei allen rentenversicherungspflichtigen Arbeitnehmern ein vergleichbares Schutzbedürfnis annimmt und es ihm im Blick auf seine Gestaltungsfreiheit auch iÜ überlassen bleibt, den Kreis der Versicherungspflichtigen zu bestimmen, um ihnen durch Begründung einer Versicherungs- und Beitragspflicht den Erwerb eines eigenen Rentenanspruchs ermöglichen,

Weitere Klärungsbedürftigkeit besteht insofern grundsätzlich nicht (BSG v. 7. 11. 1996, 12 BK 10/96, juris). Auch der Aufwand, den Eltern für ihre **Kinder** zu tragen haben, gebietet es von Verfassung wegen nicht, sie von der Versicherungspflicht in der gRV freizustellen oder sie ganz oder teilweise von der Pflicht zur Beitragstragung zu befreien (BSG v. 5. 7. 2006, B 12 KR 20/04 R, SozR 4–2600 § 157 Nr. 1, Az des BVerfG: 1 BvR 2983/06 ua). Umgekehrt ist der Gesetzgeber nicht gezwungen, den Kreis der Versicherungspflichtigen um neue Personengruppen zu erweitern (vgl. zur Einbeziehung von Gefangenen BVerfG v. 1. 7. 1998, 2 BvR 441/90 ua, BVerfGE 98, 169 ff.).

Das Vorliegen von Versicherungspflicht im **Einzelfall** ergibt sich nicht allein aus dem isolierten Vorliegen eines Versicherungspflichttatbestands. Vielmehr kann das (Nicht-)Vorliegen der Rechtsfolge nur nach Beurteilung des Lebenssachverhalts auch im Lichte der Normen über die Versicherungsfreiheit/Befreiung von der Versicherungspflicht festgestellt werden. Die Zusammenschau aller einschlägigen Normen ergibt erst den Tatbestand der Versicherungspflicht/-freiheit. Liegt daher etwa Versicherungsfreiheit wegen Geringfügigkeit einer Beschäftigung/Tätigkeit vor, tritt der Umstand der Erfüllung eines Versicherungspflichttatbestandes dahinter als bloßes Durchgangsstadium zurück und darf wegen des grundsätzlichen Verbots der Elementenfeststellung die „Versicherungspflicht dem Grunde nach" auch nicht mehr zum Gegenstand eines Verwaltungsakts (vgl. BSG v. 24. 11. 2005, B 12 KR 18/04 R, SozR 4–2600 § 2 Nr. 6) oder einer Feststellungsklage (§ 55 Abs. 1 Nr. 1 SGG) gemacht werden.

C. Die einzelnen Tatbestände der Versicherungspflicht

I. Absatz 1 Satz 1 Nr. 1

5   Nr. 1 Hs. 1 entspricht inhaltlich im Wesentlichen § 5 Abs. 1 Nr. 1 SGB V iVm. § 14 SGB IV. Auf die Anmerkungen zu diesen Vorschriften kann daher verwiesen werden. Eine Unterscheidung nach **Arbeitern und Angestellten** erübrigt sich jedenfalls nach der Organisationsreform. Zu ihrer Berufsausbildung Beschäftigte sind unabhängig von einem Entgelt versichert (BSG v. 26. 6. 1985, SozR 2200 § 165 Nr. 82). Hs. 2 ordnet – anders als die gKV, die sich hier mit einer Fortdauer der Mitgliedschaft behilft (§ 192 Abs. 1 Nr. 4 SGB V; zur Verfassungsmäßigkeit der Versicherungspflicht zuletzt BSG v. 15. 7. 2009, B 12 KR 14/08 R, SozR 4–2500 § 7 Nr. 1) – während des Bezuges von **Kurzarbeitergeld** nach §§ 169 ff. SGB III die Fortdauer der Versicherungspflicht an. Dies setzt voraus, dass unmittelbar vorher Versicherungspflicht aufgrund einer abhängigen Beschäftigung bestanden hat. S. 2 erweitert den Anwendungsbereich von Nr. 1 unter spezialgesetzlicher Durchbrechung von § 3 Nr. 1 SGB IV (territoriale Anknüpfung an den inländischen Beschäftigungsort) und unterwirft auch die deutschen (§ 2 Abs. 1a SGB IV, Art. 116 GG) Beschäftigten von amtlichen Vertretungen des Bundes und der Länder im Ausland sowie die deutschen Beschäftigten der Leiter, deutschen Mitglieder oder Bediensteten dieser Institutionen der inländischen Rentenversicherungspflicht. S. 3

II. Satz 1 Nr. 2

6   Nr. 2 Buchst. a entspricht § 5 Abs. 1 Nr. 7 SGB V. Buchst. b) entspricht § 5 Abs. 1 Nr. 8 SGB V. Für den Bereich der gesetzlichen Rentenversicherung gelten die dort Genannten nach S. 5 jeweils als Beschäftigte. Die **Fiktion** gewährleistet hier wie hinsichtlich der Nr. 3 bis 4 insbesondere die erleichterte und vereinfachte Anwendbarkeit der Regelungen über die Beschäftigtenversicherung (BSG v. 17. 12. 1996, 12 RK 2/96, SozR 3–2500 § 6 Nr. 14).

III. Satz 1 Nr. 3

7   Nr. 3 entspricht hinsichtlich der Einrichtungen der Jugendhilfe § 5 Abs. 1 Nr. 5 SGB V. Die Befähigung zu einer Erwerbstätigkeit kann für Behinderte (§ 2 Abs. 1 SGB IX) in Berufsbildungswerken oder ähnlichen Einrichtungen erfolgen. **Berufsbildungswerke** sind den Berufsförderungswerken entsprechenden Einrichtungen für die berufliche Ausbildung behinderter Jugendlicher. Zu den **ähnlichen Einrichtungen** für behinderte Menschen im Sinne der vorgenannten Vorschriften gehören alle Einrichtungen, die Leistungen zur Teilhabe am Arbeitsleben speziell für behinderte Menschen durchführen (Rundschreiben der Spitzenverbände v. 25. 4. 2006 unter 5.2). Der Begriff der Befähigung umfasst die Vermittlung aller Kenntnisse und Fähigkeiten, die darauf abzielen, die Betroffenen zur Ausübung einer Erwerbstätigkeit (abhängige Beschäftigung oder selbstständige Erwerbstätigkeit) in Stand zu setzen. S. 5 stellt auch die von Nr. 3 Erfassten den Beschäftigten gleich.

IV. Satz 1 Nr. 3a

8   Entsprechend der Regelung für die gKV (§ 5 Abs. 4a S. 1 SGB V) stellt die Vorschrift iVm. S. 5 auch für die gRV Auszubildende in außerbetrieblichen Einrichtungen denjenigen in einer betrieblichen Ausbildung gleich.

V. Satz 1 Nr. 4

9   Anders als die gKV kennt die gRV mit Nr. 4 einen umfassenden Tatbestand der Versicherungspflicht der **Mitglieder geistlicher Genossenschaften.** Eine „satzungsmäßige" Mitgliedschaft iSd. § 5 Abs. 1 S. 1 Nr. 3 ist insofern nicht erforderlich, sodass einschließlich der Zeiten einer außerschulischen Ausbildung auch Zeiten des Postulats (erste Vorbereitungszeit zur Einführung in das Ordensleben) und des Noviziats (Zeit der Vorbereitung auf die erste Profess durch Teilnahme am Ordensleben) erfasst werden. Der Tatbestand der Versicherungspflicht beschränkt sich auf die Mitgliedschaft in diesem umfassenden Sinn, sodass ein nach Außen gerichtetes Wirken nicht erforderlich ist. Mitglieder geistlicher Genossenschaften stehen daher auch dann in einem „Dienst für die Gemeinschaft", wenn es sich um einen kontemplativen Orden handelt (BSG v. 17. 12. 1996, 12 RK 2/96, SozR 3–2500 § 6 Nr. 14). S. 5 stellt (dennoch) auch diesen Personenkreis als solchen rentenversicherungsrechtlich den Beschäftigten gleich.

VI. Satz 3

Die Norm enthält hinsichtlich S. 1 Nr. 1 eine **Rechtsfolgenreduktion** (Hs. 1) und – ohne diesen im Ergebnis zu erweitern („gelten") eine **deklaratorische Klarstellung** zum Anwendungsbereich der Spezialregelungen in § 3 S. 1 Nr. 2 oder 2a und S. 4 (Hs. 2). Damit lassen sich hinsichtlich der Wehrdienst Leistenden folgende **Gruppen** bilden: Personen, die in einem Dienstverhältnis als Berufssoldat oder Soldat auf Zeit stehen, sind zwar gemäß S. 1 Nr. 1 „dem Grunde nach" versicherungspflichtig, nach § 5 Abs. 1 Nr. 1 aber versicherungsfrei. Alle Wehrdienst Leistenden, die nicht in einem Dienstverhältnis als Berufssoldat oder Soldat auf Zeit stehen, unterfallen von vorne herein ausdrücklich nicht der Versicherungspflicht nach S. 1 und sind grundsätzlich und in der Regel (§ 3 S. 4) nach den spezielleren § 3 S. 1 Nr. 2 oder 2a versicherungspflichtig. Dies gilt seit dem 1. 7. 2011 generell auch für Personen, die Freiwilligen Wehrdienst nach dem 7. Abschnitt des WehrpflichtG (eingefügt durch Art. 1 des Wehrrechtsänderungsgesetzes vom 28. 4. 2011 BGBl. I 678) leisten. Auf sie finden durchgehend diejenigen Regelungen Anwendung, die an die Ableistung des Grundwehrdienstes (§ 5 WehrpflichtG) oder des freiwilligen zusätzlichen Wehrdienstes im Anschluss an den Grundwehrdienst (§ 54 WehrpflichtG) anknüpfen (§ 56 WehrpflichtG). Wehr- oder Zivildienst Leistende, die ausnahmsweise für die Zeit ihres Dienstes Entgelt weitererhalten oder Leistungen für Selbstständige nach § 13a des Unterhaltssicherungsgesetzes erhalten, sind vom Anwendungsbereich des § 3 S. 1 Nr. 2 ausgenommen. Bei ihnen gilt die bisherige (!) Beschäftigung oder selbstständige Tätigkeit als nicht unterbrochen, sodass eine Versicherungspflicht ggf. auf dieser Grundlage fortbesteht (§ 3 S. 4). Personen, die nach § 6 des Gesetzes zur Regelung der Weiterverwendung nach Einsatzunfällen (Einsatz-Weiterverwendungsgesetz – EinsatzWVG) v. 12. 12. 2007 (BGBl. I 2861) in einem Wehrdienstverhältnis besonderer Art stehen, sind zwar nach Maßgabe dieses Gesetzes Soldatinnen/Soldaten auf Zeit (§ 6 Abs. 2 S. 1 EinsatzWVG). Da indes die Rechtsstellung nach dem EinsatzWVG nach ausdrücklicher Anordnung des § 6 Abs. 1 S. 3 EinsatzWVG den sozialversicherungsrechtlichen Status unberührt lässt, ist auch insofern eine Versicherungspflicht nach S. 1 Nr. 1 von vorne herein ausgeschlossen und wird ggf. allein nach § 3 S. 1 Nr. 2a begründet.

D. Ausnahme von der Versicherungspflicht für Vorstandsmitglieder einer AG

Mitglieder des Vorstands einer bestehenden, dh. in das Handelsregister eingetragenen (§ 41 Abs. 1 S. 1 AktG) AG sind trotz Vorliegens einer **abhängigen Beschäftigung** iSd. S. 1 Nr. 1 (BSG v. 6. 10. 2010, B 12 KR 20/09 R, Juris, RdNr. 18; anders für die gUV BSG v. 12. 12. 1999, B 2 U 3898 R, SozR 3–2200 § 539 Nr. 48) nach ausdrücklicher Anordnung des S. 4 nicht versicherungspflichtig beschäftigt. Zu den Mitgliedern des Vorstands einer AG gehören in diesem Sinne nur solche einer bestehenden AG **deutschen Rechts** (BSG v. 6. 10. 2010, B 12 KR 20/09 R, Juris, RdNR. 21; zur fehlenden Gleichstellung einer AG nach Schweizer Recht im Besonderen vgl. BSG aaO und EuGH v. 12. 11. 2009, C 351/08, NZZ 2010, 495 ff; zur fehlenden Anwendbarkeit des S. 4 auf in Deutschland beschäftigte Mitglieder des Board of Directors einer privaten limited company irischen Rechts BSG v. 27. 2. 2008, B 12 KR 23/06 R, juris; zur fehlenden Anwendbarkeit auf Mitglieder des Board of Directors einer Kapitalgesellschaft nach dem Recht des Staates Delaware/USA vgl. BSG v. 12. 1. 2011, B 12 KR 17/09 R, zitiert nach Terminbericht Nr. 69/10 v. 12. 1. 2011).

Seit dem **1. 1. 2004** ist die Vorschrift (in Anlehnung an § 27 Abs. 1 Nr. 5 SGB III) dahin gehend neu gefasst, dass die Betroffenen nur noch in dem Unternehmen von der Rentenversicherungspflicht ausgenommen sind, dessen Vorstand sie angehören, wobei Konzernunternehmen iSd. § 18 des AktienG als ein Unternehmen gelten. Übergangsrechtliche Regelungen iS eines „befristeten Vertrauensschutzes" enthält insofern § 229 Abs. 1a (vgl. hierzu und zur Rechtsentwicklung BSG v. 9. 8. 2006, B 12 KR 3/06 R, SozR 4–2600 § 229 Nr. 1). Im Übrigen tritt seither für weitere – nicht konzernzugehörige – Beschäftigungen Rentenversicherungspflicht nach den allgemeinen Regelungen ein. Dem liegt die Erwägung zu Grunde, dass die wegen ihres **Ausnahmecharakters** eng auszulegende (vgl. hierzu und zur nicht immer konsequenten Rechtsprechung BSG v. 9. 8. 2006, B 12 KR 3/06 R, SozR 4–2600 § 229 Nr. 1, Regelung den Zweck verfolgt, typisierend Beschäftigte von der Rentenversicherungspflicht auszunehmen, die wegen der bei ihnen vermuteten wirtschaftlichen Verhältnisse nicht des Schutzes und der Sicherheit des Systems bedürfen.

§ 2 Selbständig Tätige

¹**Versicherungspflichtig sind selbständig tätige**
1. Lehrer und Erzieher, die im Zusammenhang mit ihrer selbständigen Tätigkeit regelmäßig keinen versicherungspflichtigen Arbeitnehmer beschäftigen,

2. Pflegepersonen, die in der Kranken-, Wochen-, Säuglings- oder Kinderpflege tätig sind und im Zusammenhang mit ihrer selbständigen Tätigkeit regelmäßig keinen versicherungspflichtigen Arbeitnehmer beschäftigen,
3. Hebammen und Entbindungspfleger,
4. Seelotsen der Reviere im Sinne des Gesetzes über das Seelotswesen,
5. Künstler und Publizisten nach näherer Bestimmung des Künstlersozialversicherungsgesetzes,
6. Hausgewerbetreibende,
7. Küstenschiffer und Küstenfischer, die zur Besatzung ihres Fahrzeuges gehören oder als Küstenfischer ohne Fahrzeug fischen und regelmäßig nicht mehr als vier versicherungspflichtige Arbeitnehmer beschäftigen,
8. Gewerbetreibende, die in die Handwerksrolle eingetragen sind und in ihrer Person die für die Eintragung in die Handwerksrolle erforderlichen Voraussetzungen erfüllen, wobei Handwerksbetriebe im Sinne der §§ 2 und 3 der Handwerksordnung sowie Betriebsfortführungen auf Grund von § 4 der Handwerksordnung außer Betracht bleiben; ist eine Personengesellschaft in die Handwerksrolle eingetragen, gilt als Gewerbetreibender, wer als Gesellschafter in seiner Person die Voraussetzungen für die Eintragung in die Handwerksrolle erfüllt,
9. Personen, die
    a) im Zusammenhang mit ihrer selbständigen Tätigkeit regelmäßig keinen versicherungspflichtigen Arbeitnehmer beschäftigen und
    b) auf Dauer und im Wesentlichen nur für einen Auftraggeber tätig sind; bei Gesellschaftern gelten als Auftraggeber die Auftraggeber der Gesellschaft,
10. Personen für die Dauer des Bezugs eines Zuschusses nach § 421l des Dritten Buches.

²Nach Satz 1 Nr. 1 bis 9 ist nicht versicherungspflichtig, wer in dieser Tätigkeit nach Satz 1 Nr. 10 versicherungspflichtig ist. ³Nach Satz 1 Nr. 10 ist nicht versicherungspflichtig, wer mit der Tätigkeit, für die ein Zuschuss nach § 421l des Dritten Buches oder eine entsprechende Leistung nach § 16 des Zweiten Buches gezahlt wird, die Voraussetzungen für die Versicherungspflicht nach dem Gesetz über die Alterssicherung der Landwirte erfüllt. ⁴Als Arbeitnehmer im Sinne des Satzes 1 Nr. 1, 2, 7 und 9 gelten
1. auch Personen, die berufliche Kenntnisse, Fertigkeiten oder Erfahrungen im Rahmen beruflicher Bildung erwerben,
2. nicht Personen, die als geringfügig Beschäftigte nach § 5 Abs. 2 Satz 2 auf die Versicherungsfreiheit verzichtet haben,
3. für Gesellschafter auch die Arbeitnehmer der Gesellschaft.

A. Normzweck

1   Die SV ist nicht von vorne herein auf abhängig Beschäftigte begrenzt. Insbesondere sind in die gRV seit jeher bestimmte Gruppen von Arbeitnehmern vergleichbar schutzbedürftigen Selbstständigen einbezogen. Der **Begriff des Selbstständigen** ist in Abgrenzung von demjenigen der abhängigen Beschäftigung in § 7 SGB IV ebenfalls typisierend zu entwickeln. Dieser Status iVm. einer berufsgruppenspezifischen Tätigkeit allein rechtfertigte bis Ende 1998 unabhängig von einem konkreten Schutzbedürfnis oder von einer anderweitigen Absicherung (BSG v. 23. 11. 2005, B 12 RA 9/04 R, USK 2005–47) vor Art. 2 Abs. 1 GG die Einbeziehung der Betroffenen. Insofern ist unerheblich, dass sich der **Verwaltungsvollzug** naturgemäß schwieriger gestaltet als bei abhängig Beschäftigten (vgl. BVerfG v. 26. 6. 2007, 1 BvR 2204/00 ua., SozR 4–2600 § 2 Nr. 10). Der Gesetzgeber war insofern durch Art. 3 Abs. 1 GG nicht gehalten, auch weitere vergleichbar Schutzbedürftige einzubeziehen (BSG v. 12. 10. 2000, B 12 RA 2/99 R, SozR 3–2600 § 2 Nr. 5). Aus der rentenversicherungsrechtlichen Behandlung einer Gruppe kann nicht auf eine bestehende oder nicht bestehende Versicherungspflicht bei einer anderen Gruppe geschlossen werden (BSG v. 30. 1. 1997, 12 RK 31/96, SozR 3–2600 § 2 Nr. 2). Erst recht kann nicht aus der versicherungsrechtlichen Behandlung in einem Zweig der Sozialversicherung darauf geschlossen werden, dass der Gesetzgeber sein Vorgehen in einem Zweig notwendig auf einen anderen übertragen müsse (vgl. BSG v. 23. 11. 2005, B 12 RA 9/04 R, USK 2005–47).

2   Mit **S. 1 Nr. 9** hat der Gesetzgeber zudem ab 1. 1. 1999 ohne Verfassungsverstoß alle Selbstständigen in die Versicherungspflicht einbezogen, die unabhängig von einem bestimmten Inhalt ihrer Tätigkeit unter gemeinsamen äußeren Bedingungen nachgehen. Auch hierin kommt die soziale Schutzbedürftigkeit dieses Personenkreises hinreichend zum Ausdruck (BSG v. 24. 11. 2005, B 12 RA 1/04 R, SozR 4–2600 § 2 Nr. 7). Dass der Gesetzgeber aus der Gruppe versicherungspflichtiger Selbstständiger einzelne Gruppen versicherungspflichtiger Selbstständiger herausgelöst und eigenständig strukturiert hat, ist verfassungsrechtlich nicht zu beanstanden (BSG v. 5. 7. 2006, B 12 Ra 4/05 R, SozR 4–2600 § 2 Nr. 9). Vorher bereits einbezogene Gruppen von Selbstständigen können nicht etwa verlangen, dass sich nunmehr auch ihre Schutzbedürftigkeit unter Rückgriff auf ihre (Außen)Beziehung

zu einem anderen Rechtssubjekt („Auftraggeber") bestimmt (BSG v. 5. 7. 2006, B 12 Ra 4/05 R, SozR 4–2600 § 2 Nr. 9).

Die Versicherungspflicht nach § 2 wird neben den Regelungen über die Versicherungsfreiheit und die Befreiung von der Versicherungspflicht in §§ 5, 6 durch die **speziellen Befreiungsrechte** in § 231 Abs. 6 (Versicherungspflichtige nach § 2 S. 1 Nr. 1 bis 3 oder § 229a Abs. 1) und § 231 Abs. 5 (Versicherungspflichtige nach § 2 S. 1 Nr. 9) begrenzt (vgl. hierzu BSG v. 23. 11. 2005, B 12 RA 5/03, SozR 4–2600 § 231 Nr. 1 und B 12 RA 13/04 R, SozR 4–2600 § 231 Nr. 2). Beide sind als **Ausnahmevorschriften** auf einen engen Anwendungsbereich beschränkt und weder erweiterungs- noch analogiefähig noch unter einander austauschbar (vgl. BSG v. 23. 11. 2005, B 12 RA 9/04 R, USK 2005–47 und v. 27. 9. 2007, B 12 R/06 R, USK 2007–66; BVerfG v. 26. 6. 2007, 1 BvR 2204/00 ua., SozR 4–2600 § 2 Nr. 10). 3

B. Die einzelnen Gruppen versicherter Selbstständiger

I. Lehrer und Erzieher

Selbstständige Lehrer sind praktisch von deren Beginn an in der gRV pflichtversichert (vgl. zur Entwicklung BSG v. 12. 10. 2000, B 12 RA 2/99 R, SozR 3–2600 § 2 Nr. 5). Die obergerichtliche Rechtsprechung sieht dies deshalb als **gerechtfertigt** an, weil die Berufsgruppe aus der Verwertung der eigenen Arbeitskraft durch persönliche Dienstleistung Einkünfte erzielt und ihre Stellung damit derjenigen von Arbeitnehmern vergleichbar ist (BSG v. 23. 11. 2005, B 12 RA 5/03 R, SozR 4–2600 § 231 Nr. 1). Verfassungsrechtliche Bedenken gegen die Rentenversicherungspflicht selbstständiger Lehrer bestehen auch ansonsten nicht (BSG v. 12. 10. 2000, B 12 RA 2/99 R, SozR 3–2600 § 2 Nr. 5 und v. 22. 6. 2005, B 12 RA 6/04 R, SGb 2005, 446 und v. 23. 11. 2005, B 12 RA 9/04 R, USK 2005–47; BVerfG v. 26. 6. 2007, 1 BvR 2204/00 ua., SozR 4–2600 § 2 Nr. 10). Nur ausnahmsweise besteht nach **§ 231 Abs. 6 SGB VI** übergangsrechtlich ein Anspruch auf Befreiung für Personen, die am 31. 12. 1998 bereits tatsächlich rentenversicherungspflichtig waren (BSG v. 23. 11. 2005, B 12 RA 13/04 R, SozR 4–2600 § 231 Nr. 2). 4

Die Versicherungspflicht ist weder vom Durchlaufen einer pädagogischen Ausbildung, noch von der Ausübung der Erwerbstätigkeit im Rahmen eines eigenen Betriebes noch von einer bestimmten Geisteshaltung abhängig. Eine bestimmte **Qualität** des Unterrichts ist nicht erforderlich. Vielmehr genügt sozialversicherungsrechtlich jede Anleitung zu einem gemeinsamen Tun, auch wenn dieses von den Schülern im Extremfall nur aktuell imitiert wird und später nicht eigenständig reproduziert werden kann (vgl. insofern zur Versicherungspflicht eines Aerobic-Trainers BSG v. 22. 6. 04, B 12 RA 6/04 R, SozR 4–2600 § 2 Nr. 1, v. 22. 6. 2005, B 12 RA 14/04 R, juris, und v. 27. 9. 2007, B 12 R 12/06 R, USK 2007–66). Bei lehrenden Künstlern steht der Annahme einer Rentenversicherungspflicht als selbstständig tätige Lehrer nicht entgegen, dass in soweit ab einem späteren Zeitpunkt Versicherungspflicht nach dem KSVG besteht (BSG v. 12. 12. 2007, B 12 KR 8/07 R). 5

Unter Zugrundelegung des **subjektiv-formalen Erziehungs-Begriffs** der obergerichtlichen Rechtsprechung sind als Erzieher alle Personen versicherungspflichtig, deren Verhalten nach dem Verständnis und den Vorstellungen der Handelnden darauf gerichtet ist, die körperliche, geistige, seelische und charakterliche Entwicklung eins Kindes zu beeinflussen. Dies ist – jedenfalls bei Kindern im Vorschulalter – bereits dann gegeben, wenn sie beaufsichtigt werden und ihre Primärbedürfnisse wie Essen, Schlafen, Spielen etc. befriedigt oder unterstützt werden (vgl. zur Versicherungspflicht von Tagesmüttern BSG v. 22. 6. 2005, B 12 RA 12/04 R, SozR 4–2600 § 2 Nr. 2 und zuletzt v. 25. 5. 2011, B 12 R 14/09 R, Terminbericht Nr. 25/11 v. 26. 5. 2011). 6

Die **soziale Schutzbedürftigkeit** der Lehrer und Erzieher durfte darüber hinaus in einer generalisierenden, typisierenden und verwaltungsmäßig leicht feststellbaren Weise – auch insofern verfassungsrechtlich unbedenklich – sachgerecht davon abhängig gemacht werden, dass im Zusammenhang mit der selbstständigen Tätigkeit **kein versicherungspflichtiger Arbeitnehmer** beschäftigt wird (vgl. BSG v. 3. 1. 1997, 12 RK 31/96, SozR 3–2600 § 2 Nr. 2 und v. 30. 1. 1997, 12 RK 31/96, SozR 3–2600 § 2 Nr. 2). Dieses Abgrenzungsmerkmal ist nach Maßgabe des S. 2 in den verschiedenen Versicherungspflichttatbeständen des § 2 gleich auszulegen und zu bewerten (BSG v. 23. 11. 2005, B 12 RA 15/04, SozR 4–2600 § 2 Nr. 5). Es besagt nicht, dass die Hilfskraft des Lehrers konkret versicherungspflichtig sein müsste, vielmehr genügt grundsätzlich jede regelmäßige (vgl. BSG v. 30. 1. 1997, 12 RK 31/96, SozR 3–2600 § 2 Nr. 2) und ihrem Umfang nach Versicherungspflicht begründende Beschäftigung, die im konkreten Zeitraum ausgeübt wird, als hinreichendes Indiz für fehlende Schutzbedürftigkeit. Nach der ausdrücklichen Anordnung des S. 4 Nr. 2 genügt insofern auch die – unabhängig von der Entgeltlichkeit versicherungspflichtige – Beschäftigung im Rahmen der beruflichen Bildung (vgl. § 1 S. Nr. 1). Soziale Schutzbedürftigkeit kann auch durch die Beschäftigung von mehreren Arbeitnehmern ausgeschlossen werden, deren Entgelte insgesamt die Grenze der Geringfügigkeit überschreiten (BSG v. 23. 11. 2005, B 12 RA 5/03 R, SozR 4–2600 § 231 Nr. 1 und B 12 RA 15/04 R, SozR 4–2600 § 2 Nr. 5). Bei einer derartigen Kumulation kommt auch einer gering- 7 fügigen Beschäftigung, die für sich entweder bereits mangels Versicherungspflicht (§ 5 Abs. 2 S. 1 Nr. 1) oder bei Verzicht des geringfügig Beschäftigten auf die Versicherungsfreiheit nach § 5 Abs. 2 S. 2 wegen S. 4 Nr. 2 unbeachtlich bliebe, Bedeutung zu. Dagegen genügt die Tätigkeit von freien Mitarbeitern nicht (BSG v. 30. 1. 1997, 12 RK 31/96, SozR 3–2600 § 2 Nr. 2 und v. 10. 5. 2006, B 12 RA 2/05 R, SozR 4–2600 § 2 Nr. 8).

II. Pflegepersonen

8   Zu den selbstständigen Pflegepersonen iSd. Nr. 2 gehören jedenfalls Personen, die überwiegend aufgrund ärztlicher Verordnung tätig werden und damit weder selbst eine Diagnose stellen, noch Art und Umfang der Behandlung bestimmen (**Heilhilfsberufe**). Sie sind aufgrund der hierin zum Ausdruck kommenden Weisungsabhängigkeit arbeitnehmerähnlich tätig und damit hinreichend sozial schutzbedürftig. Versichert sind deshalb auch Krankengymnasten/Physiotherapeuten (BSG v. 30. 1. 1997, 12 RK 31/96, SozR 3–2600 § 2 Nr. 2 und v. 11. 11. 2003 B 12 RA 2/03 R, Die Beiträge 2004, 306) und Ergotherapeuten (BSG v. 4. 6. 1998, B 12 KR 9/97 R, SozR 3–2600 § 2 Nr. 3), nicht jedoch selbst die Heilkunde ausübenden Ärzte (BSG v. 26. 5. 1977, 12 RK 55/76, SozR 2400 § 2 Nr. 5) und Heilpraktiker (vgl. BSG v. 28. 4. 1977, 12/3 RK 56/75, SozR 2400 § 2 Nr. 4). Ihre Versicherungspflicht entfällt wie bei Nr. 1 durch Beschäftigung eines **„versicherungspflichtigen" Arbeitnehmers** (vgl. vorstehend Rn. 7). Nur ausnahmsweise besteht nach § 231 Abs. 6 SGB VI übergangsrechtlich ein Anspruch auf Befreiung für Personen, die am 31. 12. 1998 bereits tatsächlich rentenversicherungspflichtig waren (BSG v. 23. 11. 2005, B 12 RA 13/04 R, SozR 4–2600 § 231 Nr. 2).

III. Hebammen und Entbindungshelfer

9   Betroffen sind die nach dem **HebG** v. 4. 6. 1985 (BGBl. I 902) mit staatlicher Erlaubnis in der Entbindungspflege Tätigen. Hiergegen bestehen keine verfassungsrechtlichen Bedenken (BSG v. 5. 8. 2003, B 12 RA 5/03 B, juris). Die Beschäftigung von Arbeitnehmern ist insofern unerheblich. Nur ausnahmsweise besteht nach **§ 231 Abs. 6 SGB VI** übergangsrechtlich ein Anspruch auf Befreiung für Personen, die am 31. 12. 1998 bereits tatsächlich rentenversicherungspflichtig waren (BSG v. 23. 11. 2005, B 12 RA 13/04 R, SozR 4–2600 § 231 Nr. 2).

IV. Seelotsen

10   Seelotse ist, wer nach behördlicher Zulassung berufsmäßig auf Schifffahrtsstraßen außerhalb der Häfen oder über See Schiffe als orts- und schifffahrtskundiger Berater geleitet (§ 1 S. 1 SeeLG). Der Seelotse ist nicht Teil der Schiffsbesatzung (§ 1 S. 2 SeeLG). Der für ein Seelotsrevier bestallte Seelotse (§§ 7 ff. SeeLG) übt seine Tätigkeit im Rahmen eines **freien, nicht gewerblichen Berufs** aus (§ 21 SeeLG). Seelotsenreviere sind Fahrtstrecken und Seegebiete, für die zur Sicherheit der Schifffahrt die Bereitstellung einheitlicher, ständiger Lotsendienste angeordnet ist (§ 2 SeeLG).

V. Künstler und Publizisten

11   Weil für Kulturschaffende allgemein ein erhöhtes soziales Schutzbedürfnis angenommen wurde, wurde mit dem KSVG ua die Versicherungspflicht in der gRV auf alle selbstständigen Künstler und Publizisten ausgedehnt, soweit sie nicht schon anderweitig kraft Gesetzes sozial gesichert waren (BT-Drs. 9/26 S. 16). Nr. 5 enthält eine bloße **Verweisung** auf das seinerseits verfassungsgemäße KSVG (BVerfG v. 8. 4. 1997, 2 BvR 142/84, BVerfGE 75, 108) KSVG.

VI. Hausgewerbetreibende

12   Nr. 6 knüpft an die Begriffsbestimmung des **§ 12 Abs. 4 SGB IV** (vgl. im Einzelnen dort) an und verknüpft sie mit der Rechtsfolge der Versicherungspflicht.

VII. Küstenschiffer und -fischer

13   **Küstenschiffer** ist, wer Fahrgäste oder Güter an einem Ort im Inland an Bord nimmt und sie unter Benutzung des Seewegs gegen Entgelt an einen inländischen Bestimmungsort befördert (§ 1 G über Küstenschifffahrt v. 26. 7. 1957, BGBl. II 738). Aus dem allgemeinen Erfordernis der **Selbstständigkeit** als Voraussetzung der Versicherungspflicht und dem besonderen Tatbestandsmerkmal der Zugehörigkeit zur Besatzung nach Nr. 7 (vgl. §§ 3, 7, 13 SeemannsG v. 26. 7. 1957) ergibt sich der insofern unter Einsatz der eigenen Arbeitskraft und mit eigenem wirtschaftlichen Risiko auszufüllende Tätigkeitsbereich. **Küstenfischer** ist, wer zur Besatzung eines Fischereischiffs gehört und innerhalb der Grenzen des § 121 Abs. 3 Nr. 1, 2 SGB VII Fischerei betreibt (vgl. Kasseler Kommentar/Gürtner § 2 Nr. 23). Anders als bei den Küstenschiffern ist bei ihnen ist die Zugehörigkeit zur Besatzung neben der selbstständigen Ausübung ihrer Tätigkeit nur fakultativ. Die Versicherungspflicht der Küstenschiffer und -fischer entfällt entsprechend Nr. 1 durch Beschäftigung von regelmäßig mindestens einem und höchstens vier **„versicherungspflichtigen" Arbeitnehmern** (vgl. vorstehend Rn. 7).

VIII. In die Handwerksrolle eingetragene Gewerbetreibende

Die Vorschrift integriert die bis zum Inkrafttreten des SGB VI im HwVG geregelte Rentenversi- **14** cherungspflicht der selbstständigen Handwerker in die allgemeinen Regelungen der Versicherungspflicht für Selbstständige. Die für die Versicherungspflicht konstitutive Eintragung in die Handwerksrolle (§ 6 Abs. 1 HWO) hat für die Träger der gRV in den Grenzen der Nichtigkeit (BSG v. 18. 3. 1969, 11 RA 279/67, SozR Nr. 49 zu § 1248 RVO) und mit Ausnahme der Eintragungen nach den §§ 2 bis 4 HWO sowie der Fälle der Betriebsfortführung nach § 4 HWO **Tatbestandswirkung** (BSG v. 26. 5. 1977, 12/3 RK 29/75, SozR 5800 § 1 Nr. 1). Insofern erübrigt sich die eigene materielle Prüfung, ob der Art nach ein handwerklich Gewerbe ausgeübt wird. Zu prüfen bleibt dagegen die daneben erforderliche tatsächliche Ausübung dieser Tätigkeit. Ist eine **Personengesellschaft** in die Handwerksrolle eingetragen (vgl. zu den Besonderheiten der GmbH & Co KG BSG v. 15. 6. 2000, B 12 RJ 4/99 R, SozR 3–2600 § 2 Nr. 4), gilt als Gewerbetreibender, wer als Gesellschafter in seiner Person die Voraussetzungen für die Eintragung erfüllt (Hs. 2). Von dieser **Fiktion** nicht erfasst ist die Selbstständigkeit dieser Personen und die tatsächliche Ausübung ihrer Tätigkeit.

IX. Arbeitnehmerähnliche Selbstständige

Die Vorschrift ist im Zusammenhang der Gesetzgebung zur sog. **Scheinselbstständigkeit** (vgl. zur **15** Entwicklung Weiss/Gagel, Handbuch des Arbeits- und Sozialrechts/Berchtold § 12 c Rn. 47 ff.) ergangen und erfasst seit dem 1. 1. 1999 unabhängig von der Berufsgruppe alle Selbstständigen, die (kumulativ) im Zusammenhang ihrer Tätigkeit regelmäßig keinen versicherungspflichtigen Arbeitnehmer beschäftigen (a) und auf Dauer und im Wesentlichen nur für einen Auftraggeber zuständig sind (b). Verfassungsrechtliche Bedenken gegen eine derart allein durch typische Tätigkeitsmerkmale begründete soziale Schutzbedürftigkeit bestehen nicht (BSG v. 10. 5. 2006, B 12 RA 2 /05 R, SozR 4–2600 § 2 Nr. 8 RdNr. 27 ff). Neben den typischen Tätigkeitsmerkmalen der Nr. 9 sind weitere Gesichtspunkte wie „Arbeitnehmerähnlichkeit" oder eine konkrete individuelle Schutzbedürftigkeit nicht zu prüfen; sie haben im gesetzlichen Tatbestand bereits hinreichend Ausdruck gefunden (BSG v. 24. 11. 05, B 12 RA 1/04 R, SozR 4–2600 § 2 Nr. 7, v. 4. 11. 2009, B 12 R 7/08 R, SozR 4–2600 § 2 Nr. 13 und v. 4. 11. 2009, B 12 R 3/08 R, SozR 4–2600 § 2 Nr. 12). Nr. 9 hat Grundlage und Bestand bei seinem Inkrafttreten bereits nach Nr. 1–8 begründeter Versicherungsverhältnisse unangetastet gelassen und bereits vorbestehende Systemzugehörigkeiten nicht im Wege des Paradigmenwechsels neu begründet (BSG v. 12. 10. 2000, B 12 RA 2/99 R, SozR 3–2600 § 2 Nr. 5) sodass sich Probleme der sog. **Versicherungskonkurrenz**, dh. der gleichzeitigen Erfüllung mehrerer Rentenversicherungstatbestände für ein und dieselbe Tätigkeit, insofern nicht ergeben (BSG v. 23. 11. 2005, B 12 RA 5/03 R, SozR 4–2600 § 231 Nr. 1). **Befreiungsmöglichkeiten** bestehen ausnahmsweise nach § 6 Abs. 1 a (vgl. dort RdNr. 14 ff.) und nach § 231 Abs. 5 (vgl. vorstehend RdNr. 3 und § 6 RdNr. 11).

Die Delegation von Vertragspflichten an selbstständige Subunternehmer/Untervertreter ist der Be- **16** schäftigung eines **versicherungspflichtigen Arbeitnehmers** nicht gleichzustellen. Anders als die Beschäftigung versicherungspflichtiger Arbeitnehmer ist nämlich der Einsatz selbstständiger Hilfskräfte für die Frage der typisierten sozialen Schutzbedürftigkeit nicht in gleichem Maße aussagekräftig (BSG v. 10. 5. 2006, B 12 RA 2/05 R, SozR 4–2600 § 2 Nr. 8). Dagegen ist insofern unerheblich, ob nur ein versicherungspflichtiger Arbeitnehmer oder mehrere versicherungspflichtig beschäftigt werden, die, zusammen in einem Versicherungspflicht begründenden Umfang arbeiten (vgl. BSG v. 23. 11. 2005, B 12 RA 15/04 R, SozR 4–2600 § 2 Nr. 5). Im Rahmen einer auch bei Nr. 9 auf der Grundlage der bei Aufnahme der selbstständigen Tätigkeit vorliegenden Verhältnisse prognostisch vorzunehmenden Beurteilung der Versicherungspflicht kann von der „regelmäßigen" Beschäftigung eines versicherungspflichtigen Arbeitnehmers allenfalls ausgegangen werden, wenn dies „alsbald" beabsichtigt ist (BSG v. 4. 11. 2009, B 12 R 3/08 R, SozR 4–2600 § 2 Nr. 12).

Das Verständnis des Rechtsbegriffs „**Auftraggeber**" ergibt sich allein aus dem Kontext des Versi- **17** cherungspflichttatbestandes der selbstständigen Tätigkeit, so dass im Fall der parallelen Ausübung einer selbstständigen Tätigkeit und einer abhängigen Beschäftigung der Arbeitgeber der Beschäftigung nicht als (weiterer) Arbeitgeber in Betracht kommt BSG v. 4. 11. 2009, B 12 R 7/08 R, SozR 4–2600 § 2 Nr. 13). Auftraggeber ist in diesem Sinne jede natürliche oder juristische Person oder Personengesamtheit, die im Wege eines Auftrages oder in sonstiger Weise eine andere Person mit einer Tätigkeit betraut, sei ihr vermittelt oder der Vermarktung und/oder Verkauf von Produkten nach einem bestimmten Organisations- und Marketingkonzept überlässt (BSG v. 4. 11. 2009, B 12 R 3/08 R, SozR 4–2600 § 2 Nr. 12). Die Beziehungen des Selbstständigen zu einem **Auftraggeber** müssen eine rechtlich begründete Zuordnung ermöglichen. Entscheidend ist daher, wem gegenüber der Selbstständige vertragliche Verpflichtungen erfüllt und von wem ihm ggf. umgekehrt eine Vergütung zufließt (BSG v. 10. 5. 2006, B 2 RA 2/05 R, SozR 4–2600 § 2 Nr. 8). Vor diesem Hintergrund können auch „**Einmann-Franchise-Nehmer**" ohne versicherungspflichtige Arbeitnehmer in den Anwendungsbereich der Nr. 9 einbezogen sein, auch wenn es an einem unmittelbaren Honoraranspruch gegen den „Absatzherrn", der in vertikal-kooperativ organisierten Absatzmittlungsverhältnissen als einziger Auftraggeber in Betracht kommt, fehlt. (BSG v. 4. 11. 2009, B 12 R 3/08 R, SozR 4–2600 § 2 Nr. 12; hierzu kritisch: Plagemann, Franchise – teure Rentenversicherungspflicht?, NJW 2010, 2481 ff)

18   Auf die Rechtsprechung des BSG (Urteil v. 24. 11. 2005, B 12 RA 1/04 R, SozR 4–2600 § 2 Nr. 7), dass der Geschäftsführer und einzige Gesellschafter einer **Ein-Mann-GmbH** als selbstständig Erwerbstätiger rentenversicherungspflichtig ist, wenn er selbst keinen versicherungspflichtigen Arbeitnehmer beschäftigt und im Wesentlichen nur für die GmbH tätig ist, hat der Gesetzgeber durch Einfügung von Nr. 9 Buchstabe b) Hs. 2 und S. 4 Nr. 3 reagiert. Seit dem 1. 7. 2006 gelten nunmehr bei Gesellschaftern als Auftraggeber die Auftraggeber der Gesellschaft und als Arbeitnehmer auch die Arbeitnehmer der Gesellschaft. Dies dürfte allerdings eine Versicherungspflicht als Gesellschafter voraussetzen, zu der sich jedenfalls das genannte Urteil nicht verhalten hatte.

X. Existenzgründungszuschuss

19   Nach § 421l SGB III haben Arbeitnehmer, die durch Aufnahme einer selbstständigen Tätigkeit die Arbeitslosigkeit beenden, unter den dort im Einzelnen aufgeführten Voraussetzungen Anspruch auf einen monatlichen Existenzgründungszuschuss (Abs. 1 S. 1). Die Regelungen finden nach Abs. 5 aaO vom **1. 7. 2006** an nur noch Anwendung, wenn der Anspruch auf Förderung vor diesem Tag bestanden hat. § 7 Abs. 4 befasst sich mit den sozialversicherungsrechtlichen Status der von dem auslaufenden § 421l SGB III Betroffenen. Haben diese den Zuschuss beantragt, wird hiernach iS einer widerlegbaren **(Rechts-)Vermutung** davon ausgegangen, dass sie in dieser Tätigkeit als Selbstständige tätig sind (Abs. 4 S. 1). Für die Dauer des Bezugs dieses Zuschusses gelten diese Personen als selbstständig Tätige (Abs. 4 S. 2). Da Anträge nur bis zum 30. 6. 2006 gestellt werden konnten, hat Abs. 4 S. 1 keine praktische Relevanz mehr. Ist der Anspruch auf den Zuschuss zuerkannt oder wird die Leistung tatsächlich bezogen, steht für diesen Zeitraum abschließend fest, dass der Betroffene sozialversicherungsrechtlich als selbstständig Tätiger zu behandeln ist.

20   Nr. 10 hat damit nur noch für diejenigen Bedeutung, deren Anspruch auf eine Förderung vor dem 1. 7. 2006 entstanden ist. Sie sind von sonstigen Voraussetzungen unabhängig allein wegen des Bezugs des Existenzgründungszuschusses und für dessen Dauer rentenversicherungspflichtig. Die Versicherungspflicht nach Nr. 10 geht jeder anderen nach den Nr. 1–9 vor (S. 2). Sie wird ihrerseits nur verdrängt, wenn die selbstständige landwirtschaftliche Tätigkeit, für die der Zuschuss gewährt wird, zugleich Versicherungspflicht nach § 1 ALG begründet.

§ 3 Sonstige Versicherte

¹Versicherungspflichtig sind Personen in der Zeit,
1. für die ihnen Kindererziehungszeiten anzurechnen sind (§ 56),
1 a. in der sie einen Pflegebedürftigen im Sinne des § 14 des Elften Buches nicht erwerbsmäßig wenigstens 14 Stunden wöchentlich in seiner häuslichen Umgebung pflegen (nicht erwerbsmäßig tätige Pflegepersonen), wenn der Pflegebedürftige Anspruch auf Leistungen aus der sozialen oder einer privaten Pflegeversicherung hat,
2. in der sie aufgrund gesetzlicher Pflicht Wehrdienst oder Zivildienst leisten,
2 a. in der sie sich in einem Wehrdienstverhältnis besonderer Art nach § 6 des Einsatz-Weiterverwendungsgesetzes befinden, wenn sich der Einsatzunfall während einer Zeit ereignet hat, in der sie nach Nummer 2 versicherungspflichtig waren,
3. für die sie von einem Leistungsträger Krankengeld, Verletztengeld, Versorgungskrankengeld, Übergangsgeld oder Arbeitslosengeld beziehen, wenn sie im letzten Jahr vor Beginn der Leistung zuletzt versicherungspflichtig waren; der Zeitraum von einem Jahr verlängert sich um Anrechnungszeiten wegen des Bezugs von Arbeitslosengeld II,
4. für die sie Vorruhestandsgeld beziehen, wenn sie unmittelbar vor Beginn der Leistung versicherungspflichtig waren.

²Pflegepersonen, die für ihre Tätigkeit von dem Pflegebedürftigen ein Arbeitsentgelt erhalten, das das dem Umfang der Pflegetätigkeit entsprechende Pflegegeld im Sinne des § 37 des Elften Buches nicht übersteigt, gelten als nicht erwerbsmäßig tätig; sie sind insoweit nicht nach § 1 Satz 1 Nr. 1 versicherungspflichtig. ³Nicht erwerbsmäßig tätige Pflegepersonen, die daneben regelmäßig mehr als 30 Stunden wöchentlich beschäftigt oder selbstständig tätig sind, sind nicht nach Satz 1 Nr. 1 a versicherungspflichtig. ⁴Wehrdienstleistende oder Zivildienstleistende, die für die Zeit ihres Dienstes Arbeitsentgelt weitererhalten oder Leistungen für Selbständige nach § 13 a des Unterhaltssicherungsgesetzes erhalten, sind nicht nach Satz 1 Nr. 2 versicherungspflichtig; die Beschäftigung oder selbständige Tätigkeit gilt in diesen Fällen als nicht unterbrochen. ⁵Trifft eine Versicherungspflicht nach Satz 1 Nr. 3 im Rahmen von Leistungen zur Teilhabe am Arbeitsleben mit einer Versicherungspflicht nach § 1 Satz 1 Nr. 2 oder 3 zusammen, geht die Versicherungspflicht vor, nach der die höheren Beiträge zu zahlen sind. ⁶Die Versicherungspflicht nach Satz 1 Nr. 3 und 4 erstreckt sich auch auf Personen, die ihren gewöhnlichen Aufenthalt im Ausland haben.

A. Normzweck

Die Vorschrift erfasst diejenigen Versicherten, deren Versicherungspflicht nicht an eine Beschäftigung oder selbstständige Tätigkeit anknüpft. Auch insofern handelt es sich nicht um einen Auffangtatbestand, sondern um ein **Konglommerat von Einzelfallregelungen.** Mit Art. 19 Nr. 3 des Haushaltsbegleitgesetzes 2011 v. 9. 12. 2010 (BGBl I 1885) ist mit Wirkung v. 1. 1. 2011 Nr. 3 um den Teilsatz 2 erweitert und Nr. 3a aufgehoben worden.

B. Einzelne Versicherungspflichtige

I. Kindererziehungszeiten (S. 1 Nr. 1)

Nr. 1 begründet Versicherungspflicht für Personen in der Zeit für die ihnen Kindererziehungszeiten anzurechnen sind. Umfang und Voraussetzungen einer derartigen Anrechnung regelt allein § 56, auf den daher auch verwiesen wird.

II. Nicht erwerbsmäßig tätige Pflegepersonen (S. 1 Nr. 1a, S. 2, 3)

Gemäß S. 1 Nr. 1a sind versicherungspflichtig Personen in der Zeit, in der sie einen Pflegebedürftigen iSd. § 14 SGB XI nicht erwerbsmäßig wenigstens 14 Stunden wöchentlich in seiner häuslichen Umgebung pflegen (nicht erwerbsmäßig tätige Pflegepersonen), wenn der Pflegebedürftige Anspruch auf Leistungen aus der sozialen oder einer privaten Pflegeversicherung hat. Die Vorschrift verbindet die soziale Sicherung der Pflegeperson mit dem Leistungsrecht der privaten (vgl. hierzu BSG v. 23. 9. 2003, B 12 P 2/02 R, SozR 4–2600 § 3 Nr. 1) und der sozialen Pflegeversicherung allgemein (vgl. § 21a Abs. 1 Nr. 3a SGB I, § 28 Abs. 1 Nr. 10 und § 44 SGB XI sowie BSG v. 23. 9. 2003 B 12 P 2/02 R, SozR 4–2600 § 3 Nr. 1) und der Pflege gerade von Pflegebedürftigen iSd. § 14 SGB XI im Besonderen. Sie ergänzt iSv. deren Vorrang die **häusliche Pflege.** Gerade durch die Rentenversicherungsbeiträge für die Pflegeperson und die damit erreichbare Verbesserung ihrer Altersvorsorge soll die auch dem Pflegebedürftigen günstige Bereitschaft zur häuslichen Pflege verbessert werden. Die Regelung dient damit zugleich dem konkret betroffenen Pflegebedürftigen selbst, dem im Verbleiben in seiner vertrauten Umgebung und damit auch eine von seinem Standpunkt aus wünschenswerte Form der Bewältigung seiner Bedürfnisse ermöglicht wird. Die Anordnung der Versicherungspflicht für die nicht erwerbstätige Pflegeperson und die hierzu normierte Entrichtung von Rentenversicherungsbeiträgen steht insoweit im Rahmen der in § 1 Abs. 4 SGB XI vorgesehenen **Hilfe für die Pflegebedürftigen,** die in § 28 SGB XI nach Leistungsarten konkretisiert wird (vgl. BGH v. 10. 11. 1998, VI ZR 354/97, VersR 1999, 252).

Nach **§ 19 SGB XI** sind Pflegepersonen iSd. SGB XI Personen, die nicht erwerbsmäßig einen Pflegebedürftigen iSd. § 14 SGB XI in seiner häuslichen Umgebung pflegen (S. 1). Leistungen zur sozialen Sicherung nach § 44 SGB XI erhält eine Pflegeperson nur dann, wenn sie eine pflegebedürftige Person wenigstens 14 Stunden wöchentlich pflegt (S. 2). In **strenger Akzessorietät** hängen damit Eintritt, Bestehen und Beendigung der Versicherungspflicht der Pflegeperson gerade von der Pflege einer Person ab, die Anspruch auf Leistungen aus der sozialen oder privaten PV hat. Der **quantitative Aspekt** der Hilfebedürftigkeit des Pflegebedürftigen findet dabei seinen Ausdruck jeweils grundsätzlich in demjenigen Zeitaufwand, der wöchentlich im Tagesdurchschnitt nach dem Maßstab der Laienpflege entsprechend dem typisierten Bedarf der Pflegestufe mindestens anfällt (vgl. Udsching, § 15 SGB XI Rn. 14). Auch die weitere Voraussetzung einer wöchentlichen Mindestpflegezeit von 14 Stunden, der zwar nicht Element des Begriffs der Pflegeperson iSv. § 19 S. 1 SGB XI ist (vgl. BSG v. 7. 9. 2004, B 2 U 46/03, SozR 4–2700 § 2 Nr. 3), doch nach § 19 S. 2 SGB XI ausdrücklich Tatbestandsvoraussetzung „aller Leistungen zur sozialen Sicherung nach § 44" ist, ist nur dann erfüllt, wenn dieser Zeitraum gerade für die im Zusammenhang des **SGB XI** relevanten Pflegeleistungen aufgewandt wird (so jetzt auch BSG v. 5. 5. 2010, B 12 R 6/09 R, USK 2010-18). Die nicht näher begründete Behauptung in BT-Drs. 12/5262 (S. 101), bei der Feststellung der Mindeststundenzahl werde nicht nur die Arbeitszeit gerechnet, die auf Grundpflege und hauswirtschaftliche Versorgung entfalle und für die Feststellung des Grades der Pflegebedürftigkeit nach den §§ 12 und 13 SGB XI maßgeblich sei, sondern auch die Zeit, die benötigt werde für die ergänzende Pflege und Betreuung iSv. § 4 Abs. 2 S. 1 SGB XI, ist für sich nicht geeignet, den einfachgesetzlichen Gesetzesvorbehalt des § 31 SGB I zu derogieren. Im Gegenteil widerspräche es der strikten Zweckbindung von Betriebsmitteln der Pflegeversicherung (§ 62 Abs. 1 SGB XI) und der Bemessung der Rentenversicherungsbeiträge für nicht erwerbstätige Pflegepersonen in Abhängigkeit ua. von der Pflegestufe und der Dauer der Pflegeleistung (vgl. hierzu BSG v. 23. 9. 2003, B 12 P 2/02 R, SozR 4–2600 § 3 Nr. 1), neben der auf Grundpflege und hauswirtschaftliche Betreuung entfallenden Arbeitszeit auch diejenige für ergänzende Pflege und Betreuung iSd. § 4 Abs. 2 S. 1 SGB XI zu berücksichtigen.

5   Ein **Schutzbedürfnis** der Pflegeperson besteht nur, wenn die Pflege nicht erwerbsmäßig, dh. weder im Rahmen einer abhängigen Beschäftigung, noch einer selbstständigen Erwerbstätigkeit erbracht wird (S. 1 Nr. 1a, § 19 S. 1 SGB XI). S. 2 ergänzt den Tatbestand der Nr. 1a hinsichtlich des Merkmals der **Erwerbsmäßigkeit,** die nach seiner ausdrücklichen Anordnung nicht bereits durch die Zahlung eines Arbeitsentgelts bis zu einer dem Umfang der Pflegetätigkeit iSd. § 37 SGB XI entsprechenden Höhe begründet wird (vgl. zur Maßgeblichkeit eines anteiligen Betrages bei nur teilweiser Übernahme der Pflege BT-Drs. 12/5262, S. 159). Eine Versicherungspflicht nach § 1 S. 1 Nr. 1 ist bei Wahrung dieser Grenze stets ausdrücklich ausgeschlossen (S. 2 Hs. 2), ohne dass umgekehrt bei Überschreiten der Entgeltgrenze von vorne herein eine abhängige Beschäftigung angenommen werden könnte.

6   Für die Feststellung der Versicherungs- und Beitragspflicht nicht erwerbstätiger Pflegepersonen ist – unabhängig davon, ob der Pflegebedürftige privat oder sozial pflegeversichert ist – im Streitfall allein der **Träger der gRV** zuständig (BSG v. 5. 5. 2010, B 12 R 6/09 R, USK 2010-18). Dieser allein hat damit insbesondere auch die Frage zu klären, ob Pflegeleistungen in einem für die Versicherungspflicht erforderlichen Umfang erbracht werden. Dagegen fehlt es einer unmittelbar gegen den nach § 170 Abs. 1 Nr. 6 zuständigen Träger erhobenen Leistungs- oder Feststellungsklage am erforderlichen Feststellungs- bzw. Rechtsschutzinteresse (vgl. hierzu insgesamt BSG v. 23. 9. 2003, B 12 P 2/02 R, SozR 4–2600 § 3 Nr. 1).

III. Auf Grund gesetzlicher Pflicht Wehr- oder Zivildienst Leistende (S. 1 Nr. 2, S. 4, 5)

7   Personen, die Wehrdienst leisten und nicht in einem Dienstverhältnis als Berufssoldat oder Soldat auf Zeit stehen, sind in dieser Beschäftigung nicht nach § 1 S. 1 Nr. 1 versicherungspflichtig; sie gelten als Wehrdienstleistende im Sinne des § 3 S. 1 Nr. 2 oder 2a und S. 4 (§ 1 S. 3). Während Personen in einem Dienstverhältnis als Berufssoldat oder Soldat auf Zeit zwar als Beschäftigte „dem Grunde nach" versicherungspflichtig (§ 1 S. 1 Nr. 1), nach § 5 Abs. 1 Nr. 1 im Ergebnis jedoch versicherungsfrei sind, bleibt für alle anderen Wehrdienst Leistenden einschließlich derjenigen, die Freiwilligen Wehrdienst nach dem 7. Abschnitt des WehrpflichtG (eingefügt durch Art. 1 des Wehrrechtsänderungsgesetzes vom 28. 4. 2011 [BGBl. I 678]) leisten und denjenigen Regelungen unterfallen, die an die Ableistung des Grundwehrdienstes (§ 5 WehrpflichtG) oder des freiwilligen zusätzlichen Wehrdienstes im Anschluss an den Grundwehrdienst (§ 54 WehrpflichtG) anknüpfen (§ 54 WehrpflichtG), eine Versicherungspflicht allein auf der Grundlage von § 3. Insofern begründet grundsätzlich und in aller Regel S. 1 Nr. 2 für Wehr- und Zivildienstleistende Versicherungspflicht, es sei denn, dass diese Personen für die Zeit ihres Dienstes Arbeitsentgelt oder Leistungen für Selbstständige nach § 13a des Unterhaltssicherungsgesetzes erhalten (S. 4 Hs. 1). Wird ausnahmsweise auf gesetzlicher (vgl. hierzu näher § 25 SGB III Rn. 18) bzw. einzel- oder tarifvertraglicher Grundlage Arbeitsentgelt weiter gezahlt oder wird ein Selbstständiger nach der genannten Vorschrift in der Lage versetzt, Beiträge in bisherigen Umfang weiter zu zahlen, gilt die bisherige Beschäftigung oder selbstständige Tätigkeit als nicht unterbrochen (S. 4 Hs. 2) und kann daher ein ggf. vorher bestehendes Versicherungsverhältnis auf (fiktiv) unveränderter Grundlage fortgesetzt werden. Die übrigen Fälle des Wehr- oder Zivildienstes (mit Ausnahme von Zeiten eines Wehrdienstverhältnisses besonderer Art iSd. Nr. 2a), deren Tatbestände sich im Einzelnen aus dem WPflG, dem ZDG und dem KDVG ergeben, verknüpft Nr. 3 als Auffangtatbestand (vgl. so bereits zu § 2 Abs. 1 Nr. 8 BSG v. 14. 9. 1989, 4 RA 56/88, SozR 2400 § 2 Nr. 28) mit der Rechtsfolge der Versicherungspflicht in der gRV und schafft so eine eigenständige Grundlage für die rentenrechtliche Mindestsicherung der Dienstleistenden.

IV. Personen in einem Wehrdienstverhältnis besonderer Art (S. 1 Nr. 2a)

8   Das Gesetz zur Regelung der Weiterverwendung nach Einsatzunfällen (Einsatz-Weiterverwendungsgesetz-EinsatzWVG) v. 12. 12. 2007 (BGBl. I 2861) sieht als Maßnahme zum Ausgleich von Nachteilen, die durch eine in Auslandsverwendungen zugezogene Schädigung entstehen (können) für Soldaten ua. die Begründung eines Wehrdienstverhältnisses eigener Art vor (vgl. BT-Drs. 16/6564 und 16/6650). Einsatzgeschädigte iSd. EinsatzWVG ist insofern Soldaten, die eine nicht nur geringfügige gesundheitliche Schädigung durch einen Einsatzunfall iSv. § 63c des Soldatenversorgungsgesetzes erlitten haben (§ 1 EinsatzWVG). Das Wehrdienstverhältnis eigener Art tritt – vorbehaltlich eines schriftlichen Widerspruchs des Betroffenen – grundsätzlich unmittelbar anschließend kraft Gesetzes mit dem Zeitpunkt ein, wenn das nicht auf Lebenszeit begründete Wehrdienstverhältnis des Einsatzgeschädigten während der Schutzzeit (§ 4 EinsatzWVG) durch Zeitablauf endet oder aus diesem Grund zu beenden wäre (§ 6 Abs. 1 S. 1 EinsatzWVG). Hat das nicht auf Lebenszeit begründete Wehrdienstverhältnis durch Zeitablauf geendet oder ist es aus diesem Grund beendet worden und ist die gesundheitliche Schädigung erst danach erkannt worden, sind Einsatzgeschädigte auf schriftlichen Antrag in ein Wehrdienstverhältnis eigener Art einzustellen (§ 6 Abs. 5 S. 1 EinsatzWVG). Die Betroffenen erhalten auf diese Weise nach Maßgabe des EinsatzWVG) die Rechtsstellung eines Soldaten

auf Zeit (§ 6 Abs. 2 S. 1 EinsatzWVG), die indes den sozialversicherungsrechtlichen Status unberührt lässt (§ 6 Abs. 2 S. 3 EinsatzWVG).

Eine Rentenversicherungspflicht des betroffenen Personenkreises auf der Grundlage § 1 S. 1 Nr. 1 ist unter diesen Umständen schon deshalb ausgeschlossen, weil weder ein Dienstverhältnis als Berufssoldat noch – mit Wirkung auch für die Sozialversicherung – als Soldat auf Zeit besteht. Als Grundlage der Rentenversicherungspflicht als Ausgleich der Aufopferung für die Allgemeinheit kommt daher unmittelbar und von vorne herein – nicht also auf der Grundlage einer fiktiven Gleichstellung (§ 1 S. 4 Hs. 2) – nur Nr. 2a in Betracht. Allerdings wird auf diese Weise der „bisherige Status" von Soldaten auf Zeit entgegen der Begründung des Entwurfsverfasser gerade nicht aufrechterhalten, sondern vielmehr ein neuer Status begründet (vgl. BT-Drs. 16/6564 S. 26). Die ausdrückliche Begrenzung auf Einsatzunfälle, die sich in einer Zeit der Versicherungspflicht nach Nr. 2 ereignet haben, dürfte ungerechtfertigt diejenigen benachteiligen (Art. 3 Abs. 1 GG), die während einer Auslandsverwendung nach § 6a WPflG weiter Entgelt erhalten haben (vgl. näher § 25 SGB III Rn. 22) und daher auf der Grundlage von S. 4 Hs. 2 iVm. § 1 S. 1 Nr. 1 versichert waren. Entsprechendes gilt für Selbstständige, die Leistungen nach dem USG bezogen haben.

V. Bezieher von Krankengeld etc. (S. 1 Nr. 3, S. 5, 6)

Der vorsorgende Schutz von Beziehern einer Sozialleistung in **anderen Bereichen** als demjenigen, in dem die aktuell bezogene Leistung wurzelt, ist insbesondere in der gegliederten Sozialversicherung eine weit verbreitete Erscheinung. Vornehmlich erweist es sich vielfach als erforderlich, über die Kompensation von Folgen des bereits realisierten Risikos des Entfallens von Erwerbseinkommen hinaus hinsichtlich weiterer Risiken auch denjenigen Schutz aufrecht zu erhalten, dessen Notwendigkeit sich sonst aus dem Angewiesensein auf das Erwerbseinkommen ableitet (vgl. exemplarisch Berchtold, Krankengeld, S. 231 ff.). In diesem Sinne stellt sich die an den Bezug von Sozialleistungen anknüpfende Rentenversicherungspflicht jeweils letztlich als **Abrundung** des der spezifischen Sozialleistung zu Grunde liegenden Schutzkonzepts dar. Entsprechende Regelungen sind indes stets nur auf eng begrenze Lebenssachverhalte beschränkt und nicht etwa Ausdruck eines verallgemeinerungsfähigen Grundsatzes der lückenlosen Alterssicherung bei Erwerbsunterbrechungen (vgl. BSG v. 14. 2. 2001, B 1 KR 25/99 R, SozR 3–1100 Art. 3 Nr. 170).

Versicherungspflicht nach Nr. 3 wird begründet durch den Bezug von Krankengeld (§ 24b Abs. 2 S. 2, §§ 44 ff. SGB V, § 11 Abs. 3 BVFG), Verletztengeld (§§ 45 ff. SGB VII), Versorgungskrankengeld (§§ 16, 16e BV), Übergangsgeld (§ 45 Abs. 1 Nr. 2, Abs. 2, 3, §§ 46 ff. SGB IX) und Alg I (§§ 116 ff. SGB III). Sie setzt eine (durchgehende) **Vorversicherungszeit** im letzten Jahr vor Beginn der „Leistung" und den Bezug einer der dort aufgeführten Entgeltersatzleistungen durch einen Leistungsträger iSd. § 12 SGB I voraus. Der mit Wirkung zum 1. 1. 2011 eingefügte Teilsatz 2 der Nr. 3 soll sicherstellen, dass die Bezieher von ALG II, die im Anschluss an diese Leistung eine andere Sozialleistung beziehen, auch künftig nach Nr. 3 versicherungspflichtig sind (vgl. BT-Drucks. 17/3030 S. 50). Personen, die eine der genannten Sozialleistungen beziehen und nicht nach Nr. 3 versicherungspflichtig sind (zB mit Anspruch auf Krankengeld in der gKV freiwillig versicherte Selbstständige, die nicht zum Personenkreis des § 2 gehören), können aus Anlass des Bezugs Versicherungspflicht in der gRV nach § 4 Abs. 3 Nr. 1 begründen. Trifft eine Versicherungspflicht nach Nr. 3 im Rahmen von Leistungen zur Teilhabe am Arbeitsleben mit einer Versicherungspflicht nach § 1 S. 1 Nr. 2 zusammen, geht die Versicherungspflicht vor, nach der die höheren Beiträge zu zahlen sind (S. 5). Die Versicherungspflicht nach Nr. 3 erstreckt sich auch auf Personen, die ihren gewöhnlichen Aufenthalt im Ausland haben (S. 6).

Ein Versicherungspflicht begründender **„Bezug"** liegt zunächst bei einem **tatsächlichen** – auch rechtswidrigen – Bezug vor (vgl. zum Bezug von Alg I BSG v. 22. 5. 2003, B 12 KR 20/02 R, USK 2003-9, zum rechtmäßigen Bezug von Krankengeld BSG v. 25. 1. 1995, 12 RK 51/93, SozR 3–2400 § 26 Nr. 6), wobei es auch hier darauf ankommt, „für" welchen Zeitraum die Zahlung nach der Bestimmung des leistenden Trägers erfolgen soll („. . . in der Zeit, für . . ."). Darüber hinaus werden die genannten Sozialleistungen unabhängig davon, ob der Träger seine hierdurch begründeten Rechtspflicht erfüllt, jedenfalls auch dann und erst recht im hier maßgeblichen Sinn bezogen, wenn das Bestehen eines Rechts auf die entsprechenden Leistungen durch **Verwaltungsakt** festgestellt ist (BSG v. 22. 5. 2003, B 12 KR 20/02 R, USK 2003-9). Auch insofern kommt es – in den Grenzen der Nichtigkeit (§ 40 SGB X) – auf die Rechtmäßigkeit der getroffenen Regelung nicht an. Das gilt ohne weiteres auch dann, wenn der (schlüssige) Verwaltungsakt (§ 31 S. 1, § 33 Abs. 2 S. 1 SGB X) in der Zahlung selbst liegt (so etwa für das Krankengeld BSG v. 16. 9. 1986, 3 RK 37/85, SozR 2200 § 182 Nr. 103; in seiner Entscheidung v. 25. 1. 1995, 12 RK 51/93, SozR 3–2400 § 26 Nr. 6, hat das BSG diesen Aspekt unbeachtet gelassen und im Übrigen die Frage, ob auch Zahlungen ohne Rechtsgrund einen Rentenversicherungspflicht begründenden Bezug darstellen, offen gelassen). Da schließlich Rechte und Ansprüche auf alle in Nr. 3 genannten Leistungen unmittelbar kraft Gesetzes entstehen, es also für ihre Entstehung keines konstitutiven Verwaltungsakts bedarf, tritt in der Folge auch Versicherungspflicht aufgrund ihres „Bezuges" bereits mit diesem Zeitpunkt und schon aus Gründen der Rechtssicherheit rechtlich generell unabhängig davon ein, ob, wann und in welchem Umfang der zuständige Leistungsträger seinen **Verpflichtungen nach-**

kommt (vgl. zur insofern nicht immer konsequenten Rechtsprechung die Nachweise bei BSG v. 25. 1. 1995, 12 RK 51/93, SozR 3–2400 § 26 Nr. 6). Da es sich allerdings um Leistungen der zuständigen Träger handeln muss und dem Rentenversicherungsträger insofern eine eigene Entscheidungskompetenz auch insofern nicht zuerkannt ist, als der Leistungsbezug bloße Vorfrage der Rentenversicherungspflicht ist, bedarf es im Streitfall – soweit Zahlungen nicht erfolgt bzw. ein Verwaltungsakt nicht ergangen ist – zunächst stets vorgreiflich einer jedenfalls feststellenden Entscheidung gegenüber diesem Träger. Erst recht steht dem Träger der grV ein eigenes **Prüfungsrecht** nicht zu, wo ein die Leistungsvoraussetzungen feststellender Verwaltungsakt ergangen ist, während umgekehrt die Leistungsträger generell weder zur Entscheidung über die Rentenversicherungspflicht noch über die Beitragshöhe ermächtigt sind (vgl. BSG v. 25. 3. 2004, B 12 AL 5/03 R, SozR 4–2600 § 191 Nr. 1).

VI. Bezieher von Alg II (S. 1 Nr. 3 a aF)

13   Bezieher von ALG II sind seit dem 1. 1. 2011 **nicht mehr versicherungspflichtig**. Künftig werden Zeiten des Bezuges von ALG II als Anrechnungszeiten berücksichtigt. Dies ist nach Meinung der Entwurfsverfasser systemgerecht, da die Leistungen eines Fürsorgesystems dazu dienen, akute Hilfebedürftigkeit zu beseitigen und ihnen nicht die Funktion zukommt, bereits im Voraus pauschal Leistungen zu erbringen, um eine vielleicht zu einem späteren Zeitpunkt eintretende Hilfebedürftigkeit durch Begründung versicherungsrechtlicher Rentenanwartschaften zu beseitigen (BT-Drucks. 17/3030 S. 50.

VII. Bezieher von Vorruhestandsgeld (S. 1 Nr. 4, S. 6)

14   Anders als die **Vorgängervorschriften** der §§ 1227 Abs. 2 S. 1 RVO, 2 Abs. 3 S. 1 AVG, 29 Abs. 1 S. 3 und aktuell § 5 Abs. 3 SGB V, die die Bezieher von Vorruhestandsgeld jeweils fiktiv den entgeltlich Beschäftigten zuordnen und sie hierdurch mittelbar der Versicherungspflicht unterwerfen, begründet die grV für den betroffenen Personenkreis aktuell Versicherungspflicht auf der Grundlage eines eigenständigen Versicherungspflichttatbestandes. Wie § 5 Abs. 3 SGB V wurde allerdings auch S. 1 Nr. 4 in Kraft gesetzt und trotz mehrfacher Änderungen von § 3 aufrecht erhalten, obwohl das VRG bereits ausgelaufen ist und öffentlich-rechtliche Zuschüsse der Bundesagentur für Arbeit für derartige Gestaltungen nur beansprucht werden können, wenn die Voraussetzungen vor dem 1. 1. 1989 vorgelegen haben (§ 14 VRG). Diesem Vorgehen des Gesetzgebers kann entnommen werden, dass die sozialversicherungsrechtliche **Schutz auch ohne staatlichen Zuschuss** und unabhängig von der Bezeichnung als „Anpassungsgeld, Überbrückungsgeld, Übergangsgeld, vorgezogenes Ruhegeld, vorgezogene Betriebsrente etc." (BSG v. 6. 9. 2001, B 5 RJ 28/00 R, SozR 3–2400 § 18 a Nr. 7) grundsätzlich fortgeführt werden soll, wo die Parteien von einem **endgültigen Ausscheiden** aus dem Erwerbsleben ausgehen und der Arbeitnehmer deswegen aufgrund privatrechtlicher Vereinbarung bis zum frühest möglichen Beginn der Altersrente oder ähnlicher Bezüge öffentlich-rechtlicher Art oder, falls keine dieser Leistungen beansprucht wird, bis zum Ablauf des Kalendermonats gewährt wird, in dem der ausgeschiedene Arbeitnehmer das 65. Lebensjahr vollendet einen Ausgleich in Form monatlicher **Lohnersatzleistungen** erhält (vgl. BSG v. 26. 11. 1992, 7 Rar 46/92, BSGE 71, 265, 270 und v. 1. 2. 2005, B 8 KN 6/04 R, SozR 4–2600 § 34 Nr. 1). Auch wenn S. 1 Nr. 4 eine bestimmte Höhe des Vorruhestandsgeldes nicht ausdrücklich benennt, ist doch durch die fortbestehende Bezugnahme auf den Begriff des VRG klar gestellt, dass es sich auch hier um eine der Sicherung des Lebensunterhalts dienende Leistung in Höhe von mindestens **65 vH des Bemessungsentgelts** handeln muss. Nur dann besteht nach Beendigung der Beschäftigung auf der Grundlage einer unverändert hierauf basierenden – dem Arbeitsentgelt vergleichbaren – Zahlung des Arbeitgebers ein ausreichendes soziales Schutzbedürfnis weiter. Der Versicherungsschutz setzt zusätzlich voraus, dass der Vorruhestandsgeldbezieher unmittelbar vor Bezug des Vorruhestandsgeldes versicherungspflichtig war. Eine Mindesthöhe Vom Anwendungsbereich des S. 1 Nr. 4 sind nach S. 6 Personen mit umfasst, die ihren gewöhnlichen Aufenthalt (§ 30 Abs. 3 S. 2 SGB I) im Ausland haben.

§ 4 Versicherungspflicht auf Antrag

(1) [1]Auf Antrag versicherungspflichtig sind
1. Entwicklungshelfer im Sinne des Entwicklungshelfer-Gesetzes, die Entwicklungsdienst oder Vorbereitungsdienst leisten,
2. Deutsche, die für eine begrenzte Zeit im Ausland beschäftigt sind,
3. Personen, die für eine begrenzte Zeit im Ausland beschäftigt sind und die Staatsangehörigkeit eines Staates haben, in dem die Verordnung (EWG) Nr. 1408/71 anzuwenden ist,

wenn die Versicherungspflicht von einer Stelle beantragt wird, die ihren Sitz im Inland hat. [2]Personen, denen für die Zeit des Dienstes oder der Beschäftigung im Ausland Versorgungsanwartschaften gewährleistet sind, gelten im Rahmen der Nachversicherung auch ohne Antrag als versicherungspflichtig.

(2) **Auf Antrag versicherungspflichtig** sind Personen, die nicht nur vorübergehend selbständig tätig sind, wenn sie die Versicherungspflicht innerhalb von fünf Jahren nach der Aufnahme der selbständigen Tätigkeit oder dem Ende einer Versicherungspflicht aufgrund dieser Tätigkeit beantragen.

(3) ¹Auf Antrag versicherungspflichtig sind Personen, die
1. eine der in § 3 Satz 1 Nr. 3 genannten Sozialleistungen beziehen und nicht nach dieser Vorschrift versicherungspflichtig sind,
2. nur deshalb keinen Anspruch auf Krankengeld haben, weil sie nicht in der gesetzlichen Krankenversicherung versichert sind oder in der gesetzlichen Krankenversicherung ohne Anspruch auf Krankengeld versichert sind, für die Zeit der Arbeitsunfähigkeit oder der Ausführung von Leistungen zur medizinischen Rehabilitation oder zur Teilhabe am Arbeitsleben, wenn sie im letzten Jahr vor Beginn der Arbeitsunfähigkeit oder der Ausführung von Leistungen zur medizinischen Rehabilitation oder zur Teilhabe am Arbeitsleben zuletzt versicherungspflichtig waren, längstens jedoch für 18 Monate.

²Dies gilt auch für Personen, die ihren gewöhnlichen Aufenthalt im Ausland haben.

(3 a) ¹Die Vorschriften über die Versicherungsfreiheit und die Befreiung von der Versicherungspflicht gelten auch für die Versicherungspflicht auf Antrag nach Absatz 3. ²Bezieht sich die Versicherungsfreiheit oder die Befreiung von der Versicherungspflicht auf die Beschäftigung oder selbständige Tätigkeit, kann ein Antrag nach Absatz 3 nicht gestellt werden. ³Bezieht sich die Versicherungsfreiheit oder die Befreiung von der Versicherungspflicht auf eine bestimmte Beschäftigung oder bestimmte selbständige Tätigkeit, kann ein Antrag nach Absatz 3 nicht gestellt werden, wenn die Versicherungsfreiheit oder die Befreiung von der Versicherungspflicht auf der Zugehörigkeit zu einem anderweitigen Alterssicherungssystem, insbesondere einem abgeschlossenen Lebensversicherungsvertrag oder der Mitgliedschaft in einer öffentlich-rechtlichen Versicherungseinrichtung oder Versorgungseinrichtung einer Berufsgruppe (§ 6 Abs. 1 Satz 1 Nr. 1), beruht und die Zeit des Bezugs der jeweiligen Sozialleistung in dem anderweitigen Alterssicherungssystem abgesichert ist oder abgesichert werden kann.

(4) ¹Die Versicherungspflicht beginnt
1. in den Fällen der Absätze 1 und 2 mit dem Tag, der dem Eingang des Antrags folgt, frühestens jedoch mit dem Tag, an dem die Voraussetzungen eingetreten sind,
2. in den Fällen des Absatzes 3 Satz 1 Nr. 1 mit Beginn der Leistung und in den Fällen des Absatzes 3 Satz 1 Nr. 2 mit Beginn der Arbeitsunfähigkeit oder Rehabilitation, wenn der Antrag innerhalb von drei Monaten danach gestellt wird, andernfalls mit dem Tag, der dem Eingang des Antrags folgt, frühestens jedoch mit dem Ende der Versicherungspflicht aufgrund einer vorausgehenden versicherungspflichtigen Beschäftigung oder Tätigkeit.

²Sie endet mit Ablauf des Tages, an dem die Voraussetzungen weggefallen sind.

A. Normzweck

§ 4 nimmt innerhalb der Regelungen über die Zugehörigkeit zur Sozialversicherung eine **Sonderstellung** ein. Während die übrigen Zweige der SV nur alternativ eine zwangsweise Zugehörigkeit zur Versicherungsgemeinschaft unmittelbar kraft Gesetzes oder aufgrund der freiwilligen Betätigung eines eigenen Willensentschlusses kennen, eröffnet die gRV darüber hinaus die Möglichkeit, beide Zugangsarten zu kombinieren und den Status eines Pflichtversicherten mit allen Rechten und Pflichten durch Antrag und zudem ggf. nur kurzfristig zu erwerben. Für die Dauer der Pflichtversicherung auf Antrag wird damit innerhalb der gRV das Recht zur Entrichtung freiwilliger Beiträge ausgeschlossen (§ 7 Abs. 1 S. 1 und hierzu BSG v. 22. 6. 2005, B 12 RA 2/04 R, SozR 4–2600 § 4 Nr. 3).

B. Antrag

Für das Entstehen der PflVaA und in den Fällen des Abs. 1, 2 auch für deren Beginn (Abs. 4 Nr. 1) ist neben dem Vorliegen der jeweiligen gesetzlichen Voraussetzungen allein der Antrag des Betroffenen **konstitutive Voraussetzung**. Umgekehrt kann die einmal durch Antrag begründete PflVa nicht gekündigt, widerrufen oder sonst durch Willenserklärung beendet werden (BSG v. 26. 1. 2005, B 12 RA 3/03 R, SozR 4–2600 § 58 Nr. 6). Eines konstitutiven **Verwaltungsakts** bedarf es nicht. Ist er ergangen, stellt er für die Dauer seines Bestehens das Bestehen der PflVaA mit Wirkung für die Beteiligten verbindlich fest (§ 77 SGG, § 39 Abs. 2 SGB X und hierzu BSG v. 22. 6. 2005, B 12 RA 2/04 R, SozR 4–2600 § 4 Nr. 3). Ist das Entstehen der PflVaA streitig, ist die kombinierte Anfechtungs- und Feststellungsklage (§ 54 Abs. 1 S. 1 Regelung 1, § 55 Abs. 1 Nr. 1 SGG) die richtige Klageart.

Berchtold

C. Die betroffenen Personen im Einzelnen

I. Entwicklungshelfer etc. (Abs. 1 Nr. 1, Abs. 4 S. 1 Nr. 1, S. 2)

3   Entwicklungshelfer iSd. **§ 1 Abs. 1 EhfG,** wer 1. in Entwicklungsländern ohne Erwerbsabsicht Dienst leistet, um in partnerschaftlicher Zusammenarbeit zum Fortschritt dieser Länder beizutragen (Entwicklungsdienst), 2. sich zur Leistung des Entwicklungsdienstes gegenüber einem anerkannten Träger des Entwicklungsdienstes für eine ununterbrochene Zeit von mindestens zwei Jahren vertraglich verpflichtet hat, 3. für den Entwicklungsdienst nur Leistungen erhält, die dieses Gesetz vorsieht, 4. das 18. Lebensjahr vollendet hat und Deutscher im Sinne des Artikels 116 des Grundgesetzes oder Staatsangehöriger eines anderen Mitgliedsstaates der Europäischen Gemeinschaften ist. Als Entwicklungshelfer gilt nach **§ 1 Abs. 2 EhfG** auch, wer durch einen anerkannten Träger des Entwicklungsdienstes darauf vorbereitet wird, Entwicklungsdienst zu leisten (Vorbereitungsdienst), für den Vorbereitungsdienst nur Leistungen erhält, die dieses Gesetz vorsieht, neben dem Vorbereitungsdienst keine Tätigkeit gegen Entgelt ausübt und die Voraussetzungen des Abs. 1 Nr. 2 und 4 erfüllt.

4   Da die Tätigkeit der Entwicklungshelfer gerade durch das **Fehlen einer Erwerbsabsicht** gekennzeichnet ist, gehören die Betroffenen nicht zum typischen Adressatenkreis der gRV. Sie leisten den Dienst nicht zugunsten des Trägers des Entwicklungsdienstes (BSG v. 25. 6. 1991, 1/3 RK 1/90, SozR 3–2200 § 200 Nr. 2) und stehen in einem Arbeitsverhältnis allenfalls gegenüber dem ausländischen Projektträger (vgl. BSG v. 13. 8. 1996, 10 RKg 28/95, SozR 3–5870 § 1 Nr. 10 BSG und v. 25. 6. 1991, 1/3 RK 1/90, SozR 3–2200 § 200 Nr. 2 jeweils mwN). Ihre angemessene **soziale Absicherung** war daher nur durch eine Kombination rechtlich verschiedener Formen sozialer Sicherheit zu bewerkstelligen, die jeweils der besonderen Eigenheit ihres sozialen Status Rechnung trägt. Auch für ihre Einbeziehung in die gRV bedarf es schon deshalb einer speziellen Rechtsgrundlage. Da sich ihr Schutzbedürfnis zudem einer generalisierenden und typisierenden Umschreibung entzieht, wird die Berücksichtigung ihrer Tätigkeit von einem entsprechenden Antrag des inländischen Trägers abhängig gemacht (vgl. BSG v. 26. 8. 1975, 7 RAr 6/74, SozR 4100 § 36 Nr. 8), der in der Folge die Beiträge trägt und zu zahlen hat (§§ 170 Abs. 1 Nr. 4, 173 SGB VI).

5   Der **Träger** ist nach § 11 EhfG verpflichtet, den **Antrag** auf Versicherungspflicht in der gesetzlichen Rentenversicherung bei Beginn der Dienstzeit für alle Entwicklungshelfer zu stellen, welche die dort genannten Voraussetzungen erfüllen und nicht auf Grund des § 18 Abs. 3 des Einkommensgrenzen-Erhöhungsgesetzes vom 13. August 1952 (Bundesgesetzbl. I S. 437) oder des Artikels 2 § 1 des Angestelltenversicherungs-Neuregelungsgesetzes in den jeweils geltenden Fassungen von der Versicherungspflicht in der Angestelltenversicherung befreit sind (S. 1). Entwicklungshelfern, für die der Antrag auf Versicherung nach S. 1 nicht zu stellen ist und die freiwillig in der gesetzlichen Rentenversicherung oder in einer von der Versicherungspflicht befreienden Versicherung bei einem öffentlichen oder privaten Versicherungsunternehmen versichert sind, hat der Träger **Beitragszuschüsse** zu diesen Versicherungen in Höhe der Beiträge, die er im Falle der Pflichtversicherung auf Antrag zu entrichten hätte, höchstens jedoch bis zur Höhe der tatsächlich geleisteten Beiträge, zu gewähren (S. 2). Die Verpflichtung des Trägers nach den Sätzen 1 und 2 entfällt, wenn den Entwicklungshelfern eine Anwartschaft auf **lebenslängliche Versorgung** und Hinterbliebenenversorgung nach beamtenrechtlichen Vorschriften oder Grundsätzen oder entsprechenden kirchenrechtlichen Regelungen gewährleistet ist (S. 3). Rentenrechtlich **beginnt** die PflVaA mit dem Tag der tatsächlichen Eingangs, frühestens mit dem Beginn der Dienstleistung als Entwicklungshelfer (Abs. 4 S. 1 Nr. 1). Sie endet mit Ablauf des Tages, an dem die Voraussetzungen weggefallen sind (Abs. 4 S. 2).

6   Abs. 1 ermöglicht im Blick auf das besondere Schutzbedürfnis der Betroffenen den Zugang zur inländischen Rentenversicherung ausnahmsweise ohne inländischen Beschäftigungs-, Wohn- oder Aufenthaltsorts (vgl. § 30 SGB I, 3 SGB IV). Hierin liegt keine Ausnahme von einem zwar häufig zitierten, nach Grund und Inhalt indes gänzlich unbestimmten „Territorialitätsprinzip" (vgl. hierzu etwa Berchtold, Der räumliche Geltungs- und Anwendungsbereich der Vorschriften über die gesetzliche Krankenversicherung, Frankfurt am Main 1987, S. 19 ff.), wohl aber eine Abweichung von den **territorialen Einzelanknüpfungen,** die grundsätzlich den hinreichenden Inlandsbezuges eines sozialrechtlich relevanten Sachverhalts gewährleisten. Eine Entsendung iSv. § 4 SGB IV oder eine Abweichung von dieser Vorschrift kann bei Entwicklungshelfern schon deshalb nicht vorliegen, weil sie gerade nicht im Rahmen einer inländischen Beschäftigung in ein Gebiet außerhalb des Geltungsbereichs des SGB entsandt werden (BSG v. 25. 6. 1991, 1/3 RK 1/90, SozR 3–2200 § 200 Nr. 2).

II. Im Ausland beschäftigte Deutsche (Abs. 1 S. 1 Nr. 2, Abs. 4 S. 1 Nr. 1, S. 2)

7   Soweit nicht ein Fall der Ausstrahlung (§ 4 SGB IV) gegeben ist und damit eine vorrangige Versicherungspflicht besteht, ermöglicht Abs. 2 Nr. 2 die PflVaA im Ausland beschäftigter Deutscher (Art. 116) GG und ihnen nach inter- bzw. supranationalem Recht gleich Gestellter. Ohne territorialen Bezug zum Inland (§ 3 SGB IV) muss es sich um eine Beschäftigung iSd. **§ 7 SGB IV** handeln,

die nicht notwendig bei der Antrag stellenden Stelle bestehen muss. Diese hat allerdings auch hier die **Beiträge** zu tragen und zu zahlen (§§ 170 Abs. 1 Nr. 4, 173 SGB VI). Die Beschäftigung muss zeitlich begrenzt sein. Da der **Antrag** hier nicht Frist gebunden ist, kann er mit Wirkung für die Zukunft auch während der laufenden Beschäftigung gestellt werden. Jedenfalls zu diesem Zeitpunkt muss sich unter Zugrundelegung der gebotenen vorausschauenden Betrachtungsweise ergeben, dass die Beschäftigung **zeitlich begrenzt** ist. Anhaltspunkte hierfür geben entsprechend § 4 Abs. 1 SGB IV eine entsprechende vertragliche Abrede oder „die Eigenart der Beschäftigung". Die PflVaA beginnt mit dem Tag des Antragseingangs, frühestens mit dem Beginn der befristeten Auslandsbeschäftigung (Abs. 4 S. 1 Nr. 1). Sie endet mit Ablauf des Tages, an dem die Voraussetzungen weggefallen sind (Abs. 4 S. 2)

III. EG-Angehörige (Abs. 1 S. 1 Nr. 3)

Die Vorschrift erweitert iS der Gleichbehandlung den **persönlichen Anwendungsbereich** des Abs. 1 S. 1 Nr. 2 seit dem 7. 4. 2001 auf alle Staatsangehörigen des Europäischen Wirtschaftsraums. Besondere Voraussetzung ist hier, dass eine hinreichende **Vorbeziehung** zum inländischen System der gRV vorliegt, indem nach deutschem Recht die allgemeine Wartezeit (§§ 50 Abs. 1 S. 1, 51 Abs. 1 und 4, 52) erfüllt ist (Nr. 3 Buchstabe a), Anh VI C Nr. 4 Buchstabe c der VO 1408/71). Weitere (negative) Voraussetzung ist, dass die Betroffenen nicht bereits nach den Rechtsvorschriften eines anderen Staates, in dem die VO 1408/71 anzuwenden ist, pflichtversichert oder freiwillig versichert sind. Die PflVaA **beginnt** mit dem Tag des Antragseingangs, frühestens mit dem Beginn der – sonst unversicherten – befristeten Auslandsbeschäftigung (Abs. 4 S. 1 Nr. 1). Sie endet mit Ablauf des Tages, an dem die Voraussetzungen weggefallen sind (Abs. 4 S. 2). 8

IV. Nachversicherung (Abs. 1 S. 2)

Die Vorschrift **fingiert** für Personen iSd. Abs. 1 S. 1 Nr. 1 bis 3, denen eine Versorgungsanwartschaft auf Lebenszeit auch für die Zeit des Dienstes oder der Beschäftigung im Ausland gewährleistet ist, eine VPflaA für den begrenzten Zusammenhang der Nachversicherung auch dann, wenn ein entsprechender Antrag gerade nicht gestellt wurde. Auf diese Weise ist kraft Gesetzes die **Erstreckung** deutschen Sozialversicherungsrechts auf die in Frage stehende Auslandstätigkeit zu unterstellen und wird damit sicher gestellt, dass als Voraussetzung der Nachversicherung (§ 8 Abs. 2) von einer Versicherungspflicht „dem Grunde nach" wie von einer Versicherungsfreiheit gerade wegen der auf diese Tätigkeit erstreckten Versorgungsanwartschaft (§ 5 Abs. 1 S. 1) ausgegangen werden kann (vgl. BSG v. 5. 11. 1980, 11 RA 118/79, SozR 2200 § 1232 Nr. 9). 9

V. Selbstständige (Abs. 2, 4 S. 1 Nr. 1, S. 2)

Abs. 2 eröffnet grundsätzlich allen Selbstständigen den Weg in die gesetzliche Rentenversicherung. Die PflVaA **beginnt** bei ihnen mit dem Tag, der dem Eingang des Antrags folgt, frühestens jedoch mit dem Tag an dem die (sonstigen) Voraussetzungen eingetreten sind (Abs. 4 Nr. 1). Konstituierend ist damit auch für die Antragspflichtversicherung nach Abs. 2 ist zunächst der (materiellrechtliche) **Antrag,** die hier binnen einer Frist von fünf Jahren nach Aufnahme (§ 26 Abs. 1 SGB X, §§ 187 Abs. 1, 188 Abs. 2 Regelung 1 BGB) der (nicht aus anderen Gründen bereits versicherungspflichtigen) selbstständigen Tätigkeit oder nach dem Ende der Versicherungspflicht aufgrund dieser Tätigkeit zu stellen ist. Ein erst nach Beendigung der selbstständigen Tätigkeit gestellter Antrag kann nicht mehr zur PflVaA führen (BSG v. 26. 4. 2005, B 5 RJ 6/04 R, SozR 4–2600 § 4 Nr. 2) Für die Frage, ob es sich um eine „nicht nur vorübergehende" Tätigkeit handelt, kommt es auf die jeweils **vorausschauend** zu beurteilenden Verhältnisse bei im Zeitpunkt der Aufnahme der Tätigkeit wie bei Antragstellung an (BSG v. 25. 2. 1997, 12 RK 33/96, SozR 3–2200 § 1227 Nr. 8). Inhaltlich ist zwar ein Verständnis des Merkmals „vorübergehend" in dem Sinne in Betracht, dass nach Maßgabe der Verhältnisse des Einzelfalls darauf abzustellen ist, ob die Tätigkeit von vornherein zeitlich begrenzt, dh. nicht auf Dauer ausgeübt werden sollte. Aus Gründen der Rechtssicherheit und der Rechtsgleichheit vorzuziehen ist die Bestimmung in Anlehnung an eine kurzfristige Tätigkeit iSd. **§ 8 Abs. 1 Nr. 2 iVm. Abs. 3 SGB IV** (offen gelassen in BSG v. 25. 2. 1997, 12 RK 33/96, SozR 3–2200 § 1227 Nr. 8). Nach der – nicht zweifelsfreien – Auffassung des BSG beginnt die **Frist** zur Begründung einer – sonst stets bedeutungslosen – „Versicherungspflicht dem Grunde nach" auch dann mit der Aufnahme der selbstständigen Tätigkeit, wenn diese wegen (Entgelt-)Geringfügigkeit versicherungsfrei ist BSG v. 25. 2. 1997, 12 RK 33/96, SozR 3–2200 § 1227 Nr. 8). Eine Wiedereinsetzung in diese Frist dürfte nach § 27 Abs. 5 SGB X ausgeschlossen sein (bejahend BSG v. 25. 2. 1997, 12 RK 33/96, SozR 3–2200 § 1227 Nr. 8; offen gelassen in BSG v. 26. 4. 2005, B 5 RJ 6/04 R, SozR 4–2600 § 4 Nr. 2 mwN). Allerdings kann sich im Einzelfall eine Verpflichtung des Rentenversicherungsträgers auf der Grundlage eines sozialrechtlichen Herstellungsanspruchs ergeben (BSG v. 16. 6. 1994, 13 RJ 25/93, SozR 3–1200 § 14 Nr. 15 und v. 26. 4. 2005, B 5 RJ 6/04 R, SozR 4–2600 § 4 Nr. 2). 10

11   Daneben ist (kumulativ zu erfüllende) weitere Voraussetzung allein die Ausübung einer – nicht bereits vorrangig kraft Gesetzes versicherungspflichtigen und nicht nur vorübergehenden – **selbstständigen Erwerbstätigkeit** ohne Differenzierung nach der Art der Erwerbstätigkeit (vgl. BSG v. 22. 6. 2005, B 12 RA 2/04 R, SozR 4–2600 § 4 Nr. 3 mwN). Selbstständig erwerbstätig iSd. Abs. 2 sind alle Personen, die mit Gewinnerzielungsabsicht (insofern mit fraglicher Grundlage und offenen Konsequenzen zuletzt zweifelnd BSG v. 25. 5. 2011, B 12 R 14/09 R, Terminbericht Nr. 25/11 v. 26. 5. 2011) eine Tätigkeit in der Land- und Forstwirtschaft oder in einem Gewerbebetrieb oder eine sonstige, insbesondere freiberufliche Arbeit in persönlicher Unabhängigkeit und auf eigene Rechnung und Gefahr ausüben. Zum Begriff der selbstständigen Erwerbstätigkeit gehört es nicht, dass tatsächlich **Arbeitseinkommen** iSd. § 15 SGB IV erzielt wird (BSG v. 25. 2. 1997, 12 RK 33/96, SozR 3–2200 § 1227 Nr. 8). Insofern bildet nicht die einzelne selbstständige Erwerbstätigkeit den Anknüpfungstatbestand, sondern der **Status als solcher** und grundsätzlich in seiner Gesamtheit. Die PflVaA eines Selbstständigen endet daher nach der Abs. 4 S. 2 auch nicht bereits dann, wenn die zum Zeitpunkt der Antragstellung oder eine in der Folgezeit ausgeübte selbstständige Erwerbstätigkeit eingestellt oder in anderer Art und Weise ausgeübt wird, der Versicherte aber weiterhin selbstständig erwerbstätig ist. Eine Möglichkeit, bei Ausübung mehrerer – wenn auch von einander abgrenzbarer selbstständiger Tätigkeiten zu wählen, für welche eine PflVaA auf Antrag begründet wird und aus welchem Bruttoeinkommen Beiträge zu entrichten sind, ist den Betroffenen nicht eröffnet (vgl. insgesamt BSG v. 22. 6. 2005, B 12 RA 2/04 R, SozR 4–2600 § 4 Nr. 3). Weitere selbstständige Erwerbstätigkeiten werden nur dann nicht mit umfasst, wenn sie ihrerseits einer vorrangigen Versicherungspflicht kraft Gesetzes unterfallen (BSG v. 22. 6. 2005, B 12 RA 2/04 R, SozR 4–2600 § 4 Nr. 3 mwN).

12   Die Regelung über die **Beendigung** der PflVaA in Abs. 4 S. 2 ist abschließend. Die einmal begründete Pflichtversicherung kann daher nicht gekündigt, widerrufen oder sonst durch Willenserklärung beendet werden Grundsätzlich und in aller Regel ist es auch von Verfassung wegen nicht geboten, den Betroffenen bei Verschlechterung ihrer leistungsrechtlichen Position ein Austrittsrecht zuzuerkennen (BSG v. 26. 1. 2005, B 12 RA 3/03 R, SozR 4–2600 § 58 Nr. 6). Zur Beendigung führt daher nur die vollständige Aufgabe der der PflVaA zugrunde liegenden selbstständigen Erwerbstätigkeit oder der Eintritt von Versicherungsfreiheit bzw die Befreiung von der Versicherungspflicht (Abs. 3 a S. 1).

VI. Bezieher von Sozialleistungen (Abs. 3 S. 1 Nr. 1, S. 2, Abs. 3 a, 4 S. 1 Nr. 2, S. 2)

13   Abs. 3 S. 1 Nr. 1 ermöglicht es Beziehern von Sozialleistungen iSd. § 3 S. 1 Nr. 3, die die Voraussetzungen dieser Vorschrift (zB mangels Erfüllung der einjährigen Vorversicherungszeit) nicht erfüllen, die auftretende **Versorgungslücke** in der gRV zu schließen. Vom Recht zur entsprechenden Antragstellung sind seit dem 1. 1. 1996 nach Abs. 3 a S. 2 generell alle **ausgeschlossen,** die auf Grund absoluter Versicherungsfreiheit bzw. einer absoluten Befreiung von der Versicherungspflicht keinerlei Bezug zum System haben. Bezieht sich die Versicherungsfreiheit/Befreiung von der Versicherungspflicht nur (relativ) auf eine bestimmte Beschäftigung/bestimmte selbstständige Tätigkeit ist das Recht zur Antragstellung nach Abs. 3 a S. 3 iS der Systemabgrenzung ausgeschlossen, wenn die Versicherungsfreiheit/Befreiung von der Versicherungspflicht auf der Zugehörigkeit zu einem anderen Alterssicherungssystem beruht und die Zeit des Leistungsbezugs dort abgesichert ist oder abgesichert werden kann. Soweit hiernach das Recht zur Antragstellung eröffnet ist, können die Berechtigten – auch bei gewöhnlichen Aufenthalt im Ausland (Abs. 3 S. 2) – auf diese Weise die sonst nach § 3 S. 1 Nr. 3 eintretende Rechtsfolge herbeiführen und unter den Voraussetzungen des § 58 Abs. 3 S. 2 in den Genuss von Anrechnungszeiten kommen. Die VPflVaA **beginnt** mit dem Beginn der Sozialleistung, dh. dem Beginn des Zeitraums, für den diese zu erbringen ist, wenn der Antrag innerhalb von drei Monaten danach gestellt wird, andernfalls mit dem Tag, der dem Eingang des Antrags folgt, frühestens jedoch mit dem Ende der vorrangigen Versicherungspflicht aufgrund einer vorausgehenden versicherungspflichtigen Beschäftigung oder Tätigkeit. Sie endet mit dem Tag des Wegfalls der Voraussetzungen (Abs. 4 S. 1 Nr. 2, S. 2).

VII. Zeiten der Arbeitsunfähigkeit (Abs. 3 S. 1 Nr. 2, Abs. 3 a, 4 S. 1 Nr. 2, S. 2)

14   Zur **Antragstellung berechtigt** sind – ebenfalls unter Beachtung der Einschränkungen aus Abs. 3 a und unabhängig von einem gewöhnlichen Aufenthalt im Inland (Abs. 3 S. 2) – schließlich Personen, die in der Zeit einer AU oder Leistung zur medizinischen Reha oder zur Teilhabe am Arbeitsleben (§§ 26, 33 SGB IX), keinen Anspruch auf Krankengeld haben. Die Antragsberechtigung setzt außerdem einen positiven **Bezug zur gRV** in der Weise voraus, dass im Jahr vor Beginn der Arbeitsunfähigkeit bzw. vor Beginn der Maßnahme Versicherungspflicht bestanden haben muss. Mit Ausnahme allein der Zugehörigkeit zur Gruppe der krankengeldberechtigten Mitglieder der gKV müssen zudem die Voraussetzungen für die Entstehung eines **Stammrechts auf Krankengeld** vorliegen, dh. es muss nach den Maßstäben der gKV einer der in §§ 44 Abs. 1 S. 1, 45 Abs. 1 S. 1 SGB V genannten Versicherungsfälle eingetreten sein (vgl. Berchtold, Krankengeld, Baden-Baden

2004, Rn. 144 ff.). Sind diese Voraussetzungen erfüllt, kommt die PflVaA für eine **Höchstdauer** von 18 Monaten in Betracht. Die VPflVaA **beginnt** mit dem Beginn der Arbeitsunfähigkeit oder der Rehabilitation, wenn der Antrag innerhalb von drei Monaten danach gestellt wird, andernfalls mit dem Tag, der dem Eingang des Antrags folgt, frühestens jedoch mit dem Ende der vorrangigen Versicherungspflicht aufgrund einer vorausgehenden versicherungspflichtigen Beschäftigung oder Tätigkeit. Sie endet mit dem Tag des Wegfalls der Voraussetzungen (Abs. 4 S. 1 Nr. 2, S. 2).

§ 5 Versicherungsfreiheit

(1) ¹Versicherungsfrei sind
1. Beamte und Richter auf Lebenszeit, auf Zeit oder auf Probe, Berufssoldaten und Soldaten auf Zeit sowie Beamte auf Widerruf im Vorbereitungsdienst,
2. sonstige Beschäftigte von Körperschaften, Anstalten oder Stiftungen des öffentlichen Rechts, deren Verbänden einschließlich der Spitzenverbände oder ihrer Arbeitsgemeinschaften, wenn ihnen nach beamtenrechtlichen Vorschriften oder Grundsätzen Anwartschaft auf Versorgung bei verminderter Erwerbsfähigkeit und im Alter sowie auf Hinterbliebenenversorgung gewährleistet und die Erfüllung der Gewährleistung gesichert ist,
3. Beschäftigte im Sinne von Nummer 2, wenn ihnen nach kirchenrechtlichen Regelungen eine Anwartschaft im Sinne von Nummer 2 gewährleistet und die Erfüllung der Gewährleistung gesichert ist, sowie satzungsmäßige Mitglieder geistlicher Genossenschaften, Diakonissen und Angehörige ähnlicher Gemeinschaften, wenn ihnen nach den Regeln der Gemeinschaft Anwartschaft auf die in der Gemeinschaft übliche Versorgung bei verminderter Erwerbsfähigkeit und im Alter gewährleistet und die Erfüllung der Gewährleistung gesichert ist,

in dieser Beschäftigung und in weiteren Beschäftigungen, auf die die Gewährleistung einer Versorgungsanwartschaft erstreckt wird. ²Für Personen nach Satz 1 Nr. 2 gilt dies nur, wenn sie
1. nach beamtenrechtlichen Vorschriften oder Grundsätzen Anspruch auf Vergütung und bei Krankheit auf Fortzahlung der Bezüge haben oder
2. nach beamtenrechtlichen Vorschriften oder Grundsätzen bei Krankheit Anspruch auf Beihilfe oder Heilfürsorge haben oder
3. innerhalb von zwei Jahren nach Beginn des Beschäftigungsverhältnisses in ein Rechtsverhältnis nach Nummer 1 berufen werden sollen oder
4. in einem öffentlich-rechtlichen Ausbildungsverhältnis stehen.

³Über das Vorliegen der Voraussetzungen nach Satz 1 Nr. 2 und 3 sowie nach Satz 2 und die Erstreckung der Gewährleistung auf weitere Beschäftigungen entscheidet für Beschäftigte beim Bund und bei Dienstherrn oder anderen Arbeitgebern, die der Aufsicht des Bundes unterstehen, das zuständige Bundesministerium, im Übrigen die oberste Verwaltungsbehörde des Landes, in dem die Arbeitgeber, Genossenschaften oder Gemeinschaften ihren Sitz haben. ⁴Die Gewährleistung von Anwartschaften begründet die Versicherungsfreiheit von Beginn des Monats an, in dem die Zusicherung der Anwartschaften vertraglich erfolgt.

(2) ¹Versicherungsfrei sind Personen, die
1. eine geringfügige Beschäftigung (§ 8 Abs. 1, § 8a Viertes Buch),
2. eine geringfügige selbständige Tätigkeit (§ 8 Abs. 3, § 8a Viertes Buch) oder
3. eine geringfügige nicht erwerbsmäßige Pflegetätigkeit

ausüben, in dieser Beschäftigung, selbständigen Tätigkeit oder Pflegetätigkeit; § 8 Abs. 2 des Vierten Buches ist mit der Maßgabe anzuwenden, dass eine Zusammenrechnung mit einer nicht geringfügigen Beschäftigung oder nicht geringfügigen selbständigen Tätigkeit nur erfolgt, wenn diese versicherungspflichtig ist. ²Satz 1 Nr. 1 gilt nicht für geringfügig Beschäftigte nach § 8 Abs. 1 Nr. 1 und § 8a des Vierten Buches, die durch schriftliche Erklärung gegenüber dem Arbeitgeber auf die Versicherungsfreiheit verzichten; der Verzicht kann nur mit Wirkung für die Zukunft und bei mehreren geringfügigen Beschäftigungen nur einheitlich erklärt werden und ist für die Dauer der Beschäftigungen bindend. ³Satz 1 Nr. 1 und 2 gilt nicht für Personen, die im Rahmen betrieblicher Berufsbildung, nach dem Jugendfreiwilligendienstegesetz, nach dem Bundesfreiwilligendienstgesetz im Rahmen des Bundesfreiwilligendienstes oder nach § 1 Satz 1 Nr. 2 bis 4 beschäftigt sind, von der Möglichkeit einer stufenweisen Wiederaufnahme einer nicht geringfügigen Tätigkeit (§ 74 Fünftes Buch) Gebrauch machen oder nach § 2 Satz 1 Nr. 10 versicherungspflichtig sind. ⁴Eine nicht erwerbsmäßige Pflegetätigkeit ist geringfügig, wenn die Beitragsbemessungsgrundlage für die Pflegetätigkeit (§ 166 Abs. 2) auf den Monat bezogen

400 Euro nicht übersteigt; mehrere nicht erwerbsmäßige Pflegetätigkeiten sind zusammenzurechnen.

(3) **Versicherungsfrei sind Personen, die während der Dauer eines Studiums als ordentliche Studierende einer Fachschule oder Hochschule ein Praktikum ableisten, das in ihrer Studienordnung oder Prüfungsordnung vorgeschrieben ist.**

(4) **Versicherungsfrei sind Personen, die**
1. **eine Vollrente wegen Alters beziehen,**
2. **nach beamtenrechtlichen Vorschriften oder Grundsätzen oder entsprechenden kirchenrechtlichen Regelungen oder nach den Regelungen einer berufsständischen Versorgungseinrichtung eine Versorgung nach Erreichen einer Altersgrenze beziehen oder die in der Gemeinschaft übliche Versorgung im Alter nach Absatz 1 Satz 1 Nr. 3 erhalten oder**
3. **bis zum Erreichen der Regelaltersgrenze nicht versichert waren oder nach Erreichen der Regelaltersgrenze eine Beitragserstattung aus ihrer Versicherung erhalten haben.**

A. Normzweck

1   Innerhalb des Konzepts der abgestuften Schutzbedürftigkeit, betrifft § 5 diejenigen, die zwar „dem Grunde nach versicherungspflichtig" sind, dennoch aber – insbesondere im Blick auf eine anderweitige Sicherung – nicht **schutzbedürftig** oder zur Abwehr eines vermuteten Missbrauchs als nicht **schutzwürdig** angesehen werden. Erst aus dem Zusammenwirken beider Normkomplexe ergibt sich im Einzelfall die Rechtsfolge des (Nicht-)Vorliegens von Versicherungspflicht. Alle Tatbestände des § 5 umschreiben Sachverhalte, bei denen trotz Vorliegens von Versicherungspflicht („dem Grunde nach") **ausnahmsweise** von der Einbeziehung in die gRV abgesehen wird (BSG v. 25. 3. 2004, B 12 KR 9/02 R, USK 2004–15). Eine erweiternde oder entsprechende Anwendung scheidet deshalb grundsätzlich aus (BSG v. 11. 6. 1986, 1 RA 7/85, SozR 2200 § 1232 Nr. 21). Die **Wirkung** der Versicherungsfreiheit tritt unmittelbar kraft Gesetzes ein und bedarf daher keines (konstitutiven) Verwaltungsakts. Wo ein (feststellender) **Verwaltungsakt** ergeht, bestimmt er vorbehaltlich der Nichtigkeit (§ 40 SGB X) für die Dauer seines Bestehens abschließend die Rechtsbeziehung der Beteiligten. Im Rechtsstreit um das Vorliegen von Versicherungspflicht/-freiheit ist die kombinierte Anfechtungs- und Feststellungsklage (§ 54 Abs. 1 S. 1, § 55 Abs. 1 Nr. 1 SGG) die richtige Klageart.

B. Gewährleistung anderweitiger Versorgung (Abs. 1)

2   Abs. 1 nimmt mangels (typisierter) Schutzbedürftigkeit und iS der Systemabgrenzung Personen vom Schutz der gRV aus, denen im Rahmen eines speziellen Sicherungssystems eine anderweitige Versorgung generell zusteht bzw. bei denen eine derartige Versorgung im Regelfall erwartet werden kann (Nr. 1) oder denen die Anwartschaft auf eine adäquate Absicherung außerhalb der gRV im Einzelfall zuerkannt ist (Nr. 2, 3). Die **Versicherungsfreiheit** beschränkt sich auf die Beschäftigung, für die bei Versicherungspflicht „dem Grunde nach" Versicherungsfreiheit angeordnet ist, und ggf. auf weitere Beschäftigungen, auf die die Gewährleistung der Versorgungsanwartschaft erstreckt worden ist. Sie ist damit im Grundsatz nur **relativ** und steht dem Erwerb von Anwartschaften innerhalb der gRV im Rahmen parallel ausgeübter versicherungspflichtiger Tätigkeiten und Beschäftigungen nicht entgegen.

3   Hinsichtlich der auf Lebenszeit ernannten Beamten und Richter, der Berufssoldaten, der Richter auf Zeit oder auf Probe, der Soldaten auf Zeit und der Beamten auf Widerruf im Vorbereitungsdienst knüpft das Gesetz in Nr. 1 unabhängig vom Dienstherrn allein an den jeweiligen **öffentlich-rechtlichen Status** an. Die Träger der gRV haben diesen tatbestandlich zu Grunde zu legen (BSG v. 11. 6. 1986, 1 RA 7/85, SozR 2200 § 1232 Nr. 21). Nr. 2 erfasst in Abgrenzung zu Nr. 1 alle „sonstigen" Beschäftigten, die nicht Beamte im staatsrechtlichen Sinne sind, denen jedoch in ihrer Beschäftigung bei einem der dort genannten Dienstherren eine Versorgung entsprechend der eines Beamten gewährleistet ist. Die Anwartschaft muss daher auf dem **Alimentationsprinzip** beruhen, ihre Grundlage in einer früheren Zusicherung bzw. Vereinbarung haben und einen durch den Eintritt des beamtenrechtlichen Versorgungsfalls (Versetzung in den einstweiligen oder dauernden Ruhestand, Tod, §§ 4 Abs. 1, 16 BeamtVG) aufschiebend bedingten Anspruch des Beamten und seiner Hinterbliebenen auf lebenslange Versorgung nach Maßgabe des letzten Arbeitsentgelts und der Dauer der Beschäftigung umfassen (vgl. BSG v. 20. 6. 1985, 11a RA 28/84, SozR 2200 § 1260 c Nr. 18). Nicht unerhebliche eigene Beitragsleistungen und eine Versorgung auf der Grundlage einer Besoldungsstufe unterhalb der zuletzt tatsächlich inne gehabten schließen das Vorliegen einer **Versorgung nach beamtenrechtlichen Grundsätzen** aus (vgl. BSG v. 20. 6. 1985, 11a RA 28/84, SozR 2200 § 1260 c Nr. 18). Dagegen umfasst der Begriff der Versorgung nach beamtenrechtlichen Grundsätzen auch sog. kombinierte Versorgungen, bei denen trotz der Versorgungszusage des Dienstherrn die Sozialversiche-

rung fortgesetzt und die Rente auf die Versorgung angerechnet wird, sofern die Gesamtversorgung der Versorgung eines vergleichbaren Beamten entspricht (vgl. BSG v. 28. 8. 1984, 11 RA 74/83, SozR 2200 § 1260c Nr. 15). Allerdings kommt im Zusammenhang des § 5 Abs. 1 S. 2 den Trägern der gRV ein eigenes inhaltliches **Prüfungsrecht** nicht zu. Vielmehr muss eine entsprechende Versorgung nach einer entsprechenden Feststellung (allein und gerade) der hierfür nach Abs. 1 S. 2 zuständigen Stelle durch allgemeine Maßnahmen (meist Gesetze) oder im Einzelfall rechtlich verbindlich gewährleistet (vgl. BSG v. 5. 11. 1980, 11 RA 118/79, SozR 2200 § 1232 Nr. 9 und v. 11. 6. 1986, 1 RA 7/85, SozR 2200 § 1232 Nr. 21) und jedenfalls bei privatrechtlich organisierten Dienstherren durch entsprechende Rückstellungen oder eine Rückversicherung abgesichert sein (vgl. BT-Drs. 11/4124 S. 150f und BSG v. 15. 12. 1983, 12 RK 48/81, BSGE 56, 107). Die Träger der gRV sind an derartige Feststellungen iS einer **Tatbestandswirkung** gebunden, haben aber die Rechtsfolge der Versicherungsfreiheit selbst zu beurteilen (BSG v. 26. 10. 1982, 12 RK 29/81, SozR 2200 § 1229 Nr. 16). Versicherungsfrei sind schließlich nach Nr. 3 als Teilmenge der von § 1 S. 1 Nr. 4 Erfassten nur die satzungsmäßigen (auf Dauer zugehörigen) Mitglieder genannten **religiösen Gemeinschaften**. Das Versorgungsniveau muss hier nur der in der jeweiligen Gemeinschaft üblichen bei verminderter Erwerbsunfähigkeit und im Alter entsprechen.

C. Geringfügige Beschäftigung/selbstständige Tätigkeit/Pflegetätigkeit (Abs. 2)

§ 5 Abs. 2 S. 1 Hs. 1 Nr. 1 und 2 ordnen als rentenversicherungsrechtliche Rechtsfolge der in §§ 8, 4
8a SGB IV umschriebenen Tatbestände grundsätzlich eine auf die jeweilige (entgelt- oder zeit-)geringfügige Beschäftigung oder Tätigkeit beschränkte (relative) Versicherungsfreiheit an. S. 1 Nr. 1 und 2 gilt ausnahmsweise nicht für die in S. 3 Genannten, die unabhängig von den Voraussetzungen der Geringfügigkeit versicherungspflichtig bleiben (zur Verfasungsmäßigkeit dieser Regelung hinsichtlich der zu ihrer Berufsausbildung betrieblich Beschäftigten BSG v. 15. 7. 2009, B 12 KR 14/08 R, SozR 4–2500, § 7 Nr. 1; kritisch: Wallrabenstein, Anmerkung, SGb 2010, 493 f). Ebenfalls (relativ) versicherungsfrei sind nach S. 1 Hs. 1 Nr. 3 Personen, die eine iSv. S. 4 geringfügige nicht erwerbsmäßige Pflegetätigkeit nach § 3 S. 1 Nr. 1a ausüben. Die **Rechtsfolgenanordnung** des Abs. 1 S. 1 Hs. 1 führt dazu, dass die Betroffenen trotz Erfüllung des Grundtatbestandes der abhängigen Beschäftigung vom System der GRV nicht erfasst werden. Dem liegt erkennbar die Wertung zu Grunde, dass zeit- oder entgeltgeringfügige Beschäftigungen bzw. eine geringfügige nicht erwerbsmäßige Pflegetätigkeit mangels ausreichender wirtschaftlicher Bedeutung jeweils keinen ausreichenden Anlass für eine zwangsweise öffentlichrechtliche Sicherung in den Fällen von Erwerbsminderung, Alter und Tod darstellen. Hiergegen bestehen auch aus der Sicht des Europarechts keine Bedenken (EuGH v. 14. 12. 1995, C-317/93, SozR 3–6083 Art. 4 Nr. 11 und C-444/93, SozR 3–6083 Art. 4 Nr. 12).

S. 1 Hs. 1 Nr. 1 gilt außerdem ausnahmsweise nicht für geringfügig Beschäftigte nach § 8 Abs. 1 5
Nr. 1 und § 8a SGB IV, die durch **schriftliche Erklärung** gegenüber dem Arbeitgeber auf die Versicherungsfreiheit verzichten (S. 2 Hs. 1). Der Arbeitgeber muss den Beschäftigten auf diese Möglichkeit hinweisen (§ 2 Abs. 1 S. 3 NachwG). Der **Verzicht** kann nur mit Wirkung für die Zukunft und bei mehreren geringfügigen Beschäftigungen nur einheitlich erklärt werden und ist für die Dauer der Beschäftigungen bindend (S. 2 Hs. 2). Die Vorschrift ermöglicht es „dem Grunde nach" Versicherungspflichtigen – in gewisser Weise vergleichbar mit der Versicherungspflicht auf Antrag nach § 4 – in begrenztem Ausmaß, ihr Sicherungsbedürfnis in der gRV selbst einzuschätzen und aus eigenem Willensentschluss in vollem Umfang den durch die Anordnung von Versicherungsfreiheit entfallenden Status eines Versicherungspflichtigen zu reaktivieren. Für die übrigen Beschäftigten nach § 8 Abs. 1 Nr. 1 (nicht Nr. 2) SGB IV, die in dieser Beschäftigung versicherungsfrei oder von der Versicherungspflicht befreit sind oder nach § 5 Abs. 4 versicherungsfrei sind, mit Ausnahme von Praktikanten iSd. § 172 Abs. 3 S. 2, tragen die Arbeitgeber aus arbeitsmarktpolitischen Gründen einen **Beitragsanteil** (Pauschalbeitrag) in Höhe von 15 vH des Arbeitsentgelts, das beitragspflichtig wäre, wenn die Beschäftigten versicherungspflichtig wären (§ 172 Abs. 3 S. 1). Für Beschäftigte in Privathaushalten nach § 8a S. 1 SGB IV, die in dieser Beschäftigung versicherungsfrei oder von der Versicherungspflicht befreit sind oder nach § 5 Abs. 4 versicherungsfrei sind, tragen die Arbeitgeber einen Beitragsanteil in Höhe von 5 vH des Arbeitsentgelts, das beitragspflichtig wäre, wenn die Beschäftigten versicherungspflichtig wären (§ 172 Abs. 3 a). Dies dürfte als Regelung der Beitragserhebung im Rahmen der Sozialversicherung (Art. 74 Abs. 1 Nr. 12 iVm. Abs. Abs. 2) jeweils **verfassungsrechtlich bedenkenfrei** sein (vgl. bereits BVerfG v. 16. 10. 1962, 2 BvL 27/60, BVerfGE 14, 312). Rechtsfolge einer derartigen Beitragszahlung ist, dass für den Beschäftigten grundsätzlich Zuschläge an Entgeltpunkten ermittelt werden (§ 76 b), die es ermöglichen, Zeiten einer geringfügigen entgeltlichen Beschäftigung sowohl Recht begründend (§ 52 Abs. 2 S. 1) als auch Rentenwert steigernd (§ 66 Abs. 1 Nr. 6) zu berücksichtigen.

Nach § 8 Abs. 2 SGB IV sind bei Anwendung des § 8 Abs. 1 SGB IV ua geringfügige Beschäfti- 6
gungen nach Nr. 1 mit Ausnahme einer geringfügigen Beschäftigung nach Nr. 1 und nicht geringfügige Beschäftigungen zusammenzurechnen. Dies gilt nach § 8 Abs. 3 S. 1 SGB IV entsprechend für

die Zusammenrechnung bei selbstständigen Tätigkeiten. **Abs. 2 Hs. 2** reduziert den Anwendungsbereich des § 8 Abs. 2 SGB IV für die GRV in beiden Fällen dahingehend, dass er nur ihrerseits Versicherungspflicht begründende nicht geringfügige Beschäftigungen/Tätigkeiten erfasst. Bereits der Tatbestand der Geringfügigkeit (und nicht erst die Rechtsfolge der Versicherungspflicht) entfällt daher für eine iSv. § 8 Abs. 2 SGB IV hinzuzuzählende geringfügige Beschäftigung/Tätigkeit nur, wenn hinsichtlich der nicht geringfügigen Beschäftigung Versicherungspflicht angeordnet ist und sich nicht kraft Gesetzes oder einer konstitutiven Befreiung Versicherungsfreiheit ergibt. Dies verhindert **Wertungswidersprüche,** indem generell die hinsichtlich der nicht geringfügigen Beschäftigung getroffene Bewertung der Schutzbedürftigkeit auf die ihrer Art nach geringfügige Beschäftigung übertragen wird.

D. Studenten (Abs. 3)

7   Studierende an Hochschulen und Fachhochschulen sind in einer parallel ausgeübten abhängigen Beschäftigung/selbstständigen Tätigkeit nicht allein deshalb generell versicherungsfrei. Die Situation unterscheidet sich damit fundamental von derjenigen in der gKV. Die derzeitige Fassung des Abs. 3 ordnet seit dem 1. 8. 2004 Versicherungsfreiheit allein für in der Studien- oder Prüfungsordnung vorgeschriebene Praktika an. Insofern sind dann Ort, zeitlicher Umfang und ein eventuelles Entgelt unerheblich. Eine Übertragung der engen **Ausnahmeregelung** auf weitere Personenkreise (insbesondere Schüler) ist ausgeschlossen.

E. Versicherungsfreiheit wegen Alters (Abs. 4)

8   Abs. 4 begründet Versicherungsfreiheit in **Nr. 1** zunächst für **Bezieher einer Vollrente** (§ 42 Abs. 1) wegen Alters (§§ 35–37, 40). Das Gesetz geht dabei typisierend davon aus, dass mit dem Bezug einer Vollrente wegen Alters die Zeit des aktiven Erwerbslebens und hiermit verbunden des Aufbaus von Anwartschaften für die Altersvorsorge beendet ist (vgl. etwa BSG v. 17. 6. 1999, B 12 RJ 5/99 B, SozR 3–2600 § 282 Nr. 8). Dem entsprechend entfällt zum selben Zeitpunkt auch das Recht zur Entrichtung **freiwilliger Beiträge** (§ 7 Abs. 2 S. 1, Abs. 3). Dasselbe gilt nach **Nr. 2** für Bezieher einer **vergleichbaren Leistung** nach beamtenrechtlichen Vorschriften oder Grundsätzen, entsprechenden kirchenrechtlichen Regelungen oder Regelungen einer berufsständischen Versorgung, wenn sie hiernach eine Versorgung nach Erreichen einer Altersgrenze beziehen oder mit Erreichen der Regelaltersgrenze der gRV die in der Gemeinschaft übliche Versorgung erhalten. Ebenfalls typisierend wird auf diese Weise bereits die Begründung einer Doppelversorgung der Betroffenen vermieden und insbesondere eine Angleichung der Rechtsstellung von Versorgungs- und Rentenempfängern herbeigeführt (vgl. BSG v. 22. 2. 1996, 12 RK 3/95, SozR 3–2600 § 5 Nr. 5).

9   Die mit Nr. 2 angestrebte Angleichung an die Voraussetzungen der Versicherungsfreiheit von Altersrentnern der gRV bedeutet nicht, dass erst eine Versorgung nach Erreichen einer für den Bezug einer Altersrente maßgebenden Altersgrenze Versicherungsfreiheit begründet. Maßgebend sind vielmehr die für den Eintritt in den Ruhestand nach dem **jeweiligen Versorgungssystem** geltenden Altersgrenzen, bei denen es sich auch um besondere Altersgrenzen oder Antragsaltersgrenzen handeln kann. Dabei kommt es auf die Gründe für die Festlegung der Altersgrenze nicht an (vgl. BSG v. 22. 2. 1996, 12 RK 3/95, SozR 3–2600 § 5 Nr. 5 zur Ruhestandsversetzung ehemaliger Berufssoldaten nach dem Personalstärkegesetz). Die Gleichstellung von Beziehern einer Vollrente wegen Alters (Nr. 1) und Versorgungsbeziehern (Nr. 2) gewährleistet auch hinsichtlich der letzt Genannten, dass idR nur diejenigen versicherungsfrei sind, bei denen der Aufbau einer zusätzlichen Versorgung durch Rentenanwartschaften nicht mehr möglich erscheint. Dass im Einzelfall auch Versorgungsbezieher wegen einer im öffentlichen Dienst anwendbaren besonderen niedrigen Altersgrenze versicherungsfrei sind, ist der Typisierung geschuldet und vor Art. 3 Abs. 1 unbedenklich. Umgekehrt ist auch eine Erweiterung von Nr. 2 nicht geboten. Das Gesetz macht die Versicherungsfreiheit nicht von der Höhe der Versorgung, sondern von dem **Tatbestand** abhängig, der sie auslöst. Wegen Dienstunfähigkeit in den Ruhestand versetzte Beamte sind daher nicht versicherungsfrei. Eine entsprechende Anwendung auf Versorgungen, die ihrer Höhe oder der Art ihrer Berechnung nach derjenigen nach Erreichen einer Altersgrenze entspricht, scheidet schon deshalb aus. Sie ist auch aus verfassungsrechtlichen Gründen nicht geboten (BSG v. 17. 6. 1999, B 12 KR 18/98 R, BSGE 84, 115 – zur Versicherungspflicht eines Wahlbeamten, der nach Ablauf seiner Wahlzeit vor Erreichen einer Altersgrenze in den Ruhestand versetzt worden ist – und v. 25. 3. 2004, B 12 KR 9/02 R, USK 2004–15).

10 **Nr. 3** geht schließlich – ebenfalls typisierend – davon aus, dass sich die betreffenden Personen bis zum 65. Lebensjahr eine andere Alterssicherung aufgebaut haben (BT-Drs. 11/4124 S. 151). Auf die **konkreten Verhältnisse** im Einzelfall kommt es dem entsprechend nicht an (BSG v. 17. 6. 1999, B 12 RJ 5/99 B, SozR 3–2600 § 282 Nr. 8). Die Vorschrift vermeidet im Übrigen eine gleichheitswidrige Bevorzugung von Personen die bei Erreichen der Regelaltersgrenze keine Beiträge aufzuweisen

haben, insbesondere gegenüber Rentnern nach Nr. 1, denen dies trotz früherer Zugehörigkeit zur Versichertengemeinschaft verweigert wird.

F. Versicherungsfreiheit, Abs. 1, 3

Versicherungsfreiheit tritt für die Dauer des sie begründenden Sachverhalts **kraft Gesetzes** – insbesondere also ohne Antrag und ohne konstitutiven Verwaltungsakt – ein. Im Streit der Beteiligten ist die Feststellungsklage (§ 55 Abs. 1 Nr. 1 SGG) die richtige Rechtsschutzform. Die Versicherungsfreiheit lässt für die Betroffenen die Rechtsfolge der Versicherungspflicht unmittelbar für den jeweils Versicherungspflicht begründen Sachverhalt und nach Abs. 3 S. 1 gleichzeitig auch für die nach Abs. 1 oder anderen gesetzlichen Vorschriften mit Ausnahme von Abs. 2 und § 7 Versicherungsfreien auch hinsichtlich aller sonst erfüllten Tatbestände der Versicherungspflicht nach Abs. 1 Nr. 5–12 entfallen (**absolute Versicherungsfreiheit**). Eine absolute Versicherungsfreiheit ergibt sich zudem auch für die von der Versicherungspflicht Befreiten (Abs. 3 S. 1). Sie entfällt dagegen für die nach Abs. 1 Nr. 3 Versicherungsfreien, solange sie während ihrer Beschäftigung versicherungsfrei sind. 11

§ 6 Befreiung von der Versicherungspflicht

(1) ¹Von der Versicherungspflicht werden befreit
1. Beschäftigte und selbständig Tätige für die Beschäftigung oder selbständige Tätigkeit, wegen der sie aufgrund einer durch Gesetz angeordneten oder auf Gesetz beruhenden Verpflichtung Mitglied einer öffentlich-rechtlichen Versicherungseinrichtung oder Versorgungseinrichtung ihrer Berufsgruppe (berufsständische Versorgungseinrichtung) und zugleich kraft gesetzlicher Verpflichtung Mitglied einer berufsständischen Kammer sind, wenn
   a) am jeweiligen Ort der Beschäftigung oder selbständigen Tätigkeit für ihre Berufsgruppe bereits vor dem 1. Januar 1995 eine gesetzliche Verpflichtung zur Mitgliedschaft in der berufsständischen Kammer bestanden hat,
   b) für sie nach näherer Maßgabe der Satzung einkommensbezogene Beiträge unter Berücksichtigung der Beitragsbemessungsgrenze zur berufsständischen Versorgungseinrichtung zu zahlen sind und
   c) aufgrund dieser Beiträge Leistungen für den Fall verminderter Erwerbsfähigkeit und des Alters sowie für Hinterbliebene erbracht und angepasst werden, wobei auch die finanzielle Lage der berufsständischen Versorgungseinrichtung zu berücksichtigen ist,
2. Lehrer oder Erzieher, die an nichtöffentlichen Schulen beschäftigt sind, wenn ihnen nach beamtenrechtlichen Grundsätzen oder entsprechenden kirchenrechtlichen Regelungen Anwartschaft auf Versorgung bei verminderter Erwerbsfähigkeit und im Alter sowie auf Hinterbliebenenversorgung gewährleistet und die Erfüllung der Gewährleistung gesichert ist und wenn diese Personen die Voraussetzungen nach § 5 Abs. 1 Satz 2 Nr. 1 und 2 erfüllen,
3. nichtdeutsche Besatzungsmitglieder deutscher Seeschiffe, die ihren Wohnsitz oder gewöhnlichen Aufenthalt nicht im Geltungsbereich dieses Gesetzbuchs haben,
4. Gewerbetreibende in Handwerksbetrieben, wenn für sie mindestens 18 Jahre lang Pflichtbeiträge gezahlt worden sind, ausgenommen bevollmächtigte Bezirksschornsteinfeger oder Bezirksschornsteinfegermeister.

²Die gesetzliche Verpflichtung für eine Berufsgruppe zur Mitgliedschaft in einer berufsständischen Kammer im Sinne des Satzes 1 Nr. 1 gilt mit dem Tag als entstanden, an dem das die jeweilige Kammerzugehörigkeit begründende Gesetz verkündet worden ist. ³Wird der Kreis der Pflichtmitglieder einer berufsständischen Kammer nach dem 31. Dezember 1994 erweitert, werden diejenigen Pflichtmitglieder des berufsständischen Versorgungswerks nicht nach Satz 1 Nr. 1 befreit, die nur wegen dieser Erweiterung Pflichtmitglieder ihrer Berufskammer geworden sind. ⁴Für die Bestimmung des Tages, an dem der Erweiterung des Kreises der Pflichtmitglieder erfolgt ist, ist Satz 2 entsprechend anzuwenden. ⁵Personen, die nach bereits am 1. Januar 1995 geltenden versorgungsrechtlichen Regelungen verpflichtet sind, für die Zeit der Ableistung eines gesetzlich vorgeschriebenen Vorbereitungs- oder Anwärterdienstes Mitglied einer berufsständischen Versorgungseinrichtung zu sein, werden auch dann nach Satz 1 Nr. 1 von der Versicherungspflicht befreit, wenn eine gesetzliche Verpflichtung zur Mitgliedschaft in einer berufsständischen Kammer für die Zeit der Ableistung des Vorbereitungs- oder Anwärterdienstes nicht besteht. ⁶Satz 1 Nr. 1 gilt nicht für die in Satz 1 Nr. 4 genannten Personen.

(1 a) ¹Personen, die nach § 2 Satz 1 Nr. 9 versicherungspflichtig sind, werden von der Versicherungspflicht befreit

1. für einen Zeitraum von drei Jahren nach erstmaliger Aufnahme einer selbständigen Tätigkeit, die die Merkmale des § 2 Satz 1 Nr. 9 erfüllt,
2. nach Vollendung des 58. Lebensjahres, wenn sie nach einer zuvor ausgeübten selbständigen Tätigkeit erstmals nach § 2 Satz 1 Nr. 9 versicherungspflichtig werden.

²Satz 1 Nr. 1 gilt entsprechend für die Aufnahme einer zweiten selbständigen Tätigkeit, die die Merkmale des § 2 Satz 1 Nr. 9 erfüllt. ³Tritt nach Ende einer Versicherungspflicht nach § 2 Satz 1 Nr. 10 Versicherungspflicht nach § 2 Satz 1 Nr. 9 ein, wird die Zeit, in der die dort genannten Merkmale bereits vor dem Eintritt der Versicherungspflicht nach dieser Vorschrift vorgelegen haben, auf den in Satz 1 Nr. 1 genannten Zeitraum nicht angerechnet. ⁴Eine Aufnahme einer selbständigen Tätigkeit liegt nicht vor, wenn eine bestehende selbständige Existenz lediglich umbenannt oder deren Geschäftszweck gegenüber der vorangegangenen nicht wesentlich verändert worden ist.

(2) Die Befreiung erfolgt auf Antrag des Versicherten, in den Fällen des Absatzes 1 Nr. 2 und 3 auf Antrag des Arbeitgebers.

(3) Über die Befreiung entscheidet der Träger der Rentenversicherung, nachdem in den Fällen

1. des Absatzes 1 Nr. 1 die für die berufsständische Versorgungseinrichtung zuständige oberste Verwaltungsbehörde,
2. des Absatzes 1 Nr. 2 die oberste Verwaltungsbehörde des Landes, in dem der Arbeitgeber seinen Sitz hat,

das Vorliegen der Voraussetzungen bestätigt hat.

(4) Die Befreiung wirkt vom Vorliegen der Befreiungsvoraussetzungen an, wenn sie innerhalb von drei Monaten beantragt wird, sonst vom Eingang des Antrags an.

(5) ¹Die Befreiung ist auf die jeweilige Beschäftigung oder selbständige Tätigkeit beschränkt. ²Sie erstreckt sich in den Fällen des Absatzes 1 Nr. 1 und 2 auch auf eine andere versicherungspflichtige Tätigkeit, wenn diese infolge ihrer Eigenart oder vertraglich im Voraus zeitlich begrenzt ist und der Versorgungsträger für die Zeit der Tätigkeit den Erwerb einkommensbezogener Versorgungsanwartschaften gewährleistet.

A. Normzweck

1 Nach Benennung der trotz grundsätzlicher Schutzbedürftigkeit bereits von der Rechtsfolge der Versicherungspflicht Ausgenommenen (zB § 1 S. 4) und der kraft Gesetzes auf Grund Zugehörigkeit zu einer Teilmenge Versicherungsfreien (§ 5) führt das Gesetz in § 8 enumerativ weitere Gruppen grundsätzlich Schutzbedürftiger auf, die ihre Beziehung zur GRV auf Grund eigener Willensentschließung beenden können. Obwohl von Verfassung wegen grundsätzlich kein Wahlrecht besteht, die jeweils günstigste Versorgungsmöglichkeit zu wählen (BSG v. 9. 3. 2005, B 12 RA 8/03 R, SozR 4–2600 § 6 Nr. 3), wird den Betroffenen damit insbesondere die Möglichkeit eröffnet, nach Maßgabe ihrer eigenen Einschätzung der individuellen Schutzbedürftigkeit eine **Doppelversicherung** in koexistierenden Versorgungssystemen zu vermeiden, in denen – verfassungsrechtlich zulässig (vgl. zur Zulässigkeit von berufsständischen Versorgungswerken als Pflichtversicherung etwa BVerfG v. 4. 4. 1989, 1 BvR 685/88, NJW 1990, 1653) jeweils eine Pflichtversicherung begründet wird. Eine **entsprechende Anwendung** der dortigen Regelungen ist im Blick auf den Ausnahmecharakter des § 8 ausgeschlossen (BSG v. 7. 2. 2002, B 12 KR 1/01 R, USK 2002–10).

2 Eine derartige Möglichkeit, auch denjenigen zu eröffnen, die sich neben der gesetzlichen Versicherungspflicht für eine private Altersvorsorge oder eine freiwillige Altersversorgung im Rahmen einer berufsständischen Versorgung entscheiden, ist der Gesetzgeber nicht gehalten. Ebenso wenig ist der Gesetzgeber verfassungsrechtlich verpflichtet, neben einer Regelung der Frage der parallelen Zugehörigkeit zu verschiedenen Systemen auch für den Fall möglicher Systemwechsel Vorkehrungen zu treffen, die die Betreffendem vor jeglichem Nachteil schützen (BSG v. 30. 4. 1997, 12 RK 34/96, SozR 3–2940 § 7 Nr. 4 und 12 RK 20/96, USK 9733). In der hierin liegenden begrenzten Wiedereröffnung der **Vorsorgefreiheit** (Art. 2 Abs. 1 GG) realisiert sich aus der Sicht der gRV das Konzept abgestufter Schutzbedürftigkeit weiter. Da es sich um eng umgrenzte Ausnahmefälle handelt kommt grundsätzlich weder eine erweiternde oder entsprechende Anwendung in Betracht noch kann unter Berufung auf Art. 3 Abs. 1 eine Gleichbehandlung begehrt werden (BSG v. 30. 4. 1997, 12 RK 20/96, USK 9733). In dem Umfang, in dem ein Berechtigter von seiner Gestaltungsfreiheit Gebrauch gemacht hat, trägt er in vollem Umfang deren Folgen und kann sich nicht etwa trotz der selbst herbeigeführten Versicherungsfreiheit im Einzelfall nach dem Maßstab der **Individualnützlichkeit** darauf berufen, er sei mit Pflichtversicherten gleich zu behandeln (vgl. zur Beschränkung der Beitragszahlung aus dem Krankengeld auf gesetzlich Rentenversicherte (BSG v. 14. 2. 2001, B 1 KR 25/99 R, SozR 3–1100 Art. 3 Nr. 170). Der Ausschluss der Anrechnung von **Kindererzie-**

hungszeiten in § 56 Abs. 4 Nr. 2 Regelung 3 ist allerdings verfassungsrechtlich nur dann gerechtfertigt, wenn Kindererziehungszeiten in der berufsständischen Versorgungseinrichtung systembezogen annähernd gleichwertig berücksichtigt werden (BSG v. 31. 1. 2008, B 13 R 64/06 R, SozR 4–2600 § 56 Nr. 6.

B. Antrag, Verwaltungsakt und Wirkung der Befreiung

§ 6 gibt ein **subjektives öffentliches Recht** auf Befreiung von der Versicherungspflicht durch einen mitwirkungsbedürftigen, gebundenen, begünstigenden und konstitutiven **Verwaltungsakt** (§ 31 S. 1 SGB X) mit Dauerwirkung (BSG v. 30. 4. 1997, 12 RK 34/96, SozR 3–2940 § 7 Nr. 4). Dessen rechtliche Regelung (Verfügungssatz) liegt – regelmäßig – allein in der Befreiung von der Versicherungspflicht und der Bestimmung ihres Beginns. Grundsätzlich ist die Befreiung auf die jeweilige Beschäftigung oder selbstständige Tätigkeit beschränkt (Abs. 5 S. 1). In einer Beschäftigung oder selbstständigen Tätigkeit, auf die sich die Befreiung nach ihrem (im Einzelfall festzustellenden) Inhalt nicht erstreckt, tritt daher nach Maßgabe der §§ 1 bis 3 kraft Gesetzes Versicherungspflicht ein, ohne dass es einer Aufhebung der Befreiungsentscheidung bedarf (BSG v. 7. 12. 2000, B 12 KR 11/00 R, SozR 3–2600 § 6 Nr. 5). Wird die Beschäftigung/Tätigkeit, die zur Versicherungspflicht geführt hat, aufgegeben, oder entfällt (etwa bei Unterschreiten der Geringfügigkeitsgrenze) die Versicherungspflicht, **erledigt** sich der befreiende Verwaltungsakt wegen Entfallens seines Gegenstands endgültig (§ 39 Abs. 2 SGB X). Entfällt dagegen bei Fortbestehen der Beschäftigung/Tätigkeit eine Befreiungsvoraussetzung bedarf es der Aufhebung nach § 48 SGB X (BSG v. 7. 11. 1991, 12 RK 49/89, SozR 3–2940 § 7 Nr. 2, v. 30. 4. 1991, 4 RA 29/90, SozR 3–2200 § 1251a Nr. 16). Richtige Klageart ist im Streit um die begehrte Befreiung die kombinierte Anfechtungs- und Verpflichtungsklage (§ 54 Abs. 1 S. 1 SGG, BSG v. 23. 11. 2005, B 12 Ra 15/04 R, SozR 4–2600 § 2 Nr. 5).

Für die Befreiung ist neben dem Verwaltungsakt des Trägers der Rentenversicherung der entsprechende **Antrag** konstitutiv (Abs. 2). Dieser ist grundsätzlich vom Versicherungspflichtigen (soweit das Gesetz untechnisch von „Versicherten" spricht ist dies und nicht der grundsätzlich erst mit der wirksamen Entrichtung wenigstens eines Beitrags erworbene Status maßgeblich), in den Fällen des Abs. 1 Nr. 2 und 3 vom Arbeitgeber (Abs. 2) und unter den Voraussetzungen des Abs. 3 durch den Träger der Rentenversicherung zu stellen. § 130 Abs. 1 S. 1 BGB). Der Antrag eröffnet das **Verwaltungsverfahren** (§ 18 Nr. 1 Regelung 2 SGB X) und bestimmt nach Abs. 4 gleichzeitig **materiellrechtlich** den Beginn bzw. die Dauer der Befreiung (BSG v. 24. 11. 2005, B 12 RA 9/03 R, SozR 4–2600 § 6 Nr. 5). Er wird als einseitige empfangsbedürftige öffentlichrechtliche Willenserklärung mit dem Zugang wirksam (§ 130 Abs. 1 S. 1 BGB). Der Antrag kann formlos gestellt werden, aus Nachweisgründen liegt es indes dringend nahe, zumindest Schriftform zu wählen. Für Minderjährige handelt nach den allgemeinen Vorschriften der gesetzliche Vertreter (§ 11 Abs. 1 Nr. 2 SGB X). Bis zum Eintritt der Bindungswirkung (§ 77 SGG) kann der Antrag wieder zurückgenommen werden.

Die **Fristbindung** des Abs. 4 stellt sicher, dass der Dispositionsbefugnis des Versicherten Rechnung getragen wird, ohne der Versichertengemeinschaft über das hiernach unvermeidliche Maß hinaus eine Ungewissheit über den Bestand des Versicherungsverhältnisses und eine negative Risikoauslese zu ihren Lasten zu überbürden. Wird der Antrag „innerhalb von drei Monaten" nach dem erstmaligen Vorliegen der (aller) Befreiungsvoraussetzungen einschließlich der unverzichtbaren Versicherungspflicht – jedoch ohne die Bestätigung der zuständigen obersten Verwaltungsbehörde nach Abs. 3 – gestellt, wirkt der daraufhin ergehende Verwaltungsakt auf diesen Zeitpunkt zurück und lässt damit als **actus contrarius** die kraft Gesetzes bereits eingetretene Versicherungspflicht rückwirkend wieder entfallen. Andernfalls tritt die Wirkung der Befreiungsentscheidung erst mit dem Eingang des Antrags ein. In den Grenzen des § 27 Abs. 1–4 SGB X kann ggf. **Wiedereinsetzung** gewährt werden (BSG v. 24. 11. 2005, B 12 RA 9/03 R, SozR 4–2600 § 6 Nr. 5).

Die Befreiung ist nach Abs. 5 S. 1 grundsätzlich von vorne herein auf die jeweilige versicherungspflichtige Beschäftigung oder selbständige Tätigkeit beschränkt (BSG v. 30. 4. 1997, 12 RK 20/96, USK 9733), wirkt also nicht Personen bezogen, sondern Tätigkeit bezogen und auch insofern nur **relativ** für die Tätigkeit, für die sie erteilt ist (vgl. BSG v. 22. 10. 1998, B 5/4 RA 80/97 R, SozR 3–2600 § 56 Nr. 12). Sie erstreckt sich nach Abs. 5 S. 2 in den Fällen des Abs. 1 S. 1 Nr. 1 und 2 kraft Gesetzes ausnahmsweise auch auf eine **andere versicherungspflichtige „Tätigkeit"** (Beschäftigung oder selbstständige Tätigkeit) die gleichzeitig oder an Stelle der ursprünglich zur Befreiung führenden ausgeübt wird, wenn diese befristet ist und derselbe Versorgungsträger auch für die Zeit dieser anderen Tätigkeit Einkommen bezogene Versorgungsanwartschaften gewährleistet. Damit soll sichergestellt werden, dass eine vorübergehende berufsfremde Tätigkeit nicht zu einem **Wechsel des Alterssicherungssystems** führt (BSG v. 22. 10. 1998, B 5/4 RA 80/97 R, SozR 3–2600 § 56 Nr. 12 mH auf BT-Drs. 11/4124 S. 151, 152).

Zuständig für die Befreiungsentscheidung ist der Rentenversicherungsträger (§§ 127 ff), dessen Entscheidung für die Einzugsstelle Tatbestandswirkung hat. In der Beschäftigtenversicherung verbleibt es bei der (grundsätzlichen) Zuständigkeit der Einzugsstelle für die Entscheidung über die Rentenversicherungspflicht. § 6 Abs. 3 greift daher auch dann nicht ein, wenn ein Versicherter die Versicherungspflicht bestreitet, weil er die entsprechenden Normen für verfassungswidrig hält (BSG v. 23. 9. 2003, B 12 RA 3/02 R, SozR 4–2400 § 28 h Nr. 1). Das gilt auch dann, wenn als Vorfrage darüber zu entscheiden ist, ob sich eine bestimmte vom RV-Träger ausgesprochene Befreiung von der Versicherungspflicht auf eine bestimmte Beschäftigung erstreckt (BSG v. 7. 12. 2000, B 12 KR 11/00 R, SozR 3–2600 § 6 Nr. 5).

C. Die einzelnen Befreiungstatbestände

I. Mitgliedschaft in einer berufsständischen Versorgungseinrichtung (Abs. 1 S. 1 Nr. 1, S. 2 bis 5, Abs. 3, Abs. 5 S. 2)

8   Beschäftigte und selbstständige Tätige (mit Ausnahme der in S. 1 Nr. 4 Genannten, S. 6) haben Anspruch auf Befreiung von der Versicherungspflicht nur für die Beschäftigung oder selbstständige Tätigkeit, wegen der sie gleichzeitig kraft gesetzlicher Verpflichtung Mitglied einer berufsständischen Kammer sind und auf Grund einer durch Gesetz angeordneten oder auf Gesetz beruhenden Verpflichtung Mitglied einer öffentlich-rechtlichen Versicherungseinrichtung oder Versorgungseinrichtung ihrer Berufsgruppe (berufsständische Versorgungseinrichtung). Die gesetzliche Verpflichtung zur **Kammermitgliedschaft** muss am jeweiligen Ort der Beschäftigung bereits vor dem **1. 1. 1995** bestanden haben. Sie gilt mit dem Tag als entstanden, an dem das die Kammerzugehörigkeit begründende Gesetz verkündet worden ist (Abs. 1 S. 2). Wird der Kreis der Pflichtmitglieder einer berufsständischen Kammer nach dem 31. 12. 1994 erweitert, werden die diejenigen, die nur wegen dieser Erweiterung Pflichtmitglieder ihrer Kammer geworden sind, nicht befreit (Abs. 1 S. 3 iVm. S. 2). Für Personen, die nach bereits am 1. 1. 1995 geltenden versorgungsrechtlichen Regelungen verpflichtet sind, für die Zeit der Ableistung eines gesetzlich vorgeschriebenen Vorbereitungs- oder Anwärterdienstes Mitglied einer berufsständischen Versorgungseinrichtung zu sein, enthält S. 5 eine **Übergangsregelung.** Für die Betroffenen müssen nach näherer Maßgabe der Satzung generell Einkommen bezogene Beiträge unter Berücksichtigung der Beitragsbemessungsgrenze zur berufsständischen Versorgungseinrichtung zu zahlen sein. Auf Grund dieser **Beiträge** müssen Leistungen für den Fall verminderter Erwerbsfähigkeit und des Alters sowie für Hinterbliebene erbracht und angepasst werden, wobei auch die finanzielle Lage der berufsständischen Versorgungseinrichtung zu berücksichtigen ist. Sind vorübergehend keine Beiträge zum Versorgungswerk zu entrichten, kommt eine Befreiung nur in Betracht, wenn sich diese Zeiten für eine künftige Versorgung leistungssteigernd auswirken (BSG v. 7. 3. 2007, B 12 R 15/06 R, USK 2007–7). Die Befreiung erstreckt sich nach Abs. 5 S. 2 auf eine **andere versicherungspflichtige Tätigkeit,** wenn diese iSd. Regelung zeitlich begrenzt ist und der Versorgungsträger für die Zeit der Tätigkeit den Erwerb einkommensbezogener Versorgungsanwartschaften gewährleistet.

9   Die Anknüpfung an das Bestehen einer **Pflichtmitgliedschaft** in einer berufsständischen Kammer dient dazu, die Befreiungsmöglichkeit für diejenigen Angestellten zu erhalten, die traditionell berufsständischen Versorgungseinrichtungen als Pflichtmitglieder angehören zu erhalten. Dagegen durfte der Gesetzgeber zur Bewahrung einer leistungsfähigen Versichertengemeinschaft in der gRV die vielfach freien Mitglieder neu geschaffener Kammer von der Befreiung ausnehmen (BSG v. 9. 3. 2005, B12 RA 8/03 R, SozR 4–2600 § 6 Nr. 3). Eine nur **freiwillige Mitgliedschaft** bei einer berufsständischen Versorgungseinrichtung ist keinesfalls geeignet, eine Gleichwertigkeit der Zugehörigkeit zur gRV und der Verbindung zu einem anderen System zu begründen (BSG v. 30. 4. 1997, 12 RK 34/96, SozR 3–2940 § 7 Nr. 4 und v. 22. 10. 1998, B 5/4 RA 80/97 R, SozR 3–2600 § 56 Nr. 5). Sie rechtfertigt daher weder die Erteilung noch die Aufrechterhaltung einer Befreiung von der Rentenversicherungspflicht (BSG v. 30. 4. 1997, 12 RK 20/96, USK 9733). Dies ist nicht verfassungswidrig. Grundsätzlich besteht von Verfassung wegen kein Wahlrecht, die jeweils günstigste Versorgungsmöglichkeit zu wählen (BSG v. 9. 3. 2005, B12 RA 8/03 R, SozR 4–2600 § 6 Nr. 3 und BVerfG v. 31. 8. 2004, 1 BvR 1776/97, juris).

II. Lehrer oder Erzieher (Abs. 1 S. 1 Nr. 2, Abs. 2, Abs. 3 Nr. 2, Abs. 5 S. 2)

10   Die Norm gibt ein Recht auf Befreiung allein von der Versicherungspflicht nach **§ 1 S. 1 Nr. 1 Hs. 1 SGB VI** (vgl. dem gegenüber zum begrenzten Befreiungsrecht selbstständiger Lehrer und Erzieher § 231 Abs. 6). Der Begriff des Lehrers und Erziehers entspricht allerdings auch hier demjenigen des § 2 S. 1 Nr. 1). Nicht-öffentliche Schulen sind solche, deren Träger eine natürliche oder juristische Person des privaten Rechts oder eine Religionsgemeinschaft ist (vgl. BVerfG v. 14. 11. 1969, 1 BvL 24/64, BVerfGE 27, 195). Die Anforderungen an die Versorgung entsprechen denjenigen des § 5 Abs. 1 S. 1 Nr. 2). Antragsberechtigt ist nach Abs. 2 der Arbeitgeber. Die Befreiung erstreckt sich nach Abs. 5 S. 2 auch auf eine andere versicherungspflichtige Tätigkeit, wenn diese infolge ihrer Ei-

genart oder vertraglich im Voraus zeitlich begrenzt ist und für die Zeit der Tätigkeit der Erwerb einkommensbezogener Versorgungsanwartschaften gewährleistet ist.

III. Nichtdeutsche Besatzungsmitglieder deutscher Seeschiffe (Abs. 1 S. 1 Nr. 3, Abs. 2)

Der Tatbestand der Norm entspricht demjenigen der Versicherungsfreiheit nach **§ 6 Abs. 1 Nr. 1a SGB V** (vgl. dort). Antragsberechtigt ist auch hier der Arbeitgeber (Abs. 2). **11**

IV. Gewerbetreibende in Handwerksbetrieben (Abs. 1 S. 1 Nr. 4, S. 6)

Der Begriff des „Gewerbetreibenden in Handwerksbetrieben" ist iSv. § 2 Nr. 8 zu verstehen. Im Gegensatz zum früheren HwVG bezeichnet der Zeitraum von 216 Monaten nicht mehr die gesetzliche Grenze der Versicherungspflicht, sondern denjenigen Zeitraum, nach dessen Ablauf die Betroffenen frühestens selbst über ihr Verbleiben in der gRV entscheiden können. Die **Pflichtbeiträge** (§ 55) müssen nicht auf Grund einer selbstständigen Tätigkeit als Handwerker gezahlt worden sein. Ausdrücklich kein Recht auf Befreiung haben Bezirksschornsteinfegermeister. Abs. 1 S. 6 stellt klar, dass das Recht auf Befreiung von der Versicherung als Handwerker ausschließlich auf Nr. 4 und nicht (auch) auf Nr. 1 gestützt werden kann. **12**

V. Versicherungspflichtige nach § 2 S. 1 Nr. 9, Abs. 1a, § 235 Abs. 5

Sog. **arbeitnehmerähnliche Selbstständige** sind seit dem 1. 1. 1999 nach § 2 S. 1 Nr. 9 versicherungspflichtig. Übergangsrechtlich können die Personen, die am 31. 12. 1998 eine selbstständige Tätigkeit ausgeübt haben, in der sie nicht versicherungspflichtig waren und danach gemäß § 2 S. 1 Nr. 9 versicherungspflichtig werden, nach **§ 235 Abs. 5** in der rückwirkend ab 1. 1. 1999 geltenden Fassung des Gesetzes zur Förderung der Selbstständigkeit vom 20. 12. 1999 (BGBl. I 2000, 2) unter den dort genannten Voraussetzungen befreit werden. Die Vorschrift ermöglicht damit – mit engem Anwendungsbereich – die Statuswahrung bei erstmaliger Einführung von Versicherungspflicht (BSG v. 23. 11. 2005, B 12 RA 13/04 R, SozR 4–2600 § 231 Nr. 2). Eine entsprechende Anwendung auf sonstige versicherungspflichtige Selbstständige ist ausgeschlossen (BSG v. 23. 11. 2005, B 12 RA 5/03 R, SozR 4–2600 § 231 Nr. 1). **13**

Versicherungspflichtige nach § 2 S. 1 Nr. 9 haben – tatbestandlich jeweils unabhängig von anderweitigen Vorsorgemaßnahmen – **„reguläre" Befreiungsrechte** zudem nach Abs. 1a. Es handelt sich um allein diesem Personenkreis vorbehaltene Rechte, sodass eine erweiternde oder entsprechende Anwendung auch hier nicht in Betracht kommt. Eine entsprechende Anwendung ist mangels einer Konkurrenz der Nr. 9 zu den sonstigen Versicherungspflichttatbeständen des § 2 (vgl. BSG v. 23. 11. 2005, B 12 RA 13/04 R, SozR 4–2600 § 231 Nr. 1) insbesondere nicht etwa aus Gründen der „Gleichbehandlung" insofern veranlasst. **14**

Ein Befreiungsrecht besteht zunächst in der **Existenzgründungsphase** (BT-Drs. 14/1855 S. 9) in Abhängigkeit von der Ausübung des entsprechenden Dispositionsrechts (Abs. 4) für einen Zeitraum von höchstens drei Jahren nach erstmaliger Aufnahme einer selbstständigen Tätigkeit im Sinne des § 2 S. 1 Nr. 9 **(Nr. 1).** Die Vorschrift gilt entsprechend für die Aufnahme einer zweiten selbstständigen Tätigkeit, die die Voraussetzungen des § 2 S. 1 Nr. 9 erfüllt (Abs. 1a S. 2); insofern kann unabhängig und erneut Befreiung für einen Höchstzeitraum von drei Jahren begehrt werden (vgl. BT-Drs. 14/1855, S. 9). Tritt Versicherungspflicht nach § 2 S. 1 Nr. 9 nach Ende einer Versicherungspflicht nach § 2 S. 1 Nr. 10 ein, wird die Zeit, in der die dort genannten Merkmale bereits vorgelegen haben, ohne indes wegen § 2 S. 2 Versicherungspflicht zu begründen, nicht auf den Dreijahreszeitraum der Nr. 1 angerechnet (Abs. 1a S. 3). Die **„Aufnahme"** einer selbstständigen Tätigkeit liegt nur bei vollständigem Neubeginn bzw. bei einer wesentlichen Änderung des Geschäftszwecks, nach der ausdrücklichen Klarstellung in Abs. 1a S. 4 also nicht bereits dann vor, wenn eine bestehende selbstständige „Existenz" nur umbenannt oder in ihrer finalen Ausrichtung nur unwesentlich verändert wird. **15**

Daneben eröffnet **Nr. 2** für ältere Selbstständige nach Vollendung des 58. Lebensjahres eine endgültige Befreiungsmöglichkeit, wenn sie nach einer zuvor ausgeübten selbstständigen Tätigkeit erstmals nach § 2 S. 1 Nr. 9 versicherungspflichtig werden. Dies gilt typischer Weise für solche Selbstständige, die ihre ansonsten unveränderte Tätigkeit nach dem genannten Zeitpunkt auf den von § 2 S. 1 Nr. 9 erfassten Umfang reduzieren und deshalb hiernach versicherungspflichtig werden. Nr. 2 fordert indes zwischen der vor Vollendung des 58. Lebensjahres ausgeübten selbstständigen Tätigkeit und der § 2 S. 1 Nr. 9 unterfallenden Tätigkeit danach lediglich einen **zeitlichen** und keinen inhaltlichen Zusammenhang. Auch wird gerade nicht auf das Vorhandensein einer (bestimmten) Altersversorgung abgestellt, um deren Fortführung es gehen könnte. Allein der Wortlaut steht daher einem Befreiungsrecht auch zunächst nach Abs. 1a Nr. 1 Befreiter, deren Befreiungszeitraum nach Vollendung des 58. Lebensjahres endet, und ebenso einem Befreiungsrecht nach Abs. 1 Befreiter, die sich **16** nach Vollendung des 58. Lebensjahres einer von § 2 S. 1 Nr. 9 erfassten Tätigkeit zuwenden, nicht entgegen. Ob der Anwendungsbereich dennoch unter Berufung auf die sog Gesetzesmaterialien (BT-Drs. 14/1855 S. 9) „**teleologisch reduziert**" werden kann, erscheint zumindest fraglich.

17 Die **Wirkung** der Befreiung ergibt sich auch für die neuen Fallgruppen der Abs. 1 a aus Abs. 4. Für diejenigen, bei denen Versicherungspflicht nach § 2 S. 1 Nr. 9 bereits in der Zeit ab dem 1. 1. 1999 eintrat, denen ein Befreiungsrecht jedoch erst mit der Veröffentlichung von Abs. 1 a Nr. 1 im BGBl. v. 10. 1. 2000 (rückwirkend zum 1. 1. 1999) eingeräumt wurde, ist **übergangsrechtlich** ein Verständnis des Abs. 4 geboten, das ihnen ausnahmsweise eine dreimonatige Frist zur Antragstellung vom 10. 1. bis 10. 4. 2000 eröffnet (BSG v. 24. 11. 2005, B 12 RA 9/03 R, SozR 4–2600 § 6 Nr. 5). Der Beginn der Antragsfrist und der hiermit identische früheste mögliche Zeitpunkt der Befreiung sind auch hier allein objektiv und damit unabhängig von der Kenntnis des Betroffenen von der Existenz der gesetzlichen Regelung wie vom konkreten Vorliegen der Befreiungsvoraussetzungen zu bestimmen.

VI. Versicherte nach § 3 S. 1 Nr. 3 a aF, Abs. 1 b aF

18 Mit der Aufhebung von § 3 S. 1 Nr. 3 a mit Wirkung vom 1. 1. 2011 (s. dort) ist für Bezieher von ALG II gleichzeitig die Notwendigkeit einer korrespondierenden Befreiungsregelung entfallen. Abs. 1 b wurde daher mit Art. 19 Nr. 3 des Haushaltsbegleitgesetzes 2011 v, 9. 12. 2010 (BGBl I 1885) ebenfalls aufgehoben.

Zweiter Abschnitt. Freiwillige Versicherung

§ 7 Freiwillige Versicherung

(1) ¹Personen, die nicht versicherungspflichtig sind, können sich für Zeiten von der Vollendung des 16. Lebensjahres an freiwillig versichern. ²Dies gilt auch für Deutsche, die ihren gewöhnlichen Aufenthalt im Ausland haben.

(2) Nach bindender Bewilligung einer Vollrente wegen Alters oder für Zeiten des Bezugs einer solchen Rente ist eine freiwillige Versicherung nicht zulässig.

A. Normzweck

1 Die Norm ermöglicht grundsätzlich jedem nicht ohnehin Versicherungspflichtigen ohne vorangegangenes Verwaltungsverfahren die Begründung eines Versicherungsverhältnisses durch den Realakt der **Zahlung** (BSG v. 23. 10. 2003, B 4 RA 27/03 R, SozR 4–2600 § 7 Nr. 1). Begleitende Nebenpflichten ergeben sich insbesondere aus § 196 Abs. 1. Freiwillige Beiträge sind grundsätzlich nur wirksam, wenn die Zahlung bis zum 31. 3. des Jahres erfolgt, für das die Beiträge bestimmt sind (§ 197 Abs. 1). Die Bestimmung der Beitragsdichte wie der Beitragshöhe liegt – in den Grenzen der §§ 161 Abs. 2, 167 – beim Versicherten. Sie muss allerdings kontinuierlich sein, wo es übergangsrechtlich um die Erhaltung der Anwartschaft auf eine Rente wegen teilweiser Erwerbsminderung bei Berufsunfähigkeit (§§ 240, 241 Abs. 2, 242 Abs. 2) geht.

B. Der Kreis der Berechtigten

2 Unabhängig von sonstigen Voraussetzungen können (bereits dem Grunde nach) **nicht Versicherungspflichtige** mit Wohnsitz oder gewöhnlichem Aufenthalt im Geltungsbereich des SGB (§ 30 Abs. 1 SGB I) für Zeiten nach Vollendung des 16. Lebensjahres (§§ 187 Abs. 2, 188 Abs. 2 BGB) freiwillige Beiträge entrichten. Dasselbe gilt für Deutsche mit gewöhnlichem Auslandsaufenthalt (Abs. Abs. 1 S. 2), die insofern von der Voraussetzung eines territorialen Bezuges zur inländischen Rechtsordnung befreit sind. Schließlich besteht ein Recht zur freiwilligen Versicherung auch für Personen, die insofern aufgrund inter- oder supranationalen Rechts entweder (unabhängig von der Nationalität) Inländern oder Deutschen (vgl. BSG v. 30. 4. 1975, 12 RJ 200/74, BSGE 39, 284) gleich gestellt sind (§ 6 SGB IV).

3 Der **Ausschluss versicherungsfreier und von der Versicherungspflicht befreiter Personen** ohne Vorversicherung von 60 Monaten ist mit der Aufhebung von Abs. 2 aF durch Art. 2 Nr. 2 Buchst. a u. b des Dritten Gesetzes zur Änderung des Vierten Buches Sozialgesetzbuch und anderer Gesetze vom 5. 8. 2010 (BGBl I 1127) mit Wirkung vom 11. 8. 2010 entfallen. Die Betroffenen können nunmehr durch bisher in der RV zurückgelegte Zeiten und weitere freiwillige Beiträge insbesondere die allgemeine Wartezeit von 60 Monaten erfüllen. Der frühere Abs. 3 ist gleichzeitig mit unverändertem Inhalt Absatz 2 geworden. Hiernach ist die freiwillige Versicherung nach bindender Bewilligung einer Vollrente wegen Alters oder für Zeiten des Bezuges einer solchen Rente nicht zulässig.

Dritter Abschnitt. Nachversicherung, Versorgungsausgleich und Rentensplitting

§ 8 Nachversicherung, Versorgungsausgleich und Rentensplitting

(1) ¹Versichert sind auch Personen,
1. die nachversichert sind oder
2. für die aufgrund eines Versorgungsausgleichs oder eines Rentensplittings Rentenanwartschaften übertragen oder begründet sind.

²Nachversicherte stehen den Personen gleich, die versicherungspflichtig sind.

(2) ¹Nachversichert werden Personen, die als
1. Beamte oder Richter auf Lebenszeit, auf Zeit oder auf Probe, Berufssoldaten und Soldaten auf Zeit sowie Beamte auf Widerruf im Vorbereitungsdienst,
2. sonstige Beschäftigte von Körperschaften, Anstalten oder Stiftungen des öffentlichen Rechts, deren Verbänden einschließlich der Spitzenverbände oder ihrer Arbeitsgemeinschaften,
3. satzungsmäßige Mitglieder geistlicher Genossenschaften, Diakonissen oder Angehörige ähnlicher Gemeinschaften oder
4. Lehrer oder Erzieher an nichtöffentlichen Schulen oder Anstalten

versicherungsfrei waren oder von der Versicherungspflicht befreit worden sind, wenn sie ohne Anspruch oder Anwartschaft auf Versorgung aus der Beschäftigung ausgeschieden sind oder ihren Anspruch auf Versorgung verloren haben und Gründe für einen Aufschub der Beitragszahlung (§ 184 Abs. 2) nicht gegeben sind. ²Die Nachversicherung erstreckt sich auf den Zeitraum, in dem die Versicherungsfreiheit oder die Befreiung von der Versicherungspflicht vorgelegen hat (Nachversicherungszeitraum). ³Bei einem Ausscheiden durch Tod erfolgt eine Nachversicherung nur, wenn ein Anspruch auf Hinterbliebenenrente geltend gemacht werden kann.

A. Normzweck

Die Vorschrift verknüpft in Abs. 1 die Tatbestände der durchgeführten Nachversicherung („nachversichert sind", Abs. 2, §§ 181 ff.) und des vom Familiengericht mit unmittelbarer Wirkung durchgeführten Versorgungsausgleichs (§ 1587 BGB iVm dem VersorgungsausgleichsG) sowie des durchgeführten Rentensplittings (§§ 120 a ff.) mit der Rechtsfolge des **Versicherungsschutzes**. (Nur) Nachversicherte stehen nach Abs. 1 S. 2 Versicherungspflichtigen gleich (vgl. § 185 Abs. 2 S. 1) und nur die für sie gezahlten Beiträge gelten als rechtzeitig gezahlte Pflichtbeiträge (§ 185 Abs. 2 S. 1). Abs. 2 regelt getrennt von den Regelungen über die Durchführung (§§ 181 ff.) die Voraussetzungen („werden") der Nachversicherung. 1

B. Nachversicherung unversorgt ausgeschiedener Beschäftigter, Abs. 2

Die Durchführung der Nachversicherung stellt konstitutiv sicher, dass Personen, die allein und gerade im Blick auf eine anderweitige Versorgung in ihrer Beschäftigung früher versicherungsfrei waren, bei Wegfall der Aussicht/eines Rechts auf eine (notwendig) lebenslängliche Versorgung nachträglich so gestellt werden, als wären sie versichert gewesen. Hierdurch wird nicht die frühere Versicherungsfreiheit beseitigt (vgl. BSG v. 5. 7. 2006, B 12 KR 15/05 R, SozR 4–2500 § 5 Nr. 4), sondern zur Vermeidung einer sachlich nicht zu rechtfertigenden Benachteiligung die in rückschauender Betrachtung eingetretene **Versorgungslücke** in der gRV mit Wirkung für die Zukunft geschlossen. Die Nachversicherung beschränkt sich dem entsprechend auf den Zeitraum, in dem die Versicherungsfreiheit oder die Befreiung von der Versicherungspflicht vorgelegen hat (Nachversicherungszeitraum, S. 2). 2

Nachzuversichern sind zunächst die in **§ 5 Abs. 1 S. 1 Nr. 1** genannten, im Nachversicherungszeitraum versicherungsfreien Personen (Abs. 2 S. 1 Nr. 1). Insofern gilt grundsätzlich, dass sich das Beamten- ebenso wie das Richterverhältnis am Lebenszeitprinzip orientiert. Hierauf beruht umgekehrt die Verpflichtung des Dienstherrn zur ebenfalls lebenslangen Alimentation und Fürsorge. Wird das öffentlich-rechtliche Dienstverhältnis beendet, reduziert sich die Position allein auf den verfassungsrechtlich aus dem Sozialstaatsprinzip hergeleiteten Anspruch auf Gewährung einer **Mindestaltersversorgung** durch den bisherigen Dienstherrn gemäß der tatsächlichen Beschäftigungsdauer. Diesen Anspruch hat der Gesetzgeber mit der Anordnung der Nachversicherung für ausgeschiedene Beamte aus § 8 SGB VI erfüllt, ohne dass unter Berufung auf Art. 33 Abs. 5 GG eine weitergehende 3

Absicherung als Ausgleich für die weggefallene oder nicht realisierte Aussicht auf Versorgung begehrt werden könnte (BVerfG v. 2. 3. 2000, 2 BvR 1508/99, NVwZ 2000, 1036, und 2 BvR 951/98, DVBl. 2000, 1117). Die in S. 1 Nr. 2 genannten sonstigen Beschäftigten sind im Wesentlichen identisch mit den nach § 5 Abs. 1 Nr. 2 Versicherungsfreien. Schließlich entspricht der Personenkreis der Nr. 3 demjenigen des § 5 Abs. 1 S. 1 Nr. 3 und derjenige der Nr. 4 dem § 6 Abs. 1 S. 1 Nr. 2.

4   Ein ohne weitere Voraussetzungen unmittelbar kraft Gesetzes den **Nachversicherungsfall** begründendes „Ausscheiden" liegt vor, wenn entweder die bisher versicherungsfreie Beschäftigung versicherungspflichtig wird (vgl. etwa zur Umwandlung der Deutschen Bundespost Postdienst in eine AG BSG v. 9. 11. 1999, B 4 RA 3/99 R) oder die Beschäftigung selbst beendet wird. Erfolgt das Ausscheiden durch Tod, erfolgt die Nachversicherung nur, wenn – unabhängig von konkreten Zahlungsansprüchen – ein Recht auf Hinterbliebenenrente geltend gemacht werden kann (S. 3). „**Unversorgt**" ist dieses Ausscheiden, wenn die Betroffenen ohne Anspruch oder Anwartschaft ausgeschieden sind (Abs. 2 S. 1 Regelung 1) oder ihren Anspruch auf Versorgung verloren haben (Abs. 2 S. 1 Regelung 2) und damit der Schutz durch eine der gRV vergleichbare Versorgung entfällt. Versorgungsansprüche und -anwartschaften müssen sich dabei nicht unmittelbar gegen den bisherigen Arbeitgeber richten (BSG v. 23. 9. 2003, B 4 RA 9/03 R, SozR 4–2600 § 8 Nr. 1). Der **Beitragsanspruch** des Rentenversicherungsträgers entsteht grundsätzlich – soweit nicht ausnahmsweise ein Aufschubtatbestand vorliegt – mit dem Nachversicherungsfall und wird sofort fällig (BSG v. 9. 11. 1999, B 4 RA 3/99 R). Der **Versichertenstatus** wird grundsätzlich erst mit der erfolgten Zahlung erworben (vgl. so noch zum Recht des AVG BSG v. 14. 8. 1990, 4 RA 10/90, SozR 3–22000 § 1232 Nr. 2, anders dagegen etwa BSG v. 29. 7. 1997, 4 RA 107/95, 3–2600 § 8 Nr. 4 mit der Folge, dass hiernach nicht nur sofort die Feststellung des Nachversicherungsverhältnisses, sondern grundsätzlich sofort und unabhängig von der tatsächlichen Einziehung der Beiträge auch die Vormerkung des Tatbestands einer Beitragszeit begehrt werden kann).

Zweites Kapitel. Leistungen

Erster Abschnitt. Leistungen zur Teilhabe

Erster Unterabschnitt. Voraussetzungen für die Leistungen

§ 9 Aufgabe der Leistungen zur Teilhabe

(1) ¹Die Rentenversicherung erbringt Leistungen zur medizinischen Rehabilitation, Leistungen zur Teilhabe am Arbeitsleben sowie ergänzende Leistungen, um
1. den Auswirkungen einer Krankheit oder einer körperlichen, geistigen oder seelischen Behinderung auf die Erwerbsfähigkeit der Versicherten entgegenzuwirken oder sie zu überwinden und
2. dadurch Beeinträchtigungen der Erwerbsfähigkeit der Versicherten oder ihr vorzeitiges Ausscheiden aus dem Erwerbsleben zu verhindern oder sie möglichst dauerhaft in das Erwerbsleben wiedereinzugliedern.

²Die Leistungen zur Teilhabe haben Vorrang vor Rentenleistungen, die bei erfolgreichen Leistungen zur Teilhabe nicht oder voraussichtlich erst zu einem späteren Zeitpunkt zu erbringen sind.

(2) Die Leistungen nach Absatz 1 können erbracht werden, wenn die persönlichen und versicherungsrechtlichen Voraussetzungen dafür erfüllt sind.

§ 10 Persönliche Voraussetzungen

(1) Für Leistungen zur Teilhabe haben Versicherte die persönlichen Voraussetzungen erfüllt,
1. deren Erwerbsfähigkeit wegen Krankheit oder körperlicher, geistiger oder seelischer Behinderung erheblich gefährdet oder gemindert ist und
2. bei denen voraussichtlich
    a) bei erheblicher Gefährdung der Erwerbsfähigkeit eine Minderung der Erwerbsfähigkeit durch Leistungen zur medizinischen Rehabilitation oder zur Teilhabe am Arbeitsleben abgewendet werden kann,
    b) bei geminderter Erwerbsfähigkeit diese durch Leistungen zur medizinischen Rehabilitation oder zur Teilhabe am Arbeitsleben wesentlich gebessert oder wiederhergestellt oder hierdurch deren wesentliche Verschlechterung abgewendet werden kann,

c) bei teilweiser Erwerbsminderung ohne Aussicht auf eine wesentliche Besserung der Erwerbsfähigkeit der Arbeitsplatz durch Leistungen zur Teilhabe am Arbeitsleben erhalten werden kann.

(2) Für Leistungen zur Teilhabe haben auch Versicherte die persönlichen Voraussetzungen erfüllt,
1. die im Bergbau vermindert berufsfähig sind und bei denen voraussichtlich durch die Leistungen die Erwerbsfähigkeit wesentlich gebessert oder wiederhergestellt werden kann oder
2. bei denen der Eintritt von im Bergbau verminderter Berufsfähigkeit droht und bei denen voraussichtlich durch die Leistungen der Eintritt der im Bergbau verminderten Berufsfähigkeit abgewendet werden kann.

§ 11 Versicherungsrechtliche Voraussetzungen

(1) Für Leistungen zur Teilhabe haben Versicherte die versicherungsrechtlichen Voraussetzungen erfüllt, die bei Antragstellung
1. die Wartezeit von 15 Jahren erfüllt haben oder
2. eine Rente wegen verminderter Erwerbsfähigkeit beziehen.

(2) ¹Für die Leistungen zur medizinischen Rehabilitation haben Versicherte die versicherungsrechtlichen Voraussetzungen auch erfüllt, die
1. in den letzten zwei Jahren vor der Antragstellung sechs Kalendermonate mit Pflichtbeiträgen für eine versicherte Beschäftigung oder Tätigkeit haben,
2. innerhalb von zwei Jahren nach Beendigung einer Ausbildung eine versicherte Beschäftigung oder selbständige Tätigkeit aufgenommen und bis zum Antrag ausgeübt haben oder nach einer solchen Beschäftigung oder Tätigkeit bis zum Antrag arbeitsunfähig oder arbeitslos gewesen sind oder
3. vermindert erwerbsfähig sind oder bei denen dies in absehbarer Zeit zu erwarten ist, wenn sie die allgemeine Wartezeit erfüllt haben.

²§ 55 Abs. 2 ist entsprechend anzuwenden. ³Der Zeitraum von zwei Jahren nach Nummer 1 verlängert sich um Anrechnungszeiten wegen des Bezugs von Arbeitslosengeld II.

(2 a) Leistungen zur Teilhabe am Arbeitsleben werden an Versicherte auch erbracht,
1. wenn ohne diese Leistungen Rente wegen verminderter Erwerbsfähigkeit zu leisten wäre oder
2. wenn sie für eine voraussichtlich erfolgreiche Rehabilitation unmittelbar im Anschluss an Leistungen zur medizinischen Rehabilitation der Träger der Rentenversicherung erforderlich sind.

(3) ¹Die versicherungsrechtlichen Voraussetzungen haben auch überlebende Ehegatten erfüllt, die Anspruch auf große Witwenrente oder große Witwerrente wegen verminderter Erwerbsfähigkeit haben. ²Sie gelten für die Vorschriften dieses Abschnitts als Versicherte.

§ 12 Ausschluss von Leistungen

(1) Leistungen zur Teilhabe werden nicht für Versicherte erbracht, die
1. wegen eines Arbeitsunfalls, einer Berufskrankheit, einer Schädigung im Sinne des sozialen Entschädigungsrechts oder wegen eines Einsatzunfalls, der Ansprüche nach dem Einsatz-Weiterverwendungsgesetz begründet, gleichartige Leistungen eines anderen Rehabilitationsträgers oder Leistungen zur Eingliederung nach dem Einsatz-Weiterverwendungsgesetz erhalten können,
2. eine Rente wegen Alters von wenigstens zwei Dritteln der Vollrente beziehen oder beantragt haben,
3. eine Beschäftigung ausüben, aus der ihnen nach beamtenrechtlichen oder entsprechenden Vorschriften Anwartschaft auf Versorgung gewährleistet ist,
4. als Bezieher einer Versorgung wegen Erreichens einer Altersgrenze versicherungsfrei sind,
4 a. eine Leistung beziehen, die regelmäßig bis zum Beginn einer Rente wegen Alters gezahlt wird, oder
5. sich in Untersuchungshaft oder im Vollzug einer Freiheitsstrafe oder freiheitsentziehenden Maßregel der Besserung und Sicherung befinden oder einstweilig nach § 126a Abs. 1 der Strafprozessordnung untergebracht sind. Dies gilt nicht für Versicherte im erleichterten Strafvollzug bei Leistungen zur Teilhabe am Arbeitsleben.

(2) ¹Leistungen zur medizinischen Rehabilitation werden nicht vor Ablauf von vier Jahren nach Durchführung solcher oder ähnlicher Leistungen zur Rehabilitation erbracht, deren Kosten aufgrund öffentlich-rechtlicher Vorschriften getragen oder bezuschusst worden sind. ²Dies gilt nicht, wenn vorzeitige Leistungen aus gesundheitlichen Gründen dringend erforderlich sind.

Zweiter Unterabschnitt. Umfang der Leistungen

Erster Titel. Allgemeines

§ 13 Leistungsumfang

(1) ¹Der Träger der Rentenversicherung bestimmt im Einzelfall unter Beachtung der Grundsätze der Wirtschaftlichkeit und Sparsamkeit Art, Dauer, Umfang, Beginn und Durchführung dieser Leistungen sowie die Rehabilitationseinrichtung nach pflichtgemäßem Ermessen. ²Die Leistungen können auf Antrag auch als Teil eines trägerübergreifenden Persönlichen Budgets erbracht werden; § 17 Abs. 2 bis 4 des Neunten Buches in Verbindung mit der Budgetverordnung und § 159 des Neunten Buches finden Anwendung.

(2) Der Träger der Rentenversicherung erbringt nicht
1. Leistungen zur medizinischen Rehabilitation in der Phase akuter Behandlungsbedürftigkeit einer Krankheit, es sei denn, die Behandlungsbedürftigkeit tritt während der Ausführung von Leistungen zur medizinischen Rehabilitation ein,
2. Leistungen zur medizinischen Rehabilitation anstelle einer sonst erforderlichen Krankenhausbehandlung,
3. Leistungen zur medizinischen Rehabilitation, die dem allgemein anerkannten Stand medizinischer Erkenntnisse nicht entsprechen.

(3) ¹Der Träger der Rentenversicherung erbringt nach Absatz 2 Nr. 1 im Benehmen mit dem Träger der Krankenversicherung für diesen Krankenbehandlung und Leistungen bei Schwangerschaft und Mutterschaft. ²Der Träger der Rentenversicherung kann von dem Träger der Krankenversicherung Erstattung der hierauf entfallenden Aufwendungen verlangen.

(4) Die Träger der Rentenversicherung vereinbaren mit den Spitzenverbänden der Krankenkassen gemeinsam und einheitlich im Benehmen mit dem Bundesministerium für Arbeit und Soziales Näheres zur Durchführung von Absatz 2 Nr. 1 und 2.

§ 14 (weggefallen)

Zweiter Titel. Leistungen zur medizinischen Rehabilitation und zur Teilhabe am Arbeitsleben

§ 15 Leistungen zur medizinischen Rehabilitation

(1) ¹Die Träger der Rentenversicherung erbringen im Rahmen von Leistungen zur medizinischen Rehabilitation Leistungen nach den §§ 26 bis 31 des Neunten Buches, ausgenommen Leistungen nach § 26 Abs. 2 Nr. 2 und § 30 des Neunten Buches. ²Zahnärztliche Behandlung einschließlich der Versorgung mit Zahnersatz wird nur erbracht, wenn sie unmittelbar und gezielt zur wesentlichen Besserung oder Wiederherstellung der Erwerbsfähigkeit, insbesondere zur Ausübung des bisherigen Berufs, erforderlich und soweit sie nicht als Leistung der Krankenversicherung oder als Hilfe nach dem Fünften Kapitel des Zwölften Buches zu erbringen ist.

(2) ¹Die stationären Leistungen zur medizinischen Rehabilitation werden einschließlich der erforderlichen Unterkunft und Verpflegung in Einrichtungen erbracht, die unter ständiger ärztlicher Verantwortung und unter Mitwirkung von besonders geschultem Personal entweder von dem Träger der Rentenversicherung selbst betrieben werden oder mit denen ein Vertrag nach § 21 des Neunten Buches besteht. ²Die Einrichtung braucht nicht unter ständiger ärztlicher Verantwortung zu stehen, wenn die Art der Behandlung dies nicht erfordert. ³Die Leistungen der Einrichtungen der medizinischen Rehabilitation müssen nach Art oder Schwere der Erkrankung erforderlich sein.

(3) ¹Die stationären Leistungen zur medizinischen Rehabilitation sollen für längstens drei Wochen erbracht werden. ²Sie können für einen längeren Zeitraum erbracht werden, wenn dies erforderlich ist, um das Rehabilitationsziel zu erreichen.

§ 16 Leistungen zur Teilhabe am Arbeitsleben

Die Träger der Rentenversicherung erbringen die Leistungen zur Teilhabe am Arbeitsleben nach den §§ 33 bis 38 des Neunten Buches sowie im Eingangsverfahren und im Berufsbildungsbereich der Werkstätten für behinderte Menschen nach § 40 des Neunten Buches.

§§ 17–19 (weggefallen)

Dritter Titel. Übergangsgeld

§ 20 Anspruch

Anspruch auf Übergangsgeld haben Versicherte, die
1. von einem Träger der Rentenversicherung Leistungen zur medizinischen Rehabilitation oder Leistungen zur Teilhabe am Arbeitsleben oder sonstige Leistungen zur Teilhabe erhalten,
2. (weggefallen)
3. bei Leistungen zur medizinischen Rehabilitation oder sonstigen Leistungen zur Teilhabe unmittelbar vor Beginn der Arbeitsunfähigkeit oder, wenn sie nicht arbeitsunfähig sind, unmittelbar vor Beginn der Leistungen
   a) Arbeitsentgelt oder Arbeitseinkommen erzielt und im Bemessungszeitraum Beiträge zur Rentenversicherung gezahlt haben oder
   b) Krankengeld, Verletztengeld, Versorgungskrankengeld, Übergangsgeld, Kurzarbeitergeld, Arbeitslosengeld, Arbeitslosengeld II oder Mutterschaftsgeld bezogen haben und für die von dem der Sozialleistung zugrunde liegenden Arbeitsentgelt oder Arbeitseinkommen oder im Falle des Bezugs von Arbeitslosengeld II zuvor aus Arbeitsentgelt oder Arbeitseinkommen Beiträge zur Rentenversicherung gezahlt worden sind.

§ 21 Höhe und Berechnung

(1) Höhe und Berechnung des Übergangsgeldes bestimmen sich nach Teil 1 Kapitel 6 des Neunten Buches, soweit die Absätze 2 bis 4 nichts Abweichendes bestimmen.

(2) Die Berechnungsgrundlage für das Übergangsgeld wird für Versicherte, die Arbeitseinkommen erzielt haben, und für freiwillig Versicherte, die Arbeitsentgelt erzielt haben, aus 80 vom Hundert des Einkommens ermittelt, das den vor Beginn der Leistungen für das letzte Kalenderjahr (Bemessungszeitraum) gezahlten Beiträgen zugrunde liegt.

(3) § 49 des Neunten Buches wird mit der Maßgabe angewendet, dass Versicherte unmittelbar vor dem Bezug der dort genannten Leistungen Pflichtbeiträge geleistet haben.

(4) ¹Versicherte, die unmittelbar vor Beginn der Arbeitsunfähigkeit oder, wenn sie nicht arbeitsunfähig sind, unmittelbar vor Beginn der medizinischen Leistungen Arbeitslosengeld bezogen und die zuvor Pflichtbeiträge gezahlt haben, erhalten Übergangsgeld bei medizinischen Leistungen in Höhe des bei Krankheit zu erbringenden Krankengeldes (§ 47b Fünftes Buch); Versicherte, die unmittelbar vor Beginn der Arbeitsunfähigkeit oder, wenn sie nicht arbeitsunfähig sind, unmittelbar vor Beginn der medizinischen Leistungen Arbeitslosengeld II bezogen und die zuvor Pflichtbeiträge gezahlt haben, erhalten Übergangsgeld bei medizinischen Leistungen in Höhe des Betrages des Arbeitslosengeldes II. ²Dies gilt nicht für Empfänger der Leistung,
a) die Arbeitslosengeld II nur darlehensweise oder
b) die nur Leistungen nach § 24 Absatz 3 Satz 1 des Zweiten Buches beziehen, oder
c) die auf Grund von § 2 Abs. 1a des Bundesausbildungsförderungsgesetzes keinen Anspruch auf Ausbildungsförderung haben oder
d) deren Bedarf sich nach § 12 Absatz 1 Nummer 1 des Bundesausbildungsförderungsgesetzes, nach § 66 Absatz 1 oder § 106 Absatz 1 Nummer 1 des Dritten Buches bemisst.

(5) Für Versicherte, die im Bemessungszeitraum eine Bergmannsprämie bezogen haben, wird die Berechnungsgrundlage um einen Betrag in Höhe der gezahlten Bergmannsprämie erhöht.

§§ 22–27 (weggefallen)

Vierter Titel. Ergänzende Leistungen

§ 28 Ergänzende Leistungen

Die Leistungen zur Teilhabe werden außer durch das Übergangsgeld ergänzt durch die Leistungen nach § 44 Abs. 1 Nr. 2 bis 6 und Abs. 2 sowie nach den §§ 53 und 54 des Neunten Buches.

§§ 29, 30 (weggefallen)

Fünfter Titel. Sonstige Leistungen

§ 31 Sonstige Leistungen

(1) [1] Als sonstige Leistungen zur Teilhabe können erbracht werden:
1. Leistungen zur Eingliederung von Versicherten in das Erwerbsleben, insbesondere nachgehende Leistungen zur Sicherung des Erfolges der Leistungen zur Teilhabe,
2. medizinische Leistungen zur Sicherung der Erwerbsfähigkeit für Versicherte, die eine besonders gesundheitsgefährdende, ihre Erwerbsfähigkeit ungünstig beeinflussende Beschäftigung ausüben,
3. Nach- und Festigungskuren wegen Geschwulsterkrankungen für Versicherte, Bezieher einer Rente sowie ihre Angehörigen,
4. stationäre Heilbehandlung für Kinder von Versicherten, Beziehern einer Rente wegen Alters, wegen verminderter Erwerbsfähigkeit oder für Bezieher einer Waisenrente, wenn hierdurch voraussichtlich eine erhebliche Gefährdung der Gesundheit beseitigt oder eine beeinträchtigte Gesundheit wesentlich gebessert oder wiederhergestellt werden kann,
5. Zuwendungen für Einrichtungen, die auf dem Gebiet der Rehabilitation forschen oder die Rehabilitation fördern.

[2] Für Kinderheilbehandlungen findet § 12 Abs. 2 Anwendung.

(2) [1] Die Leistungen nach Absatz 1 Satz 1 Nr. 1 setzen voraus, dass die persönlichen und versicherungsrechtlichen Voraussetzungen, die Leistungen nach Absatz 1 Satz 1 Nr. 2 und die Leistungen für Versicherte nach Absatz 1 Satz 1 Nr. 3, dass die versicherungsrechtlichen Voraussetzungen erfüllt sind, die Leistungen nach Absatz 1 Satz 1 Nr. 4, dass der Versicherte die versicherungsrechtlichen Voraussetzungen für Leistungen zur medizinischen Rehabilitation erfüllt. [2] Sie werden nur auf Grund von Richtlinien der Deutschen Rentenversicherung Bund erbracht, die im Benehmen mit dem Bundesministerium für Arbeit und Soziales erlassen werden.

(3) Die Aufwendungen für nichtstationäre Leistungen nach Absatz 1 Satz 1 Nr. 1 sowie für sonstige Leistungen nach Absatz 1 Satz 1 Nr. 2, 4 und 5 dürfen im Kalenderjahr 7,5 vom Hundert der Haushaltsansätze für die Leistungen zur medizinischen Rehabilitation, die Leistungen zur Teilhabe am Arbeitsleben und die ergänzenden Leistungen nicht übersteigen.

Sechster Titel. Zuzahlung bei Leistungen zur medizinischen Rehabilitation und bei sonstigen Leistungen

§ 32 Zuzahlung bei Leistungen zur medizinischen Rehabilitation und bei sonstigen Leistungen

(1) [1] Versicherte, die das 18. Lebensjahr vollendet haben und stationäre Leistungen zur medizinischen Rehabilitation in Anspruch nehmen, zahlen für jeden Kalendertag dieser

Leistungen den sich nach § 40 Abs. 5 des Fünften Buches ergebenden Betrag. ²Die Zuzahlung ist für längstens 14 Tage und in Höhe des sich nach § 40 Abs. 6 des Fünften Buches ergebenden Betrages zu leisten, wenn der unmittelbare Anschluss der stationären Heilbehandlung an eine Krankenhausbehandlung medizinisch notwendig ist (Anschlussrehabilitation); als unmittelbar gilt auch, wenn die Maßnahme innerhalb von 14 Tagen beginnt, es sei denn, die Einhaltung dieser Frist ist aus zwingenden tatsächlichen oder medizinischen Gründen nicht möglich. ³Hierbei ist eine innerhalb eines Kalenderjahres an einen Träger der gesetzlichen Krankenversicherung geleistete Zuzahlung anzurechnen.

(2) Absatz 1 gilt auch für Versicherte oder Bezieher einer Rente, die das 18. Lebensjahr vollendet haben und für sich, ihre Ehegatten oder Lebenspartner sonstige stationäre Leistungen in Anspruch nehmen.

(3) Bezieht ein Versicherter Übergangsgeld, das nach § 46 Abs. 1 des Neunten Buches begrenzt ist, hat er für die Zeit des Bezugs von Übergangsgeld eine Zuzahlung nicht zu leisten.

(4) Der Träger der Rentenversicherung bestimmt, unter welchen Voraussetzungen von der Zuzahlung nach Absatz 1 oder 2 abgesehen werden kann, wenn sie den Versicherten oder den Rentner unzumutbar belasten würde.

(5) Die Zuzahlung steht der Annahme einer vollen Übernahme der Aufwendungen für die Leistungen zur Teilhabe im Sinne arbeitsrechtlicher Vorschriften nicht entgegen.

Zweiter Abschnitt. Renten

Erster Unterabschnitt. Rentenarten und Voraussetzungen für einen Rentenanspruch

§ 33 Rentenarten

(1) Renten werden geleistet wegen Alters, wegen verminderter Erwerbsfähigkeit oder wegen Todes.

(2) Renten wegen Alters sind
1. Regelaltersrente,
2. Altersrente für langjährig Versicherte,
3. Altersrente für schwerbehinderte Menschen,
4. Altersrente für langjährig unter Tage beschäftigte Bergleute
sowie nach den Vorschriften des Fünften Kapitels
5. Altersrente wegen Arbeitslosigkeit oder nach Altersteilzeitarbeit,
6. Altersrente für Frauen.

(3) Renten wegen verminderter Erwerbsfähigkeit sind
1. Rente wegen teilweiser Erwerbsminderung,
2. Rente wegen voller Erwerbsminderung,
3. Rente für Bergleute
sowie nach den Vorschriften des Fünften Kapitels
4. Rente wegen Berufsunfähigkeit,
5. Rente wegen Erwerbsunfähigkeit.

(4) Renten wegen Todes sind
1. kleine Witwenrente oder Witwerrente,
2. große Witwenrente oder Witwerrente,
3. Erziehungsrente,
4. Waisenrente.

(5) Renten nach den Vorschriften des Fünften Kapitels sind auch die Knappschaftsausgleichsleistung, Rente wegen teilweiser Erwerbsminderung bei Berufsunfähigkeit und Witwenrente und Witwerrente an vor dem 1. Juli 1977 geschiedene Ehegatten.

A. Normzweck

In dieser **Übersichtsvorschrift** ohne eigenen Regelungscharakter sind sämtliche Renten, die in der gesetzlichen Rentenversicherung zu leisten sind, unter den jeweiligen Oberbegriffen – Alter, verminderte Erwerbsfähigkeit, Tod – enumerativ genannt (BT-Drs. 11/4124, 161). Dem eigentlichen 1 gesetzgeberischen Ziel, damit einen sofortigen Überblick über die bestehenden Rentenarten zu geben (BT-Drs. 11/4124, 145), wird die Vorschrift jedoch nicht gerecht (vgl. Rn. 5, 6).

B. Versicherte Risiken

2   Die Rentenarten sind unter den Oberbegriffen Renten wegen Alters, Renten wegen verminderter Erwerbsfähigkeit und Renten wegen Todes in **drei Gruppen** aufgeteilt (Abs. 1). Damit werden die biometrischen Lebensrisiken beschrieben, gegen deren wirtschaftliche Folgen die gesetzliche Rentenversicherung dem Versicherten und seinen unterhaltsberechtigten Angehörigen durch die Gewährung von Renten mit Einkommens- oder Unterhaltsersatzfunktion Schutz gewährt (*Fichte* Hauck/Noftz, SGB VI, K § 33, Rn. 16).

C. Renten wegen Alters

3   Abs. 2 benennt die Renten wegen Alters, die im Einzelnen sind: die Regelaltersrente (§§ 35, 235), die Altersrente für langjährig Versicherte (§§ 36, 236), die Altersrente für schwerbehinderte Menschen (§§ 37, 236 a), die Altersrente für langjährig unter Tage beschäftigte Bergleute (§§ 40, 238) sowie die beiden nach einer Übergangszeit entfallenden Altersrenten wegen Arbeitslosigkeit oder nach Altersteilzeitarbeit (§ 237) und für Frauen (§ 237 a). Durch das RV-Altersgrenzenanpassungsgesetz vom 20. 4. 2007 (BGBl. I S. 554) wurde Abs. 2 mit Inkrafttreten zum 1. 1. 2012 zudem um die Altersrente für besonders langjährig Versicherte (§ 38 idF ab 1. 1. 2012) ergänzt.

4   Der eingangs verwendete Plural soll verdeutlichen, dass es **unterschiedliche, nebeneinander bestehende Renten** wegen Alters gibt, auf die nach den gesetzlichen Vorschriften jeweils ein Anspruch bestehen kann (BT-Drs. 15/2149, 21). Anlass für die insoweit mit dem RV-Nachhaltigkeitsgesetz vom 21. 7. 2004 (BGBl. I S. 1791) rückwirkend zum 1. 1. 1992 vorgenommene gesetzliche Klarstellung war die umstrittene (vgl. Fichte Hauck/Noftz, SGB VI, K § 35, Rn. 7) Auffassung des 4. BSG-Senats (BSG 9. 4. 2002 – B 4 RA 58/01 R – SozR 3–2600 § 89 Nr. 2), dass auch nach Einführung des SGB VI weiterhin nur ein einheitlicher Altersrentenanspruch existiere.

D. Renten wegen verminderter Erwerbsfähigkeit

5   Abs. 3 führt sodann die Renten wegen Erwerbsminderung auf. Zu dieser Gruppe gehören die Rente wegen teilweiser Erwerbsminderung (§ 43 Abs. 1), die Rente wegen voller Erwerbsminderung (§ 43 Abs. 2), die Rente für Bergleute (§ 45) sowie die nach § 302 b übergangsweise weiter zu leistende Rente wegen Berufsunfähigkeit (§ 43 idF bis 31. 12. 2000) oder Erwerbsunfähigkeit (§ 44 idF bis 31. 12. 2000), auf die am 31. 12. 2000 Anspruch bestanden haben muss. Auch die ebenfalls nur noch für eine Übergangszeit zu leistende Rente wegen teilweiser Erwerbsminderung wegen Berufsunfähigkeit (§ 240) ist dieser Gruppe zuzuordnen (vgl. Rn. 8).

E. Renten wegen Todes

6   Abs. 4 zählt die Renten wegen Todes auf; hierzu gehören: die kleine Witwenrente oder Witwerrente (§§ 46 Abs. 1, 242a Abs. 1), die große Witwenrente oder Witwerrente (§§ 46 Abs. 2, 242a Abs. 2), die kleine oder große Witwen- oder Witwerrente nach dem vorletzten Ehegatten (§ 46 Abs. 3), die Erziehungsrente (§ 47) und die Waisenrente (§ 48). Die Waisenrente wiederum kann als Halbwaisenrente oder Vollwaisenrente gewährt werden. Dies ergibt sich jedoch nicht bereits aus dieser Übersichtsvorschrift sondern erst aus § 48 selbst, wo die Halb- und Vollwaisenrente – wie die kleinen und großen Witwen- oder Witwerrenten in § 46 – als eigenständige Ansprüche ausgestaltet sind (BT-Drs. 11/4124, 164). Während der Gesetzgeber mit dem Rentenreformgesetz 1999 vom 16. 12. 1997 (BGBl. I S. 2998) auch in § 33 redaktionell klargestellt hat, dass kleine und große Witwen- oder Witwerrenten unterschiedliche Rentenarten sind, hat er dies für die Waisenrenten aus nicht erkennbaren Gründen bislang unterlassen.

7   Renten wegen Todes werden im Allgemeinen als **abgeleitete Renten** aus der Versicherung des Verstorbenen geleistet. Allerdings bildet die Erziehungsrente hier eine Ausnahme. Sie wird nämlich als Rente aus eigener Versicherung, also aus der Versicherung des Berechtigten erbracht und ist damit im Gegensatz zu den anderen Renten wegen Todes keine Hinterbliebenenrente (zB iSd. § 99 Abs. 2).

F. Sonstige Renten

8   Abs. 5 normiert die **Knappschaftsausgleichsleistung** (§ 239) als Rente, obwohl sie als besondere Leistung nicht in eine der Gruppen nach Abs. 1 eingeordnet werden kann. Ebenso soll nach dieser Vorschrift auf die Rente wegen teilweiser Erwerbsminderung bei Berufsunfähigkeit (§ 240) und auf

die Witwenrente und Witwerrente an vor dem 1. Juli 1977 geschiedene Ehegatten (§§ 243, 243 a) hingewiesen werden, wenngleich beide Renten nur noch für eine Übergangszeit gewährt werden können und daher als Sonderfälle im 5. Kapitel geregelt sind. Gesetzessystematisch nicht nachzuvollziehen ist, warum der Gesetzgeber einer Auswahl von Renten nach dem 5. Kapitel die hervorgehobene Bedeutung beimisst, sie in den Abs. 2 und 3 aufzuführen und wiederum andere Renten nur unter „Sonstiges" im Abs. 5 erwähnt.

G. Mehrere Rentenansprüche

Bestehen gleichzeitig mehrere Rentenansprüche nach dem SGB VI, regelt § 89, in welchem **Ver-** 9
hältnis sie zueinander stehen; nämlich eigenständig und nebeneinander (vgl. Rn. 3). Aus § 89 ergibt sich zudem, dass beim Zusammentreffen von Ansprüchen unterschiedlicher Höhe grundsätzlich die höchste und bei gleicher Höhe die ranghöchste Rente geleistet wird.

§ 34 Voraussetzungen für einen Rentenanspruch und Hinzuverdienstgrenze

(1) Versicherte und ihre Hinterbliebenen haben Anspruch auf Rente, wenn die für die jeweilige Rente erforderliche Mindestversicherungszeit (Wartezeit) erfüllt ist und die jeweiligen besonderen versicherungsrechtlichen und persönlichen Voraussetzungen vorliegen.

(2) ¹Anspruch auf eine Rente wegen Alters besteht vor Erreichen der Regelaltersgrenze nur, wenn die Hinzuverdienstgrenze nicht überschritten wird. ²Sie wird nicht überschritten, wenn das Arbeitsentgelt oder Arbeitseinkommen aus einer Beschäftigung oder selbständigen Tätigkeit oder vergleichbares Einkommen im Monat die in Absatz 3 genannten Beträge nicht übersteigt, wobei ein zweimaliges Überschreiten um jeweils einen Betrag bis zur Höhe der Hinzuverdienstgrenze nach Absatz 3 im Laufe eines jeden Kalenderjahres außer Betracht bleibt. ³Die in Satz 2 genannten Einkünfte werden zusammengerechnet. ⁴Nicht als Arbeitsentgelt gilt das Entgelt, das

1. eine Pflegeperson von dem Pflegebedürftigen erhält, wenn es das dem Umfang der Pflegetätigkeit entsprechende Pflegegeld im Sinne des § 37 des Elften Buches nicht übersteigt, oder
2. ein behinderter Mensch von dem Träger einer in § 1 Satz 1 Nr. 2 genannten Einrichtung erhält.

(3) **Die Hinzuverdienstgrenze beträgt**
1. bei einer Rente wegen Alters als Vollrente 400 Euro,
2. bei einer Rente wegen Alters als Teilrente von
    a) einem Drittel der Vollrente das 0,25fache,
    b) der Hälfte der Vollrente das 0,19fache,
    c) zwei Dritteln der Vollrente das 0,13fache
    der monatlichen Bezugsgröße, vervielfältigt mit der Summe der Entgeltpunkte (§ 66 Abs. 1 Nr. 1 bis 3) der letzten drei Kalenderjahre vor Beginn der ersten Rente wegen Alters, mindestens jedoch mit 1,5 Entgeltpunkten.

(4) Nach bindender Bewilligung einer Rente wegen Alters oder für Zeiten des Bezugs einer solchen Rente ist der Wechsel in eine
1. Rente wegen verminderter Erwerbsfähigkeit,
2. Erziehungsrente oder
3. andere Rente wegen Alters
ausgeschlossen.

A. Normzweck

§ 34 Abs. 1 enthält die allgemeinen (positiven) Anspruchsvoraussetzungen für sämtliche Rentenarten. 1
Die Abs. 2 und 3 regeln als negative Anspruchsvoraussetzung, dass ein Altersrentenanspruch vor Vollendung der Regelaltersgrenze (vgl. Erl. zu § 35 Rn. 3, 4) nur bei Einhaltung bestimmter Hinzuverdienstgrenzen besteht. Abs. 4 schließt den Wechsel von einer Altersrente in die dort genannten Rentenarten aus.

B. Allgemeine Anspruchsvoraussetzungen

I. Mindestversicherungszeit

Grundlegende Voraussetzung für jeden Rentenanspruch ist die Erfüllung einer **Wartezeit**. Die 2
Dauer der Wartezeit ist von der jeweiligen Rentenart abhängig und dort konkret bestimmt (vgl.

§§ 35 ff). Zusätzlich enthält § 50, ergänzt durch § 243 b, eine Zusammenfassung der jeweiligen Wartezeiten. Welche Zeiten auf die jeweilige Wartezeit angerechnet werden, ist in den §§ 51, 52, 244 geregelt. Zudem gilt die Wartezeit in bestimmten Fällen als erfüllt (§ 53, § 50 Abs. 1 S. 2). Im Einzelnen wird auf die Erl. zu den angegebenen Vorschriften verwiesen.

II. Persönliche Voraussetzungen

3   Die persönlichen Voraussetzungen sind gekoppelt an die jeweilige Rentenart und dort jeweils näher bestimmt. Bei den Altersrenten ist dies in erster Linie die Vollendung eines **Lebensalters,** daneben aber zB auch das Vorliegen der Schwerbehinderteneigenschaft (vgl. Erl. zu § 37) oder das Vorliegen von Arbeitslosigkeit (vgl. Erl. zu § 237). Bei Renten wegen verminderter Erwerbsfähigkeit (§§ 43, 240) ist das Vorliegen voller oder teilweiser Erwerbsminderung persönliche Voraussetzung, bei Renten wegen Todes (§§ 46–48, 242 a–243 a) zB das Vorliegen der Witwen- oder Waiseneigenschaft.

III. Versicherungsrechtliche Voraussetzungen

4   Einige, aber nicht alle Rentenarten erfordern die Erfüllung **besonderer versicherungsrechtlicher Voraussetzungen.** Bei der Regelaltersrente (§ 35) oder der Rente für langjährig Versicherte (§ 36) zB genügt die Erfüllung der Wartezeit als einfache versicherungsrechtliche Voraussetzung. Andere Rentenarten wie zB die Altersrente für Frauen (§ 237 a) setzen voraus, dass nach Vollendung des 40. Lebensjahres mehr als zehn Jahre Pflichtbeiträge gezahlt wurden. Hinsichtlich der einzelnen Voraussetzungen wird auf die Erl. zu den jeweiligen Rentenarten verwiesen.

C. Hinzuverdienstgrenzen

5   Abs. 2 enthält die **negative Anspruchsvoraussetzung** (BT-Drs. 11/4124; 161), dass Altersrenten vor Erreichen der Regelaltersgrenze nur zu leisten sind, wenn die in Abs. 3 genannten Hinzuverdienstgrenzen nicht überschritten werden. Die **Regelaltersgrenze** wird ab dem Geburtsjahrgang 1963 mit Vollendung des 67. Lebensjahres erreicht (vgl. § 35 Rn. 3). Die Geburtsjahrgänge vor 1947 erreichen diese Grenze noch mit Vollendung des 65. Lebensjahres, die Geburtsjahrgänge 1947–1963 in Abhängigkeit vom Geburtsmonat (vgl. § 235 Rn. 4). Nach Erreichen der Regelaltersgrenze bestehen grundsätzlich keine Hinzuverdienstbeschränkungen mehr. Allerdings ordnet außerhalb des Sozialgesetzbuches § 29 Abs. 2 AbgG an, dass eine Versichertenrente aus der gesetzlichen Rentenversicherung neben einer **Abgeordnetenentschädigung** an Bundestagsabgeordnete (seit dem 17. 10. 2002) oder Europaabgeordnete (seit dem 20. 7. 2004) um 80 vom Hundert, höchstens jedoch in Höhe der Abgeordnetenentschädigung, ruht.

6   Der Rentenanspruch entfällt, wenn die höchste Hinzuverdienstgrenze für eine Drittelrente überschritten wird; dann allerdings entfällt das komplette **Stammrecht** (BSG 4. 5. 1999 – B 4 RA 55/98 R – SozR 3–2600 § 34 Nr. 1). Werden (nur) die darunter liegenden Grenzen überschritten, ist von Amts wegen (§ 115 Abs. 1 S. 2) die von der jeweiligen Hinzuverdienstgrenze abhängige **Teilrente** (§ 42 Abs. 2) zu gewähren. Verringert sich der Hinzuverdienst oder fällt er komplett weg, wird die höhere Rente als die bisher bezogene Teilrente nur auf **Antrag** geleistet (§ 100 Abs. 2). Ist der Rentenanspruch wegen Überschreitens der höchsten Hinzuverdienstgrenze entfallen und wird zu einem späteren Zeitpunkt die Rente erneut begehrt, müssen wiederum sämtliche Anspruchsvoraussetzungen für die jeweilige Rente erfüllt sein. Ein im Monat der Vollendung der Regelaltersgrenze bezogener Hinzuverdienst wirkt sich aufgrund des rentenrechtlichen Kalendermonatsprinzips noch auf die gesamte Monatsrente aus; Anspruch auf die ungekürzte Rente besteht daher erst mit Beginn des Kalendermonats nach Vollendung der Regelaltersgrenze (§ 100 Abs. 1 S. 1).

I. Relevante Hinzuverdienste

7   Abs. 2 S. 2 zählt abschließend die relevanten Hinzuverdienstarten auf; diese sind Arbeitsentgelt aus einer abhängigen Beschäftigung, Arbeitseinkommen und vergleichbares Einkommen. Anderes Einkommen – wie zB **Sozialleistungen,** die uU bei Renten wegen verminderter Erwerbsfähigkeit als Hinzuverdienst zu berücksichtigen sind (vgl. § 96 a) oder **Kapital- oder Vermögenseinkünfte,** die ggf. bei einer Rente wegen Todes als Einkommen anzurechnen sind (§ 97 Abs. 1 iVm. § 18 a Abs. 4 SGB IV) – ist nicht zu berücksichtigen (BSG 4. 5. 1999 – B 4 RA 55/98 R – SozR 3–2600 § 34 Nr. 1). Mehrere Einkommen sind zusammen zu rechnen; für die Anspruchsprüfung maßgebend ist das Gesamteinkommen iSd. § 16 SGB IV (KomGRV § 34 SGB VI Rn. 12). Aufgrund der gebietsneutralen Formulierung der Hinzuverdienstregelung, ist auch im **Ausland** erzielter Hinzuverdienst erfasst (BSG 1. 2. 2005 – B 8 KN 6/04 R – SozR 4–2600 § 34 Nr. 1).

8   **1. Arbeitsentgelt.** Zum Arbeitsentgelt gehören alle laufenden und einmaligen **Brutto**zuwendungen des Arbeitgebers aus einer abhängigen Beschäftigung, die als Arbeitsentgelt der Beitragsbemes-

sung zugrunde zu legen sind (§§ 14, 17 SGB IV iVm. der SvEV), dies gilt unbeachtlich davon, ob der Rentner tatsächlich der Versicherungspflicht unterliegt. Als Arbeitsentgelt gilt jeder geldwerte Vorteil, der ohne Beschäftigung nicht erzielt worden wäre, und zwar unabhängig davon, ob dieser vom Arbeitgeber oder einem Dritten zugewendet wurde (BSG 5. 5. 1970 – 7 RAr 13/69 – BSGE 31, 156–161) oder ob dieser bei Fälligkeit tatsächlich ausgezahlt worden ist (BSG 30. 8. 1994 – 12 RK 59/92 – BSGE 75, 61). Als Arbeitsentgelt iSd. § 34 Abs. 2 sind ua. Löhne und Gehälter, Provisionen, lohnsteuerpflichtige Zulagen, Familienzuschläge, Mehrarbeitsvergütungen, Urlaubsgeld (BSG 3. 3. 1994 – 1 RK 17/93 – SozR 3–2500 § 47 Nr. 5) oder Weihnachtsgeld (BSG 17. 3. 1981 – 12 RK 37/80 – USK 8129), vermögenswirksame Leistungen (BSG 20. 1. 1976 – 5 RJ 119/75 – SozR 2200 § 1248 Nr. 9), Sachbezüge aber auch Dienstbezüge eines Beamten zu berücksichtigen. Zum Arbeitsentgeltbegriff, der weitgehend dem einkommessteuerrechtlichen Begriff des „Arbeitslohnes" entspricht vgl. im Übrigen jährlich Benner/Bals/Niermann in BB-Special.

Nach Auffassung des BSG (23. 8. 2005 – B 4 RA 29/04 R – SozR 4–2600 § 313 Nr. 4) sind erkennbare **familienbezogene Einkommensbestandteile** (zB tarifliche Ehegatten- oder Kinderzuschläge) nicht als Hinzuverdienst zu berücksichtigen. Das BSG lässt dabei jedoch außer Betracht, dass sich der Gesetzgeber im Rahmen seines weiten Gestaltungsspielraums für eine typisierende und generalisierende Hinzuverdienstregelung entschieden hat, der Art. 6 GG nicht entgegensteht. Zudem führt die wenig überzeugende Auslegung des BSG dazu, dass Personen ungerechtfertigt benachteiligt werden, bei denen Familienzuschläge nicht ohne Weiteres erkennbar sind oder die aufgrund der Tarifautonomie (Art. 9 Abs. 3 GG) zwar keine entsprechenden Zuschläge, aber dafür einen entsprechend hohen Verdienst erhalten. Inzwischen wird dies von den unterinstanzlichen Gerichten bestätigt (LSG Sachsen 11. 5. 2009 – L 7 R 11/07; LSG Niedersachsen-Bremen 27. 1. 2010 – L 1 R 92/09 – Nachweise jeweils bei *juris*). Bei Redaktionsschluss lag die Rechtsfrage einem nunmehr zuständigen Fachsenate des BSG erneut zur Klärung vor (B 13 R 50/09 R). 9

Weichen beitrags- und steuerpflichtiges Einkommen voneinander ab, ist das **beitragspflichtige Arbeitsentgelt** als Hinzuverdienst zu berücksichtigen. Einmalig gezahltes Arbeitsentgelt (zB Urlaubsabgeltung), das aus einem vor Rentenbeginn beendeten Beschäftigungsverhältnis resultiert, ist kein Hinzuverdienst. Gehaltsnachzahlungen oder Einmalzahlungen aufgrund rückwirkender **Tariferhöhungen** sind als Arbeitsentgelt im Rahmen der Hinzuverdienstregelung zu berücksichtigen. Die in der Vorauflage hier vertretene anderslautende Rechtsauffassung wird aufgegeben. Ein **Verzicht** auf Entgeltteile oder sonstige Zulagen etc. in diesem Zusammenhang ist rechtsmissbräuchlich (§ 242 BGB) und daher unbeachtlich (vgl. a. Freudenberg jurisPK-SGB VI § 34 Rn. 57). In diesen Fällen ist das im Arbeitsvertrag vereinbarte Entgelt einschließlich der ggf. tarifvertraglich zusätzlich zustehenden Leistungen maßgeblich (BSG 20. 1. 1976 – B 5 RJ 119/75 – Breith. 1976, 667). 10

Kein maßgebliches Arbeitsentgelt ist das Entgelt, das nicht erwerbsmäßig tätige **Pflegepersonen** (§ 19 SGB XI) für die Pflegetätigkeit vom Pflegebedürftigen bekommen, wenn es sich im Rahmen des dem Umfang der Pflegetätigkeit entsprechenden, nach § 37 SGB XI, § 3 S. 2 zustehenden Pflegegeldes, hält. Ohne Auswirkungen auf den Rentenanspruch bleibt auch das Arbeitsentgelt, das ein **behinderter Mensch** vom Träger einer in § 1 S. 1 Nr. 2 genannten geschützten Einrichtung erhält. 11

2. Arbeitseinkommen. Arbeitseinkommen ist der sich nach den allgemeinen Gewinnermittlungsvorschriften des **Einkommensteuerrechts** ergebende Gewinn aus einer selbständigen Tätigkeit (§ 15 SGB IV; BSG 16. 5. 2001 – B 5 RJ 46/00 R – SozR 3–2600 § 97 Nr. 4), wobei es auf die tatsächliche Ausübung einer selbständigen Tätigkeit nicht ankommt (BSG 25. 2. 2004 – B 5 RJ 56/02 R – SozR 4–2400 § 15 Nr. 1), sodass auch Pachteinnahmen als Hinzuverdienst zu berücksichtigen sind (BSG 7. 10. 2004 – B 13 RJ 13/04 R – SozR 4–2400 § 15 Nr. 2). Als selbständige Tätigkeit ist jedes auf Erwerb gerichtete Handeln außerhalb einer abhängigen Beschäftigung zu qualifizieren. Zum Arbeitseinkommen gehören mithin Einkünfte aus Land- und Forstwirtschaft (§ 13 EStG), Gewerbebetrieb (§ 15 EStG) und anderweitiger selbständiger Tätigkeit (§ 18 EStG), nicht jedoch Einkünfte aus **Vermietung und Verpachtung**, die nicht Teile des Gewinns aus selbständiger Tätigkeit sind, und Einkünfte aus **Vermögen**. Maßgebend ist das Einkommen, das sich am Ende des Geschäftsjahres nach Abzug der Betriebsausgaben (zB Werbungskosten) ergibt. Aufgrund der weitgehenden **Parallelität** zwischen Einkommensteuer- und Sozialversicherungsrecht (BSG 7. 10. 2004 – B 13 RJ 13/04 R – aaO; BSG 17. 2. 2005 – B 13 RJ 43/03 R – SozR 4–2600 § 96 a Nr. 5) obliegt die für die Rentenversicherungsträger bindende Feststellung des Einkommens allein der Finanzverwaltung; maßgebend ist danach der im **Einkommensteuerbescheid** festgestellte Gewinn (BSG 22. 9. 1999 – B 5 RJ 54/98 R – SozR 3–2600 § 34 Nr. 2). Folglich sind auch als steuerrechtlicher Gewinn ausgewiesene **Sanierungs- oder Veräußerungsgewinne** oder Erträge aus **Solarstromanlagen** nach dem EEG (BT-Drs. 16/12.555) als Hinzuverdienst zu berücksichtigen. Das monatliche Arbeitseinkommen wird **pauschalierend** ermittelt, indem der Jahresgewinn durch 12 Monate dividiert wird (BSG 3. 5. 2005 – B 13 RJ 8/04 R – SozR 4–2600 § 96 a Nr. 7). Bei **Betriebsaufgabe** im laufenden Kalenderjahr wird der steuerrechtliche Gewinn aus einem Rumpfwirtschaftsjahr ermittelt mit der Folge, dass dieser Gewinn nur durch die Monate des verkürzten Wirtschaftsjahres zu teilen ist (BSG 22. 9. 1999 – B 5 RJ 54/98 R – aaO). 12

12a Nach Rentenbeginn zufließendes Arbeitseinkommen ist als Hinzuverdienst zu berücksichtigen, wenn die selbständige Tätigkeit steuerrechtlich nicht (vollständig) aufgegeben wird und das Einkommen als Einkünfte aus Land- und Land- und Forstwirtschaft, aus Gewerbebetrieb oder aus selbständiger Arbeit gilt. Ohne Bedeutung ist dabei, ob die Einkünfte in der Zeit vor Beginn der Rente erwirtschaftet wurden. Wenn indessen die selbstständige Tätigkeit bereits **vor Rentenbeginn steuerrechtlich aufgegeben** wurde, aber nach Rentenbeginn noch vor diesem Zeitpunkt erwirtschaftete Einkünfte iSd. §§ 24 Nr. 2, 2 Abs. 1 Nr. 1 bis 3 EStG (zB Veräußerungsgewinne, Honoraraußenstände und vergleichbare Einkünfte) zufließen, werden diese nicht als Hinzuverdienst berücksichtigt.

13 **Gewinne und Verluste** auch aus mehreren selbständigen Tätigkeiten, die nicht auf steuerlichen Vergünstigungen beruhen, können gegeneinander aufgerechnet werden (BSG 17. 7. 1985 – 1 RA 41/84 – SozR 2100 § 15 Nr. 8). Die Saldierung ist aber nur innerhalb der gleichen Einkommensart (Arbeitseinkommen) möglich. Verluste aus selbständiger Tätigkeit sind nicht gegen positive Einkünfte aus abhängiger Beschäftigung oder gegen vergleichbares Einkommen aufzurechnen (KomGRV § 34 SGB VI Rn. 12). Ebenso wird das Arbeitseinkommen nicht durch Verluste aus Vermietung und Verpachtung gemindert (LSG Rheinland-Pfalz 31. 10. 2008 – L 4 R 288/08 –).

13a Aufwandsentschädigungen **Ehrenamtlicher**, die über einen reinen Ersatz tatsächlich angefallener Aufwendungen hinausgehend den Zeitaufwand entschädigen, sind nach der bei Redaktionsschluss geltenden Rechtslage als Arbeitseinkommen zu berücksichtigen, wenn sie steuerrechtlich als „Einkünfte aus sonstiger selbständiger Arbeit" iSd. § 18 Abs. 1 Nr. 3 EStG zu bewerten sind; liegt eine abhängige Beschäftigung vor, sind die Einnahmen als Arbeitsentgelt zu berücksichtigen. Nach dem Willen des Gesetzgebers (BR-Drs. 315/11) soll rückwirkend ab 21. 9. 2010 die Aufwandsentschädigung für kommunale Ehrenbeamte, für ehrenamtlich in kommunalen Vertretungskörperschaften Tätige, für Mitglieder der Selbstverwaltungsorgane, Versichertenälteste oder Vertrauenspersonen der Sozialversicherungsträger bis zum 30. 9. 2015 nicht als Hinzuverdienst berücksichtigt werden, soweit kein konkreter Verdienstausfall ersetzt wird (§ 302 Abs. 7 SGB VI-E). Im Vorgriff auf diese gesetzliche Neuregelung werden die Aufwandsentschädigungen Ehrenamtlicher von den Rentenversicherungsträgern derzeit nicht mehr als Hinzuverdienst berücksichtigt. Darüber hinausgehend gibt es von Länderseite derzeit die Forderung, anstelle der geplanten Vertrauensschutzregelung eine dauerhafte Freistellung der Aufwandsentschädigungen zu regeln (BR-Drs. 752/10; Plenarprotokoll 877).

14 **3. Vergleichbares Einkommen.** Hierbei handelt es sich um einen unbestimmten Rechtsbegriff. Zu vergleichbaren Einkommen zählt in erster Linie das bis zum Inkrafttreten des HZvNG vom 21. 6. 2002 (BGBl. I, 2167) ausdrücklich in § 34 Abs. 2 S. 3 genannte **Vorruhestandsgeld** (BT-Drs. 14/9442, 49). Auch dem Vorruhestandsgeld vergleichbare ausländische Leistungen sind als Hinzuverdienst zu berücksichtigen (BSG 1. 2. 2005 – B 8 KN 6/04 R – SozR 4-2600 § 34 Nr. 1).

15 Zu den vergleichbaren Einkommen gehören ferner auch **Abgeordnetenentschädigungen** und Bezüge aus einem **öffentlich-rechtlichen Amtsverhältnis** wie zB bei Ministern, Senatoren und Parlamentarischen Staatssekretären. Diese Einkünfte können jedoch erst seit dem 1. 1. 2003 durch die mit dem HZvNG erfolgte Änderung des § 34 Abs. 2 als Hinzuverdienst berücksichtigt werden. Der Gesetzgeber reagierte mit dieser Änderung auf die – aus sozialpolitischer Sicht zu unbefriedigenden Ergebnissen führende – Rechtsprechung des BSG (BSG 23. 2. 2000 – B 5 RJ 26/99 R – SozR 3-2600 § 34 Nr. 3, BSG 4. 5. 1999 – B 4 RA 55/98 R – SozR 3-2600 § 34 Nr. 1), die eine Gleichstellung dieser Einkünfte verbot (BT-Drs. 14/9442, 49). Allerdings sind diese Einkünfte aufgrund der Vertrauensschutzregelung des § 313 Abs. 7 erst seit dem 1. 1. 2008 uneingeschränkt als Hinzuverdienst zu beachten.

5a Die bei **Altersteilzeitarbeit** vom Arbeitgeber oder von der Agentur für Arbeit zusätzlich zum Bruttoarbeitsentgelt oder zu einer Lohnersatzleistung (zB Krankengeld) gezahlten steuerfreien Aufstockungsbeträge (§ 3 Abs. 1 Nr. 1 Buchst. a ATG) sind ebenso als vergleichbares Einkommen zu berücksichtigen wie die Einkünfte von **geschäftsführenden Gesellschaftern** einer GmbH, die sozialversicherungsrechtlich als selbständig Tätige gelten und Einkünfte aus nichtselbständiger Arbeit iSd. EStG beziehen; dies gilt jedoch nicht für Versorgungsbezüge Letzterer.

II. Höhe der Hinzuverdienstgrenzen

1. Vollrente. Die Höhe der Hinzuverdienstgrenze entspricht seit dem 1. 1. 2008 der statischen Geringfügigkeitsgrenze (§ 8 SGB IV) von **400 Euro**. Vom 1. 4. 2003 an betrug diese Grenze dynamisch zuletzt ein Siebtel der monatlichen Bezugsgröße (§ 18 SGB IV). Diese Differenzierung war für viele Rentner nicht nachvollziehbar und führte in einer nicht unerheblichen Zahl von Fällen zu Überzahlungen. Mit der Rechtsänderung zum 1. 1. 2008 durch das 7. SGB III-ÄndG vom 8. 4. 2008 (BGBl. I, 681) wurde dieser zu Missverständnissen führenden Situation abgeholfen.

2. Teilrenten. Die **individuellen Hinzuverdienstgrenzen** ergeben sich aus der Höhe der jeweiligen Teilrente. Es gilt: Je kleiner der Quotient der Teilrente umso höher die dazugehörige Hinzuverdienstgrenze. Die maßgebende Hinzuverdienstgrenze errechnet sich, indem der von der jeweiligen Teilrente abhängige Hinzuverdienstfaktor mit der monatlichen Bezugsgröße und den Entgeltpunkten (§ 66 Abs. 1 Nr. 1–3) der letzten drei Kalenderjahre vor Beginn der Altersrente multipliziert wird.

Wird der Hinzuverdienst in den neuen Bundesländern erzielt, erfolgt eine Reduzierung der in die Berechnung eingestellten Bezugsgröße, indem diese mit dem aktuellen Rentenwert (Ost) (§ 255 a) multipliziert und das Ergebnis durch den aktuellen Rentenwert (§ 68) dividiert wird (§ 228 a Abs. 2).

Wurden in den letzten drei Jahren vor Rentenbeginn keine oder insgesamt weniger als 1,5 Entgelt- **18** punkte erzielt, errechnen sich aus 1,5 Entgeltpunkten für alle Rentner zunächst gleichermaßen geltende **Mindesthinzuverdienstgrenzen**. Dadurch wird sichergestellt, dass auch Geringverdienern die Möglichkeit von Hinzuverdiensten während des vorzeitigen Altersrentenbezuges verbleibt (Freudenberg jurisPK-SGB VI § 34 Rn. 67).

Da es nach § 34 Abs. 3 auf die Entgeltpunkte der letzten drei Kalenderjahre vor dem Beginn der **19** ersten Altersrente ankommt, bleiben diese Entgeltpunkte auch dann maßgebend, wenn der **Rentenanspruch** zB wegen Überschreitens der höchsten Hinzuverdienstgrenzen **entfällt** und zu einem späteren Zeitpunkt erneut eine Altersrente als Teilrente begehrt wird. Die Höhe der Entgeltpunkte, die ggf. in den letzten drei Kalenderjahren vor Beginn der nachfolgenden Altersrente erzielt wurden, ist insoweit unbeachtlich.

III. Überschreiten der Hinzuverdienstgrenzen

Nach Abs. 2 S. 2 darf die maßgebende Hinzuverdienstgrenze zweimal im Kalenderjahr überschritten **20** werden. Zulässig ist die Überschreitung jedoch nur bis zum doppelten Grenzbetrag. Aus welchen Gründen ist die jeweilige Hinzuverdienstgrenze überschritten wird, ist unerheblich (BSG 31. 1. 2002 – B 13 RJ 33/01 R – SozR 3–2600 § 34 Nr. 4). Maßgebende Grenze ist immer die Hinzuverdienstgrenze der Rente des **Vormonats** (BSG 26. 6. 2008 – B 13 R 119/07 R – BSGE 101, 97–106). Beim erstmaligen oder erneuten Zusammentreffen der Altersrente mit Hinzuverdienst (zB im **Rentenbeginn**) kann auf eine aus dem Vormonat abgeleitete maßgebende Hinzuverdienstgrenze nicht zurückgegriffen werden; ein doppeltes Überschreiten ist daher zu diesem Zeitpunkt grds. nicht möglich – zu beachten ist daher nur die einfache Hinzuverdienstgrenze; dies gilt auch, wenn im Vormonat negatives Arbeitseinkommen oder Einkommen in Höhe von 0 EUR erzielt wurde. Ausnahmsweise kann die einfache Hinzuverdienstgrenze zu diesem Zeitpunkt dann verdoppelt werden, wenn zu einem sonst gleichbleibendem Einkommen ein besonderer Mehrverdienst (zB Mehrarbeit oder Weihnachtsgeld) erzielt wird; maßgebend ist in diesem Fall der einfache Grenzbetrag, der sich aus dem „Grundlohn" ohne Mehrverdienst ergibt. „Grundlohn" und Mehrverdienst zusammen dürfen die verdoppelte Hinzuverdienstgrenze nicht überschreiten; anderenfalls besteht nur noch Anspruch auf eine niedrigere Teilrente oder es entfällt ggf. der gesamte Anspruch. Die vom BSG für einen schwankenden Hinzuverdienst vertretene andere Auffassung (BSG 9. 12. 2010 – B 13 R 10/10 R – SGb 2011, 322) wird vor dem Hintergrund des Sinn und Zwecks der Überschreitensmöglichkeit nicht geteilt.

Das Vormonatsprinzip gilt auch bei einem **Jahreswechsel** (BSG 26. 6. 2008 – B 13 R 119/07 R – **20a** aaO). Da die maßgebliche Hinzuverdienstgrenze innerhalb eines jeden Kalenderjahres zweimal bis zum Doppelten ihres Betrages überschritten werden darf, besteht bei einem Jahreswechsel somit eine Überschreitensmöglichkeit in maximal vier aufeinanderfolgenden Kalendermonaten.

Durch das Recht zum zweimaligen Überschreiten soll ermöglicht werden, dass ungeachtet des **21** Mehrverdienstes die bisherige Rente in unveränderter Höhe weitergezahlt werden kann (BSG 3. 5. 2005 – B 13 RJ 8/04 R – SozR 4–2600 § 96 a Nr. 7). Eine höhere als die bisherige Rente kann sich dadurch nicht ergeben. Vom Recht des Überschreitens kann nur Gebrauch gemacht werden, wenn sich der Hinzuverdienst ändert und dadurch die für den Vormonat maßgebende Hinzuverdienstgrenze überschritten wird (KomGRV § 34 SGB VI Rn. 9). Bei einem **gleichbleibenden Einkommen** (auch Einkommen, dass sich innerhalb zweier Hinzuverdienstgrenzen bewegt, ohne diese zu über- oder unterschreiten) ergibt sich demnach allein aufgrund der Überschreitensregelung keine höhere Rente, weil ein tatsächliches Überschreiten in diesem Sinne nicht vorliegt (BSG 6. 2. 2007 – B 8 KN 3/06 R – SozR 4–2600 § 96 a Nr. 9). Wird die Hinzuverdienstgrenze mehr als zweimal im Kalenderjahr überschritten, ist das Recht zum zulässigen Überschreiten in **chronologischer Folge** nur in den beiden ersten Kalendermonaten, in denen die maßgebenden Grenzen überschritten wurden, einzuräumen (BSG 6. 2. 2007 – B 8 KN 3/06 R – aaO).

Da für **Selbständige** idR ein gleichbleibendes monatliches Einkommen pauschalierend berechnet **22** wird (vgl. Rn. 12), besteht für sie innerhalb eines Kalenderjahres kein Recht zum zweimaligen Überschreiten der Hinzuverdienstgrenzen (BSG 3. 5. 2005 – B 13 RJ 8/04 R – SozR 4–2600 § 96 a Nr. 7). Etwas anderes gilt jedoch für die Fälle, in denen im Folgejahr ein höheres pauschalierend ermitteltes Einkommen als für das Vorjahr ergibt: Hier ist unter Beachtung des Chronologieprinzips das zweimalige Überschreiten der Hinzuverdienstgrenzen im Januar und Februar des Folgejahres zulässig. Die Möglichkeit des Überschreitens kommt auch dann in Betracht, wenn der Selbständige seine Einkünfte Monat für Monat nachweist (BSG 3. 5. 2005 – B 13 RJ 8/04 R – aaO).

Wird die maßgebende Hinzuverdienstgrenze **in unzulässiger Weise überschritten** (vgl. Rn. 20), **23** ist die Teilrente zu gewähren, deren Hinzuverdienstgrenze noch eingehalten wird; bei unzulässigem Überschreiten der höchsten Grenze für die Drittelrente entfällt der Anspruch (vgl. Rn. 6).

D. Rentenwechsel

24 Abs. 4 stellt sicher, dass der Wechsel von einer Altersrente in eine andere Rente dann ausgeschlossen ist, wenn bereits eine Altersrente **bindend bewilligt** wurde **oder** die bereits bewilligte Altersrente **bezogen** worden ist und zu einem späteren Zeitpunkt die Voraussetzungen für eine Rente wegen verminderter Erwerbsfähigkeit, Erziehungsrente oder eine andere Altersrente erfüllt werden (BT-Drs. 16/3794, 33). Die durch das RV-Nachhaltigkeitsgesetz vom 21. 6. 2002 (BGBl. I, 2167) zum 1. 8. 2004 in Kraft getretene Vorschrift erfasste zunächst nur die bereits bestandskräftig festgestellten Bescheide. Folglich konnte die Regelung mit der Einlegung eines Rechtsbehelfs (§ 77 SGG) umgangen werden, denn damit wurde das Verfahren offen gehalten. Durch die mit dem RV-Altersgrenzenanpassungsgesetz vom 20. 4. 2007 (BGBl. I S. 554) erfolgte Ausdehnung der Vorschrift auf den Kreis der Bezieher einer Altersrente kommt es auf die Bindung des Altersrentenbescheides nicht mehr an.

25 Nicht betroffen von Abs. 4 ist der Anspruch auf eine andere Rente, wenn diese vor oder gleichzeitig mit der Altersrente beginnt, etwa weil das Vorliegen von **Schwerbehinderung** erst nachträglich festgestellt worden ist. In diesen Fällen liegt kein Wechsel vor (BT-Drs. 16/3794, 33; Zweng/Scheerer/Buschmann/Dörr, SGB VI, § 34 Rn. 64, BSG 29. 11. 2007 – B 13 R 44/07 R – SGb 2008, 596–599).

26 Zeiten des **Bezuges** einer Altersrente sind Zeiten, in denen ein solcher Anspruch nach dem SGB VI bestanden hat, dieser geltend gemacht und ein entsprechender Bescheid erteilt worden ist. Ob die Rente tatsächlich zur Auszahlung gelangte (zB wegen Anrechnung einer Verletztenrente nach § 93), ist dabei unerheblich.

27 Ist die zuerst bewilligte Altersrente zB wegen Überschreitens der höchsten **Hinzuverdienstgrenze** ganz entfallen, kann bei Erfüllung der entsprechenden Voraussetzungen jederzeit eine weitere Altersrente, Erziehungsrente oder Rente wegen verminderter Erwerbsfähigkeit bewilligt werden (Fichte Hauck/Noftz, SGB VI, K § 34, Rn. 87).

Zweiter Unterabschnitt. Anspruchsvoraussetzungen für einzelne Renten

Erster Titel. Renten wegen Alters

§ 35 Regelaltersrente

¹Versicherte haben Anspruch auf Regelaltersrente, wenn sie
1. die Regelaltersgrenze erreicht und
2. die allgemeine Wartezeit erfüllt

haben. ²Die Regelaltersgrenze wird mit Vollendung des 67. Lebensjahres erreicht.

A. Normzweck

1 Die Vorschrift gewährt nach dem 31. 12. 1963 Geborenen die **Regelaltersrente**; für vor dem 1. 1. 1964 Geborene enthält übergangsweise § 235 die entsprechende Regelung (Vertrauensschutz). Neben der Bennennung der Voraussetzungen für den Anspruch auf die Regelaltersrente (S. 1) wird der Begriff der Regelaltersgrenze definiert (S. 2). Die Bezeichnung als „Regelaltersrente" verdeutlicht den Willen des Gesetzgebers, dass es sich bei dieser Rente wegen Alters um die Regelleistung der Rentenversicherung handelt (BT-Drs. 11/4124, 162); im Jahre 2009 haben mit steigender Tendenz bundesweit 39,4% der männlichen Neurentner die Regelaltersrente beansprucht – gefolgt von der Rente wegen Erwerbsminderung mit 21,9%, bei den Frauen betrug der Anteil im Vergleich zu den Vorjahren fast unverändert 36,1 – gefolgt von der Altersrente für Frauen mit 36,1% (Näheres: Statistik der Deutschen Rentenversicherung, Rentenversicherung in Zahlen 2010, S. 62–65).

B. Anspruchsvoraussetzungen

2 Der Regelaltersrentenanspruch besteht für Versicherte, die die **Regelaltersgrenze** erreicht und als **Mindestversicherungszeit** die allgemeine Wartezeit von fünf Jahren erfüllt haben. Die für sämtliche Renten und darüber hinaus in zahlreichen weiteren Vorschriften geforderte Versicherteneigenschaft liegt vor, wenn zum Zeitpunkt der Erfüllung der Anspruchsvoraussetzungen mindestens ein rechtswirksamer Beitrag (Pflicht- oder freiwilliger Beitrag) nachgewiesen ist. Ebenso gelten Personen als Versicherte, denen Kindererziehungszeiten iSd. § 56 anerkannt (§ 3 S. 1 Nr. 1) oder aufgrund eines Versorgungsausgleichs Rentenanwartschaften übertragen wurden (§ 8 Abs. 1 S. 1 Nr. 2).

C. Regelaltersgrenze

Die im S. 2 definierte Regelaltersgrenze wird mit Vollendung des **67. Lebensjahres** erreicht. Die **3** Vollendung des maßgebenden Lebensalters bestimmt sich dabei in Anwendung der §§ 187 Abs. 2, 188 Abs. 2 BGB. Hiernach ist der Tag der Geburt der 1. Geburtstag. Demzufolge wird das 67. Lebensjahr mit Ablauf des Tages vollendet, der dem 68. Geburtstag vorausgeht. Bei am Ersten eines Monats Geborenen wird das maßgebende Lebensjahr bereits mit Ablauf des Vormonats vollendet (BSG 1. 7. 1970 – B 4 RJ 13/70 – SozR Nr. 15 zu § 1290 RVO). Die **Definition** der Regelaltersgrenze ist erforderlich, weil eine Vielzahl weiterer Vorschriften sowohl des Rentenrechts (vgl. ua. § 5 Abs. 4 Nr. 3, § 34 Abs. 2 S. 1, § 43 Abs. 1 S. 1) als auch angrenzender Sozialrechtsgebiete (vgl. zB zum Anspruch auf Arbeitslosengeld = § 117 Abs. 2 SGB III) auf sie Bezug nimmt.

§ 35 wurde durch das RV-Altersgrenzenanpassungsgesetz vom 20. 4. 2007 (BGBl. I S. 554) mit **4** Wirkung **vom 1. 1. 2008 an** geändert. Bis zum 31. 12. 2007 bestand nach dieser Vorschrift bereits mit Vollendung des 65. Lebensjahres Anspruch auf Regelaltersrente. Für **vor dem 1. 1. 1947** Geborene gilt dies weiterhin (§ 235 Abs. 2 S. 1). Aus Vertrauensschutzgründen gilt dies ebenso für weitere Personenkreise; vgl. hierzu Anm. zu § 235 Rn. 6–8. Soweit Vertrauensschutz nicht besteht, wird die Regelaltersgrenze für nach dem 31. 12. 1946 Geborene **ab dem 1. 1. 2012** schrittweise von bisher 65 Jahren auf zukünftig 67 Jahre angehoben (§ 235 Abs. 2 S. 2). Beginnend mit dem Geburtsjahrgang 1947 erfolgt die Anhebung zunächst in Monatsschritten pro Jahrgang. Ab dem Geburtsjahrgang 1959 bis einschl. Geburtsjahrgang 1963 erfolgt die Anhebung dann in Zweimonatsschritten pro Jahrgang. Für Versicherte, die in den Jahren 1947–1963 geboren sind, gilt daher eine individuelle, vom Geburtsmonat abhängige Regelaltersgrenze. Ab dem **Geburtsjahrgang 1964** gilt uneingeschränkt die Regelaltersgrenze von 67 Jahren. Eine **vorzeitige Inanspruchnahme** der Regelaltersrente vor Vollendung der Regelaltersgrenze ist nicht möglich. Einen **tabellarischen Überblick** über den frühestmöglichen Rentenbeginn gibt § 235 Rn. 22.

D. Nachweis Lebensalter

Durch Art. 5 des Personenstandsrechtsreformgesetzes vom 19. 2. 2007 (BGBl. I S. 122) wurde das **5** Personenstandsgesetz 1937 (PerStdG) idF vom 8. 8. 1957 (BGBl. I S. 1125, BGBl. III Nr. 211-1) durch ein neues Personenstandsgesetz (PStG) abgelöst. Mit Wirkung vom 1. 1. 2009 an werden die bisherigen Personenstandsbücher durch elektronische Personenstandsregister ersetzt (§ 3 PStG). Die Standesämter führen zukünftig ein Ehe- (§ 15 PStG), ggf. Lebenspartnerschafts- (§ 17 PStG), Geburten- (§ 21 PStG) und Sterberegister (§ 31 PStG). Das Lebensalter wird durch **Personenstandsurkunden** iSd. § 55 PStG nachgewiesen. Solche Urkunden sind sowohl beglaubigte Registerausdrucke als auch Ehe- (§ 57 PStG), Lebenspartnerschafts- (§ 58 PStG), Geburts- (§ 59 PStG) und Sterbeurkunden (§ 60 PStG) sowie beglaubigte Abschriften aus der Sammlung der Todeserklärungen. Bis zur abschließenden Umstellung aller Standesämter auf elektronische Register können in einer fünfjährigen Übergangszeit bis längstens 31. 12. 2013 die Personenstandsdaten noch in einem Papierregister beurkundet werden (§ 75 PStG). Das Geburtsdatum kann zudem weiterhin durch die nach dem bis zum 31. 12. 2008 geltenden Recht angelegten Personenstandsbücher iSd. § 1 Abs. 2 PerSdtG (Heirats-, Familien-, Geburten-, Sterbebuch), aus denen auch künftig die og. Personenstandsurkunden auszustellen sind, nachgewiesen werden. In der Praxis genügt dem Rentenversicherungsträger in aller Regel auch ein **Personalausweis oder Reisepass** als Nachweis des Lebensalters. **Ausländischen Urkunden** wird keine geringere Beweiskraft zugemessen als deutschen Personenstandsurkunden, sofern deren Richtigkeit nicht durch konkrete, auch auf den jeweiligen Einzelfall bezogene Anhaltspunkte ernstlich in Frage gestellt ist (vgl. EuGH 2. 12. 1997 „Dafeki", AZ: C-336/94, Slg 1997 – 12, S. 6761 und EuGH 14. 3. 2000 „Kocak/Örs", verbundene Rechtssachen, AZ: C-102/98 und C-211/98, Slg 2000-3, S. 1287, Rn. 40–42).

E. Wartezeit

Alleinige versicherungsrechtliche Voraussetzung für den Anspruch auf die Regelaltersrente ist die **6** Erfüllung der allgemeinen Wartezeit. Sie beträgt **fünf Jahre** (§ 50 Abs. 1 S. 1 Nr. 1). Da dem Rentenrecht gemeinhin das Kalendermonatsprinzip innewohnt, ergeben sich somit nach der Umrechnungsregel aus § 122 Abs. 2 S. 1 60 Kalendermonate an erforderlicher Mindestversicherungszeit iSd. § 34 Abs. 1. Auf die Wartezeit werden nach § 51 Abs. 1 **Beitragszeiten** (§§ 55, 247, 248, 281 Abs. 2) einschl. Kindererziehungszeiten (§§ 56, 249, 249a), und nach § 51 Abs. 4 **Ersatzzeiten** (§§ 250, 251) angerechnet. Zudem werden auch Monate berücksichtigt, die sich aufgrund eines durchgeführten Versorgungsausgleichs (§ 52 Abs. 1) oder Rentensplittings (§ 52 Abs. 1 a) und aus Zuschlägen an Entgeltpunkten für Arbeitsentgelt aus einer geringfügigen versicherungsfreien Beschäftigung (§ 52 Abs. 2) ergeben.

7   Die allgemeine Wartezeit **gilt** nach § 50 Abs. 1 S. 2 Nr. 1 **als erfüllt,** wenn bis zum Erreichen der Regelaltersgrenze bereits eine Rente wegen verminderter Erwerbsfähigkeit oder eine Erziehungsrente bezogen wurde. Ist die Wartezeit als **vorzeitig erfüllt** anzusehen, weil der Versicherte infolge eines in § 53 Abs. 1, 2 oder § 245 Abs. 2, 3 genannten Tatbestands vermindert erwerbsfähig geworden ist und er überdies die in diesen Vorschriften angeordneten besonderen Voraussetzungen erfüllt hat, besteht ebenfalls Anspruch auf die Regelaltersrente. Dies gilt selbst dann, wenn aufgrund des Erreichens der Regelaltersgrenze eine Rente wegen verminderter Erwerbsfähigkeit bisher nicht geleistet wurde (krit. Fichte in Hauck/Noftz, SGB VI, K § 35 Rn. 19).

F. Antrag und Rentenbeginn

8   Renten werden grundsätzlich nur auf **Antrag** geleistet (§ 19 SGB IV), der das **Verfahren** beim Rentenversicherungsträger in Gang setzt (§ 115 Abs. 1, § 18 SGB X). In der Regel sind Rentenanträge beim **zuständigen** (§§ 16, 23 Abs. 2 SGB I) Rentenversicherungsträger zu stellen. Anträge, die bei anderen Leistungsträgern, bei allen Gemeinden und von Personen, die sich im Ausland aufhalten, auch bei den amtlichen Vertretungen der Bundesrepublik Deutschland im Ausland eingehen, gelten mit Eingang bei diesen Stelle als gestellt (§ 16 Abs. 1, 2 SGB I). Die Anträge sind anschließend unverzüglich, dh. ohne schuldhaftes Verzögern (BSG 18. 12. 1964 – 7 RAr 18/64 – BSGE 22, 187, 189), an den zuständigen Rentenversicherungsträger weiterzuleiten.

9   Der Beginn der Regelaltersrente ist sowohl von der Erfüllung der Anspruchsvoraussetzungen als auch vom Zeitpunkt der Antragstellung auf die Leistung abhängig. Mit Erfüllung der Anspruchsvoraussetzungen entsteht zunächst nur das Rentenstammrecht. Der Rentenantrag ist entscheidend für den Rentenbeginn, jedoch **keine Anspruchsvoraussetzung** (vgl. § 99). Der Antrag bewirkt indes, dass als Rechtsfrüchte aus diesem Stammrecht die regelmäßig wiederkehrenden Einzelansprüche in Form der monatlichen Rente erwachsen können (so im Ergebnis Rolfs in Hauck/Noftz, SGB I, K § 40 Rn. 9 mwN). Geleistet wird die Rente von dem Kalendermonat an, zu dessen Beginn die Anspruchsvoraussetzungen (Erreichen der Altersgrenze, Erfüllung der 5-jährigen Wartezeit) erfüllt sind, wenn der Antrag rechtzeitig bis zum Ende des dritten Kalendermonats nach Ablauf des Kalendermonats gestellt wird, in dem die Voraussetzungen erfüllt sind (§ 99 Abs. 1 S. 1). Wird der Antrag später gestellt, beginnt die Rente hingegen erst mit dem Antragsmonat (§ 99 Abs. 1 S. 2).

10 Versicherten steht ein Dispositionsrecht zu; sie können mit der Antragstellung bestimmen, zu welchem Zeitpunkt des Rentenbeginns gelten soll. Ein späterer Rentenbeginn bietet die Möglichkeit, durch die Erhöhung des Zugangsfaktors (§ 77 Abs. 2 S. 1 Nr. 2 Buchst. b) die Anzahl der persönlichen Entgeltpunkte (§ 66) zu erhöhen. Bis zum Ablauf der einmonatigen Widerspruchsfrist nach Bekanntgabe des Rentenbescheides (§ 84 SGG) steht es den Versicherten zudem frei, den Rentenantrag wieder zurückzunehmen (BSG 9. 8. 1995 – 13 RJ 43/94 – SozR 3–2500 § 50 Nr. 3).

11 Wurde bis zum Erreichen der Regelaltersgrenze eine Rente wegen verminderter Erwerbsfähigkeit oder eine Erziehungsrente bezogen (§§ 43 Abs. 1 S. 1, 47 Abs. 1), wird anschließend **von Amts wegen** eine Regelaltersrente geleistet (§ 115 Abs. 3). Der Beginn der Regelaltersrente ist in diesen Fällen nicht von einer rechtzeitigen Antragstellung iSd. § 99 Abs. 1 abhängig. Allerdings beschränkt sich das Dispositionsrecht der Versicherten auf die Entscheidung, im Anschluss an diese – wegen Erreichens der Regelaltersgrenze – wegfallenden Renten keine Rente, also auch keine Regelaltersrente, beziehen zu wollen (KomGRV § 115 SGB VI Rn. 4.1).

G. Hinzuverdienst

12 Im Gegensatz zu den anderen Renten wegen Alters sind bei der Regelaltersrente **keine Hinzuverdienstgrenzen** zu beachten, sodass Bezieher dieser Rente anrechnungsfrei unbeschränkt hinzuverdienen können. Außerhalb des Sozialgesetzbuches ordnet aber § 29 Abs. 2 AbgG an, dass eine Versichertenrente aus der gesetzlichen Rentenversicherung neben einer Abgeordnetenentschädigung an Bundestagsabgeordnete (seit dem 17. 10. 2002) oder Europaabgeordnete (seit dem 20. 7. 2004) um 80 vom Hundert, höchstens jedoch in Höhe der Abgeordnetenentschädigung, ruht.

H. Voll- und Teilrente

13 Grundsätzlich kann auch eine Regelaltersrente als **Teilrente** in Anspruch genommen werden (§ 42 Abs. 1). Vor dem Hintergrund der uneingeschränkten Hinzuverdienstmöglichkeit für Regelaltersrentner kommt diesem Recht in der Praxis aber eher nur eine theoretische Bedeutung zu.

I. Änderung Rentenhöhe

14 Ändern sich nach dem Rentenbeginn aus tatsächlichen oder rechtlichen Gründen die Voraussetzungen für die Höhe der Rente, wird die neue Rentenhöhe von dem Kalendermonat an geleistet, zu

dessen Beginn die Änderung wirksam ist (§ 100 Abs. 1 S. 1). Derartige Änderungen können sich zB ergeben, wenn **freiwillige Beiträge** für Zeiten vor dem Rentenbeginn nachgezahlt werden (zB § 197 Abs. 2). In diesen Fällen ist die Änderung mit dem Ersten des Monats wirksam, der der Beitragszahlung folgt (BSG 18. 5. 1988 – 1 RA 45/87 – SozR 2200 § 1290 Nr. 22). Auch die Nachzahlung geschuldeter **Pflichtbeiträge Selbständiger** führt zu einer Änderung der Rentenhöhe. Da diese Beiträge erst mit ihrer Zahlung wirksam werden, ist die geänderte Rentenhöhe wie bei der Nachzahlung freiwilliger Beiträge mit dem Ersten des Monats wirksam, der der Beitragszahlung folgt.

Ändert sich die Rentenhöhe, weil ein Zusammentreffen von Renten und **Einkommen** zu berücksichtigen ist, wird die neue Rentenhöhe tagegenau geleistet (§ 100 Abs. 1 S. 2). Bei Regelaltersrenten werden jedoch lediglich Verletztenrenten der Unfallversicherung aus Versicherungsfällen vor dem Beginn der Altersrente angerechnet (§ 93). Da auch geänderte Verletztenrenten vom Ersten eines Kalendermonats an (§ 73 Abs. 1 SGB VII) bzw. wegfallende Verletztenrenten bis zum Ablauf eines Kalendermonats (Abs. 2 aaO) gezahlt werden, gilt in diesen Anrechnungsfällen faktisch auch das in § 100 Abs. 1 S. 1 verankerte Monatsprinzip. 15

J. Rentenende

Der Anspruch auf die Regelaltersrente endet mit dem **Tod** des Berechtigten; die Rente wird dann bis zum Ablauf des Kalendermonats geleistet, in dem der Berechtigte verstorben ist (§ 102 Abs. 5). Wird die Rente nach dem Tod des Berechtigten festgestellt und an einen **Sonderrechtsnachfolger** iSd. § 56 SGB I ausgezahlt, gilt dies ebenfalls (aA Breiter/Hahn § 73 SGB VII Rn. 10). Denn nach Sinn und Zweck beschränken nicht rechtzeitig erfüllte Ansprüche nicht nur die Lebensführung des Berechtigten, sondern aller Familienangehörigen, die mit ihm in einem gemeinsamen Haushalt leben. Die Sonderrechtsnachfolge soll hier einen Ausgleich schaffen, der die durch die nicht rechtzeitige Auszahlung der Sozialleistung verursachten Beschränkungen in der Lebensführung kompensiert (so auch KomGRV § 56 SGB I Rn. 1.3). Der Bescheid erledigt sich in Fällen des § 102 Abs. 5 auf andere Weise iSd. § 39 Abs. 2 SGB X, ohne dass es einer Bescheidaufhebung bedarf. 16

K. Versicherungsfreiheit

Mit dem **Beginn** der Regelaltersrente wird das Sicherungsziel der gesetzlichen Rentenversicherung erreicht. Da ein weiteres Sicherungsbedürfnis nicht besteht, tritt Versicherungsfreiheit ein (§ 5 Abs. 4 Nr. 1). Mithin ist für den Regelaltersrentner nicht nur ein unbegrenzter Hinzuverdienst möglich (vgl. Rn. 12), Beiträge aus diesem Hinzuverdienst sind nicht mehr zu entrichten; Arbeitgeber sind aus Gleichbehandlungsgründen dagegen verpflichtet, weiterhin ihren Beitragsanteil trotz der Versicherungsfreiheit des beschäftigten Rentners zu tragen (§ 172 Abs. 1 S. 1 Nr. 1). 17

L. Kranken- und Pflegeversicherung

Wenn seit der erstmaligen Aufnahme einer Erwerbstätigkeit bis zur Stellung des Rentenantrages mindestens neun Zehntel der zweiten Hälfte des Zeitraumes eine Mitgliedschaft in der gesetzlichen Krankenversicherung oder eine Familienversicherung nach § 10 SGB V oder § 7 KVLG 1989 bestand, tritt nach § 5 Abs. 1 Nr. 11 SGB V grundsätzlich **Versicherungspflicht** in der Krankenversicherung der Rentner ein. Infolgedessen haben Berechtigte ihren Beitragsanteil aus der Rente zu entrichten (§ 249a SGB V), der von der Rente einbehalten wird (§ 255 Abs. 1 SGB V). Dasselbe gilt für die Beiträge zur Pflegeversicherung (§ 20 Abs. 1 Nr. 11 iVm. § 60 Abs. 1 SGB XI). Freiwillig oder privat Krankenversicherte erhalten auf Antrag einen **Beitragszuschuss** nach § 106. Änderungen in der Beitragshöhe haben zwar Auswirkungen auf den Auszahlungsbetrag der Rente, berühren den Rentenanspruch selbst aber nicht (BSG 5. 9. 2006 – B 4 R 71/06 R – SozR 4–2500 § 255 Nr. 1). 18

§ 36 Altersrente für langjährig Versicherte

¹Versicherte haben Anspruch auf Altersrente für langjährig Versicherte, wenn sie
1. das 67. Lebensjahr vollendet und
2. die Wartezeit von 35 Jahren erfüllt

haben. ²Die vorzeitige Inanspruchnahme dieser Altersrente ist nach Vollendung des 63. Lebensjahres möglich.

A. Normzweck

Die Vorschrift gewährt nach dem 31. 12. 1963 Geborenen die **Altersrente für langjährig Versicherte;** für vor dem 1. 1. 1964 Geborene enthält übergangsweise § 236 die entsprechende Regelung. 1

Während S. 1 die Voraussetzungen für den Anspruch auf die Rente benennt, bestimmt S. 2, dass diese Altersrente – unter Inkaufnahme von Rentenabschlägen – auch vorzeitig nach Vollendung des 63. Lebensjahres und damit vor Erreichen der Regelaltersgrenze iSd. § 35 in Anspruch genommen werden kann, weshalb auch diese Rentenart zu den vorgezogenen Altersrenten gehört. Die Bezeichnung als „Altersrente für langjährig Versicherte" weist bereits auf das Erfordernis einer langen Versicherungsdauer hin (BT-Drs. 11/4124, 162).

B. Anspruchsvoraussetzungen

2   Anspruch auf die Altersrente für langjährig Versicherte besteht für Versicherte, die das **67. Lebensjahr** vollendet und als **Mindestversicherungszeit** die Wartezeit von 35 Jahren erfüllt haben. Zum Versichertenbegriff vgl. Anm. zu § 35 Rn. 2. Für sämtliche vorgezogene Altersrenten ergibt sich zudem aus § 34 eine weitere negative Anspruchsvoraussetzung: Bei einer Beschäftigung oder selbständigen Tätigkeit darf das daraus erzielte Einkommen die Hinzuverdienstgrenzen des § 34 Abs. 2 und 3 nicht übersteigen (vgl. Rn. 8).

C. Altersgrenze

3   Die Vollendung des geforderten **67. Lebensjahres** bestimmt sich in Anwendung der §§ 187 Abs. 2, 188 Abs. 2 BGB. Hiernach ist der Tag der Geburt der 1. Geburtstag. Demzufolge wird das 67. Lebensjahr mit Ablauf des Tages vollendet, der dem 68. Geburtstag vorausgeht. Bei am Ersten eines Monats Geborenen wird das maßgebende Lebensjahr bereits mit Ablauf des Vormonats vollendet (BSG 1. 7. 1970 – B 4 RJ 13/70 – SozR Nr. 15 zu § 1290 RVO). Trotz der Entsprechung der Altersgrenze wie bei Regelaltersrente (vgl. Anm. zu § 35 Rn. 3). kommt ihr praktische Bedeutung wegen der Möglichkeit der vorzeitigen Inanspruchnahme zu (vgl. Anm. zu § 35 Rn. 4).

4   § 36 wurde durch das RV-Altersgrenzenanpassungsgesetz vom 20. 4. 2007 (BGBl. I S. 554) mit Wirkung **vom 1. 1. 2008 an** geändert. Bis zum 31. 12. 2007 bestand nach dieser Vorschrift bereits mit Vollendung des 65. Lebensjahres Anspruch auf Altersrente für langjährig Versicherte. Für **vor dem 1. 1. 1949** Geborene ändert sich daran nichts (§ 236 Abs. 2 S. 1). Aus Vertrauensschutzgründen gilt dies ebenso für weitere Personenkreise; vgl. hierzu Anm. zu § 236 Rn. 5. Soweit Vertrauensschutz nicht besteht, wird die Altersgrenze für nach dem 31. 12. 1948 Geborene **ab dem 1. 1. 2014** schrittweise von bisher 65 Jahren auf zukünftig 67 Jahre angehoben (§ 236 Abs. 2 S. 2); das BSG stuft diese Anhebung als verfassungsgemäß ein (zur Anhebung nach dem RRG 1999 vgl. insoweit BSG 19. 11. 2009 – B 13 R 5/09 R – Breith 2010, 661–666). Für die Geburtsmonate Januar bis März 1949 erfolgt die Anhebung zunächst in Monatsschritten. Anschließend entspricht die Altersgrenze dieser Rente der ebenfalls angehobenen Regelaltersgrenze. Die weitere Anhebung der Altersgrenze für die Geburtsjahrgänge 1950 bis 1958 erfolgt dann parallel zur Regelaltersgrenze in Monatsschritten. Ab dem Geburtsjahrgang 1959 bis einschl. Geburtsjahrgang 1963 erfolgt die Anhebung sodann in Zweimonatsschritten pro Jahrgang. Für Versicherte des Geburtsjahrganges 1949 gilt daher eine individuelle vom Geburtsmonat und Geburtsjahr und für die in den Jahren 1950–1963 Geborenen dann eine nur vom Geburtsjahr abhängige Altersgrenze. Ab dem **Geburtsjahrgang 1964** gilt uneingeschränkt die Altersgrenze von 67 Jahren, an der bei vorzeitiger Inanspruchnahme der Rente die entsprechenden Abschläge bemessen werden. Einen **tabellarischen Überblick** über den frühestmöglichen Rentenbeginn gibt § 236 Rn. 26.

D. Nachweis Lebensalter

5   Das Lebensalter wird durch **Personenstandsurkunden** iSd. § 55 PStG nachgewiesen. In der Praxis genügt dem Rentenversicherungsträger in aller Regel auch ein **Personalausweis oder Reisepass** als Nachweis des Lebensalters. **Ausländischen Urkunden** wird keine geringere Beweiskraft zugemessen als deutschen Personenstandsurkunden, sofern deren Richtigkeit nicht durch konkrete, auf den jeweiligen Einzelfall bezogene Anhaltspunkte ernstlich in Frage gestellt ist (vgl. EuGH 2. 12. 1997 „Dafeki", AZ: C-336/94, Slg 1997 – 12, S. 6761 und EuGH 14. 3. 2000 „Kocak/Örs", verbundene Rechtssachen, AZ: C-102/98 und C-211/98, Slg 2000–3, S. 1287, Rn. 40–42). Näheres vgl. § 35 Rn. 5.

E. Wartezeit

6   Alleinige versicherungsrechtliche Voraussetzung für den Anspruch auf die Altersrente für langjährig Versicherte ist die Erfüllung der Wartezeit von **35 Jahren** (§ 50 Abs. 4 Nr. 1). Da dem Rentenrecht gemeinhin das Kalendermonatsprinzip innewohnt, ergeben sich somit nach der Umrechnungsregel aus § 122 Abs. 2 S. 1 420 Kalendermonate an erforderlicher Mindestversicherungszeit iSd. § 34

Abs. 1. Auf die Wartezeit werden nach § 51 Abs. 3 und 4 alle **rentenrechtlichen Zeiten** (§ 54 Abs. 1) angerechnet. Hierzu gehören **Beitragszeiten** (§§ 55, 247, 248, 281 Abs. 2) einschl. Kindererziehungszeiten (§§ 56, 249, 249 a), **Ersatzzeiten** (§§ 250, 251), beitragsfreie Zeiten wie zB **Anrechnungszeiten** (§§ 58, 252, 252 a) und **Berücksichtigungszeiten** wegen Kindererziehung (§ 57) oder wegen Pflege (§ 249 b). Zudem werden auch Monate berücksichtigt, die sich aufgrund eines durchgeführten Versorgungsausgleichs (§ 52 Abs. 1) oder Rentensplittings (§ 52 Abs. 1 a) und aus Zuschlägen an Entgeltpunkten für Arbeitsentgelt aus einer geringfügigen versicherungsfreien Beschäftigung (§ 52 Abs. 2) ergeben.

F. Antrag und Rentenbeginn

Renten werden grundsätzlich nur auf **Antrag** geleistet (§ 19 SGB IV), der das **Verfahren** beim Rentenversicherungsträger in Gang setzt (§ 115 Abs. 1, § 18 SGB X). In der Regel sind Rentenanträge beim **zuständigen** (§§ 16, 23 Abs. 2 SGB I) Rentenversicherungsträger zu stellen. Geleistet wird die Rente von dem Kalendermonat an, zu dessen Beginn die Anspruchsvoraussetzungen (Erreichen der Altersgrenze, Erfüllung der 35-jährigen Wartezeit) erfüllt sind, wenn der Antrag rechtzeitig bis zum Ende des dritten Kalendermonats nach Ablauf des Kalendermonats gestellt wird, in dem die Voraussetzungen erfüllt sind (§ 99 Abs. 1 S. 1). Wird der Antrag später gestellt, beginnt die Rente hingegen erst mit dem Antragsmonat (§ 99 Abs. 1 S. 2). Aufgrund ihres **Dispositionsrechts** haben es Versicherte bei vorzeitiger Inanspruchnahme der Rente in der Hand, die Höhe der Rentenabschläge (§ 77 Abs. 2 S. 1 Nr. 2 Buchst. a) zu beeinflussen und dadurch die Rente zu erhöhen. Näheres vgl. § 35 Rn. 8–10. 7

G. Hinzuverdienst

Anspruch auf die Altersrente für langjährig Versicherte besteht nur, wenn – und dies gilt bei allen vorgezogenen Altersrenten – keine **Beschäftigung oder Tätigkeit** ausgeübt wird, aus der Einkommen erzielt wird, das die maßgebenden Hinzuverdienstgrenzen für eine Voll- oder Teilrente (Rn. 9) überschreitet. Anspruchsvernichtend (§ 34 Abs. 2 S. 1) ist der Einkommensbezug immer dann, wenn die höchste Hinzuverdienstgrenze (§ 34 Abs. 3 Nr. 2 Buchst. a) überschritten wird. Unterhalb der höchsten Hinzuverdienstgrenze besteht abhängig von der Höhe des Hinzuverdienstes Anspruch auf die jeweilige Teilrente. Für den Anspruch auf Vollrente unbeachtlich ist ein Hinzuverdienst, der die geringste – allgemeine – Hinzuverdienstgrenze nicht übersteigt. Für weitere Einzelheiten wird auf die Anm. zu § 34 verwiesen. 8

H. Voll- und Teilrente

Für einen gleitenden Übergang vom Erwerbsleben in den Ruhestand (BT-Drs. 11/4124, 163) besteht die Möglichkeit, die Rente für langjährig Versicherte anstelle der Vollrente als Teilrente zu beanspruchen (§ 42 Abs. 1). Praktische Bedeutung erlangt dieses Wahlrecht in erster Linie im Zusammenhang mit der Erzielung eines **Hinzuverdienstes** neben der Rente. § 34 Abs. 2, 3 schränkt dabei den Gestaltungsspielraum des Versicherten allerdings ein. Die Teilrente beträgt ein Drittel, die Hälfte oder zwei Drittel der Vollrente (§ 42 Abs. 2). Während der Bezug einer Vollrente zu Versicherungsfreiheit führt (vgl. Rn. 15), können neben einem Teilrentenbezug weitere Beitragszeiten erworben werden. 9

Die Änderung der bezogenen Rentenhöhe ist durch einen **Antrag** zu erklären (§ 19 S. 1 SGB IV iVm. § 115 Abs. 1 S. 1). Wird eine höhere Rente als die bisher bezogene Teilrente begehrt, ergibt sich dieses Erfordernis zudem aus § 100 Abs. 2. Lediglich in Fällen, in denen der Anspruch auf die bisherige Rente wegen Überschreitens der maßgebenden Hinzuverdienstgrenze entfallen ist, ist gem. § 115 Abs. 1 S. 2 eine niedrige Teilrente von Amts wegen festzustellen (Fichte Hauck/Noftz, SGB VI, K § 36 Rn. 4). 10

I. Vorzeitige Inanspruchnahme

Die Altersrente für langjährig Versicherte kann frühestens nach Vollendung des **63. Lebensjahres** vorzeitig in Anspruch genommen werden. Untrennbar verbunden mit der vorzeitigen Inanspruchnahme ist ein dauerhafter **Rentenabschlag.** Für jeden Kalendermonat, den die Altersrente vorzeitig vor Vollendung des 67. Lebensjahres begehrt wird, vermindert sich der monatliche Rentenbetrag um 0,3%. Dies ergibt sich aus der in § 77 Abs. 2 S. 1 Nr. 2 Buchst. a angeordneten Verringerung des zur Berechnung der persönlichen Entgeltpunkte relevanten Zugangsfaktors. Wird die Rente zB nach Vollendung des 63. Lebensjahres und damit zum frühestmöglichen Zeitpunkt in Anspruch genommen, umfasst der Verminderungszeitraum 48 Kalendermonate, sodass der maximale **Rentenabschlag** 11 bei dieser Altersrente 14,4% beträgt. Die zu erwartende Rentenminderung kann durch eine gesonderte Beitragszahlung ganz oder teilweise ausgeglichen werden (§ 187).

J. Änderung Rentenhöhe

12 Ändern sich nach dem Rentenbeginn aus tatsächlichen oder rechtlichen Gründen die Voraussetzungen für die Höhe der Rente, wird die neue Rentenhöhe von dem Kalendermonat an geleistet, zu dessen Beginn die Änderung wirksam ist (§ 100 Abs. 1 S. 1). Ändert sich die Rentenhöhe, weil ein Zusammentreffen von Renten und **Einkommen** zu berücksichtigen ist, wird die neue Rentenhöhe tagegenau geleistet (§ 100 Abs. 1 S. 2). Näheres vgl. § 35 Rn. 14–15.

13 Besteht aufgrund eines **Hinzuverdienstes** (vgl. Rn. 8) anstelle einer Vollrente nur noch Anspruch auf eine Teilrente oder bei Bezug einer Teilrente nur noch Anspruch auf eine niedrigere Teilrente, ist die neue Rentenhöhe bereits vom Beginn des Kalendermonats an zu zahlen, in dem die Hinzuverdienstgrenze überschritten wird. Dabei ist es unmaßgeblich, ob die für den bestehenden Anspruch schädliche Beschäftigung oder selbständige Tätigkeit zu Beginn oder erst im Laufe eines Monats aufgenommen wird.

K. Rentenende

14 Der Anspruch auf die Altersrente für langjährig Versicherte endet mit dem **Tod** des Berechtigten; die Rente wird dann bis zum Ablauf des Kalendermonats geleistet, in dem der Berechtigte verstorben ist (§ 102 Abs. 5). Entfällt der Rentenanspruch wegen Überschreitens der höchsten **Hinzuverdienstgrenze** (vgl. Rn. 8), endet die Rentenzahlung mit Beginn des Monats, zu dessen Beginn die Anspruchsvoraussetzungen erfüllt sind (§ 100 Abs. 3). Folglich entfällt der Anspruch bereits vom Beginn des Kalendermonats an, in dem die höchste Hinzuverdienstgrenze überschritten wird. Ob die für den Anspruch schädliche Beschäftigung oder selbständige Tätigkeit zu Beginn oder erst im Laufe eines Monats aufgenommen wird, ist dabei unerheblich. Näheres vgl. § 35 Rn. 16.

L. Sonstiges

15 Mit dem Beginn einer Vollrente wegen Alters tritt **Versicherungsfreiheit** ein (§ 5 Abs. 4 Nr. 1). Besteht Versicherungspflicht in der **Krankenversicherung der Rentner,** haben Berechtigte ihren Beitragsanteil aus der Rente zu entrichten (§ 249a SGB V), der von der Rente einbehalten wird (§ 255 Abs. 1 SGB V). Dasselbe gilt für die Beiträge zur Pflegeversicherung (§ 20 Abs. 1 Nr. 11 iVm. § 60 Abs. 1 SGB XI). Freiwillig oder privat Krankenversicherte erhalten auf Antrag einen **Beitragszuschuss** nach § 106. Näheres vgl. § 35 Rn. 17–18.

§ 37 Altersrente für schwerbehinderte Menschen

[1] Versicherte haben Anspruch auf Altersrente für schwerbehinderte Menschen, wenn sie
1. das 65. Lebensjahr vollendet haben,
2. bei Beginn der Altersrente als schwerbehinderte Menschen (§ 2 Abs. 2 Neuntes Buch) anerkannt sind und
3. die Wartezeit von 35 Jahren erfüllt haben.

[2] Die vorzeitige Inanspruchnahme dieser Altersrente ist nach Vollendung des 62. Lebensjahres möglich.

A. Normzweck

1 Die Vorschrift gewährt nach dem 31. 12. 1963 geborenen langjährig Versicherten, bei denen eine Schwerbehinderung vorliegt, bereits zwei Jahre vor Erreichen der Regelaltersgrenze iSd. § 35 (vgl. § 35 Rn. 3) eine abschlagsfreie **Altersrente für schwerbehinderte Menschen;** für vor dem 1. 1. 1964 Geborene enthält übergangsweise § 236a die entsprechende Regelung. Die einzelnen Anspruchsvoraussetzungen werden im S. 1 benannt. Zudem bestimmt S. 2, dass diese Altersrente – unter Inkaufnahme von Rentenabschlägen – auch vorzeitig nach Vollendung des 62. Lebensjahres und damit sogar fünf Jahre vor Erreichen der Regelaltersgrenze in Anspruch genommen werden kann. Diese „echte" vorgezogene Altersrente soll es älteren Versicherten, bei denen aufgrund gesundheitlicher Funktionsbeeinträchtigungen die Vermutung eines nur noch eingeschränkten Leistungsvermögens auf dem Arbeitsmarkt als naheliegend erscheint, eröffnen, frühzeitig aus dem Erwerbsleben auszuscheiden (Fichte Hauck/Noftz, SGB VI, K § 37 Rn. 4).

B. Anspruchsvoraussetzungen

Anspruch auf die Altersrente für schwerbehinderte Menschen besteht für Versicherte, die das 65. **Lebensjahr** vollendet und als **Mindestversicherungszeit** die Wartezeit von 35 Jahren erfüllt haben sowie bei Beginn der Altersrente als **schwerbehinderter Mensch** iSd. § 2 Abs. 2 SGB IX anerkannt sind. Zum Versichertenbegriff vgl. Anm. zu § 35 Rn. 2. Für sämtliche vorgezogene Altersrenten ergibt sich zudem aus § 34 eine weitere negative Anspruchsvoraussetzung: Bei einer Beschäftigung oder selbständigen Tätigkeit darf das daraus erzielte Einkommen die Hinzuverdienstgrenzen des § 34 Abs. 2 und 3 nicht übersteigen (vgl. Rn. 16). 2

C. Altersgrenze

Die Vollendung des geforderten **65. Lebensjahres** bestimmt sich in Anwendung der §§ 187 Abs. 2, 188 Abs. 2 BGB. Hiernach ist der Tag der Geburt der 1. Geburtstag. Demzufolge wird das 65. Lebensjahr mit Ablauf des Tages vollendet, der dem 66. Geburtstag vorausgeht. Bei am Ersten eines Monats Geborenen wird das maßgebende Lebensjahr bereits mit Ablauf des Vormonats vollendet (BSG 1. 7. 1970 – B 4 RJ 13/70 – SozR Nr. 15 zu § 1290 RVO). Praktische Bedeutung kommt der Altersrente für schwerbehinderte Menschen deshalb zu, weil sie es ermöglicht, bereits vor Vollendung der Regelaltersgrenze eine **abschlagsfreie** Altersrente zu beanspruchen. Dem entgegen räumt zB die Altersrente für langjährig Versicherte (§ 36) bei gleicher Versicherungsdauer nur die Möglichkeit der abschlagsbehafteten vorzeitigen Inspruchnahme ein. 3

§ 37 wurde durch das RV-Altersgrenzenanpassungsgesetz vom 20. 4. 2007 (BGBl. I S. 554) mit Wirkung **vom 1. 1. 2008 an** geändert. Bis zum 31. 12. 2007 bestand nach dieser Vorschrift bereits mit Vollendung des 63. Lebensjahres Anspruch auf Altersrente für schwerbehinderte Menschen. Für **vor dem 1. 1. 1952** Geborene ändert sich daran nichts (§ 236 a Abs. 2 S. 1). Aus Vertrauensschutzgründen gilt dies ebenso für weitere Personenkreise; vgl. hierzu Anm. zu § 236 a Rn. 18. Ein besonderes Übergangsrecht räumt die Inanspruchnahme bereits mit Vollendung des 60. Lebensjahres ein; Näheres hierzu in den Anm. zu § 236 a Rn. 26. Soweit Vertrauensschutz nicht besteht, wird die Altersgrenze für nach dem 31. 12. 1951 Geborene **ab dem 1. 1. 2015** schrittweise von bisher 63 Jahren auf zukünftig 65 Jahre angehoben (§ 236 a Abs. 2 S. 2). Für die Geburtsmonate Januar bis Juni 1952 erfolgt die Anhebung zunächst in Monatsschritten. Für die weiteren Geburtsmonate des Jahrganges 1952 wird die Altersgrenze dann um 6 Monate angehoben. Damit entspricht der Umfang der Anhebung für diese Rente der ebenfalls um sechs Monate angehobenen Regelaltersgrenze für 1952 Geborene. Die weitere Anhebung der Altersgrenze für die Geburtsjahrgänge 1953 bis 1958 erfolgt dann parallel zur Regelaltersgrenze in Monatsschritten. Ab dem Geburtsjahrgang 1959 bis einschl. Geburtsjahrgang 1963 erfolgt die Anhebung sodann in Zweimonatsschritten pro Jahrgang. Für Versicherte des Geburtsjahrganges 1952 gilt daher eine individuelle vom Geburtsmonat und Geburtsjahr und für die in den Jahren 1953–1963 Geborenen dann eine nur vom Geburtsjahr abhängige Altersgrenze. Ab dem **Geburtsjahrgang 1964** gilt uneingeschränkt die Altersgrenze von 65 Jahren, an der bei vorzeitiger Inanspruchnahme der Rente die entsprechenden Abschläge bemessen werden. 4

D. Nachweis Lebensalter

Das Lebensalter wird durch **Personenstandsurkunden** iSd. § 55 PStG nachgewiesen. In der Praxis genügt dem Rentenversicherungsträger in aller Regel auch ein **Personalausweis oder Reisepass** als Nachweis des Lebensalters. **Ausländischen Urkunden** wird keine geringere Beweiskraft zugemessen als deutschen Personenstandsurkunden, sofern deren Richtigkeit nicht durch konkrete, auf den jeweiligen Einzelfall bezogene Anhaltspunkte ernstlich in Frage gestellt ist (vgl. EuGH 2. 12. 1997 „Dafeki", AZ: C-336/94, Slg 1997 – 12, S. 6761 und EuGH 14. 3. 2000 „Kocak/Örs", verbundene Rechtssachen, AZ: C-102/98 und C-211/98, Slg 2000–3, S. 1287, Rn. 40–42). Näheres vgl. § 35 Rn. 5. 5

E. Schwerbehinderung

Der Begriff der Schwerbehinderung wird in § 2 Abs. 2 iVm. Abs. 1 SGB IX **legaldefiniert**. Danach sind Menschen behindert, wenn ihre körperliche Funktion, geistige Fähigkeit oder seelische Gesundheit mit hoher Wahrscheinlichkeit länger als sechs Monate von dem für das Lebensalter typischen Zustand abweichen und daher ihre Teilhabe am Leben in der Gesellschaft beeinträchtigt ist. Diese Definition entspricht im Wesentlichen dem vom EuGH als **gemeinschaftsrechtlich** eingestuften Begriff der Behinderung (EuGH 11. 7. 06 Chacón Navas Rs. C-13/05). Überdies schwerbehindert iSd. § 37 sind Menschen, wenn bei ihnen ein **GdB von wenigstens 50** vorliegt und sie – 6 unbeschadet ihrer Staatsangehörigkeit – ihren Wohnsitz, ihren gewöhnlichen Aufenthalt oder ihre Beschäftigung auf einem Arbeitsplatz iSd. § 73 SGB IX rechtmäßig in Deutschland haben. Das **Territorialitätsprinzip** wird sowohl durch europäisches Gemeinschaftsrecht (BSG 5. 7. 2007 – B 9/9 a SB 2/07 R –) als auch durch bestehende Sozialversicherungsabkommen mit Leistungsexport durchbrochen; der Wohnsitz, gewöhnliche Aufenthalt oder Arbeitsplatz in einem Mitgliedsstaat der EU, des EWR, in der Schweiz oder in einem Abkommensstaat steht der Feststellung einer Schwerbehinderung für die Inanspruchnahme inländischer Rechte nicht entgegen. Liegt weder der Wohnsitz oder der gewöhnlichem Aufenthalt noch der Arbeitsplatz innerhalb der EU/des EWR/der Schweiz/ eines Abkommensstaates, liegt keine Schwerbehinderung iSd. § 2 Abs. 2 SGB IX vor. So geht eine anerkannte Schwerbehinderteneigenschaft auch verloren, wenn zB der Wohnsitz vor dem Rentenbeginn in einen Drittstaat verlegt und eine Beschäftigung im Geltungsbereich des SGB nicht ausgeübt wird.

7 Nicht erfasst vom Schwerbehindertenbegriff iS dieser Vorschrift werden Personen, die nach § 2 Abs. 3 SGB IX den schwerbehinderten Menschen lediglich **gleichgestellt** sind. Sinn der Gleichstellung nach SGB IX ist die Gewährung von Teilhabeleistungen zur Erlangung oder Sicherung eines Arbeitsplatzes, während dies gerade nicht der Sinn und Zweck der Altersrente für schwerbehinderte Menschen (vgl. Rn. 1) ist (aM Fichte Hauck/Noftz, SGB VI, K § 37 Rn. 17). Für diese Auffassung spricht auch, dass selbst innerhalb der beruflichen Teilhabe die Gleichstellung nicht die Geltung wie eine Schwerbehinderung erlangt. Die Gleichstellung kann zB dann verwehrt werden, wenn die Behinderung neben anderen Ursachen bei wertender Betrachtung nicht wesentlich zur Arbeitsplatzgefährdung beigetragen hat (BSG 2. 3. 2000 – B 7 AL 46/99 R – SozR 3–3870 § 2 Nr. 1).

8 Die Schwerbehinderung tritt unmittelbar **kraft Gesetzes** ein, wenn die Voraussetzungen des § 2 Abs. 2 SGB IX erfüllt sind (Feldes/Kamm/Peiseler/von Seggern/Unterhinnighofen/Westermann/ Witt Schwerbehindertenrecht Basiskommentar, § 2 Rn. 12); der maßgebliche Zeitpunkt des Eintritts der Schwerbehinderung wird idR im Feststellungsbescheid und Ausweis nach § 69 Abs. 5 SGB IX dokumentiert, die insoweit lediglich dem Nachweis der Schwerbehinderteneigenschaft dienen. Auch wenn § 37 auf die Anerkennung der Schwerbehinderteneigenschaft abstellt, kommt es auf den Zeitpunkt der **formellen Feststellung** dieses Tatbestandes durch die Verwaltung in einem Verfahren nach § 69 SGB IX nicht an. Zuständige Behörden für die Feststellung der Schwerbehinderung sind idR die Versorgungsämter, soweit nicht durch Landesrecht etwas anderes bestimmt ist.

9 Soll eine vom Versorgungsamt festgestellte **Schwerbehinderteneigenschaft aberkannt** werden, verlangt es eines aufhebenden Bescheides. Solange dieser Bescheid nicht Bindungswirkung erlangt, liegt weiterhin Schwerbehinderung vor. Die für die besonderen Regelungen zur Teilhabe schwerbehinderter Menschen geltende Schonfrist von drei Kalendermonaten des § 116 SGB IX ist in diesem Zusammenhang unbeachtlich. Die anderslautende Rechtsprechung (BSG 11. 5. 2011 – B 5 R 56/ 10 R) überzeugt nicht, denn § 236a Abs. 1 Nr. 1 SGB VI stellt allein auf das Vorliegen einer Schwerbehinderung ab (vgl. BT-Drs. 11/4124, 162 zu § 37), die in § 2 Abs. 2 iVm. Abs. 1 SGB IX legaldefiniert ist (vgl. Rn. 9). § 116 Abs. 1 SGB IX ordnet lediglich für einen Zeitraum von drei Kalendermonaten vorübergehend die weitere Anwendung der Schutzvorschriften des Schwerbehindertenrechts im 2. Teil des SGB IX an; die Vorschrift bestimmt hingegen nicht, dass weiterhin Schwerbehinderung nach dem 1. Teil des SGB IX vorliegt. Da der Ausweis nur deklaratorische Bedeutung hat (vgl. Rn. 11), kommt es für die Frage, wie lange Schwerbehinderung vorliegt, auch nicht auf die Vorschriften über die Entziehung des Ausweises an. Für diese Auffassung spricht zudem, dass nach der Übergangsvorschrift des Abs. 4 (früher § 37) nicht nur scherbehinderte Menschen, sondern auch Berufs- und Erwerbsunfähige rentenberechtigt sind (vgl. Rn. 18 ff). In diesem Kontext wird deutlich, dass der Gesetzgeber allein auf die „gesundheitlichen" Verhältnisse abgestellt hat.

I. Nachweis

10 Grundsätzlich wird die Schwerbehinderung durch den nach § 69 Abs. 5 SGB IX ausgestellten **Schwerbehindertenausweis** nachgewiesen. Die Gültigkeit des Ausweises wird in der Regel auf fünf Jahre befristet; ist eine Besserung der Gesundheit nicht zu erwarten, kann der Ausweis auch unbefristet ausgestellt werden (§ 6 Abs. 2 SchwbAwVO). Als Nachweis genügt ebenso eine Bescheinigung anderer Stellen, aus der sich ein GdB von wenigstens 50 ableitet (§ 69 Abs. 2 SGB IX). Ein solcher Nachweis könnte zB der Rentenbescheid einer Berufsgenossenschaft oder des Trägers der Kriegsopferversorgung sein, aus dem sich eine MdE von wenigstens 50 ergibt. Soweit die Anerkennung der Behinderung nach dem BVG erfolgte, kann auch eine Erhöhung der MdE wegen besonderer beruflicher Betroffenheit nach § 30 Abs. 2 BVG berücksichtigt werden. Mehrere Feststellungen mit einem MdE von weniger als 50 weisen hingegen keine Schwerbehinderung nach, weil der Gesamt-GdB nicht durch bloße Addition der einzelnen Vomhundertsätze zu ermitteln ist (ua. BSG 5. 7. 2007 – B 9/9 a SB 12/06 R – Breith 2008, 39–43). Bei Wohnsitz oder gewöhnlichem Aufenthalt in einem Mitgliedsstaat der EU/des EWR, in der Schweiz oder in einem Abkommensstaat wird die Schwerbehinderung durch das nach der AuslZustV (BGBl. I 1991, 1204) für den jeweiligen Staat zuständige Versorgungsamt festgestellt.

II. Schwerbehinderung bei Beginn der Altersrente

Die Schwerbehinderung muss zum Zeitpunkt des Rentenbeginns **anerkannt** sein, wobei insoweit nicht allein auf eine förmliche Anerkennung durch die Versorgungsämter in einem Verfahren nach § 69 Abs. 1 SGB IX abzustellen ist. Die Eigenschaft als schwerbehinderter Mensch kann auch durch die unter Rn. 10 genannten Nachweise anerkannt sein (vgl. a. Fichte Hauck/Noftz, SGB VI, K § 37 Rn. 21). „Bei Beginn" bedeutet nicht, dass die Anerkennung der Schwerbehinderung bereits zum Zeitpunkt des möglichen Rentenbeginns tatsächlich erfolgt sein muss. Wird die Schwerbehinderung erst nach Rentenantragstellung für einen in der Vergangenheit liegenden Zeitpunkt anerkannt, steht dies bei rechtzeitiger Antragstellung der Rentenzahlung nicht entgegen (vgl. KomGRV § 37 SGB VI Rn. 4, BSG 29. 11. 2007 – B 13 R 44/07 R – SGb 2008, 596–599). Grundsätzlich wird Schwerbehinderung vom Tage des Antragseinganges bei der für die Anerkennung zuständigen Stelle an angenommen; dies wird durch das Gültigkeitsdatum auf der Rückseite des Schwerbehindertenausweises bescheinigt. Auf ausdrücklichen Antrag kann die Anerkennung auch zu einem früheren Zeitpunkt erfolgen (§ 6 Abs. 1 SchwbAwVO). Wird die Schwerbehinderung ab dem Ersten eines Kalendermonats bescheinigt, ist davon auszugehen, dass die Anerkennung bereits um 00:00 Uhr dieses Tages vorgelegen hat, sodass bei Erfüllung der übrigen Voraussetzungen die Rente bereits mit diesem Tag beginnen kann. 11

Eine Aberkennung als schwerbehinderter Mensch (vgl. Rn. 9) **nach Rentenbeginn** steht dem Anspruch auf die Altersrente nicht entgegen. Selbst eine zum Zeitpunkt der Erteilung des Rentenbescheides behobene Schwerbehinderung ist unschädlich, wenn zum Zeitpunkt eines in der Vergangenheit liegenden Rentenbeginns diese Eigenschaft noch anerkannt war. Ein Rentenanspruch kann hingegen nicht bestehen, wenn zu einem früheren Zeitpunkt alle Anspruchsvoraussetzungen einschl. der Schwerbehinderung erfüllt waren, die Schwerbehinderung aber zum Zeitpunkt des tatsächlichen Rentenbeginns nicht mehr vorliegt; zB, wenn die Rente nicht rechtzeitig beantragt wurde (vgl. Rn. 16) und zum Zeitpunkt des sich aus der verspäteten Rentenantragstellung ergebenden Rentenbeginns die Schwerbehinderung wieder behoben ist. 12

Der Anspruch auf die Altersrente für schwerbehinderte Menschen entfällt, wenn die höchste Hinzuverdienstgrenze überschritten wird (vgl. Rn. 16). Wird diese Rente zu einem späteren Zeitpunkt erneut begehrt, muss die Schwerbehinderung auch zum Zeitpunkt des **neuen Rentenbeginns** anerkannt sein, denn in diesem Fall handelt es sich um zwei von einander unabhängige Ansprüche, zu deren Rentenbeginn sämtliche Voraussetzungen erneut vorliegen müssen. 13

F. Wartezeit

Alleinige versicherungsrechtliche Voraussetzung für den Anspruch auf die Altersrente für schwerbehinderte Menschen ist die Erfüllung der Wartezeit von **35 Jahren** (§ 50 Abs. 4 Nr. 1). Da dem Rentenrecht gemeinhin das Kalendermonatsprinzip innewohnt, ergeben sich somit nach der Umrechnungsregel aus § 122 Abs. 2 S. 1 420 Kalendermonate an erforderlicher Mindestversicherungszeit iSd. § 34 Abs. 1. Auf die Wartezeit werden nach § 51 Abs. 3 und 4 alle **rentenrechtlichen Zeiten** (§ 54 Abs. 1) angerechnet. Hierzu gehören **Beitragszeiten** (§§ 55, 247, 248, 281 Abs. 2) einschl. Kindererziehungszeiten (§§ 56, 249, 249 a), **Ersatzzeiten** (§§ 250, 251), beitragsfreie Zeiten wie zB **Anrechnungszeiten** (§§ 58, 252, 252 a) und **Berücksichtigungszeiten** wegen Kindererziehung (§ 57) oder wegen Pflege (§ 249 b). Zudem werden auch Monate berücksichtigt, die sich aufgrund eines durchgeführten Versorgungsausgleichs (§ 52 Abs. 1) oder Rentensplittings (§ 52 Abs. 1 a) und aus Zuschlägen an Entgeltpunkten für Arbeitsentgelt aus einer geringfügigen versicherungsfreien Beschäftigung (§ 52 Abs. 2) ergeben. 14

G. Antrag und Rentenbeginn

Renten werden grundsätzlich nur auf **Antrag** geleistet (§ 19 SGB IV), der das **Verfahren** beim Rentenversicherungsträger in Gang setzt (§ 115 Abs. 1, § 18 SGB X). In der Regel sind Rentenanträge beim **zuständigen** (§§ 16, 23 Abs. 2 SGB I) Rentenversicherungsträger zu stellen; im Übrigen vgl. § 35 Rn. 8. Geleistet wird die Rente von dem Kalendermonat an, zu dessen Beginn die Anspruchsvoraussetzungen (Erreichen der Altersgrenze, Vorliegen von Schwerbehinderung, Erfüllung der 35-jährigen Wartezeit) erfüllt sind, wenn der Antrag rechtzeitig bis zum Ende des dritten Kalendermonats nach Ablauf des Kalendermonats gestellt wird, in dem die Voraussetzungen erfüllt sind (§ 99 Abs. 1 S. 1). Wird der Antrag später gestellt, beginnt die Rente hingegen erst mit dem Antragsmonat (§ 99 Abs. 1 S. 2). Aufgrund ihres **Dispositionsrechts** haben es Versicherte bei vorzeitiger Inanspruchnahme der Rente in der Hand, die Höhe der Rentenabschläge (§ 77 Abs. 2 S. 1 Nr. 2 Buchst. a) zu beeinflussen und dadurch die Rente zu erhöhen. Näheres vgl. § 35 Rn. 8–10. 15

H. Hinzuverdienst

16 Anspruch auf die Altersrente für schwerbehinderte Menschen besteht nur, wenn – und dies gilt bei allen vorgezogenen Altersrenten – keine **Beschäftigung oder Tätigkeit** ausgeübt wird, aus der Einkommen erzielt wird, das die maßgebenden Hinzuverdienstgrenzen für eine Voll- oder Teilrente (Rn. 21) überschreitet. Anspruchsvernichtend (§ 34 Abs. 2 S. 1) ist der Einkommensbezug immer dann, wenn die höchste Hinzuverdienstgrenze (§ 34 Abs. 3 Nr. 2 Buchst. a) überschritten wird. Unterhalb der höchsten Hinzuverdienstgrenze besteht abhängig von der Höhe des Hinzuverdienstes Anspruch auf die jeweilige Teilrente. Für den Anspruch auf Vollrente unbeachtlich ist ein Hinzuverdienst, der die geringste – allgemeine – Hinzuverdienstgrenze nicht übersteigt. Für weitere Einzelheiten wird auf die Anm. zu § 34 verwiesen.

17 Sofern der Anspruch auf die Altersrente wegen Überschreitens der höchsten Hinzuverdienstgrenze **ganz entfallen** ist, kann nach den Umständen des Einzelfalls ein durch die vorrangig zu leistende Altersrente verdrängter (§ 89 Abs. 1) Anspruch auf Rente wegen verminderter Erwerbsfähigkeit zum Tragen kommen (Fichte Hauck/Noftz, SGB VI, K § 37 Rn. 22).

I. Voll- und Teilrente

18 Wie alle vorgezogenen Altersrenten kann auch die Altersrente für schwerbehinderte Menschen anstelle der Vollrente als Teilrente beansprucht werden (§ 42 Abs. 1). Damit wird ein gleitender Übergang vom Erwerbsleben in den Ruhestand (BT-Drs. 11/4124, 163) ermöglicht. Praktische Bedeutung erlangt dieses Wahlrecht in erster Linie im Zusammenhang mit der Erzielung eines **Hinzuverdienstes** neben der Rente. § 34 Abs. 2, 3 schränkt dabei den Gestaltungsspielraum des Versicherten allerdings ein. Die Teilrente beträgt ein Drittel, die Hälfte oder zwei Drittel der Vollrente (§ 42 Abs. 2). Während der Bezug einer Vollrente zu Versicherungsfreiheit führt (vgl. Rn. 24), können neben einem Teilrentenbezug weitere Beitragszeiten erworben werden.

19 Eine Änderung der bisher bezogenen Rentenhöhe ist durch einen **Antrag** zu erklären (§ 19 S. 1 SGB IV iVm. § 115 Abs. 1 S. 1). Wird eine höhere Rente als die bisher bezogene Teilrente begehrt, ergibt sich dieses Erfordernis zudem aus § 100 Abs. 2. Lediglich in Fällen, in denen der Anspruch auf die bisherige Rente wegen Überschreitens der maßgebenden Hinzuverdienstgrenze entfallen ist, ist gem. § 115 Abs. 1 S. 2 eine niedrige Teilrente von Amts wegen festzustellen (Fichte Hauck/Noftz, SGB VI, K § 36 Rn. 4).

J. Vorzeitige Inanspruchnahme

20 Die Altersrente für schwerbehinderte Menschen kann frühestens nach Vollendung des **62. Lebensjahres** vorzeitig in Anspruch genommen werden. Untrennbar verbunden mit der vorzeitigen Inanspruchnahme ist ein **Rentenabschlag**. Für jeden Kalendermonat, den die Altersrente vorzeitig vor Vollendung des 65. Lebensjahres begehrt wird, vermindert sich der monatliche Rentenbetrag um 0,3%. Dies ergibt sich aus der in § 77 Abs. 2 S. 1 Nr. 2 Buchst. a angeordneten Verringerung des zur Berechnung der persönlichen Entgeltpunkte relevanten Zugangsfaktors. Wird die Rente zB nach Vollendung des 62. Lebensjahres und damit zum frühestmöglichen Zeitpunkt in Anspruch genommen, umfasst der Verminderungszeitraum 36 Kalendermonate, sodass der maximale Rentenabschlag bei dieser Altersrente **10,8%** beträgt. Die zu erwartende Rentenminderung kann durch eine gesonderte Beitragszahlung ganz oder teilweise ausgeglichen werden (§ 187).

K. Änderung Rentenhöhe

21 Ändern sich nach dem Rentenbeginn aus tatsächlichen oder rechtlichen Gründen die Voraussetzungen für die Höhe der Rente, wird die neue Rentenhöhe vom Kalendermonat an geleistet, zu dessen Beginn die Änderung wirksam ist (§ 100 Abs. 1 S. 1). Ändert sich die Rentenhöhe, weil ein Zusammentreffen von Renten und **Einkommen** zu berücksichtigen ist, wird die neue Rentenhöhe tagegenau geleistet (§ 100 Abs. 1 S. 2). Näheres vgl. § 35 Rn. 14–15.

22 Besteht aufgrund eines **Hinzuverdienstes** (vgl. Rn. 16) anstelle einer Vollrente nur noch Anspruch auf eine Teilrente oder bei Bezug einer Teilrente nur noch Anspruch auf eine niedrigere Teilrente, ist die neue Rentenhöhe bereits vom Beginn des Kalendermonats an zu zahlen, in dem die Hinzuverdienstgrenze überschritten wird. Dabei ist es unmaßgeblich, ob die für den bestehenden Anspruch schädliche Beschäftigung oder selbständige Tätigkeit zu Beginn oder erst im Laufe eines Monats aufgenommen wird.

L. Rentenende

Der Anspruch auf die Altersrente endet mit dem **Tod** des Berechtigten; die Rente wird dann bis zum Ablauf des Kalendermonats geleistet, in dem der Berechtigte verstorben ist (§ 102 Abs. 5). Entfällt der Rentenanspruch wegen Überschreitens der höchsten **Hinzuverdienstgrenze** (vgl. Rn. 16), endet die Rentenzahlung mit Beginn des Monats, zu dessen Beginn die Anspruchsvoraussetzungen erfüllt sind (§ 100 Abs. 3). Folglich entfällt der Anspruch bereits vom Beginn des Kalendermonats an, in die höchste Hinzuverdienstgrenze überschritten wird. Ob die für den Anspruch schädliche Beschäftigung oder selbständige Tätigkeit zu Beginn oder erst im Laufe eines Monats aufgenommen wird, ist dabei unerheblich. Näheres vgl. § 35 Rn. 16.

M. Sonstiges

Mit dem Beginn einer Vollrente wegen Alters tritt **Versicherungsfreiheit** ein (§ 5 Abs. 4 Nr. 1). Besteht Versicherungspflicht in der **Krankenversicherung der Rentner,** haben Berechtigte ihren Beitragsanteil aus der Rente zu entrichten (§ 249a SGB V), der von der Rente einbehalten wird (§ 255 Abs. 1 SGB V). Dasselbe gilt für die Beiträge zur Pflegeversicherung (§ 20 Abs. 1 Nr. 11 iVm. § 60 Abs. 1 SGB XI). Freiwillig oder privat Krankenversicherte erhalten auf Antrag einen **Beitragszuschuss** nach § 106. Näheres vgl. § 35 Rn. 17–18.

§§ 38, 39 (weggefallen)

Eine neue Altersrente wird durch Art. 1 Nr. 9 des RV-Altersgrenzenanpassungsgesetzes vom 20. 4. 2007 (BGBl. I, 554) mit dem Beginn der stufenweisen Anhebung der Regelaltersgrenze (vgl. Erl. zu § 235) zum **1. 1. 2012** mit einem neu gefassten § 38 eingeführt. Die Rente privilegiert Versicherte mit außerordentlich langjähriger Berufstätigkeit und entsprechend langer Zahlung von Rentenversicherungsbeiträgen (BT-Drs. 16/3794, 28) und eröffnet den abschlagsfreien Rentenzugang mit Vollendung des 65. Lebensjahres, wenn eine Mindestversicherungszeit (Wartezeit) von 45 Jahren zurückgelegt wurde. Auf die Wartezeit werden nach § 51 Abs. 3a (idF ab 1. 1. 2012) grds Pflichtbeiträge für eine versicherte Beschäftigung oder Tätigkeit angerechnet (Näheres hierzu vgl. § 237 Rn. 28 ff). Ausdrücklich unberücksichtigt bleiben jedoch Zeiten des Bezuges von Arbeitslosengeld, Arbeitslosengeld II und Arbeitslosenhilfe (§§ 51 Abs. 3a, 244 Abs. 3 beide idF ab 1. 1. 2012) sowie Kalendermonate, die durch einen Versorgungsausgleich oder ein Rentensplitting ermittelt werden (§ 51 Abs. 3a S. 2). Da Frauen statistisch gesehen weniger Pflichtbeitragsjahre als Beschäftigung oder selbständiger Tätigkeit aufweisen, werden als Ausgleich auch Berücksichtigungszeiten wegen Kindererziehung bis zum 10. Lebensjahr des Kindes (§ 57) sowie wegen Pflege (§ 249 b) angerechnet (vgl. Antwort der Bundesregierung auf die Anfrage der Fraktion DIE LINKE; BT-Drs. 16/5530, 2). Zudem werden wie bei allen Wartezeiten auch Ersatzzeiten (§§ 250, 251) berücksichtigt. Für sämtliche vorgezogene Altersrenten ergibt sich zudem aus § 34 eine weitere negative Anspruchsvoraussetzung: Bei einer Beschäftigung oder selbständigen Tätigkeit darf das daraus erzielte Einkommen die Hinzuverdienstgrenzen des § 34 Abs. 2 und 3 nicht übersteigen. Die Altersrente kann sowohl als Voll- als auch als Teilrente beansprucht werden (vgl. Erl. zu § 42). Eine vorzeitige Inanspruchnahme der Altersrente für besonders langjährig Versicherte ist nicht vorgesehen.

§ 40 Altersrente für langjährig unter Tage beschäftigte Bergleute

Versicherte haben Anspruch auf Altersrente für langjährig unter Tage beschäftigte Bergleute, wenn sie
1. das 62. Lebensjahr vollendet und
2. die Wartezeit von 25 Jahren erfüllt

haben.

A. Normzweck

Die Vorschrift gewährt nach dem 31. 12. 1963 Geborenen bereits fünf Jahre vor Vollendung der Regelaltersgrenze die **knappschaftliche Altersrente** für langjährig unter Tage beschäftigte Bergleute; für vor dem 1. 1. 1964 Geborene enthält übergangsweise § 238 die entsprechende Regelung. Allerdings ist diese Rente heute nur noch von untergeordneter Bedeutung, weil andere vorgezogene Altersrenten oftmals unter einfacher erfüllbaren Voraussetzungen in Anspruch genommen werden können (Fichte in Hauck/Noftz, SGB VI, K § 40 Rn. 6).

B. Anspruchsvoraussetzungen

2   Der Rentenanspruch besteht für Versicherte, die das **62. Lebensjahr** vollendet und als **Mindestversicherungzeit** die Wartezeit von 25 Jahren erfüllt haben. Für sämtliche vorgezogene Altersrenten ergibt sich zudem aus § 34 eine weitere negative Anspruchsvoraussetzung: Bei einer Beschäftigung oder selbständigen Tätigkeit darf das daraus erzielte Einkommen die Hinzuverdienstgrenzen des § 34 Abs. 2 und 3 nicht übersteigen (vgl. Rn. 9).

C. Altersgrenze

3   Die Vollendung des geforderten **62. Lebensjahres** bestimmt sich dabei in Anwendung der §§ 187 Abs. 2, 188 Abs. 2 BGB. Hiernach ist der Tag der Geburt der 1. Geburtstag. Demzufolge wird das 62. Lebensjahr mit Ablauf des Tages vollendet, der dem 63. Geburtstag vorausgeht. Bei am Ersten eines Monats Geborenen wird das maßgebende Lebensjahr bereits mit Ablauf des Vormonats vollendet (BSG 1. 7. 1970 – B 4 RJ 13/70 – SozR Nr. 15 zu § 1290 RVO).

I. Anhebung Altersgrenze

4   § 40 wurde durch das RV-Altersgrenzenanpassungsgesetz vom 20. 4. 2007 (BGBl. I S. 554) mit Wirkung **vom 1. 1. 2008 an** geändert. Bis zum 31. 12. 2007 bestand nach dieser Vorschrift bereits mit Vollendung des 60. Lebensjahres Anspruch auf die knappschaftliche Altersrente. Für **vor dem 1. 1. 1952** Geborene ändert sich daran auch nichts (§ 238 Abs. 2 S. 1). Soweit kein Vertrauensschutz besteht (vgl. Rn. 5), wird die Altersgrenze für nach dem 31. 12. 1951 Geborene **ab dem 1. 1. 2012** schrittweise von bisher 60 Jahren auf zukünftig 62 Jahre angehoben (§ 238 Abs. 2 S. 2). Beginnend mit dem Geburtsjahrgang 1952 erfolgen die ersten sechs Anhebungsschritte zunächst in Monatsschritten. Für den Geburtsjahrgang Juni 1952 beträgt die Anhebung somit sechs Monate, bei denen es dann bis einschließlich Geburtsjahrgang Dezember 1952 verbleibt. Diese Anhebung entspricht damit der ebenfalls um sechs Monate angehobenen Regelaltersgrenze. Die weitere Anhebung der Altersgrenze für die Geburtsjahrgänge 1953 bis 1958 erfolgt dann parallel zur Regelaltersgrenze in Monatsschritten pro Jahrgang (Anhebung vom 60. auf das 61. Lebensjahr). Ab dem Geburtsjahrgang 1959 bis einschl. Geburtsjahrgang 1963 erfolgt die Anhebung sodann in Zweimonatsschritten pro Jahrgang (Anhebung vom 61. auf das 62. Lebensjahr). Ab dem **Geburtsjahrgang 1964** gilt uneingeschränkt die Altersgrenze von 62 Jahren. Eine **vorzeitige Inanspruchnahme** der Altersrente vor Vollendung des 62. Lebensjahres ist nicht vorgesehen.

II. Vertrauensschutzregelungen

5   Vertrauensschutz besteht nach § 238 Abs. 2 S. 3 für Versicherte der Geburtsjahrgänge 1952 bis 1963, wenn sie entweder Anpassungsgeld für entlassene Arbeitnehmer des Bergbaus (vgl. Erl. zu § 235 Rn. 7) oder eine Knappschaftsausgleichsleistung (§ 239) bezogen haben. Die Knappschaftsausgleichsleistung sichert Bergleute nach Vollendung des 55. Lebensjahres und langjähriger Untertagebeschäftigung finanziell ab, wenn sie aus strukturpolitischen Gründen aus dem Bergbau ausscheiden. Liegt Vertrauensschutz vor, wird die Altersgrenze von 60 Lebensjahren nicht angehoben; die Betroffenen haben weiterhin mit Vollendung des 60. Lebensjahres Anspruch auf die Altersrente für langjährig unter Tage beschäftigte Bergleute.

D. Nachweis Lebensalter

6   Das Lebensalter wird durch **Personenstandsurkunden** iSd. § 55 PStG nachgewiesen. In der Praxis genügt dem Rentenversicherungsträger in aller Regel auch ein **Personalausweis oder Reisepass** als Nachweis des Lebensalters. **Ausländischen Urkunden** wird keine geringere Beweiskraft zugemessen als deutschen Personenstandsurkunden, sofern deren Richtigkeit nicht durch konkrete, auf den jeweiligen Einzelfall bezogene Anhaltspunkte ernstlich in Frage gestellt ist (vgl. EuGH 2. 12. 1997 „Dafeki", AZ: C-336/94, Slg 1997 – 12, S. 6761 und EuGH 14. 3. 2000 „Kocak/Örs", verbundene Rechtssachen, AZ: C-102/98 und C-211/98, Slg 2000–3, S. 1287, Rn. 40–42). Näheres vgl. § 35 Rn. 5.

E. Wartezeit

7   Alleinige versicherungsrechtliche Voraussetzung für den Anspruch auf die Altersrente ist die Erfüllung der Mindestversicherungszeit iSd. § 34 Abs. 1 (Wartezeit) von **25 Jahren** (§ 50 Abs. 3 Nr. 1), also nach § 122 Abs. 2 S. 1 von 300 Kalendermonaten. Auf die Wartezeit werden nach § 51 Abs. 2 allein bergbauspezifische Zeiten angerechnet: **Beitragszeiten mit ständigen Arbeiten unter Tage**

(§ 61 Abs. 1) oder **gleichgestellten Arbeiten** (§ 61 Abs. 2). Weitere anrechenbare Zeiten ergeben sich aus § 238 Abs. 3, 4; hierzu gehören u. a. Anrechnungszeiten wegen des Bezuges von **Anpassungsgeld** für entlassene Arbeitnehmer des Bergbaus (§ 252 Abs. 1 Nr. 1), wenn zuletzt eine Untertagebeschäftigung ausgeübt wurde, der knRV zugeordnete **Ersatzzeiten** (§§ 250, 254) sowie mehrere Tatbestandsalternativen im Zusammenhang mit **Hauerarbeiten.** Berücksichtigt werden zudem vor dem 1. 1. 1992 im **Beitrittsgebiet** überwiegend unter Tage ausgeübte Tätigkeiten (§ 254 a). Sonstige rentenrechtliche Zeiten der allgemeinen Rentenversicherung (bis 30. 9. 2005: RV der Arbeiter und der Angestellten) werden zwar auf die Wartezeit nicht angerechnet, finden aber gleichwohl bei der Rentenberechnung ihre Berücksichtigung (KomGRV § 40 SGB VI Rn. 4).

F. Antrag, Zuständigkeit und Rentenbeginn

Renten werden grundsätzlich nur auf **Antrag** geleistet (§ 19 SGB IV), der das **Verfahren** beim Rentenversicherungsträger in Gang setzt (§ 115 Abs. 1, § 18 SGB X). In der Regel sind Rentenanträge beim **zuständigen** (§§ 16, 23 Abs. 2 SGB I) Rentenversicherungsträger zu stellen. Zuständiger Träger für die knappschaftliche Altersrente ist allein die Deutsche Rentenversicherung Knappschaft-Bahn-See (§ 136); im Übrigen vgl. § 35 Rn. 8. Geleistet wird die Rente von dem Kalendermonat an, zu dessen Beginn die Anspruchsvoraussetzungen (Erreichen der Altersgrenze, Erfüllung der 25-jährigen Wartezeit) erfüllt sind, wenn der Antrag rechtzeitig bis zum Ende des dritten Kalendermonats nach Ablauf des Kalendermonats gestellt wird, in dem die Voraussetzungen erfüllt sind (§ 99 Abs. 1 S. 1). Wird der Antrag später gestellt, beginnt die Rente hingegen erst mit dem Antragsmonat (§ 99 Abs. 1 S. 2). Aufgrund ihres **Dispositionsrechts** haben es Versicherte bei vorzeitiger Inanspruchnahme der Rente in der Hand, die Höhe der Rentenabschläge (§ 77 Abs. 2 S. 1 Nr. 2 Buchst. a) zu beeinflussen und dadurch die Rente zu erhöhen. Näheres vgl. § 35 Rn. 8–10. 8

G. Hinzuverdienst

Anspruch auf die Altersrente für langjährig unter Tage beschäftigte Bergleute besteht nur, wenn – und dies gilt bei allen vorgezogenen Altersrenten – keine **Beschäftigung oder Tätigkeit** ausgeübt wird, aus der Einkommen erzielt wird, das die maßgebenden Hinzuverdienstgrenzen für eine Voll- oder Teilrente (Rn. 12) überschreitet. Anspruchsvernichtend (§ 34 Abs. 2 S. 1) ist der Einkommensbezug immer dann, wenn die höchste Hinzuverdienstgrenze (§ 34 Abs. 3 Nr. 2 Buchst. a) überschritten wird. Unterhalb der höchsten Hinzuverdienstgrenze besteht abhängig von der Höhe des Hinzuverdienstes, Anspruch auf die jeweilige Teilrente. Für den Anspruch auf Vollrente unbeachtlich ist ein Hinzuverdienst, der die geringste – allgemeine – Hinzuverdienstgrenze nicht übersteigt. Für weitere Einzelheiten wird auf die Anm. zu § 34 verwiesen. 9

H. Voll- und Teilrente

Für einen gleitenden Übergang vom Erwerbsleben in den Ruhestand (BT-Drs. 11/4124, 163) besteht die Möglichkeit, die Rente für langjährig unter Tage beschäftigte Bergleute anstelle der Vollrente als Teilrente zu beanspruchen (§ 42 Abs. 1). Praktische Bedeutung erlangt dieses Wahlrecht in erster Linie im Zusammenhang mit der Erzielung eines **Hinzuverdienstes** neben der Rente. § 34 Abs. 2, 3 schränkt dabei den Gestaltungsspielraum des Versicherten allerdings ein. Die Teilrente beträgt ein Drittel, die Hälfte oder zwei Drittel der Vollrente (§ 42 Abs. 2). Während der Bezug einer Vollrente zu Versicherungsfreiheit führt (vgl. Rn. 15), können neben einem Teilrentenbezug weitere Beitragszeiten erworben werden. 10

Eine Änderung der bisher bezogenen Rentenhöhe ist durch einen **Antrag** zu erklären (§ 19 S. 1 SGB IV iVm. § 115 Abs. 1 S. 1). Wird eine höhere Rente als die bisher bezogene Teilrente begehrt, ergibt sich dieses Erfordernis zudem aus § 100 Abs. 2. Lediglich in Fällen, in denen der Anspruch auf die bisherige Rente wegen Überschreitens der maßgebenden Hinzuverdienstgrenze entfallen ist, ist gem. § 115 Abs. 1 S. 2 eine niedrige Teilrente von Amts wegen festzustellen (Fichte Hauck/Noftz, SGB VI, K § 36 Rn. 4). 11

I. Änderung Rentenhöhe

Ändern sich nach dem Rentenbeginn aus tatsächlichen oder rechtlichen Gründen die Voraussetzungen für die Höhe der Rente, wird die neue Rentenhöhe von dem Kalendermonat an geleistet, zu dessen Beginn die Änderung wirksam ist (§ 100 Abs. 1 S. 1). Ändert sich die Rentenhöhe, weil ein Zusammentreffen von Renten und **Einkommen** zu berücksichtigen ist, wird die neue Rentenhöhe tagegenau geleistet (§ 100 Abs. 1 S. 2). Näheres vgl. § 35 Rn. 14–15. 12

13   Besteht aufgrund eines **Hinzuverdienstes** (vgl. Rn. 9) anstelle einer Vollrente nur noch Anspruch auf eine Teilrente oder bei Bezug einer Teilrente nur noch Anspruch auf eine niedrigere Teilrente, ist die neue Rentenhöhe bereits vom Beginn des Kalendermonats an zu zahlen, in dem die Hinzuverdienstgrenze überschritten wird. Dabei ist es unmaßgeblich, ob die für den bestehenden Anspruch schädliche Beschäftigung oder selbständige Tätigkeit zu Beginn oder erst im Laufe eines Monats aufgenommen wird.

J. Rentenende

14   Der Anspruch auf die Altersrente endet mit dem **Tod** des Berechtigten; die Rente wird dann bis zum Ablauf des Kalendermonats geleistet, in dem der Berechtigte verstorben ist (§ 102 Abs. 5). Entfällt der Rentenanspruch wegen Überschreitens der höchsten **Hinzuverdienstgrenze** (vgl. Rn. 9), endet die Rentenzahlung mit Beginn des Monats, zu dessen Beginn die Anspruchsvoraussetzungen erfüllt sind (§ 100 Abs. 3). Folglich entfällt der Anspruch bereits vom Beginn des Kalendermonats an, in dem die höchste Hinzuverdienstgrenze überschritten wird. Ob die für den Anspruch schädliche Beschäftigung oder selbständige Tätigkeit zu Beginn oder erst im Laufe eines Monats aufgenommen wird, ist dabei unerheblich. Näheres vgl. § 35 Rn. 16.

K. Sonstiges

15   Mit dem Beginn einer Vollrente wegen Alters tritt **Versicherungsfreiheit** ein (§ 5 Abs. 4 Nr. 1). Besteht Versicherungspflicht in der **Krankenversicherung der Rentner,** haben Berechtigte ihren Beitragsanteil aus der Rente zu entrichten (§ 249a SGB V), der von der Rente einbehalten wird (§ 255 Abs. 1 SGB V). Dasselbe gilt für die Beiträge zur Pflegeversicherung (§ 20 Abs. 1 Nr. 11 iVm. § 60 Abs. 1 SGB XI). Freiwillig oder privat Krankenversicherte erhalten auf Antrag einen **Beitragszuschuss** nach § 106 Näheres vgl. § 35 Rn. 17–18.

§ 41 Altersrente und Kündigungsschutz

[1]Der Anspruch des Versicherten auf eine Rente wegen Alters ist nicht als ein Grund anzusehen, der die Kündigung eines Arbeitsverhältnisses durch den Arbeitgeber nach dem Kündigungsschutzgesetz bedingen kann. [2]Eine Vereinbarung, die die Beendigung des Arbeitsverhältnisses eines Arbeitnehmers ohne Kündigung zu einem Zeitpunkt vorsieht, zu dem der Arbeitnehmer vor Erreichen der Regelaltersgrenze eine Rente wegen Alters beantragen kann, gilt dem Arbeitnehmer gegenüber als auf das Erreichen der Regelaltersgrenze abgeschlossen, es sei denn, dass die Vereinbarung innerhalb der letzten drei Jahre vor diesem Zeitpunkt abgeschlossen oder von dem Arbeitnehmer innerhalb der letzten drei Jahre vor diesem Zeitpunkt bestätigt worden ist.

1   Die Vorschrift betrifft das **arbeitsrechtliche Verhältnis** zwischen Versichertem und Arbeitgeber. Nach der Gesetzesbegründung soll der versicherte AN die Freiheit haben, die Dauer seiner beruflichen Tätigkeit und damit die Art der Sicherung seines Lebensunterhalts im Alter selbst zu bestimmen und diese möglichst unbeeinflusst von arbeitsvertraglichen Vereinbarungen nutzen, um möglichst lange zu arbeiten und damit das Verhältnis von Beitragszahlern und Rentnern im Interesse der Finanzierbarkeit der RV günstig zu beeinflussen (BT-Drs. 11/4124, 144).

2   Die arbeitsrechtliche Schutzvorschrift des S. 1 stellt sicher, dass die sozialrechtlich eingeräumte Dispositionsmöglichkeit des AN keine arbeitsrechtliche Statusveränderung zur Folge hat. Sie stellt letztlich klar, dass die bloße Möglichkeit zur Inanspruchnahme einer Altersrente keinen Grund für eine personenbedingte **Kündigung** darstellt. (Fichte in Hauck/Noftz, SGB VI, K § 41 Rn. 3). Allerdings findet die Vorschrift nur Anwendung auf ArbVerh., die dem KSchG unterliegen, also solche, die länger als sechs Monate in einem Betrieb bestehen, der den Schwellenwert des § 23 KSchG überschreitet (ErfK/Rolfs § 41 SGB VI Rn. 5).

2a   Tarifliche Altersgrenzen, die die Beendigung des Arbeitsverhältnisses für den Zeitpunkt des Erreichens der Regelaltersgrenze vorsehen, sind jedoch zulässig. Die hierin liegende Befristung des Arbeitsverhältnisses ist nach der ständigen Rechtsprechung des BAG durch einen sachlichen Grund iSv. § 14 Abs. 1 TzBfG gerechtfertigt, wenn der Arbeitnehmer aufgrund der Beschäftigung eine gesetzliche Altersrente erwerben kann (BAG 18. 6. 2008 – 7 AZR 116/07 – BAGE 127, 74–94). Der Wirksamkeit einer derartigen tariflichen Altersgrenzenregelung stehen auch das gemeinschaftsrechtliche Verbot der Diskriminierung wegen des Alters und die Vorgaben aus der Richtlinie 2000/78/EG nicht entgegen. Die Ungleichbehandlung ist durch ein legitimes Ziel aus der Arbeitsmarkt- und Beschäftigungspolitik iSd. Art. 6 Abs. 1 der RL 2000/78/EG gerechtfertigt (EuGH 12. 10. 2010 „Rosenbladt" – C-45/09 –).

3   Die arbeitsrechtliche Bestimmung des S. 2 passt vertragliche Vereinbarungen auf die stufenweise Anhebung und Flexibilisierung der Altersgrenzen an (Fichte aaO) und schützt den AN vor einer Beendi-

gung des Beschäftigungsverhältnisses ohne Kündigung vor dem Erreichen der Regelaltersgrenze. Die Vorschrift ist nicht nur auf ArbVerh. von Versicherten anzuwenden, die dem KSchG unterliegen; sie erfasst vielmehr alle ArbVerh. (ErfK/Rolfs § 41 SGB VI Rn. 10). Die Regelung erfasst nur **einzelvertragl. Vereinbarungen,** ua. zur Beendigung des Arbeitsverhältnisses vor Erreichen der Regelaltersgrenze. Die Regelung stellt darüber hinaus sicher, dass ein möglicher vorzeitiger Rentenanspruch nicht zur Auflösung des ArbVerh. führt, wenn nicht der AN im rentennahen Alter einer derartigen Auflösung zugestimmt hat. Von der Regelung werden auch AN erfasst, deren ArbVerh. auf einen Zeitpunkt befristet ist, zu dem sie vor Erreichen der Regelaltersgrenze Anspruch auf eine vorgezogene Altersrente haben; diese Versicherten sollen bis zum Erreichen der Regelaltersgrenze weiterarbeiten können.

§ 42 Vollrente und Teilrente

(1) **Versicherte können eine Rente wegen Alters in voller Höhe (Vollrente) oder als Teilrente in Anspruch nehmen.**

(2) **Die Teilrente beträgt ein Drittel, die Hälfte oder zwei Drittel der erreichten Vollrente.**

(3) ¹**Versicherte, die wegen der beabsichtigten Inanspruchnahme einer Teilrente ihre Arbeitsleistung einschränken wollen, können von ihrem Arbeitgeber verlangen, dass er mit ihnen die Möglichkeiten einer solchen Einschränkung erörtert.** ²**Macht der Versicherte hierzu für seinen Arbeitsbereich Vorschläge, hat der Arbeitgeber zu diesen Vorschlägen Stellung zu nehmen.**

A. Normzweck

Die zum 1. 1. 1992 in Kraft getretene und seitdem unveränderte Vorschrift ermöglicht im Rentenrecht einen **gleitenden Übergang vom Erwerbsleben in den Ruhestand.** Die Versicherten können einerseits einen Teil der ihnen zustehenden Altersrente in Anspruch nehmen, andererseits weiter innerhalb bestimmter Grenzen – nach Vollendung der Regelaltersgrenze unbegrenzt – hinzuverdienen (BT-Drs. 11/4124, 163). Abs. 1 beinhaltet die Wahlmöglichkeit zur Inanspruchnahme der Altersrenten als Teilrenten. Abs. 2 bestimmt die jeweiligen Teilrentenhöhen. Abs. 3 enthält eine flankierende arbeitsrechtliche Regelung, die Arbeitgebern auferlegt, sich mit Anträgen und Vorschlägen des AN, der eine Altersteilrente in Anspruch nehmen will, in substantiierter Form auseinanderzusetzen (Fichte in Hauck/Noftz, SGB VI, K § 42 Rn. 1). 1

B. Wahlmöglichkeit zwischen Voll- und Teilrente

Versicherte haben das unbeschränkte Wahlrecht, denselben Altersrentenanspruch als Voll- oder als Teilrente in Anspruch zu nehmen, wobei § 42 lediglich den **Anspruch der Höhe nach** modifiziert, ohne in den Anspruch einzugreifen (LSG Nordrhein-Westfalen 25. 8. 2000 – L 13 RA 30/99). Das Dispositionsrecht ermöglicht das wiederholte Hin- und Herwechseln zwischen den Teilrenten einerseits und Teil- und Vollrente andererseits, ohne dass es hiefür einer besonderen Begründung seitens des Versicherten bedarf. Der Versicherte hat jedoch die Hinzuverdienstgrenzen zu beachten, wodurch der Gestaltungsspielraum faktisch wieder eingeschränkt wird (vgl. Erl. zu § 34). Je geringer die gewählte Teilrentenart ist, desto größer ist die Hinzuverdienstmöglichkeit (KomGRV § 42 SGB VI Rn. 1.3). Allerdings kann die Altersrente auch dann als Teilrente gewährt werden, wenn der Versicherte nicht hinzuverdient (KomGRV § 42 SGB VI Rn. 2). 2

Der **Zeitpunkt,** von dem an eine niedrigere Teilrente zu zahlen ist, bestimmt sich nach § 100 Abs. 1. Die Abgabe der Erklärung des Versicherten über die von ihm beanspruchte Teilrentenart ist hierbei als der Zeitpunkt anzusehen, zu dem sich aus „tatsächlichen oder rechtlichen Gründen" die Voraussetzungen für die Höhe der Rente geändert haben (KomGRV § 42 SGB VI Rn. 3), es sei denn, der Versicherte bestimmt ausdrücklich einen späteren Zeitpunkt. Ist eine geänderte Teilrentenhöhe jedoch aufgrund eines Hinzuverdienstes zu zahlen, sind die Erl. zu § 34 zu beachten. 3

C. Arbeitsrechtliche Bestimmung

Die Möglichkeit, eine Teilrente zu beziehen, hängt von einem entsprechenden Teilzeitarbeitsplatz ab. IdR sind Versicherte vorrangig daran interessiert, in dem bisherigen Betrieb zu verbleiben und dort eine Teilzeitbeschäftigung auszuüben. Abs. 3 räumt den Versicherten daher das **Recht** ein, von ihrem AG zu verlangen, mit ihnen die dazu bestehenden Möglichkeiten zu erörtern. Macht der Versicherte für seinen Arbeitsbereich Vorschläge, in welcher Form die Arbeit so organisiert und aufgeteilt werden kann, dass der Versicherte seine Arbeitsleistung zeitlich einschränken kann, ist der AG verpflichtet, hierzu Stellung zu nehmen. Ausgehend von der Annahme, dass gerade langjährige Beschäftigte entsprechende Vorschläge substantiiert vortragen können, verband der Gesetzgeber mit dieser 4

Regelung die Erwartung, hierdurch ein Anstoß für die Errichtung von mehr Teilzeitarbeitsplätzen zu geben (BT-Drs. 11/4124, 163). Die Regelung gibt dem Versicherten jedoch **keinen Anspruch** gegen seinen AG auf die Einrichtung eines Teilzeitarbeitsplatzes (Worzalla NZA 1993, 588–591). Die Erwartungen des Gesetzgebers haben sich letztlich nicht erfüllt; die Teilrente hat bislang nur eine geringe Verbreitung gefunden (vgl. Fichte in Hauck/Noftz, SGB VI, K § 42 Rn. 4).

Zweiter Titel. Renten wegen verminderter Erwerbsfähigkeit

§ 43 Rente wegen Erwerbsminderung

(1) ¹Versicherte haben bis zum Erreichen der Regelaltersgrenze Anspruch auf Rente wegen teilweiser Erwerbsminderung, wenn sie
1. teilweise erwerbsgemindert sind,
2. in den letzten fünf Jahren vor Eintritt der Erwerbsminderung drei Jahre Pflichtbeiträge für eine versicherte Beschäftigung oder Tätigkeit haben und
3. vor Eintritt der Erwerbsminderung die allgemeine Wartezeit erfüllt haben.

²Teilweise erwerbsgemindert sind Versicherte, die wegen Krankheit oder Behinderung auf nicht absehbare Zeit außerstande sind, unter den üblichen Bedingungen des allgemeinen Arbeitsmarktes mindestens sechs Stunden täglich erwerbstätig zu sein.

(2) ¹Versicherte haben bis zum Erreichen der Regelaltersgrenze Anspruch auf Rente wegen voller Erwerbsminderung, wenn sie
1. voll erwerbsgemindert sind,
2. in den letzten fünf Jahren vor Eintritt der Erwerbsminderung drei Jahre Pflichtbeiträge für eine versicherte Beschäftigung oder Tätigkeit haben und
3. vor Eintritt der Erwerbsminderung die allgemeine Wartezeit erfüllt haben.

²Voll erwerbsgemindert sind Versicherte, die wegen Krankheit oder Behinderung auf nicht absehbare Zeit außerstande sind, unter den üblichen Bedingungen des allgemeinen Arbeitsmarktes mindestens drei Stunden täglich erwerbstätig zu sein. ³Voll erwerbsgemindert sind auch
1. Versicherte nach § 1 Satz 1 Nr. 2, die wegen Art oder Schwere der Behinderung nicht auf dem allgemeinen Arbeitsmarkt tätig sein können, und
2. Versicherte, die bereits vor Erfüllung der allgemeinen Wartezeit voll erwerbsgemindert waren, in der Zeit einer nicht erfolgreichen Eingliederung in den allgemeinen Arbeitsmarkt.

(3) Erwerbsgemindert ist nicht, wer unter den üblichen Bedingungen des allgemeinen Arbeitsmarktes mindestens sechs Stunden täglich erwerbstätig sein kann; dabei ist die jeweilige Arbeitsmarktlage nicht zu berücksichtigen.

(4) Der Zeitraum von fünf Jahren vor Eintritt der Erwerbsminderung verlängert sich um folgende Zeiten, die nicht mit Pflichtbeiträgen für eine versicherte Beschäftigung oder Tätigkeit belegt sind:
1. Anrechnungszeiten und Zeiten des Bezugs einer Rente wegen verminderter Erwerbsfähigkeit,
2. Berücksichtigungszeiten,
3. Zeiten, die nur deshalb keine Anrechnungszeiten sind, weil durch sie eine versicherte Beschäftigung oder selbständige Tätigkeit nicht unterbrochen ist, wenn in den letzten sechs Kalendermonaten vor Beginn dieser Zeiten wenigstens ein Pflichtbeitrag für eine versicherte Beschäftigung oder Tätigkeit oder eine Zeit nach Nummer 1 oder 2 liegt,
4. Zeiten einer schulischen Ausbildung nach Vollendung des 17. Lebensjahres bis zu sieben Jahren, gemindert um Anrechnungszeiten wegen schulischer Ausbildung.

(5) Eine Pflichtbeitragszeit von drei Jahren für eine versicherte Beschäftigung oder Tätigkeit ist nicht erforderlich, wenn die Erwerbsminderung aufgrund eines Tatbestands eingetreten ist, durch den die allgemeine Wartezeit vorzeitig erfüllt ist.

(6) Versicherte, die bereits vor Erfüllung der allgemeinen Wartezeit voll erwerbsgemindert waren und seitdem ununterbrochen voll erwerbsgemindert sind, haben Anspruch auf Rente wegen voller Erwerbsminderung, wenn sie die Wartezeit von 20 Jahren erfüllt haben.

A. Normzweck

1 Mit der Rente wegen verminderter Erwerbsfähigkeit erhalten Versicherte einen (teilweisen) **Ausgleich** für den Verlust, den Lebensunterhalt durch eigenen Verdienst zu sichern. Diese Rentenart

eignet sich nach Auffassung von Cirsovius (Alternativen der Frühverrentung NZS 2008, 80) auch als ein Instrument der Frühverrentung. Allerdings ist dies nicht die primäre Intention des Gesetzgebers, denn allein das Erreichen eines bestimmten Lebensalters begründet noch keine Erwerbsminderung.

Voraussetzung für eine Rente wegen verminderter Erwerbsfähigkeit ist zunächst, dass auf Grund gesundheitlicher Einschränkungen eine **volle Erwerbstätigkeit nicht mehr** ausgeübt werden kann. Je nach Umfang der Leistungseinschränkung kommt entweder eine Rente wegen teilweiser oder voller Erwerbsminderung in Betracht. Allerdings beeinflussen weitere Faktoren, ob und welche Rente zu leisten ist. Beispielsweise muss eine Mindestversicherungszeit erfüllt sein und eine überwiegende Beitragsleistung zur gesetzlichen Rentenversicherung unmittelbar vor dem Eintritt der Erwerbsminderung vorliegen („Drei-Fünftel-Belegung"). Die Rente wird längstens bis zum Erreichen der Regelaltersgrenze geleistet. Anschließend folgt dann die Regelaltersrente (§ 115 Abs. 3 SGB VI). Versicherte, die vor dem 2. 1. 1961 geboren sind, haben gegebenenfalls einen Anspruch auf Rente wegen teilweiser Erwerbsminderung bei Berufsunfähigkeit (vgl. § 240 SGB VI). Schließlich gilt für Versicherte, die vor dem 1. 1. 1984 die allgemeine Wartezeit erfüllt haben, noch ergänzend die Sonderregelung des § 241 Abs. 2 SGB VI. 2

B. Rente wegen teilweiser Erwerbsminderung

I. Teilweise Erwerbsminderung

Versicherte sind teilweise erwerbsgemindert, wenn ihr Leistungsvermögen auf dem allgemeinen Arbeitsmarkt **zwischen 3 und unter 6 Stunden** täglich liegt. Das Leistungsvermögen des Versicherten ist auf Grund seiner zeitlichen Einsatzfähigkeit zu beurteilen. Zu berücksichtigen sind **allein** die körperliche und geistige Leistungsfähigkeit des Versicherten sowie eventuelle zusätzliche Einschränkungen, die sich aus der ärztlichen Begutachtung ergeben können (BT-Drs 14/4230, 25). 3

1. Krankheit oder Behinderung. Ursache für die Erwerbsminderung muss entweder eine Krankheit oder eine Behinderung sein. In beiden Varianten liegt ein regelwidriger körperlicher, geistiger oder seelischer Zustand vor. Ein wesentlicher Unterschied ist, dass die Behinderung mit hoher Wahrscheinlichkeit nicht nur vorübergehend vorliegt (vgl. § 2 SGB IX). Hat die Minderung der Erwerbsfähigkeit ihre Ursache in einer bewusst herbei geführten gesundheitlichen Beeinträchtigung, um so einen Rentenanspruch zu erlangen, ist eine Rentenleistung ausgeschlossen (§ 103 SGB VI). Eine Absicht liegt vor, wenn die Erwerbsfähigkeit auf Grund eines „direkten Vorsatzes" des Versicherten vermindert ist. Dies entspricht der strafrechtlichen Definition. Ein nicht gelungener Selbstmordversuch, der eine verminderte Erwerbsfähigkeit verursacht, schließt einen Rentenanspruch nicht aus. Denn mit diesem Versuch war nicht beabsichtigt, zu Lasten der Solidargemeinschaft einen Rentenanspruch zu erlangen, sondern das Ausscheiden aus dem Leben. 4

2. Nicht absehbare Zeit. Die Erwerbsminderung muss auf **nicht absehbare Zeit** vorliegen. Eine nähere Definition hat der Gesetzgeber in § 43 SGB VI nicht getroffen, allerdings werden befristete Renten wegen verminderter Erwerbsfähigkeit erst mit Beginn des siebten Kalendermonats nach dem Eintritt der Erwerbsminderung geleistet (§ 101 Abs. 1 SGB VI). Bei Krankheiten, die voraussichtlich nicht länger als sechs Monate andauern, ist daher nur von einem vorübergehenden Zustand der Arbeitsunfähigkeit auszugehen. 5

3. Allgemeiner Arbeitsmarkt. Die abstrakte Betrachtungsweise bedeutet insbesondere, dass dem Versicherten grundsätzlich sämtliche Tätigkeiten, unabhängig von seiner Ausbildung bzw. der bisherigen Beschäftigung, auf dem allgemeinen Arbeitsmarkt zumutbar sind. Maßstab sind aber die **üblichen Bedingungen auf dem allgemeinen Arbeitsmarkt**, dh. wie groß ist unter diesen Bedingungen das verbliebene Leistungsvermögen des Versicherten. Für die Beurteilung ist auf durchschnittliche Anforderungen eines potentiellen Arbeitgebers abzustellen. Der Versicherte muss nicht zu der absoluten Leistungsspitze vergleichbarer Arbeitnehmer gehören, denn die Individualität eines jeden Menschen führt dazu, dass in allen Berufsbereichen Arbeitnehmer mit verschiedenen Fähigkeiten anzutreffen sind, ohne dass allein die absolute Leistungsspitze als geeignet für den Beruf anzusehen wäre. Das erfolgreiche Ablegen einer Prüfung (hier: Prüfung nach einer Umschulung vor der IHK) ist als Nachweis anzusehen, dass der erlernte (Umschulungs-) Beruf vollwertig und wettbewerbsfähig ausgeübt werden kann (LSG Sachsen-Anhalt 19. 7. 2006 – L 3 RJ 206/05 – NZS 2007, 377). 6

Im Einzelfall ist jedoch zu prüfen, ob mehrere **ungewöhnliche** Leistungseinschränkungen oder eine **schwere spezifische** Leistungsbehinderung die Aufnahme einer Beschäftigung verhindern. In diesem Falle kann nämlich nicht ohne weiteres davon ausgegangen werden, dass auf dem allgemeinen Arbeitsmarkt für die an sich noch mögliche Vollzeittätigkeit eine ausreichende Anzahl von Arbeitsplätzen vorhanden ist (BSG 19. 8. 1997 – 13 RJ 71/93 – NZS 1998, 129). 7

In diesen **atypischen Fällen** ist der allgemeine Arbeitsmarkt für den Versicherten verschlossen, es sei denn, der Rentenversicherungsträger kann eine konkrete Verweisungstätigkeit benennen. Zu nennen ist kein Arbeitsplatz, sondern eine Berufstätigkeit mit ihren typischen, das Anforderungsprofil 8

bestimmenden Merkmalen; es genügt die Kennzeichnung der Berufstätigkeit mit einer im Arbeitsleben üblichen Berufsbezeichnung. Dem Benennungserfordernis kommt keine eigenständige Bedeutung, sondern nur die Funktion zu, sicherzustellen und nachprüfbar zu machen, dass der Versicherte trotz seiner Leistungsminderung eine andere Erwerbstätigkeit ausüben kann und diese alle Merkmale aufweist, die von Gesetzes wegen zum Ausschluss des Rentenanspruchs an eine Verweisungstätigkeit zu stellen sind (BSG Beschluss vom 19. 12. 1996 – GS 2/95, NJW 1997, 3046). In diesem Beschluss werden auch die bereits durch Rechtsprechung anerkannten Tatbestände aufgeführt, die eine Benennung einer Verweisungstätigkeit erforderlich machen. Dies sind:
– besondere Schwierigkeiten hinsichtlich der Gewöhnung und Anpassung an einen neuen Arbeitsplatz (BSG SozR 2200 § 1246 Nrn 104, 117),
– in Verbindung mit anderen Einschränkungen die Erforderlichkeit, zwei zusätzliche Arbeitspausen von je 15 Minuten einzulegen (BSG SozR 2200 § 1246 Nr 136),
– Einschränkungen bei Arm- und Handbewegungen, halbstündigem Wechsel vom Sitzen zum Gehen (BSG SozR 3–2200 § 1247 Nr 8),
– regelmäßig einmal in der Woche auftretende Fieberschübe (BSG SozR 3–2200 § 1247 Nr 14) und
– Einarmigkeit und Einäugigkeit, sofern die Umstände des Falles hierzu Veranlassung geben (BSG SozR 2200 § 1246 Nr 30).

9 Beispiele, welche Einschränkungen jedenfalls **nicht** zu einer konkreten **Benennung** veranlassen sollen, sind:
– Ausschluss von Tätigkeiten, die überwiegendes Stehen oder ständiges Sitzen erfordern, in Nässe oder Kälte oder mit häufigem Bücken zu leisten sind, besondere Fingerfertigkeiten erfordern oder mit besonderen Unfallgefahren verbunden sind,
– Ausschluss von Arbeiten im Akkord, im Schichtdienst, an laufenden Maschinen,
– Ausschluss von Tätigkeiten, die besondere Anforderungen an das Seh-, Hör- oder Konzentrationsvermögen stellen,
– Ausschluss von Tätigkeiten, die häufiges Bücken erfordern.

II. „Drei-Fünftel-Belegung"

10 Nach dem **Versicherungsprinzip** wird nur das Risiko vom Versicherungsschutz umfasst, das sich nach Erfüllung der versicherungsrechtlichen Voraussetzungen verwirklicht. Daher muss die Vorversicherungszeit vor Eintritt der Erwerbsminderung zurückgelegt sein (Ausnahme: § 43 Abs. 6 SGB VI). Diese Gesetzesinterpretation verhindert, dass mit später gezahlten Beiträgen, rückwirkend – damit in nicht systemkonformer Weise – die Voraussetzungen für einen Rentenanspruch erfüllt werden (BSG 14. 8. 2003 – B 13 RJ 4/03 –, BeckRS 2003, 41.636). Für die „Drei-Fünftel-Belegung" sind nur Pflichtbeiträge für eine versicherte Beschäftigung oder Tätigkeit (vgl. § 55 SGB VI) zu berücksichtigen. Der Zeitraum von fünf Jahren bestimmt sich nach den §§ 187 Abs. 2, 188 Abs. 2 BGB (§ 26 SGB X).

III. Allgemeine Wartezeit

11 Ebenfalls **vor Eintritt der Erwerbsminderung** muss die allgemeine Wartezeit erfüllt sein (§ 50 SGB VI). Gegebenenfalls genügt eine vorzeitige Wartezeiterfüllung, dann entfällt die Voraussetzung der „Drei-Fünftel-Belegung" (§§ 43 Abs. 5, 53 SGB VI).

C. Rente wegen voller Erwerbsminderung

12 Die **versicherungsrechtlichen Voraussetzungen** für die Rente wegen voller Erwerbsminderung, wie die „Drei-Fünftel-Belegung" und die Mindestversicherungszeit, sind **identisch** mit denen der Rente wegen teilweiser Erwerbsminderung. Auch hinsichtlich der Ursache und der Dauer der Erwerbsminderung sowie den üblichen Bedingungen auf dem allgemeinen Arbeitsmarkt wird auf die obigen Ausführungen verwiesen.

I. Volle Erwerbsminderung

13 Versicherte sind voll erwerbsgemindert, wenn ihr Leistungsvermögen auf dem allgemeinen Arbeitsmarkt **unter 3 Stunden** täglich liegt (abstrakte Betrachtungsweise). Zur Erwerbsfähigkeit gehört auch die ausreichende Fähigkeit, Arbeitsplätze aufzusuchen, und demzufolge kann eine Erwerbsminderung trotz eines noch für leichte Tätigkeiten des allgemeinen Arbeitsmarkts ausreichenden Leistungsvermögens vorliegen, wenn Versicherten der Arbeitsmarkt dadurch praktisch verschlossen ist, dass sie entsprechende Arbeitsplätze aus gesundheitlichen Gründen nicht aufsuchen können. In Anwendung des für die Gehfähigkeit gebotenen generalisierenden Maßstabs ist davon auszugehen, dass ausreichende Gehfähigkeit gegeben ist, wenn Fußwege von über 500 m vier Mal täglich mit zumutbarem Zeitaufwand zurückgelegt werden können (BSG 30. 1. 2002 – B 5 RJ 36/01 –). Für eine Wegstrecke ist eine Zeit von ungefähr 15 Minuten zumutbar. Die Frage nach den üblichen Bedin-

gungen des Arbeitsmarktes stellt sich bei einer nicht ausreichender Gehfähigkeit nicht, weil bereits eine volle Erwerbsminderung aus medizinischen Gründen vorliegt.

Etwas anderes gilt ausnahmsweise dann, wenn der Versicherte einen **Arbeitsplatz innehat**, der in zumutbarer Entfernung liegt oder mit einem vorhandenen Kfz erreichbar ist, oder wenn ihm ein entsprechender Arbeitsplatz angeboten wird. Diese Kriterien hat das Bundessozialgericht in seiner Rechtsprechung zum Versicherungsfall der Erwerbsunfähigkeit entwickelt, wie ihn § 1247 Reichsversicherungsordnung und § 44 SGB VI in der bis zum 31. Dezember 2000 geltenden Fassung umschrieben hatten. Das Bundessozialgericht (BSG 28. 8. 2002 – B 5 RJ 12/02 –) ist der Auffassung, dass die genannten Maßstäbe für den Versicherungsfall der vollen Erwerbsminderung unverändert gelten. 14

Eine **Wegunfähigkeit** wird aber **nicht** bereits **beseitigt**, wenn der Rentenversicherungsträger „Leistungen nach der Kraftfahrzeughilfe-Verordnung – KfzHV" für den Fall der Aufnahme eines Arbeitsverhältnisses in Aussicht stellt. Nur wenn der gehbehinderte Versicherte jederzeit ein Kfz tatsächlich nutzen kann, ist es ihm möglich, trotz der Beschränkung seiner Wegefähigkeit ein neues Arbeitsverhältnis einzugehen, sodass ihm auch nur dann Arbeitsmöglichkeiten auf dem allgemeinen Arbeitsmarkt offen stehen und der Arbeitsmarkt trotz Wegunfähigkeit nicht als verschlossen angesehen werden kann (BSG 21. 3. 2006 – B 5 RJ 51/04 – BeckRS 2006, 43.567). 15

Für die tatsächliche Behebung eines Mobilitätsdefizits ist also eine **Konkretisierung** der vorgesehenen Leistungen durch den Rentenversicherungsträger **erforderlich** (LSG Hessen 19. 3. 2010 – L 5 R 28/09 -, BeckRS 2010, 68.878). Dabei kann der Rentenversicherungsträger für ein zukünftiges, zum Zeitpunkt des Angebotes noch nicht bekanntes Arbeitsverhältnis keine Konkretisierung aller nur denkbaren Einzelheiten vornehmen, sondern das Angebot muss zwangsläufig noch Vorbehalte bzw. Bedingungen zur Konkretisierung des künftigen Sachverhalts beinhalten. Das Rehabilitationsangebot darf sich aber nicht auf eine bloße Wiedergabe der im Gesetzestext enthaltenen Leistungsvoraussetzungen beschränken. Stattdessen soll eine über die allgemeine Bindung an Gesetz und Recht hinausreichende Selbstbindung des Rentenversicherungsträgers erkennbar sein, auf Grund derer die versicherte Person auf eine bestimmte Behandlung eines konkreten Sachverhaltes vertrauen kann, ohne noch von dem ungewissen Ergebnis einer künftigen Ermessensentscheidung abhängig zu sein (Revision bei BSG anhängig unter Az. B 13 R 21/10). 16

II. Weitere Fälle der vollen Erwerbsminderung

§ 43 Abs. 2 S. 3 SGB VI definiert weitere Sachverhalte, bei denen eine volle Erwerbsminderung vorliegt. Erfasst werden zunächst die Versicherten, die in einer Werkstatt für **behinderte Menschen** tätig sind. Allerdings ist die Ausübung einer derartigen Tätigkeit lediglich ein Indiz für eine volle Erwerbsminderung. Im Einzelfall können Versicherte trotz ihrer Behinderung zu einer Tätigkeit auf dem allgemeinen Arbeitsmarkt fähig sein. Wie es um die Erwerbsfähigkeit im rentenversicherungsrechtlichen Sinn bestellt ist, bedarf gegebenenfalls entsprechender gesonderter Feststellung. Für diese Ermittlung ist als Bezugspunkt nicht die Wertigkeit der verrichteten Tätigkeit für die Werkstatt, sondern die wirtschaftliche Verwertbarkeit auf dem allgemeinen Arbeitsmarkt zu nehmen. Die vom behinderten Menschen in der Werkstatt verrichtete Tätigkeit ist dafür nach Art, beruflichen Voraussetzungen und regelmäßig erreichtem Sachertrag mit den durchschnittlichen Arbeitsergebnissen einer typgleichen Tätigkeit auf dem allgemeinen Arbeitsmarkt zu vergleichen und daraufhin abzuschätzen, ob die Fähigkeiten des Behinderten ausreichen würden, einen Arbeitsplatz der typgleichen Tätigkeit auszufüllen (BSG 24. 4. 1996 – 5 RJ 56/95 – NZS 1997, 78). 17

Des Weiteren geht ein **missglückter Versuch,** eine Erwerbstätigkeit auf dem allgemeinen Arbeitsmarkt auszuüben, nicht zulasten eines Versicherten, der bereits vor Erfüllung der allgemeinen Wartezeit voll erwerbsgemindert war. Dh. auch für die Zeit der Beschäftigung auf dem allgemeinen Arbeitsmarkt wird eine volle Erwerbsminderung fingiert. Diese Regelung bezweckt den Schutz des Versicherten vor dem Verlust einer Anwartschaft bzw. eines Anspruches auf eine Rente wegen voller Erwerbsminderung, für die eine 20-jährige Wartezeit gefordert wird (vgl. § 43 Abs. 6 SGB VI). Dieser Schutz gilt ebenso bei einem unveränderten Leistungsvermögen während einer Beschäftigung in einem Integrationsprojekt (§§ 132 ff SGB IX), weil zunächst noch keine erfolgreiche Eingliederung in den allgemeinen Arbeitsmarkt vorliegt. 18

D. Erwerbsminderung und Arbeitsmarktlage

Im Falle eines Leistungsvermögens von **mindestens sechs Stunden** täglich ist die jeweilige Arbeitsmarktlage nicht zu berücksichtigen. Die Regelung des § 43 Abs. 3 SGB VI verschließt jeglichen Rückgriff auf die Situation des Arbeitsmarktes und somit auch auf die Rechtsprechung zum „verschlossenen Arbeitsmarkt" (Joussen, Die Rente wegen voller und teilweiser Erwerbsminderung nach neuem Recht NZS 2002, 296). Dies gilt aber nicht, wenn das Leistungsvermögen weniger als sechs Stunden täglich umfasst. Der Gesetzgeber behält die konkrete Betrachtungsweise wegen der ungünsti- 19 gen Arbeitsmarktsituation bei. Der Anspruch auf eine Erwerbsminderungsrente wird nicht allein vom Gesundheitszustand des Versicherten abhängig gemacht (abstrakte Betrachtungsweise), sondern auch davon, ob er noch in der Lage ist, bei der konkreten Situation des (Teilzeit-)Arbeitsmarktes die ihm verbliebene Erwerbsfähigkeit zur Erzielung eines Erwerbseinkommens einzusetzen. Versicherte, die noch mindestens drei, aber nicht mehr als sechs Stunden täglich arbeiten, das verbliebene Restleistungsvermögen wegen Arbeitslosigkeit aber nicht in Erwerbseinkommen umsetzen können, erhalten eine volle Erwerbsminderungsrente (BT-Drs 14/4230, 25).

E. Verlängerung des Fünf-Jahreszeitraumes

20 Sofern Versicherte aus von ihnen **nicht zu vertretenden Gründen** an der Ausübung einer versicherten Beschäftigung oder Tätigkeit im Fünf-Jahreszeitraum verhindert waren, verlängert sich der Zeitraum von fünf Jahren. Privilegiert sind die im vierten Absatz genannten Zeiten (zB Anrechnungs- und Berücksichtigungszeiten, Zeiten des Bezugs einer Rente wegen verminderter Erwerbsfähigkeit). Für einige Anrechnungszeiten muss eine „Unterbrechung" vorliegen (vgl. § 58 Abs. 2 SGB VI). Sofern nur die Voraussetzung der Unterbrechung einer versicherten Beschäftigung oder Tätigkeit für die Berücksichtigung als Anrechnungszeit nicht erfüllt ist, verlängert sich der Fünf-Jahreszeitraum trotzdem, wenn in den letzten sechs Kalendermonaten vor Beginn dieser Zeit mindestens ein Pflichtbeitrag für eine versicherte Beschäftigung oder Tätigkeit oder eine der oben genannten Zeiten vorliegt (§ 43 Abs. 4 S. 1 Nr. 3 SGB VI). Schließlich sollen auch Zeiten der schulischen Ausbildung, die keine Anrechnungszeiten sind, bis zu sieben Jahren als Verlängerungszeit einbezogen werden. Diese Regelung ist überflüssig, weil inzwischen Zeiten einer schulischen Ausbildung bis zu acht Jahren als Anrechnungszeiten berücksichtigt werden.

F. Vorzeitige Wartezeiterfüllung

21 Tritt die Erwerbsminderung auf Grund eines Tatbestands ein, durch den die allgemeine Wartezeit vorzeitig erfüllt ist (§ 53 SGB VI), dann **entfällt** die versicherungsrechtliche Voraussetzung der „Drei-Fünftel-Belegung".

G. Wartezeit von 20 Jahren

22 § 43 Abs. 6 SGB VI erweitert nicht den Begriff der Erwerbsminderung, sondern eröffnet Versicherten, die bereits **vor Erfüllung der allgemeinen Wartezeit** voll erwerbsgemindert sind, die Möglichkeit einen Rentenanspruch zu erwerben. Als versicherungsrechtliche Voraussetzung wird die Erfüllung der Wartezeit von 20 Jahren gefordert. Hingegen ist eine „Drei-Fünftel-Belegung" nicht notwendig, dh. Versicherte können diesen Rentenanspruch auch durch die Zahlung von freiwilligen Beiträgen erwerben (vgl. § 51 Abs. 1 SGB VI).

23 Die volle Erwerbsminderung muss vor Erfüllung der allgemeinen Wartezeit eingetreten sein und seitdem **ununterbrochen** weiterbestehen. Sofern diese volle Erwerbsminderung nicht durchgehend vorliegt und zu einem späteren Zeitpunkt erneut eine volle Erwerbsminderung eintritt, ist ua. zu prüfen, ob die allgemeine Wartezeit beim erneuten Eintritt erfüllt war.

Beispiel:
- volle Erwerbsminderung seit Geburt
- freiwillige Beiträge vom 1. 1. 1990 bis 31. 12. 1994
- versicherungspflichtige Beschäftigung auf dem allgemeinen Arbeitsmarkt vom 2. 1. 1995 bis 15. 2. 1995
- Pflichtbeiträge nach § 1 S. 1 Nr. 2 SGB VI vom 16. 2. 1995 bis 31. 12. 2009

Lösung:
Die ab Januar 1995 ausgeübte Beschäftigung auf dem allgemeinen Arbeitsmarkt hat die volle Erwerbsminderung zunächst beendet. Beim erneuten Eintritt der Erwerbsminderung im Februar 1995 ist die allgemeine Wartezeit erfüllt, so dass ein Anspruch nach Absatz 6 ausgeschlossen wäre. Allerdings fingiert § 43 Abs. 2 S. 3 SGB VI für die Beschäftigungszeit weiterhin eine volle Erwerbsminderung („missglückter Eingliederungsversuch"). Eine volle Erwerbsminderung liegt also durchgehend vor, so dass ein Rentenanspruch nach § 43 Abs. 6 SGB VI bei rechtzeitiger Antragstellung ab dem 1. 1. 2010 besteht.

§ 44 (weggefallen)

§ 45 Rente für Bergleute

(1) **Versicherte haben bis zum Erreichen der Regelaltersgrenze Anspruch auf Rente für Bergleute, wenn sie**

1. im Bergbau vermindert berufsfähig sind,
2. in den letzten fünf Jahren vor Eintritt der im Bergbau verminderten Berufsfähigkeit drei Jahre knappschaftliche Pflichtbeitragszeiten haben und
3. vor Eintritt der im Bergbau verminderten Berufsfähigkeit die allgemeine Wartezeit in der knappschaftlichen Rentenversicherung erfüllt haben.

(2) ¹Im Bergbau vermindert berufsfähig sind Versicherte, die wegen Krankheit oder Behinderung nicht imstande sind,
1. die von ihnen bisher ausgeübte knappschaftliche Beschäftigung und
2. eine andere wirtschaftlich im Wesentlichen gleichwertige knappschaftliche Beschäftigung, die von Personen mit ähnlicher Ausbildung sowie gleichwertigen Kenntnissen und Fähigkeiten ausgeübt wird,

auszuüben. ²Die jeweilige Arbeitsmarktlage ist nicht zu berücksichtigen. ³Nicht im Bergbau vermindert berufsfähig sind Versicherte, die eine im Sinne des Satzes 1 Nr. 2 wirtschaftlich und qualitativ gleichwertige Beschäftigung oder selbständige Tätigkeit außerhalb des Bergbaus ausüben.

(3) Versicherte haben bis zum Erreichen der Regelaltersgrenze auch Anspruch auf Rente für Bergleute, wenn sie
1. das 50. Lebensjahr vollendet haben,
2. im Vergleich zu der von ihnen bisher ausgeübten knappschaftlichen Beschäftigung eine wirtschaftlich gleichwertige Beschäftigung oder selbständige Tätigkeit nicht mehr ausüben und
3. die Wartezeit von 25 Jahren erfüllt haben.

(4) § 43 Abs. 4 und 5 ist anzuwenden.

A. Normzweck

Die Rente für Bergleute soll wie die Rente wegen verminderter Erwerbsfähigkeit einen **Ausgleich für einen Verdienstverlust** schaffen. Für diese spezielle Rentenart der knappschaftlich Versicherten ist zunächst eine verminderte Berufsfähigkeit im Bergbau erforderlich. Ein wesentlicher Unterschied ist des Weiteren, dass auch auf Grund einer gesetzlichen Fiktion eine verminderte Berufsfähigkeit bestehen kann.

B. Anspruchsvoraussetzungen

Die Anspruchsvoraussetzungen ähneln teilweise denen der Rente wegen verminderter Erwerbsfähigkeit, allerdings wird eine enge **Bindung zur knappschaftlichen Rentenversicherung** gefordert. Daher müssen vor Eintritt der im Bergbau verminderten Berufsfähigkeit im Fünf-Jahreszeitraum drei Jahre knappschaftliche Pflichtbeitragszeiten vorliegen, dh. Pflichtbeiträge zur allgemeinen Rentenversicherung genügen nicht. Außerdem sind ebenso bei der Prüfung der Mindestversicherungszeit (Wartezeit) nur knappschaftliche Zeiten zu berücksichtigen.

C. Verminderte Berufsfähigkeit

Ursache für die verminderte Leistungsfähigkeit muss entweder eine **Krankheit oder eine Behinderung** sein (vgl. § 43 SGB VI). Ausschlaggebend für die Beurteilung der bergmännischen Berufsfähigkeit ist die bisher verrichtete knappschaftliche Beschäftigung. In der Regel ist dies die zuletzt ausgeübte Beschäftigung, aber es kann auch eine frühere andere ausgeübte knappschaftliche Beschäftigung sein. Für die Prüfung, welches die eigentliche Berufstätigkeit des Versicherten gewesen ist, gibt es keine allgemein gültigen schematischen Regeln, es sind vielmehr die Umstände des Einzelfalles entscheidend. Fehlt es zB an einer Berufsausbildung und an einer ähnlich zu bewertenden Berufsentwicklung, ist der Dauer der Berufsausübung größere Bedeutung beizumessen. Bei mehrmaligem Berufswechsel ist Ausgangspunkt für die Prüfung des Rentenanspruchs grundsätzlich die letzte Tätigkeit jedenfalls dann, wenn sie zugleich die höchstentlohnte war und nicht nur vorübergehend vollwertig ausgeübt wurde (BSG 28. 1. 1982 – 5 a RKn 11/81 –).

Eine **verminderte Berufsfähigkeit** ist **ausgeschlossen**, wenn eine andere gleichwertige knappschaftliche Beschäftigung ausgeübt werden kann. Eine wirtschaftliche Gleichwertigkeit liegt noch vor, wenn die Differenz zwischen der tariflichen Einstufung des Hauptberufs des Versicherten und der tariflichen Einstufung der in Betracht gezogenen Verweisungsberufe nicht mehr als 12,5% beträgt. Diese Grenzzahl kann nicht als unveränderlich fester Wert angesehen werden, weil dann zB geringfügige Veränderungen im Lohngefüge durch neue Lohntarifverträge eine Änderung der wesentlichen wirtschaftlichen Gleichwertigkeit zur Folge haben würden. Abweichungen von diesem Grenzwert in Bruchteilen eines Prozentes nach oben oder unten dürften in der Regel unschädlich sein (BSG 30. 3. 1977 – 5 RKn 13/76 –).

5 Des Weiteren ist ein Rentenanspruch ausgeschlossen, falls eine gleichwertige Beschäftigung oder selbständige Tätigkeit **außerhalb des Bergbaus** ausgeübt wird. Qualitativ gleichwertig ist sie nur dann, wenn sie im Wesentlichen den qualitativen Anforderungen der bisherigen knappschaftlichen Beschäftigung entspricht. Ein exakter Vergleich ist ohnehin nicht möglich und wird vom Gesetz auch nicht gefordert. Da Tätigkeiten außerhalb des Bergbaus mit früheren im Bergbau verglichen werden, ist lediglich auf die jeweilige Wertigkeit des Ersatzberufes unter Einschluss des sozialen Ansehens abzustellen (BSG 29. 9. 1997 – 8 RKn 15/96 –).

D. Fiktion

6 Nach einer mindestens **25-jährigen Tätigkeit** mit ständigen Arbeiten unter Tage (vgl. § 51 Abs. 2 SGB VI) und der Vollendung des **50. Lebensjahres**, besteht die Vermutung einer verminderten Berufsfähigkeit. Allerdings wird die Vermutung widerlegt, wenn der Versicherte die bisherige knappschaftliche Beschäftigung weiter ausübt oder falls er eine andere wirtschaftlich gleichwertige Beschäftigung oder selbständige Tätigkeit aufnimmt. Von einer weiteren Ausübung der bisherigen knappschaftlichen Arbeit ist auszugehen, solange das Beschäftigungsverhältnis unverändert mit dem daraus folgenden Anspruch auf Lohn oder Gehalt fortbesteht (BSG 8. 4. 1987 – 5 a RKn 1/86 –).

E. Verlängerungstatbestände und vorzeitige Wartezeiterfüllung

7 Für die Rente für Bergleute **gelten** die Regelungen des § 43 Abs. 4 und 5 SGB VI **entsprechend**, daher siehe auch die dortige Kommentierung. Außerdem sind noch als weitere Verlängerungstatbestände Ersatzzeiten und der Bezug einer Knappschaftsausgleichsleistung zu berücksichtigen (§ 242 Abs. 1 SGB VI).

Dritter Titel. Renten wegen Todes

§ 46 Witwenrente und Witwerrente

(1) ¹Witwen oder Witwer, die nicht wieder geheiratet haben, haben nach dem Tod des versicherten Ehegatten Anspruch auf kleine Witwenrente oder kleine Witwerrente, wenn der versicherte Ehegatte die allgemeine Wartezeit erfüllt hat. ²Der Anspruch besteht längstens für 24 Kalendermonate nach Ablauf des Monats, in dem der Versicherte verstorben ist.

(2) ¹Witwen oder Witwer, die nicht wieder geheiratet haben, haben nach dem Tod des versicherten Ehegatten, der die allgemeine Wartezeit erfüllt hat, Anspruch auf große Witwenrente oder große Witwerrente, wenn sie
1. ein eigenes Kind oder ein Kind des versicherten Ehegatten, das das 18. Lebensjahr noch nicht vollendet hat, erziehen,
2. das 47. Lebensjahr vollendet haben oder
3. erwerbsgemindert sind.
²Als Kinder werden auch berücksichtigt:
1. Stiefkinder und Pflegekinder (§ 56 Abs. 2 Nr. 1 und 2 Erstes Buch), die in den Haushalt der Witwe oder des Witwers aufgenommen sind,
2. Enkel und Geschwister, die in den Haushalt der Witwe oder des Witwers aufgenommen sind oder von diesen überwiegend unterhalten werden.
³Der Erziehung steht die in häuslicher Gemeinschaft ausgeübte Sorge für ein eigenes Kind oder ein Kind des versicherten Ehegatten, das wegen körperlicher, geistiger oder seelischer Behinderung außerstande ist, sich selbst zu unterhalten, auch nach dessen vollendetem 18. Lebensjahr gleich.

(2 a) Witwen oder Witwer haben keinen Anspruch auf Witwenrente oder Witwerrente, wenn die Ehe nicht mindestens ein Jahr gedauert hat, es sei denn, dass nach den besonderen Umständen des Falles die Annahme nicht gerechtfertigt ist, dass es der alleinige oder überwiegende Zweck der Heirat war, einen Anspruch auf Hinterbliebenenversorgung zu begründen.

(2 b) ¹Ein Anspruch auf Witwenrente oder Witwerrente besteht auch nicht von dem Kalendermonat an, zu dessen Beginn das Rentensplitting durchgeführt ist. ²Der Rentenbe-

scheid über die Bewilligung der Witwenrente oder Witwerrente ist mit Wirkung von diesem Zeitpunkt an aufzuheben; die §§ 24 und 48 des Zehnten Buches sind nicht anzuwenden.

(3) Überlebende Ehegatten, die wieder geheiratet haben, haben unter den sonstigen Voraussetzungen der Absätze 1 bis 2 b Anspruch auf kleine oder große Witwenrente oder Witwerrente, wenn die erneute Ehe aufgelöst oder für nichtig erklärt ist (Witwenrente oder Witwerrente nach dem vorletzten Ehegatten).

(4) ¹Für einen Anspruch auf Witwenrente oder Witwerrente gelten als Heirat auch die Begründung einer Lebenspartnerschaft, als Ehe auch eine Lebenspartnerschaft, als Witwe und Witwer auch ein überlebender Lebenspartner und als Ehegatte auch ein Lebenspartner. ²Der Auflösung oder Nichtigkeit einer erneuten Ehe entspricht die Aufhebung oder Auflösung einer erneuten Lebenspartnerschaft.

A. Normzweck

Die Rente wegen Todes hat ua. eine **Unterhaltsersatzfunktion** für Witwen bzw. Witwer, wenn sie zB ein bestimmtes Lebensalter vollendet haben oder Kinder erziehen. Sofern allerdings eine Ehe oder eine Lebenspartnerschaft nur unter dem Gesichtspunkt der Versorgung des Hinterbliebenen geschlossen wurde und die Ehe weniger als 1 Jahr andauerte, besteht kein Rentenanspruch. Ansonsten erfolgt noch eine Unterstützung als kleine Witwen- oder Witwerrente für die Übergangszeit von bis zu 24 Kalendermonaten. Mit der Wiederheirat fällt der Rentenanspruch weg, aber er kann zB wiederaufleben, wenn die erneute Ehe scheitert. Allerdings ist dieser Anspruch nur subsidiär, dh. Ansprüche infolge der Auflösung der letzten Ehe werden angerechnet (§ 90 SGB VI). Der wiederaufgelebte Anspruch hat die Funktion, eine Versorgungslücke zu füllen, die zB nach dem Tod des zweiten Ehegatten offen bleibt. **1**

Die Hinterbliebenenrente wird **nicht uneingeschränkt geleistet**, so ist gegebenenfalls Einkommen des Hinterbliebenen anzurechnen (§ 97 SGB VI). Der Hinterbliebenenrentenanspruch sei eine vorwiegend fürsorgerisch motivierte Leistung, weil sie ohne eigene Beitragsleistung des Rentenempfängers und ohne erhöhte Beitragsleistung des Versicherten gewährt werde. U.a. deswegen sei die Anrechnung von Erwerbs- und Erwerbsersatzeinkommen verfassungsrechtlich nicht zu beanstanden. Schließlich unterliege der Anspruch von Versicherten in der gesetzlichen Rentenversicherung auf Versorgung ihrer Hinterbliebenen nicht dem Eigentumsschutz der Art. 14 Abs. 1 GG (BVerfG 18. 2. 1998 – 1 BvR 1318, 1484/86 – NJW 1998, 3109). Diese Entscheidung wurde von der Literatur vielfach kritisiert, weil ua. die Verneinung der Eigenleistung des Hinterbliebenen nicht mit den vom Bundesverfassungsgericht selbst aufgestellten Kriterien zum Eigentumsschutz sozialversicherungsrechtlicher Eigentumspositionen übereinstimmt (Sodan NZS 2005, 563). Dass der verheiratete Versicherte keine höheren Beiträge zahlt als der ledige, kann die Ausnahme vom Eigentumsschutz nicht begründen; denn der ledige Versicherte kann auch nicht heiraten. Das versicherungsmathematische Risiko der Hinterbliebenenversorgung ist daher in beiden Gruppen vergleichbar (ebenda). Allerdings könnte selbst eine Korrektur der Entscheidung hinsichtlich Kürzungen und Umformungen der Witwen- und Witwerrenten zum Pyrrhussieg werden. So sei jedenfalls bislang der Eigentumsschutz sozialversicherungsrechtlicher Positionen nur ein stumpfes Schwert gewesen (GK SGB VI/Butzer § 46 SGB VI Rn 24). **2**

B. Kleine Witwen- und Witwerrente

Verstirbt ein Ehegatte, dann hat die Witwe oder der Witwer zumindest einen zeitlich **begrenzten Rentenanspruch**, sofern der Verstorbene die allgemeine Wartezeit erfüllt hat (§ 50 Abs. 1 SGB VI). Das Versterben ist i.d.R. durch die Sterbeurkunde nachzuweisen. Im Einzelfall genügen bei Verschollenheit auch Umstände, die das Versterben wahrscheinlich machen (vgl. § 49 SGB VI). Zum Zeitpunkt des Todes muss eine wirksam geschlossene Ehe bestanden haben. Daher besteht für Personen, die in einer nichtehelichen Lebensgemeinschaft gelebt haben, kein Rentenanspruch (BSG 30. 3. 1994 – 4 RA 18/93 – NJW 1995, 3270). Verfassungsrechtlich ist eine Einbeziehung in die Regelungen über die Renten wegen Todes nicht geboten, aber das Verfassungsrecht steht einer solchen Einbeziehung auch nicht grundsätzlich entgegen. Es ist eine Frage, die der Gesetzgeber zu entscheiden hat, dabei darf es zu keiner Benachteiligung der Ehe kommen (Ruland Rente für die „nichteheliche Witwe"? NJW 1995, 3234). **3**

Der Gesetzgeber hat inzwischen nur die Lebenspartner mit einbezogen (vgl. § 46 Abs. 4 SGB VI), ansonsten wurde ua. der **Anspruch** für die kleine Witwen- und Witwerrente nach dem „neuen" Hinterbliebenenrecht **zeitlich eingeschränkt**. Denn dieser Personenkreis könne nach einem Übergangszeitraum von 24 Kalendermonaten für ihren Lebensunterhalt selbst sorgen (BT-Drs 14/4595, 44). Allerdings genügt bereits die Vollendung eines bestimmten Lebensalters, um dann später einen **4**

Anspruch auf große Witwen- oder Witwerrente zu haben, sofern die sonstigen Voraussetzungen weiterhin vorliegen. Ein Anspruch auf Witwen- oder Witwerrente endet spätestens mit einer Wiederheirat. Als „Starthilfe" für die neue Ehe besteht bei der ersten Wiederheirat ein Anspruch auf eine Rentenabfindung (§ 107 SGB VI). Eine Abfindung erfolgt nicht von Amts wegen, sondern nur auf Antrag (§ 115 Abs. 1 SGB VI). Hat der überlebende Ehegatte bzw. Lebenspartner eine Abfindung erhalten, dann ist die Durchführung des Rentensplittings aus dieser Ehe bzw. Lebenspartnerschaft ausgeschlossen (§ 120a Abs. 5 SGB VI).

5   Schließlich ist noch eine besondere Vertrauensschutzregelung zu beachten, die eine **Begrenzung** auf 24 Kalendermonate **ausschließt** (§ 242a Abs. 1 SGB VI). Danach besteht ein Rentenanspruch bis zur Wiederheirat bzw. bis zum Ablauf des Todesmonats der Witwe bzw. des Witwers, wenn der Versicherte vor dem 1. 1. 2002 verstorben ist oder der Versicherte nach dem 31. 12. 2001 verstirbt, die Ehe aber vor dem 1. 1. 2002 geschlossen und mindestens ein Ehegatte vor dem 2. 1. 1962 geboren wurde.

C. Große Witwen- und Witwerrente

6   Die Anspruchsvoraussetzungen entsprechen zunächst denen nach § 46 Abs. 1 S. 1 SGB VI. Sofern aber zumindest **eine** weitere **zusätzliche Voraussetzung** erfüllt ist, besteht ein Anspruch auf die große Witwen- oder Witwerrente, bei der der Rentenartfaktor nach dem Sterbevierteljahr nicht so stark abgesenkt wird wie dies bei der kleinen Witwen- und Witwerrente erfolgt (§ 67 SGB VI). Von dem höheren Rentenanspruch profitieren ua. Hinterbliebene, die ein eigenes Kind oder ein Kind des versicherten Ehegatten erziehen. Der Gesetzgeber fordert also eine Kindererziehung, aber es ist nicht notwendig, dass es sich um ein Kind des verstorbenen Ehegatten handelt. Des Weiteren sind Stief- und Pflegekinder (§ 56 Abs. 2 SGB I) sowie Enkel und Geschwister (§§ 1589, 1590 BGB) zu berücksichtigen, wenn sie in den Haushalt der Witwe oder des Witwers aufgenommen wurden. Alternativ genügt bei Enkeln oder Geschwistern, dass diese von der Witwe oder dem Witwer überwiegend unterhalten werden.

7   Eine **Erziehung** im Sinne von § 46 SGB VI liegt entsprechend dem Personensorgerecht vor, wenn insbesondere die Pflicht und das Recht besteht, das Kind zu pflegen, zu erziehen, zu beaufsichtigen und seinen Aufenthalt zu bestimmen (§ 1631 Abs. 1 BGB). Die Erziehung ist nur bis zur Vollendung des 18. Lebensjahres des Kindes für den Rentenanspruch relevant. Gleichgestellt mit einer Erziehung ist die Sorge für ein mit der Witwe oder dem Witwer in häuslicher Gemeinschaft lebendes Kind, das wegen körperlicher, geistiger oder seelischer Behinderung außerstande ist, sich selbst zu unterhalten. Ob eine Behinderung vorliegt, beurteilt sich anhand von § 2 Abs. 1 SGB IX. Solange eine „Sorge" im vorgenannten Sinne erfolgt, endet der Anspruch auf große Witwen- oder Witwerrente auch nicht mit der Vollendung des 18. Lebensjahres des Kindes (§ 46 Abs. 2 S. 3 SGB VI).

8   Sofern eine Kindererziehung nicht vorliegt, haben die Witwe oder der Witwer auch Anspruch auf die „große Rente", wenn sie ein **bestimmtes Lebensalter** vollendet haben. Diese Altersgrenze wird zukünftig stufenweise auf das 47. Lebensjahr angehoben (§ 242a Abs. 5 SGB VI). Für eine Übergangszeit, dh. wenn der Versicherte vor dem 1. 1. 2012 verstorben ist, besteht für den Hinterbliebenen ein Anspruch auf große Witwen- oder Witwerrente bereits ab Vollendung des 45. Lebensjahres (§ 242a Abs. 4 SGB VI).

9   Schließlich erhalten auch jüngere und nicht kindererziehende Witwen oder Witwer eine „große Rente", wenn sie **erwerbsgemindert** sind. Eine Erwerbsminderung liegt vor, wenn Versicherte wegen Krankheit oder Behinderung auf nicht absehbare Zeit außerstande sind, unter den üblichen Bedingungen des allgemeinen Arbeitsmarktes mindestens 6 Stunden täglich zu arbeiten (vgl. § 43 SGB VI).

D. Versorgungsehe und -lebenspartnerschaft

10   Ein **Rentenanspruch** ist **ausgeschlossen**, wenn die Ehe bzw. Lebenspartnerschaft nicht mindestens 1 Jahr bestand. Bei einer kurzen Ehedauer wird zunächst vermutet, dass der alleinige oder überwiegende Zweck der Heirat war, dem Hinterbliebenen einen Rentenanspruch zu verschaffen. Dieser im Regelfall erfolgende Ausschluss vom Anspruch auf Witwen- und Witwerrenten verstößt nicht gegen Verfassungsrecht (BSG 5. 5. 2009 – B 13 R 53/08 –, NZS 2010, 400). Insbesondere ist der Gesetzgeber nicht verpflichtet, alle Ehen unterschiedslos vom ersten Tag an mit Ansprüchen auf Hinterbliebenenrenten auszustatten. Diese Ansprüche haben zwar eine Unterhaltsersatzfunktion, allerdings müssen bei Kurzzeitehen typischerweise keine ehebedingten Nachteile ausgeglichen werden. So hat sich der überlebende Ehegatte idR nicht soweit von seinen vorehelichen wirtschaftlichen Verhältnissen entfernt, als dass er nach dem Tod des Ehegatten nicht wieder daran anknüpfen könnte.

11   Die **Vermutung** einer Versorgungsehe ist allerdings **widerlegbar**, wenn die besonderen Umstände des Einzelfalles einen anderen Zweck beweisen. Der Vollbeweis erfordert zumindest einen der Ge-

wissheit nahekommenden Grad der Wahrscheinlichkeit. Die nur denkbare Möglichkeit reicht nicht aus. Eine Tatsache ist danach bewiesen, wenn alle Umstände des Falles nach vernünftiger Abwägung und nach der allgemeinen Lebenserfahrung geeignet sind, die volle Überzeugung oder einen so hohen Grad an Wahrscheinlichkeit zu begründen, dass kein vernünftiger Mensch noch zweifelt (LSG Schleswig-Holstein 7. 12. 2006 – L1 R 99/06 – NZS 2007, 321). Eine Versorgungsehe liegt ua. nicht vor, wenn der Versicherte plötzlich und unvorhersehbar verstirbt (zB Verkehrsunfall oder Opfer eines Verbrechens). Die Rechtsprechung zur parallelen Vorschrift im Recht der Unfallversicherung (vgl. § 65 Abs. 6 SGB VII) kann für die Beurteilung, ob eine Versorgungsehe vorliegt, zu Hilfe genommen werden.

Nach **einem Jahr** Ehe oder Lebenspartnerschaft kann die Rentenversicherung einen Hinterbliebenenrentenanspruch nicht mehr wegen einer Versorgung ablehnen. Selbst wenn die Ehepartner ausdrücklich erklärt hätten, dass die Heirat nur wegen der späteren Versorgung geschlossen wurde. Denkbar wäre beispielsweise, dass ein Pflegebedürftiger seine Pflegerin heiratet, um ihr eine zusätzliche Vergütung bzw. Versorgung nach seinem Tod zu sichern. Bei weiteren Konstellationen, wie ein sehr großer Altersunterschied, ist ein Ausnutzen der gesetzlichen Hinterbliebenenversorgung ebenfalls nicht auszuschließen. Auf Grund solcher und weiterer (Einzel-) Fälle fordert Coeppicus für Satzungen der Versorgungswerke die Einführung weiterer Ausschlusstatbestände „zur Abwehr von Rentenjägern" (ZRP 2008, 92). Für die gesetzliche Rentenversicherung dürfte es dem Gesetzgeber schwer fallen, akzeptable Kriterien festzulegen, bei denen von einem Missbrauch der Hinterbliebenenrentenansprüche auszugehen ist. Es ist zumindest fraglich, ob allein bei einem großen Altersunterschied die Intention des Missbrauchs unterstellt werden kann. 12

Die Feststellung der **tatsächlichen Intention** für eine Eheschließung ist häufig schwierig. Vor allem sind solche Umstände von Bedeutung, die auf einen von der Versorgungsabsicht verschiedenen Beweggrund schließen lassen. Die besondere Schwierigkeit besteht dabei darin, den materiellen Grund des Überwiegens der Versorgungsabsicht mit immateriellen Gründen zu vergleichen und abzuwägen, weil es insoweit an einem einheitlichen Maßstab fehlt. Dabei genügt der Nachweis, dass unter den Beweggründen jedenfalls nur eines der Eheschließenden der Zweck, dem Hinterbliebenen eine Versorgung zu verschaffen, keine maßgebende Bedeutung hatte. Das bereitet die zusätzliche Schwierigkeit, auch die Beweggründe des Verstorbenen festzustellen (LSG Schleswig Holstein 7. 3. 2007 – L8 R 207/06 – NZS 2007, 665). 13

Unter Berücksichtigung der **Umstände des Einzelfalles** kann sogar bei einer nur 10tägigen Ehedauer einer schwer krebskranken Versicherten die Versorgungsvermutung widerlegt werden (ebenda). „Besondere Umstände des Falls", die gegen das Überwiegen des Missbrauchs der Ehe sprechen, können sein: 14
– Dauer der zuvor bestehenden nichtehelichen Lebensgemeinschaft
– Heiratsabsicht vor Ausbruch der Krankheit als Plan für die Zukunft
– Versuch, neuen Lebensmut und Motivation zu geben im Kampf gegen den Krebs; Demonstration der Zusammengehörigkeit und der Unterstützung.
– ausreichend eigene Versorgung des Witwers; geringe Höhe der Versorgung; annähernd gleiches Einkommen des Witwers und der Versicherten.

E. Rentensplitting

Die Durchführung eines Rentensplittings **schließt** einen Witwen- oder Witwerrentenanspruch **aus**. Ein Rentensplitting ist durchgeführt, wenn die Entscheidung des Rentenversicherungsträgers über das Rentensplitting unanfechtbar ist (§ 120a Abs. 9 SGB VI). Ab dem Monat, der dem Monat folgt, in dem die Entscheidung über das Rentensplitting formell bestandskräftig ist, besteht kein Rentenanspruch mehr. Um Doppelzahlungen zu vermeiden, wird die Anwendung der §§ 24, 48 SGB X ausgeschlossen, dh. der Rentenbescheid kann gegebenenfalls rückwirkend aufgehoben und überzahlte Rentenbeträge zurückgefordert werden. 15

Ein Rentensplitting bewirkt, dass die während der Ehe bzw. der Lebenspartnerschaft erworbenen **Rentenansprüche** den Ehepartnern bzw. den Lebenspartnern **gleichmäßig** zu Gute kommen. Die Bedeutung des Rentensplittings wird zT nicht als besonders hoch eingeschätzt, weil in den meisten Fällen die Hinterbliebenenrente günstiger sei (Ruland NJW 2001, 3509). Lagen zu Lebzeiten der Ehegatten die Voraussetzungen für ein Rentensplitting nicht vor, kann der überlebende Ehegatte allein entscheiden, ob er eine Witwen- bzw. Witwerrente in Anspruch nimmt oder ein Rentensplitting herbeiführt (BeckOK Kreikebohm SGB VI § 120a Rn 7). Auch die Bewilligung einer Witwen- bzw. Witwerrente schließt ein Rentensplitting nicht aus. Allerdings ist für Todesfälle ab dem 1. 1. 2008 eine Ausschlussfrist zu beachten. Der überlebende Ehegatte muss die Erklärung zum Rentensplitting spätestens bis zum Ablauf von zwölf Kalendermonaten nach Ablauf des Monat abgeben, in dem der Ehegatte verstorben ist (§ 120d Abs. 1 SGB VI). Die Durchführung eines Rentensplittings schließt zwar einen Anspruch auf Witwen- bzw. Witwerrente aus, aber es kann dennoch gegebenenfalls ein Anspruch auf Erziehungsrente bestehen (vgl. § 47 SGB VI Rn. 4). 16

F. Erneuter Anspruch

17 Eine Witwen- oder Witwerrente ist auch nach dem **vorletzten Ehegatten** zu leisten, wenn die neue Ehe aufgelöst oder für nichtig erklärt wurde. Allerdings nur, wenn die sonstigen Voraussetzungen der vorherigen Absätze 1 bis 2b erfüllt sind. Eine Ehe wird durch den Tod, eine Scheidung (§ 1564 BGB) oder durch Aufhebung (§ 1313 BGB) aufgelöst. Eine Unterscheidung zwischen Aufhebung und Nichtigkeit erfolgt seit dem 1. 7. 1998 nicht mehr, weil das frühere Ehegesetz aufgehoben wurde, in dem die Voraussetzungen für die Nichtigkeit einer Ehe bestimmt waren. Die Aufhebungsgründe sind nunmehr einheitlich in § 1314 BGB geregelt. Danach kann eine Ehe zB aufgehoben werden, wenn
- ein Ehegatte sich bei der Eheschließung im Zustand der Bewusstlosigkeit oder vorübergehender Störung der Geistestätigkeit befand;
- ein Ehegatte bei der Eheschließung nicht gewusst hat, dass es sich um eine Eheschließung handelt;
- ein Ehegatte zur Eingehung der Ehe durch arglistige Täuschung über solche Umstände bestimmt worden ist, die ihn bei Kenntnis der Sachlage und bei richtiger Würdigung des Wesens der Ehe von der Eingehung der Ehe abgehalten hätten; dies gilt nicht, wenn die Täuschung Vermögensverhältnisse betrifft oder von einem Dritten ohne Wissen des anderen Ehegatten verübt worden ist;
- ein Ehegatte zur Eingehung der Ehe widerrechtlich durch Drohung bestimmt worden ist.

18 Die **Lebenspartnerschaft** ist der Ehe gleichgestellt (§ 46 Abs. 4 SGB VI), daher kann ua. auch ein Rentenanspruch nach dem vorletzten Lebenspartner entstehen. Eine (neue) Lebenspartnerschaft wird auf Antrag eines oder beider Lebenspartner durch richterliche Entscheidung aufgehoben (§ 15 Lebenspartnerschaftsgesetz). Erforderlich ist eine gewisse Dauer des Getrenntlebens, diese beträgt ein Jahr, wenn beide Lebenspartner die Aufhebung beantragen oder der Antragsgegner der Aufhebung zustimmt. Ohne Zustimmung ist ein Getrenntleben von mindestens drei Jahren erforderlich.

G. Lebenspartnerschaft

19 **Eingetragene Lebenspartnerschaften** sind erst seit dem 1. 1. 2005 in die Hinterbliebenenversorgung der gesetzlichen Rentenversicherung einbezogen. Eine Verfassungsbeschwerde gegen den Ausschluss der Lebenspartner von Hinterbliebenenleistungen für davor liegende Zeiträume nahm das Bundesverfassungsgericht nicht zur Entscheidung an, weil keine grundsätzliche verfassungsrechtliche Bedeutung mehr besteht (BVerfG 11. 6. 2010 – 1 BvR 170/06 – DÖV 2010, 821). Das Bundesverfassungsgericht könnte zwar gegebenenfalls noch eine Verfassungswidrigkeit feststellen, aber es könnte den Gesetzgeber nicht zu einer rückwirkenden Neuregelung verpflichten. Ein Neuregelungsauftrag wäre nur für die Zeit ab der Entscheidung des Bundesverfassungsgerichts zulässig, dh. auf Grund der bereits bestehende Regelung für Zeiten ab dem 1. 1. 2005 würde ein Neuregelungsauftrag ins Leere gehen.

20 Nach § 46 Abs. 4 SGB VI ist in der gesetzlichen Rentenversicherung die **Partnerschaft** zwischen zwei Personen des gleichen Geschlechts der Ehe weitgehend **gleichgestellt**. Daher fällt zB ein Witwer- oder Witwenrentenanspruch weg, wenn der überlebende Ehegatte eine Lebenspartnerschaft begründet. Im Zeitraum vom 1. 8. 2001 bis zum 31. 12. 2004 konnte eine Lebenspartnerschaft neben einer Ehe begründet werden (seit dem 1. 1. 2005 verhindert § 1306 BGB ein solches Zusammentreffen). Besteht die Ehe und die Lebenspartnerschaft noch zum Zeitpunkt des Todes, so ist ein Anspruch auf eine Witwen- oder Witwerrente für den überlebenden Lebenspartner ausgeschlossen (§ 105a SGB VI). Zunächst hat der Ehegatte Anspruch auf eine Witwen- oder Witwerrente aus der Rentenanwartschaft des Verstorbenen. Fällt der Witwen- oder Witwerrentenanspruch später weg, kann dann der Anspruch des überlebenden Lebenspartners zum Tragen kommen.

21 In der gesetzlichen Rentenversicherung ist eine Gleichstellung der Eingetragenen Lebenspartnerschaft hinsichtlich des Anspruchs auf Hinterbliebenenrente seit 2005 verwirklicht, hingegen ist die Rechtsprechung in anderen Bereichen der Hinterbliebenenversorgung weiterhin gefordert. Gegenwärtig kann beispielsweise die Satzung eines **ärztlichen Versorgungswerks** die Hinterbliebenenversorgung für überlebende **Lebenspartner ausschließen**, ohne dabei gegen den Gleichheitsgrundsatz und das Diskriminierungsverbot zu verstoßen (BVerwG 25. 7. 2007 – 6 C 27/06 – NJW 2008, 246). Eine Gleichbehandlung von Lebenspartnern und Ehegatten ist nicht bereits deshalb geboten, nur weil in der gesetzlichen Rentenversicherung eine entsprechende Regelung existiert. Denn die Rechtsprechung des BVerfG und des BVerwG hat geklärt, dass der Gleichheitssatz den Normgeber nur in seinem Kompetenzbereich bindet. Der Satzungsgeber ist nicht durch Art. 3 Abs. 1 GG gehindert, bei seiner Rechtsetzung von Vorschriften des Bundes abzuweichen, die dieser für vergleichbare Sachverhalte in seinem Gesetzgebungsbereich erlassen hat.

22 Fällt die Hinterbliebenenversorgung als Arbeitsentgelt in den Geltungsbereich der Richtlinie 2000/78/EG, dann hat der Lebenspartner einen Anspruch auf Hinterbliebenenversorgung, wenn er sich in einer **vergleichbaren Situation wie ein Ehegatte** befindet (EuGH 1. 4. 2008 – C-276/06

– NZA 2008, 459). Zur Rechtfertigung einer Differenzierung zwischen Lebenspartner und Ehegatten genügt der bloße Verweis auf das Schutzgebot der Ehe gemäß Art. 6 GG nicht. Aus diesem Gebot lässt sich verfassungsrechtlich nicht begründen, dass andere Lebensgemeinschaften mit geringeren Rechten zu versehen sind. Es bedarf eines gewichtigen Sachgrundes, der, gemessen am jeweiligen Regelungsziel, die Benachteilung rechtfertigt. Eine Ungleichbehandlung von Ehe und eingetragener Lebenspartnerschaft bei der betrieblichen Hinterbliebenenversorgung durch die Versorgungsanstalt des Bundes und der Länder (VBL) ist nicht gerechtfertigt und mit Art. 3 GG unvereinbar (BVerfG 7. 7. 2009 – 1 BvR 1164/07 – NJW 2010, 1439). Die Ausgestaltung der Hinterbliebenenversorgung berücksichtigt Sachverhalte, die bei Ehen und Lebenspartnerschaften in gleicher Weise auftreten. Es ist kein rechtfertigender Unterschied erkennbar, weshalb Lebenspartner in Bezug auf die Hinterbliebenenversorgung der VBL schlechter zu behandeln sind als Ehegatten.

§ 47 Erziehungsrente

(1) **Versicherte haben bis zum Erreichen der Regelaltersgrenze Anspruch auf Erziehungsrente, wenn**
1. ihre Ehe nach dem 30. Juni 1977 geschieden und ihr geschiedener Ehegatte gestorben ist,
2. sie ein eigenes Kind oder ein Kind des geschiedenen Ehegatten erziehen (§ 46 Abs. 2),
3. sie nicht wieder geheiratet haben und
4. sie bis zum Tod des geschiedenen Ehegatten die allgemeine Wartezeit erfüllt haben.

(2) Geschiedenen Ehegatten stehen Ehegatten gleich, deren Ehe für nichtig erklärt oder aufgehoben ist.

(3) **Anspruch auf Erziehungsrente besteht bis zum Erreichen der Regelaltersgrenze auch für verwitwete Ehegatten, für die ein Rentensplitting durchgeführt wurde, wenn**
1. sie ein eigenes Kind oder ein Kind des verstorbenen Ehegatten erziehen (§ 46 Abs. 2),
2. sie nicht wieder geheiratet haben und
3. sie bis zum Tod des Ehegatten die allgemeine Wartezeit erfüllt haben.

(4) **Für einen Anspruch auf Erziehungsrente gelten als Scheidung einer Ehe auch die Aufhebung einer Lebenspartnerschaft, als geschiedener Ehegatte auch der frühere Lebenspartner, als Heirat auch die Begründung einer Lebenspartnerschaft, als verwitweter Ehegatte auch ein überlebender Lebenspartner und als Ehegatte auch der Lebenspartner.**

A. Normzweck

Die Erziehungsrente gehört zu den **Renten wegen Todes** (§ 33 Abs. 4 SGB VI), aber sie wird nicht aus der Versicherung des Verstorbenen geleistet, sondern aus der Versicherung des überlebenden Ehegatten. Der nicht wiederverheiratete Ehegatte hat einen Rentenanspruch während der Erziehung eines Kindes, wenn er die allgemeine Wartezeit erfüllt hat. Anspruchsberechtigt waren ursprünglich die geschiedenen Ehegatten, aber seit 2002 wurden ebenso verwitwete Ehegatten, für die ein Rentensplitting durchgeführt wurde, einbezogen. Seit dem 1. 1. 2005 folgten noch die Lebenspartner einer Eingetragenen Lebenspartnerschaft. Mit der Erziehungsrente soll ein (teilweiser) Ausgleich des Einkommensverlustes erfolgen, weil wegen der Kindererziehung die Fähigkeit, eine Erwerbstätigkeit auszuüben, eingeschränkt ist (BT-Drs 14/4595, 45). Die Rente wird längstens bis zum Erreichen der Regelaltersgrenze geleistet. Anschließend folgt dann die Regelaltersrente (§ 115 Abs. 3 SGB VI). 1

B. Voraussetzungen

Für den Anspruch auf Erziehungsrente ist zunächst erforderlich, dass die **Scheidung** nach dem Recht erfolgte, welches ab dem 1. 7. 1977 gilt. Zu diesem Zeitpunkt wurde der Versorgungsausgleich eingeführt. Ist die Scheidung nach dem bis zum 30. 6. 1977 geltenden Recht erfolgt, dann besteht gegebenenfalls ein Rentenanspruch nach § 243 SGB VI. Ein Erziehungsrentenanspruch besteht nur solange ein eigenes Kind oder ein Kind des geschiedenen Ehegatten erzogen wird. Eine explizite Definition der Begriffe „Kinder" und „Erziehung" erfolgt nicht, sondern der Gesetzgeber verweist auf § 46 Abs. 2 SGB VI (daher siehe dortige Kommentierung Rn. 6). Im Übrigen ist es für den Rentenanspruch unerheblich, ob die Kindererziehung vor oder nach dem Tode des früheren Ehegatten beginnt. Dh. ein nach dem Tod des früheren Ehegatten geborenes Kind kann einen Anspruch auf Erziehungsrente auslösen. 2
Beispiel 1:
– Scheidung am 25. 2. 2009 der Ehe von A und B
– geschiedene Ehemann A stirbt am 21. 5. 2009

– am 17. 11. 2010 Geburt eines Kindes durch die geschiedene Ehefrau B, die nicht wiedergeheiratet hat

Lösung:
Sofern B am 21. 5. 2009 die allgemeine Wartezeit erfüllt hat, besteht bei Erziehung des eigenen nichtehelichen Kindes ein Anspruch auf Erziehungsrente.

3   Hingegen ist ein Anspruch auf Erziehungsrente ausgeschlossen, wenn eine **Ehe nie bestand**. Nach Auffassung des bayerischen Landessozialgerichts ist allerdings die Erziehungsrente in der derzeitigen Form **verfassungswidrig**, denn nichteheliche Kinder könnten benachteiligt sein. Das LSG setzte das betroffene Verfahren aus (Beschluss vom 30. 9. 2009 – L 1 R 204/09 –, BeckRS 2009, 73686) und legte es dem Bundesverfassungsgericht zur Entscheidung vor (anhängig unter Az.: 1 BvL 20/09). Das LSG verweist insbesondere auf Art. 6 Abs. 5 GG, der ein subjektives Recht auf Gleichbehandlung von ehelichen und nichtehelichen Kindern beinhaltet. Das nichteheliche Kind sei auf Grund der finanziellen Schlechterstellung des überlebenden Elternteils, dh. infolge des fehlenden Anspruchs auf Erziehungsrente, mittelbar benachteiligt. Ob tatsächlich eine finanzielle Einbuße vorliegt, ist im Übrigen nicht relevant, weil § 47 Abs. 1 SGB VI ansonsten auch typisierend einen Ausgleichsbedarf unterstellt. Nichteheliche Kinder sind aber zumindest bei einigen Erziehungskonstellationen mit ehelichen Kindern gleichgestellt (vgl. Beispiel 1).

Beispiel 2:
– 20. 3. 2010 Geburt E
– Eltern C und D sind nicht verheiratet
– C stirbt am 3. 5. 2010

Lösung:
Eine Erziehung des nichtehelichen Kindes durch D begründet keinen Anspruch auf Erziehungsrente. Allerdings hat E einen Anspruch auf Halbwaisenrente, wenn C die allgemeine Wartezeit erfüllt hat.

4   Der **Anspruch** auf Erziehungsrente **entfällt** mit einer Heirat oder der Begründung einer Lebenspartnerschaft. Eine Abfindung für eine Erziehungsrente ist nicht zu leisten, weil § 107 SGB VI nur Witwen- und Witwerrenten erfasst. Schließlich müssen Versicherte für den Anspruch auf Erziehungsrente die allgemeine Wartezeit erfüllt haben (§ 50 Abs. 1 SGB VI). Bei der Wartezeitprüfung sind nur die rentenrechtlichen Zeiten zu berücksichtigen, die bis zum Tod des geschiedenen Ehegatten zurückgelegt wurden.

C. Aufgehobene Ehen

5   § 47 Abs. 2 SGB VI weitet den **anspruchsberechtigten** Personenkreis aus. So können ebenfalls geschiedene Ehegatten, deren Ehe für nichtig erklärt oder aufgehoben ist, unter den sonstigen Voraussetzungen eine Erziehungsrente erhalten. Eine Unterscheidung zwischen Aufhebung und Nichtigkeit wird seit dem 1. 7. 1998 nicht mehr vorgenommen, weil das frühere Ehegesetz aufgehoben wurde, in dem die Voraussetzungen für die Nichtigkeit einer Ehe festgelegt waren. Die Aufhebungsgründe sind jetzt in § 1314 BGB geregelt.

D. Rentensplitting

6   **Verwitwete Ehegatten**, für die ein Rentensplitting durchgeführt wurde, haben gegebenenfalls einen Anspruch auf Erziehungsrente. Die weiteren Voraussetzungen entsprechen denen nach § 47 Abs. 1 Nr. 2 bis 4 SGB VI (Kindererziehung, keine Wiederheirat, allgemeine Wartezeit). Neben einem Anspruch auf Erziehungsrente besteht kein Anspruch auf Witwen- bzw. Witwerrente, weil die Durchführung eines Rentensplittings dies ausschließt (§ 46 Abs. 2b SGB VI). Ein Rentensplitting ist durchgeführt, wenn die Entscheidung des Rentenversicherungsträgers über das Rentensplitting unanfechtbar ist (§ 120a Abs. 9 SGB VI). Ein Anspruch auf Erziehungsrente besteht frühestens ab dem Monat, der dem Monat folgt, in dem die Entscheidung über das Rentensplitting formell bestandskräftig ist.

E. Lebenspartnerschaft

7   Frühestens ab dem 1. 1. 2005 können Lebenspartner eine Erziehungsrente erhalten. Die **Eingetragene Lebenspartnerschaft** wurde zu diesem Zeitpunkt in das Rentensplitting und in die Hinterbliebenenversorgung der gesetzlichen Rentenversicherung einbezogen. Die Gleichstellung in § 47 Abs. 4 SGB VI gewährleistet, dass Lebenspartner unter den selben Voraussetzungen wie Ehegatten anspruchsberechtigt sind.

§ 48 Waisenrente

(1) Kinder haben nach dem Tod eines Elternteils Anspruch auf Halbwaisenrente, wenn
1. sie noch einen Elternteil haben, der unbeschadet der wirtschaftlichen Verhältnisse unterhaltspflichtig ist, und
2. der verstorbene Elternteil die allgemeine Wartezeit erfüllt hat.

(2) Kinder haben nach dem Tod eines Elternteils Anspruch auf Vollwaisenrente, wenn
1. sie einen Elternteil nicht mehr haben, der unbeschadet der wirtschaftlichen Verhältnisse unterhaltspflichtig war, und
2. der verstorbene Elternteil die allgemeine Wartezeit erfüllt hat.

(3) Als Kinder werden auch berücksichtigt:
1. Stiefkinder und Pflegekinder (§ 56 Abs. 2 Nr. 1 und 2 Erstes Buch), die in den Haushalt des Verstorbenen aufgenommen waren,
2. Enkel und Geschwister, die in den Haushalt des Verstorbenen aufgenommen waren oder von ihm überwiegend unterhalten wurden.

(4) ¹Der Anspruch auf Halb- oder Vollwaisenrente besteht längstens
1. bis zur Vollendung des 18. Lebensjahres oder
2. bis zur Vollendung des 27. Lebensjahres, wenn die Waise
   a) sich in Schulausbildung oder Berufsausbildung befindet oder
   b) sich in einer Übergangszeit von höchstens vier Kalendermonaten befindet, die zwischen zwei Ausbildungsabschnitten oder zwischen einem Ausbildungsabschnitt und der Ableistung des gesetzlichen Wehr- oder Zivildienstes oder der Ableistung eines freiwilligen Dienstes im Sinne des Buchstabens c liegt, oder
   c) ein freiwilliges soziales Jahr oder ein freiwilliges ökologisches Jahr im Sinne des Jugendfreiwilligendienstegesetzes oder den Bundesfreiwilligendienst nach dem Bundesfreiwilligendienstgesetz leistet oder
   d) wegen körperlicher, geistiger oder seelischer Behinderung außerstande ist, sich selbst zu unterhalten.

²Eine Schulausbildung oder Berufsausbildung im Sinne des Satzes 1 liegt nur vor, wenn die Ausbildung einen tatsächlichen zeitlichen Aufwand von wöchentlich mehr als 20 Stunden erfordert. ³Der tatsächliche zeitliche Aufwand ist ohne Bedeutung für Zeiten, in denen das Ausbildungsverhältnis trotz einer Erkrankung fortbesteht und damit gerechnet werden kann, dass die Ausbildung fortgesetzt wird. ⁴Das gilt auch für die Dauer der Schutzfristen nach dem Mutterschutzgesetz.

(5) ¹In den Fällen des Absatzes 4 Nr. 2 Buchstabe a erhöht sich die für den Anspruch auf Waisenrente maßgebende Altersbegrenzung bei Unterbrechung oder Verzögerung der Schulausbildung oder Berufsausbildung durch den gesetzlichen Wehrdienst, Zivildienst oder einen gleichgestellten Dienst um die Zeit dieser Dienstleistung, höchstens um einen der Dauer des gesetzlichen Grundwehrdienstes oder Zivildienstes entsprechenden Zeitraum. ²Die Ableistung eines freiwilligen Dienstes im Sinne von Absatz 4 Nr. 2 Buchstabe c ist kein gleichgestellter Dienst im Sinne von Satz 1.

(6) Der Anspruch auf Waisenrente endet nicht dadurch, dass die Waise als Kind angenommen wird.

A. Normzweck

Nach dem Tod eines versicherten Elternteils haben **Kinder** einen eigenständigen **Rentenanspruch**, wenn der Verstorbene die allgemeine Wartezeit erfüllt hat. Ein Waisenrentenanspruch besteht zunächst bis zur Vollendung des 18. Lebensjahres, darüber hinaus nur bei Vorliegen weiterer Voraussetzungen. Ein Unterhaltsersatz ist dann zB noch während einer Berufs- oder Schulausbildung zu leisten. Die Vollwaisenrente ist mit einem höheren Rentenartfaktor als die Halbwaisenrente zu berechnen (§ 67 SGB VI), weil Vollwaisen den bei Halbwaisen gegebenen Unterhaltsanspruch gegenüber einem überlebenden Ehegatten nicht haben. Grundlage für die Ermittlung der persönlichen Entgeltpunkte sind die Entgeltpunkte des verstorbenen Versicherten bei einer Halbwaisenrente bzw. der zwei verstorbenen Versicherten mit den höchsten Renten bei einer Vollwaisenrente (§ 66 Abs. 2 SGB VI). Es können mehr als zwei verstorbene Elternteile vorhanden sein, zB die leiblichen Eltern und ein Stiefelternteil. Bei Berechnung der Vollwaisenrente sind daher die zwei Verstorbenen entscheidend, deren Entgeltpunkte zu den höchsten Versichertenrenten führen würden. Bei Waisenrenten an über 18 Jahre alte Waisen finden die Vorschriften über die Einkommensanrechnung Anwendung (§ 97 SGB VI).

B. Halbwaisenrente

2   Für einen Waisenrentenanspruch ist zunächst zu prüfen, ob die Person vom **Verstorbenen abstammt** (§§ 1591 ff BGB). Der rechtliche Status als Kind wird i.d.R. durch die Geburtsurkunde nachgewiesen. Zu berücksichtigen sind sowohl leibliche als auch adoptierte Kinder (§§ 1741 ff BGB). Außerdem bestimmt § 48 Abs. 3 SGB VI, dass weitere Personen als Kinder des Verstorbenen gelten (vgl. Rn. 6).

3   Für die Unterscheidung zwischen Halb- und Vollwaise ist das ausschlaggebende Kriterium, ob noch ein **Elternteil vorhanden** ist, der unbeschadet der wirtschaftlichen Verhältnisse unterhaltspflichtig ist. Die Unterhaltspflicht muss nur dem Grunde nach bestehen, dh. ob der Elternteil tatsächlich unterhaltsfähig und das Kind unterhaltsbedürftig ist, beeinflusst den Rentenanspruch nicht. Solange ein leiblicher Elternteil noch lebt, besteht nur ein Halbwaisenrentenanspruch. Des Weiteren ist es erforderlich, dass der Verstorbene die Mindestversicherungszeit erfüllt hat (§ 50 Abs. 1 SGB VI).

C. Vollwaisenrente

4   Die Voraussetzungen entsprechen denen der Halbwaisenrente (s. o.). Der wesentliche Unterschied ist, dass **kein** dem Grunde nach **unterhaltspflichtiger Elternteil** mehr vorhanden ist. In Frage kommen nur leibliche Elternteile und Adoptiveltern. Als leiblicher Elternteil ist ebenfalls ein Vater zu berücksichtigen, der die Vaterschaft anerkannt hat oder für den die Vaterschaft gerichtlich festgestellt wurde. Ein außerhalb einer Ehe geborenes Kind ist daher nach dem Tod der Mutter eine Vollwaise, wenn eine Vaterschaft weder anerkannt noch gerichtlich festgestellt wurde (BSG 23. 7. 1959 – 3 RJ 224/58 – NJW 1959, 2037). Es würde keinen Sinn machen, die Gewährung der höheren Waisenrente selbst in den Fällen von dem Nachweis des Todes beider Elternteile abhängig zu machen, in denen dieser Nachweis, weil schon die Eltern oder ein Elternteil der Person nach unbekannt sind, niemals geführt werden könnte. Eine andere Auslegung würde nach Ansicht des BSG auch mit dem verfassungsrechtlichen Gebot in Widerspruch stehen, dass den „unehelichen" (nichtehelichen) Kindern durch die Gesetzgebung die gleichen Bedingungen für ihre leibliche und seelische Entwicklung und ihre Stellung in der Gesellschaft geschaffen werden sollen wie den ehelichen Kindern (Art. 6 Abs. 5 GG).

5   Hingegen ist ein Kind nach dem Tod der Mutter keine Vollwaise, wenn der Vater zwar festgestellt wurde, aber der Aufenthalt inzwischen unbekannt ist (BSG 15. 3. 1988 – 4/11a RA 50/87 –). Sofern allerdings bei einem unbekanntem Aufenthalt eines Elternteils die Vermutung besteht, dass er nicht mehr am Leben ist, dann kann nach dem Verschollenheitsgesetz ein gerichtliches Todesfeststellungsverfahren durchgeführt werden (vgl. § 49 SGB VI).

D. Weitere waisenrentenberechtigte Kinder

6   Als waisenrentenberechtigte Kinder sind auch **Stief- und Pflegekinder** (§ 56 Abs. 2 SGB I) sowie **Enkel und Geschwister** (§§ 1589, 1590 BGB) zu berücksichtigen, wenn sie in den Haushalt des Verstorbenen aufgenommen waren. Alternativ genügt bei Enkeln oder Geschwistern, dass diese von dem Verstorbenen überwiegend unterhalten wurden.

7   Das Bundessozialgericht hat im Laufe der Zeit den Tatbestand der **Haushaltsaufnahme** mit unterschiedlichen Formulierungen umschrieben: „ein auf längere Dauer gerichtetes Betreuungs- und Erziehungsverhältnis familienähnlicher Art", „eine Aufnahme in die Familiengemeinschaft" oder „ein elternähnliches, auf Dauer berechnetes Band". In zusammenfassender Würdigung der Entwicklung in der Rechtsprechung ist das BSG schließlich zu dem Ergebnis gelangt, dass unter Haushaltsaufnahme nicht nur ein örtlich gebundenes Zusammenleben zu verstehen ist, sondern dass sie als Schnittstelle von Merkmalen örtlicher (Familienwohnung), materieller (Unterhalt) und immaterieller Art (Zuwendung von Fürsorge, Begründung eines familienähnlichen Bandes) gekennzeichnet wird (BSG 30. 8. 2001 – B4 RA 109/00 – NZS 2002, 433). Die Waise muss im letzten dauerhaften Normalzustand vor dem Tod des Versicherten im Haushalt aufgenommen sein. Eine erfolgte Haushaltsaufnahme kann nur durch ein willentliches Verhalten des Versicherten, des Kindes oder vom Staat kraft öffentlichen Rechts dauerhaft beendet werden. Die auf Dauer angelegte und vollzogene Haushaltsaufnahme wird nicht beendet, soweit sie durch einen Schicksalsschlag, aber ohne Willen des Versicherten und des Kindes eingeschränkt oder aufgehoben wird. Ein kurzfristiger Aufenthalt des Versicherten in einem Pflegeheim beendet daher nicht zwangsläufig die Haushaltsaufnahme (ebenda). In einem weiteren Urteil stellt der 5. Senat fest, dass bei einem über zwei Jahre dauernden Zeitraum nicht mehr von einem „anormalen Zustand" im Sinne eines „Schicksalsschlags" ausgegangen werden kann (BSG 30. 1. 2002 – B5 RJ 34/01 – NZS 2003, 159).

8   Die Rentenversicherung hat unter Berücksichtigung sämtlicher **Umstände des Einzelfalles** eine Wertung vorzunehmen, ob eine Haushaltsaufnahme vorlag. So kann zB auch eine Großmutter einen Enkel in der Form in ihren Haushalt aufnehmen, dass sie mit der Mutter des später waisenrentenbe-

rechtigten Kindes einen gemeinsamen Hausstand gründet und beide zur Führung des Haushalts zumindest in gleicher Weise beitragen (BSG 30. 1. 2002 – B5 RJ 34/01 – NZS 2003, 159). Der gleichwertige Beitrag kann durch Arbeiten im Haushalt oder durch einen entsprechenden finanziellen Beitrag erbracht werden. Mutter und Großelternteil müssen den Haushalt also in ähnlicher Weise bestritten haben, wie es §§ 1356, 1360, 1360a BGB in der ehelichen Lebensgemeinschaft von Ehegatten untereinander verlangen; ist ein Anspruch auf Halbwaisenrente zu beurteilen, so steht der Tod eines versicherten Großelternteils dem Tod eines Elternteils (insoweit) gleich. Ehegatten sind zwar frei, den Familienunterhalt, wozu auch die Haushaltsführung zählt, selbständig zu gestalten; beide müssen jedoch ihren Teil zum Bestreiten des Haushalts – durch Hausarbeit oder Abdeckung der Kosten – beitragen.

E. Anspruchsdauer

Eine Waisenrente wird bis zur Vollendung des **18. Lebensjahres** der Waise geleistet. Ein weitergehender Anspruch besteht längstens bis zur Vollendung des **27. Lebensjahres**, sofern ein vom Gesetzgeber privilegierter Tatbestand erfüllt ist. Hat sich eine Schul- oder Berufsausbildung aus Gründen, für die die Waise nicht eintreten soll, verzögert, dann verlängert sich der Waisenrentenanspruch über das 27. Lebensjahr hinaus (vgl. Rn. 21). 9

I. Schul- oder Berufsausbildung

Als **Schulausbildung** ist die Ausbildung an allgemeinbildenden Schulen, Fach- und Hochschulen zu berücksichtigen (vgl. § 58 SGB VI, Rn. 15 ff). Eine Waisenrente ist auf das Ende des Kalendermonats zu befristen, in dem voraussichtlich der Anspruch auf die Waisenrente entfällt. Die Befristung kann verlängert werden (§ 102 Abs. 4 SGB VI), zB weil ein Schuljahr wiederholt wurde. Insbesondere bei einem Studium ist regelmäßig die voraussichtliche Dauer nur schwer abzuschätzen. Es bietet sich daher an, das voraussichtliche Ende der Waisenrente zunächst anhand der Regelstudiendauer an der jeweiligen Hochschule zu bestimmen. Als Anhaltspunkt für die Bestimmung der Regelstudiendauer dienen auch die Vorgaben des Hochschulrahmengesetzes, danach beträgt die Regelstudiendauer bei: 10
– Fachhochschulstudiengängen vier Jahre (§ 11 HRG),
– Hochschulstudiengängen viereinhalb Jahre,
– Studiengänge mit Bachelorabschluss mindestens drei Jahre und höchstens vier Jahre (§ 19 HRG),
– Studiengänge mit Masterabschluss mindestens ein und höchstens zwei Jahre,
– konsekutive Studiengänge mit Bachelor- und Masterabscluss höchstens fünf Jahre.

Eine **Berufsausbildung** liegt vor, wenn die für die Ausübung einer qualifizierten beruflichen Tätigkeit notwendigen Fähigkeiten, Kenntnisse und Fertigkeiten in einem geordneten Ausbildungsgang vermittelt werden (§ 1 Abs. 3 BBiG). Daher ist nicht jede Aus-, Fort- oder Weiterbildung, die ein Kind nach Vollendung des 18. Lebensjahres betreibt, eine Berufsausbildung. Eine solche liegt nur vor, soweit für den gewählten Beruf notwendige (nicht: nur nützliche, wünschenswerte oder förderliche) Kenntnisse oder praktische Fertigkeiten von einer hierfür anerkannt qualifizierten Ausbildungsinstitution oder Ausbildungsperson vermittelt werden (BSG 31. 8. 2000 – B4 RA 5/00 – NZS 2001, 268). Eine Schul- oder Berufsausbildung führt nur dann zu einem Waisenrentenanspruch, wenn die Waise durch die Ausbildung überwiegend beansprucht wird. D. h. eine Inanspruchnahme von **mehr als 20 Stunden** in der Woche ist notwendig, eine entsprechende Stundenanzahl ist im Übrigen auch für die Anrechnung einer schulischen Ausbildung neben einer versicherten Beschäftigung erforderlich (vgl. § 58 SGB VI, Rn 37). Ein bestehender Rentenanspruch entfällt nicht, wenn der geforderte Zeitaufwand auf Grund einer Krankheit nicht mehr erreicht wird, solange die Aussicht besteht, dass die Ausbildung nach der Unterbrechung fortgesetzt werden kann. Eine Ausbildung besteht auch fort, solange sie wegen der Beschäftigungsverbote nach dem Mutterschutzgesetz (vgl. § 58 SGB VI, Rn 5), nicht ausgeübt werden darf. 11

Eine Berufsausbildung **beginnt** mit dem im Ausbildungsvertrag festgelegten ersten Beschäftigungstag. Die Waisenrente ist auch bereits für den Monat des Ausbildungsbeginns zu zahlen, wenn die Berufsausbildung nur deshalb nicht am Monatsersten anfängt, weil der Erste des Monats ein Sonnabend, Sonntag oder ein gesetzlicher Feiertag ist. 12
Beispiel 1:
Laut Ausbildungsvertrag beginnt die Berufsausbildung am 4. 10. 2011, weil der 1. 10. 2011 ein Sonnabend, der 2. 10. 2011 ein Sonntag und der 3. 10. 2011 ein gesetzlicher Feiertag ist.
Lösung:
Für den Kalendermonat Oktober 2011 liegt Berufsausbildung vor. Die Waisenrente beginnt daher am 1. 10. 2011, sofern die sonstigen Voraussetzungen erfüllt sind.

Ein Berufsausbildungsverhältnis **endet** mit Ablauf der festgelegten Ausbildungszeit (§ 21 Abs. 1 BBiG). Es hört bereits vorher auf, wenn der Auszubildende vor Ablauf der Ausbildungszeit die Ab- 13 schlussprüfung besteht. In diesem Fall endet das Berufsausbildungsverhältnis mit Bekanntgabe des Ergebnisses durch den Prüfungsausschuss (§ 21 Abs. 2 BBiG). Die vorzeitige Beendigung wirkt sich entsprechend auf den Waisenrentenanspruch aus, dh. der Anspruch auf Grund der Ausbildung endet mit Ablauf des Monats, in dem die Ausbildung endete. War die Waisenrente auf einen späteren Zeitpunkt befristet (§ 102 Abs. 4 SGB VI), dann ist der Bescheid wegen einer Änderung in den tatsächlichen Verhältnissen aufzuheben (§ 48 SGB X).

II. Übergangszeiten

14   Nach Vollendung des 18. Lebensjahres besteht ein Waisenrentenanspruch ebenfalls in ausbildungsfreien Zeiten, wenn eine **unvermeidbare Übergangszeit** zwischen zwei Ausbildungsabschnitten, dem Wehr- bzw. Zivildienst oder eines freiwilligen Dienstes vorliegt. Eine Unvermeidbarkeit unterstellt der Gesetzgeber höchstens für **vier Kalendermonate**. Deswegen muss die Waise spätestens bis zum ersten Tag des fünften auf die Beendigung des ersten Ausbildungsabschnittes folgenden Kalendermonats den zweiten Ausbildungsabschnitt aufnehmen. Während der Übergangszeit muss durchgehend die Absicht bestehen, eine Ausbildung (wieder) aufzunehmen. Solange diese Voraussetzung vorliegt, ist selbst eine kurzfristige Aushilfsbeschäftigung während der Übergangszeit für den Rentenanspruch unschädlich, allerdings erfolgt gegebenenfalls eine Einkommensanrechnung nach § 97 SGB VI.

15   Eine Übergangszeit beginnt mit dem Ende des ersten Ausbildungsabschnittes. Bei **Schulausbildungen** ist nicht das Ende des bundeseinheitlichen Schuljahres für den Beginn der Übergangszeit maßgebend, sondern die Schulausbildung endet gegebenenfalls bereits vorher mit der Aushändigung der **Zeugnisse** (BSG 1. 7. 2010 – B 13 R 86/09-, BeckRS 2010, 72.583). Auf das Pauschaldatum des bundeseinheitlichen Schuljahresende am 31. Juli ist auch deshalb nicht abzustellen, weil eine Schulausbildung iSv. § 48 SGB VI nur vorliegt, wenn die Ausbildung einen tatsächlichen zeitlichen Aufwand von wöchentlich mehr als 20 Stunden erfordert (§ 48 Abs. 4 S. 2 SGB VI). Ein zeitlicher Aufwand liegt aber nicht mehr vor, wenn nach Ausstellung der Zeugnisse die ehemaligen Schüler bis zum schulrechtlich festgelegten Schuljahresende in keiner Weise mehr unterrichtet werden. Steht bereits bei einer Zeugnisverteilung fest, dass der nächste Ausbildungsabschnitt nicht innerhalb der vier Kalendermonate beginnt, entfällt der Waisenrentenanspruch für die gesamte Übergangszeit. Die Waisenrente endet in diesen Fällen zunächst mit Ablauf des Monats, in dem der erste Ausbildungsabschnitt beendet wurde.

III. Freiwilliges Jahr

16   Nach dem Gesetz zur Förderung von **Jugendfreiwilligendiensten** ist gemäß § 2 JFDG ein Freiwilliger derjenige, der ua. einen freiwilligen Dienst ohne Erwerbsabsicht, außerhalb einer Berufsausbildung und vergleichbar einer Vollzeitbeschäftigung leistet. Eine ähnliche Regelung enthielt zuvor sowohl das Gesetz zur Förderung eines freiwilligen **sozialen Jahres** als auch das Gesetz zur Förderung eines freiwilligen **ökologischen Jahres**. Der Gesetzgeber hat diese Gesetze mit Wirkung zum 1. 6. 2008 in einem Regelwerk zusammengeführt, dabei wurde an der bisherigen Grundkonzeption festgehalten (BT-Drs 16/6519, 11). Für den Waisenrentenanspruch ergeben sich keine wesentlichen Änderungen, denn es erfolgte eine redaktionelle Anpassung von § 48 SGB VI, dh. auch weiterhin kann während der Ableistung eines freiwilligen sozialen/ökologischen Jahres ein Anspruch auf Waisenrente bestehen. Nach dem JFDG wird ein Jugendfreiwilligendienst im Inland in der Regel in 12 zusammenhängenden Monaten geleistet, dabei beträgt die Mindestverpflichtung bei demselben Träger 6 Monate. Der Dienst kann bis zu einer Gesamtdauer von 18 Monaten (§ 5 Abs. 1 JFDG) bzw. im Rahmen eines besonderen pädagogischen Konzeptes bis zu einer Dauer von 24 Monaten (§ 8 JFDG) verlängert werden.

17   Ein Jugendfreiwilligendienst kann auch **im Ausland** geleistet werden (§ 6 JFDG). Zur Vorbereitung erfolgt dabei eine pädagogische Begleitung in Form von Bildungsmaßnahmen (Seminare oder pädagogische Veranstaltungen). Die vorbereitende Maßnahme soll im Inland mindestens einen Zeitraum von 4 Wochen umfassen. Des Weiteren soll noch eine nachbereitende Veranstaltung von mindestens einwöchiger Dauer stattfinden. Die verpflichtende Teilnahme an den Bildungsmaßnahmen gilt als Dienstzeit, infolgedessen liegt ein freiwilliges Jahr iSv. § 48 SGB VI vor.

18   Ein Anspruch auf Waisenrente besteht nicht während der Teilnahme an einem „**Europäischen Freiwilligendienst**". Der Umstand, dass der geleistete „Europäische Freiwilligendienst" einem freiwilligen sozialen Jahr im Sinne des Gesetzes über die Förderung eines freiwilligen sozialen Jahres ähnlich ist – und die Waise womöglich die von ihr ausgeübte Tätigkeit auch als freiwilliges soziales Jahr hätte leisten können – führt nicht dazu, dass dieser Dienst für den Anspruch auf Waisenrente einem freiwilligen sozialen Jahr iSd. § 48 Abs. 4 SGB VI gleichsteht oder mittels einer lückenausfüllenden Auslegung gleichzustellen ist (LSG Berlin-Brandenburg 19. 12. 2006 – L 12 RA 123/04 –). Grundlage für den „Europäischen Freiwilligendienst" ist der Beschluss Nr. 1031/2000/EG des Europäischen Parlaments und des Rates vom 13. April 2000 zur Einführung des gemeinschaftlichen Aktionspro-

gramms „Jugend", der – anders als das Gesetz zur Förderung des freiwilligen sozialen Jahres – keine oder nur wenig detaillierte Bestimmungen insbesondere über die Durchführung des Dienstes und begleitende pädagogische Bildungsmaßnahmen oder Träger enthält. Angesichts der unterschiedlichen Grundlagen und – zumindest teilweisen – Ausgestaltung ist es ausgeschlossen, den „Europäischen Freiwilligendienst" in ein freiwilliges soziales Jahr umzudeuten.

Als Träger des **freiwilligen sozialen Jahres** (§ 10 JFDG) kommen insbesondere in Betracht: **19**
- die in der Bundesarbeitsgemeinschaft der freien Wohlfahrtspflege zusammengeschlossenen Verbände und ihre Untergliederungen,
- die Religionsgemeinschaften mit dem Status einer öffentlich-rechtlichen Körperschaft,
- die Gebietskörperschaften sowie nach näherer Bestimmung der Länder sonstige Körperschaften des öffentlichen Rechts,
- die Bundesvereinigung Kulturelle Jugendbildung und
- die Deutsche Sportjugend.

IV. Behinderung

Eine Waise, die wegen körperlicher, geistiger oder seelischer Behinderung **außerstande** ist, **sich** **20** **selbst zu unterhalten**, hat bis zur Vollendung des 27. Lebensjahres einen Waisenrentenanspruch. Für diesen Anspruch ist es nicht entscheidend, dass eine Behinderung im Sinne von § 2 Abs. 1 SGB IX bereits vor dem Tod des Versicherten vorlag. Auch eine Behinderung, die erst später eintritt (etwa durch einen Unfall), begründet einen Rentenanspruch. Die Behinderung muss kausal für die mangelnde Fähigkeit sein, sich selbst zu unterhalten, dh. insbesondere den eigenen Lebensunterhalt durch Arbeit zu verdienen. Dabei genügt es, dass die Waise noch in der Lage ist, eine Beschäftigung auszuüben. Für das Risiko, auf dem Arbeitsmarkt tatsächlich einen Arbeitsplatz zu finden, soll die Rentenversicherung nicht einstehen. Bei der Prüfung der Unterhaltsfähigkeit sind auch weitere Einkünfte, die eine Lohnersatzfunktion haben, zu berücksichtigen. Eine solche Funktion hat zB die Rente wegen Erwerbsunfähigkeit (heute: Rente wegen verminderter Erwerbsfähigkeit), denn sie steht in einem funktionellen Zusammenhang mit dem früheren Erwerbseinkommen (BSG 27. 4. 1978 – 8/12 RKg 14/77 –).

Die Begrenzung auf das 27. Lebensjahr und damit der Ausschluss eines weitergehenden Anspruches **21** ohne Altersbegrenzung ist **nicht verfassungswidrig**, auch im Hinblick auf bestehende günstigere Regelungen im Beamtenversorgungsgesetz bzw. im Bundesversorgungsgesetz (BSG 20. 6. 2002 – B13 RJ 45/01 – NZS 2003, 218). Für das Bundessozialgericht waren keine hinreichenden Gründe ersichtlich, die die bisherige verfassungsrechtliche Beurteilung der zeitlichen Begrenzung von Waisenrenten in der gesetzlichen Rentenversicherung – auch soweit behinderte Waisen betroffen sind – in Frage stellen könnten. Denn es haben sich weder die gesellschaftlichen noch die rechtlichen Bedingungen so verändert, dass nunmehr von der Verfassungswidrigkeit dieser zeitlichen Begrenzung auf das 27. Lebensjahr ausgegangen werden müsste (so bereits BSG 25. 5. 1993 – 4 RA 37/92 –). Das Bundesverfassungsgericht zählt die Fürsorge für Hilfsbedürftige zu den selbstverständlichen Pflichten eines Sozialstaates. Dies schließe notwendig die soziale Hilfe für die Mitbürger ein, die wegen körperlicher oder geistiger Gebrechen an ihrer persönlichen und sozialen Entfaltung gehindert und außerstande sind, sich selbst zu unterhalten. Diese allgemeine Schutzpflicht könne natürlicherweise nicht an einer bestimmten Altersgrenze enden; sie müsse vielmehr dem jeweils vorhandenen Bedarf an sozialer Hilfe entsprechen. Jedoch bestünden vielfältige Möglichkeiten, den gebotenen Schutz zu verwirklichen. Es liegt grundsätzlich in der Gestaltungsfreiheit des Gesetzgebers, den ihm geeignet erscheinenden Weg zu bestimmen, besonders zwischen den verschiedenen Formen finanzieller Hilfe für den Unterhalt und die Betreuung gebrechlicher Menschen zu wählen und entsprechend die Anspruchsberechtigung festzulegen (BVerfG 18. 6. 1975 – 1 BvL 4/74 – NJW 1975, 1691).

F. Verlängerung des Anspruches

Befindet sich eine Waise nach Vollendung des 27. Lebensjahres in einer Schul- oder Berufsausbil- **22** dung, besteht ausnahmsweise trotzdem ein Waisenrentenanspruch, wenn sich die Ausbildung durch den **gesetzlichen Wehrdienst, Zivildienst** oder einen **gleichgestellten Dienst** verzögert hat. Allein das Zurücklegen der genannten „Dienstzeiten" genügt; inwieweit sie tatsächlich ursächlich für eine Unterbrechung oder Verzögerung der Ausbildung waren, ist nicht zu prüfen. Der gesetzliche Wehrdienst umfasst den Grundwehrdienst und die Wehrübungen (§§ 5, 6 WPflG), hingegen nicht die Teilnahme an besonderen Auslandsverwendungen (§ 6a WPflG) und ebenfalls unberücksichtigt bleibt ein freiwilliger zusätzlicher Wehrdienst im Anschluss an den Grundwehrdienst (§ 6b WPflG). Das Zivildienstgesetz regelt den auf Grund gesetzlicher Verpflichtung zu leistenden Zivildienst. Im Zivildienst erfüllen anerkannte Kriegsdienstverweigerer Aufgaben, die dem Allgemeinwohl dienen, vorrangig im sozialen Bereich (§ 1 ZDG). Die Verpflichtung, einen Wehr- oder Zivildienst zu leisten, kann auch durch bestimmte gleichgestellte Dienste erfüllt werden. Dazu gehört beispielsweise ein mindestens zweijähriger Entwicklungsdienst nach dem Entwicklungshelfer-Gesetz (§§ 13b WPflG,

14a ZDG). Als Verlängerungszeit kommt hier aber nur der Zeitraum in Frage, der bei Ableistung eines Wehr- oder Zivildienstes zu berücksichtigen wäre. Das soziale/ökologische Jahr ist von der Gleichstellung ausgenommen (§ 48 Abs. 5 S. 2 SGB VI), weil für diese Zeit bereits ein Waisenrentenanspruch vorgesehen ist (vgl. Rn. 15).

23 Ein **Verlängerungszeitraum** beginnt stets nach Ablauf des Monats, in dem die Waise das 27. Lebensjahr vollendet hat. Der Verlängerungsumfang ergibt sich aus der Dauer des Wehr- oder Zivildienstes. Zumindest ein Teil des Verlängerungstatbestandes muss vor Vollendung des 27. Lebensjahres liegen (Beispiel 2), dh. sofern ein Dienst vollständig nach Vollendung des 27. Lebensjahres zurückgelegt wurde, verlängert sich der Anspruchszeitraum nicht. Der Umfang der Verlängerung verkürzt sich gegebenenfalls, wenn bereits vor Vollendung des 18. Lebensjahres ein Wehr- oder Zivildienst geleistet wurde (Beispiel 3). Für die Bestimmung des Verlängerungszeitraumes ist es unerheblich, ob der Wehr- oder Zivildienst vor oder nach dem Tod des Versicherten zurückgelegt wurde.

Beispiel 2:
Tod des Versicherten am 6. 2. 2008
Waise vollendet das 27. Lebensjahr am 25. 8. 2008
Zivildienst vom 1. 1. 2008 bis 30. 9. 2008
Berufsausbildung vom 1. 10. 2008 bis 30. 9. 2011
Lösung:
Der Verlängerungszeitraum beginnt am 1. 9. 2008 und endet am 31. 5. 2009. Ein Waisenrentenanspruch besteht vom 1. 10. 2008 bis 31. 5. 2009.

Beispiel 3:
Tod des Versicherten am 4. 4. 1995
Waise vollendet das 18. Lebensjahr am 30. 6. 1998
Wehrdienst vom 1. 1. 1998 bis 31. 10. 1998
Berufsausbildung vom 1. 9. 2006 bis 31. 8. 2009
Lösung:
Der Verlängerungszeitraum beginnt am 1. 7. 2007 und endet am 31. 10. 2007. Ein Anspruch auf Waisenrenten besteht zunächst bis zum 30. 6. 1998 (§ 48 Abs. 1 S. 1 Nr. 1 SGB VI), danach vom 1. 9. 2006 bis 30. 6. 2007 (§ 48 Abs. 1 S. 1 Nr. 2 SGB VI) und schließlich noch vom 1. 7. 2007 bis 31. 10. 2007 (§ 48 Abs. 5 SGB VI).

G. Adoption einer Waise

24 Wird eine Waise adoptiert, dann **besteht der Anspruch** auf Waisenrente **weiter**. Auch der vor der Adoption entstandene Anspruch auf Vollwaisenrente entfällt nicht, obwohl nach der Adoption zumindest wieder ein unterhaltspflichtiger Elternteil vorhanden ist. Entscheidend ist nicht die Zahlung einer Waisenrente, sondern dass ein Anspruch dem Grunde nach bestand. Ein Rentenanspruch ist also nicht ausgeschlossen, wenn die Rente wegen eines verspäteten Antrages erst nach der Adoption beginnen kann. Des Weiteren ist ein zwischenzeitlicher Wegfall der Waisenrente, beispielsweise wegen der Vollendung des 18. Lebensjahres, unschädlich. Eine spätere Aufnahme einer Schul- oder Berufsausbildung würde den Rentenanspruch der adoptierten Waise erneut entstehen lassen.

§ 49 Renten wegen Todes bei Verschollenheit

¹ Sind Ehegatten, geschiedene Ehegatten oder Elternteile verschollen, gelten sie als verstorben, wenn die Umstände ihren Tod wahrscheinlich machen und seit einem Jahr Nachrichten über ihr Leben nicht eingegangen sind. ² Der Träger der Rentenversicherung kann von den Berechtigten die Versicherung an Eides statt verlangen, dass ihnen weitere als die angezeigten Nachrichten über den Verschollenen nicht bekannt sind. ³ Der Träger der Rentenversicherung ist berechtigt, für die Rentenleistung den nach den Umständen mutmaßlichen Todestag festzustellen.

A. Normzweck

1 Für den Anspruch auf eine Rente wegen Todes (§§ 46–48 SGB VI) ist zunächst der **Tod** des Versicherten, i. d. R. durch eine Sterbeurkunde, nachzuweisen. Ist der Versicherte **verschollen** und eine Todeserklärung nach dem Verschollenheitsgesetz liegt nicht vor, dann gilt der Verschollene unter den Voraussetzungen von § 49 SGB VI als verstorben. Diese Fiktion gewährleistet insbesondere, dass die Unterhaltsersatzfunktion der Renten wegen Todes zum Tragen kommen kann. Eine direkte oder eine analoge Anwendung von § 49 SGB VI auf Versichertenrentenansprüche habe nicht zu erfolgen (SG Dortmund 24. 7. 2007 – S 26 R 278/06 –). Entsteht aber ein Anspruch auf eine Hinterbliebenenrente, weil für den Verschollenen der Todestag festgestellt wurde, endet auch der Anspruch des Verschol-

lenen auf Versichertenrente (BSG 29. 7. 1976 – 4 RJ 5/76 –). Nach dem System der gesetzlichen Rentenversicherung schließen sich Versichertenrenten und Renten wegen Todes aus demselben Versicherungsverhältnis einander aus.

B. Voraussetzungen

Ein Rentenversicherungsträger ist nur berechtigt, den Todestag des Verschollenen für eine Hinterbliebenenrente festzustellen, wenn eine **gerichtliche Todeserklärung** noch nicht erfolgt ist. Der **Rentenversicherungsträger** darf den Todestag frühestens feststellen, wenn seit **einem Jahr** keine Nachrichten über das Leben des Verschollenen eingegangen sind. Hingegen sind die Fristen, nach deren Ablauf eine Todesfeststellung durch ein gerichtliches Verfahren erfolgen kann, zT wesentlich länger; sie betragen bis zu 10 Kalenderjahre (vgl. § 3 Verschollenheitsgesetz). Für eine Rente wegen Todes bei Verschollenheit ist es erforderlich, dass nach den Umständen des Einzelfalles der Tod des Verschollenen wahrscheinlich ist. Ernstliche Zweifel am Fortleben eines Verschollenen bestehen dann, wenn Leben und Tod bei vernünftiger Betrachtungsweise gleichermaßen ungewiss sind und über das Schicksal des Betroffenen keine Nachrichten zu erlangen sind, obwohl sie nach Lage des Falles zu erwarten gewesen wären. Insofern sind auch der Gesundheitszustand und das Alter des Betroffenen zu berücksichtigen (OLG Düsseldorf 27. 6. 2001 – 3 Wx 156/01 – NJOZ 2001, 2133). 2

Der Rentenversicherungsträger ist berechtigt, vom „Hinterbliebenen" eine **Versicherung an Eides statt** zu verlangen (§ 49 S. 2 SGB VI iVm. § 23 SGB X). Damit erklärt der Leistungsberechtigte, dass ihm weitere als die angezeigten Nachrichten über den Verschollenen nicht bekannt sind. Vor Abgabe ist der Versichernde auf die strafrechtlichen Folgen einer unrichtigen oder unvollständigen eidesstattlichen Versicherung zu belehren (§ 23 Abs. 5 SGB X). Der Rentenbeginn hängt vom festgestellten Todestag ab. Sofern eine gerichtliche Todeserklärung nicht vorliegt, hat der Rentenversicherungsträger den mutmaßlichen Todestag zu bestimmen. Als Zeitpunkt des Todes ist der Zeitpunkt festzustellen, der nach dem Ergebnis der Ermittlungen der wahrscheinlichste ist (§ 9 Abs. 2 Verschollenheitsgesetz). 3

Vierter Titel. Wartezeiterfüllung

§ 50 Wartezeiten

(1) ¹**Die Erfüllung der allgemeinen Wartezeit von fünf Jahren ist Voraussetzung für einen Anspruch auf**
1. Regelaltersrente,
2. Rente wegen verminderter Erwerbsfähigkeit und
3. Rente wegen Todes.
²Die allgemeine Wartezeit gilt als erfüllt für einen Anspruch auf
1. Regelaltersrente, wenn der Versicherte bis zum Erreichen der Regelaltersgrenze eine Rente wegen verminderter Erwerbsfähigkeit oder eine Erziehungsrente bezogen hat,
2. Hinterbliebenenrente, wenn der verstorbene Versicherte bis zum Tod eine Rente bezogen hat.

(2) **Die Erfüllung der Wartezeit von 20 Jahren ist Voraussetzung für einen Anspruch auf Rente wegen voller Erwerbsminderung an Versicherte, die die allgemeine Wartezeit vor Eintritt der vollen Erwerbsminderung nicht erfüllt haben.**

(3) **Die Erfüllung der Wartezeit von 25 Jahren ist Voraussetzung für einen Anspruch auf**
1. Altersrente für langjährig unter Tage beschäftigte Bergleute und
2. Rente für Bergleute vom 50. Lebensjahr an.

(4) **Die Erfüllung der Wartezeit von 35 Jahren ist Voraussetzung für einen Anspruch auf**
1. Altersrente für langjährig Versicherte und
2. Altersrente für schwerbehinderte Menschen.

A. Normzweck

Die Vorschrift enthält eine Übersicht über die verschiedenen Wartezeiten, die für die einzelnen Rentenarten erforderlich sind. Allerdings wird auch in den Vorschriften, die die Voraussetzungen für die jeweilige Rentenart regeln, die notwendige Wartezeit noch einmal bestimmt. Eine Legaldefinition des Begriffes Wartezeit als **Mindestversicherungszeit** erfolgt hingegen in § 34 Abs. 1 SGB VI. Die auf die Wartezeit anrechenbaren Zeiten legt § 51 SGB VI fest. 1

2   Eine Mindestversicherungszeit **beugt Manipulationen** zulasten der Solidargemeinschaft **vor** und schützt bedingt vor schlechten „Risiken". Dieser Schutz ist erforderlich, weil die Beitragszahler auch einen sozialen Ausgleich mitfinanzieren, indem sich zB beitragsfreie Zeiten positiv auf die Rentenhöhe auswirken. Insbesondere bei frühzeitigem Eintritt eines Leistungsfalles kann die Zurechnungszeit bewirken, dass das Sicherungsziel der Rentenart – die Gewährleistung eines Einkommensersatzes über dem Grundsicherungsniveau – überhaupt zu erreichen ist. Die gesetzliche Rentenversicherung kann – zu Recht – nicht den Beitritt von schlechten Risiken zur Versichertengemeinschaft verhindern. Eine Gesundheitsprüfung findet nicht statt, vielmehr entsteht die Versicherungspflicht kraft Gesetzes. Der Zwangsbeitritt wird insbesondere durch die Aufnahme einer abhängigen Beschäftigung (§ 1 SGB VI) oder durch die Ausübung bestimmter selbständiger Tätigkeiten (§ 2 SGB VI) ausgelöst. Aber auch durch eine Antragspflichtversicherung (§ 4 SGB VI) oder durch eine freiwillige Versicherung (§ 7 SGB VI) können Personen an den Vorteilen der gesetzlichen Rentenversicherung teilhaben. Versicherte sind – wie ausgeführt – erst berechtigt Leistungen in Anspruch zu nehmen, wenn sie eine Wartezeit erfüllen, also eine Mindestzugehörigkeit zur Versichertengemeinschaft vorliegt. Allerdings fordern einige Leistungsarten die Erfüllung weiterer Voraussetzungen. Sofern es nicht gelingt die allgemeine Wartezeit zu erfüllen, können die Beiträge auf Antrag erstattet werden (zu den Voraussetzungen vgl. § 210 SGB VI).

B. Allgemeine Wartezeit

3   Die Erfüllung der allgemeinen Wartezeit ist notwendig für Regelaltersrenten, Renten wegen verminderter Erwerbsfähigkeit und bei Renten wegen Todes. Für die **allgemeine Wartezeit** sind nur 5 Jahre erforderlich. Sie kann aber auch auf Grund der **Fiktion** von § 50 Abs. 1 S. 2 SGB VI erfüllt sein. Danach erhalten Bezieher einer Rente wegen verminderter Erwerbsfähigkeit oder einer Erziehungsrente nach Erreichen der Regelaltersgrenze aus Vertrauensschutzgründen eine Regelaltersrente. Eine erneute Prüfung der Wartezeit für die Folgerente entfällt. Dies gilt ebenso für Hinterbliebenenrenten, wenn der Versicherte bereits eine Rente bezogen hat.

C. Wartezeit von 20 Jahren

4   Die allgemeine Wartezeit muss bei Renten wegen verminderter Erwerbsfähigkeit vor Eintritt der Erwerbsminderung erfüllt sein. Tritt die volle Erwerbsminderung vor Erfüllung der allgemeinen Wartezeit ein, dann kann dennoch ein Anspruch auf eine Rente wegen voller Erwerbsminderung bestehen, wenn die Wartezeit von **20 Jahren** erfüllt ist (vgl. auch § 43 Abs. 6 SGB VI). In diesem Ausnahmefall ist die gesetzliche Rentenversicherung zur Leistung verpflichtet, obwohl das versicherte Risiko bereits vor Erfüllung der Mindestversicherungszeit eingetreten ist. Diese Regelung begünstigt vor allem behinderte Menschen, die nach § 1 S. 1 Nr. 2 SGB VI versicherungspflichtig sind. Insoweit zeigt sich, dass in der gesetzlichen Rentenversicherung nicht nach strikt versicherungstechnischen Maßstäben zu verfahren ist, sondern ebenso soziale Aspekte berücksichtigt werden („Sozialstaatsprinzip").

D. Wartezeit von 20 oder 35 Jahren

5   Für Bergleute findet bei der Altersrente für langjährig unter Tage Beschäftigte bzw. bei Vollendung des 50. Lebensjahr eine Wartezeit von **25 Jahren** Anwendung. Außerdem gilt für die Altersrente für langjährig Versicherte bzw. für schwerbehinderte Menschen noch eine Wartezeit von **35 Jahren**.

E. Wartezeit von 45 Jahren

6   Ab dem 1. 1. 2012 regelt § 50 Abs. 5 SGB VI die Wartezeit für die Altersrente für besonders langjährig Versicherte. Zu diesem Zeitpunkt tritt dann auch § 38 SGB VI in Kraft, der die Erfüllung einer Wartezeit von **45 Jahren** fordert.

§ 51 Anrechenbare Zeiten

(1) **Auf die allgemeine Wartezeit und auf die Wartezeiten von 15 und 20 Jahren werden Kalendermonate mit Beitragszeiten angerechnet.**

(2) **Auf die Wartezeit von 25 Jahren werden Kalendermonate mit Beitragszeiten aufgrund einer Beschäftigung mit ständigen Arbeiten unter Tage angerechnet.**

(3) **Auf die Wartezeit von 35 Jahren werden alle Kalendermonate mit rentenrechtlichen Zeiten angerechnet.**

(4) **Auf die Wartezeiten werden auch Kalendermonate mit Ersatzzeiten (Fünftes Kapitel) angerechnet.**

A. Normzweck

Auf die Wartezeiten werden **Kalendermonate** mit den in § 51 SGB VI aufgeführten Zeiten angerechnet, wobei teilweise belegte Monate als volle Monate zählen. Enthält ein Kalendermonat mehrere rentenrechtliche Zeiten, kann er nur einmal angerechnet werden.
Beispiel:
- versicherungspflichtige Beschäftigung vom 30. 1. 2009 bis 13. 10. 2010
- Pflichtbeiträge auf Grund von Arbeitslosengeld vom 14. 10. 2010 bis 3. 12. 2010

Lösung:
Es sind 24 Kalendermonate anrechenbar. Die Monate Januar 2009 und Dezember 2010 zählen jeweils als ein voller Monat. Der Monat Oktober 2010 ist zwar von zwei unterschiedlichen rentenrechtlichen Zeiten belegt, kann aber trotzdem nur einmal angerechnet werden.

Bei der **Wartezeitprüfung** sind die rentenrechtlichen Zeiten nur bis zu einem bestimmten **Zeitpunkt** relevant bzw. anrechenbar. Für die Wartezeit bei Altersrenten zählen die rentenrechtlichen Zeiten bis einschließlich dem Kalendermonat vor dem Rentenbeginn. Maßgebender Zeitpunkt bei Renten wegen verminderter Erwerbsfähigkeit ist der Kalendermonat, indem die Erwerbsminderung eingetreten ist. Dieser Kalendermonat ist noch bei der Prüfung der Wartezeit zu berücksichtigen. Eine Besonderheit gilt bei den Renten wegen voller Erwerbsminderung nach § 43 Abs. 6 SGB VI. Für diesen Rentenanspruch muss die Wartezeit von 20 Jahren nicht vor Eintritt der Erwerbsminderung erfüllt sein, sondern vor dem Rentenbeginn. Schließlich erfolgt bei Hinterbliebenenrenten die Wartezeitprüfung bis einschließlich dem Kalendermonat, in dem der Versicherte verstorben ist. Hingegen sind bei Erziehungsrenten (§ 47 SGB VI) die vom überlebenden Ehegatten bis zum Tod des geschiedenen Ehegatten zurückgelegten rentenrechtliche Zeiten zu berücksichtigen. Inwieweit Entgeltpunkte bei der Rentenberechnung zu ermitteln sind, bestimmt § 75 SGB VI.

B. Wartezeit von 5, 15 oder 20 Jahren

Auf die Wartezeiten von **5, 15 und 20 Jahren** werden Beitragszeiten (§ 51 Abs. 1 SGB VI), Ersatzzeiten (§ 51 Abs. 4 SGB VI) sowie Wartezeitmonate auf Grund eines Versorgungsausgleiches bzw. Rentensplittings und aus einer geringfügigen versicherungsfreien Beschäftigung (§ 52 SGB VI) angerechnet.

C. Wartezeit von 25 Jahren

Für die **knappschaftliche** Wartezeit von 25 Jahren zählen die Kalendermonate mit Beitragszeiten wegen einer Beschäftigung mit ständigen Arbeiten unter Tage. Den Begriff „ständige Arbeiten unter Tage" definiert § 61 SGB VI.

D. Wartezeit von 35 Jahren und Ersatzzeiten

Schließlich sind alle Kalendermonate mit rentenrechtlichen Zeiten (vgl. § 54 SGB VI) sowie die Monate nach § 52 SGB VI auf die Wartezeit von **35 Jahren** anzurechnen. Außerdem sind noch Ersatzzeiten auf alle Wartezeiten anzurechnen. Auf die knappschaftliche Wartezeit aber nur, wenn die Ersatzzeit auch der knappschaftlichen Rentenversicherung zugeordnet wird. Allerdings nimmt die Bedeutung von Ersatzzeiten ab, denn solche Zeiten können nur noch für Zeiträume vor dem 1. 1. 1992 vorliegen.

E. Wartezeit von 45 Jahren

Ab dem 1. 1. 2012 regelt § 51 Abs. 3a SGB VI die anrechenbaren Zeiten für die Wartezeit von **45 Jahren**. Anrechenbar sind Pflichtbeitragszeiten auf Grund einer Beschäftigung oder selbständigen Tätigkeit sowie Pflichtbeitragszeiten wegen Kindererziehung, nicht erwerbsmäßiger Pflege, Krankengeldbezug und Wehr- oder Zivildienst. Außerdem sind Berücksichtigungszeiten anrechenbar. Laut Gesetzesbegründung soll damit auch Frauen, die die Erwerbstätigkeit erziehungsbedingt unterbrechen, die Möglichkeit haben, die Wartezeit für besonders langjährig Versicherte zu erfüllen. Nicht anrechenbar sind Beitragszeiten wegen Arbeitslosigkeit, weil ansonsten Anreize für eine vorzeitige Beendigung einer Erwerbstätigkeit entstehen könnten. Des Weiteren ist die Anrechenbarkeit von Wartezeitmonaten aus Versorgungsausgleich oder Rentensplitting ausgeschlossen, denn mit Erfüllung dieser Tatbestände ist eine besonders belastende Erwerbstätigkeit nicht verbunden.

7   Die Ausnahmeregelung setzt also eine **Pflichtversicherungsbiographie** voraus, dh. mit einer freiwilligen Versicherung können Lücken nicht geschlossen werden. Nach Auffassung von Sodan/Adam (NZS 2008, 4 Zur Verfassungsmäßigkeit des § 38 SGB VI nF) belohnt die Regelung damit weder ein besonders langes Arbeitsleben noch ein solches in Treue zur gesetzlichen Rentenversicherung, sondern lediglich die Treue zur Sozialversicherung im Rahmen der Versicherungspflicht. Im Ergebnis sei die Regelung für besonders langjährig Versicherte nicht mit der Eigentumsgarantie des Art. 14 Abs. 1 GG in Verbindung mit dem allgemeinen Gleichheitssatz des Art. 3 Abs. 1 GG vereinbar.

8   Eine Verfassungswidrigkeit ist nicht anzunehmen, denn das Bundesverfassungsgericht beurteilt die Begünstigung von Versicherten mit **45 Pflichtbeitragsjahren** zumindest beim Bezug einer Altersrente wegen Arbeitslosigkeit oder nach Altersteilzeitarbeit als mit Art 3 Abs. 1 GG **vereinbar** (BVerfG 11. 11. 2008 – 1 BvL 3/05 ua. – DÖV 2009, 169). Insbesondere haben Pflichtversicherte idR nach Beitragsdichte und -höhe in wesentlich stärkerem Maße zur Versichertengemeinschaft beigetragen und konnten im Gegensatz zu freiwillig Versicherten ihren Verpflichtungen nicht ausweichen. Freiwillig Versicherte können hingegen die Beitragshöhe zwischen Mindest- und Höchstbeitrag selbst bestimmen und sie können jederzeit die freiwillige Versicherung beenden. Die Pflichtversicherten sind insofern die tragende Säule der Finanzierung der gesetzlichen Rentenversicherung, weil die Rentenversicherung mit den Pflichtbeiträgen dauerhaft und kalkulierbar rechnen kann. Auf Grund des nachhaltigen Beitrags zur Finanzierung des Rentensystems durch die Versicherten mit mindestens 45 Pflichtbeitragsjahren ist eine Ungleichbehandlung bzw. eine Begünstigung sachlich gerechtfertigt.

9   Im Übrigen bestehen Zweifel an der Rechtmäßigkeit von § 51 Abs. 3 a SGB VI hinsichtlich der **Richtlinie 79/7/EWG** zur schrittweisen Verwirklichung des Grundsatzes der Gleichstellung von Männern und Frauen im Bereich der sozialen Sicherheit (Rust/Westermann SGb 2008, 272). So dürfe die Zugangsvoraussetzung von 45 Jahren einen Grad der Ausgrenzung wegen des Geschlechts zur Rente vor 67 erreichen, dass eine Rechtfertigung nicht möglich wäre. Die Lasten einer Anpassung des Rentensystems an die demographische Entwicklung könnten anders und für Männer und Frauen gleichmäßiger verteilt werden (ebenda).

§ 52 Wartezeiterfüllung durch Versorgungsausgleich, Rentensplitting und Zuschläge an Entgeltpunkten für Arbeitsentgelt aus geringfügiger versicherungsfreier Beschäftigung

(1) ¹Ist ein Versorgungsausgleich in der gesetzlichen Rentenversicherung allein zugunsten von Versicherten durchgeführt, wird auf die Wartezeit die volle Anzahl an Monaten angerechnet, die sich ergibt, wenn die Entgeltpunkte für übertragene oder begründete Rentenanwartschaften durch die Zahl 0,0313 geteilt werden. ²Ist ein Versorgungsausgleich sowohl zugunsten als auch zu Lasten von Versicherten durchgeführt und ergibt sich hieraus nach Verrechnung ein Zuwachs an Entgeltpunkten, wird auf die Wartezeit die volle Anzahl an Monaten angerechnet, die sich ergibt, wenn die Entgeltpunkte aus dem Zuwachs durch die Zahl 0,0313 geteilt werden. ³Ein Versorgungsausgleich ist durchgeführt, wenn die Entscheidung des Familiengerichts wirksam ist. ⁴Ergeht eine Entscheidung zur Abänderung des Wertausgleichs nach der Scheidung, entfällt eine bereits von der ausgleichsberechtigten Person erfüllte Wartezeit nicht. ⁵Die Anrechnung erfolgt nur insoweit, als die in die Ehezeit oder Lebenspartnerschaftszeit fallenden Kalendermonate nicht bereits auf die Wartezeit anzurechnen sind.

(1 a) ¹Ist ein Rentensplitting durchgeführt, wird dem Ehegatten oder Lebenspartner, der einen Splittingzuwachs erhalten hat, auf die Wartezeit die volle Anzahl an Monaten angerechnet, die sich ergibt, wenn die Entgeltpunkte aus dem Splittingzuwachs durch die Zahl 0,0313 geteilt werden. ²Die Anrechnung erfolgt nur insoweit, als die in die Splittingzeit fallenden Kalendermonate nicht bereits auf die Wartezeit anzurechnen sind.

(2) ¹Sind Zuschläge an Entgeltpunkten für Arbeitsentgelt aus geringfügiger versicherungsfreier Beschäftigung ermittelt, wird auf die Wartezeit die volle Anzahl an Monaten angerechnet, die sich ergibt, wenn die Zuschläge an Entgeltpunkten durch die Zahl 0,0313 geteilt wird. ²Zuschläge an Entgeltpunkten aus einer geringfügigen versicherungsfreien Beschäftigung, die in Kalendermonaten ausgeübt wurde, die bereits auf die Wartezeit anzurechnen sind, bleiben unberücksichtigt. ³Wartezeitmonate für in die Ehezeit, Lebenspartnerschaftszeit oder Splittingzeit fallende Kalendermonate einer geringfügigen versicherungsfreien Beschäftigung sind vor Anwendung von Absatz 1 oder 1 a gesondert zu ermitteln.

A. Normzweck

1   **Wartezeitmonate** können auch aus einem Versorgungsausgleich, einem Rentensplitting oder aus einer versicherungsfreien geringfügigen Beschäftigung entstehen. Eine Wartezeiterfüllung ausschließ-

lich aus den vorgenannten Zeiten ist zulässig. Für die Ermittlung der Anzahl von Wartezeitmonaten ist eine besondere Berechnung nötig, damit die Entgeltpunkte für die genannten Sachverhalte in Wartezeitmonate umgerechnet werden können. Die Ermittlung von Zuschlägen an Entgeltpunkten und die Umrechnung in Wartezeitmonate ist ua. eine Folge des Äquivalenzprinzips. So zahlt der Arbeitgeber beispielsweise während einer geringfügigen versicherungsfreien Beschäftigung nur einen Pauschalbeitrag (§ 172 Abs. 3 SGB VI). Dieser Beitragssatz ist geringer als der Beitragssatz, der bei einer abhängigen nicht geringfügigen Beschäftigung Anwendung findet (2011: 15% statt 19,9%). Als Konsequenz werden die Monate aus einer geringfügigen versicherungsfreien Beschäftigung nicht komplett auf die Wartezeit angerechnet, sondern nur in einem geringeren Umfang. Allerdings haben Versicherte die Möglichkeit diese negative Auswirkung zu vermeiden, indem sie auf die Versicherungsfreiheit verzichten (§ 5 Abs. 2 S. 2 SGB VI) und die Beiträge aufstocken.

B. Versorgungsausgleich

Bei einem Versorgungsausgleich sind zusätzliche Wartezeitmonate festzustellen, wenn Entgeltpunkte **übertragen** bzw. Rentenanwartschaften **begründet** wurden. Voraussetzung ist, dass der Versorgungsausgleich entweder allein zugunsten eines Ehegatten bzw. Lebenspartners durchgeführt wurde oder dass sich zugunsten eines Ehegatten bzw. Lebenspartners ein Zuwachs an Entgeltpunkten ergibt. Die Vorschrift erfasst sämtliche Arten des Versorgungsausgleichs in der gesetzlichen Rentenversicherung: 2
– Übertragung von Rentenanwartschaften nach interner Teilung (§ 10 VersAusglG)
– Begründung von Rentenanwartschaften nach externer Teilung (§ 16 VersAusglG)
– Begründung von Rentenanwartschaften durch Beitragszahlung nach externer Teilung (§ 14 VersAusglG)
– Begründung von Rentenanwartschaften durch Beitragszahlung nach einer Parteivereinbarung (§ 6 VersAusglG)

Bei einer internen Teilung bestimmt das Familiengericht die zu übertragenden **Entgeltpunkte**. 3 Hingegen ist bei einer externen Teilung und bei einer Parteivereinbarung noch der Monatsbetrag der Rentenanwartschaft in Entgeltpunkte umzurechnen (zur Berechnung vgl. BeckOK Kreikebohm SGB VI § 76 Rn 6). Die Wartezeitmonate ergeben sich, indem die maßgebenden Entgeltpunkte durch **0,0313 dividiert** werden. Das Ergebnis ist immer aufzurunden (§ 121 Abs. 3 SGB VI). Eine Anrechnung der zusätzlichen Wartezeitmonate erfolgt erst, wenn der Versorgungsausgleich durchgeführt ist bzw. bei einer externen Teilung gemäß § 15 Abs. 5 VersAusglG mit Zahlungseingang. Ein Versorgungsausgleich ist zum Zeitpunkt der Wirksamkeit der Entscheidung des Familiengerichts durchgeführt (KSW/Kreikebohm § 101 SGB VI Rn. 5 f).

Erfüllt die ausgleichsberechtigte Person eine Wartezeit auf Grund eines durchgeführten Versorgungsausgleichs, gilt **diese Wartezeit** auch bei einer Abänderungsentscheidung weiterhin als **erfüllt**. 4 Mindert das Familiengericht also in einer späteren Abänderungsentscheidung die maßgebenden Entgeltpunkte, ist der Ausgleichsberechtigte vor dem Verlust einer bereits erfüllten Wartezeit geschützt.
Beispiel 1:
– auf Grund der Erstentscheidung liegen insgesamt 61 Wartezeitmonate vor
– nach einer Abänderungsentscheidung ergeben sich nur noch 59 Wartezeitmonate
Lösung:
Auch nach der Abänderungsentscheidung gilt die allgemeine Wartezeit von 5 Jahren als erfüllt, obwohl nur 59 Wartezeitmonate vorliegen. Die neu berechneten Wartezeitmonate sind aber maßgebend für die Anrechnung auf eine bisher nicht erfüllte Wartezeit. Dh. für die Erfüllung der Wartezeit von 15 Jahren benötigte hier der Ausgleichsberechtigte noch weitere 121 anrechenbare Kalendermonate.

Ein Kalendermonat darf nur einmal auf eine Wartezeit angerechnet werden. Daher ist die Anzahl 5 der Wartezeitmonate aus dem Versorgungsausgleich mit den bereits in der Ehe- bzw. Lebenspartnerschaftszeit anrechenbaren Kalendermonaten zu addieren. Überschreitet das Ergebnis die Anzahl der Kalendermonate der Ehe- bzw. Lebenspartnerschaftszeit, so ist die Anzahl der zusätzlichen **Wartezeitmonate** entsprechend zu **begrenzen**. Beispielsweise ergeben sich für den durch einen Versorgungsausgleich Begünstigten keine zusätzlichen Wartezeitmonate, wenn alle Kalendermonate in der Ehezeit bereits auf Grund einer Beschäftigung auf die Wartezeit angerechnet werden.

C. Rentensplitting

Für den Begünstigten eines Rentensplittings ergeben sich die Wartezeitmonate, indem die Entgeltpunkte aus dem **Splittingzuwachs** durch die Zahl 0,0313 dividiert wird. Den Splittingzuwachs regelt § 120a Abs. 8 SGB VI. Für die Bestimmung dieses Splittingzuwachses werden die gesamten Entgeltpunkte der Ehegatten bzw. Lebenspartner in der Splittingzeit verglichen. Bei der Addition der Entgeltpunkte ist die Art der Entgeltpunkte unerheblich. Einen Splittingzuwachs erhält derjenige mit 6 der geringeren Gesamtsumme und zwar in Höhe des halben Wertunterschiedes. Wie bei der Ermittlung der Wartezeitmonate aus einem Versorgungsausgleich ist beim Rentensplitting ein Kalendermonat nur einmal auf eine Wartezeit anzurechnen. Aus diesem Grunde ist die Anzahl der Wartezeitmonate mit den bereits in der Splittingzeit anrechenbaren Kalendermonaten zu addieren. Überschreitet das Ergebnis die Anzahl der Kalendermonate der Splittingzeit, so ist die Anzahl der zusätzlichen Wartezeitmonate entsprechend zu begrenzen.

D. Geringfügige versicherungsfreie Beschäftigung

7   Die Zuschlagsentgeltpunkte aus einer **geringfügigen Beschäftigung** (vgl. § 76 b SGB VI) sind für die Ermittlung der Wartezeitmonate ebenfalls grundsätzlich durch 0,0313 zu dividieren. Zusätzliche Wartezeitmonate errechnen sich aber nicht für die Zuschlagsentgeltpunkte aus Kalendermonaten, in denen parallel mit der geringfügigen Beschäftigung bereits rentenrechtliche Zeiten auf die Wartezeit anzurechnen sind. Wenn also zB eine versicherungspflichtige Hauptbeschäftigung und eine geringfügige Nebenbeschäftigung zeitgleich ausgeübt werden. Wurde ein Versorgungsausgleich bzw. Rentensplitting durchgeführt und liegt in der Ehe-, Lebenspartnerschafts- bzw. Splittingzeit eine geringfügige Beschäftigung, ist gegebenenfalls für diesen Zeitraum eine weitere Begrenzung der Wartezeitmonate vorzunehmen. Zunächst sind die Wartezeitmonate auf Grund der geringfügigen Beschäftigung zu ermitteln. Weitere Zeiten nach §§ 52 Abs. 1 SGB VI bzw. 52 Abs. 1 a SGB VI sind nur insoweit zu berücksichtigen, wie die Monate noch nicht auf die Wartezeit angerechnet wurden.

Beispiel 2:
– Ehezeit vom 1. 1. 2007 bis 30. 6. 2010 (Versorgungsausgleich ergibt 0,0612 Entgeltpunkte)
– Pflichtbeiträge vom 1. 1. 2007 bis 31. 3. 2009
– Geringfügige Beschäftigung vom 1. 4. 2009 bis 30. 9. 2009 (Entgelt ergibt 0,0287 Zuschlagsentgeltpunkte)

Lösung:
0,0287 : 0,0313 = 0,9169 (= 1 Wartezeitmonat)
0,0612 : 0,0313 = 1,9553 (= 2 Wartezeitmonate)

In den 42 Kalendermonaten Ehezeit sind zunächst die 27 Monate Pflichtbeiträge und der Wartezeitmonat aus der geringfügigen Beschäftigung anrechenbar. Außerdem sind die sich aus dem Versorgungsausgleich ergebenden zwei Wartezeitmonate in vollem Umfang zu berücksichtigen, weil in der Ehezeit noch 14 Monate zur Verfügung stehen.

§ 53 Vorzeitige Wartezeiterfüllung

(1) ^{1}Die allgemeine Wartezeit ist vorzeitig erfüllt, wenn Versicherte
1. wegen eines Arbeitsunfalls oder einer Berufskrankheit,
2. wegen einer Wehrdienstbeschädigung nach dem Soldatenversorgungsgesetz als Wehrdienstleistende oder Soldaten auf Zeit,
3. wegen einer Zivildienstbeschädigung nach dem Zivildienstgesetz als Zivildienstleistende oder
4. wegen eines Gewahrsams (§ 1 Häftlingshilfegesetz)

vermindert erwerbsfähig geworden oder gestorben sind. ^{2}Satz 1 Nr. 1 findet nur Anwendung für Versicherte, die bei Eintritt des Arbeitsunfalls oder der Berufskrankheit versicherungspflichtig waren oder in den letzten zwei Jahren davor mindestens ein Jahr Pflichtbeiträge für eine versicherte Beschäftigung oder Tätigkeit haben. ^{3}Die Sätze 1 und 2 finden für die Rente für Bergleute nur Anwendung, wenn der Versicherte vor Eintritt der im Bergbau verminderten Berufsfähigkeit zuletzt in der knappschaftlichen Rentenversicherung versichert war.

(2) ^{1}Die allgemeine Wartezeit ist auch vorzeitig erfüllt, wenn Versicherte vor Ablauf von sechs Jahren nach Beendigung einer Ausbildung voll erwerbsgemindert geworden oder gestorben sind und in den letzten zwei Jahren vorher mindestens ein Jahr Pflichtbeiträge für eine versicherte Beschäftigung oder Tätigkeit haben. ^{2}Der Zeitraum von zwei Jahren vor Eintritt der vollen Erwerbsminderung oder des Todes verlängert sich um Zeiten einer schulischen Ausbildung nach Vollendung des 17. Lebensjahres bis zu sieben Jahren.

(3) Pflichtbeiträge für eine versicherte Beschäftigung oder Tätigkeit im Sinne der Absätze 1 und 2 liegen auch vor, wenn
1. freiwillige Beiträge gezahlt worden sind, die als Pflichtbeiträge gelten, oder
2. Pflichtbeiträge aus den in § 3 oder § 4 genannten Gründen gezahlt worden sind oder als gezahlt gelten oder
3. für Anrechnungszeiten Beiträge gezahlt worden sind, die ein Leistungsträger mitgetragen hat.

A. Normzweck

In Ausnahmefällen ist die allgemeine **Wartezeit** für eine Rente wegen verminderter Erwerbsfähigkeit oder einer Rente wegen Todes bereits **vorzeitig** erfüllt. Privilegiert sind insbesondere Arbeitsunfälle bzw. Berufskrankheiten (§§ 8, 9 SGB VII), Wehr- bzw. Zivildienstbeschädigungen sowie der Gewahrsam nach § 1 Häftlingshilfegesetz. Grundsätzlich beugt die Forderung einer Wartezeit bzw. Mindestversicherungszeit für die Gewährung von Leistungen Manipulationen zulasten der Solidargemeinschaft vor (vgl. KSW/Kreikebohm § 50 SGB VI Rn. 2). Der Gesetzgeber hat aber den Schutz der Versicherten unter Berücksichtigung von sozialen Aspekten zu Ungunsten der Solidargemeinschaft ausgeweitet. Beispielsweise verpflichtet der Staat einen Teil seiner Bürger (zwangsweise) zur Ableistung des Wehr- bzw. Zivildienstes, daher ist eine erweiterte Absicherung von Risiken in der gesetzlichen Rentenversicherung gerechtfertigt. § 53 Abs. 2 SGB VI begünstigt Versicherte, die eine Ausbildung absolviert haben und damit eine berufliche Qualifikation erwerben, die es ihnen ermöglicht, ein höheres Entgelt zu erzielen, so dass sie höhere Beiträge an die Solidargemeinschaft leisten können. Da dies typischerweise nur bei einer (erfolgreich) abgeschlossenen Ausbildung der Fall ist, knüpft das Gesetz – insoweit ebenfalls typisierend – an die Beendigung einer Ausbildung an (unabhängig davon, ob diese erfolgreich abgeschlossen worden ist oder nicht). Aus diesem Grunde sind auch nicht etwa die Versicherten während ihrer Ausbildung, sondern nur nach Beendigung ihrer Ausbildung geschützt (BSG 21. 6. 2000 – B 4 RA 14/99 – NZS 2000, 616). Die vom Bundessozialgericht vorgenommene Einschränkung auf Leistungsfälle, die nach Beendigung einer Ausbildung eingetreten sind, entspricht nicht der Intention des Gesetzgebers. Nach dem Wortlaut sind die Leistungsfälle begünstigt, die „vor Ablauf von sechs Jahren nach Beendigung einer Ausbildung" eingetreten sind. Damit ist lediglich der Zeitpunkt festgelegt worden, in dem spätestens der Leistungsfall eingetreten sein muss. In der Folge ist eine vorzeitige Wartezeiterfüllung nicht ausgeschlossen, wenn der Leistungsfall während einer Ausbildung eintritt. 1

B. Arbeitsunfall oder Berufskrankheit

Arbeitnehmer erfüllen den **Status als Versicherte** bereits am ersten Arbeitstag eines rentenversicherungspflichtigen Beschäftigungsverhältnisses. Dies gilt ebenfalls, wenn zu diesem Zeitpunkt der Arbeitgeber noch keinen Beitrag an die Einzugsstelle gezahlt hat, zB weil der Beitrag noch nicht fällig war. Ansonsten sind Versicherte auch Personen, die nachversichert oder für die auf Grund eines Versorgungsausgleichs oder eines Rentensplittings Rentenanwartschaften übertragen oder begründet wurden (§ 8 Abs. 1 SGB VI). 2

Liegt ein **privilegierter Tatbestand** vor und ist **deswegen** die Erwerbsfähigkeit gemindert oder der Versicherte verstorben, so gilt die allgemeine Wartezeit als erfüllt. Ein ursächlicher Zusammenhang ist zwingend erforderlich. Die Beweisanforderungen an die Ursächlichkeit entsprechen denen der gesetzlichen Unfallversicherung. Dh. es genügt die Wahrscheinlichkeit des ursächlichen Zusammenhangs zwischen dem schädigenden Ereignis und dem Eintritt des Leistungsfalles, nicht erforderlich ist die an Sicherheit grenzende Wahrscheinlichkeit. 3

Des Weiteren muss der Tatbestand „Arbeitsunfall bzw. Berufskrankheit" in **zeitlicher Nähe** zum letzten Pflichtbeitrag erfüllt werden. Dh. es muss entweder bei Eintritt des Arbeitsunfalls bzw. der Berufskrankheit Versicherungspflicht vorgelegen haben oder es müssen ein Jahr Pflichtbeiträge für eine versicherte Beschäftigung bzw. Tätigkeit in den letzten zwei Jahren zurückgelegt worden sein. Unfälle sind zeitlich begrenzte, von außen auf den Körper einwirkende Ereignisse, die zu einem Gesundheitsschaden oder zum Tod führen (§ 8 Abs. 1 S. 2 SGB VII). Die Definition des Arbeitsunfalls orientiert sich also an den Vorschriften der deutschen gesetzlichen Unfallversicherung. Daher kann ebenfalls ein so genannter Wegeunfall ein Arbeitsunfall sein (§ 8 Abs. 2 SGB VII). Den Begriff der Berufskrankheit bestimmt § 9 SGB VII. 4

C. Wehr- oder Zivildienstbeschädigung

Die Tatbestände **Wehr- bzw. Zivildienstbeschädigung** regelt § 81 Soldatenversorgungsgesetz bzw. § 47 Abs. 2 Zivildienstgesetz. Erfasst werden gesundheitliche Schädigungen, die durch eine Dienstverrichtung, durch einen während der Ausübung des Dienstes erlittenen Unfall oder durch die dem Wehr- oder Zivildienst eigentümlichen Verhältnisse herbeigeführt worden sind. Die Rentenversicherung entscheidet, ob ein ursächlicher Zusammenhang zwischen der Beschädigung und der Erwerbsminderung oder dem Tod besteht. 5

D. Gewahrsam

Die Rentenversicherung prüft auch die vorzeitige Wartezeiterfüllung für Versicherte, die wegen eines **Gewahrsams** (§ 1 Häftlingshilfegesetz) beeinträchtigt wurden. Gewahrsam kann bei deutschen 6

Staats- und Volkszugehörigen vorliegen, wenn sie nach der Besetzung ihres Aufenthaltsortes oder nach dem 8. 5. 1945 in der sowjetischen Besatzungszone oder im sowjetisch besetzten Sektor von Berlin oder in den in § 1 Abs. 2 Nr. 3 des Bundesvertriebenengesetzes genannten Gebieten aus politischen und nach freiheitlicher demokratischer Auffassung von ihnen nicht zu vertretenden Gründen in Gewahrsam genommen wurden. Gewahrsam ist ein Festgehaltenwerden auf eng begrenztem Raum unter dauernder Bewachung (§ 1 Abs. 5 Häftlingshilfegesetz).

E. Rente für Bergleute

7 Die vorzeitige Wartezeiterfüllung kann bei der **Rente für Bergleute** nur eintreten, wenn eine weitere Voraussetzung gegeben ist (§ 53 Abs. 1 S. 3 SGB VI). Der Versicherte muss vor Eintritt der im Bergbau verminderten Berufsfähigkeit zuletzt in der knappschaftlichen Rentenversicherung versichert gewesen sein. Eine vorzeitige Wartezeiterfüllung für diese knappschaftliche Rente (vgl. § 45 SGB VI) soll tatsächlich auch nur Versicherte begünstigen, die zuletzt der knappschaftlichen Rentenversicherung angehörten.

F. Ausbildung

8 § 53 Abs. 2 SGB VI erweitert den Versichertenkreis, für den die allgemeine Wartezeit vorzeitig erfüllt sein kann, beträchtlich. Eine teilweise Erwerbsminderung reicht aber nicht aus. Vielmehr muss eine **volle Erwerbsminderung** bzw. der Tod spätestens innerhalb von sechs Jahren nach Beendigung einer Ausbildung eingetreten sein. Als Ausbildungen werden insbesondere Schul-, Fachschul-, Hochschul- und Berufsausbildungen berücksichtigt, aber auch berufsvorbereitende Bildungsmaßnahmen. Als weitere Voraussetzung müssen innerhalb des Zweijahreszeitraumes mindestens ein Jahr Pflichtbeiträge für eine versicherte Beschäftigung bzw. Tätigkeit zurückgelegt worden sein. Eine schulische Ausbildung nach dem 17. Lebensjahr verlängert den Zweijahreszeitraum um bis zu sieben Jahre (§ 53 Abs. 2 S. 2 SGB VI).
Beispiel:
Eintritt voller Erwerbsminderung am 22. 12. 2010
Lösung:
Der Zweijahreszeitraum beginnt am 22. 12. 2008 und endet am 21. 12. 2010

9 Nach Sinn und Zweck der Vorschrift sind nur **Ausbildungen** begünstigt, die Versicherte **überwiegend** in Anspruch nehmen, so dass sie an der Ausübung einer versicherungspflichtigen Beschäftigung oder Tätigkeit und infolgedessen am Erwerb von Pflichtbeitragszeiten gehindert sind. Es soll nur derjenige begünstigt werden, der infolge der Ausbildung an dem Erwerb von Pflichtbeitragszeiten gehindert ist (BSG 21. 6. 2000 – B 4 RA 14/99 – NZS 2000, 616).

G. Pflichtbeiträge für eine versicherte Beschäftigung oder Tätigkeit

10 „Pflichtbeiträge für eine versicherte Beschäftigung oder Tätigkeit" werden entweder für eine abhängige Beschäftigung (§ 1 SGB VI) oder für eine versicherungspflichtige selbständige Tätigkeit (§ 2 SGB VI) gezahlt. Außerdem ist diese Voraussetzung auch mit bestimmten **anderen rentenrechtlichen Zeiten** erfüllbar, wie zB:
– Beiträge für Zeiten von Strafverfolgungsmaßnahmen (§ 205 Abs. 1 S. 3 SGB VI)
– freiwillige Beiträge von Pflegepersonen (§ 279 e SGB VI)
– Beiträge, die wegen eines Schadensersatzanspruchs gezahlt wurden (§ 119 Abs. 3 SGB X)
– Kindererziehungszeiten (§ 3 S. 1 Nr. 1 SGB VI)
– Pflegetätigkeit (§ 3 S. 1 Nr. 1a SGB VI)
– Wehr- oder Zivildienst (§ 3 S. 1 Nr. 2 SGB VI)
– Wehrdienstverhältnis besonderer Art nach § 6 des Einsatz-Weiterverwendungsgesetzes (§ 3 S. 1 Nr. 2a SGB VI)
– Bezug einer Sozialleistung (§ 3 S. 1 Nr. 3 SGB VI)
– Vorruhestandsgeld (§ 3 S. 1 Nr. 4 SGB VI)
– Versicherungspflicht auf Antrag (§ 4 SGB VI)
– Beiträge für Nachversicherte (§ 8 Abs. 1 S. 2 SGB VI)
– Beiträge für Anrechnungszeiten, die von einem Leistungsträger mitgetragen wurden (§ 247 Abs. 1 SGB VI).

11 **Keine Pflichtbeiträge** im Sinne von § 53 Abs. 3 SGB VI sind:
– übertragene oder begründete Rentenanwartschaften aus einem Versorgungsausgleich
– Wartezeitmonate aus einem Splittingzuwachs
– Wartezeitmonate auf Grund einer versicherungsfreien geringfügigen Beschäftigung

Fünfter Titel. Rentenrechtliche Zeiten

§ 54 Begriffsbestimmungen

(1) **Rentenrechtliche Zeiten sind**
1. **Beitragszeiten,**
   a) **als Zeiten mit vollwertigen Beiträgen,**
   b) **als beitragsgeminderte Zeiten,**
2. **beitragsfreie Zeiten und**
3. **Berücksichtigungszeiten.**

(2) **Zeiten mit vollwertigen Beiträgen sind Kalendermonate, die mit Beiträgen belegt und nicht beitragsgeminderte Zeiten sind.**

(3) ¹**Beitragsgeminderte Zeiten sind Kalendermonate, die sowohl mit Beitragszeiten als auch Anrechnungszeiten, einer Zurechnungszeit oder Ersatzzeiten (Fünftes Kapitel) belegt sind.** ²**Als beitragsgeminderte Zeiten gelten Kalendermonate mit Pflichtbeiträgen für eine Berufsausbildung (Zeiten einer beruflichen Ausbildung).**

(4) **Beitragsfreie Zeiten sind Kalendermonate, die mit Anrechnungszeiten, mit einer Zurechnungszeit oder mit Ersatzzeiten belegt sind, wenn für sie nicht auch Beiträge gezahlt worden sind.**

A. Normzweck

Die Vorschrift bestimmt den Begriff „**rentenrechtliche Zeiten**". Verschiedene Vorschriften des SGB VI greifen immer wieder auf die Legaldefinitionen von § 54 SGB VI zurück. Zu den rentenrechtlichen Zeiten gehören Beitragszeiten, beitragsfreie Zeiten und Berücksichtigungszeiten. Beitragszeiten wiederum sind entweder Pflichtbeiträge oder freiwillige Beiträge (§ 55 SGB VI). Außerdem werden die Beitragszeiten noch in Zeiten mit vollwertigen Beiträgen und in beitragsgeminderte Zeiten unterschieden. Diese Unterscheidung ist beispielsweise für die spätere Rentenberechnung wichtig (§§ 70 ff. SGB VI). 1

B. Vollwertige Beiträge

Kalendermonaten, in denen freiwillige Beiträge oder Pflichtbeiträge liegen, sind **Zeiten mit vollwertigen Beiträgen**, wenn in diesen Monaten außerdem keine Anrechnungs-, Ersatzzeiten oder keine Zurechnungszeit vorhanden sind. Ansonsten handelt es sich um beitragsgeminderte Zeiten. 2

C. Beitragsgeminderte Zeiten

Kalendermonate, in denen sowohl freiwillige Beiträge oder Pflichtbeiträge als auch Anrechnungs-, Ersatzzeiten oder eine Zurechnungszeit liegen, sind **beitragsgeminderte Zeiten**. Außerdem hat der Gesetzgeber bestimmt, dass ebenso Zeiten einer beruflichen Ausbildung als beitragsgeminderte Zeiten bewertet werden. § 7 Abs. 2 SGB IV bestimmt, wann eine Berufsausbildung vorliegt. 3

In einer Übergangszeit, dh. bei einem **Rentenbeginn vor dem 1. 1. 2009**, galten noch die ersten 36 Kalendermonate mit Pflichtbeiträgen für Zeiten einer versicherten Beschäftigung oder selbständigen Tätigkeit bis zur Vollendung des 25. Lebensjahres stets als Zeiten einer beruflichen Ausbildung (§ 246 S. 2 SGB VI). Ein Nachweis einer tatsächlichen Berufsausbildung war also nicht erforderlich. Die Fiktion bewirkt bei einem Rentenbeginn vor dem 1. 1. 2009 die Ermittlung von Zuschlägen an Entgeltpunkte im Rahmen der Gesamtleistungsbewertung für die beitragsgeminderte Zeit. 4

Bereits bei früheren Gesetzesänderungen hat der Gesetzgeber die **Bewertung von Ausbildungszeiten eingeschränkt**. Bis zum 31. 12. 1996 galten sogar noch die ersten 48 Kalendermonate mit Pflichtbeiträgen stets pauschal als Berufsausbildungszeiten (§ 70 Abs. 3 SGB VI aF). Die Neubewertung der ersten Berufsjahre durch das Wachstums- und Beschäftigungsförderungsgesetz von 1996 ist verfassungsgemäß (BVerfG 27. 2. 2007 NJW 2007, 1577). So schließt der verfassungsrechtliche Eigentumsschutz des Art. 14 GG für Rentenanwartschaften deren Umgestaltung durch eine Änderung des Rentenversicherungsrechts nicht schlechthin aus. Insbesondere eine Anpassung an veränderte Bedingungen und im Zuge einer solchen Umgestaltung auch eine wertmäßige Verminderung von Anwartschaften lässt die Eigentumsgarantie grundsätzlich zu. Die eingeschränkte Bewertung der ersten Berufsjahre diente dazu, die Funktions- und Leistungsfähigkeit des Systems der gesetzlichen Rentenversicherung im Interesse aller zu erhalten, zu verbessern und den veränderten wirtschaftlichen Be- 5 dingungen anzupassen. Der Eingriff verletzt auch nicht den Grundsatz der Verhältnismäßigkeit. Die Rentenanwartschaft beruht, soweit sie aus einer höheren, über die versicherten Arbeitsentgelte hinausgehende rentenrechtlichen Bewertung der ersten Berufsjahre entsteht, nicht auf einer Beitragsleistung zugunsten der versicherungsrechtlichen Solidargemeinschaft. Ist es zur Sicherung der Finanzgrundlagen der gesetzlichen Rentenversicherung geboten, rentenrechtliche Positionen zu verändern, so kann der soziale Bezug, der dem Gesetzgeber größere Gestaltungsfreiheit bei Eingriffen gibt, diesen berechtigen, in Abwägung zwischen Leistungen an Versicherte und Belastungen der Solidargemeinschaft vor allem jene Positionen zu verkürzen, die Ausdruck besonderer Vergünstigungen sind. Die Berufsausbildung stellt für sich genommen unter verfassungsrechtlichen Gesichtspunkten keine Eigenleistung des Versicherten dar, die der Rentenversicherung zugute kommt, sondern dient seiner eigenen Qualifizierung und liegt in seinem Verantwortungsbereich (aaO).

D. Beitragsfreie Zeiten

6   Schließlich definiert der vierte Absatz noch die **beitragsfreien Zeiten**. In diesen Kalendermonaten liegen nur Anrechnungs-, Ersatzzeiten oder eine Zurechnungszeit vor und es wurden keine Beiträge gezahlt bzw. es gelten keine Beiträge als gezahlt.

§ 55 Beitragszeiten

(1) ¹**Beitragszeiten sind Zeiten, für die nach Bundesrecht Pflichtbeiträge (Pflichtbeitragszeiten) oder freiwillige Beiträge gezahlt worden sind.** ²**Pflichtbeitragszeiten sind auch Zeiten, für die Pflichtbeiträge nach besonderen Vorschriften als gezahlt gelten.** ³**Als Beitragszeiten gelten auch Zeiten, für die Entgeltpunkte gutgeschrieben worden sind, weil gleichzeitig Berücksichtigungszeiten wegen Kindererziehung oder Zeiten der Pflege eines pflegebedürftigen Kindes für mehrere Kinder vorliegen.**

(2) Soweit ein Anspruch auf Rente eine bestimmte Anzahl an Pflichtbeiträgen für eine versicherte Beschäftigung oder Tätigkeit voraussetzt, zählen hierzu auch
1. freiwillige Beiträge, die als Pflichtbeiträge gelten, oder
2. Pflichtbeiträge, für die aus den in § 3 oder § 4 genannten Gründen Beiträge gezahlt worden sind oder als gezahlt gelten, oder
3. Beiträge für Anrechnungszeiten, die ein Leistungsträger mitgetragen hat.

A. Normzweck

1   Die Vorschrift **bestimmt**, wann **Beitragszeiten** bzw. Pflichtbeitragszeiten in der gesetzlichen Rentenversicherung vorliegen. Rentenrechtliche Zeiten, die auf einer (eigenen) Beitragsleistung beruhen, genießen im Gegensatz zu beitragsfreien Zeiten einen höheren Schutz vor Eingriffen des Gesetzgebers (vgl. KSW/Kreikebohm § 54 SGB VI Rn. 5).
2   Bei zur **landwirtschaftlichen Alterskasse** nach dem Gesetz über die Alterssicherung der Landwirte (ALG) gezahlten Beiträgen handelt es sich nicht um Beitragszeiten iSv. § 55 SGB VI. Denn mit Pflichtbeitragszeiten im Sinn dieser Vorschrift können schon aus systematischen Erwägungen nur Zeiten gemeint sein, in denen nach Bundesrecht gerade zum Sicherungssystem der gesetzlichen Rentenversicherung, nicht also zu anderen Versicherungssystemen, Beiträge gezahlt worden sind. Ein Verstoß gegen den Gleichbehandlungsgrundsatz des Art. 3 Abs. 1 GG wird dadurch nicht bedingt (BSG 19. 5. 2004 – B13 RJ 4/04 –). Es bestünden trotz erfolgter Annäherungen im Leistungsspektrum der landwirtschaftlichen Alterssicherung zu dem der gesetzlichen Rentenversicherung noch Unterschiede in beiden Alterssicherungssystemen, die insbesondere durch die agrarpolitische Zielsetzung des ALG bedingt sind. Hätte der Gesetzgeber unter Pflichtbeitragszeiten bzw. Beitragszeiten in diesen Bestimmungen des SGB VI andere Zeiten als die in § 55 SGB VI genannten einbeziehen und die Gewährung des Versicherungsschutzes nach dem SGB VI auch durch die Zurücklegung von Versicherungszeiten in anderen Sicherungssystemen gewährleisten wollen, hätte dies einer eindeutigen **gesetzlichen Regelung** bedurft (ebenda).

B. Beitragszeiten

I. Pflichtbeiträge und freiwillige Beiträge

3   Beitragszeiten untergliedern sich in **Pflichtbeiträge** und freiwillige Beiträge. Bestand Versicherungspflicht kraft Gesetzes oder auf Antrag und liegt eine wirksame Beitragszahlung vor, dann handelt es sich um Pflichtbeitragszeiten. Sofern der Arbeitgeber eine Beschäftigungszeit ordnungsgemäß gemeldet hat, besteht zunächst die Rechtsvermutung der wirksamen Beitragszahlung (§ 199 SGB VI).

Werden dem Rentenversicherungsträger allerdings Tatsachen bekannt, die gegen eine wirksame Beitragszahlung sprechen, dann kann die Rechtsvermutung widerlegt werden. Die Beweislast liegt beim Rentenversicherungsträger, dh. er muss einen Gegenbeweis liefern, ansonsten sind die Beiträge als wirksam gezahlt zu behandeln. Ist hingegen eine ordnungsgemäße Meldung der Beschäftigung nicht erfolgt, dann muss die wirksame Beitragszahlung nachgewiesen oder gegebenenfalls glaubhaft gemacht werden (§ 203 Abs. 1 SGB VI). Die Beweislast liegt hier beim Versicherten, insofern ist eine Beitragszeit abzulehnen, wenn der Nachweis bzw. die Glaubhaftmachung nicht gelingt. Gerade mit der Möglichkeit der Glaubhaftmachung hat der Gesetzgeber laut Stoll (NZS 1998, 369 Beweiserleichterungen bei Altfällen oder die Quadratur des Kreises) angemessen auf die Beweisnot der Versicherten reagiert. Eine Glaubhaftmachung ist regelmäßig gegeben, wenn eine überwiegende Wahrscheinlichkeit vorliegt, dh. die Umstände sprechen mehr dafür als dagegen, wobei gewisse Zweifel bestehen bleiben.

Die **freiwillige Versicherung** ist in § 7 SGB VI geregelt. Außerdem werden zB noch freiwillige Beiträge aufgrund einer Nachzahlung (§ 209 SGB VI) oder irrtümlich gezahlte Pflichtbeiträge, die als freiwillige Beiträge gelten (§ 202 SGB VI), berücksichtigt. Eine wirksame Beitragszahlung ist auch bei freiwilligen Beiträgen erforderlich. Freiwillige Beiträge sind i. d. R. vom Versicherten direkt an den Rentenversicherungsträger zu zahlen. Das Verfahren regelt die Verordnung über die Zahlung von Beiträgen zur gesetzlichen Rentenversicherung (RV-Beitragszahlungsverordnung). 4

II. Fiktion

Außerdem können Pflichtbeiträge kraft gesetzlicher **Fiktion** entstehen. Zu den Zeiten, für die nach besonderen Vorschriften Pflichtbeiträge als gezahlt gelten, gehören zB: 5
– Zeiten einer Nachversicherung (§ 185 Abs. 2 S. 1 SGB VI)
– Glaubhaftmachung, dass der auf den Versicherten entfallende Beitragsanteil vom Arbeitsentgelt abgezogen worden ist (§ 203 Abs. 2 SGB VI)
– Beiträge, die für Zeiten einer zu Unrecht durchgeführten Strafverfolgungsmaßnahme gezahlt wurden (§ 205 Abs. 1 S. 3 SGB VI)
– fiktive Pflichtbeitragszeiten für Lehrzeiten vom 1. 6. 1945 bis 30. 6. 1965 (§ 247 Abs. 2 a SGB VI)
– Wehr- oder Zivildienst im Beitrittsgebiet nach dem 8. 5. 1945 (§ 248 Abs. 1 SGB VI)
– Beitragszeiten für behinderte Menschen im Beitrittsgebiet (§ 248 Abs. 2 SGB VI)
– freiwillige Beiträge von Pflegepersonen in der Zeit vom 1. 1. 1992 bis 31. 3. 1995 (§ 279 e SGB VI)
– Beiträge, die wegen eines Schadensersatzanspruchs gezahlt wurden (§ 119 Abs. 3 SGB X)
– Beschäftigungszeiten in einem Sonder- oder Zusatzversorgungssystem im Beitrittsgebiet (§ 5 Abs. 1 Anspruchs- und Anwartschaftsüberführungsgesetz – AAÜG –)
– Beiträge für Teilnehmer an einer Eignungsübung der Bundeswehr (§ 9 Abs. 1 Eignungsübungsgesetz)
– Nachzahlungsbeiträge von Verfolgten des Nationalsozialismus (§ 11 Gesetz zur Regelung der Wiedergutmachung nationalsozialistischen Unrechts in der Sozialversicherung – WGSVG –)

III. Besondere Beitragszeit

Eine weitere Fiktion gilt bei **gutgeschriebenen Entgeltpunkten**, wenn für mehrere Kinder gleichzeitig Kinderberücksichtigungszeiten bzw. Zeiten der Pflege eines pflegebedürftigen Kindes vorliegen. Diese Zeiten erhalten zusätzliche Entgeltpunkte nach § 70 Abs. 3 a S. 2 Buchs. b) SGB VI, wenn mindestens 25 Jahre mit rentenrechtlichen Zeiten vorliegen. Je nach Fallgestaltung erhalten die Erziehungspersonen einen unterschiedlich hohen Zuschlag oder eine Gutschrift an Entgeltpunkten; insbesondere bei einem hohen eigenen Entgelt wirkt sich § 70 Abs. 3 a SGB VI kaum oder gar nicht aus. Daher schließt Roller (NZS 2001, 408 Die „kindbezogene Höherbewertung von Beitragszeiten bei der Rentenberechnung" nach dem Altersvermögensergänzungsgesetz – eine Neuerung mit verfassungsrechtlichen Risiken?) eine Verletzung des verfassungsrechtlichen Gleichheitsgrundsatzes nicht aus. 6

Diese besonderen Beitragszeiten können auch angerechnet werden, obwohl tatsächlich eine Beitragszahlung nicht erfolgt ist. Der Umfang dieser Beitragszeit ist erst zu prüfen, wenn bereits vorher die Voraussetzung des § 70 Abs. 3 a SGB VI von **mindestens 25 Jahren** mit rentenrechtlichen Zeiten erfüllt ist. Außerdem muss der Leistungsfall eingetreten sein (§ 149 Abs. 5 S. 3 SGB VI). Der Rentenversicherungsträger ist weder befugt noch verpflichtet, vorab über die Anrechnung bzw. Bewertung von vorgemerkten Daten für einen später vielleicht eintretenden Leistungsfall verbindlich zu entscheiden (BSG 30. 8. 2001 – B4 RA 114/00 – NZS 2002, 433). 7

C. Versicherte Beschäftigung oder Tätigkeit

Bei diversen Rentenansprüchen wird das Vorhandensein von **Pflichtbeiträgen für eine versicherungspflichtige Beschäftigung oder eine selbständige Tätigkeit** gefordert. Diese Voraussetzung ist nach § 55 Abs. 2 SGB VI mit weiteren Zeiten erfüllbar, wie beispielsweise: 8

- Beiträge, die wegen eines Schadensersatzanspruchs gezahlt wurden (§ 119 Abs. 3 SGB X)
- Beiträge für Zeiten von Strafverfolgungsmaßnahmen (§ 205 Abs. 1 S. 3 SGB VI)
- freiwillige Beiträge von Pflegepersonen (§ 279 e SGB VI)
- Kindererziehungszeiten (§ 3 S. 1 Nr. 1 SGB VI)
- Pflegetätigkeit (§ 3 S. 1 Nr. 1 a SGB VI)
- Wehr- oder Zivildienst (§ 3 S. 1 Nr. 2 SGB VI)
- Wehrdienstverhältnis besonderer Art nach § 6 des Einsatz-Weiterverwendungsgesetzes (§ 3 S. 1 Nr. 2 a SGB VI)
- Bezug einer Sozialleistung (§ 3 S. 1 Nr. 3 SGB VI)
- Vorruhestandsgeld (§ 3 S. 1 Nr. 4 SGB VI)
- Versicherungspflicht auf Antrag (§ 4 SGB VI)
- Beiträge für Anrechnungszeiten, die von einem Leistungsträger mitgetragen wurden (§ 247 Abs. 1 SGB VI).

9   Die **Gleichstellung** dieser Zeiten mit Pflichtbeiträgen für eine versicherte Beschäftigung oder Tätigkeit wird durch andere Vorschriften **eingeschränkt**. Danach zählen Zeiten des Bezugs von Arbeitslosengeld, Arbeitslosenhilfe bzw. Arbeitslosengeld II nicht mit (vgl. §§ 237 Abs. 4 S. 1 Nr. 3 und 237 a Abs. 3 S. 1 Nr. 3 SGB VI).

§ 56 Kindererziehungszeiten

(1) ¹Kindererziehungszeiten sind Zeiten der Erziehung eines Kindes in dessen ersten drei Lebensjahren. ²Für einen Elternteil (§ 56 Abs. 1 Satz 1 Nr. 3 und Abs. 3 Nr. 2 und 3 Erstes Buch) wird eine Kindererziehungszeit angerechnet, wenn
1. die Erziehungszeit diesem Elternteil zuzuordnen ist,
2. die Erziehung im Gebiet der Bundesrepublik Deutschland erfolgt ist oder einer solchen gleichsteht und
3. der Elternteil nicht von der Anrechnung ausgeschlossen ist.

(2) ¹Eine Erziehungszeit ist dem Elternteil zuzuordnen, der sein Kind erzogen hat. ²Haben mehrere Elternteile das Kind gemeinsam erzogen, wird die Erziehungszeit einem Elternteil zugeordnet. ³Haben die Eltern ihr Kind gemeinsam erzogen, können sie durch eine übereinstimmende Erklärung bestimmen, welchem Elternteil sie zuzuordnen ist. ⁴Die Zuordnung kann auf einen Teil der Erziehungszeit beschränkt werden. ⁵Die übereinstimmende Erklärung der Eltern ist mit Wirkung für künftige Kalendermonate abzugeben. ⁶Die Zuordnung kann rückwirkend für bis zu zwei Kalendermonate vor Abgabe der Erklärung erfolgen, es sei denn, für einen Elternteil ist unter Berücksichtigung dieser Zeiten eine Leistung bindend festgestellt, ein Versorgungsausgleich oder ein Rentensplitting durchgeführt. ⁷Für die Abgabe der Erklärung gilt § 16 des Ersten Buches über die Antragstellung entsprechend. ⁸Haben die Eltern eine übereinstimmende Erklärung nicht abgegeben, ist die Erziehungszeit der Mutter zuzuordnen. ⁹Haben mehrere Elternteile das Kind erzogen, ist die Erziehungszeit demjenigen zuzuordnen, der das Kind überwiegend erzogen hat, soweit sich aus Satz 3 nicht etwas anderes ergibt.

(3) ¹Eine Erziehung ist im Gebiet der Bundesrepublik Deutschland erfolgt, wenn der erziehende Elternteil sich mit dem Kind dort gewöhnlich aufgehalten hat. ²Einer Erziehung im Gebiet der Bundesrepublik Deutschland steht gleich, wenn der erziehende Elternteil sich mit seinem Kind im Ausland gewöhnlich aufgehalten hat und während der Erziehung oder unmittelbar vor der Geburt des Kindes wegen einer dort ausgeübten Beschäftigung oder selbständigen Tätigkeit Pflichtbeitragszeiten hat. ³Dies gilt bei einem gemeinsamen Aufenthalt von Ehegatten oder Lebenspartnern im Ausland auch, wenn der Ehegatte oder Lebenspartner des erziehenden Elternteils solche Pflichtbeitragszeiten hat oder nur deshalb nicht hat, weil er zu den in § 5 Abs. 1 und 4 genannten Personen gehörte oder von der Versicherungspflicht befreit war.

(4) Elternteile sind von der Anrechnung ausgeschlossen, wenn sie
1. während der Erziehungszeit oder unmittelbar vor der Geburt des Kindes eine Beschäftigung oder selbständige Tätigkeit im Gebiet der Bundesrepublik Deutschland ausgeübt haben, die aufgrund
    a) einer zeitlich begrenzten Entsendung in dieses Gebiet (§ 5 Viertes Buch) oder
    b) einer Regelung des zwischen- oder überstaatlichen Rechts oder einer für Bedienstete internationaler Organisationen getroffenen Regelung (§ 6 Viertes Buch)
    den Vorschriften über die Versicherungspflicht nicht unterliegt,
2. während der Erziehungszeit zu den in § 5 Absatz 4 genannten Personen gehören oder
3. während der Erziehungszeit Anwartschaften auf Versorgung im Alter nach beamtenrechtlichen Vorschriften oder Grundsätzen oder entsprechenden kirchenrechtlichen Re-

gelungen oder nach den Regelungen einer berufsständischen Versorgungseinrichtung aufgrund der Erziehung erworben haben, die systembezogen gleichwertig berücksichtigt wird wie die Kindererziehung nach diesem Buch.

(5) ¹Die Kindererziehungszeit beginnt nach Ablauf des Monats der Geburt und endet nach 36 Kalendermonaten. ²Wird während dieses Zeitraums vom erziehenden Elternteil ein weiteres Kind erzogen, für das ihm eine Kindererziehungszeit anzurechnen ist, wird die Kindererziehungszeit für dieses und jedes weitere Kind um die Anzahl an Kalendermonaten der gleichzeitigen Erziehung verlängert.

A. Normzweck

Zeiten der Kindererziehung führen immer noch häufig zu einer Reduzierung der Erwerbstätigkeit. Die **Kindererziehungszeiten** wirken einer entsprechenden Verminderung der Rentenanwartschaft entgegen. Außerdem erfolgt die rentenrechtliche Berücksichtigung von Kindererziehungszeiten ua. deshalb, weil die Kindererziehung für die gesetzliche Alterssicherung **bestandssichernde Funktion** hat. Unter der Geltung eines vom so genannten Generationenvertrag getragenen Umlageverfahrens ist die gesetzliche Rentenversicherung darauf angewiesen, dass eine Generation von Beitragszahlern nachrückt, welche die Mittel für die jetzt erwerbstätige Generation aufbringt (BVerfG 7. 7. 1992 NJW 1992, 2214). Für die Pflegeversicherung entschied das Bundesverfassungsgericht (BVerfG 3. 4. 2001 NJW 2001, 1712), dass ein gleich hoher Beitrag für Versicherte mit Kindern wie für kinderlose Versicherte verfassungswidrig ist, weil Versicherte mit Kindern neben der eigentlichen Beitragszahlung einen generativen Beitrag leisten. Allerdings ist diese Entscheidung nicht auf die Rentenversicherung übertragbar (BSG 5. 7. 2006 – B 12 KR 20/04 R – NZS 2007, 311). Ein wesentlicher Unterschied zur Pflegeversicherung ist die Berücksichtigung von Zeiten der Kindererziehung auf der Leistungsseite, so erhalten Versicherte mit Kindern zB auf Grund der Kindererziehungszeiten nach § 56 SGB VI eine höhere Rente, ohne dafür selber Beiträge gezahlt zu haben. Im Übrigen hat die Bundesregierung in einem Bericht an den Deutschen Bundestag und den Bundesrat ausführlich Stellung zur Bedeutung des Urteils des Bundesverfassungsgerichts zur Sozialen Pflegeversicherung vom 3. 4. 2001 für andere Zweige der Sozialversicherung genommen (vgl. BR-Drs 894/04). Gegenwärtig dürften die Kindererziehungszeiten in angemessenem Umfang berücksichtigt sein. Die Kindererziehung wird bei der Berechnung der Entgeltpunkte wie die Erzielung eines Durchschnittsverdienstes bewertet (§ 70 Abs. 2 SGB VI). Aus verfassungsrechtlicher Sicht besteht kein Reformbedarf. Jedoch ergibt sich nach der Rechtsprechung ein verfassungsrechtliches Gebot aus Art. 3 iVm. Art. 6 Abs. 1 GG, auch weiterhin die Kindererziehung in der gesetzlichen Rentenversicherung angemessen zu berücksichtigen (Sodan NZS 2005, 567).

B. Grundsatz

Eine Versicherungspflicht in der gesetzlichen Rentenversicherung tritt nicht bereits auf Grund des Bezugs von Elterngeld ein (Bergner Elterngeld und Kindererziehungszeiten, FPR 2007, 345). Eine Versicherungspflicht besteht für sonstige Versicherte in der Zeit, für die ihnen **Kindererziehungszeiten anzurechnen** sind. Diese Zeiten umfassen längstens die ersten drei Lebensjahre des Kindes. Begünstigte sind nicht nur die leiblichen Eltern, sondern gegebenenfalls auch Adoptiv-, Stief- oder Pflegeeltern. Bei Stiefkindern ist eine Aufnahme in den Haushalt des Stiefelternteils erforderlich, dh. ein dauerhaftes elternähnliches Erziehungsverhältnis ist Voraussetzung für die Anerkennung einer Kindererziehungszeit. Ein Pflegekindschaftsverhältnis ist ein auf längere Dauer angelegtes Pflegeverhältnis in häuslicher Gemeinschaft (§ 56 Abs. 2 Nr. 2 SGB I). Eine zeitweise Betreuung durch eine Tagespflegeperson bzw. Tagesmutter genügt für die Begründung einer familienähnlichen Beziehung nicht.

C. Zuordnung

I. Erklärung

Auch bei einer gemeinsamen Erziehung durch die Eltern ist die Kindererziehungszeit nur **einem Elternteil zuzuordnen**. Eltern können durch eine **übereinstimmende Erklärung** festlegen, welchem Elternteil die Kindererziehungszeit gutgeschrieben wird. Eine Aufteilung zwischen den Eltern ist zulässig, dh. es kann gegebenenfalls ein mehrfacher Wechsel innerhalb der Erziehungszeit eintreten. Allerdings kann die übereinstimmende Erklärung längstens für den Zeitraum der letzten zwei Kalendermonate vor Abgabe der Erklärung erfolgen. Die Erklärung ist gegenüber dem Rentenversicherungsträger abzugeben. Sie entfaltet erst mit dem Zugang beim Rentenversicherungsträger oder einer in § 16 SGB I genannten Stelle (zB Gemeinde) Wirkung. Eine übereinstimmende Erklärung ist uU für den zurückliegenden Zeitraum unwirksam. Dies ist der Fall bei einer beabsichtigten Zuordnung der Erziehungszeit für einen Elternteil, wenn bereits für den anderen Elternteil **unter Berücksichtigung** dieser rentenrechtlichen Zeit eine bindende Leistungsfeststellung oder eine rechtskräftige Entscheidung über einen Versorgungsausgleich bzw. ein Rentensplitting erfolgte. Eine Entscheidung ist formell bestandskräftig, wenn sie nach Ablauf der Widerspruchs- oder Klagefrist nicht mehr mit den ordentlichen Rechtsbehelfen des Widerspruchs oder der Klage anfechtbar ist.

II. Fehlende Erklärung

4   Erfolgte eine gemeinsame Erziehung, aber es wurde keine übereinstimmende Erklärung abgegeben, ist nach **objektiven Kriterien** die Zuordnung der Kindererziehungszeit festzustellen. Der Rentenversicherungsträger hat von Amts wegen den Sachverhalt zu ermitteln (§ 20 SGB X). Wichtiges Indiz für eine überwiegende Kindererziehung ist beispielsweise der Umfang der ausgeübten Beschäftigung bzw. Tätigkeit. Sofern nur ein Elternteil die abhängige Beschäftigung oder die selbständige Tätigkeit unterbricht, dann kann i. d. R. eine Erziehung durch diesen Elterteil unterstellt werden. Ergeben die Ermittlungen allerdings einen ungefähr gleichmäßigen Anteil an der Kindererziehung, so erhält im Zweifelsfall die (erziehende) Mutter die Kindererziehungszeit (BSG 16. 12. 1997 – 4 RA 60/97 – NZS 1998, 384). Die Verteilung der Erziehungszeiten nach dem „Alles oder Nichts-Prinzip" verstößt nicht gegen Art. 3 GG. Bei der Ordnung von Massenerscheinungen ist der Gesetzgeber grundsätzlich berechtigt, typisierende und pauschalierende Regelungen zu treffen, ohne allein wegen der damit verbundenen Härten gegen den allgemeinen Gleichheitsgrundsatz zu verstoßen. Die Zuordnung der Erziehungs- und Berücksichtigungszeiten nach dem Überwiegen der Erziehungstätigkeit ist eine solche Typisierung aus Gründen der Verwaltungspraktikabilität (LSG Berlin-Brandenburg 8. 6. 2007 – L 1 R 1788/05 – NZS 2008, 153). Das Bundessozialgericht hält die „Alles oder Nichts-Prinzip" ebenfalls für verfassungsgemäß (BSG 17. 4. 2008 – B 13 R 131/07 – BeckRS 2008, 53906). Es verweist auf die Absicht des Gesetzgebers, der mit den Kindererziehungszeiten ua. die eigenständige soziale Absicherung der Frauen begünstigen möchte. Dieser Zielsetzung würde eine von vornherein hälftige Aufteilung auf die Eltern widersprechen.

D. Ort der Erziehung

I. Inland

5   Kindererziehungszeiten können anrechenbar sein, wenn der **gewöhnliche Aufenthalt** (§ 56 Abs. 3 S. 1 SGB VI und § 30 Abs. 3 S. 2 SGB I) des Erziehenden und des Kindes im Gebiet der Bundesrepublik Deutschland liegt. Ein gewöhnlicher Aufenthalt ist beispielsweise dann vorhanden, wenn die Beschäftigung eines (ausländischen) Arbeitnehmers zu einem längeren Aufenthalt führt. I. d. R. besteht ein gewöhnlicher Aufenthalt, sofern eine Aufenthaltsdauer von mindestens 12 Monaten vorliegt.

6   Die Bestimmung des gewöhnlichen Aufenthalts für die Anerkennung von Kindererziehungszeiten ist sowohl für Deutsche als auch für Ausländer notwendig. **Ausländer** haben dann ihren gewöhnlichen Aufenthalt in Deutschland, wenn sie einen zukunftsoffenen Aufenthaltstitel besitzen. Allerdings kann sich für Bürger der Europäischen Union das Aufenthaltsrecht auch auf Grund des „Gesetzes über die allgemeine Freizügigkeit von Unionsbürgern" (FreizügG/EU) ergeben. Dh. freizügigkeitsberechtigte Unionsbürger benötigen weder ein Visum noch einen Aufenthaltstitel. Sie und ihre Familienangehörigen mit Staatsangehörigkeit eines Staates der Europäischen Union erhalten eine Bescheinigung über das bestehende Aufenthaltsrecht (§ 5 FreizügG/EU). Ein rechtmäßiger Aufenthalt besteht ebenso, wenn die Bundesagentur für Arbeit eine „Arbeitsgenehmigung-EU für Staatsangehörige der neuen EU-Mitgliedstaaten" (§ 284 SGB III) erteilt hat.

7   Besteht ein Aufenthaltsrecht in der Bundesrepublik Deutschland, so beginnt der gewöhnliche Aufenthalt regelmäßig mit dem **Tag der Einreise**. Die Entscheidung der Ausländerbehörde gilt gegebenenfalls rückwirkend, denn die Dauer des Verwaltungsverfahren geht nicht zu Lasten des Antragstellenden.

II. Ausland

8   Der Grundsatz, dass nur die Kinderziehung im Inland zur Anrechnung führt, gilt nicht uneingeschränkt. Bei den nachfolgend erläuterten Konstellationen kann ebenso die **Erziehung im Ausland** zu berücksichtigen sein. Erforderlich ist zunächst der gewöhnliche Aufenthalt der erziehenden Person und des Kindes im Ausland. Außerdem, dass die Person während der Erziehung oder unmittelbar vor der Geburt des Kindes **wegen einer Beschäftigung oder Tätigkeit im Ausland** deutsche Pflichtbeitragszeiten hat. Im Ausland besteht Versicherungspflicht nach deutschen Rechtsvorschriften insbesondere bei einer Entsendung (§ 4 SGB IV). Außerdem besteht gegebenenfalls auch für Deutsche, die im Ausland bei einer amtlichen Vertretung des Bundes oder der Länder beschäftigt sind, Versiche-

rungspflicht (§ 1 S. 2 SGB VI). Die Voraussetzung **„unmittelbar vor der Geburt"** ist erfüllt, wenn zwischen dem letzten deutschen Pflichtbeitrag und der Geburt kein voller Kalendermonat ohne Pflichtbeitrag liegt. Dieser Zeitraum verlängert sich um die Anrechnungszeiten während der Schutzfristen nach dem Mutterschutzgesetz (§ 58 Abs. 1 S. 1 Nr. 2 SGB VI).

Beispiel 1:
- Versicherungspflichtige Beschäftigung in Deutschland vom 1. 1. 2002 bis 31. 10. 2007
- Entsendung ins Ausland ab 1. 11. 2007. Die Beschäftigung wird bis zum 23. 6. 2008 ausgeübt
- Beginn der Schutzfrist nach dem Mutterschutzgesetz am 24. 6. 2008
- Geburt am 4. 8. 2008

Lösung:
Die deutschen Pflichtbeiträge liegen unmittelbar vor der Geburt des Kindes, obwohl ein voller Kalendermonat (1. 7. bis 31. 7) ohne Pflichtbeitrag vorliegt.

Liegen zwar keine Pflichtbeiträge unmittelbar vor der Geburt vor, dann sind Kindererziehungszeiten auch anrechenbar, wenn deutsche Pflichtbeiträge **während der Erziehungszeit** gezahlt werden. 9

Beispiel 2:
- Gewöhnlicher Aufenthalt in Neuseeland ab 1. 1. 2008. Keine Beitragszahlung.
- Geburt am 8. 2. 2010
- Die erziehende Person ist ab 1. 12. 2010 bei der Deutschen Botschaft in Wellington beschäftigt und versicherungspflichtig nach § 1 S. 2 SGB VI.

Lösung:
Kindererziehungszeiten sind erst ab dem 1. 12. 2010 anzurechnen, weil unmittelbar vor der Geburt keine deutschen Pflichtbeiträge vorliegen.

III. Ehegattenprivileg

§ 56 Abs. 3 S. 3 SGB VI erweitert den begünstigten Personenkreis nochmals. Selbst wenn der erziehende Elternteil keine deutsche Pflichtbeitragszeiten hat, genügt die **Erfüllung** dieser Voraussetzung **durch den anderen Elternteil.** Dies gilt sogar dann, wenn der andere Ehegatte zu den in § 5 Abs. 1 und 4 genannten Personen gehört. 10

Beispiel 3:
- Beamter wird ab 1. 4. 2010 zur deutschen Botschaft in Namibia versetzt. Seine Ehefrau nimmt er mit, diese übt aber keine Beschäftigung oder Tätigkeit aus.
- Geburt am 11. 11. 2010

Lösung:
Obwohl die Ehefrau die Voraussetzungen in ihrer eigenen Person nicht erfüllt, ist auf Grund der Beschäftigung des Ehemannes die Anrechnung einer Kindererziehungszeit möglich. Für den Beamten werden zwar keine Pflichtbeiträge für die Rentenversicherung gezahlt, aber es besteht dem Grunde nach Versicherungspflicht gemäß § 1 S. 2 SGB VI.

IV. EU-Verordnung

Ergibt sich nach dem innerstaatlichen Recht keine Anrechenbarkeit der Kindererziehung findet gegebenenfalls nach dem europäischen Recht eine Anrechnung entsprechend dem nachrangigen **Art. 44 EWGV 987/2009** statt. Nach dieser Vorschrift sind Zeiten der Kindererziehung auch in einem anderen Mitgliedstaat zu berücksichtigen. Zielsetzung ist der Ausgleich von Nachteilen, die entstehen, wenn sich nach Erziehungsbeginn das anwendbare Recht ändert. Deshalb ist hier der frühere Beschäftigungsstaat für die Anrechnung der Kindererziehungszeiten zuständig. 11

Entscheidend ist die grundsätzliche Möglichkeit der Berücksichtigung von Kindererziehungszeiten in dem jeweiligen Mitgliedstaat, ob tatsächlich im konkreten Einzelfall eine Erziehungszeit anerkannt wird, ist nicht von Bedeutung. Die Neuregelung ist aus deutscher Sicht zurzeit vor allem bei einer Kindererziehung in **Dänemark und den Niederlanden** relevant, weil diese Staaten in ihren Normen überhaupt keine Kindererziehungszeiten vorsehen. Für eine (nachrangige) deutsche Erziehungszeit ist aber noch eine weitere Voraussetzung zu erfüllen, so muss unmittelbar vor Beginn der Erziehungszeit eine Beschäftigung oder selbständige Tätigkeit, die den deutschen Rechtsvorschriften unterliegt, ausgeübt werden. 12

Beispiel 4:
- Beschäftigung mit Beitragszahlung nach dänischen Recht bis 31. 12. 2006
- Dänin übt in Deutschland eine Beschäftigung vom 1. 1. 2007 bis zum 2. 7. 2010 aus und zieht zurück nach Dänemark
- Geburt am 10. 8. 2010, Kind wird in Dänemark von der Mutter erzogen

Lösung:
Unmittelbar vor Erziehungsbeginn wurde eine Beschäftigung in Deutschland ausgeübt (kein voller Kalendermonat zwischen Beschäftigung und Erziehungsbeginn), daher sind die Voraussetzungen für den nachrangigen Art. 44 EWGV 987/2009 erfüllt.

13 Der zeitliche Umfang der Beschäftigung, die den deutschen Rechtsvorschriften unterliegt ist unerheblich, dh. bereits eine **geringfügige Beschäftigung** (§ 8 SGB IV) genügt. Auch eine nicht versicherungspflichtige selbständige Tätigkeit reicht aus. Der Anspruch auf Anrechnung einer Kindererziehungszeit nach Art. 44 EWGV 987/2009 endet spätestens, sobald in einem anderen Mitgliedstaat eine Beschäftigung oder selbständige Tätigkeit aufgenommen wird.

V. Fehlende Vorversicherung

14 Auch gegenüber weiteren Mitgliedstaaten kommt ein nachrangiger Anspruch nach Art. 44 EWGV 987/2009 zum Tragen, wenn die erziehende Person **keine Vorversicherung** in dem anderen Mitgliedstaat hat. Die nachrangige Verpflichtung gilt hier ebenfalls nur dann, wenn unmittelbar zuvor eine den deutschen Rechtsvorschriften unterliegende Beschäftigung ausgeübt wurde.
Beispiel 5:
– Gewöhnlicher Aufenthalt in Frankreich bis 31. 3. 2008. Keine Beitragszahlung.
– Französin übt in Deutschland eine Beschäftigung vom 1. 4. 2008 bis zum 2. 7. 2010 aus und zieht zurück nach Frankreich
– Geburt am 10. 8. 2008, Kind wird in Frankreich von der Mutter erzogen
Lösung:
Die Kindererziehungszeiten sind im deutschen Rentensystem wegen Art. 44 EWGV 987/2009 anzurechnen, obwohl auch die französischen Rechtsvorschriften die Berücksichtigung von Kindererziehungszeiten vorsehen. Allerdings liegen für die Mutter vor Erziehungsbeginn keine Versicherungszeiten in Frankreich vor.

E. Anrechnungsausschluss

15 Nach Zuordnung der Erziehungszeit zu einem Elternteil und der Feststellung der Erziehung in Deutschland (bzw. dass die Erziehung dieser gleichsteht), ist abschließend zu prüfen, ob die erziehende Person von der **Anrechnung ausgeschlossen** ist (§ 56 Abs. 4 SGB VI).

I. Ausländisches Sicherungssystem

16 Personen sind ausgeschlossen, wenn sie von den **deutschen Rechtsvorschriften** über die Versicherungspflicht **nicht erfasst** werden. Dieser Fall kann eintreten, wenn die Vorschriften über die Einstrahlung (§ 5 SGB IV) bzw. abweichende Regelungen des über- und zwischenstaatlichen Rechts (§ 6 SGB IV) Anwendung finden. Des Weiteren sind Bedienstete bestimmter internationaler Organisationen von der Anwendung deutscher Rechtsvorschriften freigestellt, wie zB Europäische Zentralbank, Kommission der Europäischen Gemeinschaften.

II. Fehlende Schutzbedürftigkeit

17 Personen, die während der Erziehungszeit zum Personenkreis nach § 5 Abs. 4 SGB VI gehören, sind von der Anrechnung der Kindererziehungszeiten ausgeschlossen. Für **Renten- bzw. Versorgungsbezieher** und für **Nichtversicherte** unterstellt der Gesetzgeber, dass eine (weitere) Absicherung in der gesetzlichen Rentenversicherung nicht erforderlich ist. Die fehlende Schutzbedürftigkeit wird pauschal unterstellt, ohne dass eine Prüfung der individuellen Schutzbedürftigkeit erfolgt (kritisch zur Schutzbedürftigkeit Kreikebohm/Kuszynski im Handbuch der gesetzlichen **Rentenversicherung** Kapitel 10, S. 383 ff., Rn. 4). Seit dem 22. 7. 2009 ist der Bezug einer Teilrente wegen Alters kein Ausschlussgrund mehr. Kindererziehungszeiten können daher nun für Altersteilrentner anerkannt werden, das gilt sowohl für Erziehungszeiten vor dem 22. 7. 2009 als auch für Zeiten ab dem 22. 7. 2009.

III. Versicherungsfreie und von der Versicherungspflicht befreite Personen

18 Erziehende Personen, die während der Erziehungszeit Anwartschaften auf Versorgung nach **beamten- bzw. kirchenrechtlichen** Vorschriften oder bei einer **berufsständischen** Versorgungseinrichtung erworben haben, sind uU von der Anrechnung der Kindererziehungszeiten ausgeschlossen. Voraussetzung für den Ausschluss ist, dass die Erziehungszeiten annähernd gleichwertig in dem anderen System berücksichtigt werden.

19 Insbesondere auf Grund der ständigen Rechtsprechung regelte der Gesetzgeber den **Anrechnungsausschluss** mit Wirkung zum 22. 7. 2009 **neu**. Zuvor hatte die Rechtsprechung bereits für von der Versicherungspflicht befreite Elternteile (§ 6 SGB VI) den generellen Ausschluss von Kindererziehungszeiten für nicht anwendbar befunden (BSG 18. 10. 2005 – B 4 RA 6/05 R – NZA 2006, 310 sowie LSG Hessen 19. 6. 2007 – L 2 R 366/05 – NJOZ 2009, 232). So ist der Ausschluss der Anrechnung von Kindererziehungszeiten in der gesetzlichen Rentenversicherung bei Personen, die wegen entgeltlicher Beschäftigung versicherungspflichtig, hiervon aber wegen der gleichzeitigen Pflichtmitgliedschaft in einer berufsständischen Versorgungseinrichtung befreit worden sind, verfassungsrechtlich nur dann gerechtfertigt, wenn die Kindererziehungszeiten systembezogen annähernd gleichwertig in der berufsständischen Versorgungseinrichtung berücksichtigt werden. Jung/Prossliner (DStR 2006, 1911) betonen, dass es eine vergleichbare Anrechnung der Kindererziehung wie in der gesetzlichen Rentenversicherung bei den berufsständischen Versorgungswerken nur geben könne, wenn der Bund die gegen das Gleichheitsgebot der Verfassung verstoßende Benachteiligung der kindererziehenden Mitglieder der Versorgungswerke dadurch beseitigt, dass der Bund (wie für die Versicherten der gesetzlichen Rentenversicherung) Beiträge in der Kindererziehungszeit an die Versorgungswerke entrichtet. Alternativ könnte der Gleichheitsverstoß beseitigt werden, indem die kindererziehenden Mitglieder der Versorgungswerke auch Kindererziehungszeiten in der gesetzlichen Rentenversicherung erhalten.

Der 13. Senat (BSG 31. 1. 2008 – B 13 R64/06 – NZS 2009, 164) folgte der obigen Auffassung 20 des 4. Senats und verweist außerdem auf die aus **Steuermitteln finanzierte Beitragszahlung** des Bundes für Kindererziehungszeiten an die gesetzliche Rentenversicherung. Es ist nachvollziehbar, dass die Versorgungswerke keine vergleichbare Berücksichtigung von Kindererziehungszeiten vorsehen. Denn dies würde einen Solidarbeitrag der eigenen Mitglieder voraussetzen, obwohl diese durch ihre Steuern bereits zur Finanzierung der Kindererziehungszeiten in der gesetzlichen Rentenversicherung beitragen. Daher sind Kindererziehungszeiten in der gesetzlichen Rentenversicherung anzurechnen, sofern keine im Wesentlichen gleichwertige Berücksichtigung bei den berufsständischen Versorgungswerken erfolgt.

Eine **gleichwertige Berücksichtigung** ist gegeben, wenn für Geburten vor dem 1. 1. 1992 min- 21 destens ein Jahr und für Geburten nach dem 31. 12. 1991 mindestens 3 Jahre als Erziehungszeit in dem anderen System anerkannt werden. Außerdem müssen diese Erziehungszeiten wenigstens eine zusätzliche durchschnittliche Bewertung erhalten. Denn in der gesetzlichen Rentenversicherung erhalten Kindererziehungszeiten je Kalendermonat 0,0833 Entgeltpunkte, dh. ein Jahr Kindererziehungszeit entspricht in ihrem Wert in etwa 100% des Durchschnittsentgelts aller Versicherten (Beck-OK Kreikebohm SGB VI § 70 Rn 4). Die Prüfung, ob Gleichwertigkeit vorliegt, erfolgt durch die gesetzliche Rentenversicherung.

Inwieweit Zeiten der Kindererziehung nach beamtenrechtlichen Vorschriften bei der Versorgung 22 zu berücksichtigen sind, bestimmt das **Beamtenversorgungsgesetz** (BeamtVG). § 50 a BeamtVG berücksichtigt bei Versorgungsfällen ab dem 1. 1. 1992 Zeiten der Kindererziehung durch Kindererziehungszuschläge gleichwertig, sofern das Kind vor dem 1. 1. 1992 und vor Eintritt in das Beamtenverhältnis oder nach dem 31. 12. 1991 (vor oder während) des Beamtenverhältnisses geboren wurde. Ist das Kind hingegen vor dem 1. 1. 1992 während des Beamtenverhältnisses geboren wurden, dann sind höchstens 6 Monate ruhegehaltsfähige Dienstzeit zu berücksichtigen (§ 85 Abs. 7 S. 1 BeamtVG). Eine Gleichwertigkeit liegt hier also nicht vor, daher besteht kein Anrechnungsausschluss in der gesetzlichen Rentenversicherung.

F. Zeitraum der Versicherungspflicht

Liegen alle Voraussetzungen vor, können für Geburten nach dem 31. 12. 1991 Kindererziehungs- 23 zeiten für **höchstens 36 Kalendermonate** je Kind angerechnet werden. Dieser Zeitraum beginnt nach Ablauf des Monats der Geburt des Kindes. Sofern gleichzeitig mehrere Kinder erzogen werden, verlängert sich der Zeitraum entsprechend.
Beispiel 6:
– Geburt des ersten Kindes am 18. 7. 2008
– Geburt des zweiten Kindes am 18. 8. 2009
– Erziehung erfolgt jeweils durch die Mutter
Lösung:
Kindererziehungszeit für das erste Kind: 1. 8. 2008 bis 31. 7. 2011
Kindererziehungszeit für das zweite Kind: 1. 9. 2009 bis 31. 8. 2012
In der Zeit vom 1. 9. 2009 bis zum 31. 7. 2011 (23 Kalendermonate) werden zwei Kinder gleichzeitig erzogen, deshalb verlängert sich die Kindererziehungszeit um die Zeit vom 1. 9. 2012 bis 31. 7. 2014.

Für vor dem Stichtag 1. 1. 1992 geborene Kinder sind **maximal 12 Kalendermonate** Kinder- 24 ziehungszeit zu berücksichtigen (§ 249 SGB VI). Außerdem sind vor 1921 geborene Eltern von der Anrechnung von Kindererziehungszeiten ausgeschlossen (§ 249 Abs. 4 SGB VI). Allerdings erhalten **leibliche Mütter** für in der Bundesrepublik Deutschland lebend geborene Kinder stattdessen eine Kindererziehungsleistung. Der Ausschluss von Pflegemüttern verstößt nicht gegen das Grundgesetz (BVerfG 2. 11. 1992 NZS 1993, 212). Zu verfassungsrechtlichen Bedenken gegen das Kinderziehungsleistungsgesetz siehe auch v. Einem NJW 1987, 3100.

§ 57 Berücksichtigungszeiten

¹Die Zeit der Erziehung eines Kindes bis zu dessen vollendetem zehnten Lebensjahr ist bei einem Elternteil eine Berücksichtigungszeit, soweit die Voraussetzungen für die Anrechnung einer Kindererziehungszeit auch in dieser Zeit vorliegen. ²Dies gilt für Zeiten einer mehr als geringfügig ausgeübten selbständigen Tätigkeit nur, soweit diese Zeiten auch Pflichtbeitragszeiten sind.

A. Normzweck

1   In der deutschen gesetzlichen Rentenversicherung werden auch noch nach Vollendung des dritten Lebensjahres des Kindes Zeiten der Erziehung von Kindern angerechnet. Die Auswirkungen dieser **Berücksichtigungszeiten wegen Kindererziehung** sind aber deutlich geringer als bei den Kindererziehungszeiten nach § 56 SGB VI. Eine Beitragszeit für die Beiträge gezahlt werden (§ 177 SGB VI) liegt nicht vor, aber trotzdem können sich Berücksichtigungszeiten bei der Rentenberechnung positiv auf die Rentenhöhe auswirken. So erhalten Berücksichtigungszeiten wegen Kindererziehung für die Durchführung der Gesamtleistungsbewertung die Entgeltpunkte zugeordnet, die sie erhalten würden, wenn sie Kindererziehungszeiten wären (§ 71 Abs. 3 SGB VI). Dh. sie erhalten mindestens 0,0833 Entgeltpunkte je Kalendermonat, insgesamt aber nicht mehr als den Höchstwert der Anlage 2b zum SGB VI. Zur Bewertung von Kindererziehungszeiten und zur Verfassungsmäßigkeit der Begrenzung auf die jeweiligen Höchstwerte vgl. BSG 12. 12. 2006 – B 13 RJ 22/05 – NJOZ 2007, 3673.

2   Weiterhin sind die Berücksichtigungszeiten wegen Kindererziehung auf die **Wartezeit** von 35 Jahren (§ 51 Abs. 3 SGB VI) und auf die Mindestversicherungszeit von 35 Jahren für die Rente nach Mindestentgeltpunkten (§ 262 SGB VI) anzurechnen. Auch die versicherungsrechtlichen Voraussetzungen für Renten wegen verminderter Erwerbsfähigkeit sind gegebenenfalls weiter erfüllt. Denn Berücksichtigungszeiten verlängern den Zeitraum von 5 Jahren, in dem 3 Jahre Pflichtbeiträge liegen müssen (§ 43 Abs. 4 SGB VI).

B. Voraussetzungen

3   Die **Voraussetzungen** für die Anerkennung von Berücksichtigungszeiten wegen Kindererziehung sind **identisch** mit denen für die Kindererziehungszeit, insoweit wird daher auf die vorhergehenden Erläuterungen zu § 56 SGB VI verwiesen. Nach den Regelungen des § 56 SGB VI ist vor allem zu prüfen ob:
 – die Erziehungszeit dem Elternteil zuzuordnen ist,
 – die Erziehung im Gebiet der Bundesrepublik Deutschland erfolgt ist oder einer solchen gleichsteht und
 – der Elternteil nicht von der Anrechnung ausgeschlossen ist.

4   Ein **Unterschied** besteht im zeitlichen Umfang, so sind Kinderberücksichtigungszeiten höchstens bis zur Vollendung des zehnten Lebensjahres anrechenbar. Im Gegensatz zur Kindererziehungszeit (§ 56 Abs. 5 S. 1 SGB VI) beginnt der 10-Jahreszeitraum bereits mit dem Tag der Geburt.
 Beispiel 1:
 – Geburt des Kindes am 15. 8. 1998 (Erziehung durch die Mutter)
 – Tod der Mutter am 20. 3. 2005 und Übernahme der Kindererziehung durch den Vater
 Lösung:
 Kindererziehungszeit für die Mutter vom 1. 9. 1998 bis 31. 8. 2001
 Berücksichtigungszeit für die Mutter vom 15. 8. 1998 bis 20. 3. 2005
 Berücksichtigungszeit für den Vater vom 1. 4. 2005 bis 14. 8. 2008
 Die Berücksichtigungszeit für den Vater beginnt erst im April 2005, weil der Monat März 2005 bereits bei der Mutter als Berücksichtigungszeit angerechnet wurde.

5   Werden zeitgleich **mehrere Kinder** erzogen, dann verlängert sich die Kinderberücksichtigungszeit nicht, weil der Gesetzgeber in § 57 SGB VI keine entsprechende Regelung wie bei den Kindererziehungszeiten (§ 56 Abs. 5 S. 2 SGB VI), getroffen hat.
 Beispiel 2:
 – Geburt von Zwillingen am 20. 6. 1987
 – Erziehung durch die leibliche Mutter bis 20. 9. 1988
 – anschließend Erziehung durch eine Pflegemutter
 Lösung:
 Kindererziehungszeit für die leibliche Mutter vom 1. 7. 1987 bis 30. 6. 1988
 Verlängerungszeit für die leibliche Mutter vom 1. 7. 1988 bis 30. 6. 1989
 Berücksichtigungszeit für die leibliche Mutter vom 20. 6. 1987 bis 20. 9. 1988
 Berücksichtigungszeit für die Pflegemutter vom 1. 10. 1988 bis 19. 6. 1997

Ein Wechsel der Erziehungsperson erfolgte in der Verlängerungszeit (der Kindererziehungszeit), daher ist die gesamte Verlängerungszeit der leiblichen Mutter zuzuordnen. Maßgebend für die Zuordnung der Verlängerungszeit ist die Erziehung in den ersten 12 Kalendermonaten bei Geburten vor dem 1. 1. 1992 bzw. in den ersten 36 Kalendermonaten bei Geburten nach dem 31. 12. 1991. Bei der Pflegemutter sind keine Kindererziehungszeiten anzurechnen, sondern nur die Berücksichtigungszeit ab Oktober 1988.

Ein Wechsel der erziehenden Person durch eine **übereinstimmende Erklärung** ist zulässig (vgl. § 56 Abs. 2 SGB VI). Für den Zeitraum der 36 Kalendermonate Kindererziehungszeit ist die Kinderberücksichtigungszeit untrennbar mit der Kindererziehungszeit verbunden. Dh. der Elternteil, dem die Kindererziehungszeit angerechnet wird, erhält automatisch die zeitgleiche Kinderberücksichtigungszeit. 6

C. Selbständige Tätigkeit

Berücksichtigungszeiten wegen Kindererziehung erhalten erziehende Personen, die gleichzeitig eine mehr als geringfügige **selbständig Tätigkeit** ausüben nur, wenn sie während dieser Tätigkeit Pflichtbeiträge zur gesetzlichen Rentenversicherung zahlen. Die Versicherungspflicht für selbständig Tätige tritt entweder kraft Gesetzes (§ 2 SGB VI) oder auf Antrag ein (§ 4 SGB VI). Der Gesetzgeber vermeidet mit der Forderung einer Pflichtversicherung, dass Selbständige gegenüber Arbeitnehmern, die kraft Gesetzes einkommensgerechte Beiträge zu zahlen haben, bessergestellt werden (BT-Drs 14/4595, 46). Ansonsten könnten zB durch eine übereinstimmende Erklärung die Berücksichtigungszeiten dem im vollen Umfang selbständig tätigen Ehemann zugeordnet werden. Dieser könnte dann auch ohne eigene Beitragszahlung von den Vorteilen der Berücksichtigungszeit profitieren, wie zB die Anrechnung auf die Wartezeit von 35 Jahren. 7

Es ist nicht zwingend erforderlich, dass die geforderte **Versicherungspflicht** auf der selbständigen Tätigkeit beruht. Dh., wird beispielsweise neben der Erziehung eines Kindes und einer mehr als geringfügigen selbständigen Tätigkeit (ohne Beitragszahlung) auch noch eine versicherungspflichtige abhängige Beschäftigung ausgeübt, sind die Kinderberücksichtigungszeiten anzurechnen. Dies gilt ebenso im Falle einer dem Grunde nach geringfügigen versicherungsfreien Beschäftigung, wenn gegenüber dem Arbeitgeber auf die Versicherungsfreiheit verzichtet wurde (§ 5 Abs. 2 S. 2 SGB VI). 8

§ 58 Anrechnungszeiten

(1) ¹Anrechnungszeiten sind Zeiten, in denen Versicherte
1. wegen Krankheit arbeitsunfähig gewesen sind oder Leistungen zur medizinischen Rehabilitation oder zur Teilhabe am Arbeitsleben erhalten haben,
1 a. nach dem vollendeten 17. und vor dem vollendeten 25. Lebensjahr mindestens einen Kalendermonat krank gewesen sind, soweit die Zeiten nicht mit anderen rentenrechtlichen Zeiten belegt sind,
2. wegen Schwangerschaft oder Mutterschaft während der Schutzfristen nach dem Mutterschutzgesetz eine versicherte Beschäftigung oder selbständige Tätigkeit nicht ausgeübt haben,
3. wegen Arbeitslosigkeit bei einer deutschen Agentur für Arbeit als Arbeitsuchende gemeldet waren und eine öffentlich-rechtliche Leistung bezogen oder nur wegen des zu berücksichtigenden Einkommens oder Vermögens nicht bezogen haben,
3 a. nach dem vollendeten 17. Lebensjahr mindestens einen Kalendermonat bei einer deutschen Agentur für Arbeit als Ausbildungsuchende gemeldet waren, soweit die Zeiten nicht mit anderen rentenrechtlichen Zeiten belegt sind,
4. nach dem vollendeten 17. Lebensjahr eine Schule, Fachschule oder Hochschule besucht oder an einer berufsvorbereitenden Bildungsmaßnahme teilgenommen haben (Zeiten einer schulischen Ausbildung), insgesamt jedoch höchstens bis zu acht Jahren, oder
5. eine Rente bezogen haben, soweit diese Zeiten auch als Zurechnungszeit in der Rente berücksichtigt waren, und die vor dem Beginn dieser Rente liegende Zurechnungszeit,
6. nach dem 31. Dezember 2010 Arbeitslosengeld II bezogen haben; dies gilt nicht für Empfänger der Leistung,
    a) die Arbeitslosengeld II nur darlehensweise oder
    b) nur Leistungen nach § 24 Absatz 3 Satz 1 des Zweiten Buches bezogen haben oder
    c) die auf Grund von § 2 Absatz 1a des Bundesausbildungsförderungsgesetzes keinen Anspruch auf Ausbildungsförderung gehabt haben oder
    d) deren Bedarf sich nach § 12 Absatz 1 Nummer 1 des Bundesausbildungsförderungsgesetzes, nach § 66 Absatz 1 Satz 1 oder § 106 Absatz 1 Nummer 1 des Dritten Buches bemessen hat oder

e) die versicherungspflichtig beschäftigt oder versicherungspflichtig selbständig tätig gewesen sind oder eine Leistung bezogen haben, wegen der sie nach § 3 Satz 1 Nummer 3 verversicherungspflichtig gewesen sind.

²Berufsvorbereitende Bildungsmaßnahmen sind alle beruflichen Bildungsmaßnahmen, die auf die Aufnahme einer Berufsausbildung vorbereiten oder der beruflichen Eingliederung dienen, sowie Vorbereitungslehrgänge zum nachträglichen Erwerb des Hauptschulabschlusses und allgemeinbildende Kurse zum Abbau von schwerwiegenden beruflichen Bildungsdefiziten. ³Zeiten, in denen Versicherte nach Vollendung des 25. Lebensjahres wegen des Bezugs von Sozialleistungen versicherungspflichtig waren, sind nicht Anrechnungszeiten. ⁴Nach Vollendung des 25. Lebensjahres schließen Anrechnungszeiten wegen des Bezugs von Arbeitslosengeld II Anrechnungszeiten wegen Arbeitslosigkeit aus.

(2) ¹Anrechnungszeiten nach Absatz 1 Satz 1 Nr. 1 und 2 bis 3 a liegen nur vor, wenn dadurch eine versicherte Beschäftigung oder selbständige Tätigkeit oder ein versicherter Wehrdienst oder Zivildienst oder ein versichertes Wehrdienstverhältnis besonderer Art nach § 6 des Einsatz-Weiterverwendungsgesetzes unterbrochen ist; dies gilt nicht für Zeiten nach Vollendung des 17. und vor Vollendung des 25. Lebensjahres. ²Eine selbständige Tätigkeit ist nur dann unterbrochen, wenn sie ohne die Mitarbeit des Versicherten nicht weiter ausgeübt werden kann.

(3) Anrechnungszeiten wegen Arbeitsunfähigkeit oder der Ausführung der Leistungen zur medizinischen Rehabilitation oder zur Teilhabe am Arbeitsleben liegen bei Versicherten, die nach § 4 Abs. 3 Satz 1 Nr. 2 versicherungspflichtig werden konnten, erst nach Ablauf der auf Antrag begründeten Versicherungspflicht vor.

(4) Anrechnungszeiten liegen bei Beziehern von Arbeitslosengeld oder Übergangsgeld nicht vor, wenn die Bundesagentur für Arbeit für sie Beiträge an eine Versicherungseinrichtung oder Versorgungseinrichtung, an ein Versicherungsunternehmen oder an sie selbst gezahlt haben.

(4 a) Zeiten der schulischen Ausbildung neben einer versicherten Beschäftigung oder Tätigkeit sind nur Anrechnungszeiten wegen schulischer Ausbildung, wenn der Zeitaufwand für die schulische Ausbildung unter Berücksichtigung des Zeitaufwands für die Beschäftigung oder Tätigkeit überwiegt.

(5) Anrechnungszeiten sind nicht für die Zeit der Leistung einer Rente wegen Alters zu berücksichtigen.

Übersicht

	Rn.
A. Normzweck	1
B. Anrechnungszeittatbestände	2
I. Arbeitsunfähigkeit und Leistungen zur Teilhabe	2
II. Krankheit	4
III. Schwangerschaft oder Mutterschaft	5
IV. Arbeitslosigkeit	6
V. Ausbildungsuchende	8
VI. Ausbildung	9
1. Schule	15
2. Fachschule	18
3. Hochschule	24
4. Berufsvorbereitende Bildungsmaßnahme	27
VII. Rentenbezug und Zurechnungszeit	28
VIII. Arbeitslosengeld II	29
IX. 25. Lebensjahr	30
C. Unterbrechung	31
D. Versicherte ohne Krankengeldanspruch	35
E. Befreiung von der Versicherungspflicht	36
F. Zeitaufwand für schulische Ausbildung	37
G. Bezug einer Altersrente	39

A. Normzweck

1   Der Gesetzgeber begünstigt außer Zeiten der Kindererziehung noch weitere Sachverhalte, mit denen Lücken im Versicherungslauf geschlossen werden. Die so genannten **Anrechnungszeiten** sind ein Element des sozialen Ausgleiches innerhalb der gesetzlichen Rentenversicherung. Sie erhalten gegebenenfalls im Rahmen der Gesamtleistungsbewertung Entgeltpunkte als beitragsfreie bzw. bei-

tragsgeminderte Zeit (§ 71 SGB VI). Allerdings hat der Gesetzgeber durch diverse „Reformen" die Bewertung von beitragsfreien Zeiten eingeschränkt. Bereits mit dem In-Kraft-Treten des SGB VI werden beitragsfreie Zeiten teilweise erheblich niedriger bewertet als nach dem vorhergehenden Recht, insbesondere wenn Versicherte große Lücken im Versicherungsverlauf haben. Das Bundessozialgericht verneint eine Verletzung von Art. 14 GG, weil dieser Eingriff im Rahmen der gesetzlichen Gestaltungsfreiheit liegt und die Belange der Allgemeinheit überwiegen (BSG 18. 4. 1996 – 4 RA 36/94 – NJW 1996, 2951). Einige Anrechnungszeiten sind bei einem Rentenbeginn nach dem 31. 12. 2000 sogar überhaupt nicht mehr zu bewerten. Für rentennahe Jahrgänge erfolgte in einer Übergangszeit noch eine Bewertung nach der alten Anlage 18 zum SGB VI. Dies galt beispielsweise für Arbeitslosigkeitszeiten ohne Leistungsbezug. Die stufenweise Reduzierung und die Nichtbewertung für rentenferne Jahrgänge löste beim Bundessozialgericht keine verfassungsrechtlichen Bedenken aus (BSG 5. 7. 2005 – B 4 RA 40/03 – NZS 2006, 321). Denn mit der Gesetzesänderung sollte ua. das Versicherungsprinzip und damit das Prinzip der Beitragsbezogenheit der Rente gestärkt werden, indem Leistungen, die bisher oder nur teilweise durch Beiträge gedeckt sind, zurückgeführt werden (BT-Drs 13/4610, 18). Des Weiteren waren Anrechnungszeiten wegen Schul- oder Hochschulausbildung nur bei einem Rentenbeginn vor dem 1. 1. 2009 aus Vertrauensschutzgründen noch zu bewerten. Eine Bewertung erfolgt höchstens für drei Jahre (§ 263 Abs. 3 SGB VI). Bereits bei früheren Begrenzungen des Gesamtleistungswertes für Ausbildungs-Anrechnungszeiten hatte auch hier das Bundessozialgericht keine verfassungsrechtlichen Einwände (BSG 30. 3. 2004 – B 4 RA 36/02 – NZS 2005, 157). So sei die Reduzierung geeignet zur Konsolidierung der gesetzlichen Rentenversicherung und durch die stufenweise Abschmelzung des Gesamtleistungswertes werde der rechtsstaatliche Grundsatz des Vertrauensschutzes nicht verletzt. Hingegen betrachten Meyer/Blüggel (NZS 2005, 1) die Reduzierung der Bewertung von (schulischen) Ausbildungszeiten kritisch, denn bereits der Gesetzgeber der Rentenreform 1957 habe die Wichtigkeit der Ausbildung für den Wirtschaftsstandort Deutschland entdeckt. Deshalb habe er gerade wegen der Bedeutung der qualifizierten Ausbildung für die Produktivität der deutschen Wirtschaft ua. die Ausbildung als Vorleistung anerkannt. Eine möglichst qualifizierte Ausbildung der Versicherten ist vom höchsten Interesse für die gesetzliche Rentenversicherung, nicht nur eine Privatangelegenheit.

B. Anrechnungszeittatbestände

I. Arbeitsunfähigkeit und Leistungen zur Teilhabe

Zu den Anrechnungszeiten gehören Zeiten der Arbeitsunfähigkeit auf Grund einer Krankheit und Zeiten, in denen Versicherte eine Leistung zur medizinischen Rehabilitation oder zur Teilhabe am Arbeitsleben erhalten haben. Die Auslegung des Begriffes **„Arbeitsunfähigkeit"** orientiert sich am Recht der gesetzlichen Krankenversicherung. In der gesetzlichen Krankenversicherung ist der Begriff der Arbeitsunfähigkeit nur im Zusammenhang mit dem Anspruch auf Krankengeld (§§ 44 ff SGB V) bedeutsam. Bei Zahlung von Krankengeld kann Arbeitsunfähigkeit iS von § 58 SGB VI angenommen werden. So setzt der Anspruch auf Krankengeld eine krankheitsbedingte Arbeitsunfähigkeit voraus. Eine versicherte Person ist arbeitsunfähig, wenn sie auf Grund einer Erkrankung unfähig ist, der zuletzt ausgeübten Beschäftigung oder einer ähnlich gearteten Beschäftigung nachzugehen. Die zuletzt ausgeübte Beschäftigung ist aber längstens für drei Jahre relevant. Infolgedessen endet spätestens drei Jahre nach Eintritt der Arbeitsunfähigkeit eine Anrechnungszeit wegen krankheitsbedingter Arbeitsunfähigkeit (BSG 25. 2. 2010 – B 13 R 116/08 – BeckRS 2010, 70255). Denn in der gesetzlichen Krankenversicherung definiert sich eine andauernde, auf derselben Krankheit beruhende Arbeitsunfähigkeit nach Ablauf eines Dreijahreszeitraums nicht mehr (eng) als Unfähigkeit zur Ausübung der bisherigen beruflichen Tätigkeit. Ab diesen Zeitpunkt besteht keine Arbeitsunfähigkeit mehr, weil die versicherte Person auf alle Tätigkeiten des allgemeinen Arbeitsmarktes verwiesen werden kann.

Leistungen zur **medizinischen Rehabilitation** sind vor allem die in § 26 SGB IX aufgeführten Leistungen. Für die Anerkennung einer Anrechnungszeit ist es nicht zwingend erforderlich, dass die Leistung von einem Rentenversicherungsträger erbracht wurde. Eine vergleichbare Leistung durch einen anderen Rehabilitationsträger (Agentur für Arbeit, Berufsgenossenschaft etc.) genügt ebenfalls. § 33 SGB IX enthält die Leistungen zur **Teilhabe am Arbeitsleben**. Hinsichtlich der zusätzlichen Voraussetzung „Unterbrechung" vgl. Rn. 31 und für Versicherte ohne Krankengeldanspruch vgl. Rn. 35.

II. Krankheit

Krankheitszeiten sind für Versicherte **nach dem vollendeten 17. und vor dem vollendeten 25. Lebensjahr** ebenfalls anrechenbar, wenn die Zeiten nicht mit anderen rentenrechtlichen Zeiten (§ 54 SGB VI) belegt sind und die Krankheitszeit mindestens einen Kalendermonat andauerte. Wegen der Krankheit muss die Ausübung einer Beschäftigung auf dem allgemeinen Arbeitsmarkt unmöglich gewesen sein. Den Begriff der Arbeitsunfähigkeit verwendet der Gesetzgeber hier nicht, aber sofern der Versicherte wegen einer Krankheit arbeitsunfähig ist, dann liegt in der Regel eine Krankheit iSv. § 58 Abs. 1 S. 1 Nr. 1 a SGB VI vor.

Beispiel 1:
- Versicherte geboren am 1. 5. 1985
- Krankheitszeit vom 26. 2. 2010 bis zum 11. 11. 2010

Lösung:
Die Unterbrechung einer Beschäftigung oder Tätigkeit ist nicht nötig (§ 58 Abs. 2 SGB VI), daher liegt eine Anrechnungszeit nach § 58 Abs. 1 S. 1 Nr. 1 a SGB VI vor. Sie beginnt am 26. 2. 2010 und endet am 30. 4. 2010 (Tag der Vollendung des 25. Lebensjahres).

III. Schwangerschaft oder Mutterschaft

5   Während der **Schutzfristen nach dem Mutterschutzgesetz** liegt eine Anrechnungszeit vor, wenn die versicherte Beschäftigung oder selbständige Tätigkeit nicht ausgeübt wurde. Während der Schutzfristen ist der Zusammenhang mit der Unterbrechung der Beschäftigung bzw. Tätigkeit immer gegeben. Eine Elternzeit bzw. ein Erziehungsurlaub begründen hingegen keine Anrechnungszeit. Die Mutterschutzfrist nach dem Mutterschutzgesetz umfasst regelmäßig den Zeitraum von 6 Wochen vor der Geburt und 8 Wochen nach der Geburt. Ein darüber hinausgehender Zeitraum ist anrechenbar, wenn auf Grund einer ärztlichen Entscheidung wegen der Schwangerschaft bzw. Mutterschaft eine Ausübung einer Erwerbstätigkeit nicht erfolgen konnte. Solange aber eine Beschäftigung oder Tätigkeit tatsächlich ausgeübt wurde, ist eine Anrechnungszeit nicht zu berücksichtigen. Eine Pflichtversicherung wegen Kindererziehung ist aber unschädlich, in diesem Fall entsteht eine beitragsgeminderte Zeit. Hinsichtlich der zusätzlichen Voraussetzung „Unterbrechung" vgl. Rn. 31.

IV. Arbeitslosigkeit

6   **Arbeitslosigkeitszeiten** sind Anrechnungszeiten, wenn sich der Versicherte bei einer Agentur für Arbeit als arbeitssuchend gemeldet hat. Des Weiteren muss vom Versicherten eine öffentlich-rechtliche Leistung bezogen worden sein oder diese Leistung wurde nur wegen des zu berücksichtigenden Einkommens nicht bezogen. Für die Definition der „Arbeitslosigkeit" ist auf das Recht der Arbeitsförderung zurück zu greifen (vgl. §§ 16, 119 bis 121 SGB III). Seit 2005 erfolgt eine Zahlung von Arbeitslosengeld II gegebenenfalls durch eine Arbeitsgemeinschaft bzw. einen zugelassenen kommunalen Träger (Grundsicherungsleistung für Arbeitsuchende nach dem SGB II). In diesen Fällen ist eine Meldung bei der Agentur für Arbeit für die Berücksichtigung einer Anrechnungszeit nicht erforderlich, wenn eine Meldung als Arbeitssuchender bei einem Träger nach dem SGB II erfolgte. Allerdings bedeutet der Bezug von Arbeitslosengeld II nicht zwingend, dass deshalb Arbeitslosigkeit im Sinne von § 58 Abs. 1 S. 1 Nr. 3 SGB VI vorliegt. Ein Bezug von Arbeitslosengeld II liegt zB auch vor, wenn zwar eine Regelleistung zur Sicherung des Lebensunterhalts (§ 20 SGB II) wegen einer Einkommensanrechnung nicht gezahlt wurde, aber Leistungen für Unterkunft und Heizung (§ 22 SGB II) erbracht wurden. Für über 25-Jährige ist aber eine Prüfung der Arbeitslosigkeit nicht erforderlich, weil die Anrechnungszeit wegen des Bezuges von Arbeitslosengeld II vorrangig ist (vgl. Rn. 30).

7   Ist die Voraussetzung „Arbeitslosigkeit" erfüllt, dann genügt der Bezug irgendeiner **öffentlich-rechtlichen Leistung**. Vor allem das Arbeitslosengeld kommt in Betracht, aber zB ebenso das Unterhaltsgeld aus Mitteln des Europäischen Sozialfonds während der Teilnahme an einer Maßnahme zur beruflichen Fortbildung oder Umschulung. Eine Anrechnungszeit ist nicht ausgeschlossen, wenn die öffentlich-rechtliche Leistung **wegen einer Einkommensanrechnung** nicht gezahlt wurde. Der Anspruch auf Arbeitslosengeld kann beispielsweise ruhen, wenn der Arbeitgeber aus dem vorhergehenden Beschäftigungsverhältnis eine Entlassungsentschädigung gezahlt hat (§ 143 a SGB III). Eine Anrechnungszeit ist ausgeschlossen, wenn das Arbeitslosengeld aus anderen Gründen nicht zur Zahlung gelangte. Zu diesen Gründen gehören Sperrzeiten (§ 144 SGB III), Arbeitskämpfe (§ 146 SGB III) und ein Ruhen wegen der Nichtstellung eines Antrages auf Altersrente (§ 428 Abs. 2 SGB III). Die Abgabe der Erklärung nach § 428 SGB III dokumentiert das Fehlen der Arbeitsbereitschaft, dh. eine subjektive Arbeitslosigkeit liegt nicht mehr vor. Trotzdem kommt für Zeiten nach dem 30. 4. 2003 eine Anrechnungszeit in Betracht (vgl. § 252 Abs. 8 SGB VI). Hinsichtlich der zusätzlichen Voraussetzung „Unterbrechung" vgl. Rn. 30 und für Versicherte, die von der Versicherungspflicht befreit sind, vgl. Rn. 36.

V. Ausbildungsuchende

8   Zeiten der **Ausbildungsuche** sind für Versicherte nach dem vollendeten 17. Lebensjahr ebenfalls anrechenbar, wenn die Zeiten nicht mit anderen rentenrechtlichen Zeiten (§ 54 SGB VI) belegt sind und die Ausbildungsuche mindestens einen Kalendermonat andauerte. Außerdem muss eine Meldung als Ausbildungsuchender bei einer deutschen Agentur für Arbeit erfolgt sein. Ausbildungsuchende sind Personen, die eine Berufsausbildung suchen (§ 15 SGB III). Bereits mit der erfolgreichen Ver-

mittlung eines Ausbildungsplatzes endet die Ausbildungsuche, auch wenn die Ausbildung tatsächlich erst zu einem späteren Zeitpunkt aufgenommen wird. Hinsichtlich der zusätzlichen Voraussetzung „Unterbrechung" vgl. Rn. 31.
Beispiel 2:
– Versicherte geboren am 12. 8. 1993
– Meldung als Ausbildungsuchende am 24. 6. 2010
– Agentur für Arbeit vermittelt am 16. 9. 2010 einen Ausbildungsplatz. Die Ausbildung beginnt am 1. 10. 2010
Lösung:
Anrechnungszeit vom 12. 8. 2010 bis 16. 9. 2010. Die Mindestdauer von einem Kalendermonat ist erfüllt, weil für den ganzen Monat August eine Meldung als Ausbildungsuchende erfolgte. Nur für die Prüfung der Mindestdauer wird die vor dem vollendeten 17. Lebensjahr liegende Zeit mitgezählt, wenn in diesem Monat die Vollendung des 17. Lebensjahres erfolgte.

VI. Ausbildung

Zeiten einer Ausbildung nach dem vollendeten 17. Lebensjahr können insgesamt bis zu acht Jahren als Anrechnungszeiten berücksichtigt werden. Anrechenbar ist der Besuch einer **Schule, Fach- oder Hochschule** sowie die Teilnahme an einer **berufsvorbereitenden Bildungsmaßnahme**. Kalendermonate, die nur teilweise mit einer Ausbildungsanrechnungszeit belegt sind, zählen als voller Monat für die Höchstdauer von acht Jahren bzw. 96 Kalendermonaten (§ 122 Abs. 1 SGB VI). Ein Monat wird auch dann auf die Höchstdauer angerechnet, wenn dieser Monat bereits teilweise mit einer Beitragszeit belegt ist. 9

Beispiel 3:
– Versicherte geboren am 30. 1. 1993
– Schulausbildung bis zum 16. 6. 2010
– Pflichtbeiträge für eine Beschäftigung ab 21. 6. 2010
Lösung:
Auf die Höchstdauer sind sechs Kalendermonate anzurechnen.

Sofern die Ausbildungsanrechnungszeiten die **Höchstdauer überschreiten**, sind die am weitesten zurückliegenden 96 Kalendermonate zunächst zu berücksichtigen (§ 122 Abs. 3 SGB VI). Für Ausbildungszeiten, die wegen des Überschreitens der Höchstdauer nicht angerechnet werden, können auf Antrag freiwillige Beiträge nachgezahlt und damit Lücken im Versicherungsverlauf geschlossen werden. Diese Nachzahlungsmöglichkeit wurde auch geschaffen, weil nach altem RVO-Recht (vor 1992) noch bis zu 13 Jahren als Ausbildungszeit angerechnet wurden (GK-SGB VI/Kreikebohm § 207 Rz. 6). 10

Eine Ausbildungsanrechnungszeit liegt auch dann noch vor, wenn die Ausbildung kurzzeitig **unterbrochen** wurde. Voraussetzung ist aber, dass die rechtliche Grundlage für die Ausbildung fortbesteht und der erkennbare Wille zur umgehende Fortsetzung der Ausbildung vorliegt (BSG 4. 5. 1965 – 11/1 RA 214/62 –). Eine Unterbrechung zB wegen einer Krankheit ist bis zu einer Dauer von sechs Monaten unschädlich für die Anerkennung als Anrechnungszeit. Sofern die Unterbrechung länger als sechs Monate andauert, ist der gesamte Unterbrechungszeitraum keine Ausbildungsanrechnungszeit. Allerdings ist diese Zeit gegebenenfalls als Anrechnungszeit wegen Krankheit zu berücksichtigen. 11

Folgen mehrere Ausbildungsanrechnungszeiten aufeinander, dann ist eine eventuelle **Übergangszeit** zwischen den beiden Zeiten ebenfalls als Anrechnungszeit anzuerkennen. Die Anrechenbarkeit einer solchen Zeit setzt voraus, dass es sich um Zwangspausen von längstens vier Monaten handelt, die sich daraus ergeben, dass die staatliche bzw. gesellschaftliche Organisation von Ausbildungsgängen einen zeitlich „nahtlosen" Übergang zwischen diesen von vornherein und für alle Ausbildungswilligen nicht zulässt. Wird die Ausbildung für eine Zwischenzeit organisationsbedingt typischerweise generell nicht angeboten, ist dies nicht den Ausbildungswilligen anzulasten. Zu berücksichtigen sind nicht sämtliche individuell unverschuldet im jeweiligen Lebensbereich des Ausbildungswilligen liegenden, sondern nur die generell unvermeidbaren Zwangspausen, die der Ausbildungsorganisation eigentümlich und für sie typisch sind und die im wesentlichen auf (abstrakten) ausbildungsorganisatorischen Maßnahmen der Ausbildungsträger beruhen (BSG 31. 8. 2000 – B 4 RA 7/99 – NZS 2001, 268). 12

Eine **unvermeidbare** Übergangszeit tritt zB häufig zwischen Beendigung der Schulausbildung und dem Beginn einer Fachschul- oder Hochschulausbildung ein. Sofern während der Übergangszeit Pflichtbeiträge gezahlt werden, ist insoweit eine Anerkennung als Übergangszeit ausgeschlossen. 13

Beispiel 4:
– Schulausbildung bis zum 13. 6. 2010
– Pflichtbeiträge für eine Beschäftigung vom 7. 7. 2010 bis 16. 9. 2010
– Aufnahme eines Hochschulstudiums am 1. 10. 2010
Lösung:
Als Übergangszeit ist nur die Zeit vom 14. 6. 2010 bis 6. 7. 2010 und vom 17. 9. 2010 bis 30. 9. 2010 zu berücksichtigen.

14 Nach dem **Günstigkeitsprinzip** ist eine Übergangszeit immer der Ausbildung **zuzuordnen**, die weiterhin zu bewerten ist (vgl. auch Rn 1). So werden Anrechnungszeiten wegen eines Fachschulbesuchs und die Teilnahme an einer berufsvorbereitenden Bildungsmaßnahme mit bis zu 0,75 Entgeltpunkten pro Jahr bewertet (§ 74 SGB VI). Hingegen sind Anrechnungszeiten wegen Schul- oder Hochschulbesuchs bei einem Rentenbeginn nach dem 31. 12. 2008 überhaupt nicht mehr zu bewerten (§ 263 Abs. 3 SGB VI). Inwieweit beitragfreie Zeiten entweder der allgemeinen oder der knappschaftlichen Rentenversicherung zuzuordnen sind, richtet sich nach § 60 SGB VI.

Beispiel 5:
– Schulausbildung bis zum 30. 5. 2009
– Beginn der Fachschulausbildung am 1. 10. 2009
Lösung:
Eine Übergangszeit ist anzuerkennen, weil die Fachschulausbildung spätestens bis zum ersten Tag des fünften auf die Beendigung der Schulausbildung folgenden Kalendermonats begonnen wurde. Die Übergangszeit ist der Fachschulausbildung zuzuordnen, da diese Zeit weiterhin Entgeltpunkte erhält.

15 **1. Schule.** Ein Schulbesuch wird insbesondere angerechnet, wenn eine **allgemeinbildende öffentliche oder private Schule** besucht wurde. In erster Linie kommen folgende Schulen in Betracht:
– Volks- oder Hauptschulen,
– Realschulen,
– Gymnasien,
– Sonderschulen für körperlich oder geistig behinderte Menschen (zB Taubstummenschule),
– private (Ergänzungs-)Schulen, deren Bildungszielen denen der öffentlichen allgemeinbildenden Schulen entsprechen (BSG 26. 1. 1988 – 2 RU 2/87 –) und
– Schulen im Ausland, wenn die ausländische Ausbildung mit einer deutschen Ausbildung gleichwertig ist (BSG 2. 11. 1983 – 11 RA 82/82 –).

16 Wesentliches Merkmal für eine Schulausbildung ist ein regelmäßiger Unterricht zwischen Lehrern und Schülern. Aus diesem Grunde ist die Teilnahme an einem **Fernunterricht** in der Regel keine Schulausbildung. Es sei denn, neben dem Fernunterricht findet noch ein regelmäßiger mündlicher Unterricht statt (BSG 25. 11. 1976 – 11 RA 146/75).

17 Grundsätzlich genügt bereits ein Schulbesuch, dh. ein erfolgreicher **Abschluss** wird für die Berücksichtigung als Anrechnungszeit **nicht** gefordert. Der Schulbesuch muss aber den Auszubildenden überwiegend in Anspruch genommen haben (vgl. § 58 Abs. 4a SGB VI). Die Schulausbildung endet mit dem Ausgabetag des Abschlusszeugnisses oder bei vorzeitiger Beendigung des Schulbesuches mit dem Tag, an dem die Ausbildung abgebrochen wurde.

18 **2. Fachschule.** Die Definition des Begriffes „**Fachschule**" erfolgt immer noch in Anlehnung an das Fachschulverzeichnis von 1956 („Die berufsbildenden Schulen in der Bundesrepublik Deutschland" herausgegeben vom Bundesminister für Arbeit). Zwar wurde der Fachschulbegriff vor allem 1975 durch einen Beschluss der Kultusministerkonferenz für den schulrechtlichen Bereich neu gefasst, allerdings ist die ältere Begriffsdefinition von 1956 weiterhin anwendbar. Diese Definition galt bereits bei der Einführung der Ausfallzeiten (heute Anrechnungszeiten) und der Gesetzgeber hat in § 58 SGB VI bisher keine weitergehende Regelung getroffen. Im Übrigen würde die Verwendung des neuen Fachschulbegriffes im Einzelfall die Anerkennung einer Anrechnungszeit ausschließen, weil nunmehr ein Bildungsgang an der Fachschule in der Regel mindestens ein Jahr dauern soll. Für Fachschulzeiten, die vor dem Beschluss der Kultusministerkonferenz von 1975 zurückgelegt wurden, hat die Neudefinition auf die Anerkennung einer Anrechnungszeit grundsätzlich keine Auswirkung. Ob eine Ausbildung den Erfordernissen einer Fachschulausbildung entspricht, richtet sich nach den Gegebenheiten zur Zeit der Ausbildung (BSG 21. 4. 1988 – 4/11a RA 19/87 –).

19 *Begriffsbestimmung der Fachschulen von 1956:*
Fachschulen sind solche nicht als Hochschulen anerkannte berufsbildende Schulen, die der landwirtschaftlichen, gartenbaulichen, bergmännischen, technischen, gewerblichen, handwerklichen, kunsthandwerklichen, kaufmännischen, verkehrswirtschaftlichen, frauenberuflichen, sozialpädagogischen, künstlerischen, sportlichen oder einer verwandten Ausbildung dienen, deren Besuch eine ausreichende praktische Berufsvorbildung oder mindestens berufspraktische Tätigkeit voraussetzt und deren Lehrgang mindestens einen Halbjahreskurs mit Ganztagsunterricht oder in der Regel insgesamt 600 Unterrichtsstunden umfasst.

20 Eine Fachschulausbildung ist also geprägt durch den **überwiegend berufsbildenden** Charakter. Ein Ganztagsunterricht liegt vor, wenn die Zeit des Versicherten überwiegend durch die Ausbildung in Anspruch genommen wird. Nach älterer Rechtsprechung des BSG war eine wöchentliche Gesamtbelastung von 60 Stunden zumutbar. So sei dem Schüler jedenfalls dann, wenn er nur bis zu 40 Stunden in Anspruch genommen werde, noch eine Halbtagsbeschäftigung von 20 Stunden in der Woche zumutbar (BSG 12. 2. 1975 – 12 RJ 236/74 –). Diese Rechtsprechung wurde aufgegeben, daher ist ausgehend von einer Wochenarbeitszeit von 40 Arbeitsstunden, ein Aufwand von mehr als 20 Stunden in der Woche für die Ausbildung erforderlich (BSG 23. 8. 1989 – 10 RKg 5/86 –). Dabei wird nicht nur die Unterrichtszeiten mitgezählt, sondern zB auch der notwendige zeitliche Aufwand außerhalb des Unterrichts (Hausaufgaben, Vorbereitung für Prüfungen etc.). Allerdings ist die häusliche Vorbereitungszeit nicht mitzurechnen, wenn die Voraussetzung von 600 Unterrichtsstunden geprüft wird (BSG 16. 6. 1982 – 11 RA 56/81 –).

Ein Fachschulbesuch liegt vor, wenn die Ausbildung im Rahmen der **üblichen Organisations-** 21 **form** einer Schule erfolgt. Zum Erscheinungsbild einer Fachschule gehören zB der mündliche Unterricht nach einem festgelegten Lehr- und Stundenplan, ein räumliches Beisammensein von Lehrern und Schülern, sowie eine ständige Kontrolle des Erreichens der Unterrichtsziele (BSG 3. 6. 1981 – 11 RA 68/80 –). Die Dauer der Ausbildung darf nicht allein in der Verantwortung des Schülers liegen, sondern sie muss vielmehr durch Landesrecht vorgeschrieben sein. Daher ist ein **Privatunterricht** keine Fachschulausbildung, auch wenn er sich mit einer Berufsausbildung befasst (BSG 16. 12. 1980 – 11 RA 66/79 –).

Eine Fachschulausbildung erfolgt **überwiegend in schulischer Form** mit theoretischen Unter- 22 richt. Umfasst eine Ausbildung neben dem Unterricht andere Ausbildungsweisen, insbesondere die für eine betriebliche Ausbildung kennzeichnenden Formen der Beobachtung praktischer Berufstätigkeit und der Übung eigener praktischer Berufstätigkeit, so erfordert der Fachschulbegriff, dass der Unterricht zeitlich die Gesamtausbildung prägt (BSG 30. 4. 1982 – 11 RA 36/81 –).

Ein **Praktikum** als Bestandteil des theoretischen Unterrichts ist Fachschulausbildung, wenn es 23 während einer Fachschulausbildung zurückgelegt wird und die Praktikanten weiterhin als Fachschüler der jeweiligen Fachschuleinrichtung angehören (BSG 17. 12. 1980 – 2 RK 3/80 –). Ansonsten sind Praktikantenzeiten i. d. R. keine Fachschulausbildung, selbst dann, wenn das Praktikum eine Voraussetzung für die Aufnahme in die Fachschule war (BSG 13. 8. 1981 – 11 RA 62/80 –).

3. Hochschule. Eine Anrechnungszeit für eine **Hochschulausbildung** kommt in Betracht für 24 ordentlich Studierende. Voraussetzung für den Studentenstatus ist die Immatrikulation an der Hochschule. Eine Definition für staatlich oder staatlich anerkannte Hochschulen enthält das Hochschulrahmengesetz. Zu den Hochschulen gehören insbesondere:
– Fachhochschulen,
– Universitäten,
– technische Hochschulen,
– Hochschulen für Bildende Künste,
– pädagogische Hochschulen,
– Hochschulen für Musik,
– theologische Hochschulen,
– Wirtschaftshochschulen und
– tierärztliche Hochschulen.

Die Immatrikulation besteht während der **Semesterferien** weiterhin, daher kann auch in diesem 25 Zeitraum eine Anrechnungszeit wegen einer Hochschulausbildung berücksichtigt werden. Eine Hochschulausbildung liegt jedoch nicht mehr vor, wenn das Studium abgebrochen, unterbrochen oder aus sonstigen Gründen durch Exmatrikulation beendet wurde.

Die Zeit des Versicherten muss **überwiegend** durch das Studium in Anspruch genommen worden 26 sein, dh. mehr als 20 Stunden wöchentlich. Sofern diese Voraussetzung erfüllt ist, genügt gegebenenfalls bereits die Immatrikulation als Teilzeitstudent. Eine Anrechnungszeit ist nicht zu berücksichtigen, wenn lediglich ein Zusatzstudiengang oder ein Weiterbildungskurs absolviert wird. Es sei denn, dass dadurch ein akademischer Grad erworben wird.

4. Berufsvorbereitende Bildungsmaßnahme. Zeiten der Teilnahme an einer berufsvorberei- 27 tenden Bildungsmaßnahme **(Zeiten einer schulischen Ausbildung)** sind als Anrechnungszeiten zu berücksichtigen. § 58 Abs. 1 S. 2 SGB VI erläutert die zu berücksichtigenden Bildungsmaßnahmen. Dazu gehören zunächst vor allem Bildungsmaßnahmen, die auf die Aufnahme in einer Ausbildung vorbereiten oder die der beruflichen Eingliederung dienen (§ 61 SGB III). Eine Förderung durch eine Agentur für Arbeit ist für die Anerkennung als Anrechnungszeit nicht erforderlich. Allerdings muss die Maßnahme einen berufsvorbereitenden Charakter haben. Beispielsweise erfüllen Maßnahmen zur Förderung der beruflichen Weiterbildung oder eine Umschulung die Voraussetzungen nicht (BSG 30. 3. 1994 – 4 RA 11/93 –). Der Gesetzgeber sieht ausdrücklich die Vorbereitungslehrgänge zum nachträglichen Erwerb des Hauptschulabschlusses als berufsvorbereitende Maßnahme an. Des Weiteren ebenfalls allgemein bildende Kurse zum Abbau schwerwiegender beruflicher Bildungsdefizite. Berücksichtigungsfähig sind in diesem Sinne Kurse, die Kenntnisse vermitteln, die für die Absolvierung einer Berufsausbildung unbedingt nötig sind. Also zB Grundkenntnisse der deutschen Sprache oder der Mathematik.

VII. Rentenbezug und Zurechnungszeit

Zeiten des Rentenbezuges sind dann Anrechnungszeiten, soweit sie auch als Zurechnungszeit in 28 der Rente berücksichtigt wurden. Als Rentenbezugszeit zählen die Zeiten, in denen eine Versichertenrente aus der gesetzlichen Rentenversicherung bezogen wurde (zB Rente wegen verminderter Erwerbsfähigkeit). Der Rentenanspruch muss dem Grunde nach bestanden haben. Erfolgte eine Rentenzahlung wegen des Zusammentreffens mit einer anderen Leistung nicht (zB auf Grund § 93 SGB VI wegen einer Unfallrente), ist dies für die Anerkennung als Anrechnungszeit unschädlich. Bei einer späteren Rente ist nicht nur die Rentenbezugszeit mit gleichzeitiger Zurechnungszeit anrechenbar, sondern ebenso die vor Beginn der früheren Rente liegende Zurechnungszeit. Eine Zurechnungszeit vor Rentenbeginn entsteht insbesondere bei Zeitrenten, weil diese Renten nicht vor Beginn des siebten Kalendermonats nach Eintritt der Erwerbsminderung geleistet werden (vgl. §§ 59, 101 SGB VI).

VIII. Arbeitslosengeld II

29   Seit dem 1. 1. 2011 sind für Zeiten des Bezugs von Arbeitslosengeld II **keine Pflichtbeiträge mehr** zur gesetzlichen Rentenversicherung zu zahlen, **sondern** der nach dem 31. 12. 2010 zurückgelegte Bezug von Arbeitslosengeld II ist nun als **Anrechnungszeit** zu berücksichtigen. Für diejenigen Bezieher von Arbeitslosengeld II, für die bereits bisher keine Beiträge gezahlt wurden (vgl. § 3 S. 1 Nr. 3a SGB VI aF), ist die Anerkennung der Bezugszeit als Anrechnungszeit ausgeschlossen. Der Ausschluss betrifft ua. Bezieher, die Arbeitslosengeld II nur darlehensweise erhalten (zB nach § 24 Abs. 1 oder Abs. 5 SGB II), die ausschließlich eine Leistung nach § 24 Abs. 3 S. 1 SGB II erhalten (zB Erstausstattung für die Wohnung) und die Bezieher, die bereits wegen der gleichzeitigen Ausübung einer abhängigen Beschäftigung bzw. selbständigen Tätigkeit versicherungspflichtig sind. Liegen die Voraussetzungen für die Anrechnungszeit vor, kann die Anrechnungszeit die Entstehung einer Lücke in der Versicherungsbiografie vermeiden. Des Weiteren verlängert sie den Fünf-Jahreszeitraum (vgl. § 43 Abs. 4 SGB VI), infolgedessen bleibt ein bereits erworbener Versicherungsschutz für eine Erwerbsminderungsrente erhalten. Zwar wird die Anrechnungszeit wegen Bezugs von Arbeitslosengeld II nicht bewertet (§ 74 S. 4 SGB VI), allerdings kann sich die Anrechnungszeit positiv auf die Höhe der Bewertung anderer beitragsfreier Zeiten auswirken.

IX. 25. Lebensjahr

30   § 58 Abs. 1 S. 3 SGB VI **schließt die Anerkennung von Anrechnungszeiten aus**, wenn bereits parallel Versicherungspflicht wegen eines Sozialleistungsbezuges bestand. Dies gilt aber nur für Zeiten, die nach der Vollendung des 25. Lebensjahres des Versicherten liegen. Sind gleichzeitig beitragsfreie Zeiten (hier Anrechnungszeit) und eine Beitragszeit vorhanden, handelt es sich um eine beitragsgeminderte Zeit (§ 54 Abs. 3 SGB VI). Des Weiteren ist für über 25-Jährige eine Anrechnungszeit wegen Arbeitslosigkeit neben einer Anrechnungszeit wegen des Bezugs von Arbeitslosengeld II ausgeschlossen. Die Vorrangigkeit der Anrechnungszeit wegen des Bezugs von Arbeitslosengeld II bewirkt auch eine Reduzierung des Verwaltungsaufwands. Denn die Grundsicherungsträger müssen nicht mehr danach unterscheiden, ob eine Person arbeitslos ist oder nicht.

C. Unterbrechung

31   Bestimmte Anrechnungszeiten werden entsprechend § 58 Abs. 2 SGB VI nur berücksichtigt, wenn sie eine versicherte Beschäftigung, selbständige Tätigkeit, Wehr- oder Zivildienst **unterbrechen**. Ausgenommen von dieser Regelung sind Zeiten, die nach Vollendung des 17. Lebensjahres und vor Vollendung des 25. Lebensjahres liegen. Ob eine versicherte Beschäftigung vorliegt, ist vor allem nach § 1 SGB VI zu prüfen. Aber auch eine geringfügige Beschäftigung reicht aus, wenn auf die Versicherungsfreiheit verzichtet und die Pauschalbeiträge durch den Versicherten aufgestockt wurden (§ 5 Abs. 2 S. 2 SGB VI). Die Versicherungspflicht für Selbständige regelt § 2 SGB VI, aber auch eine Versicherungspflicht auf Antrag (§ 4 Abs. 2 SGB VI) hat zur Folge, dass der Tatbestand der Unterbrechung erfüllt werden kann. Allerdings ist eine selbständige Tätigkeit nur unterbrochen, wenn sie ohne die Arbeitskraft des Versicherten nicht fortgeführt werden kann. § 3 S. 1 Nr. 2 SGB VI regelt die Versicherungspflicht für den aufgrund gesetzlicher Pflicht geleisteten Wehr- oder Zivildienst. Außerdem ist die Voraussetzung der Unterbrechung erfüllt, wenn ein versichertes Wehrdienstverhältnis besonderer Art nach § 6 des Einsatz-Weiterverwendungsgesetzes unterbrochen wurde (vgl. § 3 S. 1 Nr. 2a SGB VI).
Beispiel 6:
– Versicherte geboren am 6. 12. 1984
– Arbeitslosigkeit vom 1. 10. 2009 bis 11. 2. 2010
Lösung:
   Anrechnungszeit vom 1. 10. 2009 bis 5. 12. 2009. Die Zeit vom 6. 12. 2009 bis 11. 2. 2010 liegt nicht vor Vollendung des 25. Lebensjahres und ist daher keine Anrechnungszeit, weil die zusätzliche Voraussetzung „Unterbrechung" nicht erfüllt ist.

32   Eine Anrechnungszeit unterbricht eine Beitragszeit, wenn die Lücke dazwischen nicht größer als **ein Kalendermonat** ist. Für den Unterbrechungstatbestand ist es nicht zwingend erforderlich, dass

nach Ende der Anrechnungszeit wieder eine versicherte Beschäftigung oder selbständige Tätigkeit folgt. Sofern aber eine dauerhafte volle Erwerbsminderung vorliegt, dann ist eine Beschäftigung i. d. R. nicht unterbrochen, sondern der Versicherte ist aus dem Erwerbsleben ausgeschieden und die Beschäftigung beendet. Eine versicherungspflichtige Beschäftigung ist außerdem nicht unterbrochen, solange der Arbeitgeber das Entgelt weiter zahlt. Die Zahlungspflicht besteht insbesondere auf Grund des Entgeltfortzahlungsgesetzes.

Auch eine Lücke zwischen Pflichtbeitragszeit und Anrechnungszeit, die größer als ein Kalendermonat ist, kann unschädlich für die Berücksichtigung einer Anrechnungszeit sein, wenn sie durch **Überbrückungstatbestände** gefüllt wird. Dies gilt aber nur, wenn zwischen den einzelnen Zeiten die Lücke jeweils weniger als ein Kalendermonat beträgt. Als Überbrückungstatbestände kommen Zeiten in Betracht, in denen Rentenversicherte sich so verhalten, wie es sich aus den Zielen und Wertsetzungen des SGB VI und aus den einzelnen Tatbeständen rentenrechtlicher Zeiten ergibt und dieses Verhalten typischerweise als sozialadäquat oder erwünscht zu bewerten ist (BSG 12. 6. 2001 – B 4 RA 26/00 – NZS 2002, 208). Als noch sozialadäquat im Sinne von § 58 Abs. 1 S. 1 Nr. 3 SGB VI bewertete das Bundessozialgericht jede urlaubsbedingte Unterbrechung der aktiven – rentenversicherungsrechtlich allein erheblichen – Arbeitsplatzsuche eines erwerbslosen Rentenversicherten für die Dauer von insgesamt sechs Wochen je Kalenderjahr. Ein darüber hinausgehender Zeitraum ist rentenrechtlich abstrakt-generell nicht mehr als typischerweise gerechtfertigte Unterbrechung der Arbeitsplatzsuche zu bewerten (aaO). 33

Weitere Überbrückungstatbestände sind zB Anrechnungs-, Ersatzzeiten und Anrechnungszeittatsachen. Eine solche Anrechnungszeittatsache liegt vor, wenn zwar eine Tatsache im Sinne von § 58 SGB VI gegeben ist, aber nicht alle Voraussetzungen für die Anerkennung als Anrechnungszeit erfüllt sind. Dazu gehören beispielsweise Fachschulzeiten, die weniger als sechs Monate und weniger als 600 Unterrichtsstunden umfassen (vgl. auch obige Erläuterungen zur Fachschule). Des Weiteren Arbeitslosigkeitszeiten ohne Meldung bei einer deutschen Agentur für Arbeit. Als sozialadäquates Verhalten gilt ebenfalls der (missglückte) Versuch, eine Arbeitslosigkeit durch eine selbständige Tätigkeit zu vermeiden. Allerdings wird mit zunehmender Dauer der selbständigen Tätigkeit der Zusammenhang mit der vorhergehenden Arbeitslosigkeit immer geringer. Ein Zusammenhang ist bei einem so genannten „Selbsthilfeversuch" daher regelmäßig nur für die Dauer von etwa sechs Monaten anzunehmen (BSG 26. 7. 2007 – B 13 R 8/07 – NZS 2008, 154). Der Zeitraum von sechs Monaten findet genauso bei einem anderen privilegierten Tatbestand Anwendung. So kann die Pflege eines nahen Angehörigen in einem Umfang, der die Ausübung einer Beschäftigung oder Tätigkeit unmöglich macht, bei einer Dauer von bis zu sechs Monaten als Überbrückungstatbestand berücksichtigt werden (BSG 1. 2. 2001 – B 13 RJ 37/00 – NZS 2001, 544). 34

D. Versicherte ohne Krankengeldanspruch

Versicherte **ohne Krankengeldanspruch** können unter den Voraussetzungen des § 4 Abs. 3 S. 1 Nr. 2 SGB VI auf Antrag versicherungspflichtig werden. Für den Zeitraum, in dem diese Versicherungspflicht dem Grunde nach besteht, ist eine Berücksichtigung von Anrechnungszeiten gemäß § 58 Abs. 1 S. Nr. 1 SGB VI ausgeschlossen. Unabhängig davon, ob die Versicherungspflicht tatsächlich beantragt wurde, ist eine Anrechnungszeit frühestens nach Ende der möglichen Antragspflichtversicherung anrechenbar. Für Zeiten, die vom 1. 1. 1984 bis zum 31. 12. 1997 zurückgelegt wurden, ist die Übergangsregelung von § 252 Abs. 3 SGB VI zu beachten. 35

E. Befreiung von der Versicherungspflicht

Für Leistungsbezieher, die **von der Versicherungspflicht** in der gesetzlichen Rentenversicherung **befreit** sind (§§ 6 Abs. 1 S. 1 Nr. 1, 231 Abs. 1 und Abs. 2 SGB VI), werden keine Anrechnungszeiten berücksichtigt (§ 58 Abs. 4 SGB VI). Dies gilt für Bezieher von Arbeitslosengeld oder Übergangsgeld, wenn die Bundesagentur für Arbeit Beiträge nach § 207 SGB III zahlt. Die Beitragszahlung erfolgt an eine Versicherungs- oder Versorgungseinrichtung, an ein Versicherungsunternehmen oder an den Leistungsbezieher selber. 36

F. Zeitaufwand für schulische Ausbildung

Die gleichzeitige Ausübung einer versicherten Beschäftigung oder Tätigkeit und einer **schulischen Ausbildung** verhindert die Anerkennung einer Anrechnungszeit, wenn der **Zeitaufwand** für die versicherte Beschäftigung bzw. Tätigkeit überwiegt. § 58 Abs. 4a SGB VI wurde nachträglich eingefügt und soll auch eine Benachteiligung von Versicherten beseitigen. Ansonsten könnte bei bestimmten Konstellationen die Bewertung als beitragsgeminderte Zeit bei der Rentenberechnung zu einer Rentenminderung führen. Auf Antrag erfolgt gegebenenfalls eine Neufeststellung einer bereits gezahlten 37

Rente (vgl. § 309 Abs. 1 SGB VI). Die rückwirkende Inkraftsetzung des § 58 Abs. 4a SGB VI ist verfassungsrechtlich nicht zu beanstanden (BSG 6. 2. 2003 – B 13 RJ 5/02 – BeckRS 2003, 40404). So sollen mit dieser Regelung ua. Doppelleistungen vermieden werden und zwar wenn die Zeit in vollem Umfang bereits auf Grund einer nicht unerheblichen Beschäftigung oder Tätigkeit berücksichtigt wird. Deshalb sei dieselbe Zeit nicht noch einmal – ohne Beitragsleistung – als Anrechnungszeit in der Versicherungsbiografie zu berücksichtigen.

38   Der **Gesetzgeber** hat zur rentenrechtlichen Berücksichtigungsfähigkeit einer schulischen Ausbildung **keine bestimmte Anzahl von Wochenstunden** vorgegeben. Die Zeit des Versicherten muss aber überwiegend durch die Ausbildung in Anspruch genommen worden sein. Unter der Annahme einer Wochenarbeitszeit von 40 Arbeitsstunden ist daher ein Aufwand von mehr als 20 Stunden in der Woche für die Ausbildung notwendig. Dabei ist nicht nur die Unterrichtszeit zu berücksichtigen, sondern auch der notwendige zeitliche Aufwand außerhalb des Unterrichts (zB Zeitaufwand für den Schulweg, Hausaufgaben, Vorbereitung für Prüfungen). Sofern dieser Aufwand mehr als 20 Wochenstunden beträgt, dann erfolgt im nächsten Schritt eine Gegenüberstellung mit dem Aufwand für die versicherte Beschäftigung oder Tätigkeit. Maßgebend bei einer abhängigen Beschäftigung ist die arbeitsvertraglich vereinbarte regelmäßige Arbeitszeit. Bei einer selbständigen Tätigkeit hingegen ist die Feststellung schwieriger. Hier ist die durchschnittliche Wochenarbeitszeit zu ermitteln. Sowohl bei der selbständigen Tätigkeit als auch bei der abhängigen Beschäftigung ist zusätzlich noch der zeitliche Aufwand für die Wege zur und von der Arbeit zu berücksichtigen.

G. Bezug einer Altersrente

39   Beziehen Versicherte eine **Altersrente**, dann sind gleichzeitig zurückgelegte Anrechnungszeiten nicht berücksichtigungsfähig. Insbesondere mit dem Bezug einer Altersvollrente ist das Erwerbsleben abgeschlossen und die Absicherung für das Alter i. d. R. gewährleistet. Es besteht also kein weiterer Absicherungsbedarf. Seit dem 1. 8. 2004 gilt der Ausschluss von Anrechnungszeiten auch während eines Altersteilrentenbezuges. Die Änderung steht im Zusammenhang mit der Rechtsprechung des Bundessozialgerichts (BSG 30. 8. 2001 – B 4 RA 116/00 – NZS 2002, 205), nach der eine Rentenneuberechnung mit neuem Rentenbeginn beim Wechsel von einer Teilrente in eine Vollrente nicht zu erfolgen habe. Daher modifizierte der Gesetzgeber einige Vorschriften (§§ 66 Abs. 3, 75 Abs. 1, 76d, 88 Abs. 3 SGB VI), um so zu garantieren, dass sich die während eines Teilrentenbezuges gezahlten Beiträge bei einer späteren Altersvollrente positiv auswirken. Daher wird für die Altersvollrente ein Zuschlag an Entgeltpunkten nach § 76d SGB VI ermittelt. Eine Neuberechnung wie zuvor erfolgt also nicht mehr, sondern die persönlichen Entgeltpunkte werden um einen Zuschlag erhöht. Ein nach Beginn der Altersteilrente zurückgelegter Anrechnungszeittatbestand hat aber keine Auswirkung mehr auf die Rentenhöhe der Altersvollrente.

§ 59 Zurechnungszeit

(1) Zurechnungszeit ist die Zeit, die bei einer Rente wegen Erwerbsminderung oder einer Rente wegen Todes hinzugerechnet wird, wenn der Versicherte das 60. Lebensjahr noch nicht vollendet hat.

(2) ¹Die Zurechnungszeit beginnt
1. bei einer Rente wegen Erwerbsminderung mit dem Eintritt der hierfür maßgebenden Erwerbsminderung,
2. bei einer Rente wegen voller Erwerbsminderung, auf die erst nach Erfüllung einer Wartezeit von 20 Jahren ein Anspruch besteht, mit Beginn dieser Rente,
3. bei einer Witwenrente, Witwerrente oder Waisenrente mit dem Tod des Versicherten und
4. bei einer Erziehungsrente mit Beginn dieser Rente.

²Die Zurechnungszeit endet mit Vollendung des 60. Lebensjahres.

A. Normzweck

1   Die **Zurechnungszeit** bewirkt als beitragsfreie Zeit eine Rentenerhöhung, wenn Versicherte vor Vollendung des 60. Lebensjahres eine Rente in Anspruch nehmen bzw. Versicherte **vor dem 60. Lebensjahr** versterben. Für die Versicherten bzw. deren Hinterbliebenen soll zumindest ein teilweiser Ausgleich erfolgen, weil die Renten ansonsten wegen der geringeren Anzahl von Versicherungs- bzw. Beitragsjahren niedriger ausfallen. Außerdem reduziert sich die Rentenhöhe bei einem vorzeitigen Bezug auch auf Grund der Abschläge nach § 77 SGB VI. Wegen der Ausweitung der Abschläge auf Renten wegen Erwerbsminderung, Erziehungs- und Hinterbliebenenrenten wurde ab dem 1. 1. 2001

der Umfang der anrechenbaren Zurechnungszeit erhöht. Dieser Zusammenhang wurde in einer sehr umstrittenen Entscheidung des Bundessozialgerichts nicht ausreichend berücksichtigt (BSG 16. 5. 2006 – B 4 RA 22/05 – NJW 2007, 2139). Nach Ansicht des BSG sollen Abschläge bei Erwerbsminderungsrenten nur für Versicherte nach Vollendung des 60. Lebensjahres zum Tragen kommen. In einer kritischen Stellungnahme zu diesem „Fehlurteil" stellt Ruland ua. klar (NJW 2007, 2086 Abschläge bei Erwerbsminderungsrenten), dass die Verlängerung der Zurechnungszeit eine zu weitgehende Senkung des Rentenniveaus für alle Erwerbsgeminderten verhindert habe. Daher würden die Abschläge im Wesentlichen diejenigen treffen, die ab dem 60. Lebensjahr erwerbsunfähig werden. Nur für diejenigen, die vor dem 60. Lebensjahr eine Rente wegen verminderter Erwerbsfähigkeit erhalten, gleicht die Zurechnungszeit zumindest teilweise den Abschlag aus.

B. Beginn und Ende einer Zurechnungszeit

Die Zurechnungszeit beginnt bei Renten wegen **verminderter Erwerbsfähigkeit** mit dem Eintritt der maßgebenden Erwerbsminderung. Aber bei Renten wegen voller Erwerbsminderung, die nach Erfüllung der 20-jährigen Wartezeit gezahlt werden (vgl. § 43 Abs. 6 SGB VI), beginnt die Zurechnungszeit erst mit dem jeweiligen Rentenbeginn. Bei dieser Rentenart liegt der Eintritt der Erwerbsminderung mindestens 15 Jahre vor dem Rentenbeginn und es wäre nicht gerechtfertigt, die Zurechnungszeit bereits mit diesem Zeitpunkt beginnen zu lassen. Überwiegend stammen die Beitragszeiten nach Eintritt der Erwerbsminderung von behinderten Menschen, die nach § 1 S. 1 Nr. 2 SGB VI versicherungspflichtig sind. Die beitragspflichtigen Einnahmen betragen bei diesen Versicherten bereits mindestens 80% der Bezugsgröße (§ 162 Nr. 2 SGB VI) und werden i. d. R. von den Trägern der Einrichtung getragen (§ 168 Abs. 1 Nr. 2 SGB VI). Diese Regelungen haben einen positiven Einfluss auf die Rentenhöhe, so ist es nachvollziehbar, dass der Beginn der Zurechnungszeit abhängig vom Rentenbeginn ist. 2

Der Rentenbeginn ist ebenfalls maßgebend bei Erziehungsrenten, die zu den **Renten wegen Todes** gehören (§ 33 Abs. 4 SGB VI). Bei den anderen Renten wegen Todes beginnt die Zurechnungszeit mit dem Tod des Versicherten. Verstirbt der Versicherte in dem Monat, in dem er das 60. Lebensjahr vollendet hat, dann ist eine Zurechnungszeit nur dann anzurechnen, wenn der Versicherte vor Vollendung des 60. Lebensjahres verstorben ist. Unabhängig von der Rentenart **endet** die Zurechnungszeit stets mit der Vollendung des 60. Lebensjahres. 3

Beispiel 1:
– Versicherte geboren am 6. 11. 1950
– Tod am 3. 11. 2010

Lösung:
Zurechnungszeit vom 3. 11. 2010 bis zum 30. 11. 2010. Die Zurechnungszeit endet am 30. 11., weil ein Kalendermonat, der teilweise mit rentenrechtlichen Zeiten belegt ist, als voller Monat zählt (§ 122 Abs. 1 SGB VI).

Beispiel 2:
– Versicherte geboren am 6. 11. 1950
– Tod am 13. 11. 2010

Lösung:
Eine Zurechnungszeit ist nicht anzurechnen, weil die Versicherte nach Vollendung des 60. Lebensjahres verstorben ist.

§ 60 Zuordnung beitragsfreier Zeiten zur knappschaftlichen Rentenversicherung

(1) Anrechnungszeiten und eine Zurechnungszeit werden der knappschaftlichen Rentenversicherung zugeordnet, wenn vor dieser Zeit der letzte Pflichtbeitrag zur knappschaftlichen Rentenversicherung gezahlt worden ist.

(2) Anrechnungszeiten wegen einer schulischen Ausbildung werden der knappschaftlichen Rentenversicherung auch dann zugeordnet, wenn während oder nach dieser Zeit die Versicherung beginnt und der erste Pflichtbeitrag zur knappschaftlichen Rentenversicherung gezahlt worden ist.

A. Normzweck

Die Vorschrift bestimmt, in welchen Fällen Anrechnungszeiten oder eine Zurechnungszeit der **knappschaftlichen Rentenversicherung** zugeordnet werden. Während einer versicherten Beschäftigung in der knappschaftlichen Rentenversicherung findet ein höherer Beitragssatz Anwendung. Daher gilt für knappschaftliche Zeiten auch ein höherer Rentenartfaktor (§ 82 SGB VI), welcher im 1

Verhältnis zur allgemeinen Rentenversicherung um ein Drittel höher ist. Das Äquivalenzprinzip bewirkt, dass eine höhere Beitragszahlung auch zu einer höheren Leistung führt. Eine beitragsfreie Zeit profitiert von der höheren Bewertung daher nur, wenn ein zeitlicher Zusammenhang mit einem zur knappschaftlichen Rentenversicherung gezahlten Pflichtbeitrag besteht. Eine vergleichbare Zuordnungsregelung trifft § 254 SGB VI für Ersatzzeiten sowie für Anrechnungszeiten wegen einer Lehre, wegen des Bezugs von Anpassungsgeld oder wegen des Bezugs einer Knappschaftsausgleichsleistung.

B. Vorversicherung

2   Die beitragsfreien Zeiten sind der knappschaftlichen Rentenversicherung zuzuordnen, wenn ein **Zusammenhang mit einer knappschaftlichen Pflichtversicherung** vorliegt. Ein bestimmter zeitlicher Abstand ist nicht erforderlich, sondern nur, dass der letzte Pflichtbeitrag vor der Anrechnungs- bzw. Zurechnungszeit zur knappschaftlichen Rentenversicherung gezahlt wurde. Der letzte Pflichtbeitrag kann also durchaus mehrere Jahre zuvor gezahlt worden sein. Grundlage für den Pflichtbeitrag kann beispielsweise eine abhängige Beschäftigung oder eine selbständige Tätigkeit sein (§§ 1, 2 SGB VI), aber auch Pflichtbeiträge für sonstige Versicherte und für die Versicherungspflicht auf Antrag (§§ 3, 4 SGB VI) sind zu berücksichtigen. Freiwillige Beiträgen hingegen haben keinen Einfluss auf die Zuordnung.

C. Schulische Ausbildung

3   Eine knappschaftliche Vorversicherung ist für die Zuordnung zur knappschaftlichen Rentenversicherung nicht erforderlich, wenn Anrechnungszeiten wegen einer **schulischen Ausbildung** zurückgelegt wurden. Anrechnungszeiten wegen des Besuchs einer Schule, Fachschule oder Hochschule sind dann der knappschaftlichen Rentenversicherung zuzuordnen, wenn während oder nach Ende der genannten Anrechnungszeiten der erste Pflichtbeitrag nicht zur allgemeinen Rentenversicherung, sondern zur knappschaftlichen Rentenversicherung gezahlt wird. Die Anwendung von § 60 Abs. 2 SGB VI ist in den Fällen ausgeschlossen, in denen vor Beginn der Anrechnungszeit bereits Pflichtbeiträge vorliegen.

Beispiel:
– 1. 9. 2003 bis 31. 7. 2004 Anrechungszeit wegen einer Schulausbildung
– 1. 8. 2004 bis 31. 1. 2005 Pflichtbeiträge zur knappschaftlichen Rentenversicherung
– 1. 2. 2005 bis 31. 3. 2005 Pflichtbeiträge zur allgemeinen Rentenversicherung
– 1. 4. 2005 bis 31. 3. 2008 Anrechnungszeit wegen einer Hochschulausbildung
– ab 1. 7. 2008 Pflichtbeiträge zur knappschaftlichen Rentenversicherung

Lösung:
Die Schulausbildung ist nach § 60 Abs. 2 SGB VI der knappschaftlichen Rentenversicherung zuzuordnen. Für die Hochschulausbildung findet die nachrangige Zuordnung des § 60 Abs. 2 SGB VI keine Anwendung, sondern diese Zeit ist der allgemeinen Rentenversicherung zuzuordnen (vgl. § 60 Abs. 1 SGB VI).

§ 61 Ständige Arbeiten unter Tage

(1) **Ständige Arbeiten unter Tage sind solche Arbeiten nach dem 31. Dezember 1967, die nach ihrer Natur ausschließlich unter Tage ausgeübt werden.**

(2) **Den ständigen Arbeiten unter Tage werden gleichgestellt:**
1. Arbeiten, die nach dem Tätigkeitsbereich der Versicherten sowohl unter Tage als auch über Tage ausgeübt werden, wenn sie während eines Kalendermonats in mindestens 18 Schichten überwiegend unter Tage ausgeübt worden sind; Schichten, die in einem Kalendermonat wegen eines auf einen Arbeitstag fallenden Feiertags ausfallen, gelten als überwiegend unter Tage verfahrene Schichten,
2. Arbeiten als Mitglieder der für den Einsatz unter Tage bestimmten Grubenwehr, mit Ausnahme als Gerätewarte, für die Dauer der Zugehörigkeit,
3. Arbeiten als Mitglieder des Betriebsrats, wenn die Versicherten bisher ständige Arbeiten unter Tage oder nach Nummer 1 oder 2 gleichgestellte Arbeiten ausgeübt haben und im Anschluss daran wegen der Betriebsratstätigkeit von diesen Arbeiten freigestellt worden sind.

(3) **Als überwiegend unter Tage verfahren gelten auch Schichten, die in einem Kalendermonat wegen**
1. krankheitsbedingter Arbeitsunfähigkeit,
2. bezahlten Urlaubs oder

3. Inanspruchnahme einer Leistung zur medizinischen Rehabilitation oder zur Teilnahme am Arbeitsleben oder einer Vorsorgekur

ausfallen, wenn in diesem Kalendermonat aufgrund von ständigen Arbeiten unter Tage oder gleichgestellten Arbeiten Beiträge gezahlt worden sind und die Versicherten in den drei voraufgegangenen Kalendermonaten mindestens einen Kalendermonat ständige Arbeiten unter Tage oder gleichgestellte Arbeiten ausgeübt haben.

A. Normzweck

Die Vorschrift **definiert**, wann „**Arbeiten unter Tage**" vorliegen. Diese Festlegung ist insbesondere für die Prüfung der Wartezeit von 25 Jahren wichtig (§ 51 Abs. 2 SGB VI). Außerdem erhalten Versicherte zusätzliche Entgeltpunkte nach mindestens 6 Jahren ständiger Arbeiten unter Tage oder diesen gleichgestellten Arbeiten für jedes weitere volle Jahr einer solchen Arbeit (§ 85 SGB VI). In der ehemaligen DDR wurde der Begriff „überwiegend unter Tage" verwendet. Diese überwiegenden Untertagetätigkeiten vor dem 1. 1. 1992 im Beitrittsgebiet sind den ständigen Arbeiten unter Tage gleichgestellt (§ 254a SGB VI). 1

B. Definition

Von der Definition werden nur Arbeiten erfasst, die **ihrer Natur nach ausschließlich unter Tage** ausgeübt werden. Also keine Arbeiten, die teilweise über und unter Tage erfolgen. Für Zeiten vor dem 1. 1. 1968 hat eine Beurteilung unter Zuhilfenahme der Hauerarbeiter-Verordnung zu erfolgen. Die Anlage 9 zum SGB VI enthält eine Übersicht über die Hauerarbeiten und die ihnen gleichgestellten Arbeiten. 2

C. Gleichstellung

Nach § 61 Abs. 2 SGB VI sind **weitere Arbeiten** den Arbeiten unter Tage **gleichgestellt**. Zunächst Arbeiten, die regelmäßig teilweise unter und über Tage ausgeübt werden. Dabei muss in mindestens 18 Schichten im Kalendermonat überwiegend unter Tage gearbeitet werden. Überwiegend bedeutet, dass mehr als 50% der täglichen Arbeitszeit unter Tage gearbeitet wurde. Außerdem können noch Arbeiten als Mitglied der Grubenwehr oder als Mitglied des Betriebsrates unter den in der Vorschrift genannten Voraussetzungen gleichgestellt sein. 3

D. Fiktion

Bestimmte ausgefallene Schichten **gelten fiktiv als unter Tage verfahrene Schichten**. Privilegiert sind folgende Ausfallgründe: krankheitsbedingte Arbeitsunfähigkeit, bezahlter Urlaub, Leistungen zur medizinischen Rehabilitation, Leistungen zur Teilhabe am Arbeitsleben oder Vorsorgekuren. Vorausgesetzt wird, dass in dem jeweiligen Kalendermonat auf Grund von ständigen Arbeiten unter Tage oder gleichgestellte Arbeiten Beiträge zur knappschaftlichen Rentenversicherung gezahlt wurden und die Versicherten in den drei vorausgegangenen Kalendermonaten mindestens einen Kalendermonat mit entsprechenden Arbeiten ausgeübt haben. Für die Fiktion genügt es, wenn in dem Kalendermonat ein knappschaftlicher Beitrag gezahlt wurde, dh. der Versicherte muss nicht tatsächlich eine Schicht unter Tage gearbeitet haben. Dies gilt insbesondere in den Fällen, in denen der Versicherte im gesamten Kalendermonat bezahlten Urlaub hatte (BSG 22. 3. 1988 – 8/5 a RKn 9/87 –). 4

§ 62 Schadenersatz bei rentenrechtlichen Zeiten

Durch die Berücksichtigung rentenrechtlicher Zeiten wird ein Anspruch auf Schadensersatz wegen verminderter Erwerbsfähigkeit nicht ausgeschlossen oder gemindert.

A. Normzweck

Der Gesetzgeber beseitigte mit der Einfügung dieser Vorschrift einen unbefriedigenden Rechtszustand (BT-Drs 11/5530, 43). Nach der früheren Rechtsprechung des BGH erfolgte keine Beitragszahlung zugunsten des Verletzten durch den Schädiger bzw. dessen Haftpflichtversicherer, wenn der Verletzte bereits eine so genannte „**unfallfeste Position**" erlangt hatte. 1

§ 62 SGB VI gewährleistet nun, dass ein Schädiger auch dann **Schadensersatz** leisten muss, wenn der Schaden in der gesetzlichen Rentenversicherung durch die Berücksichtigung von beitragsfreien 2

Zeiten (teilweise) ausgeglichen wurde (ua. BGH 9. 5. 1995 – VI ZR 124/94 – NJW 1995, 1968). Ein Schadensersatzanspruch des Geschädigten geht auf den Sozialleistungsträger über (§ 116 SGB X). Dazu gehört auch ein Schadensersatzanspruch des Rentenversicherungsträgers auf Fortzahlung der Rentenversicherungsbeiträge (vgl. § 119 SGB X).

B. Schadensersatz

3   Tritt eine **Verminderung der Erwerbsfähigkeit** ein, dann berücksichtigt der Rentenversicherungsträger gegebenenfalls Anrechnungszeiten (zB wegen Krankheit) oder bei einer Rentenbewilligung eine Zurechnungszeit. Diese „Leistung" der Rentenversicherung in Form von beitragsfreien Zeiten wirkt sich positiv auf die Rentenhöhe aus. Besteht wegen der Erwerbsminderung ein Schadensersatzanspruch (zB wegen eines Autounfalls), dann hat der Schädiger auch die Nachteile des Geschädigten für die Absicherung im Alter auszugleichen. § 62 SGB VI verhindert, dass dieser Ausgleich auf die Versichertengemeinschaft abgewälzt wird, die mit ihren Beiträgen ua. die beitragsfreien Zeiten mitfinanziert.

Dritter Unterabschnitt. Rentenhöhe und Rentenanpassung

Erster Titel. Grundsätze

§ 63 Grundsätze

(1) Die Höhe einer Rente richtet sich vor allem nach der Höhe der während des Versicherungslebens durch Beiträge versicherten Arbeitsentgelte und Arbeitseinkommen.

(2) ¹Das in den einzelnen Kalenderjahren durch Beiträge versicherte Arbeitsentgelt und Arbeitseinkommen wird in Entgeltpunkte umgerechnet. ²Die Versicherung eines Arbeitsentgelts oder Arbeitseinkommens in Höhe des Durchschnittsentgelts eines Kalenderjahres (Anlage 1) ergibt einen vollen Entgeltpunkt.

(3) Für beitragsfreie Zeiten werden Entgeltpunkte angerechnet, deren Höhe von der Höhe der in der übrigen Zeit versicherten Arbeitsentgelte und Arbeitseinkommen abhängig ist.

(4) Das Sicherungsziel der jeweiligen Rentenart im Verhältnis zu einer Altersrente wird durch den Rentenartfaktor bestimmt.

(5) Vorteile und Nachteile einer unterschiedlichen Rentenbezugsdauer werden durch einen Zugangsfaktor vermieden.

(6) Der Monatsbetrag einer Rente ergibt sich, indem die unter Berücksichtigung des Zugangsfaktors ermittelten persönlichen Entgeltpunkte mit dem Rentenartfaktor und dem aktuellen Rentenwert vervielfältigt werden.

(7) Der aktuelle Rentenwert wird entsprechend der Entwicklung des Durchschnittsentgelts unter Berücksichtigung der Veränderung des Beitragssatzes zur allgemeinen Rentenversicherung jährlich angepasst.

Zweiter Titel. Berechnung und Anpassung der Renten

§ 64 Rentenformel für Monatsbetrag der Rente

Der Monatsbetrag der Rente ergibt sich, wenn
1. die unter Berücksichtigung des Zugangsfaktors ermittelten persönlichen Entgeltpunkte,
2. der Rentenartfaktor und
3. der aktuelle Rentenwert

mit ihrem Wert bei Rentenbeginn miteinander vervielfältigt werden.

§ 65 Anpassung der Renten

Zum 1. Juli eines jeden Jahres werden die Renten angepasst, indem der bisherige aktuelle Rentenwert durch den neuen aktuellen Rentenwert ersetzt wird.

§ 66 Persönliche Entgeltpunkte

(1) Die persönlichen Entgeltpunkte für die Ermittlung des Monatsbetrags der Rente ergeben sich, indem die Summe aller Entgeltpunkte für
1. Beitragszeiten,
2. beitragsfreie Zeiten,
3. Zuschläge für beitragsgeminderte Zeiten,
4. Zuschläge oder Abschläge aus einem durchgeführten Versorgungsausgleich oder Rentensplitting,
5. Zuschläge aus Zahlung von Beiträgen bei vorzeitiger Inanspruchnahme einer Rente wegen Alters oder bei Abfindung von Anwartschaften auf betriebliche Altersversorgung,
6. Zuschläge an Entgeltpunkten für Arbeitsentgelt aus geringfügiger versicherungsfreier Beschäftigung,
7. Arbeitsentgelt aus nach § 23 b Abs. 2 Satz 1 bis 4 des Vierten Buches aufgelösten Wertguthaben und
8. Zuschläge an Entgeltpunkten aus Beiträgen nach Beginn einer Rente wegen Alters

mit dem Zugangsfaktor vervielfältigt und bei Witwenrenten und Witwerrenten sowie bei Waisenrenten um einen Zuschlag erhöht wird.

(2) Grundlage für die Ermittlung der persönlichen Entgeltpunkte sind die Entgeltpunkte
1. des Versicherten bei einer Rente wegen Alters, wegen verminderter Erwerbsfähigkeit und bei einer Erziehungsrente,
2. des verstorbenen Versicherten bei einer Witwenrente, Witwerrente und Halbwaisenrente,
3. der zwei verstorbenen Versicherten mit den höchsten Renten bei einer Vollwaisenrente.

(3) ¹Der Monatsbetrag einer Teilrente wird aus dem Teil der Summe aller Entgeltpunkte ermittelt, der dem Anteil der Teilrente an der Vollrente entspricht. ²Zuschläge an Entgeltpunkten aus Beiträgen nach Beginn einer Rente wegen Alters werden der Ermittlung der persönlichen Entgeltpunkte erst nach dem Ende der Teilrente zugrunde gelegt.

(4) Der Monatsbetrag einer nur teilweise zu leistenden Rente wegen verminderter Erwerbsfähigkeit wird aus dem Teil der Summe aller Entgeltpunkte ermittelt, der dem Anteil der teilweise zu leistenden Rente an der jeweiligen Rente in voller Höhe entspricht.

§ 67 Rentenartfaktor

Der Rentenartfaktor beträgt für persönliche Entgeltpunkte bei
1. Renten wegen Alters   1,0
2. Renten wegen teilweiser Erwerbsminderung   0,5
3. Renten wegen voller Erwerbsminderung   1,0
4. Erziehungsrenten   1,0
5. kleinen Witwenrenten und kleinen Witwerrenten bis zum Ende des dritten Kalendermonats nach Ablauf des Monats, in dem der Ehegatte verstorben ist,   1,0
anschließend   0,25
6. großen Witwenrenten und großen Witwerrenten bis zum Ende des dritten Kalendermonats nach Ablauf des Monats, in dem der Ehegatte verstorben ist,   1,0
anschließend   0,55
7. Halbwaisenrenten   0,1
8. Vollwaisenrenten   0,2.

§ 68 Aktueller Rentenwert

(1) ¹Der aktuelle Rentenwert ist der Betrag, der einer monatlichen Rente wegen Alters der allgemeinen Rentenversicherung entspricht, wenn für ein Kalenderjahr Beiträge aufgrund des Durchschnittsentgelts gezahlt worden sind. ²Am 30. Juni 2005 beträgt der aktuelle Rentenwert 26,13 Euro. ³Er verändert sich zum 1. Juli eines jeden Jahres, indem der bisherige aktuelle Rentenwert mit den Faktoren für die Veränderung
1. der Bruttolöhne und -gehälter je Arbeitnehmer,
2. des Beitragssatzes zur allgemeinen Rentenversicherung und
3. dem Nachhaltigkeitsfaktor

vervielfältigt wird.

(2) ¹Bruttolöhne und -gehälter je Arbeitnehmer sind die durch das Statistische Bundesamt ermittelten Bruttolöhne und -gehälter je Arbeitnehmer ohne Personen in Arbeitsge-

legenheiten mit Entschädigungen für Mehraufwendungen jeweils nach der Systematik der Volkswirtschaftlichen Gesamtrechnungen. ²Der Faktor für die Veränderung der Bruttolöhne und -gehälter je Arbeitnehmer wird ermittelt, indem deren Wert für das vergangene Kalenderjahr durch den Wert für das vorvergangene Kalenderjahr geteilt wird. ³Dabei wird der Wert für das vorvergangene Kalenderjahr an die Entwicklung der Einnahmen der gesetzlichen Rentenversicherung angepasst, indem er mit dem Faktor vervielfältigt wird, der sich aus dem Verhältnis der Veränderung der Bruttolöhne und -gehälter je Arbeitnehmer im vorvergangenen Kalenderjahr gegenüber dem dritten zurückliegenden Kalenderjahr und der Veränderung der aus der Versichertenstatistik der Deutschen Rentenversicherung Bund ermittelten beitragspflichtigen Bruttolöhne und -gehälter je Arbeitnehmer ohne Beamte einschließlich der Bezieher von Arbeitslosengeld im vorvergangenen Kalenderjahr gegenüber dem dritten zurückliegenden Kalenderjahr ergibt.

(3) ¹Der Faktor, der sich aus der Veränderung des Beitragssatzes zur allgemeinen Rentenversicherung ergibt, wird ermittelt, indem

1. der durchschnittliche Beitragssatz in der allgemeinen Rentenversicherung des vergangenen Kalenderjahres von der Differenz aus 100 vom Hundert und dem Altersvorsorgeanteil für das Jahr 2012 subtrahiert wird,
2. der durchschnittliche Beitragssatz in der allgemeinen Rentenversicherung für das vorvergangene Kalenderjahr von der Differenz aus 100 vom Hundert und dem Altersvorsorgeanteil für das Jahr 2012 subtrahiert wird,

und anschließend der nach Nummer 1 ermittelte Wert durch den nach Nummer 2 ermittelten Wert geteilt wird. ²Altersvorsorgeanteil für das Jahr 2012 ist der Wert, der im Fünften Kapitel für das Jahr 2012 als Altersvorsorgeanteil bestimmt worden ist.

(4) ¹Der Nachhaltigkeitsfaktor wird ermittelt, indem der um die Veränderung des Rentnerquotienten im vergangenen Kalenderjahr gegenüber dem vorvergangenen Kalenderjahr verminderte Wert eins mit einem Parameter vervielfältigt und um den Wert eins erhöht wird. ²Der Rentnerquotient wird ermittelt, indem die Anzahl der Äquivalenzrentner durch die Anzahl der Äquivalenzbeitragszahler dividiert wird. ³Die Anzahl der Äquivalenzrentner wird ermittelt, indem das aus den Rechnungsergebnissen auf 1.000 Euro genau bestimmte Gesamtvolumen der Renten abzüglich erstatteter Aufwendungen für Renten und Rententeile eines Kalenderjahres durch eine Regelaltersrente desselben Kalenderjahres aus der allgemeinen Rentenversicherung mit 45 Entgeltpunkten dividiert wird. ⁴Die Anzahl der Äquivalenzbeitragszahler wird ermittelt, indem das aus den Rechnungsergebnissen auf 1.000 Euro genau bestimmte Gesamtvolumen der Beiträge aller in der allgemeinen Rentenversicherung versicherungspflichtig Beschäftigten, der geringfügig Beschäftigten (§ 8 Viertes Buch) und der Bezieher von Arbeitslosengeld eines Kalenderjahres durch den auf das Durchschnittsentgelt nach Anlage 1 entfallenden Beitrag der allgemeinen Rentenversicherung desselben Kalenderjahres dividiert wird. ⁵Die jeweilige Anzahl der Äquivalenzrentner und der Äquivalenzbeitragszahler ist auf 1.000 Personen genau zu berechnen. ⁶Der Parameter beträgt 0,25.

(5) Der nach den Absätzen 1 bis 4 anstelle des bisherigen aktuellen Rentenwerts zu bestimmende neue aktuelle Rentenwert wird nach folgender Formel ermittelt:

Dabei sind:

ARt	=	zu bestimmender aktueller Rentenwert ab dem 1. Juli,
$ARt-1$	=	bisheriger aktueller Rentenwert,
$BEt-1$	=	Bruttolöhne und -gehälter je Arbeitnehmer im vergangenen Kalenderjahr,
$BEt-2$	=	Bruttolöhne und -gehälter je Arbeitnehmer im vorvergangenen Kalenderjahr unter Berücksichtigung der Veränderung der beitragspflichtigen Bruttolöhne und -gehälter je Arbeitnehmer ohne Beamte einschließlich der Bezieher von Arbeitslosengeld,
$AVA2012$	=	Altersvorsorgeanteil für das Jahr 2012 in Höhe von 4 vom Hundert,
$RVBt-1$	=	durchschnittlicher Beitragssatz in der allgemeinen Rentenversicherung im vergangenen Kalenderjahr,
$RVBt-2$	=	durchschnittlicher Beitragssatz in der allgemeinen Rentenversicherung im vorvergangenen Kalenderjahr.
$RQt-1$	=	Rentnerquotient im vergangenen Kalenderjahr,
$RQt-2$	=	Rentnerquotient im vorvergangenen Kalenderjahr.

(6) *(aufgehoben)*

(7) ¹Bei der Bestimmung des neuen aktuellen Rentenwerts sind für das vergangene Kalenderjahr die dem Statistischen Bundesamt zu Beginn des Kalenderjahres vorliegenden Daten zu den Bruttolöhnen und -gehältern je Arbeitnehmer und für das vorvergangene

und das dritte zurückliegende Kalenderjahr die bei der Bestimmung des bisherigen aktuellen Rentenwerts verwendeten Daten zu den Bruttolöhnen und -gehältern je Arbeitnehmer zugrunde zu legen. ²Für die Bestimmung der beitragspflichtigen Bruttolöhne und -gehälter je Arbeitnehmer ohne Beamte einschließlich der Bezieher von Arbeitslosengeld nach Absatz 2 Satz 3 sind die der Deutschen Rentenversicherung Bund vorliegenden Daten aus der Versichertenstatistik zu verwenden. ³Dabei sind für das vorvergangene Kalenderjahr die zu Beginn des Kalenderjahres vorliegenden Daten zu den beitragspflichtigen Bruttolöhnen und -gehältern je Arbeitnehmer ohne Beamte einschließlich der Bezieher von Arbeitslosengeld und für das dritte zurückliegende Kalenderjahr die bei der Bestimmung des bisherigen aktuellen Rentenwerts verwendeten Daten zu den beitragspflichtigen Bruttolöhnen und -gehältern je Arbeitnehmer ohne Beamte einschließlich der Bezieher von Arbeitslosengeld zugrunde zu legen. ⁴Bei der Ermittlung des Rentnerquotienten für das vergangene Kalenderjahr sind die der Deutschen Rentenversicherung Bund im ersten Vierteljahr des Kalenderjahres vorliegenden Daten und für das vorvergangene Kalenderjahr die bei der Bestimmung des bisherigen aktuellen Rentenwerts verwendeten Daten zugrunde zu legen.

§ 68 a Schutzklausel

(1) ¹Abweichend von § 68 vermindert sich der bisherige aktuelle Rentenwert nicht, wenn der nach § 68 berechnete aktuelle Rentenwert geringer ist als der bisherige aktuelle Rentenwert. ²Die unterbliebene Minderungswirkung (Ausgleichsbedarf) wird mit Erhöhungen des aktuellen Rentenwerts verrechnet. ³Die Verrechnung darf nicht zu einer Minderung des bisherigen aktuellen Rentenwerts führen.

(2) ¹In den Jahren, in denen Absatz 1 Satz 1 anzuwenden ist, wird der Ausgleichsbedarf ermittelt, indem der nach § 68 berechnete aktuelle Rentenwert durch den bisherigen aktuellen Rentenwert geteilt wird (Ausgleichsfaktor). ²Der Wert des Ausgleichsbedarfs verändert sich, indem der im Vorjahr bestimmte Wert mit dem Ausgleichsfaktor des laufenden Jahres vervielfältigt wird.

(3) ¹Ist der nach § 68 berechnete aktuelle Rentenwert höher als der bisherige aktuelle Rentenwert und ist der im Vorjahr bestimmte Wert des Ausgleichsbedarfs kleiner als 1,0000, wird der neue aktuelle Rentenwert abweichend von § 68 ermittelt, indem der bisherige aktuelle Rentenwert mit dem hälftigen Anpassungsfaktor vervielfältigt wird. ²Der hälftige Anpassungsfaktor wird ermittelt, indem der nach § 68 berechnete aktuelle Rentenwert durch den bisherigen aktuellen Rentenwert geteilt wird (Anpassungsfaktor) und dieser Anpassungsfaktor um 1 vermindert, durch 2 geteilt und um 1 erhöht wird. ³Der Wert des Ausgleichsbedarfs verändert sich, indem der im Vorjahr bestimmte Wert mit dem hälftigen Anpassungsfaktor vervielfältigt wird. ⁴Übersteigt der Ausgleichsbedarf nach Anwendung von Satz 3 den Wert 1,0000, wird der bisherige aktuelle Rentenwert abweichend von Satz 1 mit dem Faktor vervielfältigt, der sich ergibt, wenn der Anpassungsfaktor mit dem im Vorjahr bestimmten Wert des Ausgleichsbedarfs vervielfältigt wird; der Wert des Ausgleichsbedarfs beträgt dann 1,0000.

(4) Sind weder Absatz 1 noch Absatz 3 anzuwenden, bleibt der Wert des Ausgleichsbedarfs unverändert.

§ 69 Verordnungsermächtigung

(1) ¹Die Bundesregierung hat durch Rechtsverordnung mit Zustimmung des Bundesrates den zum 1. Juli eines Jahres maßgebenden aktuellen Rentenwert und den Ausgleichsbedarf zu bestimmen. ²Die Bestimmung soll bis zum 31. März des jeweiligen Jahres erfolgen.

(2) ¹Die Bundesregierung hat durch Rechtsverordnung mit Zustimmung des Bundesrates zum Ende eines jeden Jahres
1. für das vergangene Kalenderjahr das auf volle Euro gerundete Durchschnittsentgelt in Anlage 1 entsprechend der Entwicklung der Bruttolöhne und -gehälter je Arbeitnehmer (§ 68 Abs. 2 Satz 1),
2. für das folgende Kalenderjahr das auf volle Euro gerundete vorläufige Durchschnittsentgelt, das sich ergibt, wenn das Durchschnittsentgelt für das vergangene Kalenderjahr um das Doppelte des Vomhundertsatzes erhöht wird, um den das Durchschnittsentgelt des vergangenen Kalenderjahres höher ist als das Durchschnittsentgelt des vorvergangenen Kalenderjahres,

zu bestimmen. ²Die Bestimmung soll bis zum 31. Dezember des jeweiligen Jahres erfolgen.

Dritter Titel. Ermittlung der persönlichen Entgeltpunkte

§ 70 Entgeltpunkte für Beitragszeiten

(1) ¹Für Beitragszeiten werden Entgeltpunkte ermittelt, indem die Beitragsbemessungsgrundlage durch das Durchschnittsentgelt (Anlage 1) für dasselbe Kalenderjahr geteilt wird. ²Für das Kalenderjahr des Rentenbeginns und für das davorliegende Kalenderjahr wird als Durchschnittsentgelt der Betrag zugrunde gelegt, der für diese Kalenderjahre vorläufig bestimmt ist.

(2) ¹Kindererziehungszeiten erhalten für jeden Kalendermonat 0,0833 Entgeltpunkte (Entgeltpunkte für Kindererziehungszeiten). ²Entgeltpunkte für Kindererziehungszeiten sind auch Entgeltpunkte, die für Kindererziehungszeiten mit sonstigen Beitragszeiten ermittelt werden, indem die Entgeltpunkte für sonstige Beitragszeiten um 0,0833 erhöht werden, höchstens um die Entgeltpunkte bis zum Erreichen der jeweiligen Höchstwerte nach Anlage 2 b.

(3) ¹Aus der Zahlung von Beiträgen für Arbeitsentgelt aus nach § 23 b Abs. 2 Satz 1 bis 4 des Vierten Buches aufgelösten Wertguthaben werden zusätzliche Entgeltpunkte ermittelt, indem dieses Arbeitsentgelt durch das vorläufige Durchschnittsentgelt (Anlage 1) für das Kalenderjahr geteilt wird, dem das Arbeitsentgelt zugeordnet ist. ²Die so ermittelten Entgeltpunkte gelten als Entgeltpunkte für Zeiten mit vollwertigen Pflichtbeiträgen nach dem 31. Dezember 1991.

(3 a) ¹Sind mindestens 25 Jahre mit rentenrechtlichen Zeiten vorhanden, werden für nach dem Jahr 1991 liegende Kalendermonate mit Berücksichtigungszeiten wegen Kindererziehung oder mit Zeiten der nicht erwerbsmäßigen Pflege eines pflegebedürftigen Kindes bis zur Vollendung des 18. Lebensjahres Entgeltpunkte zusätzlich ermittelt oder gutgeschrieben. ²Diese betragen für jeden Kalendermonat

a) mit Pflichtbeiträgen die Hälfte der hierfür ermittelten Entgeltpunkte, höchstens 0,0278 an zusätzlichen Entgeltpunkten,

b) in dem der Versicherten Berücksichtigungszeiten wegen Kindererziehung oder Zeiten der Pflege eines pflegebedürftigen Kindes für ein Kind mit entsprechenden Zeiten für ein anderes Kind zusammentreffen, 0,0278 an gutgeschriebenen Entgeltpunkten, abzüglich des Wertes der zusätzlichen Entgeltpunkte nach Buchstabe a.

³Die Summe der zusätzlich ermittelten und gutgeschriebenen Entgeltpunkte ist zusammen mit den für Beitragszeiten und Kindererziehungszeiten ermittelten Entgeltpunkten auf einen Wert von höchstens 0,0833 Entgeltpunkte begrenzt.

(4) ¹Ist für eine Rente wegen Alters die voraussichtliche beitragspflichtige Einnahme für den verbleibenden Zeitraum bis zum Beginn der Rente wegen Alters vom Rentenversicherungsträger errechnet worden (§ 194 Abs. 1 Satz 3, Abs. 2 Satz 2), sind für diese Rente Entgeltpunkte daraus wie aus der Beitragsbemessungsgrundlage zu ermitteln. ²Weicht die tatsächlich erzielte beitragspflichtige Einnahme von der durch den Rentenversicherungsträger errechneten voraussichtlichen beitragspflichtigen Einnahme ab, bleibt sie für diese Rente außer Betracht.

(5) Für Zeiten, für die Beiträge aufgrund der Vorschriften des Vierten Kapitels über die Nachzahlung gezahlt worden sind, werden Entgeltpunkte ermittelt, indem die Beitragsbemessungsgrundlage durch das Durchschnittsentgelt des Jahres geteilt wird, in dem die Beiträge gezahlt worden sind.

§ 71 Entgeltpunkte für beitragsfreie und beitragsgeminderte Zeiten (Gesamtleistungsbewertung)

(1) ¹Beitragsfreie Zeiten erhalten den Durchschnittswert an Entgeltpunkten, der sich aus der Gesamtleistung an Beiträgen im belegungsfähigen Zeitraum ergibt. ²Dabei erhalten sie den höheren Durchschnittswert aus der Grundbewertung aus allen Beiträgen oder der Vergleichsbewertung aus ausschließlich vollwertigen Beiträgen.

(2) ¹Für beitragsgeminderte Zeiten ist die Summe der Entgeltpunkte um einen Zuschlag so zu erhöhen, dass mindestens der Wert erreicht wird, den diese Zeiten jeweils als beitragsfreie Anrechnungszeiten wegen Krankheit und Arbeitslosigkeit, wegen einer schulischen Ausbildung und als Zeiten wegen einer beruflichen Ausbildung oder als sonstige beitragsfreie Zeiten hätten. ²Diese zusätzlichen Entgeltpunkte werden den jeweiligen Kalendermonaten mit beitragsgeminderten Zeiten zu gleichen Teilen zugeordnet.

(3) ¹Für die Gesamtleistungsbewertung werden jedem Kalendermonat
1. an Berücksichtigungszeit die Entgeltpunkte zugeordnet, die sich ergeben würden, wenn diese Kalendermonate Kindererziehungszeiten wären,
2. mit Zeiten einer beruflichen Ausbildung mindestens 0,0833 Entgeltpunkte zugrunde gelegt und diese Kalendermonate insoweit nicht als beitragsgeminderte Zeiten berücksichtigt.

²Bei der Anwendung von Satz 1 Nr. 2 gelten die ersten 36 Kalendermonate mit Pflichtbeiträgen für Zeiten einer versicherten Beschäftigung oder selbständigen Tätigkeit bis zur Vollendung des 25. Lebensjahres stets als Zeiten einer beruflichen Ausbildung. ³Eine Zuordnung an Entgeltpunkten für Kalendermonate mit Berücksichtigungszeiten unterbleibt in dem Umfang, in dem bereits nach § 70 Abs. 3a Entgeltpunkte zusätzlich ermittelt oder gutgeschrieben worden sind. ⁴Satz 1 Nr. 2 gilt nicht für Kalendermonate mit Zeiten der beruflichen Ausbildung, für die bereits Entgeltpunkte nach Satz 1 Nr. 1 zugeordnet werden.

(4) Soweit beitragsfreie Zeiten mit Zeiten zusammentreffen, die bei einer Versorgung aus einem
1. öffentlich-rechtlichen Dienstverhältnis oder
2. Arbeitsverhältnis mit Anspruch auf Versorgung nach beamtenrechtlichen Vorschriften oder Grundsätzen oder entsprechenden kirchenrechtlichen Regelungen

ruhegehaltfähig sind oder bei Eintritt des Versorgungsfalls als ruhegehaltfähig anerkannt werden, bleiben sie bei der Gesamtleistungsbewertung unberücksichtigt.

§ 72 Grundbewertung

(1) Bei der Grundbewertung werden für jeden Kalendermonat Entgeltpunkte in der Höhe zugrunde gelegt, die sich ergibt, wenn die Summe der Entgeltpunkte für Beitragszeiten und Berücksichtigungszeiten durch die Anzahl der belegungsfähigen Monate geteilt wird.

(2) ¹Der belegungsfähige Gesamtzeitraum umfasst die Zeit vom vollendeten 17. Lebensjahr bis zum
1. Kalendermonat vor Beginn der zu berechnenden Rente bei einer Rente wegen Alters, bei einer Rente wegen voller Erwerbsminderung, auf die erst nach Erfüllung einer Wartezeit von 20 Jahren ein Anspruch besteht, oder bei einer Erziehungsrente,
2. Eintritt der maßgebenden Minderung der Erwerbsfähigkeit bei einer Rente wegen verminderter Erwerbsfähigkeit,
3. Tod des Versicherten bei einer Hinterbliebenenrente.

²Der belegungsfähige Gesamtzeitraum verlängert sich um Kalendermonate mit rentenrechtlichen Zeiten vor Vollendung des 17. Lebensjahres.

(3) Nicht belegungsfähig sind Kalendermonate mit
1. beitragsfreien Zeiten, die nicht auch Berücksichtigungszeiten sind, und
2. Zeiten, in denen eine Rente aus eigener Versicherung bezogen worden ist, die nicht auch Beitragszeiten oder Berücksichtigungszeiten sind.

§ 73 Vergleichsbewertung

¹Bei der Vergleichsbewertung werden für jeden Kalendermonat Entgeltpunkte in der Höhe zugrunde gelegt, die sich ergibt, wenn die Summe der Entgeltpunkte aus der Grundbewertung ohne Entgeltpunkte für
1. beitragsgeminderte Zeiten,
2. Berücksichtigungszeiten, die auch beitragsfreie Zeiten sind, und
3. Beitragszeiten oder Berücksichtigungszeiten, in denen eine Rente aus eigener Versicherung bezogen worden ist,

durch die Anzahl der belegungsfähigen Monate geteilt wird. ²Dabei sind von den belegungsfähigen Monaten aus der Grundbewertung die bei der Vergleichsbewertung außer Betracht gebliebenen Kalendermonate mit Entgeltpunkten abzusetzen.

§ 74 Begrenzte Gesamtleistungsbewertung

¹Der sich aus der Gesamtleistungsbewertung ergebende Wert wird für jeden Kalendermonat mit Zeiten einer beruflichen Ausbildung, Fachschulausbildung oder der Teilnahme

an einer berufsvorbereitenden Bildungsmaßnahme auf 75 vom Hundert begrenzt. ²Der so begrenzte Gesamtleistungswert darf für einen Kalendermonat 0,0625 Entgeltpunkte nicht übersteigen. ³Zeiten einer beruflichen Ausbildung, Fachschulausbildung oder der Teilnahme an einer berufsvorbereitenden Bildungsmaßnahme werden insgesamt für höchstens drei Jahre bewertet, vorrangig die Zeiten der Fachschulausbildung und der Teilnahme an einer berufsvorbereitenden Bildungsmaßnahme. ⁴Zeiten einer Schul- oder Hochschulausbildung und Kalendermonate, die nur deshalb Anrechnungszeiten sind, weil

1. Arbeitslosigkeit nach dem 30. Juni 1978 vorgelegen hat, für die Arbeitslosengeld oder Arbeitslosengeld II nicht oder Arbeitslosengeld II nur darlehensweise gezahlt worden ist oder nur Leistungen nach § 24 Absatz 3 Satz 1 des Zweiten Buches erbracht worden sind,
1 a. Arbeitslosengeld II bezogen worden ist,
2. Krankheit nach dem 31. Dezember 1983 vorgelegen hat und nicht Beiträge gezahlt worden sind,
3. Ausbildungssuche vorgelegen hat,

werden nicht bewertet.

§ 75 Entgeltpunkte für Zeiten nach Rentenbeginn

(1) Für Zeiten nach Beginn der zu berechnenden Rente werden Entgeltpunkte nur für eine Zurechnungszeit und für Zuschläge an Entgeltpunkten aus Beiträgen nach Beginn einer Rente wegen Alters ermittelt.

(2) ¹Bei Renten wegen verminderter Erwerbsfähigkeit werden für

1. Beitragszeiten und Anrechnungszeiten, die nach Eintritt der hierfür maßgebenden Minderung der Erwerbsfähigkeit liegen,
2. freiwillige Beiträge, die nach Eintritt der hierfür maßgebenden Minderung der Erwerbsfähigkeit gezahlt worden sind,

Entgeltpunkte nicht ermittelt. ²Dies gilt nicht für

1. eine Rente wegen voller Erwerbsminderung, auf die erst nach Erfüllung einer Wartezeit von 20 Jahren ein Anspruch besteht,
2. freiwillige Beiträge nach Satz 1 Nr. 2, wenn die Minderung der Erwerbsfähigkeit während eines Beitragsverfahrens oder eines Verfahrens über einen Rentenanspruch eingetreten ist.

(3) Für eine Rente wegen voller Erwerbsminderung werden auf Antrag Entgeltpunkte auch für Beitragszeiten und Anrechnungszeiten nach Eintritt der vollen Erwerbsminderung ermittelt, wenn diese Beitragszeiten 20 Jahre umfassen.

(4) Für eine Rente wegen Alters besteht Anspruch auf Ermittlung von Entgeltpunkten auch für Pflichtbeiträge nach § 119 des Zehnten Buches, wenn diese nach dem Beginn der Rente aufgrund eines Schadensereignisses vor Rentenbeginn gezahlt worden sind; § 34 Abs. 4 Nr. 3 gilt nicht.

§ 76 Zuschläge oder Abschläge beim Versorgungsausgleich

(1) Ein zugunsten oder zulasten von Versicherten durchgeführter Versorgungsausgleich wird durch einen Zuschlag oder Abschlag an Entgeltpunkten berücksichtigt.

(2) ¹Die Übertragung oder Begründung von Rentenanwartschaften zugunsten von Versicherten führt zu einem Zuschlag an Entgeltpunkten. ²Der Begründung von Rentenanwartschaften stehen gleich

1. die Wiederauffüllung geminderter Rentenanwartschaften (§ 187 Abs. 1 Nr. 1),
2. die Abwendung einer Kürzung der Versorgungsbezüge, wenn später eine Nachversicherung durchgeführt worden ist (§ 183 Abs. 1).

(3) Die Übertragung von Rentenanwartschaften zu Lasten von Versicherten führt zu einem Abschlag an Entgeltpunkten.

(4) ¹Die Entgeltpunkte werden in der Weise ermittelt, dass der Monatsbetrag der Rentenanwartschaften durch den aktuellen Rentenwert mit seinem Wert bei Ende der Ehezeit oder Lebenspartnerschaftszeit geteilt wird. ²Entgeltpunkte aus einer Begründung durch externe Teilung nach § 14 des Versorgungsausgleichsgesetzes werden ermittelt, indem der vom Familiengericht nach § 222 Abs. 3 des Gesetzes über das Verfahren in Familiensachen und in den Angelegenheiten der freiwilligen Gerichtsbarkeit festgesetzte Kapitalbetrag mit dem zum Ende der Ehezeit maßgebenden Umrechnungsfaktor für die Ermittlung von Entgeltpunkten im Rahmen des Versorgungsausgleichs vervielfältigt wird. ³An die Stelle des Endes der Ehezeit oder Lebenspartnerschaftszeit tritt in Fällen, in denen der

Versorgungsausgleich nicht Folgesache im Sinne von § 137 Abs. 2 Satz 1 Nr. 1 des Gesetzes über das Verfahren in Familiensachen und in den Angelegenheiten der freiwilligen Gerichtsbarkeit ist oder im Abänderungsverfahren der Eingang des Antrags auf Durchführung oder Abänderung des Versorgungsausgleichs beim Familiengericht, in Fällen der Aussetzung des Verfahrens über den Versorgungsausgleich der Zeitpunkt der Wiederaufnahme des Verfahrens über den Versorgungsausgleich.

(5) Ein Zuschlag an Entgeltpunkten, die sich aus der Zahlung von Beiträgen zur Begründung einer Rentenanwartschaft oder zur Wiederauffüllung einer geminderten Rentenanwartschaft ergeben, erfolgt nur, wenn die Beiträge bis zu einem Zeitpunkt gezahlt worden sind, bis zu dem Entgeltpunkte für freiwillig gezahlte Beiträge zu ermitteln sind.

(6) Der Zuschlag an Entgeltpunkten entfällt zu gleichen Teilen auf die in der Ehezeit oder Lebenspartnerschaftszeit liegenden Kalendermonate, der Abschlag zu gleichen Teilen auf die in der Ehezeit oder Lebenspartnerschaftszeit liegenden Kalendermonate mit Beitragszeiten und beitragsfreien Zeiten.

(7) Ist eine Rente um einen Zuschlag oder Abschlag aus einem durchgeführten Versorgungsausgleich zu verändern, ist von der Summe der bisher der Rente zugrunde liegenden Entgeltpunkte auszugehen.

§ 76a Zuschläge an Entgeltpunkten aus Zahlung von Beiträgen bei vorzeitiger Inanspruchnahme einer Rente wegen Alters oder bei Abfindung einer Anwartschaft auf betriebliche Altersversorgung

(1) Entgeltpunkte aus der Zahlung von Beiträgen bei vorzeitiger Inanspruchnahme einer Rente wegen Alters werden ermittelt, indem gezahlte Beiträge mit dem im Zeitpunkt der Zahlung maßgebenden Umrechnungsfaktor für die Ermittlung von Entgeltpunkten im Rahmen des Versorgungsausgleichs vervielfältigt werden.

(2) Entgeltpunkte aus der Zahlung von Beiträgen bei Abfindung von Anwartschaften auf betriebliche Altersversorgung werden ermittelt, indem aus dem Abfindungsbetrag gezahlte Beiträge mit dem zum Zeitpunkt der Zahlung maßgebenden Umrechnungsfaktor für die Ermittlung von Entgeltpunkten im Rahmen des Versorgungsausgleichs vervielfältigt werden.

(3) Ein Zuschlag aus der Zahlung solcher Beiträge erfolgt nur, wenn sie bis zu einem Zeitpunkt gezahlt worden sind, bis zu dem Entgeltpunkte für freiwillig gezahlte Beiträge zu ermitteln sind.

§ 76b Zuschläge an Entgeltpunkten für Arbeitsentgelt aus geringfügiger versicherungsfreier Beschäftigung

(1) Für Arbeitsentgelt aus geringfügiger versicherungsfreier Beschäftigung, für das der Arbeitgeber einen Beitragsanteil getragen hat, werden Zuschläge an Entgeltpunkten ermittelt.

(2) ¹Die Zuschläge an Entgeltpunkten werden ermittelt, indem das Arbeitsentgelt, das beitragspflichtig wäre, wenn die Beschäftigung versicherungspflichtig wäre, durch das Durchschnittsentgelt (Anlage 1) für dasselbe Kalenderjahr geteilt und mit dem Verhältnis vervielfältigt wird, das dem vom Arbeitgeber gezahlten Beitragsanteil und dem Beitrag entspricht, der zu zahlen wäre, wenn das Arbeitsentgelt beitragspflichtig wäre. ²Für das Kalenderjahr des Rentenbeginns und für das davor liegende Kalenderjahr wird als Durchschnittsentgelt der Betrag zugrunde gelegt, der für diese Kalenderjahre vorläufig bestimmt ist.

(3) Für den Zuschlag an Entgeltpunkten gelten die §§ 75 und 124 entsprechend.

(4) Absatz 1 gilt nicht für Beschäftigte, die
1. als Bezieher einer Vollrente wegen Alters,
2. als Versorgungsbezieher,
3. wegen des Erreichens der Regelaltersgrenze oder
4. wegen einer Beitragserstattung
versicherungsfrei sind.

§ 76c Zuschläge oder Abschläge beim Rentensplitting

(1) Ein durchgeführtes Rentensplitting wird beim Versicherten durch Zuschläge oder Abschläge an Entgeltpunkten berücksichtigt.

60 SGB VI

(2) Zuschläge an Entgeltpunkten aus einem durchgeführten Rentensplitting entfallen zu gleichen Teilen auf die in der Splittingzeit liegenden Kalendermonate, Abschläge zu gleichen Teilen auf die in der Splittingzeit liegenden Kalendermonate mit Beitragszeiten und beitragsfreien Zeiten.

(3) Ist eine Rente um Zuschläge oder Abschläge aus einem durchgeführten Rentensplitting zu verändern, ist von der Summe der bisher der Rente zugrunde liegenden Entgeltpunkte auszugehen.

§ 76 d Zuschläge an Entgeltpunkten aus Beiträgen nach Beginn einer Rente wegen Alters

Für die Ermittlung von Zuschlägen an Entgeltpunkten aus Beiträgen nach Beginn einer Rente wegen Alters gelten die Regelungen zur Ermittlung von Entgeltpunkten für Beitragszeiten oder von Zuschlägen für Arbeitsentgelt aus geringfügiger versicherungsfreier Beschäftigung entsprechend.

§ 77 Zugangsfaktor

(1) Der Zugangsfaktor richtet sich nach dem Alter der Versicherten bei Rentenbeginn oder bei Tod und bestimmt, in welchem Umfang Entgeltpunkte bei der Ermittlung des Monatsbetrags der Rente als persönliche Entgeltpunkte zu berücksichtigen sind.

(2) [1]Der Zugangsfaktor ist für Entgeltpunkte, die noch nicht Grundlage von persönlichen Entgeltpunkten einer Rente waren,
1. bei Renten wegen Alters, die mit Ablauf des Kalendermonats des Erreichens der Regelaltersgrenze oder eines für den Versicherten maßgebenden niedrigeren Rentenalters beginnen, 1,0,
2. bei Renten wegen Alters, die
    a) vorzeitig in Anspruch genommen werden, für jeden Kalendermonat um 0,003 niedriger als 1,0 und
    b) nach Erreichen der Regelaltersgrenze trotz erfüllter Wartezeit nicht in Anspruch genommen werden, für jeden Kalendermonat um 0,005 höher als 1,0,
3. bei Renten wegen verminderter Erwerbsfähigkeit und bei Erziehungsrenten für jeden Kalendermonat, für den eine Rente vor Ablauf des Kalendermonats der Vollendung des 65. Lebensjahres in Anspruch genommen wird, um 0,003 niedriger als 1,0,
4. bei Hinterbliebenenrenten für jeden Kalendermonat,
    a) der sich vom Ablauf des Monats, in dem der Versicherte verstorben ist, bis zum Ablauf des Kalendermonats der Vollendung des 65. Lebensjahres des Versicherten ergibt, um 0,003 niedriger als 1,0 und
    b) für den Versicherte trotz erfüllter Wartezeit eine Rente wegen Alters nach Erreichen der Regelaltersgrenze nicht in Anspruch genommen haben, um 0,005 höher als 1,0.

[2]Beginnt eine Rente wegen verminderter Erwerbsfähigkeit oder eine Erziehungsrente vor Vollendung des 62. Lebensjahres oder ist bei Hinterbliebenenrenten der Versicherte vor Vollendung des 62. Lebensjahres verstorben, ist die Vollendung des 62. Lebensjahres für die Bestimmung des Zugangsfaktors maßgebend. [3]Die Zeit des Bezugs einer Rente vor Vollendung des 62. Lebensjahres des Versicherten gilt nicht als Zeit einer vorzeitigen Inanspruchnahme. [4]Dem Beginn und der vorzeitigen oder späteren Inanspruchnahme einer Rente wegen Alters steht für die Ermittlung des Zugangsfaktors für Zuschläge an Entgeltpunkten aus Beiträgen nach Beginn einer Rente wegen Alters der Beginn einer Vollrente wegen Alters gleich.

(3) [1]Für diejenigen Entgeltpunkte, die bereits Grundlage von persönlichen Entgeltpunkten einer früheren Rente waren, bleibt der frühere Zugangsfaktor maßgebend. [2]Dies gilt nicht für die Hälfte der Entgeltpunkte, die Grundlage einer Rente wegen teilweiser Erwerbsminderung waren. [3]Der Zugangsfaktor wird für Entgeltpunkte, die Versicherte bei
1. einer Rente wegen Alters nicht mehr vorzeitig in Anspruch genommen haben, um 0,003 oder
2. einer Rente wegen verminderter Erwerbsfähigkeit oder einer Erziehungsrente mit einem Zugangsfaktor kleiner als 1,0 nach Ablauf des Kalendermonats der Vollendung des 62. Lebensjahres bis zum Ende des Kalendermonats der Vollendung des 65. Lebensjahres nicht in Anspruch genommen haben, um 0,003,
3. einer Rente nach Erreichen der Regelaltersgrenze nicht in Anspruch genommen haben, um 0,005

je Kalendermonat erhöht.

(4) Bei Renten wegen verminderter Erwerbsfähigkeit und bei Hinterbliebenenrenten, deren Berechnung 40 Jahre mit den in § 51 Abs. 3a und 4 und mit den in § 52 Abs. 2 genannten Zeiten zugrunde liegen, sind die Absätze 2 und 3 mit der Maßgabe anzuwenden, dass an die Stelle der Vollendung des 65. Lebensjahres die Vollendung des 63. Lebensjahres und an die Stelle der Vollendung des 62. Lebensjahres die Vollendung des 60. Lebensjahres tritt.

§ 78 Zuschlag bei Waisenrenten

(1) ¹Der Zuschlag an persönlichen Entgeltpunkten bei Waisenrenten richtet sich nach der Anzahl an Kalendermonaten mit rentenrechtlichen Zeiten und dem Zugangsfaktor des verstorbenen Versicherten. ²Dabei wird der Zuschlag für jeden Kalendermonat mit Beitragszeiten in vollem Umfang berücksichtigt. ³Für jeden Kalendermonat mit sonstigen rentenrechtlichen Zeiten wird der Zuschlag in dem Verhältnis berücksichtigt, in dem die Anzahl der Kalendermonate mit Beitragszeiten und Berücksichtigungszeiten zur Anzahl der für die Grundbewertung belegungsfähigen Monate steht.

(2) Bei einer Halbwaisenrente sind der Ermittlung des Zuschlags für jeden Kalendermonat 0,0833 Entgeltpunkte zugrunde zu legen.

(3) ¹Bei einer Vollwaisenrente sind der Ermittlung des Zuschlags für jeden Kalendermonat des verstorbenen Versicherten mit der höchsten Rente 0,075 Entgeltpunkte zugrunde zu legen. ²Auf den Zuschlag werden die persönlichen Entgeltpunkte des verstorbenen Versicherten mit der zweithöchsten Rente angerechnet.

§ 78a Zuschlag bei Witwenrenten und Witwerrenten

(1) ¹Der Zuschlag an persönlichen Entgeltpunkten bei Witwenrenten und Witwerrenten richtet sich nach der Dauer der Erziehung von Kindern bis zur Vollendung ihres dritten Lebensjahres. ²Die Dauer ergibt sich aus der Summe der Anzahl an Kalendermonaten mit Berücksichtigungszeiten wegen Kindererziehung, die der Witwe oder dem Witwer zugeordnet worden sind, beginnend nach Ablauf des Monats der Geburt, bei Geburten am Ersten eines Monats jedoch vom Monat der Geburt an. ³Für die ersten 36 Kalendermonate sind jeweils 0,1010 Entgeltpunkte, für jeden weiteren Kalendermonat 0,0505 Entgeltpunkte zugrunde zu legen. ⁴Witwenrenten und Witwerrenten werden nicht um einen Zuschlag erhöht, solange der Rentenartfaktor mindestens 1,0 beträgt.

(2) ¹Sterben Versicherte vor der Vollendung des dritten Lebensjahres des Kindes, wird mindestens der Zeitraum zugrunde gelegt, der zum Zeitpunkt des Todes an der Vollendung des dritten Lebensjahres des Kindes fehlt. ²Sterben Versicherte vor der Geburt des Kindes, werden 36 Kalendermonate zugrunde gelegt, wenn das Kind innerhalb von 300 Tagen nach dem Tod geboren wird. ³Wird das Kind nach Ablauf dieser Frist geboren, erfolgt der Zuschlag mit Beginn des Monats, der auf den letzten Monat der zu berücksichtigenden Kindererziehung folgt. ⁴Die Sätze 1 und 2 gelten nicht, wenn die Witwe oder der Witwer zum Personenkreis des § 56 Abs. 4 gehören.

Vierter Titel. Knappschaftliche Besonderheiten

§ 79 Grundsatz

Für die Berechnung von Renten mit Zeiten in der knappschaftlichen Rentenversicherung sind die vorangehenden Vorschriften über die Rentenhöhe und die Rentenanpassung anzuwenden, soweit nicht im Folgenden etwas anderes bestimmt ist.

§ 80 Monatsbetrag der Rente

Liegen der Rente persönliche Entgeltpunkte sowohl der knappschaftlichen Rentenversicherung als auch der allgemeinen Rentenversicherung zugrunde, sind aus den persönlichen Entgeltpunkten der knappschaftlichen Rentenversicherung und denen der allgemeinen Rentenversicherung Monatsteilbeträge zu ermitteln, deren Summe den Monatsbetrag der Rente ergibt.

§ 81 Persönliche Entgeltpunkte

(1) Zur Summe aller Entgeltpunkte der knappschaftlichen Rentenversicherung gehören auch Entgeltpunkte aus dem Leistungszuschlag.

(2) Grundlage für die Ermittlung des Monatsbetrags einer Rente für Bergleute sind nur die persönlichen Entgeltpunkte, die auf die knappschaftliche Rentenversicherung entfallen.

§ 82 Rentenartfaktor

¹Der Rentenartfaktor beträgt für persönliche Entgeltpunkte in der knappschaftlichen Rentenversicherung bei:

1. Renten wegen Alters	1,3333
2. Renten wegen teilweiser Erwerbsminderung	
a) solange eine in der knappschaftlichen Rentenversicherung versicherte Beschäftigung ausgeübt wird	0,6
b) in den übrigen Fällen	0,9
3. Renten wegen voller Erwerbsminderung	1,3333
4. Renten für Bergleute	0,5333
5. Erziehungsrenten	1,3333
6. kleinen Witwenrenten und kleinen Witwerrenten bis zum Ablauf des dritten Kalendermonats nach Ablauf des Monats, in dem der Ehegatte verstorben ist, anschließend	1,3333 0,3333
7. großen Witwenrenten und großen Witwerrenten bis zum Ablauf des dritten Kalendermonats nach Ablauf des Monats, in dem der Ehegatte verstorben ist, anschließend	1,3333 0,7333
8. Halbwaisenrenten	0,1333
9. Vollwaisenrenten	0,2667.

²Der Rentenartfaktor beträgt abweichend von Satz 1 für persönliche Entgeltpunkte aus zusätzlichen Entgeltpunkten für ständige Arbeiten unter Tage bei

1. Renten wegen teilweiser Erwerbsminderung	1,3333
2. Renten für Bergleute	1,3333
3. kleinen Witwenrenten und kleinen Witwerrenten bis zum Ablauf des dritten Kalendermonats nach Ablauf des Monats, in dem der Ehegatte verstorben ist, anschließend	1,3333 0,7333.

§ 83 Entgeltpunkte für Beitragszeiten

(1) ¹Kindererziehungszeiten erhalten für jeden Kalendermonat 0,0625 Entgeltpunkte (Entgeltpunkte für Kindererziehungszeiten). ²Entgeltpunkte für Kindererziehungszeiten sind auch Entgeltpunkte, die für Kindererziehungszeiten mit sonstigen Beitragszeiten der knappschaftlichen Rentenversicherung ermittelt werden, indem die Entgeltpunkte für diese sonstigen Beitragszeiten um 0,0625 erhöht werden, höchstens aber um drei Viertel des Unterschiedsbetrags. ³Der Unterschiedsbetrag ergibt sich, indem die ermittelten Entgeltpunkte für sonstige Beitragszeiten um 0,0833, höchstens aber auf den jeweiligen Höchstbetrag nach Anlage 2b für die knappschaftliche Rentenversicherung erhöht und um die ermittelten Entgeltpunkte für sonstige Beitragszeiten gemindert werden. ⁴Kindererziehungszeiten in der knappschaftlichen Rentenversicherung werden bei Anwendung des § 70 Abs. 3a wie Kindererziehungszeiten in der allgemeinen Rentenversicherung bewertet.

(2) ¹Für Zeiten nach dem 31. Dezember 1971, in denen Versicherte eine Bergmannsprämie bezogen haben, wird die Beitragsbemessungsgrundlage, aus der die Entgeltpunkte ermittelt werden, bis zur Beitragsbemessungsgrenze um einen Betrag in Höhe der gezahlten Bergmannsprämie erhöht. ²Dies gilt nicht für die Berechnung einer Rente für Bergleute.

§ 84 Entgeltpunkte für beitragsfreie und beitragsgeminderte Zeiten (Gesamtleistungsbewertung)

(1) Für die Gesamtleistungsbewertung werden jedem Kalendermonat mit Beitragszeiten der knappschaftlichen Rentenversicherung, der gleichzeitig Kindererziehungszeit ist, die um ein Drittel erhöhten Entgeltpunkte für Kindererziehungszeiten zugeordnet.

(2) Bei Kalendermonaten mit Beitragszeiten der allgemeinen Rentenversicherung, die beitragsgeminderte Zeiten sind, weil sie auch mit Anrechnungszeiten oder einer Zurechnungszeit belegt sind, die der knappschaftlichen Rentenversicherug zugeordnet sind, wer-

den für die Ermittlung des Wertes für beitragsgeminderte Zeiten die Entgeltpunkte für diese Beitragszeiten zuvor mit 0,75 vervielfältigt.

(3) Bei Kalendermonaten mit Beitragszeiten der knappschaftlichen Rentenversicherung, die beitragsgeminderte Zeiten sind, weil sie auch mit Anrechnungszeiten oder einer Zurechnungszeit belegt sind, die der allgemeinen Rentenversicherung zugeordnet sind, werden für die Ermittlung des Wertes für beitragsgeminderte Zeiten die ohne Anwendung des Absatzes 1 ermittelten Entgeltpunkte für diese Beitragszeiten zuvor mit 1,3333 vervielfältigt.

§ 85 Entgeltpunkte für ständige Arbeiten unter Tage (Leistungszuschlag)

(1) ¹Versicherte erhalten nach sechs Jahren ständiger Arbeiten unter Tage für jedes volle Jahr mit solchen Arbeiten

vom sechsten bis zum zehnten Jahr	0,125
vom elften bis zum zwanzigsten Jahr	0,25
für jedes weitere Jahr	0,375

zusätzliche Entgeltpunkte. ²Dies gilt nicht für Zeiten, in denen eine Rente wegen Erwerbsminderung bezogen worden ist.

(2) Die zusätzlichen Entgeltpunkte werden den Kalendermonaten mit ständigen Arbeiten unter Tage zu gleichen Teilen zugeordnet.

§ 86 *(aufgehoben)*

§ 86 a Zugangsfaktor

¹Bei Renten für Bergleute ist als niedrigstes Lebensalter für die Bestimmung des Zugangsfaktors (§ 77) die Vollendung des 64. Lebensjahres zugrunde zu legen. ²§ 77 Abs. 3 Satz 2 ist bei Renten für Bergleute mit der Maßgabe anzuwenden, dass an die Stelle der Hälfte der Entgeltpunkte drei Fünftel der Entgeltpunkte treten. ³§ 77 Abs. 4 ist bei Renten für Bergleute mit der Maßgabe anzuwenden, dass als niedrigstes Lebensalter für die Bestimmung des Zugangsfaktors die Vollendung des 62. Lebensjahres zugrunde zu legen ist.

§ 87 Zuschlag bei Waisenrenten

(1) Bei der Ermittlung des Zuschlags bei Waisenrenten mit Entgeltpunkten der knappschaftlichen Rentenversicherung sind für jeden Kalendermonat mit Beitragszeiten des verstorbenen Versicherten

1. bei einer Halbwaisenrente	0,0625 Entgeltpunkte,
2. bei einer Vollwaisenrente	0,0563 Entgeltpunkte

zugrunde zu legen.

(2) Sind persönliche Entgeltpunkte der allgemeinen Rentenversicherung auf den Zuschlag für eine Vollwaisenrente mit Entgeltpunkten der knappschaftlichen Rentenversicherung anzurechnen, sind sie zuvor mit 0,75 zu vervielfältigen.

(3) Sind persönliche Entgeltpunkte der knappschaftlichen Rentenversicherung auf den Zuschlag für eine Vollwaisenrente mit Entgeltpunkten der allgemeinen Rentenversicherung anzurechnen, sind sie zuvor mit 1,3333 zu vervielfältigen.

Fünfter Titel. Ermittlung des Monatsbetrags der Rente in Sonderfällen

§ 88 Persönliche Entgeltpunkte bei Folgerenten

(1) ¹Hat ein Versicherter eine Rente wegen Alters bezogen, werden ihm für eine spätere Rente mindestens die bisherigen persönlichen Entgeltpunkte zugrunde gelegt. ²Hat ein Versicherter eine Rente wegen verminderter Erwerbsfähigkeit oder eine Erziehungsrente bezogen und beginnt spätestens innerhalb von 24 Kalendermonaten nach Ende des Bezugs dieser Rente erneut eine Rente, werden ihm für diese Rente mindestens die bisherigen persönlichen Entgeltpunkte zugrunde gelegt. ³Satz 2 gilt bei Renten für Bergleute nur, wenn ihnen eine Rente für Bergleute vorausgegangen ist.

(2) ¹Hat der verstorbene Versicherte eine Rente aus eigener Versicherung bezogen und beginnt spätestens innerhalb von 24 Kalendermonaten nach Ende des Bezugs dieser Rente eine Hinterbliebenenrente, werden ihr mindestens die bisherigen persönlichen Entgeltpunkte des verstorbenen Versicherten zugrunde gelegt. ²Haben eine Witwe, ein Witwer oder eine Waise eine Hinterbliebenenrente bezogen und beginnt spätestens innerhalb von 24 Kalendermonaten nach Ende des Bezugs dieser Rente erneut eine solche Rente, werden ihr mindestens die bisherigen persönlichen Entgeltpunkte zugrunde gelegt.

(3) Haben Beiträge nach Beginn einer Rente wegen Alters noch nicht zu Zuschlägen an Entgeltpunkten geführt, werden bei der Folgerente zusätzlich zu den bisherigen persönlichen Entgeltpunkten auch persönliche Entgeltpunkte aus Zuschlägen an Entgeltpunkten aus Beiträgen nach Beginn der Rente wegen Alters zugrunde gelegt.

§ 88a Höchstbetrag bei Witwenrenten und Witwerrenten

¹Der Monatsbetrag einer Witwenrente oder Witwerrente darf den Monatsbetrag der Rente wegen voller Erwerbsminderung oder die Vollrente wegen Alters des Verstorbenen nicht überschreiten. ²Anderenfalls ist der Zuschlag an persönlichen Entgeltpunkten bei Witwenrenten und Witwerrenten entsprechend zu verringern.

Vierter Unterabschnitt. Zusammentreffen von Renten und Einkommen

§ 89 Mehrere Rentenansprüche

(1) ¹Bestehen für denselben Zeitraum Ansprüche auf mehrere Renten aus eigener Versicherung, wird nur die höchste Rente geleistet. ²Bei gleich hohen Renten ist folgende Rangfolge maßgebend:
1. Regelaltersrente,
2. Altersrente für langjährig Versicherte,
3. Altersrente für schwerbehinderte Menschen,
4. Altersrente wegen Arbeitslosigkeit oder nach Altersteilzeitarbeit (Fünftes Kapitel),
5. Altersrente für Frauen (Fünftes Kapitel),
6. Altersrente für langjährig unter Tage beschäftigte Bergleute,
7. Rente wegen voller Erwerbsminderung,
8. Rente wegen Erwerbsunfähigkeit (Fünftes Kapitel),
9. Erziehungsrente,
10. Rente wegen Berufsunfähigkeit (Fünftes Kapitel),
11. Rente wegen teilweiser Erwerbsminderung,
12. Rente für Bergleute.

(2) Für den Zeitraum, für den Anspruch auf große Witwenrente oder große Witwerrente besteht, wird eine kleine Witwenrente oder eine kleine Witwerrente nicht geleistet.

(3) ¹Besteht für denselben Zeitraum Anspruch auf mehrere Waisenrenten, wird nur die höchste Waisenrente geleistet. ²Bei gleich hohen Waisenrenten wird nur die zuerst beantragte Rente geleistet.

§ 90 Witwenrente und Witwerrente nach dem vorletzten Ehegatten und Ansprüche infolge Auflösung der letzten Ehe

(1) Auf eine Witwenrente oder Witwerrente nach dem vorletzten Ehegatten werden für denselben Zeitraum bestehende Ansprüche auf Witwenrente oder Witwerrente, auf Versorgung, auf Unterhalt oder auf sonstige Renten nach dem letzten Ehegatten angerechnet; dabei werden die Vorschriften über die Einkommensanrechnung auf Renten wegen Todes nicht berücksichtigt.

(2) ¹Wurde bei der Wiederheirat eine Rentenabfindung geleistet und besteht nach Auflösung oder Nichtigerklärung der erneuten Ehe Anspruch auf Witwenrente oder Witwerrente nach dem vorletzten Ehegatten, wird für jeden Kalendermonat, der auf die Zeit nach Auflösung oder Nichtigerklärung der erneuten Ehe bis zum Ablauf des 24. Kalendermonats nach Ablauf des Monats der Wiederheirat entfällt, von dieser Rente ein Vierundzwanzigstel der Rentenabfindung in angemessenen Teilbeträgen einbehalten. ²Wurde die Rentenabfindung nach kleiner Witwenrente oder kleiner Witwerrente in ver-

minderter Höhe geleistet, vermindert sich der Zeitraum des Einbehalts um die Kalendermonate, für die eine kleine Witwenrente oder kleine Witwerrente geleistet wurde. ³Als Teiler zur Ermittlung der Höhe des Einbehalts ist dabei die Anzahl an Kalendermonaten maßgebend, für die die Abfindung geleistet wurde. ⁴Wird die Rente verspätet beantragt, mindert sich die einzubehaltende Rentenabfindung um den Betrag, der dem Berechtigten bei frühestmöglicher Antragstellung an Witwenrente oder Witwerrente nach dem vorletzten Ehegatten zugestanden hätte.

(3) Als Witwenrente oder Witwerrente nach dem vorletzten Ehegatten gelten auch eine Witwenrente oder Witwerrente nach dem vorletzten Lebenspartner, als letzter Ehegatte auch der letzte Lebenspartner, als Wiederheirat auch die erstmalige oder erneute Begründung einer Lebenspartnerschaft und als erneute Ehe auch die erstmalige oder erneute Lebenspartnerschaft.

§ 91 Aufteilung von Witwenrenten und Witwerrenten auf mehrere Berechtigte

¹Besteht für denselben Zeitraum aus den Rentenanwartschaften eines Versicherten Anspruch auf Witwenrente oder Witwerrente für mehrere Berechtigte, erhält jeder Berechtigte den Teil der Witwenrente oder Witwerrente, der dem Verhältnis der Dauer seiner Ehe mit dem Versicherten zu der Dauer der Ehen des Versicherten mit allen Berechtigten entspricht. ²Dies gilt nicht für Witwen oder Witwer, solange der Rentenartfaktor der Witwenrente oder Witwerrente mindestens 1,0 beträgt. ³Ergibt sich aus der Anwendung des Rechts eines anderen Staates, dass mehrere Berechtigte vorhanden sind, erfolgt die Aufteilung nach § 34 Abs. 2 des Ersten Buches.

§ 92 Waisenrente und andere Leistungen an Waisen

¹Besteht für denselben Zeitraum Anspruch auf Waisenrente aus der Rentenanwartschaft eines verstorbenen Elternteils und auf eine Leistung an Waisen, weil ein anderer verstorbener Elternteil oder bei einer Vollwaisenrente der Elternteil mit der zweithöchsten Rente zu den in § 5 Abs. 1 oder § 6 Abs. 1 Satz 1 Nr. 1 und 2 genannten Personen gehörte, wird der Zuschlag zur Waisenrente nur insoweit gezahlt, als er diese Leistung übersteigt. ²Änderungen der Höhe der anrechenbaren Leistung an Waisen aufgrund einer regelmäßigen Anpassung sind erst zum Zeitpunkt der Anpassung der Waisenrente zu berücksichtigen.

§ 93 Rente und Leistungen aus der Unfallversicherung

(1) Besteht für denselben Zeitraum Anspruch
1. auf eine Rente aus eigener Versicherung und auf eine Verletztenrente aus der Unfallversicherung oder
2. auf eine Hinterbliebenenrente und eine entsprechende Hinterbliebenenrente aus der Unfallversicherung,

wird die Rente insoweit nicht geleistet, als die Summe der zusammentreffenden Rentenbeträge vor Einkommensanrechnung den jeweiligen Grenzbetrag übersteigt.

(2) Bei der Ermittlung der Summe der zusammentreffenden Rentenbeträge bleiben unberücksichtigt
1. bei dem Monatsteilbetrag der Rente, der auf persönlichen Entgeltpunkten der knappschaftlichen Rentenversicherung beruht,
    a) der auf den Leistungszuschlag für ständige Arbeiten unter Tage entfallende Anteil und
    b) 15 vom Hundert des verbleibenden Anteils,
2. bei der Verletztenrente aus der Unfallversicherung
    a) ein der Grundrente nach § 31 in Verbindung mit § 84a Satz 1 und 2 des Bundesversorgungsgesetzes entsprechender Betrag, bei einer Minderung der Erwerbsfähigkeit um 20 vom Hundert zwei Drittel der Mindestgrundrente, bei einer Minderung der Erwerbsfähigkeit um 10 vom Hundert ein Drittel der Mindestgrundrente, und
    b) je 16,67 vom Hundert des aktuellen Rentenwerts für jeden Prozentpunkt der Minderung der Erwerbsfähigkeit, wenn diese mindestens 60 vom Hundert beträgt und die Rente aufgrund einer entschädigungspflichtigen Berufskrankheit nach den Nummern 4101, 4102 oder 4111 der Anlage zur Berufskrankheiten-Verordnung vom 31. Oktober 1997 geleistet wird.

(3) ¹Der Grenzbetrag beträgt 70 vom Hundert eines Zwölftels des Jahresarbeitsverdienstes, der der Berechnung der Rente aus der Unfallversicherung zugrunde liegt, vervielfältigt mit dem jeweiligen Rentenartfaktor für persönliche Entgeltpunkte der allgemeinen Rentenversicherung; bei einer Rente für Bergleute beträgt der Faktor 0,4. ²Mindestgrenzbetrag ist der Monatsbetrag der Rente ohne die Beträge nach Absatz 2 Nr. 1.

(4) ¹Die Absätze 1 bis 3 werden auch angewendet,
1. soweit an die Stelle der Rente aus der Unfallversicherung eine Abfindung getreten ist,
2. soweit die Rente aus der Unfallversicherung für die Dauer einer Heimpflege gekürzt worden ist,
3. wenn nach § 10 Abs. 1 des Entwicklungshelfer-Gesetzes eine Leistung erbracht wird, die einer Rente aus der Unfallversicherung vergleichbar ist,
4. wenn von einem Träger mit Sitz im Ausland eine Rente wegen eines Arbeitsunfalls oder einer Berufskrankheit geleistet wird, die einer Rente aus der Unfallversicherung nach diesem Gesetzbuch vergleichbar ist.

²Die Abfindung tritt für den Zeitraum, für den sie bestimmt ist, an die Stelle der Rente. ³Im Fall des Satzes 1 Nr. 4 wird als Jahresarbeitsverdienst der 18fache Monatsbetrag der Rente wegen Arbeitsunfalls oder Berufskrankheit zugrunde gelegt. ⁴Wird die Rente für eine Minderung der Erwerbsfähigkeit von weniger als 100 vom Hundert geleistet, ist von dem Rentenbetrag auszugehen, der sich für eine Minderung der Erwerbsfähigkeit von 100 vom Hundert ergeben würde.

(5) ¹Die Absätze 1 bis 4 werden nicht angewendet, wenn die Rente aus der Unfallversicherung
1. für einen Versicherungsfall geleistet wird, der sich nach Rentenbeginn oder nach Eintritt der für die Rente maßgebenden Minderung der Erwerbsfähigkeit ereignet hat, oder
2. ausschließlich nach dem Arbeitseinkommen des Unternehmers oder seines Ehegatten oder Lebenspartners oder nach einem festen Betrag, der für den Unternehmer oder seinen Ehegatten oder Lebenspartner bestimmt ist, berechnet wird.

²Als Zeitpunkt des Versicherungsfalls gilt bei Berufskrankheiten der letzte Tag, an dem der Versicherte versicherte Tätigkeiten verrichtet hat, die ihrer Art nach geeignet waren, die Berufskrankheit zu verursachen. ³Satz 1 Nr. 1 gilt nicht für Hinterbliebenenrenten.

§ 94 *(aufgehoben)*

§ 95 *(weggefallen)*

§ 96 Nachversicherte Versorgungsbezieher

Nachversicherten, die ihren Anspruch auf Versorgung ganz und auf Dauer verloren haben, wird die Rente oder die höhere Rente für den Zeitraum nicht geleistet, für den Versorgungsbezüge zu leisten sind.

§ 96a Rente wegen verminderter Erwerbsfähigkeit und Hinzuverdienst

(1) ¹Eine Rente wegen verminderter Erwerbsfähigkeit wird nur geleistet, wenn die Hinzuverdienstgrenze nicht überschritten wird. ²Sie wird nicht überschritten, wenn das Arbeitsentgelt oder Arbeitseinkommen aus einer Beschäftigung oder selbständigen Tätigkeit oder vergleichbares Einkommen im Monat die in Absatz 2 genannten Beträge nicht übersteigt, wobei ein zweimaliges Überschreiten um jeweils einen Betrag bis zur Höhe der Hinzuverdienstgrenze nach Absatz 2 im Laufe eines jeden Kalenderjahres außer Betracht bleibt. ³Die in Satz 2 genannten Einkünfte werden zusammengerechnet. ⁴Nicht als Arbeitsentgelt gilt das Entgelt, das
1. eine Pflegeperson von dem Pflegebedürftigen erhält, wenn es das dem Umfang der Pflegetätigkeit entsprechende Pflegegeld im Sinne des § 37 des Elften Buches nicht übersteigt, oder
2. ein behinderter Mensch von dem Träger einer in § 1 Satz 1 Nr. 2 genannten Einrichtung erhält.

(1a) Abhängig vom erzielten Hinzuverdienst wird
1. eine Rente wegen teilweiser Erwerbsminderung in voller Höhe oder in Höhe der Hälfte,
2. eine Rente wegen voller Erwerbsminderung in voller Höhe, in Höhe von drei Vierteln, in Höhe der Hälfte oder in Höhe eines Viertels,

3. eine Rente für Bergleute in voller Höhe, in Höhe von zwei Dritteln oder in Höhe von einem Drittel

geleistet.

(2) Die Hinzuverdienstgrenze beträgt
1. bei einer Rente wegen teilweiser Erwerbsminderung
   a) in voller Höhe das 0,23fache,
   b) in Höhe der Hälfte das 0,28fache
   der monatlichen Bezugsgröße, vervielfältigt mit der Summe der Entgeltpunkte (§ 66 Abs. 1 Nr. 1 bis 3) der letzten drei Kalenderjahre vor Eintritt der teilweisen Erwerbsminderung, mindestens jedoch mit 1,5 Entgeltpunkten,
2. bei einer Rente wegen voller Erwerbsminderung in voller Höhe 400 Euro,
3. bei einer Rente wegen voller Erwerbsminderung
   a) in Höhe von drei Vierteln das 0,17fache,
   b) in Höhe der Hälfte das 0,23fache,
   c) in Höhe eines Viertels das 0,28fache
   der monatlichen Bezugsgröße, vervielfältigt mit der Summe der Entgeltpunkte (§ 66 Abs. 1 Nr. 1 bis 3) der letzten drei Kalenderjahre vor Eintritt der vollen Erwerbsminderung, mindestens jedoch mit 1,5 Entgeltpunkten,
4. bei einer Rente für Bergleute
   a) in voller Höhe das 0,25fache,
   b) in Höhe von zwei Dritteln das 0,34fache,
   c) in Höhe von einem Drittel das 0,42fache
   der monatlichen Bezugsgröße, vervielfältigt mit der Summe der Entgeltpunkte (§ 66 Abs. 1 Nr. 1 bis 3) der letzten drei Kalenderjahre vor Eintritt der im Bergbau verminderten Berufsfähigkeit oder der Erfüllung der Voraussetzungen nach § 45 Abs. 3, mindestens jedoch mit 1,5 Entgeltpunkten.

(3) [1]Bei der Feststellung eines Hinzuverdienstes, der neben einer Rente wegen teilweiser Erwerbsminderung oder einer Rente für Bergleute erzielt wird, stehen dem Arbeitsentgelt oder Arbeitseinkommen gleich der Bezug von
1. Krankengeld,
   a) das aufgrund einer Arbeitsunfähigkeit geleistet wird, die nach dem Beginn der Rente eingetreten ist, oder
   b) das aufgrund einer stationären Behandlung geleistet wird, die nach dem Beginn der Rente begonnen worden ist,
2. Versorgungskrankengeld,
   a) das aufgrund einer Arbeitsunfähigkeit geleistet wird, die nach dem Beginn der Rente eingetreten ist, oder
   b) das während einer stationären Behandlungsmaßnahme geleistet wird, wenn diesem ein nach Beginn der Rente erzieltes Arbeitsentgelt oder Arbeitseinkommen zugrunde liegt,
3. Übergangsgeld,
   a) dem ein nach Beginn der Rente erzieltes Arbeitsentgelt oder Arbeitseinkommen zugrunde liegt oder
   b) das aus der gesetzlichen Unfallversicherung geleistet wird, und
4. den weiteren in § 18a Abs. 3 Satz 1 Nr. 1 des Vierten Buches genannten Sozialleistungen.

[2]Bei der Feststellung eines Hinzuverdienstes, der neben einer Rente wegen voller Erwerbsminderung erzielt wird, steht dem Arbeitsentgelt oder Arbeitseinkommen das für denselben Zeitraum geleistete
1. Verletztengeld und
2. Übergangsgeld aus der gesetzlichen Unfallversicherung

gleich. [3]Als Hinzuverdienst ist das der Sozialleistung zugrunde liegende monatliche Arbeitsentgelt oder Arbeitseinkommen zu berücksichtigen. [4]Die Sätze 1 und 2 sind auch für eine Sozialleistung anzuwenden, die aus Gründen ruht, die nicht im Rentenbezug liegen. [5]Absatz 1 Satz 3 ist nicht für geringfügiges Arbeitsentgelt oder Arbeitseinkommen anzuwenden, soweit dieses auf die sonstige Sozialleistung angerechnet wird.

(4) Absatz 3 wird auch für vergleichbare Leistungen einer Stelle mit Sitz im Ausland angewendet.

§ 97 Einkommensanrechnung auf Renten wegen Todes

(1) [1]Einkommen (§§ 18a bis 18e Viertes Buch) von Berechtigten, das mit einer
1. Witwenrente oder Witwerrente,

2. Erziehungsrente oder
3. Waisenrente an ein über 18 Jahre altes Kind

zusammentrifft, wird hierauf angerechnet. ²Dies gilt nicht bei Witwenrenten oder Witwerrenten, solange deren Rentenartfaktor mindestens 1,0 beträgt.

(2) ¹Anrechenbar ist das Einkommen, das monatlich

1. bei Witwenrenten, Witwerrenten oder Erziehungsrenten das 26,4fache des aktuellen Rentenwerts,
2. bei Waisenrenten das 17,6fache des aktuellen Rentenwerts

übersteigt. ²Das nicht anrechenbare Einkommen erhöht sich um das 5,6fache des aktuellen Rentenwerts für jedes Kind des Berechtigten, das Anspruch auf Waisenrente hat oder nur deshalb nicht hat, weil es nicht ein Kind des Verstorbenen ist. ³Von dem danach verbleibenden anrechenbaren Einkommen werden 40 vom Hundert angerechnet. ⁴Führt das Einkommen auch zur Kürzung oder zum Wegfall einer vergleichbaren Rente in einem Staat, in dem die Verordnung (EWG) Nr. 1408/71 Anwendung findet, ist der anrechenbare Betrag mit dem Teil zu berücksichtigen, der dem Verhältnis entspricht, in dem die Entgeltpunkte für Zeiten im Inland zu den Entgeltpunkten für alle im Geltungsbereich dieser Verordnung zurückgelegten Zeiten stehen; dieses Verhältnis bestimmt sich nach der in Artikel 46 Abs. 2 Buchstabe b dieser Verordnung vorgesehenen Berechnung.

(3) ¹Für die Einkommensanrechnung ist bei Anspruch auf mehrere Renten folgende Rangfolge maßgebend:

1. Waisenrente,
2. Witwenrente oder Witwerrente,
3. Witwenrente oder Witwerrente nach dem vorletzten Ehegatten.

²Die Einkommensanrechnung auf eine Hinterbliebenenrente aus der Unfallversicherung hat Vorrang vor der Einkommensanrechnung auf eine entsprechende Rente wegen Todes. ³Das auf eine Hinterbliebenenrente anzurechnende Einkommen mindert sich um den Betrag, der bereits zu einer Einkommensanrechnung auf eine vorrangige Hinterbliebenenrente geführt hat.

(4) Trifft eine Erziehungsrente mit einer Hinterbliebenenrente zusammen, ist der Einkommensanrechnung auf die Hinterbliebenenrente das Einkommen zugrunde zu legen, das sich nach Durchführung der Einkommensanrechnung auf die Erziehungsrente ergibt.

§ 98 Reihenfolge bei der Anwendung von Berechnungsvorschriften

¹Für die Berechnung einer Rente, deren Leistung sich aufgrund eines Versorgungsausgleichs, eines Rentensplittings, eines Aufenthalts von Berechtigten im Ausland oder aufgrund eines Zusammentreffens mit Renten oder mit sonstigem Einkommen erhöht, mindert oder entfällt, sind, soweit nichts anderes bestimmt ist, die entsprechenden Vorschriften in folgender Reihenfolge anzuwenden:

1. Versorgungsausgleich und Rentensplitting,
2. Leistungen an Berechtigte im Ausland,
3. Aufteilung von Witwenrenten oder Witwerrenten auf mehrere Berechtigte,
4. Waisenrente und andere Leistungen an Waisen,
5. Rente und Leistungen aus der Unfallversicherung,
6. Witwenrente und Witwerrente nach dem vorletzten Ehegatten und Ansprüche infolge Auflösung der letzten Ehe,
7. *(aufgehoben)*
7 a. Renten wegen verminderter Erwerbsfähigkeit und Hinzuverdienst,
8. Einkommensanrechnung auf Renten wegen Todes,
9. mehrere Rentenansprüche.

²Einkommen, das bei der Berechnung einer Rente aufgrund einer Regelung über das Zusammentreffen von Renten und Einkommen bereits berücksichtigt wurde, wird bei der Berechnung dieser Rente aufgrund einer weiteren solchen Regelung nicht nochmals berücksichtigt.

Fünfter Unterabschnitt. Beginn, Änderung und Ende von Renten

§ 99 Beginn

(1) ¹Eine Rente aus eigener Versicherung wird von dem Kalendermonat an geleistet, zu dessen Beginn die Anspruchsvoraussetzungen für die Rente erfüllt sind, wenn die Rente

bis zum Ende des dritten Kalendermonats nach Ablauf des Monats beantragt wird, in dem die Anspruchsvoraussetzungen erfüllt sind. ²Bei späterer Antragstellung wird eine Rente aus eigener Versicherung von dem Kalendermonat an geleistet, in dem die Rente beantragt wird.

(2) ¹Eine Hinterbliebenenrente wird von dem Kalendermonat an geleistet, zu dessen Beginn die Anspruchsvoraussetzungen für die Rente erfüllt sind. ²Sie wird bereits vom Todestag an geleistet, wenn an den Versicherten eine Rente im Sterbemonat nicht zu leisten ist. ³Eine Hinterbliebenenrente wird nicht für mehr als zwölf Kalendermonate vor dem Monat, in dem die Rente beantragt wird, geleistet.

A. Normzweck

Entscheidend für den Rentenbeginn sind die Erfüllung der **Anspruchsvoraussetzungen** und des Weiteren ein **Antrag**, der das Verfahren auslöst (§ 115 Abs. 1 SGB VI). Das Antragsprinzip bedeutet auch, dass ein nicht rechtzeitig gestellter Antrag zu einem späteren Rentenbeginn führt. Eine Ausnahme vom Antragsprinzip regelt § 115 Abs. 3 SGB VI. Danach ist für Versicherte, die bis zum Erreichen der Regelaltersgrenze eine Rente wegen verminderter Erwerbsfähigkeit oder eine Erziehungsrente bezogen haben, anschließend eine Regelaltersrente zu leisten. In diesen Fällen gilt die allgemeine Wartezeit als erfüllt (§ 50 Abs. 1 S. 2 SGB VI). Außerdem ist für Witwen bzw. Witwer, die bis zum Erreichen der Altersgrenze für eine große Witwenrente bzw. große Witwerrente eine kleine Witwenrente bzw. kleine Witwerrente bezogen haben, anschließend eine große Witwenrente bzw. große Witwerrente zu leisten. 1

Neben § 99 SGB VI bestimmen **weitere Vorschriften** den Zeitraum, für den eine Rente zu leisten ist. Beispielsweise sind befristete Renten wegen verminderter Erwerbsfähigkeit nicht vor Beginn des siebten Kalendermonats nach dem Eintritt der Minderung der Erwerbsfähigkeit zu leisten (§ 101 Abs. 1 SGB VI). Außerdem regelt § 100 SGB VI ua. den Zeitpunkt, zu dem sich Änderungen in der Rentenhöhe auswirken. Schließlich ist hinsichtlich des Rentenendes noch § 102 SGB VI zu beachten. 2

B. Rente aus eigener Versicherung

I. Rechtzeitiger Antrag

Eine Versichertenrente ist bei **rechtzeitiger Antragstellung** von dem Kalendermonat an zu leisten, zu dessen Beginn die Anspruchsvoraussetzungen für die Rente erfüllt sind. Ein Antrag ist fristgerecht, wenn die Antragstellung bis zum Ende des **dritten Kalendermonats** nach Ablauf des Monats erfolgt, in dem die Anspruchsvoraussetzungen erfüllt sind. 3

Zu den **Versichertenrenten** gehören: 4
– die Renten wegen Alters (vgl. § 33 Abs. 2 SGB VI),
– die Renten wegen verminderter Erwerbsfähigkeit (vgl. § 33 Abs. 3 SGB VI) und
– die Erziehungsrente (§ 47 SGB VI).

Ein **Rentenanspruch** besteht, wenn die für die jeweilige Rente erforderliche Wartezeit erfüllt ist und die jeweiligen besonderen versicherungsrechtlichen und persönlichen Voraussetzungen vorliegen (§ 34 Abs. 1 SGB VI). Für die Ermittlung des Rentenbeginns ist der Zeitpunkt entscheidend, zu dem die letzte Voraussetzung erfüllt ist. Die Anspruchsvoraussetzungen müssen zum Beginn des Kalendermonats erfüllt sein, dh. um 0.00 Uhr am Monatsersten. Sofern die Vollendung eines bestimmten Lebensalters die letzte zu erfüllende Voraussetzung ist, sind für Versicherte, die am Ersten eines Monats geboren sind, die Anspruchsvoraussetzungen zu Beginn dieses Monats erfüllt. 5

Beispiel 1:
– Versicherte ist am 1. 9. 1945 geboren
– Antrag auf Regelaltersrente am 30. 11. 2010
Lösung:
Das 65. Lebensjahr wird am 31. 8. 2010 vollendet (§§ 187, 188 BGB). Sofern die allgemeine Wartezeit erfüllt ist, beginnt die Rente am 1. 9. 2010. Eine rechtzeitige Antragstellung liegt vor.

II. Verspäteter Antrag

Stellt der Versicherte den Rentenantrag nicht rechtzeitig, wird die Rente von dem Kalendermonat an geleistet, in dem **die Rente beantragt** wurde. Die Antragsfrist endet, wie bereits ausgeführt, mit Ablauf des dritten Kalendermonats. Fällt das Ende einer Frist auf einen Sonntag, einen gesetzlichen Feiertag oder einen Sonnabend, endet die Frist mit Ablauf des nächstfolgenden Werktages (§ 26 Abs. 3 SGB X). Hätte also der Versicherte im Beispiel 1 den Rentenantrag erst am 1. 12. 2010 (einem 6

Mittwoch) gestellt, dann würde die Rente ab Dezember 2010 geleistet. Als „Ausgleich" dafür, dass Versicherte die Rente trotz erfüllter Wartezeit nicht in Anspruch genommen haben, wird die Rente mit einem erhöhten Zugangsfaktor berechnet (§ 77 Abs. 2 SGB VI).

III. Antragsberechtigung

7   Das **höchstpersönliche Recht**, eine Leistung von der Rentenversicherung zu verlangen, besteht für den Berechtigten, seinem Bevollmächtigten oder seinem gesetzlichen Vertreter. Zu den gesetzlichen Vertretern gehören Betreuer innerhalb ihres Wirkungskreises. Eine Betreuung soll erfolgen, wenn der Berechtigte nicht imstande ist, seine Angelegenheiten ganz oder teilweise selbst zu besorgen (§§ 1896 ff BGB). Sofern für einen geschäftsunfähigen Berechtigten noch kein Betreuer bestellt ist, tritt eine Hemmung der Antragsfrist entsprechend § 210 BGB ein. Die Ablaufhemmung kommt nicht in Betracht, wenn der Versicherte sich nur vorübergehend in einem die freien Willensbildung ausschließenden Zustand krankhafter Störung der Geistestätigkeit befindet (§ 104 BGB). Eine Störung, die durch ein periodisches Auftreten gekennzeichnet ist, führt daher nicht zwingend zu einer Hemmung der Antragsfrist (LSG Hessen 23. 4. 2008 – L 5 R 22/06 KN – NZS 2009, 224).

8   Des Weiteren ist zB der **Sozialhilfeträger** nach § 95 SGB XII (bis 31. 12. 2004 nach § 91 a BSHG) berechtigt, Leistungen für einen Dritten zu beantragen. Eine kreisfreie Stadt kann daher als Sozialhilfeträger bei ihrem eigenen Versicherungsamt wirksam Anträge für Sozialhilfeempfänger stellen (BSG 26. 1. 2000 – B 13 RJ 37/98 – NZS 2000, 465). Für die Realisierung von Rentenansprüchen ist der Zeitpunkt der Antragstellung von besonderer Bedeutung und damit ebenso für den Erstattungsanspruch des Sozialhilfeträgers. Denn je früher die Rente beginnt, desto eher entfällt bzw. reduziert sich der Leistungsumfang des nachrangig verpflichteten Sozialleistungsträgers. Für die Träger der Grundsicherung für Arbeitsuchende besteht nach § 5 Abs. 3 SGB II ein Antragsrecht. Allerdings können Bezieher von Arbeitslosengeld II nicht vor Vollendung des 63. Lebensjahres verpflichtet werden, eine (vorzeitige) Altersrente in Anspruch zu nehmen (vgl. § 12 a SGB II).

IV. Hinweispflichten

9   Die Rentenversicherungsträger sollen Berechtigte in geeigneten Fällen darauf hinweisen, dass sie eine **Leistung** erhalten können, **wenn** sie diese **beantragen** (§ 115 Abs. 6 SGB VI). Ein geeigneter Fall liegt zB für Versicherte vor, die ihre Rente weder beziehen noch beantragt haben und laut Versicherungskonto die allgemeine Wartezeit erfüllt sowie die Regelaltersgrenze erreicht haben. Unterbleibt ein solcher Hinweis, dann kann dies zu einem sozialrechtlichen Herstellungsanspruch des Versicherten führen (BSG 22. 10. 1996 – 13 RJ 23/95 – MDR 1997, 662). Es sei Sinn und Zweck des § 115 Abs. 6 SGB VI, die nicht ausreichend Informierten vor Nachteilen aus dem Antragsprinzip zu bewahren. Die Vorschrift wurde zeitgleich mit § 99 SGB VI eingeführt, in dem die Auswirkung des Antragszeitpunktes auf den Rentenbeginn bestimmt wird. Durch § 99 SGB VI werden gravierendere Folgen an die Antragstellung bzw. deren Zeitpunkt geknüpft als nach dem altem Recht. Als Korrektiv hierfür ist die Regelung des § 115 Abs. 6 SGB VI vorgesehen.

10 § 44 Abs. 4 SGB X verursacht eine Einschränkung des rückwirkenden Rentenanspruchs im Rahmen eines **sozialrechtlichen Herstellungsanspruchs**. Nach dieser Vorschrift sind Sozialleistungen längstens für einen Zeitraum bis zu vier Jahren vor der Rücknahme eines Verwaltungsaktes zu erbringen. Dabei wird der Zeitpunkt der Rücknahme von Beginn des Jahres an gerechnet, in dem der Bescheid zurückgenommen wird. Die Ausschlussfrist von vier Jahren gilt in entsprechender Anwendung auch, wenn eine Leistung auf Grund eines sozialrechtlichen Herstellungsanspruchs rückwirkend verlangt werden kann (BSG 27. 3. 2007 – B 13 R 58/06 – NZS 2008, 274). Denn sowohl bei der nachträglichen Korrektur eines bindenden belastenden Verwaltungsakts als auch beim sozialrechtlichen Herstellungsanspruch stehe eine vergleichbare Interessenlage. In beiden Fällen wird vom Leistungsträger das Recht unrichtig angewandt, und in beiden Fällen hat dies zur Folge, dass der Leistungsberechtigte nicht die ihm zustehende Leistung erlangt. Schließlich stehen diesem Ergebnis keine verfassungsrechtlichen Bedenken entgegen. Dies gilt umso mehr, weil dem Betroffenen ein zusätzlicher Ausgleich zusteht. Dieser folgt aus § 77 Abs. 2 SGB VI; hiernach erhöht sich bei Renten wegen Alters, die nach Erreichen der Regelaltersgrenze trotz erfüllter Wartezeit nicht in Anspruch genommen werden, der Zugangsfaktor für jeden Kalendermonat um 0,005.

Beispiel 2:
- Vollendung des 65. Lebensjahres am 11. 9. 2001 (die allgemeine Wartezeit ist erfüllt)
- Rentenantragstellung am 4. 10. 2010
- Es wird unterstellt, dass die Voraussetzungen für einen sozialrechtlichen Herstellungsanspruch erfüllt sind.

Lösung:
Die Regelaltersrente hätte bei rechtzeitiger Antragstellung am 1. 10. 2001 begonnen. Auf Grund des verspäteten Antrages ergäbe sich ein Rentenbeginn zum 1. 10. 2010. Aber unter Berücksichtigung des sozialrechtlichen Herstellungsanspruchs können hier die Leistungen bereits ab dem 1. 1.

2006 erbracht werden. Allerdings haben Versicherte weiterhin ein Dispositionsrecht, d. h. sie können zwischen einem Zahlungsbeginn im Antragsmonat und einem Zahlungsbeginn, der sich aus der Anwendung von § 44 Abs. 4 SGB X ergibt, entscheiden. Abhängig vom gewählten Zahlungsbeginn ist die Höhe des Zugangsfaktors zu bestimmen. Der Zugangsfaktor erhöht sich um 0,255 (51 Monate * 0,005) bei einem Zahlungsbeginn am 1. 1. 2006 oder um 0,54 (108 Monate * 0,005) bei einem Zahlungsbeginn am 1. 10. 2010.

C. Rente für Hinterbliebene

I. Beginn der Rente

Eine Hinterbliebenenrente wird bei rechtzeitiger Antragstellung von dem Kalendermonat an geleistet, zu dessen Beginn die **Anspruchsvoraussetzungen** für die Rente **erfüllt** sind. Zu den Hinterbliebenenrenten gehören:
– Witwen- bzw. Witwerrenten (§ 46 SGB VI),
– Waisenrenten (§ 48 SGB VI),
– Renten wegen Todes bei Verschollenheit (§ 49 SGB VI) und
– Witwen- bzw. Witwerrenten an vor dem 1. 7. 1977 geschiedene Ehegatten (§ 243 SGB VI).

Sind die Anspruchsvoraussetzungen für die jeweilige Rente erfüllt, beginnt die Hinterbliebenenrente bereits mit dem **Todestag**, wenn der Verstorbene keine Versichertenrente im Sterbemonat erhalten hat. Der frühere Rentenbeginn ist begründet, weil ein Unterhaltsersatz sofort erforderlich wird. Ansonsten ist der Kalendermonat maßgebend, zu dessen Beginn die Anspruchsvoraussetzungen erfüllt sind.

Beispiel 3:
– Versicherte verstirbt am 11. 11. 2008 (die allgemeine Wartezeit ist erfüllt)
– Waise (geb. 14. 10. 1988) arbeitet vom 1. 7. 2006 bis zum 10. 9. 2010 in einem abhängigen Beschäftigungsverhältnis. Am 13. 9. 2010 nimmt die Waise eine Berufsausbildung auf.

Lösung:
Die Waisenrente beginnt bei rechtzeitiger Antragstellung am 1. 10. 2010, weil zu Beginn des Oktobers die Anspruchsvoraussetzungen erfüllt sind. Beim Tod des Versicherten hatte die Waise das 18. Lebensjahr bereits vollendet, daher besteht der Anspruch auf Waisenrente erst auf Grund der Aufnahme einer Berufsausbildung (§ 48 Abs. 4 SGB VI).

II. Antrag

Für Hinterbliebenenrenten gilt eine **umfassendere Antragsfrist** als für Versichertenrenten, so werden Renten für Hinterbliebene längstens für 12 Kalendermonate vor dem Monat der Antragstellung geleistet. Nach der Gesetzesbegründung (BT-Drs. 11/5530, 45) soll die Verlängerung der Beginnsfrist den Verlust von Rentenansprüchen in den Fällen vermeiden, in denen Hinterbliebene aus Unkenntnis über den Tod des Versicherten oder über das Bestehen eines Rentenanspruchs erst innerhalb der verlängerten Frist einen Rentenantrag stellen können. Die Frist von einem Jahr entspreche der Höchstdauer, nach der bei unverschuldeter Versäumnis einer Frist auch eine Wiedereinsetzung in den vorigen Stand nicht mehr möglich ist (§ 27 SGB X). Eine Ausnahme gilt für Witwen- bzw. Witwerrenten an vor dem 1. 7. 1977 geschiedene Ehegatten. Diese Renten werden erst vom Ablauf des Kalendermonats an geleistet, in dem die Rente beantragt wird (§ 268 SGB VI).

III. Regelungslücke für nachgeborene Waise

Nach der Grundnorm von § 99 Abs. 2 S. 1 SGB VI würde die Waisenrente für ein nachgeborenes Kind (d. h. **Geburt nach dem Tod des Versicherten**) frühestens mit dem Monat nach der Geburt des Kindes beginnen, weil zu Beginn dieses Kalendermonats die Anspruchsvoraussetzungen erstmals erfüllt sind. Diese Regelung findet aber keine Anwendung, sondern die Rente beginnt bei rechtzeitiger Antragstellung mit dem Tag der Geburt des Kindes, es sei denn, im Todesmonat wurde eine Versichertenrente gezahlt. Diese Auslegung folgt der Rechtsprechung, die zum bis zum 31. 12. 1991 geltenden Recht ergangen ist (BSG 25. 9. 1975 – 12 RJ 124/74 –). Das Bundessozialgericht verweist auf die Unterhaltsersatzfunktion der Hinterbliebenenrente und des Weiteren auf die selbstverständliche Annahme des Gesetzgebers, dass der Berechtigte im Zeitpunkt des Todes des Versicherten lebt. Eine Regelung in § 1290 RVO über den Beginn der Waisenrente für Kinder, die erst nach dem Tod des Versicherten geboren werden, im Zeitpunkt des Todes bereits erzeugt und daher als Leibesfrucht vorhanden waren, fehlte. Das Gericht sah sich als befugt, diese Regelungslücke zu schließen, weil kein sachlicher Grund ersichtlich sei, die nachgeborene Waise anders als den Regelfall zu behandeln. Ansonsten würde der Gedanke der nahtlosen wirtschaftlichen Sicherstellung verlassen.

§ 100 Änderung und Ende

(1) ¹Ändern sich aus tatsächlichen oder rechtlichen Gründen die Voraussetzungen für die Höhe einer Rente nach ihrem Beginn, wird die Rente in neuer Höhe von dem Kalendermonat an geleistet, zu dessen Beginn die Änderung wirksam ist. ²Satz 1 gilt nicht beim Zusammentreffen von Renten und Einkommen mit Ausnahme von § 96 a.

(2) Eine höhere Rente als eine bisher bezogene Teilrente wird von dem Kalendermonat an geleistet, zu dessen Beginn die Anspruchsvoraussetzungen hierfür erfüllt sind, wenn sie bis zum Ende des dritten Kalendermonats nach Ablauf des Monats beantragt wird, in dem die Anspruchsvoraussetzungen erfüllt sind, bei späterer Antragstellung von dem Kalendermonat an, in dem sie beantragt wird.

(3) ¹Fallen aus tatsächlichen oder rechtlichen Gründen die Anspruchsvoraussetzungen für eine Rente weg, endet die Rentenzahlung mit dem Beginn des Kalendermonats, zu dessen Beginn der Wegfall wirksam ist. ²Entfällt ein Anspruch auf Rente, weil sich die Erwerbsfähigkeit der Berechtigten nach einer Leistung zur medizinischen Rehabilitation oder zur Teilhabe am Arbeitsleben gebessert hat, endet die Rentenzahlung erst mit Beginn des vierten Kalendermonats nach der Besserung der Erwerbsfähigkeit. ³Die Rentenzahlung nach Satz 2 endet mit Beginn eines dem vierten Kalendermonat vorangehenden Monats, wenn zu dessen Beginn eine Beschäftigung oder selbständige Tätigkeit ausgeübt wird, die mehr als geringfügig ist.

(4) Liegen die in § 44 Abs. 1 Satz 1 des Zehnten Buches genannten Voraussetzungen für die Rücknahme eines rechtswidrigen nicht begünstigenden Verwaltungsaktes vor, weil er auf einer Rechtsnorm beruht, die nach Erlass des Verwaltungsaktes für nichtig oder für unvereinbar mit dem Grundgesetz erklärt oder in ständiger Rechtsprechung anders als durch den Rentenversicherungsträger ausgelegt worden ist, so ist der Verwaltungsakt, wenn er unanfechtbar geworden ist, nur mit Wirkung für die Zeit ab dem Beginn des Kalendermonats nach Wirksamwerden der Entscheidung des Bundesverfassungsgerichts oder dem Bestehen der ständigen Rechtsprechung zurückzunehmen.

A. Normzweck

1   Die Vorschrift bestimmt zunächst, wann sich **Änderungen** aus tatsächlichen oder rechtlichen Gründen **nach Beginn einer Rente** auf die Rentenhöhe auswirken. Grundsätzlich sollen Änderungen zum Monatsbeginn wirksam werden, allerdings findet dieses Prinzip beim Zusammentreffen von Renten und Einkommen nicht uneingeschränkt Anwendung. Des Weiteren gilt das Monatsprinzip ebenso für das **Ende** einer Rentenzahlung, dh. die Rentenzahlung endet mit dem Beginn eines Kalendermonats. Außerdem schließt der Gesetzgeber noch die **Rücknahme** von nicht begünstigenden Verwaltungsakten für die **Vergangenheit** aus, auch wenn diese auf einer Rechtsnorm beruhen, die für nichtig oder für unvereinbar mit dem Grundgesetz erklärt oder in ständiger Rechtsprechung anders als durch die Rentenversicherung ausgelegt wird.

2   Die letztgenannte Regelung soll das Interesse der Solidargemeinschaft der Versicherten „an Rechtssicherheit und der Erhaltung der **Funktions- und Leistungsfähigkeit** der gesetzlichen Rentenversicherung" gegenüber dem Interesse des Einzelnen an einer möglichst langen Nachzahlungsfrist stärken (BT-Drs. 16/3794, 37). Verfassungsrechtliche Bedenken hinsichtlich der Neuregelung bestehen nicht. Die Vorschrift wirke ähnlich wie eine Stichtagsregelung, die als zeitliche Differenzierung in Form der Typisierung hinzunehmen sei, sofern sie sich als notwendig erweist, sich am gegebenen Sachverhalt orientiert und sachlich vertretbar sei. Hiervon ist unter Berücksichtigung von Sinn und Zweck der gesetzlichen Regelung sowie der Tatsache, dass es jeder Versicherte grundsätzlich in der Hand hat, durch Einlegung von Rechtsmitteln die Bestandskraft seines Verwaltungsaktes zu verhindern, auszugehen (Hochheim NZS 2007, 641).

B. Änderungen

I. Monatsprinzip

3   Die Auswirkungen von **Änderungen in den Verhältnissen** auf die Rentenhöhe regelt § 100 Abs. 1 SGB VI iVm. § 48 SGB X. Zunächst bestimmt das jeweils anzuwendende materielle Recht, ob sich aus tatsächlichen oder rechtlichen Gründen eine Änderung in der Rentenhöhe, dh. eine Rentenminderung oder eine Rentenerhöhung, ergibt. § 48 SGB X ist maßgebend für die Entscheidung, ob die Änderung erst mit Wirkung für die Zukunft oder ab Änderung der Verhältnisse wirksam wird. Die Vornahme von Änderungen zum Beginn eines Kalendermonats (Monatsprinzip) legt hingegen § 100 Abs. 1 SGB VI fest. Des Weiteren ist bei der Einkommensanrechnung auf Renten wegen Todes

noch § 18 d SGB IV zu beachten, der ua. aus Gründen der Verwaltungsvereinfachung festlegt, dass eine Einkommensänderung erst vom nächstfolgenden 1. 7. an zu berücksichtigen ist (KSW/von Koppenfels-Spies § 18 d SGB IV Rn. 1).

II. Zusammentreffen von Renten und Einkommen

Das Monatsprinzip gilt beim Zusammentreffen von Renten und Einkommen nicht, sondern es wird **taggenau** auf den Zeitraum des Zusammentreffens abgestellt. Dadurch sollen Versorgungslücken beim Wegfall von Einkommen und eine Überversorgung beim Hinzutritt von Einkommen innerhalb eines Monats verhindert werden (BT-Drs. 14/4595, 50). Diese Regelung bezog sich nach der Gesetzesbegründung zunächst auf die §§ 89 bis 98 SGB VI. Allerdings ist seit dem 1. 1. 2004 der Hinzuverdienst bei Renten wegen verminderter Erwerbsfähigkeit (§ 96 a SGB VI) von der taggenauen Anwendung ausgenommen. Hier ist der jeweilige Verdienst der monatlichen Hinzuverdienstgrenze gegenüber zu stellen. 4

Beispiel:
- Rente wegen verminderter Erwerbsfähigkeit ab 1. 10. 2008
- Aufnahme einer Beschäftigung am 1. 2. 2010
- Ende der Beschäftigung am 17. 12. 2010

Lösung:
Übersteigt das Einkommen für Februar 2010 die Hinzuverdienstgrenze, dann ist ab dem 1. 2. 2010 die Rente in reduzierter Höhe zu leisten. Beim Beschäftigungsende ist das Arbeitsentgelt vom 1. 12. 2010 bis 17. 12. 2010 der monatlichen Hinzuverdienstgrenze (1. 12. 2010–31. 12. 2010) gegenüber zu stellen. Überschreitet das Entgelt die Hinzuverdienstgrenze nicht, dann ist die Rente wegen verminderter Erwerbsfähigkeit bereits ab dem 1. 12. 2010 in geänderter Höhe zu leisten.

C. Altersteilrenten

Für den Wechsel von einer Altersteilrente in eine **höhere Rente** ist ein rechtzeitiger **Antrag** erforderlich. Die Antragsfrist ist dieselbe wie in § 99 Abs. 1 SGB VI, dh. der Antrag muss bis zum Ende des dritten Kalendermonats nach Ablauf des Monats erfolgen, in dem die Anspruchsvoraussetzungen erfüllt sind. Die Rente ist bei rechtzeitiger Antragstellung von dem Kalendermonat an, zu dessen Beginn die Anspruchsvoraussetzungen erfüllt sind, in neuer Höhe zu zahlen. Ansonsten wird die höhere Rente erst ab dem Kalendermonat der Antragstellung geleistet. Währenddessen für eine höhere Rente ein Antrag erforderlich ist, wird eine niedrigere Rente von Amts wegen erbracht (§ 115 Abs. 1 S. 2 SGB VI). Versicherte können eine Altersrente als Vollrente oder als Teilrente in Anspruch nehmen (§ 42 Abs. 1 SGB VI). In der Regel erfolgt ein Wechsel bei Altersteilrenten, weil sich der Hinzuverdienst (vgl. § 34 Abs. 3 SGB VI) verändert hat. Die für Teilrenten geltende Vorschrift des § 100 Abs. 2 SGB VI findet keine Anwendung für Renten wegen verminderter Erwerbsfähigkeit, die gegebenenfalls gemäß § 96 a Abs. 1 a SGB VI nur in **anteiliger Höhe** zu zahlen sind. 5

D. Ende

Für das Ende einer Rentenzahlung ist ebenfalls das **Kalendermonatsprinzip** maßgebend. Eine Rentenzahlung endet daher mit Beginn eines Kalendermonats an. Der Zeitpunkt der Wirksamkeit des Wegfalls beurteilt sich wiederum nach § 48 SGB X, dh. ob mit Wirkung für die Zukunft oder vom Zeitpunkt der Änderung der Verhältnisse. Eine **besondere Regelung** ist für Renten, die wegen einer Minderung der Erwerbsfähigkeit geleistet werden, zu beachten. Hat sich nach einer Leistung zur medizinischen Rehabilitation oder zur Teilhabe am Arbeitsleben die Erwerbsfähigkeit gebessert, dann endet die Rentenzahlung erst mit Beginn des vierten Kalendermonats nach Wiederherstellung der Erwerbsfähigkeit. Die Rentenzahlung endet aber früher, falls vom Versicherten eine mehr als geringfügige Beschäftigung oder selbständige Tätigkeit ausgeübt wird. § 100 Abs. 3 S. 2 SGB VI ist hingegen nicht anzuwenden, wenn die Rente bereits nach § 102 Abs. 2a SGB VI auf das Ende einer Leistung zur medizinischen Rehabilitation oder zur Teilhabe am Arbeitsleben befristet war. Hier liegt keine Änderung in den tatsächlichen Verhältnissen iSv. § 48 SGB X vor. 6

E. Höchstrichterliche Rechtsprechung

Ein **bestandskräftiger Verwaltungsakt** ist mit Wirkung für die Vergangenheit zurückzunehmen, wenn der Bescheid bei seinem Erlass rechtswidrig war (§ 44 Abs. 1 SGB X). Mit Wirkung zum 1. 5. 2007 fügte der Gesetzgeber in § 100 SGB VI einen vierten Absatz an, der die **Rücknahme** von Rentenbescheiden oder Bescheiden über Zusatzleistungen (vgl. § 108 SGB VI) für die Vergangenheit **einschränkt**. Diese Einschränkung gilt, wenn für die Rechtswidrigkeit eine Rechtsnorm ursächlich 7 ist, die das Bundesverfassungsgericht später für nichtig oder für unvereinbar mit dem Grundgesetz erklärt oder die Rechtsnorm in ständiger Rechtsprechung anders als durch die Deutsche Rentenversicherung ausgelegt wird.

8   Ein **Verwaltungsakt** ist bestandskräftig, wenn er in der Sache **bindend** ist, dh. ein Rechtsbehelf ist nicht oder erfolglos eingelegt worden (§ 77 SGG). Die Stellung eines Überprüfungsantrages nach § 44 SGB X beseitigt eine bereits eingetretene Bestandskraft nicht (BSG 10. 4. 2003 – B 4 RA 56/02 – NZS 2004, 224). Als Rechtsbehelfe gegen Verwaltungsakte, welche den Eintritt der Bindungswirkung uU verhindern könne, stelle das Sozialverwaltungsverfahrensrecht und das sozialgerichtliche Prozessrecht allein Widerspruch, Klage, Berufung, Revision sowie die Anordnung der aufschiebenden Wirkung zur Verfügung.

9   § 100 Abs. 4 SGB VI trifft keine Aussage, wann eine ständige Rechtsprechung vorliegt. Zum Inhalt und Bedeutung des Begriffs „ständige Rechtsprechung" siehe auch Fichte (in NZS 1998, 1). Danach hat die ständige Rechtsprechung ua. die Funktion, das **Vertrauen** auf die Konstanz der Rechtsprechung zu **schützen**. Die Bindung der vollziehenden Gewalt an Gesetz und Recht bedeutet zugleich, dass die Verwaltung auch an die Auslegung der Gesetze gebunden ist, die diese durch die höchstrichterliche Rechtsprechung erfahren haben. Eine andere Auslegung des Gesetzes ist nur in Ausnahmefällen möglich, nämlich dann, wenn die Anwendung des Rechts noch zu Zweifeln Anlass gibt, also eine unklare oder gar verworrene Rechtslage vorliegt (ebenda).

10 Eine **ständige Rechtsprechung** liegt vor, wenn
– der einzig zuständige Senat eines obersten Gerichtshofs des Bundes (zB Bundessozialgericht) wiederholt gleich entschieden hat (BSG 16. 10. 2003 – B 11 AL 20/03 –),
– zwei unterschiedliche Senate eines obersten Gerichtshofs des Bundes übereinstimmend entschieden haben (BSG 25. 11. 1977 – 2 RU 93/76 –),
– der Große Senat eines obersten Gerichtshofs des Bundes oder
– der Gemeinsame Senat der obersten Gerichtshöfe des Bundes entschieden hat.

11 Maßgebender **Zeitpunkt** für die **Rücknahme** ist entweder der Beginn des Kalendermonats nach Wirksamwerden der Entscheidung des Bundesverfassungsgerichts oder dem Bestehen der ständigen Rechtsprechung. Für die **BVerfG-Entscheidung** ist der Tag der Verkündung bzw. bei fehlender Verkündung die erste Zustellung an einen Beteiligten maßgeblich (BeckOK Kaminski SGB III § 330 Rn 11). Hingegen hat eine nach § 31 Abs. 2 BVerfGG vorgeschriebene Veröffentlichung der Entscheidungsformel im Bundesgesetzblatt nur deklaratorische Bedeutung (BSG 25. 3. 2003 – B 7 AL 106/01 – NZS 2004, 327). Die Verkündung bestimmt auch den Zeitpunkt, zu dem eine **ständige Rechtsprechung** zB des Bundessozialgerichts vorliegt, wenn das Urteil auf Grund einer mündlichen Verhandlung ergangen ist. Sofern das Gericht mit Einverständnis der Beteiligten ohne mündliche Verhandlung entscheidet (§ 124 Abs. 2 SGG), wird die Verkündung durch die Zustellung ersetzt (§ 133 SGG). In diesen Fällen ist für die ständige Rechtsprechung ebenfalls der Tag der ersten Zustellung an einen Beteiligten maßgeblich.

§ 101 Beginn und Änderung in Sonderfällen

(1) **Befristete Renten wegen verminderter Erwerbsfähigkeit werden nicht vor Beginn des siebten Kalendermonats nach dem Eintritt der Minderung der Erwerbsfähigkeit geleistet.**

(2) **Befristete große Witwenrenten oder befristete große Witwerrenten wegen Minderung der Erwerbsfähigkeit werden nicht vor Beginn des siebten Kalendermonats nach dem Eintritt der Minderung der Erwerbsfähigkeit geleistet.**

(3) [1]**Ist nach Beginn der Rente ein Versorgungsausgleich durchgeführt, wird die Rente der leistungsberechtigten Person von dem Kalendermonat an um Zuschläge oder Abschläge an Entgeltpunkten verändert, zu dessen Beginn der Versorgungsausgleich durchgeführt ist.** [2]**Der Rentenbescheid ist mit Wirkung von diesem Zeitpunkt an aufzuheben; die §§ 24 und 48 des Zehnten Buches sind nicht anzuwenden.** [3]**Bei einer rechtskräftigen Abänderung des Versorgungsausgleichs gelten die Sätze 1 und 2 mit der Maßgabe, dass auf den Zeitpunkt nach § 226 Abs. 4 des Gesetzes über das Verfahren in Familiensachen und in den Angelegenheiten der freiwilligen Gerichtsbarkeit abzustellen ist.** [4]**§ 30 des Versorgungsausgleichsgesetzes bleibt unberührt.**

(3 a) [1]**Hat das Familiengericht über eine Abänderung der Anpassung nach § 33 des Versorgungsausgleichsgesetzes rechtskräftig entschieden und mindert sich der Anpassungsbetrag, ist dieser in der Rente der leistungsberechtigten Person von dem Zeitpunkt an zu berücksichtigen, der sich aus § 34 Abs. 3 des Versorgungsausgleichsgesetzes ergibt.** [2]**Der Rentenbescheid ist mit Wirkung von diesem Zeitpunkt an aufzuheben; die §§ 24 und 48 des Zehnten Buches sind nicht anzuwenden.**

(3 b) [1]**Der Rentenbescheid der leistungsberechtigten Person ist aufzuheben**
1. in den Fällen des § 33 Abs. 1 des Versorgungsausgleichsgesetzes mit Wirkung vom Zeitpunkt

a) des Beginns einer Leistung an die ausgleichsberechtigte Person aus einem von ihr im Versorgungsausgleich erworbenen Anrecht (§ 33 Abs. 1 des Versorgungsausgleichsgesetzes),
b) des Beginns einer Leistung an die ausgleichspflichtige Person aus einem von ihr im Versorgungsausgleich erworbenen Anrecht (§ 33 Abs. 3 des Versorgungsausgleichsgesetzes) oder
c) der teilweisen oder vollständigen Einstellung der Unterhaltszahlungen der ausgleichspflichtigen Person (§ 34 Abs. 5 des Versorgungsausgleichsgesetzes),
2. in den Fällen des § 35 Abs. 1 des Versorgungsausgleichsgesetzes mit Wirkung vom Zeitpunkt des Beginns einer Leistung an die ausgleichspflichtige Person aus einem von ihr im Versorgungsausgleich erworbenen Anrecht (§ 36 Abs. 4 des Versorgungsausgleichsgesetzes) und
3. in den Fällen des § 37 Abs. 3 des Versorgungsausgleichsgesetzes mit Wirkung vom Zeitpunkt der Aufhebung der Kürzung des Anrechts (§ 37 Abs. 1 des Versorgungsausgleichsgesetzes).

²Die §§ 24 und 48 des Zehnten Buches sind nicht anzuwenden.

(4) ¹Ist nach Beginn der Rente ein Rentensplitting durchgeführt, wird die Rente von dem Kalendermonat an um Zuschläge oder Abschläge an Entgeltpunkten verändert, zu dessen Beginn das Rentensplitting durchgeführt ist. ²Der Rentenbescheid ist mit Wirkung von diesem Zeitpunkt an aufzuheben; die §§ 24 und 48 des Zehnten Buches sind nicht anzuwenden. ³Entsprechendes gilt bei einer Abänderung des Rentensplittings.

(5) ¹Ist nach Beginn einer Waisenrente ein Rentensplitting durchgeführt, durch das die Waise nicht begünstigt ist, wird die Rente erst zu dem Zeitpunkt um Abschläge oder Zuschläge an Entgeltpunkten verändert, zu dem eine Rente aus der Versicherung des überlebenden Elternteils, der durch das Rentensplitting begünstigt ist, beginnt. ²Der Rentenbescheid der Waise ist mit Wirkung von diesem Zeitpunkt an aufzuheben; die §§ 24 und 48 des Zehnten Buches sind nicht anzuwenden. ³Entsprechendes gilt bei einer Abänderung des Rentensplittings.

A. Normzweck

Für bestimmte **Sonderfälle** modifiziert der Gesetzgeber die Vorschriften über den **Beginn** (§ 99 SGB VI) sowie über die **Änderung** und das **Ende** von Renten (§ 100 SGB VI). Gemäß § 101 Abs. 1–2 SGB VI verschiebt sich der Rentenbeginn für Zeitrenten wegen verminderter Erwerbsfähigkeit und für große Witwen-/Witwenrenten wegen Minderung der Erwerbsfähigkeit um sechs Monate nach hinten. Ein Lohnersatz erfolgt für Arbeitnehmer in diesem Zeitraum zu Lasten des Arbeitgebers (fortgezahltes Arbeitsentgelt) oder zu Ungunsten der Krankenkasse (Krankengeld). Des Weiteren bestimmt § 101 SGB VI insbesondere den Zeitpunkt, ab dem sich ein durchgeführter Versorgungsausgleich auswirkt. Ansonsten legt die Vorschrift noch fest, wann sich die Rentenhöhe infolge eines Rentensplittings ändert bzw. schützt ein Rentnerprivileg Waisen nach einem durchgeführten Rentensplitting zumindest zeitweise vor Rentenminderungen. 1

Hingegen beseitigte der Gesetzgeber mit dem Gesetz zur Strukturreform des Versorgungsausgleichs (VAStrRefG) vom 3. 4. 2009 das **Rentnerprivileg bei** einem durchgeführten **Versorgungsausgleich**. Ein Rentnerprivileg kommt jetzt nur noch zum Tragen, wenn vor dem 1. 9. 2009 das Verfahren über den Versorgungsausgleich eingeleitet worden ist und die auf Grund des Versorgungsausgleichs zu kürzende Rente begonnen hat (§ 268a Abs. 2 SGB VI). Diese Übergangsregelung begünstigt einen begrenzten Personenkreis aus Vertrauensschutzgründen weiterhin. Das Rentnerprivileg schützte Rentenbezieher vor einer Rentenminderung, die auf Grund der Durchführung eines Versorgungsausgleichs für den Ausgleichspflichtigen entsteht. Dem Grunde nach sind dem im Versorgungsausgleich belasteten Versicherten die persönlichen Entgeltpunkte durch einen Abschlag zu kürzen (§ 76 Abs. 3 SGB VI). Vor dieser Rentenminderung ist der Rentner solange geschützt, wie aus der Versicherung des Ausgleichsberechtigten kein Zuschlag (§ 76 Abs. 2 SGB VI) zu einer Rente zu leisten ist. Ein Abschlag beim Ausgleichspflichtigen ist also spätestens dann zu berücksichtigen, wenn eine Rente für den früheren Ehegatten oder dessen Hinterbliebenen (zB Waise) beginnt. Die Streichung des Rentnerprivilegs ist verfassungsrechtlich unbedenklich und entspricht dem Ansatz, beide Ehegatten mit Vollzug des Versorgungsausgleichs auch versorgungsrechtlich voneinander unabhängig zu machen (Ruland NZS 2008, 237). Das Rentnerprivileg wurde schon seit Längerem in Frage gestellt, ua. weil die frühere Regelung über das vom Bundesverfassungsgericht geforderte Maß hinaus ginge (Fischer NZS 2004, 524). So wurde nicht danach unterschieden, ob der ausgleichspflichtige Rentner auch unterhaltspflichtig ist. Ursprünglich sollte nur verhindert werden, dass die Rente des Ausgleichspflichtigen gekürzt wird, solange der Ausgleichsberechtigte noch keine Rente erhält und auf die Unterhaltsleistungen des Ausgleichspflichtigen angewiesen ist (BVerfG 28. 2. 1980 – 1 BvL 2

17/77 – NJW 1980, 692). Ausreichend wäre bereits eine Regelung wie § 5 VAHRG gewesen, die sachgerechter und für die Solidargemeinschaft kostengünstiger sei (Fischer aaO).

B. Renten wegen verminderter Erwerbsfähigkeit

3   Das **Hinausschieben des Rentenbeginns** für befristete Renten wegen verminderter Erwerbsfähigkeit beseitigt nicht die Antragsfrist von § 99 Abs. 1 SGB VI. Allerdings wirkt sich ein verspäteter Antrag erst dann aus, wenn er nach Ablauf des siebten Kalendermonats nach Eintritt der Erwerbsminderung gestellt wird. Auf Grund der Systematik des Gesetzes berechnet sich die maßgebende 3-Monatsfrist auch bei befristeten Renten vom Ablauf des Monats an, in dem die Anspruchsvoraussetzungen erfüllt sind (BSG 8. 7. 1998 – B 13 RJ 49/96 – NZS 1999, 191). Die Stellung des § 101 SGB VI mit der amtlichen Überschrift „Beginn und Änderung in Sonderfällen" weise deutlich darauf hin, dass nach dem SGB VI der Beginn der befristeten Renten wegen verminderter Erwerbsfähigkeit lediglich als Sonderfall gegenüber den allgemeinen Regelungen über den Rentenbeginn anzusehen ist und dass demnach – soweit in § 101 SGB VI keine entgegenstehenden Bestimmungen getroffen sind – die allgemeinen Vorschriften über den Rentenbeginn heranzuziehen sind.

Beispiel 1:
– volle Erwerbsminderung auf Zeit seit dem 15. 2. 2010
– Rentenantrag am 4. 10. 2010

Lösung:
Die Rente beginnt am 1. 10. 2010. Der verspätete Antrag bewirkt, dass die Rente erst mit dem Antragsmonat beginnt. Wäre der Antrag spätestens am 30. 9. 2010 gestellt worden, dann würde die befristete Erwerbsminderungsrente zum frühestmöglichen Zeitpunkt am 1. 9. 2010 beginnen.

C. Hinterbliebenenrenten

4   Bei Witwen- oder Witwerrenten, die **wegen einer Erwerbsminderung** als befristete große Witwen- oder Witwerrente zu leisten sind, wird der Rentenbeginn nicht nach § 99 Abs. 2 SGB VI bestimmt. Die Sonderregelung von § 101 Abs. 2 SGB VI ist allerdings für den Rentenbeginn nicht entscheidend, wenn die Rente bereits wegen der Vollendung des maßgebenden Lebensalter oder auf Grund einer Kindererziehung als große Witwen- oder Witwerrente zu leisten ist (vgl. § 46 Abs. 2 SGB VI). Tritt aber beispielsweise während des Bezuges einer kleinen Witwen- oder Witwerrente eine Erwerbsminderung ein, dann wird die große Witwen- oder Witwerrente nicht vor Beginn des siebten Kalendermonats geleistet. Die Fristberechnung erfolgt nicht vom Zeitpunkt des Todes des Versicherten, sondern vom Zeitpunkt des Eintritts der Erwerbsminderung. Eine Antragsfrist enthält die Sonderregelung für befristete große Witwen- oder Witwerrenten wegen Erwerbsminderung nicht, daher findet die in der Grundnorm (§ 99 Abs. 2 SGB VI) bestimmte Frist Anwendung.

Beispiel 2:
– Eintritt der Erwerbsminderung auf Zeit bei der Ehefrau am 4. 10. 2009
– Tod des Ehemanns, der keine Rente bezog, am 17. 2. 2010
– Witwe geb. am 2. 1. 1979, keine Kinder
– Rentenantrag am 4. 3. 2011

Lösung:
Die kleine Witwenrente beginnt wegen des verspäteten Antrags erst am 1. 3. 2010, denn eine Hinterbliebenenrente wird längstens für 12 Kalendermonate vor dem Antragsmonat geleistet. Am 1. 5. 2010 beginnt dann die große Witwenrente (Beginn des siebten Kalendermonats nach Eintritt der Erwerbsminderung).

D. Versorgungsausgleich nach Rentenbeginn

5   Ein **Versorgungsausgleich** nach Rentenbeginn bewirkt, dass sich Zu- oder Abschläge von dem Kalendermonat an auswirken, zu dessen Beginn der Versorgungsausgleich **durchgeführt** ist. Maßgebend ist dabei, wann die Entscheidung des Familiengerichts über den Versorgungsausgleich wirksam wurde. Beschlüsse über den Versorgungsausgleich werden mit der Rechtskraft wirksam (§ 224 Abs. 1 FamFG). Die Rechtskraft tritt erst ein, wenn die Rechtsmittelfrist abgelaufen ist. Wurde ein Rechtsmittel rechtzeitig eingelegt, hemmt dies den Eintritt der Rechtskraft (vgl. § 45 FamFG). Ist der Versorgungsausgleich vorab in einem abgetrennten Verfahren durchgeführt worden, dann wird die Entscheidung über den Versorgungsausgleich nicht vor Eintritt der Rechtskraft des Scheidungsausspruchs wirksam (§ 148 FamFG). Relevant für die Prüfung, ob § 101 Abs. 3 SGB VI Anwendung findet, ist der Rentenbeginn, dh. nicht der Zeitpunkt der tatsächlichen Rentenfeststellung.

Beispiel 3:
– Vollendung des 65. Lebensjahres am 8. 7. 2010
– Rentenantrag am 10. 9. 2010

– Scheidung rechtskräftig am 13. 9. 2010
– Rentenbescheid vom 29. 10. 2010

Lösung:
Zum Zeitpunkt der Rechtskraft besteht bereits ein Rentenanspruch iSv. § 101 Abs. 3 SGB VI (Rentenbeginn: 1. 8. 2010), obwohl die Rente erst nach Eintritt der Rechtskraft bewilligt wurde. In der Rentenhöhe wirkt sich der Versorgungsausgleich daher ab dem 1. 10. 2010 aus.

Nicht immer ist die Durchführung bzw. die Rechtskraft des Versorgungsausgleichs maßgebend, sondern bei einer **externen Teilung** nach § 15 Abs. 5 VersAusglG ist gemäß § 120 g SGB VI der Zeitpunkt der Beitragszahlung entscheidend. Dh. der Ausgleichsberechtigte erhält erst dann eine höhere Rente, wenn der vom Versorgungsträger zu zahlende Betrag tatsächlich beim Rentenversicherungsträger eingegangen ist. Geht der Zahlbetrag während eines Rentenbezuges ein, erhöht sich die Rente ab dem Kalendermonat, der dem Monat des Zahlungseingangs folgt. 6

Zur **Vermeidung von Doppelzahlungen** hat der Gesetzgeber die Anwendung von § 24 SGB X (Anhörung Beteiligter) und § 48 SGB X (Aufhebung eines Verwaltungsaktes mit Dauerwirkung bei Änderung der Verhältnisse) ausgeschlossen. Diese Regelung gilt nicht in den Fällen, in denen die Entscheidung über den Versorgungsausgleich vor dem 30. 3. 2005 wirksam geworden ist (§ 268a Abs. 1 SGB VI). Bei diesen „Altfällen" ist eine rückwirkende Aufhebung des Rentenbescheides nur unter den Voraussetzungen von §§ 24, 48 SGB X durchführbar. Infolgedessen erfolgt eine Rentenkürzung frühestens vom Ablauf des Monats an, in dem der Betroffene „bösgläubig" iSv. § 48 Abs. 1 S. 2 Nr. 4 SGB X ist. Eine Bösgläubigkeit liegt dann vor, wenn der Betroffene über die Rentenantragstellung aus der Versicherung des früheren Ehegatten bzw. Lebenspartner informiert und er darauf hingewiesen wird, dass sich seine eigene Rente im Falle der Rentenbewilligung mindert. Nach Auffassung des Bundessozialgerichts reicht dies aber nicht aus, so könne erst durch den Rentenbescheid Bösgläubigkeit entstehen (BSG 26. 2. 2003 – B 8 KN 6/02 – NZS 2004, 45). Denn zuvor bliebe der entscheidende Tatbestand für die Minderung des Rentenanspruchs kraft Gesetzes im Ungewissen, also ob, und gegebenenfalls ab wann, dem früheren Ehegatten überhaupt auf Grund des Antrags eine Rente bewilligt werden würde. Nur hierauf, dh. auf den erst durch die Rentenbewilligung tatsächlich eintretenden (teilweisen) Wegfall der Leistung bezieht sich aber das nach § 48 Abs. 1 S. 2 Nr. 4 SGB X erforderliche positive "Wissen"; das Wissen um die bloße Möglichkeit eines Wegfalls der Leistung genüge nicht. 7

Auswirkungen auf bereits laufende Rentenzahlungen entstehen ebenfalls auf Grund einer **rechtskräftigen Abänderung** des Versorgungsausgleichs. In diesem Fall gelten weitgehend die gleichen Regelungen bezüglich der Änderung der Rentenhöhe wie bei der ersten Entscheidung über den Versorgungsausgleich. Allerdings ist der maßgebende Zeitpunkt nicht die Rechtskraft der Abänderungsentscheidung, sondern der Zeitpunkt nach § 226 Abs. 4 FamFG. Danach wirkt sich die Abänderung ab dem ersten Tag des Monats aus, der auf den Monat der Antragstellung folgt. Der Rentenbescheid ist folglich mit Wirkung zum Folgemonat der Antragstellung beim Familiengericht aufzuheben. 8

Schließlich ist bei Erst- und auch bei Abänderungsentscheidungen noch die **Schutzvorschrift** des § 30 VersAusglG zu beachten. Sie findet Anwendung, wenn sowohl der Ausgleichspflichtige, als auch der Ausgleichsberechtigte eine Rente beziehen. Schutzobjekte sind aber die Rentenversicherungsträger, indem ihnen für die technische Zahlungsumstellung eine Übergangszeit eingeräumt wird. Die Übergangszeit endet am letzten Tag des Monats, der dem Monat folgt, in dem der Rentenversicherungsträger von der Rechtskraft der Entscheidung Kenntnis erlangt. Sofern der Rentenversicherungsträger innerhalb dieser Frist seine Zahlung umstellt, dh. den Zu- oder Abschlag berücksichtigt, vermeidet er Doppelleistungen. Der begünstigte Rentner kann erst nach Ablauf dieser Übergangszeit die erhöhte Rente beanspruchen, obwohl der Zuschlag aus einem Versorgungsausgleich bereits mit der Rechtskraft wirksam wurde. Die Übergangszeit dient aber nicht dazu, dem nunmehr berechtigten Ehegatten die Ansprüche zu kürzen, vielmehr kann der Begünstigte stattdessen für die Übergangszeit einen Bereicherungsanspruch gemäß § 816 Abs. 2 BGB gegen den Ausgleichspflichtigen geltend machen (vgl. BeckOK von Koch VersAusglG § 30 Rn 6). 9

E. Abänderung der Anpassung wegen Unterhalt

§ 33 VersAusglG ermöglicht eine zeitweise Aussetzung des Versorgungsausgleichs, wenn der Ausgleichsberechtigte noch keine Rente erhalten kann und dieser bei einer ungekürzten Rente des anderen Ehegatten nach den gesetzlichen Bestimmungen einen nachehelichen Unterhaltsanspruch hat. Inwieweit eine Änderung erfolgt, entscheidet das Familiengericht auf Antrag. Erhält der Ausgleichspflichtige eine höhere Leistung, dann bestimmt § 100 SGB VI den Zeitpunkt, ab dem der Anpassungsbetrag zu zahlen ist. **Mindert sich** hingegen auf Grund einer Abänderung durch das Familiengericht der **Anpassungsbetrag**, dh. die Zahlung an den Ausgleichspflichtigen reduziert sich wieder, dann gilt § 101 Abs. 3a SGB VI. Sobald eine rechtskräftige Entscheidung des Familiengerichts vor- 10 liegt, hat der Rentenversicherungsträger den geminderten Anpassungsbetrag ab dem ersten Tag des Monats zu berücksichtigen, der auf den Monat der Antragstellung beim Familiengericht folgt (§ 34 Abs. 3 VersAusglG). Die §§ 24, 48 SGB X sind nicht anzuwenden.

F. Aufhebung auf Grund von Anpassungen

11 Das Versorgungsausgleichsgesetz sieht für verschiedene Sachverhalte eine Anpassung des Versorgungsausgleichs vor. § 101 Abs. 3 b SGB VI bestimmt den Zeitpunkt, ab dem der **Rentenbescheid** für die leistungsberechtigte Person **aufzuheben** ist, wenn ein Anpassungsgrund entfallen ist. Dabei finden die §§ 24, 48 SGB X keine Anwendung.

I. Unterhalt

12 Eine Anpassung wegen Unterhalt (§ 33 VersAusglG) endet, wenn der **Ausgleichsberechtigte eine Rente** bezieht. Infolgedessen entfällt der Anpassungsbetrag, dh. die Auswirkungen des Versorgungsausgleichs kommen beim Ausgleichspflichtigen zum Tragen. Der Rentenbescheid ist dann auch rückwirkend aufzuheben, wenn die Rentenbewilligung für den Ausgleichsberechtigten erst nachträglich bekannt oder eine Rente rückwirkend bewilligt wird. Eine Aufhebung erfolgt mit Wirkung vom Zeitpunkt des Beginns der Rente aus der Versicherung des früheren Ehegatten bzw. Lebenspartners. Des Weiteren erfolgt eine Aufhebung, wenn die ausgleichspflichtige Person eine weitere Leistung aus einem anderen Versorgungssystem erhält. In diesem Fall ist der Anpassungsbetrag zu kürzen, weil der Ausgleichspflichtige nun über ein höheres Gesamteinkommen verfügt (vgl. auch Berechnungsbeispiel von Göhde in Hauck/Noftz, SGB VI, K § 101, Rz 18). Schließlich ist der Rentenbescheid aufzuheben, wenn der Ausgleichspflichtige die Unterhaltszahlungen vollständig oder teilweise einstellt.

II. Invalidität oder Erreichens einer besonderen Altersgrenze

13 Die Kürzung einer Rente wegen verminderter Erwerbsfähigkeit bzw. einer Rente wegen Erreichens einer besonderen Altersgrenze des Ausgleichspflichtigen ist auszusetzen, solange er ein erworbenes Anrecht aus einem **anderen Versorgungssystem** nicht nutzen kann (§ 35 VersAusglG). Die Aussetzung endet mit Beginn der Leistung aus dem anderen Versorgungssystem.

III. Tod der ausgleichsberechtigten Person

14 Verstirbt der Ausgleichsberechtigte und erhielt er **keine oder nicht länger als 36 Monate** eine Versorgung aus dem im Versorgungsausgleich erworbenen Anrecht, dann kann die Kürzung des Anrechts beim Ausgleichspflichtigen entfallen (§ 37 VersAusglG). Sofern der Ausgleichspflichtige daneben Anrechte, zB. in einem anderen Versorgungssystem, von der verstorbenen ausgleichsberechtigten Person erwarb, entfallen diese ebenfalls (§ 37 Abs. 3 VersAusglG). Auf Grund der internen Teilung kann zB. ein Versicherter bezogen auf Anrechte der gesetzlichen Rentenversicherung ausgleichsberechtigt sein, aber bei anderen Anrechten zugleich ausgleichspflichtig. Erhält also der Ausgleichspflichtige eine Rente mit Zuschlägen aus einem Versorgungsausgleich, dann entfallen diese Zuschläge ab dem Zeitpunkt, ab dem für den Ausgleichspflichtigen die anderweitige Kürzung entfällt (§ 101 Abs. 3 b S. 1 Nr. 3 SGB VI).

G. Rentensplitting

15 Ein **nach** dem **Rentenbeginn** durchgeführtes Rentensplitting wirkt sich von dem Kalendermonat an auf die Rentenhöhe aus, zu dessen Beginn das Rentensplitting durchgeführt ist. Ein Rentensplitting ist durchgeführt, wenn die Entscheidung des Rentenversicherungsträgers über das Rentensplitting für beide Ehegatten/Lebenspartner bzw. für den überlebenden Ehegatten/Lebenspartner unanfechtbar geworden ist (§ 120 a Abs. 9 SGB VI). Das Rentensplitting bewirkt beim Versicherten entweder einen Zuschlag oder einen Abschlag an Entgeltpunkten (§ 76 c Abs. 1 SGB VI), dh. eine Erhöhung oder Minderung der Rente. Einfluss auf die Rentenhöhe hat auch ein eventuelles Abänderungsverfahren nach § 120 c SGB VI, daher ist in diesen Fällen § 101 Abs. 4 SGB VI ebenfalls anzuwenden. Auch hier ist hinsichtlich der Durchführung der Zeitpunkt maßgebend, zu dem die Entscheidung des Rentenversicherungsträgers über die Abänderung unanfechtbar geworden ist (§ 120 c Abs. 7 SGB VI). Die Entscheidung ist unanfechtbar bzw. formell bestandskräftig, wenn sie nach Ablauf der Widerspruchs- oder Klagefrist nicht mehr mit den ordentlichen Rechtsbehelfen des Widerspruchs oder der Klage anfechtbar ist.

16 Der **Anwendungsausschluss** für **§ 24 SGB X** (Anhörung Beteiligter) und **§ 48 SGB X** (Aufhebung eines Verwaltungsaktes mit Dauerwirkung bei Änderung der Verhältnisse) gilt für Rentensplittingfälle bzw. für Abänderungen, die nach dem 1. 12. 2007 durchgeführt wurden. Die Absätze 4 und

5 sind erst nachträglich angefügt worden und daher gilt für Altfälle (Durchführung vor dem 2. 12. 2007) die Grundnorm von § 100 Abs. 1 SGB VI. Eine rückwirkende Änderung war nur unter den Voraussetzungen von § 48 SGB X möglich, daher konnten vor der Gesetzesänderung Doppelzahlungen zu Lasten des Rentenversicherungsträger nicht immer verhindert werden.

H. Waisenrente und Rentensplitting

Ein **Rentnerprivileg** schützt **Waisenrentenbezieher** zumindest zeitweise vor einer Rentenkürzung auf Grund eines Rentensplittings bzw. einer Abänderung eines Rentensplittings, falls aus der Versicherung des überlebenden Elternteils keine Rente geleistet wird. Die Besitzschutzregelung greift aber nur, wenn das Rentensplitting nach dem 1. 12. 2007 durchgeführt wurde (vgl. vorhergehenden Absatz). Der Gesetzgeber hat die Anwendung der §§ 24, 48 SGB X ausgeschlossen, falls eine rückwirkende Aufhebung des Waisenrentenbescheides vorzunehmen ist. Allerdings sind Bezieher von Waisenrenten zunächst privilegiert, dh. solange aus der Versicherung des durch das Rentensplitting Begünstigten keine Rente gezahlt wird. Das Rentnerprivileg entfällt endgültig zu dem Zeitpunkt, zu dem die Rente aus der Versicherung des Begünstigten beginnt, unabhängig wie hoch bzw. wie lange dessen Rente gezahlt wird. 17

Für die Prüfung, ob ein Besitzschutz besteht, ist nicht der Zeitpunkt der Bescheiderteilung **entscheidend**, sondern allein der **Rentenbeginn**. Das Rentnerprivileg erfasst also auch Waisenrenten, die erst nach Durchführung des Rentensplittings bewilligt werden, die aber vor dessen Durchführung beginnen. Es geht nicht verloren, sofern der Waisenrentenanspruch zumindest dem Grunde nach besteht und aus der Versicherung des durch das Rentensplitting Begünstigten keine Rente geleistet wird. 18

§ 102 Befristung und Tod

(1) ¹Sind Renten befristet, enden sie mit Ablauf der Frist. ²Dies schließt eine vorherige Änderung oder ein Ende der Rente aus anderen Gründen nicht aus. ³Renten dürfen nur auf das Ende eines Kalendermonats befristet werden.

(2) ¹Renten wegen verminderter Erwerbsfähigkeit und große Witwenrenten oder große Witwerrenten wegen Minderung der Erwerbsfähigkeit werden auf Zeit geleistet. ²Die Befristung erfolgt für längstens drei Jahre nach Rentenbeginn. ³Sie kann verlängert werden; dabei verbleibt es bei dem ursprünglichen Rentenbeginn. ⁴Verlängerungen erfolgen für längstens drei Jahre nach dem Ablauf der vorherigen Frist. ⁵Renten, auf die ein Anspruch unabhängig von der jeweiligen Arbeitsmarktlage besteht, werden unbefristet geleistet, wenn unwahrscheinlich ist, dass die Minderung der Erwerbsfähigkeit behoben werden kann; hiervon ist nach einer Gesamtdauer der Befristung von neun Jahren auszugehen. ⁶Wird unmittelbar im Anschluss an eine auf Zeit geleistete Rente diese Rente unbefristet geleistet, verbleibt es bei dem ursprünglichen Rentenbeginn.

(2 a) Werden Leistungen zur medizinischen Rehabilitation oder zur Teilhabe am Arbeitsleben erbracht, ohne dass zum Zeitpunkt der Bewilligung feststeht, wann die Leistung enden wird, kann bestimmt werden, dass Renten wegen verminderter Erwerbsfähigkeit oder große Witwenrenten oder große Witwerrenten wegen Minderung der Erwerbsfähigkeit mit Ablauf des Kalendermonats enden, in dem die Leistung zur medizinischen Rehabilitation oder zur Teilhabe am Arbeitsleben beendet wird.

(3) ¹Große Witwenrenten oder große Witwerrenten wegen Kindererziehung und Erziehungsrenten werden auf das Ende des Kalendermonats befristet, in dem die Kindererziehung voraussichtlich endet. ²Die Befristung kann verlängert werden; dabei verbleibt es bei dem ursprünglichen Rentenbeginn.

(4) ¹Waisenrenten werden auf das Ende des Kalendermonats befristet, in dem voraussichtlich der Anspruch auf die Waisenrente entfällt. ²Die Befristung kann verlängert werden; dabei verbleibt es bei dem ursprünglichen Rentenbeginn.

(5) Renten werden bis zum Ende des Kalendermonats geleistet, in dem die Berechtigten gestorben sind.

A. Normzweck

Die Vorschrift bestimmt ua. das **Ende** von befristeten Renten und in welchen Fällen überhaupt **Renten auf Zeit** zu leisten sind. Befristet geleistet werden zunächst die Renten wegen verminderter Erwerbsfähigkeit und große Witwen- bzw. Witwerrenten wegen Minderung der Erwerbsfähigkeit. Diese Renten können nicht nur auf einen bestimmten Zeitraum befristet werden, sondern die Frist 1 kann auch von dem Ende einer Leistung zur Teilhabe abhängen. Absatz 3 legt das Fristende für Renten fest, die eine Kindererziehung voraussetzen. Das Fristende von Waisenrenten ist in Absatz 4 geregelt und abschließend wird das Rentenende im Falle des Versterbens des Berechtigten bestimmt.

B. Befristung von Renten

2   Eine befristete Rente endet spätestens mit Ablauf der vorher festgelegten Frist. Damit erledigt sich der Rentenbescheid durch Zeitablauf automatisch (§ 39 Abs. 2 SGB X). Bei Festlegung des Fristendes gilt das **Monatsprinzip**, dh. Renten müssen auf das Ende eines Kalendermonats befristet sein. Selbst wenn die Frist noch läuft, ist eine Änderung oder Beendigung wegen anderer Gründe nicht ausgeschlossen. Eine Aufhebung des Rentenbescheides kommt in Betracht, wenn sich die Verhältnisse wesentlich geändert haben (§ 48 SGB X). Im Zusammenhang mit einer Rente wegen verminderter Erwerbsfähigkeit liegt eine solche wesentliche Änderung vor, wenn sich beispielsweise die Erwerbsfähigkeit wider Erwarten vorzeitig bessert und die vorherige Beschäftigung wieder aufgenommen wird.

C. Minderung der Erwerbsfähigkeit

3   Nur wenn die Wiederherstellung der Erwerbsfähigkeit unwahrscheinlich ist, sind Renten unbefristet zu leisten. Ansonsten sind Renten wegen verminderter Erwerbsfähigkeit und große Witwen- bzw. Witwerrenten, die wegen einer verminderten Erwerbsfähigkeit zu leisten sind, als **Zeitrenten** zu bewilligen. Eine Befristung erfolgt zunächst höchstens für 3 Jahre nach dem Rentenbeginn. Maßgebend ist also der Rentenbeginn iSv. § 101 Abs. 1 SGB VI und nicht der Zeitpunkt, in dem die Erwerbsminderung eingetreten ist. Die Befristung kann verlängert werden. Sofern aber nach einer Gesamtdauer der Befristung von insgesamt 9 Jahren eine wesentliche Verbesserung der Erwerbsfähigkeit nicht eintritt, ist statt einer Zeitrente nunmehr eine Dauerrente zu gewähren. Zuvor ist eine Behebung der Erwerbsminderung unwahrscheinlich, wenn aus ärztlicher Sicht bei Betrachtung des bisherigen Verlaufs nach medizinischen Erkenntnissen – unter Berücksichtigung noch vorhandener therapeutischer Möglichkeiten – eine Besserung nicht anzunehmen ist (BSG 29. 3. 2006 – B 13 RJ 31/05 –, NZS 2006, 655). Von einer wahrscheinlichen Besserungsmöglichkeit ist dann auszugehen, wenn die therapeutischen Behandlungsmöglichkeiten noch nicht ausgeschöpft sind. Dabei sind alle Therapiemöglichkeiten nach dem allgemein anerkannten Stand der medizinischen Erkenntnisse, also auch Operationen zu berücksichtigen. Ob sich der Versicherte in einer oder gegen eine Operation entscheidet ist unerheblich, weil nach § 102 Abs. 2 S. 4 SGB VI es nur darauf ankommt, dass die Erwerbsminderung behoben „werden kann", nicht aber darauf, ob sie behoben „werden wird".

4   Renten wegen verminderter Erwerbsfähigkeit, die wegen der **ungünstigen Arbeitsmarktsituation** geleistet werden (vgl. KSW/Kreikebohm § 43 SGB VI Rn. 19), sind immer als Zeitrente zu zahlen. Die Befristung erfolgt idR auf jeweils drei Jahre. Eine Verlängerung der Zeitrente über die sonst geltenden Höchstdauer von 9 Jahren hinaus ist zulässig. Der Anspruch auf Erwerbsminderungsrente endet aber spätestens mit Erreichen der Regelaltersgrenze.
Beispiel:
– Leistungsvermögen 4 Stunden täglich, eine Besserung ist unwahrscheinlich
– Arbeitsplatz ist nicht vorhanden
Lösung:
Es besteht gleichzeitig ein Anspruch auf eine Rente wegen teilweiser Erwerbsminderung auf Dauer und ein Anspruch auf eine Rente wegen voller Erwerbsminderung auf Zeit. Bestehen mehrere Rentenansprüche für denselben Zeitraum, dann regelt § 89 SGB VI, welche von den zeitgleich zusammentreffenden Renten zu leisten ist.

5   Folgt auf eine Zeitrente unmittelbar eine Dauerrente, dann verbleibt es beim **ursprünglichen Rentenbeginn**. Es tritt also kein neuer Leistungsfall ein, sondern der ursprüngliche Anspruch verlängert sich. Infolgedessen ist die Rente in der bisherigen Höhe weiterzuleisten, dh. eine Rentenberechnung unter Berücksichtigung eines neuen Rentenbeginns ist nicht vorzunehmen.

D. Leistungen zur Teilhabe

6   Sind zum **Zeitpunkt der Bewilligung** einer Rente wegen verminderter Erwerbsfähigkeit oder einer großen Witwen- bzw. Witwerrente, die wegen einer verminderten Erwerbsfähigkeit zu leisten ist, Leistungen zur Teilhabe zu erbringen, kann eine Befristung in Abhängigkeit vom Ende dieser Leistung erfolgen. Damit reduziert sich bei einem nicht bekannten Ende der Leistung zur Teilhabe der Verwaltungsaufwand deutlich. Ansonsten würde die Befristung von einem prognostizierten Datum abhängen, mit der Folge, dass bei einer notwendig werdenden längeren Befristung ein erneuter Bescheid zu erlassen wäre. Unter den Voraussetzungen des § 102 Abs. 2a SGB VI endet die Rente erst mit Ablauf des Kalendermonats, in dem die Leistung zur Rehabilitation oder zur Teilhabe am Ar-

beitsleben endet, ohne dass zuvor im Rentenbescheid bereits ein konkretes Datum genannt werden muss. Das Rentenende hängt hier also ausschließlich vom Ende der Leistung zur Teilhabe ab, dh. es ist unerheblich, ob die Leistung tatsächlich erfolgreich war. Die Rente endet ebenfalls, wenn die versicherte Person zB eine Leistung zur Teilhabe am Arbeitsleben vorzeitig abbricht und deshalb die ursprünglich für einen längeren Zeitraum geplante Teilhabeleistung nicht mehr durchgeführt werden kann.

E. Kindererziehung

Für den Anspruch auf **Erziehungsrente** ist ua. die Erziehung eines Kindes erforderlich (KSW/ Kreikebohm § 47 SGB VI Rn. 1). Ebenso ist eine Witwen- bzw. Witwerrente als **große Witwenbzw. Witwerrente** zu leisten, wenn ein Kind erzogen wird. Eine Befristung erfolgt auf das Ende des Kalendermonats, in dem die Kindererziehung voraussichtlich endet. Eine Kindererziehung iSd. Vorschrift liegt längstens bis zur Vollendung des 18. Lebensjahres des Kindes vor. Ansonsten ist die Sorge für ein behindertes Kind nach Vollendung dessen vollendeten 18. Lebensjahres einer Erziehung gleichgestellt, wenn das Kind außerstande ist, sich selbst zu unterhalten (KSW/Kreikebohm § 46 SGB VI Rn. 7). Sorgt die Witwe bzw. der Witwer dauerhaft für ein behindertes Kind, ist i.d.R. eine Befristung der Rente nicht erforderlich, es sei denn, es besteht zB Aussicht auf Behebung der Behinderung. Im Übrigen ist eine Kindererziehung für den Anspruch auf eine große Witwen- bzw. Witwerrente nicht mehr notwendig, wenn die Witwe bzw. der Witwer bereits das maßgebende Lebensjahr vollendet hat. Sofern eine Befristung verlängert wird, ist, wie bei den befristeten Renten wegen verminderter Erwerbsfähigkeit, kein neuer Rentenbeginn zu bestimmen (vgl. Rn. 5).

F. Waisenrenten

Ein Unterhaltsersatz in Form einer Waisenrente ist immer nur für einen zeitlich **eingeschränkten Zeitraum** zu leisten. Eine Befristung ist auf das Ende des Kalendermonats vorzunehmen, in dem der Waisenrentenanspruch voraussichtlich entfällt. Der Anspruch entfällt bei Vollendung des 18. Lebensjahres oder zu einem späteren Zeitpunkt, wenn ein privilegierter Tatbestand nicht mehr erfüllt ist (KSW/Kreikebohm § 48 SGB VI Rn. 9ff). Eine Ausdehnung der Befristung ist zulässig, zB wenn sich die Ausbildungszeit wegen einer nicht bestandenen Prüfung verlängert. Eine Rentenneuberechnung unter Annahme eines neuen Rentenbeginns erfolgt nicht (vgl. Rn 5).

G. Tod

Verstirbt die rentenberechtigte Person, ist eine Aufhebung des Rentenbescheids nicht erforderlich, weil der Bescheid sich auf andere Weise erledigt hat (§ 39 Abs. 2 SGB X). Die Rente ist bis zum **Ende des Kalendermonats** zu leisten, in dem der Todestag liegt. Der Todestag ist i.d.R. der Sterbeurkunde zu entnehmen. Sofern der Versicherte allerdings verschollen ist und eine Todeserklärung nicht vorliegt, endet die Versichertenrente spätestens mit der Anerkennung einer Rente wegen Todes bei Verschollenheit (KSW/Kreikebohm § 49 SGB VI Rn. 1).

Sechster Unterabschnitt. Ausschluss und Minderung von Renten

§ 103 Absichtliche Minderung der Erwerbsfähigkeit

Anspruch auf Rente wegen verminderter Erwerbsfähigkeit, Altersrente für schwerbehinderte Menschen oder große Witwenrente oder große Witwerrente besteht nicht für Personen, die die für die Rentenleistung erforderliche gesundheitliche Beeinträchtigung absichtlich herbeigeführt haben.

§ 104 Minderung der Erwerbsfähigkeit bei einer Straftat

(1) ¹**Renten wegen verminderter Erwerbsfähigkeit, Altersrenten für schwerbehinderte Menschen oder große Witwenrenten oder große Witwerrenten können ganz oder teilweise versagt werden, wenn die Berechtigten sich die für die Rentenleistung erforderliche gesundheitliche Beeinträchtigung bei einer Handlung zugezogen haben, die nach strafgerichtlichem Urteil ein Verbrechen oder vorsätzliches Vergehen ist.** ²**Dies gilt auch, wenn aus einem in der Person der Berechtigten liegenden Grunde ein strafgerichtliches Urteil nicht ergeht.** ³**Zuwiderhandlungen gegen Bergverordnungen oder bergbehördliche Anordnungen gelten nicht als Vergehen im Sinne des Satzes 1.**

(2) ¹Soweit die Rente versagt wird, kann sie an unterhaltsberechtigte Ehegatten, Lebenspartner und Kinder geleistet werden. ²Die Vorschriften der §§ 48 und 49 des Ersten Buches über die Auszahlung der Rente an Dritte werden entsprechend angewendet.

§ 105 Tötung eines Angehörigen

Anspruch auf Rente wegen Todes und auf Versichertenrente, soweit der Anspruch auf dem Rentensplitting beruht, besteht nicht für die Personen, die den Tod vorsätzlich herbeigeführt haben.

§ 105 a Witwenrente und Witwerrente in Sonderfällen

Anspruch auf eine Witwen- oder Witwerrente für einen überlebenden Lebenspartner besteht nicht, wenn
1. für denselben Zeitraum aus den Rentenanwartschaften eines Versicherten Anspruch auf eine Witwenrente oder Witwerrente für einen Ehegatten besteht oder
2. ein Rentensplitting durchgeführt wurde.

Dritter Abschnitt. Zusatzleistungen

§ 106 Zuschuss zur Krankenversicherung

(1) ¹Rentenbezieher, die freiwillig in der gesetzlichen Krankenversicherung oder bei einem Krankenversicherungsunternehmen, das der deutschen Aufsicht unterliegt, versichert sind, erhalten zu ihrer Rente einen Zuschuss zu den Aufwendungen für die Krankenversicherung. ²Dies gilt nicht, wenn sie gleichzeitig in einer in- oder ausländischen gesetzlichen Krankenversicherung pflichtversichert sind.

(2) Für Rentenbezieher, die freiwillig in der gesetzlichen Krankenversicherung versichert sind, wird der monatliche Zuschuss in Höhe des halben Betrages geleistet, der sich aus der Anwendung des um 0,9 Beitragssatzpunkte verminderten allgemeinen Beitragssatzes der gesetzlichen Krankenversicherung auf den Zahlbetrag der Rente ergibt.

(3) ¹Für Rentenbezieher, die bei einem Krankenversicherungsunternehmen versichert sind, das der deutschen Aufsicht unterliegt, wird der monatliche Zuschuss in Höhe des halben Betrages geleistet, der sich aus der Anwendung des um 0,9 Beitragssatzpunkte verminderten allgemeinen Beitragssatzes der gesetzlichen Krankenversicherung auf den Zahlbetrag der Rente ergibt. ²Der monatliche Zuschuss wird auf die Hälfte der tatsächlichen Aufwendungen für die Krankenversicherung begrenzt. ³Beziehen Rentner mehrere Renten, wird ein begrenzter Zuschuss von den Rentenversicherungsträgern anteilig nach dem Verhältnis der Höhen der Renten geleistet. ⁴Er kann auch in einer Summe zu einer dieser Renten geleistet werden.

(4) Rentenbezieher, die freiwillig in der gesetzlichen Krankenversicherung und bei einem Krankenversicherungsunternehmen versichert sind, das der deutschen Aufsicht unterliegt, erhalten zu ihrer Rente ausschließlich einen Zuschuss nach Absatz 2.

§ 106 a *(aufgehoben)*

§ 107 Rentenabfindung

(1) ¹Witwenrenten oder Witwerrenten werden bei der ersten Wiederheirat der Berechtigten mit dem 24fachen Monatsbetrag abgefunden. ²Für die Ermittlung anderer Witwenrenten oder Witwerrenten aus derselben Rentenanwartschaft wird bis zum Ablauf des 24. Kalendermonats nach Ablauf des Kalendermonats der Wiederheirat unterstellt, dass ein Anspruch auf Witwenrente oder Witwerrente besteht. ³Bei kleinen Witwenrenten oder kleinen Witwerrenten vermindert sich das 24fache des abzufindenden Monatsbetrags um die Anzahl an Kalendermonaten, für die eine kleine Witwenrente oder kleine Witwerrente geleistet wurde. ⁴Entsprechend vermindert sich die Anzahl an Kalendermonaten nach Satz 2.

(2) ¹Monatsbetrag ist der Durchschnitt der für die letzten zwölf Kalendermonate geleisteten Witwenrente oder Witwerrente. ²Bei Wiederheirat vor Ablauf des 15. Kalendermonats nach dem Tod des Versicherten ist Monatsbetrag der Durchschnittsbetrag der Witwenrente oder Witwerrente, die nach Ablauf des dritten auf den Sterbemonat folgenden

Kalendermonats zu leisten war. ³Bei Wiederheirat vor Ablauf dieses Kalendermonats ist Monatsbetrag der Betrag der Witwenrente oder Witwerrente, der für den vierten auf den Sterbemonat folgenden Kalendermonat zu leisten wäre.

(3) Für eine Rentenabfindung gelten als erste Wiederheirat auch die erste Wiederbegründung einer Lebenspartnerschaft, die erste Heirat nach einer Lebenspartnerschaft sowie die erste Begründung einer Lebenspartnerschaft nach einer Ehe.

§ 108 Beginn, Änderung und Ende von Zusatzleistungen

Für laufende Zusatzleistungen sind die Vorschriften über Beginn, Änderung und Ende von Renten entsprechend anzuwenden.

Vierter Abschnitt. Serviceleistungen

§ 109 Renteninformation und Rentenauskunft

(1) ¹Versicherte, die das 27. Lebensjahr vollendet haben, erhalten jährlich eine schriftliche Renteninformation. ²Nach Vollendung des 55. Lebensjahres wird diese alle drei Jahre durch eine Rentenauskunft ersetzt. ³Besteht ein berechtigtes Interesse, kann die Rentenauskunft auch jüngeren Versicherten erteilt werden oder in kürzeren Abständen erfolgen.

(2) Die Renteninformation und die Rentenauskunft sind mit dem Hinweis zu versehen, dass sie auf der Grundlage des geltenden Rechts und der im Versicherungskonto gespeicherten rentenrechtlichen Zeiten erstellt sind und damit unter dem Vorbehalt künftiger Rechtsänderungen sowie der Richtigkeit und Vollständigkeit der im Versicherungskonto gespeicherten rentenrechtlichen Zeiten stehen.

(3) Die Renteninformation hat insbesondere zu enthalten:
1. Angaben über die Grundlage der Rentenberechnung,
2. Angaben über die Höhe einer Rente wegen verminderter Erwerbsfähigkeit, die zu zahlen wäre, würde der Leistungsfall der vollen Erwerbsminderung vorliegen,
3. eine Prognose über die Höhe der zu erwartenden Regelaltersrente,
4. Informationen über die Auswirkungen künftiger Rentenanpassungen,
5. eine Übersicht über die Höhe der Beiträge, die für Beitragszeiten vom Versicherten, dem Arbeitgeber oder von öffentlichen Kassen gezahlt worden sind.

(4) Die Rentenauskunft hat insbesondere zu enthalten:
1. eine Übersicht über die im Versicherungskonto gespeicherten rentenrechtlichen Zeiten,
2. eine Darstellung über die Ermittlung der persönlichen Entgeltpunkte mit der Angabe ihres derzeitigen Wertes und dem Hinweis, dass sich die Berechnung der Entgeltpunkte aus beitragsfreien und beitragsgeminderten Zeiten nach der weiteren Versicherungsbiografie richtet,
3. Angaben über die Höhe der Rente, die auf der Grundlage des geltenden Rechts und der im Versicherungskonto gespeicherten rentenrechtlichen Zeiten ohne den Erwerb weiterer Beitragszeiten
    a) bei verminderter Erwerbsfähigkeit als Rente wegen voller Erwerbsminderung,
    b) bei Tod als Witwen- oder Witwerrente,
    c) nach Erreichen der Regelaltersgrenze als Regelaltersrente
    zu zahlen wäre,
4. auf Antrag auch die Höhe der Beitragszahlung, die zum Ausgleich einer Rentenminderung bei vorzeitiger Inanspruchnahme einer Rente wegen Alters erforderlich ist, und über die ihr zu Grunde liegende Altersrente; diese Auskunft unterbleibt, wenn die Erfüllung der versicherungsrechtlichen Voraussetzungen für eine vorzeitige Rente wegen Alters offensichtlich ausgeschlossen ist,
5. allgemeine Hinweise zur Erfüllung der persönlichen und versicherungsrechtlichen Voraussetzungen für einen Rentenanspruch.

(5) ¹Auf Antrag erhalten Versicherte Auskunft über die Höhe ihrer auf die Ehezeit entfallenden Rentenanwartschaft. ²Diese Auskunft erhält auf Antrag auch der Ehegatte oder geschiedene Ehegatte eines Versicherten, wenn der Träger der Rentenversicherung diese Auskunft nach § 74 Nr. 2 Buchstabe b des Zehnten Buches erteilen darf, weil der Versicherte seine Auskunftspflicht gegenüber dem Ehegatten nicht oder nicht vollständig erfüllt hat. ³Die nach Satz 2 erteilte Auskunft wird auch dem Versicherten mitgeteilt.

(6) Für die Auskunft an das Familiengericht nach § 220 Abs. 4 des Gesetzes über das Verfahren in Familiensachen und in den Angelegenheiten der freiwilligen Gerichtsbarkeit

ergeben sich die nach § 39 des Versorgungsausgleichsgesetzes zu ermittelnden Entgeltpunkte aus der Berechnung einer Vollrente wegen Erreichens der Regelaltersgrenze.

A. Normzweck

1 Die von Amts wegen regelmäßig versandte **Renteninformation** soll den Versicherten möglichst frühzeitig zur Verfügung stehen, um gerade auch den jüngeren Versicherten die Möglichkeit zu geben, Notwendigkeit und Umfang einer **ergänzenden Altersversorgung** besser einschätzen zu können (BT-Drs. 14/4595, 50). Eine noch umfangreichere Rentenauskunft ist von Amts wegen erst nach Vollendung des 55. Lebensjahres zu erstellen. Des Weiteren ermittelt die Rentenversicherung auf Antrag die Höhe der Rentenanwartschaft in der Ehe- bzw. Lebenspartnerschaftszeit. Unter besonderen Voraussetzungen erhält auch der andere (frühere) Ehegatte diese Auskunft.

2 Anhand der Renteninformation können Versicherte **regelmäßig** ihre Entscheidungen im Rahmen des Aufbaus der kapitalgedeckten Altersvorsorge **überprüfen** und gegebenenfalls ihre Anlagestrategie im Hinblick auf das für das Alter gewünschte Versorgungsniveau **optimieren** (BT-Drs. 14/4595, 43). Da die Renteninformation stets auf dem aktuell geltenden Recht basiert, haben Versicherte die Möglichkeit, die Auswirkungen von Gesetzesänderungen auf ihre Rentenanwartschaft zeitnah festzustellen. Im Übrigen ist die gesetzliche Rentenversicherung auch berechtigt, Auskünfte hinsichtlich dem Aufbau einer zusätzlichen steuergeförderten Altersvorsorge zu erteilen (§ 15 Abs. 4 SGB I).

B. Anspruchsberechtigte

3 Eine schriftliche **Renteninformation** erhalten Versicherte jährlich, sofern sie das **27. Lebensjahr** vollendet und die allgemeine Wartezeit erfüllt haben. Die Renteninformation enthält ua. Angaben über die Höhe einer Rente wegen verminderter Erwerbsfähigkeit und eine Prognose über die Höhe der zu erwartenden Regelaltersrente. Zu den Voraussetzungen für diese Rentenarten gehört die Erfüllung einer Mindestversicherungszeit von 5 Jahren (§ 50 Abs. 1 SGB VI). Versicherte, die zwar bereits das 27. Lebensjahr vollendet haben, aber die allgemeine Wartezeit (noch) nicht erfüllt haben, bekommen keine Renteninformation. Denn diese Versicherten haben regelmäßig die Anspruchsvoraussetzungen für eine Rente nicht erfüllt, so kann nur im Falle einer vorzeitigen Wartezeiterfüllung (§ 53 SGB VI) ein Rentenanspruch bestehen.

4 Nach Vollendung des **55. Lebensjahres** erhalten Versicherte alle 3 Jahre anstelle der Renteninformation eine **Rentenauskunft**, dh. im Jahr der Vollendung des 55., 58., 61. und 64. Lebensjahres. In den übrigen Jahren wird diesen Versicherten weiterhin eine Renteninformation übersandt. Sofern ein **berechtigtes Interesse** besteht, erteilt die gesetzliche Rentenversicherung auch frühzeitig eine Rentenauskunft, dh. bereits vor Vollendung des 55. Lebensjahres. Entsprechend ist zu verfahren, wenn eine Rentenauskunft vor Ablauf von 3 Jahren benötigt wird. Die Anforderungen, um ein berechtigtes Interesse nachzuweisen, sind nicht besonders hoch. Die Rentenversicherung wird eine Rentenauskunft zu erteilen, sofern ein nachvollziehbarer Grund vorliegt. So erhalten Bezieher einer Versichertenrente keine Renteninformation. Trotzdem können beispielsweise Bezieher einer Rente wegen verminderter Erwerbsfähigkeit ein berechtigtes Interesse an einer Rentenauskunft haben, weil sie weitere rentenrechtliche Zeiten nach Rentenbeginn zurückgelegt haben.

C. Grundlage

5 Basis für die Renteninformation und die Rentenauskunft sind stets das aktuell **geltende Recht** und die im **Versicherungskonto** gespeicherten rentenrechtlichen Zeiten. Darauf sind die Versicherten explizit hinzuweisen, denn Änderungen bei den rentenrechtlichen Zeiten oder Rechtsänderungen können die Rentenhöhe negativ oder positiv beeinflussen. Erst bei Eintritt des Leistungsfalles kann verbindlich über den Rentenanspruch und dessen Höhe entschieden werden (§ 149 Abs. 5 S. 3 SGB VI). Eine Rentenauskunft ist kein Verwaltungsakt, sondern vielmehr als schlichtes Verwaltungshandeln anzusehen (BSG 30. 8. 2001 – B 4 RA 114/00 – NZS 2004,). Die Vorschrift in der bis zum 31. 12. 2003 geltenden Fassung enthielt den Hinweis, dass Rentenauskünfte nicht rechtsverbindlich sind (§ 109 Abs. 4 S. 2 SGB VI aF). Zwar enthält die aktuelle Regelung keine derartige ausdrückliche Klarstellung mehr, dessen ungeachtet stellen die Renteninformation bzw. -auskunft weiterhin keinen Verwaltungsakt dar.

6 Trotz der mangelnden Rechtsverbindlichkeit von Auskünften können sie Grundlage für ein **schutzwürdiges Vertrauen** des Versicherten sein. In der Folge begründet eine unrichtige Rentenauskunft uU einen **Amtshaftungsanspruch** (BGH 10. 7. 2003 – III ZR 155/02 – NJW 2003, 3049). Die Rentenauskunft ergänzt die Beratungs- und Betreuungspflichten des Rentenversicherungsträgers (vgl. § 14 SGB I). Vor diesem Hintergrund könne ein Hinweis auf die mangelnde Rechtsverbindlichkeit der Auskunft, die einer Unverbindlichkeit im umgangssprachlichen Sinn nicht

ohne weiteres gleichzusetzen ist, nur so verstanden werden, dass mit der Auskunft eine verbindliche Regelung des Rentenversicherungsverhältnisses noch nicht verbunden ist. Hingegen entfalle mit dem Hinweis auf die Unverbindlichkeit nicht die Haftung für die Richtigkeit der Auskunft, weil es an einer dementsprechenden rechtlichen Grundlage fehle. Der Rentenversicherungsträger ist verpflichtet, Auskünfte vollständig und vor allem richtig zu erteilen, weil sich der Versicherte grundsätzlich auf die Richtigkeit verlassen darf und er einen Anspruch hat, in seinem Vertrauen hierauf geschützt zu werden.

D. Renteninformation

I. Ausgestaltung

Die Form und die detaillierte Ausgestaltung der Renteninformation kann die gesetzliche Rentenversicherung selbst festlegen, denn der Gesetzgeber hat nur den **Mindestinhalt** vorgegeben. Die Versicherten müssen danach auf jeden Fall über folgende Inhalte unterrichtet werden: 7
– Grundlagen der Rentenberechnung,
– Höhe einer Rente wegen verminderter Erwerbsfähigkeit, wenn der Leistungsfall der vollen Erwerbsminderung vorläge,
– Prognose über die zu erwartende Regelaltersrente,
– Informationen über die Auswirkungen künftiger Rentenanpassungen und
– eine Übersicht über die Höhe der Beiträge, die für Beitragszeiten vom Versicherten, dem Arbeitgeber oder von öffentlichen Kassen gezahlt worden sind.

II. Rentenberechnung

Auf Grund der Komplexität der Rentenberechnung ergibt sich fast zwangsläufig die Beschränkung auf eine Erläuterung der **Grundlagen**. Hervorzuheben ist dabei insbesondere, dass die Rentenhöhe im Wesentlichen von den durch Beiträge versicherten Arbeitsentgelten abhängt (§ 63 Abs. 1 SGB VI). Des Weiteren beeinflussen aber auch andere rentenrechtliche Zeiten, wie zB Krankheits- oder Arbeitslosigkeitszeiten, die Rentenhöhe. Die Arbeitsentgelte bzw. –einkommen werden in Entgeltpunkte umgerechnet, dabei wird ein voller Entgeltpunkt für ein Arbeitsentgelt in Höhe des Durchschnittsentgelts gutgeschrieben. Schließlich ergibt sich die Rentenhöhe durch die Multiplikation der persönlichen Entgeltpunkte mit dem Rentenartfaktor und dem aktuellen Rentenwert (§ 64 SGB VI). Dabei führt ein Rentenbeginn vor oder nach dem Erreichen der Regelaltersgrenze zu Ab- oder Zuschlägen bei der Rente. 8

III. Rente wegen verminderter Erwerbsfähigkeit

Bei der Erstellung der Renteninformation wird unter Berücksichtigung der **aktuell** im Versicherungskonto **gespeicherten Zeiten** und einer Zurechnungszeit (§ 59 SGB VI) die Rentenhöhe für eine Rente wegen voller Erwerbsminderung berechnet. Eine Berechnung erübrigt sich für die Versicherten, die die Voraussetzung der so genannten „Drei-Fünftel-Belegung" nicht erfüllen. Diese Versicherten sind darauf hinzuweisen, dass ein Anspruch auf Erwerbsminderungsrente zurzeit nicht besteht, weil in den letzten fünf Jahren vor Eintritt der Erwerbsminderung mindestens drei Jahre Pflichtbeitragszeiten vorliegen müssen. 9

IV. Regelaltersrente

Der Gesetzgeber fordert von der Rentenversicherung eine **Prognose** über die Höhe der zu erwartenden Regelaltersrente, ohne allerdings nähere Kriterien für die „Vorhersage" festzulegen. Zunächst ist sicherlich eine Angabe über die Rentenhöhe nach den aktuell vorliegenden Zeiten hilfreich. Ansonsten hat die Deutsche Rentenversicherung beschlossen bei der Prognoseerstellung anzunehmen, dass bis zum Erreichen der Regelaltersgrenze Beiträge in der Durchschnitt der letzten 5 Kalenderjahre gezahlt werden. Die Hochrechnung der Regelaltersrente erfolgt ohne Berücksichtigung von Rentenanpassungen. Eine individuelle Hochrechnung kann nicht vorgenommen werden, wenn in den letzten Kalenderjahren vor der Renteninformation keine Beitragszeiten vorhanden sind. Des Weiteren erfolgt keine Hochrechnung, sofern in den letzten 5 Kalenderjahren Berufsausbildungs- oder Kindererziehungszeiten liegen. Ein fiktives Fortschreiben dieser Zeiten bis zum Erreichen der Regelaltersgrenze würde eine Prognose zu sehr beeinträchtigen. 10

V. Rentenanpassungen

Da die gesetzliche **Rente** nicht statisch, sondern **dynamisch** ist, klärt die Renteninformation über die Auswirkungen künftiger Rentenanpassungen auf. Die Rentenanpassung orientiert sich hauptsächlich an der Einkommensentwicklung, allerdings wich der Gesetzgeber in der Vergangenheit teilweise 11 von diesem Prinzip ab. Beispielsweise im Jahr 2004 setzte er die Rentenanpassung aus, um mit den Einsparungen den Beitragssatz zu stabilisieren (BeckOK Kreikebohm SGB VI § 68 Rn 6). Auch ein anderer Faktor für die Rentenanpassung wurde zeitweise modifiziert, nämlich der so genannte Altersvorsorgeanteil (§ 255 e SGB VI). In der Folge ergibt sich für die Jahre 2008 und 2009 eine höhere Rentenanpassung als nach der ursprünglichen Regelung, allerdings sollen dafür die Rentenanpassungen in den Jahren 2012 und 2013 geringer ausfallen.

12   Eine **präzise Auskunft** über die zukünftige Entwicklung der Rentenanpassungen bzw. der -höhe kann die Rentenversicherung **nicht geben**. So sind die Anpassungsvorschriften bisher nicht konstant, wie die zahlreichen Änderungen in der Vergangenheit zeigen. Des Weiteren ist die voraussichtliche Entwicklung der Einkommen ungewiss. Als Anhaltspunkt können der gesetzlichen Rentenversicherung zB die Lohnentwicklungsvarianten dienen, die im Rentenversicherungsbericht der Bundesregierung aufgeführt sind. Die Renteninformation enthält i. d. R. zwei unterschiedliche Berechnungen, bei denen die Entwicklung der individuellen Rente unter Annahme eines gleichbleibenden jährlichen Anpassungssatzes dargestellt wird. Im Jahr 2006 hat die Rentenversicherung, ua. auf Grund des Rentenversicherungsberichtes aus dem Jahr 2005 (BT-Drs. 16/905), die fiktiven Anpassungssätze für die Hochrechnung von 1,5% auf 1% bzw. von 2,5% auf 2% abgesenkt. Schließlich erfolgt noch ein Hinweis auf die Auswirkungen der Inflation. Damit soll vermieden werden, dass die Versicherten den Kaufkraftverlust unterschätzen.

VI. Beiträge

13   Die Renteninformation enthält die **Höhe der Beiträge**, die die Rentenversicherung für den jeweiligen Versicherten erhalten hat. Dabei erfolgt eine Unterteilung in Beiträge, die vom Versicherten selber getragen bzw. gezahlt wurden sowie in Beiträge, die vom Arbeitgeber und von öffentlichen Kassen gezahlt wurden. Eine weitere Aufgliederung der Beiträge ist nicht vorgesehen, dh. beispielsweise, dass die vom Bund für Kindererziehungszeiten gezahlten pauschalen Beiträge (§ 177 SGB VI) nicht gesondert ausgewiesen sind.

E. Rentenauskunft

I. Ausgestaltung

14   Für die Rentenauskunft gibt der Gesetzgeber ebenfalls nur den **Mindestinhalt** vor. Die Versicherten sind über folgende Inhalte aufzuklären:
– über die im Versicherungskonto gespeicherten rentenrechtlichen Zeiten,
– über die Ermittlung der persönlichen Entgeltpunkte,
– über die Rentenhöhe einer Rente wegen voller Erwerbsminderung, einer Witwen- bzw. Witwerrente und einer Regelaltersrente,
– über die Höhe der Beitragszahlung, die zum Ausgleich einer Rentenminderung bei vorzeitiger Inanspruchnahme einer Altersrente erforderlich ist und
– über die persönlichen und versicherungsrechtlichen Voraussetzungen für einen Rentenanspruch.

II. Versicherungsverlauf

15   Ein Versicherungsverlauf gibt dem Versicherten einen Überblick hinsichtlich der in seinem Versicherungskonto **gespeicherten rentenrechtlichen Zeiten**. Die Aussagekraft sowohl der Renteninformation als auch der Rentenauskunft hängt im Wesentlichen von der Vollständigkeit des Versicherungskontos ab. Daher sollten fehlende Zeiten umgehend mit dem Rentenversicherungsträger geklärt werden. Der Nachweis von rentenrechtlichen Zeiten gelingt idR eher, wenn die Ermittlungen zeitnah eingeleitet werden. Die Verpflichtung, Lohnunterlagen aufzubewahren, besteht zB für einen Arbeitgeber nur für einen begrenzten Zeitraum (KSW/Roßbach § 28 f SGB IV Rn. 5).

III. Persönliche Entgeltpunkte

16   Für die Berechnung der **individuellen Rentenhöhe** sind die persönlichen Entgeltpunkte als ein Element der **Rentenformel** ein bestimmender Faktor. Entgeltpunkte werden für diverse Sachverhalte ermittelt (§ 66 Abs. 1 SGB VI). Die Summe aller Entgeltpunkte ergibt dann unter Berücksichtigung des Zugangsfaktors die persönlichen Entgeltpunkte. Die Rentenauskunft weist den aktuellen Wert aus, dabei ist aber zu beachten, dass die Berechnung der Entgeltpunkte aus beitragsfreien und beitragsgeminderten Zeiten auch von der weiteren Versicherungsbiografie abhängt (zur Gesamtleistungsbewertung vgl. BeckOK Kreikebohm SGB VI § 71).

IV. Rentenhöhe

17   Eine Rentenauskunft enthält ua. die Rentenhöhe für **3 verschiedene Rentenarten** und zwar für die Rente wegen voller Erwerbsminderung, für eine Witwen- bzw. Witwerrente und für eine Regel-

altersrente. Die Berechnung erfolgt nur anhand der gespeicherten rentenrechtlichen Zeiten, dh. es erfolgt keine fiktive Hinzurechnung weiterer Beitragszeiten, wie bei der Prognose der Regelaltersrente für die Renteninformation. Für die Erteilung einer Auskunft über die Höhe einer Witwen- oder Witwerrente fordert der Gesetzgeber nicht, dass eine Ehe oder Lebenspartnerschaft besteht. Eine Angabe über die Rentenhöhe erhalten also Versicherte unabhängig vom Familienstand, sofern sie die allgemeine Wartezeit erfüllt haben.

V. Ausgleich einer Rentenminderung

Bei einer **vorzeitigen Inanspruchnahme** einer Altersrente vermindert sich die Rente (§ 77 Abs. 2 SGB VI). Allerdings kann die Rentenminderung durch eine freiwillige Beitragszahlung vollständig oder teilweise ausgeglichen werden (§ 187a SGB VI). Auf **Antrag** enthält die Rentenauskunft den erforderlichen Ausgleichsbetrag. Vom Versicherten ist im Antrag anzugeben, zu welchem Zeitpunkt eine bestimmte Altersrente vorzeitig in Anspruch genommen werden soll. Ist ein Rentenanspruch zum gewünschten Rentenbeginn ausgeschlossen, weil die versicherungsrechtlichen Voraussetzungen nicht mehr erfüllt werden können, entfällt die Berechnung des Ausgleichsbetrages. **18**

VI. Rentenanspruch

Ein Rentenanspruch setzt insbesondere voraus, dass die erforderliche **Wartezeit** erfüllt ist und die jeweiligen besonderen **versicherungsrechtlichen und persönlichen Voraussetzungen** vorliegen (§ 34 Abs. 1 SGB VI). Im Rahmen der Rentenauskunft sind den Versicherten entsprechende allgemeine Hinweise zu geben. Schließlich ist es noch wichtig, auf das Antragsprinzip aufmerksam zu machen, weil der Rentenbeginn auch vom Zeitpunkt der Antragstellung abhängt (§ 99 SGB VI). **19**

F. Versorgungsausgleich

Auf **Antrag** teilt die Rentenversicherung Versicherten die Höhe ihrer auf die **Ehezeit** entfallenden Rentenanwartschaft mit. In der Folge können die Betroffenen bereits vor Durchführung einer Scheidung abschätzen, inwieweit sich ein Versorgungsausgleich auf die Rentenhöhe auswirken würde. Ein Auskunftsanspruch besteht ebenso, falls Versicherte zB prüfen möchten, ob eine Abänderung einer rechtskräftigen Versorgungsausgleichsentscheidung in Frage kommt (§§ 51 VersAusglG, 225, 226 FamFG). **20**

Mit dem Gesetz zur Überarbeitung des Lebenspartnerschaftsrechts vom 15. 12. 2004 wurde ua. der **Versorgungsausgleich** nach Aufhebung einer **Lebenspartnerschaft** eingeführt (§ 20 LPartG). Das Recht der Lebenspartnerschaft entspricht seit dem 1. 1. 2005 weitgehend dem Recht der Ehe, allerdings ist der Wortlaut von § 109 Abs. 5 SGB VI nicht angepasst worden. Ein Unterschied zwischen dem Interesse eines Lebenspartners, über die Auswirkungen eines Versorgungsausgleichs informiert zu werden und dem Interesse eines Ehegatten, ist nicht erkennbar. Die Rentenversicherung kann daher auf Antrag dem Versicherten selber eine Auskunft über die Höhe seiner auf die Lebenspartnerschaftszeit entfallenden Rentenanwartschaft erteilen, weil auch keine datenschutzrechtlichen Gründe dagegen sprechen. **21**

Die Auskunft über die Rentenanwartschaft in der Ehezeit erhält nur der Versicherte selber, dh. der andere (geschiedene) Ehegatte benötigt die **Einwilligung** des Versicherten, um dessen Rentenauskunft ebenfalls zu bekommen (§ 67b Abs. 1 S. 1 SGB X). Ansonsten ist ohne Einwilligung eine Übermittlung nur unter den Voraussetzungen des § 74 S. 1 Nr. 2b SGB X zulässig. Also erst wenn der Versicherte seine Auskunfts- bzw. Mitwirkungspflicht auch nach einer Mahnung nicht erfüllt, ist der Rentenversicherungsträger zur Übermittlung an den anderen (geschiedenen) Ehegatten befugt. In diesem Fall muss die Rentenversicherung dem Versicherten aber ebenfalls die Auskunft zur Verfügung stellen (§ 109 Abs. 5 S. 3 SGB VI). **22**

G. Auskunft an das Familiengericht

Nach § 220 Abs. 4 FamFG sind die Rentenversicherungsträger verpflichtet, dem Familiengericht die für die Durchführung des Versorgungsausgleich notwendigen Werte zu übermitteln. Für Anrechte aus der gesetzlichen Rentenversicherung gelten die Grundsätze der unmittelbaren Bewertung (§ 43 Abs. 1 VersAusglG). Eine Legaldefinition des Begriffs „unmittelbare Bewertung" enthält § 39 Abs. 1 VersAusglG. Danach entspricht der Wert des Ehezeitanteils den auf die Ehezeit entfallenden Entgeltpunkten. Die zu ermittelnden Entgeltpunkte ergeben sich aus der Berechnung einer **Vollrente wegen Erreichens der Regelaltersgrenze**. Bei der Berechnung ist der Zugangsfaktor mit dem Wert 1,0 anzusetzen. **23**

§ 109a Hilfen in Angelegenheiten der Grundsicherung

(1) ¹Die Träger der Rentenversicherung informieren und beraten Personen, die
1. die Regelaltersgrenze erreicht haben oder
2. das 18. Lebensjahr vollendet haben, unabhängig von der jeweiligen Arbeitsmarktlage voll erwerbsgemindert im Sinne des § 43 Abs. 2 sind und bei denen es unwahrscheinlich ist, dass die volle Erwerbsminderung behoben werden kann,

über die Leistungsvoraussetzungen nach dem Vierten Kapitel des Zwölften Buches, soweit die genannten Personen rentenberechtigt sind. ²Personen nach Satz 1, die nicht rentenberechtigt sind, werden auf Anfrage beraten und informiert. ³Liegt eine Rente unter dem 27fachen des aktuellen Rentenwertes, ist der Information zusätzlich ein Antragsformular beizufügen. ⁴Es ist darauf hinzuweisen, dass der Antrag auf Leistungen der Grundsicherung im Alter und bei Erwerbsminderung nach dem Vierten Kapitel des Zwölften Buches auch bei dem zuständigen Träger der Rentenversicherung gestellt werden kann, der den Antrag an den zuständigen Träger der Sozialhilfe weiterleitet. ⁵Darüber hinaus sind die Träger der Rentenversicherung verpflichtet, mit den zuständigen Trägern der Sozialhilfe zur Zielerreichung der Grundsicherung im Alter und bei Erwerbsminderung nach dem Vierten Kapitel des Zwölften Buches zusammenzuarbeiten. ⁶Eine Verpflichtung nach Satz 1 besteht nicht, wenn eine Inanspruchnahme von Leistungen der genannten Art wegen der Höhe der gezahlten Rente sowie der im Rentenverfahren zu ermittelnden weiteren Einkünfte nicht in Betracht kommt.

(2) ¹Die Träger der Rentenversicherung prüfen und entscheiden auf ein Ersuchen nach § 45 des Zwölften Buches durch den zuständigen Träger der Sozialhilfe, ob Personen, die das 18. Lebensjahr vollendet haben, unabhängig von der jeweiligen Arbeitsmarktlage voll erwerbsgemindert im Sinne des § 43 Abs. 2 sind und es unwahrscheinlich ist, dass die volle Erwerbsminderung behoben werden kann. ²Ergibt die Prüfung, dass keine volle Erwerbsminderung vorliegt, ist ergänzend eine gutachterliche Stellungnahme abzugeben, ob hilfebedürftige Personen, die das 15. Lebensjahr vollendet haben, erwerbsfähig im Sinne des § 8 des Zweiten Buches sind.

(3) ¹Die Träger der Rentenversicherung geben nach § 44a Absatz 1 Satz 5 des Zweiten Buches eine gutachterliche Stellungnahme ab, ob hilfebedürftige Personen, die das 15. Lebensjahr vollendet haben, erwerbsfähig im Sinne des § 8 des Zweiten Buches sind. ²Ergibt die gutachterliche Stellungnahme, dass Personen, die das 18. Lebensjahr vollendet haben, unabhängig von der jeweiligen Arbeitsmarktlage voll erwerbsgemindert im Sinne des § 43 Absatz 2 Satz 2 sind, ist ergänzend zu prüfen, ob es unwahrscheinlich ist, dass die volle Erwerbsminderung behoben werden kann.

(4) Zuständig für die Prüfung und Entscheidung nach Absatz 2 und die Erstellung der gutachterlichen Stellungnahme nach Absatz 3 ist
1. bei Versicherten der Träger der Rentenversicherung, der für die Erbringung von Leistungen an den Versicherten zuständig ist,
2. bei sonstigen Personen der Regionalträger, der für den Sitz des Trägers der Sozialhilfe oder der Agentur für Arbeit örtlich zuständig ist.

(5) Die kommunalen Spitzenverbände, die Bundesagentur für Arbeit und die Deutsche Rentenversicherung Bund können Vereinbarungen über das Verfahren nach den Absätzen 2 und 3 schließen.

A. Normzweck

1 Bereits nach den §§ 13–15 SGB I ist die gesetzliche Rentenversicherung zur Aufklärung, Beratung und Auskunft verpflichtet. Darüber hinaus bestimmt § 109a SGB VI **Information- und Beratungspflichten** hinsichtlich der Grundsicherung. Mit der Grundsicherung soll ua. der Altersarmut begegnet werden (KSW/Kreikebohm § 41 SGB XII Rn. 2). Die Regelungen zur Zusammenarbeit zwischen Rentenversicherung und Sozialhilfeträger stellen insbesondere sicher, dass alle potentiell Leistungsberechtigten Kenntnis von ihrer Berechtigung erhalten (KSW/Kreikebohm § 46 SGB XII Rn. 1). Im Übrigen obliegt es den Rentenversicherungsträgern, die Erwerbsfähigkeit zu prüfen bzw. eine gutachterliche Stellungnahme abzugeben.

B. Informations- und Beratungspflicht

2 Die Rentenversicherungsträger sind verpflichtet, rentenberechtigte Personen über die Leistungsvoraussetzungen nach dem 4. Kapitel des SGB XII **von Amts wegen** zu informieren und zu beraten.

Die Verpflichtung erstreckt sich auf die Leistungsberechtigten iSv. § 41 SGB XII. Also auf Personen, die die Regelaltersgrenze erreicht haben oder die das 18. Lebensjahr vollendet haben und dauerhaft voll erwerbsgemindert sind. **Auf Anfrage** sind auch diejenigen, die zu den Leistungsberechtigten gehören, aber nicht rentenberechtigt sind, zu beraten und zu informieren (§ 109 a Abs. 1 S. 2 SGB VI).

Unterschreitet die monatliche Rente einen Mindestbetrag, hat der Rentenversicherungsträger der rentenberechtigten Person **zusätzlich** zur Information über die Grundsicherung auch ein **Antragsformular** zu übersenden. Der Mindestbetrag entspricht dem 27fachen des aktuellen Rentenwerts (2010: 27 * 27,20 Euro = 734,40 Euro). Ein Unterschreiten des Mindestbetrages bedeutet aber nicht, dass ein Anspruch auf Grundsicherung besteht, denn dieser Wert ist lediglich ein Indiz. Inwieweit tatsächlich ein Anspruch auf Grundsicherung besteht, entscheidet allein der zuständige Sozialhilfeträger. Beispielsweise infolge anderweitiger Einkommen kann dem Anspruch die mangelnde Bedürftigkeit entgegenstehen. 3

Der Antrag auf Grundsicherungsleistungen sollte möglichst beim zuständigen Sozialamt gestellt werden. Allerdings kann die Antragstellung auch beim Rentenversicherungsträger erfolgen, der den Antrag an den zuständigen Träger der Sozialhilfe **weiterleitet**. Sofern ein Rentenversicherungsträger einen Antrag weiterleitet, sollte bereits eine Bescheinigung über die Rentenhöhe beigefügt werden. Denn für eine zügige Entscheidung über Grundsicherungsleistungen ist ua. die Höhe der Einkünfte entscheidend. Die Verpflichtung zur Zusammenarbeit zwischen Rentenversicherungs- und Sozialhilfeträger hat der Gesetzgeber ausdrücklich in § 109 a Abs. 1 S. 5 SGB VI festgeschrieben. Wenn wegen der Rentenhöhe oder auf Grund anderer Einkünfte erkennbar ist, dass Grundsicherungsleistungen nicht in Betracht kommen, entfällt die Informations- und Beratungspflicht. 4

C. Prüfung der Erwerbsfähigkeit

Zur Vermeidung von abweichenden Beurteilungen über die Erwerbsfähigkeit hat der Sozialhilfeträger idR ein **„Ersuchen"** an den Rentenversicherungsträger zu richten. Damit soll der größere Sachverstand der gesetzlichen Rentenversicherung genutzt werden (KSW/Kreikebohm § 45 SGB XII Rn. 1). So prüft der Rentenversicherungsträger bei Anträgen auf Renten wegen verminderter Erwerbsfähigkeit vor allem die Leistungsvoraussetzung „Erwerbsminderung". Daher ist es konsequent dieses Wissen zu nutzen, indem die gesetzliche Rentenversicherung für den Sozialhilfeträger **verbindlich** feststellt, ob unabhängig von der jeweiligen Arbeitsmarktlage eine dauerhafte volle Erwerbsminderung vorliegt. Eine dauerhafte Einschränkung der Erwerbsfähigkeit nimmt der Gesetzgeber bei Bezug einer Zeitrente wegen Erwerbsminderung nach einer Gesamtdauer der Befristung von 9 Jahren an (KSW/Kreikebohm § 102 SGB VI Rn. 3). Hingegen kommt bei Zeitrenten wegen verminderter Erwerbsfähigkeit, die wegen der schlechten Arbeitsmarktlage gezahlt werden, auch nach Ablauf von 9 Jahren die Annahme einer dauerhaften Erwerbsminderung nicht zum Tragen. 5

Stellt der Rentenversicherungsträger fest, dass keine volle Erwerbsminderung vorliegt, dann ist für bestimmte Personen eine **zusätzliche Stellungnahme** abzugeben. Betroffen sind hilfebedürftige Personen, die das 15. Lebensjahr vollendet haben. Für die genannten Personen ist gutachterlich Stellung zu nehmen, ob sie erwerbsfähig iSd. § 8 SGB II sind. Mit dieser verpflichtenden Stellungnahme verhindert der Gesetzgeber, dass der Rentenversicherungsträger auf Grund eines Ersuchens der Agentur für Arbeit eine erneute Begutachtung vornehmen muss (vgl. Rn. 7). 6

D. Begutachtung

Mit Wirkung zum 1. 1. 2011 erweiterte der Gesetzgeber den Anwendungsbereich von § 109 a SGB VI. Nunmehr prüft die gesetzliche Rentenversicherung gegebenenfalls auch im Verfahren der **Grundsicherung für Arbeitsuchende**, ob die medizinischen Voraussetzungen der Erwerbsfähigkeit vorliegen. Gemäß § 44a SGB II stellt zunächst die Agentur für Arbeit fest, ob der Arbeitsuchende erwerbsfähig iSd. § 8 SGB II ist. Wird der Entscheidung widersprochen, gibt der zuständige Rentenversicherungsträger eine gutachterliche Stellungnahme ab. Bei der Begutachtung infolge eines Ersuchens der Agentur für Arbeit ist auch festzustellen, ob eine **dauerhafte** volle Erwerbsminderung vorliegt. Dadurch sollen Doppeluntersuchungen vermieden werden (BT-Drs. 17/2188, 21). Sofern der Rentenversicherungsträger nicht feststellen würde, ob es wahrscheinlich ist, dass eine volle Erwerbsminderung behoben werden kann, müsste auf Ersuchen des Sozialhilfeträger eine zweite Begutachtung vorgenommen werden. 7

E. Zuständigkeit

Der Rentenversicherungsträger, in dessen Zuständigkeit die **Erbringung von Leistungen** an den Versicherten liegt, ist auch für die Feststellung der dauerhaften vollen Erwerbsminderung bzw. der 8

Erwerbsfähigkeit im Rahmen eines Ersuchens zuständig. Für Nichtversicherte ist der Regionalträger zuständig, der für den Sitz des Sozialhilfeträgers bzw. der Agentur für Arbeit örtlich zuständig ist.

F. Vereinbarungen

9   Die **Verfahren** nach § 109a Absatz 2 und 3 SGB VI können durch Vereinbarungen zwischen den kommunalen Spitzenverbänden, der Bundesagentur für Arbeit und der Deutschen Rentenversicherung Bund geregelt werden. Des Weiteren vereinbaren das Bundesministerium für Arbeit und Soziales, das Bundesministerium der Finanzen und die Deutsche Rentenversicherung Bund aufwandsgerechte Pauschalbeträge für die Kosten und Auslagen, die der Rentenversicherung durch die Wahrnehmung der Aufgaben nach § 109a Absatz 2 und 3 SGB VI entstehen (vgl. § 224b SGB VI).

Fünfter Abschnitt. Leistungen an Berechtigte im Ausland

§ 110 Grundsatz

(1) Berechtigte, die sich nur vorübergehend im Ausland aufhalten, erhalten für diese Zeit Leistungen wie Berechtigte, die ihren gewöhnlichen Aufenthalt im Inland haben.

(2) Berechtigte, die ihren gewöhnlichen Aufenthalt im Ausland haben, erhalten diese Leistungen, soweit nicht die folgenden Vorschriften über Leistungen an Berechtigte im Ausland etwas anderes bestimmen.

(3) Die Vorschriften dieses Abschnitts sind nur anzuwenden, soweit nicht nach über- oder zwischenstaatlichem Recht etwas anderes bestimmt ist.

§ 111 Rehabilitationsleistungen und Krankenversicherungszuschuss

(1) Berechtigte erhalten die Leistungen zur medizinischen Rehabilitation oder zur Teilhabe am Arbeitsleben nur, wenn für sie für den Kalendermonat, in dem der Antrag gestellt ist, Pflichtbeiträge gezahlt oder nur deshalb nicht gezahlt worden sind, weil sie im Anschluss an eine versicherte Beschäftigung oder selbständige Tätigkeit arbeitsunfähig waren.

(2) Berechtigte erhalten keinen Zuschuss zu den Aufwendungen für die Krankenversicherung.

§ 112 Renten bei verminderter Erwerbsfähigkeit

[1]Berechtigte erhalten wegen verminderter Erwerbsfähigkeit eine Rente nur, wenn der Anspruch unabhängig von der jeweiligen Arbeitsmarktlage besteht. [2]Für eine Rente für Bergleute ist zusätzlich erforderlich, dass die Berechtigten auf diese Rente bereits für die Zeit, in der sie ihren gewöhnlichen Aufenthalt noch im Inland gehabt haben, einen Anspruch hatten.

§ 113 Höhe der Rente

(1) [1]Die persönlichen Entgeltpunkte von Berechtigten werden ermittelt aus
1. Entgeltpunkten für Bundesgebiets-Beitragszeiten,
2. dem Leistungszuschlag für Bundesgebiets-Beitragszeiten,
3. Zuschlägen an Entgeltpunkten aus einem durchgeführten Versorgungsausgleich oder Rentensplitting,
4. Abschlägen an Entgeltpunkten aus einem durchgeführten Versorgungsausgleich oder Rentensplitting, soweit sie auf Bundesgebiets-Beitragszeiten entfallen,
5. Zuschlägen aus Zahlung von Beiträgen bei vorzeitiger Inanspruchnahme einer Rente wegen Alters oder bei Abfindung von Anwartschaften auf betriebliche Altersversorgung,
6. Zuschlägen an Entgeltpunkten für Arbeitsentgelt aus geringfügiger versicherungsfreier Beschäftigung,
7. zusätzlichen Entgeltpunkten für Arbeitsentgelt aus nach § 23b Abs. 2 Satz 1 bis 4 des Vierten Buches aufgelösten Wertguthaben,
8. Zuschlägen an Entgeltpunkten bei Witwenrenten und Witwerrenten und
9. Zuschläge an Entgeltpunkten aus Beiträgen nach Beginn einer Rente wegen Alters.

²Bundesgebiets-Beitragszeiten sind Beitragszeiten, für die Beiträge nach Bundesrecht nach dem 8. Mai 1945 gezahlt worden sind, und die diesen im Fünften Kapitel gleichgestellten Beitragszeiten.

(2) Der Zuschlag an persönlichen Entgeltpunkten bei Waisenrenten von Berechtigten wird allein aus Bundesgebiets-Beitragszeiten ermittelt.

(3) ¹Die persönlichen Entgeltpunkte von Berechtigten, die nicht die Staatsangehörigkeit eines Staates haben, in dem die Verordnung (EWG) Nr. 1408/71 anzuwenden ist, werden zu 70 vom Hundert berücksichtigt. ²Satz 1 gilt nicht bei Hinterbliebenenrenten, wenn der verstorbene Versicherte die Staatsangehörigkeit eines Staates hatte, in dem die Verordnung (EWG) Nr. 1408/71 anzuwenden ist.

§ 114 Besonderheiten

(1) ¹Die persönlichen Entgeltpunkte von Berechtigten, die die Staatsangehörigkeit eines Staates haben, in dem die Verordnung (EWG) Nr. 1408/71 anzuwenden ist, werden zusätzlich ermittelt aus
1. Entgeltpunkten für beitragsfreie Zeiten,
2. dem Zuschlag an Entgeltpunkten für beitragsgeminderte Zeiten und
3. Abschlägen an Entgeltpunkten aus einem durchgeführten Versorgungsausgleich oder Rentensplitting, soweit sie auf beitragsfreie Zeiten oder einen Zuschlag an Entgeltpunkten für beitragsgeminderte Zeiten entfallen.

²Die nach Satz 1 ermittelten Entgeltpunkte werden dabei in dem Verhältnis berücksichtigt, in dem die Entgeltpunkte für Bundesgebiets-Beitragszeiten und die nach § 272 Abs. 1 Nr. 1 sowie § 272 Abs. 3 Satz 1 ermittelten Entgeltpunkte zu allen Entgeltpunkten für Beitragszeiten einschließlich Beschäftigungszeiten nach dem Fremdrentengesetz stehen.

(2) Der Zuschlag an persönlichen Entgeltpunkten bei Waisenrenten von Berechtigten, die die Staatsangehörigkeit eines Staates haben, in dem die Verordnung (EWG) Nr. 1408/71 anzuwenden ist, wird zusätzlich aus
1. beitragsfreien Zeiten in dem sich nach Absatz 1 Satz 2 ergebenden Verhältnis und
2. Berücksichtigungszeiten im Inland

ermittelt.

(3) Absatz 1 gilt auch bei Hinterbliebenenrenten und Absatz 2 gilt auch bei Waisenrenten, wenn der verstorbene Versicherte die Staatsangehörigkeit eines Staates hatte, in dem die Verordnung (EWG) Nr. 1408/71 anzuwenden ist.

Sechster Abschnitt. Durchführung

Erster Unterabschnitt. Beginn und Abschluss des Verfahrens

§ 115 Beginn

(1) ¹Das Verfahren beginnt mit dem Antrag, wenn nicht etwas anderes bestimmt ist. ²Eines Antrags bedarf es nicht, wenn eine Rente wegen der Änderung der tatsächlichen oder rechtlichen Verhältnisse in niedrigerer als der bisherigen Höhe zu leisten ist.

(2) Anträge von Witwen oder Witwern auf Zahlung eines Vorschusses auf der Grundlage der für den Sterbemonat an den verstorbenen Ehegatten geleisteten Rente gelten als Anträge auf Leistung einer Witwenrente oder Witwerrente.

(3) ¹Haben Versicherte bis zum Erreichen der Regelaltersgrenze eine Rente wegen verminderter Erwerbsfähigkeit oder eine Erziehungsrente bezogen, ist anschließend eine Regelaltersrente zu leisten, wenn sie nicht etwas anderes bestimmen. ²Haben Witwen oder Witwer bis zum Erreichen der Altersgrenze für eine große Witwenrente oder große Witwerrente eine kleine Witwenrente oder kleine Witwerrente bezogen, ist anschließend eine große Witwenrente oder große Witwerrente zu leisten.

(4) ¹Leistungen zur medizinischen Rehabilitation oder zur Teilhabe am Arbeitsleben können auch von Amts wegen erbracht werden, wenn die Versicherten zustimmen. ²Die Zustimmung gilt als Antrag auf Leistungen zur medizinischen Rehabilitation oder zur Teilhabe am Arbeitsleben.

(5) Rentenauskünfte werden auch von Amts wegen erteilt.

(6) ¹Die Träger der Rentenversicherung sollen die Berechtigten in geeigneten Fällen darauf hinweisen, dass sie eine Leistung erhalten können, wenn sie diese beantragen. ²In Richtlinien der Deutschen Rentenversicherung Bund kann bestimmt werden, unter welchen Voraussetzungen solche Hinweise erfolgen sollen.

§ 116 Besonderheiten bei Leistungen zur Teilhabe

(1) (weggefallen)

(2) Der Antrag auf Leistungen zur medizinischen Rehabilitation oder zur Teilhabe am Arbeitsleben gilt als Antrag auf Rente, wenn Versicherte vermindert erwerbsfähig sind und

1. ein Erfolg von Leistungen zur medizinischen Rehabilitation oder zur Teilhabe am Arbeitsleben nicht zu erwarten ist oder
2. Leistungen zur medizinischen Rehabilitation oder zur Teilhabe am Arbeitsleben nicht erfolgreich gewesen sind, weil sie die verminderte Erwerbsfähigkeit nicht verhindert haben.

(3) ¹Ist Übergangsgeld gezahlt worden und wird nachträglich für denselben Zeitraum der Anspruch auf eine Rente wegen verminderter Erwerbsfähigkeit festgestellt, gilt dieser Anspruch bis zur Höhe des gezahlten Übergangsgeldes als erfüllt. ²Übersteigt das Übergangsgeld den Betrag der Rente, kann der übersteigende Betrag nicht zurückgefordert werden.

§ 117 Abschluss

Die Entscheidung über einen Anspruch auf Leistung bedarf der Schriftform.

Zweiter Unterabschnitt. Auszahlung und Anpassung

§ 118 Fälligkeit und Auszahlung

(1) ¹Laufende Geldleistungen mit Ausnahme des Übergangsgeldes werden am Ende des Monats fällig, zu dessen Beginn die Anspruchsvoraussetzungen erfüllt sind; sie werden am letzten Bankarbeitstag dieses Monats ausgezahlt. ²Bei Zahlung auf ein Konto im Inland ist die Gutschrift der laufenden Geldleistung, auch wenn sie nachträglich erfolgt, so vorzunehmen, dass die Wertstellung des eingehenden Überweisungsbetrages auf dem Empfängerkonto unter dem Datum des Tages erfolgt, an dem der Betrag dem Geldinstitut zur Verfügung gestellt worden ist. ³Für die rechtzeitige Auszahlung im Sinne von Satz 1 genügt es, wenn nach dem gewöhnlichen Verlauf die Wertstellung des Betrages der laufenden Geldleistung unter dem Datum des letzten Bankarbeitstages erfolgen kann.

(2) Laufende Geldleistungen, die bei Auszahlungen

1. im Inland den aktuellen Rentenwert,
2. im Ausland das Dreifache des aktuellen Rentenwerts

nicht übersteigen, können für einen angemessenen Zeitraum im Voraus ausgezahlt werden.

(2 a) Nachzahlungsbeträge, die ein Zehntel des aktuellen Rentenwerts nicht übersteigen, sollen nicht ausgezahlt werden.

(3) ¹Geldleistungen, die für die Zeit nach dem Tod des Berechtigten auf ein Konto bei einem Geldinstitut im Inland überwiesen wurden, gelten als unter Vorbehalt erbracht. ²Das Geldinstitut hat sie der überweisenden Stelle oder dem Träger der Rentenversicherung zurückzuüberweisen, wenn diese sie als zu Unrecht erbracht zurückfordern. ³Eine Verpflichtung zur Rücküberweisung besteht nicht, soweit über den entsprechenden Betrag bei Eingang der Rückforderung bereits anderweitig verfügt wurde, es sei denn, dass die Rücküberweisung aus einem Guthaben erfolgen kann. ⁴Das Geldinstitut darf den überwiesenen Betrag nicht zur Befriedigung eigener Forderungen verwenden.

(4) ¹Soweit Geldleistungen für die Zeit nach dem Tod des Berechtigten zu Unrecht erbracht worden sind, sind sowohl die Personen, die die Geldleistungen unmittelbar in Empfang genommen haben oder an die der entsprechende Betrag durch Dauerauftrag, Lastschrifteinzug oder sonstiges bankübliches Zahlungsgeschäft auf ein Konto weitergeleitet wurde (Empfänger), als auch die Personen, die als Verfügungsberechtigte über den entsprechenden Betrag ein bankübliches Zahlungsgeschäft zu Lasten des Kontos vorge-

nommen oder zugelassen haben (Verfügende), dem Träger der Rentenversicherung zur Erstattung des entsprechenden Betrages verpflichtet. ²Der Träger der Rentenversicherung hat Erstattungsansprüche durch Verwaltungsakt geltend zu machen. ³Ein Geldinstitut, das eine Rücküberweisung mit dem Hinweis abgelehnt hat, dass über den entsprechenden Betrag bereits anderweitig verfügt wurde, hat der überweisenden Stelle oder dem Träger der Rentenversicherung auf Verlangen Name und Anschrift des Empfängers oder Verfügenden und etwaiger neuer Kontoinhaber zu benennen. ⁴Ein Anspruch gegen die Erben nach § 50 des Zehnten Buches bleibt unberührt.

(4 a) ¹Die Ansprüche nach den Absätzen 3 und 4 verjähren in vier Jahren nach Ablauf des Kalenderjahres, in dem der Träger der Rentenversicherung Kenntnis von der Überzahlung und in den Fällen des Absatzes 4 zusätzlich Kenntnis von dem Erstattungspflichtigen erlangt hat. ²Für die Hemmung, die Ablaufhemmung, den Neubeginn und die Wirkung der Verjährung gelten die Vorschriften des Bürgerlichen Gesetzbuchs sinngemäß.

(5) Sind laufende Geldleistungen, die nach Absatz 1 auszuzahlen und in dem Monat fällig geworden sind, in dem der Berechtigte verstorben ist, auf das bisherige Empfängerkonto bei einem Geldinstitut überwiesen worden, ist der Anspruch der Erben gegenüber dem Träger der Rentenversicherung erfüllt.

§ 119 Wahrnehmung von Aufgaben durch die Deutsche Post AG

(1) ¹Die Träger der allgemeinen Rentenversicherung zahlen die laufenden Geldleistungen mit Ausnahme des Übergangsgeldes durch die Deutsche Post AG aus. ²Im Übrigen können die Träger der Rentenversicherung Geldleistungen durch die Deutsche Post AG auszahlen lassen.

(2) ¹Soweit die Deutsche Post AG laufende Geldleistungen für die Träger der Rentenversicherung auszahlt, führt sie auch Arbeiten zur Anpassung der Leistungen durch. ²Die Anpassungsmitteilungen ergehen im Namen des Trägers der Rentenversicherung.

(3) Die Auszahlung und die Durchführung der Anpassung von Geldleistungen durch die Deutsche Post AG umfassen auch die Wahrnehmung der damit im Zusammenhang stehenden Aufgaben der Träger der Rentenversicherung, insbesondere
1. die Überwachung der Zahlungsvoraussetzungen durch die Auswertung der Sterbefallmitteilungen nach § 101 a des Zehnten Buches und durch die Einholung von Lebensbescheinigungen im Rahmen des § 60 Abs. 1 und des § 65 Abs. 1 Nr. 3 des Ersten Buches sowie
2. die Erstellung statistischen Materials und dessen Übermittlung an das Bundesministerium für Arbeit und Soziales und an die Deutsche Rentenversicherung Bund.

(4) ¹Die Träger der Rentenversicherung werden von ihrer Verantwortung gegenüber dem Leistungsberechtigten nicht entbunden. ²Der Leistungsberechtigte soll jedoch Änderungen in den tatsächlichen oder rechtlichen Verhältnissen, die für die Auszahlung oder die Durchführung der Anpassung der von der Deutschen Post AG gezahlten Geldleistungen erheblich sind, unmittelbar der Deutschen Post AG mitteilen.

(5) ¹Zur Auszahlung der Geldleistungen erhält die Deutsche Post AG von den Trägern der Rentenversicherung monatlich rechtzeitig angemessene Vorschüsse. ²Die Deutsche Rentenversicherung Bund setzt für die Träger der allgemeinen Rentenversicherung die Vorschüsse fest.

(6) ¹Die Deutsche Post AG erhält für ihre Tätigkeit von den Trägern der Rentenversicherung eine angemessene Vergütung und auf die Vergütung monatlich rechtzeitig angemessene Vorschüsse. ²Die Deutsche Rentenversicherung Bund setzt für die Träger der allgemeinen Rentenversicherung die Vorschüsse fest.

§ 120 Verordnungsermächtigung

Das Bundesministerium für Arbeit und Soziales wird ermächtigt, im Einvernehmen mit dem Bundesministerium der Finanzen durch Rechtsverordnung mit Zustimmung des Bundesrates
1. den Inhalt der von der Deutschen Post AG wahrzunehmenden Aufgaben der Träger der Rentenversicherung nach § 119 Abs. 1 bis 3 näher zu bestimmen und die Rechte und Pflichten der Beteiligten festzulegen,
2. die Höhe und Fälligkeit der Vorschüsse, die die Deutsche Post AG von den Trägern der Rentenversicherung nach § 119 Abs. 5 erhält, näher zu bestimmen,

3. die Höhe und Fälligkeit der Vergütung und der Vorschüsse, die die Deutsche Post AG von den Trägern der Rentenversicherung nach § 119 Abs. 6 erhält, näher zu bestimmen.

Dritter Unterabschnitt. Rentensplitting

§ 120a Grundsätze für das Rentensplitting unter Ehegatten

(1) Ehegatten können gemeinsam bestimmen, dass die von ihnen in der Ehe erworbenen Ansprüche auf eine anpassungsfähige Rente zwischen ihnen aufgeteilt werden (Rentensplitting unter Ehegatten).

(2) Die Durchführung des Rentensplittings unter Ehegatten ist zulässig, wenn
1. die Ehe nach dem 31. Dezember 2001 geschlossen worden ist oder
2. die Ehe am 31. Dezember 2001 bestand und beide Ehegatten nach dem 1. Januar 1962 geboren sind.

(3) Anspruch auf Durchführung des Rentensplittings unter Ehegatten besteht, wenn
1. erstmalig beide Ehegatten Anspruch auf Leistung einer Vollrente wegen Alters aus der gesetzlichen Rentenversicherung haben oder
2. erstmalig ein Ehegatte Anspruch auf Leistung einer Vollrente wegen Alters aus der gesetzlichen Rentenversicherung und der andere Ehegatte die Regelaltersgrenze erreicht hat oder
3. ein Ehegatte verstirbt, bevor die Voraussetzungen der Nummern 1 und 2 vorliegen. In diesem Fall kann der überlebende Ehegatte das Rentensplitting unter Ehegatten allein herbeiführen.

(4) [1] Anspruch auf Durchführung des Rentensplittings unter Ehegatten besteht nur, wenn am Ende der Splittingzeit
1. in den Fällen von Absatz 3 Nr. 1 und 2 bei beiden Ehegatten und
2. im Fall von Absatz 3 Nr. 3 beim überlebenden Ehegatten

25 Jahre an rentenrechtlichen Zeiten vorhanden sind. [2] Im Fall von Satz 1 Nr. 2 gilt als rentenrechtliche Zeit auch die Zeit vom Zeitpunkt des Todes des verstorbenen Ehegatten bis zum Erreichen der Regelaltersgrenze des überlebenden Ehegatten in dem Verhältnis, in dem die Kalendermonate an rentenrechtlichen Zeiten des überlebenden Ehegatten in der Zeit von seinem vollendeten 17. Lebensjahr bis zum Tod des verstorbenen Ehegatten zu allen Kalendermonaten in dieser Zeit stehen.

(5) Anspruch auf Durchführung des Rentensplittings unter Ehegatten besteht nicht, wenn der überlebende Ehegatte eine Rentenabfindung erhalten hat.

(6) [1] Der Anspruch auf Durchführung des Rentensplittings unter Ehegatten besteht für die Zeit vom Beginn des Monats, in dem die Ehe geschlossen worden ist, bis zum Ende des Monats, in dem der Anspruch entstanden ist (Splittingzeit). [2] Entsteht der Anspruch auf Durchführung des Rentensplittings unter Ehegatten durch Leistung einer Vollrente wegen Alters, endet die Splittingzeit mit dem Ende des Monats vor Leistungsbeginn.

(7) [1] Die Höhe der Ansprüche richtet sich nach den Entgeltpunkten der Ehegatten, getrennt nach
1. Entgeltpunkten der allgemeinen Rentenversicherung und
2. Entgeltpunkten der knappschaftlichen Rentenversicherung,

die mit demselben aktuellen Rentenwert für die Berechnung einer Rente zu vervielfältigen sind. [2] Der Ehegatte mit der jeweils niedrigeren Summe solcher Entgeltpunkte hat Anspruch auf Übertragung der Hälfte des Unterschieds zwischen den gleichartigen Entgeltpunkten der Ehegatten (Einzelsplitting).

(8) Besteht zwischen den jeweiligen Summen aller Entgeltpunkte der Ehegatten in der Splittingzeit ein Unterschied, ergibt sich für den Ehegatten mit der niedrigeren Summe aller Entgeltpunkte ein Zuwachs an Entgeltpunkten in Höhe der Hälfte des Unterschieds zwischen der Summe aller Entgeltpunkte für den Ehegatten mit der höheren Summe an Entgeltpunkten und der Summe an Entgeltpunkten des anderen Ehegatten (Splittingzuwachs).

(9) Das Rentensplitting unter Ehegatten ist durchgeführt, wenn die Entscheidung des Rentenversicherungsträgers über das Rentensplitting
1. in den Fällen von Absatz 3 Nr. 1 und 2 für beide Ehegatten und
2. im Fall von Absatz 3 Nr. 3 für den überlebenden Ehegatten

unanfechtbar geworden ist.

§ 120b Tod eines Ehegatten vor Empfang angemessener Leistungen

(1) Ist ein Ehegatte verstorben und sind ihm aus dem Rentensplitting unter Ehegatten nicht länger als 36 Monate Rentenleistungen erbracht worden, wird die Rente des überlebenden Ehegatten auf Antrag nicht länger auf Grund des Rentensplittings gekürzt.

(2) Antragsberechtigt ist der überlebende Ehegatte.

(3) Die Anpassung wirkt ab dem ersten Tag des Monats, der auf den Monat der Antragstellung folgt.

§ 120c Abänderung des Rentensplittings unter Ehegatten

(1) Ehegatten haben Anspruch auf Abänderung des Rentensplittings, wenn sich für sie eine Abweichung des Wertunterschieds von dem bisher zugrunde liegenden Wertunterschied ergibt.

(2) ¹Die Änderung der Anspruchshöhe kommt nur in Betracht, wenn durch sie Versicherte
1. eine Übertragung von Entgeltpunkten erhalten, deren Wert insgesamt vom Wert der bislang insgesamt übertragenen Entgeltpunkte wesentlich abweicht, oder
2. eine maßgebende Wartezeit erfüllen.

²Eine Abweichung ist wesentlich, wenn sie 10 vom Hundert der durch die abzuändernde Entscheidung insgesamt übertragenen Entgeltpunkte, mindestens jedoch 0,5 Entgeltpunkte übersteigt, wobei Entgeltpunkte der knappschaftlichen Rentenversicherung zuvor mit 1,3333 zu vervielfältigen sind.

(3) Für den Ehegatten, der einen Splittingzuwachs erhalten hat, entfällt durch die Abänderung eine bereits erfüllte Wartezeit nicht.

(4) ¹Antragsberechtigt zur Abänderung des Rentensplittings unter Ehegatten sind neben den Ehegatten auch ihre Hinterbliebenen. ²Eine Abänderung von Amts wegen ist möglich.

(5) Das Verfahren endet mit dem Tod des antragstellenden Ehegatten oder des antragstellenden Hinterbliebenen, wenn nicht ein Antragsberechtigter binnen drei Monaten gegenüber dem Rentenversicherungsträger erklärt, das Verfahren fortsetzen zu wollen.

(6) ¹Die Ehegatten oder ihre Hinterbliebenen sind verpflichtet, einander die Auskünfte zu erteilen, die zur Wahrnehmung ihrer Rechte nach den vorstehenden Vorschriften erforderlich sind. ²Sofern ein Ehegatte oder seine Hinterbliebenen die erforderlichen Auskünfte von dem anderen Ehegatten oder dessen Hinterbliebenen nicht erhalten, haben sie einen entsprechenden Auskunftsanspruch gegen die betroffenen Rentenversicherungsträger. ³§ 74 Satz 1 Nr. 2 Buchstabe b des Zehnten Buches findet entsprechende Anwendung. ⁴Die Ehegatten und ihre Hinterbliebenen haben den betroffenen Rentenversicherungsträgern die erforderlichen Auskünfte zu erteilen.

(7) Die Abänderung des Rentensplittings unter Ehegatten ist durchgeführt, wenn die Entscheidung des Rentenversicherungsträgers über die Abänderung für die Ehegatten und ihre Hinterbliebenen unanfechtbar geworden ist.

§ 120d Verfahren und Zuständigkeit

(1) ¹Die Erklärung der Ehegatten zum Rentensplitting kann frühestens sechs Monate vor der voraussichtlichen Erfüllung der Anspruchsvoraussetzungen abgegeben werden. ²In den Fällen des § 120a Abs. 3 Nr. 3 ist die Erklärung zum Rentensplitting von dem überlebenden Ehegatten spätestens bis zum Ablauf von zwölf Kalendermonaten nach Ablauf des Monats abzugeben (Ausschlussfrist), in dem der Ehegatte verstorben ist. ³Die Ausschlussfrist gilt nur für Todesfälle ab dem 1. Januar 2008. ⁴Die Frist des Satzes 2 wird durch ein Verfahren bei einem Rentenversicherungsträger unterbrochen; die Frist beginnt erneut nach Abschluss des Verfahrens. ⁵Eine Wiedereinsetzung in den vorigen Stand ist ausgeschlossen.

(2) ¹Erklärungen zum Rentensplitting können von einem oder von beiden Ehegatten widerrufen werden, bis das Rentensplitting durchgeführt ist. ²Nach diesem Zeitpunkt sind die Erklärungen unwiderruflich.

(3) ¹Für die Durchführung des Rentensplittings ist der Rentenversicherungsträger des jüngeren Ehegatten zuständig. ²Hat ein Ehegatte keine eigenen Anwartschaften in der gesetzlichen Rentenversicherung erworben, ist der Rentenversicherungsträger des anderen Ehegatten zuständig. ³In den Fällen des § 120a Abs. 3 Nr. 3 ist der Rentenversicherungsträger des verstorbenen Ehegatten zuständig. ⁴Ist für einen Ehegatten die Zuständigkeit

der Deutschen Rentenversicherung Knappschaft-Bahn-See gegeben, ist dieser Rentenversicherungsträger für die Durchführung des Rentensplittings zuständig.

(4) Der am Verfahren über das Rentensplitting unter Ehegatten beteiligte, nicht zuständige Rentenversicherungsträger ist an die Entscheidung des zuständigen Rentenversicherungsträgers gebunden.

§ 120 e Rentensplitting unter Lebenspartnern

(1) [1]Lebenspartner können gemeinsam bestimmen, dass die von ihnen in der Lebenspartnerschaft erworbenen Ansprüche auf eine anpassungsfähige Rente zwischen ihnen aufgeteilt werden (Rentensplitting unter Lebenspartnern). [2]Die Durchführung des Rentensplittings, der Anspruch auf eine nicht aufgrund des Rentensplittings gekürzte Rente, die Abänderung des Rentensplittings unter Lebenspartnern und das Verfahren sowie die Zuständigkeit richten sich nach den vorangegangenen Vorschriften dieses Unterabschnitts. [3]Dabei gelten als Eheschließung die Begründung einer Lebenspartnerschaft, als Ehe eine Lebenspartnerschaft und als Ehegatte ein Lebenspartner.

(2) Ein Rentensplitting unter Lebenspartnern ist ausgeschlossen, wenn während der Lebenspartnerschaft eine Ehe geschlossen wurde.

Vierter Unterabschnitt. Besonderheiten beim Versorgungsausgleich

§ 120 f Interne Teilung und Verrechnung von Anrechten

(1) Als erworbene Anrechte gleicher Art im Sinne des § 10 Abs. 2 des Versorgungsausgleichsgesetzes gelten die in der gesetzlichen Rentenversicherung erworbenen Anrechte.

(2) Als Anrechte gleicher Art im Sinne des § 10 Abs. 2 des Versorgungsausgleichsgesetzes gelten nicht
1. die im Beitrittsgebiet und im übrigen Bundesgebiet erworbenen Anrechte, soweit einheitliche Einkommensverhältnisse im Gebiet der Bundesrepublik Deutschland noch nicht hergestellt sind,
2. die in der allgemeinen Rentenversicherung und in der knappschaftlichen Rentenversicherung erworbenen Anrechte.

§ 120 g Externe Teilung

Wählt die ausgleichsberechtigte Person bei der externen Teilung von Anrechten nach dem Versorgungsausgleichsgesetz keine Zielversorgung aus und erfolgt der Ausgleich nach § 15 Abs. 5 des Versorgungsausgleichsgesetzes in der gesetzlichen Rentenversicherung, werden Anrechte mit Zahlungseingang des Betrags erworben, der vom Familiengericht nach § 222 Abs. 3 des Gesetzes über das Verfahren in Familiensachen und in den Angelegenheiten der freiwilligen Gerichtsbarkeit festgesetzt wurde.

§ 120 h Abzuschmelzende Anrechte

Abzuschmelzende Anrechte im Sinne des § 19 Abs. 2 Nr. 2 des Versorgungsausgleichsgesetzes, die Ausgleichsansprüchen nach der Scheidung nach den §§ 20 bis 24 des Versorgungsausgleichsgesetzes unterliegen, sind
1. der Auffüllbetrag (§ 315 a),
2. der Rentenzuschlag (§ 319 a),
3. der Übergangszuschlag (§ 319 b) und
4. der weiterzuzahlende Betrag oder der besitzgeschützte Zahlbetrag der nach dem Anspruchs- und Anwartschaftsüberführungsgesetz oder nach dem Zusatzversorgungssystem-Gleichstellungsgesetz überführten Rente des Beitrittsgebiets, soweit dieser den Monatsbetrag der Renten nach § 307 b Abs. 1 Satz 3 übersteigt (§ 307 b Abs. 6).

Fünfter Unterabschnitt. Berechnungsgrundsätze

§ 121 Allgemeine Berechnungsgrundsätze

(1) Berechnungen werden auf vier Dezimalstellen durchgeführt, wenn nicht etwas anderes bestimmt ist.

(2) Bei einer auf Dezimalstellen vorzunehmenden Berechnung wird die letzte Dezimalstelle um 1 erhöht, wenn sich in der folgenden Dezimalstelle eine der Zahlen 5 bis 9 ergeben würde.

(3) Bei einer Berechnung, die auf volle Werte vorzunehmen ist, wird der Wert vor der ersten Dezimalstelle um 1 erhöht, wenn sich in den ersten vier Dezimalstellen eine der Zahlen 1 bis 9 ergeben würde.

(4) Bei einer Berechnung werden vor einer Division zunächst die anderen Rechengänge durchgeführt.

§ 122 Berechnung von Zeiten

(1) Ein Kalendermonat, der nur zum Teil mit rentenrechtlichen Zeiten belegt ist, zählt als voller Monat.

(2) ¹Ein Zeitraum, der in Jahren bestimmt ist, umfasst für jedes zu berücksichtigende Jahr zwölf Monate. ²Ist für den Beginn oder das Ende eines Zeitraums ein bestimmtes Ereignis maßgebend, wird auch der Kalendermonat, in den das Ereignis fällt, berücksichtigt.

(3) Sind Zeiten bis zu einer Höchstdauer zu berücksichtigen, werden die am weitesten zurückliegenden Kalendermonate zunächst berücksichtigt.

§ 123 Berechnung von Geldbeträgen

(1) Berechnungen von Geldbeträgen werden auf zwei Dezimalstellen durchgeführt.

(2) Bei der Ermittlung von Geldbeträgen, für die ausdrücklich ein voller Betrag vorgegeben oder bestimmt ist, wird der Betrag nur dann um 1 erhöht, wenn sich in der ersten Dezimalstelle eine der Zahlen 5 bis 9 ergeben würde.

(3) ¹Der auf einen Teilzeitraum entfallende Betrag ergibt sich, wenn der Gesamtbetrag mit dem Teilzeitraum vervielfältigt und durch den Gesamtzeitraum geteilt wird. ²Dabei werden das Kalenderjahr mit 360 Tagen, der Kalendermonat außer bei der anteiligen Ermittlung einer Monatsrente mit 30 Tagen und die Kalenderwoche mit sieben Tagen gerechnet.

§ 124 Berechnung von Durchschnittswerten und Rententeilen

(1) Durchschnittswerte werden aus der Summe der Einzelwerte und der für ihre Ermittlung zugrunde gelegten Summe der jeweiligen Zeiteinheiten ermittelt, soweit nicht eine andere Summe von Zeiteinheiten ausdrücklich bestimmt ist.

(2) Die Rente oder Rentenanwartschaft, die auf einen Zeitabschnitt entfällt, ergibt sich, wenn nach der Ermittlung der Entgeltpunkte für alle rentenrechtlichen Zeiten die Rente oder Rentenanwartschaft aus den Entgeltpunkten berechnet wird, die auf diesen Zeitabschnitt entfallen.

Drittes Kapitel. Organisation, Datenschutz und Datensicherheit

Erster Abschnitt. Organisation

Erster Unterabschnitt. Deutsche Rentenversicherung

§ 125 Träger der gesetzlichen Rentenversicherung

(1) ¹Die Aufgaben der gesetzlichen Rentenversicherung (allgemeine Rentenversicherung und knappschaftliche Rentenversicherung) werden von Regionalträgern und Bundesträgern wahrgenommen. ²Der Name der Regionalträger der gesetzlichen Rentenversicherung besteht aus der Bezeichnung „Deutsche Rentenversicherung" und einem Zusatz für ihre jeweilige regionale Zuständigkeit.

(2) ¹Bundesträger sind die Deutsche Rentenversicherung Bund und die Deutsche Rentenversicherung Knappschaft-Bahn-See. ²Die Deutsche Rentenversicherung Bund nimmt auch die Grundsatz- und Querschnittsaufgaben und die gemeinsamen Angelegenheiten der Träger der Rentenversicherung wahr.

Zweiter Unterabschnitt. Zuständigkeit in der allgemeinen Rentenversicherung

§ 126 Zuständigkeit der Träger der Rentenversicherung

Für die Erfüllung der Aufgaben der Rentenversicherung sind in der allgemeinen Rentenversicherung die Regionalträger, die Deutsche Rentenversicherung Bund und die Deutsche Rentenversicherung Knappschaft-Bahn-See zuständig.

§ 127 Zuständigkeit für Versicherte und Hinterbliebene

(1) ¹Zuständig für Versicherte ist der Träger der Rentenversicherung, der durch die Datenstelle der Träger der Rentenversicherung bei der Vergabe der Versicherungsnummer festgelegt worden ist. ²Ist eine Versicherungsnummer noch nicht vergeben, ist bis zur Vergabe der Versicherungsnummer die Deutsche Rentenversicherung Bund zuständig.

(2) Das Erweiterte Direktorium der Deutschen Rentenversicherung Bund bestimmt die Zuordnung von Versicherten zu einem Träger der Rentenversicherung nach folgenden Grundsätzen:
1. Die Versicherten werden zu 55 vom Hundert den Regionalträgern, zu 40 vom Hundert der Deutschen Rentenversicherung Bund und zu 5 vom Hundert der Deutschen Rentenversicherung Knappschaft-Bahn-See zugeordnet.
2. Im ersten Schritt werden Versicherte gemäß § 129 oder § 133 der Deutschen Rentenversicherung Knappschaft-Bahn-See unter Anrechnung auf ihre Quote nach Nummer 1 zugeordnet.
3. Im zweiten Schritt werden den Regionalträgern so viele der verbleibenden Versicherten zugeordnet, dass, für jeden örtlichen Zuständigkeitsbereich eines Regionalträgers gesondert, jeweils die Quote nach Nummer 1 hergestellt wird.
4. Im dritten Schritt werden die übrigen Versicherten zur Herstellung der Quote nach Nummer 1 zwischen der Deutschen Rentenversicherung Bund und, unter Anrechnung der Vorwegzuordnung nach Nummer 2, der Deutschen Rentenversicherung Knappschaft-Bahn-See verteilt. Dabei werden der Deutschen Rentenversicherung Knappschaft-Bahn-See Versicherte in Brandenburg, Hamburg, Hessen, Nordrhein-Westfalen, Oberbayern, Sachsen und im Saarland gleichmäßig zugewiesen.

(3) ¹Für Personen, die als Hinterbliebene eines verstorbenen Versicherten Ansprüche gegen die Rentenversicherung geltend machen, ist der Träger der Rentenversicherung zuständig, an den zuletzt Beiträge für den verstorbenen Versicherten gezahlt worden sind. ²Der so zuständige Träger bleibt auch zuständig, wenn nach dem Tod eines weiteren Versicherten ein anderer Träger zuständig wäre. ³Bei gleichzeitigem Tod mehrerer Versicherter ist der Träger der Rentenversicherung zuständig, an den der letzte Beitrag gezahlt worden ist. ⁴Sind zuletzt an mehrere Träger der Rentenversicherung Beiträge gezahlt worden, ergibt sich die Zuständigkeit nach folgender Reihenfolge:
1. Deutsche Rentenversicherung Knappschaft-Bahn-See,
2. Deutsche Rentenversicherung Bund,
3. Regionalträger.

§ 128 Örtliche Zuständigkeit der Regionalträger

(1) ¹Die örtliche Zuständigkeit der Regionalträger richtet sich, soweit nicht nach über- und zwischenstaatlichem Recht etwas anderes bestimmt ist, nach folgender Reihenfolge:
1. Wohnsitz,
2. gewöhnlicher Aufenthalt,
3. Beschäftigungsort,
4. Tätigkeitsort

der Versicherten oder der Hinterbliebenen im Inland. ²Bei Leistungsansprüchen ist für die örtliche Zuständigkeit der Zeitpunkt der Antragstellung maßgebend. ³Bei Halbwaisenrenten ist der für den überlebenden Ehegatten, bei Waisenrenten, bei denen ein überlebender Ehegatte nicht vorhanden ist, der für die jüngste Waise bestimmte Regionalträger zuständig. ⁴Wären bei Leistungsansprüchen von Hinterbliebenen mehrere Regionalträger zuständig, ist der Regionalträger zuständig, bei dem zuerst ein Antrag gestellt worden ist.

(2) Liegt der nach Absatz 1 maßgebende Ort nicht im Inland, ist der Regionalträger zuständig, der zuletzt nach Absatz 1 zuständig war.

(3) Ist nach den Absätzen 1 und 2 die Zuständigkeit eines Trägers der Rentenversicherung nicht gegeben, ist die Deutsche Rentenversicherung Rheinland zuständig.

§ 129 Zuständigkeit der Deutschen Rentenversicherung Knappschaft-Bahn-See für Versicherte

(1) Die Deutsche Rentenversicherung Knappschaft-Bahn-See ist zuständig, wenn die Versicherten
1. beim Bundeseisenbahnvermögen,
2. bei der Deutschen Bahn Aktiengesellschaft oder den gemäß § 2 Abs. 1 des Deutsche Bahn Gründungsgesetzes vom 27. Dezember 1993 (BGBl. I S. 2378, 2386) ausgegliederten Aktiengesellschaften,
3. bei Unternehmen, die gemäß § 3 Abs. 3 des genannten Gesetzes aus den Aktiengesellschaften ausgegliedert worden sind, von diesen überwiegend beherrscht werden und unmittelbar und überwiegend Eisenbahnverkehrsleistungen erbringen oder eine Eisenbahninfrastruktur betreiben,
4. bei den Bahn-Versicherungsträgern, der Krankenversorgung der Bundesbahnbeamten und dem Bahnsozialwerk,
5. in der Seefahrt (Seeschifffahrt und Seefischerei) oder
6. bei der Deutschen Rentenversicherung Knappschaft-Bahn-See

beschäftigt sind.

(2) Die Deutsche Rentenversicherung Knappschaft-Bahn-See ist auch zuständig für selbständig Tätige, die als Seelotse, Küstenschiffer oder Küstenfischer versicherungspflichtig sind.

§ 130 Sonderzuständigkeit der Deutschen Rentenversicherung Knappschaft-Bahn-See

¹Die Deutsche Rentenversicherung Knappschaft-Bahn-See ist für Leistungen zuständig, wenn ein Beitrag auf Grund einer Beschäftigung oder selbständigen Tätigkeit nach § 129 Abs. 1 oder Abs. 2 gezahlt worden ist. ²In diesen Fällen führt die Deutsche Rentenversicherung Knappschaft-Bahn-See auch die Versicherung durch.

§ 131 Auskunfts- und Beratungsstellen

Die Regionalträger unterhalten für den Bereich der Auskunft und Beratung ein Dienststellennetz für die Deutsche Rentenversicherung.

Dritter Unterabschnitt. Zuständigkeit in der knappschaftlichen Rentenversicherung

§ 132 Versicherungsträger

Träger der knappschaftlichen Rentenversicherung ist die Deutsche Rentenversicherung Knappschaft-Bahn-See.

§ 133 Zuständigkeit der Deutschen Rentenversicherung Knappschaft-Bahn-See für Beschäftigte

Die Deutsche Rentenversicherung Knappschaft-Bahn-See ist zuständig, wenn die Versicherten
1. in einem knappschaftlichen Betrieb beschäftigt sind,
2. ausschließlich oder überwiegend knappschaftliche Arbeiten verrichten oder
3. bei Arbeitnehmerorganisationen oder Arbeitgeberorganisationen, die berufsständische Interessen des Bergbaus wahrnehmen, oder bei den Bergämtern, Oberbergämtern oder bergmännischen Prüfstellen, Forschungsstellen oder Rettungsstellen beschäftigt sind und für sie vor Aufnahme dieser Beschäftigung fünf Jahre Beiträge zur knappschaftlichen Rentenversicherung gezahlt worden sind.

§ 134 Knappschaftliche Betriebe und Arbeiten

(1) Knappschaftliche Betriebe sind Betriebe, in denen Mineralien oder ähnliche Stoffe bergmännisch gewonnen werden, Betriebe der Industrie der Steine und Erden jedoch nur dann, wenn sie überwiegend unterirdisch betrieben werden.

(2) Als knappschaftliche Betriebe gelten auch Versuchsgruben des Bergbaus.

(3) Knappschaftliche Betriebe sind auch Betriebsanstalten oder Gewerbeanlagen, die als Nebenbetriebe eines knappschaftlichen Betriebs mit diesem räumlich und betrieblich zusammenhängen.

(4) Knappschaftliche Arbeiten sind nachstehende Arbeiten, wenn sie räumlich und betrieblich mit einem Bergwerksbetrieb zusammenhängen, aber von einem anderen Unternehmer ausgeführt werden:
1. alle Arbeiten unter Tage mit Ausnahme von vorübergehenden Montagearbeiten,
2. Abraumarbeiten zum Aufschließen der Lagerstätte,
3. die Gewinnung oder das Verladen von Versatzmaterial innerhalb des Zechengeländes in Betrieb befindlicher Werke mit Ausnahme der Arbeiten an Baggern,
4. das Umarbeiten (Aufbereiten) von Bergehalden (Erzgruben) innerhalb des Zechengeländes in Betrieb befindlicher Werke,
5. laufende Unterhaltungsarbeiten an Grubenbahnen sowie Grubenanschlussbahnen innerhalb des Zechengeländes,
6. das Rangieren der Wagen auf den Grubenanlagen,
7. Arbeiten in den zur Zeche gehörenden Reparaturwerkstätten,
8. Arbeiten auf den Zechenholzplätzen, die nur dem Betrieb von Zechen dienen, soweit das Holz in das Eigentum der Zeche übergegangen ist,
9. Arbeiten in den Lampenstuben,
10. das Stapeln des Geförderten, das Verladen von gestürzten Produkten, das Aufhalden und das Abhalden von Produkten, von Bergen und von sonstigen Abfällen innerhalb des Zechengeländes,
11. Sanierungsarbeiten wie beispielsweise Aufräumungsarbeiten und Ebnungsarbeiten sowie das Laden von Schutt und dergleichen, wenn diese Arbeiten regelmäßig innerhalb des Zechengeländes ausgeführt werden.

(5) Knappschaftliche Arbeiten stehen für die knappschaftliche Versicherung einem knappschaftlichen Betrieb gleich.

(6) Montagearbeiten unter Tage sind knappschaftliche Arbeiten im Sinne von Absatz 4 Nr. 1, wenn sie die Dauer von drei Monaten überschreiten.

§ 135 Nachversicherung

[1]Für die Nachversicherung ist die Deutsche Rentenversicherung Knappschaft-Bahn-See als Träger der knappschaftlichen Rentenversicherung nur zuständig, soweit diese für die Zeit einer Beschäftigung bei dem Träger der knappschaftlichen Rentenversicherung durchgeführt wird. [2]Sie ist auch zuständig für die Nachversicherung einer Beschäftigung bei einem Bergamt, Oberbergamt oder einer bergmännischen Prüfstelle, wenn vor Aufgabe dieser Beschäftigung für fünf Jahre Beiträge zur knappschaftlichen Rentenversicherung gezahlt worden sind.

§ 136 Sonderzuständigkeit der Deutschen Rentenversicherung Knappschaft-Bahn-See

[1]Die Deutsche Rentenversicherung Knappschaft-Bahn-See ist für Leistungen zuständig, wenn ein Beitrag auf Grund einer Beschäftigung zur knappschaftlichen Rentenversicherung gezahlt worden ist. [2]In diesen Fällen führt die Deutsche Rentenversicherung Knappschaft-Bahn-See auch die Versicherung durch.

§ 137 Besonderheit bei der Durchführung der Versicherung und bei den Leistungen

Die Deutsche Rentenversicherung Knappschaft-Bahn-See führt die Versicherung für Personen, die wegen
1. einer Kindererziehung,
2. eines Wehrdienstes oder Zivildienstes,
3. eines Bezuges von Sozialleistungen oder von Vorruhestandsgeld

bei ihr versichert sind, in der knappschaftlichen Rentenversicherung durch, wenn diese im letzten Jahr vor Beginn dieser Zeiten zuletzt wegen einer Beschäftigung in der knappschaftlichen Rentenversicherung versichert waren.

Unterabschnitt 3 a. Zuständigkeit der Deutschen Rentenversicherung Knappschaft-Bahn-See für die Seemannskasse

§ 137 a Zuständigkeit der Deutschen Rentenversicherung Knappschaft-Bahn-See für die Seemannskasse

Die Seemannskasse, die von der See-Berufsgenossenschaft gemäß § 891 a der Reichsversicherungsordnung in der Fassung des Artikels 1 § 4 Nr. 2 des Rentenreformgesetzes vom 16. Oktober 1972 (BGBl. I S. 1965) und den dieses ändernden oder ergänzenden Gesetzen errichtet wurde und durchgeführt wird, wird mit Wirkung vom 1. Januar 2009 unter ihrem Namen durch die Deutsche Rentenversicherung Knappschaft-Bahn-See als Träger der allgemeinen Rentenversicherung nach den §§ 137 b bis 137 e weitergeführt.

§ 137 b Besonderheiten bei den Leistungen und bei der Durchführung der Versicherung

(1) ¹Aufgabe der Seemannskasse ist die Gewährung eines Überbrückungsgeldes nach Vollendung des 55. Lebensjahres an die bei ihr versicherten Seeleute sowie an Küstenschiffer und Küstenfischer, die aus der Seefahrt ausgeschieden sind. ²Die Satzung kann ergänzende Leistungen für Versicherte nach Erreichen der Regelaltersgrenze vorsehen.

(2) Versicherungspflichtig sind in der Seemannskasse
1. Seeleute, die auf Seefahrzeugen gegen Arbeitsentgelt oder zu ihrer Berufsausbildung nach § 2 Abs. 1 Nr. 1 des Siebten Buches bei einer gewerblichen Berufsgenossenschaft unfallversichert sind und im Rahmen des § 1 Satz 1 Nr. 1 in Verbindung mit § 129 Abs. 1 Nr. 5 bei der Deutschen Rentenversicherung Knappschaft-Bahn-See rentenversichert sind, sofern diese Beschäftigung nicht geringfügig im Sinne von § 8 des Vierten Buches ausgeübt wird,
2. Küstenschiffer und Küstenfischer, die nach § 2 Satz 1 Nr. 7 oder Nr. 10 oder nach § 229 a Abs. 1 rentenversichert sind und ihre Tätigkeit nicht im Nebenerwerb ausüben.

(3) Die Meldungen zur Seemannskasse sind mit den Meldungen zur Sozialversicherung (§ 28 a des Vierten Buches) zu verbinden.

§ 137 c Vermögen, Haftung

(1) Das Vermögen der Seemannskasse geht zum 1. Januar 2009 mit allen Rechten und Pflichten auf die Deutsche Rentenversicherung Knappschaft-Bahn-See über.

(2) ¹Das Vermögen der Seemannskasse ist als Sondervermögen getrennt von dem sonstigen Vermögen der Deutschen Rentenversicherung Knappschaft-Bahn-See zu verwalten. ²Der Überschuss der Einnahmen über die Ausgaben ist dem Vermögen zuzuführen; ein etwaiger Fehlbetrag ist aus diesem zu decken. ³Der Bewirtschaftungsplan über Einnahmen und Ausgaben einschließlich der Aufwendungen für Verwaltungskosten ist in einem Einzelplan des Haushaltsplans der Deutschen Rentenversicherung Knappschaft-Bahn-See zu führen.

(3) ¹Die Mittel der Seemannskasse sind im Wege der Umlage durch die Unternehmer aufzubringen, die bei ihr versichert sind oder die bei ihr Versicherte beschäftigen. ²Das Nähere, insbesondere die Voraussetzungen und den Umfang der Leistungen sowie die Festsetzung und die Zahlung der Beiträge, bestimmt die Satzung der Seemannskasse. ³Sie kann auch eine Beteiligung der Seeleute an der Aufbringung der Mittel vorsehen.

(4) Die Haftung der Deutschen Rentenversicherung Knappschaft-Bahn-See für Verbindlichkeiten der Seemannskasse ist auf das Sondervermögen der Seemannskasse beschränkt; dieses haftet nicht für Verbindlichkeiten der übrigen Aufgabenbereiche der Deutschen Rentenversicherung Knappschaft-Bahn-See.

(5) Die Seemannskasse wird von der Aufsichtsbehörde geschlossen, wenn die Erfüllbarkeit der satzungsmäßigen Leistungspflichten nicht mehr auf Dauer gewährleistet ist.

§ 137 d Organe

Die Selbstverwaltungsorgane und die Geschäftsführung der Deutschen Rentenversicherung Knappschaft-Bahn-See vertreten und verwalten die Seemannskasse nach dem für die Deutsche Rentenversicherung Knappschaft-Bahn-See als Rentenversicherungsträger geltenden Recht und nach Maßgabe der Satzung der Seemannskasse.

§ 137 e Beirat

(1) ¹Die Deutsche Rentenversicherung Knappschaft-Bahn-See bildet für die Angelegenheiten der Seemannskasse einen Beirat aus Vertretern der Unternehmer nach § 137 c Abs. 3 sowie Vertretern der in der Seemannskasse versicherten Seeleute. ²Die Mitglieder des Beirats und ihre Stellvertreter werden auf Vorschlag der Tarifvertragsparteien der Seeschifffahrt durch den Vorstand der Deutschen Rentenversicherung Knappschaft-Bahn-See berufen. ³Für ihre Amtsdauer gilt § 58 Abs. 2 des Vierten Buches entsprechend. ⁴Ein Mitglied des Beirats kann aus wichtigem Grund vor Ablauf der Amtsdauer abberufen werden.

(2) Die §§ 40 bis 42 des Vierten Buches über Ehrenämter, Entschädigung der ehrenamtlich Tätigen und Haftung gelten entsprechend.

(3) ¹Der Beirat berät die Selbstverwaltungsorgane der Deutschen Rentenversicherung Knappschaft-Bahn-See in den Angelegenheiten der Seemannskasse. ²Er behandelt die Entscheidungsvorlagen und legt eigene Beschlussvorschläge vor. ³Die Satzung der Seemannskasse kann bestimmen, dass insbesondere in Belangen der Satzung der Seemannskasse, der Versicherung, der Umlage und des Sondervermögens der Vorstand und die Vertreterversammlung der Deutschen Rentenversicherung Knappschaft-Bahn-See nicht abweichend von dem Beschlussvorschlag des Beirats entscheiden dürfen. ⁴Gelingt es in derartigen Fällen nicht, eine übereinstimmende Meinungsbildung der am Entscheidungsverfahren beteiligten Gremien herzustellen, entscheidet die Aufsichtsbehörde. ⁵Das Nähere regelt die Satzung der Seemannskasse.

Vierter Unterabschnitt. Grundsatz- und Querschnittsaufgaben der Deutschen Rentenversicherung, Erweitertes Direktorium

§ 138 Grundsatz- und Querschnittsaufgaben der Deutschen Rentenversicherung

(1) ¹Die Deutsche Rentenversicherung Bund nimmt die Grundsatz- und Querschnittsaufgaben der Deutschen Rentenversicherung wahr. ²Dazu gehören:
1. Vertretung der Rentenversicherung in ihrer Gesamtheit gegenüber Politik, Bundes-, Landes-, Europäischen und sonstigen nationalen und internationalen Institutionen sowie Sozialpartnern, Abstimmung mit dem verfahrensführenden Träger der Rentenversicherung in Verfahren vor dem Europäischen Gerichtshof, dem Bundesverfassungsgericht und dem Bundessozialgericht,
2. Öffentlichkeitsarbeit einschließlich der Herausgabe von regelmäßigen Informationen zur Alterssicherung für Arbeitgeber, Versicherte und Rentner und der Grundsätze für regionale Broschüren,
3. Statistik,
4. Klärung von grundsätzlichen Fach- und Rechtsfragen zur Sicherung der einheitlichen Rechtsanwendung aus den Bereichen
    a) Rehabilitation und Teilhabe,
    b) Sozialmedizin,
    c) Versicherung,
    d) Beitrag,
    e) Beitragsüberwachung,
    f) Rente,
    g) Auslandsrecht, Sozialversicherungsabkommen, Recht der Europäischen Union, soweit es die Rentenversicherung betrifft,
5. Organisation des Qualitäts- und Wirtschaftlichkeitswettbewerbs zwischen den Trägern, insbesondere Erlass von Rahmenrichtlinien für Aufbau und Durchführung eines zielorientierten Benchmarking der Leistungs- und Qualitätsdaten,
6. Grundsätze für die Aufbau- und Ablauforganisation, das Personalwesen und Investitionen unter Wahrung der Selbständigkeit der Träger,

7. Grundsätze und Steuerung der Finanzausstattung und -verwaltung im Rahmen der Finanzverfassung für das gesamte System,
8. Koordinierung der Planung von Rehabilitationsmaßnahmen, insbesondere der Bettenbedarfs- und Belegungsplanung,
9. Grundsätze und Koordinierung der Datenverarbeitung und Servicefunktionen,
10. Funktion zur Registrierung und Authentifizierung für die elektronischen Serviceangebote der Rentenversicherung,
11. Funktion als Signaturstelle,
12. Grundsätze für die Aus- und Fortbildung,
13. Grundsätze der Organisation und Aufgabenzuweisung der Auskunfts- und Beratungsstellen,
14. Bereitstellung von Informationen für die Träger der Rentenversicherung,
15. Forschung im Bereich der Alterssicherung und der Rehabilitation und
16. Treuhänderschaft gemäß dem Gesetz zur Regelung der Rechtsverhältnisse der unter Artikel 131 des Grundgesetzes fallenden Personen.

(2) ¹Die Entscheidungen der Deutschen Rentenversicherung Bund zu Grundsatz- und Querschnittsaufgaben der Deutschen Rentenversicherung sowie die notwendig werdende Festlegung weiterer Grundsatz- und Querschnittsaufgaben werden durch die Bundesvertreterversammlung der Deutschen Rentenversicherung Bund gemäß § 64 Abs. 4 des Vierten Buches getroffen; für die Träger der Rentenversicherung sind die Entscheidungen verbindlich. ²Die Bundesvertreterversammlung kann die Entscheidungsbefugnis gemäß § 64 Abs. 4 des Vierten Buches ganz oder teilweise auf den Bundesvorstand der Deutschen Rentenversicherung Bund übertragen, der gemäß § 64 Abs. 4 des Vierten Buches entscheidet. ³Entscheidungen über die Auslegung von Rechtsfragen werden von der Bundesvertreterversammlung und vom Bundesvorstand mit der einfachen Mehrheit aller gewichteten Stimmen der satzungsmäßigen Mitgliederzahl getroffen.

(3) ¹Der Bundesvorstand kann die Entscheidungsbefugnis gemäß § 64 Abs. 4 des Vierten Buches ganz oder teilweise auf einen Ausschuss des Bundesvorstandes übertragen. ²Die Entscheidungen dieses Ausschusses müssen einstimmig ergehen. ³Der Ausschuss legt dem Bundesvorstand die Entscheidungen vor; der Bundesvorstand kann gemäß § 64 Abs. 4 des Vierten Buches abweichende Entscheidungen treffen.

(4) ¹Soweit das Direktorium Vorlagen an die Bundesvertreterversammlung oder den Bundesvorstand unterbreitet, die verbindliche Entscheidungen oder notwendig werdende Festlegungen weiterer Grundsatz- und Querschnittsaufgaben betreffen, bedürfen diese der vorherigen Zustimmung durch das Erweiterte Direktorium. ²Beratungsergebnisse der Fachausschüsse, in denen alle Träger der Rentenversicherung vertreten sind, sind an die Bundesvertreterversammlung oder den Bundesvorstand weiterzuleiten. ³Das Nähere regelt die Satzung.

(5) Die verbindlichen Entscheidungen und die Festlegung weiterer Grundsatz- und Querschnittsaufgaben werden im Amtlichen Mitteilungsblatt der Deutschen Rentenversicherung Bund veröffentlicht.

§ 139 Erweitertes Direktorium

(1) ¹Das Erweiterte Direktorium der Deutschen Rentenversicherung Bund besteht aus fünf Geschäftsführern aus dem Bereich der Regionalträger, den Mitgliedern des Direktoriums der Deutschen Rentenversicherung Bund und einem Mitglied der Geschäftsführung der Deutschen Rentenversicherung Knappschaft-Bahn-See. ²Das Erweiterte Direktorium wählt aus seiner Mitte mit der Mehrheit von mindestens zwei Dritteln aller gewichteten Stimmen einen Vorsitzenden. ³Die Geschäftsführer aus dem Bereich der Regionalträger werden durch die Vertreter der Regionalträger in der Bundesvertreterversammlung auf Vorschlag der Vertreter der Regionalträger im Bundesvorstand mit der Mehrheit der abgegebenen Stimmen gewählt. ⁴Das Nähere zur Beschlussfassung und zur Geschäftsordnung des Erweiterten Direktoriums bestimmt die Satzung der Deutschen Rentenversicherung Bund.

(2) ¹Beschlüsse des Erweiterten Direktoriums werden mit der Mehrheit von mindestens zwei Dritteln aller gewichteten Stimmen getroffen. ²Die Stimmen der Regionalträger werden mit insgesamt 55 vom Hundert und die der Bundesträger mit insgesamt 45 vom Hundert gewichtet. ³Dabei werden die Stimmen der Bundesträger untereinander nach der Anzahl der Versicherten gewichtet. ⁴Das Nähere zur Stimmengewichtung nach Satz 2 regelt die Satzung.

§ 140 Arbeitsgruppe Personalvertretung der Deutschen Rentenversicherung

(1) Vor verbindlichen Entscheidungen der Deutschen Rentenversicherung Bund nach § 138 Abs. 1 über

1. Grundsätze für die Aufbau- und Ablauforganisation und das Personalwesen,
2. Grundsätze und Koordinierung der Datenverarbeitung,
3. Grundsätze für die Aus- und Fortbildung,
4. Grundsätze der Organisation der Auskunfts- und Beratungsstellen sowie
5. Entscheidungen, deren Umsetzung in gleicher Weise wie die Umsetzung von Entscheidungen gemäß den Nummern 1 bis 4 Einfluss auf die Arbeitsbedingungen der Beschäftigten haben können,

ist die Arbeitsgruppe Personalvertretung der Deutschen Rentenversicherung anzuhören.

(2) ¹Die Arbeitsgruppe Personalvertretung der Deutschen Rentenversicherung setzt sich wie folgt zusammen:

1. drei Mitglieder aus der Personalvertretung der Deutschen Rentenversicherung Bund und ein Mitglied aus der Personalvertretung der Deutschen Rentenversicherung Knappschaft-Bahn-See; Mitglieder sind jeweils der Vorsitzende des Gesamtpersonalrates oder, falls eine Stufenvertretung besteht, der Vorsitzende des Hauptpersonalrates, bei der Personalvertretung der Deutschen Rentenversicherung Bund auch die beiden weiteren Mitglieder des Vorstandes sowie
2. je ein Mitglied aus der Personalvertretung eines jeden landesunmittelbaren Trägers der Rentenversicherung; die Regelungen zur Auswahl dieser Mitglieder und das Verfahren der Entsendung werden durch Landesrecht bestimmt.

²Die Mitglieder der Arbeitsgruppe Personalvertretung beteiligen ihre jeweiligen Hauptpersonalvertretungen, sind diese nicht eingerichtet, ihre Gesamtpersonalvertretungen. ³Die Arbeitsgruppe Personalvertretung der Deutschen Rentenversicherung beschließt mit der Mehrheit der Stimmen ihrer Mitglieder eine Geschäftsordnung, die Regelungen über den Vorsitz, das Verfahren zur internen Willensbildung und zur Beschlussfassung enthalten muss. ⁴Ergänzend finden die Regelungen des Bundespersonalvertretungsgesetzes Anwendung. ⁵Kostentragende Dienststelle im Sinne des § 44 des Bundespersonalvertretungsgesetzes ist die Deutsche Rentenversicherung Bund.

Fünfter Unterabschnitt. Vereinigung von Regionalträgern

§ 141 Vereinigung von Regionalträgern auf Beschluss ihrer Vertreterversammlungen

(1) ¹Regionalträger können sich zur Verbesserung der Wirtschaftlichkeit oder Leistungsfähigkeit auf Beschluss ihrer Vertreterversammlungen zu einem Regionalträger vereinigen, wenn sich durch die Vereinigung der Zuständigkeitsbereich des neuen Regionalträgers nicht über mehr als drei Länder erstreckt. ²Der Vereinigungsbeschluss bedarf der Genehmigung der für die Sozialversicherung zuständigen obersten Landesbehörden der betroffenen Länder.

(2) ¹Im Vereinigungsbeschluss müssen insbesondere Festlegungen über Name und Sitz des neuen Regionalträgers getroffen werden. ²Auf Verlangen der für die Sozialversicherung zuständigen obersten Landesbehörde mindestens eines betroffenen Landes muss bei länderübergreifenden Vereinigungen zusätzlich eine Festlegung über die Arbeitsmengenverteilung auf die Gebiete der Länder getroffen werden, auf die sich die an der Vereinigung beteiligten Regionalträger erstrecken.

(3) ¹Die beteiligten Regionalträger legen der nach der Vereinigung zuständigen Aufsichtsbehörde eine Satzung, einen Vorschlag zur Berufung der Mitglieder der Organe und eine Vereinbarung über die Rechtsbeziehungen zu Dritten vor. ²Die Aufsichtsbehörde genehmigt im Einvernehmen mit den Aufsichtsbehörden der übrigen Länder, auf deren Gebiete sich der Regionalträger erstreckt, die Satzung und die Vereinbarung, beruft die Mitglieder der Organe und bestimmt den Zeitpunkt, an dem die Vereinigung wirksam wird. ³Mit diesem Zeitpunkt tritt der neue Regionalträger in die Rechte und Pflichten des bisherigen Regionalträgers ein.

(4) Beschlüsse der Vertreterversammlung des neuen Regionalträgers, die von der im Vereinigungsbeschluss getroffenen Festlegung über den Namen, den Sitz oder die Arbeitsmengenverteilung wesentlich abweichen, bedürfen der Genehmigung der für die Sozialversicherung zuständigen obersten Landesbehörden der Länder, auf die sich der neue Regionalträger erstreckt.

§ 142 Vereinigung von Regionalträgern durch Rechtsverordnung

(1) ¹Haben in einem Land mehrere Regionalträger ihren Sitz, kann die Landesregierung zur Verbesserung der Wirtschaftlichkeit oder der Leistungsfähigkeit zwei oder mehrere Regionalträger durch Rechtsverordnung vereinigen. ²Das Nähere regelt die Landesregierung nach Anhörung der beteiligten Regionalträger in der Rechtsverordnung nach Satz 1.

(2) ¹Die Landesregierungen von höchstens drei Ländern können zu den in Absatz 1 genannten Zwecken durch gleichlautende Rechtsverordnungen sich auf ihre Gebiete erstreckende Regionalträger vereinigen. ²Absatz 1 Satz 2 gilt entsprechend.

Sechster Unterabschnitt. Beschäftigte der Versicherungsträger

§ 143 Bundesunmittelbare Versicherungsträger

(1) Die Deutsche Rentenversicherung Bund, die Deutsche Rentenversicherung Knappschaft-Bahn-See und die bundesunmittelbaren Regionalträger besitzen Dienstherrnfähigkeit im Sinne des § 2 des Bundesbeamtengesetzes.

(2) ¹Die Mitglieder des Direktoriums der Deutschen Rentenversicherung Bund werden von dem Bundespräsidenten auf Vorschlag der Bundesregierung für die Dauer von sechs Jahren zu Beamten auf Zeit ernannt. ²Die beamtenrechtlichen Vorschriften über die Laufbahnen und die Probezeit sind nicht anzuwenden.

(3) ¹Ist ein Mitglied des Direktoriums der Deutschen Rentenversicherung Bund aus einem Beamten- oder Richterverhältnis auf Lebenszeit ernannt worden, ruhen für die Dauer der Amtszeit die Rechte und Pflichten aus dem zuletzt im Beamten- oder Richterverhältnis auf Lebenszeit übertragenen Amt mit Ausnahme der Pflicht zur Amtsverschwiegenheit und des Verbots der Annahme von Belohnungen und Geschenken. ²§ 15 a des Beamtenversorgungsgesetzes ist entsprechend anzuwenden.

(4) ¹Ist ein Mitglied des Direktoriums der Deutschen Rentenversicherung Bund nicht aus einem Beamtenoder Richterverhältnis auf Lebenszeit ernannt worden, ist § 66 Abs. 1 des Beamtenversorgungsgesetzes mit der Maßgabe anzuwenden, dass ein Anspruch auf Ruhegehalt aus dem Beamtenverhältnis auf Zeit erst mit Ablauf des Monats der Vollendung der für Bundesbeamte geltenden Regelaltersgrenze nach § 51 Abs. 1 und 2 des Bundesbeamtengesetzes entsteht. ²Die Höhe des Ruhegehalts ist entsprechend § 14 Abs. 1 und 3 des Beamtenversorgungsgesetzes zu berechnen.

(5) Wird ein Geschäftsführer der Deutschen Rentenversicherung Bund nach seiner Amtszeit zum Präsidenten der Deutschen Rentenversicherung Bund ernannt, gilt § 66 Abs. 4 Satz 2 des Beamtenversorgungsgesetzes entsprechend.

(6) Die Mitglieder der Geschäftsführungen der Deutschen Rentenversicherung Knappschaft-Bahn-See und der bundesunmittelbaren Regionalträger werden auf Vorschlag der Bundesregierung von dem Bundespräsidenten zu Beamten ernannt.

(7) ¹Das Bundesministerium für Arbeit und Soziales ernennt die übrigen Beamten der Deutschen Rentenversicherung Bund, der Deutschen Rentenversicherung Knappschaft-Bahn-See und der bundesunmittelbaren Regionalträger auf Vorschlag des jeweiligen Vorstandes. ²Es kann seine Befugnisse auf den Vorstand übertragen, dieser für den einfachen, mittleren und gehobenen Dienst auf das Direktorium oder die Geschäftsführung. ³Soweit die Ernennungsbefugnis auf den Vorstand oder auf das Direktorium oder die Geschäftsführung übertragen wird, bestimmt die Satzung, durch wen die Ernennungsurkunde zu vollziehen ist.

(8) ¹Oberste Dienstbehörde für die Mitglieder des Direktoriums der Deutschen Rentenversicherung Bund und für die Mitglieder der Geschäftsführungen der Deutschen Rentenversicherung Knappschaft-Bahn-See und der bundesunmittelbaren Regionalträger ist das Bundesministerium für Arbeit und Soziales, für die übrigen Beamten der Vorstand. ²Dieser kann seine Befugnisse auf den Präsidenten, das Direktorium, den Geschäftsführer oder auf die Geschäftsführung übertragen. ³§ 144 Abs. 1 des Bundesbeamtengesetzes und § 83 Abs. 1 des Bundesdisziplinargesetzes bleiben unberührt.

§ 144 Landesunmittelbare Versicherungsträger

(1) Die landesunmittelbaren Regionalträger besitzen im Rahmen des Absatzes 2 Dienstherrnfähigkeit im Sinne des § 2 des Beamtenstatusgesetzes.

(2) Die Beamten der landesunmittelbaren Regionalträger sind Beamte des Landes, soweit nicht eine landesgesetzliche Regelung etwas anderes bestimmt.

(3) Die landesunmittelbaren Regionalträger tragen die Bezüge der Beamten und ihrer Hinterbliebenen.

Siebter Unterabschnitt. Datenstelle der Träger der Rentenversicherung

§ 145 Datenstelle der Träger der Rentenversicherung

(1) ¹Die Träger der Rentenversicherung unterhalten gemeinsam eine Datenstelle, die von der Deutschen Rentenversicherung Bund verwaltet wird. ²Dabei ist sicherzustellen, dass die Datenbestände, die die Deutsche Rentenversicherung Bund als Träger der Rentenversicherung führt, und die Datenbestände der Datenstelle der Träger der Rentenversicherung dauerhaft getrennt bleiben. ³Die Träger der Rentenversicherung können die Datenstelle als Vermittlungsstelle einschalten. ⁴Sie können durch die Datenstelle auch die Ausstellung von Sozialversicherungsausweisen veranlassen.

(2) Die Deutsche Rentenversicherung Bund darf eine Datei mit Sozialdaten, die nicht ausschließlich einer Versicherungsnummer der bei ihr Versicherten zugeordnet ist, nur bei der Datenstelle und nur dann führen, wenn die Einrichtung dieser Datei gesetzlich bestimmt ist.

(3) Die Datenstelle nimmt für die Träger der Rentenversicherung die Aufgaben als Bezeichnete Stelle für Datenübermittlungen innerhalb der Europäischen Union wahr.

(4) ¹Die Datenstelle untersteht der Aufsicht des Bundesministeriums für Arbeit und Soziales, soweit ihr durch Gesetz oder auf Grund eines Gesetzes Aufgaben zugewiesen worden sind. ²Für die Aufsicht gelten die §§ 87 bis 89 des Vierten Buches entsprechend. ³Das Bundesministerium für Arbeit und Soziales kann die Aufsicht ganz oder teilweise dem Bundesversicherungsamt übertragen.

(5) Soweit die Datenstelle die Aufgaben der Zentralen Speicherstelle nach § 96 Abs. 1 des Vierten Buches wahrnimmt, führt das Bundesministerium für Arbeit und Soziales die Aufsicht.

§ 146 *(aufgehoben)*

Zweiter Abschnitt. Datenschutz und Datensicherheit

§ 147 Versicherungsnummer

(1) ¹Die Datenstelle der Träger der Rentenversicherung kann für Personen eine Versicherungsnummer vergeben, wenn dies zur personenbezogenen Zuordnung der Daten für die Erfüllung einer gesetzlichen Aufgabe nach diesem Gesetzbuch erforderlich oder dies durch Gesetz oder aufgrund eines Gesetzes bestimmt ist. ²Für die nach diesem Buche versicherten Personen hat sie eine Versicherungsnummer zu vergeben.

(2) ¹Die Versicherungsnummer einer Person setzt sich zusammen aus
1. der Bereichsnummer des zuständigen Trägers der Rentenversicherung,
2. dem Geburtsdatum,
3. dem Anfangsbuchstaben des Geburtsnamens,
4. der Seriennummer, die auch eine Aussage über das Geschlecht einer Person enthalten darf, und
5. der Prüfziffer.

²Weitere personenbezogene Merkmale darf die Versicherungsnummer nicht enthalten.

(3) Jede Person, an die eine Versicherungsnummer vergeben wird, und der für sie zuständige Träger der Rentenversicherung sind unverzüglich über die vergebene Versicherungsnummer sowie über die Zuordnung nach § 127 zu unterrichten.

§ 148 Datenerhebung, Datenverarbeitung und Datennutzung beim Rentenversicherungsträger

(1) ¹Der Träger der Rentenversicherung darf Sozialdaten nur erheben, verarbeiten und nutzen, soweit dies zur Erfüllung seiner gesetzlich zugewiesenen oder zugelassenen Aufgaben erforderlich ist. ²Aufgaben nach diesem Buche sind

1. die Feststellung eines Versicherungsverhältnisses einschließlich einer Versicherungsfreiheit oder Versicherungsbefreiung,
2. der Nachweis von rentenrechtlichen Zeiten,
3. die Festsetzung und Durchführung von Leistungen zur Teilhabe,
4. die Festsetzung, Zahlung, Anpassung, Überwachung, Einstellung oder Abrechnung von Renten und anderen Geldleistungen,
5. die Erteilung von Auskünften sowie die Führung und Klärung der Versicherungskonten,
6. der Nachweis von Beiträgen und deren Erstattung.

³Der Rentenversicherungsträger darf die Versicherungsnummer, den Familiennamen, den Geburtsnamen, die Vornamen, den Geburtsort und die Anschrift, die ihm die zentrale Stelle im Rahmen der Datenanforderung nach § 91 Abs. 1 Satz 1 des Einkommensteuergesetzes übermittelt, zur Aktualisierung der im Versicherungskonto gespeicherten Namens- und Anschriftendaten verarbeiten und nutzen.

(2) Der Träger der Rentenversicherung darf Daten, aus denen die Art einer Erkrankung erkennbar ist, zusammen mit anderen Daten in einer gemeinsamen Datei nur speichern, wenn durch technische und organisatorische Maßnahmen sichergestellt ist, dass die Daten über eine Erkrankung nur den Personen zugänglich sind, die sie zur Erfüllung ihrer Aufgaben benötigen.

(3) ¹Die Einrichtung eines automatisierten Verfahrens, das die Übermittlung von Sozialdaten aus Dateien der Träger der Rentenversicherung durch Abruf ermöglicht, ist nur zwischen den Trägern der Rentenversicherung sowie mit der gesetzlichen Krankenversicherung, der Bundesagentur für Arbeit, der Deutschen Rentenversicherung Knappschaft-Bahn-See, soweit sie bei geringfügig Beschäftigten Aufgaben nach dem Einkommensteuergesetz durchführt, der Deutschen Post AG, soweit sie mit der Berechnung oder Auszahlung von Sozialleistungen betraut ist, und den Versicherungsämtern und Gemeindebehörden, soweit sie mit der Aufnahme von Anträgen auf Leistungen aus der gesetzlichen Rentenversicherung betraut sind, zulässig; dabei dürfen auch Vermittlungsstellen eingeschaltet werden. ²Sie ist mit Leistungsträgern außerhalb des Geltungsbereichs dieses Gesetzbuchs zulässig, soweit diese Daten zur Feststellung von Leistungen nach über- und zwischenstaatlichem Recht erforderlich sind und kein Grund zur Annahme besteht, dass dadurch schutzwürdige Belange der davon betroffenen Personen beeinträchtigt werden. ³Die Übermittlung darf auch durch Abruf im automatisierten Verfahren erfolgen, ohne dass es einer Genehmigung nach § 79 Abs. 1 des Zehnten Buches bedarf.

(4) ¹Die Träger der Rentenversicherung dürfen der Datenstelle oder der Deutschen Rentenversicherung Bund Sozialdaten nur übermitteln, soweit dies zur Führung einer Datei bei der Datenstelle oder zur Erfüllung einer anderen gesetzlich vorgeschriebenen oder zugelassenen Aufgabe erforderlich ist. ²Die Einschränkungen des Satzes 1 gelten nicht, wenn die Sozialdaten in einer anonymisierten Form übermittelt werden.

§ 149 Versicherungskonto

(1) ¹Der Träger der Rentenversicherung führt für jeden Versicherten ein Versicherungskonto, das nach der Versicherungsnummer geordnet ist. ²In dem Versicherungskonto sind die Daten, die für die Durchführung der Versicherung sowie die Feststellung und Erbringung von Leistungen einschließlich der Rentenauskunft erforderlich sind, zu speichern. ³Ein Versicherungskonto darf auch für Personen geführt werden, die nicht nach den Vorschriften dieses Buches versichert sind, soweit es für die Feststellung der Versicherungs- oder Beitragspflicht und für Prüfungen bei Arbeitgebern (§ 28p Viertes Buch) erforderlich ist.

(2) ¹Der Träger der Rentenversicherung hat darauf hinzuwirken, dass die im Versicherungskonto gespeicherten Daten vollständig und geklärt sind. ²Die Daten sollen so gespeichert werden, dass sie jederzeit abgerufen und auf maschinell verwertbaren Datenträgern oder durch Datenübertragung übermittelt werden können. ³Stellt der Träger der Rentenversicherung fest, dass für einen Beschäftigten mehrere Beschäftigungen nach § 8 Abs. 1 Nr. 1 oder § 8a des Vierten Buches gemeldet sind oder die Zeitgrenzen des § 8 Abs. 1 Nr. 2 des Vierten Buches überschritten sind, überprüft er unverzüglich diese Beschäftigungsverhältnisse. ⁴Stellen die Träger der Rentenversicherung fest, dass eine Beschäftigung infolge einer Zusammenrechnung versicherungspflichtig ist, sie jedoch nicht oder als versicherungsfrei gemeldet worden ist, teilen sie diese Beschäftigung mit den notwendigen Daten der Einzugsstelle mit. ⁵Satz 4 gilt entsprechend, wenn die Träger der Rentenversicherung feststellen, dass beim Zusammentreffen mehrerer Beschäftigungsverhältnisse die Voraussetzungen für die Anwendung der Vorschriften über die Gleitzone nicht oder nicht mehr vorliegen.

(3) Der Träger der Rentenversicherung unterrichtet die Versicherten regelmäßig über die in ihrem Versicherungskonto gespeicherten Sozialdaten, die für die Feststellung der Höhe einer Rentenanwartschaft erheblich sind (Versicherungsverlauf).

(4) Versicherte sind verpflichtet, bei der Klärung des Versicherungskontos mitzuwirken, insbesondere den Versicherungsverlauf auf Richtigkeit und Vollständigkeit zu überprüfen, alle für die Kontenklärung erheblichen Tatsachen anzugeben und die notwendigen Urkunden und sonstigen Beweismittel beizubringen.

(5) [1]Hat der Versicherungsträger das Versicherungskonto geklärt oder hat der Versicherte innerhalb von sechs Kalendermonaten nach Versendung des Versicherungsverlaufs seinem Inhalt nicht widersprochen, stellt der Versicherungsträger die im Versicherungsverlauf enthaltenen und nicht bereits festgestellten Daten, die länger als sechs Kalenderjahre zurückliegen, durch Bescheid fest. [2]Bei Änderungen der den Feststellungsbescheid zugrunde liegenden Vorschriften ist der Feststellungsbescheid durch einen neuen Feststellungsbescheid oder im Rentenbescheid mit Wirkung für die Vergangenheit aufzuheben; die §§ 24 und 48 des Zehnten Buches sind nicht anzuwenden. [3]Über die Anrechnung und Bewertung der im Versicherungsverlauf enthaltenen Daten wird erst bei Feststellung einer Leistung entschieden.

§ 150 Dateien bei der Datenstelle

(1) [1]Bei der Datenstelle darf eine Stammsatzdatei geführt werden, soweit dies erforderlich ist, um
1. sicherzustellen, dass eine Person nur eine Versicherungsnummer erhält und eine vergebene Versicherungsnummer nicht noch einmal für eine andere Person verwendet wird,
2. für eine Person die vergebene Versicherungsnummer festzustellen,
3. zu erkennen, welcher Träger der Rentenversicherung für die Führung eines Versicherungskontos zuständig ist oder war,
4. Daten, die aufgrund eines Gesetzes oder nach über- und zwischenstaatlichem Recht entgegenzunehmen sind, an die zuständigen Stellen weiterleiten zu können,
5. zu erkennen, bei welchen Trägern der Rentenversicherung oder welchen Leistungsträgern im Ausland weitere Daten zu einer Person gespeichert sind,
6. Mütter über die Versicherungspflicht während der Kindererziehung zu unterrichten, wenn bei Geburtsmeldungen eine Versicherungsnummer der Mutter nicht eindeutig zugeordnet werden kann,
7. das Zusammentreffen von Renten aus eigener Versicherung und Hinterbliebenenrenten und Arbeitsentgelt festzustellen, um die ordnungsgemäße Berechnung und Zahlung von Beiträgen der Rentner zur gesetzlichen Krankenversicherung überprüfen zu können.

[2]Weitere Sozialdaten dürfen in der Stammsatzdatei der Datenstelle nur gespeichert werden, soweit dies zur Erfüllung einer der Deutschen Rentenversicherung Bund zugewiesenen oder übertragenen Aufgabe erforderlich und dafür die Verarbeitung oder Nutzung von Sozialdaten in einer anonymisierten Form nicht ausreichend ist.

(2) Die Stammsatzdatei darf außer den personenbezogenen Daten über das Verhältnis einer Person zur Rentenversicherung nur folgende Daten enthalten:
1. Versicherungsnummer, bei Beziehern einer Rente wegen Todes auch die Versicherungsnummer des verstorbenen Versicherten,
2. Familienname und Vornamen einschließlich des Geburtsnamens,
3. Geburtsort einschließlich des Geburtslandes,
4. Staatsangehörigkeit,
5. Tod,
6. Anschrift,
7. Betriebsnummer des Arbeitgebers,
8. Tag der Beschäftigungsaufnahme.

(3) [1]Für die Prüfung, ob eine Beschäftigung den Voraussetzungen entspricht, unter denen gemäß Artikel 11, 11a der Verordnung (EWG) Nr. 574/72 des Rates vom 21. März 1972 über die Durchführung der Verordnung (EWG) Nr. 1408/71 über die Anwendung der Systeme der sozialen Sicherheit auf Arbeitnehmer und Selbständige sowie deren Familienangehörige, die innerhalb der Gemeinschaft zu- und abwandern (ABl. EG Nr. L 74 S. 1), zuletzt geändert durch die Verordnung (EG) Nr. 647/2005 des Europäischen Parlaments und des Rates vom 13. April 2005 (ABl. EU Nr. L 117 S. 1), eine Bescheinigung über weiterhin anzuwendende Rechtsvorschriften (Bescheinigung E 101) ausgestellt werden kann, führt die Datenstelle der Träger der Rentenversicherung eine Datei. [2]In ihr können gespeichert werden:

1. die in der Bescheinigung E 101 enthaltenen Daten,
2. ein Identifikationsmerkmal des Arbeitnehmers, der Arbeitnehmerin oder des Selbständigen,
3. ein Identifikationsmerkmal des ausländischen Arbeitgebers,
4. ein Identifikationsmerkmal des inländischen Unternehmens,
5. die Mitteilung über eine Anfrage beim ausstellenden Träger einer Bescheinigung E 101 und
6. das Ergebnis der Überprüfung einer Bescheinigung E 101.

³Als Identifikationsmerkmal des Arbeitnehmers oder der Arbeitnehmerin wird die Versicherungsnummer verwendet. ⁴Ist eine Versicherungsnummer nicht vergeben, vergibt die Datenstelle ein neues Identifikationsmerkmal. ⁵Entsprechendes gilt für das Identifikationsmerkmal des Selbständigen. ⁶Für die Zusammensetzung dieses Identifikationsmerkmales gilt § 147 Abs. 2 entsprechend. ⁷Die Datenstelle vergibt ein Identifikationsmerkmal des ausländischen Arbeitgebers. ⁸Als Identifikationsmerkmal des Unternehmens im Inland wird die Betriebsnummer verwendet. ⁹Ist eine Betriebsnummer noch nicht vergeben, vergibt die Datenstelle im Auftrag der Bundesagentur für Arbeit die Betriebsnummer. ¹⁰Sie erhebt, verarbeitet und nutzt die in Satz 2 genannten Daten, soweit dieses für die Prüfung, ob die Beschäftigung den Voraussetzungen entspricht, unter denen eine Bescheinigung E 101 ausgestellt werden kann, erforderlich ist. ¹¹Die Daten sind spätestens fünf Jahre nach Erhebung zu löschen. ¹²Das Nähere regeln die Deutsche Rentenversicherung Bund und der Spitzenverband der gesetzlichen Unfallversicherung in gemeinsamen Grundsätzen. ¹³Die gemeinsamen Grundsätze werden vom Bundesministerium für Arbeit und Soziales im Einvernehmen mit dem Bundesministerium der Finanzen genehmigt.

(4) Bei der Datenstelle darf zu den gesetzlich bestimmten Dateien jeweils eine weitere Datei geführt werden, soweit dies erforderlich ist, um die Ausführung des Datenschutzes, insbesondere zur Feststellung der Benutzer der Dateien, zu gewährleisten.

(5) ¹Die Einrichtung eines automatisierten Abrufverfahrens für eine Datei der Datenstelle ist nur gegenüber den in § 148 Abs. 3 genannten Stellen, der Deutschen Rentenversicherung Bund, soweit sie als zentrale Stelle Aufgaben nach dem Einkommensteuergesetz durchführt, der Registratur Fachverfahren, soweit sie Aufgaben nach § 96 Abs. 2 des Vierten Buches durchführt, den Trägern der gesetzlichen Unfallversicherung, soweit sie prüfen, ob eine Beschäftigung den Voraussetzungen entspricht, unter denen eine Bescheinigung E 101 ausgestellt werden kann, oder für eine Beschäftigung die Meldungen nach § 110 Abs. 1a Satz 2 des Siebten Buches prüfen, ob die Meldungen nach § 28a des Vierten Buches erstattet wurden, und den Behörden der Zollverwaltung, soweit diese Aufgaben nach § 2 des Schwarzarbeitsbekämpfungsgesetzes durchführen, zulässig. ²Die dort enthaltenen besonderen Voraussetzungen für die Deutsche Post AG, für die Versicherungsämter und Gemeindebehörden und für Leistungsträger im Ausland müssen auch bei Satz 1 erfüllt sein. ³Zur Erfüllung der Aufgaben der Registratur Fachverfahren darf die Datenstelle die dafür notwendigen Sozialdaten übermitteln. ⁴Die Einrichtung eines automatisierten Abrufverfahrens für eine Datei der Datenstelle ist ferner gegenüber dem Bundesamt für Güterverkehr, soweit dieses Aufgaben nach § 11 Absatz 2 Nummer 3 Buchstabe a des Güterkraftverkehrsgesetzes wahrnimmt, zulässig.

§ 151 Auskünfte der Deutschen Post AG

(1) Die Deutsche Post AG darf den für Sozialleistungen zuständigen Leistungsträgern und den diesen Gleichgestellten (§ 35 Erstes Buch sowie § 69 Abs. 2 Zehntes Buch) von den Sozialdaten, die ihr im Zusammenhang mit der Zahlung, Anpassung, Überwachung, Einstellung oder Abrechnung von Renten oder anderen Geldleistungen nach diesem Buche bekannt geworden sind und die sie nach den Vorschriften des Zweiten Kapitels des Zehnten Buches übermitteln darf, nur folgende Daten übermitteln:
1. Familienname und Vornamen einschließlich des Geburtsnamens,
2. Geburtsdatum,
3. Versicherungsnummer,
4. Daten über den Familienstand,
5. Daten über den Tod einschließlich der Daten, die sich aus den Sterbefallmitteilungen der Meldebehörden nach § 101a des Zehnten Buches ergeben,
6. Daten über das Versicherungsverhältnis,
7. Daten über die Art und Höhe der Geldleistung einschließlich der diese Leistung unmittelbar bestimmenden Daten,
8. Daten über Beginn, Änderung und Ende der Geldleistung einschließlich der diese unmittelbar bestimmenden Daten,

9. Daten über die Zahlung einer Geldleistung,
10. Daten über Mitteilungsempfänger oder nicht nur vorübergehend Bevollmächtigte sowie über weitere Forderungsberechtigte.

(2) Die Deutsche Post AG darf dem Träger der Rentenversicherung von den Sozialdaten, die ihr im Zusammenhang mit der Zahlung, Anpassung, Überwachung, Einstellung oder Abrechnung von Sozialleistungen anderer Sozialleistungsträger sowie von anderen Geldleistungen der den Sozialleistungsträgern Gleichgestellten bekanntgeworden sind, nur die Daten des Absatzes 1 übermitteln.

(3) Der Träger der Rentenversicherung darf der Deutschen Post AG die für die Anpassung von Renten oder anderen Geldleistungen erforderlichen Sozialdaten auch dann übermitteln, wenn diese die Anpassung der Renten oder anderen Geldleistungen der Rentenversicherung nicht selbst durchführt, diese Daten aber für Auskünfte nach Absatz 1 oder 2 von anderen Sozialleistungsträgern oder diesen Gleichgestellten benötigt werden.

§ 151a Antragstellung im automatisierten Verfahren beim Versicherungsamt

(1) Für die Aufnahme von Leistungsanträgen bei dem Versicherungsamt oder der Gemeindebehörde und die Übermittlung der Anträge an den Träger der Rentenversicherung kann ein automatisiertes Verfahren eingerichtet werden, das es dem Versicherungsamt oder der Gemeindebehörde ermöglicht, die für das automatisierte Verfahren erforderlichen Daten der Versicherten, die ihre alleinige Wohnung, ihre Hauptwohnung, ihren Beschäftigungsort oder ihre Tätigkeit im Bezirk des Versicherungsamtes oder in der Gemeinde haben, aus der Stammsatzdatei der Datenstelle der Rentenversicherung (§ 150 Abs. 2) und dem Versicherungskonto (§ 149 Abs. 1) abzurufen.

(2) ¹Aus der Stammsatzdatei dürfen nur die in § 150 Abs. 2 Nr. 1 bis 4 genannten Daten übermittelt werden. ²Aus dem Versicherungskonto dürfen nur folgende Daten übermittelt werden:
1. Datum des letzten Zuzugs aus dem Ausland unter Angabe des Staates,
2. Datum der letzten Kontoklärung,
3. Anschrift.

(3) ¹Die Deutsche Rentenversicherung Bund erstellt im Einvernehmen mit dem Bundesamt für Sicherheit in der Informationstechnik ein Sicherheitskonzept für die Einrichtung des automatisierten Verfahrens, das insbesondere die nach § 78a des Zehnten Buches erforderlichen technischen und organisatorischen Maßnahmen enthalten muss. ²Einrichtung und Änderungen des Verfahrens bedürfen der vorherigen Zustimmung der jeweiligen Aufsichtsbehörde. ³Die Aufsichtsbehörde kann eine Ausnahme von dem Zustimmungserfordernis zulassen, wenn die Prüfung bereits von einer anderen Aufsichtsbehörde durchgeführt worden ist. ⁴Das Sicherheitskonzept ist im Falle sicherheitserheblicher Änderungen, spätestens jedoch alle drei Jahre im Einvernehmen mit dem Bundesamt für Sicherheit in der Informationstechnik zu aktualisieren und der Aufsichtsbehörde vorzulegen. ⁵Die Aufsichtsbehörde kann die Fortführung des Verfahrens untersagen, wenn das Sicherheitskonzept nicht mehr dem Stand der Technik entspricht.

§ 152 Verordnungsermächtigung

Das Bundesministerium für Arbeit und Soziales wird ermächtigt, durch Rechtsverordnung mit Zustimmung des Bundesrates
1. Personen, an die eine Versicherungsnummer zu vergeben ist,
2. den Zeitpunkt der Vergabe einer Versicherungsnummer,
3. das Nähere über die Zusammensetzung der Versicherungsnummer sowie über ihre Änderung,
4. die für die Vergabe einer Versicherungsnummer zuständigen Versicherungsträger,
5. das Nähere über Voraussetzungen, Form und Inhalt sowie Verfahren der Versendung von Versicherungsverläufen,
6. die Art und den Umfang des Datenaustausches zwischen den Trägern der Rentenversicherung sowie mit der Deutschen Post AG sowie die Führung des Versicherungskontos und die Art der Daten, die darin gespeichert werden dürfen,
7. Fristen, mit deren Ablauf Sozialdaten spätestens zu löschen sind,
8. die Behandlung von Versicherungsunterlagen einschließlich der Voraussetzungen, unter denen sie vernichtet werden können, sowie die Art, den Umfang und den Zeitpunkt ihrer Vernichtung

zu bestimmen.

Viertes Kapitel. Finanzierung

Erster Abschnitt. Finanzierungsgrundsatz und Rentenversicherungsbericht

Erster Unterabschnitt. Umlageverfahren

§ 153 Umlageverfahren

(1) In der Rentenversicherung werden die Ausgaben eines Kalenderjahres durch die Einnahmen des gleichen Kalenderjahres und, soweit erforderlich, durch Entnahmen aus der Nachhaltigkeitsrücklage gedeckt.

(2) Einnahmen der allgemeinen Rentenversicherung sind insbesondere die Beiträge und die Zuschüsse des Bundes, Einnahmen der knappschaftlichen Rentenversicherung sind insbesondere die Beiträge und die Mittel des Bundes zum Ausgleich von Einnahmen und Ausgaben.

(3) ¹Nach § 7f Abs. 1 Satz 1 Nr. 2 des Vierten Buches übertragene Wertguthaben sind nicht Teil des Umlageverfahrens. ²Insbesondere sind die aus der Übertragung und Verwendung von Wertguthaben fließenden und zu verwaltenden Mittel keine Einnahmen, Ausgaben oder Zahlungsverpflichtungen der allgemeinen Rentenversicherung.

Zweiter Unterabschnitt. Rentenversicherungsbericht und Sozialbeirat

§ 154 Rentenversicherungsbericht, Stabilisierung des Beitragssatzes und Sicherung des Rentenniveaus

(1) ¹Die Bundesregierung erstellt jährlich einen Rentenversicherungsbericht. ²Der Bericht enthält
1. auf der Grundlage der letzten Ermittlungen der Zahl der Versicherten und Rentner sowie der Einnahmen, der Ausgaben und der Nachhaltigkeitsrücklage insbesondere Modellrechnungen zur Entwicklung von Einnahmen und Ausgaben, der Nachhaltigkeitsrücklage sowie des jeweils erforderlichen Beitragssatzes in den künftigen 15 Kalenderjahren,
2. eine Übersicht über die voraussichtliche finanzielle Entwicklung der Rentenversicherung in den künftigen fünf Kalenderjahren auf der Grundlage der aktuellen Einschätzung der mittelfristigen Wirtschaftsentwicklung,
3. eine Darstellung, wie sich die Anhebung der Altersgrenzen voraussichtlich auf die Arbeitsmarktlage, die Finanzlage der Rentenversicherung und andere öffentliche Haushalte auswirkt,
4. bis zur Angleichung der Lohn- und Gehaltssituation im Beitrittsgebiet an die Lohn- und Gehaltssituation im Bundesgebiet ohne das Beitrittsgebiet eine gesonderte Darstellung über die Entwicklung der Renten im Beitrittsgebiet.

³Die Entwicklung in der allgemeinen Rentenversicherung und in der knappschaftlichen Rentenversicherung ist getrennt darzustellen. ⁴Der Bericht ist bis zum 30. November eines jeden Jahres den gesetzgebenden Körperschaften zuzuleiten.

(2) ¹Der Rentenversicherungsbericht ist einmal in jeder Wahlperiode des Deutschen Bundestages um einen Bericht zu ergänzen, der insbesondere darstellt:
1. die Leistungen der anderen ganz oder teilweise öffentlich finanzierten Alterssicherungssysteme sowie deren Finanzierung,
2. die Einkommenssituation der Leistungsbezieher der Alterssicherungssysteme,
3. das Zusammentreffen von Leistungen der Alterssicherungssysteme,
4. in welchem Umfang die steuerliche Förderung nach § 10a oder Abschnitt XI und § 3 Nr. 63 des Einkommensteuergesetzes in Anspruch genommen worden ist und welchen Grad der Verbreitung die betriebliche und private Altersvorsorge dadurch erreicht haben und
5. die Höhe des Gesamtversorgungsniveaus, das für typische Rentner einzelner Zugangsjahrgänge unter Berücksichtigung ergänzender Altersvorsorge in Form einer Rente aus einem geförderten Altersvorsorgevertrag sowie einer Rente aus der Anlage der Netto-

einkommenserhöhung aus den steuerfrei gestellten Beiträgen zur gesetzlichen Rentenversicherung und der steuerlichen Belastung ermittelt wird.
²Die Darstellungen zu der Nummern 4 sind erstmals im Jahr 2005 vorzulegen.

(3) ¹Die Bundesregierung hat den gesetzgebenden Körperschaften geeignete Maßnahmen vorzuschlagen, wenn
1. der Beitragssatz in der allgemeinen Rentenversicherung in der mittleren Variante der 15-jährigen Vorausberechnungen des Rentenversicherungsberichts bis zum Jahre 2020 20 vom Hundert oder bis zum Jahre 2030 22 vom Hundert überschreitet,
2. der Verhältniswert aus einer jahresdurchschnittlichen verfügbaren Standardrente und dem verfügbaren Durchschnittsentgelt in der mittleren Variante der 15-jährigen Vorausberechnungen des Rentenversicherungsberichts (Sicherungsniveau vor Steuern) bis zum Jahr 2020 46 vom Hundert oder bis zum Jahr 2030 43 vom Hundert unterschreitet; verfügbare Standardrente ist die Regelaltersrente aus der allgemeinen Rentenversicherung mit 45 Entgeltpunkten ohne Berücksichtigung der auf sie entfallenden Steuern, gemindert um den allgemeinen Beitragsanteil zur Krankenversicherung und den Beitrag zur Pflegeversicherung; verfügbares Durchschnittsentgelt ist das Durchschnittsentgelt ohne Berücksichtigung der darauf entfallenden Steuern, gemindert um den durchschnittlich zu entrichtenden Arbeitnehmersozialbeitrag einschließlich des durchschnittlichen Aufwands zur zusätzlichen Altersvorsorge.

²Die Bundesregierung soll den gesetzgebenden Körperschaften geeignete Maßnahmen vorschlagen, wenn sich zeigt, dass durch die Förderung der freiwilligen zusätzlichen Altersvorsorge eine ausreichende Verbreitung nicht erreicht werden kann.

(4) ¹Die Bundesregierung hat den gesetzgebenden Körperschaften vom Jahre 2010 an alle vier Jahre über die Entwicklung der Beschäftigung älterer Arbeitnehmer zu berichten und eine Einschätzung darüber abzugeben, ob die Anhebung der Regelaltersgrenze unter Berücksichtigung der Entwicklung der Arbeitsmarktlage sowie der wirtschaftlichen und sozialen Situation älterer Arbeitnehmer weiterhin vertretbar erscheint und die getroffenen gesetzlichen Regelungen bestehen bleiben können. ²In diesem Bericht sind zur Beibehaltung eines Sicherungsniveauziels vor Steuern von 46 vom Hundert über das Jahr 2020 hinaus von der Bundesregierung entsprechende Maßnahmen unter Wahrung der Beitragssatzstabilität vorzuschlagen.

§ 155 Aufgabe des Sozialbeirats

(1) Der Sozialbeirat hat insbesondere die Aufgabe, in einem Gutachten zum Rentenversicherungsbericht der Bundesregierung Stellung zu nehmen.

(2) Das Gutachten des Sozialbeirats ist zusammen mit dem Rentenversicherungsbericht den gesetzgebenden Körperschaften zuzuleiten.

§ 156 Zusammensetzung des Sozialbeirats

(1) ¹Der Sozialbeirat besteht aus
1. vier Vertretern der Versicherten,
2. vier Vertretern der Arbeitgeber,
3. einem Vertreter der Deutschen Bundesbank und
4. drei Vertretern der Wirtschafts- und Sozialwissenschaften.

²Seine Geschäfte führt das Bundesministerium für Arbeit und Soziales.

(2) ¹Die Bundesregierung beruft die Mitglieder des Sozialbeirats für die Dauer von vier Jahren. ²Es werden
1. vom Bundesvorstand der Deutschen Rentenversicherung Bund gemäß § 64 Abs. 4 des Vierten Buches je drei Vertreter der allgemeinen Rentenversicherung und
2. vom Vorstand der Deutschen Rentenversicherung Knappschaft-Bahn-See als Träger der knappschaftlichen Rentenversicherung je ein Vertreter

der Versicherten und der Arbeitgeber vorgeschlagen; hierbei ist sicherzustellen, dass die Regionalträger und die Bundesträger gleichgewichtig im Sozialbeirat vertreten sind.

(3) ¹Die vorgeschlagenen Personen müssen die Voraussetzungen für die Mitgliedschaft in einem Organ der Selbstverwaltung (§ 51 Viertes Buch) erfüllen. ²Vor der Berufung der Vertreter der Wirtschafts- und Sozialwissenschaften ist die Hochschulrektorenkonferenz anzuhören.

Zweiter Abschnitt. Beiträge und Verfahren

Erster Unterabschnitt. Beiträge

Erster Titel. Allgemeines

§ 157 Grundsatz

Die Beiträge werden nach einem Vomhundertsatz (Beitragssatz) von der Beitragsbemessungsgrundlage erhoben, die nur bis zur jeweiligen Beitragsbemessungsgrenze berücksichtigt wird.

§ 158 Beitragssätze

(1) ¹Der Beitragssatz in der allgemeinen Rentenversicherung ist vom 1. Januar eines Jahres an zu verändern, wenn am 31. Dezember dieses Jahres bei Beibehaltung des bisherigen Beitragssatzes die Mittel der Nachhaltigkeitsrücklage
1. das 0,2fache der durchschnittlichen Ausgaben zu eigenen Lasten der Träger der allgemeinen Rentenversicherung für einen Kalendermonat (Mindestrücklage) voraussichtlich unterschreiten oder
2. das 1,5fache der in Nummer 1 genannten Ausgaben für einen Kalendermonat (Höchstnachhaltigkeitsrücklage) voraussichtlich übersteigen.

²Ausgaben zu eigenen Lasten sind alle Ausgaben nach Abzug des Bundeszuschusses nach § 213 Abs. 2, der Erstattungen und der empfangenen Ausgleichszahlungen.

(2) ¹Der Beitragssatz ist so neu festzusetzen, dass die voraussichtlichen Beitragseinnahmen unter Berücksichtigung der voraussichtlichen Entwicklung der Bruttolöhne und -gehälter je Arbeitnehmer (§ 68 Abs. 2 Satz 1) und der Zahl der Pflichtversicherten zusammen mit den Zuschüssen des Bundes und den sonstigen Einnahmen unter Berücksichtigung von Entnahmen aus der Nachhaltigkeitsrücklage ausreichen, um die voraussichtlichen Ausgaben in dem auf die Festsetzung folgenden Kalenderjahr zu decken und sicherzustellen, dass die Mittel der Nachhaltigkeitsrücklage am Ende dieses Kalenderjahres
1. im Falle von Absatz 1 Nr. 1 dem Betrag der Mindestrücklage oder
2. im Falle von Absatz 1 Nr. 2 dem Betrag der Höchstnachhaltigkeitsrücklage

voraussichtlich entsprechen. ²Der Beitragssatz ist auf eine Dezimalstelle aufzurunden.

(3) Der Beitragssatz in der knappschaftlichen Rentenversicherung wird jeweils in dem Verhältnis verändert, in dem er sich in der allgemeinen Rentenversicherung ändert; der Beitragssatz ist nur für das jeweilige Kalenderjahr auf eine Dezimalstelle aufzurunden.

(4) Wird der Beitragssatz in der allgemeinen Rentenversicherung vom 1. Januar des Jahres an nicht verändert, macht das Bundesministerium für Arbeit und Soziales im Bundesgesetzblatt das Weitergelten der Beitragssätze bekannt.

§ 159 Beitragsbemessungsgrenzen

¹Die Beitragsbemessungsgrenzen in der allgemeinen Rentenversicherung sowie in der knappschaftlichen Rentenversicherung ändern sich zum 1. Januar eines jeden Jahres in dem Verhältnis, in dem die Bruttolöhne und -gehälter je Arbeitnehmer (§ 68 Abs. 2 Satz 1) im vergangenen zu den entsprechenden Bruttolöhnen und -gehältern im vorvergangenen Kalenderjahr stehen. ²Die veränderten Beträge werden nur für das Kalenderjahr, für das die Beitragsbemessungsgrenze bestimmt wird, auf das nächsthöhere Vielfache von 600 aufgerundet.

§ 160 Verordnungsermächtigung

Die Bundesregierung hat durch Rechtsverordnung mit Zustimmung des Bundesrates
1. die Beitragssätze in der Rentenversicherung,
2. in Ergänzung der Anlage 2 die Beitragsbemessungsgrenzen

festzusetzen.

Zweiter Titel. Beitragsbemessungsgrundlagen

§ 161 Grundsatz

(1) Beitragsbemessungsgrundlage für Versicherungspflichtige sind die beitragspflichtigen Einnahmen.

(2) Beitragsbemessungsgrundlage für freiwillig Versicherte ist jeder Betrag zwischen der Mindestbeitragsbemessungsgrundlage (§ 167) und der Beitragsbemessungsgrenze.

§ 162 Beitragspflichtige Einnahmen Beschäftigter

Beitragspflichtige Einnahmen sind
1. bei Personen, die gegen Arbeitsentgelt beschäftigt werden, das Arbeitsentgelt aus der versicherungspflichtigen Beschäftigung, jedoch bei Personen, die zu ihrer Berufsausbildung beschäftigt werden, mindestens 1 vom Hundert der Bezugsgröße,
2. bei behinderten Menschen das Arbeitsentgelt, mindestens 80 vom Hundert der Bezugsgröße,
2a. bei behinderten Menschen, die im Anschluss an eine Beschäftigung in einer nach dem Neunten Buch anerkannten Werkstatt für behinderte Menschen in einem Integrationsprojekt (§ 132 Neuntes Buch) beschäftigt sind, das Arbeitsentgelt, mindestens 80 vom Hundert der Bezugsgröße,
3. bei Personen, die für eine Erwerbstätigkeit befähigt werden sollen oder im Rahmen einer Unterstützten Beschäftigung nach § 38a des Neunten Buches individuell betrieblich qualifiziert werden, ein Arbeitsentgelt in Höhe von 20 vom Hundert der monatlichen Bezugsgröße,
3a. bei Auszubildenden, die in einer außerbetrieblichen Einrichtung im Rahmen eines Berufsausbildungsvertrages nach dem Berufsbildungsgesetz ausgebildet werden, ein Arbeitsentgelt in Höhe der Ausbildungsvergütung,
4. bei Mitgliedern geistlicher Genossenschaften, Diakonissen und Angehörigen ähnlicher Gemeinschaften die Geld- und Sachbezüge, die sie persönlich erhalten, jedoch bei Mitgliedern, denen nach Beendigung ihrer Ausbildung eine Anwartschaft auf die in der Gemeinschaft übliche Versorgung nicht gewährleistet oder für die die Gewährleistung nicht gesichert ist (§ 5 Abs. 1 Satz 1 Nr. 3), mindestens 40 vom Hundert der Bezugsgröße,
5. bei Personen, deren Beschäftigung nach dem Einkommensteuerrecht als selbständige Tätigkeit bewertet wird, ein Einkommen in Höhe der Bezugsgröße, bei Nachweis eines niedrigeren oder höheren Einkommens jedoch dieses Einkommen, mindestens jedoch monatlich 400 Euro. § 165 Abs. 1 Satz 2 bis 10 gilt entsprechend.

§ 163 Sonderregelung für beitragspflichtige Einnahmen Beschäftigter

(1) ¹Für unständig Beschäftigte ist als beitragspflichtige Einnahmen ohne Rücksicht auf die Beschäftigungsdauer das innerhalb eines Kalendermonats erzielte Arbeitsentgelt bis zur Höhe der monatlichen Beitragsbemessungsgrenze zugrunde zu legen. ²Unständig ist die Beschäftigung, die auf weniger als eine Woche entweder nach der Natur der Sache befristet zu sein pflegt oder im Voraus durch den Arbeitsvertrag befristet ist. ³Bestanden innerhalb eines Kalendermonats mehrere unständige Beschäftigungen und übersteigt das Arbeitsentgelt insgesamt die monatliche Beitragsbemessungsgrenze, sind bei der Berechnung der Beiträge die einzelnen Arbeitsentgelte anteilmäßig nur zu berücksichtigen, soweit der Gesamtbetrag die monatliche Beitragsbemessungsgrenze nicht übersteigt. ⁴Soweit Versicherte oder Arbeitgeber dies beantragen, verteilt die zuständige Einzugsstelle die Beiträge nach den zu berücksichtigenden Arbeitsentgelten aus unständigen Beschäftigungen.

(2) ¹Für Seeleute gilt als beitragspflichtige Einnahme der Betrag, der nach dem Recht der gesetzlichen Unfallversicherung für die Beitragsberechnung maßgebend ist. ²§ 215 Abs. 4 des Siebten Buches gilt entsprechend.

(3) ¹Bei Arbeitnehmern, die ehrenamtlich tätig sind und deren Arbeitsentgelt infolge der ehrenamtlichen Tätigkeit gemindert wird, gilt auch der Betrag zwischen dem tatsächlich erzielten Arbeitsentgelt und dem Arbeitsentgelt, das ohne die ehrenamtliche Tätigkeit erzielt worden wäre, höchstens bis zur Beitragsbemessungsgrenze als Arbeitsentgelt (Unterschiedsbetrag), wenn der Arbeitnehmer dies beim Arbeitgeber beantragt. ²Satz 1 gilt nur für ehrenamtliche Tätigkeiten für Körperschaften, Anstalten oder Stiftungen des öf-

fentlichen Rechts, deren Verbände einschließlich der Spitzenverbände oder ihrer Arbeitsgemeinschaften, Parteien, Gewerkschaften, sowie Körperschaften, Personenvereinigungen und Vermögensmassen, die wegen des ausschließlichen und unmittelbaren Dienstes für gemeinnützige, mildtätige oder kirchliche Zwecke von der Körperschaftsteuer befreit sind. ³Der Antrag kann nur für laufende und künftige Lohn- und Gehaltsabrechnungszeiträume gestellt werden.

(4) ¹Bei Versicherten, die eine versicherungspflichtige ehrenamtliche Tätigkeit aufnehmen und für das vergangene Kalenderjahr freiwillige Beiträge gezahlt haben, gilt jeder Betrag zwischen dem Arbeitsentgelt und der Beitragsbemessungsgrenze als Arbeitsentgelt (Unterschiedsbetrag), wenn die Versicherten dies beim Arbeitgeber beantragen. ²Satz 1 gilt nur für versicherungspflichtige ehrenamtliche Tätigkeiten für Körperschaften des öffentlichen Rechts. ³Der Antrag kann nur für laufende und künftige Lohn- und Gehaltsabrechnungszeiträume gestellt werden.

(5) ¹Bei Arbeitnehmern, die nach dem Altersteilzeitgesetz Aufstockungsbeträge zum Arbeitsentgelt erhalten, gilt auch mindestens ein Betrag in Höhe von 80 vom Hundert des Regelarbeitsentgelts für die Altersteilzeitarbeit, begrenzt auf den Unterschiedsbetrag zwischen 90 vom Hundert der monatlichen Beitragsbemessungsgrenze und dem Regelarbeitsentgelt, höchstens jedoch bis zur Beitragsbemessungsgrenze, als beitragspflichtige Einnahme. ²Für Personen, die nach § 3 Satz 1 Nr. 3 für die Zeit des Bezugs von Krankengeld, Versorgungskrankengeld, Verletztengeld oder Übergangsgeld versichert sind, und für Personen, die für die Zeit der Arbeitsunfähigkeit oder der Ausführung von Leistungen zur Teilhabe, in der sie Krankentagegeld von einem privaten Krankenversicherungsunternehmen erhalten, nach § 4 Abs. 3 Satz 1 Nr. 2 versichert sind, gilt Satz 1 entsprechend.

(6) Soweit Kurzarbeitergeld geleistet wird, gilt als beitragspflichtige Einnahmen 80 vom Hundert des Unterschiedsbetrags zwischen dem Soll-Entgelt und dem Ist-Entgelt nach § 179 des Dritten Buches.

(7) *(aufgehoben)*

(8) Bei Arbeitnehmern, die eine geringfügige Beschäftigung ausüben und in dieser Beschäftigung versicherungspflichtig sind, weil sie nach § 5 Abs. 2 Satz 2 auf die Versicherungsfreiheit verzichtet haben, ist beitragspflichtige Einnahme das Arbeitsentgelt, mindestens jedoch der Betrag in Höhe von 155 Euro.

(9) ¹Bei Arbeitnehmern, die in einer Beschäftigung Leistungen der Entgeltsicherung nach § 421j des Dritten Buches erhalten, gilt auch der Unterschiedsbetrag zwischen dem Arbeitsentgelt aus der Beschäftigung während des Bezugs der Leistungen zur Entgeltsicherung und 90 vom Hundert des für das Arbeitslosengeld maßgeblichen Bemessungsentgelts im Sinne des § 421j des Dritten Buches, jedoch höchstens bis zur Beitragsbemessungsgrenze, als beitragspflichtige Einnahme. ²Während des Bezugs von Kurzarbeitergeld gilt weiterhin der nach Satz 1 ermittelte Unterschiedsbetrag als beitragspflichtige Einnahme. ³Für Personen, die nach § 3 Satz 1 Nr. 3 für die Zeit des Bezugs von Krankengeld, Versorgungskrankengeld, Verletztengeld oder Übergangsgeld versichert sind, und für Personen, die für die Zeit der Arbeitsunfähigkeit oder der Ausführung von Leistungen zur Teilhabe, in der sie Krankentagegeld von einem privaten Krankenversicherungsunternehmen erhalten, nach § 4 Abs. 3 Satz 1 Nr. 2 versichert sind, gilt Satz 1 entsprechend.

(10) ¹Bei Arbeitnehmern, die gegen ein monatliches Arbeitsentgelt bis zum oberen Grenzbetrag der Gleitzone (§ 20 Abs. 2 Viertes Buch) mehr als geringfügig beschäftigt sind, ist beitragspflichtige Einnahme der Betrag, der sich aus folgender Formel ergibt:

$$F \times 400 + (2 - F) \times (AE - 400).$$

²Dabei ist AE das Arbeitsentgelt und F der Faktor, der sich ergibt, wenn der Wert 30 vom Hundert durch den Gesamtsozialversicherungsbeitragssatz des Kalenderjahres, in dem der Anspruch auf das Arbeitsentgelt entstanden ist, geteilt wird. ³Der Gesamtsozialversicherungsbeitragssatz eines Kalenderjahres ergibt sich aus der Summe der zum 1. Januar desselben Kalenderjahres geltenden Beitragssätze in der allgemeinen Rentenversicherung, in der gesetzlichen Pflegeversicherung sowie zur Arbeitsförderung und des allgemeinen Beitragssatzes in der gesetzlichen Krankenversicherung. ⁴Für die Zeit vom 1. Juli 2006 bis zum 31. Dezember 2006 beträgt der Faktor F 0,7160. ⁵Der Gesamtsozialversicherungsbeitragssatz und der Faktor F sind vom Bundesministerium für Arbeit und Soziales bis zum 31. Dezember eines Jahres für das folgende Kalenderjahr im Bundesanzeiger bekannt zu geben. ⁶Abweichend von Satz 1 ist beitragspflichtige Einnahme das Arbeitsentgelt aus der versicherungspflichtigen Beschäftigung, wenn der Arbeitnehmer dies schriftlich gegenüber dem Arbeitgeber erklärt. ⁷Die Erklärung kann nur mit Wirkung für die Zukunft und bei mehreren Beschäftigungen nach Satz 1 nur einheitlich abgegeben werden und ist für die

60 SGB VI

Dauer der Beschäftigungen bindend. ⁸Satz 1 gilt nicht für Personen, die zu ihrer Berufsausbildung beschäftigt sind.

§ 164 (weggefallen)

§ 165 Beitragspflichtige Einnahmen selbständig Tätiger

(1) ¹Beitragspflichtige Einnahmen sind
1. bei selbständig Tätigen ein Arbeitseinkommen in Höhe der Bezugsgröße, bei Nachweis eines niedrigeren oder höheren Arbeitseinkommens jedoch dieses Arbeitseinkommen, mindestens jedoch monatlich 400 Euro,
2. bei Seelotsen das Arbeitseinkommen,
3. bei Künstlern und Publizisten das voraussichtliche Jahresarbeitseinkommen (§ 12 Künstlersozialversicherungsgesetz), mindestens jedoch 3.900 Euro, wobei Arbeitseinkommen auch die Vergütung für die Verwertung und Nutzung urheberrechtlich geschützter Werke oder Leistungen sind,
4. bei Hausgewerbetreibenden das Arbeitseinkommen,
5. bei Küstenschiffern und Küstenfischern das in der Unfallversicherung maßgebende beitragspflichtige Arbeitseinkommen.

²Beitragspflichtige Einnahmen sind bei selbständig Tätigen abweichend von Satz 1 Nr. 1 bis zum Ablauf von drei Kalenderjahren nach dem Jahr der Aufnahme der selbständigen Tätigkeit ein Arbeitseinkommen in Höhe von 50 vom Hundert der Bezugsgröße, auf Antrag des Versicherten jedoch ein Arbeitseinkommen in Höhe der Bezugsgröße. ³Für den Nachweis des von der Bezugsgröße abweichenden Arbeitseinkommens nach Satz 1 Nummer 1 sind die sich aus dem letzten Einkommensteuerbescheid für das zeitnaheste Kalenderjahr ergebenden Einkünfte aus der versicherungspflichtigen selbständigen Tätigkeit so lange maßgebend, bis ein neuer Einkommensteuerbescheid vorgelegt wird. ⁴Die Einkünfte sind mit dem Vomhundertsatz zu vervielfältigen, der sich aus dem Verhältnis des vorläufigen Durchschnittsentgelts (Anlage 1) für das Kalenderjahr, für das das Arbeitseinkommen nachzuweisen ist, zu dem Durchschnittsentgelt (Anlage 1) für das maßgebende Veranlagungsjahr des Einkommensteuerbescheides ergibt. ⁵Übersteigt das nach Satz 4 festgestellte Arbeitseinkommen die Beitragsbemessungsgrenze des nachzuweisenden Kalenderjahres, wird ein Arbeitseinkommen in Höhe der jeweiligen Beitragsbemessungsgrenze so lange zugrunde gelegt, bis sich aus einem neuen Einkommensteuerbescheid niedrigere Einkünfte ergeben. ⁶Der Einkommensteuerbescheid ist dem Träger der Rentenversicherung spätestens zwei Kalendermonate nach seiner Ausfertigung vorzulegen. ⁷Statt des Einkommensteuerbescheides kann auch eine Bescheinigung des Finanzamtes vorgelegt werden, die für den Nachweis des Arbeitseinkommens erforderlichen Daten des Einkommensteuerbescheides enthält. ⁸Änderungen des Arbeitseinkommens werden vom Ersten des auf die Vorlage des Bescheides oder der Bescheinigung folgenden Kalendermonats, spätestens aber vom Beginn des dritten Kalendermonats nach Ausfertigung des Einkommensteuerbescheides, an berücksichtigt. ⁹Ist eine Veranlagung zur Einkommensteuer aufgrund der versicherungspflichtigen selbständigen Tätigkeit noch nicht erfolgt, sind für das Jahr des Beginns der Versicherungspflicht die Einkünfte zugrunde zu legen, die sich aus den vom Versicherten vorzulegenden Unterlagen ergeben. ¹⁰Für die Folgejahre ist Satz 4 sinngemäß anzuwenden.

(1 a) ¹Abweichend von Absatz 1 Satz 3 ist auf Antrag des Versicherten vom laufenden Arbeitseinkommen auszugehen, wenn dieses im Durchschnitt voraussichtlich um wenigstens 30 vom Hundert geringer ist als das Arbeitseinkommen aus dem letzten Einkommensteuerbescheid. ²Das laufende Arbeitseinkommen ist durch entsprechende Unterlagen nachzuweisen. ³Änderungen des Arbeitseinkommens werden vom Ersten des auf die Vorlage der Nachweise folgenden Kalendermonats an berücksichtigt. ⁴Das festgestellte laufende Arbeitseinkommen bleibt so lange maßgebend, bis der Einkommensteuerbescheid über dieses Veranlagungsjahr vorgelegt wird und zu berücksichtigen ist. ⁵Für die Folgejahre ist Absatz 1 Satz 4 sinngemäß anzuwenden.

(1 b) Bei Künstlern und Publizisten wird für die Dauer des Bezugs von Elterngeld oder Erziehungsgeld oder für die Zeit, in der Erziehungsgeld nur wegen des zu berücksichtigenden Einkommens nicht bezogen wird, auf Antrag des Versicherten das in diesen Zeiten voraussichtlich erzielte Arbeitseinkommen, wenn es im Durchschnitt monatlich 325 Euro übersteigt, zugrunde gelegt.

(2) Für Hausgewerbetreibende, die ehrenamtlich tätig sind, gelten die Regelungen für Arbeitnehmer, die ehrenamtlich tätig sind, entsprechend.

(3) Bei Selbständigen, die auf Antrag versicherungspflichtig sind, gelten als Arbeitseinkommen im Sinne von § 15 des Vierten Buches auch die Einnahmen, die steuerrechtlich als Einkommen aus abhängiger Beschäftigung behandelt werden.

§ 166 Beitragspflichtige Einnahmen sonstiger Versicherter

(1) Beitragspflichtige Einnahmen sind
1. bei Personen, die als Wehr- oder Zivildienstleistende versichert sind, 60 vom Hundert der Bezugsgröße, jedoch bei Personen, die eine Verdienstausfallentschädigung nach dem Unterhaltssicherungsgesetz erhalten, das Arbeitsentgelt, das dieser Leistung vor Abzug von Steuern und Beitragsanteilen zugrunde liegt,
1 a. bei Personen, die in einem Wehrdienstverhältnis besonderer Art nach § 6 des Einsatz-Weiterverwendungsgesetzes versichert sind, die daraus gewährten Dienstbezüge in dem Umfang, in dem sie bei Beschäftigten als Arbeitsentgelt zu berücksichtigen wären,
2. bei Personen, die Arbeitslosengeld, Übergangsgeld, Krankengeld, Verletztengeld oder Versorgungskrankengeld beziehen, 80 vom Hundert des der Leistung zugrunde liegenden Arbeitsentgelts oder Arbeitseinkommens, wobei 80 vom Hundert des beitragspflichtigen Arbeitsentgelts aus einem nicht geringfügigen Beschäftigungsverhältnis abzuziehen sind, und bei gleichzeitigem Bezug von Krankengeld neben einer anderen Leistung das dem Krankengeld zugrunde liegende Einkommen nicht zu berücksichtigen ist,
2 a. bei Personen, die im Anschluss an den Bezug von Arbeitslosengeld II Übergangsgeld oder Verletztengeld beziehen, monatlich der Betrag von 205 Euro,
2 b. *(aufgehoben)*
2 c. bei Personen, die Teilarbeitslosengeld oder Teilübergangsgeld beziehen, 80 vom Hundert des dieser Leistung zugrunde liegenden Arbeitsentgelts,
3. bei Beziehern von Vorruhestandsgeld das Vorruhestandsgeld,
4. bei Entwicklungshelfern oder bei im Ausland beschäftigten Deutschen das Arbeitsentgelt oder, wenn dies günstiger ist, der Betrag, der sich ergibt, wenn die Beitragsbemessungsgrenze mit dem Verhältnis vervielfältigt wird, in dem die Summe der Arbeitsentgelte oder Arbeitseinkommen für die letzten drei vor Aufnahme der nach § 4 Abs. 1 versicherungspflichtigen Beschäftigung oder Tätigkeit voll mit Pflichtbeiträgen belegten Kalendermonate zur Summe der Beträge der Beitragsbemessungsgrenzen für diesen Zeitraum steht; der Verhältniswert beträgt mindestens 0,6667,
5. bei Personen, die für Zeiten der Arbeitsunfähigkeit oder der Ausführung von Leistungen zur Teilhabe ohne Anspruch auf Krankengeld versichert sind, 80 vom Hundert des zuletzt für einen vollen Kalendermonat versicherten Arbeitsentgelts oder Arbeitseinkommens.

(2) ¹Beitragspflichtige Einnahmen sind bei nicht erwerbsmäßig tätigen Pflegepersonen bei Pflege eines
1. Schwerstpflegebedürftigen (§ 15 Abs. 1 Nr. 3 Elftes Buch)
    a) 80 vom Hundert der Bezugsgröße, wenn er mindestens 28 Stunden in der Woche gepflegt wird,
    b) 60 vom Hundert der Bezugsgröße, wenn er mindestens 21 Stunden in der Woche gepflegt wird,
    c) 40 vom Hundert der Bezugsgröße, wenn er mindestens 14 Stunden in der Woche gepflegt wird,
2. Schwerpflegebedürftigen (§ 15 Abs. 1 Nr. 2 Elftes Buch)
    a) 53,3333 vom Hundert der Bezugsgröße, wenn er mindestens 21 Stunden in der Woche gepflegt wird,
    b) 35,5555 vom Hundert der Bezugsgröße, wenn er mindestens 14 Stunden in der Woche gepflegt wird,
3. erheblich Pflegebedürftigen (§ 15 Abs. 1 Nr. 1 Elftes Buch) 26,6667 vom Hundert der Bezugsgröße.

²Üben mehrere nicht erwerbsmäßig tätige Pflegepersonen die Pflege gemeinsam aus, sind beitragspflichtige Einnahmen bei jeder Pflegeperson der Teil des Höchstwerts der jeweiligen Pflegestufe, der dem Umfang ihrer Pflegetätigkeit im Verhältnis zum Umfang der Pflegetätigkeit insgesamt entspricht.

§ 167 Freiwillig Versicherte

Die Mindestbeitragsbemessungsgrundlage beträgt für freiwillig Versicherte monatlich 400 Euro.

Dritter Titel. Verteilung der Beitragslast

§ 168 Beitragstragung bei Beschäftigten

(1) Die Beiträge werden getragen
1. bei Personen, die gegen Arbeitsentgelt beschäftigt werden, von den Versicherten und von den Arbeitgebern je zur Hälfte,
1 a. bei Arbeitnehmern, die Kurzarbeitergeld beziehen, vom Arbeitgeber,
1 b. bei Personen, die gegen Arbeitsentgelt geringfügig versicherungspflichtig beschäftigt werden, von den Arbeitgebern in Höhe des Betrages, der 15 vom Hundert des der Beschäftigung zugrunde liegenden Arbeitsentgelts entspricht, im Übrigen vom Versicherten,
1 c. bei Personen, die gegen Arbeitsentgelt in Privathaushalten geringfügig versicherungspflichtig beschäftigt werden, von den Arbeitgebern in Höhe des Betrages, der 5 vom Hundert des der Beschäftigung zugrunde liegenden Arbeitsentgelts entspricht, im Übrigen vom Versicherten,
1 d. bei Arbeitnehmern, deren beitragspflichtige Einnahme sich nach § 163 Abs. 10 Satz 1 bestimmt, von den Arbeitgebern in Höhe der Hälfte des Betrages, der sich ergibt, wenn der Beitragssatz auf das der Beschäftigung zugrunde liegende Arbeitsentgelt angewendet wird, im Übrigen vom Versicherten,
2. bei behinderten Menschen von den Trägern der Einrichtung, wenn ein Arbeitsentgelt nicht bezogen wird oder das monatliche Arbeitsentgelt 20 vom Hundert der monatlichen Bezugsgröße nicht übersteigt, sowie für den Betrag zwischen dem monatlichen Arbeitsentgelt und 80 vom Hundert der monatlichen Bezugsgröße, wenn das monatliche Arbeitsentgelt 80 vom Hundert der monatlichen Bezugsgröße nicht übersteigt, im Übrigen von den Versicherten und den Trägern der Einrichtung je zur Hälfte,
2 a. bei behinderten Menschen, die im Anschluss an eine Beschäftigung in einer nach dem Neunten Buch anerkannten Werkstatt für behinderte Menschen in einem Integrationsprojekt (§ 132 Neuntes Buch) beschäftigt sind, von den Trägern der Integrationsprojekte für den Betrag zwischen dem monatlichen Arbeitsentgelt und 80 vom Hundert der monatlichen Bezugsgröße, wenn das monatliche Arbeitsentgelt 80 vom Hundert der monatlichen Bezugsgröße nicht übersteigt, im Übrigen von den Versicherten und den Trägern der Integrationsprojekte je zur Hälfte,
3. bei Personen, die für eine Erwerbstätigkeit befähigt werden sollen, von den Trägern der Einrichtung,
3 a. bei Auszubildenden, die in einer außerbetrieblichen Einrichtung im Rahmen eines Berufsausbildungsvertrages nach dem Berufsbildungsgesetz ausgebildet werden, von den Trägern der Einrichtung,
3 b. bei behinderten Menschen während der individuellen betrieblichen Qualifizierung im Rahmen der Unterstützten Beschäftigung nach § 38 a des Neunten Buches von dem zuständigen Rehabilitationsträger,
4. bei Mitgliedern geistlicher Genossenschaften, Diakonissen und Angehörigen ähnlicher Gemeinschaften von den Genossenschaften oder Gemeinschaften, wenn das monatliche Arbeitsentgelt 40 vom Hundert der monatlichen Bezugsgröße nicht übersteigt, im Übrigen von den Mitgliedern und den Genossenschaften oder Gemeinschaften je zur Hälfte,
5. bei Arbeitnehmern, die ehrenamtlich tätig sind, für den Unterschiedsbetrag von ihnen selbst,
6. bei Arbeitnehmern, die nach dem Altersteilzeitgesetz Aufstockungsbeträge zum Arbeitsentgelt erhalten, für die sich nach § 163 Abs. 5 Satz 1 ergebende beitragspflichtige Einnahme von den Arbeitgebern,
7. bei Arbeitnehmern, die nach dem Altersteilzeitgesetz Aufstockungsbeträge zum Krankengeld, Versorgungskrankengeld, Verletztengeld, Übergangsgeld oder Krankentagegeld erhalten, für die sich nach § 163 Abs. 5 Satz 2 ergebende beitragspflichtige Einnahme
    a) von der Bundesagentur oder, im Fall der Leistungserbringung nach § 10 Abs. 2 Satz 2 des Altersteilzeitgesetzes, von den Arbeitgebern, wenn die Voraussetzungen des § 4 des Altersteilzeitgesetzes vorliegen,
    b) von den Arbeitgebern, wenn die Voraussetzungen des § 4 des Altersteilzeitgesetzes nicht vorliegen,
8. bei Arbeitnehmern, die in einer Beschäftigung Leistungen der Entgeltsicherung nach § 421 j des Dritten Buches erhalten, für den sich nach § 163 Abs. 9 Satz 1 ergebenden Unterschiedsbetrag von der Bundesagentur für Arbeit,

9. bei Arbeitnehmern, die nach § 421j Abs. 6 des Dritten Buches einen Zuschuss zum Kurzarbeitergeld, Krankengeld, Versorgungskrankengeld, Verletztengeld, Übergangsgeld oder Krankentagegeld erhalten, für den sich nach § 163 Abs. 9 Satz 2 und 3 ergebenden Unterschiedsbetrag von der Bundesagentur für Arbeit.

(2) Wird infolge einmalig gezahlten Arbeitsentgelts die in Absatz 1 Nr. 2 genannte Grenze von 20 vom Hundert der monatlichen Bezugsgröße überschritten, tragen die Versicherten und die Arbeitgeber die Beiträge von dem diese Grenze übersteigenden Teil des Arbeitsentgelts jeweils zur Hälfte; im Übrigen tragen die Arbeitgeber den Beitrag allein.

(3) Personen, die in der knappschaftlichen Rentenversicherung versichert sind, tragen die Beiträge in Höhe des Vomhundertsatzes, den sie zu tragen hätten, wenn sie in der allgemeinen Rentenversicherung versichert wären; im Übrigen tragen die Arbeitgeber die Beiträge.

§ 169 Beitragstragung bei selbständig Tätigen

Die Beiträge werden getragen
1. bei selbständig Tätigen von ihnen selbst,
2. bei Künstlern und Publizisten von der Künstlersozialkasse,
3. bei Hausgewerbetreibenden von den Versicherten und den Arbeitgebern je zur Hälfte,
4. bei Hausgewerbetreibenden, die ehrenamtlich tätig sind, für den Unterschiedsbetrag von ihnen selbst.

§ 170 Beitragstragung bei sonstigen Versicherten

(1) Die Beiträge werden getragen
1. bei Wehr- oder Zivildienstleistenden, Personen in einem Wehrdienstverhältnis besonderer Art nach § 6 des Einsatz-Weiterverwendungsgesetzes und für Kindererziehungszeiten vom Bund,
2. bei Personen, die
    a) Krankengeld oder Verletztengeld beziehen, von den Beziehern der Leistung und den Leistungsträgern je zur Hälfte, soweit sie auf die Leistung entfallen und diese Leistungen nicht in Höhe der Leistungen der Bundesagentur für Arbeit zu zahlen sind, im Übrigen vom Leistungsträger; die Beiträge werden auch dann von den Leistungsträgern getragen, wenn die Bezieher der Leistung zur Berufsausbildung beschäftigt sind und das der Leistung zugrunde liegende Arbeitsentgelt auf den Monat bezogen 400 Euro nicht übersteigt,
    b) Versorgungskrankengeld, Übergangsgeld oder Arbeitslosengeld beziehen, von den Leistungsträgern,
3. bei Bezug von Vorruhestandsgeld von den Beziehern und den zur Zahlung des Vorruhestandsgeldes Verpflichteten je zur Hälfte,
4. bei Entwicklungshelfern oder bei im Ausland beschäftigen Deutschen von den antragstellenden Stellen,
5. bei Zeiten der Arbeitsunfähigkeit oder der Ausführung von Leistungen zur Teilhabe ohne Anspruch auf Krankengeld von den Versicherten selbst,
6. bei nicht erwerbsmäßig tätigen Pflegepersonen, die einen
    a) in der sozialen Pflegeversicherung versicherten Pflegebedürftigen pflegen, von der Pflegekasse,
    b) in der sozialen Pflegeversicherung versicherungsfreien Pflegebedürftigen pflegen, von dem privaten Versicherungsunternehmen,
    c) Pflegebedürftigen pflegen, der wegen Pflegebedürftigkeit Beihilfeleistungen oder Leistungen der Heilfürsorge und Leistungen einer Pflegekasse oder eines privaten Versicherungsunternehmens erhält, von der Festsetzungsstelle für die Beihilfe oder vom Dienstherrn und der Pflegekasse oder dem privaten Versicherungsunternehmen anteilig; ist ein Träger der Rentenversicherung Festsetzungsstelle für die Beihilfe, gelten die Beiträge insoweit als gezahlt; dies gilt auch im Verhältnis der Rentenversicherungsträger untereinander.

(2) ¹Bezieher von Krankengeld oder Verletztengeld, die in der knappschaftlichen Rentenversicherung versichert sind, tragen die Beiträge in Höhe des Vomhundertsatzes, den sie zu tragen hätten, wenn sie in der allgemeinen Rentenversicherung versichert wären; im Übrigen tragen die Beiträge die Leistungsträger. ²Satz 1 gilt entsprechend für Bezieher von Vorruhestandsgeld, die in der knappschaftlichen Rentenversicherung versichert sind.

§ 171 Freiwillig Versicherte

Freiwillig Versicherte tragen ihre Beiträge selbst.

§ 172 Arbeitgeberanteil bei Versicherungsfreiheit

(1) ¹Für Beschäftigte, die
1. als Bezieher einer Vollrente wegen Alters,
2. als Versorgungsbezieher,
3. wegen des Erreichens der Regelaltersgrenze oder
4. wegen einer Beitragserstattung

versicherungsfrei sind, tragen die Arbeitgeber die Hälfte des Beitrags, der zu zahlen wäre, wenn die Beschäftigten versicherungspflichtig wären; in der knappschaftlichen Rentenversicherung ist statt der Hälfte des Beitrags der auf Arbeitgeber entfallende Beitragsanteil zu zahlen. ²Satz 1 findet keine Anwendung auf versicherungsfrei geringfügig Beschäftigte und Beschäftigte nach § 1 Satz 1 Nr. 2.

(2) Für Beschäftigte, die nach § 6 Abs. 1 Satz 1 Nr. 1 von der Versicherungspflicht befreit sind, tragen die Arbeitgeber die Hälfte des Beitrags zu einer berufsständischen Versorgungseinrichtung, höchstens aber die Hälfte des Beitrags, der zu zahlen wäre, wenn die Beschäftigten nicht von der Versicherungspflicht befreit worden wären.

(3) ¹Für Beschäftigte nach § 8 Abs. 1 Nr. 1 des Vierten Buches, die in dieser Beschäftigung versicherungsfrei oder von der Versicherungspflicht befreit sind oder die nach § 5 Abs. 4 versicherungsfrei sind, tragen die Arbeitgeber einen Beitragsanteil in Höhe von 15 vom Hundert des Arbeitsentgelts, das beitragspflichtig wäre, wenn die Beschäftigten versicherungspflichtig wären. ²Dies gilt nicht für Personen, die während der Dauer eines Studiums als ordentliche Studierende einer Fachschule oder Hochschule ein Praktikum ableisten, das nicht in ihrer Studienordnung oder Prüfungsordnung vorgeschrieben ist.

(3 a) Für Beschäftigte in Privathaushalten nach § 8 a Satz 1 des Vierten Buches, die in dieser Beschäftigung versicherungsfrei oder von der Versicherungspflicht befreit sind oder die nach § 5 Abs. 4 versicherungsfrei sind, tragen die Arbeitgeber einen Beitragsanteil in Höhe von 5 vom Hundert des Arbeitsentgelts, das beitragspflichtig wäre, wenn die Beschäftigten versicherungspflichtig wären.

(4) Für den Beitragsanteil des Arbeitgebers gelten die Vorschriften des Dritten Abschnitts des Vierten Buches sowie die Bußgeldvorschriften des § 111 Abs. 1 Nr. 2 bis 4, 8 und Abs. 2 und 4 des Vierten Buches entsprechend.

Vierter Titel. Zahlung der Beiträge

§ 173 Grundsatz

Die Beiträge sind, soweit nicht etwas anderes bestimmt ist, von denjenigen, die sie zu tragen haben (Beitragsschuldner), unmittelbar an die Träger der Rentenversicherung zu zahlen.

§ 174 Beitragszahlung aus dem Arbeitsentgelt und Arbeitseinkommen

(1) Für die Zahlung der Beiträge von Versicherungspflichtigen aus Arbeitsentgelt und von Hausgewerbetreibenden gelten die Vorschriften über den Gesamtsozialversicherungsbeitrag (§§ 28 d bis 28 n und 28 r Viertes Buch).

(2) Für die Beitragszahlung
1. aus dem Arbeitseinkommen von Seelotsen,
2. aus Vorruhestandsgeld,
3. aus dem für Entwicklungshelfer und für im Ausland beschäftigte Deutsche maßgebenden Betrag

gilt Absatz 1 entsprechend.

(3) Für die Beitragszahlung nach Absatz 2 gelten als Arbeitgeber
1. die Lotsenbrüderschaften,
2. die zur Zahlung des Vorruhestandsgeldes Verpflichteten,
3. die antragstellenden Stellen.

§ 175 Beitragszahlung bei Künstlern und Publizisten

(1) Die Künstlersozialkasse zahlt für nachgewiesene Zeiten des Bezugs von Krankengeld, Verletztengeld, Versorgungskrankengeld, Übergangsgeld oder Mutterschaftsgeld sowie für nachgewiesene Anrechnungszeiten von Künstlern und Publizisten keine Beiträge.

(2) Die Künstlersozialkasse ist zur Zahlung eines Beitrags für Künstler und Publizisten nur insoweit verpflichtet, als diese ihren Beitragsanteil zur Rentenversicherung nach dem Künstlersozialversicherungsgesetz an die Künstlersozialkasse gezahlt haben.

§ 176 Beitragszahlung und Abrechnung bei Bezug von Sozialleistungen

(1) ¹Soweit Personen, die Krankengeld oder Verletztengeld beziehen, an den Beiträgen zur Rentenversicherung beteiligt sind, zahlen die Leistungsträger die Beiträge an die Träger der Rentenversicherung. ²Für den Beitragsabzug gilt § 28 g Satz 1 des Vierten Buches entsprechend.

(2) Das Nähere über Zahlung und Abrechnung der Beiträge für Bezieher von Sozialleistungen können die Leistungsträger und die Deutsche Rentenversicherung Bund durch Vereinbarung regeln.

(3) Ist ein Träger der Rentenversicherung Träger der Rehabilitation, gelten die Beiträge als gezahlt.

§ 176 a Beitragszahlung und Abrechnung bei Pflegepersonen

Das Nähere über Zahlung und Abrechnung der Beiträge für nicht erwerbsmäßig tätige Pflegepersonen können die Spitzenverbände der Pflegekassen, der Verband der privaten Krankenversicherung e. V., die Festsetzungsstellen für die Beihilfe und die Deutsche Rentenversicherung Bund durch Vereinbarung regeln.

§ 177 Beitragszahlung für Kindererziehungszeiten

(1) Die Beiträge für Kindererziehungszeiten werden vom Bund gezahlt.

(2) ¹Der Bund zahlt zur pauschalen Abgeltung für die Beitragszahlung für Kindererziehungszeiten an die allgemeine Rentenversicherung für das Jahr 2000 einen Betrag in Höhe von 22,4 Milliarden Deutsche Mark. ²Dieser Betrag verändert sich im jeweils folgenden Kalenderjahr in dem Verhältnis, in dem
1. die Bruttolöhne und -gehälter je Arbeitnehmer (§ 68 Abs. 2 Satz 1) im vergangenen Kalenderjahr zu den entsprechenden Bruttolöhnen und -gehältern im vorvergangenen Kalenderjahr stehen,
2. bei Veränderungen des Beitragssatzes der Beitragssatz des Jahres, für das er bestimmt wird, zum Beitragssatz des laufenden Kalenderjahres steht,
3. die Anzahl der unter Dreijährigen im vorvergangenen Kalenderjahr zur entsprechenden Anzahl der unter Dreijährigen in dem dem vorvergangenen vorausgehenden Kalenderjahr steht.

(3) ¹Bei der Bestimmung der Bruttolöhne und -gehälter je Arbeitnehmer sind für das vergangene Kalenderjahr die dem Statistischen Bundesamt zu Beginn eines Kalenderjahres vorliegenden Daten und für das vorvergangene Kalenderjahr die bei der Bestimmung der bisherigen Veränderungsrate verwendeten Daten zugrunde zu legen. ²Bei der Anzahl der unter Dreijährigen in einem Kalenderjahr sind die für das jeweilige Kalenderjahr zum Jahresende vorliegenden Daten des Statistischen Bundesamtes zugrunde zu legen.

(4) ¹Die Beitragszahlung des Bundes erfolgt in zwölf gleichen Monatsraten. ²Die Festsetzung und Auszahlung der Monatsraten sowie die Abrechnung führt das Bundesversicherungsamt entsprechend den haushaltsrechtlichen Vorschriften durch.

§ 178 Verordnungsermächtigung

(1) Das Bundesministerium für Arbeit und Soziales wird ermächtigt, im Einvernehmen mit dem Bundesministerium der Verteidigung, dem Bundesministerium für Familie, Senioren, Frauen und Jugend und dem Bundesministerium der Finanzen durch Rechtsverordnung mit Zustimmung des Bundesrates
1. eine pauschale Berechnung der Beiträge für Wehrdienstleistende und Zivildienstleistende sowie die Berechnung der Beiträge für Personen in einem Wehrdienstverhältnis besonderer Art nach § 6 des Einsatz-Weiterverwendungsgesetzes,

2. die Verteilung des Gesamtbetrags auf die Träger der Rentenversicherung und
3. die Zahlungsweise sowie das Verfahren

zu bestimmen.

(2) Das Bundesministerium für Arbeit und Soziales wird ermächtigt, durch Rechtsverordnung mit Zustimmung des Bundesrates Berechnungs- und Zahlungsweise sowie das Verfahren für die Zahlung der Beiträge außerhalb der Vorschriften über den Einzug des Gesamtsozialversicherungsbeitrags und für die Zahlungsweise von Pflichtbeiträgen und von freiwilligen Beiträgen bei Aufenthalt im Ausland zu bestimmen.

(3) Das Bundesministerium für Arbeit und Soziales macht im Einvernehmen mit dem Bundesministerium der Finanzen den Betrag, der vom Bund für Kindererziehungszeiten an die allgemeine Rentenversicherung pauschal zu zahlen ist, im Bundesanzeiger bekannt.

Fünfter Titel. Erstattungen

§ 179 Erstattung von Aufwendungen

(1) ¹Für behinderte Menschen nach § 1 Satz 1 Nr. 2 Buchstabe a erstattet der Bund den Trägern der Einrichtung die Beiträge, die auf den Betrag zwischen dem tatsächlich erzielten monatlichen Arbeitsentgelt und 80 vom Hundert der monatlichen Bezugsgröße entfallen, wenn das tatsächlich erzielte monatliche Arbeitsentgelt 80 vom Hundert der monatlichen Bezugsgröße nicht übersteigt. ²Im Übrigen erstatten die Kostenträger den Trägern der Einrichtung die von diesen getragenen Beiträge für behinderte Menschen. ³Für behinderte Menschen, die im Anschluss an eine Beschäftigung in einer nach dem Neunten Buch anerkannten Werkstatt für behinderte Menschen in einem Integrationsprojekt (§ 132 Neuntes Buch) beschäftigt sind, gilt Satz 1 entsprechend. ⁴Die zuständigen Stellen, die Erstattungen des Bundes nach Satz 1 oder 3 durchführen, können auch nach erfolgter Erstattung bei den davon umfassten Einrichtungen, Integrationsprojekten oder bei deren Trägern die Voraussetzungen der Erstattung prüfen. ⁵Soweit es im Einzelfall erforderlich ist, haben die von der Erstattung umfassten Einrichtungen, Integrationsprojekte oder deren Träger den zuständigen Stellen auf Verlangen über alle Tatsachen Auskunft zu erteilen, die für die Prüfung der Voraussetzungen der Erstattung erforderlich sind. ⁶Sie haben auf Verlangen die Geschäftsbücher, Listen oder andere Unterlagen, aus denen die Angaben über die der Erstattung zu Grunde liegende Beschäftigung hervorgehen, während der Betriebszeit nach ihrer Wahl entweder in ihren eigenen Geschäftsräumen oder denen der zuständigen Stelle zur Einsicht vorzulegen. ⁷Das Wahlrecht nach Satz 6 entfällt, wenn besondere Gründe eine Prüfung in den Geschäftsräumen der Einrichtungen, Integrationsprojekte oder deren Trägern gerechtfertigt erscheinen lassen.

(1 a) ¹Ein auf anderen gesetzlichen Vorschriften beruhender Anspruch auf Ersatz eines Schadens geht auf den Bund über, soweit dieser aufgrund des Schadensereignisses Erstattungsleistungen nach Absatz 1 Satz 1 und 3 erbracht hat. ²Die nach Landesrecht für die Erstattung von Aufwendungen für die gesetzliche Rentenversicherung der in Werkstätten beschäftigten behinderten Menschen zuständige Stelle macht den nach Satz 1 übergegangenen Anspruch geltend. ³§ 116 Abs. 2 bis 7, 9 und die §§ 117 und 118 des Zehnten Buches gelten entsprechend. ⁴Werden Beiträge nach Absatz 1 Satz 2 erstattet, gelten die Sätze 1 und 3 entsprechend mit der Maßgabe, dass der Anspruch auf den Kostenträger übergeht. ⁵Der Kostenträger erfragt, ob ein Schadensereignis vorliegt und übermittelt diese Antwort an die Stelle, die den Anspruch auf Ersatz von Beiträgen zur Rentenversicherung geltend macht.

(2) ¹Bei Entwicklungshelfern und bei im Ausland beschäftigten Deutschen sind unbeschadet der Regelung über die Beitragstragung Vereinbarungen zulässig, wonach Versicherte den antragstellenden Stellen die Beiträge ganz oder teilweise zu erstatten haben. ²Besteht eine Pflicht zur Antragstellung nach § 11 des Entwicklungshelfer-Gesetzes, so ist eine Vereinbarung zulässig, soweit die Entwicklungshelfer von einer Stelle im Sinne des § 5 Abs. 2 des Entwicklungshelfer-Gesetzes Zuwendungen erhalten, die zur Abdeckung von Risiken bestimmt sind, die von der Rentenversicherung abgesichert werden.

§ 180 Verordnungsermächtigung

Das Bundesministerium für Arbeit und Soziales wird ermächtigt, im Einvernehmen mit dem Bundesministerium der Finanzen durch Rechtsverordnung mit Zustimmung des Bundesrates das Nähere über die Erstattung von Beiträgen für behinderte Menschen, die

Zahlung von Vorschüssen sowie die Prüfung der Voraussetzungen der Erstattungen bei den Einrichtungen, Integrationsprojekten und bei deren Trägern einschließlich deren Mitwirkung gemäß § 179 Abs. 1 zu regeln.

Sechster Titel. Nachversicherung

§ 181 Berechnung und Tragung der Beiträge

(1) ¹Die Berechnung der Beiträge erfolgt nach den Vorschriften, die zum Zeitpunkt der Zahlung der Beiträge für versicherungspflichtige Beschäftigte gelten. ²Als Zeitpunkt der Zahlung gilt der Tag der Wertstellung des Gegenwerts der Beiträge auf dem Konto des Rentenversicherungsträgers.

(2) ¹Beitragsbemessungsgrundlage sind die beitragspflichtigen Einnahmen aus der Beschäftigung im Nachversicherungszeitraum bis zur jeweiligen Beitragsbemessungsgrenze. ²Ist die Gewährleistung der Versorgungsanwartschaft auf eine weitere Beschäftigung erstreckt worden, werden für diesen Zeitraum auch die beitragspflichtigen Einnahmen aus der weiteren Beschäftigung, bei Entwicklungshelfern oder bei im Ausland beschäftigten Deutschen der sich aus § 166 Nr. 4 ergebende Betrag bis zur jeweiligen Beitragsbemessungsgrenze zugrunde gelegt.

(3) ¹Mindestbeitragsbemessungsgrundlage ist ein Betrag in Höhe von 40 vom Hundert der jeweiligen Bezugsgröße, für Ausbildungszeiten die Hälfte dieses Betrages und für Zeiten einer Teilzeitbeschäftigung der Teil dieses Betrages, der dem Verhältnis der ermäßigten zur regelmäßigen Arbeitszeit entspricht. ²Mindestbeitragsbemessungsgrundlage für die dem Grundwehrdienst entsprechenden Dienstzeiten von Zeit- oder Berufssoldaten ist der Betrag, der für die Berechnung der Beiträge für Grundwehrdienstleistende im jeweiligen Zeitraum maßgebend war.

(4) Die Beitragsbemessungsgrundlage und die Mindestbeitragsbemessungsgrundlage werden für die Berechnung der Beiträge um den Vomhundertsatz angepasst, um den das vorläufige Durchschnittsentgelt für das Kalenderjahr, in dem die Beiträge gezahlt werden, das Durchschnittsentgelt für das Kalenderjahr, für das die Beiträge gezahlt werden, übersteigt oder unterschreitet.

(5) ¹Die Beiträge werden von den Arbeitgebern, Genossenschaften oder Gemeinschaften getragen. ²Ist die Gewährleistung der Versorgungsanwartschaft auf eine weitere Beschäftigung erstreckt worden, werden die Beiträge für diesen Zeitraum von den Arbeitgebern, Genossenschaften oder Gemeinschaften getragen, die die Gewährleistung erstreckt haben; Erstattungsvereinbarungen sind zulässig.

§ 182 Zusammentreffen mit vorhandenen Beiträgen

(1) Sind für den Nachversicherungszeitraum bereits Pflichtbeiträge gezahlt worden, haben die Arbeitgeber, Genossenschaften oder Gemeinschaften die Beiträge für die Nachversicherung nur insoweit zu zahlen, als dadurch die jeweilige Beitragsbemessungsgrenze nicht überschritten wird.

(2) ¹Sind für den Nachversicherungszeitraum bereits freiwillige Beiträge gezahlt worden, werden sie erstattet. ²Freiwillige Beiträge, die von den Arbeitgebern, Genossenschaften oder Gemeinschaften getragen wurden, gelten als bereits gezahlte Beiträge für die Nachversicherung und werden von dem Gesamtbetrag der Beiträge abgesetzt; ihr Wert erhöht sich um den Vomhundertsatz, um den das vorläufige Durchschnittsentgelt für das Kalenderjahr, in dem die Beiträge für die Nachversicherung gezahlt werden, das Durchschnittsentgelt für das Kalenderjahr, für das die freiwilligen Beiträge gezahlt wurden, übersteigt.

§ 183 Erhöhung und Minderung der Beiträge beim Versorgungsausgleich

(1) ¹Die Beiträge erhöhen sich für Nachzuversichernde, zu deren Lasten ein Versorgungsausgleich durchgeführt worden ist, wenn diese eine Kürzung ihrer Versorgungsbezüge durch die Zahlung eines Kapitalbetrags an den Arbeitgeber oder Träger der Versorgungslast ganz oder teilweise abgewendet haben. ²Erhöhungsbetrag ist der Betrag, der zum Zeitpunkt der Zahlung der Beiträge für die Nachversicherung erforderlich ist, um Rentenanwartschaften in der gleichen Höhe zu begründen, in der die Minderung der Versorgungsanwartschaften abgewendet wurde.

(2) ¹Die Beiträge mindern sich für Nachzuversichernde, zu deren Lasten ein Versorgungsausgleich durchgeführt worden ist, wenn der Träger der Versorgungslast
1. bereits Aufwendungen des Trägers der Rentenversicherung aus der Versicherung des Ausgleichsberechtigten erstattet hat (§ 225 Abs. 1),
2. zur Ablösung der Erstattungspflicht für die Begründung von Rentenanwartschaften zugunsten des Ausgleichsberechtigten Beiträge gezahlt hat (§ 225 Abs. 2).

²Minderungsbetrag ist
1. in den Fällen des Satzes 1 Nr. 1 ein Betrag von zwei Dritteln der erstatteten Aufwendungen,
2. in den Fällen des Satzes 1 Nr. 2 der Betrag der gezahlten Beiträge, erhöht um den Vomhundertsatz, um den das vorläufige Durchschnittsentgelt für das Kalenderjahr, in dem die Beiträge für die Nachversicherung gezahlt werden, das Durchschnittsentgelt übersteigt, das für die Berechnung der Beiträge zur Ablösung der Erstattungspflicht maßgebend war.

§ 184 Fälligkeit der Beiträge und Aufschub

(1) ¹Die Beiträge sind zu zahlen, wenn die Voraussetzungen für die Nachversicherung eingetreten sind, insbesondere Gründe für einen Aufschub der Beitragszahlung nicht gegeben sind. ²§ 24 des Vierten Buches ist mit der Maßgabe anzuwenden, dass die Säumnis drei Monate nach Eintritt der Fälligkeit beginnt und für die Ermittlung des rückständigen Betrages die zu diesem Zeitpunkt geltenden Rechengrößen anzuwenden sind. ³Sind die Beiträge vor dem 1. Oktober 1994 fällig geworden, beginnt die Säumnis am 1. Januar 1995; für die Berechnung des rückständigen Betrages sind die zu diesem Zeitpunkt geltenden Rechengrößen anzuwenden.

(2) ¹Die Beitragszahlung wird aufgeschoben, wenn
1. die Beschäftigung nach einer Unterbrechung, die infolge ihrer Eigenart oder vertraglich im Voraus zeitlich begrenzt ist, voraussichtlich wieder aufgenommen wird,
2. eine andere Beschäftigung sofort oder voraussichtlich innerhalb von zwei Jahren nach dem Ausscheiden aufgenommen wird, in der wegen Gewährleistung einer Versorgungsanwartschaft Versicherungsfreiheit besteht oder eine Befreiung von der Versicherungspflicht erfolgt, sofern der Nachversicherungszeitraum bei der Versorgungsanwartschaft aus der anderen Beschäftigung berücksichtigt wird,
3. eine widerrufliche Versorgung gezahlt wird, die der aus einer Nachversicherung erwachsenden Rentenanwartschaft mindestens gleichwertig ist.

²Der Aufschub der Beitragszahlung erstreckt sich in den Fällen des Satzes 1 Nr. 1 und 2 auch auf die Zeit der wieder aufgenommenen oder anderen Beschäftigung und endet mit einem Eintritt der Nachversicherungsvoraussetzungen für diese Beschäftigungen.

(3) Über den Aufschub der Beitragszahlung entscheiden die Arbeitgeber, Genossenschaften oder Gemeinschaften.

(4) ¹Wird die Beitragszahlung aufgeschoben, erteilen die Arbeitgeber, Genossenschaften oder Gemeinschaften den ausgeschiedenen Beschäftigten und dem Träger der Rentenversicherung eine Bescheinigung über den Nachversicherungszeitraum und die Gründe für einen Aufschub der Beitragszahlung (Aufschubbescheinigung). ²Die ausgeschiedenen Beschäftigten und der Träger der Rentenversicherung können verlangen, dass sich die Aufschubbescheinigung auch auf die beitragspflichtigen Einnahmen erstreckt, die einer Nachversicherung in den einzelnen Kalenderjahren zugrunde zu legen wären.

§ 185 Zahlung der Beiträge und Wirkung der Beitragszahlung

(1) ¹Die Arbeitgeber, Genossenschaften oder Gemeinschaften zahlen die Beiträge unmittelbar an den Träger der Rentenversicherung. ²Sie haben dem Träger der Rentenversicherung mit der Beitragszahlung mitzuteilen, ob und in welcher Höhe ein Versorgungsausgleich zu Lasten der Nachversicherten durchgeführt und eine Kürzung der Versorgungsbezüge durch die Zahlung eines Kapitalbetrags abgewendet wurde. ³Satz 1 gilt nicht, wenn der Arbeitgeber ein Träger der Rentenversicherung ist; in diesen Fällen gelten die Beiträge als zu dem Zeitpunkt gezahlt, zu dem die Voraussetzungen für die Nachversicherung eingetreten sind.

(2) ¹Die gezahlten Beiträge gelten als rechtzeitig gezahlte Pflichtbeiträge. ²Hat das Familiengericht vor Durchführung der Nachversicherung einen Versorgungsausgleich zu Lasten von Nachversicherten durchgeführt, gilt

1. eine Begründung von Rentenanwartschaften und
2. eine Übertragung von Anrechten aus einer Beamtenversorgung auf Grund einer internen Teilung in der Beamtenversorgung

mit der Zahlung der Beiträge an den Träger der Rentenversicherung oder in den Fällen des Absatzes 1 Satz 3 mit dem Eintritt der Voraussetzungen für die Nachversicherung als in der Rentenversicherung übertragen. ³In den Fällen des Satzes 2 Nr. 2 gelten für die Ermittlung des Abschlags an Entgeltpunkten § 76 Abs. 4 und § 264a Abs. 2 entsprechend; an die Stelle des Monatsbetrags der Rentenanwartschaft tritt der vom Familiengericht für die ausgleichsberechtigte Person durch interne Teilung festgesetzte monatliche Betrag.

(2 a) ¹Beiträge, die für frühere Soldaten auf Zeit während des Bezugs von Übergangsgebührnissen gezahlt worden sind, gelten bis zum Ablauf von 18 Monaten nach Wegfall der Übergangsgebührnisse als widerruflich gezahlt. ²Der Arbeitgeber ist bis dahin zum Widerruf der Zahlung berechtigt, wenn

1. die Nachversicherten bis zum Ablauf eines Jahres nach Wegfall der Übergangsgebührnisse eine Beschäftigung aufgenommen haben, in der wegen Gewährleistung einer Versorgungsanwartschaft Versicherungsfreiheit besteht oder eine Befreiung von der Versicherungspflicht erfolgt ist,
2. der Nachversicherungszeitraum bei der Versorgungsanwartschaft aus dieser Beschäftigung berücksichtigt wird,
3. bis zum Zeitpunkt des Widerrufs Leistungen der Rentenversicherung unter Berücksichtigung der Nachversicherung weder erbracht wurden noch aufgrund eines bis zum Zeitpunkt des Widerrufs gestellten Antrags zu erbringen sind und
4. bis zum Zeitpunkt des Widerrufs eine Entscheidung über einen Versorgungsausgleich zu Lasten der Nachversicherten unter Berücksichtigung der Nachversicherung nicht getroffen worden ist.

³Wird die Zahlung widerrufen, werden die Beiträge zurückgezahlt. ⁴Der Anspruch auf Rückzahlung der Beiträge ist nach Ablauf von sechs Monaten fällig. ⁵Nach Rückzahlung der Beiträge ist die Nachversicherung als von Anfang an nicht erfolgt und nach § 184 Abs. 2 Satz 1 Nr. 2 aufgeschoben anzusehen.

(3) Die Arbeitgeber, Genossenschaften oder Gemeinschaften erteilen den Nachversicherten oder den Hinterbliebenen und dem Träger der Rentenversicherung eine Bescheinigung über den Nachversicherungszeitraum und die der Nachversicherung in den einzelnen Kalenderjahren zugrunde gelegten beitragspflichtigen Einnahmen (Nachversicherungsbescheinigung).

(4) Der Träger der Rentenversicherung teilt den Nachversicherten die aufgrund der Nachversicherung in ihrem Versicherungskonto gespeicherten Daten mit.

§ 186 Zahlung an eine berufsständische Versorgungseinrichtung

(1) Nachzuversichernde können beantragen, dass die Arbeitgeber, Genossenschaften oder Gemeinschaften die Beiträge an eine berufsständische Versorgungseinrichtung zahlen, wenn sie

1. im Nachversicherungszeitraum ohne die Versicherungsfreiheit die Voraussetzungen für eine Befreiung nach § 6 Abs. 1 Satz 1 Nr. 1 erfüllt hätten oder
2. innerhalb eines Jahres nach dem Eintritt der Voraussetzungen für die Nachversicherung aufgrund einer durch Gesetz angeordneten oder auf Gesetz beruhenden Verpflichtung Mitglied dieser Einrichtung werden.

(2) Nach dem Tod von Nachzuversichernden steht das Antragsrecht nacheinander zu

1. überlebenden Ehegatten oder Lebenspartner,
2. den Waisen gemeinsam,
3. früheren Ehegatten oder Lebenspartner.

(3) Der Antrag kann nur innerhalb eines Jahres nach dem Eintritt der Voraussetzungen für die Nachversicherung gestellt werden.

Siebter Titel. Zahlung von Beiträgen in besonderen Fällen

§ 187 Zahlung von Beiträgen und Ermittlung von Entgeltpunkten aus Beiträgen beim Versorgungsausgleich

(1) Im Rahmen des Versorgungsausgleichs können Beiträge gezahlt werden, um

1. Rentenanwartschaften, die um einen Abschlag an Entgeltpunkten gemindert worden sind, ganz oder teilweise wieder aufzufüllen,
2. auf Grund
   a) einer Entscheidung des Familiengerichts zum Ausgleich von Anrechten durch externe Teilung (§ 15 Abs. 1 des Versorgungsausgleichsgesetzes) oder
   b) einer wirksamen Vereinbarung nach § 6 des Versorgungsausgleichsgesetzes Rentenanwartschaften zu begründen,
3. die Erstattungspflicht für die Begründung von Rentenanwartschaften zugunsten des Ausgleichsberechtigten abzulösen (§ 225 Abs. 2).

(2) ¹Für die Zahlung der Beiträge werden die Rentenanwartschaften in Entgeltpunkte umgerechnet. ²Die Entgeltpunkte werden in der Weise ermittelt, dass der Monatsbetrag der Rentenanwartschaften durch den aktuellen Rentenwert mit seinem Wert bei Ende der Ehezeit oder Lebenspartnerschaftszeit geteilt wird. ³Der Monatsbetrag der Rentenanwartschaften der knappschaftlichen Rentenversicherung wird durch das 1,3333fache des aktuellen Rentenwerts geteilt.

(3) ¹Für je einen Entgeltpunkt ist der Betrag zu zahlen, der sich ergibt, wenn der zum Zeitpunkt der Beitragszahlung geltende Beitragssatz auf das für das Kalenderjahr der Beitragszahlung bestimmte vorläufige Durchschnittsentgelt angewendet wird. ²Der Zahlbetrag wird nach den Rechengrößen zur Durchführung des Versorgungsausgleichs ermittelt, die das Bundesministerium für Arbeit und Soziales im Bundesgesetzblatt bekannt macht. ³Die Rechengrößen enthalten Faktoren zur Umrechnung von Entgeltpunkten in Beiträge und umgekehrt sowie zur Umrechnung von Kapitalwerten in Entgeltpunkte; dabei können Rundungsvorschriften der Berechnungsgrundsätze unberücksichtigt bleiben, um genauere Ergebnisse zu erzielen.

(3 a) Entgeltpunkte aus der Zahlung von Beiträgen nach Absatz 1 Nr. 1 oder Nr. 2 Buchstabe b werden ermittelt, indem die Beiträge mit dem zum Zeitpunkt der Zahlung maßgebenden Faktor nach Absatz 3 vervielfältigt werden.

(4) Nach bindender Bewilligung einer Vollrente wegen Alters ist eine Beitragszahlung zur Wiederauffüllung oder Begründung von Rentenanwartschaften nicht mehr zulässig.

(5) ¹Die Beiträge nach Absatz 1 Nr. 1 gelten als zum Zeitpunkt des Endes der Ehezeit oder Lebenspartnerschaftszeit gezahlt, wenn sie von ausgleichspflichtigen Personen, die ihren gewöhnlichen Aufenthalt
1. im Inland haben, bis zum Ende des dritten Kalendermonats,
2. im Ausland haben, bis zum Ende des sechsten Kalendermonats

nach Zugang der Mitteilung über die Rechtskraft der Entscheidung des Familiengerichts gezahlt werden. ²Ist der Versorgungsausgleich nicht Folgesache im Sinne von § 137 Abs. 2 Nr. 1 des Gesetzes über das Verfahren in Familiensachen und in den Angelegenheiten der freiwilligen Gerichtsbarkeit, tritt an die Stelle des Zeitpunkts des Endes der Ehezeit oder Lebenspartnerschaftszeit der Eingang des Antrags auf Durchführung des Versorgungsausgleichs beim Familiengericht. ³Im Abänderungsverfahren tritt an die Stelle des Zeitpunkts des Endes der Ehezeit oder Lebenspartnerschaftszeit oder des in Satz 2 genannten Zeitpunkts der Eingang des Abänderungsantrags beim Familiengericht. ⁴Hat das Familiengericht das Verfahren über den Versorgungsausgleich ausgesetzt, tritt für die Beitragshöhe an die Stelle des Zeitpunkts des Endes der Ehezeit oder Lebenspartnerschaftszeit oder des in Satz 2 oder 3 genannten Zeitpunkts der Zeitpunkt der Wiederaufnahme des Verfahrens über den Versorgungsausgleich.

(6) ¹Die Beiträge nach Absatz 1 Nr. 2 Buchstabe b gelten zu dem Zeitpunkt als gezahlt, zu dem die Vereinbarung nach § 6 des Versorgungsausgleichsgesetzes geschlossen worden ist, wenn sie bis zum Ende des dritten Kalendermonats nach Zugang der Mitteilung über die Rechtskraft der Entscheidung des Familiengerichts gezahlt werden. ²An die Stelle der Frist von drei Kalendermonaten tritt die Frist von sechs Kalendermonaten, wenn die ausgleichspflichtige Person ihren gewöhnlichen Aufenthalt im Ausland hat. ³Liegt der sich aus Satz 1 ergebende Zeitpunkt
1. vor dem Ende der Ehezeit oder der Lebenspartnerschaftszeit, tritt an die Stelle des Zeitpunkts nach Satz 1 das Ende der Ehezeit oder Lebenspartnerschaftszeit;
2. in den Fällen, in denen der Versorgungsausgleich nicht Folgesache im Sinne des § 137 Abs. 2 Satz 1 Nr. 1 des Gesetzes über das Verfahren in Familiensachen und in den Angelegenheiten der freiwilligen Gerichtsbarkeit ist, vor dem Eingang des Antrags auf Durchführung des Versorgungsausgleichs beim Familiengericht, tritt an die Stelle des Zeitpunkts nach Satz 1 der Eingang des Antrags auf Durchführung des Versorgungsausgleichs beim Familiengericht;

3. vor dem Eingang des Abänderungsantrags beim Familiengericht, tritt an die Stelle des Zeitpunkts nach Satz 1 der Eingang des Abänderungsantrags beim Familiengericht;
4. in den Fällen, in denen das Familiengericht den Versorgungsausgleich ausgesetzt hat, vor dem Zeitpunkt der Wiederaufnahme des Verfahrens über den Versorgungsausgleich, tritt für die Beitragshöhe an die Stelle des Zeitpunkts nach Satz 1 der Zeitpunkt der Wiederaufnahme des Verfahrens über den Versorgungsausgleich.

(7) Sind Beiträge nach Absatz 1 Nr. 1 gezahlt worden und ergeht eine Entscheidung zur Abänderung des Wertausgleichs nach der Scheidung, sind im Umfang der Abänderung zuviel gezahlte Beiträge unter Anrechnung der an die ausgleichsberechtigte Person gewährten Leistungen zurückzuzahlen.

§ 187a Zahlung von Beiträgen bei vorzeitiger Inanspruchnahme einer Rente wegen Alters

(1) ¹Bis zum Erreichen der Regelaltersgrenze können Rentenminderungen durch die vorzeitige Inanspruchnahme einer Rente wegen Alters durch Zahlung von Beiträgen ausgeglichen werden. ²Die Berechtigung zur Zahlung setzt voraus, dass der Versicherte erklärt, eine solche Rente zu beanspruchen.

(2) ¹Beiträge können bis zu der Höhe gezahlt werden, die sich nach der Auskunft über die Höhe der zum Ausgleich einer Rentenminderung bei vorzeitiger Inanspruchnahme einer Rente wegen Alters erforderlichen Beitragszahlung als höchstmögliche Minderung an persönlichen Entgeltpunkten durch eine vorzeitige Inanspruchnahme einer Rente wegen Alters ergibt. ²Diese Minderung wird auf der Grundlage der Summe aller Entgeltpunkte ermittelt, die mit einem Zugangsfaktor zu vervielfältigen ist und die sich bei Berechnung einer Altersrente unter Zugrundelegung des beabsichtigten Rentenbeginns ergeben würde. ³Dabei ist für jeden Kalendermonat an bisher nicht bescheinigten künftigen rentenrechtlichen Zeiten bis zum beabsichtigten Rentenbeginn von einer Beitragszahlung nach einem vom Arbeitgeber zu bescheinigenden Arbeitsentgelt auszugehen. ⁴Der Bescheinigung ist das gegenwärtige beitragspflichtige Arbeitsentgelt aufgrund der bisherigen Beschäftigung und der bisherigen Arbeitszeit zugrunde zu legen. ⁵Soweit eine Vorausbescheinigung nicht vorliegt, ist von den durchschnittlichen monatlichen Entgeltpunkten der Beitragszeiten des Kalenderjahres auszugehen, für das zuletzt Entgeltpunkte ermittelt werden können.

(3) ¹Für je einen geminderten persönlichen Entgeltpunkt ist der Betrag zu zahlen, der sich ergibt, wenn der zur Wiederauffüllung einer im Rahmen des Versorgungsausgleichs geminderten Rentenanwartschaft für einen Entgeltpunkt zu zahlende Betrag durch den jeweiligen Zugangsfaktor geteilt wird. ²Teilzahlungen sind zulässig. ³Eine Erstattung gezahlter Beiträge erfolgt nicht.

§ 187b Zahlung von Beiträgen bei Abfindung von Anwartschaften auf betriebliche Altersversorgung

(1) Versicherte, die bei Beendigung eines Arbeitsverhältnisses nach Maßgabe des Gesetzes zur Verbesserung der betrieblichen Altersversorgung eine Abfindung für eine unverfallbare Anwartschaft auf betriebliche Altersversorgung erhalten haben, können innerhalb eines Jahres nach Zahlung der Abfindung Beiträge zur allgemeinen Rentenversicherung bis zur Höhe der geleisteten Abfindung zahlen.

(2) Nach bindender Bewilligung einer Vollrente wegen Alters ist eine Beitragszahlung nicht mehr zulässig.

§ 188 (weggefallen)

Achter Titel. Berechnungsgrundsätze

§ 189 Berechnungsgrundsätze

Die Berechnungsgrundsätze des Zweiten Kapitels (§§ 121 bis 124) gelten entsprechend, soweit nicht etwas anderes bestimmt ist.

Zweiter Unterabschnitt. Verfahren

Erster Titel. Meldungen

§ 190 Meldepflichten bei Beschäftigten und Hausgewerbetreibenden

Versicherungspflichtig Beschäftigte und Hausgewerbetreibende sind nach den Vorschriften über die Meldepflichten der Arbeitgeber nach dem Dritten Abschnitt des Vierten Buches zu melden, soweit nicht etwas anderes bestimmt ist.

§ 190 a Meldepflicht von versicherungspflichtigen selbständig Tätigen

(1) ¹Selbständig Tätige nach § 2 Satz 1 Nr. 1 bis 3 und 9 sind verpflichtet, sich innerhalb von drei Monaten nach der Aufnahme der selbständigen Tätigkeit beim zuständigen Rentenversicherungsträger zu melden. ²Die Vordrucke des Rentenversicherungsträgers sind zu verwenden.

(2) Das Bundesministerium für Arbeit und Soziales wird ermächtigt, durch Rechtsverordnung mit Zustimmung des Bundesrates Vorschriften zur Erfassung der nach § 2 Satz 1 Nr. 1 bis 3 und 9 versicherten Selbständigen zu erlassen.

§ 191 Meldepflichten bei sonstigen versicherungspflichtigen Personen

¹Eine Meldung nach § 28 a Abs. 1 bis 3 des Vierten Buches haben zu erstatten
1. für Seelotsen die Lotsenbrüderschaften,
2. für Personen, für die Beiträge aus Sozialleistungen zu zahlen sind, die Leistungsträger,
3. für Personen, die Vorruhestandsgeld beziehen, die zur Zahlung des Vorruhestandsgeldes Verpflichteten,
4. für Entwicklungshelfer oder im Ausland beschäftigte Deutsche die antragstellenden Stellen.

²§ 28 a Abs. 5 sowie die §§ 28 b und 28 c des Vierten Buches gelten entsprechend.

§ 192 Meldepflichten bei Einberufung zum Wehrdienst oder Zivildienst

(1) Bei Einberufung zu einem Wehrdienst hat das Bundesministerium der Verteidigung oder die von ihm bestimmte Stelle Beginn und Ende des Wehrdienstes zu melden.

(2) Bei Einberufung zu einem Zivildienst hat das Bundesamt für den Zivildienst Beginn und Ende des Zivildienstes zu melden.

(3) § 28 a Abs. 5 und § 28 c des Vierten Buches gelten entsprechend.

§ 193 Meldung von sonstigen rechtserheblichen Zeiten

Anrechnungszeiten sowie Zeiten, die für die Anerkennung von Anrechnungszeiten erheblich sein können, sind für Versicherte durch die zuständige Krankenkasse, die Deutsche Rentenversicherung Knappschaft-Bahn-See, den zugelassenen kommunalen Träger nach § 6 a des Zweiten Buches oder durch die Bundesagentur für Arbeit zu melden.

§ 194 Gesonderte Meldung und Hochrechnung

(1) ¹Arbeitgeber haben auf Verlangen des Rentenantragstellers die beitragspflichtigen Einnahmen für abgelaufene Zeiträume frühestens drei Monate vor Rentenbeginn gesondert zu melden. ²Dies gilt entsprechend bei einem Auskunftsersuchen des Familiengerichts im Versorgungsausgleichsverfahren. ³Erfolgt eine Meldung nach Satz 1, errechnet der Rentenversicherungsträger bei Anträgen auf Altersrente die voraussichtlichen beitragspflichtigen Einnahmen für den verbleibenden Beschäftigungszeitraum bis zum Rentenbeginn für bis zu drei Monaten nach den in den letzten zwölf Kalendermonaten gemeldeten beitragspflichtigen Einnahmen. ⁴Die weitere Meldepflicht nach § 28 a des Vierten Buches bleibt unberührt.

(2) ¹Eine gesonderte Meldung nach Absatz 1 Satz 1 haben auch die Leistungsträger über die beitragspflichtigen Einnahmen von Beziehern von Sozialleistungen und die Pflegekassen sowie die privaten Versicherungsunternehmen über die beitragspflichtigen Ein-

nahmen nicht erwerbsmäßig tätiger Pflegepersonen zu erstatten. ²Absatz 1 Satz 3 gilt entsprechend. ³Die Meldepflicht nach § 191 Satz 1 Nr. 2 und nach § 44 Abs. 3 des Elften Buches bleibt unberührt.

(3) Die Beitragsberechnung erfolgt nach der tatsächlichen beitragspflichtigen Einnahme.

§ 195 Verordnungsermächtigung

Das Bundesministerium für Arbeit und Soziales wird ermächtigt, für Meldungen nach § 193 durch Rechtsverordnung mit Zustimmung des Bundesrates zu bestimmen
1. die zu meldenden Anrechnungszeiten und die zu meldenden Zeiten, die für die Anrechnung von Anrechnungszeiten erheblich sein können,
2. die Voraussetzungen und die Art und Weise der Meldungen sowie
3. das Nähere über die Bearbeitung, Sicherung und Weiterleitung der in den Meldungen enthaltenen Angaben.

Zweiter Titel. Auskunfts- und Mitteilungspflichten

§ 196 Auskunfts- und Mitteilungspflichten

(1) ¹Versicherte oder Personen, für die eine Versicherung durchgeführt werden soll, haben, soweit sie nicht bereits nach § 28 o des Vierten Buches auskunftspflichtig sind, dem Träger der Rentenversicherung
1. über alle Tatsachen, die für die Feststellung der Versicherungs- und Beitragspflicht und für die Durchführung der den Trägern der Rentenversicherung übertragenen Aufgaben erforderlich sind, auf Verlangen unverzüglich Auskunft zu erteilen,
2. Änderungen in den Verhältnissen, die für die Feststellung der Versicherungs- und Beitragspflicht erheblich sind und nicht durch Dritte gemeldet werden, unverzüglich mitzuteilen.

²Sie haben dem Träger der Rentenversicherung auf dessen Verlangen unverzüglich die Unterlagen vorzulegen, aus denen die Tatsachen oder die Änderungen in den Verhältnissen hervorgehen.

(2) ¹Die zuständigen Meldebehörden haben der Datenstelle der Träger der Rentenversicherung zur Durchführung ihrer Aufgaben nach § 150, zur Durchführung der Versicherung wegen Kindererziehung und zur Weiterleitung der Sterbefallmitteilung nach § 101 a des Zehnten Buches der erstmalige Erfassung und jede Änderung der Vor- und des Familiennamens, des Geschlechts oder eines Doktorgrades, den Tag, den Monat, das Jahr und den Ort der Geburt und die Anschrift der alleinigen oder der Hauptwohnung eines Einwohners mitzuteilen. ²Bei einer Anschriftenänderung ist zusätzlich die bisherige Anschrift, im Falle einer Geburt sind zusätzlich die Daten der Mutter nach Satz 1, bei Mehrlingsgeburten zusätzlich die Zahl der geborenen Kinder und im Sterbefall zusätzlich der Sterbetag des Verstorbenen mitzuteilen. ³Die Datenstelle der Träger der Rentenversicherung übermittelt die Daten einer erstmaligen Erfassung oder Änderung taggleich an die zuständige Einzugsstelle nach § 28 i des Vierten Buches, soweit diese bekannt ist. ⁴Sind der Datenstelle der Träger der Deutschen Rentenversicherung Daten von Personen übermittelt worden, die sie nicht für die Erfüllung ihrer Aufgaben nach Satz 1 benötigt, sind diese von ihr unverzüglich zu löschen.

(3) ¹Die Handwerkskammern haben den Regionalträgern Anmeldungen, Änderungen und Löschungen in der Handwerksrolle mitzuteilen. ²Die Mitteilungen sind von den Regionalträgern an den zuständigen Träger der Rentenversicherung weiterzuleiten. ³Das Bundesministerium für Arbeit und Soziales wird ermächtigt, durch allgemeine Verwaltungsvorschrift mit Zustimmung des Bundesrates Art und Umfang der Mitteilungen der Handwerkskammern zu bestimmen.

(4) Die Bundesagentur für Arbeit hat den zuständigen Rentenversicherungsträgern die Empfänger von Existenzgründungszuschüssen nach § 421 l des Dritten Buches zu melden.

Dritter Titel. Wirksamkeit der Beitragszahlung

§ 197 Wirksamkeit von Beiträgen

(1) Pflichtbeiträge sind wirksam, wenn sie gezahlt werden, solange der Anspruch auf ihre Zahlung noch nicht verjährt ist.

(2) Freiwillige Beiträge sind wirksam, wenn sie bis zum 31. März des Jahres, das dem Jahr folgt, für das sie gelten sollen, gezahlt werden.

(3) ¹In Fällen besonderer Härte, insbesondere bei drohendem Verlust der Anwartschaft auf eine Rente, ist auf Antrag der Versicherten die Zahlung von Beiträgen auch nach Ablauf der in den Absätzen 1 und 2 genannten Fristen zuzulassen, wenn die Versicherten an der rechtzeitigen Beitragszahlung ohne Verschulden gehindert waren. ²Der Antrag kann nur innerhalb von drei Monaten nach Wegfall des Hinderungsgrundes gestellt werden. ³Die Beitragszahlung hat binnen einer vom Träger der Rentenversicherung zu bestimmenden angemessenen Frist zu erfolgen.

(4) Die Wiedereinsetzung in den vorigen Stand nach § 27 des Zehnten Buches ist ausgeschlossen.

§ 198 Neubeginn und Hemmung von Fristen

¹Die Frist des § 197 Abs. 2 wird durch ein Beitragsverfahren oder ein Verfahren über einen Rentenanspruch unterbrochen; die Frist beginnt erneut nach Abschluss des Verfahrens. ²Diese Tatsachen hemmen auch die Verjährung des Anspruchs auf Zahlung von Beiträgen (§ 25 Abs. 1 Viertes Buch) und des Anspruchs auf Erstattung von zu Unrecht gezahlten Beiträgen (§ 27 Abs. 2 Viertes Buch); die Hemmung endet sechs Monate nach Abschluss eines der in Satz 1 genannten Verfahren.

§ 199 Vermutung der Beitragszahlung

¹Bei Beschäftigungszeiten, die den Trägern der Rentenversicherung ordnungsgemäß gemeldet worden sind, wird vermutet, dass während dieser Zeiten ein versicherungspflichtiges Beschäftigungsverhältnis mit dem gemeldeten Arbeitsentgelt bestanden hat und der Beitrag dafür wirksam gezahlt worden ist. ²Die Versicherten können von den Trägern der Rentenversicherung die Feststellung verlangen, dass während einer ordnungsgemäß gemeldeten Beschäftigungszeit ein gültiges Versicherungsverhältnis bestanden hat. ³Die Sätze 1 und 2 sind für Zeiten einer nicht erwerbsmäßigen häuslichen Pflege entsprechend anzuwenden.

§ 200 Änderung der Beitragsberechnungsgrundlagen

¹Bei der Zahlung von freiwilligen Beiträgen für einen zurückliegenden Zeitraum sind
1. die Mindestbeitragsbemessungsgrundlage und der Beitragssatz, die zum Zeitpunkt der Zahlung gelten, und
2. die Beitragsbemessungsgrenze des Jahres, für das die Beiträge gezahlt werden,

maßgebend. ²Bei Senkung des Beitragssatzes gilt abweichend von Satz 1 der Beitragssatz, der in dem Monat maßgebend war, für den der Beitrag gezahlt wird.

§ 201 Beiträge an nicht zuständige Träger der Rentenversicherung

(1) ¹Beiträge, die an einen nicht zuständigen Träger der Rentenversicherung gezahlt worden sind, gelten als an den zuständigen Träger der Rentenversicherung gezahlt. ²Eine Überweisung an den zuständigen Träger der Rentenversicherung findet nur in den Fällen des Absatzes 2 statt.

(2) ¹Sind Beiträge an die Deutsche Rentenversicherung Knappschaft-Bahn-See als Träger der knappschaftlichen Rentenversicherung als nicht zuständigen Träger der Rentenversicherung gezahlt, sind sie dem zuständigen Träger der Rentenversicherung zu überweisen. ²Beiträge sind vom nicht zuständigen Träger der Rentenversicherung an die Deutsche Rentenversicherung Knappschaft-Bahn-See als Träger der knappschaftlichen Rentenversicherung zu überweisen, soweit sie für die Durchführung der Versicherung zuständig ist.

(3) Unterschiedsbeträge zwischen den Beiträgen zur knappschaftlichen Rentenversicherung und den Beiträgen zur allgemeinen Rentenversicherung sind vom Arbeitgeber nachzuzahlen oder ihm zu erstatten.

§ 202 Irrtümliche Pflichtbeitragszahlung

¹Beiträge, die in der irrtümlichen Annahme der Versicherungspflicht gezahlt und deshalb beanstandet worden sind, aber nicht zurückgefordert werden, gelten als freiwillige

Beiträge. ²Werden die Beiträge zurückgefordert, dürfen für diese Zeiträume innerhalb von drei Monaten, nachdem die Beanstandung unanfechtbar geworden ist, freiwillige Beiträge gezahlt werden. ³Die Sätze 1 und 2 gelten nur, wenn die Berechtigung zur freiwilligen Versicherung in der Zeit bestand, in der die Beiträge als gezahlt gelten oder für die Beiträge gezahlt werden sollen. ⁴Fordern Arbeitgeber die von ihnen getragenen Beitragsanteile zurück, sind die Versicherten berechtigt, den an die Arbeitgeber zu erstattenden Betrag zu zahlen.

§ 203 Glaubhaftmachung der Beitragszahlung

(1) Machen Versicherte glaubhaft, dass sie eine versicherungspflichtige Beschäftigung gegen Arbeitsentgelt ausgeübt haben und für diese Beschäftigung entsprechende Beiträge gezahlt worden sind, ist die Beschäftigungszeit als Beitragszeit anzuerkennen.

(2) Machen Versicherte glaubhaft, dass der auf sie entfallende Beitragsanteil vom Arbeitsentgelt abgezogen worden ist, so gilt der Beitrag als gezahlt.

Vierter Titel. Nachzahlung

§ 204 Nachzahlung von Beiträgen bei Ausscheiden aus einer internationalen Organisation

(1) ¹Deutsche, die aus den Diensten einer zwischenstaatlichen oder überstaatlichen Organisation ausscheiden, können auf Antrag für Zeiten dieses Dienstes freiwillige Beiträge nachzahlen, wenn
1. der Dienst auf Veranlassung oder im Interesse der Bundesrepublik Deutschland geleistet wurde und
2. ihnen für diese Zeiten eine lebenslange Versorgung oder Anwartschaft auf eine lebenslange Versorgung für den Fall des Alters und auf Hinterbliebenenversorgung durch die Organisation oder eine andere öffentlich-rechtliche juristische Person nicht gewährleistet ist.

²Wird die Nachzahlung von freiwilligen Beiträgen für Zeiten beantragt, die bereits mit freiwilligen Beiträgen belegt sind, sind die bereits gezahlten Beiträge zu erstatten.

(2) ¹Der Antrag kann nur innerhalb von sechs Monaten nach Ausscheiden aus den Diensten der Organisation gestellt werden. ²Ist die Nachzahlung innerhalb dieser Frist ausgeschlossen, weil eine lebenslange Versorgung oder Anwartschaft auf eine lebenslange Versorgung für den Fall des Alters und auf Hinterbliebenenversorgung durch eine andere öffentlich-rechtliche juristische Person gewährleistet ist, kann der Antrag im Fall einer Nachversicherung wegen Ausscheidens aus einer versicherungsfreien Beschäftigung innerhalb von sechs Monaten nach Durchführung der Nachversicherung gestellt werden; diese Antragsfrist läuft frühestens am 31. Dezember 1992 ab. ³Die Erfüllung der Voraussetzungen für den Bezug einer Rente innerhalb der Antragsfrist steht der Nachzahlung nicht entgegen. ⁴Die Beiträge sind spätestens sechs Monate nach Eintritt der Bindungswirkung des Nachzahlungsbescheides nachzuzahlen.

§ 205 Nachzahlung bei Strafverfolgungsmaßnahmen

(1) ¹Versicherte, für die ein Anspruch auf Entschädigung für Zeiten von Strafverfolgungsmaßnahmen nach dem Gesetz über die Entschädigung für Strafverfolgungsmaßnahmen rechtskräftig festgestellt ist, können auf Antrag freiwillige Beiträge für diese Zeiten nachzahlen. ²Wird für Zeiten der Strafverfolgungsmaßnahme, die bereits mit Beiträgen belegt sind, eine Nachzahlung von freiwilligen Beiträgen beantragt, sind die bereits gezahlten Beiträge denjenigen zu erstatten, die sie getragen haben. ³Wurde durch die entschädigungspflichtige Strafverfolgungsmaßnahme eine versicherungspflichtige Beschäftigung oder Tätigkeit unterbrochen, gelten die nachgezahlten Beiträge als Pflichtbeiträge. ⁴Die Erfüllung der Voraussetzungen für den Bezug einer Rente steht der Nachzahlung nicht entgegen.

(2) ¹Der Antrag kann nur innerhalb eines Jahres nach Ablauf des Kalendermonats des Eintritts der Rechtskraft der die Entschädigungspflicht der Staatskasse feststellenden Entscheidung gestellt werden. ²Die Beiträge sind innerhalb einer von dem Träger der Rentenversicherung zu bestimmenden angemessenen Frist zu zahlen.

§ 206 Nachzahlung für Geistliche und Ordensleute

(1) Geistliche und sonstige Beschäftigte der als öffentlich-rechtliche Körperschaften anerkannten Religionsgesellschaften, Mitglieder geistlicher Genossenschaften, Diakonissen und Angehörige vergleichbarer karitativer Gemeinschaften, die als Vertriebene anerkannt sind und vor ihrer Vertreibung eine Beschäftigung oder Tätigkeit im Sinne des § 5 Abs. 1 Satz 1 Nr. 2 oder Nr. 3 ausgeübt haben, können, sofern sie eine gleichartige Beschäftigung oder Tätigkeit im Inland nicht wieder aufgenommen haben, auf Antrag für die Zeiten der Versicherungsfreiheit, längstens jedoch bis zum 1. Januar 1943 zurück, freiwillige Beiträge nachzahlen, sofern diese Zeiten nicht bereits mit Beiträgen belegt sind.

(2) Absatz 1 ist nicht anzuwenden, soweit die Zeiten der Versicherungsfreiheit bei einer Versorgung aus einem
1. öffentlich-rechtlichen Dienstverhältnis oder
2. Arbeitsverhältnis mit Anspruch auf Versorgung nach beamtenrechtlichen Vorschriften oder Grundsätzen oder entsprechenden kirchenrechtlichen Regelungen

ruhegehaltfähig sind oder bei Eintritt des Versorgungsfalls als ruhegehaltfähig anerkannt werden.

(3) Die Nachzahlung ist nur zulässig, wenn die allgemeine Wartezeit erfüllt ist oder wenn nach Wohnsitznahme im Inland für mindestens 24 Kalendermonate Pflichtbeiträge gezahlt sind.

§ 207 Nachzahlung für Ausbildungszeiten

(1) Für Zeiten einer schulischen Ausbildung nach dem vollendeten 16. Lebensjahr, die nicht als Anrechnungszeiten berücksichtigt werden, können Versicherte auf Antrag freiwillige Beiträge nachzahlen, sofern diese Zeiten nicht bereits mit Beiträgen belegt sind.

(2) [1] Der Antrag kann nur bis zur Vollendung des 45. Lebensjahres gestellt werden. [2] Bis zum 31. Dezember 2004 kann der Antrag auch nach Vollendung des 45. Lebensjahres gestellt werden. [3] Personen, die aus einer Beschäftigung ausscheiden, in der sie versicherungsfrei waren oder für die sie nachversichert werden, sowie Personen, die aus einer Beschäftigung ausscheiden, in der sie von der Versicherungspflicht befreit waren, können den Antrag auch innerhalb von sechs Monaten nach Durchführung der Nachversicherung oder nach Wegfall der Befreiung stellen. [4] Die Träger der Rentenversicherung können Teilzahlungen bis zu einem Zeitraum von fünf Jahren zulassen.

(3) [1] Sind Zeiten einer schulischen Ausbildung, für die Beiträge nachgezahlt worden sind, als Anrechnungszeiten zu bewerten, kann sich der Versicherte die Beiträge erstatten lassen. [2] § 210 Abs. 5 gilt entsprechend.

§ 208 *(aufgehoben)*

§ 209 Berechtigung und Beitragsberechnung zur Nachzahlung

(1) [1] Zur Nachzahlung berechtigt sind Personen, die
1. versicherungspflichtig oder
2. zur freiwilligen Versicherung berechtigt

sind, sofern sich aus den einzelnen Vorschriften über die Nachzahlung nicht etwas anderes ergibt. [2] Nachzahlungen sind nur für Zeiten von der Vollendung des 16. Lebensjahres an zulässig.

(2) Für die Berechnung der Beiträge sind
1. die Mindestbeitragsbemessungsgrundlage,
2. die Beitragsbemessungsgrenze und
3. der Beitragssatz

maßgebend, die zum Zeitpunkt der Nachzahlung gelten.

Fünfter Titel. Beitragserstattung und Beitragsüberwachung

§ 210 Beitragserstattung

(1) Beiträge werden auf Antrag erstattet
1. Versicherten, die nicht versicherungspflichtig sind und nicht das Recht zur freiwilligen Versicherung haben,

2. Versicherten, die die Regelaltersgrenze erreicht und die allgemeine Wartezeiten nicht erfüllt haben,
3. Witwen, Witwern, überlebenden Lebenspartnern oder Waisen, wenn wegen nicht erfüllter allgemeiner Wartezeit ein Anspruch auf Rente wegen Todes nicht besteht, Halbwaisen aber nur, wenn eine Witwe, ein Witwer oder ein überlebender Lebenspartner nicht vorhanden ist. Mehreren Waisen steht der Erstattungsbetrag zu gleichen Teilen zu. Anspruch auf eine Beitragserstattung für einen überlebenden Lebenspartner besteht nicht, wenn ein Anspruch auf Beitragserstattung für eine Witwe oder einen Witwer besteht.

(1 a) ¹Beiträge werden auf Antrag auch Versicherten erstattet, die versicherungsfrei oder von der Versicherungspflicht befreit sind, wenn sie die allgemeine Wartezeit nicht erfüllt haben. ²Dies gilt nicht für Personen, die wegen Geringfügigkeit einer Beschäftigung oder selbständigen Tätigkeit versicherungsfrei sind. ³Beiträge werden nicht erstattet,
1. wenn während einer Versicherungsfreiheit oder Befreiung von der Versicherungspflicht von dem Recht der freiwilligen Versicherung nach § 7 Gebrauch gemacht wurde oder
2. solange Versicherte als Beamte oder Richter auf Zeit oder auf Probe, Soldaten auf Zeit, Beamte auf Widerruf im Vorbereitungsdienst versicherungsfrei oder nur befristet von der Versicherungspflicht befreit sind.

⁴Eine freiwillige Beitragszahlung während einer Versicherungsfreiheit oder Befreiung von der Versicherungspflicht im Sinne des Satzes 3 Nummer 2 ist für eine Beitragserstattung nach Satz 1 unbeachtlich.

(2) Beiträge werden nur erstattet, wenn seit dem Ausscheiden aus der Versicherungspflicht 24 Kalendermonate abgelaufen sind und nicht erneut Versicherungspflicht eingetreten ist.

(3) ¹Beiträge werden in der Höhe erstattet, in der die Versicherten sie getragen haben. ²War mit den Versicherten ein Nettoarbeitsentgelt vereinbart, wird der von den Arbeitgebern getragene Beitragsanteil der Arbeitnehmer erstattet. ³Beiträge aufgrund einer Beschäftigung nach § 20 Abs. 2 des Vierten Buches, einer selbständigen Tätigkeit oder freiwillige Beiträge werden zur Hälfte erstattet. ⁴Beiträge der Höherversicherung werden in voller Höhe erstattet. ⁵Erstattet werden nur Beiträge, die im Bundesgebiet für Zeiten nach dem 20. Juni 1948, im Land Berlin für Zeiten nach dem 24. Juni 1948 und im Saarland für Zeiten nach dem 19. November 1947 gezahlt worden sind. ⁶Beiträge im Beitrittgebiet werden nur erstattet, wenn sie für Zeiten nach dem 30. Juni 1990 gezahlt worden sind.

(4) ¹Ist zugunsten oder zulasten der Versicherten ein Versorgungsausgleich durchgeführt, wird der zu erstattende Betrag um die Hälfte des Betrages erhöht oder gemindert, der bei Ende der Ehezeit oder Lebenspartnerschaftszeit als Beitrag für den Zuschlag oder den zum Zeitpunkt der Beitragserstattung noch bestehenden Abschlag zu zahlen gewesen wäre. ²Dies gilt beim Rentensplitting entsprechend.

(5) Haben Versicherte eine Sach- oder Geldleistung aus der Versicherung in Anspruch genommen, können sie nur die Erstattung der später gezahlten Beiträge verlangen.

(6) ¹Der Antrag auf Erstattung kann nicht auf einzelne Beitragszeiten oder Teile der Beiträge beschränkt werden. ²Mit der Erstattung wird das bisherige Versicherungsverhältnis aufgelöst. ³Ansprüche aus den bis zur Erstattung nach Absatz 1 zurückgelegten rentenrechtlichen Zeiten bestehen nicht mehr.

A. Normzweck

Die gesetzliche Rentenversicherung dient vor allem als Alterssicherung. Diesem Sicherungsziel widerspricht ein Anspruch auf Beitragserstattung. Deshalb beschränkt der Gesetzgeber den Erstattungsanspruch auf versicherte Personen, die für **nicht mehr schutzbedürftig** hält. Die Einschätzung der Schutzbedürftigkeit hat sich für den Personenkreis der Versicherungsfreien bzw. von der Versicherungspflicht befreiten Personen gewandelt. So sind diese Personen seit dem 11. 8. 2010 zur freiwilligen Versicherung berechtigt, auch wenn sie die allgemeine Wartezeit nicht erfüllt haben. Infolgedessen haben sie nunmehr die Option, die Absicherung in der gesetzlichen Rentenversicherung durch freiwillige Beiträge auszubauen oder sich gegebenenfalls die Beiträge erstatten zu lassen. Die Erstattungsvorschrift des § 210 SGB VI gilt für zu Recht gezahlte Beiträge, hingegen findet für zu Unrecht gezahlte Beiträge die Regelung des § 26 SGB IV Anwendung.

B. Berechtigte

Eine Beitragserstattung erfolgt nicht von Amts wegen, sondern nur **auf Antrag**. Das Antragsrecht ist nicht übertragbar, weil es ein höchstpersönliches Recht ist. Eine Rücknahme des Erstattungsantrags ist bis zur Bindungswirkung des Bescheides zulässig.

I. Keine Versicherungspflicht und keine Berechtigung zur freiwilligen Versicherung

3   Erstattungsberechtigt sind Versicherte, die nicht (mehr) versicherungspflichtig sind und die nicht das Recht zur freiwilligen Versicherung haben, dh. die Versicherten müssen **beide Voraussetzungen erfüllen**. Die versicherte Person muss also zunächst aus der Versicherungspflicht ausgeschieden sein bzw. es bestand nie eine Versicherungspflicht. Eine Versicherungspflicht tritt insbesondere unter den Voraussetzungen der §§ 1–4 SGB VI ein, aber gegebenenfalls vernichtet eine Versicherungspflicht nach über- oder zwischenstaatlichen Recht ebenfalls den Anspruch auf Beitragserstattung. Die Regelungen des inter- und supranationalen Rechts sind auch bei der Prüfung der Berechtigung zur freiwilligen Versicherung zu beachten (KSW/ Berchtold § 7 SGB VI Rn. 2).

Beispiel 1:
– Versicherungspflichtige Beschäftigung in Deutschland vom 1. 1. 2000 bis 31. 12. 2007
– keine weiteren rentenrechtlichen Zeiten in Deutschland
– nach Ende der Beschäftigung in Deutschland hat der Nichtdeutsche seinen gewöhnlichen Aufenthalt im Ausland
– ein über- bzw. zwischenstaatliches Abkommen zwischen Deutschland und diesem Aufenthaltsstaat existiert nicht
– Antrag auf Beitragserstattung am 6. 12. 2010

Lösung:
Ein Recht zur freiwilligen Versicherung besteht hier weder nach deutschem noch nach internationalem Recht, daher kann die Beitragserstattung trotz Erfüllung der allgemeinen Wartezeit erfolgen. Alternativ könnten die Beiträge aber auch bei der deutschen Rentenversicherung verbleiben und nach Erreichen der Regelaltersgrenze die Rente in Anspruch genommen werden.

II. Regelaltersgrenze erreicht und keine allgemeine Wartezeit

4   Versicherten, die die Regelaltersgrenze erreicht und die allgemeine Wartezeit nicht erfüllt haben, werden auf Antrag die **Beiträge erstattet.** Die Regelaltersgrenze hob der Gesetzgeber durch das RV-Altersgrenzenanpassungsgesetz an, nunmehr erklärt § 35 S. 2 SGB VI die Regelaltersgrenze mit Vollendung des 67. Lebensjahres als erreicht. Allerdings ist aus Vertrauensschutzgründen noch für einen längeren Übergangszeitraum ein niedrigeres Lebensalter maßgebend (KSW/Rossbach § 35 SGB VI Rn. 4). Für die Erfüllung der allgemeinen Wartezeit benötigt die versicherte Person 5 Jahre anrechenbare Zeiten (§ 51 Abs. 1 SGB VI). Erreicht die versicherte Person also die maßgebende Regelaltersgrenze und hat keine 60 Monate anrechenbare Zeiten, besteht ein Erstattungsanspruch. Dieser Erstattungsanspruch wird nicht berührt, selbst wenn die versicherte Person noch durch Pflichtbeiträge oder mittels Zahlung von freiwilligen Beiträgen die allgemeine Wartezeit erfüllen könnte.

Beispiel 2:
– Versicherte ist am 13. 10. 1945 geboren
– versicherungspflichtige Beschäftigung 1. 1. 1963 bis 30. 9. 1967, ansonsten keine rentenrechtlichen Zeiten
– Recht zur freiwilligen Versicherung besteht
– Antrag auf Beitragserstattung am 18. 10. 2010

Lösung:
Die allgemeine Wartezeit ist mit 57 Monaten nicht erfüllt, daher sind die Beiträge zu erstatten. Der Anspruch besteht unabhängig davon, dass die Versicherte die allgemeine Wartezeit noch durch die Zahlung von drei freiwilligen Beiträgen erfüllen könnte.

III. Hinterbliebene

5   Erfüllt eine verstorbene versicherte Person die **allgemeine Wartezeit nicht**, haben die Witwe bzw. der Witwer, der überlebende Lebenspartner oder die Waisen einen Erstattungsanspruch. Halbwaisen sind nur berechtigt, wenn eine Witwe bzw. Witwer oder ein überlebender Lebenspartner nicht vorhanden ist. Der Gesetzeswortlaut schließt nur die Halbwaisen aus, dh. für Vollwaisen kann ein Erstattungsanspruch auch bestehen, wenn noch eine Witwe bzw. ein Witwer oder ein überlebender Lebenspartner vorhanden ist. Ein solcher Fall kann beispielsweise eintreten, wenn die Waise aus der ersten Ehe stammt und eine erneute Heirat erfolgte. Der Erstattungsbetrag ist in diesen Fällen gleichmäßig auf die Berechtigten aufzuteilen. Eine Aufteilung in gleichen Teilen ist ebenso erforderlich, wenn mehrere erstattungsberechtigte Waisen vorhanden sind.

6   Im Übrigen sind überlebende Lebenspartner von einer Beitragserstattung ausgeschlossen, wenn bereits ein Anspruch auf Beitragserstattung für eine Witwe bzw. einen Witwer besteht. In der Zeit vom 1. 8. 2001 bis zum 31. 12. 2004 konnte trotz Bestehens einer Eingetragenen Lebenspartnerschaft eine Ehe geschlossen werden (ab 2005 verhindert dies § 1306 BGB). Verstirbt ein Versicherter, können also im Zeitpunkt des Todes **sowohl** eine rechtsgültige **Ehe als auch** eine rechtsgültige **Lebenspartnerschaft** gleichzeitig vorliegen. Wie bereits beim Hinterbliebenenrentenanspruch (vgl. § 105a

SGB VI), ist bei dieser besonderen Konstellation der Anspruch der Witwe bzw. des Witwers vorrangig gegenüber den Anspruch des überlebenden Lebenspartners.

C. Versicherungsfreie und von der Versicherungspflicht befreite Personen

Auf Antrag erfolgt eine Beitragserstattung für Versicherte, die versicherungsfrei oder von der Versicherungspflicht befreit sind, wenn sie die **allgemeine Wartezeit nicht** erfüllen. Diese Personen können sich trotz Berechtigung zur freiwilligen Versicherung die Beiträge erstatten lassen. Der Erstattungsanspruch unterliegt allerdings anderen Einschränkungen. Ausgeschlossen vom Erstattungsanspruch sind zunächst die versicherungsfreien Personen, die wegen der Geringfügigkeit einer Beschäftigung bzw. selbständigen Tätigkeit versicherungsfrei sind. Anders als Personen, die beispielsweise wegen einer Beschäftigung als Beamter versicherungsfrei sind, besteht bei einer geringfügigen Beschäftigung bzw. Tätigkeit keine Absicherung in einem anderen Altersvorsorgesystem. 7

Des Weiteren ist eine Beitragserstattung ausgeschlossen, wenn **während** einer Versicherungsfreiheit bzw. einer Befreiung von der Versicherungspflicht die Zahlung mindestens eines **freiwilligen Beitrages** erfolgte. Wurde also das Recht der freiwilligen Versicherung genutzt, käme gegebenenfalls erst eine Beitragserstattung bei Erreichen der Regelaltersgrenze und Nichterfüllung der allgemeinen Wartezeit in Betracht (vgl. Rn. 4). 8

Sofern eine **dauerhafte** Absicherung in einem anderen Altersvorsorgesystem noch **nicht** gewährleistet ist, schließt dies ebenfalls die Beitragserstattung aus. Der Ausschluss nach Abs. 1a S. 3 Nr. 2 verhindert ua. für Beamte auf Zeit, auf Probe oder auf Widerruf im Vorbereitungsdienst und für Zeitsoldaten, dass vorschnell eine individuelle Lücke in der Alterssicherung entsteht (BT-Drs. 17/2169, 9). Sofern zB bereits unmittelbar nach Beginn eines Soldatenverhältnisses auf Zeit die Beiträge erstattet würden, wäre das bisherige Versicherungsverhältnis aufgelöst (Abs. 6). Infolgedessen würden bei einer späteren Rückkehr in die gesetzliche Rentenversicherung die vor der Beitragserstattung liegenden rentenrechtlichen Zeiten nicht bei der Rentenberechnung berücksichtigt. Die Entstehung einer derartigen Lücke verhindert der Ausschluss von der Beitragserstattung. Im Übrigen ist für diese noch nicht „dauerhaften" Versicherungsfreien bzw. nicht unbefristet von der Versicherungspflicht Befreiten die Zahlung von freiwilligen Beiträgen während dieser Zeit unschädlich für einen eventuellen späteren Erstattungsanspruch (Abs. 1a S. 4). 9

D. Schutzfrist

Eine Beitragserstattung ist direkt nach dem Ausscheiden aus der Versicherungspflicht nicht zulässig, vielmehr müssen mindestens **24 Kalendermonate** abgelaufen sein und eine erneute Versicherungspflicht darf nicht eingetreten sein. Die Frist von 24 Kalendermonaten dient als Schutzfrist, um zu verhindern, dass ein kurzzeitiges Ausscheiden aus der Versicherungspflicht zu einer Lücke in der Alterssicherung führt. Eine Schutzfrist ist hingegen für erstattungsberechtigte Hinterbliebene nicht erforderlich, weil eine erneute Versicherungspflicht für den Verstorbenen naturgemäß nicht eintreten kann. 10

E. Erstattungsbetrag

Für die Berechnung des Erstattungsbetrages gilt zunächst der **Grundsatz,** dass die **versicherte Person** die Beiträge nur insoweit zurückerhält, wie die Beiträge von ihr **getragen wurden**. Im Übrigen verbleibt der Arbeitgeberanteil in der gesetzlichen Rentenversicherung. Die Verteilung der Beitragslast regeln die §§ 168–172 SGB VI, dabei gilt für ein abhängiges Beschäftigungsverhältnis eine gleichmäßige Beitragstragung zwischen Arbeitgeber und Versicherten (§ 168 Abs. 1 Nr. 1 SGB VI). Trug der Arbeitgeber hingegen die Beiträge zB während einer Berufsausbildung mit geringem Entgelt oder während eines freiwilligen sozialen Jahres allein (§ 20 Abs. 3 S. 1 SGB IV), kann der Versicherte für diese Zeiten keine Beiträge zurückerhalten. 11

Eine Ausnahme vom Grundsatz der Erstattung in Höhe der getragenen Beiträge gilt für **Nettolohnvereinbarungen und** für Beschäftigungsverhältnisse in der **Gleitzone**. Bei einer Nettolohnvereinbarung übernimmt der Arbeitgeber den Gesamtsozialversicherungsbeitrag, dh. einschließlich des Arbeitnehmeranteils (§ 14 Abs. 2 S. 1 SGB IV). Trotzdem ist dem Arbeitnehmer bei dieser eher unüblichen Konstellation der Arbeitnehmeranteil zu erstatten. Der hälftige Beitrag wird auch in den Gleitzonenfällen (§ 20 Abs. 2 SGB IV) erstattet, obwohl der Arbeitnehmeranteil am Gesamtsozialversicherungsbeitrag weniger als 50% beträgt (§ 163 Abs. 10 SGB VI). Des Weiteren sind Beiträge auf Grund einer **selbständigen Tätigkeit** und **freiwillige Beiträge** nur zur Hälfte zu erstatten, obwohl sie in voller Höhe vom Versicherten getragen wurden. 12

Höherversicherungsbeiträge (§ 280 SGB VI) sind vollständig zu erstatten, hingegen sind die vor der **Währungsreform 1948** gezahlten Beiträge von der Erstattung ausgeschlossen. Nicht erstattungs- 13 fähig sind also Zeiten vor dem 21. 6. 1948 im Bundesgebiet bzw. vor dem 25. 6. 1948 im Land Berlin. Ebenso ausgeschlossen sind Zeiten vor dem 20. 11. 1947 im Saarland und schließlich noch Beiträge im **Beitrittsgebiet** vor der Währungsunion, dh. vor dem 1. 7. 1990.

F. Versorgungsausgleich bzw. Rentensplitting

14 Ist ein Versorgungsausgleich bzw. ein Rentensplitting durchgeführt worden, **wirkt sich** dies entsprechend **auf den Erstattungsbetrag aus**. Ein zulasten des Versicherten durchgeführtes Verfahren reduziert den Erstattungsbetrag. Andererseits erhöht sich der Erstattungsbetrag, wenn zugunsten des Versicherten ein Versorgungsausgleich bzw. ein Rentensplitting erfolgte. Für die Berechnung des Minderungs- bzw. Erhöhungsbetrages ist das Ende der Ehezeit bzw. der Lebenspartnerschaftszeit maßgebend. Der Minderungs- bzw. Erhöhungsbetrag entspricht dem Beitrag, der für den Ab- bzw. Zuschlag zu zahlen gewesen wäre. Für jeden Entgeltpunkt ist der Betrag zu zahlen, der sich ergibt, wenn der bei Ende der Ehezeit geltende Beitragssatz auf das in diesem Zeitpunkt geltende vorläufige Durchschnittsentgelt angewendet wird (vgl. § 187 Abs. 3 SGB VI). Im Übrigen ist während eines laufenden Verfahrens über den Versorgungsausgleich ein Beitragserstattungsverfahren nicht durchzuführen (§ 29 VersAusglG).

G. Sach- oder Geldleistung

15 Die Inanspruchnahme einer Sach- oder Geldleistung schließt die Erstattung der bis zu diesem Zeitpunkt gezahlten Beiträge aus. Jede **aus der Versicherung** der versicherten Person erbrachte Leistung bewirkt diesen **Ausschluss**. Wurde also aus der Versicherung zwar für den Versicherten selber keine Leistung erbracht, aber für einen Angehörigen (hier kommt insbesondere eine Kinderheilbehandlung in Betracht), sind nur die später gezahlten Beiträge zu erstatten. Maßgebender Ausschlusszeitpunkt ist die tatsächliche Leistungserbringung und nicht der Bewilligungszeitpunkt. Daher werden bei Leistungen zur Teilhabe die bis zum Vormonat des Leistungsbeginns gezahlten Beiträge vom Erstattungsausschluss erfasst. Der Erstattungsausschluss gilt unabhängig von der Höhe der erbrachten Leistung. Dh. selbst wenn die Kosten für die Leistung niedriger waren als die bis dahin gezahlten Beiträge, ist eine Erstattung für diese Beiträge ausgeschlossen. Der Ausschluss kann auch nicht durch eine Rückzahlung der Kosten verhindert werden, denn eine entsprechende Zahlung ist nicht zulässig.

H. Konsequenzen

16 Eine Beitragserstattung ist immer vollständig durchzuführen, demzufolge ist eine Beschränkung auf einen Teilzeitraum oder auf einen Teil der Beiträge nicht zulässig. Die Erstattung bewirkt die **Auflösung des bisherigen Versicherungsverhältnisses**. Infolgedessen verfallen zB auch die Beitragszeiten, die wegen einer Geld- oder Sachleistung nicht erstattet wurden. Die Beitragserstattung nach § 210 SGB VI hat zur Konsequenz, dass die Versicherteneigenschaft verloren geht und Ansprüche aus den zurückgelegten rentenrechtlichen Zeiten nicht mehr existieren. Es verfallen also nicht nur die erstatteten Beitragszeiten, sondern ebenso beitragsfreie Zeiten und Kinderberücksichtigungszeiten.

§ 211 Sonderregelung bei der Zuständigkeit zu Unrecht gezahlter Beiträge

[1]**Die Erstattung zu Unrecht gezahlter Beiträge (§ 26 Abs. 2 und 3 Viertes Buch) erfolgt abweichend von den Regelungen des Dritten Kapitels durch**

1. **die zuständige Einzugsstelle, wenn der Erstattungsanspruch noch nicht verjährt ist und die Beiträge vom Träger der Rentenversicherung noch nicht beanstandet worden sind,**
2. **den Leistungsträger, wenn die Beitragszahlung auf Versicherungspflicht wegen des Bezugs einer Sozialleistung beruht,**

wenn die Träger der Rentenversicherung dies mit den Einzugsstellen oder den Leistungsträgern vereinbart haben. [2]**Maßgebend für die Berechnung des Erstattungsbetrags ist die dem Beitrag zugrunde liegende bescheinigte Beitragsbemessungsgrundlage.** [3]**Der zuständige Träger der Rentenversicherung ist über die Erstattung zu benachrichtigen.**

§ 212 Beitragsüberwachung

[1]**Die Träger der Rentenversicherung überwachen die rechtzeitige und vollständige Zahlung der Pflichtbeiträge, soweit sie unmittelbar an sie zu zahlen sind.** [2]**Die Träger der Rentenversicherung sind zur Prüfung der Beitragszahlung berechtigt.**

§ 212a Prüfung der Beitragszahlungen und Meldungen für sonstige Versicherte und Nachversicherte

(1) ¹Die Träger der Rentenversicherung prüfen bei den Stellen, die die Pflichtbeiträge für sonstige Versicherte sowie für nachversicherte Personen zu zahlen haben (Zahlungspflichtige), ob diese ihre Meldepflichten und ihre sonstigen Pflichten nach diesem Gesetzbuch im Zusammenhang mit der Zahlung von Pflichtbeiträgen ordnungsgemäß erfüllen. ²Sie prüfen insbesondere die Richtigkeit der Beitragszahlungen und der Meldungen. ³Eine Prüfung erfolgt mindestens alle vier Jahre; die Prüfung soll in kürzeren Zeitabständen erfolgen, wenn der Zahlungspflichtige dies verlangt.

(2) ¹Ein Zahlungspflichtiger ist jeweils nur von einem Träger der Rentenversicherung zu prüfen. ²Die Träger der Rentenversicherung stimmen sich darüber ab, welche Zahlungspflichtigen sie prüfen. ³Soweit die Prüfungen durch die Regionalträger durchgeführt werden, ist örtlich der Regionalträger zuständig, in dessen Bereich der Zahlungspflichtige seinen Sitz oder Wohnsitz hat. ⁴Eine Prüfung beim Arbeitgeber nach § 28p des Vierten Buches soll zusammen mit einer Prüfung bei den Zahlungspflichtigen durchgeführt werden; eine entsprechende Kennzeichnung des Arbeitgebers in der Datei nach § 28p Abs. 8 Satz 1 des Vierten Buches ist zulässig.

(3) ¹Die Zahlungspflichtigen haben angemessene Prüfhilfen zu leisten. ²Automatisierte Abrechnungsverfahren sind in die Prüfung einzubeziehen. ³Die Zahlungspflichtigen und die Träger der Rentenversicherung treffen entsprechende Vereinbarungen.

(4) ¹Zu prüfen sind auch Rechenzentren und vergleichbare Stellen, soweit sie im Auftrag des Zahlungspflichtigen oder einer von ihnen beauftragten Stelle die Pflichtbeiträge berechnen, zahlen oder Meldungen erstatten. ²Soweit die Prüfungen durch die Regionalträger durchgeführt werden, richtet sich die örtliche Zuständigkeit nach dem Sitz der Stelle. ³Absatz 3 gilt entsprechend.

(5) ¹Die Deutsche Rentenversicherung Bund führt für die Prüfung bei den Zahlungspflichtigen eine Datei, in der folgende Daten gespeichert werden:
1. der Name,
2. die Anschrift,
3. die Betriebsnummer und, soweit erforderlich, ein weiteres Identifikationsmerkmal der Zahlungspflichtigen,
4. die für die Planung der Prüfung erforderlichen Daten der Zahlungspflichtigen und
5. die Ergebnisse der Prüfung.

²Sie darf die in dieser Datei gespeicherten Daten nur für die Prüfung bei den Zahlungspflichtigen und bei den Arbeitgebern verwenden. ³Die Datenstelle der Träger der Rentenversicherung führt für die Prüfung der Zahlungspflichtigen eine Datei, in der
1. die Betriebsnummern und, soweit erforderlich, ein weiteres Identifikationsmerkmal der Zahlungspflichtigen,
2. die Versicherungsnummern der Versicherten, für welche die Zahlungspflichtigen Pflichtbeiträge zu zahlen haben und
3. der Beginn und das Ende der Zahlungspflicht

gespeichert werden; im Falle des Satzes 4 darf die Datenstelle die Daten der Stammsatzdatei (§ 150) und der Dateien nach § 28p Abs. 8 Satz 1 und 3 des Vierten Buches für die Prüfung bei den Zahlungspflichtigen verwenden. ⁴Die Datenstelle der Träger der Rentenversicherung ist verpflichtet, auf Anforderung des prüfenden Trägers der Rentenversicherung
1. die in den Dateien nach den Sätzen 1 und 3 gespeicherten Daten,
2. die in den Versicherungskonten der Träger der Rentenversicherung gespeicherten, auf den Prüfungszeitraum entfallenden Daten der Versicherten, für die von den Zahlungspflichtigen Pflichtbeiträge zu zahlen waren oder zu zahlen sind, und
3. die bei den Trägern der Rentenversicherung gespeicherten Daten über die Nachweise der unmittelbar an sie zu zahlenden Pflichtbeiträge

zu erheben und zu verwenden, soweit dies für die Prüfung nach Absatz 1 erforderlich ist. ⁵Die dem prüfenden Träger der Rentenversicherung übermittelten Daten sind unverzüglich nach Abschluss der Prüfung bei der Datenstelle der Träger der Rentenversicherung und beim prüfenden Träger der Rentenversicherung zu löschen. ⁶Die Zahlungspflichtigen und die Träger der Rentenversicherung sind verpflichtet, der Deutschen Rentenversicherung Bund und der Datenstelle der Träger der Rentenversicherung die für die Prüfung nach Absatz 1 erforderlichen Daten zu übermitteln. ⁷Die Übermittlung darf auch durch Abruf im automatisierten Verfahren erfolgen, ohne dass es einer Genehmigung nach § 79 Abs. 1 des Zehnten Buches bedarf.

(6) Die Bundesregierung kann durch Rechtsverordnung mit Zustimmung des Bundesrates das Nähere über

1. die Pflichten der Zahlungspflichtigen und der in Absatz 4 genannten Stellen bei automatisierten Abrechnungsverfahren,
2. die Durchführung der Prüfung sowie die Behebung von Mängeln, die bei der Prüfung festgestellt worden sind, und
3. den Inhalt der Datei nach Absatz 5 Satz 1 hinsichtlich der für die Planung und für die Speicherung der Ergebnisse der Prüfungen bei Zahlungspflichtigen erforderlichen Daten sowie über den Aufbau und die Aktualisierung dieser Datei

bestimmen.

§ 212 b Prüfung der Beitragszahlung bei versicherungspflichtigen Selbständigen

[1]Die Träger der Rentenversicherung sind berechtigt, Prüfungen bei den versicherungspflichtigen Selbständigen durchzuführen. [2]§ 212 a Abs. 2 Satz 1 bis 3, Abs. 3 Satz 1 und Abs. 6 Nr. 1 und 2 gilt entsprechend. [3]§ 212 a Abs. 4 gilt entsprechend mit der Maßgabe, dass die Prüfung auch bei von den versicherungspflichtigen Selbständigen beauftragten steuerberatenden Stellen durchgeführt werden darf. [4]§ 98 Abs. 1 Satz 2 bis 4, Abs. 2, 4 und 5 Satz 1 Nr. 2 und Satz 2 des Zehnten Buches gilt entsprechend.

Dritter Abschnitt. Beteiligung des Bundes, Finanzbeziehungen und Erstattungen

Erster Unterabschnitt. Beteiligung des Bundes

§ 213 Zuschüsse des Bundes

(1) Der Bund leistet zu den Ausgaben der allgemeinen Rentenversicherung Zuschüsse.

(2) [1]Der Bundeszuschuss zu den Ausgaben der allgemeinen Rentenversicherung ändert sich im jeweils folgenden Kalenderjahr in dem Verhältnis, in dem die Bruttolöhne und -gehälter je Arbeitnehmer (§ 68 Abs. 2 Satz 1) im vergangenen Kalenderjahr zu den entsprechenden Bruttolöhnen und -gehältern im vorvergangenen Kalenderjahr stehen. [2]Bei Veränderungen des Beitragssatzes ändert sich der Bundeszuschuss zusätzlich in dem Verhältnis, in dem der Beitragssatz des Jahres, für das er bestimmt wird, zum Beitragssatz des Vorjahres steht. [3]Bei Anwendung von Satz 2 ist jeweils der Beitragssatz zugrunde zu legen, der sich ohne Berücksichtigung des zusätzlichen Bundeszuschusses nach Absatz 3 und des Erhöhungsbetrags nach Absatz 4 ergeben würde.

(2 a) [1]Der allgemeine Bundeszuschuss wird für das Jahr 2006 um 170 Millionen Euro und ab dem Jahr 2007 um jeweils 340 Millionen Euro pauschal vermindert. [2]Abweichungen des pauschalierten Minderungsbetrages von den tatsächlichen zusätzlichen Einnahmen eines Kalenderjahres durch Mehreinnahmen aus der Begrenzung der Sozialversicherungsfreiheit für Sonn-, Feiertags- und Nachtzuschläge auf einen Stundenlohn bis zu 25 Euro und aufgrund der Erhöhung der Pauschalabgaben für geringfügige Beschäftigung ohne Versicherungspflicht im gewerblichen Bereich von 12 vom Hundert auf 15 vom Hundert des Arbeitsentgelts in der gesetzlichen Rentenversicherung sind mit dem Bundeszuschuss nach Absatz 2 des auf die Abrechnung folgenden Haushaltsjahres zu verrechnen; Ausgangsbetrag für den Bundeszuschuss ist der jeweils zuletzt festgestellte Bundeszuschuss nach Absatz 2 ohne Minderungsbetrag.

(3) [1]Der Bund zahlt zur pauschalen Abgeltung nicht beitragsgedeckter Leistungen an die allgemeine Rentenversicherung in jedem Kalenderjahr einen zusätzlichen Bundeszuschuss. [2]Der zusätzliche Bundeszuschuss beträgt für die Monate April bis Dezember des Jahres 1998 9,6 Milliarden Deutsche Mark und für das Jahr 1999 15,6 Milliarden Deutsche Mark. [3]Für die Kalenderjahre ab 2000 verändert sich der zusätzliche Bundeszuschuss jährlich entsprechend der Veränderungsrate der Steuern vom Umsatz; hierbei bleiben Änderungen der Steuersätze im Jahr ihres Wirksamwerdens unberücksichtigt. [4]Der sich nach Satz 3 ergebende Betrag des zusätzlichen Bundeszuschusses wird für das Jahr 2000 um 1,1 Milliarden Deutsche Mark, für das Jahr 2001 um 1,1 Milliarden Deutsche Mark, für das Jahr 2002 um 664,679 Millionen Euro und für das Jahr 2003 um 102,258 Millionen Euro gekürzt. [5]Auf den zusätzlichen Bundeszuschuss werden die Erstattungen nach § 291 b angerechnet. [6]Für die Zahlung, Aufteilung und Abrechnung des zusätzlichen Bundeszuschusses sind die Vorschriften über den Bundeszuschuss anzuwenden.

(4) ¹Der zusätzliche Bundeszuschuss nach Absatz 3 wird um die Einnahmen des Bundes aus dem Gesetz zur Fortführung der ökologischen Steuerreform abzüglich eines Betrages von 2,5 Milliarden Deutsche Mark im Jahr 2000 sowie eines Betrages von 1,9 Milliarden Deutsche Mark ab dem Jahr 2001 erhöht (Erhöhungsbetrag). ²Als Erhöhungsbetrag nach Satz 1 werden für das Jahr 2000 2,6 Milliarden Deutsche Mark, für das Jahr 2001 8,14 Milliarden Deutsche Mark, für das Jahr 2002 6,81040 Milliarden Euro und für das Jahr 2003 9,51002 Milliarden Euro festgesetzt. ³Für die Kalenderjahre nach 2003 verändern sich die Erhöhungsbeträge in dem Verhältnis, in dem die Bruttolöhne und -gehälter im vergangenen Kalenderjahr zu den entsprechenden Bruttolöhnen und -gehältern im vorvergangenen Kalenderjahr stehen; § 68 Abs. 2 Satz 1 gilt entsprechend. ⁴Für die Zahlung, Aufteilung und Abrechnung des Erhöhungsbetrags sind die Vorschriften über den Bundeszuschuss anzuwenden.

(5) ¹Ab dem Jahr 2003 verringert sich der Erhöhungsbetrag um 409 Millionen Euro. ²Bei der Feststellung der Veränderung der Erhöhungsbeträge nach Absatz 4 Satz 3 ist der Abzugsbetrag nach Satz 1 nicht zu berücksichtigen.

(6) Die Festsetzung und Auszahlung der Monatsraten sowie die Abrechnung führt das Bundesversicherungsamt durch.

§ 214 Liquiditätssicherung

(1) Reichen in der allgemeinen Rentenversicherung die liquiden Mittel der Nachhaltigkeitsrücklage nicht aus, die Zahlungsverpflichtungen zu erfüllen, leistet der Bund den Trägern der allgemeinen Rentenversicherung eine Liquiditätshilfe in Höhe der fehlenden Mittel (Bundesgarantie).

(2) Die vom Bund als Liquiditätshilfe zur Verfügung gestellten Mittel sind zurückzuzahlen, sobald und soweit sie im laufenden Kalenderjahr zur Erfüllung der Zahlungsverpflichtungen nicht mehr benötigt werden, spätestens bis zum 31. Dezember des auf die Vergabe folgenden Jahres; Zinsen sind nicht zu zahlen.

§ 214a Liquiditätserfassung

(1) ¹Die Deutsche Rentenversicherung Bund erfasst arbeitstäglich die Liquiditätslage der allgemeinen Rentenversicherung. ²Die Träger der allgemeinen Rentenversicherung melden die hierfür erforderlichen Daten an die Deutsche Rentenversicherung Bund. ³Das Erweiterte Direktorium bei der Deutschen Rentenversicherung Bund bestimmt die Einzelheiten des Verfahrens.

(2) ¹Die Deutsche Rentenversicherung Bund legt dem Bundesministerium für Arbeit und Soziales und dem Bundesversicherungsamt monatlich oder auf Anforderung in einer Schnellmeldung Angaben über die Höhe der aktuellen Liquidität vor. ²Das Nähere zur Ausgestaltung dieses Meldeverfahrens wird durch eine Vereinbarung zwischen dem Bundesversicherungsamt und der Deutschen Rentenversicherung Bund geregelt.

§ 215 Beteiligung des Bundes in der knappschaftlichen Rentenversicherung

In der knappschaftlichen Rentenversicherung trägt der Bund den Unterschiedsbetrag zwischen den Einnahmen und den Ausgaben eines Kalenderjahres; er stellt hiermit zugleich deren dauernde Leistungsfähigkeit sicher.

Zweiter Unterabschnitt. Nachhaltigkeitsrücklage und Finanzausgleich

§ 216 Nachhaltigkeitsrücklage

(1) ¹Die Träger der allgemeinen Rentenversicherung halten eine gemeinsame Nachhaltigkeitsrücklage (Betriebsmittel und Rücklage), der die Überschüsse der Einnahmen über die Ausgaben zugeführt werden und aus der Defizite zu decken sind. ²Das Verwaltungsvermögen gehört nicht zu der Nachhaltigkeitsrücklage.

(2) ¹Die gemeinsame Nachhaltigkeitsrücklage wird bis zum Umfang von 50 vom Hundert der durchschnittlichen Ausgaben zu eigenen Lasten aller Träger der allgemeinen Rentenversicherung für einen Kalendermonat dauerhaft von der Deutschen Rentenversicherung Bund verwaltet. ²Überschreitet die gemeinsame Nachhaltigkeitsrücklage über einen längeren Zeitraum diesen Umfang, ist sie insoweit von den Trägern der allgemeinen

Rentenversicherung zu verwalten. [3]Das Nähere hierzu regelt das Erweiterte Direktorium bei der Deutschen Rentenversicherung Bund.

§ 217 Anlage der Nachhaltigkeitsrücklage

(1) [1]Die Nachhaltigkeitsrücklage ist liquide anzulegen. [2]Als liquide gelten alle Vermögensanlagen mit einer Laufzeit, Kündigungsfrist oder Restlaufzeit bis zu zwölf Monaten, Vermögensanlagen mit einer Kündigungsfrist jedoch nur dann, wenn neben einer angemessenen Verzinsung ein Rückfluss mindestens in Höhe des angelegten Betrages gewährleistet ist. [3]Soweit ein Rückfluss mindestens in Höhe des angelegten Betrages nicht gewährleistet ist, gelten Vermögensanlagen mit einer Kündigungsfrist bis zu zwölf Monaten auch dann als liquide, wenn der Unterschiedsbetrag durch eine entsprechende höhere Verzinsung mindestens ausgeglichen wird. [4]Als liquide gelten auch Vermögensanlagen mit einer Laufzeit oder Restlaufzeit von mehr als zwölf Monaten, wenn neben einer angemessenen Verzinsung gewährleistet ist, dass die Vermögensanlagen innerhalb von zwölf Monaten mindestens zu einem Preis in Höhe der Anschaffungskosten veräußert werden können oder ein Unterschiedsbetrag zu den Anschaffungskosten durch eine höhere Verzinsung mindestens ausgeglichen wird.

(2) Vermögensanlagen in Anteilscheinen an Sondervermögen gelten als liquide, wenn das Sondervermögen nur aus Vermögensgegenständen besteht, die die Träger der Rentenversicherung auch unmittelbar nach Absatz 1 erwerben können.

(3) Abweichend von den Absätzen 1 und 2 darf die Nachhaltigkeitsrücklage ganz oder teilweise längstens bis zum nächsten gesetzlich vorgegebenen Zahlungstermin festgelegt werden, wenn gemäß der Liquiditätserfassung nach § 214a erkennbar ist, dass der allgemeinen Rentenversicherung die liquiden Mittel der Nachhaltigkeitsrücklage nicht ausreichen, die Zahlungsverpflichtungen zu erfüllen.

§ 218 *(aufgehoben)*

§ 219 Finanzverbund in der allgemeinen Rentenversicherung

(1) [1]Die Ausgaben für Renten, Beitragserstattungen, die von der allgemeinen Rentenversicherung zu tragenden Beiträge zur Krankenversicherung und die sonstigen Geldleistungen, die nicht Leistungen zur Teilhabe oder Aufwendungen für Verwaltungs- und Verfahrenskosten sowie Investitionen sind, werden von den Trägern der allgemeinen Rentenversicherung nach dem Verhältnis ihrer Beitragseinnahmen jeweils für ein Kalenderjahr gemeinsam getragen. [2]Die Zuschüsse des Bundes, die Beitragszahlung des Bundes für Kindererziehungszeiten und die Erstattungen des Bundes, mit Ausnahme der Erstattung für Kinderzuschüsse nach § 270 und der Erstattung durch den Träger der Versorgungslast im Beitrittsgebiet nach § 290 an die Träger der allgemeinen Rentenversicherung, werden nach dem Verhältnis ihrer Beitragseinnahmen zugeordnet. [3]Die gemeinsame Nachhaltigkeitsrücklage einschließlich der Erträge hieraus wird den Trägern der allgemeinen Rentenversicherung nach dem Verhältnis ihrer Beitragseinnahmen zugeordnet.

(2) [1]Die Regionalträger und die Deutsche Rentenversicherung Knappschaft-Bahn-See als Träger der allgemeinen Rentenversicherung überweisen monatlich vollständig die von ihnen verwalteten Mittel an den Renten Service der Deutschen Post AG oder an die Deutsche Rentenversicherung Bund, soweit sie nicht unmittelbar für Leistungen zur Teilhabe, Verwaltungs- und Verfahrenskosten, Ausgaben für die Schaffung oder Erhaltung nicht liquider Teile des Anlagevermögens benötigt werden oder von ihnen als Nachhaltigkeitsrücklage zu verwalten sind. [2]Zu den monatlichen Zahlungsterminen zählen insbesondere die Termine für die Vorschüsse zur Auszahlung der Rentenleistungen in das Inland und die Termine für sonstige gemeinsam zu finanzierende Ausgaben einschließlich der Verpflichtungen der Deutschen Rentenversicherung Bund aus der Durchführung des Zahlungsverkehrs für den Risikostrukturausgleich gemäß § 266 des Fünften Buches. [3]Das Nähere hierzu regelt das Erweiterte Direktorium bei der Deutschen Rentenversicherung Bund.

(3) [1]Die Deutsche Rentenversicherung Bund füllt die für die jeweiligen Zahlungsverpflichtungen der allgemeinen Rentenversicherung fehlenden Mittel unter Berücksichtigung der Zahlungen Dritter auf. [2]Reichen die verfügbaren Mittel aller Träger der allgemeinen Rentenversicherung nicht aus, die jeweiligen Zahlungsverpflichtungen zu erfüllen, beantragt sie zusätzliche finanzielle Hilfen des Bundes.

§ 220 Aufwendungen für Leistungen zur Teilhabe, Verwaltung und Verfahren

(1) ¹Die jährlichen Ausgaben im Bereich der allgemeinen Rentenversicherung und der knappschaftlichen Rentenversicherung für Leistungen zur Teilhabe werden entsprechend der voraussichtlichen Entwicklung der Bruttolöhne und -gehälter je Arbeitnehmer (§ 68 Abs. 2 Satz 1) festgesetzt. ²Überschreiten die Ausgaben am Ende eines Kalenderjahres den für dieses Kalenderjahr jeweils bestimmten Betrag, wird der sich für den jeweiligen Bereich für das zweite Kalenderjahr nach dem Jahr der Überschreitung der Ausgaben nach Satz 1 ergebende Betrag entsprechend vermindert.

(2) ¹Die Träger der allgemeinen Rentenversicherung stimmen die auf sie entfallenden Anteile an dem Gesamtbetrag der Leistungen zur Teilhabe in der Deutschen Rentenversicherung Bund ab. ²Dabei ist darauf hinzuwirken, dass die Leistungen zur Teilhabe dem Umfang und den Kosten nach einheitlich erbracht werden. ³Das Nähere hierzu regelt das Erweiterte Direktorium bei der Deutschen Rentenversicherung Bund.

(3) ¹Die Absätze 1 und 2 gelten für Verwaltungs- und Verfahrenskosten mit der Maßgabe entsprechend, dass auch die Veränderungen der Zahl der Rentner und der Rentenzugänge sowie der Verwaltungsaufgaben zu berücksichtigen sind. ²Die Deutsche Rentenversicherung Bund wirkt darauf hin, dass die jährlichen Verwaltungs- und Verfahrenskosten bis zum Jahr 2010 um 10 vom Hundert der tatsächlichen Ausgaben für Verwaltungs- und Verfahrenskosten für das Kalenderjahr 2004 vermindert werden. ³Vom Jahr 2007 an hat die Deutsche Rentenversicherung Bund jedes Jahr dem Bundesministerium für Arbeit und Soziales über die Entwicklung der Verwaltungs- und Verfahrenskosten bei den einzelnen Trägern und in der gesetzlichen Rentenversicherung sowie über die umgesetzten und geplanten Maßnahmen zur Optimierung dieser Kosten zu berichten. ⁴Dabei ist gesondert auf die Schlussfolgerungen einzugehen, welche sich aus dem Benchmarking der Versicherungsträger ergeben.

§ 221 Ausgaben für das Anlagevermögen

¹Für die Schaffung oder Erhaltung nicht liquider Teile des Anlagevermögens dürfen Mittel nur aufgewendet werden, wenn dies erforderlich ist, um die ordnungsgemäße und wirtschaftliche Aufgabenerfüllung der Träger der Rentenversicherung zu ermöglichen oder zu sichern. ²Mittel für die Errichtung, die Erweiterung und den Umbau von Gebäuden der Eigenbetriebe der Träger der Rentenversicherung dürfen nur unter der zusätzlichen Voraussetzung aufgewendet werden, dass diese Vorhaben auch unter Berücksichtigung des Gesamtbedarfs aller Träger der Rentenversicherung erforderlich sind. ³Die Träger stellen gemeinsam in der Deutschen Rentenversicherung Bund sicher, dass die Notwendigkeit von Bauvorhaben nach Satz 2 nach einheitlichen Grundsätzen beurteilt wird.

§ 222 Ermächtigung

(1) ¹Das Bundesministerium für Arbeit und Soziales wird ermächtigt, im Einvernehmen mit dem Bundesministerium der Finanzen durch Rechtsverordnung mit Zustimmung des Bundesrates das Nähere über den Umfang der gemäß § 221 Satz 1 zur Verfügung stehenden Mittel zu bestimmen. ²Dabei kann auch die Zulässigkeit entsprechender Ausgaben zeitlich begrenzt werden.

(2) Das Bundesministerium für Arbeit und Soziales wird ermächtigt, durch allgemeine Verwaltungsvorschrift mit Zustimmung des Bundesrates den Umfang des Verwaltungsvermögens abzugrenzen.

Dritter Unterabschnitt. Erstattungen

§ 223 Wanderversicherungsausgleich und Wanderungsausgleich

(1) ¹Soweit im Leistungsfall die Deutsche Rentenversicherung Knappschaft-Bahn-See als Träger der knappschaftlichen Rentenversicherung zuständig ist, erstatten ihr die Träger der allgemeinen Rentenversicherung den von ihnen zu tragenden Anteil der Leistungen. ²Zu tragen ist der Anteil der Leistungen, der auf Zeiten in der allgemeinen Rentenversicherung entfällt.

(2) ¹Soweit im Leistungsfall ein Träger der allgemeinen Rentenversicherung zuständig ist, erstattet ihm die Deutsche Rentenversicherung Knappschaft-Bahn-See als Träger der

knappschaftlichen Rentenversicherung den von ihr zu tragenden Anteil der Leistungen. ²Zu tragen ist der Anteil der Leistungen, der auf Zeiten in der knappschaftlichen Rentenversicherung entfällt.

(3) ¹Ausgaben für Leistungen zur Teilhabe werden im gleichen Verhältnis wie Rentenleistungen erstattet. ²Dabei werden nur rentenrechtliche Zeiten bis zum Ablauf des Kalenderjahres vor der Antragstellung berücksichtigt. ³Eine pauschale Erstattung kann vorgesehen werden.

(4) Die Absätze 1 und 2 gelten entsprechend für die von der Rentenversicherung zu tragenden Beiträge zur gesetzlichen Krankenversicherung und zur Pflegeversicherung sowie für die Zuschüsse zur Krankenversicherung und zur Pflegeversicherung.

(5) Bei der Anwendung der Anrechnungsvorschriften bestimmt sich der auf den jeweiligen Träger der Rentenversicherung entfallende Teil des Anrechnungsbetrags nach dem Verhältnis der Höhe dieser Leistungsanteile.

(6) ¹Die Träger der allgemeinen Rentenversicherung zahlen der Deutschen Rentenversicherung Knappschaft-Bahn-See als Träger der knappschaftlichen Rentenversicherung einen Wanderungsausgleich. ²Der auf die Träger der allgemeinen Rentenversicherung entfallende Anteil am Wanderungsausgleich bestimmt sich nach dem Verhältnis ihrer Beitragseinnahmen. ³Für die Berechnung des Wanderungsausgleichs werden miteinander vervielfältigt:

1. Die Differenz zwischen der durchschnittlichen Zahl der knappschaftlich Versicherten in dem Jahr, für das der Wanderungsausgleich gezahlt wird, und der Zahl der am 1. Januar 1991 in der knappschaftlichen Rentenversicherung Versicherten,
2. das Durchschnittsentgelt des Jahres, für das der Wanderungsausgleich gezahlt wird, wobei für das Beitrittsgebiet das Durchschnittsentgelt durch den Faktor der Anlage 10 für dieses Jahr geteilt wird,
3. der Beitragssatz in der allgemeinen Rentenversicherung des Jahres, für das der Wanderungsausgleich gezahlt wird.

⁴Als Versicherte der knappschaftlichen Rentenversicherung gelten auch sonstige Versicherte (§ 166). ⁵Der Betrag des Wanderungsausgleichs ist mit einem Faktor zu bereinigen, der die längerfristigen Veränderungen der Rentnerzahl und des Rentenvolumens in der knappschaftlichen Rentenversicherung berücksichtigt.

§ 224 Erstattung durch die Bundesagentur für Arbeit

(1) ¹Zum Ausgleich der Aufwendungen, die der Rentenversicherung für Renten wegen voller Erwerbsminderung entstehen, bei denen der Anspruch auch von der jeweiligen Arbeitsmarktlage abhängig ist, zahlt die Bundesagentur für Arbeit den Trägern der Rentenversicherung einen Ausgleichsbetrag. ²Dieser bemisst sich pauschal nach der Hälfte der Aufwendungen für die Renten wegen voller Erwerbsminderung einschließlich der darauf entfallenden Beteiligung der Rentenversicherung an den Beiträgen zur Kranken- und Pflegeversicherung und der durchschnittlichen Dauer des Anspruchs auf Arbeitslosengeld, der anstelle der Rente wegen voller Erwerbsminderung bestanden hätte.

(2) ¹Auf den Ausgleichsbetrag leistet die Bundesagentur für Arbeit Abschlagszahlungen, die in Teilbeträgen am Fälligkeitstag der Rentenvorschüsse in das Inland für den letzten Monat eines Kalendervierteljahres zu zahlen sind. ²Als Abschlagszahlung werden für das Jahr 2001 185 Millionen Deutsche Mark und für das Jahr 2002 192 Millionen Euro festgesetzt. ³In den Folgejahren werden die Abschlagszahlungen unter Berücksichtigung der Ergebnisse der Abrechnung für das jeweilige Vorjahr festgesetzt. ⁴Die Abrechnung der Erstattungsbeträge erfolgt bis zum 30. September des auf das Jahr der Abschlagszahlung folgenden Jahres.

(3) ¹Das Bundesversicherungsamt führt die Abrechnung und den Zahlungsausgleich zwischen den Trägern der allgemeinen Rentenversicherung sowie den knappschaftlichen Rentenversicherung und die Verteilung auf die Träger der allgemeinen Rentenversicherung durch. ²Es bestimmt erstmals für das Jahr 2003 die Höhe der jährlichen Abschlagszahlungen.

(4) ¹Für die Abrechnung und die Verteilung ist § 227 Abs. 1 entsprechend anzuwenden. ²Dabei erfolgt die Abrechnung mit dem Träger der knappschaftlichen Rentenversicherung entsprechend dem Verhältnis, in dem die Ausgaben dieses Trägers für Renten wegen voller Erwerbsminderung unter Einbeziehung der im Wanderversicherungsausgleich zu zahlenden und zu erstattenden Beträge zu den entsprechenden Aufwendungen der Träger der allgemeinen Rentenversicherung zusammenstehen.

§ 224 a Tragung pauschalierter Beiträge für Renten wegen voller Erwerbsminderung

(1) ¹Das Bundesversicherungsamt führt für den Gesamtbeitrag nach § 345 a des Dritten Buches die Verteilung zwischen den Trägern der allgemeinen Rentenversicherung sowie der knappschaftlichen Rentenversicherung durch. ²Der Gesamtbeitrag ist mit dem Ausgleichsbetrag der Bundesagentur für Arbeit nach § 224 im Rahmen der Jahresabrechnung für diesen Ausgleichsbetrag zu verrechnen.

(2) ¹Für die Verteilung ist § 227 Abs. 1 entsprechend anzuwenden. ²Dabei erfolgt die Abrechnung mit dem Träger der knappschaftlichen Rentenversicherung entsprechend dem Verhältnis, in dem die Ausgaben dieses Trägers für Renten wegen voller Erwerbsminderung unter Einbeziehung der im Wanderversicherungsausgleich zu zahlenden und zu erstattenden Beträge zu den entsprechenden Aufwendungen der Träger der allgemeinen Rentenversicherung zusammenstehen.

§ 224 b Erstattung für Begutachtung in Angelegenheiten der Grundsicherung

(1) ¹Der Bund erstattet der Deutschen Rentenversicherung Bund zum 1. Mai eines Jahres, erstmals zum 1. Mai 2010, die Kosten und Auslagen, die den Trägern der Rentenversicherung durch die Wahrnehmung ihrer Aufgaben nach § 109 a Absatz 2 für das vorangegangene Jahr entstanden sind. ²Das Bundesministerium für Arbeit und Soziales, das Bundesministerium der Finanzen und die Deutsche Rentenversicherung Bund vereinbaren aufwandsgerechte Pauschalbeträge für die nach § 109 a Absatz 2 je Fall entstehenden Kosten und Auslagen.

(2) Für Kosten und Auslagen durch die Wahrnehmung der Aufgaben nach § 109 a Absatz 3 gilt Absatz 1 entsprechend.

(3) ¹Das Bundesversicherungsamt führt die Abrechnung nach den Absätzen 1 und 2 durch. ²Die Deutsche Rentenversicherung Bund übermittelt dem Bundesversicherungsamt bis zum 1. März eines Jahres, erstmals zum 1. März 2010, die Zahl der Fälle des vorangegangenen Jahres. ³Die Aufteilung des Erstattungsbetrages auf die Träger der Rentenversicherung erfolgt durch die Deutsche Rentenversicherung Bund. ⁴Für die Träger der allgemeinen Rentenversicherung erfolgt sie buchhalterisch.

§ 225 Erstattung durch den Träger der Versorgungslast

(1) ¹Die Aufwendungen des Trägers der Rentenversicherung aufgrund von Rentenanwartschaften, die durch Entscheidung des Familiengerichts begründet worden sind, werden von dem zuständigen Träger der Versorgungslast erstattet. ²Ist der Ehegatte oder Lebenspartner, zu dessen Lasten der Versorgungsausgleich durchgeführt wurde, später nachversichert worden, sind nur die Aufwendungen zu erstatten, die bis zum Ende des Kalenderjahres entstanden sind, das der Zahlung der Beiträge für die Nachversicherung oder in Fällen des § 185 Abs. 1 Satz 3 dem Eintritt der Voraussetzungen für die Nachversicherung vorausging. ³Ist die Nachversicherung durch eine Zahlung von Beiträgen an eine berufsständische Versorgungseinrichtung ersetzt worden (§ 186 Abs. 1), geht die Erstattungspflicht nach Satz 1 mit dem Ende des in Satz 2 genannten Kalenderjahres auf die berufsständische Versorgungseinrichtung als neuen Träger der Versorgungslast über.

(2) ¹Wird durch Entscheidung des Familiengerichts eine Rentenanwartschaft begründet, deren Monatsbetrag 1 vom Hundert der bei Ende der Ehezeit oder Lebenspartnerschaftszeit geltenden monatlichen Bezugsgröße nicht übersteigt, hat der Träger der Versorgungslast Beiträge zu zahlen. ²Absatz 1 ist nicht anzuwenden. ³Im Fall einer Abänderung einer Entscheidung des Familiengerichts gilt § 187 Abs. 7 entsprechend.

§ 226 Verordnungsermächtigung

(1) Die Bundesregierung wird ermächtigt, durch Rechtsverordnung mit Zustimmung des Bundesrates das Nähere über die Berechnung und Durchführung der Erstattung von Aufwendungen durch den Träger der Versorgungslast zu bestimmen.

(2) Das Bundesministerium für Arbeit und Soziales wird ermächtigt, im Einvernehmen mit dem Bundesministerium der Finanzen durch Rechtsverordnung mit Zustimmung des Bundesrates das Nähere über die Erstattung gemäß § 223 Abs. 3 zu bestimmen.

(3) Das Bundesministerium für Arbeit und Soziales wird ermächtigt, im Einvernehmen mit dem Bundesministerium der Finanzen durch Rechtsverordnung mit Zustimmung des

Bundesrates das Nähere zur Ermittlung des Wanderungsausgleichs nach § 223 Abs. 6 zu bestimmen.

(4) Das Bundesministerium für Arbeit und Soziales wird ermächtigt, im Einvernehmen mit dem Bundesministerium der Finanzen durch Rechtsverordnung mit Zustimmung des Bundesrates das Nähere über die Pauschalierung des Ausgleichsbetrags gemäß § 224 zu bestimmen.

(5) Das Bundesministerium für Arbeit und Soziales wird ermächtigt, durch Rechtsverordnung mit Zustimmung des Bundesrates das Nähere über die Verteilung der pauschalierten Beiträge für Renten wegen voller Erwerbsminderung gemäß § 224 a zu bestimmen.

Vierter Unterabschnitt. Abrechnung der Aufwendungen

§ 227 Abrechnung der Aufwendungen

(1) [1]Die Deutsche Rentenversicherung Bund verteilt die Beträge nach § 219 Abs. 1 und § 223 auf die Träger der allgemeinen Rentenversicherung und führt die Abrechnung der Träger der allgemeinen Rentenversicherung mit den Trägern der knappschaftlichen Rentenversicherung sowie mit der Deutschen Post AG durch. [2]Die Ausgleiche der Zahlungsverpflichtungen zwischen den Trägern der allgemeinen Rentenversicherung erfolgen ausschließlich buchhalterisch. [3]Die Zahlungsausgleiche der allgemeinen Rentenversicherung mit dem Träger der knappschaftlichen Rentenversicherung und mit der Deutschen Post AG werden von der Deutschen Rentenversicherung Bund innerhalb von vier Wochen nach Bekanntgabe der Abrechnung durchgeführt.

(1 a) [1]Das Bundesversicherungsamt führt die Abrechnung der Zahlungen des Bundes an die gesetzliche Rentenversicherung durch. [2]Nachzahlungen des Bundes an die allgemeine Rentenversicherung werden zugunsten der Deutschen Rentenversicherung Bund und Nachzahlungen an die knappschaftliche Rentenversicherung werden an den Träger der knappschaftlichen Rentenversicherung innerhalb von vier Wochen nach Bekanntgabe der Abrechnung ausgeführt.

(2) Die Deutsche Post AG teilt der Deutschen Rentenversicherung Bund und dem Bundesversicherungsamt zum Ablauf eines Kalenderjahres die Beträge mit, die auf Anweisung der Träger der allgemeinen Rentenversicherung gezahlt worden sind.

(3) Im Übrigen obliegt dem Erweiterten Direktorium bei der Deutschen Rentenversicherung Bund die Aufstellung von Grundsätzen zur und die Steuerung der Finanzausstattung und der Finanzverwaltung im Rahmen des geltenden Rechts für das gesamte System der Deutschen Rentenversicherung.

Fünftes Kapitel. Sonderregelungen

Erster Abschnitt. Ergänzungen für Sonderfälle

Erster Unterabschnitt. Grundsatz

§ 228 Grundsatz

Die Vorschriften dieses Abschnitts ergänzen die Vorschriften der vorangehenden Kapitel für Sachverhalte, die von dem Zeitpunkt des Inkrafttretens der Vorschriften der vorangehenden Kapitel an nicht mehr oder nur noch übergangsweise eintreten können.

§ 228 a Besonderheiten für das Beitrittsgebiet

(1) [1]Soweit Vorschriften dieses Buches bei Arbeitsentgelten, Arbeitseinkommen oder Beitragsbemessungsgrundlagen
1. an die Bezugsgröße anknüpfen, ist die Bezugsgröße für das Beitrittsgebiet (Bezugsgröße (Ost)),
2. an die Beitragsbemessungsgrenze anknüpfen, ist die Beitragsbemessungsgrenze für das Beitrittsgebiet (Beitragsbemessungsgrenze (Ost), Anlage 2 a)

maßgebend, wenn die Einnahmen aus einer Beschäftigung oder Tätigkeit im Beitrittsgebiet erzielt werden. ²Satz 1 gilt für die Ermittlung der Beitragsbemessungsgrundlagen bei sonstigen Versicherten entsprechend.

(2) ¹Soweit Vorschriften dieses Buches bei Hinzuverdienstgrenzen für Renten an die Bezugsgröße anknüpfen, ist die monatliche Bezugsgröße mit dem aktuellen Rentenwert (Ost) zu vervielfältigen und durch den aktuellen Rentenwert zu teilen, wenn das Arbeitsentgelt oder Arbeitseinkommen aus der Beschäftigung oder Tätigkeit im Beitrittsgebiet erzielt wird. ²Dies gilt nicht, wenn in einem Kalendermonat Arbeitsentgelt oder Arbeitseinkommen auch im Gebiet der Bundesrepublik Deutschland ohne das Beitrittsgebiet erzielt wird.

(3) Soweit Vorschriften dieses Buches bei Einkommensanrechnung auf Renten wegen Todes an den aktuellen Rentenwert anknüpfen, ist der aktuelle Rentenwert (Ost) maßgebend, wenn der Berechtigte seinen gewöhnlichen Aufenthalt im Beitrittsgebiet hat.

§ 228 b Maßgebende Werte in der Anpassungsphase

Bis zur Herstellung einheitlicher Einkommensverhältnisse im Gebiet der Bundesrepublik Deutschland sind, soweit Vorschriften dieses Buches auf die Veränderung der Bruttolöhne und -gehälter je Arbeitnehmer (§ 68 Abs. 2 Satz 1) oder auf das Durchschnittsentgelt abstellen, die für das Bundesgebiet ohne das Beitrittsgebiet ermittelten Werte maßgebend, sofern nicht in den nachstehenden Vorschriften etwas anderes bestimmt ist.

Zweiter Unterabschnitt. Versicherter Personenkreis

§ 229 Versicherungspflicht

(1) ¹Personen, die am 31. Dezember 1991 als
1. Mitglieder des Vorstandes einer Aktiengesellschaft,
2. selbständig tätige Lehrer, Erzieher oder Pflegepersonen im Zusammenhang mit ihrer selbständigen Tätigkeit keinen Angestellten, aber mindestens einen Arbeiter beschäftigt haben und

versicherungspflichtig waren, bleiben in dieser Tätigkeit versicherungspflichtig. ²Sie werden jedoch auf Antrag von der Versicherungspflicht befreit. ³Die Befreiung wirkt vom Eingang des Antrags an. ⁴Sie ist auf die jeweilige Tätigkeit beschränkt.

(1 a) ¹Mitglieder des Vorstandes einer Aktiengesellschaft, die am 6. November 2003 in einer weiteren Beschäftigung oder selbständigen Tätigkeit nicht versicherungspflichtig waren, bleiben in dieser Beschäftigung oder selbständigen Tätigkeit nicht versicherungspflichtig. ²Sie können bis zum 31. Dezember 2004 die Versicherungspflicht mit Wirkung für die Zukunft beantragen.

(2) Handwerker, die am 31. Dezember 1991 nicht versicherungspflichtig waren, bleiben in dieser Tätigkeit nicht versicherungspflichtig.

(2 a) Handwerker, die am 31. Dezember 2003 versicherungspflichtig waren, bleiben in dieser Tätigkeit versicherungspflichtig; § 6 Abs. 1 Satz 1 Nr. 4 bleibt unberührt.

(3) ¹§ 2 Satz 1 Nr. 9 Buchstabe b zweiter Halbsatz und Satz 4 Nr. 3 ist auch anzuwenden, soweit die Tätigkeit in der Zeit vom 1. Januar 1999 bis zum 1. Juli 2006 ausgeübt worden ist. ²§ 2 Satz 1 Nr. 1, 2 und 9 Buchstabe a in der ab 1. Mai 2007 geltenden Fassung ist auch anzuwenden, soweit Arbeitnehmer in der Zeit vom 1. Januar 1999 bis zum 30. April 2007 beschäftigt wurden.

(4) Bezieher von Sozialleistungen, die am 31. Dezember 1995 auf Antrag versicherungspflichtig waren und nach § 4 Abs. 3 a die Voraussetzungen für die Versicherungspflicht nicht mehr erfüllen, bleiben für die Zeit des Bezugs der jeweiligen Sozialleistung versicherungspflichtig.

(5) *(aufgehoben)*

(6) ¹Personen, die am 31. März 2003 in einer Beschäftigung oder selbständigen Tätigkeit ohne einen Verzicht auf die Versicherungsfreiheit (§ 5 Abs. 2 Satz 2) versicherungspflichtig waren, die die Merkmale einer geringfügigen Beschäftigung oder selbständigen Tätigkeit in der ab 1. April 2003 geltenden Fassung von § 8 des Vierten Buches oder die Merkmale einer geringfügigen Beschäftigung oder selbständigen Tätigkeit im Privathaushalt (§ 8 a Viertes Buch) erfüllen, bleiben in dieser Beschäftigung oder selbständigen Tätigkeit versicherungspflichtig. ²Sie werden auf ihren Antrag von der Versicherungspflicht

befreit. ³Die Befreiung wirkt vom 1. April 2003 an, wenn sie bis zum 30. Juni 2003 beantragt wird, sonst vom Eingang des Antrags an. ⁴Sie ist auf die jeweilige Beschäftigung oder selbständige Tätigkeit beschränkt. ⁵Für Personen, die die Voraussetzungen für die Versicherungspflicht nach § 2 Satz 1 Nr. 10 erfüllen, endet die Befreiung nach Satz 2 am 31. Juli 2004.

(7) *(nicht belegt)*

(8) Personen, die im Anschluss an den Bezug von Arbeitslosenhilfe Unterhaltsgeld beziehen, sind für die Dauer des Bezugs von Unterhaltsgeld versicherungspflichtig.

§ 229 a Versicherungspflicht im Beitrittsgebiet

(1) Personen, die am 31. Dezember 1991 im Beitrittsgebiet versicherungspflichtig waren, nicht ab 1. Januar 1992 nach den §§ 1 bis 3 versicherungspflichtig geworden sind und nicht bis zum 31. Dezember 1994 beantragt haben, dass die Versicherungspflicht enden soll, bleiben in der jeweiligen Tätigkeit oder für die Zeit des jeweiligen Leistungsbezugs versicherungspflichtig.

(2) Im Beitrittsgebiet selbständig tätige Landwirte, die die Voraussetzungen des § 2 Abs. 1 Nr. 1 des Zweiten Gesetzes über die Krankenversicherung der Landwirte erfüllt haben, in der Krankenversicherung der Landwirte als Unternehmer versichert waren und am 1. Januar 1995 in dieser Tätigkeit versicherungspflichtig waren, bleiben in dieser Tätigkeit versicherungspflichtig.

§ 230 Versicherungsfreiheit

(1) ¹Personen, die am 31. Dezember 1991 als
1. Polizeivollzugsbeamte auf Widerruf,
2. Handwerker oder
3. Mitglieder der Pensionskasse deutscher Eisenbahnen und Straßenbahnen

versicherungsfrei waren, bleiben in dieser Beschäftigung oder selbständigen Tätigkeit versicherungsfrei. ²Handwerker, die am 31. Dezember 1991 aufgrund eines Lebensversicherungsvertrages versicherungsfrei waren, und Personen, die am 31. Dezember 1991 als Versorgungsbezieher versicherungsfrei waren, bleiben in jeder Beschäftigung und jeder selbständigen Tätigkeit versicherungsfrei.

(2) ¹Personen, die am 31. Dezember 1991 als versicherungspflichtige
1. Beschäftigte von Körperschaften, Anstalten oder Stiftungen des öffentlichen Rechts oder ihrer Verbände oder
2. satzungsmäßige Mitglieder geistlicher Genossenschaften, Diakonissen oder Angehörige ähnlicher Gemeinschaften,

nicht versicherungsfrei und nicht von der Versicherungspflicht befreit waren, bleiben in dieser Beschäftigung versicherungspflichtig. ²Sie werden jedoch auf Antrag unter den Voraussetzungen des § 5 Abs. 1 Satz 1 von der Versicherungspflicht befreit. ³Über die Befreiung entscheidet der Träger der Rentenversicherung, nachdem für Beschäftigte beim Bund und bei Arbeitgebern, die der Aufsicht des Bundes unterstehen, das zuständige Bundesministerium, im Übrigen die oberste Verwaltungsbehörde des Landes, in dem die Arbeitgeber, Genossenschaften oder Gemeinschaften ihren Sitz haben, das Vorliegen der Voraussetzungen bestätigt hat. ⁴Die Befreiung wirkt vom Eingang des Antrags an. ⁵Sie ist auf die jeweilige Beschäftigung beschränkt.

(3) ¹Personen, die am 31. Dezember 1991 als Beschäftigte oder selbständig Tätige nicht versicherungsfrei und nicht von der Versicherungspflicht befreit waren, werden in dieser Beschäftigung oder selbständigen Tätigkeit nicht nach § 5 Abs. 4 Nr. 2 und 3 versicherungsfrei. ²Sie werden jedoch auf Antrag von der Versicherungspflicht befreit. ³Die Befreiung wirkt vom Eingang des Antrags an. ⁴Sie bezieht sich auf jede Beschäftigung oder selbständige Tätigkeit.

(4) ¹Personen, die am 1. Oktober 1996 in einer Beschäftigung oder selbständigen Tätigkeit als ordentliche Studierende einer Fachschule oder Hochschule versicherungsfrei waren, bleiben in dieser Beschäftigung oder selbständigen Tätigkeit versicherungsfrei. ²Sie können jedoch beantragen, dass die Versicherungsfreiheit endet.

(5) § 5 Abs. 1 Satz 3 ist nicht anzuwenden, wenn vor dem 1. Februar 2002 aufgrund einer Entscheidung nach § 5 Abs. 1 Satz 2 bereits Versicherungsfreiheit nach § 5 Abs. 1 Satz 1 Nr. 2 oder 3 vorlag.

(6) Personen, die nach § 5 Abs. 1 Satz 1 Nr. 2 in der bis zum 31. Dezember 2008 geltenden Fassung versicherungsfrei waren, bleiben in dieser Beschäftigung versicherungsfrei.

§ 231 Befreiung von der Versicherungspflicht

(1) ¹Personen, die am 31. Dezember 1991 von der Versicherungspflicht befreit waren, bleiben in derselben Beschäftigung oder selbständigen Tätigkeit von der Versicherungspflicht befreit. ²Personen, die am 31. Dezember 1991 als
1. Angestellte im Zusammenhang mit der Erhöhung oder dem Wegfall der Jahresarbeitsverdienstgrenze,
2. Handwerker oder
3. Empfänger von Versorgungsbezügen

von der Versicherungspflicht befreit waren, bleiben in jeder Beschäftigung oder selbständigen Tätigkeit und bei Wehrdienstleistungen von der Versicherungspflicht befreit.

(2) Personen, die aufgrund eines bis zum 31. Dezember 1995 gestellten Antrags spätestens mit Wirkung von diesem Zeitpunkt an nach § 6 Abs. 1 Nr. 1 in der zu diesem Zeitpunkt geltenden Fassung von der Versicherungspflicht befreit sind, bleiben in der jeweiligen Beschäftigung oder selbständigen Tätigkeit befreit.

(3) Mitglieder von berufsständischen Versorgungseinrichtungen, die nur deshalb Pflichtmitglied ihrer berufsständischen Kammer sind, weil die am 31. Dezember 1994 für bestimmte Angehörige ihrer Berufsgruppe bestehende Verpflichtung zur Mitgliedschaft in einer berufsständischen Kammer nach dem 31. Dezember 1994 auf weitere Angehörige der jeweiligen Berufsgruppe erstreckt worden ist, werden bei Vorliegen der übrigen Voraussetzungen nach § 6 Abs. 1 von der Versicherungspflicht befreit, wenn
1. die Verkündung des Gesetzes, mit dem die Verpflichtung zur Mitgliedschaft in einer berufsständischen Kammer auf weitere Angehörige der Berufsgruppe erstreckt worden ist, vor dem 1. Juli 1996 erfolgt und
2. mit der Erstreckung der Verpflichtung zur Mitgliedschaft in einer berufsständischen Kammer auf weitere Angehörige der Berufsgruppe hinsichtlich des Kreises der Personen, die der berufsständischen Kammer als Pflichtmitglieder angehören, eine Rechtslage geschaffen worden ist, die am 31. Dezember 1994 bereits in mindestens der Hälfte aller Bundesländer bestanden hat.

(4) Mitglieder von berufsständischen Versorgungseinrichtungen, die nur deshalb Pflichtmitglied einer berufsständischen Versorgungseinrichtung sind, weil eine für ihre Berufsgruppe am 31. Dezember 1994 bestehende Verpflichtung zur Mitgliedschaft in der berufsständischen Versorgungseinrichtung nach dem 31. Dezember 1994 auf diejenigen Angehörigen der Berufsgruppe erstreckt worden ist, die einen gesetzlich vorgeschriebenen Vorbereitungs- oder Anwärterdienst ableisten, werden bei Vorliegen der übrigen Voraussetzungen nach § 6 Abs. 1 von der Versicherungspflicht befreit, wenn
1. die Änderung der versorgungsrechtlichen Regelungen, mit der die Verpflichtung zur Mitgliedschaft in der berufsständischen Versorgungseinrichtung auf Personen erstreckt worden ist, die einen gesetzlich vorgeschriebenen Vorbereitungs- oder Anwärterdienst ableisten, vor dem 1. Juli 1996 erfolgt und
2. mit der Erstreckung der Verpflichtung zur Mitgliedschaft in der berufsständischen Versorgungseinrichtung auf Personen, die einen gesetzlich vorgeschriebenen Vorbereitungs- oder Anwärterdienst ableisten, hinsichtlich des Kreises der Personen, die der berufsständischen Versorgungseinrichtung als Pflichtmitglieder angehören, eine Rechtslage geschaffen worden ist, die für die jeweilige Berufsgruppe bereits am 31. Dezember 1994 in mindestens einem Bundesland bestanden hat.

(5) ¹Personen, die am 31. Dezember 1998 eine selbständige Tätigkeit ausgeübt haben, in der sie nicht versicherungspflichtig waren, und danach gemäß § 2 Satz 1 Nr. 9 versicherungspflichtig werden, werden auf Antrag von dieser Versicherungspflicht befreit, wenn sie
1. vor dem 2. Januar 1949 geboren sind oder
2. vor dem 10. Dezember 1998 mit einem öffentlichen oder privaten Versicherungsunternehmen einen Lebens- oder Rentenversicherungsvertrag abgeschlossen haben, der so ausgestaltet ist oder bis zum 30. Juni 2000 oder binnen eines Jahres nach Eintritt der Versicherungspflicht so ausgestaltet wird, dass
   a) Leistungen für den Fall der Invalidität und des Erlebens des 60. oder eines höheren Lebensjahres sowie im Todesfall Leistungen an Hinterbliebene erbracht werden und
   b) für die Versicherung mindestens ebensoviel Beiträge aufzuwenden sind, wie Beiträge zur Rentenversicherung zu zahlen wären, oder

3. vor dem 10. Dezember 1998 eine vergleichbare Form der Vorsorge betrieben haben oder nach diesem Zeitpunkt bis zum 30. Juni 2000 oder binnen eines Jahres nach Eintritt der Versicherungspflicht entsprechend ausgestalten; eine vergleichbare Vorsorge liegt vor, wenn
   a) vorhandenes Vermögen oder
   b) Vermögen, das aufgrund einer auf Dauer angelegten vertraglichen Verpflichtung angespart wird,

insgesamt gewährleisten, dass eine Sicherung für den Fall der Invalidität und des Erlebens des 60. oder eines höheren Lebensjahres sowie im Todesfall für Hinterbliebene vorhanden ist, deren wirtschaftlicher Wert nicht hinter dem einer Lebens- oder Rentenversicherung nach Nummer 2 zurückbleibt. ²Satz 1 Nr. 2 gilt entsprechend für eine Zusage auf eine betriebliche Altersversorgung, durch die die leistungsbezogenen und aufwandsbezogenen Voraussetzungen des Satzes 1 Nr. 2 erfüllt werden. ³Die Befreiung ist binnen eines Jahres nach Eintritt der Versicherungspflicht zu beantragen; die Frist läuft nicht vor dem 30. Juni 2000 ab. ⁴Die Befreiung wirkt vom Eintritt der Versicherungspflicht an.

(6) ¹Personen, die am 31. Dezember 1998 eine nach § 2 Satz 1 Nr. 1 bis 3 oder § 229a Abs. 1 versicherungspflichtige selbständige Tätigkeit ausgeübt haben, werden auf Antrag von dieser Versicherungspflicht befreit, wenn sie

1. glaubhaft machen, dass sie bis zu diesem Zeitpunkt von der Versicherungspflicht keine Kenntnis hatten, und
2. vor dem 2. Januar 1949 geboren sind oder
3. vor dem 10. Dezember 1998 eine anderweitige Vorsorge im Sinne des Absatzes 5 Satz 1 Nr. 2 oder Nr. 3 oder Satz 2 für den Fall der Invalidität und des Erlebens des 60. oder eines höheren Lebensjahres sowie im Todesfall für Hinterbliebene getroffen haben; Absatz 5 Satz 1 Nr. 2 und 3 und Satz 2 sind mit der Maßgabe anzuwenden, dass an die Stelle des Datums 30. Juni 2000 jeweils das Datum 30. September 2001 tritt.

²Die Befreiung ist bis zum 30. September 2001 zu beantragen; sie wirkt vom Eintritt der Versicherungspflicht an.

(7) Personen, die nach § 6 Abs. 1 Satz 1 Nr. 2 in der bis zum 31. Dezember 2008 geltenden Fassung von der Versicherungspflicht befreit waren, bleiben in dieser Beschäftigung von der Versicherungspflicht befreit.

(8) Personen, die die Voraussetzungen für eine Befreiung von der Versicherungspflicht nach § 6 Abs. 1 Satz 1 Nr. 2 in der bis zum 31. Dezember 2008 geltenden Fassung erfüllen, nicht aber die Voraussetzungen nach § 6 Abs. 1 Satz 1 Nr. 2 in der ab 1. Januar 2009 geltenden Fassung, werden von der Versicherungspflicht befreit, wenn ihnen nach beamtenrechtlichen Grundsätzen oder entsprechenden kirchenrechtlichen Regelungen Anwartschaft auf Versorgung bei verminderter Erwerbsfähigkeit und im Alter sowie auf Hinterbliebenenversorgung durch eine für einen bestimmten Personenkreis geschaffene Versorgungseinrichtung gewährleistet ist und sie an einer nichtöffentlichen Schule beschäftigt sind, die vor dem 13. November 2008 Mitglied der Versorgungseinrichtung geworden ist.

§ 231a Befreiung von der Versicherungspflicht im Beitrittsgebiet

Selbständig Tätige, die am 31. Dezember 1991 im Beitrittsgebiet aufgrund eines Versicherungsvertrages von der Versicherungspflicht befreit waren und nicht bis zum 31. Dezember 1994 erklärt haben, dass die Befreiung von der Versicherungspflicht enden soll, bleiben in jeder Beschäftigung oder selbständigen Tätigkeit und bei Wehrdienstleistungen von der Versicherungspflicht befreit.

§ 232 Freiwillige Versicherung

(1) ¹Personen, die nicht versicherungspflichtig sind und vor dem 1. Januar 1992 vom Recht der Selbstversicherung, der Weiterversicherung oder der freiwilligen Versicherung Gebrauch gemacht haben, können sich weiterhin freiwillig versichern. ²Dies gilt für Personen, die von dem Recht der Selbstversicherung oder Weiterversicherung Gebrauch gemacht haben, auch dann, wenn sie nicht Deutsche sind und ihren gewöhnlichen Aufenthalt im Ausland haben.

(2) Nach bindender Bewilligung einer Vollrente wegen Alters oder für Zeiten des Bezugs einer solchen Rente ist eine freiwillige Versicherung nicht zulässig.

§ 233 Nachversicherung

(1) ¹Personen, die vor dem 1. Januar 1992 aus einer Beschäftigung ausgeschieden sind, in der sie nach dem jeweils geltenden, dem § 5 Abs. 1, § 6 Abs. 1 Satz 1 Nr. 2, § 230 Abs. 1 Nr. 1 und 3 oder § 231 Abs. 1 Satz 1 sinngemäß entsprechenden Recht nicht versicherungspflichtig, versicherungsfrei oder von der Versicherungspflicht befreit waren, werden weiterhin nach den bisherigen Vorschriften nachversichert, wenn sie ohne Anspruch oder Anwartschaft auf Versorgung aus der Beschäftigung ausgeschieden sind. ²Dies gilt für Personen, die ihren Anspruch auf Versorgung vor dem 1. Januar 1992 verloren haben, entsprechend. ³Wehrpflichtige, die während ihres Grundwehrdienstes vom 1. März 1957 bis zum 30. April 1961 nicht versicherungspflichtig waren, werden für die Zeit des Dienstes nachversichert, auch wenn die Voraussetzungen des Satzes 1 nicht vorliegen.

(2) ¹Personen, die nach dem 31. Dezember 1991 aus einer Beschäftigung ausgeschieden sind, in der sie nach § 5 Abs. 1, § 6 Abs. 1 Satz 1 Nr. 2, § 230 Abs. 1 Nr. 1 und 3 oder § 231 Abs. 1 Satz 1 versicherungsfrei oder von der Versicherungspflicht befreit waren, werden nach den vom 1. Januar 1992 an geltenden Vorschriften auch für Zeiträume vorher nachversichert, in denen sie nach dem jeweils geltenden, diesen Vorschriften sinngemäß entsprechenden Recht nicht versicherungspflichtig, versicherungsfrei oder von der Versicherungspflicht befreit waren. ²Dies gilt für Personen, die ihren Anspruch auf Versorgung nach dem 31. Dezember 1991 verloren haben, entsprechend.

(3) Die Nachversicherung erstreckt sich auch auf Zeiträume, in denen die nachzuversichernden Personen mangels einer dem § 4 Abs. 1 Satz 2 entsprechenden Vorschrift oder in den Fällen des Absatzes 2 wegen Überschreitens der jeweiligen Jahresarbeitsverdienstgrenze nicht versicherungspflichtig oder versicherungsfrei waren.

§ 233 a Nachversicherung im Beitrittsgebiet

(1) ¹Personen, die vor dem 1. Januar 1992 aus einer Beschäftigung im Beitrittsgebiet ausgeschieden sind, in der sie nach dem jeweils geltenden, dem § 5 Abs. 1, § 6 Abs. 1 Satz 1 Nr. 2 und § 230 Abs. 1 Nr. 3 sinngemäß entsprechenden Recht nicht versicherungspflichtig, versicherungsfrei oder von der Versicherungspflicht befreit waren, werden nachversichert, wenn sie
1. ohne Anspruch oder Anwartschaft auf Versorgung aus der Beschäftigung ausgeschieden sind und
2. einen Anspruch auf eine nach den Vorschriften dieses Buches zu berechnende Rente haben oder aufgrund der Nachversicherung erwerben würden.

²Der Nachversicherung werden die bisherigen Vorschriften, die im Gebiet der Bundesrepublik Deutschland außerhalb des Beitrittsgebiets anzuwenden sind oder anzuwenden waren, fiktiv zugrunde gelegt; Regelungen, nach denen eine Nachversicherung nur erfolgt, wenn sie innerhalb einer bestimmten Frist oder bis zu einem bestimmten Zeitpunkt beantragt worden ist, finden keine Anwendung. ³Die Sätze 1 und 2 gelten entsprechend
1. für Personen, die aus einer Beschäftigung außerhalb des Beitrittsgebiets ausgeschieden sind, wenn sie aufgrund ihres gewöhnlichen Aufenthalts im Beitrittsgebiet nicht nachversichert werden konnten,
2. für Personen, die ihren Anspruch auf Versorgung vor dem 1. Januar 1992 verloren haben.

⁴Für Personen, die aus einer Beschäftigung mit Anwartschaft auf Versorgung nach kirchenrechtlichen Regelungen oder mit Anwartschaft auf die in der Gemeinschaft übliche Versorgung im Sinne des § 5 Abs. 1 Satz 1 Nr. 3 ausgeschieden sind, erfolgt eine Nachversicherung nach Satz 1 oder 2 nur, wenn sie bis zum 31. Dezember 1994 beantragt wird.

(2) ¹Personen, die nach dem 31. Dezember 1991 aus einer Beschäftigung im Beitrittsgebiet ausgeschieden sind, in der sie nach § 5 Abs. 1 versicherungsfrei waren, werden nach den vom 1. Januar 1992 an geltenden Vorschriften auch für Zeiten vorher nachversichert, in denen sie nach dieser Vorschrift oder dem jeweils geltenden, dieser Vorschrift sinngemäß entsprechenden Recht nicht versicherungspflichtig, versicherungsfrei oder von der Versicherungspflicht befreit waren, wenn sie einen Anspruch auf eine nach den Vorschriften dieses Buches zu berechnende Rente haben oder aufgrund der Nachversicherung erwerben würden. ²Dies gilt für Personen, die ihren Anspruch auf Versorgung nach dem 31. Dezember 1991 verloren haben, entsprechend.

(3) Pfarrer, Pastoren, Prediger, Vikare und andere Mitarbeiter von Religionsgesellschaften im Beitrittsgebiet, für die aufgrund von Vereinbarungen zwischen den Religionsge-

sellschaften und der Deutschen Demokratischen Republik Beiträge zur Sozialversicherung für Zeiten im Dienst der Religionsgesellschaften nachgezahlt wurden, gelten für die Zeiträume, für die Beiträge nachgezahlt worden sind, als nachversichert, wenn sie einen Anspruch auf eine nach den Vorschriften dieses Buches zu berechnende Rente haben oder aufgrund der Nachversicherung erwerben würden.

(4) [1]Diakonissen, für die aufgrund von Vereinbarungen zwischen dem Bund der Evangelischen Kirchen im Beitrittsgebiet und der Deutschen Demokratischen Republik Zeiten einer Tätigkeit in den Evangelischen Diakonissenmutterhäusern und Diakoniewerken vor dem 1. Januar 1985 im Beitrittsgebiet bei der Gewährung und Berechnung von Renten aus der Sozialversicherung zu berücksichtigen waren, werden für diese Zeiträume nachversichert, wenn sie einen Anspruch auf eine nach den Vorschriften dieses Buches zu berechnende Rente haben oder aufgrund der Nachversicherung erwerben würden. [2]Dies gilt entsprechend für Mitglieder geistlicher Genossenschaften, die vor dem 1. Januar 1985 im Beitrittsgebiet eine vergleichbare Tätigkeit ausgeübt haben. [3]Für Personen, die nach dem 31. Dezember 1984 aus der Gemeinschaft ausgeschieden sind, geht die Nachversicherung nach Satz 1 oder 2 für Zeiträume vor dem 1. Januar 1985 der Nachversicherung nach Absatz 1 oder 2 vor.

(5) Die Absätze 1 und 2 gelten nicht für Zeiten, für die Ansprüche oder Anwartschaften aus einem Sonderversorgungssystem des Beitrittsgebiets im Sinne des Artikels 3 § 1 Abs. 3 des Renten-Überleitungsgesetzes erworben worden sind.

Dritter Unterabschnitt. Teilhabe

§ 234 Übergangsgeldanspruch und -berechnung bei Arbeitslosenhilfe

(1) Bei Leistungen zur medizinischen Rehabilitation oder sonstigen Leistungen zur Teilhabe haben Versicherte auch nach dem 31. Dezember 2004 Anspruch auf Übergangsgeld, die unmittelbar vor Beginn der Arbeitsunfähigkeit oder wenn sie nicht arbeitsunfähig waren, unmittelbar vor Beginn der Leistungen Arbeitslosenhilfe bezogen haben, und für die von dem der Arbeitslosenhilfe zugrunde liegenden Arbeitsentgelt oder Arbeitseinkommen Beiträge zur Rentenversicherung gezahlt worden sind.

(2) Für Anspruchsberechtigte nach Absatz 1 ist für die Berechnung des Übergangsgeldes § 21 Abs. 4 in Verbindung mit § 47b des Fünften Buches jeweils in der am 31. Dezember 2004 geltenden Fassung anzuwenden.

§ 234a Übergangsgeldanspruch und -berechnung bei Unterhaltsgeldbezug

(1) Bei Leistungen zur medizinischen Rehabilitation oder sonstigen Leistungen zur Teilhabe haben Versicherte, die unmittelbar vor Beginn der Arbeitsunfähigkeit oder, wenn sie nicht arbeitsunfähig waren, unmittelbar vor Beginn der Leistungen Unterhaltsgeld bezogen haben, und für die von dem dem Unterhaltsgeld zugrunde liegenden Arbeitsentgelt oder Arbeitseinkommen Beiträge zur Rentenversicherung gezahlt worden sind, auch nach dem 31. Dezember 2004 Anspruch auf Übergangsgeld.

(2) Für Anspruchsberechtigte nach Absatz 1 ist für die Berecnung des Übergangsgeldes § 21 Abs. 4 dieses Buches in Verbindung mit § 47b des Fünften Buches jeweils in der am 30. Juni 2004 geltenden Fassung anzuwenden.

Vierter Unterabschnitt. Anspruchsvoraussetzungen für einzelne Renten

§ 235 Regelaltersrente

(1) [1]Versicherte, die vor dem 1. Januar 1964 geboren sind, haben Anspruch auf Regelaltersrente, wenn sie

1. die Regelaltersgrenze erreicht und
2. die allgemeine Wartezeit erfüllt

haben. [2]Die Regelaltersgrenze wird frühestens mit Vollendung des 65. Lebensjahres erreicht.

(2) [1]Versicherte, die vor dem 1. Januar 1947 geboren sind, erreichen die Regelaltersgrenze mit Vollendung des 65. Lebensjahres. [2]Für Versicherte, die nach dem 31. Dezember 1946 geboren sind, wird die Regelaltersgrenze wie folgt angehoben:

Versicherte Geburtsjahr	Anhebung um Monate	auf Alter Jahr	Monat
1947	1	65	1
1948	2	65	2
1949	3	65	3
1950	4	65	4
1951	5	65	5
1952	6	65	6
1953	7	65	7
1954	8	65	8
1955	9	65	9
1956	10	65	10
1957	11	65	11
1958	12	66	0
1959	14	66	2
1960	16	66	4
1961	18	66	6
1962	20	66	8
1963	22	66	10.

³ Für Versicherte, die
1. vor dem 1. Januar 1955 geboren sind und vor dem 1. Januar 2007 Altersteilzeitarbeit im Sinne der §§ 2 und 3 Abs. 1 Nr. 1 des Altersteilzeitgesetzes vereinbart haben oder
2. Anpassungsgeld für entlassene Arbeitnehmer des Bergbaus bezogen haben,

wird die Regelaltersgrenze nicht angehoben.

A. Normzweck

Die **Übergangsvorschrift** gewährt vor dem 1. 1. 1964 Geborenen die Regelaltersrente; für nach dem 31. 12. 1963 Geborene regelt zukünftig § 35 den entsprechenden Anspruch. Zum einen werden die Voraussetzungen für den Anspruch auf die Regelaltersrente benannt (Abs. 1 S. 1) und zum anderen wird bestimmt, dass die Regelaltersgrenze frühestens mit Vollendung des 65. Lebensjahres erreicht werden kann (Abs. 1 S. 2). Des Weiteren wird im Abs. 2 S. 1 festgelegt, dass vor dem 1. 1. 1947 Geborene die Regelaltersgrenze mit Vollendung des 65. Lebensjahres vollenden und im S. 2 wird für die Geburtsjahrgänge 1947 und jünger die stufenweise Anhebung dieser Grenze auf das 67. Lebensjahr angeordnet; S. 3 enthält für bestimmte Personengruppen Vertrauensschutztatbestände als Ausnahmeregelungen zur Anhebung der Regelaltersgrenze auf das 67. Lebensjahr. Die Regelaltersrente ist die üblicherweise zu erbringende Rente wegen Alters (vgl. § 35 Rn. 1). 1

B. Anspruchsvoraussetzungen

Der Regelaltersrentenanspruch besteht für Versicherte, die vor dem 1. 1. 1964 geboren sind, die **Regelaltersgrenze** erreicht und als **Mindestversicherungszeit** die allgemeine Wartezeit von fünf Jahren erfüllt haben. Die für sämtliche Renten und darüber hinaus in zahlreichen weiteren Vorschriften geforderte Versicherteneigenschaft liegt vor, wenn zum Zeitpunkt der Erfüllung der Anspruchsvoraussetzungen mindestens ein rechtswirksamer Beitrag (Pflicht- oder freiwilliger Beitrag) nachgewiesen ist. Ebenso gelten Personen als Versicherte, denen Kindererziehungszeiten iSd. § 56 anerkannt (§ 3 S. 1 Nr. 1) oder aufgrund eines Versorgungsausgleichs Rentenanwartschaften übertragen wurden (§ 8 Abs. 1 S. 1 Nr. 2). 2

C. Regelaltersgrenze

Abweichend von der für nach dem 31. 12. 1963 Geborene zukünftig maßgebenden Regelung im § 35 definiert Abs. 2 für vor dem 1. 1. 1964 Geborene die Regelaltersgrenze. Vor dem 1. 1. 1947 Geborene erreichen die Regelaltersgrenze mit Vollendung des 65. Lebensjahres. Für nach dem 31. 12. 1946 Geborene gilt abhängig vom Geburtsjahr eine individuelle Regelaltersgrenze. Die 3

Vollendung des maßgebenden Lebensalters bestimmt sich dabei in Anwendung der §§ 187 Abs. 2, 188 Abs. 2 BGB. Hiernach ist der Tag der Geburt der 1. Geburtstag. Demzufolge wird zB das 65. Lebensjahr mit Ablauf des Tages vollendet, der dem 66. Geburtstag vorausgeht. Bei am Ersten eines Monats Geborenen wird das maßgebende Lebensjahr bereits mit Ablauf des Vormonats vollendet (BSG 1. 7. 1970 – B 4 RJ 13/70 – SozR Nr. 15 zu § 1290 RVO). Die **Definition** der Regelaltersgrenze ist erforderlich, weil eine Vielzahl weiterer Vorschriften sowohl des Rentenrechts (vgl. ua. § 5 Abs. 4 Nr. 3, § 34 Abs. 2 S. 1, § 43 Abs. 1 S. 1) als auch angrenzender Sozialrechtsgebiete (vgl. zB zum Anspruch auf Arbeitslosengeld = § 117 Abs. 2 SGB III) auf sie Bezug nimmt.

I. Anhebung Regelaltersgrenze

4   Mit dem RV-Altersgrenzenanpassungsgesetz vom 20. 4. 2007 (BGBl. I S. 554) wurde mit Wirkung vom 1. 1. 2008 an für die Geburtsjahrgänge ab 1964 die Regelaltersgrenze auf das 67. Lebensjahr angehoben (vgl. § 35 Rn. 3, 4). Bis zum 31. 12. 2007 bestand generell mit Vollendung des 65. Lebensjahres Anspruch auf Regelaltersrente. Abs. 2 S. 1 bestimmt, dass es bei vor dem 1. 1. 1947 Geborenen bei dieser Regelaltersgrenze bleibt; für danach Geborene wird die Regelaltersgrenze **ab dem 1. 1. 2012** schrittweise auf zukünftig 67 Jahre angehoben. Beginnend mit dem Geburtsjahrgang 1947 erfolgt die Anhebung zunächst in Monatsschritten pro Jahrgang (Regelaltersgrenze von 65 auf 66 Jahre). Ab dem Geburtsjahrgang 1959 bis einschl. Geburtsjahrgang 1963 erfolgt die Anhebung dann in Zweimonatsschritten pro Jahrgang (Regelaltersgrenze von 66 auf 67 Jahre). Für Versicherte, die in den Jahren 1947–1963 geboren sind, gilt somit eine individuelle, vom Geburtsmonat abhängige Regelaltersgrenze. Ab dem **Geburtsjahrgang 1964** gilt uneingeschränkt die Regelaltersgrenze von 67 Jahren. Eine **vorzeitige Inanspruchnahme** der Regelaltersrente vor Vollendung der Regelaltersgrenze ist nicht möglich. Einen **tabellarischen Überblick** über den frühestmöglichen Rentenbeginn gibt Rn. 22.

II. Vertrauensschutzregelungen

5   Nach Auffassung des Gesetzgebers ist Vertrauensschutz im Wesentlichen dadurch gegeben, dass die Anhebung der Regelaltersgrenze erst im Jahre 2012 beginnt und in sehr moderaten Schritten erfolgt (BT-Drs. 16/3794, 29). Zudem wurde im Abs. 2 S. 3 für bestimmte Personenkreise sog. rentennaher Jahrgänge aufgrund des ins Art. 20 GG verankerten verfassungsrechtlichen Rechtstaatsprinzips ein besonderer Vertrauensschutz geschaffen. Der Gesetzgeber geht davon aus, dass diese Personenkreise im Hinblick auf den erwarteten Anspruch auf Regelaltersrente vor Vollendung des 65. Lebensjahres entweder bereits **Dispositionen** getroffen haben oder kurz vor dem Abschluss derartiger Planungen standen, die nicht mehr oder nur unter unbilligen Härten hätten geändert werden können. Liegen demnach die normierten Tatbestände vor, wird die Regelaltersgrenze von 65 Lebensjahren nicht angehoben; die Betroffenen haben weiterhin mit Vollendung des 65. Lebensjahres Anspruch auf die Regelaltersrente.

6   **1. Altersteilzeitvereinbarung.** Vertrauensschutz nach § 235 Abs. 2 S. 3 Nr. 1 besteht für Versicherte der Geburtsjahrgänge 1947 bis 1954, wenn sie vor dem 1. 1. 2007 Altersteilzeitarbeit iSd. §§ 2 und 3 Abs. 2 Nr. 1 ATG vereinbart haben. **Beamte**, die mit ihrem Dienstherren vor dem 1. 1. 2007 eine vergleichbare Altersteilzeitvereinbarung getroffen haben, werden von der Vertrauensschutzregelung nicht erfasst, weil derartige Vereinbarungen nicht – wie vom Gesetz ausdrücklich gefordert – nach dem Altersteilzeitgesetz abgeschlossen sind. „Vereinbart" iSd. dieser Regelung bedeutet einerseits auch, dass vom Vertrauensschutz regelmäßig diejenigen erfasst werden, die sich am Stichtag bereits in Altersteilzeitarbeit befunden haben. Andererseits ist es für das Vorliegen von Vertrauensschutz nicht erforderlich, dass die Altersteilzeitarbeit tatsächlich begonnen haben muss; die bloße **Vereinbarung** hierüber bis spätestens 31. 12. 2006 ist ausreichend. Die Vereinbarung kann auch bereits vor Vollendung des 55. Lebensjahres getroffen werden, wenngleich Altersteilzeitarbeit als solche erst nach vollendetem 55. Lebensjahr abgeleistet werden kann (§ 2 Abs. 1 Nr. 1 ATG). Allein der Antrag des Versicherten auf Abschluss einer Altersteilzeitvereinbarung oder eine entsprechende Interessenbekundung gegenüber dem Arbeitgeber begründen hingegen keinen Vertrauensschutz, da keine schriftliche zweiseitige Willenserklärung zwischen dem Arbeitgeber und Arbeitnehmer vorliegt (ErfK/Rolfs § 2 ATG Rn. 5) und somit keine **konkret-individuelle** arbeitsrechtliche Regelung über Altersteilzeitarbeit getroffen ist. Dies gilt gleichsam für den umgekehrten Fall eines bloßen Angebots des Arbeitgebers. Es genügt jedoch, wenn vor dem 1. 1. 2007 zunächst nur allgemein Altersteilzeitarbeit vereinbart wurde, diese Vereinbarung dann aber später hinsichtlich des konkreten Zeitrahmens individualisiert wird. Da die Vertrauensschutzregelung allein auf die Verhältnisse am 1. 1. 2007 abstellt, steht dem Vertrauensschutz weder ein Rücktrittsklausel noch ein Widerrufsvorbehalt in der Altersteilzeitvereinbarung entgegen. Ebenso unbeachtlich ist, wenn die geplante Altersteilzeitarbeit nicht in Anspruch genommen wird. Altersteilzeitarbeit iSd. des ATG liegt hingegen nicht vor, wenn das Altersteilzeitarbeitsverhältnis erst nach seinem Beginn vereinbart worden ist (BSG 23. 1. 2007 – 9 AZR

393/06 – NZA 2007, 1236–1240). Vertrauensschutz besteht auch dann nicht, wenn die Altersteilzeitarbeit zwar vor dem 1. 1. 2007 vereinbart, diese Vereinbarung aber vor dem Stichtag bereits **wieder aufgelöst** wurde.

2. Anpassungsgeld für entlassene Arbeitnehmer des Bergbaus. Versicherte der Geburtsjahrgänge 1947 bis 1963 genießen Vertrauensschutz nach § 235 Abs. 2 S. 3 Nr. 2, wenn sie Anpassungsgeld für entlassene Arbeitnehmer des Bergbaus bezogen haben. Das nach den „Richtlinien über die Gewährung von Anpassungsgeld an Arbeitnehmer des Steinkohlenbergbaus" vom 13. 12. 1971 (BAnz. Nr. 233 vom 15. 12. 1971) gewährte Anpassungsgeld ist eine Leistung, die seit 1972 der sozialen Flankierung des Umstrukturierungsprozesses der Unternehmen des Steinkohlenbergbaus und des Braunkohlentiefbaus in den alten Bundesländern dient. Mit dem Anpassungsgeld für **ältere Bergleute** sollen auf der einen Seite Entlassungen von jüngeren Arbeitnehmern in den Arbeitsmarkt vermieden werden und auf der anderen Seite sollen die Betroffenen solange abgesichert werden, bis ein Anspruch auf Knappschaftsausgleichsleistung nach § 239, eine Altersrente oder eine Erwerbsminderungsrente besteht. Es ist unmittelbar an eine Stilllegungs- oder Rationalisierungsmaßnahme des Steinkohlenbergbau betreibenden Unternehmens gebunden und wird aus dem Haushalt des Bundes und der Bergbauländer Nordrhein-Westfalen und Saarland finanziert.

D. Nachweis Lebensalter

Durch Art. 5 des Personenstandsrechtsreformgesetzes vom 19. 2. 2007 (BGBl. I S. 122) wurde das Personenstandsgesetz 1937 (PerStdG) idF vom 8. 8. 1957 (BGBl. I S. 1125, BGBl. III Nr. 211–1) durch ein neues Personenstandsgesetz (PStG) abgelöst. Mit Wirkung vom 1. 1. 2009 an werden die bisherigen Personenstandsbücher durch elektronische Personenstandsregister ersetzt (§ 3 PStG). Die Standesämter führen zukünftig ein Ehe- (§ 15 PStG), ggf. Lebenspartnerschafts- (§ 17 PStG), Geburten- (§ 21 PStG) und Sterberegister (§ 31 PStG). Das Lebensalter wird durch **Personenstandsurkunden** iSd. § 55 PStG nachgewiesen. Solche Urkunden sind sowohl beglaubigte Registerausdrucke als auch Ehe- (§ 57 PStG), Lebenspartnerschafts- (§ 58 PStG), Geburts- (§ 59 PStG) und Sterbeurkunden (§ 60 PStG) sowie beglaubigte Abschriften aus der Sammlung der Todeserklärungen. Bis zur abschließenden Umstellung aller Standesämter auf elektronische Register können in einer fünfjährigen Übergangszeit bis längstens 31. 12. 2013 die Personenstandsdaten noch in einem Papierregister beurkundet werden (§ 75 PStG). Das Geburtsdatum kann zudem weiterhin durch die nach dem bis zum 31. 12. 2008 geltenden Recht angelegten Personenstandsbücher iSd. § 1 Abs. 2 PerSdtG (Heirats-, Familien-, Geburten-, Sterbebuch), aus denen auch künftig die og. Personenstandsurkunden auszustellen sind, nachgewiesen werden. In der Praxis genügt dem Rentenversicherungsträger in aller Regel auch ein **Personalausweis oder Reisepass** als Nachweis des Lebensalters. **Ausländischen Urkunden** wird keine geringere Beweiskraft zugemessen als deutschen Personenstandsurkunden, sofern deren Richtigkeit nicht durch konkrete, auf den jeweiligen Einzelfall bezogene Anhaltspunkte ernstlich in Frage gestellt ist (vgl. EuGH 2. 12. 1997 „Dafeki", AZ: C-336/94, Slg 1997–12, S. 6761 und EuGH 14. 3. 2000 „Kocak/Örs", verbundene Rechtssachen, AZ: C-102/98 und C-211/98, Slg 2000–3, S. 1287, Rd-Nr. 40–42).

E. Wartezeit

Alleinige versicherungsrechtliche Voraussetzung für den Anspruch auf die Regelaltersrente ist die Erfüllung der allgemeinen Wartezeit. Sie beträgt **fünf Jahre** (§ 50 Abs. 1 S. 1 Nr. 1). Da dem Rentenrecht gemeinhin das Kalendermonatsprinzip innewohnt, ergeben sich somit nach der Umrechnungsregel aus § 122 Abs. 2 S. 1 60 Kalendermonate an erforderlicher Mindestversicherungszeit iSd. § 34 Abs. 1. Auf die Wartezeit werden nach § 51 Abs. 1 **Beitragszeiten** (§§ 55, 247, 248, 281 Abs. 2) einschl. Kindererziehungszeiten (§§ 56, 249, 249 a) und nach § 51 Abs. 4 **Ersatzzeiten** (§§ 250, 251) angerechnet. Zudem werden auch Monate berücksichtigt, die sich aufgrund eines durchgeführten Versorgungsausgleichs (§ 52 Abs. 1) oder Rentensplittings (§ 52 Abs. 1 a) und aus Zuschlägen an Entgeltpunkten für Arbeitsentgelt aus einer geringfügigen versicherungsfreien Beschäftigung (§ 52 Abs. 2) ergeben.

Die allgemeine Wartezeit **gilt** nach § 50 Abs. 1 S. 2 Nr. 1 **als erfüllt,** wenn bis zum Erreichen der Regelaltersgrenze bereits eine Rente wegen verminderter Erwerbsfähigkeit oder eine Erziehungsrente bezogen wurde. Ist die Wartezeit als **vorzeitig erfüllt** anzusehen, weil der Versicherte infolge eines in § 53 Abs. 1, 2 oder § 245 Abs. 2, 3 genannten Tatbestands vermindert erwerbsfähig geworden ist und er überdies die in diesen Vorschriften angeordneten besonderen Voraussetzungen erfüllt hat, besteht ebenfalls Anspruch auf die Regelaltersrente. Dies gilt selbst dann, wenn aufgrund des Erreichens der Regelaltersgrenze eine Rente wegen verminderter Erwerbsfähigkeit bisher nicht geleistet wurde (krit. Fichte in Hauck/Noftz, SGB VI, K § 35 Rn. 19).

F. Antrag und Rentenbeginn

11 Renten werden grundsätzlich nur auf **Antrag** geleistet (§ 19 SGB IV), der das **Verfahren** beim Rentenversicherungsträger in Gang setzt (§ 115 Abs. 1, § 18 SGB X). In der Regel sind Rentenanträge beim **zuständigen** (§§ 16, 23 Abs. 2 SGB I) Rentenversicherungsträger zu stellen. Anträge, die bei anderen Leistungsträgern, bei allen Gemeinden und von Personen, die sich im Ausland aufhalten, auch bei den amtlichen Vertretungen der Bundesrepublik Deutschland im Ausland eingehen, gelten mit Eingang bei dieser Stelle als gestellt (§ 16 Abs. 1, 2 SGB I). Die Anträge sind anschließend unverzüglich, dh. ohne schuldhaftes Verzögern (BSG 18. 12. 1964 – 7 RAr 18/64 – BSGE 22, 187, 189), an den zuständigen Rentenversicherungsträger weiterzuleiten.

12 Der Beginn der Rente ist sowohl von der Erfüllung der Anspruchsvoraussetzungen als auch vom Zeitpunkt der Antragstellung auf die Leistung abhängig. Mit Erfüllung der Anspruchsvoraussetzungen entsteht zunächst nur das Rentenstammrecht. Der Rentenantrag ist entscheidend für den Rentenbeginn, jedoch **keine Anspruchsvoraussetzung** (vgl. § 99). Der Antrag bewirkt indes, dass als Rechtsfrüchte aus diesem Stammrecht die regelmäßig wiederkehrenden Einzelansprüche in Form der monatlichen Rente erwachsen können (so im Ergebnis Rolfs in Hauck/Noftz, SGB I, K § 40 Rn. 9 mwN). Geleistet wird die Rente von dem Kalendermonat an, zu dessen Beginn die Anspruchsvoraussetzungen (Erreichen der Altersgrenze, Erfüllung der 5-jährigen Wartezeit) erfüllt sind, wenn der Antrag rechtzeitig bis zum Ende des dritten Kalendermonats nach Ablauf des Kalendermonats gestellt wird, in dem die Voraussetzungen erfüllt sind (§ 99 Abs. 1 S. 1). Wird der Antrag später gestellt, beginnt die Rente hingegen erst mit dem Antragsmonat (§ 99 Abs. 1 S. 2).

13 Dem Versicherten steht ein Dispositionsrecht zu; er kann mit seiner Antragstellung bestimmen, zu welchem Zeitpunkt die Rente beginnen soll. Ein späterer Rentenbeginn bietet zudem die Möglichkeit, durch die Erhöhung des Zugangsfaktors (§ 77 Abs. 2 S. 1 Nr. 2 Buchst. b) die Anzahl der persönlichen Entgeltpunkte (§ 66) zu erhöhen. Bis zum Ablauf der einmonatigen Widerspruchsfrist nach Bekanntgabe des Rentenbescheides (§ 84 SGG) steht es dem Versicherten zudem frei, seinen Rentenantrag wieder zurückzunehmen (BSG 9. 8. 1995 – 13 RJ 43/94 – SozR 3–2500 § 50 Nr. 3).

14 Wurde bis zum Erreichen der Regelaltersgrenze eine Rente wegen verminderter Erwerbsfähigkeit oder eine Erziehungsrente bezogen (§§ 43 Abs. 1 S. 1, 47 Abs. 1), wird anschließend **von Amts wegen** eine Regelaltersgrenze geleistet (§ 115 Abs. 3). Der Beginn der Regelaltersgrenze ist in diesen Fällen nicht von einer rechtzeitigen Antragstellung iSd. § 99 Abs. 1 abhängig. Allerdings beschränkt sich das Dispositionsrecht des Versicherten auf die Entscheidung, im Anschluss an diese – wegen Erreichens der Regelaltersgrenze – wegfallenden Renten keine Rente, also auch keine Regelaltersrente, beziehen zu wollen (KomGRV § 115 SGB VI Rn. 4.1).

G. Hinzuverdienst

15 Im Gegensatz zu den anderen Renten wegen Alters sind bei der Regelaltersrente **keine Hinzuverdienstgrenzen** zu beachten, sodass Bezieher dieser Rente unbeschränkt hinzuverdienen dürfen. Außerhalb des Sozialgesetzbuches ordnet aber § 29 Abs. 2 AbgG an, dass eine Versichertenrente aus der gesetzlichen Rentenversicherung neben einer Abgeordnetenentschädigung an Bundestagsabgeordnete (seit dem 17. 10. 2002) oder Europaabgeordnete (seit dem 20. 7. 2004) um 80 vom Hundert, höchstens jedoch in Höhe der Abgeordnetenentschädigung, ruht.

H. Voll- und Teilrente

16 Grundsätzlich kann auch eine Regelaltersrente als **Teilrente** in Anspruch genommen werden (§ 42 Abs. 1). Vor dem Hintergrund der uneingeschränkten Hinzuverdienstmöglichkeit für Regelaltersrentner kommt diesem Recht in der Praxis aber eher nur eine theoretische Bedeutung zu.

I. Änderung Rentenhöhe

17 Ändern sich nach dem Rentenbeginn aus tatsächlichen oder rechtlichen Gründen die Voraussetzungen für die Höhe der Rente, wird die neue Rentenhöhe von dem Kalendermonat an geleistet, zu dessen Beginn die Änderung wirksam ist (§ 100 Abs. 1 S. 1). Derartige Änderungen können sich zB ergeben, wenn **freiwillige Beiträge** für Zeiten vor dem Rentenbeginn nachgezahlt werden (zB § 197 Abs. 2). In diesen Fällen ist die Änderung mit dem Ersten des Monats wirksam, der der Beitragszahlung folgt (BSG 18. 5. 1988 – 1 RA 45/87 – SozR 2200 § 1290 Nr. 22). Auch die Nachzahlung geschuldeter **Pflichtbeiträge Selbständiger** führt zu einer Änderung der Rentenhöhe. Da diese Beiträge erst mit ihrer Zahlung wirksam werden, ist die geänderte Rentenhöhe wie bei der Nachzahlung freiwilliger Beiträge mit dem Ersten des Monats wirksam, der der Beitragszahlung folgt.

Ändert sich die Rentenhöhe, weil ein Zusammentreffen von Renten und **Einkommen** zu berücksichtigen ist, wird die neue Rentenhöhe tagegenau geleistet (§ 100 Abs. 1 S. 2). Bei Regelaltersrenten sind jedoch lediglich Verletztenrenten der Unfallversicherung aus Versicherungsfällen vor dem Beginn der Altersrente anzurechnen (§ 93), sodass in der Praxis in erster Linie die Erhöhung einer angerechneten Verletztenrente Auswirkungen auf die Höhe der Regelaltersrente hat. Da auch geänderte Verletztenrenten vom Ersten eines Kalendermonats an (§ 73 Abs. 1 SGB VII) bzw. wegfallende Verletztenrenten bis zum Ablauf eines Kalendermonats (Abs. 2 aaO) gezahlt werden, gilt in diesen Anrechnungsfällen faktisch auch das in § 100 Abs. 1 S. 1 verankerte Monatsprinzip. 18

J. Rentenende

Der Anspruch auf die Regelaltersrente endet mit dem **Tod** des Berechtigten; die Rente wird dann bis zum Ablauf des Kalendermonats geleistet, in dem der Berechtigte verstorben ist (§ 102 Abs. 5). Wird die Rente nach dem Tod des Berechtigten festgestellt und an einen **Sonderrechtsnachfolger** iSd. § 56 SGB I ausgezahlt, gilt dies ebenfalls (aA Bereiter/Hahn § 73 SGB VII Rn. 10). Denn nach Sinn und Zweck beschränken nicht rechtzeitig erfüllte Ansprüche nicht nur die Lebensführung des Berechtigten, sondern aller Familienangehöriger, die mit ihm in einem gemeinsamen Haushalt leben. Die Sonderrechtsnachfolge soll hier einen Ausgleich schaffen, die durch die nicht rechtzeitige Auszahlung der Sozialleistung verursachten Beschränkungen in der Lebensführung kompensiert (so auch KomGRV § 56 SGB I Rn. 1.3). Der Bescheid erledigt sich in Fällen des § 102 Abs. 5 auf andere Weise iSd. § 39 Abs. 2 SGB X, ohne dass es einer Bescheidaufhebung bedarf. 19

K. Versicherungsfreiheit

Mit dem **Beginn** der Regelaltersrente wird das Sicherungsziel der gesetzlichen Rentenversicherung erreicht. Da ein weiteres Sicherungsbedürfnis nicht besteht, tritt Versicherungsfreiheit ein (§ 5 Abs. 4 Nr. 1). Mithin ist für den Regelaltersrentner nicht nur ein unbegrenzter Hinzuverdienst möglich (vgl. Rn. 12), er braucht aus diesem Hinzuverdienst auch keine Beiträge mehr entrichten; Arbeitgeber müssen indes ihren Beitragsanteil trotz der Versicherungsfreiheit des beschäftigten Rentners weiterhin tragen (§ 172 Abs. 1 S. 1 Nr. 1). 20

L. Kranken- und Pflegeversicherung

Wenn seit der erstmaligen Aufnahme einer Erwerbstätigkeit bis zur Stellung des Rentenantrages mindestens neun Zehntel der zweiten Hälfte des Zeitraumes eine Mitgliedschaft in der gesetzlichen Krankenversicherung oder eine Familienversicherung nach § 10 SGB V oder § 7 KVLG 1989 bestand, tritt nach § 5 Abs. 1 Nr. 11 SGB V grundsätzlich **Versicherungspflicht** in der Krankenversicherung der Rentner ein. Infolgedessen haben Berechtigte ihren Beitragsanteil aus der Rente zu entrichten (§ 249a SGB V), der von der Rente einbehalten wird (§ 255 Abs. 1 SGB V). Dasselbe gilt für die Beiträge zur Pflegeversicherung (§ 20 Abs. 1 Nr. 11 iVm. § 60 Abs. 1 SGB XI). Freiwillig oder privat Krankenversicherte erhalten auf Antrag einen **Beitragszuschuss** nach § 106. Änderungen in der Beitragshöhe haben zwar Auswirkungen auf den Auszahlungsbetrag der Rente, berühren den Rentenanspruch selbst aber nicht (BSG 5. 9. 2006 – B 4 R 71/06 R – SozR 4–2500 § 255 Nr. 1). 21

M. Übersicht frühestmöglicher Rentenbeginn

Regelaltersgrenzen					22
Geburt	ohne Vertrauensschutz frühester Rentenbeginn		mit Vertrauensschutz frühester Rentenbeginn		
	ab Alter		ab Alter		
Jahr	Jahr	Monat	Jahr	Monat	
1946 und älter	65	0	65	0	
1947	65	1	65	0	
1948	65	2	65	0	
1949	65	3	65	0	
1950	65	4	65	0	

Roßbach

Regelaltersgrenzen				
Geburt	ohne Vertrauensschutz frühester Rentenbeginn ab Alter		mit Vertrauensschutz frühester Rentenbeginn ab Alter	
Jahr	Jahr	Monat	Jahr	Monat
1951	65	5	65	0
1952	65	6	65	0
1953	65	7	65	0
1954	65	8	65	0
1955	65	9	65	0*
1956	65	10	65	0*
1957	65	11	65	0*
1958	66	0	65	0*
1959	66	2	65	0*
1960	66	4	65	0*
1961	66	6	65	0*
1962	66	8	65	0*
1963	66	10	65	0*
1964 und jünger	67	0	65	0*

* Gilt nur für Bezieher von Anpassungsgeld für entlassene Arbeitnehmer des Bergbaus
(Quelle: www.deutsche-rentenversicherung.de, „SUMMA SUMMARUM" – Schriftenreihe, Ausgabe 5/2007)

§ 236 Altersrente für langjährig Versicherte

(1) ¹Versicherte, die vor dem 1. Januar 1964 geboren sind, haben frühestens Anspruch auf Altersrente für langjährig Versicherte, wenn sie
1. das 65. Lebensjahr vollendet und
2. die Wartezeit von 35 Jahren erfüllt

haben. ²Die vorzeitige Inanspruchnahme dieser Altersrente ist nach Vollendung des 63. Lebensjahres möglich.

(2) ¹Versicherte, die vor dem 1. Januar 1949 geboren sind, haben Anspruch auf diese Altersrente nach Vollendung des 65. Lebensjahres. ²Für Versicherte, die nach dem 31. Dezember 1948 geboren sind, wird die Altersgrenze von 65 Jahren wie folgt angehoben:

Versicherte Geburtsjahr Geburtsmonat	Anhebung um Monate	auf Alter	
		Jahr	Monat
1949			
Januar	1	65	1
Februar	2	65	2
März–Dezember	3	65	3
1950	4	65	4
1951	5	65	5
1952	6	65	6
1953	7	65	7
1954	8	65	8
1955	9	65	9
1956	10	65	10
1957	11	65	11

Versicherte Geburtsjahr Geburtsmonat	Anhebung um Monate	auf Alter Jahr	Monat
1958	12	66	0
1959	14	66	2
1960	16	66	4
1961	18	66	6
1962	20	66	8
1963	22	66	10.

³ Für Versicherte, die
1. vor dem 1. Januar 1955 geboren sind und vor dem 1. Januar 2007 Altersteilzeitarbeit im Sinne der §§ 2 und 3 Abs. 1 Nr. 1 des Altersteilzeitgesetzes vereinbart haben oder
2. Anpassungsgeld für entlassene Arbeitnehmer des Bergbaus bezogen haben,

wird die Altersgrenze von 65 Jahren nicht angehoben.

(3) Für Versicherte, die
1. nach dem 31. Dezember 1947 geboren sind und
2. entweder
   a) vor dem 1. Januar 1955 geboren sind und vor dem 1. Januar 2007 Altersteilzeitarbeit im Sinne der §§ 2 und 3 Abs. 1 Nr. 1 des Altersteilzeitgesetzes vereinbart haben oder
   b) Anpassungsgeld für entlassene Arbeitnehmer des Bergbaus bezogen haben,

bestimmt sich die Altersgrenze für die vorzeitige Inanspruchnahme wie folgt:

Versicherte Geburtsjahr Geburtsmonat	Vorzeitige Inanspruchnahme möglich ab Alter Jahr	Monat
1948		
Januar–Februar	62	11
März–April	62	10
Mai–Juni	62	9
Juli–August	62	8
September–Oktober	62	7
November–Dezember	62	6
1949		
Januar–Februar	62	5
März–April	62	4
Mai–Juni	62	3
Juli–August	62	2
September–Oktober	62	1
November–Dezember	62	0
1950–1963	62	0.

A. Normzweck

Die **Übergangsvorschrift** gewährt vor dem 1. 1. 1964 Geborenen die Altersrente für langjährig **1** Versicherte; für nach dem 31. 12. 1963 Geborene regelt zukünftig § 36 den entsprechenden Anspruch. Zum einen werden die Voraussetzungen für den Anspruch auf die Altersrente benannt (Abs. 1 S. 1) und zum anderen wird bestimmt (Abs. 1 S. 2), dass die Rente bereits vorzeitig nach Vollendung des 63. Lebensjahres und damit vor Erreichen der Regelaltersgrenze iSd. § 235 – unter Inkaufnahme von Rentenabschlägen – in Anspruch genommen werden kann, weshalb auch diese Rente zu den vorgezogenen Altersrenten gehört. Des Weiteren wird im Abs. 2 S. 1 festgelegt, dass vor dem 1. 1. 1949 Geborene die Altersrente für langjährig Versicherte abschlagsfrei mit Vollendung des 65. Lebensjahres beanspruchen können und im S. 2 wird für die Geburtsjahrgänge 1949 und jünger die stufenweise Anhebung der Altersgrenze auf das 67. Lebensjahr angeordnet; S. 3 enthält für bestimmte Personengruppen Vertrauensschutztatbestände als Ausnahmeregelungen zur Anhebung der Altersgrenze auf das 67. Lebensjahr. Abs. 3 beinhaltet für bestimmte Personengruppen eine weitere Vertrauensschutzregelung zur vorzeitigen Inanspruchnahme der Rente. Die Bezeichnung als „Altersrente für langjährig Versicherte" weist bereits auf das Erfordernis einer langen Versicherungsdauer hin (BT-Drs. 11/4124, 162).

B. Anspruchsvoraussetzungen

2   Anspruch auf die Altersrente für langjährig Versicherte besteht für Versicherte, die das maßgebliche Lebensalter – **mindestens das 65. Lebensjahr** – vollendet und als **Mindestversicherungszeit** die Wartezeit von 35 Jahren erfüllt haben. Zum Versichertenbegriff vgl. Anm. zu § 35 Rn. 2. Für sämtliche vorgezogene Altersrenten ergibt sich zudem aus § 34 eine weitere negative Anspruchsvoraussetzung: Bei einer Beschäftigung oder selbständigen Tätigkeit darf das daraus erzielte Einkommen die Hinzuverdienstgrenzen des § 34 Abs. 2 und 3 nicht übersteigen (vgl. Rn. 11). Bereits nach Vollendung des 63. Lebensjahres kann die Rente **vorzeitig** in Anspruch genommen werden.

C. Altersgrenze

3   Abweichend von der für nach dem 31. 12. 1963 Geborene zukünftig maßgebenden Regelung im § 36 besteht für vor dem 1. 1. 1964 Geborene frühestens mit Vollendung des 65. Lebensjahres Anspruch auf die Altersrente für langjährig Versicherte. Vor dem 1. 1. 1949 Geborene erreichen die Altersgrenze mit Vollendung des **65. Lebensjahres.** Für nach dem 31. 12. 1948 Geborene gilt eine **individuelle Altersgrenze.** Die Vollendung des maßgebenden Lebensalters bestimmt sich dabei in Anwendung der §§ 187 Abs. 2, 188 Abs. 2 BGB. Hiernach ist der Tag der Geburt der 1. Geburtstag. Demzufolge wird zB das 65. Lebensjahr mit Ablauf des Tages vollendet, der dem 66. Geburtstag vorausgeht. Bei am Ersten eines Monats Geborenen wird das maßgebende Lebensjahr bereits mit Ablauf des Vormonats vollendet (BSG 1. 7. 1970 – B 4 RJ 13/70 – SozR Nr. 15 zu § 1290 RVO).

I. Anhebung Regelaltersgrenze

4   Mit dem RV-Altersgrenzenanpassungsgesetz vom 20. 4. 2007 (BGBl. I S. 554) wurde mit Wirkung vom 1. 1. 2008 an für die Geburtsjahrgänge ab 1964 die Altersgrenze auf das 67. Lebensjahr angehoben (vgl. § 36 Rn. 3, 4); das BSG stuft diese Anhebung als verfassungsgemäß ein (zur Anhebung nach dem RRG 1999 vgl. isoweit BSG 19. 11. 2009 – B 13 R 5/09 R – Breith 2010, 661–666). Bis zum 31. 12. 2007 bestand mit Vollendung des 65. Lebensjahres Anspruch auf die abschlagsfreie Altersrente für langjährig Versicherte. Abs. 2 S. 1 bestimmt, dass es bei vor dem 1. 1. 1949 Geborenen bei dieser Altersgrenze bleibt; für danach Geborene wird die Grenze **ab dem 1. 1. 2014** schrittweise auf zukünftig 67 Jahre angehoben. Für die Geburtsmonate Januar bis März 1949 erfolgt die Anhebung zunächst in Monatsschritten. Anschließend entspricht die Altersgrenze dieser Rente der ebenfalls angehobenen Regelaltersgrenze. Die weitere Anhebung der Altersgrenze für die Geburtsjahrgänge 1950 bis 1958 erfolgt dann parallel zur Regelaltersgrenze in Monatsschritten (Altersgrenze von 65 auf 66 Jahre). Ab dem Geburtsjahrgang 1959 bis einschl. Geburtsjahrgang 1963 erfolgt die Anhebung sodann in Zweimonatsschritten pro Jahrgang (Altersgrenze von 66 auf 67 Jahre). Für Versicherte des Geburtsjahrganges 1949 gilt daher eine individuelle vom Geburtsmonat und Geburtsjahr und für die in den Jahren 1950–1963 Geborenen dann eine nur vom Geburtsjahr abhängige Altersgrenze. Durch die beschleunigte Anhebung der Altersgrenze für die Geburtsmonate Januar bis März 1949 wird erreicht, dass die Anhebung nach einer fünfjährigen Vertrauensschutzphase wie bei der Regelaltersrente erst ab dem Jahr 2012 wirkt; anderenfalls wären Verzerrungen im Altersrentengefüge die Folge. Ab dem **Geburtsjahrgang 1964** gilt uneingeschränkt die Altersgrenze von 67 Jahren, an der bei vorzeitiger Inanspruchnahme der Rente die entsprechenden Abschläge bemessen werden. Da die Altersgrenze mit der Anhebung für den Geburtsmonat März 1949 der Regelaltersgrenze für die Regelaltersrente entspricht (s. o.), kommt der Altersrente für langjährige Versicherte praktische Bedeutung in erster Linie deshalb zu, weil sie die Möglichkeit der vorzeitigen Inanspruchnahme einräumt (vgl. Anm. zu § 35 Rn. 4). Einen **tabellarischen Überblick** über den frühestmöglichen Rentenbeginn gibt Rn. 21.

II. Vertrauensschutzregelungen

5   Allgemein besteht Vertrauensschutz bereits darin, dass die Anhebung einerseits erst im Jahr 2014 beginnt und andererseits in moderaten Schritten erfolgt (vgl. Anm. zu § 235 Rn. 5). Flankierend zur Anhebung der Altersgrenze hat der Gesetzgeber daneben für bestimmte Personenkreise besondere Vertrauensschutztatbestände geschaffen. Greift Vertrauensschutz, wird die **Altersgrenze nicht ange-**

hoben; die Betroffenen haben weiterhin mit Vollendung des 65. Lebensjahres Anspruch auf die abschlagsfreie Altersrente für langjährig Versicherte.

1. Altersteilzeitvereinbarung. Vertrauensschutz nach § 236 Abs. 2 S. 3 Nr. 1 besteht für Versicherte der Geburtsjahrgänge 1949 bis 1954, wenn sie vor dem 1. 1. 2007 Altersteilzeitarbeit iSd. §§ 2 und 3 Abs. 2 Nr. 1 ATG vereinbart haben. **Beamte**, die mit ihrem Dienstherren vor dem 1. 1. 2007 eine vergleichbare Altersteilzeitvereinbarung getroffen haben, werden von der Vertrauensschutzregelung nicht erfasst, weil derartige Vereinbarungen nicht – wie vom Gesetz ausdrücklich gefordert – nach dem Altersteilzeitgesetz abgeschlossen sind. „Vereinbart" iSd. dieser Regelung bedeutet einerseits auch, dass vom Vertrauensschutz regelmäßig diejenigen erfasst werden, die sich am Stichtag bereits in Altersteilzeitarbeit befunden haben. Andererseits ist es für das Vorliegen von Vertrauensschutz nicht erforderlich, dass die Altersteilzeitarbeit tatsächlich begonnen haben muss; die bloße **Vereinbarung** hierüber bis spätestens 31. 12. 2006 ist ausreichend. Die Vereinbarung kann auch bereits vor Vollendung des 55. Lebensjahres getroffen werden, wenngleich Altersteilzeitarbeit als solche erst nach vollendetem 55. Lebensjahr abgeleistet werden kann (§ 2 Abs. 1 Nr. 1 ATG). Allein der Antrag des Versicherten auf Abschluss einer Altersteilzeitvereinbarung oder eine entsprechende Interessenbekundung gegenüber dem Arbeitgeber begründen hingegen keinen Vertrauensschutz, da keine schriftliche zweiseitige Willenserklärung zwischen dem Arbeitgeber und Arbeitnehmer vorliegt (ErfK/Rolfs § 2 ATG Rn. 5) und somit keine **konkret-individuelle** arbeitsrechtliche Regelung über Altersteilzeitarbeit getroffen ist. Dies gilt gleichsam für den umgekehrten Fall eines bloßen Angebots des Arbeitgebers. Es genügt jedoch, wenn vor dem 1. 1. 2007 zunächst nur allgemein Altersteilzeitarbeit vereinbart wurde, diese Vereinbarung dann aber später hinsichtlich des konkreten Zeitrahmens individualisiert wird. Da die Vertrauensschutzregelung allein auf die Verhältnisse am 1. 1. 2007 abstellt, steht dem Vertrauensschutz weder eine Rücktrittsklausel noch ein Widerrufsvorbehalt in der Altersteilzeitvereinbarung entgegen. Ebenso unbeachtlich ist, wenn die geplante Altersteilzeitarbeit nicht in Anspruch genommen wird. Altersteilzeitarbeit iSd. des ATG liegt hingegen nicht vor, wenn das Altersteilzeitarbeitsverhältnis erst nach seinem Beginn vereinbart worden ist (BSG 23. 1. 2007 – 9 AZR 393/06 – NZA 2007, 1236–1240). Vertrauensschutz besteht auch dann nicht, wenn die Altersteilzeitarbeit zwar vor dem 1. 1. 2007 vereinbart, diese Vereibarung aber vor dem Stichtag bereits **wieder aufgelöst** wurde.

2. Anpassungsgeld für entlassene Arbeitnehmer des Bergbaus. Versicherte der Geburtsjahrgänge 1949 bis 1963 genießen Vertrauensschutz nach § 236 Abs. 2 S. 3 Nr. 2, wenn sie Anpassungsgeld für entlassene Arbeitnehmer des Bergbaus bezogen haben. Das nach den „Richtlinien über die Gewährung von Anpassungsgeld an Arbeitnehmer des Steinkohlenbergbaus" vom 13. 12. 1971 (BAnz. Nr. 233 vom 15. 12. 1971) gewährte Anpassungsgeld ist eine Leistung, die seit 1972 der sozialen Flankierung des Umstrukturierungsprozesses der Unternehmen des Steinkohlenbergbaus und des Braunkohlentiefbaus in den alten Bundesländern dient. Mit dem Anpassungsgeld für **ältere Bergleute** sollen auf der einen Seite Entlassungen von jüngeren Arbeitnehmern in den Arbeitsmarkt vermieden werden und auf der anderen Seite sollen die Betroffenen solange abgesichert werden, bis ein Anspruch auf Knappschaftsausgleichsleistung nach § 239, eine Altersrente oder eine Erwerbsminderungsrente besteht. Es ist unmittelbar an eine Stilllegungs- oder Rationalisierungsmaßnahme des Steinkohlenbergbau betreibenden Unternehmens gebunden und wird aus dem Haushalt des Bundes und der Bergbauländer Nordrhein-Westfalen und Saarland finanziert.

D. Nachweis Lebensalter

Das Lebensalter wird durch **Personenstandsurkunden** iSd. § 55 PStG nachgewiesen. In der Praxis genügt dem Rentenversicherungsträger in aller Regel auch ein **Personalausweis oder Reisepass** als Nachweis des Lebensalters. **Ausländischen Urkunden** wird keine geringere Beweiskraft zugemessen als deutschen Personenstandsurkunden, sofern deren Richtigkeit nicht durch konkrete, auf den jeweiligen Einzelfall bezogene Anhaltspunkte ernstlich in Frage gestellt ist (vgl. EuGH 2. 12. 1997 „Dafeki", AZ: C-336/94, Slg 1997 – 12, S. 6761 und EuGH 14. 3. 2000 „Kocak/Örs", verbundene Rechtssachen, AZ: C-102/98 und C-211/98, Slg 2000–3, S. 1287, Rn. 40–42). Näheres vgl. § 235 Rn. 8.

E. Wartezeit

Alleinige versicherungsrechtliche Voraussetzung für den Anspruch auf die Altersrente für langjährig Versicherte ist die Erfüllung der Wartezeit von **35 Jahren** (§ 50 Abs. 4 Nr. 1). Da dem Rentenrecht gemeinhin das Kalendermonatsprinzip innewohnt, ergeben sich somit nach der Umrechnungsregel aus § 122 Abs. 2 S. 1 420 Kalendermonate an erforderlicher Mindestversicherungszeit iSd. § 34 Abs. 1. Auf die Wartezeit werden nach § 51 Abs. 3 und 4 alle **rentenrechtlichen Zeiten** (§ 54 Abs. 1) angerechnet. Hierzu gehören **Beitragszeiten** (§§ 55, 247, 248, 281 Abs. 2) einschl. Kindererziehungszeiten (§§ 56, 249, 249 a), **Ersatzzeiten** (§§ 250, 251), beitragsfreie Zeiten wie zB **Anrechnungszeiten** (§§ 58, 252, 252 a) und **Berücksichtigungszeiten** wegen Kindererziehung (§ 57) oder wegen Pflege (§ 249 b). Zudem werden auch Monate berücksichtigt, die sich aufgrund eines durchgeführten Versorgungsausgleichs (§ 52 Abs. 1) oder Rentensplittings (§ 52 Abs. 1 a) und aus Zuschlägen an Entgeltpunkten für Arbeitsentgelt aus einer geringfügigen versicherungsfreien Beschäftigung (§ 52 Abs. 2) ergeben.

F. Antrag und Rentenbeginn

10   Renten werden grundsätzlich nur auf **Antrag** geleistet (§ 19 SGB IV), der das **Verfahren** beim Rentenversicherungsträger in Gang setzt (§ 115 Abs. 1, § 18 SGB X). In der Regel sind Rentenanträge beim **zuständigen** (§§ 16, 23 Abs. 2 SGB I) Rentenversicherungsträger zu stellen; im Übrigen vgl. § 235 Rn 11. Geleistet wird die Rente von dem Kalendermonat an, zu dessen Beginn die Anspruchsvoraussetzungen (Erreichen der Altersgrenze, Erfüllung der 35-jährigen Wartezeit) erfüllt sind, wenn der Antrag rechtzeitig bis zum Ende des dritten Kalendermonats nach Ablauf des Kalendermonats gestellt wird, in dem die Voraussetzungen erfüllt sind (§ 99 Abs. 1 S. 1). Wird der Antrag später gestellt, beginnt die Rente hingegen erst mit dem Antragsmonat (§ 99 Abs. 1 S. 2). Aufgrund ihres **Dispositionsrechts** haben es Versicherte bei vorzeitiger Inanspruchnahme der Rente in der Hand, die Höhe der Rentenabschläge (§ 77 Abs. 2 S. 1 Nr. 2 Buchst. a) zu beeinflussen und dadurch die Rente zu erhöhen. Näheres vgl. § 235 Rn. 11–14.

G. Hinzuverdienst

11   Anspruch auf die Altersrente für langjährig Versicherte besteht nur, wenn – und dies gilt bei allen vorgezogenen Altersrenten – keine **Beschäftigung oder Tätigkeit** ausgeübt wird, aus der Einkommen erzielt wird, das die maßgebenden Hinzuverdienstgrenzen für eine Voll- oder Teilrente (Rn. 14) überschreitet. Anspruchsvernichtend (§ 34 Abs. 2 S. 1) ist der Einkommensbezug immer dann, wenn die höchste Hinzuverdienstgrenze (§ 34 Abs. 3 Nr. 2 Buchst. a) überschritten wird. Unterhalb der höchsten Hinzuverdienstgrenze besteht abhängig von der Höhe des Hinzuverdienstes Anspruch auf die jeweilige Teilrente. Für den Anspruch auf Vollrente unbeachtlich ist ein Hinzuverdienst, der die geringste – allgemeine – Hinzuverdienstgrenze nicht übersteigt. Für weitere Einzelheiten wird auf die Anm. zu § 34 verwiesen.

H. Voll- und Teilrente

12   Für einen gleitenden Übergang vom Erwerbsleben in den Ruhestand (BT-Drs. 11/4124, 163) besteht die Möglichkeit, die Rente für langjährig Versicherte anstelle der Vollrente als Teilrente zu beanspruchen (§ 42 Abs. 1). Praktische Bedeutung erlangt dieses Wahlrecht in erster Linie im Zusammenhang mit der Erzielung eines **Hinzuverdienstes** neben der Rente § 34 Abs. 2, 3 schränkt dabei den Gestaltungsspielraum des Versicherten allerdings ein. Die Teilrente beträgt ein Drittel, die Hälfte oder zwei Drittel der Vollrente (§ 42 Abs. 2). Während der Bezug einer Vollrente zu Versicherungsfreiheit führt (vgl. Rn. 24), können unter einem Teilrentenbezug weitere Beitragszeiten erworben werden.

13   Eine Änderung der bisher bezogenen Rentenhöhe ist durch einen **Antrag** zu erklären (§ 19 S. 1 SGB IV iVm. § 115 Abs. 1 S. 1). Wird eine höhere Rente als die bisher bezogene Teilrente begehrt, ergibt sich dieses Erfordernis zudem aus § 100 Abs. 2. Lediglich in Fällen, in denen der Anspruch auf die bisherige Rente wegen Überschreitens der maßgebenden Hinzuverdienstgrenze entfallen ist, ist gem. § 115 Abs. 1 S. 2 eine niedrige Teilrente von Amts wegen festzustellen (Fichte Hauck/Noftz, SGB VI, K § 36 Rn. 4).

I. Vorzeitige Inanspruchnahme

14   Die Altersrente für langjährig Versicherte kann frühestens nach Vollendung des **63. Lebensjahres** vorzeitig in Anspruch genommen werden. Untrennbar verbunden mit der vorzeitigen Inanspruchnahme ist ein dauerhafter **Rentenabschlag.** Für jeden Kalendermonat, den die Altersrente vorzeitig vor Vollendung des 67. Lebensjahres begehrt wird, vermindert sich der monatliche Rentenbetrag um 0,3%. Dies ergibt sich aus der in § 77 Abs. 2 S. 1 Nr. 2 Buchst. a angeordneten Verringerung des zur Berechnung der persönlichen Entgeltpunkte relevanten Zugangsfaktors; zur fairen Bemessung der Abschlagshöhe vgl. BSG 5. 8. 2004 – B 15 RJ 40/03 R – SozR 4–2600/237 Nr. 6. Referenzgröße zur Bemessung der Abschlagshöhe ist die Regelaltersgrenze. Bis einschließlich Geburtsjahrgang Dezember 1948 ist das 65. Lebensjahr das maßgebende Referenzalter, sodass bei frühestmöglicher Inanspruchnahme nach Vollendung des 63. Lebensjahres der Verminderungszeitraum 24 Kalendermonate

umfasst und der maximale Rentenabschlag 7,2% beträgt. Nach Abschluss der Anhebung der Altersgrenze vom 65. auf das 67. Lebensjahr (ab Geburtsjahrgang Januar 1964) umfasst der Verminderungszeitraum bei frühestmöglicher Inanspruchnahme der Rente dann 48 Kalendermonate, sodass sich der Rentenabschlag auf immerhin 14,4% verdoppelt haben wird. Die zu erwartende Rentenminderung kann durch eine gesonderte Beitragszahlung ganz oder teilweise ausgeglichen werden (§ 187).

Nach der bis zum 31. 12. 2007 geltenden Rechtslage war vorgesehen, das Lebensalter für die vorzeitige Inanspruchnahme der Altersrente für langjährig Versicherte schrittweise vom 63. auf das **62. Lebensjahr** abzusenken. Die Absenkung hätte mit dem Geburtsjahrgang Januar 1949 im Januar 2010 eingesetzt und wäre mit dem Geburtsjahrgang Oktober 1949 im November 2011 abgeschlossen gewesen. Die mit dem RV-Altersgrenzenanpassungsgesetz geschaffene Rechtslage sieht diese Absenkung nicht mehr vor. Personen, die im Vertrauen auf die abgesenkte Altersgrenze entsprechende Dispositionen zum Übergang vom Erwerbsleben in die Altersrente getroffen haben, die nicht mehr oder nur unter unbilligen Härten geändert werden könnten, bleiben in ihrer Position geschützt. 15

Die Vertrauensschutzregelung des Abs. 3 für die vorzeitige Inanspruchnahme der Altersrente vor Vollendung des 63. Lebensjahres behaftet. Betrifft greift für nach dem 31. 12. 1947 Geborene, wenn sie in der Zeit vom 1. 1. 1948 bis 31. 12. 1954 geboren sind und vor dem 1. 1. 2007 **Altersteilzeitarbeit** iSd. §§ 2 und 3 ATG vereinbart haben (vgl. Anm. zu Rn. 6) oder wenn sie in der Zeit vom 1. 1. 1948 bis 31. 12. 1963 geboren sind und **Anpassungsgeld für Arbeitnehmer des Bergbaus** bezogen haben (vgl. Anm. zu Rn. 7). Versicherte, die einen Anspruch auf Vertrauensschutz haben, können die Altersrente für langjährig Versicherte ab Vollendung der in der Tabelle des Abs. 3 genannten Altersgrenzen in Anspruch nehmen. Hiernach erfolgt für die Jahrgänge Januar 1948 bis Oktober 1949 eine stufenweise Absenkung vom 63. auf das 62. Lebensjahr. Immer im Blick, dass die Absenkung des Lebensalters nur bei den vorgenannten Vertrauensschutztatbeständen stattfindet, haben erstmals Versicherte des Geburtsjahrgangs November 1949 und jünger die Möglichkeit, die Altersrente vorzeitig mit Vollendung des 62. Lebensjahres in Anspruch zu nehmen. Freilich ist auch diese vorzeitige Inanspruchnahme mit einem Rentenabschlag behaftet. Beträgt der Abschlag für den Geburtsjahrgang Januar 1948 zunächst nur 7,5% (frühestmöglicher Rentenbeginn mit 62 Jahren und 11 Monaten), so steigt er parallel zur Absenkung des Lebensalters auf max. 10,8% ab dem Geburtsjahrgang November 1949 (frühestmöglicher Rentenbeginn mit 62 Jahren). Selbstverständlich besteht auch in Vertrauensschutzfällen die Option, die zu erwartende Rentenminderung durch eine gesonderte Beitragszahlung ganz oder teilweise auszugleichen (§ 187). 16

J. Änderung Rentenhöhe

Ändern sich nach dem Rentenbeginn aus tatsächlichen oder rechtlichen Gründen die Voraussetzungen für die Höhe der Rente, wird die neue Rentenhöhe von dem Kalendermonat an geleistet, zu dessen Beginn die Änderung wirksam ist (§ 100 Abs. 1 S. 1). Ändert sich die Rentenhöhe, weil ein Zusammentreffen von Renten und **Einkommen** zu berücksichtigen ist, wird die neue Rentenhöhe tagegenau geleistet (§ 100 Abs. 1 S. 2). Näheres vgl. § 235 Rn. 17–18. 17

Besteht aufgrund eines **Hinzuverdienstes** (vgl. Rn. 11) anstelle einer Vollrente nur noch Anspruch auf eine Teilrente oder bei Bezug einer Teilrente nur noch Anspruch auf eine niedrigere Teilrente, ist die neue Rentenhöhe bereits vom Beginn des Kalendermonats an zu zahlen, in dem die Hinzuverdienstgrenze überschritten wird. Dabei ist es unmaßgeblich, ob die für den bestehenden Anspruch schädliche Beschäftigung oder selbständige Tätigkeit zu Beginn oder erst im Laufe eines Monats aufgenommen wird. 18

K. Rentenende

Der Anspruch auf die Altersrente für langjährig Versicherte endet mit dem **Tod** des Berechtigten; die Rente wird dann bis zum Ablauf des Kalendermonats geleistet, in dem der Berechtigte verstorben ist (§ 102 Abs. 5). Entfällt der Rentenanspruch wegen Überschreitens der höchsten **Hinzuverdienstgrenze** (vgl. Rn. 11), endet die Rentenzahlung mit Beginn des Monats, zu dessen Beginn die Anspruchsvoraussetzungen erfüllt sind (§ 100 Abs. 3). Folglich entfällt der Anspruch bereits vom Beginn des Kalendermonats an, in dem die höchste Hinzuverdienstgrenze überschritten wird. Ob die für den Anspruch schädliche Beschäftigung oder selbständige Tätigkeit zu Beginn oder erst im Laufe eines Monats aufgenommen wird, ist dabei unerheblich. Näheres vgl. § 235 Rn. 19. 19

L. Sonstiges

Mit dem Beginn einer Vollrente wegen Alters tritt **Versicherungsfreiheit** ein (§ 5 Abs. 4 Nr. 1). Besteht Versicherungspflicht in der **Krankenversicherung der Rentner,** haben Berechtigte ihren Beitragsanteil aus der Rente zu entrichten (§ 249a SGB V), der von der Rente einbehalten wird 20

(§ 255 Abs. 1 SGB V). Dasselbe gilt für die Beiträge zur Pflegeversicherung (§ 20 Abs. 1 Nr. 11 iVm. § 60 Abs. 1 SGB XI). Freiwillig oder privat Krankenversicherte erhalten auf Antrag einen **Beitragszuschuss** nach § 106. Näheres vgl. § 235 Rn. 20–21.

M. Übersicht frühestmöglicher Rentenbeginn

21

Altersgrenzen										
Geburt		ohne Vertrauensschutz frühester Rentenbeginn				mit Vertrauensschutz frühester Rentenbeginn				
		ohne Abschlag		mit Abschlag		ohne Abschlag		mit Abschlag		
		ab Alter		ab Alter		%	ab Alter		ab Alter		%
Jahr	Monat	Jahr	Monat	Jahr	Monat		Jahr	Monat	Jahr	Monat	
1947 und älter		65	0	63	0	7,2	65	0	63	0	7,2
1948	Jan., Febr.	65	0	63	0	7,2	65	0	62	11	7,5
	März, April	65	0	63	0	7,2	65	0	62	10	7,8
	Mai, Juni	65	0	63	0	7,2	65	0	62	9	8,1
	Juli, Aug.	65	0	63	0	7,2	65	0	62	8	8,4
	Sept., Okt.	65	0	63	0	7,2	65	0	62	7	8,7
	Nov., Dez.	65	0	63	0	7,2	65	0	62	6	9,0
1949	Jan.	65	1	63	0	7,5	65	0	62	5	9,3
	Febr.	65	2	63	0	7,8	65	0	62	5	9,3
	März, April	65	3	63	0	8,1	65	0	62	4	9,6
	Mai, Juni	65	3	63	0	8,1	65	0	62	3	9,9
	Juli, Aug.	65	3	63	0	8,1	65	0	62	2	10,2
	Sept., Okt.	65	3	63	0	8,1	65	0	62	1	10,5
	Nov., Dez.	65	3	63	0	8,1	65	0	62	0	10,8
1950		65	4	63	0	8,4	65	0	62	0	10,8
1951		65	5	63	0	8,7	65	0	62	0	10,8
1952		65	6	63	0	9,0	65	0	62	0	10,8
1953		65	7	63	0	9,3	65	0	62	0	10,8
1954		65	8	63	0	9,6	65	0	62	0	10,8
1955		65	9	63	0	9,9	65	0*	62	0*	10,8
1956		65	10	63	0	10,2	65	0*	62	0*	10,8
1957		65	11	63	0	10,5	65	0*	62	0*	10,8
1958		66	0	63	0	10,8	65	0*	62	0*	10,8
1959		66	2	63	0	11,4	65	0*	62	0*	10,8
1960		66	4	63	0	12,0	65	0*	62	0*	10,8

Altersgrenzen		ohne Vertrauensschutz frühester Rentenbeginn				mit Vertrauensschutz frühester Rentenbeginn				
Geburt										
		ohne Abschlag		mit Abschlag		ohne Abschlag		mit Abschlag		
		ab Alter		ab Alter		%	ab Alter		ab Alter		%
Jahr	Monat	Jahr	Monat	Jahr	Monat		Jahr	Monat	Jahr	Monat	
1961		66	6	63	0	12,6	65	0★	62	0★	10,8
1962		66	8	63	0	13,2	65	0★	62	0★	10,8
1963		66	10	63	0	13,8	65	0★	62	0★	10,8
1964 und jünger		67	0	63	0	14,4	65	0★	62	0★	10,8

★ Gilt nur für Bezieher von Anpassungsgeld für entlassene Arbeitnehmer des Bergbaus
(Quelle: www.deutsche-rentenversicherung.de, „SUMMA SUMMARUM" – Schriftenreihe, Ausgabe 5/2007)

§ 236a Altersrente für schwerbehinderte Menschen

(1) ¹Versicherte, die vor dem 1. Januar 1964 geboren sind, haben frühestens Anspruch auf Altersrente für schwerbehinderte Menschen, wenn sie
1. das 63. Lebensjahr vollendet haben,
2. bei Beginn der Altersrente als schwerbehinderte Menschen (§ 2 Abs. 2 Neuntes Buch) anerkannt sind und
3. die Wartezeit von 35 Jahren erfüllt haben.
²Die vorzeitige Inanspruchnahme dieser Altersrente ist frühestens nach Vollendung des 60. Lebensjahres möglich.

(2) ¹Versicherte, die vor dem 1. Januar 1952 geboren sind, haben Anspruch auf diese Altersrente nach Vollendung des 63. Lebensjahres; für sie ist die vorzeitige Inanspruchnahme nach Vollendung des 60. Lebensjahres möglich. ²Für Versicherte, die nach dem 31. Dezember 1951 geboren sind, werden die Altersgrenze von 63 Jahren und die Altersgrenze für die vorzeitige Inanspruchnahme wie folgt angehoben:

Versicherte Geburtsjahr Geburtsmonat	Anhebung um Monate	auf Alter		vorzeitige Inanspruchnahme möglich ab Alter	
		Jahr	Monat	Jahr	Monat
1952					
Januar	1	63	1	60	1
Februar	2	63	2	60	2
März	3	63	3	60	3
April	4	63	4	60	4
Mai	5	63	5	60	5
Juni–Dezember	6	63	6	60	6
1953	7	63	7	60	7
1954	8	63	8	60	8
1955	9	63	9	60	9
1956	10	63	10	60	10
1957	11	63	11	60	11
1958	12	64	0	61	0
1959	14	64	2	61	2
1960	16	64	4	61	4
1961	18	64	6	61	6
1962	20	64	8	61	8
1963	22	64	10	61	10.

[3] Für Versicherte, die
1. am 1. Januar 2007 als schwerbehinderte Menschen (§ 2 Abs. 2 Neuntes Buch) anerkannt waren und
2. entweder
   a) vor dem 1. Januar 1955 geboren sind und vor dem 1. Januar 2007 Altersteilzeitarbeit im Sinne der §§ 2 und 3 Abs. 1 Nr. 1 des Altersteilzeitgesetzes vereinbart haben oder
   b) Anpassungsgeld für entlassene Arbeitnehmer des Bergbaus bezogen haben,
werden die Altersgrenzen nicht angehoben.

(3) Versicherte, die vor dem 1. Januar 1951 geboren sind, haben unter den Voraussetzungen nach Absatz 1 Satz 1 Nr. 1 und 3 auch Anspruch auf diese Altersrente, wenn sie bei Beginn der Altersrente berufsunfähig oder erwerbsunfähig nach dem am 31. Dezember 2000 geltenden Recht sind.

(4) Versicherte, die vor dem 17 November 1950 geboren sind und am 16. November 2000 schwerbehindert (§ 2 Abs. 2 Neuntes Buch), berufsunfähig oder erwerbsunfähig nach dem am 31. Dezember 2000 geltenden Recht waren, haben Anspruch auf diese Altersrente, wenn sie
1. das 60. Lebensjahr vollendet haben,
2. bei Beginn der Altersrente
   a) als schwerbehinderte Menschen (§ 2 Abs. 2 Neuntes Buch) anerkannt oder
   b) berufsunfähig oder erwerbsunfähig nach dem am 31. Dezember 2000 geltenden Recht sind und
3. die Wartezeit von 35 Jahren erfüllt haben.

Übersicht

	Rn.
A. Normzweck	1
B. Anspruchsvoraussetzungen	2
C. Altersgrenze	3
I. Anhebung Regelaltersgrenze	4
II. Vertrauensschutzregelungen	5
1. Altersteilzeitvereinbarung	6
2. Anpassungsgeld für entlassene Arbeitnehmer des Bergbaus	7
D. Nachweis Lebensalter	8
E. Schwerbehinderung	9
I. Nachweis	13
II. Schwerbehinderung bei Beginn der Altersrente	14
F. Wartezeit	17
G. Nicht-Schwerbehinderte	18
I. Berufs- oder erwerbsunfähig bei Rentenbeginn	20
II. Berufs- oder Erwerbsunfähigkeit	21
H. Rente mit Vollendung des 60. Lebensjahres	27
I. Antrag und Rentenbeginn	28
J. Hinzuverdienst	29
K. Voll- und Teilrente	31
L. Vorzeitige Inanspruchnahme	33
M. Änderung Rentenhöhe	34
N. Rentenende	36
O. Sonstige	37
P. Übersicht frühestmöglicher Rentenbeginn	38

A. Normzweck

1 Die **Übergangsvorschrift** gewährt vor dem 1. 1. 1964 geborenen langjährig Versicherten, bei denen entweder eine Schwerbehinderung oder – bei bestimmten älteren Jahrgängen – eine Berufs- oder Erwerbsunfähigkeit vorliegt, bereits vor Erreichen der Regelaltersgrenze iSd. § 235 (vgl. § 235 Rn. 3) eine abschlagsfreie Altersrente für schwerbehinderte Menschen; für nach dem 31. 12. 1963 Geborene enthält § 37 zukünftig die entsprechende Regelung. Zum einen werden die Voraussetzungen für den Anspruch auf die Altersrente benannt (Abs. 1 S. 1) und zum anderen wird bestimmt (Abs. 1 S. 2), dass die Rente bereits vorzeitig nach Vollendung des 60. Lebensjahres und damit vor Erreichen der Regel-

altersgrenze iSd. § 235 – unter Inkaufnahme von Rentenabschlägen – in Anspruch genommen werden kann. Des Weiteren wird im Abs. 2 S. 1 festgelegt, dass vor dem 1. 1. 1952 Geborene die Altersrente für schwerbehinderte Menschen abschlagsfrei mit Vollendung des 63. Lebensjahres und abschlagsbehaftet mit Vollendung des 60. Lebensjahres vorzeitig beanspruchen können. Im S. 2 wird für die Geburtsjahrgänge 1952 und jünger die stufenweise Anhebung der Altersgrenze für die abschlagsfreie Inanspruchnahme auf das 65. Lebensjahr und für die abschlagsbehaftete vorzeitige Inanspruchnahme auf das 62. Lebensjahr angeordnet; S. 3 enthält für bestimmte Personengruppen Vertrauensschutztatbestände als Ausnahmeregelungen zur Anhebung der Altersgrenze auf das 65. bzw. 62. Lebensjahr. Die Übergangsregelung des Abs. 3 ermöglicht vor dem 1. 1. 1951 Geborenen, die Altersrente unter erweiterten Anspruchsvoraussetzungen zu erhalten. Die Ausnahmeregelung des Abs. 4 bestimmt, dass vor dem 17. 11. 1950 Geborene bei Erfüllen bestimmter persönlicher Voraussetzungen aufgrund eines weiteren Vertrauensschutzes den abschlagsfreien Rentenanspruch bereits nach Vollendung des 60. Lebensjahres haben. Dies soll es älteren Versicherten, bei denen aufgrund gesundheitlicher Funktionsbeeinträchtigungen die Vermutung eines nur noch eingeschränkten Leistungsvermögens auf dem Arbeitsmarkt als naheliegend erscheint, eröffnen, frühzeitig aus dem Erwerbsleben auszuscheiden (Fichte Hauck/Noftz, SGB VI, K § 37 Rn. 4).

B. Anspruchsvoraussetzungen

Anspruch auf die Altersrente für schwerbehinderte Menschen besteht für Versicherte, die das maßgebliche Lebensalter – **mindestens das 63. Lebensjahr** – vollendet und als **Mindestversicherungszeit** die Wartezeit von 35 Jahren erfüllt haben sowie bei Beginn der Altersrente als **schwerbehinderter Mensch** iSd. § 2 Abs. 2 SGB IX anerkannt sind. Zum Versichertenbegriff vgl. Anm. zu § 35 Rn. 2. Wie für alle vorgezogenen Altersrenten ergibt sich zudem aus § 34 eine weitere negative Anspruchsvoraussetzung: Versicherte dürfen eine Beschäftigung oder selbständige Tätigkeit nur ausüben, wenn das daraus erzielte Einkommen die Hinzuverdienstgrenzen des § 34 Abs. 2 und 3 nicht übersteigt (vgl. Rn. 29). Bereits nach Vollendung des 60. Lebensjahres kann die Rente **vorzeitig** in Anspruch genommen werden. Erweiterte Anspruchsvoraussetzungen gelten sowohl für vor dem 1. 1. 1951 (vgl. Rn. 18) als auch für vor dem 17. 11. 1950 Geborene (vgl. Rn. 26).

C. Altersgrenze

Abweichend von der für nach dem 31. 12. 1963 Geborene zukünftig maßgebenden Regelung im § 37 besteht für vor dem 1. 1. 1964 Geborene frühestens mit Vollendung des 63. Lebensjahres Anspruch auf die Altersrente für schwerbehinderte Menschen. Vor dem 1. 1. 1952 Geborene erreichen die Altersgrenze mit Vollendung des **63. Lebensjahres.** Für nach dem 31. 12. 1951 Geborene gilt eine **individuelle Altersgrenze.** Die Vollendung des maßgebenden Lebensalters bestimmt sich dabei in Anwendung der §§ 187 Abs. 2, 188 Abs. 2 BGB. Hiernach ist der Tag der Geburt der 1. Geburtstag. Demzufolge wird zB das 63. Lebensjahr mit Ablauf des Tages vollendet, der dem 64. Geburtstag vorausgeht. Bei am Ersten eines Monats Geborenen wird das maßgebende Lebensjahr bereits mit Ablauf des Vormonats vollendet (BSG 1. 7. 1970 – B 4 RJ 13/70 – SozR Nr. 15 zu § 1290 RVO). Praktische Bedeutung kommt der Altersrente für schwerbehinderte Menschen deshalb zu, weil sie es ermöglicht, bereits vor Vollendung der Regelaltersgrenze eine **abschlagsfreie** Altersrente zu beanspruchen. Die Abschlagsfreiheit gilt zB für die Altersrente für langjährig Versicherte (§ 236) bei gleicher Versicherungsdauer nicht.

I. Anhebung Regelaltersgrenze

Mit dem RV-Altersgrenzenanpassungsgesetz vom 20. 4. 2007 (BGBl. I S. 554) wurde mit Wirkung vom 1. 1. 2008 an für die Geburtsjahrgänge ab 1964 die Altersgrenze für die abschlagsfreie Inanspruchnahme auf das 65. Lebensjahr und für die vorzeitige Inanspruchnahme auf das 62. Lebensjahr angehoben (vgl. § 37 Rn. 3, 4). Bis zum 31. 12. 2007 bestand mit Vollendung des 63. Lebensjahres Anspruch auf die abschlagsfreie und mit Vollendung des 60. Lebensjahres auf die abschlagsbehaftete Altersrente für schwerbehinderte Menschen. Abs. 2 S. 1 bestimmt, dass es bei vor dem 1. 1. 1952 Geborenen bei diesen Altersgrenzen bleibt; für danach Geborene werden die Grenzen **ab dem 1. 1. 2015** schrittweise auf zukünftig 65 Jahre bzw. 63 Jahre angehoben. Diese Anhebung greift allerdings nur, wenn die Betroffenen nicht unter die Vertrauensschutzregelung des S. 3 aaO fallen; Näheres hierzu unter Rn. 5. Soweit die Altersgrenze anzuheben ist, erfolgt dies für die Geburtsmonate Januar bis Juni 1952 zunächst in Monatsschritten. Für die weiteren Geburtsmonate des Jahrganges 1952 wird die Altersgrenze dann um 6 Monate angehoben. Damit entspricht der Umfang der Anhebung für diese Rente der ebenfalls um sechs Monate angehobenen Regelaltersgrenze für 1952 Geborene. Die weitere Anhebung der Altersgrenze für die Geburtsjahrgänge 1953 bis 1958 erfolgt dann parallel zur Regelaltersgrenze in Monatsschritten. Ab dem Geburtsjahrgang 1959 bis einschl. Geburtsjahrgang 1963 erfolgt die Anhebung sodann in Zweimonatsschritten pro Jahrgang. Für Versicherte des Geburtsjahrganges 1952 gilt daher eine individuelle vom Geburtsmonat und Geburtsjahr und für die in den Jahren 1953–1963 Geborenen dann eine nur vom Geburtsjahr abhängige Altersgrenze. Durch die beschleunigte Anhebung der Altersgrenze für den Geburtsjahrgang 1952 wird erreicht, dass die Anhebung nach einer fünfjährigen Vertrauensschutzphase wie bei der Regelaltersrente erst ab dem Jahr 2012 wirkt; anderenfalls wären Verzerrungen im Altersrentengefüge die Folge gewesen. Ab dem **Geburtsjahrgang 1964** gilt uneingeschränkt die Altersgrenze von 65 Jahren, an der bei vorzeitiger Inanspruchnahme der Rente die entsprechenden Abschläge bemessen werden. Einen **tabellarischen Überblick** über den frühestmöglichen Rentenbeginn gibt Rn. 38.

II. Vertrauensschutzregelungen

5   Allgemein besteht Vertrauensschutz bereits darin, dass die Anhebung einerseits erst im Jahr 2015 beginnt und andererseits in moderaten Schritten erfolgt (vgl. Anm. zu § 235 Rn. 5). Flankierend hat der Gesetzgeber nach dem 31. 12. 1951 Geborene vor der Anhebung der Altersgrenzen geschützt, wenn sie am 1. 1. 2007 als schwerbehinderte Menschen anerkannt waren (Rn. 9 ff.) und entweder in der Zeit vom 1. 1. 1952 bis 31. 12. 1954 geboren sind und vor dem 1. 1. 2007 Altersteilzeitarbeit (Rn. 6) vereinbart haben oder wenn sie Anpassungsgeld für entlassene Arbeitnehmer des Bergbaus (Rn. 7) bezogen haben. Der Vertrauensschutz geht nicht verloren, wenn die am 1. 1. 2007 anerkannte Schwerbehinderung nach diesem Stichtag nicht ununterbrochen vorlag. Greift Vertrauensschutz, wird die **Altersgrenze nicht angehoben**; die Betroffenen haben weiterhin mit Vollendung des 63. Lebensjahres Anspruch auf die abschlagsfreie sowie mit Vollendung des 60. Lebensjahres Anspruch auf die vorzeitige, abschlagsbehaftete Altersrente für schwerbehinderte Menschen.

6   **1. Altersteilzeitvereinbarung.** Vertrauensschutz nach § 236 a Abs. 2 S. 3 Nr. 2 Buchst. a) besteht für am 1. 1. 2007 anerkannt schwerbehinderte Menschen der Geburtsjahrgänge 1952 bis 1954, wenn sie vor dem 1. 1. 2007 Altersteilzeitarbeit iSd. §§ 2 und 3 Abs. 2 Nr. 1 ATG vereinbart haben. **Beamte**, die mit ihrem Dienstherren vor dem 1. 1. 2007 eine vergleichbare Altersteilzeitvereinbarung getroffen haben, werden von der Vertrauensschutzregelung nicht erfasst, weil derartige Vereinbarungen nicht – wie vom Gesetz ausdrücklich gefordert – nach dem Altersteilzeitgesetz abgeschlossen sind. „Vereinbart" iSd. dieser Regelung bedeutet einerseits auch, dass vom Vertrauensschutz regelmäßig diejenigen erfasst werden, die sich am Stichtag bereits in Altersteilzeitarbeit befunden haben. Andererseits ist es für das Vorliegen von Vertrauensschutz nicht erforderlich, dass die Altersteilzeitarbeit tatsächlich begonnen haben muss; die bloße **Vereinbarung** hierüber bis spätestens 31. 12. 2006 ist ausreichend. Die Vereinbarung kann auch bereits vor Vollendung des 55. Lebensjahres getroffen werden, wenngleich Altersteilzeitarbeit als solche erst nach vollendetem 55. Lebensjahr abgeleistet werden kann (§ 2 Abs. 1 Nr. 1 ATG). Allein der Antrag des Versicherten auf Abschluss einer Altersteilzeitvereinbarung oder eine entsprechende Interessenbekundung gegenüber dem Arbeitgeber begründen hingegen keinen Vertrauensschutz, da keine schriftliche zweiseitige Willenserklärung zwischen dem Arbeitgeber und Arbeitnehmer vorliegt (ErfK/Rolfs § 2 ATG Rn. 5) und somit keine **konkret-individuelle** arbeitsrechtliche Regelung über Altersteilzeitarbeit getroffen ist. Dies gilt gleichsam für den umgekehrten Fall eines bloßen Angebots des Arbeitgebers. Es genügt jedoch, wenn vor dem 1. 1. 2007 zunächst nur allgemein Altersteilzeitarbeit vereinbart wurde, diese Vereinbarung dann aber später hinsichtlich des konkreten Zeitrahmens individualisiert wird. Da die Vertrauensschutzregelung allein auf die Verhältnisse am 1. 1. 2007 abstellt, steht dem Vertrauensschutz weder eine Rücktrittsklausel noch ein Widerrufsvorbehalt in der Altersteilzeitvereinbarung entgegen. Ebenso unbeachtlich ist, wenn die geplante Altersteilzeitarbeit nicht in Anspruch genommen wird. Altersteilzeitarbeit iSd. des ATG liegt hingegen nicht vor, wenn das Altersteilzeitarbeitsverhältnis erst nach seinem Beginn vereinbart worden ist (BSG 23. 1. 2007 – 9 AZR 393/06 – NZA 2007, 1236–1240). Vertrauensschutz besteht auch dann nicht, wenn die Altersteilzeitarbeit zwar vor dem 1. 1. 2007 vereinbart, diese Vereibarung aber vor dem Stichtag bereits **wieder aufgelöst** wurde.

7   **2. Anpassungsgeld für entlassene Arbeitnehmer des Bergbaus.** Am 1. 1. 2007 anerkannt schwerbehinderte Menschen der Geburtsjahrgänge 1952 bis 1963 genießen Vertrauensschutz nach § 236 a Abs. 2 S. 3 Nr. 2 Buchst. b), wenn sie Anpassungsgeld für entlassene Arbeitnehmer des Bergbaus bezogen haben. Das nach den „Richtlinien über die Gewährung von Anpassungsgeld an Arbeitnehmer des Steinkohlenbergbaus" vom 13. 12. 1971 (BAnz. Nr. 233 vom 15. 12. 1971) gewährte Anpassungsgeld ist eine Leistung, die seit 1972 der sozialen Flankierung des Umstrukturierungsprozesses der Unternehmen des Steinkohlenbergbaus und des Braunkohlentiefbaus in den alten Bundesländern dient. Mit dem Anpassungsgeld für **ältere Bergleute** sollen auf der einen Seite Entlassungen von jüngeren Arbeitnehmern in den Arbeitsmarkt vermieden werden und auf der anderen Seite sollen die Betroffenen solange abgesichert werden, bis ein Anspruch auf Knappschaftsausgleichsleistung nach § 239, eine Altersrente oder eine Erwerbsminderungsrente besteht. Es ist unmittelbar an eine Stilllegungs- oder Rationalisierungsmaßnahme des Steinkohlenbergbau betreibenden Unternehmens gebunden und wird aus dem Haushalt des Bundes und der Bergbauländer Nordrhein-Westfalen und Saarland finanziert.

D. Nachweis Lebensalter

Das Lebensalter wird durch **Personenstandsurkunden** iSd. § 55 PStG nachgewiesen. In der Pra- 8
xis genügt dem Rentenversicherungsträger in aller Regel auch ein **Personalausweis oder Reisepass**
als Nachweis des Lebensalters. **Ausländischen Urkunden** wird keine geringere Beweiskraft zugemessen als deutschen Personenstandsurkunden, sofern deren Richtigkeit nicht durch konkrete, auf
den jeweiligen Einzelfall bezogene Anhaltspunkte ernstlich in Frage gestellt ist (vgl. EuGH 2. 12.
1997 „Dafeki", AZ: C-336/94, Slg 1997 – 12, S. 6761 und EuGH 14. 3. 2000 „Kocak/Örs", verbundene Rechtssachen, AZ: C-102/98 und C-211/98, Slg 2000–3, S. 1287, Rn. 40–42). Näheres
vgl. § 235 Rn. 8.

E. Schwerbehinderung

Der Begriff der Schwerbehinderung wird in § 2 Abs. 2 iVm. Abs. 1 SGB IX **legaldefiniert**. Da- 9
nach sind Menschen behindert, wenn ihre körperliche Funktion, geistige Fähigkeit oder seelische
Gesundheit mit hoher Wahrscheinlichkeit länger als sechs Monate von dem für das Lebensalter typischen Zustand abweichen und daher ihre Teilhabe am Leben und in der Gesellschaft beeinträchtigt ist.
Diese Definition entspricht im Wesentlichen den vom EuGH als **gemeinschaftsrechtlich** eingestuften Begriff der Behinderung (EuGH 11. 7. 06 Chacón Navas Rs. C-13/05). Überdies schwerbehindert iSd. § 37 sind Menschen, wenn bei ihnen ein **GdB von wenigstens 50** vorliegt und sie –
unbeschadet ihrer Staatsangehörigkeit – ihren Wohnsitz, ihren gewöhnlichen Aufenthalt oder ihre
Beschäftigung auf einem Arbeitsplatz iSd. § 73 SGB IX rechtmäßig in Deutschland haben. Das **Territorialitätsprinzip** wird sowohl durch europäisches Gemeinschaftsrecht (BSG 5. 7. 2007 – B 9/9 a
SB 2/07 R –) als auch durch bestehende Sozialversicherungsabkommen mit Leistungsexport durchbrochen; der Wohnsitz, gewöhnliche Aufenthalt oder Arbeitsplatz in einem Mitgliedstaat der EU, des
EWR, in der Schweiz oder in einem Abkommenstaat steht der Feststellung einer Schwerbehinderung für die Inanspruchnahme inländischer Rechte nicht entgegen. Liegt weder der Wohnsitz oder
der gewöhnlichem Aufenthalt noch der Arbeitsplatz innerhalb der EU/des EWR/der Schweiz/eines
Abkommensstaates, liegt keine Schwerbehinderung iSd. § 2 Abs. 2 SGB IX vor. So geht eine anerkannte Schwerbehinderteneigenschaft auch verloren, wenn zB der Wohnsitz vor dem Rentenbeginn
in einen Drittstaat verlegt und eine Beschäftigung im Geltungsbereich des SGB nicht ausgeübt wird.

Nicht erfasst vom Schwerbehindertenbegriff iS dieser Vorschrift werden Personen, die nach § 2 10
Abs. 3 SGB IX den schwerbehinderten Menschen lediglich **gleichgestellt** sind. Sinn der Gleichstellung nach SGB IX ist die Gewährung von Teilhabeleistungen zur Erlangung oder Sicherung eines
Arbeitsplatzes, während dies gerade nicht der Sinn und Zweck der Altersrente für schwerbehinderte
Menschen (vgl. Rn. 1) ist (aM Fichte Hauck/Noftz, SGB VI, K § 37 Rn. 17). Für diese Auffassung
spricht auch, dass selbst innerhalb der beruflichen Teilhabe die Gleichstellung nicht die Geltung wie
eine Schwerbehinderung erlangt. Die Gleichstellung kann zB dann verwehrt werden, wenn die Behinderung neben anderen Ursachen bei wertender Betrachtung nicht wesentlich zur Arbeitsplatzgefährdung beigetragen hat (BSG 2. 3. 2000 – B 7 AL 46/99 R – SozR 3–3870 § 2 Nr. 1).

Die Schwerbehinderung tritt unmittelbar **kraft Gesetzes** ein, wenn die Voraussetzungen des § 2 11
Abs. 2 SGB IX erfüllt sind (Feldes/Kamm/Peiseler/von Seggern/Unterhinnighofen/Westermann/
Witt Schwerbehindertenrecht Basiskommentar, § 2 Rn. 12). Der maßgebliche Zeitpunkt des Eintritts
der Schwerbehinderung wird idR im Feststellungsbescheid und Ausweis nach § 69 Abs. 5 SGB IX
dokumentiert, die insoweit lediglich dem Nachweis der Schwerbehinderteneigenschaft dienen. Auch
wenn § 236a auf die Anerkennung der Schwerbehinderteneigenschaft abstellt, kommt es auf den
Zeitpunkt der **formellen Feststellung** dieses Tatbestandes durch die Verwaltung in einem Verfahren
nach § 69 SGB IX nicht an. Zuständige Behörden für die Feststellung der Schwerbehinderung sind
idR die Versorgungsämter, soweit nicht durch Landesrecht etwas anderes bestimmt ist.

Soll eine vom Versorgungsamt festgestellte **Schwerbehinderteneigenschaft aberkannt** werden, 12
verlangt es eines aufhebenden Bescheides. Solange dieser Bescheid nicht Bindungswirkung erlangt,
liegt weiterhin Schwerbehinderung vor. Die für die besonderen Regelungen zur Teilhabe schwerbehinderter Menschen geltende Schonfrist von drei Kalendermonaten des § 116 SGB IX ist in diesem
Zusammenhang unbeachtlich. Die anderslautende Rechtsprechung (BSG 11. 5. 2011 – B 5 R 56/
10 R) überzeugt nicht, denn § 236a Abs. 1 Nr. 1 SGB VI stellt allein auf das Vorliegen einer Schwerbehinderung ab (vgl. BT-Drs. 11/4124, 162 zu § 37), die in § 2 Abs. 2 iVm. Abs. 1 SGB IX legaldefiniert ist (vgl. Rn. 9). § 116 Abs. 1 SGB IX ordnet lediglich für einen Zeitraum von drei Kalendermonaten vorübergehend die weitere Anwendung der Schutzvorschriften des Schwerbehindertenrechts
im 2. Teil des SGB IX an; die Vorschrift bestimmt hingegen nicht, dass weiterhin Schwerbehinderung
nach dem 1. Teil des SGB IX vorliegt. Da der Ausweis nur deklaratorische Bedeutung hat (vgl.
Rn. 11), kommt es für die Frage, wie lange Schwerbehinderung vorliegt, auch nicht auf die Vorschriften über die Entziehung des Ausweises an. Für diese Auffassung spricht zudem, dass nach der

Übergangsvorschrift des Abs. 4 (früher § 37) nicht nur schwerbehinderte Menschen, sondern auch Berufs- und Erwerbsunfähige rentenberechtigt sind (vgl. Rn. 18 ff.). In diesem Kontext wird deutlich, dass der Gesetzgeber allein auf die „gesundheitlichen" Verhältnisse abgestellt hat.

I. Nachweis

13 Grundsätzlich wird die Schwerbehinderung durch den nach § 69 Abs. 5 SGB IX ausgestellten **Schwerbehindertenausweis** nachgewiesen. Die Gültigkeit des Ausweises wird in der Regel auf fünf Jahre befristet; ist eine Besserung der Gesundheit nicht zu erwarten, kann der Ausweis auch unbefristet ausgestellt werden (§ 6 Abs. 2 SchwbAwVO). Als Nachweis genügt ebenso eine Bescheinigung anderer Stellen, aus der sich ein GdB von wenigstens 50 ableitet (§ 69 Abs. 2 SGB IX). Ein solcher Nachweis könnte zB der Rentenbescheid einer Berufsgenossenschaft oder des Trägers der Kriegsopferversorgung sein, aus dem sich eine MdE von wenigstens 50 ergibt. Soweit die Anerkennung der Behinderung nach dem BVG erfolgte, kann auch eine Erhöhung des MdE wegen besonderer beruflicher Betroffenheit nach § 30 Abs. 2 BVG berücksichtigt werden. Mehrere Feststellungen mit einem MdE von weniger als 50 weisen hingegen keine Schwerbehinderung nach, weil der Gesamt-GdB nicht durch bloße Addition der einzelnen Vomhundertsätze zu ermitteln ist (ua. BSG 5. 7. 2007 – B 9/9 a SB 12/06 R – Breith 2008, 39–43). Bei Wohnsitz oder gewöhnlichem Aufenthalt in einem Mitgliedsstaat der EU/des EWR, in der Schweiz oder in einem Abkommensstaat wird die Schwerbehinderung durch das nach der AuslZustV (BGBl. I 1991, 1204) für den jeweiligen Staat zuständige Versorgungsamt festgestellt.

II. Schwerbehinderung bei Beginn der Altersrente

14 Die Schwerbehinderung muss zum Zeitpunkt des Rentenbeginns **anerkannt** sein, wobei insoweit nicht allein auf eine förmliche Anerkennung durch die Versorgungsämter in einem Verfahren nach § 69 Abs. 1 SGB IX abzustellen ist. Die Eigenschaft als schwerbehinderter Mensch kann auch durch die unter Rn. 13 genannten Nachweise anerkannt sein (vgl. a. Fichte Hauck/Noftz, SGB VI, K § 37 Rn. 21). „Bei Beginn" bedeutet nicht, dass die Anerkennung der Schwerbehinderung bereits zum Zeitpunkt des möglichen Rentenbeginns tatsächlich erfolgt sein muss. Wird die Schwerbehinderung erst nach Rentenantragstellung für einen in der Vergangenheit liegenden Zeitpunkt anerkannt, steht dies bei rechtzeitiger Antragstellung der Rentenzahlung nicht entgegen (vgl. KomGRV § 37 SGB VI Rn. 4, BSG 29. 11. 2007 – B 13 R 44/07 R – SGb 2008, 596–599). Grundsätzlich wird Schwerbehinderung vom Tage des Antragseingangs bei der für die Anerkennung zuständigen Stelle angenommen, dies wird durch das Gültigkeitsdatum auf der Rückseite des Schwerbehindertenausweises bescheinigt. Auf ausdrücklichen Antrag kann die Anerkennung auch zu einem früheren Zeitpunkt erfolgen (§ 6 Abs. 1 SchwbAwVO). Wird die Schwerbehinderung ab dem Ersten eines Kalendermonats bescheinigt, ist davon auszugehen, dass die Anerkennung bereits um 00:00 Uhr dieses Tages vorgelegen hat, sodass bei Erfüllung der übrigen Voraussetzungen die Rente bereits mit diesem Tag beginnen kann.

15 Eine Aberkennung als schwerbehinderter Mensch (vgl. Rn. 12) **nach Rentenbeginn** steht dem Anspruch auf die Altersrente nicht entgegen. Selbst eine zum Zeitpunkt der Erteilung des Rentenbescheides behobene Schwerbehinderung ist unschädlich, wenn zum Zeitpunkt eines in der Vergangenheit liegenden Rentenbeginns diese Eigenschaft noch anerkannt war. Ein Rentenanspruch kann hingegen nicht bestehen, wenn zu einem früheren Zeitpunkt alle Anspruchsvoraussetzungen einschl. der Schwerbehinderung erfüllt waren, die Schwerbehinderung aber zum Zeitpunkt des tatsächlichen Rentenbeginns nicht mehr vorliegt; zB, wenn die Rente nicht rechtzeitig beantragt wurde (vgl. Rn. 28) und zum Zeitpunkt des sich aus der verspäteten Rentenantragstellung ergebenden Rentenbeginns die Schwerbehinderung wieder behoben ist.

16 Der Anspruch auf die Altersrente für schwerbehinderte Menschen entfällt, wenn die höchste Hinzuverdienstgrenze überschritten wird (vgl. Rn. 31). Wird diese Rente zu einem späteren Zeitpunkt erneut begehrt, muss die Schwerbehinderung auch zum Zeitpunkt des **neuen Rentenbeginns** anerkannt sein, denn in diesem Fall handelt es sich um zwei von einander unabhängige Ansprüche, zu deren Rentenbeginn sämtliche Voraussetzungen erneut vorliegen müssen.

F. Wartezeit

17 Alleinige versicherungsrechtliche Voraussetzung für den Anspruch auf die Altersrente für schwerbehinderte Menschen ist die Erfüllung der Wartezeit von **35 Jahren** (§ 50 Abs. 4 Nr. 1). Da dem Rentenrecht gemeinhin das Kalendermonatsprinzip innewohnt, ergeben sich somit nach der Umrechnungsregel aus § 122 Abs. 2 S. 1 420 Kalendermonate an erforderlicher Mindestversicherungszeit iSd. § 34 Abs. 1. Auf die Wartezeit werden nach § 51 Abs. 3 und 4 alle **rentenrechtlichen Zeiten** (§ 54 Abs. 1) angerechnet. Hierzu gehören **Beitragszeiten** (§§ 55, 247, 248, 281 Abs. 2) einschl. Kindererziehungszeiten (§§ 56, 249, 249 a), **Ersatzzeiten** (§§ 250, 251), beitragsfreie Zeiten wie zB **Anrechnungszeiten** (§§ 58, 252, 252 a) und **Berücksichtigungszeiten** wegen Kindererziehung

(§ 57) oder wegen Pflege (§ 249 b). Zudem werden auch Monate berücksichtigt, die sich aufgrund eines durchgeführten Versorgungsausgleichs (§ 52 Abs. 1) oder Rentensplittings (§ 52 Abs. 1 a) und aus Zuschlägen an Entgeltpunkten für Arbeitsentgelt aus einer geringfügigen versicherungsfreien Beschäftigung (§ 52 Abs. 2) ergeben.

G. Nicht-Schwerbehinderte

Nach Abs. 3 besteht ein abschlagsfreier Altersrentenanspruch übergangsweise auch dann, wenn vor dem 1. 1. 1951 geborene Versicherte das 63. Lebensjahr vollendet haben und zwar nicht anerkannte Schwerbehinderte, aber bei Beginn der Altersrente **berufs- oder erwerbsunfähig** nach dem am 31. 12. 2000 geltenden Recht sind und die Wartezeit von 35 Jahren erfüllt haben. Auch für diesen Anspruch gilt als negative Anspruchsvoraussetzung, dass die Beschäftigung oder selbständige Tätigkeit aufgegeben wird bzw. die Hinzuverdienstgrenzen des § 34 Abs. 2 und 3 eingehalten werden (vgl. Rn. 29). Mit Abschlägen kann die Rente vorzeitig nach Vollendung des 60. Lebensjahres in Anspruch genommen werden. **18**

Bestand bereits am 31. 12. 2000 Anspruch auf **Altersrente für Schwerbehinderte, Berufsunfähige und Erwerbsunfähige** wird durch die Anordnung in § 302 Abs. 4 sichergestellt, dass diese Rente ab 1. 1. 2001 als Altersrente für schwerbehinderte Menschen weiter gezahlt wird. **19**

I. Berufs- oder erwerbsunfähig bei Rentenbeginn

Wie beim Tatbestand der Schwerbehinderung muss auch die Berufs- oder Erwerbsunfähigkeit lediglich im Zeitpunkt des Rentenbeginns vorliegen; ein **Entfallen dieser Voraussetzung** nach dem Beginn der Altersrente ist für den Anspruch unbeachtlich. Ist die Berufs- oder Erwerbsunfähigkeit am Ersten eines Kalendermonats eingetreten, kann sich als Rentenbeginn nur der Erste des Folgemonats ergeben, weil der anspruchsrelevante Tatbestand erst im Laufe des Tages eingetreten ist und damit nicht bereits zu Beginn dieses Tages (00:00 Uhr) vorgelegen hat. **20**

II. Berufs- oder Erwerbsunfähigkeit

Ob Berufs- oder Erwerbsunfähigkeit vorliegt, richtet sich nach dem bis 31. 12. 2000 geltenden Recht (Berufsunfähigkeit: § 43, Erwerbsunfähigkeit: § 44). Wenngleich ein entsprechender Rentenanspruch nach dem 31. 12. 2000 nicht mehr entstehen kann, kann Berufs- oder Erwerbsunfähigkeit als Voraussetzung für den Altersrentenanspruch nach § 236 Abs. 3 auch noch nach diesem Zeitpunkt eintreten. Berufs- oder Erwerbsunfähigkeit beurteilt sich hiernach im Rahmen der **konkreten Betrachtungsweise** (BSG 10. 12. 1976 – GS 2, 3 4/75, 3/76 – SozR 2200 § 1276 Nr. 13) anhand des zeitlichen Leistungsvermögens des Versicherten, das sich in vier Stufen abbilden lässt. **21**

Ein insgesamt **vollschichtiges** Leistungsvermögen führt – soweit der Betroffene nicht wegen der Summierung ungewöhnlicher Leistungseinschränkungen oder einer schweren spezifischen Leistungsminderung eine Tätigkeit unter betriebsüblichen Bedingungen nicht mehr verrichten kann (BSG 19. 12. 1996 – GS 2/95 – BSGE 80, 24–41, BSG 20. 8. 1997 – 13 RJ 39/96 – SozR 3–2600 § 43 Nr. 17) – weder zur Berufs- noch zur Erwerbsunfähigkeit. **22**

Bei einem **halb- bis unter vollschichtigem** täglichen Leistungsvermögen im bisherigen Beruf und für zumutbare Verweisungstätigkeiten kann Berufsunfähigkeit vorliegen (vgl. Anm. zu § 240 Rn. 10). Ist das Leistungsvermögen darüber hinaus für Tätigkeiten auf dem sog. allgemeinen Arbeitsmarkt entsprechend reduziert, liegt Erwerbsunfähigkeit (nur) vor, wenn der Teilzeitarbeitsmarkt verschlossen ist. Dies ist er dann, wenn der Versicherte nicht wenigstens zwei Stunden täglich tatsächlich tätig ist oder Arbeitseinkünfte von mehr als einem Siebtel der monatlichen Bezugsgröße (§ 18 SGB IV) erzielt und ihm auch keine gesundheitlich zumutbare Teilzeittätigkeit vermittelt werden kann. In seinem Beschluss vom 10. 12. 1976 (vgl. Rn. 20) ging der Große Senat des BSG noch davon aus, dass der Teilzeitarbeitsmarkt praktisch verschlossen ist, wenn dem Versicherten weder der Rentenversicherungsträger noch die zuständige Arbeitsverwaltung innerhalb eines Jahres seit Stellung des Rentenantrages einen für ihn in Betracht kommenden Arbeitsplatz anbieten kann. Da ein offener Arbeitsmarkt für Teilzeitarbeitskräfte gegenwärtig nicht existiert, ist nach der jüngeren ständigen Rechtsprechung (ua. BSG 8. 9. 2005 – B 13 RJ 10/04 R – SGb 2006, 363–367 mwN) der Nachweis konkreter Vermittlungsbemühungen nicht mehr erforderlich. Ein selbständig Tätiger kann generell nicht erwerbsunfähig sein (§ 44 Abs. 2 S. 1 Nr. 1 aF, vgl. auch BSG 10. 8. 1982 – 4 RJ 19/81 – SozR 2200 § 1247 Nr. 37). **23**

Bei einem Leistungsvermögen von **zwei Stunden bis unter halbschichtig** täglich ist ebenfalls zu differenzieren, ob die verminderte Leistungsfähigkeit ausschließlich für den bisherigen Beruf und für Verweisungstätigkeiten (= ggf. Berufsunfähigkeit; hierzu im Weiteren § 240 Rn. 9) oder auch für Tätigkeiten auf dem allgemeinen Arbeitsmarkt (= ggf. Erwerbsunfähigkeit) vorliegt. Bei einem entsprechend geminderten Leistungsvermögen liegt Erwerbsunfähigkeit nur bei verschlossenem Teilzeitarbeitsmarkt vor; im Übrigen gelten die Anm. zu Rn. 22 entsprechend. **24**

Ist das Leistungsvermögen ausschließlich für den bisherigen Beruf und für Verweisungstätigkeiten **aufgehoben** (unter zwei Stunden täglich), liegt ggf. Berufsunfähigkeit vor. Ist es auch auf dem allge- **25**

26 Von Berufs- oder Erwerbsunfähigkeit ist immer dann auszugehen, wenn am 31. 12. 2000 und seit dem ununterbrochen bis zum Rentenbeginn ein Anspruch auf eine **Rente wegen Berufs- oder Erwerbsunfähigkeit** iSd. § 43 oder § 44 aF bestand. Dies gilt gleichermaßen für Rentenbezieher des Beitrittsgebiets, die eine nach den Vorschriften der DDR festgestellte **Invalidenrente** oder eine entsprechende Leistung aus Zusatz- oder Sonderversorgungssystemen gem. § 302a ab 1. 1. 1992 als Rente wegen Berufs- oder Erwerbsunfähigkeit erhalten. Hingegen kann bei Beziehern einer **Rente wegen verminderter Erwerbsfähigkeit** nach dem ab 1. 1. 2001 geltenden Recht (vgl. Anm. zu § 43) nicht per se vom Vorliegen von Berufs- oder Erwerbsunfähigkeit ausgegangen werden.

H. Rente mit Vollendung des 60 Lebensjahres

27 Einen besonderen Vertrauensschutz genießen Versicherte, die **vor dem 17. 11. 1950 geboren** sind und damit am 16. 11. 2000 – dem Zeitpunkt der 3. Lesung des Gesetzes zur Reform der Rente wegen verminderter Erwerbsfähigkeit vom 20. 12. 2000 (BGBl. I S. 1827) – bereits das 50. Lebensjahr vollendet hatten. Diese Personen haben weiterhin mit Vollendung des 60. Lebensjahres Anspruch auf die abschlagsfreie Altersrente, wenn sie am Stichtag entweder schwerbehindert (Rn. 9ff.) oder berufs- oder erwerbsunfähig (Rn. 20ff.) waren. Die Stichtagsregelung bezieht sich auf die zu diesem Zeitpunkt vorliegenden persönlichen Verhältnisse; auf den Zeitpunkt der Feststellung dieser Verhältnisse durch eine Verwaltungsbehörde oder ein Gericht kommt es nicht an (*Fichte* Hauck/Noftz, SGB VI, K § 236a Rn. 21). Diese medizinischen Voraussetzungen müssen zudem zum Zeitpunkt des Rentenbeginns noch oder wieder vorliegen, wobei die Schwerbehinderung dann zu diesem Zeitpunkt auch anerkannt sein muss (Rn. 14). Weitere Voraussetzungen sind die Erfüllung der Wartezeit von 35 Jahren sowie die Aufgabe der Beschäftigung oder Tätigkeit, aus der Einkommen erzielt wird, das die Hinzuverdienstgrenzen des § 34 Abs. 2 und 3 nicht übersteigt.

I. Antrag und Rentenbeginn

28 Renten werden grundsätzlich nur auf **Antrag** geleistet (§ 19 SGB IV), der das **Verfahren** beim Rentenversicherungsträger in Gang setzt (§ 115 Abs. 1, § 18 SGB X). In der Regel sind Rentenanträge beim **zuständigen** (§§ 16, 23 Abs. 2 SGB I) Rentenversicherungsträger zu stellen; im Übrigen vgl. § 235 Rn 11. Geleistet wird die Rente von dem Kalendermonat an, zu dessen Beginn die Anspruchsvoraussetzungen (Erreichen der Altersgrenze, Vorliegen von Schwerbehinderung, Erfüllung der 35-jährigen Wartezeit) erfüllt sind, wenn der Antrag rechtzeitig bis zum Ende des dritten Kalendermonats nach Ablauf des Kalendermonats gestellt wird, in dem die Voraussetzungen erfüllt sind (§ 99 Abs. 1 S. 1). Wird der Antrag später gestellt, beginnt die Rente hingegen erst mit dem Antragsmonat (§ 99 Abs. 1 S. 2). Aufgrund ihres **Dispositionsrechts** haben es Versicherte bei vorzeitiger Inanspruchnahme der Rente in der Hand, die Höhe der Rentenabschläge (§ 77 Abs. 2 S. 1 Nr 2 Buchst. a) zu beeinflussen und dadurch die Rente zu erhöhen. Näheres vgl. § 235 Rn. 11–14.

J. Hinzuverdienst

29 Anspruch auf die Altersrente besteht nur, wenn – und dies gilt bei allen vorgezogenen Altersrenten – keine **Beschäftigung oder Tätigkeit** ausgeübt wird, aus der Einkommen erzielt wird, das die maßgebenden Hinzuverdienstgrenzen für eine Voll- oder Teilrente (Rn. 33) überschreitet. Anspruchsvernichtend (§ 34 Abs. 2 S. 1) ist der Einkommensbezug immer dann, wenn die höchste Hinzuverdienstgrenze (§ 34 Abs. 3 Nr. 2 Buchst. a) überschritten wird. Unterhalb der höchsten Hinzuverdienstgrenze besteht abhängig von der Höhe des Hinzuverdienstes Anspruch auf die jeweilige Teilrente. Für den Anspruch auf Vollrente unbeachtlich ist ein Hinzuverdienst, der die geringste – allgemeine – Hinzuverdienstgrenze nicht übersteigt Für weitere Einzelheiten wird auf die Anm. zu § 34 verwiesen.

30 Sofern der Anspruch auf die Altersrente wegen Überschreitens der höchsten Hinzuverdienstgrenze **ganz entfallen** ist, kann nach den Umständen des Einzelfalls ein durch die vorrangig zu leistenden Altersrente verdrängter (§ 89 Abs. 1) Anspruch auf Rente wegen verminderter Erwerbsfähigkeit zum Tragen kommen (Fichte Hauck/Noftz, SGB VI, K § 37 Rn. 22).

K. Voll- und Teilrente

31 Für einen gleitenden Übergang vom Erwerbsleben in den Ruhestand (BT-Drs. 11/4124, 163) besteht die Möglichkeit, die Altersrente anstelle der Vollrente als Teilrente zu beanspruchen (§ 42 Abs. 1). Praktische Bedeutung erlangt dieses Wahlrecht in erster Linie im Zusammenhang mit der Erzielung eines Hinzuverdienstes neben der Rente. § 34 Abs. 2, 3 schränkt dabei den Gestaltungs-

spielraum des Versicherten allerdings ein. Die Teilrente beträgt ein Drittel, die Hälfte oder zwei Drittel der Vollrente (§ 42 Abs. 2). Während der Bezug einer Vollrente zu Versicherungsfreiheit führt (vgl. Rn. 40), können neben einem Teilrentenbezug weitere Beitragszeiten erworben werden.

Eine Änderung der bisher bezogenen Rentenhöhe ist durch einen **Antrag** zu erklären (§ 19 S. 1 SGB IV iVm. § 115 Abs. 1 S. 1). Wird eine höhere Rente als die bisher bezogene Teilrente begehrt, ergibt sich dieses Erfordernis zudem aus § 100 Abs. 2. Lediglich in Fällen, in denen der Anspruch auf die bisherige Rente wegen Überschreitens der maßgebenden Hinzuverdienstgrenze entfallen ist, ist gem. § 115 Abs. 1 S. 2 eine niedrige Teilrente von Amts wegen festzustellen (Fichte Hauck/Noftz, SGB VI, K § 36 Rn. 4). 32

L. Vorzeitige Inanspruchnahme

Die Altersrente für schwerbehinderte Menschen nach § 236a kann frühestens nach Vollendung des 60. **Lebensjahres** vorzeitig in Anspruch genommen werden. Parallel zur schrittweisen Anhebung der Altersgrenze für die abschlagsfreie Rente auf das 65. Lebensjahr wird auch die Altersgrenze für die vorzeitige Inanspruchnahme angehoben (§ 236a Abs. 2 S. 2), und zwar auf das 62. Lebensjahr (vgl. Rn. 43). Die Rente kann somit immer frühestens drei Jahre vorzeitig beansprucht werden. Untrennbar verbunden mit der vorzeitigen Inanspruchnahme ist ein **Rentenabschlag**. Für jeden Kalendermonat, den die Altersrente vorzeitig vor Vollendung des jeweils maßgebenden Lebensalters begehrt wird, vermindert sich der monatliche Rentenbetrag um 0,3%. Dies ergibt sich aus der in § 77 Abs. 2 S. 1 Nr. 2 Buchst. a angeordneten Verringerung des zur Berechnung der persönlichen Entgeltpunkte relevanten Zugangsfaktors; zur fairen Bemessung der Abschlagshöhe vgl. BSG 5. 8. 2004 – B 13 RJ 40/03 R – SozR 4–2600/237 Nr. 6. Wird die Rente zB frühestmöglich nach Vollendung des 60. Lebensjahres in Anspruch genommen, umfasst der Verminderungszeitraum 36 Kalendermonate, sodass der maximale Rentenabschlag bei dieser Altersrente **10,8%** beträgt. Die zu erwartende Rentenminderung kann durch eine gesonderte Beitragszahlung ganz oder teilweise ausgeglichen werden (§ 187). (Näheres zur Inanspruchnahme: DRV-Schriften Band 22, Rentenversicherung in Zeitreihen 2008, S. 60). 33

M. Änderung Rentenhöhe

Ändern sich nach dem Rentenbeginn aus tatsächlichen oder rechtlichen Gründen die Voraussetzungen für die Höhe der Rente, wird die neue Rentenhöhe vom Kalendermonat an geleistet, zu dessen Beginn die Änderung wirksam ist (§ 100 Abs. 1 S. 1). Ändert sich die Rentenhöhe, weil ein Zusammentreffen von Renten und **Einkommen** zu berücksichtigen ist, wird die neue Rentenhöhe tagegenau geleistet (§ 100 Abs. 1 S. 2). Näheres vgl. § 235 Rn. 17–18. 34

Besteht aufgrund eines **Hinzuverdienstes** (vgl. Rn. 29) anstelle einer Vollrente nur noch Anspruch auf eine Teilrente oder bei Bezug einer Teilrente nur noch Anspruch auf eine niedrigere Teilrente, ist die neue Rentenhöhe bereits vom Beginn des Kalendermonats an zu zahlen, in dem die Hinzuverdienstgrenze überschritten wird. Dabei ist es unmaßgeblich, ob die für den bestehenden Anspruch schädliche Beschäftigung oder selbständige Tätigkeit zu Beginn oder erst im Laufe eines Monats aufgenommen wird. 35

N. Rentenende

Der Anspruch auf die Altersrente endet mit dem **Tod** des Berechtigten; die Rente wird dann bis zum Ablauf des Kalendermonats geleistet, in dem der Berechtigte verstorben ist (§ 102 Abs. 5). Entfällt der Rentenanspruch wegen Überschreitens der höchsten **Hinzuverdienstgrenze** (vgl. Rn. 29), endet die Rentenzahlung mit Beginn des Monats, zu dessen Beginn die Anspruchsvoraussetzungen erfüllt sind (§ 100 Abs. 3). Folglich entfällt der Anspruch bereits vom Beginn des Kalendermonats an, in dem die höchste Hinzuverdienstgrenze überschritten wird. Ob die für den Anspruch schädliche Beschäftigung oder selbständige Tätigkeit zu Beginn oder erst im Laufe eines Monats aufgenommen wird, ist dabei unerheblich. Näheres vgl. § 235 Rn. 19. 36

O. Sonstiges

Mit dem Beginn einer Vollrente wegen Alters tritt **Versicherungsfreiheit** ein (§ 5 Abs. 4 Nr. 1). Besteht Versicherungspflicht in der **Krankenversicherung der Rentner,** haben Berechtigte ihren Beitragsanteil aus der Rente zu entrichten (§ 249a SGB V), der von der Rente einbehalten wird (§ 255 Abs. 1 SGB V). Dasselbe gilt für die Beiträge zur Pflegeversicherung (§ 20 Abs. 1 Nr. 11 iVm. § 60 Abs. 1 SGB XI). Freiwillig oder privat Krankenversicherte erhalten auf Antrag einen **Beitragszuschuss** nach § 106. Näheres vgl. § 235 Rn. 20–21. 37

P. Übersicht frühestmöglicher Rentenbeginn

Altersgrenzen

Geburt		ohne Vertrauensschutz frühester Rentenbeginn					mit Vertrauensschutz frühester Rentenbeginn				
		ohne Abschlag		mit Abschlag			ohne Abschlag		mit Abschlag		
		ab Alter		ab Alter		%	ab Alter		ab Alter		%
Jahr	Monat	Jahr	Monat	Jahr	Monat		Jahr	Monat	Jahr	Monat	
1951 und älter		63	0	60	0	10,8	63	0	60	0	10,8
1952	Januar	63	1	60	1	10,8	63	0	60	11	10,8
	Februar	63	2	60	2	10,8	63	0	60	10	10,8
	März	63	3	60	3	10,8	63	0	60	8	10,8
	April	63	4	60	4	10,8	63	0	60	7	10,8
	Mai	63	5	60	5	10,8	63	0	60	6	10,8
	Juni – Dez.	63	6	60	6	10,8	63	0	60	5	10,8
1953		63	7	60	7	10,8	63	0	60	0	10,8
1954		63	8	60	8	10,8	63	0	60	0	10,8
1955		63	9	60	9	10,8	63	0*	60	0*	10,8
1956		63	10	60	10	10,8	63	0*	60	0*	10,8
1957		63	11	60	11	10,8	63	0*	60	0*	10,8
1958		64	0	61	0	10,8	63	0*	60	0*	10,8
1959		64	2	61	2	10,8	63	0*	60	0*	10,8
1960		64	4	61	4	10,8	63	0*	60	0*	10,8
1961		64	6	61	6	10,8	63	0*	60	0*	10,8
1962		64	8	61	8	10,8	63	0*	60	0*	10,8
1963		64	10	61	10	10,8	63	0*	60	0*	10,8
1964 und jünger		65	0	62	0	10,8	63	0*	60	0*	10,8

* Gilt nur für Bezieher von Anpassungsgeld für entlassene Arbeitnehmer des Bergbaus
(Quelle: www.deutsche-rentenversicherung.de, „SUMMA SUMMARUM" – Schriftenreihe, Ausgabe 5/2007)

§ 237 Altersrente wegen Arbeitslosigkeit oder nach Altersteilzeitarbeit

(1) Versicherte haben Anspruch auf Altersrente, wenn sie
1. vor dem 1. Januar 1952 geboren sind,
2. das 60. Lebensjahr vollendet haben,
3. entweder
   a) bei Beginn der Rente arbeitslos sind und nach Vollendung eines Lebensalters von 58 Jahren und 6 Monaten insgesamt 52 Wochen arbeitslos waren oder Anpassungsgeld für entlassene Arbeitnehmer des Bergbaus bezogen haben
   oder
   b) die Arbeitszeit aufgrund von Altersteilzeitarbeit im Sinne der §§ 2 und 3 Abs. 1 Nr. 1 des Altersteilzeitgesetzes für mindestens 24 Kalendermonate vermindert haben,
4. in den letzten zehn Jahren vor Beginn der Rente acht Jahre Pflichtbeiträge für eine versicherte Beschäftigung oder Tätigkeit haben, wobei sich der Zeitraum von zehn Jahren um Anrechnungszeiten, Berücksichtigungszeiten und Zeiten des Bezugs einer Rente aus eigener Versicherung, die nicht auch Pflichtbeitragszeiten aufgrund einer versicherten Beschäftigung oder Tätigkeit sind, verlängert, und
5. die Wartezeit von 15 Jahren erfüllt haben.

(2) ¹Anspruch auf diese Altersrente haben auch Versicherte, die
1. während der Arbeitslosigkeit von 52 Wochen nur deshalb der Arbeitsvermittlung nicht zur Verfügung standen, weil sie nicht arbeitsbereit waren und nicht alle Möglichkeiten nutzten und nutzen wollten, um ihre Beschäftigungslosigkeit zu beenden,
2. nur deswegen nicht 52 Wochen arbeitslos waren, weil sie im Rahmen einer Arbeitsgelegenheit mit Entschädigung für Mehraufwendungen nach dem Zweiten Buch eine Tätigkeit von 15 Stunden wöchentlich oder mehr ausgeübt haben, oder
3. während der 52 Wochen und zu Beginn der Rente nur deswegen nicht als Arbeitslose galten, weil sie erwerbsfähige Leistungsberechtigte waren, die nach Vollendung des 58. Lebensjahres mindestens für die Dauer von zwölf Monaten Leistungen der Grundsicherung für Arbeitsuchende bezogen haben, ohne dass ihnen eine sozialversicherungspflichtige Beschäftigung angeboten worden ist.

²Der Zeitraum von zehn Jahren, in dem acht Jahre Pflichtbeiträge für eine versicherte Beschäftigung oder Tätigkeit vorhanden sein müssen, verlängert sich auch um
1. Arbeitslosigkeitszeiten nach Satz 1,
2. Ersatzzeiten,

soweit diese Zeiten nicht auch Pflichtbeiträge für eine versicherte Beschäftigung oder Tätigkeit sind. ³Vom 1. Januar 2008 an werden Arbeitslosigkeitszeiten nach Satz 1 Nr. 1 nur berücksichtigt, wenn die Arbeitslosigkeit vor dem 1. Januar 2008 begonnen hat und der Versicherte vor dem 2. Januar 1950 geboren ist.

(3) ¹Die Altersgrenze von 60 Jahren wird bei Altersrenten wegen Arbeitslosigkeit oder nach Altersteilzeitarbeit für Versicherte, die nach dem 31. Dezember 1936 geboren sind, angehoben. ²Die vorzeitige Inanspruchnahme einer solchen Altersrente ist möglich. ³Die Anhebung der Altersgrenzen und die Möglichkeit der vorzeitigen Inanspruchnahme der Altersrenten bestimmen sich nach Anlage 19.

(4) ¹Die Altersgrenze von 60 Jahren bei der Altersrente wegen Arbeitslosigkeit oder nach Altersteilzeitarbeit wird für Versicherte, die
1. bis zum 14. Februar 1941 geboren sind und
    a) am 14. Februar 1996 arbeitslos waren oder Anpassungsgeld für entlassene Arbeitnehmer des Bergbaus bezogen haben oder
    b) deren Arbeitsverhältnis aufgrund einer Kündigung oder Vereinbarung, die vor dem 14. Februar 1996 erfolgt ist, nach dem 13. Februar 1996 beendet worden ist,
2. bis zum 14. Februar 1944 geboren sind und aufgrund einer Maßnahme nach Artikel 56 § 2 Buchstabe b des Vertrages über die Gründung der Europäischen Gemeinschaft für Kohle und Stahl (EGKS-V), die vor dem 14. Februar 1996 genehmigt worden ist, aus einem Betrieb der Montanindustrie ausgeschieden sind oder
3. vor dem 1. Januar 1942 geboren sind und 45 Jahre mit Pflichtbeiträgen für eine versicherte Beschäftigung oder Tätigkeit haben, wobei § 55 Abs. 2 nicht für Zeiten anzuwenden ist, in denen Versicherte wegen des Bezugs von Arbeitslosengeld, Arbeitslosenhilfe oder Arbeitslosengeld II versicherungspflichtig waren,

wie folgt angehoben:

Versicherte Geburtsjahr Geburtsmonat	Anhebung um Monate	auf Alter		vorzeitige Inanspruchnahme möglich ab Alter	
		Jahr	Monat	Jahr	Monat
vor 1941	0	60	0	60	0
1941					
Januar–April	1	60	1	60	0
Mai–August	2	60	2	60	0
September–Dezember	3	60	3	60	0
1942					
Januar–April	4	60	4	60	0
Mai–August	5	60	5	60	0
September–Dezember	6	60	6	60	0
1943					
Januar–April	7	60	7	60	0
Mai–August	8	60	8	60	0
September–Dezember	9	60	9	60	0

Versicherte Geburtsjahr Geburtsmonat	Anhebung um Monate	auf Alter		vorzeitige Inanspruchnahme möglich ab Alter	
		Jahr	Monat	Jahr	Monat
1944 Januar–Februar	10	60	10	60	0

²Einer vor dem 14. Februar 1996 abgeschlossenen Vereinbarung über die Beendigung des Arbeitsverhältnisses steht eine vor diesem Tag vereinbarte Befristung des Arbeitsverhältnisses oder Bewilligung einer befristeten arbeitsmarktpolitischen Maßnahme gleich. ³Ein bestehender Vertrauensschutz wird insbesondere durch die spätere Aufnahme eines Arbeitsverhältnisses oder den Eintritt in eine neue arbeitsmarktpolitische Maßnahme nicht berührt.

(5) ¹Die Altersgrenze von 60 Jahren für die vorzeitige Inanspruchnahme wird für Versicherte,

1. die am 1. Januar 2004 arbeitslos waren,
2. deren Arbeitsverhältnis aufgrund einer Kündigung oder Vereinbarung, die vor dem 1. Januar 2004 erfolgt ist, nach dem 31. Dezember 2003 beendet worden ist,
3. deren letztes Arbeitsverhältnis vor dem 1. Januar 2004 beendet worden ist und die am 1. Januar 2004 beschäftigungslos im Sinne des § 119 Abs. 1 Nr. 1 des Dritten Buches waren,
4. die vor dem 1. Januar 2004 Altersteilzeitarbeit im Sinne der §§ 2 und 3 Abs. 1 Nr. 1 des Altersteilzeitgesetzes vereinbart haben oder
5. die Anpassungsgeld für entlassene Arbeitnehmer des Bergbaus bezogen haben,

nicht angehoben. ²Einer vor dem 1. Januar 2004 abgeschlossenen Vereinbarung über die Beendigung des Arbeitsverhältnisses steht eine vor diesem Tag vereinbarte Befristung des Arbeitsverhältnisses oder Bewilligung einer befristeten arbeitsmarktpolitischen Maßnahme gleich. ³Ein bestehender Vertrauensschutz wird insbesondere durch die spätere Aufnahme eines Arbeitsverhältnisses oder den Eintritt in eine neue arbeitsmarktpolitische Maßnahme nicht berührt.

Übersicht

	Rn.
A. Normzweck	1
B. Anspruchsvoraussetzungen	3
C. Altersgrenze	4
I. Anhebung Altersgrenze	5
II. Vertrauensschutzregelung	6
D. Nachweis Lebensalter	8
E. Voraussetzung „Arbeitslosigkeit"	9
I. Begriff der Arbeitslosigkeit	10
II. Arbeitslosigkeit bei Rentenbeginn	16
F. Voraussetzung „Altersteilzeitarbeit"	18
I. Altersteilzeitarbeit iSd. ATG	19
II. Verminderung der Arbeitszeit	22
III. Arbeitsunfähigkeit	24
G. Wartezeit	26
H. In den letzten zehn Jahren acht Jahre Pflichtbeiträge	27
I. Pflichtbeiträge aufgrund versicherter Beschäftigung oder Tätigkeit	28
II. Verlängerung Zehnjahreszeitraum	34
I. Antrag und Rentenbeginn	35
J. Hinzuverdienst	36
K. Voll- und Teilrente	37
L. Vorzeitige Inanspruchnahme	39
I. Anhebung der Altersgrenze	40
II. Vertrauensschutzregelung	41
1. Arbeitslosigkeit ab 1. 1. 2004	42
2. Kündigung oder Aufhebungsvereinbarung	43
3. Befristung des Arbeitsverhältnisses	45
4. Befristete arbeitsmarktpolitische Maßnahme	46
5. Altersteilzeitvereinbarung	47
6. Beschäftigungslosigkeit am 1. 1. 2004	48

	Rn.
M. Änderung Rentenhöhe	49
N. Rentenende	51
O. Sonstige	52
P. Anlage 19 zum SGB VI (Auszug)	53

A. Normzweck

Die **Übergangsvorschrift** regelt für vor dem 1. 1. 1952 Geborene den Anspruch auf die Altersrente wegen Arbeitslosigkeit oder nach Altersteilzeitarbeit. Diese Altersrente beinhaltet zwei sozialpolitische Regelungsziele: Einerseits bezweckt die Altersrente wegen Arbeitslosigkeit den Schutz derjenigen älteren Versicherten, die am Ende ihres Versicherungslebens arbeitslos werden und trotz Arbeitsfähigkeit und Arbeitswilligkeit besonders wegen ihres Alters nur noch schwer vermittelbar sind (BSG 13. 10. 1992 – 4 RA 10/92 – SozR 3–2200 § 1248 Nr. 7). Andererseits gewährleistet die zum 1. 8. 1996 (BGBl. I, 1078) eingeführte Altersrente nach Altersteilzeitarbeit einen gleitenden Übergang vom Erwerbsleben in die vorzeitige Altersrente. Von den Geburtsjahrgängen 1952 und jünger kann diese Rentenart nicht mehr beansprucht werden. 1

Im Abs. 1 werden die persönlichen und versicherungsrechtlichen Voraussetzung für die Gewährung dieser Rente benannt. Abs. 2 erweitert die Anspruchsvoraussetzungen um Sonderregelungen für einen im Hinblick auf das Vorliegen von Arbeitslosigkeit und zum anderen in Bezug auf die besonderen versicherungsrechtlichen Voraussetzungen. Abs. 3 bestimmt für die Jahrgänge 1937 und jünger die stufenweise Anhebung der Altersgrenze für die abschlagfreie Rente von 60 Jahren auf das 65. Lebensjahr und räumt die Möglichkeit einer vorzeitigen Inanspruchnahme der Altersrente nach Maßgabe der Anlage 20 zum SGB VI ein, wobei die Altersgrenze für die vorzeitige Inanspruchnahme vom 60. auf das 63. Lebensjahr ebenfalls angehoben wird. Abs. 4 regelt für ältere Jahrgänge Ausnahmen zur Anhebung der Altersgrenze auf das 65. Lebensjahr; diese Vertrauensschutzregelungen entfallen jedoch nur noch geringe Bedeutung, da die in Abs. 4 genannten Personengruppen ab 1. 3. 2009 ausnahmslos abschlagsfrei die Altersrente wegen Arbeitslosigkeit oder nach Altersteilzeitarbeit beanspruchen können (vgl. Rn. 6). Abs. 5 beinhaltet hinsichtlich der Anhebung der Altersgrenze für die vorzeitige Inanspruchnahme weitere Vertrauensschutzregelungen. 2

B. Anspruchsvoraussetzungen

Persönliche Voraussetzungen für den Anspruch auf die Altersrente sind die Geburt vor dem 1. 1. 1952 sowie die Vollendung des 60. Lebensjahres. Darüber hinaus müssen Versicherte bei Beginn der Rente arbeitslos iSd. SGB III sein und nach Vollendung eines Lebensalters von 58 Jahren und sechs Monaten insgesamt mindestens 52 Wochen arbeitslos gewesen sein oder Anpassungsgeld für entlassene Arbeitnehmer des Bergbaus bezogen haben oder mindestens 24 Kalendermonate Altersteilzeitarbeit iSd. §§ 2 und 3 ATG ausgeübt haben. Als **versicherungsrechtliche Voraussetzungen** müssen einerseits in den letzten zehn Jahren vor dem Rentenbeginn mindestens acht Jahre für eine versicherte Beschäftigung oder Tätigkeit zurückgelegt und andererseits als **Mindestversicherungszeit** die Wartezeit von 15 Jahren erfüllt sein. Für bestimmte Personengruppen besteht der Anspruch auch dann, wenn sie während der 52 Wochen zwar nicht arbeitslos iSd. SGB III waren, aber über die Gleichstellungsregelungen in Abs. 2 S. 1 als Arbeitslose gelten (im Einzelnen vgl. Rn. 13–15). Für sämtliche vorgezogenen Altersrenten ergibt sich zudem aus § 34 eine weitere negative Anspruchsvoraussetzung: Bei einer Beschäftigung oder selbständigen Tätigkeit darf das daraus erzielte Einkommen die Hinzuverdienstgrenzen des § 34 Abs. 2 und 3 nicht übersteigen (vgl. Rn. 36). 3

C. Altersgrenze

Die Anhebung der Regelaltersgrenze von 65 Jahre auf 67 Jahre durch das RV-Altersgrenzenanpassungsgesetz vom 20. 4. 2007 (BGBl. I S. 554; vgl. § 235 Rn. 4) hat auf die Altersrente wegen Arbeitslosigkeit oder nach Altersteilzeitarbeit keine Auswirkungen. Frühestmöglich und damit abschlagsbehaftet kann die Rente für die gen Personengruppen weiterhin mit Vollendung des **60. Lebensjahres** beansprucht werden (zur Anhebung dieser Altersgrenze vgl. aber Rn. 42 ff.). Die Anhebung der Altersgrenze auf das 65. Lebensjahr für die reguläre, abschlagsfreie Inanspruchnahme der Altersrente ist bereits mit dem Geburtsjahrgang Dezember 1941 abgeschlossen (im Einzelnen vgl. Rn. 5). Die Vollendung des maßgebenden Lebensalters bestimmt sich dabei in Anwendung der §§ 187 Abs. 2, 188 Abs. 2 BGB. Hiernach ist der Tag der Geburt der 1. Geburtstag. Demzufolge wird zB das 60. Lebensjahr mit Ablauf des Tages vollendet, der dem 61. Geburtstag vorausgeht. Bei am Ersten eines Monats Geborenen wird das maßgebende Lebensjahr bereits mit Ablauf des Vormonats vollendet (BSG 1. 7. 1970 – B 4 RJ 13/70 – SozR Nr. 15 zu § 1290 RVO). 4

I. Anhebung Altersgrenze

5 Die Altersgrenze von 60 Lebensjahren für den Anspruch auf die abschlagsfreie Altersrente ist auf das 65. Lebensjahr angehoben worden; diese Anhebung ist verfassungsgemäß (BVerfG 5. 2. 2009 – 1 BvR 1631/04 – NZS 2009, 621–624).

Hiervon betroffen sind alle Versicherten der **Jahrgänge 1937 und jünger**, soweit die besonderen Vertauensschutztatbestände des Abs. 4 (vgl. Rn. 6) nicht einschlägig waren. Die Anhebung erfolgt nach Maßgabe der Anlage 19 zum SGB VI (vgl. Rn. 53) und ist mit dem Geburtsjahrgang Dezember 1941 abgeschlossen. Daher können alle nach November 1941 bis einschließlich Dezember 1951 Geborene die Altersrente erst nach Vollendung des 65. Lebensjahres beanspruchen. Ab dem Geburtsmonat Januar 1952 besteht überhaupt kein Anspruch mehr auf diese Altersrente (vgl. Rn. 1).

II. Vertrauensschutzregelung

6 Abs. 4 beinhaltet hinsichtlich der Anhebung vom 60. auf das 65. Lebensjahr drei Vertrauensschutzregelungen für sog. rentennahe Jahrgänge. Diese Ausnahmeregelungen haben inzwischen wegen Zeitablaufs an praktischer Bedeutung verloren. Die begünstigten Versicherten können spätestens seit dem 1. 3. 2009 die abschlagsfreie Altersrente auch ohne Vorliegen von Vertrauensschutztatbeständen in Anspruch nehmen (Geburt bis 14. 2. 1944, Anhebung der Altersgrenze nach Abs. 3 auf das 65. Lebensjahr = Rentenbeginn 1. 3. 2009).

7 Die Begünstigung von Versicherten mit 45 Pflichtbeitragsjahren durch die Vertrauensschutzregelung des Abs. 4 S. 1 Nr. 3 ist **verfassungsrechtlich nicht zu beanstanden.** Das BVerfG hat in seinem Beschluss vom 11. 11. 2008 (1 BvL 3/05 ua. – BVerfGE 122, 151–190) nachvollziehbar klargestellt, dass eine Verletzung des Gleichheitsgrundsatzes nicht vorliegt, weil der Umfang von Versicherungszeiten ein für die Entstehung und Berechnung der Renten bestimmender Faktor ist, sodass diese Privilegierung dem System der gesetzlichen Rentenversicherung wesensimmanent ist und sie darüber hinaus sachlich gerechtfertigt ist. Die vom 4. Senat des BSG in seinen Vorlagebeschlüssen vom 28. 10. 2004 (B 4 RA 7/03 R, B 4 RA 42/02 R, B 4 RA 3/03 R, B 4 RA 50/03 R; SGb 2004, 751) geäußerten Bedenken wurden vom BVerfG nicht geteilt (so auch schon BSG 12. 12. 2006 – B 13 RJ 19/05 R – SozR 4–2600 § 237 Nr. 11).

D. Nachweis Lebensalter

8 Das Lebensalter wird durch **Personenstandsurkunden** iSd. § 55 PStG nachgewiesen. In der Praxis genügt dem Rentenversicherungsträger in aller Regel auch ein **Personalausweis oder Reisepass** als Nachweis des Lebensalters. **Ausländischen Urkunden** wird keine geringere Beweiskraft zugemessen als deutschen Personenstandsurkunden, sofern deren Richtigkeit nicht durch konkrete, auf den jeweiligen Einzelfall bezogene Anhaltspunkte ernstlich in Frage gestellt ist (vgl. EuGH 2. 12. 1997 „Dafeki", AZ: C-336/94, Slg 1997 – 12, S. 6761 und EuGH 14. 3. 2000 „Kocak/Ors", verbundene Rechtssachen, AZ: C-102/98 und C-211/98, Slg 2000–3, S. 1287, Rn. 40–42). Näheres vgl. § 235 Rn. 8.

E. Voraussetzung „Arbeitslosigkeit"

9 Eine – diese Rentenart prägende – persönliche Voraussetzung ist, dass Versicherte sowohl im Zeitpunkt des Rentenbeginns arbeitslos sind als auch nach Vollendung eines Lebensalters von 58 Jahren und sechs Monaten insgesamt 52 Wochen (= 364 Tage) arbeitslos waren. Das maßgebende Lebensalters wird dabei nach §§ 187 Abs. 2, 188 Abs. 2 BGB bestimmt (vgl. Rn. 4). Die erforderliche 52-wöchige Arbeitslosigkeit braucht nicht zusammenhängend zurückgelegt worden sein, einzelne Tage sind zusammenzuzählen (schon BSG 23. 3. 1976 – 5 RKn 42/75 – SozR 2200 § 1248 Nr. 11). Von der Arbeitslosigkeit umrahmte Sonnabende sowie Sonn- und Feiertage zählen bei der Ermittlung ebenfalls mit. Zeiten der Altersteilzeitarbeit können hingegen nicht kumulativ neben Arbeitslosigkeitszeiten berücksichtigt werden (BSG 17. 4. 2007 – B 5R 16/06 R – SGb 2007, 350–351). Mit dem 364. Tag der Arbeitslosigkeit ist das TbMerkmal der Arbeitslosigkeit von 52 Wochen erfüllt. Das Vorliegen dieses TbMerkmals gilt auch für alle Fälle einer erneuten Bewilligung einer – zB wegen eines Hinzuverdienstes – weggefallenen Altersrente wegen Arbeitslosigkeit. Dies galt in der Vergangenheit nicht, denn erst mit einer entsprechenden Neuregelung zum 1. 1. 2000 durch das RRG 1999 vom 16. 12. 1997 (BGBl. I, 2998) hat der Gesetzgeber auf bis dahin bestehende Hindernisse zur Wiederaufnahme einer Erwerbstätigkeit reagiert (BT-Drs. 13/8011, 63).

I. Begriff der Arbeitslosigkeit

10 Der Begriff der Arbeitslosigkeit ist im Rentenrecht nicht legaldefiniert. Entsprechend gilt daher der Begriff wie er durch das **Recht der Arbeitslosenversicherung** bestimmt wird (BSG 13. 10. 1992 –

B 4 RA 30/91 –). Beim Rückgriff auf das Recht der Arbeitslosenversicherung ist für die Bestimmung des Begriffs Arbeitslosigkeit jeweils auf das Recht abzustellen, das während der Zeit der behaupteten Arbeitslosigkeit galt (BSG 21. 3. 2006 – B 5 RJ 27/05 R – SozR 4–2600 § 237 Nr. 10). Maßgebend sind daher entweder die §§ 118 bis 121 (1. 1. 1998 bis 31. 12. 2004) oder die §§ 119 bis 121 SGB III (ab 1. 1. 2005). Arbeitslosigkeit iSd. SGB III besteht danach aus zwei Elementen – und zwar einem objektiven und einem subjektiven; zur inhaltlichen Ausgestaltung vgl. Erl. zu §§ 119 ff. SGB III.

Arbeitslosigkeit iSd. Vorschrift liegt jedenfalls dann vor, wenn eine **Meldung bei der Agentur für Arbeit** (AA) erfolgte und Arbeitslosengeld I (bis 31. 12. 2004 auch Arbeitslosenhilfe) bezogen wurde. Dies gilt nicht für Arbeitslosengeldfortzahlung nach § 126 SGB III (BSG 14. 5. 1985 – 4 a RJ 5/84 – NZA 1986, 108–109) und Teilarbeitslosengeld nach § 150 SGB III. Der Bezug von Arbeitslosengeld (Alg) II allein lässt den Schluss auf das Vorliegen dieses Tatbestandsmerkmals nicht zu. Voraussetzung für den Bezug von Alg II ist neben der Hilfebedürftigkeit ua. die Erwerbsfähigkeit des Berechtigten. Nicht maßgeblich für die Gewährung von Alg II ist jedoch die **Verfügbarkeit** iSd. SGB III, sodass nicht verfügbare – und damit nicht als arbeitslos geltende – Personen durchaus erwerbsfähig sein können und Anspruch auf Alg II haben (vgl. a. Brühl LPK-SGB II, § 8 Rn. 5, Stand 1. Aufl.). In Zeiten der (regelmäßigen) Arbeitslosmeldung ohne Leistungsbezug (zB wegen nicht erfüllter Anwartschaft iSd. § 123 SGB III) liegt jedoch Arbeitslosigkeit vor (BSG 21. 3. 2006 – B 5 RJ 27/05 R – mwN, SozR 4–2600 § 237 Nr. 10). **11**

Eine Meldung bei der AA ist nicht zwingende Voraussetzung für das Vorliegen von Arbeitslosigkeit iSd. Vorschrift (BSG 21. 3. 1996 – B 5 RJ 27/05 R – aaO). Der RV-Träger hat dann im Rahmen der Anspruchsprüfung nach den Grundsätzen des Rechts der Arbeitslosenversicherung (vgl. Rn. 10) in eigener Zuständigkeit festzustellen, ob Arbeitslosigkeit iSd. SGB III vorliegt. An den Nachweis der Arbeitslosigkeit – insbesondere an die ernstliche Arbeitsbereitschaft – sind dabei strenge Anforderungen zu stellen (näher dazu *Fichte* Hauck/Noftz, SGB VI, K § 237 Rn. 50). Ein nur zeitweises Bemühen um Arbeit zB genügt nicht. Vielmehr müssen diese Bemühungen ernsthaft und fortlaufend gewesen sein (Federl MittLVA Obfr./Mfr. 1975, 229,237); dies ist durch entsprechende Unterlagen lückenlos nachzuweisen. Als Nachweise sind vor allem Bewerbungsnachweise anerkannt (Winter RV 1999, 23; Zweng/Scheerer/Buschmann/Dörr RV II-SGB VI, § 237 Rn. 22), die sich zudem auf Beschäftigungen beziehen müssen, die der Versicherte nach seinen Kenntnissen und Fähigkeiten tatsächlich auch ausüben kann. **12**

Nach Abs. 2 S. 1 Nr. 1 liegt Arbeitslosigkeit auch vor, wenn ältere Arbeitslose von der bis zum 31. 12. 2007 geltenden sog. **58er-Regelung** des § 428 SGB III Gebrauch gemacht haben, da sie nicht mehr arbeitsbereit waren und daher der Arbeitsvermittlung nicht mehr uneingeschränkt zur Verfügung stehen. Hiervon begünstigt sind nur Versicherte, deren Arbeitslosigkeit vor dem 1. 1. 2008 begonnen hat und die bis zum 31. 12. 2007 das 58. Lebensjahr vollendet haben. **13**

Als Arbeitslose gelten ebenfalls sog. **1-Euro-Jober,** die als Alg II-Bezieher an einer Arbeitsgelegenheit mit Mehraufwandsentschädigung (§ 16 Abs. 3 S. 2 SGB II) teilnehmen. Dies gilt selbst dann, wenn der „1-Euro-Job" mehr als 15 Stunden wöchentlich ausgeübt wird und damit nach dem Recht der Arbeitsförderung keine objektive Arbeitslosigkeit (§ 119 Abs. 1, 3 SGB III) vorliegt. **14**

Erwerbsfähige Leistungsberechtigte iSd. SGB II, die nach Vollendung des 58. Lebensjahr mindestens zwölf Monate Alg II bezogen haben, ohne dass ihnen eine sozialversicherungspflichtige Beschäftigung angeboten worden ist, stehen zwar nicht erklärtermaßen, aber dennoch faktisch der Arbeitsvermittlung nur noch begrenzt zur Verfügung und zählen daher nicht mehr zu den registrierten Arbeitslosen (§ 53a SGB II). Abs. 2 S. 1 Nr. 3 stellt sicher, dass ihnen daraus kein Nachteil in Bezug auf die Altersrente erwächst; sie gelten insoweit auch als Arbeitslose. **15**

II. Arbeitslosigkeit bei Rentenbeginn

Arbeitslosigkeit muss am Tag des Rentenbeginns vorliegen, deren anschließende Beseitigung dem Rentenanspruch nicht entgegensteht. Die Aufnahme einer **Beschäftigung oder Tätigkeit** von mehr als 15 Stunden wöchentlich iSd. § 119 III SGB III nach Rentenbeginn ist daher unbeachtlich, wenn die jeweiligen Hinzuverdienstgrenzen des § 34 Abs. 2, 3 eingehalten (vgl. Rn. 38) werden; im Übrigen vgl. Rn. 9. **16**

Es muss lediglich **objektive Arbeitslosigkeit** (vgl. Rn. 10) vorliegen. Eine Arbeitslosmeldung bei der Agentur für Arbeit ist nicht erforderlich. Ob der Versicherte der Arbeitsvermittlung zur Verfügung steht, ist insoweit ohne Belang, sodass das Tatbestandsmerkmal „arbeitslos" auch erfüllt ist, wenn der Versicherte arbeitsunfähig ist oder sich im Ausland aufhält. Eine nicht erwerbsmäßige Pflegetätigkeit iSd. § 3 S. 1 Nr. 1a im Zeitpunkt des Rentenbeginns steht der Annahme von Arbeitslosigkeit nicht entgegen. **17**

F. Voraussetzung „Altersteilzeitarbeit"

Durch das Gesetz zur Förderung des gleitenden Ruhestands vom 23. 7. 1996 (BGBl. I, 1078) wurde die frühere Altersrente wegen Arbeitslosigkeit mWvom 1. 8. 1996 an um das Tatbestandsmerkmal **18** der 24-monatigen Altersteilzeitarbeit erweitert. Mit dem Gesetz zur Fortentwicklung der Altersteilzeit vom 20. 12. 1999 (BGBl. I, 2494) wurde zudem **klargestellt**, dass einerseits nur Altersteilzeitarbeit iSd. §§ 2 und 3 Abs. 1 Nr. 1 ATG berücksichtigt wird und andererseits die bisherige Arbeitszeit nach diesen Vorschriften halbiert sein muss (Wolf NZA 2000, 637, 641 f.).

I. Altersteilzeitarbeit iSd. ATG

19 Als Altersteilzeitarbeit iSd. § 237 Abs. 1 Nr. 3 Buchst. b wird ausschließlich Teilzeitarbeit, die die Voraussetzungen des **Altersteilzeitgesetz vom 23. 7. 1996** (BGBl. I, 1078) erfüllt, berücksichtigt. Die Befristung der Förderung durch die Bundesagentur für Arbeit auf vor dem 1. 1. 2010 begonnene Altersteilzeitarbeitsverhältnisse (§ 16 ATG) ist für das tatbestandsmäßige Vorliegen von Altersteilzeitarbeit unerheblich. Eine berücksichtigungsfähige Altersteilzeitarbeit nach ATG kann daher auch nach dem 31. 12. 2009 beginnen.

20 Mit dem Verweis auf die Regelungen des ATG wird der Begriff der Alterteilzeitarbeit **legaldefiniert** (so auch KomGRV § 237 Rn. 9). Danach liegt Altersteilzeitarbeit vor, wenn der Arbeitnehmer das 55. Lebensjahr vollendet hat und aufgrund einer Vereinbarung mit seinem Arbeitgeber, die sich zumindest auf die Zeit bis zu einem Anspruch auf Altersrente erstrecken muss, seine bisherige wöchentliche Arbeitszeit halbiert (vgl. im Übrigen ErfK/Rolfs § 2 ATG). Der Arbeitgeber seinerseits ist verpflichtet, das Arbeitsentgelt des Versicherten (sog. Regelentgelt) um mind. 20% aufzustocken sowie zusätzliche RV-Beiträge mindestens in Höhe des Beitrages zu zahlen, der auf 80% des Regelarbeitsentgelts entfällt, allerdings begrenzt auf den Unterschiedsbetrag zwischen 90% der monatlichen Beitragsbemessungsgrenze und dem Regelarbeitsentgelt, höchstens jedoch bis zur Beitragsbemessungsgrenze (vgl. im Übrigen ErfK/Rolfs § 3 ATG).

21 Für das Vorliegen von Altersteilzeitarbeit iSd. § 237 ist nicht Voraussetzung, dass die Bundesagentur für Arbeit **Förderleistungen** nach § 4 ATG zahlt. In diesen Fällen obliegt dem RV-Träger in eigener Zuständigkeit das Festellen des Vorliegens von Altersteilzeitarbeit. Die Altersteilzeitarbeit muss auch nicht zusammenhängend oder unmittelbar vor dem Rentenbeginn ausgeübt worden sein. Ausreichend ist, wenn in der Zeit nach Vollendung des 55. Lebensjahres 24 Kalendermonate Teilzeitarbeit verrichtet wurden. Dabei ist entscheidend, dass sich die Vereinbarung zwischen Arbeitnehmer und Arbeitgeber bis zum Beginn einer (auch abschlagsbehafteten) Altersrente erstreckt, was gleichwohl nicht ausschließt, dass der Arbeitnehmer später nicht unmittelbar nach Ablauf der Altersteilzeitarbeit eine Altersrente beantragt, sondern in ein anderes Beschäftigungsverhältnis wechselt. Altersteilzeitarbeit iSd. des ATG liegt hingegen nicht vor, wenn das Altersteilzeitarbeitsverhältnis erst nach seinem Beginn rückwirkend vereinbart worden ist (BSG 23. 1. 2007 – 9 AZR 393/06 – NZA 2007, 1236–1240).

II. Verminderung der Arbeitszeit

22 Anspruch auf Altersrente nach Altersteilzeitarbeit besteht nur, wenn die bisherige wöchentliche Arbeitszeit für mindestens 24 Kalendermonate gem. § 2 Abs. 1 Nr. 2 ATG auf die Hälfte vermindert wurde (BAG 20. 8. 2002 – 9 AZR 710/00 – BAGE 102, 225–233). Bisherige Arbeitszeit ist grundsätzlich die wöchentliche Arbeitszeit, die unmittelbar vor dem Übergang in die Altersteilzeitarbeit vereinbart worden war (BAG 11. 4. 2006 – 9 AZR 369/05 – BAGE 118, 1–15); dies schließt auch den Übergang aus einer **Teilzeitbeschäftigung** ein (Wolf NZA 2000, 637, 638 f.), wobei auch in diesen Fällen während der Altersteilzeitarbeit ein mehr als geringfügiges Beschäftigungsverhältnis bestehen muss (§ 2 Abs. 1 Nr. 2 ATG). Zeiten unbezahlten Sonderurlaubs sind bei der Berechnung der bisherigen wöchentlichen Arbeitszeit außer acht zu lassen (BAG 1. 10. 2002 – 9 AZR 278/02 – BAGE 103, 54–59). Hinsichtlich der Verteilung der Arbeitszeit werden zwei Modelle unterschieden. Zum einen existieren kontinuierliche Arbeitszeitmodelle, zu denen in erster Linie zB die „klassische" Halbtagsbeschäftigung gehört. Überwiegend wird die Altersteilzeit jedoch in sog. Blockmodellen abgeleistet, bei denen idR zwei große Zeitblöcke gebildet werden, die sich in eine jeweils gleichlange aktive Arbeitsphase und in eine Freistellungsphase aufteilen. In der Arbeitsphase wird in bisherigem Umfang und anschließend in der Freistellungsphase nicht mehr gearbeitet (vgl. ErfK/Rolfs § 2 ATG Rn. 9). Ohne tarifvertragliche Regelung beträgt der höchstzulässige Verteilzeitraum drei Jahre, mit Tarifvertrag bis zu zehn Jahre (§ 2 Abs. 2 S. 1 Nr. 1 iVm. Abs. 3). **Nebenbeschäftigungen** beim selben Arbeitgeber stehen nur dann dem Rentenanspruch nicht entgegen, wenn am Ende des Altersteilzeitarbeitsverhältnisses die Hälftigkeit iSd. § 2 Abs. 1 Nr. 2 ATG gewahrt ist; rentenrechtlich ohne Auswirkungen ist eine Nebenbeschäftigung bei einem anderen Arbeitgeber.

23 Wird die Altersteilzeitarbeit im Blockmodell ausgeübt, liegen 24 Kalendermonate Altersteilzeitarbeit nur vor, wenn mindestens 12 Kalendermonate Vollarbeitsphase und 12 Kalendermonate Freistellungsphase zurückgelegt worden sind; Teilmonate mit Altersteilzeitarbeit zählen als volle Kalendermonate (§ 122 Abs. 1). Wird die vereinbarte Altersteilzeitarbeit im Blockmodell noch während der Arbeitsphase oder vor Ablauf der spiegelbildlichen Freistellungsphase beendet bzw. werden Arbeitsentgelt, Aufstockungsbeträge und zusätzliche Beiträge zur Rentenversicherung nicht bis zum Ablauf

der Freistellungsphase gezahlt (zB wegen **Insolvenz** des Arbeitgebers oder länger andauernder Arbeitsunfähigkeit des Arbeitnehmers), besteht kein Anspruch auf die Altersrente nach Altersteilzeitarbeit (BSG 17. 4. 2007 – B 5 R 16/06 R – SGb 2007, 350–351). Für den Rentenanspruch können Zeiten der Teilzeitarbeit und einer Arbeitslosigkeit nicht kumulativ zugrunde gelegt werden (BSG 17. 4. 2007 aaO).

III. Arbeitsunfähigkeit

Bei krankheitsbedingter Arbeitsunfähigkeit oder Leistungen zur medizinischen Rehabilitation oder zur Teilhabe am Arbeitsleben besteht nach dem EFZG oder darüber hinausgehender (tarif-)vertraglicher Bestimmungen für mindestens sechs Wochen Anspruch auf **Entgeltfortzahlung** einschl. Aufstockungsbeträge sowie auf Zahlung der zusätzlichen Beiträge zur Rentenversicherung (BAG 15. 8. 2006 – 9 AZR 639/05 – USK 2006–46). In dieser Zeit liegt Altersteilzeitarbeit iSd. § 237 Abs. 1 Nr. 3 Buchst. b vor. Anschließend kann von Altersteilzeitarbeit nur ausgegangen werden, wenn während des Bezuges der entsprechenden Entgeltersatzleistung (auch bei Zahlung von Krankentagegeld) die Aufstockungsbeträge sowie die zusätzlichen RV-Beiträge weitergezahlt werden (in Förderfällen durch die Bundesagentur für Arbeit – § 10 Abs. 2 ATG oder aufgrund (tarif-)vertraglicher oder freiwilliger Basis durch den Arbeitgeber). 24

Bei länger anhaltender Arbeitsunfähigkeit während der Arbeitsphase eines **Blockmodells** liegt Altersteilzeitarbeit nur vor, wenn die volle Zeit des Bezuges der Entgeltersatzleistung (resp. des Krankentagegeldes) nachgearbeitet und das Altersteilzeitarbeitsverhältnis entsprechend verlängert wird (*Fichte* Hauck/Noftz, SGB VI, K § 237 Rn. 57). Eine Nacharbeit ist hingegen nicht erforderlich, wenn der Arbeitgeber sowohl das Wertguthaben der Freistellungsphase weiter anspart als auch die Aufstockungsbeträge sowie die zusätzlichen RV-Beiträge weiter zahlt. Wird allerdings neben der Weiterzahlung der Aufstockungsbeträge/zusätzlichen RV-Beiträge das Wertguthaben nicht weiter angespart, muss der Arbeitnehmer die Hälfte der Zeit des Leistungsbezugs nacharbeiten (*Fichte* aaO). 25

G. Wartezeit

Eine der beiden versicherungsrechtlichen Voraussetzungen für den Anspruch auf die Altersrente wegen Arbeitslosigkeit oder nach Altersteilzeitarbeit ist nach § 237 a Abs. 1 Nr. 4 die Erfüllung der Wartezeit von **15 Jahren** (§ 243 b Nr. 2). Da dem Rentenrecht gemeinhin das Kalendermonatsprinzip innewohnt, ergeben sich somit nach der Umrechnungsregel aus § 122 Abs. 2 S. 1 180 Kalendermonate an erforderlicher Mindestversicherungszeit iSd. § 34 Abs. 1. Auf die Wartezeit werden nach § 244 Abs. 2 **Beitragszeiten** (§§ 55, 247, 248, 281 Abs. 2) einschl. Kindererziehungszeiten (§§ 56, 249, 249 a) und **Ersatzzeiten** (§§ 250, 251) angerechnet. Zudem werden auch Monate berücksichtigt, die sich aufgrund eines durchgeführten Versorgungsausgleichs (§ 52 Abs. 1) oder Rentensplittings (§ 52 Abs. 1 a) und aus Zuschlägen an Entgeltpunkten für Arbeitsentgelt aus einer geringfügigen versicherungsfreien Beschäftigung (§ 52 Abs. 2) ergeben. 26

H. In den letzten zehn Jahren acht Jahre Pflichtbeiträge

Eine weitere – besondere – versicherungsrechtliche Voraussetzung für den Anspruch auf die Altersrente wegen Arbeitslosigkeit oder nach Altersteilzeitarbeit ist das Vorhandensein von mindestens acht Jahren (also mindestens 96 Kalendermonaten) mit Pflichtbeiträgen für eine versicherte Beschäftigung oder Tätigkeit in den letzten zehn Jahren (120 Kalendermonaten) **vor Rentenbeginn**. Dabei zählen nur teilweise belegte Monate als volle Kalendermonate (§ 122 Abs. 1). Der Zehnjahreszeitraum kann um bestimmte Zeiten verlängert werden (vgl. Rn. 34). 27

I. Pflichtbeiträge aufgrund versicherter Beschäftigung oder Tätigkeit

Berücksichtigungsfähig sind gem. § 55 Abs. 1 Zeiten, für die nach **Bundesrecht** Pflichtbeiträge – tatsächlich (BSG 3. 12. 1992 – 13 RJ 29/91 – FamRZ 1993, 1197–1200) – gezahlt worden sind sowie Zeiten, für die Pflichtbeiträge nach besonderen Vorschriften als gezahlt gelten. Derartige Zeiten sind in erster Linie Pflichtbeitragszeiten abhängig Beschäftigter (§ 1) und versicherungspflichtiger Selbständiger (§ 2) oder auf Antrag Versicherungspflichtig (§ 4) aber auch Pflichtbeitragszeiten aufgrund eines Sozialleistungsbezuges (§ 3). Zudem sind ua. gem. § 3 S. 1 Nr. 1 Kindererziehungszeiten zu berücksichtigen. Pflichtbeiträge für eine versicherte Beschäftigung oder Tätigkeit liegen über die abschließende Gleichstellungsregelung des § 55 Abs. 2 auch vor, wenn freiwillige Beiträge gezahlt worden sind, die als Pflichtbeitragszeiten gelten, oder wenn Pflichtbeiträge aus den in §§ 3, 4 genannten Gründen gezahlt worden sind oder als gezahlt gelten oder wenn für Anrechnungszeiten Beiträge gezahlt worden sind, die ein Leistungsträger mitgetragen hat. Nach über- oder zwischenstaatlichem Recht vergleichbare Beitragszeiten im **Ausland** werden ebenfalls berücksichtigt. Im Übrigen wird auf die Erl. zu § 55 verwiesen. 28

29 Bei versicherungspflichtigen **Handwerkern** oder antragspflichtversicherten Selbständigen, die vor dem 1. 1. 1992 von dem Recht Gebrauch gemacht haben, Pflichtbeiträge nur für jeden zweiten Kalendermonat zu zahlen, sind für die Erfüllung der besonderen versicherungsrechtlichen Voraussetzungen (nicht für die Wartezeit!) auch die – idR ungeraden – Kalendermonate als mit Pflichtbeitragszeiten belegt anzusehen, für die tatsächlich keine Pflichtbeiträge entrichtet worden sind (BSG 10. 9. 1987 – 12 RK 29/86 – SozR 5800 § 4 Nr. 5).

30 Sind Anrechnungszeiten für sog. **Arbeitsausfalltage** iSd. § 252a Abs. 2 zu berücksichtigen, so ersetzen diese Ausfalltage die für diese Zeit bescheinigten Pflichtbeitragszeiten. In § 252a Abs. 2 Hs. 2 wird geregelt, dass diese ersetzten Pflichtbeitragszeiten bei der Berücksichtigung als versicherte Beschäftigung oder Tätigkeit nicht durch die pauschale Anrechnung der Arbeitsausfalltage verdrängt werden und ein ansonsten bestehender Rentenanspruch nicht zerstört wird (BT-Drs. 13/8671, 110).

31 Die im **Versorgungsausgleich** nach § 1587b BGB übertragenen Rentenanwartschaften sind keine Zeiten der versicherten Beschäftigung oder Tätigkeit, und zwar selbst dann nicht, wenn sie auf Pflichtbeiträgen des geschiedenen Ehegatten beruhen. Dies folgt daraus, dass durch den Versorgungsausgleich keine Versicherungs- oder gar Pflichtbeitragszeiten, sondern lediglich Werteinheiten übertragen werden (BSG 3. 12. 1992 – 13 RJ 29/91 – FamRZ 1993, 1197–1200).

32 Zeiten einer **geringfügigen Beschäftigung** (§§ 8, 8a SGB IV), soweit nicht nach § 5 Abs. 2 S. 2 auf die grundsätzlich bestehende Versicherungsfreiheit verzichtet wurde, werden ebenfalls **nicht** als Pflichtbeitragszeiten aufgrund einer versicherten Beschäftigung oder Tätigkeit berücksichtigt. Die nach § 52 Abs. 2 ermittelten zusätzlichen Wartezeitmonate bleiben bei Feststellung der mindestens 121 Kalendermonate außer Betracht.

33 Auch Zeiten, in denen versicherungspflichtige **Selbständige** mit ihrer Tätigkeit keinen Gewinn erzielen, sodass sich bei einkommensgerechter Beitragszahlung gem. § 165 Abs. 1 S. 1 Nr. 1 ein Beitrag von 0,00 Euro errechnet, zählen mangels Beitragsleistung nicht mit für die Erfüllung der Voraussetzung von mehr als zehn Jahren mit Pflichtbeiträgen nach vollendetem 40. Lebensjahr.

II. Verlängerung Zehnjahreszeitraum

34 Der Zehnjahreszeitraum verlängert sich nach Abs. 1 Nr. 4 um die **in diesen Zeitraum fallenden** (BSG 10. 2. 2005 – B 4 RA 31/04 R – SGb 2005, 281) **anrechenbaren** Anrechnungszeiten, Berücksichtigungszeiten wegen Kindererziehung oder Pflege sowie um Bezugszeiten einer Rente aus eigener Versicherung (vgl. Erl. zu § 58, § 57, § 33). Nach Abs. 2 erweitert sich der Zehnjahreszeitraum zudem um Zeiten der eingeschränkten Arbeitsbereitschaft nach Abs. 2 S. 1 (vgl. Rn. 13–15) und um Ersatzzeiten (§ 250). Zeiten der eingeschränkten Arbeitsbereitschaft nach Abs. 2 S. 1 Nr. 1 (Rn. 13) verlängern den maßgebenden Zeitraum jedoch nur, wenn die Arbeitslosigkeit vor dem 1. 1. 2008 begonnen hat und der Versicherte vor dem 2. 1. 1950 geboren ist. Der Zehnjahreszeitraum verlängert sich stets um volle Kalendermonate, wenngleich die zur Verlängerung führende Tatbestandsvoraussetzung nur an einem Tag eines Monats vorgelegen haben muss. Fallen in den erweiterten Zehnjahreszeitraum wiederum Verlängerungstatbestände, so ist der Zehnjahreszeitraum erneut zu verlängern (*Fichte* Hauck/Noftz, SGB VI, K § 237 Rn. 72). Die jeweiligen Zeiten haben keine Verlängerungswirkung, soweit sie zugleich mit Pflichtbeiträgen für eine versicherte Beschäftigung oder Tätigkeit belegt sind oder in einen Monat fallen, für den bereits Pflichtbeitragszeiten anzuerkennen sind.

I. Antrag und Rentenbeginn

35 Renten werden grundsätzlich nur auf **Antrag** geleistet (§ 19 SGB IV), der das **Verfahren** beim Rentenversicherungsträger in Gang setzt (§ 115 Abs. 1, § 18 SGB X). In der Regel sind Rentenanträge beim **zuständigen** (§§ 16, 23 Abs. 2 SGB I) Rentenversicherungsträger zu stellen; im Übrigen vgl. § 235 Rn 11. Geleistet wird die Rente von dem Kalendermonat an, zu dessen Beginn die Anspruchsvoraussetzungen (vgl. Rn. 3) erfüllt sind, wenn der Antrag rechtzeitig bis zum Ende des dritten Kalendermonats nach Ablauf des Kalendermonats gestellt wird, in dem die Voraussetzungen erfüllt sind (§ 99 Abs. 1 S. 1). Wird der Antrag später gestellt, beginnt die Rente hingegen erst mit dem Antragsmonat (§ 99 Abs. 1 S. 2). Aufgrund ihres **Dispositionsrechts** haben es Versicherte bei vorzeitiger Inanspruchnahme der Rente in der Hand, die Höhe der Rentenabschläge (§ 77 Abs. 2 S. 1 Nr. 2 Buchst. a) zu beeinflussen und dadurch die Rente zu erhöhen. Näheres vgl. § 235 Rn. 11–14.

J. Hinzuverdienst

36 Anspruch auf die Altersrente wegen Arbeitslosigkeit oder nach Altersteilzeitarbeit besteht nur, wenn – und dies gilt bei allen vorgezogenen Altersrenten – keine **Beschäftigung oder Tätigkeit** ausgeübt wird, aus der Einkommen erzielt wird, das die maßgebenden Hinzuverdienstgrenzen für eine Voll- oder Teilrente (Rn. 37) überschreitet. Anspruchsvernichtend (§ 34 Abs. 2 S. 1) ist der Ein-

kommensbezug immer dann, wenn die höchste Hinzuverdienstgrenze (§ 34 Abs. 3 Nr. 2 Buchst. a) überschritten wird. Unterhalb der höchsten Hinzuverdienstgrenze besteht abhängig von der Höhe des Hinzuverdienstes Anspruch auf die jeweilige Teilrente. Für den Anspruch auf Vollrente unbeachtlich ist ein Hinzuverdienst, der die geringste – allgemeine – Hinzuverdienstgrenze nicht übersteigt Für weitere Einzelheiten wird auf die Anm. zu § 34 verwiesen.

K. Voll- und Teilrente

Für einen gleitenden Übergang vom Erwerbsleben in den Ruhestand (BT-Drs. 11/4124, 163) besteht die Möglichkeit, die Altersrente anstelle der Vollrente als Teilrente zu beanspruchen (§ 42 Abs. 1). Praktische Bedeutung erlangt dieses Wahlrecht in erster Linie im Zusammenhang mit der Erzielung eines **Hinzuverdienstes** neben der Rente.§ 34 Abs. 2, 3 schränkt dabei den Gestaltungsspielraum des Versicherten allerdings ein. Die Teilrente beträgt ein Drittel, die Hälfte oder zwei Drittel der Vollrente (§ 42 Abs. 2). Während der Bezug einer Vollrente zu Versicherungsfreiheit führt (vgl. Rn. 56), können neben einem Teilrentenbezug weitere Beitragszeiten erworben werden. 37

Eine Änderung der bezogenen Rentenhöhe ist durch einen **Antrag** zu erklären (§ 19 S. 1 SGB IV iVm. § 115 Abs. 1 S. 1). Wird eine höhere Rente als die bisher bezogene Teilrente begehrt, ergibt sich dieses Erfordernis zudem aus § 100 Abs. 2. Lediglich in Fällen, in denen der Anspruch auf die bisherige Rente wegen Überschreitens der maßgebenden Hinzuverdienstgrenze entfallen ist, ist gem. § 115 Abs. 1 S. 2 eine niedrige Teilrente von Amts wegen festzustellen (Fichte Hauck/Noftz, SGB VI, K § 36 Rn. 4). 38

L. Vorzeitige Inanspruchnahme

Die Altersrente wegen Arbeitslosigkeit oder nach Altersteilzeitarbeit kann nach Abs. 3 frühestens nach Vollendung des **60. Lebensjahres** vorzeitig in Anspruch genommen werden. Untrennbar verbunden mit der vorzeitigen Inanspruchnahme ist ein dauerhafter **Rentenabschlag**. Für jeden Kalendermonat, den die Altersrente vorzeitig vor Vollendung der auf das 65. Lebensjahr angehobenen Altersgrenze (Rn. 5 ff.) begehrt wird, vermindert sich der monatliche Rentenbetrag um 0,3%. Dies ergibt sich aus der in § 77 Abs. 2 S. 1 Nr. 2 Buchst. a angeordneten Verringerung des zur Berechnung der persönlichen Entgeltpunkte relevanten Zugangsfaktors; zur fairen Bemessung der Abschlagshöhe vgl. BSG 5. 8. 2004 – B 13 RJ 40/03 R – SozR 4–2600 § 237 Nr. 6. Der Verminderungszeitraum umfasst bei frühestmöglicher Inanspruchnahme der Rente 60 Kalendermonate, sodass der typisierende versicherungsmathematisch berechnete Rentenabschlag max. 18% beträgt. Die Dauerhaftigkeit der Rentenabschläge ist mit dem **Verfassungsrecht** vereinbar (BVerfG 11. 11. 2008 – 1 BvL 3/05 ua.). Die Vorschriften über die Bestimmung von Abschlägen bei vorzeitiger Inanspruchnahme der Altersrente bilden eine zulässige Inhalts- und Schrankenbestimmung des Art. 14 Abs. 1 GG. Da der Gesetzgeber vorgezogene Rentenleistungen kostenneutral einführen wollte, um langfristig die Finanzierungsgrundlagen der gesetzl. RV zu sichern, hat er Gründe des Allgemeinwohls verfolgt, die eine Einschränkung der vorzeitig in Rente gehenden Versicherten rechtfertige. Die vom BSG in seinem Vorlagebeschluss nach Art. 100 Abs. 1 S. 1 GG vom 23. 8. 2005 (B 4 RA 28/03 R, SGb 2006, 166) geäußerten verfassungsrechtlichen Bedenken greifen nicht durch. Die zu erwartende Rentenminderung kann durch eine gesonderte Beitragszahlung ganz oder teilweise ausgeglichen werden (§ 187). 39

I. Anhebung der Altersgrenze

Seit dem 1. 1. 2006 erfolgt für die Geburtsjahrgänge 1946 und jünger nach Maßgabe der Anlage 19 zum SGB VI (vgl. Rn. 53) eine stufenweise Anhebung der Altersgrenze für die vorzeitige Inanspruchnahme der Altersrente vom 60. auf das **63. Lebensjahr**, sofern die Vertrauensschutzregelung des Abs. 5 (Rn. 41) nicht greift. Für die Geburtsjahrgänge Dezember 1948 und jünger gilt infolgedessen die auf das 63. Lebensjahr angehobene Altersgrenze. Eine vorzeitige Inanspruchnahme der Altersrente – auch unter Inkaufnahme von Rentenabschlägen – bereits mit Vollendung des 60. Lebensjahres ist dann nicht mehr möglich. Da nach Abschluss der Anhebung der Altersgrenze die Rente nur noch 24 Kalendermonate vorzeitig beansprucht werden kann, verringert sich der Rentenabschlag auf 7,2%. 40

II. Vertrauensschutzregelung

Abs. 5 wurde mWv 1. 1. 2006 durch das RV-Nachhaltigkeitsgesetz eingefügt und enthält als Vertrauensschutzregelung Ausnahmen von der Anhebung der Altersgrenze für die vorzeitige Inanspruchnahme vom 60. auf das 63. Lebensjahr. Da die Regelung nicht auf ein bestimmtes Lebensalter abstellt, werden von ihr **alle Geburtsjahrgänge,** die noch Anspruch auf diese Altersrente haben könnten (bis einschl. Geburtsjahrgang 1951), erfasst. 41

1. Arbeitslosigkeit am 1. 1. 2004. Versicherte der Geburtsjahrgänge 1946 bis 1951 können die Altersrente vorzeitig mit Vollendung des 60. Lebensjahres beanspruchen, wenn sie am 1. 1. 2004 ar- 42 beitslos waren. Das Tatbestandsmerkmal „Arbeitslosigkeit" ist nach dem am 1. 1. 2004 geltenden Recht der Arbeitslosenversicherung auszulegen (vgl. hierzu und im Übrigen Rn. 10 ff.). Zur Vermeidung unbilliger Härten ist auch dann von Vertrauensschutz auszugehen, wenn am 1. 1. 2004 Arbeitslosengeld nach § 126 SGB III gezahlt worden ist oder zu diesem Zeitpunkt **Arbeitsunfähigkeit** nach vorheriger Arbeitslosigkeit bestanden hat. Die stichtagsbezogene Anwendung der Regelung hat zur Konsequenz, dass spätere Veränderungen der Verhältnisse auf den einmal erworbenen rentenrechtlichen Status ohne Einfluss bleiben (*Fichte* Hauck/Noftz, SGB VI, K § 237 Rn. 12).

43 **2. Kündigung oder Aufhebungsvereinbarung.** Die **Kündigung** ist eine privatrechtliche einseitige Willenserklärung zur zukünftigen Auflösung eines Arbeitsverhältnisses (sa. ErfK/Müller-Glöge § 623 BGB Rn. 3). Für die Anwendung der Vertrauensschutzregelung kommt es weder auf die Art oder den Grund der Kündigung noch darauf an, ob der AN oder der AG die Kündigung erklärt hat (vgl. *Müller-Glöge* aaO). Die Kündigung bedarf grds. der Schriftform (§ 623 BGB).

44 Im Wege der vertraglichen **Vereinbarung** kann ein Arbeitsverhältnis zu jedem Zeitpunkt ohne Rücksicht auf Kündigungsschutzbestimmungen und Kündigungsfristen beendet werden (ErfK/ Müller-Glöge § 620 BGB Rn. 5). Von einer Aufhebungsvereinbarung (Auflösungsvertrag iSd. § 623 BGB) kann immer dann ausgegangen werden, wenn AG und AN bereits vor dem 1. 1. 2004 zweiseitig (einvernehmlich) den konkreten und eindeutigen Willen erklärt haben, das Arbeitsverhältnis zu einem Zeitpunkt nach dem 31. 12. 2003 aufzulösen. Wie die Kündigung bedarf auch die Aufhebungsvereinbarung der Schriftform (§ 623 BGB). Vorruhestandsregelungen, Betriebsvereinbarungen oder Sozialpläne entfalten erst dann die Wirkung einer Aufhebungsvereinbarung, wenn der AG dem entsprechenden Antrag des AN stattgibt (BSG 30. 10. 2001 – B 4 RA 10/00 R, B 4 RA 13/00 R, B 4 RA 15/00 R –). Verpflichtet hingegen eine **Kollektivvereinbarung** den AG unmittelbar, die Arbeitsverhältnisse eines individuell bestimmten oder bestimmbaren AN-Kreises zu einem bestimmten Zeitpunkt zu beenden, ist hierin eine Aufhebungsvereinbarung iSd. Vertrauensschutzes zu sehen, wenn das Beschäftigungsverhältnis tatsächlich zu dem in der Kollektivvereinbarung bestimmten Zeitpunkt beendet worden ist (BSG 5. 7. 2005 – B 4 RA 5/03 R – SozR 4–2600 § 237 Nr. 8).

45 **3. Befristung des Arbeitsverhältnisses.** Einer vor dem 1. 1. 2004 abgeschlossenen Aufhebungsvereinbarung (Rn. 46) steht eine vor diesem Tag vereinbarte Befristung des ArbVerh. gleich, sodass auch in diesem Fall die Vertrauensschutzregelung des Abs. 5 greift. Eine Befristung in diesem Sinne ist nicht als gegeben anzusehen, wenn dienst-, arbeits- oder tarifrechtliche Regelungen lediglich vorsehen, dass das ArbVerh. zu einem nicht eindeutig terminierten Zeitpunkt oder Anlass enden soll, ohne dass es weitergehender individueller Vereinbarungen bedarf. Erforderlich ist vielmehr eine **konkrete Vereinbarung im Einzelfall** mit zeitlicher Festlegung des Beendigungszeitpunktes (so auch KomGRV § 237 SGB VI Rn. 27). Die Dauer der Befristung ist für den Vertrauensschutz unbeachtlich, sofern die Befristung auf einen Zeitpunkt vor Vollendung des 65. Lebensjahres vereinbart wurde. Im Wege der erweiternden Auslegung sind der Befristung die Fälle gleichzustellen, in denen das ArbVerh. aufgrund einer zulässigen auflösenden Bedingung im Arbeitsvertrag (§ 158 Abs. 2 BGB) endet. Wurde das ArbVerh. einzel- oder tarifvertraglich (Kollektivvereinbarung) auf ein **bestimmtes Lebensalter** befristet, liegt Vertrauensschutz nur vor, wenn das ArbVerh. allein aufgrund dieser Regelung mit Erreichen des vereinbarten Lebensalters tatsächlich beendet wurde (BSG 5. 7. 2005 – B 4 RA 45/04, B 4 RA 46/04 – rv 2005, 153).

46 **4. Befristete arbeitsmarktpolitische Maßnahme.** Einer vor dem 1. 1. 2004 abgeschlossenen Aufhebungsvereinbarung (Rn. 46) steht ferner eine vor diesem Tag bewilligte befristete arbeitsmarktpolitische Maßnahme gleich, sodass auch in diesem Fall ein schutzwürdiges Vertrauen iSd. Abs. 5 besteht. IdR handelt es sich bei derartigen Maßnahmen um **Leistungen der Arbeitsförderung** iSd. § 3 SGB III, zB Beschäftigung in einer allgemeinen Maßnahme zur Arbeitsbeschaffung nach § 260 SGB III, sofern der Arbeitnehmer nicht länger als zwei Jahre in solchen Maßnahmen beschäftigt und auch nicht für die Übernahme in ein Dauerbeschäftigung vorgesehen ist. Vertrauensschutz besteht auch, wenn die Maßnahmen durch eine Zeit der krankheitsbedingten AU, Kur oder Heilmaßnahme **unterbrochen** wurde.

47 **5. Altersteilzeitvereinbarung.** Vertrauensschutz besteht für Versicherte der Geburtsjahrgänge 1946 bis 1951 auch, wenn sie vor dem 1. 1. 2004 Altersteilzeitarbeit iSd. §§ 2 und 3 Abs. 2 Nr. 1 ATG vereinbart haben. **Beamte**, die mit ihrem Dienstherren vor dem 1. 1. 2004 eine vergleichbare Altersteilzeitvereinbarung getroffen haben, werden von der Vertrauensschutzregelung nicht erfasst, weil derartige Vereinbarungen nicht – wie vom Gesetz ausdrücklich gefordert – nach dem Altersteilzeitgesetz abgeschlossen sind. „Vereinbart" iSd. dieser Regelung bedeutet neben der Erfassung derjenigen, die sich am Stichtag bereits in Altersteilzeitarbeit befunden haben, auch das Vorliegen einer **Vereinbarung** über Altersteilzeitarbeit bis spätestens 31. 12. 2003. Die Vereinbarung kann auch bereits vor Vollendung der 55. Lebensjahres getroffen werden, wenngleich Altersteilzeitarbeit als solche erst nach vollendetem 55. Lebensjahr abgeleistet werden kann (§ 2 Abs. 1 Nr. 1 ATG). Allein der Antrag des Versicherten auf Abschluss einer Altersteilzeitvereinbarung oder eine entsprechende Inte-

ressenbekundung gegenüber dem Arbeitgeber begründen hingegen keinen Vertrauensschutz, da mangels schriftlicher zweiseitiger Willenserklärung zwischen dem Arbeitgeber und Arbeitnehmer (ErfK/ Rolfs § 2 ATG Rn. 5) eine **konkret-individuelle** arbeitsrechtliche Regelung über Altersteilzeitarbeit nicht vorliegt. Dies gilt gleichsam für den umgekehrten Fall eines bloßen Angebots des Arbeitgebers. Da die Vertrauensschutzregelung allein auf die Verhältnisse am 1. 1. 2004 abstellt, steht dem Vertrauensschutz weder eine Rücktrittsklausel noch ein Widerrufsvorbehalt in der Altersteilzeitvereinbarung oder der Nichtantritt der Altersteilzeitarbeit entgegen. Altersteilzeitarbeit iSd. des ATG liegt hingegen nicht vor, wenn das Altersteilzeitarbeitsverhältnis erst nach seinem Beginn vereinbart worden ist (BSG 23. 1. 2007 – 9 AZR 393/06 – NZA 2007, 1236–1240).

6. Beschäftigungslosigkeit am 1. 1. 2004. Vertrauensschutz nach Abs. 5 haben auch diejenigen Versicherten, deren letztes Arbeitsverhältnis vor dem 1. 1. 2004 beendet worden ist und die an diesem Stichtag beschäftigungslos iSd. § 119 Nr. 1 SGB III (bis 31. 12. 2004: § 118 Abs. 1 Nr. 1) waren. Dieser Vertrauensschutztatbestand geht über die Voraussetzung „Arbeitslosigkeit" (vgl. Rn. 44) hinaus. Beschäftigungslosigkeit liegt bereits vor, wenn der Versicherte allein objektiv arbeitslos war (vgl. Erl. zu § 119 SGB III). So ist weder die Arbeitslosmeldung bei einer Agentur für Arbeit noch das eigene Bemühen um einen Arbeitsplatz gefordert; ausreichend ist, das am 1. 1. 2004 keine Beschäftigung oder selbständige Tätigkeit im Umfang von mind. 15 Wochenstunden ausgeübt wurde. Die Rentenversicherungsträger gehen regelmäßig davon aus, dass ein im Versicherungskonto gemeldetes Entgelt bis zur Geringfügigkeitsgrenze von 400 Euro (vgl. Erl. zu § 8 SGB IV) der Annahme von Beschäftigungslosigkeit nicht entgegensteht. Das letzte ArbVerh. muss spätestens am 31. 12. 2003 geendet haben und die dadurch bewirkte Beschäftigungslosigkeit am 1. 1. 2004 noch bestanden haben. Die erneute Aufnahme eines ArbVerh. nach dem 1. 1. 2004 steht dem Vertrauensschutz nicht entgegen, weil allein auf die Verhältnisse am Stichtag abzustellen ist. 48

M. Änderung Rentenhöhe

Ändern sich nach dem Rentenbeginn aus tatsächlichen oder rechtlichen Gründen die Voraussetzungen für die Höhe der Rente, wird die neue Rentenhöhe von dem Kalendermonat an geleistet, zu dessen Beginn die Änderung wirksam ist (§ 100 Abs. 1 S. 1). Ändert sich die Rentenhöhe, weil ein Zusammentreffen von Renten und **Einkommen** zu berücksichtigen ist, wird die neue Rentenhöhe tagegenau geleistet (§ 100 Abs. 1 S. 2). Näheres vgl. § 235 Rn. 17–18. 49

Besteht aufgrund eines **Hinzuverdienstes** (vgl. Rn. 36) anstelle einer Vollrente nur noch Anspruch auf eine Teilrente oder bei Bezug einer Teilrente nur noch Anspruch auf eine niedrigere Teilrente, ist die neue Rentenhöhe bereits vom Beginn des Kalendermonats an zu zahlen, in dem die Hinzuverdienstgrenze überschritten wird. Dabei ist es unmaßgeblich, ob die für den bestehenden Anspruch schädliche Beschäftigung oder selbständige Tätigkeit zu Beginn oder erst im Laufe eines Monats aufgenommen wird. 50

N. Rentenende

Der Anspruch auf die Altersrente endet mit dem **Tod** des Berechtigten; die Rente wird dann bis zum Ablauf des Kalendermonats geleistet, in dem der Berechtigte verstorben ist (§ 102 Abs. 5). Entfällt der Rentenanspruch wegen Überschreitens der höchsten **Hinzuverdienstgrenze** (vgl. Rn. 36), endet die Rentenzahlung mit Beginn des Monats, zu dessen Beginn die Anspruchsvoraussetzungen erfüllt sind (§ 100 Abs. 3). Folglich entfällt der Anspruch bereits vom Beginn des Kalendermonats an, in dem die höchste Hinzuverdienstgrenze überschritten wird. Ob die für den Anspruch schädliche Beschäftigung oder selbständige Tätigkeit zu Beginn oder erst im Laufe eines Monats aufgenommen wird, ist dabei unerheblich. Näheres vgl. § 235 Rn. 19. 51

O. Sonstiges

Mit dem Beginn einer Vollrente wegen Alters tritt **Versicherungsfreiheit** ein (§ 5 Abs. 4 Nr. 1). Besteht Versicherungspflicht in der **Krankenversicherung der Rentner,** haben Berechtigte ihren Beitragsanteil aus der Rente zu entrichten (§ 249a SGB V), der von der Rente einbehalten wird (§ 255 Abs. 1 SGB V). Dasselbe gilt für die Beiträge zur Pflegeversicherung (§ 20 Abs. 1 Nr. 11 iVm. § 60 Abs. 1 SGB XI). Freiwillig oder privat Krankenversicherte erhalten auf Antrag einen **Beitragszuschuss** nach § 106. Näheres vgl. § 235 Rn. 20–21. 52

P. Anlage 19 zum SGB VI (Auszug)

53 Anhebung der Altersgrenze bei Altersrente wegen Arbeitslosigkeit oder nach Altersteilzeitarbeit *)

Geburtsjahr Geburtsmonat	Anhebung um ... Monate	auf Alter		vorzeitige Inanspruchnahme möglich ab Alter	
		Jahr	Monat	Jahr	Monat
1942 bis 1945	60	65	0	60	0
1946 Januar		65	0	60	1
(...)		(...)	(...)	(...)	(...)
Dezember		65	0	61	0
1947 Januar		65	0	61	1
(...)		(...)	(...)	(...)	(...)
Dezember		65	0	62	0
1948 Januar		65	0	62	1
(...)		(...)	(...)	(...)	(...)
Dezember		65	0	63	0
1949–1951		65	0	63	0

*) Die Anhebung vom 60. auf das 63. Lebensjahr für die vorzeitige Inanspruchnahme erfolgt in Monatsschritten. Die stufenweise Anhebung der Altersgrenze für die ungeminderte Inanspruchnahme vom 60. auf das 65. Lebensjahr für die Geburtsjahrgänge 1937 bis 1941 ist inzwischen abgeschlossen.

§ 237a Altersrente für Frauen

(1) Versicherte Frauen haben Anspruch auf Altersrente, wenn sie
1. vor dem 1. Januar 1952 geboren sind,
2. das 60. Lebensjahr vollendet,
3. nach Vollendung des 40. Lebensjahres mehr als zehn Jahre Pflichtbeiträge für eine versicherte Beschäftigung oder Tätigkeit und
4. die Wartezeit von 15 Jahren erfüllt

haben.

(2) ¹Die Altersgrenze von 60 Jahren wird bei Altersrenten für Frauen für Versicherte, die nach dem 31. Dezember 1939 geboren sind, angehoben. ²Die vorzeitige Inanspruchnahme einer solchen Altersrente ist möglich. ³Die Anhebung der Altersgrenzen und die Möglichkeit der vorzeitigen Inanspruchnahme der Altersrenten bestimmen sich nach Anlage 20.

(3) ¹Die Altersgrenze von 60 Jahren bei der Altersrente für Frauen wird für Frauen, die
1. bis zum 7. Mai 1941 geboren sind und
   a) am 7. Mai 1996 arbeitslos waren, Anpassungsgeld für entlassene Arbeitnehmer des Bergbaus, Vorruhestandsgeld oder Überbrückungsgeld der Seemannskasse bezogen haben oder
   b) deren Arbeitsverhältnis aufgrund einer Kündigung oder Vereinbarung, die vor dem 7. Mai 1996 erfolgt ist, nach dem 6. Mai 1996 beendet worden ist,
2. bis zum 7. Mai 1944 geboren sind und aufgrund einer Maßnahme nach Artikel 56 § 2 Buchstabe b des Vertrages über die Gründung der Europäischen Gemeinschaft für Kohle und Stahl (EGKS-V), die vor dem 7. Mai 1996 genehmigt worden ist, aus einem Betrieb der Montanindustrie ausgeschieden sind oder
3. vor dem 1. Januar 1942 geboren sind und 45 Jahre mit Pflichtbeiträgen für eine versicherte Beschäftigung oder Tätigkeit haben, wobei § 55 Abs. 2 nicht für Zeiten anzuwenden ist, in denen Versicherte wegen des Bezugs von Arbeitslosengeld oder Arbeitslosenhilfe versicherungspflichtig waren,

wie folgt angehoben:

Versicherte Geburtsjahr Geburtsmonat	Anhebung um Monate	auf Alter		vorzeitige Inanspruchnahme möglich ab Alter	
		Jahr	Monat	Jahr	Monat
vor 1941	0	60	0	60	0
1941					
Januar–April	1	60	1	60	0
Mai–August	2	60	2	60	0
September–Dezember	3	60	3	60	0
1942					
Januar–April	4	60	4	60	0
Mai–August	5	60	5	60	0
September–Dezember	6	60	6	60	0
1943					
Januar–April	7	60	7	60	0
Mai–August	8	60	8	60	0
September–Dezember	9	60	9	60	0
1944					
Januar–April	10	60	10	60	0
Mai	11	60	11	60	0

[2] Einer vor dem 7. Mai 1996 abgeschlossenen Vereinbarung über die Beendigung des Arbeitsverhältnisses steht eine vor diesem Tag vereinbarte Befristung des Arbeitsverhältnisses oder Bewilligung einer befristeten arbeitsmarktpolitischen Maßnahme gleich. [3] Ein bestehender Vertrauensschutz wird insbesondere durch die spätere Aufnahme eines Arbeitsverhältnisses oder den Eintritt in eine neue arbeitsmarktpolitische Maßnahme nicht berührt.

A. Normzweck

Die **Übergangsvorschrift** regelt für vor dem 1. 1. 1952 geborene weibliche Versicherte den Anspruch auf die Altersrente für Frauen mit Vollendung des 60. Lebensjahres. Im Abs. 1 werden die persönlichen und versicherungsrechtlichen Voraussetzung für die Gewährung dieser Rente benannt. Abs. 2 bestimmt für die Jahrgänge 1940 und jünger die stufenweise Anhebung der Altersgrenze für die abschlagfreie Rente von 60 Jahren auf das 65. Lebensjahr und räumt die Möglichkeit einer vorzeitigen Inanspruchnahme der Altersrente nach Maßgabe der Anlage 20 zum SGB VI ein. Abs. 3 regelt für ältere Jahrgänge Ausnahmen zur Anhebung der Altersgrenze auf das 65. Lebensjahr; diese Vertrauensschutzregelungen entfalten jedoch aktuell keine Bedeutung mehr, weil die genannten Personengruppen inzwischen ausnahmslos abschlagsfrei die Altersrente für Frauen beanspruchen können (vgl. Rn. 7). 1

Für nach dem 31. 12. 1951 Geborene kann ein Anspruch auf die Altersrente für Frauen nicht mehr entstehen. Die **Abschaffung** dieser Rentenart nach Ablauf einer langen Übergangsfrist (letztmaliger Beginn der abschlagsfreien Rente mit Vollendung des 60. Lebensjahres = 1. 1. 2017, letztmaliger Beginn der abschlagbehafteten Rente mit Vollendung des 60. Lebensjahres = 1. 1. 2012) wurde bereits durch das RRG 1999 vom 16. 12. 1997 (BGBl. I S. 2998) beschlossen. Bis zu dieser Änderung hatten Frauen das Recht, eine Altersrente ab Vollendung des 60. Lebensjahres in Anspruch zu nehmen, wenngleich bereits das RRG 1992 vom 18. 12. 1989 (BGBl. I S. 2261) für Geburtsjahrgänge ab 1941 eine schrittweise Anhebung der Altersgrenze auf das 65. Lebensjahr vorsah. Langjährig Versicherte, also die Mehrzahl der Männer, konnten die vorgezogene Altersrente dagegen frühestens ab Vollendung des 63. Lebensjahres beziehen. Dies war mit Blick auf das verfassungsrechtliche Gleichbehandlungsgebot und das Europäische Gemeinschaftsrechts auf Dauer nicht hinnehmbar (BT-Drs. 13/8011, 50) und führte zur Abschaffung der Altersrente für Frauen. 2

B. Anspruchsvoraussetzungen

Persönliche Voraussetzungen für den Anspruch auf Altersrente für Frauen sind die Geburt vor dem 1. 1. 1952 sowie die Vollendung des 60. Lebensjahres. Auf Seiten der **versicherungsrechtli-** 3

chen Voraussetzungen müssen einerseits nach Vollendung des 40. Lebensjahres mehr als zehn Jahre für eine versicherte Beschäftigung oder Tätigkeit zurückgelegt und andererseits als **Mindestversicherungszeit** die Wartezeit von 15 Jahren erfüllt sein. Für sämtliche vorgezogene Altersrenten ergibt sich zudem aus § 34 eine weitere negative Anspruchsvoraussetzung: Bei einer Beschäftigung oder selbständigen Tätigkeit darf das daraus erzielte Einkommen die Hinzuverdienstgrenzen des § 34 Abs. 2 und 3 nicht übersteigen (vgl. Rn. 19).

C. Altersgrenze

4   Die Anhebung der Regelaltersgrenze von 65 Jahre auf 67 Jahre durch das RV-Altersgrenzenanpassungsgesetz vom 20. 4. 2007 (BGBl. I S. 554; vgl. § 235 Rn. 4) hatte auf die Altersrente für Frauen keine Auswirkungen. Frühestmöglich und damit abschlagsbehaftet kann die Rente weiterhin nach Vollendung des **60. Lebensjahres** beansprucht werden. Die Anhebung der Altersgrenze auf das 65. Lebensjahr für die reguläre, abschlagsfreie Inanspruchnahme der Altersrente ist bereits mit dem Geburtsjahrgang Dezember 1944 abgeschlossen (im Einzelnen vgl. Rn. 5). Die Vollendung des maßgebenden Lebensalters bestimmt sich dabei in Anwendung der §§ 187 Abs. 2, 188 Abs. 2 BGB. Hiernach ist der Tag der Geburt der 1. Geburtstag. Demzufolge wird zB das 60. Lebensjahr mit Ablauf des Tages vollendet, der dem 61. Geburtstag vorausgeht. Bei am Ersten eines Monats Geborenen wird das maßgebende Lebensjahr bereits mit Ablauf des Vormonats vollendet (BSG 1. 7. 1970 – B 4 RJ 13/70 – SozR Nr. 15 zu § 1290 RVO).

I. Anhebung Altersgrenze

5   Die Altersgrenze von 60 Lebensjahren für den Anspruch auf die abschlagsfreie Altersrente für Frauen wurde gem. Abs. 2 in Monatsschritten auf das 65. Lebensjahr angehoben; das BSG hat diese Anhebung als verfassungsgemäß angesehen(BSG 25. 2. 2010 – B 13 R 41/09 R mwN – juris). Hiervon betroffen waren alle weiblichen Versicherten der **Jahrgänge 1940 und jünger**, soweit die besonderen Vertrauensschutztatbestände des Abs. 3 (vgl. Rn. 7) bei ihnen nicht griffen. Die Anhebung erfolgte nach Maßgabe der Anlage 20 zum SGB VI (vgl. Rn. 27) und ist mit dem Geburtsjahrgang Dezember 1944 abgeschlossen. Alle nach November 1944 bis einschließlich Dezember 1951 geborene Frauen können demnach die Altersrente erst nach Vollendung des 65. Lebensjahres abschlagsfrei beanspruchen. Ab dem Geburtsmonat Januar 1952 besteht kein Anspruch mehr auf diese Altersrente (vgl. Rn. 2).
6   Als Reaktion auf das stark gesunkene Rentenzugangsalter (BT-Drs. 11/4124, III, 136 f., 144 f.) sah bereits das RRG 1992 vom 18. 12. 1989 (BGBl. I S. 2261) in § 41 Abs. 1 (idF bis 31. 12. 1996) eine Anhebung der Altersgrenzen ab dem Geburtsjahrgang 1941 vor. Weitere Anpassungen folgten mit dem WFG vom 25. 9. 1996 (BGBl. I, 1461), indem die geplante Anhebung auf den Geburtsjahrgang 1940 vorgezogen und beschleunigt wurde (§ 41 Abs. 2 idF bis 31. 12. 1999; zur Verfassungsmäßigkeit: BVerfG 3. 2. 2004 – 1 BvR 2491/97 – BVerfGK 2, S. 266–275).

II. Vertrauensschutzregelung

7   Um die Wirkungen der Erhöhung der Altersgrenze über das allgemeine Recht hinaus abzumildern, wurden in Abs. 3 für Frauen sog. **rentennaher Jahrgänge** drei alternative Vertrauensschutzregelungen geschaffen. Begünstigt werden danach weibliche Versicherte, die entweder bis zum 7. 5. 1941 (Nr. 1), 7. 5. 1944 (Nr. 2) oder 31. 12. 1941 (Nr. 3) geboren wurden. Für diese Personengruppen richtete sich die Anhebung der Altergrenze nicht nach der Anlage 20 zum SGB VI sondern nach der Tabelle in Abs. 3, die insoweit der bis zum 31. 12. 1996 geltenden Fassung des § 41 Abs. 1 entspricht. Demzufolge war der Geburtsjahrgang 1940 – soweit Vertrauensschutz bestand – nicht von der vorgezogenen Anhebung der Altergrenzen betroffen. Zwischenzeitlich haben die Vertrauensschutzregelungen wegen Zeitablaufs an praktischer Bedeutung verloren. Die begünstigten Frauen können spätestens mit dem 1. 11. 2008 die abschlagsfreie Altersrente auch ohne Vorliegen von Vertrauensschutztatbeständen in Anspruch nehmen (Geburt bis 7. 5. 1944, Anhebung der Altersgrenze nach Abs. 2 auf das 64. Lebensjahr und fünf Monate = Rentenbeginn 1. 11. 2008).
8   **Verfassungsrechtliche Bedenken** bestanden nach den Ausführungen des 4. Senates des BSG in dem Vorlagebeschluss nach Art. 100 Abs. 1 S. 1 GG vom 23. 8. 2005 (B 4 RA 28/03 R, SGb 2006, 166) gegen die dritte Vertrauensschutzregelung. Das BVerfG hat unter Hinweis auf seine Entscheidung vom 11. 11. 2008 (1 BvL 3/05 ua. – vgl. § 237 Rn. 7, 39) diese Zweifel aber nicht geteilt und beim BSG angefragt, ob es an dem Vorlagebeschluss festhalte (1 BvL 1/06); die Klägerin hat daraufhin ihre Revision zurückgenommen.

D. Nachweis Lebensalter

9   Das Lebensalter wird durch **Personenstandsurkunden** iSd. § 55 PStG nachgewiesen. In der Praxis genügt dem Rentenversicherungsträger in aller Regel auch ein **Personalausweis oder Reisepass**

als Nachweis des Lebensalters. **Ausländischen Urkunden** wird keine geringere Beweiskraft zugemessen als deutschen Personenstandsurkunden, sofern deren Richtigkeit nicht durch konkrete, auf den jeweiligen Einzelfall bezogene Anhaltspunkte ernstlich in Frage gestellt ist (vgl. EuGH 2. 12. 1997 „Dafeki", AZ: C-336/94, Slg 1997 – 12, S. 6761 und EuGH 14. 3. 2000 „Kocak/Örs", verbundene Rechtssachen, AZ: C-102/98 und C-211/98, Slg 2000–3, S. 1287, Rn. 40–42). Näheres vgl. § 235 Rn. 8.

E. Wartezeit

Eine der beiden versicherungsrechtlichen Voraussetzungen für den Anspruch auf die Altersrente für Frauen ist nach § 237a Abs. 1 Nr. 4 die Erfüllung der Wartezeit von **15 Jahren** (§ 243b Nr. 2). Da dem Rentenrecht gemeinhin das Kalendermonatsprinzip innewohnt, ergeben sich somit nach der Umrechnungsregel aus § 122 Abs. 2 S. 1 180 Kalendermonate an erforderlicher Mindestversicherungszeit iSd. § 34 Abs. 1. Auf die Wartezeit werden nach § 244 Abs. 2 **Beitragszeiten** (§§ 55, 247, 248, 281 Abs. 2) einschl. Kindererziehungszeiten (§§ 56, 249, 249 a) und **Ersatzzeiten** (§§ 250, 251) angerechnet. Zudem werden auch Monate berücksichtigt, die sich aufgrund eines durchgeführten Versorgungsausgleichs (§ 52 Abs. 1) oder Rentensplittings (§ 52 Abs. 1 a) und aus Zuschlägen an Entgeltpunkten für Arbeitsentgelt aus einer geringfügigen versicherungsfreien Beschäftigung (§ 52 Abs. 2) ergeben.

10

F. Mehr als zehn Jahre Pflichtbeiträge

Eine weitere – besondere – versicherungsrechtliche Voraussetzung für den Anspruch auf die Altersrente für Frauen ist das Vorhandensein von mehr als zehn Jahren (also mindestens 121 Kalendermonaten) mit Pflichtbeiträgen für eine versicherte Beschäftigung oder Tätigkeit **nach Vollendung des 40. Lebensjahres.** Dabei zählen nur teilweise belegte Monate als volle Kalendermonate (§ 122 Abs. 1). Der maßgebliche belegungsfähige Zeitraum beginnt am Tag nach Vollendung des 40. Lebensjahres und endet mit dem Tag vor dem Rentenbeginn (§ 26 I SGB X iVm. §§ 187 Abs. 2, 188 Abs. 2 BGB).

11

Berücksichtigungsfähig sind gem. § 55 Abs. 1 Zeiten, für die nach **Bundesrecht** Pflichtbeiträge tatsächlich (BSG 3. 12. 1992 – 13 RJ 29/91 – FamRZ 1993, 1197–1200) – gezahlt worden sind sowie Zeiten, für die Pflichtbeiträge nach besonderen Vorschriften als **gezahlt** gelten. Derartige Zeiten sind in erster Linie Pflichtbeitragszeiten abhängig Beschäftigter (§ 1) und versicherungspflichtiger Selbständiger (§ 2) oder auf Antrag Versicherungspflichtiger (§ 4) aber auch Pflichtbeitragszeiten aufgrund eines Sozialleistungsbezuges (§ 3). Zudem sind ua. gem. § 3 S. 1 Nr. 1 Kindererziehungszeiten zu berücksichtigen. Pflichtbeiträge für eine versicherte Beschäftigung oder Tätigkeit liegen über die abschließende Gleichstellungsregelung des § 55 Abs. 2 auch vor, wenn freiwillige Beiträge gezahlt worden sind, die als Pflichtbeitragszeiten gelten, oder wenn Pflichtbeiträge aus den in §§ 3, 4 genannten Gründen gezahlt worden sind oder als gezahlt gelten oder wenn für Anrechnungszeiten Beiträge gezahlt worden sind, die ein Leistungsträger mitgetragen hat. Nach über- oder zwischenstaatlichem Recht vergleichbare Beitragszeiten im **Ausland** werden ebenfalls berücksichtigt. Im Übrigen wird auf die Erl. zu § 55 verwiesen.

12

Bei versicherungspflichtigen **Handwerkerinnen** oder antragspflichtversicherten Selbständigen, die vor dem 1. 1. 1992 von dem Recht Gebrauch gemacht haben, Pflichtbeiträge nur für jeden zweiten Kalendermonat zu zahlen, sind für die Erfüllung der besonderen versicherungsrechtlichen Voraussetzungen (nicht für die Wartezeit!) auch die – idR ungeraden – Kalendermonate als mit Pflichtbeitragszeiten belegt anzusehen, für die tatsächlich keine Pflichtbeiträge entrichtet worden sind (BSG 10. 9. 1987 – 12 RK 29/86 – SozR 5800 § 4 Nr. 5).

13

Sind Anrechnungszeiten für sog. **Arbeitsausfalltage** iSd. § 252a Abs. 2 zu berücksichtigen, so ersetzen diese Ausfalltage die für diese Zeit bescheinigten Pflichtbeitragszeiten. Die Anordnung in § 252a Abs. 2 S. 2 Hs. 2 sorgt jedoch dafür, dass diese ersetzten Pflichtbeitragszeiten bei der Berücksichtigung als versicherte Beschäftigung oder Tätigkeit nicht durch die pauschale Anrechnung der Arbeitsausfalltage verdrängt werden und ein ansonsten bestehender Rentenanspruch nicht zerstört wird (BT-Drs. 13/8671, 110).

14

Die im **Versorgungsausgleich** nach § 1587 b BGB übertragenen Rentenanwartschaften sind keine Zeiten der versicherten Beschäftigung oder Tätigkeit, und zwar selbst dann nicht, wenn sie auf Pflichtbeiträgen des geschiedenen Ehegatten beruhen. Schließlich werden durch den Versorgungsausgleich keine Versicherungs- oder gar Pflichtbeitragszeiten, sondern lediglich Werteinheiten übertragen (BSG 3. 12. 1992 – 13 RJ 29/91 – FamRZ 1993, 1197–1200).

15

Zeiten einer **geringfügigen Beschäftigung** (§§ 8, 8a SGB IV), soweit nicht nach § 5 Abs. 2 S. 2 auf die grundsätzlich bestehende Versicherungsfreiheit verzichtet wurde, werden ebenfalls nicht als Pflichtbeitragszeit aufgrund einer versicherten Beschäftigung oder Tätigkeit berücksichtigt. Die nach

16

§ 52 Abs. 2 ermittelten zusätzlichen Wartezeitmonate bleiben bei Feststellung der mindestens 121 Kalendermonate außer Betracht.

17   Auch Zeiten, in denen versicherungspflichtige **Selbständige** mit ihrer Tätigkeit keinen Gewinn erzielen, sodass sich bei einkommensgerechter Beitragszahlung gem. § 165 Abs. 1 S. 1 Nr. 1 ein Beitrag von 0,00 Euro errechnet, zählen mangels Beitragsleistung nicht mit für die Erfüllung der Voraussetzung von mehr als zehn Jahren mit Pflichtbeiträgen nach vollendetem 40. Lebensjahr.

G. Antrag und Rentenbeginn

18   Renten werden grundsätzlich nur auf **Antrag** geleistet (§ 19 SGB IV), der das **Verfahren** beim Rentenversicherungsträger in Gang setzt (§ 115 Abs. 1, § 18 SGB X). In der Regel sind Rentenanträge beim **zuständigen** (§§ 16, 23 Abs. 2 SGB I) Rentenversicherungsträger zu stellen; im Übrigen vgl. § 235 Rn 11. Geleistet wird die Rente von dem Kalendermonat an, zu dessen Beginn die Anspruchsvoraussetzungen (Erreichen der Altersgrenze, Erfüllung der 15-jährigen Wartezeit sowie der besonderen versicherungsrechtlichen Voraussetzungen) erfüllt sind, wenn der Antrag rechtzeitig bis zum Ende des dritten Kalendermonats nach Ablauf des Kalendermonats gestellt wird, in dem die Voraussetzungen erfüllt sind (§ 99 Abs. 1 S. 1). Wird der Antrag später gestellt, beginnt die Rente hingegen erst mit dem Antragsmonat (§ 99 Abs. 1 S. 2). Aufgrund ihres **Dispositionsrechts** haben es Versicherte bei vorzeitiger Inanspruchnahme der Rente in der Hand, die Höhe der Rentenabschläge (§ 77 Abs. 2 S. 1 Nr. 2 Buchst. a) zu beeinflussen und dadurch die Rente zu erhöhen. Näheres vgl. § 235 Rn. 11–14.

H. Hinzuverdienst

19   Anspruch auf die Altersrente für Frauen besteht nur, wenn – und dies gilt bei allen vorgezogenen Altersrenten – keine **Beschäftigung oder Tätigkeit** ausgeübt wird, aus der Einkommen erzielt wird, das die maßgebenden Hinzuverdienstgrenzen für eine Voll- oder Teilrente (Rn. 20) überschreitet. Anspruchsvernichtend (§ 34 Abs. 2 S. 1) ist der Einkommensbezug immer dann, wenn die höchste Hinzuverdienstgrenze (§ 34 Abs. 3 Nr. 2 Buchst. a) überschritten wird. Unterhalb der höchsten Hinzuverdienstgrenze, besteht abhängig von der Höhe des Hinzuverdienstes Anspruch auf die jeweilige Teilrente. Für den Anspruch auf Vollrente unbeachtlich ist ein Hinzuverdienst, der die geringste – allgemeine – Hinzuverdienstgrenze nicht übersteigt. Für weitere Einzelheiten wird auf die Anm. zu § 34 verwiesen.

I. Voll- und Teilrente

20   Für einen gleitenden Übergang vom Erwerbsleben in den Ruhestand (BT-Drs. 11/4124, 163) besteht die Möglichkeit, die Rente für Frauen anstelle der Vollrente als Teilrente zu beanspruchen (§ 42 Abs. 1). Praktische Bedeutung erlangt dieses Wahlrecht in erster Linie im Zusammenhang mit der Erzielung eines **Hinzuverdienstes** neben der Rente. § 34 Abs. 2, 3 schränkt dabei den Gestaltungsspielraum der Versicherten allerdings ein. Die Teilrente beträgt ein Drittel, die Hälfte oder zwei Drittel der Vollrente (§ 42 Abs. 2). Während der Bezug einer Vollrente zu Versicherungsfreiheit führt (vgl. Rn. 30), können neben einem Teilrentenbezug weitere Beitragszeiten erworben werden.

21   Eine Änderung der bisher bezogenen Rentenhöhe ist durch einen **Antrag** zu erklären (§ 19 S. 1 SGB IV iVm. § 115 Abs. 1 S. 1). Wird eine höhere Rente als die bisher bezogene Teilrente begehrt, ergibt sich dieses Erfordernis zudem aus § 100 Abs. 2. Lediglich in Fällen, in denen der Anspruch auf die bisherige Rente wegen Überschreitens der maßgebenden Hinzuverdienstgrenze entfallen ist, ist gem. § 115 Abs. 1 S. 2 eine niedrige Teilrente von Amts wegen festzustellen (Fichte Hauck/Noftz, SGB VI, K § 36 Rn. 4).

J. Vorzeitige Inanspruchnahme

22   Die Altersrente für Frauen kann nach Abs. 2 frühestens nach Vollendung des **60. Lebensjahres** vorzeitig in Anspruch genommen werden. Untrennbar verbunden mit der vorzeitigen Inanspruchnahme ist ein dauerhafter **Rentenabschlag.** Für jeden Kalendermonat, den die Altersrente vorzeitig vor Vollendung der auf das 65. Lebensjahr angehobenen Altersgrenze (Rn. 5 ff.) begehrt wird, vermindert sich der monatliche Rentenbetrag um 0,3%. Dies ergibt sich aus der in § 77 Abs. 2 S. 1 Nr. 2 Buchst. a angeordneten Verringerung des zur Berechnung der persönlichen Entgeltpunkte relevanten Zugangsfaktors; zur fairen Bemessung der Abschlagshöhe vgl. BSG 5. 8. 2004 – B 13 RJ 40/03 R – SozR 4–2600 § 237 Nr. 6. Der Verminderungszeitraum umfasst bei frühestmöglicher Inanspruchnahme der Rente 60 Kalendermonate, sodass der typisierende versicherungsmathematisch berechnete

Rentenabschlag max. 18% beträgt. Die Dauerhaftigkeit der Rentenabschläge ist mit dem **Verfassungsrecht** vereinbar (BVerfG 11. 11. 2008 – BvL 3/05 ua.). Die Vorschriften über die Bestimmung von Abschlägen bei vorzeitiger Inanspruchnahme der Altersrente bilden eine zulässige Inhalts- und Schrankenbestimmung des Art. 14 Abs. 1 GG. Da der Gesetzgeber vorgezogene Rentenleistungen kostenneutral einführen wollte, um langfristig die Finanzierungsgrundlagen der gesetzl. RV zu sichern, hat er Gründe des Allgemeinwohls verfolgt, die eine Einschränkung der vorzeitig in Rente gehenden Versicherten rechtfertige. Die vom BSG in seinem Vorlagebeschluss nach Art. 100 Abs. 1 S. 1 GG vom 23. 8. 2005 (B 4 RA 28/03 R, SGb 2006, 166) geäußerten verfassungsrechtlichen Bedenken greifen nicht durch. Die zu erwartende Rentenminderung kann durch eine gesonderte Beitragszahlung ganz oder teilweise ausgeglichen werden (§ 187).

K. Änderung Rentenhöhe

23 Ändern sich nach dem Rentenbeginn aus tatsächlichen oder rechtlichen Gründen die Voraussetzungen für die Höhe der Rente, wird die neue Rentenhöhe von dem Kalendermonat an geleistet, zu dessen Beginn die Änderung wirksam ist (§ 100 Abs. 1 S. 1). Ändert sich die Rentenhöhe, weil ein Zusammentreffen von Renten und **Einkommen** zu berücksichtigen ist, wird die neue Rentenhöhe tagegenau geleistet (§ 100 Abs. 1 S. 2). Näheres vgl. § 235 Rn. 17–18.

24 Besteht aufgrund eines **Hinzuverdienstes** (vgl. Rn. 19) anstelle einer Vollrente nur noch Anspruch auf eine Teilrente oder bei Bezug einer Teilrente nur noch Anspruch auf eine niedrigere Teilrente, ist die neue Rentenhöhe bereits vom Beginn des Kalendermonats an zu zahlen, in dem die Hinzuverdienstgrenze überschritten wird. Dabei ist es unmaßgeblich, ob die für den bestehenden Anspruch schädliche Beschäftigung oder selbständige Tätigkeit zu Beginn oder erst im Laufe eines Monats aufgenommen wird.

L. Rentenende

25 Der Anspruch auf die Altersrente endet mit dem **Tod** der Berechtigten; die Rente wird dann bis zum Ablauf des Kalendermonats geleistet, in dem die Berechtigte verstorben ist (§ 102 Abs. 5). Entfällt der Rentenanspruch wegen Überschreitens der höchsten **Hinzuverdienstgrenze** (vgl. Rn. 19), endet die Rentenzahlung mit Beginn des Monats, zu dessen Beginn die Anspruchsvoraussetzungen erfüllt sind (§ 100 Abs. 3). Folglich entfällt der Anspruch bereits vom Beginn des Kalendermonats an, in dem die höchste Hinzuverdienstgrenze überschritten wird. Ob die für den Anspruch schädliche Beschäftigung oder selbständige Tätigkeit zu Beginn oder erst im Laufe eines Monats aufgenommen wird, ist dabei unerheblich. Näheres vgl. § 235 Rn. 19.

M. Sonstiges

26 Mit dem Beginn einer Vollrente wegen Alters tritt **Versicherungsfreiheit** ein (§ 5 Abs. 4 Nr. 1). Besteht Versicherungspflicht in der **Krankenversicherung der Rentner**, haben Berechtigte ihren Beitragsanteil aus der Rente zu entrichten (§ 249a SGB V), der von der Rente einbehalten wird (§ 255 Abs. 1 SGB V). Dasselbe gilt für die Beiträge zur Pflegeversicherung (§ 20 Abs. 1 Nr. 11 iVm. § 60 Abs. 1 SGB XI). Freiwillig oder privat Krankenversicherte erhalten auf Antrag einen **Beitragszuschuss** nach § 106. Näheres vgl. § 235 Rn. 20–21.

N. Anlage 20 zum SGB VI (Auszug)

27

Anhebung der Altersgrenze bei Altersrente für Frauen *)						
Geburtsjahr Geburtsmonat	Anhebung um ... Monate	auf Alter		vorzeitige Inanspruchnahme möglich ab Alter		
		Jahr	Monat	Jahr	Monat	
1940 Januar (...) Dezember	1 (...) 12	60 (...) 61	1 (...) 0	60 (...) 60	0 (...) 0	
1941 Januar (...) Dezember	13 (...) 24	61 (...) 62	1 (...) 0	60 (...) 60	0 (...) 0	

Anhebung der Altersgrenze bei Altersrente für Frauen *)					
Geburtsjahr Geburtsmonat	Anhebung um ... Monate	auf Alter		vorzeitige Inanspruchnahme möglich ab Alter	
		Jahr	Monat	Jahr	Monat
1942 Januar (...) Dezember	25 (...) 36	62 (...) 63	1 (...) 0	60 (...) 60	0 (...) 0
1943 Januar (...) Dezember	37 (...) 48	63 (...) 64	1 (...) 0	60 (...) 60	0 (...) 0
1944 Januar Februar März April Mai Juni Juli August September Oktober November Dezember	49 50 51 52 53 54 55 56 57 58 59 60	64 64 64 64 64 64 64 64 64 64 64 65	1 2 3 4 5 6 7 8 9 10 11 0	60 60 60 60 60 60 60 60 60 60 60 60	0 0 0 0 0 0 0 0 0 0 0 0
1945 bis 1951	60	65	0	60	0

*) Die Anhebung vom 60. auf das 65. Lebensjahr erfolgt in Monatsschritten.

§ 238 Altersrente für langjährig unter Tage beschäftigte Bergleute

(1) Versicherte, die vor dem 1. Januar 1964 geboren sind, haben frühestens Anspruch auf Altersrente für langjährig unter Tage beschäftigte Bergleute, wenn sie

1. das 60. Lebensjahr vollendet und
2. die Wartezeit von 25 Jahren erfüllt haben.

(2) ¹Versicherte, die vor dem 1. Januar 1952 geboren sind, haben Anspruch auf diese Altersrente nach Vollendung des 60. Lebensjahres. ²Für Versicherte, die nach dem 31. Dezember 1951 geboren sind, wird die Altersgrenze von 60 Jahren wie folgt angehoben:

Versicherte Geburtsjahr Geburtsmonat	Anhebung um Monate	auf Alter	
		Jahr	Monat
1952			
Januar	1	60	1
Februar	2	60	2
März	3	60	3
April	4	60	4
Mai	5	60	5
Juni–Dezember	6	60	6
1953	7	60	7
1954	8	60	8
1955	9	60	9
1956	10	60	10
1957	11	60	11
1958	12	61	0

Versicherte Geburtsjahr Geburtsmonat	Anhebung um Monate	auf Alter Jahr	Monat
1959	14	61	2
1960	16	61	4
1961	18	61	6
1962	20	61	8
1963	22	61	10.

³ Für Versicherte, die Anpassungsgeld für entlassene Arbeitnehmer des Bergbaus oder Knappschaftsausgleichsleistung bezogen haben, wird die Altersgrenze von 60 Jahren nicht angehoben.

(3) Auf die Wartezeit für eine Rente für langjährig unter Tage beschäftigte Bergleute werden auch Anrechnungszeiten wegen Bezugs von Anpassungsgeld nach Vollendung des 50. Lebensjahres angerechnet, wenn zuletzt vor Beginn dieser Leistung eine Beschäftigung unter Tage ausgeübt worden ist.

(4) Die Wartezeit für die Altersrente für langjährig unter Tage beschäftigte Bergleute ist auch erfüllt, wenn die Versicherten
1. 25 Jahre mit Beitragszeiten aufgrund einer Beschäftigung mit ständigen Arbeiten unter Tage zusammen mit der knappschaftlichen Rentenversicherung zugeordneten Ersatzzeiten haben oder
2. 25 Jahre mit knappschaftlichen Beitragszeiten allein oder zusammen mit der knappschaftlichen Rentenversicherung zugeordneten Ersatzzeiten haben und
   a) 15 Jahre mit Hauerarbeiten (Anlage 9) beschäftigt waren oder
   b) die erforderlichen 25 Jahre mit Beitragszeiten aufgrund einer Beschäftigung mit ständigen Arbeiten unter Tage allein oder zusammen mit der knappschaftlichen Rentenversicherung zugeordneten Ersatzzeiten erfüllen, wenn darauf
      aa) für je zwei volle Kalendermonate mit Hauerarbeiten je drei Kalendermonate und
      bb) für je drei volle Kalendermonate, in denen die Versicherten vor dem 1. Januar 1968 unter Tage mit anderen als Hauerarbeiten beschäftigt waren, je zwei Kalendermonate oder
      cc) die vor dem 1. Januar 1968 verrichteten Arbeiten unter Tage bei Versicherten, die vor dem 1. Januar 1968 Hauerarbeiten verrichtet haben und diese wegen im Bergbau verminderter Berufsfähigkeit aufgeben mussten,
angerechnet werden.

§ 239 Knappschaftsausgleichsleistung

(1) ¹ Versicherte haben Anspruch auf Knappschaftsausgleichsleistung, wenn sie
1. nach Vollendung des 55. Lebensjahres aus einem knappschaftlichen Betrieb ausscheiden, nach dem 31. Dezember 1971 ihre bisherige Beschäftigung unter Tage infolge im Bergbau verminderter Berufsfähigkeit wechseln mussten und die Wartezeit von 25 Jahren mit Beitragszeiten aufgrund einer Beschäftigung mit ständigen Arbeiten unter Tage erfüllt haben,
2. aus Gründen, die nicht in ihrer Person liegen, nach Vollendung des 55. Lebensjahres oder nach Vollendung des 50. Lebensjahres, wenn sie bis zur Vollendung des 55. Lebensjahres Anpassungsgeld für entlassene Arbeitnehmer des Bergbaus bezogen haben, aus einem knappschaftlichen Betrieb ausscheiden und die Wartezeit von 25 Jahren
   a) mit Beitragszeiten aufgrund einer Beschäftigung unter Tage erfüllt haben oder
   b) mit Beitragszeiten erfüllt haben, eine Beschäftigung unter Tage ausgeübt haben und diese Beschäftigung wegen Krankheit oder körperlicher, geistiger oder seelischer Behinderung aufgeben mussten,
oder
3. nach Vollendung des 55. Lebensjahres aus einem knappschaftlichen Betrieb ausscheiden und die Wartezeit von 25 Jahren mit knappschaftlichen Beitragszeiten erfüllt haben und
   a) vor dem 1. Januar 1972 15 Jahre mit Hauerarbeiten (Anlage 9) beschäftigt waren, wobei der knappschaftlichen Rentenversicherung zugeordnete Ersatzzeiten infolge einer Einschränkung oder Entziehung der Freiheit oder infolge Verfolgungsmaßnahmen angerechnet werden, oder

b) vor dem 1. Januar 1972 Hauerarbeiten infolge im Bergbau verminderter Berufsfähigkeit aufgeben mussten und 25 Jahre mit ständigen Arbeiten unter Tage oder mit Arbeiten unter Tage vor dem 1. Januar 1968 beschäftigt waren oder
c) mindestens fünf Jahre mit Hauerarbeiten beschäftigt waren und insgesamt 25 Jahre mit ständigen Arbeiten unter Tage oder mit Hauerarbeiten beschäftigt waren, wobei auf diese 25 Jahre für je zwei volle Kalendermonate mit Hauerarbeiten je drei Kalendermonate angerechnet werden.

²Dem Bezug von Anpassungsgeld für entlassene Arbeitnehmer des Bergbaus nach Nummer 2 steht der Bezug der Bergmannsvollrente für längstens fünf Jahre gleich.

(2) Auf die Wartezeit nach Absatz 1 werden angerechnet
1. Zeiten, in denen Versicherte vor dem 1. Januar 1968 unter Tage beschäftigt waren,
2. Anrechnungszeiten wegen Bezugs von Anpassungsgeld für entlassene Arbeitnehmer des Bergbaus auf die Wartezeit nach Absatz 1 Nr. 2 und 3, auf die Wartezeit nach Absatz 1 Nr. 2 Buchstabe a jedoch nur, wenn zuletzt eine Beschäftigung unter Tage ausgeübt worden ist,
3. Ersatzzeiten, die der knappschaftlichen Rentenversicherung zugeordnet sind, auf die Wartezeit nach Absatz 1 Nr. 2 Buchstabe b und Nr. 3 Buchstabe a.

(3) ¹Für die Feststellung und Zahlung der Knappschaftsausgleichsleistung werden die Vorschriften für die Rente wegen voller Erwerbsminderung mit Ausnahme der §§ 59 und 85 angewendet. ²Der Zugangsfaktor beträgt 1,0. ³Grundlage für die Ermittlung des Monatsbetrags der Knappschaftsausgleichsleistung sind nur die persönlichen Entgeltpunkte, die auf die knappschaftliche Rentenversicherung entfallen. ⁴An die Stelle des Zeitpunkts von § 99 Abs. 1 tritt der Beginn des Kalendermonats, der dem Monat folgt, in dem die knappschaftliche Beschäftigung endete. ⁵Neben der Knappschaftsausgleichsleistung wird eine Rente aus eigener Versicherung nicht geleistet. ⁶Für den Hinzuverdienst gilt § 34 Abs. 3 Nr. 1 entsprechend.

§ 240 Rente wegen teilweiser Erwerbsminderung bei Berufsunfähigkeit

(1) Anspruch auf Rente wegen teilweiser Erwerbsminderung haben bei Erfüllung der sonstigen Voraussetzungen bis zum Erreichen der Regelaltersgrenze auch Versicherte, die
1. vor dem 2. Januar 1961 geboren und
2. berufsunfähig

sind.

(2) ¹Berufsunfähig sind Versicherte, deren Erwerbsfähigkeit wegen Krankheit oder Behinderung im Vergleich zur Erwerbsfähigkeit von körperlich, geistig und seelisch gesunden Versicherten mit ähnlicher Ausbildung und gleichwertigen Kenntnissen und Fähigkeiten auf weniger als sechs Stunden gesunken ist. ²Der Kreis der Tätigkeiten, nach denen die Erwerbsfähigkeit von Versicherten zu beurteilen ist, umfasst alle Tätigkeiten, die ihren Kräften und Fähigkeiten entsprechen und ihnen unter Berücksichtigung der Dauer und des Umfangs ihrer Ausbildung sowie ihres bisherigen Berufs und der besonderen Anforderungen ihrer bisherigen Berufstätigkeit zugemutet werden können. ³Zumutbar ist stets eine Tätigkeit, für die die Versicherten durch Leistungen zur Teilhabe am Arbeitsleben mit Erfolg ausgebildet oder umgeschult worden sind. ⁴Berufsunfähig ist nicht, wer eine zumutbare Tätigkeit mindestens sechs Stunden täglich ausüben kann; dabei ist die jeweilige Arbeitsmarktlage nicht zu berücksichtigen.

A. Normzweck

1 § 240 erweitert als Übergangsvorschrift zu § 43 die Anspruchsvoraussetzungen für eine Rente wegen teilweiser EM um den Tatbestand der Berufsunfähigkeit. Die Vorschrift wurde aus Vertrauensschutzgründen mit dem EM-ReformG vom 20. 12. 2000 (BGBl. I, 1833), das den Wegfall der Rente wegen BU nach § 43 Abs. 1 idF bis 31. 12. 2000 mit sich brachte, eingefügt. Die Regelung enthält eine modifizierte **Berufsschutzregelung** für Versicherte, die bei Inkrafttreten des Gesetzes zum 1. 1. 2001 das 40. Lebensjahr bereits vollendet hatten, indem sie diesem Personenkreis einen Anspruch auf Rente wegen teilweiser EM gibt (BT-Drs. 14/4230, 29). Die Vorschrift greift dann, wenn nicht bereits ein Anspruch nach § 43 vorliegt, weil das Leistungsvermögen des Versicherten für eine Tätigkeit auf dem allgemeinen Arbeitsmarkt noch ausreicht (Gabke jurisPK-SGB VI § 240 Rn. 9). Abs. 2 definiert den Begriff der BU, der im Wesentlichen dem bis zum 31. 12. 2000 geltenden Tatbestand entspricht.

B. Anspruchsvoraussetzungen

Anspruch nach § 240 Abs. 1 besteht für Versicherte, die **vor dem 2. 1. 1961 geboren,** also bei 2 Inkrafttreten der Regelung das 40. Lebensjahr vollendet hatten, und berufsunfähig sind. Da es sich bei der Rente nach § 240 um einen Anspruch auf eine Rente wegen teilweiser EM handelt, gelten die übrigen Voraussetzungen des § 43 (Erfüllung der Wartezeit und der besonderen versicherungsrechtlichen Voraussetzungen) entsprechend (KomGRV § 240 SGB VI Rn. 3); im Einzelnen wird auf die Erl. zu § 43 verwiesen. Die Rente wird längstens bis zur Vollendung der Regelaltersgrenze (§§ 35, 235) gezahlt. Danach ist sie, wenn der Versicherte nichts anderes bestimmt, gem. § 115 Abs. 3 in eine Regelaltersrente umzuwandeln (vgl. Kamprad Hauck/Noftz, SGB VI, K § 240 Rn. 10).

C. Berufsunfähigkeit

I. Bisheriger Beruf

Ausgangspunkt der Beurteilung der BU ist der bisherige Beruf, der sog. **Hauptberuf** (BSG 20. 7. 3 2005 – B 13 RJ 29/04 R – SozR 4–2600 § 43 Nr. 4). Darunter ist im Allgemeinen diejenige Beschäftigung zu verstehen, die zuletzt auf Dauer (BSG 13. 5. 1982 – 5 a RKn 4/81 – BSGE 53, 269), dh. mit dem Ziel verrichtet worden ist, sie bis zum Eintritt der gesundheitlichen Unfähigkeit oder bis zum Erreichen der Altersgrenze auszuüben; in der Regel ist das die letzte **versicherungspflichtige** (BSG 13. 12. 1984 – 11 RA 72/83 – BSGE 57, 291) Beschäftigung oder Tätigkeit, jedenfalls dann, wenn sie die qualitativ höchste ist (BSG 22. 3. 1988 – 8/5 a RKn 9/86 – SozR 2200 § 1246 Nr. 158; BSG 18. 2. 1998 – B 5 RJ 34/97 R – SozR 2–2200 § 1246 Nr. 61 mwN). Diese Grundsätze gelten auch dann, wenn die Berufsausübung längere Zeit zurückliegt und danach keine oder eine versicherungsfreie oder nicht versicherungspflichtige Beschäftigung oder Tätigkeit ausgeübt wurde (vgl. a. Kamprad Hauck/Noftz, SGB VI, K § 240 Rn. 25). Ebenso kann eine geringfügige Beschäftigung zur Bestimmung des Hauptberufs herangezogen werden, wenn der Versicherte gem. § 5 Abs. 2 S. 2 auf die Versicherungsfreiheit verzichtet hat und die Beschäftigung dadurch versicherungspflichtig wird. Beschäftigungen oder Tätigkeiten, für die lediglich freiwillige Beiträge gezahlt worden sind, können nicht als Hauptberuf berücksichtigt werden (BVerfG 1. 2. 1978 – 1 BvR 411/75 – SozR 2200 § 1246 Nr. 28). Beim Wechsel von einer versicherungspflichtigen Beschäftigung in ein **Beamtenverhältnis** wird die bisherige versicherungspflichtige Beschäftigung als Hauptberuf festgeschrieben (BSG 29. 6. 1984 – 4 RJ 7/84 – DRV 1984, 757–759). Auch eine im Anschluss an eine versicherungspflichtige Beschäftigung ausgeübte – nicht versicherungspflichtige – **Selbständigkeit** führt nicht zu einer Änderung des bisherigen Berufs (BSG 20. 12. 1967 – 12 RJ 242/63 – SozR Nr. 67 zu § 1246 RVO). In beiden Fällen kommt auch eine Lösung vom bisherigen Beruf „durch Zeitablauf" nicht in Betracht (BSG 5. 7. 1973 – 11 RA 228/72 – SozR Nr. 112 zu § 1246 RVO). Die Teilnahme an einer **ABM** führt ebenfalls nicht zur Lösung vom bisherigen Beruf (BSG 30. 10. 1985 – 4 a RJ 53/84 – SozR 2200 § 1246 Nr. 130). Wurde ein Beamter nach Entlassung aus dem Beamtenverhältnis **nachversichert,** ist die nachversicherte Beschäftigung der bisherige Beruf (BSG 19. 3. 1976 – 11 RA 58/75 – SozR 2200 § 1246 Nr. 12), sofern nicht eine anschließende Beschäftigung maßgeblich ist. Erfolgte nach einer **Erstattung** zu Recht entrichteter Beiträge, kann eine Beschäftigung, für die die Beiträge erstattet wurden, nicht als Hauptberuf berücksichtigt werden (BSG 23. 6. 1981 – 1 RA 5/80 – SozR 2200 § 1246 Nr. 80). Können die für eine Berufstätigkeit **zu Unrecht entrichteten Pflichtbeiträge** nicht mehr beanstandet werden, so ist diese Tätigkeit bei der Beurteilung der Berufsunfähigkeit als bisheriger Beruf zugrunde zu legen (BSG 13. 5. 1981 – 5 a RKn 4/81 – SozR 2600 § 46 Nr. 6). Ein **Umschulungsberuf** kommt als bisheriger Beruf erst in Betracht, wenn er nach der Umschulung auch tatsächlich ausgeübt worden ist (BSG 13. 12. 1984 – 11 RA 72/83 – SozR 2200 § 1246 Nr. 126). Werden mehrere versicherungspflichtige – zB geringfügige – Beschäftigungen ausgeübt, ist zu prüfen, welche Berufstätigkeit „der" Beruf ist. Eine Beschäftigung ist auch dann maßgebend, wenn sie nur kurzfristig – jedoch nicht nur vorübergehend – verrichtet wurde, aber zugleich die qualitativ höchste im Berufsleben des Versicherten war (BSG 20. 6. 2002 – B 13 RJ 13/02 R mwN – SGb 2002, 730–731).

II. Lösung vom Hauptberuf

Bei einer **freiwilligen** und auf Dauer ausgelegten Aufgabe des bisherigen Berufs ist eine spätere – 4 auch weniger qualifizierte – versicherungspflichtige Beschäftigung oder Tätigkeit als Hauptberuf zu berücksichtigen (BSG 26. 4. 2005 – B RJ 27/04 R mwN – SGb 2005, 337, Kamprad Hauck/Noftz, SGB VI, K § 240 Rn. 25). Wird die qualifizierte Tätigkeit längere Zeit nicht ausgeübt und führt dies zum Verlust der fachlichen Qualifikation, führt dies nicht zur Lösung vom bisherigen Beruf (Gabke jurisPK-SGB VI § 240 Rn. 39). Eine freiwillige Aufgabe des bisherigen Berufs liegt auch dann vor, wenn sich der Versicherte trotz der Möglichkeit, ihn auf einem behinderungsgerechten Arbeitsplatz unbefristet ohne weitere Einschränkungen auszuüben, einer anderen Tätigkeit zuwendet (BSG 12. 10. 1993 – 13 RJ 71/92 – SozR 3–2200 § 1246 Nr. 38).

5 Die Aufgabe der – ggf. höherwertigen – Berufstätigkeit aus **gesundheitlichen Gründen** führt nicht zur Lösung vom bisherigen Beruf (BSG 26. 4. 2005 – B RJ 27/04 R mwN – aaO), weil sich insofern gerade das versicherte Risiko der Rentenversicherung verwirklicht hat (BSG 9. 2. 1956 – 5 RKn 7/55 – BSGE 2, 182–187). Der aufgegebene Beruf bleibt Hauptberuf, es sei denn, dieser musste vor Erfüllung der allgemeinen Wartezeit (§ 50 Abs. 1) aufgegeben werden (Kamprad Hauck/Noftz, SGB VI, K § 240 Rn. 26). Gesundheitliche Gründe müssen insoweit nicht allein der Grund für die Aufgabe des bisherigen Berufs sein; es genügt vielmehr, dass sie den Berufswechsel mit verursacht haben (BSG 27. 6. 1974 – 5 RKn 38/73 – SozR 2600 § 45 Nr. 6). Eine Lösung vom bisherigen Beruf ist auch dann anzunehmen, wenn der Versicherte nach gesundheitsbedingter Aufgabe der qualifizierten Beschäftigung eine Arbeit gefunden hat, die solche Vorzüge hinsichtlich der Belastungen, der Entlohnung, der Arbeitsbedingungen sowie der sozialen Wertigkeit aufweist, dass eine Rückkehr in den alten Beruf bei objektiver Wertung unwahrscheinlich ist – unabhängig davon, ob den gesundheitliche Gründe noch entgegenstehen (BSG 26. 4. 2005 – B RJ 27/04 R mwN – aaO).

6 Die Aufgabe des bisherigen Berufs aus **betrieblichen Gründen** (Insolvenz, Kündigung, etc.) ist dann unbeachtlich, wenn der Versicherte sich um eine Rückkehr in diesen Beruf bemüht hat. Entsprechende Rückkehrbemühungen liegen vor, wenn sich der Versicherte zB auf gleichwertige Stellen bewirbt. Lassen äußere Umstände darauf schließen, dass sich der Versicherte mit der Aufgabe der höherqualifizierten Beschäftigung abgefunden hat, liegt eine Lösung vom bisherigen Beruf vor; Hauptberuf kann dann nur die anschließende und ggf. weniger qualifizierte – versicherungspflichtige – Berufstätigkeit sein (BSG 30. 7. 1997 – 5 RJ 20/97 mwN – juris). Der innere Wille zur Rückkehr in die zuvor ausgeübte qualifizierte Beschäftigung ist nur relevant, wenn auch tatsächlich Chancen zur Rückkehr bestehen. Dies ist nicht der Fall, wenn sich der Hauptberuf grundlegend geändert hat, zB durch Änderung der betrieblichen Abläufe oder bei einer fortschreitenden technischen Entwicklung (Gabke jurisPK-SGB VI § 240 Rn. 38).

III. Qualitative Bewertung des Hauptberufs

7 Der qualitative Wert einer Berufstätigkeit ergibt sich aus der Einordnung dieser Beschäftigung in das vom BSG in ständiger Rechtsprechung entwickelte sog. **Mehrstufenschema** (BSG 20. 7. 2005 – B 13 RJ 29/04 R – SozR 4–2600 § 43 Nr. 4), das eine sachgerechte Gleichbehandlung gleicher Sachverhalte und eine sachgerechte Differenzierung unterschiedlicher Gegebenheiten durch die Rechtsprechung (und die Rentenversicherungsträger) erleichtern soll (BSG 14. 5. 1996 – 4 RA 60/94 – SozR 3–2600 § 43 Nr. 13). Die von der Rechtsprechung entwickelten Berufsgruppen sind in hierarchisch geordneten Leitberufen abgebildet (Arbeiterberufe vier Stufen, Angestelltenberufe sechs Stufen) und reichen bei den Arbeitern von ungelernten Tätigkeiten bis zu Vorarbeitertätigkeiten mit Vorgesetztenfunktion (BSG 15. 11. 1983 – 1 RJ 112/82 – SozR 2200 § 1246 Nr. 109) und bei den Angestellten von ungelernten Tätigkeiten bis zu Tätigkeiten der Führungsebene mit hoher Qualität, die regelmäßig auf einem Hochschulstudium beruhen und üblicherweise mit einem Entgelt an der Beitragsbemessungsgrenze bewertet werden (BSG 22. 2. 1990 – 4 RA 16/89 – SozR 3–2200 § 1246 Nr. 1). Die ersten vier Stufen der Arbeiter- und Angestelltenberufe sind im Wesentlichen deckungsgleich, sodass inzwischen von einem für beide Berufsgruppen zusammengefassten Mehrstufenschema ausgegangen wird (BSG 27. 8. 2009 – B 13 R 85/09 B – juris).

8 Die qualitative Einordnung des bisherigen Berufs innerhalb des Mehrstufenschemas erfolgt anhand einer vergleichenden **Gesamtbetrachtung** verschiedener Leistungsmerkmale (BSG 12. 2. 2004 – B 13 RJ 34/03 R – SozR 4–2600 § 43 Nr. 1). Maßstab für den qualitativen Wert des Hauptberufs ist danach zunächst die Dauer und der Umfang der **Ausbildung** (BSG 14. 5. 1991 – 5 RJ 82/89 – SozR 3–2200 § 1246 Nr. 13). Ein weiteres Kriterium kann die tatsächliche **Berufsausübung** sein (BSG 12. 9. 1991 – 5 RJ 60/90 – SozR 3–2200 § 1246 Nr. 18). Eine Berufsausübung ist einer Ausbildung gleichwertig, wenn die berufliche Praxis zumindest die Zeitspanne umfasst, die für die Ausbildung zu diesem Beruf vorgeschrieben ist (BSG 7. 9. 1982 – 1 RJ 102/81 – SozR 2200 § 1246 Nr. 94). Die Dauer der Berufsausübung ist hingegen kein Qualitätsmerkmal. Auch eine nur kurze Tätigkeit nach absolvierter Ausbildung sichert den der Ausbildung entsprechenden Berufsschutz (Gabke jurisPK-SGB VI § 240 Rn. 56). Fehlt es an einem Tarifvertrag, aus dem auf die „Verkehrsanschauung" über den qualitativen Wert des Berufes geschlossen werden kann, kann auch die Entgelthöhe – sofern sie nicht Gründe hat, die außerhalb der beruflichen Qualität liegen – ein wichtiges Indiz zur qualitativen Bewertung des bisherigen Berufes sein (BSG 12. 9. 1991 – 5 RJ 60/90 – aaO). Letztlich lässt sich die qualitative Wertigkeit des Berufs aus der **tarifrechtlichen Einordnung** ermessen (BSG 20. 7. 2005 – B 13 RJ 29/04 R mwN – SozR 4–2600 § 43 Nr. 4). Die vom BSG geschaffene „Tarifrechtsprechung" basiert auf der Überlegung, dass das Gesetz auf die in der Gesellschaft vorhandenen Wertvorstellungen verweist, wenn es in § 240 Abs. 2 von der „Zumutbarkeit" einer Beschäftigung spricht, und dass die damit angesprochene soziale Wirklichkeit insbesondere von den Tarifvertragsparteien nicht bloß wiedergegeben, sondern erst geschaffen wird. Diese in die Auslegung des § 240 Abs. 2 einbezogene Er-

kenntnis erlaubt es, gesellschaftliche Entwicklungsprozesse und einen Wandel der sie begleitenden Wertungen zu berücksichtigen (BSG 27. 2. 1997 – 13 RJ 5/96 – SozR 3–2600 § 43 Nr. 15). Zu unterscheiden ist die abstrakte (tarifvertragliche) Klassifizierung der Beschäftigung (iS eines verselbständigten Berufsbildes) innerhalb eines nach Qualitätsstufen geordneten Tarifvertrags (BSG 3. 10. 1984 – 5 b RJ 28/84 mwN – SozR 2200 § 1246 Nr. 123), die idR zuverlässig den Schluss auf die qualitative Wertigkeit der Beschäftigung zulässt, von der konkreten und widerlegbaren (tariflichen) Eingruppierung des Versicherten in eine bestimmte Tarifgruppe des jeweiligen Tarifvertrags durch den AG (BSG 17. 12. 1991 – 13/5 RJ 22/90 mwN – SozR 3–2200 § 1246 Nr. 22). Die tarifvertragliche Einstufung ist jedoch in den Fällen Anhaltspunkt, in denen diese Einstufung durch qualitätsfremde Merkmale bestimmt ist. Dies ist dann anzunehmen, wenn die Einstufung im Wesentlichen auf die mit der Tätigkeit verbundenen Nachteile und Erschwernisse (zB Akkord-, Nacht-, Schmutzarbeit uä.) oder auf sozialen Gründen wegen in der Person des Versicherten liegender Umstände („Bewährungsaufstieg") beruht (BSG 14. 5. 1991 – 5 RJ 82/89 – SozR 3–2200 § 1246 Nr. 13). Die konkrete tarifliche Zuordnung des einzelnen Versicherten durch den AG ist nur ein widerlegbares Indiz dafür, dass die von dem Versicherten ausgeübte Tätigkeit in ihren Merkmalen und ihrer Wertigkeit der Berufs- und Tarifgruppe entspricht, nach der er bezahlt wird (BSG 28. 5. 1991 – 13/5 RJ 29/89 mwN – juris).

IV. Verweisung

Liegt im Hauptberuf keine Erwerbsfähigkeit mehr vor, ist zu prüfen, ob der Versicherte – auch unter Inkaufnahme eines **objektiv und subjektiv (sozial) zumutbaren** beruflichen Abstiegs – auf eine andere Beschäftigung oder Tätigkeit verwiesen werden kann (stellvertretend BSG 29. 7. 2004 – B 4 RA 5/04 R – juris, BSG 13. 12. 2000 – B 5 RJ 28/99 R – juris, BSG 14. 9. 1995 – 5 RJ 10/95 mwN – juris, BSG 16. 4. 1959 – 5 RKn 28/58 – BSGE 9, 254). Objektiv zumutbar ist eine Berufstätigkeit, die den Kenntnissen und Fähigkeiten des Versicherten entspricht und nach einer dreimonatigen Einarbeitungszeit ausgeübt werden kann (BSG 29. 7. 2004 – B 4 RA 5/04 R – aaO). Subjektiv zumutbar ist eine Beschäftigung oder Tätigkeit, die unter Berücksichtigung der beruflichen Qualifikation des Versicherten keinen wesentlichen sozialen Abstieg bedeutet (BSG – aaO). Die soziale Zumutbarkeit bestimmt sich dabei anhand der Wertigkeit des bisherigen Berufs (BSG 27. 2. 1997 – 13 RJ 5/96 – SozR 3–2600 § 43 Nr. 15). Daraus ergibt sich, dass innerhalb des Mehrstufenschemas eine Verweisung nur auf Beschäftigungen oder Tätigkeiten **derselben oder der nächstniedrigen Qualifikationsgruppe** erfolgen kann (BSG 26. 6. 1990 – 5 RJ 46/89 – SozR 3–2200 § 1246 Nr. 5). Dieser Grundsatz wird jedoch dadurch beschränkt, dass die Verweisungstätigkeit den Versicherten weder nach seinem beruflichen Können und Wissen noch hinsichtlich seiner gesundheitlichen Kräfte überfordern darf (BSG 15. 11. 1983 – 1 RJ 112/82 – SozR 2200 § 1246 Nr. 109). Ebenfalls von Bedeutung bei der sozialen Bewertung des Verweisungsberufs sind die allgemeinen Tätigkeitsmerkmale und das Einkommen, welches nicht unzumutbar niedriger als das bisherige Einkommen aus dem aufgegebenen Hauptberuf sein darf (vgl. KomGRV § 240 SGB VI Rn. 12.3). Da demnach idR eine Verweisung auf die nächstniedrige Qualifikationsgruppe möglich ist, ist eine Verweisung vom oberen Rand einer Stufe auf eine eine Tätigkeit am unteren Rand derselben Stufe stets ohne Weiteres zumutbar (BSG 27. 8. 2009 – B 13 R 85/09 B – juris). Eine Verweisung ist nach den allgemeinen Grundsätzen auch auf eine nicht versicherungspflichtige Beschäftigung oder Tätigkeit möglich (BSG 18. 3. 1982 – 11 RA 26/81 – SozR 2200 § 1246 Nr. 89). Zumutbar ist nach Abs. 2 S. 3 stets die Verweisung auf einen mit Erfolg umgeschulten Beruf. Eine erfolgreiche **Umschulung** ist anzunehmen, wenn die Maßnahme, die nicht zwingend vom RV-Träger finanziert sein muss, nach einem Ausbildungsplan absolviert wurde und mind. drei Monate umfasste, wobei die Ausbildung nicht in einem anerkannten Ausbildungsberuf erfolgen muss (BSG 19. 1. 1978 – 4 RJ 103/76 – SozR 2200 § 1246 Nr. 25). Liegt die Umschulung längere Zeit zurück und hat der Versicherte den Umschulungsberuf nie ausgeübt, ist eine Verweisung auf diesen Beruf nicht zulässig, wenn die einst erworbenen Kenntnisse nicht mehr den aktuellen Anforderungen in diesem Arbeitsfeld entsprechen (BSG 8. 9. 1993 – 5 RJ 70/92 – SozR 3–2200 § 1246 Nr. 35). Auf eine **ausgeübte Beschäftigung** kann nur verwiesen werden, wenn diese nach den allgemeinen Grundsätzen zumutbar ist (BSG 12. 11. 1980 – 1 RJ 104/79 – SozR 2200 § 1246 Nr. 69). Eine Verweisung auf eine tatsächlich ausgeübte Beschäftigung ist grds. auch dann nicht möglich, wenn sich in Bezug auf den aus gesundheitlichen Gründen aufgegebenen Hauptberuf das Einkommen vermindert hat und dafür als Ausgleich eine **tarifliche Verdienstsicherung** gezahlt wird (BSG 3. 2. 1988 – 5/5 b RJ 66/86 mwN – SozR 2200 § 1246 Nr. 154). Einkommen aus einer unzumutbaren Beschäftigung wird als Hinzuverdienst iSd § 96 a berücksichtigt. Auf eine **selbständige Tätigkeit** darf zumutbar nur verwiesen werden, wenn diese Tätigkeit schon eine gesicherte Erwerbsgrundlage darstellt (Kamprad Hauck/Noftz, SGB VI, K § 240 Rn. 74), was zumindest dann nicht der Fall ist, wenn die aus dem Gewerbebetrieb erzielten Einkünfte nicht allein aus der Verwertung der verbliebenen Arbeitskraft des Versicherten resultieren, sondern überwiegend auf sonstige Umstände (zB Einsatz finanzieller Mittel) zurückzuführen sind (BSG 29. 7. 1971 – 12 RJ 26/70 –). Objektive und subjektive Zumutbarkeit müssen kumulativ vorliegen.

V. Leistungsfähigkeit

10 Voraussetzung für den Anspruch nach § 240 ist, dass die Leistungsfähigkeit des Versicherten auf weniger als **sechs Stunden** täglich gesunken ist. Berufsunfähigkeit liegt daher nicht vor, wenn ein zumutbarer Verweisungsberuf mindestens sechs Stunden täglich ausgeübt werden kann. Dabei ist die allgemeine **Arbeitsmarktlage** nicht zu berücksichtigen.

D. Sonstige Voraussetzungen

11 Für den Anspruch nach § 240 sind die **wartezeit- und versicherungsrechtlichen Voraussetzung** für eine Rente wegen teilweiser EM nach § 43 maßgebend. Dies gilt ebenso für die darüber hinaus bei einer Rente nach § 43 zu beachtenden sonstigen Grundsätze, zB zum Rentenantrag und -beginn, zur Rentenhöhe, zur Befristung des Rentenanspruchs sowie zur Berücksichtigung von Hinzuverdienst. Insoweit wird auf die Erl. zu § 43 verwiesen.

§ 241 Rente wegen Erwerbsminderung

(1) Der Zeitraum von fünf Jahren vor Eintritt der Erwerbsminderung oder Berufsunfähigkeit (§ 240), in dem Versicherte für einen Anspruch auf Rente wegen Erwerbsminderung drei Jahre Pflichtbeiträge für eine versicherte Beschäftigung oder Tätigkeit haben müssen, verlängert sich auch um Ersatzzeiten und Zeiten des Bezugs einer Knappschaftsausgleichsleistung vor dem 1. Januar 1992.

(2) ¹Pflichtbeiträge für eine versicherte Beschäftigung oder Tätigkeit vor Eintritt der Erwerbsminderung oder Berufsunfähigkeit (§ 240) sind für Versicherte nicht erforderlich, die vor dem 1. Januar 1984 die allgemeine Wartezeit erfüllt haben, wenn jeder Kalendermonat vom 1. Januar 1984 bis zum Kalendermonat vor Eintritt der Erwerbsminderung oder Berufsunfähigkeit (§ 240) mit

1. Beitragszeiten,
2. beitragsfreien Zeiten,
3. Zeiten, die nur deshalb nicht beitragsfreie Zeiten sind, weil durch sie eine versicherte Beschäftigung oder selbständige Tätigkeit nicht unterbrochen ist, wenn in den letzten sechs Kalendermonaten vor Beginn dieser Zeiten wenigstens ein Pflichtbeitrag, eine beitragsfreie Zeit oder eine Zeit nach Nummer 4, 5 oder 6 liegt,
4. Berücksichtigungszeiten,
5. Zeiten des Bezugs einer Rente wegen verminderter Erwerbsfähigkeit oder
6. Zeiten des gewöhnlichen Aufenthalts im Beitrittsgebiet vor dem 1. Januar 1992

(Anwartschaftserhaltungszeiten) belegt ist oder wenn die Erwerbsminderung oder Berufsunfähigkeit (§ 240) vor dem 1. Januar 1984 eingetreten ist. ²Für Kalendermonate, für die eine Beitragszahlung noch zulässig ist, ist eine Belegung mit Anwartschaftserhaltungszeiten nicht erforderlich.

A. Normzweck

1 § 241 erweitert als **Übergangsvorschrift** zu den §§ 43 und 240 die **besonderen versicherungsrechtlichen Voraussetzungen**, nach denen der Rentenanspruch voraussetzt, dass der Versicherte in den letzten fünf Jahren vor Eintritt der Erwerbsminderung drei Jahre Pflichtbeiträge für eine versicherte Beschäftigung oder Tätigkeit zurückgelegt hat (vgl. im Übrigen Erl. zu § 43). Abs. 1 regelt, dass auch Ersatzzeiten (§§ 250, 251) und Zeiten des Bezuges einer Knappschaftsausgleichsleistung (§ 239), die beide seit dem 1. 1. 1992 nicht mehr entstehen können, den Fünf-Jahres-Zeitraum verlängern. Abs. 2 sichert die versicherungsrechtliche Stellung, die Versicherte bei Einführung der besonderen versicherungsrechtlichen Voraussetzungen zum 1. 1. 1984 durch das Haushaltsbegleitgesetz 1984 vom 22. 12. 1983 (BGBl. I, 1516) bereits erworben hatten.

B. Tatbestandsmerkmale

I. Ersatzzeiten und Knappschaftsausgleichsleistung

2 Durch Abs. 1 wird der Fünf-Jahres-Zeitraum des § 43 Abs. 1 S. 1 Nr. 2 und Abs. 2 S. 1 Nr. 2 auch um **vor dem 1. 1. 1992** entstandene Ersatzzeiten (§§ 250, 251) und Zeiten des Bezuges einer Knappschaftsausgleichsleistung (§ 239) verlängert. Die Übergangsregelung ergänzt § 43 Abs. 4 (vgl. hierzu Erl. zu § 43).

II. Allgemeine Wartezeit vor dem 1. 1. 1984

Nach Abs. 2 müssen die in § 43 Abs. 1 S. 1 Nr. 2 und Abs. 2 S. 1 Nr. 2 genannten besonderen versicherungsrechtlichen Voraussetzungen nicht erfüllt sein, wenn vor dem 1. 1. 1984 die allgemeine Wartezeit von **fünf Jahren** (§ 50 Abs. 1), also 60 Kalendermonaten (§ 122 Abs. 2) erfüllt war und seitdem jeder Kalendermonat bis zum Kalendermonat vor Eintritt der Erwerbsminderung oder BU (§ 240) mit Anwartschaftserhaltungszeiten belegt ist oder die Erwerbsminderung oder BU vor dem 1. 1. 1984 eingetreten ist. Die Erfüllung der allgemeinen Wartezeit ist in Anwendung der entsprechenden Regelungen des SGB VI (§ 51 Abs. 1, § 52) zu beurteilen. Neben Beitragszeiten (§ 55) und Ersatzzeiten (§§ 250, 251) sind bei Ehescheidungen vor dem 1. 1. 1984 auch sämtliche Wartezeitmonate aus einem **Versorgungsausgleich** (§ 52 Abs. 1) zu berücksichtigen (BSG 24. 3. 1988 – 5/4a RJ 33/87 – SozR 2200 § 1304a Nr. 13). Bei einem Ende der Ehezeit nach dem 31. 12. 1983 können in der Ehezeit vorhandene beitragsfreie Zeiten durch Anwartschaftsübertragung oder -begründung belegt werden (BSG 8. 10. 1992 – 13 RJ 23/91 – juris). Die allgemeine Wartezeit kann auch durch **Kindererziehungszeiten** vor 1984 erfüllt sein, obwohl derartige Zeiten erst zum 1. 1. 1986 eingeführt wurden (BSG 28. 11. 1990 – 5 RJ 77/89 – SozR 3–3750 Art. 2 § 6 Nr. 3). Das Fehlen einer weiteren Vertrauensschutzregelung für Versicherte, die vor 1984 die allgemeine Wartezeit noch nicht erfüllt hatten, ist verfassungsrechtlich nicht zu beanstanden (BSG 27. 2. 1997 – 13 RJ 63/96 – SozR 3–2600 § 241 Nr. 3). 3

III. Anwartschaftserhaltungszeiten

Die Zeit nach dem 31. 12. 1983 bis zum Kalendermonat vor dem Eintritt des Leistungsfalles muss **lückenlos** mit Anwartschaftserhaltungszeiten belegt sein, wobei nur teilweise belegte Kalendermonate als volle Kalendermonate gelten (§ 122 Abs. 1). Abs. 2 enthält eine Aufzählung der in Betracht kommenden Zeiten: 4

Beitragszeiten nach Abs. 2 Nr. 1 sind Kalendermonate, für die nach Bundesrecht Pflichtbeiträge oder freiwillige gezahlt worden sind oder nach besonderen Vorschriften als gezahlt gelten (§ 55). Im Ausland entrichtete Beiträge sind nur dann Beitragszeiten, wenn überstaatliche Regelungen (EWG-VO Nr. 1408/71) oder zwischenstaatliche Abkommen dies vorsehen (BSG 3. 11. 1994 – 13 RJ 69/92 – SozR 3–2200 § 1246 Nr. 48). 5

Beitragsfreie Zeiten nach Abs. 2 Nr. 2 sind Kalendermonate, die mit Anrechnungszeiten (§§ 58, 252) oder Ersatzzeiten (§§ 250, 251) belegt sind. Nach der Legaldefinition des § 54 Abs. 4 sind auch Zurechnungszeiten (§ 59) beitragsfreie Zeiten; als Anwartschaftserhaltungszeiten finden sie jedoch keine Berücksichtigung, weil diese Zeiten erst mit dem Eintritt der Erwerbsminderung beginnen können. (§ 59 Abs. 2). 6

Zeiten, die nur deshalb **keine Anrechnungszeiten** sind, weil durch sie eine versicherte Beschäftigung oder selbständige Tätigkeit nicht unterbrochen wurde, sind trotz Fehlens des Unterbrechungstatbestandes (vgl. hierzu Erl. zu § 58) nach Abs. 2 Nr. 3 Anwartschaftserhaltungszeiten, wenn in den vorangegangenen sechs Kalendermonaten ein Pflichtbeitrag, eine beitragsfreie Zeit oder eine der unter Abs. 2 Nr. 4–6 genannten Zeiten liegt. 7

Anwartschaftserhaltungszeiten sind nach Abs. 2 Nr. 4 auch **Berücksichtigungszeiten** (§ 57). Dies sind in erster Linie Zeiten wegen der Erziehung eines Kindes bis zum vollendeten 10. Lebensjahr. Vom 1. 1. 1992 bis 31. 3. 1995 sind unter den Voraussetzungen des § 249b auch Zeiten der nicht erwerbsmäßigen Pflege eines Pflegebedürftigen Berücksichtigungszeiten; seit dem 1. 4. 1995 sind diese Zeiten nach § 3 Pflichtbeitragszeiten. Aus Vertrauensschutzgründen (seit dem 1. 1. 1996 auch aufgrund von § 305) sind Erziehungszeiten nach dem bis zum 31. 12. 1991 geltenden Art. 2 § 6 Abs. 2 ArVNG, die nicht seit 1992 als Berücksichtigungszeiten nach § 57 anzuerkennen sind, ebenfalls Anwartschaftserhaltungszeiten, wenn sie bis 31. 12. 1991 zur ausreichenden Belegung geführt haben (KomGRV § 241 SGB VI Rn. 4.4). 8

Rentenbezugszeiten erhalten nach Abs. 2 Nr. 5 ebenfalls die Anwartschaft. Zu den Renten wegen verminderter Erwerbsfähigkeit zählen alle Renten, die wegen einer verminderten Erwerbsfähigkeit (einschließlich der Renten für Bergleute) nach den Vorschriften des SGB VI, nach denen des/der AVG, RVO, RKG, des Art. 2 RÜG und nach dem früheren Recht der DDR geleistet wurden sowie Renten, die wegen einer verminderten Erwerbsfähigkeit im Ausland bezogen oder nach zwischenstaatlichem Recht oder nach § 28a FRG gewährt wurden. Renten wegen Alters oder wegen Todes können keine Anwartschaftserhaltungszeiten sein. Aus Vertrauensschutzgründen (seit 1996 aus § 305) gilt dies ausnahmsweise nicht für Erziehungsrenten nach § 1265a RVO, § 42a AVG, weil diese Renten nach dem bis zum 31. 12. 1991 geltenden Recht zur ausreichenden Belegung geführt hatten (KomGRV § 241 SGB VI Rn. 4.5). 9

Zeiten des gewöhnlichen Aufenthalts im **Beitrittsgebiet** bis zum 31. 12. 1991 sind nach Abs. 2 Nr. 6 Anwartschaftserhaltungszeiten, damit Versicherte aus dem Beitrittsgebiet zu vergleichbaren Bedingungen wie für Versicherte aus den alten Bundesländern ihren Versicherungsschutz durch die Entrichtung freiwilliger Beiträge aufrechterhalten können (BT-Drs. 12/405, 124). Dies gilt jedoch nur, wenn der Versicherte sich während der gesamten Zeit im Beitrittsgebiet aufgehalten hat; anderenfalls 10 liegt eine Anwartschaftserhaltungszeit nur bis zum Ablauf des Kalendermonats vor, in dem der gewöhnliche Aufenthalt im Beitrittsgebiet beendet wurde (KomGRV § 241 SGB VI Rn. 4.6). Unerheblich ist, weshalb die Zeiten im Beitrittsgebiet nicht mit Beitragszeiten belegt sind.

IV. Ausnahmen des Belegungsgebots

11   Ist die **Erwerbsminderung oder Berufsunfähigkeit vor dem 1. 1. 1984** eingetreten, ist nach Abs. 2 S. 1, letzter Hs., eine Belegung mit Anwartschaftserhaltungszeiten nicht erforderlich. Diese Regelung stellt für diese Leistungsfälle den vor 1984 geltenden Rechtszustand sicher (Gabke jurisPK-SGB VI § 241 Rn. 20).

12   Nach Abs. 2 S. 2 ist eine Belegung mit Anwartschaftserhaltungszeiten nicht erforderlich für Kalendermonate, für die noch eine Zahlung **freiwilliger Beiträge** zulässig ist. Dies betrifft Kalendermonate, für die der Versicherte noch hätte Beiträge zahlen können, wenn er nicht erwerbsgemindert oder berufsunfähig geworden wäre. Ausreichend ist allein die Zulässigkeit der Beitragszahlung zum Zeitpunkt des Eintritts der Erwerbsminderung oder Berufsunfähigkeit; auf die tatsächliche Zahlung kommt es hingegen nicht an. Freiwillige Beiträge können nach § 197 Abs. 2 bis zum 31. 3. eines Jahres noch für das Vorjahr entrichtet werden. Die Frist zur freiwilligen Beitragszahlung wird nach § 198 durch ein **Beitrags- oder Rentenverfahren** unterbrochen. Ein Antrag auf **Leistungen zur medizinischen Rehabilitation** unterbricht die Zahlungsfrist nur dann, wenn der Antrag nach § 116 Abs. 2 in einen Rentenantrag umzudeuten ist, weil die Erwerbsminderung oder Berufsunfähigkeit durch eine entsprechende Rehabilitationsmaßnahme nicht beseitigt werden kann oder konnte. Die Belegung mit Anwartschaftserhaltungszeiten ist auch dann nicht erforderlich, wenn die Beitragszahlung durch Gewährung eines **sozialrechtlichen Herstellungsanspruchs** zugestanden worden ist (BSG 17. 8. 2000 – B 13 RJ 87/98 R mwN – SGb 2000, 616), weil ein Beratungsfehler des RV-Trägers für eine unterbliebene rechtzeitige Beitragszahlung ursächlich gewesen ist (BSG 25. 10. 1985 – 12 RK 37/85 – SozR 5070 § 10 Nr. 30), wobei der Versicherte bei rechtzeitiger und vollständiger Beratung auch in der Lage gewesen sein muss, die erforderlichen Beiträge zu entrichten (BSG 25. 8. 1993 – 13 RJ 43/92 – SozR 3–5750 Art. 2 § 6 Nr. 7).

§ 242 Rente für Bergleute

(1) Der Zeitraum von fünf Jahren vor Eintritt der im Bergbau verminderten Berufsfähigkeit, in dem Versicherte für einen Anspruch auf Rente wegen im Bergbau verminderter Berufsfähigkeit drei Jahre Pflichtbeiträge für eine knappschaftlich versicherte Beschäftigung oder Tätigkeit haben müssen, verlängert sich auch um Ersatzzeiten und Zeiten des Bezugs einer Knappschaftsausgleichsleistung vor dem 1. Januar 1992.

(2) ¹Pflichtbeiträge für eine knappschaftlich versicherte Beschäftigung oder Tätigkeit vor Eintritt der im Bergbau verminderten Berufsfähigkeit sind für Versicherte nicht erforderlich, die vor dem 1. Januar 1984 die allgemeine Wartezeit erfüllt haben, wenn jeder Kalendermonat vom 1. Januar 1984 bis zum Kalendermonat vor Eintritt der im Bergbau verminderten Berufsfähigkeit mit Anwartschaftserhaltungszeiten belegt ist oder wenn die im Bergbau verminderte Berufsfähigkeit vor dem 1. Januar 1984 eingetreten ist. ²Für Kalendermonate, für die eine Beitragszahlung noch zulässig ist, ist eine Belegung mit Anwartschaftserhaltungszeiten nicht erforderlich.

(3) Die Wartezeit für die Rente für Bergleute wegen Vollendung des 50. Lebensjahres ist auch erfüllt, wenn die Versicherten

1. 25 Jahre mit Beitragszeiten aufgrund einer Beschäftigung mit ständigen Arbeiten unter Tage zusammen mit der knappschaftlichen Rentenversicherung zugeordneten Ersatzzeiten haben oder
2. 25 Jahre mit knappschaftlichen Beitragszeiten allein oder zusammen mit der knappschaftlichen Rentenversicherung zugeordneten Ersatzzeiten haben und
    a) 15 Jahre mit Hauerarbeiten (Anlage 9) beschäftigt waren oder
    b) die erforderlichen 25 Jahre mit Beitragszeiten aufgrund einer Beschäftigung mit ständigen Arbeiten unter Tage allein oder zusammen mit der knappschaftlichen Rentenversicherung zugeordneten Ersatzzeiten erfüllen, wenn darauf
        aa) für je zwei volle Kalendermonate mit Hauerarbeiten je drei Kalendermonate und
        bb) für je drei volle Kalendermonate, in denen Versicherte vor dem 1. Januar 1968 unter Tage mit anderen als Hauerarbeiten beschäftigt waren, je zwei Kalendermonate oder
        cc) die vor dem 1. Januar 1968 verrichteten Arbeiten unter Tage bei Versicherten, die vor dem 1. Januar 1968 Hauerarbeiten verrichtet haben und diese wegen im Bergbau verminderter Berufsfähigkeit aufgeben mussten,
    angerechnet werden.

§ 242 a Witwenrente und Witwerrente

(1) ¹Anspruch auf kleine Witwenrente oder kleine Witwerrente besteht ohne Beschränkung auf 24 Kalendermonate, wenn der Ehegatte vor dem 1. Januar 2002 verstorben ist. ²Dies gilt auch, wenn mindestens ein Ehegatte vor dem 2. Januar 1962 geboren ist und die Ehe vor dem 1. Januar 2002 geschlossen wurde.

(2) Anspruch auf große Witwenrente oder große Witwerrente haben bei Erfüllung der sonstigen Voraussetzungen auch Witwen oder Witwer, die
1. vor dem 2. Januar 1961 geboren und berufsunfähig (§ 240 Abs. 2) sind oder
2. am 31. Dezember 2000 bereits berufsunfähig oder erwerbsunfähig waren und dies ununterbrochen sind.

(3) Anspruch auf Witwenrente oder Witwerrente haben bei Erfüllung der sonstigen Voraussetzungen auch Witwen oder Witwer, die nicht mindestens ein Jahr verheiratet waren, wenn die Ehe vor dem 1. Januar 2002 geschlossen wurde.

(4) Anspruch auf große Witwenrente oder große Witwerrente besteht ab Vollendung des 45. Lebensjahres, wenn die sonstigen Voraussetzungen erfüllt sind und der Versicherte vor dem 1. Januar 2012 verstorben ist.

(5) Die Altersgrenze von 45 Jahren für die große Witwenrente oder große Witwerrente wird, wenn der Versicherte nach dem 31. Dezember 2011 verstorben ist, wie folgt angehoben:

Todesjahr des Versicherten	Anhebung um Monate	auf Alter	
		Jahr	Monat
2012	1	45	1
2013	2	45	2
2014	3	45	3
2015	4	45	4
2016	5	45	5
2017	6	45	6
2018	7	45	7
2019	8	45	8
2020	9	45	9
2021	10	45	10
2022	11	45	11
2023	12	46	0
2024	14	46	2
2025	16	46	4
2026	18	46	6
2027	20	46	8
2028	22	46	10
ab 2029	24	47	0.

§ 243 Witwenrente und Witwerrente an vor dem 1. Juli 1977 geschiedene Ehegatten

(1) Anspruch auf kleine Witwenrente oder kleine Witwerrente besteht ohne Beschränkung auf 24 Kalendermonate auch für geschiedene Ehegatten,
1. deren Ehe vor dem 1. Juli 1977 geschieden ist,
2. die weder wieder geheiratet noch eine Lebenspartnerschaft begründet haben und
3. die im letzten Jahr vor dem Tod des geschiedenen Ehegatten (Versicherter) Unterhalt von diesem erhalten haben oder im letzten wirtschaftlichen Dauerzustand vor dessen Tod einen Anspruch hierauf hatten,

wenn der Versicherte die allgemeine Wartezeit erfüllt hat und nach dem 30. April 1942 gestorben ist.

(2) Anspruch auf große Witwenrente oder große Witwerrente besteht auch für geschiedene Ehegatten,

1. deren Ehe vor dem 1. Juli 1977 geschieden ist,
2. die weder wieder geheiratet noch eine Lebenspartnerschaft begründet haben und
3. die im letzten Jahr vor dem Tod des Versicherten Unterhalt von diesem erhalten haben oder im letzten wirtschaftlichen Dauerzustand vor dessen Tod einen Anspruch hierauf hatten und
4. die entweder
   a) ein eigenes Kind oder ein Kind des Versicherten erziehen (§ 46 Abs. 2),
   b) das 45. Lebensjahr vollendet haben,
   c) erwerbsgemindert sind,
   d) vor dem 2. Januar 1961 geboren und berufsunfähig (§ 240 Abs. 2) sind oder
   e) am 31. Dezember 2000 bereits berufsunfähig oder erwerbsunfähig waren und dies ununterbrochen sind,

wenn der Versicherte die allgemeine Wartezeit erfüllt hat und nach dem 30. April 1942 gestorben ist.

(3) ¹Anspruch auf große Witwenrente oder große Witwerrente besteht auch ohne Vorliegen der in Absatz 2 Nr. 3 genannten Unterhaltsvoraussetzungen für geschiedene Ehegatten, die
1. einen Unterhaltsanspruch nach Absatz 2 Nr. 3 wegen eines Arbeitsentgelts oder Arbeitseinkommens aus eigener Beschäftigung oder selbständiger Tätigkeit oder entsprechender Ersatzleistungen oder wegen des Gesamteinkommens des Versicherten nicht hatten und
2. zum Zeitpunkt der Scheidung entweder
   a) ein eigenes Kind oder ein Kind des Versicherten erzogen haben (§ 46 Abs. 2) oder
   b) das 45. Lebensjahr vollendet hatten und
3. entweder
   a) ein eigenes Kind oder ein Kind des Versicherten erziehen (§ 46 Abs. 2),
   b) erwerbsgemindert sind,
   c) vor dem 2. Januar 1961 geboren und berufsunfähig (§ 240 Abs. 2) sind,
   d) am 31. Dezember 2000 bereits berufsunfähig oder erwerbsunfähig waren und dies ununterbrochen sind oder
   e) das 60. Lebensjahr vollendet haben,

wenn auch vor Anwendung der Vorschriften über die Einkommensanrechnung auf Renten wegen Todes weder ein Anspruch auf Hinterbliebenenrente für eine Witwe oder einen Witwer noch für einen überlebenden Lebenspartner des Versicherten aus dessen Rentenanwartschaften besteht. ²Wenn der Versicherte nach dem 31. Dezember 2011 verstorben ist, wird die Altersgrenze von 60 Jahren wie folgt angehoben:

Todesjahr des Versicherten	Anhebung um Monate	auf Alter	
		Jahr	Monat
2012	1	60	1
2013	2	60	2
2014	3	60	3
2015	4	60	4
2016	5	60	5
2017	6	60	6
2018	7	60	7
2019	8	60	8
2020	9	60	9
2021	10	60	10
2022	11	60	11
2023	12	61	0
2024	14	61	2
2025	16	61	4
2026	18	61	6
2027	20	61	8
2028	22	61	10
ab 2029	24	62	0.

(4) Anspruch auf kleine oder große Witwenrente oder Witwerrente nach dem vorletzten Ehegatten besteht unter den sonstigen Voraussetzungen der Absätze 1 bis 3 auch für geschiedene Ehegatten, die wieder geheiratet haben, wenn die erneute Ehe aufgelöst oder für nichtig erklärt ist oder wenn eine Lebenspartnerschaft begründet und diese wieder aufgehoben oder aufgelöst ist.

(5) Geschiedenen Ehegatten stehen Ehegatten gleich, deren Ehe für nichtig erklärt oder aufgehoben ist.

§ 243 a Rente wegen Todes an vor dem 1. Juli 1977 geschiedene Ehegatten im Beitrittsgebiet

[1]Bestimmt sich der Unterhaltsanspruch des geschiedenen Ehegatten nach dem Recht, das im Beitrittsgebiet gegolten hat, ist § 243 nicht anzuwenden. [2]In diesen Fällen besteht Anspruch auf Erziehungsrente bei Erfüllung der sonstigen Voraussetzungen auch, wenn die Ehe vor dem 1. Juli 1977 geschieden ist.

§ 243 b Wartezeit

Die Erfüllung der Wartezeit von 15 Jahren ist Voraussetzung für einen Anspruch auf
1. Altersrente wegen Arbeitslosigkeit oder nach Altersteilzeitarbeit und
2. Altersrente für Frauen.

§ 244 Anrechenbare Zeiten

(1) Sind auf die Wartezeit von 35 Jahren eine pauschale Anrechnungszeit und Berücksichtigungszeiten wegen Kindererziehung anzurechnen, die vor dem Ende der Gesamtzeit für die Ermittlung der pauschalen Anrechnungszeit liegen, darf die Anzahl an Monaten mit solchen Zeiten nicht die Gesamtlücke für die Ermittlung der pauschalen Anrechnungszeit überschreiten.

(2) Auf die Wartezeit von 15 Jahren werden Kalendermonate mit Beitragszeiten und Ersatzzeiten angerechnet.

§ 245 Vorzeitige Wartezeiterfüllung

(1) Die Vorschrift über die vorzeitige Wartezeiterfüllung findet nur Anwendung, wenn Versicherte nach dem 31. Dezember 1972 vermindert erwerbsfähig geworden oder gestorben sind.

(2) Sind Versicherte vor dem 1. Januar 1992 vermindert erwerbsfähig geworden oder gestorben, ist die allgemeine Wartezeit auch vorzeitig erfüllt, wenn sie
1. nach dem 30. April 1942 wegen eines Arbeitsunfalls oder einer Berufskrankheit,
2. nach dem 31. Dezember 1956 wegen einer Wehrdienstbeschädigung nach dem Soldatenversorgungsgesetz als Wehrdienstleistender oder als Soldat auf Zeit oder wegen einer Zivildienstbeschädigung nach dem Zivildienstgesetz als Zivildienstleistender,
3. während eines aufgrund gesetzlicher Dienstpflicht oder Wehrpflicht oder während eines Krieges geleisteten militärischen oder militärähnlichen Dienstes (§§ 2 und 3 Bundesversorgungsgesetz),
4. nach dem 31. Dezember 1956 wegen eines Dienstes nach Nummer 3 oder während oder wegen einer anschließenden Kriegsgefangenschaft,
5. wegen unmittelbarer Kriegseinwirkung (§ 5 Bundesversorgungsgesetz),
6. nach dem 29. Januar 1933 wegen Verfolgungsmaßnahmen als Verfolgter des Nationalsozialismus (§§ 1 und 2 Bundesentschädigungsgesetz),
7. nach dem 31. Dezember 1956 während oder wegen eines Gewahrsams (§ 1 Häftlingshilfegesetz),
8. nach dem 31. Dezember 1956 während oder wegen Internierung oder Verschleppung (§ 250 Abs. 1 Nr. 2) oder
9. nach dem 30. Juni 1944 wegen Vertreibung oder Flucht als Vertriebener (§§ 1 bis 5 Bundesvertriebenengesetz),

vermindert erwerbsfähig geworden oder gestorben sind.

(3) Sind Versicherte vor dem 1. Januar 1992 und nach dem 31. Dezember 1972 erwerbsunfähig geworden oder gestorben, ist die allgemeine Wartezeit auch vorzeitig erfüllt, wenn sie

1. wegen eines Unfalls und vor Ablauf von sechs Jahren nach Beendigung einer Ausbildung erwerbsunfähig geworden oder gestorben sind und
2. in den zwei Jahren vor Eintritt der Erwerbsunfähigkeit oder des Todes mindestens sechs Kalendermonate mit Pflichtbeiträgen für eine versicherte Beschäftigung oder Tätigkeit haben.

§ 245a Wartezeiterfüllung bei früherem Anspruch auf Hinterbliebenenrente im Beitrittsgebiet

Die allgemeine Wartezeit gilt für einen Anspruch auf Hinterbliebenenrente als erfüllt, wenn der Berechtigte bereits vor dem 1. Januar 1992 einen Anspruch auf Hinterbliebenenrente nach den Vorschriften des Beitrittsgebiets gehabt hat.

§ 246 Beitragsgeminderte Zeiten

[1]Zeiten, für die für Arbeiter in der Zeit vom 1. Oktober 1921 und für Angestellte in der Zeit vom 1. August 1921 bis zum 31. Dezember 1923 Beiträge gezahlt worden sind, sind beitragsgeminderte Zeiten. [2]Bei Beginn einer Rente vor dem 1. Januar 2009 gelten die ersten 36 Kalendermonate mit Pflichtbeiträgen für Zeiten einer versicherten Beschäftigung oder selbständigen Tätigkeit bis zur Vollendung des 25. Lebensjahres stets als Zeiten einer beruflichen Ausbildung. [3]Auf die ersten 36 Kalendermonate werden Anrechnungszeiten wegen einer Lehre angerechnet.

§ 247 Beitragszeiten

(1) [1]Beitragszeiten sind auch Zeiten, für die in der Zeit vom 1. Januar 1984 bis zum 31. Dezember 1991 für Anrechnungszeiten Beiträge gezahlt worden sind, die der Versicherte ganz oder teilweise getragen hat. [2]Die Zeiten sind Pflichtbeitragszeiten, wenn ein Leistungsträger die Beiträge mitgetragen hat.

(2) Pflichtbeitragszeiten aufgrund einer versicherten Beschäftigung sind auch Zeiten, für die die Bundesagentur für Arbeit in der Zeit vom 1. Juli 1978 bis zum 31. Dezember 1982 oder ein anderer Leistungsträger in der Zeit vom 1. Oktober 1974 bis zum 31. Dezember 1983 wegen des Bezugs von Sozialleistungen Pflichtbeiträge gezahlt hat.

(2a) Pflichtbeitragszeiten aufgrund einer versicherten Beschäftigung sind auch Zeiten, in denen in der Zeit vom 1. Juni 1945 bis 30. Juni 1965 Personen als Lehrling oder sonst zu ihrer Berufsausbildung beschäftigt waren und grundsätzlich Versicherungspflicht bestand, eine Zahlung von Pflichtbeiträgen für diese Zeiten jedoch nicht erfolgte (Zeiten einer beruflichen Ausbildung).

(3) [1]Beitragszeiten sind auch Zeiten, für die nach den Reichsversicherungsgesetzen Pflichtbeiträge (Pflichtbeitragszeiten) oder freiwillige Beiträge gezahlt worden sind. [2]Zeiten vor dem 1. Januar 1924 sind jedoch nur Beitragszeiten, wenn
1. in der Zeit vom 1. Januar 1924 bis zum 30. November 1948 mindestens ein Beitrag für diese Zeit gezahlt worden ist,
2. nach dem 30. November 1948 bis zum Ablauf von drei Jahren nach dem Ende einer Ersatzzeit mindestens ein Beitrag gezahlt worden ist oder
3. mindestens die Wartezeit von 15 Jahren erfüllt ist.

§ 248 Beitragszeiten im Beitrittsgebiet und im Saarland

(1) Pflichtbeitragszeiten sind auch Zeiten, in denen Personen aufgrund gesetzlicher Pflicht nach dem 8. Mai 1945 mehr als drei Tage Wehrdienst oder Zivildienst im Beitrittsgebiet geleistet haben.

(2) Für Versicherte, die bereits vor Erfüllung der allgemeinen Wartezeit voll erwerbsgemindert waren und seitdem ununterbrochen voll erwerbsgemindert sind, gelten Zeiten des gewöhnlichen Aufenthalts im Beitrittsgebiet nach Vollendung des 16. Lebensjahres und nach Eintritt der vollen Erwerbsminderung in der Zeit vom 1. Juli 1975 bis zum 31. Dezember 1991 als Pflichtbeitragszeiten.

(3) [1]Den Beitragszeiten nach Bundesrecht stehen Zeiten nach dem 8. Mai 1945 gleich, für die Beiträge zu einem System der gesetzlichen Rentenversicherung nach vor dem Inkrafttreten von Bundesrecht geltenden Rechtsvorschriften gezahlt worden sind; dies gilt entsprechend für Beitragszeiten im Saarland bis zum 31. Dezember 1956. [2]Beitragszeiten im Beitrittsgebiet sind nicht

1. Zeiten der Schul-, Fach- oder Hochschulausbildung,
2. Zeiten einer Beschäftigung oder selbständigen Tätigkeit neben dem Bezug einer Altersrente oder einer Versorgung wegen Alters,
3. Zeiten der freiwilligen Versicherung vor dem 1. Januar 1991 nach der Verordnung über die freiwillige und zusätzliche Versicherung in der Sozialversicherung vom 28. Januar 1947, in denen Beiträge nicht mindestens in der in Anlage 11 genannten Höhe gezahlt worden sind.

(4) ¹Die Beitragszeiten werden abweichend von den Vorschriften des Dritten Kapitels der knappschaftlichen Rentenversicherung zugeordnet, wenn für die versicherte Beschäftigung Beiträge nach einem Beitragssatz für bergbaulich Versicherte gezahlt worden sind. ²Zeiten der Versicherungspflicht von selbständig Tätigen im Beitrittsgebiet werden der allgemeinen Rentenversicherung zugeordnet.

§ 249 Beitragszeiten wegen Kindererziehung

(1) Die Kindererziehungszeit für ein vor dem 1. Januar 1992 geborenes Kind endet zwölf Kalendermonate nach Ablauf des Monats der Geburt.

(2) ¹Bei der Anrechnung einer Kindererziehungszeit steht der Erziehung im Inland die Erziehung im jeweiligen Geltungsbereich der Reichsversicherungsgesetze gleich. ²Dies gilt nicht, wenn Beitragszeiten während desselben Zeitraums aufgrund einer Versicherungslastregelung mit einem anderen Staat nicht in die Versicherungslast der Bundesrepublik Deutschland fallen würden.

(3) *(aufgehoben)*

(4) Ein Elternteil ist von der Anrechnung einer Kindererziehungszeit ausgeschlossen, wenn er vor dem 1. Januar 1921 geboren ist.

(5) Für die Feststellung der Tatsachen, die für die Anrechnung von Kindererziehungszeiten vor dem 1. Januar 1986 erheblich sind, genügt es, wenn sie glaubhaft gemacht sind.

(6) Ist die Mutter vor dem 1. Januar 1986 gestorben, wird die Kindererziehungszeit insgesamt dem Vater zugeordnet.

§ 249 a Beitragszeiten wegen Kindererziehung im Beitrittsgebiet

(1) Elternteile, die am 18. Mai 1990 ihren gewöhnlichen Aufenthalt im Beitrittsgebiet hatten, sind von der Anrechnung einer Kindererziehungszeit ausgeschlossen, wenn sie vor dem 1. Januar 1927 geboren sind.

(2) Ist ein Elternteil bis zum 31. Dezember 1996 gestorben, wird die Kindererziehungszeit im Beitrittsgebiet vor dem 1. Januar 1992 insgesamt der Mutter zugeordnet, es sei denn, es wurde eine wirksame Erklärung zugunsten des Vaters abgegeben.

§ 249 b Berücksichtigungszeiten wegen Pflege

¹Berücksichtigungszeiten sind auf Antrag auch Zeiten der nicht erwerbsmäßigen Pflege eines Pflegebedürftigen in der Zeit vom 1. Januar 1992 bis zum 31. März 1995, solange die Pflegeperson
1. wegen der Pflege berechtigt war, Beiträge zu zahlen oder die Umwandlung von freiwilligen Beiträgen in Pflichtbeiträge zu beantragen, und
2. nicht zu den in § 56 Abs. 4 genannten Personen gehört, die von der Anrechnung einer Kindererziehungszeit ausgeschlossen sind.

²Die Zeit der Pflegetätigkeit wird von der Aufnahme der Pflegetätigkeit an als Berücksichtigungszeit angerechnet, wenn der Antrag bis zum Ablauf von drei Kalendermonaten nach Aufnahme der Pflegetätigkeit gestellt wird.

§ 250 Ersatzzeiten

(1) Ersatzzeiten sind Zeiten vor dem 1. Januar 1992, in denen Versicherungspflicht nicht bestanden hat und Versicherte nach vollendetem 14. Lebensjahr
1. militärischen oder militärähnlichen Dienst im Sinne der §§ 2 und 3 des Bundesversorgungsgesetzes aufgrund gesetzlicher Dienstpflicht oder Wehrpflicht oder während eines Krieges geleistet haben oder aufgrund dieses Dienstes kriegsgefangen gewesen sind oder deutschen Minenräumdienst nach dem 8. Mai 1945 geleistet haben oder im Anschluss

an solche Zeiten wegen Krankheit arbeitsunfähig oder unverschuldet arbeitslos gewesen sind,
2. interniert oder verschleppt oder im Anschluss an solche Zeiten wegen Krankheit arbeitsunfähig oder unverschuldet arbeitslos gewesen sind, wenn sie als Deutsche wegen ihrer Volks- oder Staatsangehörigkeit oder in ursächlichem Zusammenhang mit den Kriegsereignissen außerhalb des Gebietes der Bundesrepublik Deutschland interniert oder in ein ausländisches Staatsgebiet verschleppt waren, nach dem 8. Mai 1945 entlassen wurden und innerhalb von zwei Monaten nach der Entlassung im Gebiet der Bundesrepublik Deutschland ständigen Aufenthalt genommen haben, wobei in die Frist von zwei Monaten Zeiten einer unverschuldeten Verzögerung der Rückkehr nicht eingerechnet werden,
3. während oder nach dem Ende eines Krieges, ohne Kriegsteilnehmer zu sein, durch feindliche Maßnahmen bis zum 30. Juni 1945 an der Rückkehr aus Gebieten außerhalb des jeweiligen Geltungsbereichs der Reichsversicherungsgesetze oder danach aus Gebieten außerhalb des Geltungsbereichs dieser Gesetze, soweit es sich nicht um das Beitrittsgebiet handelt, verhindert gewesen oder dort festgehalten worden sind,
4. in ihrer Freiheit eingeschränkt gewesen oder ihnen die Freiheit entzogen worden ist (§§ 43 und 47 Bundesentschädigungsgesetz) oder im Anschluss an solche Zeiten wegen Krankheit arbeitsunfähig oder unverschuldet arbeitslos gewesen sind oder infolge Verfolgungsmaßnahmen
   a) arbeitslos gewesen sind, auch wenn sie der Arbeitsvermittlung nicht zur Verfügung gestanden haben, längstens aber die Zeit bis zum 31. Dezember 1946, oder
   b) bis zum 30. Juni 1945 ihren Aufenthalt in Gebieten außerhalb des jeweiligen Geltungsbereichs der Reichsversicherungsgesetze oder danach in Gebieten außerhalb des Geltungsbereichs der Reichsversicherungsgesetze nach dem Stand vom 30. Juni 1945 genommen oder einen solchen beibehalten haben, längstens aber die Zeit bis zum 31. Dezember 1949,
wenn sie zum Personenkreis des § 1 des Bundesentschädigungsgesetzes gehören (Verfolgungszeit),
5. in Gewahrsam genommen worden sind oder im Anschluss daran wegen Krankheit arbeitsunfähig oder unverschuldet arbeitslos gewesen sind, wenn sie zum Personenkreis des § 1 des Häftlingshilfegesetzes gehören oder nur deshalb nicht gehören, weil sie vor dem 3. Oktober 1990 ihren gewöhnlichen Aufenthalt im Beitrittsgebiet genommen haben, oder
5 a. im Beitrittsgebiet in der Zeit vom 8. Mai 1945 bis zum 30. Juni 1990 einen Freiheitsentzug erlitten haben, soweit eine auf Rehabilitierung oder Kassation erkennende Entscheidung ergangen ist, oder im Anschluss an solche Zeiten wegen Krankheit arbeitsunfähig oder unverschuldet arbeitslos gewesen sind,
6. vertrieben, umgesiedelt oder ausgesiedelt worden oder auf der Flucht oder im Anschluss an solche Zeiten wegen Krankheit arbeitsunfähig oder unverschuldet arbeitslos gewesen sind, mindestens aber die Zeit vom 1. Januar 1945 bis zum 31. Dezember 1946, wenn sie zum Personenkreis der §§ 1 bis 4 des Bundesvertriebenengesetzes gehören.

(2) Ersatzzeiten sind nicht Zeiten,
1. für die eine Nachversicherung durchgeführt oder nur wegen eines fehlenden Antrags nicht durchgeführt worden ist,
2. in denen außerhalb des Gebietes der Bundesrepublik Deutschland ohne das Beitrittsgebiet eine Rente wegen Alters oder anstelle einer solchen eine andere Leistung bezogen worden ist,
3. in denen nach dem 31. Dezember 1956 die Voraussetzungen nach Absatz 1 Nr. 2, 3 und 5 vorliegen und Versicherte eine Beschäftigung oder selbständige Tätigkeit auch aus anderen als den dort genannten Gründen nicht ausgeübt haben.

§ 251 Ersatzzeiten bei Handwerkern

(1) Ersatzzeiten werden bei versicherungspflichtigen Handwerkern, die in diesen Zeiten in die Handwerksrolle eingetragen waren, berücksichtigt, wenn für diese Zeiten Beiträge nicht gezahlt worden sind.

(2) Zeiten, in denen in die Handwerksrolle eingetragene versicherungspflichtige Handwerker im Anschluss an eine Ersatzzeit arbeitsunfähig krank gewesen sind, sind nur dann Ersatzzeiten, wenn sie in ihrem Betrieb mit Ausnahme von Lehrlingen und des Ehegatten oder eines Verwandten ersten Grades, für Zeiten vor dem 1. Mai 1985 mit Ausnahme

eines Lehrlings, des Ehegatten oder eines Verwandten ersten Grades, Personen nicht beschäftigt haben, die wegen dieser Beschäftigung versicherungspflichtig waren.

(3) Eine auf eine Ersatzzeit folgende Zeit der unverschuldeten Arbeitslosigkeit vor dem 1. Juli 1969 ist bei Handwerkern nur dann eine Ersatzzeit, wenn und solange sie in der Handwerksrolle gelöscht waren.

§ 252 Anrechnungszeiten

(1) Anrechnungszeiten sind auch Zeiten, in denen Versicherte
1. Anpassungsgeld für entlassene Arbeitnehmer des Bergbaus bezogen haben,
2. nach dem 31. Dezember 1991 eine Knappschaftsausgleichsleistung bezogen haben,
3. nach dem vollendeten 17. Lebensjahr als Lehrling nicht versicherungspflichtig oder versicherungsfrei waren und die Lehrzeit abgeschlossen haben, längstens bis zum 28. Februar 1957, im Saarland bis zum 31. August 1957,
4. vor dem vollendeten 55. Lebensjahr eine Rente wegen Berufsunfähigkeit oder Erwerbsunfähigkeit oder eine Erziehungsrente bezogen haben, in der eine Zurechnungszeit nicht enthalten war,
5. vor dem vollendeten 55. Lebensjahr eine Invalidenrente, ein Ruhegeld oder eine Knappschaftsvollrente bezogen haben, wenn diese Leistung vor dem 1. Januar 1957 weggefallen ist,
6. Schlechtwettergeld bezogen haben, wenn dadurch eine versicherte Beschäftigung oder selbständige Tätigkeit unterbrochen worden ist, längstens bis zum 31. Dezember 1978.

(2) Anrechnungszeiten sind auch Zeiten, für die
1. die Bundesagentur für Arbeit in der Zeit vom 1. Januar 1983,
2. ein anderer Leistungsträger in der Zeit vom 1. Januar 1984

bis zum 31. Dezember 1997 wegen des Bezugs von Sozialleistungen Pflichtbeiträge oder Beiträge für Anrechnungszeiten gezahlt hat.

(3) Anrechnungszeiten wegen Arbeitsunfähigkeit oder Leistungen zur medizinischen Rehabilitation oder zur Teilhabe am Arbeitsleben liegen in der Zeit vom 1. Januar 1984 bis zum 31. Dezember 1997 bei Versicherten, die
1. nicht in der gesetzlichen Krankenversicherung versichert waren oder
2. in der gesetzlichen Krankenversicherung ohne Anspruch auf Krankengeld versichert waren,

nur vor, wenn für diese Zeiten, längstens jedoch für 18 Kalendermonate, Beiträge nach mindestens 70 vom Hundert, für die Zeit vom 1. Januar 1995 an 80 vom Hundert des zuletzt für einen vollen Kalendermonat versicherten Arbeitsentgelts oder Arbeitseinkommens gezahlt worden sind.

(4) *(aufgehoben)*

(5) Zeiten einer Arbeitslosigkeit vor dem 1. Juli 1969 sind bei Handwerkern nur dann Anrechnungszeiten, wenn und solange sie in der Handwerksrolle gelöscht waren.

(6) ¹Bei selbständig Tätigen, die auf Antrag versicherungspflichtig waren, und bei Handwerkern sind Zeiten vor dem 1. Januar 1992, in denen sie
1. wegen Krankheit arbeitsunfähig gewesen sind oder Leistungen zur medizinischen Rehabilitation oder zur Teilhabe am Arbeitsleben erhalten haben,
2. wegen Schwangerschaft oder Mutterschaft während der Schutzfristen nach dem Mutterschutzgesetz eine versicherte selbständige Tätigkeit nicht ausgeübt haben,

nur dann Anrechnungszeiten, wenn sie in ihrem Betrieb mit Ausnahme eines Lehrlings, des Ehegatten oder eines Verwandten ersten Grades Personen nicht beschäftigt haben, die wegen dieser Beschäftigung versicherungspflichtig waren. ²Anrechnungszeiten nach dem 30. April 1985 liegen auch vor, wenn die Versicherten mit Ausnahme von Lehrlingen und des Ehegatten oder eines Verwandten ersten Grades Personen nicht beschäftigt haben, die wegen dieser Beschäftigung versicherungspflichtig waren.

(7) ¹Zeiten, in denen Versicherte
1. vor dem 1. Januar 1984 arbeitsunfähig geworden sind oder Leistungen zur medizinischen Rehabilitation oder zur Teilhabe am Arbeitsleben erhalten haben,
2. vor dem 1. Januar 1979 Schlechtwettergeld bezogen haben,
3. wegen Arbeitslosigkeit bei einer deutschen Agentur für Arbeit als Arbeitsuchende gemeldet waren und
   a) vor dem 1. Juli 1978 eine öffentlich-rechtliche Leistung bezogen haben oder
   b) vor dem 1. Januar 1992 eine öffentlich-rechtliche Leistung nur wegen des zu berücksichtigenden Einkommens oder Vermögens nicht bezogen haben,

werden nur berücksichtigt, wenn sie mindestens einen Kalendermonat andauerten. ²Folgen mehrere Zeiten unmittelbar aufeinander, werden sie zusammengerechnet.

(8) ¹Anrechnungszeiten sind auch Zeiten nach dem 30. April 2003, in denen Versicherte
1. nach Vollendung des 58. Lebensjahres wegen Arbeitslosigkeit bei einer deutschen Agentur für Arbeit gemeldet waren,
2. der Arbeitsvermittlung nur deshalb nicht zur Verfügung standen, weil sie nicht arbeitsbereit waren und nicht alle Möglichkeiten nutzten und nutzen wollten, um ihre Beschäftigungslosigkeit zu beenden und
3. eine öffentlich-rechtliche Leistung nur wegen des zu berücksichtigenden Einkommens oder Vermögens nicht bezogen haben.

²Für Zeiten nach Satz 1 gelten die Vorschriften über Anrechnungszeiten wegen Arbeitslosigkeit. ³Zeiten nach Satz 1 werden nach dem 31. Dezember 2007 nur dann als Anrechnungszeiten berücksichtigt, wenn die Arbeitslosigkeit vor dem 1. Januar 2008 begonnen hat und der Versicherte vor dem 2. Januar 1950 geboren ist.

(9) Anrechnungszeiten liegen bei Beziehern von Arbeitslosenhilfe, Unterhaltsgeld und Arbeitslosengeld II nicht vor, wenn die Bundesagentur für Arbeit oder in Fällen des § 6a des Zweiten Buches die zugelassenen kommunalen Träger für sie Beiträge an eine Versicherungseinrichtung oder Versorgungseinrichtung, an ein Versicherungsunternehmen oder an sie selbst gezahlt haben.

§ 252a Anrechnungszeiten im Beitrittsgebiet

(1) ¹Anrechnungszeiten im Beitrittsgebiet sind auch Zeiten nach dem 8. Mai 1945, in denen Versicherte
1. wegen Schwangerschaft oder Mutterschaft während der jeweiligen Schutzfristen eine versicherte Beschäftigung oder selbständige Tätigkeit nicht ausgeübt haben,
2. vor dem 1. Januar 1992
   a) Lohnersatzleistungen nach dem Recht der Arbeitsförderung,
   b) Vorruhestandsgeld, Übergangsrente, Invalidenrente bei Erreichen besonderer Altersgrenzen, befristete erweiterte Versorgung oder
   c) Unterstützung während der Zeit der Arbeitsvermittlung
   bezogen haben,
3. vor dem 1. März 1990 arbeitslos waren oder
4. vor dem vollendeten 55. Lebensjahr Invalidenrente, Bergmannsinvalidenrente, Versorgung wegen voller Berufsunfähigkeit oder Teilberufsunfähigkeit, Unfallrente aufgrund eines Körperschadens von 66 $^2/_3$ vom Hundert, Kriegsbeschädigtenrente aus dem Beitrittsgebiet, entsprechende Renten aus einem Sonderversorgungssystem oder eine berufsbezogene Zuwendung an Ballettmitglieder in staatlichen Einrichtungen bezogen haben.

²Anrechnungszeiten nach Satz 1 Nr. 1 liegen vor Vollendung des 17. und nach Vollendung des 25. Lebensjahres nur vor, wenn dadurch eine versicherte Beschäftigung oder selbständige Tätigkeit unterbrochen ist. ³Für Zeiten nach Satz 1 Nr. 2 und 3 gelten die Vorschriften über Anrechnungszeiten wegen Arbeitslosigkeit. ⁴Zeiten des Fernstudiums oder des Abendunterrichts in der Zeit vor dem 1. Juli 1990 sind nicht Anrechnungszeiten wegen schulischer Ausbildung, wenn das Fernstudium oder der Abendunterricht neben einer versicherungspflichtigen Beschäftigung oder Tätigkeit ausgeübt worden ist.

(2) ¹Anstelle von Anrechnungszeiten wegen Krankheit, Schwangerschaft oder Mutterschaft vor dem 1. Juli 1990 werden pauschal Anrechnungszeiten für Ausfalltage ermittelt, wenn im Ausweis für Arbeit und Sozialversicherung Arbeitsausfalltage als Summe eingetragen sind. ²Dazu ist die im Ausweis eingetragene Anzahl der Arbeitsausfalltage mit der Zahl 7 zu vervielfältigen, durch die Zahl 5 zu teilen und dem Ende der für das jeweilige Kalenderjahr bescheinigten Beschäftigung oder selbständigen Tätigkeit als Anrechnungszeit lückenlos zuzuordnen, wobei Zeiten vor dem 1. Januar 1984 nur berücksichtigt werden, wenn nach der Zuordnung mindestens ein Kalendermonat belegt ist. ³Insoweit ersetzen sie die für diese Zeit bescheinigten Pflichtbeitragszeiten; dies gilt nicht für die Feststellung von Pflichtbeitragszeiten für einen Anspruch auf Rente.

§ 253 Pauschale Anrechnungszeit

(1) ¹Anrechnungszeit für die Zeit vor dem 1. Januar 1957 ist mindestens die volle Anzahl an Monaten, die sich ergibt, wenn

1. der Zeitraum vom Kalendermonat, für den der erste Pflichtbeitrag gezahlt ist, spätestens vom Kalendermonat, in dem der Tag nach der Vollendung des 17. Lebensjahres des Versicherten fällt, bis zum Kalendermonat, für den der letzte Pflichtbeitrag vor dem 1. Januar 1957 gezahlt worden ist, ermittelt wird (Gesamtzeit),
2. die Gesamtzeit um die auf sie entfallenden mit Beiträgen und Ersatzzeiten belegten Kalendermonate zur Ermittlung der verbleibenden Zeit gemindert wird (Gesamtlücke) und
3. die Gesamtlücke, höchstens jedoch ein nach unten gerundetes volles Viertel der auf die Gesamtzeit entfallenden Beitragszeiten und Ersatzzeiten, mit dem Verhältnis vervielfältigt wird, in dem die Summe der auf die Gesamtzeit entfallenden mit Beitragszeiten und Ersatzzeiten belegten Kalendermonate zu der Gesamtzeit steht.

²Dabei werden Zeiten, für die eine Nachversicherung nur wegen eines fehlenden Antrags nicht durchgeführt worden ist, wie Beitragszeiten berücksichtigt.

(2) Der Anteil der pauschalen Anrechnungszeit, der auf einen Zeitabschnitt entfällt, ist die volle Anzahl an Monaten, die sich ergibt, wenn die pauschale Anrechnungszeit mit der für ihre Ermittlung maßgebenden verbleibenden Zeit in diesem Zeitabschnitt (Teillücke) vervielfältigt und durch die Gesamtlücke geteilt wird.

§ 253a Zurechnungszeit

¹Bei Beginn einer Rente vor dem 1. Januar 2004 endet die Zurechnungszeit mit dem vollendeten 55. Lebensjahr. ²Die darüber hinausgehende Zeit bis zum vollendeten 60. Lebensjahr wird in Abhängigkeit vom Beginn der Rente in dem in Anlage 23 geregelten Umfang zusätzlich als Zurechnungszeit berücksichtigt.

§ 254 Zuordnung beitragsfreier Zeiten zur knappschaftlichen Rentenversicherung

(1) Ersatzzeiten werden der knappschaftlichen Rentenversicherung zugeordnet, wenn vor dieser Zeit der letzte Pflichtbeitrag zur knappschaftlichen Rentenversicherung gezahlt worden ist.

(2) Ersatzzeiten und Anrechnungszeiten wegen einer Lehre werden der knappschaftlichen Rentenversicherung auch dann zugeordnet, wenn nach dieser Zeit die Versicherung beginnt und der erste Pflichtbeitrag zur knappschaftlichen Rentenversicherung gezahlt worden ist.

(3) Anrechnungszeiten wegen des Bezugs von Anpassungsgeld und von Knappschaftsausgleichsleistung sind Zeiten der knappschaftlichen Rentenversicherung.

(4) Die pauschale Anrechnungszeit wird der knappschaftlichen Rentenversicherung in dem Verhältnis zugeordnet, in dem die knappschaftlichen Beitragszeiten und die der knappschaftlichen Rentenversicherung zugeordneten Ersatzzeiten bis zur letzten Pflichtbeitragszeit vor dem 1. Januar 1957 zu allen diesen Beitragszeiten und Ersatzzeiten stehen.

§ 254a Ständige Arbeiten unter Tage im Beitrittsgebiet

Im Beitrittsgebiet vor dem 1. Januar 1992 überwiegend unter Tage ausgeübte Tätigkeiten sind ständige Arbeiten unter Tage.

Fünfter Unterabschnitt. Rentenhöhe und Rentenanpassung

§ 254b Rentenformel für den Monatsbetrag der Rente

(1) Bis zur Herstellung einheitlicher Einkommensverhältnisse im Gebiet der Bundesrepublik Deutschland werden persönliche Entgeltpunkte (Ost) und ein aktueller Rentenwert (Ost) für die Ermittlung des Monatsbetrags der Rente aus Zeiten außerhalb der Bundesrepublik Deutschland ohne das Beitrittsgebiet gebildet, die an die Stelle der persönlichen Entgeltpunkte und des aktuellen Rentenwerts treten.

(2) Liegen der Rente auch persönliche Entgeltpunkte zugrunde, die mit dem aktuellen Rentenwert zu vervielfältigen sind, sind Monatsteilbeträge zu ermitteln, deren Summe den Monatsbetrag der Rente ergibt.

§ 254 c Anpassung der Renten

Renten, denen ein aktueller Rentenwert (Ost) zugrunde liegt, werden angepasst, indem der bisherige aktuelle Rentenwert (Ost) durch den neuen aktuellen Rentenwert (Ost) ersetzt wird.

§ 254 d Entgeltpunkte (Ost)

(1) An die Stelle der ermittelten Entgeltpunkte treten Entgeltpunkte (Ost) für
1. Zeiten mit Beiträgen für eine Beschäftigung oder selbständige Tätigkeit,
2. Pflichtbeitragszeiten aufgrund der gesetzlichen Pflicht zur Leistung von Wehrdienst oder Zivildienst oder aufgrund eines Wehrdienstverhältnisses besonderer Art nach § 6 des Einsatz-Weiterverwendungsgesetzes oder aufgrund des Bezugs von Sozialleistungen mit Ausnahme des Bezugs von Arbeitslosengeld II,
3. Zeiten der Erziehung eines Kindes,
4. Zeiten mit freiwilligen Beiträgen vor dem 1. Januar 1992 oder danach bis zum 31. März 1999 zur Aufrechterhaltung des Anspruchs auf Rente wegen verminderter Erwerbsfähigkeit (§ 279 b) bei gewöhnlichem Aufenthalt,
4 a. Zeiten der nicht erwerbsmäßigen Pflege,
4 b. zusätzliche Entgeltpunkte für Arbeitsentgelt aus nach § 23 b Abs. 2 Satz 1 bis 4 des Vierten Buches aufgelösten Wertguthaben auf Grund einer Arbeitsleistung im Beitrittsgebiet und
5. Zeiten mit Beiträgen für eine Beschäftigung oder selbständige Tätigkeit,
6. Zeiten der Erziehung eines Kindes,
7. Zeiten mit freiwilligen Beiträgen bei gewöhnlichem Aufenthalt

im jeweiligen Geltungsbereich der Reichsversicherungsgesetze außerhalb der Bundesrepublik Deutschland (Reichsgebiets-Beitragszeiten).

(2) [1]Absatz 1 findet keine Anwendung auf Zeiten vor dem 19. Mai 1990
1. von Versicherten, die ihren gewöhnlichen Aufenthalt am 18. Mai 1990 oder, falls sie verstorben sind, zuletzt vor dem 19. Mai 1990
   a) im Gebiet der Bundesrepublik Deutschland ohne das Beitrittsgebiet hatten, solange sich der Berechtigte im Inland gewöhnlich aufhält, oder
   b) im Ausland hatten und unmittelbar vor Beginn des Auslandsaufenthalts ihren gewöhnlichen Aufenthalt im Gebiet der Bundesrepublik Deutschland ohne das Beitrittsgebiet hatten,
2. mit Beiträgen aufgrund einer Beschäftigung bei einem Unternehmen im Beitrittsgebiet, für das Arbeitsentgelte in Deutsche Mark gezahlt worden sind.
[2]Satz 1 gilt nicht für Zeiten, die von der Wirkung einer Beitragserstattung nach § 286 d Abs. 2 nicht erfasst werden.

(3) Für Zeiten mit Beiträgen für eine Beschäftigung oder selbständige Tätigkeit und für Zeiten der Erziehung eines Kindes vor dem 1. Februar 1949 in Berlin gelten ermittelte Entgeltpunkte nicht als Entgeltpunkte (Ost).

§ 255 Rentenartfaktor

(1) Der Rentenartfaktor beträgt für persönliche Entgeltpunkte bei großen Witwenrenten und großen Witwerrenten nach dem Ende des dritten Kalendermonats nach Ablauf des Monats, in dem der Ehegatte verstorben ist, 0,6, wenn der Ehegatte vor dem 1. Januar 2002 verstorben ist oder die Ehe vor diesem Tag geschlossen wurde und mindestens ein Ehegatte vor dem 2. Januar 1962 geboren ist.

(2) Witwenrenten und Witwerrenten aus der Rentenanwartschaft eines vor dem 1. Juli 1977 geschiedenen Ehegatten werden von Beginn an mit dem Rentenartfaktor ermittelt, der für Witwenrenten und Witwerrenten nach dem Ende des dritten Kalendermonats nach Ablauf des Monats, in dem der Ehegatte verstorben ist, maßgebend ist.

§ 255 a Aktueller Rentenwert (Ost)

(1) [1]Der aktuelle Rentenwert (Ost) beträgt am 30. Juni 2005 22,97 Euro. [2]Er verändert sich zum 1. Juli eines jeden Jahres nach dem für die Veränderung des aktuellen Rentenwerts geltenden Verfahren. [3]Hierbei sind jeweils die für das Beitrittsgebiet ermittelten Bruttolöhne und -gehälter je Arbeitnehmer (§ 68 Abs. 2 Satz 1) maßgebend [4]§ 68 Abs. 2 Satz 3 ist mit der Maßgabe anzuwenden, dass die für das Beitrittsgebiet ermittelten bei-

tragspflichtigen Bruttolöhne und -gehälter je Arbeitnehmer ohne Beamte einschließlich der Bezieher von Arbeitslosengeld zugrunde zu legen sind.

(2) Der aktuelle Rentenwert (Ost) ist mindestens um den Vomhundertsatz anzupassen, um den der aktuelle Rentenwert angepasst wird.

(3) ¹Abweichend von § 68 Abs. 4 werden bis zur Herstellung einheitlicher Einkommensverhältnisse im Gebiet der Bundesrepublik Deutschland die Anzahl der Äquivalenzrentner und die Anzahl der Äquivalenzbeitragszahler für das Bundesgebiet ohne das Beitrittsgebiet und das Beitrittsgebiet getrennt berechnet. ²Für die weitere Berechnung nach § 68 Abs. 4 werden die jeweiligen Ergebnisse anschließend addiert. ³Für die Berechnung sind die Werte für das Gesamtvolumen der Beiträge aller in der allgemeinen Rentenversicherung versicherungspflichtig Beschäftigten, der geringfügig Beschäftigten (§ 8 Viertes Buch) und der Bezieher von Arbeitslosengeld eines Kalenderjahres, das Durchschnittsentgelt nach Anlage 1, das Gesamtvolumen der Renten abzüglich erstatteter Aufwendungen für Renten und Rententeile eines Kalenderjahres und eine Regelaltersrente mit 45 Entgeltpunkten für das Bundesgebiet ohne das Beitrittsgebiet und für das Beitrittsgebiet getrennt zu ermitteln und der Berechnung zugrunde zu legen. ⁴Im Beitrittsgebiet ist dabei als Durchschnittsentgelt für das jeweilige Kalenderjahr der Wert der Anlage 1 dividiert durch den Wert der Anlage 10 zu berücksichtigen und bei der Berechnung der Regelaltersrente mit 45 Entgeltpunkten der aktuelle Rentenwert (Ost) zugrunde zu legen.

(4) ¹Abweichend von § 68a tritt bis zur Herstellung einheitlicher Einkommensverhältnisse im Gebiet der Bundesrepublik Deutschland jeweils an die Stelle des aktuellen Rentenwerts der aktuelle Rentenwert (Ost), des Ausgleichsbedarfs der Ausgleichsbedarf (Ost), des Ausgleichsfaktors der Ausgleichsfaktor (Ost) und des Anpassungsfaktors der Anpassungsfaktor (Ost). ²Absatz 2 ist auf der Grundlage des nach Satz 1 bestimmten aktuellen Rentenwerts (Ost) anzuwenden. ³Für den zu ermittelnden Ausgleichsfaktor (Ost) bleibt die Veränderung des aktuellen Rentenwerts (Ost) nach Maßgabe des Absatzes 2 außer Betracht. ⁴Der Ausgleichsbedarf (Ost) verändert sich bei Anwendung des Absatzes 2 nur dann nach § 68a Abs. 3, wenn der nach Absatz 1 errechnete aktuelle Rentenwert (Ost) den nach Satz 1 in Verbindung mit Absatz 2 errechneten aktuellen Rentenwert (Ost) übersteigt; der Wert des Ausgleichsbedarfs (Ost) verändert sich, indem der im Vorjahr bestimmte Wert mit dem Anpassungsfaktor (Ost) vervielfältigt wird, der sich ergibt, wenn der nach Absatz 1 errechnete aktuelle Rentenwert (Ost) durch den nach Satz 1 in Verbindung mit Absatz 2 errechneten aktuellen Rentenwert (Ost) geteilt wird.

§ 255 b Verordnungsermächtigung

(1) ¹Die Bundesregierung wird ermächtigt, durch Rechtsverordnung mit Zustimmung des Bundesrates den zum 1. Juli eines Jahres maßgebenden aktuellen Rentenwert (Ost) und den Ausgleichsbedarf (Ost) zu bestimmen. ²Die Bestimmung soll bis zum 31. März des jeweiligen Jahres erfolgen.

(2) Die Bundesregierung wird ermächtigt, durch Rechtsverordnung mit Zustimmung des Bundesrates zum Ende eines jeden Kalenderjahres
1. für das vergangene Kalenderjahr den Wert der Anlage 10,
2. für das folgende Kalenderjahr den vorläufigen Wert der Anlage 10

als das Vielfache des Durchschnittsentgelts der Anlage 1 zum Durchschnittsentgelt im Beitrittsgebiet zu bestimmen.

§ 255 c Widerspruch und Klage gegen die Veränderung des Zahlbetrags der Rente

¹Widerspruch und Klage von Rentenbeziehern gegen
1. die Veränderung des Zahlbetrags der Rente,
2. die Festsetzung des Beitragszuschusses nach § 106 für Rentenbezieher, die freiwillig in der gesetzlichen Krankenversicherung versichert sind oder
3. den Wegfall des Beitragszuschusses nach § 106a

zum 1. April 2004 aufgrund einer Veränderung des allgemeinen Beitragssatzes ihrer Krankenkasse oder der Neuregelung der Tragung der Beiträge zur Pflegeversicherung haben keine aufschiebende Wirkung. ²Widerspruch und Klage gegen die Festsetzung des Beitragszuschusses nach § 106 zum 1. Juli 2004 für Rentenbezieher, die bei einem Krankenversicherungsunternehmen versichert sind, aufgrund einer Veränderung des durchschnittlichen allgemeinen Beitragssatzes der Krankenkassen haben ebenfalls keine aufschiebende Wirkung.

§ 255 d Ausgleichsbedarf zum 30. Juni 2007

(1) Der Ausgleichsbedarf beträgt zum 30. Juni 2007 0,9825.

(2) Der Ausgleichsbedarf (Ost) beträgt zum 30. Juni 2007 0,9870.

§ 255 e Bestimmung des aktuellen Rentenwerts für die Zeit vom 1. Juli 2005 bis zum 1. Juli 2013

(1) Bei der Ermittlung des aktuellen Rentenwerts für die Zeit vom 1. Juli 2005 bis zum 1. Juli 2013 tritt an die Stelle des Faktors für die Veränderung des Beitragssatzes zur allgemeinen Rentenversicherung (§ 68 Abs. 3) der Faktor für die Veränderung des Beitragssatzes zur allgemeinen Rentenversicherung und des Altersvorsorgeanteils.

(2) Der Faktor, der sich aus der Veränderung des Altersvorsorgeanteils und des Beitragssatzes zur allgemeinen Rentenversicherung ergibt, wird ermittelt, indem

1. der Altersvorsorgeanteil und der durchschnittliche Beitragssatz in der allgemeinen Rentenversicherung des vergangenen Kalenderjahres von 100 vom Hundert subtrahiert werden,
2. der Altersvorsorgeanteil und der durchschnittliche Beitragssatz in der allgemeinen Rentenversicherung für das vorvergangene Kalenderjahr von 100 vom Hundert subtrahiert werden,

und anschließend der nach Nummer 1 ermittelte Wert durch den nach Nummer 2 ermittelten Wert geteilt wird.

(3) Der Altersvorsorgeanteil beträgt für die Jahre

vor	2002	0,0 vom Hundert,
	2002	0,5 vom Hundert,
	2003	0,5 vom Hundert,
	2004	1,0 vom Hundert,
	2005	1,5 vom Hundert,
	2006	2,0 vom Hundert,
	2007	2,0 vom Hundert,
	2008	2,0 vom Hundert,
	2009	2,5 vom Hundert.
	2010	3,0 vom Hundert.
	2011	3,5 vom Hundert.
	2012	4,0 vom Hundert.

(4) Der nach § 68 sowie den Absätzen 1 bis 3 für die Zeit vom 1. Juli 2005 bis zum 1. Juli 2013 anstelle des bisherigen aktuellen Rentenwerts zu bestimmende aktuelle Rentenwert wird nach folgender Formel ermittelt:
Dabei sind:

ARt	=	zu bestimmender aktueller Rentenwert ab dem 1. Juli,
ARt-1	=	bisheriger aktueller Rentenwert,
BEt-1	=	Bruttolöhne und -gehälter je Arbeitnehmer im vergangenen Kalenderjahr,
BEt-2	=	Bruttolöhne und -gehälter je Arbeitnehmer im vorvergangenen Kalenderjahr unter Berücksichtigung der Veränderung der beitragspflichtigen Bruttolöhne und -gehälter je Arbeitnehmer ohne Beamte einschließlich der Bezieher von Arbeitslosengeld,
AVAt-1	=	Altersvorsorgeanteil im vergangenen Kalenderjahr,
AVAt-2	=	Altersvorsorgeanteil im vorvergangenen Kalenderjahr.
RVBt-1	=	durchschnittlicher Beitragssatz in der allgemeinen Rentenversicherung im vergangenen Kalenderjahr,
RVBt-2	=	durchschnittlicher Beitragssatz in der allgemeinen Rentenversicherung im vorvergangenen Kalenderjahr,
RQt-1	=	Rentnerquotient im vergangenen Kalenderjahr,
RQt-2	=	Rentnerquotient im vorvergangenen Kalenderjahr.

(5) Abweichend von § 68 a Absatz 1 Satz 1 vermindert sich der bisherige aktuelle Rentenwert auch dann nicht, wenn sich durch die Veränderung des Altersvorsorgeanteils eine Minderung des bisherigen aktuellen Rentenwerts ergeben würde.

§ 255 f *(aufgehoben)*

§ 255 g Bestimmung des aktuellen Rentenwerts für die Zeit vom 1. Juli 2007 bis zum 1. Juli 2010

(1) Bei der Bestimmung des aktuellen Rentenwerts zum 1. Juli 2007 ist § 68 Abs. 4 Satz 4 mit der Maßgabe anzuwenden, dass das Gesamtvolumen der Beiträge für das Jahr 2006 mit dem Faktor 0,9375 vervielfältigt wird.

(2) Bei der Bestimmung des aktuellen Rentenwerts für die Zeit vom 1. Juli 2007 bis zum 1. Juli 2010 ist § 68 a Abs. 3 nicht anzuwenden.

§ 256 Entgeltpunkte für Beitragszeiten

(1) Für Pflichtbeitragszeiten aufgrund einer Beschäftigung in der Zeit vom 1. Juni 1945 bis 30. Juni 1965 (§ 247 Abs. 2 a) werden für jeden Kalendermonat 0,025 Entgeltpunkte zugrunde gelegt.

(2) Für Zeiten vor dem 1. Januar 1992, für die für Anrechnungszeiten Beiträge gezahlt worden sind, die Versicherte ganz oder teilweise getragen haben, ist Beitragsbemessungsgrundlage der Betrag, der sich ergibt, wenn das 100fache des gezahlten Beitrags durch den für die jeweilige Zeit maßgebenden Beitragssatz geteilt wird.

(3) ¹Für Zeiten vom 1. Januar 1982 bis zum 31. Dezember 1991, für die Pflichtbeiträge gezahlt worden sind für Personen, die aufgrund gesetzlicher Pflicht mehr als drei Tage Wehrdienst oder Zivildienst geleistet haben, werden für jedes volle Kalenderjahr 0,75 Entgeltpunkte, für die Zeit vom 1. Mai 1961 bis zum 31. Dezember 1981 1,0 Entgeltpunkte, für jeden Teilzeitraum der entsprechende Anteil zugrunde gelegt. ²Satz 1 ist für Zeiten vom 1. Januar 1990 bis zum 31. Dezember 1991 nicht anzuwenden, wenn die Pflichtbeiträge bei einer Verdienstausfallentschädigung aus dem Arbeitsentgelt berechnet worden sind. ³Für Zeiten vor dem 1. Mai 1961 gilt Satz 1 mit der Maßgabe, dass auf Antrag 0,75 Entgeltpunkte zugrunde gelegt werden.

(4) Für Zeiten vor dem 1. Januar 1992, für die Pflichtbeiträge für behinderte Menschen in geschützten Einrichtungen gezahlt worden sind, werden auf Antrag für jedes volle Kalenderjahr mindestens 0,75 Entgeltpunkte, für jeden Teilzeitraum der entsprechende Anteil zugrunde gelegt.

(5) ¹Für Zeiten, für die Beiträge nach Lohn-, Beitrags- oder Gehaltsklassen gezahlt worden sind, werden die Entgeltpunkte der Anlage 3 zugrunde gelegt, wenn die Beiträge nach dem vor dem 1. März 1957 geltenden Recht gezahlt worden sind. ²Sind die Beiträge nach dem in der Zeit vom 1. März 1957 bis zum 31. Dezember 1976 geltenden Recht gezahlt worden, werden für jeden Kalendermonat Entgeltpunkte aus der in Anlage 4 angegebenen Beitragsbemessungsgrundlage ermittelt.

(6) ¹Für Zeiten vor dem 1. Januar 1957, für die Beiträge aufgrund von Vorschriften außerhalb des Vierten Kapitels nachgezahlt worden sind, werden Entgeltpunkte ermittelt, indem die Beitragsbemessungsgrundlage durch das Durchschnittsentgelt des Jahres 1957 in Höhe von 5043 Deutsche Mark geteilt wird. ²Für Zeiten, für die Beiträge nachgezahlt worden sind, ausgenommen die Zeiten, für die Beiträge wegen Heiratserstattung nachgezahlt worden sind, werden Entgeltpunkte ermittelt, indem die Beitragsbemessungsgrundlage durch das Durchschnittsentgelt des Jahres geteilt wird, in dem die Beiträge gezahlt worden sind.

(7) Für Beiträge, die für Arbeiter in der Zeit vom 1. Oktober 1921 und für Angestellte in der Zeit vom 1. August 1921 bis zum 31. Dezember 1923 gezahlt worden sind, werden für jeden Kalendermonat 0,0625 Entgeltpunkte zugrunde gelegt.

§ 256 a Entgeltpunkte für Beitragszeiten im Beitrittsgebiet

(1) ¹Für Beitragszeiten im Beitrittsgebiet nach dem 8. Mai 1945 werden Entgeltpunkte ermittelt, indem der mit den Werten der Anlage 10 vervielfältigte Verdienst (Beitragsbemessungsgrundlage) durch das Durchschnittsentgelt für dasselbe Kalenderjahr geteilt wird. ²Für das Kalenderjahr des Rentenbeginns und für das davor liegende Kalenderjahr ist der Verdienst mit dem Wert der Anlage 10 zu vervielfältigen, der für diese Kalenderjahre vorläufig bestimmt ist. ³Die Sätze 1 und 2 sind nicht anzuwenden für Beitragszeiten auf Grund des Bezugs von Arbeitslosengeld II.

(1 a) Arbeitsentgelt aus nach § 23 b Abs. 2 Satz 1 bis 4 des Vierten Buches aufgelösten Wertguthaben, das durch Arbeitsleistung im Beitrittsgebiet erzielt wurde, wird mit dem vorläufigen Wert der Anlage 10 für das Kalenderjahr vervielfältigt, dem das Arbeitsentgelt zugeordnet ist.

(2) ¹Als Verdienst zählen der tatsächlich erzielte Arbeitsverdienst und die tatsächlich erzielten Einkünfte, für die jeweils Pflichtbeiträge gezahlt worden sind, sowie der Verdienst, für den Beiträge zur Freiwilligen Zusatzrentenversicherung oder freiwillige Beiträge zur Rentenversicherung für Zeiten vor dem 1. Januar 1992 oder danach bis zum 31. März 1999 zur Aufrechterhaltung des Anspruchs auf Rente wegen verminderter Erwerbsfähigkeit (§ 279 b) gezahlt worden sind. ²Für Zeiten der Beschäftigung bei der Deutschen Reichsbahn oder bei der Deutschen Post vor dem 1. Januar 1974 gelten für den oberhalb der im Beitrittsgebiet geltenden Beitragsbemessungsgrenzen nachgewiesenen Arbeitsverdienst Beiträge zur Freiwilligen Zusatzrentenversicherung als gezahlt. ³Für Zeiten der Beschäftigung bei der Deutschen Reichsbahn oder bei der Deutschen Post vom 1. Januar 1974 bis 30. Juni 1990 gelten für den oberhalb der im Beitrittsgebiet geltenden Beitragsbemessungsgrenzen nachgewiesenen Arbeitsverdienst, höchstens bis zu 650 Mark monatlich, Beiträge zur Freiwilligen Zusatzrentenversicherung als gezahlt, wenn ein Beschäftigungsverhältnis bei der Deutschen Reichsbahn oder bei der Deutschen Post am 1. Januar 1974 bereits zehn Jahre ununterbrochen bestanden hat. ⁴Für freiwillige Beiträge nach der Verordnung über die freiwillige und zusätzliche Versicherung in der Sozialversicherung vom 28. Januar 1947 gelten die in Anlage 11 genannten Beträge, für freiwillige Beiträge nach der Verordnung über die freiwillige Versicherung auf Zusatzrente bei der Sozialversicherung vom 15. März 1968 (GBl. II Nr. 29 S. 154) gilt das Zehnfache der gezahlten Beiträge als Verdienst.

(3) ¹Als Verdienst zählen auch die nachgewiesenen beitragspflichtigen Arbeitsverdienste und Einkünfte vor dem 1. Juli 1990, für die wegen der im Beitrittsgebiet jeweils geltenden Beitragsbemessungsgrenzen oder wegen in einem Sonderversorgungssystem erworbener Anwartschaften Pflichtbeiträge oder Beiträge zur Freiwilligen Zusatzrentenversicherung nicht gezahlt werden konnten. ²Für Versicherte, die berechtigt waren, der Freiwilligen Zusatzrentenversicherung beizutreten, gilt dies für Beträge oberhalb der jweiligen Beitragsbemessungsgrenzen zur Freiwilligen Zusatzrentenversicherung nur, wenn die zulässigen Höchstbeiträge zur Freiwilligen Zusatzrentenversicherung gezahlt worden sind. ³Werden beitragspflichtige Arbeitsverdienste oder Einkünfte, für die nach den im Beitrittsgebiet jeweils geltenden Vorschriften Pflichtbeiträge oder Beiträge zur Freiwilligen Zusatzrentenversicherung nicht gezahlt werden konnten, glaubhaft gemacht, werden diese Arbeitsverdienste oder Einkünfte zu fünf Sechsteln berücksichtigt. ⁴Als Mittel der Glaubhaftmachung können auch Versicherungen an Eides statt zugelassen werden. ⁵Der Träger der Rentenversicherung ist für die Abnahme eidesstattlicher Versicherungen zuständig.

(3 a) ¹Als Verdienst zählen für Zeiten vor dem 1. Juli 1990, in denen Versicherte ihren gewöhnlichen Aufenthalt im Gebiet der Bundesrepublik Deutschland ohne das Beitrittsgebiet hatten und Beiträge zu einem System der gesetzlichen Rentenversicherung des Beitrittsgebiets gezahlt worden sind, die Werte der Anlagen 1 bis 16 zum Fremdrentengesetz. ²Für jeden Teilzeitraum wird der entsprechende Anteil zugrunde gelegt. ³Dabei zählen Kalendermonate, die zum Teil mit Anrechnungszeiten wegen Krankheit oder für Ausfalltage belegt sind, als Zeiten mit vollwertigen Beiträgen. ⁴Für eine Teilzeitbeschäftigung nach dem 31. Dezember 1949 werden zur Ermittlung der Entgeltpunkte die Beiträge berücksichtigt, die dem Verhältnis der Teilzeitbeschäftigung zu einer Vollzeitbeschäftigung entsprechen. ⁵Für Pflichtbeitragszeiten für eine Berufsausbildung werden für jeden Kalendermonat 0,025 Entgeltpunkte zugrunde gelegt. ⁶Für glaubhaft gemachte Beitragszeiten werden fünf Sechstel der Entgeltpunkte zugrunde gelegt.

(4) Für Zeiten vor dem 1. Januar 1992, in denen Personen aufgrund gesetzlicher Pflicht mehr als drei Tage Wehrdienst oder Zivildienst im Beitrittsgebiet geleistet haben, werden für jedes volle Kalenderjahr 0,75 Entgeltpunkte, für jeden Teilzeitraum der entsprechende Anteil zugrunde gelegt.

(5) Für Pflichtbeitragszeiten bei Erwerbsunfähigkeit vor dem 1. Januar 1992 werden für jedes volle Kalenderjahr mindestens 0,75 Entgeltpunkte, für jeden Teilzeitraum der entsprechende Anteil zugrunde gelegt.

§ 256 b Entgeltpunkte für glaubhaft gemachte Beitragszeiten

(1) ¹Für glaubhaft gemachte Pflichtbeitragszeiten nach dem 31. Dezember 1949 werden zur Ermittlung von Entgeltpunkten als Beitragsbemessungsgrundlage für ein Kalenderjahr einer Vollzeitbeschäftigung die Durchschnittsverdienste berücksichtigt, die sich

1. nach Einstufung der Beschäftigung in eine der in Anlage 13 genannten Qualifikationsgruppen und
2. nach Zuordnung der Beschäftigung zu einem der in Anlage 14 genannten Bereiche

für dieses Kalenderjahr ergeben, höchstens jedoch fünf Sechstel der jeweiligen Beitragsbemessungsgrenze; für jeden Teilzeitraum wird der entsprechende Anteil zugrunde gelegt. ²Für glaubhaft gemachte Pflichtbeitragszeiten nach Einführung des Euro werden als Beitragsbemessungsgrundlage Durchschnittsverdienste in Höhe des Betrages in Euro berücksichtigt, der zur selben Anzahl an Entgeltpunkten führt, wie er sich für das Kalenderjahr vor Einführung des Euro nach Satz 1 ergeben hätte. ³Für eine Teilzeitbeschäftigung werden die Beträge berücksichtigt, die dem Verhältnis der Teilzeitbeschäftigung zu einer Vollzeitbeschäftigung entsprechen. ⁴Die Bestimmung des maßgeblichen Bereichs richtet sich danach, welchem Bereich der Betrieb, in dem der Versicherte seine Beschäftigung ausgeübt hat, zuzuordnen ist. ⁵War der Betrieb Teil einer größeren Unternehmenseinheit, ist für die Bestimmung des Bereichs diese maßgeblich. ⁶Kommen nach dem Ergebnis der Ermittlungen mehrere Bereiche in Betracht, ist von ihnen der Bereich mit den niedrigsten Durchschnittsverdiensten des jeweiligen Jahres maßgeblich. ⁷Ist eine Zuordnung zu einem oder zu einem von mehreren Bereichen nicht möglich, erfolgt die Zuordnung zu dem Bereich mit den für das jeweilige Jahr niedrigsten Durchschnittsverdiensten. ⁸Die Sätze 6 und 7 gelten entsprechend für die Zuordnung zu einer Qualifikationsgruppe. ⁹Für Zeiten vor dem 1. Januar 1950 und für Zeiten im Gebiet der Bundesrepublik Deutschland ohne das Beitrittsgebiet vor dem 1. Januar 1991 werden Entgeltpunkte aus fünf Sechsteln der sich aufgrund der Anlagen 1 bis 16 zum Fremdrentengesetz ergebenden Werte ermittelt, es sei denn, die Höhe der Arbeitsentgelte ist bekannt oder kann auf sonstige Weise festgestellt werden.

(2) Für glaubhaft gemachte Pflichtbeitragszeiten für eine Berufsausbildung werden für jeden Kalendermonat 0,0208, mindestens jedoch die nach Absatz 1 ermittelten Entgeltpunkte zugrunde gelegt.

(3) Für glaubhaft gemachte Beitragszeiten mit freiwilligen Beiträgen werden für Zeiten bis zum 28. Februar 1957 die Entgeltpunkte der Anlage 15 zugrunde gelegt, für Zeiten danach für jeden Kalendermonat die Entgeltpunkte, die sich aus fünf Sechsteln der Mindestbeitragsbemessungsgrundlage für freiwillige Beiträge ergeben.

(4) ¹Für glaubhaft gemachte Pflichtbeitragszeiten im Beitrittsgebiet für die Zeit vom 1. März 1971 bis zum 30. Juni 1992 gilt Absatz 1 nur so weit, wie glaubhaft gemacht ist, dass Beiträge zur Freiwilligen Zusatzrentenversicherung gezahlt worden sind. ²Kann eine solche Beitragszahlung nicht glaubhaft gemacht werden, ist als Beitragsbemessungsgrundlage für ein Kalenderjahr höchstens ein Verdienst nach Anlage 16 zu berücksichtigen.

(5) Die Absätze 1 bis 4 sind für selbständig Tätige entsprechend anzuwenden.

§ 256c Entgeltpunkte für nachgewiesene Beitragszeiten ohne Beitragsbemessungsgrundlage

(1) ¹Für Zeiten vor dem 1. Januar 1991, für die eine Pflichtbeitragszahlung nachgewiesen ist, werden, wenn die Höhe der Beitragsbemessungsgrundlage nicht bekannt ist oder nicht auf sonstige Weise festgestellt werden kann, zur Ermittlung von Entgeltpunkten als Beitragsbemessungsgrundlage für ein Kalenderjahr einer Vollzeitbeschäftigung die sich nach den folgenden Absätzen ergebenden Beträge zugrunde gelegt. ²Für jeden Teilzeitraum wird der entsprechende Anteil zugrunde gelegt. ³Für eine Teilzeitbeschäftigung nach dem 31. Dezember 1949 werden die Werte berücksichtigt, die dem Verhältnis der Teilzeitbeschäftigung zu einer Vollzeitbeschäftigung entsprechen.

(2) Für Zeiten im Gebiet der Bundesrepublik Deutschland ohne das Beitrittsgebiet und für Zeiten im Beitrittsgebiet vor dem 1. Januar 1950 sind die Beträge maßgebend, die sich aufgrund der Anlagen 1 bis 16 zum Fremdrentengesetz für dieses Kalenderjahr ergeben.

(3) ¹Für Zeiten im Beitrittsgebiet nach dem 31. Dezember 1949 sind die um ein Fünftel erhöhten Beträge maßgebend, die sich

a) nach Einstufung der Beschäftigung in eine der in Anlage 13 genannten Qualifikationsgruppen und
b) nach Zuordnung der Beschäftigung zu einem der in Anlage 14 genannten Bereiche

für dieses Kalenderjahr ergeben. ²§ 256b Abs. 1 Satz 4 bis 8 ist anzuwenden. ³Für Pflichtbeitragszeiten für die Zeit vom 1. März 1971 bis zum 30. Juni 1990 gilt dies nur so weit, wie glaubhaft gemacht ist, dass Beiträge zur Freiwilligen Zusatzrentenversicherung gezahlt worden sind. ⁴Kann eine solche Beitragszahlung nicht glaubhaft gemacht werden, ist als Beitragsbemessungsgrundlage für ein Kalenderjahr höchstens ein um ein Fünftel erhöhter Verdienst nach Anlage 16 zu berücksichtigen.

(4) Die Absätze 1 bis 3 sind nicht anzuwenden, wenn für Zeiten vor dem 1. Juli 1990 im Beitrittsgebiet beitragspflichtige Arbeitsverdienste und Einkünfte glaubhaft gemacht wer-

den, für die wegen der im Beitrittsgebiet jeweils geltenden Beitragsbemessungsgrenzen oder wegen in einem Sonderversorgungssystem erworbener Anwartschaften Pflichtbeiträge oder Beiträge zur Freiwilligen Zusatzrentenversicherung nicht gezahlt werden konnten.

(5) Die Absätze 1 bis 4 sind für selbständig Tätige entsprechend anzuwenden.

§ 256 d *(aufgehoben)*

§ 257 Entgeltpunkte für Berliner Beitragszeiten

(1) ¹Für Zeiten, für die Beiträge zur
1. einheitlichen Sozialversicherung der Versicherungsanstalt Berlin in der Zeit vom 1. Juli 1945 bis zum 31. Januar 1949,
2. einheitlichen Sozial- oder Rentenversicherung der Versicherungsanstalt Berlin (West) in der Zeit vom 1. Februar 1949 bis zum 31. März 1952 oder
3. Rentenversicherung der Landesversicherungsanstalt Berlin vom 1. April 1952 bis zum 31. August 1952

gezahlt worden sind, werden Entgeltpunkte ermittelt, indem die Beitragsbemessungsgrundlage durch das Durchschnittsentgelt für dasselbe Kalenderjahr geteilt wird. ²Die Beitragsbemessungsgrundlage beträgt
1. für die Zeit vom 1. Juli 1945 bis zum 31. März 1946 das Fünffache der gezahlten Beiträge,
2. für die Zeit vom 1. April 1946 bis zum 31. Dezember 1950 das Fünffache der gezahlten Beiträge, höchstens jedoch 7200 Reichsmark oder Deutsche Mark für ein Kalenderjahr.

(2) Für Zeiten, für die freiwillige Beiträge oder Beiträge nach Beitragsklassen gezahlt worden sind, werden die Entgeltpunkte der Anlage 5 zugrunde gelegt.

§ 258 Entgeltpunkte für saarländische Beitragszeiten

(1) Für Zeiten vom 20. November 1947 bis zum 5. Juli 1959, für die Beiträge in Franken gezahlt worden sind, werden Entgeltpunkte ermittelt, indem das mit den Werten der Anlage 6 vervielfältigte Arbeitsentgelt (Beitragsbemessungsgrundlage) durch das Durchschnittsentgelt für dasselbe Kalenderjahr geteilt wird.

(2) ¹Für die für Zeiten vom 31. Dezember 1923 bis zum 3. März 1935 zur Rentenversicherung der Arbeiter und für Zeiten vom 1. Januar 1924 bis zum 28. Februar 1935 zur Rentenversicherung der Angestellten nach Lohn-, Beitrags- oder Gehaltsklassen in Franken gezahlten und nach der Verordnung über die Überleitung der Sozialversicherung des Saarlandes in der im Bundesgesetzblatt Teil III, Gliederungsnummer 826-4, veröffentlichten bereinigten Fassung umgestellten Beiträge werden die Entgeltpunkte der danach maßgebenden Lohn-, Beitrags- oder Gehaltsklasse der Anlage 3 zugrunde gelegt. ²Für die für Zeiten vor dem 1. März 1935 zur knappschaftlichen Pensionsversicherung gezahlten Einheitsbeiträge werden die aufgrund des § 26 der Verordnung über die Überleitung der Sozialversicherung des Saarlandes ergangenen satzungsrechtlichen Bestimmungen angewendet und Entgeltpunkte der danach maßgebenden Lohn-, Beitrags- oder Gehaltsklasse der Anlage 3 zugrunde gelegt. ³Für Zeiten, für die Beiträge vom 20. November 1947 bis zum 31. August 1957 zur Rentenversicherung der Arbeiter und vom 1. Dezember 1947 bis zum 31. August 1957 zur Rentenversicherung der Angestellten nach Lohn-, Beitrags- oder Gehaltsklassen in Franken oder vom 1. Januar 1954 bis zum 31. März 1963 zur saarländischen Altersversorgung der Landwirte und mithelfenden Familienangehörigen gezahlt worden sind, werden die Entgeltpunkte der Anlage 7 zugrunde gelegt.

(3) Wird nachgewiesen, dass das Arbeitsentgelt in Franken in der Zeit vom 20. November 1947 bis zum 31. August 1957 höher war als der Betrag, nach dem Beiträge gezahlt worden sind, wird als Beitragsbemessungsgrundlage das tatsächliche Arbeitsentgelt zugrunde gelegt.

(4) Wird glaubhaft gemacht, dass das Arbeitsentgelt in Franken in der Zeit vom 1. Januar 1948 bis zum 31. August 1957 in der Rentenversicherung der Angestellten oder in der Zeit vom 1. Januar 1949 bis zum 31. August 1957 in der Rentenversicherung der Arbeiter höher war als der Betrag, nach dem Beiträge gezahlt worden sind, wird als Beitragsbemessungsgrundlage das um 10 vom Hundert erhöhte nachgewiesene Arbeitsentgelt zugrunde gelegt.

§ 259 Entgeltpunkte für Beitragszeiten mit Sachbezug

¹ Wird glaubhaft gemacht, dass Versicherte vor dem 1. Januar 1957 während mindestens fünf Jahren, für die Pflichtbeiträge aufgrund einer versicherten Beschäftigung in der Rentenversicherung der Arbeiter und der Angestellten gezahlt worden sind, neben Barbezügen in wesentlichem Umfang Sachbezüge erhalten haben, werden für jeden Kalendermonat solcher Zeiten mindestens Entgeltpunkte aufgrund der Beitragsbemessungsgrundlage oder der Lohn-, Gehalts- oder Beitragsklassen der Anlage 8, für jeden Teilzeitraum der entsprechende Anteil zugrunde gelegt. ² Dies gilt nicht für Zeiten der Ausbildung als Lehrling oder Anlernling. ³ Als Mittel der Glaubhaftmachung können auch Versicherungen an Eides statt zugelassen werden. ⁴ Der Träger der Rentenversicherung ist für die Abnahme eidesstattlicher Versicherungen zuständig.

§ 259 a Besonderheiten für Versicherte der Geburtsjahrgänge vor 1937

(1) ¹ Für Versicherte, die vor dem 1. Januar 1937 geboren sind und die ihren gewöhnlichen Aufenthalt am 18. Mai 1990 oder, falls sie verstorben sind, zuletzt vor dem 19. Mai 1990

1. im Gebiet der Bundesrepublik Deutschland ohne das Beitrittsgebiet hatten oder
2. im Ausland hatten und unmittelbar vor Beginn des Auslandsaufenthalts ihren gewöhnlichen Aufenthalt im Gebiet der Bundesrepublik Deutschland ohne das Beitrittsgebiet hatten,

werden für Pflichtbeitragszeiten vor dem 19. Mai 1990 anstelle der nach den §§ 256 a bis 256 c zu ermittelnden Werte Entgeltpunkte aufgrund der Anlagen 1 bis 16 zum Fremdrentengesetz ermittelt; für jeden Teilzeitraum wird der entsprechende Anteil zugrunde gelegt. ² Dabei zählen Kalendermonate, die zum Teil mit Anrechnungszeiten wegen Krankheit oder für Ausfalltage belegt sind, als Zeiten mit vollwertigen Beiträgen. ³ Für eine Teilzeitbeschäftigung nach dem 31. Dezember 1949 werden zur Ermittlung der Entgeltpunkte die Beträge berücksichtigt, die dem Verhältnis der Teilzeitbeschäftigung zu einer Vollzeitbeschäftigung entsprechen. ⁴ Für Pflichtbeitragszeiten für eine Berufsausbildung werden für jeden Kalendermonat 0,025 Entgeltpunkte zugrunde gelegt. ⁵ Für Zeiten, in denen Personen vor dem 19. Mai 1990 aufgrund gesetzlicher Pflicht mehr als drei Tage Wehrdienst oder Zivildienst im Beitrittsgebiet geleistet haben, werden die Entgeltpunkte nach § 256 Abs. 3 zugrunde gelegt. ⁶ Für Zeiten mit freiwilligen Beiträgen bis zum 28. Februar 1957 werden Entgeltpunkte aus der jeweils niedrigsten Beitragsklasse für freiwillige Beiträge, für Zeiten danach aus einem Bruttoarbeitsentgelt ermittelt, das für einen Kalendermonat der Mindestbeitragsbemessungsgrundlage entspricht; dabei ist von den Werten im Gebiet der Bundesrepublik Deutschland ohne das Beitrittsgebiet auszugehen. ⁷ Für glaubhaft gemachte Beitragszeiten werden fünf Sechstel der Entgeltpunkte zugrunde gelegt.

(2) Absatz 1 gilt nicht für Zeiten, die von der Wirkung einer Beitragserstattung nach § 286 d Abs. 2 nicht erfasst werden.

§ 259 b Besonderheiten bei Zugehörigkeit zu einem Zusatz- oder Sonderversorgungssystem

(1) ¹ Für Zeiten der Zugehörigkeit zu einem Zusatz- oder Sonderversorgungssystem im Sinne des Anspruchs- und Anwartschaftsüberführungsgesetzes (AAÜG) vom 25. Juli 1991 (BGBl. I S. 1677) wird bei der Ermittlung der Entgeltpunkte der Verdienst nach dem AAÜG zugrunde gelegt. ² § 259 a ist nicht anzuwenden.

(2) Als Zeiten der Zugehörigkeit zu einem Versorgungssystem gelten auch Zeiten, die vor Einführung eines Versorgungssystems in der Sozialpflichtversicherung oder in der freiwilligen Zusatzrentenversicherung zurückgelegt worden sind, wenn diese Zeiten, hätte das Versorgungssystem bereits bestanden, im Versorgungssystem zurückgelegt worden wären.

§ 259 c *(aufgehoben)*

§ 260 Beitragsbemessungsgrenzen

¹ Für Zeiten, für die Beiträge aufgrund einer Beschäftigung oder selbständigen Tätigkeit in den dem Deutschen Reich eingegliederten Gebieten gezahlt worden sind, werden min-

destens die im übrigen Deutschen Reich geltenden Beitragsbemessungsgrenzen angewendet. ²Für Beitragszeiten im Beitrittsgebiet und im Saarland werden die im Bundesgebiet geltenden Beitragsbemessungsgrenzen angewendet. ³Sind vor dem 1. Januar 1984 liegende Arbeitsausfalltage nicht als Anrechnungszeiten zu berücksichtigen, werden diese Arbeitsausfalltage bei der Bestimmung der Beitragsbemessungsgrenze als Beitragszeiten berücksichtigt.

§ 261 Beitragszeiten ohne Entgeltpunkte

Entgeltpunkte werden nicht ermittelt für

1. Pflichtbeiträge zur Rentenversicherung der Arbeiter für Zeiten vor dem 1. Januar 1957, soweit für dieselbe Zeit und Beschäftigung auch Pflichtbeiträge zur Rentenversicherung der Angestellten oder zur knappschaftlichen Rentenversicherung gezahlt worden sind,
2. Pflichtbeiträge zur Rentenversicherung der Arbeiter oder zur Rentenversicherung der Angestellten für Zeiten vor dem 1. Januar 1943, soweit für dieselbe Zeit und Beschäftigung auch Pflichtbeiträge zur knappschaftlichen Pensionsversicherung der Arbeiter oder der Angestellten gezahlt worden sind.

§ 262 Mindestentgeltpunkte bei geringem Arbeitsentgelt

(1) ¹Sind mindestens 35 Jahre mit rentenrechtlichen Zeiten vorhanden und ergibt sich aus den Kalendermonaten mit vollwertigen Pflichtbeiträgen ein Durchschnittswert von weniger als 0,0625 Entgeltpunkten, wird die Summe der Entgeltpunkte für Beitragszeiten erhöht. ²Die zusätzlichen Entgeltpunkte sind so zu bemessen, dass sich für die Kalendermonate mit vollwertigen Pflichtbeiträgen vor dem 1. Januar 1992 ein Durchschnittswert in Höhe des 1,5fachen des tatsächlichen Durchschnittswerts, höchstens aber in Höhe von 0,0625 Entgeltpunkten ergibt.

(2) Die zusätzlichen Entgeltpunkte werden den Kalendermonaten mit vollwertigen Pflichtbeiträgen vor dem 1. Januar 1992 zu gleichen Teilen zugeordnet; dabei werden Kalendermonaten mit Entgeltpunkten (Ost) zusätzliche Entgeltpunkte (Ost) zugeordnet.

(3) Bei Anwendung der Absätze 1 und 2 gelten Pflichtbeiträge für Zeiten, in denen eine Rente aus eigener Versicherung bezogen worden ist, nicht als vollwertige Pflichtbeiträge.

§ 263 Gesamtleistungsbewertung für beitragsfreie und beitragsgeminderte Zeiten

(1) ¹Bei der Gesamtleistungsbewertung für beitragsfreie und beitragsgeminderte Zeiten werden Berücksichtigungszeiten wegen Kindererziehung, die in der Gesamtlücke für die Ermittlung der pauschalen Anrechnungszeit liegen, höchstens mit der Anzahl an Monaten berücksichtigt, die zusammen mit der Anzahl an Monaten mit pauschaler Anrechnungszeit die Anzahl an Monaten der Gesamtlücke ergibt. ²Für die Gesamtleistungsbewertung werden jedem Kalendermonat an Berücksichtigungszeit wegen Pflege 0,0625 Entgeltpunkte zugeordnet, es sei denn, dass er als Beitragszeit bereits einen höheren Wert hat.

(2) *(aufgehoben)*

(2 a) ¹Der sich aus der Gesamtleistungsbewertung ergebende Wert wird für jeden Kalendermonat mit Anrechnungszeiten wegen Krankheit und Arbeitslosigkeit auf 80 vom Hundert begrenzt. ²Kalendermonate, die nur deshalb Anrechnungszeiten sind, weil Arbeitslosigkeit vor dem 1. März 1990 im Beitrittsgebiet, jedoch nicht vor dem 1. Juli 1978, vorgelegen hat, werden nicht bewertet. ³Kalendermonate, die nur deshalb Anrechnungszeiten sind, weil Arbeitslosigkeit nach dem 30. Juni 1978 vorgelegen hat, für die vor dem 1. Januar 2005 aber keine Arbeitslosenhilfe gezahlt worden ist, werden nicht bewertet.

(3) ¹Der sich aus der Gesamtleistungsbewertung ergebende Wert wird für jeden Kalendermonat mit Anrechnungszeiten wegen einer Schul- oder Hochschulausbildung auf 75 vom Hundert begrenzt. ²Der so begrenzte Gesamtleistungswert darf für einen Kalendermonat 0,0625 Entgeltpunkte nicht übersteigen. ³Zeiten einer Schul- oder Hochschulausbildung werden insgesamt für höchstens drei Jahre bewertet; auf die drei Jahre werden Zeiten einer Fachschulausbildung oder der Teilnahme an einer berufsvorbereitenden Bildungsmaßnahme angerechnet. ⁴Bei der begrenzten Gesamtleistungsbewertung für die Zeiten der Schul- oder Hochschulausbildung treten an die Stelle

bei Beginn der Rente im		der Werte	
		75 vom Hundert	0,0625 Entgeltpunkte
Jahr	Monat	die Werte	
2005	Januar	75,00	0,0625
	Februar	73,44	0,0612
	März	71,88	0,0599
	April	70,31	0,0586
	Mai	68,75	0,0573
	Juni	67,19	0,0560
	Juli	65,63	0,0547
	August	64,06	0,0534
	September	62,50	0,0521
	Oktober	60,94	0,0508
	November	59,38	0,0495
	Dezember	57,81	0,0482
2006	Januar	56,25	0,0469
	Februar	54,69	0,0456
	März	53,13	0,0443
	April	51,56	0,0430
	Mai	50,00	0,0417
	Juni	48,44	0,0404
	Juli	46,88	0,0391
	August	45,31	0,0378
	September	43,75	0,0365
	Oktober	42,19	0,0352
	November	40,63	0,0339
	Dezember	39,06	0,0326
2007	Januar	37,50	0,0313
	Februar	35,94	0,0299
	März	34,38	0,0286
	April	32,81	0,0273
	Mai	31,25	0,0260
	Juni	29,69	0,0247
	Juli	28,13	0,0234
	August	26,56	0,0221
	September	25,00	0,0208
	Oktober	23,44	0,0195
	November	21,88	0,0182
	Dezember	20,31	0,0169
2008	Januar	18,75	0,0156
	Februar	17,19	0,0143
	März	15,63	0,0130
	April	14,06	0,0117
	Mai	12,50	0,0104
	Juni	10,94	0,0091
	Juli	9,38	0,0078
	August	7,81	0,0065
	September	6,25	0,0052

60 SGB VI

SGB VI – Gesetzliche Rentenversicherung

bei Beginn der Rente im		der Werte	
		75 vom Hundert	0,0625 Entgeltpunkte
Jahr	Monat	die Werte	
	Oktober	4,69	0,0039
	November	3,13	0,0026
	Dezember	1,56	0,0013
2009	Januar	0,00	0,0000

(4) [1]Die Summe der Entgeltpunkte für Anrechnungszeiten, die vor dem 1. Januar 1957 liegen, muss mindestens den Wert erreichen, der sich für eine pauschale Anrechnungszeit ergeben würde. [2]Die zusätzlichen Entgeltpunkte entfallen zu gleichen Teilen auf die begrenzt zu bewertenden Anrechnungszeiten vor dem 1. Januar 1957.

(5) Die Summe der Entgeltpunkte für Kalendermonate, die als Zeiten einer beruflichen Ausbildung gelten (§ 246 Satz 2), ist um einen Zuschlag so zu erhöhen, dass mindestens der Wert erreicht wird, den diese Zeiten als Zeiten einer Schul- oder Hochschulausbildung nach Absatz 3 hätten.

(6) Zeiten beruflicher Ausbildung, die für sich alleine oder bei Zusammenrechnung mit Anrechnungszeiten wegen einer schulischen Ausbildung bis zu drei Jahren, insgesamt drei Jahre überschreiten, sind um einen Zuschlag so zu erhöhen, dass mindestens der Wert erreicht wird, den diese Zeiten nach Absatz 3 hätten.

(7) [1]Für glaubhaft gemachte Zeiten beruflicher Ausbildung sind höchstens fünf Sechstel der im Rahmen der Gesamtleistungsbewertung ermittelten Entgeltpunkte zu berücksichtigen. [2]Dies gilt auch für die in den Absätzen 5 und 6 genannten Zeiten.

§ 263 a Gesamtleistungsbewertung für beitragsfreie und beitragsgeminderte Zeiten mit Entgeltpunkten (Ost)

[1]Nach der Gesamtleistungsbewertung ermittelte Entgeltpunkte für beitragsfreie Zeiten und der Zuschlag an Entgeltpunkten für beitragsgeminderte Zeiten werden in dem Verhältnis als Entgeltpunkte (Ost) berücksichtigt, in dem die für die Ermittlung des Gesamtleistungswerts zugrunde gelegten Entgeltpunkte (Ost) zu allen zugrunde gelegten Entgeltpunkten stehen. [2]Dabei ist für Entgeltpunkte für Berücksichtigungszeiten § 254 d entsprechend anzuwenden.

§ 264 Zuschläge oder Abschläge beim Versorgungsausgleich

[1]Sind für Rentenanwartschaften Werteinheiten ermittelt worden, ergeben je 100 Werteinheiten einen Entgeltpunkt. [2]Werteinheiten der knappschaftlichen Rentenversicherung sind zuvor mit der allgemeinen Bemessungsgrundlage der knappschaftlichen Rentenversicherung für das Jahr 1991 zu vervielfältigen und durch die allgemeine Bemessungsgrundlage der Rentenversicherung der Arbeiter und der Angestellten für dasselbe Jahr zu teilen.

§ 264 a Zuschläge oder Abschläge beim Versorgungsausgleich im Beitrittsgebiet

(1) Ein zugunsten oder zulasten von Versicherten durchgeführter Versorgungsausgleich wird durch einen Zuschlag oder Abschlag an Entgeltpunkten (Ost) berücksichtigt, soweit Entgeltpunkte (Ost) übertragen wurden oder das Familiengericht die Umrechnung des Monatsbetrags der begründeten Rentenanwartschaften in Entgeltpunkte (Ost) nach § 16 Abs. 3 des Versorgungsausgleichsgesetzes angeordnet hat.

(2) Die Entgeltpunkte (Ost) werden in der Weise ermittelt, dass der Monatsbetrag der Rentenanwartschaften durch den aktuellen Rentenwert (Ost) mit seinem Wert bei Ende der Ehezeit oder Lebenspartnerschaftszeit geteilt wird.

(3) Die Entgeltpunkte (Ost) treten bei der Anwendung der Vorschriften über den Versorgungsausgleich an die Stelle von Entgeltpunkten.

§ 264 b Zuschlag bei Hinterbliebenenrenten

(1) [1]Der Zuschlag bei Witwenrenten und Witwerrenten besteht aus persönlichen Entgeltpunkten (Ost), wenn den Zeiten der Kindererziehung ausschließlich Entgeltpunkte

(Ost) zugrunde liegen. ²Der Zuschlag bei Waisenrenten besteht aus persönlichen Entgeltpunkten (Ost), wenn der Rente des verstorbenen Versicherten ausschließlich Entgeltpunkte (Ost) zugrunde liegen.

(2) Die Witwenrente oder Witwerrente erhöht sich nicht um einen Zuschlag an persönlichen Entgeltpunkten, wenn der Ehegatte vor dem 1. Januar 2002 verstorben ist oder die Ehe vor diesem Zeitpunkt geschlossen wurde und mindestens ein Ehegatte vor dem 2. Januar 1962 geboren ist.

§ 264 c Zugangsfaktor

¹Beginnt eine Rente wegen verminderter Erwerbsfähigkeit vor dem 1. Januar 2024 oder ist bei einer Rente wegen Todes der Versicherte vor dem 1. Januar 2024 verstorben, ist bei der Ermittlung des Zugangsfaktors anstelle der Vollendung des 65. Lebensjahres und des 62. Lebensjahres jeweils das in der nachfolgenden Tabelle aufgeführte Lebensalter maßgebend:

Bei Beginn der Rente oder bei Tod des Versicherten im		tritt an die Stelle des Lebensalters			
		65 Jahre das Lebensalter		62 Jahre das Lebensalter	
Jahr	Monat	Jahre	Monate	Jahre	Monate
vor 2012		63	0	60	0
2012	Januar	63	1	60	1
2012	Februar	63	2	60	2
2012	März	63	3	60	3
2012	April	63	4	60	4
2012	Mai	63	5	60	5
2012	Juni – Dezember	63	6	60	6
2013		63	7	60	7
2014		63	8	60	8
2015		63	9	60	9
2016		63	10	60	10
2017		63	11	60	11
2018		64	0	61	0
2019		64	2	61	2
2020		64	4	61	4
2021		64	6	61	6
2022		64	8	61	8
2023		64	10	61	10.

²§ 77 Abs. 4 ist mit der Maßgabe anzuwenden, dass an die Stelle von 40 Jahren 35 Jahre treten.

§ 265 Knappschaftliche Besonderheiten

(1) Für Beiträge zur knappschaftlichen Rentenversicherung, die für Arbeiter in der Zeit vom 1. Oktober 1921 und für Angestellte in der Zeit vom 1. August 1921 bis zum 31. Dezember 1923 gezahlt worden sind, werden für jeden Kalendermonat 0,0625 Entgeltpunkte zugrunde gelegt.

(2) Für Zeiten, in denen Versicherte eine Bergmannsprämie vor dem 1. Januar 1992 bezogen haben, wird die der Ermittlung von Entgeltpunkten zugrunde zu legende Beitragsbemessungsgrundlage für jedes volle Kalenderjahr des Bezugs der Bergmannsprämie um das 200fache der Bergmannsprämie und für jeden Kalendermonat um ein Zwölftel dieses Jahresbetrags erhöht.

(3) Bei Kalendermonaten mit Beitragszeiten der Rentenversicherung der Arbeiter und der Angestellten, die beitragsgeminderte Zeiten sind, weil sie auch mit Ersatzzeiten be-

60 SGB VI

legt sind, die der knappschaftlichen Rentenversicherung zugeordnet sind, werden für die Ermittlung des Wertes für beitragsgeminderte Zeiten die Entgeltpunkte für diese Beitragszeiten zuvor mit 0,75 vervielfältigt.

(4) Bei Kalendermonaten mit Beitragszeiten der knappschaftlichen Rentenversicherung, die beitragsgeminderte Zeiten sind, weil sie auch mit Ersatzzeiten belegt sind, die der Rentenversicherung der Arbeiter und der Angestellten zugeordnet sind, werden für die Ermittlung des Wertes für beitragsgeminderte Zeiten die ohne Anwendung des § 84 Abs. 1 ermittelten Entgeltpunkte für diese Beitragszeiten zuvor mit 1,3333 vervielfältigt.

(5) Für die Ermittlung der zusätzlichen Entgeltpunkte des Leistungszuschlags für ständige Arbeiten unter Tage werden auch Zeiten berücksichtigt, in denen Versicherte vor dem 1. Januar 1968 unter Tage beschäftigt waren, wobei für je drei volle Kalendermonate mit anderen als Hauerarbeiten je zwei Kalendermonate angerechnet werden.

(6) § 85 Abs. 1 Satz 1 gilt nicht für Zeiten, in denen eine Rente wegen Berufsunfähigkeit oder wegen Erwerbsunfähigkeit bezogen worden ist.

(7) Der Rentenartfaktor beträgt für persönliche Entgeltpunkte bei großen Witwenrenten und großen Witwerrenten in der knappschaftlichen Rentenversicherung nach dem Ende des dritten Kalendermonats nach Ablauf des Monats, in dem der Ehegatte verstorben ist, 0,8, wenn der Ehegatte vor dem 1. Januar 2002 verstorben ist oder die Ehe vor diesem Tag geschlossen wurde und mindestens ein Ehegatte vor dem 2. Januar 1962 geboren ist.

(8) [1]Beginnt eine Rente für Bergleute vor dem 1. Januar 2024 ist bei der Ermittlung des Zugangsfaktors abhängig vom Rentenbeginn anstelle der Vollendung des 64. Lebensjahres die Vollendung des nachstehend angegebenen Lebensalters maßgebend:

Bei Beginn der Rente im		tritt an die Stelle des Lebensalters 64 Jahre das Lebensalter	
Jahr	Monat	Jahre	Monate
2012	Januar	62	1
2012	Februar	62	1
2012	März	62	3
2012	April	62	4
2012	Mai	62	5
2012	Juni–Dezember	62	6
2013		62	7
2014		62	8
2015		62	9
2016		62	10
2017		62	11
2018		63	0
2019		63	2
2020		63	4
2021		63	6
2022		63	8
2023		63	10.

[2] § 86a ist mit der Maßgabe anzuwenden, dass an die Stelle von 40 Jahren 35 Jahre treten.

§ 265a Knappschaftliche Besonderheiten bei rentenrechtlichen Zeiten im Beitrittsgebiet

Entgeltpunkte aus dem Leistungszuschlag werden in dem Verhältnis als Entgeltpunkte (Ost) berücksichtigt, in dem die Kalendermonate mit ständigen Arbeiten unter Tage, die gleichzeitig Beitragszeiten mit Entgeltpunkten (Ost) sind, zu allen Kalendermonaten mit ständigen Arbeiten unter Tage stehen.

§ 265b *(aufgehoben)*

Sechster Unterabschnitt. Zusammentreffen von Renten und Einkommen

§ 266 Erhöhung des Grenzbetrags

Bestand am 31. Dezember 1991 Anspruch auf eine Rente nach den Vorschriften im Gebiet der Bundesrepublik Deutschland ohne das Beitrittsgebiet und auf eine Rente aus der Unfallversicherung, ist Grenzbetrag für diese und eine sich unmittelbar anschließende Rente mindestens der sich nach den §§ 311 und 312 ergebende, um die Beträge nach § 93 Abs. 2 Nr. 1 Buchstabe b und Nr. 2 Buchstabe a geminderte Betrag.

§ 267 Rente und Leistungen aus der Unfallversicherung

Bei der Ermittlung der Summe der zusammentreffenden Rentenbeträge bleibt bei der Rente aus der Unfallversicherung auch die Kinderzulage unberücksichtigt.

Siebter Unterabschnitt. Beginn von Witwenrenten und Witwerrenten an vor dem 1. Juli 1977 geschiedene Ehegatten und Änderung von Renten beim Versorgungsausgleich

§ 268 Beginn von Witwenrenten und Witwerrenten an vor dem 1. Juli 1977 geschiedene Ehegatten

Witwenrenten und Witwerrenten aus der Rentenanwartschaft eines vor dem 1. Juli 1977 geschiedenen Ehegatten werden vom Ablauf des Kalendermonats an geleistet, in dem die Rente beantragt wird.

§ 268a Änderung von Renten beim Versorgungsausgleich

(1) § 101 Abs. 3 Satz 4 in der am 31. August 2009 geltenden Fassung gilt nicht in den Fällen, in denen vor dem 30. März 2005 die zunächst nicht auf Grund des Versorgungsausgleichs gekürzte Rente begonnen hat und die Entscheidung des Familiengerichts über den Versorgungsausgleich wirksam geworden ist.

(2) § 101 Abs. 3 in der bis zum 31. August 2009 geltenden Fassung ist weiterhin anzuwenden, wenn vor dem 1. September 2009 das Verfahren über den Versorgungsausgleich eingeleitet worden ist und die auf Grund des Versorgungsausgleichs zu kürzende Rente begonnen hat.

Achter Unterabschnitt. Zusatzleistungen

§ 269 Steigerungsbeträge

(1) ¹Für Beiträge der Höherversicherung und für Beiträge nach § 248 Abs. 3 Satz 2 Nr. 3 werden zusätzlich zum Monatsbetrag einer Rente Steigerungsbeträge geleistet. ²Diese betragen bei einer Rente aus eigener Versicherung bei Zahlung des Beitrags im Alter

bis zu 30 Jahren	1,6667 vom Hundert,
von 31 bis 35 Jahren	1,5 vom Hundert,
von 36 bis 40 Jahren	1,3333 vom Hundert,
von 41 bis 45 Jahren	1,1667 vom Hundert,
von 46 bis 50 Jahren	1,0 vom Hundert,
von 51 bis 55 Jahren	0,9167 vom Hundert,
von 56 und mehr Jahren	0,8333 vom Hundert

des Nennwerts des Beitrags, bei einer Hinterbliebenenrente vervielfältigt mit dem für die Rente maßgebenden Rentenartfaktor der allgemeinen Rentenversicherung. ³Das Alter des Versicherten bestimmt sich nach dem Unterschied zwischen dem Kalenderjahr der Beitragszahlung und dem Geburtsjahr des Versicherten. ⁴Für Beiträge, die für Arbeiter in der Zeit vom 1. Oktober 1921 und für Angestellte in der Zeit vom 1. August 1921 bis zum 31. Dezember 1923 gezahlt worden sind, werden Steigerungsbeträge nicht geleistet.

(2) [1] Werden auf eine Witwenrente oder Witwerrente nach dem vorletzten Ehegatten Ansprüche infolge Auflösung der letzten Ehe angerechnet, werden hierauf auch die zu einer Witwenrente oder Witwerrente nach dem letzten Ehegatten geleisteten Steigerungsbeträge aus Beiträgen der Höherversicherung angerechnet. [2] Werden zu einer Witwenrente oder Witwerrente nach dem vorletzten Ehegatten Steigerungsbeträge aus Beiträgen der Höherversicherung gezahlt, werden hierauf auch Ansprüche infolge Auflösung der letzten Ehe angerechnet, soweit sie noch nicht auf die Witwenrente oder Witwerrente nach dem vorletzten Ehegatten angerechnet worden sind.

(3) Werden Witwenrenten oder Witwerrenten auf mehrere Berechtigte aufgeteilt, werden im gleichen Verhältnis auch hierzu gezahlte Steigerungsbeträge aus Beiträgen der Höherversicherung aufgeteilt.

(4) Werden Witwenrenten oder Witwerrenten bei Wiederheirat des Berechtigten abgefunden, werden auch die hierzu gezahlten Steigerungsbeträge aus Beiträgen der Höherversicherung abgefunden.

§ 269a Zuschuss zur Krankenversicherung

(1) § 106 Abs. 2 und 3 ist für das Jahr 2004 mit der Maßgabe anzuwenden, dass
1. für Rentenbezieher, die freiwillig in der gesetzlichen Krankenversicherung versichert sind, in der Zeit vom 1. Juli 2003 bis 31. März 2004 und
2. für Rentenbezieher, die bei einem Krankenversicherungsunternehmen versichert sind, in der Zeit vom 1. Juli 2003 bis 30. Juni 2004

der zum 1. Januar 2003 festgestellte durchschnittliche allgemeine Beitragssatz der Krankenkassen gilt.

(2) § 106 Abs. 3 ist vom 1. Juli 2005 bis 30. Juni 2006 mit der Maßgabe anzuwenden, dass der zum 1. März 2005 festgestellte durchschnittliche allgemeine Beitragssatz der Krankenkassen um 0,9 Beitragssatzpunkte zu vermindern ist.

§ 269b Rentenabfindung bei Wiederheirat von Witwen und Witwern

[1] Die Rentenabfindung bei Wiederheirat von Witwen und Witwern erfolgt ohne Anrechnung der bereits geleisteten kleinen Witwenrente oder kleinen Witwerrente, wenn der vorletzte Ehegatte vor dem 1. Januar 2002 verstorben ist. [2] Dies gilt auch, wenn mindestens ein Ehegatte in der vorletzten Ehe vor dem 2. Januar 1962 geboren ist und diese Ehe vor dem 1. Januar 2002 geschlossen wurde.

§ 270 Kinderzuschuss

(1) [1] Berechtigten, die vor dem 1. Januar 1992 für ein Kind Anspruch auf einen Kinderzuschuss hatten, wird zu einer Rente aus eigener Versicherung der Kinderzuschuss für dieses Kind in der zuletzt gezahlten Höhe geleistet. [2] Dies gilt nicht, solange dem über 18 Jahre alten Kind
1. eine Ausbildungsvergütung von wenigstens 385 Euro monatlich zusteht oder
2. mit Rücksicht auf die Ausbildung Arbeitslosengeld oder Übergangsgeld von wenigstens 315 Euro monatlich zusteht oder nur deswegen nicht zusteht, weil es über anrechnungsfähiges Einkommen verfügt.

[3] Außer Ansatz bleiben Ehegatten- und Kinderzuschläge und einmalige Zuwendungen sowie vermögenswirksame Leistungen, die dem Auszubildenden über die geschuldete Ausbildungsvergütung hinaus zustehen, soweit sie den nach dem jeweils geltenden Vermögensbildungsgesetz begünstigten Höchstbetrag nicht übersteigen.

(2) Der Kinderzuschuss fällt weg, wenn
1. das Kind in seiner Person die Anspruchsvoraussetzungen für eine Waisenrente nicht mehr erfüllt,
2. für das Kind eine Kinderzulage aus der Unfallversicherung geleistet wird,
3. für das Kind Anspruch auf Waisenrente entsteht,
4. Berechtigte wegen der Gewährleistung einer Versorgungsanwartschaft versicherungsfrei werden und ihr Arbeitsentgelt Beträge mit Rücksicht auf das Kind enthält oder sie eine Versorgung mit entsprechenden Beträgen erhalten oder
5. Berechtigte Mitglied einer berufsständischen Versorgungseinrichtung werden und Leistungen hieraus erhalten, in denen Beträge mit Rücksicht auf das Kind enthalten sind.

(3) Bei mehreren Berechtigten wird der Kinderzuschuss für ein Kind nur dem geleistet, der das Kind überwiegend unterhält.

§ 270a (weggefallen)

Neunter Unterabschnitt. Leistungen an Berechtigte im Ausland und Auszahlung

§ 270b Rente wegen teilweiser Erwerbsminderung bei Berufsunfähigkeit

Berechtigte erhalten eine Rente wegen teilweiser Erwerbsminderung bei Berufsunfähigkeit (§ 240) nur, wenn sie auf diese Rente bereits für die Zeit, in der sie ihren gewöhnlichen Aufenthalt noch im Inland gehabt haben, einen Anspruch hatten.

§ 271 Höhe der Rente

[1] Bundesgebiets-Beitragszeiten sind auch Zeiten, für die nach den vor dem 9. Mai 1945 geltenden Reichsversicherungsgesetzen
1. Pflichtbeiträge für eine Beschäftigung oder selbständige Tätigkeit im Inland oder
2. freiwillige Beiträge für die Zeit des gewöhnlichen Aufenthalts im Inland oder außerhalb des jeweiligen Geltungsbereichs der Reichsversicherungsgesetze

gezahlt worden sind. [2] Kindererziehungszeiten sind Bundesgebiets-Beitragszeiten, wenn die Erziehung des Kindes im Gebiet der Bundesrepublik Deutschland erfolgt ist.

§ 272 Besonderheiten

(1) [1] Die persönlichen Entgeltpunkte von Berechtigten, die die Staatsangehörigkeit eines Staates haben, in dem die Verordnung (EWG) Nr. 1408/71 anzuwenden ist, die vor dem 19. Mai 1950 geboren sind und vor dem 19. Mai 1990 ihren gewöhnlichen Aufenthalt im Ausland genommen haben, werden zusätzlich ermittelt aus
1. Entgeltpunkten für Beitragszeiten nach dem Fremdrentengesetz, begrenzt auf die Höhe der Entgeltpunkte für Bundesgebiets-Beitragszeiten,
2. dem Leistungszuschlag für Beitragszeiten nach dem Fremdrentengesetz, begrenzt auf die Höhe des Leistungszuschlags für Bundesgebiets-Beitragszeiten,
3. dem Abschlag an Entgeltpunkten aus einem durchgeführten Versorgungsausgleich oder Rentensplitting, der auf Beitragszeiten nach dem Fremdrentengesetz entfällt, in dem Verhältnis, in dem die nach Nummer 1 begrenzten Entgeltpunkte für Beitragszeiten nach dem Fremdrentengesetz zu allen Entgeltpunkten für diese Zeiten stehen und
4. dem Zuschlag an persönlichen Entgeltpunkten bei Waisenrenten aus Beitragszeiten nach dem Fremdrentengesetz in dem sich nach Nummer 3 ergebenden Verhältnis.

[2] Satz 1 gilt auch bei Hinterbliebenenrenten, wenn der verstorbene Versicherte die Staatsangehörigkeit eines Staates hatte, in dem die Verordnung (EWG) Nr. 1408/71 anzuwenden ist.

(2) Entgeltpunkte für Beitragszeiten nach dem Fremdrentengesetz, die nach Absatz 1 aufgrund von Entgeltpunkten (Ost) zusätzlich zu berücksichtigen sind, gelten als Entgeltpunkte (Ost).

(3) [1] Zu den Entgeltpunkten von Berechtigten im Sinne von Absatz 1, die auf die Höhe der Entgeltpunkte für Bundesgebiets-Beitragszeiten begrenzt zu berücksichtigen sind, gehören auch Reichsgebiets-Beitragszeiten. [2] Bei der Ermittlung von Entgeltpunkten aus einem Leistungszuschlag, aus einem Abschlag aus einem durchgeführten Versorgungsausgleich oder Rentensplitting und für den Zuschlag bei einer Waisenrente sind Reichsgebiets-Beitragszeiten wie Beitragszeiten nach dem Fremdrentengesetz zu berücksichtigen.

§ 272a Fälligkeit und Auszahlung laufender Geldleistungen bei Beginn vor dem 1. April 2004

(1) [1] Bei Beginn laufender Geldleistungen mit Ausnahme des Übergangsgeldes vor dem 1. April 2004 werden diese zu Beginn des Monats fällig, zu dessen Beginn die Anspruchsvoraussetzungen erfüllt sind; sie werden am letzten Bankarbeitstag des Monats ausgezahlt, der dem Monat der Fälligkeit vorausgeht. [2] § 118 Abs. 1 Satz 2 und 3 gilt entsprechend.

(2) Absatz 1 gilt auch für aufgrund des § 89 zu zahlende Renten, für Regelaltersrenten, die im Anschluss an eine Erziehungsrente oder Rente wegen verminderter Erwerbsfähigkeit zu zahlen sind, und für Renten wegen Todes, die im Anschluss an eine Rente des verstorbenen Versicherten zu zahlen sind, wenn aus einem Versicherungskonto bei ununterbrochen anerkannten Rentenansprüchen der erstmalige Rentenbeginn vor dem 1. April 2004 liegt.

Zehnter Unterabschnitt. Organisation, Datenverarbeitung und Datenschutz

Erster Titel. Organisation

§ 273 Zuständigkeit der Deutschen Rentenversicherung Knappschaft-Bahn-See

(1) [1]Für Beschäftigte ist die Deutsche Rentenversicherung Knappschaft-Bahn-See als Träger der knappschaftlichen Rentenversicherung auch zuständig, wenn die Versicherten auf Grund der Beschäftigung in einem nichtknappschaftlichen Betrieb bereits vor dem 1. Januar 1992 bei der Bundesknappschaft versichert waren, solange diese Beschäftigung andauert. [2]Werden Beschäftigte in einem Betrieb oder Betriebsteil, für dessen Beschäftigte die Bundesknappschaft bereits vor dem 1. Januar 1992 zuständig war, infolge einer Verschmelzung, Umwandlung oder einer sonstigen Maßnahme innerhalb von 18 Kalendermonaten nach dieser Maßnahme in einem anderen Betrieb oder Betriebsteil des Unternehmens tätig, bleibt die Deutsche Rentenversicherung Knappschaft-Bahn-See als Träger der knappschaftlichen Rentenversicherung für die Dauer dieser Beschäftigung zuständig.

(2) Für Versicherte, die

1. bis zum 31. Dezember 1955 von dem Recht der Selbstversicherung oder
2. bis zum 31. Dezember 1967 von dem Recht der Weiterversicherung

in der knappschaftlichen Rentenversicherung Gebrauch gemacht haben, ist die Deutsche Rentenversicherung Knappschaft-Bahn-See als Träger der knappschaftlichen Rentenversicherung für die freiwillige Versicherung zuständig.

(3) [1]Für Personen, die zum Zeitpunkt des Zuständigkeitswechsels nach § 130 und § 136 bereits eine Rente beziehen, bleibt der bisher zuständige Träger der Rentenversicherung für die Dauer des Bezugs dieser Rente weiterhin zuständig. [2]Bestand am 31. Dezember 2004 bei einem bisher zuständigen Träger der Rentenversicherung ein laufender Geschäftsvorfall, bleibt die Zuständigkeit bis zu dessen Abschluss erhalten.

(4) [1]Beschäftigte, die bei der Bundesknappschaft beschäftigt sind, sind bis zum 30. September 2005 in der knappschaftlichen Rentenversicherung versichert. [2]Für Versicherte, die am 30. September 2005 bei der Bundesknappschaft beschäftigt und in der knappschaftlichen Rentenversicherung versichert sind, bleibt die Deutsche Rentenversicherung Knappschaft-Bahn-See als Träger der knappschaftlichen Rentenversicherung für die Dauer dieser Beschäftigung zuständig. [3]Dies gilt auch für Beschäftigte der Deutschen Rentenversicherung Knappschaft-Bahn-See, deren Beschäftigung unmittelbar an ein am 30. September 2005 bei der Bundesknappschaft bestehendes Ausbildungsverhältnis anschließt.

(5) Für Beschäftigte, die am 31. Dezember 1993 nach § 3 der Satzung der damaligen Bundesbahn-Versicherungsanstalt bei diesem Versicherungsträger versichert waren und nicht zu dem Personenkreis gehören, für den die Deutsche Rentenversicherung Knappschaft-Bahn-See nach § 129 Abs. 1 zuständig ist, bleibt die Deutsche Rentenversicherung Knappschaft-Bahn-See zuständig.

§ 273 a Zuständigkeit in Zweifelsfällen

Ob im Beitrittsgebiet ein Betrieb knappschaftlich ist, einem knappschaftlichen Betrieb gleichgestellt ist oder die Zuständigkeit der Deutschen Rentenversicherung Knappschaft-Bahn-See als Träger der knappschaftlichen Rentenversicherung für Arbeitnehmer außerhalb von knappschaftlichen Betrieben, die denen in knappschaftlichen Betrieben gleichgestellt sind, gegeben ist, entscheidet in Zweifelsfällen das Bundesversicherungsamt.

§§ 273 b–274 a *(aufgehoben)*

Zweiter Titel. Datenverarbeitung und Datenschutz

§ 274 b *(aufgehoben)*

Dritter Titel. Übergangsvorschriften zur Zuständigkeit der Rentenversicherungsträger

§ 274 c Ausgleichsverfahren

(1) ¹Versicherte, die vor dem 1. Januar 2005 eine Versicherungsnummer erhalten haben (Bestandsversicherte), bleiben dem am 31. Dezember 2004 zuständigen Träger zugeordnet. ²Ausgenommen sind Zuständigkeitswechsel
1. zwischen den Regionalträgern,
2. in die Zuständigkeit der Deutschen Rentenversicherung Knappschaft-Bahn-See und
3. auf Grund des Ausgleichsverfahrens nach Absatz 2 bis 6.

(2) ¹Das Erweiterte Direktorium der Deutschen Rentenversicherung Bund beschließt ein Ausgleichsverfahren, das die Zuständigkeit für Bestandsversicherte so festlegt, dass in einem Zeitraum von 15 Jahren eine Verteilung von 45 zu 55 vom Hundert zwischen den Bundesträgern und den Regionalträgern hergestellt wird. ²Für das Ausgleichsverfahren wird jährlich für jeden Versichertenjahrgang und jeden örtlichen Zuständigkeitsbereich eines Regionalträgers gesondert die Differenz zwischen der Ist-Verteilung und der Soll-Verteilung zwischen den Bundes- und den Regionalträgern ermittelt und jeweils ein der Restlaufzeit entsprechender Anteil der auszugleichenden Versichertenzahl neu zugeordnet. ³Erfasst werden erstmalig im Jahr 2005 Bestandsversicherte der Geburtsjahrgänge ab 1945 und jünger. ⁴Im Folgejahren ist der Geburtsjahrgang, ab dem Bestandsversicherte in das Ausgleichsverfahren einbezogen werden, jeweils um eins zu erhöhen.

(3) Ausgenommen von dem Ausgleichsverfahren sind Bestandsversicherte,
1. für die die Deutsche Rentenversicherung Knappschaft-Bahn-See zuständig ist,
2. die bereits einmal von einem Zuständigkeitswechsel nach Absatz 2 betroffen waren,
3. die bereits Leistungen beziehen oder bei denen ein Leistungsverfahren anhängig ist, oder
4. solange deren Anwartschaften oder Rentenansprüche ganz oder teilweise im Sinne der §§ 53 und 54 des Ersten Buches übertragen, verpfändet oder gepfändet sind.

(4) Bestandsversicherte, für die zwischen- oder überstaatliches Recht zur Anwendung kommt, sind ebenfalls entsprechend der Quote zwischen Bundes- und Landesebene unter Berücksichtigung der Aufgabenentwicklung der Verbindungsstellen auszugleichen.

(5) ¹Die Ausführung des Ausgleichsverfahrens erfolgt durch die Datenstelle der Träger der Rentenversicherung; der zur Abwicklung verwendete Stammdatensatz ist entsprechend den Erfordernissen für die Dauer des Ausgleichsverfahrens zu erweitern. ²Über Zuständigkeitswechsel sind die betroffenen Versicherten und deren Rentenversicherungsträger unverzüglich zu unterrichten.

(6) ¹Bis zum Abschluss des Ausgleichsverfahrens veröffentlicht die Deutsche Rentenversicherung Bund jährlich, erstmals im Jahr 2006, einen Bericht über die tatsächliche Arbeitsmengenverteilung zwischen den Bundes- und den Regionalträgern im Berichtsjahr sowie eine Prognose über die künftige Entwicklung auf beiden Ebenen. ²Auf dieser Grundlage entscheidet das Erweiterte Direktorium, ob weiterer Bedarf zur Stabilisierung der Arbeitsmengen zwischen den Trägern der Rentenversicherung besteht und beschließt die erforderlichen Maßnahmen.

§ 274 d Zuständigkeit der Träger der Rentenversicherung bis zur Errichtung der Deutschen Rentenversicherung Bund und der Deutschen Rentenversicherung Knappschaft-Bahn-See

(1) Bis zum 30. September 2005 tritt an die Stelle der Deutschen Rentenversicherung Bund in § 125 Abs. 1 und 2 Satz 1, §§ 126 sowie 127 Abs. 2 Nr. 1 und 4 und Abs. 3 Nr. 2 die Bundesversicherungsanstalt für Angestellte.

(2) Bis zum 30. September 2005 wird das Zuordnungsverfahren nach § 127 Abs. 2 vom Vorstand des Verbandes Deutscher Rentenversicherungsträger mit einer Mehrheit von mindestens zwei Dritteln aller Stimmen der satzungsmäßigen Mitgliederzahl festgelegt.

(3) Bis zum 30. September 2005 treten an die Stelle der Deutschen Rentenversicherung Knappschaft-Bahn-See
1. die Bundesknappschaft in § 127 Abs. 2 Nr. 4, § 129 Abs. 1 Nr. 6 und in den Vorschriften des Dritten Kapitels Erster Abschnitt Dritter Unterabschnitt,
2. die Bundesknappschaft, die Bahnversicherungsanstalt und die Seekasse in §§ 125, 126, 127 Abs. 2 Nr. 1 und 2 und, in der angegebenen Reihenfolge, in Absatz 3 Nr. 1 sowie in § 274 c Abs. 1 Nr. 2 und Abs. 3 Nr. 1,
3. die Bahnversicherungsanstalt in § 129 Abs. 1 Nr. 1 bis 4 und 6 sowie in § 130,
4. die Seekasse in § 129 Abs. 1 Nr. 5 und 6, Abs. 2 sowie in § 130.

Elfter Unterabschnitt. Finanzierung

Erster Titel. (weggefallen)

§ 275 (weggefallen)

Zweiter Titel. Beiträge

§ 275 a Beitragsbemessungsgrenzen im Beitrittsgebiet

[1]Die Beitragsbemessungsgrenzen (Ost) in der allgemeinen Rentenversicherung sowie in der knappschaftlichen Rentenversicherung verändern sich zum 1. Januar eines jeden Kalenderjahres auf die Werte, die sich ergeben, wenn die für dieses Kalenderjahr jeweils geltenden Werte der Anlage 2 durch den für dieses Kalenderjahr bestimmten vorläufigen Wert der Anlage 10 geteilt werden. [2]Dabei ist von den ungerundeten Beträgen auszugehen, aus denen die Beitragsbemessungsgrenzen errechnet wurden. [3]Die Beitragsbemessungsgrenzen (Ost) sind für das Jahr, für das sie bestimmt werden, auf das nächsthöhere Vielfache von 600 aufzurunden.

§ 275 b Verordnungsermächtigung

Die Bundesregierung wird ermächtigt, durch Rechtsverordnung mit Zustimmung des Bundesrates die Beitragsbemessungsgrenzen in Ergänzung der Anlage 2 a festzusetzen.

§ 275 c Beitragsbemessungsgrenzen für das Jahr 2003

(1) Die Beitragsbemessungsgrenze für das Jahr 2003 beträgt in der Rentenversicherung der Arbeiter und der Angestellten 61.200 Euro jährlich und 5.100 Euro monatlich und in der knappschaftlichen Rentenversicherung 75.000 Euro jährlich und 6.250 Euro monatlich.

(2) Die Beitragsbemessungsgrenze (Ost) für das Jahr 2003 beträgt in der Rentenversicherung der Arbeiter und der Angestellten 51.000 Euro jährlich und 4.250 Euro monatlich und in der knappschaftlichen Rentenversicherung 63.000 Euro jährlich und 5.250 Euro monatlich.

(3) Der Ausgangswert zur Bestimmung der Beitragsbemessungsgrenze für das Jahr 2004 beträgt in der Rentenversicherung der Arbeiter und der Angestellten 60.792,06 Euro und in der knappschaftlichen Rentenversicherung 74.816,79 Euro.

§ 276 Beitragspflichtige Einnahmen sonstiger Versicherter

(1) Bei Versicherungspflicht wegen des Bezugs einer Sozialleistung sind in der Zeit vom 1. Januar 1992 bis zum 31. Dezember 1994 beitragspflichtige Einnahmen die gezahlten Sozialleistungen.

(2) Bei Versicherungspflicht für Zeiten der Arbeitsunfähigkeit oder der Ausführung von Leistungen zur Teilhabe ohne Anspruch auf Krankengeld sind in der Zeit vom 1. Januar 1992 bis zum 31. Dezember 1994 70 vom Hundert des zuletzt für einen vollen Kalendermonat versicherten Arbeitsentgelts oder Arbeitseinkommens als beitragspflichtige Einnahmen zugrunde zu legen.

§§ 276 a–276 c *(aufgehoben)*

§ 277 Beitragsrecht bei Nachversicherung

¹Die Durchführung der Nachversicherung von Personen, die vor dem 1. Januar 1992 aus einer nachversicherungspflichtigen Beschäftigung ausgeschieden sind oder ihren Anspruch auf Versorgung verloren haben und bis zum 31. Dezember 1991 nicht nachversichert worden sind, richtet sich nach den vom 1. Januar 1992 an geltenden Vorschriften, soweit nicht nach Vorschriften außerhalb dieses Buches anstelle einer Zahlung von Beiträgen für die Nachversicherung eine Erstattung der Aufwendungen aus der Nachversicherung vorgesehen ist. ²Eine erteilte Aufschubbescheinigung bleibt wirksam, es sei denn, dass nach den vom 1. Janaur 1992 an geltenden Vorschriften Gründe für einen Aufschub der Beitragszahlung nicht mehr gegeben sind.

§ 277a Durchführung der Nachversicherung im Beitrittsgebiet

(1) ¹Bei der Durchführung der Nachversicherung von Personen, die eine nachversicherungspflichtige Beschäftigung im Beitrittsgebiet ausgeübt haben, ist die Beitragsbemessungsgrundlage für die Berechnung der Beiträge für Zeiten im Beitrittsgebiet vor dem 1. Januar 1992 mit den entsprechenden Werten der Anlage 10 und mit dem Verhältniswert zu vervielfältigen, in dem zum Zeitpunkt der Zahlung die Bezugsgröße (Ost) zur Bezugsgröße steht; die Beitragsbemessungsgrundlage ist nur bis zu einem Betrag zu berücksichtigen, der dem durch die entsprechenden Werte der Anlage 10 geteilten Betrag der jeweiligen Beitragsbemessungsgrenze in der allgemeinen Rentenversicherung entspricht. ²§ 181 Abs. 4 bleibt unberührt. ³Für Personen, die nach § 233a Abs. 1 Satz 2 als nachversichert gelten, erfolgt anstelle einer Zahlung von Beiträgen für die Nachversicherung eine Erstattung der Aufwendungen aus der Nachversicherung; der Durchführung der Nachversicherung und der Erstattung werden die bisherigen Vorschriften, die im Gebiet der Bundesrepublik Deutschland außerhalb des Beitrittsgebiets anzuwenden sind, fiktiv zugrunde gelegt.

(2) ¹Für Pfarrer, Pastoren, Prediger, Vikare und andere Mitarbeiter von Religionsgesellschaften im Beitrittsgebiet, die nach § 233a Abs. 3 als nachversichert gelten, gilt die Nachversicherung mit den Entgelten als durchgeführt, für die Beiträge nachgezahlt worden sind. ²Die Religionsgesellschaften haben den Nachversicherten die jeweiligen Entgelte zu bescheinigen.

(3) ¹Für Diakonissen und Mitglieder geistlicher Genossenschaften im Beitrittsgebiet, die nach § 233a Abs. 4 nachversichert werden, ist Beitragsbemessungsgrundlage für Zeiten
1. bis zum 31. Mai 1958 ein monatliches Arbeitsentgelt von 270 Deutsche Mark,
2. vom 1. Juni 1958 bis 30. Juni 1967 ein monatliches Arbeitsentgelt von 340 Deutsche Mark,
3. vom 1. Juli 1967 bis 28. Februar 1971 ein monatliches Arbeitsentgelt von 420 Deutsche Mark,
4. vom 1. März 1971 bis 30. September 1976 ein monatliches Arbeitsentgelt von 470 Deutsche Mark und
5. vom 1. Oktober 1976 bis 31. Dezember 1984 ein monatliches Arbeitsentgelt von 520 Deutsche Mark.

²Die Beitragsbemessungsgrundlage ist für die Berechnung der Beiträge mit den entsprechenden Werten der Anlage 10 und mit dem Verhältniswert zu vervielfältigen, in dem zum Zeitpunkt der Zahlung die Bezugsgröße (Ost) zur Bezugsgröße steht. ³§ 181 Abs. 4 bleibt unberührt.

§ 278 Mindestbeitragsbemessungsgrundlage für die Nachversicherung

(1) Mindestbeitragsbemessungsgrundlage ist für Zeiten
1. bis zum 31. Dezember 1956 ein monatliches Arbeitsentgelt von 150 Deutsche Mark,
2. vom 1. Januar 1957 bis zum 31. Dezember 1976 ein monatliches Arbeitsentgelt in Höhe von 20 vom Hundert der jeweiligen Beitragsbemessungsgrenze in der Rentenversicherung der Arbeiter und der Angestellten.

(2) Mindestbeitragsbemessungsgrundlage für Ausbildungszeiten ist
1. bis zum 31. Dezember 1967 ein monatliches Arbeitsentgelt von 150 Deutsche Mark,
2. vom 1. Januar 1968 bis zum 31. Dezember 1976 ein monatliches Arbeitsentgelt in Höhe von 10 vom Hundert der jeweiligen Beitragsbemessungsgrenze in der Rentenversicherung der Arbeiter und der Angestellten.

(3) Mindestbeitragsbemessungsgrundlage für Zeiten einer Teilzeitbeschäftigung ist der Teil des sich aus Absatz 1 ergebenden Betrages, der dem Verhältnis der ermäßigten zur regelmäßigen Arbeitszeit entspricht.

§ 278 a Mindestbeitragsbemessungsgrundlage für die Nachversicherung im Beitrittsgebiet

(1) Mindestbeitragsbemessungsgrundlage ist für Zeiten im Beitrittsgebiet
1. bis zum 31. Dezember 1956 ein monatliches Arbeitsentgelt von 150 Deutsche Mark, das durch den jeweiligen Wert der Anlage 10 zu teilen ist,
2. vom 1. Januar 1957 bis zum 30. Juni 1990 ein monatliches Arbeitsentgelt in Höhe von 20 vom Hundert der durch den Wert der Anlage 10 geteilten jeweiligen Beitragsbemessungsgrenze in der Rentenversicherung der Arbeiter und der Angestellten,
3. vom 1. Juli 1990 an ein monatliches Arbeitsentgelt in Höhe von 40 vom Hundert der jeweiligen Bezugsgröße (Ost).

(2) Mindestbeitragsbemessungsgrundlage für Ausbildungszeiten im Beitrittsgebiet ist
1. bis zum 31. Dezember 1967 ein monatliches Arbeitsentgelt von 150 Deutsche Mark, das durch den jeweiligen Wert der Anlage 10 zu teilen ist,
2. vom 1. Januar 1968 bis zum 30. Juni 1990 ein monatliches Arbeitsentgelt in Höhe von 10 vom Hundert der durch den Wert der Anlage 10 geteilten jeweiligen Beitragsbemessungsgrenze in der Rentenversicherung der Arbeiter und der Angestellten,
3. vom 1. Juli 1990 an ein monatliches Arbeitsentgelt in Höhe von 20 vom Hundert der jeweiligen Bezugsgröße (Ost).

(3) Mindestbeitragsbemessungsgrundlage für Zeiten einer Teilzeitbeschäftigung ist der Teil des sich aus Absatz 1 ergebenden Betrages, der dem Verhältnis der ermäßigten zur regelmäßigen Arbeitszeit entspricht.

§ 279 Beitragspflichtige Einnahmen bei Hebammen und Handwerkern

(1) Beitragspflichtige Einnahmen bei selbständig tätigen Hebammen mit Niederlassungserlaubnis sind mindestens 40 vom Hundert der Bezugsgröße.

(2) [1]Beitragspflichtige Einnahmen bei selbständig tätigen Handwerkern, die in ihrem Gewerbebetrieb mit Ausnahme von Lehrlingen und des Ehegatten oder eines Verwandten ersten Grades keine wegen dieser Beschäftigung versicherungspflichtigen Personen beschäftigen (Alleinhandwerker) und die im Jahr 1991 von der Möglichkeit Gebrauch gemacht haben, Pflichtbeiträge für weniger als zwölf Monate zu zahlen, sind für Zeiten, die sich ununterbrochen anschließen, mindestens 50 vom Hundert der Bezugsgröße. [2]Für Alleinhandwerker, die im Jahr 1991 für jeden Monat Beiträge von einem niedrigeren Arbeitseinkommen als dem Durchschnittsentgelt gezahlt haben, sind beitragspflichtige Einnahmen für Zeiten, die sich ununterbrochen anschließen und in denen die im letzten Einkommensteuerbescheid ausgewiesenen Jahreseinkünfte aus Gewerbebetrieb vor Abzug der Sonderausgaben und Freibeträge weniger als 50 vom Hundert der Bezugsgröße betragen, mindestens 40 vom Hundert der Bezugsgröße. [3]Abweichend von Satz 2 sind beitragspflichtige Einnahmen für Alleinhandwerker, die auch die Voraussetzungen von Satz 1 erfüllen, mindestens 20 vom Hundert der Bezugsgröße. [4]Die Regelungen in den Sätzen 1 bis 3 sind nur anzuwenden, wenn dies bis zum 30. Juni 1992 beantragt wird.

§ 279 a Beitragspflichtige Einnahmen mitarbeitender Ehegatten im Beitrittsgebiet

Beitragspflichtige Einnahmen bei im Beitrittsgebiet mitarbeitenden Ehegatten sind die Einnahmen aus der Tätigkeit.

§ 279 b Beitragsbemessungsgrundlage für freiwillig Versicherte

[1]Für freiwillig Versicherte, die ihren gewöhnlichen Aufenthalt im Beitrittsgebiet haben, ist Beitragsbemessungsgrundlage ein Betrag von der Mindestbemessungsgrundlage (§ 167) bis zur Beitragsbemessungsgrenze. [2]§ 228 a gilt nicht.

§ 279 c Beitragstragung im Beitrittsgebiet

(1) Die Beiträge werden bei Bezug von Vorruhestandsgeld nach den Vorschriften für das Beitrittsgebiet von der zahlenden Stelle allein getragen.

(2) Die Beiträge werden bei mitarbeitenden Ehegatten von diesen und den selbständig Tätigen je zur Hälfte getragen.

§ 279 d Beitragszahlung im Beitrittsgebiet

¹Für die Zahlung der Beiträge von mitarbeitenden Ehegatten gelten die Vorschriften über den Gesamtsozialversicherungsbeitrag. ²Für die Beitragszahlung gelten die selbständig Tätigen als Arbeitgeber.

§ 279 e Beitragszahlung von Pflegepersonen

(1) Freiwillige Beiträge von Pflegepersonen für Zeiten der in der Zeit vom 1. Januar 1992 bis zum 31. März 1995 ausgeübten nicht erwerbsmäßigen häuslichen Pflege im Inland gelten auf Antrag als Pflichtbeiträge, wenn
1. der Pflegebedürftige nicht nur vorübergehend so hilflos ist, dass er für die gewöhnlichen und regelmäßig wiederkehrenden Verrichtungen im Ablauf des täglichen Lebens in erheblichem Umfang fremder Hilfe dauernd bedarf, und
2. für die Pflege regelmäßig wöchentlich mindestens zehn Stunden aufgewendet werden.

(2) ¹Versicherte, die wegen der in der Zeit vom 1. Januar 1992 bis zum 31. März 1995 ausgeübten Pflege eine in ihrem zeitlichen Umfang eingeschränkte Beschäftigung ausüben, können auf Antrag für jeden Betrag zwischen dem tatsächlich erzielten Arbeitsentgelt und dem Doppelten dieses Arbeitsentgelts, höchstens bis zur Beitragsbemessungsgrenze, Pflichtbeiträge zahlen, wenn im Übrigen die Voraussetzungen nach Absatz 1 vorliegen. ²Versicherte, die nachweisen, dass sie ohne ihre in der Zeit vom 1. Januar 1992 bis zum 31. März 1995 ausgeübte Pflegetätigkeit ein Arbeitsentgelt erzielt hätten, das das Doppelte des tatsächlich erzielten Arbeitsentgelts übersteigt, können auf Antrag unter Berücksichtigung der Beitragsbemessungsgrenze Pflichtbeiträge bis zu diesem Betrag zahlen. ³Die Sätze 1 und 2 gelten auch, wenn bei Bezug von Sozialleistungen Beiträge gezahlt werden.

(3) Eine Unterbrechung der Pflegetätigkeit wegen eines Erholungsurlaubs, wegen einer Krankheit oder wegen einer anderweitigen Verhinderung von längstens einem Kalendermonat im Kalenderjahr steht der Anwendung des Absatzes 1 oder des Absatzes 2 nicht entgegen.

(4) Wird der Antrag nach dem 31. März 1995 und nach Ablauf von drei Kalendermonaten nach Aufnahme der Pflegetätigkeit gestellt, sind die Absätze 1 und 2 nicht mehr anzuwenden.

§ 279 f Beitragspflichtige Einnahmen und Beitragstragung bei Beziehern von Unterhaltsgeld

¹Beitragspflichtige Einnahmen sind bei Personen, die nach § 229 Abs. 8 für die Dauer des Bezuges von Unterhaltsgeld versicherungspflichtig sind, 80 vom Hundert des der Leistung zugrunde liegenden Arbeitsentgelts oder Arbeitseinkommens, wobei 80 vom Hundert des beitragspflichtigen Arbeitsentgelts aus einem nicht geringfügigen Beschäftigungsverhältnis abzuziehen sind, und bei gleichzeitigem Bezug von Krankengeld das dem Krankengeld zugrunde liegende Einkommen nicht zu berücksichtigen ist. ²Die Beiträge werden vom Leistungsträger getragen.

§ 279 g Sonderregelungen bei Altersteilzeitbeschäftigten

Bei Arbeitnehmern, für die die Vorschriften des Altersteilzeitgesetzes in der bis zum 30. Juni 2004 geltenden Fassung anzuwenden sind, weil mit der Altersteilzeitarbeit vor dem 1. Juli 2004 begonnen wurde (§ 15 g des Altersteilzeitgesetzes), sind § 163 Abs. 5 und § 168 Abs. 1 Nr. 6 und 7 in der bis zum 30. Juni 2004 geltenden Fassung anzuwenden.

§ 280 Höherversicherung für Zeiten vor 1998

Beiträge für Zeiten vor 1998 sind zur Höherversicherung gezahlt, wenn sie als solche bezeichnet sind.

§ 281 Nachversicherung

(1) ¹Sind für den Nachversicherungszeitraum bereits freiwillige Beiträge vor dem 1. Januar 1992 gezahlt worden, werden diese Beiträge nicht erstattet. ²Sie gelten als Beiträge zur Höherversicherung.

(2) Soweit nach dem vor dem 1. Januar 1992 geltenden Recht Beiträge im Rahmen der Nachversicherung nachzuentrichten waren und noch nicht nachentrichtet sind, gelten sie erst mit der Zahlung im Sinne des § 181 Abs. 1 Satz 2 als rechtzeitig entrichtete Pflichtbeiträge.

§ 281 a Zahlung von Beiträgen im Rahmen des Versorgungsausgleichs im Beitrittsgebiet

(1) Im Rahmen des Versorgungsausgleichs können Beiträge gezahlt werden, um
1. Rentenanwartschaften, die durch einen Abschlag an Entgeltpunkten (Ost) gemindert worden sind, ganz oder teilweise wieder aufzufüllen,
2. die Erstattungspflicht für die Begründung von Rentenanwartschaften in Entgeltpunkten (Ost) zugunsten des Ausgleichberechtigten abzulösen (§ 225 Abs. 2, § 264 a).

(2) ¹Für die Zahlung von Beiträgen werden die Rentenanwartschaften in Entgeltpunkte (Ost) umgerechnet, soweit das Familiengericht dies angeordnet hat (§ 264 a Abs. 1). ²Die Entgeltpunkte (Ost) werden in der Weise ermittelt, dass der Monatsbetrag der Rentenanwartschaften durch den aktuellen Rentenwert (Ost) mit seinem Wert bei Ende der Ehezeit oder Lebenspartnerschaftszeit geteilt wird.

(3) ¹Für je einen Entgeltpunkt (Ost) ist der Betrag zu zahlen, der sich ergibt, wenn der zum Zeitpunkt der Beitragszahlung geltende Beitragssatz auf das für das Kalenderjahr der Beitragszahlung zugrunde zu legende Durchschnittsentgelt im Beitrittsgebiet angewendet wird. ²Als Durchschnittsentgelt im Beitrittsgebiet ist das durch den vorläufigen Wert der Anlage 10 geteilte vorläufige Durchschnittsentgelt im übrigen Bundesgebiet zugrunde zu legen. ³Der Zahlbetrag wird nach den Rechengrößen zur Durchführung des Versorgungsausgleichs ermittelt, die das Bundesministerium für Arbeit und Soziales im Bundesgesetzblatt bekannt macht. ⁴Die Rechengrößen enthalten Faktoren zur Umrechnung von Entgeltpunkten (Ost) in Beiträge und umgekehrt; dabei können Rundungsvorschriften der Berechnungsgrundsätze unberücksichtigt bleiben, um genauere Ergebnisse zu erzielen.

(4) § 187 Abs. 4 und 5 gilt auch für die Zahlung von Beiträgen im Rahmen des Versorgungsausgleichs im Beitrittsgebiet.

§ 281 b Verordnungsermächtigung

Die Bundesregierung wird ermächtigt, durch Rechtsverordnung mit Zustimmung des Bundesrates für die Fälle, in denen nach Vorschriften außerhalb dieses Buches anstelle einer Zahlung von Beiträgen für die Nachversicherung eine Erstattung der Aufwendungen aus der Nachversicherung vorgesehen ist (§ 277), das Nähere über die Berechnung und Durchführung der Erstattung zu regeln.

Dritter Titel. Verfahren

§ 281 c Meldepflichten im Beitrittsgebiet

¹Eine Meldung nach § 28 a Abs. 1 bis 3 des Vierten Buches haben für im Beitrittsgebiet mitarbeitende Ehegatten die selbständig Tätigen zu erstatten. ²§ 28 a Abs. 5 sowie die §§ 28 b und 28 c des Vierten Buches gelten entsprechend.

§ 282 Nachzahlung nach Erreichen der Regelaltersgrenze

(1) ¹Vor dem 1. Januar 1955 geborene Elternteile, denen Kindererziehungszeiten anzurechnen sind und die bis zum Erreichen der Regelaltersgrenze die allgemeine Wartezeit nicht erfüllt haben, können auf Antrag freiwillige Beiträge für so viele Monate nachzahlen, wie zur Erfüllung der allgemeinen Wartezeit noch erforderlich sind. ²Beiträge können nur für Zeiten nachgezahlt werden, die noch nicht mit Beiträgen belegt sind.

(2) ¹Versicherte, die bis zum Erreichen der Regelaltersgrenze die allgemeine Wartezeit nicht erfüllt haben und am 10. August 2010 aufgrund des § 7 Absatz 2 und des § 232 Ab-

satz 1 in der bis zum 10. August 2010 geltenden Fassung nicht das Recht zur freiwilligen Versicherung hatten, können auf Antrag freiwillige Beiträge für so viele Monate nachzahlen, wie zur Erfüllung der allgemeinen Wartezeit noch erforderlich sind. ²Beiträge können nur für Zeiten nachgezahlt werden, die noch nicht mit Beiträgen belegt sind. ³Der Antrag kann nur bis zum 31. Dezember 2015 gestellt werden.

§ 283 (weggefallen)

§ 284 Nachzahlung für Vertriebene, Flüchtlinge und Evakuierte

¹Personen im Sinne der §§ 1 bis 4 des Bundesvertriebenengesetzes und des § 1 des Bundesevakuiertengesetzes, die
1. vor der Vertreibung, der Flucht oder der Evakuierung selbständig tätig waren und
2. binnen drei Jahren nach der Vertreibung, der Flucht oder der Evakuierung oder nach Beendigung einer Ersatzzeit wegen Vertreibung, Umsiedlung, Aussiedlung oder Flucht einen Pflichtbeitrag gezahlt haben,

können auf Antrag freiwillige Beiträge für Zeiten vor Erreichen der Regelaltersgrenze bis zur Vollendung des 16. Lebensjahres, längstens aber bis zum 1. Januar 1924 zurück, nachzahlen, sofern diese Zeiten nicht bereits mit Beiträgen belegt sind. ²Nach bindender Bewilligung einer Vollrente wegen Alters ist eine Nachzahlung nicht zulässig.

§ 284a (aufgehoben)

§ 285 Nachzahlung bei Nachversicherung

¹Personen, die nachversichert worden sind und die aufgrund der Nachversicherung die allgemeine Wartezeit vor dem 1. Januar 1984 erfüllen, können für Zeiten nach dem 31. Dezember 1983 auf Antrag freiwillige Beiträge nachzahlen, sofern diese Zeiten nicht bereits mit Beiträgen belegt sind. ²Der Antrag kann nur innerhalb von sechs Monaten nach Durchführung der Nachversicherung gestellt werden. ³Die Erfüllung der Voraussetzungen für den Bezug einer Rente innerhalb der Antragsfrist steht der Nachzahlung nicht entgegen. ⁴Die Beiträge sind spätestens sechs Monate nach Eintritt der Bindungswirkung des Nachzahlungsbescheides nachzuzahlen.

§ 286 Versicherungskarten

(1) Werden nach dem 31. Dezember 1991 Versicherungskarten, die nicht aufgerechnet sind, den Trägern der Rentenversicherung vorgelegt, haben die Träger der Rentenversicherung entsprechend den Regelungen über die Klärung des Versicherungskontos zu verfahren.

(2) Wenn auf einer vor dem 1. Januar 1992 rechtzeitig umgetauschten Versicherungskarte
1. Beschäftigungszeiten, die nicht länger als ein Jahr vor dem Ausstellungstag der Karte liegen, ordnungsgemäß bescheinigt oder
2. Beitragsmarken von Pflichtversicherten oder freiwillig Versicherten ordnungsgemäß verwendet sind,

so wird vermutet, dass während der in Nummer 1 genannten Zeiten ein die Versicherungspflicht begründendes Beschäftigungsverhältnis mit dem angegebenen Arbeitsentgelt bestanden hat und die dafür zu zahlenden Beiträge rechtzeitig gezahlt worden sind und während der mit Beitragsmarken belegten Zeiten ein gültiges Versicherungsverhältnis vorgelegen hat.

(3) ¹Nach Ablauf von zehn Jahren nach Aufrechnung der Versicherungskarte können von den Trägern der Rentenversicherung
1. die Richtigkeit der Eintragung der Beschäftigungszeiten, der Arbeitsentgelte und der Beiträge und
2. die Rechtsgültigkeit der Verwendung der in der Aufrechnung der Versicherungskarte bescheinigten Beitragsmarken

nicht mehr angefochten werden. ²Dies gilt nicht, wenn Versicherte oder ihre Vertreter oder zur Fürsorge für sie Verpflichtete die Eintragung in die Entgeltbescheinigung oder die Verwendung der Marken in betrügerischer Absicht herbeigeführt haben. ³Die Sätze 1 und 2 gelten für die knappschaftliche Rentenversicherung entsprechend.

(4) ¹ Verlorene, unbrauchbare oder zerstörte Versicherungskarten werden durch die Träger der Rentenversicherung vorbehaltlich des § 286a Abs. 1 ersetzt. ² Nachgewiesene Beiträge und Arbeitsentgelte werden beglaubigt übertragen.

(5) Machen Versicherte für Zeiten vor dem 1. Januar 1973 glaubhaft, dass sie eine versicherungspflichtige Beschäftigung gegen Arbeitsentgelt ausgeübt haben, die vor dem Ausstellungstag der Versicherungskarte liegt oder nicht auf der Karte bescheinigt ist, und für diese Beschäftigung entsprechende Beiträge gezahlt worden sind, ist die Beschäftigungszeit als Beitragszeit anzuerkennen.

(6) § 203 Abs. 2 gilt für Zeiten vor dem 1. Januar 1973 mit der Maßgabe, dass es einer Eintragung in die Versicherungskarte nicht bedarf.

(7) Die Absätze 1 bis 3 gelten entsprechend für den Nachweis der Seefahrtzeiten und Durchschnittsheuern der Seeleute.

§ 286a Glaubhaftmachung der Beitragszahlung und Aufteilung von Beiträgen

(1) ¹ Fehlen für Zeiten vor dem 1. Januar 1950 die Versicherungsunterlagen, die von einem Träger der Rentenversicherung aufzubewahren gewesen sind, und wären diese in einem vernichteten oder nicht erreichbaren Teil des Karten- oder Kontenarchivs aufzubewahren gewesen oder ist glaubhaft gemacht, dass die Versicherungskarten bei dem Arbeitgeber oder Versicherten oder nach den Umständen des Falles auf dem Weg zum Träger der Rentenversicherung verloren gegangen, unbrauchbar geworden oder zerstört worden sind, sind die Zeiten der Beschäftigung oder Tätigkeit als Beitragszeit anzuerkennen, wenn glaubhaft gemacht wird, dass der Versicherte eine versicherungspflichtige Beschäftigung oder Tätigkeit ausgeübt hat und dass dafür Beiträge gezahlt worden sind. ² Satz 1 gilt auch für freiwillig Versicherte, soweit sie die für die Feststellung rechtserheblichen Zeiten glaubhaft machen. ³ Als Mittel der Glaubhaftmachung können auch Versicherungen an Eides statt zugelassen werden. ⁴ Der Träger der Rentenversicherung ist für die Abnahme eidesstattlicher Versicherungen zuständig.

(2) ¹ Sind in Unterlagen

1. Arbeitsentgelte in einem Gesamtbetrag für die über einen Lohn- oder Gehaltszahlungszeitraum hinausgehende Zeit,
2. Anzahl und Höhe von Beiträgen ohne eine bestimmbare zeitliche Zuordnung

bescheinigt, sind sie gleichmäßig auf die Beitragszahlungszeiträume zu verteilen. ² Bei der Zahlung von Beiträgen nach Lohn-, Beitrags- oder Gehaltsklassen sind die niedrigsten Beiträge an den Beginn und die höchsten Beiträge an das Ende des Beitragszahlungszeitraums zu legen. ³ Ist der Beginn der Versicherung nicht bekannt, wird vermutet, dass die Versicherung mit der Vollendung des 14. Lebensjahres, frühestens am 1. Januar 1923, begonnen hat. ⁴ Ist das Ende der Versicherung nicht bekannt, wird vermutet, dass die Versicherung mit dem

1. Kalendermonat vor Beginn der zu berechnenden Rente bei einer Rente wegen Alters, bei einer Rente wegen Erwerbsunfähigkeit, auf die erst nach Erfüllung einer Wartezeit von 20 Jahren ein Anspruch besteht, oder bei einer Erziehungsrente,
2. Eintritt der maßgebenden Minderung der Erwerbsfähigkeit bei einer Rente wegen verminderter Erwerbsfähigkeit,
3. Tod des Versicherten bei einer Hinterbliebenenrente

geendet hat. ⁵ Für die knappschaftliche Rentenversicherung wird als Beginn der Versicherung die satzungsmäßige Mindestaltersgrenze vermutet.

§ 286b Glaubhaftmachung der Beitragszahlung im Beitrittsgebiet

¹ Machen Versicherte glaubhaft, dass sie im Beitrittsgebiet in der Zeit vom 9. Mai 1945 bis 31. Dezember 1991 ein beitragspflichtiges Arbeitsentgelt oder Arbeitseinkommen erzielt haben und von diesem entsprechende Beiträge gezahlt worden sind, sind die dem Arbeitsentgelt oder Arbeitseinkommen zugrunde liegenden Zeiträume als Beitragszeit anzuerkennen. ² Satz 1 gilt auch für freiwillig Versicherte, soweit sie die für die Feststellung rechtserheblichen Zeiten glaubhaft machen. ³ Als Mittel der Glaubhaftmachung können auch Versicherungen an Eides statt zugelassen werden. ⁴ Der Träger der Rentenversicherung ist für die Abnahme eidesstattlicher Versicherungen zuständig.

§ 286 c Vermutung der Beitragszahlung im Beitrittsgebiet

¹ Sind in den Versicherungsunterlagen des Beitrittsgebiets für Zeiten vor dem 1. Januar 1992 Arbeitszeiten oder Zeiten der selbständigen Tätigkeit ordnungsgemäß bescheinigt, wird vermutet, dass während dieser Zeiten Versicherungspflicht bestanden hat und für das angegebene Arbeitsentgelt oder Arbeitseinkommen die Beiträge gezahlt worden sind. ² Satz 1 gilt nicht für Zeiten, in denen eine Rente aus der Rentenversicherung oder eine Versorgung bezogen wurde, die nach den bis zum 31. Dezember 1991 im Beitrittsgebiet geltenden Vorschriften zur Versicherungs- oder Beitragsfreiheit führte.

§ 286 d Beitragserstattung

(1) Sind Beitragszeiten im Beitrittsgebiet zurückgelegt, gilt § 210 Abs. 5 mit der Maßgabe, dass eine Sachleistung, die vor dem 1. Januar 1991 im Beitrittsgebiet in Anspruch genommen worden ist, eine Erstattung nicht ausschließt.

(2) ¹ Die Wirkung der Erstattung umfasst nicht Beitragszeiten, die nach dem 20. Juni 1948 und vor dem 19. Mai 1990 im Beitrittsgebiet oder nach dem 31. Januar 1949 und vor dem 19. Mai 1990 in Berlin (Ost) zurückgelegt worden sind, wenn die Erstattung bis zum 31. Dezember 1991 durchgeführt worden ist. ² Sind für diese Zeiten Beiträge nachgezahlt worden, werden auf Antrag anstelle der Beitragszeiten nach Satz 1 die gesamten nachgezahlten Beiträge berücksichtigt. ³ Werden die nachgezahlten Beiträge nicht berücksichtigt, sind sie zu erstatten.

(3) Für die Verjährung von Ansprüchen, die am 31. Dezember 2001 bestanden haben, gilt Artikel 229 § 6 Abs. 4 des Einführungsgesetzes zum Bürgerlichen Gesetzbuche entsprechend.

(4) Ein Anspruch auf Beitragserstattung nach § 210 Absatz 1a besteht nicht, wenn am 10. August 2010 aufgrund des § 232 Absatz 1 Satz 2 Nummer 2 in der bis zum 10. August 2010 geltenden Fassung das Recht zur freiwilligen Versicherung bestand.

§ 286 e Ausweis für Arbeit und Sozialversicherung

¹ Versicherte, die für die Durchführung der Versicherung sowie für die Feststellung und Erbringung von Leistungen einschließlich der Rentenauskunft erforderliche Daten mit Eintragungen im Ausweis für Arbeit und Sozialversicherung nachweisen können, sind berechtigt,

1. in einer beglaubigten Abschrift des vollständigen Ausweises oder von Auszügen des Ausweises die Daten unkenntlich zu machen, die für den Träger der Rentenversicherung nicht erforderlich sind, und
2. diese Abschrift dem Träger der Rentenversicherung als Nachweis vorzulegen.

² Satz 1 gilt entsprechend für Beweismittel im Sinne des § 29 Abs. 4 des Zehnten Buches.

Vierter Titel. Berechnungsgrundlagen

§ 287 Weitergeltung der Beitragssätze des Jahres 2003

Die Beitragssätze des Jahres 2003 gelten so lange, bis sie nach der Regelung über die Festsetzung der Beitragssätze nach dem Vierten Kapitel neu festzusetzen sind.

§ 287 a *(aufgehoben)*

§ 287 b Ausgaben für Leistungen zur Teilhabe

(1) Bei der Anwendung von § 220 Abs. 1 ist die Veränderung der Bruttolöhne und -gehälter für die Bundesrepublik Deutschland ohne das Beitrittsgebiet und für das Beitrittsgebiet jeweils getrennt festzustellen.

(2) ¹ Abweichend von der Regelung über die Veränderung der jährlichen Ausgaben für Leistungen zur Teilhabe (§ 220 Abs. 1) wird die Höhe dieser Ausgaben für das Kalenderjahr 1997 auf die Höhe der zuvor um 600 Millionen Deutsche Mark verminderten entsprechenden Ausgaben für das Kalenderjahr 1993 begrenzt. ² Der nach Satz 1 maßgebende Betrag wird für das Jahr 1998 um 450 Millionen Deutsche Mark und für das Jahr 1999 um

900 Millionen Deutsche Mark erhöht. ³Nach Inkrafttreten des Gesetzes zur Zuständigkeitsverlagerung der bisher von der Rentenversicherung erbrachten Leistung „Stationäre Heilbehandlung für Kinder" in die gesetzliche Krankenversicherung wird von den in Satz 2 genannten Erhöhungsbeträgen jährlich der Betrag von 210 Millionen Deutsche Mark abgesetzt. ⁴Bei der Festsetzung der Ausgaben für Leistungen zur Teilhabe (§ 220 Abs. 1) für das Jahr 2000 ist der nach den Sätzen 1 bis 3 für das Jahr 1999 maßgebende Betrag zugrunde zu legen.

§ 287 c *(aufgehoben)*

§ 287 d **Erstattungen in besonderen Fällen**

(1) Der Bund erstattet den Trägern der Rentenversicherung im Beitrittsgebiet die Aufwendungen für Kriegsbeschädigtenrenten und für die Auszahlung der weiteren Sonderleistungen.

(2) ¹Das Bundesversicherungsamt verteilt die Beträge nach Absatz 1 auf die allgemeine und die knappschaftliche Rentenversicherung, setzt die Vorschüsse fest und führt die Abrechnung durch. ²Für die Träger der allgemeinen Rentenversicherung ist § 219 Abs. 1 entsprechend anzuwenden.

(3) § 179 Abs. 1 a ist anzuwenden, wenn
1. das Erstattungsverfahren am 1. Januar 2001 noch nicht abschließend entschieden war und
2. das Schadensereignis nach dem 30. Juni 1983 eingetreten ist.

§ 287 e **Veränderung des Bundeszuschusses im Beitrittsgebiet**

(1) § 213 Abs. 2 gilt für die Bundesrepublik Deutschland ohne das Beitrittsgebiet.

(2) ¹Der Zuschuss des Bundes zu den Ausgaben der allgemeinen Rentenversicherung, soweit sie für das Beitrittsgebiet zuständig ist (Bundeszuschuss-Beitrittsgebiet), wird jeweils für ein Kalenderjahr in der Höhe geleistet, die sich ergibt, wenn die Rentenausgaben für dieses Kalenderjahr einschließlich der Aufwendungen für Kindererziehungsleistungen für Mütter der Geburtsjahrgänge vor 1927 und abzüglich erstatteter Aufwendungen für Renten und Rententeile mit dem Verhältnis vervielfältigt werden, in dem der Bundeszuschuss in der Bundesrepublik Deutschland ohne das Beitrittsgebiet zu den Rentenausgaben desselben Kalenderjahres einschließlich der Aufwendungen aus der Erbringung von Kindererziehungsleistungen für Mütter der Geburtsjahrgänge vor 1921 steht. ²Der Bundeszuschuss-Beitrittsgebiet ist auf die Träger der allgemeinen Rentenversicherung im Beitrittsgebiet entsprechend ihrem jeweiligen Verhältnis an den Beitragseinnahmen buchhalterisch aufzuteilen.

§ 287 f **Getrennte Abrechnung**

Bis zur Herstellung einheitlicher Einkommensverhältnisse im Gebiet der Bundesrepublik Deutschland erfolgt die Abrechnung und die Verteilung nach § 227 Abs. 1 und 1 a für die Bundesrepublik Deutschland ohne das Beitrittsgebiet und für das Beitrittsgebiet getrennt.

§ 288 (weggefallen)

Fünfter Titel. Erstattungen

§ 289 **Wanderversicherungsausgleich**

(1) Hat ein Träger der allgemeinen Rentenversicherung eine Gesamtleistung mit einem knappschaftlichen Leistungsanteil festgestellt, so erstattet die Deutsche Rentenversicherung Knappschaft-Bahn-See als Träger der knappschaftlichen Rentenversicherung den auf sie entfallenden Leistungsanteil ohne Kinderzuschuss an die Träger der allgemeinen Rentenversicherung.

(2) Hat die Deutsche Rentenversicherung Knappschaft-Bahn-See als Träger der knappschaftlichen Rentenversicherung eine Gesamtleistung mit einem Leistungsanteil der all-

gemeinen Rentenversicherung festgestellt, erstatten ihr die Träger der allgemeinen Rentenversicherung den von ihnen zu tragenden Leistungsanteil und den Kinderzuschuss.

(3) Die Absätze 1 und 2 gelten entsprechend für die von der Rentenversicherung zu tragenden Beiträge zur gesetzlichen Krankenversicherung und zur Pflegeversicherung sowie für die Zuschüsse zur Krankenversicherung und zur Pflegeversicherung.

(4) Bei der Anwendung der Anrechnungsvorschriften gilt § 223 Abs. 5 entsprechend.

§ 289 a Besonderheiten beim Wanderversicherungsausgleich

[1] Wurde der letzte Beitrag bis zum 31. Dezember 1991 im Beitrittsgebiet gezahlt, erstatten die Regionalträger im Beitrittsgebiet der Deutschen Rentenversicherung Knappschaft-Bahn-See als Träger der knappschaftlichen Rentenversicherung den Anteil der Leistungen, der nicht auf Zeiten in der knappschaftlichen Rentenversicherung entfällt. [2] Dabei kann auch eine pauschale Erstattung vorgesehen werden. [3] Die jährliche Abrechnung führt die Deutsche Rentenversicherung Bund entsprechend § 227 durch.

§ 290 Erstattung durch den Träger der Versorgungslast

[1] Die Aufwendungen des Trägers der Rentenversicherung aufgrund von Rentenanwartschaften, die durch Entscheidung des Familiengerichts vor dem 1. Januar 1992 begründet worden sind, werden von dem zuständigen Träger der Versorgungslast erstattet, wenn der Ehegatte, zu dessen Lasten der Versorgungsausgleich durchgeführt worden ist, vor dem 1. Januar 1992 nachversichert wurde. [2] Dies gilt nicht, wenn der Träger der Versorgungslast
1. Beiträge zur Ablösung der Erstattungspflicht gezahlt hat,
2. ungekürzte Beiträge für die Nachversicherung gezahlt hat, weil die Begründung von Rentenanwartschaften durch eine Übertragung von Rentenanwartschaften ersetzt worden ist.

§ 290 a Erstattung durch den Träger der Versorgungslast im Beitrittsgebiet

Bei Renten, die nach den Vorschriften des Beitrittsgebiets berechnet worden sind, werden die Aufwendungen der Träger der Rentenversicherung für die Berücksichtigung von Zeiten, für die bei Renten, die nach den Voschriften dieses Buches berechnet werden, eine Nachversicherung als durchgeführt gilt, pauschal vom Bund und sonstigen Trägern der Versorgungslast erstattet.

§ 291 Erstattung für Kinderzuschüsse

Die Träger der Rentenversicherung erhalten aus dem Bundeshaushalt des Jahres 2007 eine abschließende Einmalzahlung in Höhe von 1,1 Millionen Euro, mit der die Aufwendungen pauschal abgefunden werden, die ihnen ab dem 1. Januar 2007 für Kinderzuschüsse zu Renten nach § 270 entstehen.

§ 291 a Erstattung von Invalidenrenten und Aufwendungen für Pflichtbeitragszeiten bei Erwerbsunfähigkeit

(1) Der Bund erstattet den Trägern der Rentenversicherung die Aufwendungen für Rententeile aus der Anrechnung von Pflichtbeitragszeiten bei Erwerbsunfähigkeit im Beitrittsgebiet in der Zeit vom 1. Juli 1975 bis zum 31. Dezember 1991.

(2) Der Bund erstattet den Trägern der Rentenversicherung die Aufwendungen für die Zahlung von Invalidenrenten für behinderte Menschen.

§ 291 b Erstattung nicht beitragsgedeckter Leistungen

Der Bund erstattet den Trägern der allgemeinen Rentenversicherung die Aufwendungen für Leistungen nach dem Fremdrentenrecht.

§ 291 c *(aufgehoben)*

§ 292 Verordnungsermächtigung

(1) Das Bundesministerium für Arbeit und Soziales wird ermächtigt, im Einvernehmen mit dem Bundesministerium der Finanzen durch Rechtsverordnung mit Zustimmung des Bundesrates das Nähere über die Erstattungen gemäß § 287 d zu bestimmen.

(2) Das Bundesministerium für Arbeit und Soziales wird ermächtigt, im Einvernehmen mit dem Bundesministerium der Finanzen durch Rechtsverordnung mit Zustimmung des Bundesrates das Nähere über die Erstattungen gemäß § 289 a zu bestimmen.

(3) Das Bundesministerium für Arbeit und Soziales wird ermächtigt, im Einvernehmen mit dem Bundesministerium der Finanzen durch Rechtsverordnung mit Zustimmung des Bundesrates das Nähere über die Erstattungen gemäß § 291 a zu bestimmen, wobei eine pauschale Erstattung vorgesehen werden kann.

§ 292 a Verordnungsermächtigung für das Beitrittsgebiet

[1]Das Bundesministerium für Arbeit und Soziales wird ermächtigt, im Einvernehmen mit dem Bundesministerium des Innern und dem Bundesministerium der Finanzen durch Rechtsverordnung mit Zustimmung des Bundesrates das Nähere über die pauschale Erstattung nach § 290 a unter Berücksichtigung der besonderen Verhältnisse im Beitrittsgebiet zu bestimmen. [2]Das Bundesversicherungsamt führt die Abrechnung mit den Trägern der gesetzlichen Rentenversicherung durch.

Sechster Titel. Vermögensanlagen

§ 293 Vermögensanlagen

(1) [1]Das am 1. Januar 1992 vorhandene Rücklagevermögen der Deutschen Rentenversicherung Knappschaft-Bahn-See als Träger der knappschaftlichen Rentenversicherung ist nicht vor Ablauf von Festlegungsfristen aufzulösen. [2]Rückflüsse aus Vermögensanlagen der Deutschen Rentenversicherung Knappschaft-Bahn-See als Träger der knappschaftlichen Rentenversicherung sind Einnahmen der knappschaftlichen Rentenversicherung.

(2) Die am 31. Dezember 1991 vorhandenen Anteile eines Trägers der allgemeinen Rentenversicherung an Gesellschaften, Genossenschaften, Vereinen und anderen Einrichtungen, deren Zweck der Bau und die Bewirtschaftung von Wohnungen ist und die nicht zum Verwaltungsvermögen gehören, können in dem Umfang, in dem sie am 31. Dezember 1991 bestanden haben, gehalten werden.

(3) [1]Das nicht liquide Anlagevermögen und das liquide Beteiligungsvermögen der Deutschen Rentenversicherung Bund ist unbeschadet von Absatz 2 aufzulösen, soweit es nicht in Eigenbetrieben, Verwaltungsgebäuden, Gesellschaftsanteilen an Rehabilitationseinrichtungen und Vereinsmitgliedschaften für Rehabilitationseinrichtungen oder Darlehen nach § 221 Satz 1 besteht und soweit die Auflösung unter Beachtung des Grundsatzes der Wirtschaftlichkeit möglich ist. [2]Dem Grundsatz der Wirtschaftlichkeit entspricht grundsätzlich eine Veräußerung zum Verkehrswert, jedoch nicht unter dem Anschaffungswert, bei liquidem Beteiligungsvermögen mindestens in Höhe des nach dem Ertragswertverfahren zu ermittelnden Wertes. [3]Bei einer Veräußerung von Grundstücks- und Wohnungseigentum oder von Beteiligungen nach Absatz 2 sind die berechtigten Interessen der Mieter zu berücksichtigen. [4]Bis zu einer Auflösung ist auf eine angemessene Verzinsung hinzuwirken, die auf den Verkehrswert, mindestens auf den Anschaffungswert der Vermögensanlage bezogen ist. [5]Für die nicht liquiden Teile des Verwaltungsvermögens der Deutschen Rentenversicherung Knappschaft-Bahn-See als Träger der knappschaftlichen Rentenversicherung gelten die Sätze 1 bis 4 entsprechend.

(4) [1]Die Deutsche Rentenversicherung Bund und die Deutsche Rentenversicherung Knappschaft-Bahn-See als Träger der knappschaftlichen Rentenversicherung sind verpflichtet, das Bundesministerium für Arbeit und Soziales über die Erfüllung der Verpflichtungen nach Absatz 3 umfassend in monatlichem Abstand zu unterrichten. [2]Die Erfüllung der Verpflichtungen nach Absatz 3 ist vorrangig durch die vorgenannten Träger zu bewirken. [3]Im Übrigen ist das Bundesministerium für Arbeit und Soziales berechtigt, die Deutsche Rentenversicherung Bund sowie die Deutsche Rentenversicherung Knappschaft-Bahn-See als Träger der knappschaftlichen Rentenversicherung im Benehmen mit diesen bei allen Rechtsgeschäften zu vertreten, die zur Erfüllung der Verpflichtungen nach Absatz 3 vorzunehmen sind; insoweit tritt das Bundesministerium für Arbeit und Soziales an die Stelle des jeweiligen Vorstandes. [4]Das Bundesministerium für Arbeit und

Soziales kann sich dabei eines Dritten bedienen. ⁵Die Deutsche Rentenversicherung Bund und die Deutsche Rentenversicherung Knappschaft-Bahn-See als Träger der knappschaftlichen Rentenversicherung haben dem Bundesministerium für Arbeit und Soziales oder dem von diesem beauftragten Dritten die für die Vornahme dieser Rechtsgeschäfte erforderlichen Unterlagen zu übergeben und die hierfür benötigten Auskünfte zu erteilen. ⁶Rechtsgeschäfte über die nach Absatz 3 aufzulösenden Vermögensgegenstände, die von der Deutschen Rentenversicherung Bund oder von der Deutschen Rentenversicherung Knappschaft-Bahn-See als Träger der knappschaftlichen Rentenversicherung vorgenommen werden, bedürfen der Einwilligung des Bundesministeriums für Arbeit und Soziales.

Zwölfter Unterabschnitt. Leistungen für Kindererziehung an Mütter der Geburtsjahrgänge vor 1921

§ 294 Anspruchsvoraussetzungen

(1) ¹Eine Mutter, die vor dem 1. Januar 1921 geboren ist, erhält für jedes Kind, das sie im Gebiet der Bundesrepublik Deutschland lebend geboren hat, eine Leistung für Kindererziehung. ²Der Geburt im Gebiet der Bundesrepublik Deutschland steht die Geburt im jeweiligen Geltungsbereich der Reichsversicherungsgesetze gleich.

(2) Einer Geburt in den in Absatz 1 genannten Gebieten steht die Geburt außerhalb dieser Gebiete gleich, wenn die Mutter im Zeitpunkt der Geburt des Kindes ihren gewöhnlichen Aufenthalt
1. in diesen Gebieten hatte,
2. zwar außerhalb dieser Gebiete hatte, aber zum Zeitpunkt der Geburt des Kindes oder unmittelbar vorher entweder sie selbst oder ihr Ehemann, mit dem sie sich zusammen dort aufgehalten hat, wegen einer dort ausgeübten Beschäftigung oder Tätigkeit Pflichtbeitragszeiten hat oder nur deshalb nicht hat, weil sie selbst oder ihr Ehemann versicherungsfrei oder von der Versicherung befreit war, oder
3. bei Geburten bis zum 31. Dezember 1949 zwar außerhalb dieser Gebiete hatte, aber der gewöhnliche Aufenthalt in den in Absatz 1 genannten Gebieten aus Verfolgungsgründen im Sinne des § 1 des Bundesentschädigungsgesetzes aufgegeben worden ist; dies gilt auch, wenn bei Ehegatten der gemeinsame gewöhnliche Aufenthalt in den in Absatz 1 genannten Gebieten aufgegeben worden ist und nur beim Ehemann Verfolgungsgründe vorgelegen haben.

(3) Absatz 1 Satz 2 gilt nicht, wenn Beitragszeiten zum Zeitpunkt der Geburt aufgrund einer Versicherungslastregelung mit einem anderen Staat nicht in die Versicherungslast der Bundesrepublik Deutschland fallen würden.

(4) Einer Geburt in den in Absatz 1 genannten Gebieten steht bei einer Mutter, die
1. zu den in § 1 des Fremdrentengesetzes genannten Personen gehört oder
2. ihren gewöhnlichen Aufenthalt vor dem 1. September 1939 aus einem Gebiet, in dem Beiträge an einen nichtdeutschen Träger der gesetzlichen Rentenversicherung bei Eintritt des Versicherungsfalls wie nach den Vorschriften der Reichsversicherungsgesetze entrichtete Beiträge zu behandeln waren, in eines der in Absatz 1 genannten Gebiete verlegt hat,
die Geburt in den jeweiligen Herkunftsgebieten gleich.

(5) Eine Mutter, die ihren gewöhnlichen Aufenthalt im Ausland hat, erhält eine Leistung für Kindererziehung nur, wenn sie zu den in den §§ 18 und 19 des Gesetzes zur Regelung der Wiedergutmachung nationalsozialistischen Unrechts in der Sozialversicherung genannten Personen gehört.

§ 294a Besonderheiten für das Beitrittsgebiet

¹Hatte eine Mutter am 18. Mai 1990 ihren gewöhnlichen Aufenthalt im Beitrittsgebiet und bestand für sie am 31. Dezember 1991 ein Anspruch auf eine Altersrente oder Invalidenrente aufgrund des im Beitrittsgebiet geltenden Rechts, ist § 294 nicht anzuwenden. ²Bestand ein Anspruch auf eine solche Rente nicht, besteht Anspruch auf die Leistung für Kindererziehung bei Erfüllung der sonstigen Voraussetzungen auch, wenn die Mutter vor dem 1. Januar 1927 geboren ist.

§ 295 Höhe der Leistung

Monatliche Höhe der Leistung für Kindererziehung ist der jeweils für die Berechnung von Renten maßgebende aktuelle Rentenwert.

§ 295 a Höhe der Leistung im Beitrittsgebiet

[1]Monatliche Höhe der Leistung für Kindererziehung für Geburten im Beitrittsgebiet ist der jeweils für die Berechnung von Renten maßgebende aktuelle Rentenwert (Ost). [2]Dies gilt nicht für Mütter, die ihren gewöhnlichen Aufenthalt am 18. Mai 1990 entweder

1. im Gebiet der Bundesrepublik Deutschland ohne das Beitrittsgebiet oder
2. im Ausland hatten und unmittelbar vor Beginn des Auslandsaufenthalts ihren gewöhnlichen Aufenthalt im Gebiet der Bundesrepublik Deutschland ohne das Beitrittsgebiet hatten.

§ 296 Beginn und Ende

(1) Eine Leistung für Kindererziehung wird von dem Kalendermonat an gezahlt, zu dessen Beginn die Anspruchsvoraussetzungen erfüllt sind.

(2) Die Leistung wird monatlich im Voraus gezahlt.

(3) Fallen aus tatsächlichen oder rechtlichen Gründen die Anspruchsvoraussetzungen für die Leistung weg, endet sie mit dem Kalendermonat, zu dessen Beginn der Wegfall wirksam ist.

(4) Die Leistung wird bis zum Ende des Kalendermonats gezahlt, in dem die Berechtigte gestorben ist.

§ 296 a *(aufgehoben)*

§ 297 Zuständigkeit

(1) [1]Zuständig für die Leistung für Kindererziehung ist der Versicherungsträger, der der Mutter eine Versichertenrente zahlt. [2]Bezieht eine Mutter nur Hinterbliebenenrente, ist der Versicherungsträger zuständig, der die Hinterbliebenenrente aus der Versicherung des zuletzt verstorbenen Versicherten zahlt. [3]In den übrigen Fällen ist die Deutsche Rentenversicherung Bund zuständig. [4]Wird für Dezember 1991 eine Leistung für Kindererziehung gezahlt, bleibt der zahlende Versicherungsträger zuständig.

(2) [1]Die Leistung für Kindererziehung wird als Zuschlag zur Rente gezahlt, wenn die Mutter eine Rente bezieht, es sei denn, dass die Rente in vollem Umfang übertragen, verpfändet oder gepfändet ist. [2]Bezieht die Mutter mehrere Renten, wird die Leistung für Kindererziehung als Zuschlag zu der Rente gezahlt, für die die Zuständigkeit nach Absatz 1 maßgebend ist.

(3) In den Fällen des § 104 Abs. 1 Satz 4 des Zehnten Buches ist der Zahlungsempfänger verpflichtet, die Leistung für Kindererziehung an die Mutter weiterzuleiten.

§ 298 Durchführung

(1) [1]Die Mutter hat das Jahr ihrer Geburt, ihren Familiennamen (jetziger und früherer Name mit Namensbestandteilen), ihren Vornamen sowie den Vornamen, das Geburtsdatum und den Geburtsort ihres Kindes nachzuweisen. [2]Für die übrigen anspruchsbegründenden Tatsachen genügt es, wenn sie glaubhaft gemacht werden.

(2) [1]Den Nachweis über den Vornamen, das Geburtsdatum und den Geburtsort ihres Kindes hat die Mutter durch Vorlage einer Personenstandsurkunde oder einer sonstigen öffentlichen Urkunde zu führen. [2]Eine Glaubhaftmachung dieser Tatsachen genügt, wenn die Mutter

1. erklärt, dass sie eine solche Urkunde nicht hat und auch in der Familie nicht beschaffen kann,
2. glaubhaft macht, dass die Anforderung einer Geburtsurkunde bei der für die Führung des Geburtseintrags zuständigen deutschen Stelle erfolglos geblieben ist, wobei die Anforderung auch als erfolglos anzusehen ist, wenn die zuständige Stelle mitteilt, dass für die Erteilung einer Geburtsurkunde der Geburtseintrag erneuert werden müsste, und
3. eine von dem für ihren Wohnort zuständigen Standesamt auszustellende Bescheinigung vorlegt, aus der sich ergibt, dass es ein die Geburt ihres Kindes ausweisendes Personenstandsregister nicht führt und nach seiner Kenntnis bei dem Standesamt I in Berlin ein urkundlicher Nachweis über die Geburt ihres Kindes oder eine Mitteilung hierüber nicht vorliegt.

[3]Als Mittel der Glaubhaftmachung können auch Versicherungen an Eides statt zugelassen werden.

§ 299 Anrechnungsfreiheit

¹Die Leistung für Kindererziehung bleibt als Einkommen unberücksichtigt, wenn bei Sozialleistungen aufgrund von Rechtsvorschriften der Anspruch auf diese Leistungen oder deren Höhe von anderem Einkommen abhängig ist. ²Bei Bezug einer Leistung für Kindererziehung findet § 38 des Zwölften Buches keine Anwendung. ³Auf Rechtsvorschriften beruhende Leistungen anderer, auf die ein Anspruch nicht besteht, dürfen nicht deshalb versagt werden, weil die Leistung für Kindererziehung bezogen wird.

Zweiter Abschnitt. Ausnahmen von der Anwendung neuen Rechts

Erster Unterabschnitt. Grundsatz

§ 300 Grundsatz

(1) Vorschriften dieses Gesetzbuchs sind von dem Zeitpunkt ihres Inkrafttretens an auf einen Sachverhalt oder Anspruch auch dann anzuwenden, wenn bereits vor diesem Zeitpunkt der Sachverhalt oder Anspruch bestanden hat.

(2) Aufgehobene Vorschriften dieses Gesetzbuchs und durch dieses Gesetzbuch ersetzte Vorschriften sind auch nach dem Zeitpunkt ihrer Aufhebung noch auf den bis dahin bestehenden Anspruch anzuwenden, wenn der Anspruch bis zum Ablauf von drei Kalendermonaten nach der Aufhebung geltend gemacht wird.

(3) Ist eine bereits vorher geleistete Rente neu festzustellen und sind dabei die persönlichen Entgeltpunkte neu zu ermitteln, sind die Vorschriften maßgebend, die bei erstmaliger Feststellung der Rente anzuwenden waren.

(3 a) (weggefallen)

(3 b) Ist eine nach den Vorschriften des Beitrittsgebiets berechnete Rente neu festgestellt worden, werden Leistungen für Zeiten vor dem 1. Januar 1992 nicht erbracht.

(4) ¹Der Anspruch auf eine Leistung, der am 31. Dezember 1991 bestand, entfällt nicht allein deshalb, weil die Vorschriften, auf denen er beruht, durch Vorschriften dieses Gesetzbuchs ersetzt worden sind. ²Verwenden die ersetzenden Vorschriften für den gleichen Sachverhalt oder Anspruch andere Begriffe als die aufgehobenen Vorschriften, treten insoweit diese Begriffe an die Stelle der aufgehobenen Begriffe.

(5) Die Absätze 1 bis 4 gelten nicht, soweit in den folgenden Vorschriften etwas anderes bestimmt ist.

Zweiter Unterabschnitt. Leistungen zur Teilhabe

§ 301 Leistungen zur Teilhabe

(1) ¹Für Leistungen zur Teilhabe sind bis zum Ende der Leistungen die Vorschriften weiter anzuwenden, die zum Zeitpunkt der Antragstellung oder, wenn den Leistungen ein Antrag nicht vorausging, der Inanspruchnahme galten. ²Werden Leistungen zur Teilhabe nach dem bis zum 31. Dezember 2000 geltenden Recht bewilligt und besteht deshalb ein Anspruch auf Rente wegen verminderter Erwerbsfähigkeit oder auf große Witwenrente oder große Witwerrente wegen Minderung der Erwerbsfähigkeit nicht, besteht der Anspruch auf Rente weiterhin nicht, solange Übergangsgeld, Verletztengeld oder Versorgungskrankengeld geleistet wird.

(2) Die Träger der Rentenversicherung können die am 31. Dezember 1991 bestehenden Fachkliniken zur Behandlung von Erkrankungen der Atmungsorgane, die nicht überwiegend der Behandlung von Tuberkulose dienen, zur Krankenhausbehandlung weiter betreiben.

(3) Für Leistungen zur Teilhabe haben auch Versicherte die persönlichen Voraussetzungen erfüllt, die erwerbsunfähig oder berufsunfähig sind und bei denen voraussichtlich durch die Leistungen die Erwerbsfähigkeit wesentlich gebessert oder wiederhergestellt werden kann.

§ 301 a Einmalzahlungs-Neuregelungsgesetz

(1) ¹Für die Ermittlung der Berechnungsgrundlage für Ansprüche auf Übergangsgeld, die vor dem 1. Januar 2001 entstanden sind, ist § 47 Abs. 1 und 2 des Fünften Buches in

der vor dem 22. Juni 2000 jeweils geltenden Fassung für Zeiten nach dem 31. Dezember 1996 mit der Maßgabe entsprechend anzuwenden, dass sich das Regelentgelt um 10 vom Hundert, höchstens aber bis zur Höhe des Betrages der kalendertäglichen Beitragsbemessungsgrenze, erhöht. ²Das regelmäßige Nettoarbeitsentgelt ist um denselben Vomhundertsatz zu erhöhen.

(2) Die Erhöhung nach Absatz 1 gilt für Ansprüche, über die vor dem 22. Juni 2000 bereits unanfechtbar entschieden war, nur für Zeiten vom 22. Juni 2000 an bis zum Ende der Leistungsdauer. ²Entscheidungen über die Ansprüche auf Übergangsgeld, die vor dem 22. Juni 2000 unanfechtbar geworden sind, sind nicht nach § 44 Abs. 1 des Zehnten Buches zurückzunehmen.

Dritter Unterabschnitt. Anspruchsvoraussetzungen für einzelne Renten

§ 302 Anspruch auf Altersrente in Sonderfällen

(1) Bestand am 31. Dezember 1991 Anspruch auf eine Rente aus eigener Versicherung und ist der Versicherte vor dem 2. Dezember 1926 geboren, wird die Rente vom 1. Januar 1992 an ausschließlich als Regelaltersrente geleistet.

(2) Bestand am 31. Dezember 1991 Anspruch auf eine nach den Vorschriften des Beitrittsgebiets berechnete Rente wegen Alters vor Vollendung des 65. Lebensjahres, gilt diese Rente vom 1. Januar 1992 an als Regelaltersrente; dies gilt nicht für eine Bergmannsvollrente.

(3) Bestand am 31. Dezember 1991 Anspruch auf eine Rente, die vom 1. Januar 1992 an als Regelaltersrente geleistet wird oder gilt, kann diese weiterhin nur in voller Höhe in Anspruch genommen werden.

(4) Bestand am 31. Dezember 2000 Anspruch auf eine Altersrente für schwerbehinderte Menschen, Berufsunfähige oder Erwerbsunfähige, besteht dieser als Anspruch auf Altersrente für schwerbehinderte Menschen weiter.

(5) *(aufgehoben)*

(6) Bestand am 31. Dezember 2002 Anspruch auf eine Altersrente und dem Arbeitsentgelt oder Arbeitseinkommen aus einer Beschäftigung oder selbständigen Tätigkeit vergleichbares Einkommen mit Ausnahme von Vorruhestandsgeld, gilt für diese Rente dieses vergleichbare Einkommen nicht als Hinzuverdienst.

§ 302 a Renten wegen verminderter Erwerbsfähigkeit und Bergmannsvollrenten

(1) Bestand am 31. Dezember 1991 Anspruch auf eine nach den Vorschriften des Beitrittsgebiets berechnete Invalidenrente oder eine Bergmannsinvalidenrente, ist diese Rente vom 1. Januar 1992 an als Rente wegen Erwerbsunfähigkeit zu leisten, wenn die Hinzuverdienstgrenze nach Absatz 2 nicht überschritten wird, andernfalls wird sie als Rente wegen Berufsunfähigkeit geleistet.

(2) ¹Die Hinzuverdienstgrenze wird nicht überschritten, wenn das Arbeitsentgelt oder Arbeitseinkommen aus einer Beschäftigung oder selbständigen Tätigkeit 400 Euro nicht übersteigt, wobei ein zweimaliges Überschreiten von jeweils einem Betrag bis zur Höhe dieses Betrages im Laufe eines jeden Kalenderjahres außer Betracht bleibt. ²Dem Arbeitsentgelt aus einer Beschäftigung steht der Bezug von Vorruhestandsgeld gleich. ³Arbeitsentgelt und Arbeitseinkommen aus mehreren Beschäftigungen und selbständigen Tätigkeiten werden zusammengerechnet.

(3) ¹Eine als Rente wegen Berufsunfähigkeit oder wegen Erwerbsunfähigkeit geleistete Invalidenrente wird bis zum Erreichen der Regelaltersgrenze geleistet, solange der Versicherte berufsunfähig oder erwerbsunfähig ist oder die persönlichen Voraussetzungen für den Bezug von Blindengeld oder Sonderpflegegeld nach den am 31. Dezember 1991 geltenden Vorschriften des Beitrittsgebiets vorliegen. ²Bei einer nach § 4 des Anspruchs- und Anwartschaftsüberführungsgesetzes als Invalidenrenten überführten Leistung gilt Satz 1 mit der Maßgabe, dass die Rente auch geleistet wird, solange die Erwerbsminderung vorliegt, die vor der Überführung für die Bewilligung der Leistung maßgebend war; war die Leistung befristet, gilt dies bis zum Ablauf der Frist. ³Die zur Anwendung von Satz 2 erforderlichen Feststellungen trifft der Versorgungsträger, der die Leistung vor der Überführung gezahlt hat.

(4) Bestand am 31. Dezember 1991 Anspruch auf eine Bergmannsrente oder eine Bergmannsvollrente aus dem Beitrittsgebiet, wird diese Rente vom 1. Januar 1992 an als Rente für Bergleute geleistet.

§ 302 b Renten wegen verminderter Erwerbsfähigkeit

(1) ¹Bestand am 31. Dezember 2000 Anspruch auf eine Rente wegen Berufsunfähigkeit oder Erwerbsunfähigkeit, besteht der jeweilige Anspruch bis zum Erreichen der Regelaltersgrenze weiter, solange die Voraussetzungen vorliegen, die für die Bewilligung der Leistung maßgebend waren. ²Bei befristeten Renten gilt dies auch für einen Anspruch nach Ablauf der Frist. ³Bestand am 31. Dezember 2000 Anspruch auf eine Rente wegen Erwerbsunfähigkeit, entsteht aus Anlass der Rechtsänderung kein Anspruch auf eine Rente wegen voller Erwerbsminderung.

(2) Eine als Rente wegen Erwerbsunfähigkeit geleistete Rente, die nach dem bis zum 31. Dezember 1956 geltenden Recht festgestellt und aufgrund des Arbeiterrentenversicherungs-Neuregelungsgesetzes oder Angestelltenversicherungs-Neuregelungsgesetzes ohne Neuberechnung nach diesen Gesetzen umgestellt ist (Umstellungsrente), gilt bis zum Erreichen der Regelaltersgrenze als Rente wegen Erwerbsunfähigkeit.

§ 303 Witwerrente

¹Ist eine Versicherte vor dem 1. Januar 1986 gestorben oder haben die Ehegatten bis zum 31. Dezember 1988 eine wirksame Erklärung über die weitere Anwendung des bis zum 31. Dezember 1985 geltenden Hinterbliebenenrentenrechts abgegeben, besteht Anspruch auf eine Witwerrente unter den sonstigen Voraussetzungen des geltenden Rechts nur, wenn die Verstorbene den Unterhalt ihrer Familie im letzten wirtschaftlichen Dauerzustand vor dem Tod überwiegend bestritten hat. ²Satz 1 findet auch auf vor dem 1. Juli 1977 geschiedene Ehegatten Anwendung, wenn die Verstorbene den Unterhalt des geschiedenen Ehemanns im letzten wirtschaftlichen Dauerzustand vor dem Tod überwiegend bestritten hat.

§ 303 a Große Witwenrente und große Witwerrente wegen Berufsunfähigkeit oder Erwerbsunfähigkeit

¹Bestand am 31. Dezember 2000 Anspruch auf große Witwenrente oder große Witwerrente wegen Berufsunfähigkeit oder Erwerbsunfähigkeit, besteht der Anspruch weiter, solange die Voraussetzungen vorliegen, die für die Bewilligung der Leistung maßgebend waren. ²Bei befristeten Renten gilt dies auch für einen Anspruch nach Ablauf der Frist.

§ 304 Waisenrente

Bestand am 31. Dezember 1991 Anspruch auf Waisenrente für eine Person über deren 25. Lebensjahr hinaus, weil sie infolge körperlicher oder geistiger Gebrechen außerstande ist, sich selbst zu unterhalten, besteht der Anspruch weiter, solange dieser Zustand andauert.

§ 305 Wartezeit und sonstige zeitliche Voraussetzungen

War die Wartezeit oder eine sonstige zeitliche Voraussetzung für eine Rente erfüllt und bestand Anspruch auf diese Rente vor dem Zeitpunkt, von dem an geänderte Vorschriften über die Wartezeit oder eine sonstige zeitliche Voraussetzung in Kraft sind, gilt die Wartezeit oder die sonstige zeitliche Voraussetzung auch dann als erfüllt, wenn dies nach der Rechtsänderung nicht mehr der Fall ist.

Vierter Unterabschnitt. Rentenhöhe

§ 306 Grundsatz

(1) Bestand Anspruch auf Leistung einer Rente vor dem Zeitpunkt einer Änderung rentenrechtlicher Vorschriften, werden aus Anlass der Rechtsänderung die einer Rente zugrunde gelegten persönlichen Entgeltpunkte nicht neu bestimmt, soweit nicht in den folgenden Vorschriften etwas anderes bestimmt ist.

(2) Wurde die Leistung einer Rente unterbrochen, so ist, wenn die Unterbrechung weniger als 24 Kalendermonate angedauert hat, die Summe der Entgeltpunkte für diese Rente nur neu zu bestimmen, wenn für die Zeit der Unterbrechung Entgeltpunkte für Beitragszeiten zu ermitteln sind.

(3) Bestand am 31. Dezember 1991 Anspruch auf eine Hinterbliebenenrente, die wegen der Ansprüche weiterer Hinterbliebener auf die Höhe der Versichertenrente gekürzt war, ist die Kürzung aufzuheben, wenn der Anspruch eines Hinterbliebenen wegfällt.

§ 307 Umwertung in persönliche Entgeltpunkte

(1) ¹Besteht am 1. Januar 1992 Anspruch auf eine Rente, werden dafür persönliche Entgeltpunkte ermittelt (Umwertung), indem der Monatsbetrag der zu leistenden anpassungsfähigen Rente einschließlich des Erhöhungsbetrags in einer Halbwaisenrente durch den aktuellen Rentenwert und den für die Rente zu diesem Zeitpunkt maßgebenden Rentenartfaktor geteilt wird. ²Beruht der Monatsbetrag der Rente sowohl auf Zeiten der allgemeinen Rentenversicherung als auch der knappschaftlichen Rentenversicherung, erfolgt die Umwertung für die jeweiligen Rententeile getrennt. ³Über die Umwertung ist spätestens in der Mitteilung über die Rentenanpassung zum 1. Juli 1992 zu informieren. ⁴Ein besonderer Bescheid ist nicht erforderlich.

(2) Bei der Umwertung ist der Rentenbetrag zugrunde zu legen, der sich vor Anwendung von Vorschriften dieses Gesetzbuchs über die nur anteilige Leistung der Rente ergibt.

(3) Die Absätze 1 und 2 sind für die Ermittlung von persönlichen Entgeltpunkten aus einer vor dem 1. Januar 1992 geleisteten Rente entsprechend anzuwenden.

(4) ¹Abweichend von Absatz 1 sind
1. Erziehungsrenten, auf die am 31. Dezember 1991 ein Anspruch bestand,
2. Renten, die nach Artikel 23 §§ 2 oder 3 des Gesetzes zu dem Vertrag vom 18. Mai 1990 über die Schaffung einer Währungs-, Wirtschafts- und Sozialunion zwischen der Bundesrebublik Deutschland und der Deutschen Demokratischen Republik vom 25. Juni 1990 (BGBl. 1990 II S. 518) berechnet worden sind und nicht mit einer nach den Vorschriften des Beitrittsgebiets berechneten Rente zusammentreffen,

für die Zeit vom 1. Januar 1992 an neu zu berechnen. ²Dabei sind mindestens die persönlichen Entgeltpunkte zugrunde zu legen, die sich bei einer Umwertung des bisherigen Rentenbetrags ergeben würden.

(5) Renten wegen verminderter Erwerbsfähigkeit, die vom 1. Januar 1992 an als Regelaltersrente geleistet werden, sind auf Antrag neu zu berechnen, wenn nach Eintritt der Minderung der Erwerbsfähigkeit Beitragszeiten zurückgelegt sind.

§ 307a Persönliche Entgeltpunkte aus Bestandsrenten des Beitrittsgebiets

(1) ¹Bestand am 31. Dezember 1991 Anspruch auf eine nach den Vorschriften des Beitrittsgebiets berechnete Rente, werden für den Monatsbetrag der Rente persönliche Entgeltpunkte (Ost) ermittelt. ²Dafür werden die durchschnittlichen Entgeltpunkte je Arbeitsjahr, höchstens jedoch 1,8 Entgeltpunkte, mit der Anzahl an Arbeitsjahren vervielfältigt. ³Die Summe der persönlichen Entgeltpunkte erhöht sich für jedes bisher in der Rente berücksichtigte Kind um 0,75.

(2) ¹Die durchschnittlichen Entgeltpunkte je Arbeitsjahr ergeben sich, wenn
1. die Summe aus dem
   a) für Renten der Sozialpflichtversicherung ermittelten 240fachen beitragspflichtigen Durchschnittseinkommen und
   b) für Renten aus der Freiwilligen Zusatzrentenversicherung ermittelten 600 Mark übersteigenden Durchschnittseinkommen, vervielfältigt mit der Anzahl der Monate der Zugehörigkeit zur Freiwilligen Zusatzrentenversicherung,
   durch
2. das Gesamtdurchschnittseinkommen, das sich in Abhängigkeit vom Ende des der bisherigen Rentenberechnung zugrunde liegenden 20-Jahreszeitraums aus Anlage 12 ergibt,

geteilt wird. ²Als Zeiten der Zugehörigkeit zur Freiwilligen Zusatzrentenversicherung gelten auch Beschäftigungszeiten bei der Deutschen Reichsbahn oder bei der Deutschen Post vor dem 1. Januar 1974; für den oberhalb von 600 Mark nachgewiesenen Arbeitsverdienst gelten Beiträge zur Freiwilligen Zusatzrentenversicherung als gezahlt. ³Als Zeiten der Zugehörigkeit zur Freiwilligen Zusatzrentenversicherung gelten auch Beschäftigungszeiten bei der Deutschen Reichsbahn oder bei der Deutschen Post vom 1. Januar 1974 bis 30. Juni 1990, wenn ein Beschäftigungsverhältnis bei der Deutschen Reichsbahn oder der Deutschen Post am 1. Januar 1974 bereits zehn Jahre ununterbrochen bestanden hat; für den oberhalb von 600 Mark nachgewiesenen Arbeitsverdienst gelten Beiträge zur Freiwilligen Zusatzrentenversicherung höchstens bis zu 650 Mark monatlich als gezahlt. ⁴Sind mindestens 35 Arbeitsjahre zugrunde zu legen und ergeben sich durchschnittliche Entgeltpunkte je Arbeitsjahr von weniger als 0,75, wird dieser Wert auf das 1,5fache, höchstens aber auf 0,75 erhöht. ⁵Bei den 35 Arbeitsjahren nach Satz 4 ist zusätzlich zu den Arbeitsjahren nach Absatz 3 eine Kindererziehungspauschale zu berücksichtigen. ⁶Die Kindererziehungspauschale beträgt bei einem Kind zehn Jahre, bei zwei Kindern 15 Jahre und bei mehr als zwei Kindern 20 Jahre, wenn diese Kinder bisher in der Rente berücksichtigt worden sind.

(3) Als Arbeitsjahre sind zugrunde zu legen
1. die Jahre einer versicherungspflichtigen Tätigkeit und
2. die Zurechnungsjahre wegen Invalidität vom Rentenbeginn bis zur Vollendung des 55. Lebensjahres des Versicherten.

(4) Für die bisher in der Rente
1. als Arbeitsjahre im Bergbau berücksichtigten Zeiten werden Entgeltpunkte der knappschaftlichen Rentenversicherung zugrunde gelegt,
2. als volle Jahre der Untertagetätigkeit berücksichtigte Zeiten werden für jedes volle Jahr vom elften bis zum zwanzigsten Jahr 0,25 und für jedes weitere Jahr 0,375 zusätzliche Entgeltpunkte für einen Leistungszuschlag ermittelt; die zusätzlichen Entgeltpunkte werden den Kalendermonaten der Untertagetätigkeit zu gleichen Teilen zugeordnet.

(5) ¹Der Zuschlag an persönlichen Entgeltpunkten bei Halbwaisenrenten beträgt 36,8967, derjenige bei Vollwaisenrenten 33,3374 Entgeltpunkte. ²Liegen der Rente Entgeltpunkte aus Arbeitsjahren im Bergbau zugrunde, beträgt der Zuschlag bei Halbwaisenrenten 27,6795 und bei Vollwaisenrenten 24,9999 Entgeltpunkte der knappschaftlichen Rentenversicherung.

(6) ¹Sind für eine nach den Vorschriften des Beitrittsgebiets berechnete Rente, auf die am 31. Dezember 1991 Anspruch bestand, persönliche Entgeltpunkte nach den Absätzen 1 bis 4 ermittelt worden, sind diese persönlichen Entgeltpunkte einer aus der Rente abgeleiteten Hinterbliebenenrente zugrunde zu legen. ²Dies gilt nicht, wenn von dem Verstorbenen nach Rentenbeginn rentenrechtliche Zeiten zurückgelegt worden sind oder der Verstorbene eine Rente für Bergleute bezogen hat.

(7) Sind der im Dezember 1991 geleisteten Rente ein beitragspflichtiges Durchschnittseinkommen oder die Jahre der versicherungspflichtigen Tätigkeit nicht zugeordnet, ist sie auf der Grundlage des bis zum 31. Dezember 1991 im Beitrittsgebiet geltenden Rechts zu ermitteln.

(8) ¹Die Träger der Rentenversicherung sind berechtigt, die persönlichen Entgeltpunkte in einem maschinellen Verfahren aus den vorhandenen Daten über den Rentenbeginn und das Durchschnittseinkommen zu ermitteln. ²Dabei sind Hinterbliebenenrenten mindestens 35 Arbeitsjahre mit jeweils 0,75 Entgeltpunkten zugrunde zu legen. ³Auf Antrag ist die Rente daraufhin zu überprüfen, ob die zugrunde gelegten Daten der Sach- und Rechtslage entsprechen. ⁴Die Anträge von Berechtigten, die Gründe vortragen, dass dies nicht der Fall ist, sind vorrangig zu bearbeiten; dabei sollen zunächst die Anträge älterer Berechtigter bearbeitet werden. ⁵Ein Anspruch auf Überprüfung besteht für den Berechtigten nicht vor dem 1. Januar 1994. ⁶Eine Überprüfung kann auch von Amts wegen vorgenommen werden. ⁷Sie soll dann nach Geburtsjahrgängen gestaffelt erfolgen.

(9) Abweichend von Absatz 1 ist eine Rente nach den Vorschriften dieses Buches neu zu berechnen, wenn eine nach den am 31. Dezember 1991 geltenden Vorschriften des Beitrittsgebiets berechnete Rente
1. mit einer Zusatzrente aus Beiträgen an die Versicherungsanstalt Berlin (West), die Landesversicherungsanstalt Berlin oder die Bundesversicherungsanstalt für Angestellte in der Zeit vom 1. April 1949 bis zum 31. Dezember 1961,
2. mit einer nach Artikel 23 §§ 2 oder 3 des Gesetzes zu dem Vertrag vom 18. Mai 1990 über die Schaffung einer Währungs-, Wirtschafts- und Sozialunion zwischen der Bundesrepublik Deutschland und der Deutschen Demokratischen Republik vom 25. Juni 1990 (BGBl. 1990 II S. 518) berechneten Rente oder
3. mit einer nach den am 31. Dezember 1991 geltenden Vorschriften über die Erbringung von Leistungen an Berechtigte im Ausland berechneten Rente
zusammentrifft oder

4. geleistet wird und der Versicherte seinen gewöhnlichen Aufenthalt am 18. Mai 1990 oder, falls der Versicherte verstorben ist, zuletzt vor dem 19. Mai 1990
   a) im Gebiet der Bundesrepublik Deutschland ohne das Beitrittsgebiet hatte oder
   b) im Ausland hatte und unmittelbar vor Beginn des Auslandsaufenthalts seinen gewöhnlichen Aufenthalt im Gebiet der Bundesrepublik Deutschland ohne das Beitrittsgebiet hatte.

(10) ¹Abweichend von Absatz 1 ist eine Rente nach den Vorschriften dieses Buches auch neu zu berechnen, wenn aus im Bundesgebiet ohne das Beitrittsgebiet zurückgelegten rentenrechtlichen Zeiten eine Leistung noch nicht erbracht worden ist und die Voraussetzungen für einen Rentenanspruch nach den Vorschriften dieses Buches erfüllt sind. ²Eine Neuberechnung erfolgt nicht, wenn im Bundesgebiet ohne das Beitrittsgebiet zurückgelegte rentenrechtliche Zeiten bei der Ermittlung der persönlichen Entgeltpunkte (Ost) als Arbeitsjahre berücksichtigt worden sind.

(11) Abweichend von den Absätzen 1 bis 10 sind Übergangshinterbliebenenrenten, auf die am 31. Dezember 1991 ein Anspruch bestand, für die Zeit vom 1. Januar 1992 an neu zu berechnen.

(12) Bestand am 31. Dezember 1991 ein Bescheid nach den Vorschriften des Beitrittsgebiets und findet auf den neuen Rentenbescheid dieses Buch Anwendung, gilt das neue Recht vom Zeitpunkt des Inkrafttretens an ohne Rücksicht auf die Bestandskraft des alten Bescheides.

§ 307 b Bestandsrenten aus überführten Renten des Beitrittsgebiets

(1) ¹Bestand am 31. Dezember 1991 Anspruch auf eine nach dem Anspruchs- und Anwartschaftsüberführungsgesetz überführte Rente des Beitrittsgebiets, ist die Rente nach den Vorschriften dieses Buches neu zu berechnen. ²Für die Zeit vom 1. Januar 1992 an ist zusätzlich eine Vergleichsrente zu ermitteln. ³Die höhere der beiden Renten ist zu leisten. ⁴Eine Nachzahlung für die Zeit vor dem 1. Januar 1992 erfolgt nur, soweit der Monatsbetrag der neu berechneten Rente den Monatsbetrag der überführten Leistung einschließlich einer Rente aus der Sozialpflichtversicherung übersteigt.

(2) ¹Die neue Rentenberechnung nach den Vorschriften dieses Buches erfolgt für Zeiten des Bezugs der als Rente überführten Leistung, frühestens für die Zeit ab 1. Juli 1990. ²Dabei tritt anstelle des aktuellen Rentenwerts (Ost) für die Zeit vom 1. Juli 1990 bis 31. Dezember 1990 der Wert 14,93 Deutsche Mark, für die Zeit vom 1. Januar 1991 bis 30. Juni 1991 der Wert 17,18 Deutsche Mark und für die Zeit vom 1. Juli 1991 bis 31. Dezember 1991 der Wert 19,76 Deutsche Mark. ³Satz 1 und Absatz 1 Satz 2 gelten auch bei Änderung des Bescheides über die Neuberechnung. ⁴§ 44 Abs. 4 Satz 1 des Zehnten Buches ist nicht anzuwenden, wenn das Überprüfungsverfahren innerhalb von vier Jahren nach Ablauf des Jahres der erstmaligen Erteilung eines Rentenbescheides nach Absatz 1 begonnen hat.

(3) Für den Monatsbetrag der Vergleichsrente sind persönliche Entgeltpunkte (Ost) aufgrund der vorhandenen Daten des bereits geklärten oder noch zu klärenden Versicherungsverlaufs wie folgt zu ermitteln:
1. Die persönlichen Entgeltpunkte (Ost) ergeben sich, indem die Anzahl der bei der Rentenneuberechnung berücksichtigten Kalendermonate mit rentenrechtlichen Zeiten mit den durchschnittlichen Entgeltpunkten pro Monat, höchstens jedoch mit dem Wert 0,15 vervielfältigt wird. Grundlage der zu berücksichtigenden Kalendermonate einer Rente für Bergleute sind nur die Monate, die auf die knappschaftliche Rentenversicherung entfallen.
2. Bei der Anzahl der berücksichtigten Kalendermonate mit rentenrechtlichen Zeiten bleiben Kalendermonate, die ausschließlich Zeiten der Erziehung eines Kindes sind, außer Betracht.
3. Die durchschnittlichen Entgeltpunkte pro Monat ergeben sich, wenn auf der Grundlage der letzten 20 Kalenderjahre vor dem Ende der letzten versicherungspflichtigen Beschäftigung oder Tätigkeit die Summe der Arbeitsentgelte oder Arbeitseinkommen, vervielfältigt mit 240 und geteilt durch die Anzahl der dabei berücksichtigten Kalendermonate mit Pflichtbeiträgen für eine versicherte Beschäftigung oder Tätigkeit, durch das Gesamtdurchschnittseinkommen aus Anlage 12 und durch 12 geteilt wird. Arbeitsentgelte und Arbeitseinkommen sind für Zeiten vor dem 1. März 1971 bis zu höchstens 600 Mark für jeden belegten Kalendermonat zu berücksichtigen. Für Zeiten vor 1946 werden Arbeitsentgelte und Arbeitseinkommen für die Ermittlung der durchschnittlichen Entgeltpunkte pro Monat nicht berücksichtigt.

4. Sind mindestens 35 Jahre mit rentenrechtlichen Zeiten einschließlich Zeiten der Erziehung von Kindern vorhanden und ergeben sich durchschnittliche Entgeltpunkte pro Monat von weniger als 0,0625, wird dieser Wert auf das 1,5fache, höchstens aber auf 0,0625 erhöht.
5. Die Summe der persönlichen Entgeltpunkte (Ost) erhöht sich für jedes Kind, für das Beitragszeiten wegen Kindererziehung anzuerkennen sind, für die Zeit bis zum 30. Juni 1998 um 0,75, für die Zeit vom 1. Juli 1998 bis 30. Juni 1999 um 0,85, für die Zeit vom 1. Juli 1999 bis 30. Juni 2000 um 0,9 und für die Zeit ab 1. Juli 2000 um 1,0.
6. Zuschlag an persönlichen Entgeltpunkten (Ost) bei Waisenrenten ist der bei der Rentenneuberechnung ermittelte Zuschlag.
7. Entgeltpunkte (Ost) für ständige Arbeiten unter Tage sind die bei der Rentenneuberechnung ermittelten zusätzlichen Entgeltpunkte.

(4) ¹Die nach Absatz 1 Satz 3 maßgebende Rente ist mit dem um 6,84 vom Hundert erhöhten Monatsbetrag der am 31. Dezember 1991 überführten Leistung einschließlich einer Rente aus der Sozialpflichtversicherung (weiterzuzahlender Betrag) und dem nach dem Einigungsvertrag besitzgeschützten Zahlbetrag, der sich für den 1. Juli 1990 nach den Vorschriften des im Beitrittsgebiet geltenden Rentenrechts und den maßgebenden leistungsrechtlichen Regelungen des jeweiligen Versorgungssystems ergeben hätte, zu vergleichen. ²Die höchste Rente ist zu leisten. ³Bei der Ermittlung des Betrages der überführten Leistung einschließlich der Rente aus der Sozialpflichtversicherung ist das Rentenangleichungsgesetz vom 28. Juni 1990 (GBl. I Nr. 38 S. 495) mit der Maßgabe anzuwenden, dass eine vor Angleichung höhere Rente so lange geleistet wird, bis die anzugleichende Rente den bisherigen Betrag übersteigt.

(5) ¹Der besitzgeschützte Zahlbetrag ist zum 1. Juli eines jeden Jahres mit dem aktuellen Rentenwert anzupassen. ²Die Anpassung erfolgt, indem aus dem besitzgeschützten Zahlbetrag persönliche Entgeltpunkte ermittelt werden. ³Hierzu wird der besitzgeschützte Zahlbetrag durch den aktuellen Rentenwert in Höhe von 41,44 Deutsche Mark und den für diese Rente maßgebenden Rentenartfaktor geteilt.

(6) ¹Der weiterzuzahlende Betrag oder der besitzgeschützte Zahlbetrag wird nur so lange gezahlt, bis der Monatsbetrag die Rente nach Absatz 1 Satz 3 erreicht. ²Eine Aufhebung oder Änderung der bisherigen Bescheide ist nicht erforderlich.

(7) Für die Zeit ab 1. Januar 1992 erfolgt eine Nachzahlung nur, soweit die nach Absatz 4 maßgebende Leistung höher ist als die bereits bezogene Leistung.

(8) Die Absätze 1 bis 7 sind auch anzuwenden, wenn im Einzelfall festgestellt wird, dass in einer nach den Vorschriften des Beitrittsgebiets berechneten Bestandsrente Zeiten der Zugehörigkeit zu einem Zusatz- oder Sonderversorgungssystem berücksichtigt worden sind.

§ 307 c Durchführung der Neuberechnung von Bestandsrenten nach § 307 b

(1) ¹Für die Neuberechnung von Bestandsrenten nach § 307 b sind die erforderlichen Daten auch aus allen dem Berechtigten zur Verfügung stehenden Nachweisen über rentenrechtliche Zeiten und erzielte Arbeitsentgelte oder Arbeitseinkommen zu ermitteln. ²Der Berechtigte wird aufgefordert, die Nachweise zur Verfügung zu stellen und auch anzugeben, ob er oder die Person, von der sich die Berechtigung ableitet, Zeiten einer Beschäftigung oder Tätigkeit nach § 6 Abs. 2 oder 3 oder § 7 des Anspruchs- und Anwartschaftsüberführungsgesetzes hat. ³Dabei werden die älteren Berechtigten und die Personen zuerst aufgefordert, deren Leistungen nach § 10 des Anspruchs- und Anwartschaftsüberführungsgesetzes vorläufig begrenzt sind. ⁴Die von dem Berechtigten für Zeiten im Sinne des § 259 b übersandten Unterlagen werden dem nach § 8 Abs. 4 des Anspruchs- und Anwartschaftsüberführungsgesetzes jeweils zuständigen Versorgungsträger unverzüglich zur Verfügung gestellt, damit dieser die Mitteilung nach § 8 des Anspruchs- und Anwartschaftsüberführungsgesetzes erstellt. ⁵Kommt der Berechtigte der Aufforderung nicht nach, wird er nach sechs Monaten hieran erinnert. ⁶Gleichzeitig wird der Versorgungsträger aufgefordert, die ihm bekannten Daten mitzuteilen. ⁷Weitere Ermittlungen werden nicht durchgeführt.

(2) ¹Stehen bei der Neuberechnung Unterlagen nicht zur Vefügung und erklärt der Berechtigte glaubhaft, dass auch er über Unterlagen nicht verfügt und diese auch nicht beschaffen kann, ist zur Feststellung von Art und Umfang der rentenrechtlichen Zeiten von seinem Vorbringen auszugehen, es sei denn, es liegen Anhaltspunkte vor, dass dieses nicht zutrifft. ²Lässt sich auch auf diese Weise der Verdienst für Beitragszeiten nicht feststellen, ist § 256 c entsprechend anzuwenden. ³Lässt sich die Art der ausgeübten Beschäftigung

oder Tätigkeit nicht feststellen, sind die Zeiten der Rentenversicherung der Angestellten zuzuordnen. ⁴Kommt der Berechtigte der Aufforderung nach Absatz 1 nicht nach, teilt jedoch der Versorgungsträger Daten mit, wird die Neuberechnung ohne weitere Ermittlungen aus den bekannten Daten vorgenommen.

(3) Unterschreitet der Monatsbetrag der nach Absatz 1 neu berechneten Rente den Monatsbetrag der zuletzt vor der Neuberechnung gezahlten Rente, wird dieser so lange weitergezahlt, bis die neu berechnete Rente den weiterzuzahlenden Betrag erreicht.

§ 307 d *(aufgehoben)*

§ 308 Umstellungsrenten

(1) Der Rentenartfaktor beträgt für Umstellungsrenten, die als Renten wegen Erwerbsunfähigkeit gelten, 0,8667.

(2) ¹Umstellungsrenten als Renten wegen Erwerbsunfähigkeit werden auf Antrag nach den vom 1. Januar 1992 an geltenden Vorschriften neu berechnet, wenn für Versicherte nach Vollendung des 55. Lebensjahres für zwölf Kalendermonate Beiträge gezahlt worden sind und sie erwerbsunfähig sind. ²Diese neu berechneten Renten werden nur geleistet, wenn sie um zwei Dreizehntel höher sind als die Umstellungsrenten.

(3) Entgeltpunkte für am 1. Januar 1992 laufende Umstellungsrenten werden zu gleichen Teilen lückenlos auf die Zeit vom Kalendermonat der Vollendung des 15. Lebensjahres bis zum Kalendermonat vor der Vollendung des 55. Lebensjahres der Versicherten verteilt.

§ 309 Neufeststellung auf Antrag

(1) ¹Eine nach den Vorschriften dieses Buches berechnete Rente ist auf Antrag vom Beginn an nach dem am 1. Januar 1996 geltenden Recht neu festzustellen und zu leisten, wenn sie vor diesem Zeitpunkt begonnen hat und

1. beitragsgeminderte Zeiten wegen des Besuchs einer Schule, Fachschule oder Hochschule enthält oder
2. Anrechnungszeiten im Beitrittsgebiet wegen des Bezugs einer Übergangsrente, einer Invalidenrente bei Erreichen besonderer Altersgrenzen, einer befristeten erweiterten Versorgung oder einer berufsbezogenen Zuwendung an Ballettmitglieder in staatlichen Einrichtungen zu berücksichtigen sind oder
3. Verfolgungszeiten nach dem Beruflichen Rehabilitierungsgesetz anerkannt sind.

²Bei einem Rentenbeginn nach dem 31. Dezember 1995 ist Satz 1 mit der Maßgabe anzuwenden, dass die Rente auf der Grundlage des Rechts festzustellen und zu leisten ist, das bei erstmaliger Feststellung der Rente anzuwenden war. ³In Fällen des Satzes 1 Nr. 3 ist bei der Feststellung der Rente nach den Sätzen 1 und 2 der § 11 Satz 2 des Beruflichen Rehabilitierungsgesetzes in der Fassung des Zweiten Gesetzes zur Verbesserung rehabilitierungsrechtlicher Vorschriften für Opfer der politischen Verfolgung in der ehemaligen DDR vom 17. Dezember 1999 (BGBl. I S. 2662) anzuwenden.

(1 a) Eine nach den Vorschriften dieses Buches berechnete Rente ist auf Antrag vom Beginn an neu festzustellen und zu leisten, wenn Zeiten nach dem Beruflichen Rehabilitierungsgesetz anerkannt sind oder wenn § 3 Abs. 1 Satz 2 des Beruflichen Rehabilitierungsgesetzes anzuwenden ist.

(2) Eine Rente ist auf Antrag neu festzustellen, wenn sie vor dem 1. Januar 2001 nach den Vorschriften dieses Buches bereits neu festgestellt worden war.

§ 310 Erneute Neufeststellung von Renten

Ist eine Rente, die vor dem 1. Januar 2001 nach den Vorschriften dieses Gesetzbuchs neu festgestellt worden war, erneut neu festzustellen und sind dabei die persönlichen Entgeltpunkte neu zu ermitteln, sind der neu festzustellenden Rente mindestens die bisherigen persönlichen Entgeltpunkte zugrunde zu legen; dies gilt nicht, soweit die bisherigen persönlichen Entgeltpunkte auf einer rechtswidrigen Begünstigung beruhen oder eine wesentliche Änderung der tatsächlichen Verhältnisse zu Ungunsten des Rentenbeziehers eingetreten ist.

§ 310 a Neufeststellung von Renten mit Zeiten der Beschäftigung bei der Deutschen Reichsbahn oder bei der Deutschen Post

(1) ¹Eine nach den Vorschriften dieses Buches berechnete Rente mit Zeiten der Beschäftigung bei der Deutschen Reichsbahn oder bei der Deutschen Post und Arbeitsverdiensten oberhalb der im Beitrittsgebiet geltenden Beitragsbemessungsgrenzen ist auf Antrag neu festzustellen, wenn sie vor dem 3. August 2001 begonnen hat. ²Abweichend von § 300 Abs. 3 sind bei der Neufeststellung der Rente § 256 a Abs. 2 und § 307 a Abs. 2 in der am 1. Dezember 1998 geltenden Fassung anzuwenden.

(2) Die Neufeststellung erfolgt für die Zeit ab Rentenbeginn, frühestens für die Zeit ab 1. Dezember 1998.

§ 310 b Neufeststellung von Renten mit überführten Zeiten nach dem Anspruchs- und Anwartschaftsüberführungsgesetz

¹Eine nach den Vorschriften dieses Buches berechnete Rente, die Zeiten der Zugehörigkeit zu einem Versorgungssystem nach dem Anspruchs- und Anwartschaftsüberführungsgesetz enthält und für die die Arbeitsentgelte oder Arbeitseinkommen nach § 7 des Anspruchs- und Anwartschaftsüberführungsgesetzes in der Fassung des Renten-Überleitungsgesetzes vom 25. Juli 1991 (BGBl. I S. 1606) begrenzt worden sind, oder die Zeiten enthält, die nach § 22 a des Fremdrentengesetzes begrenzt worden sind, ist neu festzustellen. ²Bei der Neufeststellung der Rente sind § 6 Abs. 2 oder § 7 des Anspruchs- und Anwartschaftsüberführungsgesetzes, § 22 a des Fremdrentengesetzes und § 307 b in der am 1. Mai 1999 geltenden Fassung anzuwenden. ³Die Sätze 1 und 2 gelten auf Antrag entsprechend in den Fällen des § 4 Abs. 4 des Anspruchs- und Anwartschaftsüberführungsgesetzes.

§ 310 c Neufeststellung von Renten wegen Beschäftigungszeiten während des Bezugs einer Invalidenrente

¹Wurden während des Bezugs einer Invalidenrente oder einer Versorgung wegen Invalidität oder wegen des Bezugs von Blindengeld oder Sonderpflegegeld nach den Vorschriften des Beitrittsgebiets bis zum 31. Dezember 1991 Zeiten einer Beschäftigung zurückgelegt, besteht ab 1. September 2001 Anspruch auf Neufeststellung einer nach den Vorschriften dieses Buches berechneten Rente, wenn sie vor dem 1. Juli 2002 begonnen hat. ²Abweichend von § 300 Abs. 3 sind bei der Neufeststellung der Rente die Regelungen über die Berücksichtigung von Beitragszeiten aufgrund einer Beschäftigung oder selbständigen Tätigkeit während des Bezugs einer Leistung nach Satz 1 in der seit dem 1. Juli 2002 geltenden Fassung anzuwenden. ³Der neu festgestellten Rente sind mindestens die bisherigen persönlichen Entgeltpunkte zugrunde zu legen; dies gilt nicht, soweit die bisherigen persönlichen Entgeltpunkte auf einer rechtswidrigen Begünstigung beruhen oder eine wesentliche Änderung der tatsächlichen Verhältnisse zu Ungunsten des Rentenbeziehers eingetreten ist.

Fünfter Unterabschnitt. Zusammentreffen von Renten und Einkommen

§ 311 Rente und Leistungen aus der Unfallversicherung

(1) Bestand am 31. Dezember 1991 Anspruch auf eine Rente nach den Vorschriften im Gebiet der Bundesrepublik Deutschland ohne das Beitrittsgebiet und auf eine Rente aus der Unfallversicherung, die für die Leistung der Rente zu berücksichtigen war, wird die Rente insoweit nicht geleistet, als die Summe dieser Renten den Grenzbetrag übersteigt.

(2) Bei der Ermittlung der Summe der zusammentreffenden Renten bleiben unberücksichtigt
1. bei der Rente
   a) der Betrag, der den Grenzbetrag übersteigt,
   b) der auf den Leistungszuschlag für ständige Arbeiten unter Tage entfallende Anteil,
   c) der auf den Erhöhungsbetrag in Waisenrenten entfallende Anteil,
2. bei der Verletztenrente aus der Unfallversicherung je 16,67 vom Hundert des aktuellen Rentenwerts für jeden Prozentpunkt der Minderung der Erwerbsfähigkeit, wenn diese

60 SGB VI   SGB VI – Gesetzliche Rentenversicherung

mindestens 60 vom Hundert beträgt und die Rente aufgrund einer entschädigungspflichtigen Silikose oder Siliko-Tuberkulose geleistet wird.

(3) Bestand am 31. Dezember 1991 Anspruch auf eine Rente nach den Vorschriften im Gebiet der Bundesrepublik Deutschland ohne das Beitrittsgebiet und auf eine Rente aus der Unfallversicherung, die für die Leistung der Rente nicht zu berücksichtigen war, verbleibt es für die Leistung dieser Rente dabei.

(4) Bestand am 31. Dezember 1991 Anspruch auf eine Rente nach den Vorschriften im Gebiet der Bundesrepublik Deutschland ohne das Beitrittsgebiet mit Zeiten sowohl der Rentenversicherung der Arbeiter oder der Angestellten als auch der knappschaftlichen Rentenversicherung und ruhte wegen einer Rente aus der Unfallversicherung die Rente mit den Zeiten der knappschaftlichen Rentenversicherung vorrangig, verbleibt es für die Leistung dieser Rente dabei.

(5) [1]Der Grenzbetrag beträgt
1. bei Renten, für die die allgemeine Wartezeit in der knappschaftlichen Rentenversicherung nicht erfüllt ist,
   a) bei Renten aus eigener Versicherung   80 vom Hundert,
   b) bei Witwenrenten oder Witwerrenten   48 vom Hundert,
2. bei Renten, für die die allgemeine Wartezeit in der knappschaftlichen Rentenversicherung erfüllt ist,
   a) bei Renten aus eigener Versicherung   95 vom Hundert,
   b) bei Witwenrenten oder Witwerrenten   57 vom Hundert

eines Zwölftels des Jahresarbeitsverdienstes, der der Berechnung der Rente aus der Unfallversicherung zugrunde liegt, mindestens jedoch des Betrages, der sich ergibt, wenn der im Dezember 1991 zugrunde liegende persönliche Vomhundertsatz mit zwei Dritteln des aktuellen Rentenwerts vervielfältigt wird (Mindestgrenzbetrag). [2]Beruht die Rente ausschließlich auf Zeiten der knappschaftlichen Rentenversicherung, ist der persönliche Vomhundertsatz mit 1,0106 zu vervielfältigen. [3]Beruht sie auch auf Zeiten der Rentenversicherung der Arbeiter oder der Angestellten, ist ein durchschnittlicher persönlicher Vomhundertsatz zu ermitteln, indem der Vomhundertsatz nach Satz 2 und der persönliche Vomhundertsatz der Rentenversicherung der Arbeiter und der Angestellten mit der ihrer Ermittlung zugrunde liegenden jeweiligen Anzahl an Monaten vervielfältigt und die Summe beider Ergebnisse durch die Summe aller Monate geteilt wird. [4]Liegt der Rente ein persönlicher Vomhundertsatz nicht zugrunde, ist Mindestgrenzbetrag bei Renten aus eigener Versicherung das 50fache, bei Witwenrenten oder Witwerrenten das 30fache des aktuellen Rentenwerts. [5]Für die ersten drei Monate nach Beginn der Witwenrente oder Witwerrente wird der Grenzbetrag mit dem für eine Rente aus eigener Versicherung geltenden Vomhundertsatz ermittelt.

(6) Der Grenzbetrag beträgt bei Halbwaisenrenten das 13,33fache, bei Vollwaisenrenten das 20fache des aktuellen Rentenwerts.

(7) [1]Für die von einem Träger mit Sitz außerhalb des Geltungsbereichs dieses Gesetzbuchs geleistete Rente wegen eines Arbeitsunfalls oder einer Berufskrankheit ist ein Jahresarbeitsverdienst nicht festzustellen. [2]Bei einer an eine Witwe oder einen Witwer geleisteten Rente gilt ihr um zwei Drittel erhöhter Betrag als Vollrente.

(8) Bestand vor Inkrafttreten von Vorschriften über das Zusammentreffen von Renten und Leistungen aus der Unfallversicherung Anspruch auf eine Rente und auf eine Rente aus der Unfallversicherung, die für die Leistung der Rente nicht zu berücksichtigen war, verbleibt es für die Leistung dieser Rente dabei.

§ 312 Mindestgrenzbetrag bei Versicherungsfällen vor dem 1. Januar 1979

(1) Bestand am 31. Dezember 1991 Anspruch auf eine Rente, die auf einem Versicherungsfall vor dem 1. Januar 1979 beruht, und ruhte diese wegen einer Rente aus der Unfallversicherung, beträgt der Mindestgrenzbetrag

1. bei einer Rente aus eigener Versicherung   85 vom Hundert,
2. bei einer Witwenrente oder Witwerrente   51 vom Hundert

des Betrages, der sich ergibt, wenn der im Dezember 1991 zugrunde liegende persönliche Vomhundertsatz mit zwei Dritteln des aktuellen Rentenwerts vervielfältigt wird.

(2) Bestand am 31. Dezember 1991 Anspruch auf eine Rente, für die die allgemeine Wartezeit in der knappschaftlichen Rentenversicherung erfüllt ist und die auf einem Versicherungsfall vor dem 1. Januar 1979 beruht, und ruhte diese Rente wegen einer Rente

aus der Unfallversicherung, die auf einem Unfall oder Tod vor dem 1. Januar 1979 beruht, beträgt der Mindestgrenzbetrag

1. bei einer Rente aus eigener Versicherung   100 vom Hundert,
2. bei einer Witwenrente oder Witwerrente   60 vom Hundert

des Betrages, der sich ergibt, wenn der im Dezember 1991 zugrunde liegende persönliche Vomhundertsatz mit zwei Dritteln des aktuellen Rentenwerts vervielfältigt wird.

(3) § 311 Abs. 5 Satz 2 und 3, Abs. 7 ist anzuwenden.

§ 313 Hinzuverdienst bei Renten wegen verminderter Erwerbsfähigkeit

(1) Bestand am 31. Dezember 2000 Anspruch auf eine Rente wegen Berufsunfähigkeit, Erwerbsunfähigkeit oder für Bergleute ist § 96a unter Beachtung der Hinzuverdienstgrenzen des Absatzes 3 mit der Maßgabe anzuwenden, dass die Regelungen zur Rente wegen teilweiser Erwerbsminderung für die Rente wegen Berufsunfähigkeit und die Regelungen zur Rente wegen voller Erwerbsminderung für die Rente wegen Erwerbsunfähigkeit entsprechend gelten.

(2) Abhängig vom erzielten Hinzuverdienst wird
1. eine Rente wegen Berufsunfähigkeit in voller Höhe, in Höhe von zwei Dritteln oder in Höhe von einem Drittel,
2. eine Rente wegen Erwerbsunfähigkeit bei Überschreiten der Hinzuverdienstgrenze des Absatzes 3 Nr. 1 und weiterem Vorliegen von Erwerbsunfähigkeit in Höhe der Rente wegen Berufsunfähigkeit unter Beachtung der Hinzuverdienstgrenzen des Absatzes 3 Nr. 2,
3. eine Rente für Bergleute in voller Höhe, in Höhe von zwei Dritteln oder in Höhe von einem Drittel

geleistet.

(3) Die Hinzuverdienstgrenze beträgt
1. bei einer Rente wegen Erwerbsunfähigkeit 400 Euro,
2. bei einer Rente wegen Berufsunfähigkeit
   a) in voller Höhe das 0,57fache,
   b) in Höhe von zwei Dritteln das 0,76fache,
   c) in Höhe von einem Drittel das 0,94fache
   der monatlichen Bezugsgröße, vervielfältigt mit den Entgeltpunkten (§ 66 Abs. 1 Nr. 1 bis 3) des letzten Kalenderjahres vor Eintritt der Berufsunfähigkeit, mindestens jedoch mit 0,5 Entgeltpunkten,
3. bei einer Rente für Bergleute
   a) in voller Höhe das 0,76fache,
   b) in Höhe von zwei Dritteln das 1,01fache,
   c) in Höhe von einem Drittel das 1,26fache
   der monatlichen Bezugsgröße, vervielfältigt mit den Entgeltpunkten (§ 66 Abs. 1 Nr. 1 bis 3) des letzten Kalenderjahres vor Eintritt der im Bergbau verminderten Berufsfähigkeit oder der Erfüllung der Voraussetzungen entsprechend § 45 Abs. 3, mindestens jedoch mit 0,5 Entgeltpunkten.

(4) Bestand am 31. Dezember 2000 neben einer Rente wegen Erwerbsunfähigkeit Anspruch auf Arbeitslosengeld, das bei der Feststellung eines Hinzuverdienstes dem Arbeitsentgelt oder Arbeitseinkommen gleichstand, verbleibt es dabei, solange das Arbeitslosengeld geleistet wird.

(5) Bestand am 31. Dezember 1991 Anspruch auf eine nach den Vorschriften des Beitrittsgebiets berechnete Rente und ist diese Rente nicht nach den Vorschriften dieses Buches neu zu berechnen, werden als Entgeltpunkte im Sinne des Absatzes 3 die nach § 307a ermittelten durchschnittlichen Entgeltpunkte zugrunde gelegt.

(6) Für Versicherte, die am 31. Dezember 1991 Anspruch auf eine nach den Vorschriften des Beitrittsgebiets berechnete Invalidenrente oder Bergmannsinvalidenrente hatten und die die persönlichen Voraussetzungen für den Bezug von Blindengeld oder Sonderpflegegeld nach den am 31. Dezember 1991 geltenden Vorschriften des Beitrittsgebiets erfüllen, gilt für diese Rente eine Hinzuverdienstgrenze (Absätze 1 bis 3) nicht.

(7) Bestand am 31. Dezember 2002 Anspruch auf eine Rente wegen verminderter Erwerbsfähigkeit und dem Arbeitsentgelt oder Arbeitseinkommen aus einer Beschäftigung oder selbständigen Tätigkeit vergleichbares Einkommen mit Ausnahme von Vorruhestandsgeld, gilt für diese Rente dieses vergleichbare Einkommen bis zum 31. Dezember 2007 nicht als Hinzuverdienst.

§ 313 a Renten wegen verminderter Erwerbsfähigkeit und Arbeitslosengeld

¹Bestand am 31. Dezember 1998 Anspruch auf eine Rente wegen verminderter Erwerbsfähigkeit, wird auf die Rente das für denselben Zeitraum geleistete Arbeitslosengeld angerechnet. ²Eine Anrechnung erfolgt nicht, wenn das Arbeitslosengeld

1. nur vorläufig bis zur Feststellung der verminderten Erwerbsfähigkeit geleistet wird oder
2. aufgrund einer Anwartschaftszeit geleistet wird, die insgesamt nach dem Beginn der Rente wegen Berufsunfähigkeit oder der Rente für Bergleute oder nach dem Ende einer Leistung zur Teilhabe, wegen der der Anspruch auf die Rente nicht bestanden hat, erfüllt worden ist.

³Die Sätze 1 und 2 sind nicht auf Arbeitslosengeld anzuwenden, auf das erst nach dem 31. Dezember 2000 ein Anspruch entsteht.

§ 314 Einkommensanrechnung auf Renten wegen Todes

(1) Ist der Versicherte vor dem 1. Januar 1986 gestorben oder haben die Ehegatten bis zum 31. Dezember 1988 eine wirksame Erklärung über die weitere Anwendung des bis zum 31. Dezember 1985 geltenden Hinterbliebenenrentenrechts abgegeben, werden auf eine Witwenrente oder Witwerrente die Vorschriften über die Einkommensanrechnung auf Renten wegen Todes nicht angewendet.

(2) ¹Ist der Versicherte vor dem 1. Januar 1986 gestorben und ist eine erneute Ehe der Witwe oder des Witwers aufgelöst oder für nichtig erklärt worden, werden auf eine Witwenrente oder Witwerrente nach dem vorletzten Ehegatten die Vorschriften über die Einkommensanrechnung auf Renten wegen Todes nicht angewendet. ²Besteht für denselben Zeitraum Anspruch auf Witwenrente oder Witwerrente oder auf eine solche Rente aus der Unfallversicherung, werden diese Ansprüche in der Höhe berücksichtigt, die sich nach Anwendung der Vorschriften über die Einkommensanrechnung auf Renten wegen Todes ergibt.

§ 314 a Einkommensanrechnung auf Renten wegen Todes aus dem Beitrittsgebiet

(1) Bestand am 31. Dezember 1991 Anspruch auf Witwenrente oder Witwerrente aufgrund des im Beitrittsgebiet geltenden Rechts oder bestand ein solcher Anspruch nur deshalb nicht, weil die im Beitrittsgebiet geltenden besonderen Voraussetzungen nicht erfüllt waren, werden vom 1. Januar 1992 an auf die Witwenrente oder Witwerrente die Vorschriften über die Einkommensanrechnung auf Renten wegen Todes angewendet.

(2) Hatte der Versicherte oder die Witwe oder der Witwer am 18. Mai 1990 den gewöhnlichen Aufenthalt im Beitrittsgebiet, ist § 314 nicht anzuwenden.

(3) Bestand am 31. Dezember 1991 Anspruch auf Waisenrente aufgrund des im Beitrittsgebiet geltenden Rechts oder bestand ein solcher Anspruch nur deshalb nicht, weil die im Beitrittsgebiet geltenden besonderen Voraussetzungen nicht erfüllt waren, werden vom 1. Januar 1992 an auf die Waisenrente die Vorschriften über die Einkommensanrechnung auf Renten wegen Todes angewendet.

§ 314 b Befristung der Rente wegen Berufsunfähigkeit oder Erwerbsunfähigkeit

Bestand am 31. Dezember 2000 Anspruch auf eine befristete Rente wegen Berufsunfähigkeit oder Erwerbsunfähigkeit und ist der jeweilige Anspruch nach Ablauf der Frist von der jeweiligen Arbeitsmarktlage abhängig, ist die Befristung zu wiederholen, es sei denn, die Versicherten vollenden innerhalb von zwei Jahren nach Beginn der sich anschließenden Frist das 60. Lebensjahr.

Sechster Unterabschnitt. Zusatzleistungen

§ 315 Zuschuss zur Krankenversicherung

(1) Bestand am 31. Dezember 1991 Anspruch auf einen Zuschuss zu den Aufwendungen für die Krankenversicherung und war der Berechtigte bereits zu diesem Zeitpunkt nicht in der gesetzlichen Krankenversicherung oder bei einem der deutschen Aufsicht unterliegenden Krankenversicherungsunternehmen versichert, wird dieser Zuschuss in der

bisherigen Höhe zu der Rente und einer sich unmittelbar daran anschließenden Rente desselben Berechtigten weitergeleistet.

(2) Besteht am 1. Januar 1992 Anspruch auf einen Zuschuss zu den Aufwendungen für die Krankenversicherung, der nicht nur nach Anwendung der Vorschriften eines Rentenanpassungsgesetzes für Dezember 1991 höher als der Beitragsanteil war, den der Träger der Rentenversicherung als Krankenversicherungsbeitrag für pflichtversicherte Rentenbezieher zu tragen hat, wird der Zuschuss zu der Rente und einer sich unmittelbar daran anschließenden Rente desselben Berechtigten mindestens in der bisherigen Höhe, höchstens in Höhe der Hälfte der tatsächlichen Aufwendungen für die Krankenversicherung, weitergeleistet.

(3) [1]Bestand am 31. Dezember 1991 nach einem Rentenanpassungsgesetz Anspruch auf einen Auffüllbetrag, der als Zuschuss zu den Aufwendungen für die Krankenversicherung gilt, wird dieser in der bisherigen Höhe weitergeleistet. [2]Rentenerhöhungen, die sich aufgrund von Rentenanpassungen nach dem 31. Dezember 1991 ergeben, werden hierauf angerechnet.

(4) Bestand am 30. April 2007 Anspruch auf einen Zuschuss zu den Aufwendungen für die Krankenversicherung und war der Berechtigte bereits zu diesem Zeitpunkt in einer ausländischen gesetzlichen Krankenversicherung pflichtversichert, wird dieser Zuschuss zu der Rente und einer sich unmittelbar daran anschließenden Rente desselben Berechtigten weitergeleistet.

§ 315 a Auffüllbetrag

[1]Ist der für den Berechtigten nach Anwendung des § 307 a ermittelte Monatsbetrag der Rente für Dezember 1991 niedriger als der für denselben Monat ausgezahlte und nach dem am 31. Dezember 1991 geltenden Recht oder nach § 302 a Abs. 3 weiterhin zustehende Rentenbetrag einschließlich des Ehegattenzuschlags, wird ein Auffüllbetrag in Höhe der Differenz geleistet. [2]Bei dem Vergleich werden die für Dezember 1991 nach den Vorschriften des Beitrittsgebiets geleisteten Rentenbeträge zuvor um 6,84 vom Hundert erhöht; Zusatzrenten nach § 307 a Abs. 9 Nr. 1, Zusatzrenten nach der Verordnung über die freiwillige und zusätzliche Versicherung in der Sozialversicherung vom 28. Januar 1947 und Zusatzrenten nach der Verordnung über die freiwillige Versicherung auf Zusatzrente bei der Sozialversicherung vom 15. März 1968 bleiben außer Betracht. [3]Bei der Ermittlung der für Dezember 1991 nach den Vorschriften des Beitrittsgebiets geleisteten Rentenbeträge ist das Rentenangleichungsgesetz vom 28. Juni 1990 (GBl. I Nr. 38 S. 495) mit der Maßgabe anzuwenden, dass eine vor Angleichung höhere Rente so lange geleistet wird, bis die anzugleichende Rente den bisherigen Betrag übersteigt. [4]Der Auffüllbetrag wird vom 1. Januar 1996 an bei jeder Rentenanpassung um ein Fünftel des Auffüllbetrags, mindestens aber um 20 Deutsche Mark vermindert; durch die Verminderung darf der bisherige Zahlbetrag der Rente nicht unterschritten werden. [5]Ein danach noch verbleibender Auffüllbetrag wird bei den folgenden Rentenanpassungen im Umfang dieser Rentenanpassungen abgeschmolzen.

§ 315 b Renten aus freiwilligen Beiträgen des Beitrittsgebiets

Bestand am 31. Dezember 1991 Anspruch auf eine
1. Rente nach der Verordnung über die Neuregelung der freiwilligen Versicherungen in der Sozialversicherung vom 25. Juni 1953 (GBl. Nr. 80 S. 823),
2. Zusatzrente nach der Verordnung über die freiwillige und zusätzliche Versicherung in der Sozialversicherung vom 28. Januar 1947,
3. Zusatzrente nach der Verordnung über die freiwillige Versicherung auf Zusatzrente bei der Sozialversicherung vom 15. März 1968,

wird diese in Höhe des um 6,84 vom Hundert erhöhten bisherigen Betrages weitergeleistet.

§ 316 *(aufgehoben)*

Siebter Unterabschnitt. Leistungen an Berechtigte im Ausland

§ 317 Grundsatz

(1) [1]Bestand Anspruch auf Leistung einer Rente vor dem Zeitpunkt, von dem an geänderte Vorschriften über Leistungen an Berechtigte im Ausland gelten, wird die Rente al-

lein aus Anlass der Rechtsänderung nicht neu berechnet. ²Dies gilt nicht, wenn dem Berechtigten die Rente aus Beitragszeiten im Beitrittsgebiet nicht oder nicht in vollem Umfang gezahlt werden konnte. ³Die Rente ist mindestens aus den bisherigen persönlichen Entgeltpunkten weiterzuleisten.

(2) Eine Rente an einen Hinterbliebenen, der die Staatsangehörigkeit eines Staates hat, in dem die Verordnung (EWG) Nr. 1408/71 anzuwenden ist, ist mindestens aus den persönlichen Entgeltpunkten des verstorbenen Versicherten zu leisten, aus denen seine Rente geleistet worden ist, wenn er am 31. Dezember 1991 Anspruch auf Leistung einer Rente ins Ausland hatte und diese Rente bis zu seinem Tode bezogen hat.

(2 a) ¹Bestand am 31. Dezember 1991 Anspruch auf eine Rente und ist diese Rente aufgrund einer nach dem 31. Dezember 1991 eingetretenen Änderung in den Verhältnissen, die für die Anwendung der Vorschriften über Leistungen an Berechtigte im Ausland von Bedeutung sind, neu festzustellen, ist bei der Neufeststellung das am 1. Januar 1992 geltende Recht anzuwenden. ²Hierbei sind für Berechtigte, die die Staatsangehörigkeit eines Staates haben, in dem die Verordnung (EWG) Nr. 1408/71 anzuwenden ist, mindestens die nach § 307 ermittelten persönlichen Entgeltpunkte in dem in § 114 Abs. 1 Satz 2 genannten Verhältnis zugrunde zu legen. ³Satz 2 gilt auch bei Hinterbliebenenrenten, wenn der verstorbene Versicherte die Staatsangehörigkeit eines Staates hatte, in dem die Verordnung (EWG) Nr. 1408/71 anzuwenden ist.

(3) Bestand am 31. Dezember 1991 Anspruch auf eine Rente, bei der der Anspruch oder die Höhe von der Minderung der Erwerbsfähigkeit abhängig war, und wurde hierbei die jeweilige Arbeitsmarktlage berücksichtigt oder hätte sie berücksichtigt werden können, gilt dies auch weiterhin.

(4) Berechtigte erhalten eine Rente wegen Berufsunfähigkeit nur, wenn sie auf diese Rente bereits für die Zeit, in der sie ihren gewöhnlichen Aufenthalt noch im Inland gehabt haben, einen Anspruch hatten.

§ 318 Ermessensleistungen an besondere Personengruppen

(1) Versicherte, die nicht Deutsche sind und sich gewöhnlich im Ausland aufhalten, können die Rente wie Deutsche bei einem entsprechenden Aufenthalt erhalten, wenn sie
1. zwischen dem 30. Januar 1933 und dem 8. Mai 1945 das Gebiet des Deutschen Reiches oder der Freien Stadt Danzig verlassen haben, um sich einer von ihnen nicht zu vertretenden und durch die politischen Verhältnisse bedingten besonderen Zwangslage zu entziehen, oder aus den gleichen Gründen in diese Gebiete nicht zurückkehren konnten,
2. Vertriebene (§ 1 Abs. 2 Nr. 1 Bundesvertriebenengesetz) aus den in den Jahren 1938 und 1939 in das Deutsche Reich eingegliederten Gebieten sind und als solche im Inland anerkannt sind oder
3. früher deutsche Staatsangehörige waren und als Angehörige deutscher geistlicher Genossenschaften oder ähnlicher Gemeinschaften aus überwiegend religiösen oder sittlichen Beweggründen mit Krankenpflege, Unterricht, Seelsorge oder ähnlichen gemeinnützigen Tätigkeiten außerhalb des Gebiets der Bundesrepublik Deutschland nach dem Stand bis zum 3. Oktober 1990 beschäftigt waren und bis zum 31. Dezember 1984 Anspruch auf eine Rente entstanden ist.

(2) ¹Absatz 1 gilt entsprechend für die Leistung von Renten an Hinterbliebene der in Absatz 1 genannten Versicherten, die selbst weder Deutsche sind noch zu den Berechtigten nach Absatz 1 gehören. ²Sie erhalten 70 vom Hundert der Rente an Hinterbliebene.

(3) Bestand am 31. Dezember 1991 Anspruch auf eine Rente als Ermessensleistung und könnte diese Leistung nach Absatz 1 oder Absatz 2 nicht mehr erbracht werden, gelten Versicherte und ihrer Hinterbliebenen insoweit als Berechtigte.

(4) Die Leistungen nach dieser Vorschrift gelten nicht als Leistungen der sozialen Sicherheit.

§ 319 Zusatzleistungen

(1) Bestand am 31. Dezember 1991 bei gewöhnlichem Aufenthalt im Ausland Anspruch auf einen Zuschuss zu den Aufwendungen für die Krankenversicherung, wird dieser Zuschuss in der bisherigen Höhe zu der Rente und einer sich unmittelbar daran anschließenden Rente desselben Berechtigten weitergeleistet.

(2) Berechtigte erhalten für ein Kind einen Kinderzuschuss zu einer Rente nur, wenn sie bei gewöhnlichem Aufenthalt im Ausland hierauf am 31. Dezember 1991 einen Anspruch hatten.

Achter Unterabschnitt. Zusatzleistungen bei gleichzeitigem Anspruch auf Renten nach dem Übergangsrecht für Renten nach den Vorschriften des Beitrittsgebiets

§ 319a Rentenzuschlag bei Rentenbeginn in den Jahren 1992 und 1993

¹Ist der für den Berechtigten nach Anwendung der Vorschriften dieses Buches ermittelte Monatsbetrag der Rente bei Rentenbeginn in der Zeit vom 1. Januar 1992 bis 31. Dezember 1993 niedriger als der für den Monat des Rentenbeginns nach dem Übergangsrecht für Renten nach den Vorschriften des Beitrittsgebiets einschließlich der darin enthaltenen Vorschriften über das Zusammentreffen von Renten ermittelte Betrag, wird ein Rentenzuschlag in Höhe der Differenz geleistet, solange die rentenrechtlichen Voraussetzungen dafür vorliegen. ²Der Rentenzuschlag wird vom 1. Januar 1996 an bei jeder Rentenanpassung um ein Fünftel des Rentenzuschlags, mindestens aber um 20 Deutsche Mark vermindert; durch die Verminderung darf der bisherige Zahlbetrag der Rente nicht unterschritten werden. ³Ein danach noch verbleibender Rentenzuschlag wird bei den folgenden Rentenanpassungen im Umfang dieser Rentenanpassungen abgeschmolzen.

Neunter Unterabschnitt. Leistungen bei gleichzeitigem Anspruch auf Renten nach dem Übergangsrecht für Renten nach den Vorschriften des Beitrittsgebiets

§ 319b Übergangszuschlag

¹Besteht für denselben Zeitraum Anspruch auf Leistungen nach den Vorschriften dieses Buches und auf solche nach dem Übergangsrecht für Renten nach den Vorschriften des Beitrittsgebiets, werden die Leistungen nach den Vorschriften dieses Buches erbracht. ²Ist nach Anwendung der jeweiligen Vorschriften über das Zusammentreffen von Renten und Einkommen die Gesamtleistung nach dem Übergangsrecht für Renten nach den Vorschriften des Beitrittsgebiets höher als die Gesamtleistung nach den Vorschriften dieses Buches, wird zusätzlich zu den Leistungen nach den Vorschriften dieses Buches ein Übergangszuschlag geleistet. ³Bestand am 31. Dezember 1991 Anspruch auf eine Rente nach den Vorschriften des Beitrittsgebiets und liegen die rentenrechtlichen Voraussetzungen danach noch vor, wird für die Feststellung der Gesamtleistung nach dem Übergangsrecht für Renten nach den Vorschriften des Beitrittsgebiets die am 31. Dezember 1991 gezahlte und um 6,84 vom Hundert erhöhte Rente berücksichtigt. ⁴Der Übergangszuschlag wird in Höhe der Differenz zwischen der Gesamtleistung nach dem Übergangsrecht für Renten nach den Vorschriften des Beitrittsgebiets und der Gesamtleistung nach den Vorschriften dieses Buches gezahlt.

Zehnter Unterabschnitt. Siebtes Gesetz zur Änderung des Dritten Buches Sozialgesetzbuch und anderer Gesetze

§ 319c Rente wegen Alters und Arbeitslosengeld

¹Anspruch auf eine Rente wegen Alters besteht nicht, wenn Anspruch auf Arbeitslosengeld besteht, dessen Anspruchsdauer sich nach § 434r des Dritten Buches erhöht hat. ²Wurde eine Rente bereits geleistet, auf die nach Satz 1 kein Anspruch besteht, ist der zur Zahlung des Arbeitslosengeldes verpflichtete Leistungsträger erstattungspflichtig. ³Der Umfang des Erstattungsanspruchs richtet sich nach den für den Träger der gesetzlichen Rentenversicherung geltenden Rechtsvorschriften. ⁴Der Rentenbescheid ist mit Wirkung vom Zeitpunkt des Beginns der Rente aufzuheben; die §§ 24 und 48 des Zehnten Buches sind nicht anzuwenden. ⁵Nach Ende des Arbeitslosengeldbezuges ist Rente zu leisten, wenn die Anspruchsvoraussetzungen beim ursprünglichen Rentenbeginn erfüllt waren; bei der Rentenberechnung werden mindestens die der weggefallenen Rente zugrunde liegenden persönlichen Entgeltpunkte berücksichtigt.

Sechstes Kapitel. Bußgeldvorschriften

§ 320 Bußgeldvorschriften

(1) Ordnungswidrig handelt, wer vorsätzlich oder leichtfertig
1. entgegen § 190a Abs. 1 Satz 1 eine Meldung nicht, nicht richtig oder nicht rechtzeitig erstattet,
2. entgegen § 196 Abs. 1 Satz 1 eine Auskunft oder eine Änderung nicht, nicht richtig, nicht vollständig oder nicht rechtzeitig erteilt oder mitteilt oder
3. entgegen § 196 Abs. 1 Satz 2 die erforderlichen Unterlagen nicht, nicht vollständig oder nicht rechtzeitig vorlegt.

(2) Die Ordnungswidrigkeit kann mit einer Geldbuße bis zu zweitausendfünfhundert Euro geahndet werden.

§ 321 Zusammenarbeit zur Verfolgung und Ahndung von Ordnungswidrigkeiten

[1] Zur Verfolgung und Ahndung von Ordnungswidrigkeiten arbeiten die Rentenversicherungsträger im Rahmen der Prüfung bei den Arbeitgebern nach § 28p des Vierten Buches insbesondere mit der Bundesagentur für Arbeit, den Krankenkassen, den Behörden der Zollverwaltung, den in § 71 des Aufenthaltsgesetzes genannten Behörden, den Finanzbehörden, den nach Landesrecht für die Verfolgung und Ahndung von Ordnungswidrigkeiten nach dem Schwarzarbeitsbekämpfungsgesetz zuständigen Behörden, den Trägern der Sozialhilfe, den Unfallversicherungsträgern und den für den Arbeitsschutz zuständigen Landesbehörden zusammen, wenn sich im Einzelfall konkrete Anhaltspunkte für
1. Verstöße gegen das Schwarzarbeitsbekämpfungsgesetz,
2. eine Beschäftigung oder Tätigkeit von Ausländern ohne den erforderlichen Aufenthaltstitel nach § 4 Abs. 3 des Aufenthaltsgesetzes, eine Aufenthaltsgestattung oder eine Duldung, die zur Ausübung der Beschäftigung berechtigen, oder eine Genehmigung nach § 284 Abs. 1 des Dritten Buches,
3. Verstöße gegen die Mitwirkungspflicht nach § 60 Abs. 1 Satz 1 Nr. 2 des Ersten Buches gegenüber einer Dienststelle der Bundesagentur für Arbeit, einem Träger der gesetzlichen Kranken-, Pflege- oder Unfallversicherung oder einem Träger der Sozialhilfe oder gegen die Meldepflicht nach § 8a des Asylbewerberleistungsgesetzes,
4. Verstöße gegen das Arbeitnehmerüberlassungsgesetz,
5. Verstöße gegen die Bestimmungen des Vierten, Fünften und Siebten Buches sowie dieses Buches über die Verpflichtung zur Zahlung von Sozialversicherungsbeiträgen, soweit sie im Zusammenhang mit den in den Nummern 1 bis 4 genannten Verstößen stehen,
6. Verstöße gegen die Steuergesetze,
7. Verstöße gegen das Aufenthaltsgesetz

ergeben. [2] Sie unterrichten die für die Verfolgung und Ahndung zuständigen Behörden, die Träger der Sozialhilfe sowie die Behörden nach § 71 des Aufenthaltsgesetzes. [3] Die Unterrichtung kann auch Angaben über die Tatsachen enthalten, die für die Abgabe der Meldungen des Arbeitgebers und die Einziehung der Beiträge zur Sozialversicherung erforderlich sind.

70. Siebtes Buch Sozialgesetzbuch
– Gesetzliche Unfallversicherung –

Vom 7. August 1996 (BGBl. I S. 1254)

FNA 860-7

zuletzt geänd. durch Art. 11 G zur Einführung eines Bundesfreiwilligendienstes v. 28. 4. 2011 (BGBl. I S. 687)

Erstes Kapitel. Aufgaben, versicherter Personenkreis, Versicherungsfall

Erster Abschnitt. Aufgaben der Unfallversicherung

§ 1 Prävention, Rehabilitation, Entschädigung

Aufgabe der Unfallversicherung ist es, nach Maßgabe der Vorschriften dieses Buches

1. mit allen geeigneten Mitteln Arbeitsunfälle und Berufskrankheiten sowie arbeitsbedingte Gesundheitsgefahren zu verhüten,
2. nach Eintritt von Arbeitsunfällen oder Berufskrankheiten die Gesundheit und die Leistungsfähigkeit der Versicherten mit allen geeigneten Mitteln wiederherzustellen und sie oder ihre Hinterbliebenen durch Geldleistungen zu entschädigen.

Zweiter Abschnitt. Versicherter Personenkreis

§ 2 Versicherung kraft Gesetzes

(1) **Kraft Gesetzes sind versichert**
1. Beschäftigte,
2. Lernende während der beruflichen Aus- und Fortbildung in Betriebsstätten, Lehrwerkstätten, Schulungskursen und ähnlichen Einrichtungen,
3. Personen, die sich Untersuchungen, Prüfungen oder ähnlichen Maßnahmen unterziehen, die aufgrund von Rechtsvorschriften zur Aufnahme einer versicherten Tätigkeit oder infolge einer abgeschlossenen versicherten Tätigkeit erforderlich sind, soweit diese Maßnahmen vom Unternehmen oder einer Behörde veranlaßt worden sind,
4. behinderte Menschen, die in anerkannten Werkstätten für behinderte Menschen oder in Blindenwerkstätten im Sinne des § 143 des Neunten Buches oder für diese Einrichtungen in Heimarbeit tätig sind,
5. Personen, die
    a) Unternehmer eines landwirtschaftlichen Unternehmens sind und ihre im Unternehmen mitarbeitenden Ehegatten oder Lebenspartner,
    b) im landwirtschaftlichen Unternehmen nicht nur vorübergehend mitarbeitende Familienangehörige sind,
    c) in landwirtschaftlichen Unternehmen in der Rechtsform von Kapital- oder Personenhandelsgesellschaften regelmäßig wie Unternehmer selbständig tätig sind,
    d) ehrenamtlich in Unternehmen tätig sind, die unmittelbar der Sicherung, Überwachung oder Förderung der Landwirtschaft überwiegend dienen,
    e) ehrenamtlich in den Berufsverbänden der Landwirtschaft tätig sind, wenn für das Unternehmen eine landwirtschaftliche Berufsgenossenschaft zuständig ist,
6. Hausgewerbetreibende und Zwischenmeister sowie ihre mitarbeitenden Ehegatten oder Lebenspartner,
7. selbständig tätige Küstenschiffer und Küstenfischer, die zur Besatzung ihres Fahrzeugs gehören oder als Küstenfischer ohne Fahrzeug fischen und regelmäßig nicht mehr als vier Arbeitnehmer beschäftigen, sowie ihre mitarbeitenden Ehegatten oder Lebenspartner,
8. a) Kinder während des Besuchs von Tageseinrichtungen, deren Träger für den Betrieb der Einrichtungen der Erlaubnis nach § 45 des Achten Buches oder einer Erlaubnis aufgrund einer entsprechenden landesrechtlichen Regelung bedürfen, sowie während der Betreuung durch geeignete Tagespflegepersonen im Sinne von § 23 des Achten Buches,

b) Schüler während des Besuchs von allgemein- oder berufsbildenden Schulen und während der Teilnahme an unmittelbar vor oder nach dem Unterricht von der Schule oder im Zusammenwirken mit ihr durchgeführten Betreuungsmaßnahmen,
c) Studierende während der Aus- und Fortbildung an Hochschulen,
9. Personen, die selbständig oder unentgeltlich, insbesondere ehrenamtlich im Gesundheitswesen oder in der Wohlfahrtspflege tätig sind,
10. Personen, die
    a) für Körperschaften, Anstalten oder Stiftungen des öffentlichen Rechts oder deren Verbände oder Arbeitsgemeinschaften, für die in den Nummern 2 und 8 genannten Einrichtungen oder für privatrechtliche Organisationen im Auftrag oder mit ausdrücklicher Einwilligung, in besonderen Fällen mit schriftlicher Genehmigung von Gebietskörperschaften ehrenamtlich tätig sind oder an Ausbildungsveranstaltungen für diese Tätigkeit teilnehmen,
    b) für öffentlich-rechtliche Religionsgemeinschaften und deren Einrichtungen oder für privatrechtliche Organisationen im Auftrag oder mit ausdrücklicher Einwilligung, in besonderen Fällen mit schriftlicher Genehmigung von öffentlich-rechtlichen Religionsgemeinschaften ehrenamtlich tätig sind oder an Ausbildungsveranstaltungen für diese Tätigkeit teilnehmen,
11. Personen, die
    a) von einer Körperschaft, Anstalt oder Stiftung des öffentlichen Rechts zur Unterstützung einer Diensthandlung herangezogen werden,
    b) von einer dazu berechtigten öffentlichen Stelle als Zeugen zur Beweiserhebung herangezogen werden,
12. Personen, die in Unternehmen zur Hilfe bei Unglücksfällen oder im Zivilschutz unentgeltlich, insbesondere ehrenamtlich tätig sind oder an Ausbildungsveranstaltungen dieser Unternehmen teilnehmen,
13. Personen, die
    a) bei Unglücksfällen oder gemeiner Gefahr oder Not Hilfe leisten oder einen anderen aus erheblicher gegenwärtiger Gefahr für seine Gesundheit retten,
    b) Blut oder körpereigene Organe, Organteile oder Gewebe spenden,
    c) sich bei der Verfolgung oder Festnahme einer Person, die einer Straftat verdächtig ist oder zum Schutz eines widerrechtlich Angegriffenen persönlich einsetzen,
14. Personen, die nach den Vorschriften des Zweiten oder des Dritten Buches der Meldepflicht unterliegen, wenn sie einer besonderen, an sie im Einzelfall gerichteten Aufforderung einer Dienststelle der Bundesagentur für Arbeit, eines nach § 6a des Zweiten Buches zugelassenen kommunalen Trägers oder des nach § 6 Abs. 1 Satz 1 Nr. 2 des Zweiten Buches zuständigen Trägers nachkommen, diese oder eine andere Stelle aufzusuchen,
15. Personen, die
    a) auf Kosten einer Krankenkasse oder eines Trägers der gesetzlichen Rentenversicherung oder einer landwirtschaftlichen Alterskasse stationäre oder teilstationäre Behandlung oder stationäre, teilstationäre oder ambulante Leistungen zur medizinischen Rehabilitation erhalten,
    b) zur Vorbereitung von Leistungen zur Teilhabe am Arbeitsleben auf Aufforderung eines Trägers der gesetzlichen Rentenversicherung oder der Bundesagentur für Arbeit einen dieser Träger oder eine andere Stelle aufsuchen,
    c) auf Kosten eines Unfallversicherungsträgers an vorbeugenden Maßnahmen nach § 3 der Berufskrankheiten-Verordnung teilnehmen,
16. Personen, die bei der Schaffung öffentlich geförderten Wohnraums im Sinne des Zweiten Wohnungsbaugesetzes oder im Rahmen der sozialen Wohnraumförderung bei der Schaffung von Wohnraum im Sinne des § 16 Abs. 1 Nr. 1 bis 3 des Wohnraumförderungsgesetzes oder entsprechender landesrechtlicher Regelungen im Rahmen der Selbsthilfe tätig sind,
17. Pflegepersonen im Sinne des § 19 des Elften Buches bei der Pflege eines Pflegebedürftigen im Sinne des § 14 des Elften Buches; die versicherte Tätigkeit umfaßt Pflegetätigkeiten im Bereich der Körperpflege und – soweit diese Tätigkeiten überwiegend Pflegebedürftigen zugute kommen – Pflegetätigkeiten in den Bereichen der Ernährung, der Mobilität sowie der hauswirtschaftlichen Versorgung (§ 14 Abs. 4 des Elften Buches).

(1 a) ¹Versichert sind auch Personen, die nach Erfüllung der Schulpflicht auf der Grundlage einer schriftlichen Vereinbarung im Dienst eines geeigneten Trägers im Umfang von durchschnittlich mindestens acht Wochenstunden und für die Dauer von mindestens sechs Monaten als Freiwillige einen Freiwilligendienst aller Generationen unentgeltlich leisten.

² Als Träger des Freiwilligendienstes aller Generationen geeignet sind inländische juristische Personen des öffentlichen Rechts oder unter § 5 Abs. 1 Nr. 9 des Körperschaftsteuergesetzes fallende Einrichtungen zur Förderung gemeinnütziger, mildtätiger oder kirchlicher Zwecke (§§ 52 bis 54 der Abgabenordnung), wenn sie die Haftpflichtversicherung und eine kontinuierliche Begleitung der Freiwilligen und deren Fort- und Weiterbildung im Umfang von mindestens durchschnittlich 60 Stunden je Jahr sicherstellen. ³ Die Träger haben fortlaufende Aufzeichnungen zu führen über die bei ihnen nach Satz 1 tätigen Personen, die Art und den Umfang der Tätigkeiten und die Einsatzorte. ⁴ Die Aufzeichnungen sind mindestens fünf Jahre lang aufzubewahren.

(2) ¹ Ferner sind Personen versichert, die wie nach Absatz 1 Nr. 1 Versicherte tätig werden. ² Satz 1 gilt auch für Personen, die während einer aufgrund eines Gesetzes angeordneten Freiheitsentziehung oder aufgrund einer strafrichterlichen, staatsanwaltlichen oder jugendbehördlichen Anordnung wie Beschäftigte tätig werden.

(3) ¹ Absatz 1 Nr. 1 gilt auch für
1. Deutsche, die im Ausland bei einer amtlichen Vertretung des Bundes oder der Länder oder bei deren Leitern, deutschen Mitgliedern oder Bediensteten beschäftigt sind,
2. Personen, die
    a) im Sinne des Entwicklungshelfer-Gesetzes Entwicklungsdienst oder Vorbereitungsdienst leisten,
    b) einen entwicklungspolitischen Freiwilligendienst „weltwärts" im Sinne der Richtlinie des Bundesministeriums für wirtschaftliche Zusammenarbeit und Entwicklung vom 1. August 2007 (BAnz. 2008 S. 1297) leisten,
    c) einen Internationalen Jugendfreiwilligendienst im Sinne der Richtlinie Internationaler Jugendfreiwilligendienst des Bundesministeriums für Familie, Senioren, Frauen und Jugend vom 20. Dezember 2010 (GMBl S. 1778) leisten,
3. Personen, die
    a) eine Tätigkeit bei einer zwischenstaatlichen oder überstaatlichen Organisation ausüben und deren Beschäftigungsverhältnis im öffentlichen Dienst während dieser Zeit ruht,
    b) als Lehrkräfte vom Auswärtigen Amt durch das Bundesverwaltungsamt an Schulen im Ausland vermittelt worden sind oder
    c) für ihre Tätigkeit bei internationalen Einsätzen zur zivilen Krisenprävention durch einen Sekundierungsvertrag nach dem Sekundierungsgesetz abgesichert werden.

² Die Versicherung nach Satz 1 Nummer 3 Buchstabe a und c erstreckt sich auch auf Unfälle oder Krankheiten, die infolge einer Verschleppung oder einer Gefangenschaft eintreten oder darauf beruhen, dass der Versicherte aus sonstigen mit seiner Tätigkeit zusammenhängenden Gründen, die er nicht zu vertreten hat, dem Einflussbereich seines Arbeitgebers oder der für die Durchführung seines Einsatzes verantwortlichen Einrichtung entzogen ist. ³ Gleiches gilt, wenn Unfälle oder Krankheiten auf gesundheitsschädigende oder sonst vom Inland wesentlich abweichende Verhältnisse bei der Tätigkeit oder dem Einsatz im Ausland zurückzuführen sind. ⁴ Soweit die Absätze 1 bis 2 weder eine Beschäftigung noch eine selbständige Tätigkeit voraussetzen, gelten sie abweichend von § 3 Nr. 2 des Vierten Buches für alle Personen, die die in diesen Absätzen genannten Tätigkeiten im Inland ausüben; § 4 des Vierten Buches gilt entsprechend. ⁵ Absatz 1 Nr. 13 gilt auch für Personen, die im Ausland tätig werden, wenn sie im Inland ihren Wohnsitz oder gewöhnlichen Aufenthalt haben.

(4) Familienangehörige im Sinne des Absatzes 1 Nr. 5 Buchstabe b sind
1. Verwandte bis zum dritten Grade,
2. Verschwägerte bis zum zweiten Grade,
3. Pflegekinder (§ 56 Abs. 2 Nr. 2 des Ersten Buches)
der Unternehmer, ihrer Ehegatten oder ihrer Lebenspartner.

Übersicht

	Rn.
A. Normzweck	1
B. Allgemeines	2
I. Gesetzlicher Versicherungsschutz	2
II. Formalversicherung	4
C. Kraft Gesetz Versicherte	5
I. Beschäftigte (Abs. 1 Nr. 1)	5
II. Lernende (Abs. 1 Nr. 2)	12
III. Personen, die sich Untersuchungen, Prüfungen usw. unterziehen (Abs. 1 Nr. 3)	16
IV. Behinderte Menschen in Werkstätten (Abs. 1 Nr. 4)	17

	Rn.
V. Landwirte (Abs. 1 Nr. 5 a)–e))	19
VI. Hausgewerbetreibende (Abs. 1 Nr. 6)	21
VII. Küstenschiffer und -fischer (Abs. 1 Nr. 7)	22
VIII. Kinder, Schüler und Studenten (Abs. 1 Nr. 8 a–c)	23
IX. Im Gesundheitswesen und Wohlfahrtspflege Tätige (Abs. 1 Nr. 9)	28
X. Ehrenamtlich Tätige (Abs. 1 Nr. 10 a–b)	31
XI. Heranziehung zur Diensthandlung oder als Zeuge (Nr. 11 a–b)	34
XII. Unternehmen zur Hilfe bei Unglücksfällen und Zivilschutz (Abs. 1 Nr. 12)	36
XIII. Hilfeleistung bei Unglücksfällen etc. (Abs. 1 Nr. 13 a–c)	37
XIV. Meldepflichtige Arbeitslose (Abs. 1 Nr. 14)	42
XV. Rehabilitanden etc. (Abs. 1 Nr. 15 a–c)	43
XVI. Selbsthilfe (Abs. 1 Nr. 16)	46
XVII. Pflegepersonen (Abs. 1 Nr. 17)	50
D. Freiwilligendienst aller Generationen (Abs. 1 a)	52 a
E. Wie nach Abs. 1 Nr. 1 Tätige (Abs. 2 S. 1)	53
F. Tätigkeiten mit Auslandsbezug (Abs. 3)	61
G. Familienangehörige (Abs. 4)	63

A. Normzweck

1   Vorschrift benennt den beitragsfrei kraft Gesetzes **versicherten Personenkreis**. In Verbindung mit den §§ 8 und 9 steckt sie damit gleichzeitig die Grenzen des Versicherungsschutzes ab.

B. Allgemeines

I. Gesetzlicher Versicherungsschutz

2   Für die hier erfassten Personen besteht grundsätzlich Versicherungsschutz gegen Arbeitsunfälle und Berufskrankheiten, sofern ihre konkrete Tätigkeit in sachlichem Zusammenhang (vgl. § 8 Rn. 8 ff.) mit den hier generell beschriebenen Tätigkeitsbereichen steht. Versichert ist – wie bei den finalen Zweigen der Sozialversicherung – die Person als solche. Vielmehr beschränkt sich ihr Versicherungsschutz auf den Umfang und den Zeitraum, in dem sie eine die Versicherteneigenschaft begründende Tätigkeit inne hat. Nach dieser Maßgabe entsteht ein **öffentlich-rechtliches Versicherungsverhältnis** allein durch tatsächliche Tätigkeitsaufnahme. Es bedarf keines Antrages und selbst das Fehlen der Unternehmensanmeldung zur DGUV oder ausstehende Beitragszahlungen sind unschädlich.

3   Im Einzelfall können die äußeren Merkmale **mehrerer Versicherungstatbestände** erfüllt sein. Wegen der hiervon abhängigen Zuständigkeit des Versicherungsträgers (§ 133) und möglicher Leistungsunterschiede (zB Höchstjahresarbeitsverdienst, § 85 Abs. 2 S. 2) ist der maßgebliche Tatbestand festzustellen. Die Konkurrenzregelung trifft § 135.

II. Formalversicherung

4   Auch ohne ges. Regelungstatbestand oder entgegen diesem kann ein sog. formales Versicherungsverhältnis zu Stande kommen, sofern der UvTr durch sein Verhalten einen **Vertrauenstatbestand** geschaffen hat. Dies kann zB durch Zuständigkeitsbescheid, Entschädigung von Unfällen (BSGE 49, 222, 224 f.) oder Vereinnahmung von Beiträgen (BSGE 34, 230, 232) erfolgen. Wegen der heute üblichen pauschalen Lohnnachweise dürften sich Formalversicherungen auf freiwillig Versicherte bzw. Unternehmer beschränken (BSGE 83, 270, 273). Bis zum Eintritt des Leistungsfalles kann eine (rückwirkende) Aufhebung der Formalversicherung erfolgen (BSG SGb 1991, 440, Nr. 3).

C. Kraft Gesetz Versicherte

I. Beschäftigte (Abs. 1 Nr. 1)

5   Für diesen zahlenmäßig bedeutendsten Versichertenkreis ist in Korrespondenz zu einem wesentlichen Strukturelement der DGUV, der Ablösung der Unternehmerhaftpflicht (§§ 104 ff.), eine Abgrenzung zur unternehmerischen Erwerbstätigkeit vorzunehmen. Beschäftigung wird dabei iSd. § 7 Abs. 1 SGB IV als **nichtselbständige Arbeit,** insbesondere in einem Arbeitsverhältnis, verstanden. Das stärkste Abgrenzungskriterium zum selbständigen Unternehmer stellt die **persönliche Abhängigkeit** (nicht die wirtschaftliche, BSG 30. 6. 2009 – B 2 U 3/08 R – mwN) des Erwerbstätigen dar. Sie findet ihren Ausdruck durch die Eingliederung in eine fremde Arbeitsorganisation, was besonders durch Pflicht zur persönlichen Leistungserbringung und Weisungsgebundenheit im Hinblick auf Art der Arbeitsausführung, Ort und Zeit der Leistungserbringung oder Ähnliches zum Ausdruck kommen kann (BSG, SGb 2007, 748 m. Anm. Preis). Indizien sind auch die Arbeit auf fremder Arbeitsstätte oder mit fremdem Material, die Überwachung und Einteilung der Arbeitszeit, Notwendigkeit eines Urlaubsgesuches und die Zahlung festen Lohns nach Stunden, Wochen oder Monaten mit Entrichtung von Sozialversicherungsbeiträgen oder einem Anspruch auf Lohnfortzahlung im Krankheitsfalle, mithin alle Kriterien, die auf das Fehlen des Unternehmerrisikos hinweisen. Allerdings können diese Merkmale auch bei unternehmerischer Tätigkeit nicht ausgeschlossen werden. Die Entscheidung muss daher an dem Gesamtbild der Tätigkeit (BSG 11. 3. 2009 B 12 KR 21/07 – mwN) – nicht der Person des Tätigen – gefunden werden. Unter Einbezug aller von der Rspr. entwickelten Kriterien ist die rechtliche Einordnung der Tätigkeit letztlich danach zu bestimmen, welche Merkmale nach den tatsächlichen Verhältnissen des Einzelfalles überwiegen (BSGE 38, 53, 57).

Indizien für **unternehmerische Selbständigkeit** sind dagegen die Berechnung der Gegenleistung nach festen Gebührenvorschriften (Rechtsanwälte, Architekten), werkvertragliche Strukturen, eigene Betriebsstätte, Beschäftigung von Hilfspersonen oder das Recht zur Delegation an Dritte (BSG 11. 3. 2009 B 12 KR 21/07). Unternehmerrisiko, verstanden als die Ungewissheit eigenen wirtschaftlichen Erfolges (BSGE 35, 20, 25), spricht im Zusammenhang mit der Verwertung der Arbeitskraft dann für Selbständigkeit, falls damit eine größere Freiheit bei der Gestaltung und dem Umfang des Einsatzes der eigenen Arbeitskraft einhergeht (BSG, SozR 4–2700, § 2 Nr. 1), zum **Franchisenehmer** vgl. BSG 4. 11. 2009 – B 12 KR 3/08 R. Nicht ausreichend ist Belastung eines eingegliederten Erwerbstätigen mit zusätzlichen Risiken (**Gastspielvertrag**, LSG BE/BB 22. 7. 2008 – L 2 U 211/07). 6

Die insgesamt enge Anlehnung an den Arbeitnehmerbegriff im Arbeitsrecht bedeutet nicht die Erfordernis oder alleinige Maßgeblichkeit eines Arbeitsvertrages. Weichen die Vereinbarungen von den tatsächlichen Handhabungen ab, sind letztere ausschlaggebend. Versicherungsschutz besteht daher auch bei **Scheinselbständigkeit, Schwarzarbeit** oder Sittenwidrigkeit, solange das Gesamtbild aus der Nichtselbständigkeit geprägt bleibt (BSGE 87, 53, 55 f.). Vergleichbares gilt für **Heimarbeiter** (§ 12 Abs. 2 SGB IV), zumindest solange, wie sie die Tätigkeiten in eigener Person verrichten. 7

Keine Besonderheiten gelten für **Verwandte, Kinder, Ehegatten und Lebenspartner,** obgleich hier stets eine Abgrenzung zu den BGB-Pflichten der Beziehung (vgl. BSGE 74, 275, 278), den bloßen Gefälligkeitshandlungen ohne ein persönliches Unterordnungsverhältnis (BSGE 10, 94, 95) sowie den spielerischen Nachahmungen (Kinder) zu erfolgen hat. 8

Die **Geringfügigkeit** des Entgeltes bzw. der Gegenleistung ist kein Ausschlusskriterium. Auch der „1-Euro-Jobber" (§ 16 Abs. 3 SGB II) geht vergleichbar mit Arbeitsbeschaffungsmaßnahmen im öffentlichen Interesse einer Beschäftigung von wirtschaftlichem Wert nach (vgl. Rn. 53; aA BeckOK-SozR/Marschner SGB VII § 2 Rn. 9), während jedoch beim „Kurzarbeitergeld 0" das Beschäftigungskriterium als solches entfällt. 9

Gesellschafter können je nach Art der Gesellschaftsform im Beschäftigungsverhältnis zu ihrer Gesellschaft stehen, sofern ihre Mitarbeit nicht wesentlich auf Pflichten aus dem Gesellschaftervertrag beruht und im persönlichen Abhängigkeitsverhältnis zB auf Grund der Ausübung des Direktionsrechts durch Mitgesellschafter oder Dritte erbracht wird. Verfügt ein **geschäftsführender Gesellschafter** einer GmbH über einen bestimmenden Einfluss auf die Gesellschaft (Kapitalanteil von mindestens 50 v. H.: BSGE 42, 1; Sperrminorität: BSGE 70, 81, 83; LSG NRW 3. 5. 2007 L 16 (14) R 159/06; nach Maßgabe seines Vertrages mit der GmbH quasi weisungsfrei: BSG, SozR 3–2400 § 7 Nr. 4; beherrschender Einfluss auf die Gesellschafter: BSG SGb 2000, 134 m. Anm. Holtstraeter; regelmäßig nicht bei **stiller Innengesellschaft**: BSG 24. 1. 2007 – B 12 KR 31/06) ist er nicht abhängig beschäftigt. Tätigkeiten von **Vereinsmitgliedern** (§§ 21 ff. BGB) im Rahmen des Vereinszweckes beruhen auf Mitgliedschaftspflichten. Erst darüber hinausreichende Aktivitäten können bei der erforderlichen Abhängigkeit als versicherte Beschäftigung geführt werden. Die Vereine haben insoweit einen Gestaltungsspielraum (für Trainer und Übungsleiter vgl. BSG in SGb 1994, 574 m. Anm. Benz). 10

Lehrlinge, Auszubildende, Praktikanten und Volontäre sind nach Abs. 1 Nr. 1 geschützt, da nach § 7 Abs. 2 SGB IV als Beschäftigung im sozialversicherungsrechtlichen Sinn auch der Erwerb beruflicher Kenntnisse, Fertigkeiten oder Erfahrungen im Rahmen betrieblicher Berufsbildung gilt. Anders bei **Hospitations- und Probearbeitstagen** zur Erlangung eines Arbeitsplatzes, da noch keine Eingliederung in den Betrieb (LSG NW 1. 10. 2008 – L 17 U 43/08 mwN). 11

II. Lernende (Abs. 1 Nr. 2)

Da betriebliche Ausbildungsverhältnisse bereits von Nr. 1 abgedeckt werden, ist es Sinn und Zweck von Nr. 2 die unabhängig von einer Rechts- oder Vertragspflicht oder außerhalb einer beruflichen Tätigkeit berufsbezogen Lernenden – außerhalb des Rahmens des BBiG – zu schützen. Das Ziel der Lerntätigkeit muss wegen der beruflichen Zweckorientierung auf eine nach § 2 Abs. 1 versicherte Tätigkeit ausgerichtet sein (BSG SozR 3–2200 § 539 Nr. 27). Hierfür ist nicht Voraussetzung, dass es sich um einen Lehr- oder Anlernberuf handelt (BSG 28. 6. 1988 – 2 RU 14/87). Die **Berufsbezogenheit** der Aus- und Fortbildung ist weit auszulegen (BSG 43, 60, 62) einschließlich „berufsprakti- 12 scher Jahre" oder Leistungen zur Teilhabe am Arbeitsleben von der Umschulung, über die Arbeitserprobung, bis Förderung in einer Tagesbildungsstätte für geistig behinderte Kinder (§ 97 SGB III), sofern die Ausbildung zu wirtschaftlich verwertbaren Leistungen befähigen soll (BSG 28. 6. 1988 – 2 RU 14/87). Auch Nebentätigkeiten können dem berufstypischen Bildungszweck genügen, der indes im Einzelfall konkretisierbar sein sollte.

12a Teilnehmer an **praxisintegrierten dualen Studiengängen** sind – unabhängig von einer finanziellen Förderung durch einen Arbeitgeber/Kooperationsbetrieb – weder als gegen Arbeitsentgelt Beschäftigte noch als zur Berufsausbildung Beschäftigte anzusehen. Die Praxisphasen werden als Bestandteil der Hochschulausbildung absolviert und fallen nicht in den sachlichen Anwendungsbereich des BBiG (BSG 1. 12. 2009 – B 12 R 4/08 R). Anders als bei ausbildungs- bzw. berufsintegrierte oder berufsbegleitende duale Studiengänge sowie Praktika im Rahmen der klassischen Hochschulausbildung folgt der Versicherungsschutz mithin stets aus Nr. 2.

13 Keine Berufsbezogenheit findet sich bei einer unspezifischen Erweiterung der **Allgemeinbildung** (BSGE 30, 3) oder beim Erwerb solcher Befähigungen, die wesentlich für private Zwecke, zB eine Vereinstätigkeit, erworben und nur gelegentlich für berufliche Zwecke genutzt werden (Führerschein Klasse 3, BSG 26. 5. 1987 – 2 RU 43/86). Die Eignungsprüfung vor Beginn der beruflichen Ausbildung dient nicht dieser, sondern nur der Auswahl bestimmter Berufe. Unfallschutz kann hier uU nach Nr. 3 oder 14 bestehen.

14 **Betriebsstätten** können Arbeitsstätten jeder Art sein. Lehrwerkstätten umfassen alle Einrichtungen, die der Vermittlung praktischer beruflicher Fertigkeiten dienen, unabhängig von der Trägerschaft. Zu **Schulungskursen** oder ähnlichen Einrichtungen sind alle Ausbildungseinrichtungen zu zählen, in denen gruppenweise Lernende systematisch aus- oder fortgebildet werden: Wirtschafts- und Verwaltungsakademien, christliche Jugendausbildungsstätten, Volkshochschulen usw.; nicht aber Fernlehrgänge (BSGE 35, 207, 209) Privatunterricht oder Eigenstudium. Da der Berufsschulbesuch zur gesetzlichen Schulpflicht gerechnet wird, zählt er nicht zur Ausbildung und ist nach Abs. 1 Nr. 8 b) versichert.

15 Ebenso wie bei Schülern ist bei der Aus- und Fortbildung der Schutz auf den **organisatorischen Verantwortungsbereich** der Bildungsstätte oder -einrichtung beschränkt (LSG BE/BB 3. 12. 2009 – L 31 U 480/08), wozu allerdings auch Unterrichtspausen, externe Besichtigungen und die Prüfungen gehören. Der private Bereich mit der häuslichen Vor- und Nachbereitung des Lehrstoffes, Hausaufgaben (BSGE 41, 149) oder dem Besorgen von Unterrichtsmaterial (BSGE 35, 207) ist nicht abgedeckt.

III. Personen, die sich Untersuchungen, Prüfungen usw. unterziehen (Abs. 1 Nr. 3)

16 Bei aktiven Beschäftigungsverhältnissen besteht Versicherungsschutz aus Nr. 1, falls die Anordnung vom eigenen Arbeitgeber ergeht. Die Maßnahme muss verbindlich im Hinblick auf die Vor- oder Nachbereitung einer Tätigkeit vorgeschrieben sein. Bloße Zweckmäßigkeit genügt ebenso wenig wie die Durchführung der Untersuchung auf Initiative des Betroffenen. Miterfasst werden vorbereitende Tätigkeiten und evtl. anschließende Maßnahmen wie Impfungen.

IV. Behinderte Menschen in Werkstätten (Abs. 1 Nr. 4)

17 Es liegt der Behindertenbegriff des § 2 SGB IX zu Grunde. Diese behinderten Menschen sollen den ohne Einschränkung der Erwerbsfähigkeit Tätigen im Unfallversicherungsschutz **gleichgestellt** werden, jedoch soll ihnen kein weitergehender Versicherungsschutz zB. für privatwirtschaftliche Handlungen (Notdurft: LSG NW 28. 10. 2008 – L 15 U 30/08) zukommen. Art, Umfang und Dauer der Tätigkeit sind unerheblich. Im Rahmen der planmäßigen Aufgaben der Einrichtung ist eine ergebnisgerichtete, zumindest geringfügig wirtschaftlich verwertbare Tätigkeit zu erbringen (s. § 136 II SGB IX), zB im Eingangsverfahren oder Arbeitstrainingsbereich der Behindertenwerkstatt. Daher sind die behinderten Menschen iSd. § 136 Abs. 3 SGB IX nicht versichert („Tagesförderstätte").

18 Voraussetzung ist eine Anerkennung der Werkstatt nach §§ 136, 142 SGB IX bzw. dem Blindenwarenvertriebsgesetz.

V. Landwirte (Abs. 1 Nr. 5 a)–e))

19 Der **landwirtschaftliche Unternehmer** ist pflichtversichert, sofern und soweit sein Unternehmen der Zuständigkeit einer landwirtschaftlichen Berufsgenossenschaft oder der Gartenbau-Berufsgenossenschaft gem. §§ 123, 124 unterfällt. Dies greift auch für Hilfs- und Nebenunternehmen ab 5 Hektar (§ 131 Abs. 2 Nr. 2). Die Verfolgung eines wirtschaftlichen Zweckes ist zB für Jagdpächter (BSGE 16, 79) nicht erforderlich. Versichert sind alle Tätigkeiten, die im inneren Zusammenhang mit dem Unternehmen stehen, also auch kaufmännische Arbeiten (BSG SozR Nr. 65 zu § 542 aF), Werbung, Verwaltung, Abwicklungsarbeiten usw., vgl. § 124. Gleichermaßen mitversichert sind **Ehe- und Lebenspartner** (gleichgeschlechtliche, § 33 b SGB I), die lediglich mitarbeiten, nicht aber in häuslicher Gemeinschaft leben müssen. Die Mitarbeit setzt eine gewisse Dauerhaftigkeit voraus, die

mit dem Umfang der Mitwirkung von nicht nur vorübergehend mitarbeitenden **Familienangehörigen (Nr. 5 b)** mindestens vergleichbar sein muss. Bei Nebenerwerbslandwirtschaft ist der geringe Gesamtumfang zu beachten. Unerheblich ist, ob die Mitarbeit auf Grund eines Arbeitsvertrages erfolgt. Der vorübergehend Tätige kann nach Abs. 2 S. 1 geschützt sein. Den Kreis der Familienangehörigen bestimmt § 2 Abs. 6. Kleinstunternehmer haben aus § 5 eine Befreiungsmöglichkeit.

Bei der Rechtsform der **Kapital- und Personenhandelsgesellschaften (Nr. 5 c)** müssen die Personen gesondert benannt werden, die auf Grund Gesellschaftsvertrag mitarbeiten und weder als pflichtversicherte Arbeitnehmer noch als Unternehmer abgesichert sind: Vorstandsmitglieder, Kommanditisten und Gesellschafter-Geschäftsführer mit beherrschendem Einfluss. Die **ehrenamtlich Tätigen (Nr. 5 d–e)** sind über Nr. 5 versichert, sofern sie für privatrechtliche Unternehmen aktiv sind, da Funktionen für öffentlich-rechtliche Institutionen Nr. 10 unterfallen. Zum Begriff des Ehrenamtlichen s. Rn. 31. 20

VI. Hausgewerbetreibende (Abs. 1 Nr. 6)

Vergleichbar zu Nr. 5 sollen selbständige Kleingewerbetreibende, die regelmäßig wirtschaftlich stark abhängig von ihrem Auftraggeber sind, mit ihren Partnern pflichtversichert werden. Die Legaldefinition gibt § 12 S. 1 und § 4 SGB IV. Zuständig ist die jeweilige Fach-Berufsgenossenschaft seines Gewerbezweiges, §§ 121, 122. 21

VII. Küstenschiffer und -fischer (Abs. 1 Nr. 7)

Voraussetzung für die Pflichtversicherung ist die gewerbliche Ausübung (Lauterbach/Göttsch, § 2 Rn. 249), evtl. auch als Nebenerwerb, die Zugehörigkeit zur Schiffsmannschaft und die Beschäftigung von regelmäßig höchstens vier kraft Gesetz versicherten Arbeitnehmern einschließlich der an Land Beschäftigten. Gem. § 121 Abs. 3 S. 1 Nr. 3 und 4 gehört das Fischen mit und ohne Fahrzeug dazu. 22

VIII. Kinder, Schüler und Studenten (Abs. 1 Nr. 8 a–c)

Kind (Buchst. a) ist gemäß § 7 Abs. 1 Nr. 1 SGB VIII wer noch nicht 14 Jahre alt ist (nicht § 7 II SGB VIII: LSG BY 30. 9. 2009 – L 18 U58/08). Versichert ist der Besuch jeder Tageseinrichtung iSd. §§ 22 ff. SGB VIII einschließlich Krippen, Sonderkindergärten für behinderte Kinder und Betreuung durch Tagespflegepersonen. Eine erzieherische Zielsetzung ist nicht gefordert. Keine Tageseinrichtungen sind Heime oder Kurz- oder Einmalbetreuungen zB im Urlaub sowie selbstorganisierte Eltern-Kind-Gruppen (BSGE 44, 203, 206), solange keine Fremdbetreuung in institutionalisierter Form stattfindet. Versichert ist der gesamte Aufenthalt mit und ohne Aufsicht sowie Ausflüge, Wanderungen uÄ (LSG NI/HB 24. 2. 2009 – L 9 U 41/06). Der Aufenthalt endet mit dem erlaubten Verlassen der Einrichtung oder der Wiedererlangung der Obhut durch den Sorgeberechtigten. Probebesuche oder Besuchskinder sind unversichert (LSG BW, Breithaupt 1994, 12). 23

Schüler (Buchst. b) sind während des Besuches von allgemein- oder berufsbildenden Schulen versichert. Dies schließt Musik-, Ballett- oder Volkshochschulen und Fachschulen bzw. Akademien, die der vertiefenden Weiterbildung dienen, aus, da kein schulrechtlicher Abschluss erstrebt wird; gleichermaßen Gastschüler anderer Schulen. Soweit ein schulrechtlicher Abschluss angestrebt wird, kommt jede Schulform in Betracht: Vor-, Berufsaufbau-, Ersatz-, Ergänzungs-, Abend-, Sonder- oder Berufsfachschulen uA. Erfasst werden ebenso anerkannte Privat- oder Ganztagsschulen und Internate wie Berufsvorbereitungs- oder Berufsgrundbildungsjahre oder übergreifende schulische Fördermaßnahmen anderer zB religiöser Träger. 24

Der Versicherungsschutz ist enger als im gewerblichen Bereich. Damit eine Abgrenzbarkeit möglich bleibt, ist der Schüler nur während des Besuches versichert, dh. die Verrichtung oder Handlung muss im **organisatorischen Verantwortungsbereich** der Schule geschehen und im Unfallzeitpunkt als **Teilnahme an der Veranstaltung** zu werten sein (BSG 30. 6. 2009 B 2 U 19/08 R). Dies fordert einen unmittelbaren räumlichen und zeitlichen Zusammenhang mit der Schule, wie sie typischerweise gegeben sind bei Unterricht, Projekten, Pausen und Freistunden sowie während Betreuungsmaßnahmen, die vor oder nach der Schule oder im unmittelbaren Zusammenwirken mit ihr durchgeführt werden. Der Lehrplan bestimmt, was Bestandteil des Schulunterrichtes ist. Dabei sind der natürliche Spieltrieb der Schüler und die mit dem Schulbesuch verbundenen gruppendynamischen Prozesse zu berücksichtigen, sodass die Grenze zum unversicherten Bereich insoweit weiter gezogen ist (vgl. BSG 7. 11. 2000 NJW 2001, 2909). Bei **Schulveranstaltungen** anderer Art nach dem Gesamtbild unter Berücksichtigung der Planung, Ankündigung und Durchführung zu entscheiden (BSG 4. 12. 1991 – RU 79/90), ob Eltern und Kinder von einer Schulveranstaltung ausgehen durften. Während beaufsichtigten Klassenfahrten, Schullandaufenthalten und Schüleraustauschen ist die Reichweite der organisatorischen Schulaufsicht weit zu ziehen. Ausgenommen bleiben typische privatwirtschaftliche Verrichtungen, die selbst unter Beachtung von Spieltrieb und Gruppendynamik in keinen wesentlichen inneren Zusammenhang mit der Schulmaßnahme zu bringen sind (vgl. BSG, SGb 1996, 338 m. Anm. Holtstraeter). 25

70 SGB VII § 2 SGB VII – Gesetzliche Unfallversicherung

26 Der Versicherungsschutz für **Studierende (Buchst. c)** ist im Umfang des Schutzes dem der Schüler nachgebildet und begrenzt auf den organisatorischen Verantwortungsbereich der Hochschule, also auf die in unmittelbarem zeitlichen und räumlichen Zusammenhang mit der Hochschule und deren Einrichtungen stehenden Tätigkeiten (BSG, SozR 3–2200 § 539 Nr. 36). Neben den Vorlesungen zählen hierzu auch Exkursionen, Praktika, Besuch von Bibliotheken und Hochschuleinrichtungen aller Art (zB Praktikum im universitären Lehrkrankenhaus), Prüfungen und Beteiligung an der studentischen Selbstverwaltung.

27 Vor diesem Hintergrund ist es gut nachvollziehbar, wenn Ricke (SGb 2006, 460) den Versicherungsschutz auf den eingeschriebenen Studenten begrenzen will und damit entgegen der hM Gasthörer, Teilnehmer an Ferienkursen, Aufbau- und Kontaktstudien, exmatrikulierte Doktoranden usw. von der Versicherung ausschließt. Jedoch ist dieser Weg nach seinem eigenen Ansatz, der einen **beruflichen Bildungszweck** entgegen der hM fordert (aaO), zu eng. Aus- und Fortbildung an der Hochschule kann – mit oder ohne beruflichen Bildungszweck – ohne Immatrikulation erfolgen. Das Gesetz wählt bewusst den Begriff des Studierenden, weil es jeden mit ernsthaftem Fortbildungswillen schützen will, nicht nur den immatrikulierten Studenten. Unversichert soll (vgl. § 2 Abs. 2) nur der Privatbesucher bleiben, der die Hochschule zu nicht universitären Zwecken als reiner Besucher betritt.

IX. Im Gesundheitswesen und Wohlfahrtspflege Tätige (Abs. 1 Nr. 9)

28 Selbständige und unentgeltlich Tätige sollen ergänzend zu Abs. 1 Nr. 1 im Interesse des Allgemeinwohls in den Schutz der Pflichtversicherung aufgenommen werden. Selbständigkeit setzt eine zumindest berufsmäßige Ausübung voraus. Ehrenamtlichkeit **(vgl. Rn. 31)** ist nur als Beispielsfall der Unentgeltlichkeit genannt. Beidem steht die Erstattung des Verdienstausfalles und eine evtl. pauschalierte Aufwandsentschädigung nicht entgegen, vgl. § 41 SGB IV.

29 Das **Gesundheitswesen** beinhaltet Tätigkeiten und Organisationen zur Beseitigung und Besserung eines krankhaften Zustandes oder der Pflege eines pflegebedürftigen Menschen, ferner diejenigen, die die Gesundheit des Einzelnen oder der Allgemeinheit vor unmittelbar drohenden Gefahren schützen: Hebammen, Krankenschwestern, Heilgymnasten, Logopäden, Masseure, Fußpfleger, Schädlingsbekämpfer, Leichenbeschauer, nicht ärztliche Psychotherapeuten, Chemiker mit Labor für Harn-, Blut- und Sputumuntersuchungen (BSGE 18, 231) uA, nicht aber Beerdigungsinstitute (BSGE 15, 190).

30 Die Rspr. versteht unter **Wohlfahrtspflege** eine planmäßige, zum Wohle der Allgemeinheit ausgeübte vorbeugende oder abhelfende Betreuung von gesundheitlich, sittlich oder wirtschaftlich gefährdeten oder notleidenden Menschen, die über eine bloße Selbsthilfe hinausgeht (BSGE 6, 74, 77; 15, 116, 117): Berufsbetreuung (LSG HB 21. 6. 2007 – L 9 U 315/04), Altenhilfe (§ 71 SGB XII), Hilfe zur Pflege von Kranken oder Behinderten, Kinder- und Jugendhilfe (§§ 27–41 SGB VIII), soweit nicht im Rahmen familiärer Beistandspflichten.

X. Ehrenamtlich Tätige (Abs. 1 Nr. 10 a–b)

31 Bürgerliches Engagement in Körperschaften des öffentlichen Rechts etc., deren Verbände oder Arbeitsgemeinschaften, öffentl.-rechtl. Religionsgemeinschaften und deren Einrichtungen sowie privatrechtlichen Organisationen im Auftrag dieser Religionsgemeinschaften oder von Gebietskörperschaften **(Bund, Länder und Gemeinden)** ist gesetzlich versichert; die hierfür erforderliche Ausbildung ebenfalls. Die für Ehrenamtliche im Auftrag privatrechtlicher Organisationen geforderte Zustimmung der Gebietskörperschaft oder Religionsgemeinschaft kann in Eilfällen auch nachträglich in Form der schriftlichen Genehmigung (vgl. § 184 BGB) erteilt werden. Neben dieser Dispositionsmöglichkeit kann auch Schutz nach Abs. 2, S. 1 bestehen, vgl. Rn. 56. Zuständig zur Zustimmung ist die Gebietskörperschaft, in deren öffentl.-rechtl. Aufgabenbereich die Aktivität fällt.

32 Personen sind **ehrenamtlich** tätig, wenn sie einen ihnen übertragenen Pflichtkreis („Amt") verantwortlich wahrnehmen, ohne insoweit in einem Beschäftigungsverhältnis zu stehen. Eine förmliche Ernennung ist ebenso wenig nötig wie eine dauerhafte oder länger andauernde Ausübung des Amtes. Schon einfachste Hilfstätigkeiten oder auf wenige Stunden beschränkte Funktionen (zB Wahlhelfer) genügen (BSG SozR 3–2200 § 539 Nr. 10; SozR 3–2200 § 539 Nr. 11). Nicht ausreichend sind bloße finanzielle Unterstützung oder Einzelmaßnahmen. Unschädlich für den Status sind Lohnkostenerstattung, (pauschale) Aufwandsentschädigungen oder Reisekostenerstattungen.

33 Versichert sind alle Tätigkeiten, die mit dem Ehrenamt zusammenhängen. Sie müssen aber noch in den **Aufgaben- und Verantwortungsbereich** der in Nr. 10 genannten Institutionen fallen (BSG SozR 3–2200 § 539 Nr. 10). Sofern im Einzelfall die Voraussetzungen dieser Vorschrift fehlen, ist Versicherungsschutz nach Nr. 9, Abs. 1a oder Abs. 2 S. 1 zu prüfen.

XI. Heranziehung zur Diensthandlung oder als Zeuge (Nr. 11 a–b)

34 Die Heranziehung kann in jeder Form erfolgen: mündlich, schriftlich, stillschweigend konkludent. Das bloße passive Zulassen füllt den Begriff „Heranziehen" ebenso wenig aus wie bei vertraglicher

Verpflichtung (BSGE 35, 212, 215), da Freiwilligkeit gewahrt bleiben soll. Als **Heranziehender** kommt die gesamte unmittelbare oder mittelbare Staatsverwaltung inklusive der Beliehenen in Betracht. Die Unterstützungshandlung muss aus dem Unterstützerhorizont in den Aufgabenbereich des Heranziehenden fallen, ist aber ansonsten nicht näher eingrenzbar.

Zur Beweiserhebung herangezogen werden kann der **Zeuge** von Gerichten, Staatsanwälten oder 35 deren Hilfsbeamten, Untersuchungsausschüssen, Verwaltungsbehörden usw. Auch der sachverständige Zeuge ist Zeuge, nicht jedoch der Sachverständige, Beschuldigte oder Dolmetscher. Ein mitgebrachter Zeuge kann noch während des Termins herangezogen werden und stünde ab diesem Zeitpunkt unter Versicherungsschutz.

XII. Unternehmen zur Hilfe bei Unglücksfällen und Zivilschutz (Abs. 1 Nr. 12)

Dient ähnlich wie Nr. 9 dem Schutz **unentgeltlich** helfender Personen; zur Unentgeltlichkeit s. 36 dort Rn. 27. Typische Unternehmen dieser Art sind: Deutsches Rotes Kreuz, Arbeitersamariterbund, Deutsche Lebensrettungsgesellschaft, Feuerwehren, Bergwachten, Technisches Hilfswerk, die Rettungsdienste von Automobilclubs uÄ, s. auch § 3 Zivilschutzgesetz. Nicht erfasst werden privat-gewerbliche Rettungsdienste, da hier Gewinnerzielungsabsicht besteht. Versichert sind neben den unmittelbar zur Hilfe eingesetzten Personen alle ansonsten im Unternehmen unentgeltlich Tätigen, soweit Sachnähe zu diesem Unternehmenszweck besteht, einschließlich der Ausbildung. Erforderlich ist nicht die Mitgliedschaft, einmaliger Einsatz reicht, nicht aber bloße Teilnahme an einer Freizeitaktivität dieser Unternehmen (LSG RP 25. 5. 2009 – L 2 U 25/08).

XIII. Hilfeleistung bei Unglücksfällen etc. (Abs. 1 Nr. 13 a–c)

Die Norm sichert im Buchst. a) den Unfallschutz für die gesellschaftlich geforderte Hilfeleistung 37 (vgl. § 323 c StGB) ab. Ein **Unglücksfall** ist ein plötzlich eintretendes Ereignis, das eine erhebliche Gefahr für Menschen, wichtige Individualrechtsgüter (BSG 15. 6. 2010 – B 2 U 12/09 R: Fortbewegungsfreiheit) oder Sachen mit sich bringt. Das Drohen eines Schaden genügt, sodass auch der versichert ist, der sich um die Abwendung eines konkret bevorstehenden Ereignisses bemüht (BSG SozR A3 § 539 Nr. 4). Schäden können an Personen, Tieren oder Sachen drohen, sie dürfen allerdings aus Sicht des Handelnden nicht im Bagatellbereich zu erwarten und in der Schadensfolge nicht vollständig beendet sein (BSGE 57, 134). Auch danach kann zB wegen der auf der Straße liegenden Trümmer noch eine gemeine Gefahr drohen. Der Unglücksfall darf durch den Helfer selbst verschuldet sein (BSG NJW 1974, 919). Eine **gemeine Gefahr** liegt vor, wenn der Schadenseintritt der Allgemeinheit droht, also beliebige Personen oder Sachen treffen kann, die in den Gefahrenbereich gelangen oder sich in ihm befinden (BSG, SozR 3–2200 § 539 Nr. 19). Demgegenüber ist die **gemeine Not** bereits eingetreten und betrifft ebenfalls eine erhebliche Zwangslage für die Allgemeinheit: Großbrand, Deichbruch, Ausfall der Energieversorgung, Einsturz von Bauwerken, Geiselnahme uÄ.

Hilfe leisten setzt ein aktives Handeln zu Gunsten eines Dritten voraus mit dem Willen drohende 38 oder bestehende Gefahr zu beseitigen oder zu mindern (BSGE 44, 22, 24). Es kommen auch sehr spontane und kurzfristige Handlungen in Betracht (Ausweichen im Straßenverkehr, Warndreieck aufstellen). Retten kann synonym verwendet werden und kann ebenfalls aus geringfügigen Handlungen (Arme ausbreiten) bestehen. Die bloße Selbstrettung ist nicht ausreichend. Wenigstens sollte das Handeln wesentlich auch dem Schutz eines Dritten dienen (BSGE 54, 190; 64, 218). Beim Verunglückten durch Ausweichmanöver im Straßenverkehr steht somit die Absicht, sich selbst vor Schäden zu bewahren, dem UV-Schutz dann nicht entgegen, wenn für das Ausweichen sowohl die Erkenntnis der erheblichen Gefährdung des anderen Verkehrsteilnehmers als auch die Absicht wesentlich mitbestimmend war, den drohenden Schaden von dem anderen abzuwenden (BSGE 54, 190: Ausweichmanöver einer Pkw-Fahrerin vor einem Mofafahrer). Wirksam oder gar erfolgreich braucht die Hilfe nicht zu sein. Der Schutz besteht ohne Rücksicht auf familiäre Beziehungen und auch für Wege zur Rettungshandlung (BSG 12. 12. 2006 Breithaupt 2007, 952).

Eine erhebliche gegenwärtige **Gefahr für die Gesundheit** verlangt keine Lebensgefahr, jedoch 39 einen akuten Zustand, bei dem der Retter aus seinem Blickwinkel den berechtigten Schluss auf die Notwendigkeit der Rettungshandlung ziehen durfte. Als berechtigt wird man den Entschluss zur Hilfe oder Rettung immer dann zu akzeptieren haben, wenn der objektive Laie eine Auflösung der Situation ohne sein Eingreifen nicht erwarten durfte. Je schneller sich das Ereignis abspielen, umso geringere Anforderungen sind an die Erkenntnis des Handelnden zu stellen. Bei Reflexhandlungen ist darauf abzustellen, ob objektiv eine konkrete Gefahrenlage bestand, die bei natürlicher Betrachtungsweise objektiv geeignet war, eine drittgerichtete Hilfeleistung oder Rettungshandlung auszulösen (BSGE 64, 218).

Blut- und Organspender (Buchst. b) sind einschließlich der Vorbereitungshandlungen stets 40 versichert unabhängig vom Verwendungszweck (Familie, Organbank, Forschung, Blutplasma usw.), solange keine Eigenspende (Eigenblutspende, Hauttransplantation zur Eigendefektdeckung) beabsichtigt ist. Gegenstand können alle Körperbestandteile (Haut, Knochen, innere Organe) sein. Versichert sind nicht die Folgen der Entnahme selbst (Akut- und Spätfolgen des Organverlustes erfüllen nicht den Unfallbegriff) sondern die unerwarteten Komplikationen bei oder nach der Spende (Infektion oder Schwächeanfall nach Blutspende).

41 **Bei Strafverfolgung oder Nothilfe (Buchst. c)** besteht Versicherungsschutz für einen Unfall des Handelnden, sofern er bei objektiver Betrachtung aus seinem Blickwinkel von einer Straftat iSd. § 11 Abs. 1 Nr. 5 StGB des Verfolgten, Festgenommenen oder Angegriffenen ausgehen durfte. Ordnungswidrigkeiten oder im straffreien Versuchsstadium abgebrochene Taten (BSGE 20, 107, 109) genügen nicht. Ferner muss ein innerer Zusammenhang zwischen (vermutet) begangener Straftat und der Verfolgung bzw. Festnahme bestehen. Dies und der Umstand, dass auch das Eingreifen zum **Schutz eines Angegriffenen** einem Dritten gelten soll, schließt Versicherungsschutz bei Selbstjustiz und persönlichen Auseinandersetzungen aus.

41a Der Schutz nach **Buchst. a oder c** besteht nur solange Unglück, Gefahr oder Angriff andauern. Der nachfolgende **Racheakt** eines Täters an einem Nothelfer kann für letzteren ein Arbeitsunfall sein, wenn der Racheakt in einem besonders engen sachlichen, örtlichen und zeitlichen Zusammenhang mit der Hilfeleistung erfolgt (BSG 11. 8. 2008 SGb 2009, 681 m Anm. Holtstraeter). Steht eine Verrichtung sowohl als Beschäftigung als auch als Nothilfe unter dem Schutz der DGUV, geht die **Beschäftigungsversicherung** vor, § 135 I Nr. 5 SGB VII; es kommt nicht darauf an, welchem Zweck die Tätigkeit vorrangig gedient hat (BSG 18. 3. 2008 – B 2 U 12/07 R).

XIV. Meldepflichtige Arbeitslose (Abs. 1 Nr. 14)

42 Der Arbeitslose und der erwerbsfähige Hilfsbedürftige werden dem Arbeitnehmer im Rahmen ihrer Meldepflicht (§§ 59 SGB II, 309, 310 SGB III) gleichgestellt. Der Meldepflicht unterliegt der Arbeitslose während der Zeit, für die er einen Anspruch auf Arbeitslosengeld erhebt (§ 309 Abs. 1 S. 1 SGB III), auch wenn der Anspruch ruht (§ 309 Abs. 1 S. 3 SGB III). Die persönliche Arbeitslosmeldung gilt zugleich als Antrag auf Arbeitslosengeld (§ 323 Abs. 1 S. 2 SGB III), sodass ab Abgabe UV-Schutz dem Grunde nach besteht (BSG SozR 3–2700 § 2 Nr. 3). Aktiviert wird er indes jeweils durch eine konkrete **Meldeaufforderung** der Bundesagentur für Arbeit etc.. Je nach Aufforderung können damit Besuche bei Unternehmen, Weiterbildungsstätten usw., Untersuchungen oder die Teilnahme an Maßnahmen der Berufsberatung (§ 269 SGB III, BSG 5. 2. 2008 – B 2 U 25/06 R) abgedeckt sein, nicht aber sonstige damit zusammenhängende Wege oder Aktivitäten (BSG 12. 5. 2009 – B 2 U 8/08 R). Eigenwirtschaftlich bleibt der Besuch der Bundesagentur zur Arbeitslosmeldung bzw. zur Beantragung von Arbeitslosengeld, da hier erst die Voraussetzungen der Meldepflicht geschaffen werden (LSG Nds 1. 6. 1989 – l6 U 282/88). Gleiches gilt für Besuche aus eigener Initiative sowie für Arbeitssuche bei noch bestehendem Arbeitsverhältnis oder während der Zugehörigkeit zu einer Beschäftigungs- und Qualifizierungsgesellschaft (SG Mannheim 14. 3. 2003, BB 2003, 737).

XV. Rehabilitanden etc. (Abs. 1 Nr. 15 a–c)

43 Nur Patienten, die auf Kosten der benannten Träger (teil-)stationär behandelt (Buchst. a) werden, genießen Unfallversicherungsschutz. Nicht versichert ist die ambulante Behandlung, die pflegerische oder schützende Betreuung, Entbindungsaufenthalte, Schwangerschaftsabbrüche, Sterilisationen, Begutachtungen sowie Behandlungen auf Veranlassung anderer als der genannten Kassen (Pflegekasse, Sozialhilfe, private Krankenkasse usw.). Abgedeckt sind das **Entgegennehmen** der Behandlung sowie die Handlungen, die Versicherte vornehmen, um die Behandlung entweder zu erhalten oder an ihrer Durchführung **mitzuwirken**, soweit sie sich dabei im Rahmen der ärztlichen Anordnung halten (BSG 27. 4. 2010 – B 2 U – 11/09 R). Dh. nicht die Risiken der Krankheit als solcher oder die mit ihr und ihrer Behandlung (zB Kunstfehler, Operationsrisiken, Wundinfektionen, atypische Heilverläufe, Entzugserscheinungen oder depressionsbedingter Selbstmord) verbunden sind (BSGE 46, 283, 284) sind versichert, sondern das „Hotelrisiko" und die Folgen eigenen aktiven Mitwirkens an der Behandlung. **Risiken des Krankenhausaufenthaltes**, die zur Abgrenzung vom privatwirtschaftlichen Risiko typischerweise dem dortigen Aufenthaltszweck zuzuordnen sein sollten, sind etwa: Sturz beim Verlassen eines Behandlungsgerätes, bei Bedienung des hoch aufgehängten Fernsehers oder beim Spaziergang, der den Heilerfolg der Kur unterstützt (vgl. BSG 27. 6. 1978 – 2 RU 30/78), Verletzungen durch schadhafte oder gefährliche Einrichtungen des Krankenhauses sowie Ereignisse bei sämtlichen ärztlich empfohlenen Begleitmaßnahmen; vgl. auch Rspr. zu Dienstreisen, § 8 Rn. 12.

44 Handelt es sich um Maßnahmen der medizinischen **Rehabilitation** (§§ 40, 41 SGB V, § 15 SGB VI iVm. §§ 26–31 SBG IX, § 10 ALG) sind ebenfalls ambulante Leistungen, zu denen auch die Hilfsmittelversorgung gehören kann, abgesichert. Betriebliche Beschäftigung im Rahmen der stufenweisen Wiedereingliederung (74 SGB V) sind, da insoweit Arbeitsfähigkeit besteht, nach Nr. 1 versichert. Als Vorbereitung zu Leistungen der **Teilhabe am Arbeitsleben (Buchst. b)** kommt ein breites Spektrum von Beratungen, Untersuchungen und Vorstellung in Frage, vgl. § 33 SBG IX. Entscheidend für den Versicherungsschutz ist die Aufforderung der genannten Träger.

In Ergänzung des Schutzes bei allen nach dem Versicherungsfall gebotenen Maßnahmen aus § 11 werden **vorbeugenden Maßnahmen** zu Lasten (nur) der UvTr vor dem Versicherungsfall über Nr. 15 c) versichert. Unter der Voraussetzung, dass konkret eine Berufskrankheit droht (vgl. § 9 Rn. 23) sind dies sowohl Maßnahmen der medizinischen als auch der beruflichen Rehabilitation. In Anlehnung an Nr. 15 a) bleibt das Risiko der ärztlichen Behandlung hier gleichfalls außen vor (Lauterbach/Schwerdtfeger, § 2 Rn. 567), könnte aber den Eintritt des Versicherungsfalles der entsprechenden Listen-Berufskrankheit auslösen. 45

XVI. Selbsthilfe (Abs. 1 Nr. 16)

Zur mittelbaren Förderung der Schaffung von Wohnraumeigentum wird die mangels Eigenkapital häufig notwendige Eigenbauleistung durch eine (beitragsfreie) Versicherung von Bauherr, Haushaltsangehörigen (§ 18 WoFG) und unentgeltlichen Mithelfern (§ 12 Abs. 1 S. 2 WoFG) unterstützt. Da ausschließlich die Arbeit an öffentlichem Wohnraum (auch bei Teilförderung) Versicherungsschutz bedingt, gehört die Nutzungsabsicht als **Familienheim** (vgl. § 1 Abs. 2 WoFG) zu den zwingenden Voraussetzungen. Sie muss im Unfallzeitpunkt nachweislich vorgelegen haben (BSGE 64, 29), wenngleich nicht bereits alle Merkmale erfüllt sein müssen (lediger Bauherr mit glaubhafter Heiratsabsicht, BSGE 56, 16, 17). 46

Bei sachgerechter Auslegung wird man im Zeitpunkt des Versicherungsfalles noch keine Auskehrung oder verbindliche Zusage der **öffentlichen Förderung** verlangen dürfen. Vielmehr genügt die objektive Förderungswürdigkeit und die belegbare Absicht, Wohnraum gemäß diesen Kriterien zu schaffen (vgl. hierzu Lauterbach/Schwerdtfeger, § 2 Rn. 574 mwN), nicht indes abstrakte oder fiktive Fördermöglichkeiten LSG BE/BB 22. 1. 2009 – L 31 U 369/08). Auch nachträgliche Entscheidungen der zuständigen Stellen sind für den UvTr verbindlich, sofern sie auf den Gegebenheiten beruhen, die zur Zeit des Unfalles bestanden (BSGE 64, 29). Dies gilt auch für fehlerhaft positive Entscheidungen bis zum Zeitpunkt der Aufhebung. In allen anderen Fällen entscheidet der UvTr nach der Sachlage zum Zeitpunkt des Versicherungsfalles eigenständig. 47

Da die Aktivitäten der **Selbsthilfe** in rechtlich wesentlichem Zusammenhang mit der Kapitalersparnis stehen müssen, wird nach der Rspr. eine Einsparung von ca. 1,5% der Gesamtbaukosten veranschlagt. Während ein Entgelt sogar für die Familienangehörigen, die den Wohnraum nicht nutzen wollen, unschädlich ist, stehen Nachbarn und sonstige Helfer nur bei Unentgeltlichkeit oder Gegenseitigkeit unter beitragsfreiem Versicherungsschutz (andernfalls ggf. Abs. 1 Nr. 1 oder Abs. 2). Die Unentgeltlichkeit wird durch geringe Zuwendung in Form von Verpflegung (BSG SozR 2200 § 539 Nr. 97) nicht gefährdet. Zur Gegenseitigkeit bedarf es keiner wertmäßigen Gleichstellung oder zeitlichen Parallelität, sofern nur eine ernsthafte Absprache besteht (BSG 25. 8. 1982 – 2 RU 75/81). Die Abgeltung in Geld wird für zulässig erachtet (Schmitt SGB VII, § 2 Rn. 124 mwN) sollte aber im Hinblick auf Schwarzarbeit kritisch hinterfragt werden. 48

Sämtliche der Minderung des Kapitaleinsatzes dienenden **Bauarbeiten** im engeren Sinn, dh. tätige Mithilfe, sind versichert: Vorbereitungs- und Abbrucharbeiten, Heranschaffung von Material, Absichern der Baustelle gegen Diebstahl, Erschließung, Kultivierung, Anschluss der Versorgungsleitungen und nachlaufende Arbeiten über mehrere Jahre nach Bezug (BSGE 28,131) zB nachgeholter Garagenanbau oder späterer Anschluss an die Kanalisation. Nicht versichert sind Umbauten die keinen zusätzlichen Wohnraum schaffen, Instandsetzungen oder nachträgliche Verbesserungen oder Änderungen, die zur Vollendung nicht erforderlich sind (BSG 17. 3. 1992 – 2 RU 27/91: Anbringen von Markisen). 49

XVII. Pflegepersonen (Abs. 1 Nr. 17)

Entsprechend dem Verweis auf § 19 SGB XI werden die Personen, die nicht erwerbsmäßig einen Pflegebedürftigen iSd. § 14 SGB XI in häuslicher Umgebung pflegen, als begleitende Maßnahme der Pflegeversicherung sozialversicherungsrechtlich den Gewerblichen gleichgestellt. Der zeitliche Umfang der Pflegetätigkeit ist für den Versicherungsschutz bedeutungslos, da ein in § 19 S. 2 SGB XI geforderter Wochensatz von 14 Stunden nicht zum Begriff der Pflegeperson gehört. Er bildet lediglich die Basis für einen Anspruch der Pflegeperson auf Leistungen zur sozialen Sicherung aus der Pflegekasse gem. § 44 Abs. 1 SGB XI (BSG SGb 2005, 600 m. Anm. Riebel). 50

Nicht gewerbsmäßig fordert keine Unentgeltlichkeit. Vielmehr wird die Weiterreichung des Pflegegeldes an die Pflegekraft analog der Wertung von § 3 Abs. 1 S. 2 SGB VI als der Normalfall angesehen. Eine widerlegliche Vermutung für fehlende Gewerblichkeit ist für nahe Verwandte anzunehmen, zumindest wenn sie keine weiteren Personen pflegen. 51

Bei grundsätzlicher bestehender **Hauspflege** – die in einem Altenwohnheim, nicht aber in einem Pflegeheim stattfinden kann – ist es unschädlich, falls das Unfallereignis bei einer Pflegehandlung außer Haus stattfindet (BSG 22. 8. 2000 – B 2 U 15/99). Versicherte Tätigkeiten sind die in § 14 Abs. 4 SBG XI aufgelisteten. Dabei ist für die Bereiche Ernährung, Mobilität und hauswirtschaftliche Versorgung stets zu prüfen, ob die Verrichtung überwiegend dem Pflegebedürftigen zugute kommt. So- 52 fern keine Aufspaltung in einen pflegebedingten und einen pflegefremden Teil, der überwiegend Privatem oder Dritten dient (zB Einkäufe oder Kochen für die gesamte Familie) möglich ist, muss wertend die wesentliche Zielrichtung ermittelt werden; ebenso für solche Hilfestellungen, die nicht gewöhnlich oder regelmäßig auftreten (vgl. LSG BY 8. 12. 2009 – L 3 U 219/09; aA LSG NW 3. 9. 2010 – L 4 U 87/09). Wohnt die Pflegeperson in der gleichen Wohnung, sind nur die unmittelbar mit der Verrichtung verbundenen Wege versichert, wozu auch die Begleitung im Urlaub gehören kann (LSG NW 17. 9. 2010 – L 4 U 57/09). Bei der außerhäusig Wohnenden sind grundsätzlich alle Wege in der Wohnung und der Hin- und Rückweg geschützt.

D. Freiwilligendienst aller Generationen (Abs. 2 S. 1 a)

52a Über Abs. 1 Nr. 9 und 10 (vgl. Rn. 28 ff) hinaus wird der Versicherungsschutz bei **ehrenamtlicher Tätigkeit** auf Personen jeden Alters nach der Erfüllung der Schulpflicht erweitert, die sich schriftlich für mindestens sechs Monate im Umfang von durchschnittlich 8 Wochenstunden zu unentgeltlicher Dienstleistung bei einem geeigneten Träger verpflichten. Geeignet sind Träger, die gemeinnützige, mildtätige oder kirchliche Zwecke verfolgen und Haftpflichtversicherung sowie mindestens 60 Stunden Fortbildung pro Jahr für die Freiwilligen sicherstellen. Der Erhalt einer angemessenen Aufwandsentschädigung ist unschädlich.

E. Wie nach Abs. 1 Nr. 1 Tätige (Abs. 2 S. 1)

53 Die subsidiäre Regelung ergänzt den Katalog des Abs. 1 um Versicherungsschutz für fremdnütziges Verhalten, bei dem nicht alle Kriterien eines formellen Beschäftigungsverhältnisses vorliegen, wie dies typisch für kurzfristige oder einmalige Tätigkeiten ist. Nach den von der Rspr. in umfangreicher Kasuistik konkretisierten Anforderungen (vgl. Niedermeyer: Die „Wie-Beschäftigten", NZS 2010, 312 ff mwN) soll es sich um eine ernstlich dem Unternehmen dienende Tätigkeit mit wirtschaftlichem Wert handeln, die dem (mutmaßlichen) Willen des Unternehmers entspricht und die ihrer Art nach von Personen verrichtet werden kann, die in einem dem allgemeinen Arbeitsmarkt zuzurechnenden Beschäftigungsverhältnis stehen (grundlegend BSGE 5, 168, 172, 174). Für die Einzelfallbewertung kommt es entscheidend auf das Gesamtbild der tatsächlichen und rechtlichen Zusammenhänge an (BSG SozR 3–2200 § 539 Nr. 8), in dem die Tätigkeit verrichtet wird, da dies Umstände verlangt, die einer Tätigkeit in einem Beschäftigungsverhältnis ähnlich sind (LSG NW 30. 4. 2010 – L 4 U 119/09), zB 1-Euro-Job (Rundschreiben DGUV 0537/2009).

54 Die Forderung nach einem (ggf. geringen) wirtschaftlichen Wert der Tätigkeit soll lediglich die Ernsthaftigkeit des **Nutzens** sichern, beschränkt aber nicht auf Tätigkeiten für Gewerbeunternehmen. Zum Unternehmen Haushalt kann auch die Betreuung eines Tieres gehören (LSG BY 29. 7. 2009 – L 17 U 350/06; aA LSG BE/BB 18. 12. 2008 – L 31 U 479/08). Solange die Handlungstendenz des Verletzten fremdnützig ist (nicht: Unterstützung des am eigenen Haus arbeitenden Handwerkers, BSG 24. 3. 2000 – B 2 U 21/97 R; Konstrukteur eines Bauteils beim Testlauf der Maschine, BSG 26. 6. 2007 – B 2 U 35/06 R) kommen vielmehr gerade Privatpersonen in Betracht, bei denen es sich um Bekannte, Freunde, Verwandte und Ehepartner handeln kann. Wer sowohl Aufgaben wahrnimmt, die in seinen Aufgabenbereich als auch in den eines fremden Unternehmens fallen, wird allein zur Förderung seines Unternehmens tätig (BSG, aaO). Nicht ausreichend wäre eine bloße objektive Nützlichkeit für den Dritten (BSG SozR 4–2700 § 2 Nr. 6; LSG BY 1. 7. 2009 – L 2 U 46/07).

55 Da es mithin nicht auf die gesellschaftliche Beziehung zum „Unternehmer" ankommt und das BSG auch die Beweggründe für die Unterstützung als gleichgültig einstuft (BSGE 16, 73, 75; 19, 117, 118) bestehen Abgrenzungsprobleme zu den versicherungsfreien freundschaft- oder verwandtschaftlichen **Gefälligkeitshandlungen.** Von Letzterem kann bei Üblichkeit in der jeweiligen Beziehung (Partner, Freunde, Nachbarn) oder Situation (kurze Hilfe, kameradschaftliche Gegenseitigkeit) ausgegangen werden, dh. wenn es geradezu typisch, mithin zu erwarten ist (BSG SozR 3–2200 § 539 Nr. 6). Zu beachten sind dabei die Dauer und Gefährlichkeit der Tätigkeit sowie bei tatsächlich engen Beziehungen der Verwandtschaftsgrad. Entscheidend ist das Gesamtbild (LSG BY 28. 5. 2008 – L 2 U 28/08). Jedenfalls liegt immer dann ein Ausschlusskriterium für Versicherungsschutz nach Abs. 2 vor, soweit die Aktivität auf besonderer **Pflichtenstellung** oder den Rechtsverhältnissen zum Nutznießer beruht. Je enger eine verwandtschaftliche Beziehung ist, desto eher erhält sie ihre Prägung aus den BGB-Pflichten (§ 1618a BGB, Eltern-Kind-Verhältnis: Abschleppen des PKW des Sohnes, BSG SozR 2200 § 539 Nr. 108; Beaufsichtigung des Enkelkindes (BSG SozR 3–2200 § 548 Nr. 37; s. auch § 1353 BGB, § 2 LPartG).

56 Im Rahmen der satzungsmäßigen Pflichten von **Vereinsmitgliedern** besteht selbst bei umfangreichen und langwierigen Arbeitsleistungen (BSG SGb 1994, 176 Nr. 6 = Neubau einer Sportstätte) ebenso wie bei vereinsüblichen Erwartungen in kleinerem Arbeitsumfang (Bierausschenken, Ordnungsdienst, Clubhausreinigung) kein Versicherungsschutz. Für Vorstandsmitglieder kann von gesteigerten Mitgliedschaftspflichten ausgegangen werden (BSG SozR 3–2200 § 539 Nr. 18). Gleichermaßen sind körperschafts- oder **gesellschaftsrechtliche Verpflichtungen** als quasi unternehmerische Tätigkeiten nicht nach Abs. 2 versichert (Vorstandsmitglied einer AG, BSGE 85, 214, 223). Anders aber bei **bürgerschaftlichem Engagement**, wenn Anwohner mit Billigung der Gemeinde die Pflege kommunaler Grünanlagen übernehmen (LSG SH 10. 11. 2009 – L 8 U 71/08).

Entspricht die Tätigkeit eher den Strukturen eines selbständigen Dienstvertrages (Architekt, Steuerberater) oder ist sie werkvertragsnah, so wird sie als **unternehmerähnlich** nicht erfasst (BSG SozR 4–2700 § 2 Nr. 5); zu sonstigen Merkmalen von Unternehmertätigkeit s. Rn. 5. 57

Kann der Handelnde bei verständiger Würdigung aller Umstände erkennen, dass sein Tun den Interessen des Unternehmers entgegenläuft, unsinnig ist oder vom ihm nicht gebilligt wird (zB wegen Gefährlichkeit BSG SozR 2200 § 539 Nr. 58), so wird er nicht wie ein Beschäftigter tätig. Ein im Rahmen von Abs. 2 Handelnder wird anders als ein Beschäftigter wirklichen Unternehmerwillen häufig nicht kennen. Aus dem Unternehmenszweck und der erkennbaren Interessenlage darf er daher aus seinem Horizont auf den **mutmaßlichen Willen** des Unternehmers schließen. 58

Sofern keine Hilfeleistung iSd. Nr. 13a (s. Rn. 13f.) vorliegt, kann **Unfall- oder Pannenhilfe** nach Abs. 2 versichert sein. Bei Unterstützung des Fahrzeughalters nach risikoloser Panne (Schieben bei Motorschaden BSGE 35, 140) oder nach dem abgeschlossenen Unglücksfall ohne weitere Gefährdung, aber auch bei Hilfe durch Wartung und Reparatur (BSG 27. 11. 1985 – 2 RU 27/85), wird der Helfer wie ein Beschäftigter tätig. 59

Beschäftigung iSd. Abs. 1 Nr. 1 setzt als ungeschriebenes Merkmal der Beschäftigung Freiwilligkeit voraus. Diese fehlt bei **unfreien** Personen. S. 2 erweitert daher den Versicherungsschutz entsprechend auf diese Personen. 60

F. Tätigkeiten mit Auslandsbezug (Abs. 3)

Die Vorschrift regelt für die aufgelisteten Personenkreise in Abweichung vom Territorialprinzip der §§ 30 SGB I, 3 SGB IV eine Erweiterung der Ausstrahlung des § 4 SGB VI durch Verzicht auf die Entsendung aufgrund eines in Deutschland weiterbestehenden Beschäftigungsverhältnisses. Das betrifft **Ortskräfte** der Vertretungen von Bund und Ländern (Nr. 1), **Entwicklungshelfer** (Nr. 2a), Freiwillige im Dienst „weltwärts" (Nr. 2b) entspr. dem Gesetz zur Förderung von Jugendfreiwilligendiensten (JFDG), Tätige bei zwischen- oder überstaatlichen Organisationen mit ruhendem Beschäftigungsverhältnis im öffentlichen Dienst (Nr. 3a), vom Auswärtigen Amt ins Ausland vermittelte **Lehrkräfte** (Nr. 3b) sowie Tätigkeiten bei internationalen Einsätzen zur **zivilen Krisenprävention**, sofern die Person von der Bundesregierung mittels eines Sekundierungsvertrages gem. § 2 SekG unterstützt wird. 61

Für **Entwicklungshelfer** ist der Versicherungsschutz gem. § 10 Entwicklungshelfergesetz erweitert auf Gesundheitsstörung oder Tod, die auf Verhältnisse zurückzuführen sind, die dem Entwicklungsland eigentümlich sind. Für den Einsatz nach Nr. 3a) ist klargestellt, dass auch Schutz vor Schäden durch Verschleppung, Gefangenschaft oÄ besteht. 61a

Abs. 3 S. 2 erweitert den Schutz der Inländer auf **ausländische Personen** im Inland, die weder eine Beschäftigung noch eine selbständige Tätigkeit ausüben und Abs. 3 S. 3 auf Inländer, die im Ausland humanitäre Hilfe etc. iSd. Nr. 13 leisten. 62

G. Familienangehörige (Abs. 4)

Legaldefinition der mitarbeitenden Angehörigen in landwirtschaftlichen Unternehmen. 63

§ 3 Versicherung kraft Satzung

(1) **Die Satzung kann bestimmen, daß und unter welchen Voraussetzungen sich die Versicherung erstreckt auf**
1. Unternehmer und ihre im Unternehmen mitarbeitenden Ehegatten oder Lebenspartner,
2. Personen, die sich auf der Unternehmensstätte aufhalten; § 2 Abs. 3 Satz 2 erster Halbsatz gilt entsprechend,
3. Personen, die
   a) im Ausland bei einer staatlichen deutschen Einrichtung beschäftigt werden,
   b) im Ausland von einer staatlichen deutschen Einrichtung anderen Staaten zur Arbeitsleistung zur Verfügung gestellt werden;
   Versicherungsschutz besteht nur, soweit die Personen nach dem Recht des Beschäftigungsstaates nicht unfallversichert sind,
4. ehrenamtlich Tätige und bürgerschaftlich Engagierte.

(2) **Absatz 1 gilt nicht für**
1. Haushaltsführende,

2. Unternehmer von nicht gewerbsmäßig betriebenen Binnenfischereien oder Imkereien und ihre im Unternehmen mitarbeitenden Ehegatten oder Lebenspartner,
3. Personen, die aufgrund einer vom Fischerei- oder Jagdausübungsberechtigten erteilten Erlaubnis als Fischerei- oder Jagdgast fischen oder jagen,
4. Reeder, die nicht zur Besatzung des Fahrzeugs gehören, und ihre im Unternehmen mitarbeitenden Ehegatten oder Lebenspartner.

A. Normzweck

1   Die Selbstverwaltungen der UvTr. werden in Abs. 1 befugt, kraft autonomen Satzungsrechts besonders schutzbedürftige (Klein-)Unternehmer durch eine **Pflichtversicherung** (BSG SozR 3–2200 § 543 Nr. 3) sozial abzusichern. Ziel ist nicht Haftungsbefreiung (anders Abs. 1 Nr. 2), sondern genossenschaftliche, solidarische Eigenhilfe.

B. Allgemeines

2   Die Satzungskompetenz liegt bei der Vertreterversammlung. Die Entscheidung liegt im **pflichtgemäßen Ermessen** und ist gerichtlich nur auf Gesetzeskonformität und Übereinstimmung mit höherem Recht zu überprüfen (BSGE 73, 253, 254). Der Versicherungsschutz kann begrenzt oder von bestimmten Bedingungen abhängig gemacht werden und Ausnahmen oder Befreiungen zulassen (s. aber Voosen, SGb 2006, 518).

C. Unternehmer (Abs. 1 Nr. 1)

3   Unternehmer ist, zu wessen Rechnung das Unternehmen geht (§ 136 Abs. 3 Nr. 1). Er kann allein oder mit mitarbeitenden Partnern berücksichtigt werden. Lebenspartner sind nur solche iSd. LpartG. Gesellschafter-Geschäftsführer, die bei beherrschender Stellung nicht nach § 2 Abs. 1 S. 1 Nr. 1 versichert sind (vgl. § 2 Rn. 9), können nicht einbezogen werden (BSG SGb 1989, 505).

4   Ein Antrag oder eine Unternehmensanzeige sind nicht nötig, da Pflichtversicherung. Der satzungsrechtliche Schutz beginnt mit Vorbereitungsarbeiten zur Unternehmensgründung und erlischt mit Einstellung des Unternehmens bzw. Beendigung der Abwicklungsarbeiten (BSGE 31, 203, 204) oder mit Ausscheiden der Person aus dem Unternehmen. Versichert ist die gesamte unternehmerische Tätigkeit, bei der eine weitgehende Gestaltungsfreiheit besteht (BSG SozR 2200 § 549 Nr. 4). Die Abgrenzung ist schwierig, da auch unternehmensferne Aktivitäten mit der Zielrichtung der **Förderung des Unternehmenserfolges** zusammenhängen können (Veranstaltungsbesuch, Vereinsmitgliedschaften). Besonders im Zusammenhang mit gesellschaftlichen Aktivitäten ist ein enger Maßstab anzulegen und ein spezifischer Bezug der Tätigkeit zu konkreten Geschäftsideen, -abwicklungen oder -partnern zu fordern (vgl. BSG SozR 2200 § 548 Nr. 17; 3–2200 § 548 Nr. 19).

D. Betriebsfremde Personen (Abs. 1 Nr. 2)

5   Die Satzung kann den Kreis der versicherten Besucher näher bestimmen. Der Versicherungsschutz ist stets subsidiär, vgl. § 136 Abs. 7. Er umfasst auch Personen, die ihren Wohnsitz im Ausland haben (2. Hs.). Auch ohne satzungsmäßige Klarstellung ist die Regelung auf den **befugten Aufenthalt**, einschließlich der mutmaßlichen Einwilligung des Unternehmers, begrenzt. Nach Sinn und Zweck werden Gefahren nur erfasst, die vom Unternehmen, nicht aber von Dritten ausgehen. Wege (s. Begrenzung auf die Unternehmensstätte: BSGE 31, 275, 277) und nicht versicherte Selbständige (zB Rechtanwälte, Ärzte, vgl. BSG USK 70.204), soweit sie sich im Rahmen ihrer Funktion aufhalten, sind nicht versichert.

E. Deutsche staatl. Einrichtungen im Ausland (Abs. 1 Nr. 3)

6   Die Satzung kann vorsehen, dass im Ausland bei überwiegend öffentlich finanzierten Einrichtungen (Grundkapital oder laufende Mittel) eingestellte Ortskräfte subsidiär in den Schutz der DGUV aufgenommen werden.

F. Ehrenamtlich Tätige (Abs. 1 Nr. 4)

7   Soweit nicht bereits nach § 2 Abs. 1 versichert, können die UvTr im Landesbereich (§ 128 Abs. 1 Nr. 11) ergänzende Regelungen treffen.

G. Ausschluss der Pflichtversicherung (Abs. 2)

Für die Ausnahmen des Abs. 2 fehlt berufliche Tätigkeit (Haushaltsführung ist eigenwirtschaftlich) 8 oder wird ausreichende Sicherung angenommen. Entgegen dem Wortlaut gelten die Vorschriften nur für Abs. 1 Nr. 1.

§ 4 Versicherungsfreiheit

(1) **Versicherungsfrei sind**
1. Personen, soweit für sie beamtenrechtliche Unfallfürsorgevorschriften oder entsprechende Grundsätze gelten; ausgenommen sind Ehrenbeamte und ehrenamtliche Richter,
2. Personen, soweit für sie das Bundesversorgungsgesetz oder Gesetze, die eine entsprechende Anwendung des Bundesversorgungsgesetzes vorsehen, gelten, es sei denn, daß
   a) der Versicherungsfall zugleich die Folge einer Schädigung im Sinne dieser Gesetze ist oder
   b) es sich um eine Schädigung im Sinne des § 5 Abs. 1 Buchstabe e des Bundesversorgungsgesetzes handelt,
3. Satzungsmäßige Mitglieder geistlicher Genossenschaften, Diakonissen und Angehörige ähnlicher Gemeinschaften, wenn ihnen nach den Regeln der Gemeinschaft Anwartschaft auf die in der Gemeinschaft übliche Versorgung gewährleistet und die Erfüllung der Gewährleistung gesichert ist.

(2) Von der Versicherung nach § 2 Abs. 1 Nr. 5 sind frei
1. Personen, die aufgrund einer vom Fischerei- oder Jagdausübungsberechtigten erteilten Erlaubnis als Fischerei- oder Jagdgast fischen oder jagen,
2. Unternehmer von Binnenfischereien, Imkereien und Unternehmen nach § 123 Abs. 1 Nr. 2, wenn diese Unternehmen nicht gewerbsmäßig betrieben werden und nicht Neben- oder Hilfsunternehmen eines anderen landwirtschaftlichen Unternehmens sind, sowie ihre im Unternehmen mitarbeitenden Ehegatten oder Lebenspartner; das gleiche gilt für Personen, die in diesen Unternehmen als Verwandte oder Verschwägerte bis zum zweiten Grad oder als Pflegekind der Unternehmer, ihrer Ehegatten oder Lebenspartner unentgeltlich tätig sind. Ein Unternehmen der Imkerei gilt als nicht gewerbsmäßig betrieben, wenn nicht mehr als 25 Bienenvölker gehalten werden.

(3) Von der Versicherung nach § 2 Abs. 1 Nr. 9 sind frei selbständig tätige Ärzte, Zahnärzte, Tierärzte, Psychologische Psychotherapeuten, Kinder- und Jugendlichenpsychotherapeuten, Heilpraktiker und Apotheker.

(4) Von der Versicherung nach § 2 Abs. 2 ist frei, wer in einem Haushalt als Verwandter oder Verschwägerter bis zum zweiten Grad oder als Pflegekind der Haushaltsführenden, der Ehegatten oder der Lebenspartner unentgeltlich tätig ist, es sei denn, er ist in einem in § 124 Nr. 1 genannten Haushalt tätig.

(5) Von der Versicherung nach § 2 Abs. 2 sind frei Personen, die als Familienangehörige (§ 2 Abs. 4) der Unternehmer, ihrer Ehegatten oder Lebenspartner in einem Unternehmen nach § 123 Abs. 1 Nr. 1 bis 5 unentgeltlich tätig sind, wenn sie die Voraussetzungen für den Anspruch auf eine Rente wegen Alters nach dem Recht der gesetzlichen Rentenversicherung einschließlich der Alterssicherung der Landwirte erfüllen und die Rente beantragt haben.

A. Normzweck

Die Vorschrift nimmt Personenkreise aus, weil sie anderweitig abgesichert sind, die Tätigkeiten als 1 privatwirtschaftlich eingestuft werden (Abs. 2 und 4) oder eine Eigenabsicherung ermöglicht werden soll.

B. Beamte und Gleichgestellte (Abs. 1)

Die beamtenrechtlichen Fürsorgevorschriften (Nr. 1) gelten für Beamte im staatsrechtlichen Sinne, 2 Richter, DO-Angestellte (§§ 144 ff.) und solche Arbeiter und Angestellte der Privatwirtschaft, bei denen es ein für allgemeingültig erklärter Tarifvertrag vorsieht; nicht für Arbeiter und Angestellte im öffentlichen Dienst. Die Versicherungsfreiheit hat die gleiche Reichweite wie das Dienstverhältnis.

Außerhalb der **Diensttätigkeit**, insb. in Nebenbeschäftigungen, gelten für diese Personen die allgemeinen Vorschriften.

3   Bei gleichzeitigen Ansprüchen aufgrund derselben Ursache aus der DGUV und nach dem Versorgungsrecht räumt Nr. 2 der **Versorgung nach dem BVG** oder darauf verweisender Gesetze den Vorrang vor den Ansprüchen aus dem SGB VII ein. Für die Versicherungsfreiheit reicht ein Grundanspruch, auch wenn er mangels Antrag nicht zum Tragen kommt. Ausnahmeregelungen hierzu finden sich im Opferentschädigungsrecht (§ 3 Abs. 4 OEG) und bei Impfschäden (§ 63 Abs. 3 Infektionsschutzg), die bei Gleichzeitigkeit von Versorgungs- und Versicherungsfall die Ansprüche aus dem BVG ruhen lassen (§ 65 Abs. 1 Nr. 1 BVG). Gleiches gilt nach Buchst. a) bei einem Versicherungsfall nach § 7 Abs. 1, der eine **mittelbare Folge** eines Versorgungsschadens darstellt oder nach Buchst. b) auf nachträgliche Auswirkungen kriegerischer Vorgänge, die einen kriegseigentümlichen Gefahrenbereich hinterlassen haben, zurückzuführen ist. In beiden Fällen sind die Ansprüche aus der DGUV auszukehren.

4   Nr. 3 greift für die Mitglieder **religiös geprägter Gemeinschaften**, sofern sie nach den Regeln ihrer Gemeinschaft einen annähernd gleichwertigen lebenslangen Anspruch auf Versorgung haben, jedoch nur sofern Leistungsfähigkeit der Gemeinschaft ausreichend gesichert ist. Die Versicherungsfreiheit erstreckt sich auf die Person insgesamt, dh. auch auf Tätigkeiten außerhalb der Gemeinschaft (BSG SozR 3–2200 § 541 Nr. 1).

C. Tätigkeitsorientierte Versicherungsfreiheit (Abs. 2–4)

5   Abs. 2 befreit den Jagd- und Fischereigast sowie den Großteil der nicht gewerbsmäßig tätigen **landwirtschaftlichen** Kleinunternehmer und mitarbeitende Verwandte usw. von der Pflichtversicherung nach § 2 Abs. 1 Nr. 5. Nicht gewerbsmäßig ist eine Tätigkeit, die der Freizeitgestaltung oder Eigenbedarfsdeckung dient und keine erhebliche Einnahmequelle darstellt. Jagdgast ist, wer mit Erlaubnis des Ausübungsberechtigten Jagdhandlungen im weitesten Sinne vornimmt (BSG SozR 2200 § 542 Nr. 2).

6   Abs. 3 befreit selbständige (vgl. § 2 Rn. 4 ff.), ärztliche Berufsausübung sowie selbständige Apotheker von der Versicherungspflicht aus § 2 Abs. 1 Nr. 9. Maßgeblich ist die Zugehörigkeit zur aufgelisteten Berufsgruppe.

7   Abs. 4 stellt im Haushalt (außer Landwirtschaft) unentgeltlich (vgl. § 14 SGB IV) mithelfende Verwandte, Verschwägerte usw. versicherungsfrei. Zum Haushalt gehören alle insoweit dienlichen Tätigkeiten wie zB Reinigung und Einkaufen.

§ 5 Versicherungsbefreiung

Von der Versicherung nach § 2 Abs. 1 Nr. 5 werden auf Antrag Unternehmer landwirtschaftlicher Unternehmen im Sinne des § 123 Abs. 1 Nr. 1 bis zu einer Größe von 0,25 Hektar und ihre Ehegatten oder Lebenspartner unwiderruflich befreit; dies gilt nicht für Spezialkulturen. ²Das Nähere bestimmt die Satzung.

1   Nach Ausgestaltung der Satzung können auf Antrag landwirtschaftliche **Kleinflächenunternehmen**, die regelmäßig eher Hobbycharakter haben, befreit werden. Ohne veränderte Bedingungen ist die Befreiung nicht aufhebbar. Spezialkulturen meint arbeitsintensive, finanziell bedeutsame Pflanzenaufzuchten und zB Wein-, Garten- oder Tabakbau (vgl. § 131 Abs. 3 Nr. 2).

§ 6 Freiwillige Versicherung

(1) **Auf schriftlichen Antrag können sich versichern**
1. Unternehmer und ihre im Unternehmen mitarbeitenden Ehegatten oder Lebenspartner; ausgenommen sind Haushaltsführende, Unternehmer von nicht gewerbsmäßig betriebenen Binnenfischereien, von nicht gewerbsmäßig betriebenen Unternehmen nach § 123 Abs. 1 Nr. 2 und ihre Ehegatten oder Lebenspartner sowie Fischerei- und Jagdgäste,
2. Personen, die in Kapital- oder Personenhandelsgesellschaften regelmäßig wie Unternehmer selbständig tätig sind,
3. gewählte oder beauftragte Ehrenamtsträger in gemeinnützigen Organisationen,
4. Personen, die in Verbandsgremien und Kommissionen für Arbeitgeberorganisationen und Gewerkschaften sowie anderen selbständigen Arbeitnehmervereinigungen mit sozial- oder berufspolitischer Zielsetzung (sonstige Arbeitnehmervereinigungen) ehrenamtlich tätig sind oder an Ausbildungsveranstaltungen für diese Tätigkeit teilnehmen,
5. Personen, die ehrenamtlich für Parteien im Sinne des Parteiengesetzes tätig sind oder an Ausbildungsveranstaltungen für diese Tätigkeit teilnehmen.

(2) ¹Die Versicherung beginnt mit dem Tag, der dem Eingang des Antrags folgt. ²Die Versicherung erlischt, wenn der Beitrag oder Beitragsvorschuß binnen zwei Monaten nach Fälligkeit nicht gezahlt worden ist. ³Eine Neuanmeldung bleibt so lange unwirksam, bis der rückständige Beitrag oder Beitragsvorschuß entrichtet worden ist.

A. Normzweck

Als Element genossenschaftlicher Eigenhilfe wird die Möglichkeit zur freiwilligen Versicherung eröffnet. Der Umfang des Versicherungsschutzes entspricht dem der Pflichtversicherung (BSG SozR 2200 § 545 Nr. 2). Satzungsmäßiger Ausschluss oder Begrenzung sind nicht möglich. 1

B. Berechtigter Personenkreis (Abs. 1)

Alle nicht kraft Gesetzes oder Satzung pflichtversicherte **Unternehmer** (§ 136 Abs. 3 Nr. 1) und ihre Ehegatten (nicht Lebensgefährten, gesetzgeberisches Redaktionsversehen?) sowie die entsprechenden Personengruppen in Kapital- und Personenhandelsgesellschaften können Anträge stellen. Streitig ist, ob der Ehepartner allein antragsberechtigt ist. Das nach Aufgabenteilung ggf. unterschiedliche Unfallrisiko, der Wortlaut „können sich" und die persönliche Beitragspflicht (§ 150 Abs. 1 S. 2) verbunden mit der Erlöschensregelung des Abs. 2 sprechen für ein eigenes Versicherungsrecht der Ehepartner. Der Versicherungsschutz reicht nicht über den **Zuständigkeitsbereich** eines UVTr hinaus. Besitzt ein Unternehmer Unternehmungen im Zuständigkeitsbereich verschiedener UvTr, so ist er jeweils nur im Bereich der Unternehmen geschützt, bei deren UvTr er Anträge gestellt hat. 2

Die in Nr. 1, 2. Hs. ausgenommenen Unternehmungen werden auch anderweitig als **privatwirtschaftlich** eingestuft (vgl. § 4 Rn. 1). Solche Handlungstendenzen sind in der DGUV grundsätzlich unversicherbar. Die Regelung ist daher analog auch auf alle weiteren außerberuflichen Unternehmungen (Haushaltsführer, nicht gewerbsmäßige Fahrzeughalter usw.) zu erweitern (hierzu Ricke SozVers 2001, 174). Die Mitarbeit im eigenen Berufsverband ist mitversichert, sofern dies dem Unternehmen dient (BSG 18. 3. 2008 – B 2 U 2/07 R). 3

Bei den **unternehmerähnlichen Personen** (Nr. 2) besteht für die mitarbeitenden Kommanditisten oder Gesellschafter-Geschäftsführer einer GmbH (vgl. § 2 Rn. 10) die Versicherungsmöglichkeit. Die **Ehrenamtsträger** gemeinnütziger Organisationen (Nr. 3) müssen in eine satzungsmäßige Funktion gewählt worden sein, während bei den Organisationen der Tarifpartner (Nr. 4) auch die Benennung in eine Aufgabe als Antragsvoraussetzung genügt. 4

C. Verfahren (Abs. 2)

Die Versicherung **beginnt** am Tag nach Antragseingang, bzw. zu einem späteren im Antrag selbst bestimmten Zeitpunkt, schriftlicher Antrag unabdingbar (SG Aachen 31. 3. 2010 – S 1 U 85/09). Versicherungsfälle ab diesem Zeitpunkt werden abgedeckt. Für Berufskrankheiten, die sich häufig langfristig entwickeln, bedeutet dies, dass bei der Prüfung des Versicherungsfalles Einwirkungen erst ab diesem Zeitpunkt berücksichtigt werden können. Der Antrag kann bei allen in § 16 Abs. 1 genannten Stellen schriftlich (Abs. 1) gestellt werden. 5

Ein Beitragsrückstand von zwei Monaten nach Fälligkeit bewirkt (ohne Mahnung) das **Erlöschen** der Versicherung. Fällig wird der geschuldete Beitrag am 15. des Monats, der dem Monat folgt, in dem er dem Beitragspflichtigen bekannt gegeben ist (§ 23 Abs. 3 S. 1 2. Hs. SGB IV); für die Fristberechnung s. §§ 186 ff. BGB. Dies gilt entspr. für Beitragsvorschüsse. Nachzahlung heilt nicht. Neuanmeldung ist möglich, aber schwebend unwirksam bis zur Zahlung des Rückstandes. Beitragsschuldner ist der Antragsteller (§ 150 Abs. 1 S. 2). 6

Der Schutz **endet** am Tag der Einstellung des Unternehmens oder des Ausscheidens aus dem Unternehmen bzw. dem Ende der Mitarbeit, bei Überweisung mit den Tag der Wirksamkeit (§ 137 Abs. 1) oder bei Kündigung zum jeweiligen Monatsende. Ansprüche wegen bereits eingetretener Versicherungsfälle werden weder vom Erlöschen, noch von der Beendigung berührt. 7

Dritter Abschnitt. Versicherungsfall

§ 7 Begriff

(1) **Versicherungsfälle sind Arbeitsunfälle und Berufskrankheiten.**
(2) **Verbotswidriges Handeln schließt einen Versicherungsfall nicht aus.**

A. Normzweck

1 Festlegung der Versicherungsfälle in der DGUV.

B. Versicherungsfälle (Abs. 1)

2 Ein Versicherungsfall bestimmt die Vorfälle oder Geschehnisse im Leben einer versicherten Person, deren spezifische Nachteile und Gefährdungen unter den Schutz der DGUV gestellt werden sollen. Im Einzelfall stellt er das Bestehen eines Rechtsverhältnisses zwischen UvTr. und Versichertem iSd. § 55 Abs. 1 Nr. 1 konkret fest, mithin die **Leistungsvoraussetzungen dem Grunde nach** (vgl. BSGE 23, 139, 141). Die so erfolgte Umschreibung des versicherten Risikos in der DGUV grenzt gleichzeitig ab gegenüber den in den übrigen Sozialversicherungszweigen abgedeckten Risiken und den unversicherten alltäglichen Gefahren.

3 Der Arbeitsunfall mit seinem Unterfall, dem Wegeunfall (§ 8) und die Berufskrankheit (§ 9) stehen einschließlich ihrer Erweiterungen aus §§ 10–13 als Versicherungsfälle mit jeweils unterschiedlicher Systematik gleichwertig nebeneinander. Dasselbe Ereignis kann stets nur als eines von Beiden Anerkennung finden. Zur Abgrenzung dient die Zeitgrenze einer Arbeitsschicht. Länger andauernde Einwirkungen können nur als Berufkrankheit anerkannt werden (vgl. § 8 Rn. 2 und § 9 Rn. 2). Liegen die Voraussetzungen beider (Listeneinwirkung nur innerhalb einer Arbeitsschicht) parallel vor, geht das Recht der Berufskrankheiten als das speziellere vor.

4 Der Versicherungsfall ist rechtssystematisch vom **Leistungsfall** zu trennen (BSG, SozR 2200 § 551 Nr. 35), der gleichzeitig oder nachfolgend, immer jedoch erst bei zusätzlichem Vorliegen einer konkreten Leistungspflicht des UV-Trägers aus dem 3. Kapitel (§§ 26 ff.) eintritt. Auch ohne Behandlungsbedürftigkeit genügt die Verursachung eines regelwidrigen Körperzustands (Gesundheitsschaden als Erstschaden) zur Begründung des Versicherungsfalles.

5 **Absichtliches Handeln** begründet wie in jedem anderen Versicherungssystem keinen Versicherungsfall (BSGE 61, 113, 115). Absicht ist zu trennen vom vorsätzlichen Handeln, das nur in den Fällen des § 101 Leistungen begrenzt oder ausschließt. Absicht liegt nur vor, wenn die Handlung unmittelbar auf Erzielung des Versicherungsfalles gerichtet ist, sei es auch nur als mittelbares Ziel (BSGE 21, 163, 165).

C. Verbotswidriges Handeln (Abs. 2)

6 Mit Ausnahme der Absicht (s. o.) ist der Unfallversicherungsschutz vollständig verschuldensneutral (BSG SozR 2200 § 548 Nr. 60). Der Verstoß gegen ein gesetzliches oder betriebliches Verbot führt – unabhängig von Rechtsfolgen im Straf-, Ordnungswidrigkeiten- oder Arbeitsrecht – nicht zum Verlust des Versicherungsschutzes. Dies wäre ein nicht systemadäquates Sanktionsmittel solange das Risiko vom Betrieb ausgeht. Allerdings können verbotswidriges wie auch vorsätzliches Handeln ein starkes Indiz für das Fehlen des **sachlichen Zusammenhanges** der Verrichtung mit der Tätigkeit bilden (s. § 8 Rn. 7 ff.). Der in diesem Zusammenhang gleichfalls oft genannte Begriff der **selbstgeschaffenen Gefahr** ist ähnlich einzuordnen. Kennzeichnet er doch ebenfalls nur den Umstand, dass das realisierte Risiko primär vom eigenwirtschaftlichen Bereich ausgegangen ist, sodass der sachliche Zusammenhang oder die Unfallkausalität (s. § 8 Rn. 73 ff.) fehlen wird.

§ 8 Arbeitsunfall

(1) ¹Arbeitsunfälle sind Unfälle von Versicherten infolge einer den Versicherungsschutz nach §§ 2, 3 oder 6 begründenden Tätigkeit (versicherte Tätigkeit). ²Unfälle sind zeitlich begrenzte, von außen auf den Körper einwirkende Ereignisse, die zu einem Gesundheitsschaden oder zum Tod führen.

(2) Versicherte Tätigkeiten sind auch

1. das Zurücklegen des mit der versicherten Tätigkeit zusammenhängenden unmittelbaren Weges nach und von dem Ort der Tätigkeit,
2. das Zurücklegen des von einem unmittelbaren Weg nach und von dem Ort der Tätigkeit abweichenden Weges, um
    a) Kinder von Versicherten (§ 56 des Ersten Buches), die mit ihnen in einem gemeinsamen Haushalt leben, wegen ihrer, ihrer Ehegatten oder ihrer Lebenspartner beruflichen Tätigkeit fremder Obhut anzuvertrauen oder
    b) mit anderen Berufstätigen oder Versicherten gemeinsam ein Fahrzeug zu benutzen,
3. das Zurücklegen des von einem unmittelbaren Weg nach und von dem Ort der Tätigkeit abweichenden Weges der Kinder von Personen (§ 56 des Ersten Buches), die mit

ihnen in einem gemeinsamen Haushalt leben, wenn die Abweichung darauf beruht, daß die Kinder wegen der beruflichen Tätigkeit dieser Personen oder deren Ehegatten oder deren Lebenspartner fremder Obhut anvertraut werden,
4. das Zurücklegen des mit der versicherten Tätigkeit zusammenhängenden Weges von und nach der ständigen Familienwohnung, wenn die Versicherten wegen der Entfernung ihrer Familienwohnung von dem Ort der Tätigkeit an diesem oder in dessen Nähe eine Unterkunft haben,
5. das mit einer versicherten Tätigkeit zusammenhängende Verwahren, Befördern, Instandhalten und Erneuern eines Arbeitsgeräts oder einer Schutzausrüstung sowie deren Erstbeschaffung, wenn dies auf Veranlassung der Unternehmer erfolgt.

(3) Als Gesundheitsschaden gilt auch die Beschädigung oder der Verlust eines Hilfsmittels.

Übersicht

	Rn.
A. Normzweck	1
B. Unfallbegriff	2
C. Arbeitsunfall ieS (Abs. 1)	6
D. Sachlicher Zusammenhang	8
I. Handlungstendenz	9
II. Wesentlichkeit	10
III. Unterbrechungen	12
IV. Dienst- und Betriebswege, Geschäftsreisen	13
V. Betrieb im eigenen Haus	15
VI. Beweisanforderungen	16
VII. Kasuistik	17
E. Unfallkausalität	73
I. Begriff	73
II. Beweisanforderungen	74
1. Eine Ursache	74
2. Konkurrenzursachen	75
III. Rechtlich wesentliche Bedingung	76
IV. Innere Ursache	79
V. Eingebrachte Gefahr	80
VI. Selbstgeschaffene Gefahr	81
VII. Selbsttötung	82
F. Haftungsbegründende Kausalität	83
I. Begriff	83
II. Erstschaden	85
III. Beweisanforderungen	87
IV. Verschlimmerung	90
V. Gelegenheitsursache	92
G. Haftungsausfüllende Kausalität	93
I. Begriff	93
II. Überholende Kausalität	96
III. Mittelbare Folgeschäden	98
IV. Verschlimmerungen, s. Rn. 89 f.	99
V. Tod als Unfallfolge (Abs. 1 S. 2, 2. Alt.)	103
H. Wegeunfälle (Abs. 2)	104
I. Begriff des Weges	105
J. Wege von und nach dem Ort der Tätigkeit (Nr. 1)	108
I. Endpunkte des Weges	109
1. Ort der Tätigkeit	109
2. Häuslicher Bereich	111
3. Dritter Ort	113
II. Direkter Weg	116
III. Umweg	117
IV. Abweg	119
V. Unterbrechung	120
VI. Mehrere Wege	122
VII. Sachlicher Zusammenhang	123
K. Kinder fremder Obhut anvertrauen (Nr. 2a)	127
L. Fahrgemeinschaften (Nr. 2b)	129
M. Wegeabweichung von Kindern (Nr. 3)	130
N. Familienheimfahrten (Nr. 4)	131
O. Umgang mit Arbeitsgerät (Nr. 5)	134
P. Beschädigung oder Verlust eines Hilfsmittels (Abs. 3)	135

A. Normzweck

1   Mit der Festlegung aller wesentlichen Merkmale der Arbeits- und Wegeunfälle ist die Vorschrift von zentraler Bedeutung für den Entschädigungsanspruch nach betrieblichen Unfällen.

B. Unfallbegriff

2   Der **Unfall** ist definiert als ein zeitlich begrenztes von außen auf den Körper einwirkendes Ereignis, das zu einem Gesundheitsschaden geführt hat. Wenngleich die Plötzlichkeit für den Unfall typisch ist, kann sich der Vorgang über einen längeren Zeitraum hinziehen (Hitzeeinwirkungen, Erfrierungen, Infektionen, Entzündungen). Die Grenze wird bei der Dauer einer **Arbeitsschicht** des Betroffenen gezogen (BSGE 15, 41, 45). Auch die Vielzahl kleiner Einwirkungen, die erst über einen längeren Zeitraum einen Schaden setzen, erfüllen den Unfallbegriff (Blase vom Schaufeln). Wird der Zeitraum einer Arbeitsschicht überschritten kommt nur die Entschädigung als Berufskrankheit in Betracht. Der genaue Zeitpunkt muss nicht festgestellt sein. Es genügt die Bestimmbarkeit einer Arbeitsschicht, auch wenn der Kalendertag unbekannt ist (BSGE 15, 112, 113).

3   Als **Einwirkung** sind alle, auch geringfügige Vorgänge der Arbeit ausreichend (BSGE 9, 222, 224). Die **Gefahren des täglichen Lebens** (Ausrutschen, Insektenstich, Infektion) sind versichert, wenn sie in sachlichem Zusammenhang mit der Arbeit stehen. Ebenso ist Unfreiwilligkeit nicht zu fordern (Verletzung wird in Kauf genommen zur Schadensvermeidung), was nicht mit absichtlicher Selbstverstümmelung verwechselt werden darf (s. § 7 Rn. 5). Die **Betriebsüblichkeit** des Arbeitsvorganges ist ein wenig relevantes Kriterium, da das Unfallereignis weder eine außerhalb des Normalen liegende Tätigkeit fordert, noch besonders schwere oder anstrengende Tätigkeit für sich den Unfallbegriff ausfüllen kann. Auch ein irgendwie besonderes, aus dem Alltag herausragendes Ereignis wird nicht verlangt (BSG SozR 2200 § 550 Nr. 35), vgl. aber Rn. 78. Allerdings können derartige Umstände für die rechtliche Wesentlichkeit als Indiz bei Unfallkausalität und haftungsbegründender Kausalität mitgewürdigt werden.

4   **Von außen** auf den Körper wirkt alles ein, was nicht der eigenen Risikosphäre iSd. körpereigenen Krankheitsentwicklung entspringt. Das können physikalische sowie psychisch-seelische Einflüsse (BSGE 18, 173, 175) sein, die keine äußerliche Körperberührung bedingen wie zB Strahleneinwirkung, **psychisches Trauma** (LSG BE/BB 17. 12. 2009 – L 2 U 1014/050), außergewöhnliche Anstrengungen bzw. Stresssituationen (vgl. LSG BE/BB 6. 5. 2008 – L 2 U 134/06 mwN) oder die Überwindung der Gegenkräfte beim **Heben** (LSG BE/BB 16. 7. 2009 – L 31 U 378/08; aA LSG BW 26. 1. 2009 – L 1 U 3612/08) bzw. **Ziehen** (LSG BY 29. 4. 2008 – L 3 U 51/06). Nur die Vorgänge sollen mittels dieses Merkmales ausgegrenzt werden, die allein wesentlich auf dem Gesundheitszustand des Versicherten beruhenden, also als krankhafte Erscheinungen (zB **Ohnmacht, epileptischer Anfall** oder plötzlicher Herztod) ohne konkreten Einfluss eines äußeren Vorgangs auftreten. Die Anforderungen erfüllt daher bereits die betrieblich bedingte **Fortbewegung zu Fuß** ohne belegbare äußere Einflüsse (LSG BY 13. 8. 2008 – L 2 U 410/07;aA LSG BW 16. 4. 2010 – L 8 U 5043/09). Die Gehbewegung unterliegt stets physikalischen Einflüssen von außen aus der Bodenbeschaffenheit usw., die indes in ihrer rechtlichen Wesentlichkeit zB für das Umknicken des Fußes hinter einer **inneren Ursache** (s. hierzu Rn. 79) zurücktreten können.

5   Begrifflich ist dem Unfall stets ein Schaden immanent. Da die DGUV nur Körperschäden versichert, fordert der Unfallbegriff eine Beschädigung der Gesundheit. Als **Erstschaden** genügt jeder körperliche, geistige oder seelische regelwidrige Körperzustand im Sinne des Gesundheitsbegriffs der SozV (s. Rn. 85f.), vom geringfügigsten bis zum Extremfall dem sofortigen Tod. Davon zu trennen sind die körperlichen Folgeschäden (s. Rn. 93ff.) als Leistungsvoraussetzungen der §§ 26ff. oder der Tod als Folgeschaden (§§ 63ff.). Die **Verschlimmerung** eines vorbestehenden oder körpereigenen Leidens ist uvrechtl. als Entstehung eines Erstschadens zu werten (s. Rn. 90).

C. Arbeitsunfall ieS (Abs. 1)

6   Der Arbeitsunfall ist ein Unfall infolge einer versicherten Tätigkeit. Die konkrete Tätigkeit des Verletzten zum Unfallzeitpunkt ist der Ausgangspunkt jeder Versicherungsschutzprüfung. Geschützt sind dabei im Kern solche Tätigkeiten, zu denen der Arbeitnehmer sich im Arbeitsvertrag verpflichtet hat bzw. die wesentlich mit diesen zusammenhängen.

7   Die Merkmale des Unfallbegriffs bedürfen, wie alle rechtserheblichen Tatsachen, des **vollen Beweises**. Daher sind sie mit an Sicherheit grenzender Gewissheit bzw. mit hoher Wahrscheinlichkeit festzustellen. Ein vernünftiger, die Verhältnisse klar überschauender Mensch sollte keine Zweifel mehr hegen (BSGE 32, 203, 207). Typische **Beweisschwierigkeiten** sind im Rahmen der freien richterlichen Beweiswürdigung zu berücksichtigen. Beweisnot kann an die Bildung richterlicher Überzeu-

gung geringere Ansprüche stellen. Versäumt der UvTr schuldhaft notwendige Beweismittel zu erheben, so bewirkt dies keine Umkehr der Beweislast, sondern der Beweisnotstand ist gleichfalls bei der Beweiswürdigung angemessen in Rechnung zu stellen (BSGE 45, 285, 286). Aufgrund des **Amtsermittlungsprinzips** (§ 20 SGB X), wonach der UvTr. alle – auch die für den Versicherten günstigen Umstände – zu ermitteln hat, trägt der Versicherte keine Beweislast. Können allerdings nach Ausschöpfung aller Aufklärungsmöglichkeiten Tatsachen, die anspruchsbegründend vom Gesetz gefordert werden, nicht mit dem gebotenen Beweismaßstab festgestellt werden, so wirkt sich dieses letztlich zu Lasten des Anspruchstellers aus **(Feststellungslast),** da die gewünschte Rechtsfolge nicht eintreten kann. Die Regeln der **Wahlfeststellung** (von mehreren gleichwertigen Möglichkeiten führen alle zum selben Feststellungsergebnis) sind anwendbar (BSGE 61, 127, 129). Auch **rechtshindernde oder -vernichtende Tatsachen** (zB Lösung vom Betrieb) sind im Vollbeweis zu belegen (BSGE SozR 3–2200 § 548 Nr. 11). Ihre Beweislosigkeit geht zu Lasten des UvTr (aA KassKomm/Ricke SGB VII § 8 Rn. 261 f.: nur bei Gegennormen). Dabei ist allerdings zu beachten, dass anspruchsbegründende Tatsachen positiv im Sinne des Vorhandenseins zu beweisen sind. Aus der Unfähigkeit das Gegenteil zu belegen darf bei Abläufen oder Tatsachen, die lediglich wahrscheinlich oder möglich sind, keine anspruchsbegründende Argumentation gewonnen werden.

D. Sachlicher Zusammenhang

Für die Einstufung einer grundsätzlich nach den §§ 2, 3 oder 6 geschützten Tätigkeit als versicherte **8** Tätigkeit ist es nicht hinreichend, dass ein zeitlicher oder räumlicher Zusammenhang mit der Tätigkeit besteht. Eine versicherte Person kann auch auf dem Betriebsgelände und während seiner bezahlten Arbeitszeit Dinge erledigen, die nur persönlich nützen, mithin nicht dem Betrieb dienlich sind. Diese nennt man privatwirtschaftlich. Sie sind gleich an welchem Ort oder zu welcher Zeit stets unversichert. Umgekehrt können jedoch auch im häuslichen Bereich Arbeiten erledigt werden, die wesentlich durch Berufstätigkeit bedingt sind. Daher ist an erster Stelle zu untersuchen, ob die Verrichtung, bei der sich der Unfall ereignete, der versicherten Tätigkeit zuzurechnen ist (sog. **sachlicher oder innerer Zusammenhang,** vgl. BSGE 63, 273). Maßgebliches Kriterium hierfür ist die **Handlungstendenz** des Versicherten zur Zeit des Unfalls (BSG 4. 9. 2007 – B 2 U 28/06 R), vgl. Rn. 9. Ereignet sich der Unfall indes während einer privaten Verrichtung, besteht ausnahmsweise Versicherungsschutz, falls unabhängig von der privaten Verrichtung eine **besondere betriebliche Gefahr** (vgl. Rn. 31) im räumlich-zeitlichen Bereich des Arbeitsplatzes (zB Explosion) mitursächlich für den Unfall war (BSG, SozR 2200 § 548 Nr. 15); für die Seefahrt s. § 10 Rn. 1.

I. Handlungstendenz

Die für den Versicherungsschutz maßgebliche **Betriebsdienlichkeit** kann man häufig der Handlung als solcher nicht ansehen. Erst in Verbindung mit dem Zweck, den der Handelnde mit seiner Verrichtung verfolgt, ist ihre Dienlichkeit erkennbar. Der Versicherungsschutz deckt dabei nur solche Tätigkeiten ab, deren **Zweckrichtung** auf den Betrieb oder die ansonsten geschützten Funktionen ausgerichtet ist. Mithin ist der Versicherungsschutz von der Finalität der Handlung abhängig. Diese sog. Handlungstendenz ist vornehmlich entwickelt worden an Versicherungsfragen der Beschäftigten und „Wie-Beschäftigten" (§ 2 Abs. 1 Nr. 1 und Abs. 1 S. 1), wird aber vom BSG auch bei anderen Versicherungstatbeständen herangezogen (Becker SGb 2007, 721, 724), da sich dort gleichfalls die Frage nach dem Schutzzweck der Norm bzw. dem versicherten Risiko stellt.

II. Wesentlichkeit

Die Rspr. verlangt, dass die Tätigkeit dem Unternehmen nicht nur irgendwie im weitesten Sinne **10** zu Gute kommt, sondern sie soll diesem wesentlich dienen. Die für die Kausalfragen im engeren Sinn entwickelte Theorie der **wesentlichen Bedingung** (vgl. Rn. 76 ff.) kann hier entsprechend zur Gewichtung herangezogen werden. Danach sind nur die Bedingungen als rechtserheblich anzusehen, die wegen ihrer besonderen Beziehung zum Erfolg zu dessen Eintritt wesentlich mitgewirkt haben (BSGE 1, 150, 156 f.). Haben mehrere Bedingungen gleichwertig oder annähernd gleichwertig zum Erfolg beigetragen, so ist jede von ihnen wesentlich. Kommt dagegen einem der Umstände gegenüber den anderen eine überragende Bedeutung bei, so ist er allein wesentlich im Rechtssinne (BSGE 13, 175, 176 f.). Hierzu ist das Gesamtbild zu betrachten, das sich aus allen Umständen des **Einzelfalls,** dh. aus allen Einzelheiten in der Person des Handelnden, im Arbeitsvorgang und in den Rahmenbedingungen ergibt (BSGE 48, 224, 227 f.). Im Einzelfall ist auf die Auffassung des täglichen Lebens abzustellen (BSGE 1, 72, 76). Für den Versicherungsschutz ist dabei entscheidend, ob – gemessen an objektiven Kriterien – der Betroffene subjektiv der Auffassung sein konnte, die Tätigkeit sei geeignet, wesentlich den Interessen des Unternehmens zu dienen (BSGE 94, 262), s. Rn. 16.

Bei einer einheitlichen Handlung, die wesentlich zugleich privatwirtschaftlichen und betrieblichen **11** Zwecken dient **(sog. gemischte Tätigkeiten)** bleibt die Bedeutung des versicherten Risikos für den Erfolg erhalten, folglich auch der Versicherungsschutz. Dies setzt indes voraus, dass die Handlung nicht in zwei eigenständige Teile auftrennbar ist (Geschäftsreise dient privaten und dienstlichen Zwecken). Hier wäre dann maßgeblich, aus welchem der Teile bzw. zu welchem Zeitpunkt sich das Risiko realisierte. Versicherungsschutz bei einer gemischten Tätigkeit besteht, wenn sie dem Unternehmen zwar nicht überwiegend, aber doch wesentlich zu dienen bestimmt ist. Entscheidendes Abgrenzungskriterium hierfür ist, ob die Tätigkeit hypothetisch auch dann vorgenommen worden wäre, wenn der private Zweck entfallen wäre (st. Rspr: BSGE 3, 240, 246; BSG 18. 11. 2008 – B 2 U 31/07 R).

III. Unterbrechungen

12 Sind private und dienstliche Zwecke so auftrennbar, dass man von einer eingeschobenen eigenwirtschaftlichen Aktivität innerhalb der dienstlichen Gesamthandlung (zB Raucherpause) sprechen kann, so nennt man dies Unterbrechung. Unterbrechungen bewirken den Verlust des Versicherungsschutzes bis zu deren Ende, wenn sie **erheblich** sind. Eindeutig auf privatwirtschaftliche Zwecke gerichtete Unterbrechungen sind ohne Rücksicht auf ihre Dauer unversichert, es sei denn, sie sind nach Zweck, Inhalt und Dauer so geringfügig, dass sie keinerlei Zäsur in der betrieblichen Beschäftigung bedeuten (BSG SozR A3 § 548 Nr. 31). Entfernt sich ein Beschäftigter zu privaten Zwecken von seinem Arbeitsplatz und verunglückt er dabei durch einen Betriebsvorgang, dem er ohne die Unterbrechung seiner Betriebstätigkeit nicht ausgesetzt gewesen wäre, so besteht kein sachlicher Zusammenhang zur versicherten Tätigkeit (BSG SozR 2200 § 548 Nr. 15). Geschieht der Unfall jedoch nicht während, sondern durch die private Aktivität kann der Schutz nur bei eingeschobenen Handlungen erhalten bleiben, die bei natürlicher Betrachtungsweise zum Ablauf eines Arbeitstages gehören (Anzünden einer Zigarette, kurzes privates Kollegengespräch, Öffnen einer Flasche zum Trinken am Arbeitsplatz; dagegen erheblich: 10minütiger Personaleinkauf, BSG Der Betrieb 1969, 2283). Keine Unterbrechungen sind sog. private **Parallelhandlungen**, bei denen der Versicherte weiterarbeitet (Rauchen und Telefonieren). Sie sind wie gemischte Tätigkeiten zu bewerten.

IV. Dienst- und Betriebswege, Geschäftsreisen

13 Wege in Ausführung der dienstlichen Tätigkeiten (im Beschäftigungsunternehmen bis zum Werkstor = **Betriebswege**; außerhalb = **Dienstweg** bzw. Dienst- oder Geschäftsreise: Botengang, wechselnde Arbeitsstätten, Lieferfahrt) gelten als Betriebstätigkeit und sind nach Abs. 1 zu behandeln (wichtig im Beitragsverfahren § 162 Abs. 1 S. 2). Hinsichtlich der **Wegeteile** eines solchen Dienstgeschäftes können die Grundsätze der Wege nach Abs. 2 (Rn. 104 ff.) weitgehend verwendet werden. Besonderheiten bestehen bei den **Reiseunterbrechungen** von mehr als 2 Stunden. Weil auch nach einer langen Unterbrechung von mehreren Tagen oder Wochen die Dienststätigkeit als solche wieder aufgenommen wird, ist auch die Fortsetzung versichert; nicht aber die Wege nach Hause oder in den Privatbereich, wenn sich der Dienstreisende bereits während der Unterbrechung dem Privatbereich zugewandt hat (BSG SGb 1969 15, 17 vgl. auch Rn. 121). Vergleichbar steht bei privatgewünschter **Vorverlegung** die Reise nur dann nicht im sachlichen Zusammenhang mit dem Dienstgeschäft, wenn die privaten Interessen für die Fahrt als solche so in den Vordergrund treten, dass sie den Charakter der Hinfahrt bestimmen, also quasi eine Auftrennbarkeit von Privatfahrt und anschließendem Dienstgeschäft besteht.

14 Unbestreitbar steht auch der **auswärtige Aufenthalt** in sachlichem Zusammenhang mit der Tätigkeit, da er dem Unternehmen dienlich ist. Somit ist grds. der Aufenthalt in der fremden Stadt, im Hotel, der Gaststätte und den damit verbundenen Wegen versichert. Maßgeblich ist indes immer die Zweckrichtung der Handlung im Unfallzeitpunkt, die, soweit privater Natur, dies grds. auch während des auswärtigen Aufenthaltes speziell in Hotels und Gaststätten bleiben. Insofern kann allerdings analog den Regeln der besonderen Betriebsgefahr bei Verletzungen wegen der **besonderen räumlichen Verhältnissen** der fremdem Übernachtungsstätte usw., denen der Versicherte in dieser Form in seinen Privaträumen nicht ausgesetzt gewesen wäre, der sachliche Zusammenhang zu bejahen sein (BSGE 8, 48, 53; 39, 108, 109, BSG 18. 3. 08 – B 2 U 13/07 R). Wege von oder zur Nahrungsaufnahme außerhalb des Hotelzimmers bzw. der Gaststätte sind, solange sie durch den Aufenthalt in einer fremden Stadt geprägt sind und nicht wegen eigenwirtschaftlicher Wünsche eine besondere Länge haben, ebenfalls im sachlichen Zusammenhang mit der Tätigkeit zu verstehen (BSG 4. 9. 2007 – B 2 U 39/06 R).

14a Grundsätzlich unversichert sind das Schlafen, Ankleiden, Waschen, Baden im Pool (LSG NI/HB 30. 5. 2008 – L 14 U 45/06), die **Nahrungsaufnahme** (auch das sog. „Geschäftsessen", sofern nicht das Essen Parallelhandlung zum Dienstgeschäft ist), und jede Form von **Freizeitgestaltung** wie Theaterbesuch, Sport, kollegiales Zusammentreffen usw. Findet die Tagung, Besprechung uÄ im Unterkunftshotel statt, ist entspr. Rn. 12 abzugrenzen. Ausnahmsweise kann ein zB ein Fußballspiel dann Bestandteil der Dienstreise sein, falls ein **besonderes betriebliches Interesse** an der Teilnahme objektiviert ist (LSG TH 7. 5. 2008 – L 3 U 1062/06). Hierzu genügt nicht die bloße Aufnahme des

Programmpunktes in die **Tagesordnung** (LSG BE/BB 7. 10. 2010 L 2 U -70/10). Vielmehr ist eine inhaltliche Verknüpfung mit dem Tagungs- oder Fortbildungsziel zu fordern. Spezielle **Vorbereitungshandlungen** der Reise (Hotelbuchung; Fahrkartenkauf; Theater- oder Museumskartenkauf nur sofern dienstlich gefordert, zB für Geschäftspartner; Auftanken vor Fahrtbeginn, nicht aber am Vortag s. Rn. 66) sind im Schutz eingeschlossen. Allgemeine Vorbereitungen (Kleidungseinkauf, Kofferpacken zu Hause, allgemeine Wartungsarbeiten am Auto) werden der persönlichen Lebenshaltung zugerechnet.

V. Betrieb im eigenen Haus

Verrichten Versicherte zu Hause Dienstaufgaben, so ist nur die eigentliche Arbeit, nicht aber die Wege hierzu innerhalb des Hauses, versichert. Befinden sich Wohnung und Betriebsstätte im selben Haus, so können versicherte Tätigkeiten auch im Privatbereich anfallen (zB Aufbewahren von Unterlagen, Lauterbach/Schwertfeger § 8 Rn. 255f. mwN). Ansonsten beginnt der Versicherungsschutz erst mit dem Erreichen der Wege, Treppen oder Räume, die wesentlich dem Unternehmenszweck gewidmet sind (BSG NJW 1993, 2070) bzw. endet bereits beim Betreten von Räumen, die nur gelegentlich betrieblichen Zwecken dienen (LSG NI/HB 26. 11. 2009 – L 3 U 99/08).   15

VI. Beweisanforderungen

Die Handlungstendenz ist an **objektiven Kriterien** festzustellen. Es geht um eine Sachfrage, deren Umstände zur vollen richterlichen Überzeugung (s. Rn. 6) gesichert sein müssen (LSG HE 18. 11. 2008 – L 3 U 15/06). Allerdings wird man die objektiven Kriterien aus dem Blickwinkel des Handelnden zu betrachten haben und eine betriebliche Dienlichkeit bereits dann bejahen müssen, falls der Beschäftigte **subjektiv** der Meinung sein durfte, die Aktion sei unternehmensnützlich, vgl. Rn. 10. Je freier der Versicherte bei der Aufgabenerledigung oder nach seiner Stellung im Unternehmen ist, umso mehr Ermessensspielraum wird man ihm zubilligen müssen, selbst wenn es sich um eine objektiv falsche oder untaugliche Maßnahme handelt. Rechtlich unzutreffende Beteiligtenmeinungen oder auch solche des Unternehmers (zB über Freizeitaktivitäten auf Dienstreisen) vermögen jedoch keinen Versicherungsschutz zu begründen (vgl. BSG 4. 6. 2002 – B 2 U 24/01 R). Bei der auf nachgewiesenen objektiven Kriterien aufbauenden **Wertentscheidung**, ob die Handlung noch im Schutzzweck der Norm liegt und der versicherten Tätigkeit zugerechnet werden darf, handelt es sich nicht um eine zu beweisende Kausalfrage, sondern um eine der richterlichen Überprüfung voll zugängliche Rechtsfrage (vgl. Becker, Der Arbeitsunfall, SGb 2007, 721, 729). Die Beweislast für private Handlungen (Unterbrechung) trägt der UvTr (BSG SozR 4–2700 § 8 Nr. 9). Zu dessen Lasten geht auch die Unaufklärbarkeit, falls der Versicherte an seinem Arbeitsplatz, an dem er zuletzt Dienstliches verrichtet hatte, verunglückt (so trotz Selbstmordindizien BSG 4. 9. 2007 – B 2 U 28/06 R).   16

VII. Kasuistik

alphabetisch sortiert: 17
– **Allgemein wirkende Gefahren** (Terrorgefahr, Staatsstreich, Erdbeben, Überschwemmung ua. Naturkatastrophen) bedrohen die Menschen in großer Zahl ähnlich. Sie sind solange nicht im sachlichen Zusammenhang zu sehen, wie ihr Zusammentreffen mit dem Versicherten **zufällig** ist. Je mehr die Rahmenbedingungen seiner Arbeit den Versicherten aber einer höheren abstrakten Gefahr aussetzen als den durchschnittlichen Arbeitnehmer, um so eher wird ein Zusammenhang entstehen durch zB Auslandsdienstreisen, arbeitsbedingten Aufenthalt in dem eng begrenzten Problemgebiet, arbeitsbedingte Unmöglichkeit der Situation auszuweichen, berufliche Befassung mit der Problematik, usw. (vgl. auch Gefahren des täglichen Lebens Rn. 41).   18
– **Alkohol** führt nur ab vollständigem **Leistungsausfall** durch Volltrunkenheit zur Beendigung (oder Fehlen) des sachlichen Zusammenhanges. Mit der sog. Lösung vom Betrieb treten seine Gefahren in den Hintergrund, weil der Arbeitnehmer zu keiner betriebsförderlichen Arbeit mehr in der Lage ist (BSGE 45, 176, 178; 48, 224). Ein absoluter Promillewert kann auf Grund der hohen Individualität der Alkoholverträglichkeit und der Möglichkeit längerer Alkoholgewöhnung nicht genannt werden (BSGE 48, 224, 227). Deshalb ist unter Berücksichtigung der konkreten Aufgaben vor oder im Unfallzeitpunkt zu bewerten, ob der Beschäftigte nach Konzentrations- Leistungs- und Reaktionsvermögen noch zu den wesentlichen im Unfallzeitpunkt geforderten Abläufen befähigt ist. Bei lediglich alkoholbedingtem **Leistungsabfall** ist im Rahmen der Unfallkausalität zu prüfen, ob die Unfallursache im Bereich des versicherten Risikos liegt oder rechtlich allein wesentlich aus der Privatsphäre rührt (vgl. Rn. 73 ff., 79).   19
– **An- und Auskleiden** auf der Arbeitsstätte gehört zu den versicherten Vor- und Nachbereitungstätigkeiten, wenn dies erforderlich (Schutzkleidung), vom Arbeitgeber gewünscht (Uniform, Bekleidungsvorschriften) oder üblich (Arbeitskittel) ist; ähnlich: Umkleiden während der Arbeitszeit. Regelmäßig unversichert, falls dies noch im häuslichen Bereich geschieht (Lauterbach/Schwertfeger   20

§ 8 Rn. 216). Ausnahmen können bei Notfällen, besonderer Eile oder anderen Betriebsumständen gegeben sein.

21 – **Arbeitsgerät** s. Rn. 134.

22 – **Arbeitspausen** gehören nicht wie Bereitschaftsdienst zur Arbeitszeit (§ 4 ArbZG). Sie stehen aber in enger Verbindung (besonders Zwangspausen) und sie sollen die Leistungsfähigkeit erhalten. Daher greift der Schutz gegen Betriebsgefahren und Verletzungen durch Kollegen während des Aufenthaltes weiter. Dies gilt auch dann, wenn der Versicherte in der Pause privaten Interessen nachgeht. Verunfallt er allerdings in der Pause durch eine private Verrichtung, so bestünde ein Zusammenhang nur, falls diese Verrichtung (Spaziergang, Sport, Auto aus der Werkstatt abholen) zB zur Erhaltung der Leistung betriebsdienlich ist (vgl. BSG SozR 2200 § 548 Nr. 15). Ein **Spaziergang** außerhalb des Betriebsgeländes ist nur versichert, falls die Pausenbedingungen oder mit der betrieblichen Tätigkeit zusammenhängende Umstände (Geräuschkulisse, Raumluftbedingungen) dies zur Erhaltung der Leistungsfähigkeit notwendig machen (BSG SGb 1977, 303).

23 – **Arbeitssuche** ist grds. privatwirtschaftlich, wozu auch noch das Vorstellungsgespräch (s. Rn. 71), Verhandlungen und damit verbundene betriebliche Aktivitäten zu zählen sind (BSG SozR 2200 § 550 Nr. 1). Der Zusammenhang zum Unternehmen wird allerdings hergestellt bei Veranlassung durch jetzige (Noch-)Arbeitgeber (Beschäftigungs- und Qualifizierungsgesellschaft) oder des zukünftigen, falls dort mit sofortiger Arbeitsaufnahme zu rechnen ist (Anforderung von Arbeitskräften).

24 – **Aus- und Fortbildung** muss für das Unternehmen unmittelbaren konkreten Nutzen haben. Dieser begründet den Versicherungsschutz, wenn der Arbeitgeber die Teilnahme veranlasst oder sein Interesse mindestens durch teilweise Kostenübernahme oder bezahlte Freistellung dokumentiert (BSG SozR 2200 § 548 Nr. 90). Allgemeine oder selbst veranlasste Weiterbildung, selbst wenn sie Wissen oder Fähigkeiten aus dem Aufgabenbereich des Versicherten vermittelt, ist eigenwirtschaftlich. Für sehr eigenständig agierende Beschäftigte (zB bei eigenem Budget) oder **Unternehmer** wird man es allerdings genügen lassen müssen, wenn sie nach objektiven Kriterien aus ihrer subjektiven Sicht die Vermittlung wesentlicher, konkret betriebsnützlicher Kenntnisse bei einer Veranstaltung erwarten durften, vgl. Rn. 16.

25 – **Ausstellungen und Messen** sind wie Fortbildung zu behandeln (s. Rn. 24), es sei denn, der Unternehmer selbst beschickt die Messe.

26 – **Auslandstätigkeiten** unterliegen – soweit bei weiter bestehendem Inlandsarbeitsverhältnis Rückkehr beabsichtigt ist – den Regeln der Dienstreisen auch bei längerer Dauer (vgl. Rn. 13 f. und 18). Sofern allerdings vor Ort eine Wohnung iSd. Abs. 2 Nr. 4 gewählt wird, gelten ab Bezug die allgemeinen Regeln (BSG SozR 4–2200 § 550 Nr. 1).

27 – **Beerdigungen** von Geschäftspartnern und Kollegen werden aus persönlicher Verbundenheit oder Anteilnahme besucht (BSGE 15, 193, 194 f.). Nur wenn der Besuch vom Unternehmen gewünscht oder aus der Funktion heraus geboten ist (direkter Vorgesetzter als Unternehmensvertreter, Betriebsratsmitglied, Mitglied der Feuerwehrkappelle spielt) besteht ein wesentlicher Unternehmensbezug.

28 – **Bereitschaftsdienst** gehört zur Arbeitszeit, ist aber zu behandeln wie Pausen (s. Rn. 22). Wird er im privaten Bereich verbracht, beginnt der Versicherungsschutz ebenfalls mit der Aktivierung, zB durch einen Anruf. Bei Rufbereitschaft bestehen keine Besonderheiten.

29 – **Berufsorganisationen** aller Art können zwar auch dem einzelnen Betrieb zugute kommen, was aber nicht ausreicht um Teilnahme an Veranstaltungen allgemeiner berufspolitischer, gewerkschaftlicher oder sozialpolitischer Art in einen wesentlichen Unternehmenszusammenhang zu stellen (BSGE 42, 36, 38). Werden allerdings spezifische Kenntnisse zur betrieblichen Nutzung erworben, besteht Versicherungsschutz wie bei Fortbildung (s. Rn. 24). Zudem kann bei entsprechender Betriebsnützlichkeit die Mitarbeit in der Organisation besonders in Facharbeitsgruppen versichert sein (BSGE 30, 282, 284).

30 – **Bescheinigungen** aller Art gehören, wie das Besorgen von Behördenangelegenheiten generell, zum unversicherten persönlichen Bereich. Dies bleibt auch so, wenn ein loser Zusammenhang mit der Arbeit besteht: Arbeitserlaubnis (BSGE 36, 222); Sozialversicherungsangelegenheiten, auch Abgabe des Krankenscheins (BSGE 17, 11); Lohnsteuerangelegenheiten (BSGE 11, 154); Aufenthaltserlaubnis (BSGE 36, 222). Als vor- und nachlaufende Pflichten aus dem Arbeitsverhältnis sind Abgabe (zu Beginn) und Abholung der Arbeitspapiere (am Ende) versichert (BSGE 20, 23).

31 – **Besondere Betriebsgefahren** können bei einer privaten (also ungeschützten) Verrichtung ausnahmsweise entsprechend dem Schutzzweck der DGUV den Versicherungsschutz eröffnen, falls sie den Unfall wesentlich bewirkt (BSG SozR 3–2200 § 539 Nr. 17) und ein objektives Gefahrenpotential (Explosion, rücksichtsloser Gabelstaplerfahrer) den privaten Hintergrund verdrängt (vgl. BSG SozR 2200 § 548 Nr. 20 und 82). Ein typischer Anwendungsfall ist der Unfall durch **innere Ursache,** bei dem die Art und Schwere des gesamten Verletzungsbildes auf den besonderen Betriebsge-

fahren wesentlich mitberuht, denen der Versicherte aufgrund seiner Tätigkeit ausgesetzt war. Wenngleich der Unfall als solcher nur durch die körpereigene Ursache entstanden ist, wird der sachliche Zusammenhang durch die Beschaffenheit der Unfallstelle und ihrer erheblichen Mitursächlichkeit für die **Schwere der Verletzung** hergestellt (BSG, SozR 2200 § 548 Nr. 14, Nr. 75, Nr. 81). Bei einem Sturz auf den Boden aus innerer Ursache (zB Ohnmacht) ist das bloße Aufschlagen auf harten Stein- oder Betonfußboden nicht genügend (BSG Breithaupt 1972, 117). Anders aber durch die besondere arbeitsbedingte Situation des Aufenthaltes auf einer Treppe oder Leiter usw., wenn die Verletzungsschwere gegenüber dem Sturz auf ebener Erde gesteigert wird (vgl. BSG SozR 2200 § 548 Nr. 75).

– **Betriebliche Gemeinschaftsveranstaltungen** (Betriebsausflüge und -feiern) sind versichert, falls 32 sie der betrieblichen Verbundenheit zwischen Unternehmensleitung und Beschäftigten dienen; nur dem Zusammenhalt der Beschäftigten untereinander nicht ausreichend (LSG BY 15. 5. 2009 – L 17 U 266/06). Sie müssen von der Autorität des Unternehmers getragen sein, dh. zumindest von ihm gebilligt (BSGE 7, 249, 251) und finanziell oder anderweitig gefördert werden. Keine Pflicht zur Teilnahme gefordert, aber alle Mitarbeiter müssen eingeladen sein und Zutritt haben (BSG, SGb 1985, 240, Nr. 8). Der **Unternehmer** sollte sich wenigstens durch einen **Beauftragten** vertreten lassen, dessen Aufbruch dann auch das Ende der Feier markiert (BSGE 7, 249), sofern er nicht zur Fortsetzung einen weiteren Beauftragten ernennt. Spätestens endet die Gemeinschaftsveranstaltung, wenn nach den gesamten Umständen des Einzelfalles bei lebensnaher Betrachtung ein Übergang zu unversicherter Tätigkeit bzw. einer Privatfeier anzunehmen ist (LSG HE 26. 2. 2008 – L 3 U 71/06). Unschädlich ist die Teilnahme von **Familienangehörigen** und Gästen (BSGE 1, 179, 182 f.), die aber keinen Versicherungsschutz haben.

Soweit die Rspr. eine **Mindestteilnahme** von 20% bis 30% fordert (vgl. BSGE 7, 249, 252; 33 BSG SozR 2200 § 550 Nr. 19), ist dies ein sinnvolles Kriterium, den Förderzweck zu objektivieren. Darum sollte daran festgehalten werden für Veranstaltungen, die zwar alle übrigen Kriterien erfüllen, aber nicht ausdrücklich als Gemeinschaftsveranstaltungen ausgelobt sind. Hier hat man ein Abgrenzungskriterium zu Privatfeiern, das auch dem natürlichen Empfinden der Belegschaft entspricht (s. auch BSG 22. 9. 2009 – B 2 U 27/08 R und 04/08 R). Wurde aber eine Veranstaltung ausdrücklich als solche angekündigt, so kann man den „Betriebstreuen" nicht den Versicherungsschutz versagen, weil zu wenige erscheinen. Dies gebietet der Vertrauensschutz. Die Veranstaltung kann auf Betriebsteile, **Abteilungen** (LSG SN 26. 2. 2009 – L 2 U 53/08) oder Personen mit einheitlichen Gruppenmerkmalen (Auszubildende) begrenzt werden. Bei Kleinstbetrieben kann auch Versicherungsschutz im Rahmen einer größeren Feier bestehen (BSG SozR 2200 § 548 Nr. 30).

Versichert sind alle Aktivitäten, die mit dem Zweck der Veranstaltung vereinbar sind (BSG SozR 34 3–2200 § 548 Nr. 27), sofern sie sich in dem von der Organisation abgesteckten Rahmen bewegen. Letzteres darf – solange der sachliche Zusammenhang gewahrt bleibt – nicht zu eng gesehen werden, da solchen Aktivitäten eine gewisse Spontanität immanent ist. Die Gefährlichkeit eines Ausfluges steht dem Gemeinschaftszweck entgegen, wenn die Teilnahme nicht allen Beschäftigten zumutbar ist (BSGE 56, 283: Abenteuerfahrt). Sog. **Incentiv- oder Motivationsreisen** (idR als Prämien für ausgesuchte Personen oder Gruppen vergeben) dienen anderen Zwecken als der Verbundenheit und sind nicht versichert (BSG SozR 3–2200 § 548 Nr. 21) mit Ausnahme der vor Ort im Betriebsauftrag tätigen Organisatoren. Ebenso ist die Teilnahme an Freizeit-, Erholungs-, oder Sportveranstaltungen nicht bereits dann versichert, wenn sie vom Unternehmen organisiert oder finanziert sind (LSG HE 18. 3. 2008 – L 3 U 123/05 mwN), da dies alleine nicht ausreichend dem betrieblichen Zweck der Verbundenheitspflege dient.

– **Betriebssport** ist nicht jede vom Unternehmen angebotene sportliche Betätigung, sondern nur 35 eine, die wesentlich geeignet ist die betrieblichen Belastungen auszugleichen. Die gefestigte Rspr. (grundlegend BSGE 16, 1) fordert daher:
  aa) **Ausgleichs- nicht Wettbewerbscharakter.** Es kommen alle Sportarten in Betracht, die zur Ertüchtigung geeignet sind. Daher scheiden zB Brett- oder Kartenspiele und Motorsportarten ebenso wie nur gesellschaftlich betriebenes Kegeln oder Bowling aus, da hier keine körperliche Leistung abgefordert wird (BSG USK 73.168). Alle Mannschaftssportarten mit Gegnern (insb. Fuß- und Handball) dürfen wegen des ansonsten bestehenden Wettbewerbscharakters lediglich trainingsmäßig betrieben werden. Finden auch nur gelegentlich Punkt- oder Pokalspiele statt, ist der gesamte Sport unversichert, da natürlich nach Lage des Training anders aufgebaut ist. Die anderslautende Rspr. ist überholt (BSG SozR 4–2700 § 8 Nr. 16).
  bb) **Regelmäßigkeit.** Die unterste Grenze bilden monatliche Abstände (BSG SozR 2200 § 548 Nr. 29), weshalb Saisonsportarten wie Ski problematisch sind. Die Zwischenzeit kann jedoch mit Trockentraining usw. überbrückt werden.
  cc) **Teilnehmer im Wesentlichen Unternehmensangehörige.** Zusammenschluss aus mehreren Unternehmen ist möglich, aber nicht mit Privatleuten (BSG 27. 10. 2009 – B 2 U 29/08 R). Steht ein Betriebssportverein auch Dritten offen, fehlt auch der Sportausübung der Firmenangehörigen ein sachl. Zusammenhang mit der Tätigkeit (LSG NW 1. 7. 2008 – L 15 U 297/07).

dd) Betriebsbezogene Organisation. Einfluss des Unternehmens muss gewährleistet sein, wobei eine weitgehende Übertragung auf Dritte, auch einen Verein, möglich ist. Besonders dann ist aber eine enge Zusammenarbeit und mindestens finanzieller Einfluss zu fordern. Die Förderung einer Mitgliedschaft in allgemeinem Sportverein oder bloße Duldung einer Eigenorganisation sind zu wenig (BSGE 68, 200, 204 f.).

ee) Zeit und Dauer. Auf Grund des Ausgleichszwecks soll ein gewisser zeitlicher Zusammenhang mit der Arbeit bestehen, was bei heutiger Arbeitsorganisation selten problematisch wird (nicht bei über 100 km weiten Wochenendreisen zum Skifahren, BSG SozR 4–2700 § 8 Nr. 16).

Bei Erfüllung der Grundkriterien sind alle zusammenhängenden Arbeiten (Vorbereitung, Organisation usw.) einschließlich der Fahrten versichert, nicht aber geselliges Zusammensein und Ausflüge. Bei Fehlen der Kriterien aa), bb) oder ee) kann im Einzelfall eine betriebliche Gemeinschaftsveranstaltung vorliegen, vgl. Rn. 32 bzw. der Sport selbst Gegenstand des Arbeitsvertrages oder einer Tätigkeit als Werbeträger sein (BSG 30. 6. 2009 – B 2 U 22/08 R).

36 – **Betriebsräte, Schwerbehindertenvertrauensleute, Gleichstellungsbeauftragte und Jugendvertreter** dienen in Ausübung ihrer gesetzlichen Rechte und Pflichten wesentlich dem Unternehmen, vgl. §§ 2 Abs. 1, 74 ff. BetrVG. Diese Tätigkeit ist daher nach § 2 Abs. 1 Nr. 1 versichert (BSGE 87, 294, 296 f.).

37 – **Betriebswege**, s. Rn. 13.

38 – **Drogen** sind im Hinblick auf die Leistungseinschränkung wie Alkohol zu behandeln (BSGE 59, 193), vgl. Rn. 19.

39 – **Essen und Trinken** gehört in den persönlichen Bereich und ist unabhängig von der Arbeit erforderlich. Daher stets unversichert (BSG SozR 3–2200 § 550 Nr. 15) inklusive der Vor- und Nachbereitungen (zB Erwärmen, Brotschneiden, Abwaschen), sofern nicht besondere betriebliche Umstände hinzutreten, zB Trinken wegen **Hitze oder Staub** am Arbeitsplatz (BSG SozSich 1985, 348) oder Verletzungen, die durch besondere betriebliche **Hast** bedingt sind (BSG Breithaupt 1969, 755). Bedenklich, wenn das BSG in früheren Entscheidungen (BSG SozR A3 § 542 aF Nr. 40, § 543 aF Nr. 26) Essen dann als versichert einstuft, wenn es wegen unerwarteter Arbeitszeitverlängerung zur Erhaltung der Arbeitskraft nötig gewesen sei. Dies ist so auch bei einer normalen (langen) Schicht. Daher kann das überraschende Moment vielleicht für zusätzliche Wege, Einkäufe oÄ den sachlichen Zusammenhang herstellen, nicht aber für die Nahrungsaufnahme als solche. Nur ausnahmsweise können sachl. Zusammenhang und Unfallkausalität (vgl. Rn. 73 ff) bestehen, falls ein Arbeitsessen wesentlicher Bestandteil versicherter Tätigkeit ist und Nahrungsmittel unerkennbar **vergiftet, verdorben** oder mit **Allergenen** (BSG 30. 1. 2007 – B 2 U 8/06 R) versetzt sind. Gleiches gilt für den Umgang mit Genussmitteln, zB Rauchen. Die **Wege** zur Nahrungsmitteleinnahme bzw. zum Kauf von Nahrungsmitteln zum alsbaldigen Verzehr am Arbeitsplatz sind in der Firma und außerhalb versichert, selbst zur Essenseinnahme bei der Freundin (BSG 27. 4. 2010 – B 2 U 23/09 R); zum Kantinenbesuch vgl. Rn. 49. Der Schutz reicht von Tür zu Tür, dh. der Aufenthalt in der Gaststätte (möglich auch eigene Wohnung) oder dem Laden ist unversichert.

40 – **Freizeit** ist immer unversicherte Privatzeit, sei es im betrieblichen Schulungsheim (BSG 9, 222), auf Geschäftsreisen oder während der Überbrückung zwischen dem Schichtende und einer später angesetzten Besprechung. Ein objektiver sachlicher Zusammenhang entsteht auch nicht allein dadurch, dass die Freizeitaktivität vom Unternehmen organisiert oder finanziert wird (BSG 13. 12. 2005 – B 2 U 29/04 R, SozR 4–2700 § 8 Nr. 16).

41 – **Gefahren des täglichen Lebens** (s. Rn. 3) stehen mit der Arbeit in Zusammenhang, da regelmäßig Art, Ort, Zeit oder besondere Umstände der Arbeit den Versicherten erst in den Risikobereich gebracht haben. Dies ist natürlich anders, falls versichertereigene Umstände das Risiko wesentlich schaffen (zB privater Kuchen lockt Bienen an, Übermüdung usw.) und die betrieblichen Umstände in den Hintergrund drängen. Bei der Fortbewegung zu Fuß ist das Gehen die versicherte Tätigkeit. Das alltägliche Risiko des Gehens, nämlich **Stolpern, Umknicken, Wegrutschen** wird mit dem betrieblichen Zweck (Ziel erreichen) zu einem betrieblichen Risiko. Dieses Risiko bleibt rechtlich mitwesentlich, auch wenn ein weiteres wesentliches Moment wie ungeschicktes Verhalten oder ungeeignete Kleidung hinzutritt. Der (Auto-)Unfall durch **Unaufmerksamkeit** oder **Sekundenschlaf** bleibt geschützt, solange der Versicherte sich nicht in grober Unvernunft in diesen Zustand versetzt hat, bzw. trotz Erkennens seiner Untüchtigkeit weiter macht (vgl. LSG SH NZS 2006, 376).

42 – **Gefälligkeiten** sind privater Natur und unversichert. Dies gilt nicht, wenn zwar ohne dienstliche Verpflichtung (nicht dafür zuständig) jedoch mit Nützlichkeit für das Unternehmen auf Bitten von Kollegen oder Vorgesetzten Verrichtungen erledigt werden. Sollen für Vorgesetzte (erkennbar) **private Angelegenheiten** besorgt werden, so werden sie nicht zu dienstlichen, selbst wenn beide Partner wissen, dass hier keine Verpflichtung besteht (aA KassKomm/Ricke SGB VII § 8 Rn. 76). Falls allerdings der Beschäftigte zu Recht glaubt, dies entspräche der Betriebsüblichkeit (zB Unternehmer lässt quasi als Dienstleistung für seine Mitarbeiter bestimmte private Dinge „mitlaufen") so sollten

- **Gemischte Tätigkeiten**, s. Rn. 11. 43
- **Geschäftsreisen**, s. Rn. 13 ff. 44
- **Gesundheitsmaßnahmen** und betriebliche Sozialangebote aller Art gehören zum persönlichen 45 Bereich. Sie bleiben auch dann unversichert, wenn sich das Unternehmen an den Kosten beteiligt (Kur im firmeneigenen Heim, BSG SozR 3–2200 § 548 Nr. 5) oder Grippeschutzimpfung, BSG SozR 2200 § 548 Nr. 2). Dient eine unerwartet erforderlich werdende Maßnahme der **unmittelbaren** Erhaltung oder Wiederherstellung der Leistungsfähigkeit während oder unmittelbar vor einer Arbeitsschicht (BSG SozR 2200 § 548 Nr. 31), so besteht für die Wege zum Arzt oder zur Apotheke einschließlich des Aufenthaltes dort ein sachlicher Zusammenhang mit der Tätigkeit (BSG SozR 2200 § 550 Nr. 16). Unversichert bleiben aber die Untersuchungen, Behandlungen oder Medikamenteneinnahmen mit allen möglichen Nebenwirkungen. Ein sachlicher Bezug besteht bei **arbeitsmedizinischen Vorsorgeuntersuchungen** (§ 2 Abs. 1 Nr. 3) sowie solchen nach dem Arbeitssicherheitsgesetz (Betriebsarzt) und Impfungen usw., die spezifischen Gefährdungen der jeweiligen Tätigkeit entgegenwirken (Krankenhauspersonal, Tropenaufenthalt usw.).
- **Heimarbeiter, Telearbeit.** vgl. Rn. 15 46
- **Insektenstich**, s. Rn. 41 47
- **Jubiläumsfeiern, Ehrungen usw.** sind in ähnlichem Umfang wie betriebliche Gemeinschaftsver- 48 anstaltungen geschützt, solange der Betrieb sie ausrichtet. Der beschränkte Teilnehmerkreis ist hier ebenso wie bei anderen Veranstaltungen mit ausdrücklicher Einladung des Unternehmers unerheblich, vgl. Rn. 32 f.
- **Kantinenbesuch** wird von einem Teil der Literatur (vgl. Schmitt SGB VII § 8 Rn. 63 mwN) 49 analog zum Aufenthalt im Pausenraum (s. Rn. 22) als versichert angesehen, da die Kantinengefahren im Einflussbereich des Unternehmers lägen. Trotzdem ist die Auffassung des BSG (vgl. zB BSGE 12, 247, 250 f.; NZA 1990, 455) zu favorisieren, wonach der Versicherungsschutz entspr. einer Gaststätte an der Kantinentür endet. Ist bereits der Unterschied zur Gaststätte von nebenan, in der regelmäßig nur Kollegen verkehren, gering, so wäre jedenfalls die Ungleichbehandlung von Versicherten in Werkskantinen mit Zugang der Öffentlichkeit und solchen ohne kaum nachzuvollziehen, zumal immer öfter der Kantinenbetrieb ausgelagert ist. Somit verbleibt es bei den allgemeinen Regeln zum Versicherungsschutz beim **Essen** s. Rn. 39, die nur dann abweichend zu handhaben wären, falls der Unternehmer zum Aufenthalt in der Kantine besonderen Anlass gegeben hätte oder sich eine besondere Betriebsgefahr realisiert (vgl. Rn. 31).
- **Körperliche Reinigung** in betrieblichen Einrichtungen (oder in der Nähe, BSGE 16, 236: natür- 50 liche Gewässer) während oder direkt nach der Schicht steht im Zusammenhang mit der arbeitsbedingten Verschmutzung, dem Schwitzen usw. und ist daher versichert. Anders wenn Reinigung bzw. **Erfrischung** erst im häuslichen Bereich oder Hotelzimmer stattfindet, da eine Abgrenzung von der persönlichen Lebenshaltung nur möglich ist, falls starke betriebsbedingte Verschmutzung (Ruß, Farbe, Öle) unmittelbar nach Rückkehr entfernt werden müssen (vgl. Schmitt, SGB VII, § 8 Rn. 52) oder in der Zukunft liegende betriebliche Erfordernisse dies dringend geboten erscheinen lassen (vgl. LSG SH 10. 3. 2008 – L 8 U 59/07 mwN).
- **Krankmeldung** und Rückmeldung (anders die Abgabe des Krankenscheins vgl. Rn. 30) gehören 51 zu den arbeitsrechtlichen Pflichten und sind versichert (BSG SozR A3 § 550 Nr. 11).
- **Kündigung** gehört noch zu den in Zusammenhang mit dem Arbeitsverhältnis stehenden Hand- 52 lungen (BSGE 8, 176) ebenso wie die Abholung des eingeschriebenen Kündigungsschreibens, der Arbeitspapiere (BSGE 20, 23) oder Verhandlungen über einen Aufhebungsvertrag. Wie die Kündigungsschutzklage, Güteverhandlung und sonstige gerichtliche Auseinandersetzungen mit dem Arbeitgeber (BSG Breithaupt 1990, 797) liegt das Aufsuchen des Betriebsrates zwecks Einlegung eines Widerspruchs gegen Maßnahmen bereits im persönlichen Bereich der Rechtsverfolgung.
- **Kundenpflege** gehört wie Werbung und Anbahnung von Geschäftsbeziehungen unstr. zu den 53 betriebsdienlichen Handlungen. Probleme macht indes die Grenzziehung zum gesellschaftlichen Bereich. Werbemaßnahmen im engeren Sinne (Plakatieren, Handzettel verteilen oder Ausgabe von Mustern) sind stets primär unternehmensdienlich, jedoch können auch Gefälligkeitshandlungen, die eng mit der Geschäftsbeziehung zusammenhängen (nach Besprechung zum Bahnhof bringen, angetrunkenen Kunden nach Hause bringen) hierunter fallen. Einen strengen Maßstab verlangt das BSG zur Objektivierung und Beweisbarkeit bei allen Handlungen, die im gesellschaftlichen Umfeld (Besuch von Geschäftsjubiläen) oder vergleichbarem Privatbereich stattfinden (vgl. BSG, SozR 2200 § 548 Nr. 23). Die bloße Anwesenheit möglicher Kunden oder die eher gelegentliche Besprechung geschäftlicher Dinge reichen nicht (BSG, SozR 2200 § 548 Nr. 57), es sei denn, der Angestellte ist zu dieser Veranstaltung abgeordnet worden. Bei Beschäftigten kann oft auf die Weisungen der Vorgesetzten abgestellt werden. Für Unternehmer vgl. § 3 Rn. 4.

54 – **Nahrungsaufnahme**, s. Essen und Trinken Rn. 39 und Kantinenbesuch Rn. 49.
55 – **Medikamente** (verordnet oder frei erhältlich) sind wie Alkohol in Bezug auf die Leistungseinschränkung zu behandeln (BSGE 59, 193, 195), vgl. Rn. 19. War sich der Versicherte der Auswirkungen seines Medikamentenkonsums bei krankheitsbedingter Einnahme nicht bewusst, ist auf die Regeln zur inneren Ursache zurückzugreifen, s. Rn. 79, aber auch Rn. 31.
56 – **Neckereien und Spielereien** dienen nicht dem Unternehmen, sie schaden. Für Erwachsene besteht daher kein Versicherungsschutz, es sei denn, sie sind als Unbeteiligte Opfer bzw. der Verletzte hat sich für die anderen deutlich erkennbar von dem Treiben verabschiedet und wird gegen seinen Willen wieder hineingezogen. Bei nur geringfügiger Unterbrechung kann der Schutz – zumindest solange keine wesentliche Gefahrenerhöhung vorliegt – bestehen bleiben, wie dies dem Zweck der Veranstaltung entsprechend regelmäßig auch bei Gemeinschaftsveranstaltungen anzunehmen ist. Wegen des natürlichen Spieltriebs und der beschränkten Gefahreneinsicht greift bei **Jugendlichen** ein großzügiger Maßstab, wenn nach den individuellen Umständen altersentsprechend nicht mit Einsichtsfähigkeit zu rechnen war. Dies kann bis zur Altersgrenze von 18 Jahren berücksichtigt werden sofern gruppentypisches Verhalten der Jugendlichen bzw. betriebliche Besonderheiten zum Spielen verleiten konnten oder dem Verhalten der Jugendlichen durch Aufsichtsmängel Vorschub geleistet wurde (BSG SozR 3–2200 § 539 Nr. 34; BG 1971, 233, 234). Bei Schülern und Kindern ist der Rahmen noch weiter, da das Spielen teilweise (vgl. Tageseinrichtungen § 2 Abs. 1 Nr. 8 a) Inhalt der versicherten Tätigkeit ist, vgl. § 2 Rn. 22 und 24.
57 – **Notdurft** im Freien oder auf der Toilette ist eine typische persönliche Verrichtung, die in keinem sachlichen Zusammenhang mit der Arbeit steht und daher nur bei Mitwirkung von besonderen Betriebsgefahren (s. Rn. 31) versichert sein kann (BSG Breithaupt 1972, 117). Die Wege dorthin und zurück, mithin die Wegegefahren, stehen allerdings in sachlichem Zusammenhang, da diese Bedürfnisse naturgemäß in der Nähe der durch die Arbeit vorgegebenen Umgebung erledigt werden müssen. Die Grenze bildet die Toilettenaußentür (LSG RP 11. 8. 1998 – L 3 U 323/01).
58 – **Personaleinkauf** betrifft trotz der tätigkeitsbedingten Vergünstigung allein den privaten Interessenbereich. Er ist daher einschließlich der Wege dorthin unversichert (BSG SozR 3–2200 § 548 Nr. 22). Bei besonderen Betriebsgefahren oder kurzfristiger Unterbrechung kann weiter Schutz bestehen.
59 – **Private Verrichtungen** am Arbeitsplatz sind von der Handlungstendenz nicht auf Unternehmensnützlichkeit ausgerichtet. Ist die Unterbrechung nur geringfügig, so kann der Versicherungsschutz aufrechterhalten bleiben, s. Rn. 12. Einen einheitlichen Bewertungsmaßstab für Geringfügigkeit gibt es nicht. Aus Zeitdauer, Zweck und Gefahrerhöhung der privaten Verrichtung im Einzelfall sind die Grenzen des Versicherungsschutzes unter Berücksichtigung der Laienwertung zu bestimmen. Dabei sind Unfälle **durch** eine private Verrichtung von denen **während** der Verrichtung zu unterscheiden. Entfernt sich nämlich ein Beschäftigter von seinem Arbeitsplatz und verunglückt er dabei durch einen Betriebsvorgang, dem er ohne die Unterbrechung seiner Betriebstätigkeit nicht ausgesetzt gewesen wäre, so besteht von vornherein kein sachlicher Zusammenhang zur versicherten Tätigkeit. Erst durch seine private Tätigkeit stößt er auf die betrieblichen Einrichtungen und deren Gefahren (BSG, SozR 2200 § 548 Nr. 15).
59a – **Rauchen** ist der Privatsphäre zuzuordnen. Die Handlungstendenz ist daher bereits ab Beginn des Weges zur Raucherecke usw. privatwirtschaftlich, s. auch Rn. 59.
60 – **Richtfeste** entsprechen einer alten handwerklichen Tradition und werden seit je her in den Versicherungsschutz einbezogen (BSGE 21, 226; 41, 58, 59), wenngleich es nach heutigem Verständnis – von betrieblicher Teilnahmeanordnung abgesehen – wohl eher dem persönlichen Bereich zuzuordnen wäre, vgl. Rn. 53. Versichert sind alle, die am Bau auch bei Selbst- und Nachbarschaftshilfe nicht nur ganz unwesentlich beteiligt waren. Ähnlich sind **Erntefeste** in landwirtschaftlichen Betrieben zu würdigen.
61 – **Schlafen** im Betrieb ist selbst bei Bereitschaftsdienst uÄ. einschließlich der Vor- und Nachbereitungen (Umkleiden, Waschen Bettrichten) stets unversicherte Tätigkeit. Im Einzelfall kann ein ungeplantes Einschlafen, ähnlich wie der **Sekundenschlaf** beim Autofahren, im betrieblichen Zusammenhang stehen, falls es die Folge anstrengungsbedingter **Übermüdung** ist.
62 – **Schulunfälle**, s. § 2 Rn. 23 f.
63 – **Selbstversuche** und das freiwillige Mitwirken bei Erprobungstests von Beschäftigten sind als Ausfluss der Arbeit besonders im wissenschaftlichen Umfeld zu sehen und versichert. Im Einzelfall kann bei gesonderter Honorierung und entsprechendem Vertrag wie bei **Betriebsfremden** eine unternehmerische Tätigkeit anzunehmen sein. Ein Ausschluss des Versicherungsschutzes nach § 101 Abs. 1 ist zu verneinen, da die Versuchspersonen von positiven Ergebnissen ausgehen und mithin regelmäßig keinen bedingten Selbstschädigungsvorsatz haben, die insoweit von ausreichenden Schutzvorkehrungen ausgehen dürfen (Fürsorgepflicht des Unternehmers).
64 – **Streitigkeiten** unter Beschäftigten stehen im Zusammenhang mit der Tätigkeit, wenn Ausgangspunkt betriebliche Probleme oder solche mit dem versicherten Weg sind (BSGE 13, 290, 291; 18,

106, 109). Ein unbeteiligter Dritter ist unabhängig vom Grund, dh. auch bei privaten Streitigkeiten in die er hineingezogen wird, versichert. Ähnlich wie bei der Spielerei wird man Kindern und Jugendlichen einen weiteren Maßstab zubilligen müssen, vgl. Rn. 56.

- **Strafbare Handlungen,** sofern denn hier überhaupt ein sachlicher Zusammenhang iSd. Unternehmensnützlichkeit hergestellt werden kann, führen nicht zum Ausschluss des Versicherungsfalles (§ 7 Abs. 2, vgl. dort Rn. 6). Nach pflichtgemäßem Ermessen können sie dem Versicherungsträger zum (teilweisen) Versagen der Leistung Anlass geben. Ermessensgesichtspunkte sind uA der Einfluss des Unternehmens auf die Tat, das Gefährdungspotential sowie die Schwere von Tat und Schuld. 65

- **Streikverrichtungen** sind unversichert, da nicht unternehmensdienlich. Ein Streikhelfer kann jedoch wie ein Beschäftigter für die Gewerkschaft tätig sein (BSG SozR 2200 § 539 Nr. 83), sofern seine Aufgaben über die eines normalen Mitgliedes hinausgehen. Ähnlich losgelöst von den Betriebsaufgaben ist die Teilnahme an Demonstrationen zu werten, selbst wenn Arbeitgeber, Betriebsrat oder Gewerkschaften dazu aufrufen (Lauterbach/Schwertfeger § 8 Rn. 190). 66

- **Tanken** ist im Normalfall dem privaten Bereich zuzuordnen, auch wenn es eine Vorbereitung für Dienstfahrten oder Wege zur Arbeit ist (BSGE 16, 77, 78). Ausnahmsweise kann das Tanken und die damit verbundenen Verrichtungen (Bezahlen usw.) versichert sein, wenn auf einem versicherten Weg das konkret anstehende Fahrtziel – auch unter Ausnutzung des Reservetankes – anderweitig nicht mehr erreicht werden könnte (BSG SozR 2200 § 550 Nr. 39). 67

- **Überfälle, Körperverletzungen oder terroristische Anschläge** sind vom Grundsatz her dem persönlichen Lebensbereich zuzuweisen, natürlich nur soweit sie der Person, nicht dem Beschäftigungsunternehmen gelten. Ein sachlicher Zusammenhang zum Unternehmen besteht auch auf Wegen, wenn das Tatmotiv aus dem betrieblichen Bereich (zB Entwendung transportierter Firmengelder, BSGE 17, 75) stammt, oder – selbst bei privatem Angriffsmotiv bzw. Personenverwechslung (BSGE 26, 45, 47) – der Täter sich betriebliche Umstände zur Durchführung der Tat zu Nutze macht (Waffe aus Unternehmen, Dunkelheit, besondere Beschaffenheit der Umgebung). Wird der Überfallene bei versicherter Tätigkeit oder auf einem versicherten Weg betroffen, greift bis zum Nachweis persönlicher Tatmotive, für die der UvTr beweispflichtig ist, zu seinen Gunsten die Vermutung der Unfallkausalität (s. Rn. 73 ff., im Ergebnis ebenso LSG HE 12. 2. 2008 – L 3 U 82/06). Der Angriff durch einen mitgenommenen Anhalter ist dagegen unversichert (LSG TH 30. 7. 2003 – L 1 U 568/01), da er sich nur allgemeine, nicht betriebsspezifische Umstände nutzt. Für **Vergewaltigungen** greifen die gleichen Wertungen. Das bloße Ausnutzen der Vorgesetzten- oder Ausbilderfunktion zu einer Vergewaltigung in der Freizeit bildet keinen hinreichenden Bezug zum Betrieb (BSG SGb 2002, 455 m. Anm. Hans). Anders bei einer Prostituierten, die gegen ihren Willen von einem abgelehnten Freier vergewaltigt wird (Leube SozVers 2002, 85, 90). 68

- **Urlaub** bleibt auch bei betrieblicher Förderung durch Ferienheime des Unternehmens oder Verbilligungen privatwirtschaftlich (BSGE 9, 222). Wird der Versicherte aus dem Urlaub abberufen oder direkt zu einem Einsatz geschickt, ist der entspr. Weg versichert, wobei auch eingeschobene Betriebsaktivitäten nach allgemeinen Grundsätzen im sachlichen Zusammenhang stehen können. 69

- **Vorbereitungstätigkeiten** zur Arbeit oder zu Wegen stehen nur bei unabdingbarer und streng spezifischer Notwendigkeit für die nachfolgende dienstliche Verrichtung im sachlichen Zusammenhang. Der ist zB nicht gegeben, beim Wagenwaschen (LSG BY 7. 10. 2009 – L 17 U 395/06), beim Holen eines andernorts liegengelassenen Schlüssels, der erst am nächsten Tag im Betrieb benötigt wird (BSG SGb 2005, 171 m. Anm. Jung) oder Besorgung einer Zeitkarte für die Arbeitswege des nächsten Monats (vgl. BSGE 7, 255), wohl aber das Holen einer zu Hause vergessenen Brille nach Erreichen des Betriebes (BSG SozR 2200 § 550 Nr. 25), die Besorgung des benötigten Arbeitsmaterials vor Tätigkeitsbeginn sowie der **Beseitigung von Hindernissen** (Schneeschaufeln zur Vermeidung des Festfahrens, BSG 28. 9. 1999 – B 2 U 33/98 R). 70

- **Vorstellungen** bei neuen Arbeitgebern gehören zum persönlichen Bereich (vgl. aber Rn. 23), auch wenn eine Einladung vorliegt. Vorbereitungshandlungen nach Einstellung aber noch vor Tätigkeitsaufnahme sind zumindest dann im sachlichen Zusammenhang mit der späteren Aufgabe, wenn sie mit dem Arbeitgeber abgesprochen oder von ihm verlangt sind. 71

- **Zigarettenpausen** auf oder außerhalb des Werksgeländes sind nicht versichert, da sie nicht der Erhaltung der Arbeitskraft dienen (BSG NZA 2001, 1134). 72

E. Unfallkausalität

I. Begriff

Der Begriff Unfallkausalität für den **Zusammenhang zwischen der Verrichtung zur Zeit des Unfalls und dem Unfallereignis** wurde mit Urteil des BSG vom 9. 5. 2006 (B 2 U 1/05 R) eingeführt. Die Unfallkausalität (in der älteren Rspr. noch als haftungsbegründende K. verstanden, vgl. Schönberger, S. 22 mwN) betrachtet die Ereignisseite des Unfallgeschehens losgelöst vom Körper- 73 schaden und identifiziert von mehreren möglichen Auslösern den oder die ursächlichen. Erst im nächsten Schritt – der haftungsbegründenden Kausalität – wird die Schadensseite dahingehend untersucht, ob der körperliche Erstschaden auf dieser Verrichtung beruht. Nach der aktuellen Dogmatik des BSG (vgl. BSG SGb 2008, 52 m. Anm. Holtstraeter) ergibt sich daher ein **vierstufiges Prüfmodell** für den Zusammenhang, das in seiner sachlogischen Klarheit zur Begrenzung der Kasuistik beiträgt. Die ersten drei Stufen stellen die Voraussetzungen des Versicherungsfalles fest: Stufe 1 = sachlicher oder innerer Zusammenhang (Rn. 8), Stufe 2 = Unfallkausalität, Stufe 3 = haftungsbegründende Kausalität (Rn. 83). Die Stufe 4 = haftungsausfüllende Kausalität prüft einen Zusammenhang des Erstschadens mit evtl. Folgeschäden für die Leistungsfälle der Rehabilitation und Kompensation gem. §§ 26ff. (vgl. Rn. 93ff.), s. hierzu Becker, Neues Prüfchema für Arbeitsunfälle und Berufskrankheiten, MED SACH 4/2010, 145, 147ff).

II. Beweisanforderungen

74   **1. Eine Ursache.** Die Unfallkausalität bedarf – anders als die übrigen Stufen – im Regelfall keiner positiven Feststellung. Fehlen andere **naturwissenschaftlich-philosophische Ursachenmöglichkeiten** aus dem nichtversicherten Bereich wird die Unfallkausalität aus dem bestätigten sachlichen Zusammenhang heraus **vermutet.** Dies rechtfertigt sich vor dem Hintergrund, dass in der Praxis häufig kaum nachvollziehbar ist, warum sich der Unfall konkret gerade so zugetragen hat. Nach einhelliger Auffassung wird dementsprechend für das Unfallereignis kein besonderes Geschehen gefordert (vgl. Rn 3). Zu belegen, welche konkreten Ursachen das Geschehen bewirkten (Stolpern über die eigenen Füße oder Umknicken auf einem Steinchen?), würde dem Versicherten die Feststellungslast für etwas auferlegen, was in vielen Fällen weder aufklärbar noch aufklärungsbedürftig ist. Zu Recht fordert das BSG mithin erst dann die positive Feststellung der Unfallkausalität der versicherten Tätigkeit, wenn im **Vollbeweis** (s. Rn. 6) die tatbestandlichen Grundvoraussetzungen einer möglicher **Konkurrenzursache** aus dem nicht versicherten Bereich gesichert sind. Denn kann eine in Betracht zu ziehende Konkurrenzursache in ihren Grundvoraussetzungen nicht festgestellt werden, so scheidet sie bereits im naturwissenschaftlich-philosophischen Sinne als Ursache aus (BSG SozR 3–2200 § 548 Nr. 11).

75   **2. Konkurrenzursachen.** Solche Konkurrenzursachen des Unfallereignisses aus dem nichtversicherten Bereich können sein: innere Ursachen (Vorerkrankungen oder Veranlagungen, s. Rn. 79), unerhebliche Unterbrechung dienstlicher Tätigkeiten oder Wege (vgl. Rn. 12, 59), gemischte Tätigkeiten mit privaten und dienstlichen Elementen (Rn. 11), eingebrachte Gefahren (Rn. 80) oder Gefahrerhöhungen aus dem privaten Verantwortungsbereich wie etwa bei privaten Schlägereien, Spielereien oder Überfällen (vgl. Rn. 56, 64, 68) im Betrieb oder auf versicherten Wegen. Der bloße Nachweis des Vorhandenseins eines dieser zusätzlichen Risiken im örtlichen oder zeitlichen Umfeld des Unfallereignisses reicht indes noch nicht, die Vermutung zu erschüttern. Die **Mitwirkung** der Konkurrenzursache(n) im naturwissenschaftlich-philosophischen Sinn, dh. ihre konkrete Beziehung zum Unfallereignis (conditio sine qua non), muss mindestens im **Wahrscheinlichkeitsmaßstab** feststehen (BSG 30. 1. 2007 – B 2 U 23/05 R). Die hinreichende Wahrscheinlichkeit liegt vor, wenn bei Abwägung aller Umstände den für den Kausalzusammenhang sprechenden Umständen ein deutliches Übergewicht zukommt (BSGE 45, 285, 286). Kann danach aus dem sachlichen Zusammenhang nicht mehr auf die Verursachung des Ereignisses geschlossen werden, weil zwei oder mehr Bedingungen naturwissenschaftlich-philosophische Ursachenbeziehungen zum Erfolg ausweisen, ist die Zurechnung in einem weiteren Schritt nach der Lehre von der **rechtlich wesentlichen Bedingung** wertend zu treffen.

III. Rechtlich wesentliche Bedingung

76   Die Theorie der rechtlich wesentlichen Bedingung beruht, genau wie die im Zivilrecht geltende Adäquanztheorie, auf der naturwissenschaftlich-philosophischen Bedingungstheorie als Ausgangsbasis. Nach dieser ist jedes Ereignis Ursache eines Erfolges, das nicht hinweggedacht werden kann, ohne das der Erfolg entfiele (conditio sine qua non). Aufgrund der Unbegrenztheit der naturwissenschaftlich-philosophischen Ursachen ist für die praktische Rechtsanwendung in einer weiteren Prüfungsstufe die Unterscheidung zwischen solchen Ursachen notwendig, die rechtlich für den Erfolg verantwortlich gemacht werden und den anderen, für den Erfolg unerheblichen Tatsachen. Als kausal und rechtserheblich werden nur solche Bedingungen angesehen, die wegen ihrer **besonderen Beziehung zum Erfolg** zu dessen Eintritt wesentlich mitgewirkt haben. Wesentlich ist nicht gleichzusetzen mit gleichwertig oder annähernd gleichwertig. Auch eine nicht annähernd gleichwertige, sondern rechnerisch niedriger zu bewertende Ursache kann für den Erfolg rechtlich wesentlich sein, solange die anderen Ursachen **keine überragende Bedeutung** haben. Welche Ursachen wesentlich sind und welche nicht, muss aus der Auffassung des **praktischen Lebens** abgeleitet werden (ständige Rspr. zusammenfassend mwN BSG 9. 5. 2006 – B 2 U 1/05 R). Die Feststellungen der Wesentlichkeit sind keine beweisbedürftige Tatbestandsfrage, sondern Rechtsfrage (KassKomm/Ricke SGB VII § 8 Rn. 257).

SGB VII – Gesetzliche Unfallversicherung § 8 SGB VII 70

Gesichtspunkte für die Beurteilung der besonderen Beziehung zum Erfolg sind neben der Art 77
und des Ausmaßes der Einwirkung der möglichen Ursachen der Schutzzweck der Norm (BSGE 38,
127, 129), die Eigenarten der Person des Betroffenen (BSGE 11, 50, 54), die räumlichen Beziehungen und die zeitliche Abfolge. Eine Bedingung ist aber nicht schon deshalb als wesentlich anzusehen,
weil sie die Letzte ist und den Eintritt des Erfolges sichtbar gemacht hat (BSGE 13, 40, 42; 38, 127,
129).

Es kann **mehrere** rechtlich wesentliche Ursachen geben. Haben mehrere Bedingungen gleichwertig 78
oder annähernd gleichwertig zum Erfolg beigetragen, so ist **jede** von ihnen wesentlich. Ist jedoch
eine Ursache gegenüber mehreren Ursachen gemeinsam gegenüber einer anderen von überragender
Bedeutung so ist oder sind nur die erstgenannten Ursachen **allein wesentlich** im Rechtssinne und
damit Ursachen iSd. Sozialrechtes (BSGE 12, 242, 245 f.; 13, 175, 176).

IV. Innere Ursache

Innere Ursache ist ein Sammelbegriff für körpereigene Zustände, Defizite oder krankhafte Erschei- 79
nungen eines Versicherten, die einen Unfall entweder auslösen bzw. verursachen oder anlässlich einer
betrieblichen Gegebenheit offenkundig werden lassen. Gemeinsames Kriterium ist der Umstand, dass
der regelwidrige Körperzustand betriebsnah im zeitlichen Umfeld eines versicherten
Tatbestandes akut wird (**epileptischer Anfall** (LSG BE/BB 20. 8. 2009 L 3 U 1027/05) nur wenn er
sich nachweislich auf das Ereignis ausgewirkt hat (BSG 17. 2. 2009 – B 2 U 18/07 R); Meniskuseinklemmung; Aneurysma platzt; **plötzlicher Herztod** bei extrem herabgesetzter Belastbarkeit der
Herzkranzgefäße (st. Rspr. LSG TH 29. 7. 2008 – L 3 U 1057/07 mwN), s. § 63 Rn. 8), die Ursache
für das Geschehen aber im körpereigenen Bereich zu suchen ist. Der Zusammenhang mit der unmittelbar ausgeübten Tätigkeit fehlt allerdings dann, wenn die innere Ursache **rechtlich allein wesentliche Bedingung** (vgl. Rn. 76, 78) für den Eintritt des Ereignisses ist (BSG SozR 3–2200 § 548
Nr. 14). Ist die Entstehung der Verletzung rechtlich wesentlich, nicht unbedingt überwiegend, durch
die Verrichtung mitbedingt, bleibt zwar die Unfallkausalität erhalten, bei der haftungsbegründenden
Kausalität ist aber zu prüfen, inwieweit Teile des Gesamtzustandes nicht Ausdruck des Erstschadens
sondern der vorbestehenden Konstitution des Versicherten sind (vgl. Rn. 84 f.). Die Feststellungslast
für den sachlichen Zusammenhang mit der versicherten Tätigkeit trägt der Versicherte. Kann dies
nicht belegt werden, kommt es auf das Vorliegen einer inneren Ursache nicht an (vgl. Rn. 6 aE).
Steht eine innere Ursache allerdings fest, ist sie bei entsprechendem biomechanischem Wirkprinzip
ein Indiz gegen den Unfallzusammenhang. Zur Mitursächlichkeit einer **besonderen Betriebsgefahr**
für die Schwere der Verletzung s. Rn. 31. Unfall aus innerer Ursache ist auch der Sturz eines Gehbehinderten auf Grund des **Bruches seiner Gehstütze** oder durch **Trunkenheit,** falls die alkoholbedingte Beeinträchtigung der Leistungsfähigkeit die allein wesentliche Ursache war.

V. Eingebrachte Gefahr

Ähnlich der inneren Ursache fehlt die Unfallkausalität, wenn ein Versicherter bei einer betriebli- 80
chen Tätigkeit oder einem versicherten Weg einer Gefahr erliegt, die er mit sich führt und die seiner
Privatsphäre zuzurechnen ist (Becker, Der Arbeitsunfall, SGb 2007, 721, 727). Beispiele sind der Biss
eines mitgeführten Hundes (BSGE 30, 14), Fahrradsturz wegen mitgeführter eigener Eisenrohre oder
den Schnitt beim Griff in die Aktentasche durch mitgeführtes Messer (BSG SozR 2200 § 550
Nr. 37).

VI. Selbstgeschaffene Gefahr

Leichtsinniges und unüberlegtes Handeln schließt den Zusammenhang mit der betrieblichen Ver- 81
richtung ebenso wenig aus wie Selbstverschulden des Unfalls durch Fehler uÄ., vgl. § 7 Rn. 6. Wird
aber aus betriebsfremden Motiven die Gefahr bei einer versicherten Tätigkeit erst geschaffen oder
extrem erhöht, spricht man von einer selbstgeschaffenen Gefahr. Es handelt sich wegen der parallel
verfolgten privaten Motive um eine gemischte Tätigkeit (s. Rn. 11), bei der die realisierte Gefahr
wesentlich allein von den eigenwirtschaftlichen Zwecken ausgeht, sodass keine Unfallkausalität besteht (BSGE 42, 129, 133). Die Rspr. hat die Kriterien stets zurückhaltend angewandt und nur dann
den Zusammenhang verneint, wenn das Verhalten des Versicherten sich in so hohem Maße sorglos
und vernunftwidrig darstellt, dass er mit einem Unfall rechnen müsste (Sonnenbaden auf dem Laufsteg eines fahrenden Tanklastzuges, BSGE 64, 159, 161; Überqueren der Autobahn zum Zigarettenholen, obwohl nahegelegene Brücke, BSG 31. 5. 1967 – 2 RU 75/64).

VII. Selbsttötung

Obgleich ein Selbstmord wegen der Freiwilligkeit der Einwirkung von außen normalerweise den 82
Unfallbegriff nicht ausfüllt, kann die versicherte Tätigkeit dann wesentliche Bedingung für den Freitod sein, wenn zwar der Unfall keine körperlich-organischen oder psychischen Gesundheitsschäden

Holtstraeter 1849

bewirkt, der Entschluss zum Selbstmord aber auf Motive zurückgeht, die ihrerseits mit dem Unfallereignis im ursächlichen Zusammenhang stehen (BSGE 54, 184). Unfreiwilligkeit kann auf Grund eines psychischen Schocks bestehen, der eine wesentliche Beeinträchtigung der Willensbestimmung bedingt (LSG BY 29. 4. 2008 – L 18 U 272/04). Die Unfallkausalität ist gleichfalls gegeben, falls die Selbsttötung die Reaktion auf spezielle berufsbedingte Umstände ist (sog. Bilanzselbstmord: versehentliche Tötung eines Kollegen, LSG BY Breithaupt 1969, 475; Betriebsratsvorsitzender, LSG HE Breithaupt 1979, 862).

F. Haftungsbegründende Kausalität

I. Begriff

83 Der Zusammenhang zwischen versichertem Ereignis und Gesundheitsschaden wurde früher überwiegend haftungsausfüllende Kausalität genannt. Heute verwendet das BSG zur größeren Klarheit diesen Begriff zur Differenzierung der gesundheitlichen Folgeschäden auf der Rechtsfolgenseite (BSG 9. 5. 2006 – B 2 U 1/05 R, s. Rn. 73). Die Schadenszurechnung auf der Tatbestandsseite zwischen Unfallereignis und **gesundheitlichem Erstschaden,** einschließlich des sofortigen Unfalltodes, wird jetzt als die haftungsbegründende Kausalität bezeichnet. Sie dient der Abgrenzung zwischen dem betrieblichen und dem persönlichen Risiko.

84 Auch für diesen Zusammenhang gilt die **Theorie der wesentlichen Bedingung** (s. Rn. 76 ff.), nach der bei konkurrierenden Bedingungen aus dem versicherten Ereignis und dem körpereigenen Zustand nur die Bedingung rechtserheblich für den Eintritt des Gesundheitsschadens ist, die wegen ihrer besonderen Beziehung zum Erfolg zu dessen Eintritt wesentlich mitgewirkt hat. War das Unfallereignis nur eine Bedingung im naturwissenschaftlich-philosophischen Sinne, hat es demnach den Gesundheitsschaden nicht wesentlich mitbewirkt, so ist es nach der Lehre von der wesentlichen Bedingung keine Ursache des Schadens. Als Kriterien zur Beurteilung des Erfolges können, neben den in Rn. 77 genannten, Art und Ausmaß des Ereignisses, der ärztlich dokumentierte Zustand vor dem Ereignis, die Befunde und Diagnosen des erstbehandelnden Arztes und das Verhalten des Verletzten nach dem Unfall herangezogen werden. Ist nach der Bewertung in der Unfallmedizin ein Bewegungsablauf biomechanisch **generell nicht geeignet** (s. Rn. 86), eine relevante Krafteinwirkung am fraglichen Zielorgan zu bewirken, so kann im Einzelfall bereits die naturwissenschaftlich-philosophische Verursachungsmöglichkeit fehlen (vgl. LSG BW 10. 3. 2008 – L 1 U 2511/07 + 12. 11. 2009 – L 10 U 3951/08), s. auch Rn. 92. Allein aus dem Fehlen einer **inneren Ursache** (vgl. Rn. 79) oder diesbezüglicher Beweislosigkeit darf nicht im Umkehrschluss die haftungsbegründende Kausalität bejaht werden, da stets die **positive Feststellung** des Schadensbezuges zum Ereignis gefordert ist (vgl. LSG NW 16. 4. 2008 – L 17 U 131/07), s. auch Rn. 86 ff.

II. Erstschaden

85 Als Gesundheitsschaden genügt jeder körperliche, geistige oder seelische regelwidrige Körperzustand im Sinne des Gesundheitsbegriffs der SozV (BSGE 61, 113, 116). Auch der **sofortige Tod** kann Erstschaden sein. Ein bestimmter Mindestumfang ist nicht gefordert, ebenso nicht Behandlungsbedürftigkeit oder Ausfall in der Organschaden. **Schockzustände** oder **psychische Beeinträchtigungen,** wie sie aus dem Miterleben eines Unfalls (Lokführer) oder Überfalls (Bankkunde) herrühren, sind den Organschäden gleichgestellt. Als Gesundheitsschäden definiert sind zudem Schädigung oder Verlust eines Hilfsmittels (Abs. 3, vgl. Rn. 135). **Vorschäden,** die bereits zum Zeitpunkt des Ereignisses nachweislich vorlagen, gehören unabhängig von ihrer Entstehungsart (anlagebedingt, erworben oder durch einen früheren privaten oder dienstlichen Unfall verursacht) nicht zum Erstschaden. Bei Unfällen aus **innerer Ursache** (vgl. Rn. 79), die durch das Mitwirken einer **besonderen Betriebsgefahr** im sachlichen Zusammenhang stehen (zB Herzinfarkt auf Leiter mit Beinbruch beim Sturz, vgl. Rn. 31), gehören die auslösenden körpereigenen Zustände (hier: Herzinfarkt) mit deren direkten Folgezuständen nicht zum Erstschaden, sondern nur die der Betriebsgefahr zuzuordnenden Verletzungen usw. (hier: Beinbruch) mit deren Folgen.

86 Die **generelle Eignung** eines Unfallablaufes aufgrund biomechanischer Grundregeln, traumatologischer Erkenntnisse oder sonstiger allgemein anerkannter medizinisch-wissenschaftlicher Erkenntnisse den diskutierten Gesundheitsschaden zu bewirken, ist eine logische Voraussetzung einer jeden Zusammenhangsprüfung. Sie basiert auf dem allgemeinen beweisrechtlichen Grundsatz, dass die Beurteilung medizinischer Ursache-Wirkungs-Zusammenhänge auf dem **aktuellen medizinischen Wissensstand** aufbauen soll. Dieser wissenschaftliche Erkenntnisstand ist daher kein eigener Prüfungspunkt, sondern die wissenschaftliche Grundlage, auf der die geltend gemachten Gesundheitsstörungen des konkreten Einzelfalles zu beurteilen sind (BSG 9. 5. 2006, SGb 2007, 242 m. Anm. Keller). Gibt es allerdings zu einer Problematik keinen allgemein anerkannten medizinisch-wissenschaftlichen Erkenntnisstand, kann in Abwägung der verschiedenen Auffassungen einer nicht nur vereinzelt vertretenen Auffassung gefolgt werden (BSG SozR D 2 § 128 SGG Nr. 33). **Plausibilität** der individuellen Einzel-

fallbewertung mit den allgemein vertretenen medizinischen Grunderkenntnissen wird indes mindestens zu fordern sein. Lässt sich dem Geschehensablauf eine zum Erstschaden passende **Unfallmechanik** nicht entnehmen, scheitert also die Zuordnung des Gesundheitsschadens zu der Einwirkung von außen, sind die Merkmale des Unfallbegriffs (vgl. Rn. 4 f.) nicht erfüllt. Des Nachweises eines Vorschadens, bzw. einer anderen Alternativursache für den Schaden bedarf es hierzu nicht (LSG BE/BB 3. 4. 2008 – L 3 U 179/06). Denn aus dem Fehlen einer von vielen denkbaren Alternativursachen lässt sich auch im Umkehrschluss nicht die beweispflichtige Haupttatsache herleiten.

III. Beweisanforderungen

Der **Erstschaden** ist – soweit möglich und nötig mit Diagnosebezeichnung und -schlüssel eines 87 anerkannten Verschlüsselungssystems – im **Vollbeweis** (vgl. Rn. 6) festzustellen. Zwar ist besonders bei schweren Verletzungen für die Feststellung des Versicherungsfalles die genaue und detaillierte Beschreibung des Gesundheitsschadens unerheblich, da die Feststellbarkeit eines Erstschadens als solcher hierzu hinreichend ist. Jedoch ist der Erstschaden die Basis für ggf. erst nach Jahren erfolgende Feststellungen von Folgeschäden. Der konkreten und detaillierten Beschreibung ist daher zum Rechtserhalt für evtl. Leistungsfälle eine hohe Bedeutung beizumessen. Besonders allgemein gehaltene Diagnosen wie Prellung oder Zustand nach Kopftrauma mögen als Erstdiagnose ausreichen. Eine Folgediagnose lässt sich hierauf regelmäßig nicht stützen. Da die Wahrscheinlichkeit oder Möglichkeit einer Erstdiagnose nicht genügend ist, wird insoweit keine positive Folgeschadenfeststellung gelingen.

Besonders bei **psychischen Reaktionen** ohne laienhaft erkennbare Funktionsstörungen (vgl. BSG 88 9. 5. 2006 – B 2 U 1/05 R), bei fraglicher Schadenssituation aufgrund später Schadensanzeige oder bei mehreren naturwissenschaftlich-philosophischen Bedingungen für den Gesundheitsschaden, die einer Wertung nach ihrer Wesentlichkeit zugeführt werden müssen, wird man bereits zur Feststellung des Erstschadens eine hinreichend konkrete Erstschadensbeschreibung fordern müssen (vgl. auch Rn. 93). Die **Feststellungslast** für den Schadensnachweis trägt der Versicherte. Vorschäden und anlagebedingte oder erworbene Körperzustände sind, sofern das zur Abgrenzung beim Erstschaden erforderlich ist, vom UvTr mit hoher Wahrscheinlichkeit zu beweisen.

Für die **medizinischen Zusammenhangsfragen (Kausalität)** wird dem großen Beurteilungs- 89 spielraum, der auf Grund selten bestehender Diagnoseunsicherheiten und der Begrenzungen der medizinisch-naturwissenschaftlichen Erkenntnisfähigkeit und Beurteilungsmöglichkeit erzwungen wird, mit herabgesetzten Beweisanforderungen Rechnung getragen. Der Zusammenhang zwischen Unfallereignis und Gesundheitserstschaden muss **wahrscheinlich** gemacht werden. Die sog. hinreichende Wahrscheinlichkeit ist erreicht, wenn mehr für als gegen den Zusammenhang spricht und **ernste Zweifel ausscheiden;** die reine Möglichkeit genügt nicht (BSG 9. 5. 2006 – B 2 U 1/05 R; BSGE 19, 52). Die für den Kausalzusammenhang sprechenden Umstände sollten die Übrigen klar und nachvollziehbar überwiegen, da anderenfalls Beweislosigkeit vorliegt. Allein aus der Abwesenheit konkurrierender Ursachen folgt nicht die Ursächlichkeit des geltend gemachten Ereignisses (LSG BY 22. 4. 2009 – L 18 U 301/06). Die Kausalitätsbeurteilung hat auf der Basis des aktuellen wissenschaftlichen Erkenntnisstandes zu erfolgen (LSG BE/BB 27. 5. 2010 – L 31 U 336/08).

Die Beweiserleichterungen zur Anerkennung einer Berufskrankheit bei **Infektionen** (BK 3101 der 89a Anlage zur BKV, s. § 9, Rn. 27) können nicht auf den Arbeitsunfall übertragen werden. Hier ist neben der erhöhten Ansteckungsgefahr auch die Verursachung der Infektionskrankheit mit Wahrscheinlichkeit nachzuweisen (BSG 2. 4. 2009 – B 2 U 29/07 R).

IV. Verschlimmerung

Begrifflich kann eine Verschlimmerung nur vorliegen, wenn die zu beurteilende Gesundheitsstö- 90 rung vor Eintritt des Versicherungsfalles bereits als klinisch manifester, mit objektivierbaren Veränderungen verbundener Krankheitszustand vorhanden war (Schönberger, S. 34). Sie ist uvrechtl. als Entstehung eines Erstschadens zu werten.

Sog. **ruhende Schadensanlagen** sind entweder keine naturwissenschaftlich-philosophischen Ursa- 91 chen, weil sie klinisch unauffällig und auch in absehbarer Zukunft ohne Krankheitswert geblieben wären, oder sie waren im Ereigniszeitpunkt so leicht ansprechbar, dass auch jede andere, alltäglich vorhandene, ähnlich gelagerte Belastung sie hätte auslösen können, sodass das betriebliche Ereignis keine rechtlich wesentliche Bedingung des Zustandes ist (BSG SGb 1967, 539, vgl. Rn. 92). Wird indes der Grundzustand durch das versicherte Ereignis so verändert, dass der Gesundheitszustand in seinem jetzigen Erscheinungsbild wesentlich weiterentwickelt ist (Verschlimmerung ieS), so ist ursächlich nur der Verschlimmerungsanteil. Der abgrenzbare Vorzustand ist kein Bestandteil des Erstschadens. Zur Differenzierung der Verschlimmerung im länger andauernden Krankheitsverlauf vgl. Rn. 99 ff.

V. Gelegenheitsursache

Die Ursachen, die zwar bei naturwissenschaftlicher Betrachtung eine Bedingung darstellen, die aber 92 im Bewertungsschritt als **unwesentlich** für den eingetretenen Erfolg ausscheiden, stellen keine Ursache iSd. Sozialrechts dar, vgl. Rn. 84. Sie können als **Auslöser** oder Gelegenheitsursache bezeichnet werden (BSGE 62, 220, 222; LSG BY 24. 2. 2010 – L 17 U 30/06). Dass der Begriff der Gelegenheitsursache durch die **Austauschbarkeit** der versicherten Einwirkung gegen andere alltäglich vorkommende Ereignisse gekennzeichnet ist, berechtigt nicht zu dem Umkehrschluss, dass bei einem gravierenden, nicht alltäglichen Unfallgeschehen ein wesentlicher Unfallbeitrag ohne Weiteres zu unterstellen ist (BSG 9. 5. 2006 – B 2 U 1/05 R). Sozialversicherungsrechtlich ist nämlich allein relevant, ob das versicherte Ereignis ursächlich ist. In diesem Zusammenhang kann den konkurrierenden Ursachen allenfalls indizielle Bedeutung beigemessen werden, ansonsten ist deren Kausalbeitrag unerheblich. Für den Fall, dass die kausale Bedeutung einer äußeren Einwirkung mit derjenigen einer bereits vorhandenen krankhaften Anlage zu vergleichen und abzuwägen ist, ist darauf abzustellen, ob die Krankheitsanlage so stark oder so leicht ansprechbar war, dass die Auslösung akuter Erscheinungen aus ihr keiner besonderen, in ihrer Art unersetzlichen Einwirkungen bedurfte (BSGE 62, 220, 222 f.). Denn die DGUV schützt ohne Risikoausschlüsse den Versicherten in dem Zustand, in dem er den Versicherungstatbestand erfüllt, also einschließlich vorhandener Krankheitsanlagen (LSG BW 15. 10. 2009 – L 10 U 2011/09).

G. Haftungsausfüllende Kausalität

I. Begriff

93 Nur noch der Zusammenhang zwischen dem Gesundheitserstschaden und den gesundheitlichen **Folgeschäden** wird heute unter die haftungsausfüllende Kausalität subsummiert s. Rn. 73, 83. Das Fortbestehen des Erstschadens oder durch ihn bedingte Weiterentwicklungen der Unfallfolgen sind keine Voraussetzung für die Anerkennung eines Arbeitsunfalls, sondern für die Leistungsansprüche der §§ 26 ff. (Heilbehandlung, Teilhabe, Rente usw.). Die haftungsausfüllende Kausalität ist erst im Rahmen dieser Ansprüche zu prüfen, wird indes aus systematischen Gründen hier dargestellt.

94 Sie hat ihren Bezugspunkt immer im Erstschaden, dessen Entwicklung ggf. im Zusammenwirken mit anderen ebenfalls wesentlichen Ursachen sich im Folgeschaden darstellen muss. Auch für den **Folgeschaden**, der wie der Erstschaden im Vollbeweis festzustellen ist (BSG 2. 4. 2009 B 2 U 29/07 R; vgl. Rn. 87), fordert das BSG eine möglichst genaue Bezeichnung der Unfallfolgen, da dieser seinerseits Basis für die Heilbehandlung oder die Bemessung der MdE ist. So hat es für Erkrankungen aus dem Formenkreis der **psychischen Gesundheitsstörungen** wegen der zahlreich in Betracht kommenden Erkrankungen und der differierenden Auffassungen medizinischer Schulen ausdrücklich eine Klassifikation unter Verwendung eines anerkannten Verschlüsselungssystems (zB ICD-10 = Zehnte Revision der internationalen statistischen Klassifikation der Krankheiten und verwandter Gesundheitsprobleme der WHO) gefordert. Nur in begründeten Fällen (Alter, wissenschaftlicher Fortschritt) sind Ausnahmen zulässig (BSG 9. 5. 2006 – B 2 U 1/05 R = SGb 2007, 242 m. Anm. Keller).

95 Wie für alle Ursachenbeurteilungen gilt auch hier die Theorie der **wesentlichen Bedingung** (Rn. 76 ff.) analog den Kriterien der haftungsbegründenden Kausalität, vgl. Rn. 83 ff., besonders auch hinsichtlich der **generellen Eignung** und den **Beweisanforderungen**. Unstreitig hat der Versicherte aber ein **Feststellungsinteresse** (vgl. Rn. 85) auch ohne (derzeitige) Folgeschäden, da Spätschäden, die nur bei gesichertem Bezug auf den Erstschaden Leistungsansprüche begründen, fast immer denkbar scheinen.

II. Überholende Kausalität

96 Unter hypothetischem Schadensverlauf – auch Reserveursache oder verdrängende bzw. überholende Kausalität genannt – versteht man, dass der Schaden auch ohne das Ereignis zu einem späteren Zeitpunkt ohnehin eingetreten wäre (todkranker Patient erleidet tödlichen Arbeitsunfall; zur Arbeitsunfähigkeit tritt ein unabhängiger Arbeitsunfähigkeitsgrund hinzu). Die einmal in Gang gesetzte Kausalkette wird durch parallel laufende unabhängige Kausalketten nicht berührt, sodass die eingetretene Leistungspflicht bis zu ihrem Ende (zB dem Ende der unfallbedingten Arbeitsunfähigkeit) bestehen bleibt (BSGE 63, 277, 281).

97 Anders bei einer **Unterbrechung des Kausalverlaufes** (Versicherter erleidet tödlichen Privatunfall, wäre aber in absehbarer Zeit an Arbeitsunfallfolgen gestorben). Die anderweitige Beendigung des versicherten Tatbestandes vernichtet den Anspruch (hier auf Hinterbliebenenrente usw.). Vergleichbar ist die Situation beim **Nachschaden**. Wird ein unfallgeschädigter Körperteil erneut, diesmal unabhängig geschädigt, so besteht für den zusätzlichen Schaden kein Zusammenhang mit dem Unfallschaden und eine Leistungserhöhung kann nicht beansprucht werden. Die Grundsätze über die **selbstgeschaffene Gefahr** gelten auch für die haftungsausfüllende Kausalität. Lehnt ein Versicherter die nach dem Unfall erforderliche Heilbehandlung entgegen dringendem ärztlichen Rat ab, so kann ein Entschädigungsanspruch entfallen, wenn das Verhalten als widersinnig erscheint (BSGE 28, 14, 16).

III. Mittelbare Folgeschäden

Zu den Folgeschäden gehören wegen ihrer mittelbaren Verursachung durch den Erstschaden auch Gesundheitsschäden infolge ärztlicher Maßnahmen (Diagnose, Behandlung, Eingriffe), seien sie nun kunstgerecht oder fehlerhaft ausgeführt, solange die ärztliche Handlungstendenz auf Behandlung der Unfallfolgen gerichtet war. Dies gilt sowohl für Behandlungen ohne Kenntnis des Versicherungsschutzes, als auch für Folgen vermeintlicher **Unfallfolgenbehandlungen**, bei denen der Krankheitsverlauf später andere Ursachen zeigt (BSG 13. 10. 1992 – 2 RU 41/90, aA LSG HE 15. 6. 2010 – L 3 U 22/07: sachlicher Zusammenhang nur gegeben bei objektiv vorliegender Voraussetzung für einen Eingriff wegen Unfallfolgen. **Mobbing** und dessen Folgen sind keine mittelbare Unfallfolge. Denn selbst wenn es eine Reaktion auf unfallbedingte Leistungsbeeinträchtigung wäre, ist das Mobbing als selbständige Zwischenursache vom Wissen und Wollen der handelnden Personen getragen und kann folglich dem Erstschaden nicht mehr zugerechnet werden (LSG HE 1. 12. 2009 – L 3 U 157/07). **98**

Mittelbare Folgeschäden sind auch die Schäden eines neuen Versicherungs- oder Privatunfalles, der durch die anerkannten Schäden des früheren wesentlich (mit)verursacht wird; s. auch § 11. Ist dieses Zweitereignis allerdings nicht rechtlich wesentlich mitverursacht, sondern sind nur dessen Folgen schwerer ausgefallen, so ist der UvTr des Zweitereignisses zuständig, sofern alle sonstigen Voraussetzungen gegeben sind (BSGE 63, 58, 59 f.). **98a**

IV. Verschlimmerungen, s. Rn. 90 f.

Der als Verschlimmerung entstandene Erstschaden kann unterschiedliche Verläufe zeigen. Bei der Bewertung der haftungsausfüllenden Kausalität für die weitere Entwicklung des Krankheitsbildes wird differenziert. Die **vorübergehende** Verschlimmerung klingt nach Ablauf einer akuten Phase so weit ab, dass der Zustand vorliegt, der einer Normalentwicklung des Krankheitsbildes ohne den Arbeitsunfall entspricht (BSG 26. 4. 1962 BG 1963, 213, 214). Rechtlich wesentliche Folgezustände über diesen Zeitraum verbleiben also nicht. **99**

Bei der **dauernden** Verschlimmerung wird die Krankheit anhaltend auf ein höheres Niveau gehoben, der weitere Verlauf der Krankheit bleibt aber schicksalhaft und ist durch das Ereignis nicht mehr beeinflusst. Rechtlich wesentlicher Folgezustand ist die Behandlung in der Akutphase, dadurch bedingter Teilhabeverlust und die verminderte Leistungsfähigkeit aus der „Niveauerhöhung". **100**

Eine **richtunggebende** Verschlimmerung beeinflusst die Gesamtentwicklung des Leidens nachhaltig ungünstig (BSGE 6, 87, 91). Der wesentlich geänderte Krankheitsverlauf ist häufig in seinem Verschlimmerungsanteil vom schicksalhaften Verlauf nicht mehr abgrenzbar. Das unfallbedingt erhöhte Niveau ist dann in seiner dauerhaften Weiterentwicklung zu entschädigen, wenn es insgesamt wesentlich auf dem Erstschaden beruht. **101**

Ist der Unfall bzw. sein Erstschaden **zu Unrecht** anerkannt worden und kann die Rücknahme nicht nach § 45 SGB X erfolgen, so ist unter Beachtung von § 48 Abs. 3 SGB X auch die Verschlimmerung zu entschädigen. **102**

V. Tod als Unfallfolge (Abs. 1 S. 2, 2. Alt.)

§ 63 Rn. 3 ff. Führt das Unfallereignis unmittelbar zum Tod (zB Sturz aus sehr großer Höhe), so handelt es sich um den gesundheitlichen **Erstschaden** (s. Rn. 85 ff.). Der nicht unmittelbar eingetretene Tod ist **Folgeschaden**, sofern er rechtlich wesentlich auf dem Erstschaden beruht. Wird durch einen Erst- oder Folgeschaden die Behandlung eines unabhängigen Leidens verzögert bzw. verhindert, oder der Verlauf anderweitig negativ beeinflusst, sieht die Rspr. den Unfall dann als wesentlich für den Tod an, wenn sein Eintritt um wenigstens **ein Jahr** vorverlegt wurde (BSGE 40, 273, 274 f.). Die Jahresformel ist indes nur eine Konkretisierung der rechtlichen Wesentlichkeit (BSGE 62, 220, 223), die ohnehin nur dann anwendbar ist, falls die Grunderkrankung in ihrer Entwicklung überschaubar, dh. bewertbar, ist. Die gutachtliche Einschätzung muss daher meistens frei anhand anderer nachvollziehbarer Kriterien der Wesentlichkeit erfolgen. **103**

H. Wegeunfälle (Abs. 2)

Gesetzessystematisch ist der Wegeunfall ein Unterfall des Arbeitunfalls. Es gelten daher dieselben Grundsätze zum Unfall- und Schadensbegriff sowie zu den Zusammenhangs- und Kausalitätsfragen. Der Versicherungsschutz für Wege greift nicht nur für die Beschäftigten, sondern nahezu für den gesamten Kreis der versicherten Personen nach § 2, 3 und 6 (zu Ausnahmen s. dort). Die Fortbewegung während versicherter Tätigkeit (**Dienst- und Betriebswege**, vgl. zur Abgrenzung Rn. 13 + 109) fällt nicht unter Abs. 2. **104**

I. Begriff des Weges

105 Unter dem Weg ist nicht die zurückgelegte Strecke sondern die **Fortbewegung** des Versicherten auf ein Ziel zu verstehen (BSGE 11, 156, 157). Die Art und Weise der Fortbewegung (Fahren, Gehen, Rollern usw.) ist dem Versicherten freigestellt. Versicherte Tätigkeit ist das **Zurücklegen** des mit den dienstlichen Verrichtungen zusammenhängenden Weges. Für diesen durch Wertentscheidung zu bestimmenden **sachlichen Zusammenhang** (s. Rn. 7 f.) des unfallbringenden Weges mit der eigentlichen versicherten Tätigkeit ist die Handlungstendenz des Versicherten entscheidend. Sie muss in den objektiven Umständen eine Stütze finden. Die subjektive Vorstellung allein ist nicht ausreichend (BSGE 59, 291, 294), sodass kein sachlicher Zusammenhang besteht, bei irrtümlichem Weg zur Arbeit, da der Versicherte seinen Urlaub vergessen hat (BSG 27. 3. 1990 – 2 RU 37/89), auch bei einem Unfall auf derselben Strecke, die der Versicherte üblicherweise auf dem Weg nach und von dem Ort der Tätigkeit fährt. (BSG SozR 3–2200 § 550 Nr. 19). Demgegenüber ist es unschädlich, wenn es nicht zum Erreichen des angestrebten Endpunktes kommt, zB Umkehr wegen Krankheit.

106 Verfolgt der Versicherte mit dem Weg private und betriebliche Ziele, lassen sich die Strecken jedoch nicht aufteilen (1. private Teilstrecke: Weg zum Shoppen, 2. dienstliche Teilstrecke: Weiterfahrt zur Tätigkeit) sind die Grundsätze der **gemischten Tätigkeit** anzuwenden, vgl. Rn. 11. Versicherungsschutz ist dann gegeben, wenn der Weg wesentlich auch der versicherten Tätigkeit zu dienen bestimmt ist. Wäre die Fahrt auch ohne die privaten Belange unternommen worden (zB am Zielort dienstliche und private Verrichtungen zu erledigen) wird man den Schutz bejahen müssen. Zu beachten ist, dass die jüngere Rspr. die Aufteilung in zwei Wegstrecken nur bei einem Aufenthalt am Zwischenort von mehr als zwei Stunden zulässt (BSG 5. 5. 1998 – B 2 U 40/97 R, vgl. **dritter Ort** Rn. 113 ff. und Rn. 121), sodass in allen anderen Fällen eine Beurteilung nach den Regeln der **Unterbrechung** (Rn. 120) **Um- und Abwegen** (Rn. 117 ff.) zu erfolgen hat.

107 Geschützt ist die Fortbewegung im gesamten **öffentlichen Verkehrsraum** der zum Ziel führenden Straße. Der vom sachlich-räumlichen Zusammenhang noch gedeckte Bewegungsspielraum auf der Straße endet beim Betreten von Gebäuden an der Treppe oder am Vorgarten (BSG SozR 2200 § 550 Nr. 44), der Fläche eines Einkaufszentrums oder dem Betreten von Seitenstraßen (BSG SozR 3–2200 § 550 Nr. 15). Dementsprechend ist der ggf. mehrfache Wechsel der **Straßenseite** eines Fußgängers selbst aus privaten Motiven unerheblich, sofern die Hauptrichtung und das den Schutz begründende Ziel beibehalten werden. Ein Autofahrer, der seinen Wagen am Straßenrand für Privaterledigungen anhält, unterbricht allerdings schon mit dem Anhalten seinen Weg (BSG 9. 12. 2003 – B 2 U 23/03 R). Soweit der innere Zusammenhang gewahrt bleibt, dh. die auf das Ziel ausgerichtete Handlungstendenz nicht durch private Motive unterbrochen oder beendet ist, ist auch die Fortbewegung außerhalb des Straßenraums im freien Gelände oder in Gebäuden (Abkürzung durch ein Einkaufszentrum) versichert.

J. Wege von und nach dem Ort der Tätigkeit (Nr. 1)

108 Die Wahl des **Verkehrsmittels** (zu Fuß, Auto, Bus, Bahn, Fahrrad usw.) steht dem Versicherten auch dann frei, wenn dies wesentlich andere Wegebedingungen, -risiken oder Streckenlängen bedingt (BSGE 10, 226, 227). Liegen Wohnung und Arbeitsstätte in **demselben Gebäude** ist der Weg zum Ort der Tätigkeit ein Weg durch den häuslichen Bereich, der generell unversichert ist. Geschützt sind erst die Betriebswege (nach Abs. 1, vgl. Rn. 13) ab Betreten der Räumlichkeiten, die wesentlich dem Betrieb dienen.

I. Endpunkte des Weges

109 **1. Ort der Tätigkeit.** Jeder Ort, an dem der Versicherte am Bezugstag seine Tätigkeit aufzunehmen beabsichtigt, ist Tätigkeitsort iSd. Nr. 1. Es ist also nicht nur der Sitz des Unternehmens, sondern der Ort an dem der Versicherte seine Tätigkeit **tatsächlich** beginnt. Besucht er allerdings den Firmensitz zunächst, um anschließend zur Baustelle usw. zu fahren, so ist der weitere Weg ein Dienstweg nach Abs. 1 (s. Rn. 13), weil die Tätigkeit bereits im Firmensitz begonnen wurde. Konkret ist mit dem Tätigkeitsort das Betriebsgelände, nicht der eigentliche Verrichtungsort gemeint (BSG Breithaupt 1989, 120), sodass der Weg am **Betriebstor** endet und der Rückweg dort beginnt. Unfälle selbst auf eingezäunten, betriebseigenen Parkplätzen zählen dann zu den Wegeunfällen, wenn sie außerhalb des Werkstores liegen. Vergleichbar ist bei weitläufigen **Industrieparks**, auf denen viele Firmen untergebracht sind, die Grenze an der **Außentür** des jeweiligen Betriebsgebäudes zu ziehen.

110 Grundsätzlich teilen **Hin- und Rückweg** das Schicksal der rechtlichen Bewertung, dh. der Rückweg von einer unversicherten privaten Aktivität bleibt auch dann unversichert, wenn er zum Tätigkeitsort führt (BSGE 8, 53, 56). Eine Ausnahme davon ist zu machen, wenn der Beschäftigte zwei Beschäftigungsverhältnisse hat. Begibt er sich nach Ende der ersten Tätigkeit nicht zurück, sondern beginnt seine Zuwendung zum **2. Tätigkeitsverhältnis,** steht die weitere Fahrt im sachlichen Zusammenhang mit diesem Unternehmen (BSG, SozR 2200 § 550 Nr. 68). Ein Rückfahrt von der ersten Tätigkeit gibt es also nicht. Dieser Gedanken des Wechsels der sachlichen Zuordnung kann auch auf andere Situationen übertragen werden, wie etwa den Weg aus dem Unternehmen zur Berufsschule (BSGE 17, 217, 219) oder den Rückweg vom dritten Ort, der aus vorher nicht erwarteten dienstlichen Gründen ins Unternehmen zurückführt.

2. Häuslicher Bereich. Das Gesetz legt nur den Ort der versicherten Tätigkeit als Endpunkt fest, geht aber typischerweise vom privaten häuslichen Bereich als dem anderen Endpunkt aus. In ständiger Rspr. wird die **Außentür** des Gebäudes (nicht der Wohnung) auch in Mehrfamilienhäusern als Grenze des persönlichen Bereiches für Hin- und Rückweg angesehen, wodurch selbst außen gelegene **Treppenhäuser** zum unversicherten Bereich gehören, wenn sie durch eine Tür zu betreten sind (vgl. BSGE 2, 239, 242; 63, 212, 213). Dies gilt nicht nur für die Eingangstür, sondern für jede Möglichkeit, das Haus zu verlassen oder zu betreten (Keller-, Terrassen- oder Garagentür sowie Fenster, wenn dies zum Verlassen genutzt wird (BSGE 11, 156, 157). 111

Ist die **(Tief-)Garage** aus dem Gebäude zu betreten, so zählt auch sie zum häuslichen Bereich, der Weg beginnt mit dem Verlassen des Garagentores (BSGE 37, 36; LSG NW 3. 2. 2009 – L 15 U 93/08). Verlässt der Versicherte allerdings das Haus und betritt die Garage von außen, ist er auf dem Weg zwischen den Gebäuden versichert, was selbst dann gelten soll, wenn er die Garage von innen hätte erreichen können. In der Garage ist er allerdings in diesem Falle nicht mehr geschützt, da er wegen der **baulichen Einheit** wieder in den häuslichen Bereich zurückkehrt (BSGE 63, 212, 214). Das Gleiche ist anzunehmen, wenn der Versicherte zwar seinen Weg begonnen hat, aber zB wegen eines vergessenen Schlüssels usw. nochmals zurückkehrt. Diese Grenze bleibt sogar maßgeblich bei **umzäunten Geländen** bzw. Häusern, sodass selbst auf dem umschlossenen eigenen Grundstück Wegeschutz besteht. Die Rspr. hält die Trennlinie Haustür sehr exakt durch. Derjenige ist unversichert, der vor der **Schwelle** stolpert, sich aber erst innen verletzt. Umgekehrt liegt die Verletzung bereits auf dem Weg, wenn beim Sturz durch die Glastür die Verletzung erst außen an den Scherben erfolgt. 112

3. Dritter Ort. Da das Gesetz den zweiten Wegeendpunkt offengelassen hat, besteht grundsätzlich auch die versicherte Möglichkeit Arbeitswege von und zu **anderen** Orten als der Familienwohnung oder sonstigen Unterkünften iSd. Nr. 3 zu wählen. Solche Endpunkte bezeichnet man als dritten Ort. Unproblematisch sind dritte Orte, die mit der Arbeit im Zusammenhang stehen (Abruf von einer Feier wegen Notfall, Übernachtung bei Freund wegen frühem Arbeitsbeginn). 113

Werden sie aus **privaten Motiven** angesteuert, so muss unter dem Gesichtspunkt der Risikoerhöhung dieser Weg in **angemessenem Verhältnis** zum üblichen (direkten) Weg des Versicherten stehen (BSGE 22, 60, 62). Neben der Entfernung sollen hierbei auch die Motive für die Ortswahl zu berücksichtigen sein (vgl. Lauterbach/Schwertfeger § 8 Rn. 373 mwN). Die Berücksichtigung der Motive scheint – da es sich ohnehin um eigenwirtschaftliche handelt – nicht mehr zeitgemäß. Vielmehr sollte die Grenze nach der Entfernung, der Zeit und anderen risikoverändernden Wegefaktoren getroffen werden. Wegen der heute teilweise üblichen sehr langen Arbeitswege würde ein festes (Vervielfachungs-)Maß die in Arbeitsplatznähe Wohnenden unangemessen benachteiligen. Damit bieten sich hier zum Umweg (vgl. Rn. 117) vergleichbarer Problematik, nämlich einer Risikoerhöhung aus privater Motiven, die dortigen Maßstäbe als Lösung an (KassKomm/Ricke SGB VII § 8 Rn. 212). Wurde die eigene Wohnung nach Arbeitsende aufgesucht, scheidet ein dritter Ort als Wegendpunkt aus (BSG 12. 5. 2009 – B 2 U 11/08 R). 114

Da besonders nach der Arbeitsschicht ein Übergang zur Feierabendgestaltung auch an einem Zwischenort in vielfacher Form denkbar ist und eine spätere Weiterfahrt nach Hause sich häufig anschließen wird, sollte der **Aufenthalt** am dritten Ort eine rechtserhebliche Dauer aufweisen (BSGE 62, 113, 117), um der späteren Wegstrecke eine eigenständig, nicht mehr von der Betriebstätigkeit mitgeprägte Bedeutung zu verleihen. Einheitlich für den Weg zum und vom dritten Ort nimmt daher die Rspr. analog zu den Unterbrechungen die Eigenständigkeit eines nachfolgenden Weges an, wenn der Aufenthalt zuvor die **Zweistundengrenze** überschreitet (BSG 5. 5. 1998 – B 2 U 40/97 R). Die Beweislast für die Überschreitung der Zweistundengrenze trägt der UvTr. Versicherungsschutz 115

II. Direkter Weg

Versichert ist unabhängig vom Verkehrsmittel der **unmittelbare** Weg, der nicht der entfernungsmäßig kürzeste Weg sein muss. Unmittelbar ist auch der Weg, der zwar vergleichbar länger, aber verkehrsmäßig ruhiger, störungsfreier (Stau, Straßenbelag, Baustelle) oder schneller (Umgehungsstraße, Autobahn) und damit insgesamt risikoärmer ist. Dem Versicherten steht hier ein gewisser Entscheidungsspielraum zu (BSGE 4, 219, 222). Wege- oder betriebsbedingte Streckenverlängerungen (Umleitungen, notwendiges Tanken) gehören zum direkten Weg. 116

III. Umweg

Beim Umweg weicht der Versicherte aus privaten Gründen vom unmittelbaren Weg ab und **verlängert** ihn, behält aber als Zielrichtung den Versicherungsschutz begründenden Endpunkt des We- 117 ges bei (BSG SozR 2200 § 550 Nr. 24). Als Ausdruck der weiter bestehenden Teilwesentlichkeit des versicherten Zieles bleibt der **unerhebliche** Umweg versichert. Ist der Umweg erheblich, wird ab Verlassen des direkten Weges der Versicherungsschutz unterbrochen und setzt sich bei dessen Wiedererreichen fort. Maßgeblich ist hier jeweils das Verlassen bzw. Wiedererreichen der Kreuzungsanlage bzw. eines Weges, den der Versicherter normalerweise hätte wählen können (LSG BY Breithaupt 1965, 904; BSG Breithaupt 1980, 104). Ob die Verlängerung **erheblich** ist, richtet sich im Einzelfall nach dem vermehrten Zeitbedarf, der Wegverlängerung in Relation zum Gesamtweg sowie der Risikoveränderung durch Verkehrssituation und Wegeigenart (zB viele Ampeln, Kreuzungsfreiheit usw.). Als Faustformel kann man ab ¹/₃ Wegverlängerung regelmäßig eine erhebliche Risikoveränderung annehmen. Bei langen Strecken über 50 km oder Hinzutreten weiterer Umstände kann auch eine deutlich kürzere Wegverlängerung erheblich sein.

118 Ist der Umweg (oder Abweg, auch in Form der Zielüberschreitungen) aus **Irrtum** oder **Versehen** eingeschlagen worden, bleibt nur bei betriebs- oder wegebedingten Irrtumsgründen (Dunkelheit, Sichtbehinderung durch Witterung, schlechte Beschilderung, uä (BSG 8. 4. 2000 – B 2 U 7/99 R) oder dem Versicherten nicht anzulastenden persönlichen Defiziten (Ortsunkenntnis, krankheitsbedingter Bewusstseinstrübung) der Schutz erhalten. Liegt der Irrtum dagegen wesentlich in besonderen persönlichen Eigenarten oder Verhaltensweisen (Gedankenlosigkeit, Fahrigkeit, Unkonzentriertheit) des Versicherten und folglich im eigenwirtschaftlichen Bereich, so bewirkt das bei **Erwachsenen** in der Regel eine Lösung von der versicherten Tätigkeit. Bei Kindern und Jugendlichen sind zur Berücksichtigung altersgerechter und schultypischer Verhaltensweisen weniger strenge Maßstäbe anzulegen (BSG 30. 10. 2007 – B 2 U 29/06).

IV. Abweg

119 Im Gegensatz zum Umweg wird beim Abweg die Zielrichtung zum Tätigkeits- oder Wohnort bzw. dritten Ort aufgegeben. Aus privaten Gründen wird entweder das Ziel überschritten, ein zusätzliches Wegstück eingeschoben oder in die Gegenrichtung gefahren bzw. gelaufen. Im Einzelfall ist die Abgrenzung zum Umweg schwierig, jedoch liegt stets ein Abweg vor, wenn zum Erreichen des versicherten Weges zum Ausgangspunkt der Wegabweichung zurückgekehrt werden muss. Da für dieses abgrenzbare Teilstück des Weges keine betriebsbedingten Gründe mitwirken, sind bereits die **geringfügigsten Abwege unversichert** (LSG BY 13. 11. 2007 – L 3 U 387/05). Mit Wiedererreichen des versicherten Weges (Kreuzungsbereich des Abbiegens oder Umkehrens) lebt der Schutz wieder auf. Auch ein Abweg ist das **Umkehren** zum Holen vergessener privater oder dienstlicher Dinge. Wegen der Bedeutung für den Dienstbetrieb wird man aber Versicherungsschutz bejahen müssen, wenn diese Dinge unabdingbar für den kommenden Arbeitstag sind (vergessener Spindschlüssel, Brille, Medikamente, wichtiges Arbeitsgerät (vgl. auch BSG Breithaupt 1959, 995: Verirren auf dem Heimweg).

V. Unterbrechung

120 Die Unterbrechung ist eine zeitlich begrenzte, private Zäsur im Weg, mit der Absicht ihn später fortzusetzen. Diese kann im Einschieben von Einkäufen, Besuchen, Mahlzeiten usw. oder in vorübergehender Änderung der **Handlungstendenz** (Verfolgung oder Blockade zur Ahndung von Verkehrsverstößen: LSG NW 29. 9. 2009 – L 15 U /298/08, Regulierungsgespräche nach Unfall: BSG 17. 2. 2009 B 2 U 26/07 R) bestehen und ist stets unversichert. Die Beweislast für eine Änderung der Handlungstendenz in Richtung auf eine unversicherte Tätigkeit trägt der UvTr (LSG BW 15. 4. 2010 – L 6 U 3210/09). Im Einzelfall ist besonders bei Fußgängern die Unterscheidung zum Umweg schwierig, aber wegen der identischen Grundsätze nicht problematisch. Nur ganz geringfügige Unterbrechungen führen ausnahmsweise nicht zum (vorübergehenden) Verlust des Versicherungsschutzes (Stehenbleiben vor Schaufenster, Hilfe für Dritten beim Einsteigen in die Bahn, Zigarettenziehen aus Automaten am Weg (BSG SozR A3 § 548, Nr. 31). Die nicht geringfügige räumliche Unterbrechung beginnt spätestens mit Verlassen des öffentlichen **Verkehrsraumes** und endet erst bei Rückkehr in den Verkehrsraum und Wiederaufnahme des ursprünglichen Zieles bei Fortsetzung wieder auf (BSG 2. 12. 2008 – B 2 U 17/07 R), vgl. Rn. 107.

121 Der mit Unterbrechung entfallene Versicherungsschutz lebt bei **Fortführung** des bisherigen Weges innerhalb von **2 Stunden** erneut auf. Nach Ablauf von 2 Stunden – auch durch mehrere Unterbrechungen addierbar (BSG SozR 2200 § 550 Nr. 12; 42) – ist der sachliche Zusammenhang mit der Betriebstätigkeit endgültig getrennt (sog. **Lösung**), sofern nicht ausnahmsweise die Überschreitung der Zeitspanne außerhalb der Handlungstendenz des Versicherten liegt (Autopanne beim Abfahrversuch, Abholer kommt nicht, Bus fällt aus usw., vgl. BSGE 55, 141, 144; BSG Breithaupt 1982, 569). Die Feststellungslast für die Unterbrechung als solche trägt der UvTr, während die Ungewissheit über die Dauer der Unterbrechung zu Lasten des Versicherten geht, sofern er die Fortsetzung eines versicherten Weges innerhalb der 2 Stunden nicht belegen kann (BSG 2. 12. 2008 – B 2 U 26/06 R). Bei mehr als zweistündiger Unterbrechung des **Hinweges** zur Arbeit beginnt der Schutz entsprechend

erst auf dem sich anschließenden Weg zur Tätigkeit, da der 1. Streckenteil nicht final mit der Tätigkeitsaufnahme verknüpft ist (LSG BY 15. 4. 2009 – L 2 U 293/07), vgl. Rn. 106.

VI. Mehrere Wege

Das Gesetz sieht keine Begrenzung auf nur einen Hin- und Rückweg täglich vor. Daher können **122** im sachlichen Zusammenhang mit der Tätigkeit weitere versicherte Wege anfallen: bei geteilter Arbeitszeit, Nahrungseinnahme oder -einkauf einmal pro Arbeitsschicht zum alsbaldigen Verzehr (BSGE 12, 254, 255; 55, 139, 140; s. Rn. 39) auch zur Wohnung (BSG SozR 2200 § 550 Nr. 62) oder Rückkehr zur Wohnung wegen dringend benötigter Arbeitsutensilien usw., vgl. Umkehr Rn. 119. Unversichert sind in die Tätigkeit eingeschobene Wege wegen privater Verrichtungen (Arztbesuch soweit kein Notfall, allgemeine Einkäufe, Behördengänge).

VII. Sachlicher Zusammenhang

Neben der Fortbewegung (vgl. Rn. 105) gehören zur versicherten Tätigkeit alle Verrichtungen, die **123** rechtlich wesentlich für die Zielerreichung gefordert sind oder sie wesentlich fördern, zB Eiskratzen am Fahrzeug, **Warten** an der Haltestelle einschließlich des Herumgehens und Spielens bei Kindern, **Sicherungsmaßnahmen** bei Pannen, Warten auf Polizei usw. bei Unfällen, dringliches Aufsuchen der Toilette; Reparaturmaßnahmen und Betanken, sofern zur Fahrtbeendigung unabdingbar; zu **Vorbereitungstätigkeiten** s. Rn. 70. Bei Übermüdung (Rn. 61) oder Überfällen usw. (Rn. 68) bleibt der Schutz erhalten, sofern ein sachlicher Zusammenhang zur Arbeit oder zu versicherten Wegegefahren besteht, s. aber Rn. 118.

Bei rücksichtsloser oder grob **verkehrswidriger Fahrweise,** die den Tatbestand der vorsätzlichen **124** Straßenverkehrsgefährdung gem. § 315c StGB erfüllt, können Leistungen gem. § 101 Abs. 2 S. 1 versagt werden (LSG BY 18. 3. 2008 – B 2 U 1/07 R). Wegen § 7 Abs. 2 darf der Versicherungsschutz selbst bei grober Fahrlässigkeit (gefährliches **Überholen** oder extreme **Geschwindigkeitsüberschreitung**) nicht ausgeschlossen werden, solange die Handlungstendenz nicht auf betriebsfremde Zwecke ausgerichtet ist (BSG 19. 12. 2000 NZS 2002, 47 m. Anm. Schur), d. h. die Zielerreichung noch rechtlich bestimmt bleibt (nicht zB bei Rennen mit Arbeitskollegen).

Für Wege unter Einfluss von **Alkohol und anderen Drogen** sowie Medikamenten greifen zu- **125** nächst die allgemeinen Regeln s. Rn. 19, 55. Die Lösung vom Versicherungsschutz tritt für Führer von Fahrzeugen mit **absoluter Fahruntüchtigkeit** nach st. Rspr. bei einem Blutalkoholgehalt von 1,1 Promille (Radfahrer 1,6 Promille) oder höher ein. Für Cannabis und andere illegale Drogen ist bisher kein absoluter Schwellenwert definierbar, sodass selbst bei Nachweis eines kombinierten Konsums mehrerer illegaler Drogen in hohen Einzeldosen oder mit Alkohol, soweit der Einzelwert für Alkohol unter 1,1 Promille bleibt, der innere Zusammenhang nur im Zusammenspiel mit weiteren Beweisanzeichen verneint werden kann.

Gleiches gilt bei **relativer Fahruntüchtigkeit** ab einem nachgewiesenen Alkoholgehalt von **126** ca. 0,3 Promille aufwärts (Cannabis oder andere illegale Drogen: ab Stoff-Blut-Konzentration von 1,0 ng/ml, BSG 30. 1. 2007 SGb 2008, 52, 55f.). Zu fordern sind qualifizierte, drogenspezifische Beweisanzeichen, die sich von Alltagsdefiziten oder -fehlverhalten in der jeweiligen Unfallsituation unterscheiden lassen. Das BSG hat als geeignet benannt: Gangunsicherheit, Fahrweise, überhöhte Geschwindigkeit, Schlangenlinie, Missachtung von Vorfahrtszeichen und Ampeln, keine Geschwindigkeitsreduzierung auf Kreuzungen sowie das Verhalten vor, nach und während des Unfalls, zB bei Polizeikontrollen, typisch auch das Anfahren oder Streifen stehender Fahrzeuge (LSG BY 26.03.2008 – L 2 U 456/07); **für Cannabis**: Wahrnehmungsstörungen, leichte Ablenkbarkeit, Apathie, Müdigkeit und Einflüsse auf Auffassungsgabe, Konzentrations- und Reaktionsvermögen. Hervorzuheben ist angesichts des Dosis-Wirkung-Prinzips dieser Stoffe, dass den Beweisanzeichen in Abhängigkeit zu Art und Quantität der nachgewiesenen Droge eine relative Bedeutung zukommt. Je geringer die Spezifität und je geringer die Stoffmenge um so höhere Anforderungen sind an die Deutlichkeit des Indizes in Richtung Fahruntüchtigkeit zu stellen. Es ist ein sog. **Summationsbeweis** in einer Gesamtbetrachtung aller Umstände des Einzelfalles zu führen, wobei der UvTr für Fahruntüchtigkeit und Beweisanzeichen die Beweislast (grundlegend zur Problematik BSG, aaO m. Anm. Holtstraeter) trägt.

K. Kinder fremder Obhut anvertrauen (Nr. 2a)

Die Vorschrift schützt die Um- oder Abwege – nicht zusätzliche Wege (BSG 20. 3. 2007 – B 2 U **127** 19/06 R) – von berufstätigen Eltern zur Unterbringung (und Abholung, BSGE 43, 72, 74) ihrer Kinder, was einen grundlegend nach Abs. 2 Nr. 1 versicherten Weg voraussetzt (nicht bei Betriebsweg: BSG 12. 1. 2010 – B 2 U 35/08 R). Die Entfernung, das Alter des Kindes (§ 56 Abs. 2 SGB I) und dessen konkrete Betreuungsbedürftigkeit sind unerheblich. Der **gemeinsame Haushalt** setzt ein Zusammenleben mit gemeinsamer Haushaltsführung, die auf eine gewisse Dauer angelegt ist, voraus. Nach dem Wortlaut reicht die Berufstätigkeit eines Partners. Auch im Wege der Analogie ist das Verbringen einer Betreuungsperson zum Kind (BSG SozR 4–2700 § 8 Nr. 4) und die Unterbringung selbst ab Durchschreiten der Haustür nicht erfasst.

128 Das Anvertrauen muss nicht regelmäßig geschehen, aber wegen der **Berufstätigkeit** eines der Partner. Dies setzt eine gewisse zeitliche Parallele der Betreuungszeit und die gleichzeitige Nichtverfügbarkeit des anderen Partners voraus, der allerdings auch wegen Krankheit oder anderer nicht berufsabhängiger Gründe ausfallen kann. Bei älteren Kindern kann sicherlich die Abgrenzung zum Besuch Dritter schwierig sein, daher sollte ein aktives „Kümmern" oder Beaufsichtigen erkennbar sein.

L. Fahrgemeinschaften (Nr. 2 b)

129 Wird mit anderen Versicherten (nicht nur Arbeitskollegen oder Firmenangehörigen) gemeinsam ein Fahrzeug für den Weg nach Nr. 1 genutzt, ist auch auf hierdurch bedingten Um- und Abwegen Versicherungsschutz gewährleistet. Dies muss weder regelmäßig geschehen, noch auf Hin- und Rückfahrt (BSG SozR 2200 § 550 Nr. 45) und auch nicht notwendigerweise insgesamt eine Streckenreduzierung bedingen (BSGE 54, 46, 49 f.). Zu- oder Aussteigen unterwegs ist möglich und auch der Weg zum Treffpunkt beiderseits versichert. Unversichert mitfahrende Personen (Kollege hat Urlaub) verhindern den Schutz der anderen nicht, soweit vom Fahrgemeinschaftsweg der Versicherten nicht abgewichen wird. Zu Unterbrechungen und sonstigen Um- oder Abwegen gelten die allgemeinen Regeln vgl. Rn. 117 ff., auch für **Mitfahrer**. Jedoch kann deren Schutz im Einzelfall erhalten bleiben, falls sie von der Absicht der Anderen bzw. der Fahrers bei Fahrtbeginn nichts wussten, oder ihnen wegen des Fehlens anderer, mindestens gleichwertiger Wegemöglichkeiten eine Absage nicht zumutbar war. Auch mehrere **nacheinander** mit unterschiedlichen Teilnehmern durchgeführte Fahrgemeinschaften bleiben unabhängig von der Wegverlängerung versichert, sofern der Fahrer sein Ziel noch nicht erreicht hatte (BSG 12. 1. 2010 – B 2 U 36/08 R).

M. Wegeabweichung von Kindern (Nr. 3)

130 Versichert sind Kinder auf Wegen, die durch ihr zusätzliches Betreuungsbedürfnis vor oder nach dem Aufenthalt in Tageseinrichtung oder Schule iSd. der Nr. 2 a) entstehen. Es handelt sich also um Kinder, die versicherte Personen nach § 2 Abs. 1 S. 1 Nr. 8 a und b sind und von ihrem nach Abs. 2 Nr. 1 versicherten Weg abweichen. Die übrigen Voraussetzungen entsprechen der Nr. 2 a), Rn. 127 f.

N. Familienheimfahrten (Nr. 4)

131 Wer so weit von seiner Wohnung entfernt arbeitet, dass er eine **zusätzliche Unterkunft** am Ort der Arbeit benötigt, ist unabhängig von der Entfernung (auch Ausland, BSG SozR 2200 § 550 Nr. 73) auf Fahrten zu dieser „Familienwohnung" versichert. Für die Fahrten gelten die allgemeinen Regeln einschließlich der Fahrgemeinschaft mit der Ausnahme der Abfahrtsverpflichtung innerhalb der Zweistundengrenze nach Ende der Tätigkeit. Bei nachvollziehbaren Gründen aus dem Umfeld der Arbeit (erst Ausruhen) oder der Reise selbst (günstige Mitfahrgelegenheit) kann der sachliche Zusammenhang je nach den Umständen des Falles und der Länge der Reise auch noch nach Tagen bestehen (BSG 9. 3. 1978 – 2 RU 25/76: bis zu einer Woche).

132 Ledige Versicherte können auch ohne Familienangehörige oder noch in der elterlichen Wohnung eine solche **Familienwohnung** haben, wobei aber kritisch zu prüfen ist, ob sie dort noch ihren **Lebensmittelpunkt** haben (BSGE 20, 110, 111 f.). Entscheidend ist, dass die Wohnung für eine nicht unerhebliche Zeit den Mittelpunkt der Lebensverhältnisse bildete und im Reisezeitpunkt noch bildet. Für die notwendige Bewertung der Verhältnisse des Einzelfalles sind zu berücksichtigen: Familienverhältnisse, die sozialen Beziehungen und die Ausstattung der Wohnung; eher bedeutungslos sind polizeiliche Meldung und Eigentumsverhältnisse. Ferienwohnungen oder solche, an denen der Versicherte keine sozialen Bindungen geschaffen hat, scheiden aus. Die Wohnung der Ehefrau und Kinder ist regelmäßig die Familienwohnung (BSGE 35, 32, 33), bei verschiedenen Wohnungen s. BSGE 20, 110, 112. Da eine ständige Wohnung gefordert ist, muss sie eine den Umständen entspr. **Nutzungsdauer** aufweisen und auch tatsächlich als solche in Benutzung gewesen sein.

133 Die **Entfernung** muss nicht sehr groß sein, aber nach der Art des Berufes des Versicherten und den Verkehrsverhältnissen der wesentliche Grund für die Unterkunft sein (BSGE 24, 159, 161 f.). Die Art der **Unterkunft** und die Dauer der Nutzung ist unerheblich, solange sie nicht zum Mittelpunkt der Lebensverhältnisse geworden ist; zur Abgrenzung zwischen einer Kette von Dienstreisen und Unterkunft im Hotel oder in Pension ist Gesamtbetrachtung notwendig (BSG 4. 9. 2007 – B 2 U 39/06 R).

O. Umgang mit Arbeitsgerät (Nr. 5)

Die Nutzung der Arbeitsgeräte oder der Schutzausrüstung muss in sachlichem Zusammenhang mit der Tätigkeit erfolgen, sodass Beförderung, Reparatur usw. zu privaten Zwecken nicht versichert ist. Arbeitsgerät kann alles sein, was typischerweise und **hauptsächlich** zur Verrichtung der Tätigkeit genutzt wird (BSGE 24, 243, 246): Werkzeug, Kleidung, Kraftfahrzeuge, Wachhund, Mobiltelefon, Schulbuch usw.; nicht aber Alltagskleidung (BSG SozR 2200 § 549 Nr. 10) und persönlich benötigte Brillen. **Verwahren** ist das sachgerechte Unterbringen, also auch das Parken des Autos in der Garage, nicht aber das versehentliche Liegenlassen eines Gegenstandes (BSG 6. 5. 2003 – B 2 U 33/02 R) und ist begrenzt auf die Verwahrungs- bzw. Entwahrungshandlung ohne die dazugehörigen Wege (LSG HE 12. 2. 2008 – L 3 U 115/05). Für Letztere kommt nur die **Beförderung** in Betracht, die aber mehr als bloßes Mitführen erfordert, nämlich vielmehr der wesentliche Grund für die Fortbewegung der Person sein muss (für Akten in Privaträumen vgl. BSG SGb 2007, 742, 745 m. Anm. Eichenhofer). **Instandhaltung** ist Pflege und Reparatur und alles sonstige zur Gebrauchsfähigkeit erforderliche (Füttern und Ausführen des Wachhundes). **Erneuern** ist die Wiederbeschaffung eines durch die Arbeit unbrauchbar gewordenen Arbeitsgerätes einschließlich Verwertung des Altgerätes und der erforderlichen Wege. Die **Erstbeschaffung** ist gegenüber dem sonstigen Umgang mit Arbeitsgerät nur bei entsprechender vorheriger Willensäußerung des Unternehmers versichert, die sich aber konkludent aus dem Auftrag ergeben kann.

134

P. Beschädigung oder Verlust eines Hilfsmittels (Abs. 3)

Die Gleichstellung des Hilfsmittels mit dem Körperschaden war erforderlich, da die DGUV ansonsten keine Sachschäden ersetzt. Da im Übrigen alle Voraussetzungen des Versicherungsfalles verlangt sind, muss unmittelbarer Zusammenhang mit versicherter Tätigkeit bestehen, das Hilfsmittel dabei zwar nicht in Funktion gewesen sein (Lesebrille in Brusttasche), zumindest jedoch am Körper getragen worden und Beschädigung bzw. Verlust durch äußere Einwirkung auf den Körper erfolgt sein (LSG SH 21. 1. 2009 – L 8 U 11/07). Hilfsmittel (§ 31) ist alles, was Gesundheitsschäden mildern oder eine körperliche Behinderung ausgleichen soll.

135

§ 9 Berufskrankheit

(1) ¹Berufskrankheiten sind Krankheiten, die die Bundesregierung durch Rechtsverordnung mit Zustimmung des Bundesrates als Berufskrankheiten bezeichnet und die Versicherte infolge einer den Versicherungsschutz nach §§ 2, 3 oder 6 begründenden Tätigkeit erleiden. ²Die Bundesregierung wird ermächtigt, in der Rechtsverordnung solche Krankheiten als Berufskrankheiten zu bezeichnen, die nach den Erkenntnissen der medizinischen Wissenschaft durch besondere Einwirkungen verursacht sind, denen bestimmte Personengruppen durch ihre versicherte Tätigkeit in erheblich höherem Grade als die übrige Bevölkerung ausgesetzt sind; sie kann dabei bestimmen, daß die Krankheiten nur dann Berufskrankheiten sind, wenn sie durch Tätigkeiten in bestimmten Gefährdungsbereichen verursacht worden sind oder wenn sie zur Unterlassung aller Tätigkeiten geführt haben, die für die Entstehung, die Verschlimmerung oder das Wiederaufleben der Krankheit ursächlich waren oder sein können. ³In der Rechtsverordnung kann ferner bestimmt werden, inwieweit Versicherte in Unternehmen der Seefahrt auch in der Zeit gegen Berufskrankheiten versichert sind, in der sie an Land beurlaubt sind.

(2) Die Unfallversicherungsträger haben eine Krankheit, die nicht in der Rechtsverordnung bezeichnet ist oder bei der die dort bestimmten Voraussetzungen nicht vorliegen, wie eine Berufskrankheit als Versicherungsfall anzuerkennen, sofern im Zeitpunkt der Entscheidung nach neuen Erkenntnissen der medizinischen Wissenschaft die Voraussetzungen für eine Bezeichnung nach Absatz 1 Satz 2 erfüllt sind.

(3) Erkranken Versicherte, die infolge der besonderen Bedingungen ihrer versicherten Tätigkeit in erhöhtem Maße der Gefahr der Erkrankung an einer in der Rechtsverordnung nach Absatz 1 genannten Berufskrankheit ausgesetzt waren, an einer solchen Krankheit und können Anhaltspunkte für eine Verursachung außerhalb der versicherten Tätigkeit nicht festgestellt werden, wird vermutet, daß diese infolge der versicherten Tätigkeit verursacht worden ist.

(4) Setzt die Anerkennung einer Krankheit als Berufskrankheit die Unterlassung aller Tätigkeiten voraus, die für die Entstehung, die Verschlimmerung oder das Wiederaufleben der Krankheit ursächlich waren oder sein können, haben die Unfallversicherungsträger

vor Unterlassung einer noch verrichteten gefährdenden Tätigkeit darüber zu entscheiden, ob die übrigen Voraussetzungen für die Anerkennung einer Berufskrankheit erfüllt sind.

(5) Soweit Vorschriften über Leistungen auf den Zeitpunkt des Versicherungsfalls abstellen, ist bei Berufskrankheiten auf den Beginn der Arbeitsunfähigkeit oder der Behandlungsbedürftigkeit oder, wenn dies für den Versicherten günstiger ist, auf den Beginn der rentenberechtigenden Minderung der Erwerbsfähigkeit abzustellen.

(6) Die Bundesregierung regelt durch Rechtsverordnung mit Zustimmung des Bundesrates

1. Voraussetzungen, Art und Umfang von Leistungen zur Verhütung des Entstehens, der Verschlimmerung oder des Wiederauflebens von Berufskrankheiten,
2. die Mitwirkung der für den medizinischen Arbeitsschutz zuständigen Stellen bei der Feststellung von Berufskrankheiten sowie von Krankheiten, die nach Absatz 2 wie Berufskrankheiten zu entschädigen sind; dabei kann bestimmt werden, daß die für den medizinischen Arbeitsschutz zuständigen Stellen berechtigt sind, Zusammenhangsgutachten zu erstellen sowie zur Vorbereitung ihrer Gutachten Versicherte zu untersuchen oder auf Kosten der Unfallversicherungsträger andere Ärzte mit der Vornahme der Untersuchungen zu beauftragen,
3. die von den Unfallversicherungsträgern für die Tätigkeit der Stellen nach Nummer 2 zu entrichtenden Gebühren; diese Gebühren richten sich nach dem für die Begutachtung erforderlichen Aufwand und den dadurch entstehenden Kosten.

(7) Die Unfallversicherungsträger haben die für den medizinischen Arbeitsschutz zuständige Stelle über den Ausgang des Berufskrankheitenverfahrens zu unterrichten, soweit ihre Entscheidung von der gutachterlichen Stellungnahme der zuständigen Stelle abweicht.

(8) Die Unfallversicherungsträger wirken bei der Gewinnung neuer medizinisch-wissenschaftlicher Erkenntnisse insbesondere zur Fortentwicklung des Berufskrankheitenrechts mit; sie sollen durch eigene Forschung oder durch Beteiligung an fremden Forschungsvorhaben dazu beitragen, den Ursachenzusammenhang zwischen Erkrankungshäufigkeiten in einer bestimmten Personengruppe und gesundheitsschädlichen Einwirkungen im Zusammenhang mit der versicherten Tätigkeit aufzuklären.

(9) ¹Die für den medizinischen Arbeitsschutz zuständigen Stellen dürfen zur Feststellung von Berufskrankheiten sowie von Krankheiten, die nach Absatz 2 wie Berufskrankheiten zu entschädigen sind, Daten erheben, verarbeiten oder nutzen sowie zur Vorbereitung von Gutachten Versicherte untersuchen, soweit dies im Rahmen ihrer Mitwirkung nach Absatz 6 Nr. 2 erforderlich ist; sie dürfen diese Daten insbesondere an den zuständigen Unfallversicherungsträger übermitteln. ²Die erhobenen Daten dürfen auch zur Verhütung von Arbeitsunfällen, Berufskrankheiten und arbeitsbedingten Gesundheitsgefahren verarbeitet oder genutzt werden. ³Soweit die in Satz 1 genannten Stellen andere Ärzte mit der Vornahme von Untersuchungen beauftragen, ist die Übermittlung von Daten zwischen diesen Stellen und den beauftragten Ärzten zulässig, soweit dies im Rahmen des Untersuchungsauftrages erforderlich ist.

Übersicht

	Rn.
A. Normzweck	1
B. Allgemeines	2
C. Versicherungsfall BK (Abs. 1 S. 1)	4
D. Listenprinzip (Abs. 1 S. 2)	8
E. Unterlassungszwang (Abs. 1 S. 2, 2. Hs., 2. Alt.)	10
F. Anerkennung „wie Berufskrankheit" (Abs. 2)	12
G. Beweisvermutung (Abs. 3)	16
H. Befundanerkennung (Abs. 4)	17
I. Günstigkeitsregel (Abs. 5)	18
J. Sonstige Regelungen (Abs. 6–9)	19
K. Berufskrankheiten-Verordnung (BKV)	20

A. Normzweck

1 Die Vorschrift beschreibt die Voraussetzungen des Versicherungsfalles Berufskrankheit nach dem Listenprinzip und einer Übergangsklausel für neue Erkenntnisse, regelt einige Verfahrensfragen und

normiert die Verordnungsermächtigung der Bundesregierung für die BKV mit ihrer Anlage, der Liste der Berufskrankheiten, s. Rn. 20 ff.

B. Allgemeines

Die schädigende Einwirkung von Berufskrankheiten ist in Abgrenzung zum Arbeitsunfall von langer, teilweise Jahrzehnte dauernder Einwirkung geprägt, kann jedoch zB bei chemischen Einwirkungen oder Infektionen auch kurzfristig sein; zur Abgrenzung zum Arbeitsunfall s. § 7 Rn 3.   2

Eine **Berufskrankheit** (BK) ist, was in der **BK-Liste** als solche definiert ist, Abs. 1 S. 1 iVm. § 1 BKV. Sie ist zu unterscheiden von den **arbeitsbedingten Erkrankungen**, die durchaus im Einzelfall in Zusammenhang mit der Arbeit gebracht werden können, indes – da nicht als Sonderrisiko in der BK-Liste definiert – als Ausdruck des allgemeinen Lebensrisikos dem versicherten Risiko der Krankenkassen usw. zugewiesen bleiben.   3

C. Versicherungsfall BK (Abs. 1 S. 1)

Trotz der Eigenständigkeit als Versicherungsfall gilt der gleiche Krankheitsbegriff (vgl. § 8 Rn. 4) wie beim Arbeitsunfall und sind – einschließlich Feststellungslast- und Beweismaßstäbe – analoge Voraussetzungen gefordert: versicherter Person der §§ 2, 3 oder 6, **sachlicher Zusammenhang** zwischen versicherter Tätigkeit und Verrichtung zur Zeit der Einwirkung (vgl. § 8 Rn. 8 ff.), **Einwirkungskausalität** als Zusammenhang zwischen der Verrichtung und der Einwirkung (vgl. § 8, Rn. 73), **haftungsbegründende Kausalität** als Zusammenhang zwischen Einwirkung und der Listenerkrankung (vgl. § 8 Rn. 83) sowie die haftungsausfüllende Kausalität (vgl. § 8 Rn. 93 ff.) als weitere Voraussetzung für den Leistungsfall und dessen Berufskrankheitsfolgen. Mehr als beim Unfall ist für die Beurteilung der BK wichtig, bei **konkurrierenden Ursachen** (Einwirkung durch berufliche Noxen neben eigenwirtschaftlichen Ursachen) in erster Stufe eine Trennung der Gesundheitsfolgen zu versuchen. Gelingt dies nicht, ist der gesamte Schaden zu entschädigen, wenn die berufliche Einwirkung rechtlich wesentlich mitgewirkt hat (LSG BE/BB 29. 1. 2009 – L 3 U 66/04).   4

Als zusätzliche Voraussetzungen für den Versicherungsfall können bei verschiedenen Listennummern sog. **versicherungsrechtliche Merkmale** gefordert sein. Entspr. Abs. 1 S. 1 2. Hs. sind das Schwere, Rückfälligkeit oder Chronizität des Krankheitsbildes oder der Zwang zur Unterlassung der Tätigkeit (vgl. Rn 10 f.).   5

Erfüllt eine Erkrankung die Tatbestände **mehrerer Listennummern** oder betreffen mehrere Noxen dasselbe Organsystem, so ist für jede Listennummer in einem ersten Schritt zu prüfen, ob der Stoff des jeweiligen BK-Tatbestands nicht hinweggedacht werden kann, ohne dass das Entstehen der Erkrankung entfiele. Sind Listenstoffe in diesem naturwissenschaftlich-philosophischen Sinne ursächlich geworden, ist jeweils weiter zu prüfen, ob er eine wesentliche (Teil-)Ursache für den Eintritt der Erkrankung gesetzt hat (BSG 12. 1. 2010 – B 2 U 5/08 R). Sind danach mehrere Listentatbestände erfüllt, so ist jeweils der Versicherungsfall anzuerkennen. Es widerspräche dem Bundesrecht, mehrere Listentatbestände zu einer neuen Gesamt-BK verbinden (BSG aaO). Können indes die Auswirkungen auf die Erwerbsfähigkeit nicht nach BK-Tatbeständen getrennt werden, darf ausnahmsweise eine gemeinsame MdE festgesetzt werden (BSG 27. 6. 2006 – B 2 U 9/05 R).   6

Der **Versicherungsfall** tritt am Tag der Erkrankung oder spätestens mit Vorliegen der versicherungsrechtlichen Merkmale (s. Rn. 5) ein (BSGE 75, 51, 52). Als Tag der Erkrankung gilt (meistens rückschauend) der Tag, an dem die ersten spezifischen Befunde (zB Röntgenaufnahme) für das jeweilige Krankheitsbild gesichert werden können. Wegen oft langer Latenzzeiten zwischen Einwirkung und Erkrankung kann dies lange nach Ende des Versicherungsschutzes sein. Nur die Einwirkung muss in diesen Zeitraum fallen. Für den **Leistungsfall** kann als Berechnungsgrundlage auf andere Zeitpunkte abzustellen sein, vgl. Abs. 5 Rn. 18. Zu beachten ist, dass zur Verhütung einer BK bereits **vor** dem Versicherungsfall **Leistungen** erbracht werden können (Abs. 6 Nr. 1 iVm. § 3 BKV).   7

D. Listenprinzip (Abs. 1 S. 2)

Die Verordnungsermächtigung greift für Krankheiten durch **besondere Einwirkungen**, denen eine bestimmte Personengruppe durch ihre versicherte Tätigkeit in erheblich höherem Maße als die übrige Bevölkerung ausgesetzt ist. Besonders ist eine Einwirkung dann, wenn sie spezifisch in der bezogenen **Personengruppe** mit einem erheblich höheren Gefährdungsgrad identifiziert ist. Es kann sich dabei um sämtliche Formen biologischer, mechanischer, physikalischer oder chemischer Belastungen des Menschen handeln, soweit sie nach dem Stand der medizinischen Wissenschaft **generell geeignet** sind, die zu bezeichnende Krankheit zu verursachen. Die notwendige Gruppentypik der Gefahr setzt eine deutliche Überhäufigkeit der jeweiligen Krankheit in der Bezugsgruppe voraus. Ob   8 hierfür eine **Risikoverdopplung** gegenüber der Normalbevölkerung verlangt werden kann ist streitig und wohl wegen des weiten sozialpolitischen Ermessensspielraums des Gesetzgebers für diesen zu verneinen (vgl. BSGE 84, 30, 38, s. aber zu Abs. 2 Rn. 13). Mit Aufnahme in die Liste ist die generelle Eignung der Noxe oder Einwirkung festgelegt, sodass im Einzelfall nur noch die individuelle Kausalität zu prüfen ist, sofern es sich um das **berufskrankheitentypische Krankheitsbild** (in der Listennummer benannt oder bei sog. offenen BK-Tatbeständen ohne Bezeichnung des Krankheitsbildes vom Verordnungsgeber bei der Listenaufnahme bzw. später als solches akzeptiert, vgl. BSG 12. 4. 2005 – B 2 U 6/04 R) handelt. Handelt es sich um ein anderes als das berufskrankheitentypische Krankheitsbild, ist dies zunächst analog Abs. 2 festzustellen, vgl. Rn 13 f.

9   Die Erkenntnisse sollen mit Methoden der **medizinischen Wissenschaft** qualifiziert gewonnen sein, wofür alle verfügbaren Erkenntniswege der medizinischen Fakultäten offen stehen. Neben allgemeinen Forschungsergebnissen und praktischen Erfahrungen der Arbeits- und Betriebsmedizin eignen sich besonders spezifische Erkenntnismöglichkeiten, zB epidemiologische Forschungen oder molekularbiologische, toxikologische, biomechanische Untersuchungen. Als wissenschaftliche Erkenntnis kann dabei nur das gelten, das sich als **überwiegende Meinung** unter den auf dem Fachgebiet tätigen Wissenschaftlern durchgesetzt hat, also gesichert ist (Schönberger, S. 56). Davon wird man solange nicht sprechen können, wie von der wissenschaftlichen Gegenmeinung qualifiziert **ernsthafte Zweifel** vorgetragen werden, die nicht ausräumbar sind.

E. Unterlassungszwang (Abs. 1 S. 2, 2. Hs., 2. Alt.)

10   Um die Schwere des Krankheitsbildes bzw. dessen Bedeutung nur in bestimmten Tätigkeitsbereichen oder für die Berufsausübung des Betroffenen abzusichern (Sonderrisiko), kann der Verordnungsgeber zusätzliche versicherungsrechtliche Merkmale definieren (vgl. Rn. 5). Der Unterlassungszwang ist für die BK Nr. 1315, 2101, 2104, 2108–2110, 4301, 4302, 5101 festgelegt. Hier tritt der Versicherungsfall nur ein, wenn die **gefährdenden Tätigkeiten**, also diejenigen, die iSd. der rechtlich wesentlichen Bedingung für das Entstehen, die Verschlimmerung oder das Wiederaufleben der Krankheit ursächlich waren oder sein können, aufgegeben werden. Der Umfang der aufgegebenen Tätigkeiten ist unerheblich (BSGE 53, 17, 18), die Meidung der schädigenden Noxe soll indes vollständig und dauerhaft sein (BSGE 50, 187, 188 f.). Private Exposition blockiert nicht den Eintritt des Versicherungsfalles, kann aber Leistungen ebenso gefährden wie die Wiederaufnahme der bisherigen oder einer anderen gefährdenden Tätigkeit (§§ 45, 48 SGB X). Denn wenngleich im Zeitpunkt der Aufgabe Dauerhaftigkeit beabsichtigt sein sollte, fällt ein einmal eingetretener Versicherungsfall nicht bei erneuter Gefährdung weg, sondern betrifft nur die Leistungsberechtigung (vgl. BSG 30. 10. 2007 – B 2 U 12/06 R).

11   Der **objektive Zwang** zur Aufgabe der Tätigkeit setzt die Unvermeidbarkeit der Gefahr auf andere Art und Weise voraus. Er ist nicht gegeben, wenn Arbeitsschutzmaßnahmen oder andere Maßnahmen nach § 3 BKV (vgl. Rn. 23) ausreichend sind (BSGE 10, 286, 290). Solange der objektive Zwang besteht, ist ein Ursachenzusammenhang mit der Tätigkeitsaufgabe nicht gefordert, sodass auch private Motive zum Arbeitsplatzwechsel oder zur Frührente unschädlich für den Versicherungsfall, anders ggf. für Leistungen nach § 3 BKV, sind. Wird die Tätigkeit bereits im Frühstadium zur Vermeidung der Entstehung einer Erkrankung („sein können") aufgegeben, so reicht eine abstrakte Gefährdung oder die bloße Möglichkeit einer Gefahr nicht. Neben dem Nachweis einer **individuell konkreten Gefahr** ist die Wahrscheinlichkeit der Entstehung oder Verschlimmerung einer Berufskrankheit durch diese Gefahr gefordert. Der Zeitpunkt der Aufgabe wird bestimmt durch den nach außen objektivierten, endgültigen Entschluss des Versicherten seine Tätigkeit aufzugeben und keine vergleichbare wieder anzunehmen und – soweit nachfolgend – dessen tatsächlicher Umsetzung (zB Mitteilung an Arbeitsamt oder letzter Arbeitstag, vgl. BSG SGb 2001, 642 m. Anm. Holtstraeter).

F. Anerkennung „wie Berufskrankheit" (Abs. 2)

12   Der UvTr soll durch eine versicherte Tätigkeit verursachten Krankheiten auch außerhalb der BK-Liste entschädigen, bei denen zwar alle Voraussetzungen zur Listenaufnahme vorliegen, sie aber nur deshalb noch nicht aufgenommen wurden, weil der Verordnungsgeber den seit der letzten Verordnungsänderung **veränderten wissenschaftlichen Erkenntnissen** noch nicht Rechnung tragen konnte. Dies nimmt man an, wenn die **neuen oder jetzt gesicherten Erkenntnisse** bei der letzten Änderung noch nicht vorhanden waren oder trotz Nachprüfung noch nicht ausreichten, dem Verordnungsgeber damals nicht bekannt waren (BSGE 52, 272, 274) oder er sie zwar wahrgenommen, indes noch nicht geprüft hatte. Abs. 2 ist nicht anwendbar, wenn die Listenaufnahme bewusst abgelehnt wurde und seit dieser Entscheidung keine neuen Erkenntnisse entstanden sind (vgl. BSG SozR 2200 § 551 Nr. 9). Angesichts der einzigen Zielsetzung, die Untätigkeit des Verordnungsgebers zu überbrücken, wird klar, dass Abs. 2 **keine Billigkeitsklausel** beinhaltet. Wollte man auch andere Fälle

arbeitsbedingter Verursachung, zB bei einer besonderen Härte für den Versicherten, hier anerkennen, würde das Listensystem umgangen und die Verantwortung des Verordnungsgebers auf die UvTr übergehen.

Vorliegen müssen die **neuen Erkenntnisse** im Zeitpunkt der Entscheidung, nicht schon bei 13 Krankheitsbeginn. Sie können alle Kriterien der Listenaufnahme (vgl. Rn. 8 f.) betreffen, befassen sich aber vorwiegend mit der Frage, ob eine spezielle Einwirkung **generell geeignet** ist, die geltend gemachte Erkrankung zu verursachen. Hier gelten zunächst auch für den UvTr die Anforderungen zur Auswertung der wissenschaftlichen Erkenntnisse wie für den Verordnungsgeber (vgl. Rn. 8 f.). Er hat aber nicht den sozialpolitischen Spielraum des Gesetzgebers. Daher wird man für den auf der Basis epidemiologischer Erkenntnisse entscheidenden UvTr (zB bei einer Krebserkrankung) eine statistische Signifikanz im Sinne der Verdopplung des Risikos gegenüber der Normalbevölkerung fordern müssen (vgl. Becker MedSach 2005, 115, 116). Da die Epidemiologie aber nicht die einzige Erkenntnisquelle ist (vgl. Rn. 9), kann aus der Gesamtheit der Erkenntnisquellen auch unterhalb dieser Grenze bei konsistenten Ergebnissen mit hoher Spezifität die generelle Eignung bejaht werden.

Die **generelle Eignung** – d. h. die fallunabhängige Frage nach der Eignung eines Stoffes zur Ver- 14 ursachung eines bestimmten Leidens – ist ebenso wie die Frage, bei welchen Arbeiten und Werkzeugen bestimmte Einwirkungen grundsätzlich auftreten, keine Frage des Einzelfalls. Sie können als generelle Tatsachen (**Rechtstatsachen**) nur bundesweit einheitlich auf Grund des aktuellen wissenschaftlichen Erkenntnisstandes beantwortet werden. Sie unterliegen nicht der in § 163 SGG angeordneten Bindung des Revisionsgerichts an die tatrichterlichen Feststellungen, sondern sind voll nachprüfbar (vgl. BSG 27. 6. 2006 – B 2 U 5/05 R). Die generelle Eignung besteht, sofern iSd. vollen richterlichen Überzeugung ein **gesicherter medizinischer Wissensstand** (vgl. Rn. 9) bejaht wird. Dies gilt gleichermaßen für die sog. **offenen BK-Tatbestände**, s. Rn. 8.

Kann im Einzelfall die Listenreife durch neue, gesicherte Erkenntnisse bejaht werden, so sind die 15 individuellen Voraussetzungen für die Anerkennung der BK in üblicher Weise zu prüfen, dh. auch bei der Anerkennung „wie eine BK" müssen alle Tatbestandsvoraussetzungen des Versicherungsfalls (vgl. Rn. 4) einschließlich der Zusammenhangsfragen vorliegen. Die Anerkennung bleibt jeweils Einzelentscheidung, führt aber aus Gleichbehandlungsgründen zur Selbstbindung der Verwaltung, die nur bei erneut verändertem Kenntnisstand zu abweichenden Grundentscheidungen rechtfertigt. Die Aufnahme einer Erkrankung in die BKV führt nicht zum Erlöschen eines schon vorher entstandenen Anspruchs auf Anerkennung dieser Erkrankung als Wie-BK (BSG 2. 12. 2008 – B 2 KN 1/08 U R).

G. Beweisvermutung (Abs. 3)

Nach dem Dosis-Wirkungsprinzip ist bei hoher Exposition eher eine Erkrankung zu erwarten als 16 bei niedriger. Abs. 3 stellt daher für Fälle mit nachgewiesener Exposition und Erkrankung an einer berufskrankheitentypischen Krankheit bei **Fehlen von Konkurrenzursachen** aus dem Außerberuflichen eine Zusammenhangsvermutung auf. Sind Exposition und Krankheit voll erwiesen, bedarf es in diesen Fällen keiner Zusammenhangsbeurteilung. Allerdings ist bereits bei der konkreten Möglichkeit einer anderweitigen Ursache die Vermutung erschüttert und der Normalbeweis zu führen. In **erhöhtem Maße** ist ein Versicherter der Erkrankungsgefahr ausgesetzt, wenn diese rechtlich wesentlich oberhalb der gruppentypischen Gefahr – nicht notwendigerweise der gruppentypischen Exposition – liegt, die der Verordnungsgeber bei seiner Listenaufnahme zugrunde gelegt hatte (vgl. Krasney BG 1996, 120, 122, aA Schmitt SGB VII, § 9 Rn. 30).

H. Befundanerkennung (Abs. 4)

Liegen alle Voraussetzungen des Versicherungsfalles (vgl. Rn. 4 f.) vor, besteht ein Anspruch auf die 17 sog. Anerkennung dem Grunde nach (BSG SozR 2200 § 551 Nr. 35). Diese Möglichkeit reicht für Versicherte, die an einer BK mit **Unterlassungszwang** (vgl. Rn. 10 f.) leiden nicht, um ihnen bereits vor der Aufgabe der schädigenden Tätigkeit ausreichende Anerkennungssicherheit zu geben. Daher haben die UvTr hier bereits vor Eintritt des Versicherungsfalles von Amts wegen Rechtssicherheit durch Bescheidung zu schaffen.

I. Günstigkeitsregel (Abs. 5)

Da sich BK'en über lange Zeiträume entwickeln bzw. zwischen Einwirkung und Erkrankungsbe- 18 ginn bis zu mehrere Jahrzehnte vergehen können, spiegelt der Versicherungsfall anders als beim Unfall häufig nicht die zu kompensierende wirtschaftliche Einbuße, die als Berechnungsrahmen für den Leistungsfall (zB für die Rente Jahresarbeitsverdienst oder Bezugsgröße) zugrunde gelegt werden soll. Daher ist nach Abs. 5 durch Vergleich der einzelnen Berechnungsmöglichkeiten das für den Versicherten wirtschaftlich günstigste **Gesamtergebnis** zu ermitteln. Gegenüber zu stellen sind die Be-

Holtstraeter

rechnungen nach dem Beginn der Arbeitsunfähigkeit, der Behandlungsbedürftigkeit (setzt Behandlungsfähigkeit voraus, vgl. zB Lärmschwerhörigkeit) oder der MdE und für den Jahresarbeitsverdienst zusätzlich nach dem letzten Tag der gefährdenden Beschäftigung, § 84.

J. Sonstige Regelungen (Abs. 6–9)

19 Abs. 6, 7 und 9 regeln die Verordnungsermächtigung für Leistungen vor dem Versicherungsfall zur konkret individuellen BK-Verhütung bzw. -begrenzung sowie die Beteiligungsrechte der staatlichen Gewerbeärzte (vgl. BKV, Rn. 4f.) einschließlich deren Rechte zur Erhebung, Verarbeitung, Übermittlung und Nutzung von Daten über Versicherte auch zu Zwecken der Prävention. Abs. 8 regelt das Recht und die Verpflichtung der UvTr. zur Forschung in Richtung Prävention und Weiterentwicklung der BK-Erkenntnisse.

20 ## K. Berufskrankheiten-Verordnung (BKV) mit Anlage 1 (BK-Liste) in der Fassung vom 11. 6. 2009 (BGBl. I S. 1273)

21 *§ 1 Berufskrankheiten. Berufskrankheiten sind die in der Anlage 1 bezeichneten Krankheiten, die Versicherte infolge einer den Versicherungsschutz nach § 2, 3 oder 6 des Siebten Buches Sozialgesetzbuch begründenden Tätigkeit erleiden..*

22 *§ 2 Erweiterter Versicherungsschutz in Unternehmen der Seefahrt. Für Versicherte in Unternehmen der Seefahrt erstreckt sich die Versicherung gegen Tropenkrankheiten und Fleckfieber auch auf die Zeit, in der sie an Land beurlaubt sind.*

23 *§ 3 Maßnahmen gegen Berufskrankheiten, Übergangsleistung. (1) [1] Besteht für Versicherte die Gefahr, daß eine Berufskrankheit entsteht, wiederauflebt oder sich verschlimmert, haben die Unfallversicherungsträger dieser Gefahr mit allen geeigneten Mitteln entgegenzuwirken. [2] Ist die Gefahr gleichwohl nicht zu beseitigen, haben die Unfallversicherungsträger darauf hinzuwirken, daß die Versicherten die gefährdende Tätigkeit unterlassen. [3] Den für den medizinischen Arbeitsschutz zuständigen Stellen ist Gelegenheit zur Äußerung zu geben.*

(2) [1] Versicherte, die die gefährdende Tätigkeit unterlassen, weil die Gefahr fortbesteht, haben zum Ausgleich hierdurch verursachter Minderungen des Verdienstes oder sonstiger wirtschaftlicher Nachteile gegen den Unfallversicherungsträger Anspruch auf Übergangsleistungen. [2] Als Übergangsleistung wird
1. ein einmaliger Betrag bis zur Höhe der Vollrente oder
2. eine monatlich wiederkehrende Zahlung bis zur Höhe eines Zwölftels der Vollrente längstens für die Dauer von fünf Jahren
gezahlt. [3] Renten wegen Minderung der Erwerbsfähigkeit sind nicht zu berücksichtigen.

24 *§ 4 Mitwirkung der für den medizinischen Arbeitsschutz zuständigen Stellen. (1) Die für den medizinischen Arbeitsschutz zuständigen Stellen wirken bei der Feststellung von Berufskrankheiten und von Krankheiten, die nach § 9 Abs. 2 des Siebten Buches Sozialgesetzbuch wie Berufskrankheiten anzuerkennen sind, nach Maßgabe der Absätze 2 bis 4 mit.*

(2) [1] Die Unfallversicherungsträger haben die für den medizinischen Arbeitsschutz zuständigen Stellen über die Einleitung eines Feststellungsverfahrens unverzüglich schriftlich zu unterrichten; als Unterrichtung gilt auch die Übersendung der Anzeige nach § 193 Abs. 2 und 7 oder § 202 des Siebten Buches Sozialgesetzbuch. [2] Die Unfallversicherungsträger beteiligen die für den medizinischen Arbeitsschutz zuständigen Stellen an dem weiteren Feststellungsverfahren; das nähere Verfahren können die Unfallversicherungsträger mit den für den medizinischen Arbeitsschutz zuständigen Stellen durch Vereinbarung regeln.

(3) [1] In den Fällen der weiteren Beteiligung nach Absatz 2 Satz 2 haben die Unfallversicherungsträger vor der abschließenden Entscheidung die für den medizinischen Arbeitsschutz zuständigen Stellen über die Ergebnisse ihrer Ermittlungen zu unterrichten. [2] Soweit die Ermittlungsergebnisse aus Sicht der für den medizinischen Arbeitsschutz zuständigen Stellen nicht vollständig sind, können sie den Unfallversicherungsträger ergänzende Beweiserhebungen vorschlagen; diesen Vorschlägen haben die Unfallversicherungsträger zu folgen.

(4)[1] Nach Vorliegen aller Ermittlungsergebnisse können die für den medizinischen Arbeitsschutz zuständigen Stellen ein Zusammenhangsgutachten erstellen. [2] Zur Vorbereitung dieser Gutachten können sie die Versicherten untersuchen oder andere Ärzte auf Kosten der Unfallversicherungsträger mit Untersuchungen beauftragen.

25 *§ 5 Gebühren. (1) [1] Erstellen die für den medizinischen Arbeitsschutz zuständigen Stellen ein Zusammenhangsgutachten nach § 4 Abs. 4, erhalten sie von den Unfallversicherungsträgern jeweils eine Gebühr in Höhe von 200 Euro. [2] Mit dieser Gebühr sind alle Personal- und Sachkosten, die bei der Erstellung des Gutachtens entstehen, einschließlich der Kosten für die ärztliche Untersuchung von Versicherten durch die für den medizinischen Arbeitsschutz zuständigen Stellen abgegolten.*

(2) Ein Gutachten im Sinne des Absatzes 1 setzt voraus, daß der Gutachter unter Würdigung
1. der Arbeitsanamnese des Versicherten und der festgestellten Einwirkungen am Arbeitsplatz,
2. der Beschwerden, der vorliegenden Befunde und der Diagnose

eine eigenständig begründete schriftliche Bewertung des Ursachenzusammenhangs zwischen der Erkrankung und den tätigkeitsbezogenen Gefährdungen unter Berücksichtigung der besonderen für die gesetzliche Unfallversicherung geltenden Bestimmungen vornimmt.

§ 6 Rückwirkung. (1) ¹Leiden Versicherte am 1. Juli 2009 an einer Krankheit nach Nummer 2112, 4114 oder 4115 der Anlage 1, ist diese auf Antrag als Berufskrankheit anzuerkennen, wenn der Versicherungsfall nach dem 30. September 2002 eingetreten ist. ²Leiden Versicherte am 1. Juli 2009 an einer Krankheit nach Nummer 4113 der Anlage 1, ist diese auf Antrag als Berufskrankheit anzuerkennen, wenn der Versicherungsfall nach dem 30. November 1997 eingetreten ist. ³Leiden Versicherte am 1. Juli 2009 an einer Krankheit nach Nummer 1318 der Anlage 1, ist die Krankheit auf Antrag als Berufskrankheit anzuerkennen, wenn der Versicherungsfall vor diesem Tag eingetreten ist.

(2) ¹Leidet ein Versicherter am 1. Oktober 2002 an einer Krankheit nach Nummer 4112 der Anlage 1, ist diese auf Antrag als Berufskrankheit anzuerkennen, wenn der Versicherungsfall nach dem 30. November 1997 eingetreten ist. ²Satz 1 gilt auch für eine Krankheit nach Nummer 2106 der Anlage 1, wenn diese nicht bereits nach der Nummer 2106 der Anlage 1 in der am 1. Dezember 1997 in Kraft getretenen Fassung als Berufskrankheit anerkannt werden kann.

(3) ¹Leidet ein Versicherter am 1. Dezember 1997 an einer Krankheit nach Nummer 1316, 1317, 4104 (Kehlkopfkrebs) oder 4111 der Anlage 1, ist diese auf Antrag als Berufskrankheit anzuerkennen, wenn der Versicherungsfall nach dem 31. Dezember 1992 eingetreten ist. ²Abweichend von Satz 1 ist eine Erkrankung nach Nummer 4111 der Anlage 1 auch dann als Berufskrankheit anzuerkennen, wenn die Erkrankung bereits vor dem 1. Januar 1993 eingetreten und einem Unfallversicherungsträger bis zum 31. Dezember 2009 bekannt geworden ist.

(4) Hat ein Versicherter am 1. Januar 1993 an einer Krankheit gelitten, die erst auf Grund der Zweiten Verordnung zur Änderung der Berufskrankheiten-Verordnung vom 18. Dezember 1992 (BGBl. I S. 2343) als Berufskrankheit anerkannt werden kann, ist die Krankheit auf Antrag als Berufskrankheit anzuerkennen, wenn der Versicherungsfall nach dem 31. März 1988 eingetreten ist.

(5) Hat ein Versicherter am 1. April 1988 an einer Krankheit gelitten, die erst auf Grund der Verordnung zur Änderung der Berufskrankheiten-Verordnung vom 22. März 1988 (BGBl. I S. 400) als Berufskrankheit anerkannt werden kann, ist die Krankheit auf Antrag als Berufskrankheit anzuerkennen, wenn der Versicherungsfall nach dem 31. Dezember 1976 eingetreten ist.

(6) ¹Bindende Bescheide und rechtskräftige Entscheidungen stehen der Anerkennung als Berufskrankheit nach den Absätzen 1 bis 5 nicht entgegen. ²Leistungen werden rückwirkend längstens für einen Zeitraum bis zu vier Jahren erbracht; der Zeitraum ist vom Beginn des Jahres an zu rechnen, in dem der Antrag gestellt worden ist.

Anlage 1

Nr.	Krankheiten
1	**Durch chemische Einwirkungen verursachte Krankheiten**
11	Metalle und Metalloide
1101	Erkrankungen durch Blei oder seine Verbindungen
1102	Erkrankungen durch Quecksilber oder seine Verbindungen
1103	Erkrankungen durch Chrom oder seine Verbindungen
1104	Erkrankungen durch Cadmium oder seine Verbindungen
1105	Erkrankungen durch Mangan oder seine Verbindungen
1106	Erkrankungen durch Thallium oder seine Verbindungen
1107	Erkrankungen durch Vanadium oder seine Verbindungen
1108	Erkrankungen durch Arsen oder seine Verbindungen
1109	Erkrankungen durch Phosphor oder seine anorganischen Verbindungen
1110	Erkrankungen durch Beryllium oder seine Verbindungen
12	Erstickungsgase
1201	Erkrankungen durch Kohlenmonoxid
1202	Erkrankungen durch Schwefelwasserstoff
13	Lösemittel, Schädlingsbekämpfungsmittel (Pestizide) und sonstige chemische Stoffe
1301	Schleimhautveränderungen, Krebs oder andere Neubildungen der Harnwege durch aromatische Amine
1302	Erkrankungen durch Halogenkohlenwasserstoffe
1303	Erkrankungen durch Benzol, seine Homologe oder durch Styrol
1304	Erkrankungen durch Nitro- oder Aminoverbindungen des Benzols oder seiner Homologe oder ihrer Abkömmlinge

Nr.	Krankheiten

1305 Erkrankungen durch Schwefelkohlenstoff

1306 Erkrankungen durch Methylalkohol (Methanol)

1307 Erkrankungen durch organische Phosphorverbindungen

1308 Erkrankungen durch Fluor oder seine Verbindungen

1309 Erkrankungen durch Salpetersäureester

1310 Erkrankungen durch halogenierte Alkyl-, Aryl- oder Alkylaryloxide

1311 Erkrankungen durch halogenierte Alkyl-, Aryl- oder Alkylarylsulfide

1312 Erkrankungen der Zähne durch Säuren

1313 Hornhautschädigungen des Auges durch Benzochinon

1314 Erkrankungen durch para-tertiär-Butylphenol

1315 Erkrankungen durch Isocyanate, die zur Unterlassung aller Tätigkeiten gezwungen haben, die für die Entstehung, die Verschlimmerung oder das Wiederaufleben der Krankheit ursächlich waren oder sein können

1316 Erkrankungen der Leber durch Dimethylformamid

1317 Polyneuropathie oder Enzephalopathie durch organische Lösungsmittel oder deren Gemische

Zu den Nummern 1101 bis 1110, 1201 und 1202, 1303 bis 1309 und 1315:

Ausgenommen sind Hauterkrankungen. Diese gelten als Krankheiten im Sinne dieser Anlage nur insoweit, als sie Erscheinungen einer Allgemeinerkrankung sind, die durch Aufnahme der schädigenden Stoffe in den Körper verursacht werden, oder gemäß Nummer 5101 zu entschädigen sind.

1318 Erkrankungen des Blutes, des blutbildenden und des lymphatischen Systems durch Benzol

2 Durch physikalische Einwirkungen verursachte Krankheiten

21 Mechanische Einwirkungen

2101 Erkrankungen der Sehnenscheiden oder des Sehnengleitgewebes sowie der Sehnen- oder Muskelansätze, die zur Unterlassung aller Tätigkeiten gezwungen haben, die für die Entstehung, die Verschlimmerung oder das Wiederaufleben der Krankheit ursächlich waren oder sein können

2102 Meniskusschäden nach mehrjährigen andauernden oder häufig wiederkehrenden, die Kniegelenke überdurchschnittlich belastenden Tätigkeiten

2103 Erkrankungen durch Erschütterung bei Arbeit mit Druckluftwerkzeugen oder gleichartig wirkenden Werkzeugen oder Maschinen

2104 Vibrationsbedingte Durchblutungsstörungen an den Händen, die zur Unterlassung aller Tätigkeiten gezwungen haben, die für die Entstehung, die Verschlimmerung oder das Wiederaufleben der Krankheit ursächlich waren oder sein können

2105 Chronische Erkrankungen der Schleimbeutel durch ständigen Druck

2106 Druckschädigung der Nerven

2107 Abrißbrüche der Wirbelfortsätze

2108 Bandscheibenbedingte Erkrankungen der Lendenwirbelsäule durch langjähriges Heben oder Tragen schwerer Lasten oder durch langjährige Tätigkeiten in extremer Rumpfbeugenhaltung, die zur Unterlassung aller Tätigkeiten gezwungen haben, die für die Entstehung, die Verschlimmerung oder das Wiederaufleben der Krankheit ursächlich waren oder sein können

2109 Bandscheibenbedingte Erkrankungen der Halswirbelsäule durch langjähriges Tragen schwerer Lasten auf der Schulter, die zur Unterlassung aller Tätigkeiten gezwungen haben, die für die Entstehung, die Verschlimmerung oder das Wiederaufleben der Krankheit ursächlich waren oder sein können

2110 Bandscheibenbedingte Erkrankungen der Lendenwirbelsäule durch langjährige, vorwiegend vertikale Einwirkung von Ganzkörperschwingungen im Sitzen, die zur Unterlassung aller Tätigkeiten gezwungen haben, die für die Entstehung, die Verschlimmerung oder das Wiederaufleben der Krankheit ursächlich waren oder sein können

2111 Erhöhte Zahnabrasionen durch mehrjährige quarzstaubbelastende Tätigkeit

2112 Gonarthrose durch eine Tätigkeit im Knien oder vergleichbare Kniebelastung mit einer kumulativen Einwirkungsdauer während des Arbeitslebens von mindestens 13.000 Stunden und einer Mindesteinwirkungsdauer von insgesamt einer Stunde pro Schicht

22 Druckluft

2201 Erkrankungen durch Arbeit in Druckluft

23 Lärm

2301 Lärmschwerhörigkeit

24 Strahlen

2401 Grauer Star durch Wärmestrahlung

2402 Erkrankungen durch ionisierende Strahlen

Nr.	Krankheiten
3	**Durch Infektionserreger oder Parasiten verursachte Krankheiten sowie Tropenkrankheiten**

3101 Infektionskrankheiten, wenn der Versicherte im Gesundheitsdienst, in der Wohlfahrtspflege oder in einem Laboratorium tätig oder durch eine andere Tätigkeit der Infektionsgefahr in ähnlichem Maße besonders ausgesetzt war

3102 Von Tieren auf Menschen übertragbare Krankheiten

3103 Wurmkrankheiten der Bergleute, verursacht durch Ankylostoma duodenale oder Strongyloides stercoralis

3104 Tropenkrankheiten, Fleckfieber

4 Erkrankungen der Atemwege und der Lungen, des Rippenfells und Bauchfells

41 Erkrankungen durch anorganische Stäube

4101 Quarzstaublungenerkrankung (Silikose)

4102 Quarzstaublungenerkrankung in Verbindung mit aktiver Lungentuberkulose (Siliko-Tuberkulose)

4103 Asbeststaublungenerkrankung (Asbestose) oder durch Asbeststaub verursachte Erkrankungen der Pleura

4104 Lungenkrebs oder Kehlkopfkrebs
- in Verbindung mit Asbeststaublungenerkrankung (Asbestose)
- in Verbindung mit durch Asbeststaub verursachter Erkrankung der Pleura oder
- bei Nachweis der Einwirkung einer kumulativen Asbestfaserstaub-Dosis am Arbeitsplatz von mindestens 25 Faserjahren (25 × 10 (hoch) 6 ((Fasern/cbm) X Jahre))

4105 Durch Asbest verursachtes Mesotheliom des Rippenfells, des Bauchfells oder des Perikards

4106 Erkrankungen der tieferen Atemwege und der Lungen durch Aluminium oder seine Verbindungen

4107 Erkrankungen an Lungenfibrose durch Metallstäube bei der Herstellung oder Verarbeitung von Hartmetallen

4108 Erkrankungen der tieferen Atemwege und der Lungen durch Thomasmehl (Thomasphosphat)

4109 Bösartige Neubildungen der Atemwege und der Lungen durch Nickel oder seine Verbindungen

4110 Bösartige Neubildungen der Atemwege und der Lungen durch Kokereirohgase

4111 Chronische obstruktive Bronchitis oder Emphysem von Bergleuten unter Tage im Steinkohlebergbau bei Nachweis der Einwirkung einer kumulativen Dosis von in der Regel 100 Feinstaubjahren ((mg/cbm) X Jahre)

4112 Lungenkrebs durch die Einwirkung von kristallinem Siliziumdioxid (SiO_2) bei nachgewiesener Quarzstaublungenerkrankung (Silikose oder Siliko-Tuberkulose)

4113 Lungenkrebs durch polyzyklische aromatische Kohlenwasserstoffe bei Nachweis der Einwirkung einer kumulativen Dosis von mindestens 100 Benzo[a]pyren-Jahren [($\mu g/m^3$) x Jahre]

4114 Lungenkrebs durch das Zusammenwirken von Asbestfaserstaub und polyzyklischen aromatischen Kohlenwasserstoffen bei Nachweis der Einwirkung einer kumulativen Dosis, die einer Verursachungswahrscheinlichkeit von mindestens 50 Prozent nach der Anlage 2 entspricht

4115 Lungenfibrose durch extreme und langjährige Einwirkung von Schweißrauchen und Schweißgasen – (Siderofibrose)

42 Erkrankungen durch organische Stäube

4201 Exogen-allergische Alveolitis

4202 Erkrankungen der tieferen Atemwege und der Lungen durch Rohbaumwoll-, Rohflachs- oder Rohhanfstaub (Byssinose)

4203 Adenokarzinome der Nasenhaupt- und Nasennebenhöhlen durch Stäube von Eichen- oder Buchenholz

43 Obstruktive Atemwegserkrankungen

4301 Durch allergisierende Stoffe verursachte obstruktive Atemwegserkrankungen (einschließlich Rhinopathie), die zur Unterlassung aller Tätigkeiten gezwungen haben, die für die Entstehung, die Verschlimmerung oder das Wiederaufleben der Krankheit ursächlich waren oder sein können

4302 Durch chemisch-irritativ oder toxisch wirkende Stoffe verursachte obstruktive Atemwegserkrankungen, die zur Unterlassung aller Tätigkeiten gezwungen haben, die für die Entstehung, die Verschlimmerung oder das Wiederaufleben der Krankheit ursächlich waren oder sein können

5 Hautkrankheiten

5101 Schwere oder wiederholt rückfällige Hauterkrankungen, die zur Unterlassung aller Tätigkeiten gezwungen haben, die für die Entstehung, die Verschlimmerung oder das Wiederaufleben der Krankheit ursächlich waren oder sein können

5102 Hautkrebs oder zur Krebsbildung neigende Hautveränderungen durch Ruß, Rohparaffin, Teer, Anthrazen, Pech oder ähnliche Stoffe

6 Krankheiten sonstiger Ursache

6101 Augenzittern der Bergleute

§ 10 Erweiterung in der See- und Binnenschiffahrt

(1) In der See- und Binnenschiffahrt sind Versicherungsfälle auch Unfälle infolge
1. von Elementarereignissen,
2. der einem Hafen oder dem Liegeplatz eines Fahrzeugs eigentümlichen Gefahren,
3. der Beförderung von Land zum Fahrzeug oder vom Fahrzeug zum Land.

(2) In Unternehmen der Seefahrt gilt als versicherte Tätigkeit auch die freie Rückbeförderung nach dem Seemannsgesetz oder tariflichen Vorschriften oder die Mitnahme auf deutschen Seeschiffen nach dem Gesetz betreffend die Verpflichtung der Kauffahrteischiffe zur Mitnahme heimzuschaffender Seeleute in der im Bundesgesetzblatt Teil III, Gliederungsnummer 9510-3, veröffentlichten bereinigten Fassung, zuletzt geändert durch Artikel 278 des Einführungsgesetzes zum Strafgesetzbuch vom 2. März 1974 (BGBl. I S. 469).

1 Wegen der spezifischen Gefahrensituationen in der See- und Binnenschifffahrt (vgl. § 121 Abs. 3) wird für alle an Bord tätigen Personen eine Art Betriebsbann bestimmt, den die DGUV sonst nicht kennt. In diesem Bereich sind eigenwirtschaftliche Handlungen ebenfalls geschützt, soweit die benannten seefahrtstypischen Umstände oder Gefährdungen rechtlich wesentliche Ursache sind. Ähnliches gilt bereits nach § 8 für die im inneren Zusammenhang mit den Besonderheiten des Bordaufenthalts (Wohnverhältnisse, Bewegungsarmut) oder schiffstypische Gefahren (offene Luken) stehenden Privathandlungen (vgl. BSGE 44, 129).

2 **Elementarereignisse** sind Unwetter, Flutwellen, Sturm und andere Naturgewalten, nicht aber fehlende ärztliche Versorgung auf See. **Hafengebiet** ist der Hafen im betriebstechnischen Sinne mit den von Lager-, Verlade-, Kai- oder Gleisanlagen ausgehenden Gefahren. Analog ist der Bereich für sonstige Liegeplätze zu bestimmen (insbes. Binnenschifffahrt). Die **Schiff-Land-Beförderung** greift auch bei privaten Zwecken, muss als Ausgangs- oder Endpunkt aber das eigene Schiff haben. Deutsche Seeschiffe sind diejenigen, die berechtigt sind, die Bundesflagge zu führen, § 13 Abs. 2 SGB IV.

§ 11 Mittelbare Folgen eines Versicherungsfalls

(1) Folgen eines Versicherungsfalls sind auch Gesundheitsschäden oder der Tod von Versicherten infolge
1. der Durchführung einer Heilbehandlung, von Leistungen zur Teilhabe am Arbeitsleben oder einer Maßnahme nach § 3 der Berufskrankheiten-Verordnung,
2. der Wiederherstellung oder Erneuerung eines Hilfsmittels,
3. der zur Aufklärung des Sachverhalts eines Versicherungsfalls angeordneten Untersuchung

einschließlich der dazu notwendigen Wege.

(2) ¹Absatz 1 gilt entsprechend, wenn die Versicherten auf Aufforderung des Unfallversicherungsträgers diesen oder eine von ihm bezeichnete Stelle zur Vorbereitung von Maßnahmen der Heilbehandlung, der Leistungen zur Teilhabe am Arbeitsleben oder von Maßnahmen nach § 3 der Berufskrankheiten-Verordnung aufsuchen. ²Der Aufforderung durch den Unfallversicherungsträger nach Satz 1 steht eine Aufforderung durch eine mit der Durchführung der genannten Maßnahmen beauftragte Stelle gleich.

1 Die Vorschrift schützt den Versicherten bei allen Maßnahmen, die vom UvTr im Umfeld eines Versicherungsfalles veranlasst bzw. verantwortet werden. Die Folgen dieser grundlegend eigenständigen Ereignisse begründen keinen weiteren Versicherungsfall, sondern gelten als weitere Schädigungsfolge des Bezugsereignisses, sofern sie **rechtlich wesentlich** auf diesen Versicherungsfall oder dessen Folgen zurückzuführen sind. § 11 schließt weitere Fallgestaltungen mittelbarer Folgen nicht aus, vgl. § 8 Rn. 98.

2 Nach dem Wortlaut zwingend erforderlich ist das Vorliegen eines **Versicherungsfalles,** sodass Fälle irrtümlicher Annahme eines Versicherungsfalles durch den Versicherten oder Arzt ausscheiden (ausführlich KassKomm/Ricke SGB VII § 11 Rn. 9). Schützenswert ist allerdings der Betroffene bei nicht anderweitig versicherten Ereignissen, wenn der UvTr oder einer seiner Beauftragten (D-Arzt) das Vertrauen erzeugt hat, es läge ein versichertes (Erst-)Ereignis vor. **Vertrauen** – zumindest in den derzeitigen Versicherungsschutz – kann erzeugt werden durch fehlerhafte Anerkennung, die Einleitung berufsgenossenschaftlicher Heilbehandlung bis zum Abbruch des Heilverfahrens oder nach dem Veranlassungsprinzip durch eine Aufforderung (Abs. 2) oder Anordnung (Abs. 1 Nr. 3) des UvTr.

3 Zu den entschädigungspflichtigen Folgen der Durchführung der Heilbehandlung gehört das Misslingen therapeutischer oder diagnostische Maßnahmen und Schäden durch **schuldhaft fehlerhafte Behandlung** (BSGE 46, 283, 284), wenn der Eingriff in erster Linie der Aufklärung unfallbedingter Gesundheitsstörungen dienen sollte. Die (Mit-)Behandlung eines unabhängigen Leidens ist nicht abgedeckt, selbst wenn dabei ein weiterer Schaden entsteht (BSG SozR 3–2200 § 548 Nr. 13). Leistungen der Teilhabe am Arbeitsleben sind solche gem. § 35 iVm. 33 ff. SGB IX einschließlich gesundheitlicher Maßnahmen und ergänzender Leistungen. Von den **Maßnahmen nach § 3 BKV**, die alle Leistungen der §§ 26 ff. umfassen können (vgl. § 9 Rn. 23), sind nur diejenigen nach Versicherungsfall gemeint (vgl. BT-Drs. 13/2204, S. 79), die übrigen sind nach § 2 Abs. 1 Nr. 15 c (s. dort Rn. 44) versichert; Hilfsmittel (vgl. § 8 Rn. 135). Soweit die sonstigen Voraussetzungen des § 11 erfüllt sind (zum Versicherungsfall vgl. Rn. 2), kommt es für den Schutz bei den einzelnen Aktivitäten oder dem zugehörigen Weg darauf an, ob der Versicherte von seinem subjektiven Standpunkt aus betrachtet, sie für erforderlich halten durfte, um die Beseitigung oder Besserung der Folgen des Versicherungsfalles zu erreichen (BSGE 52, 57, 59).

Die Anordnungen oder Aufforderungen müssen ausdrücklich erfolgen. Sie können nicht nur vom UvTr selbst, sondern von gesetzlich ermächtigten (zB Gewerbeärzte) oder vom UvTr beauftragten Stellen (Bundesagentur für Arbeit, ermächtigter Arzt) ausgehen. Nicht genügend ist eine Eigenaktivität des Versicherten oder die Ausübung eines Rechtes gem. § 103 Abs. 2. **4**

§ 12 Versicherungsfall einer Leibesfrucht

¹ Versicherungsfall ist auch der Gesundheitsschaden einer Leibesfrucht infolge eines Versicherungsfalls der Mutter während der Schwangerschaft; die Leibesfrucht steht insoweit einem Versicherten gleich. ² Bei einer Berufskrankheit als Versicherungsfall genügt, daß der Gesundheitsschaden der Leibesfrucht durch besondere Einwirkungen verursacht worden ist, die generell geeignet sind, eine Berufskrankheit der Mutter zu verursachen.

Ziel ist der Schutz des ungeborenen Lebens. Erleidet die Mutter während der Schwangerschaft **1** (zwischen Zeugung und Ende der Geburt, BSGE 58, 80, 82) einen Versicherungsfall und ist dieser wesentliche Bedingung für einen Schaden des Ungeborenen, so bewirkt dies gleichzeitig einen **eigenständigen Versicherungsfall** der Leibesfrucht, dessen Leistungsfall mit der Vollendung der Geburt beginnt. Nicht erfasst ist Verursachung durch genetische Schäden des Vaters oder vor der Zeugung liegende Einwirkungen (zB Infektion) auf die Mutter. S. 2 stellt sicher, dass auch berufsbedingte schädigende Einwirkungen auf die Leibesfrucht, die bei der Mutter keinen Versicherungsfall bedingen (zB mangels Erkrankung oder Aufgabezwang), Leistungsansprüche für das Kind entstehen lassen.

§ 13 Sachschäden bei Hilfeleistungen

¹ Den nach § 2 Abs. 1 Nr. 11 Buchstabe a, Nr. 12 und Nr. 13 Buchstabe a und c Versicherten sind auf Antrag Schäden, die infolge einer der dort genannten Tätigkeiten an in ihrem Besitz befindlichen Sachen entstanden sind, sowie die Aufwendungen zu ersetzen, die sie den Umständen nach für erforderlich halten durften, soweit kein anderweitiger öffentlich-rechtlicher Ersatzanspruch besteht. ² Versicherten nach § 2 Abs. 1 Nr. 12 steht ein Ersatz von Sachschäden nur dann zu, wenn der Einsatz der infolge der versicherten Tätigkeit beschädigten Sache im Interesse des Hilfsunternehmens erfolgte, für das die Tätigkeit erbracht wurde. ³ Die Sätze 1 und 2 finden keine Anwendung bei Teilnahme an Ausbildungsveranstaltungen nach § 2 Abs. 1 Nr. 12 sowie bei Versicherungsfällen nach § 8 Abs. 2. ⁴ § 116 des Zehnten Buches gilt entsprechend.

Für den benannten Personenkreis soll wegen des fremdnützigen Einsatzes ausnahmsweise der Versicherungsschutz auch auf **Sachschäden** ausgedehnt werden, soweit diese rechtlich wesentlich durch die Rettungshandlung entstehen. Den Umständen nach erforderliche Aufwendungen können zB Telefon- oder Verpflegungskosten bzw. Verdienstausfall sein. Die zivilrechtlichen Ansprüche des Hilfeleistenden, die dieser gegenüber dem Schädiger hat, gehen auf den Unfallversicherungsträger über (§ 116 SGB X). **1**

Zweites Kapitel. Prävention

§ 14 Grundsatz

(1) ¹ Die Unfallversicherungsträger haben mit allen geeigneten Mitteln für die Verhütung von Arbeitsunfällen, Berufskrankheiten und arbeitsbedingten Gesundheitsgefahren und für eine wirksame Erste Hilfe zu sorgen. ² Sie sollen dabei auch den Ursachen von arbeitsbedingten Gefahren für Leben und Gesundheit nachgehen.

(2) Bei der Verhütung arbeitsbedingter Gesundheitsgefahren arbeiten die Unfallversicherungsträger mit den Krankenkassen zusammen.

(3) Die Unfallversicherungsträger nehmen an der Entwicklung, Umsetzung und Fortschreibung der gemeinsamen deutschen Arbeitsschutzstrategie gemäß den Bestimmungen des Fünften Abschnitts des Arbeitsschutzgesetzes teil.

(4) ¹Die Deutsche Gesetzliche Unfallversicherung e. V. unterstützt die Unfallversicherungsträger bei der Erfüllung ihrer Präventionsaufgaben nach Absatz 1. ²Sie nimmt insbesondere folgende Aufgaben wahr:
1. Koordinierung, Durchführung und Förderung gemeinsamer Maßnahmen sowie der Forschung auf dem Gebiet der Prävention von Arbeitsunfällen, Berufskrankheiten und arbeitsbedingten Gesundheitsgefahren,
2. Klärung von grundsätzlichen Fach- und Rechtsfragen zur Sicherung der einheitlichen Rechtsanwendung in der Prävention.

§ 15 Unfallverhütungsvorschriften

(1) ¹Die Unfallversicherungsträger können unter Mitwirkung der Deutschen Gesetzlichen Unfallversicherung e. V. als autonomes Recht Unfallverhütungsvorschriften über Maßnahmen zur Verhütung von Arbeitsunfällen, Berufskrankheiten und arbeitsbedingten Gesundheitsgefahren oder für eine wirksame Erste Hilfe erlassen, soweit dies zur Prävention geeignet und erforderlich ist und staatliche Arbeitsschutzvorschriften hierüber keine Regelung treffen; in diesem Rahmen können Unfallverhütungsvorschriften erlassen werden über
1. Einrichtungen, Anordnungen und Maßnahmen, welche die Unternehmer zur Verhütung von Arbeitsunfällen, Berufskrankheiten und arbeitsbedingten Gesundheitsgefahren zu treffen haben, sowie die Form der Übertragung dieser Aufgaben auf andere Personen,
2. das Verhalten der Versicherten zur Verhütung von Arbeitsunfällen, Berufskrankheiten und arbeitsbedingten Gesundheitsgefahren,
3. vom Unternehmer zu veranlassende arbeitsmedizinische Untersuchungen und sonstige arbeitsmedizinische Maßnahmen vor, während und nach der Verrichtung von Arbeiten, die für Versicherte oder für Dritte mit arbeitsbedingten Gefahren für Leben und Gesundheit verbunden sind,
4. Voraussetzungen, die der Arzt, der mit Untersuchungen oder Maßnahmen nach Nummer 3 beauftragt ist, zu erfüllen hat, sofern die ärztliche Untersuchung nicht durch eine staatliche Rechtsvorschrift vorgesehen ist,
5. die Sicherstellung einer wirksamen Ersten Hilfe durch den Unternehmer,
6. die Maßnahmen, die der Unternehmer zur Erfüllung der sich aus dem Gesetz über Betriebsärzte, Sicherheitsingenieure und andere Fachkräfte für Arbeitssicherheit ergebenden Pflichten zu treffen hat,
7. die Zahl der Sicherheitsbeauftragten, die nach § 22 unter Berücksichtigung der in den Unternehmen für Leben und Gesundheit der Versicherten bestehenden arbeitsbedingten Gefahren und der Zahl der Beschäftigten zu bestellen sind.

²In der Unfallverhütungsvorschrift nach Satz 1 Nr. 3 kann bestimmt werden, daß arbeitsmedizinische Vorsorgeuntersuchungen auch durch den Unfallversicherungsträger veranlaßt werden können. ³Die Deutsche Gesetzliche Unfallversicherung e. V. wirkt beim Erlass von Unfallverhütungsvorschriften auf Rechtseinheitlichkeit hin.

(1 a) Für die landwirtschaftlichen Berufsgenossenschaften ist Absatz 1 mit der Maßgabe anzuwenden, dass sich der Erlass der Unfallverhütungsvorschriften nach § 143 e Abs. 4 Nr. 4 richtet.

(2) ¹Soweit die Unfallversicherungsträger Vorschriften nach Absatz 1 Satz 1 Nr. 3 erlassen, können sie zu den dort genannten Zwecken auch die Erhebung, Verarbeitung und Nutzung von folgenden Daten über die untersuchten Personen durch den Unternehmer vorsehen:
1. Vor- und Familienname, Geburtsdatum sowie Geschlecht,
2. Wohnanschrift,
3. Tag der Einstellung und des Ausscheidens,
4. Ordnungsnummer,
5. zuständige Krankenkasse,
6. Art der vom Arbeitsplatz ausgehenden Gefährdungen,
7. Art der Tätigkeit mit Angabe des Beginns und des Endes der Tätigkeit,
8. Angaben über Art und Zeiten früherer Tätigkeiten, bei denen eine Gefährdung bestand, soweit dies bekannt ist,

9. Datum und Ergebnis der ärztlichen Vorsorgeuntersuchungen; die Übermittlung von Diagnosedaten an den Unternehmer ist nicht zulässig,
10. Datum der nächsten regelmäßigen Nachuntersuchung,
11. Name und Anschrift des untersuchenden Arztes.

²Soweit die Unfallversicherungsträger Vorschriften nach Absatz 1 Satz 2 erlassen, gelten Satz 1 sowie § 24 Abs. 1 Satz 3 und 4 entsprechend.

(3) Absatz 1 Satz 1 Nr. 1 bis 5 gilt nicht für die unter bergbehördlicher Aufsicht stehenden Unternehmen.

(4) ¹Die Vorschriften nach Absatz 1 bedürfen der Genehmigung durch das Bundesministerium für Arbeit und Soziales. ²Die Entscheidung hierüber wird im Benehmen mit den zuständigen obersten Verwaltungsbehörden der Länder getroffen. ³Soweit die Vorschriften von einem Unfallversicherungsträger erlassen werden, welcher der Aufsicht eines Landes untersteht, entscheidet die zuständige oberste Landesbehörde über die Genehmigung im Benehmen mit dem Bundesministerium für Arbeit und Soziales. ⁴Die Genehmigung ist zu erteilen, wenn die Vorschriften sich im Rahmen der Ermächtigung nach Absatz 1 halten und ordnungsgemäß von der Vertreterversammlung beschlossen worden sind. ⁵Die Erfüllung der Genehmigungsvoraussetzungen nach Satz 4 ist im Antrag auf Erteilung der Genehmigung darzulegen. ⁶Dabei hat der Unfallversicherungsträger insbesondere anzugeben, dass
1. eine Regelung der in den Vorschriften vorgesehenen Maßnahmen in staatlichen Arbeitsschutzvorschriften nicht zweckmäßig ist,
2. das mit den Vorschriften angestrebte Präventionsziel ausnahmsweise nicht durch Regeln erreicht wird, die von einem gemäß § 18 Abs. 2 Nr. 5 des Arbeitsschutzgesetzes eingerichteten Ausschuss ermittelt werden, und
3. die nach Nummer 1 und 2 erforderlichen Feststellungen in einem besonderen Verfahren unter Beteiligung von Arbeitsschutzbehörden des Bundes und der Länder getroffen worden sind.

⁷Für die Angabe nach Satz 6 reicht bei Unfallverhütungsvorschriften nach Absatz 1 Satz 1 Nr. 6 ein Hinweis darauf aus, dass das Bundesministerium für Arbeit und Soziales von der Ermächtigung zum Erlass einer Rechtsverordnung nach § 14 des Gesetzes über Betriebsärzte, Sicherheitsingenieure und andere Fachkräfte für Arbeitssicherheit keinen Gebrauch macht.

(5) Die Unternehmer sind über die Vorschriften nach Absatz 1 zu unterrichten und zur Unterrichtung der Versicherten verpflichtet.

§ 16 Geltung bei Zuständigkeit anderer Unfallversicherungsträger und für ausländische Unternehmen

(1) Die Unfallverhütungsvorschriften eines Unfallversicherungsträgers gelten auch, soweit in dem oder für das Unternehmen Versicherte tätig werden, für die ein anderer Unfallversicherungsträger zuständig ist.

(2) Die Unfallverhütungsvorschriften eines Unfallversicherungsträgers gelten auch für Unternehmer und Beschäftigte von ausländischen Unternehmen, die eine Tätigkeit im Inland ausüben, ohne einem Unfallversicherungsträger anzugehören.

§ 17 Überwachung und Beratung

(1) Die Unfallversicherungsträger haben die Durchführung der Maßnahmen zur Verhütung von Arbeitsunfällen, Berufskrankheiten, arbeitsbedingten Gesundheitsgefahren und für eine wirksame Erste Hilfe in den Unternehmen zu überwachen sowie die Unternehmer und die Versicherten zu beraten.

(2) ¹Soweit in einem Unternehmen Versicherte tätig sind, für die ein anderer Unfallversicherungsträger zuständig ist, kann auch dieser die Durchführung der Maßnahmen zur Verhütung von Arbeitsunfällen, Berufskrankheiten, arbeitsbedingten Gesundheitsgefahren und für eine wirksame Erste Hilfe überwachen. ²Beide Unfallversicherungsträger sollen, wenn nicht sachliche Gründe entgegenstehen, die Überwachung und Beratung abstimmen und sich mit deren Wahrnehmung auf einen Unfallversicherungsträger verständigen.

(3) Erwachsen dem Unfallversicherungsträger durch Pflichtversäumnis eines Unternehmers bare Auslagen für die Überwachung seines Unternehmens, so kann der Vorstand dem Unternehmer diese Kosten auferlegen.

§ 18 Aufsichtspersonen

(1) Die Unfallversicherungsträger sind verpflichtet, Aufsichtspersonen in der für eine wirksame Überwachung und Beratung gemäß § 17 erforderlichen Zahl zu beschäftigen.

(2) [1] Als Aufsichtsperson darf nur beschäftigt werden, wer seine Befähigung für diese Tätigkeit durch eine Prüfung nachgewiesen hat. [2] Die Unfallversicherungsträger erlassen Prüfungsordnungen. [3] Die Prüfungsordnungen bedürfen der Genehmigung durch die Aufsichtsbehörde.

§ 19 Befugnisse der Aufsichtspersonen

(1) [1] Die Aufsichtspersonen können im Einzelfall anordnen, welche Maßnahmen Unternehmerinnen und Unternehmer oder Versicherte zu treffen haben
1. zur Erfüllung ihrer Pflichten aufgrund der Unfallverhütungsvorschriften nach § 15,
2. zur Abwendung besonderer Unfall- und Gesundheitsgefahren.

[2] Die Aufsichtspersonen sind berechtigt, bei Gefahr im Verzug sofort vollziehbare Anordnungen zur Abwendung von arbeitsbedingten Gefahren für Leben und Gesundheit zu treffen. [3] Anordnungen nach den Sätzen 1 und 2 können auch gegenüber Unternehmerinnen und Unternehmern sowie gegenüber Beschäftigten von ausländischen Unternehmen getroffen werden, die eine Tätigkeit im Inland ausüben, ohne einem Unfallversicherungsträger anzugehören.

(2) [1] Zur Überwachung der Maßnahmen zur Verhütung von Arbeitsunfällen, Berufskrankheiten, arbeitsbedingten Gesundheitsgefahren und für eine wirksame Erste Hilfe sind die Aufsichtspersonen insbesondere befugt,
1. zu den Betriebs- und Geschäftszeiten Grundstücke und Betriebsstätten zu betreten, zu besichtigen und zu prüfen,
2. von dem Unternehmer die zur Durchführung ihrer Überwachungsaufgabe erforderlichen Auskünfte zu verlangen,
3. geschäftliche und betriebliche Unterlagen des Unternehmers einzusehen, soweit es die Durchführung ihrer Überwachungsaufgabe erfordert,
4. Arbeitsmittel und persönliche Schutzausrüstungen sowie ihre bestimmungsgemäße Verwendung zu prüfen,
5. Arbeitsverfahren und Arbeitsabläufe zu untersuchen und insbesondere das Vorhandensein und die Konzentration gefährlicher Stoffe und Zubereitungen zu ermitteln oder, soweit die Aufsichtspersonen und der Unternehmer die erforderlichen Feststellungen nicht treffen können, auf Kosten des Unternehmers ermitteln zu lassen,
6. gegen Empfangsbescheinigung Proben nach ihrer Wahl zu fordern oder zu entnehmen; soweit der Unternehmer nicht ausdrücklich darauf verzichtet, ist ein Teil der Proben amtlich verschlossen oder versiegelt zurückzulassen,
7. zu untersuchen, ob und auf welche betriebliche Ursachen ein Unfall, eine Erkrankung oder ein Schadensfall zurückzuführen ist,
8. die Begleitung durch den Unternehmer oder eine von ihm beauftragte Person zu verlangen.

[2] Der Unternehmer hat die Maßnahmen nach Satz 1 Nr. 1 und 3 bis 7 zu dulden. [3] Zur Verhütung dringender Gefahren können die Maßnahmen nach Satz 1 auch in Wohnräumen und zu jeder Tages- und Nachtzeit getroffen werden. [4] Das Grundrecht der Unverletzlichkeit der Wohnung (Artikel 13 des Grundgesetzes) wird insoweit eingeschränkt. [5] Die Eigentümer und Besitzer der Grundstücke, auf denen der Unternehmer tätig ist, haben das Betreten der Grundstücke zu gestatten.

(3) [1] Der Unternehmer hat die Aufsichtsperson zu unterstützen, soweit dies zur Erfüllung ihrer Aufgaben erforderlich ist. [2] Auskünfte auf Fragen, deren Beantwortung den Unternehmer selbst oder einen seiner in § 383 Abs. 1 Nr. 1 bis 3 der Zivilprozeßordnung bezeichneten Angehörigen der Gefahr der Verfolgung wegen einer Straftat oder Ordnungswidrigkeit aussetzen würde, können verweigert werden.

§ 20 Zusammenarbeit mit Dritten

(1) [1] Die Unfallversicherungsträger und die für den Arbeitsschutz zuständigen Behörden wirken bei der Beratung und Überwachung der Unternehmen auf der Grundlage einer gemeinsamen Beratungs- und Überwachungsstrategie gemäß § 20a Abs. 2 Nr. 4 des Arbeitsschutzgesetzes eng zusammen und stellen den Erfahrungsaustausch sicher. [2] Die gemeinsame Beratungs- und Überwachungsstrategie umfasst die Abstimmung allgemeiner Grundsätze zur methodischen Vorgehensweise bei

1. der Beratung und Überwachung der Betriebe,
2. der Festlegung inhaltlicher Beratungs- und Überwachungsschwerpunkte, aufeinander abgestimmter oder gemeinsamer Schwerpunktaktionen und Arbeitsprogramme und
3. der Förderung eines Daten- und sonstigen Informationsaustausches, insbesondere über Betriebsbesichtigungen und deren wesentliche Ergebnisse.

(2) ¹Zur Förderung der Zusammenarbeit nach Absatz 1 wird für den Bereich eines oder mehrerer Länder eine gemeinsame landesbezogene Stelle bei einem Unfallversicherungsträger oder einem Landesverband mit Sitz im jeweiligen örtlichen Zuständigkeitsbereich eingerichtet. ²Die Deutsche Gesetzliche Unfallversicherung e. V. koordiniert die organisatorisch und verfahrensmäßig notwendigen Festlegungen für die Bildung, Mandatierung und Tätigkeit der gemeinsamen landesbezogenen Stellen. ³Die gemeinsame landesbezogene Stelle hat die Aufgabe, mit Wirkung für die von ihr vertretenen Unfallversicherungsträger mit den für den Arbeitsschutz zuständigen Behörden Vereinbarungen über
1. die zur Umsetzung der gemeinsamen Beratungs- und Überwachungsstrategie notwendigen Maßnahmen,
2. gemeinsame Arbeitsprogramme, insbesondere zur Umsetzung der Eckpunkte im Sinne des § 20a Abs. 2 Nr. 2 des Arbeitsschutzgesetzes,

abzuschließen und deren Zielerreichung mit den von der Nationalen Arbeitsschutzkonferenz nach § 20a Abs. 2 Nr. 3 des Arbeitsschutzgesetzes bestimmten Kennziffern zu evaluieren. ⁴Die landwirtschaftlichen Berufsgenossenschaften wirken an der Tätigkeit der gemeinsamen landesbezogenen Stelle mit. ⁵§ 143e Abs. 3 Satz 2 Nr. 3 bleibt unberührt.

(3) ¹Durch allgemeine Verwaltungsvorschriften, die der Zustimmung des Bundesrates bedürfen, wird geregelt das Zusammenwirken
1. der Unfallversicherungsträger mit den Betriebsräten oder Personalräten,
2. der Unfallversicherungsträger einschließlich der gemeinsamen landesbezogenen Stellen nach Absatz 2 mit den für den Arbeitsschutz zuständigen Landesbehörden,
3. der Unfallversicherungsträger mit den für die Bergaufsicht zuständigen Behörden.

²Die Verwaltungsvorschriften nach Satz 1 Nr. 1 werden vom Bundesministerium für Arbeit und Soziales im Einvernehmen mit dem Bundesministerium des Innern, die Verwaltungsvorschriften nach Satz 1 Nr. 2 und 3 werden von der Bundesregierung erlassen. ³Die Verwaltungsvorschriften nach Satz 1 Nr. 2 werden erst erlassen, wenn innerhalb einer vom Bundesministerium für Arbeit und Soziales gesetzten angemessenen Frist nicht für jedes Land eine Vereinbarung nach Absatz 2 Satz 3 abgeschlossen oder eine unzureichend gewordene Vereinbarung nicht geändert worden ist.

§ 21 Verantwortung des Unternehmers, Mitwirkung der Versicherten

(1) Der Unternehmer ist für die Durchführung der Maßnahmen zur Verhütung von Arbeitsunfällen und Berufskrankheiten, für die Verhütung von arbeitsbedingten Gesundheitsgefahren sowie für eine wirksame Erste Hilfe verantwortlich.

(2) ¹Ist bei einer Schule der Unternehmer nicht Schulhoheitsträger, ist auch der Schulhoheitsträger in seinem Zuständigkeitsbereich für die Durchführung der in Absatz 1 genannten Maßnahmen verantwortlich. ²Der Schulhoheitsträger ist verpflichtet, im Benehmen mit dem für die Versicherten nach § 2 Abs. 1 Nr. 8 Buchstabe b zuständigen Unfallversicherungsträger Regelungen über die Durchführung der in Absatz 1 genannten Maßnahmen im inneren Schulbereich zu treffen.

(3) Die Versicherten haben nach ihren Möglichkeiten alle Maßnahmen zur Verhütung von Arbeitsunfällen, Berufskrankheiten und arbeitsbedingten Gesundheitsgefahren sowie für eine wirksame Erste Hilfe zu unterstützen und die entsprechenden Anweisungen des Unternehmers zu befolgen.

§ 22 Sicherheitsbeauftragte

(1) ¹In Unternehmen mit regelmäßig mehr als 20 Beschäftigten hat der Unternehmer unter Beteiligung des Betriebsrates oder Personalrates Sicherheitsbeauftragte unter Berücksichtigung der im Unternehmen für die Beschäftigten bestehenden Unfall- und Gesundheitsgefahren und der Zahl der Beschäftigten zu bestellen. ²Als Beschäftigte gelten auch die nach § 2 Abs. 1 Nr. 2, 8 und 12 Versicherten. ³In Unternehmen mit besonderen Gefahren für Leben und Gesundheit kann der Unfallversicherungsträger anordnen, daß Sicherheitsbeauftragte auch dann zu bestellen sind, wenn die Mindestbeschäftigtenzahl nach Satz 1 nicht erreicht wird. ⁴Für Unternehmen mit geringen Gefahren für Leben und

Gesundheit kann der Unfallversicherungsträger die Zahl 20 in seiner Unfallverhütungsvorschrift erhöhen.

(2) Die Sicherheitsbeauftragten haben den Unternehmer bei der Durchführung der Maßnahmen zur Verhütung von Arbeitsunfällen und Berufskrankheiten zu unterstützen, insbesondere sich von dem Vorhandensein und der ordnungsgemäßen Benutzung der vorgeschriebenen Schutzeinrichtungen und persönlichen Schutzausrüstungen zu überzeugen und auf Unfall- und Gesundheitsgefahren für die Versicherten aufmerksam zu machen.

(3) Die Sicherheitsbeauftragten dürfen wegen der Erfüllung der ihnen übertragenen Aufgaben nicht benachteiligt werden.

§ 23 Aus- und Fortbildung

(1) [1]Die Unfallversicherungsträger haben für die erforderliche Aus- und Fortbildung der Personen in den Unternehmen zu sorgen, die mit der Durchführung der Maßnahmen zur Verhütung von Arbeitsunfällen, Berufskrankheiten und arbeitsbedingten Gesundheitsgefahren sowie mit der Ersten Hilfe betraut sind. [2]Für nach dem Gesetz über Betriebsärzte, Sicherheitsingenieure und andere Fachkräfte für Arbeitssicherheit zu verpflichtende Betriebsärzte und Fachkräfte für Arbeitssicherheit, die nicht dem Unternehmen angehören, können die Unfallversicherungsträger entsprechende Maßnahmen durchführen. [3]Die Unfallversicherungsträger haben Unternehmer und Versicherte zur Teilnahme an Aus- und Fortbildungslehrgängen anzuhalten.

(2) [1]Die Unfallversicherungsträger haben die unmittelbaren Kosten ihrer Aus- und Fortbildungsmaßnahmen sowie die erforderlichen Fahr-, Verpflegungs- und Unterbringungskosten zu tragen. [2]Bei Aus- und Fortbildungsmaßnahmen für Ersthelfer, die von Dritten durchgeführt werden, haben die Unfallversicherungsträger nur die Lehrgangsgebühren zu tragen.

(3) Für die Arbeitszeit, die wegen der Teilnahme an einem Lehrgang ausgefallen ist, besteht gegen den Unternehmer ein Anspruch auf Fortzahlung des Arbeitsentgelts.

(4) Bei der Ausbildung von Sicherheitsbeauftragten und Fachkräften für Arbeitssicherheit sind die für den Arbeitsschutz zuständigen Landesbehörden zu beteiligen.

§ 24 Überbetrieblicher arbeitsmedizinischer und sicherheitstechnischer Dienst

(1) [1]Unfallversicherungsträger können überbetriebliche arbeitsmedizinische und sicherheitstechnische Dienste einrichten; das Nähere bestimmt die Satzung. [2]Die von den Diensten gespeicherten Daten dürfen nur mit Einwilligung des Betroffenen an die Unfallversicherungsträger übermittelt werden; § 203 bleibt unberührt. [3]Die Dienste sind organisatorisch, räumlich und personell von den übrigen Organisationseinheiten der Unfallversicherungsträger zu trennen. [4]Zugang zu den Daten dürfen nur Beschäftigte der Dienste haben.

(2) [1]In der Satzung nach Absatz 1 kann auch bestimmt werden, daß die Unternehmer verpflichtet sind, sich einem überbetrieblichen arbeitsmedizinischen und sicherheitstechnischen Dienst anzuschließen, wenn sie innerhalb einer vom Unfallversicherungsträger gesetzten angemessenen Frist keine oder nicht in ausreichendem Umfang Betriebsärzte und Fachkräfte für Arbeitssicherheit bestellen. [2]Unternehmer sind von der Anschlußpflicht zu befreien, wenn sie nachweisen, daß sie ihre Pflicht nach dem Gesetz über Betriebsärzte, Sicherheitsingenieure und andere Fachkräfte für Arbeitssicherheit erfüllt haben.

§ 25 Bericht gegenüber dem Bundestag

(1) [1]Die Bundesregierung hat dem Deutschen Bundestag und dem Bundesrat alljährlich bis zum 31. Dezember des auf das Berichtsjahr folgenden Jahres einen statistischen Bericht über den Stand von Sicherheit und Gesundheit bei der Arbeit und über das Unfall- und Berufskrankheitengeschehen in der Bundesrepublik Deutschland zu erstatten, der die Berichte der Unfallversicherungsträger und die Jahresberichte der für den Arbeitsschutz zuständigen Landesbehörden zusammenfaßt. [2]Alle vier Jahre hat der Bericht einen umfassenden Überblick über die Entwicklung der Arbeitsunfälle und Berufskrankheiten, ihre Kosten und die Maßnahmen zur Sicherheit und Gesundheit bei der Arbeit zu enthalten.

(2) ¹Die Unfallversicherungsträger haben dem Bundesministerium für Arbeit und Soziales alljährlich bis zum 31. Juli des auf das Berichtsjahr folgenden Jahres über die Durchführung der Maßnahmen zur Sicherheit und Gesundheit bei der Arbeit sowie über das Unfall- und Berufskrankheitengeschehen zu berichten. ²Landesunmittelbare Versicherungsträger reichen die Berichte über die für sie zuständigen obersten Verwaltungsbehörden der Länder ein.

Drittes Kapitel. Leistungen nach Eintritt eines Versicherungsfalls

Erster Abschnitt. Heilbehandlung, Leistungen zur Teilhabe am Arbeitsleben, Leistungen zur Teilhabe am Leben in der Gemeinschaft und ergänzende Leistungen, Pflege, Geldleistungen

Erster Unterabschnitt. Anspruch und Leistungsarten

§ 26 Grundsatz

(1) ¹Versicherte haben nach Maßgabe der folgenden Vorschriften und unter Beachtung des Neunten Buches Anspruch auf Heilbehandlung einschließlich Leistungen zur medizinischen Rehabilitation, auf Leistungen zur Teilhabe am Arbeitsleben und am Leben in der Gemeinschaft, auf ergänzende Leistungen, auf Leistungen bei Pflegebedürftigkeit sowie auf Geldleistungen. ²Sie können einen Anspruch auf Ausführung der Leistungen durch ein Persönliches Budget nach § 17 Abs. 2 bis 4 des Neunten Buches in Verbindung mit der Budgetverordnung und § 159 des Neunten Buches haben; dies gilt im Rahmen des Anspruches auf Heilbehandlung nur für die Leistungen zur medizinischen Rehabilitation.

(2) Der Unfallversicherungsträger hat mit allen geeigneten Mitteln möglichst frühzeitig
1. den durch den Versicherungsfall verursachten Gesundheitsschaden zu beseitigen oder zu bessern, seine Verschlimmerung zu verhüten und seine Folgen zu mildern,
2. den Versicherten einen ihren Neigungen und Fähigkeiten entsprechenden Platz im Arbeitsleben zu sichern,
3. Hilfen zur Bewältigung der Anforderungen des täglichen Lebens und zur Teilhabe am Leben in der Gemeinschaft sowie zur Führung eines möglichst selbständigen Lebens unter Berücksichtigung von Art und Schwere des Gesundheitsschadens bereitzustellen,
4. ergänzende Leistungen zur Heilbehandlung und zu Leistungen zur Teilhabe am Arbeitsleben und am Leben in der Gemeinschaft zu erbringen,
5. Leistungen bei Pflegebedürftigkeit zu erbringen.

(3) Die Leistungen zur Heilbehandlung und zur Rehabilitation haben Vorrang vor Rentenleistungen.

(4) ¹Qualität und Wirksamkeit der Leistungen zur Heilbehandlung und Teilhabe haben dem allgemein anerkannten Stand der medizinischen Erkenntnisse zu entsprechen und den medizinischen Fortschritt zu berücksichtigen. ²Sie werden als Dienst- und Sachleistungen zur Verfügung gestellt, soweit dieses oder das Neunte Buch keine Abweichungen vorsehen.

(5) ¹Die Unfallversicherungsträger bestimmen im Einzelfall Art, Umfang und Durchführung der Heilbehandlung und der Leistungen zur Teilhabe sowie die Einrichtungen, die diese Leistungen erbringen, nach pflichtgemäßem Ermessen. ²Dabei prüfen sie auch, welche Leistungen geeignet und zumutbar sind, Pflegebedürftigkeit zu vermeiden, zu überwinden, zu mindern oder ihre Verschlimmerung zu verhüten.

Zweiter Unterabschnitt. Heilbehandlung

§ 27 Umfang der Heilbehandlung

(1) Die Heilbehandlung umfaßt insbesondere
1. Erstversorgung,
2. ärztliche Behandlung,
3. zahnärztliche Behandlung einschließlich der Versorgung mit Zahnersatz,

4. Versorgung mit Arznei-, Verband-, Heil- und Hilfsmitteln,
5. häusliche Krankenpflege,
6. Behandlung in Krankenhäusern und Rehabilitationseinrichtungen,
7. Leistungen zur medizinischen Rehabilitation nach § 26 Abs. 2 Nr. 1 und 3 bis 7 und Abs. 3 des Neunten Buches.

(2) In den Fällen des § 8 Abs. 3 wird ein beschädigtes oder verlorengegangenes Hilfsmittel wiederhergestellt oder erneuert

(3) Während einer aufgrund eines Gesetzes angeordneten Freiheitsentziehung wird Heilbehandlung erbracht, soweit Belange des Vollzugs nicht entgegenstehen.

§ 28 Ärztliche und zahnärztliche Behandlung

(1) ¹Die ärztliche und zahnärztliche Behandlung wird von Ärzten oder Zahnärzten erbracht. ²Sind Hilfeleistungen anderer Personen erforderlich, dürfen sie nur erbracht werden, wenn sie vom Arzt oder Zahnarzt angeordnet und von ihm verantwortet werden.

(2) Die ärztliche Behandlung umfaßt die Tätigkeit der Ärzte, die nach den Regeln der ärztlichen Kunst erforderlich und zweckmäßig ist.

(3) Die zahnärztliche Behandlung umfaßt die Tätigkeit der Zahnärzte, die nach den Regeln der zahnärztlichen Kunst erforderlich und zweckmäßig ist.

(4) ¹Bei Versicherungsfällen, für die wegen ihrer Art oder Schwere besondere unfallmedizinische Behandlung angezeigt ist, wird diese erbracht. ²Die freie Arztwahl kann insoweit eingeschränkt werden.

§ 29 Arznei- und Verbandmittel

(1) ¹ Arznei- und Verbandmittel sind alle ärztlich verordneten, zur ärztlichen und zahnärztlichen Behandlung erforderlichen Mittel. ²Ist das Ziel der Heilbehandlung mit Arznei- und Verbandmitteln zu erreichen, für die Festbeträge im Sinne des § 35 oder § 35a des Fünften Buches festgesetzt sind, trägt der Unfallversicherungsträger die Kosten bis zur Höhe dieser Beträge. ³Verordnet der Arzt in diesen Fällen ein Arznei- oder Verbandmittel, dessen Preis den Festbetrag überschreitet, hat der Arzt die Versicherten auf die sich aus seiner Verordnung ergebende Übernahme der Mehrkosten hinzuweisen.

(2) Die Rabattregelungen der §§ 130 und 130a des Fünften Buches gelten entsprechend.

§ 30 Heilmittel

¹Heilmittel sind alle ärztlich verordneten Dienstleistungen, die einem Heilzweck dienen oder einen Heilerfolg sichern und nur von entsprechend ausgebildeten Personen erbracht werden dürfen. ²Hierzu gehören insbesondere Maßnahmen der physikalischen Therapie sowie der Sprach- und Beschäftigungstherapie.

§ 31 Hilfsmittel

(1) ¹Hilfsmittel sind alle ärztlich verordneten Sachen, die den Erfolg der Heilbehandlung sichern oder die Folgen von Gesundheitsschäden mildern oder ausgleichen. ²Dazu gehören insbesondere Körperersatzstücke, orthopädische und andere Hilfsmittel einschließlich der notwendigen Änderung, Instandsetzung und Ersatzbeschaffung sowie der Ausbildung im Gebrauch der Hilfsmittel. ³Soweit für Hilfsmittel Festbeträge im Sinne des § 36 des Fünften Buches festgesetzt sind, gilt § 29 Abs. 1 Satz 2 und 3 entsprechend.

(2) ¹Die Bundesregierung wird ermächtigt, durch Rechtsverordnung mit Zustimmung des Bundesrates die Ausstattung mit Körperersatzstücken, orthopädischen und anderen Hilfsmitteln zu regeln sowie bei bestimmten Gesundheitsschäden eine Entschädigung für Kleider- und Wäscheverschleiß vorzuschreiben. ²Das Nähere regeln die Verbände der Unfallversicherungsträger durch gemeinsame Richtlinien.

§ 32 Häusliche Krankenpflege

(1) Versicherte erhalten in ihrem Haushalt oder ihrer Familie neben der ärztlichen Behandlung häusliche Krankenpflege durch geeignete Pflegekräfte, wenn Krankenhausbehandlung geboten, aber nicht ausführbar ist oder wenn sie durch die häusliche Krankenpflege vermieden oder verkürzt werden kann und das Ziel der Heilbehandlung nicht gefährdet wird.

(2) Die häusliche Krankenpflege umfaßt die im Einzelfall aufgrund ärztlicher Verordnung erforderliche Grund- und Behandlungspflege sowie hauswirtschaftliche Versorgung.

(3) ¹Ein Anspruch auf häusliche Krankenpflege besteht nur, soweit es einer im Haushalt des Versicherten lebenden Person nicht zuzumuten ist, Krankenpflege zu erbringen. ²Kann eine Pflegekraft nicht gestellt werden oder besteht Grund, von einer Gestellung abzusehen, sind die Kosten für eine selbstbeschaffte Pflegekraft in angemessener Höhe zu erstatten.

(4) Das Nähere regeln die Verbände der Unfallversicherungsträger durch gemeinsame Richtlinien.

§ 33 Behandlung in Krankenhäusern und Rehabilitationseinrichtungen

(1) ¹Stationäre Behandlung in einem Krankenhaus oder in einer Rehabilitationseinrichtung wird erbracht, wenn die Aufnahme erforderlich ist, weil das Behandlungsziel anders nicht erreicht werden kann. ²Sie wird voll- oder teilstationär erbracht. ³Sie umfaßt im Rahmen des Versorgungsauftrags des Krankenhauses oder der Rehabilitationseinrichtung alle Leistungen, die im Einzelfall für die medizinische Versorgung der Versicherten notwendig sind, insbesondere ärztliche Behandlung, Krankenpflege, Versorgung mit Arznei-, Verband-, Heil- und Hilfsmitteln, Unterkunft und Verpflegung.

(2) Krankenhäuser und Rehabilitationseinrichtungen im Sinne des Absatzes 1 sind die Einrichtungen nach § 107 des Fünften Buches.

(3) Bei Gesundheitsschäden, für die wegen ihrer Art oder Schwere besondere unfallmedizinische stationäre Behandlung angezeigt ist, wird diese in besonderen Einrichtungen erbracht.

§ 34 Durchführung der Heilbehandlung

(1) ¹Die Unfallversicherungsträger haben alle Maßnahmen zu treffen, durch die eine möglichst frühzeitig nach dem Versicherungsfall einsetzende und sachgemäße Heilbehandlung und, soweit erforderlich, besondere unfallmedizinische oder Berufskrankheiten-Behandlung gewährleistet wird. ²Sie können zu diesem Zweck die von den Ärzten und Krankenhäusern zu erfüllenden Voraussetzungen im Hinblick auf die fachliche Befähigung, die sächliche und personelle Ausstattung sowie die zu übernehmenden Pflichten festlegen. ³Sie können daneben nach Art und Schwere des Gesundheitsschadens besondere Verfahren für die Heilbehandlung vorsehen.

(2) Die Unfallversicherungsträger haben an der Durchführung der besonderen unfallmedizinischen Behandlung die Ärzte und Krankenhäuser zu beteiligen, die den nach Absatz 1 Satz 2 festgelegten Anforderungen entsprechen.

(3) ¹Die Verbände der Unfallversicherungsträger sowie die Kassenärztliche Bundesvereinigung und die Kassenzahnärztliche Bundesvereinigung (Kassenärztliche Bundesvereinigungen) schließen unter Berücksichtigung der von den Unfallversicherungsträgern gemäß Absatz 1 Satz 2 und 3 getroffenen Festlegungen mit Wirkung für ihre Mitglieder Verträge über die Durchführung der Heilbehandlung, die Vergütung der Ärzte und Zahnärzte sowie die Art und Weise der Abrechnung. ²Dem Bundesbeauftragten für den Datenschutz ist rechtzeitig vor Abschluß Gelegenheit zur Stellungnahme zu geben, sofern in den Verträgen die Erhebung, Verarbeitung oder Nutzung von personenbezogenen Daten geregelt werden sollen.

(4) Die Kassenärztlichen Bundesvereinigungen haben gegenüber den Unfallversicherungsträgern und deren Verbänden die Gewähr dafür zu übernehmen, daß die Durchführung der Heilbehandlung den gesetzlichen und vertraglichen Erfordernissen entspricht.

(5) ¹Kommt ein Vertrag nach Absatz 3 ganz oder teilweise nicht zustande, setzt ein Schiedsamt mit der Mehrheit seiner Mitglieder innerhalb von drei Monaten den Vertragsinhalt fest. ²Wird ein Vertrag gekündigt, ist dies dem zuständigen Schiedsamt schriftlich mitzuteilen. ³Kommt bis zum Ablauf eines Vertrags ein neuer Vertrag nicht zustande, setzt ein Schiedsamt mit der Mehrheit seiner Mitglieder innerhalb von drei Monaten nach Vertragsablauf den neuen Inhalt fest. ⁴In diesem Fall gelten die Bestimmungen des bisherigen Vertrags bis zur Entscheidung des Schiedsamts vorläufig weiter.

(6) ¹Die Verbände der Unfallversicherungsträger und die Kassenärztlichen Bundesvereinigungen bilden je ein Schiedsamt für die medizinische und zahnmedizinische Versorgung. ²Das Schiedsamt besteht aus drei Vertretern der Kassenärztlichen Bundesvereinigungen und drei Vertretern der Verbände der Unfallversicherungsträger sowie einem

70 SGB VII

unparteiischen Vorsitzenden und zwei weiteren unparteiischen Mitgliedern. ³§ 89 Abs. 3 des Fünften Buches sowie die aufgrund des § 89 Abs. 6 des Fünften Buches erlassenen Rechtsverordnungen gelten entsprechend.

(7) Die Aufsicht über die Geschäftsführung der Schiedsämter nach Absatz 6 führt das Bundesministerium für Arbeit und Soziales.

(8) ¹Die Beziehungen zwischen den Unfallversicherungsträgern und anderen als den in Absatz 3 genannten Stellen, die Heilbehandlung durchführen oder an ihrer Durchführung beteiligt sind, werden durch Verträge geregelt. ²Soweit die Stellen Leistungen zur medizinischen Rehabilitation ausführen oder an ihrer Ausführung beteiligt sind, werden die Beziehungen durch Verträge nach § 21 des Neunten Buches geregelt.

Dritter Unterabschnitt. Leistungen zur Teilhabe am Arbeitsleben

§ 35 Leistungen zur Teilhabe am Arbeitsleben

(1) Die Unfallversicherungsträger erbringen die Leistungen zur Teilhabe am Arbeitsleben nach den §§ 33 bis 38a des Neunten Buches sowie in Werkstätten für behinderte Menschen nach den §§ 40 und 41 des Neunten Buches, soweit in den folgenden Absätzen nichts Abweichendes bestimmt ist.

(2) Die Leistungen zur Teilhabe am Arbeitsleben umfassen auch Hilfen zu einer angemessenen Schulbildung einschließlich der Vorbereitung hierzu oder zur Entwicklung der geistigen und körperlichen Fähigkeiten vor Beginn der Schulpflicht.

(3) Ist eine von Versicherten angestrebte höherwertige Tätigkeit nach ihrer Leistungsfähigkeit und unter Berücksichtigung ihrer Eignung, Neigung und bisherigen Tätigkeit nicht angemessen, kann eine Maßnahme zur Teilhabe am Arbeitsleben bis zur Höhe des Aufwandes gefördert werden, der bei einer angemessenen Maßnahme entstehen würde.

(4) Während einer auf Grund eines Gesetzes angeordneten Freiheitsentziehung werden Leistungen zur Teilhabe am Arbeitsleben erbracht, soweit Belange des Vollzugs nicht entgegenstehen.

§§ 36–38 *(aufgehoben)*

Vierter Unterabschnitt. Leistungen zur Teilhabe am Leben in der Gemeinschaft und ergänzende Leistungen

§ 39 Leistungen zur Teilhabe am Leben in der Gemeinschaft und ergänzende Leistungen

(1) Neben den in § 44 Abs. 1 Nr. 2 bis 6 und Abs. 2 sowie in den §§ 53 und 54 des Neunten Buches genannten Leistungen umfassen die Leistungen zur Teilhabe am Leben in der Gemeinschaft und die ergänzenden Leistungen

1. Kraftfahrzeughilfe,
2. sonstige Leistungen zur Erreichung und zur Sicherstellung des Erfolges der Leistungen zur medizinischen Rehabilitation und zur Teilhabe.

(2) Zum Ausgleich besonderer Härten kann den Versicherten oder deren Angehörigen eine besondere Unterstützung gewährt werden.

§ 40 Kraftfahrzeughilfe

(1) Kraftfahrzeughilfe wird erbracht, wenn die Versicherten infolge Art oder Schwere des Gesundheitsschadens nicht nur vorübergehend auf die Benutzung eines Kraftfahrzeugs angewiesen sind, um die Teilhabe am Arbeitsleben oder am Leben in der Gemeinschaft zu ermöglichen.

(2) Die Kraftfahrzeughilfe umfaßt Leistungen zur Beschaffung eines Kraftfahrzeugs, für eine behinderungsbedingte Zusatzausstattung und zur Erlangung einer Fahrerlaubnis.

(3) ¹Für die Kraftfahrzeughilfe gilt die Verordnung über Kraftfahrzeughilfe zur beruflichen Rehabilitation vom 28. September 1987 (BGBl. I S. 2251), geändert durch Verordnung vom 30. September 1991 (BGBl. I S. 1950), in der jeweils geltenden Fassung. ²Diese

Verordnung ist bei der Kraftfahrzeughilfe zur Teilhabe am Leben in der Gemeinschaft entsprechend anzuwenden.

(4) Der Unfallversicherungsträger kann im Einzelfall zur Vermeidung einer wirtschaftlichen Notlage auch einen Zuschuß zahlen, der über demjenigen liegt, der in den §§ 6 und 8 der Verordnung nach Absatz 3 vorgesehen ist.

(5) Das Nähere regeln die Verbände der Unfallversicherungsträger durch gemeinsame Richtlinien.

§ 41 Wohnungshilfe

(1) Wohnungshilfe wird erbracht, wenn infolge Art oder Schwere des Gesundheitsschadens nicht nur vorübergehend die behindertengerechte Anpassung vorhandenen oder die Bereitstellung behindertengerechten Wohnraums erforderlich ist.

(2) Wohnungshilfe wird ferner erbracht, wenn sie zur Sicherung der beruflichen Eingliederung erforderlich ist.

(3) Die Wohnungshilfe umfaßt auch Umzugskosten sowie Kosten für die Bereitstellung von Wohnraum für eine Pflegekraft.

(4) Das Nähere regeln die Verbände der Unfallversicherungsträger durch gemeinsame Richtlinien.

§ 42 Haushaltshilfe und Kinderbetreuungskosten

Haushaltshilfe und Leistungen zur Kinderbetreuung nach § 54 Abs. 1 bis 3 des Neunten Buches werden auch bei Leistungen zur Teilhabe am Leben in der Gemeinschaft erbracht.

§ 43 Reisekosten

(1) ¹Die im Zusammenhang mit der Ausführung von Leistungen zur medizinischen Rehabilitation oder zur Teilhabe am Arbeitsleben erforderlichen Reisekosten werden nach § 53 des Neunten Buches übernommen. ²Im Übrigen werden Reisekosten zur Ausführung der Heilbehandlung nach den Absätzen 2 bis 5 übernommen.

(2) Zu den Reisekosten gehören

1. Fahr- und Transportkosten,
2. Verpflegungs- und Übernachtungskosten,
3. Kosten des Gepäcktransports,
4. Wegstreckenentschädigung

für die Versicherten und für eine wegen des Gesundheitsschadens erforderliche Begleitperson.

(3) Reisekosten werden im Regelfall für zwei Familienheimfahrten im Monat oder anstelle von Familienheimfahrten für zwei Fahrten eines Angehörigen zum Aufenthaltsort des Versicherten übernommen.

(4) Entgangener Arbeitsverdienst einer Begleitperson wird ersetzt, wenn der Ersatz in einem angemessenen Verhältnis zu den sonst für eine Pflegekraft entstehenden Kosten steht.

(5) Das Nähere regeln die Verbände der Unfallversicherungsträger durch gemeinsame Richtlinien.

Fünfter Unterabschnitt. Leistungen bei Pflegebedürftigkeit

§ 44 Pflege

(1) Solange Versicherte infolge des Versicherungsfalls so hilflos sind, daß sie für die gewöhnlichen und regelmäßig wiederkehrenden Verrichtungen im Ablauf des täglichen Lebens in erheblichem Umfang der Hilfe bedürfen, wird Pflegegeld gezahlt, eine Pflegekraft gestellt oder Heimpflege gewährt.

(2) ¹Das Pflegegeld ist unter Berücksichtigung der Art oder Schwere des Gesundheitsschadens sowie des Umfangs der erforderlichen Hilfe auf einen Monatsbetrag zwischen 300 Euro und 1.199 Euro (Beträge am 1. Juli 2008) festzusetzen. ²Diese Beträge werden jeweils zum gleichen Zeitpunkt, zu dem die Renten der gesetzlichen Rentenversicherung angepasst werden, entsprechend dem Faktor angepasst, der für die Anpassung der vom

Jahresarbeitsverdienst abhängigen Geldleistungen maßgebend ist. ³Übersteigen die Aufwendungen für eine Pflegekraft das Pflegegeld, kann es angemessen erhöht werden.

(3) ¹Während einer stationären Behandlung oder der Unterbringung der Versicherten in einer Einrichtung der Teilhabe am Arbeitsleben oder einer Werkstatt für behinderte Menschen wird das Pflegegeld bis zum Ende des ersten auf die Aufnahme folgenden Kalendermonats weitergezahlt und mit dem ersten Tag des Entlassungsmonats wieder aufgenommen. ²Das Pflegegeld kann in den Fällen des Satzes 1 ganz oder teilweise weitergezahlt werden, wenn das Ruhen eine weitere Versorgung der Versicherten gefährden würde.

(4) Mit der Anpassung der Renten wird das Pflegegeld entsprechend dem Faktor angepaßt, der für die Anpassung der vom Jahresarbeitsverdienst abhängigen Geldleistungen maßgeblich ist.

(5) ¹Auf Antrag der Versicherten kann statt des Pflegegeldes eine Pflegekraft gestellt (Hauspflege) oder die erforderliche Hilfe mit Unterkunft und Verpflegung in einer geeigneten Einrichtung (Heimpflege) erbracht werden. ²Absatz 3 Satz 2 gilt entsprechend.

(6) Die Bundesregierung setzt mit Zustimmung des Bundesrates die neuen Mindest- und Höchstbeträge nach Absatz 2 und den Anpassungsfaktor nach Absatz 4 in der Rechtsverordnung über die Bestimmung des für die Rentenanpassung in der gesetzlichen Rentenversicherung maßgebenden aktuellen Rentenwertes fest.

Sechster Unterabschnitt. Geldleistungen während der Heilbehandlung und der Leistungen zur Teilhabe am Arbeitsleben

§ 45 Voraussetzungen für das Verletztengeld

(1) Verletztengeld wird erbracht, wenn Versicherte
1. infolge des Versicherungsfalls arbeitsunfähig sind oder wegen einer Maßnahme der Heilbehandlung eine ganztägige Erwerbstätigkeit nicht ausüben können und
2. unmittelbar vor Beginn der Arbeitsunfähigkeit oder der Heilbehandlung Anspruch auf Arbeitsentgelt, Arbeitseinkommen, Krankengeld, Verletztengeld, Versorgungskrankengeld, Übergangsgeld, Unterhaltsgeld, Kurzarbeitergeld, Arbeitslosengeld, nicht nur darlehensweise gewährtes Arbeitslosengeld II oder nicht nur Leistungen für Erstausstattungen für Bekleidung bei Schwangerschaft und Geburt nach dem Zweiten Buch oder Mutterschaftsgeld hatten.

(2) ¹Verletztengeld wird auch erbracht, wenn
1. Leistungen zur Teilhabe am Arbeitsleben erforderlich sind,
2. diese Maßnahmen sich aus Gründen, die die Versicherten nicht zu vertreten haben, nicht unmittelbar an die Heilbehandlung anschließen,
3. die Versicherten ihre bisherige berufliche Tätigkeit nicht wieder aufnehmen können oder ihnen eine andere zumutbare Tätigkeit nicht vermittelt werden kann oder sie diese aus wichtigem Grund nicht ausüben können und
4. die Voraussetzungen des Absatzes 1 Nr. 2 erfüllt sind.

²Das Verletztengeld wird bis zum Beginn der Leistungen zur Teilhabe am Arbeitsleben erbracht. ³Die Sätze 1 und 2 gelten entsprechend für die Zeit bis zum Beginn und während der Durchführung einer Maßnahme der Berufsfindung und Arbeitserprobung.

(3) Werden in einer Einrichtung Maßnahmen der Heilbehandlung und gleichzeitig Leistungen zur Teilhabe am Arbeitsleben für Versicherte erbracht, erhalten Versicherte Verletztengeld, wenn sie arbeitsunfähig sind oder wegen der Maßnahmen eine ganztägige Erwerbstätigkeit nicht ausüben können und die Voraussetzungen des Absatzes 1 Nr. 2 erfüllt sind.

(4) Im Fall der Beaufsichtigung, Betreuung oder Pflege eines durch einen Versicherungsfall verletzten Kindes gilt § 45 des Fünften Buches entsprechend.

A. Normzweck

1 Es werden die Voraussetzungen für den Erhalt der Lohnersatzleistung Verletztengeld im Falle der **Ersterkrankung** bzw. für die Wiedererkrankung iVm. § 48 geregelt. Die Geldleistung entspricht im Wesentlichen dem Krankengeld. Sie ist nur anlässlich einer Heilbehandlung zu erbringen; für Maßnahmen zur Teilhabe am Arbeitsleben s. § 49.

B. Arbeitsunfähigkeit

I. Arbeitsunfähigkeit (Abs. 1 Nr. 1, 1. Alt.)

Arbeitsunfähig ist ein Versicherter, der nicht oder nur auf die Gefahr hin, seinen Gesundheitszustand alsbald zu verschlimmern, fähig ist, seine bisherige oder eine ähnlich geartete Erwerbstätigkeit auszuüben (st. Rspr. vgl. BSG 30. 10. 2007 B 2 U 31/06 R mwN). Die **Dauer** dieser Leistungsbehinderung ist unbeachtlich, solange keine volle Erwerbsminderung iSd. § 43 SGB VI besteht (vgl. § 46 Abs. 3 Nr. 2). **Alsbald** ist mit einer Verschlimmerung bei Fortsetzung der Tätigkeit zu rechnen, wenn der Eintritt für einen absehbaren Zeitraum von wenigen Wochen prognostizierbar ist. 2

Anknüpfungspunkt der Bewertung ist der konkrete Inhalt des (letzten) Arbeitsvertrages einschließlich des hierdurch bestimmten Umfanges des **Direktionsrechtes**. Daher ist nicht nur auf die zuletzt ausgeübte Tätigkeit abzustellen. Es sind alle Tätigkeiten mit einzubeziehen, auf die der Beschäftigte, ggf. in anderen Betrieben, ohne Änderungskündigung umgesetzt werden kann (BSGE 57, 227, 229). Die Verweisbarkeit auf ähnlich geartete Tätigkeiten ist bei einem Ausbildungsberuf begrenzt auf die innerhalb des Berufsbildes liegenden Tätigkeiten (BSGE 85, 271, 273 f.). **Andersartig** sind Tätigkeiten, die nach der Bezahlung, der Verrichtungsart und den notwendigen Kenntnissen und Fähigkeiten nicht den nach Direktionsrecht zuweisbaren entsprechen. 3

Die Arbeitsunfähigkeit endet nicht durch Arbeitslosmeldung oder **Beendigung des Arbeitsverhältnisses.** Allerdings kann sich der Beurteilungsmaßstab für die Verweisbarkeit auf ähnlich gelagerte Tätigkeiten durch Wegfall des Bezuges auf die konkreten Besonderheiten des bisherigen Arbeitsplatzes verändern. Im Rahmen des Berufsbildes ist nunmehr auf den allgemeinen Arbeitsmarkt abzustellen. Der ungelernte Arbeitnehmer ist somit auf alle zumutbare Tätigkeiten verweisbar. 4

Die DGUV kennt die **Teilarbeitsfähigkeit** nicht. Daher besteht bei stufenweiser Wiedereingliederung, Belastungserprobungen oder Arbeitstherapien (vgl. § 27 Abs. 1 Nr. 7) die Arbeitsunfähigkeit fort. Passt der Versicherte indes durch freiwillige Arbeitsvertragsänderung die Arbeitsanforderung – nach Art oder Dauer – an seine Leistungsfähigkeit an, so tritt ab diesem Zeitpunkt Arbeitsfähigkeit ein. 5

Das Verletztengeld setzt immer einen kausalen Bezug zum Versicherungsfall voraus. Die Arbeitsunfähigkeit muss nicht die alleinige, aber die rechtlich **wesentliche Ursache** im Versicherungsfall finden. Erkrankt der Versicherte während der unfallbedingten Arbeitsunfähigkeit an einem unabhängigen Leiden, so endet der Verletztengeldanspruch erst, wenn sich aus den Folgen des Versicherungsfalles keine Arbeitsunfähigkeit mehr begründen lässt (Wechsel der Wesensgrundlage des Lohnersatzanspruches). Umgekehrt beginnt bei Hinzutritt einer versicherungsfallbedingten Arbeitsunfähigkeit während einer anderweitig begründeten Arbeitsunfähigkeit der Anspruch aus diesem Versicherungsfall erst nach Wegfall des sonstigen Arbeitsunfähigkeitsgrundes (BSGE 44, 22, 25). Tritt kurz nach Wiederaufnahme der Erwerbstätigkeit **erneut** versicherungsfallbedingt Arbeitsunfähigkeit ein, so ist die Arbeitsunfähigkeit als durchgehend einzustufen (s. § 48 Rn. 2), sofern bei rückschauender, objektiver Bewertung der Versicherte trotz gebotener Anstrengung gesundheitlich nicht in der Lage war, die betrieblichen Tätigkeiten (vollschichtig) zu erledigen. Zwischenzeitlich gezahltes Entgelt ist nach § 52 anzurechnen. 6

Die Arbeitsunfähigkeit ist ein **Rechtsbegriff,** deren Feststellung dem Versicherungsträger bzw. den Gerichten obliegt. Unabdingbare Voraussetzung hierfür ist die medizinische Tatsachenfeststellung durch den Arzt. An dessen Bewertungen ist der UvTr nicht gebunden, s. auch § 46 Rn. 2 f. Das Attest mit der Arbeitsunfähigkeitsfeststellung unterliegt als Kurzgutachten der vollen beweismittelrechtlichen Überprüfbarkeit. Vorläufig (bis zur Entziehung des Behandlungsauftrages) ist der UvTr allerdings an die Einschätzung des behandelnden D-Arztes gebunden wegen des bestehenden Auftragsverhältnisses (§§ 24 ff. Vertrag Ärzte/UvTr). 7

II. Hinderung an ganztägiger Erwerbstätigkeit (Abs. 1 Nr. 1, 2. Alt.)

Verhindert notwendigerweise der Zeitraum oder die Durchführungsart der Heilbehandlung eine ganztätige Erwerbstätigkeit, so wird der Versicherte für den Lohnersatzbezug dem Arbeitsunfähigen gleichgestellt. Der teilzeitbeschäftigte Arbeitnehmer ist gleichzustellen, sofern die Behandlung nicht in der arbeitsfreien Zeit zu erledigen ist. 8

III. Entgeltersatzfunktion (Abs. 1 Nr. 2)

Die kumulative Voraussetzung des Bezuges von Arbeitsentgelt oÄ. sichert den Entgeltersatzcharakter des Verletztengeldes. Daher ist zwar ein **unmittelbarer** Übergang zu fordern, der aber nicht tagesgenauen zeitlichen Anschluss bedeuten muss. Entscheidend ist, ob am Tag vor Eintritt der Arbeitsunfähigkeit der **Lebensunterhalt** aus dieser Leistung bestritten wurde. Die Voraussetzungen des § 45 Abs. 1 Nr. 2 sind nicht mehr erfüllt, wenn der Versicherte seinen Lebensunterhalt zu diesem Zeit- 9 punkt aus anderen Quellen, etwa aus Vermögen, Kapitaleinkünften, Rente oder Sozialhilfe finanziert hat (BSG 26. 6. 2007 – B 2 U 23/06 R). Dies dürfte besonders bei Wiedererkrankungen relevant sein. Kurze Zwischenzeiträume ohne formalen Anspruch auf die Leistung (zB Wochenende) sind auf jeden Fall unschädlich. Nicht der tatsächliche Bezug, sondern der Grundanspruch auf eine der abschließend aufgezählten Leistungen ist maßgeblich. Der Anspruch besteht auch für zB **Altersrentner oder Schüler,** die einer entgeltlichen (Neben-)Beschäftigung nachgegangen sind. Bei weitergezahlten Entgelten sind Anrechnungsvorschriften (§ 52) zu beachten.

C. Weiterzahlung während Wartezeiten (Abs. 2)

10   Kann der Versicherte nach Ende der Heilbehandlung die bisherige Erwerbstätigkeit nicht wieder aufnehmen und ist eine zumutbare Tätigkeit nicht vermittelbar, können Teilhabeleistungen iSd. § 49 erforderlich werden. Sofern eine solche Maßnahme konkret möglich ist und dem Versicherten angeboten werden kann, diese jedoch nicht sofort zur Verfügung steht (Lehrgangsbeginn, kein Schulungsplatz) oder aus Gründen, die außerhalb des Willens des Versicherten liegen (unabhängige Erkrankung) nicht begonnen werden kann, besteht Anspruch auf Verletztengeld nach Abs. 2. Der Fortbestand von Arbeitsunfähigkeit ist hier nicht erheblich. Zu vertreten hat der Versicherte **Verzögerung,** die auf seiner eigenen Entscheidung beruhen, wie zB die Planung von Urlaub oder Inanspruchnahme von Elternzeit oder Erziehungsurlaub. Die **Zumutbarkeit** einer Tätigkeit ist an Hand aller Umstände des Einzelfalles analog § 121 SGB III zu ermitteln. Berücksichtigt werden nur konkret verfügbare Beschäftigungen.

11   Entsprechend dem wirtschaftlichen Sicherungszweck wird bis zum Beginn der Maßnahme gezahlt, was vorbereitende Berufsfindung und Arbeitserprobung iSd. § 33 SGB IX mit umfasst. Danach erfolgt der Übergang auf die geringeren Leistungen nach § 49.

D. Parallelität von medizinischer und beruflicher Rehabilitation (Abs. 3)

12   Vorschrift sichert für **arbeitsunfähige** Versicherte die höheren Verletztengeldleistungen ab, solange sie in stationären Einrichtungen der sog. Phase II neben frühzeitigen Teilhabemaßnahmen weiterhin medizinisch rehabilitiert werden.

E. Kinderverletztengeld (Abs. 4)

13   Machen die Folgen eines Versicherungsfalles (§ 7) des im eigenen Haushalt lebenden Kindes, welches das **12. Lebensjahr** noch nicht vollendet hat, zu Betreuungszwecken das Fernbleiben von der Arbeit für einen berufstätigen Elternteil notwendig, entsteht für jeden der beiden Elternteile ein zeitlich begrenzter Verletztengeldanspruch von maximal 10 Arbeitstagen; im Einzelnen s. § 45 SGB V. Ohne die begrenzenden Voraussetzungen sind Leistungen nach § 39 Abs. 1 Nr. 2 und Abs. 2 möglich, wenn Art und Schwere der erlittenen Verletzung dies erfordern.

§ 46 Beginn und Ende des Verletztengeldes

(1) **Verletztengeld wird von dem Tag an gezahlt, ab dem die Arbeitsunfähigkeit ärztlich festgestellt wird, oder mit dem Tag des Beginns einer Heilbehandlungsmaßnahme, die den Versicherten an der Ausübung einer ganztägigen Erwerbstätigkeit hindert.**

(2) ¹**Die Satzung kann bestimmen, daß für Unternehmer, ihre Ehegatten oder ihre Lebenspartner und für den Unternehmern nach § 6 Abs. 1 Nr. 2 Gleichgestellte Verletztengeld längstens für die Dauer der ersten 13 Wochen nach dem sich aus Absatz 1 ergebenden Zeitpunkt ganz oder teilweise nicht gezahlt wird.** ²**Satz 1 gilt nicht für Versicherte, die bei einer Krankenkasse mit Anspruch auf Krankengeld versichert sind.**

(3) ¹**Das Verletztengeld endet**
1. **mit dem letzten Tag der Arbeitsunfähigkeit oder der Hinderung an einer ganztägigen Erwerbstätigkeit durch eine Heilbehandlungsmaßnahme,**
2. **mit dem Tag, der dem Tag vorausgeht, an dem ein Anspruch auf Übergangsgeld entsteht.**

²**Wenn mit dem Wiedereintritt der Arbeitsfähigkeit nicht zu rechnen ist und Leistungen zur Teilhabe am Arbeitsleben nicht zu erbringen sind, endet das Verletztengeld**
1. **mit dem Tag, an dem die Heilbehandlung so weit abgeschlossen ist, daß die Versicherten eine zumutbare, zur Verfügung stehende Berufs- oder Erwerbstätigkeit aufnehmen können,**

2. mit Beginn der in § 50 Abs. 1 Satz 1 des Fünften Buches genannten Leistungen, es sei denn, daß diese Leistungen mit dem Versicherungsfall im Zusammenhang stehen,
3. im übrigen mit Ablauf der 78. Woche, gerechnet vom Tag des Beginns der Arbeitsunfähigkeit an, jedoch nicht vor dem Ende der stationären Behandlung.

A. Normzweck

Die Vorschrift regelt die Dauer des Verletztengeldanspruches und ermöglicht dem UvTr für bestimmte Personenkreise abweichende Regelungen durch Satzungsbestimmung. Außerdem hat sie zentrale Bedeutung für einen etwaigen Rentenbeginn, der auf den Tag festgelegt ist, der dem Tag folgt, an dem der Anspruch auf Verletztengeld endet, § 72 Abs. 1 Nr. 1. **1**

B. Beginn des Verletztengeldes (Abs. 1)

Maßgeblich für den Zahlungsbeginn ist der Tag, ab dem nach ärztlicher Beurteilung die Arbeitsunfähigkeit festgestellt ist. Dies ist im Regelfall der Tag der Vorstellung beim Arzt bzw. der **Untersuchung**. Da eine rückwirkende Beurteilung unstr. problematisch ist, wird sie von einer Mindermeinung nur in Fällen der objektiven Hinderung zu früherem Arztbesuch oder bei **Fehlbeurteilung** durch Erstuntersucher zugelassen (vgl. KassKomm/Ricke SGB VII § 46 Rn. 2f. mwN). Dies wird jedoch dem Beweismittelcharakter der ärztlichen Bescheinigung nicht gerecht. Der UvTr ist an die ärztliche Bescheinigung nicht gebunden. Er hat in Würdigung der Gesamtumstände auf der Basis objektiv belegbarer Tatsachen zu entscheiden, ob und ab wann Arbeitsunfähigkeit besteht (vgl. § 45 Rn. 7). Dies verpflichtet ihn bei entsprechender Beweislage ebenso eine rückdatierte Arbeitsunfähigkeitsbewertung zu akzeptieren, wie er andererseits an eine fehlerhafte Bewertung vom Untersuchungstag nicht gebunden ist. Eine mehr als 2–3 Tage zurückwirkende Einschätzung wird nur in seltenen Ausnahmefällen zu objektivieren sein. **2**

Die Feststellung kann durch jeden approbierten **Arzt** erfolgen. Der zu Lasten des UvTr behandelnde Arzt ist zur Ausstellung der Arbeitsunfähigkeitsbescheinigung verpflichtet (§ 47 Vertrag Ärzte/UvTr). Hinsichtlich ausländischer Arbeitsunfähigkeitsbescheinigungen gilt gegenüber dem in Rn. 2 Gesagten grundsätzlich nichts Besonderes. Jedoch entsteht innerhalb der **Mitgliedstaaten der EU** eine Bindung an die vom Träger des Wohn- oder Aufenthaltsortes getroffenen ärztlichen Feststellungen, sofern der zuständige UvTr den Versicherten nicht gem. Art. 18 V EWGV 574/72 durch einen Arzt seiner Wahl untersuchen lässt (EuGH SozR 3–6055 Art. 18 Nr. 1). **3**

Bei **Heilbehandlungsmaßnahmen** die an der Ausübung der Erwerbstätigkeit hindern (s. § 45 Rn. 8) ist auf den Beginn der Maßnahme abzustellen, wozu auch die Anreise gehört. **4**

C. Satzungsregelungen für Unternehmer und Gleichgestellte (Abs. 2)

Für diesen Personenkreis, soweit er nicht in der Krankenkasse mit Anspruch auf Krankengeld versichert ist, liegt es im Ermessen des Satzungsgebers eine **Wartezeit** für das Verletztengeld von bis zu 13 Wochen festzulegen. Hiermit kann je nach Branche dem Umstand Rechnung getragen werden, dass der Unternehmer durch seine Arbeitsunfähigkeit nicht zwangsläufig sofort Mindereinnahmen haben muss. Der **Zeitraum** beginnt entsprechend dem Wortlaut am Tag „nach" dem aus Abs. 1 festgestellten Tag, der also für die satzungsgemäß bestimmte Wartezeit nicht mitzählt. Für den Ausschluss des S. 2 reicht, dass der versicherte Unternehmer überhaupt einen (fiktiven, § 11 V SGB V) Krankengeldanspruch hätte. **5**

D. Ende des Verletztengeldes (Abs. 3)

I. Arbeitsfähigkeit (S. 1 Nr. 1)

Das Verletztengeld endet am Tag vor Wegfall der Voraussetzung des § 45 Abs. 1 Nr. 1, dh. am Tag vor Wiederaufnahme der bisherigen oder einer ähnlich gearteten Erwerbstätigkeit bzw. mit dem letzten Tag der Hinderung an einer Erwerbstätigkeit durch Heilbehandlungsmaßnahmen, vgl. § 45 Rn. 2ff., 8. Nimmt der Versicherte eine Tätigkeit auf, tritt Arbeitsfähigkeit mit der Folge des Verletztengeldendens selbst dann ein, falls er sich nicht auf diese Tätigkeit verweisen lassen müsste. Endete das Arbeitsverhältnis bereits vor Wiederherstellung der Leistungsfähigkeit zB durch **Befristung oder Kündigung,** so ist gleichermaßen auf das Ende der Arbeitsunfähigkeit abzustellen, da der Verletztengeldanspruch unabhängig vom Fortbestand des Arbeitsvertrages ist. Der förmlichen Feststellung bedarf es nicht, da die Leistungen aus gesetzlichen Beendigungsgründen von vornherein begrenzt sind. Sollte allerdings ein Verwaltungsakt mit Dauerwirkung erteilt sein, so ist dieser durch anhörungspflichtigen Verwaltungsakt zu beenden. **6**

II. Beginn des Übergangsgeldanspruches (S. 1 Nr. 2)

7 Mit einer gem. § 49 übergangsgeldauslösenden Leistung zur Teilhabe fällt auch bei bestehender Arbeitsunfähigkeit der Verletztengeldanspruch weg, sodass ab diesem Zeitpunkt parallel auch Rentenansprüche bestehen können, § 72 Abs. 1 Nr. 1. Auch für diesen gesetzlichen Beendigungstatbestand bedarf es keines Verwaltungsaktes, wohl aber für die Feststellung der Teilhabeleistungen, bei der sinnvollerweise auf die Änderung der Geldleistung hinzuweisen ist, s. aber Rn. 6 aE.

III. Nicht mit Eintritt der Arbeitsfähigkeit zu rechnen (S. 2)

8 Kommen Teilhabeleistungen (mit Übergangsleistungen) nicht in Betracht und ist mit Wiedereinsatzfähigkeit in der bisherigen oder einer vergleichbaren Tätigkeit nicht zu rechnen, sieht das Gesetz zur Beendigung dieser als vorübergehende Unterhaltssicherung konzipierten Leistung andere situationsadäquate Lösungen zur Vermeidung einer lebenslangen Zahlung vor. Die Beendigung des Anspruches nach Abs. 3 hat stets durch **anhörungspflichtigen** Verwaltungsakt zu erfolgen, der die Prognoseentscheidung zur Arbeitsfähigkeit sowie die mangelnden Erfolgsaussichten für Teilhabemaßnahmen und deren Gründe beinhaltet (BSG 30. 10. 2007 B 2 U 31/06 R). Solange diese Entscheidungen nicht getroffen sind, besteht Anspruch auf Verletztengeld, ggf. auch über die **78. Woche** (S. 2 Nr. 3) hinaus. Werden diese Entscheidungen erst nach der 78. Woche rechtsverbindlich bekannt gegeben, können frühestens mit Wirkung ab dem Bekanntgabezeitpunkt die Voraussetzungen für die Beendigung des Verletztengeldes festgestellt werden (BSG 13. 9. 2005 – B 2 U 4/04 R). Berufsfördernde Leistungen ohne Übergangsgeldanspruch stehen der Beendigung nach Abs. 3 nicht entgegen.

9 **1. Mit Abschluss der Heilbehandlung (Nr. 1).** Die Heilbehandlung ist abgeschlossen iSd. der Nr. 1, wenn die Leistungsfähigkeit, die nach dem Stand der Medizin derzeit als erreichbar gilt, im Wesentlichen wiederhergestellt ist. Dies bedeutet nicht den Abschluss jeglicher Behandlung oder Arzneimittelversorgung. Insbesondere ambulante Weiterbehandlung und physikalische Therapien wie auch die Notwendigkeit späterer Nachoperationen oder Materialentfernungen müssen einer zumutbaren Tätigkeit nicht im Wege stehen.

10 Ausgangspunkte für die Beurteilung der **Zumutbarkeit** einer Erwerbstätigkeit sind einerseits die für die bisherige Tätigkeit benötigten Fähigkeiten und Kenntnisse und andererseits die nach medizinischer Wiederherstellung verbliebene Leistungsfähigkeit. In Betracht kommen daher Tätigkeiten, die nach körperlichen, geistigen, seelischen und beruflichen Fähigkeiten – ggf. nach Teilhabemaßnahmen – tatsächlich verrichtet werden können und **keinen wesentlichen sozialen Abstieg** darstellen. Die äußerste Grenze der Zumutbarkeit bildet hier der Maßstab des § 121 SGB III. Nach einer verbreiteten Meinung soll sich der Kreis der zumutbaren Tätigkeiten erweitern, sofern der Versicherte Maßnahmen zur Teilhabe am Arbeitsleben nicht zustimmt (vgl. zB Bereiter-Hahn/Mehrtens, § 46 SGB VII Rn. 16.4). Wegen ihres Sanktionscharakters ist diese Auffassung bedenklich und kann daher nur tragen, wenn der Versicherte sich derartigen sozialen Veränderungen freiwillig zuwendet, zB weil die finanziellen Veränderungen durch die Rente abgefangen werden oder ihm die veränderte Perspektive aus anderen Gründen akzeptabel erscheint. Allerdings darf ein grundloses Verweigern der **Mitwirkung** zur Erlangung einer zumutbaren Beschäftigung nicht zu verlängerten Lohnersatzleistungen führen, sodass derartiges Verhalten des Versicherten eine Reduzierung oder den Entzug der Verletztengeldzahlung nach den Mitwirkungsregeln, §§ 60ff. SGB I, rechtfertigen kann.

11 Die zumutbare Tätigkeit muss außerdem tatsächlich **zur Verfügung** stehen, dh. sie muss konkret bei mindestens einem Arbeitgeber, der grundsätzlich bereit ist, Versicherte mit entsprechender gesundheitlicher Einschränkung zu beschäftigen, als freier Arbeitsplatz nachgewiesen sein (LSG HE 23. 10. 2007 – L 3 U 24/07 – SGb 2009, 110 ff m. Anm. Molkentin). Mit dem Tag des Nachweises dieser Erwerbstätigkeit endet der Verletztengeldanspruch. Hierzu muss es nicht zu einem persönlichen Beschäftigungsangebot des Unternehmers oder zum Vertragsschluss kommen, da derartige Arbeitsmarktrisiken nicht der DGUV zugeordnet sind. Die Unterhaltssicherung geht daher bei Bedarf im Folgenden auf die Arbeitslosenversicherung über.

12 **2. In § 50 Abs. 1 S. 1 SGB V genannte Leistungen (Nr. 2).** Zur Vermeidung von Doppelleistungen mit demselben Kompensationsziel endet das Verletztengeld mit dem Beginn der Leistungen, die üblicherweise ein endgültiges Ausscheiden aus dem Erwerbsleben finanziell absichern. **Beginn der Leistungen** ist der Zeitpunkt, ab dem diese im maßgeblichen Bescheid zuerkannt werden. Für überzahltes Verletztengeld kann gemäß §§ 103, 107 SGB X ein Erstattungsanspruch geltend gemacht werden und bis zur Höhe der evtl. Verletztenrente für diesen Zeitraum der nicht gedeckte Restbetrag aufgerechnet werden.

13 Dies gilt nur, wenn tatsächlich zum Beginn der Leistungen die **Negativprognose** zum Wiedereintritt der Arbeitsfähigkeit mit der tatbestandlich zu fordernden hohen Wahrscheinlichkeit getroffen ist (vgl. Rn. 8). Andernfalls ist unbegrenzt bis zur Arbeitsfähigkeit (oder gesicherten Negativprognose) Verletztengeld weiterzuzahlen. Dies gilt unabhängig davon, ob der Versicherte zum Zeitpunkt der

Stattgabe seines Antrags auf **Altersvollrente** endgültig aus dem Erwerbsleben ausscheiden will oder nicht (BSG 13. 8. 01 – B 2 U 30/01 R – SGb 2003, 225 ff. m. Anm. Holtstraeter).

Stehen die in § 50 Abs. 1 Nr. 1 genannten Leistungen im **Zusammenhang** mit dem das Verletztengeld begründenden Versicherungsfall, kommt lediglich die Beendigung nach Nr. 1 oder Nr. 3 in Betracht. Gleichwohl beanspruchbare Renten ruhen bis zur Verletztengeldbeendigung oder werden als Hinzuverdienst angerechnet. Dies trägt dem Gedanken Rechnung, dass die wesentliche (Teil-) Ursache für die Leistungen im Risikobereich der DGUV liegt. Die regelhafte Altersvollrente und vergleichbare Versorgungen daher nicht die Beendigung nach Nr. 2, weil sie selbst bei Zeitgleichheit nicht im wesentlich rechtlichen Zusammenhang stehen. 14

3. 78. Woche (Nr. 3). Parallel zur 78-Wochenregelung der Krankenkasse (§ 48 Abs. 1 S. 1 SGB V) fungiert die Nr. 3 als Auffangregelung für Fälle, die nach den übrigen Regeln nicht zur Beendigung führen können. Das als vorübergehende Leistung konzipierte Verletztengeld erhält damit einen Zeitrahmen, innerhalb dessen sich Versicherte regelmäßig auf die Änderung ihrer wirtschaftlichen Verhältnisse einstellen sollen. Ausgenommen sind aber Situationen, bei denen der Abbruch finanzieller Unterstützung den Zielstellungen der DGUV zuwiderlaufen würde (s. aber Rn 8). Eine derartige Situation bestünde bei Schwerstverletzten, deren zentrale **stationäre Behandlungsphasen** noch nicht abgeschlossen sind, sodass noch keine valide Prognose über den leistungsmäßigen Endzustand möglich ist. Nicht zur stationären Behandlung iSd. Nr. 3 zählen stationäre Pflegeaufenthalte, für die Zukunft geplante optimierende Nachoperationen bzw. Materialentfernungen und die stationäre Behandlung unabhängiger Erkrankungen. 15

Ähnlich ist die Situation des Versicherten, falls Fortschritte einer noch andauernden medizinischen Rehabilitation einen Wiedereintritt von Arbeitsfähigkeit auch **nach der 78. Woche** nicht ausschließen oder die Rehaplanung erst danach den Beginn der **beruflichen Rehabilitation** (Maßnahmen mit Anspruch auf Übergangsgeld, s. Rn. 7) vorsieht. Verletztengeld ist diesen Versicherten auch über die 78. Woche hinaus zu zahlen bis zum Beginn des Anspruches auf Übergangsgeld bzw. – je nach Entwicklung der Rehabilitation – dem Eintritt der Arbeitsfähigkeit oder der Absicherung der **Negativprognose** (vgl. Rn. 8). 16

Bei **Wiedererkrankung** (§ 48 Rn. 2) beginnt ein neuer 78-Wochenzeitraum, sofern sich die Unterbrechung der Arbeitsunfähigkeit nicht bei rückschauender Bewertung als eine Fehlprognose über die Leistungsfähigkeit darstellt. Diese Fälle eines therapeutisch gut gemeinten, aber letztlich vom tatsächlichen Leistungsvermögen nicht realistischen **Arbeitsversuches** sind als durchgehende Arbeitsunfähigkeitsphase zu werten (s. § 45 Rn. 6 aE). 17

§ 47 Höhe des Verletztengeldes

(1) ¹Versicherte, die Arbeitsentgelt oder Arbeitseinkommen erzielt haben, erhalten Verletztengeld entsprechend § 47 Abs. 1 und 2 des Fünften Buches mit der Maßgabe, daß

1. das Regelentgelt aus dem Gesamtbetrag des regelmäßigen Arbeitsentgelts und des Arbeitseinkommens zu berechnen und bis zu einem Betrag in Höhe des 360. Teils des Höchstjahresarbeitsverdienstes zu berücksichtigen ist,
2. das Verletztenentgelt 80 vom Hundert des Regelentgelts beträgt und das bei Anwendung des § 47 Abs. 1 und 2 des Fünften Buches berechnete Nettoarbeitsentgelt nicht übersteigt.

²Arbeitseinkommen ist bei der Ermittlung des Regelentgelts mit dem 360. Teil des im Kalenderjahr vor Beginn der Arbeitsunfähigkeit oder der Maßnahmen der Heilbehandlung erzielten Arbeitseinkommens zugrunde zu legen. ³Die Satzung hat bei nicht kontinuierlicher Arbeitsverrichtung und -vergütung abweichende Bestimmungen zur Zahlung und Berechnung des Verletztengeldes vorzusehen, die sicherstellen, daß das Verletztengeld seine Entgeltersatzfunktion erfüllt.

(1 a) ¹Für Ansprüche auf Verletztengeld, die vor dem 1. Januar 2001 entstanden sind, ist § 47 Abs. 1 und 2 des Fünften Buches in der vor dem 22. Juni 2000 jeweils geltenden Fassung für Zeiten nach dem 31. Dezember 1996 mit der Maßgabe entsprechend anzuwenden, dass sich das Regelentgelt um 10 vom Hundert, höchstens aber bis zu einem Betrag in Höhe des dreihundertsechzigsten Teils des Höchstjahresarbeitsverdienstes erhöht. ²Das regelmäßige Nettoarbeitsentgelt ist um denselben Vomhundertsatz zu erhöhen. ³Satz 1 und 2 gilt für Ansprüche, über die vor dem 22. Juni 2000 bereits unanfechtbar entschieden war, nur für Zeiten vom 22. Juni 2000 an bis zum Ende der Leistungsdauer. ⁴Entscheidungen über die Ansprüche, die vor dem 22. Juni 2000 unanfechtbar geworden sind, sind nicht nach § 44 Abs. 1 des Zehnten Buches zurückzunehmen.

(2) ¹Versicherte, die Arbeitslosengeld, Unterhaltsgeld oder Kurzarbeitergeld bezogen haben, erhalten Verletztengeld in Höhe des Krankengeldes nach § 47 b des Fünften Buches. ²Versicherte, die nicht nur darlehensweise gewährtes Arbeitslosengeld II oder nicht

nur Leistungen für Erstausstattungen für Bekleidung bei Schwangerschaft und Geburt nach dem Zweiten Buch bezogen haben, erhalten Verletztengeld in Höhe des Betrages des Arbeitslosengeldes II.

(3) Versicherte, die als Entwicklungshelfer Unterhaltsleistungen nach § 4 Abs. 1 Nr. 1 des Entwicklungshelfer-Gesetzes bezogen haben, erhalten Verletztengeld in Höhe dieses Betrages.

(4) Bei Versicherten, die unmittelbar vor dem Versicherungsfall Krankengeld, Verletztengeld, Versorgungskrankengeld oder Übergangsgeld bezogen haben, wird bei der Berechnung des Verletztengeldes von dem bisher zugrunde gelegten Regelentgelt ausgegangen.

(5) ¹Abweichend von Absatz 1 erhalten Versicherte, die den Versicherungsfall infolge einer Tätigkeit als Unternehmer, mitarbeitende Ehegatten oder Lebenspartner oder den Unternehmern nach § 6 Abs. 1 Nr. 2 Gleichgestellte erlitten haben, Verletztengeld je Kalendertag in Höhe des 450. Teils des Jahresarbeitsverdienstes. ²Ist das Verletztengeld für einen ganzen Kalendermonat zu zahlen, ist dieser mit 30 Tagen anzusetzen.

(6) Hat sich der Versicherungsfall während einer aufgrund eines Gesetzes angeordneten Freiheitsentziehung ereignet, gilt für die Berechnung des Verletztengeldes Absatz 1 entsprechend; nach der Entlassung erhalten die Versicherten Verletztengeld je Kalendertag in Höhe des 450. Teils des Jahresarbeitsverdienstes, wenn dies für die Versicherten günstiger ist.

(7) *(aufgehoben)*

(8) Die Regelung des § 90 Abs. 1 und 3 über die Neufestsetzung des Jahresarbeitsverdienstes nach voraussichtlicher Beendigung einer Schul- oder Berufsausbildung oder nach tariflichen Berufs- oder Altersstufen gilt für das Verletztengeld entsprechend.

A. Normzweck

1   Vorschrift regelt unter weitgehendem Bezug auf die Krankengeldberechnung (§ 47 SGB V) für alle Beziehergruppierungen den Berechnungsmodus und die Verletztengeldhöhe. Sie folgt damit der **Referenzmethode** des SGB V, die die Leistung an dem Einkommen orientiert, das in der Zeit vor der Arbeitsunfähigkeit erzielt wurde. Daher sind betriebliche oder tarifliche Veränderungen während der Arbeitsunfähigkeit ebenso wie die Beendigung des Arbeitsverhältnisses unerheblich. Im Rahmen einer Verwaltungsvereinbarung erfolgt die Berechnung und Auszahlung im Auftrag der UvTr durch die Krankenkassen.

B. Bezieher von Arbeitsentgelt oder -einkommen (Abs. 1)

2   Abs. 1 gilt als Grundregel für alle Arbeitnehmer und Unternehmer, soweit in den Absätzen 1a–8 keine Sonderregelungen normiert sind. Für Arbeitnehmer mit Entgeltersatzleistungen im Bemessungszeitraum greift Abs. 2.

I. Berechnung des Arbeitsentgeltes (Abs. 1 S. 1 iVm. § 47 SBG V)

3   Arbeitsentgelt sind gem. § 14 Abs. 1 SGB IV alle laufenden oder einmaligen Einnahmen aus einer Beschäftigung, gleichgültig, ob ein Rechtsanspruch auf die Einnahmen besteht, unter welcher Bezeichnung oder in welcher Form sie geleistet werden und ob sie unmittelbar aus der Beschäftigung oder im Zusammenhang mit ihr erzielt werden. Nach § 47 Abs. 1 S. 1 SGB V wird für die Berechnung nur das im Bemessungszeitraum **erzielte**, dh. das in diesem Zeitraum tatsächlich erarbeitete und **zugeflossene**, dh. in die Verfügungsgewalt des Versicherten gelangte, Entgelt zugrunde gelegt. Dies ist zu vermindern um **einmalig gezahltes Arbeitsentgelt**, s. aber Rn. 8. Das sind Zuwendungen, die dem Arbeitsentgelt zugerechnet werden, aber nicht für die Arbeit in einem einzelnen Entgeltabrechnungszeitraum gezahlt werden, § 23a Abs. 1 SGB IV (zB Jahresvergütung, 13. Monatsgehalt, Tantiemen, Jubiläumsgeschenk, Leistungsprämie). Nicht herauszurechnen sind laufende Zulagen zum Gehalt (Zuschläge, Zuschüsse, Provisionen, monatliche Abschlagszahlungen auf Jahresprämien usw.), Nachzahlungen zum laufenden Gehalt, vermögenswirksame Leistungen oder regelmäßige **Mehrstundenvergütungen** (s. Rn. 6: ohne größerer Unterbrechung während der letzten 13 Wochen).

4   Der **Bemessungszeitraum** und die Berechnung des **Regelentgeltes** (= kalendertäglicher regelmäßiger Bruttoverdienst) sind abhängig davon, ob die Vergütung nach Arbeitsstunden, anderen Maßstäben (zB Stücklohn) oder als monatliches Arbeitsentgelt gezahlt wird. Für nicht kontinuierliche Arbeitszeiten und -vergütungen kann die Satzung zur Erfüllung der Entgeltersatzfunktion abweichende Berechnungs- und Zahlungsbestimmungen vorsehen (§ 47 Abs. 1 S. 3). Hat der Versicherte **mehrere Beschäftigungsverhältnisse** und kann er aufgrund des Versicherungsfalles beide nicht ausüben, sind die Arbeitsentgelte aller von der Arbeitsunfähigkeit betroffenen Arbeitsverhältnisse zusammenzu-

rechnen zu einen Gesamtregelentgelt; zum Zusammentreffen mit selbständiger Tätigkeit s. Rn. 8. Besonders hier ist die Begrenzung durch das **Höchstregelentgelt** (360. Teil des Höchstjahresarbeitsverdienstes, § 47 Abs. 1 Nr. 1 iVm. der Satzung des UvTr) zu beachten. Etwaige Ansprüche auf Entgeltfortzahlung in einzelnen Verträgen sind über § 52 nur für diesen Teil des Verletztengeldes zu berücksichtigen (BSG SGb 1997, 41 mit Anm. Ricke).

1. Vergütung nach Arbeitsstunden (§ 47 Abs. 2 S. 1 f SGB V). Der Bemessungszeitraum muss mindestens die letzten 4 Wochen vor Arbeitsunfähigkeit umfassen und ist bei starken Schwankungen zu verlängern. Kürzere Zeiträume werden durch Zusammenrechnung auf mindestens 4 Wochen gestreckt oder durch Hochrechnung ergänzt. Ist das Arbeitsverhältnis vor weniger als vier Wochen aufgenommen, ist grundsätzlich von dem Zeitraum bis zum Tag vor der Arbeitsunfähigkeit zu berechnen. Spiegelt dies zB wegen Überstunden nicht die normalen Betriebsverhältnisse wider, können die 4 Wochen durch Vergleichsbeschäftigte des Betriebes aufgefüllt werden (BSG SozR 2200 § 182 Nr. 59). Bei **geringfügiger Beschäftigungsdauer** von sonst nicht Erwerbstätigen (Schüler, Studenten, Aushilfen) findet ausnahmsweise das Lohnausfallprinzip Anwendung. Der für die Beschäftigungszeit (unter 4 Wochen) vereinbarte Lohn geteilt durch 28 (4 Wochen) bildet das tägliche Regelentgelt (BSG SozR 4–2700 § 47 Nr. 1). 5

Als Bezugszeitraum für die **regelmäßige wöchentliche Arbeitszeit** sind normalerweise die letzten 13 Wochen (3 Monate) heranzuziehen. Überstunden können daher nur berücksichtigt werden, wenn sie ohne größere Unterbrechung während dieser letzten 3 Monate erbracht wurden (BSG SozR § 182 RVO Nr. 57). Bei starken Schwankungen ist auch hier der Zeitraum zu verlängern. Maßgeblich sind nicht die tariflichen Verhältnisse, sondern die tatsächlichen. Die Berechnung des Regelentgeltes erfolgt nach folgender Formel: 6

$$\frac{\text{Arbeitsentgelt im Bemessungszeitraum ohne Einmalzahlungen}}{\text{Zahl der bezahlten Stunden}} \times \frac{\text{regelmäßige wöchentliche Arbeitszeit}}{7}$$

2. Vergütung nach monatlichem Arbeitsentgelt oder anderen Maßstäben (§ 47 Abs. 2 S. 3 SGB V). Ausgehend von 30 Monatstagen berechnet sich hier das Regelentgelt für Kalendertage nach folgender Formel: 7

$$\frac{\text{Letztes Monatsentgelt}}{30}$$

3. Berücksichtigung von einmalig gezahltem Arbeitsentgelt (47 Abs. 2 S. 6 SGB V). Diese zunächst im kalendertäglichen regelmäßigen Bruttoverdienst (Regelentgelt) nicht berücksichtigten Beträge (vgl. Rn. 3) werden über einen **Bruttohinzurechnungsbetrag** in das (kumulierte) Regelentgelt eingebracht. Der Hinzurechnungsbetrag errechnet sich aus dem 360. Teil des Gesamtbetrages des in den letzten 12 Monaten erzielten einmaligen Entgeltes. 8

4. Begrenzung auf das Nettoarbeitsentgelt (§ 47 Abs. 1 S. 1 Nr. 2). Das Verletztengeld darf 100% des regelmäßigen Nettoarbeitsentgeltes (ohne Hinzurechnungsbetrag) vor der Arbeitsunfähigkeit nicht übersteigen. Denn durch Lohnersatzleistungen soll der Versicherte nicht besser gestellt werden, als er ohne Versicherungsfall stünde. Daher wird das Verletztengeld regelmäßig aus der Höchstgrenze des Nettoarbeitsentgeltes gezahlt, es sei denn, es überschreitet ausnahmsweise 80% des Regelentgeltes (§ 47 Abs. 1 S. 1 Nr. 1). Das Nettoarbeitsentgelt wird aus dem Lohn des gleichen Bemessungszeitraums wie das Regelentgelt gebildet. Abgezogen werden alle gesetzlichen Abgaben vom Lohn (Steuer, Solidaritätszuschlag und Sozialversicherungsbeitrag) und die eingetragenen Freibeträge. Bei Gesamtregelentgelten (Rn. 10) ist für die Begrenzung auf das Netto nur der Arbeitsentgeltanteil zu berücksichtigen (BSG SozR 3–2200 § 561 Nr. 1). 9

II. Berechnung des Arbeitseinkommens (Abs. 1 S. 2 iVm. § 47 SBG V)

Arbeitseinkommen ist nach § 15 Abs. 1 SGB IV der nach den allgemeinen Gewinnermittlungsvorschriften des Einkommensteuerrechts ermittelte Gewinn aus einer selbständigen Tätigkeit. Einkommen ist als Arbeitseinkommen zu werten, wenn es als solches nach dem Einkommensteuerrecht zu bewerten ist, wozu nicht Einkünfte aus Kapitalvermögen und Vermietung oder Verpachtung gehören. Trifft es **mit Arbeitsentgelt zusammen** und ist der Versicherte auch an dieser Tätigkeit durch den Versicherungsfall gehindert, so sind beide Entgelte zu einem Gesamtregelentgelt zusammen zurechnen (vgl. Rn. 4) und ggf. mit dem Bruttohinzurechnungsbetrag aus einmalig gezahltem Arbeitsentgelt zu kumulieren (Rn. 8). 10

III. Berechnung des Verletztengeldes

Die Feststellung des Verletztengeldes fordert zusammenfassend die Abfolge nachfolgender Berechnungsschritte: (1) Regelentgeltberechnung, Rn. 3–8; (2) Höchstregelentgeltberechnung, Rn. 4; (3) 11

Abgleich von (1) und (2) mit evtl. Begrenzung auf (2); (4) Berechnung von 80% des Regelentgeltes aus (3); (5) Berechnung des Nettoentgeltes, Rn. 10; (6) Abgleich von (4) und (5): der geringere Betrag ist das kalendertägliche Verletztengeld.

12   Bei **Altersteilzeit** ist das Entgelt der Vollarbeitszeit ohne den Aufstockungsbetrag des Arbeitgebers zu Grunde zu legen. Entsteht die Arbeitsunfähigkeit im Freistellungszeitraum oder ragt sie in diesen hinein ist das zu zahlende Entgelt gem. § 52 anzurechnen, da es sich auch bei der Freistellung um Beschäftigung gegen Arbeitsentgelt handelt (§ 7 Abs. 1a SGB IV). Das Verletztengeld endet spätestens mit dem Rentenbeginn, § 46 Abs. 3 S. 2 Nr. 2, s. dort Rn. 12.

C. Übergangsregelung für Verletztengeldansprüche vor dem 1. 1. 2001 (Abs. 1 a)

13   Durch Zeitablauf sind die durch das Einmalzahlungsneuregelungsgesetz eingefügten Übergangsvorschriften zur pauschalen Abgeltung des Hinzurechnungsbetrages weitgehend obsolet geworden.

D. Bezieher von Lohnersatzleistungen (Abs. 2)

14   Versicherte mit diesen abschließend aufgezählten Leistungen vor Beginn der Arbeitsunfähigkeit erhalten Verletztengeld in Höhe des **Arbeitslosengeldes I oder II** (nach der 6 wöchigen Fortzahlung des Arbeitslosengeldes, §§ 126, 142 Abs. 2 Nr. 1 SGB III) oder des **Unterhaltsgeldes**. Ändern sich während des Bezuges von Krankengeld die für den Anspruch auf Arbeitslosengeld oder Unterhaltsgeld maßgeblichen Verhältnisse des Versicherten, so ist auf **Antrag** des Versicherten als Krankengeld derjenige Betrag zu gewähren, den der Versicherte als Arbeitslosengeld oder Unterhaltsgeld erhalten würde, wenn er nicht erkrankt wäre. Änderungen, die zu einer Erhöhung des Krankengeldes um weniger als zehn vom Hundert führen würden, werden nicht berücksichtigt, § 47b Abs. 2 SGB V. **Bezieher von Kurzarbeiter- und Winterausfallgeld** werden (nach einem evtl. Entgeltfortzahlungsanspruch) auf das zuletzt vor dem Versicherungsfall erzielte Regelentgelt angehoben.

E. Entwicklungshelfer (Abs. 3)

15   Sie erhalten Verletztengeld in Höhe der Unterhaltsleistungen nach § 4 Abs. 1 Nr. 1 Entwicklungshelfergesetz.

F. Anschlussverletztengeld (Abs. 4)

16   Sind diese Entgeltersatzleistungen aus einem anderen Leistungsgrund vor der Arbeitsunfähigkeit aus dem aktuellen Versicherungsfall gezahlt worden, so wird das dort berechnete Regelentgelt auch für den Folgeanspruch herangezogen. Allerdings kann sich die Höhe durch eine andere Leistungsbemessungsgrenze (Abs. 1 S. Nr. 1) des jetzt zuständigen Trägers ändern.

G. Verletztengeld für Unternehmer und Gleichgestellte (Abs. 5)

17   Nur für Unfälle infolge unternehmerischer Tätigkeit (sonst gilt Abs. 1 zB für Ehrenamt, Nothilfe oder sonstige versicherte Tätigkeit, BSG 30. 6. 2009 – B 2 U 25/08 R) ist das tägliche Verletztengeld auf den 450. Teil des in der Satzung des UvTr bestimmten Jahresarbeitsverdienstes bzw. in Höhe der vom Versicherten beantragten Höherversicherung festgeschrieben. Bei **Berufskrankheiten** ist § 84 zu beachten, sodass ggf. ein nach § 95 angepasster früherer Jahresarbeitsverdienst (entspricht der Versicherungssumme) zugrunde zulegen ist.

18   Bei Tätigkeiten für mehrere Unternehmen ist der JAV aus dem Betrieb maßgeblich, mit dem die unfallbringende Tätigkeit im sachlichen Zusammenhang stand. Diente die Tätigkeit **mehreren Unternehmen** sind die Versicherungssummen bis zum Höchstjahresarbeitsverdienst zusammenzurechnen, soweit eine Unternehmerversicherung für diese Unternehmen besteht. Wirkt sich die Arbeitsunfähigkeit auf die unternehmerische oder nichtselbständige Tätigkeit für weitere Unternehmen aus, so sind die betreffenden Arbeitseinkommen bzw. -entgelte bis zur Bemessungsgrenze hinzuzurechnen (vgl. Rn. 4, 10). Die Satzungen der UvTr können hierzu abweichendes festlegen.

H. Verletztengeld bei Freiheitsentziehung (Abs. 6)

19   Betrifft nur Versicherungsfälle während des Freiheitsentzuges und soll sicherstellen, dass während des Freiheitsentzuges das Verletztengeld aus der niedrigen Arbeitsentlohnung nach § 43 StRVG gezahlt wird. Nach der Entlassung ergibt der Günstigkeitsvergleich mit dem Jahresarbeitsverdienst das

maßgebliche Regelentgelt, wobei im Jahresarbeitsverdienst die Arbeitsentlohnung nach § 43 StRVG nicht als Arbeitsentgelt berücksichtigt werden darf. Beruht eine Erkrankung während des Freiheitsentzuges auf einem früheren Versicherungsfall wird nach allgemeinen Regeln berechnet.

I. Neuberechnung nach voraussichtlicher Beendigung der Ausbildung (Abs. 8)

Durch die Anpassung an den voraussichtlichen Lebensstandard werden für Versicherte, die ihren Versicherungsfall während der Ausbildung oder vor Vollendung des 30. Lebensjahres erleiden und infolge des Versicherungsfalles keiner Erwerbstätigkeit nachgehen können, unbillig niedrige Regelentgelte vermieden. 20

J. Jährliche Anpassung, § 50 SGB IX

Die Berechnungsgrundlage des Verletztengeldes wird jeweils nach Ablauf eines Jahres seit dem Ende des Bemessungszeitraumes entsprechend der Veränderung der Bruttolöhne und -gehälter je Arbeitnehmer (§ 68 Abs. 2 Satz 1 SGB VI) vom vorvergangenen zum vergangenen Kalenderjahr an die Entwicklung der Bruttoarbeitsentgelte angepasst. 21

§ 48 Verletztengeld bei Wiedererkrankung

Im Fall der Wiedererkrankung an den Folgen des Versicherungsfalls gelten die §§ 45 bis 47 mit der Maßgabe entsprechend, daß anstelle des Zeitpunkts der ersten Arbeitsunfähigkeit auf den der Wiedererkrankung abgestellt wird.

A. Normzweck

Regelung des Verletztengeldanspruches für wiederholte Erkrankungen aus demselben Versicherungsfall. Die möglicherweise mit dem Ende der ersten Arbeitsunfähigkeit (§ 72 Abs. 1 Nr. 1) aufgenommene Rentenzahlung steht dem nicht entgegen; s. aber § 74 Abs. 2: keine Rentenneufeststellung während des Verletztengeldbezuges. 1

B. Wiedererkrankung

Eine Wiedererkrankung liegt vor, wenn der Versicherte nach dem Ende der ersten Erkrankung aus dem Versicherungsfall – ggf. auch mehrfach – erneut an den Folgen dieses Versicherungsfalles erkrankt. Dies setzt die Beendigung der ersten Erkrankung, mindestens aber zwischenzeitliche Arbeitsfähigkeit voraus. Das Unfallversicherungsrecht fordert für den Übergang vom Verletztengeld zur Verletztenrente die dauerhafte Wiederherstellung der Leistungsfähigkeit, was nicht zuletzt auch unberechtigtes Nebeneinander von Verletztengeld und Rente verhindern soll. Tritt kurzfristig erneut Arbeitsunfähigkeit aus demselben Grunde ein, ist also der Versicherte den tatsächlichen Alltagsanforderungen seiner Erwerbstätigkeit bei nachträglich objektivierender Betrachtung nicht gewachsen, besteht eine durchgehende Leistungsunfähigkeit (= Arbeitsunfähigkeit) und keine Wiedererkrankung (s. auch BSG 5. 5. 98 – B 2 U 9/97 R – SGb 1999, 146 ff. mit Anm. Holtstraeter). 2

C. Verletztengeldanspruch

Über den Verweis auf §§ 45 ff. gelten für Anspruchsvoraussetzungen, Beginn und Ende des Anspruches und die Anrechnung von sonstigen Bezügen (§ 52) dieselben Bedingungen mit der Maßgabe, dass auf den Zeitpunkt der erneuten Arbeitsunfähigkeit (nicht der Wiedererkrankung) abzustellen ist. Damit kann der Verletztengeldanspruch entsprechend einem ggf. veränderten Lebensstandard höher oder niedriger ausfallen. Unerheblich für den Grundanspruch ist, ob noch der derselbe oder überhaupt ein Versicherungsschutz besteht. 3

D. Verletztengeldberechnung

Bei der Berechnung können Änderungen im Status erhebliche Bedeutung haben. **Unternehmer und Gleichgestellte** erhalten bei Wiedererkrankung entsprechend § 47 V die Berechnung aus dem Jahresarbeitsverdienst der aktuellen Satzung einschließlich der vor oder nach dem Versicherungsfall abgeschlossenen Zusatzversicherung (§ 83 S. 2). Ist die Versicherung zwischenzeitlich ohne Einflussmöglichkeit des Versicherten beendet (Betriebsschließung, Ausscheiden aus dem Unternehmen) gilt 4 der maßgebliche Jahresarbeitsverdienst beim Ausscheiden. Hat er gekündigt oder eine Fortsetzungsmöglichkeit nicht wahrgenommen greift der Mindestjahresarbeitsverdienst nach Satzung. Ist er zwischenzeitlich abhängig Beschäftigter wird aus § 47 Abs. 1 S. 1 berechnet. War er vorher **Arbeitnehmer** und ist jetzt Unternehmer ist § 47 Abs. 1 S. 2 maßgeblich.

§ 49 Übergangsgeld

Übergangsgeld wird erbracht, wenn Versicherte infolge des Versicherungsfalls Leistungen zur Teilhabe am Arbeitsleben erhalten.

A. Normzweck

1   Fortführung der Entgeltersatzfunktion des Verletztengeldes und wirtschaftliche Absicherung auf dem Niveau des zuvor durch Arbeitstätigkeit Erwirtschafteten (LSG HH 9. 8. 2010 – L 3 U 52/09).

B. Anspruchsvoraussetzungen

2   Der Grundanspruch setzt voraus, dass der Versicherte wegen der beruflichen Fördermaßnahmen **keine ganztägige Erwerbstätigkeit** ausüben kann, da es sonst der wirtschaftlichen Absicherung nicht bedarf. Nicht erforderlich ist allerdings, dass vor der auslösenden Maßnahme eine solche Tätigkeit ausgeübt wurde. Auch ein versicherter Unternehmer kann Übergangsgeld beanspruchen, wenn er für einen erheblichen Zeitraum daran gehindert ist, dem Betrieb seine Arbeitskraft zur Verfügung zu stellen (BSGE 53, 127, 132).

3   Das Übergangsgeld ist eine **unselbstständige, ergänzende** Leistung der Teilhabe, die nur in Zusammenhang mit der Hauptleistung gewährt werden kann (BSGE 53, 229, 232). Es muss somit eine Maßnahme nach § 35 iVm. §§ 33 ff. (nicht § 34!) SGB IX gewährt werden, wobei nur – mindestens in Teilzeitform – durchgeführte Berufsvorbereitungsmaßnahmen, Trainingsmaßnahmen oder Berufsbildungs- bzw. Integrationsmaßnahmen usw. den Anspruch begründen (vgl. Benz, BG 2001, 551, 560). Nicht zu diesen Maßnahmen zählen solche der Berufsfindung und Belastungserprobung, bei denen regelmäßig noch der Verletztengeldanspruch (medizinische Rehabilitation bzw. § 45 Abs. 2 S. 3) besteht.

4   Der Anspruch besteht nur, soweit der Rehabilitand an der Maßnahme tatsächlich teilnimmt. Bei Nichtteilnahme entfällt das Übergangsgeld unabhängig von dem Maßnahmeanspruch, da der Versicherte die Leistung der Teilhabe nicht erhält. Unterrichtsfreie Zeiten und entschuldige Fehlzeiten unterbrechen die Maßnahme nicht. Gleichfalls wird während einer Arbeitsunfähigkeitszeit aus demselben Versicherungsfall das Übergangsgeld fortgezahlt, s. auch § 51 Abs. 3 SGB IX. Soweit ein Rentenanspruch aus dem Versicherungsfall besteht, wird die Rente ohne Anrechnung neben dem Übergangsgeld gezahlt; zur Anrechnung von sonstigem Einkommen s. § 52 (nicht § 52 SGB IX, da DGUV kein Rehabilitationsträger nach § 6 Abs. 1 Nr. 2, 4 und 5).

C. Leistungszeitraum

5   Beginn und Ende richten sich nach der Maßnahme, wozu auch Hin- und Rückreise zu zählen sind. Bei Abbruch der Maßnahme durch Versicherten oder UvTr endet die Zahlung mit Wirksamkeit des Abbruchs. **Weiterzahlungsgründe** können sich bei Beendigung unabhängig vom Maßnahmeerfolg aus § 51 SGB IX ergeben.

§ 50 Höhe und Berechnung des Übergangsgeldes

Höhe und Berechnung des Übergangsgeldes bestimmen sich nach den §§ 46 bis 51 des Neunten Buches, soweit dieses Buch nichts Abweichendes bestimmt; im Übrigen gelten die Vorschriften für das Verletztengeld entsprechend.

A. Normzweck

1   Weitgehender Verweis auf die Berechnungsvorschriften des SGB IX. Abweichende Vorschriften iSd. 2. Hs. bestehen nicht.

2   Systematisch entspricht die Berechnungsbasis der des Verletztengeldes. Die Berechnungsgrundlage ist das **Regelentgelt** und die Höchstgrenze das regelmäßig erzielte Nettoarbeitsentgelt. Beitragsbemessungsgrenze ist der Höchstjahresarbeitsverdienst. Die Bemessungsgrundlage ist gegenüber dem Verletztengeld um 20% auf 80% des Regelentgelts begrenzt. Zu beachten ist der Kontinuitätsgrund-

satz aus § 49 SGB IX wenn zuvor Verletztengeld oder andere der benannten Lohnersatzleistungen gezahlt wurden. Das Übergangsgeld beträgt nach sozialen Bedarfsgrundsätzen gestaffelt 68% oder 75% des (reduzierten) Regelentgeltes.

Die entsprechende Anwendung der Verletztengeldvorschriften betrifft im Wesentlichen die Einkünfte aus **unternehmerischer Tätigkeit,** die neben einem Arbeitsentgelt (§ 50 2. Hs. SGB IX iVm. § 47 Abs. 1 S. 2) oder bei einem Versicherungsfall infolge der Unternehmertätigkeit (§ 50 2. Hs. SGB IX iVm. § 47 V) auszugleichen sind. Über § 50 2. Hs. SGB IX iVm. § 47 VIII wird das Übergangsgeld nach voraussichtlicher Beendigung von Ausbildungs- oder Tarifstufen für Versicherte, die infolge des Versicherungsfalles **keiner Erwerbstätigkeit** nachgehen können, erhöht. 3

§ 51 *(aufgehoben)*

§ 52 Anrechnung von Einkommen auf Verletzten- und Übergangsgeld

Auf das Verletzten- und Übergangsgeld werden von dem gleichzeitig erzielten Einkommen angerechnet

1. beitragspflichtiges Arbeitsentgelt oder Arbeitseinkommen, das bei Arbeitnehmern um die gesetzlichen Abzüge und bei sonstigen Versicherten um 20 vom Hundert vermindert ist; dies gilt nicht für einmalig gezahltes Arbeitsentgelt,
2. Mutterschaftsgeld, Versorgungskrankengeld, Unterhaltsgeld, Kurzarbeitergeld, Arbeitslosengeld, nicht nur darlehensweise gewährtes Arbeitslosengeld II; dies gilt auch, wenn Ansprüche auf Leistungen nach dem Dritten Buch wegen einer Sperrzeit ruhen oder das Arbeitslosengeld II nach § 31 des Zweiten Buches abgesenkt worden ist.

A. Normzweck

Vermeidung von Überversorgung durch Doppelbezug von zielgleichen Leistungen. Der Katalog der anzurechnenden Leistungen ist abschließend. 1

Nur „**erzieltes**" Entgelt (s. § 47 Rn. 3) oder Einkommen (s. § 47 Rn. 10) ist anzurechnen. Dh. zum einen, dass nachträgliche Erhöhungen oder spätere Nachzahlungen nicht zu berücksichtigen sind. Für den UvTr bedeutet dies zusätzlich, dass bei verweigerter oder streitiger Lohnfortzahlung keine fiktive Anrechnung erfolgen darf. Stehen die Entgeltzahlungen dem Arbeitnehmer nicht zur Verfügung ist das Verletztengeld ungekürzt auszuzahlen. Den gem. § 115 SGB X auf ihn übergehenden Anspruch gegenüber dem Arbeitgeber muss der UvTr. evtl. in letzter Konsequenz im Klagewege durchsetzen. 2

Nicht angerechnet werden dürfen **beitragsfreie Bezüge** (§ 23c SGB IV) und **einmalig gezahltes Arbeitsentgelt** (s. § 47 Rn. 3), die auch bei der Berechnung des Regelentgeltes nicht einfließen. 3

Überstundenvergütungen werden im Verletztengeld berücksichtigt, wenn sie ohne größere Unterbrechung während der letzten 3 Monate erbracht wurden, s. § 47 Rn. 3, 6. Da dieses Entgelt nicht in der Lohnfortzahlung enthalten ist (§ 4 Abs. 1a EFZG), könnte dies zu einem Verletztengeldspitzbetrag neben der Lohnfortzahlung führen. Für die Krankenkasse ist dies ausgeschlossen, weil nach § 49 Abs. 3 SGB V auf Grund gesetzlicher Bestimmungen gesenkte Entgelt- oder Entgeltersatzleistungen nicht aufgestockt werden dürfen. Dies beschreibt einen allgemeinen Grundsatz, der nicht zuletzt aus Solidaritäts- und Gleichbehandlungsgründen in einer Gemeinschaft von ähnlich Betroffenen richtig ist. Es werden daher die gesetzlich gesenkten Entgeltleistungen gleichfalls beim Verletztengeld nicht aufgestockt. 4

Hat der Versicherte **mehrere Arbeitsverhältnisse** oder ist er sowohl unternehmerisch als auch angestellt tätig, sind nur von den Einkommens- oder Entgeltquellen Anrechnungen vorzunehmen, die bei der Berechnung des Verletzten- oder Übergangsgeldes mit eingeflossen sind (vgl. § 47 Rn. 4, 10). 5

Wurde eine **Sperrzeit** gem. § 144 SGB III verhängt oder das Arbeitslosengeld II nach § 31 SGB II **abgesenkt,** so sind die ruhenden bzw. abgesenkten Beträge anzurechnen, um die Sanktionswirkung der Maßnahmen aufrechtzuerhalten (Nr. 2 letzter Halbs.).

Siebter Unterabschnitt. Besondere Vorschriften für die Versicherten in der Seefahrt

§ 53 Vorrang der Krankenfürsorge der Reeder

(1) ¹Der Anspruch von Versicherten in der Seefahrt auf Leistungen nach diesem Abschnitt ruht, soweit und solange die Reeder ihre Verpflichtung zur Krankenfürsorge nach

dem Seemannsgesetz erfüllen. ²Kommen die Reeder der Verpflichtung nicht nach, kann der Unfallversicherungsträger von den Reedern die Erstattung in Höhe der von ihm erbrachten Leistungen verlangen.

(2) Endet die Verpflichtung der Reeder zur Krankenfürsorge, haben sie hinsichtlich der Folgen des Versicherungsfalls die Krankenfürsorge auf Kosten des Unfallversicherungsträgers fortzusetzen, soweit dieser sie dazu beauftragt.

Achter Unterabschnitt. Besondere Vorschriften für die Versicherten der landwirtschaftlichen Berufsgenossenschaften

§ 54 Betriebs- und Haushaltshilfe

(1) ¹Betriebshilfe erhalten landwirtschaftliche Unternehmer mit einem Unternehmen im Sinne des § 1 Abs. 2 des Gesetzes über die Alterssicherung der Landwirte während einer stationären Behandlung, wenn ihnen wegen dieser Behandlung die Weiterführung des Unternehmens nicht möglich ist und in dem Unternehmen Arbeitnehmer und mitarbeitende Familienangehörige nicht ständig beschäftigt werden. ²Betriebshilfe wird für längstens drei Monate erbracht.

(2) ¹Haushaltshilfe erhalten landwirtschaftliche Unternehmer mit einem Unternehmen im Sinne des § 1 Abs. 2 des Gesetzes über die Alterssicherung der Landwirte, ihre im Unternehmen mitarbeitenden Ehegatten oder mitarbeitenden Lebenspartner während einer stationären Behandlung, wenn den Unternehmern, ihren Ehegatten oder Lebenspartnern wegen dieser Behandlung die Weiterführung des Haushalts nicht möglich und diese auf andere Weise nicht sicherzustellen ist. ²Absatz 1 Satz 2 gilt entsprechend.

(3) Die Satzung kann bestimmen,
1. daß die Betriebshilfe auch an den mitarbeitenden Ehegatten oder Lebenspartner eines landwirtschaftlichen Unternehmers erbracht wird,
2. unter welchen Voraussetzungen und für wie lange Betriebs- und Haushaltshilfe den landwirtschaftlichen Unternehmern und ihren Ehegatten oder Lebenspartnern auch während einer nicht stationären Heilbehandlung erbracht wird,
3. unter welchen Voraussetzungen Betriebs- und Haushaltshilfe auch an landwirtschaftliche Unternehmer, deren Unternehmen nicht die Voraussetzungen des § 1 Absatz 5 des Gesetzes über die Alterssicherung der Landwirte erfüllen, und an ihre Ehegatten oder Lebenspartner erbracht wird,
4. daß die Betriebs- und Haushaltshilfe auch erbracht wird, wenn in dem Unternehmen Arbeitnehmer oder mitarbeitende Familienangehörige ständig beschäftigt werden,
5. unter welchen Voraussetzungen die Betriebs- und Haushaltshilfe länger als drei Monate erbracht wird,
6. von welchem Tag der Heilbehandlung an die Betriebs- oder Haushaltshilfe erbracht wird.

(4) ¹Leistungen nach den Absätzen 1 bis 3 müssen wirksam und wirtschaftlich sein; sie dürfen das Maß des Notwendigen nicht übersteigen. ²Leistungen, die diese Voraussetzungen nicht erfüllen, können nicht beansprucht und dürfen von den landwirtschaftlichen Berufsgenossenschaften nicht bewilligt werden.

§ 55 Art und Form der Betriebs- und Haushaltshilfe

(1) ¹Bei Vorliegen der Voraussetzungen des § 54 wird Betriebs- und Haushaltshilfe in Form der Gestellung einer Ersatzkraft oder durch Erstattung der Kosten für eine selbst beschaffte betriebsfremde Ersatzkraft in angemessener Höhe gewährt. ²Die Satzung kann die Erstattungsfähigkeit der Kosten für selbst beschaffte Ersatzkräfte begrenzen. ³Für Verwandte und Verschwägerte bis zum zweiten Grad werden Kosten nicht erstattet; die Berufsgenossenschaft kann jedoch die erforderlichen Fahrkosten und den Verdienstausfall erstatten, wenn die Erstattung in einem angemessenen Verhältnis zu den sonst für eine Ersatzkraft entstehenden Kosten steht.

(2) ¹Die Versicherten haben sich angemessen an den entstehenden Aufwendungen für die Betriebs- und Haushaltshilfe zu beteiligen (Selbstbeteiligung); die Selbstbeteiligung beträgt für jeden Tag der Leistungsgewährung mindestens 10 Euro. ²Das Nähere zur Selbstbeteiligung bestimmt die Satzung.

§ 55a Sonstige Ansprüche, Verletztengeld

(1) Für regelmäßig wie landwirtschaftliche Unternehmer selbständig Tätige, die kraft Gesetzes versichert sind, gelten die §§ 54 und 55 entsprechend.

(2) Versicherte, die die Voraussetzungen nach § 54 Abs. 1 bis 3 erfüllen, ohne eine Leistung nach § 55 in Anspruch zu nehmen, erhalten auf Antrag Verletztengeld, wenn dies im Einzelfall unter Berücksichtigung der Besonderheiten landwirtschaftlicher Betriebe und Haushalte sachgerecht ist.

(3) ¹Für die Höhe des Verletztengeldes gilt in den Fällen des Absatzes 2 sowie bei den im Unternehmen mitarbeitenden Familienangehörigen, soweit diese nicht nach § 2 Abs. 1 Nr. 1 versichert sind, § 13 Abs. 1 des Zweiten Gesetzes über die Krankenversicherung der Landwirte entsprechend. ²Die Satzung bestimmt, unter welchen Voraussetzungen die in Satz 1 genannten Personen auf Antrag mit einem zusätzlichen Verletztengeld versichert werden. ³Abweichend von § 46 Abs. 3 Satz 2 Nr. 3 endet das Verletztengeld vor Ablauf der 78. Woche mit dem Tage, an dem abzusehen ist, dass mit dem Wiedereintritt der Arbeitsfähigkeit nicht zu rechnen ist und Leistungen zur Teilhabe am Arbeitsleben nicht zu erbringen sind, jedoch nicht vor Ende der stationären Behandlung.

Zweiter Abschnitt. Renten, Beihilfen, Abfindungen

Erster Unterabschnitt. Renten an Versicherte

§ 56 Voraussetzungen und Höhe des Rentenanspruchs

(1) ¹Versicherte, deren Erwerbsfähigkeit infolge eines Versicherungsfalls über die 26. Woche nach dem Versicherungsfall hinaus um wenigstens 20 vom Hundert gemindert ist, haben Anspruch auf eine Rente. ²Ist die Erwerbsfähigkeit infolge mehrerer Versicherungsfälle gemindert und erreichen die Vomhundertsätze zusammen wenigstens die Zahl 20, besteht für jeden, auch für einen früheren Versicherungsfall, Anspruch auf Rente. ³Die Folgen eines Versicherungsfalls sind nur zu berücksichtigen, wenn sie die Erwerbsfähigkeit um wenigstens 10 vom Hundert mindern. ⁴Den Versicherungsfällen stehen gleich Unfälle oder Entschädigungsfälle nach den Beamtengesetzen, dem Bundesversorgungsgesetz, dem Soldatenversorgungsgesetz, dem Gesetz über den zivilen Ersatzdienst, dem Gesetz über die Abgeltung von Besatzungsschäden, dem Häftlingshilfegesetz und den entsprechenden Gesetzen, die Entschädigung für Unfälle oder Beschädigungen gewähren.

(2) ¹Die Minderung der Erwerbsfähigkeit richtet sich nach dem Umfang der sich aus der Beeinträchtigung des körperlichen und geistigen Leistungsvermögens ergebenden verminderten Arbeitsmöglichkeiten auf dem gesamten Gebiet des Erwerbslebens. ²Bei jugendlichen Versicherten wird die Minderung der Erwerbsfähigkeit nach den Auswirkungen bemessen, die sich bei Erwachsenen mit gleichem Gesundheitsschaden ergeben würden. ³Bei der Bemessung der Minderung der Erwerbsfähigkeit werden Nachteile berücksichtigt, die die Versicherten dadurch erleiden, daß sie bestimmte von ihnen erworbene besondere berufliche Kenntnisse und Erfahrungen infolge des Versicherungsfalls nicht mehr oder nur noch in vermindertem Umfang nutzen können, soweit solche Nachteile nicht durch sonstige Fähigkeiten, deren Nutzung ihnen zugemutet werden kann, ausgeglichen werden.

(3) ¹Bei Verlust der Erwerbsfähigkeit wird Vollrente geleistet; sie beträgt zwei Drittel des Jahresarbeitsverdienstes. ²Bei einer Minderung der Erwerbsfähigkeit wird Teilrente geleistet; sie wird in der Höhe des Vomhundertsatzes der Vollrente festgesetzt, der dem Grad der Minderung der Erwerbsfähigkeit entspricht.

A. Normzweck

Die Vorschrift regelt die Voraussetzungen des Verletztenrentenanspruches und Grundsätze zur Bemessung der Rentenhöhe. 1

B. Anspruchsvoraussetzungen (Abs. 1 S. 1)

I. Versicherungsfall

Der Leistungsfall Rente setzt einen Versicherungsfall (s. § 7 Rn. 2f.) voraus, der mit dem ihm zugeordneten Erstschaden (vgl. § 8 Rn. 5, 85) den ursächlichen Ausgangspunkt für den Folgeschaden 2 (der Erwerbsminderung) gesetzt hat. Das Fortbestehen der Versicherteneigenschaft ist für den Rentenanspruch für Arbeitnehmer und Unternehmer unerheblich (BSG SozR 2200 § 622 Nr. 15).

II. Minderung der Erwerbsfähigkeit (MdE)

3   Die MdE muss **infolge** des Versicherungsfalles eingetreten sein. Den Zusammenhang zwischen dem Gesundheitserstschaden und den die Minderung der Erwerbsfähigkeit begründenden gesundheitlichen **Folgeschäden** bezeichnet man als die haftungsausfüllende Kausalität, s § 8. Rn. 73, 93 ff. Die Folgeschäden müssen im **Vollbeweis** (§ 8 Rn. 87) festgestellt werden und ihr Zusammenhang mit dem Erstschaden mit **Wahrscheinlichkeit** (§ 8 Rn. 89) nachgewiesen sein. Liegen mehrere Ursachen zugrunde, ist auch hier nach der Theorie der **wesentlichen Bedingung** (§ 8 Rn. 76 ff.) zu entscheiden. Wegen des strengen Bezuges des Rentenanspruches zum jeweiligen Versicherungsfall ist auch bei mehreren Versicherungsfällen nicht der gesamte Leidenszustand zu einer Gesamtrente zusammenzufassen, sondern für jeden Versicherungsfall sind Erwerbsminderung (dazu s. Rn. 12 ff.) und Rentenberechnung gesondert festzustellen. Dies kann zu MdE-Sätzen von über 100 vH führen, was aber durch § 59 korrigiert wird.

4   Nicht durch den Versicherungsfall verursacht sind Vor- und Nachschäden. Somit ist die hierauf beruhende Leistungseinbuße grundsätzlich nicht in die MdE einzubeziehen. Beim **Nachschaden,** einer Verschlechterung des Gesundheitszustandes, die zeitlich nach und unabhängig vom Versicherungsfall eintritt, gilt dies uneingeschränkt (BSGE 17, 99, 101 f.; 41, 70, 76 f.). Der zeitliche Eingriff in den Ursachenverlauf durch den Versicherungsfall verhindert nach der Kausalitätstheorie der DGUV jegliche Berücksichtigung von Wirkungen, die nicht „infolge" des Versicherungsfalls entstehen. Folglich beeinflusst die zwischen Versicherungsfall und Leistungsfall unabhängig eingetretende **völlige Erwerbsunfähigkeit** (s. Rn. 5) nicht den Anspruch auf Unfall- oder Berufskrankheitenrenten bzw. lässt den festgestellten Rentenanspruch nicht mit Eintritt der Erwerbsunfähigkeit entfallen. Ob die Verschlimmerung eines Vorschadens, zu der die Versicherungsfallfolgen nicht beigetragen haben (s. aber § 8 Rn. 90) rechtlich als Nachschaden zu werten ist (vgl. Bereiter-Hahn/Mehrtens § 56 Rn. 10.9), kann dahinstehen. Sie liegt jedenfalls außerhalb der Kausalkette des zu bewertenden Versicherungsfalles.

5   Der **Vorschaden** (angeborene oder verschleißbedingt erworbene Leiden, frühere Versicherungsfälle usw.) steht zwar auch außerhalb der unfallversicherungsrechtlichen Kausalkette, indes kann sich der **Funktionsverlust** aus den Folgen des Versicherungsfalles bei Vorschäden wesentlich anders darstellen, vgl. BSG SozR 4–2700 § 56 Nr. 2. Deswegen ist besonders bei paarigen Organen (Erblindung durch Verlust des zweiten Auges) eine höhere Einschätzung geboten, wenn sich die bewirkte Behinderung schwerer auswirkt, als sie ohne den Vorzustand wirken würde. Umgekehrt kann der Funktionsverlust durch den Versicherungsfall gegen null gehen, falls das betroffene Organ bereits vor dem Unfall weitestgehend funktionsgemindert war (vgl. Schönberger, S. 105 f: Verlust eines stark vorgeschädigten Beines). Lag zum Zeitpunkt des Versicherungsfalles bereits **völlige Erwerbsunfähigkeit** vor, kann keine MdE mehr eintreten (BSGE 30, 224). Hierbei ist zu beachten, dass – anders als in der Rentenversicherung – völlige Unfähigkeit zur Erwerbstätigkeit erst dann anzunehmen ist, wenn trotz Nutzung aller nach Kenntnissen und Fähigkeiten gegebenen Arbeitsmöglichkeiten im gesamten Wirtschaftsleben kein nennenswerter Verdienst mehr erzielbar ist (BSGE SozR A3 § 561 RVO aF Nr. 2). Werden noch einfache landwirtschaftliche Tätigkeiten in nennenswertem Umfang regelmäßig ausgeübt oder mehrmals in der Woche für einige Stunden Schreib- oder Bürotätigkeiten erledigt, liegt dieser vom UvTr zu beweisende Ausschlussgrund nicht vor (BSG SozR A3 § 581 Nr. 13). Ebenso unschädlich ist der Eintritt der völligen Erwerbsunfähigkeit nach Versicherungsfall für die **Erhöhung** einer Rente (BSG SozR A3 § 581 Nr. 17; BSGE 43, 208).

III. Wenigstens 20 vom Hundert

6   Lediglich erheblicher Verlust von Erwerbsmöglichkeiten auf Grund eines verbliebenen Gesundheitsschadens soll zum Ausgleich in Geld führen. Daher muss der Leistungsverlust durch den Versicherungsfall mindestens $1/5$ der Gesamtleistungsfähigkeit betragen. Der Gesetzgeber geht davon aus, dass geringere Schäden nicht zu bedeutsamen wirtschaftlichen Nachteilen führen. Ausreichend ist es allerdings, falls die Untergrenze durch die Schäden mindestens zweier Entschädigungsfälle erreicht wird, s. Rn. 8 f. Wird kein **rentenberechtigender Grad der MdE** (20 vH oder 10 vH im Falle von S. 2) erreicht, darf ein bestimmter MdE-Grad nicht festgestellt werden. Es fehlt hierfür das Rechtsschutzbedürfnis und könnte sich bei einer Verschlimmerung zu Ungunsten des Versicherten auswirken, weil er mindestens eine Veränderung in Höhe von 10 vH nachweisen müsste, § 73 Abs. 3 1. Halbs.

IV. Über die 26. Woche hinaus

7   Die nach § 26 SGB X iVm. § 187 Abs. 1 BGB zu berechnende Frist beginnt am Tag nach dem Versicherungsfall. Sie soll Renten für geringfügige Zeiträume vermeiden, in denen Schäden bei

Erwerbseinkommen nicht zu erwarten sind. Die Mindestfrist gilt auch für die sog. **kleinen Renten** der S. 2–4. Jeder berücksichtigungsfähige Versicherungsfall muss daher 10 vH mindestens bis zur 27. Woche bedingen. Das **Fristende** ist nicht maßgeblich für den Rentenbeginn (s. § 72). Vielmehr kann die Rente bereits vorher gezahlt werden, sofern gesichert ist, dass die Minderung nicht vor der 27. Woche unter 20 vH bzw. 10 vH absinkt. Verstirbt der Versicherte vor Ablauf der 26. Woche ist bei entsprechender Prognose ebenfalls Rente bis zum Todeszeitpunkt zu zahlen.

C. Kumulierung geringfügiger MdE-Sätze (Abs. 1 S. 2–3)

S. 2 vermeidet Unbilligkeiten, die dadurch entstehen könnten, dass Versicherte mit einer Vielzahl von Versicherungsfällen, die jeweils geringe, in der Summe aber durchaus erhebliche Einschränkungen des Erwerbslebens bedingen, durch die Mindestgrenze von 20 vH in den Einzelfällen insgesamt ohne Kompensationsanspruch sein könnten. Daher können die sog. kleinen Renten mit einer Minderung der **MdE von mindestens 10 vH** (S. 3) durch einen weiteren Versicherungsfall mit einer MdE von 10 vH oder höher gestützt werden (die sog. **Stützrente**). Nicht berücksichtigt werden Versicherungsfälle mit einer MdE von unter 10 vH. Einerseits gelten geringere MdE-Sätze als nicht zuverlässig schätzbar, weil Abweichungen von 5 vH innerhalb der Beurteilungsbandbreite eines medizinischen Sachverständigen liegen (vgl. BSGE 41, 99, 101 und § 73 Abs. 3 1. Halbs., Rn. 5). Anderseits kann der Gesetzgeber davon ausgehen, dass diesbezügliche Gesundheitsschäden keinen entschädigungsfähigen wirtschaftlichen Nachteil hinterlassen. **8**

Es ist **keine Gesamt-MdE** zu bilden s. Rn 19. Die Addition der MdE-Sätze dient der Feststellung der von S. 1 abweichenden Entschädigungsvoraussetzungen. Feststellung und Zahlung erfolgt durch die jeweils zuständigen UvTr, die wechselseitig an die **Bestandskraft** der Verwaltungsakte gebunden sind (Tatbestandswirkung), selbst wenn eine rechtswidrige Feststellung nach § 45 SGB X nicht mehr zurückgenommen darf (LSG BY 21. 2. 2006, UVR 4/2006, 297). Falls für den stützenden Versicherungsfall keine Rente festgesetzt ist, kann der feststellungsverpflichtete UvTr die MdE des stützenden Falles als eine Entscheidungsvoraussetzung in eigener Kompetenz feststellen. **9**

Soweit in beiden Versicherungsfällen die MdE von mindestens 10 vH **über die 26. Woche** hinausgeht (s. Rn. 7), ist keine Deckung der Zeiträume erforderlich. Entsprechend ist zB im gestützten Fall die Rente bereits in der 24. Woche zu beenden, falls in dem älteren Versicherungsfall die MdE zu diesem Zeitpunkt unter die 10 vH absinkt. Eine kleine Rente kann auch durch einen weiteren Versicherungsfall gestützt werden, der selbst nicht rentenpflichtig wird, aber Arbeitsunfähigkeit verursacht (BSG SozR § 581 RVO Nr. 11; zB Verletztengeldzahlung über die 26. Woche hinaus, danach unter 10 vH). Die **gestützte Rente** aus dem früheren Falle beginnt mit dem Versicherungsfall des neuen Stützfalles, falls dieser eine MdE von wenigstens 10 vH oder Arbeitsunfähigkeit über die 26. Woche hinaus hinterlässt. Sinkt die stützende Rente unter 10 vH, ist auch die gestützte in der Frist des § 73 Abs. 3 nach § 48 Abs. 1 S. 1 zu entziehen oder endet automatisch, sofern sie an den stützenden Tatbestand durch eine **auflösende Bedingung** (§ 32 Abs. 2 Nr. 2 SGB X) gekoppelt ist. Bei der stützenden Rente auf unbestimmte Zeit ist ggf. das **Schutzjahr** gem. § 74 Abs. 1 zu beachten. Für diesen Zeitraum wäre auch die gestützte Rente weiter zu beanspruchen. Anders dagegen, wenn (nur) die gestützte Rente ein Schutzjahr hat. Denn der Vertrauensschutz erfasst nicht die Fortgeltung der Voraussetzungen des § 56 I S. 2. **10**

D. sonstige Schädigungsfälle als Stützrente (Abs. 1 S. 4)

Den Versicherungsfällen des SGB VII sind Entschädigungsfälle mit vergleichbarer Schutzfunktion nach den genannten Gesetzen gleichgestellt. Nach entsprechender Entscheidung der zuständigen Träger müssen sie daher als Stützfälle anerkannt werden (**Bindungswirkung**, s. Rn. 9), soweit die übrigen Bedingungen übereinstimmen. Dabei sind MdE und GdB ebenfalls gleichzustellen (nicht ein GdB auf der Grundlage des Schwerbehindertenrechts). Auch hier hat der UvTr die MdE der sonstigen Entschädigungsfälle selbst zu ermitteln, sobald eine Feststellung durch den zuständigen Träger nicht erfolgt, weil zB der notwendige MdE-Grad für eine Rente nach dem BVG (25 vH) offensichtlich nicht erreicht wird. Die Feststellung erfolgt dann nach den für die gesetzliche Unfallversicherung geltenden Grundsätzen (BSG SozR 2200 § 581 Nr. 15). **11**

E. Maßstab für die MdE (Abs. 2 S. 1)

In st. Rspr. versteht man unter der **Erwerbsfähigkeit** iSd. gesetzlichen Unfallversicherung die Fähigkeit des Versicherten, sich unter Ausnützung der Arbeitsgelegenheiten, die sich ihm nach seinen gesamten Kenntnissen, körperlichen und geistigen Fähigkeiten im gesamten Bereich des allgemeinen wirtschaftlichen Erwerbslebens bieten, einen Erwerb zu verschaffen (BSGE 1, 174, 178; 30, 64, 68; 43.208, 209). Das Abstellen auf das gesamte Erwerbsleben, also den sog. allgemeinen Arbeitsmarkt, **12** bedeutet im Unterschied zur Arbeitsunfähigkeit, dass der individuelle Beruf des Versicherten außer Acht bleibt (s. aber Rn. 21 f.).

13   Die **Minderung** der Erwerbsfähigkeit ist demgemäß die Herabsetzung dieser Fähigkeit zur Teilnahme am allgemeinen Erwerbsleben infolge des Versicherungsfalles. Hierzu stellt § 56 Abs. 2 S. 1 als Ausgangspunkt auf den Umfang der Beeinträchtigung des körperlichen und geistigen Leistungsvermögens des Versicherten ab. Entscheidend ist aber nicht dieser Körperschaden als solcher, sondern vielmehr der Funktionsverlust unter medizinischen, sozialen und wirtschaftlichen Gesichtspunkten (BSG SozR 2200 § 581 Nr. 6). Denn nur über den Funktionsverlust lässt sich der Umfang der nunmehr verminderten Arbeitsmöglichkeiten, also die reduzierte Fähigkeit zum Erwerb beschreiben und bewerten.

14   Somit ist Unfallbegutachtung im Kern **Funktionsbegutachtung** der individuell im Vergleich zum Vorzustand verbliebenen Möglichkeiten. Wenngleich bezüglich der Verletztenrentenberechnung vom Prinzip der **abstrakten Schadensbemessung** gesprochen wird, erfolgt die Bestimmung der MdE **individuell-konkret**. Abstrakt ist nämlich nur die Betrachtung des Schadens selbst. Er wird bestimmt aus dem Grad der MdE und dem JAV (§§ 81–89), unabhängig von der zivilrechtlich einzig schadensrelevanten Frage, ob und in welcher Höhe eine individuelle Einbuße beim Erwerbseinkommen tatsächlich eingetreten ist. Es hat somit der Versicherte ohne Einkommensverlust, der seinen alten Arbeitsplatz weiter ausfüllen kann, grundsätzlich denselben Rentenanspruch, wie ein anderer Versicherter, der seinen alten Beruf aufgeben muss (vgl. BSGE 1, 174, 178; 31, 185, 188 f.). Weitgehend kompensiert wird dieser Unterschied allerdings durch die Ansprüche auf **berufliche Rehabilitation** (§ 35 iVm. SGB IX), die das Recht zum Erlangen einer mindestens gleichwertigen Erwerbsbasis vermitteln.

15   Zur konkreten Bemessung (**Einschätzung**) der MdE wird zunächst die **individuelle Erwerbsfähigkeit** des Versicherten vor dem Unfall ermittelt und dieser Leistungsstand auf 100 vH gesetzt. Damit wird dem Grundsatz Rechnung getragen, dass jeder Versicherte alters- und krankheitsunabhängig denselben Versicherungsschutz genießt, häufig verwechselt mit einem vermeintlichen Anspruch auf gleiche MdE-Höhe. Im zweiten Schritt stellt der Gutachter die aktuelle Leistungsfähigkeit funktionsbezogen fest. Die Differenz zwischen beiden Zuständen beschreibt den individuellen, unfall- oder berufskrankheitenbedingten Funktionsverlust. Die insoweit verhinderten Arbeitsmöglichkeiten konkretisieren im Abgleich mit den vor dem Versicherungsfall zugänglichen Erwerbsmöglichkeiten den Anteil des Gesamtarbeitsmarktes, der durch den Versicherungsfall verschlossen bleibt, dh. Art und Umfang des Verlustes an Erwerbsmöglichkeiten (vgl. BSG SozR 2200 § 581 Nr. 18).

16   Der komplexe Feststellungsvorgang aus medizinischen, juristischen, sozialen und arbeitsmarkttechnischen Aspekten hat in der Praxis zu Tabellen mit **MdE-Eckwerten** (zB in Schönberger/Mehrtens/Valentin, Arbeitsunfall und Berufskrankheit oder Bereiter-Hahn/Mehrtens, Gesetzliche Unfallversicherung) geführt, die nach jahrzehntelanger Entwicklung durch Rechtsprechung und versicherungsmedizinische Fachliteratur als allgemeine Erfahrungswerte zu beachten sind. Sie sichern insb. die Gleichbehandlung der Betroffenen. Nur in Ausnahmefällen (zB bei seltenen Tumoren; aA Bereiter-Hahn/Mehrtens § 56 Rn. 10.11) darf hilfsweise auf die GdB/MdE-Werte nach der Versorgungsmedizin-Verordnung vom 10. 12. 2008 (BGBl. I 2008 S. 2412) zurückgegriffen werden, da sie über das allgemeine Erwerbsleben hinaus auch die Auswirkungen in den Lebensbereichen außerhalb des Erwerbslebens berücksichtigen (LSG BY 24. 2. 2010 – L 17 U 329/07). Nicht vergleichbar sind die auf vertraglichen Festlegungs- und Bewertungsmaßstäben beruhenden Invaliditätsgrade der privaten Unfallversicherung.

17   Die **Feststellung der MdE** ist eine Rechtsentscheidung ohne Ermessensspielraum. Sie ist vom UvTr zu treffen und unterliegt der vollen gerichtlichen Überprüfbarkeit. Der meistens zur Mitwirkung erforderliche Facharzt (Fachrichtung entsprechend Gesundheitsschaden) bereitet in seinem **Gutachten** die Entscheidung einerseits durch fachkundige Tatsachenfeststellung im Wege der Befund- und Funktionserhebung vor und berät andererseits mit medizinischer Fachkunde zur Höhe der MdE. Bei letzterem handelt es sich um eine **Schätzung** (BSGE 41, 99, 101), in die unvermeidlich subjektive Maßstäbe des Gutachters einfließen. Die MdE-Vorschläge unterliegen somit einer unvermeidlichen subjektiven **Beurteilungsbandbreite** (s. Rn. 8). Daher sind UvTr und Gerichte nicht an diese Vorschläge gebunden (BSGE 4, 147, 149; BSG SozR 2200 § 581 Nr. 6), sondern vielmehr – nicht zuletzt aus Gleichbehandlungsgründen – zur **Schlüssigkeitsprüfung** nach objektiven Kriterien sowohl hinsichtlich der Befund- und Funktionsfeststellung als auch bezüglich der MdE-Einschätzung aufgerufen. Die MdE-Eckwerte, bei denen es sich weder um Höchst- noch um Mindestwerte handelt, bieten hier einen guten Ausgangspunkt für die **individuelle Einzelfallbewertung**. Wegen der Beurteilungsbandbreite und dem eng damit im Zusammenhang stehenden **Schätzcharakter** hat die Überprüfung der MdE-Beurteilung aber Grenzen. Maximal kann die MdE in 5 vH-Stufen gestaffelt werden. Kleinere Abstufungen wären willkürlich, da nicht objektivierbar bzw. nachvollziehbar. Somit bilden 5 vH MdE-Abweichung zugleich die Grenze der (gerichtlichen) Überprüfbarkeit (BSGE 32, 245; 37, 177). Die Beurteilungsbandbreite bringt es mit sich, dass eine MdE-Bewertung so lange als rechtmäßig anzusehen ist, als eine andere Schätzung um nicht mehr als 5 vH abweicht.

18   Maßgeblich ist stets der zum Rentenbeginn bestehende **aktuelle Leidenszustand**. Künftig möglicherweise eintretende Schäden bleiben unberücksichtigt (BSG SozR 2200 § 581 Nr. 6) und berechti-

gen erst bei Eintritt zur Rentenänderung (§ 73 Abs. 1 § 48 SGB X). Der Funktionsersatz durch Körperersatzstücke ist bei der Beurteilung zu berücksichtigen (BSG SozR 2200 § 581 Nr. 23).

Sind durch den Versicherungsfall mehrere Körperteile oder verschiedene Organsysteme betroffen, wird – nach fachrichtungsgerechter Beurteilung und MdE-Feststellung der einzelnen Funktionsstörungen – eine **Gesamt-MdE** gebildet. Die Einzel-MdE-Werte werden hierzu nur bei völlig getrennten Funktionssystemen ausnahmsweise addiert. Ausgehend von dem weitestreichenden Funktionsschaden ist ansonsten zu bewerten, ob und um wie viel sich das Ausmaß der Erwerbsstörung durch den Hinzutritt der übrigen vergrößert, um so zu einer **Gesamtbeeinträchtigung** der Erwerbsfähigkeit zu gelangen (BSGE 48, 82). Funktionsstörungen die sich überschneiden, sind dabei nur einmal zu bewerten. Einzel-MdE-Werte unter 10 vH werden nicht berücksichtigt, da sie als nicht messbar gelten, s. Rn 8. Handelt es sich um eigenständige Versicherungsfälle, scheidet die Bildung einer Gesamt-MdE selbst bei Doppelbetroffenheit desselben Organes aus (BSG SozR § 581 Nr. 21), s. Rn 3.

F. Beispiele zu Erfahrungswerten der Minderung der Erwerbsfähigkeit (MdE) 20
(zitiert nach Schönberger/Mehrtens/Valentin, Arbeitsunfall und Berufskrankheit, 8. A., Verlag Erich Schmidt)

Körperschaden	MdE (in vH)
Kopf und Nerven	
Hirnerschütterung (Commotio cerebri)	
– leichten Grades	2–6 Wochen: 100 danach
	2–6 Wochen: 50 danach
	1–3 Monate: 20
– mittleren Grades	1–2 Monate: 100 danach
	2–3 Monate: 50 danach
	2–3 Monate: 30 danach
	2–4 Monate: 20
– schweren Grades	2–4 Monate: 100 danach
	3–6 Monate: 50 danach
	3–6 Monate: 30 danach
	4–8 Monate: 20
Hirnverletzung, gedeckt (contusio cerebri)	2–6 Monate: 100 danach
	3–8 Monate: 50 danach
	3–6 Monate: 30 danach
	2–4 Monate: 20
Zerebrale Anfälle (große Anfälle, für kleine kürzere Zeitabfolge)	
– sehr selten mit Pausen von mehr als einem Jahr	30
– selten mit Pausen von Monaten	40
– mittlere Häufigkeit mit Pausen von Wochen	50–60
– häufig oder mit Serien von generalisierenden Krampfanfällen	70–100
– nach 3 Jahren Anfallsfreiheit, noch antikonvulsive Behandlung	20
– 3 Jahre medikationsfrei und anfallsfrei, EEG unauffällig	unter 10
Enzephalopathie je nach Schweregrad	
– leicht	0–10
– mittelschwer Typ A	20–30
– mittelschwer Typ B	40–50
– schwer	60–100
Gesichtsnervenlähmung	
– Einseitig, wenig kosmetisch störend	10
– Ausgeprägte Störungen und Kontrakturen	20
– Komplette Lähmung oder entstellende Kontrakturen	30
– Beidseitig, je nach Ausprägung s. o.	30–50
Armplexuslähmung, totale	75
Speichennervlähmung, oberer	30
Unvollständige Lähmung von Radialis-, Medianus oder Ulnarisnerv	20
Beinnervenlähmung, total	75
Wadenbeinnervlähmung	20
Psyche	
leichte neurotische Störung, akute Belastungs-/Anpassungsbeeinträcht.	0–10
stärker behindernde Störungen der Erlebnis- und Gestaltungsfähigkeit	20–40
Schwere Störungen mit erheblicher sozialer Anpassungsschwierigkeit	50–100
somatoforme Schmerzstörung, je nach funktionaler/psychischer Beeintr.	0–40

Körperschaden	MdE (in vH)
Auge	
einseitige Erblindung, anderes Auge 100%iges Sehvermögen	25
einseitige Erblindung, anderes Auge herabgesetzte Sehschärfe auf 0,4	50
doppelseitige Herabsetzung der Sehschärfe auf 0,2	50
doppelseitige Herabsetzung der Sehschärfe auf 0.05	100
Doppeltsehen	20
Ohr	
einseitige Trommelfellperforation	0–10
Tinnitus	0–10
Störung des Gleichgewichtsorgans mit Belastungsschwindel	10–40
einseitige Taubheit, 2. Ohr Normalhörigkeit	20
beidseitige Taubheit	80
geringgradige Schwerhörigkeit beidseits	15
mittelgradige Schwerhörigkeit beidseits	30
schwergradige Schwerhörigkeit beidseits	50
Geruchsempfindung, Verlust der	10
~ mit Aufhebung der Geschmacksempfindung	15
Sehnen und Bänder	
Rotatorenmanschette, traumatischer Riss	
– gering bis mittelgradige Funktionseinschränkung	10
– stärkere und schmerzhaftere Funktionseinschränkung	10–20
Achilles– und Patellasehnenruptur, je nach Ausheilung und Funktion	0–30
Kreuzbandriss je nach Stabilitätsverhältnissen und Bewegungsmaßen	0–30
Wirbelsäule	
Halswirbelsäulendistorsion	
– Schweregrad I	3 Monate: 20 12 Monate: 20 danach
– Schweregrad II	12 Monate: 10 6 Monate: 30 danach
– Schweregrad III	18 Monate: 20 danach auf Dauer: 10–20
isolierter Wirbelkörperbruch	unter 10
Wirbelkörperbruch mit Bandscheibenbeteiligung und Achsenknick	10–30
instabiler Stückbruch mit Bandscheibeninterposition	20–30
vollst. Halsmarkschaden; Lähmung Arme + Beine; Störung Blase, Darm	100
vollst. Brustmark- Lendenmark- und Kaudaschädigung mit Stamm- und Beinlähmung sowie Störungen von Blasen- und Mastdarmfunktionen	100
unvollst. Halsmarkschaden u. Teillähmung Arme, Beine, Blase, Darm	80–100
unvollst. leichte Halsmarkschädigung mit geringen motor. Ausfällen	30–60
Schulter	
Schultergelenksverrenkung, unkompliziert	3–6 Monate: 20
Gewohnheitsmäßige Schulterluxation je nach Rezidivintensität	10–30
Schultergelenksversteifung	30
Bewegungseinschränkung beim Heben bis 90°	20
Armverlust	
– im Schultergelenk	80
– im Ellenbogengelenk	70
– im Unterarm	65
Ellenbogen, Unterarm	
– Versteifung je nach Position	30–50
– Bewegungseinschränkung je nach Art der Funktionsbehinderung	0–30
Hand und Finger, rechts und links gleichwertig	
Handverlust, totaler	60
Handgelenksversteifung, je nach Stellung	30–40
Verlust des Daumens (ohne Mittelhandknochenbeteiligung)	20
Verlust eines Langfingers (ohne Mittelhandknochenbeteiligung)	0–10
(Teil-)verluste mehrerer Finger, je nach Funktionseinschränkung	10–50

Körperschaden	MdE (in vH)
untere Gliedmaßen Versteifung der eines Hüftgelenkes, je nach Stellung Totalendoprothese, je nach Funktion Verlust des Oberschenkels im Hüftgelenk Verlust des Oberschenkels im mittleren und körperfernen Drittel Bewegungseinschränkung des Kniegelenkes, je nach Funktionsverlust Versteifung eines Kniegelenkes, je nach Beugestellung Meniskusverletzung, erfolgreich operiert Verlust des Unterschenkels am Übergang vom mittl. zum unteren Drittel Sprunggelenksbruch, je nach Ausheilungsergebnis und Funktion Versteifung der Sprunggelenke, je nach Stellung und Steife Fersenbeinbruch, je nach Abfl. des Tubergelenkwinkels und Arthrose Verlust des Fußes Verlust der Großzehe Verlust mehrerer Zehen	30–40 20–50 80 60 10–30 30–60 6 Monate: 20 40 0–30 15–40 10–40 30 10 20
Haut, je nach Verbreitung des Allergens und des Hautschadens	0–30
Innere Organe Lungen– oder Bronchialkarzinom, nicht operabel oder metastasierend – nach erfolgreicher Operation – nach Heilungsbewährung (5 Jahre ab Operation) (Siliko-)Tuberkulose im aktiven Stadium – inaktiv während der Dauer der ambulanten Tuberkulosebehandlung – nach Behandlungsende ohne Beeinträchtigung der Lungenfunktion Pleuramesotheliom Milzverlust ab 2. Unfalljahr (vorher je Einschränkung des Immunsyst.) Nierenverlust (ohne Funktionseinschränkungen) Virushepatitis, je nach Aktivität und Fibrosierung	100 50–100 gem. Funktionsverlust 100 20 unter 10 100 10 20 20–60

G. MdE bei Jugendlichen (Abs. 2 S. 2)

Die Gleichstellung mit der MdE eines Erwachsenen soll vorrangig vermeiden, dass sich die (gerin- 21
gere) Verfügbarkeit von Arbeitsplätzen für Jugendliche negativ auf die MdE auswirkt, vgl. Rn. 15. Dies schließt individuell abweichende Bewertungen nicht aus, wenn die Schädigungsfolgen wegen des Entwicklungszustands des Jugendlichen anders zu bewerten sind (zB zusätzliche Entwicklungsstörungen: BSG 29. 11. 1973 – 8/2 RU 71/72, Schmitt, § 56 Rn. 28 f. mwN).

H. Besondere berufliche Betroffenheit (Abs. 2 S. 3)

Zur Vermeidung von **unbilligen Härten** bei der abstrakten Schadensbemessung (s. Rn 14) kann 22
in engen Grenzen Berücksichtigung finden, dass der Versicherte spezifische Begabungen oder in einem engen Segment angelegte besondere Fähigkeiten bzw. besonderes Fachwissen nicht mehr nutzen kann, auf welches er zuvor wesentlich seine Erwerbsmöglichkeiten gestützt hatte. Die verlorenen Fähigkeiten oder Fertigkeiten sollten seine Stellung im Erwerbsleben wesentlich begünstigt haben (BSG SozR 2200 § 581 Nr. 2) und ein **sozialer Abstieg** durch fehlende Kompensationsmöglichkeiten (zumutbare Verweisung in andere Tätigkeiten, Umschulung) anderweitig nicht zu vermeiden sein (BSG SozR 2200 § 581 Nr. 6). Positive Beispiele: Kaffeeprüfer mit Verlust des Geruchssinns (BSG SozR 2200 § 581 Nr. 3), Akrobatin die den seit Jugendzeit ausgeübten Beruf verliert (BSG SozSich 1962, 149). Der Maßstab ist allgemein eng anzulegen, um Ungerechtigkeiten durch eine zu weitgehende Aufweichung der abstrakten Schadensbemessung zu vermeiden. Keinesfalls ausreichend ist der alleinige Umstand, dass der Versicherte den bisherigen Beruf unfallbedingt nicht mehr ausüben kann (BSG SozR 2200 § 581 Nr. 12), s. Rn. 14.

Unter **angemessener Erhöhung** wird üblicherweise 10 vH verstanden, in besonderen Fällen bis 23
20 vH, falls selbst Teilbereiche des Berufes nicht mehr ausgeübt werden können. Käme es ohne Erhöhung nicht zur Rentenzahlung kann die Erhöhung auf 20 vH erfolgen (BSGE 70, 47, 51).

I. Rentenberechnung (Abs. 3)

Bei Verlust der Erwerbsfähigkeit ist die **Vollrente** (100 vH MdE) zu zahlen, die $2/3$ des JAV (§§ 81– 24
89) beträgt. Eine tatsächliche Erwerbstätigkeit steht dem nicht entgegen (abstrakte Schadensberechnung). Eine **Teilrente** beläuft sich nach dem der MdE entsprechenden Prozentsatz der Vollrente.

§ 57 Erhöhung der Rente bei Schwerverletzten

Können Versicherte mit Anspruch auf eine Rente nach einer Minderung der Erwerbsfähigkeit von 50 vom Hundert oder mehr oder auf mehrere Renten, deren Vomhundertsätze zusammen wenigstens die Zahl 50 erreichen (Schwerverletzte), infolge des Versicherungsfalls einer Erwerbstätigkeit nicht mehr nachgehen und haben sie keinen Anspruch auf Rente aus der gesetzlichen Rentenversicherung, erhöht sich die Rente um 10 vom Hundert.

A. Normzweck

1 Versicherte, die aus dem Erwerbsleben infolge des Versicherungsfalles ausscheiden müssen und mangels Rentenversicherungsansprüchen aus der gesetzlichen Rentenversicherung allein von der Rente aus der DGUV ihren Lebensunterhalt bestreiten müssen, sollen einen wirtschaftlichen Ausgleich erhalten.

B. Schwerverletzter

2 Nach dem eindeutigen Wortlaut der Vorschrift ist nicht der Rentenbezug, sondern allein der Rentenanspruch nach einer MdE von 50 vH – ggf. aus mehreren Versicherungsfällen – maßgeblich. Mithin sind auch (teil-)**abgefundene** Renten zu berücksichtigen. Der Leistungsfall Rente muss in jedem der zur Auffüllung der Schwerbehinderteneigenschaft herangezogenen Versicherungsfälle bereits eingetreten sein. Somit können neue Versicherungsfälle nicht schon während des Verletztengeldbezuges angerechnet werden, vgl. § 72 Abs. 1 Nr. 1.

C. Unmöglichkeit der Erwerbstätigkeit

3 Die Erwerbstätigkeit muss in vollem Umfang und dauerhaft ausgeschlossen sein (BSGE 36, 96, 104), sodass nicht auf § 43 SGB VI abgestellt werden kann (BSG 27. 10. 2009 – B 2 U 30/08 R). Geringfügige und seltene Hilfstätigkeiten sind unschädlich. Jede, auch sehr geringfügige dauerhafte Erwerbstätigkeit schließt den Anspruch aus. Da es um die körperliche Befähigung zur Erwerbstätigkeit geht, ist die Erreichung des Rentenalters kein Unmöglichkeitsgrund. Nicht verlangt ist die vorherige Erwerbstätigkeit.

4 Die Unmöglichkeit des Erwerbes muss auf dem Versicherungsfall rechtlich wesentlich beruhen, dessen Rente erhöht wird. Dies kann zwar auch durch mehrere Versicherungsfälle (aus der DGUV) zu gleichen Anteilen verursacht werden, hier liegt dann aber der rechtlich wesentliche Anteil beim letzten Fall. Im Verhältnis zu anderen Ursachen muss der Versicherungsfall (oder mehrere gemeinsam) **rechtlich wesentliche Bedingung** (s. § 8 Rn. 76) für die Unmöglichkeit sein.

D. Kein Anspruch aus der Rentenversicherung

5 Auch hier ist maßgeblich, ob ein Anspruch dem Grunde nach besteht, nicht ob er zB mangels Antragstellung nicht realisiert ist oder ruht. Nach dem Wortlaut der Vorschrift sind sämtliche Renten aus der gesetzlichen (nicht der privaten) Rentenversicherung anspruchsausschließend, also neben denjenigen wegen **voller Erwerbsminderung, Berufsunfähigkeit** und **Alter** (§§ 43 Abs. 2, 45, 240 SGB VI) auch solche wegen verminderter bergmännischer Berufsfähigkeit und teilweiser Erwerbsminderung (§§ 43 Abs. 1, 240 SGB VI), sofern hier denn bereits die Erwerbstätigkeit vollständig verschlossen ist (Rn. 3).

6 Streitig ist, ob der Bezug von Hinterbliebenenrenten gleichermaßen anspruchshindernd ist, oder ob nur Versicherungen aus eigener Leistung erfasst werden. Der Wortlaut umfasst eindeutig **sämtliche Ansprüche aus der Rentenversicherung**. Für eine einengende Auslegung auf Renten aus eigener Leistung ergibt sich nach dem Gesetzeszweck kein hinreichender Grund. Denn der nicht gedeckte Bedarf des Erwerbsunfähigen ist Erhöhungsgrund, nicht die Finanzierungsart seiner Ansprüche. Dazu passt als systematisches Argument, dass wegen der Einkommensanrechnung des § 18a Abs. 3 Nr. 4 SGB IV diese Erhöhung nicht beim Versicherten ankommen würde.

7 Obwohl sich die Erhöhungen nach §§ 57 und 58 nicht gegenseitig ausschließen, wird der Bezug von **Arbeitslosenleistungen**, die grundsätzlich neben der Arbeitswilligkeit die gesundheitliche Befähigung zur Arbeit voraussetzen, stets Anlass zur kritischen Prüfung geben, ob bereits Erwerbstätigkeit in vollem Umfang und dauerhaft ausgeschlossen ist.

E. Erhöhung des Zahlbetrages

8 Bei § 57 handelt es sich nicht um eine Regelung zur MdE-Berechnung. Erhöht wird der Rentenzahlbetrag um 10 vH. Diese Erhöhung fällt uA weg, falls die MdE unter 50 vH sinkt.

§ 58 Erhöhung der Rente bei Arbeitslosigkeit

¹ Solange Versicherte infolge des Versicherungsfalls ohne Anspruch auf Arbeitsentgelt oder Arbeitseinkommen sind und die Rente zusammen mit dem Arbeitslosengeld oder dem Arbeitslosengeld II nicht den sich aus § 46 Abs. 1 des Neunten Buches ergebenden Betrag des Übergangsgeldes erreicht, wird die Rente längstens für zwei Jahre nach ihrem Beginn um den Unterschiedsbetrag erhöht. ² Der Unterschiedsbetrag wird bei dem Arbeitslosengeld II nicht als Einkommen berücksichtigt. ³ Satz 1 gilt nicht, solange Versicherte Anspruch auf weiteres Erwerbsersatzeinkommen (§ 18 a Abs. 3 des Vierten Buches) haben, das zusammen mit der Rente das Übergangsgeld erreicht. ⁴ Wird Arbeitslosengeld II nur darlehensweise gewährt oder erhält der Versicherte nur Leistungen nach § 24 Absatz 3 Satz 1 des Zweiten Buches, finden die Sätze 1 und 2 keine Anwendung.

A. Normzweck

Die finanzielle Verantwortung für die Arbeitslosigkeit infolge eines Versicherungsfalles wird der DGUV für einen Übergangszeitraum zugeordnet und ein Einkommen in Höhe des Übergangsgeldes wie bei Teilhabemaßnahmen abgesichert; daher ggf. neben § 57 anwendbar. **1**

B. kein Arbeitsentgelt oder -einkommen

Gem. § 14 Abs. 1 SGB IV sind **Arbeitsentgelt** alle laufenden oder einmaligen Einnahmen aus einer Beschäftigung, gleichgültig, ob ein Rechtsanspruch auf die Einnahmen besteht, unter welcher Bezeichnung oder in welcher Form sie geleistet werden und ob sie unmittelbar aus der Beschäftigung oder im Zusammenhang mit ihr erzielt werden. **Arbeitseinkommen** ist nach § 15 Abs. 1 SGB IV der nach den allgemeinen Gewinnermittlungsvorschriften des Einkommensteuerrechts ermittelte Gewinn aus einer selbstständigen Tätigkeit. Da die Vorschrift somit auch Selbstständige erfasst, braucht keine förmliche Arbeitslosigkeit iSd. § 119 SGB III gegeben sein. Trotzdem setzt der Erhöhungsanspruch **Arbeitsbereitschaft** bzw. Einsatzfähigkeit voraus, da es andernfalls an der Kausalität zum Versicherungsfall fehlen würde. **2**

Nicht die Höhe der Einkünfte, sondern das grundsätzliche Fehlen eines Anspruches ist maßgeblich. Kein Arbeitsentgelt ist die **Kündigungsabfindung** nach §§ 9, 10 KSchG, weil sie für den Verlust des sozialen Besitzstandes entschädigt; anders bei Abfindungen, die zukünftige Lohn- oder Einkommenseinbußen abgelten zB wegen Konkurrenzklauseln. Ebenfalls ohne Entgeltcharakter sind Renten aus der ges. Rentenversicherung, s. aber S. 3. **3**

C. infolge des Versicherungsfalles

Zur Beurteilung der Kausalität zwischen fehlenden Einkünften und Versicherungsfall ist auf die Theorie der **rechtlich wesentlichen Bedingung** (s. § 8 Rn. 76) abzustellen. Mithin ist ausreichend eine **Teilursächlichkeit** des Versicherungsfalles für den Verlust der Verdienstmöglichkeit uA durch Erschwerung der Erlangung einer neuen Erwerbsgelegenheit auch nach erfolgreicher Umschulung (BSG 31. 10. 1978 – 2 RU 55/78). Das Mitwirken schlechter Arbeitsmarktbedingungen oder unfallfremder Erkrankungen (BSG SozR 2200 § 587 Nr. 3) ist dann unschädlich. Folgt die Ursache aus mehreren Versicherungsfällen, ist die Rente des letzten – ggf. unter Beachtung von S. 3 iVm. § 18 a Abs. 3 Nr. 4 SGB IV – zu erhöhen. **4**

D. Rentenerhöhung

Zur Berechnung sind der Rentenzahlbetrag und das Arbeitslosengeld I oder II (§§ 117 ff. SGB III, 19 ff. SGB II) zu addieren und mit dem sich aus § 46 Abs. 1 SGB IX ergebenden fiktiven Übergangsgeldbetrag abzugleichen. Um eine etwaige Differenz ist die Rente zu erhöhen. **5**

Die Erhöhung beginnt mit dem Leistungsfall Rente oder (bei späterem Verlust der Erwerbsmöglichkeit) am Tag nach Ende der Entgeltzahlung bzw. der Erwerbsmöglichkeit bei Unternehmern. Sie endet unabhängig von der Dauer des Erhöhungsanspruches spätestens zwei Jahre nach dem Leistungsfall, andernfalls mit Rentenende oder Wegfall der Voraussetzungen des § 58. Arbeitslosengeld I oder II ist auch dann voll für die Errechnung des Unterschiedsbetrags zu berücksichtigen, falls es ganz oder teilweise **nicht ausgezahlt** wird wegen Sperrzeit, Ruhen, Pfändungen, Abtretungen usw. Bei schuldhaft versäumter Arbeitslosmeldung ist fiktiv der Anspruch ab rechtzeitiger Meldung zu berücksichtigen. Keine Erhöhung darf beansprucht werden bei sonstigem **Entgeltersatzeinkommen** iSd. § 18 a Abs. 3 SBG IV (S. 3), soweit es gemeinsam mit der Rente bereits die Höhe des Übergangsgeldes erreicht. **6**

7   S. 2 gewährleistet, dass der Erhöhungsbetrag dem Versicherten tatsächlich zu Gute kommt. In den Fällen des **S. 4** (vgl. § 23 SGB II) ist ein sachlicher Grund für die Verweigerung der Aufstockung nicht erkennbar. Nach dem Sachzusammenhang sollen vielmehr diese Leistungen nach § 23 SBG II **keine Verringerung der Rentenerhöhung** aus Abs. 1 bewirken (= keine Addition mit der Rente), jedoch soll im Gegenzug die insoweit ungekürzte Aufstockung auf das Übergangsgeld in diesen Fällen als Einkommen bei der Leistungsberechnung des Arbeitslosengeldes II berücksichtigt werden.

§ 59 Höchstbetrag bei mehreren Renten

(1) [1]Beziehen Versicherte mehrere Renten, so dürfen diese ohne die Erhöhung für Schwerverletzte zusammen zwei Drittel des höchsten der Jahresarbeitsverdienste nicht übersteigen, die diesen Renten zugrunde liegen. [2]Soweit die Renten den Höchstbetrag übersteigen, werden sie verhältnismäßig gekürzt.

(2) Haben Versicherte eine Rentenabfindung erhalten, wird bei der Feststellung des Höchstbetrages nach Absatz 1 die der Abfindung zugrunde gelegte Rente so berücksichtigt, wie sie ohne die Abfindung noch zu zahlen wäre.

A. Normzweck

1   Eine mögliche Überversorgung durch Rentenzahlungen, die addiert den höchsten selbst erzielten Nettoverdienst des Versicherten überschreiten könnten, wird durch anteilige Kappung vermieden. Dieser Effekt würde andernfalls bei mehreren Renten eintreten, weil zur Rentenberechnung vor jeden Versicherungsfall die Leistungsfähigkeit des Versicherten auf 100 vH gesetzt wird (s. § 56 Rn. 15).

B. mehrere Renten (Abs. 1, S. 1)

2   Erfasst werden nach dem Wortlaut nur parallel zu beanspruchende **Versichertenrenten** (keine Hinterbliebenenrenten) aus der DGUV (Rentenversicherung vgl. § 93 SGB VI). Unerheblich ist nach dem Normzweck, ob diese als vorläufige Entschädigung (§ 62 Abs. 1) oder auf unbestimmte Zeit (§ 62 Abs. 2) gezahlt werden (hM, aA BeckOKSozR/Marschner, § 59 Rn. 3, Kater/Leube, § 59 Rn. 3). Bei **rückwirkender Gewährung** ist die Kürzung auf den zugrundeliegenden Anspruchszeitraum zu beziehen. Eine bereits vorbestehend festgestellte Rente wird ab dem Monat gekürzt, der dem Monat folgt (§ 73 Abs. 1), in welchem die zur Kürzung führenden Rente beginnt. Bei der Ermittlung des Kürzungsbetrages bleibt die Erhöhung bei **Schwerstverletzten** (§ 57) unberücksichtigt. Auch wird die Erhöhung weiter aus dem ungekürzten Betrag berechnet.

C. Kürzung (Abs. 1 S. 2)

3   Ausgehend von der **Vollrente** (= 2/3 des JAV) aus dem (Höchstrentenbetrag) sind die Renten **anteilig** zu kürzen. Der gekürzte Einzelrentenbetrag errechnet sich folglich nach der Formel (Höchstrentenbetrag x Einzelrentenbetrag : Gesamtrentenbetrag). Der höchste JAV ist ggf. mit Neufestsetzung nach § 90 und Anpassungen nach § 95 zu ermitteln.

4   Analog dem Gedanken aus Abs. 2 ist eine nach § 60 gekürzte **Rente bei Heimpflege** ohne Kürzung zugrunde zulegen. Je nach Art der Ermessensgesichtspunkte kann es bei der nach § 60 erforderlich werdenden Neuabwägung (durch die Kürzung kann sich das Ergebnis der Gesamtabwägung zur Minderung nach § 60 verschieben!) zu einer abweichenden Ermessensentscheidung kommen. Die **Erhöhung nach § 58** muss dem Versicherten wegen des konkreten Vergleichsbetrages in jedem Fall erhalten bleiben, was bei mehreren Renten aber wegen § 58 S. 3 kaum praktische Bedeutung haben dürfte.

D. Rentenabfindung (Abs. 2)

5   Bei abgefundenen Renten der §§ 75 ff. erfolgt die Berechnung und Beachtung der zwischenzeitlichen Rentenanpassungen nach § 95 so, als würde die Rente laufend gezahlt. Soweit eine Mindermeinung (Lauterbach/Sacher, § 59 Rn. 23) abgefundene Renten nur in Höhe der aktuellen MdE (bei Besserung) berücksichtigen will, findet dies zwar Rechtfertigung in dem Wortlaut der Norm („noch" zu zahlen wäre). Im Ergebnis ist diese Auffassung indes abzulehnen, da die Bevorzugung des Versicherten, durch die rückschauend betrachtet zu hoch abgefundenen Rente, bei Nichteinbeziehung dieser Beträge in die Höchstbetragsrechnung noch verstärkt würde. Es widerspräche dem Gedanken der Norm, die eine Besserstellung abgefundener Rentenbezieher gerade vermeiden will.

§ 60 Minderung bei Heimpflege

Für die Dauer einer Heimpflege von mehr als einem Kalendermonat kann der Unfallversicherungsträger die Rente um höchstens die Hälfte mindern, soweit dies nach den persönlichen Bedürfnissen und Verhältnissen der Versicherten angemessen ist.

A. Normzweck

Vorschrift ermöglicht angemessene Rentenreduzierung wegen der Einsparungen im Lebensunterhalt, die regelmäßig mit dauerhafter Heimpflege einhergehen. 1

B. Heimpflege

Die antragsgemäße Heimunterbringung zur Pflege (§ 44 V) muss vollstationären Charakter haben. Die Pflegebedürftigkeit setzt **Hilflosigkeit** (vgl. § 44 Abs. 1) wegen eines oder mehrere Versicherungsfälle voraus. Gekürzt werden können alle Renten, die eine rechtlich wesentliche Ursache für die Heimunterbringung bilden. 2

C. Dauer

Ist insgesamt die Monatsfrist überschritten, kann die Kürzung **von Beginn** an erfolgen. Die Kürzung ist keine Änderung der Rentenhöhe iSd. § 73 Abs. 1, sodass taggenaue Minderungen mit Beginn und Ende der Heimpflege möglich sind. 3

D. Ermessen

Bei der Ermessensentscheidung zum „ob" sollte Berücksichtigung finden, dass bei kurzen Heimaufenthalten den Einsparungen bei der Ernährung häufig Mehrkosten anderer Art (Tierunterbringung, Wohnungswartung, Besuchsfahrten usw.) gegenüberstehen. 4

Konkrete Ermittlungen zu den Ermessenstatsachen sind in jedem Einzelfall erforderlich. Die Entscheidung ist „nach den persönlichen Bedürfnissen und Verhältnissen des Versicherten" auszurichten. **Ermessensgesichtspunkte** sind danach: Höhe des Gesamteinkommens, Unterhaltspflichten, sonstige finanzielle Verpflichtungen, Höhe der weiterlaufenden Kosten, Umfang der infolge Heimpflege ersparten Aufwendungen. Nicht zu berücksichtigen sind bei Prüfung der Angemessenheit die Kosten der Heimpflege. 5

Ist die Rente nach §§ 57 bis 59 angepasst, stellt der tatsächlich zur Verfügung stehende (Gesamt-)Rentenzahlbetrag die korrekte Ausgangsbasis für die Ermessensentscheidung dar, obgleich nur der Zahlbetrag der ursächlichen Renten (s. Rn. 2) jeweils bis zur Hälfte kürzbar ist. 6

§ 61 Renten für Beamte und Berufssoldaten

(1) ¹Die Renten von Beamten, die nach § 82 Abs. 4 berechnet werden, werden nur insoweit gezahlt, als sie die Dienst- oder Versorgungsbezüge übersteigen; den Beamten verbleibt die Rente jedoch mindestens in Höhe des Betrages, der bei Vorliegen eines Dienstunfalls als Unfallausgleich zu gewähren wäre. ²Endet das Dienstverhältnis wegen Dienstunfähigkeit infolge des Versicherungsfalls, wird Vollrente insoweit gezahlt, als sie zusammen mit den Versorgungsbezügen aus dem Dienstverhältnis die Versorgungsbezüge, auf die der Beamte bei Vorliegen eines Dienstunfalls Anspruch hätte, nicht übersteigt. ³Die Höhe dieser Versorgungsbezüge stellt die Dienstbehörde fest. ⁴Für die Hinterbliebenen gilt dies entsprechend.

(2) ¹Absatz 1 gilt für die Berufssoldaten entsprechend. ²Anstelle des Unfallausgleichs wird der Ausgleich nach § 85 des Soldatenversorgungsgesetzes gezahlt.

A. Normzweck

Berufssoldaten, Beamte und gleichgestellte Personen, die bei einer **außerdienstlichen Tätigkeit** einen Unfall erleiden sollen denjenigen gleichgestellt werden, die einen Dienstunfall erleiden. Neben der Gleichbehandlung wird damit eine Überversorgung durch das Nebeneinander von Leistungen aus der DGUV und beamtenrechtlichen Bezügen verhindert. Obgleich faktisch schlechter gestellt, gelten Beamte und Gleichgestellte wegen der unverminderten Dienstbezüge nicht als schutzbedürftig. 1

B. Beamte und Gleichgestellte

2 § 61 gilt nur für Versicherungsfälle, die sich in der Zeit des **aktiven** beamtenrechtlichen (oder gleichgestellten) Dienstverhältnisses ereignen (BSG SozR 3–2200 § 576 Nr. 1). Er greift daher nicht für beurlaubte oder im Ruhestand befindliche Beamte, vgl. § 82 Abs. 4: „sonst Unfallfürsorge nach … gewährleistet". Für die Entschädigung von Berufskrankheiten ist maßgeblich auf das Ende der schädigenden Einwirkungen abzustellen (BSG SozR 2200 § 576 Nr. 2). Fällt der Leistungsfall, nicht aber die Schädigung in die Zeit des aktiven Beamtenverhältnisses kommt § 61 nicht zur Anwendung. Umgekehrt steht ein Leistungsfall erst nach Beendigung des aktiven Dienstes dem nicht entgegen.

3 Betroffen sind entsprechend § 82 Abs. 4 die auch von § 4 Abs. 1 Nr. 1 umfassten Beamte (s. § 4 Rn. 2) und gem. Abs. 2 **Berufssoldaten** mit Ausgleichsanspruch nach § 85 SVG.

C. Rentenbegrenzung

4 Ausgezahlt wird der die Dienst- oder Versorgungsbezüge übersteigende Betrag, mindestens jedoch der Betrag, der bei Vorliegen eines Dienstunfalles als Unfallausgleich gem. § 35 BeamtVG zu zahlen wäre. Ein **Unfallausgleich** wird ab einer MdE von 25 vH für mindestens 6 Monate nach § 31 BVG in Höhe der Grundrente gezahlt. Hierzu sind die Bezüge mit der aus dem Jahresarbeitsverdienst nach § 82 Abs. 4 berechneten Rente zu vergleichen. Als JAV gilt der Jahresbetrag der ruhegehaltsfähigen Dienstbezüge, die der Berechnung eines Unfallruhegehalts gem. § 36 BeamtVG zugrunde zu legen wären. Einkünfte aus Nebentätigkeiten, auch wenn sie den Versicherungsfall verursachen, werden nicht hinzugerechnet.

D. Dienstunfähigkeit (S. 2)

5 Endet das Dienstverhältnis infolge Dienstunfähigkeit aufgrund des Versicherungsfalles ist unabhängig von der tatsächlichen Höhe der MdE die Vollrente (s. § 56 Abs. 3 Rn. 23) zu zahlen. Sie ist in vergleichbarer Weise wie die Rente nach S. 1 auf die Höhe der Versorgungsbezüge, die bei einem Dienstunfall zu beanspruchen gewesen wären, zu kürzen. Die Feststellung der Dienstbehörde nach S. 3 ist für den Unfallversicherungsträger verbindlich.

E. Hinterbliebene

6 Die Versorgung von Hinterbliebenen der Beamten folgt in der Berechnungsmethode der Lebzeitenrente, wobei die Versorgungsbezüge für Hinterbliebene anstatt der Dienstbezüge heranzuziehen sind. Der Unfallausgleich hat nur Bezug auf den Versicherten und ist daher hier nicht relevant.

§ 62 Rente als vorläufige Entschädigung

(1) ¹**Während der ersten drei Jahre nach dem Versicherungsfall soll der Unfallversicherungsträger die Rente als vorläufige Entschädigung festsetzen, wenn der Umfang der Minderung der Erwerbsfähigkeit noch nicht abschließend festgestellt werden kann.** ²**Innerhalb dieses Zeitraums kann der Vomhundertsatz der Minderung der Erwerbsfähigkeit jederzeit ohne Rücksicht auf die Dauer der Veränderung neu festgestellt werden.**

(2) ¹**Spätestens mit Ablauf von drei Jahren nach dem Versicherungsfall wird die vorläufige Entschädigung als Rente auf unbestimmte Zeit geleistet.** ²**Bei der erstmaligen Feststellung der Rente nach der vorläufigen Entschädigung kann der Vomhundertsatz der Minderung der Erwerbsfähigkeit abweichend von der vorläufigen Entschädigung festgestellt werden, auch wenn sich die Verhältnisse nicht geändert haben.**

A. Normzweck

1 Vorschrift soll einerseits in der Phase des Rentenbeginns, in der häufig die Stabilisierung des Gesundheitszustandes noch nicht abgeschlossen ist, eine kurzfristige Anpassung an die tatsächliche Gesundheitsentwicklung ermöglichen. Andererseits soll dem Versicherten spätestens nach drei Jahren mit dem Schutzjahr (§ 74 Abs. 1 Rn. 1 f.) eine längerfristige finanzielle Orientierung ermöglicht werden.

B. vorläufige Entschädigung (Abs. 1 S. 1)

Wegen des Regel-/Ausnahmeverhältnisses zur Rente auf unbestimmte Zeit muss die Rente, sofern sie als vorläufige Entschädigung gewährt werden soll, ausdrücklich als solche bezeichnet sein (hM, aA Schmitt, § 62 Rn. 4 mwN). Nach ihrem Leistungscharakter ist es eine **Rente**, die trotz ihrer modifizierten Erbringungsform in vollem Umfang den rentenrechtlichen Vorschriften unterliegt. Sie beinhaltet – falls nicht vorher oder gleichzeitig ausdrücklich (anders) beschieden – gleichzeitig die Anerkennung des **Versicherungsfalles**, des zuständigen **Leistungsträgers** und des **Erstschadens**. 2

Die **3-Jahresfrist** berechnet sich nach § 26 Abs. 1 SGB X iVm. §§ 187 Abs. 1, 188 Abs. 2 BGB, dh. sie beginnt am Tag nach dem Versicherungsfall und endet am dritten Jahrestag. 3

Der UvTr hat im Regelfall die Rente zunächst als vorläufige Entschädigung festzustellen („soll"). Er hat jedoch einen engen Ermessensspielraum, für **atypische Fälle** von Beginn an eine Rente auf unbestimmte Zeit feststellen zu dürfen (Substanzverluste mit begrenztem Anpassungsbedarf oder Schäden ohne Konsolidierungsmöglichkeiten: zB Erblindung, Querschnittlähmung, Hörstörung; lange Heilverläufe von nahezu 3 Jahren). 4

Der **Umfang** der Minderung der Erwerbsfähigkeit kann **noch nicht abschließend** festgestellt werden, solange noch kein stabiler Dauerzustand eingetreten ist. Entsprechend dem Schutzjahr des § 74 Abs. 1 bedarf es hier keiner Endgültigkeitsprognose. Ausreichend ist, dass im nächsten Jahr nicht mit Leistungsveränderungen zu rechnen ist. Dies betrifft besonders die Erwartung von Leistungssteigerungen, da unerwartete Verschlechterungen des Zustandes jederzeit zu Rentenänderungen berechtigen (s. § 74 Abs. 1 Rn. 2). Liegen erst drei Jahre nach dem Versicherungsfall die Voraussetzungen des Leistungsfalles Rente vor, kann auch bei nicht konsolidiertem Leidensbild nur auf unbestimmte Zeit festgestellt werden, was nach der Art der Krankheitsentwicklung bei vielen **Berufskrankheiten** den Regelfall bildet. 5

C. Neufeststellung bei vorläufiger Entschädigung (Abs. 1 S. 2)

Die Erlaubnis der **jederzeitigen** Neufeststellung der MdE beschränkt sich auf eine Ausnahme von der Fristbestimmung des § 74 Abs. 1 (s. Rn. 1) und stellt klar, dass innerhalb des 3-Jahreszeitraumes ohne Rücksicht auf die Dauer des jeweiligen Gesundheitszustandes der Vomhundertsatz der MdE der Gesundheitsentwicklung angepasst werden kann (anders § 73 Abs. 3 2. Hs.: 3 Monate). Folglich darf bei der ersten Rentenfeststellung der in der Vergangenheit liegende **rückwärtige** Gewährungszeitraum auch eine zeitliche Staffelung enthalten, die nicht an Monatsgrenzen, sondern an sich ändernden Lebenssachverhalten orientiert ist. Wegen § 73 Abs. 1 („nach ihrer Feststellung") ist das Monatsprinzip bei **laufender** vorläufiger Entschädigung allerdings zu beachten. 6

Ansonsten müssen alle anderen Voraussetzungen für eine Rentenänderung vorliegen. Insbesondere ist Neufestsetzung der vorläufigen Entschädigung nur dann möglich, wenn eine **wesentliche Änderung** gem. § 48 SGB X iVm. § 73 Abs. 3 1. Hs. gesichert ist. Die Änderung der MdE muss also mehr als 5 vH betragen. Die **Änderungssperre** des § 74 Abs. 2 für Zeiträume mit Verletztengeldansprüchen ist zu beachten. 7

Wird die vorläufige Entschädigung im 3-Jahreszeitraum wegen Unterschreitung der 20 vH-Grenze (s. § 56 Rn. 6, 10 vH bei Stützrente) **entzogen**, so enthält dies konkludent die Ablehnung einer Rente auf unbestimmte Zeit nach Abs. 2 (BSGE 37, 177, 178; 55, 32, 34). Bei nachgewiesener Konsolidierung und Wegfall der rentenberechtigenden MdE innerhalb der drei Jahre ist der UvTr andererseits nicht zur förmlichen Entziehung der vorläufigen Entschädigung wegen Besserung gezwungen. Gleichwertig ist es ihm möglich, nach entsprechender Anhörung zur Rente auf unbestimmte Zeit gem. Abs. 2 überzugehen, auch wenn diese negativ festzustellen, also abzulehnen ist. Maßgeblich ist in diesem Fall nicht die Wesentlichkeit der Änderung, sondern nur die **tatsächliche Höhe** der zu diesem Zeitpunkt – frei von den bisherigen Feststellungen – einzuschätzenden MdE (vgl. Rn. 10). 8

D. Umwandlung zur Rente auf unbestimmte Zeit (Abs. 2)

Ist innerhalb des 3-Jahreszeitraumes die Feststellung einer vorläufigen Entschädigung erfolgt und diese innerhalb des Zeitraumes nicht durch Zustellung (Bekanntgabe) eines ändernden Bescheides (vgl. BSGE 29, 73, 75 f. und Rn. 8) rechtzeitig geändert worden, wird sie mit allen festgestellten Bedingungen (Höhe, Unfallfolgenzustand, maßgebliches Rentengutachten) automatisch nach Ablauf des 3. Jahres kraft Gesetzes zur Rente auf unbestimmte Zeit. Gem. § 74 Abs. 1 S. 1 darf eine **Änderung** zu Ungunsten des Versicherten dann frühestens nach Ablauf des 4. Jahres erfolgen. Einer Bescheidung bedarf es nicht, der Versicherte sollte indes über die Änderung der Rentenart informiert werden. 9

10   Stellt der UvTr die (erste) Rente auf unbestimmte Zeit **ausdrücklich** fest, kann er nach S. 2 den Grad der MdE unabhängig von der Bindungswirkung der Bescheide zur vorläufigen Entschädigung feststellen. Er darf also selbst bei unverändertem Unfallfolgenzustand die MdE **niedriger** bewerten und ggf. eine sog. negative Rente (kein rentenberechtigender Grad) auf unbestimmte Zeit feststellen (BSG 16. 3. 2010 – B 2 U 02/09 R; anders bei Entziehung der vorläufigen Rente: BSG 5. 2. 2008 – B 2 U 6/07 R). Dies erklärt sich aus dem Umstand, dass die vorläufige Entschädigung wegen der noch nicht abgeschlossenen Anpassung und Gewöhnung an den Unfallfolgenzustand regelmäßig höher einzuschätzen ist. Es bietet aber auch die Gelegenheit, bestandskräftig zu hoch angesetzte MdE-Sätze zu korrigieren, da hier keine Besserung nachzuweisen ist (s. Rn. 8). Die Bindungswirkung aller übrigen Feststellung bleibt erhalten.

Zweiter Unterabschnitt. Leistungen an Hinterbliebene

§ 63 Leistungen bei Tod

(1) ¹Hinterbliebene haben Anspruch auf
1. Sterbegeld,
2. Erstattung der Kosten der Überführung an den Ort der Bestattung,
3. Hinterbliebenenrenten,
4. Beihilfe.

²Der Anspruch auf Leistungen nach Satz 1 Nr. 1 bis 3 besteht nur, wenn der Tod infolge eines Versicherungsfalls eingetreten ist.

(1 a) Die Vorschriften dieses Unterabschnitts über Hinterbliebenenleistungen an Witwen und Witwer gelten auch für Hinterbliebenenleistungen an Lebenspartner.

(2) ¹Dem Tod infolge eines Versicherungsfalls steht der Tod von Versicherten gleich, deren Erwerbsfähigkeit durch die Folgen einer Berufskrankheit nach den Nummern 4101 bis 4104 der Anlage 1 der Berufskrankheiten-Verordnung vom 20. Juni 1968 (BGBl. I S. 721) in der Fassung der Zweiten Verordnung zur Änderung der Berufskrankheiten-Verordnung vom 18. Dezember 1992 (BGBl. I S. 2343) um 50 vom Hundert oder mehr gemindert war. ²Dies gilt nicht, wenn offenkundig ist, daß der Tod mit der Berufskrankheit nicht in ursächlichem Zusammenhang steht; eine Obduktion zum Zwecke einer solchen Feststellung darf nicht gefordert werden.

(3) Ist ein Versicherter getötet worden, so kann der Unfallversicherungsträger die Entnahme einer Blutprobe zur Feststellung von Tatsachen anordnen, die für die Entschädigungspflicht von Bedeutung sind.

(4) ¹Sind Versicherte im Zusammenhang mit der versicherten Tätigkeit verschollen, gelten sie als infolge eines Versicherungsfalls verstorben, wenn die Umstände ihren Tod wahrscheinlich machen und seit einem Jahr Nachrichten über ihr Leben nicht eingegangen sind. ²Der Unfallversicherungsträger kann von den Hinterbliebenen die Versicherung an Eides Statt verlangen, daß ihnen weitere als die angezeigten Nachrichten über die Verschollenen nicht bekannt sind. ³Der Unfallversicherungsträger ist berechtigt, für die Leistungen den nach den Umständen mutmaßlichen Todestag festzustellen. ⁴Bei Versicherten in der Seeschiffahrt wird spätestens der dem Ablauf des Heuerverhältnisses folgende Tag als Todestag festgesetzt.

A. Normzweck

1   Die Ansprüche der Hinterbliebenen bei Tod des Versicherten und einige Besonderheiten zum Feststellungsverfahren für diese Ansprüche werden geregelt.

B. Hinterbliebenenansprüche (Abs. 1 S. 2)

2   Nach dem eindeutigen Wortlaut „haben Anspruch auf" sind die unterhaltsersetzenden Ansprüche der Hinterbliebenen materiell- und verfahrensrechtlich selbständige Ansprüche aus **eigenem Recht**. Daher entstehen weder Bindungswirkungen durch Feststellung einzelner Anspruchsarten (zB Sterbegeld) oder durch Bescheide gegenüber einzelnen Hinterbliebenen (Witwer, Witwe, Waise), noch besteht eine Bindung des UvTr an bestandskräftige Verwaltungsakte gegenüber dem Verstorbenen (BSG SozR § 128 SGG Nr. 41; SozR 1500 § 144 Nr. 2; SozR 2200 § 589 Nr. 8) mit Ausnahme der Rechtsvermutung besonderer Art aus Abs. 2. Andererseits sind Lebzeitenansprüche des Versicherten nicht Voraussetzung. Wenngleich weder Feststellungs- noch Tatbestandswirkung aus den Feststel-

lungsverfahren gegenüber Verstorbenen abzuleiten sind, gebietet der Untersuchungsgrundsatz (§ 20 SGB X) keine völlige Neuermittlung. Ein sachgerecht und pflichtgemäß durchgeführtes Ermittlungsverfahren zu Lebzeiten sollte nur dann erneut aufgerollt werden, wenn gegenüber der tatsächlichen (Unfall, gefährdende Exposition oder Befunde) oder rechtlichen (Änderung der Rechtsgrundlagen oder Rechtsprechung) Ausgangssituation des Versicherungsfalles neue Erkenntnisse vorliegen.

C. Ursächlichkeit des Versicherungsfalles für den Tod (Abs. 1 S. 2)

Nicht der Tod eines Anspruchsberechtigten in der DGUV ist Anknüpfungspunkt für Leistungen an Hinterbliebene, sondern die **Kausalität** des ursprünglichen Versicherungsfalles für den Tod. Daher ist bei den Ansprüchen zu Nr. 1 bis Nr. 3 dieser Zusammenhang – wie alle Kausalitätsfragen mit dem Beweismaßstab der **Wahrscheinlichkeit** (vgl. § 8 Rn. 89) – im Einzelfall zu sichern. Lediglich der Beihilfeanspruch nach Nr. 4 knüpft an die Leistungsminderung zu Lebzeiten an (vgl. § 71 Rn. 2, 6) und bildet eine Ausnahme vom konkreten Kausalprinzip, weil eine ausgleichspflichtige Mitbetroffenheit des Ehepartners durch mangelnde Vorsorge zu Lebzeiten unterstellt wird (BSGE 48, 79, 82). 3

Der Tod ist infolge des Versicherungsfalles eingetreten, falls es sich um den Erstschaden handelt oder um einen Folgeschaden, der unmittelbar oder mittelbar auf dem Erstschaden beruht (s. § 8 Rn. 103). Als **Erstschaden** ist seine Ursächlichkeit bereits mit der haftungsbegründenden Kausalität festgestellt (s. § 8 Rn. 83ff.). Handelt es sich um einen **Folgeschaden,** ist die Ursächlichkeit des Erstschadens für das Versterben gesondert festzustellen. 4

Es liegt dann ein Anwendungsfall der **haftungsausfüllenden Kausalität** (s. § 8 Rn. 93ff.) vor, sodass die Ursachenbeurteilung bei mindestens zwei möglichen naturwissenschaftlich- philosophischen Ursachenketten nach der Theorie der **wesentlichen Bedingung** zu erfolgen hat (s. § 8 Rn. 95, 76ff.). Denn als rechtserheblich in der DGUV und (mit-)ursächlich für den Tod werden nur die Bedingungen angesehen, die wegen ihrer **besonderen Beziehung zum Erfolg** zu dessen Eintritt wesentlich mitgewirkt haben. Die Ursachen, die zwar bei naturwissenschaftlicher Betrachtung eine Bedingung darstellen, die aber im Bewertungsschritt als **unwesentlich** für den eingetretenen Erfolg ausscheiden, stellen keine Ursache iSd. Sozialrechts dar (vgl. BSG 9. 5. 2006 – B 2 U 1/05 R). 5

Wesentlich kann auch der unmittelbare oder mittelbare Einfluss eines Unfalls oder einer Berufskrankheit auf ein unabhängiges Leiden bzw. das Zusammenwirken beider Ursachen als Todesursache sein, zB die **Verschlimmerung** eines unabhängigen Leidens oder die Verhinderung einer rechtzeitigen Diagnose oder Behandlung (BSGE 40, 273, 274f.). Verhindert allerdings der Versicherte vernunftwidrig eine erfolgversprechende Behandlung und beruht der Tod hierauf, so wird die Kausalkette zur betrieblichen Ursache unterbrochen und der Tod beruht rechtlich allein wesentlich auf der Entscheidung des Betroffenen (Bluttransfusion oder lebensrettende Operation verweigert: BSG SozR 4–2200 § 589 Nr. 1, BVerfG SozR 4–2200 § 589 Nr. 2; BSG SozR A3 § 548 Nr. 10). 6

Wird durch einen Erst- oder Folgeschaden die Behandlung eines unabhängigen Leidens verzögert bzw. verhindert, oder der Verlauf anderweitig negativ beeinflusst, sieht die Rspr. den Unfall oder die Berufskrankheit dann als wesentlich für den Tod an, wenn sein Eintritt um wenigstens **ein Jahr** vorverlegt wurde (BSGE 40, 273, 274f.). Die Jahresformel ist indes nur eine Konkretisierung der rechtlichen Wesentlichkeit (BSGE 62, 220, 223), die ohnehin lediglich dann anwendbar ist, wenn die Grunderkrankung in ihrer Entwicklung überschaubar ist, dh. der verschlimmernde Einfluss des Versicherungsfalles auf das Grundleiden konkret zum Todeszeitpunkt mit fassbar und bewertbar ist. Andernfalls bestünde die Gefahr eines Zirkelschlusses basierend auf dem Umstand des Todes als solchem. Die gutachtliche Einschätzung muss daher meistens frei anhand anderer nachvollziehbarer Kriterien der Wesentlichkeit erfolgen. Fehlt es an einem rechtlich wesentlichen Einfluss auf das Grundleiden, ist unerheblich, wann aus diesem mit dem Tod zu rechnen ist. Besteht der rechtlich wesentliche Einfluss, so bleibt die versicherte Kausalbeziehung auch dann Mitbedingung für den Tod, wenn dieser aus dem Grundleiden (möglicherweise) wenige Monate später eingetreten wäre (BSGE aaO). 7

Der **plötzliche Herztod** oder der **akute Herzinfarkt** treten häufig auf, ohne dass eine Manifestation der koronaren Herzerkrankung vorher bekannt geworden ist. Für die Beantwortung der Frage, ob sie eine typische Folge der unabhängigen Veränderung der Herzkranzgefäße sind (vgl. Siegmund/Borsch-Galetke, MedSach 1997, 104, s. auch § 8 Rn. 79) oder ob die äußeren Bedingungen der Arbeit (große Anstrengung, erhebliche Stresssituation) rechtlich wesentlich mitgewirkt haben, ist auf die **Belastbarkeit** des Versicherten zum Zeitpunkt des Herztodes abzustellen. Ist der im Vollbeweis zu sichernde Koronarsklerose bereits soweit fortgeschritten, dass nach medizinischer Erfahrung trotz Symptomfreiheit im Alltag mit dem alsbaldigen Auftreten einer akuten Komplikation zu rechnen war, kommt es auf Art und Umfang der zufälligen betrieblichen Momentbelastung nicht an (ausführlich Schönberger, S. 807ff. mwN). Sofern keine Befunde oder Symptomatiken vor dem Ereignis dokumentiert sind, kann dieser vom UvTr zu vertretende Nachweis häufig nur nach Operation oder Obduktion gelingen. 8

Ist der Versicherte an den Folgen eines Versicherungsfalles verstorben, der **wie eine Berufskrankheit** gem. § 9 Abs. 2 anerkannt ist, so bleibt es für den Anspruch auf Hinterbliebenenleistungen un- 9 schädlich, dass nach dem Stichtag für diese zwischenzeitlich in die Berufskrankheitenliste aufgenommene Erkrankung die Anerkennung als Versicherungsfall ausgeschlossen wäre (BSG SozR 3–2700 § 63 Nr. 1).

10 **Selbsttötungen** unterliegen in der kausalen Betrachtung keinen Besonderheiten. Der Zusammenhang mit der betrieblichen Tätigkeit unmittelbar bzw. mittelbar über deren Folgen in Form von Unfall- oder Berufskrankheitenschäden ist zu bejahen, falls der Entschluss des Versicherten zum Selbstmord rechtlich wesentlich auf diesen beruhte (BSG SozR 3–2200 § 553 Nr. 1). Zur Abwägung ist darauf abzustellen, welche Auswirkungen das Betriebs- oder Krankheitsgeschehen auf die individuelle Primärpersönlichkeit und die körperlich-seelischen Eigenarten des Betroffenen hatte. Es greifen hier die Überlegungen zu psychischen Gesundheitsstörungen entsprechend, s. § 8 Rn. 88, 94. Sie sind jedenfalls dann stets eine rechtlich wesentliche Folge des Versicherungsfalles, wenn seine Folgen die freie Willensbetätigung aufheben oder wesentlich einschränken (BSGE 18, 163, 165).

11 Es besteht **keine allgemeine Vermutung** dergestalt, dass ein auf der Arbeitsstätte tot Aufgefundener, dessen Aktivitäten und Finalitäten zum Todeszeitpunkt nicht geklärt werden können, einen Arbeitsunfall erlitten haben muss (BSG SozR 3–2200 § 548 Nr. 14). Da es keinen Betriebsbann gibt und haftungsbegründende Tatsachen positiv festgestellt werden müssen, ist vielmehr unter Beachtung des vierstufigen Prüfmodells (s. § 8 Rn. 73) in freier Beweiswürdigung zu entscheiden. Bleiben die **Umstände offen,** unter denen der Versicherte verunglückt ist, kann also nicht geklärt werden mit welcher Handlungstendenz der Versicherte die zum Tod führenden Verrichtungen ausgeführt hat bzw. welche es eigentlich konkret waren, so ist aus Gründen der **Feststellungslast** entscheidend, ob die letzte belegbare Aktivität von der Handlungstendenz dem betrieblichen oder dem privaten Risiko zuzuordnen war. Denn war die letzte belegbare Verrichtung dem Unternehmen zuzurechnen (sachlicher Zusammenhang, s. § 8 Rn. 8), greift die Vermutung der **Unfallkausalität** (s. § 8 Rn. 73) solange sie nicht erschüttert werden kann. Dazu wäre der Nachweis einer Lösung oder Unterbrechung der betrieblichen Tätigkeit erforderlich (BSG 4. 9. 2007 – B 2 U 28/06 R mwN). Ist die letzte belegbare Tätigkeit betriebsdienlich, wird der Versicherte an seinem Arbeitsplatz aufgefunden und löst kein zeitliches Loch von mehr als zwei Stunden zwischen letzter belegbarerer Aktivität und tödlichem Geschehen den sachlichen Zusammenhang, kann der UvTr die Vermutung nur durch Nachweis einer Selbsttötungsabsicht (**Unfreiwilligkeit** des Ereignisses, vgl. BSG aaO) zerstören.

12 Zur Feststellung der **Todesursache** im medizinischen Sinne ist eine umfassende Aufklärung durch Auskunft aller Ärzte (auch zB Radiologen und Pathologen) gem. § 100 Abs. 1 Nr. 1 SGB X iVm. § 203 Abs. 1 und im Urkundsbeweis (zB Sektionsprotokoll, Todesbescheinigung) durchzuführen. Bleiben Fragen offen, ist auch die **Obduktion,** ggf. nach **Exhumierung,** geboten. Eine Obduktion stellt aufgrund des einem Menschen auch noch nach seinem Tode innewohnenden postmortalen Persönlichkeitsrechts, das Ausfluss seiner Menschenwürde gemäß Art. 1 Abs. 1 GG ist, einen objektiv unerlaubten Eingriff in das nachwirkende Persönlichkeitsrecht des Verstorbenen dar. Daher bedarf sie seiner **Zustimmung.** Wurde die Einwilligung nicht bereits zu Lebzeiten erteilt, ist sein mutmaßlicher Wille durch Befragung der nächsten Angehörigen (nicht der Erben, da nur vermögensrechtliche Position) zu ermitteln. Soweit die hM von der **Einwilligung** der Angehörigen spricht, ist dies unschädlich, da sie sich regelmäßig im Sinne des Verstorbenen äußern werden und Wahrer der postmortalen Rechte des Verstorbenen sind (vgl. BSG 15. 2. 2005 – B 2 U 3/04 R). Eine Obduktion ohne diesen oder andere Rechtfertigungsgründe (zB staatsanwaltliche Anordnung gem. § 87 StPO) ist rechtswidrig und kann – zumindest bei vorsätzlicher Erschleichung – für den UvTr zu einem Verwertungsverbot führen. **Kein Verwertungsverbot** besteht bei Hinzuziehung der Ergebnisse anderweitig durchgeführter Obduktionen (vgl. BSG aaO; LSG NRW 6. 8. 2003 – L 17 U 245/02) im Wege der Amtshilfe oder gem. § 100 Abs. 1 Nr. 1 SGB X iVm. § 203 Abs. 1, selbst wenn hierzu keine Einwilligung der Angehörigen vorliegt. Die gesetzliche Auskunftspflicht besteht auch, wenn der Betroffene widerspricht. Dies gilt erst recht für Hinterbliebene, die aus Gründen der Mitwirkungspflicht ohnehin auf Verlangen des zuständigen Leistungsträgers Beweisurkunden vorzulegen oder ihrer Vorlage zustimmen müssten, § 60 Abs. 1 Nr. 3 SGB I.

13 **Verweigern** die Angehörigen die Zustimmung zur Obduktion unter Hinweis auf den Willen des Verstorbenen, dürfen Leistungen nicht nach § 66 Abs. 1 SGB I versagt werden, weil sie lediglich den Willen des Verstorbenen interpretieren und keine Mitwirkungspflicht hierdurch verletzen. Indes kann es zur Leistungsablehnung kommen, wenn nach den verfügbaren Informationen die Todesursache ungeklärt bleibt bzw. der Zusammenhang mit dem Versicherungsfall offenbleibt. Denn die nach Ausschöpfung aller Ermittlungsmöglichkeiten (medizinisch) **ungeklärte Todesursache** entzieht sich einer kausalen Zuordnung zur betrieblichen Gefahr oder den Versicherungsfallfolgen. Das Fehlen des anspruchsbegründenden Zusammenhangs geht mithin zu Lasten der Anspruchsteller, soweit nicht nach Abs. 2 eine Vermutung greift (s. Rn. 16 ff.).

14 Hat der UvTr eine nach der Sachlage objektiv gebotene Obduktion bzw. die Klärung der Zustimmung hierzu unterlassen, so kann der durch die schuldhaft verkürzte Beweiserhebung bedingte **Beweisnotstand** in der Beweiswürdigung angemessen berücksichtigt werden (BSGE 24, 25, 28). Dies bedeutet aber keine Beweislastumkehr, sondern vielmehr sind an den Beweis der Tatsachen, auf die sich Beweisnotstand bezieht, geringere Anforderungen zu stellen (BSG SozR 3–1500 § 128 Nr. 11).

D. Lebenspartner (Abs. 1a)

Gleichgeschlechtliche Lebenspartner (§ 33b SGB I) sind den Ehegatten ab dem 1. 1. 2005 in vollem Umfang gleichgestellt. Unabhängig vom Versicherungsfall des Verstorbenen muss der Leistungsfall (also der Tod) nach dem 31. 12. 2004 eingetreten sein (BSG 16. 3. 2010 – B 2 U 8/09 R). **15**

E. Rechtsvermutung für privilegierte Berufskrankheiten (Abs. 2)

Für die Silikose (4101), Siliko-Tuberkulose (4102), Asbestose (4103) und die Asbestose in Verbindung mit Lungen- oder Kehlkopfkrebs (4104) (s. BKV, § 9 Rn. 27) wird die Rechtsvermutung aufgestellt, dass der Tod auf diese Erkrankung zurückzuführen ist, sofern die MdE um mindestens 50 vH im Todeszeitpunkt gemindert war. Es handelt sich um eine widerlegliche Tatsachenvermutung zur Vermeidung von Beweisunsicherheiten, nicht um eine Fiktion (s. S. 2, BSGE 50, 133, 135). **16**

Die MdE von 50 vH oder mehr braucht nicht bereits bestandskräftig festgestellt zu sein. Besonders bei zu Lebzeiten noch nicht anerkannter Berufskrankheit ist ausreichend, dass dies nachgeholt wird und eine MdE in dieser Höhe **tatsächlich bestanden** hat, dh. nach den vorhandenen Beweismitteln belegbar ist. War der Versicherte zu Lebzeiten bereits völlig erwerbsunfähig (s. § 56 Rn. 5), konnte mithin keine MdE entstehen, ist sein berufskrankheitenbedingter Zustand fiktiv zu betrachten und festzustellen, ob die Folgen der Berufskrankheit für sich allein eine MdE von 50 vH oder mehr bedingen (BSGE 50, 133, 135f.). **17**

Widerlegt ist die Vermutung, wenn offenkundig ist, dass der Zusammenhang nicht besteht (S. 2). Die objektive Beweislast für die **Offenkundigkeit** trägt der UvTr. Dies ist nur dann anzunehmen, wenn entweder keine oder lediglich eine entfernt liegende theoretische Möglichkeit des Zusammenhanges besteht (BSG 30. 10. 90 – Rkn U 2/89), da die normalerweise genügende Wahrscheinlichkeit des Zusammenhanges nur dann offenkundig fehlt, wenn alle ernsthaften Zweifel ausgeschlossen sind. Zur Feststellung der Offenkundigkeit darf der UvTr sich **aller zugänglichen Beweismittel** bedienen (BSG SozR § 589 Nr. 4, Nr. 7), da es andernfalls nicht des Verbots zur Forderung einer Obduktion (S. 2 letzter Halbs.) bedurft hätte. Das Verbot der Aufforderung zur Obduktion (und natürlich auch zur Exhumierung) hindert nicht die Verwertung der Ergebnisse einer anderweitig durchgeführten Obduktion (LSG NRW 6. 8. 2003 – L17 U 245/02R; Fröde, NZS 2004, S. 645, 647 ff.; vgl. Rn. 12). Geht der Wunsch zur Durchführung einer Sektion von den Hinterbliebenen aus, ist der UvTr nicht gehindert diese durchführen zu lassen und die Kosten zu übernehmen, sofern er seiner **Hinweispflicht** auf die möglichen negativen Rechtsfolgen nachgekommen ist. Die Richtigkeit der zu Lebzeiten festgestellten MdE darf nach BSG SozR A3 § 589 Nr. 7 nur dann überprüft werden, wenn auch insoweit Anhaltspunkte für eine offensichtliche Unrichtigkeit vorliegen. **18**

Die Offenkundigkeit des Fehlens des Zusammenhanges wird man stets dann bejahen können, falls die Todesursache von einem **anderen Organ** oder einer anderen als der berufskrankheitenspezifischen Tumorart ausgeht bzw. die Ergebnisse der Sektion das Vorliegen der BK widerlegen. **19**

F. Blutprobe (Abs. 3)

Trunkenheit, Medikamente und Drogeneinfluss können dem Versicherungsschutz als unabhängige Konkurrenzursachen entgegenstehen (s. § 8 Rn. 19, 55, 125 f.). Die UvTr erhalten hier die notwendige (vgl. Rn. 12) **Rechtsgrundlage,** bei tödlichen Versicherungsfällen die Entnahme einer Blutprobe anzuordnen ohne auf die Zustimmung der Hinterbliebenen angewiesen zu sein. **20**

G. Verschollenheit (Abs. 4)

Vorschrift setzt den Verschollenheitsbegriff des § 1 Verschollenheitsgesetz voraus: Verschollen ist, wessen Aufenthalt während längerer Zeit unbekannt ist, ohne dass Nachrichten darüber vorliegen, ob er in dieser Zeit noch gelebt hat oder gestorben ist, sofern nach den Umständen hierdurch ernstliche Zweifel an seinem Fortleben begründet werden. Verschollen ist nicht, wessen Tod nach den Umständen nicht zweifelhaft ist. **21**

S. 1 und 4 ermöglichen es dem UvTr für die Gewährung von Leistungen an Hinterbliebene die Verschollenheit festzustellen und einen Todeszeitpunkt festzusetzen. Verschollenheit tritt an die Stelle eines durch Versicherungsfall bedingten Todes. Daher muss die Verschollenheit im **rechtlich wesentlichen sachlichen Zusammenhang** (s. § 8 Rn. 8 ff.) mit der **versicherten Tätigkeit** stehen. Als Beweismittel für das Fehlen einer (aktuellen) Lebensnachricht seit einem Jahr darf von den Angehörigen entsprechend dem in § 23 SGB X geregelten Verfahren eine eidesstattliche Versicherung verlangt werden. **22**

Holtstraeter

23 Zur **Feststellung des Todestages** ist der UvTr allerdings nur befugt, wenn nicht bereits eine gerichtliche Todeserklärung auf der Grundlage der §§ 13 ff. Verschollenheitsgesetzes vorliegt, die Allgemeingültigkeit hat.

S. 4 soll für **Seeleute** eine einheitliche Feststellung und den lückenlosen Anschluss der Rente an die Beendigung der Heuerverhältnisse gem. § 77 Seemannsgesetz sichern.

§ 64 Sterbegeld und Erstattung von Überführungskosten

(1) **Witwen, Witwer, Kinder, Stiefkinder, Pflegekinder, Enkel, Geschwister, frühere Ehegatten und Verwandte der aufsteigenden Linie der Versicherten erhalten Sterbegeld in Höhe eines Siebtels der im Zeitpunkt des Todes geltenden Bezugsgröße.**

(2) Kosten der Überführung an den Ort der Bestattung werden erstattet, wenn der Tod nicht am Ort der ständigen Familienwohnung der Versicherten eingetreten ist und die Versicherten sich dort aus Gründen aufgehalten haben, die im Zusammenhang mit der versicherten Tätigkeit oder mit den Folgen des Versicherungsfalls stehen.

(3) Das Sterbegeld und die Überführungskosten werden an denjenigen Berechtigten gezahlt, der die Bestattungs- und Überführungskosten trägt.

(4) Ist ein Anspruchsberechtigter nach Absatz 1 nicht vorhanden, werden die Bestattungskosten bis zur Höhe des Sterbegeldes nach Absatz 1 an denjenigen gezahlt, der diese Kosten trägt.

A. Normzweck

1 Die Erstattung der durch den Tod entstandenen Aufwendungen für Bestattung und Überführung sowie die Anspruchsberechtigten werden geregelt. Es handelt sich um selbstständige Ansprüche, die auch in den Entscheidungsgrundlagen nicht an Feststellungen über andere Hinterbliebenenleistungen gebunden sind oder für diese Entscheidungsprämissen setzen s. § 63 Rn. 2. Vorausgesetzt ist ein Versterben durch oder an den Folgen des Versicherungsfalles (§ 63 Abs. 1 S. 2, s. dort Rn. 3).

B. Sterbegeld (Abs. 1)

2 Die Aufzählung der Anspruchsberechtigten für das Sterbegeld ist abschließend. Das Sterbegeld ist **unabhängig von den tatsächlichen Kosten** in Höhe von $1/7$ der Bezugsgröße gem. § 18 SGB IV zu zahlen. Der Gesetzgeber unterstellt, dass der Betrag in etwa den üblichen Bestattungskosten (s. auch Abs. 4) entspricht. Das Sterbegeld kann auch beansprucht werden, wenn Kosten für Bestattung wie bei der Verschollenheit nicht entstehen. Wegen Abs. 3 ist allerdings zu fordern, dass überhaupt Kosten entstanden sind oder entstehen werden zB für Todesanzeigen, Benachrichtigungen oder Gedenkgottesdienste usw.

C. Überführungskosten

3 Hintergrund dieser Leistung ist der Umstand, dass Berufstätige häufig außerhalb ihres Wohnortes tätig sind bzw. Behandlungen nicht immer am Wohnort erfolgen können. Die hohen Kosten der Leichenrückführung zB aus dem Ausland werden dann von der Pauschale des Sterbegeldes nicht abgedeckt. Überführungskosten sind stets aus dem Sterbegeld zu bezahlen, wenn die Bestattung **am Ort des Todes** stattfindet. Fraglich ist nach dem Wortlaut der Vorschrift, ob jeder testamentarisch oder von den Hinterbliebenen festgelegte Bestattungsort (zB Heimatort) als **Zielort** der Überführung zur Erstattung berechtigt oder ob dies zwingend der **Familienwohnsitz** sein muss. Letzteres ist mit der hM (vgl. Bereiter-Hahn/Mehrtens, § 64 Rn. 4; KassKomm/Ricke § 64 Rn. 4; Lauterbach/Sacher § 64 Rn. 20 f.) zu bejahen. Anders wäre nicht zu erklären, warum beim Tod am Familienort die Verbringung zB an den testamentarisch verfügten Beisetzungsort nicht erstattungsfähig ist, da andernfalls kein Sachgrund für die Ungleichbehandlung dieser Sachverhalte erkennbar wäre. Sachgerecht ist allerdings die Übernahme der Mehrkosten bis zur (fiktiven) Höhe der Überführungskosten zum Familienwohnsitz, wenn der Verstorbene vom Todesort zu einem dritten Bestattungsort verbracht wird, sofern und soweit die Kosten einer Verbringung vom Familienwohnsitz nach dort nicht überschritten werden.

4 Unter dem Ort ist die **politische Gemeinde** mit ihren Grenzziehungen zu verstehen. Der **Ort der ständigen Familienwohnung** (Begriff s. § 8 Rn. 132) kann bei Ausländern auch im Ausland liegen, sofern die Familie dort verblieben ist. Hat die Familie diesen aber nach Deutschland verlegt und will gemeinsam mit dem Verstorbenen in die Heimat zurückkehren, kann keine Erstattung erfolgen.

Weitere Voraussetzung für eine Erstattung ist, dass der Versicherte sich am **Ausgangsort** der Überführung zB wegen des Tätigkeitsortes, des Firmensitzes oder einer Dienstreise im **rechtlich wesentlichen Zusammenhang** mit seiner vertraglichen oder unternehmerischen Tätigkeit aufgehalten hat bzw. dieser Ort wegen der Behandlung oder anderer Kompensationsmaßnahmen einschließlich Begutachtungen von Versicherungsfallfolgen aufzusuchen war.

Überführungskosten sind die **notwendigen Transportkosten** (einschließlich Transportsarg, Leichenpass, Einbalsamierung). Als Beginn des notwendigen Rücktransportes sind auch die Kosten der Leichenbergung eingeschlossen. Die Exhumierungs- und Umbettungskosten sollten nur zu den Transportkosten zählen, falls die (Zwischen-)Bestattung ohne Einflussmöglichkeit der Angehörigen insb. aus gesetzlichen, hygienischen oder übergesetzlichen (Krieg, Unruhen) Gründen erfolgen musste.

D. Erstattungsberechtige (Abs. 3 und 4)

Die erstattungsfähigen Beträge sind an die Träger der tatsächlichen Kosten auszuzahlen, beim Sterbegeld nur soweit sie zum anspruchsfähigen Personenkreis aus Abs. 1 zählen. Fehlen Anspruchsberechtigte für das Sterbegeld vollständig, oder haben diese die Bestattung nicht durchgeführt oder bezahlt, sind also nach Abs. 3 nicht erstattungsberechtigt, kann ein Dritter die angefallenen Kosten der Bestattung bis zur Höhe des Sterbegeldes verlangen. Dies kann jeder sein, der Teile der Bestattungskosten übernommen hat vom Freund über den Arbeitgeber bis zum Staat bzw. Sozialhilfeträger.

§ 65 Witwen- und Witwerrente

(1) ¹Witwen oder Witwer von Versicherten erhalten eine Witwen- oder Witwerrente, solange sie nicht wieder geheiratet haben. ²Der Anspruch auf eine Rente nach Absatz 2 Nr. 2 besteht längstens für 24 Kalendermonate nach Ablauf des Monats, in dem der Ehegatte verstorben ist.

(2) Die Rente beträgt
1. zwei Drittel des Jahresarbeitsverdienstes bis zum Ablauf des dritten Kalendermonats nach Ablauf des Monats, in dem der Ehegatte verstorben ist,
2. 30 vom Hundert des Jahresarbeitsverdienstes nach Ablauf des dritten Kalendermonats,
3. 40 vom Hundert des Jahresarbeitsverdienstes nach Ablauf des dritten Kalendermonats,
    a) solange Witwen oder Witwer ein waisenrentenberechtigtes Kind erziehen oder für ein Kind sorgen, das wegen körperlicher, geistiger oder seelischer Behinderung Anspruch auf Waisenrente hat oder nur deswegen nicht hat, weil das 27. Lebensjahr vollendet wurde,
    b) wenn Witwen oder Witwer das 47. Lebensjahr vollendet haben oder
    c) solange Witwen oder Witwer erwerbsgemindert, berufs- oder erwerbsunfähig im Sinne des Sechsten Buches sind; Entscheidungen des Trägers der Rentenversicherung über Erwerbsminderung, Berufs- oder Erwerbsunfähigkeit sind für den Unfallversicherungsträger bindend.

(3) ¹Einkommen (§§ 18a bis 18e des Vierten Buches) von Witwen oder Witwern, das mit einer Witwenrente oder Witwerrente nach Absatz 2 Nr. 2 und 3 zusammentrifft, wird hierauf angerechnet. ²Anrechenbar ist das Einkommen, das monatlich das 26,4fache des aktuellen Rentenwerts der gesetzlichen Rentenversicherung übersteigt. ³Das nicht anrechenbare Einkommen erhöht sich um das 5,6fache des aktuellen Rentenwerts für jedes waisenrentenberechtigte Kind von Witwen oder Witwern. ⁴Von den danach verbleibenden anrechenbaren Einkommen werden 40 vom Hundert angerechnet.

(4) ¹Für die Einkommensanrechnung ist bei Anspruch auf mehrere Renten folgende Rangfolge maßgebend:
1. Waisenrente,
2. Witwenrente oder Witwerrente,
3. Witwenrente oder Witwerrente nach dem vorletzten Ehegatten.

²Das auf eine Rente anrechenbare Einkommen mindert sich um den Betrag, der bereits zu einer Einkommensanrechnung auf eine vorrangige Rente geführt hat.

(5) ¹Witwenrente oder Witwerrente wird auf Antrag auch an überlebende Ehegatten gezahlt, die wieder geheiratet haben, wenn die erneute Ehe aufgelöst oder für nichtig erklärt ist und sie im Zeitpunkt der Wiederheirat Anspruch auf eine solche Rente hatten. ²Auf eine solche Witwenrente oder Witwerrente nach dem vorletzten Ehegatten werden für denselben Zeitraum bestehende Ansprüche auf Witwenrente oder Witwerrente, auf Versorgung, auf Unterhalt oder auf sonstige Rente nach dem letzten Ehegatten angerech-

net, es sei denn, daß die Ansprüche nicht zu verwirklichen sind; dabei werden die Vorschriften über die Einkommensanrechnung auf Renten wegen Todes nicht berücksichtigt.

(6) Witwen oder Witwer haben keinen Anspruch, wenn die Ehe erst nach dem Versicherungsfall geschlossen worden ist und der Tod innerhalb des ersten Jahres dieser Ehe eingetreten ist, es sei denn, daß nach den besonderen Umständen des Einzelfalls die Annahme nicht gerechtfertigt ist, daß es der alleinige oder überwiegende Zweck der Heirat war, einen Anspruch auf Hinterbliebenenversorgung zu begründen.

(7) Lebenspartner haben keinen Anspruch, wenn Witwen oder Witwer, die im Zeitpunkt des Todes mit dem Versicherten verheiratet waren, Anspruch auf eine Witwen- oder Witwerrente haben.

A. Normzweck

1   Die Vorschrift regelt die Höhe und Dauer (iVm. §§ 72 Abs. 2 und 73 VI) der Rentenansprüche der überlebenden Ehe- und Lebenspartner als Ersatz für entgangenen Unterhalt. Vorausgesetzt ist ein Versterben durch oder an den Folgen des Versicherungsfalles (§ 63 Abs. 1 S. 2, s. dort Rn. 3).

B. Anspruchsberechtigte (Abs. 1 S. 1)

2   Wer zum Zeitpunkt des Todes mit dem/der Verstorbenen in **rechtsgültiger Ehe** gelebt hat, ist **Witwe oder Witwer**. Ein Getrenntleben berührt den Rentenanspruch nicht. Allein entscheidend ist der formale Bestand der Ehe, die nicht für nichtig erklärt (§ 632 ZPO) worden ist oder durch rechtskräftiges gerichtliches Urteil (§ 1564 BGB) geschieden wurde. Der Nachweis ist durch Heiratsurkunde zu führen. Ohne besondere Umstände ist der Vermerk auf der Sterbeurkunde hinreichend.

I. Rechtsgültige Ehe

3   Ist die Ehe im **Inland** geschlossen worden, richtet sich die Gültigkeit der Ehe ausschließlich nach deutschem Recht (Art. 13 Abs. 3 S. 1 EGBGB, BSG SozR 2200 § 1291 Nr. 35). Ist eine der eheschließenden Personen **Deutscher iSd. Art. 116 GG,** setzt das voraus, dass sie gem. § 1310 BGB vor einem Standesbeamten geschlossen wurde. Ist deren Ehefähigkeit Deutscher, kann die Ehe – auch in Deutschland – wirksam vor einer vom **Heimatstaat** eines der Beteiligten hierzu ermächtigten Person nach dem Recht dieses Staates geschlossen werden (Art. 3 Abs. 3 S. 2 EGBGB).

4   Im **Ausland** geschlossene Ehen werden – auch für Deutsche – als wirksam geschlossen behandelt, wenn sie hinsichtlich der Voraussetzungen und der Form dem für den Heimatstaat maßgeblichen Recht oder dem Recht desjenigen Staates entsprechen, dessen Staatsangehörigkeit die Eheleute zum Zeitpunkt der Eheschließung besaßen (Art. 11 Abs. 1, 13 Abs. 1 EGBGB).

5   Sog. **hinkende Ehen** zwischen einem Deutschen und einem Nichtdeutschen, die zwar für den Nichtdeutschen nach dessen Recht wirksam sind, in Deutschland aber keine Gültigkeit haben (s. Rn. 3), darf nach der Entscheidung des BVerfG (BVerfGE 62, 323) wegen der Gültigkeit nach ausländischem Recht hier ebenfalls nicht der Schutz des Art. 6 GG entzogen werden. Die Betroffenen sind somit im Rentenanspruch den Witwen/Witwern **gleichzustellen.**

6   Auch **polygame Ehen** werden als gültig eingestuft, sofern sie nach ausländischem Recht wirksam geschlossen wurden und eine den Rechtsverhältnissen in Deutschland entsprechende sozial- und familienrechtliche Einordnung gewährleisten, vgl. § 34 Abs. 1 SGB I. Nach § 34 Abs. 2 SGB I sind die Renten in diesem Falle auf die Witwen/Witwer **anteilig** (= zu gleichen Teilen entsprechend dem gleichwertigen Unterhaltsbedarf) und **endgültig** aufzuteilen (vgl. BSGE 87, 88). Mit Letzterem wird ein Anwachsen nach dem Tod eines Anspruchsinhabers bei den anderen verhindert. Zu beachten ist, dass nach deutschem Rechtsverständnis die Witwer/Witwen-Eigenschaft nur dann besteht, wenn der- oder diejenige beim Versterben eines Partners nicht noch mit mindestens einem weiteren Partner verheiratet ist. Dies folgt aus der weiterbestehenden Unterhaltsabsicherung, s. auch S. 2. Ähnlich behandelt wird die **bigamistische Ehe.** Zwar besteht für die unter Verletzung des § 1306 BGB geschlossene 2. Ehe ein Aufhebungsgrund gem. § 1314 Abs. 1 BGB, das aber mit dem Tod des Partners erlischt (§ 1317 Abs. 3 BGB). Nach BSG SozR 2200 § 1268 Nr. 26 soll die Aufteilung in diesem Falle nach Ehejahren erfolgen, vgl. § 66 Abs. 2. Keine Ansprüche kann ein in Unkenntnis der Gültigkeit der 1. Ehe erneut verheirateter Partner beim Tod des 1. Partners wegen Abs. 1 S. 1 2. Hs. geltend machen.

7   Für Todesfälle ab 2004 zählen zu den Berechtigten auch gleichgeschlechtliche **Lebenspartner** iSd. § 33b SGB I, s. § 63 Rn. 15. Sie werden in allen Belangen den Witwen/Witwern gleichgestellt, wobei die jeweiligen Tatbestände den rechtlichen Rahmenbedingungen der Lebenspartnerschaft angepasst werden müssen. Dies gilt nicht für **die nichtehelichen Lebensgemeinschaften** verschiedengeschlechtlicher Partner, selbst wenn diese gemeinsame Kinder haben (BSG 4. 3. 1982 NJW 1982, 1894; 30. 3. 1994 NJW 1995, 3270).

II. Wiederheirat (Abs. 1 S. 1 2. Halbs.)

Mit der Wiederheirat endet der Versorgungsbedarf aus der bisherigen Ehe, da nun ein neuer unterhaltspflichtiger Partner hinzugetreten ist. Die Witwen- bzw. Witwerrente endet daher mit Ablauf des Monats der Wiederverheiratung (§ 73 Abs. 4), auch wenn es sich um diejenigen nach dem vorletzten Partner (Abs. 5) oder um gleichgestellte Ehen (Rn. 6) handelt. Es entsteht ein Abfindungsanspruch aus § 80. Wegen der Gleichstellung von Lebenspartnern (s. Rn. 7) kann an die Stelle der Wiederheirat als Beendigungsgrund auch das Eingehen einer Lebenspartnerschaft oder umgekehrt bei Renten an Lebenspartner das Eingehen einer Ehe oder einer neuen Lebenspartnerschaft treten. 8

C. 24-Monatsgrenze für kleine Hinterbliebenenrente (Abs. 1 S. 2)

Die Rente nach 30 vH (Abs. 2 Nr. 2) ist bei allen Todesfällen ab dem 1. 1. 2002 längstens 24 Monate nach dem Todesfall zu zahlen, weil bei einer kinderlosen, nicht erwerbsgeminderten Person in einem Alter von unter 47 Jahren nach Ablauf dieser Übergangszeit angenommen werden darf, dass sie für ihren persönlichen Unterhalt selbst sorgen kann. Treten innerhalb der 24 Monate unterhaltsbedarfserhöhende Fakten des Abs. 2 Nr. 3 ein, ist durch Änderungsbescheid (§ 48 Abs. 1 S. 1 Nr. 1 SBG X) auf die zeitlich grundsätzlich unbegrenzte große Hinterbliebenenrente nach Ablauf des Monats in dem die Änderung wirksam wurde (§ 73 Abs. 1) umzustellen. War durch Überschreitung der 24 Monate die kleine Hinterbliebenenrente bereits in Wegfall gekommen, beginnt die (große) Rente dementsprechend erneut mit dem Folgemonat. 9

Ist der Ehegatte vor dem 1. Januar 2002 verstorben oder wurde die Ehe vor diesem Tag geschlossen und ist mindestens ein Ehegatte vor dem 2. Januar 1962 geboren, greift gem. § 218a aus Vertrauensschutzgründen die Befristung nicht.

D. Höhe der Rente (Abs. 2)

Die Renten werden nach dem JAV (§§ 81 ff.) berechnet. Wegen der fehlenden Bindungswirkung an Feststellungen gegenüber dem Versicherten (vgl. § 63 Rn. 2) wird dieser im ersten Hinterbliebenenrentenbescheid neu festgesetzt. Fehlerkorrekturen sind also möglich. 10

Mit dem Hinterbliebenenrenten- und Erziehungszeitengesetz (HEZG von 11. 7. 1985) konnten Eheleute durch unwiderrufliche **gemeinsame Erklärung nach § 618 RVO** bis zum 31. Dezember 1988 die Anwendung des alten bis zum 31. Dezember 1985 geltenden Hinterbliebenenrechts wählen. Diese Erklärungen sind bis heute gültig (s. vergleichbare Regelung des § 314 SGB VI) und können in Berufskrankheitenfällen mit langen Latenzzeiten (Erkrankung erst in hohem Alter) noch Bedeutung haben. Neben dem Fehlen einer Einkommensanrechnung bei der Witwenrente liegt der wesentliche Unterschied darin, dass nur in Ausnahmefällen ein Anspruch auf Witwerrente bestand (§ 593 aF RVO). 11

I. Rente im Sterbevierteljahr (Nr. 1)

Bis zum Ablauf des dritten Kalendermonats nach Ablauf desjenigen Monats, in dem der Ehepartner verstorben ist, liegt die Rente zur wirtschaftlichen Erleichterung der Anpassung an die veränderten Lebensbedingungen bei zwei Dritteln des JAV, entspricht somit einer **Vollrente** gem. § 56 Abs. 3 S. 1. Zudem findet während dieser Übergangszeit keine Einkommensanrechnung statt (s. Abs. 3, keine Nennung der Nr. 1). Die Rente beginnt gem. § 72 Abs. 2 S. 1 am Todestag. 12

II. kleine Witwen-/Witwerrente (Nr. 2)

Die Rente nach 30 vH des JAV stellt den Regelfall dar und ist immer dann (für 24 Monate s. Rn. 9) zu zahlen, falls keines der Merkmale der großen Hinterbliebenenrente (Nr. 3) vorliegt. Eigenes Einkommen ist nach Maßgabe der Abs. 3 und 4 anzurechnen. 13

III. große Witwen-/Witwerrente (Nr. 3)

Die Rente nach 40 vH des JAV setzt mindestens eine der besonderen Bedarfssituationen aus Nr. 3 voraus. Fallen diese vor Vollendung des 47. Lebensjahres weg, besteht (nur innerhalb der 24 Kalendermonate nach dem Todesfall, s. Rn. 9, 12) noch ein Anspruch auf die kleine Hinterbliebenenrente. Eigenes Einkommen ist nach Maßgabe der Abs. 3 und 4 anzurechnen. Die erhöhte Rente kann alternativ beansprucht werden wenn 14

1. Erziehung eines waisenrentenberechtigten Kindes (Buchst. a) 1. Alt.). Die Erhöhung der Hinterbliebenenrente von 30 vH auf 40 vH beruht auf dem Gedanken, dass der betreffende Elternteil einen Teil seiner Zeit, die er andernfalls der Berufstätigkeit widmen würde, für die Kindererー 15

ziehung (bzw. Pflege und Betreuung des Kleinkindes) einsetzt, die der Verstorbene nicht mehr wahrnehmen kann. Dies ist auch bei nicht im Haushalt oder im Ausland lebenden Kindern möglich, weil hierzu immer auch die Ausübung der Personensorge (§§ 1631 BGB) gehört. Die **Erziehung endet** somit mit dem Entzug der Personensorge (§§ 1666 f. BGB; BSGE 32, 117), der Heirat der Waise (§ 1633 BGB) oder mit dem Eintritt der Volljährigkeit (Vollendung des 18. Lebensjahres, § 2 BGB).

16 Nicht der tatsächliche Bezug, sondern der persönliche Anspruch des Kindes auf eine **Waisenrente aus der DGUV** (§ 67 Abs. 3 Nr. 1 bzw. Nr. 2 d für Alt. 2) ist maßgeblich, sodass ein Ruhen der Zahlungen wegen zu hohem Eigeneinkommens nach § 68 Abs. 2 (derzeit nur für die 2. Alt. – über 18 Jahre – relevant) unschädlich ist. Der Anspruch des Kindes braucht nicht auf demselben Versicherungsfall zu beruhen (Lauterbach/Sacher, § 65 Rn. 32).

17 **2. Sorge für behindertes Kind (Buchst. a) 2. Alt.).** Keine Altersgrenze besteht bei sonst **gleichen Voraussetzungen,** für die Betreuung eines behinderten Kindes. Ausreichend ist das tatsächliche Kümmern, Versorgen und Pflegen; Erziehung ist nicht gefordert. Menschen sind **behindert,** wenn ihre körperliche Funktion, geistige Fähigkeit oder seelische Gesundheit mit hoher Wahrscheinlichkeit länger als sechs Monate von dem für das Lebensalter typischen Zustand abweichen und daher ihre Teilhabe am Leben in der Gesellschaft beeinträchtigt ist, § 2 Abs. 1 SGB IX. Der Anspruch endet, wenn das über 18 Jahre alte Kind **sich selbst unterhalten** kann, da ab dann das Fehlen des eigenen Rentenanspruches nicht nur auf der Überschreitung des 27. Lebensjahres beruht (vgl. § 67 Abs. 3 Nr. 2 d). Der notwendige Unterhalt betrifft nicht nur die wirtschaftliche Seite, sondern alle notwendigen Aufgaben des täglichen Lebens (s. § 67 Rn. 24).

18 **3. Vollendung des 47. Lebensjahres (Buchst. b).** Witwen/Witwer vollenden das 47. Lebensjahr am Vortage des 47. Geburtstags, § 26 SGB X iVm. §§ 187 Abs. 2, § 188 Abs. 2 BGB. Die erhöhte Rente ist von diesem Tag an zu zahlen (BSG 6, 163; vgl. § 172 Abs. 2 S. 1). Mit Anhebung der Regelaltersgrenze von 65 auf 67 Jahre wurde auch das bis zum 31. 12. 2007 maßgebliche **45. Lebensjahr** um 2 Jahre erhöht. Nach der Übergangsregelung des § 218 a Abs. 2 bleibt es bei der bisherigen Regelung, wenn der Ehegatte **vor dem 1. Januar 2012** verstirbt. Ist der Ehegatte nach dem 31. Dezember 2011 verstorben, erfolgt eine stufenweise Anhebung der Altersgrenze entsprechend § 242 a Abs. 5 SGB VI.

19 **4. Erwerbsminderung oder -unfähigkeit iSd. Rentenversicherung (Buchst. c).** Der UvTr ist für seine Entscheidung an die **Feststellungen der Rentenversicherungsträger** nach den §§ 43, 44 aF SGB VI im positiven und negativen Bescheid gebunden. Nicht erforderlich ist, dass die Rente tatsächlich zur Auszahlung kommt. Besteht nur mangels Beitragszahlung oder fehlender Wartezeit kein Anspruch gegen den Rentenversicherungsträger, hat der UvTr in eigener Kompetenz über das Vorliegen der gesundheitlichen Voraussetzungen zu entscheiden. Fehlt es an der Antragstellung oder wird diese verweigert, sollte angesichts des klar formulierten Vorranges der Entscheidungen des Rentenversicherungsträgers keine Eigenfeststellung vorgenommen werden. Vielmehr ist auf den Vorrang – auch bei bereits laufendem Feststellungsverfahren – hinzuweisen.

E. Einkommensanrechnung (Abs. 3)

20 Durch Anrechnung des Eigeneinkommens soll einer Überversorgung des überlebenden Ehegatten begegnet werden. Angerechnet wird nur das Erwerbs-, Erwerbsersatz- und Vermögenseinkommen des § 18 a SGB IV, nicht das Gesamteinkommen des § 16 SGB IV. Mit Ausnahme des Sterbevierteljahres (s. Rn. 12) erfolgt die Anrechnung bei allen Todesfällen ab 1. 1. 2002. Bei Altfällen mit dem Tod des Versicherten vor dem 1. 1. 1986 schließt § 217 Abs. 2 S. 1 die Anrechnung völlig aus. Für Übergangsfälle der Zwischenzeit berücksichtigt § 114 Abs. 1 SGB IV kein Vermögenseinkommen. Ebenfalls ohne Einkommensanrechnung verbleiben Fälle mit unwiderruflichen Erklärungen nach § 618 RVO oder § 314 SGB VI, s. Rn. 11).

21 Unter **Zusammentreffen** versteht man ein zeitliches Nebeneinander von Unfallhinterbliebenenrente und anderweitigem Einkommen. Beim rückwirkenden Zuwachsen von Einkommen ist die Anrechnung von dem Zeitpunkt an vorzunehmen, ab dem die **laufende Auszahlung** des hinzutretenden Einkommens erfolgt. Ist dieser Teil des anrechenbaren Einkommens nach §§ 18 a–e SGB IV ermittelt, kommt zunächst ein **Freibetrag** aus dem 26,4fachen des aktuellen Rentenwertes (S. 2 iVm. §§ 68 f SGB VI; ab 1. 7. 2008 = 701,18 € [West] bzw. 616,18 [Ost]). Der Freibetrag erhöht sich für jedes **waisenrentenberechtigte Kind des Rentenberechtigten iSd. § 67** (einschließlich der gem. § 67 Abs. 2 gleichgestellten) um das 5,6fache des aktuellen Rentenwerts nach S. 2 (ab 1. 7. 2008 = 148,74 € [West] bzw. 130,70 [Ost]). Um der besonderen wirtschaftlichen Situation der Witwe bzw. des Witwers gerecht zu werden, braucht es sich nicht um ein Kind des Verstorbenen oder um einen Waisenrentenanspruch aus der DGUV zu handeln. Auch wird anders als beim Waisenrentenanspruch (s. Rn. 15) nicht auf Erziehung abgestellt, weshalb Halbwaisen entsprechend § 67 Abs. 3 Nr. 2 bis zum 27. Lebensjahr berücksichtigt werden können. Von diesem verbleibenden, um die Freibeträge berei-

nigten Nettobetrag werden schließlich 40 vH auf die Witwen- bzw. Witwerrente angerechnet, dh. der Rentenanspruch insoweit gekürzt.

Ändert sich das Einkommen, so ist das grundsätzlich erst bei der nächsten Rentenanpassung zum 1. 7. des nachfolgenden Jahres gem. § 18 d Abs. 1 SGB IV nach Neuberechnung des zu berücksichtigenden Einkommens beachtlich. **Minderungen** des berücksichtigten Einkommens können vom Zeitpunkt ihres Eintritts an berücksichtigt werden, wenn das laufende Einkommen im Durchschnitt voraussichtlich um wenigstens 10 vH geringer ist als das berücksichtigte Einkommen, § 18 d Abs. 2 SGB IV.

F. Reihenfolge der Einkommensanrechnung (Abs. 4)

Bezieht der Berechtigte mehrere Hinterbliebenenrenten aus der DGUV, so wird durch die Rangfolge sichergestellt, dass Einkommen nicht mehrfach angerechnet werden. Beginnend mit der Waisenrente wird für jede Rente gesondert der Anrechnungsbetrag auf der Grundlage der §§ 18 a ff. SGB IV ermittelt. Bei der nächstfolgenden sind nur noch die Beträge in Ansatz zubringen, die nicht bereits durch vorherige Anrechnung verbraucht sind (S. 2).

Gem. § 97 Abs. 3 S. 2 SGB VI hat die Einkommensanrechnung auf eine Hinterbliebenenrente aus der DGUV Vorrang vor der Anrechnung auf eine Hinterbliebenenrente aus der **Rentenversicherung**. Dort wiederum ist zunächst eine Kürzung der Rente nach § 93 SGB VI (teilweises Ruhen wegen der Hinterbliebenenrente aus der DGUV) vorzunehmen, ehe die Anrechnung von sonstigem Erwerbs- bzw. Erwerbsersatzeinkommen durchzuführen ist.

G. Rente nach dem vorletzten Ehemann (Abs. 5)

Ziel der Regelung ist die Schließung einer Versorgungslücke, die durch den Tod oder die Trennung von dem nachfolgenden Ehe- bzw. Lebenspartner eintreten kann, falls von dort nicht ausreichend Versorgungsmittel zur Verfügung stehen. Daher hat der Anspruch, der **nur auf Antrag** festzustellen ist, zwei grundlegende Prämissen:

I. Rentenanspruch zur Zeit der Wiederheirat (S. 1)

Es soll der Anspruch, der einmal rechtsverbindlich bestand, wiederaufleben können (BSGE 14, 238, 239 f.). Daher darf ein (vormals) festgestellter Hinterbliebenenanspruch nicht unabhängig von den Voraussetzungen des § 45 SGB X überprüft werden (BSG SozR 2200 § 1291 Nr. 33). Der frühere (grundsätzliche) Anspruch auf eine Hinterbliebenenleistung muss durch diese **erneute rechtsgültige Ehe/Lebenspartnerschaft** untergegangen sein, s. auch § 80 Rn. 2, § 66 Rn. 3. Folgen weitere Ehen, ist die Ursachenkette zum Unterhaltsanspruch aus der früheren Ehe unterbrochen und ein (ggf. erneutes) Aufleben ist zu verneinen (BSGE 44, 151; BVerfGE 55, 114).

Eine erneute Ehe ist aufgelöst durch Tod oder ab Rechtskraft (§ 1564 BGB) eines Scheidungs- bzw. Aufhebungsurteils. Auch im Falle der Nichtigkeitserklärung lebt die Rente nur für die **Zukunft** auf (BSGE 25, 14). Sie **beginnt** gem. § 72 Abs. 2 S. 2 mit dem Monat, welcher der Antragstellung folgt. Eine (aus Anlass der Wiederverheiratung nach § 80 Abs. 1 SGB VII gewährte) Rentenabfindung wird nach Maßgabe des § 80 Abs. 3 SGB VII auf die Wiederauflebensrente angerechnet.

II. keine gleichwertigen Unterhaltsansprüche aus der nachfolgenden Ehe/Lebenspartnerschaft (S. 2)

Die Versorgung aus der aktuellen Partnerschaft hat Vorrang, nur subsidiär soll die Rentenversorgung aus der früheren erfolgen. Es werden daher alle Renten-, Versorgungs- und Unterhaltsansprüche, die mit der Auflösung der 2. Partnerschaft in rechtlichem Zusammenhang stehen, vollständig gegengerechnet. Die Regeln der Einkommensanrechnung nach § 65 Abs. 3, Abs. 4 sind ausdrücklich ausgenommen, sodass die tatsächlich beanspruchbaren (Netto-)Beträge maßgeblich sind.

Ausgenommen sind Ansprüche, die **nicht realisierbar** sind. Das sind solche, deren Durchsetzung mit hoher Wahrscheinlichkeit aussichtslos sind oder nur mit unverhältnismäßigem Aufwand erreicht werden können (offenkundige Zahlungsunfähigkeit, fruchtlose Vollstreckung, unbekannter Aufenthalt des Schuldners). Nicht zu diesen Ansprüchen gehören solche nach Erbrecht und aus eigener Rente, selbst wenn sie anteilig auf einem durchgeführten Versorgungsausgleich beruhen (BSGE 64, 194).

Bei **Unterhaltsverzicht** aus der letzten Ehe, ist fiktiv der ohne Verzicht beanspruchbare Unterhalt zu Grunde zu legen (BSGE 21, 279), es sei denn, der Verzicht ist aus objektiv nachvollziehbarem, verständigem Grund billigenswert. Soweit noch Verschuldensfragen für die Scheidung Bedeutung hatten, wurden Beschleunigung des Scheidungsverfahrens (BSGE 49, 131, 135) und einvernehmliche Scheidung als Sachgründe akzeptiert. Heute wird man eher auf die wirtschaftliche Lage der Eheleute oder Lebenspartner bei der Trennung abstellen müssen, sodass wesentlich nur auf dieser Basis objektivierbare Gründe für die Nichtrealisierung anderweitig beanspruchbarer Unterhaltszahlung akzeptabel sind.

H. Versorgungsehe bzw. -lebenspartnerschaft (Abs. 6)

31   Generell wird als Rechtsmissbrauch eingestuft, wenn die Ehe nur oder überwiegend zum Zwecke der Hinterbliebenenversorgung eingegangen wird. Da eine solche Motivation in der Praxis kaum belegbar und erst recht nicht beweisbar ist, hat der Gesetzgeber eine entsprechende Rechtsvermutung aufgestellt. Wurde die Ehe/Lebenspartnerschaft nach dem Versicherungsfall geschlossen (standesamtliche Erklärung, § 1310 BGB) und tritt der Tod **innerhalb des ersten Ehejahres** (Fristbeginn § 26 Abs. 1 SBG X iVm. § 187 Abs. 1 BGB: Tag nach Heirat; Fristende § 26 Abs. 1 SBG X iVm. § 188 BGB: identischer Jahrestag) ein, so wird **widerleglich vermutet,** dass die Partnerschaft wesentlich der Versorgung diente. Aus dem Wissen um die kritische Diagnose und der den Partnern damit bekannten unter einjährigen Überlebensprognose wird die wirtschaftliche Versorgungsabsicht mithin als Regelfall unterstellt, sodass diese weder belegt noch geprüft werden muss (vgl. LSG NRW, Breithaupt 1973, 710).

32   Die Widerlegung der Vermutung erfordert den **vollen Nachweis** (§ 202 SGG iVm. § 292 ZPO; LSG SH 7. 12. 2006 – L 1 R 99/06) anderer Motive und deren rechtliche Wesentlichkeit (s. § 8 Rn. 76 ff.) für die Heiratsentscheidung. Indizien aus denen unter **Gesamtwürdigung** der besonderen Umstände des Einzelfalles angenommen werden kann, die Versorgung sei nicht der überwiegende Zweck der Heirat: die Unkenntnis der infausten Diagnose, fehlende Vorhersehbarkeit des tödlichen Verlaufs (vgl. BSG SozR 3100 § 38 Nr. 5), die (nachweisbar) erklärte Absicht zur Absicherung der Betreuung und Pflege, Nachweis einer konkret festen Heiratsabsicht vor Diagnosestellung oder Nachholung einer Eheschließung nach ungültiger Ehe ausländischen Rechts bzw. nach früheren aus nicht beeinflussbaren Gründen gescheiterten Versuchen, Wunsch eines gemeinsamen Nachnamens (BSG 27. 8. 2009 – B 13 R 101/08 R). Neben den objektiven Umständen sind auch glaubhaft vorgetragene **subjektive** Motive beider Partner in die Gesamtbetrachtung einzubeziehen (BSG 5. 5. 2009 – B 13 R 55/08 R).

33   Nicht gegen das Überwiegen des Versorgungszwecks und damit für einen Leistungsausschluss sprechen ein langjähriges ehe- oder lebenspartnerschaftsähnliches Zusammenleben, das erst nach Diagnosestellung in eine Ehe/Lebenspartnerschaft umgewandelt wird (vgl. LSG SH 11. 11. 1999 – L 5 U 112/98; LSG BY 2. 2. 1972, Breithaupt 1972, 742). Dies besonders, wenn schon vorher eine gemeinsame Haushaltsführung, testamentarische Verfügungen oder andere langfristige gemeinsame Dispositionen bestanden, aber solange nicht von Aktivitäten zur formalen Partnerschaftsbildung begleitet wurden, als Versorgungsfragen noch nicht nahe relevant waren. Ähnlich ist zu werten, falls einer der Partner bislang Versorgungsbezüge von Dritten erhielt, die durch eine Formalisierung der Partnerschaft in Wegfall gekommen wären.

34   Nach Sinn und Zweck der Norm greift § 65 VI nicht für Sterbegeld und Überführungskosten, die zur Erstattung der erforderlichen Aufwendungen und nicht zur Unterhaltssicherung bestimmt sind, wohl aber für die **Beihilfen** nach § 71 (BSGE 48, 79, 80).

I. Anspruchsausschluss für Lebenspartner (Abs. 7)

35   Vorschrift ist weitgehend obsolet. Seit 1. 1. 2005 stellt die eingetragene Lebenspartnerschaft ein Ehehindernis dar (§ 1306 BGB). Vorher galt dies nur im umgekehrten Falle (§ 1 Abs. 2 LPartG), sodass zur Vermeidung von doppelten Ansprüchen diese Regelung erforderlich war.

§ 66 Witwen- und Witwerrente an frühere Ehegatten; mehrere Berechtigte

(1) ¹Frühere Ehegatten von Versicherten, deren Ehe mit ihnen geschieden, für nichtig erklärt oder aufgehoben ist, erhalten auf Antrag eine Rente entsprechend § 65, wenn die Versicherten ihnen während des letzten Jahres vor ihrem Tod Unterhalt geleistet haben oder den früheren Ehegatten im letzten wirtschaftlichen Dauerzustand vor dem Tod der Versicherten ein Anspruch auf Unterhalt zustand; § 65 Abs. 2 Nr. 1 findet keine Anwendung. ²Beruhte der Unterhaltsanspruch auf §§ 1572, 1573, 1575 oder 1576 des Bürgerlichen Gesetzbuchs, wird die Rente gezahlt, solange der frühere Ehegatte ohne den Versicherungsfall unterhaltsberechtigt gewesen wäre.

(2) Sind mehrere Berechtigte nach Absatz 1 oder nach Absatz 1 und § 65 vorhanden, erhält jeder von ihnen den Teil der für ihn nach § 65 Abs. 2 zu berechnenden Rente, der im Verhältnis zu den anderen Berechtigten der Dauer seiner Ehe mit dem Verletzten entspricht; anschließend ist § 65 Abs. 3 entsprechend anzuwenden.

(3) Renten nach Absatz 1 und § 65 sind gemäß Absatz 2 zu mindern, wenn nach Feststellung der Rente einem weiteren früheren Ehegatten Rente zu zahlen ist.

A. Normzweck

Vorschrift regelt den Ausgleich für einen todesbedingten Verlust von Unterhaltsansprüchen gegen früheren Ehe- bzw. Lebenspartnern, da sie mangels im Todeszeitpunkt (noch) bestehender Partnerschaft keinen Anspruch aus § 65 haben. 1

B. Anspruchsvoraussetzungen und Dauer (Abs. 1)

Vorausgesetzt ist zunächst ein Versterben des früheren Partners durch oder an den Folgen eines Versicherungsfalles (§ 63 Abs. 1 S. 2, s. dort Rn. 3). Die Leistungen sind nur auf **Antrag** zu gewähren. Nach § 65 richten sich – abgesehen von der Ausnahme nach Abs. 2 – Dauer und Höhe der Rente sowie die Einkommensanrechnung, wobei S. 1 2. Hs. die Vollrente im Sterbevierteljahr ausschließt. 2

I. Allgemeine Voraussetzungen

In der Vergangenheit muss eine **rechtsgültige Ehe** (s. § 65 Rn. 3 ff.) bestanden haben. Diese muss nach §§ 1565 ff. BGB geschieden oder nach §§ 1314 ff. BGB aufgehoben sein (zum alten Recht s. §§ 16 ff., 28 ff. oder 41 ff. EheG). Der Anspruchsteller darf **nicht erneut verheiratet** sein, denn mit der Wiederheirat sind die Ansprüche gegen den früheren Unterhaltsträger erloschen. Soweit dies auch auf eine zwischenzeitlich wieder aufgelöste Ehe bezogen wird (vgl. Bereiter-Hahn/Mehrtens, § 66, Rn. 3 mit Hinweis auf BSG SGb 1971, 390 Nr. 15), steht dies im Widerspruch zum unbeschränkten Verweis des § 66 auf § 65. Die weiteren Voraussetzungen des Anspruchs auf Unterhaltsleistung oder des Anspruches (s. Rn. 4 ff.) zeigen – soweit sie erfüllt sind –, dass in diesen (seltenen) Fällen auch ein gleichwertiger und systematisch billigenswerter Bedarf nach Unterhaltsersatz besteht, s. aber § 65 Rn. 26 aE). § 65 V greift natürlich nicht im umgekehrten Fall des Wegfalls einer Rente nach § 66 durch Wiederheirat (KassKomm/Ricke § 66 Rn. 2), weil er nur für frühere Witwen/Witwer bzw. Lebenspartner gilt. 3

II. Tatsächliche Unterhaltszahlung (S. 1, 1. Hs. 1. Alt.)

Unterhalt sind alle Geldleistungen und geldwerten Leistungen, die unabhängig von einer Gegenleistung dazu geeignet und bestimmt sind, den **laufenden wirtschaftlichen Lebensbedarf** zu befriedigen (BSGE 19, 185, 187). Dazu gehören auch Dienstleistungen, Mitarbeit, Übernahme von Verbindlichkeiten oder Übertragung von Sachwerten, nicht aber die Zahlung eines Taschengeldes zur freien Verfügung (LSG BY 30. 9. 2009 – L 18 U 437/05). Unerheblich ist, ob der insoweit Berechtigte das Überlassene tatsächlich zur Befriedigung des laufenden wirtschaftlichen Bedarfs verwendet. Entscheidend ist die Zweckbestimmung des Verstorbenen, solange hierzu keine Gegenleistungen zB im Rahmen eines entgeltlichen Beschäftigungsverhältnisses erbracht werden. Ohne Bedeutung ist auch, ob dies mit oder ohne Rechtspflicht erfolgte. 4

Der Verstorbene muss **zu Lebzeiten** die Leistungen selbst aus eigenen Mitteln oder durch Dritte zu seinen Lasten erbracht haben (BSGE 50, 287). Unterhalt soll während **des gesamten letzten Jahres** erbracht worden sein, was typischerweise mehr oder weniger regelmäßige Leistungen oder Zahlungseingänge erfordert. Mindestens muss die Leistung dem Grunde nach auf Dauer angelegt sein, selbst wenn sie (bisher) nur einmalig erbracht ist. Besonders in diesen Fällen muss die Leistung auch der Höhe nach für den Jahreszeitraum wirtschaftlich als ein **wesentlicher Beitrag zum Lebensunterhalt** geeignet sein. Dies wird angenommen, falls der Mindestbedarf des Empfängers merklich beeinflusst wird (BSGE 22, 44, 47 f.) was idR nur oberhalb eines Viertels des Lebensbedarfes nach BSHG angenommen werden kann (BSGE 50, 210; aA BSGE 53, 169, 172). Abzahlung von (Unterhalts-)Schulden aus einem früheren Zeitraum erfüllen diese Voraussetzungen nicht. 5

III. Anspruch auf Unterhalt (S. 1, 1. Hs. 2. Alt.)

Dem tatsächlich erhaltenen Unterhalt wird ein Rechtsanspruch auf Unterhalt (des bürgerlichen Rechts, nicht des Sozialrechts) gegen den früheren Ehegatten gleichgestellt, sofern er **im letzten wirtschaftlichen Dauerzustand** vor dem Tod des Versicherten bestand. Der Anspruch muss mindestens im Todeszeitpunkt noch bestanden haben und sollte zuvor für einen längeren Zeitraum gleichmäßiger wirtschaftlicher Verhältnisse bestanden haben. Dies ist auch dann nicht der Fall, wenn er ohnehin in Jahresfrist nach dem Tod entfallen wäre (BSGE 37, 50). Ist der tatsächliche Zeitraum zwischen Scheidung und Tod zu kurz, um die Situation beurteilen zu können, ist auf die mutmaßliche Entwicklung in der Zeit nach dem Tod abzustellen (BSGE 14, 255, 260). 6

Soweit keine Unterhaltsverträge bestehen, deren Durchsetzbarkeit ohne Bedeutung ist, ist das nationale oder ausländische **Scheidungs- bzw. Unterhaltsrecht** zur Klärung der Anspruchsfrage heranzuziehen. Die Tatbestandswirkung eines Scheidungsurteils bzw. Unterhaltstitels bindet die UvTr 7 selbst dann, wenn das Urteil erst nach dem Tod des Versicherten rechtskräftig geworden ist (BSGE 62, 50), soweit keine nachträglich eingetretene wesentliche Veränderung in den Einkommens- oder Vermögensverhältnissen den Titel durch eine Abänderungsklage gem. § 323 ZPO oder eine Vollstreckungsklage gem. § 767 ZPO beseitigen könnte (BSG SozR A5 § 1265 Nr. 27). Ein rechtwirksamer Unterhaltsverzicht oder das Nichterreichen der Mindesthöhe iSd. Beitrags zur Lebensführung (s. Rn. 5) stehen stets entgegen.

IV. befristete Unterhaltsansprüche (S. 2)

8   Für Ehescheidungen nach dem 30. 6. 1977 stellt S. 2 bei Ansprüchen, die wegen der zeitlich begrenzten Bedarfslage (Krankheit § 1572 BGB, Arbeitslosigkeit § 1573 BGB, Ausbildung § 1575 BGB und anderer schwerwiegender Gründe § 1576 BGB) nur einen zeitlich begrenzten Unterhaltsanspruch begründen auf den **hypothetischen Geschehensablaufs** ab. Die Rente endet dann zu dem Zeitpunkt, zu dem der Unterhaltsanspruch nach dem Tod des Versicherten entfallen wäre. Die aufgezählten Anspruchsgründe dieser Ausnahmeregelung sind abschließend (aA KassKomm/Ricke § 66 Rn. 3 a). Trotz der Ankoppelung an die hypothetische Entwicklung ist bei der kleinen Hinterbliebenenrente die 24-Monatsgrenze zu beachten, s. § 65 Rn. 9).

C. mehrere Berechtigte (Abs. 2)

9   Die nach Ehedauer festzulegende Quotenregelung des Abs. 2 stellt klar, dass die nach § 65 Abs. 1 und Abs. 2 festgestellte Höhe des Hinterbliebenenanspruches die Obergrenze des Gesamtanspruches darstellt unabhängig von der Größe der Bedarfsgemeinschaft. Geregelt werden die Fälle, in denen der Verstorbene **mehrfach verheiratet** war und/oder mehrere Lebenspartner hatte, die nach §§ 65 und 66 Hinterbliebenenrenten beanspruchen können. Grundsätzlich nicht hier, sondern durch die Spezialvorschrift des § 34 Abs. 2 SGB I geregelt ist die Aufteilung bei **polygamen Ehen.** Haben sie aber Ansprüche neben Partnern aus anderen (monogamen) Zeiträumen, so sind ihnen hier zunächst die Ehezeiten zuzuordnen. Der danach bestehende (Teil-)Anspruch dieser Partner wird dann gem. § 34 Abs. 2 SGB I nach gleichen Teilen und endgültig aufgeteilt, s. § 65 Rn. 6.

10 Die Aufteilung nach **Dauer der Ehezeit** erfolgt auch, falls Berechtigte und Verstorbener mehrfach miteinander verheiratet waren (Addition der Zeiten). Analog § 122 SGB VI kann in vollen Monaten vom Monat der Eheschließung bis zur Rechtskraft der Eheauflösung gerechnet werden. Bei kurzen Ehezeiten sollte die tagesgenaue Berechnung gewählt werden. In der Aufteilung werden nur Berechtigte mit einem **konkreten Auszahlungsanspruch** berücksichtigt, da andernfalls ein Teil zu Unrecht beim UvTr verbliebe (BSGE 33, 7, 8 f.). Fällt ein Berechtigter nach Einkommensanrechnung heraus, ist folglich die Aufteilung erneut ohne diesen durchzuführen. Ein Nichterreichen der Obergrenze durch unterschiedliche vH-Sätze des JAV ist dagegen unschädlich (BSGE 60, 110, 113).

11 Entsprechend Hs. 2 ist erst nach Aufteilung auf die jeweiligen Rententeile der einzelnen Berechtigten die Einkommensanrechnung nach § 65 Abs. 3 vorzunehmen. Da einziger Aufteilungszweck die Vermeidung der Anspruchsmehrung durch eine Vielzahl von Berechtigten ist, muss durch **Neuberechnung** ein Anwachsen bei den verbliebenen Berechtigten von Amts wegen sichergestellt werden, falls infolge Todes oder Wiederheirat andere entfallen (§ 73 Abs. 1 iVm. § 48 Abs. 1 SGB X).

D. Minderung festgestellter Renten (Abs. 3)

12 Die Regelung zur weiteren Minderung bereits geminderter (festgestellter) Grundrentenansprüche sichert eine gleichmäßige Behandlung aller Berechtigten, egal wann der Antrag gestellt wird oder die Anspruchsvoraussetzungen eintreten. Gleichzeitig bildet sie die Rechtsgrundlage zur Durchbrechung der Bindungswirkung bestandskräftig gewordener Bescheide mit dem Zeitpunkt des Hinzutritts (§ 73 Abs. 2 S. 1).

§ 67 Voraussetzungen der Waisenrente

(1) **Kinder von verstorbenen Versicherten erhalten eine**
1. **Halbwaisenrente, wenn sie noch einen Elternteil haben,**
2. **Vollwaisenrente, wenn sie keine Eltern mehr haben.**

(2) **Als Kinder werden auch berücksichtigt**
1. **Stiefkinder und Pflegekinder (§ 56 Abs. 2 Nr. 1 und 2 des Ersten Buches), die in den Haushalt der Versicherten aufgenommen waren,**
2. **Enkel und Geschwister, die in den Haushalt der Versicherten aufgenommen waren oder von ihnen überwiegend unterhalten wurden.**

(3) ¹ Halb- oder Vollwaisenrente wird gezahlt
1. bis zur Vollendung des 18. Lebensjahres,
2. bis zur Vollendung des 27. Lebensjahres, wenn die Waise
   a) sich in Schulausbildung oder Berufsausbildung befindet oder
   b) sich in einer Übergangszeit von höchstens vier Kalendermonaten befindet, die zwischen zwei Ausbildungsabschnitten oder zwischen einem Ausbildungsabschnitt und der Ableistung des gesetzlichen Wehr- oder Zivildienstes oder der Ableistung eines freiwilligen Dienstes im Sinne des Buchstabens c liegt, oder
   c) ein freiwilliges soziales oder ein freiwilliges ökologisches Jahr im Sinne des Jugendfreiwilligendienstegesetzes oder einen Dienst nach dem Bundesfreiwilligendienstgesetz leistet oder
   d) wegen körperlicher, geistiger oder seelischer Behinderung außerstande ist, sich selbst zu unterhalten.

²Eine Schulausbildung oder Berufsausbildung im Sinne des Satzes 1 liegt nur vor, wenn die Ausbildung einen tatsächlichen zeitlichen Aufwand von wöchentlich mehr als 20 Stunden erfordert. ³Der tatsächliche zeitliche Aufwand ist ohne Bedeutung für Zeiten, in denen das Ausbildungsverhältnis fortbesteht und damit gerechnet werden kann, dass die Ausbildung fortgesetzt wird. ⁴Das gilt auch für die Dauer der Schutzfristen nach dem Mutterschutzgesetz.

(4) ¹In den Fällen des Absatzes 3 Nr. 2 Buchstabe a erhöht sich die maßgebende Altersgrenze bei Unterbrechung oder Verzögerung der Schulausbildung oder Berufsausbildung durch den gesetzlichen Wehrdienst, Zivildienst oder einen gleichgestellten Dienst um die Zeit dieser Dienstleistung, höchstens um einen der Dauer des gesetzlichen Grundwehrdienstes oder Zivildienstes entsprechenden Zeitraum. ²Die Ableistung eines Dienstes im Sinne von Absatz 3 Nr. 2 Buchstabe c ist kein gleichgestellter Dienst im Sinne von Satz 1.

(5) Der Anspruch auf Waisenrente endet nicht dadurch, daß die Waise als Kind angenommen wird.

A. Normzweck

Die Vorschrift setzt den Tod mindestens eines Elternteils durch oder an den Folgen eines Versicherungsfalles – wie bei allen Hinterbliebenenrenten (§ 63 Abs. 1 S. 2, s. dort Rn. 3) – voraus. Der hierdurch bedingte wirtschaftliche Nachteil soll durch Unterhaltsersatz entsprechend der individuellen Bedarfslage ausgeglichen werden. **1**

B. Waisenrentenanspruch (Abs. 1)

Waisenrenten können nur Kinder der Verstorbenen beanspruchen. **Kinder** sind – neben den nach §§ 1741 ff. BGB **Adoptierten** – die von der **Mutter** Geborenen (§ 1591 BGB) und die dem Vater nach § 1592 BGB (familienrechtlich) zugeordneten. Danach ist **Vater** eines Kindes der Mann, der zum Zeitpunkt der Geburt mit der Mutter des Kindes verheiratet ist, der die Vaterschaft anerkannt hat oder dessen Vaterschaft nach § 1600d oder § 640h Abs. 2 ZPO gerichtlich festgestellt ist. **2**

Die **Adoption** wirkt nur im Verhältnis zum annehmenden Ehegatten bzw. Lebenspartner. Ist es das Kind des Partners, erhält es den Status eines gemeinsamen Kindes. Andernfalls handelt es sich bei einseitiger Annahme um ein Stiefkind des anderen Ehegatten/Lebenspartners. Ist das adoptierte Kind **minderjährig** erlischt das Verwandtschaftsverhältnis des Kindes zu den leiblichen Eltern, § 1755 BGB. Daher ist der Tod der leiblichen Eltern für den Waisenrentenstatus bedeutungslos. Bei einem Volljährigen bleiben dagegen die familienrechtlichen Beziehungen zu den Eltern bestehen (§ 1770 BGB, Ausnahme § 1772 BGB). **3**

Jedes Kind des Verstorbenen hat einen **eigenständigen Rentenanspruch** (vgl. auch § 63 Rn. 2), der unabhängig davon ist, ob es verheiratet, verwitwet oder geschieden ist. Die Zahlung von Unterhalt durch den Verstorbenen ist ebenso unerheblich wie die Aufnahme in dessen Haushalt (hier anders nach Abs. 2). **4**

I. Halbwaisenrente (Nr. 1)

Einen Grundanspruch auf Halbwaisenrente haben Kindern, dessen Vater oder Mutter noch lebt. Ein minderjährig (s. Rn. 4) von einer Einzelperson adoptiertes Kind kann nicht Halbwaise werden. Es wird im Todesfall der Adoptionsperson Vollwaise. Dagegen sind **volljährig Adoptierte** solange Halbwaisen, wie noch ein Elternteil oder ein Adoptivelternteil lebt, s. Nr. 2 „keine Eltern" und § 1770 Abs. 3 BGB. Stirbt hier ein **weiterer Elternteil** an einem Versicherungsfall aus der DGUV ist § 68 Abs. 3 (s. dort Rn. 4) zu beachten. **5**

II. Vollwaisenrente (Nr. 2)

6 Sind beide Elternteile verstorben, ist Vollwaisenrente zu zahlen, wenn mindestens ein Elternteil aufgrund eines Versicherungsfalles aus der DGUV verstorben ist (BSG SozR 2200 § 595 Nr. 2, zu volljährig Adoptierten s. Rn. 5). Kann der Vater **nicht ermittelt** werden bzw. ist er nicht festgestellt, besteht beim Tod der Mutter ein Vollwaisenanspruch (BSGE 10, 189, 193 f.). Dies gilt nicht für den festgestellten Vater, der unbekannt verzogen, unterhaltsunwillig oder vermögenslos ist, also bei dem der Unterhaltsanspruch nicht durchsetzbar ist (BSG SozR 2200 § 1269 Nr. 4; BSGE 35, 154). Im Falle der Todesvermutung gilt § 63 VI bzw. besteht ein Antragsrecht nach § 16 Abs. 2 c VerschG.

III. weitere Kinder (Abs. 2)

7 Den in Abs. 1 genannten Kindern gleichgestellt sind Stief- und Pflegekinder, wenn sie zu Lebzeiten in den Haushalt aufgenommen waren sowie Enkel und Geschwister, wenn sie zusätzlich überwiegend von ihnen unterhalten wurden.

8 **Stiefkinder** sind Kinder des überlebenden Ehegatten, die von diesem mit in die Ehe gebracht worden waren sowie die in der Ehezeit geborenen Kinder der Mutter, deren „Nichtehelichkeit" gem. 1599 BGB rechtskräftig feststellt ist (BSGE 44, 147, 149 f.). Maßgebend sind die Regeln der Schwägerschaft gem. § 1590 BGB. Das Stiefkindverhältnis wird daher bei Auflösung der Ehe, die diese Eigenschaft begründet hat, nicht beendet (BSGE 27, 137).

9 **Pflegekinder** sind nach § 56 Abs. 2 Nr. 2 SGB I Personen, die mit dem Berechtigten durch ein auf längere Dauer angelegtes Pflegeverhältnis mit häuslicher Gemeinschaft wie Kinder mit Eltern verbunden sind. Gefordert ist ein familienähnliches Band, das auch bei einer eheähnlichen Partnerschaft zu dem mit im Haushalt lebenden leiblichen Kind des anderen Partners bestehen kann (BSG SozR A5 § 1262 RVO Nr. 8) Es gehört dazu ein auf Dauer angelegtes tatsächliches **Aufsichts-, Betreuungs- und Erziehungsverhältnis** (Personen und Vermögenssorge). Dies kann nur bestehen, falls gleichzeitig die Obhuts- und Betreuungsverhältnisse zu den leiblichen Eltern gelöst sind (BSG SozR 3–1200 § 56 SGB I Nr. 2, 3, 5), bei einer neuen Lebensgemeinschaft mindestens zu dem nicht beteiligten Elternteil. Bei reinen „Kostgängern" besteht diese enge Beziehung nicht, wohl aber kann sie noch bei einer körperlich und geistig behinderten Person im Erwachsenenalter begründet werden BSGE (69, 191). Der Beurteilung im Einzelfall muss überlassen bleiben, inwieweit ortsferne Unterbringung und (Mit-)Betreuung durch Dritte (zB Internatsunterbringung) bei intensiver finanzieller Unterstützung dem entgegensteht. Ggf. ist bei Pflegekindern der **Nachrang** aus § 70 zu beachten.

10 **Enkel** sind Abkömmlinge der leiblichen oder adoptierten Kinder zweiten Grades (§ 1589 BGB).

11 **Geschwister** stehen zu wenigstens einem Elternteil in einem gemeinsamen Kindschaftsverhältnis.

12 Dies ist auch der Fall bei **Halb-** und **Stiefgeschwistern** (vgl. § 1590 BGB) sowie durch **Adoption**.

13 Die **Aufnahme in den Haushalt** fordert das Zusammenleben in einer gemeinsamen Wohnung, Zuwendung und Fürsorge sowie Erziehung und Versorgung des Kindes (vgl. BSG SozR 2200 § 1267 Nr. 35). Sie entspricht in weiten Teilen dem Pflegeverhältnis (s. Rn. 9) und erfolgt nicht bereits durch das bloße Innehaben einer gemeinsamen Wohnung. Als örtliches Merkmal wird ein gemeinsamer Lebensmittelpunkt gefordert (BSGE 45, 67), der bei einer Vollzeitpflege in einer anderen Familie oder Heimerziehung nicht gewährleistet ist, der jedoch bei nur vorübergehender, besonders ausbildungsbedingter, Ortsabwesenheit des Kindes nicht ausgeschlossen wird. Leisten Großelternteile neben Wohnungsgewährung und Fürsorge einen nicht unerheblichen materiellen Unterhalt ist ein intensiver persönlicher Kontakt des Kindes zum Elternteil nicht schädlich (BSG NZS 1992, 146).

14 **Überwiegend unterhalten** wurden Enkel oder Geschwister, wenn der Verstorbene dauerhaft mehr als die Hälfte ihres Unterhalts geleistet hat. Als Unterhalt sind gleichwertig Barunterhalt und der sog. Betreuungsunterhalt, also der Wert von Sachleistungen, Erziehung, Pflege und Betreuung zu berücksichtigen (BSG SozR 2200 § 1267 Nr. 35). Auch die Verwendung des Kindergeldes für den Unterhalt ist mitzurechnen (BSGE 37, 240, 243 f.).

C. Regelbezugsdauer (Abs. 3 S. 1 Nr. 1)

15 Bis zur Vollendung des **18. Lebensjahres** steht Waisen Rente ohne Nachweis eines Unterhaltsbedarfs auf jeden Fall zu. Das 18. Lebensjahr wird mit Ablauf desjenigen Tages vollendet, welcher dem 18. Geburtstag vorangeht (§ 26 SGB X iVm. §§ 187 Abs. 2, 188 Abs. 2 BGB). Eine Einkommensanrechnung findet in dieser Zeit nicht statt, s. § 68 Abs. 2.

D. Bezugsdauer bis zum 27. Lebensjahr (Abs. 3 S. 1 Nr. 2)

16 Der Bezug bis längstens zum 27. Lebensjahr (vorbehaltlich einer Verzögerung iSd. Abs. 4; Berechnung s. Rn. 15) ist von typisierten Bedarfssituationen abhängig.

I. Schulausbildung (Buchst. a) 1. Alt.)

Schulausbildung ist das Lernen an allgemeinbildenden oder weiterführenden öffentlichen Schulen 17
oder privaten Schulen, wenn der Unterricht nach **staatlich genehmigten Lehrplänen** gestaltet wird
(BSGE 65, 243, 245 f.). Die herkömmliche Organisationsform einer Schule (ausgebildete Lehrkräfte,
regelmäßiger Unterricht, Leistungskontrollen, Zeugnisse, persönlicher Kontakt zwischen Lehrern und
Schülern usw.) wird dabei vorausgesetzt. Fernunterricht erfüllt diese Kriterien nur im Ausnahmefall,
wie auch ausschließlich selbstbestimmte Vorbereitung auf eine Prüfung keine Schulausbildung ist
(BSG SozR 2200 § 1259 Nr. 75). Gleichzustellen sind berufsvorbereitende Bildungsmaßnahmen iSd.
Arbeits- und Beschäftigungsförderung.

Nach S. 2 und 3 muss der tatsächliche wöchentliche Zeitaufwand **mehr als 20 Stunden** betragen, 18
der allerdings nicht in Ausnahmesituationen (Krankheit, Mutterschutz) so bemessen sein muss. Zur
Ausbildungszeit gehören auch die normalen Wegezeiten sowie häusliche Vor- und Nachbereitungen.
Entsprechend wird der Mindestzeitaufwand regelmäßig auch bei Abendgymnasien/-realschulen erbracht
werden müssen, wobei auf den durchschnittlich begabten Schüler abzustellen ist (BSGE 43,
44). Auch bei Antritt von **Erziehungsurlaub** bis zu einer Dauer von drei Jahren wird das Ausbildungsverhältnis
nicht unterbrochen, sondern es nur auf der Pflichtenseite ausgesetzt. Daher besteht
neben Erziehungsgeld Anspruch auf Waisenrente (BSGE 80, 205, 206).

Die Schulausbildung beginnt und endet mit dem **Schuljahr,** auch wenn der Unterricht erst später 19
beginnt oder eher endet (BSG Breithaupt, 1977, 241).

II. Berufsausbildung (Buchst. a) 2. Alt.)

Bei gleichen Zeitaufwandskriterien (Rn. 18) ist als Ausbildung zum Beruf anzuerkennen was dazu 20
dient, Fähigkeiten für einen zukünftigen, gegen **Entgelt auszuübenden Beruf** zu erlernen (BSG
SozR 2200 § 1267 Nr. 19). Inbegriffen ist Ausbildung zu einem weiteren Beruf oder zu einer weiteren
beruflichen Stufe (zB Meisterlehrgänge und -prüfung sowie Umschulung, wenn es sich um abgrenzbare
Ausbildungsgänge handelt (BSGE 26, 195) und für die Zweitausbildung ein gesetzlicher
Unterhaltsanspruch nach §§ 1601ff BGB besteht (LSG BE/BB 11. 3. 2010 – L 3 U 208/08).Nicht
dazu gehören Volontariate, **Praktikantenzeiten,** Facharztweiterbildungen oÄ., die weder vorgeschrieben
noch üblicherweise erwartet werden oder Tätigkeiten, die lediglich allgemeine Einblicke in
das Berufsleben oder über den Beruf vermitteln (Sprachkurs, Auslandsaufenthalt) bzw. Eignungskriterien
erheben. Fehlen für bestimmte berufliche Tätigkeiten festgeschriebene oder allgemein übliche
Ausbildungswege, so ist Berufsausbildung der Erwerb von Kenntnissen und Fähigkeiten, die für die
angestrebte Erwerbstätigkeit unverzichtbare Voraussetzungen sind (BSG SozR 3–5870 § 2 Nr. 32).
Hochschulstudien von immatrikulierten Studenten (auch im Ausland) in einem Studiengang, der
einen bestimmten beruflichen Abschluss zum Ziel hat, oder Aufbau- und Ergänzungsstudien mit
Prüfung die zusätzliche Qualifikationen hierfür vermitteln, sind Ausbildung; nicht aber **Promotionsstudien**
(BSG SozR 4–2600 § 48 Nr. 2), die berufliche Weiterbildung darstellen wie jede Bildung
nach dem Berufsabschluss.

Die Berufsausbildung beginnt und endet mit der vereinbarten Ausbildungszeit oder dem jeweiligen 21
Semester. Ansonsten endet sie mit dem Tag der **Bekanntgabe** der Prüfungsergebnisse, dem Abbruch
oder mit der Aufnahme einer Vollzeittätigkeit.

III. Übergangszeiten (Buchst. b)

Die Rente wird weitergezahlt in **organisationsbedingten Unterbrechungen** zwischen zwei 22
Ausbildungsabschnitten oder im Übergang zum Wehr- oder Zivildienst. Keine Übergangszeit liegt
nach dem Wortlaut vor, falls entweder nicht beabsichtigt oder nicht möglich ist, spätestens bis zum
ersten Tag des fünften auf die Beendigung des ersten Abschnitts folgenden Kalendermonats den
nächsten Abschnitt aufzunehmen. Aushilfstätigkeiten in dieser Zeit sind unschädlich, die Aufnahme
von entgeltlicher Dauertätigkeit oder die Arbeitslosmeldung aber Indiz dafür, dass keine organisationsbedingte
Unterbrechung von nur 4 Monaten vorliegt.

IV. Freiwilliges soziales oder ökologisches Jahr (Buchst. c)

Die 6 bis 18 Monate dauernden Dienste sind nur berücksichtigungsfähig, wenn sie durch Bescheinigung 23
eines insoweit zugelassenen Trägers nachgewiesen werden.

V. Behinderung (Buchst. d)

Menschen sind gem. § 2 Abs. 1 S. 1 SGB IX behindert, wenn ihre körperliche Funktion, geistige 24
Fähigkeit oder seelische Gesundheit mit hoher Wahrscheinlichkeit länger als sechs Monate von dem
für das Lebensalter typischen Zustand abweichen und daher ihre Teilhabe am Leben in der Gesellschaft
beeinträchtigt ist. Maßgeblich ist hier die berufliche Teilhabe, da das Kind außerstande sein

muss, sich selbst zu unterhalten. Diese **Unterhaltsbedürftigkeit** besteht, wenn es seinen angemessenen Lebensunterhalt (einschließlich des behinderungsbedingten Mehrbedarfes) nicht durch Einkünfte aus seinem **Vermögen** oder aus einer gegenwärtigen oder früheren **Erwerbstätigkeit** bestreiten kann (BSG SozR 2200 § 1267 Nr. 20).

E. Verlängerte Bezugsdauer über das 27. Lebensjahr (Abs. 4)

25   Bei tatsächlicher Ableistung des Wehr-, Zivil- oder eines gleichgestellten Dienstes (vgl. §§ 14 ff. ZDG, §§ 13 a f. WPflG) verlängert sich die Rentenzahlung um die Zeitspanne der tatsächlichen Ableistung der Dienstpflicht, längstens jedoch um die gesetzlich vorgeschriebene Dauer. Unter gesetzlichem Wehrdienst ist nur der Grundwehrdienst in der Bundeswehr ohne Verlängerung zu verstehen (BSGE 34, 198, 199). Zu einer Verlängerung führt nur derjenige Dienst, der vor der Vollendung des 27. Lebensjahres liegt, da andernfalls die Ableistung keine rechtlich wesentliche Ursache (vgl. BSG SozR 2200 § 583 Nr. 1) für die Verzögerung ist.

F. Weiterzahlung trotz Adoption (Abs. 5)

26   Entspricht § 1755 BGB.

§ 68 Höhe der Waisenrente

(1) Die Rente beträgt
1. 20 vom Hundert des Jahresarbeitsverdienstes für eine Halbwaise,
2. 30 vom Hundert des Jahresarbeitsverdienstes für eine Vollwaise.

(2) ¹Einkommen (§§ 18 a bis 18 e des Vierten Buches) einer über 18 Jahre alten Waise, das mit der Waisenrente zusammentrifft, wird auf die Waisenrente angerechnet. ²Anrechenbar ist das Einkommen, das das 17,6fache des aktuellen Rentenwerts in der gesetzlichen Rentenversicherung übersteigt. ³Das nicht anrechenbare Einkommen erhöht sich um das 5,6fache des aktuellen Rentenwerts für jedes waisenrentenberechtigte Kind der Berechtigten. ⁴Von dem danach verbleibenden anrechenbaren Einkommen werden 40 vom Hundert angerechnet.

(3) Liegen bei einem Kind die Voraussetzungen für mehrere Waisenrenten aus der Unfallversicherung vor, wird nur die höchste Rente gezahlt und bei Renten gleicher Höhe diejenige, die wegen des frühesten Versicherungsfalls zu zahlen ist.

A. Normzweck

1   Vorschrift regelt die Höhe des Ausgleichs für den Verlust von Unterhaltsansprüchen und die Berücksichtigung von Eigeneinkommen.

B. Rentenhöhe (Abs. 1)

2   Die Rente für Halbwaisen (Begriff s. § 67 Rn. 5 f.) beträgt 20 vH des JAV, die für Vollwaisen 30 vH. Der JAV berechnet sich gem. §§ 81 ff., vgl. auch § 65 Rn. 10.

C. Einkommensanrechnung (Abs. 2)

3   Ab dem 19. Lebensjahr wird Einkommen nach vergleichbaren Modalitäten wie bei der Witwen-/Witwerrente angerechnet, vgl. § 65 Rn. 20 ff. Der **Grundfreibetrag** ist hier aus dem 17,6fachen des aktuellen Rentenwertes zu bilden (ab 1. 7. 2008 = 467,46 € [West] bzw. 410,78 € [Ost]). Für den Umfang der Einkommensanrechnung sind bei Altfällen (Todesfall des Versicherten vor dem 1. 1. 2002) die Besitzstand wahrenden Übergangsregelungen des § 114 SGB IV zu beachten. Gem. S. 3 erhöht sich für jedes **waisenrentenberechtigte Kind** der Waise der Freibetrag um das 5,6fachen des aktuellen Rentenwertes (ab 1. 7. 2008 = 148,74 € [West] bzw. 130,70 € [Ost]).

D. Zusammentreffen mehrerer Waisenrenten (Abs. 3)

4   Durch Versicherungsfälle beider Elternteile oder durch den Tod von anderen Personen, bei denen die Waise als Kind zu berücksichtigen ist (vgl. § 67 Rn. 7 ff.), kann Anspruch auf mehr als eine Wai-

senrente bestehen. Zu zahlen ist dann nur die höchste (Zahlbetrag), bei gleicher Höhe die früheste. Tritt ein später entstandener Anspruch hinzu, kann dies den Wechsel des zuständigen UvTr und gegebenenfalls eine höhere Berechnungsgrundlage (JAV) für die Waise bedeuten. Beim Zusammentreffen mit einer Rente aus der gesetzlichen **Rentenversicherung** kann diese nach § 93 Abs. 1 Nr. 2 SGB VI zum teilweisen Ruhen kommen.

§ 69 Rente an Verwandte der aufsteigenden Linie

(1) **Verwandte der aufsteigenden Linie, Stief- oder Pflegeeltern der Verstorbenen, die von den Verstorbenen zur Zeit des Todes aus deren Arbeitsentgelt oder Arbeitseinkommen wesentlich unterhalten worden sind oder ohne den Versicherungsfall wesentlich unterhalten worden wären, erhalten eine Rente, solange sie ohne den Versicherungsfall gegen die Verstorbenen einen Anspruch auf Unterhalt wegen Unterhaltsbedürftigkeit hätten geltend machen können.**

(2) ¹**Sind aus der aufsteigenden Linie Verwandte verschiedenen Grades vorhanden, gehen die näheren den entfernteren vor.** ²**Den Eltern stehen Stief- oder Pflegeeltern gleich.**

(3) **Liegen bei einem Elternteil oder bei einem Elternpaar die Voraussetzungen für mehrere Elternrenten aus der Unfallversicherung vor, wird nur die höchste Rente gezahlt und bei Renten gleicher Höhe diejenige, die wegen des frühesten Versicherungsfalls zu zahlen ist.**

(4) **Die Rente beträgt**
1. **20 vom Hundert des Jahresarbeitsverdienstes für einen Elternteil,**
2. **30 vom Hundert des Jahresarbeitsverdienstes für ein Elternpaar.**

(5) **Stirbt bei Empfängern einer Rente für ein Elternpaar ein Ehegatte, wird dem überlebenden Ehegatten anstelle der Rente für einen Elternteil die für den Sterbemonat zustehende Elternrente für ein Elternpaar für die folgenden drei Kalendermonate weitergezahlt.**

A. Normzweck

Die sog. Elternrente soll den Verlust eines Unterhaltsanspruches in der aufsteigenden Linie kompensieren. Vorausgesetzt ist ein Versterben des Kindes durch oder an den Folgen des Versicherungsfalles (§ 63 Abs. 1 S. 2, s. dort Rn. 3). **1**

B. Anspruchsberechtigte (Abs. 1)

Die Verwandten der aufsteigenden Linie gehören zur Verwandtschaft in gerader Linie des § 1589 Abs. 1 BGB. Eine Person stammt von der anderen ab und aufsteigend sind dies **Eltern, Großeltern usw.**, einschließlich der Adoptiv- (vgl. 1754 BGB), nicht jedoch die Schwiegereltern. **2**

Obwohl nicht verwandt, gehören definitionsgemäß auch die Stief- und Pflegeeltern dazu. Dies sind die Eltern von Stiefkindern (s. § 67 Rn. 8) und Pflegekindern (s. § 67 Rn. 9), wobei es in der Natur der Sache liegt, das die Haushaltszugehörigkeit nicht mehr im Todeszeitpunkt bestehen muss. **3**

Wesentlich unterhalten wurden die Eltern, wenn so die Unterhaltssituation wesentlich verbessert wurde (BSGE 57, 77, 83) oder gerade durch diese Unterstützung eine einigermaßen auskömmliche Lebenshaltung ermöglicht wurde (BSG, BG 1966, 156, 157). Entscheidend ist also nach den individuellen Verhältnissen des Einzelfalles die Wesentlichkeit (vgl. § 8 Rn. 76) des Unterhaltsbeitrags für die angemessene Lebensführung der Eltern gemessen am Zustand ohne den Beitrag des Kindes. Die zu § 1610 BGB erstellten Tabellen (zB Düsseldorfer Tabelle, vgl. BSGE 57, 77, 82) können einen Anhalt für den Mindestunterhalt geben. Maßgebender **Beurteilungszeitpunkt** ist der des Todes des Versicherten. **4**

Anders als bei der Witwen-/Witwerrente sind Unterhaltsleistungen aus dem Vermögen usw. nicht zu berücksichtigen, sondern nur solche aus **Arbeitsentgelt oder -einkommen** (§§ 14, 15 SGB I, s. § 58 Rn. 2). Diese können indes mittelbar durch Mitarbeit, Entlohnung helfender Dritter oder in Naturalien erbracht worden sein. Auch wenn kein Zeitraum gefordert ist, wird man Unterhaltszahlungen, die nur für kurze Zeit aufgewandt wurden oder nur noch kurzfristig hätten aufgebracht werden können, eine Wesentlichkeit absprechen müssen. **5**

Die Leistungen zum Unterhalt der Eltern usw. muss im letzten wirtschaftlichen Dauerzustand tatsächlich erfolgt sein und auf einer **gesetzlichen Verpflichtung** (BSGE 47, 135) beruht haben. Denn **Bedürftigkeit,** die § 1602 Abs. 1 BGB für jeden Unterhaltsanspruch voraussetzt, ist immanentes Tatbestandsmerkmal der Elternrente. Das bestätigt sich zudem bei der Bestimmung zur Rentendauer (s. Rn. 8). Stief- und Pflegeeltern, die keinen gesetzlichen Anspruch haben können, sind insoweit wie **6**

Eltern zu behandeln. Wurde nur **ein Elternteil unterhalten** ist auch nur an diesen Elternteil zu zahlen, selbst wenn der andere noch lebt.

7   **Unterhaltspflichtig** ist nach § 1603 Abs. 1 BGB nicht, wer bei Berücksichtigung seiner sonstigen Verpflichtungen außerstande ist, ohne Gefährdung seines angemessenen Unterhalts den Unterhalt zu gewähren. Die **Leistungsfähigkeit** des Unterhaltspflichtigen ist mithin weiteres immanentes Tatbestandsmerkmal. Sie ist einerseits bedeutsam für die Anspruchsdauer (s. Rn. 8). Das Kriterium der Leistungsfähigkeit erklärt aber auch, für welche Fallkonstellationen auf die **hypothetische Unterhaltsleistung** des Verstorbenen abgestellt werden darf. Dies sind Situationen, in denen wegen vorübergehender Leistungsschwäche (Arbeitslosigkeit oder vorrangiger Unterhaltspflichten) der Versicherte vor dem Tod nicht unterhaltspflichtig war oder noch nicht geworden war, weil er zB noch Schüler oder in Ausbildung war. Natürlich ist auch die umgekehrte Situation eines leistungsfähigen Versicherten vorstellbar, dessen Eltern erst nach dem Tod bedürftig werden. Zur Feststellung des eigenen angemessenen Unterhalts des Verstorbenen kann gleichfalls auf die Düsseldorfer Tabelle zurückgegriffen werden (s. Rn. 4).

8   Die **Dauer des Anspruches** hängt zum einen ab von der Bedürftigkeit der Eltern und zum anderen von der (fiktiven) Leistungsfähigkeit des Verstorbenen. Da für die Feststellungen ausschließlich auf hypothetische Ereignisse und Entwicklungen zurückgegriffen werden muss, ist an Hand der Umstände des Einzelfalles (zB voraussichtliche Berufs- und Einkommensentwicklung, Heiratspläne) die mutmaßliche Entwicklung einzuschätzen (BSGE 40, 268, 269 f.). Fehlen valide Fakten für die Entwicklung der Unterhaltsfähigkeit, darf die mit Hilfe aktueller statistischer Daten (statische Jahrbücher, BSGE 55, 77, 82) ermittelte Durchschnittsentwicklung angenommen werden (vgl. BSG SozR 2200 § 596 Nr. 9: Heirat im 26. Lebensjahr und im 4. Ehejahr das erste Kind). Der Anspruch entfällt nicht, wenn gleichrangige Dritte ebenfalls unterhaltspflichtig sind (BSG SozR 2200 § 596 Nr. 6). Es ist denkbar, dass der Anspruch mehrfach wegfällt und wieder auflebt.

C. mehrere Verwandte (Abs. 2)

9   Sind nähere Verwandte des Verstorbenen rentenberechtigt, schließen sie entferntere von Rentenleistungen aus (zB Eltern gegenüber Großeltern). Pflege- und Stiefeltern haben neben den Eltern eine gleichrangige Stellung und müssen sich den Anspruch mit diesen teilen.

D. mehrere Rentenansprüche (Abs. 3)

10 Von mehreren Elternrenten kommt nur die höchste und bei gleicher Höhe die des 1. Versicherungsfalles zur Auszahlung.

E. Höhe der Rente (Abs. 4)

11 Ein Elternteil alleine erhält 20 vH, ein Elternpaar 30 vH des JAV. Der JAV berechnet sich gem. §§ 81 ff., vgl. auch § 65 Rn. 10. Einer Einkommensanrechnung bedarf es wegen der Bedürftigkeit nicht.

F. Tod eines Elternteils (Abs. 5)

12 Für das Sterbevierteljahr verbleibt es zur wirtschaftlichen Unterstützung bei der höheren Rente.

§ 70 Höchstbetrag der Hinterbliebenenrenten

(1) ¹Die Renten der Hinterbliebenen dürfen zusammen 80 vom Hundert des Jahresarbeitsverdienstes nicht übersteigen, sonst werden sie gekürzt, und zwar bei Witwen und Witwern, früheren Ehegatten und Waisen nach dem Verhältnis ihrer Höhe. ²Bei Anwendung von Satz 1 wird von der nach § 65 Abs. 2 Nr. 2 und 3 oder § 68 Abs. 1 berechneten Rente ausgegangen; anschließend wird § 65 Abs. 3 oder § 68 Abs. 2 angewendet. ³§ 65 Abs. 2 Nr. 1 bleibt unberührt. ⁴Verwandte der aufsteigenden Linie, Stief- oder Pflegeeltern sowie Pflegekinder haben nur Anspruch, soweit Witwen und Witwer, frühere Ehegatten oder Waisen den Höchstbetrag nicht ausschöpfen.

(2) Sind für die Hinterbliebenen 80 vom Hundert des Jahresarbeitsverdienstes festgestellt und tritt später ein neuer Berechtigter hinzu, werden die Hinterbliebenenrenten nach Absatz 1 neu berechnet.

(3) Beim Wegfall einer Hinterbliebenenrente erhöhen sich die Renten der übrigen bis zum zulässigen Höchstbetrag.

A. Normzweck

Hinterlässt ein Versicherter eine große Anzahl von Anspruchsberechtigten, könnte die Gesamtsumme der Renten schnell das Nettoeinkommen des Verstorbenen überschreiten. Dies soll durch die Begrenzung auf 80 vH des JAV verhindert werden. 1

B. Kürzung nach dem Verhältnis der Höhe (Abs. 1)

Renten der **Witwen/Witwer, früherer Ehegatten oder Lebenspartnern (§ 63 Abs. 1 a) und Waisen** (nur) aus der DGUV werden anteilig gekürzt (Einzelrente x Höchstbetrag : Summe aller Renten). S. 2 stellt sicher, dass anrechenbares Einkommen nicht den Grundanspruch der anderen Hinterbliebenen beeinflusst. Daher ist die **Einkommensanrechnung** (und die Anrechnung eines Unterhaltsanspruches bei § 65 Abs. 5) erst nach der Kürzung vorzunehmen. Nach S. 3 sind Witwen-/Witwerrente für das Sterbevierteljahr stets ungekürzt und ohne Einfluss auf die Höhe der übrigen Renten zu zahlen. Der Höchstbetrag darf im Sterbevierteljahr überschritten werden. 2

Verwandte aufsteigender Linie und Pflegekinder werden durch S. 4 gegenüber den übrigen Hinterbliebenen als nachrangig eingestuft. Sie erhalten nur insoweit Leistungen, wie der Höchstbetrag von den anderen nicht ausgeschöpft ist. 3

C. Hinzutreten und Wegfall von Berechtigten (Abs. 2 und 3)

Die Regelungen stellen klar, dass bei Veränderungen in der Zahl der Berechtigten (und analog bei Veränderung von deren Grundanspruch, zB große nach kleiner Witwenrente) eine Neuberechnung aller Renten erfolgen soll. Die Rente des Hinzutretenden beginnt (gekürzt) ab Vorliegen der gesetzlichen Voraussetzungen, während sich der Kürzungsbeginn der Übrigen nach § 73 Abs. 1 richtet. 4

§ 71 Witwen-, Witwer- und Waisenbeihilfe

(1) ¹Witwen oder Witwer von Versicherten erhalten eine einmalige Beihilfe von 40 vom Hundert des Jahresarbeitsverdienstes, wenn
1. ein Anspruch auf Hinterbliebenenrente nicht besteht, weil der Tod der Versicherten nicht Folge eines Versicherungsfalls war, und
2. die Versicherten zur Zeit ihres Todes Anspruch auf eine Rente nach einer Minderung der Erwerbsfähigkeit von 50 vom Hundert oder mehr oder auf mehrere Renten hatten, deren Vomhundertsätze zusammen mindestens die Zahl 50 erreichen; soweit Renten abgefunden wurden, wird von dem Vomhundertsatz der abgefundenen Rente ausgegangen.
²§ 65 Abs. 6 gilt entsprechend.

(2) ¹Beim Zusammentreffen mehrerer Renten oder Abfindungen wird die Beihilfe nach dem höchsten Jahresarbeitsverdienst berechnet, der den Renten oder Abfindungen zugrunde lag. ²Die Beihilfe zahlt der Unfallversicherungsträger, der die danach berechnete Leistung erbracht hat, bei gleich hohen Jahresarbeitsverdiensten derjenige, der für den frühesten Versicherungsfall zuständig ist.

(3) ¹Für Vollwaisen, die bei Tod der Versicherten infolge eines Versicherungsfalls Anspruch auf Waisenrente hätten, gelten die Absätze 1 und 2 entsprechend, wenn sie zur Zeit des Todes der Versicherten mit ihnen in häuslicher Gemeinschaft gelebt haben und von ihnen überwiegend unterhalten worden sind. ²Sind mehrere Waisen vorhanden, wird die Waisenbeihilfe gleichmäßig verteilt.

(4) ¹Haben Versicherte länger als zehn Jahre eine Rente nach einer Minderung der Erwerbsfähigkeit von 80 vom Hundert oder mehr bezogen und sind sie nicht an den Folgen eines Versicherungsfalls gestorben, kann anstelle der Beihilfe nach Absatz 1 oder 3 den Berechtigten eine laufende Beihilfe bis zur Höhe einer Hinterbliebenenrente gezahlt werden, wenn die Versicherten infolge des Versicherungsfalls gehindert waren, eine entsprechende Erwerbstätigkeit auszuüben, und wenn dadurch die Versorgung der Hinterbliebenen um mindestens 10 vom Hundert gemindert ist. ²Auf die laufende Beihilfe finden im übrigen die Vorschriften für Hinterbliebenenrenten Anwendung.

A. Normzweck

Die Regelung unterstellt, dass Schwerverletzte häufig keine ausreichende Vorsorge für den Todesfall treffen können. Dieser mittelbare Schaden soll ausgeglichen werden durch Beihilfe für Hinterblie- 1 bene, die keine Rentenansprüche haben, weil der Tod des Versicherten nicht auf dem Versicherungsfall beruht.

B. Beihilfeanspruch (Abs. 1)

2   Die Todesursache ist unerheblich. Es muss lediglich feststehen, dass der Tod nicht Folge eines Versicherungsfalles aus der DGUV (auch nicht eines anderen Versicherungsfalles) ist und, dass der Verstorbene (durch eine oder mehrere, ggf. auch abgefundene Rente) einen Anspruch nach mindestens **50 vH** gehabt hat. Die Rente braucht nicht gezahlt worden zu sein. War allerdings zu Lebzeiten **bestandskräftig** eine Rente von unter 50 vH festgesetzt, konnte der Verstorbene zu Lebzeiten selbst dann keine Rente von mindestens 50 vH beanspruchen, wenn der Anspruch möglicherweise korrekturpflichtig gewesen wäre. Solange zu Lebzeiten also keine Erhöhung beantragt war, würde die entsprechende Behauptung eines Hinterbliebenen leerlaufen (vgl. BSG 30. 4. 1991 – 2 RU 56/90). Umkehrt bleibt auch ein zu hoch festgesetzten Anspruch für die Beihilfegewährung verbindlich. Eine **Versorgungsehe** schließt auch die Beihilfegewährung aus (S. 2).

3   Die einmalige Beihilfe beträgt 40 vH des JAV. Der JAV berechnet sich gem. §§ 81 ff., vgl. auch § 65 Rn. 10. Berechtigt sind nur Witwen/Witwer bzw. entsprechende Lebenspartner (§ 63 Abs. 1 a).

C. Zusammentreffen mehrerer Renten (Abs. 2)

4   Addiert sich die MdE aus mehreren Renten wird die Beihilfe nach dem höchsten JAV berechnet und (ohne interne Ausgleichsmöglichkeit) vom hierfür zuständigen UvTr gezahlt.

D. Vollwaisenbeihilfe (Abs. 2)

5   Nur Vollwaisen iSd. des § 67 Abs. 1 (s. dort Rn. 5 f.; nicht die gleichgestellten Kinder), die einen (fiktiven) Waisenrentenanspruch nach § 67 Abs. 3 und Abs. 4 (s. dort Rn. 15 ff., 25) zu beanspruchen hätten, können eine Beihilfe beanspruchen, sofern sie mit dem Verstorbenen in häuslicher Gemeinschaft gelebt haben und von ihm überwiegend unterhalten wurden (s. § 67 Rn. 13 f.). Sind mehrere Waisen vorhanden ist die Beihilfe gleichmäßig auf diese zu verteilen (S. 2). Die Beihilfe kann ggf. parallel mit einer Witwer/Witwen/Lebenspartnerbeihilfe zu zahlen sein.

E. Laufende Beihilfe (Abs. 4)

6   Es handelt sich um eine **Härtefallregelung** für dieselben Berechtigten wie in Abs. 1 und 3, die berücksichtigt, dass Angehörige von Schwerstverletzten nicht selten auch in der eigenen Berufstätigkeit eingeschränkt sind. Sie ist von Amts wegen (§ 19 S. 2 SGB IV) zu prüfen, auch wenn bereits eine bindende Entscheidung über die einmalige Beihilfe vorliegt, die bei positiver Entscheidung anzurechnen wäre (s. S. 1 „anstelle"; BSGE 34, 269, 273).

7   Analog Abs. 1 darf sich auch die 80-prozentige Rente aus mehreren Renten addieren, was dann auch die analoge Anwendung von Abs. 2 nach sich zieht. Die 10-Jahresfrist – die sich nicht zusammenhängend an einem Stück summieren muss – beginnt dann aber erst mit der letzten der addierten Renten (§ 40 SGB I). Anders als in Abs. 1 ist der **tatsächliche** Bezug der Rente(n) nach einer MdE von 80 vH gefordert. Selbst bei nachträglicher Berichtigung bleibt der Erhalt zu Lebzeiten maßgeblich (BSG 30. 4. 1991 – 2 RU 56/90). **Abgefundene Renten** zählen mit.

8   Zur Feststellung der Hinderung, eine **entsprechende Erwerbstätigkeit** auszuüben, ist zu prüfen, ob die vom Versicherten nach dem Versicherungsfall tatsächlich ausgeübte Erwerbstätigkeit einem marktüblichen beruflichen Werdegang entspricht. Dazu sind sein Ausbildungsstand, Alter und sonstigen für die Erwerbsmöglichkeiten ausschlaggebenden Gesichtspunkte (Ausbildungs- und Arbeitswille, BSG SozR 3100 § 48 Nr. 4) zum Zeitpunkt des Versicherungsfalls zu Grunde zu legen. **Keine Hinderung** ist belegbar, wenn der Versicherte gleichwertige Beiträge zur gesetzlichen RV entrichtet hat, oder nachweisbar bestehende Erwerbsmöglichkeiten nicht genutzt wurden. Bei Selbstständigen ist eine valide Einkommensbewertung kaum möglich, weshalb auf die Erwerbsmöglichkeiten eines Nichtselbstständigen nach dem Unfall abgehoben wird (BSG SozR 3–3100 § 48 Nr. 8).

9   Durch Gegenüberstellung der tatsächlichen Versorgung mit der **fiktiven Versorgung** aus der zu erwarten gewesenen Erwerbstätigkeit wird die Minderung der Versorgung ermittelt. Ausgehend von der tatsächlichen Hinterbliebenenrente der Rentenversicherung ist zu berechnen, um welchen Prozentsatz sich das Einkommen des Hinterbliebenen bei Zahlung der fiktiven Rente erhöhen würde, die sie ohne den Versicherungsfall des Verstorbenen bei weiterer Beitragszahlung zur RV erhalten hätte (BSG SozR 2200 § 602 Nr. 1). Der Differenzbetrag muss wenigstens 10 vH betragen.

Nach dem Gesetzeswortlaut „kann" besteht **Entschließungs- und Auswahlermessen**, letzteres zu Höhe und Dauer. Angesichts der sehr konkret gefassten Voraussetzungen ist nicht nur der Ermessensrahmen, sondern auch der Ermessensspielraum sehr eingeengt. Liegen alle Voraussetzungen der Härtefallregelung vor, ist eine ermessensfehlerfreie Ablehnung nur bei sehr hohem Eigenvermögen bzw. -einkommen oder dem Wunsch des Hinterbliebenen auf Einmalzahlung vorstellbar. Die **Höchstgrenze** wird durch eine entsprechende Hinterbliebenenrente gezogen, darunter sollte sich die Beihilfe – wie bei der Dauer – an der berechneten Versorgungsminderung orientieren, die sich zB durch Wegfall der Kindererziehung oder Wiederheirat ändern kann. Eigenes Einkommen oder Ansprüche aus eigener Versicherung sind – soweit nicht bereits in der fiktiven Rentenberechnung als Einkommensanrechnung beinhaltet – als Ermessensgesichtspunkte einzubeziehen. Da in der Rentenversicherung keine Kürzung vorgesehen ist (§ 93 SGB VI) kann bei der Bemessung der Höhe ein fiktiver Kürzungsbetrag angesetzt werden.

Nach S. 2 ist eine **jährliche Anpassung** entsprechend den sonstigen Renten (§ 95) durchzuführen. Beachtlich sind insb. die Vorschriften zur Wiederheirat (§§ 65, 80), Einkommensanrechnung (§§ 65 Abs. 3, 66 Abs. 2), Versorgungsehe (§ 65 Abs. 6) und Höchstbetragsregelung (§ 70).

Dritter Unterabschnitt. Beginn, Änderung und Ende von Renten

§ 72 Beginn von Renten

(1) Renten an Versicherte werden von dem Tag an gezahlt, der auf den Tag folgt, an dem
1. der Anspruch auf Verletztengeld endet,
2. der Versicherungsfall eingetreten ist, wenn kein Anspruch auf Verletztengeld entstanden ist.

(2) ¹Renten an Hinterbliebene werden vom Todestag an gezahlt. ²Hinterbliebenenrenten, die auf Antrag geleistet werden, werden vom Beginn des Monats an gezahlt, der der Antragstellung folgt.

(3) ¹Die Satzung kann bestimmen, daß für Unternehmer, ihre im Unternehmen mitarbeitenden Ehegatten oder mitarbeitenden Lebenspartner und für den Unternehmern im Versicherungsschutz Gleichgestellte Rente für die ersten 13 Wochen nach dem sich aus § 46 Abs. 1 ergebenden Zeitpunkt ganz oder teilweise nicht gezahlt wird. ²Die Rente beginnt spätestens am Tag nach Ablauf der 13. Woche, sofern Verletztengeld nicht zu zahlen ist.

A. Normzweck

Der allgemeine Grundsatz des § 40 Abs. 1 SGB I, der Ansprüche mit Vorliegen der gesetzlichen Voraussetzungen entstehen lässt, wird konkretisiert und für Leistungskonkurrenzen ergänzt bzw. modifiziert.

B. Beginn von Versichertenrenten aus § 56 (Abs. 1)

Das Ende des Verletztengeldes (Nr. 1) bestimmt sich aus § 46 Abs. 3 (s. dort Rn. 6ff.). Übergangsgeld (§ 49) kann neben der Rente gezahlt werden. Nr. 2 betrifft alle Fälle der **erstmaligen Rentenfeststellung** (Wiedergewährungen s. § 73 Rn. 3) ohne vorherigen Verletztengeldanspruch, gleich aus welchem Grund. Der Rentenbeginn ist dann der Tag nach dem Ereignis gem. § 26 Abs. 1 SGB X iVm. § 187 Abs. 1 BGB, auch falls erst nach Jahren durch eine Verschlimmerung ohne vorherige Arbeitsunfähigkeit Rente zu zahlen ist. Ruht das Verletztengeld wegen Einkommensanrechnung bleibt es beim Anspruchsende nach § 46 Abs. 3 (vgl. auch § 74 Abs. 2).

C. Beginn von Hinterbliebenenrenten aus §§ 65 ff. (Abs. 2)

S. 1 hat ebenfalls nur Geltung für erstmalige Hinterbliebenenrenten. Die Zahlung beginnt mit dem Todestag und kann folglich neben der Verletztenrente stehen, die nach § 73 Abs. 2 bis Monatsende läuft. Bei Antragsleistungen gilt das Monatsprinzip: ab 1. des Folgemonats.

D. Satzungsregelungen (Abs. 3)

Der Einkommensverlust von Unternehmern kann in der ersten Zeit der Arbeitsunfähigkeit geringer sein als bei abhängig Beschäftigten. Daher ermächtigt Abs. 3 die Selbstverwaltung per Satzungsbeschluss das Aussetzen der Rentenzahlung für die ersten 13 Wochen festzulegen.

§ 73 Änderungen und Ende von Renten

(1) Ändern sich aus tatsächlichen oder rechtlichen Gründen die Voraussetzungen für die Höhe einer Rente nach ihrer Feststellung, wird die Rente in neuer Höhe nach Ablauf des Monats geleistet, in dem die Änderung wirksam geworden ist.

(2) [1]Fallen aus tatsächlichen oder rechtlichen Gründen die Anspruchsvoraussetzungen für eine Rente weg, wird die Rente bis zum Ende des Monats geleistet, in dem der Wegfall wirksam geworden ist. [2]Satz 1 gilt entsprechend, wenn festgestellt wird, daß Versicherte, die als verschollen gelten, noch leben.

(3) Bei der Feststellung der Minderung der Erwerbsfähigkeit ist eine Änderung im Sinne des § 48 Abs. 1 des Zehnten Buches nur wesentlich, wenn sie mehr als 5 vom Hundert beträgt; bei Renten auf unbestimmte Zeit muß die Veränderung der Minderung der Erwerbsfähigkeit länger als drei Monate andauern.

(4) [1]Sind Renten befristet, enden sie mit Ablauf der Frist. [2]Das schließt eine vorherige Änderung oder ein Ende der Rente aus anderen Gründen nicht aus. [3]Renten dürfen nur auf das Ende eines Kalendermonats befristet werden.

(5) [1]Witwen- und Witwerrenten nach § 65 Abs. 2 Nr. 3 Buchstabe a wegen Kindererziehung werden auf das Ende des Kalendermonats befristet, in dem die Kindererziehung voraussichtlich endet. [2]Waisenrenten werden auf das Ende des Kalendermonats befristet, in dem voraussichtlich der Anspruch auf die Waisenrente entfällt. [3]Die Befristung kann wiederholt werden.

(6) Renten werden bis zum Ende des Kalendermonats geleistet, in dem die Berechtigten gestorben sind.

A. Normzweck

1   Für **festgestellte Ansprüche** wird das formalrechtliche Wirksamwerden von wesentlichen Änderungen (§ 48 SGB X) geregelt.

B. Änderung der Rentenhöhe (Abs. 1)

2   Abs. 1 beschreibt das grundsätzliche **Monatsprinzip** für Änderungen (**Erhöhungen und Herabsetzungen**): ab dem 1. des Monats nach materieller Wirksamkeit. Die Frage der materiell-rechtlichen Änderungsberechtigung (nur für die Zukunft oder bereits vom Zeitpunkt der Änderung) bestimmt sich ausschließlich nach §§ 44 bis 48 SGB X. Soweit Feststellungen einer förmlichen Bescheidung (für die Zukunft) bedürfen, wird der Wirkungsmonat durch die Bekanntgabe des Verwaltungsaktes bestimmt (§§ 39 Abs. 1 S. 1, 37 SGB X), sodass die Zahlungsänderung sich auf Beginn des darauf folgenden Monats datiert. Soweit die Änderung mit Wirkung vom Zeitpunkt der Änderung der Verhältnisse zulässig oder geboten ist, fordert das die Benennung des maßgeblichen Zeitpunkts der Wirksamkeit iSd. Abs. 1 im Bescheid.

3   Zur (erstmaligen) Feststellung von Renten für die Vergangenheit sind Änderungen ab dem Tag des Eintritts zu berücksichtigen (Grundprinzip aus § 40 Abs. 1 SGB I), weil es sich um einen formal nicht festgestellten Anspruch handelt. Bei **Wiedererkrankungen** ohne Verletztengeldanspruch (sonst § 72 Abs. 1 Nr. 1) und ohne laufende Rentenzahlung liegt zwar im Rechtssinne keine Änderung vor, doch mangels Regelung ist hier das Monatsprinzip analog anzuwenden. Abs. 3 kommt bei Wiedererkrankungen ohne laufende Rente nicht zur Anwendung, da mangels festgestellter (Vergleichs-)MdE keine wesentliche Veränderung im Rechtssinne festzustellen ist, sondern eine freie Einschätzung nach § 56 erfolgt.

C. Rentenende (Abs. 2)

4   Bewirkt die Änderung der Verhältnisse den vollständigen Wegfall der Rente gilt genau wie bei Abs. 1 das Monatsprinzip: bis Ende des Monats der Wirksamkeit. Da es stets (Ausnahme Abs. 4) eines formalen Entziehungsbescheides bedarf, endet die Rente zum Ende des Monats, in dem der **Verwaltungsakt bekannt** gegeben wird, s. Rn. 2.

D. Wesentlichkeit der Änderung (Abs. 3)

5   Abs. 3 konkretisiert die Wesentlichkeit der Änderung iSd. § 48 SGB X in zweifacher Hinsicht. Bei der längerfristig angelegten Rente auf unbestimmte Zeit (s. auch § 74 Abs. 1) sollen kurzfristige Veränderungen von bis zu 3 Monaten und geringfügige Veränderungen von maximal 5 vH nicht zu

Rentenneufeststellungen führen. Beides gilt nach dem Sinn der Regelung formal nicht zwingend für rückwärtige erstmalige Feststellungen (s. auch Rn. 3), sofern Abgrenzungen im Einzelfall tatsächlich konkretisierbar wären. Schätzungsabweichungen von bis zu 5 vH liegen nämlich innerhalb der **Beurteilungsbandbreite** eines medizinischen Sachverständigen (vgl. BSGE 41, 99, 101), da der MdE-Bewertung wie jeder Schätzung eine gewisse Bandbreite innewohnt. Diese wurde von der Rspr. seit jeher mit **5 vH nach oben und unten** zugelassen, sodass alle Entscheidungen innerhalb dieser **Toleranzspanne** gleichermaßen rechtmäßig sind. Insoweit dürfen sie nicht durch diejenigen eines Sozialgerichts ersetzt werden (BSGE 32, 245, 246 f.; 37, 177, 178 f.; 43, 53, 54). Unzulässig sind demnach Änderungen von 25 vH auf 30 vH und umgekehrt, nicht aber von 33 1/3 vH auf 40 vH.

E. Befristungen (Abs. 4)

Sofern eine Befristung nach § 32 Abs. 2 Nr. 1 SGB X zulässig ist, wird klargestellt, dass trotzdem Änderungen vorgenommen werden dürfen und es zur Anspruchsbeendigung keiner gesonderten Bescheidung bedarf. Zur Einstellung der Rente bedarf es dementsprechend keiner Anhörung nach § 24 SGB X. Jedoch muss das Ende durch Ereignis oder Zeitpunkt hinreichend bestimmbar festgelegt sein. Die Vorschrift gilt vergleichbar für auflösende Bedingungen (§ 32 Abs. 1 Nr. 2 SGB X), zB Ende der Erwerbsminderung bei § 65 Abs. 2 Nr. 3 c oder Wiederheirat nach § 65 Abs. 1. **6**

F. Befristung bei Witwen-/Witwer- und Waisenrenten (Abs. 5)

Die ansonsten im Ermessen des UvTr stehende Befristung wird zur Absicherung der phasenweisen Prüfung der Ansprüche (zB 18. Lebensjahr, 27. Lebensjahr oder Ausbildungsabschnitte) pflichtig vorgeschrieben. **7**

G. Wegfall durch Tod (Abs. 6)

Im Todesfall fällt die Rente kraft Gesetzes weg, sodass es keiner Bescheidung des Wegfalltatbestandes bedarf. **8**

§ 74 Ausnahmeregelungen für die Änderung von Renten

(1) ¹Der Anspruch auf eine Rente, die auf unbestimmte Zeit geleistet wird, kann aufgrund einer Änderung der Minderung der Erwerbsfähigkeit zuungunsten der Versicherten nur in Abständen von mindestens einem Jahr geändert werden. ²Das Jahr beginnt mit dem Zeitpunkt, von dem an die vorläufige Entschädigung Rente auf unbestimmte Zeit geworden oder die letzte Rentenfeststellung bekanntgegeben worden ist.

(2) Renten dürfen nicht für die Zeit neu festgestellt werden, in der Verletztengeld zu zahlen ist oder ein Anspruch auf Verletztengeld wegen des Bezugs von Einkommen oder des Erhalts von Betriebs- und Haushaltshilfe oder wegen der Erfüllung der Voraussetzungen für den Erhalt von Betriebs- und Haushaltshilfe nicht besteht.

A. Normzweck

Für eine Mindestbezugszeit von 1 Jahr sollen die Bezieher von Renten auf unbestimmte Zeit vor Rentenänderungen geschützt werden, um ihnen insoweit wirtschaftliche Planung zu ermöglichen. Mit Abs. 2 wird auch im Wiedererkrankungsfalle der Grundsatz „Rehabilitation vor Rente" abgesichert. **1**

B. Schutzjahr (Abs. 1)

Erfasst werden nur Änderungen oder Entziehung zu Ungunsten des Versicherten aufgrund gesundheitlicher Änderungen (MdE), auch wenn es sich um eine sog. Stützrente (s. § 56 Rn. 8) handelt. Die Frist berechnet sich bei der (automatischen) Dauerrente nach § 26 Abs. 1 SGB X iVm. § 187 Abs. 2 BGB ansonsten ab Bekanntgabe (§ 37 SGB I) der letzten Rentenentscheidung **auf unbestimmte Zeit** nach § 26 Abs. 1 SGB X iVm. §§ 187 Abs. 1, 188 Abs. 2 BGB (ggf. durch **Zustellung** des Widerspruchsbescheid, § 63 SGG). Vorherige Maßnahmen der Feststellung einschließlich Anhörung und Zustellung sind unbedenklich, die Wirksamkeit der Feststellungen tritt aber erst nach Ende des Schutzjahres ein. **2**

Bei bestätigenden Entscheidungen der **Sozialgerichte** gilt dasselbe für angefochtene Bescheide. Wird allerdings die Entscheidung zur MdE (teilweise) **aufgehoben** und der Bescheid im relevanten **3**

Punkt durch die gerichtliche Entscheidung ersetzt, gilt der Tag der Verkündung oder der Zustellung des Urteils (§§ 132, 133 SGG; BSGE 16, 138), bei einem Vergleich der Tag des Abschlusses bzw. des Ablaufs der Erklärungsfrist und beim Anerkenntnis der Tag des Zugangs der Erklärung bzw. der mündlichen Verhandlung.

C. keine Neufeststellung bei Rentenbezug (Abs. 2)

4 Das Feststellungsverbot gilt für vorläufige Entschädigung und für diejenige auf unbestimmte Zeit. Dies gilt allerdings nicht für die erste Feststellung auf unbestimmte Zeit (§ 62 Abs. 2), sofern die Höchstzeit von drei Jahren ausgeschöpft ist (vgl. „spätestens"). Unschädlich ist der Bezug von Übergangsgeld gem. § 49.

Vierter Unterabschnitt. Abfindung

§ 75 Abfindung mit einer Gesamtvergütung

¹Ist nach allgemeinen Erfahrungen unter Berücksichtigung der besonderen Verhältnisse des Einzelfalles zu erwarten, daß nur eine Rente in Form der vorläufigen Entschädigung zu zahlen ist, kann der Unfallversicherungsträger die Versicherten nach Abschluß der Heilbehandlung mit einer Gesamtvergütung in Höhe des voraussichtlichen Rentenaufwandes abfinden. ²Nach Ablauf des Zeitraumes, für den die Gesamtvergütung bestimmt war, wird auf Antrag Rente als vorläufige Entschädigung oder Rente auf unbestimmte Zeit gezahlt, wenn die Voraussetzungen hierfür vorliegen.

A. Normzweck

1 Die Gesamtvergütung ist trotz ihrer Stellung im 4. Abschnitt keine echte Abfindung (Umkehrschluss aus S. 2). Ausgehend von der Prognose eines zeitlich begrenzten Rentenanspruches will die **Vorauszahlung** der Rente in einem Betrag die Gewöhnung des Versicherten an laufende Zahlungen vermeiden und gleichzeitig Verwaltungsaufwand (Entziehungsbescheid, 2. Begutachtung usw.) ersparen.

B. Voraussetzungen (S. 1)

2 Die Wahl dieser Auszahlungsform liegt im (gebundenen) Ermessen des Versicherungsträgers. Bestätigt eine sachgerechte Einschätzung der zukünftigen Gesundheitsentwicklung eine Minderung der Erwerbsfähigkeit über die 26. Woche hinaus (§ 56 Abs. 1) und überschreitet der Anspruch nicht die Dauer von **maximal drei Jahren** seit dem Versicherungsfall (vgl. § 62 Rn. 2 f.), ist die Gesamtvergütung im Hinblick auf ihre Aufwandsreduzierung die Feststellungsform der Wahl. Wegen S. 2 ist der Versicherte nicht schutzbedürftig und somit sind weder Antrag noch Zustimmung erforderlich.

3 Die Prognose, dass keine Rente auf unbestimmte Zeit (vgl. § 62, Abs. 2 S. 1) beansprucht werden kann, ist auf der Basis **medizinisch-wissenschaftlicher Erfahrungen** nach den Umständen des Einzelfalles (Verletzungs- bzw. Erkrankungsart, Alter, Vor- und Begleiterkrankungen, bisheriger Verlauf des Heilverfahrens) zu treffen. Da nur am **Ende der Heilbehandlung** eine valide Prognose zur Entwicklung möglich ist, kommen Fallkonstellationen mit Rentenbeginn noch während laufender Heilbehandlung iSd. § 27 Abs. 1) nicht in Betracht.

C. Höhe der Gesamtvergütung

4 Der voraussichtliche Rentenaufwand ist konkret nach Höhe (§ 56 Rn. 12 ff.) und Zeitraum (vgl. §§ 72 Abs. 1, 73 Abs. 2) ggf. durch Begutachtung zu ermitteln. Rentenanpassungen (§ 95) im Abfindungszeitraum sind zu berücksichtigen, soweit diese im Feststellungszeitpunkt bekannt sind (vgl. „voraussichtlicher"). Die Minderung der Erwerbsfähigkeit kann nach Maßgabe des § 73 Abs. 1 gestaffelt werden.

D. Antrag auf Anschlussrente (S. 2)

5 Wegen des Amtsermittlungsprinzips (§ 19 S. 2 SGB IV) kommt dem Antrag keine formale Bedeutung zu (Ausnahme: Verjährungsunterbrechung gem. § 44 Abs. 2, Abs. 3 SGB I bei sehr späten Anträgen). Das Wissen des UvTr um das Bestehen einer entschädigungspflichtigen Minderung der Erwerbsfähigkeit nach Gesamtvergütungszeitraum ist ausreichend. Die Einschätzung für den weiteren

Zeitraum erfolgt in freier Form ohne Bindung an die bisherigen Feststellungen zur Rentenhöhe, insb. ist keine Verschlimmerung zu fordern.

Die **Anschlussrente** kann in jeder Form als vorläufige Entschädigung oder auf unbestimmte Zeit 6 oder für einen zurückliegenden Zeitraum erbracht werden. Grundsätzlich ist eine erneute Gesamtvergütung gesetzlich nicht vorgesehen. Jedoch ist innerhalb des 3-Jahreszeitraumes eine Korrektur der Erstentscheidung für einen erweiterten Zeitraum denkbar, falls die übrigen Voraussetzungen bei einer zeitlichen Fehlprognose Bestand haben.

§ 76 Abfindung bei Minderung der Erwerbsfähigkeit unter 40 vom Hundert

(1) ¹Versicherte, die Anspruch auf eine Rente wegen einer Minderung der Erwerbsfähigkeit von weniger als 40 vom Hundert haben, können auf ihren Antrag mit einem dem Kapitalwert der Rente entsprechenden Betrag abgefunden werden. ²Versicherte, die Anspruch auf mehrere Renten aus der Unfallversicherung haben, deren Vomhundertsätze zusammen die Zahl 40 nicht erreichen, können auf ihren Antrag mit einem Betrag abgefunden werden, der dem Kapitalwert einer oder mehrerer dieser Renten entspricht. ³Die Bundesregierung bestimmt durch Rechtsverordnung mit Zustimmung des Bundesrates die Berechnung des Kapitalwertes.

(2) Eine Abfindung darf nur bewilligt werden, wenn nicht zu erwarten ist, daß die Minderung der Erwerbsfähigkeit wesentlich sinkt.

(3) Tritt nach der Abfindung eine wesentliche Verschlimmerung der Folgen des Versicherungsfalls (§ 73 Abs. 3) ein, wird insoweit Rente gezahlt.

A. Normzweck

In der Annahme, dass Verletzte mit einer MdE von unter 40 vH noch einen angemessenen Arbeits- 1 verdienst zur Sicherung des Unterhaltes verdienen können, soll Beziehern kleiner Renten auf unbestimmte Zeit die Kapitalbildung ermöglicht werden. Gleichzeitig wird Verwaltungsaufwand reduziert (für höhere Renten s. §§ 78, 79).

B. Abfindungsvoraussetzungen

Der auch formlos mündlich zulässige **Antrag** betrifft nur die Rente (nicht zB Heilbehandlung, 2 Teilhabe) und ist materiell-rechtliche Wirksamkeitsvoraussetzung für den begünstigenden Verwaltungsakt zur lebenslangen Abfindung. Bei Minderjährigen usw. ist die Zustimmung des gesetzlichen Vertreters erforderlich, vgl. § 36 SGB I.

Abfindungsfähig sind nur **Verletztenrenten auf unbestimmte Zeit** (§ 62 Abs. 2), s. Abs. 2. 3 **Nicht abfindungsfähig** sind abgezweigte oder übergeleitete Renten gem. § 48–50 SGB I, da insoweit das Verfügungsrecht des Antragstellers fehlt, und die übertragene, verpfändete oder gepfändete Rente (§§ 51–54 SGB I), wenn der Abfindungsbetrag die Gegenforderung nicht erreicht. Wird die Gegenforderung überschritten, steht dem Antragsteller nur dieser Mehrbetrag zu, während der übrige Abfindungsbetrag an den Gläubiger auszukehren ist.

Nicht abfindungsfähig sind gem. Abs. 2 zudem Renten, die konkret erwarten lassen, dass die MdE 4 für länger als drei Monate (§ 73 Abs. 3, 2. Halbs.) um mehr als 5 vH (§ 73 Abs. 3, 1. Halbs.) **sinken** wird. Die Prognose ist auf die ärztliche Erfahrung der Verletzungs- bzw. Erkrankungsart und den bisherigen Verlauf zu stützen.

Die einzelne abzufindende Rente darf **maximal 35 vH** betragen. Wird dieser vH-Satz auch bei 5 mehreren Renten nicht überschritten, können sie ebenfalls gemeinsam oder einzeln abgefunden werden, S. 2. Ergibt die Zusammenrechnung einen höheren vH-Satz kommt nur § 78 zur Anwendung, auch wenn der Antrag auf eine Rente begrenzt würde. Dies gilt selbst dann für eine zweite Rente, wenn die erste bereits abgefunden war, ehe der Anspruch auf die weitere entstand. Ähnlich wird man im Rahmen des Ermessens zu entscheiden haben, falls konkret und zeitnah eine **Verschlimmerung** auf einen Wert von mindestens 40 vH zu erwarten ist (vgl. Abs. 3 und Begünstigung durch § 77).

C. Ermessensentscheidung

Der Versicherte hat keinen Rechtsanspruch auf Abfindung, sondern lediglich einen Anspruch auf 6 fehlerfreie Ermessensausübung des UvTr (s. § 39 Abs. 1 S. 2 SGB I). Drohende **Sozialhilfebedürftigkeit** nach abfindungsbedingter Einstellung einer Verletztenrente rechtfertigt nicht ohne Weiteres Zurückweisung des Abfindungsantrags (vgl. SG Stuttgart 2. 7. 2009 – S 6 U 7425/08), sofern ein sinnvoller Einsatz der Geldmittel zu erwarten ist. Umgekehrt darf die Art der Geldverwendung mangels gesetzl. Zweckbindung dem Antragsteller nicht als negativer Ermessensgesichtspunkt entgegen gehalten werden, sofern er nicht aus besonderen Gründen schutzbedürftig ist (zB bei Spiel- bzw. Verschwendungssucht oder Drogenabhängigkeit).

7   Für die Kapitalisierung gibt es zwar keine absolute Altersgrenze, jedoch können Sterbetafeln berücksichtigt werden, da sie die Basis der Kapitalwertberechnung darstellen. Keinen Beurteilungsspielraum (vgl. LSG RP Breithaupt 1995, 613) hat der UvTr, falls nach dem individuellen Gesundheitszustand eine wesentlich **verringerte Lebenserwartung** gegenüber Gleichaltrigen besteht. Dies kann frühestens dann angenommen werden, wenn der Zeitrahmen unterschritten wird, der nach der Abfindungsverordnung (s. Rn. 9) zur Berechnung des Kapitalwertes zugrunde gelegt wird (LSG BW 15. 4. 2010 – L 6 U 3418/09). Gegen die Kapitalisierung spräche zB bei einer Berufskrankheit wegen der zu erwartenden wesentlichen Änderung bei der Rentenzahlung die ernsthaft zu erwartende Wiederaufnahme der gefährdenden Tätigkeit (vgl. § 9 Rn. 10 f.; BSG SozR 3–2700 § 76 Nr. 2), s. auch Rn. 5.

D. Abfindungshöhe (S. 3)

8   Der Kapitalwert wird festgesetzt nach der Verordnung über die Berechnung des Kapitalwerts bei Abfindung von Leistungen aus der ges. Unfallversicherung idF nach Art. 21 UVEG vom 7. 8. 1996, BGBl. I 1314. Maßgeblicher Zeitpunkt ist die Bekanntgabe der Entscheidung (§ 40 Abs. 2 SGB I). Die laufende Rente wird mit Ende des Bekanntgabemonats eingestellt (§ 73 Abs. 2).

9   **§ 1 Abfindung nach § 76 Abs. 1 des Siebten Buches Sozialgesetzbuch.** *(1) Wird ein Verletzter, der Anspruch auf eine Rente auf unbestimmte Zeit nach § 62 Abs. 2 Satz 1 des Siebten Buches Sozialgesetzbuch wegen einer Minderung der Erwerbsfähigkeit durch Folgen des Arbeitsunfalls um weniger als 40 vom Hundert hat, innerhalb von 15 Jahren nach dem Unfall abgefunden, so richtet sich der Kapitalwert nach der Anzahl der zur Zeit des Unfalls vollendeten Lebensjahre des Verletzten und nach der seit dem Unfall vergangenen Zeit. Das Abfindungskapital ist die mit dem Kapitalwert aus der Tabelle der Anlage 1 vervielfältigte Jahresrente.*

(2) Wird der in Absatz 1 bezeichnete Verletzte nach Ablauf von 15 Jahren nach dem Unfall abgefunden, so richtet sich der Kapitalwert nach der Anzahl der zur Zeit der Abfindung vollendeten Lebensjahre. Das Abfindungskapital ist die mit dem Kapitalwert aus der Tabelle der Anlage 2 vervielfältigte Jahresrente.

10 **Anlage 1**
Kapitalwerte bei Abfindung von Renten auf unbestimmte Zeit nach § 62 Abs. 2 Satz 1 des Siebten Buches Sozialgesetzbuch wegen einer Minderung der Erwerbsfähigkeit um weniger als 40 vom Hundert innerhalb von 15 Jahren nach dem Unfall

Alter des Verletzten zur Zeit des Unfalls	Kapitalwert														
	Seit dem Unfall vergangene Zeit: Mehr als … Jahre														
	0	1	2	3	4	5	6	7	8	9	10	11	12	13	14
unter 25	20,5	20,4	20,2	20,1	19,9	19,7	19,6	19,4	19,2	19,0	18,8	18,6	18,4	18,2	18,0
25 bis unter 30	19,7	19,6	19,4	19,2	19,0	18,8	18,6	18,4	18,2	18,0	17,7	17,5	17,3	17,0	16,8
30 bis unter 35	18,8	18,6	18,4	18,2	18,0	17,7	17,5	17,3	17,0	16,8	16,5	16,2	15,9	15,7	15,4
35 bis unter 40	17,7	17,5	17,3	17,0	16,8	16,5	16,2	15,9	15,7	15,4	15,1	14,8	14,5	14,1	13,8
40 bis unter 45	16,5	16,2	15,9	15,7	15,4	15,1	14,8	14,5	14,1	13,8	13,5	13,2	12,8	12,5	12,2
45 bis unter 50	15,1	14,8	14,5	14,1	13,8	13,5	13,2	12,8	12,5	12,2	11,8	11,5	11,1	10,7	10,4
50 bis unter 55	13,5	13,2	12,8	12,5	12,2	11,8	11,5	11,1	10,7	10,4	10,0	9,7	9,3	9,0	8,6
55 bis unter 60	12,2	11,8	11,5	11,1	10,7	10,4	10,0	9,7	9,3	9,0	8,6	8,2	7,9	7,6	7,2
60 und mehr	10,7	10,4	10,0	9,7	9,3	9,0	8,6	8,2	7,9	7,6	7,2	6,9	6,5	6,2	5,9

11 **Anlage 2**
Kapitalwerte bei Abfindung von Renten auf unbestimmte Zeit nach § 62 Abs. 2 Satz 1 des Siebten Buches Sozialgesetzbuch wegen einer Minderung der Erwerbsfähigkeit um weniger als 40 vom Hundert nach Ablauf von 15 Jahren nach dem Unfall

Alter des Verletzten zurzeit der Abfindung	Kapitalwert
unter 25	20,5
25 bis unter 30	19,7
30 bis unter 35	18,8
35 bis unter 40	17,7

Alter des Verletzten zurzeit der Abfindung	Kapitalwert
40 bis unter 45	16,5
45 bis unter 50	15,1
50 bis unter 55	13,5

E. Wesentliche Verschlimmerung (Abs. 3)

Verschlimmern sich die Unfallfolgen um mehr als 5 vH länger als drei Monate (§ 73 Abs. 3), ist nur in Höhe der festgestellten Verschlimmerung wieder laufende Rente zu zahlen. Bei Schwerverletzung (50 vH und mehr, s. § 57) greift nicht Abs. 3 sondern § 77. 12

§ 77 Wiederaufleben der abgefundenen Rente

(1) Werden Versicherte nach einer Abfindung Schwerverletzte, lebt auf Antrag der Anspruch auf Rente in vollem Umfang wieder auf.

(2) ¹Die Abfindungssumme wird auf die Rente angerechnet, soweit sie die Summe der Rentenbeträge übersteigt, die den Versicherten während des Abfindungszeitraumes zugestanden hätten. ²Die Anrechnung hat so zu erfolgen, daß den Versicherten monatlich mindestens die halbe Rente verbleibt.

A. Normzweck

Ausgehend von der Annahme, dass Schwerverletzte auf laufenden Unterhalt angewiesen sind, soll bei auf Lebenszeit abgefundenen Renten im Verschlimmerungsfalle die Möglichkeit zur Herstellung des ursprünglichen Rechtszustandes bestehen. 1

B. Schwerverletzter

Die Legaldefinition des § 57 (s. dort Rn. 2) setzt einen Rentenanspruch aus der DGUV von mindestens 50 vH voraus, der länger als drei Monate bestehen soll (§ 73 Abs. 3 2. Halbs.). Ein späterer Wegfall der Schwerverletzteneigenschaft lässt die bereits aufgelebte Rente nicht wieder entfallen. Dann ist indes eine erneute Abfindung nach § 76 denkbar. 2

C. Antrag

Der Wunsch auf Wiederaufleben der Rente darf **in beliebiger Form** und **ohne Fristbindung** geäußert werden. Die Antragsvoraussetzungen können durch Verschlimmerung oder Hinzutritt von weiteren Renten entstehen. Wird trotz Beratung (§ 14 SGB I) kein Antrag gestellt, bedingt die Verschlimmerung von Amts wegen eine Prüfung der Rentenzahlung nach § 76 Abs. 3. Entsprechend dem Monatsprinzip des § 73 Abs. 1 lebt die Rente mit dem Ersten des Monats wieder auf, der auf den Eintritt der Schwerverletzteneigenschaft folgt. Wird der Antrag erst später gestellt, beginnt sie mit dem auf den Antragsmonat folgenden Monat, da erst ab Antrag alle Wiederauflebensvoraussetzungen vorliegen. 3

D. Rentenanspruch

Der Schwerverletzte ist so zu stellen, als habe eine Abfindung nicht stattgefunden, was uA eine nachträgliche Durchführung der JAV-Anpassungen (§§ 90, 95) bedingt. Trotz der Anrechnung aus Abs. 2 (Rn. 5) muss dem Versicherten mindestens die Hälfte des Zahlbetrages verbleiben. Unter Berücksichtigung des Normzwecks und der individuellen Rahmenbedingungen ist nach pflichtgemäßem Ermessen zu entscheiden, ob die Anrechnung zum Verbleib eines höheren Monatsbetrages gestreckt wird. 4

E. Anrechnung

Die Abfindungssumme ist wie ein Rentenvorschuss zu behandeln, der allerdings nur auf die Wiederauflebensrente angerechnet werden darf. Der Anrechnungsbetrag berechnet sich nach der **tatsächlichen Abfindungssumme** abzüglich der zwischenzeitlich unter Berücksichtigung aller **JAV-Anpassungen** (§§ 90, 95) fiktiv beanspruchbaren Rentenzahlbeträge. Soweit die Gegenauffassung (vgl. 5

KassKomm/Ricke § 77 Rn. 6) für die „entgangene" Rente in der Vergangenheit eine Anpassung ablehnt, widerspricht dies dem insoweit eindeutigen Wortlaut des § 77 Abs. 2 S. 1 („zugestanden hätte").

§ 78 Abfindung bei Minderung der Erwerbsfähigkeit ab 40 vom Hundert

(1) ¹Versicherte, die Anspruch auf eine Rente wegen einer Minderung der Erwerbsfähigkeit von 40 vom Hundert oder mehr haben, können auf ihren Antrag durch einen Geldbetrag abgefunden werden. ²Das gleiche gilt für Versicherte, die Anspruch auf mehrere Renten haben, deren Vomhundertsätze zusammen die Zahl 40 erreichen oder übersteigen.

(2) Eine Abfindung kann nur bewilligt werden, wenn
1. die Versicherten das 18. Lebensjahr vollendet haben und
2. nicht zu erwarten ist, daß innerhalb des Abfindungszeitraumes die Minderung der Erwerbsfähigkeit wesentlich sinkt.

A. Normzweck

1   Die §§ 78, 79 regeln für große Versichertenrenten (für kleine bis 40 vH s. § 76, für Hinterbliebene s. § 80) die Möglichkeiten einer teilweisen und zeitlich begrenzten Rentenkapitalisierung.

B. Ermessensentscheidung auf Antrag (Abs. 1)

2   Der Antrag ist materiell-rechtliche Abfindungsvoraussetzung. Nachdem entgegen den Vorläuferregelungen eine Zweckbindung des Geldes bzw. die Prüfung der Nützlichkeit seiner Verwendung aufgegeben wurde, ist eine weitgehende **Ermessensbindung** in Richtung Stattgabe anzunehmen. Die negative Ermessensentscheidung begrenzt sich auf Ausnahmesituationen. Eine solche kann angenommen werden, wenn die **Lebenserwartung** nach dem Gesamtgesundheitszustand und der Prognose zur Entwicklung der Leiden (auch unabhängiger Leiden) deutlich unter dem **Abfindungszeitraum** nach § 79 zu prognostizieren ist. Eine Versagung kann auch in Betracht kommen falls schutzwürdige Interessen der Allgemeinheit berührt werden, weil der Versicherte durch die Abfindung in absehbarer Zeit **sozialhilfebedürftig** bzw. höher sozialhilfebedürftig würde. Auch konkrete Anhaltspunkte für **Unterhaltspflichtverletzungen** können Ermittlungen zur möglichen Versagung rechtfertigen, s. auch § 79 Rn. 4.

3   Für **gepfändete, abgetretene oder übergeleitete** Renten vgl. § 76 Rn. 3, wobei zu berücksichtigen ist, dass den Gläubigern ggf. der verbleibende hälftige Zahlbetrag zur Verfügung steht.

C. Ausschlussgründe (Abs. 2)

4   Nicht abfindungsfähig sind Renten von Versicherten, die das **Mindestalter** von 18 Jahren im Abfindungszeitpunkt noch nicht vollendet haben oder bei denen erwartet werden kann, dass die MdE im Abfindungszeitraum von 10 Jahren noch **sinken** wird, was eine vorläufige Entschädigung (§ 62 Abs. 1) grundsätzlich von der Kapitalisierung ausschließt. Kein Ausschlussgrund ist eine zu erwartende Verschlimmerung des Leidens. Eine Erhöhung der MdE berührt nicht die Kapitalisierung, sondern führt zur Erhöhung (nur) des nicht abgefunden Rentenanteils. Vergleichbar ist die Situation, falls entgegen der Prognose doch eine wesentliche Besserung eintritt. Gekürzt werden darf nur die nicht abgefundene Teilrente.

§ 79 Umfang der Abfindung

¹Eine Rente kann in den Fällen einer Abfindung bei einer Minderung der Erwerbsfähigkeit ab 40 vom Hundert bis zur Hälfte für einen Zeitraum von zehn Jahren abgefunden werden. ²Als Abfindungssumme wird das Neunfache des der Abfindung zugrundeliegenden Jahresbetrages der Rente gezahlt. ³Der Anspruch auf den Teil der Rente, an dessen Stelle die Abfindung tritt, erlischt mit Ablauf des Monats der Auszahlung für zehn Jahre.

A. Normzweck

1   Die Vorschrift regelt den Umfang und Dauer einer Abfindung nach § 78.

B. Abfindungszeitraum

Streitig ist, ob das Ermessen auch eine Veränderung des Abfindungszeitraumes zulässt. Die verbindlichen Vorgaben zum Erlöschen des Anspruches und zur Berechnung der Summe sowie der Wortlaut von S. 1 weisen übereinstimmend auf **eine Festschreibung des 10 Jahreszeitraumes** hin. Wenngleich die Argumente der Gegenmeinung (vgl. KassKomm/Ricke § 79 Rn. 2) zumindest eine Verkürzung unter gleichzeitiger Anpassung der Abfindungssumme und des Erlöschenszeitraumes vertretbar erscheinen lassen, besteht für diese Auslegung kein Bedürfnis. Dem Versicherten mit kurzfristigem Kapitalbedarf kann über eine **Rentenvorauszahlung** gem. § 96 Abs. 2 günstiger geholfen werden. Auch besteht die Möglichkeit einer Rentenabtretung zur Sicherung eines Bankkredites (§ 53 Abs. 2 S. 1 SGB I), der sich je nach aktuellem Zinssatz oft besser rechnet. Die Höhe der Kapitalisierungssumme kann über den Umfang (bis zur Hälfte) beliebig reguliert werden. 2

Bei einer **Wiederauflebensrente** (§ 77), die sich noch in der Anrechnungsphase befindet, ist die Abfindung nur unterhalb der Hälfte möglich, damit Spielraum für die Anrechnung verbleibt. Zumindest im Wege des ö.-r. Vertrages wäre auch eine Tilgung der Anrechnungssumme aus der Abfindungssumme denkbar. 3

C. Abfindungsumfang

Der Abfindungsumfang steht bis zur Hälfte des Anspruches im **Ermessen des UvTr**. Dieses hat er neben dem Kapitalwunsch des Versicherten an den Kriterien der Vermeidung einer Sozialhilfebedürftigkeit oder Unterhaltsverkürzung für Dritte zu orientieren (s. § 78 Rn. 2). 4

D. Abfindungssumme (S. 2)

Die Abfindungssumme mit dem neunfachen der Jahresrente und der Aussetzung von JAV-Anpassungen berücksichtigt den beim Versicherten anfallenden Zinsgewinn. 5

E. teilweise Erlöschen (S. 3)

Mit Ablauf des Auszahlungsmonats erlischt für 10 Jahre der anteilige Rentenanspruch. Das Rentenstammrecht wird durch die Abfindung nicht tangiert, sodass der Rentenanspruch mit Ende der Abfindung automatisch wieder **auflebt**. Zwischenzeitliche JAV-Anpassungen (§ 90) sind auch im Wiederauflebensteil zu berücksichtigen (hM, aA Schmitt § 79 Rn. 7). 6

Eine **erneute** Abfindung nach Ablauf der 10 Jahre ist möglich. 7

§ 80 Abfindung bei Wiederheirat

(1) ¹Eine Witwenrente oder Witwerrente wird bei der ersten Wiederheirat der Berechtigten mit dem 24fachen Monatsbetrag abgefunden. ²In diesem Fall werden Witwenrenten und Witwerrenten an frühere Ehegatten, die auf demselben Versicherungsfall beruhen, erst nach Ablauf von 24 Monaten neu festgesetzt. ³Bei einer Rente nach § 65 Abs. 2 Nr. 2 vermindert sich das 24fache des abzufindenden Monatsbetrages um die Anzahl an Kalendermonaten, für die die Rente geleistet wurde. ⁴Entsprechend vermindert sich die Anzahl an Kalendermonaten nach Satz 2.

(2) ¹Monatsbetrag ist der Durchschnitt der für die letzten zwölf Kalendermonate geleisteten Witwenrente oder Witwerrente. ²Bei Wiederheirat vor Ablauf des 15. Kalendermonats nach dem Tode des Versicherten ist Monatsbetrag der Durchschnittsbetrag der Witwenrente oder Witwerrente, die nach Ablauf des dritten auf den Sterbemonat folgenden Kalendermonats zu leisten war. ³Bei Wiederheirat vor Ablauf dieses Kalendermonats ist Monatsbetrag der Betrag der Witwenrente oder Witwerrente, der für den vierten auf den Sterbemonat folgenden Kalendermonat zu leisten wäre.

(3) ¹Wurde bei der Wiederheirat eine Rentenabfindung gezahlt und besteht nach Auflösung oder Nichtigerklärung der erneuten Ehe ein Anspruch auf Witwenrente oder Witwerrente nach dem vorletzten Ehegatten, wird für jeden Kalendermonat, der auf die Zeit nach Auflösung oder Nichtigerklärung der erneuten Ehe bis zum Ablauf des 24. Kalendermonats nach Ablauf des Monats der Wiederheirat entfällt, von dieser Rente ein Vierundzwanzigstel der Rentenabfindung in angemessenen Teilbeträgen einbehalten. ²Bei verspäteter Antragstellung mindert sich die einzubehaltende Rentenabfindung um den Betrag, den den Berechtigten bei frühestmöglicher Antragstellung an Witwenrente oder Witwerrente nach dem vorletzten Ehegatten zugestanden hätte.

(4) **Die Absätze 1 bis 3 gelten entsprechend für die Bezieher einer Witwen- und Witwerrente an frühere Ehegatten.**

(5) **Die Absätze 1 bis 4 gelten entsprechend für die Bezieher einer Witwen- oder Witwerrente an Lebenspartner.**

A. Normzweck

1 Unter Berücksichtigung des Umstandes, dass mit der Wiederheirat die Rentenansprüche entfallen, soll es mögliche finanzielle Hindernisse bei dem Entschluss zu einer neuen Ehe überwinden helfen.

B. Anspruchsvoraussetzungen (Abs. 1 S. 1)

2 Zum Zeitpunkt der erneuten Eheschließung muss ein Rentenanspruch zumindest in Form eines bindenden Bescheides über den Witwen-/Witwerrentenanspruch vorliegen (BSGE 41, 294). Eine lebenslange Versorgung über mehrere neuen Ehen hinweg ist ausdrücklich nicht vorgesehen, weshalb der Anspruch sich auf die **erste Wiederheirat,** also auf die nächste Eheschließung oder Lebenspartnerschaft nach dem verstorbenen Partner, beschränkt (vgl. § 65 Rn. 26).

3 Unerheblich sind die Dauer der neuen Ehe (BSG SozR 2200 § 1302 Nr. 1) oder des nach § 65 Abs. 1 S. 1 erloschenen Rentenanspruches (alsbaldiger Tod unerheblich, BSGE 28, 102). Die Feststellung erfolgt von **Amts wegen.**

C. Abfindungssumme

4 Die Abfindung beträgt das **24fache** des nach Abs. 2 ermittelten Monatsbetrages, der sich grundsätzlich aus dem Rentendurchschnitt der letzten 12 Monate errechnet. Der bis zum Wiederverheiratungszeitpunkt bestehende Rentenanspruch bleibt maßgeblich, selbst wenn der erhöhte Witwen-/Witwerrentenanspruch (§ 65 Abs. 2 Nr. 3) kurzfristig nach Wiederheirat entfallen wäre (BSG SozR 2200 § 1302 Nr. 7).

D. Aussetzung der Erhöhung für frühere Ehegatten (Abs. 1 S. 2)

5 Zur Vermeidung einer Doppelbelastung der Versichertengemeinschaft durch gleichzeitige Abfindung und Rentenerhöhung werden im Abfindungsfalle die §§ 70 Abs. 3 und 73 Abs. 1 modifiziert. Dem früheren Ehegatten wächst sein Erhöhungsanspruch aus demselben Versicherungsfall erst 24 Monate später zu. Der Zeitraum kann sich nach Abs. 1 S. 4 iVm. S. 3 verkürzen, sofern nur eine kleine Hinterbliebenenrente nach § 65 Abs. 2 Nr. 2 abzufinden ist.

E. Kleine Witwenrente (Abs. 1 S. 2 iVm. § 65 Abs. 1 S. 2)

6 Aufgrund der Begrenzung der kleinen Hinterbliebenenrente auf 24 Monate (s. § 65 Rn. 9) wurde folgerichtig der Umfang des Abfindungsrahmens auf den noch nicht mit Rentenzahlung ausgefüllten **Restzeitraum** begrenzt. Liegt der Wiederverheiratungszeitpunkt nach den 24 Monaten und sind noch nicht die Voraussetzungen einer großen Hinterbliebenenrente eingetreten, kann keine Abfindung beansprucht werden.

F. Berechnung des Monatsbetrages (Abs. 2)

7 Maßgeblich ist der durch Wiederheirat entfallende monatliche **Zahlbetrag** der letzten 12 Monate, auch sofern durch Anrechnungs- oder Aufteilungsvorschriften gekürzt. Liegt in diesem Zeitraum das **Sterbevierteljahr** (§ 65 Abs. 2 Nr. 1), so sind diese Monate mit erhöhter Leistung nicht zu berücksichtigen. Die zu berücksichtigenden Zahlbeträge sind zu addieren und durch die Anzahl der Monate zu dividieren. Ggf. ist eine fiktive Berechnung auf der Basis des ersten Monats nach dem Sterbevierteljahr vorzunehmen (S. 3).

G. Auflösung der 2. Partnerschaft (Abs. 3)

8 Die Regelung will Doppelbelastung der Versichertengemeinschaft vermeiden, die entstehen würden durch den Abfindungsanspruch wegen der Eingehung einer neuen Partnerschaft einerseits und einer zeitlich parallel beanspruchbaren **Wiederauflebensrente** gem. § 65 V andersseits, weil diese

neue Partnerschaft bereits kurzfristig wieder aufgelöst wurde. Findet die Auflösung innerhalb des Abfindungszeitraumes von 24 Monaten statt, so wird die wieder aufgelebte Hinterbliebenenrente um den **nicht „verbrauchten" Anteil der Abfindung,** nämlich den Anteil ab Auflösung bis zum Ende des Abfindungszeitraumes, gemindert. Die Regelung des S. 2 schützt vor zu hohen Anrechnungsbeträgen, die durch verzögerte Antragstellung auf Wiederauflebensrente und dem damit verbundenen späteren Rentenbeginn entstehen könnten (keine Doppelbelastung in diesem Zeitraum, § 72 Abs. 2 S. 2 iVm. § 65 Abs. 5).

Der Recht der Hinterbliebenen nach einer Einbehaltung **„in angemessenen Teilbeträgen"** belegt, dass die Einbehaltung nicht auf den Abfindungszeitraum begrenzt ist und sie je nach Höhe der monatlich angemessenen Beträge erhebliche Zeiträume in Anspruch nehmen kann (vgl. BSGE 26, 114). Nach pflichtgemäßem Ermessen ist das Interesse des Versicherungsträgers an alsbaldiger Tilgung mit den Belangen des Berechtigten abzuwägen. Je nach seinen Einkommens- und Vermögensverhältnissen ist er vor erheblichen finanziellen Belastungen zu schützen. Nicht maßgeblich sind die Begrenzungen der §§ 51 Abs. 1, 52 SGB I, weil es sich nicht um eine echte Aufrechnung oder Verrechnung im Sinne dieser Vorschriften handelt (BSGE 66, 300). 9

H. Lebenspartner und frühere Ehegatten (Abs. 4 und 5)

Diese Personen sind als Bezieher von Hinterbliebenenrente in die Abfindungsregelungen einbezogen. 10

Fünfter Unterabschnitt. Besondere Vorschriften für die Versicherten der landwirtschaftlichen Berufsgenossenschaften

§ 80 a Voraussetzungen für den Rentenanspruch, Wartezeit

(1) ¹Versicherte im Sinne des § 2 Abs. 1 Nr. 5 Buchstabe a und b haben abweichend von § 56 Abs. 1 Satz 1 Anspruch auf eine Rente, wenn ihre Erwerbsfähigkeit infolge eines Versicherungsfalls über die 26. Woche nach dem Versicherungsfall hinaus um wenigstens 30 vom Hundert gemindert ist. ²§ 56 Abs. 1 Satz 2 gilt mit der Maßgabe, dass die Vomhundertsätze zusammen wenigstens die Zahl 30 erreichen müssen.

(2) Für Versicherte im Sinne des § 2 Abs. 1 Nr. 5 Buchstabe a wird eine Rente für die ersten 26 Wochen nach dem sich aus § 46 Abs. 1 ergebenden Zeitpunkt oder, wenn kein Anspruch auf Verletztengeld entstanden ist, für die ersten 26 Wochen nach Eintritt des Versicherungsfalls, nicht gezahlt.

Dritter Abschnitt. Jahresarbeitsverdienst

Erster Unterabschnitt. Allgemeines

§ 81 Jahresarbeitsverdienst als Berechnungsgrundlage

Die Vorschriften dieses Abschnitts gelten für Leistungen in Geld, die nach dem Jahresarbeitsverdienst berechnet werden.

Zweiter Unterabschnitt. Erstmalige Festsetzung

§ 82 Regelberechnung

(1) ¹Der Jahresarbeitsverdienst ist der Gesamtbetrag der Arbeitsentgelte (§ 14 des Vierten Buches) und Arbeitseinkommen (§ 15 des Vierten Buches) des Versicherten in den zwölf Kalendermonaten vor dem Monat, in dem der Versicherungsfall eingetreten ist. ²Zum Arbeitsentgelt nach Satz 1 gehört auch das Arbeitsentgelt, auf das ein nach den zwölf Kalendermonaten abgeschlossener Tarifvertrag dem Versicherten rückwirkend einen Anspruch einräumt.

(2) ¹Für Zeiten, in denen der Versicherte in dem in Absatz 1 Satz 1 genannten Zeitraum kein Arbeitsentgelt oder Arbeitseinkommen bezogen hat, wird das Arbeitsentgelt oder Arbeitseinkommen zugrunde gelegt, das seinem durchschnittlichen Arbeitsentgelt oder Arbeitseinkommen in den mit Arbeitsentgelt oder Arbeitseinkommen belegten Zeiten dieses Zeitraums entspricht. ²Erleidet jemand, der als Soldat auf Zeit, als Wehr- oder

Zivildienstleistender oder als Entwicklungshelfer, beim besonderen Einsatz des Zivilschutzes oder bei einem Dienst nach dem Jugendfreiwilligendienstegesetz oder dem Bundesfreiwilligendienstgesetz tätig wird, einen Versicherungsfall, wird als Jahresarbeitsverdienst das Arbeitsentgelt oder Arbeitseinkommen zugrunde gelegt, das er durch eine Tätigkeit erzielt hätte, die der letzten Tätigkeit vor den genannten Zeiten entspricht, wenn es für ihn günstiger ist. ³Ereignet sich der Versicherungsfall innerhalb eines Jahres seit Beendigung einer Berufsausbildung, bleibt das während der Berufsausbildung erzielte Arbeitsentgelt außer Betracht, wenn es für den Versicherten günstiger ist.

(3) Arbeitsentgelt und Ausbildungsbeihilfe nach den §§ 43 und 44 des Strafvollzugsgesetzes gelten nicht als Arbeitsentgelt im Sinne der Absätze 1 und 2.

(4) ¹Erleidet jemand, dem sonst Unfallfürsorge nach beamtenrechtlichen Vorschriften oder Grundsätzen gewährleistet ist, einen Versicherungsfall, für den ihm Unfallfürsorge nicht zusteht, gilt als Jahresarbeitsverdienst der Jahresbetrag der ruhegehaltsfähigen Dienstbezüge, die der Berechnung eines Unfallruhegehalts zugrunde zu legen wären. ²Für Berufssoldaten gilt dies entsprechend.

§ 83 Jahresarbeitsverdienst kraft Satzung

¹Für kraft Gesetzes versicherte selbständig Tätige, für kraft Satzung versicherte Unternehmer und Ehegatten oder Lebenspartner und für freiwillig Versicherte hat die Satzung des Unfallversicherungsträgers die Höhe des Jahresarbeitsverdienstes zu bestimmen. ²Sie hat ferner zu bestimmen, daß und unter welchen Voraussetzungen die kraft Gesetzes versicherten selbständig Tätigen und die kraft Satzung versicherten Unternehmer und Ehegatten oder Lebenspartner auf ihren Antrag mit einem höheren Jahresarbeitsverdienst versichert werden.

§ 84 Jahresarbeitsverdienst bei Berufskrankheiten

¹Bei Berufskrankheiten gilt für die Berechnung des Jahresarbeitsverdienstes als Zeitpunkt des Versicherungsfalls der letzte Tag, an dem die Versicherten versicherte Tätigkeiten verrichtet haben, die ihrer Art nach geeignet waren, die Berufskrankheit zu verursachen, wenn diese Berechnung für die Versicherten günstiger ist als eine Berechnung auf der Grundlage des in § 9 Abs. 5 genannten Zeitpunktes. ²Dies gilt ohne Rücksicht darauf, aus welchen Gründen die schädigende versicherte Tätigkeit aufgegeben worden ist.

§ 85 Mindest- und Höchstjahresarbeitsverdienst

(1) ¹Der Jahresarbeitsverdienst beträgt mindestens
1. für Versicherte, die im Zeitpunkt des Versicherungsfalls das 15., aber noch nicht das 18. Lebensjahr vollendet haben, 40 vom Hundert,
2. für Versicherte, die im Zeitpunkt des Versicherungsfalls das 18. Lebensjahr vollendet haben, 60 vom Hundert

der im Zeitpunkt des Versicherungsfalls maßgebenden Bezugsgröße. ²Satz 1 findet keine Anwendung auf Versicherte nach § 3 Abs. 1 Nr. 3.

(2) ¹Der Jahresarbeitsverdienst beträgt höchstens das Zweifache der im Zeitpunkt des Versicherungsfalls maßgebenden Bezugsgröße. ²Die Satzung kann eine höhere Obergrenze bestimmen.

§ 86 Jahresarbeitsverdienst für Kinder

Der Jahresarbeitsverdienst beträgt
1. für Versicherte, die im Zeitpunkt des Versicherungsfalls das sechste Lebensjahr nicht vollendet haben, 25 vom Hundert,
2. für Versicherte, die im Zeitpunkt des Versicherungsfalls das sechste, aber nicht das 15. Lebensjahr vollendet haben, 33¹/₃ vom Hundert

der im Zeitpunkt des Versicherungsfalls maßgebenden Bezugsgröße.

§ 87 Jahresarbeitsverdienst nach billigem Ermessen

¹Ist ein nach der Regelberechnung, nach den Vorschriften bei Berufskrankheiten, den Vorschriften für Kinder oder nach der Regelung über den Mindestjahresarbeitsverdienst festgesetzter Jahresarbeitsverdienst in erheblichem Maße unbillig, wird er nach billigem

Ermessen im Rahmen von Mindest- und Höchstjahresarbeitsverdienst festgesetzt. ²Hierbei werden insbesondere die Fähigkeiten, die Ausbildung, die Lebensstellung und die Tätigkeit der Versicherten im Zeitpunkt des Versicherungsfalls berücksichtigt.

§ 88 Erhöhung des Jahresarbeitsverdienstes für Hinterbliebene

Ist der für die Berechnung von Geldleistungen an Hinterbliebene maßgebende Jahresarbeitsverdienst eines durch einen Versicherungsfall Verstorbenen infolge eines früheren Versicherungsfalls geringer als der für den früheren Versicherungsfall festgesetzte Jahresarbeitsverdienst, wird für den neuen Versicherungsfall dem Arbeitsentgelt und Arbeitseinkommen die an den Versicherten im Zeitpunkt des Todes zu zahlende Rente hinzugerechnet; dabei darf der Betrag nicht überschritten werden, der der Rente infolge des früheren Versicherungsfalls als Jahresarbeitsverdienst zugrunde lag.

§ 89 Berücksichtigung von Anpassungen

Beginnt die vom Jahresarbeitsverdienst abhängige Geldleistung nach dem 30. Juni eines Jahres und ist der Versicherungsfall im vergangenen Kalenderjahr oder früher eingetreten, wird der Jahresarbeitsverdienst entsprechend den für diese Geldleistungen geltenden Regelungen angepaßt.

Dritter Unterabschnitt. Neufestsetzung

§ 90 Neufestsetzung nach voraussichtlicher Schul- oder Berufsausbildung oder Altersstufen

(1) ¹Tritt der Versicherungsfall vor Beginn der Schulausbildung oder während einer Schul- oder Berufsausbildung der Versicherten ein, wird, wenn es für die Versicherten günstiger ist, der Jahresarbeitsverdienst von dem Zeitpunkt an neu festgesetzt, in dem die Ausbildung ohne den Versicherungsfall voraussichtlich beendet worden wäre. ²Der Neufestsetzung wird das Arbeitsentgelt zugrunde gelegt, das in diesem Zeitpunkt für Personen gleicher Ausbildung und gleichen Alters durch Tarifvertrag vorgesehen ist; besteht keine tarifliche Regelung, ist das Arbeitsentgelt maßgebend, das für derartige Tätigkeiten am Beschäftigungsort der Versicherten gilt.

(2) ¹Haben die Versicherten zur Zeit des Versicherungsfalls das 30. Lebensjahr noch nicht vollendet, wird, wenn es für sie günstiger ist, der Jahresarbeitsverdienst jeweils nach dem Arbeitsentgelt neu festgesetzt, das zur Zeit des Versicherungsfalls für Personen mit gleichartiger Tätigkeit bei Erreichung eines bestimmten Berufsjahres oder bei Vollendung eines bestimmten Lebensjahres durch Tarifvertrag vorgesehen ist; besteht keine tarifliche Regelung, ist das Arbeitsentgelt maßgebend, das für derartige Tätigkeiten am Beschäftigungsort der Versicherten gilt. ²Es werden nur Erhöhungen berücksichtigt, die bis zur Vollendung des 30. Lebensjahres vorgesehen sind.

(3) Können die Versicherten in den Fällen des Absatzes 1 oder 2 infolge des Versicherungsfalls einer Erwerbstätigkeit nicht nachgehen, wird, wenn es für sie günstiger ist, der Jahresarbeitsverdienst nach den Erhöhungen des Arbeitsentgelts neu festgesetzt, die zur Zeit des Versicherungsfalls von der Vollendung eines bestimmten Lebensjahres, der Erreichung eines bestimmten Berufsjahres oder von dem Ablauf bestimmter Bewährungszeiten durch Tarif festgesetzt sind; besteht keine tarifliche Regelung, ist das Arbeitsentgelt maßgebend, das für derartige Tätigkeiten am Beschäftigungsort der Versicherten gilt.

(4) Ist der Versicherungsfall vor Beginn der Berufsausbildung eingetreten und läßt sich auch unter Berücksichtigung der weiteren Schul- oder Berufsausbildung nicht feststellen, welches Ausbildungsziel die Versicherten ohne den Versicherungsfall voraussichtlich erreicht hätten, wird der Jahresarbeitsverdienst mit Vollendung des 21. Lebensjahres auf 75 vom Hundert und mit Vollendung des 25. Lebensjahres auf 100 vom Hundert der zu diesen Zeitpunkten maßgebenden Bezugsgröße neu festgesetzt.

(5) Wurde der Jahresarbeitsverdienst nach den Vorschriften über den Mindestjahresarbeitsverdienst oder über den Jahresarbeitsverdienst für Kinder festgesetzt, wird er, vorbehaltlich der Regelungen in den Absätzen 1 bis 4, mit Vollendung der in diesen Vorschriften genannten weiteren Lebensjahre entsprechend dem Vornhundertsatz der zu diesen Zeitpunkten maßgebenden Bezugsgröße neu festgesetzt.

(6) In den Fällen des § 82 Abs. 2 Satz 2 sind die Absätze 1 bis 3 entsprechend anzuwenden.

§ 91 Mindest- und Höchstjahresarbeitsverdienst, Jahresarbeitsverdienst nach billigem Ermessen bei Neufestsetzung

Bei Neufestsetzungen des Jahresarbeitsverdienstes nach voraussichtlicher Schul- oder Berufsausbildung oder Altersstufen sind die Vorschriften über den Mindest- und Höchstjahresarbeitsverdienst und über den Jahresarbeitsverdienst nach billigem Ermessen entsprechend anzuwenden.

Vierter Unterabschnitt. Besondere Vorschriften für die bei der Berufsgenossenschaft für Transport und Verkehrswirtschaft versicherten Seeleute und ihre Hinterbliebenen

§ 92 Jahresarbeitsverdienst für Seeleute

(1) ¹Als Jahresarbeitsverdienst für Versicherte, die an Bord eines Seeschiffs beschäftigt sind, gilt das Zwölffache des nach Absatz 2 oder 4 festgesetzten monatlichen Durchschnitts des baren Entgelts einschließlich des Durchschnittssatzes des Werts der auf Seeschiffen gewährten Beköstigung oder Verpflegungsvergütung (Durchschnittsentgelt) zur Zeit des Versicherungsfalls. ²Für Versicherte, die als ausländische Seeleute ohne Wohnsitz oder ständigen Aufenthalt im Inland auf Schiffen beschäftigt werden, die nach § 12 des Flaggenrechtsgesetzes in der Fassung der Bekanntmachung vom 26. Oktober 1994 (BGBl. I S. 3140) in das Internationale Seeschiffahrtsregister eingetragen sind, und denen keine deutschen Tarifheuern gezahlt werden, gelten für die Berechnung des Jahresarbeitsverdienstes die allgemeinen Vorschriften über den Jahresarbeitsverdienst mit Ausnahme der Vorschrift über den Mindestjahresarbeitsverdienst.

(2) Die Satzung kann bestimmen, daß für Versicherte mit stark schwankendem Arbeitsentgelt besondere Durchschnittsentgelte entsprechend dem üblicherweise erzielten Jahresarbeitsentgelt festgesetzt werden.

(3) Als Jahresarbeitsverdienst für die kraft Gesetzes versicherten selbständig tätigen Küstenschiffer und Küstenfischer und ihre mitarbeitenden Ehegatten oder mitarbeitenden Lebenspartner gilt der nach Absatz 4 festgesetzte Durchschnitt des Jahreseinkommens; dabei wird das gesamte Jahreseinkommen berücksichtigt.

(4) Das monatliche Durchschnittsentgelt für die in Absatz 1 Satz 1 und Absatz 2 genannten Versicherten sowie der Durchschnitt des Jahreseinkommens für die in Absatz 3 genannten Versicherten werden von Ausschüssen festgesetzt, die die Vertreterversammlung bildet.

(5) ¹Die Festsetzung erfolgt im Bereich gleicher Tätigkeiten einheitlich für den Geltungsbereich dieses Gesetzes. ²Bei der Festsetzung werden die zwischen Reedern und Vereinigungen seemännischer Arbeitnehmer abgeschlossenen Tarifverträge berücksichtigt; ausgenommen bleiben die Entgelte für Versicherte, für deren Jahresarbeitsverdienst Absatz 1 Satz 2 gilt. ³Für die in Absatz 1 genannten Versicherten, die neben dem baren Entgelt, der Beköstigung oder Verpflegungsvergütung regelmäßige Nebeneinnahmen haben, wird auch deren durchschnittlicher Geldwert bei der Festsetzung des Durchschnitts eingerechnet.

(6) ¹Die Festsetzung bedarf der Genehmigung des Bundesversicherungsamts. ²Das Bundesversicherungsamt kann für die Festsetzung eine Frist bestimmen; nach Ablauf der Frist kann es die Durchschnittssätze selbst festsetzen.

(7) ¹Die Festsetzung wird in jedem Jahr einmal nachgeprüft. ²Das Bundesversicherungsamt kann auch in der Zwischenzeit Nachprüfungen anordnen.

(8) Die Satzung hat zu bestimmen, daß und unter welchen Voraussetzungen die in Absatz 3 genannten Versicherten auf ihren Antrag mit einem höheren Jahresarbeitsverdienst versichert werden.

Fünfter Unterabschnitt. Besondere Vorschriften für die Versicherten der landwirtschaftlichen Berufsgenossenschaften und ihre Hinterbliebenen

§ 93 Jahresarbeitsverdienst für landwirtschaftliche Unternehmer, ihre Ehegatten und Familienangehörigen

(1) ¹Der Jahresarbeitsverdienst der kraft Gesetzes versicherten
1. landwirtschaftlichen Unternehmer,

2. im Unternehmen mitarbeitenden Ehegatten und Lebenspartner der landwirtschaftlichen Unternehmer,
3. regelmäßig wie landwirtschaftliche Unternehmer selbständig Tätigen,

beträgt für Versicherungsfälle, die im Jahre 1996 oder früher eingetreten sind, 19.115 Deutsche Mark. ²Für Versicherungsfälle, die im Jahre 1997 oder später eintreten, wird der in Satz 1 genannte Betrag, erstmalig zum 1. Juli 1997, entsprechend § 95 angepaßt; § 215 Abs. 5 findet keine Anwendung. ³Die landwirtschaftlichen Berufsgenossenschaften unterrichten die landwirtschaftlichen Unternehmer über den jeweils geltenden Jahresarbeitsverdienst.

(2) ¹Solange die in Absatz 1 genannten Personen Anspruch auf eine Rente auf unbestimmte Zeit nach einer Minderung der Erwerbsfähigkeit von 50 vom Hundert oder mehr haben, erhöhen sich die in Absatz 1 genannten Beträge um

1. 25 vom Hundert bei einer Minderung der Erwerbsfähigkeit von weniger als 75 vom Hundert,
2. 50 vom Hundert bei einer Minderung der Erwerbsfähigkeit von 75 vom Hundert und mehr.

²Haben Versicherte Anspruch auf mehrere Renten auf unbestimmte Zeit, deren Vomhundertsätze zusammen wenigstens die Zahl 50 erreichen und für die ein Jahresarbeitsverdienst nach dieser Vorschrift festzusetzen ist, bestimmt sich der Jahresarbeitsverdienst nach dem Betrag, der sich aus Satz 1 für die Summe der Vomhundertsätze der Minderung der Erwerbsfähigkeit ergibt.

(3) ¹Für die im landwirtschaftlichen Unternehmen nicht nur vorübergehend mitarbeitenden Familienangehörigen im Sinne des § 2 Abs. 1 Nr. 5 Buchstabe b gilt der Mindestjahresarbeitsverdienst als Jahresarbeitsverdienst. ²Hatte der mitarbeitende Familienangehörige im Zeitpunkt des Versicherungsfalls das 15. Lebensjahr noch nicht vollendet, gilt die Vorschrift über den Jahresarbeitsverdienst für Kinder entsprechend. ³Der Jahresarbeitsverdienst wird mit Vollendung des 15. und 18. Lebensjahres entsprechend der Regelung über den Mindestjahresarbeitsverdienst neu festgesetzt.

(4) Ist ein vorübergehend unentgeltlich in einem landwirtschaftlichen Unternehmen Beschäftigter in seinem Hauptberuf auch in einem landwirtschaftlichen Unternehmen tätig, gilt als Jahresarbeitsverdienst für diese Beschäftigung der für den Hauptberuf maßgebende Jahresarbeitsverdienst.

(5) ¹Die Satzung hat zu bestimmen, daß und unter welchen Voraussetzungen die in Absatz 1, 2 oder 3 genannten Versicherten auf ihren Antrag mit einem höheren Jahresarbeitsverdienst versichert werden. ²Die Satzung kann bestimmen, dass die in Absätzen 1 und 2 genannten Beträge um bis zur Hälfte erhöht werden.

(6) ¹Für Versicherte im Sinne der Absätze 1 und 3, die im Zeitpunkt des Versicherungsfalls das 65. Lebensjahr vollendet haben, wird der sich aus Absatz 1, 2 oder 3 ergebende Jahresarbeitsverdienst verringert. ²Die Verringerung nach Satz 1 beträgt

1. 65 vom Hundert für Versicherte, die im Zeitpunkt des Versicherungsfalls das 75. Lebensjahr vollendet haben,
2. 50 vom Hundert für Versicherte, die im Zeitpunkt des Versicherungsfalls das 70. Lebensjahr und noch nicht das 75. Lebensjahr vollendet haben,
3. 35 vom Hundert für die übrigen Versicherten.

³Für Versicherte, die im Zeitpunkt des Versicherungsfalls das 65. Lebensjahr noch nicht vollendet haben und die Anspruch auf

1. vorzeitige Altersrente oder Rente wegen voller Erwerbsminderung aus der Alterssicherung der Landwirte,
2. Witwen- oder Witwerrente aus der Alterssicherung der Landwirte wegen Erwerbsminderung,
3. Überbrückungsgeld aus der Alterssicherung der Landwirte oder
4. Produktionsaufgaberente nach dem Gesetz zur Förderung der Einstellung der landwirtschaftlichen Erwerbstätigkeit

haben, ist Satz 1 entsprechend anzuwenden; die Verringerung beträgt 35 vom Hundert.

(7) ¹Soweit Geldleistungen nach dem Jahresarbeitsverdienst im Sinne des Absatzes 1 berechnet werden, ist der nach Absatz 1 Satz 1 und 2 am 31. Dezember 2001 geltende, in Euro umzurechnende Jahresarbeitsverdienst auf zwei Dezimalstellen aufzurunden. ²Absatz 1 Satz 2 gilt entsprechend.

Vierter Abschnitt. Mehrleistungen

§ 94 Mehrleistungen

(1) ¹Die Satzung kann Mehrleistungen bestimmen für
1. Personen, die für ein in § 2 Abs. 1 Nr. 9 oder 12 genanntes Unternehmen unentgeltlich, insbesondere ehrenamtlich tätig sind,
2. Personen, die nach § 2 Abs. 1 Nr. 10, 11 oder 13 oder Abs. 3 Nr. 2 versichert sind.
3. Personen, die nach § 2 Abs. 1 Nr. 1 oder § 2 Absatz 3 Satz 1 Nummer 3 Buchstabe a versichert sind, wenn diese an einer besonderen Auslandsverwendung im Sinne des § 31 a des Beamtenversorgungsgesetzes oder des § 63 c des Soldatenversorgungsgesetzes teilnehmen.

²Dabei können die Art der versicherten Tätigkeit, insbesondere ihre Gefährlichkeit, sowie Art und Schwere des Gesundheitsschadens berücksichtigt werden.

(2) Die Mehrleistungen zu Renten dürfen zusammen mit
1. Renten an Versicherte ohne die Zulage für Schwerverletzte 85 vom Hundert,
2. Renten an Hinterbliebene 80 vom Hundert
des Höchstjahresarbeitsverdienstes nicht überschreiten.

(3) Die Mehrleistungen werden auf Geldleistungen, deren Höhe vom Einkommen abhängt, nicht angerechnet.

Fünfter Abschnitt. Gemeinsame Vorschriften für Leistungen

§ 95 Anpassung von Geldleistungen

(1) ¹Jeweils zum gleichen Zeitpunkt, zu dem die Renten der gesetzlichen Rentenversicherung angepasst werden, werden die vom Jahresarbeitsverdienst abhängigen Geldleistungen, mit Ausnahme des Verletzten- und Übergangsgeldes, für Versicherungsfälle, die im vergangenen Kalenderjahr oder früher eingetreten sind, entsprechend dem Vomhundertsatz angepaßt, um den sich die Renten aus der gesetzlichen Rentenversicherung verändern. ²Die Bundesregierung hat mit Zustimmung des Bundesrates in der Rechtsverordnung über die Bestimmung des für die Rentenanpassung in der gesetzlichen Rentenversicherung maßgebenden aktuellen Rentenwerts den Anpassungsfaktor entsprechend dem Vornhundertsatz nach Satz 1 zu bestimmen.

(2) ¹Die Geldleistungen werden in der Weise angepaßt, daß sie nach einem mit dem Anpassungsfaktor vervielfältigten Jahresarbeitsverdienst berechnet werden. ²Die Vorschrift über den Höchstjahresarbeitsverdienst gilt mit der Maßgabe, daß an die Stelle des Zeitpunkts des Versicherungsfalls der Zeitpunkt der Anpassung tritt. ³Wird bei einer Neufestsetzung des Jahresarbeitsverdienstes nach voraussichtlicher Schul- oder Berufsausbildung oder nach bestimmten Altersstufen auf eine für diese Zeitpunkte maßgebende Berechnungsgrundlage abgestellt, gilt als Eintritt des Versicherungsfalls im Sinne des Absatzes 1 Satz 1 der Tag, an dem die Voraussetzungen für die Neufestsetzung eingetreten sind.

§ 96 Fälligkeit, Auszahlung und Berechnungsgrundsätze

(1) ¹Laufende Geldleistungen mit Ausnahme des Verletzten- und Übergangsgeldes werden am Ende des Monats fällig, zu dessen Beginn die Anspruchsvoraussetzungen erfüllt sind; sie werden am letzten Bankarbeitstag dieses Monats ausgezahlt. ²Bei Zahlung auf ein Konto ist die Gutschrift der laufenden Geldleistung, auch wenn sie nachträglich erfolgt, so vorzunehmen, dass die Wertstellung des eingehenden Überweisungsbetrages auf dem Empfängerkonto unter dem Datum des Tages erfolgt, an dem der Betrag dem Geldinstitut zur Verfügung gestellt worden ist. ³Für die rechtzeitige Auszahlung im Sinne von Satz 1 genügt es, wenn nach dem gewöhnlichen Verlauf die Wertstellung des Betrages der laufenden Geldleistung unter dem Datum des letzten Bankarbeitstages erfolgen kann.

(2) Laufende Geldleistungen können mit Zustimmung der Berechtigten für einen angemessenen Zeitraum im voraus ausgezahlt werden.

(3) ¹Geldleistungen, die für die Zeit nach dem Tode der Berechtigten auf ein Konto bei einem Geldinstitut im Inland überwiesen wurden, gelten als unter Vorbehalt erbracht. ²Das Geldinstitut hat sie der überweisenden Stelle oder dem Unfallversicherungsträger zurückzuüberweisen, wenn diese sie als zu Unrecht erbracht zurückfordern. ³Eine Ver-

pflichtung zur Rücküberweisung besteht nicht, soweit über den entsprechenden Betrag bei Eingang der Rückforderung bereits anderweitig verfügt wurde, es sei denn, daß die Rücküberweisung aus einem Guthaben erfolgen kann. ⁴Das Geldinstitut darf den überwiesenen Betrag nicht zur Befriedigung eigener Forderungen verwenden.

(4) ¹Soweit Geldleistungen für die Zeit nach dem Tod des Berechtigten zu Unrecht erbracht worden sind, sind sowohl die Personen, die die Geldleistungen unmittelbar in Empfang genommen haben oder an die der entsprechende Betrag durch Dauerauftrag, Lastschrifteinzug oder sonstiges banküblichen Zahlungsgeschäft auf ein Konto weitergeleitet wurde (Empfänger), als auch die Personen, die als Verfügungsberechtigte über den entsprechenden Betrag ein banküblichen Zahlungsgeschäft zu Lasten des Kontos vorgenommen oder zugelassen haben (Verfügende), dem Träger der Unfallversicherung zur Erstattung des entsprechenden Betrages verpflichtet. ²Der Träger der Unfallversicherung hat Erstattungsansprüche durch Verwaltungsakt geltend zu machen. ³Ein Geldinstitut, das eine Rücküberweisung mit dem Hinweis abgelehnt hat, dass über den entsprechenden Betrag bereits anderweitig verfügt wurde, hat der überweisenden Stelle oder dem Träger der Unfallversicherung auf Verlangen Name und Anschrift des Empfängers oder Verfügenden und etwaiger neuer Kontoinhaber zu benennen. ⁴Ein Anspruch gegen die Erben nach § 50 des Zehnten Buches bleibt unberührt.

(4 a) ¹Die Ansprüche nach den Absätzen 3 und 4 verjähren in vier Jahren nach Ablauf des Kalenderjahres, in dem der erstattungsberechtigte Träger der Unfallversicherung Kenntnis von der Überzahlung und in den Fällen des Absatzes 4 zusätzlich von dem Erstattungspflichtigen erlangt hat. ²Für die Hemmung, die Ablaufhemmung, den Neubeginn und die Wirkung der Verjährung gelten die Vorschriften des Bürgerlichen Gesetzbuchs sinngemäß.

(5) Die Berechnungsgrundsätze des § 187 gelten mit der Maßgabe, daß bei der anteiligen Ermittlung einer Monatsrente der Kalendermonat mit der Zahl seiner tatsächlichen Tage anzusetzen ist.

(6) Sind laufende Geldleistungen, die nach Absatz 1 auszuzahlen und in dem Monat fällig geworden sind, in dem der Berechtigte verstorben ist, auf das bisherige Empfängerkonto bei einem Geldinstitut überwiesen worden, ist der Anspruch der Erben gegenüber dem Träger der Unfallversicherung erfüllt.

§ 97 Leistungen ins Ausland

Berechtigte, die ihren gewöhnlichen Aufenthalt im Ausland haben, erhalten nach diesem Buch
1. Geldleistungen,
2. für alle sonstigen zu erbringenden Leistungen eine angemessene Erstattung entstandener Kosten einschließlich der Kosten für eine Pflegekraft oder für Heimpflege.

§ 98 Anrechnung anderer Leistungen

(1) Auf Geldleistungen nach diesem Buch werden Geldleistungen eines ausländischen Trägers der Sozialversicherung oder einer ausländischen staatlichen Stelle, die ihrer Art nach den Leistungen nach diesem Buch vergleichbar sind, angerechnet.

(2) Entsteht der Anspruch auf eine Geldleistung nach diesem Buch wegen eines Anspruchs auf eine Leistung nach den Vorschriften des Sechsten Buches ganz oder teilweise nicht, gilt das auch hinsichtlich vergleichbarer Leistungen, die von einem ausländischen Träger gezahlt werden.

(3) ¹Auf Geldleistungen, die nach § 2 Abs. 3 Satz 1 Nr. 3 und § 3 Abs. 1 Nr. 3 versicherten Personen wegen eines Körper-, Sach- oder Vermögensschadens nach diesem Buch erbracht werden, sind gleichartige Geldleistungen anzurechnen, die wegen desselben Schadens von Dritten gezahlt werden. ²Geldleistungen auf Grund privater Versicherungsverhältnisse, die allein auf Beiträgen von Versicherten beruhen, werden nicht angerechnet.

§ 99 Wahrnehmung von Aufgaben durch die Deutsche Post AG

(1) ¹Die Unfallversicherungsträger zahlen die laufenden Geldleistungen mit Ausnahme des Verletzten- und Übergangsgeldes in der Regel durch die Deutsche Post AG aus. ²Die Unfallversicherungsträger können die laufenden Geldleistungen auch an das vom Berechtigten angegebene Geldinstitut überweisen. ³Im übrigen können die Unfallversicherungsträger Geldleistungen durch die Deutsche Post AG auszahlen lassen.

(2) ¹Soweit die Deutsche Post AG laufende Geldleistungen für die Unfallversicherungsträger auszahlt, führt sie auch Arbeiten zur Anpassung der Leistungen durch. ²Die Anpassungsmitteilungen ergehen im Namen des Unfallversicherungsträgers.

(3) ¹Die Auszahlung und die Durchführung der Anpassung von Geldleistungen durch die Deutsche Post AG umfassen auch die Wahrnehmung der damit im Zusammenhang stehenden Aufgaben der Unfallversicherungsträger, insbesondere die Erstellung statistischen Materials und dessen Übermittlung an das Bundesministerium für Arbeit und Soziales und die Verbände der Unfallversicherungsträger. ²Die Deutsche Post AG kann entsprechende Aufgaben auch zugunsten der Unfallversicherungsträger wahrnehmen, die die laufenden Geldleistungen nicht durch sie auszahlen.

(4) ¹Die Unfallversicherungsträger werden von ihrer Verantwortung gegenüber den Berechtigten nicht entbunden. ²Die Berechtigten sollen Änderungen in den tatsächlichen oder rechtlichen Verhältnissen, die für die Auszahlung oder die Durchführung der Anpassung der von der Deutschen Post AG gezahlten Geldleistungen erheblich sind, unmittelbar der Deutschen Post AG mitteilen.

(5) Zur Auszahlung der Geldleistungen erhält die Deutsche Post AG von den Unfallversicherungsträgern monatlich rechtzeitig angemessene Vorschüsse.

(6) Die Deutsche Post AG erhält für ihre Tätigkeit von den Unfallversicherungsträgern eine angemessene Vergütung und auf die Vergütung monatlich rechtzeitig angemessene Vorschüsse.

§ 100 Verordnungsermächtigung

Das Bundesministerium für Arbeit und Soziales wird ermächtigt, im Einvernehmen mit dem Bundesministerium der Finanzen durch Rechtsverordnung mit Zustimmung des Bundesrates
1. den Inhalt der von der Deutschen Post AG wahrzunehmenden Aufgaben der Unfallversicherungsträger näher zu bestimmen und die Rechte und Pflichten der Beteiligten festzulegen, insbesondere die Überwachung der Zahlungsvoraussetzungen durch die Auswertung der Sterbefallmitteilungen der Meldebehörden nach § 101a des Zehnten Buches und durch die Einholung von Lebensbescheinigungen im Rahmen des § 60 Abs. 1 und des § 65 Abs. 1 Nr. 3 des Ersten Buches,
2. die Höhe und Fälligkeit der Vorschüsse, die die Deutsche Post AG von den Unfallversicherungsträgern erhält, näher zu bestimmen,
3. die Höhe und Fälligkeit der Vergütung und der Vorschüsse, die die Deutsche Post AG von den Unfallversicherungsträgern erhält, näher zu bestimmen.

§ 101 Ausschluß oder Minderung von Leistungen

(1) Personen, die den Tod von Versicherten vorsätzlich herbeigeführt haben, haben keinen Anspruch auf Leistungen.

(2) ¹Leistungen können ganz oder teilweise versagt oder entzogen werden, wenn der Versicherungsfall bei einer von Versicherten begangenen Handlung eingetreten ist, die nach rechtskräftigem strafgerichtlichen Urteil ein Verbrechen oder vorsätzliches Vergehen ist. ²Zuwiderhandlungen gegen Bergverordnungen oder bergbehördliche Anordnungen gelten nicht als Vergehen im Sinne des Satzes 1. ³Soweit die Leistung versagt wird, kann sie an unterhaltsberechtigte Ehegatten oder Lebenspartner und Kinder geleistet werden.

§ 102 Schriftform

In den Fällen des § 36a Abs. 1 Satz 1 Nr. 2 des Vierten Buches wird die Entscheidung über einen Anspruch auf eine Leistung schriftlich erlassen.

§ 103 Zwischennachricht, Unfalluntersuchung

(1) Kann der Unfallversicherungsträger in den Fällen des § 36a Abs. 1 Satz 1 des Vierten Buches innerhalb von sechs Monaten ein Verfahren nicht abschließen, hat er den Versicherten nach Ablauf dieser Zeit und danach in Abständen von sechs Monaten über den Stand des Verfahrens schriftlich zu unterrichten.

(2) Der Versicherte ist berechtigt, an der Untersuchung eines Versicherungsfalls, die am Arbeitsplatz oder am Unfallort durchgeführt wird, teilzunehmen. Hinterbliebene, die aufgrund des Versicherungsfalls Ansprüche haben können, können an der Untersuchung teilnehmen, wenn sie dies verlangen.

Viertes Kapitel. Haftung von Unternehmern, Unternehmensangehörigen und anderen Personen

Erster Abschnitt. Beschränkung der Haftung gegenüber Versicherten, ihren Angehörigen und Hinterbliebenen

§ 104 Beschränkung der Haftung der Unternehmer

(1) ¹Unternehmer sind den Versicherten, die für ihre Unternehmen tätig sind oder zu ihren Unternehmen in einer sonstigen die Versicherung begründenden Beziehung stehen, sowie deren Angehörigen und Hinterbliebenen nach anderen gesetzlichen Vorschriften zum Ersatz des Personenschadens, den ein Versicherungsfall verursacht hat, nur verpflichtet, wenn sie den Versicherungsfall vorsätzlich oder auf einem nach § 8 Abs. 2 Nr. 1 bis 4 versicherten Weg herbeigeführt haben. ²Ein Forderungsübergang nach § 116 des Zehnten Buches findet nicht statt.

(2) Absatz 1 gilt entsprechend für Personen, die als Leibesfrucht durch einen Versicherungsfall im Sinne des § 12 geschädigt worden sind.

(3) Die nach Absatz 1 oder 2 verbleibenden Ersatzansprüche vermindern sich um die Leistungen, die Berechtigte nach Gesetz oder Satzung infolge des Versicherungsfalls erhalten.

A. Regelungsgehalt

§ 104 schließt Schadensersatzansprüche, die Versicherte wegen des durch einen Versicherungsfall erlittenen Personenschadens gegen ihren Unternehmer haben, aus, sofern der Unternehmer nicht vorsätzlich gehandelt hat und der Schaden nicht bei einem Wegeunfall iSd. § 8 Abs. 2 eingetreten ist. **1**

B. Normzweck

Als Grund für diese Haftungsablösung, Haftungsersetzung bzw. diesen Haftungsausschluss wird zum einen angeführt, dass die gesetzliche Unfallversicherung als einziger Zweig der Sozialversicherung allein durch die Unternehmer finanziert wird (vgl. § 150 Abs. 1); daher sollen die Unternehmer nicht zusätzlich noch durch den Verletzten bzw. den leistenden Unfallversicherungsträger aus übergegangenem Recht (§ 116 SGB X) auf Schadensersatz in Anspruch genommen werden können (Finanzierungsargument; BT-Drs. 13/2204 S. 72). Zum anderen sollen Streitigkeiten um die Ersatzpflicht zwischen Unternehmer und versicherten Beschäftigten verhindert und so der Betriebsfrieden gewahrt werden (Betriebsfriedensprinzip; BGHZ 8, S. 330). Beide Rechtfertigungsansätze für die Unternehmerprivilegierung in § 104 sind nicht unumstritten. Zum einen sind die Leistungen der gesetzlichen Unfallversicherung nicht immer deckungsgleich mit dem zivilrechtlichen Schadensersatz, denn die gesetzliche Unfallversicherung folgt dem Prinzip des abstrakten Schadensausgleichs, wohingegen der Schaden im Zivilrecht gem. § 249 BGB konkret ausgeglichen wird; ferner wird im Unfallversicherungsrecht kein unmittelbares Äquivalent für den Schmerzensgeldanspruch gewährt, der aber auch vom Ausschluss des § 104 erfasst wird. Zum anderen ist zweifelhaft, inwieweit der Betriebsfrieden tatsächlich gewahrt wird, wenn doch streitige Auseinandersetzungen um Sachschäden, die nicht von § 104 erfasst sind, möglich bleiben. Des Weiteren ist dem Zivilrecht ein vollständiger Haftungsausschluss bei (Gefahren-)Gemeinschaften fremd; hier bleibt zumindest stets eine Haftung des Schädigers für diligentia quam in suis bestehen (vgl. zB §§ 708, 1359 BGB; vgl. ErfKom/Rolfs § 104 Rn. 2). **2**

C. Gegenstand des Haftungsausschlusses

Vom Haftungsausschluss des § 104 erfasst werden Schadensersatzansprüche wegen Personenschäden infolge eines Arbeitsunfalls oder einer Berufskrankheit (LAG Köln 26. 7. 2002 – 4 Sa 309/02 – NZS 2003, S. 666). In Betracht kommen gesetzliche und vertragliche Schadensersatzansprüche, Ansprüche aus Verschuldens- oder Gefährdungshaftung sowie wegen Amtspflichtverletzung (BGH 15. 5. 1973 – VI ZR 160/71 – VersR 1973, S. 818). Der Anspruch auf Ersatz von Sachschäden ist nur in den Sonderfällen von § 8 Abs. 3 und § 13 gesperrt (OLG Düsseldorf 12. 6. 1957 – 4 W 62/57 – VersR 1958, S. 99). Ausgeschlossen sind ferner Schmerzensgeldansprüche (BVerfGE 34, 118 = NJW 1973, S. 502). Betroffen vom Haftungsausschluss des § 104 sind eigene Ansprüche der Versicherten, Ansprüche ihrer Hinterbliebenen iSd. §§ 63 ff. im Todesfall sowie sonstiger Angehöriger (vor allem entgangene Dienste gem. § 845 BGB). Nicht ausgeschlossen sind (Schmerzensgeld-)Ansprüche auf- **3** grund sog. Schockschäden, die Angehörige des Versicherten infolge der Nachricht von dem Unfall oder infolge des Anblicks des Verletzten erleiden, denn hierbei handelt es sich um Ansprüche des Angehörigen aus eigenem Recht und nicht um einen von § 104 erfassten Anspruch wegen eines Versicherungsfalls des verletzten Versicherten (BGH 6. 2. 2007 – VI ZR 55/06 – VersR 2007, S. 803 f.).

D. Voraussetzungen des Haftungsausschlusses

4   Von der Haftung befreit sind Unternehmer iSd. § 136 Abs. 3, dh. diejenigen, denen das Unternehmen unmittelbar zum Vor- oder Nachteil gereicht (vgl. ausführlich § 121 Abs. 1). Keine Haftungsbeschränkung nach § 104 besteht daher für Vorstandsmitglieder und für Geschäftsführer einer GmbH (mwN Becker/Burchardt/Krasney/Kruschinsky § 104 Rn. 7). Mitunternehmereigenschaft ist ausreichend. Unerheblich ist, ob die den Versicherungsfall herbeiführende schädigende Handlung des Unternehmers betrieblicher oder privater Natur ist (Hauck/Noftz/Nehls § 104 Rn. 17). Einschränkend KassKomm/Ricke § 104 SGB VII Rn. 4, der eine Haftungsbeschränkung ablehnt, falls es sich um eine private Tätigkeit des Unternehmers außerhalb des Betriebs handelt (zB Zusammenstoß auf privater Fahrt mit einem Beschäftigten auf einem Betriebsweg).

5   Damit der Ausschluss privatrechtlicher Schadensersatzansprüche gerechtfertigt ist, muss der Geschädigte Unfallversicherungsschutz genießen, dh. er muss im Unfallzeitpunkt Versicherter in der gesetzlichen Unfallversicherung iSd. §§ 2, 3 oder 6 sein (BGH 17. 6. 1997 – VI ZR 288/96 – VersR 1997, S. 1161, 1162). Die Versicherten müssen „für" das Unternehmen tätig werden oder zu ihrem Unternehmen in einer „sonstigen die Versicherung begründenden Beziehung" stehen (vgl. § 133 Abs. 1), wobei mit letzterem der Versicherungsschutz gem. § 2 Abs. 2 gemeint ist (Hauck/Noftz/Nehls § 104 Rn. 23). An dem Erfordernis „für" das Unternehmen scheitert zB eine Haftungsbefreiung nach § 104 für Schüler, Studenten und Lernende iSd. § 2 Abs. 1 Nr. 2, 3 und 8, da deren Tätigkeiten nicht dazu bestimmt sind, der Schule bzw. Hochschule zu dienen, sondern im Wesentlichen der Verfolgung eigener Interessen dient (vgl. aber § 106 Abs. 1). Auch Nothelfer iSd. § 2 Abs. 1 Nr. 13a werden nicht für einen Unternehmer bzw. ein Unternehmen tätig, sondern im Interesse der Allgemeinheit (BGH 24. 1. 2006 – VI ZR 290/04 – NJW 2006, S. 1592), so dass § 104 hier ebenfalls nicht einschlägig ist.

Für den Geschädigten muss das schädigende Ereignis ein Versicherungsfall, dh. ein Arbeitsunfall iSd. § 8 oder eine Berufskrankheit iSd. § 9 sein. Nicht vorausgesetzt wird hingegen, dass das schädigende Ereignis auch einen Leistungsfall darstellt, dh. selbst wenn kein Leistungsfall vorliegt, weil die MdE des Verletzten als Folge des Versicherungsfalls nur unter 20% liegt und dieser daher keine unfallversicherungsrechtlichen Leistungen (vgl. § 56 Abs. 1) erhält, bleiben dem Geschädigten Schadensersatzansprüche versagt (BGHZ 120, S. 176, 183). Nicht notwendig ist, dass die sozialversicherungsrechtlichen Ansprüche den ausgeschlossenen Ansprüchen in ihrer Höhe entsprechen.

Eine bestehende Haftpflichtversicherung für das Handeln des Unternehmers steht dem Ausschluss nicht entgegen (BGH NJW 1963, S. 654).

6   Bei Bestehen einer Arbeitsgemeinschaft (Arge.), dh. bei Bestehen eines vereinbarten Zusammenschlusses mehrerer Unternehmer bei Wahrung ihrer rechtlichen Selbständigkeit, um in gemeinsamer Arbeit, unter einheitlicher Leitung und wechselseitigem Personaleinsatz auf im Wesentlichen derselben Tätigkeitsstätte gemeinsame Arbeitsergebnisse zu erreichen, ging der BGH 11. 7. 1972 – VI ZR 21/71 – VersR 1972, S. 945, 946; BGH 26. 6. 1990 – VI ZR 233/89 – VersR 1990, S. 1161, 1162) ursprünglich davon aus, dass der Haftungsausschluss zugunsten aller an der Arge. beteiligten Unternehmer gegenüber allen im Rahmen der Arge. eingesetzten Versicherten eingreife (vgl. auch KassKomm/Ricke § 104 Rn. 8); bei Leiharbeitsverhältnissen iSd. AÜG und bei der vorübergehenden Überlassung von Beschäftigten gem. § 133 Abs. 2 kämen entleihender und verleihender Unternehmer in den Genuss des Haftungsprivilegs des § 104 (KassKomm/Ricke § 104 Rn. 8). Diese Rspr. hat der BGH nunmehr aber aufgegeben (BGH 22. 4. 2008 – VI ZR 202/07 – NJW-RR 2008, S. 1238 und BGH 19. 5. 2009 – VI ZR 56/08 – NJW 2009, S. 3235): Eine Haftungsbeschränkung nach § 104 ist nur zugunsten *eines* Unternehmers zulässig. Eine Haftungsprivilegierung weiterer Unternehmer komme nur noch im Rahmen des § 106 Abs. 3 Alt. 3 in Betracht.

Aufgrund des weit gefassten unfallversicherungsrechtlichen Unternehmer- (vgl. § 136 Abs. 3) und Unternehmensbegriffs (vgl. § 121 Abs. 1) kommt dem Haftungsausschluss des § 104 Abs. 1 gerade auch im privaten Bereich eine große Bedeutung zu. Repariert beispielsweise ein Maschinenbaustudent unentgeltlich und aus Gefälligkeit den PKW eines befreundeten Musikstudenten und wird dabei durch den Musikstudenten verletzt, sind die Voraussetzungen des § 104 Abs. 1 verwirklicht: Der geschädigte Student ist Wie-Beschäftigter (§ 2 Abs. 2 S. 1) des Musikstudenten, der gem. § 136 Abs. 3 unfallversicherungsrechtlich als Unternehmer anzusehen ist, da ihm das Ergebnis der Autoreparatur unmittelbar zum Vorteil gereicht, vgl. BGH Urt. V. 16. 12. 1986 – VI ZR 5/86 – NJW 1987, S. 1643 f.; zu weiteren Fallkonstellationen, die unter § 104 fallen, vgl. BGH Urt. v. 12. 6. 2007 – VI ZR 70/06 VersR 2007, S. 1131 ff.; OLG Stuttgart, Urt. V. 27. 3. 2002 – 2 V 213/01 – ZfSch 2002, S. 284).

Zur Anwendung der Vorschrift, wenn an dem entsprechenden Arbeitsunfall ein Arbeitnehmer mit Wohnsitz in einem anderen EU-Staat oder ein Arbeitgeber mit Sitz in einem anderen EU-Staat beteiligt ist, vgl. BGH, Urteil v. 7. 11. 2006 – VI ZR 211/05 (UVR 001/2007, 38).

Für die Voraussetzungen einer Haftungsfreistellung nach den §§ 104 ff. tragen die durch diese Vorschrift Begünstigten die Beweislast (BGHZ 151, S. 198, 204).

E. Entsperrung des Haftungsausschlusses

Zum Haftungsausschluss kommt es nicht, wenn der Unternehmer seinen Versicherten vorsätzlich geschädigt hat oder der Schadensfall auf einem versicherten Weg iSd. § 8 Abs. 2 Nr. 1–4 eingetreten ist. Es verbleibt bei der zivilrechtlichen Haftung des Unternehmers bei Vorsatz, weil der Unternehmer in diesen Fällen keinen Schutz verdient (KassKomm/Ricke § 104 Rn. 12). **7**

Vorsatz iSd. § 104 Abs. 1 ist das Wissen und Wollen des rechtswidrigen Erfolges, wobei bedingter Vorsatz, dh. das billigende Inkaufnehmen des als möglich erkannten Erfolges, ausreicht (BSG NJW 2003, 1890; Hauck/Noftz/Nehls § 104 Rn. 28 aA Maschmann SGb 1998, S. 54, 56). Der Vorsatz muss sich nicht nur auf die schädigende Handlung und deren Erfolg erstrecken, sondern auch den konkret eingetretenen Schaden seiner Art nach (BAG 19. 8. 2004 – 8 AZR 349/03 – VersR 2005, S. 1439) bzw. den Eintritt eines ernstlichen Personenschadens (BGHZ 154, S. 11 = NJW 2003, S. 1605) umfassen. Im Ergebnis genügt somit der vorsätzliche Verstoß gegen Unfallverhütungsvorschriften nicht, sofern dabei ein Personenschaden nicht einmal billigend in Kauf genommen wurde.

Ist der Versicherte auf einem versicherten Weg iSd. § 8 Abs. 2 Nr. 1–4 verletzt worden, bleibt die Haftung des Unternehmers bestehen, weil der Versicherte hier den zum Betrieb zu rechnenden Gefahrenbereich verlassen hat und unter Gegebenheiten geschädigt wurde, in die er ohne die versicherte Tätigkeit als normaler Verkehrsteilnehmer genauso hätte geraten können (sog. Grundsatz der Gleichbehandlung aller Verkehrsteilnehmer; KassKomm/Ricke § 104 Rn. 13; BAG 30. 10. 2003 – 8 AZR 548/02 – HVBG-Info 2004, S. 150, 152). Abzugrenzen ist der Wegeunfall von einem Unfall auf einem Betriebsweg, der einen Versicherungsfall nach § 8 Abs. 1 darstellt, mit der Konsequenz, dass die Haftungsfreistellung bestehen bleibt. Für die Abgrenzung eines Betriebswegs iSd. § 8 Abs. 1 von einem Wegeunfall (§ 8 Abs. 2) ist darauf abzustellen, ob der Weg bereits „in Ausübung der versicherten Tätigkeit" zurückgelegt wird oder erst „zur Ausübung der versicherten Tätigkeit führt", dieser Tätigkeit also vorgeht oder nachfolgt (BSG SozR 3–2700 § 8 Nr. 2). Es kommt daher entscheidend darauf an, inwieweit der Unfall mit dem Betrieb und der Tätigkeit des Versicherten zusammenhängt und inwieweit er Ausdruck der betrieblichen Verbindung zwischen dem Versicherten und dem Unternehmen ist (BGH 25. 10. 2005 – VI ZR 334/04 – r + s 2006, S. 127). Unerheblich ist dabei, ob der Weg innerhalb oder außerhalb des Firmengeländes zurückgelegt wird. Fährt ein Versicherungsvertreter von seiner Wohnung nicht erst ins Büro, sondern direkt zu einem Kunden und nimmt er unterwegs einen Kollegen mit, der ebenfalls an der Kundenbesprechung teilnehmen soll, handelt es sich bei der gemeinsamen Fahrt nicht um einen Weg zum Ort der Tätigkeit iSd. § 8 Abs. 2, sondern bereits um eine Betriebsfahrt, die einen Arbeitsunfall iSd. § 8 Abs. 1 bildet; dies hat zur Folge, dass keine Entsperrung des Haftungsprivilegs eintritt (Bsp. bei Becker/Burchardt/Krasney/Kruschinsky § 104 Rn. 23). Ebenfalls ist von einem Betriebsweg und daher nicht von einer Entsperrung des Haftungsprivilegs auszugehen, wenn der von einem Schulträger eingesetzte Bus bei der Beförderung von Schülern verunglückt (vgl. BGH LM H.3/2001 § 104 SGB VII Nr. 1 mit Anm. Schmitt). IdR beginnt der Versicherungsschutz gem. § 8 Abs. 2 Nr. 1–4, wenn der Versicherte den häuslichen Wirkungskreis verlassen hat, dh. mit Durchschreiten der Außenhaustür; er endet, wenn der Versicherte das Betriebsgelände erreicht hat, dh. mit Durchschreiten des Werkstores (BSG 7. 11. 2000 – B 2 U 39/99 R – SozR 3–2700 § 8 Nr. 3; BSG 22. 9. 1988 – 2 RU 11/88 – SozR 2200 § 725 Nr. 12). Hat der Unternehmer Einfluss auf den Transport seiner Beschäftigten, zB bei der Beförderung in betriebseigenen Fahrzeugen, liegt als sog. Hol- bzw. Bringunfall kein Wegeunfall, sondern ein Unfall auf einem Betriebsweg vor, mit der Konsequenz, dass die Haftung des Unternehmers ausgeschlossen ist (für Sammeltransport BGH 2. 12. 2003 – VI ZR 349/02 – HVBG-Info 2004, S. 156). **8**

F. Kein Forderungsübergang und Bereicherungsverbot

Die Regelung des § 104 Abs. 1 S. 2, wonach ein Forderungsübergang nach § 116 SGB X nicht stattfindet, hat nur für den Fall Bedeutung, dass wegen Vorsatzes oder Wegeunfalls die Haftung des Unternehmers fortbesteht. Ansonsten besteht schon kein Schadensersatzanspruch des Versicherten gegen den Unternehmer, der kraft Gesetzes auf den Unfallversicherungsträger gem. § 116 SGB X übergehen könnte. Ein Forderungsübergang gem. § 116 SGB X ist ausgeschlossen, weil andernfalls der mit den Ausnahmetatbeständen „vorsätzliche Schädigung" und „Wegeunfall" bezweckte Vorteil für den Versicherten ausgehebelt würde (Lauterbach/Dahm § 104 Rn. 29). Außerdem würde der Unternehmer ansonsten doppelt belastet, einerseits durch die Versicherungsbeiträge und andererseits **9** durch den Rückgriffsanspruch; nur ausnahmsweise, unter den Voraussetzungen des § 110, soll der Unternehmer von den Sozialversicherungsträgern in Anspruch genommen werden können (vgl. Kommentierung dort).

10 Trotz Ausschlusses des Forderungsübergangs (bei vorsätzlicher Schädigung und Wegeunfall) kommt es nicht zu einer Doppelentschädigung des Versicherten, da § 104 Abs. 3 die Anrechnung der Sozialversicherungsleistungen auf den verbleibenden Schadensersatzanspruch vorschreibt. § 104 Abs. 3 verwirklicht das versicherungsrechtliche Bereicherungsverbot. Anzurechnen sind alle infolge des Versicherungsfalls gewährten gesetzlichen oder satzungsmäßigen Leistungen einschließlich Ermessensleistungen jedes Sozialversicherungsträgers. Voraussetzung ist allerdings, dass die anzurechnende Sozialversicherungsleistung dem betroffenen Schadensersatzanspruch gleichartig, also zeitlich und inhaltlich kongruent ist (KassKomm/Ricke § 104 Rn. 16).

G. Schädigung der Leibesfrucht

11 § 104 Abs. 2 stellt die über § 12 geschützte Leibesfrucht den Versicherten iSd. § 104 Abs. 1 gleich, da die Leibesfrucht keine weitergehenden Ansprüche als die unmittelbar geschädigte Mutter haben kann (KassKomm/Ricke § 104 Rn. 15).

H. Beteiligung Dritter an der Schadensverursachung

12 Ist der Versicherungsfall im Zusammenwirken durch einen gem. § 104 Abs. 1 privilegierten Unternehmer (Erstschädiger) und eine nicht über § 104 Abs. 1 geschützte Person (Zweitschädiger) verwirklicht worden, kann der geschädigte Versicherte den Zweitschädiger insoweit nicht in Anspruch nehmen, als der mitverantwortliche haftungsprivilegierte Unternehmer ohne seine Haftungsprivilegierung im Verhältnis zum Zweitschädiger den Schaden zu tragen hätte (gestörtes Gesamtschuldverhältnis; zur Behandlung in der Rspr., vgl. BGHZ 110, S. 114, 117; BGH 11. 11. 2003 – VI ZR 13/03 – NJW 2004, S. 951, 952 ff.).
Vertragliche Vereinbarungen zwischen den beiden Schädigern über den Haftungsumfang sind unbeachtlich (BGHZ 110, S. 114, 118).

§ 105 Beschränkung der Haftung anderer im Betrieb tätiger Personen

(1) [1] Personen, die durch eine betriebliche Tätigkeit einen Versicherungsfall von Versicherten desselben Betriebs verursachen, sind diesen sowie deren Angehörigen und Hinterbliebenen nach anderen gesetzlichen Vorschriften zum Ersatz des Personenschadens nur verpflichtet, wenn sie den Versicherungsfall vorsätzlich oder auf einem nach § 8 Abs. 2 Nr. 1 bis 4 versicherten Weg herbeigeführt haben. [2] Satz 1 gilt entsprechend bei der Schädigung von Personen, die für denselben Betrieb tätig und nach § 4 Abs. 1 Nr. 1 versicherungsfrei sind. § 104 Abs. 1 Satz 2, Abs. 2 und 3 gilt entsprechend.

(2) [1] Absatz 1 gilt entsprechend, wenn nicht versicherte Unternehmer geschädigt worden sind. [2] Soweit nach Satz 1 eine Haftung ausgeschlossen ist, werden die Unternehmer wie Versicherte, die einen Versicherungsfall erlitten haben, behandelt, es sei denn, eine Ersatzpflicht des Schädigers gegenüber dem Unternehmer ist zivilrechtlich ausgeschlossen. [3] Für die Berechnung von Geldleistungen gilt der Mindestjahresarbeitsverdienst als Jahresarbeitsverdienst. [4] Geldleistungen werden jedoch nur bis zur Höhe eines zivilrechtlichen Schadenersatzanspruchs erbracht.

A. Regelungsgehalt

1 § 105 dehnt die Haftungsfreistellung des § 104 auf andere im Betrieb tätige Personen aus, wenn diese einen Arbeitskollegen (I) oder einen nicht versicherten Unternehmer (II) geschädigt haben, sofern die Schädigung nicht vorsätzlich und nicht auf einem nach § 8 Abs. 1 Nr. 1–4 versicherten Weg erfolgte.

B. Normzweck

2 Wie die Haftungsfreistellung des Unternehmers in § 104 ist auch die Regelung in § 105 für andere Betriebsangehörige durch das Finanzierungsargument und das Betriebsfriedensprinzip gerechtfertigt. Könnte ein im Betrieb Tätiger bei der Schädigung eines Arbeitskollegen von diesem auf Schadensersatz in Anspruch genommen werden, könnte er arbeitsrechtlich über § 670 BGB doppelt analog iVm. den Grundsätzen des innerbetrieblichen Schadensausgleichs bei dem Arbeitgeber unabhängig

von dessen Verschulden Rückgriff nehmen bzw. Freistellung verlangen. Hierdurch wäre der Arbeitgeber wiederum doppelt belastet, einerseits durch die Beiträge zur Unfallversicherung, die von ihm allein finanziert wird und andererseits durch den Rückgriffs- bzw. Freistellungsanspruch seines Arbeitnehmers wegen betrieblich veranlasster Tätigkeit (vgl. ErfKom/Rolfs § 105 SGB VII Rn. 1). Indem Schadensersatzstreitigkeiten zwischen Betriebsangehörigen verhindert werden, wird überdies der Betriebsfrieden gewahrt (KassKomm/Ricke § 105 Rn. 2; Hauck/Noftz/Nehls § 105 Rn. 1). Ein weiterer Grund für den Haftungsausschluss im Verhältnis der Arbeitskollegen untereinander ist die Tatsache, dass die betriebliche Zusammenarbeit, je nach Gefahrgeneigtheit, leicht zu Schädigungen beitragen und daher die Haftung unbillig machen kann (Gedanke der betrieblichen Gefahrengemeinschaft; vgl. Schloen BG 1987, S. 150; KassKomm/Ricke § 105 Rn. 2). Zur Kritik an diesen Legitimationsgründen vgl. § 104 Rn. 2.

C. Voraussetzungen

Die Haftungsprivilegierung des § 105 Abs. 1 erfasst Personen, die durch eine betriebliche Tätigkeit **3** einen Versicherungsfall von Versicherten desselben Betriebs verursachen. Anders als nach § 637 RVO aF ist nicht mehr erforderlich, dass der Schädiger „Betriebsangehöriger" und in den Betrieb eingegliedert ist (BT-Drs. 13/2204, S. 73, 100; Rolfs NJW 1996, S. 3177, 3180). Stattdessen setzt § 105 Abs. 1 eine „betriebliche Tätigkeit" voraus, denn auch der oben als Rechtfertigung für den Haftungsausschluss angeführte innerbetriebliche Schadensausgleich greift nur bei betrieblichen Tätigkeiten ein (BAG 27. 9. 1994 – GS 1/89 (A) – AP Nr. 103, 122 zu § 611 Haftung des Arbeitnehmers). Die „betriebliche Tätigkeit" iSd. § 105 Abs. 1 setzt nicht die Tätigkeit durch einen Versicherten voraus (OLG Düsseldorf 15. 6. 1973 – 12 W 21/73 – MDR 1973, S. 932, 933), sondern nur eine dem Betrieb zuzurechnende Handlung (KassKomm/Ricke § 105 Rn. 3). Aus der Sicht des Schädigers muss die Tätigkeit unmittelbar mit den Betriebszwecken zusammenhängen, den Betriebszwecken zu dienen bestimmt sein, mit dem Betrieb des Geschädigten in einem nahen Zusammenhang stehen und darf nach der Verkehrsüblichkeit nicht untypisch sein. Bedeutungslos ist, ob die Tätigkeit sachgerecht ausgeübt wurde, da Schädigungen allgemein gerade auf nicht-sachgerechter Tätigkeit beruhen und § 105 sonst in großen Teilen leerlaufen würde (vgl. zur Schädigung durch Trunkenheit, BGH VersR 1968, S. 353). Insgesamt ist der Begriff der „betrieblichen Tätigkeit" weit auszulegen (BGH 11. 5. 1993 – VI ZR 279/92 – SozVers 1994, S. 22; BAGE 110, S. 195). Haftungsprivilegiert sind etwa auch Personen, die „wie" Beschäftigte iSd. § 2 Abs. 2 für den Betrieb tätig geworden sind (OLG Hamm 15. 6. 1998 – 6 U 34/98 – VersR 1999, S. 597; KassKomm/Ricke § 105 Rn. 3a). Im Regelfall kann die betriebliche Tätigkeit mit der versicherten Tätigkeit iSd. § 8 Abs. 1 S. 1 gleichgesetzt werden (BAG VersR 2001, S. 720; Hauck/Noftz/Nehls § 105 Rn. 9), betriebliche Tätigkeit iSd. § 105 Abs. 1 kann im Einzelfall aber auch eine unversicherte sein (BGH 19. 12. 1967 – VI ZR 6/66 – VersR 1968, S. 353). Nicht haftungsprivilegiert sind (wegen des Erfordernisses einer betrieblichen Tätigkeit) diejenigen, die nicht „für" das Unternehmen tätig sind, sondern zu ihm nur in einer sonstigen Beziehung stehen, so dass zB nach § 2 Abs 1 Nr. 15 versicherte Rehabilitanden in einer Rehabilitations-Einrichtung ebenso wenig haftungsbefreit sein können wie nach § 3 I Nr. 2 versicherte Unternehmensbesucher (näher hierzu KassKomm/Ricke § 105 Rn. 3a). Ebenfalls nicht nach § 105 haftungsbefreit sind versicherte Personen, die in einem fremden Unternehmen, etwa als Leiharbeitnehmer, eingesetzt werden und dort Versicherte schädigen. Hier kommt aber häufig eine Haftungsbefreiung nach § 106 Abs. 3, 2. Alt. wegen Tätigkeit auf einer gemeinsamen Betriebsstätte in Betracht.

Der Schädiger muss durch die betriebliche Tätigkeit einen Versicherungsfall von Versicherten des- **4** selben Betriebs verursacht haben. Geschädigter Versicherter kann auch der versicherte Unternehmer sein (KassKomm/Ricke § 105 Rn. 4; Hauck/Noftz/Nehls § 105 Rn. 16; anders ErfKom/Rolfs § 105 Rn. 9: „nicht ausdrücklich geregelt"). Das Schadensereignis muss sich für den Geschädigten als Versicherungsfall darstellen. Uneinheitlich beurteilt wird die Frage, was unter „Betrieb" iSd. § 105 Abs. 1 zu verstehen ist. Entgegen BGH (26. 11. 2002 – VI ZR 449/01 – VersR 2003, S. 348) und der überwiegende Auffassung in der Literatur (Nachweise bei v. Koppenfels-Spies NZS 2006, S. 561 ff.) interpretieren „Betrieb" im arbeitsrechtlichen Sinne, dh. als den einzelnen organisatorisch-räumlich selbständigen Unternehmensteil; begründet wird dies mit dem eindeutigen Wortlaut des § 105 Abs. 1, der bewusst nicht den sonst – auch in den §§ 104 ff. anzutreffenden – Begriff „Unternehmen" verwendet. Da der Normzweck des § 105 Abs. 1 (vgl. oben) aber auch bei der Schädigung von Unternehmensangehörigen einschlägig ist und die Differenzierung zwischen Betrieb und Unternehmen in den §§ 104 ff. nicht konsequent, sinnvoll und mit Bedacht vorgenommen zu sein scheint, wenn man § 106 Abs. 1 Nr. 2 und 3 betrachtet („Betriebsangehörige desselben Unternehmens"), ist dem BAG (BAG 24. 9. 1992 – 8 AZR 572/91 – NZA 1993, S. 451) zu folgen und Betrieb iSd. § 105 Abs. 1 mit Unternehmen gleichzusetzen, sofern dieses eine organisatorisch und funktionell verknüpfte Struktur aufweist (vgl. umfassend v. Koppenfels-Spies NZS 2006, S. 561 ff. mwN).

§ 105 Abs. 1 S. 2 schließt die Haftung des Schädigers auch aus, wenn er eine für denselben Betrieb **5** tätige, gem. § 4 Abs. 1 Nr. 1 versicherungsfreie Person schädigt. Diese Ausweitung des Haftungsprivi-

6 Gem. § 105 Abs. 2 ist der Schädiger auch von der zivilrechtlichen Schadensersatzhaftung befreit, wenn er einen nicht versicherten Unternehmer geschädigt hat. Diese Erweiterung des Haftungsprivilegs ist vor allem unter dem Gesichtspunkt des Betriebsfriedens und der Gefahrengemeinschaft gerechtfertigt; ferner wäre es unbillig, wenn das Haftungsprivileg des Beschäftigten von dem Zufall abhinge, ob der geschädigte Unternehmer gegen den Arbeitsunfall versichert ist oder nicht (Hauck/Noftz/Nehls § 105 Rn. 18; KassKomm/Ricke § 105 Rn. 10). Zu rechtfertigen ist der Ausschluss zivilrechtlicher Anspruchspositionen jedoch nur, wenn der nicht versicherte Unternehmer dem (ausgeschlossenen) zivilrechtlichen Schadensersatz in etwa entsprechende sozialrechtliche Leistungen erhält. Dies wird durch § 105 Abs. 2 S. 2–4 nur unvollständig erreicht, so dass die Regelung verfassungsrechtlich bedenklich erscheint (so auch Rolfs DB 2001, S. 2294, 2298 f.; Jungfleisch BG 2006, S. 464; Kock NZS 2006, S. 471 ff.). Problematisch ist zum einen die Orientierung von Geldleistungen gem. § 105 Abs. 2 S. 3 am Mindestjahresarbeitsverdienst iSd. § 85 Abs. 1 und nicht am wirklichen Arbeitsverdienst. Zum anderen sind Geldleistungen gem. § 105 Abs. 2 S. 4 der Höhe nach auf den zivilrechtlichen Schadensersatzanspruch begrenzt, was etwa auch bedeutet, dass ein Mitverschulden des Unternehmers anspruchsmindernd zu berücksichtigen ist; dadurch werden die tragenden Grundsätze der Unfallversicherung missachtet, dass die Schadensberechnung abstrakt erfolgt und Leistungen grundsätzlich unabhängig vom Verschulden zu gewähren sind (vgl. auch Hauck/Noftz/Nehls § 105 Rn. 18); auf der anderen Seite wird durch § 105 Abs. 2 S. 4 aber eine ungerechtfertigte Besserstellung des nicht versicherten Unternehmers, der keine Beiträge zahlt, verhindert (vgl. Hauck/Noftz/Nehls § 105 Rn. 24). Nach dem eindeutigen Wortlaut in § 105 Abs. 2 S. 2, wonach der nicht versicherte Unternehmer wie ein Versicherter behandelt wird, hat der nicht versicherte Unternehmer auch Anspruch auf Heilbehandlung und Rehabilitation (KassKomm/Ricke § 105 Rn. 15; aA Lauterbach/Dahm § 105 Rn. 33).

Ähnlich wie § 104 Abs. 1 (vgl. § 104 Rn. 7) erfährt auch § 105 Abs. 2 eine ungeahnte Bedeutung im privaten Bereich. Dies resultiert aus dem weiten unfallversicherungsrechtlichen Unternehmer- und Unternehmensbegriff (vgl. § 136 Abs. 3, § 121 Abs. 1). Deutlich wird dies im sog. Kantholzfall (vgl. BSG, Urt. V. 24. 6. 2003 – B2 U 39/02 R – NJW 2004, S. 966 f. m. Anm. Waltermann, NJW 2004, S. 901 ff.): Ein Bauherr baute unter Mitwirkung von Freunden und Bekannten ein Einfamilienhaus. Bei den Bauarbeiten wurde er durch ein Kantholz, das einem mithelfenden Bekannten aus der Hand gerutscht war, schwer am Kopf verletzt. Da der geschädigte Bauherr nicht-versicherter Unternehmer und der Schädiger sein Wie-Beschäftigter war, waren die Voraussetzungen des Haftungsausschlusses gem. § 105 Abs. 2 S. 1 verwirklicht.

7 Uneinheitlich wird beurteilt, ob die Haftungsprivilegierung des § 105 in entsprechender Anwendung des Abs. 2 auch eingreift, wenn unversicherte unternehmerähnliche Personen und unversichert mitarbeitende Familienangehörige durch eine betriebliche Tätigkeit geschädigt werden (verneinend wegen Fehlens einer planwidrigen Regelungslücke: KassKomm/Ricke § 105 Rn. 17; bejahend unter Hinweis auf den Normzweck des Haftungsausschlusses: Lauterbach/Dahm § 105 Rn. 23; Jungfleisch BG 2006, S. 464).

Zur Anwendung der Vorschrift, wenn an dem entsprechenden Arbeitsunfall ein Arbeitnehmer mit Wohnsitz bzw. ein Arbeitgeber mit Unternehmenssitz in einem anderen EU-Staat beteiligt ist, vgl. BGH Urteil vom 7. 11. 2006 – VI ZR 211/05 (UVR 001/2007, 38).

Für die Voraussetzungen der Haftungsbefreiung nach § 105 tragen die durch die Vorschrift Begünstigten die Beweislast (BGHZ 151, S. 198, 206).

D. Entsperrung des Haftungsausschlusses

8 Wie auch bei § 104 bleibt die zivilrechtliche Schadensersatzhaftung aufrechterhalten, wenn die im Betrieb tätige Person einen Versicherten vorsätzlich oder auf einem nach § 8 Abs. 1 Nr. 1–4 versicherten Weg geschädigt hat.

E. Rechtsfolgen

9 Vom Haftungsausschluss erfasst sind Ersatzansprüche jeder Art. Es gilt das zu § 104 Gesagte (vgl. Kommentierung zu § 104 Rn. 3). Zu berücksichtigen ist allerdings die Rechtsprechung zur arbeitsrechtlichen Haftungsmilderung zugunsten der Arbeitnehmer wegen betrieblich veranlasster Tätigkeit (BAGE 78, S. 56).

10 Gem. § 105 Abs. 1 S. 2 ist § 104 Abs. 1 S. 2, Abs. 2, 3 entsprechend anzuwenden, dh. ein Forderungsübergang gem. § 116 SGB X findet auch bei § 105 nicht statt, Unfallversicherungsleistungen sind auf den zivilrechtlichen Schadensersatzanspruch anzurechnen und die durch einen Versicherungsfall geschädigte Leibesfrucht ist in die Haftungsbeschränkung mit einbezogen.

§ 106 Beschränkung der Haftung anderer Personen

(1) **In den in § 2 Abs. 1 Nr. 2, 3 und 8 genannten Unternehmen gelten die §§ 104 und 105 entsprechend für die Ersatzpflicht**
1. der in § 2 Abs. 1 Nr. 2, 3 und 8 genannten Versicherten untereinander,
2. der in § 2 Abs. 1 Nr. 2, 3 und 8 genannten Versicherten gegenüber den Betriebsangehörigen desselben Unternehmens,
3. der Betriebsangehörigen desselben Unternehmens gegenüber den in § 2 Abs. 1 Nr. 2, 3 und 8 genannten Versicherten.

(2) **Im Fall des § 2 Abs. 1 Nr. 17 gelten die §§ 104 und 105 entsprechend für die Ersatzpflicht**
1. der Pflegebedürftigen gegenüber den Pflegepersonen,
2. der Pflegepersonen gegenüber den Pflegebedürftigen,
3. der Pflegepersonen desselben Pflegebedürftigen untereinander.

(3) **Wirken Unternehmen zur Hilfe bei Unglücksfällen oder Unternehmen des Zivilschutzes zusammen oder verrichten Versicherte mehrerer Unternehmen vorübergehend betriebliche Tätigkeiten auf einer gemeinsamen Betriebsstätte, gelten die §§ 104 und 105 für die Ersatzpflicht der für die beteiligten Unternehmen Tätigen untereinander.**

(4) **Die §§ 104 und 105 gelten ferner für die Ersatzpflicht von Betriebsangehörigen gegenüber den nach § 3 Abs. 1 Nr. 2 Versicherten.**

A. Regelungsgehalt

§ 106 dehnt die Haftungsausschlüsse der §§ 104, 105 auf weitere Personengruppen aus: Lernende, Prüflinge, Kinder während des Besuchs von Tageseinrichtungen, Schüler und Studenten beim Besuch von Schulen bzw. Hochschulen (§ 106 Abs. 1), ferner gem. § 106 Abs. 2 Pflegebedürftige und Pflegepersonen untereinander; § 106 Abs. 3 schließt die Haftung beim Zusammenwirken mehrerer Unternehmen zur Hilfe bei Unglücksfällen und im Bereich des Zivilschutzes sowie beim vorübergehenden Zusammenwirken auf einer gemeinsamen Betriebsstätte aus. § 106 Abs. 4 dehnt schließlich die Haftungsausschlüsse der §§ 104, 105 auf die Schädigung von Personen aus, die sich auf der Unternehmensstätte aufhalten und kraft Satzung versichert sind. Kraft Verweisung auf §§ 104, 105 gelten auch die Haftungsentsperrungen wegen Vorsatzes und bei Wegeunfällen; Anwendung finden gem. § 106 Abs. 1 über den Verweis auf § 104 ferner die Regelungen zum Ausschluss des Forderungsübergangs nach § 116 SGB X (§ 104 Abs. 1 S. 2, vgl. dort Rn. 9 f.), zur Anrechnung der Versicherungsleistungen (§ 104 Abs. 3, vgl. dort Rn. 13) sowie zur Einbeziehung der geschädigten Leibesfrucht (§ 104 Abs. 2, vgl. Kommentierung zu § 104 Rn. 14).

B. Normzweck

In den in § 106 I geregelten Fällen fehlt es an einer Tätigkeit „für" das Unternehmen, da die Tätigkeiten von Schülern, Studenten, Kindern etc. nicht dazu bestimmt ist, der Schule bzw. Hochschule zu dienen, sondern im Wesentlichen der Verfolgung eigener Interessen (der genannten Personengruppen) dient. Aus diesem Grund scheidet eine Haftungsbeschränkung der in Abs. 1 Versicherten untereinander und gegenüber anderen Beschäftigten nach den §§ 104, 105 aus, was § 106 Abs. 1 aus rechtspolitischen Gründen korrigiert.
Vergleichbar ist die Situation bei den nach § 2 I Nr. 17 versicherten Pflegepersonen, für die eine Haftungsbefreiung nur als Unternehmer häuslicher Pflege in Betracht kommt (dann § 104 Abs. 1), so dass es normativ des § 106 Abs. 2 bedarf, um die Haftung von Pflegepersonen weiter einzuschränken.
§ 106 Abs. 3 überbrückt mit seiner Regelung die Voraussetzung „versichert *in dem* Unternehmen" und erweitert damit die Haftungsbefreiung auf bestimmte Konstellationen zusammenarbeitender Unternehmen, die nach §§ 104, 105 allein nicht erfasst wären.
Letztlich ergänzt § 106 Abs. 4 die Haftungsbefreiung von Betriebsangehörigen gegenüber kraft Satzung Versicherten, die ansonsten ebenfalls nicht unter §§ 104, 105 fallen würden.
Die Haftungsausschlüsse für die in § 106 Abs. 1–4 geregelten weiteren Personengruppen sind dadurch gerechtfertigt, dass zwar keine „betriebliche" Gefahrengemeinschaft wie in den §§ 104, 105 gegeben ist, wohl aber eine ähnlich geartete Gefahrengemeinschaft, in der die gegenseitige Schädigungsgefahr der dabei Tätigen besonders groß ist. Im konkreten Fall kann eine Haftungsprivilegierung nach § 106 jedoch auch bestehen, wenn eine wechselseitige Gefährdung zwar eher fern liegt, aber

auch nicht völlig ausgeschlossen ist (BGH 22. 1. 2008 – VI ZR 17/07 – VersR 2008, S. 642). Ergibt sich bereits eine Haftungsprivilegierung aus § 104 oder § 105, ist § 106 als lediglich ausdehnende Vorschrift nicht anwendbar (KassKomm/Ricke § 106 Rn. 2).

C. Anwendungsbereich und Voraussetzungen

I. Haftungsbeschränkung für Personen in Unternehmen im Sinne des § 2 Abs. 1 Nr. 2, 3 und 8 (§ 106 Abs. 1)

3 § 106 Abs. 1 normiert Haftungsausschlüsse für die in § 2 Abs. 1 Nr. 2, 3 und 8 Versicherten, dh. für Lernende, für Personen, die sich Untersuchungen und Prüfungen unterziehen, für Kinder während des Besuchs von Tageseinrichtungen sowie für Schüler und Studenten während des Schul- bzw. Hochschulbesuchs. Der Haftungsausschluss gilt für die Ersatzansprüche der genannten Versicherten untereinander, zB bei der Schädigung von zwei Schülern untereinander (Nr. 1) sowie für die Ersatzpflicht der Versicherten gegenüber den Betriebsangehörigen desselben Unternehmens, zB bei der Schädigung von Lehrern durch Schüler (Nr. 2) und umgekehrt, also der Schädigung von Schülern durch Lehrer (Nr. 3). Nicht erfasst ist die Haftung der Versicherten gegenüber den jeweiligen Unternehmen und umgekehrt; es kommt somit nicht zu einer Haftungsbefreiung bei Schädigungen des Schulträgers (idR die Gemeinden oder die Bundesländer) durch Schüler und umgekehrt.

4 Betriebsangehörige iSd. § 106 Nr. 2 und 3 sind alle „für" das Unternehmen Tätige, so dass zB angestellte Lehrer und Hausmeister von Schulen ebenso erfasst sind wie Beamte und beschäftigtenähnlich Tätige iSd. § 2 Abs. 2, also zB während eines Schulfestes helfende Verwandte von Schülern oder Lehrern. Voraussetzung für einen Haftungsausschluss ist, dass die Betriebsangehörigen einen Versicherungsfall bzw. Dienstunfall erleiden; andernfalls würde ihnen der zivilrechtliche Schadensersatzanspruch entzogen, ohne dass sie ein unfallversicherungsrechtliches oder beamtenrechtliches Äquivalent erhielten, was verfassungsrechtlich bedenklich ist (vgl. KassKomm/Ricke § 106 Rn. 6). Bei der Schädigung durch einen Betriebsangehörigen ist dessen Versicherteneigenschaft wie in den Fällen des § 105 Abs. 1 nicht erforderlich (KassKomm/Ricke § 106 Rn. 7).

5 Während § 106 Abs. 1 Nr. 2 und 3 für die Schädigung von bzw. durch Betriebsangehörige voraussetzt, dass diese demselben Unternehmen wie das Lernende, Schüler, Student etc. angehören, verlangt § 106 Abs. 1 Nr. 1 entsprechend seinem eindeutigen Wortlaut für Schädigungen der genannten Versicherten untereinander nicht, dass Schädiger und Geschädigter demselben Unternehmen angehören. Daher ist die Haftung auch ausgeschlossen, wenn sich Schüler verschiedener Schulen unterschiedlicher Schulträger, etwa auf einer Klassenfahrt, schädigen, sofern es sich um ein schulbezogenes Zusammentreffen handelt (vgl. Hauck/Noftz/Nehls § 106 Rn. 7; KassKomm/Ricke § 106 Rn. 4). Die Gegenauffassung (vgl. Schmitt SGB VII/Rapp § 106 Rn. 3; LPK-SGB VII/Rapp § 106 Rn. 3) berücksichtigt die insoweit klare systematische Unterscheidung des Wortlauts nicht ausreichend und ist damit abzulehnen. Fügt ein Schüler hingegen einem Lehrer einen Personenschaden zu, ist seine Haftung gem. § 106 Abs. 1 Nr. 2 unstreitig nur ausgeschlossen, wenn Schüler und Lehrer derselben Schule angehören (BGH 26. 11. 2002 – VI ZR 449/01 – NJW 2003, S. 1121).

6 Die schädigende Handlung muss eine betriebliche sein. Anders als in den auf das Arbeitsleben zugeschnittenen §§ 104, 105 muss die „betriebliche Tätigkeit" an die konkrete Prüfungs-, (Hoch-)Schul- und Spielsituation sowie an das entsprechende Alter der von § 106 Abs. 1 betroffenen Personengruppe angepasst werden. Erfasst sind etwa alle schulbezogenen, auf die Vor- und Nachwirkungen des Schulbetriebs zurückzuführenden Tätigkeiten sowie der Ausbildung dienende Handlungen (vgl. BGH 30. 3. 2004 – VI ZR 163/03 – r + s 2004, S. 307). Die schädigende Handlung muss in engem Zusammenhang mit dem Gefahrenbereich „Schule" bzw. „Ausbildungsstätte" stehen und darf nicht nur bei Gelegenheit begangen worden sein (Hauck/Noftz/Nehls § 106 Rn. 9), was jedoch nicht ausschließt, auch Raufereien und Spielereien zu erfassen, da insoweit die Schulbezogenheit weit auszulegen ist. So wurde in der Rechtsprechung der Einsatz eines Taschenmessers als Reaktion auf Bespritzen (BGHZ 67, S. 269) ebenso noch in den Gefahrenbereich „Schule" gezählt wie das Werfen von Feuerwerkskörpern (BGH VersR 2004, S. 788). Ausführlich zu diesem Problemkreis: Graßl BG 1987, S. 156; Rolfs VersR 1996, S. 1194; Leube VersR 2000, S. 948.

Angesichts dieser weiten Auslegung der „betrieblichen Tätigkeit" muss die schädigende Handlung immer in der versicherten Eigenschaft vorgenommen werden, so dass es zB nicht ausreicht, wenn ein Schüler einen Freund in der Schule abholt und dabei dann dort einen anderen Schüler verletzt (Kass-Komm/Ricke § 106 Rn. 5).

Zu beachten ist, dass darüber hinaus die häufigen Schädigungen von Schülern untereinander auf Wegen von und zur Schule als Wegeunfälle ohnehin ausgenommen sind (§ 104 Abs. 1 S. 1).

7 In den Fällen des § 106 Abs. 1 kommt der Haftungsentsperrung wegen Vorsatzes große Bedeutung zu. Dieser wird oftmals angesichts des Alters der von § 106 Abs. 1 erfassten Schüler zu verneinen sein, da Kinder oft mutwillig handeln, ohne im konkreten Moment die Verletzungsfolge zu überblicken; der Vorsatz im Sinne der §§ 104 ff. muss aber die Verletzungshandlung und den konkreten

Schadensumfang umfassen (vgl. Kommentierung zu § 104 Rn. 7). Dieser Gedanke findet sich auch in der zu Recht zurückhaltenden Rechtsprechung wieder, die Vorsatz zB bei einer Halsverletzung durch den Taschenmesserstich eines 7-Jährigen (vgl. BGH VersR 1977, S. 129) ebenso verneint wie bei einem Gehörschaden infolge eines Böllerwurfs durch einen Gymnasiasten (vgl. BGH VersR 2004, S. 788); Entsprechendes gilt für eine schwere Augenverletzung, die ein 15-Jähriger beim Schlagen von Papierkugeln aus Aluminium mit einer Eisensäge verursachte, bei der sich ein Sägeblatt löste (BGH VersR 2003, S. 595).

II. Haftungsbeschränkung für Pflegebedürftige und Pflegepersonen (§ 106 Abs. 2)

§ 106 Abs. 2 schließt die Haftung der Pflegebedürftigen gegenüber den Pflegepersonen (Nr. 1) und umgekehrt (Nr. 2) sowie die Haftung der Pflegepersonen desselben Pflegebedürftigen untereinander aus (Nr. 3). Erfasst sind nur Pflegepersonen iSd. § 2 Abs. 1 Nr. 17, dh. Personen iSv. § 19 SGB XI bei der Pflege von Pflegebedürftigen iSd. § 14 SGB XI. § 106 Abs. 2 gilt nicht für von den Pflegebedürftigen selbst beschäftigte oder beschäftigtenähnliche Pflegepersonen; in diesen Fällen sind bereits die §§ 104 bzw. 105 Abs. 2 einschlägig. Die schädigende Handlung muss eine „betriebliche", dh. eine der Pflege dienliche Tätigkeit sein. Wird der Pflegebedürftige von der Pflegeperson geschädigt, würde ihm als regelmäßig nicht versicherte Person der zivilrechtliche Schadensersatzanspruch ohne äquivalente unfallversicherungsrechtliche Leistungen entzogen (§ 106 Abs. 2 Nr. 2). Daher sind ihm gem. § 106 Abs. 2 Nr. 2 iVm. § 105 Abs. 2 Leistungen der gesetzlichen Unfallversicherung wie einem unversicherten Unternehmer zu gewähren (vgl. Kommentierung zu § 105 Rn. 6; vgl. Leube BG 2001, S. 141; KassKomm/Ricke § 106 Rn. 9).

III. Haftungsbeschränkung bei einer gemeinsamen Betriebsstätte, bei Unglücksfällen und Unternehmen des Zivilschutzes (§ 106 Abs. 3)

§ 106 Abs. 3 Var. 1 und 2 regeln Haftungsausschlüsse der gem. § 2 Abs. 1 Nr. 12 Versicherten für den Fall, dass Unternehmen zur Hilfe bei Unglücksfällen (zB Feuerwehr, Deutsches Rotes Kreuz, Bergwacht) oder Unternehmen des Zivilschutzes (zB Bundesamt für Zivilschutz, Johanniter-Unfallhilfe, THW, Deutsches Rotes Kreuz, soweit sie Aufgaben des Katastrophenschutzes wahrnehmen) zusammenwirken und die für die beteiligten Unternehmen Tätigen untereinander durch betriebliche Tätigkeiten Personenschäden verursachen. Grund für diesen Haftungsausschluss ist der Umstand, dass in diesen Bereichen die gegenseitige Schädigungsgefahr der Tätigen, auch bei Übungseinsätzen, besonders groß ist (KassKomm/Ricke § 106 Rn. 10).

§ 106 Abs. 3 Var. 3 schließt die Haftung der Beschäftigten verschiedener Unternehmen aus, wenn diese bei vorübergehenden betrieblichen Tätigkeiten auf einer gemeinsamen Betriebsstätte gegenseitig Personenschäden verursachen (grundlegend Stöhr VersR 2004, S. 809). Eine vorübergehende betriebliche Tätigkeit reicht aus, der Haftungsausschluss greift aber auch bei längerer Dauer der Tätigkeit ein (KassKomm-Ricke § 106 Rn. 10a; aA Kater/Leube SGB VII § 106 Rn. 18).
Der Begriff der gemeinsamen Betriebsstätte ist entsprechend dem Normzweck tätigkeitsbezogen-funktional zu verstehen. Nicht notwendig ist dabei, dass auf der gemeinsamen Betriebsstätte eine gemeinschaftliche Arbeit an einem gemeinschaftlichen Ort im Sinne einer Arbeitsgemeinschaft verrichtet werden muss, da dann bereits die §§ 104 und 105 unmittelbar anwendbar wären (vgl. Becker/Burchard/Krasney/Kruschinski-Kransny § 106 Rn. 16 mwN). Auf der anderen Seite ist ein zufälliges Nebeneinander bzw. der rein zeitliche oder räumliche Kontakt von neben- oder nacheinander stattfindenden Verrichtungen auch nicht ausreichend, da ein Mindestmaß an gegenseitiger Verknüpfung gegeben sein muss, um von einer gemeinsamen Betriebsstätte sprechen zu können. Der BGH definiert die gemeinsame Betriebsstätte daher in Anlehnung an § 2 Arbeitsstättenverordnung (BGHZ 145, S. 331 = NJW 2001, S. 443) als jede über die Fälle der Arbeitsgemeinschaft hinausgehende betriebliche Aktivität von Versicherten mehrerer Unternehmen, die bewusst und gewollt bei einzelnen Maßnahmen ineinander greifen, miteinander verknüpft sind, sich ergänzen oder unterstützen, wobei es ausreicht, dass die gegenseitige Verständigung stillschweigend durch bloßes Tun erfolgt. Die größte Bedeutung hat die Vorschrift nach wie vor auf Baustellen, wobei die entsprechenden Voraussetzungen insb. durch die Zunahme von gesellschaftsrechtlichen Zergliederungen ehemaliger Großunternehmen und die Fremdvergabe von ganzen Aufgabenbereichen (bspw. outsourcing) auch in nahezu allen anderen Wirtschaftsbereichen zunehmend erfüllt sein werden.
Im Ergebnis wurde in der Rechtsprechung eine gemeinsame Betriebsstätte zB bejaht bei der Zusammenarbeit von Kranführer und die Last einhängendem Beschäftigten (vgl. BGH RuS 2001, 1368), bei einem Tierarzt der ein Pferd behandelt, das der Eigentümer festhält (vgl. BGH RuS 2001, 369), oder beim Mitfahren als Lotse im LKW der anliefernden Firma (OLG Koblenz RuS 2001, 196); verneint hat die Rechtsprechung eine gemeinsame Betriebsstätte zB beim Anfahren eines Fahrers der beliefernden Fremdfirma, der nicht am Abladevorgang beteiligt ist (OLG Köln Urt. vom 2. 8. 2001 – 8 U 19/01 – HVBG-Info 2002, S. 661), bei der Gerüsterrichtung durch eine Gerüstbaufirma und der späteren Benutzung durch Versicherte anderer Firmen (BSG VersR 2004, S. 381) oder bei der Errich-

tung einer Mauer in einer Werkhalle durch eine Fremdfirma ohne Beteiligung der in der Werkhalle Beschäftigten (OLG Hamm RuS 2001, S. 418). Zu den genannten und zu weiteren Beispielen umfassend: KassKomm/Ricke § 106 Rn. 11; Hauck/Noftz/Nehls § 106 Rn. 18a ff.

11 Der Geschädigte muss Versicherter in der gesetzlichen Unfallversicherung sein (vgl. „Versicherte mehrerer Unternehmen" in § 106 Abs. 3; aA wegen Verweisung auf § 105: KassKomm/Ricke § 106 Rn. 12). Auch der versicherte Unternehmer wird von § 106 Abs. 3, 3. Var. erfasst (vgl. SG Koblenz Urteil vom 22. 2. 2006 – S 2 U 423/04 und SG Frankfurt, Urteil vom 29. 3. 2006 – S 10 U 2983/02). Voraussetzung ist allerdings unter dem Aspekt der Gefahrengemeinschaft, dass er auf der Betriebsstätte selbst anwesend ist und tätig wird (BGHZ 148, S. 214). Uneinheitlich wird die Frage beurteilt, ob auch versicherungsfreien Beamten und nicht versicherten Unternehmern das Haftungsprivileg des § 106 Abs. 3, 3. Var. bei der Schädigung von Versicherten auf einer gemeinsamen Betriebsstätte zugute kommt. Dies wird wegen der unterschiedlichen Wortwahl in § 106 Abs. 3 (einerseits „Versicherte mehrerer Unternehmen", andererseits „für die beteiligten Unternehmen Tätigen") teilweise bejaht (KassKomm/Ricke § 106 Rn. 12). Indes lässt sich die unterschiedliche Terminologie auch ohne Schwierigkeiten damit begründen, dass die Voraussetzung „Versicherte mehrerer Unternehmen" den personellen Anwendungsbereich betrifft, die Formulierung „für die beteiligten Unternehmen Tätigen" demgegenüber als zusätzliche Voraussetzung das Tätigwerden auf der Betriebsstätte normiert. Da auch systematische und teleologische Gründe gegen eine Einbeziehung sprechen – insbesondere aus Betriebsfriedens- und Finanzierungsaspekten lässt sich keine Privilegierung rechtfertigen – ist mit der Rechtsprechung vom Ausschluss nicht versicherter Unternehmer vom Haftungsprivileg im Falle des § 106 Abs. 3 auszugehen (BSG 26. 6. 2007 – B 2 U 17/06 R – SGb 2008, S. 418 mit Anm. v. Koppenfels-Spies; vgl. BGHZ 148, S. 209, 214; BGHZ 151, S. 198; BGH 11. 11. 2003 – VI ZR 13/03 – VersR 2004, S. 202).

12 Soweit der gem. § 106 Abs. 3, 3. Var. privilegierte Schädiger und sein Unternehmer, der nicht auf der Unternehmensstätte anwesend und daher nicht haftungsprivilegiert ist, über §§ 831, 840 BGB gemeinsam für den Schaden einer auf der gemeinsamen Betriebsstätte tätigen Person haften, ist die Haftung beider ausgeschlossen: Die Haftung des tätigen Versicherten wegen § 106 Abs. 3, 3. Var. und die Haftung des an sich gem. § 831 BGB verantwortlichen Unternehmers wegen § 840 Abs. 2 BGB iVm. den Grundsätzen über das gestörte Gesamtschuldverhältnis (vgl. BGH 14. 6. 2005 – VI ZR 25/04 – r + s 2005, S. 395; BGH 11. 11. 2003 – VI ZR 13/03 VersR 2004, S. 202; ErfKom/Rolfs § 106 Rn. 4; Lauterbach/Dahm § 106 Rn. 32). Die Haftung des Unternehmers bleibt jedoch insoweit bestehen, als ihn eine eigene Verantwortung, zB wegen der Verletzung einer Verkehrssicherungspflicht oder wegen eines Organisationsverschuldens, trifft (BGHZ 157, S. 9; NJW 2005, S. 3144; NJW-RR 2007, S. 1027).

IV. Haftungsbeschränkung gegenüber Besuchern

13 § 106 Abs. 4 schließt schließlich die Schadensersatzhaftung von Betriebsangehörigen gegenüber Personen aus, die sich auf der Unternehmensstätte aufhalten und gem. § 3 Abs. 1 Nr. 2 kraft Satzung versichert sind. Damit wird dem Umstand Rechnung getragen, dass durch den erlaubten Aufenthalt der Besucher auf der Unternehmensstätte deren Schädigungsrisiko erhöht wird (Lauterbach/Dahm § 106 Rn. 29). Das Haftungsprivileg gilt nicht im umgekehrten Fall, es sei denn, der Unternehmensbesucher übt eine sog. Wie-Beschäftigung aus und ist deswegen gem. § 2 Abs. 2 versichert (vgl. Hauck/Noftz/Nehls § 106 Rn. 19). Wegen der Verweisung auf § 105 muss der Schädiger nicht Versicherter sein.

§ 107 Besonderheiten in der Seefahrt

(1) Bei Unternehmen der Seefahrt gilt § 104 auch für die Ersatzpflicht anderer das Arbeitsentgelt schuldender Personen entsprechend. § 105 gilt für den Lotsen entsprechend.

(2) Beim Zusammenstoß mehrerer Seeschiffe von Unternehmen, für die die Berufsgenossenschaft für Transport und Verkehrswirtschaft zuständig ist, gelten die §§ 104 und 105 entsprechend für die Ersatzpflicht, auch untereinander, der Reeder der dabei beteiligten Fahrzeuge, sonstiger das Arbeitsentgelt schuldender Personen, der Lotsen und der auf den beteiligten Fahrzeugen tätigen Versicherten.

A. Regelungsgehalt und Normzweck

1 § 107 trägt den Besonderheiten der Seefahrt Rechnung und schließt die Ersatzpflicht anderer das Arbeitsentgelt schuldender Personen in entsprechender Anwendung des § 104 sowie die Haftung des Lotsen entsprechend § 105 aus. „Andere das Arbeitsentgelt schuldende Personen" sind etwa der Charterer oder Ausrüster eines Schiffes, die zwar Arbeitgeberfunktion haben, aber nicht Unternehmer iSd. § 136 sind (dies bleibt wegen § 136 Abs. 3 Nr. 4 der Reeder) und daher nicht von § 104

erfasst würden. Die in § 107 Abs. 1 S. 2 genannten Lotsen sind selbständig tätig und gehören nicht zur Besatzung; obwohl sie Unternehmer sind, kommt ihnen § 104 nicht zugute, weil die Besatzungsmitglieder nicht in dem Unternehmen „Lotse" tätig sind und der Lotse keine versicherte Tätigkeit für das Unternehmen des Schiffes ausübt. § 107 dehnt die Haftungsbefreiung gleichwohl auf Charterer und Lotsen aus, weil sie zur Gefahrengemeinschaft des Schiffes gehören und weil der Charterer neben dem Reeder gem. § 150 Abs. 2 Nr. 2 für die Beiträge zur gesetzlichen Unfallversicherung haftet.

B. Haftungsbefreiung für andere das Arbeitsentgelt schuldende Personen und Lotsen, § 107 Abs. 1

Für die Haftungsbefreiung des dem Unternehmer gem. § 107 Abs. 1 S. 1 gleichgestellten Charterers ist es unerheblich, ob er den Versicherungsfall durch eine betriebliche oder eigenwirtschaftliche Tätigkeit an Bord verursacht (Becker/Burchardt/Krasney/Kruschinsky § 107 Rn. 5, 8). Lotsen sind nur dann haftungsbefreit, wenn sie den Arbeitsunfall durch eine betriebliche Tätigkeit herbeigeführt haben.   **2**

C. Zusammenstoß mehrerer Seeschiffe

§ 107 Abs. 2 dehnt die Haftungsbefreiung im Falle eines Zusammenstoßes mehrerer Seeschiffe auf die Schadensersatzpflicht der Reeder, sonstiger das Arbeitsentgelt schuldender Personen, der Lotsen und der auf den beteiligten Fahrzeugen tätigen Versicherten aus. Voraussetzung ist, dass für die beteiligten Seeschiffe jeweils die See-Berufsgenossenschaft (§ 121 Abs. 2) zuständig ist (verfassungsrechtliche Bedenken insoweit bei Otto/Schwarze, Haftung des Arbeitnehmers, Rn. 593). Verursacht ein Versicherter den Versicherungsfall eines anderen Besatzungsmitglieds, muss dies durch eine betriebliche Tätigkeit erfolgt sein; soweit ein Unternehmer die schädigende Person ist, ist es unerheblich, durch welche Handlung er den Versicherungsfall hervorgerufen hat (Hauck/Noftz/Nehls § 107 Rn. 7; Becker/Burchardt/Krasney/Kruschinsky § 107 Rn. 8). Kein Zusammenstoß iSd. § 107 Abs. 2 ist das Übergreifen eines Feuers (Lauterbach/Göttsch § 107 Rn. 8).   **3**

§ 108 Bindung der Gerichte

(1) **Hat ein Gericht über Ersatzansprüche der in den §§ 104 bis 107 genannten Art zu entscheiden, ist es an eine unanfechtbare Entscheidung nach diesem Buch oder nach dem Sozialgerichtsgesetz in der jeweils geltenden Fassung gebunden, ob ein Versicherungsfall vorliegt, in welchem Umfang Leistungen zu erbringen sind und ob der Unfallversicherungsträger zuständig ist.**

(2) ¹Das Gericht hat sein Verfahren auszusetzen, bis eine Entscheidung nach Absatz 1 ergangen ist. ²Falls ein solches Verfahren noch nicht eingeleitet ist, bestimmt das Gericht dafür eine Frist, nach deren Ablauf die Aufnahme des ausgesetzten Verfahrens zulässig ist.

A. Regelungsgehalt

Für den Fall, dass (ordentliche) Gerichte über Ersatzansprüche der §§ 104–107 zu entscheiden haben, ordnet § 108 Abs. 1 deren Bindung an unanfechtbare Entscheidungen der Unfallversicherungsträger und Sozialgerichte an. § 108 Abs. 2 betrifft die Verfahrensaussetzung für den Zeitraum, in dem eine bindende Entscheidung nach Abs. 1 noch nicht ergangen ist.   **1**

B. Normzweck

§ 108 trägt dem Umstand Rechnung, dass in dem Bereich der Haftungsausschlüsse der §§ 104 ff. auf der einen Seite Zivil- und Arbeitsgerichte und auf der anderen Seite Sozialgerichte und Unfallversicherungsträger zu entscheiden haben können; angesichts dessen will § 108 einheitliche Entscheidungen sicherstellen und räumt dafür den Entscheidungen der Unfallversicherungsträger und Sozialgerichte einen Vorrang ein. § 108 dient damit der Rechtseinheit.   **2**

C. Reichweite der Bindungswirkung (§ 108 Abs. 1)

Die Bindungswirkung erfasst Verwaltungsakte der Unfallversicherungsträger, Entscheidungen nach dem SGG, Anerkenntnisse und Vergleiche; Voraussetzung ist jeweils, dass diese Entscheidungen im   **3**

Verhältnis Unfallversicherungsträger-Verletzter (oder Hinterbliebener) ergangen sind. Dementsprechend besteht keine Bindungswirkung bezüglich der Entscheidungen in anderen Verfahren, etwa zwischen Verletztem und Krankenkasse (KassKomm/Ricke § 108 Rn. 2). Die Bindungswirkung setzt voraus, dass die unanfechtbare Entscheidung auch für den Schädiger bestandskräftig geworden ist (BGHZ 129, S. 195; Lauterbach/Dahm § 108 Rn. 4; Hauck/Noftz/Nehls § 108 Rn. 6) Dazu muss dieser zumindest in Kenntnis des Verfahrens und dessen Auswirkungen auf seine eigene rechtliche Position darüber entschieden haben können, ob er an dem sozialrechtlichen Verfahren teilnehmen will oder nicht, da dessen Rechte durch die Bindungswirkung nicht beeinträchtigt werden dürfen (BGH 20. 11. 2007 – VI ZR 244/06 – NJW 2008, S. 1877). Eine Entscheidung ist auch dann endgültig, wenn im Rahmen des § 44 SGB X eine erneute Entscheidung herbeigeführt werden kann (Becker/Burchardt/Krasney/Kruschinsky § 108 Rn. 7 mwN). Adressaten der Bindungswirkung sind vor allem die Zivil- und die Arbeitsgerichte, aber natürlich auch alle anderen „Gerichte außerhalb der Sozialgerichtsbarkeit"(BGH NZS 2006, S. 432 f.).

4   Gegenstand der Bindung ist zunächst die Frage, ob ein Versicherungsfall gegeben ist (einschließlich einer negativen Entscheidung zu dieser Frage), womit zugleich die Frage mitentschieden ist, ob der Verletzte im Schädigungszeitpunkt in der gesetzlichen Unfallversicherung versichert war und wodurch die Versicherungspflicht ausgelöst wurde. Dh. die Bindungswirkung erstreckt sich auch auf die Frage, ob der Geschädigte seinen Schaden wegen einer Beschäftigung nach § 2 Abs. 1 Nr. 1 oder als Hilfeleistender nach § 2 Abs. 1 Nr. 13 erlitten hat (vgl. BGH VersR 2006, S. 548). Weiterhin betrifft die Bindungswirkung den Umfang der zu gewährenden Leistungen, dh. Höhe, Dauer und Art der Entschädigung einschließlich der Berechnungsgrundlagen, was vor allem bei einer Anrechnung gem. § 104 Abs. 3 von Bedeutung wird (vgl. KassKomm/Ricke § 108 Rn. 4; Hauck/Noftz/Nehls § 108 Rn. 8). Ferner sind die Zivilgerichte an die Feststellung gebunden, welcher Unfallversicherungsträger zuständig ist. Die Feststellung umfasst auch, in welchem Unternehmen sich der Arbeitsunfall ereignet hat; dies schließt jedoch nicht aus, dass die Gerichte der Zivil- oder der Arbeitsgerichtsbarkeit den Unfall noch einem weiteren Unternehmen zuordnen (Becker/Burchardt/Krasney/Kruschinsky § 108 Rn. 10 mwN). Ob es sich um einen Arbeitsunfall oder um einen Wegeunfall handelt, wird in der Regel nicht in den Verfügungssatz des Verwaltungsaktes aufgenommen, so dass die Zivil- bzw. Arbeitsgerichte insoweit frei sind. Dies gilt auch, wenn die Frage offen gelassen wurde.

5   Keine Bindungswirkung ist hinsichtlich der Folgen des Versicherungsfalles gegeben, weil sie angesichts der unterschiedlichen (kausalen) Zurechnungslehren im Zivilrecht und Unfallversicherungsrecht anders beurteilt werden können (Lauterbach/Dahm § 108 Rn. 9; KassKomm/Ricke § 108 Rn. 4); unfallversicherungsrechtliche Entscheidungen können daher nicht bindend festlegen, was die zivilrechtlich zu entschädigende Folge ist (BGH 25. 3. 1958 – VI ZR 13/57 – VersR 1958, S. 377). Ebenfalls nicht von der Bindungswirkung erfasst ist die Frage, ob ein ursächlicher Zusammenhang zwischen Versicherungsfall und Gesundheitsbeeinträchtigung gegeben ist (BGH 25. 4. 2006 – VI ZR 108/05 – NZS 2006, S. 600).

6   Allein von den Zivilgerichten zu entscheiden und damit nicht von der Bindungswirkung gem. § 108 Abs. 1 erfasst sind die Fragen, ob der Versicherungsfall vorsätzlich herbeigeführt wurde, ob ein zivilrechtlicher Ursachenzusammenhang zwischen dem Versicherungsfall und bestimmten Gesundheitsstörungen besteht, ferner ob eine betriebliche Tätigkeit, derselbe Betrieb und eine gemeinsame Betriebsstätte gegeben sind. Diese Voraussetzungen sind für die rein unfallversicherungsrechtliche Beziehung der Beteiligten untereinander nicht relevant (vgl. KassKomm/Ricke § 108 Rn. 7, 8).

D. Verfahrensaussetzung (§ 108 II)

7   Solange eine bindende Entscheidung iSd. § 108 Abs. 1 noch nicht ergangen ist, aber das Parallelverfahren beim Unfallversicherungsträger oder Sozialgericht eingeleitet wurde, haben die Zivil- und Arbeitsgerichte das Verfahren gem. § 108 Abs. 2 bis zu einer Entscheidung auszusetzen. Das Gericht hat hinsichtlich der Aussetzung, die gegenüber den Parteien, nicht gegenüber dem Sozialversicherungsträger erfolgt, kein Ermessen (BGH v. 20. 4. 2004 – VI ZR 189/03; Hauck/Noftz/Nehls § 108 Rn. 12). Damit sollen überflüssige Mehrarbeit und sich widersprechende Entscheidungen vermieden werden (Hauck/Noftz/Nehls § 108 Rn. 12). Ist ein sozialrechtliches Verfahren noch nicht eingeleitet worden, bestimmt das Gericht von Amts wegen gem. § 108 Abs. 2 S. 2 nach seinem Ermessen eine Frist; als Orientierungsgröße kann die gesetzliche Frist für eine Untätigkeitsklage nach § 88 SGG von 6 Monaten herangezogen werden (Lauterbach/Dahm § 108 Rn. 13). Ist bis zum Fristablauf kein sozialrechtliches Verfahren eingeleitet worden, kann das Zivil- oder Arbeitsgericht frei entscheiden.

8   § 108 Abs. 2 ist nicht anwendbar bei einem Rechtsstreit zwischen dem Sozialversicherungsträger des Geschädigten und dem Haftpflichtversicherer des Schädigers über Ansprüche aus Teilungsabkommen (BGH 20. 9. 2005 – VI ZB 78/04 – NJW-RR 2007, S. 531); eine Entscheidung im Verfahren über Erstattungsansprüche der Leistungsträger untereinander gem. §§ 102 ff. SGB X reicht ebenfalls nicht aus (BGH 20. 9. 2005 – VI ZB 78/04 – NJW-RR 2007, S. 532).

§ 109 Feststellungsberechtigung von in der Haftung beschränkten Personen

¹Personen, deren Haftung nach den §§ 104 bis 107 beschränkt ist und gegen die Versicherte, ihre Angehörigen und Hinterbliebene Schadenersatzforderungen erheben, können statt der Berechtigten die Feststellungen nach § 108 beantragen oder das entsprechende Verfahren nach dem Sozialgerichtsgesetz betreiben. ²Der Ablauf von Fristen, die ohne ihre Verschulden verstrichen sind, wirkt nicht gegen sie; dies gilt nicht, soweit diese Personen das Verfahren selbst betreiben.

A. Regelungsgehalt und Normzweck

§ 109 räumt den gem. §§ 104–107 haftungsprivilegierten Schädigern die Möglichkeit ein, anstelle der Berechtigten die Feststellungen nach § 108 zu beantragen. Dies ist dann wichtig, wenn der Geschädigte, der die Wahl hat, den zivilrechtlichen Schadensersatzanspruch oder Sozialversicherungsleistungen geltend zu machen, sich zB wegen des Schmerzensgeldanspruchs für ersteren entscheidet; ohne § 109 liefe der Schädiger Gefahr, vom Zivil- oder Arbeitsgericht zum Schadensersatz verurteilt zu werden, obwohl er an sich haftungsprivilegiert ist. Mithilfe des § 109 kommt somit der Haftungsausschluss der §§ 104–107 auch dann zum Tragen, wenn kein Feststellungsverfahren von Amts wegen eingeleitet wurde oder der Geschädigte keine unfallversicherungsrechtlichen Leistungen geltend macht. § 109 verleiht den möglichen haftungsprivilegierten Schädigern ein selbständig einklagbares Recht, die Anerkennung als Arbeitsunfall oder Berufskrankheit zu betreiben (Lauterbach/Dahm § 109 Rn. 5; Hauck/Noftz/Nehls § 109 Rn. 1).

B. Kreis der Berechtigten

Antragsberechtigt nach § 109 sind alle Personen, deren Haftung möglicherweise nach §§ 104–107 ausgeschlossen ist und die bereits auf zivilrechtlicher Grundlage in Anspruch genommen worden sind. Unter diesen Voraussetzungen ist etwa auch der direkt in Anspruch genommene Haftpflichtversicherer des Unternehmers feststellungsberechtigt (BSGE 80, S. 279). Ein Antragsrecht ist ausgeschlossen, wenn die Berechtigten selbst Feststellungen nach § 108 beantragt haben (vgl. Wortlaut des § 109: „statt der Berechtigten"). In diesem Fall ist der Schädiger im Verwaltungsverfahren gem. § 12 SGB X zu beteiligen und im sozialgerichtlichen Verfahren gem. § 75 SGG beizuladen, wodurch die Bindungswirkung der Entscheidung dann auch die haftungsprivilegierte Person trifft.

Im Verwaltungsverfahren ist ein konkreter (förmlicher) Antrag für die Geltendmachung der Beteiligung nicht erforderlich; hier reicht eine einfache Erklärung, aus der sich ergibt, dass der Unfallversicherungsträger das Feststellungsverfahren betreiben solle (BSGE 13, S. 122, 125). Im gerichtlichen Verfahren sind die Anforderungen des SGB X und des SGG einzuhalten.

C. Inhalt/Fristablauf

Der Antrag betrifft die Feststellungen des § 108, dh. das Vorliegen eines Versicherungsfalls, die Frage, welcher Unfallversicherungsträger zuständig ist und in welchem Umfang Leistungen zu erbringen sind. Außerdem kann die nach § 109 antragsberechtigte Person anstelle des Berechtigten Rechtsmittel gegen einen Verwaltungsakt einlegen, durch den ein Unfallversicherungsträger einen Arbeitsunfall oder seine Zuständigkeit verneint hat.

Für den Fall, dass zunächst der Berechtigte allein das Verfahren betreibt und gegen eine Entscheidung kein Rechtsmittel einlegt, eröffnet § 109 S. 2, 1. HS dem Schädiger die Möglichkeit, Rechtsmittel auch nach Ablauf der für den Berechtigten geltenden Fristen einzulegen, wenn er die fristsetzende Entscheidung oder die Frist nicht kannte oder nicht kennen konnte (BSGE 54, S. 279, 280). Liegt kein Verschulden vor (leichte Fahrlässigkeit genügt), kann der haftungsprivilegierte Schädiger eine gegenüber dem Berechtigten bereits bindende Entscheidung anfechten und dadurch auch für diesen die Bindung wieder aufheben. Betreibt die haftungsprivilegierte Person das Verfahren selbst, hat sie die Fristen wie der Geschädigte selbst zu beachten (vgl. § 109 S. 2, 2. HS).

Zweiter Abschnitt. Haftung gegenüber den Sozialversicherungsträgern

§ 110 Haftung gegenüber den Sozialversicherungsträgern

(1) Haben Personen, deren Haftung nach den §§ 104 bis 107 beschränkt ist, den Versicherungsfall vorsätzlich oder grob fahrlässig herbeigeführt, haften sie den Sozialversiche-

rungsträgern für die infolge des Versicherungsfalls entstandenen Aufwendungen, jedoch nur bis zur Höhe des zivilrechtlichen Schadenersatzanspruchs. Statt der Rente kann der Kapitalwert gefordert werden. Das Verschulden braucht sich nur auf das den Versicherungsfall verursachende Handeln oder Unterlassen zu beziehen.

(1 a) ¹Unternehmer, die Schwarzarbeit nach § 1 des Schwarzarbeitsbekämpfungsgesetzes erbringen und dadurch bewirken, dass Beiträge nach dem Sechsten Kapitel nicht, nicht in der richtigen Höhe oder nicht rechtzeitig entrichtet werden, erstatten den Unfallversicherungsträgern die Aufwendungen, die diesen infolge von Versicherungsfällen bei Ausführung der Schwarzarbeit entstanden sind. ²Eine nicht ordnungsgemäße Beitragsentrichtung wird vermutet, wenn die Unternehmer die Personen, bei denen die Versicherungsfälle eingetreten sind, nicht nach § 28a des Vierten Buches bei der Einzugsstelle oder der Datenstelle der Träger der Rentenversicherung angemeldet hatten.

(2) Die Sozialversicherungsträger können nach billigem Ermessen, insbesondere unter Berücksichtigung der wirtschaftlichen Verhältnisse des Schuldners, auf den Ersatzanspruch ganz oder teilweise verzichten.

A. Regelungsgehalt

1   Gem. § 110 Abs. 1 haften Personen, deren Haftung nach den §§ 104–107 beschränkt ist, den Sozialversicherungsträgern für die Aufwendungen, die ihnen infolge des Versicherungsfalls entstanden sind. Es handelt sich dabei um einen originären Anspruch, der nicht aus dem Anspruch des Verletzten abgeleitet ist. Voraussetzung ist, dass der Versicherungsfall vorsätzlich oder grob fahrlässig herbeigeführt wurde. § 110 Abs. 1a normiert seit dem 23. 7. 2004 (BGBl. I S. 1842) eine grundsätzliche Erstattungspflicht der Unternehmer gegenüber den Sozialversicherungsträgern bei Versicherungsfällen infolge Schwarzarbeit. Gem. § 110 Abs. 2 können die Sozialversicherungsträger nach billigem Ermessen auf den Regressanspruch ganz oder teilweise verzichten.

B. Normzweck

2   Die Haftungsausschlüsse der §§ 104–107 sehen vor, dass Unternehmer und ihre Beschäftigten wegen der durch sie finanzierten Beiträge zur gesetzlichen Unfallversicherung grundsätzlich von der Schadensersatzhaftung freigestellt sein und letztlich die Unfallversicherungsträger mit den eingetretenen Schäden belastet werden sollen, es sei denn, der Schadensverursacher handelte vorsätzlich oder auf einem versicherten Weg. Eine Abwälzung der Schadensfolgen auf die in den Berufsgenossenschaften zusammengeschlossene Unternehmerschaft ist aber dann nicht mehr gerechtfertigt, wenn dem verursachenden Unternehmer oder Beschäftigten ein gravierendes Fehlverhalten, dh. eine vorsätzliche oder grob fahrlässige Unfallverursachung, vorzuwerfen ist. Die Regressregelung des § 110 dient weniger dem das Schadensersatzrecht beherrschenden Ausgleichsgedanken, sondern hat eine präventive und erzieherische Funktion im Hinblick auf die Unfallverhütung (BGHZ 75, S. 328, 331; KassKomm/Ricke § 110 Rn. 2). Daneben dient § 110 der Refinanzierung der gesetzlichen Unfallversicherung (BGHZ 57, S. 314, 317; ErfKom/Rolfs § 110 Rn. 1). Der Vorschrift kommt kein Strafcharakter zu, so dass § 110 etwa neben den Bußgeldvorschriften des § 209 Abs. 1 Nr. 1–3 angewendet werden kann (Hauck/Noftz/Nehls § 110 Rn. 2).

3   Ausgehend von der Tatsache, dass Schwarzarbeit in der gesetzlichen Unfallversicherung massive Beitragsausfälle verursacht, will § 110 Abs. 1a die weitere Ausbreitung von Schwarzarbeit eindämmen und einen Anreiz für die Anmeldung der Beschäftigten zur gesetzlichen Unfallversicherung schaffen (vgl. die Gesetzesbegründung, BT-Drs. 15/2573 S. 17, 32). Dieser Regelung kommt mithin Präventions- und Sanktionscharakter zu (ErfKom/Rolfs § 110 Rn. 3).

C. Voraussetzungen

I. Regressanspruch nach § 110 Abs. 1

4   Der Regressanspruch gem. § 110 Abs. 1 ist ein eigenständiger, nicht von der Rechtsposition des Verletzten abgeleiteter, privatrechtlicher Anspruch, der daher nicht durch Verwaltungsakt geltend gemacht werden kann, sondern vor den Zivilgerichten eingeklagt werden muss (BGHZ 57, S. 96, 100 f.; BGH 30. 4. 1968 – VI ZR 32/67 – NJW 1968, S. 1429).

5   Anspruchsberechtigt sind nicht nur die Unfallversicherungsträger, sondern alle Sozialversicherungsträger, die Leistungen wegen eines Schadensfalles erbringen; ausgenommen ist die Bundesagentur für Arbeit, da sie nicht aufgrund des Arbeitsunfalls, sondern bei Arbeitslosigkeit leistet (Maschmann SGb 1998, S. 54, 62; KassKomm/Ricke § 110 Rn. 3). Anspruchsverpflichtet sind alle Personen, deren Haf-

tung nach §§ 104–107 beschränkt oder ausgeschlossen ist; ferner die Personen, deren Haftungsausschluss ausnahmsweise wieder wegen vorsätzlicher Schädigung oder bei Wegeunfall entsperrt ist. Haben Angehörige des Verletzten den Versicherungsfall verursacht, ist das Familienprivileg des § 86 Abs. 3 VVG nicht anzuwenden (BGH 4. 10. 1977 (zu § 67 Abs. 2 VVG aF) – VI ZR 5/74 – NJW 1978, S. 214). Zum Regress verpflichtet sind weiterhin der Kfz-Haftpflichtversicherer nach § 3 Nr. 1 PflVG (BGH 21. 12. 1971 – VI ZR 137/70 – VersR 1972, S. 271) sowie der Erbe des Schädigers (BGH 23. 11. 1971 – VI ZR 148/70 – BG 1972, S. 153). Bei Leiharbeitsverhältnissen sind sowohl der entleihende als auch der verleihende Unternehmer dem Sozialversicherungsträger gem. § 110 verpflichtet.

Die Ersatzpflicht des § 110 setzt voraus, dass der Versicherungsfall vorsätzlich oder grob fahrlässig **6** herbeigeführt wurde. Dabei muss sich das Verschulden – anders als bei den §§ 104 ff. – gem. § 110 Abs. 1 S. 3 nur auf das den Versicherungsfall verursachende Handeln oder Unterlassen und nicht auch auf die Schadensfolgen beziehen. Hinsichtlich des Vorsatzes gilt der zivilrechtliche Vorsatzbegriff des § 276 BGB, so dass Wissen und Wollen der Tatbestandsverwirklichung gegeben sein muss. Grobe Fahrlässigkeit liegt vor, wenn eine besonders krasse und auch subjektiv schlechthin unentschuldbare Pflichtverletzung vorliegt, die das in § 276 BGB bestimmte Maß erheblich überschreitet (BGH 30. 1. 2001 – VI ZR 49/00 – NJW 2001, S. 2092, 2093). Anders als im Zivilrecht ist neben der objektiv erforderlichen Sorgfalt auch die subjektive Seite zu beachten (BGH 18. 10. 1988 – VI ZR 15/88 – VersR 1989, S. 109; OLG Hamm 20. 1. 1999 – 13 U 84/98 – SozVers 2000, S. 278). Ob grobe Fahrlässigkeit gegeben ist, kann nicht schematisch, sondern nur unter Berücksichtigung aller Umstände des Einzelfalls beantwortet werden. So ist auch bei einem Verstoß gegen Unfallverhütungsvorschriften nicht automatisch von grober Fahrlässigkeit auszugehen (BGH 8. 5. 1984 – VI ZR 296/82 – VersR 1984, S. 775). Ein Verstoß gegen Unfallverhütungsvorschriften ist zwar ein Indiz für das Vorliegen von grober Fahrlässigkeit (BGH BG 1985, 186; NJW 1988, S. 1265, 1266), auch hier muss aber eine gesteigerte Erheblichkeit hinzukommen; diese wird etwa angenommen bei leichtsinnigem Darüberhinwegsetzen trotz Kenntnis (Schmitt SGB VII § 110 Rn. 10) oder bei einem Verstoß gegen Unfallverhütungsvorschriften mit eindeutigen Sicherungshinweisen gegen tödliche Gefahren (BGH 30. 1. 2001 – VI ZR 49/00 – NJW 2001, S. 2092, 2093).

Ob ein Mitverschulden des Sozialversicherungsträgers gem. § 254 BGB zu berücksichtigen ist, hat der BGH bislang noch nicht entschieden; bei langer Duldung offensichtlich vorschriftswidriger Zustände wird aber ein Verstoß gegen Treu und Glauben angenommen (vgl. BGH 15. 1. 1974 – VI ZR 137/72 – NJW 1974, S. 797). In der Literatur wird die Anwendung von § 254 BGB uneinheitlich beurteilt (bejahend KassKomm/Ricke § 110 Rn. 7; Dahm ZfS 1995, S. 134; dem BGH folgend Hauck/Noftz/Nehls § 110 Rn. 7).

Herbeigeführt iSd. § 110 ist der Versicherungsfall, wenn das schuldhafte Verhalten des Schädigers kausal geworden ist, was wegen des zivilrechtlichen Charakters des § 110 nicht anhand der sozialrechtlichen Theorie der wesentlichen Bedingung, sondern nach Maßgabe der zivilrechtlichen Wertungen (Adäquanztheorie bzw. Schutzzweck der Norm) zu beurteilen ist.

Zu ersetzen sind die dem Unfallversicherungsträger infolge des Schadensfalles entstandenen Auf- **7** wendungen, jedoch nur bis zur Höhe des zivilrechtlichen Schadensersatzanspruchs, da der Schädiger nach dem Willen des Gesetzgebers durch § 110 nicht mehr schulden soll, als er ohne die §§ 104 ff. an zivilrechtlichem Schadensersatz zu zahlen gehabt hätte. Der insoweit als Maßstab dienende zivilrechtliche Schadensersatzanspruch, für den auch ein Mitverschulden des Geschädigten gem. § 254 BGB zu berücksichtigen ist (vgl. Hauck/Noftz/Nehls § 110 Rn. 18), umfasst die Kosten der Rehabilitation, Heilbehandlung und Pflege, das Schmerzensgeld, den Ersatz vermehrter Bedürfnisse sowie der Nachteile für Erwerb und Fortkommen, ferner die Ersatzansprüche der mittelbar Geschädigten (vgl. Hauck/Noftz/Nehls § 110 Rn. 16). Die zu ersetzenden Aufwendungen der Sozialversicherungsträger, für die diese darlegungs- und beweispflichtig sind (BGH 29. 1. 2008 – VI ZR 70/07 – NJW 2008, S. 2033), umfassen sämtliche Geld- und Sachleistungen, auch die Kosten der Ermittlung (zB Gutachten und Zeugenvernehmungen; vgl. Hauck/Noftz/Nehls § 110 Rn. 15). Anders als etwa § 116 SGB X verlangt der Wortlaut des § 110 keine Kongruenz zwischen Aufwendungen der Sozialversicherungsträger und zivilrechtlichem Schadensersatzanspruch (so auch die überwiegende Literaturauffassung: KassKomm/Ricke § 110 Rn. 8; Hauck/Noftz/Nehls § 110 Rn. 17; aA ErfKom/Rolfs § 110 Rn. 7). Der BGH bezieht dementsprechend auch das Schmerzensgeld für die Festlegung der Regressforderung nach § 110 mit ein (BGHZ 168, S. 161 ff.).

§ 110 Abs. 1 S. 2 gewährt die Möglichkeit, statt der Rente den Kapitalwert zu fordern, unabhängig **8** davon, ob der Versicherungsträger seinerseits die Unfallrente abgefunden hat. Unter „Rente" iSd. § 110 Abs. 1 S. 2 sind dem eindeutigen Wortlaut nur Renten im eigentlichen Sinne zu verstehen, nicht sonstige wiederkehrende Leistungen, wie Pflegegeld, Kuren etc. (str., wie hier KassKomm/ Ricke § 110 Rn. 8; Lauterbach/Dahm § 110 Rn. 17; aA Hauck/Noftz/Nehls § 110 Rn. 20).

II. Regressanspruch bei Schwarzarbeit (§ 110 Abs. 1a)

§ 110 Abs. 1a, der dem Unfallversicherungsträger einen Regressanspruch bei Versicherungsfällen **9** infolge von Schwarzarbeit einräumt, wird weithin für verfehlt gehalten (vgl. Waltermann BG 2006,

S. 79 f.; Leube SGb 2006, S. 404 ff.; KassKomm/Ricke § 110 Rn. 9). Die Rechtsnatur des Regressanspruchs bei Schwarzarbeit gem. § 110 Abs. 1 a ist umstritten. Da § 110 Abs. 1 a ausweislich der Gesetzesbegründung systemkonform in die (unumstritten privatrechtliche) Regelung des § 110 eingebettet werden sollte, wird überwiegend angenommen, dass § 110 Abs. 1 a wie auch § 110 Abs. 1 ein privatrechtlicher Anspruch ist (vgl. KassKomm/Ricke § 110 Rn. 11; Hauck/Noftz/Nehls § 110 Rn. 26; Leube SGb 2006, S. 404, 407 jeweils mwN; aA vor allem wegen des öffentlich-rechtlichen Sanktionszwecks: Lauterbach/Dahm § 110 Rn. 22; Waltermann BG 2006, S. 79, 80). Schwarzarbeit iSd. § 110 Abs. 1 a liegt unter den Voraussetzungen des § 1 Abs. 2 SchwArbG ua. dann vor, wenn der Unternehmer die sozialversicherungsrechtlichen Beitragspflichten nicht erfüllt. § 110 Abs. 1 a setzt voraus, dass der Unternehmer Beiträge nach §§ 150 ff. nicht, nicht in der richtigen Höhe oder nicht rechtzeitig entrichtet hat, was vermutet wird, wenn der Unternehmer den Verletzten nicht bei der Einzugsstelle nach § 28 a SGB IV angemeldet hat. Auf ein Verschulden des Unternehmers kommt es dabei nicht an (Gesetzesbegründung, BR-Drucks. 155/04). Diese Vermutung kann nach den allgemeinen Grundsätzen widerlegt werden (gem. § 292 ZPO, wenn wie hier ein privatrechtlicher Anspruch angenommen wird, bzw. §§ 202 SGG, 292 ZPO, sofern ein öffentlich-rechtlicher Anspruch bejaht wird; vgl. KassKomm/Ricke § 110 Rn. 12 b; Waltermann BG 2006, S. 79; aA ohne Begründung Hauck/Noftz/Nehls § 110 Rn. 23 b).

10 Der unfallversicherungsrechtliche Unternehmerbegriff ist weit; er umfasst zB auch Haushalte, die damit auch von der Regressregelung des § 110 Abs. 1 a erfasst werden. Hier wird aber ganz überwiegend eine Verpflichtung des Unfallversicherungsträgers zum Verzicht gem. § 110 Abs. 2 angenommen (dazu s. u.; vgl. die Gesetzesbegründung, BR-Drucks. 155/04, S. 87 f.; Hauck/Noftz/Nehls § 110 Rn. 23 c; Dahm r + s 2004, S. 403).

11 Zu erstatten sind alle Aufwendungen, die dem Unfallversicherungsträger infolge der Schwarzarbeit entstanden sind; diese können auch über die Höhe der nicht korrekt entrichteten Beiträge hinausgehen (Leube SGb 2006, S. 404, 407). Betroffen sind die Aufwendungen infolge aller Versicherungsfälle, dh. Arbeitsunfälle und Wegeunfälle; auf Grund des Normzwecks und der engen Verbindung zwischen der Arbeit und den notwendigerweise zurückzulegenden Wegen sind von § 110 Abs. 1 a auch Wegeunfälle erfasst (KassKomm/Ricke § 110 Rn. 11; Waltermann BG 2006, S. 79; aA Leube SGb 2006, S. 404, 407). Anders als § 110 Abs. 1 ist der Regressanspruch nach § 110 Abs. 1 a seiner Höhe nach nicht auf den zivilrechtlichen Schadensersatzanspruch des Geschädigten beschränkt, wodurch wiederum der Sanktionscharakter der Vorschrift zum Ausdruck kommt. Der Regressanspruch gem. § 110 Abs. 1 a kann auch neben den bestehen bleibenden Beitragsansprüchen geltend gemacht werden (Leube SGb 2006, S. 404, 407; KassKomm/Ricke § 110 Rn. 11).

D. Verzicht

12 Gem. § 110 Abs. 2 kann der Sozialversicherungsträger nach billigem Ermessen, vor allem unter Berücksichtigung der wirtschaftlichen Verhältnisse des Schuldners unter Einbeziehung etwaiger Haftpflichtversicherungsschutzes (vgl. Hauck/Noftz/Nehls § 110 Rn. 24), ganz oder teilweise auf den Regressanspruch verzichten. Mit dieser Regelung wird dem Umstand Rechnung getragen, dass es bei sozial schwachen Personen zu existenzvernichtenden Ersatzforderungen kommen kann, was auch unter Berücksichtigung des Strafzwecks der Norm nicht gerechtfertigt ist (vgl. KassKomm/Ricke § 110 Rn. 15). In den Fällen des Abs. 1 a sind die Voraussetzungen eines Verzichts besonders streng zu prüfen; bei geringfügiger Schwarzarbeit in privaten Haushalten wird in der Regel eine Ermessensreduzierung auf Null dahingehend angenommen, dass der Unfallversicherungsträger zum Verzicht verpflichtet ist (vgl. Kommentierung zu § 110 Rn. 10).

13 Gegen den Regressanspruch gem. § 110 besteht die Möglichkeit der Versicherung in der Betriebshaftpflicht- und Kfz-Haftpflichtversicherung (ErfKom/Rolfs § 110 SGB VII Rn. 2).

§ 111 Haftung des Unternehmens

Haben ein Mitglied eines vertretungsberechtigten Organs, Abwickler oder Liquidatoren juristischer Personen, vertretungsberechtigte Gesellschafter oder Liquidatoren einer Personengesellschaft des Handelsrechts oder gesetzliche Vertreter der Unternehmer in Ausführung ihnen zustehender Verrichtungen den Versicherungsfall vorsätzlich oder grob fahrlässig verursacht, haften nach Maßgabe des § 110 auch die Vertretenen.

Eine nach § 110 bestehende Haftung derjenigen, die den Versicherungsfall verursacht haben, bleibt unberührt.

Das gleiche gilt für Mitglieder des Vorstandes eines nicht rechtsfähigen Vereins oder für vertretungsberechtigte Gesellschafter einer Personengesellschaft des bürgerlichen Rechts mit der Maßgabe, daß sich die Haftung auf das Vereins- oder das Gesellschaftsvermögen beschränkt.

A. Regelungsgehalt und Normzweck

Da § 110 nur eine persönliche Erstattungspflicht natürlicher Personen begründet, dehnt § 111 die 1
in § 110 geregelte Haftung gegenüber dem Sozialversicherungsträger auf Personengesellschaften des
Handelsrechts, juristische Personen des öffentlichen und privaten Rechts etc. aus. § 111 statuiert eine
Repräsentantenhaftung, die den §§ 31, 89, 278 BGB vergleichbar ist. Sie trägt dem Umstand Rechnung, dass Vertreter des Unternehmens (dh. die natürliche Person) in vielen Fällen nicht imstande
sind, den ganzen Regress aufzubringen (Lauterbach/Dahm § 111 Rn. 1). Neben der Haftung der
Vertretenen, dh. der Unternehmen, bleibt die Haftung der Vertreter, dh. der den Schadensfall verursachenden natürlichen Person, gem. § 111 S. 2 bestehen; Vertreter und Vertretener haften gem. § 421
BGB als Gesamtschuldner.

B. Voraussetzungen und Rechtsfolgen

§ 111 normiert die Haftung von juristischen Personen des privaten Rechts (zB von rechtsfähigen 2
Vereinen, Stiftungen des Privatrechts und Kapitalgesellschaften) sowie des öffentlichen Rechts (wie
etwa Körperschaften, Stiftungen des öffentlichen Rechts und Anstalten); ferner haften gem. § 111
Personengesellschaften des Handelsrechts, zB OHGs und KGs. Die Haftung dieser juristischen Personen bzw. Personengesellschaften des Handelsrechts setzt voraus, dass deren Vertreter, also etwa Organmitglieder, Abwickler oder Liquidatoren, den Versicherungsfall grob fahrlässig oder vorsätzlich in
Ausführung ihnen zustehender Verrichtungen herbeigeführt haben. Der Schadensfall muss im Rahmen der den Vertretern aufgrund ihrer Vertretereigenschaft gesetzlich oder vertraglich übertragenen
Aufgaben, dh. im Rahmen ihrer beruflichen Kompetenzen, und nicht nur bei Gelegenheit ihrer beruflichen Stellung herbeigeführt worden sein (Lauterbach/Dahm § 111 Rn. 2; Hauck/Noftz/Nehls
§ 111 Rn. 7). Der Umfang der Haftung der Vertretenen richtet sich gem. § 111 S. 1 aE nach § 110.

Die Haftung der nach S. 1 genannten Unternehmen ist auf das Vermögen der Unternehmen be- 3
schränkt. Bei nicht rechtsfähigen Vereinen und Personengesellschaften des bürgerlichen Rechts beschränkt § 111 S. 3 ausdrücklich die Haftung auf das Vereins- oder Gesellschaftsvermögen und
schließt insoweit die andernfalls eintretende persönliche Haftung der Mitglieder oder Gesellschafter
aus.

Verzichtet der Sozialversicherungsträger gem. § 110 Abs. 2 auf den Ersatzanspruch, ist hinsichtlich 4
der als wesentlicher Gesichtspunkt für die Ausübung des billigen Ermessens genannten wirtschaftlichen Verhältnisse auf den Vertretenen, dh. das Unternehmen abzustellen (Hauck/Noftz/Nehls § 111
Rn. 9).

Neben der durch § 111 statuierten Haftung der vertretenen Unternehmen bleibt die Haftung der 5
verursachenden Vertreter bestehen; sie haften damit als Gesamtschuldner iSv. § 421 BGB.

§ 112 Bindung der Gerichte

§ 108 über die Bindung der Gerichte gilt auch für die Ansprüche nach den §§ 110
und 111.

Mit dem Ziel, divergierende Entscheidungen zu vermeiden, erklärt § 112 die Regelung des § 108 1
über die Bindungswirkung sozialrechtlicher Entscheidungen auch bei den Regressansprüchen der
Sozialversicherungsträger aus §§ 110, 111 für anwendbar. Bei der gerichtlichen Durchsetzung dieser
Regressansprüche (insoweit sind die ordentlichen Gerichte zuständig, vgl. § 110) sind zuvor unfallversicherungsrechtliche Fragen zu klären. Insoweit sind die Zivilgerichte gem. §§ 112, 108 an unanfechtbare Verwaltungsakte der Unfallversicherungsträger und rechtskräftige Entscheidungen der Sozialgerichte gebunden. Die Bindungswirkung betrifft das Vorliegen eines Versicherungsfalles, die
Zuständigkeit des Unfallversicherungsträgers und den Leistungsumfang. Falls eine bindende Entscheidung iSd. §§ 112, 108 Abs. 1 noch nicht ergangen ist oder ein sozialrechtliches Verfahren noch gar
nicht eingeleitet wurde, gilt § 108 Abs. 2 über die Aussetzung des Verfahrens und die Fristsetzung
durch das Zivilgericht (vgl. Kommentierung zu § 108 Rn. 7 f.).

§ 113 Verjährung

[1] Für die Verjährung der Ansprüche nach den §§ 110 und 111 gelten die §§ 195, 199
Abs. 1 und 2 und § 203 des Bürgerlichen Gesetzbuchs entsprechend mit der Maßgabe,
daß die Frist von dem Tag an gerechnet wird, an dem die Leistungspflicht für den Unfallversicherungsträger bindend festgestellt oder ein entsprechendes Urteil rechtskräftig geworden ist. [2] Artikel 229 § 6 Abs. 1 des Einführungsgesetzes zum Bürgerlichen Gesetzbuche gilt entsprechend.

1   Für die Verjährung der Regressansprüche der §§ 110, 111 ordnet § 113 die Geltung der §§ 195, 199 und 203 BGB und damit eine dreijährige Verjährungsfrist an. § 113 gilt für alle Sozialversicherungsträger, nicht nur für Unfallversicherungsträger. Obwohl eine ausdrückliche Regelung – etwa vergleichbar dem § 116 Abs. 10 SGB X – fehlt, gilt § 113 in analoger Anwendung auch für die Bundesagentur für Arbeit und die Träger der Grundsicherung für Arbeitsuchende.

2   Gegenstand der Verjährung ist der Anspruch in der Höhe der Aufwendungen nach § 110 Abs. 1 und nicht der Anspruch dem Grunde nach (Stammrecht) (KassKomm/Ricke § 113 Rn. 2; Hauck/Noftz/Nehls § 113 Rn. 4).

3   Der Lauf der dreijährigen Verjährungsfrist beginnt gem. § 113 S. 1, wenn die Leistungspflicht des Unfallversicherungsträgers durch schriftlichen Verwaltungsakt bindend festgestellt oder ein entsprechendes Urteil rechtskräftig wird; dies gilt entsprechend für die Ersatzansprüche der übrigen Sozialversicherungsträger. Gem. § 199 Abs. 1 BGB ist Verjährungsbeginn der auf die Feststellung der Leistungspflicht folgende Jahresschluss. Die bindende Feststellung der Leistungspflicht iSd. § 113 erfolgt nicht nur durch Verwaltungsakte iSd. § 102 SGB VII, § 36a Abs. 1 S. 1 Nr. 2 SGB IV, sondern durch jeden Verwaltungsakt des Unfallversicherungsträgers, der entsprechende Feststellungen enthält, auch wenn dadurch die Feststellungsbindung relativiert wird (KassKomm/Ricke § 113 Rn. 5). Denn die Verjährungsfrist soll dann zu laufen beginnen, wenn der Unfallversicherungsträger von seiner Eintrittspflicht ausgehen und entsprechende Ansprüche verfolgen kann (KassKomm/Ricke § 113 Rn. 5). Ist ein Feststellungsverfahren noch nicht eingeleitet worden, gilt gem. § 199 Abs. 2 BGB eine dreißigjährige Verjährungsfrist beginnend mit dem Zeitpunkt des Versicherungsfalles.

4   Die Verjährung ist gem. § 113 S. 1, § 203 BGB gehemmt, solange zwischen Schädiger und Sozialversicherungsträger Verhandlungen über den zu leistenden Schadensersatz schweben und nicht einer von ihnen ausdrücklich die Fortsetzung der Verhandlungen verweigert. Dabei ist der Begriff der „Verhandlungen" weit auszulegen (BGH 10. 5. 1983 – VI ZR 173/81 – NJW 1983, S. 2075), es genügt jeder Meinungsaustausch über den Schadensfall (BGHZ 93, S. 64; Lauterbach/Dahm § 113 Rn. 7; Hauck/Noftz/Nehls § 113 Rn. 10).

5   Gem. § 113 S. 2 gelten auch die mit der Schuldrechtsreform eingeführten zivilrechtlichen Übergangsvorschriften zur Verjährung entsprechend.

Fünftes Kapitel. Organisation

Erster Abschnitt. Unfallversicherungsträger

§ 114 Unfallversicherungsträger

(1) Träger der gesetzlichen Unfallversicherung (Unfallversicherungsträger) sind
1. die in der Anlage 1 aufgeführten gewerblichen Berufsgenossenschaften,
2. die in der Anlage 2 aufgeführten Berufsgenossenschaften einschließlich der Gartenbau-Berufsgenossenschaft (landwirtschaftliche Berufsgenossenschaften),
3. die Unfallkasse des Bundes,
4. die Eisenbahn-Unfallkasse,
5. die Unfallkasse Post und Telekom,
6. die Unfallkassen der Länder,
7. die Gemeindeunfallversicherungsverbände und Unfallkassen der Gemeinden,
8. die Feuerwehr-Unfallkassen,
9. die gemeinsamen Unfallkassen für den Landes- und den kommunalen Bereich.

(2) ¹Soweit dieses Gesetz die Unfallversicherungsträger ermächtigt, Satzungen zu erlassen, bedürfen diese der Genehmigung der Aufsichtsbehörde. ²Ergibt sich nachträglich, daß eine Satzung nicht hätte genehmigt werden dürfen, kann die Aufsichtsbehörde anordnen, daß der Unfallversicherungsträger innerhalb einer bestimmten Frist die erforderliche Änderung vornimmt. ³Kommt der Unfallversicherungsträger der Anordnung nicht innerhalb dieser Frist nach, kann die Aufsichtsbehörde die erforderliche Änderung anstelle des Unfallversicherungsträgers selbst vornehmen.

(3) Für die Unfallkasse des Bundes gilt Absatz 2 mit der Maßgabe, dass bei der Genehmigung folgender Satzungen das Einvernehmen mit dem Bundesministerium für Arbeit und Soziales und dem Bundesministerium der Finanzen erforderlich ist:
1. Satzungen über die Erstreckung des Versicherungsschutzes auf Personen nach § 3 Abs. 1 Nr. 2 und 3,
2. Satzungen über die Obergrenze des Jahresarbeitsverdienstes (§ 85 Abs. 2),
3. Satzungen über Mehrleistungen (§ 94) und
4. Satzungen über die Aufwendungen der Unfallkasse (§ 186).

§ 115 Prävention bei der Unfallkasse des Bundes

(1) ¹§ 15 Abs. 1 bis 4 über den Erlass von Unfallverhütungsvorschriften gilt nicht für die Unfallkasse des Bundes. ²Das Bundesministerium des Innern erlässt für Unternehmen, für die die Unfallkasse des Bundes zuständig ist, mit Ausnahme der in Absatz 2 genannten Unternehmen, im Einvernehmen mit dem Bundesministerium für Arbeit und Soziales nach Anhörung der Vertreterversammlung der Unfallkasse des Bundes durch allgemeine Verwaltungsvorschriften Regelungen über Maßnahmen im Sinne des § 15 Abs. 1; die Vertreterversammlung kann Vorschläge für diese Vorschriften machen. ³Die Unfallverhütungsvorschriften der Unfallversicherungsträger sollen dabei berücksichtigt werden. ⁴Betrifft eine allgemeine Verwaltungsvorschrift nach Satz 2 nur die Zuständigkeitsbereiche des Bundesministeriums der Verteidigung, des Bundesministeriums der Finanzen oder des Bundesministeriums für Verkehr, Bau und Stadtentwicklung, kann jedes dieser Ministerien für seinen Geschäftsbereich eine allgemeine Verwaltungsvorschrift erlassen; die Verwaltungsvorschrift bedarf in diesen Fällen des Einvernehmens mit den Bundesministerien des Innern sowie für Arbeit und Soziales.

(2) ¹Das Bundesministerium des Innern wird ermächtigt, für die Unternehmen, für die die Unfallkasse des Bundes nach § 125 Abs. 1 Nr. 2 bis 7 und § 125 Abs. 3 zuständig ist, im Einvernehmen mit dem Bundesministerium für Arbeit und Soziales nach Anhörung der Vertreterversammlung der Unfallkasse des Bundes Rechtsverordnungen ohne Zustimmung des Bundesrates über Maßnahmen im Sinne des § 15 Abs. 1 zu erlassen; die Vertreterversammlung kann Vorschläge für diese Vorschriften machen. ²Die Unfallverhütungsvorschriften der Unfallversicherungsträger sollen dabei berücksichtigt werden. ³Betrifft eine Rechtsverordnung nach Satz 1 nur die Zuständigkeitsbereiche des Bundesministeriums der Verteidigung, des Bundesministeriums der Finanzen oder des Bundesministeriums für Verkehr, Bau und Stadtentwicklung, ist jedes dieser Ministerien für seinen Geschäftsbereich zum Erlass einer Rechtsverordnung ermächtigt; die Rechtsverordnung bedarf in diesen Fällen des Einvernehmens mit den Bundesministerien des Innern sowie für Arbeit und Soziales.

(3) ¹Die Aufgaben der Prävention mit Ausnahme des Erlasses von Unfallverhütungsvorschriften in den Unternehmen, für die die Unfallkasse des Bundes zuständig ist, nimmt die Zentralstelle für Arbeitsschutz beim Bundesministerium des Innern wahr. ²Im Auftrag der Zentralstelle handelt, soweit nichts anderes bestimmt ist, die Unfallkasse des Bundes, die insoweit der Aufsicht des Bundesministeriums des Innern unterliegt. ³Die Sorge für die Beachtung der Vorschriften nach den Absätzen 1 und 2 gehört auch zu den Aufgaben des Vorstands. ⁴Abweichend von den Sätzen 1 und 2 werden die Aufgaben in den Geschäftsbereichen des Bundesministeriums der Verteidigung und des Auswärtigen Amtes hinsichtlich seiner Auslandsvertretungen von dem jeweiligen Bundesministerium oder der von ihm bestimmten Stelle wahrgenommen. ⁵Die genannten Bundesministerien stellen sicher, dass die für die Überwachung und Beratung der Unternehmen eingesetzten Aufsichtspersonen eine für diese Tätigkeit ausreichende Befähigung besitzen.

§ 116 Unfallversicherungsträger im Landesbereich

(1) ¹Für die Unfallversicherung im Landesbereich errichten die Landesregierungen durch Rechtsverordnung eine oder mehrere Unfallkassen. ²Die Landesregierungen können auch gemeinsame Unfallkassen für die Unfallversicherung im Landesbereich und für die Unfallversicherung einer oder mehrerer Gemeinden von zusammen wenigstens 500.000 Einwohnern errichten.

(2) Die Landesregierungen von höchstens drei Ländern können durch gleichlautende Rechtsverordnungen auch eine gemeinsame Unfallkasse entsprechend Absatz 1 errichten, wenn das aufsichtführende Land durch die beteiligten Länder in diesen Rechtsverordnungen oder durch Staatsvertrag der Länder bestimmt ist.

(3) ¹Die Landesregierungen regeln in den Rechtsverordnungen auch das Nähere über die Eingliederung bestehender Unfallversicherungsträger in die gemeinsame Unfallkasse. ²§ 118 Abs. 1 Satz 5 und § 119 Abs. 4 Satz 1 bis 3 gelten entsprechend. ³Die an einer Vereinigung beteiligten Unfallversicherungsträger der öffentlichen Hand haben rechtzeitig vor dem Wirksamwerden der Vereinigung eine neue Dienstordnung zur Regelung der Rechtsverhältnisse der dienstordnungsmäßig Angestellten aufzustellen; in Ergänzung der bestehenden Dienstordnungen einen sozialverträglichen Personalübergang zu gewährleisten; dabei sind die entsprechenden Regelungen für Tarifangestellte zu berücksichtigen. ⁴Die neue Dienstordnung ist der nach der Vereinigung zuständigen Aufsichtsbehörde vorzulegen. ⁵Die Vereinigungen sind sozialverträglich umzusetzen.

§ 117 Unfallversicherungsträger im kommunalen Bereich

(1) Soweit die Unfallversicherung im kommunalen Bereich nicht von einer gemeinsamen Unfallkasse für den Landes- und den kommunalen Bereich durchgeführt wird, errichten die Landesregierungen durch Rechtsverordnung für mehrere Gemeinden von zusammen wenigstens 500.000 Einwohnern einen Gemeindeunfallversicherungsverband.

(2) ¹Die Landesregierungen von höchstens drei Ländern können durch gleichlautende Rechtsverordnungen auch einen gemeinsamen Gemeindeunfallversicherungsverband entsprechend Absatz 1 errichten, wenn das aufsichtführende Land durch die beteiligten Länder in diesen Rechtsverordnungen oder durch Staatsvertrag der Länder bestimmt ist. ²§ 116 Abs. 3 gilt entsprechend.

(3) ¹Die Landesregierungen können durch Rechtsverordnung mehrere Feuerwehr-Unfallkassen oder die Feuerwehr-Unfallkassen mit den Unfallversicherungsträgern im Landesbereich und im kommunalen Bereich vereinigen. ²Für die Feuerwehr-Unfallkassen sind die für die Gemeindeunfallversicherungsverbände geltenden Vorschriften entsprechend anzuwenden. ³Die beteiligten Gemeinden und Gemeindeverbände gelten als Unternehmer. ⁴Die Landesregierungen von höchstens drei Ländern können durch gleichlautende Rechtsverordnungen mehrere Feuerwehr-Unfallkassen zu einer Feuerwehr-Unfallkasse vereinigen, wenn das aufsichtführende Land in diesen Rechtsverordnungen oder durch Staatsvertrag der Länder bestimmt ist. ⁵§ 118 Abs. 1 Satz 3, 5 bis 7 gilt entsprechend.

(4) Die Landesregierungen können durch Rechtsverordnung die Unfallkassen der Gemeinden mit den Unfallversicherungsträgern im kommunalen Bereich vereinigen.

(5) Bei Vereinigungen nach den Absätzen 3 und 4 gilt § 116 Abs. 3 Satz 3 bis 5 entsprechend

§ 118 Vereinigung von Berufsgenossenschaften

(1) ¹Berufsgenossenschaften können sich auf Beschluß ihrer Vertreterversammlungen zu einer Berufsgenossenschaft vereinigen. ²Der Beschluß bedarf der Genehmigung der vor der Vereinigung zuständigen Aufsichtsbehörden. ³Die beteiligten Berufsgenossenschaften legen der nach der Vereinigung zuständigen Aufsichtsbehörde eine Satzung, einen Vorschlag zur Berufung der Mitglieder der Organe und eine Vereinbarung über die Rechtsbeziehungen zu Dritten und eine Vereinbarung über die Gefahrtarif- und Beitragsgestaltung vor. ⁴Diese Vereinbarung kann für eine Übergangszeit von höchstens zwölf Jahren unterschiedliche Berechnungsgrundlagen für die Beiträge oder unterschiedliche Beiträge und getrennte Umlagen für die bisherigen Zuständigkeitsbereiche der vereinigten Berufsgenossenschaften vorsehen; für Entschädigungslasten, die auf Versicherungsfällen vor der Vereinigung beruhen, kann die Vereinbarung Regelungen über den Zeitraum von zwölf Jahren hinaus vorsehen. ⁵Die beteiligten Berufsgenossenschaften können außerdem für eine Übergangszeit von bis zu zehn Jahren abweichend von § 36 Abs. 2 erster Halbsatz und Abs. 4 des Vierten Buches eine besondere Regelung über die weitere Tätigkeit der bisherigen Geschäftsführer und ihrer Stellvertreter als Geschäftsführer und Stellvertreter der neuen Berufsgenossenschaft sowie über die jeweilige Zuständigkeit vereinbaren; dabei kann die Zahl der stellvertretenden Geschäftsführer bis zu vier Personen betragen oder eine aus bis zu fünf Personen bestehende Geschäftsführung gebildet werden. ⁶Die Aufsichtsbehörde genehmigt die Satzung und die Vereinbarungen, beruft die Mitglieder der Organe und bestimmt den Zeitpunkt, an dem die Vereinigung wirksam wird. ⁷Mit diesem Zeitpunkt tritt die neue Berufsgenossenschaft in die Rechte und Pflichten der bisherigen Berufsgenossenschaften ein.

(2) Die Vereinigung nach Absatz 1 kann für abgrenzbare Unternehmensarten der aufzulösenden Berufsgenossenschaft mit mehreren Berufsgenossenschaften erfolgen.

(3) ¹Die Einzelheiten hinsichtlich der Aufteilung des Vermögens und der Übernahme der Bediensteten werden durch die beteiligten Berufsgenossenschaften entsprechend der für das Kalenderjahr vor der Vereinigung auf die Unternehmensarten entfallenden Entschädigungslast in der Vereinbarung geregelt. ²§ 119 Abs. 5 gilt entsprechend.

(4) ¹In der Vereinbarung nach Absatz 1 über die Gefahrtarif- und Beitragsgestaltung oder in der Satzung der neuen Berufsgenossenschaft kann geregelt werden, dass die Rentenlasten und die Rehabilitationslasten sowie die anteiligen Verwaltungs- und Verfahrenskosten, die nach § 178 Abs. 1 bis 3 von der neuen Berufsgenossenschaft zu tragen sind, auf die bisherigen Zuständigkeitsbereiche der vereinigten Berufsgenossenschaften in dem Verhältnis der Lasten verteilt werden, als ob eine Vereinigung nicht stattgefunden hätte.

² Die Vertreterversammlung der neuen Berufsgenossenschaft kann mit Genehmigung des Bundesversicherungsamtes im letzten Jahr der Geltungsdauer der Regelung nach Satz 1 beschließen, die Geltung abweichend von Absatz 1 Satz 4 über den Zeitraum von zwölf Jahren hinaus für jeweils höchstens sechs weitere Jahre zu verlängern, wenn
1. eine der vereinigten Berufsgenossenschaften im Umlagejahr 2007 ausgleichsberechtigt nach § 176 Abs. 1 Nr. 1 oder Nr. 3 in der am 31. Dezember 2007 geltenden Fassung war und
2. ohne die Fortgeltung bei mindestens einem der bisherigen Zuständigkeitsbereiche der vereinigten Berufsgenossenschaften im Umlagejahr vor dem Beschluss die auf diesen Bereich entfallende anteilige Gesamtbelastung um mehr als 5 Prozent ansteigen würde.

(5) Bis zum Ende des Jahres, in dem eine Vereinigung wirksam wird, werden die sich vereinigenden Berufsgenossenschaften bezüglich der Rechte und Pflichten im Rahmen der Lastenverteilung nach den §§ 176 bis 181 als selbständige Körperschaften behandelt.

§ 119 Vereinigung landwirtschaftlicher Berufsgenossenschaften durch Verordnung

(1) ¹Die Landesregierungen derjenigen Länder, in deren Gebiet mehrere landesunmittelbare landwirtschaftliche Berufsgenossenschaften ihren Sitz haben, können durch Rechtsverordnung zwei oder mehrere landwirtschaftliche Berufsgenossenschaften zu einer landwirtschaftlichen Berufsgenossenschaft vereinigen. ²Das Nähere regelt die Landesregierung in der Rechtsverordnung nach Anhörung der beteiligten Berufsgenossenschaften.

(2) ¹Die Landesregierungen mehrerer Länder, in deren Gebiet mehrere landesunmittelbare landwirtschaftliche Berufsgenossenschaften ihren Sitz haben, können durch gleichlautende Rechtsverordnungen landwirtschaftliche Berufsgenossenschaften zu einer landwirtschaftlichen Berufsgenossenschaft vereinigen. ²Das Nähere regeln diese Länder in den Rechtsverordnungen nach Anhörung der beteiligten Berufsgenossenschaften. ³Satz 1 und 2 gilt entsprechend für die Vereinigung von bundes- und landesunmittelbaren landwirtschaftlichen Berufsgenossenschaften; an die Stelle der Landesregierung tritt für die bundesunmittelbaren Berufsgenossenschaften das Bundesministerium für Arbeit und Soziales.

(3) Die in Anlage I Kapitel VIII Sachgebiet I Abschnitt III Nr. 1 Buchstabe c Abs. 3 Satz 2 des Einigungsvertrages vom 31. August 1990 (BGBl. 1990 II S. 885, 1063) aufgeführte Maßgabe ist nicht mehr anzuwenden.

(4) ¹Bis zu den nächsten allgemeinen Wahlen in der Sozialversicherung richtet sich die Zahl der Mitglieder der Selbstverwaltungsorgane der auf Grund des Ersten Abschnitts des Fünften Kapitels dieses Gesetzes vereinigten oder neu gebildeten Berufsgenossenschaften nach der Summe der Zahl der Mitglieder, die in den Satzungen der aufgelösten Berufsgenossenschaften bestimmt worden ist; § 43 Abs. 1 Satz 2 des Vierten Buches ist nicht anzuwenden. ²Die Mitglieder der Selbstverwaltungsorgane der aufgelösten Berufsgenossenschaften und ihre Stellvertreter werden Mitglieder und Stellvertreter der Selbstverwaltungsorgane der aus ihnen gebildeten Berufsgenossenschaft. ³Beschlüsse in den Selbstverwaltungsorganen der neu gebildeten Berufsgenossenschaften werden mit der Mehrheit der nach der Größe der aufgelösten Berufsgenossenschaften gewichteten Stimmen getroffen; für die Gewichtung wird ein angemessener Maßstab in der Satzung bestimmt. ⁴Satz 3 gilt für Beschlüsse in den Selbstverwaltungsorganen der landwirtschaftlichen Alterskassen und der landwirtschaftlichen Krankenkassen entsprechend.

(5) ¹Die an einer Vereinigung auf Grund des Ersten Abschnitts des Fünften Kapitels dieses Gesetzes beteiligten Berufsgenossenschaften haben rechtzeitig vor dem Wirksamwerden der Vereinigung eine neue Dienstordnung zur Regelung der Rechtsverhältnisse der dienstordnungsmäßig Angestellten aufzustellen, die in Ergänzung der bestehenden Dienstordnungen einen sozialverträglichen Personalübergang gewährleistet; dabei sind die entsprechenden Regelungen für Tarifangestellte zu berücksichtigen. ²Im Falle der Vereinigung nach § 118 ist die neue Dienstordnung zusammen mit den in § 118 Abs. 1 Satz 3 genannten Unterlagen der nach der Vereinigung zuständigen Aufsichtsbehörde vorzulegen. ³Vereinigungen nach Satz 1 sind sozialverträglich umzusetzen.

(6) ¹Nach einer Vereinigung von landwirtschaftlichen Berufsgenossenschaften kann die Satzung für eine Übergangszeit von höchstens fünf Jahren unterschiedliche Berechnungsgrundlagen für die Beiträge oder unterschiedliche Beiträge und getrennte Umlagen für die bisherigen Zuständigkeitsbereiche der vereinigten Versicherungsträger vorsehen. ²Auf Antrag der Berufsgenossenschaft kann die nach der Vereinigung zuständige Aufsichtsbehörde eine um höchstens ein Jahr längere Übergangszeit genehmigen.

§ 119 a Verwaltungsgemeinschaften bei den landwirtschaftlichen Berufsgenossenschaften

Jede landwirtschaftliche Berufsgenossenschaft bildet mit der bei ihr errichteten landwirtschaftlichen Alterskasse, landwirtschaftlichen Krankenkasse und landwirtschaftlichen Pflegekasse eine Verwaltungsgemeinschaft.

§ 120 Bundes- und Landesgarantie

Soweit durch Rechtsvorschriften des Bundes oder der Länder nicht etwas anderes bestimmt worden ist, gehen mit der Auflösung eines bundesunmittelbaren Unfallversicherungsträgers dessen Rechte und Pflichten auf den Bund und mit der Auflösung eines landesunmittelbaren Unfallversicherungsträgers dessen Rechte und Pflichten auf das aufsichtführende Land über.

Zweiter Abschnitt. Zuständigkeit

Erster Unterabschnitt. Zuständigkeit der gewerblichen Berufsgenossenschaften

§ 121 Zuständigkeit der gewerblichen Berufsgenossenschaften

(1) Die gewerblichen Berufsgenossenschaften sind für alle Unternehmen (Betriebe, Verwaltungen, Einrichtungen, Tätigkeiten) zuständig, soweit sich nicht aus dem Zweiten und Dritten Unterabschnitt eine Zuständigkeit der landwirtschaftlichen Berufsgenossenschaften oder der Unfallversicherungsträger der öffentlichen Hand ergibt.

(2) Die Berufsgenossenschaft für Transport und Verkehrswirtschaft als gewerbliche Berufsgenossenschaft ist zuständig für Unternehmen der Seefahrt, soweit sich nicht aus dem Dritten Unterabschnitt eine Zuständigkeit der Unfallversicherungsträger der öffentlichen Hand ergibt.

(3) [1]Seefahrt im Sinne dieses Buches ist
1. die Fahrt außerhalb der
   a) Festland- und Inselküstenlinie bei mittlerem Hochwasser,
   b) seewärtigen Begrenzung der Binnenwasserstraßen,
   c) Verbindungslinie der Molenköpfe bei an der Küste gelegenen Häfen,
   d) Verbindungslinie der äußeren Uferausläufe bei Mündungen von Flüssen, die keine Binnenwasserstraßen sind,
2. die Fahrt auf Buchten, Haffen und Watten der See,
3. für die Fischerei auch die Fahrt auf anderen Gewässern, die mit der See verbunden sind, bis zu der durch die Seeschiffahrtstraßen-Ordnung in der Fassung der Bekanntmachung vom 15. April 1987 (BGBl. I S. 1266), zuletzt geändert durch Artikel 3 der Verordnung vom 7. Dezember 1994 (BGBl. I S. 3744), bestimmten inneren Grenze,
4. das Fischen ohne Fahrzeug auf den in den Nummern 1 bis 3 genannten Gewässern.

[2]Die Fahrt von Binnenschiffen mit einer technischen Zulassung für die Zone 1 oder 2 der Binnenschiffs-Untersuchungsordnung vom 17. März 1988 (BGBl. I S. 238), zuletzt geändert durch Artikel 10 Abs. 1 der Verordnung vom 19. Dezember 1994 (BGBl. II S. 3822), binnenwärts der Grenzen nach Anlage 8 zu § 1 Abs. 1 der Schiffssicherheitsverordnung in der Fassung der Bekanntmachung vom 21. Oktober 1994 (BGBl. I S. 3281) gilt nicht als Seefahrt im Sinne des Satzes 1. [3]Bei Inkrafttreten dieses Gesetzes bestehende Zuständigkeiten für Unternehmen der gewerblichen Schiffahrt bleiben unberührt.

§ 122 Sachliche und örtliche Zuständigkeit

(1) [1]Das Bundesministerium für Arbeit und Soziales kann durch Rechtsverordnung mit Zustimmung des Bundesrates die sachliche Zuständigkeit der gewerblichen Berufsgenossenschaften nach Art und Gegenstand der Unternehmen unter Berücksichtigung der Prävention und der Leistungsfähigkeit der Berufsgenossenschaften und die örtliche Zuständigkeit bestimmen. [2]Werden dabei bestehende Zuständigkeiten verändert, ist in der Rechtsverordnung zu regeln, inwieweit die bisher zuständige Berufsgenossenschaft Betriebsmittel und Mittel aus der Rücklage an die nunmehr zuständige Berufsgenossenschaft zu übertragen hat.

(2) Soweit nichts anderes bestimmt ist, bleibt jede Berufsgenossenschaft für die Unternehmensarten sachlich zuständig, für die sie bisher zuständig war, solange eine nach Absatz 1 erlassene Rechtsverordnung die Zuständigkeit nicht anders regelt.

Zweiter Unterabschnitt. Zuständigkeit der landwirtschaftlichen Berufsgenossenschaften

§ 123 Zuständigkeit der landwirtschaftlichen Berufsgenossenschaften

(1) Die landwirtschaftlichen Berufsgenossenschaften sind für folgende Unternehmen (landwirtschaftliche Unternehmen) zuständig, soweit sich nicht aus dem Dritten Unterabschnitt eine Zuständigkeit der Unfallversicherungsträger der öffentlichen Hand ergibt:
1. Unternehmen der Land- und Forstwirtschaft einschließlich des Garten- und Weinbaues, der Fischzucht, Teichwirtschaft, Seen-, Bach- und Flußfischerei (Binnenfischerei), der Imkerei sowie der den Zielen des Natur- und Umweltschutzes dienenden Landschaftspflege,
2. Unternehmen, in denen ohne Bodenbewirtschaftung Nutz- oder Zuchttiere zum Zwecke der Aufzucht, der Mast oder der Gewinnung tierischer Produkte gehalten werden,
3. land- und forstwirtschaftliche Lohnunternehmen,
4. Park- und Gartenpflege sowie Friedhöfe,
5. Jagden,
6. die Landwirtschaftskammern und die Berufsverbände der Landwirtschaft,
7. Unternehmen, die unmittelbar der Sicherung, Überwachung oder Förderung der Landwirtschaft überwiegend dienen,
8. die Träger der landwirtschaftlichen Sozialversicherung, deren Verbände und deren weitere Einrichtungen sowie die Zusatzversorgungskasse und das Zusatzversorgungswerk für Arbeitnehmer in der Land- und Forstwirtschaft.

(2) Landwirtschaftliche Unternehmen im Sinne des Absatzes 1 sind nicht
1. Haus- und Ziergärten,
2. andere Kleingärten im Sinne des Bundeskleingartengesetzes vom 28. Februar 1983 (BGBl. I S. 210), zuletzt geändert durch Artikel 5 des Gesetzes vom 21. September 1994 (BGBl. I S. 2538),

es sei denn, sie werden regelmäßig oder in erheblichem Umfang mit besonderen Arbeitskräften bewirtschaftet oder ihre Erzeugnisse dienen nicht hauptsächlich dem eigenen Haushalt.

(3) Das Bundesministerium für Arbeit und Soziales kann im Einvernehmen mit dem Bundesministerium für Ernährung, Landwirtschaft und Verbraucherschutz durch Rechtsverordnung mit Zustimmung des Bundesrates bestimmen, daß auch andere als die in Absatz 1 genannten Unternehmen als landwirtschaftliche Unternehmen gelten, wenn diese überwiegend der Land- und Forstwirtschaft dienen.

(4) ¹Das Bundesministerium für Arbeit und Soziales kann durch Rechtsverordnung mit Zustimmung des Bundesrates die örtliche Zuständigkeit der landwirtschaftlichen Berufsgenossenschaften bestimmen. ²Werden dabei bestehende Zuständigkeiten verändert, ist in der Rechtsverordnung zu regeln, in welchem Umfang die bisher zuständige Berufsgenossenschaft Betriebsmittel und Mittel aus der Rücklage an die nunmehr zuständige Berufsgenossenschaft zu übertragen hat.

(5) ¹Unternehmen, die aufgrund von Allgemeinen Entscheidungen des Reichsversicherungsamtes beim Inkrafttreten dieses Buches einer landwirtschaftlichen Berufsgenossenschaft angehören, gelten als landwirtschaftliche Unternehmen. ²Das Bundesministerium für Arbeit und Soziales kann im Einvernehmen mit dem Bundesministerium für Ernährung, Landwirtschaft und Verbraucherschutz diese Unternehmen in einer Rechtsverordnung mit Zustimmung des Bundesrates zusammenfassen. ³Dabei können die Zuständigkeiten auch abweichend von den Entscheidungen des Reichsversicherungsamtes bestimmt werden, soweit dies erforderlich ist, um zusammengehörige Unternehmensarten einheitlich den landwirtschaftlichen oder den gewerblichen Berufsgenossenschaften zuzuweisen.

§ 124 Bestandteile des landwirtschaftlichen Unternehmens

Zum landwirtschaftlichen Unternehmen gehören
1. die Haushalte der Unternehmer und der im Unternehmen Beschäftigten, wenn die Haushalte dem Unternehmen wesentlich dienen,

2. Bauarbeiten des Landwirts für den Wirtschaftsbetrieb,
3. Arbeiten, die Unternehmer aufgrund einer öffentlich-rechtlichen Verpflichtung als landwirtschaftliche Unternehmer zu leisten haben.

Dritter Unterabschnitt. Zuständigkeit der Unfallversicherungsträger der öffentlichen Hand

§ 125 Zuständigkeit der Unfallkasse des Bundes

(1) Die Unfallkasse des Bundes ist zuständig
1. für die Unternehmen des Bundes,
2. für die Bundesagentur für Arbeit und für Personen, die als Meldepflichtige nach dem Zweiten oder Dritten Buch versichert sind,
3. für die Betriebskrankenkassen der Dienstbetriebe des Bundes,
4. für Personen, die im Zivilschutz tätig sind oder an Ausbildungsveranstaltungen im Zivilschutz teilnehmen, es sei denn, es ergibt sich eine Zuständigkeit nach den Vorschriften für die Unfallversicherungsträger im Landes- und im kommunalen Bereich,
5. für die in den Gemeinschaften des Deutschen Roten Kreuzes ehrenamtlich Tätigen sowie für sonstige beim Deutschen Roten Kreuz mit Ausnahme der Unternehmen des Gesundheitswesens und der Wohlfahrtspflege Tätige,
6. für Personen, die
   a) nach § 2 Absatz 3 Satz 1 Nummer 2 Buchstabe a versichert sind,
   b) nach § 2 Absatz 3 Satz 1 Nummer 2 Buchstabe b versichert sind,
7. für Personen, die nach § 2 Absatz 3 Satz 1 Nummer 1 versichert sind, wenn es sich um eine Vertretung des Bundes handelt,
8. für Personen, die nach § 2 Abs. 3 Satz 1 Nr. 3 versichert sind,
9. für Personen, die nach § 3 Abs. 1 Nr. 3 versichert sind.

(2) [1]Der Bund kann für einzelne Unternehmen der sonst zuständigen Berufsgenossenschaft beitreten. [2]Er kann zum Ende eines Kalenderjahres aus der Berufsgenossenschaft austreten. [3]Über den Eintritt und den Austritt entscheidet das zuständige Bundesministerium im Einvernehmen mit dem Bundesministerium für Arbeit und Soziales und dem Bundesministerium der Finanzen.

(3) [1]Der Bund kann ein Unternehmen, das in selbständiger Rechtsform betrieben wird, aus der Zuständigkeit der Berufsgenossenschaft in die Zuständigkeit der Unfallkasse des Bundes übernehmen, wenn er an dem Unternehmen überwiegend beteiligt ist oder auf seine Organe einen ausschlaggebenden Einfluß hat. [2]Unternehmen, die erwerbswirtschaftlich betrieben werden, sollen nicht übernommen werden. [3]Die Übernahme kann widerrufen werden; die Übernahme ist zu widerrufen, wenn die Voraussetzungen des Satzes 1 nicht mehr vorliegen. [4]Für die Übernahme und den Widerruf gilt Absatz 2 Satz 3 entsprechend. [5]Die Übernahme wird mit Beginn des folgenden, der Widerruf zum Ende des laufenden Kalenderjahres wirksam. [6]Abweichend von Satz 5 wird die Übernahme, die im Kalenderjahr der Gründung eines Unternehmens erklärt wird, mit Beginn des Unternehmens wirksam.

§ 126 Zuständigkeit der Eisenbahn-Unfallkasse

Die Eisenbahn-Unfallkasse ist zuständig
1. für das Bundeseisenbahnvermögen,
2. für die Deutsche Bahn Aktiengesellschaft und für die aus der Gesellschaft gemäß § 2 Abs. 1 des Deutsche Bahn Gründungsgesetzes vom 27. Dezember 1993 (BGBl. I S. 2378, 2386) ausgegliederten Aktiengesellschaften,
3. für die Unternehmen,
   a) die gemäß § 3 Abs. 3 des Deutsche Bahn Gründungsgesetzes aus den Unternehmen im Sinne der Nummer 2 ausgegliedert worden sind,
   b) die von den in Nummer 2 genannten Unternehmen überwiegend beherrscht werden und
   c) die unmittelbar und überwiegend Eisenbahnverkehrsleistungen erbringen oder Eisenbahninfrastruktur betreiben oder diesen Zwecken wie Hilfsunternehmen dienen,
4. für die Bahnversicherungsträger und die in der Anlage zu § 15 Abs. 2 des Gesetzes zur Zusammenführung und Neugliederung der Bundeseisenbahnen vom 27. Dezember 1993 (BGBl. I S. 2378) aufgeführten betrieblichen Sozialeinrichtungen und der Selbst-

hilfeeinrichtungen mit Ausnahme der in der Anlage unter B Nr. 6 genannten Einrichtungen sowie für die der Krankenversorgung der Bundesbahnbeamten dienenden Einrichtungen,
5. für Magnetschwebebahnunternehmen des öffentlichen Verkehrs.

§ 127 Zuständigkeit der Unfallkasse Post und Telekom

Die Unfallkasse Post und Telekom ist zuständig
1. für die Bundesanstalt für Post und Telekommunikation Deutsche Bundespost,
2. für die aus dem Sondervermögen der Deutschen Bundespost hervorgegangenen Aktiengesellschaften,
3. für die Unternehmen, die
   a) aus den Unternehmen im Sinne der Nummer 2 ausgegliedert worden sind und von diesen überwiegend beherrscht werden oder
   b) aus den Unternehmen im Sinne des Buchstabens a ausgegliedert worden sind und von diesen überwiegend beherrscht werden und unmittelbar und überwiegend Post-, Postbank- oder Telekommunikationsaufgaben erfüllen oder diesen Zwecken wie Hilfsunternehmen dienen,
4. für die betrieblichen Sozialeinrichtungen und in den durch Satzung anerkannten Selbsthilfeeinrichtungen der Bundesanstalt für Post und Telekommunikation Deutsche Bundespost,
5. für die Bundesdruckerei GmbH und für die aus ihr ausgegliederten Unternehmen, sofern diese von der Bundesdruckerei GmbH überwiegend beherrscht werden und ihren Zwecken als Neben- oder Hilfsunternehmen überwiegend dienen,
6. *(aufgehoben)*
7. für die Museumsstiftung Post und Telekommunikation,
8. die Bundespost-Betriebskrankenkasse nach § 7 des Postsozialversicherungsorganisationsgesetzes (DIE BKK POST).

§ 128 Zuständigkeit der Unfallversicherungsträger im Landesbereich

(1) Die Unfallversicherungsträger im Landesbereich sind zuständig
1. für die Unternehmen des Landes,
1a. für Unternehmen, die in selbständiger Rechtsform betrieben werden und an denen das Land
   a) unmittelbar oder mittelbar überwiegend beteiligt ist oder
   b) auf deren Organe es einen ausschlaggebenden Einfluss hat,
2. für Kinder in Tageseinrichtungen von Trägern der freien Jugendhilfe und in anderen privaten, als gemeinnützig im Sinne des Steuerrechts anerkannten Tageseinrichtungen sowie für Kinder, die durch geeignete Tagespflegepersonen im Sinne von § 23 des Achten Buches betreut werden,
3. für Schüler an privaten allgemeinbildenden und berufsbildenden Schulen,
4. für Studierende an privaten Hochschulen,
5. für Personen, die nach § 2 Abs. 1 Nr. 3 versichert sind, soweit die Maßnahme von einer Landesbehörde veranlaßt worden ist,
6. für Personen, die in Einrichtungen zur Hilfe bei Unglücksfällen tätig sind oder an Ausbildungsveranstaltungen dieser Einrichtungen teilnehmen,
7. für Personen, die nach § 2 Abs. 1 Nr. 13 Buchstabe a und c versichert sind,
8. für Personen, die nach § 2 Abs. 2 Satz 2 versichert sind,
9. für Personen, die wie Beschäftigte für nicht gewerbsmäßige Halter von Fahrzeugen oder Reittieren tätig werden,
10. für Personen, die nach § 2 Absatz 3 Satz 1 Nummer 1 versichert sind, wenn es sich um eine Vertretung eines Landes handelt,
11. für Versicherte nach § 3 Abs. 1 Nr. 4.

(2) Die Landesregierungen können durch Rechtsverordnung die Zuständigkeit der Unfallversicherungsträger im kommunalen Bereich für die Versicherten nach Absatz 1 Nr. 6, 7, 9 und 11 bestimmen.

(3) *(aufgehoben)*

(4) *(aufgehoben)*

(5) Übt ein Land die Gemeindeverwaltung aus, gilt die Vorschrift über die Zuständigkeit der Unfallversicherungsträger im kommunalen Bereich entsprechend.

§ 129 Zuständigkeit der Unfallversicherungsträger im kommunalen Bereich

(1) Die Unfallversicherungsträger im kommunalen Bereich sind zuständig

1. für die Unternehmen der Gemeinden und Gemeindeverbände,
1 a. für Unternehmen, die in selbständiger Rechtsform betrieben werden und an denen Gemeinden oder Gemeindeverbände
   a) unmittelbar oder mittelbar überwiegend beteiligt sind oder
   b) auf deren Organe sie einen ausschlaggebenden Einfluss haben,
2. für Haushalte,
3. für in Eigenarbeit nicht gewerbsmäßig ausgeführte Bauarbeiten (nicht gewerbsmäßige Bauarbeiten), wenn für die einzelne geplante Bauarbeit nicht mehr als die im Bauhauptgewerbe geltende tarifliche Wochenarbeitszeit tatsächlich verwendet wird; mehrere nicht gewerbsmäßige Bauarbeiten werden dabei zusammengerechnet, wenn sie einem einheitlichen Bauvorhaben zuzuordnen sind; Nummer 1 und die §§ 125, 128 und 131 bleiben unberührt,
4. für Personen, die nach § 2 Abs. 1 Nr. 3 versichert sind, soweit die Maßnahme von einer Gemeinde veranlaßt worden ist,
5. für Personen, die Leistungen der Träger der Sozialhilfe zur Unterstützung und Aktivierung nach § 11 Absatz 3 des Zwölften Buches erhalten,
6. für Personen, die nach § 2 Abs. 1 Nr. 16 versichert sind,
7. für Pflegepersonen, die nach § 2 Abs. 1 Nr. 17 versichert sind.

(2) *(aufgehoben)*

(3) *(aufgehoben)*

(4) Absatz 1 Nr. 1 und Nr. 1 a gelten nicht für

1. Verkehrsunternehmen einschließlich Hafen- und Umschlagbetriebe,
2. Elektrizitäts-, Gas- und Wasserwerke,
3. Unternehmen, die Seefahrt betreiben,
4. landwirtschaftliche Unternehmen der in § 123 Abs. 1 Nr. 1, 4 und 5 genannten Art.

§ 129 a Zuständigkeit bei gemeinsamer Beteiligung von Bund, Ländern, Gemeinden oder Gemeindeverbänden an Unternehmen

(1) Zur Feststellung der Voraussetzungen für die Zuständigkeit von Unfallversicherungsträgern im Landesbereich oder im kommunalen Bereich sind Beteiligungen von Bund, Ländern, Gemeinden und Gemeindeverbänden an Unternehmen, die in selbständiger Rechtsform betrieben werden, zusammenzurechnen.

(2) Bei einer gemeinsamen Beteiligung von Bund, Ländern, Gemeinden oder Gemeindeverbänden an Unternehmen richtet sich die Zuständigkeit nach der mehrheitlichen Beteiligung.

(3) [1]Bei gleicher Beteiligung von Bund und Ländern sowie bei gleicher Beteiligung von Bund und Gemeinden oder Gemeindeverbänden erfolgt die Festlegung der Zuständigkeit im gegenseitigen Einvernehmen. [2]Das Einvernehmen ist herzustellen zwischen der jeweils nach Landesrecht zuständigen Stelle und dem Bund; § 125 Abs. 2 Satz 3 gilt entsprechend. [3]Kann ein Einvernehmen nicht hergestellt werden, ist der Unfallversicherungsträger im Landesbereich oder im kommunalen Bereich zuständig.

(4) Bei gleicher Beteiligung von Ländern erfolgt die Festlegung der Zuständigkeit im gegenseitigen Einvernehmen der nach Landesrecht zuständigen Stellen.

(5) Bei gleicher Beteiligung von Ländern und Gemeinden oder Gemeindeverbänden erfolgt die Festlegung der Zuständigkeit im gegenseitigen Einvernehmen durch die jeweils nach Landesrecht zuständige Stelle.

(6) Die Absätze 1 bis 5 gelten hinsichtlich des gemeinsamen ausschlaggebenden Einflusses von Bund, Ländern, Gemeinden oder Gemeindeverbänden auf die Organe des Unternehmens entsprechend.

Vierter Unterabschnitt. Gemeinsame Vorschriften über die Zuständigkeit

§ 130 Örtliche Zuständigkeit

(1) [1]Die örtliche Zuständigkeit des Unfallversicherungsträgers für ein Unternehmen richtet sich nach dem Sitz des Unternehmens. [2]Ist ein solcher nicht vorhanden, gilt als

Sitz der Wohnsitz oder gewöhnliche Aufenthaltsort des Unternehmers. ³Bei Arbeitsgemeinschaften gilt als Sitz des Unternehmens der Ort der Tätigkeit.

(2) ¹Hat ein Unternehmen keinen Sitz im Inland, hat der Unternehmer einen Bevollmächtigten mit Sitz im Inland, beim Betrieb eines Seeschiffs mit Sitz in einem inländischen Seehafen zu bestellen. ²Dieser hat die Pflichten des Unternehmers. ³Als Sitz des Unternehmens gilt der Ort der Betriebsstätte im Inland, in Ermangelung eines solchen der Wohnsitz oder gewöhnliche Aufenthalt des Bevollmächtigten. ⁴Ist kein Bevollmächtigter bestellt, gilt als Sitz des Unternehmens Berlin.

(3) ¹Betreiben mehrere Personen ein Seeschiff, haben sie einen gemeinsamen Bevollmächtigten mit Sitz in einem inländischen Seehafen zu bestellen. ²Dieser hat die Pflichten des Unternehmers.

(4) ¹Für Personen, die nach § 2 Abs. 1 Nr. 13 Buchstabe a und c versichert sind, richtet sich die örtliche Zuständigkeit nach dem Ort der versicherten Tätigkeit. ²Wird diese im Ausland ausgeübt, richtet sich die örtliche Zuständigkeit nach dem letzten Wohnsitz oder gewöhnlichen Aufenthalt der Versicherten im Inland. ³Ist ein solcher nicht vorhanden, gilt Berlin als Ort der versicherten Tätigkeit.

(5) ¹Erstreckt sich ein landwirtschaftliches Unternehmen im Sinne des § 123 Abs. 1 Nr. 1 auf die Bezirke mehrerer Gemeinden, hat es seinen Sitz dort, wo die gemeinsamen oder die seinen Hauptzwecken dienenden Wirtschaftsgebäude liegen, oder bei einem Unternehmen der Forstwirtschaft, wo der größte Teil der Forstgrundstücke liegt. ²Forstwirtschaftliche Grundstücke verschiedener Unternehmer gelten als Einzelunternehmen, auch wenn sie derselben Betriebsleitung unterstehen.

§ 131 Zuständigkeit für Hilfs- und Nebenunternehmen

(1) Umfaßt ein Unternehmen verschiedenartige Bestandteile (Hauptunternehmen, Nebenunternehmen, Hilfsunternehmen), die demselben Rechtsträger angehören, ist der Unfallversicherungsträger zuständig, dem das Hauptunternehmen angehört.

(2) ¹Das Hauptunternehmen bildet den Schwerpunkt des Unternehmens. ²Hilfsunternehmen dienen überwiegend den Zwecken anderer Unternehmensbestandteile. ³Nebenunternehmen verfolgen überwiegend eigene Zwecke.

(3) ¹Absatz 1 gilt nicht für
1. Neben- und Hilfsunternehmen, die Seefahrt betreiben, welche über den örtlichen Verkehr hinausreicht,
2. landwirtschaftliche Nebenunternehmen mit einer Größe von mehr als fünf Hektar, Friedhöfe sowie Nebenunternehmen des Wein-, Garten- und Tabakbaus und anderer Spezialkulturen in einer Größe von mehr als 0,25 Hektar.

²Die Unfallversicherungsträger können eine abweichende Vereinbarung für bestimmte Arten von Nebenunternehmen oder für bestimmte in ihnen beschäftigte Versichertengruppen treffen.

§ 132 Zuständigkeit für Unfallversicherungsträger

Die Unfallversicherungsträger sind für sich und ihre eigenen Unternehmen zuständig.

§ 133 Zuständigkeit für Versicherte

(1) Sofern in diesem Abschnitt keine abweichenden Regelungen getroffen sind, bestimmt sich die Zuständigkeit für Versicherte nach der Zuständigkeit für das Unternehmen, für das die Versicherten tätig sind oder zu dem sie in einer besonderen, die Versicherung begründenden Beziehung stehen.

(2) Werden Versicherte einem Unternehmen von einem anderen Unternehmen überlassen, bestimmt sich die Zuständigkeit für die Versicherten nach der Zuständigkeit für das überlassende Unternehmen, sofern dieses zur Zahlung des Arbeitsentgelts verpflichtet ist.

§ 134 Zuständigkeit bei Berufskrankheiten

¹Wurde im Fall einer Berufskrankheit die gefährdende Tätigkeit für mehrere Unternehmen ausgeübt, für die verschiedene Unfallversicherungsträger zuständig sind, richtet sich die Zuständigkeit nach dem Unternehmen, in dem die gefährdende Tätigkeit zuletzt ausgeübt wurde; die Unfallversicherungsträger können Näheres, auch Abweichendes,

durch Vereinbarung regeln. ²Satz 1 gilt in den Fällen des § 3 der Berufskrankheiten-Verordnung entsprechend.

§ 135 Versicherung nach mehreren Vorschriften

(1) Die Versicherung nach § 2 Abs. 1 Nr. 1 geht einer Versicherung vor
1. nach § 2 Abs. 1 Nr. 2, wenn die Versicherten an der Aus- und Fortbildung auf Veranlassung des Unternehmers, bei dem sie beschäftigt sind, teilnehmen,
2. nach § 2 Abs. 1 Nr. 3, wenn die Maßnahmen auf Veranlassung des Unternehmers durchgeführt werden, bei dem die Versicherten beschäftigt sind,
3. nach § 2 Abs. 1 Nr. 8, es sei denn, es handelt sich um Schüler beim Besuch berufsbildender Schulen,
4. nach § 2 Abs. 1 Nr. 12, wenn die Versicherten an der Ausbildungsveranstaltung auf Veranlassung des Unternehmers, bei dem sie beschäftigt sind, teilnehmen,
5. nach § 2 Abs. 1 Nr. 13 Buchstabe a oder c, wenn die Hilfeleistung im Rahmen von Verpflichtungen aus dem Beschäftigungsverhältnis erfolgt,
6. nach § 2 Abs. 1 Nr. 17,
7. nach § 2 Abs. 2.

(2) Die Versicherung als selbständig Tätige nach § 2 Abs. 1 Nr. 5, 6, 7 und 9 geht der Versicherung nach § 2 Abs. 1 Nr. 13 Buchstabe a oder c vor, es sei denn, die Hilfeleistung geht über eine dem eigenen Unternehmen dienende Tätigkeit hinaus.

(3) ¹Die Versicherung nach § 2 Abs. 1 Nr. 5, 9 und 10 geht der Versicherung nach § 2 Abs. 1 Nr. 17 vor. ²Die Versicherung nach § 2 Abs. 1 Nr. 9 geht der Versicherung nach § 2 Abs. 1 Nr. 10 vor.

(4) Die Versicherung des im landwirtschaftlichen Unternehmen mitarbeitenden Ehegatten oder Lebenspartners nach § 2 Abs. 1 Nr. 5 Buchstabe a geht der Versicherung nach § 2 Abs. 1 Nr. 1 vor.

(5) Die Versicherung nach § 2 Abs. 1 Nr. 16 geht der Versicherung nach § 2 Abs. 1 Nr. 1 vor.

(5 a) ¹Die Versicherung nach einer Vorschrift des § 2 Abs. 1 geht der Versicherung nach § 2 Abs. 1a vor. ²Die Versicherung nach § 2 Abs. 1a geht der Versicherung nach § 2 Abs. 2 Satz 1 vor.

(6) Kann über die Absätze 1 bis 5 hinaus eine Tätigkeit zugleich nach mehreren Vorschriften des § 2 versichert sein, geht die Versicherung vor, der die Tätigkeit vorrangig zuzurechnen ist.

(7) ¹Absatz 6 gilt entsprechend bei versicherten Tätigkeiten nach § 2 und zugleich nach den §§ 3 und 6. ²Die Versicherung nach § 2 Abs. 1 Nr. 9 geht der Versicherung nach § 6 Abs. 1 Nr. 3 vor.

§ 136 Bescheid über die Zuständigkeit, Begriff des Unternehmers

(1) ¹Der Unfallversicherungsträger stellt Beginn und Ende seiner Zuständigkeit für ein Unternehmen durch schriftlichen Bescheid gegenüber dem Unternehmer fest. ²Ein Unternehmen beginnt bereits mit den vorbereitenden Arbeiten für das Unternehmen. ³Bei in Eigenarbeit nicht gewerbsmäßig ausgeführten Bauarbeiten kann der Unfallversicherungsträger von der Feststellung seiner Zuständigkeit durch schriftlichen Bescheid absehen. ⁴War die Feststellung der Zuständigkeit für ein Unternehmen von Anfang an unrichtig oder ändert sich die Zuständigkeit für ein Unternehmen, überweist der Unfallversicherungsträger dieses dem zuständigen Unfallversicherungsträger. ⁵Die Überweisung erfolgt im Einvernehmen mit dem zuständigen Unfallversicherungsträger; sie ist dem Unternehmer von dem überweisenden Unfallversicherungsträger bekanntzugeben.

(2) ¹Die Feststellung der Zuständigkeit war von Anfang an unrichtig, wenn sie den Zuständigkeitsregelungen eindeutig widerspricht oder das Festhalten an dem Bescheid zu schwerwiegenden Unzuträglichkeiten führen würde. ²Eine wesentliche Änderung der tatsächlichen Verhältnisse im Sinne des § 48 Abs. 1 des Zehnten Buches, die zu einer Änderung der Zuständigkeit führt, liegt vor, wenn das Unternehmen grundlegend und auf Dauer umgestaltet worden ist. ³Dies ist insbesondere dann der Fall, wenn der Zeitpunkt der Änderung der tatsächlichen Verhältnisse mehr als ein Jahr zurückliegt und seitdem keine der geänderten Zuständigkeit widersprechenden Veränderungen eingetreten sind oder wenn die Änderung der Zuständigkeit durch Zusammenführung, Aus- oder Eingliederung von abgrenzbaren Unternehmensbestandteilen bedingt ist. ⁴Eine Änderung gilt

nicht als wesentlich, wenn ein Hilfsunternehmen im Sinne von § 131 Abs. 2 Satz 2 in eigener Rechtsform ausgegliedert wird, aber ausschließlich dem Unternehmen, dessen Bestandteil es ursprünglich war, dient. ⁵Satz 3 gilt nicht, wenn feststeht, dass die tatsächlichen Umstände, welche die Veränderung der Zuständigkeit begründen, innerhalb eines Zeitraums von zwei Jahren nach deren Eintritt entfallen. ⁶Stellt sich innerhalb eines Jahres nach Bestandskraft des Bescheides, mit dem erstmalig die Zuständigkeit für ein Unternehmen festgestellt wurde, heraus, dass die Zuständigkeit eines anderen Unfallversicherungsträgers gegeben ist, erfolgt eine Überweisung auch dann, wenn die weiteren Voraussetzungen in den Sätzen 1 bis 3 nicht erfüllt sind und kein Fall im Sinne des Satzes 5 vorliegt.

(3) Unternehmer ist
1. derjenige, dem das Ergebnis des Unternehmens unmittelbar zum Vor- oder Nachteil gereicht,
2. bei nach § 2 Abs. 1 Nr. 2 oder 15 versicherten Rehabilitanden der Rehabilitationsträger,
3. bei Versicherten nach § 2 Abs. 1 Nr. 2 und 8 der Sachkostenträger,
4. beim Betrieb eines Seeschiffs der Reeder,
5. bei nach § 2 Abs. 1 Nr. 10 Buchstabe a oder b Versicherten, die für eine privatrechtliche Organisation ehrenamtlich tätig werden oder an Ausbildungsveranstaltungen für diese Tätigkeit teilnehmen, die Gebietskörperschaft oder öffentlich-rechtliche Religionsgemeinschaft, in deren Auftrag oder mit deren Zustimmung die Tätigkeit erbracht wird,
6. bei einem freiwilligen Dienst nach dem Jugendfreiwilligendienstegesetz oder einem Internationalen Jugendfreiwilligendienst nach § 2 Absatz 3 Satz 1 Nummer 2 Buchstabe c der zugelassene Träger oder, sofern eine Vereinbarung nach § 11 Abs. 2 des Jugendfreiwilligendienstegesetzes getroffen ist, die Einsatzstelle,
7. bei einem Dienst nach dem Bundesfreiwilligendienstgesetz die Einsatzstelle.

(4) Absatz 1 Satz 1 gilt nicht für Unfallversicherungsträger der öffentlichen Hand.

§ 137 Wirkung von Zuständigkeitsänderungen

(1) ¹Geht die Zuständigkeit für Unternehmen nach § 136 Abs. 1 Satz 4 von einem Unfallversicherungsträger auf einen anderen über, bleibt bis zum Ablauf des Kalenderjahres, in dem die Entscheidung über das Ende der Zuständigkeit des bisherigen Unfallversicherungsträgers gegenüber dem Unternehmen bindend wird, dieser Unfallversicherungsträger für das Unternehmen zuständig. ²Die Unfallversicherungsträger können Abweichendes vereinbaren.

(2) ¹Geht die Zuständigkeit für ein Unternehmen oder einen Unternehmensbestandteil von einem Unfallversicherungsträger auf einen anderen über, ist dieser auch hinsichtlich der Versicherungsfälle zuständig, die vor dem Zuständigkeitswechsel eingetreten sind; die Unfallversicherungsträger können Abweichendes vereinbaren. ²Satz 1 gilt nicht, wenn die Zuständigkeit für ein Unternehmen von der Unfallkasse des Bundes auf einen anderen Unfallversicherungsträger übergeht.

§ 138 Unterrichtung der Versicherten

Die Unternehmer haben die in ihren Unternehmen tätigen Versicherten darüber zu unterrichten, welcher Unfallversicherungsträger für das Unternehmen zuständig ist und an welchem Ort sich seine für Entschädigungen zuständige Geschäftsstelle befindet.

§ 139 Vorläufige Zuständigkeit

(1) Ist ein Unfallversicherungsträger der Ansicht, daß ein entschädigungspflichtiger Versicherungsfall vorliegt, für den ein anderer Unfallversicherungsträger zuständig ist, hat er vorläufige Leistungen nach § 43 des Ersten Buches zu erbringen, wenn der andere Unfallversicherungsträger sich nicht für zuständig hält oder die Prüfung der Zuständigkeit nicht innerhalb von 21 Tagen abgeschlossen werden kann.

(2) ¹Wird einem Unfallversicherungsträger ein Versicherungsfall angezeigt, für den nach seiner Ansicht ein anderer Unfallversicherungsträger zuständig ist, hat er die Anzeige mit etwaigen weiteren Feststellungen an den anderen Unfallversicherungsträger unverzüglich abzugeben. ²Hält der andere Unfallversicherungsträger sich nicht für zuständig oder kann die Zuständigkeit nicht innerhalb von 21 Tagen abschließend geklärt werden, hat der erstangegangene Unfallversicherungsträger die weiteren Feststellungen zu treffen und erforderliche Leistungen nach § 43 des Ersten Buches zu erbringen.

(3) Der von dem erstangegangenen Unfallversicherungsträger angegangene Unfallversicherungsträger hat diesem unverzüglich seine Entscheidung nach den Absätzen 1 und 2 mitzuteilen.

(4) Die Unfallversicherungsträger sind berechtigt, eine abweichende Vereinbarung über die Zuständigkeit zur Erbringung vorläufiger Leistungen nach Absatz 1 und zur Durchführung der weiteren Feststellungen nach Absatz 2 zu treffen.

§ 139 a Deutsche Verbindungsstelle Unfallversicherung – Ausland

(1) Die Deutsche Gesetzliche Unfallversicherung e. V. nimmt die Aufgaben
1. der Deutschen Verbindungsstelle Unfallversicherung – Ausland (Verbindungsstelle) auf der Grundlage des über- und zwischenstaatlichen Rechts sowie
2. des Trägers des Wohn- und Aufenthaltsorts aufgrund überstaatlichen Rechts für den Bereich der Unfallversicherung

wahr.

(2) Zu den Aufgaben nach Absatz 1 gehören insbesondere
1. der Abschluss von Vereinbarungen mit ausländischen Verbindungsstellen,
2. die Kostenabrechnungen mit in- und ausländischen Stellen,
3. die Koordinierung der Verwaltungshilfe bei grenzüberschreitenden Sachverhalten,
4. die Information, Beratung und Aufklärung sowie
5. die Umlagerechnung.

(3) [1]Die Verbindungsstelle legt die ihr durch die Erfüllung ihrer Aufgaben entstandenen Sach- und Personalkosten nach Ablauf eines Kalenderjahres auf alle deutschen Träger der gesetzlichen Unfallversicherung um. [2]Auf die Umlage kann sie Vorschüsse einfordern.

Dritter Abschnitt. Weitere Versicherungseinrichtungen

§ 140 Haftpflicht- und Auslandsversicherung

(1) [1]Die Braunschweigische landwirtschaftliche Berufsgenossenschaft, die Land- und forstwirtschaftliche Berufsgenossenschaft Hessen und die Gartenbau Berufsgenossenschaft können eine Versicherung gegen Haftpflicht für die Unternehmer und die ihnen in der Haftpflicht Gleichstehenden betreiben. [2]Vereinigen sich auf Grund des Ersten Abschnitts des Fünften Kapitels dieses Gesetzes die Braunschweigische landwirtschaftliche Berufsgenossenschaft und die Land- und forstwirtschaftliche Berufsgenossenschaft Hessen mit anderen Berufsgenossenschaften oder werden sie mit anderen Berufsgenossenschaften auf Grund dieses Gesetzes vereinigt, können eine Versicherung gegen Haftpflicht für die Unternehmer und die ihnen in der Haftpflicht Gleichstehenden betreiben
1. die unter Einbeziehung der Braunschweigischen landwirtschaftlichen Berufsgenossenschaft neu gebildete landwirtschaftliche Berufsgenossenschaft mit den bis zur Errichtung dieser Berufsgenossenschaft bestehenden Zuständigkeiten der Haftpflichtversicherungsanstalt der Braunschweigischen landwirtschaftlichen Berufsgenossenschaft,
2. die unter Einbeziehung der Land- und forstwirtschaftlichen Berufsgenossenschaft Hessen neu gebildete landwirtschaftliche Berufsgenossenschaft mit den bis zur Errichtung dieser Berufsgenossenschaft bestehenden Zuständigkeiten der Gemeinnützigen Haftpflichtversicherungsanstalt der Land- und forstwirtschaftlichen Berufsgenossenschaft Hessen.

(2) Die Unfallversicherungsträger können durch Beschluß der Vertreterversammlung eine Versicherung gegen Unfälle einrichten, die Personen im Zusammenhang mit einer Beschäftigung bei einem inländischen Unternehmen im Ausland erleiden, wenn diese Personen nicht bereits Versicherte im Sinne dieses Buches sind.

(3) [1]Die Teilnahme an der Versicherung erfolgt auf Antrag der Unternehmer. [2]Die Mittel der Versicherung werden von den Unternehmern aufgebracht, die der Versicherung angeschlossen sind. [3]Die Beschlüsse der Vertreterversammlung, die sich auf die Einrichtungen beziehen, bedürfen der Genehmigung der Aufsichtsbehörde.

§ 141 Träger der Versicherungseinrichtungen, Aufsicht

[1]Träger der Haftpflicht- und Auslandsversicherung ist der Unfallversicherungsträger. [2]Die Aufsicht mit Ausnahme der Fachaufsicht führt die für den Unfallversicherungsträger zuständige Aufsichtsbehörde.

§ 142 Gemeinsame Einrichtungen

(1) Unfallversicherungsträger, die dieselbe Aufsichtsbehörde haben, können vereinbaren, gemeinsame Einrichtungen der Auslandsversicherung zu errichten.

(2) ¹Die Vereinbarung wird mit Beginn eines Kalenderjahres wirksam. ²Die Beschlüsse der Vertreterversammlungen über die Vereinbarung bedürfen der Genehmigung der Aufsichtsbehörde.

§ 143 *(aufgehoben)*

Abschnitt 3a. Spitzenverband der landwirtschaftlichen Sozialversicherung

§ 143a Rechtsstellung und Aufgaben

(1) ¹Der Spitzenverband der landwirtschaftlichen Sozialversicherung ist der Spitzenverband der landwirtschaftlichen Berufsgenossenschaften, landwirtschaftlichen Alterskassen und landwirtschaftlichen Krankenkassen (Träger der landwirtschaftlichen Sozialversicherung). ²Der Spitzenverband hat die ihm zugewiesenen Aufgaben sowie Grundsatz- und Querschnittsaufgaben zu erfüllen und seine Mitglieder bei der Erfüllung ihrer Aufgaben zu unterstützen.

(2) ¹Der Spitzenverband der landwirtschaftlichen Sozialversicherung ist eine Körperschaft des öffentlichen Rechts. ²Mitglieder sind die Träger der landwirtschaftlichen Sozialversicherung.

§ 143b Organe

(1) Bei dem Spitzenverband der landwirtschaftlichen Sozialversicherung werden als Selbstverwaltungsorgane eine Vertreterversammlung und ein Vorstand gebildet.

(2) ¹Die Vertreterversammlung besteht aus höchstens 27 Mitgliedern, die dem Vorstand eines Trägers der landwirtschaftlichen Sozialversicherung angehören müssen. ²Jede Verwaltungsgemeinschaft von Trägern der landwirtschaftlichen Sozialversicherung wählt aus ihren Vorständen insgesamt drei Mitglieder und insgesamt drei Stellvertreter in die Vertreterversammlung, von denen je ein Mitglied und je ein Stellvertreter der Gruppe der versicherten Arbeitnehmer, der Gruppe der Arbeitgeber und der Gruppe der Selbständigen ohne fremde Arbeitskräfte angehören muss.

(3) ¹Der Vorstand setzt sich aus neun von der Vertreterversammlung aus ihrer Mitte gewählten Mitgliedern zusammen; für jedes Mitglied wird ein Stellvertreter gewählt. ²Diese gehören zu je einem Drittel der Gruppe der versicherten Arbeitnehmer, der Gruppe der Arbeitgeber und der Gruppe der Selbständigen ohne fremde Arbeitskräfte an. ³Im Vorstand soll jede Verwaltungsgemeinschaft der Träger der landwirtschaftlichen Sozialversicherung vertreten sein.

(4) ¹Für die Organe gelten § 31 Abs. 1 bis 3, § 33 Abs. 1 Satz 1 und Abs. 2, die §§ 35 bis 37 Abs. 1, die §§ 38, 40 bis 42 Abs. 1 bis 3, die §§ 58 bis 60, die §§ 62, 63 Abs. 1, 3 und 4, § 64 Abs. 1 bis 3 sowie die §§ 65, 66 Abs. 1 des Vierten Buches entsprechend. ²Das Nähere wird in der Satzung bestimmt. ³Die Vertreterversammlung beschließt auch über den Erwerb, die Veräußerung oder die Belastung von Grundstücken, über die Errichtung von Gebäuden sowie über die Aufbringung der Mittel zur Finanzierung der Verbandsaufgaben.

(5) ¹In den Selbstverwaltungsorganen wirken in Angelegenheiten der landwirtschaftlichen Krankenversicherung und der Alterssicherung der Landwirte die Vertreter der versicherten Arbeitnehmer nicht mit. ²Die Belange der Verwaltungsgemeinschaften, die aus diesem Grunde im Vorstand nicht vertreten sind, müssen in angemessener Weise berücksichtigt werden. ³Das Nähere wird in der Satzung bestimmt.

(6) ¹Der Geschäftsführer und der Stellvertreter des Geschäftsführers werden auf Vorschlag des Vorstandes von der Vertreterversammlung für eine Amtsdauer von jeweils sechs Jahren gewählt. ²Eine Wiederwahl ist zulässig.

(7) Das Bundesministerium für Arbeit und Soziales und das Bundesministerium für Ernährung, Landwirtschaft und Verbraucherschutz gehören den Selbstverwaltungsorganen mit beratender Stimme an; für das Bundesministerium für Arbeit und Soziales gilt dies nicht, soweit Fragen der landwirtschaftlichen Krankenversicherung berührt werden.

§ 143 c Satzung

(1) ¹Der Spitzenverband der landwirtschaftlichen Sozialversicherung hat durch seine Vertreterversammlung eine Satzung aufzustellen. ²Die Satzung bedarf der Genehmigung der Aufsichtsbehörde.

(2) ¹Die Satzung muss Bestimmungen enthalten über
1. den Sitz des Verbandes,
2. die Entschädigungen für Organmitglieder,
3. die Öffentlichkeit der Vertreterversammlung,
4. die Rechte und Pflichten der Mitglieder,
5. die Verpflichtung der Mitglieder zur Unterstützung, Unterrichtung und Information des Spitzenverbandes der landwirtschaftlichen Sozialversicherung bei der Erfüllung seiner Aufgaben und Wahrnehmung der Interessen der Mitglieder,
6. die Aufbringung und Verwaltung der Mittel,
7. die jährliche Prüfung der Betriebs- und Rechnungsführung und
8. die Art der Bekanntmachungen.

²Für die Bekanntmachung der Satzung gilt § 34 Abs. 2 des Vierten Buches entsprechend.

§ 143 d Aufsicht, Haushalts- und Rechnungswesen, Vermögen, Statistiken, Finanzierung, Bundesgarantie

(1) ¹Der Spitzenverband der landwirtschaftlichen Sozialversicherung untersteht der Aufsicht des Bundesversicherungsamtes. ²Für die Aufsicht gelten die §§ 87 bis 89 des Vierten Buches entsprechend. ³Soweit der Spitzenverband der landwirtschaftlichen Sozialversicherung Aufgaben der Prävention in der gesetzlichen Unfallversicherung wahrnimmt, untersteht er der Fach- und Rechtsaufsicht des Bundesministeriums für Arbeit und Soziales.

(2) Für das Haushalts- und Rechnungswesen einschließlich der Statistiken gelten die §§ 67 bis 69, § 70 Abs. 1, § 71 d, die §§ 72 bis 76 Abs. 1 und 2, § 77 Abs. 1, die §§ 78 und 79 Abs. 1 und 2 sowie für das Vermögen die §§ 80 und 85 des Vierten Buches entsprechend.

(3) ¹Der Spitzenverband der landwirtschaftlichen Sozialversicherung hat sicherzustellen, dass seine Ausgaben und Einnahmen sowie das Vermögen den Aufgabenbereichen der landwirtschaftlichen Unfallversicherung, der landwirtschaftlichen Krankenversicherung und der Alterssicherung der Landwirte zugeordnet werden (Kostenverteilungsschlüssel). ²Der Kostenverteilungsschlüssel bedarf der Genehmigung der Aufsichtsbehörde, die im Einvernehmen mit dem Bundesministerium für Arbeit und Soziales und dem Bundesministerium für Ernährung, Landwirtschaft und Verbraucherschutz erteilt wird.

(4) Auf den Spitzenverband der landwirtschaftlichen Sozialversicherung ist § 120 entsprechend anzuwenden.

§ 143 e Aufgaben

(1) ¹Der Spitzenverband der landwirtschaftlichen Sozialversicherung nimmt für die landwirtschaftliche Sozialversicherung die Grundsatz- und Querschnittsaufgaben wahr. ²Dazu gehören:
1. Vertretung seiner Mitglieder sowie der landwirtschaftlichen Sozialversicherung in ihrer Gesamtheit gegenüber Politik, Bundes-, europäischen und sonstigen nationalen und internationalen Institutionen sowie Sozialpartnern, anderen Trägern der Sozialversicherung und deren Verbänden, nationalen und internationalen Behörden, obersten Bundesgerichten sowie dem Europäischen Gerichtshof;
2. Unterstützung der zuständigen Behörden in Fragen der Gesetzgebung und Verwaltung; § 30 Abs. 3 des Vierten Buches ist entsprechend anzuwenden;
3. Sicherung der einheitlichen Rechtsanwendung durch Klärung von grundsätzlichen Fach- und Rechtsfragen;
4. Öffentlichkeitsarbeit einschließlich der Herausgabe von regelmäßigen Informationen zur landwirtschaftlichen Sozialversicherung für Unternehmer und Versicherte und der Grundsätze für regionale und trägerspezifische Broschüren;
5. Erstellung und Auswertung von Statistiken für Verbandszwecke sowie für die Gesetzgebung, Forschung und allgemeine Öffentlichkeit;
6. Organisation und Durchführung des Qualitäts- und Wirtschaftlichkeitswettbewerbs zwischen den Trägern (Benchmarking von Leistungs- und Qualitätsdaten);

7. Grundsätze für
   a) die Personalbedarfsermittlung in der landwirtschaftlichen Sozialversicherung,
   b) eine wirtschaftliche Gestaltung der Aufbau- und Ablauforganisation und
   c) die Planung und Durchführung größerer Investitionsvorhaben
   unter Wahrung der Selbständigkeit der Träger;
8. Sicherstellung einer einheitlichen Gliederung und Durchführung der Geschäftsprozesse zur wirtschaftlichen Aufgabenerfüllung der Mitglieder;
9. Grundsätze der Finanzausstattung und -verwaltung im Rahmen der Finanzverfassung für das gesamte System der landwirtschaftlichen Sozialversicherung unter Wahrung der Selbständigkeit der Träger;
10. Funktion als Signaturstelle;
11. Organisation der beruflichen Aus-, Fort- und Weiterbildung der bei den Trägern der landwirtschaftlichen Sozialversicherung Beschäftigten, auch durch Errichtung und Betrieb von Bildungseinrichtungen oder Beteiligung an diesen;
12. Evaluierung von medizinischen Gutachten seiner Mitglieder;
13. Durchführung oder Vergabe von Forschungsvorhaben auf dem Gebiet der landwirtschaftlichen Sozialversicherung;
14. Abschluss von Tarifverträgen für die Träger der landwirtschaftlichen Sozialversicherung;
15. Abschluss von Teilungsabkommen;
16. Sicherstellung einer einheitlichen Erbringung der Betriebs- und Haushaltshilfe durch Grundsätze zur Beurteilung der Erforderlichkeit und
17. Durchführung von Arbeitstagungen.

(2) Der Spitzenverband der landwirtschaftlichen Sozialversicherung ist zuständig für die Erfüllung folgender Aufgaben:
1. Bereitstellung der Informationstechnik in der landwirtschaftlichen Sozialversicherung durch
   a) Betreiben des gemeinsamen Rechenzentrums der landwirtschaftlichen Sozialversicherung und
   b) Planung, Entwicklung, Beschaffung sowie Einsatz von Verfahren und Programmen für die automatisierte Datenverarbeitung, den Datenschutz und die Datensicherung zur Erfüllung der gesetzlichen Aufgaben der landwirtschaftlichen Sozialversicherung,
2. Abschluss von Verträgen für die Mitglieder und für die landwirtschaftliche Sozialversicherung in ihrer Gesamtheit mit anderen Trägern oder Verbänden der Sozialversicherung,
3. Bearbeitung von Sachverhalten und Erbringung von Leistungen der landwirtschaftlichen Sozialversicherung mit Auslandsberührung im Namen seiner Mitglieder.
4. Geltendmachung und Durchsetzung von Erstattungs- und Ersatzansprüchen im Namen seiner Mitglieder (§§ 115 bis 119 des Zehnten Buches),
5. Prüfung der Geschäfts-, Rechnungs- und Betriebsführung der Mitglieder,
6. Betreiben einer gemeinsamen Einrichtung, um die Informationen für die Verteilung der Versicherten, deren Anspruch auf Leistungen zur Rehabilitation von den Mitgliedern festgestellt ist, auf die Rehabilitationseinrichtungen zur Verfügung zu stellen,
7. Aufstellung von einheitlichen Abgrenzungskriterien für die Zuständigkeit der landwirtschaftlichen Sozialversicherungsträger und Abgabe von Empfehlungen zur Entscheidung von Zuständigkeitskonflikten und
8. Erlass von verbindlichen Vorgaben für den Beitragseinzug, insbesondere zum Verfahren der Beitragserhebung und zur Beitragsüberwachung, sowie zum Einzug sonstiger Forderungen.

(3) ¹Der Spitzenverband der landwirtschaftlichen Sozialversicherung nimmt auf dem Gebiet der gesetzlichen Unfallversicherung für die landwirtschaftlichen Berufsgenossenschaften weitere Grundsatz- und Querschnittsaufgaben wahr. ²Dazu gehören:
1. Erlass von Richtlinien für
   a) die Berechnungsgrundlagen nach § 182 Abs. 2 bis 6, insbesondere die Bildung von Risikogruppen sowie die Berücksichtigung des solidarischen Ausgleichs, und
   b) ein einheitliches Verfahren zur Ermittlung der für die beitragsbelastbaren Flächenwerten maßgebenden Daten sowie die Führung der Flächen- und Arbeitswertkataster,
2. Durchführung des Lastenausgleichs nach § 184 d,
3. Koordination der Mitwirkung der landwirtschaftlichen Berufsgenossenschaften an der Tätigkeit der gemeinsamen landesbezogenen Stellen nach § 20 Abs. 2,
4. Koordinierung, Durchführung und Förderung gemeinsamer Maßnahmen sowie der Forschung auf dem Gebiet der Prävention von Arbeitsunfällen, Berufskrankheiten und arbeitsbedingten Gesundheitsgefahren,

5. Klärung von grundsätzlichen Fach- und Rechtsfragen zur Sicherung der einheitlichen Rechtsanwendung in der Prävention.

(4) Der Spitzenverband der landwirtschaftlichen Sozialversicherung ist auf dem Gebiet der landwirtschaftlichen Unfallversicherung zuständig für die Erfüllung folgender Aufgaben:
1. Auszahlung und Anpassung von Renten im Namen der landwirtschaftlichen Berufsgenossenschaften; das Auszahlungsverfahren wird durch die Satzung des Spitzenverbandes der landwirtschaftlichen Sozialversicherung geregelt;
2. Abschluss von Verträgen mit Leistungserbringern für die landwirtschaftlichen Berufsgenossenschaften;
3. Verwaltung der liquiden Mittel der Rücklage für die landwirtschaftlichen Berufsgenossenschaften;
4. Koordinierung der Schwerpunkte der Unfallverhütung, Erlass von Unfallverhütungsvorschriften für die landwirtschaftlichen Berufsgenossenschaften mit Ausnahme von Unfallverhütungsvorschriften, die ausschließlich auf Unternehmen des Gartenbaus anzuwenden sind, und Festlegung eines einheitlichen Bußgeldrahmens bei Verstößen gegen die Unfallverhütungsvorschriften;
5. Überprüfung von Krankenhaus- und Apothekenabrechnungen für die landwirtschaftlichen Berufsgenossenschaften und
6. Geltendmachung und Durchsetzung von Ansprüchen nach den §§ 110 bis 113 im Namen seiner Mitglieder.

(5) [1]Bei der Erfüllung der Aufgaben nach den Absätzen 1 und 3 arbeitet der Spitzenverband der landwirtschaftlichen Sozialversicherung eng mit der Deutschen Gesetzlichen Unfallversicherung e. V. zusammen. [2]Das Nähere wird in Verwaltungsvereinbarungen geregelt.

(6) [1]Die Entscheidungen des Spitzenverbandes der landwirtschaftlichen Sozialversicherung in Grundsatz- und Querschnittsaufgaben werden durch die Vertreterversammlung des Spitzenverbandes der landwirtschaftlichen Sozialversicherung getroffen. [2]Die Vertreterversammlung kann die Entscheidungsbefugnis ganz oder teilweise auf den Vorstand übertragen. [3]Der Vorstand kann die Entscheidungsbefugnis ganz oder teilweise auf einen Ausschuss des Vorstandes übertragen. [4]Die Entscheidungen dieses Ausschusses müssen einstimmig ergehen. [5]Der Ausschuss legt dem Vorstand die Entscheidungen vor; der Vorstand kann abweichende Entscheidungen treffen. [6]Dem Spitzenverband der landwirtschaftlichen Sozialversicherung können durch die Vertreterversammlung mit einer Mehrheit von mindestens zwei Dritteln der Stimmen der ihr angehörenden stimmberechtigten Mitglieder weitere Grundsatz- und Querschnittsaufgaben übertragen werden. [7]Die Entscheidungen des Spitzenverbandes der landwirtschaftlichen Sozialversicherung zu Grundsatz- und Querschnittsaufgaben sind für seine Mitglieder verbindlich.

(7) Die verbindlichen Entscheidungen sowie die Übertragung weiterer Grundsatz- und Querschnittsaufgaben werden im Bundesanzeiger oder im elektronischen Bundesanzeiger veröffentlicht.

§ 143 f Zusammenarbeit

(1) Der Spitzenverband der landwirtschaftlichen Sozialversicherung und die Träger der landwirtschaftlichen Sozialversicherung arbeiten bei der Erfüllung ihrer Verwaltungsaufgaben und der Betreuung der Versicherten eng zusammen, um eine wirtschaftliche und sparsame Aufgabenerfüllung zu gewährleisten.

(2) [1]Werden vom Spitzenverband der landwirtschaftlichen Sozialversicherung oder von einem Träger der landwirtschaftlichen Sozialversicherung gemeinsame Einrichtungen geschaffen oder unterhalten oder werden in sonstiger Weise Mittel und Kräfte für die Erfüllung von Aufgaben anderer oder aller Träger eingesetzt, ist durch geeignete Verfahren eine sachgerechte Kostenaufteilung sicherzustellen. [2]Die Verfahren bedürfen der Genehmigung durch die jeweilige Aufsichtsbehörde, die im Benehmen mit dem Bundesministerium für Ernährung, Landwirtschaft und Verbraucherschutz erteilt wird.

§ 143 g Geschäftsführung des Spitzenverbandes der landwirtschaftlichen Sozialversicherung

(1) [1]Mit dem Geschäftsführer und dem stellvertretenden Geschäftsführer des Spitzenverbandes der landwirtschaftlichen Sozialversicherung wird für ihre Amtsdauer ein Dienstordnungsverhältnis auf Zeit oder ein privatrechtliches Arbeitsverhältnis auf Zeit

begründet. ²Das befristete Dienstordnungsverhältnis oder der Arbeitsvertrag bedarf der Zustimmung der nach § 143 d zuständigen Aufsichtsbehörde.

(2) Die Dienstbezüge im Dienstordnungsverhältnis oder die vertraglich zu vereinbarende Vergütung des Geschäftsführers des Spitzenverbandes der landwirtschaftlichen Sozialversicherung dürfen die Bezüge nach Besoldungsgruppe B 6 der Bundesbesoldungsordnung nicht übersteigen; für den stellvertretenden Geschäftsführer darf die Besoldungsgruppe B 5 nicht überschritten werden.

(3) Ist der Geschäftsführer oder der stellvertretende Geschäftsführer des Spitzenverbandes der landwirtschaftlichen Sozialversicherung aus einem Dienstordnungsverhältnis oder Beamtenverhältnis auf Lebenszeit gewählt worden, ruhen für die Dauer der Amtszeit die Rechte und Pflichten aus dem Dienstverhältnis auf Lebenszeit mit Ausnahme der Pflicht zur Amtsverschwiegenheit und des Verbots der Annahme von Belohnungen und Geschenken.

§ 143 h Beschäftigte des Spitzenverbandes der landwirtschaftlichen Sozialversicherung

Auf den Spitzenverband der landwirtschaftlichen Sozialversicherung sind die Vorschriften der §§ 144 bis 147, § 172 c und § 219 a Abs. 2 bis 4 anzuwenden.

§ 143 i Gemeinsame Personalvertretung des Spitzenverbandes der landwirtschaftlichen Sozialversicherung, Beteiligung der Gleichstellungsbeauftragten

(1) ¹Vor verbindlichen Entscheidungen des Spitzenverbandes der landwirtschaftlichen Sozialversicherung nach § 143 e über
1. die Personalbedarfsermittlung,
2. die wirtschaftliche Gestaltung der Aufbau- und Ablauforganisation und
3. die Organisation der beruflichen Aus-, Fort- und Weiterbildung

ist die Gemeinsame Personalvertretung des Spitzenverbandes der landwirtschaftlichen Sozialversicherung anzuhören. ²Vor der Anhörung nach Satz 1 ist die Gemeinsame Personalvertretung frühzeitig zu unterrichten. ³Gleiches gilt für Entscheidungen, deren Umsetzung in gleicher Weise wie Entscheidungen nach Satz 1 Einfluss auf die Arbeitsbedingungen der Beschäftigten haben können. ⁴Das Verfahren zur Beteiligung ist in einer Vereinbarung des Spitzenverbandes der landwirtschaftlichen Sozialversicherung und der Gemeinsamen Personalvertretung zu regeln.

(2) Mitglieder der Gemeinsamen Personalvertretung des Spitzenverbandes der landwirtschaftlichen Sozialversicherung sind Vertreterinnen und Vertreter der Personalräte der Träger der landwirtschaftlichen Sozialversicherung oder, soweit sie gebildet sind, der Gesamtpersonalräte der Träger der landwirtschaftlichen Sozialversicherung und des Personalrates des Spitzenverbandes der landwirtschaftlichen Sozialversicherung.

(3) ¹Die Gemeinsame Personalvertretung des Spitzenverbandes der landwirtschaftlichen Sozialversicherung setzt sich aus Mitgliedern der Personalvertretungen nach Absatz 2 Satz 1 zusammen. ²Insgesamt dürfen je Verwaltungsgemeinschaft entsandt werden:
1. drei Mitglieder bei Verwaltungsgemeinschaften mit bis zu 699 wahlberechtigten Beschäftigten,
2. sechs Mitglieder bei Verwaltungsgemeinschaften mit mehr als 699 wahlberechtigten Beschäftigten.

³Aus der Personalvertretung des Spitzenverbandes der landwirtschaftlichen Sozialversicherung werden drei Mitglieder entsandt. ⁴Die Gemeinsame Personalvertretung des Spitzenverbandes der landwirtschaftlichen Sozialversicherung beschließt mit der Mehrheit der Stimmen ihrer Mitglieder eine Geschäftsordnung, die Regelungen über den Vorsitz, das Verfahren zur internen Willensbildung und zur Beschlussfassung enthalten muss. ⁵Ergänzend finden die Regelungen des Bundespersonalvertretungsgesetzes entsprechend Anwendung. ⁶Kostentragende Stelle im Sinne des § 44 des Bundespersonalvertretungsgesetzes ist der Spitzenverband der landwirtschaftlichen Sozialversicherung.

(4) ¹Vor Entscheidungen des Spitzenverbandes der landwirtschaftlichen Sozialversicherung in Grundsatz- und Querschnittsaufgaben, die sich auf die Gleichstellung von Frauen und Männern sowie die Vereinbarkeit von Familie und Erwerbstätigkeit bei den Beschäftigten ihrer Mitglieder auswirken, wirkt die Gleichstellungsbeauftragte des Spitzenverbandes der landwirtschaftlichen Sozialversicherung im Sinne der Regelungen der §§ 19

und 20 des Gesetzes zur Gleichstellung von Frauen und Männern in der Bundesverwaltung und in den Gerichten des Bundes mit. ²Die Gleichstellungsbeauftragte des Spitzenverbandes der landwirtschaftlichen Sozialversicherung beteiligt die Gleichstellungsbeauftragten der Mitglieder des Spitzenverbandes der landwirtschaftlichen Sozialversicherung.

Vierter Abschnitt. Dienstrecht

§ 144 Dienstordnung

¹Die Vertreterversammlung des Unfallversicherungsträgers hat die Ein- und Anstellungsbedingungen und die Rechtsverhältnisse der Angestellten unter Berücksichtigung des Grundsatzes der funktionsgerechten Stellenbewertung durch eine Dienstordnung angemessen zu regeln, soweit nicht die Angestellten nach Tarifvertrag oder außertariflich angestellt werden. ²Dies gilt nicht für Unfallversicherungsträger mit Dienstherrnfähigkeit im Sinne des § 2 des Bundesbeamtengesetzes oder des § 2 des Beamtenstatusgesetzes.

§ 145 Regelungen in der Dienstordnung

¹Die Dienstordnung hat die Folgen der Nichterfüllung von Pflichten und die Zuständigkeit für deren Festsetzung zu regeln. ²Weitergehende Rechtsnachteile, als sie das Disziplinarrecht für Beamte zuläßt, dürfen nicht vorgesehen werden.

§ 146 Verletzung der Dienstordnung

¹Widerspricht ein Dienstvertrag der Dienstordnung, ist er insoweit nichtig. ²Dies gilt nicht, wenn der Widerspruch zwischen Dienstvertrag und Dienstordnung auf einer nach Abschluß der Vertrages in Kraft getretenen Änderung der Dienstordnung zum Nachteil des Angestellten beruht.

§ 147 Aufstellung und Änderung der Dienstordnung

(1) Vor Aufstellung der Dienstordnung hat der Vorstand des Unfallversicherungsträgers die Personalvertretung zu hören.

(2) Die Dienstordnung bedarf der Genehmigung der Aufsichtsbehörde.

(3) Wird die Genehmigung versagt und wird in der festgesetzten Frist eine andere Dienstordnung nicht aufgestellt oder wird sie nicht genehmigt, erläßt die Aufsichtsbehörde die Dienstordnung.

(4) Die Absätze 1 bis 3 gelten für Änderungen der Dienstordnung entsprechend.

§ 148 Dienstrechtliche Vorschriften für die Eisenbahn-Unfallkasse

(1) ¹Die Eisenbahn-Unfallkasse besitzt Dienstherrnfähigkeit im Sinne des § 2 des Bundesbeamtengesetzes. ²Die Beamten sind Bundesbeamte. ³Bei der Unfallkasse können die nach § 26 Abs. 1 des Bundesbesoldungsgesetzes zulässigen Obergrenzen für Beförderungsämter überschritten werden, soweit dies wegen der mit den Funktionen verbundenen Anforderungen erforderlich ist. ⁴Für die Angestellten und Arbeiter gelten die Bestimmungen für Arbeitnehmer des Bundes.

(2) ¹Das Bundesministerium für Verkehr, Bau und Stadtentwicklung ernennt und entläßt auf Vorschlag des Vorstandes der Unfallkasse die Beamten. ²Es kann seine Befugnis auf den Vorstand übertragen mit dem Recht, diese Befugnis ganz oder teilweise auf den Geschäftsführer weiter zu übertragen.

(3) Oberste Dienstbehörde ist für den Geschäftsführer und seinen Stellvertreter das Bundesministerium für Verkehr, Bau und Stadtentwicklung, für die übrigen Beamten der Vorstand der Unfallkasse, der seine Befugnisse ganz oder teilweise auf den Geschäftsführer übertragen kann.

(4) ¹Unbeschadet der Absätze 1 und 2 können das Bundeseisenbahnvermögen und die Unternehmen, für deren Versicherte die Eisenbahn-Unfallkasse Träger der Unfallversicherung ist, für die Verwaltung der Eisenbahn-Unfallkasse erforderliches Personal gegen Kostenerstattung zur Verfügung stellen. ²Das gibt insbesondere für Beamte und Arbeitnehmer, die bei Errichtung der Eisenbahn-Unfallkasse Aufgaben der Unfallverhütung beim

Bundeseisenbahnvermögen oder der Unfallversicherung bei der Bundesbahn-Ausführungsbehörde für Unfallversicherung wahrgenommen haben. ³Das Arbeitnehmerüberlassungsgesetz findet keine Anwendung.

§ 149 Dienstrechtliche Vorschriften für die Unfallkasse Post und Telekom

(1) ¹Die Unfallkasse Post und Telekom besitzt Dienstherrnfähigkeit im Sinne des § 2 des Bundesbeamtengesetzes. ²Die Beamten sind Bundesbeamte. ³Bei der Unfallkasse können die nach § 26 Abs. 1 des Bundesbesoldungsgesetzes zulässigen Obergrenzen für Beförderungsämter überschritten werden, soweit dies wegen der mit den Funktionen verbundenen Anforderungen erforderlich ist. ⁴Für die Angestellten und Arbeiter gelten die Bestimmungen für Arbeitnehmer des Bundes mit besonderen Ergänzungen, soweit dies wegen der mit den Funktionen verbundenen Anforderungen erforderlich ist.

(2) ¹Das Bundesministerium der Finanzen ernennt und entläßt auf Vorschlag des Vorstandes der Unfallkasse die Beamten. ²Es kann seine Befugnis auf den Vorstand übertragen mit dem Recht, diese Befugnis ganz oder teilweise auf den Geschäftsführer weiter zu übertragen.

(3) Oberste Dienstbehörde für den Geschäftsführer und seinen Stellvertreter ist das Bundesministerium der Finanzen, für die übrigen Beamten der Vorstand der Unfallkasse Post und Telekom, der seine Befugnisse ganz oder teilweise auf den Geschäftsführer übertragen kann.

(4) ¹Unbeschadet der Absätze 1 und 2 können das Bundesministerium der Finanzen und die Unternehmen, für deren Versicherte die Unfallkasse Post und Telekom Träger der Unfallversicherung ist, für die Aufgabenerfüllung der Unfallkasse Post und Telekom erforderliches Personal gegen Kostenerstattung zur Verfügung stellen. ²Dies gilt insbesondere für Beamte und Arbeitnehmer, die bei der Errichtung der Unfallkasse Post und Telekom Aufgaben der Unfallversicherung einschließlich Überwachung und Prävention bei der Bundespost-Ausführungsbehörde für Unfallversicherung oder der Zentralstelle Arbeitsschutz im Bundesamt für Post und Telekommunikation wahrgenommen haben. ³Das Arbeitnehmerüberlassungsgesetz findet keine Anwendung.

§ 149a Dienstrechtliche Vorschriften für die Unfallkasse des Bundes

(1) ¹Die Unfallkasse des Bundes besitzt Dienstherrnfähigkeit im Sinne des § 2 des Bundesbeamtengesetzes. ²Die Beamten sind Bundesbeamte. ³Für die Angestellten und Arbeiter gelten die Bestimmungen für Arbeitnehmer des Bundes.

(2) ¹Das Bundesministerium für Arbeit und Soziales ernennt und entlässt auf Vorschlag des Vorstandes der Unfallkasse die Beamten. ²Es kann seine Befugnis auf den Vorstand übertragen mit dem Recht, diese Befugnis ganz oder teilweise auf den Geschäftsführer weiter zu übertragen.

(3) Oberste Dienstbehörde für den Geschäftsführer und seinen Stellvertreter ist das Bundesministerium für Arbeit und Soziales, für die übrigen Beamten der Vorstand der Unfallkasse, der seine Befugnisse ganz oder teilweise auf den Geschäftsführer übertragen kann.

Sechstes Kapitel. Aufbringung der Mittel

Erster Abschnitt. Allgemeine Vorschriften

Erster Unterabschnitt. Beitragspflicht

§ 150 Beitragspflichtige

(1) ¹Beitragspflichtig sind die Unternehmer, für deren Unternehmen Versicherte tätig sind oder zu denen Versicherte in einer besonderen, die Versicherung begründenden Beziehung stehen. ²Die nach § 2 versicherten Unternehmer sowie die nach § 3 Abs. 1 Nr. 1 und § 6 Abs. 1 Versicherten sind selbst beitragspflichtig.

(2) ¹Neben den Unternehmern sind beitragspflichtig
1. die Auftraggeber, soweit sie Zwischenmeistern und Hausgewerbetreibenden zur Zahlung von Entgelt verpflichtet sind,

2. die Reeder, soweit beim Betrieb von Seeschiffen andere Unternehmer sind oder auf Seeschiffen durch andere ein Unternehmen betrieben wird.

²Die in Satz 1 Nr. 1 und 2 Genannten sowie die in § 130 Abs. 2 Satz 1 und Abs. 3 genannten Bevollmächtigten haften mit den Unternehmern als Gesamtschuldner.

(3) ¹Für die Beitragshaftung bei der Arbeitnehmerüberlassung gilt § 28 e Abs. 2 und 4 des Vierten Buches und für die Beitragshaftung bei der Ausführung eines Dienst- oder Werkvertrages im Baugewerbe gelten § 28 e Absatz 3 a bis 3 f sowie § 116 a des Vierten Buches entsprechend. ²Der Nachunternehmer oder der von diesem beauftragte Verleiher hat für den Nachweis nach § 28 e Absatz 3 f des Vierten Buches eine qualifizierte Unbedenklichkeitsbescheinigung des zuständigen Unfallversicherungsträgers vorzulegen; diese enthält insbesondere Angaben über die bei dem Unfallversicherungsträger eingetragenen Unternehmensteile und diesen zugehörigen Lohnsummen des Nachunternehmers oder des von diesem beauftragten Verleihers sowie die ordnungsgemäße Zahlung der Beiträge.

(4) Bei einem Wechsel der Person des Unternehmers sind der bisherige Unternehmer und sein Nachfolger bis zum Ablauf des Kalenderjahres, in dem der Wechsel angezeigt wurde, zur Zahlung der Beiträge und damit zusammenhängender Leistungen als Gesamtschuldner verpflichtet.

§ 151 Beitragserhebung bei überbetrieblichen arbeitsmedizinischen und sicherheitstechnischen Diensten

¹Die Mittel für die Einrichtungen nach § 24 werden von den Unternehmern aufgebracht, die diesen Einrichtungen angeschlossen sind. ²Die Satzung bestimmt das Nähere über den Maßstab, nach dem die Mittel aufzubringen sind, und über die Fälligkeit.

Zweiter Unterabschnitt. Beitragshöhe

§ 152 Umlage

(1) ¹Die Beiträge werden nach Ablauf des Kalenderjahres, in dem die Beitragsansprüche dem Grunde nach entstanden sind, im Wege der Umlage festgesetzt. ²Die Umlage muß den Bedarf des abgelaufenen Kalenderjahres einschließlich der zur Ansammlung der Rücklage sowie des Verwaltungsvermögens nötigen Beträge decken. ³Darüber hinaus dürfen Beiträge nur zur Zuführung zu den Betriebsmitteln erhoben werden.

(2) Abweichend von Absatz 1 werden die Beiträge für in Eigenarbeit nicht gewerbsmäßig ausgeführte Bauarbeiten (nicht gewerbsmäßige Bauarbeiten) außerhalb der Umlage erhoben.

§ 153 Berechnungsgrundlagen

(1) Berechnungsgrundlagen für die Beiträge sind, soweit sich aus den nachfolgenden Vorschriften nicht etwas anderes ergibt, der Finanzbedarf (Umlagesoll), die Arbeitsentgelte der Versicherten und die Gefahrklassen.

(2) Das Arbeitsentgelt der Versicherten wird bis zur Höhe des Höchstjahresarbeitsverdienstes zugrunde gelegt.

(3) ¹Die Satzung kann bestimmen, daß der Beitragsberechnung mindestens das Arbeitsentgelt in Höhe des Mindestjahresarbeitsverdienstes für Versicherte, die das 18. Lebensjahr vollendet haben, zugrunde gelegt wird. ²Waren die Versicherten nicht während des ganzen Kalenderjahres oder nicht ganztägig beschäftigt, wird ein entsprechender Teil dieses Betrages zugrunde gelegt.

(4) ¹Soweit Rentenlasten nach § 178 Abs. 2 und 3 gemeinsam getragen werden, bleiben bei der Beitragsberechnung Unternehmen nach § 180 Abs. 2 außer Betracht. ²Soweit Rentenlasten nach § 178 Abs. 2 Nr. 2 und Abs. 3 Nr. 2 gemeinsam getragen werden, werden sie auf die Unternehmen ausschließlich nach den Arbeitsentgelten der Versicherten in den Unternehmen unter Berücksichtigung des Freibetrages nach § 180 Abs. 1 umgelegt.

§ 154 Berechnungsgrundlagen in besonderen Fällen

(1) ¹Berechnungsgrundlage für die Beiträge der kraft Gesetzes versicherten selbständig Tätigen, der kraft Satzung versicherten Unternehmer, Ehegatten und Lebenspartner und der freiwillig Versicherten nach § 6 Abs. 1 Nr. 1 und 2 ist anstelle der Arbeitsentgelte der

kraft Satzung bestimmte Jahresarbeitsverdienst (Versicherungssumme). ²Beginnt oder endet die Versicherung im Laufe eines Kalenderjahres, wird der Beitragsberechnung nur ein entsprechender Teil des Jahresarbeitsverdienstes zugrunde gelegt. ³Für die Berechnung der Beiträge der freiwillig Versicherten nach § 6 Abs. 1 Nr. 3 und 4 gilt § 155 entsprechend. ⁴Die Beiträge werden für volle Monate erhoben.

(2) ¹Soweit bei der Berufsgenossenschaft für Transport und Verkehrswirtschaft für das Arbeitsentgelt oder das Arbeitseinkommen Durchschnittssätze gelten, sind diese maßgebend. ²Die Satzung der Berufsgenossenschaft für Transport und Verkehrswirtschaft kann bestimmen, daß der Beitragsberechnung der Jahresarbeitsverdienst von Versicherten, die nicht als Kapitän, Besatzungsmitglied oder sonst im Rahmen des Schiffsbetriebes tätig sind, nur zum Teil zugrunde gelegt wird.

§ 155 Beiträge nach der Zahl der Versicherten

¹Die Satzung kann bestimmen, daß die Beiträge nicht nach Arbeitsentgelten, sondern nach der Zahl der Versicherten unter Berücksichtigung der Gefährdungsrisiken berechnet werden. ²Grundlage für die Ermittlung der Gefährdungsrisiken sind die Leistungsaufwendungen. ³§ 157 Abs. 5 und § 158 Abs. 2 gelten entsprechend.

§ 156 Beiträge nach einem auf Arbeitsstunden aufgeteilten Arbeitsentgelt

Die Satzung kann bestimmen, daß das für die Berechnung der Beiträge maßgebende Arbeitsentgelt nach der Zahl der geleisteten Arbeitsstunden oder den für die jeweiligen Arbeiten nach allgemeinen Erfahrungswerten durchschnittlich aufzuwendenden Arbeitsstunden berechnet wird; als Entgelt für die Arbeitsstunde kann höchstens der 2100. Teil der Bezugsgröße bestimmt werden.

§ 157 Gefahrtarif

(1) ¹Der Unfallversicherungsträger setzt als autonomes Recht einen Gefahrtarif fest. ²In dem Gefahrtarif sind zur Abstufung der Beiträge Gefahrklassen festzustellen. ³Für die in § 121 Abs. 2 genannten Unternehmen der Seefahrt kann die Berufsgenossenschaft für Transport und Verkehrswirtschaft Gefahrklassen feststellen.

(2) ¹Der Gefahrtarif wird nach Tarifstellen gegliedert, in denen Gefahrengemeinschaften nach Gefährdungsrisiken unter Berücksichtigung eines versicherungsmäßigen Risikoausgleichs gebildet werden. ²Für nicht gewerbsmäßige Bauarbeiten kann eine Tarifstelle mit einer Gefahrklasse vorgesehen werden.

(3) Die Gefahrklassen werden aus dem Verhältnis der gezahlten Leistungen zu den Arbeitsentgelten berechnet.

(4) ¹Der Gefahrtarif hat eine Bestimmung über die Festsetzung der Gefahrklassen oder die Berechnung der Beiträge für fremdartige Nebenunternehmen vorzusehen. ²Die Berechnungsgrundlagen des Unfallversicherungsträgers, dem die Nebenunternehmen als Hauptunternehmen angehören würden, sind dabei zu beachten.

(5) Der Gefahrtarif hat eine Geltungsdauer von höchstens sechs Kalenderjahren.

§ 158 Genehmigung

(1) Der Gefahrtarif und jede Änderung bedürfen der Genehmigung der Aufsichtsbehörde.

(2) ¹Der Unfallversicherungsträger hat spätestens drei Monate vor Ablauf der Geltungsdauer des Gefahrtarifs der Aufsichtsbehörde beabsichtigte Änderungen mitzuteilen. ²Wird der Gefahrtarif in einer von der Aufsichtsbehörde gesetzten Frist nicht aufgestellt oder wird er nicht genehmigt, stellt ihn die Aufsichtsbehörde auf. ³§ 89 des Vierten Buches gilt.

§ 159 Veranlagung der Unternehmen zu den Gefahrklassen

(1) ¹Der Unfallversicherungsträger veranlagt die Unternehmen für die Tarifzeit nach dem Gefahrtarif zu den Gefahrklassen. ²Satz 1 gilt nicht für nicht gewerbsmäßige Bauarbeiten.

(2) ¹Für die Auskunftspflicht der Unternehmer gilt § 98 des Zehnten Buches entsprechend mit der Maßgabe, dass sich die Auskunfts- und Vorlagepflicht der Unternehmer

auch auf Angaben und Unterlagen über die betrieblichen Verhältnisse erstreckt, die für die Veranlagung der Unternehmen zu den Gefahrklassen erforderlich sind. ²Soweit die Unternehmer ihrer Auskunftspflicht nicht nachkommen, nimmt der Unfallversicherungsträger die Veranlagung nach eigener Einschätzung der betrieblichen Verhältnisse vor.

§ 160 Änderung der Veranlagung

(1) Treten in den Unternehmen Änderungen ein, hebt der Unfallversicherungsträger den Veranlagungsbescheid mit Beginn des Monats auf, der der Änderungsmitteilung durch die Unternehmer folgt.

(2) Ein Veranlagungsbescheid wird mit Wirkung für die Vergangenheit aufgehoben, soweit

1. die Veranlagung zu einer zu niedrigen Gefahrklasse geführt hat oder eine zu niedrige Gefahrklasse beibehalten worden ist, weil die Unternehmer ihren Mitteilungspflichten nicht oder nicht rechtzeitig nachgekommen sind oder ihre Angaben in wesentlicher Hinsicht unrichtig oder unvollständig waren,
2. die Veranlagung zu einer zu hohen Gefahrklasse von den Unternehmern nicht zu vertreten ist.

(3) In allen übrigen Fällen wird ein Veranlagungsbescheid mit Beginn des Monats, der der Bekanntgabe des Änderungsbescheides folgt, aufgehoben.

§ 161 Mindestbeitrag

Die Satzung kann bestimmen, daß ein einheitlicher Mindestbeitrag erhoben wird.

§ 162 Zuschläge, Nachlässe, Prämien

(1) ¹Die gewerblichen Berufsgenossenschaften haben unter Berücksichtigung der anzuzeigenden Versicherungsfälle Zuschläge aufzuerlegen oder Nachlässe zu bewilligen. ²Versicherungsfälle nach § 8 Abs. 2 Nr. 1 bis 4 bleiben dabei außer Ansatz. ³Das Nähere bestimmt die Satzung; dabei kann sie Versicherungsfälle, die durch höhere Gewalt oder durch alleiniges Verschulden nicht zum Unternehmen gehörender Personen eintreten, und Versicherungsfälle auf Betriebswegen sowie Berufskrankheiten ausnehmen. ⁴Die Höhe der Zuschläge und Nachlässe richtet sich nach der Zahl, der Schwere oder den Aufwendungen für die Versicherungsfälle oder nach mehreren dieser Merkmale. ⁵Die Satzung kann bestimmen, dass auch die nicht anzeigepflichtigen Versicherungsfälle für die Berechnung von Zuschlägen oder Nachlässen berücksichtigt werden. ⁶Die Sätze 1 bis 5 gelten auch für die Eisenbahn-Unfallkasse und für die Unfallkasse Post und Telekom. ⁷Die landwirtschaftlichen Berufsgenossenschaften können durch Satzung bestimmen, daß entsprechend den Sätzen 1 bis 5 Zuschläge auferlegt oder Nachlässe bewilligt werden.

(2) ¹Die Unfallversicherungsträger können unter Berücksichtigung der Wirksamkeit der von den Unternehmern getroffenen Maßnahmen zur Verhütung von Arbeitsunfällen und Berufskrankheiten und für die Verhütung von arbeitsbedingten Gesundheitsgefahren Prämien gewähren. ²Dabei sollen sie auch die in Integrationsvereinbarungen (§ 83 des Neunten Buches) getroffenen Maßnahmen der betrieblichen Prävention (§ 84 des Neunten Buches) berücksichtigen.

(3) Die Absätze 1 und 2 gelten nicht für nicht gewerbsmäßige Bauarbeiten.

§ 163 Beitragszuschüsse für Küstenfischer

(1) ¹Für die Unternehmen der Küstenfischerei, deren Unternehmer nach § 2 Abs. 1 Nr. 7 versichert sind, haben die Länder mit Küstenbezirken im voraus bemessene Zuschüsse zu den Beiträgen zu leisten; die Höhe der Zuschüsse stellt das Bundesversicherungsamt im Benehmen mit den obersten Verwaltungsbehörden der Länder mit Küstenbezirken jährlich fest. ²Die Zuschüsse sind für jedes Land entsprechend der Höhe des Jahresarbeitsverdienstes der in diesen Unternehmen tätigen Versicherten unter Heranziehung des Haushaltsvoranschlages der Berufsgenossenschaft für Transport und Verkehrswirtschaft festzustellen.

(2) Die Länder können die Beitragszuschüsse auf die Gemeinden oder Gemeindeverbände entsprechend der Höhe des Jahresarbeitsverdienstes der Versicherten in Unternehmen der Küstenfischerei, die in ihrem Bezirk tätig sind, verteilen.

(3) Küstenfischerei im Sinne des Absatzes 1 ist
1. der Betrieb mit Hochseekuttern bis zu 250 Kubikmetern Rauminhalt, Küstenkuttern, Fischerbooten und ähnlichen Fahrzeugen,
2. die Fischerei ohne Fahrzeug auf den in § 121 Abs. 3 Nr. 1 bis 3 genannten Gewässern.

Dritter Unterabschnitt. Vorschüsse und Sicherheitsleistungen

§ 164 Beitragsvorschüsse und Sicherheitsleistungen

(1) Zur Sicherung des Beitragsaufkommens können die Unfallversicherungsträger Vorschüsse bis zur Höhe des voraussichtlichen Jahresbedarfs erheben.

(2) ¹Die Unfallversicherungsträger können bei einem Wechsel der Person des Unternehmers oder bei Einstellung des Unternehmens eine Beitragsabfindung oder auf Antrag eine Sicherheitsleistung festsetzen. ²Das Nähere bestimmt die Satzung.

Vierter Unterabschnitt. Umlageverfahren

§ 165 Nachweise

(1) ¹Die Unternehmer haben zur Berechnung der Umlage innerhalb von sechs Wochen nach Ablauf eines Kalenderjahres die Arbeitsentgelte der Versicherten und die geleisteten Arbeitsstunden in der vom Unfallversicherungsträger geforderten Aufteilung zu melden (Lohnnachweis). ²Die Satzung kann die Frist nach Satz 1 verlängern. ³Sie kann auch bestimmen, daß die Unternehmer weitere zur Berechnung der Umlage notwendige Angaben zu machen haben.

(2) ¹Die Unternehmer nicht gewerbsmäßiger Bauarbeiten haben zur Berechnung der Beiträge einen Nachweis über die sich aus der Satzung ergebenden Berechnungsgrundlagen in der vom Unfallversicherungsträger geforderten Frist einzureichen. ²Der Unfallversicherungsträger kann für den Nachweis nach Satz 1 eine bestimmte Form vorschreiben. ³Absatz 1 Satz 3 gilt entsprechend.

(3) Soweit die Unternehmer die Angaben nicht, nicht rechtzeitig, falsch oder unvollständig machen, kann der Unfallversicherungsträger eine Schätzung vornehmen.

(4) ¹Die Unternehmer haben über die den Angaben nach den Absätzen 1 und 2 zugrunde liegenden Tatsachen Aufzeichnungen zu führen; bei der Ausführung eines Dienst- oder Werkvertrages im Baugewerbe hat der Unternehmer jeweils gesonderte Aufzeichnungen so zu führen, dass eine Zuordnung der Arbeitnehmer, der Arbeitsentgelte und der geleisteten Arbeitsstunden der Versicherten zu dem jeweiligen Dienst- oder Werkvertrag gewährleistet ist. ²Die Aufzeichnungen sind mindestens fünf Jahre lang aufzubewahren.

§ 166 Auskunftspflicht der Unternehmer und Beitragsüberwachung

(1) Für die Auskunftspflicht der Unternehmer und die Beitragsüberwachung gelten § 98 des Zehnten Buches, § 28p des Vierten Buches und die Beitragsverfahrensverordnung, entsprechend mit der Maßgabe, daß sich die Auskunfts- und Vorlagepflicht der Unternehmer und die Prüfungs- und Überwachungsbefugnis der Unfallversicherungsträger auch auf Angaben und Unterlagen über die betrieblichen Verhältnisse erstreckt, die für die Veranlagung der Unternehmen und für die Zuordnung der Entgelte der Versicherten zu den Gefahrklassen erforderlich sind.

(2) ¹Die Prüfung nach Absatz 1 bei den Arbeitgebern wird von den Trägern der Rentenversicherung im Auftrag der Unfallversicherung im Rahmen ihrer Prüfung nach § 28p des Vierten Buches durchgeführt. ²Satz 1 gilt nicht, soweit sich die Höhe des Beitrages nach den §§ 155, 156, 185 Abs. 2 oder § 185 Abs. 4 nicht nach den Arbeitsentgelten richtet. ³Unternehmer, bei denen keine Prüfung nach § 28p des Vierten Buches durchzuführen ist, prüfen die Unfallversicherungsträger; hierfür bestimmen sie die Prüfungsabstände.

(3) ¹Die Träger der Rentenversicherung erhalten für die Beitragsüberwachung von den Trägern der Unfallversicherung eine pauschale Vergütung, mit der alle dadurch entstehenden Kosten abgegolten werden. ²Die Höhe wird regelmäßig durch Vereinbarung zwischen der Deutschen Gesetzlichen Unfallversicherung e. V. und der Deutschen Rentenversicherung Bund festgesetzt.

§ 167 Beitragsberechnung

(1) Der Beitrag ergibt sich aus den zu berücksichtigenden Arbeitsentgelten, den Gefahrklassen und dem Beitragsfuß.

(2) ¹Der Beitragsfuß wird durch Division des Umlagesolls durch die Beitragseinheiten (Arbeitsentgelte × Gefahrenklassen) berechnet. ²Beitragseinheiten der Unternehmen nicht gewerbsmäßiger Bauarbeiten werden nicht berücksichtigt; für diese Unternehmen wird der Beitrag nach dem Beitragsfuß des letzten Umlagejahres berechnet.

(3) Die Einzelheiten der Beitragsberechnung bestimmt die Satzung.

§ 168 Beitragsbescheid

(1) Der Unfallversicherungsträger teilt den Beitragspflichtigen den von ihnen zu zahlenden Beitrag schriftlich mit.

(2) ¹Der Beitragsbescheid ist mit Wirkung für die Vergangenheit zuungunsten der Beitragspflichtigen nur dann aufzuheben, wenn

1. die Veranlagung des Unternehmens zu den Gefahrklassen nachträglich geändert wird,
2. der Lohnnachweis unrichtige Angaben enthält oder sich die Schätzung als unrichtig erweist,
3. die Anmeldung nach § 157 Abs. 6 unrichtige oder unvollständige Angaben enthält oder unterblieben ist.

²Wird der Beitragsbescheid aufgrund der Feststellungen einer Prüfung nach § 166 Abs. 2 aufgehoben, bedarf es nicht einer Anhörung durch den Unfallversicherungsträger nach § 24 des Zehnten Buches, soweit die für die Aufhebung erheblichen Tatsachen in der Prüfung festgestellt worden sind und der Arbeitgeber Gelegenheit hatte, gegenüber dem Rentenversicherungsträger hierzu Stellung zu nehmen.

(3) Die Satzung kann bestimmen, daß die Unternehmer ihren Beitrag selbst zu errechnen haben; sie regelt das Verfahren sowie die Fälligkeit des Beitrages.

(4) Für Unternehmen nicht gewerbsmäßiger Bauarbeiten wird der Beitrag festgestellt, sobald der Anspruch entstanden und der Höhe nach bekannt ist.

§ 169 *(aufgehoben)*

§ 170 Beitragszahlung an einen anderen Unfallversicherungsträger

¹Soweit das Arbeitsentgelt bereits in dem Lohnnachweis für einen anderen Unfallversicherungsträger enthalten ist und die Beiträge, die auf dieses Arbeitsentgelt entfallen, an diesen Unfallversicherungsträger gezahlt sind, besteht bis zur Höhe der gezahlten Beiträge ein Anspruch auf Zahlung von Beiträgen nicht. ²Die Unfallversicherungsträger stellen untereinander fest, wem der gezahlte Beitrag zusteht.

Fünfter Unterabschnitt. Betriebsmittel, Rücklage und Verwaltungsvermögen

§ 171 Mittel der Unfallversicherungsträger

Die Mittel der Unfallversicherungsträger umfassen die Betriebsmittel, die Rücklage und das Verwaltungsvermögen.

§ 172 Betriebsmittel

(1) Betriebsmittel dürfen nur verwendet werden
1. für Aufgaben, die gesetzlich oder durch die Satzung vorgesehen sind, sowie für die Verwaltungskosten,
2. zur Auffüllung der Rücklage und zur Bildung von Verwaltungsvermögen.

(2) ¹Die Betriebsmittel sind im erforderlichen Umfang bereitzuhalten und im Übrigen so liquide anzulegen, dass sie für die in Absatz 1 genannten Zwecke verfügbar sind. ²Sie dürfen die Ausgaben des abgelaufenen Kalenderjahres am 31. Dezember des laufenden Kalenderjahres nicht übersteigen.

§ 172 a Rücklage

(1) ¹Der Unfallversicherungsträger hat zur Sicherstellung seiner Leistungsfähigkeit, vorrangig für den Fall, dass Einnahme- und Ausgabeschwankungen durch Einsatz der Betriebsmittel nicht mehr ausgeglichen werden können, sowie zur Beitragsstabilisierung eine Rücklage zu bilden. ²Sie ist so anzulegen, dass sie für die in Satz 1 genannten Zwecke verfügbar ist.

(2) Die Rücklage wird mindestens in zweifacher Höhe der durchschnittlichen monatlichen Ausgaben des abgelaufenen Kalenderjahres und höchstens bis zur vierfachen Höhe der durchschnittlichen monatlichen Ausgaben des abgelaufenen Kalenderjahres gebildet; Stichtag für die Bemessung ist der 31. Dezember des laufenden Kalenderjahres.

(3) Bis die Rücklage die in Absatz 2 vorgesehene Mindesthöhe erreicht hat, wird ihr jährlich ein Betrag in Höhe von 1,5 Prozent der Ausgaben des abgelaufenen Kalenderjahres zugeführt.

(4) Die Aufsichtsbehörde kann auf Antrag des Unfallversicherungsträgers genehmigen, dass die Rücklage bis zu einer geringeren Höhe angesammelt wird oder ihr höhere, geringere oder keine Beträge zugeführt werden.

(5) Die Zinsen aus der Rücklage fließen dieser zu, bis sie die Mindesthöhe erreicht hat, die sich aus Absatz 2 ergibt.

§ 172 b Verwaltungsvermögen

(1) ¹Das Verwaltungsvermögen des Unfallversicherungsträgers umfasst
1. alle Vermögensanlagen, die der Verwaltung des Unfallversicherungsträgers zu dienen bestimmt sind, einschließlich der Mittel, die zur Anschaffung und Erneuerung dieser Vermögensteile bereitgehalten werden,
2. betriebliche Einrichtungen, Eigenbetriebe, gemeinnützige Beteiligungen und gemeinnützige Darlehen,
3. die Mittel, die für künftig zu zahlende Versorgungsbezüge und Beihilfen der Bediensteten und ihrer Hinterbliebenen bereitgehalten werden,
4. die zur Finanzierung zukünftiger Verbindlichkeiten oder Investitionen gebildeten Sondervermögen,

soweit sie für die Erfüllung der Aufgaben des Unfallversicherungsträgers erforderlich sind. ²Mittel für den Erwerb, die Errichtung, die Erweiterung und den Umbau von Immobilien der Eigenbetriebe sowie der durch Beteiligungen oder Darlehen geförderten gemeinnützigen Einrichtungen der Unfallversicherungsträger oder anderer gemeinnütziger Träger dürfen nur unter der zusätzlichen Voraussetzung aufgewendet werden, dass diese Vorhaben auch unter Berücksichtigung des Gesamtbedarfs aller Unfallversicherungsträger erforderlich sind.

(2) Als Verwaltungsvermögen gelten auch sonstige Vermögensanlagen aufgrund rechtlicher Verpflichtung oder Ermächtigung, soweit sie nicht den Betriebsmitteln oder der Rücklage zuzuordnen sind.

§ 172 c Altersrückstellungen

(1) ¹Die Unfallversicherungsträger sind verpflichtet, Altersrückstellungen für die bei ihnen beschäftigten Arbeitnehmerinnen und Arbeitnehmer, denen eine Anwartschaft auf Versorgung nach beamtenrechtlichen Vorschriften oder Grundsätzen gewährleistet wird, zu bilden. ²Die Altersrückstellungen umfassen Versorgungsausgaben für Versorgungsbezüge und Beihilfen. ³Die Verpflichtung besteht auch, wenn die Unfallversicherungsträger gegenüber ihren Tarifbeschäftigten Leistungen der betrieblichen Altersvorsorge unmittelbar zugesagt haben.

(2) Die Rückstellungen dürfen nur zweckentsprechend verwendet werden.

(3) ¹Das Bundesministerium für Arbeit und Soziales wird ermächtigt, im Einvernehmen mit dem Bundesministerium für Ernährung, Landwirtschaft und Verbraucherschutz das Nähere zur Höhe der für die Altersrückstellungen erforderlichen Zuweisungssätze, zum Zahlverfahren der Zuweisungen, zur Überprüfung der Höhe der Zuweisungssätze sowie zur Anlage des Deckungskapitals durch Rechtsverordnung mit Zustimmung des Bundesrates zu regeln. ²Das Bundesministerium für Arbeit und Soziales kann die Befugnis nach Satz 1 mit Zustimmung des Bundesrates durch Rechtsverordnung auf das Bundesversicherungsamt übertragen. ³Rechtsverordnungen, die nach Satz 2 erlassen werden, bedürfen einer Anhörung der Deutschen Gesetzlichen Unfallversicherung e. V. sowie des

Spitzenverbandes der landwirtschaftlichen Sozialversicherung und ergehen im Einvernehmen mit dem Bundesministerium für Arbeit und Soziales sowie dem Bundesministerium für Ernährung, Landwirtschaft und Verbraucherschutz.

Sechster Unterabschnitt. Zusammenlegung und Teilung der Last, Teilung der Entschädigungslast bei Berufskrankheiten, Erstattungsansprüche der landwirtschaftlichen Berufsgenossenschaften

§ 173 Zusammenlegung und Teilung der Last

(1) ¹Die gewerblichen und landwirtschaftlichen Berufsgenossenschaften können jeweils vereinbaren, ihre Entschädigungslast ganz oder zum Teil gemeinsam zu tragen. ²Dabei wird vereinbart, wie die gemeinsame Last auf die beteiligten Berufsgenossenschaften zu verteilen ist. ³Die Vereinbarung bedarf der Zustimmung der Vertreterversammlungen und der Genehmigung der Aufsichtsbehörden der beteiligten Berufsgenossenschaften. ⁴Sie darf nur mit dem Beginn eines Kalenderjahres wirksam werden.

(2) ¹Kommt eine Vereinbarung nach Absatz 1 nicht zustande und erscheint es zur Abwendung der Gefährdung der Leistungsfähigkeit einer Berufsgenossenschaft erforderlich, so kann das Bundesministerium für Arbeit und Soziales durch Rechtsverordnung mit Zustimmung des Bundesrates bestimmen, daß Berufsgenossenschaften ihre Entschädigungslast für ein Kalenderjahr ganz oder zum Teil gemeinsam tragen oder eine vorübergehend nicht leistungsfähige Berufsgenossenschaft unterstützen, und das Nähere über die Verteilung der Last und die Höhe der Unterstützung regeln. ²Sollen nur landesunmittelbare Berufsgenossenschaften beteiligt werden, gilt die Ermächtigung des Satzes 1 für die Landesregierungen der Länder, in denen die Berufsgenossenschaften ihren Sitz haben.

(3) Der Anteil der Berufsgenossenschaft an der gemeinsamen Last wird wie die Entschädigungsbeträge, die die Berufsgenossenschaft nach diesem Gesetz zu leisten hat, auf die Unternehmer verteilt, sofern die Vertreterversammlung nicht etwas anderes beschließt.

(4) ¹Gilt nach § 130 Abs. 2 Satz 4 als Sitz des Unternehmens Berlin, kann der für die Entschädigung zuständige Unfallversicherungsträger von den anderen sachlich, aber nicht örtlich zuständigen Unfallversicherungsträgern einen Ausgleich verlangen. ²Die Unfallversicherungsträger regeln das Nähere durch Vereinbarung.

§ 174 Teilung der Entschädigungslast bei Berufskrankheiten

(1) In den Fällen des § 134 kann der für die Entschädigung zuständige Unfallversicherungsträger von den anderen einen Ausgleich verlangen.

(2) Die Höhe des Ausgleichs nach Absatz 1 richtet sich nach dem Verhältnis der Dauer der gefährdenden Tätigkeit in dem jeweiligen Unternehmen zur Dauer aller gefährdenden Tätigkeiten.

(3) Die Unfallversicherungsträger regeln das Nähere durch Vereinbarung; sie können dabei einen von Absatz 2 abweichenden Verteilungsmaßstab wählen, einen pauschalierten Ausgleich vorsehen oder von einem Ausgleich absehen.

§ 175 Erstattungsansprüche der landwirtschaftlichen Berufsgenossenschaften

Erleiden vorübergehend für ein landwirtschaftliches Unternehmen Tätige einen Versicherungsfall und ist für ihre hauptberufliche Tätigkeit ein anderer Unfallversicherungsträger als eine landwirtschaftliche Berufsgenossenschaft zuständig, erstattet dieser der landwirtschaftlichen Berufsgenossenschaft die Leistungen, die über das hinausgehen, was mit gleichen Arbeiten dauernd in der Landwirtschaft Beschäftigte zu beanspruchen haben.

Siebter Unterabschnitt. Lastenverteilung zwischen den gewerblichen Berufsgenossenschaften

§ 176 Grundsatz

Die gewerblichen Berufsgenossenschaften tragen ihre Rentenlasten nach Maßgabe der folgenden Vorschriften gemeinsam.

§ 177 Begriffsbestimmungen

(1) Rentenlasten sind die Aufwendungen der Berufsgenossenschaften für Renten, Sterbegeld und Abfindungen.

(2) Ausgleichsjahr ist das Kalenderjahr, für das die Rentenlasten gemeinsam getragen werden.

(3) ¹Neurenten eines Jahres sind die Rentenlasten des Ausgleichsjahres aus Versicherungsfällen, für die im Ausgleichsjahr oder in einem der vier vorangegangenen Jahre erstmals Rente, Sterbegeld oder Abfindung festgestellt wurde. ²Abfindungen sind dabei auf den Gesamtbetrag zu reduzieren, der bei laufender Rentenzahlung bis zum Ende des vierten Jahres nach dem Jahr der erstmaligen Feststellung der Rente geleistet worden wäre; Abfindungen nach § 75 werden in Höhe der Abfindungssumme berücksichtigt.

(4) Rentenwert einer Berufsgenossenschaft sind die nach versicherungsmathematischen Grundsätzen bis zum Ende ihrer Laufzeit ohne Abzinsung und ohne Berücksichtigung von Rentenanpassungen zu erwartenden Aufwendungen für solche Versicherungsfälle, für die im Ausgleichsjahr erstmals Rente, Sterbegeld oder Abfindung festgestellt wurde.

(5) Entgeltsumme einer Berufsgenossenschaft sind die beitragspflichtigen Arbeitsentgelte und Versicherungssummen.

(6) Entgeltanteil einer Berufsgenossenschaft ist das Verhältnis ihrer Entgeltsumme zu der Entgeltsumme aller Berufsgenossenschaften.

(7) Latenzfaktor einer Berufsgenossenschaft ist das Verhältnis des Entgeltanteils im Ausgleichsjahr zum Entgeltanteil im 25. Jahr, das dem Ausgleichsjahr vorausgegangen ist.

(8) Freistellungsfaktor einer Berufsgenossenschaft ist das Verhältnis ihrer nach § 180 Abs. 2 reduzierten Entgeltsumme zu ihrer Entgeltsumme.

(9) Berufskrankheiten-Neurenten-Lastsatz einer in einer Tarifstelle gebildeten Gefahrgemeinschaft ist das Verhältnis der Berufskrankheiten-Neurenten der Gefahrgemeinschaft zu ihrer Entgeltsumme.

§ 178 Gemeinsame Tragung der Rentenlasten

(1) ¹Jede Berufsgenossenschaft trägt jährlich Rentenlasten in Höhe des 5,5 fachen ihrer Neurenten für Arbeitsunfälle und des 3,4fachen ihrer mit dem Latenzfaktor gewichteten Neurenten für Berufskrankheiten. ²Die in Satz 1 genannten Werte sind neu festzusetzen, wenn die Summe der Rentenwerte von dem 5,5 fachen aller Neurenten für Arbeitsunfälle oder dem 3,4 fachen aller Neurenten für Berufskrankheiten um mehr als 0,2 abweicht. ³Die Festsetzung gilt für höchstens sechs Kalenderjahre. ⁴Die Werte sind erstmals für das Ausgleichsjahr 2014 neu festzusetzen.

(2) Soweit die Rentenlasten für Arbeitsunfälle die nach Absatz 1 zu tragenden Lasten übersteigen, tragen die Berufsgenossenschaften den übersteigenden Betrag nach folgender Maßgabe gemeinsam:
1. 30 Prozent nach dem Verhältnis ihrer mit dem Freistellungsfaktor gewichteten Neurenten für Arbeitsunfälle und
2. 70 Prozent nach dem Verhältnis der Arbeitsentgelte ihrer Versicherten.

(3) Soweit die Rentenlasten für Berufskrankheiten die nach Absatz 1 zu tragenden Lasten übersteigen, tragen die Berufsgenossenschaften den übersteigenden Betrag nach folgender Maßgabe gemeinsam:
1. 30 Prozent nach dem Verhältnis ihrer mit dem Produkt aus Freistellungs- und Latenzfaktor gewichteten Neurenten für Berufskrankheiten und
2. 70 Prozent nach dem Verhältnis der Arbeitsentgelte ihrer Versicherten.

§ 179 Sonderregelung bei außergewöhnlicher Belastung

(1) ¹Neurenten für Berufskrankheiten einer Tarifstelle gelten nicht als Neurenten im Sinne von § 177 Abs. 3, soweit
1. der Berufskrankheiten-Neurenten-Lastsatz der Tarifstelle einen Wert von 0,04 übersteigt,
2. die Berufskrankheiten-Neurenten der Tarifstelle an den Berufskrankheiten-Neurenten aller Berufsgenossenschaften mindestens 2 Prozent betragen und
3. die Tarifstelle mindestens zwölf Kalenderjahre unverändert bestanden hat.

²Wird die Tarifstelle aufgelöst, findet Satz 1 weiterhin Anwendung, wenn die Voraussetzungen der Nummern 1 und 2 im Übrigen vorliegen.

(2) ¹Der von den Berufsgenossenschaften nach § 178 Abs. 2 und 3 gemeinsam zu tragende Betrag umfasst über die Rentenlasten hinaus auch die einer Tarifstelle zuzuordnenden Rehabilitationslasten für Arbeitsunfälle und Berufskrankheiten, wenn

1. die Gesamtrentenlast der Tarifstelle mindestens 2 Prozent der Gesamtrentenlast aller Berufsgenossenschaften beträgt,
2. die Entschädigungslast der Tarifstelle mindestens 75 Prozent der ihr zuzuordnenden Entgeltsumme beträgt und
3. die Tarifstelle mindestens zwölf Kalenderjahre unverändert bestanden hat;

dies gilt bis zum Ausgleichsjahr 2031 auch für die der Tarifstelle zuzuordnenden anteiligen Verwaltungs- und Verfahrenskosten. ²Wird die Tarifstelle aufgelöst, findet Satz 1 weiterhin Anwendung, wenn die Voraussetzungen der Nummern 1 und 2 im Übrigen vorliegen. ³Rehabilitationslasten nach Satz 1 sind die Aufwendungen der Berufsgenossenschaft für Leistungen nach dem Ersten Abschnitt des Dritten Kapitels einschließlich der Leistungen nach dem Neunten Buch. ⁴Entschädigungslast nach Satz 1 Nr. 2 sind die Aufwendungen für Rehabilitation nach Satz 3 und für Renten, Sterbegeld, Beihilfen und Abfindungen. ⁵Die anteiligen Verwaltungs- und Verfahrenskosten nach Satz 1 sind entsprechend dem Verhältnis der Entschädigungslast der Tarifstelle zur Entschädigungslast aller Tarifstellen der Berufsgenossenschaft zu ermitteln. ⁶Ergibt sich aus dem Verhältnis der Entschädigungslast der Tarifstelle zur Entschädigungslast aller gewerblichen Berufsgenossenschaften ein geringerer Verwaltungskostenbetrag, ist stattdessen dieser zugrunde zu legen. ⁷Er wird den jeweils nach § 178 Abs. 2 und 3 zu verteilenden Lasten im Verhältnis der Entschädigungslasten der Tarifstelle für Unfälle und Berufskrankheiten zugeordnet.

§ 180 Freibeträge, Unternehmen ohne Gewinnerzielungsabsicht

(1) ¹Bei der Anwendung des § 178 Abs. 2 Nr. 2 und Abs. 3 Nr. 2 bleibt für jedes Unternehmen eine Jahresentgeltsumme außer Betracht, die dem Sechsfachen der Bezugsgröße des Kalenderjahres entspricht, für das der Ausgleich durchgeführt wird. ²Der Freibetrag wird auf volle 500 Euro aufgerundet.

(2) Außer Betracht bleiben ferner die Entgeltsummen von Unternehmen nicht gewerbsmäßiger Bauarbeiten sowie von gemeinnützigen, mildtätigen und kirchlichen Einrichtungen.

§ 181 Durchführung des Ausgleichs

(1) ¹Das Bundesversicherungsamt führt nach Ablauf des Ausgleichsjahres die Lastenverteilung nach § 178 durch. ²Zu diesem Zweck ermittelt es die auszugleichenden Beträge und berechnet den Ausgleichsanteil, der auf die einzelne Berufsgenossenschaft entfällt. ³Der Zahlungsausgleich aufgrund der auszugleichenden Beträge erfolgt durch unmittelbare Zahlungen der ausgleichspflichtigen an die ausgleichsberechtigten Berufsgenossenschaften nach Zugang des Bescheides.

(2) ¹Die Berufsgenossenschaften haben dem Bundesversicherungsamt bis zum 20. März des auf das Ausgleichsjahr folgenden Kalenderjahres die Angaben zu machen, die für die Berechnung des Ausgleichs erforderlich sind. ²Das Bundesversicherungsamt stellt gegenüber den Berufsgenossenschaften bis zum 31. März diesen Jahres den jeweiligen Ausgleichsanteil fest. ³Die ausgleichspflichtigen Berufsgenossenschaften zahlen den auf sie entfallenden Ausgleichsbetrag nach Absatz 1 bis zum 25. Juni diesen Jahres an die ausgleichsberechtigten Berufsgenossenschaften.

(3) ¹Die Werte nach § 178 Abs. 1 Satz 1 sind vom Bundesversicherungsamt unter Berücksichtigung der Rentenwerte zu überprüfen. ²Das Bundesministerium für Arbeit und Soziales wird ermächtigt, durch Rechtsverordnung ohne Zustimmung des Bundesrates die Werte nach § 178 Abs. 1 Satz 1 neu festzusetzen. ³Es kann die Befugnis nach Satz 2 durch Rechtsverordnung ohne Zustimmung des Bundesrates auf das Bundesversicherungsamt übertragen. ⁴Rechtsverordnungen, die nach Satz 3 erlassen werden, bedürfen einer Anhörung der Deutschen Gesetzlichen Unfallversicherung e. V. und ergehen im Einvernehmen mit dem Bundesministerium für Arbeit und Soziales.

(4) Die Bundesregierung hat dem Deutschen Bundestag und dem Bundesrat alle vier Jahre bis zum 31. Dezember des auf das Ausgleichsjahr folgenden Jahres, erstmals bis zum 31. Dezember 2012, über die Wirkungen der gemeinsamen Tragung der Rentenlasten nach § 178 zu berichten.

(5) ¹Die Berufsgenossenschaften erstatten dem Bundesversicherungsamt die Verwaltungskosten, die bei der Durchführung des Ausgleichs entstehen. ²Das Bundesversiche-

rungsamt weist die für die Durchführung der Abrechnung erforderlichen Verwaltungskosten pauschal nach Stellenanteilen nach. ³Der Ermittlung der Verwaltungskosten sind die Personalkostenansätze des Bundes einschließlich der Sachkostenpauschale zugrunde zu legen. ⁴Zusätzliche Verwaltungsausgaben können in ihrer tatsächlichen Höhe hinzugerechnet werden. ⁵Die Aufteilung des Erstattungsbetrages auf die gewerblichen Berufsgenossenschaften erfolgt entsprechend ihrem Anteil an dem Zahlungsvolumen für Rentenlasten im Ausgleichsjahr vor Durchführung des Ausgleichs.

(6) Klagen gegen Feststellungsbescheide nach Absatz 2 einschließlich der hierauf entfallenden Verwaltungskosten nach Absatz 5 haben keine aufschiebende Wirkung.

Zweiter Abschnitt. Besondere Vorschriften für die landwirtschaftlichen Berufsgenossenschaften

§ 182 Berechnungsgrundlagen

(1) Auf die landwirtschaftlichen Berufsgenossenschaften finden anstelle der Vorschriften über die Berechnungsgrundlagen aus dem Zweiten Unterabschnitt des Ersten Abschnitts die folgenden Absätze Anwendung.

(2) ¹Berechnungsgrundlagen für die landwirtschaftlichen Berufsgenossenschaften sind das Umlagesoll, die Fläche, der Wirtschaftswert, der Flächenwert, der Arbeitsbedarf, der Arbeitswert oder ein anderer vergleichbarer Maßstab. ²Die Satzung hat bei der Festlegung der Berechnungsgrundlagen die Unfallrisiken in den Unternehmen ausreichend zu berücksichtigen; sie kann hierzu einen Gefahrtarif aufstellen. ³Die Satzung kann zusätzlich zu den Berechnungsgrundlagen nach den Sätzen 1 und 2 einen Mindestbeitrag oder einen Grundbeitrag bestimmen.

(3) Für Unternehmen ohne Bodenbewirtschaftung und für Nebenunternehmen eines landwirtschaftlichen Unternehmens kann die Satzung angemessene Berechnungsgrundlagen bestimmen; Absatz 2 Satz 2 und 3 gilt entsprechend.

(4) Wirtschaftswert ist der Wirtschaftswert im Sinne des § 1 Abs. 6 des Gesetzes über die Alterssicherung der Landwirte.

(5) ¹Der Flächenwert der landwirtschaftlichen Nutzung wird durch Vervielfältigung des durchschnittlichen Hektarwertes dieser Nutzung in der Gemeinde oder in dem Gemeindeteil, in dem die Flächen gelegen sind oder der Betrieb seinen Sitz hat, mit der Größe der im Unternehmen genutzten Fläche (Eigentums- und Pachtflächen) gebildet, wobei die Satzung eine Höchstgrenze für den Hektarwert vorsehen kann. ²Die Satzung bestimmt das Nähere zum Verfahren; sie hat außerdem erforderliche Bestimmungen zu treffen über die Ermittlung des Flächenwertes für

1. die forstwirtschaftliche Nutzung,
2. das Geringstland,
3. die landwirtschaftlichen Nutzungsteile Hopfen und Spargel,
4. die weinbauliche und gärtnerische Nutzung,
5. die Teichwirtschaft und Fischzucht,
6. sonstige landwirtschaftliche Nutzung.

(6) ¹Der Arbeitsbedarf wird nach dem Durchschnittsmaß der für die Unternehmen erforderlichen menschlichen Arbeit unter Berücksichtigung der Kulturarten geschätzt und das einzelne Unternehmen hiernach veranlagt. ²Das Nähere über die Abschätzung und die Veranlagung bestimmt die Satzung. ³Der Abschätzungstarif hat eine Geltungsdauer von höchstens sechs Kalenderjahren; die §§ 158 und 159 gelten entsprechend.

(7) ¹Arbeitswert ist der Wert der Arbeit, die von den im Unternehmen tätigen Versicherten im Kalenderjahr geleistet wird. ²Die Satzung bestimmt unter Berücksichtigung von Art und Umfang der Tätigkeit, für welche Versicherten sich der Arbeitswert nach dem Arbeitsentgelt, nach dem Jahresarbeitsverdienst, nach dem Mindestjahresarbeitsverdienst oder nach in der Satzung festgelegten Beträgen bemißt. ³Soweit sich der Arbeitswert nach den in der Satzung festgelegten Beträgen bemißt, gelten § 157 Abs. 5 und die §§ 158 bis 160 entsprechend.

§ 183 Umlageverfahren

(1) Auf die landwirtschaftlichen Berufsgenossenschaften finden anstelle der Vorschriften über das Umlageverfahren aus dem Vierten Unterabschnitt des Ersten Abschnitts die folgenden Absätze Anwendung.

(2) ¹Die Einzelheiten der Beitragsberechnung bestimmt die Satzung. ²Dabei ist sicherzustellen, dass die Ausgleichsumlage nach § 184 d unmittelbar beitragswirksam wird; eine Beschränkung auf bestimmte Gruppen von Unternehmen ist unter Berücksichtigung des Beitragsmaßstabes zulässig.

(3) ¹Landwirtschaftlichen Unternehmern, für die versicherungsfreie Personen oder Personen tätig sind, die infolge dieser Tätigkeit bei einem anderen Unfallversicherungsträger als einer landwirtschaftlichen Berufsgenossenschaft versichert sind, wird auf Antrag eine Beitragsermäßigung bewilligt. ²Das Nähere bestimmt die Satzung.

(4) Die Satzung kann bestimmen, daß und unter welchen Voraussetzungen landwirtschaftliche Unternehmer kleiner Unternehmen mit geringer Unfallgefahr ganz oder teilweise von Beiträgen befreit werden.

(5) ¹Die landwirtschaftliche Berufsgenossenschaft teilt den Unternehmern den von ihnen zu zahlenden Beitrag schriftlich mit. ²Der Beitragsbescheid ist mit Wirkung für die Vergangenheit zuungunsten der Unternehmer nur dann aufzuheben, wenn

1. die Veranlagung des Unternehmens nachträglich geändert wird,
2. eine im Laufe des Kalenderjahres eingetretene Änderung des Unternehmens nachträglich bekannt wird,
3. die Feststellung der Beiträge auf unrichtigen Angaben des Unternehmers oder wegen unterlassener Angaben des Unternehmers auf einer Schätzung beruht.

(5a) ¹Zur Sicherung des Beitragsaufkommens sollen die landwirtschaftlichen Berufsgenossenschaften Vorschüsse bis zur Höhe des voraussichtlichen Jahresbedarfs erheben. ²Für die Zahlung der Vorschüsse sollen mindestens drei Fälligkeitstermine festgelegt werden. ³Die Satzung regelt das Nähere zur Fälligkeit der Beiträge und Vorschüsse sowie zum Verfahren der Zahlung.

(5b) Der Beitrag und die Vorschüsse sollen im Wege des Lastschriftverfahrens eingezogen werden.

(6) ¹Die Unternehmer haben der landwirtschaftlichen Berufsgenossenschaft über die Unternehmens-, Arbeits- und Lohnverhältnisse Auskunft zu geben, soweit dies für die Beitragsberechnung von Bedeutung ist; die Einzelheiten bestimmt die Satzung. ²§ 166 Absatz 1 gilt entsprechend; die Prüfungsabstände bestimmt die landwirtschaftliche Berufsgenossenschaft. ³Soweit die Unternehmer die Angaben nicht, nicht rechtzeitig, nicht richtig oder nicht vollständig machen, kann die landwirtschaftliche Berufsgenossenschaft eine Schätzung vornehmen. ⁴Die Unternehmer sollen der landwirtschaftlichen Berufsgenossenschaft eine Ermächtigung zum Einzug des Beitrags und der Vorschüsse erteilen.

§ 183 a Rechenschaft über die Verwendung der Mittel

Die landwirtschaftlichen Berufsgenossenschaften haben in ihren Mitgliederzeitschriften und vergleichbaren elektronischen Medien in hervorgehobener Weise und gebotener Ausführlichkeit jährlich über die Verwendung ihrer Mittel im Vorjahr Rechenschaft abzulegen und dort zugleich ihre Verwaltungsausgaben gesondert auch als Anteil des Hebesatzes oder des Beitrages auszuweisen.

§ 184 Rücklage

¹Abweichend von § 172 a Abs. 2 wird die Rücklage mindestens in einfacher Höhe der durchschnittlichen monatlichen Ausgaben des abgelaufenen Kalenderjahres und höchstens bis zur zweifachen Höhe der durchschnittlichen monatlichen Ausgaben des abgelaufenen Kalenderjahres gebildet. ²Bis sie diese Höhe erreicht hat, wird ihr jährlich ein Betrag von 0,5 Prozent der Ausgaben des abgelaufenen Kalenderjahres zugeführt. ³Es gilt § 172 a Abs. 4.

§ 184 a Lastenverteilung zwischen den landwirtschaftlichen Berufsgenossenschaften

Die landwirtschaftlichen Berufsgenossenschaften tragen ihre Rentenlasten nach Maßgabe der folgenden Vorschriften gemeinsam.

§ 184 b Begriffsbestimmungen

(1) Rentenlasten sind die Aufwendungen der Berufsgenossenschaften für Renten, Sterbegeld und Abfindungen aus Unternehmen nach § 123 Abs. 1 Nr. 1 sowie aus Versiche-

rungsfällen, die nach Anlage I Kapitel VIII Sachgebiet I Abschnitt III Nr. 1 Buchstabe c Abs. 8 Nr. 2 Doppelbuchstabe cc des Einigungsvertrages vom 31. August 1990 (BGBl. 1990 II S. 885, 1064) auf die Berufsgenossenschaften übertragen worden sind.

(2) Ausgleichsjahr ist das Kalenderjahr, für das die Rentenlasten gemeinsam getragen werden.

(3) ¹Neurenten eines Jahres sind die Rentenlasten des Ausgleichsjahres aus Versicherungsfällen, für die im Ausgleichsjahr oder in einem der vier vorangegangenen Jahre erstmals Rente, Sterbegeld oder Abfindung festgestellt wurde. ²Abfindungen sind dabei auf den Gesamtbetrag zu reduzieren, der bei laufender Rentenzahlung bis zum Ende des vierten Jahres nach der erstmaligen Feststellung der Rente geleistet worden wäre. ³Satz 2 gilt für Abfindungen nach § 75 entsprechend. ⁴Besondere Abfindungen nach § 221a bleiben außer Betracht.

(4) ¹Beitragsbelastbare Flächenwerte sind die Flächenwerte für die bei den landwirtschaftlichen Berufsgenossenschaften erfassten Flächen von Unternehmen nach § 123 Abs. 1 Nr. 1. ²Der Flächenwert der landwirtschaftlichen Nutzung wird durch Vervielfältigung des durchschnittlichen Hektarwertes dieser Nutzung in der Gemeinde, in der das Unternehmen seinen Sitz hat, mit der Größe der im Unternehmen genutzten Flächen (Eigentums- und Pachtflächen) gebildet. ³Der durchschnittliche Hektarwert der landwirtschaftlichen Nutzung errechnet sich aus der Summe der von den Finanzbehörden für die Gemeinde nach den Vorschriften des Bewertungsgesetzes ermittelten Vergleichswerte, geteilt durch die Gesamtfläche der in der Gemeinde gelegenen landwirtschaftlichen Nutzung. ⁴Als Hektarwert sind anzusetzen

1. für die weinbauliche Nutzung 5.500 Deutsche Mark,
2. für die forstwirtschaftliche Nutzung 150 Deutsche Mark,
3. für Geringstland 50 Deutsche Mark,
4. für landwirtschaftliche Sonderkulturen, insbesondere Gemüse, Obst, Hopfen, Tabak, Spargel, Teichwirtschaft, Fischzucht und Saatzucht, 5.500 Deutsche Mark und
5. für die gärtnerische Nutzung 17.588 Deutsche Mark.

⁵Maßgebend sind jeweils die betrieblichen Verhältnisse am 1. Juli des Ausgleichsjahres.

§ 184c Gemeinsame Tragung der Rentenlasten

¹Jede Berufsgenossenschaft trägt jährlich Rentenlasten in Höhe des Zweifachen ihrer Neurenten. ²Soweit die Rentenlasten die nach Satz 1 zu tragenden Lasten übersteigen, tragen die Berufsgenossenschaften den übersteigenden Betrag nach dem Verhältnis ihrer beitragsbelastbaren Flächenwerte gemeinsam.

§ 184d Durchführung des Ausgleichs

¹Der Spitzenverband der landwirtschaftlichen Sozialversicherung führt nach Ablauf des Ausgleichsjahres die Lastenverteilung nach § 184c durch. ²Zu diesem Zweck ermittelt er die auszugleichenden Beträge, berechnet den auf die einzelne Berufsgenossenschaft entfallenden Ausgleichsanteil und führt eine entsprechende Ausgleichsumlage durch. ³Das Nähere zur Durchführung des Ausgleichs, insbesondere das Melde- und Zahlungsverfahren, wird in der Satzung des Spitzenverbandes der landwirtschaftlichen Sozialversicherung geregelt. ⁴Klagen gegen Entscheidungen des Spitzenverbandes der landwirtschaftlichen Sozialversicherung zur Durchführung der Lastenverteilung haben keine aufschiebende Wirkung.

Dritter Abschnitt. Besondere Vorschriften für die Unfallversicherungsträger der öffentlichen Hand

§ 185 Gemeindeunfallversicherungsverbände, Unfallkassen der Länder und Gemeinden, gemeinsame Unfallkassen, Feuerwehr-Unfallkassen

(1) ¹Von den Vorschriften des Ersten Abschnitts finden auf die Gemeindeunfallversicherungsverbände, die Unfallkassen der Länder und Gemeinden, die gemeinsamen Unfallkassen und die Feuerwehr-Unfallkassen die §§ 150, 151, 164 bis 166, 168, 172, 172b und 172c über die Beitragspflicht, die Vorschüsse und Sicherheitsleistungen, das Umlageverfahren sowie über Betriebsmittel, Verwaltungsvermögen und Altersrückstellungen nach Maßgabe der folgenden Absätze Anwendung. ²Soweit die Beitragserhebung für das laufende Jahr

erfolgt, kann die Satzung bestimmen, dass die Beitragslast in Teilbeträgen angefordert wird.

(2) ¹Für Versicherte nach § 128 Abs. 1 Nr. 2 bis 9 und 11 und § 129 Abs. 1 Nr. 3 bis 7 werden Beiträge nicht erhoben. ²Die Aufwendungen für diese Versicherten werden entsprechend der in diesen Vorschriften festgelegten Zuständigkeiten auf das Land, die Gemeinden oder die Gemeindeverbände umgelegt; dabei bestimmen bei den nach § 116 Abs. 1 Satz 2 errichteten gemeinsamen Unfallkassen die Landesregierungen durch Rechtsverordnung, wer die Aufwendungen für Versicherte nach § 128 Abs. 1 Nr. 6, 7, 9 und 11 trägt. ³Bei gemeinsamen Unfallkassen sind nach Maßgabe der in den §§ 128 und 129 festgelegten Zuständigkeiten getrennte Umlagegruppen für den Landesbereich und den kommunalen Bereich zu bilden. ⁴Für Unternehmen nach § 128 Abs. 1 Nr. 1a und § 129 Abs. 1 Nr. 1a können gemeinsame Umlagegruppen gebildet werden. ⁵Bei der Vereinigung von Unfallversicherungsträgern nach den §§ 116 und 117 können die gleichlautenden Rechtsverordnungen für eine Übergangszeit von höchstens zwölf Jahren jeweils getrennte Umlagegruppen für die bisherigen Zuständigkeitsbereiche der vereinigten Unfallversicherungsträger vorsehen.

(3) ¹Die Satzung kann bestimmen, daß Aufwendungen für bestimmte Arten von Unternehmen nur auf die beteiligten Unternehmer umgelegt werden. ²Für die Gemeinden als Unternehmer können auch nach der Einwohnerzahl gestaffelte Gruppen gebildet werden.

(4) ¹Die Höhe der Beiträge richtet sich nach der Einwohnerzahl, der Zahl der Versicherten oder den Arbeitsentgelten. ²Die Satzung bestimmt den Beitragsmaßstab und regelt das Nähere über seine Anwendung; sie kann einen einheitlichen Mindestbeitrag bestimmen. ³Der Beitragssatz für geringfügig Beschäftigte in Privathaushalten, die nach § 28a Abs. 7 des Vierten Buches der Einzugsstelle gemeldet worden sind, beträgt für das Jahr 2006 1,6 vom Hundert des jeweiligen Arbeitsentgelts. ⁴Das Bundesministerium für Arbeit und Soziales wird ermächtigt, den Beitragssatz durch Rechtsverordnung mit Zustimmung des Bundesrates gemäß den nachfolgenden Bestimmungen zu regeln. ⁵Der Beitragssatz des Jahres 2006 gilt so lange, bis er nach Maßgabe der Regelung über die Festsetzung der Beitragssätze nach § 21 des Vierten Buches neu festzusetzen ist. ⁶Die Deutsche Gesetzliche Unfallversicherung e. V. stellt einen gemeinsamen Beitragseinzug sicher.

(5) ¹Die Satzung kann bestimmen, daß die Beiträge nach dem Grad des Gefährdungsrisikos unter Berücksichtigung der Leistungsaufwendungen abgestuft werden; § 157 Abs. 5 und § 158 gelten entsprechend. ²Die Satzung kann ferner bestimmen, daß den Unternehmen unter Berücksichtigung der Versicherungsfälle, die die nach § 2 Abs. 1 Nr. 1 und 8 Versicherten erlitten haben, entsprechend den Grundsätzen des § 162 Zuschläge auferlegt, Nachlässe bewilligt oder Prämien gewährt werden.

§ 186 Aufwendungen der Unfallkasse des Bundes

(1) ¹Von den Vorschriften des Ersten Abschnitts finden auf die Unfallkasse des Bundes die §§ 150, 152, 155, 164 bis 166, 168, 172, 172b und 172c Anwendung, soweit nicht in den folgenden Absätzen Abweichendes geregelt ist. ²Das Nähere bestimmt die Satzung.

(2) ¹Die Aufwendungen für Unternehmen nach § 125 Abs. 1 Nr. 3 und Abs. 3 werden auf die beteiligten Unternehmer umgelegt. ² § 185 Abs. 5 gilt entsprechend.

(3) ¹Die Aufwendungen der Unfallkasse des Bundes für die Versicherung nach § 125 Abs. 1 Nr. 1, 4, 6 Buchstabe a, 7 und 8 werden auf die Dienststellen des Bundes umgelegt. ²Die Satzung bestimmt, in welchem Umfang diese Aufwendungen nach der Zahl der Versicherten oder den Arbeitsentgelten und in welchem Umfang nach dem Grad des Gefährdungsrisikos unter Berücksichtigung der Leistungsaufwendungen umgelegt werden. ³Die Aufwendungen für die Versicherung nach § 125 Abs. 1 Nr. 2 erstattet die Bundesagentur für Arbeit, die Aufwendungen für die Versicherung nach § 125 Abs. 1 Nr. 5 das Bundesministerium für Arbeit und Soziales, die Aufwendungen für die Versicherung nach § 125 Absatz 1 Nummer 6 Buchstabe b das Bundesministerium für wirtschaftliche Zusammenarbeit und Entwicklung und die Aufwendungen für die Versicherung nach § 125 Abs. 1 Nr. 9 die jeweils zuständige Dienststelle des Bundes. ⁴Die Aufwendungen für Versicherte der alliierten Streitkräfte erstatten diese nach dem NATO-Truppenstatut und den Zusatzabkommen jeweils für ihren Bereich. ⁵Im Übrigen werden die Aufwendungen der Unfallkasse des Bundes vom Bundesministerium für Arbeit und Soziales getragen.

(4) ¹Die Dienststellen des Bundes und die Bundesagentur für Arbeit entrichten vierteljährlich im Voraus die Abschläge auf die zu erwartenden Aufwendungen. ²Die Unfallkasse

des Bundes hat der Bundesagentur für Arbeit und den Dienststellen des Bundes die für die Erstattung erforderlichen Angaben zu machen und auf Verlangen Auskunft zu erteilen. ³Das Nähere über die Durchführung der Erstattung regelt die Satzung; bei den Verwaltungskosten kann auch eine pauschalierte Erstattung vorgesehen werden

Vierter Abschnitt. Gemeinsame Vorschriften

Erster Unterabschnitt. Berechnungsgrundsätze

§ 187 Berechnungsgrundsätze

(1) ¹Berechnungen werden auf vier Dezimalstellen durchgeführt. ²Geldbeträge werden auf zwei Dezimalstellen berechnet. ³Dabei wird die letzte Dezimalstelle um 1 erhöht, wenn sich in der folgenden Dezimalstelle eine der Zahlen 5 bis 9 ergeben würde.

(2) Bei einer Berechnung, die auf volle Werte vorzunehmen ist, wird der Wert um 1 erhöht, wenn sich in den ersten vier Dezimalstellen eine der Zahlen 1 bis 9 ergeben würde.

(3) Bei einer Berechnung von Geldbeträgen, für die ausdrücklich ein Betrag in vollem Euro vorgegeben oder bestimmt ist, wird der Betrag nur dann um 1 erhöht, wenn sich in der ersten Dezimalstelle eine der Zahlen 5 bis 9 ergeben würde.

(4) ¹Der auf einen Teilzeitraum entfaltende Betrag ergibt sich, wenn der Gesamtbetrag mit dem Teilzeitraum vervielfältigt und durch den Gesamtzeitraum geteilt wird. ²Dabei werden das Kalenderjahr mit 360 Tagen, der Kalendermonat mit 30 Tagen und die Kalenderwoche mit sieben Tagen gerechnet.

(5) Vor einer Division werden zunächst die anderen Rechengänge durchgeführt.

Zweiter Unterabschnitt. Reduzierung der Kosten für Verwaltung und Verfahren

§ 187a Reduzierung der Kosten für Verwaltung und Verfahren in der landwirtschaftlichen Unfallversicherung

(1) ¹Der Spitzenverband der landwirtschaftlichen Sozialversicherung wirkt darauf hin, dass die jährlichen Verwaltungs- und Verfahrenskosten der landwirtschaftlichen Berufsgenossenschaften bis zum Jahr 2014 um 20 vom Hundert der tatsächlichen Ausgaben für Verwaltungs- und Verfahrenskosten für das Kalenderjahr 2004 vermindert werden. ²Vom Jahr 2011 an hat der Spitzenverband der landwirtschaftlichen Sozialversicherung jedes Jahr dem Bundesministerium für Arbeit und Soziales, dem Bundesministerium für Ernährung, Landwirtschaft und Verbraucherschutz und den Aufsichtsbehörden der Träger der landwirtschaftlichen Sozialversicherung über die Entwicklung der Verwaltungs- und Verfahrenskosten bei den einzelnen landwirtschaftlichen Berufsgenossenschaften und bei dem Spitzenverband der landwirtschaftlichen Sozialversicherung sowie über die umgesetzten und geplanten Maßnahmen zur Optimierung dieser Kosten zu berichten. ³Dabei ist gesondert auf die Schlussfolgerungen einzugehen, welche sich aus dem Benchmarking der Träger der landwirtschaftlichen Sozialversicherung ergeben.

(2) Bei der Ermittlung der Verwaltungs- und Verfahrenskosten nach Absatz 1 Satz 1 bleiben unberücksichtigt:
1. Ausgaben für die Ausbildung; das Nähere zum Nachweis dieser Ausgaben wird durch die Aufsichtsbehörden bestimmt,
2. Ausgaben für die Weiterbildung, soweit sie der Umsetzung der Maßnahmen zur Modernisierung des Rechts der landwirtschaftlichen Sozialversicherung dienen, und
3. Versorgungsaufwendungen.

(3) ¹Auf der Grundlage der Berichte nach Absatz 1 Satz 2 entscheiden die Aufsichtsbehörden im Rahmen der Genehmigung der Haushalte nach § 71d des Vierten Buches über von den landwirtschaftlichen Berufsgenossenschaften zu veranlassende Maßnahmen zur Reduzierung der Verwaltungs- und Verfahrenskosten. ²Die §§ 87 bis 90a des Vierten Buches bleiben unberührt. ³Die Aufsichtsbehörden unterrichten das Bundesministerium für Arbeit und Soziales und das Bundesministerium für Ernährung, Landwirtschaft und Verbraucherschutz über die Entscheidungen nach Satz 1.

Siebtes Kapitel. Zusammenarbeit der Unfallversicherungsträger mit anderen Leistungsträgern und ihre Beziehungen zu Dritten

Erster Abschnitt. Zusammenarbeit der Unfallversicherungsträger mit anderen Leistungsträgern

§ 188 Auskunftspflicht der Krankenkassen

¹Die Unfallversicherungsträger können von den Krankenkassen Auskunft über die Behandlung, den Zustand sowie über Erkrankungen und frühere Erkrankungen des Versicherten verlangen, soweit dies für die Feststellung des Versicherungsfalls erforderlich ist. ²Sie sollen dabei ihr Auskunftsverlangen auf solche Erkrankungen oder auf solche Bereiche von Erkrankungen beschränken, die mit dem Versicherungsfall in einem ursächlichen Zusammenhang stehen können. ³Der Versicherte kann vom Unfallversicherungsträger verlangen, über die von den Krankenkassen übermittelten Daten unterrichtet zu werden; § 25 Abs. 2 des Zehnten Buches gilt entsprechend. ⁴Der Unfallversicherungsträger hat den Versicherten auf das Recht, auf Verlangen über die von den Krankenkassen übermittelten Daten unterrichtet zu werden, hinzuweisen.

§ 189 Beauftragung einer Krankenkasse

Unfallversicherungsträger können Krankenkassen beauftragen, die ihnen obliegenden Geldleistungen zu erbringen; die Einzelheiten werden durch Vereinbarung geregelt.

§ 190 Pflicht der Unfallversicherungsträger zur Benachrichtigung der Rentenversicherungsträger beim Zusammentreffen von Renten

Erbringt ein Unfallversicherungsträger für einen Versicherten oder einen Hinterbliebenen, der eine Rente aus der gesetzlichen Rentenversicherung bezieht, Rente oder Heimpflege oder ergeben sich Änderungen bei diesen Leistungen, hat der Unfallversicherungsträger den Rentenversicherungsträger unverzüglich zu benachrichtigen; bei Zahlung einer Rente ist das Maß der Minderung der Erwerbsfähigkeit anzugeben.

Zweiter Abschnitt. Beziehungen der Unfallversicherungsträger zu Dritten

§ 191 Unterstützungspflicht der Unternehmer

Die Unternehmer haben die für ihre Unternehmen zuständigen Unfallversicherungsträger bei der Durchführung der Unfallversicherung zu unterstützen; das Nähere regelt die Satzung.

§ 192 Mitteilungs- und Auskunftspflichten von Unternehmern und Bauherren

(1) Die Unternehmer haben binnen einer Woche nach Beginn des Unternehmens dem zuständigen Unfallversicherungsträger
1. die Art und den Gegenstand des Unternehmens,
2. die Zahl der Versicherten,
3. den Eröffnungstag oder den Tag der Aufnahme der vorbereitenden Arbeiten für das Unternehmen und
4. in den Fällen des § 130 Abs. 2 und 3 den Namen und den Wohnsitz oder gewöhnlichen Aufenthalt des Bevollmächtigten

mitzuteilen.

(2) Die Unternehmer haben Änderungen von
1. Art und Gegenstand ihrer Unternehmen, die für die Prüfung der Zuständigkeit der Unfallversicherungsträger von Bedeutung sein können,
2. Voraussetzungen für die Zuordnung zu den Gefahrklassen,
3. sonstigen Grundlagen für die Berechnung der Beiträge

innerhalb von vier Wochen dem Unfallversicherungsträger mitzuteilen.

(3) ¹Die Unternehmer haben ferner auf Verlangen des zuständigen Unfallversicherungsträgers die Auskünfte zu geben und die Beweisurkunden vorzulegen, die zur Erfüllung der gesetzlichen Aufgaben des Unfallversicherungsträgers (§ 199) erforderlich sind. ²Ist bei einer Schule der Schulhoheitsträger nicht Unternehmer, hat auch der Schulhoheitsträger die Verpflichtung zur Auskunft nach Satz 1.

(4) ¹Den Wechsel von Personen der Unternehmer haben die bisherigen Unternehmer und ihre Nachfolger innerhalb von vier Wochen nach dem Wechsel dem Unfallversicherungsträger mitzuteilen. ²Den Wechsel von Personen der Bevollmächtigten haben die Unternehmer innerhalb von vier Wochen nach dem Wechsel mitzuteilen.

(5) ¹Bauherren sind verpflichtet, auf Verlangen des zuständigen Unfallversicherungsträgers die Auskünfte zu geben, die zur Erfüllung der gesetzlichen Aufgaben des Unfallversicherungsträgers (§ 199) erforderlich sind. ²Dazu gehören
1. die Auskunft darüber, ob und welche nicht gewerbsmäßigen Bauarbeiten ausgeführt werden,
2. die Auskunft darüber, welche Unternehmer mit der Ausführung der gewerbsmäßigen Bauarbeiten beauftragt sind.

§ 193 Pflicht zur Anzeige eines Versicherungsfalls durch die Unternehmer

(1) ¹Die Unternehmer haben Unfälle von Versicherten in ihren Unternehmen dem Unfallversicherungsträger anzuzeigen, wenn Versicherte getötet oder so verletzt sind, daß sie mehr als drei Tage arbeitsunfähig werden. ²Satz 1 gilt entsprechend für Unfälle von Versicherten, deren Versicherung weder eine Beschäftigung noch eine selbständige Tätigkeit voraussetzt.

(2) Haben Unternehmer im Einzelfall Anhaltspunkte, daß bei Versicherten ihrer Unternehmen eine Berufskrankheit vorliegen könnte, haben sie diese dem Unfallversicherungsträger anzuzeigen.

(3) ¹Bei Unfällen der nach § 2 Abs. 1 Nr. 8 Buchstabe b Versicherten hat der Schulhoheitsträger die Unfälle auch dann anzuzeigen, wenn er nicht Unternehmer ist. ²Bei Unfällen der nach § 2 Abs. 1 Nr. 15 Buchstabe a Versicherten hat der Träger der Einrichtung, in der die stationäre oder teilstationäre Behandlung oder die stationären, teilstationären oder ambulanten Leistungen zur medizinischen Rehabilitation erbracht werden, die Unfälle anzuzeigen.

(4) ¹Die Anzeige ist binnen drei Tagen zu erstatten, nachdem die Unternehmer von dem Unfall oder von den Anhaltspunkten für eine Berufskrankheit Kenntnis erlangt haben. ²Der Versicherte kann vom Unternehmer verlangen, daß ihm eine Kopie der Anzeige überlassen wird.

(5) ¹Die Anzeige ist vom Betriebs- oder Personalrat mit zu unterzeichnen. ²Der Unternehmer hat die Sicherheitsfachkraft und den Betriebsarzt über jede Unfall- oder Berufskrankheitenanzeige in Kenntnis zu setzen. ³Verlangt der Unfallversicherungsträger zur Feststellung, ob eine Berufskrankheit vorliegt, Auskünfte über gefährdende Tätigkeiten von Versicherten, haben die Unternehmer den Betriebs- oder Personalrat über dieses Auskunftsersuchen unverzüglich zu unterrichten.

(6) *(aufgehoben)*

(7) ¹Bei Unfällen in Unternehmen, die der allgemeinen Arbeitsschutzaufsicht unterstehen, hat der Unternehmer eine Durchschrift der Anzeige der für den Arbeitsschutz zuständigen Behörde zu übersenden. ²Bei Unfällen in Unternehmen, die der bergbehördlichen Aufsicht unterstehen, ist die Durchschrift an die zuständige untere Bergbehörde zu übersenden. ³Wird eine Berufskrankheit angezeigt, übersendet der Unfallversicherungsträger eine Durchschrift der Anzeige unverzüglich der für den medizinischen Arbeitsschutz zuständigen Landesbehörde. ⁴Wird der für den medizinischen Arbeitsschutz zuständigen Landesbehörde eine Berufskrankheit angezeigt, übersendet sie dem Unfallversicherungsträger unverzüglich eine Durchschrift der Anzeige.

(8) Das Bundesministerium für Arbeit und Soziales bestimmt durch Rechtsverordnung mit Zustimmung des Bundesrates den für Aufgaben der Prävention und der Einleitung eines Feststellungsverfahrens erforderlichen Inhalt der Anzeige, ihre Form und die Art und Weise ihrer Übermittlung sowie die Empfänger, die Anzahl und den Inhalt der Durchschriften.

(9) ¹Unfälle nach Absatz 1, die während der Fahrt auf einem Seeschiff eingetreten sind, sind ferner in das Schiffstagebuch einzutragen und dort oder in einem Anhang kurz dar-

zustellen. ²Ist ein Schiffstagebuch nicht zu führen, haben die Schiffsführer Unfälle nach Satz 1 in einer besonderen Niederschrift nachzuweisen.

§ 194 Meldepflicht der Eigentümer von Seeschiffen

Die Seeschiffe, die unter der Bundesflagge in Dienst gestellt werden sollen, haben die Eigentümer bereits nach ihrem Erwerb oder bei Beginn ihres Baus der Berufsgenossenschaft für Transport und Verkehrswirtschaft zu melden.

§ 195 Unterstützungs- und Mitteilungspflichten von Kammern und der für die Erteilung einer Gewerbe- oder Bauerlaubnis zuständigen Behörden

(1) Kammern und andere Zusammenschlüsse von Unternehmern, die als Körperschaften des öffentlichen Rechts errichtet sind, ferner Verbände und andere Zusammenschlüsse, denen Unternehmer kraft Gesetzes angehören oder anzugehören haben, haben die Unfallversicherungsträger bei der Ermittlung der ihnen zugehörenden Unternehmen zu unterstützen und ihnen hierzu Auskunft über Namen und Gegenstand dieser Unternehmen zu geben.

(2) ¹Behörden, denen die Erteilung einer gewerberechtlichen Erlaubnis oder eines gewerberechtlichen Berechtigungsscheins obliegt, haben den Berufsgenossenschaften über die Deutsche Gesetzliche Unfallversicherung e. V. nach Eingang einer Anzeige nach der Gewerbeordnung, soweit ihnen bekannt, Namen, Geburtsdatum und Anschrift der Unternehmer, Namen, Gegenstand sowie Tag der Eröffnung und der Einstellung der Unternehmen mitzuteilen. ²Entsprechendes gilt bei Erteilung einer Reisegewerbekarte. ³Im übrigen gilt Absatz 1 entsprechend.

(3) ¹Die für die Erteilung von Bauerlaubnissen zuständigen Behörden haben dem zuständigen Unfallversicherungsträger nach Erteilung einer Bauerlaubnis den Namen und die Anschrift des Bauherrn, den Ort und die Art der Bauarbeiten, den Baubeginn sowie die Höhe der im baubehördlichen Verfahren angegebenen oder festgestellten Baukosten mitzuteilen. ²Bei nicht bauerlaubnispflichtigen Bauvorhaben trifft dieselbe Verpflichtung die für die Entgegennahme der Bauanzeige oder der Bauunterlagen zuständigen Behörden.

§ 196 Mitteilungspflichten der Schiffsvermessungs- und -registerbehörden

¹Das Bundesamt für Seeschiffahrt und Hydrographie teilt jede Vermessung eines Seeschiffs, die für die Führung von Schiffsregistern und des Internationalen Seeschiffahrtsregisters zuständigen Gerichte und Behörden teilen den Eingang jedes Antrags auf Eintragung eines Seeschiffs sowie jede Eintragung eines Seeschiffs der Berufsgenossenschaft für Transport und Verkehrswirtschaft unverzüglich mit. ²Entsprechendes gilt für alle Veränderungen und Löschungen im Schiffsregister. ³Bei Fahrzeugen, die nicht in das Schiffsregister eingetragen werden, haben die Verwaltungsbehörden und die Fischereiämter, die den Seeschiffen Unterscheidungssignale erteilen, die gleichen Pflichten.

§ 197 Übermittlungspflicht weiterer Behörden an die Träger der landwirtschaftlichen Sozialversicherung

(1) Die Gemeinden übermitteln abweichend von § 30 der Abgabenordnung zum Zweck der Beitragserhebung auf Anforderung Daten über Eigentums- und Besitzverhältnisse an Flächen an die landwirtschaftlichen Berufsgenossenschaften, soweit die Ermittlungen von den landwirtschaftlichen Berufsgenossenschaften nur mit wesentlich größerem Aufwand vorgenommen werden können als von den Gemeinden.

(2) ¹Die Finanzbehörden übermitteln in einem automatisierten Verfahren jährlich dem Spitzenverband der landwirtschaftlichen Sozialversicherung (Kopfstelle) die maschinell vorhandenen Feststellungen zu

1. der nutzungsartbezogenen Vergleichszahl einschließlich Einzelflächen mit Flurstückskennzeichen,
2. den Vergleichswerten sonstiger Nutzung,
3. den Zu- und Abschlägen an den Vergleichswerten,
4. dem Bestand an Vieheinheiten,
5. den Einzelertragswerten für Nebenbetriebe,

6. dem Ersatzwirtschaftswert oder zu den bei dessen Ermittlung anfallenden Berechnungsgrundlagen sowie
7. den Ertragswerten für Abbauland und Geringstland

zur Weiterleitung an die zuständigen landwirtschaftlichen Berufsgenossenschaften, landwirtschaftlichen Krankenkassen und landwirtschaftlichen Alterskassen, soweit dies zur Feststellung der Versicherungspflicht und zum Zweck der Beitragserhebung erforderlich ist. ²Diese Stellen dürfen die ihnen übermittelten Daten nur zur Feststellung der Versicherungspflicht, der Beitragserhebung oder zur Überprüfung von Rentenansprüchen nach dem Gesetz über die Alterssicherung der Landwirte nutzen. ³Sind übermittelte Daten für die Überprüfung nach Satz 2 nicht mehr erforderlich, sind sie unverzüglich zu löschen.

(3) ¹Das Bundesministerium für Arbeit und Soziales wird ermächtigt, das Nähere über das Verfahren der automatisierten Datenübermittlung durch Rechtsverordnung im Einvernehmen mit dem Bundesministerium der Finanzen und dem Bundesministerium für Ernährung, Landwirtschaft und Verbraucherschutz und mit Zustimmung des Bundesrates zu regeln. ²Die Einrichtung eines automatisierten Abrufverfahrens ist ausgeschlossen.

(4) ¹Die Flurbereinigungsverwaltung und die Vermessungsverwaltung übermitteln dem Spitzenverband der landwirtschaftlichen Sozialversicherung (Kopfstelle) und den Finanzbehörden durch ein automatisiertes Abrufverfahren die jeweils bei ihnen maschinell vorhandenen Betriebs-, Flächen-, Nutzungs-, Produktions- und Tierdaten sowie die sonstigen hierzu gespeicherten Angaben. ²Der Spitzenverband der landwirtschaftlichen Sozialversicherung (Kopfstelle) leitet die übermittelten Daten an die zuständigen landwirtschaftlichen Berufsgenossenschaften, landwirtschaftlichen Krankenkassen und landwirtschaftlichen Alterskassen weiter, soweit dies zur Feststellung der Versicherungspflicht und zum Zweck der Beitragserhebung erforderlich ist. ³Die übermittelten Daten dürfen nur zur Feststellung der Versicherungs- oder Steuerpflicht, der Beitrags- oder Steuererhebung oder zur Überprüfung von Rentenansprüchen nach dem Gesetz über die Alterssicherung der Landwirte genutzt werden. ⁴Sind übermittelte Daten für die Überprüfung nach den Sätzen 2 und 3 nicht mehr erforderlich, sind sie unverzüglich zu löschen. ⁵Die Sätze 1 bis 3 gelten auch für die Ämter für Landwirtschaft und Landentwicklung, für die Veterinärverwaltung sowie sonstige nach Landesrecht zuständige Stellen, soweit diese Aufgaben wahrnehmen, die denen der Ämter für Landwirtschaft und Landentwicklung oder der Veterinärverwaltung entsprechen.

§ 198 Auskunftspflicht der Grundstückseigentümer

Eigentümer von Grundstücken, die von Unternehmern land- oder forstwirtschaftlich bewirtschaftet werden, haben der landwirtschaftlichen Berufsgenossenschaft auf Verlangen Auskunft über Größe und Lage der Grundstücke sowie Namen und Anschriften der Unternehmer zu erteilen, soweit dies für die Beitragserhebung erforderlich ist.

Achtes Kapitel. Datenschutz

Erster Abschnitt. Grundsätze

§ 199 Erhebung, Verarbeitung und Nutzung von Daten durch die Unfallversicherungsträger

(1) ¹Die Unfallversicherungsträger dürfen Sozialdaten nur erheben und speichern, soweit dies zur Erfüllung ihrer gesetzlich vorgeschriebenen oder zugelassenen Aufgaben erforderlich ist. ²Ihre Aufgaben sind
1. die Feststellung der Zuständigkeit und des Versicherungsstatus,
2. die Erbringung der Leistungen nach dem Dritten Kapitel einschließlich Überprüfung der Leistungsvoraussetzungen und Abrechnung der Leistungen,
3. die Berechnung, Festsetzung und Erhebung von Beitragsberechnungsgrundlagen und Beiträgen nach dem Sechsten Kapitel,
4. die Durchführung von Erstattungs- und Ersatzansprüchen,
5. die Verhütung von Versicherungsfällen, die Abwendung von arbeitsbedingten Gesundheitsgefahren sowie die Vorsorge für eine wirksame Erste Hilfe nach dem Zweiten Kapitel,
6. die Erforschung von Risiken und Gesundheitsgefahren für die Versicherten.

(2) ¹Die Sozialdaten dürfen nur für Aufgaben nach Absatz 1 in dem jeweils erforderlichen Umfang verarbeitet oder genutzt werden. ²Eine Verwendung für andere Zwecke ist nur zulässig, soweit dies durch Rechtsvorschriften des Sozialgesetzbuches angeordnet oder erlaubt ist.

(3) Bei der Feststellung des Versicherungsfalls soll der Unfallversicherungsträger Auskünfte über Erkrankungen und frühere Erkrankungen des Betroffenen von anderen Stellen oder Personen erst einholen, wenn hinreichende Anhaltspunkte für den ursächlichen Zusammenhang zwischen der versicherten Tätigkeit und dem schädigenden Ereignis oder der schädigenden Einwirkung vorliegen.

§ 200 Einschränkung der Übermittlungsbefugnis

(1) § 76 Abs. 2 Nr. 1 des Zehnten Buches gilt mit der Maßgabe, daß der Unfallversicherungsträger auch auf ein gegenüber einem anderen Sozialleistungsträger bestehendes Widerspruchsrecht hinzuweisen hat, wenn dieser nicht selbst zu einem Hinweis nach § 76 Abs. 2 Nr. 1 des Zehnten Buches verpflichtet ist.

(2) Vor Erteilung eines Gutachtenauftrages soll der Unfallversicherungsträger dem Versicherten mehrere Gutachter zur Auswahl benennen; der Betroffene ist außerdem auf sein Widerspruchsrecht nach § 76 Abs. 2 des Zehnten Buches hinzuweisen und über den Zweck des Gutachtens zu informieren.

Zweiter Abschnitt. Datenerhebung und -verarbeitung durch Ärzte

§ 201 Datenerhebung und Datenverarbeitung durch Ärzte

(1) ¹Ärzte und Zahnärzte, die nach einem Versicherungsfall an einer Heilbehandlung nach § 34 beteiligt sind, erheben, speichern und übermitteln an die Unfallversicherungsträger Daten über die Behandlung und den Zustand des Versicherten sowie andere personenbezogene Daten, soweit dies für Zwecke der Heilbehandlung und die Erbringung sonstiger Leistungen einschließlich Überprüfung der Leistungsvoraussetzungen und Abrechnung der Leistungen erforderlich ist. ²Ferner erheben, speichern und übermitteln sie die Daten, die für ihre Entscheidung, eine Heilbehandlung nach § 34 durchzuführen, maßgeblich waren. ³Der Versicherte kann vom Unfallversicherungsträger verlangen, über die von den Ärzten übermittelten Daten unterrichtet zu werden. ⁴§ 25 Abs. 2 des Zehnten Buches gilt entsprechend. ⁵Der Versicherte ist von den Ärzten über den Erhebungszweck, ihre Auskunftspflicht nach den Sätzen 1 und 2 sowie über sein Recht nach Satz 3 zu unterrichten.

(2) Soweit die für den medizinischen Arbeitsschutz zuständigen Stellen und die Krankenkassen Daten nach Absatz 1 zur Erfüllung ihrer Aufgaben benötigen, dürfen die Daten auch an sie übermittelt werden.

§ 202 Anzeigepflicht von Ärzten bei Berufskrankheiten

¹Haben Ärzte oder Zahnärzte den begründeten Verdacht, daß bei Versicherten eine Berufskrankheit besteht, haben sie dies dem Unfallversicherungsträger oder der für den medizinischen Arbeitsschutz zuständigen Stelle in der für die Anzeige von Berufskrankheiten vorgeschriebenen Form (§ 193 Abs. 8) unverzüglich anzuzeigen. ²Die Ärzte oder Zahnärzte haben die Versicherten über den Inhalt der Anzeige zu unterrichten und ihnen den Unfallversicherungsträger und die Stelle zu nennen, denen sie die Anzeige übersenden. ³§ 193 Abs. 7 Satz 3 und 4 gilt entsprechend.

§ 203 Auskunftspflicht von Ärzten

(1) ¹Ärzte und Zahnärzte, die nicht an einer Heilbehandlung nach § 34 beteiligt sind, sind verpflichtet, dem Unfallversicherungsträger auf Verlangen Auskunft über die Behandlung, den Zustand sowie über Erkrankungen und frühere Erkrankungen des Versicherten zu erteilen, soweit dies für die Heilbehandlung und die Erbringung sonstiger Leistungen erforderlich ist. ²Der Unfallversicherungsträger soll Auskunftsverlangen zur Feststellung des Versicherungsfalls auf solche Erkrankungen oder auf solche Bereiche von Erkrankun-

gen beschränken, die mit dem Versicherungsfall in einem ursächlichen Zusammenhang stehen können. ³§ 98 Abs. 2 Satz 2 des Zehnten Buches gilt entsprechend.

(2) ¹Die Unfallversicherungsträger haben den Versicherten auf ein Auskunftsverlangen nach Absatz 1 sowie auf das Recht, auf Verlangen über die von den Ärzten übermittelten Daten unterrichtet zu werden, rechtzeitig hinzuweisen. ²§ 25 Abs. 2 des Zehnten Buches gilt entsprechend.

Dritter Abschnitt. Dateien

§ 204 Errichtung einer Datei für mehrere Unfallversicherungsträger

(1) ¹Die Errichtung einer Datei für mehrere Unfallversicherungsträger bei einem Unfallversicherungsträger oder bei einem Verband der Unfallversicherungsträger ist zulässig,
1. um Daten über Verwaltungsverfahren und Entscheidungen nach § 9 Abs. 2 zu verarbeiten, zu nutzen und dadurch eine einheitliche Beurteilung vergleichbarer Versicherungsfälle durch die Unfallversicherungsträger zu erreichen, gezielte Maßnahmen der Prävention zu ergreifen sowie neue medizinisch-wissenschaftliche Erkenntnisse zur Fortentwicklung des Berufskrankheitenrechts, insbesondere durch eigene Forschung oder durch Mitwirkung an fremden Forschungsvorhaben, zu gewinnen,
2. um Daten in Vorsorgedateien zu erheben, zu verarbeiten oder zu nutzen, damit Versicherten, die bestimmten arbeitsbedingten Gesundheitsgefahren ausgesetzt sind oder waren, Maßnahmen der Prävention oder zur Teilhabe angeboten sowie Erkenntnisse über arbeitsbedingte Gesundheitsgefahren und geeignete Maßnahmen der Prävention oder zur Teilhabe gewonnen werden können,
3. um Daten über Arbeits- und Wegeunfälle in einer Unfall-Dokumentation zu verarbeiten, zu nutzen und dadurch Größenordnungen, Schwerpunkte und Entwicklungen der Unfallbelastung in einzelnen Bereichen darzustellen, damit Erkenntnisse zur Verbesserung der Prävention und der Maßnahmen zur Teilhabe gewonnen werden können,
4. um Anzeigen, Daten über Verwaltungsverfahren und Entscheidungen über Berufskrankheiten in einer Berufskrankheiten-Dokumentation zu verarbeiten, zu nutzen und dadurch Häufigkeiten und Entwicklungen im Berufskrankheitengeschehen sowie wesentliche Einwirkungen und Erkrankungsfolgen darzustellen, damit Erkenntnisse zur Verbesserung der Prävention und der Maßnahmen zur Teilhabe gewonnen werden können,
5. um Daten über Entschädigungsfälle, in denen Leistungen zur Teilhabe erbracht werden, in einer Rehabilitations- und Teilhabe-Dokumentation zu verarbeiten, zu nutzen und dadurch Schwerpunkte der Maßnahmen zur Teilhabe darzustellen, damit Erkenntnisse zur Verbesserung der Prävention und der Maßnahmen zur Teilhabe gewonnen werden können,
6. um Daten über Entschädigungsfälle, in denen Rentenleistungen oder Leistungen bei Tod erbracht werden, in einer Renten-Dokumentation zu verarbeiten, zu nutzen und dadurch Erkenntnisse über den Rentenverlauf und zur Verbesserung der Prävention und der Maßnahmen zur Teilhabe zu gewinnen.

²In den Fällen des Satzes 1 Nr. 1 und 3 bis 6 findet § 76 des Zehnten Buches keine Anwendung.

(2) ¹In den Dateien nach Absatz 1 dürfen nach Maßgabe der Sätze 2 und 3 nur folgende Daten von Versicherten erhoben, verarbeitet oder genutzt werden:
1. der zuständige Unfallversicherungsträger und die zuständige staatliche Arbeitsschutzbehörde,
2. das Aktenzeichen des Unfallversicherungsträgers,
3. Art und Hergang, Datum und Uhrzeit sowie Anzeige des Versicherungsfalls,
4. Staatsangehörigkeit und Angaben zur regionalen Zuordnung der Versicherten sowie Geburtsjahr und Geschlecht der Versicherten und der Hinterbliebenen,
5. Familienstand und Versichertenstatus der Versicherten,
6. Beruf der Versicherten, ihre Stellung im Erwerbsleben und die Art ihrer Tätigkeit,
7. Angaben zum Unternehmen einschließlich der Mitgliedsnummer,
8. die Arbeitsanamnese und die als Ursache für eine Schädigung vermuteten Einwirkungen am Arbeitsplatz,
9. die geäußerten Beschwerden und die Diagnose,
10. Entscheidungen über Anerkennung oder Ablehnung von Versicherungsfällen und Leistungen,

11. Kosten und Verlauf von Leistungen,
12. Art, Ort, Verlauf und Ergebnis von Vorsorgemaßnahmen oder Leistungen zur Teilhabe,
13. die Rentenversicherungsnummer, Vor- und Familienname, Geburtsname, Geburtsdatum, Sterbedatum und Wohnanschrift der Versicherten sowie wesentliche Untersuchungsbefunde und die Planung zukünftiger Vorsorgemaßnahmen,
14. Entscheidungen (Nummer 10) mit ihrer Begründung einschließlich im Verwaltungs- oder Sozialgerichtsverfahren erstatteter Gutachten mit Angabe der Gutachter.

²In Dateien nach Absatz 1 Satz 1 Nr. 1 dürfen nur Daten nach Satz 1 Nr. 1 bis 4, 6 bis 10 und 14 verarbeitet oder genutzt werden. ³In Dateien nach Absatz 1 Satz 1 Nr. 3 bis 6 dürfen nur Daten nach Satz 1 Nr. 1 bis 12 verarbeitet oder genutzt werden.

(3) Die Errichtung einer Datei für mehrere Unfallversicherungsträger bei einem Unfallversicherungsträger oder bei einem Verband der Unfallversicherungsträger ist auch zulässig, um die von den Pflegekassen und den privaten Versicherungsunternehmen nach § 44 Abs. 2 des Elften Buches zu übermittelnden Daten zu verarbeiten.

(4) ¹Die Errichtung einer Datei für mehrere Unfallversicherungsträger bei einem Unfallversicherungsträger oder bei einem Verband der Unfallversicherungsträger ist auch zulässig, soweit dies erforderlich ist, um neue Erkenntnisse zur Verhütung von Versicherungsfällen oder zur Abwendung von arbeitsbedingten Gesundheitsgefahren zu gewinnen, und dieser Zweck nur durch eine gemeinsame Datei für mehrere oder alle Unfallversicherungsträger erreicht werden kann. ²In der Datei nach Satz 1 dürfen personenbezogene Daten nur verarbeitet werden, soweit der Zweck der Datei ohne sie nicht erreicht werden kann. ³Das Bundesministerium für Arbeit und Soziales bestimmt in einer Rechtsverordnung, die der Zustimmung des Bundesrates bedarf, die Art der zu verhütenden Versicherungsfälle und der abzuwendenden arbeitsbedingten Gesundheitsgefahren sowie die Art der Daten, die in der Datei nach Satz 1 verarbeitet oder genutzt werden dürfen. ⁴In der Datei nach Satz 1 dürfen Daten nach Absatz 2 Satz 1 Nr. 13 nicht gespeichert werden.

(5) ¹Die Unfallversicherungsträger dürfen Daten nach Absatz 2 an den Unfallversicherungsträger oder den Verband, der die Datei führt, übermitteln. ²Die in der Datei nach Absatz 1 Satz 1 Nr. 1 oder 2 gespeicherten Daten dürfen von der dateiführenden Stelle an andere Unfallversicherungsträger übermittelt werden, soweit es zur Erfüllung ihrer gesetzlichen Aufgaben erforderlich ist.

(6) Der Unfallversicherungsträger oder der Verband, der die Datei errichtet, hat dem Bundesbeauftragten für den Datenschutz oder der nach Landesrecht für die Kontrolle des Datenschutzes zuständigen Stelle rechtzeitig die Errichtung einer Datei nach Absatz 1 oder 4 vorher schriftlich anzuzeigen.

(7) ¹Der Versicherte ist vor der erstmaligen Speicherung seiner Sozialdaten in Dateien nach Absatz 1 Satz 1 Nr. 1 und 2 über die Art der gespeicherten Daten, die speichernde Stelle und den Zweck der Datei durch den Unfallversicherungsträger schriftlich zu unterrichten. ²Dabei ist er auf sein Auskunftsrecht nach § 83 des Zehnten Buches hinzuweisen.

§ 205 Datenverarbeitung und -übermittlung bei den landwirtschaftlichen Berufsgenossenschaften

(1) ¹Die landwirtschaftlichen Berufsgenossenschaften, die landwirtschaftlichen Alterskassen, die landwirtschaftlichen Krankenkassen, die landwirtschaftlichen Pflegekassen und der Spitzenverband der landwirtschaftlichen Sozialversicherung dürfen Sozialdaten in gemeinsamen Dateien und im gemeinsamen Rechenzentrum der landwirtschaftlichen Sozialversicherung (§ 143e Abs. 2 Nr. 1 Buchstabe a) verarbeiten, soweit die Daten jeweils zur Erfüllung ihrer Aufgaben nach dem Sozialgesetzbuch erforderlich sind. ²Die Einrichtung eines automatisierten Verfahrens, das die Übermittlung von Sozialdaten aus Dateien nach Satz 1 durch Abruf ermöglicht, ist sowohl zwischen den Trägern der landwirtschaftlichen Sozialversicherung als auch mit dem Spitzenverband der landwirtschaftlichen Sozialversicherung zulässig, ohne dass es einer Genehmigung nach § 79 Abs. 1 des Zehnten Buches bedarf.

(2) Die Einrichtung eines automatisierten Verfahrens, das die Übermittlung personenbezogener Daten aus Dateien nach Absatz 1 Satz 1 durch Abruf ermöglicht, ist nur mit den Trägern der gesetzlichen Rentenversicherung, den Krankenkassen, der Bundesagentur für Arbeit und der Deutschen Post AG, soweit sie mit der Berechnung oder Auszahlung von Sozialleistungen betraut ist, zulässig; dabei dürfen auch Vermittlungsstellen eingeschaltet werden.

Vierter Abschnitt. Sonstige Vorschriften

§ 206 Übermittlung von Daten für die Forschung zur Bekämpfung von Berufskrankheiten

(1) ¹Ein Arzt oder Angehöriger eines anderen Heilberufes ist befugt, für ein bestimmtes Forschungsvorhaben personenbezogene Daten den Unfallversicherungsträgern und deren Verbänden zu übermitteln, wenn die nachfolgenden Voraussetzungen erfüllt sind und die Genehmigung des Forschungsvorhabens öffentlich bekanntgegeben worden ist. ²Die Unfallversicherungsträger oder die Verbände haben den Versicherten oder den früheren Versicherten schriftlich über die übermittelten Daten und über den Zweck der Übermittlung zu unterrichten.

(2) ¹Die Unfallversicherungsträger und ihre Verbände dürfen Sozialdaten von Versicherten und früheren Versicherten erheben, verarbeiten und nutzen, soweit dies

1. zur Durchführung eines bestimmten Forschungsvorhabens, das die Erkennung neuer Berufskrankheiten oder die Verbesserung der Prävention oder der Maßnahmen zur Teilhabe bei Berufskrankheiten zum Ziele hat, erforderlich ist und
2. der Zweck dieses Forschungsvorhabens nicht auf andere Weise, insbesondere nicht durch Erhebung, Verarbeitung und Nutzung anonymisierter Daten, erreicht werden kann.

²Voraussetzung ist, daß die zuständige oberste Bundes oder Landesbehörde die Erhebung, Verarbeitung und Nutzung der Daten für das Forschungsvorhaben genehmigt hat. ³Erteilt die zuständige oberste Bundesbehörde die Genehmigung, sind die Bundesärztekammer und der Bundesbeauftragte für den Datenschutz anzuhören, in den übrigen Fällen der Landesbeauftragte für den Datenschutz und die Ärztekammer des Landes.

(3) Das Forschungsvorhaben darf nur durchgeführt werden, wenn sichergestellt ist, daß keinem Beschäftigten, der an Entscheidungen über Sozialleistungen oder deren Vorbereitung beteiligt ist, die Daten, die für das Forschungsvorhaben erhoben, verarbeitet oder genutzt werden, zugänglich sind oder von Zugriffsberechtigten weitergegeben werden.

(4) ¹Die Durchführung der Forschung ist organisatorisch und räumlich von anderen Aufgaben zu trennen. ²Die übermittelten Einzelangaben dürfen nicht mit anderen personenbezogenen Daten zusammengeführt werden. ³§ 67c Abs. 5 Satz 2 und 3 des Zehnten Buches bleibt unberührt.

(5) ¹Führen die Unfallversicherungsträger oder ihre Verbände das Forschungsvorhaben nicht selbst durch, dürfen die Daten nur anonymisiert an den für das Forschungsvorhaben Verantwortlichen übermittelt werden. ²Ist nach dem Zweck des Forschungsvorhabens zu erwarten, daß Rückfragen für einen Teil der Betroffenen erforderlich werden, sind sie an die Person zu richten, welche die Daten gemäß Absatz 1 übermittelt hat. ³Absatz 2 gilt für den für das Forschungsvorhaben Verantwortlichen entsprechend. ⁴Die Absätze 3 und 4 gelten entsprechend.

§ 207 Erhebung, Verarbeitung und Nutzung von Daten zur Verhütung von Versicherungsfällen und arbeitsbedingten Gesundheitsgefahren

(1) Die Unfallversicherungsträger und ihre Verbände dürfen

1. Daten zu Stoffen, Zubereitungen und Erzeugnissen,
2. Betriebs- und Expositionsdaten zur Gefährdungsanalyse

erheben, speichern, verändern, löschen, nutzen und untereinander übermitteln, soweit dies zur Verhütung von Versicherungsfällen und arbeitsbedingten Gesundheitsgefahren erforderlich ist.

(2) Daten nach Absatz 1 dürfen an die für den Arbeitsschutz zuständigen Landesbehörden und an die für den Vollzug des Chemikaliengesetzes sowie des Rechts der Bio- und Gentechnologie zuständigen Behörden übermittelt werden.

(3) Daten nach Absatz 1 dürfen nicht an Stellen oder Personen außerhalb der Unfallversicherungsträger und ihrer Verbände sowie der zuständigen Landesbehörden übermittelt werden, wenn der Unternehmer begründet nachweist, daß ihre Verbreitung ihm betrieblich oder geschäftlich schaden könnte, und die Daten auf Antrag des Unternehmers als vertraulich gekennzeichnet sind.

§ 208 Auskünfte der Deutschen Post AG

Soweit die Deutsche Post AG Aufgaben der Unfallversicherung wahrnimmt, gilt § 151 des Sechsten Buches entsprechend.

Neuntes Kapitel. Bußgeldvorschriften

§ 209 Bußgeldvorschriften

(1) ¹Ordnungswidrig handelt, wer vorsätzlich oder fahrlässig
1. einer Unfallverhütungsvorschrift nach § 15 Abs. 1 oder 2 zuwiderhandelt, soweit sie für einen bestimmten Tatbestand auf diese Bußgeldvorschrift verweist,
2. einer vollziehbaren Anordnung nach § 19 Abs. 1 zuwiderhandelt,
3. entgegen § 19 Abs. 2 Satz 2 eine Maßnahme nicht duldet,
4. entgegen § 138 die Versicherten nicht unterrichtet,
5. entgegen § 165 Abs. 1 Satz 1, in Verbindung mit einer Satzung nach Satz 2 oder 3 oder entgegen § 194 eine Meldung nicht, nicht richtig, nicht vollständig, nicht in der vorgeschriebenen Weise oder nicht rechtzeitig macht,
6. entgegen § 165 Abs. 2 Satz 1 einen Nachweis über die sich aus der Satzung ergebenden Berechnungsgrundlagen nicht, nicht vollständig oder nicht rechtzeitig einreicht,
7. entgegen § 165 Abs. 4 eine Aufzeichnung nicht führt oder nicht oder nicht mindestens fünf Jahre aufbewahrt,
8. entgegen § 192 Abs. 1 Nr. 1 bis 3 oder Abs. 4 Satz 1 eine Mitteilung nicht, nicht richtig, nicht vollständig oder nicht rechtzeitig macht,
9. entgegen § 193 Abs. 1 Satz 1, auch in Verbindung mit Satz 2, Abs. 2, 3 Satz 2, Abs. 4 oder 6 eine Anzeige nicht, nicht richtig oder nicht rechtzeitig erstattet,
10. entgegen § 193 Abs. 9 einen Unfall nicht in das Schiffstagebuch einträgt, nicht darstellt oder nicht in einer besonderen Niederschrift nachweist oder
11. entgegen § 198 oder 203 Abs. 1 Satz 1 eine Auskunft nicht, nicht richtig, nicht vollständig oder nicht rechtzeitig erteilt.

²In den Fällen der Nummer 5, die sich auf geringfügige Beschäftigungen in Privathaushalten im Sinne von § 8a des Vierten Buches beziehen, findet § 266a Abs. 2 des Strafgesetzbuches keine Anwendung.

(2) Ordnungswidrig handelt, wer als Unternehmer Versicherten Beiträge ganz oder zum Teil auf das Arbeitsentgelt anrechnet.

(3) Die Ordnungswidrigkeit kann in den Fällen des Absatzes 1 Nr. 1 bis 3 mit einer Geldbuße bis zu zehntausend Euro, in den Fällen des Absatzes 2 mit einer Geldbuße bis zu fünftausend Euro, in den übrigen Fällen mit einer Geldbuße bis zu zweitausendfünfhundert Euro geahndet werden.

§ 210 Zuständige Verwaltungsbehörde

Verwaltungsbehörde im Sinne des § 36 Abs. 1 Nr. 1 des Gesetzes über Ordnungswidrigkeiten ist der Unfallversicherungsträger.

§ 211 Zusammenarbeit bei der Verfolgung und Ahndung von Ordnungswidrigkeiten

¹Zur Verfolgung und Ahndung von Ordnungswidrigkeiten arbeiten die Unfallversicherungsträger insbesondere mit den Behörden der Zollverwaltung, der Bundesagentur für Arbeit, den nach § 6 Abs. 1 Satz 1 Nr. 2 des Zweiten Buches zuständigen Trägern oder den nach § 6a des Zweiten Buches zugelassenen kommunalen Trägern, den Krankenkassen als Einzugsstellen für die Sozialversicherungsbeiträge, den in § 71 des Aufenthaltsgesetzes genannten Behörden, den Finanzbehörden, den nach Landesrecht für die Verfolgung und Ahndung von Ordnungswidrigkeiten nach dem Schwarzarbeitsbekämpfungsgesetz zuständigen Behörden, den Trägern der Sozialhilfe und den für den Arbeitsschutz zuständigen Landesbehörden zusammen, wenn sich im Einzelfall konkrete Anhaltspunkte ergeben für
1. Verstöße gegen das Schwarzarbeitsbekämpfungsgesetz,
2. eine Beschäftigung oder Tätigkeit von Ausländern ohne erforderlichen Aufenthaltstitel nach § 4 Abs. 3 des Aufenthaltsgesetzes, eine Aufenthaltsgestattung oder eine Duldung,

die zur Ausübung der Beschäftigung berechtigen, oder eine Genehmigung nach § 284 Abs. 1 des Dritten Buches;
3. Verstöße gegen die Mitwirkungspflicht nach § 60 Abs. 1 Satz 1 Nr. 2 des Ersten Buches gegenüber einer Dienststelle der Bundesagentur für Arbeit, einem Träger der gesetzlichen Kranken-, Pflege- oder Rentenversicherung, einem nach § 6 Abs. 1 Satz 1 Nr. 2 des Zweiten Buches zuständigen Träger oder einem nach § 6a des Zweiten Buches zugelassenen kommunalen Träger oder einem Träger der Sozialhilfe oder gegen die Meldepflicht nach § 8a des Asylbewerberleistungsgesetzes,
4. Verstöße gegen das Arbeitnehmerüberlassungsgesetz,
5. Verstöße gegen die Bestimmungen des Vierten und Fünften Buches sowie dieses Buches über die Verpflichtung zur Zahlung von Sozialversicherungsbeiträgen, soweit sie im Zusammenhang mit den in den Nummern 1 bis 4 genannten Verstößen stehen,
6. Verstöße gegen die Steuergesetze,
7. Verstöße gegen das Aufenthaltsgesetz

ergeben. [2]Sie unterrichten die für die Verfolgung und Ahndung zuständigen Behörden, die Träger der Sozialhilfe sowie die Behörden nach § 71 des Aufenthaltsgesetzes. [3]Die Unterrichtung kann auch Angaben über die Tatsachen, die für die Einziehung der Beiträge zur Unfallversicherung erforderlich sind, enthalten. [4]Medizinische und psychologische Daten, die über einen Versicherten erhoben worden sind, dürfen die Unfallversicherungsträger nicht übermitteln.

Zehntes Kapitel. Übergangsrecht

§ 212 Grundsatz

Die Vorschriften des Ersten bis Neunten Kapitels gelten für Versicherungsfälle, die nach dem Inkrafttreten dieses Gesetzes eintreten, soweit in den folgenden Vorschriften nicht etwas anderes bestimmt ist.

§ 213 Versicherungsschutz

(1) [1]Unternehmer und ihre Ehegatten, die am Tag vor dem Inkrafttreten dieses Gesetzes nach § 539 Abs. 1 Nr. 3 oder 7 der Reichsversicherungsordnung in der zu diesem Zeitpunkt geltenden Fassung pflichtversichert waren und die nach § 2 nicht pflichtversichert sind, bleiben versichert, ohne daß es eines Antrags auf freiwillige Versicherung bedarf. [2]Die Versicherung wird als freiwillige Versicherung weitergeführt. [3]Sie erlischt mit Ablauf des Monats, in dem ein schriftlicher Antrag auf Beendigung dieser Versicherung beim Unfallversicherungsträger eingegangen ist; § 6 Abs. 2 Satz 2 bleibt unberührt.

(2) Die §§ 555a und 636 Abs. 3 der Reichsversicherungsordnung in der Fassung des Artikels II § 4 Nr. 12 und 15 des Gesetzes vom 18. August 1980 (BGBl. I S. 1469, 2218) gelten auch für Versicherungsfälle, die in der Zeit vom 24. Mai 1949 bis zum 31. Oktober 1977 eingetreten sind.

(3) § 2 Abs. 1 Nr. 16 in der Fassung des Artikels 1 Nr. 2 Buchstabe b des Unfallversicherungsmodernisierungsgesetzes vom 30. Oktober 2008 (BGBl. I S. 2130) gilt auch für Versicherungsfälle, die in der Zeit vom 1. Mai 2007 bis zum 4. November 2008 eingetreten sind.

§ 214 Geltung auch für frühere Versicherungsfälle

(1) [1]Die Vorschriften des Ersten und Fünften Abschnitts des Dritten Kapitels gelten auch für Versicherungsfälle, die vor dem Tag des Inkrafttretens dieses Gesetzes eingetreten sind; dies gilt nicht für die Vorschrift über Leistungen an Berechtigte im Ausland. [2]Für Leistungen der Heilbehandlung und zur Teilhabe am Arbeitsleben, die vor dem Tag des Inkrafttretens dieses Gesetzes bereits in Anspruch genommen worden sind, sind bis zum Ende dieser Leistungen die Vorschriften weiter anzuwenden, die im Zeitpunkt der Inanspruchnahme galten.

(2) [1]Die Vorschriften über den Jahresarbeitsverdienst gelten auch für Versicherungsfälle, die vor dem Tag des Inkrafttretens dieses Gesetzes eingetreten sind, wenn der Jahresarbeitsverdienst nach dem Inkrafttreten dieses Gesetzes erstmals oder aufgrund des § 90 neu festgesetzt wird. [2]Die Vorschrift des § 93 über den Jahresarbeitsverdienst für die Versicherten der landwirtschaftlichen Berufsgenossenschaften und ihre Hinterbliebenen gilt auch für Versicherungsfälle, die vor dem Inkrafttreten dieses Gesetzes eingetreten sind;

die Geldleistungen sind von dem auf das Inkrafttreten dieses Gesetzes folgenden 1. Juli an neu festzustellen; die generelle Bestandsschutzregelung bleibt unberührt.

(3) ¹Die Vorschriften über Renten, Beihilfen, Abfindungen und Mehrleistungen gelten auch für Versicherungsfälle, die vor dem Tag des Inkrafttretens dieses Gesetzes eingetreten sind, wenn diese Leistungen nach dem Inkrafttreten dieses Gesetzes erstmals festzusetzen sind. ²§ 73 gilt auch für Versicherungsfälle, die vor dem Tag des Inkrafttretens dieses Gesetzes eingetreten sind.

(4) Soweit sich die Vorschriften über das Verfahren, den Datenschutz sowie die Beziehungen der Versicherungsträger zueinander und zu Dritten auf bestimmte Versicherungsfälle beziehen, gelten sie auch hinsichtlich der Versicherungsfälle, die vor dem Tag des Inkrafttretens dieses Gesetzes eingetreten sind.

§ 215 Sondervorschriften für Versicherungsfälle in dem in Artikel 3 des Einigungsvertrages genannten Gebiet

(1) ¹Für die Übernahme der vor dem 1. Januar 1992 eingetretenen Unfälle und Krankheiten als Arbeitsunfälle und Berufskrankheiten nach dem Recht der gesetzlichen Unfallversicherung ist § 1150 Abs. 2 und 3 der Reichsversicherungsordnung in der am Tag vor Inkrafttreten dieses Gesetzes geltenden Fassung weiter anzuwenden. ²§ 1150 Abs. 2 Satz 2 Nr. 1 der Reichsversicherungsordnung gilt nicht für Versicherungsfälle aus dem Wehrdienst ehemaliger Wehrdienstpflichtiger der Nationalen Volksarmee der Deutschen Demokratischen Republik. ³Tritt bei diesen Personen nach dem 31. Dezember 1991 eine Berufskrankheit auf, die infolge des Wehrdienstes entstanden ist, gelten die Vorschriften dieses Buches.

(2) Die Vorschriften über den Jahresarbeitsverdienst gelten nicht für Versicherungsfälle in dem in Artikel 3 des Einigungsvertrags genannten Gebiet, die vor dem 1. Januar 1992 eingetreten sind; für diese Versicherungsfälle ist § 1152 Abs. 2 der Reichsversicherungsordnung in der am Tag vor Inkrafttreten dieses Gesetzes geltenden Fassung weiter anzuwenden mit der Maßgabe, dass der zuletzt am 1. Juli 2001 angepasste Betrag aus § 1152 Abs. 2 der Reichsversicherungsordnung ab 1. Januar 2002 in Euro umgerechnet und auf volle Euro-Beträge aufgerundet wird.

(3) Für Versicherungsfälle im Zuständigkeitsbereich der Unfallkasse des Bundes, die nach dem 31. Dezember 1991 eingetreten sind, gilt § 85 Abs. 2 Satz 1 mit der Maßgabe, daß der Jahresarbeitsverdienst höchstens das Zweifache der im Zeitpunkt des Versicherungsfalls geltenden Bezugsgröße (West) beträgt.

(4) Für Versicherte an Bord von Seeschiffen und für nach § 2 Abs. 1 Nr. 7 versicherte Küstenschiffer und Küstenfischer ist § 1152 Abs. 6 der Reichsversicherungsordnung in der am Tag vor Inkrafttreten dieses Gesetzes geltenden Fassung weiter anzuwenden mit der Maßgabe, daß an die Stelle der dort genannten Vorschriften der Reichsversicherungsordnung § 92 dieses Buches tritt.

(5) ¹Die Vorschriften über die Anpassung der vom Jahresarbeitsverdienst abhängigen Geldleistungen und über die Höhe und die Anpassung des Pflegegeldes gelten nicht für Versicherungsfälle in dem in Artikel 3 des Einigungsvertrags genannten Gebiet; für diese Versicherungsfälle sind § 1151 Abs. 1 und § 1153 der Reichsversicherungsordnung in der am Tag vor Inkrafttreten dieses Gesetzes geltenden Fassung weiter anzuwenden mit der Maßgabe, daß an die Stelle der dort genannten Vorschriften der Reichsversicherungsordnung § 44 Abs. 2 und 4 sowie § 95 dieses Buches treten. ²Abweichend von Satz 1 ist bei den Anpassungen ab dem 1. Juli 2001 der Vomhundertsatz maßgebend, um den sich die Renten aus der gesetzlichen Rentenversicherung in dem in Artikel 3 des Einigungsvertrages genannten Gebiet verändern. ³§ 1151 Abs. 1 der Reichsversicherungsordnung gilt mit der Maßgabe, dass ab 1. Januar 2002 an die Stelle des Pflegegeldrahmens in Deutscher Mark der Pflegegeldrahmen in Euro tritt, indem die zuletzt am 1. Juli 2001 angepassten Beträge in Euro umgerechnet und auf volle Euro-Beträge aufgerundet werden.

(6) Für die Feststellung und Zahlung von Renten bei Versicherungsfällen, die vor dem 1. Januar 1992 eingetreten sind, ist § 1154 der Reichsversicherungsordnung in der am Tag vor Inkrafttreten dieses Gesetzes geltenden Fassung weiter anzuwenden mit der Maßgabe, daß an die Stelle der dort genannten Vorschriften der Reichsversicherungsordnung die §§ 56 und 81 bis 91 dieses Buches treten.

(7) ¹Für die Feststellung und Zahlung von Leistungen im Todesfall ist § 1155 Abs. 1 Satz 2 und 3 sowie Abs. 2 und 3 der Reichsversicherungsordnung in der am Tag vor Inkrafttreten dieses Gesetzes geltenden Fassung weiter anzuwenden mit der Maßgabe, daß an die Stelle der dort genannten Vorschriften der Reichsversicherungsordnung § 65 Abs. 3

und § 66 dieses Buches treten. ²Bestand am 31. Dezember 1991 nach dem in dem in Artikel 3 des Einigungsvertrags genannten Gebiet geltenden Recht ein Anspruch auf Witwenrente, Witwerrente oder Waisenrente, wird der Zahlbetrag dieser Rente so lange unverändert weitergezahlt, wie er den Zahlbetrag der Rente, die sich aus den §§ 63 bis 71 und aus Satz 1 ergeben würde, übersteigt.

(8) Die Vorschrift des § 1156 der Reichsversicherungsordnung in der am Tag vor Inkrafttreten dieses Gesetzes geltenden Fassung ist weiter anzuwenden.

(9) Zur Finanzierung der Rentenaltlasten aus dem Beitrittsgebiet, die sich aus der Verteilung nach Anlage 1 Kapitel VIII Sachgebiet I Abschnitt III Nr. 1 Buchstabe c, Abs. 8 Nr. 2 des Einigungsvertrages vom 31. August 1990 in Verbindung mit Artikel 1 des Gesetzes vom 23. September 1990 (BGBl.1990 II S. 885, 1064) ergeben, kann bei der Beitragsberechnung von der Berücksichtigung des Grades der Unfallgefahr in den Unternehmen gemäß § 153 Abs. 1 abgesehen werden; die Vertreterversammlung bestimmt das Nähere mit Genehmigung der Aufsichtsbehörde.

§ 216 Bezugsgröße (Ost) und aktueller Rentenwert (Ost)

(1) Soweit Vorschriften dieses Buches beim Jahresarbeitsverdienst oder beim Sterbegeld an die Bezugsgröße anknüpfen, ist die Bezugsgröße für das in Artikel 3 des Einigungsvertrags genannte Gebiet (Bezugsgröße (Ost)) maßgebend, wenn es sich um einen Versicherungsfall in diesem Gebiet handelt.

(2) Soweit Vorschriften dieses Buches bei Einkommensanrechnungen auf Leistungen an Hinterbliebene an den aktuellen Rentenwert anknüpfen, ist der aktuelle Rentenwert (Ost) maßgebend, wenn der Berechtigte seinen gewöhnlichen Aufenthalt in dem in Artikel 3 des Einigungsvertrags genannten Gebiet hat.

§ 217 Bestandsschutz

(1) ¹Ist eine Geldleistung, die aufgrund des bis zum Inkrafttreten dieses Gesetzes geltenden Rechts festgestellt worden ist oder hätte festgestellt werden müssen, höher, als sie nach diesem Buch sein würde, wird dem Berechtigten die höhere Leistung gezahlt. ²Satz 1 gilt entsprechend für die Dauer einer Geldleistung. ³Bei den nach § 2 Abs. 1 Nr. 5 Buchstabe b versicherten mitarbeitenden Familienangehörigen sind dabei auch die bisher gezahlten Zulagen an Schwerverletzte zu berücksichtigen.

(2) ¹Die §§ 590 bis 593, 598 und 600 Abs. 3 in Verbindung mit den §§ 602 und 614 der Reichsversicherungsordnung in der am 31. Dezember 1985 geltenden Fassung sind weiter anzuwenden, wenn der Tod des Versicherten vor dem 1. Januar 1986 eingetreten ist. ²§ 80 Abs. 1 ist auch anzuwenden, wenn der Tod des Versicherten vor dem 1. Januar 1986 eingetreten ist und die neue Ehe nach dem Inkrafttreten dieses Gesetzes geschlossen wird. ³Bei der Anwendung des § 65 Abs. 3 und des § 80 Abs. 3 gilt § 617 Abs. 2 und 6 der Reichsversicherungsordnung in der am Tag vor dem Inkrafttreten dieses Gesetzes geltenden Fassung. ⁴Bestand am 31. Dezember 1991 Anspruch auf Waisenrente für Waisen, die das 18. Lebensjahr bereits vollendet haben, ist § 314 Abs. 5 des Sechsten Buches weiter entsprechend anzuwenden.

(3) Berechtigten, die vor dem Inkrafttreten dieses Gesetzes für ein Kind Anspruch auf eine Kinderzulage hatten, wird die Kinderzulage nach Maßgabe des § 583 unter Berücksichtigung des § 584 Abs. 1 Satz 2, des § 585, des § 579 Abs. 1 Satz 2 und des § 609 Abs. 3 der Reichsversicherungsordnung in der am Tag vor dem Inkrafttreten dieses Gesetzes geltenden Fassung weiter geleistet.

(4) Artikel 1 § 9 Abs. 3 und § 10 Abs. 1 Satz 2 des Einundzwanzigsten Rentenanpassungsgesetzes vom 25. Juli 1978 (BGBl. I S. 1089) sind für die Anpassung der dort genannten Geldleistungen nach § 95 weiter anzuwenden.

§ 218 Länder und Gemeinden als Unfallversicherungsträger

(1) ¹Sind nach dem am Tag vor dem Inkrafttreten dieses Gesetzes geltenden Recht die Länder oder Gemeinden Unfallversicherungsträger, sind ihre Ausführungsbehörden für Unfallversicherung bis zum 31. Dezember 1997 in rechtlich selbständige Unfallversicherungsträger zu überführen. ²Bis zur Überführung sind die für die Ausführungsbehörden geltenden Vorschriften der Reichsversicherungsordnung und des Vierten Buches in der am Tag vor dem Inkrafttreten dieses Gesetzes geltenden Fassung weiter anzuwenden; die

§§ 128 und 129 gelten ab Inkrafttreten dieses Gesetzes. ³Insoweit gelten die Länder und Gemeinden weiter als Unfallversicherungsträger.

(2) ¹Bei der Überführung einer Ausführungsbehörde eines Landes oder einer Gemeinde in eine Unfallkasse nehmen die Vertreterversammlung, der Vorstand und der Geschäftsführer der Ausführungsbehörden die Aufgaben der Vertreterversammlung, des Vorstandes und des Geschäftsführers der Unfallkasse bis zum Ablauf der laufenden Wahlperiode wahr. ²Bei der Überführung von Ausführungsbehörden eines Landes oder einer Gemeinde in gemeinsame Unfallkassen nach § 116 Abs. 1 Satz 2 oder in Gemeindeunfallversicherungsverbände können die Landesregierungen durch Rechtsverordnung bestimmen, daß die Aufsichtsbehörde die Mitglieder der Vertreterversammlung der Unfallkasse oder des Gemeindeunfallversicherungsverbandes unbeschadet der Regelung des § 44 Abs. 2a Satz 2 Nr. 3 des Vierten Buches beruft. ³Satz 2 gilt entsprechend, wenn gleichzeitig mit der Überführung eine gemeinsame Unfallkasse oder ein gemeinsamer Gemeindeunfallversicherungsverband mehrerer Länder nach § 116 Abs. 2 oder § 117 Abs. 2 gebildet wird.

(3) ¹Die Rechte und Pflichten der Länder oder Gemeinden, die bisher nach § 766 der Reichsversicherungsordnung von den Ausführungsbehörden für Unfallversicherung wahrgenommen worden sind, gehen auf die Unfallversicherungsträger im Sinne von Absatz 1 Satz 1 über. ²Die Landesregierungen regeln das Nähere durch Rechtsverordnungen.

§ 218a Leistungen an Hinterbliebene

(1) Ist der Ehegatte vor dem 1. Januar 2002 verstorben oder wurde die Ehe vor diesem Tag geschlossen und ist mindestens ein Ehegatte vor dem 2. Januar 1962 geboren, gelten die Vorschriften über Renten an Witwen oder Witwer und Abfindungen mit der Maßgabe, dass

1. der Anspruch auf eine Rente nach § 65 Abs. 2 Nr. 2 ohne Beschränkung auf 24 Kalendermonate besteht,
2. auf eine Witwenrente oder eine Witwerrente das Einkommen anrechenbar ist, das monatlich das 26,4fache des aktuellen Rentenwerts übersteigt,
3. auf eine Abfindung nach § 80 Abs. 1 eine Rente nach § 65 Abs. 2 Nr. 2 nicht angerechnet wird.

(2) ¹Ist der Ehegatte vor dem 1. Januar 2012 verstorben, gelten die Vorschriften über Renten an Witwen oder Witwer mit der Maßgabe, dass der Anspruch auf eine Rente nach § 65 Abs. 2 Nr. 3 Buchstabe b ab Vollendung des 45. Lebensjahres besteht. ²Ist der Ehegatte nach dem 31. Dezember 2011 verstorben, gilt für die Altersgrenze des § 65 Abs. 2 Nr. 3 Buchstabe b der § 242a Abs. 5 des Sechsten Buches entsprechend.

§ 218b Errichtung einer Unfallkasse des Bundes

(1) ¹Als Unfallversicherungsträger für die in § 125 genannten Unternehmen und Versicherten wird mit Wirkung vom 1. Januar 2003 die Unfallkasse des Bundes errichtet. ²Sie hat ihren Sitz in Wilhelmshaven und eine Verwaltungsstelle in Münster. ³Die Bundesausführungsbehörde für Unfallversicherung und die Ausführungsbehörde für Unfallversicherung des Bundesministeriums für Verkehr, Bau und Stadtentwicklung werden in die Unfallkasse des Bundes überführt.

(2) ¹Die Rechte und Pflichten des Bundes als Unfallversicherungsträger gehen, soweit nichts Abweichendes bestimmt ist, auf die Unfallkasse des Bundes über. ²Bis zu den nächsten allgemeinen Wahlen in der Sozialversicherung richtet sich die Zahl der Mitglieder der Selbstverwaltungsorgane der Unfallkasse des Bundes nach der Summe der Zahl der Mitglieder, die für die beiden Ausführungsbehörden bestimmt worden ist. ³Die Mitglieder der Selbstverwaltungsorgane der Ausführungsbehörden und ihre Stellvertreter werden Mitglieder und Stellvertreter der Selbstverwaltungsorgane der Unfallkasse des Bundes. ⁴Der Geschäftsführer und der stellvertretende Geschäftsführer der Bundesausführungsbehörde für Unfallversicherung werden Geschäftsführer und stellvertretender Geschäftsführer der Unfallkasse des Bundes.

(3) Abweichend von § 70 Abs. 1 des Vierten Buches wird der Haushaltsplan für das Haushaltsjahr 2003 vom Direktor der Bundesausführungsbehörde für Unfallversicherung nach Anhörung der Vertreterversammlungen der Bundesausführungsbehörde für Unfallversicherung und der Ausführungsbehörde für Unfallversicherung des Bundesministeriums für Verkehr, Bau und Stadtentwicklung auf- und festgestellt.

(4) Die Beamten der Bundesausführungsbehörde für Unfallversicherung und der Ausführungsbehörde für Unfallversicherung des Bundesministeriums für Verkehr, Bau und

Stadtentwicklung treten mit Ablauf des 31. Dezember 2002 nach den §§ 134 bis 136 des Bundesbeamtengesetzes in den Dienst der Unfallkasse des Bundes über.

(5) Die Unfallkasse des Bundes tritt mit Ablauf des 31. Dezember 2002 als Arbeitgeber in die Arbeitsverhältnisse ein, die zu dem genannten Zeitpunkt zwischen der Bundesrepublik Deutschland und den bei der Bundesausführungsbehörde für Unfallversicherung und der Ausführungsbehörde für Unfallversicherung des Bundesministeriums für Verkehr, Bau und Stadtentwicklung beschäftigten Arbeitnehmern bestehen.

(6) [1] Die Ansprüche der im Zeitpunkt der Umbildung vorhandenen Versorgungsempfänger der Bundesausführungsbehörde für Unfallversicherung und der Ausführungsbehörde für Unfallversicherung des Bundesministeriums für Verkehr, Bau und Stadtentwicklung werden nach § 137 Abs. 2 des Bundesbeamtengesetzes durch die Errichtung der Unfallkasse nicht berührt. [2] Oberste Dienstbehörde für diese Versorgungsempfänger bleibt die bisherige oberste Dienstbehörde.

(7) [1] Bei der Unfallkasse des Bundes wird nach den Bestimmungen des Bundespersonalvertretungsgesetzes eine Personalvertretung gebildet. [2] Bis zu diesem Zeitpunkt, längstens bis zum Ablauf von zwölf Monaten nach Errichtung der Unfallkasse des Bundes, nimmt der bisherige Personalrat der Bundesausführungsbehörde für Unfallversicherung, erweitert um ein Mitglied der bisherigen Personalvertretung der Ausführungsbehörde für Unfallversicherung des Bundesministeriums für Verkehr, Bau und Stadtentwicklung, die Rechte und Pflichten nach den Bestimmungen des Bundespersonalvertretungsgesetzes wahr.

§ 218 c Auszahlung laufender Geldleistungen bei Beginn vor dem 1. April 2004

(1) [1] Bei Beginn laufender Geldleistungen mit Ausnahme des Verletzten- und Übergangsgeldes vor dem 1. April 2004 werden diese zu Beginn des Monats fällig, zu dessen Beginn die Anspruchsvoraussetzungen erfüllt sind; sie werden am letzten Bankarbeitstag des Monats ausgezahlt, der dem Monat der Fälligkeit vorausgeht. [2] § 96 Abs. 1 Satz 2 und 3 gilt entsprechend.

(2) Absatz 1 gilt auch für Renten an Hinterbliebene, die im Anschluss an eine Rente für Versicherte zu zahlen sind, wenn der erstmalige Rentenbeginn dieser Rente vor dem 1. April 2004 liegt.

§ 218 d Besondere Zuständigkeiten

(1) [1] Die Regelungen über die Zuständigkeit für selbständige Unternehmen der öffentlichen Hand in § 128 Abs. 1 Nr. 1a, § 129 Abs. 1 Nr. 1a und § 129a treten am 31. Dezember 2011 außer Kraft, soweit nicht bis zu diesem Zeitpunkt durch Gesetz etwas anderes geregelt ist. [2] Im Falle des Außerkrafttretens gelten ab 1. Januar 2012 die §§ 128, 129 in der am 31. Dezember 2004 geltenden Fassung.

(2) Für Unternehmen nach § 128 Abs. 1 Nr. 1a oder § 129 Abs. 1 Nr. 1a, die am 31. Dezember 2004 bestanden haben, bleiben abweichend von §§ 128, 129 und § 129a die Unfallversicherungsträger zuständig, die an diesem Tag zuständig waren, wenn bis zum 13. Oktober 2004 ein Antrag nach § 128 Abs. 4 oder § 129 Abs. 3 auf Übernahme in die Zuständigkeit eines Unfallversicherungsträgers der öffentlichen Hand nicht gestellt war.

§ 218 e Übergangsregelungen aus Anlass des Übergangs der Beitragsüberwachung auf die Träger der Deutschen Rentenversicherung

(1) [1] Soweit der Übergang der Prüfung nach § 166 Abs. 2 auf die Träger der Rentenversicherung bei diesen Personalbedarf auslöst, können die Träger der Rentenversicherung in entsprechendem Umfang Beschäftigte der Unfallversicherungsträger übernehmen, die am 31. Dezember 2009 ganz oder überwiegend die Prüfung der Arbeitgeber vornehmen. [2] Die Übernahme erfolgt im Zeitraum vom 1. Januar 2010 bis zum 31. Dezember 2011.

(2) [1] Der jeweilige Träger der Rentenversicherung tritt in den Fällen der nach Absatz 1 übergetretenen Beschäftigten in die Rechte und Pflichten aus den Arbeits- und Dienstverhältnissen ein. [2] Mit dem Zeitpunkt des Übertritts sind die bei dem neuen Arbeitgeber geltenden tarifvertraglichen Regelungen, Dienstvereinbarungen, Dienstordnungen oder sonstigen Vereinbarungen maßgebend. [3] Bei Beamten erfolgt die Übernahme im Wege der Versetzung; entsprechende beamtenrechtliche Vorschriften bleiben unberührt. [4] Die in einem Beschäftigungsverhältnis bei einem Träger der gesetzlichen Unfallversicherung ver-

brachten Zeiten gelten bei der Anwendung beamtenrechtlicher einschließlich besoldungs- und versorgungsrechtlicher Vorschriften und tarifvertraglicher Regelungen als bei der Deutschen Rentenversicherung verbrachte Zeiten. [5] Haben Beschäftigte aufgrund einer bisherigen tarifvertraglichen Regelung Anspruch auf ein höheres Arbeitsentgelt, erhalten sie, solange die Tätigkeit der Arbeitgeberprüfung weiterhin ausgeübt wird, eine Ausgleichszulage in Höhe der Differenz zwischen dem bisherigen Entgelt und dem Entgelt, das nach den Regelungen des Satzes 2 zusteht. [6] Der Anspruch auf Ausgleichszulage entfällt, sobald dazu eine neue tarifvertragliche Regelung vereinbart wird.

(3) [1] Handelt es sich bei übernommenen Beschäftigten um Dienstordnungsangestellte, tragen der aufnehmende Träger der Rentenversicherung und der abgebende Unfallversicherungsträger die Versorgungsbezüge anteilig, wenn der Versorgungsfall eintritt. [2] § 107 b des Beamtenversorgungsgesetzes gilt sinngemäß. [3] Die übergetretenen Dienstordnungsangestellten sind innerhalb eines Jahres nach dem Übertritt in das Beamtenverhältnis zu berufen, wenn sie die erforderlichen beamtenrechtlichen Voraussetzungen erfüllen. [4] Sie sind unmittelbar in das Beamtenverhältnis auf Lebenszeit unter Verleihung des Amtes zu berufen, das ihrer besoldungsrechtlichen Stellung nach dem Dienstvertrag am Tag vor der Berufung in das Beamtenverhältnis entspricht, sofern sie die erforderlichen beamtenrechtlichen Voraussetzungen erfüllen.

(4) Die Prüfung der Unternehmen nach § 166 für die Jahre 2005 bis 2008 wird in den Jahren 2010 und 2011 weiter von den Unfallversicherungsträgern durchgeführt.

§ 219 Beitragsberechnung

§ 153 Abs. 4 in der am 31. Dezember 2007 geltenden Fassung findet bis zum Umlagejahr 2013 weiter Anwendung.

§ 219a Betriebsmittel, Rücklage, Altersrückstellungen

(1) [1] Soweit die Rücklage eines Unfallversicherungsträgers am 1. Januar 2010 die für ihn maßgebende Höchstgrenze nach § 172a Abs. 2 oder nach § 184 überschreitet, sollen diese Mittel in die Altersrückstellungen überführt werden. [2] Für die Kalenderjahre 2010 bis 2012 kann die Aufsichtsbehörde auf Antrag des Unfallversicherungsträgers genehmigen, dass Betriebsmittel über die in § 172 genannte Höchstgrenze hinaus bereitgehalten bleiben und dass eine Rücklage über die in Satz 1 genannten Höchstgrenzen hinaus angesammelt bleibt. [3] Dabei ist insbesondere zu berücksichtigen, ob die die Höchstgrenzen übersteigenden Mittel für beitragsstabilisierende Maßnahmen im Zusammenhang mit Fusionen von Berufsgenossenschaften verwendet werden sollen.

(2) [1] Die Deutsche Gesetzliche Unfallversicherung e. V. erstellt gemeinsam mit dem Spitzenverband der landwirtschaftlichen Sozialversicherung ein Konzept zur Einführung von Altersrückstellungen und legt es der Bundesregierung über das Bundesversicherungsamt bis zum 30. April 2009 vor. [2] Das Konzept enthält eine umfassende Prüfung zur Höhe der Zuweisungssätze sowie zur Ausgestaltung des Verfahrens. [3] Für Personen nach § 172c Abs. 1 Satz 1, deren Beschäftigungsverhältnis zu einem Unfallversicherungsträger erstmals nach dem 31. Dezember 2009 begründet worden ist, gelten die Zuweisungssätze, die in der Rechtsverordnung nach § 16 Abs. 1 Satz 4 des Versorgungsrücklagegesetzes festgesetzt sind, entsprechend. [4] Das Konzept trifft Empfehlungen insbesondere zur Höhe der Zuführungen und des zulässigen Anlagespektrums.

(3) Versorgungsausgaben für die in § 172c genannten Personenkreise, die ab dem Jahr 2030 entstehen, sowie Ausgaben, die anstelle von Versorgungsausgaben für diese Personenkreise geleistet werden, sind aus dem Altersrückstellungsvermögen zu leisten; die Aufsichtsbehörde kann eine frühere oder spätere Entnahme genehmigen.

(4) [1] Soweit Unfallversicherungsträger vor dem 31. Dezember 2009 für einen in § 172c genannten Personenkreis Mitglied einer öffentlich-rechtlichen Versorgungseinrichtung geworden sind, werden die zu erwartenden Versorgungsleistungen im Rahmen der Verpflichtungen nach § 172c entsprechend berücksichtigt. [2] Wurde für die in § 172c genannten Personenkreise vor dem 31. Dezember 2009 Deckungskapital bei aufsichtspflichtigen Unternehmen im Sinne des § 1 Abs. 1 Nr. 1 und 2 des Versicherungsaufsichtsgesetzes gebildet, wird dieses anteilig im Rahmen der Verpflichtungen nach § 172c berücksichtigt.

§ 220 Ausgleich unter den gewerblichen Berufsgenossenschaften

(1) Die §§ 176 bis 181 gelten für die Ausgleichsjahre 2008 bis 2013 mit der Maßgabe, dass die Rentenlasten im Jahr 2008 in Höhe von 15 Prozent, im Jahr 2009 in Höhe von 30

Prozent, im Jahr 2010 in Höhe von 45 Prozent, im Jahr 2011 in Höhe von 60 Prozent, im Jahr 2012 in Höhe von 75 Prozent und im Jahr 2013 in Höhe von 90 Prozent nach § 178 gemeinsam getragen werden.

(2) ¹Die §§ 176 bis 181 in der am 31. Dezember 2007 geltenden Fassung sind für die Ausgleichsjahre 2008 bis 2013 mit folgenden Maßgaben anzuwenden:

1. Bei der Ermittlung der Ausgleichsberechtigung und deren Höhe sind die zugrunde zu legenden Rechengrößen für das Ausgleichsjahr 2008 in Höhe von 85 Prozent, für das Ausgleichsjahr 2009 in Höhe von 70 Prozent, für das Ausgleichsjahr 2010 in Höhe von 55 Prozent, für das Ausgleichsjahr 2011 in Höhe von 40 Prozent, für das Ausgleichsjahr 2012 in Höhe von 25 Prozent und für das Ausgleichsjahr 2013 in Höhe von 10 Prozent anzusetzen.
2. § 176 Abs. 2 Satz 1 gilt mit der Maßgabe, dass anstelle des Wertes 1,25 für das Ausgleichsjahr 2008 der Wert 1,35, für die Ausgleichsjahre 2009 und 2010 der Wert 1,3 und für das Ausgleichsjahr 2011 der Wert 1,275 anzuwenden ist.
3. § 178 Abs. 1 gilt mit den Maßgaben, dass
   a) für die Berechnung des Rentenlastsatzes anstelle des Wertes 2,5 für das Ausgleichsjahr 2008 der Wert 3,3, für das Ausgleichsjahr 2009 der Wert 3,0 und für das Ausgleichsjahr 2010 der Wert 2,7 und
   b) für die Berechnung des Entschädigungslastsatzes anstelle des Wertes 3 für das Ausgleichsjahr 2008 der Wert 3,8, für das Ausgleichsjahr 2009 der Wert 3,4 und für das Ausgleichsjahr 2010 der Wert 3,2 anzuwenden ist.

²Die Nummern 2 und 3 gelten nicht für die Lastenausgleichspflicht und -berechtigung von Berufsgenossenschaften vom Beginn des Ausgleichsjahres an, in dem sie sich mit einer oder mehreren anderen Berufsgenossenschaften nach § 118 in der am 31. Dezember 2007 geltenden Fassung vereinigt haben.

(3) § 118 Abs. 4 in der am 31. Dezember 2007 geltenden Fassung findet bis zum Umlagejahr 2013 auf gewerbliche Berufsgenossenschaften weiter Anwendung, die die Voraussetzungen des § 176 Abs. 5 in der am 31. Dezember 2007 geltenden Fassung erfüllen, wenn die sich vereinigenden Berufsgenossenschaften bis zum 31. Dezember 2013 eine Vereinbarung nach § 176 Abs. 5 in der am 31. Dezember 2007 geltenden Fassung abgeschlossen haben.

§ 221 Besondere Vorschriften für die landwirtschaftliche Unfallversicherung

(1) Für Leistungen nach § 54 Abs. 1 und 2 sind die §§ 54 und 55 in der bis zum 31. Dezember 2007 geltenden Fassung anzuwenden, wenn die Antragstellung oder, wenn den Leistungen kein Antrag vorausging, die Inanspruchnahme vor dem 1. Januar 2008 erfolgt ist.

(2) § 80a ist nur auf Versicherungsfälle anwendbar, die nach dem 31. Dezember 2007 eingetreten sind.

(3) ¹Die Verwaltungsausgaben der einzelnen landwirtschaftlichen Berufsgenossenschaften dürfen in den Jahren 2008 bis 2010 eine Obergrenze in Höhe von 90 vom Hundert der Verwaltungsausgaben des Jahres 2006 nicht überschreiten. ²Bei den Verwaltungsausgaben bleiben unberücksichtigt die Versorgungsaufwendungen sowie die in den Umlagen an die Spitzenverbände der landwirtschaftlichen Sozialversicherung enthaltenen Teilbeträge für Anschaffungen für die automatisierte Datenverarbeitung. ³Die Aufsichtsbehörde kann in begründeten Fällen für einzelne Jahre Ausnahmen zulassen, wenn die Obergrenze im gesamten Zeitraum des Satzes 1 damit nicht überschritten wird. ⁴Die Entscheidung nach Satz 3 wird im Rahmen der Genehmigung der Haushaltspläne 2009 und 2010 nach § 71d des Vierten Buches getroffen; die landwirtschaftlichen Berufsgenossenschaften haben zusammen mit dem Haushaltsplan die erforderlichen Nachweise vorzulegen. ⁵Die Aufsichtsbehörden unterrichten das Bundesministerium für Ernährung, Landwirtschaft und Verbraucherschutz über die Entscheidungen nach Satz 4.

(4) Die Aufwendungen für die besonderen Abfindungen nach § 221a bleiben bei der Ermittlung der Bewertungskriterien nach § 1 der Verordnung zur Festlegung von Höchstgrenzen für die besoldungsrechtliche Einstufung der Dienstposten in der Geschäftsführung bundesunmittelbarer Körperschaften im Bereich der gesetzlichen Unfallversicherung und der landwirtschaftlichen Sozialversicherung sowie von Obergrenzen für die Zahl der Beförderungsämter vom 12. Oktober 2004 (BGBl. I S. 2617) außer Betracht.

(5) Bei der Rechenschaft über die Verwendung der Mittel nach § 183a ist in den Jahren 2008 bis 2014 auch über die Entwicklung der Verwaltungsausgaben seit dem Jahr 2006

und die Einhaltung der Vorgaben nach Absatz 3 und nach § 187a Rechenschaft abzulegen.

(6) Bei der Durchführung der Lastenverteilung sind im Jahr 2010 als beitragsbelastbare Flächenwerte nach § 184b Absatz 4 folgende Werte anzusetzen:

Landwirtschaftliche Berufsgenossenschaft	Wert
Schleswig-Holstein und Hamburg	1.433.854.279
Niedersachsen-Bremen	3.299.807.704
Nordrhein-Westfalen	2.843.898.631
Hessen, Rheinland-Pfalz und Saarland	2.433.181.990
Franken und Oberbayern	2.144.512.455
Niederbayern/Oberpfalz und Schwaben	1.804.745.451
Baden-Württemberg	2.007.622.149
Gartenbau	1.058.498.116
Mittel- und Ostdeutschland	7.967.435.509

(7) In den Jahren 2010 bis 2013 ist § 184c mit der Maßgabe anzuwenden, dass jede Berufsgenossenschaft in den Jahren 2010 und 2011 Rentenlasten in Höhe des Dreifachen und in den Jahren 2012 und 2013 in Höhe des Zweieinhalbfachen ihrer Neurenten trägt.

§ 221a Besondere Abfindungen in der landwirtschaftlichen Unfallversicherung

(1) [1]Versicherte, die gegen eine landwirtschaftliche Berufsgenossenschaft Anspruch auf eine Rente wegen einer Minderung der Erwerbsfähigkeit von weniger als 50 vom Hundert haben, sollen in den Jahren 2008 und 2009 auf ihren Antrag im Wege besonderer Abfindungen im Rahmen der nach den Absätzen 2 und 3 zur Verfügung stehenden Mittel mit einem dem Kapitalwert der Rente nach Absatz 4 entsprechenden Betrag abgefunden werden. [2]Für Versicherte, die Anspruch auf mehrere Renten haben, gilt Satz 1, wenn die Summe der festgestellten Vomhundertsätze der Minderung der Erwerbsfähigkeit die Zahl 50 nicht erreicht. [3]Im Übrigen sind § 76 Abs. 2 und 3 und § 77 entsprechend anzuwenden. [4]Liegen die Voraussetzungen für die Bewilligung einer besonderen Abfindung nach Satz 1 vor, ist eine Bewilligung von Abfindungen nach den §§ 76 und 78 ausgeschlossen.

(2) [1]Für die Bewilligung der besonderen Abfindungen leistet der Bund in den Jahren 2008 und 2009 nach Maßgabe der verfügbaren Haushaltsmittel einen zweckgebundenen Zuschuss bis zu einer Höhe von jährlich 200 Millionen Euro; soweit die bewilligten Mittel im Jahr 2008 nicht in Anspruch genommen wurden, erhöht sich der Betrag für das Jahr 2009 entsprechend. [2]Diese Mittel des Bundes werden an den Spitzenverband der landwirtschaftlichen Sozialversicherung ausgezahlt, der sie nach besonderer Anforderung an die einzelnen landwirtschaftlichen Berufsgenossenschaften weiterleitet. [3]Das Nähere zur Auszahlung und Verwendung der Bundesmittel wird durch das Bundesministerium für Ernährung, Landwirtschaft und Verbraucherschutz im Benehmen mit dem Bundesministerium der Finanzen geregelt.

(3) Die landwirtschaftlichen Berufsgenossenschaften können Bundeszuschüsse nach Absatz 2 nur in Anspruch nehmen, wenn sie für die besonderen Abfindungen aus eigenen Mitteln einen weiteren Betrag in Höhe von 62,5 vom Hundert der auf sie entfallenden Bundeszuschüsse bereitstellen.

(4) Der Kapitalwert für die Berechnung der besonderen Abfindungen richtet sich nach folgender Tabelle:

Alter der Versicherten zum Zeitpunkt der Abfindung	Kapitalwert
unter 25	20,5
25 bis unter 30	19,7
30 bis unter 35	18,8
35 bis unter 40	17,7
40 bis unter 45	16,5
45 bis unter 50	15,1
50 bis unter 55	13,5

Alter der Versicherten zum Zeitpunkt der Abfindung	Kapitalwert
55 bis unter 60	11,8
60 bis unter 65	10,0
65 bis unter 70	8,2
70 bis unter 75	6,5
75 bis unter 80	5,0
80 bis unter 85	3,8
85 bis unter 90	2,9
90 bis unter 95	2,2
95 und mehr	1,6

§ 221b Weiterentwicklung der Berechnungsgrundlagen, Verordnungsermächtigung

(1) ¹Die landwirtschaftlichen Berufsgenossenschaften mit Ausnahme der Gartenbau-Berufsgenossenschaft haben bis zum 31. Dezember 2008 den strukturellen Änderungen bei den landwirtschaftlichen Betrieben und deren Auswirkungen auf das Unfallgeschehen durch eine Weiterentwicklung der Festlegungen der Satzung nach § 182 Abs. 2 Satz 2 Rechnung zu tragen. ²Dabei soll das Unfallrisiko insbesondere durch die Bildung von Risikogruppen berücksichtigt werden; ein angemessener solidarischer Ausgleich ist sicherzustellen. ³Für die nach den Sätzen 1 und 2 notwendigen statistischen Erhebungen sind die §§ 191 und 198 entsprechend anzuwenden.

(2) Der Spitzenverband der landwirtschaftlichen Sozialversicherung hat dem Bundesministerium für Arbeit und Soziales und dem Bundesministerium für Ernährung, Landwirtschaft und Verbraucherschutz bis zum 31. März 2009 über die Maßnahmen und Beschlüsse der landwirtschaftlichen Berufsgenossenschaften zu berichten.

(3) Das Bundesministerium für Arbeit und Soziales wird ermächtigt, im Einvernehmen mit dem Bundesministerium für Ernährung, Landwirtschaft und Verbraucherschutz die anzuwendenden Berechungsgrundlagen zum 1. Januar 2010 durch Rechtsverordnung festzulegen, wenn die erforderlichen Beschlüsse nicht bis zu der in Absatz 1 genannten Frist gefasst worden sind und den Organen der landwirtschaftlichen Berufsgenossenschaften nach dem Bericht nach Absatz 2 auch keine Vorschläge zu einer Beschlussfassung bis spätestens 30. September 2009 vorliegen.

Elftes Kapitel. Übergangsvorschriften zur Neuorganisation der gesetzlichen Unfallversicherung

§ 222 Neuorganisation der gewerblichen Berufsgenossenschaften

(1) ¹Die Zahl der gewerblichen Berufsgenossenschaften ist bis zum 31. Dezember 2009 auf neun zu reduzieren. ²Die Deutsche Gesetzliche Unfallversicherung e. V. legt der Bundesregierung bis zum 31. Dezember 2008 einen Bericht zum Sachstand über die Reduzierung der Trägerzahl vor. ³Die Bundesregierung leitet den Bericht an den Deutschen Bundestag und den Bundesrat weiter und fügt eine Stellungnahme bei.

(2) Der Bericht enthält
1. die am 31. Dezember 2008 vollzogenen Fusionen,
2. die Beschlüsse über weitere Fusionen und die Zeitpunkte der Umsetzung.

(3) Bei den Fusionen ist eine angemessene Vertretung der Interessen der in den bisherigen gewerblichen Berufsgenossenschaften vertretenen Branchen sowie eine ortsnahe Betreuung der Versicherten und Unternehmen sicherzustellen.

(3 a) ¹Vereinigen sich gewerbliche Berufsgenossenschaften zu einer neuen gewerblichen Berufsgenossenschaft, so ist dort ein neuer Personalrat zu wählen. ²Die bis zum Zeitpunkt des Wirksamwerdens der Vereinigung bestehenden Personalräte bestellen gemeinsam unverzüglich einen Wahlvorstand für die Neuwahl. ³Die bisherigen Personalräte nehmen die Aufgaben des Personalrats wahr, bis sich der neue Personalrat konstituiert hat, längstens jedoch für die Dauer von drei Monaten ab dem Tag der Vereinigung. ⁴Für die Jugend- und Auszubildendenvertretungen, die Schwerbehindertenvertretungen sowie die Gleichstellungsbeauftragten gelten die Sätze 1 bis 3 entsprechend.

(4) ¹Die Deutsche Gesetzliche Unfallversicherung e. V. wirkt darauf hin, dass die Verwaltungs- und Verfahrenskosten vermindert werden. ²Vom Jahr 2009 an hat die Deutsche Gesetzliche Unfallversicherung e. V. jedes Jahr dem Bundesministerium für Arbeit und Soziales über die Entwicklung der Verwaltungs- und Verfahrenskosten bei den gewerblichen Berufsgenossenschaften sowie über die umgesetzten und geplanten Maßnahmen zur Optimierung dieser Kosten zu berichten. ³Dabei ist gesondert auf die Schlussfolgerungen einzugehen, welche sich aus dem Benchmarking der Versicherungsträger ergeben.

§ 223 Neuorganisation der landesunmittelbaren Unfallversicherungsträger der öffentlichen Hand

(1) ¹Die Selbstverwaltungen der landesunmittelbaren Unfallversicherungsträger der öffentlichen Hand erstellen Konzepte zur Neuorganisation und legen sie den jeweiligen Landesregierungen bis zum 31. Dezember 2008 vor. ²Die Konzepte enthalten eine umfassende Prüfung der Möglichkeiten, die Zahl der landesunmittelbaren Unfallversicherungsträger der öffentlichen Hand auf einen pro Land zu reduzieren.

(2) ¹Die Länder setzen die Konzepte nach Absatz 1 bis zum 31. Dezember 2009 um. ²Dabei ist eine angemessene Vertretung der Interessen von Ländern, Kommunen und Feuerwehrverbänden in den Selbstverwaltungsgremien sowie eine ortsnahe Betreuung der Versicherten und Unternehmen sicherzustellen.

§ 224 Neuorganisation der bundesunmittelbaren Unfallversicherungsträger der öffentlichen Hand

¹Die Selbstverwaltungen der bundesunmittelbaren Unfallversicherungsträger der öffentlichen Hand erstellen ein Konzept zur Neuorganisation und legen dies den zuständigen Bundesministerien bis zum 31. Dezember 2008 vor. ²Das Konzept enthält eine umfassende Prüfung der Möglichkeiten, die Zahl der bundesunmittelbaren Unfallversicherungsträger der öffentlichen Hand auf einen zu reduzieren.

§ 225 Umsetzung der Neuorganisation der gewerblichen Berufsgenossenschaften

(1) ¹Die Berufsgenossenschaft Nahrungsmittel und Gaststätten sowie die Fleischerei-Berufsgenossenschaft werden verpflichtet, sich spätestens bis zum 1. Januar 2011 zu einer Berufsgenossenschaft zu vereinigen. ²Die beteiligten Berufsgenossenschaften legen dem Bundesversicherungsamt spätestens bis zum 1. Oktober 2010 eine Satzung, einen Vorschlag zur Berufung der Mitglieder der Organe und eine Vereinbarung über die Rechtsbeziehungen zu Dritten sowie eine Vereinbarung über die Gefahrtarif- und Beitragsgestaltung vor. ³Im Übrigen gilt § 118 entsprechend.

(2) ¹Die Berufsgenossenschaft Metall Nord Süd, die Maschinenbau- und Metall-Berufsgenossenschaft, die Hütten- und Walzwerks-Berufsgenossenschaft sowie die Holz-Berufsgenossenschaft werden verpflichtet, sich spätestens bis zum 1. Januar 2011 zu einer Berufsgenossenschaft zu vereinigen. ²Die beteiligten Berufsgenossenschaften legen dem Bundesversicherungsamt spätestens bis zum 1. Oktober 2010 eine Satzung, einen Vorschlag zur Berufung der Mitglieder der Organe und eine Vereinbarung über die Rechtsbeziehungen zu Dritten sowie eine Vereinbarung über die Gefahrtarif- und Beitragsgestaltung vor. ³Im Übrigen gilt § 118 entsprechend.

(3) Liegen dem Bundesversicherungsamt am 1. Oktober 2010 keine übereinstimmenden Vereinigungsbeschlüsse vor, vereinigt das Bundesversicherungsamt die Berufsgenossenschaften zum 1. Januar 2011.

(4) Klagen gegen Aufsichtsmaßnahmen des Bundesversicherungsamtes im Zusammenhang mit den Absätzen 1 bis 3 haben keine aufschiebende Wirkung.

Anlage 1 (zu § 114)
Gewerbliche Berufsgenossenschaften

1. Bergbau-Berufsgenossenschaft
2. Steinbruchs-Berufsgenossenschaft
3. Berufsgenossenschaft der keramischen und Glas-Industrie
4. Berufsgenossenschaft der Gas-, Fernwärme- und Wasserwirtschaft

5. Hütten- und Walzwerk-Berufsgenossenschaft
6. Maschinenbau- und Metall-Berufsgenossenschaft
7. Norddeutsche Metall-Berufsgenossenschaft
8. Süddeutsche Metall-Berufsgenossenschaft
9. Edel- und Unedelmetall-Berufsgenossenschaft
10. Berufsgenossenschaft der Feinmechanik und Elektrotechnik
11. Berufsgenossenschaft der chemischen Industrie
12. Holz-Berufsgenossenschaft
13. Binnenschiffahrts-Berufsgenossenschaft
14. Papiermacher-Berufsgenossenschaft
15. Berufsgenossenschaft Druck und Papierverarbeitung
16. Lederindustrie-Berufsgenossenschaft
17. Textil- und Bekleidungs-Berufsgenossenschaft
18. Berufsgenossenschaft Nahrungsmittel und Gaststätten
19. Fleischerei-Berufsgenossenschaft
20. Zucker-Berufsgenossenschaft
21. Bau-Berufsgenossenschaft Hamburg
22. Bau-Berufsgenossenschaft Hannover
23. Bau-Berufsgenossenschaft Rheinland und Westfalen
24. Bau-Berufsgenossenschaft Frankfurt am Main
25. Südwestliche Bau-Berufsgenossenschaft
26. Württembergische Bau-Berufsgenossenschaft
27. Bau-Berufsgenossenschaft Bayern und Sachsen
28. Tiefbau-Berufsgenossenschaft
29. Großhandels- und Lagerei-Berufsgenossenschaft
30. Berufsgenossenschaft für den Einzelhandel
31. Berufsgenossenschaft der Banken, Versicherungen, Verwaltungen, freien Berufe und besonderer Unternehmen – Verwaltungs-Berufsgenossenschaft
32. Berufsgenossenschaft der Straßen-, U-Bahnen und Eisenbahnen
33. Berufsgenossenschaft für Fahrzeughaltungen
34. Berufsgenossenschaft für Gesundheitsdienst und Wohlfahrtspflege
35. See-Berufsgenossenschaft

Anlage 2 (zu § 114)

Landwirtschaftliche Berufsgenossenschaften

1. Landwirtschaftliche Berufsgenossenschaft Schleswig-Holstein und Hamburg
2. Landwirtschaftliche Berufsgenossenschaft Niedersachsen-Bremen
3. Landwirtschaftliche Berufsgenossenschaft Nordrhein-Westfalen
4. Land- und forstwirtschaftliche Berufsgenossenschaft Hessen, Rheinland-Pfalz und Saarland
5. Land- und forstwirtschaftliche Berufsgenossenschaft Franken und Oberbayern
6. Land- und forstwirtschaftliche Berufsgenossenschaft Niederbayern/Oberpfalz und Schwaben
7. Landwirtschaftliche Berufsgenossenschaft Baden-Württemberg
8. Landwirtschaftliche Berufsgenossenschaft Mittel- und Ostdeutschland
9. Gartenbau-Berufsgenossenschaft

80. Sozialgesetzbuch (SGB) Achtes Buch (VIII)
– Kinder- und Jugendhilfe –

In der Fassung der Bekanntmachung vom 14. Dezember 2006 (BGBl. I S. 3134)

FNA 860-8

zuletzt geänd. durch Art. 3a G zur Ermittlung von Regelbedarfen und zur Änd. des Zweiten und Zwölften Buches Sozialgesetzbuch v. 24. 3. 2011 (BGBl. I S. 453)

Erstes Kapitel. Allgemeine Vorschriften

§ 1 Recht auf Erziehung, Elternverantwortung, Jugendhilfe

(1) Jeder junge Mensch hat ein Recht auf Förderung seiner Entwicklung und auf Erziehung zu einer eigenverantwortlichen und gemeinschaftsfähigen Persönlichkeit.

(2) ¹Pflege und Erziehung der Kinder sind das natürliche Recht der Eltern und die zuvörderst ihnen obliegende Pflicht. ²Über ihre Betätigung wacht die staatliche Gemeinschaft.

(3) Jugendhilfe soll zur Verwirklichung des Rechts nach Absatz 1 insbesondere

1. junge Menschen in ihrer individuellen und sozialen Entwicklung fördern und dazu beitragen, Benachteiligungen zu vermeiden oder abzubauen,
2. Eltern und andere Erziehungsberechtigte bei der Erziehung beraten und unterstützen,
3. Kinder und Jugendliche vor Gefahren für ihr Wohl schützen,
4. dazu beitragen, positive Lebensbedingungen für junge Menschen und ihre Familien sowie eine kinder- und familienfreundliche Umwelt zu erhalten oder zu schaffen.

§ 2 Aufgaben der Jugendhilfe

(1) Die Jugendhilfe umfasst Leistungen und andere Aufgaben zugunsten junger Menschen und Familien.

(2) Leistungen der Jugendhilfe sind:

1. Angebote der Jugendarbeit, der Jugendsozialarbeit und des erzieherischen Kinder- und Jugendschutzes (§§ 11 bis 14),
2. Angebote zur Förderung der Erziehung in der Familie (§§ 16 bis 21),
3. Angebote zur Förderung von Kindern in Tageseinrichtungen und in Tagespflege (§§ 22 bis 25),
4. Hilfe zur Erziehung und ergänzende Leistungen (§§ 27 bis 35, 36, 37, 39, 40),
5. Hilfe für seelisch behinderte Kinder und Jugendliche und ergänzende Leistungen (§§ 35a bis 37, 39, 40),
6. Hilfe für junge Volljährige und Nachbetreuung (§ 41).

(3) Andere Aufgaben der Jugendhilfe sind

1. die Inobhutnahme von Kindern und Jugendlichen (§ 42),
2. (weggefallen)
3. die Erteilung, der Widerruf und die Zurücknahme der Pflegeerlaubnis (§§ 43, 44),
4. die Erteilung, der Widerruf und die Zurücknahme der Erlaubnis für den Betrieb einer Einrichtung sowie die Erteilung nachträglicher Auflagen und die damit verbundenen Aufgaben (§§ 45 bis 47, 48a),
5. die Tätigkeitsuntersagung (§§ 48, 48a),
6. die Mitwirkung in Verfahren vor den Familiengerichten (§ 50),
7. die Beratung und Belehrung in Verfahren zur Annahme als Kind (§ 51),
8. die Mitwirkung in Verfahren nach dem Jugendgerichtsgesetz (§ 52),
9. die Beratung und Unterstützung von Müttern bei Vaterschaftsfeststellung und Geltendmachung von Unterhaltsansprüchen sowie von Pflegern und Vormündern (§§ 52a, 53),
10. die Erteilung, der Widerruf und die Zurücknahme der Erlaubnis zur Übernahme von Vereinsvormundschaften (§ 54),
11. Beistandschaft, Amtspflegschaft, Amtsvormundschaft und Gegenvormundschaft des Jugendamts (§§ 55 bis 58),
12. Beurkundung und Beglaubigung (§ 59),
13. die Aufnahme von vollstreckbaren Urkunden (§ 60).

§ 3 Freie und öffentliche Jugendhilfe

(1) Die Jugendhilfe ist gekennzeichnet durch die Vielfalt von Trägern unterschiedlicher Wertorientierungen und die Vielfalt von Inhalten, Methoden und Arbeitsformen.

(2) ¹Leistungen der Jugendhilfe werden von Trägern der freien Jugendhilfe und von Trägern der öffentlichen Jugendhilfe erbracht. ²Leistungsverpflichtungen, die durch dieses Buch begründet werden, richten sich an die Träger der öffentlichen Jugendhilfe.

(3) ¹Andere Aufgaben der Jugendhilfe werden von Trägern der öffentlichen Jugendhilfe wahrgenommen. ²Soweit dies ausdrücklich bestimmt ist, können Träger der freien Jugendhilfe diese Aufgaben wahrnehmen oder mit ihrer Ausführung betraut werden.

§ 4 Zusammenarbeit der öffentlichen Jugendhilfe mit der freien Jugendhilfe

(1) ¹Die öffentliche Jugendhilfe soll mit der freien Jugendhilfe zum Wohl junger Menschen und ihrer Familien partnerschaftlich zusammenarbeiten. ²Sie hat dabei die Selbständigkeit der freien Jugendhilfe in Zielsetzung und Durchführung ihrer Aufgaben sowie in der Gestaltung ihrer Organisationsstruktur zu achten.

(2) Soweit geeignete Einrichtungen, Dienste und Veranstaltungen von anerkannten Trägern der freien Jugendhilfe betrieben werden oder rechtzeitig geschaffen werden können, soll die öffentliche Jugendhilfe von eigenen Maßnahmen absehen.

(3) Die öffentliche Jugendhilfe soll die freie Jugendhilfe nach Maßgabe dieses Buches fördern und dabei die verschiedenen Formen der Selbsthilfe stärken.

§ 5 Wunsch- und Wahlrecht

(1) ¹Die Leistungsberechtigten haben das Recht, zwischen Einrichtungen und Diensten verschiedener Träger zu wählen und Wünsche hinsichtlich der Gestaltung der Hilfe zu äußern. ²Sie sind auf dieses Recht hinzuweisen.

(2) ¹Der Wahl und den Wünschen soll entsprochen werden, sofern dies nicht mit unverhältnismäßigen Mehrkosten verbunden ist. ²Wünscht der Leistungsberechtigte die Erbringung einer in § 78a genannten Leistung in einer Einrichtung, mit deren Träger keine Vereinbarungen nach § 78b bestehen, so soll der Wahl nur entsprochen werden, wenn die Erbringung der Leistung in dieser Einrichtung im Einzelfall oder nach Maßgabe des Hilfeplanes (§ 36) geboten ist.

§ 6 Geltungsbereich

(1) ¹Leistungen nach diesem Buch werden jungen Menschen, Müttern, Vätern und Personensorgeberechtigten von Kindern und Jugendlichen gewährt, die ihren tatsächlichen Aufenthalt im Inland haben. ²Für die Erfüllung anderer Aufgaben gilt Satz 1 entsprechend. ³Umgangsberechtigte haben unabhängig von ihrem tatsächlichen Aufenthalt Anspruch auf Beratung und Unterstützung bei der Ausübung des Umgangsrechts, wenn das Kind oder der Jugendliche seinen gewöhnlichen Aufenthalt im Inland hat.

(2) ¹Ausländer können Leistungen nach diesem Buch nur beanspruchen, wenn sie rechtmäßig oder aufgrund einer ausländerrechtlichen Duldung ihren gewöhnlichen Aufenthalt im Inland haben. ²Absatz 1 Satz 2 bleibt unberührt.

(3) Deutschen können Leistungen nach diesem Buch auch gewährt werden, wenn sie ihren Aufenthalt im Ausland haben und soweit sie nicht Hilfe vom Aufenthaltsland erhalten.

(4) Regelungen des über- und zwischenstaatlichen Rechts bleiben unberührt.

§ 7 Begriffsbestimmungen

(1) Im Sinne dieses Buches ist

1. Kind, wer noch nicht 14 Jahre alt ist, soweit nicht die Absätze 2 bis 4 etwas anderes bestimmen,
2. Jugendlicher, wer 14, aber noch nicht 18 Jahre alt ist,
3. junger Volljähriger, wer 18, aber noch nicht 27 Jahre alt ist,
4. junger Mensch, wer noch nicht 27 Jahre alt ist,
5. Personensorgeberechtigter, wem allein oder gemeinsam mit einer anderen Person nach den Vorschriften des Bürgerlichen Gesetzbuchs die Personensorge zusteht,
6. Erziehungsberechtigter, der Personensorgeberechtigte und jede sonstige Person über 18 Jahre, soweit sie aufgrund einer Vereinbarung mit dem Personensorgeberechtigten

nicht nur vorübergehend und nicht nur für einzelne Verrichtungen Aufgaben der Personensorge wahrnimmt.

(2) Kind im Sinne des § 1 Abs. 2 ist, wer noch nicht 18 Jahre alt ist.

(3) (weggefallen)

(4) Die Bestimmungen dieses Buches, die sich auf die Annahme als Kind beziehen, gelten nur für Personen, die das 18. Lebensjahr noch nicht vollendet haben.

§ 8 Beteiligung von Kindern und Jugendlichen

(1) [1] Kinder und Jugendliche sind entsprechend ihrem Entwicklungsstand an allen sie betreffenden Entscheidungen der öffentlichen Jugendhilfe zu beteiligen. [2] Sie sind in geeigneter Weise auf ihre Rechte im Verwaltungsverfahren sowie im Verfahren vor dem Familiengericht und dem Verwaltungsgericht hinzuweisen.

(2) Kinder und Jugendliche haben das Recht, sich in allen Angelegenheiten der Erziehung und Entwicklung an das Jugendamt zu wenden.

(3) Kinder und Jugendliche können ohne Kenntnis des Personensorgeberechtigten beraten werden, wenn die Beratung aufgrund einer Not- und Konfliktlage erforderlich ist und solange durch die Mitteilung an den Personensorgeberechtigten der Beratungszweck vereitelt würde.

§ 8a Schutzauftrag bei Kindeswohlgefährdung

(1) [1] Werden dem Jugendamt gewichtige Anhaltspunkte für die Gefährdung des Wohls eines Kindes oder Jugendlichen bekannt, so hat es das Gefährdungsrisiko im Zusammenwirken mehrerer Fachkräfte abzuschätzen. [2] Dabei sind die Personensorgeberechtigten sowie das Kind oder der Jugendliche einzubeziehen, soweit hierdurch der wirksame Schutz des Kindes oder des Jugendlichen nicht in Frage gestellt wird. [3] Hält das Jugendamt zur Abwendung der Gefährdung die Gewährung von Hilfen für geeignet und notwendig, so hat es diese den Personensorgeberechtigten oder den Erziehungsberechtigten anzubieten.

(2) [1] In Vereinbarungen mit den Trägern von Einrichtungen und Diensten, die Leistungen nach diesem Buch erbringen, ist sicherzustellen, dass deren Fachkräfte den Schutzauftrag nach Absatz 1 in entsprechender Weise wahrnehmen und bei der Abschätzung des Gefährdungsrisikos eine insoweit erfahrene Fachkraft hinzuziehen. [2] Insbesondere ist die Verpflichtung aufzunehmen, dass die Fachkräfte bei den Personensorgeberechtigten oder den Erziehungsberechtigten auf die Inanspruchnahme von Hilfen hinwirken, wenn sie diese für erforderlich halten, und das Jugendamt informieren, falls die angenommenen Hilfen nicht ausreichend erscheinen, um die Gefährdung abzuwenden.

(3) [1] Hält das Jugendamt das Tätigwerden des Familiengerichts für erforderlich, so hat es das Gericht anzurufen; dies gilt auch, wenn die Personensorgeberechtigten oder die Erziehungsberechtigten nicht bereit oder in der Lage sind, bei der Abschätzung des Gefährdungsrisikos mitzuwirken. [2] Besteht eine dringende Gefahr und kann die Entscheidung des Gerichts nicht abgewartet werden, so ist das Jugendamt verpflichtet, das Kind oder den Jugendlichen in Obhut zu nehmen.

(4) [1] Soweit zur Abwendung der Gefährdung das Tätigwerden anderer Leistungsträger, der Einrichtungen der Gesundheitshilfe oder der Polizei notwendig ist, hat das Jugendamt auf die Inanspruchnahme durch die Personensorgeberechtigten oder die Erziehungsberechtigten hinzuwirken. [2] Ist ein sofortiges Tätigwerden erforderlich und wirken die Personensorgeberechtigten oder die Erziehungsberechtigten nicht mit, so schaltet das Jugendamt die anderen zur Abwendung der Gefährdung zuständigen Stellen selbst ein.

§ 9 Grundrichtung der Erziehung, Gleichberechtigung von Mädchen und Jungen

Bei der Ausgestaltung der Leistungen und der Erfüllung der Aufgaben sind

1. die von den Personensorgeberechtigten bestimmte Grundrichtung der Erziehung sowie die Rechte der Personensorgeberechtigten und des Kindes oder des Jugendlichen bei der Bestimmung der religiösen Erziehung zu beachten,
2. die wachsende Fähigkeit und das wachsende Bedürfnis des Kindes oder des Jugendlichen zu selbständigem, verantwortungsbewusstem Handeln sowie die jeweiligen besonderen sozialen und kulturellen Bedürfnisse und Eigenarten junger Menschen und ihrer Familien zu berücksichtigen,

3. die unterschiedlichen Lebenslagen von Mädchen und Jungen zu berücksichtigen, Benachteiligungen abzubauen und die Gleichberechtigung von Mädchen und Jungen zu fördern.

§ 10 Verhältnis zu anderen Leistungen und Verpflichtungen

(1) ¹Verpflichtungen anderer, insbesondere der Träger anderer Sozialleistungen und der Schulen, werden durch dieses Buch nicht berührt. ²Auf Rechtsvorschriften beruhende Leistungen anderer dürfen nicht deshalb versagt werden, weil nach diesem Buch entsprechende Leistungen vorgesehen sind.

(2) ¹Unterhaltspflichtige Personen werden nach Maßgabe der §§ 90 bis 97b an den Kosten für Leistungen und vorläufige Maßnahmen nach diesem Buch beteiligt. ²Soweit die Zahlung des Kostenbeitrags die Leistungsfähigkeit des Unterhaltspflichtigen mindert oder der Bedarf des jungen Menschen durch Leistungen und vorläufige Maßnahmen nach diesem Buch gedeckt ist, ist dies bei der Berechnung des Unterhalts zu berücksichtigen.

(3) ¹Die Leistungen nach diesem Buch gehen Leistungen nach dem Zweiten Buch vor. ²Abweichend von Satz 1 gehen Leistungen nach § 3 Absatz 2, §§ 14 bis 16, § 19 Absatz 2 in Verbindung mit § 28 Absatz 6 des Zweiten Buches sowie Leistungen nach § 6b Absatz 2 des Bundeskindergeldgesetzes in Verbindung mit § 28 Absatz 6 des Zweiten Buches den Leistungen nach diesem Buch vor.

(4) ¹Die Leistungen nach diesem Buch gehen Leistungen nach dem Zwölften Buch vor. ²Abweichend von Satz 1 gehen Leistungen nach § 27a Absatz 1 in Verbindung mit § 34 Absatz 6 des Zwölften Buches und Leistungen der Eingliederungshilfe nach dem Zwölften Buch für junge Menschen, die körperlich oder geistig behindert oder von einer solchen Behinderung bedroht sind, den Leistungen nach diesem Buch vor. ³Landesrecht kann regeln, dass Leistungen der Frühförderung für Kinder unabhängig von der Art der Behinderung vorrangig von anderen Leistungsträgern gewährt werden.

Zweites Kapitel. Leistungen der Jugendhilfe

Erster Abschnitt. Jugendarbeit, Jugendsozialarbeit, erzieherischer Kinder- und Jugendschutz

§ 11 Jugendarbeit

(1) ¹Jungen Menschen sind die zur Förderung ihrer Entwicklung erforderlichen Angebote der Jugendarbeit zur Verfügung zu stellen. ²Sie sollen an den Interessen junger Menschen anknüpfen und von ihnen mitbestimmt und mitgestaltet werden, sie zur Selbstbestimmung befähigen und zu gesellschaftlicher Mitverantwortung und zu sozialem Engagement anregen und hinführen.

(2) ¹Jugendarbeit wird angeboten von Verbänden, Gruppen und Initiativen der Jugend, von anderen Trägern der Jugendarbeit und den Trägern der öffentlichen Jugendhilfe. ²Sie umfasst für Mitglieder bestimmte Angebote, die offene Jugendarbeit und gemeinwesenorientierte Angebote.

(3) Zu den Schwerpunkten der Jugendarbeit gehören:
1. außerschulische Jugendbildung mit allgemeiner, politischer, sozialer, gesundheitlicher, kultureller, naturkundlicher und technischer Bildung,
2. Jugendarbeit in Sport, Spiel und Geselligkeit,
3. arbeitswelt-, schul- und familienbezogene Jugendarbeit,
4. internationale Jugendarbeit,
5. Kinder- und Jugenderholung,
6. Jugendberatung.

(4) Angebote der Jugendarbeit können auch Personen, die das 27. Lebensjahr vollendet haben, in angemessenem Umfang einbeziehen.

§ 12 Förderung der Jugendverbände

(1) Die eigenverantwortliche Tätigkeit der Jugendverbände und Jugendgruppen ist unter Wahrung ihres satzungsgemäßen Eigenlebens nach Maßgabe des § 74 zu fördern.

(2) ¹In Jugendverbänden und Jugendgruppen wird Jugendarbeit von jungen Menschen selbst organisiert, gemeinschaftlich gestaltet und mitverantwortet. ²Ihre Arbeit ist auf Dauer angelegt und in der Regel auf die eigenen Mitglieder ausgerichtet, sie kann sich aber auch an junge Menschen wenden, die nicht Mitglieder sind. ³Durch Jugendverbände und ihre Zusammenschlüsse werden Anliegen und Interessen junger Menschen zum Ausdruck gebracht und vertreten.

§ 13 Jugendsozialarbeit

(1) Jungen Menschen, die zum Ausgleich sozialer Benachteiligungen oder zur Überwindung individueller Beeinträchtigungen in erhöhtem Maße auf Unterstützung angewiesen sind, sollen im Rahmen der Jugendhilfe sozialpädagogische Hilfen angeboten werden, die ihre schulische und berufliche Ausbildung, Eingliederung in die Arbeitswelt und ihre soziale Integration fördern.

(2) Soweit die Ausbildung dieser jungen Menschen nicht durch Maßnahmen und Programme anderer Träger und Organisationen sichergestellt wird, können geeignete sozialpädagogisch begleitete Ausbildungs- und Beschäftigungsmaßnahmen angeboten werden, die den Fähigkeiten und dem Entwicklungsstand dieser jungen Menschen Rechnung tragen.

(3) ¹Jungen Menschen kann während der Teilnahme an schulischen oder beruflichen Bildungsmaßnahmen oder bei der beruflichen Eingliederung Unterkunft in sozialpädagogisch begleiteten Wohnformen angeboten werden. ²In diesen Fällen sollen auch der notwendige Unterhalt des jungen Menschen sichergestellt und Krankenhilfe nach Maßgabe des § 40 geleistet werden.

(4) Die Angebote sollen mit den Maßnahmen der Schulverwaltung, der Bundesagentur für Arbeit, der Träger betrieblicher und außerbetrieblicher Ausbildung sowie der Träger von Beschäftigungsangeboten abgestimmt werden.

§ 14 Erzieherischer Kinder- und Jugendschutz

(1) Jungen Menschen und Erziehungsberechtigten sollen Angebote des erzieherischen Kinder- und Jugendschutzes gemacht werden.

(2) Die Maßnahmen sollen

1. junge Menschen befähigen, sich vor gefährdenden Einflüssen zu schützen und sie zur Kritikfähigkeit, Entscheidungsfähigkeit und Eigenverantwortlichkeit sowie zur Verantwortung gegenüber ihren Mitmenschen führen,
2. Eltern und andere Erziehungsberechtigte besser befähigen, Kinder und Jugendliche vor gefährdenden Einflüssen zu schützen.

§ 15 Landesrechtsvorbehalt

Das Nähere über Inhalt und Umfang der in diesem Abschnitt geregelten Aufgaben und Leistungen regelt das Landesrecht.

Zweiter Abschnitt. Förderung der Erziehung in der Familie

§ 16 Allgemeine Förderung der Erziehung in der Familie

(1) ¹Müttern, Vätern, anderen Erziehungsberechtigten und jungen Menschen sollen Leistungen der allgemeinen Förderung der Erziehung in der Familie angeboten werden. ²Sie sollen dazu beitragen, dass Mütter, Väter und andere Erziehungsberechtigte ihre Erziehungsverantwortung besser wahrnehmen können. ³Sie sollen auch Wege aufzeigen, wie Konfliktsituationen in der Familie gewaltfrei gelöst werden können.

(2) Leistungen zur Förderung der Erziehung in der Familie sind insbesondere

1. Angebote der Familienbildung, die auf Bedürfnisse und Interessen sowie auf Erfahrungen von Familien in unterschiedlichen Lebenslagen und Erziehungssituationen eingehen, die Familie zur Mitarbeit in Erziehungseinrichtungen und in Formen der Selbst- und Nachbarschaftshilfe besser befähigen sowie junge Menschen auf Ehe, Partnerschaft und das Zusammenleben mit Kindern vorbereiten,
2. Angebote der Beratung in allgemeinen Fragen der Erziehung und Entwicklung junger Menschen,
3. Angebote der Familienfreizeit und der Familienerholung, insbesondere in belastenden Familiensituationen, die bei Bedarf die erzieherische Betreuung der Kinder einschließen.

(3) Das Nähere über Inhalt und Umfang der Aufgaben regelt das Landesrecht.

(4) Ab 2013 soll für diejenigen Eltern, die ihre Kinder von ein bis drei Jahren nicht in Einrichtungen betreuen lassen wollen oder können, eine monatliche Zahlung (zum Beispiel Betreuungsgeld) eingeführt werden.

§ 17 Beratung in Fragen der Partnerschaft, Trennung und Scheidung

(1) ¹Mütter und Väter haben im Rahmen der Jugendhilfe Anspruch auf Beratung in Fragen der Partnerschaft, wenn sie für ein Kind oder einen Jugendlichen zu sorgen haben oder tatsächlich sorgen. ²Die Beratung soll helfen,
1. ein partnerschaftliches Zusammenleben in der Familie aufzubauen,
2. Konflikte und Krisen in der Familie zu bewältigen,
3. im Fall der Trennung oder Scheidung die Bedingungen für eine dem Wohl des Kindes oder des Jugendlichen förderliche Wahrnehmung der Elternverantwortung zu schaffen.

(2) Im Fall der Trennung oder Scheidung sind Eltern unter angemessener Beteiligung des betroffenen Kindes oder Jugendlichen bei der Entwicklung eines einvernehmlichen Konzepts für die Wahrnehmung der elterlichen Sorge zu unterstützen; dieses Konzept kann auch als Grundlage für die richterliche Entscheidung über die elterliche Sorge nach der Trennung oder Scheidung dienen.

(3) Die Gerichte teilen die Rechtshängigkeit von Scheidungssachen, wenn gemeinschaftliche minderjährige Kinder vorhanden sind (§ 622 Abs. 2 Satz 1 der Zivilprozessordnung), sowie Namen und Anschriften der Parteien dem Jugendamt mit, damit dieses die Eltern über das Leistungsangebot der Jugendhilfe nach Absatz 2 unterrichtet.

§ 18 Beratung und Unterstützung bei der Ausübung der Personensorge und des Umgangsrechts

(1) Mütter und Väter, die allein für ein Kind oder einen Jugendlichen zu sorgen haben oder tatsächlich sorgen, haben Anspruch auf Beratung und Unterstützung
1. bei der Ausübung der Personensorge einschließlich der Geltendmachung von Unterhalts- oder Unterhaltsersatzansprüchen des Kindes oder Jugendlichen,
2. bei der Geltendmachung ihrer Unterhaltsansprüche nach § 1615 l des Bürgerlichen Gesetzbuchs.

(2) Mütter und Väter, die mit dem anderen Elternteil nicht verheiratet sind, haben Anspruch auf Beratung über die Abgabe einer Sorgeerklärung.

(3) ¹Kinder und Jugendliche haben Anspruch auf Beratung und Unterstützung bei der Ausübung des Umgangsrechts nach § 1684 Abs. 1 des Bürgerlichen Gesetzbuchs. ²Sie sollen darin unterstützt werden, dass die Personen, die nach Maßgabe der §§ 1684 und 1685 des Bürgerlichen Gesetzbuchs zum Umgang mit ihnen berechtigt sind, von diesem Recht zu ihrem Wohl Gebrauch machen. ³Eltern, andere Umgangsberechtigte sowie Personen, in deren Obhut sich das Kind befindet, haben Anspruch auf Beratung und Unterstützung bei der Ausübung des Umgangsrechts. ⁴Bei der Befugnis, Auskunft über die persönlichen Verhältnisse des Kindes zu verlangen, bei der Herstellung von Umgangskontakten und bei der Ausführung gerichtlicher oder vereinbarter Umgangsregelungen soll vermittelt und in geeigneten Fällen Hilfestellung geleistet werden.

(4) Ein junger Volljähriger hat bis zur Vollendung des 21. Lebensjahres Anspruch auf Beratung und Unterstützung bei der Geltendmachung von Unterhalts- oder Unterhaltsersatzansprüchen.

§ 19 Gemeinsame Wohnformen für Mütter/Väter und Kinder

(1) ¹Mütter oder Väter, die allein für ein Kind unter sechs Jahren zu sorgen haben oder tatsächlich sorgen, sollen gemeinsam mit dem Kind in einer geeigneten Wohnform betreut werden, wenn und solange sie aufgrund ihrer Persönlichkeitsentwicklung dieser Form der Unterstützung bei der Pflege und Erziehung des Kindes bedürfen. ²Die Betreuung schließt auch ältere Geschwister ein, sofern die Mutter oder der Vater für sie allein zu sorgen hat. ³Eine schwangere Frau kann auch vor der Geburt des Kindes in der Wohnform betreut werden.

(2) Während dieser Zeit soll darauf hingewirkt werden, dass die Mutter oder der Vater eine schulische oder berufliche Ausbildung beginnt oder fortführt oder eine Berufstätigkeit aufnimmt.

(3) Die Leistung soll auch den notwendigen Unterhalt der betreuten Personen sowie die Krankenhilfe nach Maßgabe des § 40 umfassen.

§ 20 Betreuung und Versorgung des Kindes in Notsituationen

(1) Fällt der Elternteil, der die überwiegende Betreuung des Kindes übernommen hat, für die Wahrnehmung dieser Aufgabe aus gesundheitlichen oder anderen zwingenden Gründen aus, so soll der andere Elternteil bei der Betreuung und Versorgung des im Haushalt lebenden Kindes unterstützt werden, wenn

1. er wegen berufsbedingter Abwesenheit nicht in der Lage ist, die Aufgabe wahrzunehmen,
2. die Hilfe erforderlich ist, um das Wohl des Kindes zu gewährleisten,
3. Angebote der Förderung des Kindes in Tageseinrichtungen oder in Kindertagespflege nicht ausreichen.

(2) Fällt ein allein erziehender Elternteil oder fallen beide Elternteile aus gesundheitlichen oder anderen zwingenden Gründen aus, so soll unter der Voraussetzung des Absatzes 1 Nr. 3 das Kind im elterlichen Haushalt versorgt und betreut werden, wenn und solange es für sein Wohl erforderlich ist.

§ 21 Unterstützung bei notwendiger Unterbringung zur Erfüllung der Schulpflicht

¹Können Personensorgeberechtigte wegen des mit ihrer beruflichen Tätigkeit verbundenen ständigen Ortswechsels die Erfüllung der Schulpflicht ihres Kindes oder Jugendlichen nicht sicherstellen und ist deshalb eine anderweitige Unterbringung des Kindes oder des Jugendlichen notwendig, so haben sie Anspruch auf Beratung und Unterstützung. ²In geeigneten Fällen können die Kosten der Unterbringung in einer für das Kind oder den Jugendlichen geeigneten Wohnform einschließlich des notwendigen Unterhalts sowie die Krankenhilfe übernommen werden. ³Die Leistung kann über das schulpflichtige Alter hinaus gewährt werden, sofern eine begonnene Schulausbildung noch nicht abgeschlossen ist, längstens aber bis zur Vollendung des 21. Lebensjahres.

Dritter Abschnitt. Förderung von Kindern in Tageseinrichtungen und in Kindertagespflege

§ 22 Grundsätze der Förderung

(1) ¹Tageseinrichtungen sind Einrichtungen, in denen sich Kinder für einen Teil des Tages oder ganztägig aufhalten und in Gruppen gefördert werden. ²Kindertagespflege wird von einer geeigneten Tagespflegeperson in ihrem Haushalt oder im Haushalt des Personensorgeberechtigten geleistet. ³Das Nähere über die Abgrenzung von Tageseinrichtungen und Kindertagespflege regelt das Landesrecht. ⁴Es kann auch regeln, dass Kindertagespflege in anderen geeigneten Räumen geleistet wird.

(2) Tageseinrichtungen für Kinder und Kindertagespflege sollen

1. die Entwicklung des Kindes zu einer eigenverantwortlichen und gemeinschaftsfähigen Persönlichkeit fördern,
2. die Erziehung und Bildung in der Familie unterstützen und ergänzen,
3. den Eltern dabei helfen, Erwerbstätigkeit und Kindererziehung besser miteinander vereinbaren zu können.

(3) ¹Der Förderungsauftrag umfasst Erziehung, Bildung und Betreuung des Kindes und bezieht sich auf die soziale, emotionale, körperliche und geistige Entwicklung des Kindes. ²Er schließt die Vermittlung orientierender Werte und Regeln ein. ³Die Förderung soll sich am Alter und Entwicklungsstand, den sprachlichen und sonstigen Fähigkeiten, der Lebenssituation sowie den Interessen und Bedürfnissen des einzelnen Kindes orientieren und seine ethnische Herkunft berücksichtigen.

§ 22 a Förderung in Tageseinrichtungen

(1) ¹Die Träger der öffentlichen Jugendhilfe sollen die Qualität der Förderung in ihren Einrichtungen durch geeignete Maßnahmen sicherstellen und weiterentwickeln. ²Dazu gehören die Entwicklung und der Einsatz einer pädagogischen Konzeption als Grundlage für die Erfüllung des Förderungsauftrags sowie der Einsatz von Instrumenten und Verfahren zur Evaluation der Arbeit in den Einrichtungen.

(2) ¹Die Träger der öffentlichen Jugendhilfe sollen sicherstellen, dass die Fachkräfte in ihren Einrichtungen zusammenarbeiten
1. mit den Erziehungsberechtigten und Tagespflegepersonen zum Wohl der Kinder und zur Sicherung der Kontinuität des Erziehungsprozesses,
2. mit anderen kinder- und familienbezogenen Institutionen und Initiativen im Gemeinwesen, insbesondere solchen der Familienbildung und -beratung,
3. mit den Schulen, um den Kindern einen guten Übergang in die Schule zu sichern und um die Arbeit mit Schulkindern in Horten und altersgemischten Gruppen zu unterstützen.

²Die Erziehungsberechtigten sind an den Entscheidungen in wesentlichen Angelegenheiten der Erziehung, Bildung und Betreuung zu beteiligen.

(3) ¹Das Angebot soll sich pädagogisch und organisatorisch an den Bedürfnissen der Kinder und ihrer Familien orientieren. ²Werden Einrichtungen in den Ferienzeiten geschlossen, so hat der Träger der öffentlichen Jugendhilfe für die Kinder, die nicht von den Erziehungsberechtigten betreut werden können, eine anderweitige Betreuungsmöglichkeit sicherzustellen.

(4) ¹Kinder mit und ohne Behinderung sollen, sofern der Hilfebedarf dies zulässt, in Gruppen gemeinsam gefördert werden. ²Zu diesem Zweck sollen die Träger der öffentlichen Jugendhilfe mit den Trägern der Sozialhilfe bei der Planung, konzeptionellen Ausgestaltung und Finanzierung des Angebots zusammenarbeiten.

(5) Die Träger der öffentlichen Jugendhilfe sollen die Realisierung des Förderungsauftrages nach Maßgabe der Absätze 1 bis 4 in den Einrichtungen anderer Träger durch geeignete Maßnahmen sicherstellen.

§ 23 Förderung in Kindertagespflege

(1) Die Förderung in Kindertagespflege nach Maßgabe von § 24 umfasst die Vermittlung des Kindes zu einer geeigneten Tagespflegeperson, soweit diese nicht von der erziehungsberechtigten Person nachgewiesen wird, deren fachliche Beratung, Begleitung und weitere Qualifizierung sowie die Gewährung einer laufenden Geldleistung an die Tagespflegeperson.

(2) Die laufende Geldleistung nach Absatz 1 umfasst
1. die Erstattung angemessener Kosten, die der Tagespflegeperson für den Sachaufwand entstehen,
2. einen Betrag zur Anerkennung ihrer Förderungsleistung nach Maßgabe von Absatz 2a,
3. die Erstattung nachgewiesener Aufwendungen für Beiträge zu einer Unfallversicherung sowie die hälftige Erstattung nachgewiesener Aufwendungen zu einer angemessenen Alterssicherung der Tagespflegeperson und
4. die hälftige Erstattung nachgewiesener Aufwendungen zu einer angemessenen Krankenversicherung und Pflegeversicherung.

(2 a) ¹Die Höhe der laufenden Geldleistung wird von den Trägern der öffentlichen Jugendhilfe festgelegt, soweit Landesrecht nicht etwas anderes bestimmt. ²Der Betrag zur Anerkennung der Förderungsleistung der Tagespflegeperson ist leistungsgerecht auszugestalten. ³Dabei sind der zeitliche Umfang der Leistung und die Anzahl sowie der Förderbedarf der betreuten Kinder zu berücksichtigen.

(3) ¹Geeignet im Sinne von Absatz 1 sind Personen, die sich durch ihre Persönlichkeit, Sachkompetenz und Kooperationsbereitschaft mit Erziehungsberechtigten und anderen Tagespflegepersonen auszeichnen und über kindgerechte Räumlichkeiten verfügen. ²Sie sollen über vertiefte Kenntnisse hinsichtlich der Anforderungen der Kindertagespflege verfügen, die sie in qualifizierten Lehrgängen erworben oder in anderer Weise nachgewiesen haben.

(4) ¹Erziehungsberechtigte und Tagespflegepersonen haben Anspruch auf Beratung in allen Fragen der Kindertagespflege. ²Für Ausfallzeiten einer Tagespflegeperson ist rechtzeitig eine andere Betreuungsmöglichkeit für das Kind sicherzustellen. ³Zusammenschlüsse von Tagespflegepersonen sollen beraten, unterstützt und gefördert werden.

§ 24 Anspruch auf Förderung in Tageseinrichtungen und in Kindertagespflege

(1) ¹Ein Kind hat vom vollendeten dritten Lebensjahr bis zum Schuleintritt Anspruch auf den Besuch einer Tageseinrichtung. ²Die Träger der öffentlichen Jugendhilfe haben

darauf hinzuwirken, dass für diese Altersgruppe ein bedarfsgerechtes Angebot an Ganztagsplätzen oder ergänzend Förderung in Kindertagespflege zur Verfügung steht.

(2) Für Kinder im Alter unter drei Jahren und im schulpflichtigen Alter ist ein bedarfsgerechtes Angebot an Plätzen in Tageseinrichtungen und in Kindertagespflege vorzuhalten.

(3) ¹Ein Kind, das das dritte Lebensjahr noch nicht vollendet hat, ist in einer Tageseinrichtung oder in Kindertagespflege zu fördern, wenn
1. diese Leistung für seine Entwicklung zu einer eigenverantwortlichen und gemeinschaftsfähigen Persönlichkeit geboten ist oder
2. die Erziehungsberechtigten
    a) einer Erwerbstätigkeit nachgehen, eine Erwerbstätigkeit aufnehmen oder Arbeit suchend sind,
    b) sich in einer beruflichen Bildungsmaßnahme, in der Schulausbildung oder Hochschulausbildung befinden oder
    c) Leistungen zur Eingliederung in Arbeit im Sinne des Zweiten Buches erhalten.

²Lebt das Kind nur mit einem Erziehungsberechtigten zusammen, so tritt diese Person an die Stelle der Erziehungsberechtigten. ³Der Umfang der täglichen Förderung richtet sich nach dem individuellen Bedarf.

(4) ¹Die Träger der öffentlichen Jugendhilfe oder die von ihnen beauftragten Stellen sind verpflichtet, Eltern oder Elternteile, die Leistungen nach Absatz 1 oder 2 in Anspruch nehmen wollen, über das Platzangebot im örtlichen Einzugsbereich und die pädagogische Konzeption der Einrichtungen zu informieren und sie bei der Auswahl zu beraten. ²Landesrecht kann bestimmen, dass Eltern den Träger der öffentlichen Jugendhilfe oder die beauftragte Stelle innerhalb einer bestimmten Frist vor der beabsichtigten Inanspruchnahme der Leistung in Kenntnis setzen.

(5) ¹Geeignete Tagespflegepersonen im Sinne von § 23 Abs. 3 können auch vermittelt werden, wenn die Voraussetzungen nach Absatz 3 nicht vorliegen. ²In diesem Fall besteht die Pflicht zur Gewährung einer laufenden Geldleistung nach § 23 Abs. 1 nicht; Aufwendungen nach § 23 Abs. 2 Satz 1 Nr. 3 können erstattet werden.

(6) Weitergehendes Landesrecht bleibt unberührt.

§ 24 a Übergangsregelung und stufenweiser Ausbau des Förderangebots für Kinder unter drei Jahren

(1) Kann ein Träger der öffentlichen Jugendhilfe das zur Erfüllung der Verpflichtung nach § 24 Abs. 3 erforderliche Angebot noch nicht vorhalten, so ist er zum stufenweisen Ausbau des Förderangebots für Kinder unter drei Jahren nach Maßgabe der Absätze 2 und 3 verpflichtet.

(2) Die Befugnis zum stufenweisen Ausbau umfasst die Verpflichtung,
1. jährliche Ausbaustufen zur Verbesserung des Versorgungsniveaus zu beschließen und
2. jährlich zum 31. Dezember jeweils den erreichten Ausbaustand festzustellen und den Bedarf zur Erfüllung der Kriterien nach § 24 Abs. 3 zu ermitteln.

(3) Ab dem 1. Oktober 2010 sind die Träger der öffentlichen Jugendhilfe verpflichtet, mindestens ein Angebot vorzuhalten, das eine Förderung aller Kinder ermöglicht,
1. deren Erziehungsberechtigte
    a) einer Erwerbstätigkeit nachgehen oder eine Erwerbstätigkeit aufnehmen,
    b) sich in einer beruflichen Bildungsmaßnahme, in der Schulausbildung oder Hochschulausbildung befinden oder
    c) Leistungen zur Eingliederung in Arbeit im Sinne des Zweiten Buches erhalten;
    lebt das Kind nur mit einem Erziehungsberechtigten zusammen, so tritt diese Person an die Stelle der Erziehungsberechtigten;
2. deren Wohl ohne eine entsprechende Förderung nicht gewährleistet ist.

(4) Solange das zur Erfüllung der Verpflichtung nach § 24 Abs. 3 erforderliche Angebot noch nicht zur Verfügung steht, sind bei der Vergabe der frei werdenden und der neu geschaffenen Plätze Kinder, die die in § 24 Abs. 3 geregelten Förderungsvoraussetzungen erfüllen, besonders zu berücksichtigen.

(5) Die Bundesregierung hat dem Deutschen Bundestag jährlich einen Bericht über den Stand des Ausbaus nach Absatz 2 vorzulegen.

§ 25 Unterstützung selbst organisierter Förderung von Kindern

Mütter, Väter und andere Erziehungsberechtigte, die die Förderung von Kindern selbst organisieren wollen, sollen beraten und unterstützt werden.

§ 26 Landesrechtsvorbehalt

[1] Das Nähere über Inhalt und Umfang der in diesem Abschnitt geregelten Aufgaben und Leistungen regelt das Landesrecht. [2] Am 31. Dezember 1990 geltende landesrechtliche Regelungen, die das Kindergartenwesen dem Bildungsbereich zuweisen, bleiben unberührt.

Vierter Abschnitt. Hilfe zur Erziehung, Eingliederungshilfe für seelisch behinderte Kinder und Jugendliche, Hilfe für junge Volljährige

Erster Unterabschnitt. Hilfe zur Erziehung

§ 27 Hilfe zur Erziehung

(1) Ein Personensorgeberechtigter hat bei der Erziehung eines Kindes oder eines Jugendlichen Anspruch auf Hilfe (Hilfe zur Erziehung), wenn eine dem Wohl des Kindes oder des Jugendlichen entsprechende Erziehung nicht gewährleistet ist und die Hilfe für seine Entwicklung geeignet und notwendig ist.

(2) [1] Hilfe zur Erziehung wird insbesondere nach Maßgabe der §§ 28 bis 35 gewährt. [2] Art und Umfang der Hilfe richten sich nach dem erzieherischen Bedarf im Einzelfall; dabei soll das engere soziale Umfeld des Kindes oder des Jugendlichen einbezogen werden. [3] Die Hilfe ist in der Regel im Inland zu erbringen; sie darf nur dann im Ausland erbracht werden, wenn dies nach Maßgabe der Hilfeplanung zur Erreichung des Hilfezieles im Einzelfall erforderlich ist.

(2 a) Ist eine Erziehung des Kindes oder Jugendlichen außerhalb des Elternhauses erforderlich, so entfällt der Anspruch auf Hilfe zur Erziehung nicht dadurch, dass eine andere unterhaltspflichtige Person bereit ist, diese Aufgabe zu übernehmen; die Gewährung von Hilfe zur Erziehung setzt in diesem Fall voraus, dass diese Person bereit und geeignet ist, den Hilfebedarf in Zusammenarbeit mit dem Träger der öffentlichen Jugendhilfe nach Maßgabe der §§ 36 und 37 zu decken.

(3) [1] Hilfe zur Erziehung umfasst insbesondere die Gewährung pädagogischer und damit verbundener therapeutischer Leistungen. [2] Sie soll bei Bedarf Ausbildungs- und Beschäftigungsmaßnahmen im Sinne des § 13 Abs. 2 einschließen.

(4) Wird ein Kind oder eine Jugendliche während ihres Aufenthaltes in einer Einrichtung oder einer Pflegefamilie selbst Mutter eines Kindes, so umfasst die Hilfe zur Erziehung auch die Unterstützung bei der Pflege und Erziehung dieses Kindes.

§ 28 Erziehungsberatung

[1] Erziehungsberatungsstellen und andere Beratungsdienste und -einrichtungen sollen Kinder, Jugendliche, Eltern und andere Erziehungsberechtigte bei der Klärung und Bewältigung individueller und familienbezogener Probleme und der zugrunde liegenden Faktoren, bei der Lösung von Erziehungsfragen sowie bei Trennung und Scheidung unterstützen. [2] Dabei sollen Fachkräfte verschiedener Fachrichtungen zusammenwirken, die mit unterschiedlichen methodischen Ansätzen vertraut sind.

§ 29 Soziale Gruppenarbeit

[1] Die Teilnahme an sozialer Gruppenarbeit soll älteren Kindern und Jugendlichen bei der Überwindung von Entwicklungsschwierigkeiten und Verhaltensproblemen helfen. [2] Soziale Gruppenarbeit soll auf der Grundlage eines gruppenpädagogischen Konzepts die Entwicklung älterer Kinder und Jugendlicher durch soziales Lernen in der Gruppe fördern.

§ 30 Erziehungsbeistand, Betreuungshelfer

Der Erziehungsbeistand und der Betreuungshelfer sollen das Kind oder den Jugendlichen bei der Bewältigung von Entwicklungsproblemen möglichst unter Einbeziehung des sozialen Umfelds unterstützen und unter Erhaltung des Lebensbezugs zur Familie seine Verselbständigung fördern.

§ 31 Sozialpädagogische Familienhilfe

¹Sozialpädagogische Familienhilfe soll durch intensive Betreuung und Begleitung Familien in ihren Erziehungsaufgaben, bei der Bewältigung von Alltagsproblemen, der Lösung von Konflikten und Krisen sowie im Kontakt mit Ämtern und Institutionen unterstützen und Hilfe zur Selbsthilfe geben. ²Sie ist in der Regel auf längere Dauer angelegt und erfordert die Mitarbeit der Familie.

§ 32 Erziehung in einer Tagesgruppe

¹Hilfe zur Erziehung in einer Tagesgruppe soll die Entwicklung des Kindes oder des Jugendlichen durch soziales Lernen in der Gruppe, Begleitung der schulischen Förderung und Elternarbeit unterstützen und dadurch den Verbleib des Kindes oder des Jugendlichen in seiner Familie sichern. ²Die Hilfe kann auch in geeigneten Formen der Familienpflege geleistet werden.

§ 33 Vollzeitpflege

¹Hilfe zur Erziehung in Vollzeitpflege soll entsprechend dem Alter und Entwicklungsstand des Kindes oder des Jugendlichen und seinen persönlichen Bindungen sowie den Möglichkeiten der Verbesserung der Erziehungsbedingungen in der Herkunftsfamilie Kindern und Jugendlichen in einer anderen Familie eine zeitlich befristete Erziehungshilfe oder eine auf Dauer angelegte Lebensform bieten. ²Für besonders entwicklungsbeeinträchtigte Kinder und Jugendliche sind geeignete Formen der Familienpflege zu schaffen und auszubauen.

§ 34 Heimerziehung, sonstige betreute Wohnform

¹Hilfe zur Erziehung in einer Einrichtung über Tag und Nacht (Heimerziehung) oder in einer sonstigen betreuten Wohnform soll Kinder und Jugendliche durch eine Verbindung von Alltagserleben mit pädagogischen und therapeutischen Angeboten in ihrer Entwicklung fördern. ²Sie soll entsprechend dem Alter und Entwicklungsstand des Kindes oder des Jugendlichen sowie den Möglichkeiten der Verbesserung der Erziehungsbedingungen in der Herkunftsfamilie
1. eine Rückkehr in die Familie zu erreichen versuchen oder
2. die Erziehung in einer anderen Familie vorbereiten oder
3. eine auf längere Zeit angelegte Lebensform bieten und auf ein selbständiges Leben vorbereiten.

³Jugendliche sollen in Fragen der Ausbildung und Beschäftigung sowie der allgemeinen Lebensführung beraten und unterstützt werden.

§ 35 Intensive sozialpädagogische Einzelbetreuung

¹Intensive sozialpädagogische Einzelbetreuung soll Jugendlichen gewährt werden, die einer intensiven Unterstützung zur sozialen Integration und zu einer eigenverantwortlichen Lebensführung bedürfen. ²Die Hilfe ist in der Regel auf längere Zeit angelegt und soll den individuellen Bedürfnissen des Jugendlichen Rechnung tragen.

Zweiter Unterabschnitt. Eingliederungshilfe für seelisch behinderte Kinder und Jugendliche

§ 35 a Eingliederungshilfe für seelisch behinderte Kinder und Jugendliche

(1) ¹Kinder oder Jugendliche haben Anspruch auf Eingliederungshilfe, wenn
1. ihre seelische Gesundheit mit hoher Wahrscheinlichkeit länger als sechs Monate von dem für ihr Lebensalter typischen Zustand abweicht, und

2. daher ihre Teilhabe am Leben in der Gesellschaft beeinträchtigt ist oder eine solche Beeinträchtigung zu erwarten ist.

²Von einer seelischen Behinderung bedroht im Sinne dieses Buches sind Kinder oder Jugendliche, bei denen eine Beeinträchtigung ihrer Teilhabe am Leben in der Gesellschaft nach fachlicher Erkenntnis mit hoher Wahrscheinlichkeit zu erwarten ist. ³§ 27 Abs. 4 gilt entsprechend.

(1a) ¹Hinsichtlich der Abweichung der seelischen Gesundheit nach Absatz 1 Satz 1 Nr. 1 hat der Träger der öffentlichen Jugendhilfe die Stellungnahme
1. eines Arztes für Kinder- und Jugendpsychiatrie und -psychotherapie,
2. eines Kinder- und Jugendpsychotherapeuten oder
3. eines Arztes oder eines psychologischen Psychotherapeuten, der über besondere Erfahrungen auf dem Gebiet seelischer Störungen bei Kindern und Jugendlichen verfügt,

einzuholen. ²Die Stellungnahme ist auf der Grundlage der Internationalen Klassifikation der Krankheiten in der vom Deutschen Institut für medizinische Dokumentation und Information herausgegebenen deutschen Fassung zu erstellen. ³Dabei ist auch darzulegen, ob die Abweichung Krankheitswert hat oder auf einer Krankheit beruht. ⁴Die Hilfe soll nicht von der Person oder dem Dienst oder der Einrichtung, der die Person angehört, die die Stellungnahme abgibt, erbracht werden.

(2) Die Hilfe wird nach dem Bedarf im Einzelfall
1. in ambulanter Form,
2. in Tageseinrichtungen für Kinder oder in anderen teilstationären Einrichtungen,
3. durch geeignete Pflegepersonen und
4. in Einrichtungen über Tag und Nacht sowie sonstigen Wohnformen geleistet.

(3) Aufgabe und Ziel der Hilfe, die Bestimmung des Personenkreises sowie die Art der Leistungen richten sich nach § 53 Abs. 3 und 4 Satz 1, den §§ 54, 56 und 57 des Zwölften Buches, soweit diese Bestimmungen auch auf seelisch behinderte oder von einer solchen Behinderung bedrohte Personen Anwendung finden.

(4) ¹Ist gleichzeitig Hilfe zur Erziehung zu leisten, so sollen Einrichtungen, Dienste und Personen in Anspruch genommen werden, die geeignet sind, sowohl die Aufgaben der Eingliederungshilfe zu erfüllen als auch den erzieherischen Bedarf zu decken. ²Sind heilpädagogische Maßnahmen für Kinder, die noch nicht im schulpflichtigen Alter sind, in Tageseinrichtungen für Kinder zu gewähren und lässt der Hilfebedarf es zu, so sollen Einrichtungen in Anspruch genommen werden, in denen behinderte und nicht behinderte Kinder gemeinsam betreut werden.

Dritter Unterabschnitt. Gemeinsame Vorschriften für die Hilfe zur Erziehung und die Eingliederungshilfe für seelisch behinderte Kinder und Jugendliche

§ 36 Mitwirkung, Hilfeplan

(1) ¹Der Personensorgeberechtigte und das Kind oder der Jugendliche sind vor der Entscheidung über die Inanspruchnahme einer Hilfe und vor einer notwendigen Änderung von Art und Umfang der Hilfe zu beraten und auf die möglichen Folgen für die Entwicklung des Kindes oder des Jugendlichen hinzuweisen. ²Vor und während einer langfristig zu leistenden Hilfe außerhalb der eigenen Familie ist zu prüfen, ob die Annahme als Kind in Betracht kommt. ³Ist Hilfe außerhalb der eigenen Familie erforderlich, so sind die in Satz 1 genannten Personen bei der Auswahl der Einrichtung oder der Pflegestelle zu beteiligen. ⁴Der Wahl und den Wünschen ist zu entsprechen, sofern sie nicht mit unverhältnismäßigen Mehrkosten verbunden sind. ⁵Wünschen die in Satz 1 genannten Personen die Erbringung einer in § 78a genannten Leistung in einer Einrichtung, mit deren Träger keine Vereinbarungen nach § 78b bestehen, so soll der Wahl nur entsprochen werden, wenn die Erbringung der Leistung in dieser Einrichtung nach Maßgabe des Hilfeplans nach Absatz 2 geboten ist.

(2) ¹Die Entscheidung über die im Einzelfall angezeigte Hilfeart soll, wenn Hilfe voraussichtlich für längere Zeit zu leisten ist, im Zusammenwirken mehrerer Fachkräfte getroffen werden. ²Als Grundlage für die Ausgestaltung der Hilfe sollen sie zusammen mit dem Personensorgeberechtigten und dem Kind oder dem Jugendlichen einen Hilfeplan aufstellen, der Feststellungen über den Bedarf, die zu gewährende Art der Hilfe sowie die notwendigen Leistungen enthält; sie sollen regelmäßig prüfen, ob die gewählte Hilfeart

weiterhin geeignet und notwendig ist. ³Werden bei der Durchführung der Hilfe andere Personen, Dienste oder Einrichtungen tätig, so sind sie oder deren Mitarbeiter an der Aufstellung des Hilfeplans und seiner Überprüfung zu beteiligen. ⁴Erscheinen Maßnahmen der beruflichen Eingliederung erforderlich, so sollen auch die für die Eingliederung zuständigen Stellen beteiligt werden.

(3) Erscheinen Hilfen nach § 35 a erforderlich, so soll bei der Aufstellung und Änderung des Hilfeplans sowie bei der Durchführung der Hilfe die Person, die eine Stellungnahme nach § 35 a Abs. 1 a abgegeben hat, beteiligt werden.

(4) Vor einer Entscheidung über die Gewährung einer Hilfe, die ganz oder teilweise im Ausland erbracht wird, soll zur Feststellung einer seelischen Störung mit Krankheitswert die Stellungnahme einer in § 35 a Abs. 1 a Satz 1 genannten Person eingeholt werden.

§ 36 a Steuerungsverantwortung, Selbstbeschaffung

(1) ¹Der Träger der öffentlichen Jugendhilfe trägt die Kosten der Hilfe grundsätzlich nur dann, wenn sie auf der Grundlage seiner Entscheidung nach Maßgabe des Hilfeplans unter Beachtung des Wunsch- und Wahlrechts erbracht wird; dies gilt auch in den Fällen, in denen Eltern durch das Familiengericht oder Jugendliche und junge Volljährige durch den Jugendrichter zur Inanspruchnahme von Hilfen verpflichtet werden. ²Die Vorschriften über die Heranziehung zu den Kosten der Hilfe bleiben unberührt.

(2) ¹Abweichend von Absatz 1 soll der Träger der öffentlichen Jugendhilfe die niedrigschwellige unmittelbare Inanspruchnahme von ambulanten Hilfen, insbesondere der Erziehungsberatung, zulassen. ²Dazu soll er mit den Leistungserbringern Vereinbarungen schließen, in denen die Voraussetzungen und die Ausgestaltung der Leistungserbringung sowie die Übernahme der Kosten geregelt werden.

(3) ¹Werden Hilfen abweichend von den Absätzen 1 und 2 vom Leistungsberechtigten selbst beschafft, so ist der Träger der öffentlichen Jugendhilfe zur Übernahme der erforderlichen Aufwendungen nur verpflichtet, wenn

1. der Leistungsberechtigte den Träger der öffentlichen Jugendhilfe vor der Selbstbeschaffung über den Hilfebedarf in Kenntnis gesetzt hat,
2. die Voraussetzungen für die Gewährung der Hilfe vorlagen und
3. die Deckung des Bedarfs
    a) bis zu einer Entscheidung des Trägers der öffentlichen Jugendhilfe über die Gewährung der Leistung oder
    b) bis zu einer Entscheidung über ein Rechtsmittel nach einer zu Unrecht abgelehnten Leistung

keinen zeitlichen Aufschub geduldet hat.

²War es dem Leistungsberechtigten unmöglich, den Träger der öffentlichen Jugendhilfe rechtzeitig über den Hilfebedarf in Kenntnis zu setzen, so hat er dies unverzüglich nach Wegfall des Hinderungsgrundes nachzuholen.

§ 37 Zusammenarbeit bei Hilfen außerhalb der eigenen Familie

(1) ¹Bei Hilfen nach §§ 32 bis 34 und § 35 a Abs. 2 Nr. 3 und 4 soll darauf hingewirkt werden, dass die Pflegeperson oder die in der Einrichtung für die Erziehung verantwortlichen Personen und die Eltern zum Wohl des Kindes oder des Jugendlichen zusammenarbeiten. ²Durch Beratung und Unterstützung sollen die Erziehungsbedingungen in der Herkunftsfamilie innerhalb eines im Hinblick auf die Entwicklung des Kindes oder Jugendlichen vertretbaren Zeitraums so weit verbessert werden, dass sie das Kind oder den Jugendlichen wieder selbst erziehen kann. ³Während dieser Zeit soll durch begleitende Beratung und Unterstützung der Familien darauf hingewirkt werden, dass die Beziehung des Kindes oder Jugendlichen zur Herkunftsfamilie gefördert wird. ⁴Ist eine nachhaltige Verbesserung der Erziehungsbedingungen in der Herkunftsfamilie innerhalb dieses Zeitraums nicht erreichbar, so soll mit den beteiligten Personen eine andere, dem Wohl des Kindes oder des Jugendlichen förderliche und auf Dauer angelegte Lebensperspektive erarbeitet werden.

(2) ¹Die Pflegeperson hat vor der Aufnahme des Kindes oder des Jugendlichen und während der Dauer der Pflege Anspruch auf Beratung und Unterstützung; dies gilt auch in den Fällen, in denen dem Kind oder dem Jugendlichen weder Hilfe zur Erziehung noch Eingliederungshilfe gewährt wird oder die Pflegeperson der Erlaubnis nach § 44 nicht bedarf. ²§ 23 Abs. 4 gilt entsprechend.

(3) ¹Das Jugendamt soll den Erfordernissen des Einzelfalls entsprechend an Ort und Stelle überprüfen, ob die Pflegeperson eine dem Wohl des Kindes oder des Jugendlichen förderliche Erziehung gewährleistet. ²Die Pflegeperson hat das Jugendamt über wichtige Ereignisse zu unterrichten, die das Wohl des Kindes oder des Jugendlichen betreffen.

§ 38 Vermittlung bei der Ausübung der Personensorge

Sofern der Inhaber der Personensorge durch eine Erklärung nach § 1688 Abs. 3 Satz 1 des Bürgerlichen Gesetzbuchs die Vertretungsmacht der Pflegeperson soweit einschränkt, dass dies eine dem Wohl des Kindes oder des Jugendlichen förderliche Erziehung nicht mehr ermöglicht, sowie bei sonstigen Meinungsverschiedenheiten sollen die Beteiligten das Jugendamt einschalten.

§ 39 Leistungen zum Unterhalt des Kindes oder des Jugendlichen

(1) ¹Wird Hilfe nach den §§ 32 bis 35 oder nach § 35a Abs. 2 Nr. 2 bis 4 gewährt, so ist auch der notwendige Unterhalt des Kindes oder Jugendlichen außerhalb des Elternhauses sicherzustellen. ²Er umfasst die Kosten für den Sachaufwand sowie für die Pflege und Erziehung des Kindes oder Jugendlichen.

(2) ¹Der gesamte regelmäßig wiederkehrende Bedarf soll durch laufende Leistungen gedeckt werden. ²Sie umfassen außer im Fall des § 32 und des § 35a Abs. 2 Nr. 2 auch einen angemessenen Barbetrag zur persönlichen Verfügung des Kindes oder des Jugendlichen. ³Die Höhe des Betrages wird in den Fällen der §§ 34, 35, 35a Abs. 2 Nr. 4 von der nach Landesrecht zuständigen Behörde festgesetzt; die Beträge sollen nach Altersgruppen gestaffelt sein. ⁴Die laufenden Leistungen im Rahmen der Hilfe in Vollzeitpflege (§ 33) oder bei einer geeigneten Pflegeperson (§ 35a Abs. 2 Nr. 3) sind nach den Absätzen 4 bis 6 zu bemessen.

(3) Einmalige Beihilfen oder Zuschüsse können insbesondere zur Erstausstattung einer Pflegestelle, bei wichtigen persönlichen Anlässen sowie für Urlaubs- und Ferienreisen des Kindes oder des Jugendlichen gewährt werden.

(4) ¹Die laufenden Leistungen sollen auf der Grundlage der tatsächlichen Kosten gewährt werden, sofern sie einen angemessenen Umfang nicht übersteigen. ²Die laufenden Leistungen umfassen auch die Erstattung nachgewiesener Aufwendungen für Beiträge zu einer Unfallversicherung sowie die hälftige Erstattung nachgewiesener Aufwendungen zu einer angemessenen Alterssicherung der Pflegeperson. ³Sie sollen in einem monatlichen Pauschalbetrag gewährt werden, soweit nicht nach der Besonderheit des Einzelfalls abweichende Leistungen geboten sind. ⁴Ist die Pflegeperson in gerader Linie mit dem Kind oder Jugendlichen verwandt und kann sie diesem unter Berücksichtigung ihrer sonstigen Verpflichtungen und ohne Gefährdung ihres angemessenen Unterhalts Unterhalt gewähren, so kann der Teil des monatlichen Pauschalbetrags, der die Kosten für den Sachaufwand des Kindes oder Jugendlichen betrifft, angemessen gekürzt werden. ⁵Wird ein Kind oder ein Jugendlicher im Bereich eines anderen Jugendamts untergebracht, so soll sich die Höhe des zu gewährenden Pauschalbetrages nach den Verhältnissen richten, die am Ort der Pflegestelle gelten.

(5) ¹Die Pauschalbeträge für laufende Leistungen zum Unterhalt sollen von den nach Landesrecht zuständigen Behörden festgesetzt werden. ²Dabei ist dem altersbedingt unterschiedlichen Unterhaltsbedarf von Kindern und Jugendlichen durch eine Staffelung der Beträge nach Altersgruppen Rechnung zu tragen. ³Das Nähere regelt Landesrecht.

(6) ¹Wird das Kind oder der Jugendliche im Rahmen des Familienleistungsausgleichs nach § 31 des Einkommensteuergesetzes bei der Pflegeperson berücksichtigt, so ist ein Betrag in Höhe der Hälfte des Betrages, der nach § 66 des Einkommensteuergesetzes für ein erstes Kind zu zahlen ist, auf die laufenden Leistungen anzurechnen. ²Ist das Kind oder der Jugendliche nicht das älteste Kind in der Pflegefamilie, so ermäßigt sich der Anrechnungsbetrag für dieses Kind oder diesen Jugendlichen auf ein Viertel des Betrages, der für ein erstes Kind zu zahlen ist.

(7) Wird ein Kind oder eine Jugendliche während ihres Aufenthaltes in einer Einrichtung oder einer Pflegefamilie selbst Mutter eines Kindes, so ist auch der notwendige Unterhalt dieses Kindes sicherzustellen.

§ 40 Krankenhilfe

¹Wird Hilfe nach den §§ 33 bis 35 oder nach § 35a Abs. 2 Nr. 3 oder 4 gewährt, so ist auch Krankenhilfe zu leisten; für den Umfang der Hilfe gelten die §§ 47 bis 52 des Zwölf-

ten Buches entsprechend. ²Krankenhilfe muss den im Einzelfall notwendigen Bedarf in voller Höhe befriedigen. ³Zuzahlungen und Eigenbeteiligungen sind zu übernehmen. ⁴Das Jugendamt kann in geeigneten Fällen die Beiträge für eine freiwillige Krankenversicherung übernehmen, soweit sie angemessen sind.

Vierter Unterabschnitt. Hilfe für junge Volljährige

§ 41 Hilfe für junge Volljährige, Nachbetreuung

(1) ¹Einem jungen Volljährigen soll Hilfe für die Persönlichkeitsentwicklung und zu einer eigenverantwortlichen Lebensführung gewährt werden, wenn und solange die Hilfe aufgrund der individuellen Situation des jungen Menschen notwendig ist. ²Die Hilfe wird in der Regel nur bis zur Vollendung des 21. Lebensjahres gewährt; in begründeten Einzelfällen soll sie für einen begrenzten Zeitraum darüber hinaus fortgesetzt werden.

(2) Für die Ausgestaltung der Hilfe gelten § 27 Abs. 3 und 4 sowie die §§ 28 bis 30, 33 bis 36, 39 und 40 entsprechend mit der Maßgabe, dass an die Stelle des Personensorgeberechtigten oder des Kindes oder des Jugendlichen der junge Volljährige tritt.

(3) Der junge Volljährige soll auch nach Beendigung der Hilfe bei der Verselbständigung im notwendigen Umfang beraten und unterstützt werden.

Drittes Kapitel. Andere Aufgaben der Jugendhilfe

Erster Abschnitt. Vorläufige Maßnahmen zum Schutz von Kindern und Jugendlichen

§ 42 Inobhutnahme von Kindern und Jugendlichen

(1) ¹Das Jugendamt ist berechtigt und verpflichtet, ein Kind oder einen Jugendlichen in seine Obhut zu nehmen, wenn

1. das Kind oder der Jugendliche um Obhut bittet oder
2. eine dringende Gefahr für das Wohl des Kindes oder des Jugendlichen die Inobhutnahme erfordert und
   a) die Personensorgeberechtigten nicht widersprechen oder
   b) eine familiengerichtliche Entscheidung nicht rechtzeitig eingeholt werden kann oder
3. ein ausländisches Kind oder ein ausländischer Jugendlicher unbegleitet nach Deutschland kommt und sich weder Personensorge- noch Erziehungsberechtigte im Inland aufhalten.

²Die Inobhutnahme umfasst die Befugnis, ein Kind oder einen Jugendlichen bei einer geeigneten Person, in einer geeigneten Einrichtung oder in einer sonstigen Wohnform vorläufig unterzubringen; im Fall von Satz 1 Nr. 2 auch ein Kind oder einen Jugendlichen von einer anderen Person wegzunehmen.

(2) ¹Das Jugendamt hat während der Inobhutnahme die Situation, die zur Inobhutnahme geführt hat, zusammen mit dem Kind oder dem Jugendlichen zu klären und Möglichkeiten der Hilfe und Unterstützung aufzuzeigen. ²Dem Kind oder dem Jugendlichen ist unverzüglich Gelegenheit zu geben, eine Person seines Vertrauens zu benachrichtigen. ³Das Jugendamt hat während der Inobhutnahme für das Wohl des Kindes oder des Jugendlichen zu sorgen und dabei den notwendigen Unterhalt und die Krankenhilfe sicherzustellen. ⁴Das Jugendamt ist während der Inobhutnahme berechtigt, alle Rechtshandlungen vorzunehmen, die zum Wohl des Kindes oder Jugendlichen notwendig sind; der mutmaßliche Wille der Personensorge- oder der Erziehungsberechtigten ist dabei angemessen zu berücksichtigen.

(3) ¹Das Jugendamt hat im Fall des Absatzes 1 Satz 1 Nr. 1 und 2 die Personensorge- oder Erziehungsberechtigten unverzüglich von der Inobhutnahme zu unterrichten und mit ihnen das Gefährdungsrisiko abzuschätzen. ²Widersprechen die Personensorge- oder Erziehungsberechtigten der Inobhutnahme, so hat das Jugendamt unverzüglich

1. das Kind oder den Jugendlichen den Personensorge- oder Erziehungsberechtigten zu übergeben, sofern nach der Einschätzung des Jugendamts eine Gefährdung des Kindeswohls nicht besteht oder die Personensorge- oder Erziehungsberechtigten bereit und in der Lage sind, die Gefährdung abzuwenden oder
2. eine Entscheidung des Familiengerichts über die erforderlichen Maßnahmen zum Wohl des Kindes oder des Jugendlichen herbeizuführen.

³Sind die Personensorge- oder Erziehungsberechtigten nicht erreichbar, so gilt Satz 2 Nr. 2 entsprechend. ⁴Im Fall des Absatzes 1 Satz 1 Nr. 3 ist unverzüglich die Bestellung eines Vormunds oder Pflegers zu veranlassen. ⁵Widersprechen die Personensorgeberechtigten der Inobhutnahme nicht, so ist unverzüglich ein Hilfeplanverfahren zur Gewährung einer Hilfe einzuleiten.

(4) Die Inobhutnahme endet mit
1. der Übergabe des Kindes oder Jugendlichen an die Personensorge- oder Erziehungsberechtigten,
2. der Entscheidung über die Gewährung von Hilfen nach dem Sozialgesetzbuch.

(5) ¹Freiheitsentziehende Maßnahmen im Rahmen der Inobhutnahme sind nur zulässig, wenn und soweit sie erforderlich sind, um eine Gefahr für Leib oder Leben des Kindes oder des Jugendlichen oder eine Gefahr für Leib oder Leben Dritter abzuwenden. ²Die Freiheitsentziehung ist ohne gerichtliche Entscheidung spätestens mit Ablauf des Tages nach ihrem Beginn zu beenden.

(6) Ist bei der Inobhutnahme die Anwendung unmittelbaren Zwangs erforderlich, so sind die dazu befugten Stellen hinzuzuziehen.

Zweiter Abschnitt. Schutz von Kindern und Jugendlichen in Familienpflege und in Einrichtungen

§ 43 Erlaubnis zur Kindertagespflege

(1) Eine Person, die ein Kind oder mehrere Kinder außerhalb des Haushalts des Erziehungsberechtigten während eines Teils des Tages und mehr als 15 Stunden wöchentlich gegen Entgelt länger als drei Monate betreuen will, bedarf der Erlaubnis.

(2) ¹Die Erlaubnis ist zu erteilen, wenn die Person für die Kindertagespflege geeignet ist. ²Geeignet im Sinne des Satzes 1 sind Personen, die
1. sich durch ihre Persönlichkeit, Sachkompetenz und Kooperationsbereitschaft mit Erziehungsberechtigten und anderen Tagespflegepersonen auszeichnen und
2. über kindgerechte Räumlichkeiten verfügen.
³Sie sollen über vertiefte Kenntnisse hinsichtlich der Anforderungen der Kindertagespflege verfügen, die sie in qualifizierten Lehrgängen erworben oder in anderer Weise nachgewiesen haben.

(3) ¹Die Erlaubnis befugt zur Betreuung von bis zu fünf gleichzeitig anwesenden, fremden Kindern. ²Im Einzelfall kann die Erlaubnis für eine geringere Zahl von Kindern erteilt werden. ³Landesrecht kann bestimmen, dass die Erlaubnis zur Betreuung von mehr als fünf gleichzeitig anwesenden, fremden Kindern erteilt werden kann, wenn die Person über eine pädagogische Ausbildung verfügt; in der Pflegestelle dürfen nicht mehr Kinder betreut werden als in einer vergleichbaren Gruppe einer Tageseinrichtung. ⁴Die Erlaubnis ist auf fünf Jahre befristet. ⁵Sie kann mit einer Nebenbestimmung versehen werden. ⁶Die Tagespflegeperson hat den Träger der öffentlichen Jugendhilfe über wichtige Ereignisse zu unterrichten, die für die Betreuung des oder der Kinder bedeutsam sind.

(4) Erziehungsberechtigte und Tagespflegepersonen haben Anspruch auf Beratung in allen Fragen der Kindertagespflege.

(5) Das Nähere regelt das Landesrecht.

§ 44 Erlaubnis zur Vollzeitpflege

(1) ¹Wer ein Kind oder einen Jugendlichen über Tag und Nacht in seinem Haushalt aufnehmen will (Pflegeperson), bedarf der Erlaubnis. ²Einer Erlaubnis bedarf nicht, wer ein Kind oder einen Jugendlichen
1. im Rahmen von Hilfe zur Erziehung oder von Eingliederungshilfe für seelisch behinderte Kinder und Jugendliche aufgrund einer Vermittlung durch das Jugendamt,
2. als Vormund oder Pfleger im Rahmen seines Wirkungskreises,
3. als Verwandter oder Verschwägerter bis zum dritten Grad,
4. bis zur Dauer von acht Wochen,
5. im Rahmen eines Schüler- oder Jugendaustausches,
6. in Adoptionspflege (§ 1744 des Bürgerlichen Gesetzbuchs)
über Tag und Nacht aufnimmt.

(2) Die Erlaubnis ist zu versagen, wenn das Wohl des Kindes oder des Jugendlichen in der Pflegestelle nicht gewährleistet ist.

80 SGB VIII

(3) ¹Das Jugendamt soll den Erfordernissen des Einzelfalls entsprechend an Ort und Stelle überprüfen, ob die Voraussetzungen für die Erteilung der Erlaubnis weiter bestehen. ²Ist das Wohl des Kindes oder des Jugendlichen in der Pflegestelle gefährdet und ist die Pflegeperson nicht bereit oder in der Lage, die Gefährdung abzuwenden, so ist die Erlaubnis zurückzunehmen oder zu widerrufen.

(4) Wer ein Kind oder einen Jugendlichen in erlaubnispflichtige Familienpflege aufgenommen hat, hat das Jugendamt über wichtige Ereignisse zu unterrichten, die das Wohl des Kindes oder des Jugendlichen betreffen.

§ 45 Erlaubnis für den Betrieb einer Einrichtung

(1) ¹Der Träger einer Einrichtung, in der Kinder oder Jugendliche ganztägig oder für einen Teil des Tages betreut werden oder Unterkunft erhalten, bedarf für den Betrieb der Einrichtung der Erlaubnis. ²Einer Erlaubnis bedarf nicht, wer

1. eine Jugendfreizeiteinrichtung, eine Jugendbildungseinrichtung, eine Jugendherberge oder ein Schullandheim betreibt,
2. ein Schülerheim betreibt, das landesgesetzlich der Schulaufsicht untersteht,
3. eine Einrichtung betreibt, die außerhalb der Jugendhilfe liegende Aufgaben für Kinder oder Jugendliche wahrnimmt, wenn für sie eine entsprechende gesetzliche Aufsicht besteht oder im Rahmen des Hotel- und Gaststättengewerbes der Aufnahme von Kindern oder Jugendlichen dient.

(2) ¹Die Erlaubnis kann mit Nebenbestimmungen versehen werden. ²Sie ist zu versagen, wenn

1. die Betreuung der Kinder oder der Jugendlichen durch geeignete Kräfte nicht gesichert ist oder
2. in sonstiger Weise das Wohl der Kinder oder der Jugendlichen in der Einrichtung nicht gewährleistet ist; dies ist insbesondere dann anzunehmen, wenn bei der Förderung von Kindern und Jugendlichen in Einrichtungen
   a) ihre gesellschaftliche und sprachliche Integration oder
   b) die gesundheitliche Vorsorge und medizinische Betreuung

erschwert wird.
³Der Träger der Einrichtung soll mit dem Antrag die Konzeption der Einrichtung vorlegen. ⁴Über die Voraussetzungen der Eignung sind Vereinbarungen mit den Trägern der Einrichtungen anzustreben. ⁵Die Erlaubnis ist zurückzunehmen oder zu widerrufen, wenn das Wohl der Kinder oder der Jugendlichen in der Einrichtung gefährdet und der Träger der Einrichtung nicht bereit oder in der Lage ist, die Gefährdung abzuwenden. ⁶Zur Sicherung des Wohls der Kinder und der Jugendlichen können auch nachträgliche Auflagen erteilt werden. ⁷Widerspruch und Anfechtungsklage gegen die Rücknahme oder den Widerruf der Erlaubnis haben keine aufschiebende Wirkung.

(3) ¹Sind in einer Einrichtung Mängel festgestellt worden, so soll die zuständige Behörde zunächst den Träger der Einrichtung über die Möglichkeiten zur Abstellung der Mängel beraten. ²Wenn die Abstellung der Mängel Auswirkungen auf Entgelte oder Vergütungen nach § 75 des Zwölften Buches haben kann, so ist der Träger der Sozialhilfe an der Beratung zu beteiligen, mit dem Vereinbarungen nach dieser Vorschrift bestehen. ³Werden festgestellte Mängel nicht abgestellt, so können den Trägern der Einrichtung Auflagen erteilt werden, die zur Beseitigung einer eingetretenen oder Abwendung einer drohenden Beeinträchtigung oder Gefährdung des Wohls der Kinder oder Jugendlichen erforderlich sind. ⁴Wenn sich die Auflage auf Entgelte oder Vergütungen nach § 75 des Zwölften Buches auswirkt, so entscheidet über ihre Erteilung die zuständige Behörde nach Anhörung des Trägers der Sozialhilfe, mit dem Vereinbarungen nach dieser Vorschrift bestehen. ⁵Die Auflage ist nach Möglichkeit in Übereinstimmung mit Vereinbarungen nach den §§ 75 bis 80 des Zwölften Buches auszugestalten.

(4) ¹Besteht für eine erlaubnispflichtige Einrichtung eine Aufsicht nach anderen Rechtsvorschriften, so hat die zuständige Behörde ihr Tätigwerden zuvor mit der anderen Behörde abzustimmen. ²Sie hat den Träger der Einrichtung rechtzeitig auf weitergehende Anforderungen nach anderen Rechtsvorschriften hinzuweisen.

§ 46 Örtliche Prüfung

(1) ¹Die zuständige Behörde soll nach den Erfordernissen des Einzelfalls an Ort und Stelle überprüfen, ob die Voraussetzungen für die Erteilung der Erlaubnis weiterbestehen. ²Der Träger der Einrichtung soll bei der örtlichen Prüfung mitwirken. ³Sie soll das Ju-

gendamt und einen zentralen Träger der freien Jugendhilfe, wenn diesem der Träger der Einrichtung angehört, an der Überprüfung beteiligen.

(2) ¹Die von der zuständigen Behörde mit der Überprüfung der Einrichtung beauftragten Personen sind berechtigt, die für die Einrichtung benutzten Grundstücke und Räume, soweit diese nicht einem Hausrecht der Bewohner unterliegen, während der Tageszeit zu betreten, dort Prüfungen und Besichtigungen vorzunehmen, sich mit den Kindern und Jugendlichen in Verbindung zu setzen und die Beschäftigten zu befragen. ²Zur Abwehr von Gefahren für das Wohl der Kinder und der Jugendlichen können die Grundstücke und Räume auch außerhalb der in Satz 1 genannten Zeit und auch, wenn sie zugleich einem Hausrecht der Bewohner unterliegen, betreten werden. ³Der Träger der Einrichtung hat die Maßnahmen nach den Sätzen 1 und 2 zu dulden.

§ 47 Meldepflichten

¹Der Träger einer erlaubnispflichtigen Einrichtung hat der zuständigen Behörde
1. die Betriebsaufnahme unter Angabe von Name und Anschrift des Trägers, Art und Standort der Einrichtung, der Zahl der verfügbaren Plätze sowie der Namen und der beruflichen Ausbildung des Leiters und der Betreuungskräfte sowie
2. die bevorstehende Schließung der Einrichtung

unverzüglich anzuzeigen. ²Änderungen der in Nummer 1 bezeichneten Angaben sowie der Konzeption sind der zuständigen Behörde unverzüglich, die Zahl der belegten Plätze ist jährlich einmal zu melden.

§ 48 Tätigkeitsuntersagung

Die zuständige Behörde kann dem Träger einer erlaubnispflichtigen Einrichtung die weitere Beschäftigung des Leiters, eines Beschäftigten oder sonstigen Mitarbeiters ganz oder für bestimmte Funktionen oder Tätigkeiten untersagen, wenn Tatsachen die Annahme rechtfertigen, dass er die für seine Tätigkeit erforderliche Eignung nicht besitzt.

§ 48 a Sonstige betreute Wohnform

(1) Für den Betrieb einer sonstigen Wohnform, in der Kinder oder Jugendliche betreut werden oder Unterkunft erhalten, gelten die §§ 45 bis 48 entsprechend.

(2) Ist die sonstige Wohnform organisatorisch mit einer Einrichtung verbunden, so gilt sie als Teil der Einrichtung.

§ 49 Landesrechtsvorbehalt

Das Nähere über die in diesem Abschnitt geregelten Aufgaben regelt das Landesrecht.

Dritter Abschnitt. Mitwirkung in gerichtlichen Verfahren

§ 50 Mitwirkung in Verfahren vor den Familiengerichten

(1) ¹Das Jugendamt unterstützt das Familiengericht bei allen Maßnahmen, die die Sorge für die Person von Kindern und Jugendlichen betreffen. ²Es hat in folgenden Verfahren nach dem Gesetz über das Verfahren in Familiensachen und in den Angelegenheiten der freiwilligen Gerichtsbarkeit mitzuwirken:
1. Kindschaftssachen (§ 162 des Gesetzes über das Verfahren in Familiensachen und in den Angelegenheiten der freiwilligen Gerichtsbarkeit),
2. Abstammungssachen (§ 176 des Gesetzes über das Verfahren in Familiensachen und in den Angelegenheiten der freiwilligen Gerichtsbarkeit),
3. Adoptionssachen (§ 188 Abs. 2, §§ 189, 194, 195 des Gesetzes über das Verfahren in Familiensachen und in den Angelegenheiten der freiwilligen Gerichtsbarkeit),
4. Ehewohnungssachen (§ 204 Abs. 2, § 205 des Gesetzes über das Verfahren in Familiensachen und in den Angelegenheiten der freiwilligen Gerichtsbarkeit) und
5. Gewaltschutzsachen (§§ 212, 213 des Gesetzes über das Verfahren in Familiensachen und in den Angelegenheiten der freiwilligen Gerichtsbarkeit).

(2) ¹Das Jugendamt unterrichtet insbesondere über angebotene und erbrachte Leistungen, bringt erzieherische und soziale Gesichtspunkte zur Entwicklung des Kindes oder

des Jugendlichen ein und weist auf weitere Möglichkeiten der Hilfe hin. ²In Kindschaftssachen informiert das Jugendamt das Familiengericht in dem Termin nach § 155 Abs. 2 des Gesetzes über das Verfahren in Familiensachen und in den Angelegenheiten der freiwilligen Gerichtsbarkeit über den Stand des Beratungsprozesses.

§ 51 Beratung und Belehrung in Verfahren zur Annahme als Kind

(1) ¹Das Jugendamt hat im Verfahren zur Ersetzung der Einwilligung eines Elternteils in die Annahme nach § 1748 Abs. 2 Satz 1 des Bürgerlichen Gesetzbuchs den Elternteil über die Möglichkeit der Ersetzung der Einwilligung zu belehren. ²Es hat ihn darauf hinzuweisen, dass das Familiengericht die Einwilligung erst nach Ablauf von drei Monaten nach der Belehrung ersetzen darf. ³Der Belehrung bedarf es nicht, wenn der Elternteil seinen Aufenthaltsort ohne Hinterlassung seiner neuen Anschrift gewechselt hat und der Aufenthaltsort vom Jugendamt während eines Zeitraums von drei Monaten trotz angemessener Nachforschungen nicht ermittelt werden konnte; in diesem Fall beginnt die Frist mit der ersten auf die Belehrung oder auf die Ermittlung des Aufenthaltsorts gerichteten Handlung des Jugendamts. ⁴Die Fristen laufen frühestens fünf Monate nach der Geburt des Kindes ab.

(2) ¹Das Jugendamt soll den Elternteil mit der Belehrung nach Absatz 1 über Hilfen beraten, die die Erziehung des Kindes in der eigenen Familie ermöglichen könnten. ²Einer Beratung bedarf es insbesondere nicht, wenn das Kind seit längerer Zeit bei den Annehmenden in Familienpflege lebt und bei seiner Herausgabe an den Elternteil eine schwere und nachhaltige Schädigung des körperlichen und seelischen Wohlbefindens des Kindes zu erwarten ist. ³Das Jugendamt hat dem Familiengericht im Verfahren mitzuteilen, welche Leistungen erbracht oder angeboten worden sind oder aus welchem Grund davon abgesehen wurde.

(3) Sind die Eltern nicht miteinander verheiratet und haben sie keine Sorgeerklärungen abgegeben, so hat das Jugendamt den Vater bei der Wahrnehmung seiner Rechte nach § 1747 Abs. 1 und 3 des Bürgerlichen Gesetzbuchs zu beraten.

§ 52 Mitwirkung in Verfahren nach dem Jugendgerichtsgesetz

(1) Das Jugendamt hat nach Maßgabe der §§ 38 und 50 Abs. 3 Satz 2 des Jugendgerichtsgesetzes im Verfahren nach dem Jugendgerichtsgesetz mitzuwirken.

(2) ¹Das Jugendamt hat frühzeitig zu prüfen, ob für den Jugendlichen oder den jungen Volljährigen Leistungen der Jugendhilfe in Betracht kommen. ²Ist dies der Fall oder ist eine geeignete Leistung bereits eingeleitet oder gewährt worden, so hat das Jugendamt den Staatsanwalt oder den Richter umgehend davon zu unterrichten, damit geprüft werden kann, ob diese Leistung ein Absehen von der Verfolgung (§ 45 JGG) oder eine Einstellung des Verfahrens (§ 47 JGG) ermöglicht.

(3) Der Mitarbeiter des Jugendamts oder des anerkannten Trägers der freien Jugendhilfe, der nach § 38 Abs. 2 Satz 2 des Jugendgerichtsgesetzes tätig wird, soll den Jugendlichen oder den jungen Volljährigen während des gesamten Verfahrens betreuen.

Vierter Abschnitt. Beistandschaft, Pflegschaft und Vormundschaft für Kinder und Jugendliche, Auskunft über Nichtabgabe von Sorgeerklärungen

§ 52a Beratung und Unterstützung bei Vaterschaftsfeststellung und Geltendmachung von Unterhaltsansprüchen

(1) ¹Das Jugendamt hat unverzüglich nach der Geburt eines Kindes, dessen Eltern nicht miteinander verheiratet sind, der Mutter Beratung und Unterstützung insbesondere bei der Vaterschaftsfeststellung und der Geltendmachung von Unterhaltsansprüchen des Kindes anzubieten. ²Hierbei hat es hinzuweisen auf
1. die Bedeutung der Vaterschaftsfeststellung,
2. die Möglichkeiten, wie die Vaterschaft festgestellt werden kann, insbesondere bei welchen Stellen die Vaterschaft anerkannt werden kann,
3. die Möglichkeit, die Verpflichtung zur Erfüllung von Unterhaltsansprüchen nach § 59 Abs. 1 Satz 1 Nr. 3 beurkunden zu lassen,
4. die Möglichkeit, eine Beistandschaft zu beantragen, sowie auf die Rechtsfolgen einer solchen Beistandschaft,
5. die Möglichkeit der gemeinsamen elterlichen Sorge.

³Das Jugendamt hat der Mutter ein persönliches Gespräch anzubieten. ⁴Das Gespräch soll in der Regel in der persönlichen Umgebung der Mutter stattfinden, wenn diese es wünscht.

(2) Das Angebot nach Absatz 1 kann vor der Geburt des Kindes erfolgen, wenn anzunehmen ist, dass seine Eltern bei der Geburt nicht miteinander verheiratet sein werden.

(3) ¹Wurde eine nach § 1592 Nr. 1 oder 2 des Bürgerlichen Gesetzbuchs bestehende Vaterschaft zu einem Kind oder Jugendlichen durch eine gerichtliche Entscheidung beseitigt, so hat das Gericht dem Jugendamt Mitteilung zu machen. ²Absatz 1 gilt entsprechend.

(4) Das Standesamt hat die Geburt eines Kindes, dessen Eltern nicht miteinander verheiratet sind, unverzüglich dem Jugendamt anzuzeigen.

§ 53 Beratung und Unterstützung von Pflegern und Vormündern

(1) Das Jugendamt hat dem Familiengericht Personen und Vereine vorzuschlagen, die sich im Einzelfall zum Pfleger oder Vormund eignen.

(2) Pfleger und Vormünder haben Anspruch auf regelmäßige und dem jeweiligen erzieherischen Bedarf des Mündels entsprechende Beratung und Unterstützung.

(3) ¹Das Jugendamt hat darauf zu achten, dass die Vormünder und Pfleger für die Person der Mündel, insbesondere ihre Erziehung und Pflege, Sorge tragen. ²Es hat beratend darauf hinzuwirken, dass festgestellte Mängel im Einvernehmen mit dem Vormund oder dem Pfleger behoben werden. ³Soweit eine Behebung der Mängel nicht erfolgt, hat es dies dem Familiengericht mitzuteilen. ⁴Es hat dem Familiengericht über das persönliche Ergehen und die Entwicklung eines Mündels Auskunft zu erteilen. ⁵Erlangt das Jugendamt Kenntnis von der Gefährdung des Vermögens eines Mündels, so hat es dies dem Familiengericht anzuzeigen.

(4) ¹Für die Gegenvormundschaft gelten die Absätze 1 und 2 entsprechend. ²Ist ein Verein Vormund, so findet Absatz 3 keine Anwendung.

§ 54 Erlaubnis zur Übernahme von Vereinsvormundschaften

(1) ¹Ein rechtsfähiger Verein kann Pflegschaften oder Vormundschaften übernehmen, wenn ihm das Landesjugendamt dazu eine Erlaubnis erteilt hat. ²Er kann eine Beistandschaft übernehmen, soweit Landesrecht dies vorsieht.

(2) Die Erlaubnis ist zu erteilen, wenn der Verein gewährleistet, dass er
1. eine ausreichende Zahl geeigneter Mitarbeiter hat und diese beaufsichtigen, weiterbilden und gegen Schäden, die diese anderen im Rahmen ihrer Tätigkeit zufügen können, angemessen versichern wird,
2. sich planmäßig um die Gewinnung von Einzelvormündern und Einzelpflegern bemüht und sie in ihre Aufgaben einführt, fortbildet und berät,
3. einen Erfahrungsaustausch zwischen den Mitarbeitern ermöglicht.

(3) ¹Die Erlaubnis gilt für das jeweilige Bundesland, in dem der Verein seinen Sitz hat. ²Sie kann auf den Bereich eines Landesjugendamts beschränkt werden.

(4) ¹Das Nähere regelt das Landesrecht. ²Es kann auch weitere Voraussetzungen für die Erteilung der Erlaubnis vorsehen.

§ 55 Beistandschaft, Amtspflegschaft und Amtsvormundschaft

(1) Das Jugendamt wird Beistand, Pfleger oder Vormund in den durch das Bürgerliche Gesetzbuch vorgesehenen Fällen (Beistandschaft, Amtspflegschaft, Amtsvormundschaft).

(2) ¹Das Jugendamt überträgt die Ausübung der Aufgaben des Beistands, des Amtspflegers oder des Amtsvormunds einzelnen seiner Beamten oder Angestellten. ²Die Übertragung gehört zu den Angelegenheiten der laufenden Verwaltung. ³In dem durch die Übertragung umschriebenen Rahmen ist der Beamte oder Angestellte gesetzlicher Vertreter des Kindes oder des Jugendlichen.

§ 56 Führung der Beistandschaft, der Amtspflegschaft und der Amtsvormundschaft

(1) Auf die Führung der Beistandschaft, der Amtspflegschaft und der Amtsvormundschaft sind die Bestimmungen des Bürgerlichen Gesetzbuchs anzuwenden, soweit dieses Gesetz nicht etwas anderes bestimmt.

(2) ¹Gegenüber dem Jugendamt als Amtsvormund und Amtspfleger werden die Vorschriften des § 1802 Abs. 3 und des § 1818 des Bürgerlichen Gesetzbuchs nicht angewandt. ²In den Fällen des § 1803 Abs. 2, des § 1811 und des § 1822 Nr. 6 und 7 des Bürgerlichen Gesetzbuchs ist eine Genehmigung des Familiengerichts nicht erforderlich. ³Landesrecht kann für das Jugendamt als Amtspfleger oder als Amtsvormund weitergehende Ausnahmen von der Anwendung der Bestimmungen des Bürgerlichen Gesetzbuchs über die Vormundschaft über Minderjährige (§§ 1773 bis 1895) vorsehen, die die Aufsicht des Familiengerichts in vermögensrechtlicher Hinsicht sowie beim Abschluss von Lehr- und Arbeitsverträgen betreffen.

(3) ¹Mündelgeld kann mit Genehmigung des Familiengerichts auf Sammelkonten des Jugendamts bereitgehalten und angelegt werden, wenn es den Interessen des Mündels dient und sofern die sichere Verwaltung, Trennbarkeit und Rechnungslegung des Geldes einschließlich der Zinsen jederzeit gewährleistet ist; Landesrecht kann bestimmen, dass eine Genehmigung des Familiengerichts nicht erforderlich ist. ²Die Anlegung von Mündelgeld gemäß § 1807 des Bürgerlichen Gesetzbuchs ist auch bei der Körperschaft zulässig, die das Jugendamt errichtet hat.

(4) Das Jugendamt hat in der Regel jährlich zu prüfen, ob im Interesse des Kindes oder des Jugendlichen seine Entlassung als Amtspfleger oder Amtsvormund und die Bestellung einer Einzelperson oder eines Vereins angezeigt ist, und dies dem Familiengericht mitzuteilen.

§ 57 Mitteilungspflicht des Jugendamts

Das Jugendamt hat dem Familiengericht unverzüglich den Eintritt einer Vormundschaft mitzuteilen.

§ 58 Gegenvormundschaft des Jugendamts

Für die Tätigkeit des Jugendamts als Gegenvormund gelten die §§ 55 und 56 entsprechend.

§ 58a Auskunft über Nichtabgabe und Nichtersetzung von Sorgeerklärungen

(1) Sind keine Sorgeerklärungen nach § 1626a Abs. 1 Nr. 1 des Bürgerlichen Gesetzbuchs abgegeben worden und ist keine Sorgeerklärung nach Artikel 224 § 2 Abs. 3 des Einführungsgesetzes zum Bürgerlichen Gesetzbuche ersetzt worden, kann die Mutter von dem nach § 87c Abs. 6 Satz 1 zuständigen Jugendamt unter Angabe des Geburtsdatums und des Geburtsortes des Kindes oder des Jugendlichen sowie des Namens, den das Kind oder der Jugendliche zur Zeit der Beurkundung seiner Geburt geführt hat, darüber eine schriftliche Auskunft verlangen.

(2) Zum Zwecke der Auskunftserteilung nach Absatz 1 wird bei dem nach § 87c Abs. 6 Satz 2 zuständigen Jugendamt ein Register über abgegebene und ersetzte Sorgeerklärungen geführt.

Fünfter Abschnitt. Beurkundung und Beglaubigung, vollstreckbare Urkunden

§ 59 Beurkundung und Beglaubigung

(1) ¹Die Urkundsperson beim Jugendamt ist befugt,
1. die Erklärung, durch die die Vaterschaft anerkannt oder die Anerkennung widerrufen wird, die Zustimmungserklärung der Mutter sowie die etwa erforderliche Zustimmung des Mannes, der im Zeitpunkt der Geburt mit der Mutter verheiratet ist, des Kindes, des Jugendlichen oder eines gesetzlichen Vertreters zu einer solchen Erklärung (Erklärungen über die Anerkennung der Vaterschaft) zu beurkunden,
2. die Erklärung, durch die die Mutterschaft anerkannt wird, sowie die etwa erforderliche Zustimmung des gesetzlichen Vertreters der Mutter zu beurkunden (§ 44 Abs. 2 des Personenstandsgesetzes),
3. die Verpflichtung zur Erfüllung von Unterhaltsansprüchen eines Abkömmlings zu beurkunden, sofern die unterhaltsberechtigte Person zum Zeitpunkt der Beurkundung das 21. Lebensjahr noch nicht vollendet hat,

4. die Verpflichtung zur Erfüllung von Ansprüchen auf Unterhalt (§ 1615 l des Bürgerlichen Gesetzbuchs) zu beurkunden,
5. die Bereiterklärung der Adoptionsbewerber zur Annahme eines ihnen zur internationalen Adoption vorgeschlagenen Kindes (§ 7 Abs. 1 des Adoptionsübereinkommens-Ausführungsgesetzes) zu beurkunden,
6. den Widerruf der Einwilligung des Kindes in die Annahme als Kind (§ 1746 Abs. 2 des Bürgerlichen Gesetzbuchs) zu beurkunden,
7. die Erklärung, durch die der Vater auf die Übertragung der Sorge verzichtet (§ 1747 Abs. 3 Nr. 3 des Bürgerlichen Gesetzbuchs) zu beurkunden,
8. die Sorgeerklärungen (§ 1626 a Abs. 1 Nr. 1 des Bürgerlichen Gesetzbuchs) sowie die etwa erforderliche Zustimmung des gesetzlichen Vertreters eines beschränkt geschäftsfähigen Elternteils (§ 1626 c Abs. 2 des Bürgerlichen Gesetzbuchs) zu beurkunden,
9. eine Erklärung des auf Unterhalt in Anspruch genommenen Elternteils nach § 648 der Zivilprozessordnung aufzunehmen; § 129 a der Zivilprozessordnung gilt entsprechend.

²Die Zuständigkeit der Notare, anderer Urkundspersonen oder sonstiger Stellen für öffentliche Beurkundungen und Beglaubigungen bleibt unberührt.

(2) Die Urkundsperson soll eine Beurkundung nicht vornehmen, wenn ihr in der betreffenden Angelegenheit die Vertretung eines Beteiligten obliegt.

(3) ¹Das Jugendamt hat geeignete Beamte und Angestellte zur Wahrnehmung der Aufgaben nach Absatz 1 zu ermächtigen. ²Die Länder können Näheres hinsichtlich der fachlichen Anforderungen an diese Personen regeln.

§ 60 Vollstreckbare Urkunden

¹Aus Urkunden, die eine Verpflichtung nach § 59 Abs. 1 Satz 1 Nr. 3 oder 4 zum Gegenstand haben und die von einem Beamten oder Angestellten des Jugendamts innerhalb der Grenzen seiner Amtsbefugnisse in der vorgeschriebenen Form aufgenommen worden sind, findet die Zwangsvollstreckung statt, wenn die Erklärung die Zahlung einer bestimmten Geldsumme betrifft und der Schuldner sich in der Urkunde der sofortigen Zwangsvollstreckung unterworfen hat. ²Die Zustellung kann auch dadurch vollzogen werden, dass der Beamte oder Angestellte dem Schuldner eine beglaubigte Abschrift der Urkunde aushändigt; § 173 Satz 2 und 3 der Zivilprozessordnung gilt entsprechend. ³Auf die Zwangsvollstreckung sind die Vorschriften, die für die Zwangsvollstreckung aus gerichtlichen Urkunden nach § 794 Abs. 1 Nr. 5 der Zivilprozessordnung gelten, mit folgenden Maßgaben entsprechend anzuwenden:

1. Die vollstreckbare Ausfertigung sowie die Bestätigungen nach § 1079 der Zivilprozessordnung werden von den Beamten oder Angestellten des Jugendamts erteilt, denen die Beurkundung der Verpflichtungserklärung übertragen ist. Das Gleiche gilt für die Bezifferung einer Verpflichtungserklärung nach § 790 der Zivilprozessordnung.
2. Über Einwendungen, die die Zulässigkeit der Vollstreckungsklausel oder die Zulässigkeit der Bezifferung nach § 790 der Zivilprozessordnung betreffen, über die Erteilung einer weiteren vollstreckbaren Ausfertigung sowie über Anträge nach § 1081 der Zivilprozessordnung entscheidet das für das Jugendamt zuständige Amtsgericht.

Viertes Kapitel. Schutz von Sozialdaten

§ 61 Anwendungsbereich

(1) ¹Für den Schutz von Sozialdaten bei ihrer Erhebung und Verwendung in der Jugendhilfe gelten § 35 des Ersten Buches, §§ 67 bis 85 a des Zehnten Buches sowie die nachfolgenden Vorschriften. ²Sie gelten für alle Stellen des Trägers der öffentlichen Jugendhilfe, soweit sie Aufgaben nach diesem Buch wahrnehmen. ³Für die Wahrnehmung von Aufgaben nach diesem Buch durch kreisangehörige Gemeinden und Gemeindeverbände, die nicht örtliche Träger sind, gelten die Sätze 1 und 2 entsprechend.

(2) Für den Schutz von Sozialdaten bei ihrer Erhebung und Verwendung im Rahmen der Tätigkeit des Jugendamts als Amtspfleger, Amtsvormund, Beistand und Gegenvormund gilt nur § 68.

(3) Werden Einrichtungen und Dienste der Träger der freien Jugendhilfe in Anspruch genommen, so ist sicherzustellen, dass der Schutz der personenbezogenen Daten bei der Erhebung und Verwendung in entsprechender Weise gewährleistet ist.

§ 62 Datenerhebung

(1) Sozialdaten dürfen nur erhoben werden, soweit ihre Kenntnis zur Erfüllung der jeweiligen Aufgabe erforderlich ist.

(2) ¹Sozialdaten sind beim Betroffenen zu erheben. ²Er ist über die Rechtsgrundlage der Erhebung sowie die Zweckbestimmungen der Erhebung und Verwendung aufzuklären, soweit diese nicht offenkundig sind.

(3) Ohne Mitwirkung des Betroffenen dürfen Sozialdaten nur erhoben werden, wenn
1. eine gesetzliche Bestimmung dies vorschreibt oder erlaubt oder
2. ihre Erhebung beim Betroffenen nicht möglich ist oder die jeweilige Aufgabe ihrer Art nach eine Erhebung bei anderen erfordert, die Kenntnis der Daten aber erforderlich ist für
    a) die Feststellung der Voraussetzungen oder für die Erfüllung einer Leistung nach diesem Buch oder
    b) die Feststellung der Voraussetzungen für die Erstattung einer Leistung nach § 50 des Zehnten Buches oder
    c) die Wahrnehmung einer Aufgabe nach den §§ 42 bis 48a und nach § 52 oder
    d) die Erfüllung des Schutzauftrages bei Kindeswohlgefährdung nach § 8a oder
3. die Erhebung beim Betroffenen einen unverhältnismäßigen Aufwand erfordern würde und keine Anhaltspunkte dafür bestehen, dass schutzwürdige Interessen des Betroffenen beeinträchtigt werden oder
4. die Erhebung bei dem Betroffenen den Zugang zur Hilfe ernsthaft gefährden würde.

(4) ¹Ist der Betroffene nicht zugleich Leistungsberechtigter oder sonst an der Leistung beteiligt, so dürfen die Daten auch beim Leistungsberechtigten oder einer anderen Person, die sonst an der Leistung beteiligt ist, erhoben werden, wenn die Kenntnis der Daten für die Gewährung einer Leistung nach diesem Buch notwendig ist. ²Satz 1 gilt bei der Erfüllung anderer Aufgaben im Sinne des § 2 Abs. 3 entsprechend.

§ 63 Datenspeicherung

(1) Sozialdaten dürfen gespeichert werden, soweit dies für die Erfüllung der jeweiligen Aufgabe erforderlich ist.

(2) ¹Daten, die zur Erfüllung unterschiedlicher Aufgaben der öffentlichen Jugendhilfe erhoben worden sind, dürfen nur zusammengeführt werden, wenn und solange dies wegen eines unmittelbaren Sachzusammenhangs erforderlich ist. ²Daten, die zu Leistungszwecken im Sinne des § 2 Abs. 2 und Daten, die für andere Aufgaben im Sinne des § 2 Abs. 3 erhoben worden sind, dürfen nur zusammengeführt werden, soweit dies zur Erfüllung der jeweiligen Aufgabe erforderlich ist.

§ 64 Datenübermittlung und -nutzung

(1) Sozialdaten dürfen zu Zweck übermittelt oder genutzt werden, zu dem sie erhoben worden sind.

(2) Eine Übermittlung für die Erfüllung von Aufgaben nach § 69 des Zehnten Buches ist abweichend von Absatz 1 nur zulässig, soweit dadurch der Erfolg einer zu gewährenden Leistung nicht in Frage gestellt wird.

(2 a) Vor einer Übermittlung an eine Fachkraft, die der verantwortlichen Stelle nicht angehört, sind die Sozialdaten zu anonymisieren oder zu pseudonymisieren, soweit die Aufgabenerfüllung dies zulässt.

(3) Sozialdaten dürfen beim Träger der öffentlichen Jugendhilfe zum Zwecke der Planung im Sinne des § 80 gespeichert oder genutzt werden; sie sind unverzüglich zu anonymisieren.

§ 65 Besonderer Vertrauensschutz in der persönlichen und erzieherischen Hilfe

(1) ¹Sozialdaten, die dem Mitarbeiter eines Trägers der öffentlichen Jugendhilfe zum Zweck persönlicher und erzieherischer Hilfe anvertraut worden sind, dürfen von diesem nur weitergegeben werden
1. mit der Einwilligung dessen, der die Daten anvertraut hat, oder
2. dem Vormundschafts- oder dem Familiengericht zur Erfüllung der Aufgaben nach § 8a Abs. 3, wenn angesichts einer Gefährdung des Wohls eines Kindes oder eines Jugendli-

chen ohne diese Mitteilung eine für die Gewährung von Leistungen notwendige gerichtliche Entscheidung nicht ermöglicht werden könnte, oder
3. dem Mitarbeiter, der auf Grund eines Wechsels der Fallzuständigkeit im Jugendamt oder eines Wechsels der örtlichen Zuständigkeit für die Gewährung oder Erbringung der Leistung verantwortlich ist, wenn Anhaltspunkte für eine Gefährdung des Kindeswohls gegeben sind und die Daten für eine Abschätzung des Gefährdungsrisikos notwendig sind, oder
4. an die Fachkräfte, die zum Zwecke der Abschätzung des Gefährdungsrisikos nach § 8a hinzugezogen werden; § 64 Abs. 2a bleibt unberührt, oder
5. unter den Voraussetzungen, unter denen eine der in § 203 Abs. 1 oder 3 des Strafgesetzbuches genannten Personen dazu befugt wäre.
²Gibt der Mitarbeiter anvertraute Sozialdaten weiter, so dürfen sie vom Empfänger nur zu dem Zweck weitergegeben werden, zu dem er diese befugt erhalten hat.

(2) § 35 Abs. 3 des Ersten Buches gilt auch, soweit ein behördeninternes Weitergabeverbot nach Absatz 1 besteht.

§§ 66, 67 (weggefallen)

§ 68 Sozialdaten im Bereich der Beistandschaft, Amtspflegschaft und der Amtsvormundschaft

(1) ¹Der Beamte oder Angestellte, dem die Ausübung der Beistandschaft, Amtspflegschaft oder Amtsvormundschaft übertragen ist, darf Sozialdaten nur erheben und verwenden, soweit dies zur Erfüllung seiner Aufgaben erforderlich ist. ²Die Nutzung dieser Sozialdaten zum Zweck der Aufsicht, Kontrolle oder Rechnungsprüfung durch die dafür zuständigen Stellen sowie die Übermittlung an diese ist im Hinblick auf den Einzelfall zulässig.

(2) Für die Löschung und Sperrung der Daten gilt § 84 Abs. 2, 3 und 6 des Zehnten Buches entsprechend.

(3) ¹Wer unter Beistandschaft, Amtspflegschaft oder Amtsvormundschaft gestanden hat, hat nach Vollendung des 18. Lebensjahres ein Recht auf Kenntnis der zu seiner Person gespeicherten Informationen, soweit nicht berechtigte Interessen Dritter entgegenstehen. ²Vor Vollendung des 18. Lebensjahres können ihm die gespeicherten Informationen bekannt gegeben werden, soweit er die erforderliche Einsichts- und Urteilsfähigkeit besitzt und keine berechtigten Interessen Dritter entgegenstehen. ³Nach Beendigung einer Beistandschaft hat darüber hinaus der Elternteil, der die Beistandschaft beantragt hat, einen Anspruch auf Kenntnis der gespeicherten Daten, solange der junge Mensch minderjährig ist und der Elternteil antragsberechtigt ist.

(4) Personen oder Stellen, an die Sozialdaten übermittelt worden sind, dürfen diese nur zu dem Zweck verwenden, zu dem sie ihnen nach Absatz 1 befugt weitergegeben worden sind.

(5) Für die Tätigkeit des Jugendamts als Gegenvormund gelten die Absätze 1 bis 4 entsprechend.

Fünftes Kapitel. Träger der Jugendhilfe, Zusammenarbeit, Gesamtverantwortung

Erster Abschnitt. Träger der öffentlichen Jugendhilfe

§ 69 Träger der öffentlichen Jugendhilfe, Jugendämter, Landesjugendämter

(1) Die Träger der öffentlichen Jugendhilfe werden durch Landesrecht bestimmt.

(2) *(aufgehoben)*

(3) Für die Wahrnehmung der Aufgaben nach diesem Buch errichtet jeder örtliche Träger ein Jugendamt, jeder überörtliche Träger ein Landesjugendamt.

(4) Mehrere örtliche Träger und mehrere überörtliche Träger können, auch wenn sie verschiedenen Ländern angehören, zur Durchführung einzelner Aufgaben gemeinsame Einrichtungen und Dienste errichten.

§ 70 Organisation des Jugendamts und des Landesjugendamts

(1) Die Aufgaben des Jugendamts werden durch den Jugendhilfeausschuss und durch die Verwaltung des Jugendamts wahrgenommen.

(2) Die Geschäfte der laufenden Verwaltung im Bereich der öffentlichen Jugendhilfe werden vom Leiter der Verwaltung der Gebietskörperschaft oder in seinem Auftrag vom Leiter der Verwaltung des Jugendamts im Rahmen der Satzung und der Beschlüsse der Vertretungskörperschaft und des Jugendhilfeausschusses geführt.

(3) ¹Die Aufgaben des Landesjugendamts werden durch den Landesjugendhilfeausschuss und durch die Verwaltung des Landesjugendamts im Rahmen der Satzung und der dem Landesjugendamt zur Verfügung gestellten Mittel wahrgenommen. ²Die Geschäfte der laufenden Verwaltung werden von dem Leiter der Verwaltung des Landesjugendamts im Rahmen der Satzung und der Beschlüsse des Landesjugendhilfeausschusses geführt.

§ 71 Jugendhilfeausschuss, Landesjugendhilfeausschuss

(1) Dem Jugendhilfeausschuss gehören als stimmberechtigte Mitglieder an
1. mit drei Fünfteln des Anteils der Stimmen Mitglieder der Vertretungskörperschaft des Trägers der öffentlichen Jugendhilfe oder von ihr gewählte Frauen und Männer, die in der Jugendhilfe erfahren sind,
2. mit zwei Fünfteln des Anteils der Stimmen Frauen und Männer, die auf Vorschlag der im Bereich des öffentlichen Trägers wirkenden und anerkannten Träger der freien Jugendhilfe von der Vertretungskörperschaft gewählt werden; Vorschläge der Jugendverbände und der Wohlfahrtsverbände sind angemessen zu berücksichtigen.

(2) Der Jugendhilfeausschuss befasst sich mit allen Angelegenheiten der Jugendhilfe, insbesondere mit
1. der Erörterung aktueller Problemlagen junger Menschen und ihrer Familien sowie mit Anregungen und Vorschlägen für die Weiterentwicklung der Jugendhilfe,
2. der Jugendhilfeplanung und
3. der Förderung der freien Jugendhilfe.

(3) ¹Er hat Beschlussrecht in Angelegenheiten der Jugendhilfe im Rahmen der von der Vertretungskörperschaft bereitgestellten Mittel, der von ihr erlassenen Satzung und der von ihr gefassten Beschlüsse. ²Er soll vor jeder Beschlussfassung der Vertretungskörperschaft in Fragen der Jugendhilfe und vor der Berufung eines Leiters des Jugendamts gehört werden und hat das Recht, an die Vertretungskörperschaft Anträge zu stellen. ³Er tritt nach Bedarf zusammen und ist auf Antrag von mindestens einem Fünftel der Stimmberechtigten einzuberufen. ⁴Seine Sitzungen sind öffentlich, soweit nicht das Wohl der Allgemeinheit, berechtigte Interessen einzelner Personen oder schutzbedürftiger Gruppen entgegenstehen.

(4) ¹Dem Landesjugendhilfeausschuss gehören mit zwei Fünfteln des Anteils der Stimmen Frauen und Männer an, die auf Vorschlag der im Bereich des Landesjugendamts wirkenden und anerkannten Träger der freien Jugendhilfe von der obersten Landesjugendbehörde zu berufen sind. ²Die übrigen Mitglieder werden durch Landesrecht bestimmt. ³Absatz 2 gilt entsprechend.

(5) ¹Das Nähere regelt das Landesrecht. ²Es regelt die Zugehörigkeit beratender Mitglieder zum Jugendhilfeausschuss. ³Es kann bestimmen, dass der Leiter der Verwaltung der Gebietskörperschaft oder der Leiter der Verwaltung des Jugendamts nach Absatz 1 Nr. 1 stimmberechtigt ist.

§ 72 Mitarbeiter, Fortbildung

(1) ¹Die Träger der öffentlichen Jugendhilfe sollen bei den Jugendämtern und Landesjugendämtern hauptberuflich nur Personen beschäftigen, die sich für die jeweilige Aufgabe nach ihrer Persönlichkeit eignen und eine dieser Aufgabe entsprechende Ausbildung erhalten haben (Fachkräfte) oder aufgrund besonderer Erfahrungen in der sozialen Arbeit in der Lage sind, die Aufgabe zu erfüllen. ²Soweit die jeweilige Aufgabe dies erfordert, sind mit ihrer Wahrnehmung nur Fachkräfte oder Fachkräfte mit entsprechender Zusatzausbildung zu betrauen. ³Fachkräfte verschiedener Fachrichtungen sollen zusammenwirken, soweit die jeweilige Aufgabe dies erfordert.

(2) Leitende Funktionen des Jugendamts oder des Landesjugendamts sollen in der Regel nur Fachkräften übertragen werden.

(3) Die Träger der öffentlichen Jugendhilfe haben Fortbildung und Praxisberatung der Mitarbeiter des Jugendamts und des Landesjugendamts sicherzustellen.

§ 72a Persönliche Eignung

[1] Die Träger der öffentlichen Jugendhilfe dürfen für die Wahrnehmung der Aufgaben in der Kinder- und Jugendhilfe keine Person beschäftigen oder vermitteln, die rechtskräftig wegen einer Straftat nach den §§ 171, 174 bis 174c, 176 bis 180a, 181a, 182 bis 184f, 225, 232 bis 233a, 234, 235 oder 236 des Strafgesetzbuchs verurteilt worden ist. [2] Zu diesem Zweck sollen sie sich bei der Einstellung oder Vermittlung und in regelmäßigen Abständen von den betroffenen Personen ein Führungszeugnis nach § 30 Abs. 5 des Bundeszentralregistergesetzes vorlegen lassen. [3] Durch Vereinbarungen mit den Trägern von Einrichtungen und Diensten sollen die Träger der öffentlichen Jugendhilfe auch sicherstellen, dass diese keine Personen nach Satz 1 beschäftigen.

Zweiter Abschnitt. Zusammenarbeit mit der freien Jugendhilfe, ehrenamtliche Tätigkeit

§ 73 Ehrenamtliche Tätigkeit

In der Jugendhilfe ehrenamtlich tätige Personen sollen bei ihrer Tätigkeit angeleitet, beraten und unterstützt werden.

§ 74 Förderung der freien Jugendhilfe

(1) [1] Die Träger der öffentlichen Jugendhilfe sollen die freiwillige Tätigkeit auf dem Gebiet der Jugendhilfe anregen; sie sollen sie fördern, wenn der jeweilige Träger
1. die fachlichen Voraussetzungen für die geplante Maßnahme erfüllt,
2. die Gewähr für eine zweckentsprechende und wirtschaftliche Verwendung der Mittel bietet,
3. gemeinnützige Ziele verfolgt,
4. eine angemessene Eigenleistung erbringt und
5. die Gewähr für eine den Zielen des Grundgesetzes förderliche Arbeit bietet.

[2] Eine auf Dauer angelegte Förderung setzt in der Regel die Anerkennung als Träger der freien Jugendhilfe nach § 75 voraus.

(2) [1] Soweit von der freien Jugendhilfe Einrichtungen, Dienste und Veranstaltungen geschaffen werden, um die Gewährung von Leistungen nach diesem Buch zu ermöglichen, kann die Förderung von der Bereitschaft abhängig gemacht werden, diese Einrichtungen, Dienste und Veranstaltungen nach Maßgabe der Jugendhilfeplanung und unter Beachtung der in § 9 genannten Grundsätze anzubieten. [2] § 4 Abs. 1 bleibt unberührt.

(3) [1] Über die Art und Höhe der Förderung entscheidet der Träger der öffentlichen Jugendhilfe im Rahmen der verfügbaren Haushaltsmittel nach pflichtgemäßem Ermessen. [2] Entsprechendes gilt, wenn mehrere Antragsteller die Förderungsvoraussetzungen erfüllen und die von ihnen vorgesehenen Maßnahmen gleich geeignet sind, zur Befriedigung des Bedarfs jedoch nur eine Maßnahme notwendig ist. [3] Bei der Bemessung der Eigenleistung sind die unterschiedliche Finanzkraft und die sonstigen Verhältnisse zu berücksichtigen.

(4) Bei sonst gleich geeigneten Maßnahmen soll solchen der Vorzug gegeben werden, die stärker an den Interessen der Betroffenen orientiert sind und ihre Einflußnahme auf die Ausgestaltung der Maßnahme gewährleisten.

(5) [1] Bei der Förderung gleichartiger Maßnahmen mehrerer Träger sind unter Berücksichtigung ihrer Eigenleistungen gleiche Grundsätze und Maßstäbe anzulegen. [2] Werden gleichartige Maßnahmen von der freien und der öffentlichen Jugendhilfe durchgeführt, so sind bei der Förderung die Grundsätze und Maßstäbe anzuwenden, die für die Finanzierung der Maßnahmen der öffentlichen Jugendhilfe gelten.

(6) Die Förderung von anerkannten Trägern der Jugendhilfe soll auch Mittel für die Fortbildung der haupt-, neben- und ehrenamtlichen Mitarbeiter sowie im Bereich der Jugendarbeit Mittel für die Errichtung und Unterhaltung von Jugendfreizeit- und Jugendbildungsstätten einschließen.

§ 74a Finanzierung von Tageseinrichtungen für Kinder

[1] Die Finanzierung von Tageseinrichtungen regelt das Landesrecht. [2] Dabei können alle Träger von Einrichtungen, die die rechtlichen und fachlichen Voraussetzungen für den

Betrieb der Einrichtung erfüllen, gefördert werden. ³Die Erhebung von Teilnahmebeiträgen nach § 90 bleibt unberührt.

§ 75 Anerkennung als Träger der freien Jugendhilfe

(1) Als Träger der freien Jugendhilfe können juristische Personen und Personenvereinigungen anerkannt werden, wenn sie
1. auf dem Gebiet der Jugendhilfe im Sinne des § 1 tätig sind,
2. gemeinnützige Ziele verfolgen,
3. aufgrund der fachlichen und personellen Voraussetzungen erwarten lassen, dass sie einen nicht unwesentlichen Beitrag zur Erfüllung der Aufgaben der Jugendhilfe zu leisten imstande sind, und
4. die Gewähr für eine den Zielen des Grundgesetzes förderliche Arbeit bieten.

(2) Einen Anspruch auf Anerkennung als Träger der freien Jugendhilfe hat unter den Voraussetzungen des Absatzes 1, wer auf dem Gebiet der Jugendhilfe mindestens drei Jahre tätig gewesen ist.

(3) Die Kirchen und Religionsgemeinschaften des öffentlichen Rechts sowie die auf Bundesebene zusammengeschlossenen Verbände der freien Wohlfahrtspflege sind anerkannte Träger der freien Jugendhilfe.

§ 76 Beteiligung anerkannter Träger der freien Jugendhilfe an der Wahrnehmung anderer Aufgaben

(1) Die Träger der öffentlichen Jugendhilfe können anerkannte Träger der freien Jugendhilfe an der Durchführung ihrer Aufgaben nach den §§ 42, 43, 50 bis 52a und 53 Abs. 2 bis 4 beteiligen oder ihnen diese Aufgaben zur Ausführung übertragen.

(2) Die Träger der öffentlichen Jugenhilfe bleiben für die Erfüllung der Aufgaben verantwortlich.

§ 77 Vereinbarungen über die Höhe der Kosten

¹Werden Einrichtungen und Dienste der Träger der freien Jugendhilfe in Anspruch genommen, so sind Vereinbarungen über die Höhe der Kosten der Inanspruchnahme zwischen der öffentlichen und der freien Jugendhilfe anzustreben. ²Das Nähere regelt das Landesrecht. ³Die §§ 78a bis 78g bleiben unberührt.

§ 78 Arbeitsgemeinschaften

¹Die Träger der öffentlichen Jugendhilfe sollen die Bildung von Arbeitsgemeinschaften anstreben, in denen neben ihnen die anerkannten Träger der freien Jugendhilfe sowie die Träger geförderter Maßnahmen vertreten sind. ²In den Arbeitsgemeinschaften soll darauf hingewirkt werden, dass die geplanten Maßnahmen aufeinander abgestimmt werden und sich gegenseitig ergänzen.

Dritter Abschnitt. Vereinbarungen über Leistungsangebote, Entgelte und Qualitätsentwicklung

§ 78a Anwendungsbereich

(1) Die Regelungen der §§ 78b bis 78g gelten für die Erbringung von
1. Leistungen für Betreuung und Unterkunft in einer sozialpädagogisch begleiteten Wohnform (§ 13 Abs. 3),
2. Leistungen in gemeinsamen Wohnformen für Mütter/Väter und Kinder (§ 19),
3. Leistungen zur Unterstützung bei notwendiger Unterbringung des Kindes oder Jugendlichen zur Erfüllung der Schulpflicht (§ 21 Satz 2),
4. Hilfe zur Erziehung
   a) in einer Tagesgruppe (§ 32),
   b) in einem Heim oder einer sonstigen betreuten Wohnform (§ 34) sowie
   c) in intensiver sozialpädagogischer Einzelbetreuung (§ 35), sofern sie außerhalb der eigenen Familie erfolgt,
   d) in sonstiger teilstationärer oder stationärer Form (§ 27),

5. Eingliederungshilfe für seelisch behinderte Kinder und Jugendliche in
   a) anderen teilstationären Einrichtungen (§ 35a Abs. 2 Nr. 2 Alternative 2),
   b) Einrichtungen über Tag und Nacht sowie sonstigen Wohnformen (§ 35a Abs. 2 Nr. 4),
6. Hilfe für junge Volljährige (§ 41), sofern diese den in den Nummern 4 und 5 genannten Leistungen entspricht, sowie
7. Leistungen zum Unterhalt (§ 39), sofern diese im Zusammenhang mit Leistungen nach den Nummern 4 bis 6 gewährt werden; § 39 Abs. 2 Satz 3 bleibt unberührt.

(2) Landesrecht kann bestimmen, dass die §§ 78b bis 78g auch für andere Leistungen nach diesem Buch sowie für vorläufige Maßnahmen zum Schutz von Kindern und Jugendlichen (§ 42) gelten.

§ 78b Voraussetzungen für die Übernahme des Leistungsentgelts

(1) Wird die Leistung ganz oder teilweise in einer Einrichtung erbracht, so ist der Träger der öffentlichen Jugendhilfe zur Übernahme des Entgelts gegenüber dem Leistungsberechtigten verpflichtet, wenn mit dem Träger der Einrichtungen oder seinem Verband Vereinbarungen über

1. Inhalt, Umfang und Qualität der Leistungsangebote (Leistungsvereinbarung),
2. differenzierte Entgelte für die Leistungsangebote und die betriebsnotwendigen Investitionen (Entgeltvereinbarung) und
3. Grundsätze und Maßstäbe für die Bewertung der Qualität der Leistungsangebote sowie über geeignete Maßnahmen zu ihrer Gewährleistung (Qualitätsentwicklungsvereinbarung)

abgeschlossen worden sind.

(2) ¹Die Vereinbarungen sind mit den Trägern abzuschließen, die unter Berücksichtigung der Grundsätze der Leistungsfähigkeit, Wirtschaftlichkeit und Sparsamkeit zur Erbringung der Leistung geeignet sind. ²Vereinbarungen über die Erbringung von Hilfe zur Erziehung im Ausland dürfen nur mit solchen Trägern abgeschlossen werden, die

1. anerkannte Träger der Jugendhilfe oder Träger einer erlaubnispflichtigen Einrichtung im Inland sind, in der Hilfe zur Erziehung erbracht wird,
2. mit der Erbringung solcher Hilfen nur Fachkräfte im Sinne des § 72 Abs. 1 betrauen und
3. die Gewähr dafür bieten, dass sie die Rechtsvorschriften des Aufenthaltslandes einhalten und mit den Behörden des Aufenthaltslandes sowie den deutschen Vertretungen im Ausland zusammenarbeiten.

(3) Ist eine der Vereinbarungen nach Absatz 1 nicht abgeschlossen, so ist der Träger der öffentlichen Jugendhilfe zur Übernahme des Leistungsentgelts nur verpflichtet, wenn dies insbesondere nach Maßgabe der Hilfeplanung (§ 36) im Einzelfall geboten ist.

§ 78c Inhalt der Leistungs- und Entgeltvereinbarungen

(1) ¹Die Leistungsvereinbarung muss die wesentlichen Leistungsmerkmale, insbesondere
1. Art, Ziel und Qualität des Leistungsangebots,
2. den in der Einrichtung zu betreuenden Personenkreis,
3. die erforderliche sächliche und personelle Ausstattung,
4. die Qualifikation des Personals sowie
5. die betriebsnotwendigen Anlagen der Einrichtung

festlegen. ²In die Vereinbarung ist aufzunehmen, unter welchen Voraussetzungen der Träger der Einrichtungen sich zur Erbringung von Leistungen verpflichtet. ³Der Träger muss gewährleisten, dass die Leistungsangebote zur Erbringung von Leistungen nach § 78a Abs. 1 geeignet sowie ausreichend, zweckmäßig und wirtschaftlich sind.

(2) ¹Die Entgelte müssen leistungsgerecht sein. ²Grundlage der Entgeltvereinbarung sind die in der Leistungs- und der Qualitätsentwicklungsvereinbarung festgelegten Leistungs- und Qualitätsmerkmale. ³Eine Erhöhung der Vergütung für Investitionen kann nur dann verlangt werden, wenn der zuständige Träger der öffentlichen Jugendhilfe der Investitionsmaßnahme vorher zugestimmt hat. ⁴Förderungen aus öffentlichen Mitteln sind anzurechnen.

§ 78d Vereinbarungszeitraum

(1) ¹Die Vereinbarungen nach § 78b Abs. 1 sind für einen zukünftigen Zeitraum (Vereinbarungszeitraum) abzuschließen. ²Nachträgliche Ausgleiche sind nicht zulässig.

(2) ¹Die Vereinbarungen treten zu dem darin bestimmten Zeitpunkt in Kraft. ²Wird ein Zeitpunkt nicht bestimmt, so werden die Vereinbarungen mit dem Tage ihres Abschlusses wirksam. ³Eine Vereinbarung, die vor diesen Zeitpunkt zurückwirkt, ist nicht zulässig; dies gilt nicht für Vereinbarungen vor der Schiedsstelle für die Zeit ab Eingang des Antrages bei der Schiedsstelle. ⁴Nach Ablauf des Vereinbarungszeitraums gelten die vereinbarten Vergütungen bis zum Inkrafttreten neuer Vereinbarungen weiter.

(3) ¹Bei unvorhersehbaren wesentlichen Veränderungen der Annahmen, die der Entgeltvereinbarung zugrunde lagen, sind die Entgelte auf Verlangen einer Vertragspartei für den laufenden Vereinbarungszeitraum neu zu verhandeln. ²Die Absätze 1 und 2 gelten entsprechend.

(4) Vereinbarungen über die Erbringung von Leistungen nach § 78a Abs. 1, die vor dem 1. Januar 1999 abgeschlossen worden sind, gelten bis zum Inkrafttreten neuer Vereinbarungen weiter.

§ 78 e Örtliche Zuständigkeit für den Abschluss von Vereinbarungen

(1) ¹Soweit Landesrecht nicht etwas anderes bestimmt, ist für den Abschluss von Vereinbarungen nach § 78b Abs. 1 der örtliche Träger der Jugendhilfe zuständig, in dessen Bereich die Einrichtung gelegen ist. ²Die von diesem Träger abgeschlossenen Vereinbarungen sind für alle örtlichen Träger bindend.

(2) Werden in der Einrichtung Leistungen erbracht, für deren Gewährung überwiegend ein anderer örtlicher Träger zuständig ist, so hat der nach Absatz 1 zuständige Träger diesen Träger zu hören.

(3) ¹Die kommunalen Spitzenverbände auf Landesebene und die Verbände der Träger der freien Jugendhilfe sowie die Vereinigungen sonstiger Leistungserbringer im jeweiligen Land können regionale oder landesweite Kommissionen bilden. ²Die Kommissionen können im Auftrag der Mitglieder der in Satz 1 genannten Verbände und Vereinigungen Vereinbarungen nach § 78b Abs. 1 schließen. ³Landesrecht kann die Beteiligung der für die Wahrnehmung der Aufgaben nach § 85 Abs. 2 Nr. 5 und 6 zuständigen Behörde vorsehen.

§ 78 f Rahmenverträge

¹Die kommunalen Spitzenverbände auf Landesebene schließen mit den Verbänden der Träger der freien Jugendhilfe und den Vereinigungen sonstiger Leistungserbringer auf Landesebene Rahmenverträge über den Inhalt der Vereinbarungen nach § 78b Abs. 1. ²Die für die Wahrnehmung der Aufgaben nach § 85 Abs. 2 Nr. 5 und 6 zuständigen Behörden sind zu beteiligen.

§ 78 g Schiedsstelle

(1) ¹In den Ländern sind Schiedsstellen für Streit- und Konfliktfälle einzurichten. ²Sie sind mit einem unparteiischen Vorsitzenden und mit einer gleichen Zahl von Vertretern der Träger der öffentlichen Jugendhilfe sowie von Vertretern der Träger der Einrichtungen zu besetzen. ³Der Zeitaufwand der Mitglieder ist zu entschädigen, bare Auslagen sind zu erstatten. ⁴Für die Inanspruchnahme der Schiedsstellen können Gebühren erhoben werden.

(2) ¹Kommt eine Vereinbarung nach § 78b Abs. 1 innerhalb von sechs Wochen nicht zustande, nachdem eine Partei schriftlich zu Verhandlungen aufgefordert hat, so entscheidet die Schiedsstelle auf Antrag einer Partei unverzüglich über die Gegenstände, über die keine Einigung erreicht werden konnte. ²Gegen die Entscheidung ist der Rechtsweg zu den Verwaltungsgerichten gegeben. ³Die Klage richtet sich gegen eine der beiden Vertragsparteien, nicht gegen die Schiedsstelle. ⁴Einer Nachprüfung der Entscheidung in einem Vorverfahren bedarf es nicht.

(3) ¹Entscheidungen der Schiedsstelle treten zu dem darin bestimmten Zeitpunkt in Kraft. ²Wird ein Zeitpunkt für das Inkrafttreten nicht bestimmt, so werden die Festsetzungen der Schiedsstelle mit dem Tag wirksam, an dem der Antrag bei der Schiedsstelle eingegangen ist. ³Die Festsetzung einer Vergütung, die vor diesen Zeitpunkt zurückwirkt, ist nicht zulässig. ⁴Im Übrigen gilt § 78d Abs. 2 Satz 4 und Abs. 3 entsprechend.

(4) Die Landesregierungen werden ermächtigt, durch Rechtsverordnung das Nähere zu bestimmen über

1. die Errichtung der Schiedsstellen,
2. die Zahl, die Bestellung, die Amtsdauer und die Amtsführung ihrer Mitglieder,

3. die Erstattung der baren Auslagen und die Entschädigung für ihren Zeitaufwand,
4. die Geschäftsführung, das Verfahren, die Erhebung und die Höhe der Gebühren sowie die Verteilung der Kosten und
5. die Rechtsaufsicht.

Vierter Abschnitt. Gesamtverantwortung, Jugendhilfeplanung

§ 79 Gesamtverantwortung, Grundausstattung

(1) Die Träger der öffentlichen Jugendhilfe haben für die Erfüllung der Aufgaben nach diesem Buch die Gesamtverantwortung einschließlich der Planungsverantwortung.

(2) ¹Die Träger der öffentlichen Jugendhilfe sollen gewährleisten, dass die zur Erfüllung der Aufgaben nach diesem Buch erforderlichen und geeigneten Einrichtungen, Dienste und Veranstaltungen den verschiedenen Grundrichtungen der Erziehung entsprechend rechtzeitig und ausreichend zur Verfügung stehen; hierzu zählen insbesondere auch Pfleger, Vormünder und Pflegepersonen. ²Von den für die Jugendhilfe bereitgestellten Mitteln haben sie einen angemessenen Anteil für die Jugendarbeit zu verwenden.

(3) Die Träger der öffentlichen Jugendhilfe haben für eine ausreichende Ausstattung der Jugendämter und der Landesjugendämter zu sorgen; hierzu gehört auch eine dem Bedarf entsprechende Zahl von Fachkräften.

§ 80 Jugendhilfeplanung

(1) Die Träger der öffentlichen Jugendhilfe haben im Rahmen ihrer Planungsverantwortung
1. den Bestand an Einrichtungen und Diensten festzustellen,
2. den Bedarf unter Berücksichtigung der Wünsche, Bedürfnisse und Interessen der jungen Menschen und der Personensorgeberechtigten für einen mittelfristigen Zeitraum zu ermitteln und
3. die zur Befriedigung des Bedarfs notwendigen Vorhaben rechtzeitig und ausreichend zu planen; dabei ist Vorsorge zu treffen, dass auch ein unvorhergesehener Bedarf befriedigt werden kann.

(2) Einrichtungen und Dienste sollen so geplant werden, dass insbesondere
1. Kontakte in der Familie und im sozialen Umfeld erhalten und gepflegt werden können,
2. ein möglichst wirksames, vielfältiges und aufeinander abgestimmtes Angebot von Jugendhilfeleistungen gewährleistet ist,
3. junge Menschen und Familien in gefährdeten Lebens- und Wohnbereichen besonders gefördert werden,
4. Mütter und Väter Aufgaben in der Familie und Erwerbstätigkeit besser miteinander vereinbaren können.

(3) ¹Die Träger der öffentlichen Jugendhilfe haben die anerkannten Träger der freien Jugendhilfe in allen Phasen ihrer Planung frühzeitig zu beteiligen. ²Zu diesem Zweck sind sie vom Jugendhilfeausschuss, soweit sie überörtlich tätig sind, im Rahmen der Jugendhilfeplanung des überörtlichen Trägers vom Landesjugendhilfeausschuss zu hören. ³Das Nähere regelt das Landesrecht.

(4) Die Träger der öffentlichen Jugendhilfe sollen darauf hinwirken, dass die Jugendhilfeplanung und andere örtliche und überörtliche Planungen aufeinander abgestimmt werden und die Planungen insgesamt den Bedürfnissen und Interessen der jungen Menschen und ihrer Familien Rechnung tragen.

§ 81 Zusammenarbeit mit anderen Stellen und öffentlichen Einrichtungen

Die Träger der öffentlichen Jugendhilfe haben mit anderen Stellen und öffentlichen Einrichtungen, deren Tätigkeit sich auf die Lebenssituation junger Menschen und ihrer Familien auswirkt, insbesondere mit
1. Schulen und Stellen der Schulverwaltung,
2. Einrichtungen und Stellen der beruflichen Aus- und Weiterbildung,
3. Einrichtungen und Stellen des öffentlichen Gesundheitsdienstes und sonstigen Einrichtungen des Gesundheitsdienstes,
4. den Stellen der Bundesagentur für Arbeit,
5. den Trägern anderer Sozialleistungen,

6. der Gewerbeaufsicht,
7. den Polizei- und Ordnungsbehörden,
8. den Justizvollzugsbehörden und
9. Einrichtungen der Ausbildung für Fachkräfte, der Weiterbildung und der Forschung im Rahmen ihrer Aufgaben und Befugnisse zusammenzuarbeiten.

Sechstes Kapitel. Zentrale Aufgaben

§ 82 Aufgaben der Länder

(1) Die oberste Landesjugendbehörde hat die Tätigkeit der Träger der öffentlichen und der freien Jugendhilfe und die Weiterentwicklung der Jugendhilfe anzuregen und zu fördern.

(2) Die Länder haben auf einen gleichmäßigen Ausbau der Einrichtungen und Angebote hinzuwirken und die Jugendämter und Landesjugendämter bei der Wahrnehmung ihrer Aufgaben zu unterstützen.

§ 83 Aufgaben des Bundes, Bundesjugendkuratorium

(1) Die fachlich zuständige oberste Bundesbehörde soll die Tätigkeit der Jugendhilfe anregen und fördern, soweit sie von überregionaler Bedeutung ist und ihrer Art nach nicht durch ein Land allein wirksam gefördert werden kann.

(2) ¹Die Bundesregierung wird in grundsätzlichen Fragen der Jugendhilfe von einem Sachverständigengremium (Bundesjugendkuratorium) beraten. ²Das Nähere regelt die Bundesregierung durch Verwaltungsvorschriften.

§ 84 Jugendbericht

(1) ¹Die Bundesregierung legt dem Deutschen Bundestag und dem Bundesrat in jeder Legislaturperiode einen Bericht über die Lage junger Menschen und die Bestrebungen und Leistungen der Jugendhilfe vor. ²Neben der Bestandsaufnahme und Analyse sollen die Berichte Vorschläge zur Weiterentwicklung der Jugendhilfe enthalten; jeder dritte Bericht soll einen Überblick über die Gesamtsituation der Jugendhilfe vermitteln.

(2) ¹Die Bundesregierung beauftragt mit der Ausarbeitung der Berichte jeweils eine Kommission, der mindestens sieben Sachverständige (Jugendberichtskommission) angehören. ²Die Bundesregierung fügt eine Stellungnahme mit den von ihr für notwendig gehaltenen Folgerungen bei.

Siebtes Kapitel. Zuständigkeit, Kostenerstattung

Erster Abschnitt. Sachliche Zuständigkeit

§ 85 Sachliche Zuständigkeit

(1) Für die Gewährung von Leistungen und die Erfüllung anderer Aufgaben nach diesem Buch ist der örtliche Träger sachlich zuständig, soweit nicht der überörtliche Träger sachlich zuständig ist.

(2) Der überörtliche Träger ist sachlich zuständig für

1. die Beratung der örtlichen Träger und die Entwicklung von Empfehlungen zur Erfüllung der Aufgaben nach diesem Buch,
2. die Förderung der Zusammenarbeit zwischen den örtlichen Trägern und den anerkannten Trägern der freien Jugendhilfe, insbesondere bei der Planung und Sicherstellung eines bedarfsgerechten Angebots an Hilfen zur Erziehung, Eingliederungshilfen für seelisch behinderte Kinder und Jugendliche und Hilfen für junge Volljährige,
3. die Anregung und Förderung von Einrichtungen, Diensten und Veranstaltungen sowie deren Schaffung und Betrieb, soweit sie den örtlichen Bedarf übersteigen; dazu gehören insbesondere Einrichtungen, die eine Schul- oder Berufsausbildung anbieten, sowie Jugendbildungsstätten,
4. die Planung, Anregung, Förderung und Durchführung von Modellvorhaben zur Weiterentwicklung der Jugendhilfe,

5. die Beratung der örtlichen Träger bei der Gewährung von Hilfe nach den §§ 32 bis 35 a, insbesondere bei der Auswahl einer Einrichtung oder der Vermittlung einer Pflegeperson in schwierigen Einzelfällen,
6. die Wahrnehmung der Aufgaben zum Schutz von Kindern und Jugendlichen in Einrichtungen (§§ 45 bis 48 a),
7. die Beratung der Träger von Einrichtungen während der Planung und Betriebsführung,
8. die Fortbildung von Mitarbeitern in der Jugendhilfe,
9. die Gewährung von Leistungen an Deutsche im Ausland (§ 6 Abs. 3), soweit es sich nicht um die Fortsetzung einer bereits im Inland gewährten Leistung handelt,
10. die Erteilung der Erlaubnis zur Übernahme von Pflegschaften oder Vormundschaften durch einen rechtsfähigen Verein (§ 54).

(3) Für den örtlichen Bereich können die Aufgaben nach Absatz 2 Nr. 3, 4, 7 und 8 auch vom örtlichen Träger wahrgenommen werden.

(4) Unberührt bleiben die am Tage des Inkrafttretens dieses Gesetzes geltenden landesrechtlichen Regelungen, die die in den §§ 45 bis 48 a bestimmten Aufgaben einschließlich der damit verbundenen Aufgaben nach Absatz 2 Nr. 2 bis 5 und 7 mittleren Landesbehörden oder, soweit sie sich auf Kindergärten und andere Tageseinrichtungen für Kinder beziehen, unteren Landesbehörden zuweisen.

(5) Ist das Land überörtlicher Träger, so können durch Landesrecht bis zum 30. Juni 1993 einzelne seiner Aufgaben auf andere Körperschaften des öffentlichen Rechts, die nicht Träger der öffentlichen Jugendhilfe sind, übertragen werden.

Zweiter Abschnitt. Örtliche Zuständigkeit

Erster Unterabschnitt. Örtliche Zuständigkeit für Leistungen

§ 86 Örtliche Zuständigkeit für Leistungen an Kinder, Jugendliche und ihre Eltern

(1) ¹Für die Gewährung von Leistungen nach diesem Buch ist der örtliche Träger zuständig, in dessen Bereich die Eltern ihren gewöhnlichen Aufenthalt haben. ²An die Stelle der Eltern tritt die Mutter, wenn und solange die Vaterschaft nicht anerkannt oder gerichtlich festgestellt ist. ³Lebt nur ein Elternteil, so ist dessen gewöhnlicher Aufenthalt maßgebend.

(2) ¹Haben die Elternteile verschiedene gewöhnliche Aufenthalte, so ist der örtliche Träger zuständig, in dessen Bereich der personensorgeberechtigte Elternteil seinen gewöhnlichen Aufenthalt hat; dies gilt auch dann, wenn ihm einzelne Angelegenheiten der Personensorge entzogen sind. ²Steht die Personensorge im Fall des Satzes 1 den Eltern gemeinsam zu, so richtet sich die Zuständigkeit nach dem gewöhnlichen Aufenthalt des Elternteils, bei dem das Kind oder der Jugendliche vor Beginn der Leistung zuletzt seinen gewöhnlichen Aufenthalt hatte. ³Hatte das Kind oder der Jugendliche im Fall des Satzes 2 zuletzt bei beiden Elternteilen seinen gewöhnlichen Aufenthalt, so richtet sich die Zuständigkeit nach dem gewöhnlichen Aufenthalt des Elternteils, bei dem das Kind oder der Jugendliche vor Beginn der Leistung zuletzt seinen tatsächlichen Aufenthalt hatte. ⁴Hatte das Kind oder der Jugendliche im Fall des Satzes 2 während der letzten sechs Monate vor Beginn der Leistung bei keinem Elternteil einen gewöhnlichen Aufenthalt, so ist der örtliche Träger zuständig, in dessen Bereich das Kind oder der Jugendliche vor Beginn der Leistung zuletzt seinen gewöhnlichen Aufenthalt hatte; hatte das Kind oder der Jugendliche während der letzten sechs Monate keinen gewöhnlichen Aufenthalt, so richtet sich die Zuständigkeit nach dem tatsächlichen Aufenthalt des Kindes oder des Jugendlichen vor Beginn der Leistung.

(3) Haben die Elternteile verschiedene gewöhnliche Aufenthalte und steht die Personensorge keinem Elternteil zu, so gilt Absatz 2 Satz 2 und 4 entsprechend.

(4) ¹Haben die Eltern oder der nach den Absätzen 1 bis 3 maßgebliche Elternteil im Inland keinen gewöhnlichen Aufenthalt, oder ist ein gewöhnlicher Aufenthalt nicht feststellbar, oder sind sie verstorben, so richtet sich die Zuständigkeit nach dem gewöhnlichen Aufenthalt des Kindes oder des Jugendlichen vor Beginn der Leistung. ²Hatte das Kind oder der Jugendliche während der letzten sechs Monate vor Beginn der Leistung keinen gewöhnlichen Aufenthalt, so ist der örtliche Träger zuständig, in dessen Bereich sich das Kind oder der Jugendliche vor Beginn der Leistung tatsächlich aufhält.

(5) ¹Begründen die Elternteile nach Beginn der Leistung verschiedene gewöhnliche Aufenthalte, so wird der örtliche Träger zuständig, in dessen Bereich der personensorgeberechtigte Elternteil seinen gewöhnlichen Aufenthalt hat; dies gilt auch dann, wenn ihm einzelne Angelegenheiten der Personensorge entzogen sind. ²Solange die Personensorge beiden Elternteilen gemeinsam oder keinem Elternteil zusteht, bleibt die bisherige Zuständigkeit bestehen. ³Absatz 4 gilt entsprechend.

(6) ¹Lebt ein Kind oder ein Jugendlicher zwei Jahre bei einer Pflegeperson und ist sein Verbleib bei dieser Pflegeperson auf Dauer zu erwarten, so ist oder wird abweichend von den Absätzen 1 bis 5 der örtliche Träger zuständig, in dessen Bereich die Pflegeperson ihren gewöhnlichen Aufenthalt hat. ²Er hat die Eltern und, falls den Eltern die Personensorge nicht oder nur teilweise zusteht, den Personensorgeberechtigten über den Wechsel der Zuständigkeit zu unterrichten. ³Endet der Aufenthalt bei der Pflegeperson, so endet die Zuständigkeit nach Satz 1.

(7) ¹Für Leistungen an Kinder oder Jugendliche, die um Asyl nachsuchen oder einen Asylantrag gestellt haben, ist der örtliche Träger zuständig, in dessen Bereich sich die Person vor Beginn der Leistung tatsächlich aufhält; geht der Leistungsgewährung eine Inobhutnahme voraus, so bleibt die nach § 87 begründete Zuständigkeit bestehen. ²Unterliegt die Person einem Verteilungsverfahren, so richtet sich die örtliche Zuständigkeit nach der Zuweisungsentscheidung der zuständigen Landesbehörde; bis zur Zuweisungsentscheidung gilt Satz 1 entsprechend. ³Die nach Satz 1 oder 2 begründete örtliche Zuständigkeit bleibt auch nach Abschluss des Asylverfahrens so lange bestehen, bis die für die Bestimmung der örtlichen Zuständigkeit maßgebliche Person einen gewöhnlichen Aufenthalt im Bereich eines anderen Trägers der öffentlichen Jugendhilfe begründet. ⁴Eine Unterbrechung der Leistung von bis zu drei Monaten bleibt außer Betracht.

§ 86 a Örtliche Zuständigkeit für Leistungen an junge Volljährige

(1) Für Leistungen an junge Volljährige ist der örtliche Träger zuständig, in dessen Bereich der junge Volljährige vor Beginn der Leistung seinen gewöhnlichen Aufenthalt hat.

(2) Hält sich der junge Volljährige in einer Einrichtung oder sonstigen Wohnform auf, die der Erziehung, Pflege, Betreuung, Behandlung oder dem Strafvollzug dient, so richtet sich die örtliche Zuständigkeit nach dem gewöhnlichen Aufenthalt vor der Aufnahme in eine Einrichtung oder sonstige Wohnform.

(3) Hat der junge Volljährige keinen gewöhnlichen Aufenthalt, so richtet sich die Zuständigkeit nach seinem tatsächlichen Aufenthalt zu dem in Absatz 1 genannten Zeitpunkt; Absatz 2 bleibt unberührt.

(4) ¹Wird eine Leistung nach § 13 Abs. 3 oder nach § 21 über die Vollendung des 18. Lebensjahres hinaus weitergeführt oder geht der Hilfe für junge Volljährige nach § 41 eine dieser Leistungen, eine Leistung nach § 19 oder eine Hilfe nach den §§ 27 bis 35 a voraus, so bleibt der örtliche Träger zuständig, der bis zu diesem Zeitpunkt zuständig war. ²Eine Unterbrechung der Hilfeleistung von bis zu drei Monaten bleibt dabei außer Betracht. ³Die Sätze 1 und 2 gelten entsprechend, wenn eine Hilfe für junge Volljährige nach § 41 beendet war und innerhalb von drei Monaten erneut Hilfe für junge Volljährige nach § 41 erforderlich wird.

§ 86 b Örtliche Zuständigkeit für Leistungen in gemeinsamen Wohnformen für Mütter/Väter und Kinder

(1) ¹Für Leistungen in gemeinsamen Wohnformen für Mütter oder Väter und Kinder ist der örtliche Träger zuständig, in dessen Bereich der nach § 19 Leistungsberechtigte vor Beginn der Leistung seinen gewöhnlichen Aufenthalt hat. ²§ 86 a Abs. 2 gilt entsprechend.

(2) Hat der Leistungsberechtigte keinen gewöhnlichen Aufenthalt, so richtet sich die Zuständigkeit nach seinem tatsächlichen Aufenthalt zu dem in Absatz 1 genannten Zeitpunkt.

(3) ¹Geht der Leistung Hilfe nach den §§ 27 bis 35 a oder eine Leistung nach § 13 Abs. 3, § 21 oder § 41 voraus, so bleibt der örtliche Träger zuständig, der bisher zuständig war. ²Eine Unterbrechung der Hilfeleistung von bis zu drei Monaten bleibt dabei außer Betracht.

§ 86 c Fortdauernde Leistungsverpflichtung beim Zuständigkeitswechsel

¹Wechselt die örtliche Zuständigkeit, so bleibt der bisher zuständige örtliche Träger so lange zur Gewährung der Leistung verpflichtet, bis der nunmehr zuständige örtliche Träger die Leistung fortsetzt. ²Der örtliche Träger, der von den Umständen Kenntnis erhält,

die den Wechsel der Zuständigkeit begründen, hat den anderen davon unverzüglich zu unterrichten.

§ 86d Verpflichtung zum vorläufigen Tätigwerden

Steht die örtliche Zuständigkeit nicht fest oder wird der zuständige örtliche Träger nicht tätig, so ist der örtliche Träger vorläufig zum Tätigwerden verpflichtet, in dessen Bereich sich das Kind oder der Jugendliche, der junge Volljährige oder bei Leistungen nach § 19 der Leistungsberechtigte vor Beginn der Leistung tatsächlich aufhält.

Zweiter Unterabschnitt. Örtliche Zuständigkeit für andere Aufgaben

§ 87 Örtliche Zuständigkeit für vorläufige Maßnahmen zum Schutz von Kindern und Jugendlichen

Für die Inobhutnahme eines Kindes oder eines Jugendlichen (§ 42) ist der örtliche Träger zuständig, in dessen Bereich sich das Kind oder der Jugendliche vor Beginn der Maßnahme tatsächlich aufhält.

§ 87a Örtliche Zuständigkeit für Erlaubnis, Meldepflichten und Untersagung

(1) Für die Erteilung der Pflegeerlaubnis sowie deren Rücknahme oder Widerrruf (§§ 43, 44) ist der örtliche Träger zuständig, in dessen Bereich die Pflegeperson ihren gewöhnlichen Aufenthalt hat.

(2) Für die Erteilung der Erlaubnis zum Betrieb einer Einrichtung oder einer selbständigen sonstigen Wohnform sowie für die Rücknahme oder den Widerruf dieser Erlaubnis (§ 45 Abs. 1 und 2, § 48a), die örtliche Prüfung (§§ 46, 48a), die Entgegennahme von Meldungen (§ 47 Abs. 1 und 2, § 48a) und die Ausnahme von der Meldepflicht (§ 47 Abs. 3, § 48a) sowie die Untersagung der weiteren Beschäftigung des Leiters oder eines Mitarbeiters (§§ 48, 48a) ist der überörtliche Träger oder die nach Landesrecht bestimmte Behörde zuständig, in dessen oder deren Bereich die Einrichtung oder die sonstige Wohnform gelegen ist.

(3) Für die Mitwirkung an der örtlichen Prüfung (§§ 46, 48a) ist der örtliche Träger zuständig, in dessen Bereich die Einrichtung oder die selbständige sonstige Wohnform gelegen ist.

§ 87b Örtliche Zuständigkeit für die Mitwirkung in gerichtlichen Verfahren

(1) ¹Für die Zuständigkeit des Jugendamts zur Mitwirkung in gerichtlichen Verfahren (§§ 50 bis 52) gilt § 86 Abs. 1 bis 4 entsprechend. ²Für die Mitwirkung im Verfahren nach dem Jugendgerichtsgesetz gegen einen jungen Menschen, der zu Beginn des Verfahrens das 18. Lebensjahr vollendet hat, gilt § 86a Abs. 1 und 3 entsprechend.

(2) ¹Die nach Absatz 1 begründete Zuständigkeit bleibt bis zum Abschluss des Verfahrens bestehen. ²Hat ein Jugendlicher oder ein junger Volljähriger in einem Verfahren nach dem Jugendgerichtsgesetz die letzten sechs Monate vor Abschluss des Verfahrens in einer Justizvollzugsanstalt verbracht, so dauert die Zuständigkeit auch nach der Entlassung aus der Anstalt so lange fort, bis der Jugendliche oder junge Volljährige einen neuen gewöhnlichen Aufenthalt begründet hat, längstens aber bis zum Ablauf von sechs Monaten nach dem Entlassungszeitpunkt.

(3) Steht die örtliche Zuständigkeit nicht fest oder wird der zuständige örtliche Träger nicht tätig, so gilt § 86d entsprechend.

§ 87c Örtliche Zuständigkeit für die Beistandschaft, die Amtspflegschaft, die Amtsvormundschaft und die Auskunft nach § 58a

(1) ¹Für die Vormundschaft nach § 1791c des Bürgerlichen Gesetzbuchs ist das Jugendamt zuständig, in dessen Bereich die Mutter ihren gewöhnlichen Aufenthalt hat. ²Wurde die Vaterschaft nach § 1592 Nr. 1 oder 2 des Bürgerlichen Gesetzbuchs durch Anfechtung beseitigt, so ist der gewöhnliche Aufenthalt der Mutter zu dem Zeitpunkt maßgeblich, zu dem die Entscheidung rechtskräftig wird. ³Ist ein gewöhnlicher Aufenthalt der Mutter

nicht festzustellen, so richtet sich die örtliche Zuständigkeit nach ihrem tatsächlichen Aufenthalt.

(2) ¹Sobald die Mutter ihren gewöhnlichen Aufenthalt im Bereich eines anderen Jugendamts nimmt, hat das die Amtsvormundschaft führende Jugendamt bei dem Jugendamt des anderen Bereichs die Weiterführung der Amtsvormundschaft zu beantragen; der Antrag kann auch von dem anderen Jugendamt, von jedem Elternteil und von jedem, der ein berechtigtes Interesse des Kindes oder des Jugendlichen geltend macht, bei dem die Amtsvormundschaft führenden Jugendamt gestellt werden. ²Die Vormundschaft geht mit der Erklärung des anderen Jugendamts auf dieses über. ³Das abgebende Jugendamt hat den Übergang dem Familiengericht und jedem Elternteil unverzüglich mitzuteilen. ⁴Gegen die Ablehnung des Antrags kann das Familiengericht angerufen werden.

(3) ¹Für die Pflegschaft oder Vormundschaft, die durch Bestellung des Familiengerichts eintritt, ist das Jugendamt zuständig, in dessen Bereich das Kind oder der Jugendliche seinen gewöhnlichen Aufenthalt hat. ²Hat das Kind oder der Jugendliche keinen gewöhnlichen Aufenthalt, so richtet sich die Zuständigkeit nach seinem tatsächlichen Aufenthalt zum Zeitpunkt der Bestellung. ³Sobald das Kind oder der Jugendliche seinen gewöhnlichen Aufenthalt wechselt oder im Fall des Satzes 2 das Wohl des Kindes oder Jugendlichen es erfordert, hat das Jugendamt beim Familiengericht einen Antrag auf Entlassung zu stellen. ⁴Die Sätze 1 bis 3 gelten für die Gegenvormundschaft des Jugendamts entsprechend.

(4) Für die Vormundschaft, die im Rahmen des Verfahrens zur Annahme als Kind eintritt, ist das Jugendamt zuständig, in dessen Bereich die annehmende Person ihren gewöhnlichen Aufenthalt hat.

(5) ¹Für die Beratung und Unterstützung nach § 52 a sowie für die Beistandschaft gilt Absatz 1 Satz 1 und 3 entsprechend. ²Sobald der allein sorgeberechtigte Elternteil seinen gewöhnlichen Aufenthalt im Bereich eines anderen Jugendamts nimmt, hat das die Beistandschaft führende Jugendamt bei dem Jugendamt des anderen Bereichs die Weiterführung der Beistandschaft zu beantragen; Absatz 2 Satz 2 und § 86 c gelten entsprechend.

(6) ¹Für die Erteilung der schriftlichen Auskunft nach § 58 a gilt Absatz 1 entsprechend. ²Die Mitteilung nach § 1626 d Abs. 2 des Bürgerlichen Gesetzbuchs und die Mitteilung nach Artikel 224 § 2 Abs. 5 des Einführungsgesetzes zum Bürgerlichen Gesetzbuche sind an das für den Geburtsort des Kindes zuständige Jugendamt zu richten; § 88 Abs. 1 Satz 2 gilt entsprechend. ³Das nach Satz 2 zuständige Jugendamt teilt dem nach Satz 1 zuständigen Jugendamt auf Ersuchen mit, ob eine Mitteilung nach § 1626 d Abs. 2 des Bürgerlichen Gesetzbuchs oder eine Mitteilung nach Artikel 224 § 2 Abs. 5 des Einführungsgesetzes zum Bürgerlichen Gesetzbuche vorliegt.

§ 87 d Örtliche Zuständigkeit für weitere Aufgaben im Vormundschaftswesen

(1) Für die Wahrnehmung der Aufgaben nach § 53 ist der örtliche Träger zuständig, in dessen Bereich der Pfleger oder Vormund seinen gewöhnlichen Aufenthalt hat.

(2) Für die Erteilung der Erlaubnis zur Übernahme von Pflegschaften oder Vormundschaften durch einen rechtsfähigen Verein (§ 54) ist der überörtliche Träger zuständig, in dessen Bereich der Verein seinen Sitz hat.

§ 87 e Örtliche Zuständigkeit für Beurkundung und Beglaubigung

Für Beurkundungen und Beglaubigungen nach § 59 ist die Urkundsperson bei jedem Jugendamt zuständig.

Dritter Unterabschnitt. Örtliche Zuständigkeit bei Aufenthalt im Ausland

§ 88 Örtliche Zuständigkeit bei Aufenthalt im Ausland

(1) ¹Für die Gewährung von Leistungen der Jugendhilfe im Ausland ist der überörtliche Träger zuständig, in dessen Bereich der junge Mensch geboren ist. ²Liegt der Geburtsort im Ausland oder ist er nicht zu ermitteln, so ist das Land Berlin zuständig.

(2) Wurden bereits vor der Ausreise Leistungen der Jugendhilfe gewährt, so bleibt der örtliche Träger zuständig, der bisher tätig geworden ist; eine Unterbrechung der Hilfeleistung von bis zu drei Monaten bleibt dabei außer Betracht.

Dritter Abschnitt. Kostenerstattung

§ 89 Kostenerstattung bei fehlendem gewöhnlichen Aufenthalt

Ist für die örtliche Zuständigkeit nach den §§ 86, 86a oder 86b der tatsächliche Aufenthalt maßgeblich, so sind die Kosten, die ein örtlicher Träger aufgewendet hat, von dem überörtlichen Träger zu erstatten, zu dessen Bereich der örtliche Träger gehört.

§ 89a Kostenerstattung bei fortdauernder Vollzeitpflege

(1) ¹Kosten, die ein örtlicher Träger aufgrund einer Zuständigkeit nach § 86 Abs. 6 aufgewendet hat, sind von dem örtlichen Träger zu erstatten, der zuvor zuständig war oder gewesen wäre. ²Die Kostenerstattungspflicht bleibt bestehen, wenn die Pflegeperson ihren gewöhnlichen Aufenthalt ändert oder wenn die Leistung über die Volljährigkeit hinaus nach § 41 fortgesetzt wird.

(2) Hat oder hätte der nach Absatz 1 kostenerstattungspflichtig werdende örtliche Träger während der Gewährung einer Leistung selbst einen Kostenerstattungsanspruch gegen einen anderen örtlichen oder den überörtlichen Träger, so bleibt oder wird abweichend von Absatz 1 dieser Träger dem nunmehr nach § 86 Abs. 6 zuständig gewordenen örtlichen Träger kostenerstattungspflichtig.

(3) Ändert sich während der Gewährung der Leistung nach Absatz 1 der für die örtliche Zuständigkeit nach § 86 Abs. 1 bis 5 maßgebliche gewöhnliche Aufenthalt, so wird der örtliche Träger kostenerstattungspflichtig, der ohne Anwendung des § 86 Abs. 6 örtlich zuständig geworden wäre.

§ 89b Kostenerstattung bei vorläufigen Maßnahmen zum Schutz von Kindern und Jugendlichen

(1) Kosten, die ein örtlicher Träger im Rahmen der Inobhutnahme von Kindern und Jugendlichen (§ 42) aufgewendet hat, sind von dem örtlichen Träger zu erstatten, dessen Zuständigkeit durch den gewöhnlichen Aufenthalt nach § 86 begründet wird.

(2) Ist ein kostenerstattungspflichtiger örtlicher Träger nicht vorhanden, so sind die Kosten von dem überörtlichen Träger zu erstatten, zu dessen Bereich der örtliche Träger gehört.

(3) Eine nach Absatz 1 oder 2 begründete Pflicht zur Kostenerstattung bleibt bestehen, wenn und solange nach der Inobhutnahme Leistungen aufgrund einer Zuständigkeit nach § 86 Abs. 7 Satz 1 Halbsatz 2 gewährt werden.

§ 89c Kostenerstattung bei fortdauernder oder vorläufiger Leistungsverpflichtung

(1) ¹Kosten, die ein örtlicher Träger im Rahmen seiner Verpflichtung nach § 86c aufgewendet hat, sind von dem örtlichen Träger zu erstatten, der nach dem Wechsel der örtlichen Zuständigkeit zuständig geworden ist. ²Kosten, die ein örtlicher Träger im Rahmen seiner Verpflichtung nach § 86d aufgewendet hat, sind von dem örtlichen Träger zu erstatten, dessen Zuständigkeit durch den gewöhnlichen Aufenthalt nach §§ 86, 86a und 86b begründet wird.

(2) Hat der örtliche Träger die Kosten deshalb aufgewendet, weil der zuständige örtliche Träger pflichtwidrig gehandelt hat, so hat dieser zusätzlich einen Betrag in Höhe eines Drittels der Kosten, mindestens jedoch 50 Euro zu erstatten.

(3) Ist ein kostenerstattungspflichtiger örtlicher Träger nicht vorhanden, so sind die Kosten vom überörtlichen Träger zu erstatten, zu dessen Bereich der örtliche Träger gehört, der nach Absatz 1 tätig geworden ist.

§ 89d Kostenerstattung bei Gewährung von Jugendhilfe nach der Einreise

(1) ¹Kosten, die ein örtlicher Träger aufwendet, sind vom Land zu erstatten, wenn
1. innerhalb eines Monats nach der Einreise eines jungen Menschen oder eines Leistungsberechtigten nach § 19 Jugendhilfe gewährt wird und
2. sich die örtliche Zuständigkeit nach dem tatsächlichen Aufenthalt dieser Person oder nach der Zuweisungsentscheidung der zuständigen Landesbehörde richtet.

²Als Tag der Einreise gilt der Tag des Grenzübertritts, sofern dieser amtlich festgestellt wurde, oder der Tag, an dem der Aufenthalt im Inland erstmals festgestellt wurde, andernfalls der Tag der ersten Vorsprache bei einem Jugendamt. ³Die Erstattungspflicht nach Satz 1 bleibt unberührt, wenn die Person um Asyl nachsucht oder einen Asylantrag stellt.

(2) Ist die Person im Inland geboren, so ist das Land erstattungspflichtig, in dessen Bereich die Person geboren ist.

(3) ¹Ist die Person im Ausland geboren, so wird das erstattungspflichtige Land auf der Grundlage eines Belastungsvergleichs vom Bundesverwaltungsamt bestimmt. ²Maßgeblich ist die Belastung, die sich pro Einwohner im vergangenen Haushaltsjahr

1. durch die Erstattung von Kosten nach dieser Vorschrift und
2. die Gewährung von Leistungen für Deutsche im Ausland durch die überörtlichen Träger im Bereich des jeweiligen Landes nach Maßgabe von § 6 Abs. 3, § 85 Abs. 2 Nr. 9

ergeben hat.

(4) Die Verpflichtung zur Erstattung der aufgewendeten Kosten entfällt, wenn inzwischen für einen zusammenhängenden Zeitraum von drei Monaten Jugendhilfe nicht zu gewähren war.

(5) Kostenerstattungsansprüche nach den Absätzen 1 bis 3 gehen Ansprüchen nach den §§ 89 bis 89c und § 89e vor.

§ 89e Schutz der Einrichtungsorte

(1) ¹Richtet sich die Zuständigkeit nach dem gewöhnlichen Aufenthalt der Eltern, eines Elternteils, des Kindes oder des Jugendlichen und ist dieser in einer Einrichtung, einer anderen Familie oder sonstigen Wohnform begründet worden, die der Erziehung, Pflege, Betreuung, Behandlung oder dem Strafvollzug dient, so ist der örtliche Träger zur Erstattung der Kosten verpflichtet, in dessen Bereich die Person vor der Aufnahme in eine Einrichtung, eine andere Familie oder sonstige Wohnform den gewöhnlichen Aufenthalt hatte. ²Eine nach Satz 1 begründete Erstattungspflicht bleibt bestehen, wenn und solange sich die örtliche Zuständigkeit nach § 86a Abs. 4 und § 86b Abs. 3 richtet.

(2) Ist ein kostenerstattungspflichtiger örtlicher Träger nicht vorhanden, so sind die Kosten von dem überörtlichen Träger zu erstatten, zu dessen Bereich der erstattungsberechtigte örtliche Träger gehört.

§ 89f Umfang der Kostenerstattung

(1) ¹Die aufgewendeten Kosten sind zu erstatten, soweit die Erfüllung der Aufgaben den Vorschriften dieses Buches entspricht. ²Dabei gelten die Grundsätze, die im Bereich des tätig gewordenen örtlichen Trägers zur Zeit des Tätigwerdens angewandt werden.

(2) ¹Kosten unter 1.000 Euro werden nur bei vorläufigen Maßnahmen zum Schutz von Kindern und Jugendlichen (§ 89b), bei fortdauernder oder vorläufiger Leistungsverpflichtung (§ 89c) und bei Gewährung von Jugendhilfe nach der Einreise (§ 89d) erstattet. ²Verzugszinsen können nicht verlangt werden.

§ 89g Landesrechtsvorbehalt

Durch Landesrecht können die Aufgaben des Landes und des überörtlichen Trägers nach diesem Abschnitt auf andere Körperschaften des öffentlichen Rechts übertragen werden.

§ 89h Übergangsvorschrift

(1) Für die Erstattung von Kosten für Maßnahmen der Jugendhilfe nach der Einreise gemäß § 89d, die vor dem 1. Juli 1998 begonnen haben, gilt die nachfolgende Übergangsvorschrift.

(2) ¹Kosten, für deren Erstattung das Bundesverwaltungsamt vor dem 1. Juli 1998 einen erstattungspflichtigen überörtlichen Träger bestimmt hat, sind nach den bis zu diesem Zeitpunkt geltenden Vorschriften zu erstatten. ²Erfolgt die Bestimmung nach dem 30. Juni 1998, so sind § 86 Abs. 7, § 89b Abs. 3, die §§ 89d und 89g in der ab dem 1. Juli 1998 geltenden Fassung anzuwenden.

Achtes Kapitel. Kostenbeteiligung

Erster Abschnitt. Pauschalierte Kostenbeteiligung

§ 90 Pauschalierte Kostenbeteiligung

(1) ¹Für die Inanspruchnahme von Angeboten
1. der Jugendarbeit nach § 11,
2. der allgemeinen Förderung der Erziehung in der Familie nach § 16 Abs. 1, Abs. 2 Nr. 1 und 3 und
3. der Förderung von Kindern in Tageseinrichtungen und Kindertagespflege nach den §§ 22 bis 24

können Kostenbeiträge festgesetzt werden. ²Soweit Landesrecht nichts anderes bestimmt, sind Kostenbeiträge, die für die Inanspruchnahme von Tageseinrichtungen und von Kindertagespflege zu entrichten sind, zu staffeln. ³Als Kriterien können insbesondere das Einkommen, die Anzahl der kindergeldberechtigten Kinder in der Familie und die tägliche Betreuungszeit berücksichtigt werden. ⁴Werden die Kostenbeiträge nach dem Einkommen berechnet, bleibt die Eigenheimzulage nach dem Eigenheimzulagengesetz außer Betracht.

(2) ¹In den Fällen des Absatzes 1 Nr. 1 und 2 kann der Kostenbeitrag auf Antrag ganz oder teilweise erlassen oder ein Teilnahmebeitrag auf Antrag ganz oder teilweise vom Träger der öffentlichen Jugendhilfe übernommen werden, wenn
1. die Belastung
   a) dem Kind oder dem Jugendlichen und seinen Eltern oder
   b) dem jungen Volljährigen nicht zuzumuten ist und
2. die Förderung für die Entwicklung des jungen Menschen erforderlich ist.

²Lebt das Kind oder der Jugendliche nur mit einem Elternteil zusammen, so tritt dieser an die Stelle der Eltern.

(3) ¹Im Falle des Absatzes 1 Nr. 3 soll der Kostenbeitrag auf Antrag ganz oder teilweise erlassen oder ein Teilnahmebeitrag auf Antrag ganz oder teilweise vom Träger der öffentlichen Jugendhilfe übernommen werden, wenn die Belastung den Eltern und dem Kind nicht zuzumuten ist. ²Absatz 2 Satz 2 gilt entsprechend.

(4) ¹Für die Feststellung der zumutbaren Belastung gelten die §§ 82 bis 85, 87, 88 und 92a des Zwölften Buches entsprechend, soweit nicht Landesrecht eine andere Regelung trifft. ²Bei der Einkommensberechnung bleibt die Eigenheimzulage nach dem Eigenheimzulagengesetz außer Betracht.

Zweiter Abschnitt. Kostenbeiträge für stationäre und teilstationäre Leistungen sowie vorläufige Maßnahmen

§ 91 Anwendungsbereich

(1) Zu folgenden vollstationären Leistungen und vorläufigen Maßnahmen werden Kostenbeiträge erhoben:
1. der Unterkunft junger Menschen in einer sozialpädagogisch begleiteten Wohnform (§ 13 Abs. 3),
2. der Betreuung von Müttern oder Vätern und Kindern in gemeinsamen Wohnformen (§ 19),
3. der Betreuung und Versorgung von Kindern in Notsituationen (§ 20),
4. der Unterstützung bei notwendiger Unterbringung junger Menschen zur Erfüllung der Schulpflicht und zum Abschluss der Schulausbildung (§ 21),
5. der Hilfe zur Erziehung
   a) in Vollzeitpflege (§ 33),
   b) in einem Heim oder einer sonstigen betreuten Wohnform (§ 34),
   c) in intensiver sozialpädagogischer Einzelbetreuung (§ 35), sofern sie außerhalb des Elternhauses erfolgt,
   d) auf der Grundlage von § 27 in stationärer Form,
6. der Eingliederungshilfe für seelisch behinderte Kinder und Jugendliche durch geeignete Pflegepersonen sowie in Einrichtungen über Tag und Nacht und in sonstigen Wohnformen (§ 35a Abs. 2 Nr. 3 und 4),

7. der Inobhutnahme von Kindern und Jugendlichen (§ 42),
8. der Hilfe für junge Volljährige, soweit sie den in den Nummern 5 und 6 genannten Leistungen entspricht (§ 41).

(2) Zu folgenden teilstationären Leistungen werden Kostenbeiträge erhoben:
1. der Betreuung und Versorgung von Kindern in Notsituationen nach § 20,
2. Hilfe zur Erziehung in einer Tagesgruppe nach § 32 und anderen teilstationären Leistungen nach § 27,
3. Eingliederungshilfe für seelisch behinderte Kinder und Jugendliche in Tageseinrichtungen und anderen teilstationären Einrichtungen nach § 35 a Abs. 2 Nr. 2 und
4. Hilfe für junge Volljährige, soweit sie den in den Nummern 2 und 3 genannten Leistungen entspricht (§ 41).

(3) Die Kosten umfassen auch die Aufwendungen für den notwendigen Unterhalt und die Krankenhilfe.

(4) Verwaltungskosten bleiben außer Betracht.

(5) Die Träger der öffentlichen Jugendhilfe tragen die Kosten der in den Absätzen 1 und 2 genannten Leistungen unabhängig von der Erhebung eines Kostenbeitrags.

§ 92 Ausgestaltung der Heranziehung

(1) Aus ihrem Einkommen nach Maßgabe der §§ 93 und 94 heranzuziehen sind:
1. Kinder und Jugendliche zu den Kosten der in § 91 Abs. 1 Nr. 1 bis 7 genannten Leistungen und vorläufigen Maßnahmen,
2. junge Volljährige zu den Kosten der in § 91 Abs. 1 Nr. 1, 4 und 8 genannten Leistungen,
3. Leistungsberechtigte nach § 19 zu den Kosten der in § 91 Abs. 1 Nr. 2 genannten Leistungen,
4. Ehegatten und Lebenspartner junger Menschen und Leistungsberechtigter nach § 19 zu den Kosten der in § 91 Abs. 1 und 2 genannten Leistungen und vorläufigen Maßnahmen,
5. Elternteile zu den Kosten der in § 91 Abs. 1 genannten Leistungen und vorläufigen Maßnahmen; leben sie mit dem jungen Menschen zusammen, so werden sie auch zu den Kosten der in § 91 Abs. 2 genannten Leistungen herangezogen.

(1 a) Zu den Kosten vollstationärer Leistungen sind junge Volljährige und volljährige Leistungsberechtigte nach § 19 zusätzlich aus ihrem Vermögen nach Maßgabe der §§ 90 und 91 des Zwölften Buches heranzuziehen.

(2) Die Heranziehung erfolgt durch Erhebung eines Kostenbeitrags, der durch Leistungsbescheid festgesetzt wird; Elternteile werden getrennt herangezogen.

(3) [1] Ein Kostenbeitrag kann bei Eltern, Ehegatten und Lebenspartnern ab dem Zeitpunkt erhoben werden, ab welchem dem Pflichtigen die Gewährung der Leistung mitgeteilt und er über die Folgen für seine Unterhaltspflicht gegenüber dem jungen Menschen aufgeklärt wurde. [2] Ohne vorherige Mitteilung kann ein Kostenbeitrag für den Zeitraum erhoben werden, in welchem der Träger der öffentlichen Jugendhilfe aus rechtlichen oder tatsächlichen Gründen, die in dem Verantwortungsbereich des Pflichtigen fallen, an der Geltendmachung gehindert war. [3] Entfallen diese Gründe, ist der Pflichtige unverzüglich zu unterrichten.

(4) [1] Ein Kostenbeitrag kann nur erhoben werden, soweit Unterhaltsansprüche vorrangig oder gleichrangig Berechtigter nicht geschmälert werden. [2] Von der Heranziehung der Eltern ist abzusehen, wenn das Kind, die Jugendliche, die junge Volljährige oder die Leistungsberechtigte nach § 19 schwanger ist oder ein leibliches Kind bis zur Vollendung des sechsten Lebensjahres betreut.

(5) [1] Von der Heranziehung soll im Einzelfall ganz oder teilweise abgesehen werden, wenn sonst Ziel und Zweck der Leistung gefährdet würden oder sich aus der Heranziehung eine besondere Härte ergäbe. [2] Von der Heranziehung kann abgesehen werden, wenn anzunehmen ist, dass der damit verbundene Verwaltungsaufwand in keinem angemessenen Verhältnis zu dem Kostenbeitrag stehen wird.

§ 93 Berechnung des Einkommens

(1) [1] Zum Einkommen gehören alle Einkünfte in Geld oder Geldeswert mit Ausnahme der Grundrente nach oder entsprechend dem Bundesversorgungsgesetz sowie der Renten und Beihilfen, die nach dem Bundesentschädigungsgesetz für einen Schaden an Leben

sowie an Körper und Gesundheit gewährt werden bis zur Höhe der vergleichbaren Grundrente nach dem Bundesversorgungsgesetz. ²Eine Entschädigung, die nach § 253 Abs. 2 des Bürgerlichen Gesetzbuchs wegen eines Schadens, der nicht Vermögensschaden ist, geleistet wird, ist nicht als Einkommen zu berücksichtigen. ³Geldleistungen, die dem gleichen Zweck wie die jeweilige Leistung der Jugendhilfe dienen, zählen nicht zum Einkommen und sind unabhängig von einem Kostenbeitrag einzusetzen. ⁴Leistungen, die aufgrund öffentlich-rechtlicher Vorschriften zu einem ausdrücklich genannten Zweck erbracht werden, sind nicht als Einkommen zu berücksichtigen.

(2) Von dem Einkommen sind abzusetzen
1. auf das Einkommen gezahlte Steuern und
2. Pflichtbeiträge zur Sozialversicherung einschließlich der Beiträge zur Arbeitsförderung sowie
3. nach Grund und Höhe angemessene Beiträge zu öffentlichen oder privaten Versicherungen oder ähnlichen Einrichtungen zur Absicherung der Risiken Alter, Krankheit, Pflegebedürftigkeit und Arbeitslosigkeit.

(3) ¹Von dem nach den Absätzen 1 und 2 errechneten Betrag sind Belastungen der kostenbeitragspflichtigen Person abzuziehen. ²In Betracht kommen insbesondere
1. Beiträge zu öffentlichen oder privaten Versicherungen oder ähnlichen Einrichtungen,
2. die mit der Erzielung des Einkommens verbundenen notwendigen Ausgaben,
3. Schuldverpflichtungen.
³Der Abzug erfolgt durch eine Kürzung des nach den Absätzen 1 und 2 errechneten Betrages um pauschal 25 vom Hundert. ⁴Sind die Belastungen höher als der pauschale Abzug, so können sie abgezogen werden, soweit sie nach Grund und Höhe angemessen sind und die Grundsätze einer wirtschaftlichen Lebensführung nicht verletzen. ⁵Die kostenbeitragspflichtige Person muss die Belastungen nachweisen.

§ 94 Umfang der Heranziehung

(1) ¹Die Kostenbeitragspflichtigen sind aus ihrem Einkommen in angemessenem Umfang zu den Kosten heranzuziehen. ²Die Kostenbeiträge dürfen die tatsächlichen Aufwendungen nicht überschreiten. ³Eltern sollen nachrangig zu den jungen Menschen herangezogen werden. ⁴Ehegatten und Lebenspartner sollen nachrangig zu den jungen Menschen, aber vorrangig vor deren Eltern herangezogen werden.

(2) Für die Bestimmung des Umfangs sind bei jedem Elternteil, Ehegatten oder Lebenspartner die Höhe des nach § 93 ermittelten Einkommens und die Anzahl der Personen, die mindestens im gleichen Range wie der untergebrachte junge Mensch oder Leistungsberechtigte nach § 19 unterhaltsberechtigt sind, angemessen zu berücksichtigen.

(3) ¹Werden Leistungen über Tag und Nacht außerhalb des Elternhauses erbracht und bezieht einer der Elternteile Kindergeld für den jungen Menschen, so hat dieser einen Kostenbeitrag mindestens in Höhe des Kindergeldes zu zahlen. ²Zahlt der Elternteil den Kostenbeitrag nicht, so sind die Träger der öffentlichen Jugendhilfe insoweit berechtigt, das auf dieses Kind entfallende Kindergeld durch Geltendmachung eines Erstattungsanspruchs nach § 74 Abs. 2 des Einkommensteuergesetzes in Anspruch zu nehmen.

(4) Werden Leistungen über Tag und Nacht erbracht und hält sich der junge Mensch nicht nur im Rahmen von Umgangskontakten bei einem Kostenbeitragspflichtigen auf, so ist die tatsächliche Betreuungsleistung über Tag und Nacht auf den Kostenbeitrag anzurechnen.

(5) Für die Festsetzung der Kostenbeiträge von Eltern, Ehegatten und Lebenspartnern junger Menschen und Leistungsberechtigter nach § 19 werden nach Einkommensgruppen gestaffelte Pauschalbeträge durch Rechtsverordnung des zuständigen Bundesministeriums mit Zustimmung des Bundesrates bestimmt.

(6) Bei vollstationären Leistungen haben junge Menschen und Leistungsberechtigte nach § 19 nach Abzug der in § 93 Abs. 2 genannten Beträge 75 Prozent ihres Einkommens als Kostenbeitrag einzusetzen.

Dritter Abschnitt. Überleitung von Ansprüchen

§ 95 Überleitung von Ansprüchen

(1) Hat eine der in § 92 Abs. 1 genannten Personen für die Zeit, für die Jugendhilfe gewährt wird, einen Anspruch gegen einen anderen, der weder Leistungsträger im Sinne des

§ 12 des Ersten Buches noch Kostenbeitragspflichtiger ist, so kann der Träger der öffentlichen Jugendhilfe durch schriftliche Anzeige an den anderen bewirken, dass dieser Anspruch bis zur Höhe seiner Aufwendungen auf ihn übergeht.

(2) ¹Der Übergang darf nur insoweit bewirkt werden, als bei rechtzeitiger Leistung des anderen entweder Jugendhilfe nicht gewährt worden oder ein Kostenbeitrag zu leisten wäre. ²Der Übergang ist nicht dadurch ausgeschlossen, dass der Anspruch nicht übertragen, verpfändet oder gepfändet werden kann.

(3) Die schriftliche Anzeige bewirkt den Übergang des Anspruchs für die Zeit, für die die Hilfe ohne Unterbrechung gewährt wird; als Unterbrechung gilt ein Zeitraum von mehr als zwei Monaten.

(4) Widerspruch und Anfechtungsklage gegen den Verwaltungsakt, der den Übergang des Anspruchs bewirkt, haben keine aufschiebende Wirkung.

§ 96 (weggefallen)

Vierter Abschnitt. Ergänzende Vorschriften

§ 97 Feststellung der Sozialleistungen

¹Der erstattungsberechtigte Träger der öffentlichen Jugendhilfe kann die Feststellung einer Sozialleistung betreiben sowie Rechtsmittel einlegen. ²Der Ablauf der Fristen, die ohne sein Verschulden verstrichen sind, wirkt nicht gegen ihn. ³Dies gilt nicht für die Verfahrensfristen, soweit der Träger der öffentlichen Jugendhilfe das Verfahren selbst betreibt.

§ 97a Pflicht zur Auskunft

(1) ¹Soweit dies für die Berechnung oder den Erlass eines Kostenbeitrags oder die Übernahme eines Teilnahmebeitrags nach § 90 oder die Ermittlung eines Kostenbeitrags nach den §§ 92 bis 94 erforderlich ist, sind Eltern, Ehegatten und Lebenspartner junger Menschen sowie Leistungsberechtigter nach § 19 verpflichtet, dem örtlichen Träger über ihre Einkommensverhältnisse Auskunft zu geben. ²Junge Volljährige und volljährige Leistungsberechtigte nach § 19 sind verpflichtet, dem örtlichen Träger über ihre Einkommens- und Vermögensverhältnisse Auskunft zu geben. ³Eltern, denen die Sorge für das Vermögen des Kindes oder des Jugendlichen zusteht, sind auch zur Auskunft über dessen Einkommen verpflichtet. ⁴Ist die Sorge über das Vermögen des Kindes oder des Jugendlichen anderen Personen übertragen, so treten diese an die Stelle der Eltern.

(2) ¹Soweit dies für die Berechnung der laufenden Leistung nach § 39 Abs. 6 erforderlich ist, sind Pflegepersonen verpflichtet, dem örtlichen Träger darüber Auskunft zu geben, ob der junge Mensch im Rahmen des Familienleistungsausgleichs nach § 31 des Einkommensteuergesetzes berücksichtigt wird oder berücksichtigt werden könnte und ob er ältestes Kind in der Pflegefamilie ist. ²Pflegepersonen, die mit dem jungen Menschen in gerader Linie verwandt sind, sind verpflichtet, dem örtlichen Träger über ihre Einkommens- und Vermögensverhältnisse Auskunft zu geben.

(3) ¹Die Pflicht zur Auskunft nach den Absätzen 1 und 2 umfasst auch die Verpflichtung, Name und Anschrift des Arbeitgebers zu nennen, über die Art des Beschäftigungsverhältnisses Auskunft zu geben sowie auf Verlangen Beweisurkunden vorzulegen oder ihrer Vorlage zuzustimmen. ²Sofern landesrechtliche Regelungen nach § 90 Abs. 1 Satz 2 bestehen, in denen nach Einkommensgruppen gestaffelte Pauschalbeträge vorgeschrieben oder festgesetzt sind, ist hinsichtlich der Höhe des Einkommens die Auskunftspflicht und die Pflicht zur Vorlage von Beweisurkunden für die Berechnung des Kostenbeitrags nach § 90 Abs. 1 Nr. 3 auf die Angabe der Zugehörigkeit zu einer bestimmten Einkommensgruppe beschränkt.

(4) ¹Kommt eine der nach den Absätzen 1 und 2 zur Auskunft verpflichteten Personen ihrer Pflicht nicht nach oder bestehen tatsächliche Anhaltspunkte für die Unrichtigkeit ihrer Auskunft, so ist der Arbeitgeber dieser Person verpflichtet, dem örtlichen Träger über die Art des Beschäftigungsverhältnisses und den Arbeitsverdienst dieser Person Auskunft zu geben; Absatz 3 Satz 2 gilt entsprechend. ²Der zur Auskunft verpflichteten Person ist vor einer Nachfrage beim Arbeitgeber eine angemessene Frist zur Erteilung der Auskunft zu setzen. ³Sie ist darauf hinzuweisen, dass nach Fristablauf die erforderlichen Auskünfte beim Arbeitgeber eingeholt werden.

(5) ¹Die nach den Absätzen 1 und 2 zur Erteilung einer Auskunft Verpflichteten können die Auskunft verweigern, soweit sie sich selbst oder einen der in § 383 Abs. 1 Nr. 1 bis 3 der Zivilprozessordnung bezeichneten Angehörigen der Gefahr aussetzen würden, wegen einer Straftat oder einer Ordnungswidrigkeit verfolgt zu werden. ²Die Auskunftspflichtigen sind auf ihr Auskunftsverweigerungsrecht hinzuweisen.

§ 97 b *(aufgehoben)*

§ 97 c Erhebung von Gebühren und Auslagen

Landesrecht kann abweichend von § 64 des Zehnten Buches die Erhebung von Gebühren und Auslagen regeln.

Neuntes Kapitel. Kinder- und Jugendhilfestatistik

§ 98 Zweck und Umfang der Erhebung

(1) Zur Beurteilung der Auswirkungen der Bestimmungen dieses Buches und zu seiner Fortentwicklung sind laufende Erhebungen über
1. Kinder und tätige Personen in Tageseinrichtungen,
2. Kinder und tätige Personen in öffentlich geförderter Kindertagespflege,
3. Personen, die aufgrund einer Erlaubnis nach § 43 Abs. 3 Satz 3 Kindertagespflege gemeinsam durchführen, und die von diesen betreuten Kinder,
4. die Empfänger
    a) der Hilfe zur Erziehung,
    b) der Hilfe für junge Volljährige und
    c) der Eingliederungshilfe für seelisch behinderte Kinder und Jugendliche,
5. Kinder und Jugendliche, zu deren Schutz vorläufige Maßnahmen getroffen worden sind,
6. Kinder und Jugendliche, die als Kind angenommen worden sind,
7. Kinder und Jugendliche, die unter Amtspflegschaft, Amtsvormundschaft oder Beistandschaft des Jugendamts stehen,
8. Kinder und Jugendliche, für die eine Pflegeerlaubnis erteilt worden ist,
9. sorgerechtliche Maßnahmen,
10. mit öffentlichen Mitteln geförderte Angebote der Jugendarbeit,
11. die Einrichtungen mit Ausnahme der Tageseinrichtungen, Behörden und Geschäftsstellen in der Jugendhilfe und die dort tätigen Personen sowie
12. die Ausgaben und Einnahmen der öffentlichen Jugendhilfe

als Bundesstatistik durchzuführen.

(2) Zur Verfolgung der gesellschaftlichen Entwicklung im Bereich der elterlichen Sorge sind im Rahmen der Kinder- und Jugendhilfestatistik auch laufende Erhebungen über Sorgeerklärungen durchzuführen.

§ 99 Erhebungsmerkmale

(1) Erhebungsmerkmale bei den Erhebungen über Hilfe zur Erziehung nach den §§ 27 bis 35, Eingliederungshilfe für seelisch behinderte Kinder und Jugendliche nach § 35 a und Hilfe für junge Volljährige nach § 41 sind

1. im Hinblick auf die Hilfe
    a) Art des Trägers des Hilfe durchführenden Dienstes oder der Hilfe durchführenden Einrichtung,
    b) Art der Hilfe,
    c) Ort der Durchführung der Hilfe,
    d) Monat und Jahr des Beginns und Endes sowie Fortdauer der Hilfe,
    e) familienrichterliche Entscheidungen zu Beginn der Hilfe,
    f) Intensität der Hilfe,
    g) Hilfe anregende Institutionen oder Personen,
    h) Gründe für die Hilfegewährung,
    i) Grund für die Beendigung der Hilfe sowie
2. im Hinblick auf junge Menschen
    a) Geschlecht,
    b) Geburtsmonat und Geburtsjahr,

c) Lebenssituation bei Beginn der Hilfe,
   d) anschließender Aufenthalt,
   e) nachfolgende Hilfe;
3. bei sozialpädagogischer Familienhilfe nach § 31 und anderen familienorientierten Hilfen nach § 27 zusätzlich zu den unter den Nummern 1 und 2 genannten Merkmalen
   a) Geschlecht, Geburtsmonat und Geburtsjahr der in der Familie lebenden jungen Menschen sowie
   b) Zahl der außerhalb der Familie lebenden Kinder und Jugendlichen.

(2) Erhebungsmerkmale bei den Erhebungen über vorläufige Maßnahmen zum Schutz von Kindern und Jugendlichen sind Kinder und Jugendliche, zu deren Schutz Maßnahmen nach § 42 getroffen worden sind, gegliedert nach

1. Art des Trägers der Maßnahme, Art der Maßnahme, Form der Unterbringung während der Maßnahme, Institution oder Personenkreis, die oder der die Maßnahme angeregt hat, Zeitpunkt des Beginns und Dauer der Maßnahme, Maßnahmeanlaß, Art der anschließenden Hilfe,
2. bei Kindern und Jugendlichen zusätzlich zu den unter Nummer 1 genannten Merkmalen nach Geschlecht, Altersgruppe, Staatsangehörigkeit, Art des Aufenthalts vor Beginn der Maßnahme.

(3) Erhebungsmerkmale bei den Erhebungen über die Annahme als Kind sind
1. angenommene Kinder und Jugendliche, gegliedert
   a) nach Geschlecht, Geburtsmonat und Geburtsjahr, Staatsangehörigkeit, und Art des Trägers des Adoptionsvermittlungsdienstes,
   b) nach Herkunft des angenommenen Kindes, Art der Unterbringung vor der Adoptionspflege, Familienstand der Eltern oder des sorgeberechtigten Elternteils oder Tod der Eltern zu Beginn der Adoptionspflege sowie Ersetzung der Einwilligung zur Annahme als Kind,
   c) nach Staatsangehörigkeit der oder des Annehmenden und Verwandtschaftsverhältnis zu dem Kind,
2. die Zahl der
   a) ausgesprochenen und aufgehobenen Annahmen sowie der abgebrochenen Adoptionspflegen, gegliedert nach Art des Trägers des Adoptionsvermittlungsdienstes,
   b) vorgemerkten Adoptionsbewerber, die zur Annahme als Kind vorgemerkten und in Adoptionspflege untergebrachten Kinder und Jugendlichen zusätzlich nach ihrem Geschlecht, gegliedert nach Art des Trägers des Adoptionsvermittlungsdienstes.

(4) Erhebungsmerkmal bei den Erhebungen über die Amtspflegschaft und die Amtsvormundschaft sowie die Beistandschaft ist die Zahl der Kinder und Jugendlichen unter
1. gesetzlicher Amtsvormundschaft,
2. bestellter Amtsvormundschaft,
3. bestellter Amtspflegschaft sowie
4. Beistandschaft,
gegliedert nach Geschlecht, Art des Tätigwerdens des Jugendamts sowie nach deutscher und ausländischer Staatsangehörigkeit (Deutsche/Ausländer).

(5) Erhebungsmerkmal bei den Erhebungen über
1. die Pflegeerlaubnis nach § 43 ist die Zahl der Tagespflegepersonen,
2. die Pflegeerlaubnis nach § 44 ist die Zahl der Kinder und Jugendlichen, gegliedert nach Geschlecht und Art der Pflege.

(6) Erhebungsmerkmal bei den Erhebungen über sorgerechtliche Maßnahmen ist die Zahl der Kinder und Jugendlichen, bei denen
1. zum vollständigen oder teilweisen Entzug des elterlichen Sorgerechts
   a) nach § 8a Abs. 3 das Gericht angerufen worden ist,
   b) gerichtliche Maßnahmen erfolgt sind,
2. das Personensorgerecht ganz oder teilweise auf das Jugendamt übertragen worden ist,
gegliedert nach Geschlecht und Umfang der übertragenen Angelegenheit.

(6a) Erhebungsmerkmal bei den Erhebungen über Sorgeerklärungen ist die gemeinsame elterliche Sorge nicht verheirateter Eltern, gegliedert danach, ob Sorgeerklärungen beider Eltern vorliegen oder eine Sorgeerklärung ersetzt worden ist.

(7) Erhebungsmerkmale bei den Erhebungen über Kinder und tätige Personen in Tageseinrichtungen sind
1. die Einrichtungen, gegliedert nach
   a) der Art des Trägers und der Rechtsform sowie besonderen Merkmalen,

b) der Zahl der verfügbaren Plätze sowie
   c) der Anzahl der Gruppen,
2. für jede dort haupt- und nebenberuflich tätige Person
   a) Geschlecht und Beschäftigungsumfang,
   b) für das pädagogisch und in der Verwaltung tätige Personal zusätzlich Geburtsmonat und Geburtsjahr, die Art des Berufsausbildungsabschlusses, Stellung im Beruf und Arbeitsbereich,
3. für die dort geförderten Kinder
   a) Geschlecht, Geburtsmonat und Geburtsjahr sowie Schulbesuch,
   b) Migrationshintergrund,
   c) tägliche Betreuungszeit und Mittagsverpflegung,
   d) erhöhter Förderbedarf.

(7 a) Erhebungsmerkmale bei den Erhebungen über Kinder in mit öffentlichen Mitteln geförderter Kindertagespflege sowie die die Kindertagespflege durchführenden Personen sind:

1. für jede tätige Person
   a) Geschlecht, Geburtsmonat und Geburtsjahr,
   b) Art und Umfang der Qualifikation, Anzahl der betreuten Kinder (Betreuungsverhältnisse am Stichtag) insgesamt und nach dem Ort der Betreuung,
2. für die dort geförderten Kinder
   a) Geschlecht, Geburtsmonat und Geburtsjahr sowie Schulbesuch,
   b) Migrationshintergrund,
   c) Betreuungszeit und Mittagsverpflegung,
   d) Art und Umfang der öffentlichen Finanzierung und Förderung,
   e) erhöhter Förderbedarf,
   f) Verwandtschaftsverhältnis zur Pflegeperson,
   g) gleichzeitig bestehende andere Betreuungsarrangements.

(7 b) Erhebungsmerkmale bei den Erhebungen über Personen, die aufgrund einer Erlaubnis nach § 43 Abs. 3 Satz 3 Kindertagespflege gemeinsam durchführen, und die von diesen betreuten Kinder, sind:
1. Zahl der Kindertagespflege gemeinsam durchführenden Personen,
2. Zahl der von den Kindertagespflege gemeinsam durchführenden Personen betreuten Kinder.

(8) Erhebungsmerkmale bei den Erhebungen über die Angebote der Jugendarbeit nach § 11 sind die mit öffentlichen Mitteln geförderten Maßnahmen im Bereich
1. der außerschulischen Jugendbildung (§ 11 Abs. 3 Nr. 1),
2. der Kinder- und Jugenderholung (§ 11 Abs. 3 Nr. 5),
3. der internationalen Jugendarbeit (§ 11 Abs. 3 Nr. 4) sowie
4. der Fortbildungsmaßnahmen für Mitarbeiter (§ 74 Abs. 6),

gegliedert nach Art des Trägers, Dauer der Maßnahme sowie Zahl und Geschlecht der Teilnehmer, zusätzlich bei der internationalen Jugendarbeit nach Partnerländern und Maßnahmen im In- und Ausland.

(9) Erhebungsmerkmale bei den Erhebungen über die Einrichtungen, soweit sie nicht in Absatz 7 erfasst werden, sowie die Behörden und Geschäftsstellen in der Jugendhilfe und die dort tätigen Personen sind
1. die Einrichtungen, gegliedert nach der Art der Einrichtung, der Art des Trägers, der Rechtsform sowie der Art und Zahl der verfügbaren Plätze,
2. die Behörden der öffentlichen Jugendhilfe sowie die Geschäftsstellen der Träger der freien Jugendhilfe, gegliedert nach der Art des Trägers und der Rechtsform,
3. für jede haupt- und nebenberuflich tätige Person
   a) (weggefallen)
   b) (weggefallen)
   c) Geschlecht und Beschäftigungsumfang,
   d) für das pädagogische und in der Verwaltung tätige Personal zusätzlich Geburtsmonat und Geburtsjahr, Art des Berufsausbildungsabschlusses, Stellung im Beruf und Arbeitsbereich.

(10) Erhebungsmerkmale bei der Erhebung der Ausgaben und Einnahmen der öffentlichen Jugendhilfe sind
1. die Art des Trägers,
2. die Ausgaben für Einzel- und Gruppenhilfen, gegliedert nach Ausgabe- und Hilfeart sowie die Einnahmen nach Einnahmeart,

3. die Ausgaben und Einnahmen für Einrichtungen nach Arten gegliedert nach der Einrichtungsart,
4. die Ausgaben für das Personal, das bei den örtlichen und den überörtlichen Trägern sowie den kreisangehörigen Gemeinden und Gemeindeverbänden, die nicht örtliche Träger sind, Aufgaben der Jugendhilfe wahrnimmt.

§ 100 Hilfsmerkmale

Hilfsmerkmale sind
1. Name und Anschrift des Auskunftspflichtigen,
2. für die Erhebungen nach § 99 die Kenn-Nummer der hilfeleistenden Stelle oder der auskunftsgebenden Einrichtung; soweit eine Hilfe nach § 28 gebietsübergreifend erbracht wird, die Kenn-Nummer des Wohnsitzes des Hilfeempfängers,
3. Name und Telefonnummer sowie Faxnummer oder E-Mail-Adresse der für eventuelle Rückfragen zur Verfügung stehenden Person.

§ 101 Periodizität und Berichtszeitraum

(1) ¹Die Erhebungen nach § 99 Abs. 1 bis 7b und 10 sind jährlich durchzuführen, die Erhebungen nach Absatz 1, soweit sie die Eingliederungshilfe für seelisch behinderte Kinder und Jugendliche betreffen, beginnend 2007. ²Die übrigen Erhebungen nach § 99 sind alle vier Jahre durchzuführen, die Erhebungen nach Absatz 8 beginnend 1992, die Erhebungen nach Absatz 9 beginnend 2006.

(2) Die Angaben für die Erhebung nach
1. § 99 Abs. 1 sind zu dem Zeitpunkt, zu dem die Hilfe endet, bei fortdauernder Hilfe zum 31. Dezember,
2.–5. (weggefallen)
6. § 99 Abs. 2 sind zum Zeitpunkt des Endes einer vorläufigen Maßnahme,
7. § 99 Abs. 3 Nr. 1 sind zum Zeitpunkt der rechtskräftigen gerichtlichen Entscheidung über die Annahme als Kind,
8. § 99 Abs. 3 Nr. 2 Buchstabe a und Abs. 6, 6a und 8 und 10 sind für das abgelaufene Kalenderjahr,
9. § 99 Abs. 3 Nr. 2 Buchstabe b und Abs. 4, 5 und 9 sind zum 31. Dezember,
10. § 99 Abs. 7, 7a und 7b sind zum 1. März,
zu erteilen.

§ 102 Auskunftspflicht

(1) ¹Für die Erhebungen besteht Auskunftspflicht. ²Die Angaben zu § 100 Nr. 3 sind freiwillig.

(2) Auskunftspflichtig sind
1. die örtlichen Träger der Jugendhilfe für die Erhebungen nach § 99 Abs. 1 bis 10, nach Absatz 8 nur, soweit eigene Maßnahmen durchgeführt werden,
2. die überörtlichen Träger der Jugendhilfe für die Erhebungen nach § 99 Abs. 3 und 7 und 8 bis 10, nach Absatz 8 nur, soweit eigene Maßnahmen durchgeführt werden,
3. die obersten Landesjugendbehörden für die Erhebungen nach § 99 Abs. 7 und 8 bis 10,
4. die fachlich zuständige oberste Bundesbehörde für die Erhebung nach § 99 Abs. 10,
5. die kreisangehörigen Gemeinden und Gemeindeverbände, soweit sie Aufgaben der Jugendhilfe wahrnehmen, für die Erhebungen nach § 99 Abs. 7 bis 10,
6. die Träger der freien Jugendhilfe für Erhebungen nach § 99 Abs. 1, soweit sie eine Beratung nach § 28 oder § 41 betreffen, und nach § 99 Abs. 2, 3, 7, 8 und 9,
7. die Leiter der Einrichtungen, Behörden und Geschäftsstellen in der Jugendhilfe für die Erhebungen nach § 99 Abs. 7 und 9.

(3) Zur Durchführung der Erhebungen nach § 99 Abs. 1, 2, 3, 7, 8 und 9 übermitteln die Träger der öffentlichen Jugendhilfe den statistischen Ämtern der Länder auf Anforderung die erforderlichen Anschriften der übrigen Auskunftspflichtigen.

§ 103 Übermittlung

(1) ¹An die fachlich zuständigen obersten Bundes- oder Landesbehörden dürfen für die Verwendung gegenüber den gesetzgebenden Körperschaften und für Zwecke der Planung, jedoch nicht für die Regelung von Einzelfällen, vom Statistischen Bundesamt und den

statistischen Ämtern der Länder Tabellen mit statistischen Ergebnissen übermittelt werden, auch soweit Tabellenfelder nur einen einzigen Fall ausweisen. ²Tabellen, deren Tabellenfelder nur einen einzigen Fall ausweisen, dürfen nur dann übermittelt werden, wenn sie nicht differenzierter als auf Regierungsbezirksebene, im Fall der Stadtstaaten auf Bezirksebene, aufbereitet sind.

(2) Für ausschließlich statistische Zwecke dürfen den zur Durchführung statistischer Aufgaben zuständigen Stellen der Gemeinden und Gemeindeverbände für ihren Zuständigkeitsbereich Einzelangaben aus der Erhebung nach § 99 mit Ausnahme der Hilfsmerkmale übermittelt werden, soweit die Voraussetzungen nach § 16 Abs. 5 des Bundesstatistikgesetzes gegeben sind.

Zehntes Kapitel. Straf- und Bußgeldvorschriften

§ 104 Bußgeldvorschriften

(1) Ordnungswidrig handelt, wer
1. ohne Erlaubnis nach § 43 Abs. 1 oder § 44 Abs. 1 Satz 1 ein Kind oder einen Jugendlichen betreut oder ihm Unterkunft gewährt,
2. entgegen § 45 Abs. 1 Satz 1, auch in Verbindung mit § 48a Abs. 1, ohne Erlaubnis eine Einrichtung oder eine sonstige Wohnform betreibt oder
3. entgegen § 47 eine Anzeige nicht, nicht richtig, nicht vollständig oder nicht rechtzeitig erstattet oder eine Meldung nicht, nicht richtig, nicht vollständig oder nicht rechtzeitig macht oder
4. entgegen § 97a Abs. 4 vorsätzlich oder fahrlässig als Arbeitgeber eine Auskunft nicht, nicht richtig oder nicht vollständig erteilt.

(2) Die Ordnungswidrigkeiten nach Absatz 1 Nr. 1, 3 und 4 können mit einer Geldbuße bis zu fünfhundert Euro, die Ordnungswidrigkeit nach Absatz 1 Nr. 2 kann mit einer Geldbuße bis zu fünfzehntausend Euro geahndet werden.

§ 105 Strafvorschriften § 105

Mit Freiheitsstrafe bis zu einem Jahr oder mit Geldstrafe wird bestraft, wer
1. eine in § 104 Abs. 1 Nr. 1 oder 2 bezeichnete Handlung begeht und dadurch leichtfertig ein Kind oder einen Jugendlichen in seiner körperlichen, geistigen oder sittlichen Entwicklung schwer gefährdet oder
2. eine in § 104 Abs. 1 Nr. 1 oder 2 bezeichnete vorsätzliche Handlung beharrlich wiederholt.

Übersicht

	Rn.
A. Allgemeines	1
B. Grundsätze der Kinder- und Jugendhilfe	4
I. Allgemeines	4
II. Jugendhilfe als Familienhilfe	5
III. Beratung vor Eingriff	6
IV. Freie und öffentliche Träger der Jugendhilfe, Subsidiaritätsgrundsatz (§§ 3, 4 SGB VII)	7
V. Wunsch- und Wahlrecht (§ 5 SGB VIII)	11
VI. Beteiligungsrechte der Kinder und Jugendlichen (§ 8 SGB VIII)	13
VII. Kinderschutz (§ 8a SGB VIII)	18
VIII. Beachtung der Grundausrichtung der Erziehung, Gleichberechtigung von Mädchen und Jungen (§ 9 SGB VIII)	22
IX. Nachrang der Leistungen der Kinder- und Jugendhilfe (§ 10 SGB VIII)	25
C. Leistungen der Kinder- und Jugendhilfe	29
I. Jugendarbeit, Jugendsozialarbeit und erzieherischer Kinder- und Jugendschutz (§§ 11–15 SGB VIII)	29
1. Jugendarbeit (§§ 11, 12 SGB VIII)	29
2. Jugendsozialarbeit (§ 13 SGB VIII)	34
II. Erzieherischer Kinder- und Jugendschutz (§ 14 SGB VIII)	40
III. Förderung der Erziehung in der Familie (§§ 16–21 SGB VIII)	43
1. Allgemeine Förderung der Erziehung in der Familie (§ 16 SGB VIII)	43
2. Beratung in Fragen der Partnerschaft, Trennung und Scheidung (§ 17 SGB VIII)	46

	Rn.
3. Beratung und Unterstützung bei der Ausübung der Personensorge und des Umgangsrechts (§ 18 SGB VIII)	50
a) Beratung und Unterstützung bei der Personensorge und der Durchsetzung von Unterhalts- und Unterhaltsersatzansprüchen (§ 18 Abs. 1 Nr. 1 SGB VIII)	50
b) Beratung und Unterstützung nicht verheirateter Mütter und Väter (§ 18 Abs. 1 Nr. 2 SGB VIII)	54
c) Beratung bei der Abgabe der Sorgeerklärung (§ 18 Abs. 2 SGB VIII)	57
d) Beratung und Unterstützung beim Umgangsrecht (§ 18 Abs. 3 SGB VIII)	60
e) Beratung und Unterstützung junger Volljähriger bei der Durchsetzung von Unterhalts- und Unterhaltsersatzansprüchen (§ 18 Abs. 4 SGB VIII)	66
4. Gemeinsame Wohnformen für Mütter/Väter und Kinder (§ 19 SGB VIII)	69
5. Leistungen der Betreuung und Versorgung des Kindes in Notsituationen (§ 20 SGB VIII)	75
6. Leistungen bei notwendiger Unterbringung zur Erfüllung der Schulpflicht (§ 21 SGB VIII)	80
IV. Förderung der Erziehung in Tageseinrichtungen und Kindertagespflege (§§ 22 ff. SGB VIII)	84
1. Förderung der Erziehung in Tageseinrichtungen	85
2. Kindertagespflege	89
V. Hilfe zur Erziehung (§§ 27 ff. SGB VIII)	92
1. Voraussetzungen der Hilfe zur Erziehung	92
2. Inhalt der Hilfe zur Erziehung	96
3. Zuständigkeit, verfahrensrechtliche Besonderheiten (§§ 36, 36 a SGB VIII) und Kostenbeteiligung	100
VI. Eingliederungshilfe für seelisch behinderte Kinder und Jugendliche (§ 35 a SGB VIII)	104
1. Voraussetzungen	104
2. Rechtsfolge	108
VII. Hilfe für junge Volljährige (§ 41 SGB VIII)	113
D. Andere Aufgaben der Kinder- und Jugendhilfe	121
I. Inobhutnahme von Kindern und Jugendlichen	121
II. Pflegekinderschutz und Heimaufsicht (§§ 43–49 SGB VIII)	128
III. Mitwirkung in gerichtlichen Verfahren (§§ 50, 52 SGB VIII)	130
IV. Vormundschaftswesen (§§ 52 a–58 a SGB VIII)	131
V. Beurkundung, Beglaubigung und vollstreckbare Urkunden (§§ 59, 60 SGB VIII)	132
E. Datenschutz in der Jugendhilfe	134
F. Träger der Kinder- und Jugendhilfe	140
I. Träger der öffentlichen Jugendhilfe (§§ 69 ff. SGB VIII)	140
II. Fachkräfte und Ehrenamtliche (§§ 72–73 SGB VIII)	143
III. Freie Träger der Jugendhilfe	146
1. Förderung der freien Träger der Jugendhilfe (§ 74 SGB VIII)	146
2. Anerkennung eines freien Trägers der Jugendhilfe	149
3. Übertragung von anderen Aufgaben an Träger der freien Jugendhilfe (§ 76 SGB VIII)	153
4. Finanzierung der Träger der freien Jugendhilfe (§§ 77 ff. SGB VIII)	154
IV. Gewährleistungspflicht und Jugendhilfeplan (§§ 79, 80 SGB VIII)	157
V. Weitere Stellen in der Jugendhilfe (§§ 81–84 SGB VIII)	159
VI. Zuständigkeit der öffentlichen Träger der Jugendhilfe (§§ 85 ff. SGB VIII)	164
1. Sachliche Zuständigkeit (§ 85 SGB VIII)	164
2. Örtliche Zuständigkeit	165
VII. Kostenerstattung zwischen Trägern der Kinder- und Jugendhilfe (§§ 89–89 h SGB VIII)	169
G. Kostenbeteiligung (§§ 90 ff. SGB VIII)	177

A. Allgemeines

1   Das **SGB VIII** ist die wichtigste **Rechtsgrundlage** des Kinder- und Jugendhilferechts.

1a   Es ist grundsätzlich bei allen sich in der Bundesrepublik Deutschland tatsächlich aufhaltenden Personen **anzuwenden** (§ 6 Abs. 1 S. 1, 2 SGB VIII). Ausländer erhalten allerdings nur Leistungen der Kinder- und Jugendhilfe, wenn sie ihren gewöhnlichen Aufenthalt (§ 30 Abs. 3 S. 2 SGB I) in der Bundesrepublik Deutschland haben und sich in dieser mit einer Niederlassungserlaubnis, einer Aufenthaltserlaubnis oder einer Duldung (vgl. insoweit das AufenthG) aufhalten. Die Leistungen der Kinder- und Jugendhilfe können an sich im Ausland aufhaltende Deutsche exportiert werden, wenn ihr Bedarf im Aufenthaltsstaat nicht gedeckt ist (§ 6 Abs. 3 SGB VIII). Die anderen Aufgaben müssen demgegenüber auch bei Ausländern wahrgenommen werden, die sich nur tatsächlich in der Bundesrepublik Deutschland aufhalten (§ 6 Abs. 1 S. 2 SGB VIII).

1b   Neben den Vorschriften des SGB VIII kommen jene des **SGB I** und des **SGB X** zur Anwendung, soweit im SGB VIII nichts Abweichendes geregelt ist (§ 37 S. 1 SGB I). Ferner können Vorschriften in den **anderen besonderen Teilen des SGB** von Bedeutung sein, so etwa das SGB IX und § 54 SGB XII, auf den § 35 a SGB VIII verweist. Das gerichtliche Verfahren wird in der **VwGO** geregelt. Zum SGB VIII wurde die **Kostenbeitrags-Verordnung** erlassen, die festlegt, in welchem Umfang die Kinder/Jugendlichen und deren Eltern zu den Kosten der Jugendhilfe herangezogen werden können. In den einzelnen Bundesländern wurden zum SGB VIII Ausführungsgesetze erlassen.

Das Kinder- und Jugendhilferecht soll die Entwicklung und die Erziehung junger Menschen zu einer **eigenverantwortlichen und gemeinschaftsfähigen Persönlichkeit** fördern (§ 1 Abs. 1 SGB VIII). Hierauf hat jeder – also auch ein ausländischer – junger Mensch ein „Recht". Ein Rechtsanspruch ergibt sich nach hM hieraus indessen nicht. Ein Anspruch nach dem SGB VIII besteht nur, wenn sich ein solcher aus den §§ 11 ff. SGB VIII ergibt. In entsprechender Anwendung von § 2 Abs. 1 SGB I ist das in § 1 Abs. 1 SGB VIII formulierte Ziel aber bei der Auslegung der Vorschriften des SGB VIII und bei der Ermessensausübung möglichst weitgehend zu verwirklichen. Die allgemeine Zielumschreibung des § 1 Abs. 1 SGB VIII wird in § 1 Abs. 3 SGB VIII und in § 2 Abs. 1 SGB VIII konkretisiert. 2

Das SGB VIII unterscheidet zwischen **Leistungen** und **anderen Aufgaben** (§ 2 Abs. 1 SGB VIII). Was zu den Leistungen gehört, wird in § 2 Abs. 2 SGB VIII, und was zu den anderen Aufgaben gehört, in § 2 Abs. 3 SGB VIII abschließend aufgezählt. Der weitere Gesetzestext knüpft an diese Begriffe an, so ua. in § 3 SGB VIII bei der Umschreibung der originären Zuständigkeit der Träger der freien Jugendhilfe. 3

B. Grundsätze der Kinder- und Jugendhilfe

I. Allgemeines

Dem SGB VIII liegen teilweise ausdrücklich normierte (vgl. insbesondere die §§ 1 ff. SGB VIII), teilweise sich nur aus einer Gesamtschau sämtlicher Vorschriften ergebende Leitideen zu Grunde, deren Kenntnis insbesondere bei der Auslegung des SGB VIII und bei der Ermessensausübung unverzichtbar ist. 4

II. Jugendhilfe als Familienhilfe

Der aus Art. 6 Abs. 2, 3 GG und aus § 1 Abs. 2 SGB VIII abgeleitete (vgl. etwa Kunkel, Grundlagen des Jugendhilferechts, 5. Aufl. 2006, Rn. 36 ff.) Grundsatz „Jugendhilfe als Familienhilfe" bringt zum Ausdruck, dass die Kinder- und Jugendhilfe in erster Linie die Familien bei der Erziehung unterstützen soll. Eingriffe in das Erziehungsrecht sollen nur erfolgen, wenn das Wohl des Kindes/Jugendlichen gefährdet ist. Eigene Ansprüche der Kinder/Jugendlichen werden durch den Grundsatz allerdings nicht ausgeschlossen, vgl. etwa die §§ 8 Abs. 3, 18 Abs. 3 S. 1 SGB VIII. 5

III. Beratung vor Eingriff

Der nicht ausdrücklich im SGB VIII geregelte Grundsatz „Beratung vor Eingriff" besagt, dass Eingriffe in das Erziehungsrecht nur erfolgen sollen, wenn Beratungs- und Unterstützungsangebote des Trägers der Jugendhilfe nicht ausreichen. 6

IV. Freie und öffentliche Träger der Jugendhilfe, Subsidiaritätsgrundsatz (§§ 3, 4 SGB VIII)

In der Kinder- und Jugendhilfe sind **freie und öffentliche Träger der Jugendhilfe** tätig (§ 3 Abs. 1 SGB VIII). Mit dieser historisch gewachsenen Struktur soll sichergestellt werden, dass verschiedene Werteorientierungen, Inhalte, Methoden und Arbeitsformen auf dem Gebiet der Jugendhilfe zur Anwendung kommen (§ 3 Abs. 1 SGB VIII). Die Leistungen der Kinder- und Jugendhilfe werden von den Trägern der freien und der öffentlichen Jugendhilfe erbracht. Keine originäre Zuständigkeit haben die Träger der freien Jugendhilfe dagegen bei den anderen Aufgaben. Einige dieser Aufgaben kann der Träger der öffentlichen Jugendhilfe aber auf freie Träger übertragen (§§ 3 Abs. 3, 76 SGB VIII). 7

Mit der Verpflichtung der öffentlichen Träger der Jugendhilfe zur **partnerschaftlichen Zusammenarbeit** mit den Trägern der freien Jugendhilfe (§ 4 Abs. 1 S. 1 SGB VIII) verdeutlicht der Gesetzgeber, dass die Träger der freien den Trägern der öffentlichen Jugendhilfe gleichgeordnet sind und eigene Aufgaben haben (vgl. Wiesner/Wiesner SGB VIII § 4 Rn. 5). Hieraus folgt ua., dass der Träger der öffentlichen die Träger der freien Jugendhilfe rechtzeitig und vollständig informieren und Probleme mit diesen gemeinsam bearbeiten muss, sowie die Pflicht zur gegenseitigen Rücksichtnahme (vgl. LPK-SGB VIII/Papenheim § 4 Rn. 3). Str. ist, ob den Trägern der freien Jugendhilfe eine einklagbare Rechtsposition eingeräumt wird (dafür LPK-SGB VIII/Papenheim § 4 Rn. 19; abl. ua. Wiesner/Wiesner SGB VIII § 4 Rn. 7). 8

Aus der Verpflichtung der Träger der öffentlichen Jugendhilfe zur Achtung der **Selbständigkeit der Träger der freien Jugendhilfe** (§ 4 Abs. 1 S. 2 SGB VIII) folgt zunächst, dass den Trägern der freien Jugendhilfe bei der Aufgabenwahrnehmung genügend Freiräume verbleiben müssen (vgl. LPK- 9

SGB VIII/Papenheim § 4 Rn. 24 ff.). Die Kontrolle der freien Träger durch die öffentlichen Träger der Jugendhilfe ist auf die in § 97 Abs. 1 SGB X aufgezählten Maßnahmen beschränkt. Sie unterstehen nicht der Fachaufsicht der Träger der öffentlichen Jugendhilfe (vgl. LPK-SGB VIII/Papenheim § 4 Rn. 26 ff.). In ihre Organisations- und Personalhoheit darf nur eingegriffen werden, wenn dies gesetzlich zugelassen ist (vgl. insoweit die §§ 74, 75 bzw. 48 SGB VIII).

10 § 4 Abs. 2 SGB VIII räumt den freien Trägern der Jugendhilfe einen beschränkten Konkurrenzschutz gegenüber den Trägern der öffentlichen Jugendhilfe ein (sog. **Subsidiaritätsgrundsatz**). Hieraus folgt indessen nicht die Verpflichtung zur Schließung vorhandener öffentlicher Einrichtungen, wenn Träger der freien Jugendhilfe eine neue Einrichtung schaffen wollen (vgl. Mrozynski SGB VIII § 4 Rn. 7). Ferner zwingt die Vorschrift nicht zu unwirtschaftlichem Handeln. Ist der Ausbau einer bestehenden öffentlichen Einrichtung billiger als der Neubau einer Einrichtung eines Trägers der freien Jugendhilfe, gilt § 4 Abs. 2 SGB VIII nicht (vgl. Wiesner/Wiesner SGB VIII § 4 Rn. 28). Verstößt der Träger der öffentlichen Jugendhilfe gegen den Subsidiaritätsgrundsatz, kann der Träger der freien Jugendhilfe klagen oder Maßnahmen der Rechtsaufsicht anregen. Auf das Verhältnis zum Leistungsberechtigten hat der Subsidiaritätsgrundsatz keine Auswirkungen. Leistungsverpflichteter ist nur der Träger der öffentlichen Jugendhilfe. Er muss idR auf Grund seiner Gewährleistungspflicht ein bedarfsgerechtes Angebot sicherstellen (vgl. § 79 SGB VIII).

V. Wunsch- und Wahlrecht (§ 5 SGB VIII)

11 § 5 SGB VIII gilt grundsätzlich für **alle Leistungen** der Kinder- und Jugendhilfe. Für die Hilfe zur Erziehung und die Eingliederungshilfe für seelisch behinderte Kinder und Jugendliche außerhalb der eigenen Familie ist das Wunsch- und Wahlrecht in § 36 Abs. 1 SGB VIII geregelt. Die Leistungsberechtigten dürfen nur bestehende Einrichtungen oder Dienste **wählen**. Die Schaffung neuer Dienste oder Einrichtungen kann nicht verlangt werden. Die Art der Hilfe ist nicht Gegenstand des Wahlrechts. Das **Wunschrecht** bezieht sich auf die Ausgestaltung der Leistung. Der **Hinweis auf das Wunsch- und Wahlrecht** (§ 5 Abs. 1 S. 2 SGB VIII) muss umfassend und verständlich über die Leistungsangebote aller Träger, die Inhalte, Methoden und Arbeitsmethoden informieren (vgl. LPK-SGB VIII/Papenheim § 5 Rn. 6). Zusätzlich hat der Träger der öffentlichen Jugendhilfe die allgemeinen Aufklärungs-, Beratungs- und Auskunftspflichten nach den §§ 13–15 SGB I zu beachten.

12 Der Träger **muss idR** der Wahl/dem Wunsch **entsprechen** (§ 5 Abs. 2 S. 1 SGB VIII; „soll"); nur in atypischen Fällen steht ihm Ermessen zu, zB wenn der Erfolg der Maßnahme gefährdet ist, weil das Kind/der Jugendliche die gewählte Einrichtung ablehnt, ferner wenn die Kapazität des gewählten Leistungserbringers ausgelastet ist (vgl. LPK-SGB VIII/Papenheim § 5 Rn. 14). Dem Wunsch/der Wahl muss nicht entsprochen werden, wenn dies mit **unverhältnismäßigen Mehrkosten** verbunden wäre. Ob dies der Fall ist, ist durch Vergleich der Kosten der Leistungserbringung entsprechend des Wunsches/der Wahl des Leistungsberechtigten mit jenen, die ohne Berücksichtigung des Wunsches/der Wahl anfallen würden, festzustellen (vgl. BVerwGE 25. 8. 1987 – 5 B 50/87 – NDV 1988, 91). In den Vergleich dürfen nur geeignete, dh. solche Leistungen, mit denen der Bedarf gedeckt werden kann, einbezogen werden (vgl. LPK-SGB VIII/Papenheim § 5 Rn. 10). Nicht berücksichtigt werden dürfen deshalb – kostengünstigere – stationäre Leistungen, wenn dadurch die weitere Entwicklung des Kindes/Jugendlichen nachteilig beeinflusst werden würde (vgl. BVerwG 2. 9. 1993 – 5 C 90/01 – NDV 1994, 106). In den Kostenvergleich sind alle Kostenbestandteile (vgl. Wiesner/Wiesner SGB VIII § 5 Rn. 14) einschließlich der Förderung des Trägers der öffentlichen Jugendhilfe, nicht aber jene anderer öffentlicher Träger einzurechnen (vgl. BVerwG 25. 8. 1987 – 5 B 50/87 – NDV 1988, 91; krit. Neumann 1992, S. 222 ff.). In der Praxis wird von unverhältnismäßigen Mehrkosten ausgegangen, wenn die Kosten der gewünschten/gewählten Maßnahme 20% über der Vergleichsgröße liegen (vgl. Schellhorn § 5 Rn. 26). Höhere Mehrkosten sind verhältnismäßig, wenn sachliche Gründe bestehen, zB die Erziehungskonzeption oder die Aufrechterhaltung des Kontakts mit den Personensorgeberechtigten die Mehrkosten erforderlich machen. Keinesfalls verhältnismäßig sind Mehrkosten von 75% oder mehr. Bei **stationären und teilstationären Leistungen** stehen grundsätzlich nur Einrichtungen zur Wahl, die mit dem Träger der öffentlichen Jugendhilfe eine **Leistungs-, Vergütungs- und Qualitätssicherungsvereinbarung** (vgl. insoweit die §§ 78 a ff. SGB VIII) geschlossen haben (§ 5 Abs. 2 S. 2 SGB VIII). Der Wahl einer anderen Einrichtung muss der Träger der öffentlichen Jugendhilfe nur entsprechen, wenn die gewählte Einrichtung im Einzelfall oder nach Maßgabe des Hilfeplanes geboten ist.

VI. Beteiligungsrechte der Kinder und Jugendlichen (§ 8 SGB VIII)

13 Die **Beteiligung** von Kinder/Jugendlichen an sie betreffenden **Entscheidungen** (§ 8 Abs. 1 S. 1 SGB VIII) muss nicht nur bei das Verfahren abschließenden Maßnahmen nach § 8 SGB X, sondern auch bei schlichtem Verwaltungshandeln, zB bei Beratung und vorbereitenden Beschlüssen, erfolgen (vgl. LPK-SGB VIII/Kunkel § 8 Rn. 6). Betroffen ist das Kind/der Jugendliche insbesondere bei Entscheidungen über Leistungen, Inobhutnahme und Heranziehung zu den Kosten der Jugendhilfe. Nicht zu beteiligen ist das Kind/der Jugendliche bei Entscheidungen der Träger der freien Jugendhilfe. Die Beteiligung kann nur unterbleiben, wenn das Kind auf Grund seines Alters (Säugling) oder

einer gesundheitlichen Beeinträchtigung sich nicht äußern kann. Beteiligung meint Anhörung des Kindes/Jugendlichen. Seine Zustimmung zu der Entscheidung ist dagegen nicht erforderlich. Sie muss dem Entwicklungsstand entsprechen, ggf. muss sie in einer kindgerechten Form erfolgen. Wird gegen das Beteiligungsrecht verstoßen, kann das Kind/der Jugendliche dieses einklagen. Ferner ist die Entscheidung des Trägers der öffentlichen Jugendhilfe rechtswidrig. Der Personensorgeberechtigte ist auf die Beteiligung des Kindes/Jugendlichen hinzuweisen. Gegen seinen Willen darf sie nur erfolgen, wenn ohne die Beteiligung das Wohl des Kindes/Jugendlichen gefährdet wäre.

Der **Hinweis** auf im **Verwaltungsverfahren** sowie in **Verfahren** vor dem Familiengericht, dem Vormundschaftsgericht und dem Verwaltungsgericht **bestehende Rechte** (§ 8 Abs. 1 S. 2 SGB VIII) muss erfolgen, wenn eine das Kind/den Jugendlichen betreffende Entscheidung ansteht; dies folgt aus dem unmittelbaren Anschluss von S. 2 an S. 1. Ob in strafrechtlichen Verfahren auf Verfahrensrechte hingewiesen werden muss, ist str. (vgl. Wiesner/Wiesner SGB VIII § 8 Rn. 37; abl. wohl LPK-SGB VIII/Kunkel § 8 Rn. 13). 14

Das **Recht** der Kinder/ Jugendlichen, sich **an das Jugendamt zu wenden** (§ 8 Abs. 2 SGB VIII), ist auf Angelegenheiten der Erziehung und Entwicklung beschränkt. § 8 Abs. 2 SGB VIII verleiht den Kindern/Jugendlichen einen Anspruch, den sie ggf. einklagen können. Das Jugendamt muss die Eltern über die Kontaktaufnahme informieren (§ 36 SGB I analog) (vgl. LPK-SGB VIII/Kunkel Rn. 15). Es ist berechtigt, das Kind/den Jugendlichen zu beraten, wenn die Eltern damit einverstanden sind. Ohne Wissen der Personenberechtigten darf es das Kind/den Jugendlichen nur in den Fällen des § 8 Abs. 3 SGB VIII beraten. Die Träger der freien Jugendhilfe dürfen demgegenüber auch in anderen Fällen ohne Wissen der Personensorgeberechtigten das Kind/den Jugendlichen beraten, da für sie § 8 Abs. 2 SGB VIII nicht gilt; sie können zB ein Sorgentelefon einrichten. Das Jugendamt muss prüfen, ob auf Grund des Vortrags des Kindes/Jugendlichen eine Gefährdungssituation iSv. § 8 a Abs. 1 S. 1 SGB VIII vorliegt oder ob aus sonstigen Gründen eine Amtshandlung erforderlich ist. 15

Eine **Not- oder Konfliktlage,** bei der das Jugendamt ohne Wissen des Personensorgeberechtigten beraten darf (**§ 8 Abs. 3 SGB VIII**), liegt bei einer Gefahr für Leben oder körperliche Unversehrtheit und bei Nachteilen für die physische und psychische Entwicklung des Kindes/Jugendlichen vor (vgl. Wiesner/Wiesner SGB VIII § 8 Rn. 42 a mwN). Erforderlich ist die Beratung, wenn die Gefahr nicht anders abgewendet werden kann und der Beratungszweck durch die Information des Personensorgeberechtigten vereitelt würde. Da kein Antrag erforderlich ist, muss das Kind/der Jugendliche nicht handlungsfähig iSv. § 36 SGB I sein (vgl. LPK-SGB VIII/Kunkel § 8 Rn. 20). Gegen den Willen des Personensorgeberechtigten darf das Kind/der Jugendliche auch bei einer Not- oder Konfliktlage nur beraten werden, wenn das Kindeswohl so erheblich gefährdet ist, dass in das Erziehungsrecht der Eltern eingegriffen werden darf. 16

Neben dem allgemeinen Beteiligungsrecht des § 8 SGB VIII werden dem Kind/Jugendlichen **Beteiligungsrechte bei der Erstellung des Hilfeplans** eingeräumt (§ 36 SGB VIII). In Gemeindeordnungen der Bundesländer wird teilweise die Einrichtung eines sog. **Jugendgemeinderats** ermöglicht, so etwa in Baden-Württemberg in § 41 a GO. 17

VII. Kinderschutz (§ 8 a SGB VIII)

Gewichtige Anhaltspunkte für eine Gefährdung des Wohles eines Kindes/Jugendlichen iSv. § 8 a Abs. 1 S. 1 SGB VIII liegen vor, wenn dem Jugendamt Tatsachen bekannt werden, die eine Gefährdung von Leben oder körperlicher und psychischer Gesundheit möglich erscheinen lassen. Solche Anhaltspunkte können auch ein anonymer Hinweis enthalten. Das Gefährdungsrisiko müssen zumindest **zwei Fachkräfte** iSd. §§ 72, 72 a SGB VIII **abschätzen**. Hierbei sind die Personensorgeberechtigten und das Kind/der Jugendliche einzubeziehen (§ 8 a Abs. 1 S. 2 SGB VIII). Etwas anderes gilt, wenn hierdurch der Schutz des Kindes/Jugendlichen gefährdet wird (zB Gefahr der Verschleppung des Kindes ins Ausland). Sind zur Abwendung der Gefahr Hilfen erforderlich, muss das Jugendamt den Personensorgeberechtigten geeignete Hilfen anbieten (§ 8 a Abs. 1 S. 3 SGB VIII). 18

Die Träger der freien Jugendhilfe wurden wegen verfassungsrechtlicher Bedenken nicht unmittelbar dem Schutzauftrag nach § 8 a SGB VIII unterstellt. Um dennoch einen ausreichenden Schutz der Kinder/Jugendlichen bei den freien Trägern sicherzustellen, wurden die Jugendämter verpflichtet, **mit Trägern von Einrichtungen und Diensten,** die Leistungen nach dem SGB VIII erbringen, **Vereinbarungen** abzuschließen, die sicherstellen, dass deren Fachkräfte ebenfalls bei gewichtigen Anhaltspunkten für eine Gefährdung des Wohles eines Kindes/Jugendlichen das Gefährdungsrisiko mit einer erfahrenen Fachkraft abschätzen (§ 8 a Abs. 2 S. 1 SGB VIII). In die Vereinbarung muss die Verpflichtung aufgenommen werden, dass die Fachkräfte bei den Personensorgeberechtigten/ Erziehungsberechtigten auf die Inanspruchnahme von Hilfen hinwirken, wenn sie diese für erforderlich halten (§ 8 a Abs. 2 S. 2 SGB VIII). Weiter muss die Verpflichtung der Einrichtung aufgenommen werden, dass sie das Jugendamt zu informieren haben, wenn die angenommene Hilfe nicht ausreicht, um die Gefahr abzuwenden (§ 8 a Abs. 2 S. 3 SGB VIII). 19

Das Jugendamt muss das **Familiengericht anrufen,** wenn dessen Entscheidung zur Abwendung der Gefährdung erforderlich ist (insbesondere nach den §§ 1666, 1666 a BGB) (§ 8 a Abs. 3 Hs. 1 BGB) bzw. wenn die Personensorge-/Erziehungsberechtigten nicht bereit oder in der Lage sind, bei 20 der Abschätzung des Gefährdungsrisikos mitzuwirken (§ 8 a Abs. 3 S. 1 SGB VIII). Kann bei einer dringenden Gefahr die Entscheidung des Familiengerichts nicht abgewartet werden, ist das Jugendamt verpflichtet, das Kind oder den Jugendlichen in Obhut zu nehmen (§ 8 a Abs. 3 S. 2 SGB VIII) (näher dazu unten Rn. 118 ff.).

21 Ist zur Abwendung der Gefährdung das Tätigwerden **anderer Sozialleistungsträger**, der **Einrichtungen der Gesundheitshilfe** oder der **Polizei** notwendig, muss das Jugendamt darauf hinwirken, dass die Personensorge-/Erziehungsberechtigten diese in Anspruch nehmen (§ 8 a Abs. 4 S. 1 SGB VIII). Ist ein sofortiges Tätigwerden notwendig und wirken die Personensorge-/Erziehungsberechtigten nicht mit, muss das Jugendamt die zur Abwendung der Gefährdung zuständigen Stellen (häufig wird dies die Polizei sein) einschalten (§ 8 a Abs. 4 S. 2 SGB VIII).

VIII. Beachtung der Grundausrichtung der Erziehung, Gleichberechtigung von Mädchen und Jungen (§ 9 SGB VIII)

22 Die Träger der öffentlichen Jugendhilfe müssen die von den Personensorgeberechtigten festgelegte **Grundrichtung der Erziehung** beachten (§ 9 Nr. 1 SGB VIII). Dies gilt nicht, wenn die Grenzen des Erziehungsrechts überschritten werden, zB die Weigerung der Eltern, einer Bluttransfusion zuzustimmen, das Kind/den Jugendlichen in Lebensgefahr bringt oder der Einsatz von Gewalt bei der Erziehung des Kindes. Einzelheiten der **religiösen Erziehung** regelt das Gesetz über die religiöse Erziehung eines Kindes.

23 Die Träger der öffentlichen Jugendhilfe sind verpflichtet, die wachsende Fähigkeit und die wachsenden Bedürfnisse des Kindes oder des Jugendlichen zu **selbständigem/verantwortungsbewussten Handeln** zu berücksichtigen (§ 9 Nr. 2 SGB VIII). Ferner müssen sie die jeweiligen besonderen sozialen und kulturellen Bedürfnisse und Eigenarten junger Menschen und ihrer Familien berücksichtigen.

24 § 9 Nr. 3 SGB VIII enthält eine ausdrückliche Regelung zum sog. **gender mainstreaming**. Hieraus folgt zwar kein unmittelbarer Rechtsanspruch auf entsprechende Angebote. § 9 Nr. 3 SGB VIII wirkt sich aber bei der Anwendung anderer Vorschriften aus. Die Träger der Jugendhilfe haben im Rahmen ihrer Gewährleistungspflicht sicherzustellen, dass ein bedarfsdeckendes Angebot zur Erfüllung der Vorgaben des § 9 Nr. 3 SGB VIII bereitgestellt wird.

IX. Nachrang der Leistungen der Kinder- und Jugendhilfe (§ 10 SGB VIII)

25 Der grundsätzliche **Nachrang** der Kinder- und Jugendhilfe gegenüber **Verpflichtungen anderer** (§ 10 Abs. 1 S. 1 SGB VIII) wirkt sich bei den Leistungen nach dem SGB VIII unterschiedlich aus. Einige Leistungen nach dem SGB VIII werden durch vorrangige Leistungen anderer ausgeschlossen (vgl. § 13 Abs. 2, § 21 S. 2 und § 39 Abs. 6 SGB VIII). Bei den weiteren Leistungen nach dem SGB VIII hat der Träger der öffentlichen Jugendhilfe vorzuleisten. Der Nachrang der Leistungen der öffentlichen Jugendhilfe wird nachträglich durch Erstattung der Aufwendungen wiederhergestellt. Der Vorrang gilt auch bei **Ermessensleistungen** anderer. Ihre Erfüllung kann nicht unter Hinweis auf die Leistungen der Kinder- und Jugendhilfe abgelehnt werden (§ 10 Abs. 1 S. 2 SGB VIII).

26 Vorrang gegenüber den Leistungen der Kinder- und Jugendhilfe haben zunächst **andere Sozialleistungen** iSv. § 11 SGB I. Etwas anderes gilt grundsätzlich bei den Leistungen der **Grundsicherung für Arbeitsuchende** nach dem SGB II (§ 10 Abs. 3 S. 1 SGB II). Vorrang haben indessen die Leistungen zur Eingliederung in Arbeit nach den §§ 3 Abs. 2, 14–16 SGB II, die Leistungen für Schülerinnen und Schüler und Kinder in Tageseinrichtungen und Kindertagespflege zur Teilnahme an einer gemeinschaftlichen Mittagsverpflegung nach § 19 Abs. 2 SGB II i. V. m. § 28 Abs. 6 SGB II sowie nach § 6 b Abs. 2 BKGG. Nachrangig gegenüber den Leistungen nach dem SGB VIII sind ferner die Leistungen der **Sozialhilfe** (§ 10 Abs. 4 S. 1 SGB VIII). Dies gilt nicht für die Eingliederungshilfe für körperlich und geistig behinderte Menschen. Diese ist von den Trägern der Sozialhilfe nach den §§ 53 ff. SGB XII zu erbringen.

27 Vorrangig gegenüber den Leistungen der Kinder- und Jugendhilfe sind weiter die Verpflichtungen der **Schule**. Dies gilt indessen nur, wenn die Schulgesetze der Länder solche Verpflichtungen festlegen. Dies ist insbesondere nicht bei Schulbegleitern für behinderte Kinder/Jugendliche der Fall, so dass es bei diesen bei der Verpflichtung der Träger der öffentlichen Jugendhilfe nach § 35 a SGB VIII bleibt.

28 Nachrangig ist die Kinder- und Jugendhilfe ferner gegenüber **Unterhaltspflichten** (§ 10 Abs. 2 SGB VIII). Einzelheiten regeln insoweit die §§ 90–97 b SGB VIII.

C. Leistungen der Kinder- und Jugendhilfe

I. Jugendarbeit, Jugendsozialarbeit und erzieherischer Kinder- und Jugendschutz (§§ 11–15 SGB VIII)

29 **1. Jugendarbeit (§ 11, 12 SGB VIII).** „Jugendarbeit" bezeichnet Maßnahmen für ältere Kinder, Jugendliche und junge Volljährige, die an deren Interessen anknüpfen und sie zur Selbstbestimmung

befähigen und zu gesellschaftlicher Mitverantwortung und Engagement anregen und hinführen sollen (§ 11 SGB VIII). Einzelne Angebote der Jugendarbeit werden in § 11 Abs. 3 SGB VIII beispielhaft aufgezählt. Diese können ausschließlich für Mitglieder des Trägers (sog. Verbandsjugendarbeit), für alle jungen Menschen ungeachtet einer Mitgliedschaft zugänglich (sog. offene Jugendarbeit zB Häuser mit sog. offenen Türen, Häuser der Jugend, Jugendgemeinschaftshäuser, Jugendräume) und auch stadtteilbezogen (sog. gemeinwesenorientierte Angebote) mit Bezügen zur Nachbarschaftshilfe, zur mobilen Jugendarbeit und zur Straßensozialarbeit erbracht werden (§ 11 Abs. 2 S. 2 SGB VIII). Adressaten sind vorwiegend Menschen, die das 27. Lebensjahr noch nicht vollendet haben. Ältere dürfen in angemessenem – dh. nicht überwiegend (vgl. Wabnitz: Recht der Finanzierung der Jugendarbeit und der Jugendsozialarbeit. 2003. Rn. 52) – beteiligt werden.

Die Jugendämter sind **verpflichtet,** bedarfsdeckende Angebote der Jugendarbeit **zur Verfügung** 30 zu stellen (§ 11 Abs. 1 S. 1 SGB VIII: „sind") (hM; vgl. etwa Wabnitz aaO Rn. 58). Ein Anspruch der Adressaten gegen das Jugendamt auf Schaffung eines bestimmten Angebotes folgt hieraus indessen nicht (hM; vgl. etwa Hauck SGB VIII/Grube K § 11 Rn. 10). Bei bestehenden Angeboten besteht auf Grund Art. 3 GG einen Anspruch auf Gleichbehandlung bei der Teilhabe an Angeboten der Jugendarbeit (vgl. Wabnitz aaO Rn. 61).

Anbieter der Jugendarbeit sind die Jugendverbände und die Jugendgruppen iSv. § 12 SGB VIII, 31 sonstige Verbände, Gruppen, Initiativen, sonstige Träger der freien und die Träger der öffentlichen Jugendhilfe (vgl. § 11 Abs. 2 S. 1 SGB VIII). Was unter einem Jugendverband und einer Jugendgruppe zu verstehen ist, wird in § 12 Abs. 1 SGB VIII definiert. Die Jugendämter sind verpflichtet, die Jugendverbände und Jugendgruppen zu fördern (vgl. LPK-SGB VIII/ Kunkel/Steffan § 12 Rn. 2 f. mwN). Ob sich hieraus ein einklagbarer Rechtsanspruch der Jugendverbände und -gruppen auf Förderung ergibt, ist str. (abl. etwa Hauck SGB VIII/Grube § 12 Rn. 5; bej. zB GK-SGB VIII/Fieseler § 12 Rn. 3; Jans/Happe/Saurbier/Maas/Bernzen KJHG § 12 Rn. 10, 10a, 11). Aus der Verpflichtung zur **Achtung der Selbständigkeit der Träger der freien Jugendhilfe** (§ 12 Abs. 1 SGB VIII) folgt, dass das Jugendamt nicht durch die Förderbedingungen (sozial-)politischen Einfluss auf den Jugendverband/Jugendgruppe nehmen darf. vgl. Schellhorn/Fischer SGB VIII/KJHG § 12 Rn. 7). Auch rechtlich zulässige Zweckbindungen der Mittelverwendung dürfen nicht in die Verbandsautonomie eingreifen (vgl. FK-SGB VIII/Münder § 12 Rn. 2). Die Jugendverbände/-gruppen dürfen zB nicht zu Aufgaben gezwungen werden, die nicht ihren satzungsmäßigen Zielen dienen oder zur Aufnahme von Jugendlichen gezwungen werden, die mit den Trägerzielen (zB religiöse Ziele) zuwiderlaufende Aktivitäten entfalten (vgl. Wabnitz aaO Rn. 80).

Zuständig für die Jugendarbeit sind die örtlichen Träger der öffentlichen Jugendhilfe. Sie müssen 32 sicherstellen, dass in ihrem Bereich bedarfsdeckende Angebote der Jugendarbeit zur Verfügung stehen (vgl. § 79 SGB VIII).

Für Angebote der Jugendarbeit können pauschale **Kostenbeiträge** erhoben werden (vgl. § 90 33 Abs. 1 S. 1 Nr. 1 SGB VIII). Zu Einzelheiten s. § 90 SGB VIII.

2. Jugendsozialarbeit (§ 13 SGB VIII). Adressaten der sozialpädagogischen Hilfen nach § 13 34 **Abs. 1 SGB VIII** sind junge Menschen, also Personen, die noch nicht 27 Jahre alt sind (§ 7 Abs. 1 Nr. 4 SGB VIII), mit sozialen Benachteiligungen oder individuellen Beeinträchtigungen. **Soziale Benachteiligungen** sind für bestimmte gesellschaftliche Gruppen oder Gruppen junger Menschen typische Benachteiligungen (vgl. Jans/Happe/Saurbier/Maas/Berntzen KJHG § 13 Rn. 18), zB (vgl. Wiesner SGB VIII/Struck § 13 Rn. 4: Jugendliche und junge Menschen ohne Ausbildung bzw. ohne Arbeitsstelle, Schulverweigerer, Jugendliche ohne Schulabschluss, junge Menschen mit Lernproblemen, Abbrecher von Maßnahmen der Arbeitsverwaltung, Ausbildungsabbrecher, Langzeitarbeitslose, Jugendliche mit Sprachproblemen, junge Menschen aus sozialen Brennpunkten, junge Menschen mit Schwierigkeiten bei der Wohnraumbeschaffung und -erhaltung, junge Menschen aus Spätaussiedler- und Ausländerfamilien, besonders benachteiligte Mädchen und Frauen (vgl. Jans/Happe/Saurbier/ Maas/Berntzen KJHG § 13 Rn. 18; Münder/Struth ZfJ 2002, S. 125 (129). **Individuelle Beeinträchtigungen** sind alle physischen, psychischen und sonstigen Beeinträchtigungen, die die Entwicklung und Teilhabe von Kindern und Jugendlichen in der Gesellschaft erschweren (vgl. Wabnitz aaO Rn. 90), zB Drogen- und Medikamentenabhängigkeit, Überschuldung, Deliquenz, Behinderung, erhebliche wirtschaftliche Benachteiligung, besondere Lern- und Leistungsschwächen, Verhaltensauffälligkeiten. In **erhöhtem Maße** sind die Genannten auf die sozialpädagogische Hilfe **angewiesen,** wenn sie wegen der sozialen Benachteiligung oder der individuellen Beeinträchtigung schulische, ausbildungsbezogene, berufliche oder allgemeine soziale Schwierigkeiten haben, die eine durchschnittliche schulische oder berufliche Qualifikation, die Einmündung in das Arbeitsleben oder die soziale Integration gefährden (vgl. LPK-SGB VIII/Nonninger § 13 Rn. 10). Nicht angewiesen sind sie auf die sozialpädagogische Hilfe, wenn Leistungen anderer – vor allem der Schulverwaltungen, der Träger der Grundsicherung für Arbeitsuchende nach dem SGB II (vgl. § 10 Abs. 3 S. 2 SGB VIII) oder der Agenturen für Arbeit (vgl. § 10 Abs. 1 S. 1 SGB VIII), ausreichend sind. Das Jugendamt **muss** idR („sollen") ein bedarfsdeckendes Angebot zur Verfügung stellen – Ermessen hat es nur in atypischen Fällen – ohne dass sich hieraus ein Rechtsanspruch der Betroffenen ergibt (hM; vgl. etwa

Hauck SGB VIII/Grube § 13 Rn. 27; aA Mrozynski SGB VIII § 13 Rn. 2). **Angebote** nach § 13 Abs. 1 SGB VIII sind die Schulsozialarbeit, Maßnahmen zur Verbesserung der Bildungsvoraussetzungen für eine berufliche Ausbildung (sog. Jugendberufshilfe) einschließlich der Vermittlung sog. Grundtugenden – zB Pünktlichkeit, Zuverlässigkeit –. Der Förderung der sozialen Integration dienen ua. die Mädchensozialarbeit und Jungensozialarbeit, die Arbeit mit jungen Spätaussiedlerinnen und -aussiedlern, mit jungen Ausländerinnen und Ausländern und die Straßenjugendsozialarbeit.

35 Die Maßnahmen der **sozialpädagogisch betreuten Ausbildungs- und Beschäftigungsmaßnahmen** (§ 13 Abs. 2 SGB VIII) richten sich ebenfalls nur an junge Menschen mit Benachteiligungen und Beeinträchtigungen („dieser jungen Menschen"). Die Maßnahmen sind gegenüber Leistungen anderer Träger **subsidiär**. Dies gilt insbesondere für die von den Agenturen für Arbeit zu erbringende Berufsausbildungsbeihilfe (§§ 59 ff. SGB III), die Eingliederung in Arbeit durch Eignungsfeststellungsmaßnahmen und Trainingsmaßnahmen (§§ 46 SGB III), die Vermittlung von Arbeits- und Ausbildungsstellen (§ 35 SGB III). Maßnahmen nach § 13 Abs. 2 SGB VIII kommen deshalb vor allem für Jugendliche in Betracht, die nicht durch die Agentur für Arbeit gefördert werden können, zB weil „Störungen im Leistungs- oder Sozialverhalten vorliegen" (vgl. Wiesner SGB VIII/Struck § 13 Rn. 14). **Geeignet** ist eine Maßnahme nach § 13 Abs. 2 SGB VIII nur, wenn mit ihr auf Grund der vorhandenen sachlichen und persönlichen Mittel das angestrebte Ziel erreicht werden kann. Die Angebote nach § 13 Abs. 2 SGB VIII stehen im pflichtgemäßen Ermessen des Trägers der öffentlichen Jugendhilfe („können"). Die Betroffenen haben keinen Rechtsanspruch – auf fehlerfreie Ermessensausübung – (vgl. LPK-SGB VIII/Nonninger § 13 Rn. 24). Maßnahmen nach § 13 Abs. 2 SGB VIII können Angebote der Berufsorientierung, der Berufsvorbereitung, der Berufsausbildung, der Beschäftigung und der Weiterbildung sein (vgl. Wabnitz aaO Rn. 98).

36 Adressaten der **sozialpädagogisch begleiteten Wohnform** (§ 13 Abs. 3 SGB VIII) sind junge Menschen, die aus familiären Gründen oder wegen der weiten Entfernung des Ausbildungsplatzes nicht mehr bei den Eltern wohnen können bzw. bei denen erhebliche Differenzen mit den Eltern bestehen. Im Gegensatz zu § 13 Abs. 1 und 2 wird in § 13 Abs. 3 SGB VIII keine Benachteiligung oder Beeinträchtigung vorausgesetzt (Wiesner SGB VIII/Struck § 13 Rn. 16). Vorrang haben die Leistungen nach den §§ 65 Abs. 3, 66 SGB III (vgl. Kunkel ZfSH/SGB 2006, 76). Das Angebot steht im pflichtgemäßen Ermessen der Träger der öffentlichen Jugendhilfe („kann"). Ein Anspruch auf pflichtgemäße Ermessensausübung besteht nicht. Die sozialpädagogische Begleitung kann in Lehrlings- und Jugendwohnheimen, aber auch in Einzelwohnformen erfolgen. Begleitung bedeutet, dass eine **ansprechbare Betreuungsperson** zur Verfügung steht. Gegenstand der Begleitung sind zB „schul- und berufsbezogene Hilfen, individuelle lebenspraktische Hilfen, Förderung der gesellschaftlichen Integration, allgemeinbildende Angebote sowie freizeitpädagogische Angebote" (vgl. Wiesner SGB VIII/Struck § 13 Rn. 17). Ergänzt wird die Leistung des § 13 Abs. 3 SGB VIII durch Unterhalt und Krankenhilfe nach § 40 SGB VIII. Da es sich um eine „soll"-Leistung handelt, müssen die Jugendämter diese Leistungen gewähren, soweit nicht Ansprüche auf vorrangige Leistungen anderer Träger, insbesondere der gesetzlichen Krankenkassen, bestehen. In atypischen Fällen besteht keine Leistungspflicht der Jugendämter, ggf. kommen Leistungen der Träger der Grundsicherung für Arbeitsuchende oder der Sozialämter in Betracht.

37 Die **Zusammenarbeit** mit anderen Sozialleistungsträgern, den Schulverwaltungen, der Bundesagentur für Arbeit und den Trägern betrieblicher und außerbetrieblicher Ausbildung soll ein abgestimmtes und vernetztes Tätigwerden der genannten Träger sicherstellen.

38 **Zuständig** sind die örtlichen Träger der öffentlichen Jugendhilfe (§ 85 Abs. 1 SGB VIII). Sie haben auf Grund ihrer Gewährleistungspflicht ein bedarfsgerechtes Angebot der Jugendsozialarbeit sicherzustellen.

39 **Pauschalierte Kostenbeiträge** können für Angebote der Jugendsozialarbeit nicht erhoben werden (vgl. § 90 SGB VIII). Soweit ein Jugendlicher in einer begleiteten Wohnform aufgenommen wird (§ 13 Abs. 3 SGB VIII), können er und seine Eltern zu den **Kosten herangezogen** werden (§ 91 Abs. 1 Nr. 1 iVm. Abs. 5 SGB VIII; zu Einzelheiten s. die §§ 91 ff. SGB VIII).

II. Erzieherischer Kinder- und Jugendschutz (§ 14 SGB VIII)

40 Kinder und Jugendliche sind vielfältigen Gefahren ausgesetzt, körperlicher und seelischer Gewalt, sexuellen Übergriffen, Vernachlässigung in der Familie, Reizüberflutung, Drogen, Jugendsekten, gewaltverherrlichenden und pornographischen Medien, Rechtsextremismus etc. Diesen Gefahren wird im SGB VIII mit der Verpflichtung des Jugendamtes und der Träger der freien Jugendhilfe zum Kinderschutz (§ 8 a), dem erzieherischen Kinder- und Jugendschutz (§ 14), der Inobhutnahme (§ 42) sowie durch den Pflegekinderschutz und die Heimaufsicht (§§ 43 ff.) entgegengetreten. Daneben sieht das JuSchG repressive Maßnahmen zum Jugendschutz vor. Die Ziele des erzieherischen Kinder- und Jugendschutzes ergeben sich aus § 14 Abs. 2 SGB VIII. Zu den Adressaten der Maßnahmen nach § 14 Abs. 1 SGB VIII gehören neben den jungen Menschen und den Eltern auch andere mit Erziehungsaufgaben betraute Personen, zB Erzieherinnen, Ausbilder. Die Angebote beinhalten ua. die Durchführung von Informationsveranstaltungen, die Bereitstellung von Medien und Öffentlichkeitsarbeit.

Zuständig sind die örtlichen Träger der öffentlichen Jugendhilfe (§ 85 Abs. 1 SGB VIII). Sie ha- 41
ben auf Grund ihrer Gewährleistungspflicht ein bedarfsgerechtes Angebot sicherzustellen (§ 79
SGB VIII).

Eine **Kostenbeteiligung** an den Angeboten des erzieherischen Kinder- und Jugendschutzes ist 42
nicht vorgesehen (s. §§ 90, 91 SGB VIII).

III. Förderung der Erziehung in der Familie (§§ 16–21 SGB VIII)

1. Allgemeine Förderung der Erziehung in der Familie (§ 16 SGB VIII). Die Jugendämter 43
müssen idR (§ 16 Abs. 1 S. 1 SGB VIII: „sollen") – Ermessen steht ihnen nur in sog. atypischen Fällen
zu (vgl. LPK-SGB VIII/Kunkel § 16 Rn. 2) – Angebote nach § 16 SGB VIII zur Verfügung stellen. Die
Angebote verfolgen die in § 16 Abs. 1 SGB VIII umschriebenen Ziele. Ein Rechtsanspruch auf Angebote nach § 16 SGB VIII besteht nicht (vgl. LPK-SGB VIII/Kunkel § 16 Rn. 2; aA GK-SGB VIII/
Schleicher § 16 Rn. 3). Einzelne Angebote werden in § 16 Abs. 2 SGB VIII – nicht abschließend – auf-
gezählt: Familienbildung (zB Seminare [etwa Kommunikationstraining], Gesprächskreise [Eltern-Kind-
Gruppen], Kurse [Kochen, Nähen, Säuglingskurse] und Elternbriefe), Familienberatung und Familienfreizeit und Erholung (zB kostengünstige Angebote für Urlaub und Wochenendfreizeiten) für Erziehende in belastenden Familiensituationen. „Belastende Familiensituationen" iSd. sind zB Trennung,
Scheidung, Situationen Alleinerziehender, Leben in Arbeitslosigkeit, Obdachlosigkeit"(vgl. etwa Münder: Familien- und Jugendhilferecht. Bd. 1. 4. Aufl. 2000, S. 84). Belastende Situationen können ferner
in kinderreichen Familien, Familien aus sozialen Brennpunkten und Familien mit kranken oder behinderten Kindern vorliegen (vgl. Wiesner SGB VIII/Struck § 16 Rn. 23).

Für die allgemeine Erziehung in der Familie sind die Träger der örtlichen Jugendhilfe sachlich **zu-** 44
ständig (§ 85 Abs. 1 SGB VIII). Sie müssen ein bedarfsdeckendes Angebot für ihren Bezirk sicherstellen.

Für die Teilnahme an Familienfreizeiten oder Familienerholung bzw. Kinderbetreuung können 45
pauschalierte Kostenbeiträge erhoben werden (§ 90 Abs. 1 S. 1 Nr. 2 SGB VIII; zu Einzelheiten s.
§ 90 SGB VIII). Die Familienberatung ist dagegen kostenfrei.

2. Beratung in Fragen der Partnerschaft, Trennung und Scheidung (§ 17 SGB VIII). An- 46
spruch auf Beratung nach § 17 Abs. 1 S. 1 SGB VIII haben neben den leiblichen Eltern auch Stiefel-
ternteile und Lebenspartner, die mit einem leiblichen Elternteil in Partnerschaft leben (vgl. GK-
SGB VIII/Schleicher § 17 Rn. 6). Ob auch Pflegeeltern einen Anspruch auf Beratung haben, ist str.
(dafür GK-SGB VIII/Schleicher Rn. 6; abl. LPK-SGB VIII/Kunkel § 17 Rn. 1 a). Für das Kind/den
Jugendlichen zu sorgen hat, sei wortgeberechtigt sei. Trotz des Wortlauts von § 17 Abs. 1 S. 1
SGB VIII geht im Hinblick auf den Gesetzeszweck ein Teil der Lit. davon aus, dass der Beratungsanspruch bereits vor Geburt des Kindes besteht (vgl. LPK-SGB VIII/Kunkel Rn. 1b; MüKo/Strick
§ 17 SGB VIII Rn. 6; aA Mrozynski SGB VIII § 17 Rn. 3). Str. ist, ob der nicht sorgeberechtigte
Elternteil, der zwar nicht tatsächlich für das Kind sorgt, aber für dieses sorgen möchte, einen Beratungsanspruch hat (so LPK-SGB VIII/Kunkel § 17 Rn. 1 a). „Beraten" bedeutet, im internen Gespräch mit dem Betroffenen die psychosoziale und rechtliche Situation erörtern, dagegen keine Vertretung des Ratsuchenden gegenüber Dritten. Soweit die Beratung den in § 17 Abs. 1 S. 2 SGB VIII
aufgezählten Zwecken dient, ist sie mit dem RDG vereinbar. Die Beratung kann auch als Mediation
oder Therapie durchgeführt werden.

Bei Trennung oder Scheidung haben die Eltern gegen das Jugendamt einen Anspruch auf **Unter-** 47
stützung bei der **Entwicklung eines Sorgekonzepts,** das der gerichtlichen Entscheidung zu
Grunde gelegt werden kann (§ 17 Abs. 2 SGB VIII). „Unterstützung" meint Beratung über die Möglichkeiten der elterlichen Sorge nach der Trennung und Scheidung sowie zum Umgang mit dem
Kind (vgl. dazu die §§ 1687, 1687 a BGB). Sie kann ferner zB Hilfestellung beim Aufsetzen von Brie-
fen, bei der Suche nach einem Anwalt sein. Eine Vertretung nach außen, sei es gerichtlich oder außergerichtlich, gehört nach hM nicht mehr zur Unterstützung. Hierzu ist das Jugendamt nur berechtigt, wenn es als Beistand bestellt ist.

Um die Unterstützung bei der Entwicklung des Sorgekonzepts sicherzustellen, sind die Familien- 48
gerichte verpflichtet, die Rechtshängigkeit einer streitigen (vgl. Wiesner SGB VIII/Struck § 18
Rn. 44) Scheidungssache unter Angabe der Namen der Parteien und der Anschriften der Parteien –
nicht der Kinder – dem zuständigen Jugendamt mitzuteilen, wenn gemeinschaftliche minderjährige
Kinder vorhanden sind. Das Jugendamt muss die Betroffenen auf sein Unterstützungsangebot hinweisen, das die Betroffenen aber nicht in Anspruch nehmen müssen.

Zuständig ist der örtliche Träger der öffentlichen Jugendhilfe (§ 85 Abs. 1 SGB VIII), in dessen 49
Bereich die Eltern ihren gewöhnlichen Aufenthalt haben (§ 86 Abs. 1 SGB VIII).

3. Beratung und Unterstützung bei der Ausübung der Personensorge und des Um- 50
**gangsrechts (§ 18 SGB VIII). a) Beratung und Unterstützung bei der Personensorge und
der Durchsetzung von Unterhalts- und Unterhaltsersatzansprüchen (§ 18 Abs. 1 Nr. 1
SGB VIII).** Anspruchsberechtigte sind nur „Mütter und Väter". Bei anderen Personen kommen ggf.

Maßnahmen nach § 53 Abs. 1 SGB VIII und bei der Geltendmachung von Unterhaltsansprüchen die Bestellung eines Verfahrenspflegers nach § 1909 BGB in Betracht. Allein sorgeberechtigt ist die nicht verheiratete Mutter (§ 1626a Abs. 2 BGB), wem durch gerichtliche Entscheidung das alleinige Sorgerecht übertragen wurde (§§ 1671, 1672 BGB), der überlebende Elternteil (§ 1680 BGB), ein Elternteil, wenn dem anderen Elternteil das Sorgerecht entzogen wurde (§ 1666 BGB) oder dessen elterliche Sorge ruht bzw. er an der Ausübung der elterlichen Sorge verhindert ist (§ 1678 BGB). Nicht sorgeberechtigte Väter oder Mütter haben einen Anspruch auf Beratung und Unterstützung, wenn sie tatsächlich für das Kind oder den Jugendlichen alleine sorgen.

51 „**Beratung**" ist die mündliche oder schriftliche Erteilung von psychosozialen und rechtlichen Informationen. „**Unterstützung**" umfasst zusätzlich weitergehende Informationen, Begleitung, Belehrungen, Recherchen, Berechnungen, Hilfe bei Anträgen und Formulierungshilfen (vgl. LPK-SGB VIII/Kunkel § 18 Rn. 3). Eine Vertretung nach außen durch das Jugendamt ist nur zulässig, wenn es Beistand, Amtspfleger oder Amtsvormund ist. Die „**Ausübung der Personensorge**" umfasst die gesamte elterliche Sorge außer der Vermögenssorge. Zur Personensorge gehören ua. die Regelung der elterlichen Sorge, ferner nach den §§ 1631–1632 BGB insbesondere die Pflege, Erziehung, Beaufsichtigung, Aufenthaltsbestimmung, Schulwahl, Berufswahl, geschlossene Unterbringung, Herausgabe und Umgangsbestimmung sowie die Religionswahl nach dem RKErzG, die Namenswahl nach den §§ 1617ff. BGB und die Beantragung der Hilfe zur Erziehung (§ 27 SGB VIII). Es ist ferner darauf hinzuweisen, dass eine Erwerbstätigkeit nach § 10 Abs. 1 Nr. 3 SGB II nicht zugemutet werden kann, wenn ein Kind noch nicht drei Jahre alt ist (so zum BSHG OLG Köln 27. 10. 1992 – 4 UF 158/92 – FamRZ 1993, 1115), und dass ein Teil der Sozialleistung des anderen nach § 48 SGB I abgezweigt werden kann. Die Beratung und Unterstützung bei der Durchsetzung von Unterhaltsansprüchen der Kinder und Jugendlichen beinhaltet die materiell-rechtliche Beratung (vor allem die Berechnung der Unterhaltshöhe), die Beratung über die verfahrensrechtliche Durchsetzung des Anspruchs (zB durch einen Pfändungs- und Überweisungsbeschluss) und die anderweitige Absicherung des Unterhalts. Zu den Unterhaltsersatzansprüchen zählen ua. Waisenrente, Schadensersatzansprüche bei Tötung des Unterhaltsverpflichteten (einschließlich der Ansprüche aus Gefährdungshaftung) und Ansprüche auf laufende Hilfe zum Lebensunterhalt, ferner die soziale Sicherung des Kindes/Jugendlichen, zB Fragen des Sozialversicherungsschutzes. Ob auch der Unterhaltsvorschuss nach dem UhVG, BAföG und Sozialhilfe zu den Unterhaltsersatzansprüchen gehören ist str. (abl. LPK-SGB VIII/Kunkel § 18 Rn. 7; bej. Mrozynski SGB VIII § 18 Rn. 8; GK-SGB VIII/Schleicher § 18 Rn. 9). Nicht erfasst sind die Unterhalts- und Unterhaltsersatzansprüche des Elternteils. Dieser muss seinen Unterhaltsanspruch selbst ggf. mit anwaltlicher Hilfe durchsetzen. Ansprüche auf eine finanzielle Hilfe begründet § 18 Abs. 1 Nr. 1 SGB VIII nicht (vgl. Wiesner SGB VIII/Struck § 18 Rn. 7).

52 **Zuständig** für die Beratung ist der örtliche Träger der öffentlichen Jugendhilfe (§ 85 SGB VIII), in dessen Bereich die Eltern ihren gewöhnlichen Aufenthalt haben (zu Einzelheiten s. die §§ 86ff. SGB VIII).

53 Der Träger der öffentliche Träger der Jugendhilfe darf weder pauschalierte **Kostenbeiträge** noch eine Kostenbeteiligung erheben (§§ 90, 91 SGB VIII).

54 **b) Beratung und Unterstützung nicht verheirateter Mütter und Väter (§ 18 Abs. 1 Nr. 2 SGB VIII).** Zum beratungsberechtigten Personenkreis s. Rn. 50. Neben der Information über das Bestehen und die Höhe des Unterhaltsanspruchs aus § 1615l BGB ist auch auf die Möglichkeit hinzuweisen, durch Einschränkung der Erwerbstätigkeit den Unterhaltsanspruch zu erhöhen, ferner ist über die – praktisch wenig relevante – Pflicht zum Ersatz von Entbindungskosten durch den Vater des Kindes zu informieren.

55 **Zuständig** für die Beratung ist der örtliche Träger der öffentlichen Jugendhilfe (§ 85 SGB VIII), in dessen Bereich die Eltern ihren gewöhnlichen Aufenthalt haben (zu Einzelheiten s. die §§ 86ff. SGB VIII).

56 Der Träger der öffentlichen Jugendhilfe darf weder pauschalierte **Kostenbeiträge** noch eine Kostenbeteiligung erheben (§§ 90, 91 SGB VIII).

57 **c) Beratung bei der Abgabe der Sorgeerklärung (§ 18 Abs. 2 SGB VIII).** Die Beratung nach § 18 Abs. 2 SGB VIII soll insbesondere eine ausreichende Information der Väter über die Möglichkeit, durch Sorgeerklärung das gemeinsame Sorgerecht herbeizuführen, sicherstellen. Die Beratung hat ausschließlich die Sorgeerklärung nach § 1626a BGB zum Inhalt.

58 **Zuständig** für die Beratung ist der örtliche Träger der öffentlichen Jugendhilfe (§ 85 SGB VIII), in dessen Bereich die Eltern ihren gewöhnlichen Aufenthalt haben (zu Einzelheiten s. die §§ 86ff. SGB VIII).

59 Der Träger der öffentlichen Jugendhilfe darf weder pauschalierte **Kostenbeiträge** noch eine Kostenbeteiligung erheben (§§ 90, 91 SGB VIII).

60 **d) Beratung und Unterstützung beim Umgangsrecht (§ 18 Abs. 3 SGB VIII). Anspruch auf Beratung und Unterstützung** nach § 18 Abs. 3 S. 1 SGB VIII hat nur das **Kind/der Jugendliche,** dagegen nicht der Personensorgeberechtigte, bei dem das Kind lebt. Gegenstand der Beratung ist das Umgangsrecht des Kindes/Jugendlichen mit seinen Eltern (§ 1684 Abs. 1 BGB). Eine Verlet-

zung des Umgangsrechts ist nicht erforderlich. Die Beratung und Unterstützung nach § 18 Abs. 3 S. 1 SGB VIII beinhaltet die Vermittlung bei der Suche nach einvernehmlichen Regelungen, Erteilung von Auskünften und die Hilfestellung bei der Ausführung gerichtlicher Entscheidungen.

Das **Hinwirken des Jugendamtes auf einen Gebrauch des Umgangsrechts** zum Wohl des Kindes/Jugendlichen (§ 18 Abs. 3 S. 2 SGB VIII) hat neben dem Umgangsrecht nach § 1684 Abs. 1 BGB auch jenes nach § 1685 BGB zum Inhalt – also jenes der Großeltern, der Geschwister, der Stiefeltern oder früherer Pflegeeltern. Das Kind/der Jugendliche hat idR („sollen") einen Rechtsanspruch. Nur in atypischen Fällen hat das Jugendamt Ermessen (ebenso LPK-SGB VIII/Kunkel § 18 Rn. 11 a; aA Schellhorn/Fischer § 18 Rn. 23). Die Unterstützung beinhaltet vor allem Gespräche mit den Umgangsberechtigten, dagegen keine Geldleistungen, zB für die Anfahrt zum Leistungsberechtigten. Ggs. sind diese Kosten vom Sozialhilfeträger zu übernehmen (vgl. BSG 7. 11. 2006 – B 8/9 b SO 12/06 R). **61**

Anspruchsberechtigte iSv. **§ 18 Abs. 3 S. 3 SGB VIII** sind die „Eltern, andere Umgangsberechtigte sowie Personen, in deren Obhut sich das Kind befindet". Andere Umgangsberechtigte sind die Großeltern, die Geschwister, die Stiefeltern oder frühere Pflegeeltern (vgl. § 1685 Abs. 1 und 2 BGB). Personen, in deren Obhut sich das Kind befindet, sind insbesondere die Pflegeeltern. **62**

Das Jugendamt soll schließlich bei der Befugnis, Auskunft über die persönlichen Verhältnisse des Kindes zu verlangen, bei der Herstellung von Umgangskontakten und bei der Ausführung gerichtlicher oder vereinbarter Umgangsregelungen vermitteln und in geeigneten Fällen Hilfestellung leisten **(§ 18 Abs. 3 S. 4 SGB VIII)**. Ein Anspruch auf Auskunft über die Verhältnisse des Kindes ergibt sich aus § 1686 BGB. Die Hilfestellung bei der Herstellung von Umgangskontakten ist dann erforderlich, wenn die Eltern hierzu nicht in der Lage oder willens sind. Die Ausführung von Umgangsregelungen meint die praktische Umsetzung von gerichtlichen Festsetzungen oder Vereinbarungen der Eltern im Zusammenhang mit dem Umgangsrecht. Zu diesen Festsetzungen oder Vereinbarungen gehört insbesondere der sog. beschützte Umgang (§ 1684 Abs. 3, 4 BGB). Umgangskontakte sind neben den Besuchskontakten auch schriftliche und fernmündliche Kontakte sowie das Übersenden von Geschenken (vgl. Wiesner SGB VIII/Struck § 18 Rn. 30). Die durch Umgangskontakte entstehenden Fahrtkosten müssen nicht vom Jugendamt getragen werden; können diese vom Umgangsberechtigten nicht aufgebracht werden, kommen Leistungen der Sozialhilfe in Betracht (vgl. Wiesner SGB VIII/Struck § 18 Rn. 31 mwN.). Aufwendungen im Zusammenhang mit dem Umgangsrecht können nicht als außergewöhnliche Belastungen geltend gemacht werden (vgl. BFH FamRZ 1997, 21). **63**

Zuständig für die Beratung ist der örtliche Träger der öffentlichen Jugendhilfe (§ 85 SGB VIII), in dessen Bereich die Eltern ihren gewöhnlichen Aufenthalt haben (zu Einzelheiten s. die §§ 86 ff. SGB VIII). **64**

Der Träger der öffentliche Träger der Jugendhilfe darf weder pauschalierte **Kostenbeiträge** noch eine Kostenbeteiligung erheben (§§ 90, 91 SGB VIII). **65**

e) Beratung und Unterstützung junger Volljähriger bei der Durchsetzung von Unterhalts- und Unterhaltsersatzansprüchen (§ 18 Abs. 4 SGB VIII). Der Anspruch steht nur jungen Volljährigen zu (vgl. § 7 Abs. 1 Nr. 4 SGB VIII), die das 21. Lebensjahr noch nicht vollendet haben. Zu den Begriffen Beratung und Unterstützung s. Rn. 51. Ob ein Unterhaltsanspruch besteht, ergibt sich aus den §§ 1601 ff. BGB. Zu den Unterhaltsersatzansprüchen zählen vor allem die Ansprüche auf Halb- und Vollwaisenrente aus der gesetzlichen Unfall- und Rentenversicherung, ferner die Berufsausbildungsbeihilfe nach den §§ 59 ff. SGB III und die Leistungen zur Sicherung des Lebensunterhalts nach dem SGB II. Ergänzt wird § 18 Abs. 4 SGB VIII durch die Befugnis des Jugendamtes zur Beurkundung des Unterhaltsanspruches (§ 59 Abs. 1 Nr. 3 SGB VIII). **66**

Zuständig für die Beratung ist der örtliche Träger der öffentlichen Jugendhilfe (§ 85 SGB VIII), in dessen Bereich die Eltern ihren gewöhnlichen Aufenthalt haben (zu Einzelheiten s. die §§ 86 ff. SGB VIII). **67**

Der Träger der öffentliche Träger der Jugendhilfe darf weder pauschalierte **Kostenbeiträge** noch eine Kostenbeteiligung erheben (§§ 90, 91 SGB VIII). **68**

4. Gemeinsame Wohnformen für Mütter/Väter und Kinder (§ 19 SGB VIII). Das Angebot nach § 19 Abs. 1 SGB VIII richtet sich an allein personensorgeberechtigte („zu sorgen ist") oder tatsächlich allein für ein Kind unter 6 Jahren sorgende Personen, die infolge ihrer **Persönlichkeitsentwicklung** Unterstützung bei der Pflege und Erziehung des Kindes benötigen. Ursachen der Beeinträchtigung der Erziehungsfähigkeit durch die Persönlichkeitsentwicklung können fehlende persönliche Reife, seelische, geistige oder körperliche Überforderung oder fehlende finanzielle Selbständigkeit sein (vgl. LPK-SGB VIII/Kunkel § 19 Rn. 3). Ist die Erziehungsfähigkeit aus anderen Gründen (zB fehlender Wohnraum) beeinträchtigt, scheiden Leistungen nach § 19 SGB VIII aus (vgl. LPK-SGB VIII/Kunkel § 18 Rn. 3). Für den alleinsorgenden Elternteil ist keine Altersgrenze vorgesehen. Die Genannten bedürfen der Hilfe nicht, wenn ambulante Leistungen ausreichend sind oder andere Hilfen zur Verfügung stehen. **69**

Der Träger der öffentlichen Jugendhilfe ist zur Bereitstellung von Angeboten nach § 19 SGB VIII idR verpflichtet („sollen"); nur in atypischen Fällen steht ihm Ermessen zu. Auf die Leistung nach § 19 Abs. 1 S. 1 SGB VIII besteht ein **Rechtsanspruch** (vgl. LPK/SGB VIII/Kunkel § 19 Rn. 5). **70**

Leistungsberechtigt ist der allein erziehende Elternteil (OVG Lüneburg 26. 7. 2010 – 4 LA 208/09 – BeckRS 2010, 51240).

71 Ältere Geschwister können in die gemeinsam betreute Wohnform mit aufgenommen werden (§ 19 Abs. 1 S. 2 SGB VIII). Gemeinsame Wohnform iSv. § 19 Abs. 1 S. 1 SGB VIII sind ua. Mutter-Kind-Heime, Außenwohngruppen eines Heimes, Wohngemeinschaften und betreutes Einzelwohnen, ferner persönlichkeitsindiziertes Wohnen in einem Frauenhaus oder im Strafvollzug (vgl. LPK-SGB VIII/Kunkel § 19 Rn. 4). Keine Wohnform iSv. § 19 SGB VIII ist demgegenüber die Betreuung der Mutter oder des Vaters in der eigenen Wohnung (vgl. Wiesner SGB VIII/Struck § 19 Rn. 12). Die sozialpädagogische Betreuung umfasst auch Maßnahmen zum Abbau sozialer und psychischer Verhaltensauffälligkeiten sowie Haushaltskurse.

72 Die Leistung der betreuten Wohnform soll auch den Unterhalt und die Krankenhilfe (§ 40 SGB VIII) mitumfassen. Der **Unterhalt** nach § 19 Abs. 3 SGB VIII bemisst sich nach denselben Grundsätzen wie in § 39 SGB VIII. Er umfasst ein Pflegegeld, ein Taschengeld an den Alleinsorgeberechtigten und das Kind sowie erforderlichenfalls einmalige Leistungen (vgl. LPK-SGB VIII/Kunkel § 19 Rn. 8).

73 **Zuständig** ist der Träger der öffentlichen Jugendhilfe (§ 85 Abs. 1 SGB VIII), in dessen Bereich der Betroffene seinen gewöhnlichen Aufenthalt hat (§ 86 b SGB VIII).

74 Der Alleinsorgeberechtigte (§ 92 Abs. 1 Nr. 3 SGB VIII), das Kind (§ 92 Abs. 1 Nr. 1 SGB VIII) und ggf. der Ehegatte oder Lebenspartner des Alleinsorgeberechtigten (§ 91 Abs. 1 Nr. 4 SGB VIII) können zu den **Kosten** für die Wohnform **herangezogen** werden (§§ 91 Abs. 1 Nr. 2, 92 Abs. 1 Nr. 3, 94 SGB VIII). Bei vollstationärer Unterbringung muss der junge Volljährige auch sein Vermögen einsetzen (§ 92 Abs. 1a SGB VIII). Keine Kostenbeteiligung ist demgegenüber für die Eltern des Alleinsorgeberechtigten vorgesehen (§ 92 Abs. 4 SGB VIII).

75 **5. Leistungen der Betreuung und Versorgung des Kindes in Notsituationen (§ 20 SGB VIII).** § 20 SGB VIII soll sicherstellen, das ein Kind in Notfällen in seiner gewohnten Umgebung bleiben kann (vgl. die Regierungsbegründung BT-Drs. 11/5948 S. 60). Überwiegend betreuende Elternteil iSv. Abs. 1 ist, wer tatsächlich zu mehr als 50 Prozent das Kind betreut. Bei gleichmäßiger Verteilung der Erziehungsaufgaben wird in der Lit. eine entsprechende Anwendung befürwortet (vgl. Stein ZfJ 1991, 579). Ein **Ausfall** des überwiegend betreuenden Elternteils liegt auch vor, wenn dieser zwar im Haushalt bleibt, aber nicht mehr zur Betreuung des Kindes in der Lage ist. **Gründe** iSv. § 20 Abs. 1 SGB VIII sind ua. Krankheit, Pflegebedürftigkeit, Kur, Entbindung, Inhaftierung, Tod, berufliche Bildungsmaßnahme (str.; bej. Mrozynski SGB VIII § 20 Rn. 8; aA Wiesner SGB VIII/Struck § 20 Rn. 7). Ob auch der Ausfall eines Elternteils wegen Trennung der Eltern ein zwingender Grund iSv. § 20 Abs. 1 SGB VIII ist, ist umstritten. Kein Ausfall iSv. § 20 Abs. 1 SGB VIII ist der Ausfall eines Elternteils wegen Überforderung durch eine Mehrlingsgeburt (vgl. Frings Sozialrecht aktuell Heft 3 1999 S. 4 ff.; ebenso Wiesner/Struck § 20 Rn. 11), Pflege eines Angehörigen. Die unzureichende Versorgung und Betreuung des Kindes muss **ursächlich** auf den Ausfall des betreuenden Elternteils zurückzuführen sein. Betreuen und pflegen die Eltern ihr Kind auch an „gesunden" Tagen nicht, scheidet die Leistung nach § 20 Abs. 1 SGB VIII aus (vgl. BVerwGE FEVS 42, 185). Stehen der Betreuung des Kindes durch den anderen Elternteil andere Gründe, zB Unwilligkeit oder Unfähigkeit des anderen Elternteils zur Übernahme der Erziehung entgegen, scheidet eine Hilfe nach § 20 Abs. 1 SGB VIII aus. Die Hilfe nach § 20 Abs. 1 SGB VIII ist **nicht erforderlich**, wenn die Betreuung des Kindes durch eine andere im Haushalt lebende Person übernommen werden kann, der Ausfall der anderen Person durch Urlaub überbrückt werden kann (vgl. Wiesner SGB VIII/Struck § 20 Rn. 13), ferner wenn ein anderer Sozialleistungsträger – zB die Krankenkasse nach § 38 SGB V – eine Hilfe zu stellen hat. Keine vorrangige Leistung ist demgegenüber die Leistung nach § 71 SGB XII (Hilfe zur Weiterführung eines Haushalts).

76 Auf die Leistung aus § 20 Abs. 1 SGB VIII besteht idR ein Rechtsanspruch („soll"). Nur in sog. atypischen Fällen kann das Jugendamt nach pflichtgemäßem Ermessen entscheiden. Die Leistung nach § 20 Abs. 1 SGB VIII hat die Unterstützung des nicht ausgefallenen Elternteils zum Inhalt. Die Unterstützung erfolgt entweder durch Stellung einer Person durch das Jugendamt oder durch einen freien Träger. Grundsätzlich ist auch die Unterstützung durch eine Person aus dem persönlichen Umfeld des Kindes möglich. Im Schrifttum wird insoweit eine entsprechende Anwendung von § 38 SGB V befürwortet (vgl. Wiesner SGB VIII/Struck § 20 Rn. 17). Die betreuende Person kann im Rahmen des Wahl- und Wunschrechts (§ 5 SGB VIII) ausgewählt werden. Die Hilfe nach § 20 SGB VIII kann auch in einem Heim erfolgen (vgl. Mrozynski SGB VIII § 20 Rn. 10 mwN). Inhalt der Betreuung kann die Pflege und Erziehung des Kindes, die Zubereitung der Mahlzeiten, Spielen mit dem Kind und die Hausaufgabenbetreuung sein.

77 Nach **§ 20 Abs. 2 SGB VIII** werden Leistungen zur Betreuung des Kindes bei Ausfall beider Elternteile oder des alleinerziehenden Elternteils erbracht. Bezüglich der Rechtsfolge gilt das zu Abs. 1 Gesagte entsprechend.

78 **Zuständig** ist der Träger der öffentlichen Jugendhilfe (§ 85 Abs. 1 SGB VIII), in dessen Bereich der gewöhnliche Aufenthalt liegt (zu Einzelheiten s. die §§ 86 ff. SGB VIII).

Zu den **Kosten** der Leistung nach § 20 Abs. 1 SGB VIII können die Eltern herangezogen werden (§ 91 Abs. 1 Nr. 3 SGB VIII). Zu Einzelheiten s. die §§ 91 ff. SGB VIII. **79**

6. Leistungen bei notwendiger Unterbringung zur Erfüllung der Schulpflicht (§ 21 SGB VIII). Personensorgeberechtigte mit **beruflich bedingtem ständigen Ortswechsel** sind zB Schausteller, Binnenschiffer und Artisten, dagegen nicht Eltern, die infolge ihrer Ausbildung ihre Erziehungsaufgabe nicht erfüllen können (vgl. Mrozynski SGB VIII § 21 Rn. 4 f.). Die Erfüllung der Schulpflicht muss gerade deshalb gefährdet sein, weil die Personensorgeberechtigten ständig den Aufenthaltsort wechseln („wegen"). Andere Gründe, zB Erziehungsschwierigkeiten, behinderungsbedingte Schulprobleme etc. begründen dagegen keinen Anspruch aus § 21 S. 1 SGB VIII. **Anderweitige Unterbringung** iSv. § 21 S. 1 SGB VIII ist zB das Internat. Die Beratung und Unterstützung nach 1 SGB VIII beinhaltet im Wesentlichen Informationen und organisatorischen Hilfen bei der Suche nach einem Internat. **80**

Die **Kosten der Unterbringung des Kindes/Jugendlichen** können (Ermessen) nur in geeigneten Fällen – zB beide Elternteile gehen zur Sicherung des Lebensunterhalts einer Erwerbstätigkeit nach – übernommen werden (§ 21 S. 2 SGB VIII). Zudem muss das Internat die geeignete Wohnform sein. Materielle Bedürftigkeit des Kindes/Jugendlichen und der Eltern wird dagegen nicht vorausgesetzt. Der Nachrang der Jugendhilfe wird über die §§ 91 ff. SGB VIII wiederhergestellt (vgl. BT-Drs. 16/9299 S. 14). Die Leistung kann über das schulpflichtige Alter bis max. zum 21. Lebensjahr fortgesetzt werden (§ 21 S. 3 SGB VIII). **81**

Zuständig ist der Träger der öffentlichen Jugendhilfe (§ 85 Abs. 1 SGB VIII), in dessen Bereich der gewöhnliche Aufenthalt liegt (zu Einzelheiten s. die §§ 86 ff. SGB VIII). **82**

Zu den **Kosten** können die Eltern und das Kind/der Jugendliche **herangezogen** werden (§§ 91 ff. SGB VIII). **83**

IV. Förderung der Erziehung in Tageseinrichtungen und Kindertagespflege (§§ 22 ff. SGB VIII)

Die §§ 22 ff. SGB VIII regeln Einzelheiten der Erziehung von Kindern in Tageseinrichtungen und in Kindertagespflege. Sie sollen eine umfassende Förderung von Kindern sowie den Ausgleich individueller Nachteile sicherstellen (vgl. BT-Drs. 15/3676). **84**

1. Förderung der Erziehung in Tageseinrichtungen. Tageseinrichtungen sind „Einrichtungen, in denen sich Kinder für einen Teil des Tages oder ganztägig aufhalten und in Gruppen gefördert werden" (§ 22 Abs. 1 S. 1 SGB VIII). Einzelheiten der Abgrenzung von der Kindertagespflege regelt das Landesrecht (§ 22 Abs. 1 S. 2 SGB VIII). In der Praxis unterscheidet man zwischen Kinderkrippen (für Kinder bis zu einem Jahr), Kindergarten (für Kinder zwischen dem vollendeten dritten Lebensjahr und dem Beginn des Schulbesuchs) und Horten (für Kinder im Schulalter). Sie bedürfen einer Betriebserlaubnis (§ 45 Abs. 1 SGB VIII) und sie müssen die Qualität der Förderung der Kinder sicherstellen (§ 22 a Abs. 1 SGB VIII) und Fachkräfte (dies sind vor allem ausgebildete Erzieherinnen und Erzieher) beschäftigen (§ 22 a Abs. 2 SGB VIII). Die inhaltliche Ausgestaltung der Angebote müssen sie an den Bedürfnissen der Kinder und der Familien orientieren (§ 22 a Abs. 3 SGB VIII). Die Tageseinrichtungen sind meldepflichtig (§ 47 SGB VIII). Sie unterliegen der Kontrolle des zuständigen Trägers der öffentlichen Jugendhilfe (§ 46 SGB VIII). Kinder, die das dritte Lebensjahr vollendet haben, haben einen **Anspruch auf einen Platz in einer Tageseinrichtung** (§ 24 Abs. 1 SGB VIII). Der Träger der öffentlichen Jugendhilfe soll darauf hinwirken, dass für diese Altersgruppe ein bedarfsgerechtes Angebot an Ganztagsplätzen und ergänzender Förderung in Kindertagespflege zur Verfügung steht (§ 24 Abs. 1 S. 2 SGB VIII). Einzige Voraussetzung des Anspruchs ist die Vollendung des dritten Lebensjahres des Kindes. Wie weit der Platz höchstens vom Wohnort der Eltern entfernt sein darf, ist in den einzelnen Bundesländern unterschiedlich festgelegt. Die Gruppengröße muss angemessen sein. Sie wird idR vom Landesjugendamt festgelegt. Die Öffnungszeiten der Tageseinrichtung müssen so festgelegt sein, dass eine Berufstätigkeit der Eltern möglich ist. Bei der Auswahl und der Ausgestaltung der Tageseinrichtung gilt das Wunsch- und Wahlrecht nach § 5 SGB VIII. **85**

Kinder unter drei Jahren haben keinen Anspruch auf eine Platz in einer Tageseinrichtung oder in Kindertagespflege. Die Träger der öffentlichen Jugendhilfe sind aber verpflichtet, zumindest für Kinder von Erziehungsberechtigten, die einer Erwerbstätigkeit nachgehen oder eine solche aufnehmen wollen, sich in einer beruflichen Bildungsmaßnahme, in einer Schulausbildung oder in Hochschulausbildung befinden oder an einer Maßnahme zur Eingliederung in Arbeit teilnehmen, bzw. für Kinder, deren Förderung sonst nicht gewährleistet ist, Plätze in Tageseinrichtungen und Kindertagespflege vorzuhalten (§ 24 Abs. 3 S. 1 SGB VIII). Durch Landesrecht kann ein weitergehendes Angebot vorgeschrieben werden (vgl. BT-Drs. 15/3676 S. 32). Ab dem 1. 8. 2013 haben die Kinder zwischen dem 1. und 3. Lebensjahr Anspruch auf frühkindliche Förderung in Tageseinrichtungen oder in Kindertagespflege (§ 24 Abs. 3 SGB VIII). **86**

87 Keinen Anspruch auf einen Platz in einer Tageseinrichtung haben ferner **Kinder im schulpflichtigen Alter.** Die Träger der öffentlichen Jugendhilfe müssen auch für diese ein bedarfsdeckendes Angebot bereitstellen (§ 24 Abs. 2 SGB VIII).

88 **Zuständig** ist der Träger der öffentlichen Jugendhilfe (§ 85 Abs. 1 SGB VIII), in dessen Bereich der gewöhnliche Aufenthalt liegt (zu Einzelheiten s. die §§ 86 ff. SGB VIII).

Für den Besuch der Tageseinrichtung können **Kostenbeiträge** erhoben werden (§ 90 Abs. 1 S. 1 Nr. 3 SGB VIII).

89 **2. Kindertagespflege.** Kindertagespflege wird „von einer geeigneten Tagespflegeperson in ihrem Haushalt oder im Haushalt des Personensorgeberechtigten geleistet" (§ 22 Abs. 1 S. 2 SGB VIII). Sie kann auch in anderen geeigneten Räumen angeboten werden (§ 22 Abs. 1 S. 4 SGB VIII). Das Nähere der Kindertagespflege regelt das Landesrecht (§ 22 Abs. 1 S. 3 SGB VIII). Die Tagespflegeperson bedarf einer Pflegeerlaubnis (§ 43 SGB VIII).

90 Die Träger der öffentlichen Jugendhilfe sind verpflichtet, eine geeignete Tagespflegeperson zu vermitteln (§ 23 Abs. 1 SGB VIII). Geeignet sind Personen, die sich durch ihre Persönlichkeit, Sachkompetenz und Kooperationsbereitschaft mit den Erziehungsberechtigten und anderen Tagespflegepersonen auszeichnen und über kindgerechte Räumlichkeiten verfügen (§ 23 Abs. 4 S. 1 SGB VIII). Sie sollen – dh. müssen idR – über vertiefte Kenntnisse hinsichtlich der Anforderungen der Kindertagespflege verfügen (§ 23 Abs. 4 S. 2 SGB VIII). Der Nachweis ergibt sich idR aus der Teilnahme an einem Kurs. Die Kenntnisse können aber auch anderweitig nachgewiesen werden (§ 23 Abs. 4 S. 2 SGB VIII). Die in den Fällen des § 24 Abs. 3 SGB VIII vermittelten Tagespflegepersonen erhalten eine laufende Geldleistung, die die in § 23 Abs. 2 SGB VIII aufgezählten Bestandteile umfasst. Insbesondere mit dem Betrag zur Anerkennung der Förderleistung will der Gesetzgeber die Kindertagespflege attraktiver gestalten (BT-Drs. 16/10.173 S. 15).

91 **Zuständig** ist der Träger der öffentlichen Jugendhilfe (§ 85 Abs. 1 SGB VIII), in dessen Bereich der gewöhnliche Aufenthalt liegt (zu Einzelheiten s. die §§ 86 ff. SGB VIII).

V. Hilfe zur Erziehung (§§ 27 ff. SGB VIII)

92 **1. Voraussetzungen der Hilfe zur Erziehung.** § 27 Abs. 1 SGB VIII nennt allgemeine Voraussetzungen der Hilfe zur Erziehung, die bei allen Maßnahmen nach den §§ 28 ff. SGB VIII erfüllt sein müssen. Wer **Personensorgeberechtigter** ist, wird in § 7 Abs. 1 Nr. 5 SGB VIII definiert. Personensorgeberechtigte können demnach natürliche Eltern, Adoptiveltern, Vormund, Ergänzungspfleger sein. Die Pflegeeltern sind formal rechtlich keine Personensorgeberechtigte idS. Dennoch sind sie Leistungsberechtigte, da sie auf dem Gebiet des Sozialrechts zur Antragstellung berechtigt sind. Gegen den Willen des Personensorgeberechtigten kann die Hilfe zur Erziehung nur erbracht werden, wenn das Sorgerecht nach § 1666 BGB eingeschränkt wurde. Ggf. muss das Jugendamt das Familiengericht anrufen (§ 8 a Abs. 3 SGB VIII).

93 Ein **Erziehungsbedarf** besteht, wenn der erzieherische Bedarf nicht durch die Eltern gedeckt werden kann. Maßgebend ist insoweit die objektive Sachlage. Subjektive Vorwerfbarkeit ist nicht erforderlich. Eine Gefährdung des Kindeswohls iSd. §§ 1666, 1666 a BGB ist nicht erforderlich. Die §§ 27 ff. SGB VIII sind auch dann schon anwendbar, wenn Maßnahmen des Familiengerichts nach den §§ 1666, 1666 a BGB noch nicht in Betracht kommen, teilweise sollen sie ja gerade dabei helfen, diesen weit reichenden Eingriff in das Elternrecht zu vermeiden. Maßgeblich ist, ob die Erziehung des Kindes einen Stand erreicht hat, der erwarten lässt, dass das Kind/der Jugendliche bei Eintritt der Volljährigkeit das Ziel der Erziehung, nämlich die Entwicklung zu einer eigenverantwortlichen und gemeinschaftsfähigen Persönlichkeit (§ 1 Abs. 1 SGB VIII) erreicht hat.

94 **Geeignet** ist die Hilfe zur Erziehung, wenn der festgestellte Bedarf mit den Maßnahmen nach den §§ 27 ff. SGB VIII gedeckt werden kann. Nicht geeignet ist sie, wenn die Personensorgeberechtigten nicht mitwirkungsbereit sind.

95 **Notwendig** ist die Hilfe zur Erziehung, wenn nur mit ihr der erzieherische Bedarf gedeckt werden kann. Dies ist nur der Fall, wenn sie geeignet ist und keine anderen Hilfen innerhalb und außerhalb des SGB VIII zur Verfügung stehen. Im Ausland darf eine Hilfe zur Erziehung nur erbracht werden, wenn dies erforderlich ist (§ 27 Abs. 2 S. 3 SGB VIII). Die Erforderlichkeit der Maßnahme im Ausland muss im Hilfeplan begründet werden.

96 **2. Inhalt der Hilfe zur Erziehung.** Auf die Hilfe zur Erziehung hat der Personensorgeberechtigte einen **Rechtsanspruch** (vgl. § 27 Abs. 1 SGB VIII).

97 Die Hilfe zur Erziehung wird in Form der in den §§ 28–35 SGB VIII aufgezählten Hilfen erbracht. Aufgrund der sog. Innovationsklausel in § 27 Abs. 2 S. 1 SGB VIII („insbesondere") können aber auch andere Hilfen gewährt werden (Beispiele: Aufnahme eines Kleinstkindes nach der Drogenentziehung seiner Eltern zusammen mit diesen in einer Nachsorgeeinrichtung (vgl. VGH Hessen 12. 12. 2000 – 1 TG 3694/00 – FEVS 52 (2001), 462; Wiesner NDV 2000, S. 225), Fremdunterbringung eines Kindes während eines Klinikaufenthaltes der Mutter, weil die Betreuung in deren Wohnung nicht gewährleistet ist, die gemeinsame Unterbringung eines Kindes mit der Mutter während des

Haftvollzugs der Mutter, soweit nicht die Justizvollzugsverwaltung hierfür aufzukommen hat). Ob auch die anderen Leistungen des SGB VIII (zB Familienerholung) als Hilfe zur Erziehung geleistet werden können, ist umstritten.

Die Hilfe zur Erziehung umfasst nach § 27 Abs. 3 SGB VIII ferner ergänzende **pädagogische** 98 und **therapeutische Leistungen** und – bei Bedarf – **Ausbildungs-** und **Beschäftigungsmaßnahmen** nach § 13 Abs. 2 SGB VIII. Wird von einem Kind bzw. einer Jugendlichen während der Unterbringung in einer Einrichtung oder in einer Pflegefamilie ein Kind geboren, umfasst die Hilfe zur Erziehung auch die Unterstützung bei der Pflege und Erziehung dieses Kindes (§ 27 Abs. 4 SGB VIII).

Bei auswärtiger Unterbringung sieht das Gesetz ferner **Unterhaltsleistungen** (§ 39 SGB VIII) und 99 **Krankenhilfe** (§ 40 SGB VIII) vor.

3. Zuständigkeit, verfahrensrechtliche Besonderheiten (§§ 36, 36a SGB VIII) und Kos- 100 **tenbeteiligung.** Zuständig ist der Träger der öffentlichen Jugendhilfe (§ 85 Abs. 1 SGB VIII), in dessen Bereich der gewöhnliche Aufenthalt liegt (zu Einzelheiten s. die §§ 86 ff. SGB VIII).

Grundsätzlich gilt bei der Erbringung der Hilfe zur Erziehung das Verfahrensrecht nach dem 101 SGB X. § 36 SGB VIII regelt aber einige Besonderheiten. In Abs. 1 dieser Vorschrift sind erweiterte Beratungs- und Informationspflichten des Jugendhilfeträgers gegenüber dem Kind/Jugendlichen vorgesehen und es wird ein Wunsch- und Wahlrecht eingeräumt, das wie jenes aus § 5 SGB VIII bei unangemessenen Mehrkosten und bei Einrichtungen, die keine Vereinbarung mit dem Jugendhilfeträger haben, eingeschränkt wird (s. Rn. 12). Bei voraussichtlich länger dauernden Maßnahmen soll die Entscheidung durch mehrere Fachkräfte erfolgen. Außerdem soll ein Hilfeplan erstellt werden.

Vor der **Inanspruchnahme** der Hilfe zur Erziehung ist der Jugendhilfeträger über den Bedarf zu 102 **informieren.** Nur bei niedrigschwelligen Leistungen, insbesondere der Erziehungsberatung, darf die Leistung unmittelbar in Anspruch genommen werden. Werden sonstige Leistungen ohne Kenntnis des Jugendhilfeträgers in Anspruch genommen, muss dieser die Kosten der selbstbeschafften Leistungen nur ersetzen, wenn er wegen eines Eilfalles vorab nicht informiert werden konnte oder er die Leistung rechtswidrig ablehnte (§ 36a SGB VIII).

An den **Kosten** der Erziehung in einer Tageseinrichtung (§ 32 SGB VIII), der Vollzeitpflege (§ 33 103 SGB VIII), der Heimerziehung und der Erziehung in einer sonstigen betreuten Wohnform (§ 34 SGB VIII) sowie der intensiven sozialpädagogischen Einzelbetreuung (§ 35 SGB VIII) müssen sich das Kind/der Jugendliche und die Eltern **beteiligen** (§ 91 SGB VIII). Zu Einzelheiten s. die §§ 91 ff. SGB VIII.

VI. Eingliederungshilfe für seelisch behinderte Kinder und Jugendliche (§ 35a SGB VIII)

1. Voraussetzungen. Anspruch auf Eingliederungshilfe nach § 35a SGB VIII haben nur **Kinder/** 104 **Jugendliche,** also Personen, die das 18. Lebensjahr noch nicht vollendet haben (§ 7 Abs. 1 Nr. 1 und Nr. 2 SGB VIII). Seelisch behinderte junge Volljährige können Eingliederungshilfe nach § 41 SGB VIII erhalten. Sonstige seelisch behinderte Erwachsene erhalten ggf. Eingliederungshilfe nach den §§ 53 ff. SGB XII.

Ein Kind/Jugendlicher ist seelisch behindert, wenn seine **seelische Gesundheit** mit hoher Wahr- 105 scheinlichkeit für mehr als sechs Monate vom lebensaltertypischen Zustand **abweicht** (§ 35a Abs. 1 S. 1 SGB VIII). Körperlich und geistig behinderte Kinder/Jugendliche erhalten demgegenüber Eingliederungshilfe nach dem SGB XII, wenn die Voraussetzungen der §§ 53 ff. SGB XII erfüllt sind. Zur Beurteilung des Abweichens der seelischen Gesundheit vom alterstypischen Zustand hat der Jugendhilfeträger eine **Stellungnahme eines Arztes** für Kinder- und Jugendlichenpsychiatrie und -psychotherapie, eines Kinder- oder Jugendlichenpsychotherapeuten oder eines Arztes oder Psychotherapeuten mit besonderen Erfahrungen auf dem Gebiet seelischer Störungen bei Kindern oder Jugendlichen einzuholen (§ 35a Abs. 1a S. 1 SGB VIII), der selbst nicht an der späteren Leistungserbringung beteiligt ist (§ 35 Abs. 1a S. 4 SGB VIII). Der Auftrag zur Begutachtung kann vom Jugendamt selbst oder in Absprache von dem Leistungsberechtigten oder den Eltern erteilt werden. Str. ist, ob in diesen Fällen die Krankenkasse (so Wiesner SGB VIII/Wiesner § 35a Rn. 11) oder das Jugendamt nach § 64 SGB X (so Mrozynki SGB VIII § 35a Rn. 35) für die Begutachtungskosten aufkommen muss. Der Stellungnahme ist die internationale Klassifikation psychischer Störungen der Weltgesundheitsorganisation zugrundezulegen (ICF = ICD-10) (vgl. BT-Drs. 14/5074.121). Ob daneben die Eingliederungshilfeverordnung weiterhin anwendbar ist, ist str. (abl. Wiesner SGB VIII/Wiesner § 35a Rn. 11; aA Kunkel/Haas ZKJ 2006, 148). Zu den **seelischen Störungen** gehören nach der **ICD-10** (näher zum Folgenden Wiesner SGB VIII § 35a Rn. 45 ff.): organische einschließlich symptomatische Störungen (F 0), psychische und Verhaltensstörungen aufgrund psychotroper Substanzen, Schizophrenie, schizotype und wahnhafte Störungen (F 2), affektive Störungen (F 3), neurotische, Belastungs- und somatoforme Störungen (F 4), Konversionsstörungen, dissoziative Störungen, Somatisierungsstörungen, Verhaltensauffälligkeiten mit körperlichen Störungen und Faktoren

(F 5) (Essstörungen), Persönlichkeits- und Verhaltensstörungen (F 6), Entwicklungsstörungen (F 8), Verhaltens- und emotionale Störungen mit Beginn der Kindheit. Liegt eine **Mehrfachbeeinträchtigung** vor, ist zu klären, ob es sich hierbei ganz oder überwiegend um eine psychische Störung handelt. Liegt der Schwerpunkt auf einer körperlichen oder geistigen Störung, scheiden Leistungen nach dem SGB VIII aus (vgl. § 10 Abs. 4 S. 2 SGB VIII). Bei der Beurteilung, ob der Entwicklungsstand des Kindes oder Jugendlichen **vom lebensaltertypischen** abweicht, ist zu berücksichtigen, dass es Entwicklungsverzögerungen geben kann, die noch nicht als Beeinträchtigung der seelischen Gesundheit zu qualifizieren sind (vgl. Wiesner SGB VIII/Wiesner § 35a Rn. 9). Ob die seelische Gesundheit mit hoher Wahrscheinlichkeit für mehr als **sechs Monate** vom alterstypischen Zustand abweicht, ist anhand einer Prognoseentscheidung zu beurteilen. Bei dieser darf nicht nur auf den statistischen Verlauf der Krankheit abgestellt werden, sondern es muss mitberücksichtigt werden, ob besondere Schutz- oder Risikofaktoren eine vom typischen abweichenden Verlauf erwarten lassen (vgl. Wiesner SGB VIII/Wiesner § 35a Rn. 9).

106 Durch den abweichenden Gesundheitszustand muss die **Teilhabe am Leben in der Gesellschaft beeinträchtigt** sein. Teilhabe meint die aktive und selbstbestimmte Teilhabe an der Gesellschaft (vgl. VG Sigmaringen 25. 1. 2005 – 4 K 2105/03 – JAmt 2005, 246; Stähler/Wimmer NZS 2002, 570). Bei der Beurteilung der Teilhabefähigkeit ist der Entwicklungsstand des Kindes/Jugendlichen zu berücksichtigen. Teilhaberelevante Bereiche sind insbesondere die Familie, das soziale Umfeld und die Schule. Insbesondere bei der letztgenannten sind die Anforderungen an die Teilhabe umstritten. Teilweise wird wegen der nachteiligen Arbeitsmarktchancen ein weniger erfolgreicher Schulabschluss als Beeinträchtigung der Teilhabechancen gesehen. Die hM interpretiert die Teilhabefähigkeit dagegen restriktiver und verlangt zusätzliche Merkmale (vgl. BVerwG 26. 11. 1988 – 5 C 38/97 – FEVS 49, 487 (489); VG Sigmaringen 25. 1. 2005 – 4 K 2105/03 – JAmt 2005, 246; krit. insoweit Mrozynski SGB VIII § 35a Rn. 6ff.). Bei der Beurteilung der Teilhabebeeinträchtigung ist das Verwaltungsgericht nicht an die Feststellungen im Hilfeplan gebunden (OVG Lüneburg 25. 3. 2010 – 4 LA 43/09 – BeckRS 2010, 47999).

107 Die Beeinträchtigung der Teilhabe in der Gesellschaft muss **auf die seelische Behinderung zurückzuführen** sein. Dies ist sie dann, wenn sie ein Mindestmaß an Breite, Tiefe und Dauer hat (vgl. BVerwG 26. 11. 1988 – 5 C 38/97 – FEVS 49, 487 [488f.]). Bei Legasthenie ist dies zB bei einer „auf Versagensängsten beruhenden Schulphobie, einer totalen Schul- und Lernverweigerung, bei einem Rückzug aus jedem sozialen Kontakt oder bei Vereinzelung in der Schule" der Fall (vgl. OVG Koblenz 26. 3. 2007 – 7 E 10.212/07 – FEVS 58, 477 [478]). Bloße Schulprobleme oder Schulängste sind dagegen nicht ausreichend (vgl. OVG Koblenz 26. 3. 2007 – 7 E 10.212/07 – FEVS 58, 477 [478f.]).

108 **2. Rechtsfolge.** Liegen diese Voraussetzungen vor, besteht ein **Anspruch** auf die Eingliederungshilfe. Anders als bei der Hilfe zur Erziehung ist nicht der Personensorgeberechtigte, sondern das Kind/der Jugendliche selbst Anspruchsinhaber. Die Hilfe kann als ambulante Hilfe, Hilfe in Tageseinrichtungen, Hilfe in teilstationären und stationären Einrichtungen und durch Pflegepersonen erbracht werden (§ 35a Abs. 2 SGB VIII).

109 Der **Inhalt der Leistung** entspricht der Eingliederungshilfe nach dem SGB XII (§ 54 SGB XII): Leistungen zur medizinischen Rehabilitation (§ 26 SGB IX), Leistungen zur Teilhabe am Arbeitsleben (§§ 33, 39, 41, 43 SGB IX), Leistungen zur Teilhabe am Leben in der Gemeinschaft (§§ 55, 56, 58 SGB IX). Die Leistungen können Bestandteil eines trägerübergreifenden **persönlichen Budgets** sein (§ 57 SGB IX). Zusätzlich werden Unterhalt und Krankenhilfe erbracht (§§ 39, 40 SGB VIII). Neben der Eingliederungshilfe kann Hilfe zur Erziehung geleistet werden (§ 35a Abs. 4 SGB VIII).

110 Für die Eingliederungshilfe nach § 35a SGB VIII ist der örtliche Träger der Jugendhilfe **sachlich zuständig**, soweit Landesrecht nichts Abweichendes bestimmt (§ 85 Abs. 1 SGB VIII). **Örtlich zuständig** ist der Träger der Jugendhilfe, in dessen Bezirk die Eltern ihren gewöhnlichen Aufenthalt haben (§ 86 Abs. 1 SGB VIII). Lebt das Kind/der Jugendliche seit mehr als zwei Jahren bei einer Pflegeperson und ist damit zu rechnen, dass es/er auf Dauer bei der Pflegeperson bleiben wird, ist das Jugendamt zuständig, in dessen Bereich die Pflegeperson ihren gewöhnlichen Aufenthalt hat (§ 86 Abs. 6 SGB VIII). Die Bundesländer können für die **Frühförderung** besondere Zuständigkeitsregelungen treffen (vgl. § 10 Abs. 2 S. 3 SGB VIII). Zur Frühförderung vgl. auch § 30 SGB IX.

111 Über die Erbringung der Eingliederungshilfe für seelisch behinderte Kinder/Jugendliche wird bei länger dauernden Hilfen ein Hilfeplan erstellt (§ 36 Abs. 2 SGB VIII). Selbstbeschaffung der Leistung und nachträgliche Kostenerstattung ist nur in den engen Grenzen des § 36a Abs. 2, 3 SGB VIII möglich.

112 An den **Kosten** der nicht ambulanten Hilfen müssen sich die Betroffenen **beteiligen** (§ 91 Abs. 1 S. 1 Nr. 6, Abs. 2 Nr. 3 SGB VIII). Zu Einzelheiten s. die §§ 91ff. SGB VIII.

VII. Hilfe für junge Volljährige (§ 41 SGB VIII)

113 Nicht immer ist mit Erreichen des 18. Lebensjahres der Verselbständigungsprozess eines jungen Menschen abgeschlossen, sondern es bedarf weiterhin sozialpädagogischer Hilfen. Der Gesetzgeber

ermöglicht deshalb die Erbringung von Leistungen zur Persönlichkeitsentwicklung und Ermöglichung eines selbständigen Lebens an Menschen, die das 18. Lebensjahr bereits vollendet haben.

Die Hilfe nach § 41 Abs. 1 S. 1 SGB VIII erhalten junge Volljährige, die das **21. Lebensjahr** noch **114 nicht vollendet** haben – danach wird die Hilfe nur geleistet, wenn sie bereits zuvor begonnen hat – und die Hilfe auf Grund der individuellen Situation notwendig ist. Dies ist sie, wenn die Persönlichkeitsentwicklung und die Fähigkeit, ein eigenständiges Leben zu führen, eingeschränkt ist. Ein lediglich materieller Bedarf ist dagegen nicht ausreichend. Gründe für die Hilfe können individuelle Beeinträchtigungen (psychische, gesundheitliche, körperliche Beeinträchtigungen, Abhängigkeiten, Delinquenz, Behinderungen und wirtschaftliche Benachteiligungen) oder soziale Benachteiligungen sein (insbesondere fehlende schulische oder berufliche Ausbildung, Kontaktprobleme). Notwendig ist die Hilfe, wenn der Bedarf nicht anderweitig beseitigt werden kann.

Der Jugendhilfeträger ist zur Erbringung der Leistung idR **verpflichtet.** Ermessen steht ihm nur **115** in atypischen Fällen zu. Die Leistung **beinhaltet:** Erziehungsberatung (§ 28 SGB VIII), soziale Gruppenarbeit (§ 29 SGB VIII), Erziehungsbeistand (§ 30 SGB VIII), Betreuungshelfer (§ 30 SGB VIII), Vollzeitpflege (§ 33 SGB VIII), Heimerziehung (§ 34 SGB VIII), Erziehung in sonstigen betreuten Wohnformen (§ 34 SGB VIII), intensive sozialpädagogische Einzelbetreuung (§ 35 SGB VIII), Eingliederungshilfe (§ 35 a SGB VIII) sowie andere geeignete und notwendige Hilfen, pädagogische und hiermit verbundene therapeutische Leistungen, Ausbildungs- und Beschäftigungsmaßnahmen (§ 13 Abs. 2 SGB VIII), Unterstützung bei der Erziehung und Betreuung eines während einer stationären Maßnahme geborenen Kindes, Unterhalt (§ 39 SGB VIII) und Krankenhilfe (§ 40 SGB VIII).

Die **Fortsetzungshilfe** (§ 41 Abs. 1 S. 2 SGB VIII) setzt voraus, dass eine Jugendhilfeleistung bereits erbracht wurde. Es muss sich dabei nicht zwingend um dieselbe Leistung handeln, die bereits vor Vollendung des 21. Lebensjahres geleistet wurde. Kurze Unterbrechungen sind unschädlich. Ein begründeter Einzelfall liegt vor, wenn es nicht sinnvoll ist, die Leistung mit Vollendung des 21. Lebensjahres zu beenden, zB weil eine Ausbildung sonst abgebrochen würde. Die Fortsetzungshilfe beinhaltet die Fortsetzung der Hilfe für einen begrenzten Zeitraum. Spätestens mit Vollendung des 27. Lebensjahres endet die Hilfe.

Nachbetreuung (§ 41 Abs. 3 SGB VIII) erhalten junge Volljährige, die sich noch nicht hinreichend verselbständigt haben und an die zuvor Hilfe erbracht wurde. Auf die Hilfe besteht idR ein Rechtsanspruch („soll"). Die Leistung beinhaltet Beratung und Unterstützung: Beratung, Hilfe bei Behördenangelegenheiten, Hilfe bei Arbeitsplatzangelegenheiten, Hilfe bei Ausbildungsangelegenheiten, Hilfe bei der Wohnungssuche im notwendigen Umfang.

Die Hilfe für junge Volljährige wird vom Jugendamt (§ 85 SGB VIII) des gewöhnlichen Aufenthalts vor Beginn der Maßnahme (§ 86 a SGB VIII) erbracht. Fehlt ein gewöhnlicher Aufenthalt, ist der Träger des tatsächlichen Aufenthalts örtlich zuständig. Bei Fortführung der Hilfe bleibt der bisherige gewöhnliche Aufenthalt erhalten.

Über die Hilfe für junge Volljährige muss im Rahmen eines **Hilfeplanverfahrens** entschieden **119** werden (§ 36 SGB VIII).

Der junge Volljährige, sein Ehegatte/Lebenspartner und seine Eltern haben sich an den **Kosten** der **120** Hilfe zu **beteiligen** (§§ 91, 92 SGB VIII). Zu Einzelheiten s. §§ 91 ff. SGB VIII.

D. Andere Aufgaben der Kinder- und Jugendhilfe

I. Inobhutnahme von Kindern und Jugendlichen

Die Inobhutnahme ist eine vorläufige Unterbringung eines Kindes/Jugendlichen bei einer geeigne- **121** ten Person oder in einer Einrichtung oder sonstigen betreuten Wohnform, zB in einer Jugendschutzstelle, einer Bereitschaftsstelle oder einer Bereitschaftsfamilie.

Das Jugendamt ist zur Inobhutnahme berechtigt und verpflichtet, wenn einer der Gründe des § 42 **122** Abs. 1 S. 1 SGB VIII vorliegt. Für die Bitte des Kindes oder Jugendlichen nach § 42 Abs. 1 S. 1 Nr. 1 SGB VIII (sog. **Selbstmelder**) ist keine Form und keine Begründung vorgeschrieben (vgl. Wiesner SGB VIII/Wiesner § 42 Rn. 7). Ein subjektives Schutzbedürfnis des Kindes ist ausreichend (vgl. OLG Zweibrücken 9. 2. 1996 – 5 UF 13/96 – FamRZ 1996, 1026 (1027); MüKo/Strick § 42 Rn. 9), zB wenn es sich weigert, wieder nach Hause zurückzukehren, oder wenn die Eltern sich weigern, das Kind wieder aufzunehmen. Die Aufnahme kann nicht von der Angabe des Namens des Kindes abhängig gemacht werden, sondern muss im Einzelfall anonym erfolgen (vgl. Wiesner SGB VIII/Wiesner § 42 Rn. 7; FK-SGB VIII § 42 Rn. 35). Der Personensorgeberechtigte muss der Inobhutnahme nicht zustimmen. Eine **dringende Gefahr** iSv. § 42 Abs. 1 S. 1 Nr. 2 SGB VIII liegt zB vor, wenn das Kind oder der Jugendliche sich an einem sein Wohl gefährdenden Ort aufhält (Prostitutions- oder Drogenmilieu), aber auch, wenn ein Kind unterversorgt ist (zB nach einem Verkehrsunfall der Eltern). Die Personensorgeberechtigten müssen über die Inobhutnahme informiert werden. Widersprechen die Personensorgeberechtigten, ist die Inobhutnahme nach Abs. 1 S. 1 Nr. 2 nur zulässig, wenn eine familiengerichtliche Entscheidung vorliegt. **Unbegleitet einreisende Minderjährige** iSv. § 42 Abs. 1 S. 1 Nr. 1 SGB VIII sind Minderjährige, deren Erziehungs- oder Personensorgeberechtigte sich nicht in Deutschland aufhalten. Nicht in Obhut zu nehmen sind Kinder/Jugendliche, die sich zu einem Ferienaufenthalt in Deutschland aufhalten. Das Jugendamt hat eine Erstversorgung des eingereisten Minderjährigen sicherzustellen.

123 Ist eine **unmittelbare Rückführung** des Kindes/Jugendlichen an den Personensorgeberechtigten möglich, scheidet eine Inobhutnahme aus.

124 Liegen die Voraussetzungen der Inobhutnahme vor, ist das Kind/der Jugendliche in einer geeigneten Einrichtung oder bei einer geeigneten Person unterzubringen (§ 42 Abs. 1 S. 2 SGB VIII). Bei dringender Gefahr darf das Kind anderen Personen einschließlich der Eltern weggenommen werden (§ 42 Abs. 1 S. 2 SGB VIII). Dabei darf das Jugendamt aber keinen unmittelbaren Zwang anwenden (§ 42 Abs. 6 SGB VIII). Freiheitsentziehende Maßnahmen sind nur unter den Voraussetzungen des § 42 Abs. 5 SGB VIII zulässig.

125 Für die Inobhutnahme ist das Jugendamt sachlich **zuständig** (§ 85 Abs. 1 SGB VIII). Die **örtliche** Zuständigkeit richtet sich nach dem tatsächlichen Aufenthaltsort des Kindes/Jugendlichen (§ 87 SGB VIII).

126 Die Inobhutnahme erfolgt mittels Verwaltungsaktes. Nach der Inobhutnahme hat das Jugendamt dem Kind/Jugendlichen unverzüglich Gelegenheit zu geben, eine Person seines Vertrauens zu benachrichtigen, zB Geschwister, Freunde, Priester. Vor allem bei Konflikten mit den Eltern wird sich das Kind/der Jugendliche häufig an andere Personen wenden. Bei Inobhutnahme eines Selbstmelders (§ 42 Abs. 1 S. 1 Nr. 1 SGB VIII) bzw wegen dringender Gefahr (§ 42 Abs. 1 S. 1 Nr. 2 SGB VIII) sind zusätzlich die Eltern unverzüglich über die Inobhutnahme zu informieren. Widersprechen die Personensorgeberechtigten der Inobhutnahme nicht, ist ein **Hilfeplanverfahren** nach § 36 SGB VIII einzuleiten. **Widersprechen** die Personensorge-/Erziehungsberechtigten der Inobhutnahme, hat das Jugendamt das Kind/den Jugendlichen den Personensorge-/Erziehungsberechtigten zu übergeben, sofern nach seiner Einschätzung eine Gefährdung des Kindeswohls nicht besteht oder die Personensorge- oder Erziehungsberechtigten bereit und in der Lage sind, die Gefährdung abzuwenden (§ 42 Abs. 3 S. 2 Nr. 1 SGB VIII). Besteht eine solche Gefahr, muss das Jugendamt das Familiengericht unverzüglich anrufen (§ 42 Abs. 3 S. 3 SGB VIII).

127 Die Inobhutnahme **endet** mit der Übergabe des Kindes/Jugendlichen an den Personensorge-/Erziehungsberechtigten und der Entscheidung über die Gewährung von Hilfen (§ 42 Abs. 4 SGB VIII) sowie, wenn das Kind/der Jugendliche sich der Inobhutnahme entzieht (vgl. Wiesner SGB VIII/Wiesner § 42 Rn. 54).

II. Pflegekinderschutz und Heimaufsicht (§§ 43–49 SGB VIII)

128 Die Kindertagespflege und die Vollzeitpflege sind erlaubnispflichtig (§§ 43, 44 SGB VIII). Die Pflegeerlaubnis ist zu versagen, wenn das Kindeswohl nicht gewährleistet ist (§ 44 Abs. 2 SGB VIII) bzw. wenn die Tagespflegeperson nicht geeignet ist (§ 43 Abs. 2 SGB VIII). Stellt sich später heraus, dass bei einer Vollzeitpflegestelle das Kindeswohl nicht gewährleistet ist, muss die Erlaubnis zurückgenommen (wenn die Kindeswohlgefährdung bereits bei Erteilung der Erlaubnis bestanden hat) oder widerrufen (wenn die Gefährdung erst nach Erlaubniserteilung eingetreten ist) werden. Entsprechendes gilt bei Tagespflegepersonen, wenn sich nachträglich herausstellt, dass die Tagespflegeperson oder die Räume nicht geeignet sind (§§ 45, 48 SGB X). Die Pflege ohne Pflegeerlaubnis kann mit einer **Geldbuße** bis zu 500 Euro geahndet werden (§ 104 SGB VIII).

129 Einrichtungen (hierunter versteht man die Verbindung von sachlichen und personellen Mitteln mit Betreuungskonzept) und betreute Wohnformen bedürfen einer **Betriebserlaubnis** (Wohngemeinschaften, betreutes Einzelwohnen ohne organisatorische Anbindung an eine Einrichtung) (§§ 45, 48a SGB VIII). Zu den Ausnahmen von der Erlaubnispflicht s. § 45 Abs. 1 SGB VIII. Die Erlaubnis ist zu versagen, wenn das Wohl des Kindes/Jugendlichen in der Einrichtung nicht gewährleistet ist, ansonsten besteht Anspruch auf Erteilung der Betriebserlaubnis. Über die Einrichtung wird Aufsicht geführt. Es sind örtliche Prüfungen möglich (§ 46 SGB VIII). Der Träger der Einrichtung unterliegt Meldepflichten (§ 47 SGB VIII). Es können Tätigkeitsuntersagungen ausgesprochen werden (§ 48 SGB VIII). Wird eine Einrichtung ohne die erforderliche Erlaubnis geführt, kann dies mit einer Geldbuße bis zu 15.000 Euro geahndet werden (§ 104 SGB VIII).

III. Mitwirkung in gerichtlichen Verfahren (§§ 50, 52 SGB VIII)

130 Das Jugendamt ist zur Familien- und Vormundschaftsgerichtshilfe verpflichtet (§ 50 Abs. 1 S. 1 SGB VIII). Welche Verfahren im Einzelnen betroffen sind, ergibt sich aus § 50 Abs. 1 S. 2 iVm. § 162 FamFG. Weiter hat das Jugendamt die Pflicht, das Familiengericht in den Fällen des § 8a Abs. 3 SGB VIII anzurufen und gerichtliche Umgangsregelungen zu initiieren (§ 18 Abs. 3 S. 4 SGB VIII). Das Jugendamt ist ferner zur Mitwirkung in jugendrichterlichen Verfahren verpflichtet (§ 52 SGB VIII iVm. §§ 38, 50 Abs. 3 S. 2 JGG).

IV. Vormundschaftswesen (§§ 52a–58a SGB VIII)

Das Jugendamt ist verpflichtet, dem Gericht Vorschläge für Pfleger/Vormund zu unterbreiten, jährlich eine Amtspflegschaft/-vormundschaft zu überprüfen, Mängel bei Pfleger/Vormund dem Gericht mitzuteilen und eine Vermögensgefährdung anzuzeigen. Den Pfleger/Vormund hat es zu beraten und zu unterstützen. Es hat in den gesetzlich geregelten Fällen eine Amtsvormundschaft/-pflegschaft zu führen. Den alleinsorgeberechtigten Elternteil hat es zu beraten und ihm Auskunft zu geben. **131**

V. Beurkundung, Beglaubigung und vollstreckbare Urkunden (§§ 59, 60 SGB VIII)

Das Jugendamt ist berechtigt, die in § 59 Abs. 1 S. 1 SGB VIII aufgezählten Erklärungen **öffentlich zu beurkunden**. Mit der öffentlichen Beurkundung bezeugt die Urkundsperson eine Erklärung in einer Urkunde. Bei der Beurkundung muss die Identität des Erschienenen geprüft und dieser über die Folgen der Erklärung belehrt werden. Die Beurkundung vor dem Jugendamt kann nur in deutscher Sprache aufgenommen werden (§§ 1 Abs. 2, 5 Abs. 1 S. 1 BUrkG). Die Urkundsperson soll – dh. darf im Regelfall – keine Beurkundung vornehmen, wenn ihr die Vertretung der betroffenen Personen obliegt (zB wenn der Urkundsbeamte Vormund des betroffenen Kindes ist) **(§ 59 Abs. 2 SGB VIII)**. Beurkunden darf sie ferner nicht, wenn eine eigene Angelegenheit oder eine Angelegenheit Angehöriger betroffen ist (§ 3 Abs. 1 Nr. 1 bis 3 BUrkG). Der Urkundsbeamte wird vom Jugendamt bestellt (§ 59 Abs. 3 S. 1 SGB VIII). Voraussetzung ist, das die Person geeignet ist. Dies setzt insbesondere gründliche Kenntnisse des Familienrechts, des Beurkundungsrechts und des Internationalen Privatrechts voraus. Eine juristische Ausbildung ist allerdings nicht erforderlich. Einzelheiten der fachlichen Anforderungen kann Landesrecht regeln (§ 59 Abs. 3 S. 2 SGB VIII). Die Beurkundung ist kostenfrei. Die Erklärung nach § 59 Abs. 1 S. 1 SGB VIII darf ferner von Notaren, anderen Urkundspersonen und sonstigen Stellen (zB beim Familiengericht, Vormundschaftsgericht) beurkundet werden (§ 59 Abs. 1 S. 2 SGB VIII). **132**

In den in § 60 S. 1 SGB VIII aufgezählten Urkunden kann sich der Schuldner von Unterhaltsleistungen der **Zwangsvollstreckung unterwerfen.** Der Urkundsbeamte muss ihn ausdrücklich darüber belehren, dass zwei Wochen nach Zustellung der mit einer Vollstreckungsklausel versehenen Urkunde die Zwangsvollstreckung betrieben werden kann. Die vollstreckbare Urkunde ist ein Vollstreckungstitel. Die vollstreckbare Ausfertigung (§ 724 ZPO) wird vom Urkundsbeamten erteilt. Die für die Zwangsvollstreckung erforderliche Zustellung kann durch Aushändigung einer beglaubigten Abschrift erfolgen (§ 60 Abs. 1 S. 2 SGB VIII). **133**

E. Datenschutz in der Jugendhilfe

Im Kinder- und Jugendhilferecht gilt grundsätzlich der Sozialdatenschutz nach § 35 SGB I und den §§ 67 ff. SGB X (§ 61 Abs. 1 S. 1 SGB VIII). Diese Vorschriften sind bei den Trägern der öffentlichen Jugendhilfe nur bei der Wahrnehmung von Aufgaben nach dem SGB VIII anzuwenden (§ 61 Abs. 1 S. 2 SGB VIII). Soweit sich die Anwendung des Sozialdatenschutzes nicht aus anderen Vorschriften ergibt (zB SGB XII), sind bei den sonstigen Aufgaben dieser Träger die allgemeinen datenschutzrechtlichen Regelungen des Bundesdatenschutzgesetzes bzw des maßgeblichen Landesdatenschutzgesetzes zu beachten. Bei freien Trägern der Jugendhilfe gelten die datenschutzrechtlichen Vorschriften des SGB I und SGB X nicht unmittelbar. Sie haben die allgemeinen datenschutzrechtlichen Regelungen des Bundesdatenschutzgesetzes und der Landesdatenschutzgesetze bzw. – wenn es sich um kirchliche Träger handelt – die kirchenrechtlichen Datenschutzbestimmungen (zB in der katholischen Kirche die KDO) zu beachten. Darüber hinaus muss der öffentliche Träger der Jugendhilfe sicherstellen, dass die freien Träger die für ihn geltenden Datenschutzbestimmungen einhalten, wenn sie mit Aufgaben der Jugendhilfe betraut sind (§ 61 Abs. 3 SGB VIII). Im Übrigen sind die freien Träger der Jugendhilfe sog. „abgeleitete" Normadressaten, wenn ihnen vom öffentlichen Träger der Jugendhilfe Daten übermittelt wurden (§ 78 SGB X). In diesem Fall gelten § 35 SGB I und die §§ 67 f. SGB X auch für sie (näher hierzu LPK-SGB VIII/Kunkel § 61). Zusätzlich sind sowohl beim öffentlichen Jugendhilfeträger als auch bei den freien Trägern die strafrechtliche Schweigepflicht für bestimmte Berufsgruppen (Sozialarbeiter/Sozialpädagogen, Psychologen, Berater und für alle Amtsträger, alle Angestellten und Beamten des Jugendamtes) zu beachten. Schweigepflichten können sich ferner aus den Beamtengesetzen, aus Tarifvertrag und Verpflichtungsgesetz, aus § 1758 BGB (Adoptionsgeheimnis) und aus den Nebengesetzen, zB Abgabenordnung, Infektionsschutzgesetz, Aufenthaltsgesetz und Jugendgerichtsgesetz ergeben. **134**

Die §§ 61 ff. SGB VIII ergänzen den allgemeinen Sozialdatenschutz der §§ 35 SGB I, 67 ff. SGB X. **135**

Das **Erheben von Sozialdaten** – s. zum Begriff der Sozialdaten § 67 Abs. 1 SGB X – ist im Kinder- und Jugendhilferecht nur zulässig, wenn deren Kenntnis zur Erfüllung der jeweiligen Aufgabe erforderlich ist. Dies ist nur dann der Fall, wenn die Kenntnis der Sozialdate nach der in Betracht **136** kommenden Anspruchs- bzw Ermächtigungsnorm für die Subsumtion erforderlich ist. Darüber hinaus gehende Informationen dürfen nicht gesammelt werden. Die Sozialdaten dürfen grundsätzlich nur beim Betroffenen selbst erhoben werden (§ 62 Abs. 2 S. 1 SGB VIII; sog. Ersterhebungsgrundsatz). Der Jugendhilfeträger muss den Betroffenen über die Rechtsgrundlage der Erhebung, die Zweckbestimmung der Erhebung und die beabsichtige Verwendung aufklären. Etwas anderes gilt nur, wenn diese Informationsinhalte offenkundig sind. Ausnahmen vom Ersterhebungsgrundsatz regeln § 62 Abs. 3 und 4.

137 Sozialdaten dürfen in der Kinder- und Jugendhilfe nur **gespeichert** werden – zum Begriff des Speicherns s. § 67 Abs. 6 S. 1 Nr. 1 SGB X –, soweit dies zur Erfüllung der jeweiligen Aufgabe erforderlich ist (§ 63 Abs. 1 SGB VIII). Das Erfordernis muss sich aus dem konkret zu bearbeitenden Fall ergeben. Die Sozialdaten, die zur Erfüllung unterschiedlicher Aufgaben der öffentlichen Jugendhilfe erhoben worden sind, dürfen zusammengeführt werden (§ 63 Abs. 2 S. 1 SGB VIII), wenn dies wegen des unmittelbaren Sachzusammenhanges erforderlich ist. Ein solcher Sachzusammenhang besteht zB bei Geschwistern. Stärker eingeschränkt ist die Zusammenführung von Daten, die zu Leistungszwecken und zur Erfüllung anderer Aufgaben erhoben worden sind. Bei diesen muss die Zusammenführung zur Erfüllung der konkreten Aufgabe erforderlich sein. Ein solcher Fall ist zB denkbar bei einer Beratungsakte nach § 17 SGB VIII. Kann Familiengerichtshilfe nur geleistet werden, wenn die Beratungsakte mit der Familiengerichtsakte zusammengeführt wird, so ist dieses zulässig.

138 Sozialdaten dürfen nur **übermittelt** – zum Begriff des Übermittelns s. § 67 Abs. 6 S. 1 Nr. 3 SGB X) bzw. **genutzt** – zum Begriff des Nutzens s. § 67 Abs. 6 S. 1 SGB X – werden, wenn dies für Zwecke erfolgt, für die die Daten erhoben worden sind bzw. wenn der Träger der Jugendhilfe hierzu gemäß den §§ 68 bis 75 SGB X ermächtigt ist (§ 64 Abs. 1 SGB VIII). Die Übermittlung zur Erfüllung sozialer Aufgaben (§ 69 SGB X) ist indessen nur zulässig, wenn hierdurch der Leistungserfolg nicht in Frage gestellt wird (§ 64 Abs. 2 SGB VIII). Vor der Übermittlung an eine Fachkraft außerhalb der verantwortlichen Stelle sind die Sozialdaten zu anonymisieren oder zu pseudonymisieren, soweit die Aufgabenerfüllung dies zulässt, dh. zur Aufgabenerfüllung ein Personenbezug nicht erforderlich ist. Die Speicherung von Sozialdaten bei Trägern der öffentlichen Jugendhilfe zum Zweck der Jugendhilfeplanung ist zulässig. Die Daten sind in diesem Fall unverzüglich zu anonymisieren (§ 64 Abs. 3 SGB VIII). Sozialdaten, die zum Zweck persönlicher und erzieherischer Hilfe anvertraut worden sind, dürfen nur übermittelt werden, wenn einer Gründe des § 65 Abs. 1 S. 1 SGB VIII vorliegen. Die Daten unterliegen einer strikten Zweckbindung. Der Empfänger darf diese Daten nur zu dem Zweck weitergeben, zu dem er sie befugt erhalten hat (§ 65 Abs. 1 S. 2 SGB VIII). Keine Aussagepflicht, keine Zeugnispflicht und keine Pflicht zur Vorlegung oder Auslegung von Schriftstücken, nicht automatisiert erhobenen, verarbeiteten oder genutzten Sozialdaten besteht, soweit ein behördeninternes Weitergabeverbot besteht (vgl. § 35 Abs. 3 SGB I) (§ 65 Abs. 2 SGB VIII).

139 Im Bereich der **Beistandschaft**, der **Amtspflegschaft** und der **Amtsvormundschaft** richtet sich der Datenschutz allein nach § 68 SGB VIII (vgl. § 61 Abs. 2 SGB VIII). Die Erhebung und die Verwendung von Sozialdaten ist bei diesen Aufgaben nur zulässig, soweit dies zur Erfüllung dieser Aufgaben erforderlich ist. Für die Wahrnehmung anderer Aufgaben, zB der Aufgaben der Unterhaltsvorschusskasse oder der Beratung, dürfen die Daten nicht verwendet werden.

F. Träger der Kinder- und Jugendhilfe

I. Träger der öffentlichen Jugendhilfe (§§ 69 ff. SGB VIII)

140 Die Träger der öffentlichen Jugendhilfe werden durch Landesrecht bestimmt (§ 69 Abs. 1 SGB VIII). Bis eine solche Regelung getroffen wurde, gilt § 69 Abs. 1 S. 1 SGB VIII aF weiter (Art. 125a GG), nachdem die kreisfreien Städte und die Landkreise örtliche Träger der öffentlichen Jugendhilfe waren.

141 Soweit Landesrecht nichts Abweichendes regelt (Art. 84 Abs. 1 GG), ist der örtliche Träger der öffentlichen Jugendhilfe verpflichtet, ein Jugendamt einzurichten (§ 69 Abs. 3 SGB VIII). Das **Jugendamt** nimmt alle Aufgaben auf dem Gebiet der Jugendhilfe wahr. Es setzt sich, soweit Landesrecht nicht etwas Abweichendes regelt, aus dem Jugendhilfeausschuss und aus der Verwaltung zusammen (§ 70 Abs. 1 SGB VIII). An der Spitze der **Verwaltung des Jugendamtes** steht der Oberbürgermeister bzw. der Landrat oder der Leiter des Jugendamtes (§ 70 Abs. 2 SGB VIII). Der Verwaltung des Jugendamtes gehören außerdem Fachkräfte (insbesondere Sozialarbeiter und Sozialpädagogen) und Verwaltungskräfte an. Sie setzt die Beschlüsse des Gemeinderats/Kreistags und des Jugendhilfeausschusses um und nimmt die Aufgaben der laufenden Verwaltung wahr (§ 70 Abs. 2 SGB VIII). Bei der Wahrnehmung der Aufgaben der laufenden Verwaltung muss sie die Satzung des Jugendamtes und die Beschlüsse von Gemeinderat/Kreistag und des Jugendhilfeausschusses beachten (§ 70 Abs. 2 SGB VIII). Der **Jugendhilfeausschuss** ist ein beschließender Ausschuss. Seine Zusammensetzung und die Bestellung seiner Mitglieder wird in § 71 Abs. 1, 5 SGB VIII festgelegt. Landesrecht kann zusätzliche beratende Mitglieder vorsehen. Der Jugendhilfeausschuss befasst sich mit allen Angelegen-

heiten der Jugendhilfe. Zu diesen gehören insbesondere die Erörterung aktueller Problemlagen junger Menschen und ihrer Familien, Anregungen und Vorschläge zur Weiterentwicklung der Kinder- und Jugendhilfe, die Jugendhilfeplanung und die Förderung der Träger der freien Jugendhilfe. Der Jugendhilfeausschuss hat in allen Angelegenheiten der öffentlichen Jugendhilfe ein Beschlussrecht. Bei seinen Beschlüssen hat er Gesetz (insbesondere das SGB VIII), die Satzung des Jugendamtes und die Beschlüsse des Gemeinderats bzw. des Kreistags zu beachten. Str. ist, ob der Gemeinderat/Kreistag an die Beschlüsse des Jugendhilfeausschusses gebunden ist. Der Jugendhilfeausschuss hat im Gemeinderat/Kreistag ein Antragsrecht (§ 71 Abs. 3 S. 2 SGB VIII). Er ist zu hören, wenn der Gemeinderat oder der Kreistag in Angelegenheiten der öffentlichen Jugendhilfe entscheidet (§ 71 Abs. 3 S. 2 SGB VIII). Der Jugendhilfeausschuss tritt bei Bedarf zusammen. Außerdem tritt er zusammen, wenn $^{1}/_{5}$ seiner stimmberechtigten Mitglieder dies beantragt (§ 71 Abs. 3 S. 3 SGB VIII). Die Sitzungen des Jugendhilfeausschusses sind öffentlich, soweit nicht das Wohl der Allgemeinheit, das Interesse einzelner Personen oder schutzbedürftiger Gruppen entgegenstehen (§ 71 Abs. 3 S. 4 SGB VIII).

Die **überörtlichen Träger der öffentlichen Jugendhilfe** werden durch Landesrecht bestimmt (§ 69 Abs. 1 SGB VIII). Soweit Landesrecht nichts Abweichendes bestimmt, muss der überörtliche Träger der Jugendhilfe ein Landesjugendamt einrichten (§ 69 Abs. 3 S. 2 SGB VIII). Der überörtliche Träger der öffentlichen Jugendhilfe setzt sich aus dem Landesjugendhilfeausschuss und der Verwaltung zusammen, soweit Landesrecht nicht etwas Abweichendes bestimmt (§ 70 Abs. 3 S. 1 SGB VIII). Die Zusammensetzung des Landesjugendhilfeausschusses wird durch Landesrecht festgelegt (§ 71 Abs. 4 SGB VIII). Die Aufgaben des Landesjugendhilfeausschusses entsprechen denen des Jugendhilfeausschusses (§ 71 Abs. 4 S. 3 SGB VIII; s. Rn. 141). Der Verwaltung des Landesjugendamtes gehören dessen Leiter sowie Fachkräfte und Verwaltungskräfte an. Die Verwaltung des Landesjugendamtes nimmt die Geschäfte der laufenden Verwaltung wahr (§ 71 Abs. 3 S. 2 SGB VIII). Hierbei hat sie die Satzung und die Beschlüsse des Landesjugendhilfeausschusses zu beachten (§ 71 Abs. 3 S. 2 SGB VIII). 142

II. Fachkräfte und Ehrenamtliche (§§ 72–73 SGB VIII)

§ 72 SGB VIII verlangt von den Trägern der öffentlichen Jugendhilfe, in den Jugendämtern und Landesjugendämtern hauptberuflich nur **Fachkräfte** zu beschäftigen. Fachkräfte sind Personen, die sich nach ihrer Persönlichkeit für die Aufgaben eignen und eine entsprechende Ausbildung haben oder sich beruflich bewährt haben (vgl. die Legaldefinition in § 72 Abs. 1 SGB VIII). Fachkräfte in diesem Sinne sind zB in den Sozialdiensten Sozialarbeiter/innen und Sozialpädagogen. 143

Nicht persönlich geeignet sind Personen, die rechtskräftig wegen einer Sexualstraftat oder einer schweren Körperverletzung verurteilt wurden (§ 72a SGB VIII). Die Träger der öffentlichen Jugendhilfe haben sicherzustellen, dass sie keine solchen Personen beschäftigen. Sie müssen sich in der Regel („sollen") bei der Einstellung und in regelmäßigen Abständen ein **Führungszeugnis** vorlegen lassen. Die Träger der freien Jugendhilfe unterliegen nicht unmittelbar § 72a SGB VIII. Die Träger der öffentlichen Jugendhilfe haben mit Trägern von Einrichtungen und Diensten Vereinbarungen zu schließen, mit denen sichergestellt wird, dass auch diese keine Personen mit Vorstrafen wegen Sexualdelikte beschäftigen (§ 72a S. 3 SGB VIII). 144

In der Kinder- und Jugendhilfe sind in vielen Bereichen **Ehrenamtliche** tätig. Um eine ausreichende professionelle Hilfestellung für diese Personen sicherzustellen, verpflichtet § 73 SGB VIII die Träger der Jugendhilfe, die Ehrenamtlichen bei ihrer Tätigkeit anzuleiten, zu beraten und zu unterstützen. 145

III. Freie Träger der Jugendhilfe

1. Förderung der freien Träger der Jugendhilfe (§ 74 SGB VIII). Die Voraussetzungen der Förderung der Träger der freien Jugendhilfe ergeben sich aus § 74 Abs. 1 SGB VIII. Eine **Tätigkeit auf dem Gebiet der Jugendhilfe** liegt vor, wenn der Träger Tätigkeiten iSd. § 2 SGB VIII ausübt bzw. wenn seine Tätigkeit mit diesen eng zusammenhängt. **Freiwillig** sind Tätigkeiten, die dem Träger weder durch Gesetz noch durch Vereinbarung mit dem Träger der Jugendhilfe übertragen wurden. Was im Einzelnen unter den **fachlichen Voraussetzungen** (§ 74 Abs. 1 S. 2 Nr. 1 SGB VIII) zu verstehen ist, ergibt sich nicht aus dem SGB VIII. Von der Erfüllung der fachlichen Anforderungen ist dann auszugehen, wenn die personelle Ausstattung der Einrichtung und die Angebote und Leistungen zur Erreichung der verfolgten Ziele ausreichend sind und fachliche Standards eingehalten werden (vgl. Wabnitz aaO Rn. 135). Der Einsatz von Fachkräften ist nicht zwingend erforderlich. Ob Fachkräfte erforderlich sind, richtet sich nach der Art der Aufgabe. Ob die **Gewähr für eine zweckentsprechende und wirtschaftliche Verwendung der Mittel** (§ 74 Abs. 1 S. 2 Nr. 2 SGB VIII) besteht, richtet sich nach den haushaltsrechtlichen Vorschriften und den Förderrichtlinien. Dabei dürfen einerseits keine überhöhten Anforderungen gestellt werden, da ansonsten neu gegründete Träger aus der Förderung ausgeschlossen würden, andererseits muss das öffentliche Interesse an einer zweckentsprechenden Verwendung der Mittel beachtet werden. Die Rechtsprechung verlangt eine positive 146

Feststellung dieses Tatbestandsmerkmals. Das Fehlen gegenteiliger Anhaltspunkte ist nicht ausreichend. Bereits ernsthafte Zweifel schließen eine zweckentsprechende und wirtschaftliche Verwendung der Mittel aus. Dasselbe gilt, wenn bei einem freien Träger Unregelmäßigkeiten festgestellt wurden (vgl. Wiesner SGB VIII/Wiesner § 74 Rn. 18). Weiter muss der Träger so organisiert sein, dass die Durchsetzung von Rückforderungsansprüchen durch das Jugendamt möglich ist. Die Rechtsform eines eingetragenen Vereins ist hierzu indessen nicht zwingend erforderlich. **Gemeinnützige Ziele** (§ 74 Abs. 1 S. 2 Nr. 3 SGB VIII) verfolgt ein Träger, wenn seine Tätigkeit unmittelbar und ausschließlich auf die selbstlose Förderung der Allgemeinheit auf immateriellem, geistigem oder sittlichem Gebiet gerichtet ist. Entsprechende Nachweise können sich aus der Satzung oder den Finanzierungsplänen ergeben. Von Gemeinnützigkeit kann ausgegangen werden, wenn der Träger vom Finanzamt als gemeinnützig anerkannt ist (vgl. insoweit die §§ 51–58 AO). Liegt eine solche nicht vor, ist von Gemeinnützigkeit auszugehen, wenn sich dies aus entsprechenden Nachweisen ergibt (vgl. Wiesner SGB VIII/Wiesner § 74 Rn. 8; GK-SGB VIII/Heinrich § 74 Rn. 8; differenzierend Schellhorn SGB VIII/KJHG § 74 Rn. 8). Die **angemessene Eigenleistung** kann in Geld, als Sachen oder als Dienste erbracht werden. Die Einbringung bloßer ideeller Werte genügt dagegen nicht (vgl. Wiesner SGB VIII/Wiesner § 74 Rn. 20). In der Lit. wird davon ausgegangen, dass ein Träger eine angemessene Eigenleistung erbringt, wenn der Träger mindestens 10% der Kosten aufbringt (vgl. Schellhorn SGB VIII/KJHG § 74 Rn. 9). Eine solche starre Grenze lässt sich indessen nicht mit den Zielen des Gesetzgebers vereinbaren (vgl. Wabnitz aaO Rn. 139).

147 **Gewähr für eine den Zielen des Grundgesetzes förderliche Arbeit** bietet ein Träger, wenn er positiv iSd. obersten Werte des Grundgesetzes wirkt (vgl. BVerwG 16. 2. 1978 – V C 33.76 – E 55, 232 = FEVS 26, 265). Teilweise wird es für ausreichend erachtet, wenn keine verfassungsfeindliche Zielsetzung zu erkennen ist, insbesondere kein gewaltsamer Umsturz der Verfassungsordnung angestrebt wird. Verfassungsfeindliche Organisationen können nicht gefördert werden. So scheidet etwa die Förderung bei einer Organisation aus, die die Vertreibung aller Ausländer und Ausländerinnen aus Deutschland fordert (vgl. GK-SGB VIII/Heinrich § 74 Rn. 20). Bloße gesellschafts- oder regierungskritische Haltung ist dagegen für eine Ablehnung der Förderung nicht ausreichend (vgl. Wabnitz aaO Rn. 141). Die **Anerkennung als Träger der freien Jugendhilfe** ist nur für die Dauerförderung erforderlich. Hieraus folgt im Umkehrschluss, dass einmalige Fördermittel, zB die Bereitstellung von Farben für die Renovierung eines Jugendhauses eine Anerkennung nicht zwingend voraussetzen. Dauerförderung idS. ist unstreitig die heute nur noch selten praktizierte institutionelle Förderung. Ob die Projektförderung eine Dauerförderung sein kann, ist umstritten (vgl. Wiesner SGB VIII/Wiesner § 74 Rn. 24; aA Wabnitz aaO Rn. 146).

148 Liegen die genannten Voraussetzungen vor, soll der Träger der freien Jugendhilfe gefördert werden. Ob ein **Rechtsanspruch** auf Förderung besteht, ist umstritten (bej. Wabnitz aaO Rn. 147 ff.). Die **Höhe** und die **Art der Förderung** setzt der öffentliche Träger der Jugendhilfe im Rahmen der zur Verfügung stehenden freien Mittel nach pflichtgemäßem Ermessen fest. Die Förderung umfasst nicht nur finanzielle Hilfen, sondern auch personelle und technische Unterstützung, zB Beratung, Fortbildung, Bereitstellung von Räumen. Über die Art der Förderung entscheidet der Jugendhilfeausschuss nach pflichtgemäßem Ermessen (§ 74 Abs. 3 SGB VIII). Bei seiner Ermessensentscheidung hat er § 74 Abs. 3–6 SGB VIII zu beachten. Die Förderung erfolgt idR. durch Zuwendungsbescheid oder Zuwendungsvereinbarungen/Leistungsvereinbarungen zwischen öffentlichem und freien Träger der Jugendhilfe.

149 **2. Anerkennung eines freien Trägers der Jugendhilfe.** Die Anerkennung als Träger der freien Jugendhilfe ist zwar keine Voraussetzung für eine Tätigkeit auf dem Gebiet der Jugendhilfe. Sie bietet diesen Trägern aber folgende **Vorteile:** Anwendbarkeit des Subsidiaritätsgrundsatzes (§ 4 Abs. 2 SGB VIII; s. Rn. 10), Vorschlagsrecht bei der Bestellung der Mitglieder des Jugendhilfe- und Landesjugendhilfeausschusses (§ 71 Abs. 1 S. 2, 4 SGB VIII); Ermöglichung einer Dauerförderung (§ 74 Abs. 1 S. 2 SGB VIII), Beteiligung an anderen Aufgaben der Jugendhilfe (§ 76 SGB VIII), Beteiligung an der Jugendhilfeplanung (§ 80 Abs. 3 SGB VIII).

150 § 75 SGB VIII **unterscheidet** bei der Anerkennung der Träger der freien Jugendhilfe zwischen der Anerkennung **kraft Gesetzes** (Abs. 3) und der Anerkennung **kraft Verwaltungsakts** (Abs. 1, 2).

151 **Kraft Gesetzes** sind folgende Träger als Träger der freien Jugendhilfe anerkannt (§ 75 Abs. 3 SGB VIII): Kirchen und Religionsgemeinschaften des öffentlichen Rechts (Katholische Kirche, Evangelische Kirche), die in der Bundesarbeitsgemeinschaft der freien Wohlfahrtspflege zusammengeschlossenen Spitzenverbände der freien Wohlfahrtspflege (Caritasverband, Diakonisches Werk, Rotes Kreuz, Arbeiterwohlfahrt, Deutscher paritätischer Wohlfahrtsverband, Israelitische Kultusgemeinde).

152 Die Voraussetzungen der Anerkennung **kraft Verwaltungsakts** ergeben sich aus § 75 Abs. 1 SGB VIII. Anerkannt werden können nur **juristische Personen** (insbesondere eingetragene Vereine) oder **Personenvereinigungen,** dagegen nicht einzelne natürliche Personen. Eine **Tätigkeit auf dem Gebiet der Jugendhilfe** ist zu bejahen, wenn der Träger Aufgaben nach § 2 SGB VIII wahrnimmt. Bei sonstigen Tätigkeiten ist zu prüfen, ob diese zumindest den in § 1 SGB VIII genannten

Zielen dienen. Dies ist nicht bei Jugendsekten und Jugendreligionen der Fall. Zur **Verfolgung gemeinnütziger Ziele** s. Rn. 47. Einen **wesentlichen Beitrag zur Erfüllung der Aufgaben der Jugendhilfe** leistet ein Träger, wenn seine Tätigkeit aufgrund der fachlichen und personellen Kompetenz geeignet ist, mindestens eine Aufgabe nach dem SGB VIII in nicht nur unwesentlichem Maße zu erfüllen. Auch hier können keine quantitativen Mindestanforderungen gestellt werden, um den kleineren Trägern den Zugang zur Anerkennung als freiem Träger offen zu halten. Zur **Gewähr für eine den Zielen des Grundgesetzes förderliche Arbeit** s. Rn. 147. Die Anerkennung als Träger der freien Jugendhilfe steht im **Ermessen** des Trägers der öffentlichen Jugendhilfe. Einzelheiten der Anerkennung der Träger der freien Jugendhilfe ergeben sich aus den Grundsätzen der Anerkennung von Trägern der freien Jugendhilfe nach § 75 SGB VIII der Arbeitsgemeinschaft der Obersten Landesbehörden vom 14. 4. 1994 (abgedruckt in: Kunkel Jugendhilferecht, 5. Aufl. 2006, S. 329 ff.). Zu beachten ist, dass es sich dabei lediglich um interne Richtlinien handelt, die die Gerichte nicht binden. Ein **Anspruch** auf Anerkennung besteht, wenn der Träger bereits seit mindestens drei Jahren auf dem Gebiet der Jugendhilfe tätig gewesen ist (§ 75 Abs. 2 SGB VIII).

153 **3. Übertragung von anderen Aufgaben an Träger der freien Jugendhilfe (§ 76 SGB VIII).** Die anderen Aufgaben der Jugendhilfe (§ 2 Abs. 3 SGB VIII) werden grundsätzlich von den Trägern der öffentlichen Jugendhilfe wahrgenommen (vgl. § 3 Abs. 3 S. 1 SGB VIII). Die Träger der freien Jugendhilfe dürfen an der Wahrnehmung dieser Aufgaben nicht beteiligt werden bzw. es dürfen ihnen solche Aufgaben nur übertragen werden, wenn dies gesetzlich zugelassen ist (§ 3 Abs. 3 S. 2 SGB VIII). Eine solche Regelung findet sich in § 76 SGB VIII. Die bei der Aufgabenwahrnehmung entstehenden Kosten sind dem freien Träger zu erstatten.

154 **4. Finanzierung der Träger der freien Jugendhilfe (§§ 77 ff. SGB VIII).** Eine erfolgreiche Arbeit der Träger der freien Jugendhilfe hängt von einer ausreichenden finanziellen Ausstattung ab. Dem trägt zunächst § 4 Abs. 3 SGB VIII Rechnung, nach dem die öffentliche Jugendhilfe die freie Jugendhilfe fördern soll. Verpflichteter ist der Träger der **öffentlichen Jugendhilfe** (vgl. § 69 Abs. 1 SGB VIII). Dabei kommen folgende Formen der Finanzierung in Betracht: Förderung nach § 74 SGB VIII, Finanzierung der Kindertageseinrichtungen nach § 74a SGB VIII, Finanzierung anderer Aufgaben nach § 76 SGB VIII, Erstattung nach §§ 77, 78a SGB VIII, Kostenerstattung nach § 92 SGB VIII, Aufwendungsersatz in entsprechender Anwendung der Grundsätze der Geschäftsführung ohne Auftrag (§§ 670, 675 BGB), besondere Landeszuschüsse sowie die Förderung von Spendenbereitschaft durch steuerliche Anreize. Die öffentliche Jugendhilfe soll zudem die **Formen der Selbsthilfe** stärken. „Formen der Selbsthilfe" sind zB die Eltern- und Jugendinitiativen, Fördervereinigungen und die ehrenamtliche Arbeit.

155 Außer in den in den §§ 78a ff. SGB VIII aufgezählten Materien sind vom Träger der öffentlichen Jugendhilfe im jugendhilferechtlichen Dreiecksverhältnis **Vereinbarungen** anzustreben **(§ 77 S. 1 SGB VIII).** Hieraus folgt, dass der öffentliche Träger der Jugendhilfe ernsthafte Verhandlungen mit den Trägern der Dienste und Einrichtungen führen muss. Str. ist, ob hierauf ein Anspruch besteht oder ob diese Verhandlungen im Ermessen des Trägers der öffentlichen Jugendhilfe stehen (§ 77 S. 3 SGB VIII). Str. ist weiter, ob die Träger der Dienste und Einrichtungen einen Anspruch auf Abschluss einer Vereinbarung haben (bej. etwa FK-SGB VIII/Münder § 77 Rn. 11; abl. KJHB/Wabnitz Kap. 5.4.1 Rn. 3). Bei der Finanzierung nach § 77 SGB VIII werden Kosten der Inanspruchnahme freier Träger durch die Betroffenen erstattet, die auf die Leistung einen Rechtsanspruch kraft Gesetzes oder auf Grund einer Ermessensentscheidung haben. Insoweit sind Leistungsvereinbarungen bzw. Leistungsverträge zwischen dem Träger der öffentlichen und der freien Jugendhilfe anzustreben (§ 77 S. 1 aE). Solche Vereinbarungen sind zB bei den niedrigschwelligen Angeboten (zB Erziehungsberatungsstellen) vorgesehen (§ 36 Abs. 3 S. 2 SGB VIII). Bei der Vergabe von Aufträgen nach § 77 SGB VIII unterliegenden Leistungen sind die §§ 97 ff. GWB bei Überschreiten entsprechender Schwellenwerte zu beachten. Einzelheiten regelt die Haushaltsordnung (BHO/LHO). Zu den Vorgaben gehören: öffentliche Ausschreibung, Vergabe entsprechend der Vergabeordnung, Vergütung nach Marktpreisen (zu Einzelheiten vgl. FK-SGB VIII/Münder § 77 Rn. 7 ff.).

156 Die in § 78a Abs. 1 SGB VIII aufgezählten **teilstationären** und **stationären Leistungen** werden nach den **§§ 78a ff. SGB VIII** finanziert. Bei anderen Leistungen und den vorläufigen Maßnahmen zum Schutz von Kindern und Jugendlichen sind die §§ 78a ff. SGB VIII anwendbar, wenn dies durch Landesrecht bestimmt ist (§ 78 Abs. 2 SGB VIII). In der Literatur wird die Auffassung vertreten, dass die §§ 78a ff. SGB VIII zudem auch bei den sonstigen Anspruchsleistungen anwendbar sind. Andere Finanzierungsformen werden für rechtlich unzulässig angesehen (vgl. BVerwG 14. 11. 2002 – 5 C 57/01 – ZfJ 2003, 338 ff.). Ein Träger der öffentlichen Jugendhilfe muss die Kosten für eine der genannten Leistungen nur übernehmen, wenn der Träger der öffentlichen Jugendhilfe mit dem Träger der Einrichtung eine Leistungs-, eine Entgelt- und eine Qualitätsentwicklungsvereinbarung geschlossen hat (zu Ausnahmen unten). Anspruch auf die genannten Vereinbarungen haben Träger, die unter Berücksichtigung der Grundsätze der Wirtschaftlichkeit, der Leistungsfähigkeit und der Sparsamkeit zur Erbringung der Leistung geeignet sind (§ 78b Abs. 2 S. 1 SGB VIII). Soll der Träger die Leistungen im Ausland erbringen, muss er weitere Anforderungen erfüllen (§ 78b Abs. 2 S. 2 SGB VIII).

Der Inhalt der Leistungsvereinbarung und der Entgeltvereinbarung wird in § 78c SGB VIII festgelegt. Die Entgelte werden grundsätzlich prospektiv festgesetzt. Ein nachträglicher Ausgleich ist grundsätzlich ausgeschlossen (§ 78d SGB VIII). Ist eine Vereinbarung ausgelaufen, gilt sie dennoch weiter, bis eine neue Vereinbarung getroffen wurde (§ 78d Abs. 2 SGB VIII). Damit wird sichergestellt, dass in den Zwischenzeiten kein Regelungsvakuum entsteht. Für den Abschluss der Vereinbarungen ist der Träger der öffentlichen Jugendhilfe zuständig, in dessen Bereich die Einrichtung ihren Sitz hat (§ 78e SGB VIII). Sie sind anzuhören. Die kommunalen Spitzenverbände und die Verbände der Träger der freien Jugendhilfe können Rahmenvereinbarungen zu den Vereinbarungen nach § 78b SGB VIII schließen (§ 78f SGB VIII). Für Streitigkeiten können in den Ländern Schiedsstellen eingerichtet werden (§ 78g SGB VIII).

IV. Gewährleistungspflicht und Jugendhilfeplan (§§ 79, 80 SGB VIII)

157 Die Sozialleistungsträger sind generell verpflichtet, darauf hinzuwirken, dass die zur Ausführung von Sozialleistungen erforderlichen sozialen Dienste rechtzeitig und ausreichend zur Verfügung stehen (§ 17 Abs. 1 Nr. 2 SGB I). Dieser Sicherstellungsauftrag wird in § 79 Abs. 2 S. 1 SGB VIII dahingehend konkretisiert, dass die Träger der öffentlichen Jugendhilfe gewährleisten sollen, dass die zur Erfüllung der Aufgaben nach dem SGB VIII geeigneten Einrichtungen, Dienste und Veranstaltungen in der erforderlichen Zahl den verschiedenen Grundrichtungen der Erziehung entsprechend rechtzeitig und ausreichend (bezüglich Personal und Finanzierung) zur Verfügung stehen. Dies gilt auch für Pfleger, Vormünder und Pflegepersonen (§ 79 Abs. 2 S. 1 Hs. 2 SGB VIII). Aus der Gewährleistungspflicht wird in der Lit. gefolgert, dass die Träger der öffentlichen Jugendhilfe **ausreichende finanzielle Mittel** bereitzustellen und die **erforderlichen Jugendhilfeplanungen durchzuführen** haben. Im Gesetz besonders hervorgehoben wird die Verpflichtung der Jugendämter zur Gewährleistung der **Jugendarbeit** (§ 79 Abs. 2 S. 2 SGB VIII). Die Träger der öffentlichen Jugendhilfe werden in § 79 Abs. 3 SGB VIII schließlich weiter verpflichtet, für eine dem Bedarf entsprechende Ausstattung mit **Fachkräften** zu sorgen. Was Fachkräfte sind, regeln die §§ 72, 72a SGB VIII (s. Rn. 143f.). Obwohl § 79 Abs. 2, 3 SGB VIII rechtliche Pflichten festlegen, vermitteln diese dem Bürger oder einzelnen Einrichtungen **keinen** gerichtlich durchsetzbaren **Rechtsanspruch**; ggfs. sind Maßnahmen der Rechtsaufsichtsbehörde anzuregen.

158 In § 80 Abs. 1 SGB VIII werden die Träger der öffentlichen Jugendhilfe zur **Jugendhilfeplanung** verpflichtet. Mit der Jugendhilfeplanung soll sichergestellt werden, dass die Träger der öffentlichen Jugendhilfe ihrer Gesamtverantwortung nachkommen und neben ausreichenden finanziellen Mitteln die notwendigen Einrichtungen und Dienste bereitstellen. Die bloße Bereitstellung von finanziellen Mitteln wäre nicht ausreichend. Die einzelnen Schritte der Jugendhilfeplanung legt § 80 Abs. 1 SGB VIII fest. Ihre Ziele ergeben sich aus § 80 Abs. 2 SGB VIII. Daneben ist die Verfolgung weiterer gesetzlich nicht genannter Ziele möglich („insbesondere"). Bei der Erstellung des Jugendhilfeplans sind die anerkannten **Träger der freien Jugendhilfe** in allen Fragen der Planung frühzeitig zu **beteiligen** (§ 80 Abs. 3 S. 1 SGB VIII). Sie sind vom Jugendhilfeausschuss zu hören (§ 80 Abs. 3 S. 2 SGB VIII). Mit der Jugendhilfeplanung befasst sich der Jugendhilfeausschuss; er hat insoweit auch ein Beschlussrecht (vgl. § 71 Abs. 3 SGB VIII). Das Fehlen einer Jugendhilfeplanung führt nicht zur Rechtswidrigkeit einer Entscheidung über die Förderung nach § 74 SGB VIII (vgl. OVG NRW 5.12.1996 – NWVBl. 1996, 309). Die Jugendhilfeplanung ist mit anderen Plänen abzustimmen (§ 80 Abs. 4 SGB VIII). Der Jugendhilfeplan selbst ist nicht unmittelbar verbindlich. Er ist lediglich eine politische Willenserklärung, die der Umsetzung bedarf. Aus dem Jugendhilfeplan können keine Rechtsansprüche abgeleitet werden.

V. Weitere Stellen in der Jugendhilfe (§§ 81–84 SGB VIII)

159 Neben den Trägern der öffentlichen Jugendhilfe nehmen auch andere Behörden und Stellen Aufgaben im Zusammenhang mit Kindern und Jugendlichen wahr. Um diese **Zusammenarbeit** zu optimieren, erweitert § 81 SGB VIII die in § 86 SGB X festgelegte Verpflichtung zur Zusammenarbeit. § 81 SGB VIII verpflichtet die Träger der öffentlichen Jugendhilfe zur Zusammenarbeit mit anderen Stellen und Einrichtungen, deren Tätigkeit sich auf die Lebenssituation junger Menschen und Familien auswirkt. Mit welchen Stellen und Einrichtungen die Träger der öffentlichen Jugendhilfe zusammenzuarbeiten haben, wird in § 81 nicht abschließend („insbesondere") aufgezählt. Die Zusammenarbeit beschränkt sich auf die Aufgaben und Befugnisse der Träger der öffentlichen Jugendhilfe. § 81 SGB VIII entbindet nicht vom **Datenschutz**. Im Rahmen der Zusammenarbeit dürfen Daten nur offenbart werden, soweit die §§ 67ff. SGB X und 61ff. SGB VIII dies zulassen. Zu einer Zusammenarbeit zwischen den Trägern der öffentlichen Jugendhilfe und anderen Stellen kommt es ferner im Jugendhilfeausschuss sowie im Rahmen der Zusammenarbeit in den Arbeitsgemeinschaften (§ 78 SGB VIII).

160 Die **oberste Landesjugendbehörde** ist die oberste in Fragen der Kinder- und Jugendhilfe und Kinder- und Jugendpolitik zuständige Behörde (vgl. § 82 SGB VIII). Die oberste Landesjugendbehörde wird durch Landesrecht bestimmt. In den meisten Bundesländern ist oberste Landesjugendbehörde ein Ministerium. Aufgabe der Landesjugendbehörde ist die Vorbereitung von Landesrecht und die Weiterentwicklung der Jugendhilfe. Die oberste Landesjugendbehörde ist kein Träger der Kinder- und Jugendhilfe.

Die **oberste Bundesbehörde** ist die auf Bundesebene in Fragen der Kinder- und Jugendhilfe und der Kinder- und Jugendpolitik fachlich zuständige Behörde in der Bundesregierung (vgl. § 83 Abs. 1 SGB VIII). Die zuständige oberste Bundesbehörde wird durch die Bundesregierung bestimmt. Die oberste Bundesbehörde ist nicht selbst Träger der Kinder- und Jugendhilfe. Sie hat die Jugendhilfe auf überörtlicher Ebene anzuregen und zu fördern. Sie bereitet Gesetzgebungsverfahren vor, regt Vorhaben – zB Modellversuche – an und versucht in Angelegenheiten, die Kinder und Jugendliche betreffen, auch in anderen Politikfeldern Einfluss zunehmen. Wichtigstes Förderinstrument ist der **Kinder- und Jugendplan** des Bundes. 161

Die Träger der öffentlichen Jugendhilfe sollen die Bildung von **Arbeitsgemeinschaften** anregen (§ 78 S. 1 SGB VIII). Arbeitsgemeinschaften können auf örtlicher, regionaler, Landes- und Bundesebene errichtet werden. In den Arbeitsgemeinschaften sollen neben den öffentlichen Trägern der Jugendhilfe die anerkannten freien Träger der Jugendhilfe und die Träger der geförderten Maßnahmen vertreten sein. Die Zusammensetzung der Arbeitsgemeinschaften ist gesetzlich nicht detailliert vorgeschrieben. Zweckmäßigerweise werden auch Vertreter anderer öffentlicher Stellen und öffentlicher Einrichtungen einbezogen. Aufgabe der Arbeitsgemeinschaften ist es, darauf hinzuwirken, dass die geplanten Maßnahmen aufeinander abgestimmt werden und sich gegenseitig ergänzen (§ 78 S. 2 SGB VIII). 162

Das **Bundesjugendkuratorium** ist ein Sachverständigengremium, das die Bundesregierung in grundsätzlichen Fragen der Kinder- und Jugendhilfe berät (§ 83 Abs. 2 SGB VIII). Es berät nicht nur das für die Kinder- und Jugendhilfe zuständige Bundesministerium, sondern auch die anderen Ministerien, die mit Kinder- und Jugendlichenfragen befasst sind. Zu den grundsätzlichen Angelegenheiten gehört insbesondere der Erlass von Gesetzen und Verordnungen und die Vorbereitung von Verwaltungsvorschriften. Grundsatzangelegenheiten sind ferner die Vorbereitung und die Umsetzung des Kinder- und Jugendhilfeplanes des Bundes, der Sonderprogramme des Bundes, Stellungnahmen zu grundsätzlichen und aktuellen Themen der Kinder- und Jugendhilfe und der Jugendpolitik sowie die Erarbeitung fachlicher Expertisen. Im Bundesjugendkuratorium sind bis zu 20 Experten vertreten. Diese werden von der Bundesregierung berufen. Die Experten gehören den im Bereich der Kinder- und Jugendhilfe tätigen Verbände, Organisationen und Fachinstitutionen an. Bei der Berufung werden regionale und konfessionelle Aspekte sowie die gleichberechtigte Teilnahme von Männern und Frauen beachtet. Das Nähere über das Bundesjugendkuratorium regelt die Bundesregierung durch Verwaltungsvorschriften. 163

VI. Zuständigkeit der öffentlichen Träger der Jugendhilfe (§§ 85 ff. SGB VIII)

1. Sachliche Zuständigkeit (§ 85 SGB VIII). Die sachliche Zuständigkeit grenzt die Zuständigkeit der örtlichen und der überörtlichen Träger gegeneinander ab. Sachlich zuständig ist grundsätzlich der örtliche Träger der öffentlichen Jugendhilfe (Jugendamt; § 85 Abs. 1 SGB VIII). Etwas anderes gilt nur, wenn die Angelegenheit durch § 85 Abs. 2, 3 SGB VIII dem örtlichen Träger der Jugendhilfe zugewiesen ist. 164

2. Örtliche Zuständigkeit. Die örtliche Zuständigkeit grenzt den Zuständigkeitsbereich sachlich zuständiger Träger der öffentlichen Jugendhilfe regional gegeneinander ab. Die §§ 86 ff. SGB VIII unterscheiden dabei zwischen den Leistungen und den anderen Aufgaben der Kinder- und Jugendhilfe. 165

Die örtliche Zuständigkeit bei **Leistungen** wird durch die §§ 86 ff. SGB VIII bestimmt. Bei der Feststellung der örtlichen Zuständigkeit empfiehlt sich folgende Prüfungsreihenfolge: 166
1. Soll die Leistung im Ausland erbracht werden? → § 88 SGB VIII
2. Hält sich das betroffene Kind/der betroffene Jugendliche länger als zwei Jahre in einer Pflegefamilie auf? → § 86 Abs. 6 SGB VIII
3. Handelt es sich um Asylbewerber? → § 86 Abs. 7 SGB VIII
4. Handelt es sich um eine Leistung für junge Volljährige? → § 86 a SGB VIII
5. Handelt es sich um Leistungen in einer gemeinsamen Wohnform für Mütter/Väter und Kinder → 86 b SGB VIII
6. bei sonstigen Leistungen
    a) Leben die Eltern im selben Jugendamtsbezirk? → § 86 Abs. 1 SGB VIII
    b) Sonst: Wer hat das Sorgerecht für das Kind?
    c) Sonst: Wo hält das Kind gewöhnlich, sonst tatsächlich auf?

IdR ist der gewöhnliche Aufenthalt für die örtliche Zuständigkeit maßgeblich. Wo dieser liegt, bestimmt sich nach § 30 Abs. 3 S. 2 SGB VIII. 167

168 Die örtliche Zuständigkeit für die **anderen Aufgaben** ergibt sich aus den §§ 87 ff. SGB VIII. Die Zuständigkeit ist von der Art der anderen Aufgabe abhängig.

VII. Kostenerstattung zwischen Trägern der Kinder- und Jugendhilfe (§§ 89–89 h SGB VIII)

169 Die §§ 89 bis 89 h bestimmen, in welchen Fällen ein Träger der öffentlichen Jugendhilfe die Jugendhilfeaufwendungen eines anderen Trägers zu erstatten hat. Die Erstattung durch andere Sozialleistungsträger wird demgegenüber in den §§ 102 bis 114 SGB X geregelt. Die §§ 89 ff. SGB VIII sollen übermäßige Belastungen einzelner Jugendhilfeträger ausgleichen. Eine Kostenerstattung ist in folgenden Fällen vorgesehen: bei fehlendem gewöhnlichem Aufenthalt (§ 89 SGB VIII), bei fortdauernder Vollzeitpflege (§ 89 a SGB VIII), bei vorläufigen Maßnahmen zum Schutz von Kindern und Jugendlichen (§ 89 b SGB VIII), bei fortdauernder oder vorläufiger Leistungserbringung (§ 86 c SGB VIII), bei Gewährung von Jugendhilfe nach der Einreise (§ 89 d SGB VIII) und bei Jugendhilfeträgern, in deren Bereich sich eine Einrichtung befindet (§ 89 e SGB VIII).

170 § 89 f SGB VIII bestimmt den **Umfang** der Kostenerstattung. Ergänzend kommen die §§ 108, 109 und 111–113 SGB X zur Anwendung. Zu erstatten sind nur Kosten, die nach den Vorschriften des SGB VIII formell und materiell rechtmäßig erbracht wurden. Umstritten ist, ob der erstattungspflichtige Träger der Jugendhilfe die Rechtmäßigkeit nur eingeschränkt überprüfen darf (vgl. LPK-SGB VIII/Kunkel § 89 f Rn. 3; aA Wiesner SGB VIII/Wiesner § 89 f Rn. 3). Bei der Bestimmung des Umfangs der Kostenerstattung sind die am Ort des erstattungspflichtigen Trägers im Zeitpunkt seines Tätigwerdens geltenden Grundsätze maßgebend (§ 89 f Abs. 1 S. 2 SGB VIII). Zu diesen zählen Dienstanweisungen, Richtlinien und Vereinbarungen mit Dritten (vgl. Wiesner SGB VIII/Wiesner § 89 f Rn. 8). Ermessensentscheidungen kann der erstattungspflichtige Träger der Jugendhilfe nur auf deren Rechtmäßigkeit, nicht aber auf ihre Zweckmäßigkeit überprüfen (vgl. LPK-SGB VIII/Kunkel § 89 f Rn. 7). Nach den am Ort des erstattungspflichtigen Trägers geltenden Grundsätzen richtet sich nicht nur die Beurteilung der Hilfegewährung und die Wahrnehmung der anderen Aufgaben, sondern auch die Heranziehung zu den Kosten, die Kostenerstattung und die Überleitung von Ansprüchen (vgl. LPK-SGB VIII/Kunkel § 89 f Rn. 8).

171 **Zu erstatten** sind die Nettoausgaben für im konkreten Erstattungsfall anfallende **Sachkosten**, zB Reisekosten. Verwaltungskosten sind demgegenüber nicht zu ersetzen (§ 109 S. 1 SGB X). Dies sind die Kosten der Verwaltung des öffentlichen Trägers der Jugendhilfe. Ob dies auch für den Aufwand der im Einzelfall eingesetzten Mitarbeiter des Sozialdienstes gilt, wird in der Lit. bezweifelt (vgl. Wiesner SGB VIII/Wiesner § 89 f Rn. 6). Die bei einem als Leistungserbringer eingesetzten freien Träger der Jugendhilfe anfallenden Verwaltungskosten sind dagegen zu erstatten (vgl. LPK-SGB VIII/Kunkel § 89 f Rn. 1). **Auslagen** sind auf Anforderung zu erstatten, wenn sie im Einzelfall 200 Euro übersteigen (§ 109 S. 2 SGB X). Auslagen sind Aufwendungen im Einzelfall, die nicht bereits von den allgemeinen Verwaltungskosten abgedeckt sind. Bei auf Dauer gewährten Leistungen sind auch die Kosten der Krankenhilfe zu erstatten (vgl. BayVGH – 30. 8. 2004 – 12 B 00.1434 – FEVS 56, 273). Sach- und Dienstleistungen sind in Geld zu erstatten (§ 108 Abs. 1 SGB X).

172 Der erstattungsberechtigte Jugendhilfeträger muss den **Interessenwahrungsgrundsatz** beachten. Er muss den zu erstattenden Aufwand möglichst gering halten, Kostenersatzpflichtige heranziehen, Kostenerstattungsansprüche gegen andere geltend machen (vgl. LPK-SGB VIII/Kunkel § 89 f Rn. 5), Rechtsmittel ausschöpfen (vgl. ZSpr EuG 48, 41) und das Verfahren auf Feststellung anderer Sozialleistungen betreiben (§ 97 SGB VIII).

173 Die Kostenerstattungspflicht bei fehlendem gewöhnlicher Aufenthalt (§ 89 SGB VIII), bei fortdauernder Vollzeitpflege (§ 89 a SGB VIII) und zum Schutz der Einrichtungsorte (§ 89 e SGB VIII) besteht nur, wenn die Kosten im Einzelfall 1.000 Euro überschreiten (sog. **Bagatellgrenze**). Anders als bei der Sozialhilfe (§ 107 Abs. 2 SGB XII) muss die Bagatellgrenze nicht innerhalb eines bestimmten Zeitraums erreicht werden. Bei mehreren Personen in einem Leistungsfall, zB Geschwistern, muss die Bagatellgrenze für jede Person getrennt ermittelt werden (vgl. Wiesner SGB VIII/Wiesner § 89 f Rn. 10). Die Bagatellgrenze gilt nicht bei der Erstattung der Kosten vorläufiger Maßnahmen zum Schutz von Kindern und Jugendlichen (§ 89 b SGB VIII), fortwährender oder fortdauernder Leistungsverpflichtung (§ 89 c SGB VIII) sowie der Jugendhilfeleistungen nach der Einreise (§ 89 d SGB VIII). In diesen Fällen sind auch die unter 1000 Euro liegenden Kosten zu erstatten.

174 Der Erstattungsanspruch ist innerhalb der **Ausschlussfrist** von 12 Monaten nach Ablauf des Tages, für den die Leistung erbracht wurde, geltend zu machen (§ 111 S. 1 SGB X). Diese Frist beginnt erst zu laufen, wenn der erstattungsberechtigte Träger von den den Erstattungsanspruch begründenden Tatsachen Kenntnis hatte (vgl. LPK-SGB VIII/Kunkel § 89 f Rn. 14). Der Kostenerstattungsanspruch **verjährt** in vier Jahren (§ 113 SGB X analog). Die Verjährungsfrist beginnt mit Ablauf des Kalenderjahres zu laufen, in dem der erstattungsberechtigte Träger den Anspruch gegenüber dem erstattungspflichtigen Träger geltend gemacht hat (vgl. LPK-SGB VIII/Kunkel § 89 f Rn. 15).

175 Der Erstattungsanspruch kann mangels Über-/Unterordnungsverhältnis zwischen erstattungsberechtigtem und -pflichtigem Träger nicht mit Verwaltungsakt geltend gemacht werden (vgl. LPK-

SGB VIII/Kunkel § 89f Rn. 16). Im Streitfall ist der Rechtsweg zu den **Verwaltungsgerichten** eröffnet. Richtige Klageart ist die allgemeine Leistungsklage (§ 43 Abs. 2 S. 1 VwGO).

Bei verspäteter Kostenerstattung können keine **Verzugszinsen** verlangt werden (§ 89f Abs. 2 S. 2 SGB VIII). Prozesskostenzinsen sind dagegen zu erstatten (vgl. BVerwG 22. 2. 2001 – 5 C 34/00 – FEVS 52, 433).

G. Kostenbeteiligung (§§ 90 ff. SGB VIII)

An den Kosten der Leistungen der Kinder- und Jugendhilfe müssen sich die Leistungsberechtigten nur in den in den §§ 90 ff. SGB VIII vorgesehen Fällen beteiligen. Bei in dieser Vorschrift nicht aufgezählten Leistungen müssen die Betroffenen sich nicht an den Kosten beteiligen. Dies gilt insbesondere für die Beratung. Der Zugang zu dieser soll nicht durch finanzielle Belastungen erschwert werden.

Nach § 90 SGB VIII können bei Angeboten der Jugendarbeit (§ 11 SGB VIII), der Familienbildung, Familienfreizeit und Familienerholung (§ 16 SGB VIII) sowie der Förderung von Kindern in Tageseinrichtungen und in Kindertagespflege (§§ 22 ff. SGB VIII) **pauschalierte Kostenbeiträge** erhoben werden (§ 90 Abs. 1 S. 1 SGB VIII). Landesrecht kann eine Staffelung der Beiträge nach Einkommen, Anzahl der Kinder oder Anzahl der Familienangehörigen vorsehen (§ 90 Abs. 1 S. 2 SGB VIII). Die Beiträge sind ganz oder teilweise zu erlassen, wenn die Voraussetzungen des § 90 Abs. 2 bzw. 3 SGB VIII erfüllt sind.

Nach den §§ 91 ff. SGB VIII werden **Kostenbeiträge** bei den in § 91 Abs. 1 und 2 SGB VIII aufgezählten **stationären** und **teilstationären Leistungen** erhoben. Berücksichtigt werden dabei die rechtmäßigen Kosten der Maßnahme selbst und die Kosten einer notwendigen Unterbringung und der Krankenhilfe (§ 91 Abs. 3 SGB VIII), dagegen nicht die Verwaltungskosten (§ 91 Abs. 4 SGB VIII). Um eine Erbringung der Leistung sicherzustellen, müssen die Leistungen unabhängig von einem Kostenbeitrag erbracht werden (§ 91 Abs. 5 SGB VIII). Welche Personen mit ihrem Einkommen heranzuziehen sind, legt § 92 SGB VIII in Abhängigkeit von der Leistung fest. Grenzen für die Erhebung des Kostenbeitrags setzt § 92 Abs. 3 bis 5 SGB VIII. Das anrechenbare Einkommen wird nach § 93 SGB VIII berechnet. Was im Einzelnen zum Einkommen zu rechnen ist, bestimmt § 93 Abs. 1 SGB VIII. Von diesem Betrag sind zunächst die in § 93 Abs. 2 SGB VIII festgelegten Beträge abzusetzen. Außerdem sind Belastungen der kostenbeitragspflichtigen Person abzusetzen (§ 93 Abs. 3 SGB VIII). In welchem Umfang die Kostenbeitragspflichtigen heranzuziehen sind, legt § 94 SGB VIII fest. Angemessen ist die Kostenheranziehung nur, wenn dem Beitragspflichtigen der unterhaltsrechtliche Selbstbehalt verbleibt (BVerwG 19. 8. 2010, 5 C 10/09 – NJW 2011, 97).

Der Träger der öffentlichen Jugendhilfe ist berechtigt, einen **Anspruch** der kostenbeitragspflichtigen Person nach § 91 SGB VIII durch schriftliche Anzeige auf sich **überzuleiten** (§ 91 SGB VIII). Dies gilt nicht für Ansprüche gegen andere Leistungsträger.

90. Sozialgesetzbuch (SGB) Neuntes Buch (IX)
– Rehabilitation und Teilhabe behinderter Menschen –

Vom 19. Juni 2001 (BGBl. I S. 1046)

FNA 860-9

zuletzt geänd. durch Art. 12 Abs. 6 G zur Ermittlung von Regelbedarfen und zur Änd. des Zweiten und Zwölften Buches Sozialgesetzbuch v. 24. 3. 2011 (BGBl. I S. 453)

Teil 1. Regelungen für behinderte und von Behinderung bedrohte Menschen

Kapitel 1. Allgemeine Regelungen

§ 1 Selbstbestimmung und Teilhabe am Leben in der Gesellschaft

[1] Behinderte oder von Behinderung bedrohte Menschen erhalten Leistungen nach diesem Buch und den für die Rehabilitationsträger geltenden Leistungsgesetzen, um ihre Selbstbestimmung und gleichberechtigte Teilhabe am Leben in der Gesellschaft zu fördern, Benachteiligungen zu vermeiden oder ihnen entgegenzuwirken. [2] Dabei wird den besonderen Bedürfnissen behinderter und von Behinderung bedrohter Frauen und Kinder Rechnung getragen.

§ 2 Behinderung

(1) [1] Menschen sind behindert, wenn ihre körperliche Funktion, geistige Fähigkeit oder seelische Gesundheit mit hoher Wahrscheinlichkeit länger als sechs Monate von dem für das Lebensalter typischen Zustand abweichen und daher ihre Teilhabe am Leben in der Gesellschaft beeinträchtigt ist. [2] Sie sind von Behinderung bedroht, wenn die Beeinträchtigung zu erwarten ist.

(2) Menschen sind im Sinne des Teils 2 schwerbehindert, wenn bei ihnen ein Grad der Behinderung von wenigstens 50 vorliegt und sie ihren Wohnsitz, ihren gewöhnlichen Aufenthalt oder ihre Beschäftigung auf einem Arbeitsplatz im Sinne des § 73 rechtmäßig im Geltungsbereich dieses Gesetzbuches haben.

(3) Schwerbehinderten Menschen gleichgestellt werden sollen behinderte Menschen mit einem Grad der Behinderung von weniger als 50, aber wenigstens 30, bei denen die übrigen Voraussetzungen des Absatzes 2 vorliegen, wenn sie infolge ihrer Behinderung ohne die Gleichstellung einen geeigneten Arbeitsplatz im Sinne des § 73 nicht erlangen oder nicht behalten können (gleichgestellte behinderte Menschen).

A. Normzweck

1   Die Vorschrift definiert die Behinderung, die Schwerbehinderung und die Gleichstellung mit behinderten Menschen. Weil an diese Begriffe wiederum soziale **Vergünstigungen bzw. Leistungsberechtigungen** geknüpft sind, ist § 2 von erheblicher Bedeutung für die Praxis. Die genauen Voraussetzungen, die (neben der Behinderteneigenschaft) für bestimmten Sozial- bzw. Rehabilitationsleistungen erfüllt sein müssen, ergeben sich regelmäßig sich aus **spezialgesetzlichen**, nicht im SGB IX enthaltenen **Normen** (vgl. den Vorbehalt des § 7). Sofern das bundesdeutsche Recht in bestimmten Bereichen eine soziale Vergünstigung an die „Schwerbehinderung" anknüpft, ist zwischenzeitlich anerkannt, dass im Lichte des Gemeinschaftsrechts davon auszugehen ist, dass ggf. eine „einfache Behinderung" ausreicht (vgl. EuGH 11. 7. 2006 – C-13/05 – NZA 2006, 553).

B. Behinderung (§ 2 Abs. 1)

I. Definitionsstruktur

2   Die Bestimmung im S. 1 lehnt sich an die **dreigliedrige Definition** der WHO an, die im Wesentlichen darauf abstellt, ob (alternativ) die körperliche, geistige oder seelische Fähigkeiten beeinträchtigt sind (dazu und zur englischsprachigen Fachbegrifflichkeit, die mit der Abkürzung „ICF"

verbunden ist, vgl. näher www. dimdi. de). Die Behinderung kann im Einzelfall mit einer „Krankheit" einhergehen, jedoch sind beide Begriffe nicht deckungsgleich. Erscheinungen, die für die Jugend bzw. das Alter typisch sind, müssen hierbei Berücksichtigung finden, d. h., es ist nur eine Abweichung vom alterstypischen Zustand rechtserheblich. Auf die Art und die Ursache der Behinderung kommt es nicht an (auch angeborene Leiden sind rechtserheblich und lösen ggf einen Leistungsanspruch aus, das sog. Kausalprinzip gilt insoweit nicht).

II. Sechsmonatsfrist

Als zeitliche Komponente muss eine Beeinträchtigung **für mehr als 6 Monate** hinzutreten, wobei eine hohe Wahrscheinlichkeit für das Überschreiten der Sechsmonatsfrist vorliegen muss. Es kommt allein darauf an, dass die Sechsmonatsfrist prognostisch überschritten wird, hingegen ist die bisherige Dauer der Beeinträchtigung ohne Belang (BSG 14. 12. 2000 – B 9 SB 3/99 R – SozR 3–3870 § 3 Nr. 9, vgl. a. BSG 29. 4. 2010 – B 9 SB 2/09 R – Breithaupt 2010, 1075). 3

III. Drohende Behinderung

Die **„drohende Behinderung"**, die im Wortlaut des § 2 Abs. 1 S. 2 lediglich sinngemäß als „zu erwartende Behinderung" umschrieben wird, ist dadurch charakterisiert, dass nach ärztlicher (oder sonstiger fachlicher) Erkenntnis eine Behinderung mit hoher Wahrscheinlichkeit zu erwarten ist. 4

C. Schwerbehinderung (§ 2 Abs. 2)

I. Mindestgrad

Die Schwerbehinderung ist im Grundsatz dadurch definiert, dass ein **GdB vom mindestens 50%** vorliegen muss (anders als im Falle des § 2 Abs. 3 handelt es sich um eine unmittelbar gesetzliche Definition, die nicht erst durch Verwaltungsakt konkretisiert werden muss). Der GdB bestimmt sich allein nach dem Grad derjenigen Behinderung, die aus der Definition des § 2 Abs. 1 folgt. Unerheblich für die Bestimmung des GdB ist damit insbesondere, wie stark die berufliche Leistungsfähigkeit beeinträchtigt wird und wie hoch ein eventueller Einkommensverlust ausfällt. 5

II. Rechtsverordnung

In der Praxis orientiert sich die Bestimmung des GdB an einer **VO**, welche von der Bundesregierung auf der Grundlage des § 30 BVG erlassen wurde. Es handelt sich um „Versorgungsmedizinverordnung (VersMedV)" vom 10. 12. 2008 (BGBl. I S. 2412), die mit einer umfangreichen Anlage versehen ist, vgl. u. a. den Anlageband zu BGBl. I Nr. 57 vom 15. 12. 2008; vgl. ferner § 69 Abs. 1 S. 5). Diese VO, die zuletzt mit Wirkung ab dem 23. 12. 2010 geändert wurde (durch VO vom 7. 12. 2010, BGBl. I S. 2124), trat zum 1. 1. 2009 an die Stelle der bisherigen „Anhaltspunkte für die ärztliche Gutachtertätigkeit im sozialen Entschädigungsrecht und nach dem Schwerbehindertenrecht". 6

III. Inlandsbezug

Zusätzlich wird von § 2 Abs. 2 eine **Anbindung an das Inland** gefordert, nämlich die rechtmäßige Beschäftigung im Inland oder der gewöhnliche Wohnsitz bzw. Aufenthalt im Inland. Der „Wohnsitz" ist nach § 30 Abs. 3 S. 1 SGB I dort begründet, wo der Betreffende eine Wohnung unter Umständen innehat, die darauf schließen lassen, dass er die Wohnung beibehalten und benutzen wird. Der „gewöhnliche Aufenthalt" ist in § 30 Abs. 3 S. 2 SGB I dahin definiert, dass sich der Betreffende an einem Ort unter Umständen aufhält, die erkennen lassen, dass er an diesem Ort nicht vorübergehend verweilt. Die (inländische) Beschäftigung muss den Anforderungen des eines „Arbeitsplatzes" iSv. § 73 genügen, was in aller Regel der Fall ist (ausgeschlossen sind nach näherer Maßgabe des § 73 Abs. 2 S. 2 und 3 nur Arbeitsstellen, die untypisch für das Arbeitsleben sind). 7

D. Gleichgestellte behinderte Menschen (§ 2 Abs. 3)

I. Arbeitsmarktbezogenheit

Hinter § 2 Abs. 3 steht der Grundgedanke, dass auch solche Menschen eines sozialen Schutzes bedürfen, die zwar nicht unter den Begriff der „Schwerbehinderung" fallen, bei denen aber die **Verwertbarkeit des** (restlichen) **Leistungsvermögens auf dem Arbeitsmarkt** eingeschränkt ist. Im § 2 Abs. 3 wird deshalb unter bestimmten Voraussetzungen eine Gleichstellung geregelt (diese Voraussetzungen sind verfassungsmäßig: BSG 15. 7. 2010 – B 11 AL 150/09 B). Die Gleichstellung ist an den Umstand geknüpft, dass der (grundsätzlich zum Personenkreis des § 2 Abs. 1 gehörende) AN infolge seiner Behinderung überhaupt keinen oder jedenfalls keinen geeigneten Arbeitsplatz erlangen bzw. 8

beibehalten kann. Es ist somit danach zu fragen, ob die **Erlangung bzw. Beibehaltung eines Arbeitsplatzes** dann **möglich** ist, wenn (im Gefolge der Gleichstellung) die Rechtsstellung als schwerbehinderter Menschen erlangt wird, die bestimmte Vergünstigungen mit sich bringt (Frage nach der Konkurrenzfähigkeit gegenüber anderen Arbeitnehmern, vgl. BSG 2. 3. 2000 – B 7 AL 4699 R – BSGE 86, 10). Existiert der Arbeitsplatz des betroffenen AN nicht mehr, so kommt eine Gleichstellung auch nicht mehr in Betracht. Wird den von § 2 Abs. 3 geforderten Gleichstellungsvoraussetzungen nicht genügt (d. h. ist der Arbeitsplatz gesichert), so kann die Gleichstellung nicht mit dem Ziel der Förderung eines beruflichen Aufstiegs begeht werden. Bei Beamten und beamtenähnlichen Personen wird eine Gleichstellung regelmäßig deshalb nicht in Frage kommen, weil der Arbeitsplatz nicht gefährdet ist.

II. Gleichstellungsverfahren

9   Die **Gleichstellung** erfolgt **durch die Dienststellen der BA**, also durch die örtlichen Agenturen für Arbeit. Für die Gleichstellung ist ein Antrag des behinderten AN erforderlich; eine Gleichstellung gegen den Willen des AN ist nicht möglich (BSG 22. 10. 1986 – 9a RVs 3/84 – NJW 1987, 2462). Der AG ist nicht antragsberechtigt. Die Gleichstellung wirkt ab dem Antragsdatum (vgl. § 68 Abs. 2).

§ 3 Vorrang von Prävention

Die Rehabilitationsträger wirken darauf hin, dass der Eintritt einer Behinderung einschließlich einer chronischen Krankheit vermieden wird.

§ 4 Leistungen zur Teilhabe

(1) Die Leistungen zur Teilhabe umfassen die notwendigen Sozialleistungen, um unabhängig von der Ursache der Behinderung
1. die Behinderung abzuwenden, zu beseitigen, zu mindern, ihre Verschlimmerung zu verhüten oder ihre Folgen zu mildern,
2. Einschränkungen der Erwerbsfähigkeit oder Pflegebedürftigkeit zu vermeiden, zu überwinden, zu mindern oder eine Verschlimmerung zu verhüten sowie den vorzeitigen Bezug anderer Sozialleistungen zu vermeiden oder laufende Sozialleistungen zu mindern,
3. die Teilhabe am Arbeitsleben entsprechend den Neigungen und Fähigkeiten dauerhaft zu sichern oder
4. die persönliche Entwicklung ganzheitlich zu fördern und die Teilhabe am Leben in der Gesellschaft sowie eine möglichst selbständige und selbstbestimmte Lebensführung zu ermöglichen oder zu erleichtern.

(2) [1] Die Leistungen zur Teilhabe werden zur Erreichung der in Absatz 1 genannten Ziele nach Maßgabe dieses Buches und der für die zuständigen Leistungsträger geltenden besonderen Vorschriften neben anderen Sozialleistungen erbracht. [2] Die Leistungsträger erbringen die Leistungen im Rahmen der für sie geltenden Rechtsvorschriften nach Lage des Einzelfalls so vollständig, umfassend und in gleicher Qualität, dass Leistungen eines anderen Trägers möglichst nicht erforderlich sind.

(3) [1] Leistungen für behinderte oder von Behinderung bedrohte Kinder werden so geplant und gestaltet, dass nach Möglichkeit Kinder nicht von ihrem sozialen Umfeld getrennt und gemeinsam mit nicht behinderten Kindern betreut werden können. [2] Dabei werden behinderte Kinder alters- und entwicklungsentsprechend an der Planung und Ausgestaltung der einzelnen Hilfen beteiligt und ihre Sorgeberechtigten intensiv in Planung und Gestaltung der Hilfen einbezogen.

§ 5 Leistungsgruppen

Zur Teilhabe werden erbracht
1. Leistungen zur medizinischen Rehabilitation,
2. Leistungen zur Teilhabe am Arbeitsleben,
3. unterhaltssichernde und andere ergänzende Leistungen,
4. Leistungen zur Teilhabe am Leben in der Gemeinschaft.

§ 6 Rehabilitationsträger

(1) Träger der Leistungen zur Teilhabe (Rehabilitationsträger) können sein
1. die gesetzlichen Krankenkassen für Leistungen nach § 5 Nr. 1 und 3,

2. die Bundesagentur für Arbeit für Leistungen nach § 5 Nr. 2 und 3,
3. die Träger der gesetzlichen Unfallversicherung für Leistungen nach § 5 Nr. 1 bis 4,
4. die Träger der gesetzlichen Rentenversicherung für Leistungen nach § 5 Nr. 1 bis 3, die Träger der Alterssicherung der Landwirte für Leistungen nach § 5 Nr. 1 und 3,
5. die Träger der Kriegsopferversorgung und die Träger der Kriegsopferfürsorge im Rahmen des Rechts der sozialen Entschädigung bei Gesundheitsschäden für Leistungen nach § 5 Nr. 1 bis 4,
6. die Träger der öffentlichen Jugendhilfe für Leistungen nach § 5 Nr. 1, 2 und 4,
7. die Träger der Sozialhilfe für Leistungen nach § 5 Nr. 1, 2 und 4.

(2) Die Rehabilitationsträger nehmen ihre Aufgaben selbständig und eigenverantwortlich wahr.

§ 6a Rehabilitationsträger für Leistungen zur Teilhabe am Arbeitsleben nach dem Zweiten Buch Sozialgesetzbuch

¹Die Bundesagentur für Arbeit ist auch Rehabilitationsträger für die Leistungen zur Teilhabe am Arbeitsleben für behinderte erwerbsfähige Leistungsberechtigte im Sinne des Zweiten Buches, sofern nicht ein anderer Rehabilitationsträger zuständig ist. ²Die Zuständigkeit der gemeinsamen Einrichtung oder des zugelassenen kommunalen Trägers für die Leistungen zur beruflichen Teilhabe behinderter Menschen nach § 16 Abs. 1 des Zweiten Buches bleibt unberührt. ³Die Bundesagentur für Arbeit unterrichtet die zuständige gemeinsame Einrichtung oder den zugelassenen kommunalen Träger und die Leistungsberechtigten schriftlich über den festgestellten Rehabilitationsbedarf und ihren Eingliederungsvorschlag. ⁴Die gemeinsame Einrichtung oder der zuständige kommunale Träger entscheidet unter Berücksichtigung des Eingliederungsvorschlages innerhalb von drei Wochen über die Leistungen zur beruflichen Teilhabe.

§ 7 Vorbehalt abweichender Regelungen

¹Die Vorschriften dieses Buches gelten für die Leistungen zur Teilhabe, soweit sich aus den für den jeweiligen Rehabilitationsträger geltenden Leistungsgesetzen nichts Abweichendes ergibt. ²Die Zuständigkeit und die Voraussetzungen für die Leistungen zur Teilhabe richten sich nach den für den jeweiligen Rehabilitationsträger geltenden Leistungsgesetzen.

§ 8 Vorrang von Leistungen zur Teilhabe

(1) Werden bei einem Rehabilitationsträger Sozialleistungen wegen oder unter Berücksichtigung einer Behinderung oder einer drohenden Behinderung beantragt oder erbracht, prüft dieser unabhängig von der Entscheidung über diese Leistungen, ob Leistungen zur Teilhabe voraussichtlich erfolgreich sind.

(2) ¹Leistungen zur Teilhabe haben Vorrang vor Rentenleistungen, die bei erfolgreichen Leistungen zur Teilhabe nicht oder voraussichtlich erst zu einem späteren Zeitpunkt zu erbringen wären. ²Dies gilt während des Bezuges einer Rente entsprechend.

(3) Absatz 1 ist auch anzuwenden, um durch Leistungen zur Teilhabe Pflegebedürftigkeit zu vermeiden, zu überwinden, zu mindern oder eine Verschlimmerung zu verhüten.

§ 9 Wunsch- und Wahlrecht der Leistungsberechtigten

(1) ¹Bei der Entscheidung über die Leistungen und bei der Ausführung der Leistungen zur Teilhabe wird berechtigten Wünschen der Leistungsberechtigten entsprochen. ²Dabei wird auch auf die persönliche Lebenssituation, das Alter, das Geschlecht, die Familie sowie die religiösen und weltanschaulichen Bedürfnisse der Leistungsberechtigten Rücksicht genommen; im Übrigen gilt § 33 des Ersten Buches. ³Den besonderen Bedürfnissen behinderter Mütter und Väter bei der Erfüllung ihres Erziehungsauftrages sowie den besonderen Bedürfnissen behinderter Kinder wird Rechnung getragen.

(2) ¹Sachleistungen zur Teilhabe, die nicht in Rehabilitationseinrichtungen auszuführen sind, können auf Antrag der Leistungsberechtigten als Geldleistungen erbracht werden, wenn die Leistungen hierdurch voraussichtlich bei gleicher Wirksamkeit wirtschaftlich zumindest gleichwertig ausgeführt werden können. ²Für die Beurteilung der Wirksamkeit stellen die Leistungsberechtigten dem Rehabilitationsträger geeignete Unterlagen zur Verfügung. ³Der Rehabilitationsträger begründet durch Bescheid, wenn er den Wünschen des Leistungsberechtigten nach den Absätzen 1 und 2 nicht entspricht.

(3) Leistungen, Dienste und Einrichtungen lassen den Leistungsberechtigten möglichst viel Raum zu eigenverantwortlicher Gestaltung ihrer Lebensumstände und fördern ihre Selbstbestimmung.
(4) **Die Leistungen zur Teilhabe bedürfen der Zustimmung der Leistungsberechtigten.**

A. Normzweck

I. Allgemeines

1   Die Vorschrift begründet eine Verpflichtung der Rehabilitationsträger, den Wünschen der Leistungsberechtigten bei der Ausführung von Rehabilitationsleistungen möglichst weitgehend zu entsprechen. Ein Recht darauf, dass den entsprechenden Wünschen stets und immer gefolgt wird, ist damit naturgemäß nicht verbunden, sondern das Eingehen auf die Wünsche ist regelmäßig in das **pflichtgemäße Ermessen** des Trägers gestellt. Im Einzelfall schließt dies allerdings nicht aus, dass auch in der konkreten Situation ein Anspruch auf die Erfüllung des Wunsches besteht.

II. Leistungsberechtigung

2   Wenn im § 9 vom „Leistungsberechtigten" gesprochen wird, ist mithin immer der Anspruch auf die Leistung dem Grunde nach gemeint, regelmäßig aber kein Anspruch auf eine bestimmte (den Wünschen des Berechtigten entsprechende) Form der Leistungserbringung. Wird den Wünschen des Leistungsberechtigten im Einzelfall nicht entsprochen, so folgt aus § 9 Abs. 2 S. 3, dass der Rehabilitationsträger in einem **Bescheid** (also in einem schriftlichen Verwaltungsakt) diese Ablehnung zu begründen hat. Gegen den Bescheid kann der Berechtigte dann mit **Rechtsbehelfen** vorgehen, wobei aber regelmäßig (im Falle einer ermessensfehlerhaften Ablehnung) nur ein Anspruch auf Neubescheidung gegeben ist (vgl. a. § 39 Abs. 1 S. 2 SGB I).

B. Hintergrund des Wunschrechts (§ 9 Abs. 3, 4)

3   Der Hintergrund der aufgezeigten Zweckrichtung liegt auf der Hand und erschließt sich auch aus Abs. 3: Die Rehabilitationsleistungen (neben denen Abs. 3 klarstellend auch noch die Dienste und Einrichtungen nennt) sollen die Selbstbestimmung des Leistungsberechtigten fördern, um ihm einen möglichst breiten Raum zur eigenverantwortlichen Lebensgestaltung geben. Außerdem ist im Abs. 4 der allgemeine und ebenfalls selbstverständliche Grundsatz festgehalten, dass Rehabilitationsleistungen der Zustimmung des Berechtigten bedürfen. Hierbei ist zu beachten, dass allein aus der Stellung eines Leistungsantrags noch keine Zustimmung zu einer bestimmten Rehabilitationsmaßnahme abgeleitet werden kann. Als „berechtigter Wunsch" kann es naturgemäß nicht angesehen werden, wenn der Betroffene eine Leistung begehrt, die nicht vom rechtlichen Rahmen gedeckt ist (z.B. Fehlen eines Vertragsverhältnisses nach § 21 zwischen Leistungsträger und Leistungserbringer). Auch gesetzliche „Sollbestimmungen" (z.B. § 37 Abs. 2 über die Dauer von Weiterbildungsleistungen) können dem Wunsch des Betroffenen entgegenstehen, wenn diese Bestimmungen nach Lage des einzelnen Falles wie ein (entgegenstehendes) „muss" zu lesen sind. Ganz allgemein gilt, dass das Wunschrecht, über das der Betroffene ggf. zu beraten ist, stets anhand des konkreten Einzelfalles zu prüfen ist.

C. Verpflichtung unter Berücksichtigung der Lebenssituation (§ 9 Abs. 1)

4   Im Abs. 1 S. 1 wird das Wunschrecht des Leistungsberechtigten im Grundsatz geregelt, wobei mit der Wendung von den „berechtigten" Wünschen zum Ausdruck kommt, dass nicht „automatisch" ein Rechtsanspruch auf die Erfüllung des Wunsches gegeben ist (vgl. Rn. 1). Die in Abs. 1 S. 2 und 3 aufgeführten **Kriterien** (Lebenssituation, Alter, Geschlecht, Familie, religiöse und weltanschauliche Bedürfnisse) sind **nicht abschließend**, sondern lediglich beispielhaft zu verstehen, wobei die im S. 3 angesprochenen Bedürfnisse behinderter Eltern und Kinder einen Unterfall der Berücksichtigung der gesamten Lebenssituation bilden. Liegt beim Leistungsberechtigten eine **Behinderung** vor (zum Begriff der „Behinderung" vgl. § 2 Abs. 1), so gehören zur Berücksichtigung der Bedürfnisse dieser Personen gleich mehrere Unterpunkte; es sind dies die Berücksichtigung des besonderen Förderbedarfs und des besonderen Bedürfnisses zur Integration in die Gesellschaft, wobei auch Nichtbehinderte lernen sollen, mit behinderten Menschen umzugehen – was auch und insbesondre bei Kindern von Bedeutung ist. Aus Abs. 1 S. 3 ergibt sich im Übrigen, dass der Gesetzgeber auf den sachgerechten Umgang mit behinderten Kindern einen großen Wert legt, wobei das Gesetz eine doppelte Zielrichtung im Auge hat: Zum einen soll der Gefahr einer gesellschaftlichen Isolierung von behinderten Kindern frühzeitig entgegengewirkt werden. Zum anderen soll auch dem besonderen Förderungsbedarf von behinderten Kindern Rechnung getragen werden.

D. Ergänzende Heranziehung des allgemeinen Wunschrechts des § 33 SGB I

Im Abs. 1 S. 2 Halbs. 2 wird klarstellend auf die ergänzende Anwendung des allgemeinen Wunsch- 5
rechts des § 33 SGB I verwiesen. Aus der letztgenannten Norm geht wiederum (ebenfalls lediglich klarstellend) hervor, dass zu den berücksichtigungsfähigen Verhältnissen auch der Bedarf und die Leistungsfähigkeit des Berechtigten zählen. § 33 SGB I enthält außerdem den (selbstverständlichen, gleichwohl zum Zwecke der Verdeutlichung wichtigen) Hinweis, dass Rechtsvorschriften nicht den Wünschen des Berechtigten entgegenstehen dürfen. Was im § 9 Abs. 1 S. 1 mit der Formulierung von den „berechtigten" Wünschen zum Ausdruck kommt, wird im Übrigen von § 33 S. 2 SGB I so ausgedrückt, dass den Wünschen entsprochen werden soll, „soweit sie angemessen sind". In die Anwendung des § 33 SGB I und des § 9 spielen letztlich immer auch allgemeine Rechtsgrundsätze hinein, die ggf. auch auf den Gesichtspunkt der Menschenwürde (Art. 1 Abs. 1 GG) zurückgreifen (vgl. etwa a. BSG 15. 11. 2007 – B 3 P 9/06 R – NZS 2008, 599). Oftmals entsteht hierbei auch ein Spannungsverhältnis zum allgemeinen Grundsatz der Wirksamkeit und Sparsamkeit (vgl. für die Sozialversicherung § 69 Abs. 2 SGB IV).

E. Sachleistungen als Geldleistungen (§ 9 Abs. 2)

I. Allgemeines

Sachleistungen zur Teilhabe können nach § 9 Abs. 2 S. 1 und 2 als Geldleistungen erbracht werden, 6
aber nur unter bestimmten Voraussetzungen; außerdem ist (gem. S. 3) stets die Zustimmung des Leistungsberechtigten erforderlich. Von der Möglichkeit der Erbringung als Geldleistung sind zunächst einmal (gem. S. 1) solche Leistungen ausgenommen, die in Rehabilitationseinrichtungen zu erbringen sind, wovon sowohl stationäre als auch ambulante Einrichtungen erfasst sind. Hintergrund dieses Ausschlusses ist der Gedanke, dass es in Rehabilitationseinrichtungen regelmäßig um die Umsetzung von komplexen Rehabilitationskonzepten geht, die naturgemäß einer Umwandlung in Geldleistungen nicht zugänglich sind. Allerdings hat der Berechtigte nach allgemeinen Rechtsgrundsätzen immerhin einen Anspruch darauf, dass der Leistungsträger nach pflichtgemäßem Ermessen darüber entscheidet, ob die Leistungserbringung in einer Einrichtung erforderlich ist und damit letztlich der Ausschluss von Geldleistungen greift). Einen Sonderfall der Geldleistung als Sachleistung das Persönliche Budget des § 17 Abs. 2 dar, auf welches (bei Erfüllung der Voraussetzungen) ein Rechtsanspruch entsteht.

II. Wirksamkeit und Gleichwertigkeit

Von § 9 Abs. 2 S. 1 wird weiter gefordert, dass die vom Leistungsberechtigten „einzukaufende" Leis- 7
tung voraussichtlich die gleiche **Wirksamkeit** entfalten wird und außerdem **wirtschaftlich** zumindest **gleichwertig** erbracht werden kann. Um den Leistungsträger über die Fragen der Wirksamkeit bzw. Wirtschaftlichkeit eine sachgerechte (nach pflichtgemäßem Ermessen zu treffende) Entscheidung zu ermöglichen, **hat der Berechtigte** (gem. S. 2) **geeignete Unterlagen zur Verfügung zu stellen**, z. B. ein Therapiekonzept zur Frage der Wirksamkeit und einen Kostenvoranschlag zur Frage der Wirtschaftlichkeit). Hiervon bleibt die umfassende Verpflichtung des Leistungsträgers unberührt, alle geeigneten Unterlagen für die Entscheidungsfindung heranzuziehen und den Sachverhalt mit allen zur Verfügung stehenden Mitteln aufzuklären (vgl. § 20 Abs. 1 SGB X). Somit führt es nicht „automatisch" zu einer (gem Abs. 2 S. 3 in einem Bescheid zu begründenden) Ablehnung der Erbringung einer Geldleistung, wenn der Berechtigte keine geeignete Unterlage beibringt.

§ 10 Koordinierung der Leistungen

(1) ¹Soweit Leistungen verschiedener Leistungsgruppen oder mehrerer Rehabilitationsträger erforderlich sind, ist der nach § 14 leistende Rehabilitationsträger dafür verantwortlich, dass die beteiligten Rehabilitationsträger im Benehmen miteinander und in Abstimmung mit den Leistungsberechtigten die nach dem individuellen Bedarf voraussichtlich erforderlichen Leistungen funktionsbezogen feststellen und schriftlich so zusammenstellen, dass sie nahtlos ineinander greifen. ²Die Leistungen werden entsprechend dem Verlauf der Rehabilitation angepasst und darauf ausgerichtet, den Leistungsberechtigten unter Berücksichtigung der Besonderheiten des Einzelfalls die den Zielen der §§ 1 und 4 Abs. 1 entsprechende umfassende Teilhabe am Leben in der Gesellschaft zügig, wirksam, wirtschaftlich und auf Dauer zu ermöglichen. ³Dabei sichern die Rehabilitationsträger durchgehend das Verfahren entsprechend dem jeweiligen Bedarf und gewährleisten, dass die wirksame und wirtschaftliche Ausführung der Leistungen nach gleichen Maßstäben und Grundsätzen erfolgt.

(2) Absatz 1 gilt entsprechend auch für die Integrationsämter in Bezug auf Leistungen und sonstige Hilfen für schwerbehinderte Menschen nach Teil 2.

(3) Den besonderen Bedürfnissen seelisch behinderter oder von einer solchen Behinderung bedrohter Menschen wird Rechnung getragen.

(4) Die datenschutzrechtlichen Regelungen dieses Gesetzbuchs bleiben unberührt.

§ 11 Zusammenwirken der Leistungen

(1) ¹Soweit es im Einzelfall geboten ist, prüft der zuständige Rehabilitationsträger gleichzeitig mit der Einleitung einer Leistung zur medizinischen Rehabilitation, während ihrer Ausführung und nach ihrem Abschluss, ob durch geeignete Leistungen zur Teilhabe am Arbeitsleben die Erwerbsfähigkeit des behinderten oder von Behinderung bedrohten Menschen erhalten, gebessert oder wiederhergestellt werden kann. ²Er beteiligt die Bundesagentur für Arbeit nach § 38.

(2) Wird während einer Leistung zur medizinischen Rehabilitation erkennbar, dass der bisherige Arbeitsplatz gefährdet ist, wird mit den Betroffenen sowie dem zuständigen Rehabilitationsträger unverzüglich geklärt, ob Leistungen zur Teilhabe am Arbeitsleben erforderlich sind.

(3) Bei der Prüfung nach den Absätzen 1 und 2 wird zur Klärung eines Hilfebedarfs nach Teil 2 auch das Integrationsamt beteiligt.

§ 12 Zusammenarbeit der Rehabilitationsträger

(1) Im Rahmen der durch Gesetz, Rechtsverordnung oder allgemeine Verwaltungsvorschrift getroffenen Regelungen sind die Rehabilitationsträger verantwortlich, dass
1. die im Einzelfall erforderlichen Leistungen zur Teilhabe nahtlos, zügig sowie nach Gegenstand, Umfang und Ausführung einheitlich erbracht werden,
2. Abgrenzungsfragen einvernehmlich geklärt werden,
3. Beratung entsprechend den in §§ 1 und 4 genannten Zielen geleistet wird,
4. Begutachtungen möglichst nach einheitlichen Grundsätzen durchgeführt werden sowie
5. Prävention entsprechend dem in § 3 genannten Ziel geleistet wird.

(2) ¹Die Rehabilitationsträger und ihre Verbände sollen zur gemeinsamen Wahrnehmung von Aufgaben zur Teilhabe behinderter Menschen insbesondere regionale Arbeitsgemeinschaften bilden. ²§ 88 Abs. 1 Satz 1 und Abs. 2 des Zehnten Buches gilt entsprechend.

§ 13 Gemeinsame Empfehlungen

(1) Die Rehabilitationsträger nach § 6 Abs. 1 Nr. 1 bis 5 vereinbaren zur Sicherung der Zusammenarbeit nach § 12 Abs. 1 gemeinsame Empfehlungen.

(2) Die Rehabilitationsträger nach § 6 Abs. 1 Nr. 1 bis 5 vereinbaren darüber hinaus gemeinsame Empfehlungen,
1. welche Maßnahmen nach § 3 geeignet sind, um den Eintritt einer Behinderung zu vermeiden, sowie über die statistische Erfassung der Anzahl, des Umfangs und der Wirkungen dieser Maßnahmen,
2. in welchen Fällen und in welcher Weise rehabilitationsbedürftigen Menschen notwendige Leistungen zur Teilhabe angeboten werden, insbesondere um eine durch eine Chronifizierung von Erkrankungen bedingte Behinderung zu verhindern,
3. in welchen Fällen und in welcher Weise die Klärung der im Einzelfall anzustrebenden Ziele und des Bedarfs an Leistungen schriftlich festzuhalten ist sowie über die Ausgestaltung des in § 14 bestimmten Verfahrens,
4. in welcher Weise die Bundesagentur für Arbeit von den übrigen Rehabilitationsträgern nach § 38 zu beteiligen ist,
5. wie Leistungen zur Teilhabe zwischen verschiedenen Trägern koordiniert werden,
6. in welcher Weise und in welchem Umfang Selbsthilfegruppen, -organisationen und -kontaktstellen, die sich die Prävention, Rehabilitation, Früherkennung und Bewältigung von Krankheiten und Behinderungen zum Ziel gesetzt haben, gefördert werden,
7. *(aufgehoben)*
8. in welchen Fällen und in welcher Weise der behandelnde Hausarzt oder Facharzt und der Betriebs- oder Werksarzt in die Einleitung und Ausführung von Leistungen zur Teilhabe einzubinden sind,

9. zu einem Informationsaustausch mit behinderten Beschäftigten, Arbeitgebern und den in § 83 genannten Vertretungen zur möglichst frühzeitigen Erkennung des individuellen Bedarfs voraussichtlich erforderlicher Leistungen zur Teilhabe sowie
10. über ihre Zusammenarbeit mit Sozialdiensten und vergleichbaren Stellen.

(3) Bestehen für einen Rehabilitationsträger Rahmenempfehlungen auf Grund gesetzlicher Vorschriften und soll bei den gemeinsamen Empfehlungen von diesen abgewichen werden oder sollen die gemeinsamen Empfehlungen Gegenstände betreffen, die nach den gesetzlichen Vorschriften Gegenstand solcher Rahmenempfehlungen werden sollen, stellt der Rehabilitationsträger das Einvernehmen mit den jeweiligen Partnern der Rahmenempfehlungen sicher.

(4) Die Träger der Renten-, Kranken- und Unfallversicherung sowie der Alterssicherung der Landwirte können sich bei der Vereinbarung der gemeinsamen Empfehlungen durch ihre Spitzenverbände vertreten lassen.

(5) ¹An der Vorbereitung der gemeinsamen Empfehlungen werden die Träger der Sozialhilfe und der öffentlichen Jugendhilfe über die Bundesvereinigung der Kommunalen Spitzenverbände, die Bundesarbeitsgemeinschaft der überörtlichen Träger der Sozialhilfe, die Bundesarbeitsgemeinschaft der Landesjugendämter sowie die Integrationsämter in Bezug auf Leistungen und sonstige Hilfen für schwerbehinderte Menschen nach dem Teil 2 über die Bundesarbeitsgemeinschaft der Integrationsämter und Hauptfürsorgestellen beteiligt. ²Die Träger der Sozialhilfe und der öffentlichen Jugendhilfe orientieren sich bei der Wahrnehmung ihrer Aufgaben nach diesem Buch an den vereinbarten Empfehlungen oder können diesen beitreten.

(6) ¹Die Verbände behinderter Menschen einschließlich der Verbände der Freien Wohlfahrtspflege, der Selbsthilfegruppen und der Interessenvertretungen behinderter Frauen sowie die für die Wahrnehmung der Interessen der ambulanten und stationären Rehabilitationseinrichtungen auf Bundesebene maßgeblichen Spitzenverbände werden an der Vorbereitung der gemeinsamen Empfehlungen beteiligt. ²Ihren Anliegen wird bei der Ausgestaltung der Empfehlungen nach Möglichkeit Rechnung getragen. ³Die Empfehlungen berücksichtigen auch die besonderen Bedürfnisse behinderter oder von Behinderung bedrohter Frauen und Kinder.

(7) ¹Die beteiligten Rehabilitationsträger vereinbaren die gemeinsamen Empfehlungen im Rahmen der Bundesarbeitsgemeinschaft für Rehabilitation im Benehmen mit dem Bundesministerium für Arbeit und Soziales und den Ländern auf der Grundlage eines von ihnen innerhalb der Bundesarbeitsgemeinschaft vorbereiteten Vorschlags. ²Der Bundesbeauftragte für den Datenschutz wird beteiligt. ³Hat das Bundesministerium für Arbeit und Soziales zu einem Vorschlag aufgefordert, legt die Bundesarbeitsgemeinschaft für Rehabilitation den Vorschlag innerhalb von sechs Monaten vor. ⁴Dem Vorschlag wird gefolgt, wenn ihm berechtigte Interessen eines Rehabilitationsträgers nicht entgegenstehen. ⁵Einwände nach Satz 4 sind innerhalb von vier Wochen nach Vorlage des Vorschlags auszuräumen.

(8) ¹Die Rehabilitationsträger teilen der Bundesarbeitsgemeinschaft für Rehabilitation alle zwei Jahre ihre Erfahrungen mit den gemeinsamen Empfehlungen mit, die Träger der Renten-, Kranken- und Unfallversicherung sowie der Alterssicherung der Landwirte über ihre Spitzenverbände. ²Die Bundesarbeitsgemeinschaft für Rehabilitation stellt dem Bundesministerium für Arbeit und Soziales und den Ländern eine Zusammenfassung zur Verfügung.

(9) Die gemeinsamen Empfehlungen können durch die regional zuständigen Rehabilitationsträger konkretisiert werden.

§ 14 Zuständigkeitsklärung

(1) ¹Werden Leistungen zur Teilhabe beantragt, stellt der Rehabilitationsträger innerhalb von zwei Wochen nach Eingang des Antrages bei ihm fest, ob er nach dem für ihn geltenden Leistungsgesetz für die Leistung zuständig ist; bei den Krankenkassen umfasst die Prüfung auch die Leistungspflicht nach § 40 Abs. 4 des Fünften Buches. ²Stellt er bei der Prüfung fest, dass er für die Leistung nicht zuständig ist, leitet er den Antrag unverzüglich dem nach seiner Auffassung zuständigen Rehabilitationsträger zu. ³Muss für eine solche Feststellung die Ursache der Behinderung geklärt werden und ist diese Klärung in der Frist nach Satz 1 nicht möglich, wird der Antrag unverzüglich dem Rehabilitationsträger zugeleitet, der die Leistung ohne Rücksicht auf die Ursache erbringt. ⁴Wird der Antrag bei der Bundesagentur für Arbeit gestellt, werden bei der Prüfung nach den Sätzen 1 und 2 Feststellungen nach § 11 Abs. 2a Nr. 1 des Sechsten Buches und § 22 Abs. 2 des Dritten Buches nicht getroffen.

(2) ¹Wird der Antrag nicht weitergeleitet, stellt der Rehabilitationsträger den Rehabilitationsbedarf unverzüglich fest. ²Muss für diese Feststellung ein Gutachten nicht eingeholt werden, entscheidet der Rehabilitationsträger innerhalb von drei Wochen nach Antragseingang. ³Wird der Antrag weitergeleitet, gelten die Sätze 1 und 2 für den Rehabilitationsträger, an den der Antrag weitergeleitet worden ist, entsprechend; die in Satz 2 genannte Frist beginnt mit dem Eingang bei diesem Rehabilitationsträger. ⁴Ist für die Feststellung des Rehabilitationsbedarfs ein Gutachten erforderlich, wird die Entscheidung innerhalb von zwei Wochen nach Vorliegen des Gutachtens getroffen. ⁵Kann der Rehabilitationsträger, an den der Antrag weitergeleitet worden ist, für die beantragte Leistung nicht Rehabilitationsträger nach § 6 Abs. 1 sein, klärt er unverzüglich mit dem nach seiner Auffassung zuständigen Rehabilitationsträger, von wem und in welcher Weise über den Antrag innerhalb der Fristen nach den Sätzen 2 und 4 entschieden wird und unterrichtet hierüber den Antragsteller.

(3) ¹Die Absätze 1 und 2 gelten sinngemäß, wenn der Rehabilitationsträger Leistungen von Amts wegen erbringt. ²Dabei tritt an die Stelle des Tages der Antragstellung der Tag der Kenntnis des voraussichtlichen Rehabilitationsbedarfs.

(4) ¹Wird nach Bewilligung der Leistung durch einen Rehabilitationsträger nach Absatz 1 Satz 2 bis 4 festgestellt, dass ein anderer Rehabilitationsträger für die Leistung zuständig ist, erstattet dieser dem Rehabilitationsträger, der die Leistung erbracht hat, dessen Aufwendungen nach den für diesen geltenden Rechtsvorschriften. ²Die Bundesagentur für Arbeit leitet für die Klärung nach Satz 1 Anträge auf Leistungen zur Teilhabe am Arbeitsleben zur Feststellung nach § 11 Abs. 2a Nr. 1 des Sechsten Buches an die Träger der Rentenversicherung nur weiter, wenn sie konkrete Anhaltspunkte dafür hat, dass der Träger der Rentenversicherung zur Leistung einer Rente unabhängig von der jeweiligen Arbeitsmarktlage verpflichtet sein könnte. ³Für unzuständige Rehabilitationsträger, die eine Leistung nach Absatz 2 Satz 1 und 2 erbracht haben, ist § 105 des Zehnten Buches nicht anzuwenden, es sei denn, die Rehabilitationsträger vereinbaren Abweichendes.

(5) ¹Der Rehabilitationsträger stellt sicher, dass er Sachverständige beauftragen kann, bei denen Zugangs- und Kommunikationsbarrieren nicht bestehen. ²Ist für die Feststellung des Rehabilitationsbedarfs ein Gutachten erforderlich, beauftragt der Rehabilitationsträger unverzüglich einen geeigneten Sachverständigen. ³Er benennt den Leistungsberechtigten in der Regel drei möglichst wohnortnahe Sachverständige unter Berücksichtigung bestehender sozialmedizinischer Dienste. ⁴Haben sich Leistungsberechtigte für einen benannten Sachverständigen entschieden, wird dem Wunsch Rechnung getragen. ⁵Der Sachverständige nimmt eine umfassende sozialmedizinische, bei Bedarf auch psychologische Begutachtung vor und erstellt das Gutachten innerhalb von zwei Wochen nach Auftragserteilung. ⁶Die in dem Gutachten getroffenen Feststellungen zum Rehabilitationsbedarf werden den Entscheidungen der Rehabilitationsträger zugrunde gelegt. ⁷Die gesetzlichen Aufgaben der Gesundheitsämter bleiben unberührt.

(6) ¹Hält der leistende Rehabilitationsträger weitere Leistungen zur Teilhabe für erforderlich und kann er für diese Leistungen nicht Rehabilitationsträger nach § 6 Abs. 1 sein, wird Absatz 1 Satz 2 entsprechend angewendet. ²Die Leistungsberechtigten werden hierüber unterrichtet.

A. Normzweck

I. Allgemeines

1   Die Vorschrift dient den **Interessen des Leistungsberechtigten**, der keine Nachteile dadurch erleiden soll, dass ein gegliedertes Sozialleistungssystem existiert, welches zu Unklarheiten (bzw. zu Streitigkeiten unter den Trägern) über die Zuständigkeit für Rehabilitationsleistungen führen kann. Es soll also mittels des § 14 sichergestellt werden, dass der Berechtigte trotz komplizierter Zuständigkeitsregelungen möglichst schnell zu seiner Rehabilitationsleistung kommt (**Beschleunigungseffekt**). Zwecks Regelung von Einzelheiten haben die Rehabilitationsträger mit Wirkung ab dem 1. 5. 2003 eine Gemeinsame Empfehlung verabschiedet, die zuletzt unter dem 8. 11. 2005 neu gefasst wurde (abgedruckt in GK-SGB IX, Anhang 1 zu § 14, und z. B. auch verfügbar über www.bar-frankfurt.de; vgl. a. die Verwaltungsabsprache zwischen Rehabilitationsträgern und Integrationsämter vom 24. 4. 2002, abgedruckt u. a. im Anhang 2 a. a. O.). Es ist auch in der Praxis auf untergesetzlicher Ebene zu Verfahrensabsprachen nach § 14 Abs. 4 S. 3 gekommen, die sich mit Erstattungsansprüchen nach § 105 SGB X befassen. Die Vorschrift des § 14 geht im Übrigen, so weit ihre Anwendung reicht, anderen (allgemeineren) Zuständigkeits- und Erstattungsnormen des Sozialrechts vor.

II. Veränderung von Leistungszuständigkeiten

Im Interesse des erwähnten Beschleunigungseffektes wird von § 14 ganz erheblich in diejenigen 2
Normen des materiellen Rehabilitationsrechts eingegriffen, welche die Leistungszuständigkeit von
Rehabilitationsträgern regeln (z. B. kann § 14 im Ergebnis zum dem Effekt führen, dass ein Träger
als zuständig behandelt wird, der dies nach materiellem Recht überhaupt nicht wäre, vgl. dazu etwa
BSG 25. 6. 2009 – B 3 KR 4/08 R – SGb. 2010, 594). Dieser Gesichtspunkt ist für die praktische
Rechtsanwendung nicht ohne Bedeutung, weil er ggf. bei der Lösung von Auslegungsproblemen eine
Rolle spielen kann. Im Übrigen muss im Rahmen der Binnensystematik des § 14 zwischen dem Außenverhältnis (Träger/Bürger) und dem Innenverhältnis (Träger/anderer Träger) unterschieden werden, weil unter den Rehabilitationsträgern auch im Rahmen des § 14 Erstattungsansprüche entstehen
können.

III. Normzusammenhang

Nach der Gesetzessystematik handelt es ich bei § 14 um eine Norm über eine **vorläufige Leis-** 3
tungspflicht, welche als Spezialnorm ggf. vergleichbare Normen verdrängt (z. B. den § 43 SGB I,
vgl. a BSG 26. 10. 2005 – B 7 AL 16/04 R – BSGE 93, 283; gegen die Begrifflichkeit „vorläufige
Leistungspflicht" BSG 14. 12. 2006 – B 4 R 19/06 R – SGb. 2007, 165). Im Gefolge dieses Charakters als vorläufige Leistungsnorm wären an sich auch die Erstattungsansprüche (für Sozialleistungsträger untereinander) gegeben, die in den §§ 102 ff. SGB X geregelt sind. Insoweit ist aber zu beachten,
dass § 14 wiederum spezielle Regelungen bereithält, welche insbesondere zu einer Verdrängung bzw.
Modifizierung der §§ 102 ff. SGB X führen (vgl. a. unten, Rn. 22 ff.). In § 6 a findet sich eine Spezialnorm, die mit § 14 Abs. 2 S. 1 korrespondiert und letztlich vor einem formal-rechtlichen Hintergrund zu sehen ist: Im Rahmen der Grundsicherung für Arbeitsuchende („Hartz IV") kann nicht nur
der BA, sondern ggf. einem zugelassenen kommunalen Träger (sog. Optionskommune) oder einer
Gemeinsamen Einrichtung (sog. Jobcenter) die Kompetenz zufallen, über einen Antrag auf Leistungen zur Teilhabe am Arbeitsleben zu entscheiden. Diese beiden Organisationsformen sind aber nach
der Systematik des SGB keine „Rehabilitationsträger", sodass es einer klarstellenden Regelung in § 6 a
Satz 4 bedurfte (aus Anlass der Organisationsreform von „Hartz IV" wurde § 6 a mit Wirkung ab dem
1. 1. 2011 geändert durch Gesetz vom 3. 8. 2010, BGBl. I S. 1112; vgl. a. die vorgesehen weiteren,
lediglich redaktionellen Änderungen des § 6 a in einem Gesetzentwurf der Bundesregierung, BT-Drucks. 17/3404 vom 26. 10. 2010, S. 40 und 138). Im Übrigen wird in § 69 Abs. 1 S. 2 auf § 14
verwiesen; hierbei handelt es sich aber nur um eine bloße Rechtsfolgenverweisung (über die Anwendung von Fristen im Rahmen des Verfahrens zur Feststellung der Schwerbehinderteneigenschaft), die
nichts mit Zuständigkeitsklärungsfragen zu tun hat.

B. Träger von Rehabilitationsleistungen

I. Rehabilitationsträger i. S. d. § 14

Der § 14 gilt für **alle in § 6 genannten Rehabilitationsträger** (dazu BVerwG 11. 8. 2005 – 5 C 4
18/04 – BVerwGE 124, 83 = NVwZ 2006, 697), also in erster Linie für die Träger der Sozialversicherung (mit Ausnahme der Pflegekassen, die nicht als Rehabilitationsträger fungieren). Zu den Rehabilitationsträgern können aber **auch Träger der Grundsicherung für Arbeitsuchende** (vgl.
insoweit a. den § 6 a; zur Auslegung dieser Norm vgl. a. BSG 25. 6. 2008 – B 11 b AS 19/07 R –
BSGE 101, 79; vgl. ferner zu § 6 a oben, Rn. 3), Sozialhilfeträger sowie Träger der Kriegsopferversorgung und der Jugendhilfe zählen. Die **Integrationsämter** sind keine Rehabilitationsträger i. S. d. § 6,
jedoch gilt § 14 sinngemäß, wenn bei einem Integrationsamt eine Leistung zur Teilhabe am Arbeitsleben beantragt wird bzw. ein Antrag an ein Integrationsamt gestellt und nach § 16 Abs. 2
SGB I an das Integrationsamt weitergeleitet wurde (§ 102 Abs. 6 S. 1). Die Integrationsämter dürfen
im Übrigen einen an sie nach § 16 Abs. 2 SGB I weitergeleiteten Antrag auch noch einmal weiterleiten, wenn sie ihre Unzuständigkeit feststellen (§ 102 Abs. 6 S. 2). Nicht als Rehabilitationsträger i.
S. v. § 14 fungieren die auf dem Boden des Beamtenrechts tätigen **Beihilfestellen**, was insbesondere
bedeutet: Ist der Antragsteller auf eine medizinische Rehabilitationsleistung ein privat krankenversicherter Beamter und stellt der angegangene Rentenversicherungsträger fest, dass wegen der Beamteneigenschaft Ausschlussgründe vorliegen bzw. versicherungsrechtliche Voraussetzungen nicht erfüllt
sind, so ist der Antrag abzulehnen, ohne dass eine Abgabe an die Beihilfestelle bzw. an das private
Krankenversicherungsunternehmen erfolgt; es sollte dann aber in dem Ablehnungsbescheid an geeigneter Stelle ein Hinweis angebracht werden. Gehören zwei **Verwaltungsstellen** demselben Rechtsträger an, so ist § 14 im Verhältnis dieser Stellen zueinander nicht anwendbar. Hingegen wird § 14
anzuwenden sein, wenn innerhalb eines Sozialleistungsbereichs zwei Rehabilitationsträger um die
örtliche Zuständigkeit streiten.

II. Vereinbarungen zwischen den Rehabilitationsträgern

5   In § 13 Abs. 2 Nr. 3 hat der Gesetzgeber den Rehabilitationsträgern auferlegt, **Gemeinsame Empfehlungen** über die Ausgestaltung des in § 14 bestimmten Verfahrens zu vereinbaren. Die entsprechende Vereinbarung, die auf der Ebene der Bundesarbeitsgemeinschaft für Rehabilitation (BAR) getroffen wurde und für die unterzeichnenden Rehabilitationsträger verbindlich ist, wurde unter dem 22. 3. 2004 geschlossen und hat seitdem mehrere Veränderungen erfahren (welche vor allem der Anpassung an gesetzliche Änderungen dienten); zum Zwecke der frühzeitigen Erkennung einer Rehabilitationsbedarfs wurde im Übrigen eine gesonderte Vereinbarung auf der Grundlage des § 13 Abs. 2 Nr. 2 getroffen. Die Zuständigkeitsabgrenzungen hinsichtlich der begleitenden Hilfen im Arbeitsleben nach § 102 Abs. 1 Nr. 3 durch die Integrationsämter einerseits und die Rehabilitationsträger andererseits bilden den Gegenstand einer Verwaltungsabsprache vom 24. 4. 2002, die am 1. 7. 2002 in Kraft getreten ist.

C. Zuständigkeitsprüfung und Antragsweiterleitung (§ 14 Abs. 1)

I. Zuständigkeitsprüfung des erstangegangenen Trägers

6   Alle Rehabilitationsträger unterliegen der Verpflichtung, **binnen zwei Wochen** ihre jeweilige Zuständigkeit zu prüfen (§ 14 Abs. 1 S. 1). Die Frist beginnt mit dem Folgetag des Datums des Antragseingangs und endet zwei Wochen später mit demjenigen Wochentag, welcher dem Tag des Antragseingangs entspricht (vgl. § 26 Abs. 1 SGB X). Wird der Antrag von einer gemeinsamen Servicestelle aufgenommen (vgl. § 22 Abs. 1 Nr. 3), so gilt der Antrag als bei dem Träger gestellt, dem die Servicestelle organisatorisch zugeordnet ist. Der § 16 SGB I über das rechtswirksame Datum der Antragstellung ist in diesem Zusammenhang nicht anzuwenden, d. h. die zweiwöchige Prüfungsfrist wird nicht in Gang gesetzt, wenn es sich bei dem erstangegangenen Sozialleistungsträger nicht um einen Rehabilitationsträger handelt. Vielmehr setzt die Frist erst dann ein, wenn innerhalb des Kreises der Rehabilitationsträger erstmals ein Träger angegangen wird. Dies gilt auch im Hinblick auf § 93 Abs. 2 SGB IV (d. h., die Entgegennahme eines Rehabilitationsantrags durch eine Gemeindeverwaltung, die als sog. Versicherungsamt fungiert, setzt die Zweiwochenfrist nicht in Gang).

II. Antragstellung im Rechtssinne

7   Ein Antrag iSv. § 14 Abs. 1 S. 1, welcher den Lauf der Zweiwochenfrist auslöst, liegt vor, wenn ein vom Antragsteller unterschriebener Antrag eingeht, aus dem die **Identität und auch das konkrete Leistungsbegehren erkennbar** ist. Entsprechend allgemeinen Rechtsgrundsätzen kann der Antrag auch formlos gestellt werden. Gemäß der Zweckrichtung des § 14 ist das Vorliegen eines Antrags immer dann zu bejahen, wenn der angegangene Rehabilitationsträger in die Möglichkeit versetzt wird, anhand der vorgelegten Unterlagen seine Zuständigkeit zu prüfen (dies ist beispielsweise nicht der Fall, wenn lediglich eine ärztliche Verordnung übersendet wird). Dies bedeutet, dass zumindest die Identität des Betroffenen und ein konkretes Leistungsbegehren erkennbar sein muss. Speziell im Bereich der gesetzlichen Rentenversicherung gilt, dass der Träger auch in den Stand versetzt wird, die sog. versicherungsrechtlichen Voraussetzungen (Vorversicherungszeiten) zu prüfen.

III. Leistungserbringung von Amts wegen

8   Sofern eine Rehabilitationsleistung von Amts wegen zu erbringen ist (also ohne die Notwendigkeit einer Antragstellung), tritt für die Bestimmung der Zweiwochenfrist **an die Stelle des Datums der Antragstellung der Tag der Kenntnis des voraussichtlichen Rehabilitationsbedarfs** (§ 14 Abs. 3). Dies ist vor allem für den Bereich der gesetzlichen Unfallversicherung von Bedeutung (vgl. § 19 S. 2 SGB IV), aber z. B. auch in Sozialhilfebereich (vgl. § 18 Abs. 1 SGB XII).

IV. Erstangegangener Träger

9   Nach der Systematik des § 14 handelt es sich bei dem in Abs. 1 S. 1 genannten Rehabilitationsträger um den erstangegangenen Träger. Ist allerdings ein Antrag von einem Träger erkennbar für einen anderen Rehabilitationsträger aufgenommen worden (z. B. auf einem Antragsvordruck eines anderen Trägers), so ist der aufnehmende Träger nicht im Rechtssinne als erstangegangener Träger anzusehen, sondern fungiert gleichsam nur als **Bote**. Die Zweiwochenfrist des § 14 Abs. 1 S. 1 beginnt in diesen Fällen am Tag nach dem Eingang des Antrages bei demjenigen Rehabilitationsträger, für den der Antrag aufgenommen wurde. Kommt es in den Fällen des § 51 Abs. 1 SGB V bzw. des § 125 Abs. 2 SGB III zu einer **Aufforderung** zur Stellung eines Rehabilitationsantrags durch die Krankenkasse bzw. Arbeitsagentur, so ist als erstangegangener Träger nicht der auffordernde Rehabilitationsträger anzusehen, sondern derjenige Träger, bei dem der Antrag gemäß der Aufforderung gestellt wurde.

V. Weiterleitung innerhalb der Zweiwochenfrist

Stellt der erstangegangene Rehabilitationsträger innerhalb der gesetzlichen Zweiwochenfrist nach Antragseingang fest, dass er nicht zuständig ist, hat er den Antrag unverzüglich an den nach seiner Auffassung für die Rehabilitation zuständigen Träger weiterzuleiten; hierbei kann es sich auch um einen anderen Träger innerhalb desselben Versicherungszweiges handeln (BSG 8. 9. 2009 – B 1 KR 9/09 R – Breithaupt 2010, 589). **„Unverzüglich"** bedeutet „ohne schuldhaftes Zögern" (vgl. 121 Abs. 1 S. 1 BGB). Im Übrigen wird eine Weiterleitung dann nicht mehr als „unverzüglich" angesehen werden können, wenn diese Weiterleitung nicht bis spätestens zum Folgetag des Ablaufs der Zweiwochenfrist vorgenommen wird (fällt dieser Folgetag auf einen Sonn- oder Feiertag, so verschiebt sich die Frist für die unverzügliche Weiterleitung auf den nächstfolgenden Werktag, und zwar analog § 26 Abs. 3 SGB X). Die in § 14 Abs. 1 S. 1 geregelte Zweiwochenfrist steht nicht einer Verfahrensweise entgegen, wonach ein bestimmter Leistungsträger, der in einem bestimmten Versicherungszweig tätig ist, wegen Unzuständigkeit den Rehabilitationsantrag an einen anderen Träger desselben Zweiges abgibt, der dann unter Einhaltung der Zweiwochenfrist entscheidet.

10

VI. Maßstab der Zuständigkeitsprüfung

Der erstangegangene Rehabilitationsträger hat seine Zuständigkeit nach denjenigen **Vorschriften** zu prüfen, die für ihn (nach dem jeweiligen Leistungsgesetz) einschlägig sind. Hält sich der prüfende Träger für unzuständig und ist die Zweiwochenfrist noch nicht verstrichen, so gibt er den Antrag an denjenigen Träger ab, der nach seiner Auffassung zuständig ist (§ 14 Abs. 1 S. 2). Aus Sicht des Antragstellers wird damit das **Antragsverfahren nicht abgeschlossen**, über das vielmehr derjenige Leistungsträger abschließend zu entscheiden hat, an den die Abgabe erfolgt ist. Dieser Träger hat nicht die Möglichkeit, den Antrag seinerseits an einen anderen Träger weiterzuleiten, welcher nach seiner Auffassung zuständig ist (weder ist eine Rückgabe des Antrags an den erstangegangenen Träger statthaft noch eine Weiterleitung an einen neuen, dritten Leistungsträger).

11

VII. Klärung der Ursache der Behinderung

Lässt sich die Ursache einer Behinderung nicht innerhalb der Zweiwochenfrist des § 14 Abs. 1 S. 1 klären und ist die Ursächlichkeitsprüfung von ausschlaggebender Bedeutung für die Zuständigkeit des Rehabilitationsträgers (im Hinblick auf die gesetzliche Unfallversicherung bei einem möglichen **Arbeitsunfall** oder einer möglichen **Berufskrankheit**, im Hinblick auf das soziale Entschädigungsrecht bei der Möglichkeit einer rechtserheblichen **Gesundheitsstörung**), so gilt gem. § 14 Abs. 1 S. 3: Es erfolgt keine Weiterleitung des Antrags, sondern es ist von einer Vorleistungspflicht mit der Folge eines Erstattungsanspruchs nach § 14 Abs. 4 S. 1 auszugehen, wenn sich später eine ursachenbedingte Zuständigkeit einer Trägers der gesetzlichen Unfallversicherung oder des sozialen Entschädigungsrechts herausstellt.

12

VIII. Erstattungsanspruch

Zum Ausgleich dafür, dass der Träger, an den weitergeleitet wurde, ggf. materiell zu Unrecht auf der Leistungsgewährung „sitzen bleibt", sieht Abs. 4 S. 1 einen **Erstattungsanspruch** vor (vgl. näher Rn. 22). Allerdings wird zugunsten des zweitangegangenen Trägers für den Fall eine Ausnahme vom Weiterleitungsverbot gemacht werden müssen, dass die beantragte Leistung überhaupt nicht in sein Leistungsspektrum fallen kann (z. B. Antrag auf Leistungen zur Teilhabe am Arbeitsleben bei einer Krankenkasse).

13

D. Verfahren nach Ablauf der Weiterleitungsfrist (§ 14 Abs. 2)

I. Herbeiführung einer Klärung

Hat der Träger, an den der Antrag weitergeleitet wurde, seine Unzuständigkeit deshalb erkannt, weil **die begehrte Leistung überhaupt nicht zu seinem Leistungskatalog gehört**, so darf er zwar den Antrag nicht an einen anderen Träger weiterleiten. Er besitzt aber (nach Abs. 2 S. 5) das Recht, mit dem nach seiner Auffassung zuständigen Träger eine Klärung vorzunehmen; hierüber ist der Antragsteller zu unterrichten. Dieses Klärungsrecht, das vom Änderungsgesetzgeber nachträglich in den § 14 Abs. 2 eingefügt wurde, ist richtigerweise als ein Recht zur (ausnahmsweisen) Weitergabebefugnis anzusehen, die letztlich in der Praxis dazu führen wird, dass der Träger, an den dann doch weitergeleitet wird, auch tatsächlich die Leistung erbringt.

14

II. Feststellung des Rehabilitationsbedarfs

Falls ein Antrag im Rahmen der Zuständigkeitsprüfung nicht weitergeleitet wird oder die Zweiwochenfrist des § 14 Abs. 1 S. 1 verstrichen ist, muss unverzüglich vom erstangegangenen Träger der

15

Rehabilitationsbedarf festgestellt werden (Abs. 2 S. 1). Der **Begriff des „Rehabilitationsbedarfs"** ist gesetzlich nicht definiert und darf nicht mit einer Bedürftigkeit i. S. d. Sozialhilferechts (SGB XII) bzw. des Rechts der Grundsicherung für Arbeitsuchende (SGB II) in Verbindung gebracht werden. Vielmehr ergibt sich aus dem Regelungszusammenhang des § 14 Abs. 2, dass der Rehabilitationsbedarf (zuweilen auch als „Teilhabebedarf" bezeichnet) an die einzelfallbezogene Notwendigkeit anknüpft, die zur Realisierung des Teilhabeziels erforderlichen Teilhabeleistungen zu gewähren. Der Rehabilitationsbedarf ist somit im Wesentlichen identisch mit den gesetzlichen Voraussetzungen für Rehabilitationsleistungen (die sich aus dem SGB IX i. V. m. den leistungsrechtlichen Spezialgesetzen ergeben) und umfasst beispielsweise im Bereich der gesetzlichen Rentenversicherung alle persönlichen Voraussetzungen, die für einen Leistungsanspruch im SGB VI vorgesehen sind.

III. Vereinbarung von Gemeinsamen Empfehlungen

16   Um den Rehabilitationsbedarf möglichst frühzeitig und sachgerecht für die Praxis zu definieren, wurde auf der Grundlage des § 13 Abs. 2 Nr. 2 (d. h., auf der Ebene der Bundesarbeitsgemeinschaft für Rehabilitation) die **Gemeinsame Empfehlung** „Frühzeitige Bedarfserkennung" vereinbart, die für die unterzeichnenden Träger verbindlich ist, vom 16. 12. 2004 datiert und am 1. 5. 2004 in Kraft getreten ist.

IV. Entscheidung ohne bzw. mit Gutachten

17   Die Entscheidung über den (nicht weiterzuleitenden bzw. wegen Verstreichens der Zweiwochenfrist nicht weitergeleiteten) Antrag muss **innerhalb von drei Wochen nach Antragstellung** gefällt werden, wenn die Einholung eines Gutachtens nicht erforderlich ist; für einen zweitangegangenen Rehabilitationsträger (an den weitergeleitet wurde) beginnt die Dreiwochenfrist mit dem Eingang des weitergeleiteten Antrags (Abs. 2 S. 2). Bedarf es der Einholung eines Gutachtens, so ist die Entscheidung binnen einer Frist von zwei Wochen nach Vorliegen des Gutachtens zu treffen. Bei einem zeitgleichen Eingang von Antrag und Gutachten verbleibt es bei der dreiwöchigen Entscheidungsfrist nach Antragseingang. Sind mehrere Gutachten erforderlich, ist innerhalb von zwei Wochen nach dem Eingang des letzten Gutachtens zu entscheiden.

V. Begriff des „Gutachtens"

18   Was unter einem „Gutachten" zu verstehen ist, wird in § 14 nicht definiert. In erster Linie sind damit **umfangreichere Unterlagen** gemeint, welche **zumeist medizinische Sachverhalte** betreffen. Dabei wird es sich regelmäßig um Befundberichte, Entlassungsberichte und ähnliche Unterlagen handeln (dazu, dass ein „Gutachten" gewissen quantitativen und qualitativen Mindestanforderungen genügen muss, vgl. BSG 2. 8. 1991 – 1/3 RK 26/90 – BSGE 69, 187). Das Gutachten kann sich auch auf Sachverhalte nicht medizinischer Art beziehen, sofern es im konkreten Fall für die Feststellung des Rehabilitationsbedarfs erforderlich ist.

VI. Art und Weise der Einholung des Gutachtens (§ 14 Abs. 5)

19   Dem Antragsteller sind regelmäßig **drei Sachverständige** für die Erstellung des Gutachtens vorzuschlagen (Abs. 5 S. 3). Äußert sich der Antragsteller nicht dazu, kann nach Ablauf einer behördlich gesetzten Äußerungsfrist ein **Gutachtenauftrag nach pflichtgemäßem Ermessen** des Leistungsträgers erteilt werden. Dem Gutachter bleiben zwei Wochen zur Fertigung des Gutachtens, wobei davon ausgehen ist, dass diese Frist mit der Auftragserteilung zu laufen beginnt (und nicht erst mit der Durchführung der Untersuchung des Antragstellers). Innerhalb des Verfahrens zur Erstellung des Gutachtens muss der Forderung nach **Barrierefreiheit** genügt werden (Abs. 5 S. 1). Dieses Erfordernis der Barrierefreiheit bedeutet beispielsweise, dass – je nach individueller Beschaffenheit der Behinderung – Auffahrrampen, behindertengerechte Fahrstühle oder Gebärdendolmetscher bereitzustellen sind. Das erstellte Gutachten bildet regelmäßig die Basis der behördlichen Entscheidung, ersetzt aber nicht die (durch Verwaltungsakt zu treffende) Entscheidung über den Rehabilitationsanspruch. Letztlich fungiert das Gutachten lediglich als ein (wenn auch sehr gewichtiges) Beweismittel innerhalb des allgemein geltenden **Grundsatzes der Amtsermittlung** (vgl. § 20 Abs. 1 SGB X). Demgemäß ist die Regelung des Abs. 5 S. 6 (Zugrundelegung des Gutachtens bei der Entscheidungsfindung) nicht so zu verstehen, dass nicht vor einer endgültigen Entscheidung noch weitere Gutachten eingeholt werden können und müssen (z. B. wenn sich die Notwendigkeit ergibt, ein Gutachten aus einem anderen fachärztlichen Bereich erstellen zu lassen). Der S. 7 des § 14 Abs. 5 enthält schließlich noch die Klarstellung, dass die gesetzlichen Aufgaben der Gesundheitsämter unberührt bleiben, insbesondere also die beratenden Aufgaben dieser Stellen (vgl. § 59 SGB XII).

VII. Vorbehalt spezialgesetzlicher Regelungen

20   Im Hinblick auf die Begutachtung ist besonders zu berücksichtigen, dass spezialgesetzliche Regelungen (die in den einzelnen Rehabilitationsbereichen bzw. Sozialversicherungszweigen anzutreffen

sind) stets vorgehen. So sind im Bereich der **gesetzlichen Krankenversicherung** die Regelungen der §§ 275 ff. SGB V (über die begutachtende Tätigkeit des Medizinischen Dienstes) heranzuziehen, wobei allerdings auch hier die Zweiwochenfrist des § 14 Abs. 5 S. 1 Gültigkeit beansprucht. Für den Leistungsbereich der **gesetzlichen Unfallversicherung** wird aus § 200 SGB VII abzuleiten sein, dass der Antragsteller ein erweitertes Wahlrecht besitzt (vgl. a. BT-Drucks. 14/5074, S. 103).

VIII. Gemeinsame Empfehlungen

Auf der Grundlage des § 12 Abs. 1 i. V. m. § 13 haben die Rehabilitationsträger eine „**Gemeinsame Empfehlung Begutachtung**" beschlossen, die vom 22. 3. 2004 datiert und am 1. 7. 2004 in Kraft getreten ist. Diese Empfehlung, die auf der Ebene der Bundesarbeitsgemeinschaft für Rehabilitation (BAR) erging und für die unterzeichnenden Träger verbindlich ist, muss auch im Rahmen des § 14 Abs. 5 beachtet werden. 21

E. Erstattungsansprüche

I. Erstattungsanspruch des zweitangegangenen Trägers

Stellt sich nachträglich heraus, dass der zweitangegangene Rehabilitationsträger unzuständig war (aber gem. § 14 Abs. 1 in Vorleistung treten musste), so besteht ein **Bedürfnis** dafür, diesem Träger einen Erstattungsanspruch gegen den erstangegangenen Rehabilitationsträger zuzubilligen (vor dem Hintergrund, dass der zweitangegangene Träger seinerseits daran gehindert war, den Antrag zurück- bzw. weiterzuleiten). Diesem Bedürfnis wird von Abs. 4 S. 1 Rechnung getragen, wo ein entsprechender Erstattungsanspruch normiert ist. Maßgeblich für den Erstattungsumfang ist das dasjenige Leistungsrecht, das für den zweitangegangenen Leistungsträger gilt, d. h. der erstangegangene Träger kann sich im Rahmen der Erstattungsregelung nicht erfolgreich auf den geringeren Leistungsanspruch berufen. 22

II. Erstattungsanspruch des erstangegangenen Trägers

Von dieser Vorleistungspflicht des zweitangegangenen Trägers ist die Vorleistungsleistungspflicht des erstangegangenen Trägers wegen ungeklärter Ursache zu unterscheiden: **Kann die Ursache einer Behinderung nicht sogleich festgestellt werden**, so ist der Antrag an sich dem Träger zuzuleiten, der die Leistung ohne die Rücksicht auf die Ursache zu erbringen hat (vgl. § 14 Abs. 1 S. 3). Ist wiederum der erstangegangene Träger selbst zuständig, so kommt es zwar nicht zu einer Weiterleitung der Antrags, wohl aber zu einer **Vorleistungspflicht**, falls sich später die (ursachenbedingte) Zuständigkeit eines anderen Trägers herausstellt. In diesem Falle ist von einem Erstattungsanspruch des erstangegangenen Trägers analog § 14 Abs. 4 S. 1 auszugehen. Zu einem Erstattungsanspruch der BA als erstangegangenem Träger kommt es im Übrigen, wenn diese gem. § 14 Abs. 1 S. 4 Vorleistungen erbringt, weil zunächst unklar bleibt, ob ohne eine Leistung zur Teilhabe am Arbeitsleben eine Erwerbsminderungsrente zu gewähren wäre (und wenn sich dann später eine Einstandspflicht des Rentenversicherungsträgers ergibt). In diesen Fällen trifft den Rentenversicherungsträger gegenüber der BA eine Erstattungspflicht in Höhe von deren Aufwendungen. 23

III. Ausschluss von Erstattungsansprüchen des erstangegangenen Trägers

Hat der erstangegangene Träger seine **Leistungsverpflichtung irrtümlich bejaht** und deshalb keine Weiterleitung des Antrags vorgenommen, so kommt es zu einer Leistungsgewährung durch den unzuständigen Leistungsträger, die nicht auf einer gesetzlichen Vorleistungspflicht, sondern auf einem Trägerirrtum beruht (vgl. BSG 26. 10. 2004 – B 7 AL 16/04 R – BSGE 93, 283). Für diesen Fall sieht § 14 Abs. 4 S. 3 **grundsätzlich** den **Ausschluss eines Erstattungsanspruchs** (d. h., einen Ausschluss des § 105 SGB X) vor, es sei denn, im Vereinbarungsweg wurde etwas anderes festgelegt. Aus dem Gesamtzusammenhang der gesetzlichen Regelung ergibt sich, dass eine individuelle Vereinbarung von Rehabilitationsträgern für den einzelnen Fall nicht ausreicht, sondern dass eine generelle **Vereinbarung auf Verbandsebene** zu fordern ist. Weil es zu einer solchen Vereinbarung bislang in der Praxis nicht gekommen ist, verbleibt es bei dem Erstattungsausschluss. Im Übrigen wird auch davon auszugehen sein, dass mangels Vorliegens einer entsprechenden (allgemeinen) Vereinbarung zusätzlich für den Fall kein Erstattungsanspruch des erstangegangenen Trägers besteht, dass dieser zwar seine eigene Zuständigkeit verneint, aber wegen verspäteter Aktenbearbeitung (z. B. bedingt durch krankheitsbedingten Personalmangel) keine Weiterleitung vornimmt und damit gem. § 14 „auf dem Antrag sitzen bleibt". Für diese Fallgestaltung greift keine Ausschlusswirkung, d. h. es kommt zu einem Erstattungsanspruch des erstangegangenen (nachrangig leistungsverpflichteten) Rehabilitationsträgers aus § 104 SGB X (BSG 26. 6. 2007 – B 1 KR 34/06 R – BSGE 98, 267, BSG 28. 11. 2007 – B 11a AL 29/06 R – SGb. 2008, 93). Das BSG hat neuerdings zutreffend eine Ausschlusswirkung auch dann verneint, wenn ein Träger in Bejahung seiner Zuständigkeit von Amts wegen eine Rehabi- 24 litationsleistung erbracht hat (BSG 17. 2. 2010 – B 1 KR 23/09 R – Breithaupt 2010, 1028: dann ggf. Erstattungsanspruch nach §§ 103, 104 SGB X) oder wenn der erstangegangene Träger infolge eines Kompetenzkonflikts einem Leistungszwang ausgesetzt ist, der mit dem des zweitangegangenen Trägers vergleichbar ist (BSG 20. 10. 2009 – B 5 R 44/08 – BSGE 104, 294: dann ggf. Erstattungsanspruch nach § 102 SGB X). In ihren Grundzügen kann die neuere Rechtsprechung des BSG dahin zusammengefasst werden, dass die S. 1 und 2 des § 14 Abs. 4 den zweitangegangenen Träger lediglich im Hinblick auf die Erstattung begünstigen und dass der S. 3 des § 14 Abs. 4 lediglich den Erstattungsanspruch des erstangegangenen Trägers auf § 104 statt auf § 105 SGB X zurückführt.

F. Weitere Regelungen

I. Sonderregelung für die BA

25   Soweit sich die BA im Rahmen des § 14 mit der Prüfung ihrer eigenen Leistungspflicht befasst, trifft das Gesetz folgende Sonderregelungen: Die BA braucht gem. § 14 Abs. 1 S. 4 **nicht zu prüfen, ob** ohne die Erbringung von beruflichen Rehabilitationsleistungen eine **Rente wegen verminderter Erwerbsfähigkeit** aus der gesetzlichen Rentenversicherung **zu gewähren wäre** (diese Prüfung ist eigentlich nach § 11 Abs. 2 Nr. 1 SGB VI eine Voraussetzung für die Erbringung von Leistungen durch die BA). Außerdem wird von § 14 Abs. 4 Satz 2 festgelegt, dass der BA im Ergebnis kein Erstattungsanspruch gegen den Träger der gesetzlichen Rentenversicherung zusteht, wenn keine konkreten Anhaltspunkte dafür erkennbar waren, dass aus der Rentenversicherung eine arbeitsmarktunabhängige Rente zu zahlen ist. Eine solche Rente kommt nach den maßgebenden Bestimmungen des Rentenversicherungsrechts (§§ 43, 102 SGB VI) nur dann in Betracht, wenn die körperliche Leistungsfähigkeit so stark herabgesetzt ist, dass noch nicht einmal eine Teilzeitarbeit verrichtet werden kann. Die zusätzliche Aussage in § 14 Abs. 1 S. 4, wonach von der BA außerdem keine Feststellungen nach § 22 Abs. 2 SGB III getroffen werden, ist irreführend. Diese Aussage soll nicht die BA generell von der Prüfung der Vorrangigkeit anderer Träger entbinden, sondern lediglich klarstellen, dass zunächst die zeitaufwendige Feststellung durch die Rentenversicherungsträger entfällt, ob ohne die Teilhabeleistung ein Erwerbsminderungsrente zu zahlen wäre (vgl. BT-Drucks. 14/5074, S. 102).

II. Sonderregelung für gesetzliche Krankenkassen

26   Im Hinblick auf die Fallkonstellation, dass der erstangegangene Leistungsträger eine gesetzliche Krankenkasse ist, wird im letzten Teilsatz des § 14 Abs. 1 S. 1 die Sonderregelung getroffen, dass die Kasse bei Prüfung ihrer **Zuständigkeit für stationäre Rehabilitationsleistungen** auch die Leistungsvorschriften der anderen Rehabilitationsträger in den Blick zu nehmen hat (diese anderen Träger sind nach § 40 Abs. 4 SGB V vorrangig für die Leistung zuständig, soweit es nicht um besondere Leistungen des Rentenversicherungsträgers nach § 31 SGB VI geht).

G. Erforderlichkeit weiterer Teilhabeleistungen

27   Erbringt ein Träger bereits Teilhabeleistungen, hält er aber weitere Teilhabeleistungen eines anderen Trägers für erforderlich, so kommt es über § 15 Abs. 6 zu einer entsprechenden Anwendung des § 14 Abs. 1 S. 2, sodass der **Antrag nach Kenntnis der anderweitigen Zuständigkeit unverzüglich** an den anderen Träger **weiterzuleiten** ist. Der die Weiterleitung vornehmende Träger hat den Leistungsberechtigten darüber zu informieren.

§ 15 Erstattung selbstbeschaffter Leistungen

(1) [1]Kann über den Antrag auf Leistungen zur Teilhabe nicht innerhalb der in § 14 Abs. 2 genannten Fristen entschieden werden, teilt der Rehabilitationsträger dies den Leistungsberechtigten unter Darlegung der Gründe rechtzeitig mit. [2]Erfolgt die Mitteilung nicht oder liegt ein zureichender Grund nicht vor, können Leistungsberechtigte dem Rehabilitationsträger eine angemessene Frist setzen und dabei erklären, dass sie sich nach Ablauf der Frist die erforderliche Leistung selbst beschaffen. [3]Beschaffen sich Leistungsberechtigte nach Ablauf der Frist eine erforderliche Leistung selbst, ist der zuständige Rehabilitationsträger unter Beachtung der Grundsätze der Wirtschaftlichkeit und Sparsamkeit zur Erstattung der Aufwendungen verpflichtet. [4]Die Erstattungspflicht besteht auch, wenn der Rehabilitationsträger eine unaufschiebbare Leistung nicht rechtzeitig erbringen kann oder er eine Leistung zu Unrecht abgelehnt hat. [5]Die Sätze 1 bis 3 gelten nicht für die Träger der Sozialhilfe, der öffentlichen Jugendhilfe und der Kriegsopferfürsorge.

(2) **Die Rehabilitationsträger erfassen,**
1. in wie vielen Fällen die Fristen nach § 14 nicht eingehalten wurden,

2. in welchem Umfang sich die Verfahrensdauer vom Eingang der Anträge bis zur Entscheidung über die Anträge verringert hat,
3. in wie vielen Fällen eine Kostenerstattung nach Absatz 1 Satz 3 und 4 erfolgt ist.

§ 16 Verordnungsermächtigung

Vereinbaren die Rehabilitationsträger nicht innerhalb von sechs Monaten, nachdem das Bundesministerium für Arbeit und Soziales sie dazu aufgefordert hat, gemeinsame Empfehlungen nach § 13 oder ändern sie unzureichend gewordene Empfehlungen nicht innerhalb dieser Frist, kann das Bundesministerium für Arbeit und Soziales Regelungen durch Rechtsverordnung mit Zustimmung des Bundesrates erlassen.

Kapitel 2. Ausführung von Leistungen zur Teilhabe

§ 17 Ausführung von Leistungen, Persönliches Budget

(1) ¹Der zuständige Rehabilitationsträger kann Leistungen zur Teilhabe
1. allein oder gemeinsam mit anderen Leistungsträgern,
2. durch andere Leistungsträger oder
3. unter Inanspruchnahme von geeigneten, insbesondere auch freien und gemeinnützigen oder privaten Rehabilitationsdiensten und -einrichtungen (§ 19)

ausführen. ²Er bleibt für die Ausführung der Leistungen verantwortlich. ³Satz 1 gilt insbesondere dann, wenn der Rehabilitationsträger die Leistung dadurch wirksamer oder wirtschaftlicher erbringen kann.

(2) ¹Auf Antrag können Leistungen zur Teilhabe auch durch ein Persönliches Budget ausgeführt werden, um den Leistungsberechtigten in eigener Verantwortung ein möglichst selbstbestimmtes Leben zu ermöglichen. ²Bei der Ausführung des Persönlichen Budgets sind nach Maßgabe des individuell festgestellten Bedarfs die Rehabilitationsträger, die Pflegekassen und die Integrationsämter beteiligt. ³Das Persönliche Budget wird von den beteiligten Leistungsträgern trägerübergreifend als Komplexleistung erbracht. ⁴Budgetfähig sind auch die neben den Leistungen nach Satz 1 erforderlichen Leistungen der Krankenkassen und der Pflegekassen, Leistungen der Träger der Unfallversicherung bei Pflegebedürftigkeit sowie Hilfe zur Pflege der Sozialhilfe, die sich auf alltägliche und regelmäßig wiederkehrende Bedarfe beziehen und als Geldleistungen oder durch Gutscheine erbracht werden können. ⁵An die Entscheidung ist der Antragsteller für die Dauer von sechs Monaten gebunden.

(3) ¹Persönliche Budgets werden in der Regel als Geldleistung ausgeführt, bei laufenden Leistungen monatlich. ²In begründeten Fällen sind Gutscheine auszugeben. ³Persönliche Budgets werden auf der Grundlage der nach § 10 Abs. 1 getroffenen Feststellungen so bemessen, dass der individuell festgestellte Bedarf gedeckt wird und die erforderliche Beratung und Unterstützung erfolgen kann. ⁴Dabei soll die Höhe des Persönlichen Budgets die Kosten aller bisher individuell festgestellten, ohne das Persönliche Budget zu erbringenden Leistungen nicht überschreiten.

(4) ¹Enthält das Persönliche Budget Leistungen mehrerer Leistungsträger, erlässt der nach § 14 zuständige der beteiligten Leistungsträger im Auftrag und im Namen der anderen beteiligten Leistungsträger den Verwaltungsakt und führt das weitere Verfahren durch. ²Ein anderer der beteiligten Leistungsträger kann mit den Aufgaben nach Satz 1 beauftragt werden, wenn die beteiligten Leistungsträger dies in Abstimmung mit den Leistungsberechtigten vereinbaren; in diesem Fall gilt § 93 des Zehnten Buches entsprechend. ³Die für den handelnden Leistungsträger zuständige Widerspruchsstelle erlässt auch den Widerspruchsbescheid.

(5) § 17 Abs. 3 in der am 30. Juni 2004 geltenden Fassung findet auf Modellvorhaben zur Erprobung der Einführung Persönlicher Budgets weiter Anwendung, die vor Inkrafttreten dieses Gesetzes begonnen haben.

(6) ¹In der Zeit vom 1. Juli 2004 bis zum 31. Dezember 2007 werden Persönliche Budgets erprobt. ²Dabei sollen insbesondere modellhaft Verfahren zur Bemessung von budgetfähigen Leistungen in Geld und die Weiterentwicklung von Versorgungsstrukturen unter wissenschaftlicher Begleitung und Auswertung erprobt werden.

A. Normzweck

Die Vorschrift umschreibt (im Abs. 1) die Ausführung von Teilhabeleistungen und (in den Abs. 2 bis 6) die besondere Leistungsform des „Persönlichen Budgets". Aus beiden Umschreibungen ergibt **1** sich, dass einer **engen Zusammenarbeit unter den Leistungsträgern** im Rehabilitationsrecht eine erhebliche Bedeutung zukommt (vgl. dazu a. bereits das allgemeine Zusammenarbeitsgebot des § 86 SGB X). Aus den Abs. 5 und 6 ist im Übrigen zu folgern, dass auf das **Persönliche Budget** seit dem 1. 1. 2008 ein Rechtsanspruch besteht, falls den gesetzlichen Voraussetzungen genügt wird (vgl. a. § 159 Abs. 5; außerdem enthalten die Abs. 5 und 6 auch Regelungen zu sog. Modellvorhaben, die inzwischen durch Zeitablauf überholt sind). Letztlich dienen die Regelungen zum Persönlichen Budget (wie auch die Bestimmungen des § 9 über die allgemeine Möglichkeit der Erbringung von Geldleistungen) der **Förderung der Selbstbestimmung des Leistungsberechtigten**.

B. Normzusammenhang

2 Sowohl für den Abs. 1 des § 17 (allgemeine Bestimmung zur Ausführung von Leistungen) als auch für Abs. 2 bis 6 (Bestimmungen zum Persönlichen Budget) ist von Belang, dass sich in den **§§ 86 bis 101a SGB X** Regelungen zur **Zusammenarbeit** unter den Sozialleistungsträgern, die ggf. ergänzend anzuwenden sind. Besondere Bedeutung für die Praxis besitzen insoweit die **§§ 88 bis 93 SGB X**, die eine Leistungsgewährung im Rahmen eines **Auftrags** betreffen. Zu beachten ist auch und insbesondere, dass Regelungen, die in den sozialversicherungsrechtlichen Spezialgesetzen zum Persönlichen Budget getroffen werden, dem § 17 vorgehen (Vorrangverhältnis gemäß § 7); eine solche **Spezialvorschrift** stellt beispielsweise **§ 35a SGB XI** dar, wo nur ganz bestimmte Leistungen der Pflegeversicherung für budgetfähig erklärt werden (vgl. dazu a. den Bundestagsbeschluss vom 14. 3. 2008, enthalten in BT-Drucks. 16/8525, S. 8). Ein wichtiger Zusammenhang besteht schließlich auch noch mit **§ 21a**, weil sich in der letztgenannten Norm die Ermächtigungsgrundlage für die BudgetV findet. Weitere Zusammenhänge bestehen u. a. mit den §§ 9 Abs. 2 (Wunsch- und Wahlrecht), 10 Abs. 1 (Koordinierung der Leistungen), 15 Abs. 1 (Erstattung selbst beschaffter Leistungen) und 18 (Leistungsort bei der Erbringung von Sachleistungen im Ausland).

C. Ausführung von Leistungen (§ 17 Abs. 1)

I. Allgemeines

3 Der Abs. 1 enthält im Wesentlichen die Aussage, das der Rehabilitationsträger seine Leistungen **allein oder gemeinsam mit anderen (zur Leistung verpflichteten) Trägern** erbringen kann – und dass er sich zur Leistungserbringung auch Dritter bedienen kann, welche geeignete Rehabilitationsdienste und -einrichtungen betreiben. Klarstellend wird außerdem (in Abs. 1 S. 2) darauf hingewiesen, dass **der zuständige** (bzw. im Rahmen des § 14 vorläufig zuständige) **Träger** auch dann für die Leistung **verantwortlich** bleibt, wenn er die Leistungserbringung durch Dritte bewerkstelligen lässt. Außerdem wird im Abs. 1 darauf aufmerksam gemacht, dass als Einrichtungsbetreiber insbesondere freie und gemeinnützige oder auch private Rehabilitationseinrichtungen in Frage kommen (vgl. Abs. 1 S. 1 Nr. 3) – und dass die Beteiligung von anderen Rehabilitationsträgern und von Dritten vor allem dann in Betracht zu ziehen ist, wenn die Leistungserbringung dadurch wirksamer oder wirtschaftlicher erbracht werden kann. Das letztgenannte Gebot der Wirtschaftlichkeit bzw. Sparsamkeit ergibt sich für die Träger der Sozialversicherung bereits aus § 69 Abs. 2 SGB IV.

II. Wirtschaftlichkeit und Wirksamkeit

4 Die in § 17 Abs. 1 S. 3 enthaltenen Wendungen von der „Wirksamkeit" und „Wirtschaftlichkeit" dürfen **nicht** dahin verstanden werden, dass eine Wirtschaftlichkeit **ausschließlich über den Preis zu definieren** ist. Vielmehr muss stets auch gewährleistet sein, dass die Leistungserbringung effektiv, effizient und qualitativ hochwertig erbracht wird, was teilweise auch im Begriff der Wirksamkeit zum Ausdruck kommt. Letztlich umschreiben die beiden Begriffe der „Wirksamkeit" und „Wirtschaftlichkeit" ein **Spannungsverhältnis**, das es in jedem Einzelfall sachgerecht auszubalancieren gilt (vgl. a. BSG 24. 6. 1980 – 1 RA 51/79 – BSGE 50, 156).

D. Persönliches Budget (§ 17 Abs. 2 bis 6)

I. Allgemeines

5 **1. Grundsätzliche Umschreibung des Persönlichen Budgets (§ 17 Abs. 2).** Im Abs. 2 werden die inhaltlichen Grundzüge des Persönlichen Budgets dargelegt, wobei S. 1 bis 3 allgemeine Vorgaben enthalten und der S. 4 eine **nicht abschließende Aufzählung von budgetfähigen Leistungen** bietet (weitere Regelungen zur Leistungshöhe und zum Verfahren finden sich in Abs. 3 und 4). Schließlich ergeben sich auch noch praxiswichtige Verfahrensregelungen aus der **Budgetverordnung**

(BudgetV) vom 27. 5. 2004 (BGBl. I S. 1055), die auf der Ermächtigung des § 21 a beruht und sich in der Sache auf § 17 Abs. 2 bis 4 bezieht.

2. Wesen des persönlichen Budgets. Wie eingangs (Rn. 1) erwähnt, dient das Persönliche Budget der **Förderung der Selbstbestimmung** des Leistungsberechtigten. Dies bedeutet (ausweislich der Gesetzesbegründung in BT-Drucks. 15/1514, S. 73) vor allem zweierlei. Zum einen können die Budgetberechtigten **selbst und individuell entscheiden**, ob und ggf. welche Leistungen sie zu einem bestimmten Zeitpunkt in Anspruch nehmen wollen. Zum anderen besteht für die Berechtigten auch ein **Gestaltungsrecht** hinsichtlich der Frage, wer die benötigte Leistung oder Hilfe erbringen soll und wie diese gestaltet ist.

3. Rechtlicher Rahmen. Hierbei darf allerdings der rechtliche Rahmen nicht verlassen werden, der von § 17 Abs. 2 bis 6 und von der **BudgetV** (sowie ggf. von spezialgesetzlichen Bestimmungen) abgesteckt wird. Außerdem ist ganz allgemein zu beachten, dass das Persönliche Budget **keine eigenständige Leistungsart** darstellt, sondern nur eine bestimmte (verhältnismäßig neue, erst seit dem 1. 1. 2008 mit einem Rechtsanspruch ausgestattete) Form der Leistungserbringung. Dies bedeutet, dass das Persönliche Budget nur im Hinblick auf eine Leistung erbracht werden kann, auf die der behinderte (oder von einer Behinderung bedrohte) Mensch auch ohne das Budget einen Anspruch hätte; dies ist vor allem bei der Frage nach der Budgetfähigkeit von Werkstattleistungen zu beachten (vgl. BT- Drucks. 16/8245, S. 24).

4. Gesamt- oder Teilbudget. Der rechtliche Rahmen lässt es zu, dass das Persönliche Budget als Gesamt- oder auch als Teilbudget erbracht wird (wobei das Gesetz selbst diese Begriffe nicht verwendet): In ein „**Gesamtbudget**" sind (bezogen auf den einzelnen Leistungsfall) alle Leistungen einbezogen, die überhaupt budgetfähig sind. Werden hingegen nur einzelne Elemente des gesamten Leistungsspektrums budgetiert, so wird von einem „**Teilbudget**" gesprochen.

5. Typische Anwendungsfälle. In der Praxis kommt ein Persönliches Budget typischerweise dann in Betracht, wenn es um **Menschen mit schwersten bzw. mehrfachen Behinderungen** geht. Dieser Personenkreis wird regelmäßig Teilleistungen aus verschiedenen Leistungsbereichen und von unterschiedlichen Rehabilitationsträgern benötigen. In diesem Falle werden die Betroffenen in den Stand versetzt, die **verschiedenen Teilleistungen** mittels Ausschöpfung des Budgets **sinnvoll zusammenzuführen** und sie zielgerichtet und entsprechend den persönlichen Wünschen für eine Erfüllung des Rehabilitationsbedarfs zu sorgen (vgl. a. Rn. 20).

6. Rechtsanspruch. Dass (seit dem 1. 1. 2008) ein Rechtsanspruch auf das Persönliche Budget gegeben ist, bedeutet **nicht**, dass **jegliche Leistungsart** auch als Budget beansprucht werden kann. Vielmehr kann der Anspruch nur in dem Rahmen greifen, der gesetzlich vorgegeben ist. Wird allerdings allen rechtlichen Voraussetzungen innerhalb dieses Rahmens genügt, so ist auch der Rechtsanspruch zu bejahen. Es besteht dann **nicht lediglich** ein **Recht auf ermessensfehlerfreie Entscheidung** durch den Rehabilitationsträger (vgl. insoweit a. § 39 Abs. 1 S. 2 SGB I).

7. Leistungsform. Persönliche Budgets werden **regelmäßig** als **Geldleistungen** erbracht (Abs. 3 S. 1), in begründeten Fällen können aber **auch Gutscheine** ausgegeben werden (Abs. 3 S. 2). Die Gutscheine werden in der Regel als Bezugsberechtigung für eine bestimmte Sachleistung ausgestaltet sein (vgl. BT-Drucks. 15/1514, S. 72). Es können aber auch „Geldgutscheine" verwendet werden, die als solche nicht auf die Erbringung einer bestimmten Sachleistung gerichtet sind, sondern (z. B. aus therapeutischen Gründen) auf die Limitierung eines abrufbaren Geldbetrages.

II. Leistungsbedarf und Leistungshöhe

1. Bedarfsfeststellung. Das persönliche Budget lässt sich nur ausführen, wenn zuvor der individuelle Bedarf festgestellt worden ist (Abs. 2 S. 2). Die Bedarfsfeststellung widmet sich in erster Linie der Frage, welchen **Umfang und** welche **Form** die individuell benötigten Hilfen aufweisen. Daneben dient die Bedarfsermittlung aber auch der Bestimmung der **Kosten**, weil diese letztlich auf dem Bedarf basieren (vgl. Abs. 3 S. 3).

2. Beteiligung an der Bedarfsfeststellung. An der Feststellung des Bedarfs sind neben den Rehabilitationsträgern auch die Pflegekassen und die Integrationsämter beteiligt (vgl. nochmals Abs. 2 S. 2). Diese Gesetzesbestimmung zur (gemeinsamen) Ausführung des Budgets unterstreicht außerdem noch einmal den Umstand, dass das Budget **trägerübergreifend** gewährt wird. Zudem kommt der einschlägigen Gesetzesregelung auch noch die Bedeutung zu, die Träger- bzw. Leistungsbereiche, die für das Persönliche Budget in Frage kommen, genau festzulegen und dabei keine Beschränkung auf Rehabilitationsträger (i. S. v. § 6) vorzunehmen; so fungieren beispielsweise die Pflegekassen nicht als Rehabilitationsträger, sind aber ggf. am Persönlichen Budget beteiligt. Der „trägerübergreifende" Charakter des Budgets wird auch noch einmal von Abs. 3 S. 3 herausgestellt.

3. Komplexleistung. Außerdem ergibt sich aus Abs. 3 S. 3, dass das Persönliche Budget eine „Komplexleistung" darstellt. Es handelt sich also um die **Bündelung von rehabilitativen Einzel-**

maßnahmen, die aufgrund ihrer übergeordneten Zielsetzung einen größeren Gesamtkomplex betreffen und deshalb dem Leistungsberechtigten als eine integrative Hilfseinheit angeboten werden. Es geht um **ein „in sich geschlossenes Leistungspaket"**. Dabei hat der Gesetzgeber im Hinblick auf das Verfahren der Leistungsgewährung darauf geachtet, dass aus Sicht des Berechtigten eine „Leistung aus einer Hand" erfolgt (vgl. näher Rn. 22).

15   4. **Leistungshöhe.** Die Höhe des Persönlichen Budgets **orientiert sich am festgestellten Bedarf**, wobei auch der Bedarf nach Unterstützung und Beratung in den Blick zu nehmen ist (Abs. 3 S. 3). Im Hinblick auf die letztlich mit dem Persönlichen Budget verbundene Leistungs- und Trägervielfalt wird von Abs. 3 S. 3 außerdem klargestellt, dass eine Bedarfsfeststellung im Gefolge der nach § 10 Abs. 1 vorgeschriebenen **Koordination** unter den Leistungsträgern stattzufinden hat. Außerdem gilt (gem. Abs. 3 S. 4) eine Leistungsobergrenze in der Form, dass die Höhe des Persönlichen Budgets so zu bemessen ist, dass die Summe der **Kosten aller bisher individuell festgestellten Leistungen** (wie sie ohne das Persönliche Budget zu erbringen wären) **nicht überschritten werden soll**.

16   5. **Kostenüberschreitung.** Weil es sich bei dieser Obergrenze um eine **Sollvorschrift** handelt, kann sie in begründeten Fällen überschritten werden. Ein solches Überschreiten wird etwa für den Fall in Frage kommen, dass für einen bislang stationär Betreuten nunmehr ein Überwechseln auf die ambulante Betreuung in der Form eines Persönlichen Budgets erfolgt und hiermit ein Übersteigen der genannten Obergrenze einhergeht (vgl. BT-Drucks. 15/1514, S, 72).

III. Charakter der zu erbringenden Leistung

17   1. **Beratung und Unterstützung.** Wie erwähnt, muss bei Festsetzung der Budgethöhe auch der Bedarf an Beratung und Unterstützung in den Blick genommen werden. Hierbei geht es nicht nur um die **Abdeckung einer bestimmten Bedarfssituation**, sondern auch darum, eine **Qualitätssicherung** zu erreichen (es soll sichergestellt werden, dass der Berechtigte auch sachgemäß mit dem Persönlichen Budget umgehen kann). Ggf. ist dem Berechtigten ein **Budgetassistent** zur Seite zu stellen, dessen Aufgabe darin besteht, die gebotene Beratung und Unterstützung persönlich vorzunehmen und zudem Zugangsbarrieren abzubauen.

18   2. **Zweckbindung.** Weil das Persönliche Budget in seiner Höhe an der Deckung des festgelegten Bedarfs orientiert ist, unterliegt es einer gewissen Zweckbindung. Somit besteht für den Berechtigten **keine uneingeschränkte Verwendungsfreiheit**. Diese Zweckbindung kann in der Praxis u. a. durch Auflagen im Bewilligungsbescheid abgesichert werden. Eine weitere Bindung ergibt sich für den Berechtigten daraus, dass er (gem. Abs. 2 S. 5) für die Dauer von sechs Monaten an die Zusammensetzung der budgetfähigen Leistungen gebunden ist.

19   3. **Umschreibung der budgetfähigen Leistungen.** Im Abs. 2 S. 4 werden die budgetfähigen Leistungen umschrieben, und zwar im Anschluss an die (von S. 3 vorgenommene) Benennung der beteiligten Leistungsträger. Budgetfähig **sind** demnach **alltägliche und regelmäßig wiederkehrende Bedarfe**, sofern sie als Geldleistung oder (in begründeten Ausnahmefällen) als Gutschein erbracht werden können. Somit sind solche Leistungen grundsätzlich ausgeschlossen, die nicht „geldfähig" sind oder die sich auf die Abdeckung eines nur gelegentlichen oder kurzfristigen Bedarfs beschränken würden.

20   4. **Typische budgetfähige Leistungen.** Als budgetfähige Leistungen kommen **in der Praxis** vor allem in Betracht: Hilfen zur Mobilität, zur Teilhabe am Leben in der Gemeinschaft, zur häuslichen Pflege und zur häuslichen Krankenpflege. Hinzu treten oftmals wiederkehrend benötigte Hilfsmittel sowie Hilfen zur Erreichung des Ausbildungs- und Arbeitsplatzes. Das Persönliche Budget wird **überwiegend als ambulante Leistung** erbracht, jedoch kann das Budget auch im stationären Bereich zum Zuge kommen. Ist eine Leistung budgetfähig, so findet sich regelmäßig die nähere Umschreibung der Leistungsinhalte in den allgemeinen Leistungsnormen des SGB IX (z. B. für die Hilfen zur Teilhabe am Leben in der Gemeinschaft in den §§ 55 ff.).

IV. Verfahren

21   1. **Verfahrensgrundlagen.** Das Verfahren der Gewährung des Persönlichen Budgets basiert auf bestimmten Grundlagen bzw. **Prüfungsschritten**. Zunächst erfolgt eine Ermittlung des individuellen Bedarfs. Anschließend müssen die erforderlichen Leistungen festgelegt werden, und zwar in qualitativer und quantitativer Hinsicht. Diese Festlegung bildet dann die Grundlage für die Ermittlung der Budgethöhe.

22   2. **Leistungsgewährung „aus einer Hand".** Weil der Berechtigte nach den Vorstellungen des Gesetzgebers die Leistung „aus einer Hand" erhalten soll, wird in § 17 Abs. 4 S. 1 angeordnet, dass nach außen **nur ein Träger für die Leistungserbringung und Bescheiderteilung zuständig** ist, wobei er für die anderen Rehabilitationsträger, die am Persönlichen Budget beteiligt sind, im Auftrag handelt (vgl. Abs. 4 S. 2). Folgerichtig gelten die Ansprüche der anderen (beauftragenden) Träger als

erfüllt, wenn es nach außen zur Auszahlung (bzw. Ausgabe von Gutscheinen) gekommen ist. In der Konsequenz dieses Organisations- bzw. Leistungsmodells liegt es, dass der erbringende (beauftragte) Träger auch alleiniger Adressat von Rechtsmitteln und Rechtsbehelfen ist (insbesondere keine „Auswechslung" von Beteiligten im Widerspruchsverfahren, vgl. Abs. 4 S. 3).

3. Zielvereinbarung. Auf **untergesetzlicher Ebene** (§ 4 der BudgetV) ist der Abschluss einer 23 Zielvereinbarung zwischen dem Leistungsberechtigten und dem nach außen handelnden (beauftragten) Träger vorgesehen. Dieser Zielvereinbarung kommt eine große Bedeutung zu, weil sie u. a. die konkrete Höhe des Budgets festlegt, die Grundlage für den Leistungsbewilligungsbescheid bildet und z. B. auch **Regelungen über die Kündigungsmöglichkeiten** enthält (vgl. § 4 Abs. 2 BudgetV). Außerdem sind verordnungsrechtlich auch bestimmte Mindestinhalte der Zielvereinbarung vorgeschrieben (§ 4 Abs. 1 S. 1 BudgetV).

V. Handlungsempfehlungen

Ebenfalls **auf untergesetzlicher Ebene** wurden von der Bundesarbeitsgemeinschaft für Rehabili- 24 tation vorläufige **Handlungsempfehlungen** zum Persönlichen Budget herausgegeben, und zwar mit Wirkung ab dem 1. 9. 2004 unter dem Titel „Trägerübergreifende Aspekte bei der Ausführung von Leistungen durch ein Persönliches Budget". Diese Handlungsempfehlungen unterlagen bzw. unterliegen einer ständigen Aktualisierung (u. a. wegen erfolgter Gesetzesänderungen).

§ 18 Leistungsort

¹Sachleistungen können auch im Ausland erbracht werden, wenn sie dort bei zumindest gleicher Qualität und Wirksamkeit wirtschaftlicher ausgeführt werden können. ²Leistungen zur Teilhabe am Arbeitsleben können im grenznahen Ausland auch ausgeführt werden, wenn sie für die Aufnahme oder Ausübung einer Beschäftigung oder selbständigen Tätigkeit erforderlich sind.

§ 19 Rehabilitationsdienste und -einrichtungen

(1) ¹Die Rehabilitationsträger wirken gemeinsam unter Beteiligung der Bundesregierung und der Landesregierungen darauf hin, dass die fachlich und regional erforderlichen Rehabilitationsdienste und -einrichtungen in ausreichender Zahl und Qualität zur Verfügung stehen. ²Dabei achten sie darauf, dass für eine ausreichende Zahl solcher Rehabilitationsdienste und -einrichtungen Zugangs- und Kommunikationsbarrieren nicht bestehen. ³Die Verbände behinderter Menschen einschließlich der Verbände der Freien Wohlfahrtspflege, der Selbsthilfegruppen und der Interessenvertretungen behinderter Frauen sowie die für die Wahrnehmung der Interessen der ambulanten und stationären Rehabilitationseinrichtungen auf Bundesebene maßgeblichen Spitzenverbände werden beteiligt.

(2) Soweit die Ziele nach Prüfung des Einzelfalls mit vergleichbarer Wirksamkeit erreichbar sind, werden Leistungen unter Berücksichtigung der persönlichen Umstände in ambulanter, teilstationärer oder betrieblicher Form und gegebenenfalls unter Einbeziehung familienentlastender und -unterstützender Dienste erbracht.

(3) **Bei Leistungen an behinderte oder von einer Behinderung bedrohte Kinder wird eine gemeinsame Betreuung behinderter und nichtbehinderter Kinder angestrebt.**

(4) ¹Nehmen Rehabilitationsträger zur Ausführung von Leistungen besondere Dienste (Rehabilitationsdienste) oder Einrichtungen (Rehabilitationseinrichtungen) in Anspruch, erfolgt die Auswahl danach, welcher Dienst oder welche Einrichtung die Leistung in der am besten geeigneten Form ausführt; dabei werden Dienste und Einrichtungen freier oder gemeinnütziger Träger entsprechend ihrer Bedeutung für die Rehabilitation und Teilhabe behinderter Menschen berücksichtigt und die Vielfalt der Träger von Rehabilitationsdiensten oder -einrichtungen gewahrt sowie deren Selbständigkeit, Selbstverständnis und Unabhängigkeit beachtet. ²§ 35 Abs. 1 Satz 2 Nr. 4 ist anzuwenden.

(5) Rehabilitationsträger können nach den für sie geltenden Rechtsvorschriften Rehabilitationsdienste oder -einrichtungen fördern, wenn dies zweckmäßig ist und die Arbeit dieser Dienste oder Einrichtungen in anderer Weise nicht sichergestellt werden kann.

(6) Rehabilitationsdienste und -einrichtungen mit gleicher Aufgabenstellung sollen Arbeitsgemeinschaften bilden.

§ 20 Qualitätssicherung

(1) ¹Die Rehabilitationsträger nach § 6 Abs. 1 Nr. 1 bis 5 vereinbaren gemeinsame Empfehlungen zur Sicherung und Weiterentwicklung der Qualität der Leistungen, insbe-

sondere zur barrierefreien Leistungserbringung, sowie für die Durchführung vergleichender Qualitätsanalysen als Grundlage für ein effektives Qualitätsmanagement der Leistungserbringer. ²§ 13 Abs. 4 ist entsprechend anzuwenden. ³Die Rehabilitationsträger nach § 6 Abs. 1 Nr. 6 und 7 können den Empfehlungen beitreten.

(2) ¹Die Erbringer von Leistungen stellen ein Qualitätsmanagement sicher, das durch zielgerichtete und systematische Verfahren und Maßnahmen die Qualität der Versorgung gewährleistet und kontinuierlich verbessert. ²Stationäre Rehabilitationseinrichtungen haben sich an dem Zertifizierungsverfahren nach Absatz 2 a zu beteiligen.

(2 a) ¹Die Spitzenverbände der Rehabilitationsträger nach § 6 Abs. 1 Nr. 1 und 3 bis 5 vereinbaren im Rahmen der Bundesarbeitsgemeinschaft für Rehabilitation grundsätzliche Anforderungen an ein einrichtungsinternes Qualitätsmanagement nach Absatz 2 Satz 1 sowie ein einheitliches, unabhängiges Zertifizierungsverfahren, mit dem die erfolgreiche Umsetzung des Qualitätsmanagements in regelmäßigen Abständen nachgewiesen wird. ²Den für die Wahrnehmung der Interessen der stationären Rehabilitationseinrichtungen auf Bundesebene maßgeblichen Spitzenverbänden sowie den Verbänden behinderter Menschen einschließlich der Verbände der Freien Wohlfahrtspflege, der Selbsthilfegruppen und der Interessenvertretungen behinderter Frauen ist Gelegenheit zur Stellungnahme zu geben.

(3) ¹Die Bundesarbeitsgemeinschaft für Rehabilitation bereitet die Empfehlungen nach Absatz 1 vor. ²Sie beteiligt die Verbände behinderter Menschen einschließlich der Verbände der Freien Wohlfahrtspflege, der Selbsthilfegruppen und der Interessenvertretungen behinderter Frauen sowie die nach § 19 Abs. 6 gebildeten Arbeitsgemeinschaften und die für die Wahrnehmung der Interessen der ambulanten und stationären Rehabilitationseinrichtungen auf Bundesebene maßgeblichen Spitzenverbände. ³Deren Anliegen wird bei der Ausgestaltung der Empfehlungen nach Möglichkeit Rechnung getragen.

(4) § 13 Abs. 3 ist entsprechend anzuwenden für Vereinbarungen auf Grund gesetzlicher Vorschriften für die Rehabilitationsträger.

§ 21 Verträge mit Leistungserbringern

(1) Die Verträge über die Ausführung von Leistungen durch Rehabilitationsdienste und -einrichtungen, die nicht in der Trägerschaft eines Rehabilitationsträgers stehen, enthalten insbesondere Regelungen über

1. Qualitätsanforderungen an die Ausführung der Leistungen, das beteiligte Personal und die begleitenden Fachdienste,
2. Übernahme von Grundsätzen der Rehabilitationsträger zur Vereinbarung von Vergütungen,
3. Rechte und Pflichten der Teilnehmer, soweit sich diese nicht bereits aus dem Rechtsverhältnis ergeben, das zwischen ihnen und dem Rehabilitationsträger besteht,
4. angemessene Mitwirkungsmöglichkeiten der Teilnehmer an der Ausführung der Leistungen,
5. Geheimhaltung personenbezogener Daten sowie
6. die Beschäftigung eines angemessenen Anteils behinderter, insbesondere schwerbehinderter Frauen.

(2) ¹Die Rehabilitationsträger wirken darauf hin, dass die Verträge nach einheitlichen Grundsätzen abgeschlossen werden; sie können über den Inhalt der Verträge gemeinsame Empfehlungen nach § 13 sowie Rahmenverträge mit den Arbeitsgemeinschaften der Rehabilitationsdienste und -einrichtungen vereinbaren. ²Der Bundesbeauftragte für den Datenschutz wird beteiligt.

(3) ¹Verträge mit fachlich nicht geeigneten Diensten oder Einrichtungen werden gekündigt. ²Stationäre Rehabilitationseinrichtungen sind nur dann als geeignet anzusehen, wenn sie nach § 20 Abs. 2 Satz 2 zertifiziert sind.

(4) Absatz 1 Nr. 1 und 3 bis 6 wird für eigene Einrichtungen der Rehabilitationsträger entsprechend angewendet.

§ 21 a Verordnungsermächtigung

Das Bundesministerium für Arbeit und Soziales wird ermächtigt, durch Rechtsverordnung mit Zustimmung des Bundesrates Näheres zum Inhalt und Ausführung des Persönlichen Budgets, zum Verfahren sowie zur Zuständigkeit bei Beteiligung mehrerer Leistungsträger zu regeln.

Kapitel 3. Gemeinsame Servicestellen

§ 22 Aufgaben

(1) ¹Gemeinsame örtliche Servicestellen der Rehabilitationsträger bieten behinderten und von Behinderung bedrohten Menschen, ihren Vertrauenspersonen und Personensorgeberechtigten nach § 60 Beratung und Unterstützung an. ²Die Beratung und Unterstützung umfasst insbesondere,
1. über Leistungsvoraussetzungen, Leistungen der Rehabilitationsträger, besondere Hilfen im Arbeitsleben sowie über die Verwaltungsabläufe zu informieren,
2. bei der Klärung des Rehabilitationsbedarfs, bei der Inanspruchnahme von Leistungen zur Teilhabe, bei der Inanspruchnahme eines Persönlichen Budgets und der besonderen Hilfen im Arbeitsleben sowie bei der Erfüllung von Mitwirkungspflichten zu helfen,
3. zu klären, welcher Rehabilitationsträger zuständig ist, auf klare und sachdienliche Anträge hinzuwirken und sie an den zuständigen Rehabilitationsträger weiterzuleiten,
4. bei einem Rehabilitationsbedarf, der voraussichtlich ein Gutachten erfordert, den zuständigen Rehabilitationsträger darüber zu informieren,
5. die Entscheidung des zuständigen Rehabilitationsträgers in Fällen, in denen die Notwendigkeit von Leistungen zur Teilhabe offenkundig ist, so umfassend vorzubereiten, dass dieser unverzüglich entscheiden kann,
6. bis zur Entscheidung oder Leistung des Rehabilitationsträgers den behinderten oder von Behinderung bedrohten Menschen unterstützend zu begleiten,
7. bei den Rehabilitationsträgern auf zeitnahe Entscheidungen und Leistungen hinzuwirken und
8. zwischen mehreren Rehabilitationsträgern und Beteiligten auch während der Leistungserbringung zu koordinieren und zu vermitteln.

³Die Beratung umfasst unter Beteiligung der Integrationsämter auch die Klärung eines Hilfebedarfs nach Teil 2 dieses Buches. ⁴Die Pflegekassen werden bei drohender oder bestehender Pflegebedürftigkeit an der Beratung und Unterstützung durch die gemeinsamen Servicestellen beteiligt. ⁵Verbände behinderter Menschen einschließlich der Verbände der Freien Wohlfahrtspflege, der Selbsthilfegruppen und der Interessenvertretungen behinderter Frauen werden mit Einverständnis der behinderten Menschen an der Beratung beteiligt.

(2) ¹§ 14 des Ersten Buches und § 10 Abs. 2 und § 11 Abs. 1 bis 3 und 5 des Zwölften Buches bleiben unberührt. ²Auskünfte nach § 15 des Ersten Buches über Leistungen zur Teilhabe erteilen alle Rehabilitationsträger.

§ 23 Servicestellen

(1) ¹Die Rehabilitationsträger stellen unter Nutzung bestehender Strukturen sicher, dass in allen Landkreisen und kreisfreien Städten gemeinsame Servicestellen bestehen. ²Gemeinsame Servicestellen können für mehrere kleine Landkreise oder kreisfreie Städte eingerichtet werden, wenn eine ortsnahe Beratung und Unterstützung behinderter und von Behinderung bedrohter Menschen gewährleistet ist. ³In den Ländern Berlin, Bremen und Hamburg werden die Servicestellen entsprechend dem besonderen Verwaltungsaufbau dieser Länder eingerichtet.

(2) Die zuständigen obersten Landessozialbehörden wirken mit Unterstützung der Spitzenverbände der Rehabilitationsträger darauf hin, dass die gemeinsamen Servicestellen unverzüglich eingerichtet werden.

(3) ¹Die gemeinsamen Servicestellen werden so ausgestattet, dass sie ihre Aufgaben umfassend und qualifiziert erfüllen können, Zugangs- und Kommunikationsbarrieren nicht bestehen und Wartezeiten in der Regel vermieden werden. ²Hierfür wird besonders qualifiziertes Personal mit breiten Fachkenntnissen insbesondere des Rehabilitationsrechts und der Praxis eingesetzt. ³§ 112 Abs. 3 ist sinngemäß anzuwenden.

(4) In den Servicestellen dürfen Sozialdaten nur erhoben, verarbeitet und genutzt werden, soweit dies zur Erfüllung der Aufgaben nach § 22 Abs. 1 erforderlich ist.

§ 24 Bericht

(1) ¹Die Rehabilitationsträger, die Träger der Renten-, Kranken- und Unfallversicherung über ihre Spitzenverbände, teilen der Bundesarbeitsgemeinschaft für Rehabilitation

im Abstand von drei Jahren, erstmals im Jahre 2004, ihre Erfahrungen über die Einrichtung der gemeinsamen Servicestellen, die Durchführung und Erfüllung ihrer Aufgaben, die Einhaltung des Datenschutzes und mögliche Verbesserungen mit. ²Personenbezogene Daten werden anonymisiert.

(2) Die Bundesarbeitsgemeinschaft für Rehabilitation bereitet die Mitteilungen der Rehabilitationsträger auf, beteiligt hierbei die zuständigen obersten Landessozialbehörden, erörtert die Mitteilungen auf Landesebene mit den Verbänden behinderter Menschen einschließlich der Verbände der Freien Wohlfahrtspflege, der Selbsthilfegruppen und der Interessenvertretungen behinderter Frauen und berichtet unverzüglich dem Bundesministerium für Arbeit und Soziales und den Ländern.

§ 25 Verordnungsermächtigung

Sind gemeinsame Servicestellen nach § 23 Abs. 1 nicht bis zum 31. Dezember 2002 in allen Landkreisen und kreisfreien Städten eingerichtet, bestimmt das Bundesministerium für Arbeit und Soziales durch Rechtsverordnung mit Zustimmung des Bundesrates das Nähere über den Ort der Einrichtung, den Rehabilitationsträger, bei dem die gemeinsame Servicestelle eingerichtet wird und der für die Einrichtung verantwortlich ist, den Zeitpunkt, zu dem die Einrichtung abgeschlossen sein muss, sowie über die Organisation, insbesondere entsprechend ihrem Anteil an den Leistungen zur Teilhabe über Art und Umfang der Beteiligung der Rehabilitationsträger in den gemeinsamen Servicestellen.

Kapitel 4. Leistungen zur medizinischen Rehabilitation

§ 26 Leistungen zur medizinischen Rehabilitation

(1) Zur medizinischen Rehabilitation behinderter und von Behinderung bedrohter Menschen werden die erforderlichen Leistungen erbracht, um
1. Behinderungen einschließlich chronischer Krankheiten abzuwenden, zu beseitigen, zu mindern, auszugleichen, eine Verschlimmerung zu verhüten oder
2. Einschränkungen der Erwerbsfähigkeit und Pflegebedürftigkeit zu vermeiden, zu überwinden, zu mindern, eine Verschlimmerung zu verhüten sowie den vorzeitigen Bezug von laufenden Sozialleistungen zu vermeiden oder laufende Sozialleistungen zu mindern.

(2) Leistungen zur medizinischen Rehabilitation umfassen insbesondere
1. Behandlung durch Ärzte, Zahnärzte und Angehörige anderer Heilberufe, soweit deren Leistungen unter ärztlicher Aufsicht oder auf ärztliche Anordnung ausgeführt werden, einschließlich der Anleitung, eigene Heilungskräfte zu entwickeln,
2. Früherkennung und Frühförderung behinderter und von Behinderung bedrohter Kinder,
3. Arznei- und Verbandmittel,
4. Heilmittel einschließlich physikalischer, Sprach- und Beschäftigungstherapie,
5. Psychotherapie als ärztliche und psychotherapeutische Behandlung,
6. Hilfsmittel,
7. Belastungserprobung und Arbeitstherapie.

(3) Bestandteil der Leistungen nach Absatz 1 sind auch medizinische, psychologische und pädagogische Hilfen, soweit diese Leistungen im Einzelfall erforderlich sind, um die in Absatz 1 genannten Ziele zu erreichen oder zu sichern und Krankheitsfolgen zu vermeiden, zu überwinden, zu mindern oder ihre Verschlimmerung zu verhüten, insbesondere
1. Hilfen zur Unterstützung bei der Krankheits- und Behinderungsverarbeitung,
2. Aktivierung von Selbsthilfepotentialen,
3. mit Zustimmung der Leistungsberechtigten Information und Beratung von Partnern und Angehörigen sowie von Vorgesetzten und Kollegen,
4. Vermittlung von Kontakten zu örtlichen Selbsthilfe- und Beratungsmöglichkeiten,
5. Hilfen zur seelischen Stabilisierung und zur Förderung der sozialen Kompetenz, unter anderem durch Training sozialer und kommunikativer Fähigkeiten und im Umgang mit Krisensituationen,
6. Training lebenspraktischer Fähigkeiten,
7. Anleitung und Motivation zur Inanspruchnahme von Leistungen der medizinischen Rehabilitation.

§ 27 Krankenbehandlung und Rehabilitation

Die in § 26 Abs. 1 genannten Ziele sowie § 10 gelten auch bei Leistungen der Krankenbehandlung.

§ 28 Stufenweise Wiedereingliederung

Können arbeitsunfähige Leistungsberechtigte nach ärztlicher Feststellung ihre bisherige Tätigkeit teilweise verrichten und können sie durch eine stufenweise Wiederaufnahme ihrer Tätigkeit voraussichtlich besser wieder in das Erwerbsleben eingegliedert werden, sollen die medizinischen und die sie ergänzenden Leistungen entsprechend dieser Zielsetzung erbracht werden.

A. Normzweck und Normstruktur

Auf Grund der insgesamt positiven Erfahrungen (Bürger, Rehabilitation 2004, 152 ff. und 2011, 74 f.), die mit der seit 1988 geltenden Norm des § 74 SGB V zur stufenweisen Wiedereingliederung in der Gesetzlichen Krankenversicherung (o. Joussen § 74 Rn. 1) gemacht worden sind, ist 2001 diese Leistungsform auf sämtliche Bereiche der medizinischen Rehabilitation erstreckt worden (BT-Drs. 14/5074, S. 107). Damit soll erreicht werden, dass **alle Rehabilitationsträger** diese Maßnahmen entsprechend fördern. Die stufenweise Wiedereingliederung ist ein exemplarisches Beispiel der früh einsetzenden Rehabilitation, die ein Zusammenwirken mehrerer Träger erfordern kann. Sie dokumentiert die Bedeutung des **Grundsatzes der einheitlichen Leistungserbringung nach § 4 Abs. 2 SGB IX** (so zutreffend BSG 29. 1. 2008 – B 5 a/5 R 26/07 R) und erfasst daher alle „Leistungsberechtigten", denen Leistungen der medizinischen Rehabilitation zustehen, denn die stufenweise Wiedereingliederung gehört zu den Leistungen der medizinischen Rehabilitation (BSG 20. 10. 2009 – B 5 R 44/08 R, BSGE 104, 293, 302). Diese Leistungsberechtigung steht nicht nur Arbeitnehmern und Auszubildenden zu, sondern kann auch bei Arbeitslosen in Betracht kommen (u. Rn. 10). 1

Die Norm hat zugleich **arbeitsrechtliche Konsequenzen,** da die stufenweise Wiedereingliederung in der Regel im bisherigen Betrieb des Versicherten erfolgt und dazu die **Zustimmung des jeweiligen Arbeitgebers erforderlich** ist. Der Arbeitgeber kann nach § 81 IV SGB IX bzw. § 618 BGB zur Zustimmung verpflichtet sein (BAG 13. 6. 2006 – 9 AZR 229/05 – NZA 2007, 91), denn die stufenweise Wiedereingliederung ist ein wichtiges Beispiel für „angemessene Vorkehrungen" iSd. Art. 5 RL 2000/78/EG (Nebe DB 2008, 1801, 1804). In der Regel wird die stufenweise Wiedereingliederung in einem **gesondert zu vereinbarenden Schuldverhältnis,** das integrativen Zwecken dient und kein Arbeitsverhältnis ist, durchgeführt. Sie bedarf weiter einer ärztlichen Prognose und eines entsprechenden Wiedereingliederungsplans, so dass es zu den zentralen Herausforderungen der stufenweisen Wiedereingliederung gehört, dass das Zusammenwirken der verschiedenen Beteiligten sinnvoll organisiert werden muss (FKS/Nebe § 28 Rn. 10). In der Praxis hat sich dabei vor allem das **Betriebliche Eingliederungsmanagement** nach § 84 SGB IX als geeigneter organisatorischer und kommunikativer Rahmen bewährt (su. § 84 Rn. 12; vgl. Gawlick, Die stufenweise Wiedereingliederung, 2009, S. 4 ff). 2

B. Voraussetzungen

Als erste Voraussetzung wird für die stufenweise Wiedereingliederung verlangt, dass der Leistungsberechtigte **arbeitsunfähig** ist. Zumindest bei Versicherten, die noch in einem Beschäftigungsverhältnis stehen, ist nach der insoweit übereinstimmenden und zutreffenden arbeits- und sozialrechtlichen Judikatur **Arbeitsunfähigkeit** anzunehmen, wenn ein Krankheitsgeschehen sie außerstande setzt, **die vertraglich vereinbarten Tätigkeiten zu verrichten** oder sie nur unter der Gefahr absehbarer Verschlimmerung fortsetzen können (BAG 09. 01. 1985 – 5 AZR 415/82 – NZA 1985, 562; BSG 7. 12. 2004 – B 1 KR 5/03 R, SGb 2005, 588 mit Anm. Bieback; ebenso o. Joussen § 27 SGB V Rn. 4; ErfK-Dörner EFZG § 3 Rn. 12). Zusätzlich ist für § 28 SGB IX jedoch ein **Restarbeitsvermögen** zu verlangen, wonach der Versicherte zeitlich und sachlich Tätigkeiten im Betrieb verrichten kann, die seiner schrittweisen Wiedereingliederung dienen können. Diese Fähigkeit ist nicht identisch mit der im Arbeits- und Sozialrecht **nicht anerkannten Kategorie der Teilarbeitsunfähigkeit** (BAG 29. 01. 1992 – 5 AZR 37/91 – NZA 1992, 643; BSG 21. 3. 2007 – B 11b Al 31/06 – NZS 2008, 160; Reinecke DB 1998, 130; Staudinger/Oetker, BGB 2010 § 616 Rn. 220). Die **Wiedereingliederungsfähigkeit** verlangt vielmehr die Fähigkeit einzelne Leistungen innerhalb der betrieblichen Organisation erbringen zu können, um auf diese Weise dem Erfolg der medizinischen Rehabilitation, nämlich eine Wiedereingliederung in das Arbeitsleben, schrittweise erreichen zu können. Sie unterscheidet sich in dieser **Entwicklungsfunktion** von der **Belastungserprobung,** in der es im wesentlichen um die **Feststellung** der jeweils noch vorhandenen Leistungsfähigkeit geht (o. Joussen SGB V § 42 Rn. 3). 3

4   Weiter ist eine **günstige Wiedereingliederungsprognose** erforderlich. Eine solche Prognose ist zu bejahen, wenn der Berechtigte mit dieser Form besser in das Arbeitsleben wieder eingegliedert werden kann. Diese Formulierung geht davon aus, dass in bestimmten Situationen die arbeits- und sozialrechtlich gebotene strikte Unterscheidung von Arbeitsfähigkeit und Arbeitsunfähigkeit für den rehabilitativen Prozess nicht ausreichend ist. Vielmehr gibt es Krankheiten und Situationen, in denen ein schonendes und schrittweises Heranführen an die Arbeitstätigkeit den Eingliederungsprozess wirksamer und schneller fördern kann. Eine solche Prognose kann, wie sich aus den auf § 92 Abs. 1 S. 2 Nr. 7 SGB gestützten **Arbeitsunfähigkeits-Richtlinien** und den diesen Richtlinien beigefügten Empfehlungen zur Umsetzung der stufenweisen Wiedereingliederung, zuletzt geändert am 19. 9. 2006 (www.g-ba.de), ergibt, nicht ohne ärztliche Untersuchung gestellt werden. Weiter ist es geboten, die Tätigkeiten, die verrichtet werden können und diejenigen, die zu vermeiden sind, möglichst genau zu benennen und einen klaren Rahmen für die jeweils mögliche Arbeitszeit zu benennen. In aller Regel wird die Arbeitszeit in mehreren Schritten über einen bestimmten Zeitraum von eins bis drei Monaten schrittweise angepasst. Der auf diese Weise erstellte **Eingliederungsplan** bedarf regelmäßiger Überprüfung, so dass Abänderungen des Plans zu den typischen Situationen der stufenweisen Wiedereingliederung gehören.

5   Schließlich ist die **Zustimmung von Arbeitgeber und Arbeitnehmer** erforderlich. Für den **Leistungsberechtigten,** der in aller Regel zugleich auch Versicherter ist, besteht **keine rechtlich durchsetzbare Mitwirkungspflicht,** da diese Eingliederung weder unter § 63 noch unter § 64 SGB I fällt (Mroczynski SGB IX § 28 Rn. 5; zur Freiwilligkeit bereits zu § 74 SGB V BT-Drs. 11/ 2237, S. 192). Die Rehabilitationsträger sind jedoch gehalten, in den geeigneten Fällen ergänzende Hilfen nach § 26 Abs. 3 SGB IX zu prüfen, mit denen Motivation und Initiative der Versicherten gestärkt werden können. Erforderlich ist auch die **Zustimmung des Betriebsinhabers,** da das Eingliederungsverhältnis nicht identisch mit dem bisherigen Arbeitsvertrag ist, sondern ein zusätzliches Schuldverhältnis darstellt, das gesonderter Vereinbarung bedarf (BAG 29. 1. 1992 – 5 AZR 37/91 – NZA 1992, 643). Zu einer solchen Zustimmungserklärung kann der Arbeitgeber allerdings verpflichtet sein. Eine solche **Verpflichtung kann sich regelmäßig aus § 81 Abs. 4 Nr. 1 SGB IX ergeben,** da es sich insoweit um eine spezifische Beschäftigung handelt, die die Integration behinderter Menschen und deren Teilhabe am Arbeitsleben fördert (BAG 13. 6. 2006 – 9 AZR 229/05 – NZA 2007, 91; Düwell in LPK-SGB IX § 81 Rn. 141; NPMP/Majerski-Pahlen § 28 Rn. 5; Gawlick, Stufenweise Wiedereingliederung, S. 48 ff). Da eine solche Eingliederung zugleich eine angemessene Vorkehrung iSd. Art. 5 RL 2000/78/EG darstellt, ist der Arbeitgeber nach § 618 BGB auch bei denjenigen Menschen zur Zustimmung verpflichtet (Gagel/Schian br 2006, 53, 55; FKS-Nebe § 28 Rn. 15 mwN; Deinert in Deinert/Neumann Handbuch SGB IX § 18 Rn. 21; Winkler, Die Teilhabe behinderter Menschen am Arbeitsleben, 2010, S. 281 ff.; Anton-Dyck, Stufenweise Wiedereingliederung, 2011, S. 152 ff.), die „behindert" iSd. Art. 1 RL 2000/78/EG sind (zu dieser Differenzierung auch BAG 3. 4. 2007 – 9 AZR 823/06 – NZA 2007, 1098). Die Zustimmung kann verweigert werden, wenn sie unzumutbar ist, weil gewichtige betriebliche Interessen durch eine solche Eingliederung verletzt werden. Davon ist jedoch bei der ärztlich begutachteten Wiedereingliederung in der Regel nicht auszugehen, zumal in Übereinstimmung mit Art. 5 S. 3 der RL 2000/78/EG die kompensatorischen Unterstützungsmöglichkeiten durch Rehabilitationsträger und Integrationsamt eingerechnet werden müssen (FKS-Faber § 81 Rn. 62).

C. Rechtsfolgen

6   Die stufenweise Wiedereingliederung ist eine besonders wichtige Teilhabeleistung, so dass ihre Voraussetzungen vom jeweiligen Rehabilitationsträger regelmäßig zu prüfen sind, wobei vor allem das **Verfahren nach § 11 SGB IX** zu beachten ist (BT-Drs. 15/1783, S. 13). Hier sind unterschiedliche Handlungsmöglichkeiten denkbar, die von den unterstützenden und motivationsfördernden Leistungen nach § 26 Abs. 3 SGB IX bis zur Moderation zwischen allen Beteiligten reichen können. Zwischen den verschiedenen Rehabilitationsträgern sind die Gemeinsamen Empfehlungen über Einheitlichkeit und Nahtlosigkeit der Rehabilitationsleistung zu beachten. Die stufenweise Wiedereingliederung ist eine Teilhabeleistung, so dass bei Erbringen von Geldleistungen wie zB Krankengeld oder Übergangsgeld, regelmäßig nach § 8 SGB IX zu prüfen ist, ob im konkreten Fall Leistungen zur Teilhabe möglich sind. Diese Überprüfung verlangt zugleich die Förderung der Kommunikation zwischen den Beteiligten, da hier angesichts der sehr unterschiedlichen Interessenlagen ein **organisatorischer Rahmen** geboten ist. Dieser kann durch das **Betriebliche Eingliederungsmanagement,** die Verfahren der Betriebsverfassung sowie unterstützende Angebote der Rehabilitationsträger zur Verfügung gestellt werden (Nebe A 3/2010, www.reha-recht.de). Eine besondere Abstimmung ist zwischen Verleiher und Entleiher über die betriebliche Eingliederung erforderlich, da auch **Leiharbeitnehmern** die Rechte des SGB IX zustehen (vgl. zu § 81 SGB IX BAG 23. 6. 2010 – 7 ABR 3/09, NZA 2010, 1361).

7   Das zwischen Arbeitnehmer und Arbeitgeber vereinbarte **Eingliederungsverhältnis** ist **nicht identisch mit dem bisherigen Arbeitsverhältnis.** Dieses wird allerdings auch nicht aufgehoben,

sondern in den Hauptleistungspflichten regelmäßig suspendiert. Es besteht daher auch kein Anspruch auf Arbeitsentgelt; in der Praxis gibt es allerdings verschiedene Modelle, mit denen zur Verbesserung der Motivation und zur Vermeidung sozialer Schieflagen zusätzliche Zahlungen zur Motivation und Förderung erbracht werden können. Diese Zahlungen können als **Zuschuss nach § 23 c SGB IV** vereinbart werden, so dass eine Anrechnung auf das Krankengeld nur eingeschränkt erfolgen kann (dazu Gagel NZA 2001, 988, 989; NPMP/Majerski-Pahlen § 28 Rn. 6; Anton-Dyck, Stufenweise Wiedereingliederung, 2011, S. 246 f.). Sie können als Aufwendungsersatz zB für Fahrtkosten erfolgen (vgl. BAG 28. 7. 1999 – 4 AZR 192/98 – NZA 1999, 1295). Es kann auch ein Arbeitsentgelt vereinbart und gezahlt werden, das nach Auffassung der Spitzenverbände der Krankenkassen unter bestimmten Bedingungen nicht auf das Krankengeld angerechnet wird (dazu Fuhrmann NZS 2008, 299).

Da der Versicherte während der Wiedereingliederung **weiterhin arbeitsunfähig** ist, stehen ihm **8** auch die entsprechenden Geldleistungen zu, wenn die sonstigen Voraussetzungen erfüllt sind. Es handelt sich vor allem um das **Krankengeld nach § 44 SGB V, das Übergangsgeld nach § 20 SGB VI und das Verletztengeld nach § 47 SGB VII.** Der jeweilige Leistungsträger ergibt sich vor allem aus dem Zweck und der Eigenart der Maßnahme. Die stufenweise Wiedereingliederung knüpft regelmäßig an eine bisherige Rehabilitationsmaßnahme oder Krankenbehandlung an. Im Interesse der Nahtlosigkeit und der **Einheitlichkeit der Leistungserbringung nach § 4 Abs. 2 SGB IX** ist die stufenweise Wiedereingliederung mit zeitlich vorrangigen Rehabilitationsmaßnahmen verknüpft und dann nicht als neuer Leistungsfall zu bewerten (HK-SGB IX-Stähler § 28 Rn. 10). Deutlich zeigt sich dies vor allem bei der stationären medizinischen Rehabilitation nach § 15 SGB VI. Die Ergebnisse einer solchen Rehabilitation sind vom Rehabilitationsträger regelmäßig darauf zu überprüfen, ob sich unmittelbar weitere Leistungen der medizinischen Rehabilitation anzuschließen haben, mit denen der Grundsatz der Einheitlichkeit des Leistungsfalls gesichert wird. Dieser Grundsatz ist durch **§ 51 Abs. 5 SGB IX** 2004 bekräftigt und „klargestellt" worden (BT-Drs. 15/1783, S. 13 mit Verweis auf § 4 II SGB IX). Eine solche Einheitlichkeit von stationärer Rehabilitation und sich anschließender spezifischer und zielgenauer betrieblicher Maßnahme gehört zu den wichtigsten Erfolgselementen der stufenweisen Wiedereingliederung.

Nach § 51 Abs. 5 SGB IX hat daher bei einer Eingliederung im Anschluss an eine stationäre Rehabilitation der Träger der gesetzlichen Rentenversicherung die weitere Leistungserbringung sicherzustellen (BSG 29. 1. 2008 – B 5 a/5 R 26/07 R, SozR 4–3250 § 51 Nr. 1; BSG 20. 10. 2009 – B 5 R 44/08 R, BSGE 104, 293, 301). Eine Wiedereingliederung ist auch dann noch „unmittelbar" nach der ersten Maßnahme erbracht, wenn ein Zeitraum von zumindest 14 Tagen zwischen stationärer und ambulanter Rehabilitation liegt. **Maßgeblich** ist, dass ein solcher **unmittelbarer Bedarf** bestanden hat, so dass mögliche Verzögerungen des konkreten Beginns, die sich zB aus der Komplexität des Zusammenwirkens vieler Beteiligter ergeben können, nicht zu einer Änderung der Zuständigkeit führen (vgl. EAS/Seiler SGB IX § 28 Rn. 14 aE; Liebig in LPK-SGB IX § 51 Rn. 19). In der Rechtsprechung des BSG ist daher auch eingeräumt worden, dass ein Zeitraum von 9 Wochen noch als „unmittelbar" qualifiziert werden kann (BSG 5. 2. 2009 – B 13 R 27/08 R, SozR 4–3250 § 28 Nr. 3; zustimmend Gagel jurisPR-SozR 20/2009 Anm. 3). In dieser Zeit kann der Träger der Rentenversicherung verpflichtet sein, ein **Zwischenübergangsgeld** zu zahlen (SG Stuttgart 2. 9. 2010 – S 24 R 9514/07 im Anschluss an die Erwägung in BSGE 104, 294, 303). Anders ist es dagegen, wenn nach der Beendigung der stationären Rehabilitation durch weitere ambulante Krankenbehandlung bzw. ambulante Rehabilitationsmaßnahmen erst die Voraussetzungen geschaffen werden müssen, um mit der stufenweisen Wiedereingliederung zu beginnen. In einem solchen Fall ist regelmäßig der Träger der gesetzlichen Krankenversicherung zuständig (SG Schwerin 26. 1. 2006 – S 2 AL 290/02).

Der **Träger der Arbeitslosenversicherung** erbringt nach § 6 Abs. 1 Nr. 2 SGB IX keine Leistungen der medizinischen Rehabilitation; es ist jedoch auch während einer Arbeitslosigkeit möglich, eine stufenweise Wiedereingliederung vorzunehmen. In einem solchen Fall ist dem Versicherten **Arbeitslosengeld** nach Maßgabe der §§ 119, 125 SGB III zu zahlen (BSG 21. 3. 2007 – B 11a AL 31/06 R – NZS 2008, 160; HN/Oppermann § 28 Rn. 9 a). Ebenso ist eine Fortzahlung des Arbeitslosengelds nach § 126 SGB III möglich (HessLSG 15. 12. 2008 – L 9 AL 177/07, info also 2009, 159). Eine solche Leistung kann auch dann erfolgen, wenn das Arbeitsverhältnis trotz fehlender Beschäftigung noch besteht und der Anspruch auf Krankengeld erschöpft ist (Gagel B 3/2010, www.reha-recht.de und BehinR 2011, 66). In einem solchen Fall ist ein Beschäftigungsverhältnis im leistungsrechtlichen Sinn zu verneinen, jedoch kann ein beitragsrechtliches Beschäftigungsverhältnis bestehen (vgl. § 27 II 3 SGB III). Die stufenweise Wiedereingliederung gehört zu den Fällen, in denen das **beitragsrechtliche und das leistungsrechtliche Beschäftigungsverhältnis auseinander fallen** können (o. Mutschler § 119 Rn. 9 f.; Brand in Niesel/Brand SGB III § 27 Rn. 17; LPK-SGB IX/Liebig § 28 Rn. 5). Da weiterhin Arbeitunfähigkeit besteht, ist diese Zeit in der gesetzlichen Rentenversicherung (vgl. § 5 II 3 SGB VI) als Anrechnungszeit nach § 58 SGB VI einzustufen (s. o. Kreikebohm § 58 Rn. 3). Auch Leistungsberechtigte nach § 19 SGB II können Leistungsberechtigte iSd § 28 SGB IX sein.

D. Verfahrensfragen

11 Da die stufenweise Wiedereingliederung **arbeits- und sozialrechtliche Elemente** umfasst, ist über diese Fragen in verschiedenen Konstellationen an unterschiedlichen Gerichten zu entscheiden. Streitigkeiten mit dem Rehabilitationsträger, insbesondere über die Zahlung von Übergangsgeld oder Krankengeld sind im üblichen **sozialgerichtlichen Verfahren** zu klären; in diesem Verfahren ist auch über Erstattungsansprüche der Sozialversicherungsträger untereinander nach §§ 102 ff. SGB X zu entscheiden (BSG 29. 01. 2008 – B 5 a/5 R 26/07 R, SozR 4–3250 § 51 Nr. 1; vgl. Welti jurisPR-SozR 12/2010 Anm. 1). Dagegen sind Streitigkeiten mit dem Arbeitgeber im **arbeitsgerichtlichen Verfahren** zu klären. Hier geht es insbesondere um den Anspruch auf Zustimmung zur Durchführung der stufenweisen Wiedereingliederung (BAG 13. 6. 2006 – 9 AZR 229/05 – NZA 2007, 91). Während des Verhältnisses der stufenweisen Wiedereingliederung sind die Arbeitsgerichte ebenfalls zuständig, da dieses Eingliederungsverhältnis als arbeitnehmerähnliches Verhältnis zu klassifizieren ist, so dass § 2 Abs. 1 Nr. 3 iVm. § 5 Abs. 1 S. 2 ArbGG eingreift.

§ 29 Förderung der Selbsthilfe

Selbsthilfegruppen, -organisationen und -kontaktstellen, die sich die Prävention, Rehabilitation, Früherkennung, Behandlung und Bewältigung von Krankheiten und Behinderungen zum Ziel gesetzt haben, sollen nach einheitlichen Grundsätzen gefördert werden.

A. Normzweck und Normstruktur

1 Bereits im vierten Bericht zur Lage der Behinderten und der Rehabilitation hatte die Bundesregierung 1997 festgestellt, dass für ein **modernes Verständnis medizinischer Rehabilitation** die Tätigkeit von **Selbsthilfegruppen unverzichtbar** ist, die die professionell arbeitenden medizinischen und sozialen Dienste ergänzen. Die Mitarbeit der Versicherten setzt ihre Motivation, Information und Anleitung voraus. Auf diesen Feldern ist die Tätigkeit von Selbsthilfegruppen und -organisationen unverzichtbar und von besonderer Bedeutung. Gerade bei der **Vermittlung von Information und Beratung** sowie bei der **Stärkung der Motivation der Betroffenen** erbringen Selbsthilfegruppen und -organisationen Leistung, die im gesamtgesellschaftlichen Interesse wichtig sind und daher auch öffentlicher Förderung bedürfen (BT-Drs. 13/9514, S. 28 f.). Dieser Grundsatz ist auch in Art. 26 des 2008 ratifizierten Übereinkommens über die Rechte der Menschen mit Behinderungen (BGBl. II 1419) aufgegriffen werden, das als Teil der Rehabilitation auch die **Unterstützung durch andere Menschen mit Behinderungen** hervorhebt. Er ist daher auch bei der Auslegung von § 29 SGB IX und den korrespondierenden Normen der Leistungsgesetze heranzuziehen.

2 Mit der 2001 in das SGB IX aufgenommenen Norm des § 29, die seit diesem Zeitpunkt nicht verändert worden ist, soll die Bedeutung der Selbsthilfe für die Rehabilitation verdeutlicht und ein Rahmen für die Förderung geschaffen werden (BT-Drs. 14/5074, S. 107). Dazu enthält **§ 29** allerdings **keine unmittelbare Anspruchsgrundlage** für Leistungen; entsprechend der allgemeinen Struktur des SGB IX sind diese Anspruchsnormen weiter in den einzelnen Leistungsgesetzen zu finden, während im SGB IX eine Koordinierung und Ausgestaltung der jeweiligen Leistungen zu finden ist. Daher verpflichtet § 29 die Rehabilitationsträger dazu, einheitliche Fördergrundsätze zu formulieren und zu realisieren. In systematischer Ergänzung verlangt § 13 Abs. 2 Nr. 6 SGB IX, dass die Rehabilitationsträger gemeinsame Empfehlungen über die Förderung von Selbsthilfegruppen, -organisationen und -kontaktstellen beschließen. Die Rehabilitationsträger sind dieser Aufgabe nachgekommen mit der **Gemeinsamen Empfehlung „Selbsthilfeförderung"** vom 22. 3. 2004 (www.bar-frankfurt.de). Derzeit gibt es Bestrebungen diese gemeinsame Empfehlung zu überarbeiten. Die Rehabilitationsträger haben sich zudem in der „Rahmenvereinbarung Gemeinsame Servicestellen" (1. 7. 2010) verpflichtet, dass diese Stellen aktiv den Kontakt mit den Selbsthilfeverbänden aufbauen und pflegen.

B. Förderpflichten im Rehabilitationsrecht

3 Besonders ausgeprägt sind die **Förderpflichten** zugunsten der Selbsthilfe **im Recht der gesetzlichen Krankenversicherung** ausgestaltet. Hier hatte man bereits 1992 im GSG (BGBl. I 2266, 2267) mit einer ersten Fördermöglichkeit begonnen; zum 1. 1. 2000 wurde in § 20 Abs. 4 SGB V aF eine Soll-Vorschrift kodifiziert, mit der zugleich die gesetzlichen Krankenkassen zu einer abgestimmten und einheitlichen Förderpraxis veranlasst werden sollten (BT-Drs. 14/1245, S. 62 f.). Eine maßgebliche Erweiterung erfolgte mit dem GKV-WSG. In der 2007 geschaffenen Norm des **§ 20 c SGB V** wird inzwischen eine unbedingte Pflicht zur Förderung formuliert, mit der den Kassen ein deutlicher Handlungsauftrag aufgegeben wird (s. o. Joussen § 20c Rn. 2; BT-Drs. 16/3100, S. 98 ff.). Zugleich wurde auch ein fester Geldbetrag als Untergrenze formuliert, der auf jeden Fall für Förderaufgaben im Bereich der Selbsthilfe zu investieren ist. Weiter wurden die Kassen veranlasst, die Hälfte der Fördermittel im Rahmen einer **Gemeinschaftsförderung der Kassen nach einheitlichen Grundsätzen** zu erbringen (Welti in Becker/Kingreen SGB V § 20c Rn. 11). Der GKV-Spitzenverband hat daher am 6. 10. 2009 einen neuen **Leitfaden Selbsthilfeförderung** beschlossen, der unter www.selbsthilfenetz.de dokumentiert ist. Für die **Sozialhilfe** ist die Verweisung in § 54 Abs. 1 S. 2 SGB XII auf die Leistungen der medizinischen Rehabilitation der gesetzlichen Krankenversicherung im Zusammenhang mit dem offenen Katalog des § 26 Abs. 3 SGB IX so zu verstehen, dass auch die Förderung von Selbsthilfegruppen legitimiert ist (Scheider in Schellhorn/Schellhorn/Hohm SGB XII 18. Aufl. 2010 § 54 Rn. 11; vgl. zu § 35a VIII SGB FKS-Nebe § 29 Rn. 6f. sowie BT-Drs. 16/12860, S. 178).

Für die Träger der **gesetzlichen Rentenversicherung** ergibt sich die Förderaufgabe zugunsten **4** der Selbsthilfegruppen und -organisationen aus **§ 31 Abs. 1 S. 1 Nr. 5 SGB VI**. Diese offen formulierte Norm legitimiert Leistungen der Träger der gesetzlichen Rentenversicherung an die verschiedenen Selbsthilfegruppen und -organisationen. Eine vergleichbare Norm fehlt zwar im Recht der **gesetzlichen Unfallversicherung**, doch ist auch hier aufgrund der offenen Verweisung in §§ 26, 27 SGB VII auf das Recht der medizinischen Rehabilitation sowie durch § 39 Abs. 1 Nr. 2 SGB VII die Legitimation zu Leistungen an Selbsthilfegruppen und -organisationen normiert (HN/Oppermann SGB IX § 29 Rn. 8 a). Konsequent haben die Träger der gesetzlichen Unfallversicherung zusammen mit den Trägern der gesetzlichen Kranken- und Rentenversicherung die Gemeinsame Empfehlung zu § 13 Abs. 2 Nr. 6 SGB IX beschlossen. Nach § 13 Abs. 5 S. 2 SGB IX haben sich die Träger der Sozialhilfe und Jugendhilfe an dieser Empfehlung zu orientieren.

C. Gemeinsame Förderaufgabe

Die **Gemeinsame Empfehlung** zur Förderung der Selbsthilfe gemäß § 13 Abs. 2 Nr. 6 SGB IX **5** vom 22. 3. 2004 geht davon aus, dass Selbsthilfe ein wichtiger Bestandteil des Gesundheitssystems ist. Gerade bei der Aufgabe, behinderten oder von Behinderung bedrohten Menschen eine gleichberechtigte Teilnahme am Leben in der Gesellschaft zu ermöglichen, wird die Selbsthilfe als ein bedeutender Wirkungsfaktor eingestuft. Sie ergänzt nicht nur die Maßnahmen zur Rehabilitation und Teilhabe der Leistungsträger, sondern schließt eine Lücke zwischen den Angeboten von Leistungserbringern und Institutionen und den Bedürfnissen der unmittelbar betroffenen chronisch kranken und behinderten Menschen. Charakteristikum und wesentlicher Vorzug der Selbsthilfe ist ihre **Betroffenenkompetenz**, die Akzeptanz bei den Adressaten schafft und **niedrigschwellige Beratungs- und Hilfestrukturen** ermöglicht. Diese spezifische Fachkompetenz, die auf die Kenntnis der Lebenssituation der Betroffenen beruht, ermöglicht es, bedarfsgerechte Hilfen zu ermitteln und einzuleiten. Aus diesen Gründen haben sich die Vereinbarungspartner verpflichtet, Aktivitäten der Selbsthilfe zu unterstützen.

Adressaten der Förderung sind **Selbsthilfegruppen, Selbsthilfeorganisationen und Selbsthil- 6 fekontaktstellen** (Adressen bei FKS-Nebe § 29 Rn. 20). Als Selbsthilfegruppen werden freiwillige Zusammenschlüsse von Menschen auf örtlicher oder regionaler Ebene bezeichnet, deren Aktivitäten sich auf die gemeinsame Bewältigung von Krankheiten und Behinderungen richten, von denen sie – entweder selbst oder als Angehörige – betroffen sind. Die Arbeit von Selbsthilfegruppen ist vor allem auf ihre Mitglieder zentriert und ist geprägt von gegenseitiger Unterstützung und Erfahrungsaustausch. Als Selbsthilfeorganisationen werden Organisationen mit überregionaler Interessenvertretung qualifiziert, zu denen sich Selbsthilfegruppen zusammengeschlossen haben. Zu den wesentlichen Aufgaben der Selbsthilfeorganisationen gehören die Interessenvertretung im gesundheits- und sozialpolitischen Bereich, die Herausgabe von Medien und die Organisation von Beratungs- und Informationsleistungen für Dritte. Als Selbsthilfekontaktstellen werden örtlich oder regional arbeitende professionelle Beratungseinrichtungen mit hauptamtlichen Personal qualifiziert, sie unterstützen die Selbsthilfegruppen bei der Gruppengründung und -arbeit durch Beratung, supervisorische Begleitung und Unterstützung z. B. durch Vergabe von Räumen.

Die Gemeinsame Empfehlung formuliert zunächst **gemeinsame Voraussetzungen der Förde- 7 rung** aller potentiellen Adressaten. Dazu gehören für sämtliche Institutionen die grundsätzliche Offenheit für neue Mitglieder, die Interessenvertretung sowie die Unabhängigkeit von wirtschaftlichen Interessen (Welti in Becker/Kingreen SGB V § 20c Rn. 7). Von den Selbsthilfekontaktstellen wird dagegen zusätzlich eine hinreichende Professionalität und Qualitätssicherung verlangt. Die Rehabilitationsträger unterstützen den Erwerb einer solchen Professionalität und die weitere Fortbildung. Die Förderung erfolgt einerseits als **finanzielle Förderung** in Form von **pauschalen Zuschüssen** zur Arbeit der Organisation sowie der Förderung **konkreter Projekte**, die der Verwirklichung von Selbsthilfezielen dienen. Daneben erfolgt **Förderung auch durch Sachmittel bzw. durch Überlassung von Räumen**. Schließlich gehört zu den Förderleistungen auch die **Übernahme von Dienstleistungen**, wie z. B. der Information, der Beratung oder auch der Mediation (HN/Oppermann SGB IX § 29 Rn. 18).

8 Zur Typik der Selbsthilfe gehört es, dass die Förderaufgaben auch **zielgruppenspezifisch** wahrgenommen werden. Angesichts der in § 1 S. 2 SGB IX gesetzlich normierten Aufgabe, die **spezifischen Belange behinderter Mädchen und Frauen** zu beachten, sind Selbsthilfegruppen und -organisationen, die sich diesen Aufgaben widmen und z.B. auch die Leistungen nach § 44 Abs. 1 Nr. 6 SGB IX erbringen, ein unverzichtbarer Teil von Selbsthilfemaßnahmen (dazu näher Zinsmeister, Mehrdimensionale Diskriminierung, S. 164 ff.).

9 Aus den verschiedenen Leistungsnormen ergibt sich **kein unmittelbarer Leistungs- oder Zahlungsanspruch der einzelnen Selbsthilfegruppen** und -organisationen. Vielmehr liegen der Umfang und die Art der Förderung der jeweiligen Gruppen im Ermessen der einzelnen Rehabilitationsträger. Dieses Ermessen ist allerdings regelmäßig gebunden durch den **Grundsatz der Gleichbehandlung** (HN/Oppermann SGB IX § 29 Rn. 6) sowie die **Selbstbindung der Verwaltung**, die die einzelnen Träger auf der Basis der Gemeinsamen Empfehlung formuliert haben. (vgl. Juris PK-SGB V-Schütze § 20 c Rn. 23). Insoweit ist eine gerichtliche Ermessenskontrolle der Träger auch bei dieser Förderaufgabe geboten

§ 30 Früherkennung und Frühförderung

(1) ¹Die medizinischen Leistungen zur Früherkennung und Frühförderung behinderter und von Behinderung bedrohter Kinder nach § 26 Abs. 2 Nr. 2 umfassen auch

1. die medizinischen Leistungen der mit dieser Zielsetzung fachübergreifend arbeitenden Dienste und Einrichtungen,
2. nichtärztliche sozialpädiatrische, psychologische, heilpädagogische, psychosoziale Leistungen und die Beratung der Erziehungsberechtigten, auch in fachübergreifend arbeitenden Diensten und Einrichtungen, wenn sie unter ärztlicher Verantwortung erbracht werden und erforderlich sind, um eine drohende oder bereits eingetretene Behinderung zum frühestmöglichen Zeitpunkt zu erkennen und einen individuellen Behandlungsplan aufzustellen.

²Leistungen nach Satz 1 werden als Komplexleistung in Verbindung mit heilpädagogischen Leistungen (§ 56) erbracht.

(2) Leistungen zur Früherkennung und Frühförderung behinderter und von Behinderung bedrohter Kinder umfassen des Weiteren nichtärztliche therapeutische, psychologische, heilpädagogische, sonderpädagogische, psychosoziale Leistungen und die Beratung der Erziehungsberechtigten durch interdisziplinäre Frühförderstellen, wenn sie erforderlich sind, um eine drohende oder bereits eingetretene Behinderung zum frühestmöglichen Zeitpunkt zu erkennen oder die Behinderung durch gezielte Förder- und Behandlungsmaßnahmen auszugleichen oder zu mildern.

(3) ¹Zur Abgrenzung der in den Absätzen 1 und 2 genannten Leistungen und der sonstigen Leistungen dieser Dienste und Einrichtungen, zur Übernahme oder Teilung der Kosten zwischen den beteiligten Rehabilitationsträgern, zur Vereinbarung und Abrechnung der Entgelte sowie zur Finanzierung werden gemeinsame Empfehlungen vereinbart; § 13 Abs. 3, 4 und 6 gilt entsprechend. ²Landesrecht kann vorsehen, dass an der Komplexleistung weitere Stellen, insbesondere die Kultusverwaltung, zu beteiligen sind. ³In diesem Fall ist eine Erweiterung der gemeinsamen Empfehlungen anzustreben.

A. Normzweck und Normgeschichte

1 Nach § 26 Abs. 2 S. 2 SGB IX gehört Früherkennung und Frühförderung von Kindern zu den Maßnahmen der medizinischen Rehabilitation. Durch § 30 soll gesichert werden, dass diese Leistungen möglichst frühzeitig sowie integriert und zusammen mit den Leistungen der sozialen Rehabilitation nach § 56 „aus einer Hand" erbracht werden. Dies wird vor allem mit dem Begriff der **„Komplexleistung"** umschrieben. Damit ist § 30 eine Norm, die den Paradigmenwechsel, der mit dem SGB IX eingeleitet worden ist (Welti NJW 2001, 2217), besonders anschaulich zum Ausdruck bringt.

2 Eine solche integrierende Regelung bestand im Rehabilitationsrecht vor 2001 nicht. Die damaligen Regelungen zur Frühförderung waren ausschließlich sektoral begrenzt und mit typischen sektoralen, letztlich nicht zielführenden Fragen – zB dem Status nichtärztlicher Leistungen im Rahmen der ärztlich geprägten Leistungswelt des SGB V – befasst. Ein wesentlicher Anstoß für die Schaffung einer integrierenden Norm war die Ratifikation der **UN-Kinderschutzkonvention**, die auch spezifische Fördermaßnahmen für behinderte Kinder vorschreibt.

3 Die Norm des § 30 SGB IX fand ihren wesentlichen Inhalt bereits im Regierungsentwurf (BT-Drs. 14/5074, S. 107), der im weiteren Gesetzgebungsverfahren mehrfach modifiziert wurde. Die Möglichkeiten der ambulanten und mobilen Frühförderung wurden ausdrücklich in die Regelung einbezogen (BT-Drs. 14/5800, S. 32); die Rehabilitationsträger wurden verpflichtet, die wesentlichen

Abläufe der Frühförderung in gemeinsamen Empfehlungen nach § 13 SGB IX zu regeln. Solche Empfehlungen wurden jedoch von den Trägern nicht vereinbart. Nachdem auch eine Aufforderung des Ministeriums nach § 32 SGB IX erfolglos geblieben war (Liebig in LPK-SGB IX § 30 Rn. 14), wurde 2003 die **Frühförderungsverordnung** (FrühV) vom 24. Juni 2003 verabschiedet und in Kraft gesetzt (BGBl. I S. 998). Mit dieser Verordnung sollte vor allem eine einheitliche und integrierte Leistungserbringung gesichert werden.

Eine vom BMAS in Auftrag gegebene und auf der Homepage publizierte **Evaluationsstudie** des IGS, die 2008 veröffentlicht worden ist, zeigte einerseits eine beachtliche Verbreitung der Frühförderung, die in 128 sozialpädiatrischen Zentren sowie in über 1000 Frühförderstellen insgesamt mehr als 100.000 behinderte Kinder fördert und betreut. Zugleich zeigte diese Evaluation deutliche regionale Unterschiede (BT-Drs. 16/13829 S. 38). Vor allem die integrierte Leistungserbringung und die Koordination der Rehabilitationsträger sind bis heute nur partiell auffindbar (HK-SGB IX/Lachwitz § 30 Rn. 13 a). Diese Problemlage hatte sich bereits abgezeichnet, als die Rehabilitationsträger trotz Aufforderung durch das Ministerium keine gemeinsame Empfehlung vereinbart hatten. Nur in einer Minderheit der Frühförderstellen erfolgt eine integrierte Komplexleistung; es dominieren geteilte oder additive Leistungen, so dass auch die Bedarfsfeststellung nicht hinreichend durch die gebotene interdisziplinäre Diagnostik (HK-SGB IX/Lachwitz FrühV § 7 Rn. 2) und die Orientierung an den ICF geprägt ist.

Neben der Evaluation durch das IGS ist die rechtspolitische Diskussion um die Frühförderung vor allem durch die Ratifikation der **UN-Behindertenrechtskonvention** im Jahr 2009 stimuliert worden. Frühförderung ist den Maßnahmen der Habilitation zugunsten behinderter Kinder und Jugendlicher zuzuordnen, die die einzelnen Staaten nach Art. 26 der Konvention effektiv zu realisieren haben. Das mit der UNBRK verbundene Konzept der sozialen Inklusion setzt eine präventive und interdisziplinäre Leistungserbringung voraus. Angesichts der festgestellten Defizite ist die rechtspolitische Diskussion auf diesem Feld inzwischen in Gang gekommen. Ein 2009 vorgelegtes „Verbändepapier" der Wohlfahrts- und Behindertenverbände sowie eine 2010 beschlossene Stellungnahme der DVfR (Rehabilitation 2011, 128) verlangen **gesetzliche und administrative Maßnahmen zur Verringerung des Vollzugsdefizits**.

B. Früherkennung

Früherkennung ist von großer Bedeutung, weil Maßnahme der Prävention (§ 3 SGB IX) und der Rehabilitation umso erfolgreicher sind, je früher sie einsetzen. Deshalb verpflichtet § 30 SGB IX zu einer möglichst früh einsetzenden Früherkennung. Diese Erkennung soll vor allem gefördert werden durch die Kinderuntersuchungen nach § 26 SGB V, die den Krankenkassen obliegt. In der konkreten Ausführung ist es vor allem Sache der Vertragsärzte, bei auffälligen Untersuchungsergebnissen zu veranlassen, dass die Erziehungsberechtigten die Frühförderstellen bzw. die sozialpädiatrischen Zentren einschalten. Diese sollen nach ihrer Ausstattung und Organisation geeignet sein, die erforderliche „**interdisziplinäre Diagnostik**" zu realisieren.

Die Integration soll sich zunächst bewähren in der **interdisziplinären Feststellung des Förderbedarfs**, die bereits durch § 10 SGB IX vorgeschrieben ist. Auf dieser Basis ist dann ein einheitlicher **Förder- und Behandlungsplan nach § 7 FrühV** zu erstellen, der die koordinierte und einheitliche Leistungserbringung sicherstellt. In dieser Funktion geht er über den einfachen Teilhabeplan nach § 13 SGB IX hinaus. Eine Schlüsselrolle spielt dabei die rechtzeitige **Beratung und Einbeziehung der Erziehungsberechtigten**; der Plan ist mit ihnen zusammen zu erarbeiten und fortzuschreiben (NPMP/Majerski-Pahlen § 30 Rn. 5; GK-SGB IX/Schimanski § 30 Rn. 28). Der endgültige Plan ist von ärztlicher und pädagogischer Seite gemeinsam zu verantworten; er ist noch nicht die Anspruchsgrundlage, sondern die Grundlage für den Antrag an den/die Rehabilitationsträger.

C. Frühförderung

Im Mittelpunkt der Norm des § 30 steht die Frühförderung als eine **Komplexleistung**, mit der verschiedene Rehabilitationsleistungen kombiniert und miteinander verzahnt werden. In der Gesetzesbegründung wurde als Komplexleistung ein **interdisziplinär abgestimmtes System** ärztlicher, medizinisch therapeutischer, psychologischer, heilpädagogischer und sozialpädagogischer Leistungen bezeichnet, das auch ambulante und mobile Beratung einschließt (BT-Drs. 14/5074, S. 107). Ziel dieser interdisziplinären Leistung soll es sein, dass eine zwischen den beteiligten Leistungsträgern abgestimmte Leistungserbringung „wie aus einer Hand" erfolgt.

Zu den verschiedenen Maßnahmen der Frühförderung gehören zunächst die medizinischen Leistungen fachübergreifend arbeitender Dienste und Einrichtungen nach § 30 Abs. 1 Nr. 1 sowie die nichtärztlichen Leistungen fachübergreifend arbeitender Dienste und Einrichtungen nach § 30 Abs. 1 Nr. 2 SGB IX. Die medizinischen Leistungen umfassen sowohl ärztliche Behandlungsmaßnahmen und die Verordnung von Heil- und Hilfsmitteln sowie spezifische Maßnahmen auf dem Gebiet frühkindlicher Diagnostik. Sie werden vor allem erbracht in und von **sozialpädiatrischen Zentren nach § 119 SGB V.** Die nichtärztlichen Leistungen nach § 30 Abs. 1 Nr. 2 SGB IX umfassen vor allem psychologische und heilpädagogische sowie psychosoziale Leistungen. Sie werden vor allem erbracht durch die **Frühförderstellen**, die inzwischen in einem relativ dichten Netz in den verschiedenen Regionen geschaffen worden sind. Ihr weiterer Ausbau unterliegt der **Strukturverantwortung der Rehabilitationsträger** nach § 19 SGB IX.

10 Die **Leistungserbringung „aus einer Hand"** soll gesichert werden durch § 8 FrühV. Danach können sich die Eltern mit ihren Kindern sowohl an die Krankenkassen als auch an die Träger der Jugend- und Sozialhilfe, aber auch nur an einen der Rehabilitationsträger wenden. Diese sind nach Prüfung und Bewilligung des Antrags jeweils für ihre Maßnahmen zur „ganzheitlichen Leistung" auf der Grundlage des Förder- und Behandlungsplans verpflichtet und können die **Erstattung** ihrer Aufwendungen den anderen Trägern jeweils in Rechnung stellen, ohne dass die Eltern mit zusätzlichen Antragsaufgaben belastet werden. Insoweit enthält § 8 FrühV eine spezifische Konkretisierung des Grundsatzes von § 14 SGB IX und sichert im Außenverhältnis eine zügige Klärung der Zuständigkeiten (vgl. Kreikebohm § 14 Rn. 2).

11 Für die medizinischen Leistungen sind nach § 6 Abs. 1 Nr. 1 SGB IX die Krankenkassen zuständig, die die Leistungen mit den Vertragsärzten und den sozialpädiatrischen Zentren abzurechnen haben. Die nichtärztlichen Leistungen sind zu erbringen durch die Träger der Sozialhilfe bzw. der Jugendhilfe, die nach § 6 Abs. 1 Nr. 6 oder 7 SGB IX zuständig sind. Deren **Zuständigkeiten** werden durch § 10 SGB VIII in der Weise geordnet, dass die Jugendhilfe umfassend bei seelisch behinderten Jugendlichen (§ 35 a SGB VIII) zuständig ist, während in den anderen Fällen die Träger der Sozialhilfeleistungen, vor allem der Eingliederungshilfe, zu erbringen haben. Durch Landesrecht können andere Abgrenzungen vorgenommen werden

12 In engem **Funktionszusammenhang** werden Leistungen nach § 56 SGB IX erbracht. Bei diesen Leistungen handelt es sich nicht um medizinische Rehabilitation, sondern um Teilhabe am Leben in der Gemeinschaft nach §§ 55 ff. SBG IX (BSG 29. 9. 2009 – B 8 SO 19/08 R, SGb 2010, 649 m. Anm. Pattar; vgl. FKS/Busch § 56 Rn. 7). Für diese Teilhabe ordnet § 55 Abs. 2 SGB IX an, dass diese Leistungen nur bis zur Einschulung zu erbringen sind, weil danach die Förderung vor allem durch das Schulsystem erfolgen soll. In der Praxis bedeutet dies, dass die koordinierte Komplexleistung in der Regel zu diesem Zeitpunkt endet. Da sehr gute Erfahrungen mit dieser Komplexleistung gemacht worden sind, wird den Eltern in der verwaltungsgerichtlichen Judikatur das Recht eingeräumt, eine spätere Einschulung bzw. eine zeitweilige Befreiung der Kinder von der Schulpflicht durchsetzen zu können, wenn auf diese Weise der Erfolg einer frühzeitig begonnenen Komplexleistung nach § 30 SGB IX gesichert werden kann (VG Berlin 1. 7. 2009 – 3 L 256/09).

D. Verfahrensablauf und Rechtsdurchsetzung

13 In der Praxis beginnt der Verfahrensablauf der Früherkennung und Frühförderung regelmäßig mit der Verordnung interdisziplinärer Diagnostik durch einen Vertragsarzt, die in einem sozialpädiatrischen Zentrum oder in einer interdisziplinären Frühförderstelle zu erfolgen hat. Als Ergebnis der Diagnostik wird nach § 7 FrühV der Förder- und Behandlungsplan in Abstimmung mit den Erziehungsberechtigten aufgestellt; der Plan ist vom Vertragsarzt und von der pädagogischen Fachkraft zu unterschreiben.

14 Auf dieser Basis erfolgen dann die einzelnen Maßnahmen der Frühförderung. Wenn insoweit Streit besteht, dann stehen den Kindern, die durch ihre Eltern vertreten werden, regelmäßig das Verwaltungsverfahren des SGB X und der **Rechtsweg zu den Sozialgerichten** offen. Typischerweise wird sich allerdings der Antrag der Berechtigten jeweils auf konkrete und spezifische Leistungen belaufen. Da Frühförderung möglichst zügig und präventiv erfolgen soll, ist in den letzten Jahren die **Bedeutung des einstweiligen Rechtsschutzes** in diesem Bereich ähnlich wie in anderen Bereichen der Rehabilitation gewachsen (dazu Lode SGb 2009, 211 ff.). Die Erbringung der jeweiligen Leistungen kann nach § 86 b SGG durch einstweilige Anordnungen geregelt werden. Angesichts der Besonderheiten der Frühförderung und der schwerwiegenden Folgen einer Verzögerung professioneller Frührehabilitation ist ein Anordnungsgrund regelmäßig zu bejahen (FKS/Busch § 30 Rn. 36). Der Anordnungsanspruch wird sich regelmäßig aus § 30 Abs. 1 SGB IX ergeben (LSG Berlin-Brandenburg 11. 12. 2007 – L 23 B 249/07 SO ER, BehinR 2009, 74 m. Anm. Lode).

15 Angesichts der Notwendigkeit frühzeitiger Leistungserbringung ist dem Kind zusammen mit den Eltern auch der Weg der **Selbstbeschaffung nach Maßgabe des § 15 SGB IX** möglich. In einem solchen Fall wäre später im sozialgerichtlichen Verfahren der Anspruch auf Kostenerstattung durchzusetzen.

§ 31 Hilfsmittel

(1) **Hilfsmittel (Körperersatzstücke sowie orthopädische und andere Hilfsmittel)** nach § 26 Abs. 2 Nr. 6 umfassen die Hilfen, die von den Leistungsempfängern getragen oder

mitgeführt oder bei einem Wohnungswechsel mitgenommen werden können und unter Berücksichtigung der Umstände des Einzelfalles erforderlich sind, um
1. einer drohenden Behinderung vorzubeugen,
2. den Erfolg einer Heilbehandlung zu sichern oder
3. eine Behinderung bei der Befriedigung von Grundbedürfnissen des täglichen Lebens auszugleichen, soweit sie nicht allgemeine Gebrauchsgegenstände des täglichen Lebens sind.

(2) Der Anspruch umfasst auch die notwendige Änderung, Instandhaltung, Ersatzbeschaffung sowie die Ausbildung im Gebrauch der Hilfsmittel. Der Rehabilitationsträger soll
1. vor einer Ersatzbeschaffung prüfen, ob eine Änderung oder Instandsetzung von bisher benutzten Hilfsmitteln wirtschaftlicher und gleich wirksam ist,
2. die Bewilligung der Hilfsmittel davon abhängig machen, dass die behinderten Menschen sie sich anpassen oder sich in ihrem Gebrauch ausbilden lassen.

(3) Wählen Leistungsempfänger ein geeignetes Hilfsmittel in einer aufwendigeren Ausführung als notwendig, tragen sie die Mehrkosten selbst.

(4) ^{1}Hilfsmittel können auch leihweise überlassen werden. ^{2}In diesem Fall gelten die Absätze 2 und 3 entsprechend.

§ 32 Verordnungsermächtigungen

Das Bundesministerium für Arbeit und Soziales wird ermächtigt, durch Rechtsverordnung mit Zustimmung des Bundesrates
1. Näheres zur Abgrenzung der in § 30 Abs. 1 und 2 genannten Leistungen und der sonstigen Leistungen dieser Dienste und Einrichtungen, zur Übernahme oder Teilung der Kosten zwischen den beteiligten Rehabilitationsträgern, zur Vereinbarung und Abrechnung der Entgelte sowie zur Finanzierung zu regeln, wenn gemeinsame Empfehlungen nach § 30 Abs. 3 nicht innerhalb von sechs Monaten, nachdem das Bundesministerium für Arbeit und Soziales dazu aufgefordert haben, vereinbart oder unzureichend gewordene Empfehlungen nicht innerhalb dieser Frist geändert worden sind,
2. Näheres zur Auswahl der im Einzelfall geeigneten Hilfsmittel, insbesondere zum Verfahren, zur Eignungsprüfung, Dokumentation und leihweisen Überlassung der Hilfsmittel sowie zur Zusammenarbeit der anderen Rehabilitationsträger mit den orthopädischen Versorgungsstellen zu regeln.

Kapitel 5. Leistungen zur Teilhabe am Arbeitsleben

§ 33 Leistungen zur Teilhabe am Arbeitsleben

(1) Zur Teilhabe am Arbeitsleben werden die erforderlichen Leistungen erbracht, um die Erwerbsfähigkeit behinderter oder von Behinderung bedrohter Menschen entsprechend ihrer Leistungsfähigkeit zu erhalten, zu verbessern, herzustellen oder wiederherzustellen und ihre Teilhabe am Arbeitsleben möglichst auf Dauer zu sichern.

(2) Behinderten Frauen werden gleiche Chancen im Erwerbsleben gesichert, insbesondere durch in der beruflichen Zielsetzung geeignete, wohnortnahe und auch in Teilzeit nutzbare Angebote.

(3) Die Leistungen umfassen insbesondere
1. Hilfen zur Erhaltung oder Erlangung eines Arbeitsplatzes einschließlich vermittlungsunterstützende Leistungen,
2. Berufsvorbereitung einschließlich einer wegen der Behinderung erforderlichen Grundausbildung,
2 a. individuelle betriebliche Qualifizierung im Rahmen Unterstützter Beschäftigung,
3. berufliche Anpassung und Weiterbildung, auch soweit die Leistungen einen zur Teilnahme erforderlichen schulischen Abschluss einschließen,
4. berufliche Ausbildung, auch soweit die Leistungen in einem zeitlich nicht überwiegenden Abschnitt schulisch durchgeführt werden,
5. Gründungszuschuss entsprechend § 57 des Dritten Buches durch die Rehabilitationsträger nach § 6 Abs. 1 Nr. 2 bis 5,
6. sonstige Hilfen zur Förderung der Teilhabe am Arbeitsleben, um behinderten Menschen eine angemessene und geeignete Beschäftigung oder eine selbständige Tätigkeit zu ermöglichen und zu erhalten.

(4) ^{1}Bei der Auswahl der Leistungen werden Eignung, Neigung, bisherige Tätigkeit sowie Lage und Entwicklung auf dem Arbeitsmarkt angemessen berücksichtigt. ^{2}Soweit

erforderlich, wird dabei die berufliche Eignung abgeklärt oder eine Arbeitserprobung durchgeführt; in diesem Fall werden die Kosten nach Absatz 7, Reisekosten nach § 53 sowie Haushaltshilfe und Kinderbetreuungskosten nach § 54 übernommen.

(5) Die Leistungen werden auch für Zeiten notwendiger Praktika erbracht.

(6) Die Leistungen umfassen auch medizinische, psychologische und pädagogische Hilfen, soweit diese Leistungen im Einzelfall erforderlich sind, um die in Absatz 1 genannten Ziele zu erreichen oder zu sichern und Krankheitsfolgen zu vermeiden, zu überwinden, zu mindern oder ihre Verschlimmerung zu verhüten, insbesondere

1. Hilfen zur Unterstützung bei der Krankheits- und Behinderungsverarbeitung,
2. Aktivierung von Selbsthilfepotentialen,
3. mit Zustimmung der Leistungsberechtigten Information und Beratung von Partnern und Angehörigen sowie von Vorgesetzten und Kollegen,
4. Vermittlung von Kontakten zu örtlichen Selbsthilfe- und Beratungsmöglichkeiten,
5. Hilfen zur seelischen Stabilisierung und zur Förderung der sozialen Kompetenz, unter anderem durch Training sozialer und kommunikativer Fähigkeiten und im Umgang mit Krisensituationen,
6. Training lebenspraktischer Fähigkeiten,
7. Anleitung und Motivation zur Inanspruchnahme von Leistungen zur Teilhabe am Arbeitsleben,
8. Beteiligung von Integrationsfachdiensten im Rahmen ihrer Aufgabenstellung (§ 110).

(7) Zu den Leistungen gehört auch die Übernahme

1. der erforderlichen Kosten für Unterkunft und Verpflegung, wenn für die Ausführung einer Leistung eine Unterbringung außerhalb des eigenen oder des elterlichen Haushalts wegen Art oder Schwere der Behinderung oder zur Sicherung des Erfolges der Teilhabe notwendig ist,
2. der erforderlichen Kosten, die mit der Ausführung einer Leistung in unmittelbarem Zusammenhang stehen, insbesondere für Lehrgangskosten, Prüfungsgebühren, Lernmittel, vermittlungsunterstützende Leistungen.

(8) [1]Leistungen nach Absatz 3 Nr. 1 und 6 umfassen auch

1. Kraftfahrzeughilfe nach der Kraftfahrzeughilfe-Verordnung,
2. den Ausgleich unvermeidbaren Verdienstausfalls des behinderten Menschen oder einer erforderlichen Begleitperson wegen Fahrten der An- und Abreise zu einer Bildungsmaßnahme und zur Vorstellung bei einem Arbeitgeber, einem Träger oder einer Einrichtung für behinderte Menschen durch die Rehabilitationsträger nach § 6 Abs. 1 Nr. 2 bis 5,
3. die Kosten einer notwendigen Arbeitsassistenz für schwerbehinderte Menschen als Hilfe zur Erlangung eines Arbeitsplatzes,
4. Kosten für Hilfsmittel, die wegen Art oder Schwere der Behinderung zur Berufsausübung, zur Teilnahme an einer Leistung zur Teilhabe am Arbeitsleben oder zur Erhöhung der Sicherheit auf dem Weg vom und zum Arbeitsplatz und am Arbeitsplatz erforderlich sind, es sei denn, dass eine Verpflichtung des Arbeitgebers besteht oder solche Leistungen als medizinische Leistung erbracht werden können,
5. Kosten technischer Arbeitshilfen, die wegen Art oder Schwere der Behinderung zur Berufsausübung erforderlich sind und
6. Kosten der Beschaffung, der Ausstattung und der Erhaltung einer behinderungsgerechten Wohnung in angemessenem Umfang.

[2]Die Leistung nach Satz 1 Nr. 3 wird für die Dauer von bis zu drei Jahren erbracht und in Abstimmung mit dem Rehabilitationsträger nach § 6 Abs. 1 Nr. 1 bis 5 durch das Integrationsamt nach § 102 Abs. 4 ausgeführt. [3]Der Rehabilitationsträger erstattet dem Integrationsamt seine Aufwendungen. [4]Der Anspruch nach § 102 Abs. 4 bleibt unberührt.

§ 34 Leistungen an Arbeitgeber

(1) [1]Die Rehabilitationsträger nach § 6 Abs. 1 Nr. 2 bis 5 können Leistungen zur Teilhabe am Arbeitsleben auch an Arbeitgeber erbringen, insbesondere als

1. Ausbildungszuschüsse zur betrieblichen Ausführung von Bildungsleistungen,
2. Eingliederungszuschüsse,
3. Zuschüsse für Arbeitshilfen im Betrieb,
4. teilweise oder volle Kostenerstattung für eine befristete Probebeschäftigung.

[2]Die Leistungen können unter Bedingungen und Auflagen erbracht werden.

(2) Ausbildungszuschüsse nach Absatz 1 Satz 1 Nr. 1 können für die gesamte Dauer der Maßnahme geleistet werden und sollen bei Ausbildungsmaßnahmen die von den Arbeit-

gebern im letzten Ausbildungsjahr zu zahlenden monatlichen Ausbildungsvergütungen nicht übersteigen.

(3) ¹Eingliederungszuschüsse nach Absatz 1 Satz 1 Nr. 2 betragen höchstens 50 vom Hundert der vom Arbeitgeber regelmäßig gezahlten Entgelte, soweit sie die tariflichen Arbeitsentgelte oder, wenn eine tarifliche Regelung nicht besteht, die für vergleichbare Tätigkeiten ortsüblichen Arbeitsentgelte im Rahmen der Beitragsbemessungsgrenze in der Arbeitsförderung nicht übersteigen; die Leistungen sollen im Regelfall für nicht mehr als ein Jahr geleistet werden. ²Soweit es für die Teilhabe am Arbeitsleben erforderlich ist, können die Leistungen um bis zu 20 Prozentpunkte höher festgelegt und bis zu einer Förderungshöchstdauer von zwei Jahren erbracht werden. ³Werden sie für mehr als ein Jahr geleistet, sind sie entsprechend der zu erwartenden Zunahme der Leistungsfähigkeit der Leistungsberechtigten und den abnehmenden Eingliederungserfordernissen gegenüber der bisherigen Förderungshöhe, mindestens um zehn Prozentpunkte, zu vermindern. ⁴Bei der Berechnung nach Satz 1 wird auch der Anteil des Arbeitgebers am Gesamtsozialversicherungsbeitrag berücksichtigt. ⁵Eingliederungszuschüsse werden zurückgezahlt, wenn die Arbeitsverhältnisse während des Förderungszeitraums oder innerhalb eines Zeitraums, der der Förderungsdauer entspricht, längstens jedoch von einem Jahr, nach dem Ende der Leistungen beendet werden; dies gilt nicht, wenn

1. die Leistungsberechtigten die Arbeitsverhältnisse durch Kündigung beenden oder das Mindestalter für den Bezug der gesetzlichen Altersrente erreicht haben oder
2. die Arbeitgeber berechtigt waren, aus wichtigem Grund ohne Einhaltung einer Kündigungsfrist oder aus Gründen, die in der Person oder dem Verhalten des Arbeitnehmers liegen, oder aus dringenden betrieblichen Erfordernissen, die einer Weiterbeschäftigung in diesem Betrieb entgegenstehen, zu kündigen.

⁶Die Rückzahlung ist auf die Hälfte des Förderungsbetrages, höchstens aber den im letzten Jahr vor der Beendigung des Beschäftigungsverhältnisses gewährten Förderungsbetrag begrenzt; ungeförderte Nachbeschäftigungszeiten werden anteilig berücksichtigt.

§ 35 Einrichtungen der beruflichen Rehabilitation

(1) ¹Leistungen werden durch Berufsbildungswerke, Berufsförderungswerke und vergleichbare Einrichtungen der beruflichen Rehabilitation ausgeführt, soweit Art oder Schwere der Behinderung oder die Sicherung des Erfolges die besonderen Hilfen dieser Einrichtungen erforderlich machen. ²Die Einrichtung muss

1. nach Dauer, Inhalt und Gestaltung der Leistungen, Unterrichtsmethode, Ausbildung und Berufserfahrung der Leitung und der Lehrkräfte sowie der Ausgestaltung der Fachdienste eine erfolgreiche Ausführung der Leistung erwarten lassen,
2. angemessene Teilnahmebedingungen bieten und behinderungsgerecht sein, insbesondere auch die Beachtung der Erfordernisse des Arbeitsschutzes und der Unfallverhütung gewährleisten,
3. den Teilnehmenden und den von ihnen zu wählenden Vertretungen angemessene Mitwirkungsmöglichkeiten an der Ausführung der Leistungen bieten sowie
4. die Leistung nach den Grundsätzen der Wirtschaftlichkeit und Sparsamkeit, insbesondere zu angemessenen Vergütungssätzen, ausführen.

³Die zuständigen Rehabilitationsträger vereinbaren hierüber gemeinsame Empfehlungen nach den §§ 13 und 20.

(2) ¹Werden Leistungen zur beruflichen Ausbildung in Einrichtungen der beruflichen Rehabilitation ausgeführt, sollen die Einrichtungen bei Eignung der behinderten Menschen darauf hinwirken, dass Teile dieser Ausbildung auch in Betrieben und Dienststellen durchgeführt werden. ²Die Einrichtungen der beruflichen Rehabilitation unterstützen die Arbeitgeber bei der betrieblichen Ausbildung und bei der Betreuung der auszubildenden behinderten Jugendlichen.

§ 36 Rechtsstellung der Teilnehmenden

¹Werden Leistungen in Einrichtungen der beruflichen Rehabilitation ausgeführt, werden die Teilnehmenden nicht in den Betrieb der Einrichtungen eingegliedert. ²Sie sind keine Arbeitnehmer im Sinne des Betriebsverfassungsgesetzes und wählen zu ihrer Mitwirkung besondere Vertreter. ³Bei der Ausführung werden die arbeitsrechtlichen Grundsätze über den Persönlichkeitsschutz, die Haftungsbeschränkung sowie die gesetzlichen Vorschriften über den Arbeitsschutz, den Schutz vor Diskriminierungen in Beschäftigung und Beruf, den Erholungsurlaub und die Gleichberechtigung von Männern und Frauen entsprechend angewendet.

§ 37 Dauer von Leistungen

(1) Leistungen werden für die Zeit erbracht, die vorgeschrieben oder allgemein üblich ist, um das angestrebte Teilhabeziel zu erreichen; eine Förderung kann darüber hinaus erfolgen, wenn besondere Umstände dies rechtfertigen.

(2) Leistungen zur beruflichen Weiterbildung sollen in der Regel bei ganztägigem Unterricht nicht länger als zwei Jahre dauern, es sei denn, dass das Teilhabeziel nur über eine länger dauernde Leistung erreicht werden kann oder die Eingliederungsaussichten nur durch eine länger dauernde Leistung wesentlich verbessert werden.

§ 38 Beteiligung der Bundesagentur für Arbeit

¹Die Bundesagentur für Arbeit nimmt auf Anforderung eines anderen Rehabilitationsträgers zu Notwendigkeit, Art und Umfang von Leistungen unter Berücksichtigung arbeitsmarktlicher Zweckmäßigkeit gutachterlich Stellung. ²Dies gilt auch, wenn sich die Leistungsberechtigten in einem Krankenhaus oder einer Einrichtung der medizinischen oder der medizinisch-beruflichen Rehabilitation aufhalten.

§ 38a Unterstützte Beschäftigung

(1) ¹Ziel der Unterstützten Beschäftigung ist, behinderten Menschen mit besonderem Unterstützungsbedarf eine angemessene, geeignete und sozialversicherungspflichtige Beschäftigung zu ermöglichen und zu erhalten. ²Unterstützte Beschäftigung umfasst eine individuelle betriebliche Qualifizierung und bei Bedarf Berufsbegleitung.

(2) ¹Leistungen zur individuellen betrieblichen Qualifizierung erhalten behinderte Menschen insbesondere, um sie für geeignete betriebliche Tätigkeiten zu erproben, auf ein sozialversicherungspflichtiges Beschäftigungsverhältnis vorzubereiten und bei der Einarbeitung und Qualifizierung auf einem betrieblichen Arbeitsplatz zu unterstützen. ²Die Leistungen umfassen auch die Vermittlung von berufsübergreifenden Lerninhalten und Schlüsselqualifikationen sowie die Weiterentwicklung der Persönlichkeit des behinderten Menschen. ³Die Leistungen werden vom zuständigen Rehabilitationsträger nach § 6 Abs. 1 Nr. 2 bis 5 für bis zu zwei Jahre erbracht, soweit sie wegen Art oder Schwere der Behinderung erforderlich sind. ⁴Sie können bis zu einer Dauer von weiteren zwölf Monaten verlängert werden, wenn auf Grund der Art oder Schwere der Behinderung der gewünschte nachhaltige Qualifizierungserfolg im Einzelfall nicht anders erreicht werden kann und hinreichend gewährleistet ist, dass eine weitere Qualifizierung zur Aufnahme einer sozialversicherungspflichtigen Beschäftigung führt.

(3) ¹Leistungen der Berufsbegleitung erhalten behinderte Menschen insbesondere, um nach Begründung eines sozialversicherungspflichtigen Beschäftigungsverhältnisses die zu dessen Stabilisierung erforderliche Unterstützung und Krisenintervention zu gewährleisten. ²Die Leistungen werden bei Zuständigkeit eines Rehabilitationsträgers nach § 6 Abs. 1 Nr. 3 oder 5 von diesem, im Übrigen von dem Integrationsamt im Rahmen seiner Zuständigkeit erbracht, solange und soweit sie wegen Art oder Schwere der Behinderung zur Sicherung des Beschäftigungsverhältnisses erforderlich sind.

(4) Stellt der Rehabilitationsträger während der individuellen betrieblichen Qualifizierung fest, dass voraussichtlich eine anschließende Berufsbegleitung erforderlich ist, für die ein anderer Leistungsträger zuständig ist, beteiligt er diesen frühzeitig.

(5) ¹Die Unterstützte Beschäftigung kann von Integrationsfachdiensten oder anderen Trägern durchgeführt werden. ²Mit der Durchführung kann nur beauftragt werden, wer über die erforderliche Leistungsfähigkeit verfügt, um seine Aufgaben entsprechend den individuellen Bedürfnissen der behinderten Menschen erfüllen zu können. ³Insbesondere müssen die Beauftragten
1. über Fachkräfte verfügen, die eine geeignete Berufsqualifikation, eine psychosoziale oder arbeitspädagogische Zusatzqualifikation und ausreichend Berufserfahrung besitzen,
2. in der Lage sein, den Teilnehmern geeignete individuelle betriebliche Qualifizierungsplätze zur Verfügung zu stellen und ihre berufliche Eingliederung zu unterstützen,
3. über die erforderliche räumliche und sächliche Ausstattung verfügen und
4. ein System des Qualitätsmanagements im Sinne des § 20 Abs. 2 Satz 1 anwenden.

(6) ¹Zur Konkretisierung und Weiterentwicklung der in Absatz 5 genannten Qualitätsanforderungen vereinbaren die Rehabilitationsträger nach § 6 Abs. 1 Nr. 2 bis 5 sowie die Bundesarbeitsgemeinschaft der Integrationsämter und Hauptfürsorgestellen im Rahmen

der Bundesarbeitsgemeinschaft für Rehabilitation eine gemeinsame Empfehlung. ²Die gemeinsame Empfehlung kann auch Ausführungen zu möglichen Leistungsinhalten und zur Zusammenarbeit enthalten. ³§ 13 Abs. 4, 6 und 7 und § 16 gelten entsprechend.

§ 39 Leistungen in Werkstätten für behinderte Menschen

Leistungen in anerkannten Werkstätten für behinderte Menschen (§ 136) werden erbracht, um die Leistungs- oder Erwerbsfähigkeit der behinderten Menschen zu erhalten, zu entwickeln, zu verbessern oder wiederherzustellen, die Persönlichkeit dieser Menschen weiterzuentwickeln und ihre Beschäftigung zu ermöglichen oder zu sichern.

§ 40 Leistungen im Eingangsverfahren und im Berufsbildungsbereich

(1) Leistungen im Eingangsverfahren und im Berufsbildungsbereich einer anerkannten Werkstatt für behinderte Menschen erhalten behinderte Menschen
1. im Eingangsverfahren zur Feststellung, ob die Werkstatt die geeignete Einrichtung für die Teilhabe des behinderten Menschen am Arbeitsleben ist sowie welche Bereiche der Werkstatt und welche Leistungen zur Teilhabe am Arbeitsleben für den behinderten Menschen in Betracht kommen, und um einen Eingliederungsplan zu erstellen,
2. im Berufsbildungsbereich, wenn die Leistungen erforderlich sind, um die Leistungs- oder Erwerbsfähigkeit des behinderten Menschen so weit wie möglich zu entwickeln, zu verbessern oder wiederherzustellen und erwartet werden kann, dass der behinderte Mensch nach Teilnahme an diesen Leistungen in der Lage ist, wenigstens ein Mindestmaß wirtschaftlich verwertbarer Arbeitsleistung im Sinne des § 136 zu erbringen.

(2) ¹Die Leistungen im Eingangsverfahren werden für drei Monate erbracht. ²Die Leistungsdauer kann auf bis zu vier Wochen verkürzt werden, wenn während des Eingangsverfahrens im Einzelfall festgestellt wird, dass eine kürzere Leistungsdauer ausreichend ist.

(3) ¹Die Leistungen im Berufsbildungsbereich werden für zwei Jahre erbracht. ²Sie werden in der Regel für ein Jahr bewilligt. ³Sie werden für ein weiteres Jahr bewilligt, wenn auf Grund einer rechtzeitig vor Ablauf des Förderzeitraums nach Satz 2 abzugebenden fachlichen Stellungnahme die Leistungsfähigkeit des behinderten Menschen weiterentwickelt oder wiedergewonnen werden kann.

(4) ¹Zeiten der individuellen betrieblichen Qualifizierung im Rahmen einer Unterstützten Beschäftigung nach § 38a werden zur Hälfte auf die Dauer des Berufsbildungsbereichs angerechnet. ²Allerdings dürfen die Zeiten individueller betrieblicher Qualifizierung und des Berufsbildungsbereichs insgesamt nicht mehr als 36 Monate betragen.

§ 41 Leistungen im Arbeitsbereich

(1) Leistungen im Arbeitsbereich einer anerkannten Werkstatt für behinderte Menschen erhalten behinderte Menschen, bei denen
1. eine Beschäftigung auf dem allgemeinen Arbeitsmarkt oder
2. Berufsvorbereitung, berufliche Anpassung und Weiterbildung oder berufliche Ausbildung (§ 33 Abs. 3 Nr. 2 bis 4)

wegen Art oder Schwere der Behinderung nicht, noch nicht oder noch nicht wieder in Betracht kommen und die in der Lage sind, wenigstens ein Mindestmaß an wirtschaftlich verwertbarer Arbeitsleistung zu erbringen.

(2) Die Leistungen sind gerichtet auf
1. Aufnahme, Ausübung und Sicherung einer der Eignung und Neigung des behinderten Menschen entsprechenden Beschäftigung,
2. Teilnahme an arbeitsbegleitenden Maßnahmen zur Erhaltung und Verbesserung der im Berufsbildungsbereich erworbenen Leistungsfähigkeit und zur Weiterentwicklung der Persönlichkeit sowie
3. Förderung des Übergangs geeigneter behinderter Menschen auf den allgemeinen Arbeitsmarkt durch geeignete Maßnahmen.

(3) ¹Die Werkstätten erhalten für die Leistungen nach Absatz 2 vom zuständigen Rehabilitationsträger angemessene Vergütungen, die den Grundsätzen der Wirtschaftlichkeit, Sparsamkeit und Leistungsfähigkeit entsprechen. ²Ist der Träger der Sozialhilfe zuständig, sind die Vorschriften nach dem Zehnten Kapitel des Zwölften Buches anzuwenden. ³Die Vergütungen, in den Fällen des Satzes 2 die Pauschalen und Beträge nach § 76 Abs. 2 des Zwölften Buches, berücksichtigen

1. alle für die Erfüllung der Aufgaben und der fachlichen Anforderungen der Werkstatt notwendigen Kosten sowie
2. die mit der wirtschaftlichen Betätigung der Werkstatt in Zusammenhang stehenden Kosten, soweit diese unter Berücksichtigung der besonderen Verhältnisse in der Werkstatt und der dort beschäftigten behinderten Menschen nach Art und Umfang über die in einem Wirtschaftsunternehmen üblicherweise entstehenden Kosten hinausgehen.

⁴Können die Kosten der Werkstatt nach Satz 3 Nr. 2 im Einzelfall nicht ermittelt werden, kann eine Vergütungspauschale für diese werkstattspezifischen Kosten der wirtschaftlichen Betätigung der Werkstatt vereinbart werden.

(4) ¹Bei der Ermittlung des Arbeitsergebnisses der Werkstatt nach § 12 Abs. 4 der Werkstättenverordnung werden die Auswirkungen der Vergütungen auf die Höhe des Arbeitsergebnisses dargestellt. ²Dabei wird getrennt ausgewiesen, ob sich durch die Vergütung Verluste oder Gewinne ergeben. ³Das Arbeitsergebnis der Werkstatt darf nicht zur Minderung der Vergütungen nach Absatz 3 verwendet werden.

§ 42 Zuständigkeit für Leistungen in Werkstätten für behinderte Menschen

(1) Die Leistungen im Eingangsverfahren und im Berufsbildungsbereich erbringen
1. die Bundesagentur für Arbeit, soweit nicht einer der in den Nummern 2 bis 4 genannten Träger zuständig ist,
2. die Träger der Unfallversicherung im Rahmen ihrer Zuständigkeit für durch Arbeitsunfälle Verletzte und von Berufskrankheiten Betroffene,
3. die Träger der Rentenversicherung unter den Voraussetzungen der §§ 11 bis 13 des Sechsten Buches,
4. die Träger der Kriegsopferfürsorge unter den Voraussetzungen der §§ 26 und 26a des Bundesversorgungsgesetzes.

(2) Die Leistungen im Arbeitsbereich erbringen
1. die Träger der Unfallversicherung im Rahmen ihrer Zuständigkeit für durch Arbeitsunfälle Verletzte und von Berufskrankheiten Betroffene,
2. die Träger der Kriegsopferfürsorge unter den Voraussetzungen des § 27d Abs. 1 Nr. 3 des Bundesversorgungsgesetzes,
3. die Träger der öffentlichen Jugendhilfe unter den Voraussetzungen des § 35a des Achten Buches,
4. im Übrigen die Träger der Sozialhilfe unter den Voraussetzungen des Zwölften Buches.

§ 43 Arbeitsförderungsgeld

¹Die Werkstätten für behinderte Menschen erhalten von dem zuständigen Rehabilitationsträger zur Auszahlung an die im Arbeitsbereich beschäftigten behinderten Menschen zusätzlich zu den Vergütungen nach § 41 Abs. 3 ein Arbeitsförderungsgeld. ²Das Arbeitsförderungsgeld beträgt monatlich 26 Euro für jeden im Arbeitsbereich beschäftigten behinderten Menschen, dessen Arbeitsentgelt zusammen mit dem Arbeitsförderungsgeld den Betrag von 325 Euro nicht übersteigt. ³Ist das Arbeitsentgelt höher als 299 Euro, beträgt das Arbeitsförderungsgeld monatlich den Unterschiedsbetrag zwischen dem Arbeitsentgelt und 325 Euro. ⁴Erhöhungen der Arbeitsentgelte auf Grund der Zuordnung der Kosten im Arbeitsbereich der Werkstatt gemäß § 41 Abs. 3 des Bundessozialhilfegesetzes in der ab 1. August 1996 geltenden Fassung oder gemäß § 41 Abs. 3 können auf die Zahlung des Arbeitsförderungsgeldes angerechnet werden.

Kapitel 6. Unterhaltssichernde und andere ergänzende Leistungen

§ 44 Ergänzende Leistungen

(1) Die Leistungen zur medizinischen Rehabilitation und zur Teilhabe am Arbeitsleben der in § 6 Abs. 1 Nr. 1 bis 5 genannten Rehabilitationsträger werden ergänzt durch
1. Krankengeld, Versorgungskrankengeld, Verletztengeld, Übergangsgeld, Ausbildungsgeld oder Unterhaltsbeihilfe,
2. Beiträge und Beitragszuschüsse
    a) zur Krankenversicherung nach Maßgabe des Fünften Buches, des Zweiten Gesetzes über die Krankenversicherung der Landwirte sowie des Künstlersozialversicherungsgesetzes,

b) zur Unfallversicherung nach Maßgabe des Siebten Buches,
   c) zur Rentenversicherung nach Maßgabe des Sechsten Buches sowie des Künstlersozialversicherungsgesetzes,
   d) zur Bundesagentur für Arbeit nach Maßgabe des Dritten Buches,
   e) zur Pflegeversicherung nach Maßgabe des Elften Buches,
3. ärztlich verordneten Rehabilitationssport in Gruppen unter ärztlicher Betreuung und Überwachung, einschließlich Übungen für behinderte oder von Behinderung bedrohte Frauen und Mädchen, die der Stärkung des Selbstbewusstseins dienen,
4. ärztlich verordnetes Funktionstraining in Gruppen unter fachkundiger Anleitung und Überwachung,
5. Reisekosten,
6. Betriebs- oder Haushaltshilfe und Kinderbetreuungskosten.

(2) ¹Ist der Schutz behinderter Menschen bei Krankheit oder Pflege während der Teilnahme an Leistungen zur Teilhabe am Arbeitsleben nicht anderweitig sichergestellt, können die Beiträge für eine freiwillige Krankenversicherung ohne Anspruch auf Krankengeld und zur Pflegeversicherung bei einem Träger der gesetzlichen Kranken- oder Pflegeversicherung oder, wenn dort im Einzelfall ein Schutz nicht gewährleistet ist, die Beiträge zu einem privaten Krankenversicherungsunternehmen erbracht werden. ²Arbeitslose Teilnehmer an Leistungen zur medizinischen Rehabilitation können für die Dauer des Bezuges von Verletztengeld, Versorgungskrankengeld oder Übergangsgeld einen Zuschuss zu ihrem Beitrag für eine private Versicherung gegen Krankheit oder für die Pflegeversicherung erhalten. ³Der Zuschuss wird nach § 207a Abs. 2 des Dritten Buches berechnet.

§ 45 Leistungen zum Lebensunterhalt

(1) Im Zusammenhang mit Leistungen zur medizinischen Rehabilitation leisten
1. die gesetzlichen Krankenkassen Krankengeld nach Maßgabe der §§ 44 und 46 bis 51 des Fünften Buches und des § 8 Abs. 2 in Verbindung mit den §§ 12 und 13 des Zweiten Gesetzes über die Krankenversicherung der Landwirte,
2. die Träger der Unfallversicherung Verletztengeld nach Maßgabe der §§ 45 bis 48, 52 und 55 des Siebten Buches,
3. die Träger der Rentenversicherung Übergangsgeld nach Maßgabe dieses Buches und der §§ 20 und 21 des Sechsten Buches,
4. die Träger der Kriegsopferversorgung Versorgungskrankengeld nach Maßgabe der §§ 16 bis 16h und 18a des Bundesversorgungsgesetzes.

(2) Im Zusammenhang mit Leistungen zur Teilhabe am Arbeitsleben leisten Übergangsgeld
1. die Träger der Unfallversicherung nach Maßgabe dieses Buches und der §§ 49 bis 52 des Siebten Buches,
2. die Träger der Rentenversicherung nach Maßgabe dieses Buches und der §§ 20 und 21 des Sechsten Buches,
3. die Bundesagentur für Arbeit nach Maßgabe dieses Buches und der §§ 160 bis 162 des Dritten Buches,
4. die Träger der Kriegsopferfürsorge nach Maßgabe dieses Buches und des § 26a des Bundesversorgungsgesetzes.

(3) Behinderte oder von Behinderung bedrohte Menschen haben Anspruch auf Übergangsgeld wie bei Leistungen zur Teilhabe am Arbeitsleben für den Zeitraum, in dem die berufliche Eignung abgeklärt oder eine Arbeitserprobung durchgeführt wird (§ 33 Abs. 4 Satz 2) und sie wegen der Teilnahme kein oder ein geringeres Arbeitsentgelt oder Arbeitseinkommen erzielen.

(4) Der Anspruch auf Übergangsgeld ruht, solange die Leistungsempfängerin einen Anspruch auf Mutterschaftsgeld hat; § 52 Nr. 2 des Siebten Buches bleibt unberührt.

(5) Während der Ausführung von Leistungen zur erstmaligen beruflichen Ausbildung behinderter Menschen, berufsvorbereitenden Bildungsmaßnahmen und Leistungen zur individuellen betrieblichen Qualifizierung im Rahmen Unterstützter Beschäftigung sowie im Eingangsverfahren und im Berufsbildungsbereich von Werkstätten für behinderte Menschen leisten
1. die Bundesagentur für Arbeit Ausbildungsgeld nach Maßgabe der §§ 104 bis 108 des Dritten Buches,
2. die Träger der Kriegsopferfürsorge Unterhaltsbeihilfe unter den Voraussetzungen der §§ 26 und 26a des Bundesversorgungsgesetzes.

90 SGB IX

(6) Die Träger der Kriegsopferfürsorge leisten in den Fällen des § 27 d Abs. 1 Nr. 3 des Bundesversorgungsgesetzes ergänzende Hilfe zum Lebensunterhalt nach § 27 a des Bundesversorgungsgesetzes.

(7) *(aufgehoben)*

(8) Das Krankengeld, das Versorgungskrankengeld, das Verletztengeld und das Übergangsgeld werden für Kalendertage gezahlt; wird die Leistung für einen ganzen Kalendermonat gezahlt, so wird dieser mit 30 Tagen angesetzt.

§ 46 Höhe und Berechnung des Übergangsgelds

(1) [1]Der Berechnung des Übergangsgelds werden 80 vom Hundert des erzielten regelmäßigen Arbeitsentgelts und Arbeitseinkommens, soweit es der Beitragsberechnung unterliegt (Regelentgelt) zugrunde gelegt, höchstens jedoch das in entsprechender Anwendung des § 47 berechnete Nettoarbeitsentgelt; hierbei gilt die für den Rehabilitationsträger jeweils geltende Beitragsbemessungsgrenze. [2]Bei der Berechnung des Regelentgelts und des Nettoarbeitsentgelts werden die für die jeweilige Beitragsbemessung und Beitragstragung geltenden Besonderheiten der Gleitzone nach § 20 Abs. 2 des Vierten Buches nicht berücksichtigt. [3]Das Übergangsgeld beträgt

1. für Leistungsempfänger, die mindestens ein Kind im Sinne des § 32 Abs. 1, 3 bis 5 des Einkommensteuergesetzes haben, oder deren Ehegatten oder Lebenspartner, mit denen sie in häuslicher Gemeinschaft leben, eine Erwerbstätigkeit nicht ausüben können, weil sie die Leistungsempfänger pflegen oder selbst der Pflege bedürfen und keinen Anspruch auf Leistungen aus der Pflegeversicherung haben, 75 vom Hundert; Gleiches gilt für Leistungsempfänger, die ein Stiefkind (§ 56 Absatz 2 Nummer 1 des Ersten Buches) in ihren Haushalt aufgenommen haben,
2. für die übrigen Leistungsempfänger 68 vom Hundert des nach Satz 1 oder § 48 maßgebenden Betrages. Bei Übergangsgeld der Träger der Kriegsopferfürsorge wird unter den Voraussetzungen von Satz 2 Nr. 1 ein Vomhundertsatz von 80, im Übrigen ein Vomhundertsatz von 70 zugrunde gelegt.

(2) [1]Für die Berechnung des Nettoarbeitsentgelts nach Absatz 1 Satz 1 wird der sich aus dem kalendertäglichen Hinzurechnungsbetrag nach § 47 Abs. 1 Satz 6 ergebende Anteil am Nettoarbeitsentgelt mit dem Vomhundertsatz angesetzt, der sich aus dem Verhältnis des kalendertäglichen Regelentgeltbetrages nach § 47 Abs. 1 Satz 1 bis 5 zu dem aus diesem Regelentgeltbetrag ergebenden Nettoarbeitsentgelt ergibt. [2]Das kalendertägliche Übergangsgeld darf das sich aus dem Arbeitsentgelt nach § 47 Abs. 1 Satz 1 bis 5 ergebende kalendertägliche Nettoarbeitsentgelt nicht übersteigen.

§ 47 Berechnung des Regelentgelts

(1) [1]Für die Berechnung des Regelentgelts wird das von den Leistungsempfängern im letzten vor Beginn der Leistung oder einer vorangegangenen Arbeitsunfähigkeit abgerechneten Entgeltabrechnungszeitraum, mindestens das während der letzten abgerechneten vier Wochen (Bemessungszeitraum) erzielte und um einmalig gezahltes Arbeitsentgelt verminderte Arbeitsentgelt durch die Zahl der Stunden geteilt, für die es gezahlt wurde. [2]Das Ergebnis wird mit der Zahl der sich aus dem Inhalt des Arbeitsverhältnisses ergebenden regelmäßigen wöchentlichen Arbeitsstunden vervielfacht und durch sieben geteilt. [3]Ist das Arbeitsentgelt nach Monaten bemessen oder ist eine Berechnung des Regelentgelts nach den Sätzen 1 und 2 nicht möglich, gilt der 30. Teil des in dem letzten vor Beginn der Leistung abgerechneten Kalendermonat erzielten und um einmalig gezahltes Arbeitsentgelt verminderten Arbeitsentgelts als Regelentgelt. [4]Wird mit einer Arbeitsleistung Arbeitsentgelt erzielt, das für Zeiten einer Freistellung vor oder nach dieser Arbeitsleistung fällig wird (Wertguthaben nach § 7 b des Vierten Buches), ist für die Berechnung des Regelentgelts das im Bemessungszeitraum der Beitragsberechnung zugrunde liegende und um einmalig gezahltes Arbeitsentgelt verminderte Arbeitsentgelt maßgebend; Wertguthaben, die nicht gemäß einer Vereinbarung über flexible Arbeitszeitregelungen verwendet werden (§ 23 b Abs. 2 des Vierten Buches), bleiben außer Betracht. [5]Bei der Anwendung des Satzes 1 gilt als regelmäßige wöchentliche Arbeitszeit die Arbeitszeit, die dem gezahlten Arbeitsentgelt entspricht. [6]Für die Berechnung des Regelentgelts wird der 360. Teil des einmalig gezahlten Arbeitsentgelts, das in den letzten zwölf Kalendermonaten vor Beginn der Leistung nach § 23 a des Vierten Buches der Beitragsberechnung zugrunde gelegen hat, dem nach den Sätzen 1 bis 5 berechneten Arbeitsentgelt hinzugerechnet.

(2) Bei Teilarbeitslosigkeit ist für die Berechnung das Arbeitsentgelt maßgebend, das in der infolge der Teilarbeitslosigkeit nicht mehr ausgeübten Beschäftigung erzielt wurde.

(3) Für Leistungsempfänger, die Kurzarbeitergeld bezogen haben, wird das regelmäßige Arbeitsentgelt zugrunde gelegt, das zuletzt vor dem Arbeitsausfall erzielt wurde.

(4) Das Regelentgelt wird bis zur Höhe der für die Rehabilitationsträger jeweils geltenden Leistungs- oder Beitragsbemessungsgrenze berücksichtigt, in der Rentenversicherung bis zur Höhe des der Beitragsbemessung zugrunde liegenden Entgelts.

(5) Für Leistungsempfänger, die im Inland nicht einkommensteuerpflichtig sind, werden für die Feststellung des entgangenen Nettoarbeitsentgelts die Steuern berücksichtigt, die bei einer Steuerpflicht im Inland durch Abzug vom Arbeitsentgelt erhoben würden.

§ 48 Berechnungsgrundlage in Sonderfällen

¹Die Berechnungsgrundlage für das Übergangsgeld während Leistungen zur Teilhabe am Arbeitsleben wird aus 65 vom Hundert des auf ein Jahr bezogenen tariflichen oder, wenn es an einer tariflichen Regelung fehlt, des ortsüblichen Arbeitsentgelts ermittelt, das für den Wohnsitz oder gewöhnlichen Aufenthaltsort der Leistungsempfänger gilt, wenn
1. die Berechnung nach den §§ 46 und 47 zu einem geringeren Betrag führt,
2. Arbeitsentgelt oder Arbeitseinkommen nicht erzielt worden ist oder
3. der letzte Tag des Bemessungszeitraums bei Beginn der Leistungen länger als drei Jahre zurückliegt.

²Maßgebend ist das Arbeitsentgelt in dem letzten Kalendermonat vor dem Beginn der Leistungen bis zur jeweiligen Beitragsbemessungsgrenze für diejenige Beschäftigung, für die Leistungsempfänger ohne die Behinderung nach ihren beruflichen Fähigkeiten, ihrer bisherigen beruflichen Tätigkeit und nach ihrem Lebensalter in Betracht kämen. ³Für den Kalendertag wird der 360. Teil dieses Betrages angesetzt.

§ 49 Kontinuität der Bemessungsgrundlage

Haben Leistungsempfänger Krankengeld, Verletztengeld, Versorgungskrankengeld oder Übergangsgeld bezogen und wird im Anschluss daran eine Leistung zur medizinischen Rehabilitation oder zur Teilhabe am Arbeitsleben ausgeführt, so wird bei der Berechnung der diese Leistungen ergänzenden Leistung zum Lebensunterhalt von dem bisher zugrunde gelegten Arbeitsentgelt ausgegangen; es gilt die für den Rehabilitationsträger jeweils geltende Beitragsbemessungsgrenze.

§ 50 Anpassung der Entgeltersatzleistungen

(1) Die dem Krankengeld, Versorgungskrankengeld, Verletztengeld und Übergangsgeld zugrunde liegende Berechnungsgrundlage wird jeweils nach Ablauf eines Jahres seit dem Ende des Bemessungszeitraums entsprechend der Veränderung der Bruttolöhne und -gehälter je Arbeitnehmer (§ 68 Abs. 2 Satz 1 des Sechsten Buches) vom vorvergangenen zum vergangenen Kalenderjahr an die Entwicklung der Bruttoarbeitsentgelte angepasst.

(2) Der Anpassungsfaktor errechnet sich, indem die Bruttolöhne und -gehälter je Arbeitnehmer für das vergangene Kalenderjahr durch die entsprechenden Bruttolöhne und -gehälter für das vorvergangene Kalenderjahr geteilt werden; § 68 Abs. 7 und § 121 Abs. 1 des Sechsten Buches gelten entsprechend.

(3) Eine Anpassung nach Absatz 1 erfolgt, wenn der nach Absatz 2 berechnete Anpassungsfaktor den Wert 1,0000 überschreitet.

(4) Das Bundesministerium für Arbeit und Soziales gibt jeweils zum 30. Juni eines Kalenderjahres den Anpassungsfaktor, der für die folgenden zwölf Monate maßgebend ist, im Bundesanzeiger bekannt.

§ 51 Weiterzahlung der Leistungen

(1) Sind nach Abschluss von Leistungen zur medizinischen Rehabilitation oder von Leistungen zur Teilhabe am Arbeitsleben weitere Leistungen zur Teilhabe am Arbeitsleben erforderlich, während derer dem Grunde nach Anspruch auf Übergangsgeld besteht, und können diese aus Gründen, die die Leistungsempfänger nicht zu vertreten haben, nicht unmittelbar anschließend durchgeführt werden, werden das Verletztengeld, das Versorgungskrankengeld oder das Übergangsgeld für diese Zeit weitergezahlt, wenn

1. die Leistungsempfänger arbeitsunfähig sind und keinen Anspruch auf Krankengeld mehr haben oder
2. ihnen eine zumutbare Beschäftigung aus Gründen, die sie nicht zu vertreten haben, nicht vermittelt werden kann.

(2) ¹Leistungsempfänger haben die Verzögerung insbesondere zu vertreten, wenn sie zumutbare Angebote von Leistungen zur Teilhabe am Arbeitsleben in größerer Entfernung zu ihren Wohnorten ablehnen. ²Für die Beurteilung der Zumutbarkeit ist § 121 Abs. 4 des Dritten Buches entsprechend anzuwenden.

(3) Können Leistungsempfänger Leistungen zur Teilhabe am Arbeitsleben allein aus gesundheitlichen Gründen nicht mehr, aber voraussichtlich wieder in Anspruch nehmen, werden Übergangsgeld und Unterhaltsbeihilfe bis zum Ende dieser Leistungen, längstens bis zu sechs Wochen weitergezahlt.

(4) ¹Sind die Leistungsempfänger im Anschluss an eine abgeschlossene Leistung zur Teilhabe am Arbeitsleben arbeitslos, werden Übergangsgeld und Unterhaltsbeihilfe während der Arbeitslosigkeit bis zu drei Monate weitergezahlt, wenn sie sich bei der Agentur für Arbeit arbeitslos gemeldet haben und einen Anspruch auf Arbeitslosengeld von mindestens drei Monaten nicht geltend machen können; die Dauer von drei Monaten vermindert sich um die Anzahl von Tagen, für die Leistungsempfänger im Anschluss an eine abgeschlossene Leistung zur Teilhabe am Arbeitsleben einen Anspruch aus Arbeitslosengeld geltend machen können. ²In diesem Fall beträgt das Übergangsgeld
1. bei Leistungsempfängern, bei denen die Voraussetzungen des erhöhten Bemessungssatzes nach § 46 Abs. 1 Satz 2 Nr. 1 vorliegen, 67 vom Hundert,
2. bei den übrigen Leistungsempfängern 60 vom Hundert
des sich aus § 46 Abs. 1 Satz 1 oder § 48 ergebenden Betrages.

(5) Ist im unmittelbaren Anschluss an Leistungen zur medizinischen Rehabilitation eine stufenweise Wiedereingliederung (§ 28) erforderlich, wird das Übergangsgeld bis zu deren Ende weitergezahlt.

§ 52 Einkommensanrechnung

(1) Auf das Übergangsgeld der Rehabilitationsträger nach § 6 Abs. 1 Nr. 2, 4 und 5 werden angerechnet
1. Erwerbseinkommen aus einer Beschäftigung oder einer während des Anspruchs auf Übergangsgeld ausgeübten Tätigkeit, das bei Beschäftigten um die gesetzlichen Abzüge und um einmalig gezahltes Arbeitsentgelt und bei sonstigen Leistungsempfängern um 20 vom Hundert zu vermindern ist,
2. Leistungen des Arbeitgebers zum Übergangsgeld, soweit sie zusammen mit dem Übergangsgeld das vor Beginn der Leistung erzielte, um die gesetzlichen Abzüge verminderte Arbeitsentgelt übersteigen,
3. Geldleistungen, die eine öffentlich-rechtliche Stelle im Zusammenhang mit einer Leistung zur medizinischen Rehabilitation oder einer Leistung zur Teilhabe am Arbeitsleben erbringt,
4. Renten wegen verminderter Erwerbsfähigkeit oder Verletztenrenten in Höhe des sich aus § 18a Abs. 3 Satz 1 Nr. 4 des Vierten Buches ergebenden Betrages, wenn sich die Minderung der Erwerbsfähigkeit auf die Höhe der Berechnungsgrundlage für das Übergangsgeld nicht ausgewirkt hat,
5. Renten wegen verminderter Erwerbsfähigkeit, die aus demselben Anlass wie die Leistungen zur Teilhabe erbracht werden, wenn durch die Anrechnung eine unbillige Doppelleistung vermieden wird,
6. Renten wegen Alters, die bei Berechnung des Übergangsgelds aus einem Teilarbeitsentgelt nicht berücksichtigt wurden,
7. Verletztengeld nach den Vorschriften des Siebten Buches,
8. den Nummern 1 bis 7 vergleichbare Leistungen, die von einer Stelle außerhalb des Geltungsbereichs dieses Gesetzbuchs erbracht werden.

(2) Bei der Anrechnung von Verletztenrenten mit Kinderzulage und von Renten wegen verminderter Erwerbsfähigkeit mit Kinderzuschuss auf das Übergangsgeld bleibt ein Betrag in Höhe des Kindergeldes nach § 66 des Einkommensteuergesetzes oder § 6 des Bundeskindergeldgesetzes außer Ansatz.

(3) Wird ein Anspruch auf Leistungen, um die das Übergangsgeld nach Absatz 1 Nr. 3 zu kürzen wäre, nicht erfüllt, geht der Anspruch insoweit mit Zahlung des Übergangsgelds auf den Rehabilitationsträger über; die §§ 104 und 115 des Zehnten Buches bleiben unberührt.

§ 53 Reisekosten

(1) Als Reisekosten werden die im Zusammenhang mit der Ausführung einer Leistung zur medizinischen Rehabilitation oder zur Teilhabe am Arbeitsleben erforderlichen Fahr-, Verpflegungs- und Übernachtungskosten übernommen; hierzu gehören auch die Kosten für besondere Beförderungsmittel, deren Inanspruchnahme wegen Art oder Schwere der Behinderung erforderlich ist, für eine wegen der Behinderung erforderliche Begleitperson einschließlich des für die Zeit der Begleitung entstehenden Verdienstausfalls, für Kinder, deren Mitnahme an den Rehabilitationsort erforderlich ist, weil ihre anderweitige Betreuung nicht sichergestellt ist, sowie für den erforderlichen Gepäcktransport.

(2) ¹Während der Ausführung von Leistungen zur Teilhabe am Arbeitsleben werden Reisekosten auch für im Regelfall zwei Familienheimfahrten je Monat übernommen. ²Anstelle der Kosten für die Familienheimfahrten können für Fahrten von Angehörigen vom Wohnort zum Aufenthaltsort der Leistungsempfänger und zurück Reisekosten übernommen werden.

(3) Reisekosten nach Absatz 2 werden auch im Zusammenhang mit Leistungen zur medizinischen Rehabilitation übernommen, wenn die Leistungen länger als acht Wochen erbracht werden.

(4) ¹Fahrkosten werden in Höhe des Betrages zugrunde gelegt, der bei Benutzung eines regelmäßig verkehrenden öffentlichen Verkehrsmittels der niedrigsten Klasse des zweckmäßigsten öffentlichen Verkehrsmittels zu zahlen ist, bei Benutzung sonstiger Verkehrsmittel in Höhe der Wegstreckenentschädigung nach § 5 Absatz 1 des Bundesreisekostengesetzes. ²Bei nicht geringfügigen Fahrpreiserhöhungen hat auf Antrag eine Anpassung zu erfolgen, wenn die Maßnahme noch mindestens zwei weitere Monate andauert. ³Kosten für Pendelfahrten können nur bis zur Höhe des Betrages übernommen werden, der bei unter Berücksichtigung von Art und Schwere der Behinderung zumutbarer auswärtiger Unterbringung für Unterbringung und Verpflegung zu leisten wäre.

§ 54 Haushalts- oder Betriebshilfe und Kinderbetreuungskosten

(1) ¹Haushaltshilfe wird geleistet, wenn
1. den Leistungsempfängern wegen der Ausführung einer Leistung zur medizinischen Rehabilitation oder einer Leistung zur Teilhabe am Arbeitsleben die Weiterführung des Haushalts nicht möglich ist,
2. eine andere im Haushalt lebende Person den Haushalt nicht weiterführen kann und
3. im Haushalt ein Kind lebt, das bei Beginn der Haushaltshilfe das zwölfte Lebensjahr noch nicht vollendet hat oder das behindert und auf Hilfe angewiesen ist.

²§ 38 Abs. 4 des Fünften Buches ist sinngemäß anzuwenden.

(2) Anstelle der Haushaltshilfe werden auf Antrag die Kosten für die Mitnahme oder anderweitige Unterbringung des Kindes bis zur Höhe der Kosten der sonst zu erbringenden Haushaltshilfe übernommen, wenn die Unterbringung und Betreuung des Kindes in dieser Weise sichergestellt ist.

(3) ¹Kosten für die Betreuung der Kinder des Leistungsempfängers können bis zu einem Betrag von 130 Euro je Kind und Monat übernommen werden, wenn sie durch die Ausführung einer Leistung zur medizinischen Rehabilitation oder zur Teilhabe am Arbeitsleben unvermeidbar entstehen. ²Leistungen zur Kinderbetreuung werden nicht neben Leistungen nach den Absätzen 1 und 2 erbracht. ³Der in Satz 1 genannte Betrag erhöht sich entsprechend der Veränderung der Bezugsgröße nach § 18 Abs. 1 des Vierten Buches; § 77 Abs. 3 Satz 2 bis 5 gilt entsprechend.

(4) Abweichend von den Absätzen 1 bis 3 erbringen die landwirtschaftlichen Alterskassen und die landwirtschaftlichen Krankenkassen Betriebs- und Haushaltshilfe nach den §§ 10 und 36 des Gesetzes über die Alterssicherung der Landwirte und nach den §§ 9 und 10 des Zweiten Gesetzes über die Krankenversicherung der Landwirte, die landwirtschaftlichen Berufsgenossenschaften für die bei ihnen versicherten landwirtschaftlichen Unternehmer und im Unternehmen mitarbeitenden Ehegatten nach den §§ 54 und 55 des Siebten Buches.

Kapitel 7. Leistungen zur Teilhabe am Leben in der Gemeinschaft

§ 55 Leistungen zur Teilhabe am Leben in der Gemeinschaft

(1) Als Leistungen zur Teilhabe am Leben in der Gemeinschaft werden die Leistungen erbracht, die den behinderten Menschen die Teilhabe am Leben in der Gesellschaft er-

möglichen oder sichern oder sie so weit wie möglich unabhängig von Pflege machen und nach den Kapiteln 4 bis 6 nicht erbracht werden.

(2) Leistungen nach Absatz 1 sind insbesondere
1. Versorgung mit anderen als den in § 31 genannten Hilfsmitteln oder den in § 33 genannten Hilfen,
2. heilpädagogische Leistungen für Kinder, die noch nicht eingeschult sind,
3. Hilfen zum Erwerb praktischer Kenntnisse und Fähigkeiten, die erforderlich und geeignet sind, behinderten Menschen die für sie erreichbare Teilnahme am Leben in der Gemeinschaft zu ermöglichen,
4. Hilfen zur Förderung der Verständigung mit der Umwelt,
5. Hilfen bei der Beschaffung, dem Umbau, der Ausstattung und der Erhaltung einer Wohnung, die den besonderen Bedürfnissen der behinderten Menschen entspricht,
6. Hilfen zu selbstbestimmtem Leben in betreuten Wohnmöglichkeiten,
7. Hilfen zur Teilhabe am gemeinschaftlichen und kulturellen Leben.

§ 56 Heilpädagogische Leistungen

(1) [1]Heilpädagogische Leistungen nach § 55 Abs. 2 Nr. 2 werden erbracht, wenn nach fachlicher Erkenntnis zu erwarten ist, dass hierdurch
1. eine drohende Behinderung abgewendet oder der fortschreitende Verlauf einer Behinderung verlangsamt oder
2. die Folgen einer Behinderung beseitigt oder gemildert

werden können. [2]Sie werden immer an schwerstbehinderte und schwerstmehrfachbehinderte Kinder, die noch nicht eingeschult sind, erbracht.

(2) In Verbindung mit Leistungen zur Früherkennung und Frühförderung (§ 30) und schulvorbereitenden Maßnahmen der Schulträger werden heilpädagogische Leistungen als Komplexleistung erbracht.

§ 57 Förderung der Verständigung

Bedürfen hörbehinderte Menschen oder behinderte Menschen mit besonders starker Beeinträchtigung der Sprachfähigkeit auf Grund ihrer Behinderung zur Verständigung mit der Umwelt aus besonderem Anlass der Hilfe Anderer, werden ihnen die erforderlichen Hilfen zur Verfügung gestellt oder angemessene Aufwendungen hierfür erstattet.

§ 58 Hilfen zur Teilhabe am gemeinschaftlichen und kulturellen Leben

Die Hilfen zur Teilhabe am gemeinschaftlichen und kulturellen Leben (§ 55 Abs. 2 Nr. 7) umfassen vor allem
1. Hilfen zur Förderung der Begegnung und des Umgangs mit nichtbehinderten Menschen,
2. Hilfen zum Besuch von Veranstaltungen oder Einrichtungen, die der Geselligkeit, der Unterhaltung oder kulturellen Zwecken dienen,
3. die Bereitstellung von Hilfsmitteln, die der Unterrichtung über das Zeitgeschehen oder über kulturelle Ereignisse dienen, wenn wegen Art oder Schwere der Behinderung anders eine Teilhabe am Leben in der Gemeinschaft nicht oder nur unzureichend möglich ist.

§ 59 Verordnungsermächtigung

Die Bundesregierung kann durch Rechtsverordnung mit Zustimmung des Bundesrates Näheres über Voraussetzungen, Gegenstand und Umfang der Leistungen zur Teilhabe am Leben in der Gemeinschaft sowie über das Zusammenwirken dieser Leistungen mit anderen Leistungen zur Rehabilitation und Teilhabe behinderter Menschen regeln.

Kapitel 8. Sicherung und Koordinierung der Teilhabe

Titel 1. Sicherung von Beratung und Auskunft

§ 60 Pflichten Personensorgeberechtigter

Eltern, Vormünder, Pfleger und Betreuer, die bei ihrer Personensorge anvertrauten Menschen Behinderungen (§ 2 Abs. 1) wahrnehmen oder durch die in § 61 genannten

Personen hierauf hingewiesen werden, sollen im Rahmen ihres Erziehungs- oder Betreuungsauftrags die behinderten Menschen einer gemeinsamen Servicestelle oder einer sonstigen Beratungsstelle für Rehabilitation oder einem Arzt zur Beratung über die geeigneten Leistungen zur Teilhabe vorstellen.

§ 61 Sicherung der Beratung behinderter Menschen

(1) [1]Die Beratung der Ärzte, denen eine Person nach § 60 vorgestellt wird, erstreckt sich auf die geeigneten Leistungen zur Teilhabe. [2]Dabei weisen sie auf die Möglichkeit der Beratung durch eine gemeinsame Servicestelle oder eine sonstige Beratungsstelle für Rehabilitation hin. [3]Bei Menschen, bei denen der Eintritt der Behinderung nach allgemeiner ärztlicher Erkenntnis zu erwarten ist, wird entsprechend verfahren. [4]Werdende Eltern werden auf den Beratungsanspruch bei den Schwangerschaftsberatungsstellen hingewiesen.

(2) Hebammen, Entbindungspfleger, Medizinalpersonen außer Ärzten, Lehrer, Sozialarbeiter, Jugendleiter und Erzieher, die bei Ausübung ihres Berufs Behinderungen (§ 2 Abs. 1) wahrnehmen, weisen die Personensorgeberechtigten auf die Behinderung und auf die Beratungsangebote nach § 60 hin.

(3) Nehmen Medizinalpersonen außer Ärzten und Sozialarbeiter bei Ausübung ihres Berufs Behinderungen (§ 2 Abs. 1) bei volljährigen Menschen wahr, empfehlen sie diesen Menschen oder den für sie bestellten Betreuern, eine Beratungsstelle für Rehabilitation oder einen Arzt zur Beratung über die geeigneten Leistungen zur Teilhabe aufzusuchen.

§ 62 Landesärzte

(1) In den Ländern können Landesärzte bestellt werden, die über besondere Erfahrungen in der Hilfe für behinderte und von Behinderung bedrohte Menschen verfügen.

(2) Die Landesärzte haben vor allem die Aufgabe,
1. Gutachten für die Landesbehörden, die für das Gesundheitswesen und die Sozialhilfe zuständig sind, sowie für die zuständigen Träger der Sozialhilfe in besonders schwierig gelagerten Einzelfällen oder in Fällen von grundsätzlicher Bedeutung zu erstatten,
2. die für das Gesundheitswesen zuständigen obersten Landesbehörden beim Erstellen von Konzeptionen, Situations- und Bedarfsanalysen und bei der Landesplanung zur Teilhabe behinderter und von Behinderung bedrohter Menschen zu beraten und zu unterstützen sowie selbst entsprechende Initiativen zu ergreifen,
3. die für das Gesundheitswesen zuständigen Landesbehörden über Art und Ursachen von Behinderungen und notwendige Hilfen sowie über den Erfolg von Leistungen zur Teilhabe behinderter und von Behinderung bedrohter Menschen regelmäßig zu unterrichten.

Titel 2. Klagerecht der Verbände

§ 63 Klagerecht der Verbände

[1]Werden behinderte Menschen in ihren Rechten nach diesem Buch verletzt, können an ihrer Stelle und mit ihrem Einverständnis Verbände klagen, die nach ihrer Satzung behinderte Menschen auf Bundes- oder Landesebene vertreten und nicht selbst am Prozess beteiligt sind. [2]In diesem Fall müssen alle Verfahrensvoraussetzungen wie bei einem Rechtsschutzersuchen durch den behinderten Menschen selbst vorliegen.

Titel 3. Koordinierung der Teilhabe behinderter Menschen

§ 64 Beirat für die Teilhabe behinderter Menschen

(1) [1]Beim Bundesministerium für Arbeit und Soziales wird ein Beirat für die Teilhabe behinderter Menschen gebildet, der es in Fragen der Teilhabe behinderter Menschen berät und bei Aufgaben der Koordinierung unterstützt. [2]Zu den Aufgaben des Beirats gehören insbesondere auch
1. die Unterstützung bei der Förderung von Rehabilitationseinrichtungen und die Mitwirkung bei der Vergabe der Mittel des Ausgleichsfonds,
2. die Anregung und Koordinierung von Maßnahmen zur Evaluierung der in diesem Buch getroffenen Regelungen im Rahmen der Rehabilitationsforschung und als forschungs-

begleitender Ausschuss die Unterstützung des Ministeriums bei der Festlegung von Fragestellungen und Kriterien.
³Das Bundesministerium für Arbeit und Soziales trifft Entscheidungen über die Vergabe der Mittel des Ausgleichsfonds nur auf Grund von Vorschlägen des Beirats.

(2) ¹Der Beirat besteht aus 48 Mitgliedern. ²Von diesen beruft das Bundesministerium für Arbeit und Soziales
- zwei Mitglieder auf Vorschlag der Gruppenvertreter der Arbeitnehmer im Verwaltungsrat der Bundesagentur für Arbeit,
- zwei Mitglieder auf Vorschlag der Gruppenvertreter der Arbeitgeber im Verwaltungsrat der Bundesagentur für Arbeit,
- sechs Mitglieder auf Vorschlag der Behindertenverbände, die nach der Zusammensetzung ihrer Mitglieder dazu berufen sind, behinderte Menschen auf Bundesebene zu vertreten,
- 16 Mitglieder auf Vorschlag der Länder,
- drei Mitglieder auf Vorschlag der Bundesvereinigung der kommunalen Spitzenverbände,
- ein Mitglied auf Vorschlag der Bundesarbeitsgemeinschaft der Integrationsämter und Hauptfürsorgestellen,
- ein Mitglied auf Vorschlag des Vorstands der Bundesagentur für Arbeit,
- zwei Mitglieder auf Vorschlag der Spitzenverbände der Krankenkassen,
- ein Mitglied auf Vorschlag der Spitzenvereinigungen der Träger der gesetzlichen Unfallversicherung,
- drei Mitglieder auf Vorschlag der Deutschen Rentenversicherung Bund,
- ein Mitglied auf Vorschlag der Bundesarbeitsgemeinschaft der überörtlichen Träger der Sozialhilfe,
- ein Mitglied auf Vorschlag der Bundesarbeitsgemeinschaft der Freien Wohlfahrtspflege,
- ein Mitglied auf Vorschlag der Bundesarbeitsgemeinschaft für Unterstützte Beschäftigung,
- fünf Mitglieder auf Vorschlag der Arbeitsgemeinschaften der Einrichtungen der medizinischen Rehabilitation, der Berufsförderungswerke, der Berufsbildungswerke, der Werkstätten für behinderte Menschen und der Integrationsfirmen,
- ein Mitglied auf Vorschlag der für die Wahrnehmung der Interessen der ambulanten und stationären Rehabilitationseinrichtungen auf Bundesebene maßgeblichen Spitzenverbände,
- zwei Mitglieder auf Vorschlag der Kassenärztlichen Bundesvereinigung und der Bundesärztekammer.

³Für jedes Mitglied ist ein stellvertretendes Mitglied zu berufen.

§ 65 Verfahren des Beirats

¹Der Beirat für die Teilhabe behinderter Menschen wählt aus den ihm angehörenden Mitgliedern von Seiten der Arbeitnehmer, Arbeitgeber und Organisationen behinderter Menschen jeweils für die Dauer eines Jahres einen Vorsitzenden oder eine Vorsitzende und einen Stellvertreter oder eine Stellvertreterin. ²Im Übrigen gilt § 106 entsprechend.

§ 66 Berichte über die Lage behinderter Menschen und die Entwicklung ihrer Teilhabe

(1) ¹Die Bundesregierung unterrichtet die gesetzgebenden Körperschaften des Bundes bis zum 31. Dezember 2004 über die Lage behinderter Frauen und Männer sowie die Entwicklung ihrer Teilhabe, gibt damit eine zusammenfassende Darstellung und Bewertung der Aufwendungen zu Prävention, Rehabilitation und Teilhabe behinderter Menschen im Hinblick auf Wirtschaftlichkeit und Wirksamkeit ab und schlägt unter Berücksichtigung und Bewertung der mit diesem Buch getroffenen Regelungen die zu treffenden Maßnahmen vor. ²In dem Bericht wird die Entwicklung der Teilhabe am Leben in der Gesellschaft gesondert dargestellt. ³Schlägt die Bundesregierung weitere Regelungen vor, erstattet sie auch über deren Wirkungen einen weiteren Bericht. ⁴Die Träger von Leistungen und Einrichtungen erteilen die erforderlichen Auskünfte. ⁵Die obersten Landesbehörden werden beteiligt. ⁶Ein gesonderter Bericht über die Lage behinderter Menschen ist vor diesem Zeitpunkt nicht zu erstellen.

(2) ¹Bei der Erfüllung der Berichtspflicht nach Absatz 1 unterrichtet die Bundesregierung die gesetzgebenden Körperschaften des Bundes auch über die nach dem Behindertengleichstellungsgesetz getroffenen Maßnahmen, über Zielvereinbarungen im Sinne von

§ 5 des Behindertengleichstellungsgesetzes sowie über die Gleichstellung behinderter Menschen und gibt eine zusammenfassende, nach Geschlecht und Alter differenzierte Darstellung und Bewertung ab. ²Der Bericht nimmt zu möglichen weiteren Maßnahmen zur Gleichstellung behinderter Menschen Stellung. ³Die zuständigen obersten Landesbehörden werden beteiligt.

(3) ¹Die Bundesregierung unterrichtet die gesetzgebenden Körperschaften des Bundes bis zum 31. Dezember 2006 über die Ausführung der Leistungen des Persönlichen Budgets nach § 17. ²Auf der Grundlage des Berichts ist zu prüfen, ob weiterer Handlungsbedarf besteht; die obersten Landessozialbehörden werden beteiligt.

§ 67 Verordnungsermächtigung

Das Bundesministerium für Arbeit und Soziales kann durch Rechtsverordnung mit Zustimmung des Bundesrates weitere Vorschriften über die Geschäftsführung und das Verfahren des Beirats nach § 65 erlassen.

Teil 2. Besondere Regelungen zur Teilhabe schwerbehinderter Menschen (Schwerbehindertenrecht)

Kapitel 1. Geschützter Personenkreis

§ 68 Geltungsbereich

(1) Die Regelungen dieses Teils gelten für schwerbehinderte und diesen gleichgestellte behinderte Menschen.

(2) ¹Die Gleichstellung behinderter Menschen mit schwerbehinderten Menschen (§ 2 Abs. 3) erfolgt auf Grund einer Feststellung nach § 69 auf Antrag des behinderten Menschen durch die Bundesagentur für Arbeit. ²Die Gleichstellung wird mit dem Tag des Eingangs des Antrags wirksam. ³Sie kann befristet werden.

(3) Auf gleichgestellte behinderte Menschen werden die besonderen Regelungen für schwerbehinderte Menschen mit Ausnahme des § 125 und des Kapitels 13 angewendet.

(4) ¹Schwerbehinderten Menschen gleichgestellt sind auch behinderte Jugendliche und junge Erwachsene (§ 2 Abs. 1) während der Zeit einer Berufsausbildung in Betrieben und Dienststellen, auch wenn der Grad der Behinderung weniger als 30 beträgt oder ein Grad der Behinderung nicht festgestellt ist. ²Der Nachweis der Behinderung wird durch eine Stellungnahme der Agentur für Arbeit oder durch einen Bescheid über Leistungen zur Teilhabe am Arbeitsleben erbracht. ³Die besonderen Regelungen für schwerbehinderte Menschen, mit Ausnahme des § 102 Abs. 3 Nr. 2 Buchstabe c, werden nicht angewendet.

§ 69 Feststellung der Behinderung, Ausweise

(1) ¹Auf Antrag des behinderten Menschen stellen die für die Durchführung des Bundesversorgungsgesetzes zuständigen Behörden das Vorliegen einer Behinderung und den Grad der Behinderung fest. ²Beantragt eine erwerbstätige Person die Feststellung der Eigenschaft als schwerbehinderter Mensch (§ 2 Abs. 2), gelten die in § 14 Abs. 2 Satz 2 und 4 sowie Abs. 5 Satz 2 und 5 genannten Fristen sowie § 60 Abs. 1 des Ersten Buches entsprechend. ³Das Gesetz über das Verwaltungsverfahren der Kriegsopferversorgung ist entsprechend anzuwenden, soweit nicht das Zehnte Buch Anwendung findet. ⁴Die Auswirkungen auf die Teilhabe am Leben in der Gesellschaft werden als Grad der Behinderung nach Zehnergraden abgestuft festgestellt. ⁵Die Maßstäbe des § 30 Abs. 1 des Bundesversorgungsgesetzes und der auf Grund des § 30 Abs. 17 des Bundesversorgungsgesetzes erlassenen Rechtsverordnung gelten entsprechend. ⁶Eine Feststellung ist nur zu treffen, wenn ein Grad der Behinderung von wenigstens 20 vorliegt. ⁷Durch Landesrecht kann die Zuständigkeit abweichend von Satz 1 geregelt werden.

(2) ¹Feststellungen nach Absatz 1 sind nicht zu treffen, wenn eine Feststellung über das Vorliegen einer Behinderung und den Grad einer auf ihr beruhenden Erwerbsminderung schon in einem Rentenbescheid, einer entsprechenden Verwaltungs- oder Gerichtsentscheidung oder einer vorläufigen Bescheinigung der für diese Entscheidungen zuständigen Dienststellen getroffen worden ist, es sei denn, dass der behinderte Mensch ein Interesse an anderweitiger Feststellung nach Absatz 1 glaubhaft macht. ²Eine Feststellung nach Satz 1 gilt zugleich als Feststellung des Grades der Behinderung.

(3) ¹Liegen mehrere Beeinträchtigungen der Teilhabe am Leben in der Gesellschaft vor, so wird der Grad der Behinderung nach den Auswirkungen der Beeinträchtigungen in ihrer Gesamtheit unter Berücksichtigung ihrer wechselseitigen Beziehungen festgestellt. ²Für diese Entscheidung gilt Absatz 1, es sei denn, dass in einer Entscheidung nach Absatz 2 eine Gesamtbeurteilung bereits getroffen worden ist.

(4) Sind neben dem Vorliegen der Behinderung weitere gesundheitliche Merkmale Voraussetzung für die Inanspruchnahme von Nachteilsausgleichen, so treffen die zuständigen Behörden die erforderlichen Feststellungen im Verfahren nach Absatz 1.

(5) ¹Auf Antrag des behinderten Menschen stellen die zuständigen Behörden auf Grund einer Feststellung der Behinderung einen Ausweis über die Eigenschaft als schwerbehinderter Mensch, den Grad der Behinderung sowie im Falle des Absatzes 4 über weitere gesundheitliche Merkmale aus. ²Der Ausweis dient dem Nachweis für die Inanspruchnahme von Leistungen und sonstigen Hilfen, die schwerbehinderten Menschen nach Teil 2 oder nach anderen Vorschriften zustehen. ³Die Gültigkeitsdauer des Ausweises soll befristet werden. ⁴Er wird eingezogen, sobald der gesetzliche Schutz schwerbehinderter Menschen erloschen ist. ⁵Der Ausweis wird berichtigt, sobald eine Neufeststellung unanfechtbar geworden ist.

§ 70 Verordnungsermächtigung

Die Bundesregierung wird ermächtigt, durch Rechtsverordnung mit Zustimmung des Bundesrates nähere Vorschriften über die Gestaltung der Ausweise, ihre Gültigkeit und das Verwaltungsverfahren zu erlassen.

Kapitel 2. Beschäftigungspflicht der Arbeitgeber

§ 71 Pflicht der Arbeitgeber zur Beschäftigung schwerbehinderter Menschen

(1) ¹Private und öffentliche Arbeitgeber (Arbeitgeber) mit jahresdurchschnittlich monatlich mindestens 20 Arbeitsplätzen im Sinne des § 73 haben auf wenigstens 5 Prozent der Arbeitsplätze schwerbehinderte Menschen zu beschäftigen. ²Dabei sind schwerbehinderte Frauen besonders zu berücksichtigen. ³Abweichend von Satz 1 haben Arbeitgeber mit jahresdurchschnittlich monatlich weniger als 40 Arbeitsplätzen jahresdurchschnittlich je Monat einen schwerbehinderten Menschen, Arbeitgeber mit jahresdurchschnittlich monatlich weniger als 60 Arbeitsplätzen jahresdurchschnittlich je Monat zwei schwerbehinderte Menschen zu beschäftigen.

(2) *(aufgehoben)*

(3) Als öffentliche Arbeitgeber im Sinne des Teils 2 gelten

1. jede oberste Bundesbehörde mit ihren nachgeordneten Dienststellen, das Bundespräsidialamt, die Verwaltungen des Deutschen Bundestages und Bundesrates, das Bundesverfassungsgericht, die obersten Gerichtshöfe des Bundes, der Bundesgerichtshof jedoch zusammengefasst mit dem Generalbundesanwalt, sowie das Bundeseisenbahnvermögen,
2. jede oberste Landesbehörde und die Staats- und Präsidialkanzleien mit ihren nachgeordneten Dienststellen, die Verwaltungen der Landtage, die Rechnungshöfe (Rechnungskammern), die Organe der Verfassungsgerichtsbarkeit der Länder und jede sonstige Landesbehörde, zusammengefasst jedoch diejenigen Behörden, die eine gemeinsame Personalverwaltung haben,
3. jede sonstige Gebietskörperschaft und jeder Verband von Gebietskörperschaften,
4. jede sonstige Körperschaft, Anstalt oder Stiftung des öffentlichen Rechts.

§ 72 Beschäftigung besonderer Gruppen schwerbehinderter Menschen

(1) Im Rahmen der Erfüllung der Beschäftigungspflicht sind in angemessenem Umfang zu beschäftigen

1. schwerbehinderte Menschen, die nach Art oder Schwere ihrer Behinderung im Arbeitsleben besonders betroffen sind, insbesondere solche,
    a) die zur Ausübung der Beschäftigung wegen ihrer Behinderung nicht nur vorübergehend einer besonderen Hilfskraft bedürfen oder
    b) deren Beschäftigung infolge ihrer Behinderung nicht nur vorübergehend mit außergewöhnlichen Aufwendungen für den Arbeitgeber verbunden ist oder

c) die infolge ihrer Behinderung nicht nur vorübergehend offensichtlich nur eine wesentlich verminderte Arbeitsleistung erbringen können oder
d) bei denen ein Grad der Behinderung von wenigstens 50 allein infolge geistiger oder seelischer Behinderung oder eines Anfallsleidens vorliegt oder
e) die wegen Art oder Schwere der Behinderung keine abgeschlossene Berufsbildung im Sinne des Berufsbildungsgesetzes haben,
2. schwerbehinderte Menschen, die das 50. Lebensjahr vollendet haben.

(2) ¹Arbeitgeber mit Stellen zur beruflichen Bildung, insbesondere für Auszubildende, haben im Rahmen der Erfüllung der Beschäftigungspflicht einen angemessenen Anteil dieser Stellen mit schwerbehinderten Menschen zu besetzen. ²Hierüber ist mit der zuständigen Interessenvertretung im Sinne des § 93 und der Schwerbehindertenvertretung zu beraten.

§ 73 Begriff des Arbeitsplatzes

(1) Arbeitsplätze im Sinne des Teils 2 sind alle Stellen, auf denen Arbeitnehmer und Arbeitnehmerinnen, Beamte und Beamtinnen, Richter und Richterinnen sowie Auszubildende und andere zu ihrer beruflichen Bildung Eingestellte beschäftigt werden.

(2) Als Arbeitsplätze gelten nicht die Stellen, auf denen beschäftigt werden
1. behinderte Menschen, die an Leistungen zur Teilhabe am Arbeitsleben nach § 33 Abs. 3 Nr. 3 in Betrieben oder Dienststellen teilnehmen,
2. Personen, deren Beschäftigung nicht in erster Linie ihrem Erwerb dient, sondern vorwiegend durch Beweggründe karitativer oder religiöser Art bestimmt ist, und Geistliche öffentlich-rechtlicher Religionsgemeinschaften,
3. Personen, deren Beschäftigung nicht in erster Linie ihrem Erwerb dient und die vorwiegend zu ihrer Heilung, Wiedereingewöhnung oder Erziehung erfolgt,
4. Personen, die an Arbeitsbeschaffungsmaßnahmen nach dem Dritten Buch teilnehmen,
5. Personen, die nach ständiger Übung in ihre Stellen gewählt werden,
6. *(aufgehoben)*
7. Personen, deren Arbeits-, Dienst- oder sonstiges Beschäftigungsverhältnis wegen Wehr- oder Zivildienst, Elternzeit, unbezahltem Urlaub, wegen Bezuges einer Rente auf Zeit oder bei Altersteilzeitarbeit in der Freistellungsphase (Verblockungsmodell) ruht, solange für sie eine Vertretung eingestellt ist.

(3) Als Arbeitsplätze gelten ferner nicht Stellen, die nach der Natur der Arbeit oder nach den zwischen den Parteien getroffenen Vereinbarungen nur auf die Dauer von höchstens acht Wochen besetzt sind, sowie Stellen, auf denen Beschäftigte weniger als 18 Stunden wöchentlich beschäftigt werden.

§ 74 Berechnung der Mindestzahl von Arbeitsplätzen und der Pflichtarbeitsplatzzahl

(1) ¹Bei der Berechnung der Mindestzahl von Arbeitsplätzen und der Zahl der Arbeitsplätze, auf denen schwerbehinderte Menschen zu beschäftigen sind (§ 71), zählen Stellen, auf denen Auszubildende beschäftigt werden, nicht mit. ²Das Gleiche gilt für Stellen, auf denen Rechts- oder Studienreferendare und -referendarinnen beschäftigt werden, die einen Rechtsanspruch auf Einstellung haben.

(2) Bei der Berechnung sich ergebende Bruchteile von 0,5 und mehr sind aufzurunden, bei Arbeitgebern mit jahresdurchschnittlich weniger als 60 Arbeitsplätzen abzurunden.

§ 75 Anrechnung Beschäftigter auf die Zahl der Pflichtarbeitsplätze für schwerbehinderte Menschen

(1) Ein schwerbehinderter Mensch, der auf einem Arbeitsplatz im Sinne des § 73 Abs. 1 oder Abs. 2 Nr. 1 oder 4 beschäftigt wird, wird auf einen Pflichtarbeitsplatz für schwerbehinderte Menschen angerechnet.

(2) ¹Ein schwerbehinderter Mensch, der in Teilzeitbeschäftigung kürzer als betriebsüblich, aber nicht weniger als 18 Stunden wöchentlich beschäftigt wird, wird auf einen Pflichtarbeitsplatz für schwerbehinderte Menschen angerechnet. ²Bei Herabsetzung der wöchentlichen Arbeitszeit auf weniger als 18 Stunden infolge von Altersteilzeit gilt Satz 1 entsprechend. ³Wird ein schwerbehinderter Mensch weniger als 18 Stunden wöchentlich beschäftigt, lässt die Bundesagentur für Arbeit die Anrechnung auf einen dieser Pflichtar-

beitsplätze zu, wenn die Teilzeitbeschäftigung wegen Art oder Schwere der Behinderung notwendig ist.

(2 a) Ein schwerbehinderter Mensch, der im Rahmen einer Maßnahme zur Förderung des Übergangs aus der Werkstatt für behinderte Menschen auf den allgemeinen Arbeitsmarkt (§ 5 Abs. 4 Satz 1 der Werkstättenverordnung) beschäftigt wird, wird auch für diese Zeit auf die Zahl der Pflichtarbeitsplätze angerechnet.

(3) Ein schwerbehinderter Arbeitgeber wird auf einen Pflichtarbeitsplatz für schwerbehinderte Menschen angerechnet.

(4) Der Inhaber eines Bergmannsversorgungsscheins wird, auch wenn er kein schwerbehinderter oder gleichgestellter behinderter Mensch im Sinne des § 2 Abs. 2 oder 3 ist, auf einen Pflichtarbeitsplatz angerechnet.

§ 76 Mehrfachanrechnung

(1) [1] Die Bundesagentur für Arbeit kann die Anrechnung eines schwerbehinderten Menschen, besonders eines schwerbehinderten Menschen im Sinne des § 72 Abs. 1 auf mehr als einen Pflichtarbeitsplatz, höchstens drei Pflichtarbeitsplätze für schwerbehinderte Menschen zulassen, wenn dessen Teilhabe am Arbeitsleben auf besondere Schwierigkeiten stößt. [2] Satz 1 gilt auch für schwerbehinderte Menschen im Anschluss an eine Beschäftigung in einer Werkstatt für behinderte Menschen und für teilzeitbeschäftigte schwerbehinderte Menschen im Sinne des § 75 Abs. 2.

(2) [1] Ein schwerbehinderter Mensch, der beruflich ausgebildet wird, wird auf zwei Pflichtarbeitsplätze für schwerbehinderte Menschen angerechnet. [2] Satz 1 gilt auch während der Zeit einer Ausbildung im Sinne des § 35 Abs. 2, die in einem Betrieb oder einer Dienststelle durchgeführt wird. [3] Die Bundesagentur für Arbeit kann die Anrechnung auf drei Pflichtarbeitsplätze für schwerbehinderte Menschen zulassen, wenn die Vermittlung in eine berufliche Ausbildungsstelle wegen Art oder Schwere der Behinderung auf besondere Schwierigkeiten stößt. [4] Bei Übernahme in ein Arbeits- oder Beschäftigungsverhältnis durch den ausbildenden oder einen anderen Arbeitgeber im Anschluss an eine abgeschlossene Ausbildung wird der schwerbehinderte Mensch im ersten Jahr der Beschäftigung auf zwei Pflichtarbeitsplätze angerechnet; Absatz 1 bleibt unberührt.

(3) Bescheide über die Anrechnung eines schwerbehinderten Menschen auf mehr als drei Pflichtarbeitsplätze für schwerbehinderte Menschen, die vor dem 1. August 1986 erlassen worden sind, gelten fort.

§ 77 Ausgleichsabgabe

(1) [1] Solange Arbeitgeber die vorgeschriebene Zahl schwerbehinderter Menschen nicht beschäftigen, entrichten sie für jeden unbesetzten Pflichtarbeitsplatz für schwerbehinderte Menschen eine Ausgleichsabgabe. [2] Die Zahlung der Ausgleichsabgabe hebt die Pflicht zur Beschäftigung schwerbehinderter Menschen nicht auf. [3] Die Ausgleichsabgabe wird auf der Grundlage einer jahresdurchschnittlichen Beschäftigungsquote ermittelt.

(2) [1] Die Ausgleichsabgabe beträgt je unbesetzten Pflichtarbeitsplatz
1. 105 Euro bei einer jahresdurchschnittlichen Beschäftigungsquote von 3 Prozent bis weniger als dem geltenden Pflichtsatz,
2. 180 Euro bei einer jahresdurchschnittlichen Beschäftigungsquote von 2 Prozent bis weniger als 3 Prozent,
3. 260 Euro bei einer jahresdurchschnittlichen Beschäftigungsquote von weniger als 2 Prozent.

[2] Abweichend von Satz 1 beträgt die Ausgleichsabgabe je unbesetzten Pflichtarbeitsplatz für schwerbehinderte Menschen
1. für Arbeitgeber mit jahresdurchschnittlich weniger als 40 zu berücksichtigenden Arbeitsplätzen bei einer jahresdurchschnittlichen Beschäftigung von weniger als einem schwerbehinderten Menschen 105 Euro und
2. für Arbeitgeber mit jahresdurchschnittlich weniger als 60 zu berücksichtigenden Arbeitsplätzen bei einer jahresdurchschnittlichen Beschäftigung von weniger als zwei schwerbehinderten Menschen 105 Euro und bei einer jahresdurchschnittlichen Beschäftigung von weniger als einem schwerbehinderten Menschen 180 Euro.

(3) [1] Die Ausgleichsabgabe erhöht sich entsprechend der Veränderung der Bezugsgröße nach § 18 Abs. 1 des Vierten Buches. [2] Sie erhöht sich zum 1. Januar eines Kalenderjahres, wenn sich die Bezugsgröße seit der letzten Neubestimmung der Beträge der Ausgleichs-

abgabe um wenigstens 10 Prozent erhöht hat. ³Die Erhöhung der Ausgleichsabgabe erfolgt, indem der Faktor für die Veränderung der Bezugsgröße mit dem jeweiligen Betrag der Ausgleichsabgabe vervielfältigt wird. ⁴Die sich ergebenden Beträge sind auf den nächsten durch fünf teilbaren Betrag abzurunden. ⁵Das Bundesministerium für Arbeit und Soziales gibt den Erhöhungsbetrag und die sich nach Satz 3 ergebenden Beträge der Ausgleichsabgabe im Bundesanzeiger bekannt.

(4) ¹Die Ausgleichsabgabe zahlt der Arbeitgeber jährlich zugleich mit der Erstattung der Anzeige nach § 80 Abs. 2 an das für seinen Sitz zuständige Integrationsamt. ²Ist ein Arbeitgeber mehr als drei Monate im Rückstand, erlässt das Integrationsamt einen Feststellungsbescheid über die rückständigen Beträge und zieht diese ein. ³Für rückständige Beträge der Ausgleichsabgabe erhebt das Integrationsamt nach dem 31. März Säumniszuschläge nach Maßgabe des § 24 Abs. 1 des Vierten Buches; für ihre Verwendung gilt Absatz 5 entsprechend. ⁴Das Integrationsamt kann in begründeten Ausnahmefällen von der Erhebung von Säumniszuschlägen absehen. ⁵Widerspruch und Anfechtungsklage gegen den Feststellungsbescheid haben keine aufschiebende Wirkung. ⁶Gegenüber privaten Arbeitgebern wird die Zwangsvollstreckung nach den Vorschriften über das Verwaltungszwangsverfahren durchgeführt. ⁷Bei öffentlichen Arbeitgebern wendet sich das Integrationsamt an die Aufsichtsbehörde, gegen deren Entscheidung es die Entscheidung der obersten Bundes- oder Landesbehörde anrufen kann. ⁸Die Ausgleichsabgabe wird nach Ablauf des Kalenderjahres, das auf den Eingang der Anzeige bei der Bundesagentur für Arbeit folgt, weder nachgefordert noch erstattet.

(5) ¹Die Ausgleichsabgabe darf nur für besondere Leistungen zur Förderung der Teilhabe schwerbehinderter Menschen am Arbeitsleben einschließlich begleitender Hilfe im Arbeitsleben (§ 102 Abs. 1 Nr. 3) verwendet werden, soweit Mittel für denselben Zweck nicht von anderer Seite zu leisten sind oder geleistet werden. ²Aus dem Aufkommen an Ausgleichsabgabe dürfen persönliche und sächliche Kosten der Verwaltung und Kosten des Verfahrens nicht bestritten werden. ³Das Integrationsamt gibt dem Beratenden Ausschuss für behinderte Menschen bei dem Integrationsamt (§ 103) auf dessen Verlangen eine Übersicht über die Verwendung der Ausgleichsabgabe.

(6) ¹Die Integrationsämter leiten den in der Rechtsverordnung nach § 79 bestimmten Prozentsatz des Aufkommens an Ausgleichsabgabe an den Ausgleichsfonds (§ 78) weiter. ²Zwischen den Integrationsämtern wird ein Ausgleich herbeigeführt. ³Der auf das einzelne Integrationsamt entfallende Anteil am Aufkommen an Ausgleichsabgabe bemisst sich nach dem Mittelwert aus dem Verhältnis der Wohnbevölkerung im Zuständigkeitsbereich des Integrationsamtes zur Wohnbevölkerung im Geltungsbereich dieses Gesetzbuches und dem Verhältnis der Zahl der im Zuständigkeitsbereich des Integrationsamtes in den Betrieben und Dienststellen beschäftigungspflichtiger Arbeitgeber auf Arbeitsplätzen im Sinne des § 73 beschäftigten und der bei den Agenturen für Arbeit arbeitslos gemeldeten schwerbehinderten und diesen gleichgestellten behinderten Menschen zur entsprechenden Zahl der schwerbehinderten und diesen gleichgestellten behinderten Menschen im Geltungsbereich dieses Gesetzbuchs.

(7) ¹Die bei den Integrationsämtern verbleibenden Mittel der Ausgleichsabgabe werden von diesen gesondert verwaltet. ²Die Rechnungslegung und die formelle Einrichtung der Rechnungen und Belege regeln sich nach den Bestimmungen, die für diese Stellen allgemein maßgebend sind.

(8) Für die Verpflichtung zur Entrichtung einer Ausgleichsabgabe (Absatz 1) gelten hinsichtlich der in § 71 Abs. 3 Nr. 1 genannten Stellen der Bund und hinsichtlich der in § 71 Abs. 3 Nr. 2 genannten Stellen das Land als ein Arbeitgeber.

§ 78 Ausgleichsfonds

¹Zur besonderen Förderung der Einstellung und Beschäftigung schwerbehinderter Menschen auf Arbeitsplätzen und zur Förderung von Einrichtungen und Maßnahmen, die den Interessen mehrerer Länder auf dem Gebiet der Förderung der Teilhabe schwerbehinderter Menschen am Arbeitsleben dienen, ist beim Bundesministerium für Arbeit und Soziales als zweckgebundene Vermögensmasse ein Ausgleichsfonds für überregionale Vorhaben zur Teilhabe schwerbehinderter Menschen am Arbeitsleben gebildet. ²Das Bundesministerium für Arbeit und Soziales verwaltet den Ausgleichsfonds.

§ 79 Verordnungsermächtigungen

Die Bundesregierung wird ermächtigt, durch Rechtsverordnung mit Zustimmung des Bundesrates

1. die Pflichtquote nach § 71 Abs. 1 nach dem jeweiligen Bedarf an Arbeitsplätzen für schwerbehinderte Menschen zu ändern, jedoch auf höchstens 10 Prozent zu erhöhen oder bis auf 4 Prozent herabzusetzen; dabei kann die Pflichtquote für öffentliche Arbeitgeber höher festgesetzt werden als für private Arbeitgeber,
2. nähere Vorschriften über die Verwendung der Ausgleichsabgabe nach § 77 Abs. 5 und die Gestaltung des Ausgleichsfonds nach § 78, die Verwendung der Mittel durch ihn für die Förderung der Teilhabe schwerbehinderter Menschen am Arbeitsleben und das Vergabe- und Verwaltungsverfahren des Ausgleichsfonds zu erlassen,
3. in der Rechtsverordnung nach Nummer 2
    a) den Anteil des an den Ausgleichsfonds weiterzuleitenden Aufkommens an Ausgleichsabgabe entsprechend den erforderlichen Aufwendungen zur Erfüllung der Aufgaben des Ausgleichfonds und der Integrationsämter,
    b) den Ausgleich zwischen den Integrationsämtern auf Vorschlag der Länder oder einer Mehrheit der Länder abweichend von § 77 Abs. 6 Satz 3 sowie
    c) die Zuständigkeit für die Förderung von Einrichtungen nach § 30 der Schwerbehinderten-Ausgleichsabgabeverordnung abweichend von § 41 Abs. 2 Nr. 1 dieser Verordnung und von Integrationsbetrieben und -abteilungen abweichend von § 41 Abs. 1 Nr. 3 dieser Verordnung
   zu regeln,
4. die Ausgleichsabgabe bei Arbeitgebern, die über weniger als 30 Arbeitsplätze verfügen, für einen bestimmten Zeitraum allgemein oder für einzelne Bundesländer herabzusetzen oder zu erlassen, wenn die Zahl der unbesetzten Pflichtarbeitsplätze für schwerbehinderte Menschen die Zahl der zu beschäftigenden schwerbehinderten Menschen so erheblich übersteigt, dass die Pflichtarbeitsplätze für schwerbehinderte Menschen dieser Arbeitgeber nicht in Anspruch genommen zu werden brauchen.

Kapitel 3. Sonstige Pflichten der Arbeitgeber; Rechte der schwerbehinderten Menschen

§ 80 Zusammenwirken der Arbeitgeber mit der Bundesagentur für Arbeit und den Integrationsämtern

(1) Die Arbeitgeber haben, gesondert für jeden Betrieb und jede Dienststelle, ein Verzeichnis der bei ihnen beschäftigten schwerbehinderten, ihnen gleichgestellten behinderten Menschen und sonstigen anrechnungsfähigen Personen laufend zu führen und dieses den Vertretern oder Vertreterinnen der Bundesagentur für Arbeit und des Integrationsamtes, die für den Sitz des Betriebes oder der Dienststelle zuständig sind, auf Verlangen vorzulegen.

(2) ¹Die Arbeitgeber haben der für ihren Sitz zuständigen Agentur für Arbeit einmal jährlich bis spätestens zum 31. März für das vorangegangene Kalenderjahr, aufgegliedert nach Monaten, die Daten anzuzeigen, die zur Berechnung des Umfangs der Beschäftigungspflicht, zur Überwachung ihrer Erfüllung und der Ausgleichsabgabe notwendig sind. ²Der Anzeige sind das nach Absatz 1 geführte Verzeichnis sowie eine Kopie der Anzeige und des Verzeichnisses zur Weiterleitung an das für ihren Sitz zuständige Integrationsamt beizufügen. ³Dem Betriebs-, Personal-, Richter-, Staatsanwalts- und Präsidialrat, der Schwerbehindertenvertretung und dem Beauftragten des Arbeitgebers ist je eine Kopie der Anzeige und des Verzeichnisses zu übermitteln.

(3) Zeigt ein Arbeitgeber die Daten bis zum 30. Juni nicht, nicht richtig oder nicht vollständig an, erlässt die Bundesagentur für Arbeit nach Prüfung in tatsächlicher sowie in rechtlicher Hinsicht einen Feststellungsbescheid über die zur Berechnung der Zahl der Pflichtarbeitsplätze für schwerbehinderte Menschen und der besetzten Arbeitsplätze notwendigen Daten.

(4) Die Arbeitgeber, die Arbeitsplätze für schwerbehinderte Menschen nicht zur Verfügung zu stellen haben, haben die Anzeige nur nach Aufforderung durch die Bundesagentur für Arbeit im Rahmen einer repräsentativen Teilerhebung zu erstatten, die mit dem Ziel der Erfassung der in Absatz 1 genannten Personengruppen, aufgegliedert nach Bundesländern, alle fünf Jahre durchgeführt wird.

(5) Die Arbeitgeber haben der Bundesagentur für Arbeit und dem Integrationsamt auf Verlangen die Auskünfte zu erteilen, die zur Durchführung der besonderen Regelungen zur Teilhabe schwerbehinderter und ihnen gleichgestellter behinderter Menschen am Arbeitsleben notwendig sind.

(6) ¹Für das Verzeichnis und die Anzeige des Arbeitgebers sind die mit der Bundesarbeitsgemeinschaft der Integrationsämter und Hauptfürsorgestellen, abgestimmten Vordrucke der Bundesagentur für Arbeit zu verwenden. ²Die Bundesagentur für Arbeit soll zur Durchführung des Anzeigeverfahrens in Abstimmung mit der Bundesarbeitsgemeinschaft ein elektronisches Übermittlungsverfahren zulassen.

(7) Die Arbeitgeber haben den Beauftragten der Bundesagentur für Arbeit und des Integrationsamtes auf Verlangen Einblick in ihren Betrieb oder ihre Dienststelle zu geben, soweit es im Interesse der schwerbehinderten Menschen erforderlich ist und Betriebs- oder Dienstgeheimnisse nicht gefährdet werden.

(8) Die Arbeitgeber haben die Vertrauenspersonen der schwerbehinderten Menschen (§ 94 Abs. 1 Satz 1 bis 3 und § 97 Abs. 1 bis 5) unverzüglich nach der Wahl und ihren Beauftragten für die Angelegenheiten der schwerbehinderten Menschen (§ 98 Satz 1) unverzüglich nach der Bestellung der für den Sitz des Betriebes oder der Dienststelle zuständigen Agentur für Arbeit und dem Integrationsamt zu benennen.

I. Die öffentlichrechtliche Beschäftigungspflicht nach §§ 71 ff. SGB IX

1. Normzweck und Funktion der gesetzlichen Regelung. Die in §§ 71 ff. SGB IX normierte Beschäftigungspflicht, mit der Arbeitgeber verpflichtet werden, schwerbehinderte Menschen zu beschäftigen, gehört zu den klassischen Instrumenten des Schwerbehindertenrechts. Bereits seit 1923 wird dieses Instrument eingesetzt (ausführlich GK-SGB IX/Großmann § 71 Rn. 5 ff.), das seit dieser Zeit mit gewissen Modifikationen zum Arsenal des Schwerbehindertenrechts zählt. Mit dieser Regelung werden Arbeitgeber, die wenigstens 20 Beschäftigte haben, verpflichtet, eine bestimmte Quote von schwerbehinderten Menschen zu beschäftigen (Pflichtarbeitsplatzquote); wenn sie dieser Pflicht nicht nachkommen, ist eine Ausgleichsabgabe nach § 77 SGB IX zu zahlen. Daneben kann ein Bußgeld nach § 156 SGB IX verhängt werden.

Die Beschäftigungspflicht und die nach § 77 SGB IX zu zahlende Ausgleichsabgabe sind eng verknüpft. Die Zahlung dieser Abgabe befreit, wie § 77 Abs. 1 S. 2 SGB IX dokumentiert, nicht von der Beschäftigungspflicht des § 71 SGB IX, sondern soll Arbeitgeber durch Auferlegung ökonomischer Nachteile veranlassen, der Beschäftigungspflicht nachzukommen. Die Rechtsprechung geht davon aus, dass es Sache der Arbeitgeber ist, den Betrieb so zu organisieren, dass behinderungsgerechte Arbeitsplätze geschaffen werden können und dass sie mit den §§ 71 ff SGB IX zu einer solchen Organisation veranlasst werden können (BVerfG 10. 11. 2004 – 1 BvR 1785/01 – NZA 2005, 216, 217; dazu auch HN/Schneider § 71 Rn. 11; FKS-SGB IX/Appelt § 71 Rn. 23). Neben dieser **Antriebsfunktion** ist als zweite wesentliche Funktion der Ausgleichsabgabe die **Ausgleichsfunktion** anerkannt, mit der Wettbewerbsvorteile von Arbeitgebern, die ihrer Beschäftigungspflicht nicht nachkommen, verhindert werden sollen (dazu BVerfG 26. 5. 1981 – 1 BvL 56/78 – NJW 1981, 2107, 2110). Dieser Ausgleich ist auch den Arbeitgebern aufzuerlegen, die eine Betriebsstruktur gewählt haben, die – wie z. B. bei Zeitarbeitsunternehmen – eine Beschäftigung schwerbehinderter Menschen erschweren können (BVerwG 13. 12. 2001 – 5 C 26/01 – NZA 2002, 385, 387). Jede dieser beiden Funktionen trägt für sich allein bereits die Auferlegung der Abgabepflicht, so dass sie auch dann geschuldet wird, wenn eine der beiden Funktionen nicht realisierbar wäre (BVerfGE 57, 139, 168). Schließlich ist als dritte, in der verfassungsgerichtlichen Judikatur deutlich zurückgesetzte Funktion die **Finanzierungsfunktion** zu beachten (dazu OVG Nordrhein-Westfahlen 24. 2. 2009 – 12 A 3220/08 – BehinR 2009, 177), mit der wichtige integrationspolitische Projekte durch die Ausgleichsabgabe realisiert werden sollen (zu dieser Funktion ausführlich Adlhoch, BehinR 1993, S. 161 ff.).

2. Verfassungsrechtliche Bewertung. Das Bundesverfassungsgericht hat mehrfach entschieden, dass es sich bei dieser Regelung um eine Berufsausübungsregelung handelt, die in zulässiger Weise den betroffenen Unternehmen entsprechende Lasten auferlegt (grundlegend BVerfG 26. 5. 1981 – 1 BvL 56/78 – NJW 1981, 2107, bestätigt in BVerfG 6. 11. 1984 – 2 BvL 19/83 – NJW 1984, 1476 sowie BVerfG 7. 11. 1995 – 2 BvR 413/88 – BVerfGE 93, 319, 344). Die Regelung sei geeignet zur besseren beruflichen Integration schwerbehinderter Menschen, wegen derer auch weiterhin schwierigen Lage erforderlich und angesichts der differenzierten flankierenden Instrumente auch im engeren Sinn verhältnismäßig. Mit zwei im Jahr 2004 ergangenen Beschlüssen ist diese Judikatur ausdrücklich bekräftigt worden (BVerfG 1. 10. 2004 – 1 BvR 2221/03 – NZA 2005, 102 sowie BVerfG 10. 11. 2004 – 1 BvR 1785/01 – NZA 2005, 216). In einer beachtlichen Zahl unserer Nachbarstaaten bestehen vergleichbare Regelungen (dazu Überblick BVerfG 10. 11. 2004 – 1 BvR 1785/01 – NZA 2005, 102, 103; Bundesministerium für Arbeit und Soziales, Sozialkompass Europa (Stand Okt. 2006), 216 ff.), so dass auch für international tätige Unternehmen diese Beschäftigungspflicht zu akzeptieren ist. Diese Aussagen sind weiterhin aktuell, so dass auch für das SGB IX davon ausgegangen werden kann, dass Beschäftigungspflicht und Ausgleichsabgabe den verfassungsrechtlichen Anforderungen standhalten (so auch ErfK/Rolfs SGB IX § 71 Rn. 2; KHM/Götz/Kossens SGB IX § 71 Rn. 3; SG Duisburg 16. 4. 2009 – S 12 AL 92/08). Dieser Bewertung ist nachhaltig zuzustimmen. Sie steht auch in Übereinstimmung mit den auf Integration in den Arbeitsmarkt zielenden Pflichten nach Art. 27 der UN-Konvention der Rechte von Menschen mit Behinderungen, so dass die Bundesregierung auch die Beschäftigungspflicht nach §§ 71 ff. SGB IX zu den mit der Konvention übereinstimmenden Maßnahmen rechnet (BT-Drs. 16/10808, S. 59).

4   **3. Einzelfragen der Beschäftigungspflicht.** Die in §§ 71 ff. SGB IX normierte Beschäftigungspflicht ist als **öffentlichrechtliche Pflicht der einzelnen Arbeitgeber gegenüber den zuständigen Behörden** konstruiert. Es handelt sich um eine öffentlichrechtliche Beschäftigungspflicht, die nicht unmittelbar zu individualrechtlichen Ansprüchen der einzelnen Beschäftigten führt (Knittel SGB IX § 71 Rn. 25). Vielmehr sind die individuellen Rechte der Beschäftigten in §§ 81 ff. SGB IX wiederum in eigenständiger Weise normiert. Die öffentlichrechtliche Beschäftigungspflicht ist im Interesse einer praktikablen Realisierung an typisierende und in zulässiger Weise pauschalierende Voraussetzungen gebunden. Maßgeblich ist grundsätzlich die Zahl der Arbeitsplätze, die ein Arbeitgeber besetzen kann. Seit 2004 ist als auf Dauer angelegte Regelung die Grenze von 20 Arbeitsplätzen für die Beschäftigung eines schwerbehinderten Menschen normiert; umgerechnet ergibt sich daraus die Beschäftigungsquote von 5%, die nach § 79 SGB IX durch Verordnung der Bundesregierung mit Zustimmung des Bundesrates modifiziert werden kann.

5   Im geltenden Recht ist der Verwaltung keine Kompetenz zu abweichenden Regelungen zugewiesen worden, so dass ein gleichmäßiger Normvollzug angestrebt wird. Aus diesem Grund kann die Beschäftigungspflicht auch nur gewährleistet werden durch die Beschäftigung von schwerbehinderten Menschen, deren Schwerbehinderung besteht und rechtlich festgestellt worden ist (BVerwG 21. 1. 1987 – 5 C 42/84 – NZA 1988, 431); zusätzlich werden auch die nach § 68 Abs. 2 SGB IX gleichgestellten Beschäftigten in die Beschäftigungspflicht einbezogen. Weiter kann der Arbeitgeber die Beschäftigungspflicht auch erfüllen durch die Beschäftigung offensichtlich schwerbehinderter Menschen, auch wenn eine amtliche Feststellung noch nicht erfolgt ist (VGH BW 11. 5. 1984 – 14 S 776/83 – ZfSH/ SGB 1985, 230; VG Karlsruhe 27. 8. 1991 – 2 K 2873/90 – BehinR 1992, 114; GK-SGB IX/Großmann § 71 Rn. 29; KHM/Götz/Kossens § 71 Rn. 8; EAS/Kuhlmann § 71 Rn. 22; aA HN/Schneider § 71 Rn. 6). Dagegen ist bei nicht offenkundiger Schwerbehinderung dem Arbeitgeber die Berufung auf eine möglicherweise objektiv bestehende Schwerbehinderung eines Beschäftigten, die nicht förmlich festgestellt ist, verwehrt, da andernfalls das persönliche Recht des schwerbehinderten Menschen, ein Feststellungsverfahren nicht oder noch nicht zu betreiben (BSG 22. 10. 1986 – 9a RV 3/84 – BSGE 60, 284), beeinträchtigt würde (Wolf BB 1991, 1720). Die im Gesetz gewählte Typisierung ist angesichts der Struktur der öffentlichrechtlichen Beschäftigungspflicht vertretbar; auch wenn sie nicht an den gemeinschaftsrechtlichen Begriff der Behinderung, sondern an den engeren deutschen Begriff der Schwerbehinderung anknüpft, ist sie eine **legitime Maßnahme nationaler Beschäftigungs- und Sozialpolitik**. Die Beschäftigungspflicht zielt nicht allein generell auf die Beschäftigung schwerbehinderter Menschen ab; in § 71 Abs. 1 S. 2 SGB IX sowie in § 72 SGB IX wird eine besondere Aufmerksamkeit für die Beschäftigung schwerbehinderter Frauen sowie die Beschäftigung besonders schwerbehinderter Menschen verlangt. Nach § 71 Abs. 1 S. 2 SGB IX sind schwerbehinderte Frauen bei der Beschäftigungspflicht besonders zu berücksichtigen. Dies wird von einem Teil der Literatur als eine reine appellative Norm eingestuft (so z.B. HN/Schneider § 71 Rn. 7; KHM/Götz/Kossens § 71 Rn. 3; ErfK/Rolfs § 71 Rn. 8; unentschieden dagegen LPK-SGB IX/Düwell § 71 Rn. 31). Dieser Einordnung kann nicht gefolgt werden, denn § 71 Abs. 1 S. 2 SGB IX ist als eine Pflicht, wenn auch mit geringer Bindungswirkung, statuiert worden. Diese Pflicht knüpft an Erfahrungswerte der besonderen Betroffenheit schwerbehinderter Frauen (vgl. § 1 S. 2 SGB IX) an und gehört daher zu den Normen, die auf die Realität mehrdimensionaler Diskriminierung antworten (dazu ausführlich Zinsmeister, Mehrdimensionale Diskriminierung, 2007, S. 114 ff.). Damit ist sie als Pflicht zu qualifizieren (Deinert in Deinert/Neumann, Handbuch SGB IX § 17 Rn. 43) und wird bei den Fördermöglichkeiten nach § 15 SchwbAV entsprechend eingeordnet (BFKR/Dopatka/Ritz § 79 Rn. 18).

6   Deutlicher formuliert ist die Pflicht der **Beschäftigung besonderer Gruppen schwerbehinderter Menschen in § 72 SGB IX**. Auch für diese Pflicht gilt, dass deren Verletzung keine öffentlichrechtlichen Sanktionen nach sich zieht. Die Fördermöglichkeiten sind hier intensiviert. Neben einer Förderung aus den Mitteln der Ausgleichsabgabe nach § 15 SchwbAV kommen hier auch die Möglichkeiten der Mehrfachanrechnung nach § 76 Abs. 1 S. 1 und Abs. 2 S. 3 SGB IX sowie der Fördermaßnahmen des Integrationsamtes nach § 102 Abs. 3 S. 1 Nr. 2 e SGB IX in Betracht. Weiter ist zu beachten, dass die Einhaltung beider Pflichten der Überwachung der Interessenvertretungen nach § 93 SGB IX sowie vor allem der Schwerbehindertenvertretung nach § 95 SGB IX unterliegen (GK-SGB IX/Großmann § 71 Rn. 159, § 72 Rn. 89). In bestimmten Konstellationen können Betriebsräte auch von den Einspruchsrechten nach § 99 Abs. 2 BetrVG Gebrauch machen (FKS-SGB IX/Appelt § 72 Rn. 32). Schließlich kann die Integrationsvereinbarung nach § 83 Regelungen zu dieser Frage vornehmen.

7   **a) Der Arbeitgeber als Adressat der gesetzlichen Regelung.** Maßgeblicher **Adressat für die Beschäftigungspflicht** ist nach § 71 SGB IX der **Arbeitgeber**. Damit wird nicht an den Betrieb angeknüpft, sondern an den jeweiligen Vertragspartner und Unternehmensträger, also den Einzelkaufmann,

die Personengesellschaft oder die Kapitalgesellschaft. Mit dieser Kategorie des Arbeitgebers als Vertragspartner ist eine hinreichend eindeutige und verlässliche Kategorie gefunden worden. Davon zu unterscheiden ist der Begriff des Arbeitgebers in § 75 Abs. 3 SGB IX, der sich aus Gründen des praktikablen Normvollzugs ausschließlich auf die Person des Inhabers beschränkt (so zum früheren § 9 Abs. 3 SchwbG BSG 30. 9. 1992 – 11 RAr 79/91 – BehinR 1993, 170; zum heutigen Recht LSG Rheinland-Pfalz 24. 9. 2009 – L 1 AL 115/08, DStR 2010, 576; GK-SGB IX/Großmann § 75 Rn. 22). Wichtig dabei ist, dass nicht nur arbeitgeberähnliche oder arbeitgebergleiche Funktionen ausgeübt werden, sondern die natürliche Person selbst der Arbeitgeber ist (LPK-SGB IX/Joussen/Düwell § 75 Rn. 10). Die öffentlichrechtliche Beschäftigungspflicht gilt auch für alle öffentlichen Arbeitgeber, so auch für Dienstherren von Beamten und Richtern, wie sich aus § 71 Abs. 3 SGB IX ergibt. Daher ist der Arbeitgeberbegriff in § 71 Abs. 3 SGB IX in spezifischer Weise modifiziert worden, damit eine hinreichend Abgrenzung zwischen den einzelnen Dienststellen ermöglicht wird. Nur für Arbeitgeber des Bundes gilt in bestimmtem Umfang nach § 159 SGB IX weiterhin eine Beschäftigungsquote von 6%, weil 1999 die damalige Quote von Schwerbehinderten, die beim Bund beschäftigt waren, bei 6,4% lag und dieses Niveau aufrechterhalten werden sollte (BT-Drs. 14/4969).

Adressat ist jeder Arbeitgeber, der über wenigstens 20 Arbeitsplätze verfügt. Da das gesamte Unternehmen als Bezugspunkt gewählt ist und keine Aufteilung auf die einzelnen Betriebe stattfindet, sind die Arbeitsplätze in sämtlichen Betrieben zusammenzurechnen (LPK-SGB IX/Joussen/Düwell § 71 Rn. 9). Dieses **Zusammenrechnungsprinzip** ist 1974 bewusst gewählt worden (BT-Drs. 7/656, S. 20), weil auf diese Weise allen Arbeitgebern unterschiedslos und ohne irgendwelche Ausnahmen für bestimmte Betriebe oder Branchen ein Beitrag zur beruflichen Eingliederung der Schwerbehinderten auferlegt wird. Dieses Prinzip der egalitären Lastengleichheit ist als strukturbildendes Prinzip auch in der Rechtsprechung anerkannt worden (BVerwG 6. 7. 1989 – 5 C 64/84 – ZfSH/SGB 1989, 650, 652; 17. 4. 2003 – 5 B 7/03 – BehinR 2003, 222) und auch in der Literatur allgemein akzeptiert (LPK-SGB IX/Düwell § 71 Rn. 9; ErfK/Rolfs § 71 Rn. 3). Konsequent sind daher auch Versuche einzelner Arbeitgeber und Branchen auf Ausnahmeregelungen von der Beschäftigungspflicht in der Gerichtspraxis auf Ablehnung gestoßen. Anschaulich sind vor allem die Entscheidungen zu den Unternehmen der Arbeitnehmerüberlassung (BVerwG 13. 12. 2001 – 5 C 26/01 – NZA 2002, 385; VG Saarland 12. 5. 2010 – 11 L 279/10). Insoweit ist das Konzept der Gesetzgebung inzwischen umfassend anerkannt worden.

b) Beschäftigungspflicht und Arbeitsplatz. Der Umfang der Beschäftigungspflicht orientiert sich an der Zahl der Arbeitsplätze, so dass dem **Begriff des Arbeitsplatzes** für die Beschäftigungspflicht eine **Schlüsselrolle** zukommt. In § 73 SGB IX erfolgt eine spezifische Definition des Arbeitsplatzes als einer Stelle, auf der Arbeitnehmer beschäftigt werden. Der Begriff des Arbeitsplatzes wird inzwischen in Judikatur (BSG 6. 5. 1994 – 7 RAr 68/93 – BSGE 74, 176, 182) und Literatur (GK-SGB IX/Großmann § 73 Rn. 23; NPMP/Neumann § 73 Rn. 10) als eine Rechengröße verstanden, die zur Ermittlung der Beschäftigungspflicht erforderlich ist. Damit wird der Arbeitsplatz hier nicht im herkömmlichen Sinn gegenständlich-räumlich als Beschäftigungsort oder in einem funktionalen Sinn als Inhalt dessen, was arbeitsvertraglich von einem Beschäftigten verlangt wird (auch Müller-Wenner/Schorn § 73 Rn. 7), verstanden. Diese Rechengröße erfasst die Zahl der im jeweiligen Monat im Unternehmen existierenden Beschäftigungsverhältnisse, soweit nicht das Gesetz deren Nichtanrechnung anordnet.

Erfasst werden **sämtliche Beschäftigungsverhältnisse**, also vor allem Arbeitsverhältnisse, sowie die öffentlichrechtlichen Beschäftigungsverhältnisse auch von Beamten und Richtern. Insoweit greift die Judikatur richtigerweise auf die allgemeinen Abgrenzungsmerkmale des Arbeitsrechts zurück. Eine Beschäftigung von mithelfenden Familienangehörigen, die nach der arbeitsrechtlichen Abgrenzung nicht als Arbeitsverhältnis einzustufen ist, kann auch von § 73 Abs. 1 SGB IX nicht erfasst werden (so z. B. BVerwG 13. 12. 1990 – 5 C 74/86 – NJW 1991, 1127 zur Situation mithelfender Familienangehöriger, die nicht in einem Arbeitsverhältnis stehen). Dies kann ebenso gelten für die Vorstandsmitglieder eines Vereins (BVerwG 8. 3. 1999 – 5 C 5/99 – NZA 1999, 826) sowie die Gesellschafter einer Personengesellschaft und die Geschäftsführer einer Kapitalgesellschaft (BVerwG 26. 9. 2002 – 5 C 53/01 – NZA 2003, 1094; abwägend LSG Baden-Württemberg 18. 12. 2009 – L 8 AL 5297/08). Ebenso sind damit ausgeklammert freie Mitarbeiter und arbeitnehmerähnliche Beschäftigte. Auch in Heimarbeit Beschäftigte werden nicht von § 73 Abs. 1 SGB IX erfasst; hier ist allerdings die Sonderregelung des § 127 SGB IX zu beachten, die für bestimmte Gruppen von Heimarbeitnehmern eine Anrechnung auf die Pflichtquote ermöglicht.

Weiter sind durch § 73 Abs. 2 und Abs. 3 SGB IX **verschiedene Kategorien von Beschäftigten aus der Berechnung herausgenommen** worden. Diese Regelung beruht auf verschiedenen Motiven. Zum Teil soll auf diese Weise ein Anreiz erfolgen, von diesen Vertragsgestaltungen Gebrauch zu machen. Überwiegend handelt es sich jedoch um Fallgruppen, bei denen eine langfristige und nachhaltige Integration in den Arbeitsmarkt eher nicht zu erwarten ist. Dies gilt auch für die spezifischen Regelungen des § 73 Abs. 3 SGB IX, mit der verschiedene Kategorien von Teilzeitbeschäftigten aus dem Arbeitsplatzbegriff dauerhaft bzw. partiell herausgenommen werden.

12 Zum besseren Verständnis dieser Norm ist es erforderlich, sich klar zu machen, dass es hierbei ausschließlich um **Modifikationen der Rechengröße** geht, so dass auch Personen, die auf Arbeitsplätzen tätig sind, die bei der Berechnung ausgenommen sind, gleichwohl an den Förder- und Schutzmöglichkeiten des Gesetzes, so z. B. in § 102 Abs. 3 SGB IX, partizipieren können (dazu BVerwG 14. 11. 2003 – 5 C 13/02 – NJW 2004, 2256 zur Befugnis eines Integrationsamts, Leistungen nach § 102 Abs. 3 SGB IX im kirchlichen Bereich zu erbringen). Ebenso ist allgemein anerkannt, dass der Kündigungsschutz schwerbehinderter Menschen unabhängig von der Art des Arbeitsplatzes und seiner Zuordnung zu den verschiedenen Kategorien in § 73 SGB IX generell gewährt wird (GK-SGB IX/Großmann § 73 Rn. 24; Bayerischer VGH 26. 11. 2008 – 12 BV 07.2529 – BayVBl 2009, 667). Eine andere Auslegung wäre auch mit dem Gemeinschaftsrecht schwer vereinbar, das einen weiter gefassten Begriff der Beschäftigung behinderter Menschen umfasst. Da die Beschäftigungspflicht nach §§ 71 ff. SGB IX nicht unmittelbar durch die RL 2000/78/EG verlangt wird, ist jedoch die Differenzierung zwischen den Begriffen des Arbeitsplatzes und der Beschäftigung behinderter Menschen, auf dem die Richtlinie und das AGG aufbauen, eine mögliche Gestaltung.

13 c) **Anreizsysteme.** Die berufliche Eingliederung schwerbehinderter Menschen ist in das Gesamtkonzept der jeweiligen Arbeitsmarktpolitik eingebunden, so dass bestimmte Kategorien schwerbehinderter Menschen eine **besondere Förderung** erhalten. Dabei spielt vor allem die Förderung der Berufsausbildung schwerbehinderter Menschen eine große Rolle, weil nach den aktuellen Daten die fehlende Ausbildung sich hier als besonders nachteilig erweist. Vor allem mit der Novellierung des SGB IX im April 2004 sind die Anreizsysteme zur verbesserten Förderung der Berufsausbildung schwerbehinderter Menschen ausgebaut worden (Cramer NZA 2004, 698, 703).

14 Daher werden die Möglichkeiten der Differenzierung der Rechengröße vor allem eingesetzt, um generelle Ausbildung sowie Ausbildung schwerbehinderter Menschen zu fördern. Für die Förderung der generellen Ausbildung wird dies angestrebt durch § 74 SGB IX, wonach Arbeitsplätze, auf denen Ausbildung, vor allem im Rahmen des BBiG, erfolgt, nicht für die Pflichtquote mitzurechnen sind. Zur **Förderung der Ausbildung schwerbehinderter Menschen** ist das Instrument der **Mehrfachanrechnung in § 76 SGB IX** ausgebaut worden. Diese Anrechnung umfasst nach Abs. 2 S. 1 generell alle schwerbehinderten Auszubildende; sie werden so gerechnet, als wenn zwei Arbeitnehmer beschäftigt werden. Bei besonderer Intensität der Schwerbehinderung kann nach Abs. 2 S. 3 auch eine Anrechnung für drei Personen erfolgen. Zur Förderung der Übernahme schwerbehinderter Auszubildender kann nach der Übernahme auch das erste Jahr des Beschäftigungsverhältnisses zu einer doppelten Anrechnung genutzt werden (§ 76 Abs. 2 S. 4 SGB IX).

15 Bei den Verfahrensfragen ist zu differenzieren. In bestimmten Konstellationen (§ 76 Abs. 2 S. 1 und 2 SGB IX) wird die Mehrfachanrechnung bereits **vom Gesetz angeordnet**, so dass es keiner zusätzlichen behördlichen Entscheidung und keines Verwaltungsverfahrens bedarf. In anderen Fällen (§ 76 Abs. 1, 76 Abs. 2 S. 3 und 4 SGB IX) steht die Mehrfachanrechnung im Ermessen der Bundesagentur für Arbeit. Es bedarf dazu zwar keines förmlichen Antrags des Arbeitgebers oder der schwerbehinderten Menschen, doch werden entweder diese oder aber die Integrationsämter in der Regel eine entsprechende Anregung an die BA übermitteln. Der dann ergehende Verwaltungsakt ist ein **gestaltender Verwaltungsakt**, so dass er nach allgemeinen Regeln mit Bekanntgabe wirksam wird (§ 39 SGB X). Daraus wird in der Judikatur abgeleitet, dass eine rückwirkende Mehrfachanrechnung nicht möglich ist (vgl. VG Arnsberg 6. 12. 1989 – 7 K 126/89 – BehinR 1991, 21). Diese Schlussfolgerung ist jedoch ungenau und voreilig. Eine Entscheidung über eine Mehrfachanrechnung erfolgt rechtzeitig, wenn sie während des für die Bemessung der Ausgleichsabgabe maßgeblichen Zeitraums erfolgt. Ist dies der Fall, so gilt dieser Bescheid für den gesamten Zeitraum, so dass sich daraus eine „unechte Rückwirkung" ergeben kann (dazu SG Gotha 23. 7. 1997 – S 9/AR 23/96 – AuA 1998, 183; zustimmend GK-SGB IX/Großmann § 76 Rn. 59; HK-SGB IX/Trenk-Hinterberger § 76 Rn. 9). In der Praxis geht eine solche Anregung an die BA nicht selten von den Schwerbehindertenvertretungen aus, die nach § 99 SGB IX direkt mit der BA kommunizieren können. In einer Integrationsvereinbarung nach § 83 SGB IX kann ebenfalls geregelt werden, dass und wie die Möglichkeiten der Mehrfachanrechnung sowie der Förderung nach der SchwbAV genutzt werden können.

II. Die Ausgleichsabgabe

16 Kommt ein Arbeitgeber seiner Beschäftigungspflicht nach §§ 71 ff. SGB IX nicht nach, so hat er nach § 77 Abs. 1 S. 1 SGB IX eine Ausgleichsabgabe zu zahlen. Die **Zahlung dieser Abgabe entbindet nicht von der Beschäftigungspflicht;** diese besteht weiter, so dass entgegen verbreiteter Ansicht kein „Freikauf" erfolgt (dazu LPK-SGB IX/Düwell § 77 Rn. 5). Die Ausgleichsabgabe ist keine Sanktion, sondern eine nicht steuerliche Sonderabgabe, die sowohl eine Antriebsfunktion als auch eine Ausgleichsfunktion verfolgt (dazu Rn. 2; ausführlich BVerfG 26. 5. 1981 – 1 BvL 56/78 – BVerfGE 57, 139).

17 Die **Höhe der Abgabe** ist seit dem 1. 10. 2000 gestaffelt. Je stärker ein Unternehmen die Beschäftigungsquote verfehlt, desto höher ist der je nicht besetzten Pflichtarbeitsplatz zu zahlende Betrag. Auf diese Weise soll die Antriebsfunktion wirtschaftlich weiter gestärkt werden (FKS-SGB IX/Appelt § 77

Rn. 23). § 77 Abs. 2 S. 1 SGB IX kennt für alle Unternehmen mit wenigstens 60 Beschäftigten drei Stufen: Bei einer Beschäftigungsquote, die unter 2% liegt, sind pro nicht besetzten Pflichtarbeitsplatz 260 Euro zu zahlen, bei weniger als 3% 180 Euro, bei 3% bis weniger als 5% 105 Euro. Für mittelständische Unternehmen mit weniger als 40 Arbeitnehmern ist ein Betrag von 105 Euro anzusetzen, bei Unternehmen mit 40 bis 59 Beschäftigten wird zwischen 105 und 180 Euro differenziert (§ 77 Abs. 2 S. 2 SGB IX).

2. Das System der Selbstveranlagung. Die Entstehung der Zahlungspflicht ist im Gesetz abschließend normiert; mit fehlender Einhaltung der Beschäftigungsquote ist nach §§ 77 Abs. 4 S. 1 i. V. m. 80 Abs. 2 S. 1 zum 31. 3. des Folgejahres die Ausgleichsabgabe fällig. Ein gesonderter Bescheid ist für die Entstehung der Zahlungspflicht nicht erforderlich (EAS/Kuhlmann § 77 Rn. 6). Die gesetzliche Regelung geht davon aus, dass der **Arbeitgeber im Wege der Selbstveranlagung** die entsprechenden Daten zusammenträgt und errechnet, ob er der Zahlungspflicht nachgekommen ist. Die sich daraus ergebenden Rechenaufgaben sind in § 77 SGB IX normiert: Zu ermitteln sind die Zahl der Pflichtarbeitplätze je Monat sowie die Zahl der schwerbehinderter Menschen, die vom Arbeitgeber beschäftigt werden. Bei dieser Ermittlung sind besondere Anrechnungsbestimmungen, vor allem Mehrfachanrechnungen zu beachten. Schließlich ergibt sich aus dem Rechenwerk, ob die Beschäftigungspflicht erreicht wird. Dazu ist es schließlich erforderlich, die jahresdurchschnittliche Beschäftigungsquote zu ermitteln. Unterschiedliche Quoten in den einzelnen Monaten sind zu saldieren, da es am Ende ausschließlich auf die jahresdurchschnittliche Beschäftigungsquote ankommt.

Im System der Selbstveranlagung wird davon ausgegangen, dass der Arbeitgeber regelmäßig ein **Verzeichnis** der schwerbehinderter Menschen in seinem Unternehmen nach § 80 Abs. 1 SGB IX führt und auf dieser Basis der Bundesagentur für Arbeit auf einem speziell entwickelten Vordruck bis zum 31. 3. des Folgejahres die Angaben vorlegt, aus denen sich seine konkrete jahresdurchschnittliche Beschäftigungsquote ergibt. Diese ist nicht nur Rechengröße für das Bestehen einer Zahlungspflicht, sondern auch für die Höhe der jeweiligen Ausgleichsabgabe.

3. Die Kompetenzen der Agentur für Arbeit. Hat der Arbeitgeber bis zum 30. 6. des Folgejahres diese Anzeigepflicht nicht erfüllt, so hat die Bundesagentur für Arbeit nach § 80 Abs. 3 einen **Feststellungsbescheid über die Zahl der Pflichtarbeitsplätze und deren Besetzung** zu erlassen. Dieser Bescheid ergeht, wie 2001 bei der Kodifikation des SGB IX ausdrücklich angeordnet worden ist, nach „Prüfung in tatsächlicher und rechtlicher Hinsicht". Damit wurde die bisherige Judikatur des BSG (BSG 6. 5. 1994 – 7 RAr 68/93 – BSGE 74, 176 sowie 20. 1. 2000 – B 7 AL 26/99 R – BSGE 85, 246) bewusst korrigiert (dazu der Ausschussbericht BT-Drs. 14/5800, S. 30). Man ging davon aus, dass der bei der Bestimmung von Arbeitsplätzen die BA über die maßgebliche Sachkunde verfüge, um die Angaben des Arbeitgebers überprüfen zu können.

Der Arbeitgeber kann einen solchen Feststellungsbescheid abwenden, indem er rechtzeitig seine Anzeige erstellt. In einem solchen Fall kann die BA keinen Feststellungsbescheid erlassen (FKS-SGB IX/Feldes § 80 Rn. 9); nach der Rechtsprechung des BSG (BSG 6. 5. 1994 – 12 RK 53/93 – BSGE 74, 176) kann der Arbeitgeber auch nach Ablauf der Fristen den Feststellungsbescheid noch abwenden, wenn seine Anzeige der BA zugeht, bevor der Bescheid erlassen ist. Eine Korrekturfunktion kommt der BA nicht zu, hat der Arbeitgeber rechtzeitig seine Anzeige erstellt, dann finden Korrekturen seiner Angaben nur im Festsetzungsverfahren statt, das zum Kompetenzbereich der Integrationsämter gehört.

4. Die Kompetenzen der Integrationsämter. Unabhängig von der Erfüllung der Anzeigepflicht hat der Arbeitgeber auf jeden Fall mit Fälligkeit der Ausgleichsabgabe, also in der Regel zum 31. 3. des Folgejahres, die von ihm errechnete Abgabe an das zuständige Integrationsamt zu zahlen, das die Berechnung des Arbeitgebers überprüft. Wenn es der Ansicht ist, dass diese Berechnung fehlerhaft ist oder wenn eine Berechnung fehlt, erlässt das Integrationsamt einen Feststellungsbescheid nach § 77 Abs. 4 S. 2 SGB IX, mit dem die Höhe der zu zahlenden Abgabe festgesetzt wird. Widerspruch und Klage gegen diesen Bescheid haben – wie im Abgabenrecht allgemein üblich – hinsichtlich der Zahlungspflicht des Arbeitgebers keine aufschiebende Wirkung (GK-SGB IX/Großmann § 77 Rn. 35).

Das Integrationsamt ist bei der Feststellung der Zahlungspflicht nicht an die Angaben des Arbeitgebers gebunden, sondern hat diese zu überprüfen. Liegt ein **Feststellungsbescheid der BA** nach § 80 Abs. 3 SGB IX vor, dann ergab sich nach der bisherigen Judikatur zum SchwbG daraus eine Bindungswirkung des Integrationsamts, da der Arbeitsverwaltung kein umfassendes Prüfungsrecht eingeräumt worden war (BSG 20. 1. 2000 – B 7 AL 26/99 R – BSGE 85, 246 = NZS 2000, 573; BVerwG 16. 12. 2004 – 5 C 70/03 – NJW 2005, 1674, 1676). Im Gesetzgebungsverfahren zum SGB IX ist diese Rechtsprechung bewusst korrigiert und ein umfassendes Prüfungsrecht statuiert worden (BT-Drs. 14/5800, S. 30); die überwiegenden Stimmen in der Literatur gehen davon aus, dass den Feststellungsbescheiden der BA nunmehr hinsichtlich der Pflichtarbeitsplätze eine Bindungswirkung gegenüber dem Integrationsamt zukommt (LSG NW 10. 3. 2011 – L 16 (1) AL 21/09; EAS/Adlhoch § 80 Rn. 31; FKSB-Feldes § 80 Rn. 11; Deinert in Deinert/Neumann Handbuch

SGB IX § 17 Rn. 68; KHM/Kossens § 77 Rn. 13; LPK-SGB IX/Dau/Düwell § 80 Rn. 11; HN/Schröder § 80 Rn. 17;aA HN/Schneider § 77 Rn. 10; GK-SGB IX/Großmann § 77 Rn. 34; NPMP/Neumann § 77 Rn. 13). Angesichts der eindeutigen Änderungen des Gesetzes im Gesetzgebungsverfahren zum SGB IX spricht mehr dafür, von der **Einführung einer Bindungswirkung** auszugehen. In der Praxis werden die Fälle einer hinreichenden Bindung nicht häufig sein, da die Bindung einen entsprechend konkreten und aussagefähigen Bescheid der BA voraussetzt. Dagegen kann die einfache Weiterleitung der Anzeige des Arbeitgebers durch die BA an das Integrationsamt eine solche Bindung nicht bewirken (EAS/Kuhlmann § 77 Rn. 30).

24 Zahlt der Arbeitgeber nicht oder kommt das Integrationsamt zu dem Ergebnis, dass die Zahlung hinter der Zahlungspflicht zurückbleibt, dann setzt das Integrationsamt im Feststellungsbescheid die Einziehung der zu zahlenden Beträge fest und erhebt Säumniszuschläge. Gegen einen solchen Bescheid sind Widerspruch und Klage am zuständigen Verwaltungsgericht möglich, die jedoch wiederum keine aufschiebende Wirkung haben. Nach § 77 Abs. 4 S. 6 ist das Integrationsamt berechtigt und bei nachhaltiger Säumnis auch gehalten, die rückständigen Beträge im Vollstreckungsverfahren beizutreiben. Dabei kommt dem **Integrationsamt** nach § 66 SGB X die **Kompetenz zur Beitreibung im Verwaltungsvollstreckungsverfahren** zu.

25 **5. Die Verwendung der Mittel.** Die eingezogenen Mittel sind von den Integrationsämtern nach den Regeln des § 77 Abs. 5 SGB IX zu verteilen. Dabei ist ein bestimmter Betrag an den nach § 78 SGB IX gebildeten Ausgleichsfonds zu überweisen. Im Übrigen sind diese Mittel sowohl auf Bundes- als auch auf Landesebene gesondert zu verwalten. Sie dürfen nicht für Aufgaben der Bundes- oder Landesverwaltung genutzt werden. Die **abschließend normierten Verwendungsmöglichkeiten** ergeben sich aus §§ 14 ff. SchwbAV und betreffen vor allem die Leistungen zur Förderung der Teilhabe schwerbehinderter Menschen am Arbeitsleben sowie der begleitenden Hilfe im Arbeitsleben. Das Aufstockungsverbot nach § 102 Abs. 5 SGB IX ist zu beachten; vor allem dürfen die Mittel der Ausgleichsabgabe nicht für die persönlichen und sächlichen Kosten der Verwaltung eingesetzt werden (EAS/Kuhlmann § 77 Rn. 46; NPMP/Neumann § 77 Rn. 29). Mit dem 2004 vorgenommenen Ausbau des Betrieblichen Eingliederungsmanagements ist in § 26c SchwbAV die Möglichkeit der Gewährung von Prämien für die Einführung eines Betrieblichen Eingliederungsmanagements eingeführt worden. Seit 2009 können die Mittel auch zur **Berufsbegleitung in der unterstützten Beschäftigung** eingesetzt werden (§§ 102 Abs. 3a SGB IX, 17 Abs. 1 b SchwbAV).

26 **Die strenge Zweckbindung der Mittel bedarf einer hinreichenden Kontrolle.** Diese ist zunächst die Aufgabe der jeweiligen Aufsichtsbehörden auf Landesebene. Weiter kommt auch dem Beratenden Ausschuss nach § 102 Abs. 3 SGB IX ein entsprechendes Kontrollrecht zu (EAS/Kuhlmann § 77 Rn. 48). Der Beratende Ausschuss nach § 102 SGB IX kann vom Integrationsamt regelmäßig einen Bericht über die Verwendung der Ausgleichsabgabe verlangen. Es gehört zu den zentralen Aufgaben der Mitglieder des beratenden Ausschusses, rechtzeitig ein solches Verlangen zu äußern und selbständig die Kontrolle durchzuführen, sobald Anlässe bekannt geworden sind, die eine solche Kontrolle als geboten erscheinen lassen.

27 Auf der **überregionalen Ebene** erfolgt eine vergleichbare Zweckbindung für die Mittel, die an den Ausgleichsfonds (§ 78 SGB IX) fließen. Diese Mittel sollen für überregionale Projekte eingesetzt werden, die in den letzten Jahren vor allem nach arbeitsmarkt- und ausbildungspolitischen Grundsätzen, aber auch zur Förderung überregionaler Aufklärungs- und Forschungsmaßnahmen eingesetzt wurden. Die Regelungen zur Mittelverwendung in § 41 SchwbAV sind mit der Novellierung dieser Verordnung im Januar 2004 (BGBl. I 2004 S. 77 ff.) neu gefasst worden (Überblick bei EAS/Kuhlmann § 78 Rn. 4 ff.). An den Entscheidungen über die Verteilung der Mittel wird der Beirat für die Teilhabe behinderter Menschen nach § 64 SGB IX beteiligt; die Entscheidungen sind letztlich durch das zuständige Ministerium zu treffen, so dass auch die gebotene parlamentarische Kontrolle ermöglicht wird (vgl. GK-SGB IX/Großmann § 78 Rn. 12 f.).

§ 81 Pflichten des Arbeitgebers und Rechte schwerbehinderter Menschen

(1) ¹**Die Arbeitgeber sind verpflichtet zu prüfen, ob freie Arbeitsplätze mit schwerbehinderten Menschen, insbesondere mit bei der Agentur für Arbeit arbeitslos oder arbeitsuchend gemeldeten schwerbehinderten Menschen, besetzt werden können.** ²**Sie nehmen frühzeitig Verbindung mit der Agentur für Arbeit auf.** ³**Die Bundesagentur für Arbeit oder ein Integrationsfachdienst schlägt den Arbeitgebern geeignete schwerbehinderte Menschen vor.** ⁴**Über die Vermittlungsvorschläge und vorliegende Bewerbungen von schwerbehinderten Menschen haben die Arbeitgeber die Schwerbehindertenvertretung und die in § 93 genannten Vertretungen unmittelbar nach Eingang zu unterrichten.** ⁵**Bei Bewerbungen schwerbehinderter Richter und Richterinnen wird der Präsidialrat unterrichtet und gehört, soweit dieser an der Ernennung zu beteiligen ist.** ⁶**Bei der Prüfung nach Satz 1 beteiligen die Arbeitgeber die Schwerbehindertenvertretung nach § 95 Abs. 2 und hören die in § 93 genannten Vertretungen an.** ⁷**Erfüllt der Arbeitgeber seine Beschäf-**

tigungspflicht nicht und ist die Schwerbehindertenvertretung oder eine in § 93 genannte Vertretung mit der beabsichtigten Entscheidung des Arbeitgebers nicht einverstanden, ist diese unter Darlegung der Gründe mit ihnen zu erörtern. [8] Dabei wird der betroffene schwerbehinderte Mensch angehört. [9] Alle Beteiligten sind vom Arbeitgeber über die getroffene Entscheidung unter Darlegung der Gründe unverzüglich zu unterrichten. [10] Bei Bewerbungen schwerbehinderter Menschen ist die Schwerbehindertenvertretung nicht zu beteiligen, wenn der schwerbehinderte Mensch die Beteiligung der Schwerbehindertenvertretung ausdrücklich ablehnt.

(2) [1] Arbeitgeber dürfen schwerbehinderte Beschäftigte nicht wegen ihrer Behinderung benachteiligen. [2] Im Einzelnen gelten hierzu die Regelungen des Allgemeinen Gleichbehandlungsgesetzes.

(3) [1] Die Arbeitgeber stellen durch geeignete Maßnahmen sicher, dass in ihren Betrieben und Dienststellen wenigstens die vorgeschriebene Zahl schwerbehinderter Menschen eine möglichst dauerhafte behinderungsgerechte Beschäftigung finden kann. [2] Absatz 4 Satz 2 und 3 gilt entsprechend.

(4) [1] Die schwerbehinderten Menschen haben gegenüber ihren Arbeitgebern Anspruch auf
1. Beschäftigung, bei der sie ihre Fähigkeiten und Kenntnisse möglichst voll verwerten und weiterentwickeln können,
2. bevorzugte Berücksichtigung bei innerbetrieblichen Maßnahmen der beruflichen Bildung zur Förderung ihres beruflichen Fortkommens,
3. Erleichterungen im zumutbaren Umfang zur Teilnahme an außerbetrieblichen Maßnahmen der beruflichen Bildung,
4. behinderungsgerechte Einrichtung und Unterhaltung der Arbeitsstätten einschließlich der Betriebsanlagen, Maschinen und Geräte sowie der Gestaltung der Arbeitsplätze, des Arbeitsumfeldes, der Arbeitsorganisation und der Arbeitszeit, unter besonderer Berücksichtigung der Unfallgefahr,
5. Ausstattung ihres Arbeitsplatzes mit den erforderlichen technischen Arbeitshilfen

unter Berücksichtigung der Behinderung und ihrer Auswirkungen auf die Beschäftigung. [2] Bei der Durchführung der Maßnahmen nach den Nummern 1, 4 und 5 unterstützt die Bundesagentur für Arbeit und die Integrationsämter die Arbeitgeber unter Berücksichtigung der für die Beschäftigung wesentlichen Eigenschaften der schwerbehinderten Menschen. [3] Ein Anspruch nach Satz 1 besteht nicht, soweit seine Erfüllung für den Arbeitgeber nicht zumutbar oder mit unverhältnismäßigen Aufwendungen verbunden wäre oder soweit die staatlichen oder berufsgenossenschaftlichen Arbeitsschutzvorschriften oder beamtenrechtliche Vorschriften entgegenstehen.

(5) [1] Die Arbeitgeber fördern die Einrichtung von Teilzeitarbeitsplätzen. [2] Sie werden dabei von den Integrationsämtern unterstützt. [3] Schwerbehinderte Menschen haben einen Anspruch auf Teilzeitbeschäftigung, wenn die kürzere Arbeitszeit wegen Art oder Schwere der Behinderung notwendig ist; Absatz 4 Satz 3 gilt entsprechend.

Übersicht

	Rn.
A. Normzweck und Normstruktur	1
B. Organisationspflichten	3
I. Die Prüfpflicht nach § 81 Abs. 1 S. 1 SGB IX	3
II. Diskriminierungsfreies Auswahlverfahren	7
III. Organisationspflicht zur Integration schwerbehinderter Menschen	10
C. Pflicht zur behinderungsgerechten Beschäftigung	11
I. Individuelle Beschäftigungspflicht	12
II. Betriebliche Gestaltungspflichten	18a
III. Teilzeitbeschäftigung	23
D. Diskriminierungsverbot	28

A. Normzweck und Normstruktur

§ 81 SGB IX gehört zu den zentralen Normen, mit denen die **gleichberechtigte Teilhabe** behinderter Menschen am Arbeitsleben sichergestellt werden soll. In der jetzigen Fassung werden **unterschiedliche Aufgaben und Handlungsfelder** zusammengefasst, die für die Analyse und Rechtsanwendung wiederum zu differenzieren sind. Die Norm enthält im Wesentlichen **drei unterschiedliche Handlungsfelder:** Zunächst enthält sie bestimmte **Verfahrenspflichten,** die sich an den Arbeitgeber richten, mit denen die Einstellung von schwerbehinderten Menschen sowie deren 1 weitere Förderung im Betrieb sichergestellt werden sollen (Abs. 1 und Abs. 3). Weiter enthält sie eine Verweisung auf das **grundlegende Diskriminierungsverbot,** das seit 2006 in §§ 1, 7 AGG normiert ist. Schließlich enthält sie **kompensatorische Ansprüche** schwerbehinderter Menschen auf individuelle Beschäftigung, behinderungsgerechte Ausgestaltung der Beschäftigung und die Möglichkeit der Teilzeitbeschäftigung.

2   Die unterschiedlichen Schichtungen dieser Norm sind aus den verschiedenen Epochen des deutschen und europäischen Schwerbehindertenrechts zusammengetragen worden. Die Organisationspflichten in Abs. 1 und Abs. 3 knüpfen an ältere Regelungen aus §§ 12 SchwBeschG 1953, 11 SchwbG 1974 an. Die individuelle Beschäftigungspflicht ist im Grundsatz bereits 1953 anerkannt und in der Rechtsprechung ausgestaltet worden. Seit dem 1. 10. 2000 ist auch in der Fassung des Gesetzes deutlich, dass es sich um **subjektive Ansprüche der Betroffenen** handelt (Düwell BB 2000, 2570, 2572). Das Benachteiligungsverbot ist 2001 als erste Teilumsetzung der RL 2000/78/EG normiert worden. Inzwischen ist dieses Verbot im Wesentlichen im AGG kodifiziert; die Verweisung in § 81 Abs. 2 SGB IX formuliert jedoch die Brücke, mit der die **Nutzung der Verbandsklage nach § 63 SGB IX** zu diesen Themen weiterhin möglich ist (Düwell BB 2006, 1741, 1745). Die Regelungen der Abs. 4 und 5 sind ebenfalls im Licht des Gemeinschaftsrechts auszulegen, da es sich insoweit um „angemessene Vorkehrungen" iSd. Art. 5 RL 2000/78/EG handelt (FKS-Faber § 81 Rn. 2, 108 ff.). Damit erweist sich die **Beschränkung auf schwerbehinderte Menschen** in den beiden Absätzen 4 und 5 als gemeinschaftsrechtswidrig, weil die RL von einem eigenständigen **Behinderungsbegriff** ausgeht (BAG 3. 4. 2007 – 9 AZR 823/06 – NZA 2007, 1098; 27. 1. 2011 – 8 AZR 580/09, NJW 2011, 2070; ErfK/Schlachter AGG § 1 Rn. 10 sowie Schlachter RdA 2008, 179). Für behinderte Menschen sind daher die in Abs. 4 und 5 kodifizierten Rechte durch eine gemeinschaftsrechtskonforme Auslegung von § 618 BGB bzw. § 12 AGG sicherzustellen, solange die gesetzliche Korrektur noch nicht erfolgt ist. Bekräftigt wird diese Auslegung durch die Ratifikation der UN-Konvention über die Rechte behinderter Menschen, da diese das Unterlassen angemessener Vorkehrungen als eine Fallgruppe der Diskriminierung qualifiziert, so dass das Ziel der deutschen Gesetzgebung, dieses Diskriminierungsverbot effektiv umzusetzen, auch eine gemeinschaftsrechtskonforme, mit dem Wortlaut von § 618 BGB noch vereinbare Auslegung verlangt (Nebe DB 2008, 1801, 1804; vgl. Fuerst, Behinderung zwischen Diskriminierungsschutz und Rehabilitationsrecht, 2009, S. 148 ff.).

B. Organisationspflichten

I. Die Prüfpflicht nach § 81 Abs. 1 S. 1 SGB IX

3   Nach § 81 Abs. 1 S. 1 SGB IX ist jeder Arbeitgeber verpflichtet, **zu prüfen, ob freie Arbeitsplätze mit schwerbehinderten Menschen besetzt werden können.** Diese Pflicht verlangt einerseits eine interne Prüfung bei der Formulierung des Anforderungsprofils der jeweiligen Stelle, ob hier den Grundsätzen der Barrierefreiheit hinreichend Rechnung getragen worden ist und vor allem, ob die Anforderungen, die für diesen Arbeitsplatz formuliert werden, behinderte Menschen benachteiligen können und ob sie sich in einem solchen Fall als gerechtfertigte Anforderungen iSd. § 8 AGG erweisen. Integraler Teil dieses Prüfungsverfahrens ist die Einschaltung der Bundesagentur für Arbeit, die geeignete Bewerberinnen und Bewerber benennen soll. Weil es sich um ein grundlegendes Verfahren handelt, ist **jeder Arbeitgeber** verpflichtet, diesem Verfahren nachzukommen. Dies Verfahren ist auch dann einzuleiten, wenn ein Arbeitgeber die Beschäftigungsquote nach § 71 SGB IX erfüllt hat (Düwell in LPK-SGB IX § 81 Rn. 85), weil § 81 SGB IX der möglichst weitgehenden Integration behinderter Menschen in den Arbeitsmarkt dient.

4   Als **freier Arbeitsplatz** ist jeder Arbeitsplatz einzustufen, der entweder neu eingerichtet oder aber wieder besetzt werden soll. Da § 81 nicht auf die Fälle des § 71 beschränkt ist, kommt hier der Arbeitsplatzbegriff aus § 73 SGB IX nicht zur Anwendung. Zutreffend hat das BAG daher entschieden, dass dieses Verfahren auch im Rahmen der Drittmittelbeschäftigung nach § 25 HRG aF zur Anwendung kommt (BAG 15. 8. 2006 – 9 ABR 61/05 – NZA 2007, 224; dazu Juris PRArb 26/2006 Anm. 1 – Kohte). Zutreffend wird in der Literatur darauf hingewiesen, dass die Prüfpflicht daher auch dann gilt, wenn ein Arbeitgeber einen freien Arbeitsplatz im Rahmen der Arbeitnehmerüberlassung besetzen will (GK-SGB IX-Großmann § 81 Rn. 62). In einer jüngeren Entscheidung hat das BAG diese Ansicht bestätigt und die Prüf- und Konsultationspflicht auch für den Fall bejaht, dass der Arbeitgeber beabsichtigt, einen frei werdenden oder neu geschaffenen Arbeitsplatz mit einem **Leiharbeitnehmer** zu besetzen (BAG 23. 6. 2010 – 7 ABR 3/09 – NZA 2010, 1361, 1364). In der Judikatur nicht endgültig entschieden wurde die Frage, ob die Prüfpflicht auch dann eingreift, wenn im Rahmen zB eines langfristigen Personalabbaus der freiwerdende Arbeitsplatz intern mit einem Beschäftigten besetzt werden soll, der in absehbarer Zeit von einer Kündigung bedroht ist (BAG 17. 6. 2008 – 1 ABR 20/07 – NZA 2008, 1139).

5   Der Arbeitgeber ist weiter gehalten, **frühzeitig mit der Bundesagentur für Arbeit in Verbindung zu treten.** Auf diese Weise soll der Sachverstand der Bundesagentur genutzt werden, weil der

Agentur sowohl schwerbehinderte arbeitslose Menschen als auch entsprechende Fördermöglichkeiten bekannt sind. In der Praxis fehlt diese Kenntnis oft; die Prüfpflicht soll genau diese Kenntnis vermitteln (Diller NZA 2007, 1321, 1322). In der Praxis ist es für viele Betriebe hilfreich, wenn Kontakte oder Betriebsbesuche mit den Integrationsberatern der BA vereinbart werden, um auf diese Weise möglichst betriebsadäquate Informationen und Prüfverfahren installieren zu können (FKS-Faber § 81 Rn. 16). Sachlich geboten kann auch die Kooperation mit einem **Integrationsfachdienst** sein, der aus regelmäßiger Zusammenarbeit den Betrieb kennt und daher geeignete Vorschläge einbringen kann. Schließlich ist Teil der Prüfpflicht auch die rechtzeitige Klärung, ob und unter welchen Bedingungen **behinderte Auszubildende in Arbeitsverhältnisse übernommen** werden können. Dies ist für behinderte Leiharbeitnehmer bei der Umsetzung von Art. 6 der RL 2008/104/EG zu beachten.

Bei der Prüfpflicht handelt es sich um eine Rechtspflicht; die Verletzung dieser Rechtspflicht kann 6 den Betriebsrat legitimieren **Einspruch nach § 99 Abs. 2 Nr. 1 BetrVG** gegen die geplante Einstellung eines nicht behinderten Menschen einzulegen (BAG 14. 11. 1989 – 1 ABR 88/88 – NZA 1990, 368; vgl. Kohte FS Kissel S. 547, 560). Bei einer Versetzung soll nach einer problematischen Entscheidung des BAG aus dem Jahr 2008 (zur Kritik NPMP/Neumann SGB IX § 81 Rn. 7) diese Möglichkeit nicht bestehen (BAG 17. 6. 2008 – 1 ABR 20/07 – NZA 2008, 1139, 1140); anders bei einem Verstoß des Arbeitgebers gegen seine Prüfpflicht und der Besetzung der Stelle mit einem Leiharbeitnehmer (BAG 23. 6. 2010 – 7 ABR 3/09 – NZA 2010, 1361, 1364). Die Verletzung dieser Rechtspflicht kann weiter ein Indiz für eine Benachteiligung schwerbehinderter Menschen im Auswahlverfahren darstellen, so dass sie eine wichtige Rolle im Entschädigungsverfahren nach § 15 AGG spielen kann (BAG 17. 8. 2010 – 9 AZR 839/08 – BB 2010, 2956; BAG 16. 9. 2008 – 9 AZR 791/07 – DB 2009, 177, 178). Auf der anderen Seite garantiert die Prüfpflicht den betroffenen behinderten Menschen nicht die Einstellung, sondern ausschließlich die Beteiligung an einem diskriminierungsfreien Personalauswahlverfahren.

II. Diskriminierungsfreies Auswahlverfahren

Sobald BA oder Integrationsfachdienst Vermittlungsvorschläge schwerbehinderter Menschen un- 7 terbreitet haben bzw. wenn sich schwerbehinderte Menschen um einen freien Arbeitsplatz beworben haben, beteiligt der Arbeitgeber nicht nur die Interessenvertretung nach § 93 SGB IX **(Betriebsrat, Personalrat, Mitarbeitervertretung)**, sondern auch die **Schwerbehindertenvertretung**. Deren weitere Beteiligung erfolgt grundsätzlich im regulären Verfahren nach §§ 99 BetrVG, 76 BPersVG, 95 SGB IX. Arbeitgeber, die die Beschäftigungsquote nach § 71 SGB IX nicht erfüllen, haben nach § 81 Abs. 1 S. 7–9 SGB IX zusätzliche Argumentationspflichten, weil sie Interessenvertretung und Schwerbehindertenvertretung unter Angabe von Gründen zu erläutern haben, warum sie dem Vermittlungsvorschlag nicht nachkommen. In diesem Zusammenhang ist auch der behinderte Mensch anzuhören.

Auch bei Verfahrensfehlern nach § 81 Abs. 1 S. 6 SGB IX kann der Betriebs- oder Personalrat sei- 8 ne Zustimmung zu der geplanten Einstellung eines nicht behinderten Menschen verweigern. Der Schwerbehindertenvertretung steht ein vergleichbares Zustimmungsverweigerungsrecht nicht zu; sie ist darauf beschränkt, die Beteiligten mit argumentativen Mitteln von der konkreten Integrationsmaßnahme zu überzeugen (BAG 15. 8. 2006 – 9 ABR 61/05 – NZA 2007, 224, 226 m. Anm. Kohte jurisPR-ArbR 26/2007 Anm. 1). Die betroffenen schwerbehinderten Menschen können Rechtsverletzungen im Rahmen eines Entschädigungsverfahrens nach § 15 AGG als Indizien für eine Diskriminierung heranziehen. Da es sich auch bei diesen Prüfpflichten um „angemessene Vorkehrungen" handelt, sind sie auch bei behinderten Menschen anzuwenden und ermöglichen auch diesen entsprechende Entschädigungsansprüche, die – wie sich aus §§ 1, 7 AGG ergibt – nicht auf schwerbehinderte Menschen beschränkt sind.

Im **öffentlichen Dienst** gelten nach **§ 82 SGB IX** spezifische Sondervorschriften (dazu BAG 9 12. 9. 2006 – 9 AZR 807/05 – NZA 2007, 507, 509). Danach hat der öffentliche Arbeitgeber alle frei werdenden Arbeitsplätze der BA zu melden; diese Meldung sowie etwaige Vermittlungsvorschläge der BA sind wiederum der Schwerbehindertenvertretung mitzuteilen, damit sie argumentativ für die Einstellung von schwerbehinderten Menschen werben kann (BAG 15. 8. 2006 – 9 ABR 61/05 – NZA 2007, 224, 226). Weiter ist im öffentlichen Dienst grundsätzlich jeder behinderte Stellenbewerber zum **Vorstellungsgespräch** einzuladen (§ 82 S. 2), es sei denn, dass die **Eignung für den Arbeitsplatz iSd. S. 3 offensichtlich fehlt** (dazu BAG 21. 7. 2009 – 9 AZR 431/08 – NZA 2009, 1087, 1088). In allen anderen Fällen ist die unterlassene Einladung eine Rechtsverletzung, die zugleich im Entschädigungsverfahren zu beachten ist (ArbG Cottbus 11. 6. 2008 – 7 Ca 108/08). Die Pflicht zur Einladung nach § 82 S. 2 SGB IX soll dem schwerbehinderten Bewerber einen Chancenvorteil gegenüber nicht (schwer)behinderten Konkurrenten gewähren; im persönlichen Gespräch soll er das aufgrund der Behinderung bestehende Chancendefizit ausgleichen können. Die Vorschrift zielt auf die Herstellung gleicher Bewerbungschancen behinderter Bewerber (BAG 12. 9. 2006 – 9 AZR 807/05 – NZA 2007, 507, 510). Es handelt sich um eine positive Maßnahme iSd § 5 AGG (ausführlich Kohte/Porsche jurisPR-ArbR 3/2010 Anm. 1).

III. Organisationspflicht zur Integration schwerbehinderter Menschen

10 Nach § 81 Abs. 3 SGB IX sind Arbeitgeber verpflichtet, durch geeignete Maßnahmen die Einhaltung der Beschäftigungsquote nach § 71 SGB IX durch eine möglichst dauerhafte behinderungsgerechte Beschäftigung zu sichern. Diese Organisationspflicht knüpft in Wortlaut und Systematik direkt an die öffentlichrechtliche Beschäftigungspflicht nach § 71 SGB IX an und soll sicherstellen, dass die Voraussetzungen für eine solche Beschäftigung zur Verfügung gestellt werden. Damit ist vor allem das **Konzept der Barrierefreiheit** (dazu instruktiv Buhmann BG 2003, 453 ff.) angesprochen. Es handelt sich bei diesem Konzept auch um ein generelles Konzept, das sich auf die Gestaltung des Betriebs und seiner Organisation bezieht. Dazu gehört zum einen die barrierefreie Gestaltung der Arbeitsstätte nach § 3 ArbStättV (ausführlich Kohte/Faber DB 2005, 224, 226), aber auch die barrierefreie Gestaltung der Kommunikation und Information, die in den Verordnungen zum BGG sowie zu den entsprechenden Landesgleichstellungsgesetzen normiert worden sind. Diese Pflicht ist als generell betriebsbezogene Organisationspflicht einzustufen, so dass sich Ansprüche der Betroffenen nicht aus § 81 Abs. 3, sondern aus § 81 Abs. 4 bzw. 5 SGB IX ergeben (Adlhoch SGB IX § 81 Rn. 79). Die Bedeutung des § 81 Abs. 3 richtet sich darauf, dass einerseits der Arbeitgeber rechtzeitig solche Maßnahmen trifft und zum anderen, dass die Betriebsparteien vor allem durch die **Integrationsvereinbarung nach § 83 SGB IX,** aber auch durch andere geeignete Betriebs- und Dienstvereinbarungen und sonstige Regelungsabreden die entsprechenden Maßnahmen rechtzeitig und präventiv treffen. Die Rehabilitationsträger haben sich vor allem in der Gemeinsamen Empfehlung Prävention verpflichtet, Arbeitgeber und Interessenvertretungen bei dieser Aufgabe zu beraten. Die **BA ist nach § 104 Abs. 1 Nr. 2 SGB IX zur Beratung der Arbeitgeber verpflichtet;** hier ist auch über die Leistungen nach §§ 97 ff. SGB III zu informieren (GK-SGB IX-Großmann § 81 Rn. 400 ff.). Ebenso kommt hier die **Beratung durch das Integrationsamt** zur Geltung (GK-SGB IX-Großmann § 81 Rn. 394 ff.), das über die Leistungen an Arbeitgeber nach § 102 Abs. 3 S. 1 Nr. 2 SGB IX (dazu Adlhoch § 102 Rn. 154 ff.) und die **Möglichkeiten der Integrationsfachdienste** nach § 110 SGB IX zu informieren hat.

C. Pflicht zur behinderungsgerechten Beschäftigung

11 Zu den zentralen Elementen von § 81 SGB IX gehören die verschiedenen Ausprägungen der **Pflicht zur behinderungsgerechten Beschäftigung,** die in Abs. 4 und 5 der Norm als individuelle Ansprüche schwerbehinderter Menschen normiert sind. Da es sich in diesen Fällen um „angemessene Vorkehrungen" iSd. Art. 5 RL 2000/78/EG handelt, sind diese Ansprüche auch auf behinderte Menschen iSd. §§ 7 AGG, 2 SGB IX zu erstrecken (s. o. Rn. 2). Im folgenden Text werden daher die Anspruchsberechtigten für Abs. 4 und 5 als behinderte Menschen bezeichnet.

I. Individuelle Beschäftigungspflicht

12 Dass die Pflicht zur Beschäftigung schwerbehinderter Menschen, die sich aus den Quotenregelungen seit 1953 ergeben hat, nicht nur öffentlichrechtlich normiert ist, sondern auch privatrechtlich wegen der Pflichten des Arbeitgebers nach §§ 12 SchwBeschG, 11 SchwbG vom einzelnen Schwerbehinderten verlangt werden kann, ist in der Rechtsprechung des BAG bereits früh herausgearbeitet worden (BAG 4. 5. 1962 – 1 AZR 128/61 – NJW 1962, 1836; 19. 9. 1979 – 4 AZR 887/77 – DB 1980, 405 = AP Nr. 2 zu § 11 SchwbG). Dabei ist schon in dieser Judikatur entschieden worden, dass es auch um eine spezifische Qualität der Beschäftigung geht, die im Folgenden als „behinderungsgerechte Beschäftigung" bezeichnet wird. Auf der Basis dieser Rechtsprechung ist seit dem 1. 10. 2000 ein **ausdrücklicher individueller Anspruch** im Gesetz normiert. Diese Verdeutlichung ist eine wichtige Hilfe für die Rechtsdurchsetzung. Die jetzige Normierung in § 81 SGB IX hat diese Pflicht deutlich von der Beschäftigungspflicht des § 71 SGB IX abgekoppelt, so dass diese Ansprüche auch für schwerbehinderte Menschen in Betrieben und Dienststellen gilt, in denen die Beschäftigungsquote eingehalten wird.

13 Diese Beschäftigungspflicht geht über die allgemein anerkannte Beschäftigungspflicht, die zu den Grundelementen des heutigen Arbeitsvertragsrechts gehört, deutlich hinaus, weil sie den Arbeitgeber auch zu **Änderungen des Arbeitsvertrages** verpflichten kann (HN/Schröder § 71 Rn. 33; NPMP/Neumann SGB IX § 81 Rn. 27). Sie ist insoweit dynamisch ausgestaltet und ändert ihre jeweiligen Ausprägungen mit dem Verlauf des Arbeitsverhältnisses, so dass sowohl Förder- und Beförderungspflichten als auch Reduzierungen des Leistungsumfangs im Einzelfall geschuldet sein können. Mit der Änderung des Gesundheitszustands kann nach der Rechtsprechung dieser Beschäftigungsanspruch unmittelbar kraft Gesetzes entstehen, so dass in solchen Fällen unmittelbar die geänderte Beschäftigung geltend gemacht und eingeklagt werden kann (BAG 10. 5. 2005 – 9 AZR 230/04 – NZA 2006, 155, 158; vgl. zum Teilzeitanspruch u. Rn. 23).

Auf einer ersten Stufe ist der Arbeitgeber verpflichtet, im Rahmen des jeweiligen Arbeitsvertrags **14** bei der **Ausübung des Weisungsrecht**s (vgl. § 106 S. 3 GewO) die **individuellen Fähigkeiten und Leistungseinschränkungen** des jeweiligen behinderten Menschen **zu berücksichtigen** (BAG 4. 10. 2005 – 9 AZR 632/04 – NZA 2006, 442, 444; aktuell in Abgrenzung zu den in dieser Entscheidung des BAG aufgestellten Grundsätzen zur sekundären Darlegungs- und Beweislast des Arbeitgebers ArbG Duisburg – 7. 6. 2010 – 3 Ca 2775/09). Dazu kann es erforderlich sein, den Zuschnitt der jeweiligen Aufgaben und die Gestaltung der Arbeitsorganisation entsprechend anzupassen (BAG 14. 3. 2006 – 9 AZR 411/05 – NZA 2006, 1214, 1216). In diesem Zusammenhang ist auch § 4 Nr. 6 ArbSchG zu berücksichtigen, denn die Behinderung kann zu den gruppentypischen Besonderheiten zählen, die bei der Gestaltung der Arbeitsschutzorganisation zu berücksichtigen sind; in einer Reihe von Fällen, die am BAG zu entscheiden waren, waren allerdings bereits die generellen, für alle Beschäftigten geltenden Arbeitsschutznormen, zB der LasthandhabV, nicht beachtet worden. Dann kann bereits auf diese Weise eine dauerhafte und nachhaltige Beschäftigung gesichert werden. Da § 81 den Arbeitgeber verpflichtet, ist die **Beschäftigungspflicht nicht auf den Betrieb beschränkt**; der behinderte Mensch kann auch verlangen, **in einem anderen Betrieb seines Arbeitgebers** (BAG 3. 12. 2002 – 9 AZR 481/01 – NZA 2003, 1215; zu betriebsverfassungsrechtlichen Fragen su. Rn. 17) oder zeitweilig zu Hause (LAG Niedersachsen 6. 12. 2010 – 12 Sa 860/10) beschäftigt zu werden (Beyer jurisPR-ArbT 19/2011 Anm. 4).

Die **spezielle Beschäftigungspflicht des § 81** ist im Unterschied zur allgemeinen Beschäftigungspflicht allerdings **nicht durch den Rahmen des vereinbarten Arbeitsvertrages beschränkt**. Wenn der behinderte Mensch die vertraglich vereinbarten Arbeitsaufgaben behinderungsbedingt nicht mehr erfüllen, jedoch auf einem anderen vom Arbeitsvertrag nicht gedeckten Arbeitsplatz beschäftigt werden kann, kann sich daraus ein Anspruch auf Änderung der Beschäftigung und des Arbeitsvertrags ergeben. § 81 Abs. 4 bezieht sich in umfassender Hinsicht auf Beschäftigung im Betrieb, so dass damit auch die Beschäftigung im Rahmen einer stufenweisen Wiedereingliederung erfasst ist. Da es sich in diesem Fall um ein Schuldverhältnis handelt, das nicht mehr als Arbeitsverhältnis zu klassifizieren ist, ist der weiter geltende Beschäftigungsanspruch jetzt allerdings auf eine zeitweilige Vertragsänderung zu richten (BAG 13. 6. 2006 – 9 AZR 229/05 – NZA 2007, 91, 93). Gerade das Beispiel der stufenweisen Wiedereingliederung nach § 28 SGB IX dokumentiert deutlich den weiten und nicht allein vertragsbezogenen Beschäftigungsanspruch behinderter Menschen. **15**

Aus der Förderpflicht kann sich **im Einzelfall** ergeben, dass der Arbeitgeber zu einer Vertragsänderung verpflichtet ist, die sich als **Beförderung** darstellt und die den Aufstieg in weitere Hierarchiestufen ermöglicht (dazu bereits BAG 19. 9. 1979 – 4 AZR 887/77 – AP Nr. 2 zu § 11 SchwbG; vgl. GK-SGB IX-Großmann § 81 Rn. 334 ff.). Innerbetriebliche Praktiken, nach denen der Aufstieg schwerbehinderter Menschen sachwidrig erschwert wird, können sich als Diskriminierung darstellen, die rechtswidrig ist (anschaulich BVerfG 10. 12. 2008 – 2 BvR 2571/07 – BehinR 2009, 113 m. zust. Anm. Gagel jurisPR-ArbR 9/2009 Anm. 1). Aus der Förderpflicht kann sich auch eine Pflicht zur Ermöglichung der Teilnahme an **Maßnahmen der Fort- und Weiterbildung** ergeben. **16**

Wenn eine Änderung des Arbeitsvertrages oder aber auch eine Änderung der Beschäftigungsbedingungen geboten ist, hat der Arbeitgeber die Zustimmung des Betriebsrates nach § 99 BetrVG einzuholen. Widerspricht der Betriebsrat, dann ist der Arbeitgeber typischerweise gehalten, das **Zustimmungsersetzungsverfahren** zu betreiben (BAG 3. 12. 2002 – 9 AZR 481/01 – NZA 2003, 1215; einschränkend allerdings BAG 22. 9. 2005 – 2 AZR 519/04 – NZA 2006, 486, 489, wenn das Integrationsamt die anderweitige Beschäftigung als ungeeignet eingestuft hat). Nicht vom Schutz des § 81 SGB IX erfasst ist ein Verlangen nach einem „Freikündigen eines behinderungsgerechten Arbeitsplatzes" (so grundlegend BVerwG 28. 2. 1968 – V C 33.66 – BVerwGE 29, 140, 143 zum SchwbG; einschränkend BAG 28. 4. 1998 – 9 AZR 348/97 – NZA 1999, 152; aktuell die Verpflichtung des Arbeitgebers zum „Freikündigen" als „ultima ratio" bejahend, wenn der Arbeitsplatz mit einem Leiharbeitnehmer besetzt ist: LArbG Hamm 23. 3. 2009 – 8 Sa 313/08; dagegen Moll/Ittmann, RdA 2008, 321, 325). Eine Mitwirkungspflicht des Arbeitgebers, mit der unmittelbar in die Existenz anderer Arbeitsverträge zum Arbeitgeber eingegriffen wird, liegt jenseits der Schutzzweckgrenze (BVerwG 28. 2. 1968 – V C 33.66 – BVerwGE 29, 140, 143). **17**

Die Förderpflicht ist auch bei Maßnahmen der Berufsbildung sowie der Fort- und Weiterbildung zu beachten. Nach § 81 Abs. 4 Nr. 2 SGB IX haben behinderte Menschen einen Anspruch darauf, bei **innerbetrieblichen Berufsbildungsmaßnahmen** bevorzugt berücksichtigt zu werden (BAG 7. 11. 1984 – 4 AZR 609/82; BAG 10. 5. 2005 – 9 AZR 230/04 – NZA 2006, 155). Wenn also die Plätze der Fort- und Weiterbildung nicht beschränkt sind, dann gebührt bei entsprechenden Verteilungsproblemen behinderten Menschen im Zweifel der Vorrang beim Zugang zu einer solchen Fortbildung (HN/Schröder § 81 Rn. 36). Dies entspricht der Erfahrung, dass Fortbildung geeignet sein kann zur dauerhaften Stabilisierung von Beschäftigungsverhältnissen (FKS-Faber § 81 Rn. 44). Aus diesem Grund soll auch die **externe Fort- und Weiterbildung** durch § 81 Abs. 4 Nr. 3 SGB IX gefördert werden. In diesen Fällen stellt sich nicht nur ein Verteilungs-, sondern auch ein Zugangsproblem. Die Teilnahme an externen Veranstaltungen verlangt in aller Regel eine begrenzte zeitliche Freistellung, die mit sonstigen Arbeitserfordernissen kollidieren kann. Bei dieser Abwägung soll im **18**

Zweifel den Fortbildungsinteressen schwerbehinderter Menschen hinreichend Rechnung getragen werden. Wiederum kommen hier flankierende Leistungen nach §§ 97, 102 ff. SGB III bzw. nach § 33 Abs. 3 SGB IX in Betracht (Adlhoch SGB IX § 81 Rn. 94), so dass sich die Mitwirkungspflicht des Arbeitgebers auf die Freistellung von der Arbeit ohne Entgeltfortzahlung reduzieren kann (HN/Schröder § 81 Rn. 37).

II. Betriebliche Gestaltungspflichten

18a Von großer praktischer Bedeutung sind weiter die betrieblichen Gestaltungspflichten nach § 81 Abs. 4 S. 1 Nr. 4 und 5 SGB IX, auf die der einzelne behinderte Beschäftigte einen klagbaren Anspruch hat (BAG 14. 3. 2006 – 9 AZR 411/05 – NZA 2006, 1214, 1216). Zunächst wird die **behinderungsgerechte Einrichtung von Arbeitsstätte und Arbeitsplatz** verlangt. Hier greifen bereits die generellen arbeitsschutzrechtlichen Normen ein, die zB nach § 3 ArbStättV eine barrierefreie Gestaltung der Arbeitsstätte verlangen (Kohte/Faber DB 2005, 224, 226). Wird dieser Pflicht im korrekten Umfang nachgekommen, dann ist für viele behinderte Beschäftigte bereits eine generelle Zugänglichkeit ihres Arbeitsplatzes erreicht (Buhmann BG 2003, 453; vgl. Revermann/Gerlinger, Technologien im Kontext von Behinderung, 2010, S. 171 ff). Der Gestaltungsanspruch nach § 81 Abs. 1 Nr. 4 und 5 SGB IX betrifft dagegen die individuelle Barrierefreiheit, indem zusätzlich Einrichtungen angebracht werden, die für den Betroffenen wichtig sind, also zB optische Warnsignale für hörbehinderte Menschen und akustische Warnsignale für sehbehinderte Menschen (FKS-Faber § 81 Rn. 49).

19 Einen wichtigen Raum nimmt eine **behinderungsgerechte Gestaltung der Arbeitsorganisation** ein. Diese bezieht sich vor allem auf die Verteilung der jeweiligen Arbeiten. Hier hat das BAG zutreffend verlangt, dass einzelne schwere Aufgaben, zB beim Heben von Lasten, anders verteilt werden (BAG 23. 1. 2001 – 9 AZR 287/99 – NZA 2001, 1020, 1023). Diese Verteilung der Arbeitsorganisation ist wiederum subsidiär gegenüber den gebotenen arbeitsschutzrechtlichen Maßnahmen, die sich zB aus der LasthandhabV ergeben können. Eine besondere Rolle im Rahmen der Arbeitsorganisation spielen der **Arbeitsort** (LAG Niedersachsen 6. 12. 2010 – 12 Sa 860/10; Beyer jurisPRArbR 19/2011 Anm. 4) sowie die **Lage und Verteilung der Arbeitszeit.** Zutreffend hatte das BAG bereits vor einigen Jahren entschieden, dass unter bestimmten gesundheitlichen Bedingungen Nachtarbeit bzw. Schichtarbeit von behinderten Menschen nicht verlangt werden kann (BAG 3. 12. 2002 – 9 AZR 462/01 – AP Nr. 1 zu § 124 SGB IX). Auch hier sind die individuellen Gestaltungsrechte nach § 81 SGB IX subsidiär gegenüber den allgemeinen arbeitsschutzrechtlichen Instrumenten, die bei der Nacht- und Schichtarbeit generell nach § 6 Abs. 1 ArbZG die elementare Berücksichtigung gesicherter arbeitswissenschaftlicher Erkenntnisse verlangen (dazu Habich, Sicherheits- und Gesundheitsschutz durch die Gestaltung von Nacht- und Schichtarbeit und die Rolle des Betriebsrates, S. 149 ff.). Dabei betrifft § 81 Abs. 4 S. 1 Nr. 4 SGB IX die Lage der Arbeitszeit, während der Umfang der Arbeitszeit von § 81 Abs. 5 SGB IX erfasst wird. Ein wichtiges Element behinderungsgerechter Arbeitsorganisation ist der Einsatz einer **Arbeitsassistenz**, zu der in bestimmten Fällen auch der Arbeitgeber verpflichtet sein kann.

20 Nach § 81 Abs. 4 S. 1 Nr. 5 SGB IX können behinderte Beschäftigte auch den **Einsatz von technischen Arbeitshilfen** verlangen. Dazu rechnen zB Hebehilfen und vergleichbare Instrumente (weitere Beispiele bei NPMP/Neumann § 81 Rn. 40). Dieser Anspruch wird flankiert durch die Möglichkeiten nach § 34 SGB IX, Arbeitgebern Unterstützung durch die Rehabilitationsträger zu gewähren, mit denen technische Arbeitshilfen zur Verfügung gestellt werden können. Ergänzend kann hier auch gegenüber schwerbehinderten Menschen eine Unterstützung durch das Integrationsamt nach § 102 SGB IX erfolgen. Dabei ist vor allem hervorzuheben, dass eine weitreichende Leistungspflicht der Rehabilitationsträger besteht und ein Eigenanteil des Arbeitgebers nicht verlangt wird (FKS-Busch § 34 Rn. 37 ff.; SG Dresden 28. 2. 2011 – S 24 KN 625/09).

21 Als Einwendung des Arbeitgebers ermöglicht § 81 Abs. 4 S. 3 SGB IX die Berufung auf die Grundsätze der **Unverhältnismäßigkeit** sowie der **Unzumutbarkeit** der geforderten Aufwendungen. Im Rahmen der Unverhältnismäßigkeit ist zu prüfen, ob das Übermaßverbot dem Anspruch des behinderten Menschen entgegensteht, weil der Anspruch auf ungeeignete, nicht erforderliche und unangemessene Aufwendungen gerichtet ist. In der Literatur wird ein solches Übermaßverbot vor allem bejaht bei finanziell hohen Aufwendungen, die das jeweilige Unternehmen in unangemessener Weise belasten. Dabei ist zunächst festzustellen, in welcher Höhe Belastungen zu erwarten sind (BAG 4. 10. 2005 – 9 AZR 632/04 – NZA 2006, 442, 444). In Abzug zu bringen sind die möglichen Hilfen von Rehabilitationsträgern und Integrationsamt, die sich in diesem Zusammenhang vor allem aus §§ 34, 102 SGB IX ergeben können. Wenn sie die Aufwendungen entsprechend verringern auf den angemessenen Kostenbeitrag nach §§ 15 Abs. 2, 26 Abs. 3 SchwbAV, dann wird in aller Regel nicht von einer Unverhältnismäßigkeit auszugehen sein (dazu GK-SGB IX/Großmann § 81 Rn. 417 f.). Es bedarf daher in diesen Fällen regelmäßig der Einschaltung der Servicestelle bzw. des Integrationsamts, um die möglichen Hilfen abklären zu können. Nach der insoweit gefestigten Rechtsprechung des BAG kann eine Berufung des Arbeitgebers auf Unverhältnismäßigkeit bzw. Unzumutbarkeit keinen Erfolg haben, wenn dieser die zuständigen Stellen nicht eingeschaltet hat (BAG 14. 3. 2006 – 9 AZR 411/05 – NZA 2006, 1215, 1216).

Neben dem Übermaßverbot ist auch die Unzumutbarkeit als Einwendung im Gesetz geregelt. Dieser unbestimmte Rechtsbegriff, an dessen Verwirklichung hohe Anforderungen zu stellen sind, ist so offen formuliert, weil die behinderungsgerechte Gestaltung des Arbeitsplatzes zu innerbetrieblichen Arbeits- und Organisationsproblemen und in einzelnen Fällen auch zu Problemen anderer Beschäftigter führen kann. Wenn diese Probleme die Intensität eines „wichtigen Grundes" erreichen, kann auch darauf die Einwendung nach § 81 Abs. 4 S. 1 Nr. 4 SGB IX gestützt werden (HN/Schröder § 81 Rn. 41). 22

III. Teilzeitbeschäftigung

Teilzeitbeschäftigung kann für schwerbehinderte Menschen eine Möglichkeit sein, am Beschäftigungssystem weiter teilhaben zu können, auch wenn eine Beschäftigung im bisherigen arbeitsvertraglichen Umfang nicht mehr möglich ist. Damit gehört **Teilzeitbeschäftigung** zu den möglichen **Instrumenten der Teilhabe am Arbeitsleben;** bereits in § 14 Abs. 3 S. 1 SchwbG 1986 war eine entsprechende Förderpflicht des Arbeitgebers normiert. In der jetzigen Fassung des § 81 Abs. 5 SGB IX finden wir zwei Regelungen, die der Normstruktur der §§ 6, 8 TzBfG weitgehend entsprechen: Eine **allgemeine Förderpflicht nach S. 1** und einen **unmittelbar durchsetzbaren Anspruch in S. 3**. Ergänzt werden diese beiden Regelungen durch eine Unterstützungspflicht des Integrationsamt in § 81 Abs. 5 S. 2 SGB IX; hier ist die gesetzliche Regelung allerdings unvollständig, da auch die an anderer Stelle normierten Unterstützungspflichten der Rehabilitationsträger zu beachten sind. 23

Die in S. 1 normierte Förderpflicht der Arbeitgeber ist als eine **allgemeine Organisationspflicht** zu verstehen, der kein unmittelbarer Anspruch der schwerbehinderten Menschen oder auch der jeweiligen Interessenvertretungen gegenüber steht. Gleichwohl ist diese Förderpflicht nicht ohne Bedeutung, weil sie für die sonstigen Regelungen zur Betriebsorganisation, wie zum Beispiel zur Personalplanung, einen wichtigen rechtlichen Rahmen normiert. So ist etwa bei der Personalplanung nach § 92 BetrVG die Integration schwerbehinderter Menschen durch Teilzeitarbeit genauso zu beachten wie bei der Erörterung von Vorschlägen des Betriebsrats zur Teilzeitarbeit nach § 92a Abs. 1 S. 2 BetrVG. Die allgemeine Förderpflicht soll dazu führen, dass die verschiedenen personal- und organisationspolitischen Möglichkeiten zur Integration schwerbehinderter Menschen genutzt werden können. Sie ist daher im individuellen Rechtsstreit vor allem von Bedeutung zur Begrenzung der Einwendungen eines Arbeitgebers, mit denen die Unzumutbarkeit der Realisierung von Teilzeitarbeit nach § 81 Abs. 5 S. 3 SGB IX reklamiert wird. 24

Wegen der integrationspolitischen Bedeutung der Teilzeitarbeit haben **Rehabilitationsträger und Integrationsamt** Arbeitgeber in diesem Zusammenhang zu unterstützen. Für die Rehabilitationsträger ergeben sich die Einzelheiten aus § 34 Abs. 1 S. 1 SGB IX (GK-SGB IX/Großmann § 34 Rn. 92 ff.) und den jeweiligen Leistungsgesetzen. Für die Integrationsämter ist die Unterstützung bei der Schaffung von Teilzeitarbeitsplätzen in § 102 Abs. 5 SGB IX normiert; nähere Einzelheiten regeln §§ 15 Abs. 3, 26 SchwbAV (Adlhoch SGB IX § 102 Rn. 165). Nach den allgemeinen Grundsätzen ist die Unterstützung durch das Integrationsamt subsidiär gegenüber der Unterstützung durch die Rehabilitationsträger. In jedem Fall ist diese Unterstützung im Rahmen der Prüfung der Unzumutbarkeit bzw. Unverhältnismäßigkeit von § 81 Abs. 5 S. 3 SGB IX zu beachten, der auf § 81 Abs. 4 S. 3 verweist (dazu ausführlich oben Rn. 21). Weiter ist die Förderung der Teilzeitarbeit durch § 75 Abs. 2 SGB IX bei der Zumutbarkeitsprüfung heranzuziehen. 25

Durch § 81 Abs. 5 S. 3 SGB IX ist inzwischen ein unmittelbarer Anspruch schwerbehinderter Menschen auf Realisierung von Teilzeitarbeit anerkannt worden. Bereits der früheren Judikatur des BAG zu § 14 SchwbG ist zu entnehmen, dass sich aus den Pflichten des Arbeitgebers zur behinderungsgerechten Einrichtung und Organisation des Arbeitsplatzes umgekehrt auch ein Anspruch schwerbehinderter Arbeitnehmer auf eine entsprechende **Vertragsänderung bzw. Beschäftigung** ergeben kann (dazu nur BAG 10. 7. 1991 – 5 AZR 383/90 – AP Nr. 1 zu § 14 SchwbG 1986; 28. 4. 1998 – 9 AZR 348/97 – AP Nr. 2 zu § 14 SchwbG 1986 m. Anm. Mianowicz). Dieser Anspruch auf eine Beschäftigung mit einer behinderungsgerechten Tätigkeit umfasste bereits nach damaligem Verständnis auch die Möglichkeit der Kürzung der Arbeitszeit. Durch die Kodifikation im SGB IX ist dieser Anspruch nunmehr aus dem Gesetz für alle Beteiligten unmittelbar ablesbar, so dass er bereits aus diesem Grund eher geltend gemacht werden kann. 26

Der Anspruch in § 81 Abs. 5 S. 3 SGB IX ist anders als die Ansprüche in §§ 8 TzBfG, 15 BEEG zunächst nicht auf Abschluss eines Änderungsvertrages und auf Abgabe der dazugehörigen Willenserklärungen gerichtet, sondern entsteht unmittelbar mit den gesetzlichen Voraussetzungen der Art und Schwere der Behinderung, die eine entsprechende Kürzung erforderlich machen. Daraus hat der 9. Senat des BAG die Konsequenz gezogen, dass eine entsprechende **Klage** nicht wie bei § 8 TzBfG auf die Abgabe einer Willenserklärung iS § 894 ZPO zu richten ist, sondern **unmittelbar auf die der Behinderung entsprechende Beschäftigung** (BAG 14. 10. 2003 – 9 AZR 100/03 – NZA 2004, 614), so dass auch eine einstweilige Verfügung auf Beschäftigung ohne rechtssystematische Probleme möglich ist. Da der Anspruch direkt an die jeweilige Behinderungssituation anknüpft, ist er bei entsprechenden Feststellungen eines medizinischen Sachverständigen auch als ein befristeter An- 27 spruch zum Beispiel für sechs oder zwölf Monate denkbar (zur Bedeutung eines befristeten Teilzeitanspruchs Kohte AuR 2007, 413).

D. Diskriminierungsverbot

28 Seit 2001 ist in § 81 Abs. 2 SGB IX das Verbot der Diskriminierung wegen Behinderung normativ verankert, das durch die RL 2000/78/EG verlangt wird. Seit 2006 ist dieses Verbot vorrangig in §§ 1, 7 AGG normiert; der Verweis in § 81 SGB IX ist jedoch beibehalten worden, um die spezifisch behindertenrechtlichen Rechtsfiguren, wie zB die Verbandsklage nach § 63 SGB IX, auch in Diskriminierungsfällen zur Anwendung bringen zu können (Düwell BB 2006, 1741, 1745; NPMP/Neumann § 81 Rn. 12).

29 Obgleich daher das Diskriminierungsverbot weiter von Bedeutung für das gesamte Behindertenrecht ist, ist hier nur knapp auf dieses Verbot einzugehen, weil es inzwischen vorrangig in das AGG integriert ist und dort systematisch, zB in § 2 AGG (Anwendungsbereich), § 3 AGG (unmittelbare und mittelbare Benachteiligung) sowie letztlich auch § 22 AGG (Darlegungs- und Beweislast), eingebettet ist. Der umfassende Anwendungsbereich des § 2 AGG stellt sicher, dass jetzt auch Materien wie das Beamten- und Soldatenrecht erfasst werden, in denen bisher das Behindertenrecht und vor allem die Diskriminierungsverbote nur eine relativ geringe Aufmerksamkeit erfahren hatten (anschaulich BVerfG 10. 12. 2008 – 2 BvR 2571/07, NVwZ 2009, 389). Die Integration in das AGG öffnet den Weg zu den **kollektiven Verfahren nach § 17 Abs. 2 AGG** (vgl. BAG 18. 8. 2009 – 1 ABR 47/08, NZA 2010, 222 zur Anwendbarkeit von § 17 AGG bei der Altersdiskriminierung).

30 In der bisherigen Judikatur steht die **Diskriminierung beim Zugang zur Beschäftigung** im Mittelpunkt. Hier sind zunächst die Fälle des Fragerechts zu beachten. Während nach der früheren Judikatur des BAG die Frage nach der Schwerbehinderteneigenschaft generell als zulässig angesehen wurde (BAG 5. 10. 1995 – 2 AZR 923/94 – NZA 1996, 371), ist heute die pauschale Frage nach der Schwerbehinderteneigenschaft als eine **Benachteiligung wegen der Behinderung** anzusehen (LArbG Hessen 24. 3. 2010 – 6/7 Sa 1373/09; v. Koppenfels-Spies AuR 2004, 43). Das BAG hat unter Geltung der neuen Rechtslage die Gelegenheit noch nicht genutzt, seine frühere Rechtsprechung aufzugeben, die es maßgeblich mit dem seit 1. 7. 2001 nicht mehr tragenden Argument begründet hatte, dass – anders als für die Geschlechtsdiskriminierung in § 611a BGB a. F. – kein ausdrückliches gesetzliches Diskriminierungsverbot zugunsten schwerbehinderter Menschen im Arbeitsleben existiere (BAG 11. 11. 1993 – 2 AZR 467/93 – NZA 1994, 407). Als Ausnahme ist jedoch die Konstellation heranzuziehen, in der sich ein Arbeitgeber in einer Integrationsvereinbarung nach § 83 SGB IX zur Steigerung der Beschäftigungsquote durch die bevorzugte Einstellung schwerbehinderter Menschen verpflichtet hat und in diesem Zusammenhang die Schwerbehindertenvertretung bzw. Betriebs- oder Personalrat beteiligt. In einem solchen Fall dient die Frage nach der Schwerbehinderteneigenschaft der konkreten Förderung, so dass sie als positive Maßnahme nach § 5 AGG zu qualifizieren sein kann (LArbG BW 6. 9. 2010 – 4 Sa 18/10; Joussen NZA 2007, 174, 177).

31 Eine weitere Fallgruppe der Benachteiligung beim Zugang zur Beschäftigung liegt in der Formulierung von Anforderungen an die Beschäftigten, die von behinderten Menschen schwieriger zu erbringen und die nicht durch § 8 AGG legitimiert sind. Dies kann sich ausdrücken in spezifischen gesundheitlichen Anforderungen (BAG 3. 4. 2007 – 9 AZR 823/06 – NZA 2007, 1098). Benachteiligend können auch körperliche bzw. arbeitstechnische Anforderungen sein, die von behinderten Menschen schwieriger erbracht werden können (problematisch die Forderung nach spezifischen Schreibmaschinenkenntnissen in BAG 15. 2. 2005 – NZA 2005, 870; zur Kritik Kohte Juris PRArbR 38/2005 Anm. 1). Unzulässige Fragen nach einer schwerwiegenden Krankheit können Indizien für eine Benachteiligung wegen einer Behinderung sein (BAG 17. 12. 2009 – 8 AZR 670/08, NZA 2010, 383, 386). Seit der klaren Kodifikation von § 8 AGG (grundlegend zu Art. 4 RL 2000/78/EG EuGH 12. 1. 2010, C – 229/08 – ZTR 2010, 165 – Wolf) ist zu beobachten, dass eine genauere Prüfung von Anforderungsprofilen begonnen hat. Dies ist auch zu erstrecken auf den **Zugang zur Berufsbildung**; gerade in diesem Bereich besteht noch eine relativ große Grauzone, die noch wenig geklärt ist (dazu Rust/Falke/Feldhoff AGG § 7 Rn. 205).

32 In der gegenwärtigen Gerichtspraxis dominieren Verfahren, in denen Arbeitgeber den verfahrensrechtlichen Pflichten nach § 81 SGB IX nicht hinreichend nachgekommen sind (Überblick bei SGB IX-Großmann § 81 Rn. 221). Zutreffend vertreten BVerwG und BAG die Ansicht, dass die **Verletzung behindertenspezifischer Verfahrenspflichten** als **Indiz für eine Benachteiligung** in Betracht kommt (BVerwG 3. 3. 2011 – 5 C 16/10, AuR 2011, 184; BAG 17. 8. 2010 – 9 AZR 839/08; BB 2010, 2056; BAG 21. 7. 2009 – 9 AZR 431/08 – NZA 2009, 1087; BAG 16. 9. 2008 – 9 AZR 791/07 – DB 2009, 177, 178). Dies führt in aller Regel dazu, dass die vom Gemeinschaftsrecht verlangten Modifikationen der Darlegungs- und Beweislast, die inzwischen in § 22 AGG normiert sind, eingreifen (BAG 17. 12. 2009 – 8 AZR 670/08, NZA 2010, 383, 386). Dies ist systematisch zutreffend und kann dazu führen, dass die seit einigen Jahren normierten Verfahrenspflichten in § 81 SGB IX effektiv zur Geltung kommen.

§ 82 Besondere Pflichten der öffentlichen Arbeitgeber

¹Die Dienststellen der öffentlichen Arbeitgeber melden den Agenturen für Arbeit frühzeitig frei werdende und neu zu besetzende sowie neue Arbeitsplätze (§ 73). ²Haben schwerbehinderte Menschen sich um einen solchen Arbeitsplatz beworben oder sind sie von der Bundesagentur für Arbeit oder einem von dieser beauftragten Integrationsfachdienst vorgeschlagen worden, werden sie zu einem Vorstellungsgespräch eingeladen. ³Eine Einladung ist entbehrlich, wenn die fachliche Eignung offensichtlich fehlt. ⁴Einer Integrationsvereinbarung nach § 83 bedarf es nicht, wenn für die Dienststellen dem § 83 entsprechende Regelungen bereits bestehen und durchgeführt werden.

§ 83 Integrationsvereinbarung

(1) ¹Die Arbeitgeber treffen mit der Schwerbehindertenvertretung und den in § 93 genannten Vertretungen in Zusammenarbeit mit dem Beauftragten des Arbeitgebers (§ 98) eine verbindliche Integrationsvereinbarung. ²Auf Antrag der Schwerbehindertenvertretung wird unter Beteiligung der in § 93 genannten Vertretungen hierüber verhandelt. ³Ist eine Schwerbehindertenvertretung nicht vorhanden, steht das Antragsrecht den in § 93 genannten Vertretungen zu. ⁴Der Arbeitgeber oder die Schwerbehindertenvertretung können das Integrationsamt einladen, sich an den Verhandlungen über die Integrationsvereinbarung zu beteiligen. ⁵Der Agentur für Arbeit und dem Integrationsamt, die für den Sitz des Arbeitgebers zuständig sind, wird die Vereinbarung übermittelt.

(2) ¹Die Vereinbarung enthält Regelungen im Zusammenhang mit der Eingliederung schwerbehinderter Menschen, insbesondere zur Personalplanung, Arbeitsplatzgestaltung, Gestaltung des Arbeitsumfelds, Arbeitsorganisation, Arbeitszeit sowie Regelungen über die Durchführung in den Betrieben und Dienststellen. ²Bei der Personalplanung werden besondere Regelungen zur Beschäftigung eines angemessenen Anteils von schwerbehinderten Frauen vorgesehen.

(2a) In der Vereinbarung können insbesondere auch Regelungen getroffen werden
1. zur angemessenen Berücksichtigung schwerbehinderter Menschen bei der Besetzung freier, frei werdender oder neuer Stellen,
2. zu einer anzustrebenden Beschäftigungsquote, einschließlich eines angemessenen Anteils schwerbehinderter Frauen,
3. zu Teilzeitarbeit,
4. zur Ausbildung behinderter Jugendlicher,
5. zur Durchführung der betrieblichen Prävention (betriebliches Eingliederungsmanagement) und zur Gesundheitsförderung,
6. über die Hinzuziehung des Werks- oder Betriebsarztes auch für Beratungen über Leistungen zur Teilhabe sowie über besondere Hilfen im Arbeitsleben.

(3) In den Versammlungen schwerbehinderter Menschen berichtet der Arbeitgeber über alle Angelegenheiten im Zusammenhang mit der Eingliederung schwerbehinderter Menschen.

A. Normzweck und Normumwelt

Mit der Integrationsvereinbarung wird ein Instrument zur Verfügung gestellt, in dem der Paradigmenwechsel des heutigen Behindertenrechts deutlich zum Ausdruck kommt. Der **Wechsel vom Fürsorgeprinzip zur Teilhabe** bedeutet notwendigerweise, dass partizipative Regelungen einen höheren Stellenwert erhalten. Das zentrale Instrument der Koordinierung unterschiedlicher Interessen ist der Vertrag, so dass es geboten war, eine Vertragsform zu installieren, die zu Integrationszwecken geeignet ist (Welti, Behinderung und Rehabilitation im sozialen Rechtsstaat, 2005, S. 713). Da mit dem SGB IX vor allem die betriebliche Rehabilitation gefördert werden soll, ist es nahe liegend, dass man eine betriebliche Vereinbarung als maßgebliches Instrument eingesetzt hat. Damit ist es zugleich erforderlich gewesen, die Integrationsvereinbarung in die Systematik der Betriebs- und Dienststellenverfassungen einzuordnen, so dass neben dem Arbeitgeber als notwendiger Vertragspartner die in § 93 benannten Interessenvertretungen, also vor allem Betriebs- und Personalrat, einzubeziehen waren. Nach dem Grundsatz der Teilhabe ist es aber genauso geboten, auch die Schwerbehindertenvertretungen einzubeziehen, so dass die Integrationsvereinbarung sich damit als mehrseitiger kollektiver Vertrag darstellt (HN/Schröder § 83 Rn. 22). 1

Das Instrument der Integrationsvereinbarung schließt sich an andere Vereinbarungsformen an, mit denen Integrations- und Teilhabeprozesse gestaltet werden sollen. Ein Beispiel ist der Frauenförder- 2 plan, der trotz dieser Bezeichnung regelmäßig als Vereinbarung ausgestaltet ist, mit der konkrete Ziele gesetzt, die schrittweise erreicht werden sollen (Schiek AuR 1996, 128, 134). Ein weiteres Instrument, an das sich die Integrationsvereinbarung seit 2004 auch ausdrücklich anlehnt, sind die Vereinbarungen zur betrieblichen Gesundheitsförderung nach § 20 a SGB V, mit denen Integrations- und Teilhabeprozesse in der betrieblichen Gesundheitspolitik gefördert werden sollen. Auch hier finden wir nicht nur zweiseitige, sondern auch dreiseitige Vereinbarungen, wenn Krankenkassen bzw. Träger der Unfallversicherung in diese Vereinbarungen einbezogen werden (dazu Hk-BetrVG/Kohte § 88 Rn. 10). Für diese Vereinbarungen ist es kennzeichnend, dass sich die Beteiligten Ziele setzen, die schrittweise zu erreichen sind.

3   Mit dieser Struktur ordnet sich die Integrationsvereinbarung in die neuen Konzepte der Personalpolitik und -führung ein. Zielvereinbarungen sind ein wesentliches Instrument der heutigen Personalpolitik, die nicht nur individualvertraglich, sondern auch für Arbeitsgruppen und betriebliche Einheiten vereinbart werden. Zutreffend wird die **Zielvereinbarung als ein typisches Planungs- und Steuerungsinstrument** (Feldes AiB 2000, 371, 374; Winkler, Die Teilhabe behinderter Menschen am Arbeitsleben, 2010, S. 288) qualifiziert. Sie ist daher ein wichtiges Element der Modernisierung des Behindertenrechts (BFKR-Dopatka/Ritz § 83 Rn. 3).

4   In dieser Funktion orientiert sich die Integrationsvereinbarung auch an **gemeinschaftsrechtlichen Vorbildern**. Das Beispiel der Frauenförderpläne zeigt, dass solche Zielvereinbarungen zu den wesentlichen Merkmalen „positiver Maßnahmen" gehören, die zur Herstellung realer Gleichberechtigung bereits in Art. 2 der RL 76/207/EWG vorgesehen waren (Schlachter, Wege zur Gleichberechtigung, 1993, S. 184 ff.). Zutreffend ist in der Literatur herausgearbeitet worden, dass das Mittel der Integrationsvereinbarung geeignet ist, um sowohl als Einführung in den Ausbau angemessener Vorkehrungen nach Art. 5 der RL 2000/78/EG sowie zur Einführung positiver Maßnahmen nach Art. 7 dieser Richtlinie zu fungieren (Laskowski/Welti ZESAR 2003, 215, 218; Däubler/Bertzbach-Hinrichs AGG § 5 Rn. 44 ff.). In der Umsetzung von § 5 AGG ist inzwischen allgemein anerkannt, dass positive Maßnahmen besonders effektiv sind, wenn sie vertraglich vereinbart und mit konkreten Zielen versehen sind.

5   In der **praktischen Umsetzung** ist festzustellen, dass in einigen Betrieben solche Vereinbarungen mit klarer Zielvereinbarungsfunktion inzwischen getroffen worden sind. Die Datenbank „Rehadat" dokumentierte Ende 2010, 130 ausgewählte Integrationsvereinbarungen (www.rehadat.de). Daneben findet sich eine weitere Gruppe von Betrieben, in denen im Wesentlichen die gesetzlichen Bestimmungen übernommen und umschrieben werden (dazu Berichte der Bundesregierung BT-Drs. 15/4575, S. 103; 16/6044, S. 22). In einer großen Zahl von Betrieben und Unternehmen ist bisher noch keine Integrationsvereinbarung getroffen worden, so dass die bisherigen Zwischenbilanzen durch vorsichtige Skepsis gekennzeichnet sind (zB Fankhaenel/Ihme BehindR 2003, 178). Eine neuere Auswertung aus Betrieben, die ein betriebliches Eingliederungsmanagement eingeführt haben, dokumentiert allerdings, dass in Betrieben mit einer Integrationsvereinbarung deutlich häufiger ein funktionsfähiges Eingliederungsmanagement gewährleistet wird (Niehaus, Betriebliches Eingliederungsmanagement, 2008, S. 53; Beispiel bei Suhre „Betriebliches Eingliederungsmanagement – Umsetzung durch Betriebsvereinbarung", in Diskussionsforum B, Beitrag 6/2009 auf www.reha-recht.de).

6   Eine **rechtssystematisch wichtige Parallele** ist seit 2002 in § 5 BGG und mehreren Landesgleichstellungsgesetzen normiert worden (Frehe/Welti (Hrsg.), Behindertengleichstellungsrecht, 2010). **Die im Behindertengleichstellungsrecht verankerte Zielvereinbarung** ist ebenfalls ein zivilrechtlicher Vertrag (Dau in LPK-SGB IX, § 5 BGG Rn. 3), der allerdings zwischen Verbänden einerseits, Unternehmensverbänden bzw. Unternehmen andererseits geschlossen wird. Als Gegenstand ist hier präziser die **„Herstellung von Barrierefreiheit"** formuliert worden, womit verdeutlicht worden ist, dass es sich um einen Eingliederungsprozess handelt (Kossens/von der Heide/Maaß/Ritz BGG § 5 Rn. 2). Deutlicher ist hier herausgearbeitet worden, dass in dieser Vereinbarung vor allem Prozesse zu gestalten sind, so dass die Koordination von zu erreichenden Zielen und Zeiträumen, in denen diese Ziele – möglicherweise auch in einzelnen Schritten – zu erreichen sind, einer solchen Vereinbarung das Gepräge gibt. Die Einrichtung eines Zielvereinbarungsregisters im § 5 BGG dokumentiert, dass solche Eingliederungsverträge der Transparenz bedürfen, damit die Betroffenen informiert werden und an diesem Prozess mitwirken können.

B. Mögliche Regelungsfelder der Integrationsvereinbarung

7   In § 83 Abs. 2 wird als wesentlicher Inhalt der Integrationsvereinbarung bestimmt, dass diese „Regelungen im Zusammenhang mit der Eingliederung schwerbehinderter Menschen" enthält. Die Vereinbarung ist daher als **Instrument zur Planung und Steuerung des Eingliederungsprozesses** zu verstehen (HaKo-BetrVG/Düwell § 32 Rn. 32). Als wesentliches Feld wird hier zunächst die Personalplanung benannt, bei der es sowohl um die Personalbeschaffung als auch um Personaleinsatz und -entwicklungsplanung gehen kann. Hier sind zB regelbar Beschäftigungsquoten, Qualifizierungsmöglichkeiten und Maßnahmen zur Personalentwicklung und -förderung. Auf diese Weise

würde auch die Pflicht nach § 81 Abs. 3 SGB IX konkretisiert und prozedural besser verankert. In diesem Zusammenhang können solche Regelungen auch mit Maßnahmen der Beschäftigungssicherung nach § 92a BetrVG kombiniert werden (FKS-Feldes § 83 Rn. 56). Die Vereinbarung kann auch in einen weiteren Zusammenhang gestellt werden und als Schritt zur Einführung eines „Diversity Management" (dazu Franke/Merx AuR 2007, 235, 237 ff.) gestellt werden (so auch BFKR-Dopatka/Ritz § 83 Rn. 47; Däubler/Bertzbach-Hinrichs AGG § 5 Rn. 13a).

Als ein besonderes Feld der Personalentwicklungsplanung wird in § 83 Abs. 2a Nr. 4 die **Ausbildung behinderter Jugendlicher** benannt. Dieser Gesichtspunkt ist 2004 eingefügt worden, als man generell die Instrumente zur Ausbildung behinderter junger Menschen verstärkt hat. Wiederum können dazu Ausbildungsquoten rechnen sowie besondere Unterstützungsmaßnahmen zur Ausbildung und die Zusammenarbeit mit auf diesem Feld tätigen Integrationsfachdiensten, Berufsbildungs- und Berufsförderungswerken (Feldes/Scholz AiB 2001, 327, 329). Von besonderer Bedeutung sind hier aber auch Regelungen zur Übernahme nach erfolgreicher Ausbildung in ein Arbeitsverhältnis sowie Konfliktregelungen bei Problemen in der Ausbildung. 8

Seit 2001 wird weiter verlangt, dass Integrationsvereinbarungen besondere **Regelungen zur angemessenen Beschäftigung behinderter Frauen** enthalten. 2004 ist dieser Aspekt in § 83 Abs. 2a Nr. 2 zusätzlich bekräftigt worden. Er beruht auf der Erfahrung, dass schwerbehinderte Frauen ein besonderes Beschäftigungsrisiko haben und daher besondere Eingliederungsmaßnahmen erforderlich sind. Bereits in § 71 SGB IX ist dieser Aspekt in den Regelungen zur Beschäftigungspflicht normiert worden; die Integrationsvereinbarung eröffnet die Chance, dass diese Pflicht besser als bisher realisiert werden kann (Düwell BB 2001, 1528). Bei den zu treffenden Regelungen ist zu beachten, dass die Benachteiligung schwerbehinderter Frauen sich als „verschränkte Diskriminierung" darstellt (Zinsmeister, Mehrdimensionale Diskriminierung, 2007, S. 114ff.). Es bedarf daher spezifischer Regelungen, die sich nicht nur auf quantitative Gesichtspunkte beziehen, sondern gleichermaßen die Wertigkeit der Arbeitsplätze schwerbehinderter Frauen beinhalten sowie Modelle vorsehen, die auch behinderten Frauen mit Familienpflichten eine angemessene Berufstätigkeit ermöglichen (EAS-Seel § 83 Rn. 24). Soweit im Betrieb oder in der Dienststelle Gleichstellungs- oder Frauenbeauftragte bestellt sind, sind diese an der Erarbeitung der Integrationsvereinbarung zu beteiligen (Knittel § 83 Rn. 65). 9

Ein weiteres wichtiges Handlungsfeld von Integrationsvereinbarungen betrifft die **Arbeitsplatzgestaltung, die Gestaltung des Arbeitsumfelds und der Arbeitsorganisation**. Diese Regelungsthemen beruhen auf der Erfahrung, dass die Einhaltung des Arbeitsschutzrechts und die Nutzung ergonomischer Gestaltungsmöglichkeiten für behinderte Menschen von besonders großer Bedeutung sind. Konkrete Vorgaben zur schrittweisen Herstellung innerbetrieblicher Barrierefreiheit (dazu Kohte/Faber DB 2005, 224, 228), zur Planung solcher Maßnahmen und zur Nutzung der arbeitswissenschaftlichen Erkenntnisse sowie der DIN 18024/18025 sind mögliche Regelungen (GK-SGB IX-Schimanski § 83 Rn. 45ff.), die sich auch auf die Gestaltung und Zugänglichkeit von Sanitärräumen, Sozialräumen und Parkplätzen beziehen sollten (Feldes/Scholz AiB 2001, 327, 330). Weiter ist zu beachten, dass die Unterstützungsmöglichkeiten nach §§ 33, 34 SGB IX, die sich vor allem auf Assistenz, Hilfsmittel und technische Arbeitshilfen beziehen, in der Praxis noch oft nicht hinreichend genutzt werden, so dass sich hier auch prozedurale Regelungen sowie die Einschaltung von Rehabilitationsträgern und Integrationsämtern bzw. die Beteiligung von Integrationsfachdiensten als mögliche Regelungen anbieten können. Ebenso ist es regelmäßig erforderlich, die betrieblichen Vorgesetzten durch Fortbildung zu informieren und für diese Fragen zu sensibilisieren (BFKR-Dopatka/Ritz § 83 Rn. 45 ff.). 10

Als weiteres Handlungsfeld nennen § 83 Abs. 2 die **Arbeitszeit** und Abs. 2a Nr. 3 Regelungen zur **Teilzeitarbeit**. Diese beruhen auf der Erfahrung, dass Teilzeitarbeit ein wichtiges Instrument zur Festigung der Eingliederung behinderter Menschen im Arbeitsprozess darstellen kann und dass Regelungen zur Arbeitszeit der besonderen Berücksichtigung der Belange behinderter Menschen bedürfen, für die nicht allein der Weg zur Arbeit zusätzliche Anforderungen stellt (anschaulich zur Grenze des zumutbaren Zeitaufwandes für eine Wegstrecke nach § 81 Abs. 4 Nr. 4 SGB IX: LAG Köln 16. 1. 2008 – 7 SaGa 15/07). Von besonderer Bedeutung sind konkrete Pausenregelungen, die den spezifischen – und in der Regel unterschiedlichen – Bedürfnissen behinderter Beschäftigter gerecht werden (GK-SGB IX-Schimanski § 83 Rn. 50; FKS-Feldes § 83 Rn. 39). Schließlich können in der Vereinbarung Einzelheiten zur Organisationspflicht nach § 81 Abs. 5 S. 1 sowie zur Realisierung des Teilzeitanspruchs nach § 81 Abs. 5 S. 3 SGB IX geregelt werden. 11

2004 sind zusätzlich als möglicher Regelungsgegenstand in § 83 Abs. 2a Nr. 5 **Regelungen zum betrieblichen Eingliederungsmanagement sowie zur betrieblichen Gesundheitsförderung** genannt worden. Dies bekräftigt den engen Regelungszusammenhang zwischen Integrationsvereinbarung und Gesundheitsförderung und die Bedeutung des Eingliederungsmanagements als ein Verfahren, das jeweils einer konkreten betrieblichen Ausgestaltung bedarf. § 84 Abs. 2 SGB IX enthält ein anspruchsvolles Programm, das einer betriebsbezogenen Systematisierung bedarf, die zudem durch die Beachtung der Persönlichkeitsrechte und des Datenschutzes spezifisch zu konkretisieren sind (Niehaus, Betriebliches Eingliederungsmanagement, 2008, S. 51 ff.). Regelungsbedürftig ist auch die in 12

§ 84 Abs. 2 S. 4 normierte Schnittstelle zu den Rehabilitationsträgern und dem Integrationsamt, weil auf diese Weise der rechtzeitige Einsatz öffentlicher Hilfen gewährleistet werden kann (BFKR-Dopatka/Ritz § 83 Rn. 36; FKS-Feldes § 83 Rn. 40).

13 Zur effektiven Regelung von Zielvereinbarungen ist es zunächst notwendig, eine **innerbetriebliche Bestandsaufnahme** der Situation behinderter Menschen im jeweiligen Betrieb zu erarbeiten, weil sich ohne eine hinreichend klare Situationsanalyse keine zielgenauen Maßnahmen vereinbaren lassen (EAS-Seel § 83 Rn. 28; LPK-Düwell § 83 Rn. 7; FKS-Feldes § 83 Rn. 41 ff.). Nur auf diese Weise ist es möglich, sich **konkrete Ziele** zu setzen, wie zB die Ausbildung einer bestimmten Zahl behinderter Jugendlicher, die Einführung konkreter Fortbildungsmaßnahmen, das Aufstellen eines **Prioritäts- und Zeitplans** zur Herstellung barrierefreier Arbeitsbedingungen. Ein solcher Zeitplan ist eine der im Gesetz genannten und zu vereinbarenden Regelungen über die Durchführung der Integrationsvereinbarung. Weitere Regelungen betreffen die Beteiligung der Betroffenen, die Ergebniskontrolle und die Verfahren der Überarbeitung und Anpassung einer Integrationsvereinbarung (EAS-Seel § 83 Rn. 31). Obgleich dies typische Elemente einer Zielvereinbarung sind, fehlt in einer beachtlichen Zahl der auf www.rehadat.de dokumentierten Integrationsvereinbarungen dieses wichtige Element.

C. Die Rechtsnatur der Integrationsvereinbarung

14 In § 83 finden sich keine expliziten Aussagen zur Rechtsnatur der Integrationsvereinbarung. Sie wird als „verbindliche" Vereinbarung qualifiziert. Damit soll eine Beschränkung auf moralische Appelle ausgeschlossen und stattdessen bindende Zielvereinbarungen erreicht werden (Lorse, RiA 2010, 6, 11 f.). Rechtlich lässt sich dies jedoch sowohl schuldrechtlich als auch normativ erreichen. In der Kommentarliteratur wird die Rechtsnatur der Integrationsvereinbarung kontrovers diskutiert. Teilweise wird sie als kollektivrechtlicher Vertrag qualifiziert, der auf keinen Fall eine Betriebsvereinbarung darstellen könne (HK-SGB IX/Trenk-Hinterberger § 83 Rn. 15; ähnlich Müller-Wenner/Schorn § 83 Rn. 7; EAS/Seel § 83 Rn. 12). Andere qualifizieren die Integrationsvereinbarung dagegen regelmäßig als Betriebsvereinbarung (zB NPMP/Neumann § 83 Rn. 8; Kossens § 83 Rn. 4). Diese Kontroverse ist in dieser Form zu schematisch und unterschätzt die Bedeutung der Vertragsfreiheit für die Gestaltung und Auslegung einer Integrationsvereinbarung (dazu auch GK-SGB IX/Schimanski § 83 Rn. 62). In der Untersuchung von Niehaus zeigt sich, dass in der Betriebspraxis **beide Vereinbarungstypen** genutzt werden: 38% der untersuchten Betriebe regelten das Eingliederungsmanagement in einer Betriebs- oder Dienstvereinbarung, 29% in einer Integrationsvereinbarung (Niehaus, Betriebliches Eingliederungsmanagement, 2008, S. 53).

15 Auszugehen ist von der Judikatur des BAG zur **Betriebsautonomie**. Danach ist den Betriebsparteien vor allem durch § 88 BetrVG die Kompetenz zur privaten Normsetzung verliehen worden, die in dieser Weise Parallelen zur Tarifautonomie enthält, obgleich der Geltungsgrund von Tarifautonomie und Betriebsautonomie deutlich zu unterscheiden ist (BAG 12. 12. 2006 – 1 AZR 96/06 – NZA 2007, 453). Die Betriebsautonomie wird wiederum vom Grundsatz der kollektiven Privatautonomie bestimmt, so dass die Betriebsparteien zwar Normen setzen können, aber nicht müssen. Sie können von Ihrer Autonomie auch in der Weise Gebrauch machen, dass sie schuldrechtliche Vereinbarungen oder Abreden treffen, die sich ausschließlich auf ihr Betriebsverhältnis beziehen. Denkbar ist schließlich auch, dass solche schuldrechtlichen Vereinbarungen als Verträge zugunsten Dritter eingesetzt werden (Kohte ZSR-Sonderheft 2005, S. 7, 27 ff.).

16 Im BetrVG findet sich jedoch ebenso wie im SGB IX keine Regelung zum Verhältnis von Integrationsvereinbarung, Betriebsvereinbarung und betrieblichen Mitbestimmungsrechten. Daraus wird zutreffend abgeleitet, dass die Einführung von § 83 SGB IX Rechte der Betriebsräte aus dem BetrVG sowie der Personalräte aus dem Personalvertretungsrecht nicht verkürzt (so zutreffend LAG Köln 3. 5. 2005 – 9 T ABV 76/04 – NZA-RR 2006, 580; ErfK/Rolfs SGB IX § 83 Rn. 1; NPMP/Neumann § 83 Rn. 4). Damit kann ein Betriebsrat die Gegenstände einer Integrationsvereinbarung auch als freiwillige Betriebsvereinbarung nach § 88 BetrVG vereinbaren, da verschiedene in § 83 SGB IX normierte Regelungsgegenstände auch § 88 BetrVG zugeordnet werden können (HaKo-BetrVG/Kohte § 92 Rn. 7). Die Aufnahme weiterer schuldrechtlicher Regelungen ist insoweit unschädlich, weil auch sonst in Betriebsvereinbarungen schuldrechtliche Regelungen enthalten seien können. Ebenfalls spricht nicht gegen den Abschluss einer Integrationsvereinbarung, dass auch die Schwerbehindertenvertretung die Vereinbarung abgeschlossen hat, obgleich eine Schwerbehindertenvertretung keine Normen setzen kann. Insoweit bietet sich die Parallele zu einem Firmentarifvertrag an, der zugleich vom Betriebsrat unterzeichnet ist. Soweit es sich um tariflich regelbare Gegenstände handelt und zum Ausdruck kommt, dass die Beteiligten einen Tarifvertrag schließen wollten, wird ein solcher dreiseitiger Vertrag in der Judikatur zutreffend als Tarifvertrag qualifiziert (BAG 7. 11. 2000 – 1 AZR 175/00 – NZA 2001, 727; ebenso Wiedemann/Oetker TVG, 7. Aufl. § 2 Rn. 166; Däubler/Peter TVG 2. Aufl. § 2 Rn. 137). Unproblematisch ist es auch, wenn in der Integrationsvereinbarung sowohl dem Mitbestimmungsrecht unterliegende als auch dem Mitbestimmungsrecht nicht unterliegende

Gegenstände geregelt werden; insoweit liegt eine „**teilmitbestimmte Betriebsvereinbarung**" vor; auch diese Möglichkeit ist durch die Betriebsautonomie gewährleistet (BAG 23. 6. 1992 – 1 A BR 9/92 – NZA 1993, 229, 231; 26. 8. 2008 – 1 AZR 354/07 – DB 2008, 2709, 2710).

Zusammenfassend ist damit festzuhalten, dass sich die **Rechtsnatur der Integrationsvereinbarung**, soweit die Parteien nicht einen nach §§ 133, 157 BGB festzustellenden eindeutigen **Willen** geäußert haben, nach dem **zu regelnden Gegenstand** richtet (zur parallelen Abgrenzung des privatrechtlichen und öffentlichrechtlichen Vertrags nach dem Gegenstand BSG 27. 11. 1991 – 4 RA 80/90 – BSGE 70, 37, 39; Maurer Allgemeines Verwaltungsrecht, 17. Aufl. 2009 § 14 Rn. 10 ff.). Die Beteiligten können daher in unterschiedlicher Weise von ihren Rechten Gebrauch machen und sich auf Regelungen des Betriebsverhältnisses beschränken oder auch Rechte der schwerbehinderten Beschäftigten begründen (dazu LAG Bremen 9. 9. 2003 – 1 Sa 77/03 unter Bezugnahme auf Müller-Wenner/Schorn § 83 Rn. 7). Eines Rückgriffs auf eine abstrakte Rechtsnatur der Integrationsvereinbarung bedarf es daher nicht. Es ist vielmehr geboten, den rechtsgeschäftlichen Charakter der Integrationsvereinbarung zu akzeptieren und die Regelungsautonomie der Beteiligten zur Geltung zu bringen. Normative Regelungen können allerdings nicht ohne Betriebs- oder Personalrat getroffen werden, weil § 83 SGB IX keine explizite Befugnis zu privater Normsetzung enthält. 17

D. Abschluss und Beendigung der Integrationsvereinbarung

Für den Abschluss der Integrationsvereinbarung hat § 83 keine zusätzlichen Anforderungen normiert. Eine **gesetzliche Schriftform** wie in § 77 BetrVG **ist nicht vorgesehen**. Zwar wird in aller Regel ein schriftliches Dokument aufgesetzt werden, doch gelten die strengen Anforderungen der gesetzlichen Schriftform nach § 126 BGB nicht. Eine spezielle Publikation wie in § 77 Abs. 2 S. 3 BetrVG fehlt ebenso; statt dessen wird dem Arbeitgeber in § 83 Abs. 3 die Pflicht auferlegt, in den Versammlungen schwerbehinderter Menschen auch die Integrationsvereinbarung bekannt zu machen (BFKR/Dopatka-Ritz § 83 Rn. 55). Außerdem ist die Vereinbarung der Agentur für Arbeit sowie dem jeweiligen Integrationsamt zu übermitteln. 18

Im Gesetz ist ein besonderes **Initiativrecht der Schwerbehindertenvertretung** normiert, mit dem Verhandlungen einzuleiten sind. Dies darf nicht so verstanden werden, dass Arbeitgeber oder Betriebsrat kein Initiativrecht hätten; angesichts der betriebsverfassungsrechtlichen Normen bedurfte es jedoch hier keiner gesonderten Regelung im SGB IX, insoweit reicht die Einordnung in die allgemeinen Bestimmungen der Betriebsautonomie aus. Besteht in einem Betrieb keine Schwerbehindertenvertretung, dann ist – soweit vorhanden – die Gesamtschwerbehindertenvertretung nach § 97 Abs. 6 S. 1 SGB IX an den Verhandlungen zu beteiligen (HK-SGB IX/Trenk-Hinterberger § 97 Rn. 13; Knittel SGB IX § 97 Rn. 27 a). 19

Die 2004 eingefügte Norm des § 97 Abs. 6 SGB IX macht weiter deutlich, dass Integrationsvereinbarungen nicht nur auf betrieblicher Ebene, sondern **auch auf der Ebene des Unternehmens und des Konzerns** möglich sind (GK-SGB IX/Schimanski § 97 Rn. 62). Hier zeigt sich wiederum anschaulich die Einfügung der Integrationsvereinbarung in das System der Betriebsverfassung. Die Vereinbarungen auf Unternehmens- und Konzernebene können sich nur auf Gegenstände beziehen, die auf betrieblicher Ebene nicht geregelt werden können. Insoweit wird die Wertung der §§ 50, 58 BetrVG auch für das Schwerbehindertenrecht übernommen (Knittel § 97 Rn. 26). In der Praxis bedeutet dies, dass sich solche Vereinbarungen auf Rahmenregelungen zu beschränken haben, weil die konkreten Ziele regelmäßig auf betrieblicher Ebene zu vereinbaren und auszugestalten sind. Im Rahmen der Dienststellenverfassung ist allerdings zu beachten, dass hier eine andere gesetzliche Wertung dominiert, so dass insoweit in Korrelation zum hierarchischen Behördenaufbau auch zentrale Vereinbarungen in größerem Umfang möglich sind. 20

Als besonderes Verfahrenselement sieht § 83 Abs. 1 S. 4 SGB IX die **Beteiligung des Integrationsamts** vor. Jede der beteiligten Parteien kann das Integrationsamt auffordern, an den Verhandlungen teilzunehmen. Das Integrationsamt ist verpflichtet, sich zu beteiligen. Nähere Bestimmungen über diese Beteiligung fehlen, so dass das Integrationsamt sowohl als Fachberatung als auch als Moderator bzw. Mediator in den Verhandlungen mitwirken kann. Dagegen kommt dem Integrationsamt keine Kompetenz zur hoheitlichen Schlichtung zu; es hat auch nicht die Kompetenzen einer Einigungsstelle bzw. des Vorsitzenden einer Einigungsstelle, auch wenn funktional eine gewisse Nähe zur ersten Phase des freiwilligen Einigungsstellenverfahrens nach § 76 Abs. 6 BetrVG nicht zu verkennen ist. 21

Als kollektivrechtlicher Vertrag kann die Integrationsvereinbarung jederzeit aufgehoben bzw. von jeder der beteiligten Seiten gekündigt werden. Es bietet sich an, **Regelungen zur Kündigung und zur Beendigung** in die Vereinbarung aufzunehmen (Fankhaenel/Ihme BehinR 2003, 177, 178). Falls eine solche Regelung fehlt, kommt eine ergänzende Vertragsauslegung unter Heranziehung von § 77 Abs. 6 BetrVG – Kündigungsfrist von drei Monaten – in Betracht. In § 83 SGB IX ist eine Nachwirkung der gekündigten Integrationsvereinbarung nicht vorgesehen. Soweit die Betriebsparteien allerdings Regelungen treffen, die der Mitbestimmung nach §§ 87, 95 BetrVG unterliegen, ist 22 auch hier in Übereinstimmung mit der allgemeinen Systematik eine Nachwirkung dieser Teile der Vereinbarung geboten (zur partiellen Nachwirkung teilmitbestimmter Betriebsvereinbarungen GK-BetrVG/Kreutz § 87 Rn. 405 ff.). Die Beteiligten können – ebenso wie bei § 88 BetrVG – Regelungen zur Nachwirkung vereinbaren. Dabei stellt sich dann regelmäßig die Frage, ob und in welcher Weise eine solche Nachwirkung beendet werden kann; hier kann auf die Auslegungsgrundsätze zu §§ 77, 88 BetrVG zurückgegriffen werden (BAG 28. 4. 1998 – 1 ABR 43/97 – NZA 1998, 1348).

E. Streitigkeiten

23 § 83 Abs. 1 SGB IX gewährt sowohl der Schwerbehindertenvertretung als auch dem Betriebs- oder Personalrat einen **Verhandlungsanspruch**, der im Wege des arbeitsgerichtlichen Beschlussverfahrens geltend gemacht werden kann (Düwell BB 2000, 2570, 2572; Gagel jurisPR-ArbR 33/2007 Anm. 6). Insoweit zeigt sich hier wieder der Unterschied zwischen der Tarifautonomie, in der es keine normierte Verhandlungspflicht gibt, weil den Beteiligten die Möglichkeiten des Arbeitskampfes offen stehen und der Betriebsautonomie, die in einem rechtlich näher strukturierten Rahmen verankert ist. Der Verhandlungsanspruch ist als Leistungsantrag geltend zu machen, der nach § 888 ZPO vollstreckbar ist.

24 Kontrovers diskutiert wird die Frage, ob Schwerbehindertenvertretung oder Betriebsrat/Personalrat auch ein Anspruch auf Abschluss einer konkreten Vereinbarung zusteht. Der Wortlaut des Gesetzes geht von einer Abschlusspflicht aus, gewährt jedoch den Beteiligten dazu keine Instrumente zur gerichtlichen Durchsetzung (rechtlich präziser dagegen § 5 Abs. 1 S. 2 BGG). Es fehlt insoweit ein Einigungsstellenverfahren; da ein Abschluss in aller Regel an den unterschiedlichen Vorstellungen der Beteiligten scheitert, müsste eine gerichtlich durchsetzbare Abschlusspflicht den Gerichten die Kompetenz zuerkennen, die konkreten Inhalte einer solchen Vereinbarung festzulegen. Eine solche Kompetenz ist jedoch nicht normiert worden (Welti Behinderung und Rehabilitation, S. 714), obgleich weitergehende Vorstellungen zeitweilig erwogen worden waren (BT-Drs. 15/1295, S. 37 f.). Es ist daher konsequent, dass insoweit **ein klagbarer und vollstreckbarer Anspruch auf einen konkreten Vertragsabschluss in der gerichtlichen Praxis abgelehnt** wird (LAG Hamm 19. 1. 2007 – 13 TaBV 58/06 – NZA-RR 2007, 535 = LAGE § 83 SGB IX Nr. 1; zustimmend Gagel jurisPR-ArbR 33/2007 Anm. 6; EAS/Seel § 83 Rn. 40; Düwell in LPK-SGB IX § 83 Rn. 16; NPMP/Neumann § 83 Rn. 4; aA FKS-Feldes § 83 Rn. 60). Insoweit können die Beteiligten nur hinsichtlich der mitbestimmungspflichtigen Bestandteile einer Integrationsvereinbarung auf die allgemeinen Möglichkeiten nach §§ 87, 95 BetrVG, 98 ArbGG zurückgreifen. Somit zeigt sich auch an diesem Beispiel wieder deutlich die Einordnung der Integrationsvereinbarung in das allgemeine System der Betriebsautonomie.

25 Soweit die Integrationsvereinbarung **konkrete Ansprüche einzelner Beschäftigter** statuiert, können sie sich im Urteilsverfahren auf diese Rechte berufen (ebenso ErfK/Rolfs SGB IX § 83 Rn. 2; Düwell in LPK-SGB IX § 83 Rn. 9). Im Übrigen kann sich die Verletzung von Arbeitgeberpflichten aus der Integrationsvereinbarung als eine Benachteiligung einzelner behinderter Menschen erweisen, die einen Entschädigungsanspruch begründen kann. In der Regel fehlt in bisher vereinbarten Integrationsvereinbarungen eine solche Konkretisierung (dazu LAG Bremen 9. 9. 2003 – 1 Sa 11/03); allerdings kann die Missachtung genereller Regelungen zum Ausschreibungs- oder Besetzungsverfahren, die in der Integrationsvereinbarung verankert sind, zur Zustimmungsverweigerung des Betriebs- oder Personalrats führen (LAG Bremen aaO; ArbG Frankfurt 1. 3. 2006 – 22 BV 856/05). Die Verletzung solcher Pflichten kann schließlich im Individualprozess, mit dem eine Entschädigung nach § 15 AGG verlangt wird, zur **Beweislastverteilung nach § 22 AGG** führen (vgl. Gagel jurisPR-ArbR 22/2007 Anm. 2 zu BAG 12. 9. 2006 – 9 AZR 807/05 – NZA 2007, 507; ArbG Cottbus 11. 6. 2008 – 7 Ca 108/08).

§ 84 Prävention

(1) **Der Arbeitgeber schaltet bei Eintreten von personen-, verhaltens- oder betriebsbedingten Schwierigkeiten im Arbeits- oder sonstigen Beschäftigungsverhältnis, die zur Gefährdung dieses Verhältnisses führen können, möglichst frühzeitig die Schwerbehindertenvertretung und die in § 93 genannten Vertretungen sowie das Integrationsamt ein, um mit ihnen alle Möglichkeiten und alle zur Verfügung stehenden Hilfen zur Beratung und mögliche finanzielle Leistungen zu erörtern, mit denen die Schwierigkeiten beseitigt werden können und das Arbeits- oder sonstige Beschäftigungsverhältnis möglichst dauerhaft fortgesetzt werden kann.**

(2) ¹**Sind Beschäftigte innerhalb eines Jahres länger als sechs Wochen ununterbrochen oder wiederholt arbeitsunfähig, klärt der Arbeitgeber mit der zuständigen Interessenvertretung im Sinne des § 93, bei schwerbehinderten Menschen außerdem mit der Schwerbehindertenvertretung, mit Zustimmung und Beteiligung der betroffenen Person die**

Möglichkeiten, wie die Arbeitsunfähigkeit möglichst überwunden werden und mit welchen Leistungen oder Hilfen erneuter Arbeitsunfähigkeit vorgebeugt und der Arbeitsplatz erhalten werden kann (betriebliches Eingliederungsmanagement). ²Soweit erforderlich wird der Werks- oder Betriebsarzt hinzugezogen. ³Die betroffene Person oder ihr gesetzlicher Vertreter ist zuvor auf die Ziele des betrieblichen Eingliederungsmanagements sowie auf Art und Umfang der hierfür erhobenen und verwendeten Daten hinzuweisen. ⁴Kommen Leistungen zur Teilhabe oder begleitende Hilfen im Arbeitsleben in Betracht, werden vom Arbeitgeber die örtlichen gemeinsamen Servicestellen oder bei schwerbehinderten Beschäftigten das Integrationsamt hinzugezogen. ⁵Diese wirken darauf hin, dass die erforderlichen Leistungen oder Hilfen unverzüglich beantragt und innerhalb der Frist des § 14 Abs. 2 Satz 2 erbracht werden. ⁶Die zuständige Interessenvertretung im Sinne des § 93, bei schwerbehinderten Menschen außerdem die Schwerbehindertenvertretung, können die Klärung verlangen. ⁷Sie wachen darüber, dass der Arbeitgeber die ihm nach dieser Vorschrift obliegenden Verpflichtungen erfüllt.

(3) **Die Rehabilitationsträger und die Integrationsämter können Arbeitgeber, die ein betriebliches Eingliederungsmanagement einführen, durch Prämien oder einen Bonus fördern.**

Übersicht

	Rn.
A. Normzweck	1
B. Konfliktprävention	4
I. Tatbestandliche Voraussetzungen	4
II. Rechtsfolgen	11
C. Gesundheitsprävention	14
I. Tatbestandliche Voraussetzungen	14
1. Verfahrenspflicht zur Organisation eines kooperativen Suchprozesses	14
2. Anwendungsbereich	17
3. Verfahrenspflicht des Arbeitgebers	21
4. Die Beteiligung der Interessenvertretungen	24
5. Die Organisation des Suchprozesses	25
6. Mobilisierung internen und externen Sachverstands	27
7. Die Regelung des Suchprozesses	30
II. Rechtsfolgen	31
D. Verfahrensfragen	37

A. Normzweck

Der Normzweck von § 84 SGB IX lässt sich nur erschließen, wenn man deutlich zwischen den beiden Absätzen differenziert. Zwar geht es in beiden Absätzen um Präventionsverfahren, die auch zur Stabilisierung des Beschäftigungsverhältnisses beitragen sollen, doch ist der Anknüpfungspunkt der beiden Verfahren unterschiedlich. 1

In **§ 84 Abs. 1 SGB IX** geht es um **Konfliktprävention** (dazu HN/Schröder § 84 Rn. 6). Es sollen rechtzeitig vor einer Kündigung stabilisierende Maßnahmen getroffen werden, sobald eine Gefährdung des Beschäftigungsverhältnisses eingetreten ist. Dagegen liegt das Ziel des betrieblichen Eingliederungsmanagements nach **§ 84 Abs. 2 SGB IX** in der **Gesundheitsprävention** (BT-Drs. 15/1783 S. 16; Schlewing ZfA 2005, 485, 492). Dieses Verfahren knüpft ausschließlich an eine bestimmte Dauer der Arbeitsunfähigkeit an, die nach der bisherigen Judikatur in aller Regel nicht als Aufgreifkriterium für eine Kündigung geeignet ist (LAG Hamm 6. 5. 2004 – 8 (2) Sa 1615/03 – dazu Kohte jurisPR-ArbR 6/2005 Anm. 2). Das rechtzeitig betriebene Eingliederungsmanagement soll noch vor der Chronifizierung von Krankheiten ansetzen, so dass es präventive Gesundheitsziele verfolgen und erreichen kann. Die Stabilisierung der Gesundheit trägt auch zur Stabilisierung des Beschäftigungsverhältnisses bei, doch ist dieses nicht das einzige Ziel des Eingliederungsmanagements. 2

Gemeinschaftsrechtlich wird diskutiert, das Verfahren der Konfliktprävention den „positiven Maßnahmen" nach Art. 7 der RL 2000/78/EG zuzuordnen (Däubler/Bertzbach-Hinrichs § 5 AGG Rn. 45), so dass es gemeinschaftsrechtlich vertretbar ist, dass diese Maßnahme auf schwerbehinderte Menschen beschränkt ist. Dagegen ist das betriebliche Eingliederungsmanagement in § 84 Abs. 2 SGB IX auf jeden Fall den **„angemessenen Vorkehrungen" nach Art. 5 der RL 2000/78/EG** zuzuordnen, weil es auf eine Änderung der Beschäftigungsbedingungen abzielt, mit denen eine effektive Eingliederung und Teilhabe erreicht werden soll (ebenso VG Frankfurt/M 29. 2. 2008 – 9 E 941/07; Rust/Falke-Raasch AGG § 5 Rn. 107; FKS-Faber § 81 Rn. 113; Welti BehinR 2007, 57, 60; ausführlich bereits Kohte ZSR 2005 Sonderheft S. 7, 15 f.). Markante am Bundesarbeitsgericht zu §§ 81, 84 SGB IX zu entscheidende Fälle waren dadurch gekennzeichnet, dass es an einer behinderungsgerechten Beschäftigung nach § 81 Abs. 4 SGB IX fehlte, so dass diese für angemessene Vorkeh- 3 rungen typischen Ansprüche durch das betriebliche Eingliederungsmanagement realisiert und effektiviert werden können (Kohte DB 2008, 582, 584).

B. Konfliktprävention

I. Tatbestandliche Voraussetzungen

4   Das Verfahren der Konfliktprävention nach § 84 Abs. 1 SGB IX ist **nur bei schwerbehinderten Beschäftigten** durchzuführen. Darunter fallen diejenigen Beschäftigten, die nach § 69 SGB IX als Schwerbehinderte anerkannt sind sowie diejenigen, die nach § 68 SGB IX gleichgestellt worden sind (dazu Brose RdA 2006, 149; Schlewing ZfA 2005, 485, 488). Damit ist ein klares Kriterium gewählt, das für die betriebliche Umsetzung hinreichend praktikabel ist. Ihnen stehen – wie auch im Rahmen der §§ 85 ff. SGB IX – diejenigen gleich, die offenkundig schwerbehindert sind. Beschäftigte sind nicht nur Arbeitnehmer, sondern auch Auszubildende, Referendare und Beamte (Fabricius in jurisPK-SGB IX § 84 Rn 9; NPMP/Neumann SGB IX § 84 Rn 2).

5   Als zweite Voraussetzung werden **Schwierigkeiten** verlangt, die zu einer **Gefährdung des Beschäftigungsverhältnisses** führen können. Damit ist das Aufgreifkriterium weit nach vorn verlegt; dies verdeutlicht den präventiven Charakter dieses Verfahrens. Es beruht auf der Erfahrung, dass im Zustimmungsverfahren nach § 85 SGB IX nur eine relativ geringe Quote von Lösungen zur Weiterbeschäftigung erreicht wird (EAS/Seel § 84 Rn. 17). In nicht wenigen Fällen zeigt es sich, dass in der Kürze der zu entscheidenden Frist alternative Lösungen nicht mehr gefunden werden konnten. Es ist zutreffend, dass der Zeitfaktor als wesentliches Kriterium für das Präventionsverfahren hervorgehoben wird, weil erfolgreiche Rehabilitation regelmäßig frühzeitiges Handeln verlangt (Kohte ZSR 2005, Sonderheft S. 7, 17 ff.). Dies bedeutet allerdings nicht, dass das Verfahren bei „Kündigungsreife" unterbleiben könne; es ist in jedem Fall durchzuführen (Düwell in LPK-SGB IX § 84 Rn 15).

6   § 84 Abs. 1 SGB IX gilt für alle Arten von Gefährdungen des Beschäftigungsverhältnisses, so dass dieses Verfahren **umfassend für betriebs-, personen- und verhaltensbedingte Problemlagen** einzusetzen ist. Gerade für betriebsbedingte Gefährdungslagen ist ein frühzeitiges Handeln wichtig, da nicht selten die konkrete Behinderung spezifische Anforderungen an die Ausstattung und Organisation eines Arbeitsplatzes stellen kann, die nur bei frühzeitiger Planung und Konsultation für andere Arbeitsplätze realisiert werden können. Ebenso sind Maßnahmen der beruflichen Rehabilitation und Fortbildung zwar nicht selten geeignet, eine Fortsetzung des möglicherweise geänderten Beschäftigungsverhältnisses zu ermöglichen (dazu Birk, FS Kissel 1994 S. 51 ff.; Kohte AuR 2008, 281, 286), doch bedürfen auch diese Maßnahmen oft einer längeren Planungs- und Realisierungsphase. Auch in den Fällen, in denen eine Beschäftigung im jeweiligen Betrieb nicht mehr möglich ist, sind entsprechende Rehabilitations- und Qualifikationsmaßnahmen frühzeitig einzuleiten, um eine Beschäftigung in einem anderen Betrieb zu erreichen.

7   Bei personen- und verhaltensbedingten Gefährdungslagen stellen sich in der Regel andere Probleme. Hier kann es geboten sein, durch frühzeitige Umsetzungen und weitere Maßnahmen Konfliktpotential zu verringern, das zur Gefährdung und Beendigung des Beschäftigungsverhältnisses beitragen kann. Eine wichtige Rolle kann hierbei die Sensibilisierung der Vorgesetzten einnehmen, die ebenfalls frühzeitig einsetzen muss. Bei **personenbedingter Gefährdung** des Beschäftigungsverhältnisses ist zu beachten, dass hier in aller Regel die **spezielle Vorschrift des § 84 Abs. 2 SGB IX vorrangig** anzuwenden ist (Knittel § 84 Rn. 65; Brose RdA 2006, 149, 152). Eine Gefährdung kann sich auch durch die Möglichkeit einer Änderungskündigung ergeben. Auch bei der Möglichkeit einer außerordentlichen Kündigung ist zu beachten, dass diese nicht selten durch ein länger andauerndes Verhalten verursacht wird, dem im Vorfeld entgegengewirkt werden kann (NPMP/Neumann § 84 Rn. 4).

8   Wenn eine entsprechende Gefährdungslage eingetreten ist, hat der Arbeitgeber **den Beschäftigten, den Betriebs- oder Personalrat, die Schwerbehindertenvertretung sowie das Integrationsamt zu konsultieren,** um mit ihnen alle Möglichkeiten und alle zur Verfügung stehenden Hilfen zur Beratung zu erörtern. Anders als bei § 84 Abs. 2 SGB IX handelt es sich nicht um ein freiwilliges Verfahren, so dass der Arbeitgeber dieses Verfahren durchzuführen hat, auch wenn der betroffene Arbeitnehmer sich nicht beteiligt (DN/Deinert § 18 Rn. 5; Trenk-Hinterberger in HK-SGB IX § 84 Rn 18). Bei dieser Beratung kann es geboten sein, weitere Personen heranzuziehen. In Betracht kommt hier vor allem die Agentur für Arbeit, die für Maßnahmen der beruflichen Rehabilitation sowie der rechtzeitigen Berufsberatung und Arbeitsvermittlung zuständig ist. Je nach Sachverhalt können aber auch die anderen Rehabilitationsträger eine konstruktive Rolle übernehmen. Im Zusammenhang mit dem Integrationsamt kann es auch sachgerecht sein, Integrationsfachdienste zu beteiligen und ihnen geeignete Dienstleistungsaufgaben zu übertragen sowie die finanziellen Unterstützungen durch das Integrationsamt nach § 102 Abs. 3 SGB IX zu klären (FKSB-Feldes § 84 Rn 28). Auch wenn das Verfahren nicht freiwillig ist, ist es in der Praxis geboten, den Beschäftigten die Bedeutung und die Sinnhaftigkeit dieses Verfahrens zu erläutern.

Die Verpflichtung zur Kündigungsprävention ist nicht mit §§ 1, 23 KSchG verknüpft worden, so **9** dass diese Pflicht auch im Kleinbetrieb (LAG Schleswig-Holstein 17. 11. 2005 – BehinR 2006, 140; Shafaei/Ramm – BEM in Klein- und Mittelbetrieben – Diskussionsforum B, Beitrag 11/2010 auf www.reha-recht.de) sowie in den ersten sechs Monaten des Arbeitsverhältnisses gilt. In der Rechtsprechung des 6. Senats des BAG sind mehrfach Klagen bei Kündigungen in den ersten sechs Monaten des Arbeitsverhältnisses abgewiesen worden (BAG 28. 6. 2007 – 6 AZR 750/06 – NZA 2007, 1049; 24. 1. 2008 – 6 AZR 96/07 – NZA-RR 2008, 405). In den Begründungen der Entscheidungen wird nicht genau unterschieden, ob § 84 Abs. 1 SGB IX in dieser Konstellation nicht gilt oder ob sich die Verletzung nicht auf die Wirksamkeit der Kündigung auswirkt. Zwischen diesen beiden Fragen ist jedoch zu differenzieren. Die Norm des § 84 Abs. 1 SGB IX ist insoweit hinreichend klar: Die Pflicht zur **Kündigungsprävention gilt für alle Beschäftigungsverhältnisse** schwerbehinderter und ihnen gleichgestellter Menschen; der Hinweis auf betriebs-, personen- und verhaltensbedingte Gefährdungen enthält keine Verknüpfung zum Kündigungsschutzgesetz, sondern soll die **umfassende Geltung für jede Art von Gefährdung** deutlich machen (Brose RdA 2006, 149, 150; Deinert JR 2007, 177 sowie Anm. zu BAG AP Nr. 27 zu § 307 BGB). Zutreffend hat daher der BGH entschieden, dass § 84 Abs. 1 SGB IX nicht nur für behinderungsbedingte Schwierigkeiten, sondern **für alle Schwierigkeiten in Beschäftigungsverhältnissen** gilt (BGH 20. 12. 2006 – RiZ (R) 2/06 – NVwZ-RR 2007, 328, 329). In gleicher Weise besteht daher auch die Pflicht zur Kündigungsprävention, wenn der Arbeitgeber einen schwerbehinderten Auszubildenden zum Ende der Probezeit kündigen will; Dem Zugang zu einem Ausbildungs- bzw. Arbeitsverhältnis kommt eine ebenso hohe Bedeutung zu wie dem Erhalt eines bereits bestehenden Arbeitsverhältnisses (Gagel jurisPR-ArbR 22/2007 Anm. 3).

Die umfassende Geltung der Norm erfasst somit auch die **Beschäftigungsverhältnisse des öf- 10 fentlichen Rechts,** wie sich auch aus § 128 SGB IX ergibt (vgl. HN/Schröder § 84 Rn. 16; NPMP/Neumann § 84 Rn. 2; EAS/Seel § 84 Rn. 18 a). Zutreffend hat der BGH (20. 12. 2006 aaO) verlangt, dass § 84 Abs. 1 SGB IX auch im Vorfeld einer Entlassung einer Richterin nach § 22 DRiG beachtet wird. Dies gilt auch im Vorfeld anderer vorzeitiger Beendigungstatbestände des Beamtenrechts. In erster Linie ist hier die Entlassung in der Probezeit nach § 31 BBG sowie wegen Dienstunfähigkeit nach § 42 BBG, bzw. den entsprechenden Landesgesetzen, zu beachten (siehe unten Rn. 17). In der Mehrzahl dieser Fälle ist allerdings vorrangig die speziellere Regelung des § 84 Abs. 2 SGB IX heranzuziehen (siehe unten Rn. 13).

II. Rechtsfolgen

Zutreffend hat das BAG (BAG 7. 12. 2006 – 2 AZR 182/06 – NZA 2007, 617 = AuR 2007, 275 **11** m. Anm. Bogun) entschieden, dass es sich bei § 84 Abs. 1 SGB IX **nicht um eine Ordnungsvorschrift** mit bloßem Appellcharakter handelt, deren Missachtung in jedem Fall folgenlos bliebe (so aber Kossens/von-der-Heide/Maaß-Kossens SGB IX § 84 Rn. 6). Auf der anderen Seite ist diese Norm auch **nicht als formelle Kündigungsvoraussetzung** bzw. als „Kündigungsvorverfahren" ausgestaltet worden (BAG 24. 1. 2008 – 6 AZR 96/07 – NZA-RR 2008, 405). Das BAG sieht die Rechtsfolgen der verletzten Verfahrenspflichten konsequent **verfahrensrechtlich** (zu § 84 Abs. 2 Kohte DB 2008, 582, 585). In einem späteren Kündigungsschutzverfahren obliegt dem Arbeitgeber von Anfang an die Darlegungs- und Beweislast, dass auch bei einem rechtzeitig durchgeführten Präventionsverfahren die Kündigung unvermeidbar gewesen wäre; gelingt dem Arbeitgeber die Darlegung bzw. der Beweis nicht, ist die Kündigung regelmäßig sozialwidrig. Der Sachverhalt einer spezifischen verhaltensbedingten Kündigung, den der 2. Senat im Dezember 2006 zu entscheiden hatte, legte es nahe, die Erfolglosigkeit des Präventionsverfahrens als mögliche Variante in das Kalkül aufzunehmen. Dies ist jedoch nicht der Regelfall; gerade bei betriebsbedingten Kündigungen kann die frühzeitige Beratung alternative Lösungswege öffnen. Es wäre daher verfehlt, generell niedrige Anforderungen an den Beweis des Arbeitgebers zu stellen, dass ein Präventionsverfahren von vornherein aussichtslos gewesen wäre. Dies wird dem heutigen Instrumentarium der öffentlichen Leistungen und Hilfen, die vor allem durch das SGB IX ermöglicht und der großen Mehrzahl der Arbeitgeber erst durch das Integrationsamt vermittelt werden (EAS/Seel § 84 Rn. 40 ff.), nicht gerecht. Nach der Rechtsprechung des BVerwG führt die Missachtung des Präventionsverfahrens nicht per se zur Ablehnung eines Zustimmungsantrags nach § 85 SGB IX; allerdings führt diese Missachtung zur Versagung der Zustimmung, wenn Anhaltspunkte dafür vorliegen, dass ein rechtzeitiges Präventionsverfahren Erfolg gehabt hätte (BVerwG 29. 8. 2007 – 5 B 77/07 – NJW 2008, 166, 167; Kayser BehinR 2008, 65, 67).

In der Rechtsprechung des BAG ist § 84 Abs. 1 SGB IX als eine Ausprägung der Verhältnismäßig- **12** keit qualifiziert worden. Daraus leitet der 6. Senat ab, dass die Verletzung von § 84 Abs. 1 SBG IX nicht zur Unwirksamkeit der Kündigung in der Wartezeit führe. Andererseits räumt der Senat ein, dass dieser Aspekt bei der Prüfung einer Kündigung auf ihre Treuwidrigkeit nach § 242 BGB zu berücksichtigen sei (BAG 24. 1. 2008 – 6 AZR 96/07 – NZA-RR 2008, 405). Eine solche Auslegung ist nicht nur möglich, sondern geboten, so dass die Verletzung der Rechtspflicht in § 84 Abs. 1 SGB IX auch außerhalb des KSchG nicht ohne Bedeutung ist, sondern ein **Indikator für Treuwidrigkeit sein kann.** Bei der Anwendung von § 242 BGB ist allerdings zu beachten, dass die Beschäftigten die Darlegungs- und Beweislast trifft, dass vor allem im ordnungsgemäßen Präventionsverfahren eine Erhaltung des Arbeitsplatzes möglich gewesen wäre. Wird dies entsprechend dargelegt, dann ist es treuwidrig, wenn sich der Arbeitgeber auf einen Kündigungsgrund beruft, der rechtzeitig hätte ausgeräumt werden können. Auch die Wartezeitkündigung kann nicht grundlos erfolgen; die Anforderungen an den Grund sind allerdings niedriger als bei § 1 Abs. 2 KSchG (BVerfG 27. 1. 1998 – 1 BvL 15/87 – NZA 1998, 470). Wenn der Kündigungsgrund als Diskriminierung wegen einer Behinderung qualifiziert werden kann, dann ist die Verteilung der Beweislast nach § 22 AGG zu beachten, die durch § 2 Abs. 4 AGG nicht gesperrt wird (vgl. zum Umgang mit dieser problematischen Norm BAG 6. 11. 2008 – 2 AZR 701/07). Dies ist allerdings bei § 84 Abs. 1 SGB IX nicht in jedem Fall anzunehmen, da der weit gefasste Tatbestand auch die nicht durch die Behinderung bedingten Schwierigkeiten erfasst und in der Literatur daher § 5 AGG zugeordnet wird (Däubler/Bertzbach-Hinrichs § 5 AGG Rn. 45).

13   Auch bei der **Beendigung von Beschäftigungsverhältnissen des öffentlichen Dienstes** ist die Verletzung der Präventionspflicht nach § 84 Abs. 1 SGB IX rechtlich nicht bedeutungslos. Im Urteil des BGH vom 20. 12. 2006 (NVwZ – RR 2007, 328) ist verlangt worden, dass dieser Aspekt bei der Kontrolle der Ermessensausübung berücksichtigt werden müsse. Im konkreten Fall war die Entlassung einer Proberichterin aus behinderungsbedingten Gründen daher als unwirksam qualifiziert worden (ebenso VG Frankfurt/M 29. 2. 2008 – 9 E 941/07; vgl. auch VG Wiesbaden 15. 9. 2008 – 8 L 904/08). Das Verfahren nach § 84 Abs. 1 SGB IX ist insoweit von beachtlicher praktischer Bedeutung, weil bei diesen Beschäftigungsverhältnissen § 85 SGB IX nicht eingreift und die früher vorgeschriebene vorherige Anhörung des Integrationsamts nach § 128 Abs. 2 SGB IX 2004 ohne nähere Begründung (BT-Drs. 15/1783, S. 19) aufgehoben worden ist. Da auch das von der Bundesrepublik anerkannte internationale Recht einen umfassenden Schutz behinderter Menschen vorsieht, ist in diesen Fällen eine sorgfältige Beachtung von § 84 Abs. 1 SGB IX geboten (FKS-Faber § 128 Rn. 3; Düwell in LPK-SGB IX § 84 Rn 90).

C. Gesundheitsprävention

I. Tatbestandliche Voraussetzungen

14   **1. Verfahrenspflicht zur Organisation eines kooperativen Suchprozesses.** Das **betriebliche Eingliederungsmanagement** wird im Gesetz umschrieben als eine gemeinsame Klärung von Möglichkeiten, wie die Arbeitsunfähigkeit eines Beschäftigten möglichst überwunden werden, mit welchen Leistungen und Hilfen erneute Arbeitsunfähigkeit vorgebeugt und wie der Arbeitsplatz erhalten werden kann. Damit steht im Vordergrund dieses Verfahrens als notwendige Voraussetzung der Gesundheitsprävention zunächst die Überwindung aktueller Arbeitsunfähigkeit und die Prävention gegenüber künftiger Arbeitsunfähigkeit; die jedoch auch zu einer Stabilisierung des Beschäftigungsverhältnisses beitragen kann und soll.

15   Um diese Ziele zu erreichen, begründet § 84 Abs. 2 S. 1 SGB IX eine **Verfahrenspflicht** (Faber SozSich 2008, 130; Joussen DB 2009, 286). Mit diesem Verfahren werden keine neuen und zusätzlichen materiellrechtlichen Pflichten des Arbeitgebers und Dienstherren statuiert; vielmehr soll sichergestellt werden, dass die verschiedenen Rechte, **Leistungen und Hilfen rechtzeitig zur Geltung gebracht werden können.** Insoweit beruht diese Norm auf der plausiblen Einschätzung, dass zwar vielfältige gesundheitsschützende Normen und Leistungen statuiert sind, diese jedoch in der Praxis nicht bzw. nicht immer und nicht rechtzeitig umgesetzt werden. Dies soll durch dieses Verfahren gewährleistet werden. Insoweit dient das Eingliederungsmanagement auch der **Effektivierung des SGB IX und der Realisierung von § 2 Abs. 2 SGB I** für den Bereich der Rehabilitation und ist daher zutreffend im SGB IX platziert worden (Kohte DB 2008, 582, 583).

16   Das Verfahren ist dadurch gekennzeichnet, dass zu Beginn Lösungen noch nicht vorgegeben sind. Vielmehr sollen Möglichkeiten geklärt werden, so dass es sich um die **Organisation eines Suchprozesses** (FKS-Feldes § 84 Rn. 39) handelt. Dieser Suchprozess ist als **kooperativer Suchprozess** organisiert, an dem neben dem Arbeitgeber und dem betroffenen Beschäftigten auf jeden Fall auch die Interessenvertretungen nach § 93 sowie die Schwerbehindertenvertretung zu beteiligen sind (BAG 10. 12. 2009 – 2 AZR 198/09 – NZA 2010, 639). Außerdem können weitere Akteure herangezogen werden, so dass die **Mobilisierung internen und externen Sachverstands** ein wichtiges Strukturmerkmal dieses Verfahrens darstellt (Kohte DB 2008, 582, 583; Düwell in LPK-SGB IX § 84 Rn 33 ff.).

17   **2. Anwendungsbereich.** Die Verfahrenspflicht wendet sich an jeden Arbeitgeber; sie ist unabhängig von der Größe des Betriebs bzw. des Unternehmens und der Existenz eines Betriebs- oder Personalrats bzw. einer Schwerbehindertenvertretung (BAG 30. 9. 2010 – 2 AZR 88/09, NZA 2011, 39). Die Verfahrenspflicht zur Gesundheitsprävention ist damit als generelle Pflicht ausgestaltet. Sie erfasst daher auch öffentlich-rechtliche Dienstherren, die Beamte, Richter oder Soldaten beschäftigen. Von Teilen der Verwaltungsgerichtsbarkeit und Literatur wird diese Einschätzung im Hinblick auf

Beamte in Zweifel gezogen, va mit Verweis auf den Wortlaut des § 84 Abs. 2 SGB IX („Beschäftigte"; „betriebliches Eingliederungsmanagement") und im Hinblick auf die bestehende geringere Schutzbedürftigkeit von Beamten. Die Norm sei auf privatrechtliche Beschäftigungsverhältnisse beschränkt (so VG Berlin 26. 2. 2008 – 28 A 134.05; Nokiel, RiA 2010, 133, 135; Steiner, PersV 2006, 417, 420 ff.). Auf den Wortlaut der Norm stützt sich – in zutreffender Weise – auch die Gegenansicht: Der Arbeitgeberbegriff des § 84 Abs. 2 SGB IX ergibt sich aus §§ 71 Abs. 1, 73 Abs. 1 SGB IX und umfasst „private und öffentliche Arbeitgeber", die auf Arbeitsplätzen ua „Arbeitnehmer, Beamte, Richter, Auszubildende" beschäftigen (Kossens/von-der-Heide/Maaß-Kossens § 84 Rn. 13). Auch dass der öffentliche Arbeitgeber in einigen Normen des SGB IX ausdrücklich benannt ist, lässt nicht den Umkehrschluss zu, dass ihn die Pflichten aus § 84 Abs. 2 SGB IX nicht treffen; denn mit der ausdrücklichen Nennung, wie zB in § 82 S. 2, korrespondieren auch zusätzliche Pflichten des öffentlichen Arbeitgebers (Gagel/M. Schian „§ 84 Abs. 2 SGB IX gilt auch für Beamte", Diskussionsforum B, Beitrag 3/2007 auf www.reha-recht.de). Schließlich wäre der Bezug auf die Interessenvertretungen iSd § 93 SGB IX in § 84 Abs. 2 S. 6 SGB IX, der neben Betriebs- und Personalrat auch Richter-, Staatsanwalts- und Präsidialrat aufzählt, bei Nichterfassung der Beamten überflüssig.

Folgerichtig ist dieses Verfahren daher mit der überwiegenden Rechtsprechung und Literatur sämtlichen Gruppen von Beschäftigten, insbesondere auch Beamten und Auszubildenden, anzubieten (VG Gelsenkirchen 25. 6. 2008 – 1 K 3679/07; HessVGH 6. 3. 2008 – 1 TG 2730/07; VG Frankfurt/M 17. 3. 2008 – 9 L 207/08 F; VG Frankfurt/M 29. 2. 2008 – 9 E 941/07; NPMP/Neumann § 84 Rn. 10; HN/Schröder § 84 Rn. 16). Es ist außerdem unabhängig vom Status, von der Geltung des Kündigungsschutzrechts oder anderen arbeitsrechtlichen Schutzvorschriften. 18

Ausführlich diskutiert wurde zudem die Frage, ob diese Norm ebenso wie § 84 Abs. 1 SGB IX nur für schwerbehinderte Beschäftigte gelten soll. Bereits der gegenüber Abs. 1 unterschiedliche Wortlaut und die differenzierte Fassung in § 84 Abs. 2 S. 4 und 6 SGB IX machen deutlich, dass eine Beschränkung auf schwerbehinderte Beschäftigte nicht vorgesehen ist (BAG 12. 7. 2007 – 2 AZR 716/06 – NZA 2008, 173; Joussen DB 2009, 286). Vor allem spricht der Normzweck für einen umfassenden persönlichen Anwendungsbereich, da es sich um eine Integrations- und Präventionsmaßnahme handelt, die alle Arten von Behinderung nach § 2 SGB IX erfasst und auch drohende Behinderung nach § 2 S. 2 SGB IX einbeziehen soll.

Eine solche umfassende Geltung entspricht den **gemeinschaftsrechtlichen Anforderungen.** Wegen des Integrationsziels handelt es sich bei diesem Verfahren um eine **„angemessene Vorkehrung" iSd. Art. 5 der RL 2000/78/EG,** die auf die Anpassung der Arbeitsbedingungen abzielt (EuGH 9. 7. 2006 – C 13/05 – NZA 2006, 839 – Chacon-Navas). Damit gilt hier der Behinderungsbegriff des Gemeinschaftsrechts, der deutlich weitergefasst ist als der Begriff der Schwerbehinderung in § 68 SGB IX (so jetzt auch BAG 3. 4. 2007 – 9 AZR 823/06 – DB 2007, 2100 im Anschluss an ArbG Berlin LAGE § 81 SGB IX Nr. 5). In der Rechtsprechung des BAG ist der umfassende Anwendungsbereich der Gesundheitsprävention inzwischen mehrfach bekräftigt worden (BAG 24. 3. 2011 – 2 AZR 170/10, DB 2011, 1343; BAG 30. 9. 2010 – 2 AZR 88/09; NZA 2011, 39; BAG 12. 7. 2007 – 2 AZR 716/06 – NZA 2008, 173; 23. 4. 2008 – 2 AZR 1012/06 – BB 2008, 2409, 2410). Dieser Aussage ist in Übereinstimmung mit der überwiegenden Literatur (zB NPMP/Neumann § 84 Rn. 10; EAS/Seel § 84 Rn. 63; Gagel NZA 2004, 1359, 1360; aA zB ErfK/Rolfs § 84 Rn. 4) zuzustimmen. 19

Das Verfahren ist allen Beschäftigten anzubieten, die **innerhalb von zwölf Monaten wenigstens sechs Wochen arbeitsunfähig** waren. Wiederum wird ein **einfaches Aufgreifkriterium** verlangt: Es geht ausschließlich um die Existenz von Arbeitsunfähigkeit; auf die Ursachen der Arbeitsunfähigkeit, die Kategorie der Fortsetzungserkrankung oder das Gewicht der jeweiligen Prognosen kommt es für die Einleitung des Verfahrens nicht an (Zorn BehinR 2006, 42). Der Zeitraum von zwölf Monaten wird fortlaufend bemessen und ist nicht auf das jeweilige Kalenderjahr beschränkt (Gagel/Schian BehinR 2006,46; BAG 24. 3. 2011 – 2 AZR 170/10, DB 2011, 1343). In der Integrationsvereinbarung oder einer Betriebsvereinbarung kann freiwillig auch geregelt werden, dass einzelnen Beschäftigten, die dies wünschen, die Möglichkeit des BEM auch unabhängig von der 6-Wochen-Frist eröffnet wird (Romahn, Betriebliches Eingliederungsmanagement, 2010, S. 23). 20

3. Verfahrenspflicht des Arbeitgebers. Sobald eine solche Arbeitsunfähigkeit von sechs Wochen in einem Jahr vorliegt, hat der Arbeitgeber unverzüglich das Verfahren einzuleiten. Dazu hat er Kontakt mit dem Beschäftigten aufzunehmen und ihn über den Gang des Verfahrens sowie vor allem über die in diesem Zusammenhang offen zu legenden Daten zu informieren (§ 84 Abs. 2 S. 3 SGB IX). Damit geht die gesetzliche Regelung davon aus, dass es in aller Regel eine allgemeine Verfahrensordnung gibt, aus der sich konkrete Datenanforderungen und Datenschutzregelungen ergeben (BAG 10. 12. 2009 – 2 AZR 198/09 – NZA 2010, 639: Keine Pflicht, aber sinnvoll einer Verfahrensordnung aufzustellen). 21

Das Angebot an die einzelnen Beschäftigten geht wiederum davon aus, dass deren **Beteiligung an dem Verfahren freiwillig** ist. Sie sind auf diese Freiwilligkeit gesondert hinzuweisen. Die Freiwilligkeit verlangt zunächst ein Benachteiligungsverbot; aus der Ablehnung des Verfahrens dürfen den Beschäftigten keine rechtlichen Nachteile entstehen (vgl. § 612a BGB). Weder handelt es sich um 22

90 SGB IX § 84

eine Pflichtverletzung, die zu einer verhaltensbedingten Kündigung führen kann, noch ist die Nichtbeteiligung ein Negativmerkmal, das bei anderen Maßnahmen nachteilig herangezogen werden darf.. Der Arbeitgeber hat die Zustimmung des Beschäftigten einzuholen, indem er ihn vorher nach § 84 Abs. 2 S. 3 über das Verfahren sowie Art und Umfang der erhobenen Daten informiert. Ohne eine solche **regelkonforme Information** kann keine wirksame Zustimmung erteilt werden (BAG 24. 3. 2011 − 2 AZR 170/10, DB 2011, 1343; Fabricius in jurisPK-SGB IX § 84 Rn 22; Deinert NZA 2010, 969, 974).

23 Die Freiwilligkeit prägt auch das weitere Verfahren. Sowohl die Einschaltung der optionalen Beteiligten als auch die Weitergabe von Daten kann nicht ohne Zustimmung des Betroffenen erfolgen; er ist der „Herr des Verfahrens" (Gagel NZA 2004, 1359, 1360). Damit unterliegt vor allem die Weitergabe von Daten einer deutlichen Zweckbindung, die sich letztlich aus dem Umfang der Einwilligung des Beschäftigten ergibt (dazu ausführlich Gundermann/Oberberg AuR 2007, 19; Faber/Schian, www.reha-recht.de/ Diskussionsbeitrag Forum B/2008 Nr. 11).

24 **4. Die Beteiligung der Interessenvertretungen.** Soweit sie im Betrieb gebildet wurden, sind sowohl Betriebs- oder Personalrat als auch Schwerbehindertenvertretungen notwendige Beteiligte an diesem Verfahren. Ihre Beteiligung steht weder zur Disposition des Arbeitgebers noch zur Disposition des Arbeitnehmers. Sowohl ihr Sachverstand als auch ihre Schutzfunktion werden im Gesetz als so wichtig bewertet, dass sie notwendigerweise zu beteiligen sind. Die fehlende Beteiligung muss daher auch zu rechtlichen Konsequenzen führen (dazu ArbG Marburg 11. 4. 2008 − 2 Ca 466/07 − DB 2008, 994). Den Interessen- und Schwerbehindertenvertretungen steht weiter nach § 84 Abs. 2 S. 6 SGB IX ein Antragsrecht zu. Sie können die Einleitung des Verfahrens verlangen, falls es vom Arbeitgeber nicht bzw. nicht ordnungsgemäß eingeleitet wird. Streitigkeiten sind im arbeitsgerichtlichen Beschlussverfahren zu verfolgen (su. Rn. 38).

25 **5. Die Organisation des Suchprozesses.** Die Verfahrenspflicht zum betrieblichen Eingliederungsmanagement ist hinreichend offen gestaltet, so dass die jeweiligen Schritte im Einzelfall differieren können (BAG 10. 12. 2009 − 2 AZR 198/09 − NZA 2010, 639: Unverstellter, verlaufs- und ergebnisoffener Suchprozess). Der Verlauf des Verfahrens hängt auch von den unterschiedlichen **Reichweite der Einwilligung der jeweiligen Beschäftigten** ab. In aller Regel wird es notwendig sein, zunächst die konkreten Arbeitsbedingungen zu klären, die Gefährdungsbeurteilung nach § 5 ArbSchG heranzuziehen bzw. zu veranlassen, dass eine erstmalige bzw. aktualisierte Gefährdungsbeurteilung erstellt wird (Kohte WS I-Mitteilungen 2010, 374; FKSB-Feldes § 84 Rn 66; Fabricius in jurisPK-SGB IX § 84 Rn 29). Wenn man den Sachverhalt in BAG NZA 2008, 173 unter arbeitsmedizinischen und arbeitsschutzrechtlichen Gesichtspunkten betrachtet, dann ist bei einer solchen Organisation der Arbeit, die weit entfernt von den Vorgaben der Lastenhandhabungsverordnung war (Kohte DB 2008, 582, 584), die Schädigung der Lendenwirbelsäule nicht überraschend. Vorrangig ist damit unter präventiven Gesichtspunkten die Änderung und Anpassung der Beschäftigungsbedingungen (Kohte, AiB 2009, 387).

26 In anderen Situationen kann es in Übereinstimmung mit der Praxis in diesem Feld engagierter Betriebe (su. Rn. 29) zunächst geboten sein, die **Möglichkeiten einer stufenweisen Wiedereingliederung** nach § 28 SGB IX in Anspruch zu nehmen und dann die künftigen Beschäftigungsmöglichkeiten und die künftige Organisation des Arbeitsplatzes zu klären (Nebe DB 2008, 1801; Deinert NZA 2010, 969, 972; Düwell in LPK-SGB IX § 84 Rn 47). Diese Zeit kann genutzt werden, um die notwendigen technischen Arbeitshilfen bzw. andere Hilfsmittel zu beschaffen, die Barrierefreiheit zu verbessern oder schlicht die Einhaltung arbeitsschutzrechtlicher Vorgaben zu sichern. Spezifische Anforderungen können sich bei psychischen Erkrankungen (dazu Kohte/Nebe Juris PRArbR 23/2008 Anm. 1) sowie bei Suchtkrankheiten stellen (dazu Kohte/Faber Juris PRArbR 26/2008 Anm. 3 und 15/2011 Anm. 6).

27 **6. Mobilisierung internen und externen Sachverstands.** Im weiteren Verlauf des Verfahrens wird es regelmäßig geboten sein, zusätzlichen Sachverstand für das Verfahren zu mobilisieren. Dies kann zunächst, worauf § 84 Abs. 2 S. 2 SGB IX hinweist, durch die Einschaltung des Betriebsarztes ermöglicht werden; denkbar sind auch Sicherheitsfachkräfte, Sicherheitsbeauftragte oder Vertreter der innerbetrieblichen Sozialarbeit. In einer Reihe von Fällen wird die Mobilisierung externen Sachverstands sachgerecht sein. § 84 Abs. 2 S. 4 SGB IX macht deutlich, dass ein Arbeitgeber, der innerbetrieblich keine Lösung findet, das Verfahren nicht abbrechen darf, sondern externe Personen einzuschalten hat, soweit nicht der Betroffene widerspricht. Dabei kommen vor allem die gemeinsamen Servicestellen nach § 22 SGB IX in Betracht, weil sie als erste Anlaufstelle fungieren und die Beratungspflicht nach §§ 14 SGB I, 12 SGB IX sicherstellen sollen. Diese wirken nach § 84 Abs. 2 S. 5 SGB IX darauf hin, dass die erforderlichen Leistungen oder Hilfen rechtzeitig erbracht werden. Damit wird deutlich, dass dieses Verfahren auch dazu dienen soll, die **rechtzeitige Realisierung präventiver sozialrechtlicher Leistungen** (vgl. § 3 SGB IX) sicherzustellen.

28 Die Rehabilitationsträger haben sich − zusammengeschlossen in der Bundesarbeitsgemeinschaft Rehabilitation − in der **Gemeinsamen Empfehlung nach § 13 SGB IX zur Prävention** vom

16. 12. 2004 verpflichtet, Verfahren des betrieblichen Eingliederungsmanagements zu unterstützen. Auf diese Weise kann sichergestellt werden, dass öffentliche Leistungen und Hilfen rechtzeitig mobilisiert werden. Dabei findet keine Beschränkung auf einzelne Hilfstypen statt; im Vordergrund dürften allerdings neben der stufenweisen Wiedereingliederung die Hilfen nach §§ 33 ff. SGB IX stehen, die durch §§ 26 ff. SGB IX ergänzt werden.

Die Untersuchung von Niehaus hat ausführlich dokumentiert, dass ein kooperatives Eingliederungsmanagement eine wichtige Basis für die verbesserte Nutzung der stufenweisen Wiedereingliederung nach § 28 SGB IX darstellt (Niehaus, Betriebliches Eingliederungsmanagement, 2008, S. 53). Gerade die stufenweise Wiedereingliederung ist dadurch gekennzeichnet, dass eine betriebsnahe Kooperation verschiedener Akteure ermöglicht werden muss, die in der Lage sind, dieses Instrument hinreichend zu konkretisieren, zu beobachten und im zeitlichen Verlauf anzupassen (dazu Nebe DB 2008, 1801). Dies ist ohne verfahrensmäßige Abstimmung schwierig (anschaulich zu diesen Schwierigkeiten BAG 13. 6. 2006 – 9 AZR 225/05 – NZA 2007, 91). Gerade dieses Beispiel zeigt die **sozialrechtseffektivierende Bedeutung des betrieblichen Eingliederungsmanagements**. 29

7. Die Regelung des Suchprozesses. Die gesetzliche Regelung geht davon aus, dass es sich um ein **strukturiertes Verfahren** handelt, das in seinen Grundzügen unter den Beteiligten verabredet wird. In § 83 Abs. 2a Nr. 5 SGB IX ist daher als Option normiert worden, dass in der **Integrationsvereinbarung** entsprechende Regelungen getroffen werden können. Diese Regelungen unterliegen teilweise auch der Mitbestimmung des Betriebsrats nach § 87 Abs. 1 Nr. 1 bzw. Nr. 7 BetrVG (vgl. LAG Berlin-Brandenburg 23. 9. 2010 – 25 TaBV 1155/10). Da die Mitbestimmungsrechte der Betriebs- und Personalräte durch das SGB IX nicht eingeschränkt werden, sind diese Mitbestimmungsrechte auch bei der Organisation des betrieblichen Eingliederungsmanagements zu prüfen. Nach der Rechtsprechung des BAG (BAG 8. 6. 2004 – 1 ABR 4/03 – NZA 2005, 227, 230) umfasst **§ 87 Abs. 1 Nr. 7 BetrVG** alle Regelungen, die zumindest mittelbar dem betrieblichen Gesundheitsschutz dienen, die dem Arbeitgeber gesetzlich vorgeschrieben sind, jedoch auch Gestaltungsspielräume enthalten. Die allgemeinen Verfahrensregelungen zum betrieblichen Eingliederungsmanagement entsprechen dieser Definition, so dass sämtliche Merkmale des Mitbestimmungsrechts nach § 87 Abs. 1 Nr. 7 BetrVG gegeben sind (dazu HaKo-BetrVG/Kohte § 87 Rn. 91; Fabricius in jurisPK-SGB IX § 84 Rn 23; Schils, Das betriebliche Eingliederungsmanagement S. 195 ff; aA LArbG Hamburg 21. 5. 2008 – H 3 TaBV 1/08 m. Anm. Kohte, LAGE § 87 BetrVG 2001 Gesundheitsschutz Nr. 3 sowie Gagel jurisPRArbR 39/2008 Anm. 5; vgl. die Hinweise in BAG 18. 8. 2009 – 1 ABR 45/08 und Düwell in LPK-SGB IX § 84 Rn 61). Wie auch in anderen Fällen ist zu beachten, dass sich dieses Mitbestimmungsrecht auf die allgemeinen Regelungen bezieht, jedoch nicht jede einzelne Maßnahme und Umsetzungshandlung erfasst (dazu bereits Kohte AuR 1984, 263, 271). Somit besteht ein hinreichender Spielraum für die Beteiligten, um eine entsprechende Verfahrensordnung zu schaffen, die den Besonderheiten des Betriebs und den jeweiligen Präferenzen der Betroffenen genügend Raum lässt. 30

II. Rechtsfolgen

Wird eine Kündigung ausgesprochen, die auf krankheits- oder behinderungsbedingte Gründe gestützt wird, dann kann die fehlende oder fehlerhafte Durchführung des betrieblichen Eingliederungsmanagements nicht ohne Rechtsfolgen bleiben (zuletzt BAG 24. 3. 2011 – 1 AZR 170/10, DB 2011, 1343; BAG 30. 9. 2010 – 2 AZR 88/09, NZA 2011, 39; BAG 10. 12. 2009 – 2 AZR 400/08 – NZA 2010, 398; BAG 12. 7. 2007 – 2 AZR 716/06 – NZA 2008, 173; ArbG Marburg 11. 4. 2008 – 2 Ca 466/07 – DB 2008, 994; im Grundsatz auch BVerwG 23. 6. 2010 – 6 P 8/09, NZA-RR 2010, 554, 557), denn auch die Einleitung und Durchführung des Verfahrens der Gesundheitsprävention stellt eine Rechtspflicht des Arbeitgebers dar. Dabei gilt auch hier, dass das Präventionsverfahren nicht als formelle Kündigungsvoraussetzung ausgestaltet ist, so dass eine formelle Unwirksamkeit nach dem Vorbild von § 102 BetrVG 1972 ausscheidet. 31

Zutreffend ist vielmehr bei § 84 Abs. 1 SGB IX (s. o. Rn. 6) eine **verfahrensrechtliche Lösung**, die sich an der Verteilung der Darlegungs- und Beweislast orientiert. In einem solchen Fall hat der Arbeitgeber von sich aus im Prozess darzulegen und gegebenenfalls zu beweisen, dass eine Anpassung des Arbeitsplatzes bzw. eine Versetzung oder auch eine Präventionsmaßnahme die Kündigung nicht verhindert hätten (BAG 12. 7. 2007 – 2 AZR 716/07 – NZA 2008, 173; Eylert/Sänger RdA 2010, 24, 34; ErfK/Rolfs SGB IX § 84 Rn 11). Eine solche Regelung entspricht dem Schutzzweck der Norm, da das betriebliche Eingliederungsmanagement nicht nur die Arbeitsunfähigkeit überwinden, sondern das Beschäftigungsverhältnis auch stabilisieren soll. Mit diesem Normzweck korreliert eine solche verfahrensrechtliche Rechtsfolge (Welti NZS 2006, 623, 627; Kohte DB 2008, 582, 586). 32

Eine verfahrensrechtliche Lösung ist auch geboten bei Kündigungen, für die nach §§ 1, 23 KSchG der Anwendungsbereich der sozialen Rechtfertigung nicht eröffnet ist. Auch in diesen Fällen kann die fehlende Durchführung eines betrieblichen Eingliederungsmanagements nicht ohne Rechtsfolgen bleiben. Das betriebliche Eingliederungsmanagement, das sich auf behinderungsbedingte Schwierigkeiten konzentriert und diese ausräumt bzw. verringern soll, ist eine „angemessene Vorkehrung" iSd. Art. 5 RL 2000/78/EG (dazu ausführlich VG Frankfurt/M 29. 2. 2008 – 9 E 941/07 – juris). Die 33

Verletzung einer solchen angemessenen Vorkehrung ist aber eine Diskriminierung wegen Behinderung (Fürst, DB 2009, 2153, 2155; aA ErfK/Schlachter § 5 AGG Rn. 4). Diese Wertung entspricht auch der in Art. 2 und 5 Abs. 3 des Gesetzes zur UN-Konvention zum Schutz der Rechte von Menschen mit Behinderung getroffenen Definition von Diskriminierung (BGBl. 2008 II, S. 1419; dazu Petri/Stähler ZESAR 2008, 167). In diesem Fall kann die Kündigung wegen Verletzung eines Diskriminierungsverbotes unwirksam sein. § 2 Abs. 4 AGG steht dem nicht entgegen, weil diese Norm bei Kündigungen a- wenn überhaupt – nur die AGG-spezifische Rechtsfolge des § 15 AGG sperrt. In einem solchen Fall ist für die Verteilung der Darlegungs- und Beweislast § 22 AGG zu beachten.

34 Der 6. Senat des BAG (24. 1. 2008 – 6 AZR 96/07 – NZA-RR 2008, 405; 28. 6. 2007 – 6 AZR 750/06 – NZA 2007, 1049) meint, dass in einem solchen Fall Kündigungsschutz nicht angemessen sei, weil dieser die Einstellungsbereitschaft von Arbeitgebern hindern würde. Dies ist ein verfehlter Ansatz; durch § 84 Abs. 2 SGB IX ist die Rechtspflicht vom betrieblichen Eingliederungsmanagement umfassend normiert worden; dies ist die vom Gesetzgeber gewählte angemessene Vorkehrung. Anders zu beurteilen ist die Rechtslage, wenn der Arbeitgeber das Eingliederungsmanagement korrekt durchgeführt hat. In einem solchen Fall kann das Fehlen einer Alternative für die Beschäftigung eine Kündigung rechtfertigen. Hier ist selbstverständlich Raum für eine Differenzierung zwischen Kündigungen vor und nach Ablauf der Wartezeit von § 1 Abs. 1 KSchG.

35 Auch für die **Beschäftigungsverhältnisse des öffentlichen Dienstes** ist die Verletzung der für sie geltenden Rechtspflichten des § 84 Abs. 2 SGB IX nicht ohne Bedeutung. In den Fällen, in denen bei einer Entlassung aus dem öffentlichen Dienst Ermessenserwägungen anzustellen sind, muss dieser Gesichtspunkt berücksichtigt werden. Der Suchprozess ist auch im Öffentlichen Dienst als kooperativer Suchprozess zu organisieren, in dem neben dem Arbeitgeber und den Beschäftigten auf jeden Fall auch die Interessenvertretung nach § 93 sowie die Schwerbehindertenvertretung zu beteiligen sind.

36 Seit 2004 sind die Rehabilitationsträger und Integrationsämter berechtigt, Arbeitgeber, die ein betriebliches Eingliederungsmanagement einführen, durch **Prämien** oder einen **Bonus** zu fördern. Damit schließt das SGB IX an neuere Entwicklungen im Recht der Unfall- und Krankenversicherung an. In der Unfallversicherung war eine erfolgsbezogene Beitragsgestaltung bereits in § 725 RVO verankert; sie ist in § 162 SGB VII bestätigt und durch Prämienregelungen ausgebaut worden. In der Krankenversicherung finden wir inzwischen vergleichbare Möglichkeiten in § 65a SGB V. Mit diesen Instrumenten sollen materielle Anreize für die Verbesserung des betrieblichen Eingliederungsmanagements gesetzt werden. Dies ist im Grundsatz sinnvoll, doch sind die rechtlichen Rahmenbedingungen zu beachten. Es ist geboten, dass die jeweiligen Träger und Ämter eine entsprechende Verfahrensregelung zur Ermessensausübung schaffen. Zu beachten ist weiter, dass Prämien und Boni nicht allein für die Einhaltung des Gesetzes, sondern nur für **zusätzliche Maßnahmen** gewährt werden können (Kohte ZSR Sonderheft 2005 S. 7, 27; Bieback VSSR 2006, 215, 231, 234; HN/Höller SGB VII § 162 Rn. 25). Die Bundesarbeitsgemeinschaft der Integrationsämter und Hauptfürsorgestellen hat 2005 eine Empfehlung zur Erbringung von Prämien zur Einführung eines betrieblichen Eingliederungsmanagements beschlossen (Enst/Adlhoch/Seel § 84 SGB IX Anhang 2), in der als Voraussetzungen ein Konzept zum betrieblichen Eingliederungsmanagement, die Einhaltung der Beschäftigungsquote sowie der Abschluss einer Integrationsvereinbarung verlangt werden. Die Leistungen sollen an Arbeitgeber erbracht werden, die **über die Mindestanforderungen der Prävention gemäß § 84 Abs. 2 SGB IX hinausgehen.** Über die Prämierung soll eine Auswahlkommission entscheiden; sachgerecht ist es, den beratenden Ausschuss nach § 103 SGB IX mit dieser Aufgabe zu betrauen und die Auswahl in den Medien bekannt zu machen (FKS-Feldes § 84 Rn. 83 f.; EAS-Seel § 84 Rn. 111).

D. Verfahrensfragen

37 Obgleich § 84 SGB IX in beiden Absätzen als Rechtspflicht des Arbeitgebers ausgestaltet ist, ist in der Norm selbst keine explizite Reaktion geregelt, wenn der Arbeitgeber seinen Pflichten nicht nachkommt. Im Bußgeldkatalog des § 156 SGB IX ist § 84 nicht aufgenommen; eine verwaltungsrechtliche Anordnung, wie sie zB im Arbeitsschutz üblich ist (§ 22 ArbSchG), ist für diese Pflichten nicht geregelt und entspricht nicht der Systematik des SGB IX. Auch ein ausdrücklicher Anspruch der einzelnen Beschäftigten auf Einleitung und Durchführung des Verfahrens ist im Gesetz nicht normiert; die Betriebsparteien können allerdings in einer Betriebs- oder Integrationsvereinbarung einen solchen Anspruch schaffen. Die im Arbeitsschutz praktizierte Nutzung von § 618 BGB für einen Leistungsanspruch eines Arbeitnehmers auf Realisierung von Schutzmaßnahmen (zuletzt BAG 12. 8. 2008 – 9 Az. R 1117/06 – DB 2008, 2030) ist für diese Konstellation bisher nicht diskutiert worden und gehörte auch im Gesetzgebungsverfahren nicht zu den dort vertretenen Zielsetzungen. Die einzelnen Beschäftigten können allerdings diese Pflichtverletzung des Arbeitgebers im Rahmen von Kündigungsschutzverfahren thematisieren (s. o. Rn. 11, 32).

38 Dagegen können nach § 84 Abs. 2 S. 6 SGB IX die **zuständigen Interessenvertretungen** sowie bei schwerbehinderten Menschen außerdem auch die **Schwerbehindertenvertretungen** die vom Arbeitgeber geschuldete Einleitung des Verfahrens – sowie bei Zustimmung durch den jeweiligen

Arbeitnehmer – auch die weitere Durchführung des Verfahrens verlangen. Dieser Anspruch kann nach allgemeiner Ansicht als **Leistungsanspruch im arbeitsgerichtlichen Beschlussverfahren** geltend gemacht werden (Düwell BB 2000, 2570, 2572; HK-SGB IX/Trenk-Hinterberger § 84 Rn. 16). In aller Regel wird wegen der Zeitgebundenheit dieses Verfahrens und wegen des Erfordernisses frühzeitiger Prävention (s. o. Rn. 17) eine **einstweilige Verfügung** nach § 85 Abs. 2 ArbGG in Betracht kommen (Düwell aaO; EAS/Seel § 84 Rn. 110).

§ 84 Abs. 2 S. 7 SGB IX verweist weiter auf das **Überwachungsrecht der Interessenvertretungen sowie der Schwerbehindertenvertretungen.** Die jeweiligen Rechtsfolgen ergeben sich aus §§ 80 BetrVG, 68 BPersVG, 95 SGB IX bzw. den entsprechenden Landespersonalvertretungsgesetzen. Durch S. 7 ist klargestellt, dass § 84 SGB IX zu den von der Interessenvertretung zu überwachenden Gesetzen gehört. Für das Überwachungsrecht ist in der Betriebsverfassung seit langem geklärt, dass die Überwachung nicht von einem Auftrag eines einzelnen Arbeitnehmers abhängt und auch nicht durch ein Veto eines einzelnen Arbeitnehmers eingeschränkt werden kann. Dem Betriebsrat sind daher die erforderlichen Daten der Beschäftigten, die an dem Verfahren teilnehmen können, mitzuteilen (ArbG Bonn 16. 6. 2010 – 5 BV 20/10; zustimmend Matthes jurisPRArbR 44/2010 Anm. 1; LAG München 24. 11. 2010 – 11 TaBV 48/10). Dies entspricht der bisherigen Judikatur, dass auch persönlichkeitsrechtlich relevante Informationen, wie zB das Vorliegen einer Schwangerschaft, dem Betriebsrat zur Überwachung vor allem des Mutterschutzrechts mitzuteilen sind (BAG 27. 2. 1968 – 1 ABR 6/67 – BAGE 20, 333, 338). Die Literatur stimmt dieser Position mit großer Mehrheit zu (Fitting § 80 Rn. 61; HaKo-BetrVG/Kohte § 80 Rn. 24; Leinemann DB 1970, 1735; aA Meisel SAE 1968, 231). Daher sind nach § 80 Abs. 2 BetrVG entsprechende Informationen auch dem Betriebsrat zu überlassen (dazu HaKoBetrVG/Kohte § 80 Rn. 54). Im Personalvertretungsrecht ist zu beachten, dass in der Rechtsprechung des BVerwG in solchen Fällen an die Stelle eines Überlassungsrechts ein Einblicksrecht tritt (BVerwG 27. 2. 1985 – 6 P 9.84 – ZBR 1985, 173, 174; Richardi/Gräfl BPersVG § 68 Rn. 79). In der Rechtsprechung des BVerwG wird – anders als in einigen verwaltungsgerichtlichen Judikaten – ein solcher Informationsanspruch der Personalräte grundsätzlich anerkannt, jedoch eingeschränkt, wenn die Beschäftigten mit einer solchen Information nicht einverstanden sind (BVerwG 23. 6. 2010 – 6 P 8/09, NZA-RR 2010, 554, 559). Das Überwachungsrecht der Schwerbehindertenvertretung nach § 95 Abs. 1 S. 1 SGB IX vermittelt dieser ebenfalls einen Informationsanspruch, der auch im öffentlichen Dienst im arbeitsgerichtlichen Beschlussverfahren nach § 2 Abs. 1 Nr. 3 ArbGG zu verfolgen ist (BAG 15. 8. 2006 – 9 ABR 61/05 – NZA 2007, 224). 39

Kontrovers diskutiert wird die Frage der **mitbestimmungsrechtlichen Ausgestaltung des betrieblichen Eingliederungsmanagements** (s. o. Rn. 30). Angesichts der beträchtlichen Divergenzen bei der Diskussion der Mitbestimmungspflichtigkeit solcher Regelungen ist das Fehlen eines Mitbestimmungsrechts keinesfalls offenkundig, so dass im **Verfahren nach § 98 ArbGG** eine Einigungsstelle gebildet werden kann (Faber SozSich 2008, 130, 133; LAG Hamm 18. 12. 2009 – 13 TaBV 52/09, dazu Bertzbach jurisPRArbR 18/2010 Anm. 2; ErfK/Rolfs § 84 Rn 7). 40

Kapitel 4. Kündigungsschutz

§ 85 Erfordernis der Zustimmung

Die Kündigung des Arbeitsverhältnisses eines schwerbehinderten Menschen durch den Arbeitgeber bedarf der vorherigen Zustimmung des Integrationsamtes.

§ 86 Kündigungsfrist

Die Kündigungsfrist beträgt mindestens vier Wochen.

§ 87 Antragsverfahren

(1) ¹Die Zustimmung zur Kündigung beantragt der Arbeitgeber bei dem für den Sitz des Betriebes oder der Dienststelle zuständigen Integrationsamt schriftlich. ²Der Begriff des Betriebes und der Begriff der Dienststelle im Sinne des Teils 2 bestimmen sich nach dem Betriebsverfassungsgesetz und dem Personalvertretungsrecht.

(2) Das Integrationsamt holt eine Stellungnahme des Betriebsrates oder Personalrates und der Schwerbehindertenvertretung ein und hört den schwerbehinderten Menschen an.

(3) Das Integrationsamt wirkt in jeder Lage des Verfahrens auf eine gütliche Einigung hin.

§ 88 Entscheidung des Integrationsamtes

(1) **Das Integrationsamt soll die Entscheidung, falls erforderlich auf Grund mündlicher Verhandlung, innerhalb eines Monats vom Tage des Eingangs des Antrages an treffen.**

(2) ¹Die Entscheidung wird dem Arbeitgeber und dem schwerbehinderten Menschen zugestellt. ²Der Bundesagentur für Arbeit wird eine Abschrift der Entscheidung übersandt.

(3) Erteilt das Integrationsamt die Zustimmung zur Kündigung, kann der Arbeitgeber die Kündigung nur innerhalb eines Monats nach Zustellung erklären.

(4) Widerspruch und Anfechtungsklage gegen die Zustimmung des Integrationsamtes zur Kündigung haben keine aufschiebende Wirkung.

(5) ¹In den Fällen des § 89 Abs. 1 Satz 1 und Abs. 3 gilt Absatz 1 mit der Maßgabe, dass die Entscheidung innerhalb eines Monats vom Tage des Eingangs des Antrages an zu treffen ist. ²Wird innerhalb dieser Frist eine Entscheidung nicht getroffen, gilt die Zustimmung als erteilt. ³Die Absätze 3 und 4 gelten entsprechend.

§ 89 Einschränkungen der Ermessensentscheidung

(1) ¹Das Integrationsamt erteilt die Zustimmung bei Kündigungen in Betrieben und Dienststellen, die nicht nur vorübergehend eingestellt oder aufgelöst werden, wenn zwischen dem Tage der Kündigung und dem Tage, bis zu dem Gehalt oder Lohn gezahlt wird, mindestens drei Monate liegen. ²Unter der gleichen Voraussetzung soll es die Zustimmung auch bei Kündigungen in Betrieben und Dienststellen erteilen, die nicht nur vorübergehend wesentlich eingeschränkt werden, wenn die Gesamtzahl der weiterhin beschäftigten schwerbehinderten Menschen zur Erfüllung der Beschäftigungspflicht nach § 71 ausreicht. ³Die Sätze 1 und 2 gelten nicht, wenn eine Weiterbeschäftigung auf einem anderen Arbeitsplatz desselben Betriebes oder derselben Dienststelle oder auf einem freien Arbeitsplatz in einem anderen Betrieb oder einer anderen Dienststelle desselben Arbeitgebers mit Einverständnis des schwerbehinderten Menschen möglich und für den Arbeitgeber zumutbar ist.

(2) Das Integrationsamt soll die Zustimmung erteilen, wenn dem schwerbehinderten Menschen ein anderer angemessener und zumutbarer Arbeitsplatz gesichert ist.

(3) Ist das Insolvenzverfahren über das Vermögen des Arbeitgebers eröffnet, soll das Integrationsamt die Zustimmung erteilen, wenn

1. der schwerbehinderte Mensch in einem Interessenausgleich namentlich als einer der zu entlassenden Arbeitnehmer bezeichnet ist (§ 125 der Insolvenzordnung),
2. die Schwerbehindertenvertretung beim Zustandekommen des Interessenausgleichs gemäß § 95 Abs. 2 beteiligt worden ist,
3. der Anteil der nach dem Interessenausgleich zu entlassenden schwerbehinderten Menschen an der Zahl der beschäftigten schwerbehinderten Menschen nicht größer ist als der Anteil der zu entlassenden übrigen Arbeitnehmer an der Zahl der beschäftigten übrigen Arbeitnehmer und
4. die Gesamtzahl der schwerbehinderten Menschen, die nach dem Interessenausgleich bei dem Arbeitgeber verbleiben sollen, zur Erfüllung der Beschäftigungspflicht nach § 71 ausreicht.

§ 90 Ausnahmen

(1) Die Vorschriften dieses Kapitels gelten nicht für schwerbehinderte Menschen,
1. deren Arbeitsverhältnis zum Zeitpunkt des Zugangs der Kündigungserklärung ohne Unterbrechung noch nicht länger als sechs Monate besteht oder
2. die auf Stellen im Sinne des § 73 Abs. 2 Nr. 2 bis 5 beschäftigt werden oder
3. deren Arbeitsverhältnis durch Kündigung beendet wird, sofern sie
    a) das 58. Lebensjahr vollendet haben und Anspruch auf eine Abfindung, Entschädigung oder ähnliche Leistung auf Grund eines Sozialplanes haben oder
    b) Anspruch auf Knappschaftsausgleichsleistung nach dem Sechsten Buch oder auf Anpassungsgeld für entlassene Arbeitnehmer des Bergbaus haben,

wenn der Arbeitgeber ihnen die Kündigungsabsicht rechtzeitig mitgeteilt hat und sie der beabsichtigten Kündigung bis zu deren Ausspruch nicht widersprechen.

(2) Die Vorschriften dieses Kapitels finden ferner bei Entlassungen, die aus Witterungsgründen vorgenommen werden, keine Anwendung, sofern die Wiedereinstellung der schwerbehinderten Menschen bei Wiederaufnahme der Arbeit gewährleistet ist.

(2 a) Die Vorschriften dieses Kapitels finden ferner keine Anwendung, wenn zum Zeitpunkt der Kündigung die Eigenschaft als schwerbehinderter Mensch nicht nachgewiesen ist oder das Versorgungsamt nach Ablauf der Frist des § 69 Abs. 1 Satz 2 eine Feststellung wegen fehlender Mitwirkung nicht treffen konnte.

(3) Der Arbeitgeber zeigt Einstellungen auf Probe und die Beendigung von Arbeitsverhältnissen schwerbehinderter Menschen in den Fällen des Absatzes 1 Nr. 1 unabhängig von der Anzeigepflicht nach anderen Gesetzen dem Integrationsamt innerhalb von vier Tagen an.

§ 91 Außerordentliche Kündigung

(1) Die Vorschriften dieses Kapitels gelten mit Ausnahme von § 86 auch bei außerordentlicher Kündigung, soweit sich aus den folgenden Bestimmungen nichts Abweichendes ergibt.

(2) ¹Die Zustimmung zur Kündigung kann nur innerhalb von zwei Wochen beantragt werden; maßgebend ist der Eingang des Antrages bei dem Integrationsamt. ²Die Frist beginnt mit dem Zeitpunkt, in dem der Arbeitgeber von den für die Kündigung maßgebenden Tatsachen Kenntnis erlangt.

(3) ¹Das Integrationsamt trifft die Entscheidung innerhalb von zwei Wochen vom Tage des Eingangs des Antrages an. ²Wird innerhalb dieser Frist eine Entscheidung nicht getroffen, gilt die Zustimmung als erteilt.

(4) Das Integrationsamt soll die Zustimmung erteilen, wenn die Kündigung aus einem Grunde erfolgt, der nicht im Zusammenhang mit der Behinderung steht.

(5) Die Kündigung kann auch nach Ablauf der Frist des § 626 Abs. 2 Satz 1 des Bürgerlichen Gesetzbuchs erfolgen, wenn sie unverzüglich nach Erteilung der Zustimmung erklärt wird.

(6) Schwerbehinderte Menschen, denen lediglich aus Anlass eines Streiks oder einer Aussperrung fristlos gekündigt worden ist, werden nach Beendigung des Streiks oder der Aussperrung wieder eingestellt.

§ 92 Erweiterter Beendigungsschutz

¹Die Beendigung des Arbeitsverhältnisses eines schwerbehinderten Menschen bedarf auch dann der vorherigen Zustimmung des Integrationsamtes, wenn sie im Falle des Eintritts einer teilweisen Erwerbsminderung, der Erwerbsminderung auf Zeit, der Berufsunfähigkeit oder der Erwerbsunfähigkeit auf Zeit ohne Kündigung erfolgt. ²Die Vorschriften dieses Kapitels über die Zustimmung zur ordentlichen Kündigung gelten entsprechend.

Kapitel 5. Betriebs-, Personal-, Richter-, Staatsanwalts- und Präsidialrat, Schwerbehindertenvertretung, Beauftragter des Arbeitgebers

§ 93 Aufgaben des Betriebs-, Personal-, Richter-, Staatsanwalts- und Präsidialrates

¹ Betriebs-, Personal-, Richter-, Staatsanwalts- und Präsidialrat fördern die Eingliederung schwerbehinderter Menschen. ²Sie achten insbesondere darauf, dass die dem Arbeitgeber nach den §§ 71, 72 und 81 bis 84 obliegenden Verpflichtungen erfüllt werden; sie wirken auf die Wahl der Schwerbehindertenvertretung hin.

§ 94 Wahl und Amtszeit der Schwerbehindertenvertretung

(1) ¹In Betrieben und Dienststellen, in denen wenigstens fünf schwerbehinderte Menschen nicht nur vorübergehend beschäftigt sind, werden eine Vertrauensperson und wenigstens ein stellvertretendes Mitglied gewählt, das die Vertrauensperson im Falle der Verhinderung durch Abwesenheit und Wahrnehmung anderer Aufgaben vertritt. ²Ferner wählen bei Gerichten, denen mindestens fünf schwerbehinderte Richter oder Richterinnen angehören, diese einen Richter oder eine Richterin zu ihrer Schwerbehindertenvertretung. ³Satz 2 gilt entsprechend für Staatsanwälte oder Staatsanwältinnen, soweit für sie eine besondere Personalvertretung gebildet wird. ⁴Betriebe oder Dienststellen, die die Voraussetzungen des Satzes 1 nicht erfüllen, können für die Wahl mit räumlich nahe liegenden Betrieben des Arbeitgebers oder gleichstufigen Dienststellen derselben Verwaltung zusammengefasst werden; soweit erforderlich, können Gerichte unterschiedlicher Gerichtszweige und Stufen zusammengefasst werden. ⁵Über die Zusammenfassung ent-

scheidet der Arbeitgeber im Benehmen mit dem für den Sitz der Betriebe oder Dienststellen einschließlich Gerichten zuständigen Integrationsamt.

(2) Wahlberechtigt sind alle in dem Betrieb oder der Dienststelle beschäftigten schwerbehinderten Menschen.

(3) ¹Wählbar sind alle in dem Betrieb oder der Dienststelle nicht nur vorübergehend Beschäftigten, die am Wahltage das 18. Lebensjahr vollendet haben und dem Betrieb oder der Dienststelle seit sechs Monaten angehören; besteht der Betrieb oder die Dienststelle weniger als ein Jahr, so bedarf es für die Wählbarkeit nicht der sechsmonatigen Zugehörigkeit. ²Nicht wählbar ist, wer kraft Gesetzes dem Betriebs-, Personal-, Richter-, Staatsanwalts- oder Präsidialrat nicht angehören kann.

(4) Bei Dienststellen der Bundeswehr, bei denen eine Vertretung der Soldaten nach dem Bundespersonalvertretungsgesetz zu wählen ist, sind auch schwerbehinderte Soldaten und Soldatinnen wahlberechtigt und auch Soldaten und Soldatinnen wählbar.

(5) ¹Die regelmäßigen Wahlen finden alle vier Jahre in der Zeit vom 1. Oktober bis 30. November statt. ²Außerhalb dieser Zeit finden Wahlen statt, wenn
1. das Amt der Schwerbehindertenvertretung vorzeitig erlischt und ein stellvertretendes Mitglied nicht nachrückt,
2. die Wahl mit Erfolg angefochten worden ist oder
3. eine Schwerbehindertenvertretung noch nicht gewählt ist.
³Hat außerhalb des für die regelmäßigen Wahlen festgelegten Zeitraumes eine Wahl der Schwerbehindertenvertretung stattgefunden, wird die Schwerbehindertenvertretung in dem auf die Wahl folgenden nächsten Zeitraum der regelmäßigen Wahlen neu gewählt. ⁴Hat die Amtszeit der Schwerbehindertenvertretung zum Beginn des für die regelmäßigen Wahlen festgelegten Zeitraums noch nicht ein Jahr betragen, wird die Schwerbehindertenvertretung im übernächsten Zeitraum für regelmäßige Wahlen neu gewählt.

(6) ¹Die Vertrauensperson und das stellvertretende Mitglied werden in geheimer und unmittelbarer Wahl nach den Grundsätzen der Mehrheitswahl gewählt. ²Im Übrigen sind die Vorschriften über die Wahlanfechtung, den Wahlschutz und die Wahlkosten bei der Wahl des Betriebs-, Personal-, Richter-, Staatsanwalts- oder Präsidialrates sinngemäß anzuwenden. ³In Betrieben und Dienststellen mit weniger als 50 wahlberechtigten schwerbehinderten Menschen wird die Vertrauensperson und das stellvertretende Mitglied im vereinfachten Wahlverfahren gewählt, sofern der Betrieb oder die Dienststelle nicht aus räumlich weit auseinander liegenden Teilen besteht. ⁴Ist in einem Betrieb oder einer Dienststelle eine Schwerbehindertenvertretung nicht gewählt, so kann das für den Betrieb oder die Dienststelle zuständige Integrationsamt zu einer Versammlung schwerbehinderter Menschen zum Zwecke der Wahl eines Wahlvorstandes einladen.

(7) ¹Die Amtszeit der Schwerbehindertenvertretung beträgt vier Jahre. ²Sie beginnt mit der Bekanntgabe des Wahlergebnisses oder, wenn die Amtszeit der bisherigen Schwerbehindertenvertretung noch nicht beendet ist, mit deren Ablauf. ³Das Amt erlischt vorzeitig, wenn die Vertrauensperson es niederlegt, aus dem Arbeits-, Dienst- oder Richterverhältnis ausscheidet oder die Wählbarkeit verliert. ⁴Scheidet die Vertrauensperson vorzeitig aus dem Amt aus, rückt das mit der höchsten Stimmenzahl gewählte stellvertretende Mitglied für den Rest der Amtszeit nach; dies gilt für das stellvertretende Mitglied entsprechend. ⁵Auf Antrag eines Viertels der wahlberechtigten schwerbehinderten Menschen kann der Widerspruchsausschuss bei dem Integrationsamt (§ 119) das Erlöschen des Amtes einer Vertrauensperson wegen grober Verletzung ihrer Pflichten beschließen.

§ 95 Aufgaben der Schwerbehindertenvertretung

(1) ¹Die Schwerbehindertenvertretung fördert die Eingliederung schwerbehinderter Menschen in den Betrieb oder die Dienststelle, vertritt ihre Interessen in dem Betrieb oder der Dienststelle und steht ihnen beratend und helfend zur Seite. ²Sie erfüllt ihre Aufgaben insbesondere dadurch, dass sie
1. darüber wacht, dass die zugunsten schwerbehinderter Menschen geltenden Gesetze, Verordnungen, Tarifverträge, Betriebs- oder Dienstvereinbarungen und Verwaltungsanordnungen durchgeführt, insbesondere auch die dem Arbeitgeber nach den §§ 71, 72 und 81 bis 84 obliegenden Verpflichtungen erfüllt werden,
2. Maßnahmen, die den schwerbehinderten Menschen dienen, insbesondere auch präventive Maßnahmen, bei den zuständigen Stellen beantragt,
3. Anregungen und Beschwerden von schwerbehinderten Menschen entgegennimmt und, falls sie berechtigt erscheinen, durch Verhandlung mit dem Arbeitgeber auf eine Erledi-

gung hinwirkt; sie unterrichtet die schwerbehinderten Menschen über den Stand und das Ergebnis der Verhandlungen. ³Die Schwerbehindertenvertretung unterstützt Beschäftigte auch bei Anträgen an die nach § 69 Abs. 1 zuständigen Behörden auf Feststellung einer Behinderung, ihres Grades und einer Schwerbehinderung sowie bei Anträgen auf Gleichstellung an die Agentur für Arbeit. ⁴In Betrieben und Dienststellen mit in der Regel mehr als 100 schwerbehinderten Menschen kann sie nach Unterrichtung des Arbeitgebers das mit der höchsten Stimmenzahl gewählte stellvertretende Mitglied zu bestimmten Aufgaben heranziehen, in Betrieben und Dienststellen mit mehr als 200 schwerbehinderten Menschen, das mit der nächsthöchsten Stimmzahl gewählte weitere stellvertretende Mitglied. ⁵Die Heranziehung zu bestimmten Aufgaben schließt die Abstimmung untereinander ein.

(2) ¹Der Arbeitgeber hat die Schwerbehindertenvertretung in allen Angelegenheiten, die einen einzelnen oder die schwerbehinderten Menschen als Gruppe berühren, unverzüglich und umfassend zu unterrichten und vor einer Entscheidung anzuhören; er hat ihr die getroffene Entscheidung unverzüglich mitzuteilen. ²Die Durchführung oder Vollziehung einer ohne Beteiligung nach Satz 1 getroffenen Entscheidung ist auszusetzen, die Beteiligung ist innerhalb von sieben Tagen nachzuholen; sodann ist endgültig zu entscheiden. ³Die Schwerbehindertenvertretung hat das Recht auf Beteiligung am Verfahren nach § 81 Abs. 1 und beim Vorliegen von Vermittlungsvorschlägen der Bundesagentur für Arbeit nach § 81 Abs. 1 oder von Bewerbungen schwerbehinderter Menschen das Recht auf Einsicht in die entscheidungsrelevanten Teile der Bewerbungsunterlagen und Teilnahme an Vorstellungsgesprächen.

(3) ¹Der schwerbehinderte Mensch hat das Recht, bei Einsicht in die über ihn geführte Personalakte oder ihn betreffende Daten des Arbeitgebers die Schwerbehindertenvertretung hinzuzuziehen. ²Die Schwerbehindertenvertretung bewahrt über den Inhalt der Daten Stillschweigen, soweit sie der schwerbehinderte Mensch nicht von dieser Verpflichtung entbunden hat.

(4) ¹Die Schwerbehindertenvertretung hat das Recht, an allen Sitzungen des Betriebs-, Personal-, Richter-, Staatsanwalts- oder Präsidialrates und deren Ausschüssen sowie des Arbeitsschutzausschusses beratend teilzunehmen; sie kann beantragen, Angelegenheiten, die einzelne oder die schwerbehinderten Menschen als Gruppe besonders betreffen, auf die Tagesordnung der nächsten Sitzung zu setzen. ²Erachtet sie einen Beschluss des Betriebs-, Personal-, Richter-, Staatsanwalts- oder Präsidialrates als eine erhebliche Beeinträchtigung wichtiger Interessen schwerbehinderter Menschen oder ist sie entgegen Absatz 2 Satz 1 nicht beteiligt worden, wird auf ihren Antrag der Beschluss für die Dauer von einer Woche vom Zeitpunkt der Beschlussfassung aus ausgesetzt; die Vorschriften des Betriebsverfassungsgesetzes und des Personalvertretungsrechtes über die Aussetzung von Beschlüssen gelten entsprechend. ³Durch die Aussetzung wird eine Frist nicht verlängert. ⁴In den Fällen des § 21 e Abs. 1 und 3 des Gerichtsverfassungsgesetzes ist die Schwerbehindertenvertretung, außer in Eilfällen, auf Antrag eines betroffenen schwerbehinderten Richters oder einer schwerbehinderten Richterin vor dem Präsidium des Gerichtes zu hören.

(5) Die Schwerbehindertenvertretung wird zu Besprechungen nach § 74 Abs. 1 des Betriebsverfassungsgesetzes, § 66 Abs. 1 des Bundespersonalvertretungsgesetzes sowie den entsprechenden Vorschriften des sonstigen Personalvertretungsrechtes zwischen dem Arbeitgeber und den in Absatz 4 genannten Vertretungen hinzugezogen.

(6) ¹Die Schwerbehindertenvertretung hat das Recht, mindestens einmal im Kalenderjahr eine Versammlung schwerbehinderter Menschen im Betrieb oder in der Dienststelle durchzuführen. ²Die für Betriebs- und Personalversammlungen geltenden Vorschriften finden entsprechende Anwendung.

(7) Sind in einer Angelegenheit sowohl die Schwerbehindertenvertretung der Richter und Richterinnen als auch die Schwerbehindertenvertretung der übrigen Bediensteten beteiligt, so handeln sie gemeinsam.

(8) Die Schwerbehindertenvertretung kann an Betriebs- und Personalversammlungen in Betrieben und Dienststellen teilnehmen, für die sie als Schwerbehindertenvertretung zuständig ist, und hat dort ein Rederecht, auch wenn die Mitglieder der Schwerbehindertenvertretung nicht Angehörige des Betriebes oder der Dienststelle sind.

§ 96 Persönliche Rechte und Pflichten der Vertrauenspersonen der schwerbehinderten Menschen

(1) Die Vertrauenspersonen führen ihr Amt unentgeltlich als Ehrenamt.

(2) Die Vertrauenspersonen dürfen in der Ausübung ihres Amtes nicht behindert oder wegen ihres Amtes nicht benachteiligt oder begünstigt werden; dies gilt auch für ihre berufliche Entwicklung.

(3) ¹Die Vertrauenspersonen besitzen gegenüber dem Arbeitgeber die gleiche persönliche Rechtsstellung, insbesondere den gleichen Kündigungs-, Versetzungs- und Abordnungsschutz wie ein Mitglied des Betriebs-, Personal-, Staatsanwalts- oder Richterrates. ²Das stellvertretende Mitglied besitzt während der Dauer der Vertretung und der Heranziehung nach § 95 Abs. 1 Satz 4 die gleiche persönliche Rechtsstellung wie die Vertrauensperson, im Übrigen die gleiche Rechtsstellung wie Ersatzmitglieder der in Satz 1 genannten Vertretungen.

(4) ¹Die Vertrauenspersonen werden von ihrer beruflichen Tätigkeit ohne Minderung des Arbeitsentgelts oder der Dienstbezüge befreit, wenn und soweit es zur Durchführung ihrer Aufgaben erforderlich ist. ²Sind in den Betrieben und Dienststellen in der Regel wenigstens 200 schwerbehinderte Menschen beschäftigt, wird die Vertrauensperson auf ihren Wunsch freigestellt; weiter gehende Vereinbarungen sind zulässig. ³Satz 1 gilt entsprechend für die Teilnahme an Schulungs- und Bildungsveranstaltungen, soweit diese Kenntnisse vermitteln, die für die Arbeit der Schwerbehindertenvertretung erforderlich sind. ⁴Satz 3 gilt auch für das mit der höchsten Stimmenzahl gewählte stellvertretende Mitglied, wenn wegen

1. ständiger Heranziehung nach § 95,
2. häufiger Vertretung der Vertrauensperson für längere Zeit,
3. absehbaren Nachrückens in das Amt der Schwerbehindertenvertretung in kurzer Frist

die Teilnahme an Bildungs- und Schulungsveranstaltungen erforderlich ist.

(5) ¹Freigestellte Vertrauenspersonen dürfen von inner- oder außerbetrieblichen Maßnahmen der Berufsförderung nicht ausgeschlossen werden. ²Innerhalb eines Jahres nach Beendigung ihrer Freistellung ist ihnen im Rahmen der Möglichkeiten des Betriebes oder der Dienststelle Gelegenheit zu geben, eine wegen der Freistellung unterbliebene berufliche Entwicklung in dem Betrieb oder der Dienststelle nachzuholen. ³Für Vertrauenspersonen, die drei volle aufeinander folgende Amtszeiten freigestellt waren, erhöht sich der genannte Zeitraum auf zwei Jahre.

(6) Zum Ausgleich für ihre Tätigkeit, die aus betriebsbedingten oder dienstlichen Gründen außerhalb der Arbeitszeit durchzuführen ist, haben die Vertrauenspersonen Anspruch auf entsprechende Arbeits- oder Dienstbefreiung unter Fortzahlung des Arbeitsentgelts oder der Dienstbezüge.

(7) ¹Die Vertrauenspersonen sind verpflichtet,

1. über ihnen wegen ihres Amtes bekannt gewordene persönliche Verhältnisse und Angelegenheiten von Beschäftigten im Sinne des § 73, die ihrer Bedeutung oder ihrem Inhalt nach einer vertraulichen Behandlung bedürfen, Stillschweigen zu bewahren und
2. ihnen wegen ihres Amtes bekannt gewordene und vom Arbeitgeber ausdrücklich als geheimhaltungsbedürftig bezeichnete Betriebs- oder Geschäftsgeheimnisse nicht zu offenbaren und nicht zu verwerten.

²Diese Pflichten gelten auch nach dem Ausscheiden aus dem Amt. ³Sie gelten nicht gegenüber der Bundesagentur für Arbeit, den Integrationsämtern und den Rehabilitationsträgern, soweit deren Aufgaben den schwerbehinderten Menschen gegenüber es erfordern, gegenüber den Vertrauenspersonen in den Stufenvertretungen (§ 97) sowie gegenüber den in § 79 Abs. 1 des Betriebsverfassungsgesetzes und den in den entsprechenden Vorschriften des Personalvertretungsrechtes genannten Vertretungen, Personen und Stellen.

(8) ¹Die durch die Tätigkeit der Schwerbehindertenvertretung entstehenden Kosten trägt der Arbeitgeber. ²Das Gleiche gilt für die durch die Teilnahme des mit der höchsten Stimmenzahl gewählten stellvertretenden Mitglieds an Schulungs- und Bildungsveranstaltungen nach Absatz 4 Satz 3 entstehenden Kosten.

(9) Die Räume und der Geschäftsbedarf, die der Arbeitgeber dem Betriebs-, Personal-, Richter-, Staatsanwalts- oder Präsidialrat für dessen Sitzungen, Sprechstunden und laufende Geschäftsführung zur Verfügung stellt, stehen für die gleichen Zwecke auch der Schwerbehindertenvertretung zur Verfügung, soweit ihr hierfür nicht eigene Räume und sächliche Mittel zur Verfügung gestellt werden.

§ 97 Konzern-, Gesamt-, Bezirks- und Hauptschwerbehindertenvertretung

(1) ¹Ist für mehrere Betriebe eines Arbeitgebers ein Gesamtbetriebsrat oder für den Geschäftsbereich mehrerer Dienststellen ein Gesamtpersonalrat errichtet, wählen die Schwerbehindertenvertretungen der einzelnen Betriebe oder Dienststellen eine Gesamt-

schwerbehindertenvertretung. ²Ist eine Schwerbehindertenvertretung nur in einem der Betriebe oder in einer der Dienststellen gewählt, nimmt sie die Rechte und Pflichten der Gesamtschwerbehindertenvertretung wahr.

(2) ¹Ist für mehrere Unternehmen ein Konzernbetriebsrat errichtet, wählen die Gesamtschwerbehindertenvertretungen eine Konzernschwerbehindertenvertretung. ²Besteht ein Konzernunternehmen nur aus einem Betrieb, für den eine Schwerbehindertenvertretung gewählt ist, hat sie das Wahlrecht wie eine Gesamtschwerbehindertenvertretung.

(3) ¹Für den Geschäftsbereich mehrstufiger Verwaltungen, bei denen ein Bezirks- oder Hauptpersonalrat gebildet ist, gilt Absatz 1 sinngemäß mit der Maßgabe, dass bei den Mittelbehörden von deren Schwerbehindertenvertretung und den Schwerbehindertenvertretungen der nachgeordneten Dienststellen eine Bezirksschwerbehindertenvertretung zu wählen ist. ²Bei den obersten Dienstbehörden ist von deren Schwerbehindertenvertretung und den Bezirksschwerbehindertenvertretungen des Geschäftsbereichs eine Hauptschwerbehindertenvertretung zu wählen; ist die Zahl der Bezirksschwerbehindertenvertretungen niedriger als zehn, sind auch die Schwerbehindertenvertretungen der nachgeordneten Dienststellen wahlberechtigt.

(4) ¹Für Gerichte eines Zweiges der Gerichtsbarkeit, für die ein Bezirks- oder Hauptrichterrat gebildet ist, gilt Absatz 3 entsprechend. ²Sind in einem Zweig der Gerichtsbarkeit bei den Gerichten der Länder mehrere Schwerbehindertenvertretungen nach § 94 zu wählen und ist in diesem Zweig kein Hauptrichterrat gebildet, ist in entsprechender Anwendung von Absatz 3 eine Hauptschwerbehindertenvertretung zu wählen. ³Die Hauptschwerbehindertenvertretung nimmt die Aufgabe der Schwerbehindertenvertretung gegenüber dem Präsidialrat wahr.

(5) Für jede Vertrauensperson, die nach den Absätzen 1 bis 4 neu zu wählen ist, wird wenigstens ein stellvertretendes Mitglied gewählt.

(6) ¹Die Gesamtschwerbehindertenvertretung vertritt die Interessen der schwerbehinderten Menschen in Angelegenheiten, die das Gesamtunternehmen oder mehrere Betriebe oder Dienststellen des Arbeitgebers betreffen und von den Schwerbehindertenvertretungen der einzelnen Betriebe oder Dienststellen nicht geregelt werden können, sowie die Interessen der schwerbehinderten Menschen, die in einem Betrieb oder einer Dienststelle tätig sind, für die eine Schwerbehindertenvertretung nicht gewählt ist; dies umfasst auch Verhandlungen und den Abschluss entsprechender Integrationsvereinbarungen. ²Satz 1 gilt entsprechend für die Konzern-, Bezirks- und Hauptschwerbehindertenvertretung sowie für die Schwerbehindertenvertretung der obersten Dienstbehörde, wenn bei einer mehrstufigen Verwaltung Stufenvertretungen nicht gewählt sind. ³Die nach Satz 2 zuständige Schwerbehindertenvertretung ist auch in persönlichen Angelegenheiten schwerbehinderter Menschen, über die eine übergeordnete Dienststelle entscheidet, zuständig; sie gibt der Schwerbehindertenvertretung der Dienststelle, die den schwerbehinderten Menschen beschäftigt, Gelegenheit zur Äußerung. ⁴Satz 3 gilt nicht in den Fällen, in denen der Personalrat der Beschäftigungsbehörde zu beteiligen ist.

(7) § 94 Abs. 3 bis 7, § 95 Abs. 1 Satz 4, Abs. 2, 4, 5 und 7 und § 96 gelten entsprechend, § 94 Abs. 5 mit der Maßgabe, dass die Wahl der Gesamt- und Bezirksschwerbehindertenvertretungen in der Zeit vom 1. Dezember bis 31. Januar, die der Konzern- und Hauptschwerbehindertenvertretungen in der Zeit vom 1. Februar bis 31. März stattfindet.

(8) § 95 Abs. 6 gilt für die Durchführung von Versammlungen der Vertrauens- und der Bezirksvertrauenspersonen durch die Gesamt-, Bezirks- oder Hauptschwerbehindertenvertretung entsprechend.

§ 98 Beauftragter des Arbeitgebers

¹Der Arbeitgeber bestellt einen Beauftragten, der ihn in Angelegenheiten schwerbehinderter Menschen verantwortlich vertritt; falls erforderlich, können mehrere Beauftragte bestellt werden. ²Der Beauftragte soll nach Möglichkeit selbst ein schwerbehinderter Mensch sein. ³Der Beauftragte achtet vor allem darauf, dass dem Arbeitgeber obliegende Verpflichtungen erfüllt werden.

§ 99 Zusammenarbeit

(1) Arbeitgeber, Beauftragter des Arbeitgebers, Schwerbehindertenvertretung und Betriebs-, Personal-, Richter-, Staatsanwalts- oder Präsidialrat arbeiten zur Teilhabe schwerbehinderter Menschen am Arbeitsleben in dem Betrieb oder der Dienststelle eng zusammen.

(2) ¹Die in Absatz 1 genannten Personen und Vertretungen, die mit der Durchführung des Teils 2 beauftragten Stellen und die Rehabilitationsträger unterstützen sich gegenseitig bei der Erfüllung ihrer Aufgaben. ²Vertrauensperson und Beauftragter des Arbeitgebers sind Verbindungspersonen zur Bundesagentur für Arbeit und zu dem Integrationsamt.

§ 100 Verordnungsermächtigung

Die Bundesregierung wird ermächtigt, durch Rechtsverordnung mit Zustimmung des Bundesrates nähere Vorschriften über die Vorbereitung und Durchführung der Wahl der Schwerbehindertenvertretung und ihrer Stufenvertretungen zu erlassen.

Kapitel 6. Durchführung der besonderen Regelungen zur Teilhabe schwerbehinderter Menschen

§ 101 Zusammenarbeit der Integrationsämter und der Bundesagentur für Arbeit

(1) Soweit die besonderen Regelungen zur Teilhabe schwerbehinderter Menschen am Arbeitsleben nicht durch freie Entschließung der Arbeitgeber erfüllt werden, werden sie
1. in den Ländern von dem Amt für die Sicherung der Integration schwerbehinderter Menschen im Arbeitsleben (Integrationsamt) und
2. von der Bundesagentur für Arbeit

in enger Zusammenarbeit durchgeführt.

(2) Die den Rehabilitationsträgern nach den geltenden Vorschriften obliegenden Aufgaben bleiben unberührt.

§ 102 Aufgaben des Integrationsamtes

(1) ¹Das Integrationsamt hat folgende Aufgaben:
1. die Erhebung und Verwendung der Ausgleichsabgabe,
2. den Kündigungsschutz,
3. die begleitende Hilfe im Arbeitsleben,
4. die zeitweilige Entziehung der besonderen Hilfen für schwerbehinderte Menschen (§ 117).

²Die Integrationsämter werden so ausgestattet, dass sie ihre Aufgaben umfassend und qualifiziert erfüllen können. ³Hierfür wird besonders geschultes Personal mit Fachkenntnissen des Schwerbehindertenrechts eingesetzt.

(2) ¹Die begleitende Hilfe im Arbeitsleben wird in enger Zusammenarbeit mit der Bundesagentur für Arbeit und den übrigen Rehabilitationsträgern durchgeführt. ²Sie soll dahin wirken, dass die schwerbehinderten Menschen in ihrer sozialen Stellung nicht absinken, auf Arbeitsplätzen beschäftigt werden, auf denen sie ihre Fähigkeiten und Kenntnisse voll verwerten und weiterentwickeln können sowie durch Leistungen der Rehabilitationsträger und Maßnahmen der Arbeitgeber befähigt werden, sich am Arbeitsplatz und im Wettbewerb mit nichtbehinderten Menschen zu behaupten. ³Dabei gelten als Arbeitsplätze auch Stellen, auf denen Beschäftigte befristet oder als Teilzeitbeschäftigte in einem Umfang von mindestens 15 Stunden wöchentlich beschäftigt werden. ⁴Die begleitende Hilfe im Arbeitsleben umfasst auch die nach den Umständen des Einzelfalls notwendige psychosoziale Betreuung schwerbehinderter Menschen. ⁵Das Integrationsamt kann bei der Durchführung der begleitenden Hilfen im Arbeitsleben Integrationsfachdienste einschließlich psychosozialer Dienste freier gemeinnütziger Einrichtungen und Organisationen beteiligen. ⁶Das Integrationsamt soll außerdem darauf Einfluss nehmen, dass Schwierigkeiten im Arbeitsleben verhindert oder beseitigt werden; es führt hierzu auch Schulungs- und Bildungsmaßnahmen für Vertrauenspersonen, Beauftragte der Arbeitgeber, Betriebs-, Personal-, Richter-, Staatsanwalts- und Präsidialräte durch. ⁷Das Integrationsamt benennt in enger Abstimmung mit den Beteiligten des örtlichen Arbeitsmarktes Ansprechpartner, die in Handwerks- sowie in Industrie- und Handelskammern für die Arbeitgeber zur Verfügung stehen, um sie über Funktion und Aufgaben der Integrationsfachdienste aufzuklären, über Möglichkeiten der begleitenden Hilfe im Arbeitsleben zu informieren und Kontakt zum Integrationsfachdienst herzustellen.

(3) ¹Das Integrationsamt kann im Rahmen seiner Zuständigkeit für die begleitende Hilfe im Arbeitsleben aus den ihm zur Verfügung stehenden Mitteln auch Geldleistungen erbringen, insbesondere

1. an schwerbehinderte Menschen
   a) für technische Arbeitshilfen,
   b) zum Erreichen des Arbeitsplatzes,
   c) zur Gründung und Erhaltung einer selbständigen beruflichen Existenz,
   d) zur Beschaffung, Ausstattung und Erhaltung einer behinderungsgerechten Wohnung,
   e) zur Teilnahme an Maßnahmen zur Erhaltung und Erweiterung beruflicher Kenntnisse und Fertigkeiten und
   f) in besonderen Lebenslagen,
2. an Arbeitgeber
   a) zur behinderungsgerechten Einrichtung von Arbeits- und Ausbildungsplätzen für schwerbehinderte Menschen,
   b) für Zuschüsse zu Gebühren, insbesondere Prüfungsgebühren, bei der Berufsausbildung besonders betroffener schwerbehinderter Jugendlicher und junger Erwachsener,
   c) für Prämien und Zuschüsse zu den Kosten der Berufsausbildung behinderter Jugendlicher und junger Erwachsener, die für die Zeit der Berufsausbildung schwerbehinderten Menschen nach § 68 Abs. 4 gleichgestellt worden sind,
   d) für Prämien zur Einführung eines betrieblichen Eingliederungsmanagements und
   e) für außergewöhnliche Belastungen, die mit der Beschäftigung schwerbehinderter Menschen im Sinne des § 72 Abs. 1 Nr. 1 Buchstabe a bis d, von schwerbehinderten Menschen im Anschluss an eine Beschäftigung in einer anerkannten Werkstatt für behinderte Menschen oder im Sinne des § 75 Abs. 2 verbunden sind, vor allem, wenn ohne diese Leistungen das Beschäftigungsverhältnis gefährdet würde,
3. an Träger von Integrationsfachdiensten einschließlich psychosozialer Dienste freier gemeinnütziger Einrichtungen und Organisationen sowie an Träger von Integrationsprojekten.

²Es kann ferner Leistungen zur Durchführung von Aufklärungs-, Schulungs- und Bildungsmaßnahmen erbringen.

(3 a) Schwerbehinderte Menschen haben im Rahmen der Zuständigkeit des Integrationsamtes aus den ihm aus der Ausgleichsabgabe zur Verfügung stehenden Mitteln Anspruch auf Übernahme der Kosten einer Berufsbegleitung nach § 38 a Abs. 3.

(4) Schwerbehinderte Menschen haben im Rahmen der Zuständigkeit des Integrationsamtes für die begleitende Hilfe im Arbeitsleben aus den ihm aus der Ausgleichsabgabe zur Verfügung stehenden Mitteln Anspruch auf Übernahme der Kosten einer notwendigen Arbeitsassistenz.

(5) ¹Verpflichtungen anderer werden durch die Absätze 3 und 4 nicht berührt. ²Leistungen der Rehabilitationsträger nach § 6 Abs. 1 Nr. 1 bis 5 dürfen, auch wenn auf sie ein Rechtsanspruch nicht besteht, nicht deshalb versagt werden, weil nach den besonderen Regelungen für schwerbehinderte Menschen entsprechende Leistungen vorgesehen sind; eine Aufstockung durch Leistungen des Integrationsamtes findet nicht statt.

(6) ¹§ 14 gilt sinngemäß, wenn bei dem Integrationsamt eine Leistung zur Teilhabe am Arbeitsleben beantragt wird. ²Das Gleiche gilt, wenn ein Antrag bei einem Rehabilitationsträger gestellt und der Antrag von diesem nach § 16 Abs. 2 des Ersten Buches an das Integrationsamt weitergeleitet worden ist. ³Ist die unverzügliche Erbringung einer Leistung zur Teilhabe am Arbeitsleben erforderlich, so kann das Integrationsamt die Leistung vorläufig erbringen. ⁴Hat das Integrationsamt eine Leistung erbracht, für die ein anderer Träger zuständig ist, so erstattet dieser die auf die Leistung entfallenden Aufwendungen.

(7) ¹Das Integrationsamt kann seine Leistungen zur begleitenden Hilfe im Arbeitsleben auch als persönliches Budget ausführen. ²§ 17 gilt entsprechend.

§ 103 Beratender Ausschuss für behinderte Menschen bei dem Integrationsamt

(1) ¹Bei jedem Integrationsamt wird ein Beratender Ausschuss für behinderte Menschen gebildet, der die Teilhabe der behinderten Menschen am Arbeitsleben fördert, das Integrationsamt bei der Durchführung der besonderen Regelungen für schwerbehinderte Menschen zur Teilhabe am Arbeitsleben unterstützt und bei der Vergabe der Mittel der Ausgleichsabgabe mitwirkt. ²Soweit die Mittel der Ausgleichsabgabe zur institutionellen Förderung verwendet werden, macht der Beratende Ausschuss Vorschläge für die Entscheidungen des Integrationsamtes.

(2) Der Ausschuss besteht aus zehn Mitgliedern, und zwar aus
– zwei Mitgliedern, die die Arbeitnehmer und Arbeitnehmerinnen vertreten,
– zwei Mitgliedern, die die privaten und öffentlichen Arbeitgeber vertreten,

- vier Mitgliedern, die die Organisationen behinderter Menschen vertreten,
- einem Mitglied, das das jeweilige Land vertritt,
- einem Mitglied, das die Bundesagentur für Arbeit vertritt.

(3) ¹Für jedes Mitglied ist ein Stellvertreter oder eine Stellvertreterin zu berufen. ²Mitglieder und Stellvertreter oder Stellvertreterinnen sollen im Bezirk des Integrationsamtes ihren Wohnsitz haben.

(4) ¹Das Integrationsamt beruft auf Vorschlag
- der Gewerkschaften des jeweiligen Landes zwei Mitglieder,
- der Arbeitgeberverbände des jeweiligen Landes ein Mitglied,
- der zuständigen obersten Landesbehörde oder der von ihr bestimmten Behörde ein Mitglied,
- der Organisationen behinderter Menschen des jeweiligen Landes, die nach der Zusammensetzung ihrer Mitglieder dazu berufen sind, die behinderten Menschen in ihrer Gesamtheit zu vertreten, vier Mitglieder.

²Die zuständige oberste Landesbehörde oder die von ihr bestimmte Behörde und die Bundesagentur für Arbeit berufen je ein Mitglied.

§ 104 Aufgaben der Bundesagentur für Arbeit

(1) Die Bundesagentur für Arbeit hat folgende Aufgaben:
1. die Berufsberatung, Ausbildungsvermittlung und Arbeitsvermittlung schwerbehinderter Menschen einschließlich der Vermittlung von in Werkstätten für behinderte Menschen Beschäftigten auf den allgemeinen Arbeitsmarkt,
2. die Beratung der Arbeitgeber bei der Besetzung von Ausbildungs- und Arbeitsplätzen mit schwerbehinderten Menschen,
3. die Förderung der Teilhabe schwerbehinderter Menschen am Arbeitsleben auf dem allgemeinen Arbeitsmarkt, insbesondere von schwerbehinderten Menschen,
   a) die wegen Art oder Schwere ihrer Behinderung oder sonstiger Umstände im Arbeitsleben besonders betroffen sind (§ 72 Abs. 1),
   b) die langzeitarbeitslos im Sinne des § 18 des Dritten Buches sind,
   c) die im Anschluss an eine Beschäftigung in einer anerkannten Werkstatt für behinderte Menschen oder einem Integrationsprojekt eingestellt werden,
   d) die als Teilzeitbeschäftigte eingestellt werden oder
   e) die zur Aus- oder Weiterbildung eingestellt werden,
4. im Rahmen von Arbeitsbeschaffungsmaßnahmen die besondere Förderung schwerbehinderter Menschen,
5. die Gleichstellung, deren Widerruf und Rücknahme,
6. die Durchführung des Anzeigeverfahrens (§ 80 Abs. 2 und 4),
7. die Überwachung der Erfüllung der Beschäftigungspflicht,
8. die Zulassung der Anrechnung und der Mehrfachanrechnung (§ 75 Abs. 2, § 76 Abs. 1 und 2),
9. die Erfassung der Werkstätten für behinderte Menschen, ihre Anerkennung und die Aufhebung der Anerkennung.

(2) ¹Die Bundesagentur für Arbeit übermittelt dem Bundesministerium für Arbeit und Soziales jährlich die Ergebnisse ihrer Förderung der Teilhabe schwerbehinderter Menschen am Arbeitsleben auf dem allgemeinen Arbeitsmarkt nach dessen näherer Bestimmung und fachlicher Weisung. ²Zu den Ergebnissen gehören Angaben über die Zahl der geförderten Arbeitgeber und schwerbehinderten Menschen, die insgesamt aufgewandten Mittel und die durchschnittlichen Förderungsbeträge. ³Die Bundesagentur für Arbeit veröffentlicht diese Ergebnisse.

(3) ¹Die Bundesagentur für Arbeit führt befristete überregionale und regionale Arbeitsmarktprogramme zum Abbau der Arbeitslosigkeit schwerbehinderter Menschen, besonderer Gruppen schwerbehinderter Menschen, insbesondere schwerbehinderter Frauen, sowie zur Förderung des Ausbildungsplatzangebots für schwerbehinderte Menschen durch, die ihr durch Verwaltungsvereinbarung gemäß § 368 Abs. 2 Satz 2 und Abs. 3 Satz 1 des Dritten Buches unter Zuweisung der entsprechenden Mittel übertragen werden. ²Über den Abschluss von Verwaltungsvereinbarungen mit den Ländern ist das Bundesministerium für Arbeit und Soziales zu unterrichten.

(4) Die Bundesagentur für Arbeit richtet zur Durchführung der ihr in Teil 2 und der ihr im Dritten Buch zur Teilhabe behinderter und schwerbehinderter Menschen am Arbeitsleben übertragenen Aufgaben in allen Agenturen für Arbeit besondere Stellen ein; bei der personellen Ausstattung dieser Stellen trägt sie dem besonderen Aufwand bei der Bera-

tung und Vermittlung des zu betreuenden Personenkreises sowie bei der Durchführung der sonstigen Aufgaben nach Absatz 1 Rechnung.

(5) Im Rahmen der Beratung der Arbeitgeber nach Absatz 1 Nr. 2 hat die Bundesagentur für Arbeit
1. dem Arbeitgeber zur Besetzung von Arbeitsplätzen geeignete arbeitslose oder arbeitssuchende schwerbehinderte Menschen unter Darlegung der Leistungsfähigkeit und der Auswirkungen der jeweiligen Behinderung auf die angebotene Stelle vorzuschlagen,
2. ihre Fördermöglichkeiten aufzuzeigen, so weit wie möglich und erforderlich, auch die entsprechenden Hilfen der Rehabilitationsträger und der begleitenden Hilfe im Arbeitsleben durch die Integrationsämter.

§ 105 Beratender Ausschuss für behinderte Menschen bei der Bundesagentur für Arbeit

(1) Bei der Zentrale der Bundesagentur für Arbeit wird ein Beratender Ausschuss für behinderte Menschen gebildet, der die Teilhabe der behinderten Menschen am Arbeitsleben durch Vorschläge fördert und die Bundesagentur für Arbeit bei der Durchführung der in Teil 2 und im Dritten Buch zur Teilhabe behinderter und schwerbehinderter Menschen am Arbeitsleben übertragenen Aufgaben unterstützt.

(2) Der Ausschuss besteht aus elf Mitgliedern, und zwar aus
– zwei Mitgliedern, die die Arbeitnehmer und Arbeitnehmerinnen vertreten,
– zwei Mitgliedern, die die privaten und öffentlichen Arbeitgeber vertreten,
– fünf Mitgliedern, die die Organisationen behinderter Menschen vertreten,
– einem Mitglied, das die Integrationsämter vertritt,
– einem Mitglied, das das Bundesministerium für Arbeit und Soziales vertritt.

(3) Für jedes Mitglied ist ein Stellvertreter oder eine Stellvertreterin zu berufen.

(4) ¹Der Vorstand der Bundesagentur für Arbeit beruft die Mitglieder, die Arbeitnehmer und Arbeitgeber vertreten, auf Vorschlag ihrer Gruppenvertreter im Verwaltungsrat der Bundesagentur für Arbeit. ²Er beruft auf Vorschlag der Organisationen behinderter Menschen, die nach der Zusammensetzung ihrer Mitglieder dazu berufen sind, die behinderten Menschen in ihrer Gesamtheit auf Bundesebene zu vertreten, die Mitglieder, die Organisationen der behinderten Menschen vertreten. ³Auf Vorschlag der Bundesarbeitsgemeinschaft der Integrationsämter und Hauptfürsorgestellen beruft er das Mitglied, das die Integrationsämter vertritt, und auf Vorschlag des Bundesministeriums für Arbeit und Soziales das Mitglied, das dieses vertritt.

§ 106 Gemeinsame Vorschriften

(1) ¹Die Beratenden Ausschüsse für behinderte Menschen (§§ 103, 105) wählen aus den ihnen angehörenden Mitgliedern von Seiten der Arbeitnehmer, Arbeitgeber oder Organisationen behinderter Menschen jeweils für die Dauer eines Jahres einen Vorsitzenden oder eine Vorsitzende und einen Stellvertreter oder eine Stellvertreterin. ²Die Gewählten dürfen nicht derselben Gruppe angehören. ³Die Gruppen stellen in regelmäßig jährlich wechselnder Reihenfolge den Vorsitzenden oder die Vorsitzende und den Stellvertreter oder die Stellvertreterin. ⁴Die Reihenfolge wird durch die Beendigung der Amtszeit der Mitglieder nicht unterbrochen. ⁵Scheidet der Vorsitzende oder die Vorsitzende oder der Stellvertreter oder die Stellvertreterin aus, wird er oder sie neu gewählt.

(2) ¹Die Beratenden Ausschüsse für behinderte Menschen sind beschlussfähig, wenn wenigstens die Hälfte der Mitglieder anwesend ist. ²Die Beschlüsse und Entscheidungen werden mit einfacher Stimmenmehrheit getroffen.

(3) ¹Die Mitglieder der Beratenden Ausschüsse für behinderte Menschen üben ihre Tätigkeit ehrenamtlich aus. ²Ihre Amtszeit beträgt vier Jahre.

§ 107 Übertragung von Aufgaben

(1) ¹Die Landesregierung oder die von ihr bestimmte Stelle kann die Verlängerung der Gültigkeitsdauer der Ausweise nach § 69 Abs. 5, für die eine Feststellung nach § 69 Abs. 1 nicht zu treffen ist, auf andere Behörden übertragen. ²Im Übrigen kann sie andere Behörden zur Aushändigung der Ausweise heranziehen.

(2) Die Landesregierung oder die von ihr bestimmte Stelle kann Aufgaben und Befugnisse des Integrationsamtes nach Teil 2 auf örtliche Fürsorgestellen übertragen oder die

Heranziehung örtlicher Fürsorgestellen zur Durchführung der den Integrationsämtern obliegenden Aufgaben bestimmen.

§ 108 Verordnungsermächtigung

Die Bundesregierung wird ermächtigt, durch Rechtsverordnung mit Zustimmung des Bundesrates das Nähere über die Voraussetzungen des Anspruchs nach § 33 Abs. 8 Nr. 3 und § 102 Abs. 4 sowie über die Höhe, Dauer und Ausführung der Leistungen zu regeln.

Kapitel 7. Integrationsfachdienste

§ 109 Begriff und Personenkreis

(1) Integrationsfachdienste sind Dienste Dritter, die bei der Durchführung der Maßnahmen zur Teilhabe schwerbehinderter Menschen am Arbeitsleben beteiligt werden.

(2) Schwerbehinderte Menschen im Sinne des Absatzes 1 sind insbesondere
1. schwerbehinderte Menschen mit einem besonderen Bedarf an arbeitsbegleitender Betreuung,
2. schwerbehinderte Menschen, die nach zielgerichteter Vorbereitung durch die Werkstatt für behinderte Menschen am Arbeitsleben auf dem allgemeinen Arbeitsmarkt teilhaben sollen und dabei auf aufwendige, personalintensive, individuelle arbeitsbegleitende Hilfen angewiesen sind sowie
3. schwerbehinderte Schulabgänger, die für die Aufnahme einer Beschäftigung auf dem allgemeinen Arbeitsmarkt auf die Unterstützung eines Integrationsfachdienstes angewiesen sind.

(3) Ein besonderer Bedarf an arbeits- und berufsbegleitender Betreuung ist insbesondere gegeben bei schwerbehinderten Menschen mit geistiger oder seelischer Behinderung oder mit einer schweren Körper-, Sinnes- oder Mehrfachbehinderung, die sich im Arbeitsleben besonders nachteilig auswirkt und allein oder zusammen mit weiteren vermittlungshemmenden Umständen (Alter, Langzeitarbeitslosigkeit, unzureichende Qualifikation, Leistungsminderung) die Teilhabe am Arbeitsleben auf dem allgemeinen Arbeitsmarkt erschwert.

(4) [1]Der Integrationsfachdienst kann im Rahmen der Aufgabenstellung nach Absatz 1 auch zur beruflichen Eingliederung von behinderten Menschen, die nicht schwerbehindert sind, tätig werden. [2]Hierbei wird den besonderen Bedürfnissen seelisch behinderter oder von einer seelischen Behinderung bedrohter Menschen Rechnung getragen.

§ 110 Aufgaben

(1) Die Integrationsfachdienste können zur Teilhabe schwerbehinderter Menschen am Arbeitsleben (Aufnahme, Ausübung und Sicherung einer möglichst dauerhaften Beschäftigung) beteiligt werden, indem sie
1. die schwerbehinderten Menschen beraten, unterstützen und auf geeignete Arbeitsplätze vermitteln,
2. die Arbeitgeber informieren, beraten und ihnen Hilfe leisten.

(2) Zu den Aufgaben des Integrationsfachdienstes gehört es,
1. die Fähigkeiten der zugewiesenen schwerbehinderten Menschen zu bewerten und einzuschätzen und dabei ein individuelles Fähigkeits-, Leistungs- und Interessenprofil zur Vorbereitung auf den allgemeinen Arbeitsmarkt in enger Kooperation mit den schwerbehinderten Menschen, dem Auftraggeber und der abgebenden Einrichtung der schulischen oder beruflichen Bildung oder Rehabilitation zu erarbeiten,
1a. die Bundesagentur für Arbeit auf deren Anforderung bei der Berufsorientierung und Berufsberatung in den Schulen einschließlich der auf jeden einzelnen Jugendlichen bezogenen Dokumentation der Ergebnisse zu unterstützen,
1b. die betriebliche Ausbildung schwerbehinderter, insbesondere seelisch und lernbehinderter Jugendlicher zu begleiten,
2. geeignete Arbeitsplätze (§ 73) auf dem allgemeinen Arbeitsmarkt zu erschließen,
3. die schwerbehinderten Menschen auf die vorgesehenen Arbeitsplätze vorzubereiten,
4. die schwerbehinderten Menschen, solange erforderlich, am Arbeitsplatz oder beim Training der berufspraktischen Fähigkeiten am konkreten Arbeitsplatz zu begleiten,
5. mit Zustimmung des schwerbehinderten Menschen die Mitarbeiter im Betrieb oder in der Dienststelle über Art und Auswirkungen der Behinderung und über entsprechende Verhaltensregeln zu informieren und zu beraten,

6. eine Nachbetreuung, Krisenintervention oder psychosoziale Betreuung durchzuführen sowie
7. als Ansprechpartner für die Arbeitgeber zur Verfügung zu stehen, über die Leistungen für die Arbeitgeber zu informieren und für die Arbeitgeber diese Leistungen abzuklären,
8. in Zusammenarbeit mit den Rehabilitationsträgern und den Integrationsämtern die für den schwerbehinderten Menschen benötigten Leistungen zu klären und bei der Beantragung zu unterstützen.

§ 111 Beauftragung und Verantwortlichkeit

(1) ¹Die Integrationsfachdienste werden im Auftrag der Integrationsämter oder der Rehabilitationsträger tätig. ²Diese bleiben für die Ausführung der Leistung verantwortlich.

(2) Im Auftrag legt der Auftraggeber in Abstimmung mit dem Integrationsfachdienst Art, Umfang und Dauer des im Einzelfall notwendigen Einsatzes des Integrationsfachdienstes sowie das Entgelt fest.

(3) Der Integrationsfachdienst arbeitet insbesondere mit
1. den zuständigen Stellen der Bundesagentur für Arbeit,
2. dem Integrationsamt,
3. dem zuständigen Rehabilitationsträger, insbesondere den Berufshelfern der gesetzlichen Unfallversicherung,
4. dem Arbeitgeber, der Schwerbehindertenvertretung und den anderen betrieblichen Interessenvertretungen,
5. der abgebenden Einrichtung der schulischen oder beruflichen Bildung oder Rehabilitation mit ihren begleitenden Diensten und internen Integrationsfachkräften oder -diensten zur Unterstützung von Teilnehmenden an Leistungen zur Teilhabe am Arbeitsleben,
5 a. den Handwerks-, den Industrie- und Handelskammern sowie den berufsständigen Organisationen,
6. wenn notwendig auch mit anderen Stellen und Personen,

eng zusammen.

(4) ¹Näheres zur Beauftragung, Zusammenarbeit, fachlichen Leitung, Aufsicht sowie zur Qualitätssicherung und Ergebnisbeobachtung wird zwischen dem Auftraggeber und dem Träger des Integrationsfachdienstes vertraglich geregelt. ²Die Vereinbarungen sollen im Interesse finanzieller Planungssicherheit auf eine Dauer von mindestens drei Jahren abgeschlossen werden.

(5) Die Integrationsämter wirken darauf hin, dass die berufsbegleitenden und psychosozialen Dienste bei den von ihnen beauftragten Integrationsfachdiensten konzentriert werden.

§ 112 Fachliche Anforderungen

(1) Die Integrationsfachdienste müssen
1. nach der personellen, räumlichen und sächlichen Ausstattung in der Lage sein, ihre gesetzlichen Aufgaben wahrzunehmen,
2. über Erfahrungen mit dem zu unterstützenden Personenkreis (§ 109 Abs. 2) verfügen,
3. mit Fachkräften ausgestattet sein, die über eine geeignete Berufsqualifikation, eine psychosoziale oder arbeitspädagogische Zusatzqualifikation und ausreichende Berufserfahrung verfügen, sowie
4. rechtlich oder organisatorisch und wirtschaftlich eigenständig sein.

(2) ¹Der Personalbedarf eines Integrationsfachdienstes richtet sich nach den konkreten Bedürfnissen unter Berücksichtigung der Zahl der Betreuungs- und Beratungsfälle, des durchschnittlichen Betreuungs- und Beratungsaufwands, der Größe des regionalen Einzugsbereichs und der Zahl der zu beratenden Arbeitgeber. ²Den besonderen Bedürfnissen besonderer Gruppen schwerbehinderter Menschen, insbesondere schwerbehinderter Frauen, und der Notwendigkeit einer psychosozialen Betreuung soll durch eine Differenzierung innerhalb des Integrationsfachdienstes Rechnung getragen werden.

(3) ¹Bei der Stellenbesetzung des Integrationsfachdienstes werden schwerbehinderte Menschen bevorzugt berücksichtigt. ²Dabei wird ein angemessener Anteil der Stellen mit schwerbehinderten Frauen besetzt.

§ 113 Finanzielle Leistungen

(1) ¹Die Inanspruchnahme von Integrationsfachdiensten wird vom Auftraggeber vergütet. ²Die Vergütung für die Inanspruchnahme von Integrationsfachdiensten kann bei Beauftragung durch das Integrationsamt aus Mitteln der Ausgleichsabgabe erbracht werden.

(2) ¹Die Bundesarbeitsgemeinschaft der Integrationsämter und Hauptfürsorgestellen vereinbart mit den Rehabilitationsträgern nach § 6 Abs. 1 Nr. 2 bis 5 unter Beteiligung der maßgeblichen Verbände, darunter der Bundesarbeitsgemeinschaft, in der sich die Integrationsfachdienste zusammengeschlossen haben, eine gemeinsame Empfehlung zur Inanspruchnahme der Integrationsfachdienste durch die Rehabilitationsträger, zur Zusammenarbeit und zur Finanzierung der Kosten, die dem Integrationsfachdienst bei der Wahrnehmung der Aufgaben der Rehabilitationsträger entstehen. ²§ 13 Abs. 7 und 8 gilt entsprechend.

§ 114 Ergebnisbeobachtung

(1) ¹Der Integrationsfachdienst dokumentiert Verlauf und Ergebnis der jeweiligen Bemühungen um die Förderung der Teilhabe am Arbeitsleben. ²Er erstellt jährlich eine zusammenfassende Darstellung der Ergebnisse und legt diese den Auftraggebern nach deren näherer gemeinsamer Maßgabe vor. ³Diese Zusammenstellung soll insbesondere geschlechtsdifferenzierte Angaben enthalten zu
1. den Zu- und Abgängen an Betreuungsfällen im Kalenderjahr,
2. dem Bestand an Betreuungsfällen,
3. der Zahl der abgeschlossenen Fälle, differenziert nach Aufnahme einer Ausbildung, einer befristeten oder unbefristeten Beschäftigung, einer Beschäftigung in einem Integrationsprojekt oder in einer Werkstatt für behinderte Menschen.

(2) ¹Der Integrationsfachdienst dokumentiert auch die Ergebnisse seiner Bemühungen zur Unterstützung der Bundesagentur für Arbeit und die Begleitung der betrieblichen Ausbildung nach § 110 Abs. 2 Nr. 1a und 1b unter Einbeziehung geschlechtsdifferenzierter Daten und Besonderheiten sowie der Art der Behinderung. ²Er erstellt zum 30. September 2006 eine zusammenfassende Darstellung der Ergebnisse und legt diese dem zuständigen Integrationsamt vor. ³Die Bundesarbeitgemeinschaft der Integrationsämter und Hauptfürsorgestellen bereitet die Ergebnisse auf und stellt sie dem Bundesministerium für Arbeit und Soziales zur Vorbereitung des Berichtes nach § 160 Abs. 2 bis zum 31. Dezember 2006 zur Verfügung.

§ 115 Verordnungsermächtigung

(1) Das Bundesministerium für Arbeit und Soziales wird ermächtigt, durch Rechtsverordnung mit Zustimmung des Bundesrates das Nähere über den Begriff und die Aufgaben des Integrationsfachdienstes, die für sie geltenden fachlichen Anforderungen und die finanziellen Leistungen zu regeln.

(2) Vereinbaren die Bundesarbeitsgemeinschaft der Integrationsämter und Hauptfürsorgestellen und die Rehabilitationsträger nicht innerhalb von sechs Monaten, nachdem das Bundesministerium für Arbeit und Soziales sie dazu aufgefordert hat, eine gemeinsame Empfehlung nach § 113 Abs. 2 oder ändern sie die unzureichend gewordene Empfehlung nicht innerhalb dieser Frist, kann das Bundesministerium für Arbeit und Soziales Regelungen durch Rechtsverordnung mit Zustimmung des Bundesrates erlassen.

Kapitel 8. Beendigung der Anwendung der besonderen Regelungen zur Teilhabe schwerbehinderter und gleichgestellter behinderter Menschen

§ 116 Beendigung der Anwendung der besonderen Regelungen zur Teilhabe schwerbehinderter Menschen

(1) Die besonderen Regelungen für schwerbehinderte Menschen werden nicht angewendet nach dem Wegfall der Voraussetzungen nach § 2 Abs. 2; wenn sich der Grad der Behinderung auf weniger als 50 verringert, jedoch erst am Ende des dritten Kalendermonats nach Eintritt der Unanfechtbarkeit des die Verringerung feststellenden Bescheides.

(2) ¹Die besonderen Regelungen für gleichgestellte behinderte Menschen werden nach dem Widerruf oder der Rücknahme der Gleichstellung nicht mehr angewendet. ²Der

Widerruf der Gleichstellung ist zulässig, wenn die Voraussetzungen nach § 2 Abs. 3 in Verbindung mit § 68 Abs. 2 weggefallen sind. ³Er wird erst am Ende des dritten Kalendermonats nach Eintritt seiner Unanfechtbarkeit wirksam.

(3) Bis zur Beendigung der Anwendung der besonderen Regelungen für schwerbehinderte Menschen und ihnen gleichgestellte behinderte Menschen werden die behinderten Menschen dem Arbeitgeber auf die Zahl der Pflichtarbeitsplätze für schwerbehinderte Menschen angerechnet.

§ 117 Entziehung der besonderen Hilfen für schwerbehinderte Menschen

(1) ¹Einem schwerbehinderten Menschen, der einen zumutbaren Arbeitsplatz ohne berechtigten Grund zurückweist oder aufgibt oder sich ohne berechtigten Grund weigert, an einer Maßnahme zur Teilhabe am Arbeitsleben teilzunehmen, oder sonst durch sein Verhalten seine Teilhabe am Arbeitsleben schuldhaft vereitelt, kann das Integrationsamt im Benehmen mit der Bundesagentur für Arbeit die besonderen Hilfen für schwerbehinderte Menschen zeitweilig entziehen. ²Dies gilt auch für gleichgestellte behinderte Menschen.

(2) ¹Vor der Entscheidung über die Entziehung wird der schwerbehinderte Mensch gehört. ²In der Entscheidung wird die Frist bestimmt, für die sie gilt. ³Die Frist läuft vom Tage der Entscheidung an und beträgt nicht mehr als sechs Monate. ⁴Die Entscheidung wird dem schwerbehinderten Menschen bekannt gegeben.

Kapitel 9. Widerspruchsverfahren

§ 118 Widerspruch

(1) ¹Den Widerspruchsbescheid nach § 73 der Verwaltungsgerichtsordnung erlässt bei Verwaltungsakten der Integrationsämter und bei Verwaltungsakten der örtlichen Fürsorgestellen (§ 107 Abs. 2) der Widerspruchsausschuss bei dem Integrationsamt (§ 119). ²Des Vorverfahrens bedarf es auch, wenn den Verwaltungsakt ein Integrationsamt erlassen hat, das bei einer obersten Landesbehörde besteht.

(2) Den Widerspruchsbescheid nach § 85 des Sozialgerichtsgesetzes erlässt bei Verwaltungsakten, welche die Bundesagentur für Arbeit auf Grund des Teils 2 erlässt, der Widerspruchsausschuss der Bundesagentur für Arbeit.

§ 119 Widerspruchsausschuss bei dem Integrationsamt

(1) Bei jedem Integrationsamt besteht ein Widerspruchsausschuss aus sieben Mitgliedern, und zwar aus
– zwei Mitgliedern, die schwerbehinderte Arbeitnehmer oder Arbeitnehmerinnen sind,
– zwei Mitgliedern, die Arbeitgeber sind,
– einem Mitglied, das das Integrationsamt vertritt,
– einem Mitglied, das die Bundesagentur für Arbeit vertritt,
– einer Vertrauensperson schwerbehinderter Menschen.

(2) Für jedes Mitglied wird ein Stellvertreter oder eine Stellvertreterin berufen.

(3) ¹Das Integrationsamt beruft
– auf Vorschlag der Organisationen behinderter Menschen des jeweiligen Landes die Mitglieder, die Arbeitnehmer sind,
– auf Vorschlag der jeweils für das Land zuständigen Arbeitgeberverbände die Mitglieder, die Arbeitgeber sind, sowie
– die Vertrauensperson.

²Die zuständige oberste Landesbehörde oder die von ihr bestimmte Behörde beruft das Mitglied, das das Integrationsamt vertritt. ³Die Bundesagentur für Arbeit beruft das Mitglied, das sie vertritt. ⁴Entsprechendes gilt für die Berufung des Stellvertreters oder der Stellvertreterin des jeweiligen Mitglieds.

(4) ¹In Kündigungsangelegenheiten schwerbehinderter Menschen, die bei einer Dienststelle oder in einem Betrieb beschäftigt sind, der zum Geschäftsbereich des Bundesministeriums der Verteidigung gehört, treten an die Stelle der Mitglieder, die Arbeitgeber sind, Angehörige des öffentlichen Dienstes. ²Dem Integrationsamt werden ein Mitglied und sein Stellvertreter oder seine Stellvertreterin von den von der Bundesregierung bestimmten Bundesbehörden benannt. ³Eines der Mitglieder, die schwerbehinderte Arbeitnehmer oder Arbeitnehmerinnen sind, muss dem öffentlichen Dienst angehören.

(5) ¹Die Amtszeit der Mitglieder der Widerspruchsausschüsse beträgt vier Jahre. ²Die Mitglieder der Ausschüsse üben ihre Tätigkeit unentgeltlich aus.

§ 120 Widerspruchsausschüsse der Bundesagentur für Arbeit

(1) Die Bundesagentur für Arbeit richtet Widerspruchsausschüsse ein, die aus sieben Mitgliedern bestehen, und zwar aus
- zwei Mitgliedern, die schwerbehinderte Arbeitnehmer oder Arbeitnehmerinnen sind,
- zwei Mitgliedern, die Arbeitgeber sind,
- einem Mitglied, das das Integrationsamt vertritt,
- einem Mitglied, das die Bundesagentur für Arbeit vertritt,
- einer Vertrauensperson schwerbehinderter Menschen.

(2) Für jedes Mitglied wird ein Stellvertreter oder eine Stellvertreterin berufen.

(3) ¹Die Bundesagentur für Arbeit beruft
- die Mitglieder, die Arbeitnehmer oder Arbeitnehmerinnen sind, auf Vorschlag der jeweils zuständigen Organisationen behinderter Menschen, der im Benehmen mit den jeweils zuständigen Gewerkschaften, die für die Vertretung der Arbeitnehmerinteressen wesentliche Bedeutung haben, gemacht wird,
- die Mitglieder, die Arbeitgeber sind, auf Vorschlag der jeweils zuständigen Arbeitgeberverbände, soweit sie für die Vertretung von Arbeitgeberinteressen wesentliche Bedeutung haben, sowie
- das Mitglied, das die Bundesagentur für Arbeit vertritt und
- die Vertrauensperson.

²Die zuständige oberste Landesbehörde oder die von ihr bestimmte Behörde beruft das Mitglied, das das Integrationsamt vertritt. ³Entsprechendes gilt für die Berufung des Stellvertreters oder der Stellvertreterin des jeweiligen Mitglieds.

(4) § 119 Abs. 5 gilt entsprechend.

§ 121 Verfahrensvorschriften

(1) Für den Widerspruchsausschuss bei dem Integrationsamt (§ 119) und die Widerspruchsausschüsse bei der Bundesagentur für Arbeit (§ 120) gilt § 106 Abs. 1 und 2 entsprechend.

(2) Im Widerspruchsverfahren nach Teil 2 Kapitel 4 werden der Arbeitgeber und der schwerbehinderte Mensch vor der Entscheidung gehört; in den übrigen Fällen verbleibt es bei der Anhörung des Widerspruchsführers.

(3) ¹Die Mitglieder der Ausschüsse können wegen Besorgnis der Befangenheit abgelehnt werden. ²Über die Ablehnung entscheidet der Ausschuss, dem das Mitglied angehört.

Kapitel 10. Sonstige Vorschriften

§ 122 Vorrang der schwerbehinderten Menschen

Verpflichtungen zur bevorzugten Einstellung und Beschäftigung bestimmter Personenkreise nach anderen Gesetzen entbinden den Arbeitgeber nicht von der Verpflichtung zur Beschäftigung schwerbehinderter Menschen nach den besonderen Regelungen für schwerbehinderte Menschen.

§ 123 Arbeitsentgelt und Dienstbezüge

(1) ¹Bei der Bemessung des Arbeitsentgelts und der Dienstbezüge aus einem bestehenden Beschäftigungsverhältnis werden Renten und vergleichbare Leistungen, die wegen der Behinderung bezogen werden, nicht berücksichtigt. ²Die völlige oder teilweise Anrechnung dieser Leistungen auf das Arbeitsentgelt oder die Dienstbezüge ist unzulässig.

(2) Absatz 1 gilt nicht für Zeiträume, in denen die Beschäftigung tatsächlich nicht ausgeübt wird und die Vorschriften über die Zahlung der Rente oder der vergleichbaren Leistung eine Anrechnung oder ein Ruhen vorsehen, wenn Arbeitsentgelt oder Dienstbezüge gezahlt werden.

§ 124 Mehrarbeit

Schwerbehinderte Menschen werden auf ihr Verlangen von Mehrarbeit freigestellt.

§ 125 Zusatzurlaub

(1) ¹Schwerbehinderte Menschen haben Anspruch auf einen bezahlten zusätzlichen Urlaub von fünf Arbeitstagen im Urlaubsjahr; verteilt sich die regelmäßige Arbeitszeit des schwerbehinderten Menschen auf mehr oder weniger als fünf Arbeitstage in der Kalenderwoche, erhöht oder vermindert sich der Zusatzurlaub entsprechend. ²Soweit tarifliche, betriebliche oder sonstige Urlaubsregelungen für schwerbehinderte Menschen einen längeren Zusatzurlaub vorsehen, bleiben sie unberührt.

(2) ¹Besteht die Schwerbehinderteneigenschaft nicht während des gesamten Kalenderjahres, so hat der schwerbehinderte Mensch für jeden vollen Monat der im Beschäftigungsverhältnis vorliegenden Schwerbehinderteneigenschaft einen Anspruch auf ein Zwölftel des Zusatzurlaubs nach Absatz 1 Satz 1. ²Bruchteile von Urlaubstagen, die mindestens einen halben Tag ergeben, sind auf volle Urlaubstage aufzurunden. ³Der so ermittelte Zusatzurlaub ist dem Erholungsurlaub hinzuzurechnen und kann bei einem nicht im ganzen Kalenderjahr bestehenden Beschäftigungsverhältnis nicht erneut gemindert werden.

(3) Wird die Eigenschaft als schwerbehinderter Mensch nach § 69 Abs. 1 und 2 rückwirkend festgestellt, finden auch für die Übertragbarkeit des Zusatzurlaubs in das nächste Kalenderjahr die dem Beschäftigungsverhältnis zugrunde liegenden urlaubsrechtlichen Regelungen Anwendung.

§ 126 Nachteilsausgleich

(1) Die Vorschriften über Hilfen für behinderte Menschen zum Ausgleich behinderungsbedingter Nachteile oder Mehraufwendungen (Nachteilsausgleich) werden so gestaltet, dass sie unabhängig von der Ursache der Behinderung der Art oder Schwere der Behinderung Rechnung tragen.

(2) Nachteilsausgleiche, die auf Grund bisher geltender Rechtsvorschriften erfolgen, bleiben unberührt.

§ 127 Beschäftigung schwerbehinderter Menschen in Heimarbeit

(1) Schwerbehinderte Menschen, die in Heimarbeit beschäftigt oder diesen gleichgestellt sind (§ 1 Abs. 1 und 2 des Heimarbeitsgesetzes) und in der Hauptsache für den gleichen Auftraggeber arbeiten, werden auf die Arbeitsplätze für schwerbehinderte Menschen dieses Auftraggebers angerechnet.

(2) ¹Für in Heimarbeit beschäftigte und diesen gleichgestellte schwerbehinderte Menschen wird die in § 29 Abs. 2 des Heimarbeitsgesetzes festgelegte Kündigungsfrist von zwei Wochen auf vier Wochen erhöht; die Vorschrift des § 29 Abs. 7 des Heimarbeitsgesetzes ist sinngemäß anzuwenden. ²Der besondere Kündigungsschutz schwerbehinderter Menschen im Sinne des Kapitels 4 gilt auch für die in Satz 1 genannten Personen.

(3) ¹Die Bezahlung des zusätzlichen Urlaubs der in Heimarbeit beschäftigten oder diesen gleichgestellten schwerbehinderten Menschen erfolgt nach den für die Bezahlung ihres sonstigen Urlaubs geltenden Berechnungsgrundsätzen. ²Sofern eine besondere Regelung nicht besteht, erhalten die schwerbehinderten Menschen als zusätzliches Urlaubsgeld 2 Prozent des in der Zeit vom 1. Mai des vergangenen bis zum 30. April des laufenden Jahres verdienten Arbeitsentgelts ausschließlich der Unkostenzuschläge.

(4) ¹Schwerbehinderte Menschen, die als fremde Hilfskräfte eines Hausgewerbetreibenden oder eines Gleichgestellten beschäftigt werden (§ 2 Abs. 6 des Heimarbeitsgesetzes) können auf Antrag eines Auftraggebers auch auf dessen Pflichtarbeitsplätze für schwerbehinderte Menschen angerechnet werden, wenn der Arbeitgeber in der Hauptsache für diesen Auftraggeber arbeitet. ²Wird einem schwerbehinderten Menschen im Sinne des Satzes 1, dessen Anrechnung die Bundesagentur für Arbeit zugelassen hat, durch seinen Arbeitgeber gekündigt, weil der Auftraggeber die Zuteilung von Arbeit eingestellt oder die regelmäßige Arbeitsmenge erheblich herabgesetzt hat, erstattet der Auftraggeber dem Arbeitgeber die Aufwendungen für die Zahlung des regelmäßigen Arbeitsverdienstes an den schwerbehinderten Menschen bis zur rechtmäßigen Beendigung seines Arbeitsverhältnisses.

(5) Werden fremde Hilfskräfte eines Hausgewerbetreibenden oder eines Gleichgestellten (§ 2 Abs. 6 des Heimarbeitsgesetzes) einem Auftraggeber gemäß Absatz 4 auf seine Arbeitsplätze für schwerbehinderte Menschen angerechnet, erstattet der Auftraggeber die dem Arbeitgeber nach Absatz 3 entstehenden Aufwendungen.

(6) Die den Arbeitgeber nach § 80 Abs. 1 und 5 treffenden Verpflichtungen gelten auch für Personen, die Heimarbeit ausgeben.

§ 128 Schwerbehinderte Beamte und Beamtinnen, Richter und Richterinnen, Soldaten und Soldatinnen

(1) Die besonderen Vorschriften und Grundsätze für die Besetzung der Beamtenstellen sind unbeschadet der Geltung des Teils 2 auch für schwerbehinderte Beamte und Beamtinnen so zu gestalten, dass die Einstellung und Beschäftigung schwerbehinderter Menschen gefördert und ein angemessener Anteil schwerbehinderter Menschen unter den Beamten und Beamtinnen erreicht wird.

(2) *(aufgehoben)*

(3) Die Vorschriften des Absatzes 1 finden auf Richter und Richterinnen entsprechende Anwendung.

(4) [1]Für die persönliche Rechtsstellung schwerbehinderter Soldaten und Soldatinnen gelten § 2 Abs. 1 und 2, §§ 69, 93 bis 99, 116 Abs. 1 sowie §§ 123, 125, 126 und 145 bis 147. [2]Im Übrigen gelten für Soldaten und Soldatinnen die Vorschriften über die persönliche Rechtsstellung der schwerbehinderten Menschen, soweit sie mit den Besonderheiten des Dienstverhältnisses vereinbar sind.

§ 129 Unabhängige Tätigkeit

Soweit zur Ausübung einer unabhängigen Tätigkeit eine Zulassung erforderlich ist, soll schwerbehinderten Menschen, die eine Zulassung beantragen, bei fachlicher Eignung und Erfüllung der sonstigen gesetzlichen Voraussetzungen die Zulassung bevorzugt erteilt werden.

§ 130 Geheimhaltungspflicht

(1) Die Beschäftigten der Integrationsämter, der Bundesagentur für Arbeit, der Rehabilitationsträger einschließlich ihrer Beschäftigten in gemeinsamen Servicestellen sowie der von diesen Stellen beauftragten Integrationsfachdienste und die Mitglieder der Ausschüsse und des Beirates für die Teilhabe behinderter Menschen (§ 64) und ihre Stellvertreter oder Stellvertreterinnen sowie zur Durchführung ihrer Aufgaben hinzugezogene Sachverständige sind verpflichtet,

1. über ihnen wegen ihres Amtes oder Auftrages bekannt gewordene persönliche Verhältnisse und Angelegenheiten von Beschäftigten auf Arbeitsplätzen für schwerbehinderte Menschen, die ihrer Bedeutung oder ihrem Inhalt nach einer vertraulichen Behandlung bedürfen, Stillschweigen zu bewahren, und
2. ihnen wegen ihres Amtes oder Auftrages bekannt gewordene und vom Arbeitgeber ausdrücklich als geheimhaltungsbedürftig bezeichnete Betriebs- oder Geschäftsgeheimnisse nicht zu offenbaren und nicht zu verwerten.

(2) [1]Diese Pflichten gelten auch nach dem Ausscheiden aus dem Amt oder nach Beendigung des Auftrages. [2]Sie gelten nicht gegenüber der Bundesagentur für Arbeit, den Integrationsämtern und den Rehabilitationsträgern, soweit deren Aufgaben gegenüber schwerbehinderten Menschen es erfordern, gegenüber der Schwerbehindertenvertretung sowie gegenüber den in § 79 Abs. 1 des Betriebsverfassungsgesetzes und den in den entsprechenden Vorschriften des Personalvertretungsrechts genannten Vertretungen, Personen und Stellen.

§ 131 Statistik

(1) [1]Über schwerbehinderte Menschen wird alle zwei Jahre eine Bundesstatistik durchgeführt. [2]Sie umfasst folgende Tatbestände:
1. die Zahl der schwerbehinderten Menschen mit gültigem Ausweis,
2. persönliche Merkmale schwerbehinderter Menschen wie Alter, Geschlecht, Staatsangehörigkeit, Wohnort,
3. Art, Ursache und Grad der Behinderung.

(2) [1]Für die Erhebung besteht Auskunftspflicht. [2]Auskunftspflichtig sind die nach § 69 Abs. 1 und 5 zuständigen Behörden.

Kapitel 11. Integrationsprojekte

§ 132 Begriff und Personenkreis

(1) Integrationsprojekte sind rechtlich und wirtschaftlich selbständige Unternehmen (Integrationsunternehmen) oder unternehmensinterne oder von öffentlichen Arbeitgebern im Sinne des § 71 Abs. 3 geführte Betriebe (Integrationsbetriebe) oder Abteilungen (Integrationsabteilungen) zur Beschäftigung schwerbehinderter Menschen auf dem allgemeinen Arbeitsmarkt, deren Teilhabe an einer sonstigen Beschäftigung auf dem allgemeinen Arbeitsmarkt auf Grund von Art oder Schwere der Behinderung oder wegen sonstiger Umstände voraussichtlich trotz Ausschöpfens aller Fördermöglichkeiten und des Einsatzes von Integrationsfachdiensten auf besondere Schwierigkeiten stößt.

(2) Schwerbehinderte Menschen nach Absatz 1 sind insbesondere

1. schwerbehinderte Menschen mit geistiger oder seelischer Behinderung oder mit einer schweren Körper-, Sinnes- oder Mehrfachbehinderung, die sich im Arbeitsleben besonders nachteilig auswirkt und allein oder zusammen mit weiteren vermittlungshemmenden Umständen die Teilhabe am allgemeinen Arbeitsmarkt außerhalb eines Integrationsprojekts erschwert oder verhindert,
2. schwerbehinderte Menschen, die nach zielgerichteter Vorbereitung in einer Werkstatt für behinderte Menschen oder in einer psychiatrischen Einrichtung für den Übergang in einen Betrieb oder eine Dienststelle auf dem allgemeinen Arbeitsmarkt in Betracht kommen und auf diesen Übergang vorbereitet werden sollen, sowie
3. schwerbehinderte Menschen nach Beendigung einer schulischen Bildung, die nur dann Aussicht auf eine Beschäftigung auf dem allgemeinen Arbeitsmarkt haben, wenn sie zuvor in einem Integrationsprojekt an berufsvorbereitenden Bildungsmaßnahmen teilnehmen und dort beschäftigt und weiterqualifiziert werden.

(3) [1]Integrationsunternehmen beschäftigen mindestens 25 Prozent schwerbehinderte Menschen im Sinne von Absatz 1. [2]Der Anteil der schwerbehinderten Menschen soll in der Regel 50 Prozent nicht übersteigen.

§ 133 Aufgaben

Die Integrationsprojekte bieten den schwerbehinderten Menschen Beschäftigung und arbeitsbegleitende Betreuung an, soweit erforderlich auch Maßnahmen der beruflichen Weiterbildung oder Gelegenheit zur Teilnahme an entsprechenden außerbetrieblichen Maßnahmen und Unterstützung bei der Vermittlung in eine sonstige Beschäftigung in einem Betrieb oder einer Dienststelle auf dem allgemeinen Arbeitsmarkt sowie geeignete Maßnahmen zur Vorbereitung auf eine Beschäftigung in einem Integrationsprojekt.

§ 134 Finanzielle Leistungen

Integrationsprojekte können aus Mitteln der Ausgleichsabgabe Leistungen für Aufbau, Erweiterung, Modernisierung und Ausstattung einschließlich einer betriebswirtschaftlichen Beratung und für besonderen Aufwand erhalten.

§ 135 Verordnungsermächtigung

Das Bundesministerium für Arbeit und Soziales wird ermächtigt, durch Rechtsverordnung mit Zustimmung des Bundesrates das Nähere über den Begriff und die Aufgaben der Integrationsprojekte, die für sie geltenden fachlichen Anforderungen, die Aufnahmevoraussetzungen und die finanziellen Leistungen zu regeln.

Kapitel 12. Werkstätten für behinderte Menschen

§ 136 Begriff und Aufgaben der Werkstatt für behinderte Menschen

(1) [1]Die Werkstatt für behinderte Menschen ist eine Einrichtung zur Teilhabe behinderter Menschen am Arbeitsleben im Sinne des Kapitels 5 des Teils 1 und zur Eingliederung in das Arbeitsleben. [2]Sie hat denjenigen behinderten Menschen, die wegen Art oder Schwere der Behinderung nicht, noch nicht oder noch nicht wieder auf dem allgemeinen Arbeitsmarkt beschäftigt werden können,

1. eine angemessene berufliche Bildung und eine Beschäftigung zu einem ihrer Leistung angemessenen Arbeitsentgelt aus dem Arbeitsergebnis anzubieten und
2. zu ermöglichen, ihre Leistungs- oder Erwerbsfähigkeit zu erhalten, zu entwickeln, zu erhöhen oder wiederzugewinnen und dabei ihre Persönlichkeit weiterzuentwickeln.

³Sie fördert den Übergang geeigneter Personen auf den allgemeinen Arbeitsmarkt durch geeignete Maßnahmen. ⁴Sie verfügt über ein möglichst breites Angebot an Berufsbildungs- und Arbeitsplätzen sowie über qualifiziertes Personal und einen begleitenden Dienst. ⁵Zum Angebot an Berufsbildungs- und Arbeitsplätzen gehören ausgelagerte Plätze auf dem allgemeinen Arbeitsmarkt. ⁶Die ausgelagerten Arbeitsplätze werden zum Zwecke des Übergangs und als dauerhaft ausgelagerte Plätze angeboten.

(2) ¹Die Werkstatt steht allen behinderten Menschen im Sinne des Absatzes 1 unabhängig von Art oder Schwere der Behinderung offen, sofern erwartet werden kann, dass sie spätestens nach Teilnahme an Maßnahmen im Berufsbildungsbereich wenigstens ein Mindestmaß wirtschaftlich verwertbarer Arbeitsleistung erbringen werden. ²Dies ist nicht der Fall bei behinderten Menschen, bei denen trotz einer der Behinderung angemessenen Betreuung eine erhebliche Selbst- oder Fremdgefährdung zu erwarten ist oder das Ausmaß der erforderlichen Betreuung und Pflege die Teilnahme an Maßnahmen im Berufsbildungsbereich oder sonstige Umstände ein Mindestmaß wirtschaftlich verwertbarer Arbeitsleistung im Arbeitsbereich dauerhaft nicht zulassen.

(3) Behinderte Menschen, die die Voraussetzungen für eine Beschäftigung in einer Werkstatt nicht erfüllen, sollen in Einrichtungen oder Gruppen betreut und gefördert werden, die der Werkstatt angegliedert sind.

§ 137 Aufnahme in die Werkstätten für behinderte Menschen

(1) ¹Anerkannte Werkstätten nehmen diejenigen behinderten Menschen aus ihrem Einzugsgebiet auf, die die Aufnahmevoraussetzungen gemäß § 136 Abs. 2 erfüllen, wenn Leistungen durch die Rehabilitationsträger gewährleistet sind; die Möglichkeit zur Aufnahme in eine andere anerkannte Werkstatt nach Maßgabe des § 9 des Zwölften Buches oder entsprechender Regelungen bleibt unberührt. ²Die Aufnahme erfolgt unabhängig von
1. der Ursache der Behinderung,
2. der Art der Behinderung, wenn in dem Einzugsgebiet keine besondere Werkstatt für behinderte Menschen für diese Behinderungsart vorhanden ist, und
3. der Schwere der Behinderung, der Minderung der Leistungsfähigkeit und einem besonderen Bedarf an Förderung, begleitender Betreuung oder Pflege.

(2) Behinderte Menschen werden in der Werkstatt beschäftigt, solange die Aufnahmevoraussetzungen nach Absatz 1 vorliegen.

§ 138 Rechtsstellung und Arbeitsentgelt behinderter Menschen

(1) Behinderte Menschen im Arbeitsbereich anerkannter Werkstätten stehen, wenn sie nicht Arbeitnehmer sind, zu den Werkstätten in einem arbeitnehmerähnlichen Rechtsverhältnis, soweit sich aus dem zugrunde liegenden Sozialleistungsverhältnis nichts anderes ergibt.

(2) ¹Die Werkstätten zahlen aus ihrem Arbeitsergebnis an die im Arbeitsbereich beschäftigten behinderten Menschen ein Arbeitsentgelt, das sich aus einem Grundbetrag in Höhe des Ausbildungsgeldes, das die Bundesagentur für Arbeit nach den für sie geltenden Vorschriften behinderten Menschen im Berufsbildungsbereich zuletzt leistet, und einem leistungsangemessenen Steigerungsbetrag zusammensetzt. ²Der Steigerungsbetrag bemisst sich nach der individuellen Arbeitsleistung der behinderten Menschen, insbesondere unter Berücksichtigung von Arbeitsmenge und Arbeitsgüte.

(3) Der Inhalt des arbeitnehmerähnlichen Rechtsverhältnisses wird unter Berücksichtigung des zwischen den behinderten Menschen und dem Rehabilitationsträger bestehenden Sozialleistungsverhältnisses durch Werkstattverträge zwischen den behinderten Menschen und dem Träger der Werkstatt näher geregelt.

(4) Hinsichtlich der Rechtsstellung der Teilnehmer an Maßnahmen im Eingangsverfahren und im Berufsbildungsbereich gilt § 36 entsprechend.

(5) Ist ein volljähriger behinderter Mensch gemäß Absatz 1 in den Arbeitsbereich einer anerkannten Werkstatt für behinderte Menschen im Sinne des § 136 aufgenommen worden und war er zu diesem Zeitpunkt geschäftsunfähig, so gilt der von ihm geschlossene Werkstattvertrag in Ansehung einer bereits bewirkten Leistung und deren Gegenleistung, soweit diese in einem angemessenen Verhältnis zueinander stehen, als wirksam.

(6) War der volljährige behinderte Mensch bei Abschluss eines Werkstattvertrages geschäftsunfähig, so kann der Träger einer Werkstatt das Werkstattverhältnis nur unter den Voraussetzungen für gelöst erklären, unter denen ein wirksamer Vertrag seitens des Trägers einer Werkstatt gekündigt werden kann.

(7) Die Lösungserklärung durch den Träger einer Werkstatt bedarf der schriftlichen Form und ist zu begründen.

§ 139 Mitwirkung

(1) ¹Die in § 138 Abs. 1 genannten behinderten Menschen wirken unabhängig von ihrer Geschäftsfähigkeit durch Werkstatträte in den ihre Interessen berührenden Angelegenheiten der Werkstatt mit. ²Die Werkstatträte berücksichtigen die Interessen der im Eingangsverfahren und im Berufsbildungsbereich der Werkstätten tätigen behinderten Menschen in angemessener und geeigneter Weise, solange für diese eine Vertretung nach § 36 nicht besteht.

(2) Ein Werkstattrat wird in Werkstätten gewählt; er setzt sich aus mindestens drei Mitgliedern zusammen.

(3) Wahlberechtigt zum Werkstattrat sind alle in § 138 Abs. 1 genannten behinderten Menschen; von ihnen sind die behinderten Menschen wählbar, die am Wahltag seit mindestens sechs Monaten in der Werkstatt beschäftigt sind.

(4) ¹Die Werkstätten für behinderte Menschen unterrichten die Personen, die behinderte Menschen gesetzlich vertreten oder mit ihrer Betreuung beauftragt sind, einmal im Kalenderjahr in einer Eltern- und Betreuerversammlung in angemessener Weise über die Angelegenheiten der Werkstatt, auf die sich die Mitwirkung erstreckt, und hören sie dazu an. ²In den Werkstätten kann im Einvernehmen mit dem Träger der Werkstatt ein Eltern- und Betreuerbeirat errichtet werden, der die Werkstatt und den Werkstattrat bei ihrer Arbeit berät und durch Vorschläge und Stellungnahmen unterstützt.

§ 140 Anrechnung von Aufträgen auf die Ausgleichsabgabe

(1) ¹Arbeitgeber, die durch Aufträge an anerkannte Werkstätten für behinderte Menschen zur Beschäftigung behinderter Menschen beitragen, können 50 vom Hundert des auf die Arbeitsleistung der Werkstatt entfallenden Rechnungsbetrages solcher Aufträge (Gesamtrechnungsbetrag abzüglich Materialkosten) auf die Ausgleichsabgabe anrechnen. ²Dabei wird die Arbeitsleistung des Fachpersonals zur Arbeits- und Berufsförderung berücksichtigt, nicht hingegen die Arbeitsleistung sonstiger nichtbehinderter Arbeitnehmerinnen und Arbeitnehmer. ³Bei Weiterveräußerung von Erzeugnissen anderer anerkannter Werkstätten für behinderte Menschen wird die von diesen erbrachte Arbeitsleistung berücksichtigt. ⁴Die Werkstätten bestätigen das Vorliegen der Anrechnungsvoraussetzungen in der Rechnung.

(2) Voraussetzung für die Anrechnung ist, dass
1. die Aufträge innerhalb des Jahres, in dem die Verpflichtung zur Zahlung der Ausgleichsabgabe entsteht, von der Werkstatt für behinderte Menschen ausgeführt und vom Auftraggeber bis spätestens 31. März des Folgejahres vergütet werden und
2. es sich nicht um Aufträge handelt, die Träger einer Gesamteinrichtung an Werkstätten für behinderte Menschen vergeben, die rechtlich unselbständige Teile dieser Einrichtung sind.

(3) Bei der Vergabe von Aufträgen an Zusammenschlüsse anerkannter Werkstätten für behinderte Menschen gilt Absatz 2 entsprechend.

§ 141 Vergabe von Aufträgen durch die öffentliche Hand

¹Aufträge der öffentlichen Hand, die von anerkannten Werkstätten für behinderte Menschen ausgeführt werden können, werden bevorzugt diesen Werkstätten angeboten. ²Die Bundesregierung erlässt mit Zustimmung des Bundesrates hierzu allgemeine Verwaltungsvorschriften.

§ 142 Anerkennungsverfahren

¹Werkstätten für behinderte Menschen, die eine Vergünstigung im Sinne dieses Kapitels in Anspruch nehmen wollen, bedürfen der Anerkennung. ²Die Entscheidung über die Anerkennung trifft auf Antrag die Bundesagentur für Arbeit im Einvernehmen mit dem

überörtlichen Träger der Sozialhilfe. ³Die Bundesagentur für Arbeit führt ein Verzeichnis der anerkannten Werkstätten für behinderte Menschen. ⁴In dieses Verzeichnis werden auch Zusammenschlüsse anerkannter Werkstätten für behinderte Menschen aufgenommen.

§ 143 Blindenwerkstätten

Die §§ 140 und 141 sind auch zugunsten von auf Grund des Blindenwarenvertriebsgesetzes anerkannten Blindenwerkstätten anzuwenden.

§ 144 Verordnungsermächtigungen

(1) Die Bundesregierung bestimmt durch Rechtsverordnung mit Zustimmung des Bundesrates das Nähere über den Begriff und die Aufgaben der Werkstatt für behinderte Menschen, die Aufnahmevoraussetzungen, die fachlichen Anforderungen, insbesondere hinsichtlich der Wirtschaftsführung sowie des Begriffs und der Verwendung des Arbeitsergebnisses sowie das Verfahren zur Anerkennung als Werkstatt für behinderte Menschen.

(2) ¹Das Bundesministerium für Arbeit und Soziales bestimmt durch Rechtsverordnung mit Zustimmung des Bundesrates im Einzelnen die Errichtung, Zusammensetzung und Aufgaben des Werkstattrats, die Fragen, auf die sich die Mitwirkung erstreckt, einschließlich Art und Umfang der Mitwirkung, die Vorbereitung und Durchführung der Wahl, einschließlich der Wahlberechtigung und der Wählbarkeit, die Amtszeit sowie die Geschäftsführung des Werkstattrats einschließlich des Erlasses einer Geschäftsordnung und der persönlichen Rechte und Pflichten der Mitglieder des Werkstattrats und der Kostentragung. ²Die Rechtsverordnung kann darüber hinaus bestimmen, dass die in ihr getroffenen Regelungen keine Anwendung auf Religionsgemeinschaften und ihre Einrichtungen finden, soweit sie eigene gleichwertige Regelungen getroffen haben.

Kapitel 13. Unentgeltliche Beförderung schwerbehinderter Menschen im öffentlichen Personenverkehr

§ 145 Unentgeltliche Beförderung, Anspruch auf Erstattung der Fahrgeldausfälle

(1) ¹Schwerbehinderte Menschen, die infolge ihrer Behinderung in ihrer Bewegungsfähigkeit im Straßenverkehr erheblich beeinträchtigt oder hilflos oder gehörlos sind, werden von Unternehmern, die öffentlichen Personenverkehr betreiben, gegen Vorzeigen eines entsprechend gekennzeichneten Ausweises nach § 69 Abs. 5 im Nahverkehr im Sinne des § 147 Abs. 1 unentgeltlich befördert; die unentgeltliche Beförderung verpflichtet zur Zahlung eines tarifmäßigen Zuschlages bei der Benutzung zuschlagpflichtiger Züge des Nahverkehrs. ²Voraussetzung ist, dass der Ausweis mit einer gültigen Wertmarke versehen ist. ³Sie wird gegen Entrichtung eines Betrages von 60 Euro für ein Jahr oder 30 Euro für ein halbes Jahr ausgegeben. ⁴Wird sie vor Ablauf der Gültigkeitsdauer zurückgegeben, wird auf Antrag für jeden vollen Kalendermonat ihrer Gültigkeit nach Rückgabe ein Betrag von 5 Euro erstattet, sofern der zu erstattende Betrag 15 Euro nicht unterschreitet; Entsprechendes gilt für jeden vollen Kalendermonat nach dem Tod des schwerbehinderten Menschen. ⁵Auf Antrag wird eine für ein Jahr gültige Wertmarke, ohne dass der Betrag nach Satz 3 zu entrichten ist, an schwerbehinderte Menschen ausgegeben,
1. die blind im Sinne des § 72 Abs. 5 des Zwölften Buches oder entsprechender Vorschriften oder hilflos im Sinne des § 33 b des Einkommensteuergesetzes oder entsprechender Vorschriften sind oder
2. Leistungen zur Sicherung des Lebensunterhalts nach dem Zweiten Buch oder für den Lebensunterhalt laufende Leistungen nach dem Dritten und Vierten Kapitel des Zwölften Buches, dem Achten Buch oder den §§ 27 a und 27 d des Bundesversorgungsgesetzes erhalten oder
3. die am 1. Oktober 1979 die Voraussetzungen nach § 2 Abs. 1 Nr. 1 bis 4 und Abs. 3 des Gesetzes über die unentgeltliche Beförderung von Kriegs- und Wehrdienstbeschädigten sowie von anderen Behinderten im Nahverkehr vom 27. August 1965 (BGBl. I S. 978), das zuletzt durch Artikel 41 des Zuständigkeitsanpassungs-Gesetzes vom 18. März 1975 (BGBl. I S. 705) geändert worden ist, erfüllen, solange ein Grad der Schädigungsfolgen von mindestens 70 festgestellt ist oder von mindestens 50 festgestellt ist und sie infolge der Schädigung erheblich gehbehindert sind; das Gleiche gilt für schwerbehinderte

Menschen, die diese Voraussetzungen am 1. Oktober 1979 nur deshalb nicht erfüllt haben, weil sie ihren Wohnsitz oder ihren gewöhnlichen Aufenthalt zu diesem Zeitpunkt in dem in Artikel 3 des Einigungsvertrages genannten Gebiet hatten.
⁶Die Wertmarke wird nicht ausgegeben, solange der Ausweis einen gültigen Vermerk über die Inanspruchnahme von Kraftfahrzeugsteuerermäßigung trägt. ⁷Die Ausgabe der Wertmarken erfolgt auf Antrag durch die nach § 69 Abs. 5 zuständigen Behörden. ⁸Die Landesregierung oder die von ihr bestimmte Stelle kann die Aufgaben nach Absatz 1 Satz 3 bis 5 ganz oder teilweise auf andere Behörden übertragen. ⁹Für Streitigkeiten in Zusammenhang mit der Ausgabe der Wertmarke gilt § 51 Abs. 1 Nr. 7 des Sozialgerichtsgesetzes entsprechend.

(2) Das Gleiche gilt im Nah- und Fernverkehr im Sinne des § 147, ohne dass die Voraussetzung des Absatzes 1 Satz 2 erfüllt sein muss, für die Beförderung
1. einer Begleitperson eines schwerbehinderten Menschen im Sinne des Absatzes 1, wenn die Berechtigung zur Mitnahme einer Begleitperson nachgewiesen und dies im Ausweis des schwerbehinderten Menschen eingetragen ist, und
2. des Handgepäcks, eines mitgeführten Krankenfahrstuhles, soweit die Beschaffenheit des Verkehrsmittels dies zulässt, sonstiger orthopädischer Hilfsmittel und eines Führhundes; das Gleiche gilt für einen Hund, den ein schwerbehinderter Mensch mitführt, in dessen Ausweis die Berechtigung zur Mitnahme einer Begleitperson nachgewiesen ist.

(3) Die durch die unentgeltliche Beförderung nach den Absätzen 1 und 2 entstehenden Fahrgeldausfälle werden nach Maßgabe der §§ 148 bis 150 erstattet.

§ 146 Persönliche Voraussetzungen

(1) ¹In seiner Bewegungsfähigkeit im Straßenverkehr erheblich beeinträchtigt ist, wer infolge einer Einschränkung des Gehvermögens (auch durch innere Leiden oder infolge von Anfällen oder von Störungen der Orientierungsfähigkeit) nicht ohne erhebliche Schwierigkeiten oder nicht ohne Gefahren für sich oder andere Wegstrecken im Ortsverkehr zurückzulegen vermag, die üblicherweise noch zu Fuß zurückgelegt werden. ²Der Nachweis der erheblichen Beeinträchtigung in der Bewegungsfähigkeit im Straßenverkehr kann bei schwerbehinderten Menschen mit einem Grad der Behinderung von wenigstens 80 nur mit einem Ausweis mit halbseitigem orangefarbenem Flächenaufdruck und eingetragenem Merkzeichen G geführt werden, dessen Gültigkeit frühestens mit dem 1. April 1984 beginnt, oder auf dem ein entsprechender Änderungsvermerk eingetragen ist.

(2) ¹Zur Mitnahme einer Begleitperson sind schwerbehinderte Menschen berechtigt, die bei der Benutzung von öffentlichen Verkehrsmitteln infolge ihrer Behinderung regelmäßig auf Hilfe angewiesen sind. ²Die Feststellung bedeutet nicht, dass die schwerbehinderte Person, wenn sie nicht in Begleitung ist, eine Gefahr für sich oder für andere darstellt.

§ 147 Nah- und Fernverkehr

(1) Nahverkehr im Sinne dieses Gesetzes ist der öffentliche Personenverkehr mit
1. Straßenbahnen und Obussen im Sinne des Personenbeförderungsgesetzes,
2. Kraftfahrzeugen im Linienverkehr nach den §§ 42 und 43 des Personenbeförderungsgesetzes auf Linien, bei denen die Mehrzahl der Beförderungen eine Strecke von 50 Kilometer nicht übersteigt, es sei denn, dass bei den Verkehrsformen nach § 43 des Personenbeförderungsgesetzes die Genehmigungsbehörde auf die Einhaltung der Vorschriften über die Beförderungsentgelte gemäß § 45 Abs. 3 des Personenbeförderungsgesetzes ganz oder teilweise verzichtet hat,
3. S-Bahnen in der 2. Wagenklasse,
4. Eisenbahnen in der 2. Wagenklasse in Zügen und auf Strecken und Streckenabschnitten, die in ein von mehreren Unternehmern gebildetes, mit den unter Nummer 1, 2 oder 7 genannten Verkehrsmitteln zusammenhängendes Liniennetz mit einheitlichen oder verbundenen Beförderungsentgelten einbezogen sind,
5. Eisenbahnen des Bundes in der 2. Wagenklasse in Zügen, die überwiegend dazu bestimmt sind, die Verkehrsnachfrage im Nahverkehr zu befriedigen (Züge des Nahverkehrs), im Umkreis von 50 Kilometer um den Wohnsitz oder gewöhnlichen Aufenthalt des schwerbehinderten Menschen,
6. sonstigen Eisenbahnen des öffentlichen Verkehrs im Sinne des § 2 Abs. 1 und § 3 Abs. 1 des Allgemeinen Eisenbahngesetzes in der 2. Wagenklasse auf Strecken, bei denen die Mehrzahl der Beförderungen eine Strecke von 50 Kilometer nicht überschreiten,
7. Wasserfahrzeugen im Linien-, Fähr- und Übersetzverkehr, wenn dieser der Beförderung von Personen im Orts- und Nachbarschaftsbereich dient und Ausgangs- und Endpunkt

innerhalb dieses Bereiches liegen; Nachbarschaftsbereich ist der Raum zwischen benachbarten Gemeinden, die, ohne unmittelbar aneinander grenzen zu müssen, durch einen stetigen, mehr als einmal am Tag durchgeführten Verkehr wirtschaftlich und verkehrsmäßig verbunden sind.

(2) Fernverkehr im Sinne dieses Gesetzes ist der öffentliche Personenverkehr mit
1. Kraftfahrzeugen im Linienverkehr nach § 42 des Personenbeförderungsgesetzes,
2. Eisenbahnen, ausgenommen den Sonderzugverkehr,
3. Wasserfahrzeugen im Fähr- und Übersetzverkehr, sofern keine Häfen außerhalb des Geltungsbereiches dieses Gesetzbuchs angelaufen werden, soweit der Verkehr nicht Nahverkehr im Sinne des Absatzes 1 ist.

(3) Die Unternehmer, die öffentlichen Personenverkehr betreiben, weisen im öffentlichen Personenverkehr nach Absatz 1 Nr. 2, 5, 6 und 7 im Fahrplan besonders darauf hin, inwieweit eine Pflicht zur unentgeltlichen Beförderung nach § 145 Abs. 1 nicht besteht.

§ 148 Erstattung der Fahrgeldausfälle im Nahverkehr

(1) Die Fahrgeldausfälle im Nahverkehr werden nach einem Prozentsatz der von den Unternehmern nachgewiesenen Fahrgeldeinnahmen im Nahverkehr erstattet.

(2) Fahrgeldeinnahmen im Sinne dieses Kapitels sind alle Erträge aus dem Fahrkartenverkauf zum genehmigten Beförderungsentgelt; sie umfassen auch Erträge aus der Beförderung von Handgepäck, Krankenfahrstühlen, sonstigen orthopädischen Hilfsmitteln, Tieren sowie aus erhöhten Beförderungsentgelten.

(3) Werden in einem von mehreren Unternehmern gebildeten zusammenhängenden Liniennetz mit einheitlichen oder verbundenen Beförderungsentgelten die Erträge aus dem Fahrkartenverkauf zusammengefasst und dem einzelnen Unternehmer anteilmäßig nach einem vereinbarten Verteilungsschlüssel zugewiesen, so ist der zugewiesene Anteil Ertrag im Sinne des Absatzes 2.

(4) [1]Der Prozentsatz im Sinne des Absatzes 1 wird für jedes Land von der Landesregierung oder der von ihr bestimmten Behörde für jeweils ein Jahr bekannt gemacht. [2]Bei der Berechnung des Prozentsatzes ist von folgenden Zahlen auszugehen:
1. der Zahl der in dem Land in dem betreffenden Kalenderjahr ausgegebenen Wertmarken und der Hälfte der in dem Land am Jahresende in Umlauf befindlichen gültigen Ausweise im Sinne des § 145 Abs. 1 Satz 1 von schwerbehinderten Menschen, die das sechste Lebensjahr vollendet haben und bei denen die Berechtigung zur Mitnahme einer Begleitperson im Ausweis eingetragen ist; Wertmarken mit einer Gültigkeitsdauer von einem halben Jahr werden zur Hälfte, zurückgegebene Wertmarken für jeden vollen Kalendermonat vor Rückgabe zu einem Zwölftel gezählt,
2. der in den jährlichen Veröffentlichungen des Statistischen Bundesamtes zum Ende des Vorjahres nachgewiesenen Zahl der Wohnbevölkerung in dem Land abzüglich der Zahl der Kinder, die das sechste Lebensjahr noch nicht vollendet haben, und der Zahlen nach Nummer 1.

[3]Der Prozentsatz ist nach folgender Formel zu berechnen:

$$\frac{\text{Nach Nummer 1 errechnete Zahl}}{\text{Nach Nummer 2 errechnete Zahl}} \times 100.$$

[4]Bei der Festsetzung des Prozentsatzes sich ergebende Bruchteile von 0,005 und mehr werden auf ganze Hundertstel aufgerundet, im Übrigen abgerundet.

(5) [1]Weist ein Unternehmen durch Verkehrszählung nach, dass das Verhältnis zwischen den nach diesem Kapitel unentgeltlich beförderten Fahrgästen und den sonstigen Fahrgästen den nach Absatz 4 festgesetzten Prozentsatz um mindestens ein Drittel übersteigt, wird neben dem sich aus der Berechnung nach Absatz 4 ergebenden Erstattungsbetrag auf Antrag der nachgewiesene, über dem Drittel liegende Anteil erstattet. [2]Die Länder können durch Rechtsverordnung bestimmen, dass die Verkehrszählung durch Dritte auf Kosten des Unternehmens zu erfolgen hat.

§ 149 Erstattung der Fahrgeldausfälle im Fernverkehr

(1) Die Fahrgeldausfälle im Fernverkehr werden nach einem Prozentsatz der von den Unternehmern nachgewiesenen Fahrgeldeinnahmen im Fernverkehr erstattet.

(2) [1]Der maßgebende Prozentsatz wird vom Bundesministerium für Arbeit und Soziales im Einvernehmen mit dem Bundesministerium der Finanzen und dem Bundesminis-

terium für Verkehr, Bau und Stadtentwicklung für jeweils zwei Jahre bekannt gemacht.
²Bei der Berechnung des Prozentsatzes ist von folgenden, für das letzte Jahr vor Beginn des Zweijahreszeitraumes vorliegenden Zahlen auszugehen:
1. der Zahl der im Geltungsbereich dieses Gesetzes am Jahresende in Umlauf befindlichen gültigen Ausweise nach § 145 Abs. 1 Satz 1, auf denen die Berechtigung zur Mitnahme einer Begleitperson eingetragen ist, abzüglich 25 Prozent,
2. der in den jährlichen Veröffentlichungen des Statistischen Bundesamtes zum Jahresende nachgewiesenen Zahl der Wohnbevölkerung im Geltungsbereich dieses Gesetzes abzüglich der Zahl der Kinder, die das vierte Lebensjahr noch nicht vollendet haben, und der nach Nummer 1 ermittelten Zahl.

³Der Prozentsatz ist nach folgender Formel zu errechnen:

$$\frac{\text{Nach Nummer 1 errechnete Zahl}}{\text{Nach Nummer 2 errechnete Zahl}} \times 100.$$

⁴§ 148 Abs. 4 letzter Satz gilt entsprechend.

§ 150 Erstattungsverfahren

(1) ¹Die Fahrgeldausfälle werden auf Antrag des Unternehmers erstattet. ²Bei einem von mehreren Unternehmern gebildeten zusammenhängenden Liniennetz mit einheitlichen oder verbundenen Beförderungsentgelten können die Anträge auch von einer Gemeinschaftseinrichtung dieser Unternehmer für ihre Mitglieder gestellt werden. ³Der Antrag ist bis zum 31. Dezember für das vorangegangene Kalenderjahr zu stellen, und zwar für den Nahverkehr nach § 151 Abs. 1 Satz 1 Nr. 1 und für den Fernverkehr an das Bundesverwaltungsamt, für den übrigen Nahverkehr bei den in Absatz 3 bestimmten Behörden.

(2) ¹Die Unternehmer erhalten auf Antrag Vorauszahlungen für das laufende Kalenderjahr in Höhe von insgesamt 80 Prozent des zuletzt für ein Jahr festgesetzten Erstattungsbetrages. ²Die Vorauszahlungen werden je zur Hälfte am 15. Juli und am 15. November gezahlt. ³Der Antrag auf Vorauszahlungen gilt zugleich als Antrag im Sinne des Absatzes 1. ⁴Die Vorauszahlungen sind zurückzuzahlen, wenn Unterlagen, die für die Berechnung der Erstattung erforderlich sind, nicht bis zum 31. Dezember des auf die Vorauszahlung folgenden Kalenderjahres vorgelegt sind.

(3) ¹Die Landesregierung oder die von ihr bestimmte Stelle legt die Behörden fest, die über die Anträge auf Erstattung und Vorauszahlung entscheiden und die auf den Bund und das Land entfallenden Beträge auszahlen. ²§ 11 Abs. 2 bis 4 des Personenbeförderungsgesetzes gilt entsprechend.

(4) Erstreckt sich der Nahverkehr auf das Gebiet mehrerer Länder, entscheiden die nach Landesrecht zuständigen Landesbehörden dieser Länder darüber, welcher Teil der Fahrgeldeinnahmen jeweils auf den Bereich ihres Landes entfällt.

(5) Die Unternehmen im Sinne des § 151 Abs. 1 Satz 1 Nr. 1 legen ihren Anträgen an das Bundesverwaltungsamt den Anteil der nachgewiesenen Fahrgeldeinnahmen im Nahverkehr zugrunde, der auf den Bereich des jeweiligen Landes entfällt; für den Nahverkehr von Eisenbahnen des Bundes im Sinne des § 147 Abs. 1 Satz 1 Nr. 5 bestimmt sich dieser Teil nach dem Anteil der Zugkilometer, die von einer Eisenbahn des Bundes mit Zügen des Nahverkehrs im jeweiligen Land erbracht werden.

(6) ¹Hinsichtlich der Erstattungen gemäß § 148 für den Nahverkehr nach § 151 Abs. 1 Satz 1 Nr. 1 und gemäß § 149 sowie der entsprechenden Vorauszahlungen nach Absatz 2 wird dieses Kapitel in bundeseigener Verwaltung ausgeführt. ²Die Verwaltungsaufgaben des Bundes erledigt das Bundesverwaltungsamt nach fachlichen Weisungen des Bundesministeriums für Arbeit und Soziales in eigener Zuständigkeit.

(7) ¹Für das Erstattungsverfahren gelten das Verwaltungsverfahrensgesetz und die entsprechenden Gesetze der Länder. ²Bei Streitigkeiten über die Erstattungen und die Vorauszahlungen ist der Verwaltungsrechtsweg gegeben.

§ 151 Kostentragung

(1) ¹Der Bund trägt die Aufwendungen für die unentgeltliche Beförderung
1. im Nahverkehr, soweit Unternehmen, die sich überwiegend in der Hand des Bundes oder eines mehrheitlich dem Bund gehörenden Unternehmens befinden (auch in Verkehrsverbünden), erstattungsberechtigte Unternehmer sind,

2. im übrigen Nahverkehr für
   a) schwerbehinderte Menschen im Sinne des § 145 Abs. 1, die auf Grund eines Grades der Schädigungsfolgen von mindestens 50 Anspruch auf Versorgung nach dem Bundesversorgungsgesetz oder nach anderen Bundesgesetzen in entsprechender Anwendung der Vorschriften des Bundesversorgungsgesetzes haben oder Entschädigung nach § 28 des Bundesentschädigungsgesetzes erhalten,
   b) ihre Begleitperson im Sinne des § 145 Abs. 2 Nr. 1,
   c) die mitgeführten Gegenstände im Sinne des § 145 Abs. 2 Nr. 2 sowie
3. im Fernverkehr für die Begleitperson und die mitgeführten Gegenstände im Sinne des § 145 Abs. 2.

²Die Länder tragen die Aufwendungen für die unentgeltliche Beförderung der übrigen Personengruppen und der mitgeführten Gegenstände im Nahverkehr.

(2) ¹Die nach Absatz 1 Satz 1 Nr. 2 auf den Bund und nach Absatz 1 Satz 2 auf die einzelnen Länder entfallenden Aufwendungen für die unentgeltliche Beförderung im Nahverkehr errechnen sich aus dem Anteil der in dem betreffenden Kalenderjahr ausgegebenen Wertmarken und der Hälfte der am Jahresende in Umlauf befindlichen gültigen Ausweise im Sinne des § 145 Abs. 1 Satz 1 von schwerbehinderten Menschen, die das sechste Lebensjahr vollendet haben und bei denen die Berechtigung zur Mitnahme einer Begleitperson im Ausweis eingetragen ist, der jeweils auf die in Absatz 1 genannten Personengruppen entfällt. ²Wertmarken mit einer Gültigkeitsdauer von einem halben Jahr werden zur Hälfte, zurückgegebene Wertmarken für jeden vollen Kalendermonat vor Rückgabe zu einem Zwölftel gezählt.

(3) ¹Die auf den Bund entfallenden Ausgaben für die unentgeltliche Beförderung im Nahverkehr werden für Rechnung des Bundes geleistet. ²Die damit zusammenhängenden Einnahmen werden an den Bund abgeführt. ³Persönliche und sächliche Verwaltungskosten werden nicht erstattet.

(4) Auf die für Rechnung des Bundes geleisteten Ausgaben und die mit ihnen zusammenhängenden Einnahmen wird § 4 Abs. 2 des Ersten Überleitungsgesetzes in der im Bundesgesetzblatt Teil III, Gliederungsnummer 603-3, veröffentlichten bereinigten Fassung, das zuletzt durch Artikel 2 des Gesetzes vom 20. Dezember 1991 (BGBl. I S. 2317) geändert worden ist, nicht angewendet.

§ 152 Einnahmen aus Wertmarken

¹Von den durch die Ausgabe der Wertmarke erzielten jährlichen Einnahmen sind an den Bund abzuführen:
1. die Einnahmen aus der Ausgabe von Wertmarken an schwerbehinderte Menschen im Sinne des § 151 Abs. 1 Satz 1 Nr. 2,
2. ein bundeseinheitlicher Anteil der übrigen Einnahmen, der vom Bundesministerium für Arbeit und Soziales im Einvernehmen mit dem Bundesministerium der Finanzen und dem Bundesministerium für Verkehr, Bau und Stadtentwicklung für jeweils ein Jahr bekannt gemacht wird. Er errechnet sich aus dem Anteil der nach § 151 Abs. 1 Satz 1 Nr. 1 vom Bund zu tragenden Aufwendungen an den Gesamtaufwendungen von Bund und Ländern für die unentgeltliche Beförderung im Nahverkehr, abzüglich der Aufwendungen für die unentgeltliche Beförderung der in § 151 Abs. 1 Satz 1 Nr. 2 genannten Personengruppen.

²Die durch Ausgabe von Wertmarken an schwerbehinderte Menschen im Sinne des § 151 Abs. 1 Satz 1 Nr. 2 erzielten Einnahmen sind zum 15. Juli und zum 15. November an den Bund abzuführen. ³Von den eingegangenen übrigen Einnahmen sind zum 15. Juli und zum 15. November Abschlagszahlungen in Höhe des Prozentsatzes, der für das jeweilige Vorjahr nach Satz 1 Nr. 2 bekannt gemacht wird, an den Bund abzuführen. ⁴Die auf den Bund entfallenden Einnahmen sind für jedes Haushaltsjahr abzurechnen.

§ 153 Erfassung der Ausweise

¹Die für die Ausstellung der Ausweise nach § 69 Abs. 5 zuständigen Behörden erfassen
1. die am Jahresende in Umlauf befindlichen gültigen Ausweise, getrennt nach
   a) Art,
   b) besonderen Eintragungen und
   c) Zugehörigkeit zu einer der in § 151 Abs. 1 Satz 1 genannten Gruppen,
2. die im Kalenderjahr ausgegebenen Wertmarken, unterteilt nach der jeweiligen Gültigkeitsdauer, und die daraus erzielten Einnahmen, getrennt nach Zugehörigkeit zu einer der in § 151 Abs. 1 Satz 1 genannten Gruppen

als Grundlage für die nach § 148 Abs. 4 Nr. 1 und § 149 Abs. 2 Nr. 1 zu ermittelnde Zahl der Ausweise und Wertmarken, für die nach § 151 Abs. 2 zu ermittelnde Höhe der Aufwendungen sowie für die nach § 152 vorzunehmende Aufteilung der Einnahmen aus der Ausgabe von Wertmarken. ²Die zuständigen obersten Landesbehörden teilen dem Bundesministerium für Arbeit und Soziales das Ergebnis der Erfassung nach Satz 1 spätestens bis zum 31. März des Jahres mit, in dem die Prozentsätze festzusetzen sind.

§ 154 Verordnungsermächtigungen

(1) Die Bundesregierung wird ermächtigt, in der Rechtsverordnung auf Grund des § 70 nähere Vorschriften über die Gestaltung der Wertmarken, ihre Verbindung mit dem Ausweis und Vermerke über ihre Gültigkeitsdauer zu erlassen.

(2) Das Bundesministerium für Arbeit und Soziales und das Bundesministerium für Verkehr, Bau und Stadtentwicklung werden ermächtigt, durch Rechtsverordnung festzulegen, welche Zuggattungen von Eisenbahnen des Bundes zu den Zügen des Nahverkehrs im Sinne des § 147 Abs. 1 Nr. 5 und zu den zuschlagpflichtigen Zügen des Nahverkehrs im Sinne des § 145 Abs. 1 Satz 1 zweiter Halbsatz zählen.

Kapitel 14. Straf-, Bußgeld- und Schlussvorschriften

§ 155 Strafvorschriften

(1) Wer unbefugt ein fremdes Geheimnis, namentlich ein zum persönlichen Lebensbereich gehörendes Geheimnis oder ein Betriebs- oder Geschäftsgeheimnis, offenbart, das ihm als Vertrauensperson schwerbehinderter Menschen anvertraut worden oder sonst bekannt geworden ist, wird mit Freiheitsstrafe bis zu einem Jahr oder mit Geldstrafe bestraft.

(2) ¹Handelt der Täter gegen Entgelt oder in der Absicht, sich oder einen anderen zu bereichern oder einen anderen zu schädigen, so ist die Strafe Freiheitsstrafe bis zu zwei Jahren oder Geldstrafe. ²Ebenso wird bestraft, wer unbefugt ein fremdes Geheimnis, namentlich ein Betriebs- oder Geschäftsgeheimnis, zu dessen Geheimhaltung er nach Absatz 1 verpflichtet ist, verwertet.

(3) Die Tat wird nur auf Antrag verfolgt.

§ 156 Bußgeldvorschriften

(1) Ordnungswidrig handelt, wer vorsätzlich oder fahrlässig
1. entgegen § 71 Abs. 1 Satz 1, auch in Verbindung mit einer Rechtsverordnung nach § 79 Nr. 1, oder § 71 Abs. 1 Satz 3 schwerbehinderte Menschen nicht beschäftigt,
2. entgegen § 80 Abs. 1 ein Verzeichnis nicht, nicht richtig, nicht vollständig oder nicht in der vorgeschriebenen Weise führt oder nicht oder nicht rechtzeitig vorlegt,
3. entgegen § 80 Abs. 2 Satz 1 oder Abs. 4 eine Anzeige nicht, nicht richtig, nicht vollständig, nicht in der vorgeschriebenen Weise oder nicht rechtzeitig erstattet,
4. entgegen § 80 Abs. 5 eine Auskunft nicht, nicht richtig, nicht vollständig oder nicht rechtzeitig erteilt,
5. entgegen § 80 Abs. 7 Einblick in den Betrieb oder die Dienststelle nicht oder nicht rechtzeitig gibt,
6. entgegen § 80 Abs. 8 eine dort bezeichnete Person nicht oder nicht rechtzeitig benennt,
7. entgegen § 81 Abs. 1 Satz 4 oder 9 eine dort bezeichnete Vertretung oder einen Beteiligten nicht, nicht richtig, nicht vollständig oder nicht rechtzeitig unterrichtet,
8. entgegen § 81 Abs. 1 Satz 7 eine Entscheidung nicht erörtert, oder
9. entgegen § 95 Abs. 2 Satz 1 die Schwerbehindertenvertretung nicht, nicht richtig, nicht vollständig oder nicht rechtzeitig unterrichtet oder nicht oder nicht rechtzeitig hört.

(2) Die Ordnungswidrigkeit kann mit einer Geldbuße bis zu 10.000 Euro geahndet werden.

(3) Verwaltungsbehörde im Sinne des § 36 Abs. 1 Nr. 1 des Gesetzes über Ordnungswidrigkeiten ist die Bundesagentur für Arbeit.

(4) § 66 des Zehnten Buches gilt entsprechend.

(5) ¹Die Geldbuße ist an das Integrationsamt abzuführen. ²Für ihre Verwendung gilt § 77 Abs. 5.

§ 157 Stadtstaatenklausel

(1) ¹Der Senat der Freien und Hansestadt Hamburg wird ermächtigt, die Schwerbehindertenvertretung für Angelegenheiten, die mehrere oder alle Dienststellen betreffen, in der Weise zu regeln, dass die Schwerbehindertenvertretungen aller Dienststellen eine Gesamtschwerbehindertenvertretung wählen. ²Für die Wahl gilt § 94 Abs. 2, 3, 6 und 7 entsprechend.

(2) § 97 Abs. 6 Satz 1 gilt entsprechend.

§ 158 Sonderregelung für den Bundesnachrichtendienst

Für den Bundesnachrichtendienst gilt dieses Gesetz mit folgenden Abweichungen:
1. Der Bundesnachrichtendienst gilt vorbehaltlich der Nummer 3 als einheitliche Dienststelle.
2. Für den Bundesnachrichtendienst gelten die Pflichten zur Vorlage des nach § 80 Abs. 1 zu führenden Verzeichnisses, zur Anzeige nach § 80 Abs. 2 und zur Gewährung von Einblick nach § 80 Abs. 7 nicht. Die Anzeigepflicht nach § 90 Abs. 3 gilt nur für die Beendigung von Probearbeitsverhältnissen.
3. Als Dienststelle im Sinne des Kapitels 5 gelten auch Teile und Stellen des Bundesnachrichtendienstes, die nicht zu seiner Zentrale gehören. § 94 Abs. 1 Satz 4 und 5 sowie § 97 sind nicht anzuwenden. In den Fällen des § 97 Abs. 6 ist die Schwerbehindertenvertretung der Zentrale des Bundesnachrichtendienstes zuständig. Im Falle des § 94 Abs. 6 Satz 4 lädt der Leiter oder die Leiterin der Dienststelle ein. Die Schwerbehindertenvertretung ist in den Fällen nicht zu beteiligen, in denen die Beteiligung der Personalvertretung nach dem Bundespersonalvertretungsgesetz ausgeschlossen ist. Der Leiter oder die Leiterin des Bundesnachrichtendienstes kann anordnen, dass die Schwerbehindertenvertretung nicht zu beteiligen ist, Unterlagen nicht vorgelegt oder Auskünfte nicht erteilt werden dürfen, wenn und soweit dies aus besonderen nachrichtendienstlichen Gründen geboten ist. Die Rechte und Pflichten der Schwerbehindertenvertretung ruhen, wenn die Rechte und Pflichten der Personalvertretung ruhen. § 96 Abs. 7 Satz 3 ist nach Maßgabe der Sicherheitsbestimmungen des Bundesnachrichtendienstes anzuwenden. § 99 Abs. 2 gilt nur für die in § 99 Abs. 1 genannten Personen und Vertretungen der Zentrale des Bundesnachrichtendienstes.
4. Im Widerspruchsausschuss bei dem Integrationsamt (§ 119) und die Widerspruchsausschüsse bei der Bundesagentur für Arbeit (§ 120) treten in Angelegenheiten schwerbehinderter Menschen, die beim Bundesnachrichtendienst beschäftigt sind, an die Stelle der Mitglieder, die Arbeitnehmer oder Arbeitnehmerinnen und Arbeitgeber sind (§ 119 Abs. 1 und § 120 Abs. 1), Angehörige des Bundesnachrichtendienstes, an die Stelle der Schwerbehindertenvertretung die Schwerbehindertenvertretung der Zentrale des Bundesnachrichtendienstes. Sie werden dem Integrationsamt und der Bundesagentur für Arbeit vom Leiter oder der Leiterin des Bundesnachrichtendienstes benannt. Die Mitglieder der Ausschüsse müssen nach den dafür geltenden Bestimmungen ermächtigt sein, Kenntnis von Verschlusssachen des in Betracht kommenden Geheimhaltungsgrades zu erhalten.
5. Über Rechtsstreitigkeiten, die auf Grund dieses Buches im Geschäftsbereich des Bundesnachrichtendienstes entstehen, entscheidet im ersten und letzten Rechtszug der oberste Gerichtshof des zuständigen Gerichtszweiges.

§ 159 Übergangsregelung

(1) Abweichend von § 71 Abs. 1 beträgt die Pflichtquote für die in § 71 Abs. 3 Nr. 1 und 4 genannten öffentlichen Arbeitgeber des Bundes weiterhin 6 Prozent, wenn sie am 31. Oktober 1999 auf mindestens 6 Prozent der Arbeitsplätze schwerbehinderte Menschen beschäftigt hatten.

(2) Auf Leistungen nach § 33 Abs. 2 des Schwerbehindertengesetzes in Verbindung mit dem Ersten Abschnitt der Schwerbehinderten-Ausgleichsabgabeverordnung jeweils in der bis zum 30. September 2000 geltenden Fassung sind die zu diesem Zeitpunkt geltenden Rechtsvorschriften weiter anzuwenden, wenn die Entscheidung über die beantragten Leistungen vor dem 1. Oktober 2000 getroffen worden ist.

(3) Eine auf Grund des Schwerbehindertengesetzes getroffene bindende Feststellung über das Vorliegen einer Behinderung, eines Grades der Behinderung und das Vorliegen weiterer gesundheitlicher Merkmale gelten als Feststellungen nach diesem Buch.

(4) Die nach § 56 Abs. 2 des Schwerbehindertengesetzes erlassenen allgemeinen Richtlinien sind bis zum Erlass von allgemeinen Verwaltungsvorschriften nach § 141 weiter anzuwenden.

(5) § 17 Abs. 2 Satz 1 ist vom 1. Januar 2008 an mit der Maßgabe anzuwenden, dass auf Antrag Leistungen durch ein Persönliches Budget ausgeführt werden.

(6) Auf Erstattungen nach Teil 2 Kapitel 13 ist § 148 für bis zum 31. Dezember 2004 entstandene Fahrgeldausfälle in der bis zu diesem Zeitpunkt geltenden Fassung anzuwenden.

§ 159a Übergangsvorschrift zum Dritten Gesetz für moderne Dienstleistungen am Arbeitsmarkt

§ 73 Abs. 2 Nr. 4 ist in der bis zum 31. Dezember 2003 geltenden Fassung weiter anzuwenden, solange Personen an Strukturanpassungsmaßnahmen nach dem Dritten Buch teilnehmen.

§ 160 Überprüfungsregelung

(1) Die Bundesregierung berichtet den gesetzgebenden Körperschaften des Bundes bis zum 30. Juni 2005 über die Situation behinderter und schwerbehinderter Frauen und Männer auf dem Ausbildungsstellenmarkt und schlägt die danach zu treffenden Maßnahmen vor.

(2) [1]Sie berichtet den gesetzgebenden Körperschaften des Bundes bis zum 30. Juni 2007 über die Wirkungen der Instrumente zur Sicherung von Beschäftigung und zur betrieblichen Prävention. [2]Dabei wird auch die Höhe der Beschäftigungspflichtquote überprüft.

100. Zehntes Buch Sozialgesetzbuch – Sozialverwaltungsverfahren und Sozialdatenschutz – (SGB X)

In der Fassung der Bekanntmachung vom 18. Januar 2001 (BGBl. I S. 130)

Zuletzt geändert durch Gesetz vom 23. 5. 2011 (BGBl. I S. 898)

BGBl. III/FNA 860-10-1

Erstes Kapitel. Verwaltungsverfahren

Erster Abschnitt. Anwendungsbereich, Zuständigkeit, Amtshilfe

§ 1 Anwendungsbereich

(1) ¹Die Vorschriften dieses Kapitels gelten für die öffentlich-rechtliche Verwaltungstätigkeit der Behörden, die nach diesem Gesetzbuch ausgeübt wird. ²Für die öffentlich-rechtliche Verwaltungstätigkeit der Behörden der Länder, der Gemeinden und Gemeindeverbände, der sonstigen der Aufsicht des Landes unterstehenden juristischen Personen des öffentlichen Rechts zur Ausführung von besonderen Teilen dieses Gesetzbuches, die nach Inkrafttreten der Vorschriften dieses Kapitels Bestandteil des Sozialgesetzbuches werden, gilt dies nur, soweit diese besonderen Teile mit Zustimmung des Bundesrates die Vorschriften dieses Kapitels für anwendbar erklären. ³Die Vorschriften gelten nicht für die Verfolgung und Ahndung von Ordnungswidrigkeiten.

(2) Behörde im Sinne dieses Gesetzbuches ist jede Stelle, die Aufgaben der öffentlichen Verwaltung wahrnimmt.

A. Normzweck

1 § 1 ist als Teil des Sozialgesetzbuchs – Verwaltungsverfahren vom 18. 8. 1980 (BGBl. I S. 1469) zum 1. 1. 1981 in Kraft getreten und gilt seither unverändert. Die Vorschrift ist den §§ 1, 2 VwVfG vergleichbar und grenzt die **Anwendbarkeit** des Ersten Kapitels des SGB X (Verwaltungsverfahren) in mehrfacher Hinsicht ein: Nach Abs. 1 S. 1 gelten die Vorschriften dieses Kapitels nur für Behörden, die auf dem Gebiet des im Sozialgesetzbuch geregelten Sozialrechts tätig werden, und zwar nur für deren öffentlich-rechtliche Verwaltungstätigkeit. Andere – insbesondere privatwirtschaftliche – Tätigkeiten der Behörden unterliegen dem Verwaltungsverfahrensrecht nicht. Nach Abs. 1 S. 2 unterfällt nur die öffentlich-rechtliche Verwaltungstätigkeit von der Landesaufsicht unterworfenen Behörden – bezogen auf Vorschriften, die zu Bestandteilen des SGB erklärt wurden – dem SGB X – Verwaltungsverfahren, die mit Zustimmung des Bundesrats für anwendbar erklärt worden sind. Abs. 1 S. 3 schließt §§ 1 bis 66 SGB X für die Verfolgung und Ahndung von Ordnungswidrigkeiten aus. Abs. 2 ist eine **Legaldefinition** des Behördenbegriffs.

B. Regelungsgehalt

I. Absatz 1 Satz 1

2 Nach Abs. 1 S. 1 sind die §§ 1 bis 66 SGB X auf die **öffentlich-rechtliche Verwaltungstätigkeit** von Behörden anwendbar. Öffentlich-rechtliche Verwaltungstätigkeit liegt vor, wenn ein Träger hoheitlicher Gewalt in Anwendung von Vorschriften des öffentlichen Rechts hoheitliche Tätigkeit mit Außenwirkung ausübt (vgl. zum Begriff des Verwaltungsverfahrens § 8). Den Bereich öffentlich-rechtlicher Verwaltungstätigkeit verlässt die Behörde nicht, wenn sie – zulässigerweise (vgl. BSGE 59, 211 = SGb 1986, 464 m. Anm. Plagemann S. 466 f.) – eine von der gesetzlich vorgesehenen Verfahrensweise abweichende Regelung vereinbart. Bei der Auslegung des § 1 Abs. 1 S. 1 reicht die mittelbare Anerkennung als Verwaltungsaufgabe nach dem SGB aus (BSGE 74, 225 = SozR 3–8825 § 2 Nr. 2; BSGE 85, 92 = SozR 3–1300 § 48 Nr. 68). Nicht erforderlich ist also, dass es sich auch inhaltlich um eine soziale Aufgabenstellung handelt. Ob eine Streitigkeit öffentlich- oder bürgerlich-rechtlich ist, richtet sich, wenn eine ausdrückliche Rechtswegzuweisung des Gesetzgebers fehlt, nach der **Natur des Rechtsverhältnisses,** aus dem der Klageanspruch hergeleitet wird (GmSOGB

BGHZ 108, 284 = SozR 1500 § 51 Nr. 53). Öffentlich-rechtlich sind Streitigkeiten, die aus einem hoheitlichen Verhältnis der Über- und Unterordnung entstehen. Eine öffentlich-rechtliche Streitigkeit kann aber auch auf einem Gleichordnungsverhältnis beruhen; entscheidend ist die wahre Natur des Anspruchs (GmSOGB BGHZ 102, 280; BGH NJW 1979, 2615; BSG SozR 1500 § 51 SGG Nr. 44). Tätigkeiten, die Sozialleistungsträger in Erfüllung ihrer Aufgaben nach dem SGB vornehmen, sind stets dem öffentlichen Recht zuzuordnen; dies gilt auch für das in den Satzungen der Kassenärztlichen Vereinigungen näher geregelte Disziplinarverfahren (BSG 9. 12. 2004 – B 6 KA 70/04 B). Nicht dem öffentlichen Recht unterfallen die private Pflegeversicherung (§ 110 SGB XI; vgl. BSGE 86, 94 = SozR 3–3300 § 77 Nr. 388; BSGE 88, 262; 88, 268; BSG 23. 7. 2002 – B 3 P 9/01 R), die Wahrnehmung von Aufgaben im Verwaltungsprivatrecht sowie fiskalisches Handeln der Behörden. Der **Behördenbegriff** ist in Abs. 2 festgelegt (vgl. unten Rn. 6).

„Nach diesem Gesetzbuch ausgeübt" sind alle Verwaltungshandlungen – Verwaltungsakte, Realakte, schlichtes Verwaltungshandeln wie Vertragshandlungen – in Ausübung rechtlicher Befugnisse nach allen Büchern des SGB sowie der in § 68 SGB I gleichgestellten Gesetze (zB BAföG, GAL, OEG). Auch wenn das **SGB XII** nach dem 1. 1. 1981 in Kraft getreten ist, wurde mit der Normierung des SGB XII nur die von § 68 SGB I vorgesehene Einordnung des zuvor geltenden Bundessozialhilfegesetzes (BSHG) in das SGB vorgenommen, und das BSHG galt seinerseits nach § 68 Nr. 11 SGB I bereits vor dem 1. 1. 1981 bis zu der Einordnung des Sozialhilferechts in das SGB als Bestandteil des SGB. Das BSHG gehörte mithin kraft Fiktion – mit all seinen späteren Änderungen und Ergänzungen – schon zum Zeitpunkt des Inkrafttretens des SGB X zum Sozialhilferecht im formellen Sinne, sodass es für das SGB XII als Folgegesetz zum BSHG keines besonderen **Anwendungsbefehls** bezogen auf das SGB X bedurfte (BSG 16. 10. 2007 – B 8/9 b SO 8/06 R – BSGE 99, 137 = SozR 4–1300 § 44 Nr. 11, Rn. 16 m. w. N.; zur verfassungsgemäßen Ersetzung der Arbeitslosenhilfe durch die Leistungen der **Grundsicherung für Arbeitsuchende** nach dem SGB II vgl. BSG SozR 4–4200 § 20 Nr. 3). Dem SGB X selbst kommt als reines Verfahrensrecht nur dienende Funktion für die Leistungserbringung nach materiellem Recht zu. Dies verdeutlicht § 37 S. 1 Hs. 1 SGB I, wonach das SGB I und das SGB X für alle Sozialleistungsbereiche dieses Gesetzbuchs gelten, soweit sie nicht durch speziellere Regelungen verdrängt werden (vgl. BVerwGE 78, 101 = Buchholz 436.36 § 20 BAföG Nr. 27; BVerwG Buchholz 436.36 § 20 BAföG Nr. 28).

II. Absatz 1 Satz 2

Abs. 1 S. 2 regelt die **Anwendbarkeit** des Ersten Kapitels SGB X für Sozialverwaltungstätigkeit von Landes- und Kommunalbehörden sowie sonstigen juristischen Personen des öffentlichen Rechts, die der Aufsicht des Landes unterstehenden. Eingefügt worden ist diese Vorschrift auf Vorschlag des Bundesrats (vgl. BR-Drucks. 288/80, Anlage, S. 1), weil der Bund keine selbstständige Gesetzgebungskompetenz für Verfahrensregelungen hat, sich seine Kompetenz vielmehr darauf beschränkt, bei in seinen Zuständigkeitsbereich fallenden materiellen Gesetzen Verfahrensrechtliches als Annex mit zu regeln. Das Erste Kapitel des SGB X ist danach nur dann auch für die sozialverwaltende Tätigkeit von Landes- und Kommunalbehörden anwendbar, wenn diese aufgrund sozialrechtlicher Rechtsgrundlagen tätig werden, die vor Erlass der Bestimmungen des Ersten Kapitels des SGB X in Kraft getreten sind. Ein Vergleich mit § 68 SGB I (früher: Art. 2 § 1 SGB I) zeigt, dass dies die meisten sind. Ferner ist das Erste Kapitel des SGB X anzuwenden, wenn – mit Zustimmung des Bundesrats – die Anwendbarkeit der Bestimmungen ausdrücklich angeordnet worden ist. Dies ist beispielsweise der Fall bei § 46 Abs. 2 S. 4 SGB XI, § 40 Abs. 1 S. 1 SGB II, problematisch – inzwischen aber von der Rechtsprechung des BSG bejaht – für das SGB XII (vgl. Waibel, ZfSH/SGB 2004, 647, 649 ff.; s. auch BSGE 99, 137 = SozR 4–1300 § 44 Nr. 11, Rn. 16 m. w. N. vgl. oben Rn. 3).

III. Absatz 1 Satz 3

Abs. 1 S. 3 schließt die Anwendbarkeit des Ersten Kapitels SGB X für die Verfolgung und Ahndung von **Ordnungswidrigkeiten** (§ 63 SGB II, § 307 SGB V, § 320 SGB VI) ausdrücklich aus. Die sachliche Zuständigkeit zur Ahndung von Ordnungswidrigkeiten richtet sich allerdings nach den Regeln des SGB und seiner besonderen Teile (§ 36 Abs. 1 Nr. 1 OWiG iVm. § 112 SGB IV).

IV. Behördenbegriff (Abs. 2)

Behörde ist nach Abs. 1 S. 3 jede Stelle, die Aufgaben der öffentlichen Verwaltung wahrnimmt (zum Behördenbegriff allgemein vgl. BSG SozR 3–1500 § 91 Nr 1; BSG SozR 3–2500 § 109 Nr. 3 [zum Abschluss eines Versorgungsvertrags mit einem Krankenhaus]). Damit geht das SGB X von einem **weiten Behördenbegriff** aus: Um eine Behörde i.S. dieser Vorschrift handelt es sich, wenn ein Träger Aufgaben der öffentlichen Verwaltung wahrnimmt (BSG SozR 4–4200 § 20 Nr. 1; SozR 3–1500 § 91 Nr. 1; Berlit, LPK-SGB II, § 44b Rn. 50; Luthe in: Hauck/Noftz, SGB II, K § 44b Rn. 5b; Rixen in: Eicher/Spellbrink, § 44b Rn. 15; Weiss in: Estelmann, SGB II, § 44b Rn. 35). Nicht Behörde iSd. § 1 Abs. 2 SGB X ist ein Krankenhausträger (BSGE 88, 6 = SozR 3–2500 § 103

Nr. 6); § 1 Abs. 1 S. 3 SGB X entspricht **§ 1 Abs. 4 VwVfG.** Diese den Behördenbegriff im allgemeinen Verwaltungsverfahrensrecht regelnde Vorschrift weicht in ihrem Wortlaut („Behörde im Sinne dieses Gesetzes ist jede Stelle, die Aufgaben der öffentlichen Sinne dieses Gesetzes ist jede organisatorische selbständige Stelle, die öffentlich-rechtliche Verwaltungstätigkeit ausübt") ab. Dennoch ist ein ähnlicher Regelungsinhalt anzunehmen (offen gelassen in BVerwG 30. 8. 2006 – 10 B 38/06). Für den **Bereich des Gerichtsverfahrens** wird der Behördenbegriff in der Rechtsprechung des BSG dahingehend verstanden, dass hierunter alle Stellen zu fassen sind, die durch organisationsrechtliche Rechtssätze gebildet, vom Wechsel ihrer Amtsinhaber unabhängig und nach der einschlägigen Zuständigkeitsregelung berufen sind, unter eigenem Namen für den Staat oder einen Träger öffentlicher Verwaltung Aufgaben der öffentlichen Verwaltung wahrzunehmen (BSGE 99, 137 = SozR 4–1300 § 44 Nr. 11, Rn. 11; vgl auch Waschull in Diering/Timme/Waschull, LPK-SGB X, 3. Aufl 2011, § 11 Rn. 7 m. w. N.). Da diese Definition in der gerichtlichen Praxis nicht unumstritten ist (vgl. hierzu nur Straßfeld, SGb 2010, 520), ist es zumindest für das Sozialverwaltungsverfahren vorzuziehen, die Behörde als eine mit einer gewissen Selbstständigkeit ausgestattete organisatorische Einheit von Personen und sächlichen Mitteln zu definieren, die dazu berufen ist, staatliche Aufgaben wahrzunehmen (vgl. BVerwGE 87, 310 [312]; BVerwG Buchholz 251.2 § 86 BlnPersVG Nr. 4).

7 **Behördeneigenschaft** haben gemäß § 31 Abs. 3 S. 1 SGB IV die vertretungsberechtigten Organe des Versicherungsträgers. Auch die Arbeitsgemeinschaften (nunmehr Jobcenter) des SGB II sind Behörden iSd. § 1 Abs. 2 SGB X (BSG SozR 4–4200 § 20 Nr. 3 Rn. 17). Denn die Behörde ist im **funktionellen Sinn** zu verstehen; unerheblich ist, wie die Stelle organisationsrechtlich bezeichnet wird. So gehören zu der Behörde, auf deren Tatsachenkenntnis § 45 Abs. 4 S. 2 SGB X (Jahresfrist ab Kenntniserlangung) abstellt, auch diejenigen Sachbearbeiter des Leistungsträgers, die mit der Vorbereitung einer Rücknahmeentscheidung betraut sind (BSGE 63, 224 = SozR 1300 § 48 Nr. 47; BSGE 77, 295 = SozR 3–1300 § 45 Nr. 27; BSG 31. 1. 2008 – B 13 R 23/07 R – ZFE 2008, 395). Bei Entscheidungen über den Abschluss eines Versorgungsvertrags mit Krankenhäusern ist die Gesamtheit der in § 109 Abs 1 Satz 1 SGB V genannten Krankenkassenverbände als Behörde iSd. § 1 Abs 2 SGB X anzusehen (BSG SozR 3–2500 § 109 Nr 3 S 27 f m. w. N.; BSGE 101, 177 = SozR 4–2500 § 109 Nr. 6 Rn. 17). Ein rechtlich erheblicher Unterschied zur Rechtsprechung des BVerwG, das die Jahresfrist des § 48 Abs. 4 S. 1 VwVfG in Lauf gesetzt sieht, wenn „die Behörde" positive Kenntnis von den Tatsachen erhalten hat, die die Rücknahme des Verwaltungsakts rechtfertigen (BVerwG GS BVerwGE 70, 356 = Buchholz 316 § 48 VwVfG Nr. 33; hierauf Bezug nehmend: BSGE 60, 239 = SozR 1300 § 45 Nr. 26), besteht damit nicht.

8 Auch eine – natürliche oder juristische – Person des Privatrechts kann Behörde sein, wenn sie Aufgaben der öffentlichen Verwaltung wahrnimmt. Dies ist bei sog. **„beliehenen Unternehmern"** der Fall. So „beleiht" zB das Gesetz den jeweils vom Versicherten frei gewählten Vertragsarzt mit der öffentlich-rechtlichen Rechtsmacht (Kompetenz), die medizinischen Voraussetzungen des Eintritts des Versicherungsfalls der Krankheit für den Versicherten und die Krankenkasse verbindlich festzustellen (BSGE 79, 190 = SozR 3–2500 § 13 Nr. 12). Nicht hingegen Behörde ist der Vorsitzende eines Berufungsausschusses (BSG SozR 4–1300 § 63 Nr. 9 Rn. 20). Ebenfalls nicht Behörde ist eine **Schiedsperson** iSd. § 132 a SGB V, sodass auch der Schiedsspruch keinen mit der Anfechtungsklage anfechtbaren Verwaltungsakt darstellt (BSG 25. 11. 2010 – B 3 KR 1/10 R – SozR 4–2500 § 132 a Nr. 5); dieser fungiert vielmehr als Vertragshelfer analog § 317 BGB. Hingegen kann der Staat aus vernünftigen praktischen Gründen zur Entlastung seiner Verwaltungskräfte private Sportvereine als „beliehene Unternehmer" beauftragen, den Versehrtensport zu organisieren (BSG SozR 3614 § 4 Nr. 3). Der Hauptverband der gewerblichen Berufsgenossenschaften nimmt als eingetragener Vereins des bürgerlichen Rechts öffentlich-rechtliche Aufgaben wahr und erlässt anfechtbare Verwaltungsakte (BSGE 43, 282 = SozR 5610 Art. 3 § 1 Nr. 2). Der vom Arbeitgeber zu erbringende Beitragszuschuss hingegen ist zwar dem öffentlichen Recht zuzuordnen; dennoch steht der Arbeitgeber bei der Erfüllung seiner durch § 257 SGB V auferlegten Pflichten dem betroffenen Arbeitnehmer gleichrangig gegenüber; ihm sind in dieser Funktion keine hoheitlichen Aufgaben etwa als Beliehener übertragen worden (BSGE 83, 40 = SozR 3–2500 § 257 Nr. 5). Eine Beleihung liegt nicht vor, soweit Unternehmen wie Einrichtungen freier Wohlfahrtsverbände eigene Aufgaben wahrnehmen, etwa im Rahmen des § 5 Abs. 5 SGB XII oder des § 3 Abs. 3 S. 2 iVm. § 76 Abs. 2 SGB VIII (vgl. Begründung zum Reg.-Entw. BT-Drs. 8/2034 S. 30 zu § 1).

§ 2 Örtliche Zuständigkeit

(1) ¹Sind mehrere Behörden örtlich zuständig, entscheidet die Behörde, die zuerst mit der Sache befasst worden ist, es sei denn, die gemeinsame Aufsichtsbehörde bestimmt, dass eine andere örtlich zuständige Behörde zu entscheiden hat. ²Diese Aufsichtsbehörde entscheidet ferner über die örtliche Zuständigkeit, wenn sich mehrere Behörden für zuständig oder für unzuständig halten oder wenn die Zuständigkeit aus anderen Gründen zweifelhaft ist. ³Fehlt eine gemeinsame Aufsichtsbehörde, treffen die Aufsichtsbehörden die Entscheidung gemeinsam.

(2) Ändern sich im Lauf des Verwaltungsverfahrens die die Zuständigkeit begründenden Umstände, kann die bisher zuständige Behörde das Verwaltungsverfahren fortführen, wenn dies unter Wahrung der Interessen der Beteiligten der einfachen und zweckmäßigen Durchführung des Verfahrens dient und die nunmehr zuständige Behörde zustimmt.

(3) ¹Hat die örtliche Zuständigkeit gewechselt, muss die bisher zuständige Behörde die Leistungen noch solange erbringen, bis sie von der nunmehr zuständigen Behörde fortgesetzt werden. ²Diese hat der bisher zuständigen Behörde die nach dem Zuständigkeitswechsel noch erbrachten Leistungen auf Anforderung zu erstatten. ³§ 102 Abs. 2 gilt entsprechend.

(4) ¹Bei Gefahr im Verzug ist für unaufschiebbare Maßnahmen jede Behörde örtlich zuständig, in deren Bezirk der Anlass für die Amtshandlung hervortritt. ²Die nach den besonderen Teilen dieses Gesetzbuches örtlich zuständige Behörde ist unverzüglich zu unterrichten.

A. Normzweck

§ 2 regelt – anders als § 3 Abs. 1 VwVfG – nicht die örtliche Zuständigkeit der Behörde, die diese – neben der sachlichen Zuständigkeit – von Amts wegen zu prüfen hat, sondern setzt sie vielmehr voraus. Lediglich Abs. 4 S. 1 legt eine örtliche Zuständigkeit für den Fall des Vorliegens von Gefahr im Verzug fest. Dass sich im Übrigen die **Zuständigkeit nach den besonderen Teilen des SGB** bestimmt, ergibt sich aus Abs. 4 S. 2. Ansonsten ist die Vorschrift – mit Ausnahme des Abs. 3 – § 3 VwVfG nachgebildet; § 2 Abs. 1 S. 1 entspricht § 3 Abs. 2 S. 1 VwVfG, Abs. 1 S. 2 und 3 entsprechen § 3 Abs. 3 S. 3 und 4 VwVfG und § 2 Abs. 2 und 4 entsprechen § 3 Abs. 3 und 4 VwVfG. 1

Die Vorschrift regelt, welche Behörde zu entscheiden hat, wenn mehrere Behörden örtlich zuständig sind **(anfängliche Zuständigkeitskonkurrenz)**, bzw. welche Stelle den Kompetenzkonflikt zu klären hat (Abs. 1). Sie regelt ferner, was bei einer Änderung der Behördenzuständigkeit **(nachfolgender Kompetenzkonflikt)** veranlasst ist (Abs. 2) und in welchem Umfang die bislang zuständige Behörde weiterhin Leistungen zu erbringen hat **(unaufschiebbare Maßnahmen,** Abs. 3). Besteht ein Anspruch auf Sozialleistungen und ist zwischen mehreren Leistungsträgern streitig, wer zur Leistung verpflichtet ist, kann nach § 43 Abs. 1 S. 1 SGB I der unter ihnen zuerst angegangene Leistungsträger vorläufig Leistungen erbringen, deren Umfang er nach pflichtgemäßem Ermessen bestimmt. Nach S. 2 dieser Vorschrift hat er Leistungen nach S. 1 zu erbringen, wenn der Berechtigte es beantragt; die vorläufigen Leistungen beginnen spätestens nach Ablauf eines Kalendermonats nach Eingang des Antrags. Meinen zwei Leistungsträger, für den Leistungsberechtigten nicht (mehr) zuständig zu sein, besteht ein sog. negativer Kompetenzkonflikt, der kraft Gesetzes nicht zu Lasten des Leistungsberechtigten ausgetragen werden darf (vgl. zB KassKomm/Seewald, SGB I, § 43 Rn. 2 und 10 m. w. N.) Vielmehr hat derjenige vorläufig Leistungen zu erbringen, der sich auf Grund eines Antrags oder von Amts wegen zuerst mit der Sache befasst hat (Seewald, aaO, Rn. 11 in Anlehnung an den Wortlaut des § 2 Abs. 1 S. 1 SGB X; SG Leipzig 22. 3. 2007 – S 19 AS 500/07 ER). Kern der (allgemeinen) Regelung zur örtlichen Zuständigkeit des § 2 SGB X ist die Sicherung der Leistungserbringung im Außenverhältnis (BVerwG Buchholz 435.12 § 2 SGB X Nr. 2). 2

B. Regelungsgehalt

I. Anfängliche Zuständigkeitskonkurrenz (Abs. 1)

§ 2 betrifft **alle Tätigkeiten** einer Behörde – also nicht nur das förmliche Verwaltungsverfahren (§ 8 SGB X) –, die diese im Bereich des öffentlichen Rechts zur Wahrung und Erfüllung ihrer Aufgaben iSd. § 1 SGB X wahrnimmt. Nach Abs. 1 S. 1 entscheidet von mehreren örtlich zuständigen Behörden diejenige, die zuerst mit der Sache befasst worden ist. Die örtliche Zuständigkeit ist Sachentscheidungsvoraussetzung; sie muss zumindest bei Abschluss des Verwaltungsverfahrens durch Verwaltungsakt oder mittels öffentlich-rechtlichen Vertrags vorliegen. Ein für eine beantragte Leistung oder Feststellung grundsätzlich zuständiger Sozialleistungsträger hat einen Antrag auf Vornahme eines Verwaltungsakts zu bescheiden, auch wenn er meint, im Einzelfall sachlich oder örtlich nicht zuständig zu sein. Tut er dies nicht, können nach sechs Monaten die Voraussetzungen einer Untätigkeitsklage (§ 88 Abs. 1 S. 1 SGG) erfüllt sein (BSGE SozR 4–1500 § 88 Nr. 1). Die örtliche Zuständigkeit kann ohne gesetzliche Ermächtigung nicht von der an sich zuständigen Behörde auf eine andere verlagert werden. Vereinbarungen über Zuständigkeiten sowohl zwischen Behörden als auch zwischen Bürgern und Behörden sind insoweit unwirksam. 3

Die **örtliche Zuständigkeit** als räumlich abgegrenzter Wirkungsbereich einer Behörde kann nur im Rahmen der sachlichen gegeben sein. Sie muss ausdrücklich gesetzlich geregelt sein; im Sozialrecht ergibt sie sich aus den jeweils anzuwendenden besonderen Teilen. Dabei knüpft sie an insbesondere an 4

- den tatsächlichen Aufenthalt (zB § 98 Abs. 1 S. 1 SGB XII),
- den gewöhnlichen Aufenthalt (zB § 36 SGB II, § 327 Abs. 1 S. 2 SGB III, § 86 Abs. 1 S. 1 SGB VIII, § 98 Abs. 1 S. 2 SGB XII: Grundsicherung im Alter und bei Erwerbsminderung),
- den Wohnsitz gemäß § 30 Abs. 3 S. 1 SGB I (zB bei § 327 Abs. 1 S. 1 SGB III, § 173 Abs. 2 Nr. 1 SGB V, § 128 Abs. 1 S. 1 SGB VI),
- den Beschäftigungsort gemäß § 9, 10 SGB IV (zB bei § 173 Abs. 2 Nr. 1 SGB V),
- den Sitz des Unternehmens (§ 130 SGB VII),
- die Ausbildungsstätte (§ 45 Abs. 1 S. 3, Abs. 2 BAföG).

Insbesondere bei nicht sesshaften Personen kann unter Sozialämtern der tatsächliche oder gewöhnliche Aufenthalt – und damit die Zuständigkeit – streitig sein (vgl. hierzu § 98 Abs. 1 SGB XII).

5 Der Grundsatz, dass regelmäßig der zuerst angegangene Verwaltungsträger zuständig sein soll (**Prioritätsprinzip**), trägt auf der einen Seite dem Grundsatz der Verwaltungseffizienz Rechnung, schützt auf der anderen Seite aber auch den Leistungsberechtigten, der einem zuständigen Träger nicht „hinterher laufen" soll. Dieser **verfahrensrechtliche Fürsorgegedanke** hat insbesondere im SGB I vielfach Berücksichtigung gefunden (vgl. §§ 16, 17, 42, 43 SGB I). Ein echter Kompetenzstreit wird letztlich dadurch vermieden, dass nach Abs. 1 S. 2 der Vorschrift die zuständige Aufsichtsbehörde entscheidet, im Falle des Fehlens einer gemeinsamen Aufsichtsbehörde die (mehreren) Aufsichtsbehörden eine gemeinsame Entscheidung treffen (Abs. 1 S. 3). Entscheidet eine Behörde, ohne örtlich zuständig zu sein, macht dies die Entscheidung zwar fehlerhaft, nicht aber nichtig (vgl. § 40 Abs. 3 Nr. 1 SGB X). Wegen § 42 S. 1 SGB X kann die Aufhebung eines Verwaltungsakts nicht allein deshalb beansprucht werden, weil er unter Verstoß gegen die örtliche Zuständigkeit erlassen worden ist, es sei denn, es ist offensichtlich, dass diese Verletzung die Entscheidung in der Sache beeinflusst hat.

6 **Entscheidung** ist einerseits mehr als nur eine vorbereitende Maßnahme; eine Behörde ist nicht bereits deshalb mit einer Sache befasst, weil von ihr Auskunft und Beratung begehrt wird (vgl. Krasney in: KassKomm, SGB X, § 2 Rn. 4; Waschull in: LPK-SGB X, § 2 Rn. 4). Denn aufgrund einer Beratung oder Auskunft wird regelmäßig erst entschieden, wie sachlich vorgegangen wird und welche Behörde damit örtlich zuständig ist. Andererseits ist nicht erforderlich, dass das Merkmal „befassen" nach außen erkennbar wird (Krasney in: KassKomm, SGB X, § 2 Rn. 4). Es reicht aus, dass die Behörde interne Entwicklungs- oder Vorbereitungsmaßnahmen getroffen hat (Kopp/Ramsauer, VwVfG, § 3 Rn. 36).

7 Regelungen über die **Aufsicht** finden sich in §§ 87 ff. SGB IV; wer Aufsichtsbehörde ist, ist in § 90 f. SGB IV geregelt. Die Aufsichtsbehörde bestimmt nach pflichtgemäßem Ermessen, ob die eine oder die andere Behörde örtlich zuständig ist. Dies gilt allerdings nur so lange, wie noch keine Behörde tatsächlich mit der Sache befasst und noch keine Entscheidung getroffen worden ist. Die Aufsichtsbehörde kann von Amts wegen oder auf Antrag tätig werden; der Leistungsberechtigte ist jedoch nicht gehalten, eine Entscheidung der Aufsichtsbehörde herbeizuführen oder abzuwarten; er kann die seiner Ansicht nach zuständige Behörde in Anspruch nehmen. Denn auch Anträge, die bei einem unzuständigen Leistungsträger gestellt werden, müssen nach § 16 Abs. 2 S. 1 SGB I unverzüglich an den zuständigen Leistungsträger weitergeleitet werden. Die Bestimmung der zuständigen Behörde durch die Aufsichtsbehörde ist – anders als im verwaltungsgerichtlichen Verfahren nach § 44a VwGO – gegenüber dem Versicherten ein Verwaltungsakt, der selbstständig und nicht erst mit der Entscheidung in der Sache angefochten werden kann (vgl. Krasney in: KassKomm, SGB X, § 2 Rn. 5; Engelmann in: v. Wulffen, SGB X, § 2 Rn. 9a; Stelkens/Bonk/Sachs, VwVfG, § 3 Rn. 34).

8 Die Aufsichtsbehörde entscheidet sowohl, wenn sich mehrere Behörden örtlich für zuständig halten (**aufdrängender Kompetenzkonflikt**), als auch, wenn sich alle für örtlich unzuständig halten (**abdrängender Kompetenzkonflikt**) oder wenn die Zuständigkeit aus anderen Gründen zweifelhaft ist. Es genügt, dass sich mehrere Behörden für örtlich zuständig bzw. unzuständig halten; auf die tatsächliche Zuständigkeit stellt das Gesetz nicht ab. Allerdings erlaubt nicht jeder Zuständigkeitszweifel die Entscheidung durch die Aufsichtsbehörde; vielmehr muss es sich um eine nicht behebbare Unklarheit – ähnlich wie bei § 58 Abs. 1 Nr. 2 SGG – handeln. Haben die Behörden, die sich im Streit um die Zuständigkeit befinden, keine gemeinsame übergeordnete Aufsichtsbehörde, treffen die für sie fachlich zuständigen Aufsichtsbehörden gemeinsam die Entscheidung. Steht über den streitenden Behörden keine Aufsichtsbehörde, haben sich die Behörden in analoger Anwendung der Vorschrift des § 2 Abs. 1 S. 3 SGB X selbst über die Zuständigkeit zu einigen (Kopp/Ramsauer, VwVfG, § 3, Rn. 46).

II. Zuständigkeitswechsel (Abs. 2)

9 Ändern sich im Lauf des Verwaltungsverfahrens die die Zuständigkeit begründenden Umstände, kann die bisher zuständige Behörde nach § 2 Abs. 2 SGB X das **Verwaltungsverfahren fortführen**, wenn dies unter Wahrung der Interessen der Beteiligten der einfachen und zweckmäßigen Durchführung des Verfahrens dient und die nunmehr zuständige Behörde zustimmt. Die Vorschrift regelt selbst nicht die Zuständigkeit oder einen Zuständigkeitswechsel. Tritt aber aufgrund von Vorschriften ein-

zelner Rechtsgebiete ein Zuständigkeitswechsel ein, so soll § 2 Abs. 2 SGB X lediglich die Fortführung eines bereits begonnenen Verwaltungsverfahrens durch die bisher zuständige Behörde ermöglichen (BSG SozR 3–3100 § 89 Nr. 4; vgl. auch die Gesetzesbegründung zu § 2 SGB X, BT-Drs. 8/2034, S. 30). Eine **analoge Anwendung** auf Änderungen der sachlichen Zuständigkeit scheidet aus (OVG NRW 14. 7. 2006 – 16 A 1536/04).

Die unzuständig gewordene Behörde muss das Verfahren regelmäßig an die zuständige abgeben; 10 dies wird vom Gesetz nicht geregelt, sondern vorausgesetzt. In der Sozialhilfe bleibt die einmal begründete örtliche Zuständigkeit bis zur Beendigung der Leistung auch dann bestehen, wenn diese außerhalb des örtlichen Zuständigkeitsbereichs des Trägers erbracht wird, § 98 Abs. 1 S. 3 SGB XII. Die **Fortführung des Verfahrens** durch die zunächst zuständige Behörde nach § 2 Abs. 2 setzt voraus, dass damit die Interessen der Beteiligten gewahrt werden, die Verfahrensweise also – was regelmäßig der Fall sein wird – der einfachen und zweckmäßigen Durchführung des Verfahrens dient (vgl. hierzu § 17 Abs. 1 Nr. 1 SGB I) und die nunmehr zuständige Behörde zustimmt. Gegen ihren Willen muss die unzuständig gewordene Behörde das Verfahren nicht fortführen (BVerwGE 74, 206 = Buchholz 436.51 § 11 JWG Nr. 2). Die **Zustimmung** der nunmehr zuständigen Behörde liegt in deren Ermessen. „Zustimmung" i. S. dieser Vorschrift ist nicht nur das vorher erklärte Einverständnis, sondern auch die nachträgliche Genehmigung. Die einmal erteilte Zustimmung gilt bis zum Abschluss des Widerspruchsverfahrens, weil dies Teil des Verwaltungsverfahrens ist. Nach Abschluss des Verwaltungsverfahrens gilt Abs. 3 S. 1, wonach die bisher zuständige Behörde Leistungen noch so lange zu erbringen hat, bis sie von der nunmehr zuständigen Behörde fortgesetzt werden.

Dem Berechtigten gegenüber kann sich die Entscheidung über die Fortführung des Verfahrens 11 durch die Ausgangsbehörde als nachteilig erweisen; insoweit ist streitig, ob die Entscheidung Außenwirkung hat und als Verwaltungsakt gerichtlich voll – oder als Ermessensentscheidung – nachprüfbar ist (vgl. zum Meinungsstand Engelmann, SGB X, § 2 Rn. 12 m. w. N.; Waschull, LPK-SGB X, § 2 Rn. 9 m. w. N.) oder ob sich die Anfechtbarkeit auf eine Inzidentprüfung der Endentscheidung beschränkt. Letzterem dürfte schon aus Praktikabilitätserwägungen der Vorzug zu geben sein: Das Rechtsschutzbedürfnis für einen Zwischenrechtsstreit ist zweifelhaft und eine Zergliederung in mehrere Verfahren grundsätzlich zu vermeiden. Gegenüber der anderen Behörde handelt es sich bei der Entscheidung um eine öffentlich-rechtliche Willenserklärung, die nicht mit einer internen Mitwirkungshandlung vergleichbar ist und daher justiziabel sein muss. Dies muss auch für die nur konkludent erfolgte Entscheidung zur Fortführung des Verwaltungsverfahrens gelten.

III. Nahtlosigkeit (Abs. 3)

Abs. 3 S. 1 der Vorschrift gewährleistet die **Nahtlosigkeit des Leistungsbezugs** bei einem Wech- 12 sel der Zuständigkeit. Der bisherige Träger wird – im Sinne einer Überleitungsregelung – trotz objektiver Unzuständigkeit zur Leistungsfortsetzung i. S. einer „fortgesetzten Zuständigkeit" (vgl. hierzu BVerwGE 64, 224 = Buchholz 436.51 § 6 JWG Nr. 3; BVerwGE 74, 206 = Buchholz 436.51 § 11 JWG Nr. 2) verpflichtet. Die unzuständig gewordene Behörde muss die Leistung so lange erbringen, bis sie von der nunmehr zuständigen fortgesetzt wird. Der Betroffene hat einen Rechtsanspruch auf Fortsetzung der Leistungen, solange die zuständig gewordene Behörde tatsächlich Leistungen nicht erbringt, vorausgesetzt, die Anspruchsvoraussetzungen werden weiterhin erfüllt. Diese Regelung betrifft alle Leistungsarten; zT finden sich in den besonderen Leistungsgesetzen vergleichbare Regelungen (§ 45 Abs. 2 BAföG). Im Gegensatz zu Abs. 2 stellt Abs. 3 auf die Situation ab, dass das Verwaltungsverfahren abgeschlossen ist, über die Leistungsgewährung als solche also bereits eine Verwaltungsentscheidung existiert.

Abs. 3 S. 2 der Vorschrift gewährt dem bisher zuständig gewesenen Träger einen **Anspruch auf** 13 **Erstattung** der nach dem Zuständigkeitswechsel noch erbrachten Leistungen. Dies deckt alle Leistungen ab, die mit der rechtmäßigen Leistungserbringung in Zusammenhang stehen; S. 3 verdeutlicht dies, indem er § 102 Abs. 2 („Der Umfang des Erstattungsanspruchs richtet sich nach den für den vorleistenden Leistungsträger geltenden Rechtsvorschriften") für entsprechend anwendbar erklärt. Unrechtmäßig erbrachte Leistungen können nicht auf den neuen Träger „abgewälzt" werden. Erstattet wird auf Anforderung. Durch **Verwaltungsvereinbarung** kann vereinbart werden, dass für alle zukünftigen Fälle die Erstattung als allgemein angefordert gilt.

Abs. 3 S. 2 gilt auch im **Verhältnis zweier Sozialhilfeträger zueinander** (Thüringer OVG 14 FEVS 56, 460; OVG Berlin-Brandenburg FEVS 57, 537 und NJ 2008, 326 sowie 15. 4. 2010 – L 23 SO 148/07; OVG Mecklenburg-Vorpommern NordÖR 2006, 521, NordÖR 2007, 526 und NordÖR 2008, 31). Der Erstattungsanspruch verjährt in entsprechender Anwendung von § 113 Abs. 1, § 50 Abs. 4, § 45 Abs. 1 SGB I, § 25 Abs. 1 S. 2, § 27 Abs. 2 S. 1 SGB IV in vier Jahren; geleistete Beträge sind nicht zu verzinsen (Waschull, LPK-SGB X § 2 Rn. 13 m. w. N.). Auch § 111 S. 1 SGB X, wonach der **Anspruch** auf Erstattung **ausgeschlossen** ist, wenn der Erstattungsberechtigte ihn nicht spätestens zwölf Monate nach Ablauf des letzten Tages, für den die Leistung erbracht wurde, geltend macht, ist auf Erstattungsansprüche nach § 2 Abs. 3 SGB X anwendbar (Sächsisches OVG 27. 6. 2008 – 4 B 543/06).

IV. Unaufschiebbare Maßnahmen (Abs. 4)

15 Für unaufschiebbare Maßnahmen begründet Abs. 4 S. 1 eine **Notzuständigkeit** für jede Behörde, in deren Bezirk der Anlass für die Amtshandlung hervortritt. „Gefahr im Verzug" setzt allerdings voraus, dass durch eine vorherige Anhörung auch bei Gewährung kürzester Anhörungsfristen ein Zeitverlust einträte, der mit hoher Wahrscheinlichkeit zur Folge hätte, dass der Zweck der zu treffenden Regelung nicht erreicht wird (BVerwGE 68, 267 = Buchholz 316 § 28 VwVfG Nr. 9). Ohne unverzügliches Handeln des örtlich nicht zuständigen Sozialleistungsträgers müsste mithin ein Schaden für wichtige Rechtsgüter eintreten. In der Praxis hat die Vorschrift – wenn überhaupt – nur Bedeutung bei unaufschiebbaren Maßnahmen zur Gefahrenabwehr, weshalb regelmäßig nur vorläufige Maßnahmen in Betracht kommen. Die Entscheidung der Behörde ist gerichtlich voll überprüfbar; ein Beurteilung- oder gar Ermessensspielraum besteht nicht. Zudem sind die örtlich zuständigen Behörden nach Abs. 4 S. 2 unverzüglich (d. h. ohne schuldhaftes Zögern, § 121 Abs. 1 BGB) zu unterrichten. Ein Verstoß hiergegen berührt allerdings die Rechtmäßigkeit der getroffenen Maßnahmen nicht.

§ 3 Amtshilfepflicht

(1) Jede Behörde leistet anderen Behörden auf Ersuchen ergänzende Hilfe (Amtshilfe).

(2) Amtshilfe liegt nicht vor, wenn
1. Behörden einander innerhalb eines bestehenden Weisungsverhältnisses Hilfe leisten,
2. die Hilfeleistung in Handlungen besteht, die der ersuchten Behörde als eigene Aufgabe obliegen.

§ 4 Voraussetzungen und Grenzen der Amtshilfe

(1) Eine Behörde kann um Amtshilfe insbesondere dann ersuchen, wenn sie
1. aus rechtlichen Gründen die Amtshandlung nicht selbst vornehmen kann,
2. aus tatsächlichen Gründen, besonders weil die zur Vornahme der Amtshandlung erforderlichen Dienstkräfte oder Einrichtungen fehlen, die Amtshandlung nicht selbst vornehmen kann,
3. zur Durchführung ihrer Aufgaben auf die Kenntnis von Tatsachen angewiesen ist, die ihr unbekannt sind und die sie selbst nicht ermitteln kann,
4. zur Durchführung ihrer Aufgaben Urkunden oder sonstige Beweismittel benötigt, die sich im Besitz der ersuchten Behörde befinden,
5. die Amtshandlung nur mit wesentlich größerem Aufwand vornehmen könnte als die ersuchte Behörde.

(2) ¹Die ersuchte Behörde darf Hilfe nicht leisten, wenn
1. sie hierzu aus rechtlichen Gründen nicht in der Lage ist,
2. durch die Hilfeleistung dem Wohl des Bundes oder eines Landes erhebliche Nachteile bereitet würden.

²Die ersuchte Behörde ist insbesondere zur Vorlage von Urkunden oder Akten sowie zur Erteilung von Auskünften nicht verpflichtet, wenn die Vorgänge nach einem Gesetz oder ihrem Wesen nach geheim gehalten werden müssen.

(3) Die ersuchte Behörde braucht Hilfe nicht zu leisten, wenn
1. eine andere Behörde die Hilfe wesentlich einfacher oder mit wesentlich geringerem Aufwand leisten kann,
2. sie die Hilfe nur mit unverhältnismäßig großem Aufwand leisten könnte,
3. sie unter Berücksichtigung der Aufgaben der ersuchenden Behörde durch die Hilfeleistung die Erfüllung ihrer eigenen Aufgaben ernstlich gefährden würde.

(4) Die ersuchte Behörde darf die Hilfe nicht deshalb verweigern, weil sie das Ersuchen aus anderen als den in Absatz 3 genannten Gründen oder weil sie die mit der Amtshilfe zu verwirklichende Maßnahme für unzweckmäßig hält.

(5) ¹Hält die ersuchte Behörde sich zur Hilfe nicht für verpflichtet, teilt sie der ersuchenden Behörde ihre Auffassung mit. ²Besteht diese auf der Amtshilfe, entscheidet über die Verpflichtung zur Amtshilfe die gemeinsame Aufsichtsbehörde oder, sofern eine solche nicht besteht, die für die ersuchte Behörde zuständige Aufsichtsbehörde.

§ 5 Auswahl der Behörde

Kommen für die Amtshilfe mehrere Behörden in Betracht, soll nach Möglichkeit eine Behörde der untersten Verwaltungsstufe des Verwaltungszweiges ersucht werden, dem die ersuchende Behörde angehört.

§ 6 Durchführung der Amtshilfe

(1) **Die Zulässigkeit der Maßnahme, die durch die Amtshilfe verwirklicht werden soll, richtet sich nach dem für die ersuchende Behörde, die Durchführung der Amtshilfe nach dem für die ersuchte Behörde geltenden Recht.**

(2) ¹**Die ersuchende Behörde trägt gegenüber der ersuchten Behörde die Verantwortung für die Rechtmäßigkeit der zu treffenden Maßnahme.** ²**Die ersuchte Behörde ist für die Durchführung der Amtshilfe verantwortlich.**

§ 7 Kosten der Amtshilfe

(1) ¹**Die ersuchende Behörde hat der ersuchten Behörde für die Amtshilfe keine Verwaltungsgebühr zu entrichten.** ²**Auslagen hat sie der ersuchten Behörde auf Anforderung zu erstatten, wenn sie im Einzelfall 35 Euro, bei Amtshilfe zwischen Versicherungsträgern 100 Euro übersteigen.** ³**Abweichende Vereinbarungen werden dadurch nicht berührt.** ⁴**Leisten Behörden desselben Rechtsträgers einander Amtshilfe, werden die Auslagen nicht erstattet.**

(2) **Nimmt die ersuchte Behörde zur Durchführung der Amtshilfe eine kostenpflichtige Amtshandlung vor, stehen ihr die von einem Dritten hierfür geschuldeten Kosten (Verwaltungsgebühren, Benutzungsgebühren und Auslagen) zu.**

A. Allgemeines

Aus Art. 35 Abs. 1 GG folgt die Pflicht aller Behörden, sich gegenseitig Amtshilfe zu leisten. §§ 3 bis 7 SGB X sind die – mit den Regelungen des VwVfG im Wesentlichen wörtlich übereinstimmende – einfachgesetzliche Ausgestaltung dieser verfassungsrechtlich verbrieften Verpflichtung. Rentenversicherungsträger gehören als bundesunmittelbare Körperschaften des öffentlichen Rechts (Art. 87 Abs. 2 GG), die öffentliche Aufgaben erfüllen, zu den **amtshilfeberechtigten Behörden** des Bundes im Sinne des Art. 35 GG (BVerwGE 38, 336 = Buchholz 232 § 90 BBG Nr. 13; zum Umfang der Amtshilfe vgl. BVerwGE 50, 301 = Buchholz 232 § 90 BBG Nr. 20). Amtshilfe findet nicht nur statt im Verhältnis von Bundes- und Landesbehörden oder zwischen Behörden verschiedener Länder, sondern auch zwischen Bundesbehörden untereinander sowie Behörden desselben Landes (vgl. Waschull, LPK-SGB X, § 3 Rn. 1 m.w.N.).

Die Amtshilfe dient der Überwindung organisatorischer und rechtlicher Grenzen im gegliederten System der Verwaltung, damit die Behörden dem Bürger gegenüber als **einheitliche Verwaltung** gegenübertreten (Schumann, Die Leistungen 2004, 641 ff., 705 ff.; Marburger, DÖD 1996, 249; Marburger, Amtshilfe in der Sozialversicherung, 1996). Dem Bürger erspart die Amtshilfe im Sozialversicherungsrecht eine Mehrfachbelastung, wenn er Ansprüche gegenüber verschiedenen Stellen durchsetzen will und hierzu beispielsweise Beweiserhebungen notwendig sind; die Behörde kann dann im Wege der Amtshilfe auf Unterlagen anderer Behörden zurückgreifen. Amtshilfe kann insbesondere ein Mittel sein, den entscheidungserheblichen Sachverhalt aufzuklären, wenn ein Beteiligter bei an sich bestehender Auskunftsverpflichtung schweigt und andere Aufklärungsmöglichkeiten nicht bestehen (Bay. VGH 18. 8. 2006 – 9 C 06.1845 – Juris). Insbesondere folgt aus den Regelungen über die sozialen Rechte und die Ausführung der Sozialleistungen in §§ 2, 17 SGB I keine Berechtigung des Rentenversicherungsträgers, in Wahrnehmung einer vermeintlichen Obhutspflicht die Rentenzahlung vorläufig zu versagen, weil nicht sicher sei, ob der Berechtigte eine – nach seinen Anweisungen gezahlte – Rente auch tatsächlich erhalte und für sich verbrauchen könne (BSGE 86, 107 = SozR 3–1200 § 2 Nr. 1).

B. Regelungsgehalt

§ 3 Abs. 1 enthält die **Verpflichtung zur gegenseitigen Amtshilfe** und bestimmt den Begriff der Amtshilfe näher. In Abs. 2 wird die Amtshilfe von anderen Formen der Zusammenarbeit der Behörden abgegrenzt; nicht Amtshilfe sind hiernach Hilfeleistungen im Rahmen eines Weisungsverhältnisses sowie Handlungen, die der ersuchten Behörde als eigene Aufgabe obliegen. §§ 4 bis 7 regelt die näheren Voraussetzungen und Grenzen der Amtshilfe sowie das einzuhaltende Verfahren und deren Kosten. Das Rechtsverhältnis zum Bürger wird durch diese Vorschriften nicht berührt. Das Ersuchen eines zugelassenen kommunalen Trägers, von der Bundesagentur für Arbeit Zugang zu Stellenangeboten und Arbeitgeberdaten der von ihr zu Vermittlungszwecken genutzten Datenbank zu erhalten, ist auf ergänzende Hilfe ausgerichtet und stellt ein Amtshilfeersuchen iSd. § 3 Abs. 1 SGB X dar. Datenschutzrechtliche Gründe und Gründe der Geheimhaltung stehen der Leistung der Amtshilfe insoweit nicht entgegen (SG Fulda, ZfSH/SGB 2006, 612 = CR 2007, 399; zur Amtshilfepflicht des Finanzamts vgl. BSG 6. 11. 2008 – B 1 KR 8/08 R – Juris; zur Amtshilfepflicht der Jugendhilfeträger vgl. Schönecker/Eschelbach, JAmt 2010, 1 ff.).

4 Amtshilfe ist dadurch gekennzeichnet, dass die ersuchte Behörde oder andere Verwaltungseinheit der ersuchenden Behörde in deren Interesse – nach außen hin aber im eigenen Namen – ergänzende Hilfe leistet (Bonk/Schmitz in Stelkens/Bonk/Sachs, VwVfG, § 7 Rn. 3). Sie ist **abzugrenzen** von der Delegation auf der einen Seite, mit der im Ergebnis eine teilweise Aufgabenübertragung oder vollständige Aufgabenwahrnehmung durch Dritte erfolgt, und von formlosen Hilfeleistungen (Spontanhilfe) im Einzelfall von meist untergeordneter Art auf der anderen Seite (vgl. Waschull in LPK-SGB X § 3 Rn. 4 bis 7 m. w. N.). Auf innerbehördliche Hilfeleistungen sind die Vorschriften über die Amtshilfe nicht anzuwenden. Im rechtlichen Sinne ist die Amtshilfe von der Rechtshilfe zu unterscheiden, die sich nach der funktionalen Einordnung der Verwaltungstätigkeit und der Stelle bestimmt, die ersucht wird. Wird ein Gericht um eine richterliche Handlung ersucht, handelt es sich um Rechtshilfe (Bonk/Schmitz in Stelkens/Bonk/Sachs, VwVfG, § 4 Rn. 38). Die **Funktion der Amtshilfe** beschränkt sich darauf, dass eine Behörde auf Anforderung der anderen im Einzelfall mit originärer Handlungskompetenz tätig wird; eine sachlich oder personell defizitäre Verwaltungsausstattung kann von der ersuchenden Behörde nicht im Wege der Amtshilfe ausgeglichen werden (Bonk/Schmitz in Stelkens/Bonk/Sachs, VwVfG, § 4 Rn. 30).

5 Der **Begriff** der Amtshilfe ist in § 3 Abs. 1 seinem wesentlichen Inhalt nach legal definiert. Erfasst werden Hilfeleistungen von Behörden untereinander, wobei auch das Gericht „Behörde" sein kann, wenn die ergänzende Hilfe nicht in einer richterlichen Handlung bestehen soll (zB bei der Herausgabe von Akten abgeschlossener Verfahren; vgl. Pitschas SGb 1990, 233 ff., 234). Praktisch ohne Bedeutung ist, ob eine dem Anwendungsbereich des SGB X oder eine dem Anwendungsbereich des VwVfG unterfallende Behörde ersucht wird, weil die Regelungen beider Verfahrensordnungen praktisch identisch sind. Man wird davon ausgehen können, dass sich die Rechtmäßigkeit des Amtshilfeersuchens nach den Bestimmungen der ersuchenden Behörde richten, während die Durchführung des Amtshilfeverfahrens nach den Amtshilfebestimmungen der ersuchten Behörde zu beurteilen ist (BVerwG Buchholz 310 § 40 VwGO Nr. 218 = SozVers 1986, 278; Bonk/Schmitz in Stelkens/Bonk/Sachs, VwVfG, § 4 Rn. 21). Nach Sinn und Zweck beschränkt sich der Bereich der Amtshilfe auf öffentlich-rechtliche Tätigkeiten einer Behörde und ist damit insbesondere nicht auf fiskalisches Handeln zu erstrecken. Ein Verwaltungsverfahren iSd. § 8 ist nicht Voraussetzung für die Leistung von Amtshilfe (Kopp/Ramsauer, VwVfG, § 4 Rn. 3).

6 **Gegenstand** der Amtshilfe ist nach Abs. 1 nur eine „Hilfe". Damit kann jede tatsächlich oder rechtlich erhebliche Handlung gemeint sein, die sich typischerweise auf die Mitwirkung bei der Sachverhaltsaufklärung bezieht, insbesondere auf die Beweiserhebung (zB Vernehmung von Zeugen). Auch die Übersendung von Akten zum Zwecke der Einsichtnahme und Auswertung, die Erteilung von Auskünften über die der ersuchten Behörde bekannten Tatsachen sowie das Zur-Verfügung-Stellen von sächlichen und personellen Mitteln sind typische Aufgaben der Amtshilfe. Das Tätigwerden erfordert das **Ersuchen** der anderen Behörde, wobei Formvorschriften nicht einzuhalten sind (zur Spontanhilfe vgl. Rn. 4). Das Ersuchen muss sich auf eine bestimmte Amtshilfe beziehen und konkret angeben, welchem Zweck die Hilfeleistung dienen soll und warum sie die ersuchende Behörde nicht selbst vornehmen kann; damit fallen auch ständige Hilfeleistungen nicht in den Bereich der Amtshilfe.

7 Die Voraussetzungen im Einzelnen, insbesondere aber die **Grenzen der Amtshilfe**, sind in § 4 geregelt. Nach Abs. 2 darf die ersuchte Behörde Hilfe nicht leisten, wenn sie hierzu aus rechtlichen Gründen nicht in der Lage ist oder durch die Hilfeleistung dem Wohl des Bundes oder eines Landes erhebliche Nachteile bereitet würden. Ob die ersuchte Behörde die zu verwirklichende Maßnahme für zweckmäßig hält, ist unerheblich (Abs. 2 S. 2). Sie braucht die Hilfe nach Abs. 3 nicht zu leisten, wenn die ersuchende Behörde die Hilfe anders einfacher erlangen könnte, die Hilfeleistung nur mit unverhältnismäßig großem Aufwand möglich wäre oder die Erfüllung eigener Aufgaben ernstlich gefährdet würde. Auch insoweit gilt, dass die ersuchte Behörde Zweckmäßigkeitserwägungen nicht anzustellen hat (Abs. 4). Die schlichte **Rechtswidrigkeit** der geforderten Maßnahmen rechtfertigt die Weigerung der ersuchten Behörde grundsätzlich nicht, weil der ersuchten Behörde insoweit jede Prüfungskompetenz fehlt (VGH Mannheim VBlBW 1990, 299 = NVwZ-RR 1990, 337). Hält sich die ersuchte Behörde nicht für verpflichtet, muss sie dies der ersuchenden Behörde mitteilen (Abs. 5 S. 1). Besteht diese auf der Amtshilfe, entscheidet die gemeinsame Aufsichtsbehörde, im Falle des Nichtbestehens die für die ersuchende Behörde zuständige Aufsichtsbehörde (Abs. 5 S. 2).

8 Soll die ersuchte Behörde Tatsachenermittlungen durchführen, muss sie grundsätzlich die **Kompetenz** für die hierfür erforderlichen Amtshandlungen haben (BVerwG Buchholz 310 § 40 VwGO Nr. 218). Insbesondere ist bei Eingriffen in Grundrechte Dritter eine gesetzliche Grundlage erforderlich, weil hierfür die Amtshilferegelungen nicht ausreichen (Schlink, NVwZ 1986, 249 ff., 254). Über die in § 68 Abs. 1 aufgeführten Daten hinaus dürfen ohne Einwilligung des Betroffenen keine weiteren Daten offenbart werden. Dies folgt aus dem Zweck der §§ 67 ff., personenbezogene Daten grundsätzlich zu schützen. § 4 gewährt insoweit einen absoluten **Verweigerungsgrund** für die Offenbarung geschützter Daten.

Kosten der Amtshilfe hat nach § 7 Abs. 1 die ersuchende Behörde zu erstatten, wobei Auslagen 9 nur zu erstatten sind, wenn sie den Grenzbetrag von 35 € – bei Amtshilfe zwischen Versicherungsträgern 100 € – übersteigen, es sei denn, es ist etwas anderes vereinbart. Nach Abs. 2 stehen die bei Durchführung der Amtshilfe wegen kostenpflichtiger Amtshandlungen von einem Dritten geschuldeten Verwaltungsgebühren, Benutzungsgebühren und Auslagen der ersuchten Behörde zu. Wegen der Kostenfreiheit gemäß § 64 SGB X kommt Abs. 2 der Vorschrift allerdings in der Praxis keine große Bedeutung zu.

Zweiter Abschnitt. Allgemeine Vorschriften über das Verwaltungsverfahren

Erster Titel. Verfahrensgrundsätze

§ 8 Begriff des Verwaltungsverfahrens

Das Verwaltungsverfahren im Sinne dieses Gesetzbuches ist die nach außen wirkende Tätigkeit der Behörden, die auf die Prüfung der Voraussetzungen, die Vorbereitung und den Erlass eines Verwaltungsaktes oder auf den Abschluss eines öffentlich-rechtlichen Vertrages gerichtet ist; es schließt den Erlass des Verwaltungsaktes oder den Abschluss des öffentlich-rechtlichen Vertrages ein.

A. Normzweck

§§ 8 und 9 entsprechen §§ 9 und 10 VwVfG. Berücksichtigt werden bereichsspezifische Besonderheiten (vgl. BT-Drs. 8/2034 S. 529). Bis zum Inkrafttreten des SGB X war das Sozialverwaltungsverfahren nicht kodifiziert; das Gesetz enthielt lediglich einige Grundsätze des Verwaltungsrechts (zB zum Ermessen), das Verfahren als solches war am VwVfG orientiert. Die verfahrensrechtlichen Vorschriften werden ergänzt durch verschiedene Bestimmungen des SGB I und IV (zB §§ 16, 35, 39, 60 ff. SGB I; §§ 40 f., 63 f. SGB IV). Das Verfahrensrecht hat **dienende Funktion.** Dies ist in besonderer Weise zu beachten bei den verfassungsrechtlichen Vorgaben insbesondere aus dem Rechts- und Sozialstaatsprinzip zur Durchsetzung materiell-rechtlicher Vorschriften des Sozialrechts: Der Rechtsanspruch eines Bürgers auf Gewährung der sozialen Rechte (§§ 2, 38 SGB I) bzw. sein Anspruch auf pflichtgemäße Ermessensausübung (§ 39 S. 2 SGB I) darf durch die – strikte – Anwendung verfahrensrechtlicher Regelungen nicht unterlaufen werden (zur Verfügung der Nichtauszahlung einer bewilligten Rente vgl. zB BSGE 91, 68 = SozR 4–1300 § 31 Nr. 1). Insoweit wird § 8 durch § 17 SGB I flankiert, wonach die Leistungsträger verpflichtet sind, ua. darauf hinzuwirken, dass der Berechtigte die ihm zustehenden Sozialleistungen in zeitgemäßer Weise, umfassend und zügig erhält (Nr. 1) und der Zugang zu den Sozialleistungen möglichst einfach gestaltet wird (Nr. 3). 1

B. Regelungsgehalt

I. Anwendungsbereich

§ 8 definiert das Verwaltungsverfahren als **nach außen gerichtete Tätigkeit** der Behörde (zum Behördenbegriff vergleiche § 1) zur Vorbereitung und zum Erlass eines Verwaltungsakts (§ 31) oder eines öffentlich-rechtlichen Vertrags (§§ 53 bis 55). Es bezieht sich mithin nur auf dem Bürger gegenüber wirksames Verwaltungshandeln; interne Verwaltungsvorgänge auf der einen Seite und vorbereitende Handlungen für abstrakt generelle Regelungen (zB Rechtsverordnungen oder Satzungen) unterfallen per se nicht dem Verfahrensbegriff des SGB X (vgl. Vogelgesang in: Hauck/Noftz, SGB X, § 8 Rn. 3). Auch privatrechtliche Tätigkeiten der Sozialverwaltungsträger unterfallen nicht dem SGB X (zu allem: BSG SozR 3–1300 § 25 Nr. 3). 2

Um ein **Verfahren** iSd. § 8 handelt es sich nur, wenn eine öffentlich-rechtliche Tätigkeit auf der Grundlage des SGB erfolgt. Um eine solche handelt es sich auch bei Verwaltungshandlungen nach den gemäß § 68 SGB I bis zu ihrer Einordnung in das SGB als dessen besonderer Teil geltenden Gesetzen (zB BAföG, OEG, BKGG, etc.). Diese Gesetze können allerdings ergänzende eigenständige Verfahrensregelungen enthalten (vgl. hierzu BVerfGE 37, 363 = SozR 5724 Allg Nr. 1). Nach allgemeinen Auslegungsgrundsätzen ist ein Rückgriff auf das SGB X dann ausgeschlossen, wenn die sonderrechtliche Vorschrift eine abschließende Regelung enthält. Bestehen Zweifel hierüber, ist der Rückgriff auf das SGB X zulässig. 3

Der **Begriff des Verwaltungsakts** ist in § 31 definiert. Soweit § 8 auf die Außenwirkung abstellt, ist der Begriff im verfahrensrechtlichen Sinn weiter zu fassen als der materiell-rechtliche des § 31 (vgl. Vogelgesang in: Hauck/Noftz, SGB X § 8 Rn. 9; Kopp/Ramsauer, VwVfG, § 9 Rn. 10, jeweils 4

m. w. N.): Die schlichte Außenwirkung reicht auch dann aus, wenn Rechte Dritter – i. S. einer Regelung – nicht berührt werden. Dabei spricht für die öffentlich-rechtliche Rechtsnatur eines Rechtsverhältnisses bereits, dass sich die Beklagte – unabhängig von einer dafür bestehenden Befugnis – bei ihrem Handeln der öffentlich-rechtlichen Rechtsform des Verwaltungsakts bedient (BSG SozR 4–1500 § 51 Nr. 6 Rn. 10 zum Hausverbot mit Anm. Münker, jurisPR-SozR 11/2010 Anm. 5). Ein Verwaltungsverfahren liegt hiernach schon dann vor, wenn bestimmte Handlungen auf dem Gebiet des öffentlichen Rechts vorgenommen werden. Dies können zum Beispiel die Durchführung einer Anhörung, die Gewährung einer Akteneinsicht oder die Anberaumung eines Erörterungstermins sein. Gleiches wird anzunehmen sein bei der Kontaktaufnahme und Vermittlungstätigkeit sozialer Dienste oder behördlicher Zuarbeit im Gutachtenwesen bestimmter Behörden. Den §§ 8 ff. kommt insofern Rechtsschutz sichernde Funktion zu (Vogelgesang in: Hauck/Noftz, SGB X § 8 Rn. 8). Mangels Regelungscharakters nicht erfasst werden hingegen schlichte Tätigkeiten wie die Beglaubigung von Abschriften und Ablichtungen o. ä.

5   Umstritten ist, ob die **Aufrechnung** durch Verwaltungsakt vorzunehmen ist. Dass der Gesetzgeber in einer Verrechnungserklärung einen Verwaltungsakt sieht, folgert der 13. Senat des BSG aus § 24 Abs. 2 Nr. 7 SGB X. Denn nach Abs. 1 dieser Vorschrift sei (nur) vor Erlass eines Verwaltungsakts, der in Rechte eines Beteiligten eingreife, diesem Gelegenheit zur Äußerung zu geben; dies gelte jedoch nach Abs. 2 Nr. 7 der Vorschrift nicht, wenn gegen Ansprüche oder mit Ansprüchen von weniger als (in der ursprünglichen Fassung: 100 DM, jetzt:) 70 Euro (aufgerechnet oder) verrechnet werden solle. Hieraus könne nur geschlossen werden, dass – unabhängig von der Höhe – die Verrechnung nach § 52 SGB I ebenso wie die Aufrechnung nach § 51 SGB I durch Verwaltungsakt zu erklären sei (BSG Vorlagebeschluss an den Großen Senat vom 25. 2. 2010 – B 13 R 76/09 R – UV-Recht Aktuell 2010, 1061, unter Hinweis auf die Entwurfsbegründung zu § 24 Abs. 2 Nr. 7 SGB X, BT-Drucks. 12/5187 S. 35 – zu Art. 6, zu Nr. 1, wonach „materielle Einwände gegen die Aufrechnung bzw. Verrechnung ... im Widerspruchsverfahren geltend gemacht werden" können). In der weiteren Begründung weist der 13. Senat des BSG darauf hin, dass § 8 SGB X ganz generell regele, dass das Verwaltungsverfahren des SGB „auf den Erlass eines Verwaltungsakts oder auf den Abschluss eines öffentlich-rechtlichen Vertrags gerichtet ist". Da die Verrechnung im SGB geregelt sei, könne und dürfe ein Verwaltungsverfahren zur Verrechnung nur mit dem Erlass eines Verwaltungsakts enden.

6   Das **Vorverfahren** unterfällt als Teil des Verwaltungsverfahrens ebenfalls den §§ 8 ff. (vgl. BSGE 55, 92 = SozR 1300 § 63 Nr. 1; BSGE 106, 21 = SozR 4–1300 § 63 Nr. 12, mit Anm. Klaus, jurisPR-SozR 25/2010 Anm. 6; Fichte in Fichte/Plagemann/Waschull, Sozialverwaltungsverfahrensrecht, 2008, § 3 Rn. 156; Waschull in LPK-SGB X, § 31 Rn. 23). Das Widerspruchsverfahren ist ein Institut zur Selbstkontrolle der Verwaltung, die ihr Handeln nach Recht- und – bei Ermessensentscheidungen – Zweckmäßigkeitserwägungen selbst kontrollieren können soll. Ihm kommt einerseits **Filterfunktion** gegenüber den Gerichten zu, um diese vor Arbeitsüberlastung zu schützen, andererseits gewährt es dem Bürger eine weitere „Instanz" auf dem Wege zur Überprüfung des Verwaltungshandelns. Im Hinblick darauf, dass das SGG keine abschließenden Regelungen zum Widerspruchsverfahren enthält, kommt §§ 8 ff. insoweit besondere Bedeutung zu. Bedeutung haben die Vorschriften auch bei Aufsichtsverfahren, Aufhebungsverfahren nach §§ 44 bis 48 und bei der Wahrnehmung von Kontrollbefugnissen (§§ 81 a, 197 a SGB V). Für den Vollzug des Verwaltungsakts selbst sowie für Verfahren vor der Einigungsstelle nach § 44 a SGB II finden die §§ 8 ff. SGB X hingegen keine Anwendung (Blüggel SGb 2005, 377).

II. Durchführung des Verwaltungsverfahrens

7   **Beteiligte** des Verwaltungsverfahrens sind Berechtigte iSd. SGB mit ihren Bevollmächtigten einerseits und Behörden andererseits. Zu übrigen Beteiligungsmöglichkeiten s. §§ 10 bis 12 und die dortige Kommentierung. Das Verwaltungsverfahren beginnt von Amts wegen oder auf Antrag (§ 18) und dauert bis zum Erlass des Verwaltungsakts oder Abschluss eines öffentlich-rechtlichen Vertrags. Bestimmt wird das Verwaltungsverfahren vom **Untersuchungsgrundsatz** (§ 20); Bedeutung kommt diesem insbesondere zu für die ordnungsgemäße Sachaufklärung im Zusammenhang mit Fragen der Beweiserhebung (§ 21). Solange ein Verwaltungsakt noch anfechtbar ist, dauert auch das Verwaltungsverfahren fort. Zu beachten ist das Verbot des vorzeitigen Verfahrensabschlusses. Während der Dauer des Verwaltungsverfahrens stehen den Beteiligten besondere Rechte zu, insbesondere das Recht auf angemessene Verfahrensbeteiligung (zB durch Anhörung) und auf Akteneinsicht (§§ 24 und 25). Ein Gestaltungsrecht, etwa der Beitritt zur freiwilligen Krankenversicherung zu erklären, endet mit dem Tode des Berechtigten (BSGE 82, 283 = SozR 3–5420 § 24 Nr. 1). Ansprüche auf Geldleistungen der gesetzlichen Unfallversicherung gehen nur dann auf den Rechtsnachfolger über, wenn bis zum Tode des Versicherten zumindest ein Verwaltungsverfahren anhängig geworden ist (LSG NRW HVBG-Info 1998, 2170). Nach § 64 Abs. 1 werden für das Verfahren bei den Behörden keine Gebühren und Auslagen erhoben. Aufwendungen, die den Beteiligten entstehen, sind nur erstattungsfähig, wenn das Gesetz dies besonders vorsieht (§ 37 Abs. 1 SGB I). Kosten bei erforderlichem Gebärdendolmetscher sind ebenso erstattungsfähig (§ 17 Abs. 2 S. 2) wie die Kosten des Vorverfahrens (§ 63).

Umstritten ist, ob der Leistungsträger vor Abschluss des Verwaltungsverfahrens Geldleistungen unter Beachtung spezialgesetzlicher Regelungen durch **einstweiligen (vorläufigen) Verwaltungsakt** als vorläufige Leistung, Vorschuss oder Vorwegzahlung erbringen darf, ggf. sogar muss (so: BSGE 67, 104 = SozR 3–1300 § 32 Nr. 2 unter Fortführung von BSGE 62, 32 = SozR 4100 § 71 Nr. 2). Der Rechtsfigur des vorläufigen Verwaltungsakts bedarf es indes nicht; zum einen widerspricht sie dem Grundsatz des Verwaltungsrechts, dass das Verwaltungsverfahren in einer – grundsätzlich endgültigen, abschließenden – Regelung endet. Dieser Regelung darf nicht von vornherein der Charakter von etwas Vorläufigem beigegeben werden. Zum anderen kann jeder Verwaltungsakt unter den Voraussetzungen des § 32 SGB X mit einer Nebenbestimmung – etwa einer auflösenden Bedingung für den Fall, dass einer der vom Gesetz für die getroffene Regelung geforderten Voraussetzungen wegfällt – versehen werden. 8

Auch nach Abschluss des Verwaltungsakts durch Erlass eines – bindenden – Verwaltungsakts ändert sich die („formelle") Zuständigkeit des erstangegangenen Trägers iSd. § 14 SGB IX (Zuständigkeitsklärung) nicht; er bleibt vielmehr auch für ein mögliches **Überprüfungsverfahren nach § 44 SGB X** zuständig, auch wenn die Rechtswidrigkeit i. S. dieser Vorschrift (nur) darin liegt, dass er die außerhalb seiner „eigentlichen" Zuständigkeit liegenden einschlägigen Rechtsgrundlagen nicht beachtet hat (BSGE 93, 283 = SozR 4–3250 § 14 Nr. 1, Rn. 10; BSGE 101, 207 = SozR 4–3250 § 14 Nr. 7 Rn. 31). 9

Nach dem in § 44a S. 1 VwGO enthaltenen Rechtsgedanken des allgemeinen Verfahrensrechts, das Verwaltungsverfahren nicht durch die **isolierte Anfechtung von einzelnen Verfahrenshandlungen** zu verzögern oder zu erschweren, können auch in sozialgerichtlichen Verfahren behördliche Verfahrenshandlungen (wie hier die Begrenzung der Akteneinsicht) grundsätzlich nicht isoliert angefochten werden (SG Stade 23. 2. 2006 – S 6 AL 112/02). Nach § 44a VwGO können Rechtsbehelfe gegen behördliche Verfahrenshandlungen nur gleichzeitig mit den gegen die Sachentscheidung zulässigen Rechtsbehelfen geltend gemacht werden. Dies gilt nicht, wenn behördliche Verfahrenshandlungen vollstreckt werden können oder gegen einen Nichtbeteiligten ergehen (VG Aachen 13. 3. 2003 – 2 L 168/03). 10

§ 9 Nichtförmlichkeit des Verwaltungsverfahrens

> ¹Das Verwaltungsverfahren ist an bestimmte Formen nicht gebunden, soweit keine besonderen Rechtsvorschriften für die Form des Verfahrens bestehen. ²Es ist einfach, zweckmäßig und zügig durchzuführen.

A. Normzweck

Das Verwaltungsverfahren ist zwar **regelmäßig standardisiert**, der Ablauf ebenso in regelmäßigen Formen vorgeprägt; dennoch ist es an diese Formen nicht gebunden. Auch der Antrag auf Leistungen der Grundsicherung für Arbeitsuchende nach dem SGB II ist an keine Form gebunden. Nach Antragstellung hat die Behörde das Verwaltungsverfahren nach den Regelungen des SGB I und X durchzuführen; bei der Beurteilung, ob und welche Leistungen beantragt werden sollen, ist dabei der wirkliche Wille des Antragstellers zu erforschen (vgl. hierzu Rn. 3). Eine Verwirkung des Antragsrechts nach den Grundsätzen von Treu und Glauben kommt im Regelfall nicht in Betracht (BSG SozR 4–4200 § 37 Nr. 1 Rn. 14). 1

§ 9, dem § 10 VwVfG entspricht, ist Ausdruck des gesetzgeberischen Willens, die **Rechtsstellung des Bürgers zu stärken,** indem ihm die Wahrnehmung seiner Rechte erleichtert wird (vgl. Ausschussbericht zum SGB X, BT- Drucks. 8/4022 S. 1; vgl. auch BT-Drs. 8/2034 S. 29, 31 iVm. BT-Drs. 7/910 S. 29, Nr. 5.2). Auch hierin kommt zum Ausdruck, dass dem Verfahrensrecht lediglich dienende Funktion zukommt. Der Beamte ist „Helfer des Staatsbürgers", woraus im Einzelfall seine Pflicht folgen kann, den von ihm zu betreuenden Personenkreis ggf. auszureichend zu belehren und aufzuklären, damit insbesondere ein Gesuchsteller im Rahmen des jeweils Möglichen und Zulässigen das erreichen kann, was er zu erreichen wünscht, und damit vermeidbarer Schaden von ihm ferngehalten wird (BGH LM Nr. 54 zu § 839 (C) BGB; BGH LM Nr. 5 zu § 839 (C) BGB; BGHZ 15, 305, 312 = LM Nr. 14 zu § 839 (C) BGB). 2

Die Nichtförmlichkeit des Verwaltungsverfahrens ist oberster Grundsatz und als **allgemeines Auslegungsprinzip** bei allen Verfahrenshandlungen der Sozialverwaltungsbehörden zu beachten. Ist ein Verwaltungsverfahren von Amts wegen oder auf Antrag eingeleitet worden, muss die Behörde unter Beachtung des gesetzgeberischen Ziels, rasch dem Anliegen des Beteiligten zu dienen, den Umfang der Ermittlungen und ggf. die Beiziehung von Beweismitteln bestimmen. Mitgeregelt sind daher die Grundsätze der Einfachheit, Zweckmäßigkeit und Zügigkeit des Verwaltungsverfahrens (S. 2). Dies ist mehr als nur ein Programmsatz (vgl. hierzu Rixen in LPK-SGB X, § 9, Rn. 3 m. w. N.), auch wenn ein vollziehbarer Rechtsanspruch allein aus dieser Vorschrift nicht hergeleitet werden kann. Auch für S. 2 gilt, dass er als Auslegungsgrundsatz, als **„Optimierungsgebot",** der öffentlichen Verwaltung 3

Fichte

einen **qualitätsbildenden Maßstab** auferlegt. Zweifelhaft erscheint, ob das durch § 9 begründete Verfahrensermessen nicht gesondert zu begründen ist (so: LSG Niedersachsen 18. 2. 2004 – L 3 KA 99/02). Denn wenn man auch S. 2 als gesetzlichen Auslegungsgrundsatz ansieht, muss gerichtlich überprüfbar sein, ob der Auslegungsregel Folge geleistet worden ist. Die Missachtung des Optimierungsgebots kann durchaus mit der Verletzung subjektiver Rechte des Beteiligten einhergehen. Dies gilt umso mehr, wenn zwischen S. 1 und S. 2 der Vorschrift ein innerer Zusammenhang von Grundsätzen bejaht wird: Unnötige Formalisierungen sind ja gerade deshalb zu vermeiden, um der Einfachheit, Zweckmäßigkeit und Zügigkeit des Verfahrens zu dienen.

B. Regelungsgehalt

I. Satz 1

4 Eine begriffliche **Definition der Nichtförmlichkeit** enthält § 9 nicht. Der Aussagegehalt der Vorschrift beschränkt sich primär darauf, dass grundsätzlich ein Formenzwang nicht besteht. Handlungen aller Beteiligten – der Sozialleistungsberechtigten wie der Behörden – können regelmäßig schriftlich, mündlich (auch fernmündlich) oder in anderer Weise (zB elektronisch) vorgenommen werden. Allerdings erfüllt eine telefonische Anhörung bei gleichzeitiger Rückäußerung durch den Sozialleistungsberechtigten die Voraussetzungen des § 24 Abs. 1 nicht. Eine telefonische Anhörung erfordert vielmehr, dass dem Versicherten zunächst eine hinreichende Frist eingeräumt wird, innerhalb derer er die Möglichkeit hat, sich sachkundig zu machen, Überlegungen anzustellen und sich danach zu äußern. (BSG 21. 3. 1982 – 4 RJ 21/81 – BAGUV RdSchr 33/82 mit Besprechung Tannen, DRV 1982, 415).

5 **Verwaltungshandlungen** iSd. § 9 sind alle Handlungen von Amtsinhaber im Namen des Trägers einer öffentlichen Verwaltung in Ausübung einer hoheitlichen Tätigkeit. Diese Verwaltungshandlungen können in einem Tun, Dulden oder Unterlassen bestehen. Zu denken ist etwa an Auskünfte, Beratungen und Aufklärungen nach §§ 13 bis 15 SGB I, Mahnungen, Fristsetzungen und Amtshilfeersuchen, aber auch an einfachen Schriftverkehr und Willensäußerungen sowie an die förmliche Beendigung des Verwaltungsverfahrens durch verbindliche Regelungen, in der Regel den Erlass eines Verwaltungsakts. Eine mündliche **Antragstellung in Versorgungsangelegenheiten** gemäß § 6 KOVVfG kann auch **telefonisch** erfolgen. Als Niederschrift über die telefonische Antragstellung ist eine Gesprächsnotiz der Behörde ausreichend. Auch bei erheblicher Komplexität des Sachverhalts ist schriftliche Antragstellung nicht erforderlich (Bay. LSG SGb 2000, 417). Allerdings ändert es am Grundsatz der Nichtförmlichkeit nichts daran, dass sich eine schriftliche Kommunikation schon im Hinblick auf die Möglichkeit eines späteren Nachweises der Antragstellung empfiehlt. Sobald das Verwaltungsverfahren mit dem Erlass eines den Beteiligten belastenden Verwaltungsakts enden soll, bietet § 9 S. 1 – auch bei einem Grundlagenbescheid – keine Rechtsgrundlage dafür, einen solchen Bescheid ohne vorherige Anhörung zu erlassen (BSG SozR 3–4100 § 128 Nr. 4).

6 Der einschränkende **Hs.** 2 des S. 1 („soweit") bezieht sich auf besondere Rechtsvorschriften sowohl im SGB X, die ein förmliches Verwaltungsverfahren vorschreiben (vgl. §§ 33, 35 Abs. 3), als auch in anderen Gesetzen (zB §§ 1583, 1589, 1631 RVO; § 85 Abs. 3 S. 1 SGG). Ist Schriftform vorgeschrieben, muss das Schriftstück den Absender erkennen lassen und die Unterschrift oder Namenswiedergabe des Ausstellers, seines Vertreters oder seines Beauftragten enthalten (BSGE 13, 269 = SozR Nr. 3 zu § 10 KGG). Ohne spezialgesetzliche Vorschrift besteht keine Pflicht, Antragsvordrucke zu verwenden (vgl. BSG SozR 4–4300 § 415 Nr. 1; SG Koblenz 20. 9. 2006 – S 2 AS 81/05 – Juris [für Leistungen nach dem SGB II]). Der Antrag eines Versicherten auf Leistung vorzeitiger Altersrente ist grundsätzlich auf die ihm günstigste Altersrentenart gerichtet **(Günstigkeitsprinzip).** Die vorgeschriebene Benutzung eines vom Rentenversicherungsträger zur Verfügung gestellten Vordrucks mit dem Ankreuzen einer bestimmten Rentenart legt den Versicherten nicht auf eine Rentenart fest (BSG SozR 4–2600 § 236a Nr. 2). Die Pflicht (Obliegenheit), zur Erlangung von Sozialleistungen grundsätzlich einen Antrag zu stellen, ergibt sich hingegen aus § 19 S. 1 Hs. 1 SGB IV.

II. Satz 2

7 Im Interesse eines **einfachen und zweckmäßigen Verfahrens** hat die Behörde alle Maßnahmen zu unterlassen, die zur Verwirklichung der Interessen der Sozialleistungsberechtigten nicht erforderlich sind. Die Behörde muss sich mithin vor Augen halten, welche Verfahrensweisen unkompliziert und zielführend zum angestrebten Erfolg führen. So verstößt zB die Vorladung des Berechtigten gegen § 9 S. 2, wenn die angestrebte Auskunft auf andere Art und Weise – z. B. telefonisch oder durch schriftliche Aufforderung zur Stellungnahme – einfacher erreichbar wäre. Der Berechtigte darf nicht zur Beibringung von Unterlagen verpflichtet werden, wenn es auf diese Unterlagen entscheidungserheblich nicht ankommt oder der Aussagegehalt der Unterlagen beizuziehenden Akten entnommen werden kann. Insoweit ist S. 2 Ausprägung des allgemeinen **Verhältnismäßigkeitsgrundsatzes** des Art. 20 Abs. 3 GG.

Verstößt die Behörde gegen diese Ausgestaltung des Verhältnismäßigkeitsgrundsatzes, ist ggf. nicht nur das Verfahren fehlerhaft, sondern möglicherweise auch das **Ergebnis des Verwaltungshandelns** betroffen: Da es sich auch bei S. 2 nicht nur um einen reinen Programmsatz handelt, kann eine in einem fehlerhaften Verwaltungsverfahren gewonnene Erkenntnis der Behörde (unzutreffende Sachverhaltsermittlung) auf die Rechtmäßigkeit des so gewonnenen Ergebnisses durchschlagen (vgl. Vogelgesang in: Hauck/Noftz, SGB X, § 9 Rn. 7). Konsequent ist es, einen unter Verletzung des S. 2 erlassenen Verwaltungsakt als fehlerhaft aufzuheben, es sei denn, es ist offensichtlich, dass der Fehler die Sachentscheidung nicht beeinträchtigt hat (ebenso: Rixen in LPK-SGB X, § 9, Rn. 16). Offensichtlich heißt, jede Möglichkeit muss ausgeschlossen sein, dass bei Einhaltung des Verfahrensgrundsatzes des § 9 S. 2 die Entscheidung anders ausgefallen wäre (Kopp/Ramsauer, VwVfG, § 46, Rn. 25 ff.). Dazu gehört auch, dass der Berechtigte durch das Vorgehen der Verwaltung weder eingeschüchtert noch verunsichert worden ist, weil anderenfalls die Vorgehensweise zu einer unzutreffende Sachverhaltsermittlung geführt haben kann (Kopp/Ramsauer, VwVfG, § 46, Rn. 31). Bezogen auf S. 1 muss ausgeschlossen sein, dass gerade die Verwendung einer gesetzlich nicht vorgeschriebenen Form das Ergebnis beeinflusst hat. 8

Dass das Verwaltungsverfahren **dienendes Recht** ist, ist bereits zu § 8 Rn. 1 angesprochen worden. Die Behörde (Verwaltung) „dient" dem Berechtigten bei der Durchsetzung seines Anspruchs auf Sozialleistungen (zum Grundrechtsschutz im und durch das Verwaltungsverfahren vgl. Steiner, NZS 2002, 113 ff.). Sie hat alles zu tun, um dem Sozialleistungsberechtigten in angemessener Zeit die Inanspruchnahme der ihm zustehenden Leistungen zu ermöglichen. Dies schränkt die in § 20 Abs. 1 geregelte Befugnis der Behörde ein, Art und Umfang der Ermittlungen selbst zu bestimmen. 9

§ 10 Beteiligungsfähigkeit

Fähig, am Verfahren beteiligt zu sein, sind
1. natürliche und juristische Personen,
2. Vereinigungen, soweit ihnen ein Recht zustehen kann,
3. Behörden.

§ 11 Vornahme von Verfahrenshandlungen

(1) **Fähig zur Vornahme von Verfahrenshandlungen sind**
1. natürliche Personen, die nach bürgerlichem Recht geschäftsfähig sind,
2. natürliche Personen, die nach bürgerlichem Recht in der Geschäftsfähigkeit beschränkt sind, soweit sie für den Gegenstand des Verfahrens durch Vorschriften des bürgerlichen Rechts als geschäftsfähig oder durch Vorschriften des öffentlichen Rechts als handlungsfähig anerkannt sind,
3. juristische Personen und Vereinigungen (§ 10 Nr. 2) durch ihre gesetzlichen Vertreter oder durch besonders Beauftragte,
4. Behörden durch ihre Leiter, deren Vertreter oder Beauftragte.

(2) Betrifft ein Einwilligungsvorbehalt nach § 1903 des Bürgerlichen Gesetzbuches den Gegenstand des Verfahrens, so ist ein geschäftsfähiger Betreuer nur insoweit zur Vornahme von Verfahrenshandlungen fähig, als er nach den Vorschriften des bürgerlichen Rechts ohne Einwilligung des Betreuers handeln kann oder durch Vorschriften des öffentlichen Rechts als handlungsfähig anerkannt ist.

(3) **Die §§ 53 und 55 der Zivilprozessordnung gelten entsprechend.**

§ 12 Beteiligte

(1) **Beteiligte sind**
1. Antragsteller und Antragsgegner,
2. diejenigen, an die die Behörde den Verwaltungsakt richten will oder gerichtet hat,
3. diejenigen, mit denen die Behörde einen öffentlich-rechtlichen Vertrag schließen will oder geschlossen hat,
4. diejenigen, die nach Absatz 2 von der Behörde zu dem Verfahren hinzugezogen worden sind.

(2) ¹Die Behörde kann von Amts wegen oder auf Antrag diejenigen, deren rechtliche Interessen durch den Ausgang des Verfahrens berührt werden können, als Beteiligte hinzuziehen. ²Hat der Ausgang des Verfahrens rechtsgestaltende Wirkung für einen Dritten, ist dieser auf Antrag als Beteiligter zu dem Verfahren hinzuzuziehen; soweit er der Behörde bekannt ist, hat diese ihn von der Einleitung des Verfahrens zu benachrichtigen.

(3) **Wer anzuhören ist, ohne dass die Voraussetzungen des Absatzes 1 vorliegen, wird dadurch nicht Beteiligter.**

A. Normzweck

1 Die §§ 10 bis 12 regeln, wer **Verfahrensbeteiligter** sein kann bzw. fähig ist, Verfahrenshandlungen vorzunehmen. Die in engem Zusammenhang stehenden Vorschriften räumen insbesondere dem am Verfahren beteiligten Bürger eine aktive Rolle ein, die ihn abhebt von der früheren Vorstellung eines staatlicher Gewalt unterworfenen Objekts. Während § 10 allgemein regelt, wer überhaupt an einem Verfahren beteiligt sein kann, enthält § 12 Aussagen darüber, in welcher Stellung bzw. Rolle sich ein Verfahrensbeteiligter im konkreten Einzelfall befinden kann (Antragsteller oder Antragsgegner; von einem Verwaltungsakt oder beabsichtigten öffentlich-rechtlichen Vertrag Betroffener; sonst Hinzugezogener). § 11 regelt, welche „Fähigkeiten" ein Beteiligter mitbringen muss, welche Voraussetzungen also erforderlich sind, um Verfahrenshandlungen selbst vornehmen zu können oder durch einen von ihm bestimmten Vertreter vornehmen zu lassen. Ihre Entsprechung finden §§ 10 bis 12 in §§ 70, 71 und 69 SGG. Dass diese Vorschriften weit gehend übereinstimmend gefasst sind, entspricht dem Gedanken der Einheitlichkeit von Sozialverwaltungs- und Sozialgerichtsverfahren (vgl. v. Wulffen SGB X, § 10 Rn. 2).

2 § 10, der weitgehend § 11 VwVfG entspricht, regelt die **Fähigkeit**, am Sozialverwaltungsverfahren (§ 8) **beteiligt zu sein.** Aus der Beziehung zwischen der handelnden Behörde zu den außerhalb dieser Behörde stehenden Personen oder Stellen ergibt sich das Beteiligungsverhältnis (BT-Drs. 7/910 S. 42 zu § 11 VwVfG). Daraus folgt, dass die das Verwaltungsverfahren durchführende Behörde nicht selbst beteiligt ist (BT-Drs. 8/2034 S. 31 zu § 10 SGB X). Sie ist vielmehr „Herrin des Verfahrens" (Kopp/Ramsauer VwVfG, § 22 Rn. 1 b).

B. Regelungsgehalt

I. Die Beteiligten

3 **Beteiligtenfähig** sind jede natürliche Person von der Vollendung der Geburt bis zum Tod ohne Rücksicht auf die Geschäftsfähigkeit sowie juristische Personen, also mit eigener Rechtsfähigkeit ausgestattete Organisationen (§ 10 Nr. 1). Juristische Personen des öffentlichen Rechts sind insbesondere rechtsfähige Körperschaften, zB Gebietskörperschaften (Bund, Länder, Gemeinden), aber auch sonstige Körperschaften des öffentlichen Rechts, der Spitzenverband Bund der Krankenkassen (§ 217a Abs. 2 SGB V), die Bundes- und Regionalträger der Deutschen Rentenversicherung (DRV) sowie die Bundesagentur für Arbeit (§ 367 Abs. 1 SGB III). In Betracht kommen ferner Stiftungen des öffentlichen Rechts wie die Conterganstiftung für behinderte Menschen (Gesetz vom 13. 10. 2005, BGBl. I S. 2967; vgl. BT-Drs. 15/5654 S. 16). Eine juristische Person öffentlichen Rechts ist auch der Gemeinsame Bundesausschuss nach besonderer Bestimmung des § 91 Abs. 1 S. 2 SGB V. Juristische Personen des Privatrechts sind außer Aktiengesellschaften und GmbHs etwa die Deutsche Krebshilfe oder der Bundesverband der Pharmazeutischen Industrie (vgl. Aufzählung bei Rixen, LPK-SGB X, § 10 Rn. 4). Rechtsfähig sind auch Stiftungen des privaten Rechts (beispielsweise die Deutsche Stiftung Organtransplantation oder das Institut für Qualität und Wirtschaftlichkeit im Gesundheitswesen, vgl. § 139a Abs. 1 S. 2 SGB V).

4 Der **Begriff der juristischen Person** darf nicht eng gefasst werden. Anders als im Zivilrecht wird auch die Gesellschaft bürgerlichen Rechts (GbR) als juristische Person iSd. § 10 angesehen werden können. Jedenfalls werden sie unter den Begriff der „Vereinigung" iSd. § 10 Nr. 2 fallen. Ob die Bedarfsgemeinschaft iSd. § 7 Abs. 2 SGB II beteiligungsfähig ist, bedarf noch abschließender Klärung. Das LSG Berlin-Brandenburg hat angenommen, dass es sich bei den Ansprüchen nach dem SGB II um Individualansprüche der einzelnen Mitglieder der **Bedarfsgemeinschaft** handele, die von diesen jeweils individuell im Verwaltungsverfahren bzw. gerichtlich geltend zu machen seien, und zwar unabhängig davon, ob die anderen Mitglieder der Bedarfsgemeinschaft Leistungen für sich beantragt hätten (LSG Berlin-Brandenburg 8. 3. 2007 – L 10 B 254/07 AS PKH – Juris). Das BSG hat bisher entschieden, dass für eine Übergangszeit bis 30. 6. 2007 Anträge im Verwaltungs- und Gerichtsverfahren sowie Urteile, die eine Bedarfsgemeinschaft betreffen, großzügig auszulegen seien; im Zweifel sei von Anträgen aller Bedarfsgemeinschaftsmitglieder, vertreten durch eines der Mitglieder, und von Entscheidungen über die Ansprüche aller Mitglieder auszugehen (BSG SozR 4–4200 § 22 Nr. 1). Ist allerdings ein Mitglied einer Bedarfsgemeinschaft auf Grund ausdrücklicher gesetzlicher Regelung vom Leistungsbezug nach dem SGB II ausgeschlossen (etwa als Altersrentenempfänger), sind Anträge im Zweifel nicht so auszulegen, dass auch Leistungen für den vom Leistungsbezug Ausgeschlossenen verlangt werden (BSG SozR 4–4200 § 7 Nr. 4). Die **Arbeitsgemeinschaft (ARGE)** – nunmehr JobCenter-(Jobcenter) ist regelmäßig – abhängig von ihrer Rechtsform – beteiligtenfähig (BSGE 97, 217 = SozR 4–4200 § 22 Nr. 1; BSGE 97, 265 = SozR 4–4200 § 20 Nr. 3; SozR 4–4200 § 21 Nr. 2; SozR 4–4200 § 22 Nr. 7; SozR 4–4200 § 24 Nr. 3; vgl. zum JobCenter: LSG Berlin-Brandenburg 6. 2. 2006 – L 5 B 1091/05 AS – Juris). Allerdings ist die Bildung von Arbeitsgemein-

schaften gemäß § 44 b SGB II als Gemeinschaftseinrichtung der Bundesagentur für Arbeit und kommunaler Träger mit der Selbstverwaltungsgarantie des Art. 28 Abs. 2 S. 1 und 2 GG iVm. Art. 83 GG unvereinbar: Die einheitliche Aufgabenwahrnehmung der beiden Träger der Grundsicherung für Arbeitsuchende verletzt die Gemeindeverbände in ihrem Anspruch auf eigenverantwortliche Aufgabenerledigung und verstößt gegen die Kompetenzordnung des GG (BVerfGE 119, 331 = BGBl. I 2008, 27). Trotz zwischenzeitlicher Umorganisation zu Jobcentern hat sich die Frage der Beteiligungsfähigkeit der ARGE noch nicht endgültig erledigt, weil das BVerfG die Anwendbarkeit der Norm für eine **Übergangszeit** bis zu einer gesetzlichen Neuregelung, längstens bis 31. 12. 2010, gestattet hat.

Behörden (Nr. 3) sind nach § 1 Abs. 2 alle Stellen, die Aufgaben der öffentlichen Verwaltung 5 wahrnehmen, wobei sich das SGB X auf die öffentlich-rechtliche Verwaltungstätigkeit bezieht, die aufgrund der Bücher des SGB vorzunehmen ist. Die Einschränkung des § 70 Nr. 3 SGG „Behörden, sofern das Landesrecht dies bestimmt, ..." hat § 10 nicht übernommen, woraus deutlich wird, dass allen Behörden einschränkungslos – unabhängig davon, wer Rechtsträger ist – Beteiligungsfähigkeit zuerkannt wird. Ist die ARGE nach § 44b SGB II aufgrund ihrer Rechtsform nicht schon beteiligtenfähig nach § 10 Nr. 1, so ist sie jedenfalls aufgrund ihres Behördencharakters beteiligtenfähig (Rixen in: Eicher/Spellbrink, SGB II, § 44b Rn. 15).

Fehlt die Beteiligtenfähigkeit, sind Verfahrenshandlungen unwirksam. Denn die Beteiligtenfähigkeit 6 ist **Verfahrensvoraussetzung** (vergleichbar der Prozessvoraussetzung im gerichtlichen Verfahren). Sie ist von Amts wegen zu prüfen, wird aber im Falle des Streits bis zur Entscheidung fingiert. Tritt Beteiligungsfähigkeit erst im Laufe des Verfahrens ein oder wird sie wieder hergestellt, können die bisherigen Verfahrenshandlungen geheilt werden (vgl. v. Wulffen in: ders., SGB X, § 10 Rn. 8 m. w. N.). Fehlt hingegen die Beteiligtenfähigkeit während des gesamten Verfahrens, hat dies nach § 40 Abs. 1 SGB X die Nichtigkeit eines dennoch erlassenen Verwaltungsakts zur Folge.

II. Vornahme von Verfahrenshandlungen

Fähig, Verfahrenshandlungen vorzunehmen, sind nach § 11 Abs. 1 Nr. 1 und 2 insbesondere natürli- 7 che Personen, die nach bürgerlichem Recht **geschäftsfähig** oder teilgeschäftsfähig, zumindest aber **handlungsfähig** sind. Juristische Personen und Vereinigungen handeln durch ihre gesetzlichen Vertreter oder durch besonders Beauftragte, Behörden durch ihre Leiter, deren Vertreter oder Beauftragte, § 11 Abs. 1 Nr. 3 und 4. Eingeschränkt handlungsfähig sind Personen, die betreut werden (Abs. 2). Insoweit bestimmt Abs. 3 die entsprechende Anwendbarkeit der §§ 53 und 55 ZPO. § 53 ZPO besagt, dass eine nicht prozessfähige Person einer prozessfähigen gleichsteht, wenn sie durch einen Betreuer oder Pfleger vertreten wird; nach § 55 ZPO gilt ein Ausländer, dem es nach dem Recht seines Landes an der Prozessfähigkeit mangelt, als prozessfähig, wenn ihm nach dem Recht des Prozessgerichts die Prozessfähigkeit zusteht. Bei Minderjährigen ist insbesondere § 36 SGB I zu beachten, der im Bereich des Sozialverwaltungsverfahrens besondere Handlungsfähigkeit verleiht. Danach kann Anträge auf Sozialleistungen stellen und verfolgen sowie Sozialleistungen entgegennehmen, wer das 15. Lebensjahr vollendet hat. In diesen Fällen kann der gesetzliche Vertreter nur als Bevollmächtigter (§ 13), nicht aber als gesetzlicher Vertreter tätig werden (vgl. zu § 71 Abs. 2 SGG: BSG SozR Nr. 2 zu § 71).

Bei **Behörden** sind die Behördenleiter und ihre Stellvertreter „geborene" Vertreter der Behörde 8 und der sie tragenden Körperschaft. Andere Bedienstete können im Rahmen ihres dienstlichen Auftrags, der sich regelmäßig aus der Geschäftsordnung bzw. dem Geschäftsverteilungsplan der Behörde ergibt, Vertretungsbefugnisse ausüben; einer besonderen Beauftragung bedürfen sie nicht. Hiervon zu unterscheiden sind die in Nr. 3 und 4 besonders genannten Beauftragten, deren Auftrag sich regelmäßig aus Gesetz, Verordnung, Satzung oder Verwaltungsanordnung ergibt. Bei behördeninterner Beauftragung eines Bediensteten wird ebenfalls regelmäßig Beauftragung iSd. § 11 anzunehmen sein; wird ein Externer beauftragt, handelt es sich hingegen um eine Bevollmächtigung nach § 13.

Fehlt einem Beteiligten die Handlungsfähigkeit, sind vorgenommene Handlungen nicht rechts- 9 wirksam. Besteht insoweit Ungewissheit, ist ein Verfahren bis zur **Klärung der Handlungsfähigkeit** auszusetzen. Bleibt die Ungewissheit trotz Ausschöpfung aller Beweismittel bestehen, kann eine Sachentscheidung nicht ergehen (BGHZ 18, 184). Ein gestellter Antrag ist als unzulässig abzulehnen (BSGE 82, 283 ff., 289 = SozR 3–5420 § 24 Nr. 1). Bestand zunächst Handlungsfähigkeit, ist diese aber nachträglich weggefallen, können Verfahrenshandlungen nachträglich genehmigt werden. Diese Genehmigung kann auch in der rügelosen Fortsetzung des Verfahrens gesehen werden (BSG SozR Nr. 13 zu § 73 SGG; SozR Nr. 6 zu § 10 KGG). Ein gegenüber einem Geschäftsunfähigen erlassener Verwaltungsakt wird (erst) mit der Bekanntgabe an den besonderen Vertreter nach § 15 Abs. 1 wirksam (BSGE 80, 283 = SozR 3–1300 § 50 Nr. 19).

Ist ein **Beteiligter nicht handlungsfähig** im Sinne des § 11 Abs. 1 Nr. 1 und 2 SGB X, ist der 10 Verwaltungsakt seinem gesetzlichen Vertreter bekannt zu geben. Bei minderjährigen Kindern, die von ihren Eltern gemeinschaftlich vertreten werden, genügt dabei die Bekanntgabe an einen der beiden gesetzlichen Vertreter (BSGE 102, 76 = SozR 4–4200 § 9 Nr. 7 Rn. 21 unter Hinweis auf § 65 Abs. 1). Handlungsfähigkeit iSd. § 36 SGB I verdrängt i. Ü. die Befugnisse gesetzlicher Vertreter nicht

Fichte

III. Beteiligte des Verfahrens

11 **Beteiligt** sind nach § 12 Abs. 1 Nr. 1 – durch Tätigwerden eines Sozialleistungsberechtigten – Antragsteller und Antragsgegner, nach Nr. 2 und 4 – durch Tätigwerden der Behörde – die (zukünftigen) Adressaten eines Verwaltungsakts und nach Nr. 3 – bei einvernehmlichem Handeln vom Sozialleistungsberechtigtem und Behörde – die (zukünftigen) Vertragschließenden. Nach § 12 Abs. 2 kann die Behörde schließlich – von Amts wegen oder auf Antrag – diejenigen als Beteiligte hinzuziehen, deren rechtliche Interessen durch den Ausgang des Verfahrens berührt werden können. Hat der Ausgang des Verfahrens rechtsgestaltende Wirkung für einen Dritten, so spricht das Gesetz die Pflicht der Hinzuziehung aus. Er ist dann bereits vor Einleitung des Verfahrens zu benachrichtigen, soweit er der Behörde bekannt ist. Allein die Anhörung macht den Betroffenen nicht zum Verfahrensbeteiligten, § 12 Abs. 3.

12 Während mithin der Begriff der Beteiligtenfähigkeit in § 10 regelt, wer überhaupt als Subjekt eines Sozialverwaltungsverfahrens in Betracht kommt, bestimmt § 12, wer **im konkreten Verfahren** tatsächlich Beteiligter ist. Erst wer tatsächlich an einem konkreten Verfahren beteiligt ist, kann die im SGB X geregelten Verfahrensrechte in Anspruch nehmen. Antragsteller und Antragsgegner sowie die Beteiligten nach Abs. 1 Nr. 2 und 3 sind allein aus der Tatsache heraus Verfahrensbeteiligte, dass sie ein solches Verwaltungsverfahren betreiben. In Nr. 1 meint der Begriff „Antragsgegner" nicht die Behörde; denn diese ist Herrin des Verfahrens, nicht aber Verfahrensbeteiligte. Dies unterscheidet das Verwaltungsverfahren vom kontradiktorischen Gerichtsverfahren, in dem die Behörde Beteiligtenstellung einnimmt. Auch hier ist es indes verfehlt, von einer „Partei" zu sprechen. Denn auch das sozialgerichtliche Verfahren geht davon aus, dass eine objektiv „richtige", dh. nur dem materiellen Recht verpflichtete Entscheidung zu finden ist. Dies entspricht der **Offizialmaxime** (Untersuchungsgrundsatz), die auch die Behörde verpflichtet, dem Sozialleistungsberechtigten günstigen Aspekte einzubringen. Eine Parteistellung würde dem entgegenstehen.

13 Eine **Hinzuziehung** (Nr. 4) kann aus denselben Gründen erfolgen, die eine Beiladung im sozialgerichtlichen Verfahren (§ 75 SGG) erforderlich machen oder zumindest angezeigt erscheinen lassen. Allerdings besteht für die Behörde keine unbedingte Verpflichtung zur Hinzuziehung; diese ist nach **pflichtgemäßem Ermessen** vorzunehmen. Lediglich bei rechtsgestaltender Wirkung für den Dritten – in der zweiten Alternative des Abs. 2 – normiert § 12 eine Verpflichtung zur Hinzuziehung beziehungsweise zur Benachrichtigung. Eine ordnungsgemäße Benachrichtigung nach § 12 Abs. 2 SGB X erfordert die Belehrung des Hinzuziehungsberechtigten über seine Antragsbefugnis (BSG SozR 3–2600 § 243 Nr. 9). Nur dann nämlich ist der Dritte in der Lage, seine Rechte wahrzunehmen. Berührt sein müssen rechtliche Interessen; anders als bei § 75 Abs. 1 SGG reichen finanzielle, wirtschaftliche oder ideelle Interessen nicht aus. Unerheblich ist jedoch, welcher Art – öffentlich-rechtlich oder privatrechtlich – diese Interessen sind. Die vorsichtige Formulierung, dass solche Interessen berührt sein können, drückt aus, dass eine abschließende Beurteilung vor Beteiligung des Dritten nicht erforderlich, vielfach auch gar nicht möglich ist. Allerdings muss mehr als nur eine abstrakte Möglichkeit bestehen, dass der Hinzuzuziehende rechtlich betroffen sein kann.

14 **Rechtsgestaltende Drittwirkung** hat der Ausgang des Verfahrens, wenn der angestrebte Verwaltungsakt oder öffentlich-rechtliche Vertrag unmittelbar in die Rechtssphäre des Dritten eingreift. Die Benachrichtigung bzw. Hinzuziehung des beteiligten Dritten darf im Verwaltungsverfahren unterbleiben, wenn dieser deutlich zu erkennen gegeben hat, dass er kein Interesse an seiner Verfahrensbeteiligung hat. Eine unterlassene Beteiligung wird durch die spätere Beiladung zum Gerichtsverfahren nicht geheilt (BSGE 55, 160 = SozR 1300 § 12 Nr. 1). Rechtsgestaltende Wirkung liegt auch dann vor, wenn der Verwaltungsakt neben belastender auch begünstigende Wirkung für den Drittbetroffenen hat. Massenbeteiligungen sind wie Massenbeiladungen nicht erforderlich; wird eine Beteiligung unterlassen, stellt dies zwar einen Verfahrensfehler dar; dieser kann jedoch dadurch geheilt werden (§ 41 Abs. 1 Nr. 6), dass der Betroffene noch vor Abschluss des Verfahrens in seiner Eigenschaft als Widerspruchsführer Verfahrensbeteiligter wird (SozR 3–8110 Kap VIII H III Nr. 1 Nr. 2). Durch die Rüge eines Verstoßes gegen § 12 Abs. 2 S. 2 SGB X, weil Betroffene am Verwaltungsverfahren nicht beteiligt worden sind, wird kein Verfahrensfehler des LSG dargelegt, also keine Verletzung einer Vorschrift des gerichtlichen Verfahrens, sondern die Verletzung einer Vorschrift des Verwaltungsverfahrensrechts, also des materiellen Rechts (BSG 29. 8. 2006 – B 12 KR 72/05 B – Juris). Wenn die Bundesrepublik Deutschland über die Neubewilligung (oder Kürzung oder Aberkennung) eines Rechts auf Entschädigungsrente zu entscheiden hat, ist die DRV Bund (vormals BfA) im Verwaltungsverfahren von der Einleitung des Verfahrens zu benachrichtigen und auf ihren Antrag hin hinzuzuziehen (BSGE 80, 54 = SozR 3–8850 § 3 Nr. 1). Betrifft ein Bescheid mehrere Versicherungszweige, so sind die betroffenen Versicherungsträger hinzuzuziehen.

15 **Abs. 3** stellt klar, dass nicht jeder, der angehört wird, automatisch Beteiligter wird. Nach § 21 Abs. 1 S. 2 Nr. 2 SGB X können neben der Anhörung Beteiligter insbesondere Zeugen und Sachverständige vernommen oder schriftliche und elektronische Äußerungen von ihnen eingeholt werden. Abs. 3 entspricht damit der auch hier vom Gesetz vorgesehenen Unterscheidung zwischen Beteiligten und auskunftspflichtigen Dritten.

§ 13 Bevollmächtigte und Beistände

(1) ¹Ein Beteiligter kann sich durch einen Bevollmächtigten vertreten lassen. ²Die Vollmacht ermächtigt zu allen das Verwaltungsverfahren betreffenden Verfahrenshandlungen, sofern sich aus ihrem Inhalt nichts anderes ergibt. ³Der Bevollmächtigte hat auf Verlangen seine Vollmacht schriftlich nachzuweisen. ⁴Ein Widerruf der Vollmacht wird der Behörde gegenüber erst wirksam, wenn er ihr zugeht.

(2) Die Vollmacht wird weder durch den Tod des Vollmachtgebers noch durch eine Veränderung in seiner Handlungsfähigkeit oder seiner gesetzlichen Vertretung aufgehoben; der Bevollmächtigte hat jedoch, wenn er für den Rechtsnachfolger im Verwaltungsverfahren auftritt, dessen Vollmacht auf Verlangen schriftlich beizubringen.

(3) ¹Ist für das Verfahren ein Bevollmächtigter bestellt, muss sich die Behörde an ihn wenden. ²Sie kann sich an den Beteiligten selbst wenden, soweit er zur Mitwirkung verpflichtet ist. ³Wendet sich die Behörde an den Beteiligten, muss der Bevollmächtigte verständigt werden. ⁴Vorschriften über die Zustellung an Bevollmächtigte bleiben unberührt.

(4) ¹Ein Beteiligter kann zu Verhandlungen und Besprechungen mit einem Beistand erscheinen. ²Das von dem Beistand Vorgetragene gilt als von dem Beteiligten vorgebracht, soweit dieser nicht unverzüglich widerspricht.

(5) Bevollmächtigte und Beistände sind zurückzuweisen, wenn sie entgegen § 3 des Rechtsdienstleistungsgesetzes Rechtsdienstleistungen erbringen.

(6) ¹Bevollmächtigte und Beistände können vom Vortrag zurückgewiesen werden, wenn sie hierzu ungeeignet sind; vom mündlichen Vortrag können sie nur zurückgewiesen werden, wenn sie zum sachgemäßen Vortrag nicht fähig sind. ²Nicht zurückgewiesen werden können Personen, die nach § 73 Abs. 2 Satz 1 und 2 Nr. 3 bis 9 des Sozialgerichtsgesetzes zur Vertretung im sozialgerichtlichen Verfahren befugt sind.

(7) ¹Die Zurückweisung nach den Absätzen 5 und 6 ist auch dem Beteiligten, dessen Bevollmächtigter oder Beistand zurückgewiesen wird, schriftlich mitzuteilen. ²Verfahrenshandlungen des zurückgewiesenen Bevollmächtigten oder Beistandes, die dieser nach der Zurückweisung vornimmt, sind unwirksam.

§ 14 Bestellung eines Empfangsbevollmächtigten

¹Ein Beteiligter ohne Wohnsitz oder gewöhnlichen Aufenthalt, Sitz oder Geschäftsleitung im Inland hat der Behörde auf Verlangen innerhalb einer angemessenen Frist einen Empfangsbevollmächtigten im Inland zu benennen. ²Unterlässt er dies, gilt ein an ihn gerichtetes Schriftstück am siebenten Tage nach der Aufgabe zur Post und ein elektronisch übermitteltes Dokument am dritten Tage nach der Absendung als zugegangen. ³Dies gilt nicht, wenn feststeht, dass das Dokument den Empfänger nicht oder zu einem späteren Zeitpunkt erreicht hat. ⁴Auf die Rechtsfolgen der Unterlassung ist der Beteiligte hinzuweisen.

§ 15 Bestellung eines Vertreters von Amts wegen

(1) Ist ein Vertreter nicht vorhanden, hat das Gericht auf Ersuchen der Behörde einen geeigneten Vertreter zu bestellen
1. für einen Beteiligten, dessen Person unbekannt ist,
2. für einen abwesenden Beteiligten, dessen Aufenthalt unbekannt ist oder der an der Besorgung seiner Angelegenheiten verhindert ist,
3. für einen Beteiligten ohne Aufenthalt im Inland, wenn er der Aufforderung der Behörde, einen Vertreter zu bestellen, innerhalb der ihm gesetzten Frist nicht nachgekommen ist,
4. für einen Beteiligten, der infolge einer psychischen Krankheit oder körperlichen, geistigen oder seelischen Behinderung nicht in der Lage ist, in dem Verwaltungsverfahren selbst tätig zu werden.

(2) ¹Für die Bestellung des Vertreters ist in den Fällen des Absatzes 1 Nr. 4 das Betreuungsgericht zuständig, in dessen Bezirk der Beteiligte seinen gewöhnlichen Aufenthalt hat; im Übrigen ist das Betreuungsgericht zuständig, in dessen Bezirk die ersuchende

Behörde ihren Sitz hat. ²Ist der Beteiligte minderjährig, tritt an die Stelle des Betreuungsgerichts das Familiengericht.

(3) ¹Der Vertreter hat gegen den Rechtsträger der Behörde, die um seine Bestellung ersucht hat, Anspruch auf eine angemessene Vergütung und auf die Erstattung seiner baren Auslagen. ²Die Behörde kann von dem Vertretenen Ersatz ihrer Aufwendungen verlangen. ³Sie bestimmt die Vergütung und stellt die Auslagen und Aufwendungen fest.

(4) Im Übrigen gelten für die Bestellung und für das Amt des Vertreters in den Fällen des Absatzes 1 Nr. 4 die Vorschriften über die Betreuung, in den übrigen Fällen die Vorschriften über die Pflegschaft entsprechend.

A. Normzweck

1   Die §§ 13 bis 15 SGB X regeln Fragen der Bevollmächtigung bzw. der Bestellung eines Vertreters von Amts wegen. Wer als Verfahrenssubjekt sein Begehren wirkungsvoll zum Ausdruck bringen will, wird vielfach auf eine **sachkundige Vertretung** angewiesen sein. Dass er sich in jeder Phase des Verfahrens durch einen Bevollmächtigten vertreten lassen kann, garantiert § 13 Abs. 1 S. 1. Der Bevollmächtigte hat auf Verlangen seine Vollmacht schriftlich nachzuweisen, § 13 Abs. 1 S. 2. Das Gesetz unterscheidet zwischen Bevollmächtigten und Beiständen; nach Abs. 4 kann ein Beteiligter zu Verhandlungen und Besprechungen mit einem Beistand erscheinen. Das von dem Beistand Vorgetragene gilt als von dem Beteiligten vorgebracht, soweit dieser nicht unverzüglich widerspricht.

2   **Bevollmächtigter** und **Beistand** unterscheiden sich nach dem Ausmaß der Vertretungsbefugnisse, mit denen das Gesetz sie ausstattet. Der Bevollmächtigte kann alle Verfahrenshandlungen für den Beteiligten vornehmen; der Beteiligte muss sich das Handeln des Bevollmächtigten wie eigenes zurechnen lassen. Darüber hinaus kann der Bevollmächtigte den Verfahrensgang selbst beeinflussen: Er kann Anträge stellen und zurücknehmen, das Verfahren auf andere Behörden ausweiten oder das Verfahren beenden. Der Beistand hingegen unterstützt den Beteiligten allein bei Verhandlungen und Besprechungen; das dort Vorgetragene wird dem Beteiligten zugerechnet, es sei denn, er widerspricht umgehend.

3   Eine **Verpflichtung** zur Stellung eines Bevollmächtigten kennt das Gesetz nicht. Auch wenn sich ein Beteiligter im Verwaltungsverfahren schwer tut, kann die Behörde ihn nicht verpflichten, sich vertreten zu lassen. Lediglich für einen Beteiligten, dessen Person unbekannt ist, für einen abwesenden Beteiligten, dessen Aufenthalt unbekannt ist oder der an der Besorgung seiner Angelegenheiten verhindert ist, für einen Beteiligten ohne Aufenthalt im Inland, wenn er der Aufforderung der Behörde, einen Vertreter zu bestellen, innerhalb der ihm gesetzten Frist nicht nachgekommen ist oder für einen Beteiligten, der infolge einer psychischen Krankheit oder körperlichen, geistigen oder seelischen Behinderung nicht in der Lage ist, in einem Verwaltungsverfahren selbst tätig zu werden, hat das **Betreuungsgericht** auf Ersuchen der Behörde nach § 15 Abs. 1 einen geeigneten Vertreter zu bestellen. Dieser Vertreter hat dann gegen den Rechtsträger der Behörde, die um seine Bestellung ersucht hat, Anspruch auf eine angemessene Vergütung und Erstattung seiner baren Auslagen, § 15 Abs. 3.

4   Ein Beteiligter ohne Wohnsitz oder gewöhnlichen Aufenthalt, Sitz oder Geschäftsleitung im Inland hat der Behörde auf Verlangen innerhalb einer angemessenen Frist einen **Empfangsbevollmächtigten** im Inland zu benennen, § 14 S. 1. Das Unterbleiben einer solchen Benennung hat nach § 14 S. 2 zur Folge, dass ein an ihn gerichtetes Schriftstück am siebenten Tag nach der Aufgabe zur Post und ein elektronisch übermitteltes Dokument am dritten Tage nach der Absendung als zugegangen gelten (gesetzliche **Fiktion**). Die Fiktion ist allerdings widerlegt, wenn feststeht, dass das Dokument den Empfänger nicht oder zu einem späteren Zeitpunkt erreicht hat, § 14 S. 3. Diese Vorschrift soll die Erreichbarkeit des Beteiligten, der sich im Ausland aufhält, sicherstellen; vermieden werden sollen umständliche und zeitaufwendige Zustellungen im Ausland (vgl. Bonk/Schmitz in: Stelkens/Bonk/Sachs, VwVfG, § 15 Rn. 1, § 16 Rn. 19). Die Wirkungen des § 14 S. 2 treten auch dann ein, wenn der Beteiligte die Benennung eines Empfangsbevollmächtigten widerruft, ohne einen Nachfolger zu benennen, nicht hingegen, wenn der Empfangsbevollmächtigte sein Amt niederlegt und dies der Behörde mitteilt. In diesem Fall muss eine neue Aufforderung an den Beteiligten ergehen. Der Beteiligte ist auf die Rechtsfolgen der Unterlassung hinzuweisen, § 14 S. 4.

B. Regelungsgehalt

I. Die Beteiligtenvertretung

5   Dass sich der Beteiligte durch „einen" Bevollmächtigten vertreten lassen kann (§ 13 Abs. 1 S. 1), ist wörtlich gemeint: es darf allein ein einziger Bevollmächtigter für den Beteiligten tätig werden. Die **zahlenmäßige Begrenzung** dient der Übersichtlichkeit des Verfahrens und damit auch den in § 9 S. 2 gesteckten Zielen, dass ein Verfahren einfach, zweckmäßig und zügig durchzuführen ist. Aller-

dings begibt sich der Beteiligte durch die Bevollmächtigung nicht des Rechts, weiterhin selbst tätig zu werden. Er kann ferner den Bevollmächtigten durch einen anderen ersetzen, wenn beide nicht zeitgleich für ihn tätig werden.

Jeder Beteiligte, der fähig ist, Verfahrenshandlungen vorzunehmen (§ 11 Abs. 1 Nr. 1), also jede geschäftsfähige natürliche Person, kann sich durch einen Bevollmächtigten im Verfahren vertreten lassen. Die Wirkung der Vollmacht bestimmt sich nach § 164 Abs. 1 S. 1 BGB, § 85 Abs. 1 S. 1 ZPO. Da der Bevollmächtigte **zu allen Verfahrenshandlungen ermächtigt** wird, muss er diese auch wahrnehmen können; bei einem beschränkt Geschäftsfähigen wird dies zu verneinen sein. Die von § 13 angesprochene Bevollmächtigung meint die sog. **gewillkürte Vertretung** (Vertretungsmacht durch Rechtsgeschäft, §§ 164 ff. BGB). Auf welcher rechtsgeschäftlichen Grundlage die Bevollmächtigung basiert (zB Geschäftsbesorgungsvertrag bei Vertretung durch einen Rechtsanwalt), ist für deren Beachtlichkeit im Verwaltungsverfahren unbeachtlich. Ein Vollmachtsvertrag braucht nicht geschlossen worden zu sein; es reicht die Geschäftsfähigkeit. Denn das Innenverhältnis, in welchem auch die Vertretungsbefugnis eingeschränkt sein mag, berührt die Wirksamkeit der Vollmacht und der auf ihrer Grundlage erfolgten Verfahrenshandlungen nicht (Grundsatz der Abstraktheit der Bevollmächtigung vom Grund- bzw. Innenverhältnis), es sei denn, Gegenteiliges käme in der Vollmacht selbst zum Ausdruck (vgl. Kopp/Ramsauer, VwVfG, § 14 Rn. 15). Daher gelangen grundsätzlich auch die Grundsätze über die Anscheins- und Duldungsvollmacht zur Anwendung (vgl. unten Rn. 12). 6

Nicht Bevollmächtigter iSd. § 13 ist der **gesetzliche Vertreter,** zB ein Betreuer oder die Eltern eines minderjährigen Kindes; denn § 13 trifft keine Regelungen über die gesetzliche Vertretung (v. Wulffen, SGB X, § 13 Rn. 3). Allerdings können sich auch gesetzliche Vertreter durch Bevollmächtigte vertreten lassen (Kopp/Ramsauer, VwVfG, § 14 Rn. 2). Rechtsanwälte als Bevollmächtigte können – im Unterschied zu anderen Bevollmächtigten – ausnahmslos nicht vom Vortrag zurückgewiesen werden, was ihnen einen stärkeren Status verleiht (Rixen in LPK-SGB X § 13 Rn. 7). 7

Aus der Regelung des § 13 Abs. 1 S. 3, nach der der Bevollmächtigte nur auf Verlangen seine Vollmacht schriftlich nachzuweisen hat, ergibt sich, dass es eines **schriftlichen Vollmachtsnachweises** nicht bedarf (BVerwG 15. 12. 1997 – 5 B 1/97), wenngleich sich diese Form aus Gründen der Rechtssicherheit und aus Beweisgründen anbietet. Bis zum Nachweis der Bevollmächtigung sind ohne Vollmachtsnachweis vorgenommene Verfahrenshandlungen schwebend unwirksam (VG Düsseldorf 13. 8. 2004 – 13 K 4117/01 – Juris Rn. 19). Wird eine Vollmacht unter Fristsetzung angefordert, innerhalb der Frist aber nicht vorgelegt, ist der vom Bevollmächtigten eingelegte Widerspruch als unzulässig zurückzuweisen (SG Hamburg 15. 6. 1988 – 3 Ka 72/84). Allerdings können auch die regelmäßig in der schriftlichen Vollmacht bekundeten Umstände der Bevollmächtigung in anderer Form schriftlich mitgeteilt werden. Der Widerruf einer lediglich als Innenvollmacht erteilten Bevollmächtigung muss auch der Behörde gegenüber mitgeteilt werden, § 13 Abs. 1 S. 4. 8

Nach § 13 Abs. 2 wird die Vollmacht weder durch den **Tod des Vollmachtgebers** noch durch eine Veränderung in seiner Handlungsfähigkeit oder seiner gesetzlichen Vertretung aufgehoben. Bei einer Rechtsnachfolge muss der Bevollmächtigte jedoch auf Verlangen der Behörde dessen Vollmacht schriftlich vorlegen. Auch in einem Beitragsnachentrichtungsverfahren nach § 10 WGSVG erlischt eine vom Antragsteller erteilte Vollmacht nicht mit seinem Tode (BSG SozR 1300 § 13 Nr. 1). Der Nachentrichtungsbescheid des Versicherungsträgers kann deshalb nach dem Tode des Antragstellers noch wirksam seinem Bevollmächtigten zugestellt werden. Er ist auch dann gegenüber dem Rechtsnachfolger des Antragstellers wirksam, wenn dieser von dem Bescheid keine Kenntnis erhält. Die Vollmacht endet, wenn der Bevollmächtigte handlungsunfähig wird oder stirbt oder nach Abs. 6 und 7 zurückgewiesen wird. Eine Vollmacht für „das Verwaltungsverfahren" dauert solange wie das Verwaltungsverfahren; ihre Wirkung endet mit Eintritt der Bindungswirkung des beantragten Bescheids, also spätestens mit der Rechtskraft des Urteils (BSG 2. 11. 2005 – B 6 KA 43/05 B). In einem späteren Verfahren (zB wegen Rentenentziehung nach zunächst erfolgter Rentengewährung) ist dem früheren Bevollmächtigten weder Gelegenheit zur Anhörung zu geben noch ist er von der Anhörung zu verständigen. Die Zustellung des späteren Bescheids an ihn ist schwebend unwirksam mit dem Risiko der nachträglichen Genehmigung (LSG Rheinland-Pfalz SozVers 1984, 162). 9

II. Befugnisse des Bevollmächtigten

Der Bevollmächtigte ist grundsätzlich zur Vornahme aller Verfahrenshandlungen befugt, sofern sich aus dem Inhalt der Vollmacht nichts anderes ergibt. **Verfahrenshandlungen** sind zB Antragstellung, Akteneinsicht, Abgabe und Entgegennahme von Erklärungen sowie die Ausübung von Gestaltungsrechten. Da die Einschränkung der Vollmacht eine Ausnahme darstellt („sofern ... nicht"), darf die Behörde regelmäßig davon ausgehen, dass die Vollmacht uneingeschränkt erteilt wurde. Bei Ehegatten und Verwandten in gerader Linie ist regelmäßig zu vermuten, dass sie bevollmächtigt sind (BT-Drs. 8/2034 S. 31). Hier kommt das Verlangen auf Vorlage einer Vollmacht nur dann in Betracht, wenn konkrete Anzeichen dafür vorliegen, dass es an einer wirksamen Bevollmächtigung fehlen könnte. Diese (Anscheins-)Vermutung gilt auch für Lebenspartner nach dem LPartG, weil Lebenspartner und Ehegatten im SGB grundsätzlich gleichgestellt sind (vgl. zB § 33b SGB I; § 46 Abs. 1 S. 1 Nr. 1a 10

Fichte

SGB I; § 2 Abs. 1 Nr. 6 SGB VII). Die Vollmacht kann auch die Befugnis umfassen, eine **Untervollmacht** zu erteilen; ob dies der Fall ist, kann nur durch Auslegung im Einzelfall ermittelt werden (Bonk/Schmitz in: Stelkens/Bonk/Sachs, VwVfG, § 14 Rn. 10).

11 Die Vollmacht erstreckt sich nicht auf **Verfahrenshandlungen**, die **höchstpersönlicher Art** sind. Hierunter sind solche Verfahrenshandlungen zu verstehen, die allein in der Person des Beteiligten vorgenommen werden können (zB das persönliche Erscheinen oder die Duldung einer ärztlichen oder psychologischen Untersuchung). Der Ausschluss kann sich auch aus Geheimhaltungsvorschriften ergeben (BT-Drs. 7/910 S. 44 [zu § 14 Abs. 4 VwVfG]). Nicht hingegen ist die rechtswahrende Anhörung ein höchstpersönliches Recht des Beteiligten; sie erfüllt vielmehr rechtsstaatliche Voraussetzungen durch Gewährung rechtlichen Gehörs und kann daher auch vom Bevollmächtigten vorgenommen werden.

12 Handelt ein **Vertreter ohne Vertretungsmacht,** sind seine Verfahrenshandlungen unwirksam, wenn sie nicht innerhalb einer angemessenen Frist – spätestens bis zur Entscheidung der Behörde – durch Vorlage einer Vollmacht legalisiert werden. §§ 177 ff. BGB gelten entsprechend. Eine rückwirkende Genehmigung mit heilender Wirkung ist sowohl im nachfolgenden Widerspruchsverfahren als auch noch im sozial- oder verwaltungsgerichtlichen Verfahren möglich (Kopp/Ramsauer, VwVfG, § 14 Rn. 21). Möglich ist auch, dass der Bevollmächtigte nach den Grundsätzen der **Anscheinsvollmacht** oder **Duldungsvollmacht** tätig wird, sein Auftreten also entweder erkannt und nicht unterbunden oder aber stillschweigend geduldet wird (BSGE 52, 245 = SozR 2200 § 1303 Nr. 22). Da § 13 aber grundlegende Regeln für die Bevollmächtigung aufstellt, der Behörde insbesondere die Möglichkeit einräumt, einen schriftlichen Nachweis derselben zu verlangen, sind Einschränkungen nötig. Die Duldungsvollmacht kann in der Form der konkludenten Bevollmächtigung Bedeutung gewinnen; der Nachweis der Bevollmächtigung ist dann ggf. nachzureichen. Eine bloße Vollmachtsfiktion, wie sie die Anscheinsvollmacht darstellt, steht den Legitimierungsanforderungen des Gesetzes entgegen (in diesem Sinne wohl auch: BSGE 37, 42 = SozR Nr. 10 zu § 1424 RVO). § 61 S. 2 mit der ergänzenden Bezugnahme auf die Vorschriften des BGB steht dem nicht entgegen, weil es sich bei dem Rechtsinstitut der Anscheinsvollmacht um ein praeter legem entwickeltes Institut handelt.

III. Behördenpflichten

13 Hat der Beteiligte einen Bevollmächtigten bestellt, muss sich die Behörde grundsätzlich an diesen wenden, § 13 Abs. 3 S. 1. Ausnahmen hiervon lässt S. 2 insoweit zu, als es auf die persönliche Mitwirkung des Beteiligten selbst ankommt. Aber auch dann muss der Bevollmächtigte verständigt werden, § 13 Abs. 3 S. 3. Abweichend von § 13 Abs. 3 bestimmt § 14 VwVfG, dass sich die Behörde an den Bevollmächtigten wenden soll. Indes hat die Rechtsprechung diese Sollvorschrift dahingehend interpretiert, dass die Behörde i. d. R. verpflichtet ist, den Bevollmächtigten unaufgefordert zu unterrichten, wenn sie mit dem Vertretenen in direkte Verhandlungen getreten ist (vgl. VGH Kassel NVwZ 1984, 802; Bay. VGH NJW 1976, 1117). Die **Benachrichtigungspflicht** dient insbesondere dem Interesse an dem Schutz des Verfahrensbeteiligten (BVerwG Buchholz 431.0 Rechtsanwälte Nr. 5 = DVBl. 1984, 1080).

14 Die **Ausnahme** des § 13 Abs. 3 S. 2 trägt der Tatsache Rechnung, dass die Behörde gemäß § 21 Abs. 1 S. 2 ua. Auskünfte einholen und den Beteiligten anhören kann. Damit sind Aufklärungsmöglichkeiten angesprochen, denen im Einzelfall nur der Beteiligte persönlich gerecht werden kann. Der Pflicht der Behörde entspricht aber keine Verpflichtung des Beteiligten; diesem bleibt es unbenommen, sich persönlich an die Behörde zu wenden. Bei Widersprüchen zwischen dem Vorbringen des Beteiligten und seines Bevollmächtigten muss die Behörde gemäß § 20 Abs. 1 S. 1 in Ermittlungen des zutreffenden Sachverhalts eintreten (Krasney in: KassKomm, § 13 SGB X Rn. 10). Nach S. 4 bleiben die Vorschriften über die Zustellung an Bevollmächtigte unberührt. Damit wird insbesondere § 8 VwZG in Bezug genommen, nach dessen Abs. 1 S. 1 Zustellungen an den Bevollmächtigten gerichtet werden können, nach S. 2 jedoch an ihn zu richten sind, wenn er eine schriftliche Vollmacht vorgelegt hat.

IV. Unterstützung durch einen Beistand

15 Der **Beistand** ist eine Person, die nicht – wie der Bevollmächtigte – statt des Beteiligten, sondern neben ihm auftritt. Kommt es durch die Einschaltung verschiedener Personen zu Widersprüchen, hat auch hier die Behörde den Sachverhalt von Amts wegen aufzuklären (vgl. Rn. 14). Denn das vom Beistand Vorgetragene gilt als vom Beteiligten selbst vorgebracht, sofern dieser nicht unverzüglich widerspricht. Der Beistand bedarf keiner besonderen Legitimation; er wird vom Beteiligten zu Verhandlungen oder Besprechungen mitgebracht und lediglich als sein Beistand vorgestellt. Da er Verfahrenshandlungen vornehmen kann, muss er geschäftsfähig seien; Handlungsfähigkeit iSd. § 11 Abs. 1 Nr. 2 reicht nicht aus, weil diese höchstpersönlicher Natur ist und sich nicht auf den Beteiligten beziehen kann. Der Wortlaut der Vorschrift spricht dagegen, dass der Beistand auch zu **schriftlichem Vortrag** zugelassen werden kann. Insoweit lässt sich dem Gesetz keine vermutete Vollmacht – wie beim Bevollmächtigten – entnehmen. Dass Beistände wie Bevollmächtigte nach Abs. 6 S. 1 Hs. 1

generell vom Vortrag zurückgewiesen werden können, wenn sie hierzu ungeeignet sind, vom mündlichen Vortrag aber nur zurückgewiesen werden können, wenn sie zum sachgemäßen Vortrag nicht fähig sind, rechtfertigt keinen anderen Schluss (Umkehrschluss). Der erste Hs. dieser Vorschrift kann sich inhaltlich nur auf Bevollmächtigte beziehen (v. Wulffen in: ders, SGB X, § 13 Rn. 12). Indes wird man dem Beistand weder das Recht absprechen können, das in einer mündlichen Erörterung Vorzutragende schriftlich vorzuformulieren (Rixen in: LPK-SGB X, § 13 Rn. 24 m. w. N.), noch dem Beteiligten bei der Abfassung eines Schriftstücks hilfreich zur Seite zu stehen. Entscheidend ist, dass der Beistand nur unterstützend tätig wird, also nicht allein gegenüber der Behörde auftritt. Auch ist er nicht berechtigt, bei Untersuchungen anwesend zu sein, weil es sich insoweit nicht um eine Verhandlung oder Besprechungen mit der Behörde handelt (Roller MedSach 2007, 30 ff.).

Das vom Beistand Vorgetragene wird dem Beteiligten zugerechnet, sofern dieser nicht **unverzüglich widerspricht.** Unverzüglich heißt ohne schuldhaftes Zögern (§ 121 Abs. 1 S. 1 BGB). Damit wird i. d. R. sofortiges Widersprechen des Beteiligten erforderlich sein. Allerdings wird es auch genügen, dass der Beteiligte den Vortrag bis zum Ende der Verhandlung oder Besprechung reflektiert und erst dann widerspricht. Ein späterer Widerruf ist jedoch dann denkbar, wenn in einem Beratungstermin ein Aspekt nicht abschließend betrachtet und behandelt worden ist. Überdies macht es der Untersuchungsgrundsatz ohnehin erforderlich, die Sachlage jeweils nach dem neuesten Sachstand zu behandeln. Eine Präklusion ist mit § 13 Abs. 4 S. 2 nicht beabsichtigt.

16

V. Zurückweisung eines Bevollmächtigten oder Beistands

Bevollmächtigte und Beistände sind nach Abs. 5 zurückzuweisen, wenn sie entgegen § 3 RDG Rechtsdienstleistungen erbringen **(obligatorische Zurückweisung).** Hiernach ist die selbstständige Erbringung außergerichtlicher Rechtsdienstleistungen nur in dem Umfang zulässig, in dem sie durch dieses Gesetz oder durch oder aufgrund anderer Gesetze erlaubt wird (Verbot mit Erlaubnisvorbehalt). Erlaubt sind **Rechtsdienstleistungen,** die berufliche oder andere zur Wahrung gemeinschaftlicher Interessen gegründete Vereinigungen und deren Zusammenschlüsse und Genossenschaften, genossenschaftliche Prüfungsverbände und deren Spitzenverbände sowie genossenschaftliche Treuhandstellen und ähnliche genossenschaftliche Einrichtungen im Rahmen ihres satzungsmäßigen Aufgabenbereichs für ihre Mitglieder oder für die Mitglieder der ihnen angehörenden Vereinigungen oder Einrichtungen erbringen, soweit sie gegenüber der Erfüllung ihrer übrigen satzungsmäßigen Aufgaben nicht von übergeordneter Bedeutung sind, § 7 Abs. 1 RDG. Nach Abs. 2 Satz 1 der Vorschrift muss derjenige, der Rechtsdienstleistungen erbringt, über die zur sachgerechten Erbringung dieser Rechtsdienstleistungen erforderliche personelle, sachliche und finanzielle Ausstattung verfügen und sicherstellen, dass die Rechtsdienstleistung durch eine Person, der die entgeltliche Erbringung dieser Rechtsdienstleistung erlaubt ist, durch eine Person mit Befähigung zum Richteramt oder unter Anleitung einer solchen Person erfolgt.

17

Ohne weiteres zu Rechtsdienstleistungen befugt sind **Rechtsanwälte.** Für **Rentenberater** bestimmt § 73 Abs. 2 S. 2 Nr. 3 SGG in Bezug auf die Vertretung vor dem SG und dem LSG, dass sie „im Umfang ihrer Befugnisse nach § 10 Abs. 1 Nr. 2 RDG" auftreten können. Hiernach beschränkt sich das Tätigkeitsfeld der Rentenberatung auf die gesetzliche Renten- und Unfallversicherung, das soziale Entschädigungsrechts, das übrige Sozialversicherungs- und Schwerbehindertenrecht mit Bezug zu einer gesetzlichen Rente sowie die betriebliche und berufsständische Versorgung. Damit hat die von der Rechtsprechung entwickelte Beschränkung der Erlaubnis des Rentenberaters, fremde Rechtsangelegenheiten geschäftsmäßig zu besorgen, die grundsätzlich die Vertretung Arbeitsloser im Verwaltungsverfahren gegen die Bundesagentur für Arbeit ausschloss (BSGE 83, 100 = SozR 3–1300 § 13 Nr. 5), Eingang in das RDG gefunden. Eine Annexkompetenz, die einem Rentenberater das Tätigwerden auch im **Arbeitsförderungsrecht** erlaubte, lässt sich nicht bereits aus einem Handeln im Umfeld der Nahtlosigkeitsregelung (§ 125 SGB III) herleiten (BSG SozR 3–1300 § 13 Nr. 7). Zum Auftreten von **Steuerberatern,** Steuerbevollmächtigten, Wirtschaftsprüfern etc. vgl. § 73 Abs. 2 S. 2 Nr. 4 SGG (Rn. 19).

18

§ 13 Abs. 6 S. 2 in der Fassung des Art. 2 des 4. VwVfÄndG vom 11. 12. 2008 (BGBl. I S. 2418) bestimmt, dass Personen, die nach § 73 Abs. 2 Satz 1 und 2 Nr. 3 bis 9 SGG zur Vertretung im sozialgerichtlichen Verfahren befugt sind, nicht zurückgewiesen werden können. § 73 Abs. 2 SGG lautet insoweit:

19

„(2) Die Beteiligten können sich durch einen Rechtsanwalt oder einen Rechtslehrer an einer staatlichen oder staatlich anerkannten Hochschule eines Mitgliedstaates der Europäischen Union, eines anderen Vertragsstaates des Abkommens über den Europäischen Wirtschaftsraum oder der Schweiz, der die Befähigung zum Richteramt besitzt, als Bevollmächtigten vertreten lassen. Darüber hinaus sind als Bevollmächtigte vor dem Sozialgericht und dem Landessozialgericht vertretungsbefugt nur
1. ... ,
2. ... ,
3. Rentenberater im Umfang ihrer Befugnisse nach § 10 Abs. 1 Satz 1 Nr. 2 des Rechtsdienstleistungsgesetzes,

4. *Steuerberater, Steuerbevollmächtigte, Wirtschaftsprüfer und vereidigte Buchprüfer, Personen und Vereinigungen im Sinn des § 3 Nr. 4 des Steuerberatungsgesetzes sowie Gesellschaften im Sinn des § 3 Nr. 2 und 3 des Steuerberatungsgesetzes, die durch Personen im Sinn des § 3 Nr. 1 des Steuerberatungsgesetzes handeln, in Angelegenheiten nach den §§ 28 h und 28 p des Vierten Buches Sozialgesetzbuch,*
5. *selbständige Vereinigungen von Arbeitnehmern mit sozial- oder berufspolitischer Zwecksetzung für ihre Mitglieder,*
6. *berufsständische Vereinigungen der Landwirtschaft für ihre Mitglieder,*
7. *Gewerkschaften und Vereinigungen von Arbeitgebern sowie Zusammenschlüsse solcher Verbände für ihre Mitglieder oder für andere Verbände oder Zusammenschlüsse mit vergleichbarer Ausrichtung und deren Mitglieder,*
8. *Vereinigungen, deren satzungsgemäße Aufgaben die gemeinschaftliche Interessenvertretung, die Beratung und Vertretung der Leistungsempfänger nach dem sozialen Entschädigungsrecht oder der behinderten Menschen wesentlich umfassen und die unter Berücksichtigung von Art und Umfang ihrer Tätigkeit sowie ihres Mitgliederkreises die Gewähr für eine sachkundige Prozessvertretung bieten, für ihre Mitglieder,*
9. *juristische Personen, deren Anteile sämtlich im wirtschaftlichen Eigentum einer in den Nummern 5 bis 8 bezeichneten Organisationen stehen, wenn die juristische Person ausschließlich die Rechtsberatung und Prozessvertretung dieser Organisation und ihrer Mitglieder oder anderer Verbände oder Zusammenschlüsse mit vergleichbarer Ausrichtung und deren Mitglieder entsprechend deren Satzung durchführt, und wenn die Organisation für die Tätigkeit der Bevollmächtigten haftet."*

20   Im Übrigen können Bevollmächtigte und Beistände nach pflichtgemäßem Ermessen (Abs. 6 S. 1 Hs. 2) vom mündlichen Vortrag zurückgewiesen werden, wenn sie zu sachgemäßem Vortrag nicht fähig sind **(fakultative Zurückweisung).** Ein solcher Zurückweisungsgrund wird kaum einmal gegeben sein; denn dann müsste der Betreffende sachlich so desorientiert sein, dass er sich sinnvoll zum Verfahrensgegenstand nicht äußern kann. Im Übrigen können sie vom schriftlichen und elektronischen (vgl. § 36a SGB I) Vortrag zurückgewiesen werden, wenn sie zum Vortrag „ungeeignet" sind, § 13 Abs. 6 S. 1 Hs. 1. Das ist nicht etwa dann schon der Fall, wenn der Betroffene unbeholfen argumentiert oder unkundig ist oder die Form seines Auftretens unangebracht ist. Diese Tatbestandsmerkmale unterliegen daher restriktiver Auslegung; oberstes Ziel des Verwaltungsverfahrens ist es, dem Berechtigten zielgerichtet und zügig zur Umsetzung seines Sozialleistungsanspruchs zu verhelfen.

21   Die Zurückweisung ist gegenüber dem Zurückgewiesenen **selbstständiger Verwaltungsakt,** gegen den die üblichen Rechtsbehelfe gegeben sind. Streitig ist, ob der Beteiligte die Zurückweisung selbstständig anfechten oder nur bei einer Anfechtung der Entscheidung in der Hauptsache geltend machen kann. § 44a VwGO, der die Anfechtung behördlicher Verfahrenshandlungen nur zusammen mit der Sachentscheidung gestattet, hat keine Entsprechung im SGG und ist auch nicht Ausdruck eines allgemeinen Rechtsgedankens (Krasney in: KassKomm, § 13 SGB X Rn. 15; Rixen in: LPK-SGB X, § 13 Rn. 31 m. w. N.). Mit der Zurückweisung erlischt die Vertretungsbefugnis; Verfahrenshandlungen, die der Zurückgewiesene bis zum Zeitpunkt der Zurückweisung vorgenommen hat, bleiben wirksam.

§ 16 Ausgeschlossene Personen

(1) ¹In einem Verwaltungsverfahren darf für eine Behörde nicht tätig werden,
1. wer selbst Beteiligter ist,
2. wer Angehöriger eines Beteiligten ist,
3. wer einen Beteiligten kraft Gesetzes oder Vollmacht allgemein oder in diesem Verwaltungsverfahren vertritt oder als Beistand zugezogen ist,
4. wer Angehöriger einer Person ist, die einen Beteiligten in diesem Verfahren vertritt,
5. wer bei einem Beteiligten gegen Entgelt beschäftigt ist oder bei ihm als Mitglied des Vorstandes, des Aufsichtsrates oder eines gleichartigen Organs tätig ist; dies gilt nicht für den, dessen Anstellungskörperschaft Beteiligte ist, und nicht für Beschäftigte bei Betriebskrankenkassen,
6. wer außerhalb seiner amtlichen Eigenschaft in der Angelegenheit ein Gutachten abgegeben hat oder sonst tätig geworden ist.

²Dem Beteiligten steht gleich, wer durch die Tätigkeit oder durch die Entscheidung einen unmittelbaren Vorteil oder Nachteil erlangen kann. ³Dies gilt nicht, wenn der Vor- oder Nachteil nur darauf beruht, dass jemand einer Berufs- oder Bevölkerungsgruppe angehört, deren gemeinsame Interessen durch die Angelegenheit berührt werden.

(2) ¹Absatz 1 gilt nicht für Wahlen zu einer ehrenamtlichen Tätigkeit und für die Abberufung von ehrenamtlich Tätigen. ²Absatz 1 Nr. 3 und 5 gilt auch nicht für das Verwaltungsverfahren auf Grund der Beziehungen zwischen Ärzten, Zahnärzten und Krankenkassen.

(3) **Wer nach Absatz 1 ausgeschlossen ist, darf bei Gefahr im Verzug unaufschiebbare Maßnahmen treffen.**

(4) ¹Hält sich ein Mitglied eines Ausschusses oder Beirats für ausgeschlossen oder bestehen Zweifel, ob die Voraussetzungen des Absatzes 1 gegeben sind, ist dies dem Ausschuss oder Beirat mitzuteilen. ²Der Ausschuss oder Beirat entscheidet über den Ausschluss. ³Der Betroffene darf an dieser Entscheidung nicht mitwirken. ⁴Das ausgeschlossene Mitglied darf bei der weiteren Beratung und Beschlussfassung nicht zugegen sein.

(5) ¹Angehörige im Sinne des Absatzes 1 Nr. 2 und 4 sind
1. der Verlobte,
2. der Ehegatte,
3. Verwandte und Verschwägerte gerader Linie,
4. Geschwister,
5. Kinder der Geschwister,
6. Ehegatten der Geschwister und Geschwister der Ehegatten,
7. Geschwister der Eltern,
8. Personen, die durch ein auf längere Dauer angelegtes Pflegeverhältnis mit häuslicher Gemeinschaft wie Eltern und Kind miteinander verbunden sind (Pflegeeltern und Pflegekinder).

²Angehörige sind die in Satz 1 aufgeführten Personen auch dann, wenn
1. in den Fällen der Nummern 2, 3 und 6 die die Beziehung begründende Ehe nicht mehr besteht,
2. in den Fällen der Nummern 3 bis 7 die Verwandtschaft oder Schwägerschaft durch Annahme als Kind erloschen ist,
3. im Falle der Nummer 8 die häusliche Gemeinschaft nicht mehr besteht, sofern die Personen weiterhin wie Eltern und Kind miteinander verbunden sind.

§ 17 Besorgnis der Befangenheit

(1) ¹Liegt ein Grund vor, der geeignet ist, Misstrauen gegen eine unparteiische Amtsausübung zu rechtfertigen, oder wird von einem Beteiligten das Vorliegen eines solchen Grundes behauptet, hat, wer in einem Verwaltungsverfahren für eine Behörde tätig werden soll, den Leiter der Behörde oder den von diesem Beauftragten zu unterrichten und sich auf dessen Anordnung der Mitwirkung zu enthalten. ²Betrifft die Besorgnis der Befangenheit den Leiter der Behörde, trifft diese Anordnung die Aufsichtsbehörde, sofern sich der Behördenleiter nicht selbst einer Mitwirkung enthält. ³Bei den Geschäftsführern der Versicherungsträger tritt an die Stelle der Aufsichtsbehörde der Vorstand.

(2) Für Mitglieder eines Ausschusses oder Beirats gilt § 16 Abs. 4 entsprechend.

§ 18 Beginn des Verfahrens

¹Die Behörde entscheidet nach pflichtgemäßem Ermessen, ob und wann sie ein Verwaltungsverfahren durchführt. ²Dies gilt nicht, wenn die Behörde auf Grund von Rechtsvorschriften
1. von Amts wegen oder auf Antrag tätig werden muss,
2. nur auf Antrag tätig werden darf und ein Antrag nicht vorliegt.

A. Normzweck

§ 18 S. 1 normiert als **Regelfall**, dass die Behörde nach pflichtgemäßem Ermessen entscheidet, ob und wann sie ein Verwaltungsverfahren durchführt. Zumindest im Sozialrecht werden die meisten Verwaltungsverfahren jedoch auf Antrag des Sozialleistungsberechtigten durchgeführt, so dass der eigentliche **Hauptanwendungsfall** zum Verfahrensbeginn in S. 2 Nr. 1 Alt. 2 der Vorschrift angesprochen wird. Nach S. 2 ist nämlich kein Ermessen auszuüben, wenn die Behörde aufgrund von Rechtsvorschriften von Amts wegen (Nr. 1 Alt. 1) oder auf Antrag (Nr. 1 Alt. 2) tätig werden muss oder nur auf Antrag tätig werden darf und ein Antrag nicht vorliegt (Nr. 2). 1

Die Anwendbarkeit von § 18 S. 2 hängt von besonderen „Rechtsvorschriften" ab; es wird also ein Bezug zu Bestimmungen der besonderen Teile des SGB hergestellt. Auf ein solches Zusammenwirken mit anderen Rechtsvorschriften stellt S. 1 nicht ab; diese Regelung wird daher auch als **Auffangregelung** bezeichnet (Rixen in: LPK-SGB X, § 18 Rn. 1). Der Wortlaut der Vorschrift gleicht § 22 VwVfG, auf den sich die Gesetzesbegründung allein bezieht (BT-Drs. 8/2034 S. 31). Der Gesetzgeber geht also davon aus, dass die Behörde unter Geltung der Offizialmaxime regelmäßig nicht nur Herrin des Verfahrens, sondern auch der Einleitung eines solchen ist. Dieser Gedanke ist jedoch wegen des Antragsprinzips (§§ 16, 40 SGB I; § 19 SGB IV) nicht ohne weiteres auf das Sozialverwaltungsverfah- 2 ren übertragbar. Ohne Antrag wird die Behörde im Allgemeinen gar nicht tätig werden können (BSGE 2, 289).

B. Regelungsgehalt

I. Entscheidung nach pflichtgemäßem Ermessen (S. 1)

3   Gemäß § 18 S. 1 entscheidet die Behörde in einer Kombination aus **Offizialmaxime** und **Opportunitätsprinzip** nach pflichtgemäßem Ermessen, ob und wann sie ein Verwaltungsverfahren einleitet. Dieses Ermessen ist „auf Null" reduziert, wenn es nur eine richtige Entscheidung über die Einleitung des Verwaltungsverfahrens gibt. Im Sozialrecht spielt diese Ermessensreduzierung allerdings kaum eine Rolle, weil die Regelung des S. 1 kaum zur Anwendung gelangen wird (vgl. Rn. 2). Die Einleitungsentscheidung ist Verfahrenshandlung, nicht selbst Verwaltungsakt, und muss daher für den Betroffenen nicht erkennbar sein. Abzugrenzen ist sie von einer reinen Vorbereitungshandlung oder behördeninternen Maßnahmen. Der Verwaltungsverfahren verlangt zwar nach seiner Definition in § 8 eine nach außen wirkende Tätigkeit; die Außenwirkung wird aber regelmäßig erst in der das Verfahren abschließenden Entscheidung dokumentiert. Zuvor erlangt der Beteiligte Kenntnis, wenn er zu Mitwirkungshandlungen herangezogen wird oder die Akten einsieht; denn die Einleitung eines Verwaltungsverfahrens ist aktenkundig zu machen.

II. Tätigwerden von Amts wegen (S. 2 Nr. 1 Alt. 1)

4   S. 2 Nr. 1 Alt. 1 ist Ausdruck des **Legalitätsprinzips** iVm. der **Offizialmaxime.** Ohne Antrag einzuleiten sind grundsätzlich (vgl. § 19 S. 2 SGB IV) leistungsrechtliche Verfahren der gesetzlichen Unfallversicherung (SGB VII). Wird dem Träger der Unfallversicherung ein Arbeitsunfall oder eine Berufskrankheit durch Anzeige oder von Amts wegen bekannt, muss er ohne Antrag über die Erbringung von Leistungen entscheidet. Gleiches gilt für den Bereich der Sozialhilfe: Hier reicht es aus, dass dem Leistungsträger die Notlage des Berechtigten bekannt wird, § 18 Abs. 1 SGB XII.

III. Tätigwerden auf Antrag (S. 2 Nr. 1 Alt. 2)

5   S. 2 Nr. 1 Alt. 2 ist Ausdruck des **Antragsprinzips** iVm. der **Dispositionsmaxime.** Hierbei handelt es sich um den eigentlichen Regelfall im Sozialverwaltungsrecht. Danach ist das Verfahren auf Antrag einzuleiten, wenn besondere Rechtsvorschriften dies anordnen. Der Antrag löst – als Leistungsvoraussetzung – das Tätigwerden der Behörde – die Einleitungsentscheidung – aus. Während der Antrag also ein (Verfahrens-)Rechtsverhältnis zur Behörde auslöst, beginnt das Verwaltungsverfahren selbst erst mit der behördlichen Einleitungsentscheidung (vgl. Stelkens/Schmitz in: Stelkens/Bonk/Sachs, VwVfG, § 22 Rn. 55 ff.).

6   Antrag ist jedes Verhalten eines Bürgers, mit dem das Begehren auf die Gewährung einer sozialrechtlichen Leistung ausgedrückt wird; dies kann auch konkludent geschehen. Jeder Antrag ist als **umfassender Antrag** in dem Sinne zu verstehen, dass der Berechtigte alles zugesprochen haben möchte, was ihm zusteht (BSG SozR 4–2600 § 43 Nr. 3; BSGE 95, 112 = SozR 4–2600 § 101 Nr. 2 m.w.N.). Ob der Antrag verfahrensrechtlich erforderlich ist, um den Anspruch auszulösen, oder ob ihm materiell-rechtliche Bedeutung zukommt, ob er formlos gestellt werden kann (§ 9 S. 1) oder einer bestimmten Form bedarf, ist Frage des jeweiligen Leistungsrechts.

7   Der Antrag bestimmt – zusammen mit dem Lebenssachverhalt – den **Verfahrensgegenstand.** Mit dem Antrag kann der Berechtigte mithin den Anspruch wirksam begrenzen; allerdings wird er sich hierzu über den Umfang seiner Rechte und die Auswirkungen seiner Erklärung im Klaren sein müssen. Ggf. bedarf der Berechtigte der Aufklärung und Beratung des Sozialleistungsträgers (§§ 13, 14 SGB I). In jedem Fall ist der **Antrag** von der Behörde in Bezug darauf **auszulegen**, welche Leistung wirklich angestrebt wird (BSG SozR 4–2600 § 236a Nr. 2; Anm. Sonnhoff, jurisPR-SozR 9/2008 Anm. 4). Ein einmal gestellter Antrag kann bis zum Eintritt der Unanfechtbarkeit der Verwaltungsentscheidung zurückgenommen oder geändert werden. Eine Änderung im Widerspruchsverfahren darf allerdings den Verfahrensgegenstand nicht modifizieren (vgl. Stelkens/Schmitz in: Stelkens/Bonk/Sachs, VwVfG, § 22 Rn. 74 f.), weil ansonsten die unzuständige Behörde erstmalig über einen – neuen bzw. modifizierten – Verfahrensgegenstand entscheiden würde.

8   Wer Sozialleistungen beantragt, hat alle Tatsachen anzugeben, die für die Leistung erheblich sind, und Änderungen, die für die Leistung erheblich sind, unverzüglich mitzuteilen, § 60 Abs. 1 S. 1 Nr. 1 und 2 SGB I. Nach Abs. 2 dieser Vorschrift sollen für diese Angaben **Vordrucke** benutzt werden, soweit sie dafür vorgesehen sind. „Sollen" heißt für den Regelfall „müssen"; allerdings sieht § 9 S. 2 vor, dass das – grundsätzlich nichtförmliche – Verwaltungsverfahren einfach, zweckmäßig und zügig zu gestalten ist. Das bedeutet, dass übertriebene Förmlichkeiten dem Erfolg des Verwaltungsverfahrens nicht entgegenstehen dürfen. Einfache Angaben kann der Leistungsberechtigte daher auch dann formlos machen, wenn hierfür Vordrucke entwickelt worden sind. Auch der formlos gestellte Antrag ist „gültig" in dem Sinne, dass er Fristen wahrt und grundsätzlich anspruchsbegründend wirkt; der Form-

antrag kann nachgereicht werden. Der Antrag eines Versicherten auf Leistung vorzeitiger Altersrente ist grundsätzlich auf die ihm günstigste Altersrentenart gerichtet (**Günstigkeitsprinzip;** vgl. BSG SozR 3900 § 40 Nr. 12 S. 32, 36 f; SozR 5070 § 10 a Nr. 3 S. 7; BSGE 96, 161 = SozR 4–2500 § 13 Nr. 8 Rn. 14; BSG SozR 4–3100 § 60 Nr. 4 Rn. 40). Die vorgeschriebene Benutzung eines vom Rentenversicherungsträger zur Verfügung gestellten Vordrucks mit dem Ankreuzen einer bestimmten Rentenart legt den Versicherten nicht auf eine Rentenart fest (BSG SozR 4–2600 § 236 a Nr. 2).

IV. Nichtvorliegen eines Antrags (S. 2 Nr. 2)

Nach S. 2 Nr. 2 der Vorschrift darf die Behörde nicht tätig werden, wenn ein Antrag erforderlich, nicht aber gestellt ist. Dem Bürger darf mithin eine grundsätzlich antragsgebundene Leistung nicht aufgedrängt werden. Wird ein erforderlicher Antrag zurückgenommen, hat sich die Behörde weiterer Verfahrenshandlungen zu enthalten (Krasney in: KassKomm, § 18 SGB X Rn. 11). 9

§ 19 Amtssprache

(1) [1]Die Amtssprache ist deutsch. [2]Hörbehinderte Menschen haben das Recht, zur Verständigung in der Amtssprache Gebärdensprache zu verwenden; Aufwendungen für Dolmetscher sind von der Behörde oder dem für die Sozialleistung zuständigen Leistungsträger zu tragen.

(2) [1]Werden bei einer Behörde in einer fremden Sprache Anträge gestellt oder Eingaben, Belege, Urkunden oder sonstige Dokumente vorgelegt, soll die Behörde unverzüglich die Vorlage einer Übersetzung innerhalb einer von ihr zu setzenden angemessenen Frist verlangen, sofern sie nicht in der Lage ist, die Anträge oder Dokumente zu verstehen. [2]In begründeten Fällen kann die Vorlage einer beglaubigten oder von einem öffentlich bestellten oder beeidigten Dolmetscher oder Übersetzer angefertigten Übersetzung verlangt werden. [3]Wird die verlangte Übersetzung nicht innerhalb der gesetzten Frist vorgelegt, kann die Behörde eine Übersetzung beschaffen und hierfür Ersatz ihrer Aufwendungen in angemessenem Umfang verlangen. [4]Falls die Behörde Dolmetscher oder Übersetzer herangezogen hat, erhalten sie auf Antrag in entsprechender Anwendung des Justizvergütungs- und -entschädigungsgesetzes eine Vergütung; mit Dolmetschern oder Übersetzern kann die Behörde eine Vergütung vereinbaren.

(3) Soll durch eine Anzeige, einen Antrag oder die Abgabe einer Willenserklärung eine Frist in Lauf gesetzt werden, innerhalb deren die Behörde in einer bestimmten Weise tätig werden muss, und gehen diese in einer fremden Sprache ein, beginnt der Lauf der Frist erst mit dem Zeitpunkt, in dem der Behörde eine Übersetzung vorliegt.

(4) [1]Soll durch eine Anzeige, einen Antrag oder eine Willenserklärung, die in fremder Sprache eingehen, zugunsten eines Beteiligten eine Frist gegenüber der Behörde gewahrt, ein öffentlich-rechtlicher Anspruch geltend gemacht oder eine Sozialleistung begehrt werden, gelten die Anzeige, der Antrag oder die Willenserklärung als zum Zeitpunkt des Eingangs bei der Behörde abgegeben, wenn die Behörde in der Lage ist, die Anzeige, den Antrag oder die Willenserklärung zu verstehen, oder wenn innerhalb der gesetzten Frist eine Übersetzung vorgelegt wird. [2]Anderenfalls ist der Zeitpunkt des Eingangs der Übersetzung maßgebend. [3]Auf diese Rechtsfolge ist bei der Fristsetzung hinzuweisen.

§ 20 Untersuchungsgrundsatz

(1) [1]Die Behörde ermittelt den Sachverhalt von Amts wegen. [2]Sie bestimmt Art und Umfang der Ermittlungen; an das Vorbringen und an die Beweisanträge der Beteiligten ist sie nicht gebunden.

(2) Die Behörde hat alle für den Einzelfall bedeutsamen, auch die für die Beteiligten günstigen Umstände zu berücksichtigen.

(3) Die Behörde darf die Entgegennahme von Erklärungen oder Anträgen, die in ihren Zuständigkeitsbereich fallen, nicht deshalb verweigern, weil sie die Erklärung oder den Antrag in der Sache für unzulässig oder unbegründet hält.

A. Normzweck

Bezogen auf die Möglichkeit einer sprachlichen Verständigung hat der Gesetzgeber in **§ 19** Abs. 1 SGB X den Grundsatz aufgestellt, dass die **Amtssprache deutsch** ist. Aus § 19 Abs. 2 SGB X ergibt sich, dass die des Deutschen nicht ausreichend kundigen Versicherten auf eigene Kosten für die Übersetzung ihrer in einer fremden Sprache vorgetragenen Anliegen, die die Behörde nicht zu verstehen 1 in der Lage ist, zu sorgen haben. Lediglich für den Sonderfall der hörbehinderten Menschen ist in § 19 Abs. 1 S. 2 SGB X in der seit dem 1. 7. 2001 geltenden Fassung bestimmt, dass diese das Recht haben, zur Verständigung in der Amtssprache die Gebärdensprache zu verwenden, und die Aufwendung für Dolmetscher von der Behörde oder den für die Sozialleistung zuständigen Leistungsträger zu tragen sind. Das entspricht der allgemein für alle Sozialleistungen geltenden Vorschrift des § 17 Abs. 2 SGB I (BSG SozR 4–5520 § 31 Nr. 3 Rn. 18).

2 § 20 SGB X entspricht § 24 VwVfG und findet seine Entsprechung im sozialgerichtlichen Verfahren in § 103 S. 1 Hs. 1 SGG. § 20 S. 1 ist die gesetzliche Grundlage der im Sozialverwaltungsverfahren geltenden **Untersuchungsmaxime** (auch: Untersuchungsgrundsatz; Inquisitionsmaxime; Amtsaufklärungsgrundsatz; Amtsermittlungsgrundsatz; Offizialmaxime). Im Gegensatz zu der im Zivilprozess herrschenden Dispositionsmaxime (Beibringungsgrundsatz; Verhandlungsgrundsatz) bestimmt die Behörde – wie in S. 2 niedergelegt – Art und Umfang der Ermittlungen, ohne an Beweisanträge der Beteiligten gebunden zu sein. Im Sozialverwaltungsverfahren geht es nicht um „Parteiinteressen"; vielmehr spricht § 12 SGB X von „Beteiligten". Die Behörde hat also durchaus im Interesse des Sozialleistungsberechtigten die objektiven Umstände zu ermitteln; die Feststellung des zutreffenden Sachverhalts hat Vorrang vor dem privaten Interesse des Berechtigten oder gar dem Interesse der Behörde, Leistungen abzuwehren. Damit entspricht die Untersuchungsmaxime zugleich rechtsstaatlichen Erfordernissen nach vollständiger und zutreffender Sachaufklärung.

3 Die Untersuchungsmaxime findet einerseits dort ihre Grenzen, wo weitere Ermittlungsbemühungen nicht mehr im Verhältnis zum erstrebten Erfolg stehen. Zum anderen kann die Behörde den Verfahrensbeteiligten nach §§ 60 ff. SGB I zur **Mitwirkung** heranziehen; kommt er seiner Mitwirkungsobliegenheit nicht nach, kann eine beantragte Leistung als ultima ratio versagt werden. Verfügbarkeit als Voraussetzung eines Anspruchs auf Arbeitslosenhilfe kann nicht allein deshalb verneint werden, weil sich der Arbeitslose weigert, sich ärztlich untersuchen zu lassen (BSG SozR 4–1500 § 103 Nr. 5). Kommt der Arbeitslose der **Obliegenheit**, sich selbst um die Beendigung seiner Beschäftigungslosigkeit zu bemühen, nicht nach, ist eine Rücknahme der Leistungsbewilligung mit Wirkung ab Beginn des Zeitraums möglich, in dem er die Eigenbemühungen unternehmen sollte (BSGE 95, 176 = SozR 4–4300 § 119 Nr. 3; vgl. auch BSG SozR 4–1500 § 128 Nr. 5). Gegen die Versagung einer Sozialleistung wegen fehlender Mitwirkung ist grundsätzlich nur die reine Anfechtungsklage gegeben (BSG SozR 4–1200 § 66 Nr. 1, Anschluss an BVerwGE 71, 8 = Buchholz 435.11 § 66 Nr. 1; BSG SozR 1200 § 66 Nr. 13). Die Pflicht zur Sachaufklärung bezieht sich nur auf die Feststellung des Sachverhalts, auf den die Rechtsvorschriften anzuwenden sind (Subsumtion), nicht aber auf die Auslegung der Rechtsvorschriften selbst (BSG SozR Nr. 119 zu § 162 SGG). Zu den tatsächlichen Ermittlungen zählt jedoch die Auslegung ausländischer Rechtsvorschriften (BSGE 21, 151 = SozR Nr. 2 zu § 1 FRG; BSGE 24, 251 = SozR Nr. 6 zu § 16 FRG). In die Ermittlungen einbezogen werden nach § 21 Abs. 3 S. 1 auch andere Personen, soweit die Behörde das für zweckmäßig, rechtlich geboten und zulässig hält.

B. Regelungsgehalt

I. Ermittlung des Sachverhalts von Amts wegen (Abs. 1 S. 1)

4 Innerhalb der Grenzen des **Verfahrensgegenstands** ermittelt die Behörde den Sachverhalt von Amts wegen. Als entscheidungserhebliche Umstände, die das Verwaltungsgericht selbst festzustellen hat, sind alle Tatsachen anzusehen, von denen die Beurteilung der Rechtmäßigkeit oder Rechtswidrigkeit im Falle einer Anfechtungsklage des angefochtenen Verwaltungsakts und im Falle einer Verpflichtungsklage der Ablehnung oder Unterlassung des begehrten Verwaltungsakts abhängt. Im Rahmen der Verpflichtungsklage muss das Gericht selbst prüfen, in welchem Umfang und in welcher Höhe der vom Kläger verfolgte, an zwingendes Recht gebundene Anspruch besteht. Es hat dementsprechend selbst darüber zu entscheiden, welchen konkreten Inhalt der von der Behörde zu erlassende Verwaltungsakt haben soll (BVerwG Buchholz 427.3 § 339 LAG Nr. 167). Die Tatsachenermittlung ist Grundlage der abschließenden Verwaltungsentscheidung; insoweit dient die Sachverhaltsaufklärung maßgeblich der Beseitigung eigener Zweifel der Behörde. Was von niemand bestritten wird, bedarf keiner Aufklärung (vgl. BT-Drs. 8/2034 S. 32). Das bedeutet jedoch nicht, dass vermeintlich unstreitiges Vorbringen stets als zutreffend unterstellt werden kann.

II. Umfang der Ermittlungen; behördliches Bestimmungsrecht (Abs. 1 S. 2)

5 Orientiert am Verfahrensgegenstand und am **Verhältnismäßigkeitsgrundsatz**, bestimmt die Behörde nach pflichtgemäßem Ermessen Art und Umfang der Ermittlungen. Bei der Ermittlungsintensität soll sich die Behörde von der objektiven Notwendigkeit der Aufklärung leiten lassen; deswegen ist sie an Beweisanträge der Beteiligten nicht gebunden. Erst wenn die Sach- und Rechtslage vollständig geklärt ist, kann sie einen das Verfahren abschließenden Verwaltungsakt erlassen (**Verbot des vorzeitigen Verfahrensabschlusses,** vgl. BSGE 62, 32 = SozR 4100 § 71 Nr. 2; BSGE 67, 104 =

SozR 3–1300 § 32 Nr. 2; SozR 3–1300 § 32 Nr. 4). Auch bei schwieriger Sachverhaltslage kann die Behörde auf objektive Ermittlungen nicht verzichten und diese durch schlichtes, unsubstantiiertes Behaupten ersetzen (Hessisches LSG ASR 2006, 78). Ein solches unsubstantiiertes Behaupten ist zB auch die bloße Bezugnahme auf Wohngeldtabellen nach § 8 WoGG (vgl. Rixen in: LPK-SGB X, § 20 Rn. 4 m. w. N.). Allerdings ist die Behörde nicht verpflichtet, jeder Vermutung oder jedem Hinweis eines Beteiligten nachzugehen. Fehlen aber notwendige Angaben – etwa die Beantwortung einer Frage in einem Formantrag – muss sie auf ergänzende Informationen drängen (BSGE 92, 159 = SozR 4–6580 Art. 19 Nr. 1). Beruft sich zB ein Arbeitsloser nachträglich auf gesundheitliche Einschränkungen für einen wichtigen Grund zur Arbeitsablehnung, trägt er den Nachteil der Nichtaufklärbarkeit, wenn die Arbeitsagentur mangels entsprechender zeitnaher Angaben des Arbeitslosen keinen Anlass hatte, dies rechtzeitig aufzuklären (BSGE 71, 256 = SozR 3–4100 § 119 Nr. 7; SozR 3–4100 § 119 Nr. 16).

Eine „**Ermittlung ins Blaue** hinein" wird vom Amtsermittlungsgrundsatz nicht gefordert (BSGE 91, 68 = SozR 4–1300 § 31 Nr. 1; BSGE 94, 50 = SozR 4–2500 § 72 Nr. 2; BSGE 95, 219 = SozR 4–2500 § 46 Nr. 1; BSG Die Leistungen Beilage 2008, 238). Ebenso darf die Behörde von Ermittlungen absehen, wenn sie wegen Offenkundigkeit überflüssig sind. Das Absehen von Ermittlungen unter Hinweis darauf, dass diese an der Überzeugung der Behörde nichts mehr ändern könnten, stellt jedoch eine **vorweggenommene Beweiswürdigung** dar, die im Sozialverwaltungsverfahren ebenso wie im gerichtlichen Verfahren nicht zulässig ist. Macht ein Arbeitsloser im Rahmen der Bedürftigkeitsprüfung geltend, dass auf seinen Namen lautende Sparguthaben seien nicht als sein Vermögen zu berücksichtigen, weil es an einen Dritten abgetreten sei, kann sich die Arbeitsverwaltung nicht auf die Feststellung beschränken, der Arbeitslose müsse sich am **Rechtsschein** der Kontoinhaberschaft festhalten lassen. Ob und mit welchem Inhalt eine behauptete Abtretung vorgenommen worden ist, ist vielmehr im Einzelnen aufzuklären (BSG 13. 9. 2006 – B 11 a AL 19/06 R – Juris). Feststellungen anderer Behörden oder Gerichte dürfen nur dann ungeprüft übernommen werden, wenn die Beteiligten dem nicht widersprechen (BSGE 42, 42 = SozR 2200 § 550 Nr. 14). Insbesondere bei der Übernahme medizinischer Erkenntnisse anderer Behörden wird daher der Sozialleistungsberechtigte regelmäßig anzuhören sein. 6

Den „Empfehlungen des Deutschen Vereins" hinsichtlich der Krankenkostzulagen kommt dabei keine normative Wirkung zu. Es handelt sich nicht um „**antizipierte Sachverständigengutachten**", sondern allenfalls um in der Verwaltungspraxis etablierte generelle Kriterien, die im Normalfall eine gleichmäßige und schnelle Bearbeitung geltend gemachten Mehrbedarfs im Bereich der Krankenkost erlauben (BSGE 100, 83 = SozR 4–4200 § 20 Nr. 6; BSG SozR 4–4200 § 21 Nr. 2; BSG 15. 4. 2008 – B 14/11 b AS 3/07 R – Juris). Als Grundlage für die Beurteilung der Angemessenheit von Wohnkosten muss eine vom Grundsicherungsträger gewählte Datengrundlage auf einem **schlüssigen Konzept** beruhen, welches eine hinreichende Gewähr dafür bietet, dass es die aktuellen Verhältnisse des örtlichen Wohnungsmarkts wiedergibt (BSG Urteil vom 18. 6. 2008 – B 14/7 b AS 44/06 R – FEVS 60, 145, 149, Rn. 16; vgl auch BSG SozR 4–4200 § 22 Nr. 7 Rn. 23 und Nr. 34 Rn. 26). Dabei müssen die Faktoren, die das Produkt „Mietpreis" bestimmen, in die Auswertung eingeflossen sein (zu den Anforderungen im Einzelnen vgl BSGE 104, 192 = SozR 4–4200 § 22 Nr. 30 Rn. 14 f. und BSG SozR 4–4200 § 22 Nr. 29 Rn. 15 f.; Knickrehm in Spellbrink, Das SGB II in der Praxis der Sozialgerichte – Bilanz und Perspektiven, DSGT-Praktikerleitfaden, S 87 ff). 7

Der **Grundsatz der freien Beweiswürdigung** (vgl. § 128 Abs. 1 S. 1 SGG) ist für das Sozialverwaltungsverfahren nicht besonders normiert geworden, da „sich dieser im nichtförmlichen Verwaltungsverfahren von selbst ergibt" (Begründung zu § 17 VwVfG-E 1970). Die Behörde hat nach dem Gesamtergebnis des Verfahrens unter Auswertung aller gewonnenen Erkenntnisse zu entscheiden. Bei sich einander widersprechenden Beweisergebnissen muss sie abwägen, ob sie dennoch zu einem sie überzeugenden Gesamtergebnis kommen kann. Die Grenzen der freien Beweiswürdigung werden erst überschritten, wenn die Behörde gegen allgemeine Erfahrungsgrundsätze oder gegen Denkgesetze verstößt (BSG SozR 3–4100 § 128 Nr. 15 m. w. N.). Aus den Regelungen über die sozialen Rechte und die Ausführung der Sozialleistungen in §§ 2, 17 SGB I folgt keine Berechtigung des Rentenversicherungsträgers, in Wahrnehmung einer **Obhutspflicht** die Rentenzahlung vorläufig zu versagen, weil nicht sicher sei, ob der Berechtigte eine – nach seinen Anweisungen gezahlte – Rente auch tatsächlich erhalte und für sich verbrauchen könne (BSGE 86, 107 = SozR 3–1200 § 2 Nr. 1). 8

Lässt sich ein Sachverhalt trotz der gebotenen Ermittlung nicht aufklären, kann sich ein „**non liquet**" in der Weise ergeben, dass derjenige, der etwas Positives behauptet, die Folgen der Nichtaufklärbarkeit zu tragen hat (BSG SozR 3–2600 § 56 Nr. 10; SozR 3–4100 § 128 Nr. 15; zum Verhältnis der Versagung nach § 66 SGB I wegen fehlender Mitwirkung zu einer Ablehnung wegen Unaufklärbarkeit der anspruchsbegründenden Tatsachen vgl. VGH Baden-Württemberg VBlBW 2004, 386 = FEVS 56, 44). Dagegen kennt das Sozialverwaltungsverfahren eine subjektive Beweisführungslast des Beteiligten nicht (vgl. BSGE 6, 70; BSGE 19, 52 = SozR Nr. 62 zu § 542 aF RVO; BSGE 86, 187 = SozR 3–4100 § 128 Nr. 8; BSG SozR 3–2600 § 43 Nr. 25; SozR 1500 § 128 Nr. 18; BSG HV-Info 1989, 1029; BSG DAngVers 1958, 212). Sollten sich nach Ausschöpfung aller Ermittlungsmöglichkeiten und unter Berücksichtigung des Grundsatzes der freien, aus dem Ge- 9

Fichte

samtergebnis des Verfahrens zu gewinnenden Überzeugung entscheidungserhebliche Tatsachen nicht feststellen lassen, kommt es auf die **objektive Beweislast** an, die im Rahmen des § 45 SGB X grundsätzlich die Behörde für das Vorliegen der Rechtswidrigkeit eines ursprünglichen Bewilligungsbescheids trägt. Die Vermutungsregelung des § 7 Abs. 3a Nr. 1 SGB II, wonach ein wechselseitiger Wille, Verantwortung für einander zu tragen und für einander einzustehen, vermutet wird, wenn Partner länger als ein Jahr zusammen leben, führt zu einer **Beweislastumkehr**, entbindet die Behörde aber nicht, die Tatsachen nachzuweisen, auf denen die Beweislastumkehr fußt (LSG Niedersachsen Bremen 16. 1. 2007 – L 13 AS 15/06 ER – Juris). Die Nichtbefolgung einer rechtzeitigen und ausreichend konkretisierten Aufforderung eines Arbeitslosen, Eigenbemühungen zumutbar nachzuweisen, führt zu einer Umkehr der materiellen Beweislast bei der Rücknahme bzw. Aufhebung einer Leistungsbewilligung (BSGE 95, 176 = SozR 4–4300 § 119 Nr. 3). Eine Umkehr der Beweislast kann nämlich immer dann gerechtfertigt sein, wenn in der Sphäre des Berechtigten wurzelnde Vorgänge nicht aufklärbar sind (BSG 28. 8. 2007 – B 7/7a AL 10/06 R – Juris).

10   Werden – insbesondere bei der Beweiserhebung – Erkenntnisse in rechtswidriger Art erlangt, kann zweifelhaft sein, ob die so erlangten Informationen der Entscheidung zugrunde gelegt werden dürfen; es kann ein **Beweisverwertungsverbot** vorliegen, dem ein entsprechendes Beweiserhebungsverbot vorangegangen ist. So darf eine Behörde eine Urkunde, die durch eine Straftat, Folter o. ä. zu Stande gekommen ist, nicht ohne Einschränkung als Beweismittel im Rahmen der §§ 20 ff. SGB X berücksichtigen. Die Nichtbeachtung von Formvorschriften hingegen bei der Erteilung der Einwilligung der Angehörigen zur Obduktion führt i. d. R. nicht zu einem Verwertungsverbot hinsichtlich des Obduktionsergebnisses (BSGE 94, 149 = SozR 4–2700 § 63 Nr. 2). Allerdings gilt der Untersuchungsgrundsatz nicht uneingeschränkt; verfassungsrechtliche Grenzen erfährt er durch das **Recht auf informationelle Selbstbestimmung** (BSGE 100, 25 = SozR 4–2700 § 200 Nr. 1 Rn. 33). Auch ein schwerer Verstoß gegen rechtsstaatliche Grundsätze bei der Informationsgewinnung wird jedoch regelmäßig nur zur Rechtswidrigkeit, nicht aber zur Nichtigkeit der hierauf gründenden Verwaltungsentscheidung führen (vgl. im Einzelnen Rixen in: LPK-SGB X, § 20 Rn. 13 m. w. N.).

III. Berücksichtigung günstiger Umstände (Abs. 2)

11   Abs. 2 hebt besonders hervor, dass die Behörde auch die den Beteiligten günstigen Umstände zu berücksichtigen hat. Dies ist angesichts der Tatsache, dass die Behörde alle für die Verwaltungsentscheidung erheblichen Umstände zu ermitteln hat und keinen „Parteienstreit" führt, selbstverständlich (vgl. auch BSG 25. 5. 1993 – 1 BK 50/92 – Juris; zur Sachdienlichkeit der „Zurückverweisung" einer Sache nach § 131 Abs. 5 SGG in die Verwaltung vgl. zB SG Düsseldorf 23. 2. 2007 – S 26 R 269/06 – Juris). So ist der Berufungsausschuss befugt, ein Gutachten zur Höhe des Verkehrswerts einer fortzuführenden Praxis auch dann einzuholen, wenn sich der abgebende Arzt mit allen Bewerbern auf einen Kaufpreis bereits geeinigt hat (LSG Baden-Württemberg GesR 2008, 154 = MedR 2008, 235).

IV. Entgegennahmepflicht (Abs. 3)

12   In Abs. 3 wird ausdrücklich festgelegt, dass die Behörde Anträge und Erklärungen der Beteiligten, die in ihren Zuständigkeitsbereich fallen, entgegenzunehmen hat, auch wenn sie die Erklärungen oder den Antrag in der Sache für unzulässig oder unbegründet hält. Im Gegenschluss könnte hieraus zu entnehmen sein, dass die Behörde nicht in ihren Zuständigkeitsbereich fallende Erklärungen oder Anträge zurückweisen könnte. Dies würde indes der – vorgreiflichen – Regelung des § 16 Abs. 1 und 2 SGB I widersprechen; denn aus § 16 Abs. 2 SGB I ergibt sich das Recht eines Sozialleistungsberechtigten, Anträge auch bei einem unzuständigen Leistungsträger zu stellen. Mit einer Verdrängung des § 20 Abs. 3 durch § 16 Abs. 2 SGB I hat dies nichts zu tun (so aber: Rixen in: LPK-SGB X, § 20 Rn. 15). Mit der Stellung des Antrags bei dem unzuständigen Leistungsträger werden Fristen gewahrt. § 20 Abs. 3 kommt daher allenfalls klarstellende Bedeutung bezüglich der Entgegennahme von Erklärungen zu.

§ 21 Beweismittel

(1) ¹**Die Behörde bedient sich der Beweismittel, die sie nach pflichtgemäßem Ermessen zur Ermittlung des Sachverhalts für erforderlich hält.** ²**Sie kann insbesondere**
1. **Auskünfte jeder Art einholen,**
2. **Beteiligte anhören, Zeugen und Sachverständige vernehmen oder die schriftliche oder elektronische Äußerung von Beteiligten, Sachverständigen und Zeugen einholen,**
3. **Urkunden und Akten beiziehen,**
4. **den Augenschein einnehmen.**

(2) ¹**Die Beteiligten sollen bei der Ermittlung des Sachverhalts mitwirken.** ²**Sie sollen insbesondere ihnen bekannte Tatsachen und Beweismittel angeben.** ³**Eine weitergehende Pflicht, bei der Ermittlung des Sachverhalts mitzuwirken, insbesondere eine Pflicht zum**

persönlichen Erscheinen oder zur Aussage, besteht nur, soweit sie durch Rechtsvorschrift besonders vorgesehen ist.

(3) ¹Für Zeugen und Sachverständige besteht eine Pflicht zur Aussage oder zur Erstattung von Gutachten, wenn sie durch Rechtsvorschrift vorgesehen ist. ²Eine solche Pflicht besteht auch dann, wenn die Aussage oder die Erstattung von Gutachten im Rahmen von § 407 der Zivilprozessordnung zur Entscheidung über die Entstehung, Erbringung, Fortsetzung, das Ruhen, die Entziehung oder den Wegfall einer Sozialleistung sowie deren Höhe unabweisbar ist. ³Die Vorschriften der Zivilprozessordnung über das Recht, ein Zeugnis oder ein Gutachten zu verweigern, über die Ablehnung von Sachverständigen sowie über die Vernehmung von Angehörigen des öffentlichen Dienstes als Zeugen oder Sachverständige gelten entsprechend. ⁴Falls die Behörde Zeugen, Sachverständige und Dritte herangezogen hat, erhalten sie auf Antrag in entsprechender Anwendung des Justizvergütungs- und -entschädigungsgesetzes eine Entschädigung oder Vergütung; mit Sachverständigen kann die Behörde eine Vergütung vereinbaren.

(4) Die Finanzbehörden haben, soweit es im Verfahren nach diesem Gesetzbuch erforderlich ist, Auskunft über die ihnen bekannten Einkommens- oder Vermögensverhältnisse des Antragstellers, Leistungsempfängers, Erstattungspflichtigen, Unterhaltsverpflichteten, Unterhaltsberechtigten oder der zum Haushalt rechnenden Familienmitglieder zu erteilen.

§ 22 Vernehmung durch das Sozial- oder Verwaltungsgericht

(1) ¹Verweigern Zeugen oder Sachverständige in den Fällen des § 21 Abs. 3 ohne Vorliegen eines der in den §§ 376, 383 bis 385 und 408 der Zivilprozessordnung bezeichneten Gründe die Aussage oder die Erstattung des Gutachtens, kann die Behörde je nach dem gegebenen Rechtsweg das für den Wohnsitz oder den Aufenthaltsort des Zeugen oder des Sachverständigen zuständige Sozial- oder Verwaltungsgericht um die Vernehmung ersuchen. ²Befindet sich der Wohnsitz oder der Aufenthaltsort des Zeugen oder des Sachverständigen nicht am Sitz eines Sozial- oder Verwaltungsgerichts oder einer Zweigstelle eines Sozialgerichts oder einer besonders errichteten Kammer eines Verwaltungsgerichts, kann auch das zuständige Amtsgericht um die Vernehmung ersucht werden. ³In dem Ersuchen hat die Behörde den Gegenstand der Vernehmung darzulegen sowie die Namen und Anschriften der Beteiligten anzugeben. ⁴Das Gericht hat die Beteiligten von den Beweisterminen zu benachrichtigen.

(2) Hält die Behörde mit Rücksicht auf die Bedeutung der Aussage eines Zeugen oder des Gutachtens eines Sachverständigen oder zur Herbeiführung einer wahrheitsgemäßen Aussage die Beeidigung für geboten, kann sie das nach Absatz 1 zuständige Gericht um die eidliche Vernehmung ersuchen.

(3) Das Gericht entscheidet über die Rechtmäßigkeit einer Verweigerung des Zeugnisses, des Gutachtens oder der Eidesleistung.

(4) Ein Ersuchen nach Absatz 1 oder 2 an das Gericht darf nur von dem Behördenleiter, seinem allgemeinen Vertreter oder einem Angehörigen des öffentlichen Dienstes gestellt werden, der die Befähigung zum Richteramt hat oder die Voraussetzungen des § 110 Satz 1 des Deutschen Richtergesetzes erfüllt.

§ 23 Glaubhaftmachung, Versicherung an Eides statt

(1) ¹Sieht eine Rechtsvorschrift vor, dass für die Feststellung der erheblichen Tatsachen deren Glaubhaftmachung genügt, kann auch die Versicherung an Eides statt zugelassen werden. ²Eine Tatsache ist dann als glaubhaft anzusehen, wenn ihr Vorliegen nach dem Ergebnis der Ermittlungen, die sich auf sämtliche erreichbaren Beweismittel erstrecken sollen, überwiegend wahrscheinlich ist.

(2) ¹Die Behörde darf bei der Ermittlung des Sachverhalts eine Versicherung an Eides statt nur verlangen und abnehmen, wenn die Abnahme der Versicherung für den betreffenden Gegenstand und in dem betreffenden Verfahren durch Gesetz oder Rechtsverordnung vorgesehen und die Behörde durch Rechtsvorschrift für zuständig erklärt worden ist. ²Eine Versicherung an Eides statt soll nur gefordert werden, wenn andere Mittel zur Erforschung der Wahrheit nicht vorhanden sind, zu keinem Ergebnis geführt haben oder einen unverhältnismäßigen Aufwand erfordern. ³Von eidesunfähigen Personen im Sinne des § 393 der Zivilprozessordnung darf eine eidesstattliche Versicherung nicht verlangt werden.

(3) ¹Wird die Versicherung an Eides statt von einer Behörde zur Niederschrift aufgenommen, sind zur Aufnahme nur der Behördenleiter, sein allgemeiner Vertreter sowie

Angehörige des öffentlichen Dienstes befugt, welche die Befähigung zum Richteramt haben oder die Voraussetzungen des § 110 Satz 1 des Deutschen Richtergesetzes erfüllen. ²Andere Angehörige des öffentlichen Dienstes kann der Behördenleiter oder sein allgemeiner Vertreter hierzu allgemein oder im Einzelfall schriftlich ermächtigen.

(4) ¹Die Versicherung besteht darin, dass der Versichernde die Richtigkeit seiner Erklärung über den betreffenden Gegenstand bestätigt und erklärt: „Ich versichere an Eides statt, dass ich nach bestem Wissen die reine Wahrheit gesagt und nichts verschwiegen habe." ²Bevollmächtigte und Beistände sind berechtigt, an der Aufnahme der Versicherung an Eides statt teilzunehmen.

(5) ¹Vor der Aufnahme der Versicherung an Eides statt ist der Versichernde über die Bedeutung der eidesstattlichen Versicherung und die strafrechtlichen Folgen einer unrichtigen oder unvollständigen eidesstattlichen Versicherung zu belehren. ²Die Belehrung ist in der Niederschrift zu vermerken.

(6) ¹Die Niederschrift hat ferner die Namen der anwesenden Personen sowie den Ort und den Tag der Niederschrift zu enthalten. ²Die Niederschrift ist demjenigen, der die eidesstattliche Versicherung abgibt, zur Genehmigung vorzulesen oder auf Verlangen zur Durchsicht vorzulegen. ³Die erteilte Genehmigung ist zu vermerken und von dem Versichernden zu unterschreiben. ⁴Die Niederschrift ist sodann von demjenigen, der die Versicherung an Eides statt aufgenommen hat, sowie von dem Schriftführer zu unterschreiben.

§ 24 Anhörung Beteiligter

(1) Bevor ein Verwaltungsakt erlassen wird, der in Rechte eines Beteiligten eingreift, ist diesem Gelegenheit zu geben, sich zu den für die Entscheidung erheblichen Tatsachen zu äußern.

(2) Von der Anhörung kann abgesehen werden, wenn
1. eine sofortige Entscheidung wegen Gefahr im Verzug oder im öffentlichen Interesse notwendig erscheint,
2. durch die Anhörung die Einhaltung einer für die Entscheidung maßgeblichen Frist in Frage gestellt würde,
3. von den tatsächlichen Angaben eines Beteiligten, die dieser in einem Antrag oder einer Erklärung gemacht hat, nicht zu seinen Ungunsten abgewichen werden soll,
4. Allgemeinverfügungen oder gleichartige Verwaltungsakte in größerer Zahl erlassen werden sollen,
5. einkommensabhängige Leistungen den geänderten Verhältnissen angepasst werden sollen,
6. Maßnahmen in der Verwaltungsvollstreckung getroffen werden sollen oder
7. gegen Ansprüche oder mit Ansprüchen von weniger als 70 Euro aufgerechnet oder verrechnet werden soll; Nummer 5 bleibt unberührt.

§ 25 Akteneinsicht durch Beteiligte

(1) ¹Die Behörde hat den Beteiligten Einsicht in die das Verfahren betreffenden Akten zu gestatten, soweit deren Kenntnis zur Geltendmachung oder Verteidigung ihrer rechtlichen Interessen erforderlich ist. ²Satz 1 gilt bis zum Abschluss des Verwaltungsverfahrens nicht für Entwürfe zu Entscheidungen sowie die Arbeiten zu ihrer unmittelbaren Vorbereitung.

(2) ¹Soweit die Akten Angaben über gesundheitliche Verhältnisse eines Beteiligten enthalten, kann die Behörde statt dessen den Inhalt der Akten dem Beteiligten durch einen Arzt vermitteln lassen. ²Sie soll den Inhalt der Akten durch einen Arzt vermitteln lassen, soweit zu befürchten ist, dass die Akteneinsicht dem Beteiligten einen unverhältnismäßigen Nachteil, insbesondere an der Gesundheit, zufügen würde. ³Soweit die Akten Angaben enthalten, die die Entwicklung und Entfaltung der Persönlichkeit des Beteiligten beeinträchtigen können, gelten die Sätze 1 und 2 mit der Maßgabe entsprechend, dass der Inhalt der Akten auch durch einen Bediensteten der Behörde vermittelt werden kann, der durch Vorbildung sowie Lebens- und Berufserfahrung dazu geeignet und befähigt ist. ⁴Das Recht nach Absatz 1 wird nicht beschränkt.

(3) Die Behörde ist zur Gestattung der Akteneinsicht nicht verpflichtet, soweit die Vorgänge wegen der berechtigten Interessen der Beteiligten oder dritter Personen geheim gehalten werden müssen.

(4) ¹Die Akteneinsicht erfolgt bei der Behörde, die die Akten führt. ²Im Einzelfall kann die Einsicht auch bei einer anderen Behörde oder bei einer diplomatischen oder berufs-

konsularischen Vertretung der Bundesrepublik Deutschland im Ausland erfolgen; weitere Ausnahmen kann die Behörde, die die Akten führt, gestatten.

(5) ¹Soweit die Akteneinsicht zu gestatten ist, können die Beteiligten Auszüge oder Abschriften selbst fertigen oder sich Ablichtungen durch die Behörde erteilen lassen. ²Die Behörde kann Ersatz ihrer Aufwendungen in angemessenem Umfang verlangen.

A. Normzweck

Mit § 23 hat der Gesetzgeber die schon früher übliche Behördenpraxis, eidesstattliche Versicherungen abzunehmen, mit Einführung des Rentenreformgesetzes 1992 auf eine gesetzliche Grundlage gestellt. Voraussetzung für die Zulassung der Versicherung an Eides statt ist, dass für die Feststellung erheblicher Tatsachen aufgrund besonderer Rechtsvorschriften deren **Glaubhaftmachung** genügt. Eine Tatsache ist glaubhaft gemacht, wenn sie überwiegend wahrscheinlich ist; es reicht mithin die gute Möglichkeit, dass sich eine behauptete Begebenheit so abgespielt hat. Restliche **Zweifel** dürfen verbleiben. Nach Abs. 2 der Vorschrift darf die Behörde die Versicherung an Eides statt „abnehmen". Damit enthält die Regelung einen Verweis auf § 156 StGB über die Entgegennahme einer solchen Versicherung zugleich mit den strafrechtlichen Konsequenzen, falls inhaltlich falsche Angaben gemacht werden. Nach Abs. 2 S. 2 soll die Versicherung nur gefordert werden, wenn andere Mittel zur Erforschung der Wahrheit nicht vorhanden sind, zu keinem Ergebnis geführt haben oder einen unverhältnismäßigen Aufwand erfordern **(ultima ratio)**. Die Abs. 3 bis 6 enthalten Regelungen über die personelle Zuständigkeit, den Inhalt der Versicherung, die erforderliche Belehrung sowie Formvorschriften. 1

Eine besondere Formvorschrift zur Wahrung der Beteiligtenrechte enthält auch **§ 24**: hiernach ist – zur Wahrung des **rechtlichen Gehörs** als Ausdruck des Rechtsstaatsprinzips, Art. 20 Abs. 3, Art. 103 GG – einem Beteiligten, in dessen Rechte durch Verwaltungsakt eingegriffen werden soll, vor Erlass der Entscheidung Gelegenheit geben, sich zu den rechtlichen Tatsachen zu äußern. Vom Grundsatz des Abs. 1 sieht die Regelung in Abs. 2 **Ausnahmen** vor („... kann abgesehen werden ..."), wenn eine sofortige Entscheidung wegen Gefahr im Verzug oder im öffentlichen Interesse notwendig erscheint (Nr. 1), durch die Anhörung eine für die Entscheidung maßgebliche Frist infrage gestellt würde (Nr. 2), von den tatsächlichen Angaben des Beteiligten nicht zu seinen Ungunsten abgewichen werden soll (Nr. 3), Allgemeinverfügungen oder gleichartige Verwaltungsakte in größerer Zahl erlassen werden sollen (Nr. 4), einkommensabhängige Leistungen den geänderten Verhältnissen angepasst werden sollen (Nr. 5), Maßnahmen in der Verwaltungsvollstreckung getroffen werden sollen (Nr. 6) oder gegen Ansprüche oder mit Ansprüchen von weniger als 70 € aufgerechnet oder verrechnet werden soll (Nr. 7). Die Vorschrift verhindert, dass der Einzelne bloßes Objekt staatlichen Handelns wird, bietet insbesondere einen **Schutz vor Überraschungsentscheidungen**. Allerdings ist die Vorrangstellung der Anhörung als **Verfahrensgrundrecht** mit Änderung des § 41 Abs. 2 durch das -Einführungsgesetz vom 21. 12. 2000 (BGBl. I 1983), wonach die Anhörung bis zum Abschluss der letzten Tatsacheninstanz eines sozial- oder verwaltungsgerichtlichen Verfahrens nachgeholt werden kann, entscheidend geschwächt. Dies gilt umso mehr, als das Gericht nach gleichzeitiger Ergänzung des § 114 Abs. 2 SGG auf Antrag die Verhandlung zur Heilung von Verfahrens- und Formfehlern aussetzen kann. 2

Ein weiteres Beteiligtenrecht gewährt **§ 25,** wonach die Behörde den Beteiligten Einsicht in die das Verfahren betreffenden Akten zu gestatten hat, soweit deren Kenntnis zur Geltendmachung oder Verteidigung ihrer rechtlichen Interessen erforderlich ist. Die – in Abs. 1 und 4 mit § 29 Abs. 1 und 3 VwVfG identische – Vorschrift ist Ausdruck des Prinzips grundsätzlicher „Aktenöffentlichkeit" (BSG SozR 3–1300 § 25 Nr. 3). Im Bereich schlichten Verwaltungshandelns kann die Behörde nach pflichtgemäßem Ermessen den Anspruch auf Akteneinsicht allerdings begrenzen und so einer „Justifizierung" des schlichten Verwaltungshandelns im Bereich der Sach- und Dienstleistungen entgegenwirken und damit der Effizienz der Verwaltung dienen (BSG SozR 3–1300 § 25 Nr. 3). In diesem Sinne enthalten die Abs. 2 bis 5 der Vorschrift zahlreiche Ausnahmen und Einschränkungen bzw. Verfahrensvorschriften. Nicht eingesehen werden können Entwürfe zu Entscheidungen sowie die Arbeiten zu ihrer unmittelbaren Vorbereitung (Abs. 1 S. 2). 3

B. Regelungsgehalt

I. Der grundsätzliche Anspruch auf Anhörung

Nach Abs. 1 hat jeder Beteiligte (vgl. zur Beteiligteneigenschaft § 12) vor Erlass eines ihn belastenden Verwaltungsakts **Anspruch** darauf, angehört zu werden. Die Anhörung ist unabhängig davon durchzuführen, dass bereits im vorbereitenden Verfahren eine Anhörung gemäß § 21 Abs. 1 S. 2 Nr. 2 SGB X stattgefunden hat (BSG SozR 3–8850 § 5 Nr. 5). Die Anhörung ist nur durchzuführen, wenn das Verwaltungsverfahren durch **Verwaltungsakt** abgeschlossen werden soll; beim Abschluss eines öffentlich-rechtlichen Vertrags verhandeln die Beteiligten auf gleicher Ebene, so dass eine „Belastung" nicht entsteht. 4

Fichte

5 Die Pflicht der Anhörung besteht grundsätzlich auch im Widerspruchsverfahren. Hat eine ordnungsgemäße Anhörung indes bereits stattgefunden, so ist eine erneute Anhörung nur dann geboten, wenn der Betroffene ansonsten an einer **sachgerechten Rechtsverteidigung** gehindert ist. Der Beteiligte soll nicht durch eine Entscheidung überrascht werden, die auf Tatsachen oder Beweisergebnissen beruht, zu denen er sich nicht hat äußern können. Dies aber ist nicht bereits dann der Fall, wenn die zu Grunde gelegten Tatsachen im Ausgangs- und Widerspruchsbescheid nicht voll und ganz identisch sind. Vielmehr ist eine nochmalige Anhörung nur unter bestimmten Voraussetzungen erforderlich, namentlich dann, wenn die Verwaltung auf Grund des Vorbringens der Beteiligten oder aus anderen Gründen neu ermittelt und sie sich infolge der durchgeführten Ermittlungen auf neue erhebliche Tatsachen stützen will (BSG SozR 3–1300 § 24 Nr. 13, 14; Bay. LSG Breithaupt 1996, 248; Krasney in: Kasseler Komm, § 24 SGB X Rn. 13), wenn die Widerspruchsbehörde ihrer Entscheidung – ggf. ohne ergänzende Ermittlungen – einen anderen Sachverhalt zu Grunde legen will als die Ausgangsbehörde oder wenn die Behörde die beabsichtigte Maßnahme in dem eingreifenden Verwaltungsakt gegenüber dem bisher geplanten und angekündigten Inhalt nicht unerheblich ändert oder den Wesensgehalt des Verwaltungsakts abwandelt (Bonk/Schmitz in: Stelkens/Bonk/Sachs, VwVfG, § 28 Rn. 37), etwa wenn der Ursprungsbescheid im Wege der Umdeutung nach § 43 Abs. 1 SGB X eine sachliche Änderung erfährt (BSG SozR 3–1300 § 24 Nr. 16, 21; SozR 4–1300 § 24 Nr. 1).

6 Ein **Eingriff** in die Rechtsstellung eines Beteiligten liegt vor, wenn seine Rechtsstellung zu seinem Nachteil verändert wird (BSGE 68, 42 = SozR 3–4100 § 139a Nr. 1). Das ist auch dann der Fall, wenn unanfechtbar zuerkannte Rechte auf Grund später Veränderungen wieder entzogen werden (BSGE 87, 122 = SozR 3–3900 § 22 Nr. 2; BSG SozR 1200 § 34 Nr. 8; SozR 3–1300 § 24 Nr. 15). Der Betroffene ist auch dann vor Erlass des neuen Bescheids anzuhören, wenn ein Vorbehaltsbescheid durch eine weniger günstige „endgültige" Regelung ersetzt wird (BSGE 87, 122 = SozR 3–3900 § 22 Nr. 2). Angehört werden muss schließlich auch, wenn es um die Aufhebung eines Verwaltungsakts nach § 48 SGB X geht (BSG SozR 1300 § 48 Nr. 17; SozR 1200 § 34 Nr. 11; SozR 3–1300 § 32 Nr. 1). Auch das Auskunftsersuchen nach § 117 SGB XII (früher: § 116 BSHG) ist ein Verwaltungsakt, der der Anhörung bedarf (Bay. VGH FEVS 54, 574). Die Notwendigkeit einer Anhörung besteht schließlich auch für die (Teil-)Aufhebung und Ersetzung eines Honorarbescheids, der seiner Rechtsnatur nach lediglich vorläufig ist (BSGE 87, 122, 123 = SozR 3–3900 § 22 Nr. 2 S. 10f.; BSGE 89, 62 = SozR 3–2500 § 85 Nr. 42). Beruht die Entziehung einer Rechtsposition auf einer Gesetzesänderung, bedarf es einer Anhörung nicht, weil nicht die Verwaltung, sondern der Gesetzgeber unmittelbar in das Recht des Beteiligten eingegriffen hat (BSGE 58, 72 = SozR 3870 § 58 Nr. 1). Hat der Versicherte gegen einen Rente gewährenden Bescheid keinen Widerspruch eingelegt und begehrt er sodann hinsichtlich der Rentenhöhe gemäß § 44 I SGB X die Rücknahme des bindend gewordenen Rentenbescheids, so ist in diesem Verfahren die Anhörung des Versicherten nicht erforderlich (BSG SozR 1200 § 34 Nr. 18).

7 Sinn und Zweck der Anhörungsverpflichtung gebieten, dass die Behörde die Anhörung vornimmt, die auch über den das Verfahren abschließenden Verwaltungsakt zu befinden hat (BSG SozR 1200 § 34 Nr. 9). Nur diese kann im Sinne einer **effektiven Anhörung** dem Beteiligten die für die Entscheidung erheblichen Tatsachen mitteilen oder ihm jedenfalls die Möglichkeit geben, die Tatsachen in Erfahrung zu bringen (Lang in: LPK-SGB X, § 24 Rn. 9 m.w.N.). Mitteilungsbedürftig sind regelmäßig die der Entscheidung zu Grunde liegende Ermächtigungsgrundlage (BSG SozR 4–2600 § 313 Nr. 1) sowie ein der Behördenentscheidung zu Grunde liegender ärztlicher Befundbericht (BSG SozR 3–1300 § 24 Nr. 14, 15). In diesem Zusammenhang gewinnt auch das Recht auf **Akteneinsicht** (§ 25) Bedeutung, das das Anhörungsrecht sinnvoll ergänzt. Denn der Beteiligte kann – durch die Anhörung hierauf hingewiesen – nunmehr in den Akten der Beklagten nachverfolgen, welche (ärztlichen) Unterlagen beigezogen worden sind. Allerdings ersetzt die Möglichkeit der Akteneinsicht nicht das Recht und die für die Behörde damit verbundene Pflicht auf ordnungsgemäße Anhörung (BSG SozR 3–1300 § 24 Nr. 15 m.w.N.).

8 Der Beteiligte muss angemessene Zeit haben, auf die Anhörung zu reagieren und ggf. Weiteres vorzutragen. Die gesetzte **Äußerungsfrist** darf in der Regel zwei Wochen nicht unterschreiten, wenn der Betroffene auch zu medizinischen Umständen angehört werden soll; bei der Fristbestimmung sind Postlaufzeiten zusätzlich zu berücksichtigen (BSGE 71, 104 = SozR 3–1300 § 24 Nr. 7; BSG SozR 1200 § 34 Nr. 12; SozR 1300 § 24 Nr. 4; SozR 4–1500 § 153 Nr. 7 Rn. 14). Die Aufwendungen für die Vertretung durch einen Rechtsanwalt bei der Anhörung im Verwaltungsverfahren sind nicht zu erstatten (BSGE 55, 92 = SozR 1300 § 63 Nr. 1; SozR 3–1300 § 63 Nr. 1).

9 Dem Beteiligten ist lediglich **Gelegenheit** zur Anhörung zu geben. Es ist weder erforderlich, dass der Beteiligte ausdrücklich darauf hingewiesen wird, dass er sich äußern könne, noch bedarf es einer tatsächlichen Äußerung des Angehörten (zur Abgrenzung vom Verfahrensgrundrecht des rechtlichen Gehörs, das nach dem eindeutigen Wortlaut des Art. 103 Abs. 1 GG nur für das Gerichtsverfahren gilt, vgl. BSG 6. 2. 2008 – B 6 KA 9/07 B). Die Anhörung kann auch **mündlich** erfolgen. Die telefonische Anhörung erfüllt die Voraussetzungen ebenfalls, wenn dem Beteiligten eine Frist zur Äußerung nicht unter zwei Wochen eingeräumt wird. Eine an sich unzureichende Äußerungsfrist wird nicht dadurch angemessen, dass die Behörde nach deren Ablauf stillschweigend weiter zuwartet

(BSGE 71, 104 = SozR 3–1300 § 24 Nr. 7). Ein Rechtssatz, wonach Anhörung und Sachverhaltsermittlung nicht zusammenfallen dürfen, existiert nicht (BSG SozR 3–4100 § 128 Nr. 15). Ebenso geht die Rechtsprechung des BSG im Rahmen des § 45 SGB X davon aus, dass sich die Behörde gerade durch die Anhörung des Begünstigten Kenntnis von den Umständen zur Ermessensausübung beschafft, also den Sachverhalt ermittelt (BSG SozR 3–1300 § 45 Nr. 27). Die Anhörungspflicht zieht nicht zugleich **Informationspflichten** nach sich, wie sie für die Gerichte auf Grund des Verfahrensgrundsatzes des rechtlichen Gehörs gelten. Dieser Grundsatz gilt im Verwaltungsverfahren nicht im gleichen Maße. So haben die Behörden nicht die Pflicht, den Beteiligten jeden einzelnen Ermittlungsschritt und dessen Ergebnis mitzuteilen (v. Wulffen in ders., SGB X, § 21 Rn. 4), sondern lediglich das Gesamtergebnis der Ermittlungen.

II. Ausnahmen von der Anhörungspflicht

Nach den in Abs. 2 normierten Ausnahmen ist ein Anspruch auf Anhörung nicht gegeben, wenn 10 diese aus zeitlichen (Nr. 1 und 2) oder sachlichen Gründen nicht opportun ist. Die Aufzählung der Ausnahmen ist – anders als im Rahmen des § 28 Abs. 2 VwVfG („insbesondere") – abschließend (BSGE 44, 207 = SozR 1200 § 34 Nr. 2; BSGE 69, 247 = SozR 3–1300 § 24 Nr. 4). Wie bei allen Ausnahmen sind die Tatbestände des § 24 Abs. 2 eng auszulegen. Von den Einzeltatbeständen zu nennen sind insbesondere die sofortige Entscheidung wegen Gefahr im Verzug oder wenn sie aus öffentlichem Interesse notwendig erscheint (Nr. 1) oder wenn durch die Einhaltung der Anhörungsformalitäten die für die Entscheidung maßgebliche Frist infrage gestellt werden würde (Nr. 2). **Gefahr im Verzug** liegt vor, wenn durch eine vorherige Anhörung auch bei Gewährung kürzester Anhörungsfristen ein Zeitverlust einträte, der mit hoher Wahrscheinlichkeit zur Folge hätte, dass der Zweck der zu treffenden Regelung nicht erreicht würde und dadurch der Allgemeinheit erhebliche Nachteile oder Gefahren drohten (v. Wulffen in ders., SGB X, § 24 Rn. 13). Ausreichend für die Beurteilung der Rechtmäßigkeit ist, dass die Behörde selbst eine sofortige Entscheidung für notwendig halten durfte (BVerwG Buchholz 402.45 VereinsG Nr. 35, 38 und 41).

Eine **Anordnung der sofortigen Vollziehung** nach § 86 b Abs. 2 Nr. 5 SGG entbindet nicht 11 vom Erfordernis der Anhörung (vgl. VG Koblenz 26. 6. 2006 – 4 K 1329/05.KO).

Unterbleibt die erforderliche Anhörung, so kann diese zwar nicht isoliert eingeklagt bzw. gegen 12 deren Unterlassung isoliert gerichtlich vorgegangen werden (v. Wulffen in ders., SGB X, § 24 Rn. 6). Der ohne Anhörung erlassene Bescheid ist jedoch formell rechtswidrig mit der Folge, dass er allein wegen der fehlenden Anhörung aufgehoben werden kann. Denn § 42 S. 1 SGB X, wonach die Aufhebung eines Verwaltungsakts, der nicht nichtig ist, nicht allein deshalb beansprucht werden kann, weil er unter Verletzung von Vorschriften über das Verfahren zustande gekommen ist, gilt nach S. 2 der Vorschrift nicht, wenn die erforderliche Anhörung unterblieben ist oder nicht wirksam nachgeholt worden ist. Damit hat der Gesetzgeber das Anhörungsrecht zu einem zusätzlichen und **eigenständigen Abwehrrecht** erhoben. Problematisch ist, ob eine Heilung ausgeschlossen ist, wenn die Behörde die Anhörungspflicht vorsätzlich, rechtsmissbräuchlich oder durch Organisationsverschulden verletzt hat (in diesem Sinne: BSG SozR 3–1300 § 24 Nr. 22). Zumindest, seitdem der Gesetzgeber die Möglichkeit eröffnet hat, eine Anhörung bis zur letzten gerichtlichen Tatsacheninstanz nachzuholen, dürfte der Ansicht der Vorzug zu geben sein, die eine ordnungsgemäß nachgeholte Anhörung den Verfahrensmangel auch dann heilt, wenn die Behörde die rechtzeitige Anhörung **bewusst unterlassen** hatte (vgl. BSG SozR 4–1300 § 41 Nr. 1 in Abgrenzung zu BSG SozR 3–1300 § 24 Nr. 22 und SozR 4–2600 § 313 Nr. 4). Daher steht einer ordnungsgemäßen Nachholung der Anhörung mit heilender Wirkung auch nicht entgegen, wenn der Unfallversicherungsträger in einem Rentenentziehungsverfahren zunächst bewusst eine notwendige Anhörung unterlässt, um damit dem Ablauf der Frist gemäß § 62 Abs. 2 S. 1 SGB VII zuvorzukommen (BSG a.a.O. mit Anm. Merten, jurisPR-SozR 19/2008 Anm. 2).

Die Verletzung der Anhörungspflicht ist von Amts wegen zu berücksichtigen (BSG GS BSGE 70, 13 133 = SozR 3–1300 § 24 Nr. 6; BSGE 71, 104 = SozR 3–1300 § 24 Nr. 7; BSGE 69, 247 = SozR 3–1300 § 24 Nr. 4; zur unterbliebenen Anhörung bei einer Überleitungsanzeige vgl. BSG 2. 2. 2010 – B 8 SO 17/08 R). Eine **Nachholung der Anhörung im Gerichtsverfahren** setzt ein entsprechendes mehr oder minder förmliches Verwaltungsverfahren – gegebenenfalls unter Aussetzung des Gerichtsverfahrens (§ 114 Abs. 2 S. 2 SGG) – voraus (vgl. BSG SozR 3–1300 § 24 Nr. 22). Hierdurch soll dem Beteiligten bewusst gemacht werden, dass eine an sich versäumte Verfahrenshandlung nachgeholt wird. Bezüglich der Frage, ob im Anwendungsbereich des § 24 ein **Anhörungsfehler** vorliegt, ist von der materiell-rechtlichen Rechtsansicht der angeblich fehlerhaft handelnden Verwaltungsbehörde auszugehen, mag sie auch falsch sein (BSGE 69, 247 = SozR 3–1300 § 24 Nr. 4 und BSG SozR 3–4100 § 117 Nr. 11; BSG 10. 8. 2010 – B 13 R 140/10 B).

III. Akteneinsicht

Für den Anspruch auf Akteneinsicht reicht ein lediglich ideelles oder wirtschaftliches Interesse 14 nicht aus; dem Berechtigten muss ein **rechtliches Interesse** zur Seite stehen, das allerdings anzunehmen ist, sobald die Möglichkeit besteht, dass die Akteneinsicht zur Geltendmachung oder Verteidigung rechtlicher Interessen erforderlich ist (Kopp/Ramsauer, VwVfG, § 29 Rn. 15). Der **Begriff der Akten** ist umfassend zu verstehen (Beispiele bei Kopp/Ramsauer, VwVfG, § 29 Rn. 13). Auch elektronische Dokumente sind dem Aktenbegriff zuzuordnen. Vor oder nach Abschluss des Verwaltungsverfahrens besteht ein Anspruch gegen die Behörde auf pflichtgemäße Ermessensausübung, Akteneinsicht zu gewähren, wenn hieran ein rechtliches Interesse bestehen kann (BVerwGE 67, 300 = Buchholz 238.5 § 46 DRiG Nr. 3; BVerwG Buchholz 316 § 29 VwVfG Nr. 2; vgl. auch BVerwGE 119, 11 = Buchholz 435.12 § 25 SGB X Nr. 1). Gleiches gilt, wenn es nicht um ein förmliches Verwaltungsverfahren iSd. § 8 geht, sondern um schlichtes Verwaltungshandeln (vgl. Lang in: LPK-SGB X, § 25 Rn. 5 m. w. N.).

15   Soweit die Akteneinsicht zu gestatten ist, können die Beteiligten nach § 25 Abs. 5 Auszüge oder **Abschriften** selbst fertigen oder sich Ablichtungen durch die Behörde erteilen lassen, wobei die Behörde Ersatz ihrer Aufwendungen in angemessenem Umfang verlangen kann. Der Anspruch reicht nur so weit, wie auch der Anspruch auf Akteneinsicht selbst reicht (BSG SozR 3–1300 § 25 Nr. 3). Kopierkosten dürfen nicht so hoch sein, dass das Recht auf effektive Akteneinsicht behindert wird, wobei jedoch nicht auf die persönlichen Verhältnisse des einzelnen Beteiligten abzustellen ist.

16   Wird die Akteneinsicht verweigert, kann nur die abschließende Verwaltungsentscheidung mit dem zulässigen Rechtsbehelf angegriffen werden; denn die Entscheidung der Verwaltung über die Gewährung der Akteneinsicht ist behördliche Verfahrenshandlung, für deren **gerichtliche Überprüfung** § 44a VwGO einschlägig ist, wonach das Verwaltungsverfahren nicht durch isolierte Anfechtung einzelner Verfahrenshandlungen erschwert oder verzögert werden soll (Bay. LSG HVBG-Info 2006, Nr. 4, 412). Die rechtswidrige Verweigerung der Akteneinsicht hat die formelle Rechtswidrigkeit und damit die Anfechtbarkeit des in dem betroffenen Verfahren ergangenen Verwaltungsakts zur Folge. In einem Verfahren, das ausschließlich um die Rechtmäßigkeit der Verweigerung einer Akteneinsicht geführt wird, ist der die Akteneinsicht ablehnende Verwaltungsakt selbstständig anfechtbar (BSG SozR 3–1500 § 144 Nr. 3 m. w. N.).

Zweiter Titel. Fristen, Termine, Wiedereinsetzung

§ 26 Fristen und Termine

(1) Für die Berechnung von Fristen und für die Bestimmung von Terminen gelten die §§ 187 bis 193 des Bürgerlichen Gesetzbuches entsprechend, soweit nicht durch die Absätze 2 bis 5 etwas anderes bestimmt ist.

(2) Der Lauf einer Frist, die von einer Behörde gesetzt wird, beginnt mit dem Tag, der auf die Bekanntgabe der Frist folgt, außer wenn dem Betroffenen etwas anderes mitgeteilt wird.

(3) [1] Fällt das Ende einer Frist auf einen Sonntag, einen gesetzlichen Feiertag oder einen Sonnabend, endet die Frist mit dem Ablauf des nächstfolgenden Werktages. [2] Dies gilt nicht, wenn dem Betroffenen unter Hinweis auf diese Vorschrift ein bestimmter Tag als Ende der Frist mitgeteilt worden ist.

(4) Hat eine Behörde Leistungen nur für einen bestimmten Zeitraum zu erbringen, endet dieser Zeitraum auch dann mit dem Ablauf seines letzten Tages, wenn dieser auf einen Sonntag, einen gesetzlichen Feiertag oder einen Sonnabend fällt.

(5) Der von einer Behörde gesetzte Termin ist auch dann einzuhalten, wenn er auf einen Sonntag, gesetzlichen Feiertag oder Sonnabend fällt.

(6) Ist eine Frist nach Stunden bestimmt, werden Sonntage, gesetzliche Feiertage oder Sonnabende mitgerechnet.

(7) [1] Fristen, die von einer Behörde gesetzt sind, können verlängert werden. [2] Sind solche Fristen bereits abgelaufen, können sie rückwirkend verlängert werden, insbesondere wenn es unbillig wäre, die durch den Fristablauf eingetretenen Rechtsfolgen bestehen zu lassen. [3] Die Behörde kann die Verlängerung der Frist nach § 32 mit einer Nebenbestimmung verbinden.

§ 27 Wiedereinsetzung in den vorigen Stand

(1) [1] War jemand ohne Verschulden verhindert, eine gesetzliche Frist einzuhalten, ist ihm auf Antrag Wiedereinsetzung in den vorigen Stand zu gewähren. [2] Das Verschulden eines Vertreters ist dem Vertretenen zuzurechnen.

(2) [1] Der Antrag ist innerhalb von zwei Wochen nach Wegfall des Hindernisses zu stellen. [2] Die Tatsachen zur Begründung des Antrages sind bei der Antragstellung oder im

Verfahren über den Antrag glaubhaft zu machen. ³Innerhalb der Antragsfrist ist die versäumte Handlung nachzuholen. ⁴Ist dies geschehen, kann Wiedereinsetzung auch ohne Antrag gewährt werden.

(3) Nach einem Jahr seit dem Ende der versäumten Frist kann die Wiedereinsetzung nicht mehr beantragt oder die versäumte Handlung nicht mehr nachgeholt werden, außer wenn dies vor Ablauf der Jahresfrist infolge höherer Gewalt unmöglich war.

(4) Über den Antrag auf Wiedereinsetzung entscheidet die Behörde, die über die versäumte Handlung zu befinden hat.

(5) **Die Wiedereinsetzung ist unzulässig, wenn sich aus einer Rechtsvorschrift ergibt, dass sie ausgeschlossen ist.**

§ 28 Wiederholte Antragstellung

¹Hat ein Leistungsberechtigter von der Stellung eines Antrages auf eine Sozialleistung abgesehen, weil ein Anspruch auf eine andere Sozialleistung geltend gemacht worden ist, und wird diese Leistung versagt oder ist sie zu erstatten, wirkt der nunmehr nachgeholte Antrag bis zu einem Jahr zurück, wenn er innerhalb von sechs Monaten nach Ablauf des Monats gestellt ist, in dem die Ablehnung oder Erstattung der anderen Leistung bindend geworden ist. ²Satz 1 gilt auch dann, wenn der rechtzeitige Antrag auf eine andere Leistung aus Unkenntnis über deren Anspruchsvoraussetzung unterlassen wurde und die zweite Leistung gegenüber der ersten Leistung, wenn diese erbracht worden wäre, nachrangig gewesen wäre.

A. Normzweck

Im Zweiten Titel sind die Fristen, Termine und die Wiedereinsetzung geregelt. Diesbezüglich kann im Wesentlichen auf Kommentierung zu **§§ 187 bis 193 BGB** verwiesen werden, auf die § 26 Abs. 1 im Wesentlichen Bezug nimmt. Besonderheiten gegenüber dem BGB sind in Abs. 2 der Vorschrift geregelt. Für die Zustellung oder **Bekanntgabe** eines Verwaltungsakts gelten besondere Regelungen: Ein schriftlicher Verwaltungsakt gilt bei der Übermittlung durch die Post im Inland auch dann am dritten Tag nach der Aufgabe zur Post als bekannt gegeben (**Drei-Tages-Fiktion**), wenn dieser Tag auf einen Samstag, Sonntag oder Feiertag fällt (BSGE 106, 135 = SozR 4–4200 § 22 Nr. 37, Abgrenzung zu BFHE 203, 26, mit Anm. Rieker, jurisPR-SozR 22/2010 Anm. 6). Hat eine Behörde die förmliche **Zustellung** gewählt, sind nach § 85 Abs. 3 S. 2 SGG die §§ 2 bis 10 VwZG anzuwenden (BSG SozR 1500 § 84 Nr. 6). An die Stelle der Bekanntgabe tritt für den Beginn der Klagefrist die Zustellung des Widerspruchsbescheids nach dem VwZG. Dem VwZG entsprechende landesrechtliche Regelungen sind nicht anwendbar. Auch insoweit gilt, dass die Vermutung der Zustellung nach § 4 Abs. 1 Halbs. 1 VwZG zur Anwendung gelangt, selbst wenn der für die Zustellung maßgebende dritte Tag nach der Aufgabe zur Post auf einen Samstag, Sonntag oder Feiertag fällt (BSGE 5, 53). § 26 Abs 3. S. 1, wonach eine Frist erst mit dem Ablauf des nächstfolgenden Werktags endet, wenn das Ende der Frist auf einen Sonntag, gesetzlichen Feiertag oder Sonnabend fällt, ist weder direkt noch analog anzuwenden.

Für die **Wiedereinsetzung** (§ 27) kann auf die wortgleiche Vorschrift des § 32 VwVfG und auf Kommentierung zu dieser Vorschrift Bezug genommen werden. Zu der für das gerichtliche und das Widerspruchsverfahren geltenden Regelung des **§ 67 SGG** bestehen einige Unterschiede: § 27 spricht von einer gesetzlichen Frist, § 67 SGG von einer gesetzlichen Verfahrensfrist, nach § 27 ist der Antrag innerhalb von zwei Wochen nach Wegfall des Hindernisses zu stellen, nach § 67 SGG binnen eines Monats und nach § 27 Abs. 2 „sind" die Tatsachen zur Begründung des Antrags glaubhaft zu machen, nach § 67 Abs. 2 SGG soll dies nur geschehen. Die Regelung des § 27 Abs. 5, wonach die Wiedereinsetzung unzulässig ist, wenn sich aus einer Rechtsvorschrift ergibt, dass sie ausgeschlossen ist, fehlt in § 67 SGG. Schließlich bestimmt § 27 Abs. 1 S. 2 – anders als § 67 SGG – ausdrücklich, dass das Verschulden eines Vertreters dem Vertretenen zuzurechnen ist; dies gilt bei § 67 SGG indes nach allgemeinen Rechtsgrundsätzen auch.

§ 27 ist nicht nur als eine gesetzliche Konkretisierung schon vorher anerkannter Rechtsgrundsätze, sondern als gesetzliche Neuregelung anzusehen (vgl. BSGE 48, 12 = SozR 2200 § 1227 Nr. 23; BSG EzS 70/36). Bei Versäumung einer gesetzlichen Ausschlussfrist kann auch unter Berücksichtigung des Grundsatzes von Treu und Glauben (vgl. hierzu BSG SozR 2200 § 1227 Nr. 23 und 25) **Nachsicht** in der Regel dann nicht mehr gewährt werden, wenn die versäumte Rechtshandlung nicht innerhalb eines Jahres nach Fristablauf nachgeholt worden ist (vgl. BSG SozR 5750 Art. 2 § 51a Nr. 49). Allerdings gebietet die **Gewährleistung effektiven Rechtsschutzes** durch Art. 19 Abs. 4 GG eine Auslegung und Anwendung der die Einlegung von Rechtsbehelfen regelnden Vorschriften, die die Beschreitung des eröffneten Rechtswegs nicht in unzumutbarer, aus Sachgründen nicht mehr zu

Fichte

rechtfertigender Weise erschweren (vgl. BVerfG NVwZ 2000, 1163; BVerfG SozR 3–1500 § 67 Nr. 22). Auch die Anforderungen an die Darlegungslast nach den für die Wiedereinsetzung in den vorigen Stand maßgeblichen Vorschriften dürfen nicht überspannt werden. Bei der Beurteilung der Zulässigkeit eines Antrags verdient im Zweifel diejenige Gesetzesinterpretation den Vorzug, die dem Bürger den Zugang zu den Gerichten eröffnet (vgl. BVerfGE 15, 275, 281 f.).

4 Die **Entscheidung** einer Behörde **über die Gewährung** oder Versagung **von Wiedereinsetzung** ist der Bestandskraft fähig; sie stellt einen Verwaltungsakt iS des § 31 SGB X dar (vgl. nur Pickel/Marschner, SGB X, § 27 Rn. 27; Timme, LPK-SGB X, § 27 Rn. 15; Vogelgesang in Hauck/Noftz, SGB X, § 27 Rn. 14; Ganter, VBlBW 1984, 402, 404). Der anders lautenden Auffassung von Thieme (Wannagat, SGB X, § 27 Rn. 12), derzufolge der Wiedereinsetzung der Regelungscharakter iS des § 31 Satz 1 SGB X fehlt, kann nicht gefolgt werden (vgl. auch BSG SozR 4–1500 § 77 Nr. 2 Rn. 26).

5 **§ 28** ermöglicht als **besondere Art der Wiedereinsetzung** die Wiederholung eines Antrags ohne Rechtsnachteile, wenn der Betroffene die rechtzeitige Antragstellung unterlassen hat, weil er von einem anderen Sozialleistungsträger Sozialleistungen erwartet (aber nicht erhalten) hat. Zugleich wird § 28 als Ausgleichsvorschrift dafür angesehen, dass ein Berechtigter aufgrund unrichtiger Auskunft und Beratung einer Behörde die Stellung eines Sozialleistungsantrags unterlassen hat. Der danach nachgeholte Antrag gilt bis zu einem Jahr zurück, wenn er innerhalb von sechs Monaten nach Ablauf des Monats gestellt ist, in dem die Ablehnung oder Erstattung der anderen Leistung bindend geworden ist. Ziel der Vorschrift ist es, dass der Berechtigte nicht auf den sozialrechtlichen Herstellungsanspruch verwiesen werden muss. § 40 Abs. 3 SGB II schränkt § 28 für Leistungen der **Grundsicherung** dahingehend ein, dass der Antrag unverzüglich nach Ablauf des Monats, in dem die Ablehnung oder Erstattung einer anderen Leistung bindend geworden ist, nachzuholen ist. Die Nachholung anderer Leistungsvoraussetzungen als der Antragstellung ermöglicht § 28 nicht.

B. Regelungsgehalt

I. Nichteinhaltung einer gesetzlichen Frist

6 § 27 erfasst – anders als § 67 SGG – Verfahrens- und materiell-rechtliche Fristen (BSG SozR 3–4100 § 81 Nr. 1 m. w. N.), die sich aus einem formellen Gesetz ergeben, sofern die Wiedereinsetzung nach gesetzlicher Regelung nicht ausgeschlossen ist (Abs. 5). Der Ausschluss der Wiedereinsetzung bei Versäumung der in § 325 Abs. 4 S. 1 SGB III genannten Antragsfristen folgt aus der Verwendung des Wortes „**Ausschlussfrist**" zur Bezeichnung dieser Fristen. Denn die Verwendung des Wortes „Ausschlussfrist" bei einer Fristbestimmung in einer verwaltungsrechtlichen Vorschrift, die nach Inkrafttreten des SGB X am 1. 1. 1981 erlassen worden ist, weist regelmäßig darauf hin, dass die Wiedereinsetzung in den vorigen Stand bei Versäumung dieser Frist ausgeschlossen sein soll. Eine Ausschlussfrist, deren Versäumung zur Folge hat, dass der Betreffende seine materielle Rechtsposition verliert, auch wenn ihn insoweit kein Verschulden trifft, liegt vor, wenn entweder der Ausschluss der Wiedereinsetzung ausdrücklich in der gesetzlichen Fristenregelung bestimmt ist oder deren **Auslegung** nach Wortlaut, Systematik, Entstehungsgeschichte, Gesetzesmaterialien und Sinn und Zweck der Regelung unter Berücksichtigung der widerstreitenden Interessen – einerseits dem öffentlichen Interesse an der Einhaltung der Frist, andererseits dem Interesse des Einzelnen an einer nachträglichen Wiedereröffnung bei unverschuldeter Fristversäumung – ergibt, dass der materielle Anspruch mit der Einhaltung der Frist „steht und fällt", ein verspäteter Antragsteller also materiell-rechtlich seine Anspruchsberechtigung endgültig verlieren soll (BVerwG NJW 1997, 2966; BSG 5. 2. 2003 – B 6 KA 27/02 R – Juris; OVG Münster ZKF 2002, 233; Nds. OVG DVBl. 2007, 703). Die Wiedereinsetzung kann iSd. § 27 Abs. 5 nicht nur dadurch ausgeschlossen werden, dass in der jeweiligen Fristvorschrift ausdrücklich angeordnet wird, „die Wiedereinsetzung in den vorigen Stand ist ausgeschlossen", oder eine ähnliche Wortwahl gebraucht wird (BSG SozR 4–4300 § 325 Nr. 1). Der Ausschluss kann sich auch aus Sinn und Zweck der Vorschrift ergeben (vgl. BSG SozR 3–1200 § 14 Nr. 9, 10; SozR 3–1200 § 14 Nr. 22). Die wohl herrschende Auffassung in Rechtsprechung und Literatur zählt auch die Antragsfrist von fünf Jahren nach Aufnahme einer selbstständigen Tätigkeit für die Antragspflichtversicherung in der Rentenversicherung (§ 4 Abs. 2 SGB VI) zu den Ausschlussfristen (BSG SozR 4–2600 § 4 Nr. 2).

7 Die Wiedereinsetzung setzt voraus, dass die **Frist schuldlos versäumt** worden ist. Verschuldensmaßstab ist die Sorgfalt, die einem im Verwaltungsverfahren gewissenhaft Handelnden nach den Umständen des Falls abzufordern ist (v. Wulffen in: ders., SGB X, § 27 Rn. 6). Auch bei Anwendung der gebotenen Sorgfalt muss die Versäumung der Verfahrensfrist nicht vermeidbar gewesen sein (BSG GS BSGE 38, 248 = SozR 1500 § 67 Nr. 1). Grundsätzlich gilt ein **subjektiver Verschuldensmaßstab** (BSG SozR 3–3100 § 60 Nr. 3). Auch fahrlässige Unkenntnis der Gesetzeslage steht der Wiedereinsetzung entgegen. Die gesetzliche Wiedereinsetzungsregelung und das richterrechtliche Institut des **sozialrechtlichen Herstellungsanspruchs** sind nebeneinander anwendbar (BSGE 96, 44 = SozR 4–1300 § 27 Nr. 2).

Beispiele **unverschuldeter Säumnis** aus der Rechtsprechung sind: 8
– Die Versäumung der in § 4 Abs. 2 S. 3 BErzGG statuierten Frist schließt die Wiedereinsetzung in den vorigen Stand nicht aus (vgl. BSGE 85, 231, 239 = SozR 3–7833 § 6 Nr. 20 S. 126; so inzwischen ausdrücklich: Nr. 4.2.1 der Richtlinien des Bundesministeriums für Familie, Senioren, Frauen und Jugend [BMFSFJ] zur Durchführung des BErzGG, abgedruckt bei Hambüchen, BEEG, EStG, BKGG, Stand 12/09, „Verwaltungsvorschriften"; vgl. auch BSG SozR 4–7833 § 4 Nr. 1).
– Eine **objektiv unrichtige** rechtswidrige behördliche **Belehrung,** die eine Versäumung der Antragsfrist verursacht, ist als unabwendbarer Zufall und damit – auch aus verfassungsrechtlichen Gründen – als ein Ereignis aus dem Bereich der höheren Gewalt im Sinne der Wiedereinsetzungsvorschriften anzusehen (BVerwG Buchholz 454.71 § 27 WoGG Nr. 2).
– Ein unverschuldetes Versäumen der Antragsfrist liegt vor, wenn ein in Amerika lebender Versicherter einen Antrag so rechtzeitig bei der Post aufgibt, dass er im Rahmen der von der amerikanischen **Post** genannten **Laufzeiten** beim Versicherungsträger hätte eingehen müssen (SG Hamburg 6. 12. 2006 – S 10 R 213/05).
– Chronischer **Alkoholabusus,** der der gesetzlichen Krankenversicherung bekannt ist, kann zu unverschuldeter Fristversäumnis führen (SG Leipzig 14. 11. 2006 – S 8 KR 536/04 – Juris).
– **Zahlendreher bei Postleitzahlen** werden als entschuldbar angesehen (BFHE 189, 573 = BStBl II 2000, 235; BSG SozR 4–2500 § 95 Nr. 3).
– Wird eine Rechtsmittelschrift per **Telefax** übermittelt, genügt für die Ausgangskontrolle, dass ein vom Faxgerät des Absenders ausgedrucktes Sendeprotokoll die ordnungsgemäße Übermittlung belegt und vor Fristablauf zur Kenntnis genommen wird. Kommt es bei dem elektronischen Übertragungsvorgang zu Fehlern, die aus dem Sendeprotokoll nicht ersichtlich sind, können sie einer Partei nicht als schuldhaftes Verhalten angelastet werden (BGH NJW 2006, 1518).

Verschulden hat die Rechtsprechung hingegen bejaht in folgenden Fällen: 9
– Bei der Fristversäumnis eines **Berufsbetreuers** wegen allgemeiner Schwierigkeiten bei der Betreuung eines nicht kooperativen Geschäftsunfähigen (BSG SozR 4–2500 § 9 Nr. 2 mit Anm. Padé, jurisPR – SozR 22/2008 Anm. 2);
– Die **bloße Unkenntnis** über anspruchsbegründende Umstände und Rechtsnormen stellt auch dann keinen Umstand höherer Gewalt iSd. § 27 Abs. 3 dar, wenn sie im Wesentlichen auf einer mangelnden Aufklärung der betroffenen Personen durch die zuständigen staatlichen Stellen beruhte (BSGE 92, 34 = SozR 4–3100 § 60 Nr. 1; BSGE 86, 153 = SozR 3–5750 Art. 2 § 6 Nr. 18).
– Auch der nicht rechtskundige Arbeitnehmer hat Beratungsfehler Dritter, um deren Rechtsrat er nachgesucht hat, in gleicher Weise zu vertreten wie andere Berechtigte (Sächsisches LSG 17. 4. 2007 – L 1 AL 282/04).
– Rechtsunkenntnis oder **Rechtsirrtum** ist – abgesehen von dem Fall einer sog. anspruchsfeindlichen Rechtsprechung – nicht als Ereignis höherer Gewalt anzusehen (vgl. BSG SozR 3–2400 § 25 Nr. 6).
– Das Vorbringen eines Berechtigten, er habe angenommen, seine Unterlagen seien weitergeleitet worden, und er habe wegen der „dazwischen gekommenen Wende" lediglich an eine Verzögerung geglaubt, reicht nicht aus, um die Versäumung einer Frist für die Antragstellung als unverschuldet in diesem Sinne erscheinen zu lassen (BSG HVBG-Info 1998, 3381).

Ein **Verschulden des Vertreters** ist dem Vertretenen zuzurechnen, Abs. 1 S. 2 (vgl. auch BSG 10 SozR 3–3100 § 60 Nr. 3; SozR 3–2500 § 9 Nr. 4; SozR 4–7833 § 4 Nr. 1; BSG 12. 12. 1995 – 9 BV 99/95). Ein sozialrechtlich handlungsunfähiges Kind, das von seinen Eltern sexuell missbraucht worden ist, muss sich ein Verschulden des Jugendamts als gesetzlicher Vertreter allerdings nur dann zurechnen lassen, wenn diesem im Rahmen der Personensorge auch das Recht übertragen worden ist, Beschädigtenversorgung nach dem OEG zu beantragen (BSG SozR 4–3100 § 60 Nr. 5). Schon das geringste Verschulden des Betroffenen oder seines Vertreters schließt höhere Gewalt aus; Rechtsunkenntnis oder Rechtsirrtum können nicht als Ereignis höherer Gewalt angesehen werden (BSGE 92, 34 = SozR 4–3100 § 60 Nr. 1; BSGE 86, 153, 161 f. = SozR 3–5750 Art. 2 § 6 Nr. 18 S. 65 f.; BSG SozR 3–2400 § 25 Nr. 6 S. 23). Bei Verschulden einer Hilfsperson eines Rechtsanwalts ist eine Wiedereinsetzung in den vorigen Stand nur dann zulässig, wenn die Hilfsperson ausreichend geschult, unterrichtet und überwacht worden ist (BSG 28. 10. 1991 – 8 BKn 17/91 – Juris). Die **Berechnung** von Revisions- oder Nichtzulassungsbeschwerdebegründungs**fristen** ist grundsätzlich keine Routineangelegenheit, deren Erledigung der Rechtsanwalt seinem Büropersonal überlassen darf (BSG SozR 3–1500 § 67 Nr. 12, 15). Wird ein Rechtsmittel schriftlich auf dem Postweg eingelegt, so muss der Absender die gewöhnliche **Laufzeit einer Postsendung** einkalkulieren, wobei deren Art und die Entfernung zwischen Aufgabeort und Zustellungsort zu berücksichtigen sind; einzubeziehen in die Berechnung sind auch übliche Verlängerungen der Laufzeit durch vermindertem oder entfallenden Leerungsdienst und Zustellungsdienst an Wochenenden und Feiertagen. Der Bürger ist aber berechtigt, eine Einspruchsfrist bis zu ihrer Grenze auszunutzen, um weitere Erwägungen zur Erfolgsaussicht des Rechtsbehelfs anzustellen (BVerfGE 40, 42).

Die **Wiedereinsetzung** in den vorigen Stand kann **nicht stillschweigend,** sondern nur durch 11 eine eindeutig verlautbarte Entscheidung gewährt werden (BSG SozR 4–1500 § 67 Nr. 4 mit Anm. Reyels jurisPR-SozR 20/2007 Anm. 6 = jurisPR extra 2007, 260–261). Sie wird grundsätzlich auf

Antrag gewährt (§ 27 Abs. 1 S. 1). Dieser Antrag kann durch das Nachholen der versäumten Handlung ersetzt werden (Abs. 2 S. 3); dann ist der Antrag **konkludent** gestellt. Ist dies geschehen, „kann" Wiedereinsetzung auch ohne Antrag gewährt werden. Die Wiedereinsetzung liegt damit im pflichtgemäßen Ermessen der Behörde; dieses wird i. d. R. auf Null zu Gunsten des Betroffenen reduziert sein (vgl. Timme in: LPK-SGB X, § 27 Rn. 11 m. w. N.). Der Antrag ist innerhalb von zwei Wochen nach Wegfall des Hindernisses zu stellen (Abs. 2 S. 1 und 3). Dabei ist der Tag des Wegfalls des Hindernisses nicht mitzurechnen (§§ 26 Abs. 1 iVm. § 187 Abs. 1 BGB). Die zur Begründung des Antrags auf Wiedereinsetzung dienenden Tatsachen sind glaubhaft zu machen (Abs. 2 S. 2). Zur Glaubhaftmachung bedarf es nicht der an Gewissheit grenzenden Wahrscheinlichkeit; die überwiegende Wahrscheinlichkeit reicht aus. Einzelheiten insoweit regeln §§ 21 ff., insbesondere § 23, der die Versicherung an Eides statt neben den üblichen Beweismitteln zulässt. Nach einem Jahr kann Wiedereinsetzung grundsätzlich nicht mehr gewährt werden (Abs. 3), es sei denn, die Antragstellung war vor Ablauf der Jahresfrist infolge höherer Gewalt unmöglich. **Höhere Gewalt** bedeutet das Vorliegen eines objektiven, unverschuldeten Hindernisses bei vorhandenem Willen; es ist gegeben bei außergewöhnlichen Ereignissen, die nach den Umständen des Einzelfalls auch bei größter, vernünftigerweise zumutbarer Sorgfalt nicht abgewendet werden konnten (BSGE 86, 153, 161 = SozR 3–5750 Art. 2 § 6 Nr. 18, S. 65 m. w. N. BSGE 92, 34 = SozR 4–3100 § 60 Nr. 1, jeweils Rn. 23).

12   Eine Wiedereinsetzung kommt grundsätzlich auch bei **Versäumung einer Frist des materiellen Sozialrechts** in Frage (BSG SozR 3–5070 § 21 Nr. 3 S. 8; BSGE 79, 168, 171 = SozR 3–2600 § 115 Nr. 1 S. 4); der anspruchsvernichtende Einwand verspäteter Antragstellung, den zB § 99 Abs. 2 S. 3 SGB VI ausprägt (vgl BSG SozR 4–1300 § 44 Nr. 12 Rn. 17), stellt aus Sicht eines Rentenbeziehers – in weiterem Sinne – eine solche „materiell-rechtliche Ausschlussfrist" dar (vgl. BSGE 96, 44 = SozR 4–1300 § 27 Nr. 2, Rn. 13 – zu einer abschnittsweise gleitenden Ausschlussfrist im Erziehungsgeldrecht). Zu § 99 Abs. 2 S. 3 SGB VI heißt es in den Materialien zB ausdrücklich, dass die Verlängerung der Beginnsfrist (Frist von einem Jahr) der Höchstdauer entspricht, nach der bei unverschuldetem Versäumnis einer Frist auch eine Wiedereinsetzung in den vorigen Stand nicht mehr möglich ist (Bericht des Ausschusses für Arbeit und Sozialordnung zum Entwurf der RRG 1992, BT-Drucks. 11/5530 S. 45 zu § 98). Aus diesem Grunde musste das BSG nicht entscheiden, ob eine Wiedereinsetzung bei Versäumung einer „Beginnsfrist" von vornherein unzulässig ist (vgl. BSG SozR 4–1200 14 Nr. 13).

II. Wiederholte Antragstellung

13   § 28 zielt auf den **Schutz des Versicherten** ab, der es im Hinblick auf die Geltendmachung einer konkurrierenden Sozialleistung unterlassen hat, die jetzt beanspruchte Sozialleistung geltend zu machen (BSG SozR 2200 § 216 Nr. 11; vgl. auch die Begründung für die Einführung dieser Vorschrift in BT-Drs. 8/4022, S. 81 f.). Allerdings kann § 28 nur die Rückwirkung einer (wiederholten) Antragstellung bewirken, nicht jedoch der übrigen Voraussetzungen für die Gewährung von Arbeitslosengeld, insbesondere nicht der Arbeitslosmeldung (BSG SozR 1300 § 28 Nr. 1). § 28 betrifft nicht den Fall, dass auf einen Antrag infolge falscher Auslegung ein unzuständiger Träger eine Leistung bewilligt hat, statt den Antrag weiterzuleiten (§ 16 SGB I).

14   Die Anwendung das § 28 ist umstritten, wenn der Betroffene seinen Antrag zurücknimmt, weil er von dessen Aussichtslosigkeit überzeugt ist (vgl. Timme in: LPK-SGB X, § 28 Rn. 6 m. w. N.). Wegen des Schutzgedankens des § 28 (vgl. Rn. 10) wird auch dieser Fall vom Zweck der Vorschrift erfasst werden, sofern die Rücknahme des Antrags auf Veranlassung der Behörde zurückgeht. Nur dann kann von der **Kausalität** zwischen Geltendmachung der einen Sozialleistung und dem Absehen vom Beantragen der anderen Leistung ausgegangen werden.

15   Nach § 28 S. 2 gilt S. 1 auch dann, wenn der rechtzeitige Antrag auf eine andere Leistung aus **Unkenntnis** über deren Anspruchsvoraussetzung unterlassen wurde, und die zweite Leistung gegenüber der ersten – wenn diese erbracht worden wäre – nachrangig gewesen wäre. Für diesen Sonderfall sieht die Vorschrift also ein Nachrangigkeitsverhältnis vor; dies lässt den weiteren Rückschluss zu, dass im Fall des S. 1 eine Artverwandtschaft der Leistungen nicht bestehen muss. Für einen Nachweis der Unkenntnis sind keine strengen Anforderungen zu stellen; regelmäßig wird davon auszugehen sein, dass der Berechtigte die ihm zustehende Leistung beanspruchen will. Von § 28 wird auch der Fall umfasst, in dem im Rahmen eines **Überprüfungsverfahrens** nach § 44 die Bewilligung einer laufenden Sozialleistung begehrt wird; das Rechtsinstitut des Herstellungsanspruchs ist gegenüber § 28 subsidiär (BSG SozR 4–4200 § 37 Nr. 3).

16   Der Antrag wirkt **bis zu einem Jahr zurück,** wenn er innerhalb von sechs Monaten nach Ablauf des Monats gestellt ist, in dem die Ablehnung oder Erstattung der anderen Leistung bindend geworden ist. Daraus folgt, dass der nachgeholte Antrag maximal bis zum Zeitpunkt des ersten – erfolglosen – Antrags zurückwirken kann, wenn seit Stellung dieses Antrags weniger als ein Jahr vergangen ist. Die Begrenzung auf ein Jahr gilt auch dann, wenn die (längere) Zeitdauer durch das behördliche Vorgehen im Verwaltungsverfahren hervorgerufen worden ist; insoweit schafft die Vorschrift keinen Ausgleich materieller Rechtsnachteile.

Dritter Titel. Amtliche Beglaubigung

§ 29 Beglaubigung von Dokumenten

(1) ¹Jede Behörde ist befugt, Abschriften von Urkunden, die sie selbst ausgestellt hat, zu beglaubigen. ²Darüber hinaus sind die von der Bundesregierung durch Rechtsverordnung bestimmten Behörden des Bundes, der bundesunmittelbaren Körperschaften, Anstalten und Stiftungen des öffentlichen Rechts und die nach Landesrecht zuständigen Behörden befugt, Abschriften zu beglaubigen, wenn die Urschrift von einer Behörde ausgestellt ist oder die Abschrift zur Vorlage bei einer Behörde benötigt wird, sofern nicht durch Rechtsvorschrift die Erteilung beglaubigter Abschriften aus amtlichen Registern und Archiven anderen Behörden ausschließlich vorbehalten ist; die Rechtsverordnung bedarf nicht der Zustimmung des Bundesrates.

(2) Abschriften dürfen nicht beglaubigt werden, wenn Umstände zu der Annahme berechtigen, dass der ursprüngliche Inhalt des Schriftstückes, dessen Abschrift beglaubigt werden soll, geändert worden ist, insbesondere wenn dieses Schriftstück Lücken, Durchstreichungen, Einschaltungen, Änderungen, unleserliche Wörter, Zahlen oder Zeichen, Spuren der Beseitigung von Wörtern, Zahlen und Zeichen enthält oder wenn der Zusammenhang eines aus mehreren Blättern bestehenden Schriftstückes aufgehoben ist.

(3) ¹Eine Abschrift wird beglaubigt durch einen Beglaubigungsvermerk, der unter die Abschrift zu setzen ist. ²Der Vermerk muss enthalten

1. die genaue Bezeichnung des Schriftstückes, dessen Abschrift beglaubigt wird,
2. die Feststellung, dass die beglaubigte Abschrift mit dem vorgelegten Schriftstück übereinstimmt,
3. den Hinweis, dass die beglaubigte Abschrift nur zur Vorlage bei der angegebenen Behörde erteilt wird, wenn die Urschrift nicht von einer Behörde ausgestellt worden ist,
4. den Ort und den Tag der Beglaubigung, die Unterschrift des für die Beglaubigung zuständigen Bediensteten und das Dienstsiegel.

(4) Die Absätze 1 bis 3 gelten entsprechend für die Beglaubigung von

1. Ablichtungen, Lichtdrucken und ähnlichen in technischen Verfahren hergestellten Vervielfältigungen,
2. auf fototechnischem Wege von Schriftstücken hergestellten Negativen, die bei einer Behörde aufbewahrt werden,
3. Ausdrucken elektronischer Dokumente,
4. elektronischen Dokumenten,
   a) die zur Abbildung eines Schriftstücks hergestellt wurden,
   b) die ein anderes technisches Format als das mit einer qualifizierten elektronischen Signatur verbundene Ausgangsdokument erhalten haben.

(5) ¹Der Beglaubigungsvermerk muss zusätzlich zu den Angaben nach Absatz 3 Satz 2 bei der Beglaubigung

1. des Ausdrucks eines elektronischen Dokuments, das mit einer qualifizierten elektronischen Signatur verbunden ist, die Feststellungen enthalten,
   a) wen die Signaturprüfung als Inhaber der Signatur ausweist,
   b) welchen Zeitpunkt die Signaturprüfung für die Anbringung der Signatur ausweist und
   c) welche Zertifikate mit welchen Daten dieser Signatur zugrunde lagen;
2. eines elektronischen Dokuments den Namen des für die Beglaubigung zuständigen Bediensteten und die Bezeichnung der Behörde, die die Beglaubigung vornimmt, enthalten; die Unterschrift des für die Beglaubigung zuständigen Bediensteten und das Dienstsiegel nach Absatz 3 Satz 2 Nr. 4 werden durch eine dauerhaft überprüfbare qualifizierte elektronische Signatur ersetzt.

²Wird ein elektronisches Dokument, das ein anderes technisches Format als das mit einer qualifizierten elektronischen Signatur verbundene Ausgangsdokument erhalten hat, nach Satz 1 Nr. 2 beglaubigt, muss der Beglaubigungsvermerk zusätzlich die Feststellungen nach Satz 1 Nr. 1 für das Ausgangsdokument enthalten.

(6) Die nach Absatz 4 hergestellten Dokumente stehen, sofern sie beglaubigt sind, beglaubigten Abschriften gleich.

§ 30 Beglaubigung von Unterschriften

(1) ¹Die von der Bundesregierung durch Rechtsverordnung bestimmten Behörden des Bundes, der bundesunmittelbaren Körperschaften, Anstalten und Stiftungen des öffentli-

chen Rechts und die nach Landesrecht zuständigen Behörden sind befugt, Unterschriften zu beglaubigen, wenn das unterzeichnete Schriftstück zur Vorlage bei einer Behörde oder bei einer sonstigen Stelle, der auf Grund einer Rechtsvorschrift das unterzeichnete Schriftstück vorzulegen ist, benötigt wird. ²Dies gilt nicht für
1. Unterschriften ohne zugehörigen Text,
2. Unterschriften, die der öffentlichen Beglaubigung (§ 129 des Bürgerlichen Gesetzbuches) bedürfen.

(2) Eine Unterschrift soll nur beglaubigt werden, wenn sie in Gegenwart des beglaubigenden Bediensteten vollzogen oder anerkannt wird.

(3) ¹Der Beglaubigungsvermerk ist unmittelbar bei der Unterschrift, die beglaubigt werden soll, anzubringen. ²Er muss enthalten
1. die Bestätigung, dass die Unterschrift echt ist,
2. die genaue Bezeichnung desjenigen, dessen Unterschrift beglaubigt wird, sowie die Angabe, ob sich der für die Beglaubigung zuständige Bedienstete Gewissheit über diese Person verschafft hat und ob die Unterschrift in seiner Gegenwart vollzogen oder anerkannt worden ist,
3. den Hinweis, dass die Beglaubigung nur zur Vorlage bei der angegebenen Behörde oder Stelle bestimmt ist,
4. den Ort und den Tag der Beglaubigung, die Unterschrift des für die Beglaubigung zuständigen Bediensteten und das Dienstsiegel.

(4) Die Absätze 1 bis 3 gelten für die Beglaubigung von Handzeichen entsprechend.

(5) Die Rechtsverordnungen nach den Absätzen 1 und 4 bedürfen nicht der Zustimmung des Bundesrates.

Dritter Abschnitt. Verwaltungsakt

Erster Titel. Zustandekommen des Verwaltungsaktes

§ 31 Begriff des Verwaltungsaktes

¹Verwaltungsakt ist jede Verfügung, Entscheidung oder andere hoheitliche Maßnahme, die eine Behörde zur Regelung eines Einzelfalles auf dem Gebiet des öffentlichen Rechts trifft und die auf unmittelbare Rechtswirkung nach außen gerichtet ist. ²Allgemeinverfügung ist ein Verwaltungsakt, der sich an einen nach allgemeinen Merkmalen bestimmten oder bestimmbaren Personenkreis richtet oder die öffentlich-rechtliche Eigenschaft einer Sache oder ihre Benutzung durch die Allgemeinheit betrifft.

A. Normzweck

1 § 31 ist eine **Legaldefinition** des Begriffs „Verwaltungsakt". Diese stimmt wörtlich überein mit § 35 VwVfG und § 118 AO. Sie drückt das vor Erlass des SGB X in Literatur und Rechtsprechung vorherrschende Begriffsverständnis aus (BT-Drs. 7/910 S. 56f. zu § 35 VwVfG). Überholt ist lediglich die vom BSG früher vertretene Auffassung (vgl. BSGE 25, 280 = SozR Nr. 55 zu § 77 SGG), die Krankengeldgewährung „am Schalter" stelle keinen die Beteiligten bindenden Verwaltungsakt dar (BSG SozR 2200 § 182 Nr. 103).

2 Dem **Begriff Verwaltungsakt** kommt in der Praxis erhebliche Bedeutung zu. Es handelt sich um einen spezifisch öffentlich-rechtliches Handlungsinstrument zur Bewältigung der Massenverwaltung. Entsprechend sieht § 8 vor, dass das Verwaltungsverfahren auf den Erlass eines Verwaltungsakts oder den Abschluss eines Verwaltungsvertrags gerichtet ist. Im Recht der Sozialversicherung hat der Verwaltungsvertrag nur periphere Bedeutung; die Erbringung von Sozialleistungen geht regelmäßig einher mit dem Erlass eines Verwaltungsakts. Durch den Verwaltungsakt wird das Recht im Einzelfall umgesetzt. Der Verwaltungsakt ist daher auch regelmäßig Gegenstand des Streits über die Gewährung von Leistungen dem Grunde oder der Höhe nach; er wird durch die **Anfechtungsklage** gestaltet (geändert oder aufgehoben; die **Verpflichtungsklage** ist Instrument, um von der Behörde den Erlass eines [begünstigenden] Verwaltungsakts zu erlangen, vgl. § 54 Abs. 1 SGG, § 42 VwGO). Ein Rechtsschutzbedürfnis ist für eine Anfechtungsklage zu bejahen, wenn sich der Versicherungsträger der Befugnis „berühmt", zeitgleich mit der Feststellung der Versicherungsfreiheit auch über Elemente einer möglichen Versicherungspflicht zu entscheiden (BSG SozR 4-2600 § 2 Nr. 6). Über den Anspruch auf Löschung von Sozialdaten nach § 84 Abs. 2 ist zunächst im Rahmen eines Verwaltungsverfahrens durch Verwaltungsakt zu entscheiden; eine **isolierte Leistungsklage** auf Löschung ist unzulässig (BSG SozR 4-1300 § 84 Nr. 1).

Eine **verfahrensrechtliche Sonderstellung** zu anderen Handlungsformen der Verwaltung nimmt 3
der Verwaltungsakt insofern ein, als vor Klagerhebung regelmäßig ein Widerspruchsverfahren
(§§ 83 ff. SGG) durchzuführen ist und Widerspruchs- sowie Klagefrist die Durchsetzbarkeit eines
Anspruchs zeitlich begrenzen, weil der nicht angefochtene Verwaltungsakt in Bindungswirkung erwächst, § 77 SGG. Hierdurch soll **Rechtssicherheit** sowohl zu Gunsten des Bürgers als auch der
Verwaltung erzeugt werden; Letztere ist jedoch relativ, weil der Bürger jederzeit die Überprüfung der
Sach- und Rechtslage nach §§ 44 ff. verlangen kann. Der Verwaltungsakt ist schließlich Vollstreckungsgrundlage iSd. § 3 VwVG; eines besonderen vollstreckbaren Titels bedarf es nicht.

B. Regelungsgehalt

I. Begriffsmerkmale des Verwaltungsakts (S. 1)

Verwaltungsakt ist eine **hoheitliche Maßnahme** der Behörde zur Regelung eines Einzelfalls auf 4
dem Gebiet des öffentlichen Rechts mit Außenwirkung. Die Befugnis zum Erlass einer solchen Maßnahme ist in § 31 nicht verankert; sie wird von der Vorschrift vorausgesetzt. Beispiele solcher hoheitlichen Maßnahmen sind die verbindliche Feststellung sowohl zum Rechtscharakter rentenrechtlicher
Zeiten als auch zu deren zeitlichen Umfang und somit dazu, ob ein behaupteter Anrechnungstatbestand nach derzeitigem materiellen Recht erfüllt ist, in einen **Vormerkungsbescheid** (BSG SozR 3–
2600 § 149 Nr. 6; SozR 4–2600 § 149 Nr. 1), die Erweiterung der Zulassung eines Heilmittelbringers auf einen weiteren Heilmittelbereich (BSGE 77, 219 = SozR 3–2500 § 124 Nr. 3) oder die Entziehung einer Sozialleistung wegen fehlender Mitwirkung (gestaltender **Verwaltungsakt mit Dauerwirkung**), der die entzogenen Leistungsansprüche bis zur Erfüllung der Mitwirkungspflicht
vernichtet (BSGE 76, 16 = SozR 3–1200 § 66 Nr. 3; vgl. Fichte in Fichte/Plagemann/Waschull,
Handbuch Sozialverwaltungsverfahrensrecht, 2008, § 3 Rn. 17 ff., S. 185).

Fehlte der Behörde die Befugnis, durch Verwaltungsakt zu handeln, liegt dennoch ein – wenn auch 5
stets rechtswidriger – Verwaltungsakt vor, weil die Behörde den **Rechtsschein** hoheitlichen Handelns
durch Verwaltungsakt erzeugt hat. Dieser wird in der Rechtsprechung des BSG unterschiedlich als
„Form- oder **Formal-Verwaltungsakt**" (auch: „formeller Verwaltungsakt"), „Schein-Verwaltungsakt" oder „Anscheins-Verwaltungsakt", gelegentlich auch als „Nicht-Verwaltungsakt" bezeichnet
(BSGE 97, 63 = SozR 4–2500 § 255 Nr. 1; BSGE 95, 176 = SozR 4–4300 § 119 Nr. 3; BSG SozR
4–1200 § 52 Nr. 1; SozR 4–2600 § 2 Nr. 6; BSG 31. 1. 2006 – B 11a AL 13/05 R – Juris). Beispiel
für einen Scheinverwaltungsakt sind die mit einer Rechtsfolgen- und Rechtsbehelfsbelehrung versehene Aufforderung zu Eigenbemühungen iSd. § 119 Abs. 5 SGB III (BSG 31. 1. 2006 – B 11a AL
13/05 R – Juris) oder die formelle Erklärung der Einbehaltung von Sozialleistungen im Rahmen der
Verrechnung (BSGE 97, 63 = SozR 4–2500 § 255 Nr. 1).

Maßnahme stellt den Oberbegriff dar, der die „Verfügung" und „Entscheidung" mit umfasst. Den 6
Begriff der Maßnahme näher zu definieren, ist müßig; er umfasst alle mündlichen, schriftlichen, elektronischen oder konkludenten Erklärungen, auch in Form von Zeichen oder anderen bildlichen Ausdrucksformen. So wird ein **konkludenter Verwaltungsakt** angenommen, wenn eine Krankenkasse
die Gewährung von Krankengeld nicht durch ausdrücklichen Bescheid oder durch formloses Schreiben, sondern nur mündlich oder durch Mitteilung in Form eines Auszahlungsscheins oder gar nur
durch konkludente Handlung (Überweisung des Geldes) vorgenommen hat (BSGE 47, 288 = SozR
2200 § 183 Nr. 19; Sächsisches LSG 27. 5. 2006 – L 1 KR 46/02 – Juris) oder der Versicherungsträger dem Antrag auf Weitergewährung eines Kinderzuschusses allein durch Erhöhung des Zahlbetrags
nachkommt (BSG HV-Info 1990, 2294). Der Erstattungsbescheid nach § 50 Abs. 1 kann die konkludente Aufhebung des Bewilligungsbescheids enthalten (vgl. Waschull in: LPK-SGB X, § 31 Rn. 15
m. w. N.).

Behörde ist gemäß § 1 Abs. 2 jede Stelle, die Aufgaben öffentlicher Verwaltung wahrnimmt. Diese 7
weite Formulierung verdeutlicht, dass das Gesetz vom funktionellen Behördenbegriff ausgeht. Zu
Einzelheiten vergleiche die Kommentierung zu § 1.

Die Maßnahme muss auf dem **Gebiet des öffentlichen Rechts** ergehen. Dies trägt der Tatsache 8
Rechnung, dass eine einseitige Regelungsbefugnis nur bei Vorliegen eines Über- und Unterordnungsverhältnisses besteht. Dies wird für die typischen Regelungsverhältnisse im Sozial(versicherungs)recht stets anzunehmen sein; problematisch wird es dort, wo Schadensersatzansprüche durchgesetzt werden sollen: Der Anspruch der Bundesagentur (früher: Bundesanstalt) für Arbeit gegen den
Arbeitgeber auf Schadensersatz wegen unrichtiger Ausfüllung der Arbeitsbescheinigung (im alten
Recht § 145 Nr. 1 AFG) ist öffentlich-rechtlicher Natur; die Bundesagentur kann den Anspruch
jedoch nicht durch Verwaltungsakt, sondern nur durch Leistungsklage geltend machen (BSGE 49, 291
= SozR 4100 § 145 Nr. 1). Zur **Abgrenzung** des öffentlichen vom privaten Recht sind zahlreiche
Abgrenzungstheorien entwickelt worden (zB die Subjektstheorie, Subjektionstheorie oder Sonderrechtstheorie), die im Ergebnis nahezu keine Unterschiede aufweisen (vgl. nur BSGE 35, 188 =
SozR Nr. 61 zu § 51 SGG; BSGE 47, 35 = SozR 1500 § 51 Nr. 15; BSGE 65, 133 = SozR 2100
§ 76 Nr. 2).

Fichte

9   Problematisch sind die Fälle, in denen ein Sachverhalt sowohl unter den Tatbestand einer öffentlich-rechtlichen als auch einer Norm des Privatrechts subsumiert werden kann. Das ist etwa der Fall bei **Unterlassungsansprüchen**, die zivilrechtlich auf den §§ 1004, 906 BGB basieren, im öffentlichen Recht hingegen als allgemeiner, im Gesetz nicht besonders niedergelegter Anspruch bestehen. In diesem Fall ist darauf abzustellen, zu welchem Zweck gehandelt wurde, ob insbesondere für den Staat die Zweckverfolgung spezifisches Sonderverhalten darstellt. Bei Regelungen im Sozialrecht ist grundsätzlich (Ausnahme: Regelungen zur privaten Versicherung, zum Beispiel § 110 SGB XI) davon auszugehen, dass sie öffentlich-rechtlicher Natur sind. Versehentlich an Dritte geleistete Zahlungen können allerdings nicht durch Verwaltungsakt zurückgefordert werden; sie sind durch **Leistungsklage** geltend zu machen. Denn ein öffentlich-rechtliches Leistungsverhältnis besteht insoweit nicht (OLG Karlsruhe DB 1988, 1696 = MDR 1988, 785).

10 Nicht jede Maßnahme einer Behörde stellt daher eine hoheitliche Maßnahme dar. Der **Rücküberweisungsanspruch** einer wegen Todes des Versicherten überzahlten Rente gegenüber der kontoführenden Bank nach § 118 Abs. 3 SGB VI gehört dem öffentlichen Recht an und muss aufgrund (geänderter) spezialgesetzlicher Regelung (§ 118 Abs. 4 S. 2 SGB VI) in der Handlungsform des Verwaltungsakts geltend gemacht werden (dazu, dass dies nach alter Rechtslage nicht zulässig war, vgl. BSG SozR 3–2600 § 118 Nr. 1). Im Einzelfall kann aufgrund einer gesetzlichen Regelung oder aus der Natur der Sache der Erlass von Verwaltungsakten auch zwischen gleichgeordneten juristischen Personen des öffentlichen Rechts in Betracht kommen (BSGE 45, 298 = SozR 2200 § 381 Nr. 26; BSG SozR 3–5555§ 15 Nr. 1).

11 Die Maßnahme muss zur **Regelung eines Einzelfalls** erfolgen. Eine behördliche Verfahrenshandlung, die der Vorbereitung der eigentlichen Sachentscheidung dient, ist nicht Verwaltungsakt (Engelmann in: v. Wulffen, SGB X, § 31 Rn. 27; Voelzke in: Spellbrink/Eicher, Kasseler Handbuch des Arbeitsförderungsrechts, § 12 Rn. 114). Die auf die Arbeitsvermittlung eines Arbeitslosen gerichtete Tätigkeit der Bundesagentur für Arbeit ist grundsätzlich nicht auf den Erlass eines Verwaltungsakts gerichtet, sondern schlichtes Verwaltungshandeln (BSG SozR 4–1300 § 63 Nr. 2; SozR 3–1300 § 25 Nr. 3; ebenso LSG Baden-Württemberg 21. 5. 2003 – L 5 AL 1285/02 – zur Aufforderung zur Teilnahme an einer Maßnahme der beruflichen Bildung; LSG Berlin 13. 2. 2004 – L 4 AL 54/02 – info also 2004, 204 – zur Aufforderung nach § 119 Abs. 5 S. 2 SGB III). Auch soweit eine Behörde gegenüber dem Bürger lediglich den ihr aus Gründen des Datenschutzes auferlegten gesetzlichen Informationspflichten genügt und damit ohne erkennbaren Rechtsfolgewillen eine bloße Wissenserklärung abgibt, fehlt es an einer Regelung (BSG SozR 4–2600 § 191 Nr. 1). Bei einem Leistungsnachweis/einer Entgeltbescheinigung handelt es sich noch nicht einmal um einen formellen Verwaltungsakt (vgl. Rn. 5). Anders ist dies bei der **Verfügung der Nichtauszahlung** einer bewilligten Rente; hierbei handelt es sich um einem (Form-)Verwaltungsakt, der der Anfechtungsklage unterliegt (BSGE 91, 68 = SozR 4–1300 § 31 Nr. 1). Macht ein Träger öffentlicher Gewalt an ihn **abgetretene Ansprüche auf Erstattung zu Unrecht entrichteter Beiträge** geltend, bedarf es hierüber einer Entscheidung des Erstattungsverpflichteten durch Verwaltungsakt und kann Rechtsschutz nur im Wege der kombinierten Anfechtungs- und Leistungsklage begehrt werden (BSG SozR 4–1500 § 54 Nr. 13).

12 Umstritten ist, ob ein **Verrechnungsbescheid** die Regelung eines Einzelfalls mit unmittelbarer Rechtswirkung nach außen enthält, weil die in ihm enthaltene Verrechnungserklärung eine unmittelbare Wirkung auf den Auszahlungsanspruch des Berechtigten hat, diesen nämlich – soweit die Verrechnungserklärung reicht und sofern sie wirksam ist – zum Erlöschen bringt (so: BSG SozR 4–1200 § 52 Nr. 1 Rn. 8). Der 13. Senat des BSG hält in seinem Vorlagebeschluss an den Großen Senat vom 25. 2. 2010 (B 13 R 76/09 R – UV-Recht Aktuell 2010, 1061) das Tatbestandsmerkmal „auf dem Gebiet des öffentlichen Rechts" in § 31 für erfüllt, weil § 52 SGB I eine spezifische Regelung des öffentlichen Rechts zur Ausgestaltung der öffentlich-rechtlichen Rechtsbeziehungen zwischen Leistungsempfängern und Sozialleistungsträgern darstelle. Auch enthalte die Erklärung einer Verrechnung eine hoheitliche Maßnahme, weil sie eine einseitige behördliche Handlung, die ihrem Adressaten – dem Sozialleistungsempfänger – in dieser Form ihrer Art nach nicht zustehe (vgl hierzu U. Stelkens in Stelkens/Bonk/Sachs, VwVfG, § 35 Rn. 104 m. w. N.). Entscheidendes Argument für die Qualifizierung der Verrechnungserklärung als Verwaltungsakt dürfte sein, dass auch der Gesetzgeber sie so behandelt. Denn § 24 Abs. 2 Nr. 7 SGB X erfordert eine Anhörung, wenn gegen Ansprüche oder mit Ansprüchen von weniger als 70 Euro (aufgerechnet oder) verrechnet werden soll. Nach Abs 1 der Vorschrift ist aber (nur) vor Erlass eines Verwaltungsakts, in die Rechte eines Beteiligten eingreift, diesem Gelegenheit zu Äußerung zu geben. Hiernach liegt es nahe, in der Aufrechnungs- und Verrechnungserklärung – unabhängig von der Höhe – einen Verwaltungsakt zu sehen (vgl ferner die Entwurfsbegründung zu § 24 Abs. 2 Nr. 7 SGB X, BT-Drucks. 12/5187 S. 35 – zu Art. 6, zu Nr. 1, wonach „materielle Einwände gegen die Aufrechnung bzw. Verrechnung ... im Widerspruchsverfahren geltend gemacht werden" können).

13 Äußert die Bundesanstalt für Arbeit lediglich eine **Rechtsansicht**, ist die Regelung eines Einzelfalls mit unmittelbarer Rechtswirkung nach außen nicht gegeben. Dies ist der Fall, wenn sich aus Form und Inhalt des Schreibens nicht entnehmen lässt, dass die gesetzliche Regelung für den Einzel-

fall mit Bindungswirkung „festgestellt, konkretisiert und individualisiert" wird (vgl. BVerwGE 79, 291 = Buchholz 402.25 § 20 AsylVfG Nr. 3). Diese Merkmale sind erst erfüllt, wenn die Behörde bei der Feststellung einer Rechtsfolge Folgerungen aus ihrer Rechtsansicht zieht, die unmittelbar Wirkungen für den Kläger haben, indem sie die ihm zustehende Leistung der Höhe nach feststellt (vgl. BSGE 75, 97, 107 = SozR 3–4100 § 116 Nr. 2).

Auch eine **vorläufige Regelung** kann eine solche iSd. § 31 S. 1 sein (Waschull in: LPK-SGB X, § 31 Rn. 46 ff.). So kann etwa im Recht der Arbeitsförderung unter bestimmten Umständen über die Erbringung von Leistungen vorläufig entschieden werden, § 328 SGB III. Und nach § 22 Abs. 4 VfG-KOV kann ein Bescheid unter dem ausdrücklichen Vorbehalt der endgültigen Entscheidung erlassen werden, wenn nach dem Ergebnis der Ermittlungen die Voraussetzungen für die Gewährung bestimmter Leistungen mit Wahrscheinlichkeit gegeben sind und der Antragsteller ein berechtigtes Interesse an der alsbaldigen Erteilung eines vorläufigen Bescheids hat. Solche vorläufigen Regelungen werden vielfach – in missverständlicher Weise – als „einstweiliger" oder „vorläufiger" Verwaltungsakt bezeichnet. Tatsächlich steht eine solche Leistung aber lediglich unter dem **Vorbehalt ihrer Änderung**, sobald die Voraussetzungen für eine endgültige Leistungserbringung fest stehen (Fichte in: Fichte/Plagemann/Waschull, Handbuch Sozialverwaltungsverfahrensrecht, 2008, § 3 Rn. 44 f., S. 193). Der Verwaltungsakt ist auch hier – wie stets – eine verbindliche Regelung des Einzelfalls; er erledigt sich nicht „von selbst", wenn eine Änderung in den Verhältnissen eintritt. Seine Wirkung bleibt vielmehr bis zu einer Änderung oder Aufhebung des Verwaltungsakts bestehen; sie ist nicht etwa im Sinne einer auflösenden Bedingung „vorläufig". Da letztlich jeder Verwaltungsakt eine verbindliche Regelung für gerade den rechtlich zu beurteilenden, aktuellen Sachverhalts darstellt, bedarf es der besonderen Rechtsfigur des „vorläufigen Verwaltungsakts" nicht. Sie verwirrt mehr, als sie zur Klärung des Rechtsverhältnisses beiträgt. Denn jeder Verwaltungsakt kann mit einer Nebenbestimmung (§ 32) des Inhalts verknüpft werden, dass er nur für eine bestimmte Zeit oder eine bestimmte Sachlage Geltung beanspruchen soll (Fichte in: Fichte/Plagemann/Waschull, Handbuch Sozialverwaltungsverfahrensrecht, § 3 Rn. 45, S. 193).

14

Die charakteristische **Rechtswirkung**, die in der Vorläufigkeit zum Ausdruck kommt, liegt darin, dass mit der nachfolgend getroffenen endgültigen Entscheidung – sei sie bestätigend oder abweichend – die zunächst ergangene vorläufige Regelung ihre Wirksamkeit ohne weiteres verliert, sie ersetzt wird und sich iSd. § 39 Abs. 2 bzw. § 43 Abs. 2 VwVfG „auf andere Weise erledigt" (Sachs in: Stelkens/Bonk/Sachs, VwVfG, § 43 Rn. 7; Schmidt-De Caluwe, Vorläufige Verwaltungsakte im Arbeitsförderungsrecht, NZS 2001, 240, 241). Die vorläufige Regelung muss also nicht eigens aufgehoben werden und soll auch grundsätzlich keine Bindungswirkung für die sie ablösende Endentscheidung enthalten. Das Besondere der Rechtsfigur liegt darin, dass die unter Vorläufigkeitsvorbehalt stehende Regelung als Rechtsgrund für gewährte Leistungen ohne diejenigen Einschränkungen wieder aus der Welt geschaffen werden kann, welche die regulären Rücknahmeregeln (§ 45 SGB X; § 330 SGB III) unter dem Gesichtspunkt des Vertrauensschutzes regelmäßig aufbauen (BVerwGE 67, 99 = Buchholz 451.55 Subventionsrecht Nr. 73). Indes ermöglichen der Behörde auch die gesetzlich eingeräumten Möglichkeiten, einen Verwaltungsakt mit einer Nebenbestimmung zu versehen oder einen Vorschuss zu gewähren, in Fällen noch nicht abschließend geklärter Leistungsvoraussetzungen risikolos eine zeitnahe vorläufige Entscheidung zu treffen. Daher wird die Rechtsfigur des „einstweiligen Verwaltungsakts" auch als Zweckschöpfung bezeichnet oder als an den einschlägigen Effizienzinteressen der Leistungsnorm orientiertes Tauschgeschäft (Schmidt-De Caluwe, Vorläufige Verwaltungsakte im Arbeitsförderungsrecht, NZS 2001, 240, 242). Auf die typischerweise mit dem endgültigen Verwaltungsakt verbundene Rechtssicherheit werde verzichtet, um soziale Transferleistungen möglichst zügig zu realisieren (Kemper, Der vorläufige Verwaltungsakt, 1990, 55 f.).

15

Vom vorläufigen Verwaltungsakt zu unterscheiden sind **Vorabentscheidungen**, mit denen die Behörde vorab einen Teil komplex verbindlich regelt (BSGE 42, 178 = SozR 3850 § 51 Nr. 3). Gesetzlich vorgesehen ist eine solche Vorabentscheidung zB in § 46 Abs. 5 S. 1 BAföG, wonach zu einem Antrag auf Gewährung von Ausbildungsförderung dem Grunde nach vorab zu entscheiden ist, wenn bestimmte Förderungsvoraussetzungen vorliegen. Bei dieser Entscheidung handelt es sich um einen **feststellenden Verwaltungsakt** (BVerwGE 82, 235 = Buchholz 436.36 § 50 BAföG Nr. 6). Im Gegensatz zur **Zusicherung** wird mit der Vorabentscheidung bereits eine verbindliche Entscheidung über einen Teil des Anspruchs getroffen (BSGE 56, 249 = SozR 5750 Art. 2 § 9 a Nr. 13). Für solche Entscheidungen besteht ein Bedürfnis, zB wenn der Betroffene frühzeitig disponieren und dazu wissen muss, auf welche Rechtslage er sich einstellen kann (Engelmann in: v. Wulffen, SGB X, § 31 Rn. 29). Sofern das Gesetz nicht bereits selbst die Möglichkeit der Vorabentscheidung vorsieht (zB § 149 Abs. 5 S. 1 SGB VI; § 147 a Abs. 6 S. 2 SGB III), ist sie auch ohne ausdrückliche gesetzliche Ermächtigungsgrundlage zulässig, soweit sich nicht aus den einschlägigen Regelungen oder aus allgemeinen Rechtsgrundsätzen etwas anderes ergibt (BSG SozR 3–1300 § 39 Nr. 7). Unter bestimmten Voraussetzungen sind auch **„vorsorgliche Verwaltungsakte"** zulässig (vgl. Sanden, DÖV 2006, 811 ff.), zB bei Entscheidungen der Hauptfürsorgestelle über das Eingreifen des Sonderkündigungsschutzes nach dem SGB IX schon vor Entscheidung des Versorgungsamts über die Schwerbehinderteneigenschaft (BVerwGE 81, 84 = Buchholz 436.61 § 18 SchwbG Nr. 2; zu allem vgl. Fichte in:

16

Fichte

Fichte/Plagemann/Waschull, Handbuch Sozialverwaltungsverfahrensrecht, 2008, § 3 Rn. 46 bis 48, S. 194).

17 Ist ein Verfahren bestandskräftig abgeschlossen, stellt der Betroffene aber einen erneuten Antrag, der von der Behörde nach sachlicher Prüfung erneut beschieden wird, so handelt es sich um einen **Zweitbescheid,** der den Rechtsweg erneut geöffnet. Da der Berechtigte über §§ 44 ff. jederzeit die Möglichkeit hat, ein abgeschlossenes Verfahren wieder aufzugreifen, bleibt es der Behörde unbenommen, einen erneuten Antrag in gleicher Sache – auch ohne Überprüfungsantrag – sachlich zu bescheiden. Lehnt die Behörde hingegen unter Hinweis auf den bestandskräftigen Bescheid eine erneute Sachprüfung ab, setzt sie keine Rechtsfolge, die gerichtlich in der Sache überprüft werden könnte. Dann handelt es sich um eine **wiederholende Verfügung,** die nicht Verwaltungsaktscharakter hat (vgl. Engelmann in: v. Wulffen, SGB X, § 31 Rn. 31 f. m. w. N.).

18 Die Regelung durch Verwaltungsakt ist die **konkret-individuelle Regelung** eines **Einzelfalls.** Sie ist zu unterscheiden von der abstrakt-generellen Regelung (Allgemeinverfügung, § 31 S. 2), die sich an einen größeren Personenkreis wendet. Allgemeinverfügungen haben im Sozialrecht angesichts der personengebundenen Sozialrechtsverhältnisse bzw. -beziehungen kaum praktische Bedeutung. Eine personenunabhängige Feststellung der Versicherungspflicht (Beitragspflicht) durch eine Allgemeinverfügung, die sich lediglich auf bestimmte Tätigkeiten bezieht, ist unzulässig (BSGE 45, 206 = SozR 2200 § 1227 Nr. 10; BSGE 41, 297, 299 = SozR 2200 § 1399 Nr. 4). Für die abstrakt-individuelle Regelung wird in Literatur und Rechtsprechung ebenfalls der Verwaltungsaktscharakter bejaht (Waschull in: LPK-SGB X, § 31 Rn. 56 m. w. N.).

19 Die regelnde Maßnahme muss **unmittelbare Außenwirkung** erlangen; andere Ausdrucksformen hoheitlichen Handelns können nicht Verwaltungsakt sein. Dies bedeutet, dass die Rechtswirkungen ohne weiteren Umsetzungsakt eintreten müssen. Ausgenommen sind damit insbesondere innerbehördliche Maßnahmen, auch soweit diese die Zustimmung der Aufsichtsbehörde (§§ 39, 107 bis 111 SGB V) betreffen (BSGE 59, 258 = SozR 2200 § 371 Nr. 5). Die Maßnahme muss nach außen „gerichtet" sein, also auf die Regelungswirkung zielen (BVerwG Buchholz 442.151 § 45 StVO Nr. 32). Auch wenn mit einem Versorgungsvertrag die Zulassung einer Pflegeeinrichtung und deren Einbeziehung in ein öffentlich-rechtliches Sozialleistungssystem verbunden ist, aus dem sich für die Pflegeeinrichtung eine besondere Rechtsstellung ergibt (BT-Drs. 12/5262 S. 135), stellt sie gegenüber der nicht-öffentlichen Einrichtung kein bloßes Verwaltungsinternum dar, sondern einen Status begründenden Verwaltungsakt (BSGE 84, 1 = SozR 3–3300 § 77 Nr. 2; BSGE 78, 233 = SozR 3–2500 § 109 Nr. 1).

20 Eine behördliche Regelung mit Außenwirkung iS des § 31 Satz 1 kann **gegenüber mehreren Personen gleichzeitig** erfolgen. Hierfür reicht es aus, wenn ein Bescheid ausdrücklich nur an den eigentlichen Adressaten gerichtet, sein Regelungsinhalt aber zugleich einem davon Betroffenen (vgl. § 37 Abs 1 Satz 1, § 39 Abs 1 SGB X) in der Absicht zugeleitet wird, dass auch dieser davon Kenntnis nimmt; die Übermittlung einer Kopie an diesen genügt, die Übergabe einer förmlichen Ausfertigung des Bescheids ist nicht erforderlich (s. zB BSGE 64, 17, 22 f. = SozR 1200 § 54 Nr. 13 S. 38 f; BVerwG NVwZ 1992, 565, 566 a. E.). Unerheblich ist, ob bei der Übermittlung auch eine Rechtsbehelfsbelehrung erfolgt; Rechtsfolgen des Unterbleibens oder der Fehlerhaftigkeit von Rechtsbehelfsbelehrungen sind gesondert in § 66 SGG geregelt (vgl. BSGE 36, 120, 122 = SozR Nr 61 zu § 182 RVO S Aa 60; BSG USK 73.198 S. 768; – zu § 66 SGG s u 2.b = Rn. 28 ff.; BSGE 101, 235 = SozR 4–1300 § 44 Nr. 17 Rn. 24).

II. Allgemeinverfügung (S. 2)

21 Allgemeinverfügungen nach S. 2 der Vorschrift sind Verwaltungsakte, die sich an einen nach allgemeinen Merkmalen bestimmten oder bestimmbaren Personenkreis richten oder die öffentlich-rechtliche Eigenschaft einer Sache oder ihre Benutzung durch die Allgemeinheit betreffen. Für die Allgemeinverfügung als Sonderfall des Verwaltungsakts ist kennzeichnend, dass die betroffenen Personen im Zeitpunkt des Erlasses der Verfügung abschließend bestimmt sind und bestimmbar sein müssen, wohingegen Rechtsnormen in die Zukunft wirken und abstrakt in dem Sinne sind, dass im Zeitpunkt ihres Erlasses nicht vorhersehbar ist, welche konkreten Personen davon betroffen werden (BSG SozR 3–5540 § 5 Nr. 3). Im Sozialrecht haben sie keine große praktische Bedeutung. Bei der Festbetragsfestsetzung handelt es sich um eine öffentlich bekannt gegebene Allgemeinverfügung, bei der die Begründungspflicht entfällt. Diese lässt sich auch nicht aus der EWGRL 89/105 (Transparenzrichtlinie) ableiten (BSGE 94, 1 = SozR 4–2500 § 35 Nr. 3 mit Anm. Meyerhoff jurisPR-SozR 19/2005 Anm. 3; BSGE 87, 95 = SozR 3–2500 § 35 Nr. 1). Der Beschluss des erweiterten Bewertungsausschusses über eine Änderung des EBM-Z ist keine Allgemeinverfügung (BSGE 71, 42 = SozR 3–2500 § 87 Nr. 4).

22 Ein das Beitragsrecht betreffender Bescheid muss sonach, auch wenn er nicht die Versicherungspflicht und die Beitragspflicht selbst, sondern nur die Beitragsberechnung und damit die Höhe der Beiträge betrifft, personenbezogen sein. Notwendig ist jedenfalls eine Konkretisierung des Verwaltungsakts insoweit, als es sich um die von ihm betroffenen Personen handelt. Daher ist der Erlass eines

Verwaltungsakts, der sich an einen nur nach allgemeinen Merkmalen bestimmten oder bestimmbaren Personenkreis richtet (Allgemeinverfügung), im Beitragsrecht der Sozialversicherung unzulässig (BSG SozR 1300 § 33 Nr. 1; BSG Die Beiträge 1987, 135).

§ 32 Nebenbestimmungen zum Verwaltungsakt

(1) **Ein Verwaltungsakt, auf den ein Anspruch besteht, darf mit einer Nebenbestimmung nur versehen werden, wenn sie durch Rechtsvorschrift zugelassen ist oder wenn sie sicherstellen soll, dass die gesetzlichen Voraussetzungen des Verwaltungsaktes erfüllt werden.**

(2) Unbeschadet des Absatzes 1 darf ein Verwaltungsakt nach pflichtgemäßem Ermessen erlassen werden mit
1. einer Bestimmung, nach der eine Vergünstigung oder Belastung zu einem bestimmten Zeitpunkt beginnt, endet oder für einen bestimmten Zeitraum gilt (Befristung),
2. einer Bestimmung, nach der der Eintritt oder der Wegfall einer Vergünstigung oder einer Belastung von dem ungewissen Eintritt eines zukünftigen Ereignisses abhängt (Bedingung),
3. einem Vorbehalt des Widerrufs
oder verbunden werden mit
4. einer Bestimmung, durch die dem Begünstigten ein Tun, Dulden oder Unterlassen vorgeschrieben wird (Auflage),
5. einem Vorbehalt der nachträglichen Aufnahme, Änderung oder Ergänzung einer Auflage.

(3) Eine Nebenbestimmung darf dem Zweck des Verwaltungsaktes nicht zuwiderlaufen.

A. Normzweck

§ 32 stimmt wörtlich mit § 36 VwVfG und § 120 AO überein. Nebenbestimmungen ergänzen den Hauptinhalt des Verwaltungsakts und ermöglichen der Verwaltung, komplexen und vielfältigen Lebenssachverhalten flexibler Rechnung zu tragen. Die Vorschrift steht im engen Zusammenhang mit § 31 (Definition des Verwaltungsakts). Die Abs. 1 und 2 treffen **differenzierte Regelungen** danach, ob es sich bei dem Verwaltungsakt um eine gebundene oder eine im Ermessen der Behörde stehende Entscheidung handelt. Eine Grenze zieht Abs. 3, wonach eine Nebenbestimmung dem Zweck des Verwaltungsakts nicht zuwiderlaufen darf. 1

Der **Begriff** der **Nebenbestimmung** selbst ist im Gesetz nicht definiert. Die Vorschrift gibt der Verwaltung im Rahmen der 2. Alt. des Abs. 1 (Sicherstellung, dass gesetzliche Voraussetzungen des Verwaltungsakts erfüllt werden) die Möglichkeit, über die Gewährung von Vorschüssen i. S. von § 42 Abs. 1 SGB I hinaus einen begünstigenden Verwaltungsakt, auf den ein Rechtsanspruch besteht, schon dann zu erlassen, wenn zwar wesentliche aber noch nicht alle tatbestandlichen Voraussetzungen der Anspruchsnorm erfüllt oder nachgewiesen sind, also noch nicht endgültig feststeht, ob der **Anspruch** überhaupt **dem Grunde nach** besteht. Die Norm darf grundsätzlich nur herangezogen werden, um die Erfüllung geringfügiger tatbestandlicher Voraussetzungen eines Verwaltungsakts sicherzustellen (Engelmann in: v. Wulffen, SGB X, § 32 Rn. 10; Recht in: Hauck/Noftz, SGB X, K § 32 Rn. 14). Typischer Anwendungsfall einer Nebenbestimmung zur Sicherstellung der Erfüllung der Anspruchsvoraussetzungen ist etwa die Bewilligung einer Rente verbunden mit der Auflage, eine Lebensbescheinigung vorzulegen oder die Aufnahme einer Erwerbstätigkeit zu melden (BSGE 89, 62 = SozR 3–2500 § 85 Nr. 42). Die Anordnung der darlehensweisen Bewilligung von Leistungen nach § 9 Abs. 4 SGB II aF bzw § 23 Abs. 5 SGB II nF verändert hingegen den Inhalt des (Haupt)Verwaltungsakts selbst und ist damit keine isoliert anfechtbare Nebenbestimmung zur Hauptregelung des Verwaltungsakts. Soll der Grundsicherungsträger verpflichtet werden, die begehrte **Leistung nicht nur darlehensweise, sondern als Zuschuss** zu bewilligen, ist die Klage als Anfechtungs- und Verpflichtungsklage (§§ 54 Abs. 1, 56 SGG) zulässig, weil der angefochtene Bescheid den Verfügungssatz enthält, dass die Leistungen lediglich als Darlehen bewilligt werden (vgl. BSGE 102, 68 = SozR 4–4200 § 23 Nr. 1 Rn. 13; BSG SozR 4–4200 § 12 Nr. 12 Rn. 16; BSG info also 2010, 185). Da der Grundsicherungsträger dann bereits geleistet hat und deshalb nicht erneut zur Leistung verurteilt werden kann, muss lediglich der Rechtsgrund der Zahlung (Zuschuss statt Darlehen) verändert werden (BSG SozR 4–5910 § 88 Nr. 3 Rn. 10). Auch für diesen geltend gemachten Anspruch auf Umwandlung der Leistungen in eine zuschussweise Bewilligung von SGB II-Leistungen gilt, dass grundsätzlich alle Anspruchsvoraussetzungen dem Grunde und der Höhe nach unter jedem rechtlichen Gesichtspunkt zu prüfen sind. 2

Bei der **Beanstandung unselbstständiger,** einem gebundenen Verwaltungsakt beigefügter **Nebenbestimmungen** kann – nach Durchführung eines Vorverfahrens – isoliert gegen diese Bestimmungen im Wege der Anfechtungsklage vorgegangen werden (vgl. BSGE 59, 148, 152 = SozR 2200 3

Fichte

§ 368 a Nr. 14; BSGE 70, 167, 169 = SozR 3–2500 § 116 Nr. 2 S. 10; vgl. auch BVerwGE 112, 221, 224 – mit Anm. Hufen, JuS 2001, 926 f. m. w. N.; Engelmann in: v. Wulffen, SGB X, § 32 Rn. 34 m. w. N.). Eine ausdrückliche Bezeichnung der Nebenbestimmung als solche ist nicht erforderlich; auch kann die Auslegung – und damit die Zulässigkeit – von Nebenbestimmungen im Einzelfall schwierig sein. Auszugehen ist von dem Grundsatz, dass die **Umsetzung sozialrechtlicher Ansprüche** regelmäßig **nebenbestimmungsfeindlich** ist.

B. Regelungsgehalt

I. Der Begriff der Nebenbestimmung

4   § 32 Abs. 2 listet in nicht **abschließender Aufzählung** (Krasney in: KassKomm, SGB X, § 32 Rn. 3; aA: Waschull in: LPK-SGB X § 32 Rn. 6 m. w. N.; zum Meinungsstreit vgl. BSGE 62, 32 = SozR 4100 § 71 Nr. 2 [dort offen gelassen]) fünf mögliche Arten von Nebenbestimmungen auf. Zu unterscheiden ist zwischen Nebenbestimmungen, die als Bestandteil des Verwaltungsakts eine Rechtsfolge modifizieren (**unselbstständige Nebenbestimmungen**), etwa Befristung, Bedingung und Widerrufsvorbehalt, und solchen, die mit einem Verwaltungsakt verbunden werden (**selbstständige Nebenbestimmungen**), etwa Auflagen und Auflagenvorbehalte. Demgegenüber kann nicht Gegenstand einer abgrenzbaren Nebenbestimmung sein, was zu den vom Gesetzgeber bestimmten Voraussetzungen eines Anspruchs gehört (BSG SozR 1300 § 48 Nr. 1; SozR 3–1300 § 32 Nr. 1). Ebenso wenig sind Inhaltsbestimmung in der Hauptregelung von § 32 umfasst; allerdings ist die Abgrenzung einer Nebenbestimmung von einer Inhaltsbestimmung oft schwierig.

5   Nach Abs. 1 darf ein Verwaltungsakt mit einer Nebenbestimmung nur versehen werden, wenn dies **durch Rechtsvorschrift zugelassen** ist oder wenn die Nebenbestimmung sicherstellen soll, dass die gesetzlichen Voraussetzungen des Verwaltungsakts erfüllt werden. Ein Bescheid darf nicht allein deshalb mit einer Nebenbestimmung versehen werden, weil bereits vor Abschluss der Sachverhaltsermittlungen – als sog. „einstweilige Leistung" (vgl. § 31 Rn. 12) – Leistungen erbracht werden sollen (zum sog. **Verbot des vorzeitigen Verfahrensabschlusses** vgl. BSGE 67, 104 = SozR 3–1300 § 32 Nr. 2; BSG SozR 3–1300 § 32 Nr. 4 und § 45 Nr. 5). Auch die Verfügung, Rentenbeträge würden so lange nicht ausgezahlt, bis der Berechtigte nachweise, dass die Rentenbeträge tatsächlich in seinen Verfügungsbereich gelangten, ist unabhängig von ihrer Qualifizierung als Bedingung oder Auflage unzulässig, weil es für diese Regelung an einer gesetzlichen Grundlage mangelt (BSGE 91, 68 = SozR 4–1300 § 31 Nr. 1). Sog. „Obhutspflichten" – genauer als „Obhutsobliegenheiten" bezeichnet – als Nebenpflichten der Leistungserbringung bieten keine rechtfertigende Grundlage der Leistungsbeschränkung. Möglich ist jedoch der Vorbehalt der Rückforderung zu Unrecht erbrachter Leistungen (§ 50 SGB X); hierdurch kann der Leistungsträger sicherstellen, dass bei einstweiligen Leistungen diese nur unter den geregelten Voraussetzungen wirksam bleiben (Fichte, DAngVers 1996, 437 [442]). Einer besonderen Rechtsfigur der „Vorwegzahlung" bedarf es daher nicht (Fichte, DAngVers 1998, 274). Erlässt die Behörde einen beantragten begünstigenden Verwaltungsakt mit dem Vorbehalt der späteren endgültigen Entscheidung, so ist dieser **Vorbehalt** im Zweifel als eine vorläufige oder einschränkende Regelung des Inhalts zu verstehen, dass die Begünstigung zunächst nur bis zum Erlass der endgültigen Entscheidung Bestand haben soll (BVerwGE 67, 99 = Buchholz 451.55 Subventionsrecht Nr. 73; vgl. auch BSGE 89, 62 = SozR 3–2500 § 85 Nr. 42 dazu, dass **Honorarbescheide** ihrer rechtlichen Natur nach vorläufige Regelungen sind).

6   **Nebenstimmungen eigener Art** müssen zur Lösung spezifischer Probleme, an die der Gesetzgeber bei Erlass der Vorschrift nicht hat denken können, für zulässig erachtet werden, wenn sie zur Gewährleistung des Gesetzeszwecks unumgänglich sind (BSGE 62, 32 = SozR 4100 § 71 Nr. 2). So kann insbesondere im Bereich saisonaler Zahlungen (Saison-Kurzarbeitergeld; Schlechtwetterleistungen) eine verzögerliche Bewilligungspraxis zu einer nicht hinnehmbaren Belastung der Berechtigten führen. Zwar besteht weder ein arbeitsrechtlicher noch ein sozialrechtlicher Anspruch gegen den Arbeitgeber, solche Leistungen zu verauslagen. In der Praxis sind Verauslagungen seitens der Arbeitgeber jedoch nicht unüblich. Eine verzögerliche Bewilligungspraxis würde daher zwangsläufig zu einem Schwinden der unternehmerischen Bereitschaft führen, eine ganzjährige Auslastung ihrer Baubetriebe anzustreben. Eine späte Gewährung würde die Liquidität der Firmen in unzumutbarer Weise beeinträchtigen. Dadurch wäre auch die Förderung der ganzjährigen Beschäftigung in der Bauwirtschaft beeinträchtigt (BSGE 62, 32 = SozR 4100 § 71 Nr. 2).

II. Arten der Nebenbestimmung (Abs. 2)

7   Während Abs. 1 Nebenbestimmungen zu Verwaltungsakten betrifft, auf die ein Anspruch besteht (**gebundener Verwaltungsakt**), betrifft Abs. 2 der Vorschrift Verwaltungsakte, die nach **pflichtgemäßem Ermessen** erlassen werden. Gebundene Verwaltungsakte dürfen mit einer Nebenbestimmung „versehen" werden (**unechte oder unselbstständige Nebenbestimmung**; vgl. Waschull in: LPK-SGB X § 32 Rn. 9). Ermessensentscheidungen dürfen mit einer Befristung, Bedingung oder

einem Widerrufsvorbehalt (Abs. 2 Nr. 1 bis 3) „erlassen" werden, was wegen der Bezugnahme auf Abs. 1 („unbeschadet des Abs. 1") ebenso viel heißt wie „versehen". Über die in Abs. 1 genannten Fälle hinaus können nach pflichtgemäßem Ermessen erlassene Verwaltungsakte nach Abs. 2 Nr. 4 und 5 mit Nebenbestimmungen (Auflagen, Auflagenvorbehalte) „verbunden" werden (**echte oder selbständige Nebenbestimmung**).

1. Befristung (Nr. 1). Nach der Legaldefinition des Abs. 2 Nr. 1 liegt eine Befristung vor, wenn eine Bestimmung getroffen wird, nach der eine Vergünstigung oder Belastung zu einem bestimmten Zeitpunkt beginnt, endet oder für einen bestimmten Zeitraum gilt. Im Unterschied zur Bedingung hängst die Befristung von einem künftigen gewissen Ereignis ab (BVerwGE 60, 269 = Buchholz 316 § 36 VwVfG Nr. 2). Die befristete **Begünstigung** endet mit Ablauf der gesetzten Frist, ohne dass es eines gesonderten Aufhebungsbescheids bedarf (BSGE 71, 202 = SozR 3–4100 § 45 Nr. 3; SozR 3–1300 § 32 Nr. 3). Typischer Fall ist die Gewährung befristeter Rente wegen Erwerbsminderung gemäß § 102 SGB VI; will der Begünstigte die Leistung auch nach Zeitrentenende weiterhin in Anspruch nehmen, muss er einen erneuten Antrag stellen. Wird beispielsweise eine Frist zur Nachentrichtung von Beiträgen eingeräumt, ist die Einhaltung der Frist für die Inanspruchnahme des Nachentrichtungsrechts verbindlich (BSGE 50, 16 = SozR 5750 Art. 2 § 51a Nr. 36; BSG SozR 5750 Art. 2 § 51a Nr. 29). Nicht nur eine Leistung kann befristet gewährt werden (vgl. BSGE 89, 104 = SozR 3–2500 § 112 Nr. 2; BSG 7. 7. 2005 – B 3 P 12/04 R – Juris mit Anm. Koch jurisPR-SozR 28/2005 Anm. 5), sondern auch eine Berechtigung wie zB die Ermächtigung zur Teilnahme an der vertragsärztlichen Versorgung (BSGE 70, 167 = SozR 3–2500 § 116 Nr. 2; SozR 3–2500 § 96 Nr. 1; vgl. auch BSG SozR 3–2500 § 72 Nr. 14 und SozR 4–2500 § 117 Nr. 1). Die **isolierte Anfechtung** der Befristung ist zulässig (BSGE 59, 148 = SozR 2200 § 368a Nr. 14; BSGE 70, 167 = SozR 3–2500 § 116 Nr. 2; BSG SozSich 1994, 75). Ist allerdings eine **rechtswidrige Begünstigung** befristet, kann nicht allein die Nebenbestimmung angefochten werden (BSG SozR 1300 § 32 Nr. 2).

2. Bedingung (Nr. 2). Die Bedingung bewirkt, dass die Rechtsfolge (Vergünstigung oder Belastung) eines Verwaltungsakts „in der Schwebe gehalten" wird, also zu einem ungewissen zukünftigen Zeitpunkt beginnt oder endet, während der Verwaltungsakt als solcher mit seiner Bekanntgabe (§ 39 SGB X) wirksam wird. Der Hauptverwaltungsakt ist also bis zum Eintritt der Bedingung schwebend unwirksam. Die **aufschiebende** Bedingung lässt die Rechtswirkungen zu einem ungewissen zukünftigen Zeitpunkt eintreten; eine **auflösende** Bedingung regelt das – ungewisse – Ende einer Leistung. Dies entspricht § 158 BGB, der besagt: Wird ein Rechtsgeschäft unter einer aufschiebenden Bedingung vorgenommen, so tritt die von der Bedingung abhängig gemachte Wirkung mit dem Eintritt der Bedingung ein. Wird ein Rechtsgeschäft unter einer auflösenden Bedingung vorgenommen, so endet mit dem Eintritt der Bedingung die Wirkung des Rechtsgeschäfts; mit diesem Zeitpunkt tritt der frühere Rechtszustand wieder ein. Hängt das ungewisse Ereignis vom Willen des Betroffenen ab, dass er etwa Beiträge, deren Nachentrichtung ihm gestattet worden ist, innerhalb einer bestimmten Frist einzuzahlen hat (BSG SozR 1300 § 32 Nr. 2), spricht man von einer „**unechten Bedingung**" (vgl. Engelmann in: v. Wulffen, SGB X, § 32 Rn. 14). Hinweise auf gesetzliche Voraussetzungen und andere anspruchsbegründende Umstände sind keine Bedingungen (Krasney in: KassKomm, § 32 SGB X Rn. 11 m. w. N.). Das Recht, einem Verwaltungsakt in Ausübung pflichtgemäßen Ermessens eine Bedingung hinzuzufügen, wird umso mehr beschränkt werden müssen, je weniger der Zeitpunkt des Bedingungseintritts überblickt werden kann (Engelmann in: von Wulffen, SGB X, § 32 Rn. 15; Waschull in LPK-SGB X § 32 Rn. 14).

3. Widerrufsvorbehalt (Nr. 3). Unter bestimmten Umständen kann die Behörde den Verwaltungsakt mit einem Widerrufsvorbehalt versehen. Dieser kann auch konkludent in der Bewilligung enthalten sein; er schränkt die Bindungswirkung des Verwaltungsakts ein. **Gebundene Verwaltungsakte** können außerhalb der Voraussetzungen des § 32 Abs. 1 nicht mit einem Widerrufsvorbehalt versehen werden, um die nachträgliche Korrektur eines Bescheids zu ermöglichen (BSGE 67, 104 = SozR 3–1300 § 32 Nr. 2; BSGE 89, 62 = SozR 3–2500 § 85 Nr. 42 – zum sog. Korrekturvorbehalt bei Honorarbescheiden). Ebenso unzulässig ist es, eine gebundene Entscheidung unter dem Vorbehalt des Ermessens freier Rücknahme zu gewähren, weil damit die Voraussetzungen über die Rücknahme begünstigender Verwaltungsakte unterlaufen werden könnten (BSG SozR 3–1300 § 45 Nr. 5). Der Widerrufsvorbehalt muss sachbezogen sein; er kann sich nur auf die Gewährung der Leistung dem Grunde und der Höhe nach beziehen, jedoch keinen § 39 widersprechenden allgemeinen Ausschluss der Bindungswirkung bewirken. Für einen allgemeinen Vorbehalt i. d. S., dass die Behörde einen Verwaltungsakt ohne Vertrauensschutzerwägungen mit Wirkung auch für die Vergangenheit ändern könnte, bietet der Widerrufsvorbehalt keine Rechtsgrundlage.

4. Auflage (Nr. 4). Nach der Legaldefinition in § 32 Abs. 2 Nr. 4 handelt es sich bei der Auflage um eine Bestimmung, durch die dem Begünstigten einen Tun, Dulden oder Unterlassen vorgeschrieben wird. Sie ist mit dem Verwaltungsakt „verbunden" (vgl. Rn. 7), also nicht integrierter Bestandteil des Verwaltungsakts. Die Rechtsnatur der Auflage ist umstritten; überwiegend wird angenommen, es handele sich um einen Verwaltungsakt iSd. § 31, der jedoch akzessorisch mit dem Hauptverwaltungsakt zusammenhänge (Engelmann in: v. Wulffen, SGB X, § 32 Rn. 23 m.w.N.; Waschull in: LPK-SGB X § 32 Rn. 18). Bei einem Verstoß gegen die Auflage kann die Behörde den Hauptverwaltungsakt ganz oder zum Teil widerrufen (§ 47 Abs. 1 Nr. 2). Die Durchsetzung der Auflage kann aber auch erzwungen werden (BSG SozR 3–7815 Art. 1 § 2 Nr. 1). Im Vertragsarztrecht dürfen die Zulassungsgremien die Zulassung mit einer Auflage verbinden, die festlegt, in welcher Entfernung von der Praxis der Arzt seine Wohnung nehmen darf bzw. in welcher Zeit er seine Praxis von der Wohnung aus regelmäßig erreichen können muss (BSG SozR 4–5520 § 24 Nr. 1). Die Zulassung eines Heilmittelerbringers darf nicht mit Auflagen über die Einzelheiten der Leistungserbringung versehen werden, wenn es insoweit an Rahmenvereinbarungen auf Verbandsebene fehlt, deren Anerkennung Voraussetzung der Zulassung ist. Derartige mit der Zulassung verbundene Auflagen können mit der isolierten Anfechtungsklage angefochten werden (BSGE 84, 213 = SozR 3–2500 § 126 Nr. 3; zu allem: Fichte in: Fichte/Plagemann/Waschull, Sozialverwaltungsverfahrensrecht, 2008, § 3 Rn. 69, 70, S. 201 f.). Nach § 33 Abs. 1 muss ein Verwaltungsakt inhaltlich hinreichend bestimmt sein. Dies gilt auch für Nebenbestimmungen nach § 32 (Engelmann in: v. Wulffen, SGB X, § 32 Rn. 31). Der Adressat des Verwaltungsakts muss in der Lage sein zu erkennen, was Inhalt des Verfügungssatzes ist. Der Verfügungssatz muss daher für den Adressaten vollständig, klar und unzweideutig sein. Abzustellen ist hierbei auf die Erkenntnismöglichkeit eines verständigen, objektiven Erklärungsempfängers. Unklarheiten gehen daher zu Lasten der Behörde (LSG Brandenburg 11. 6. 2003 – L 2 RJ 44/02). Wird dem Betroffenen mit der Auflage ein Verhalten „im Regelfall" aufgegeben, so mangelt es an der hinreichenden Bestimmtheit (BSG SozR 3–7815 Art. 1 § 2 Nr. 2).

12 **5. Vorbehalt der nachträglichen Aufnahme, Änderung oder Ergänzung einer Auflage (Nr. 5).** Der in § 32 Abs. 2 Nr. 5 geregelte Auflagenvorbehalt ist Rechtsgrundlage dafür, dass der Hauptsacheverwaltungsakt nachträglich durch Aufnahme, Änderung oder Ergänzung einer Auflage belastet werden darf. Geregelt wird im Wesentlichen die Besonderheit, die auch durch Aufnahme eines Widerrufsvorbehalts bei Erlass der Entscheidung erreichbar gewesen wäre. Die nachträgliche Anordnung einer Auflage bzw. ihre Änderung oder Ergänzung stellt einen **neuen Verwaltungsakt** dar, der selbstständig mit Rechtsmitteln angegriffen werden kann (BSG SozR 3–7850 Art. 1 § 2 Nr. 1). Da die Aufzählung von Nebenbestimmungen in § 32 Abs. 2 nach hier vertretener Auffassung nicht abschließend ist, ist auch ein **Rückforderungsvorbehalt** zulässig, auf den die Vorschrift Nr. 5 zumindest entsprechend anwendbar ist. Hingegen ist die **nachträgliche Beifügung** einer Nebenbestimmung nur zulässig, wenn hierfür eine besondere gesetzliche Grundlage besteht oder dies im Ausgangsverwaltungsakt vorbehalten worden ist (Fichte in: Fichte/Plagemann/Waschull, Sozialverwaltungsverfahrensrecht, 2008, § 3 Rn. 71, S. 202). Eine besondere gesetzliche Grundlage findet sich zB in § 2 Abs. 2 des Gesetzes zur Regelung der gewerbsmäßigen Arbeitnehmerüberlassung. Denn in Satz 2 dieser Vorschrift ist ausdrücklich geregelt, dass die Aufnahme, Änderung oder Ergänzung von Auflagen auch nach Erteilung der Erlaubnis zulässig ist (vgl. hierzu BSG SozR 7815 Art. 1 § 2 Nr. 2; SozR 3–7815 Art. 1 § 3 Nr. 5; SozR 3–4100 § 24 Nr. 1).

III. Anfechtbarkeit einer Nebenbestimmung

13 Die Vorschriften über **Rücknahme und Widerruf** von Verwaltungsakten sind auch auf die Nebenbestimmungen anwendbar. Soweit sie Bestandteil des (Haupt-)Verwaltungsakts sind, kann der Verwaltungsakten „teilweise", dh. hinsichtlich einzelner Regelungen, aufgehoben werden (§ 45 Abs. 1, § 48 Abs. 1: „soweit"; § 46 Abs. 1, § 47 Abs. 1: „teilweise"). Soweit es sich um eine eigenständigen Verwaltungsakt handelt, ist ohnehin dessen Rechtswidrigkeit oder Nichtigkeit ausschlaggebend. Problematisch ist, inwieweit der Fehler einer Nebenbestimmung auch den Hauptverwaltungsakt rechtswidrig oder nichtig macht, auf diesen also „durchschlägt". Hiervon hängt ab, ob zur Beseitigung der rechtswidrigen Regelung allein die **Anfechtungsklage** ausreicht, oder ob die Behörde **verpflichtet** werden muss, einen nebenbestimmungsfreien Verwaltungsakt zu erlassen (Heilemann SGb 2000, 251 ff.).

14 Herkömmlich wird zwischen **unselbstständigen Nebenbestimmungen** (Befristung, Bedingung, Widerrufsvorbehalt, oben zu Rn. 7) und **selbstständigen Nebenbestimmungen** (Auflage und Auflagenvorbehalt) unterschieden; bei selbstständigen Nebenbestimmungen ist ferner von Bedeutung, ob es sich um eine gebundene oder einer Ermessensentscheidung handelt (Waschull in LPK-SGB X § 32 Rn. 29 m.w.N.). Diese schematische Unterscheidung wird der eigentlichen Fragestellung nicht gerecht, ob ohne die jeweilige Nebenbestimmung ein (verbleibender) rechtmäßiger Verwaltungsakt vorliegt. Nur dann ist eine eigenständige Anfechtung der Nebenbestimmung denkbar (in diesem Sinne: BSGE 59, 148 = SozR 2200 § 368a Nr. 14; BSGE 70, 167 = SozR 3–2500 § 116 Nr. 2; BSGE 89, 134 = SozR 3–5520 § 20 Nr. 3; BVerwGE 60, 269 = Buchholz 316 § 36 VwVfG Nr. 2; BVerwGE 81, 185 = Buchholz 451.171 AtG Nr. 27; BVerwGE 85, 24 = Buchholz 451.90 EWG-Recht Nr. 93; BVerwGE 88, 348 = Buchholz 451.20 § 33i GewO Nr. 1; BVerwGE 112, 221 = Buchholz 316 § 74 VwVfG Nr. 55 mit Anm. Hufen JuS 2001, 926). Diese – modernere – Betrachtungsweise gelangt im Wesentlichen zu denselben Ergebnissen wie die herkömmliche Beurteilungsweise; lediglich bei Ermessensentscheidungen kommt eine isolierte Aufhebung einer Nebenbestim-

mung grundsätzlich dann nicht in Betracht, wenn sich – wovon auszugehen ist – das Ermessen auch auf die Nebenbestimmung bezog (Maurer, Allgemeines Verwaltungsrecht, § 12 Rn. 28; Keller in: Meyer-Ladewig/Keller/Leitherer, SGG, Anhang § 54 Rn. 18 a), weil die Zweckmäßigkeit einer (Neben)Entscheidung gerichtlicher Prüfung entzogen ist (§ 114 VwGO; § 54 Abs. 2 SGG).

Nach nunmehr ständiger **Rechtsprechung des BVerwG,** die weder aus Gründen der Verwaltungspraktikabilität noch aus dem Rechtsschutzgedanken des Bürgers überzeugt, ist die selbstständige Anfechtung einer Auflage stets zulässig, weil die erlassende Behörde für den Fall, dass der Bürger mit der verbleibenden Hauptregelung nicht einverstanden ist, diese in entsprechender Anwendung des § 49 Abs. 2 S. 1 Nr. 2 VwVfG (= § 47 Abs. 1 Nr. 2 SGB X) widerrufen könne (BVerwGE 65, 139 = Buchholz 310 § 42 VwGO Nr. 102). Ob die Anfechtungsklage zur isolierten Aufhebung der Nebenbestimmung führen könne, sei eine Frage der Begründetheit und nicht der Zulässigkeit des Anfechtungsbegehrens, sofern nicht eine isolierte Aufhebbarkeit offenkundig von vornherein ausscheide (BVerwGE 112, 221 = Buchholz 316 § 74 VwVfG Nr. 55 mit Anm. Brüning, NVwZ 2002, 1081; vgl. hierzu Labrenz, NVwZ 2007, 161; Sturm, VR 2004, 15; Schmidt, VBlBW 2004, 81). 15

Auch das **BSG** geht in einem **Teil seiner Rechtsprechung** von der Möglichkeit aus, unselbstständige Nebenbestimmungen isoliert anzufechten, jedenfalls soweit es sich bei dem Hauptverwaltungsakt um eine gebundene Entscheidung handelt (BSGE 59, 148 = SozR 2200 § 368a Nr. 14; BSGE 70, 167 = SozR 3-2500 § 116 Nr. 2; BSGE 89, 134 = SozR 3-5520 § 20 Nr. 3; BSG SozR 4-2500 § 95 Nr. 2; SozR 4-5520 § 24 Nr. 1; vgl. Engelmann in: v. Wulffen, SGB X, § 32 Rn. 34; Krasney in: KassKomm, § 32 SGB X Rn. 8). Die Unterscheidung zwischen gebundener und Ermessensentscheidung sollte nicht aufgegeben werden, weil sich das Ermessen regelmäßig auf die Gesamtregelung bezieht und mit einer isolierten Anfechtbarkeit in den Ermessensspielraum der Behörde eingegriffen werden würde (so schon: BSGE 10, 292 [keine Entziehung der kassenärztlichen Zulassung auf Zeit]). Ist hingegen der Hauptverwaltungsakt rechtswidrig oder nichtig, bezieht sich diese Rechtswirkung wegen der Akzessorietät der Nebenbestimmung auch auf diese. 16

§ 33 Bestimmtheit und Form des Verwaltungsaktes

(1) Ein Verwaltungsakt muss inhaltlich hinreichend bestimmt sein.

(2) ¹Ein Verwaltungsakt kann schriftlich, elektronisch, mündlich oder in anderer Weise erlassen werden. ²Ein mündlicher Verwaltungsakt ist schriftlich oder elektronisch zu bestätigen, wenn hieran ein berechtigtes Interesse besteht und der Betroffene dies unverzüglich verlangt. ³Ein elektronischer Verwaltungsakt ist unter denselben Voraussetzungen schriftlich zu bestätigen; § 36a Abs. 2 des Ersten Buches findet insoweit keine Anwendung.

(3) ¹Ein schriftlicher oder elektronischer Verwaltungsakt muss die erlassende Behörde erkennen lassen und die Unterschrift oder die Namenswiedergabe des Behördenleiters, seines Vertreters oder seines Beauftragten enthalten. ²Wird für einen Verwaltungsakt, für den durch Rechtsvorschrift die Schriftform angeordnet ist, die elektronische Form verwendet, muss auch das der Signatur zugrunde liegende qualifizierte Zertifikat oder ein zugehöriges qualifiziertes Attributzertifikat die erlassende Behörde erkennen lassen.

(4) Für einen Verwaltungsakt kann für die nach § 36a Abs. 2 des Ersten Buches erforderliche Signatur durch Rechtsvorschrift die dauerhafte Überprüfbarkeit vorgeschrieben werden.

(5) ¹Bei einem Verwaltungsakt, der mit Hilfe automatischer Einrichtungen erlassen wird, können abweichend von Absatz 3 Satz 1 Unterschrift und Namenswiedergabe fehlen; bei einem elektronischen Verwaltungsakt muss auch das der Signatur zugrunde liegende Zertifikat nur die erlassende Behörde erkennen lassen. ²Zur Inhaltsangabe können Schlüsselzeichen verwendet werden, wenn derjenige, für den der Verwaltungsakt bestimmt ist oder der von ihm betroffen wird, auf Grund der dazu gegebenen Erläuterungen den Inhalt des Verwaltungsaktes eindeutig erkennen kann.

A. Normzweck

§ 33 stimmt weitgehend mit § 37 VwVfG und § 119 AO überein. Die Vorschrift normiert in ihrem Abs. 1 als materielle Anforderung an den Verwaltungsakt, dass dieser inhaltlich hinreichend bestimmt sein muss; in den Abs. 2 bis 5 sind besondere formelle Anforderungen geregelt. Die Vorschrift steht in innerem Zusammenhang einerseits zum **Begründungszwang** des § 35, andererseits zur Rechtsbehelfsbelehrung nach § 36. Die inhaltliche Bestimmtheit des Verwaltungsakts ist Ausdruck des Rechtsstaatsprinzips in der Form der Rechtssicherheit und -klarheit. Mit Wirkung vom 1. 2. 2003 ist die Vorschrift im Hinblick auf die Anforderungen an einen elektronischen Verwaltungsakt geändert worden durch Art. 3 Nr. 7 des Gesetzes vom 21. 8. 2002 (BGBl. I 3322); die Abs. 2 und 3 sind ange- 1 passt und ein neuer Abs. 4 ist angefügt worden, der bisherige Abs. 4 wurde in geänderter Fassung zum Abs. 5. Damit hat der Gesetzgeber die europarechtlichen Vorgaben über gemeinschaftliche Rahmenbedingungen für elektronische Signaturen und den elektronischen Rechtsverkehr umgesetzt (vgl. hierzu Schmitz/Schlatmann NVwZ 2002, 1281 [1283]).

B. Regelungsgehalt

I. Das Bestimmtheitsgebot

2   Jeder Verwaltungsakt muss nach Abs. 1 der Vorschrift inhaltlich hinreichend bestimmt sein. Damit schafft die Regelung eine materiell-rechtliche Begründetheitsvoraussetzung in Form eines **unbestimmten Rechtsbegriffs,** der inhaltlich näher zu bestimmen ist. Das Bestimmtheitsgebot betrifft den Verwaltungsakt als ganzen; es betrifft mithin nicht nur den Verfügungssatz, sondern auch die Begründung (zur Begründungspflicht vgl. § 35) sowie Nebenbestimmungen oder ergänzende Hinweise (einschränkend: BSG SozR 1500 § 55 Nr. 35; SozR 4–2600 § 96a Nr. 9 Rn. 38 – nur auf den Verfügungssatz, nicht aber auf die Begründung; es genüge, dass dem Verwaltungsakt durch Auslegung eine inhaltlich bestimmte Regelung entnommen werden könne; zur Auslegung des Verfügungssatzes könne jedoch die Begründung des Verwaltungsakts herangezogen werden [BSG SozR 3–4100 § 242q Nr. 1]; zur Notwendigkeit der Auslegung auch: BSGE 103, 17 = SozR 4–2400 § 7a Nr. 2 Rn. 12; vgl. auch Engelmann in: v. Wulffen, SGB X, § 33 Rn. 3 m.w.N.).

3   Das Bestimmtheitsgebot erfordert daher in erster Linie, dass der Verfügungssatz eines Verwaltungsakts nach seinem Regelungsgehalt in sich widerspruchsfrei ist und den Betroffenen bei Zugrundelegung der **Erkenntnismöglichkeiten eines verständigen Empfängers** in die Lage versetzen muss, sein Verhalten daran auszurichten. Mithin muss aus dem Verfügungssatz für die Beteiligten vollständig, klar und unzweideutig erkennbar sein, was die Behörde will. Insoweit kommt dem Verfügungssatz des Verwaltungsakts Klarstellungsfunktion zu (BSG SozR 3–2500 § 85 Nr. 46 S. 384 m.w.N.). Unbestimmt iSd. § 33 Abs 1 ist ein Verwaltungsakt, wenn der Betroffene nicht in der Lage ist, sein Verhalten daran auszurichten (BSGE 105, 194 = SozR 4–4200 § 31 Nr. 2 Rn. 9; BSG SozR 4–4200 § 31 Nr. 3 und SozR 4–5910 § 92c Nr. 1; BSG SozR 3–4100 § 242q Nr 1; BSG SozR 3–2500 § 85 Nr. 46; Engelmann in: v. Wulffen, SGB X, § 33 Rn 3; Krasney in: KassKomm § 33 Rn. 3). Unschädlich ist, wenn zur Auslegung des Verfügungssatzes auf die Begründung des Verwaltungsakts, auf früher zwischen den Beteiligten ergangene Verwaltungsakte oder auf allgemein zugängliche Unterlagen zurückgegriffen werden muss (BSG SozR 4–2600 § 96a Nr. 9). **Inhaltliche Unklarheiten** gehen im Zweifel zulasten der Behörde (BSGE 42, 184 = SozR 4100 § 152 Nr. 3; BSGE 48, 120 = SozR 4100 § 152 Nr. 9; BSG SozR 2200 § 182 Nr. 103; SozR 3–1200 § 42 Nr. 6). Die Wirksamkeit eines Verwaltungsakts wird nicht dadurch beeinträchtigt, dass der Regelungsgehalt erst durch Auslegung ermittelt werden muss (BSG SozR 1500 § 55 Nr. 35; BSG SozR 3–2500 § 85 Nr. 46). Die **Auslegung** von Nebenbestimmungen durch das Gericht gehört zum Bereich der Tatsachenfeststellungen, an die das Revisionsgericht gebunden ist (BVerwG 31. 3. 2005 – 3 B 92/04). Das Bestimmtheitsgebot erfordert schließlich nicht, dass in einem Bescheid Nebenbestimmungen unmittelbar aufgeführt werden; es reicht eine ausdrückliche Bezugnahme (BVerwG Buchholz 316 § 37 VwVfG Nr. 14). Nicht ausreichend ist, dass eine Bestimmung des Regelungsgehalts des Bescheids durch Rückgriff auf bei den Akten befindliche Unterlagen möglich ist (Krasney in: KassKomm, § 31 SGB X Rn. 6).

4   **Maßgeblicher Zeitpunkt** für die Beurteilung der hinreichenden Bestimmtheit des Verwaltungsakts ist der Zeitpunkt seines Zugangs. Nachträglich bekannt gewordene Umstände können für die Beurteilung der hinreichenden Bestimmtheit nicht herangezogen werden (BFH NVwZ-RR 1989, 521). Die Bestimmtheit kann jedoch in einem nachfolgenden Widerspruchsverfahren hergestellt werden, weil erst mit Erlass des Widerspruchsbescheids das Verwaltungsverfahren endet. Nach Auffassung des BVerwG ist eine Behörde sogar befugt, den Verstoß gegen das Bestimmtheitsgebot eines Verwaltungsakts noch im gerichtlichen Verfahren durch nachträgliche Klarstellung zu „heilen" (BVerwG NVwZ-RR 2006, 589). Denn sie könne einen unvollständigen Beschluss im gerichtlichen Verfahren ergänzen. Dass sie dann auch einen **unklaren Verwaltungsakt präzisieren** dürfe, verstehe sich von selbst (BVerwG Buchholz 442.40 § 6 LuftVG Nr. 33). Diese Auffassung geht indes zu weit: Die inhaltliche Bestimmtheit ist eine materielle Anforderung an den Verwaltungsakt (oben Rn. 1); die inhaltliche Präzisierung stellte eine nachträgliche Änderung des Verwaltungsakts dar. Diese ist nur unter denselben Voraussetzungen möglich, wie der Erlass eines neuen Verwaltungsakts rechtmäßig wäre. Jedenfalls führt die nachträgliche Änderung des Verwaltungsakts zur negativen Kostenfolge für die Behörde in entsprechender Anwendung des § 80 Abs. 1 S. 1 VwVfG (erfolgreicher Widerspruch).

5   § 33 Abs. 1 betrifft nur **Verwaltungsakte.** Die behördliche Maßnahme muss als verbindliche hoheitliche Regelung erkennbar sein (Kopp/Ramsauer, VwVfG, § 37 Rn. 9). Gleiches gilt für den **Adressaten** der Entscheidung, der zumindest ermittelbar sein muss. So ist eine personenunabhängige Feststellung von Beitragspflicht, die sich lediglich auf bestimmte Tätigkeiten bezieht, unzulässig

(BSGE 41, 297, 299 = SozR 2200 § 1399 Nr. 4; BSGE 45, 206 = SozR 2200 § 1227 Nr. 10; BSGE 85, 200 = SozR 3–2400 § 28 e Nr. 2). Richtet sich der Verwaltungsakt an mehrere Adressaten, muss erkennbar sein, ob er als Gesamtschuldner oder nach Bruchteilen in Anspruch nimmt; dies gilt auch bei Eheleuten (BVerwGE 50, 171 = Buchholz 11 Art. 20 GG Nr. 38). Soll ein Verwaltungsakt dem Bevollmächtigten desjenigen, für den er bestimmt ist (Adressat), bekannt gegeben werden, so muss der Empfänger den Adressaten des Verwaltungsakts, wenn auch nicht unbedingt aus dem Anschriftenfeld, so doch aus dem (sonstigen) Inhalt des Bescheids mit einer jeden Zweifel ausschließenden Sicherheit entnehmen können (BSG SozR 1300 § 37 Nr. 1).

Aus dem Verwaltungsakt muss sich ergeben, welchen **Sachverhalt** die Behörde zu Grunde gelegt und welche **Rechtsfolge** sie hieraus gefolgert hat (BSGE 37, 114 = SozR 2200 § 1399 Nr. 1). Werden bei dem Regelungsausspruch unbestimmte Rechtsbegriffe (zB angemessen, notwendig, zumutbar) verwendet, spricht dies ebenso für eine nicht hinreichende Bestimmtheit wie wenn ein Unfallversicherungsträger von einer MdE von 40 bis 50 v. H. ausgeht (BSG SozR 1300 § 48 Nr. 54). Bei einstweiligen und vorläufigen Regelungen muss für den Empfänger hinreichend erkennbar sein, dass noch eine abschließende Entscheidung folgt (BSGE SozR 3–1300 § 32 Nr. 4; SozR 3–1300 § 31 Nr. 10). Werden Beiträge oder Nebenkosten geltend gemacht, muss sich aus dem Bescheid ergeben, um welche Arten von Kosten (zB Zinsen, Mahngebühren oder Säumniszuschläge) es sich handelt (Engelmann in: v. Wulffen, SGB X, § 33 Rn. 9). 6

II. Folgen eines Verstoßes gegen das Bestimmtheitsgebot

Allein die Tatsache, dass ein Verwaltungsakt inhaltlich nicht hinreichend bestimmt ist, der **Regelungswille** der Behörde also nicht unzweifelhaft erkennbar wird, macht den Verwaltungsakt rechtswidrig (Krasney in: KassKomm, § 33 SGB X Rn. 8). Mangelnde Bestimmtheit kann nicht nach § 41 Abs. 2 geheilt werden, weil dessen Voraussetzungen nicht vorliegen (BSG SozR 4–1200 § 48 Nr. 2). Da es sich nicht um einen Formfehler handeln, kann die mangelnde Bestimmtheit auch nicht nach § 42 unbeachtlich sein. Der Verwaltungsakt leidet bei fehlender Bestimmtheit an einem besonders schweren Fehler (Littmann in: Hauck/Noftz, K § 33 SGB X Rn. 3). Ist dieser gar offenkundig, ist der Verwaltungsakt nichtig; ansonsten wird er auf Anfechtung hin aufgehoben. Nichtigkeit ist bei einem schriftlichen Verwaltungsakt gemäß § 40 Abs. 2 Nr. 1 auch bei fehlender Behördenangabe gegeben. Wird der Bescheid noch im Widerspruchsverfahren durch einen formgerechten ersetzt, tritt (mit negativer Kostenfolge für die Behörde, vgl. Rn. 4) Heilung ein. 7

III. Form des Verwaltungsakts (Abs. 2)

Ein Verwaltungsakt kann schriftlich, elektronisch, mündlich oder in anderer Weise erlassen werden, Abs. 2 S. 1. Da mithin vom Gesetz alle denkbaren Formen eines Verwaltungsakts toleriert werden, herrscht **Formfreiheit**. Dies entspricht der Formfreiheit im Verwaltungsverfahren (§ 9). Das Institut des Verwaltungsakts kann damit den Bedürfnissen der Verwaltung entsprechend variiert werden (BT-Drs. 7/910 S. 42). Ein spezialgesetzliches Formerfordernis geht als lex specialis vor (zB § 34 Abs. 1 S. 1 SGB X; § 36a Abs. 1 S. 1 Nr. 2 SGB IV; § 117 SGB VI; § 102 SGB VII). Muss ein Verwaltungsakt zugestellt werden, ergibt sich allein aus diesem Erfordernis die Notwendigkeit der Schriftform. Ein Verwaltungsakt wird aus Gründen der **Rechtssicherheit** jedenfalls dann in schriftlicher Form vorliegen müssen, wenn es als Grundlage für **Vollstreckungsmaßnahmen** dienen soll. Nicht anders verhält es sich bei dem in § 104 Abs. 1 S. 4 SGB X vorgesehenen vollstreckungsähnlichen Zugriff auf Sozialleistungen des Kostenpflichtigen (vgl. dazu BSG SozR 3–1300 § 104 Nr. 13; BSG 10. 12. 2002 – B 9 VG 6/01 R – Juris). Im Sozialrecht ist diese Form des Verwaltungsakts die Regel, schon weil es zumeist auf den genauen Wortlaut der Regelung ankommt. Der schriftliche Verwaltungsakt unterliegt in §§ 35, 36 und 37 Abs. 2 und 4 weiteren Anforderungen. Seit dem 28. 8. 2002 (Gesetz vom 21. 8. 2002, BGBl. I 3322) kann die Schriftform unter bestimmten Voraussetzungen – bei bestimmten Ausnahmen – durch die elektronische Form ersetzt werden (vgl. § 36a Abs. 2 SGB I). 8

Die **Schriftform** ist Verkörperung des Gedankeninhalts durch Schriftzeichen auf einem Datenträger in ohne weiteres lesbarer Form (Kopp/Ramsauer, VwVfG, § 37 Rn. 28; Stelkens/Bonk/Sachs, VwVfG, § 37 Rn. 34). Die Schriftlichkeit ist daher auch gewahrt, wenn der Verwaltungsakt mittels Telegramm, Telefax, etc. erstellt wird. Die Schriftform dient der Rechtssicherheit; diese wird in ähnlicher Weise garantiert durch den elektronischen Verwaltungsakt, der jedoch eine eigenständige Handlungsform der Verwaltung darstellen. 9

Ein **mündlicher Verwaltungsakt** (Abs. 2 S. 2) ist schriftlich oder elektronisch zu bestätigen, wenn hieran ein berechtigtes Interesse besteht und der Betroffene dies unverzüglich verlangt. In der schriftlichen Bestätigung selbst liegt kein neuer Verwaltungsakt, so dass es für die Wirksamkeit und Rechtmäßigkeit des Verwaltungsakts auf die mündliche Form und den Zeitpunkt des Erlasses des mündlichen Verwaltungsakts ankommt (Fichte, DAngVers 1996, 437 [441]). Anders ist dies, wenn die schriftliche Bestätigung inhaltlich vom mündlichen Verwaltungsakt abweicht (Engelmann in: v. Wulffen, SGB X, § 33 Rn. 14). Dann nämlich handelt es sich um eine neue, geänderte Regelung. 10

Fichte

Das berechtigte Interesse an der schriftlichen Bestätigung kann, muss aber nicht rechtlicher Natur sein; es genügen ideelle oder wirtschaftliche Erwägungen, etwa den Verwaltungsakt anzufechten oder einem Dritten gegenüber nachzuweisen (Littmann in: Hauck/Noftz, K § 33 SGB X Rn. 5; Engelmann in: v. Wulffen, SGB X, § 33 Rn. 16). **Unverzüglich** heißt, dass das Verlangen ohne schuldhaftes Zögern geltend gemacht werden muss. Bei einem späteren Verlangen – oder bei einem Verwaltungsakt, der nicht schriftlich, sondern auf andere Weise erlassen worden ist – kann die Behörde dennoch (nach pflichtgemäßen Ermessen) den Verwaltungsakt schriftlich bestätigen. Dies wird jedoch davon abhängen, ob die Sach- und Rechtslage unverändert ist.

11 Auch ein **elektronischer Verwaltungsakt** ist unter denselben Voraussetzungen schriftlich zu bestätigen, Abs. 2 S. 3. Mit dem Ausschluss von § 36a Abs. 2 SGB I wird festgelegt, dass an die Stelle der schriftlichen Bestätigung nicht eine elektronische Bestätigung treten kann. Hierbei dürfte es sich – schon aus dem Regelungszweck heraus – um eine überflüssige Klarstellung handeln (ähnlich: Waschull in: LPK-SGB X § 33 Rn. 10).

IV. Mindestformerfordernisse bei schriftlichen und elektronischen Verwaltungsakten (Abs. 3)

12 Abs. 3 enthält weitere Anforderungen formeller Art an schriftliche und elektronische Verwaltungsakte. Nach S. 1 muss ein schriftlicher und elektronischer Verwaltungsakt die erlassende Behörde erkennen lassen und die **Unterschrift** oder **Namenswiedergabe** des Behördenleiters, seines Vertreters oder eines Beauftragten enthalten. Fehlt es an der Erkennbarkeit des Ausstellers, ist der Verwaltungsakt nichtig, ohne dass weitere Voraussetzungen hinzukommen müssen (§ 40 Abs. 2 Nr. 1); eine Heilung kommt dann nicht in Betracht (BSG SozR 4–2400 § 3 Nr. 1). Es genügt allerdings, dass die Behörde aus einem Dienstsiegel oder einer Beifügung zur Unterschrift ersichtlich wird (Engelmann in: v. Wulffen, SGB X, § 33 Rn. 21). Die Absenderangabe oder gar der Poststempel der Behörde auf den Briefumschlag reichen nicht aus (Benkel, NZS 1997, 58, 60). Durch diese Angaben ist nicht gewährleistet, dass der Verwaltungsakt mit Wissen und Willen eines Verantwortlichen der Behörde ergangen ist. Ob ein Schriftzeichen eine Unterschrift oder lediglich eine Abkürzung (Handzeichen, Paraphe) darstellt, ist nach dem äußeren Erscheinungsbild zu beurteilen. Der Wille des Unterzeichnenden ist nur insoweit von Bedeutung, als er in dem Schriftzug seinen Ausdruck gefunden hat (BGH NJW 1994, 55). Teil der Regelungen eines Bescheids können auch solche Erklärungen sein, welche der Unterschrift nachfolgen (BSG SozR 3–1300 § 34 Nr. 2).

13 Mit dem zum 1. 2. 2003 neu eingefügten Abs. 3 S. 2 fordert das Gesetz für elektronische Verwaltungsakte, dass das der **Signatur** zu Grunde liegende qualifizierte Zertifikat oder ein zugehöriges qualifiziertes Attributzertifikat die erlassende Behörde erkennen lassen muss. Nur so kann sowohl hinsichtlich der Person des Handelnden als auch hinsichtlich des Inhalts des Verwaltungsakts Authentizität gewährleistet werden. **Elektronische Signaturen** sind technische Verfahren, die garantieren, dass eine entsprechend signierte Nachricht nicht nachträglich geändert wird. **Qualifizierte elektronische Signaturen** sind solche, die auf einem zum Zeitpunkt ihrer Erzeugung gültigen qualifizierten Zertifikat beruhen und mit einer sicheren Signaturerstellungseinheit erzeugt werden (vgl. § 2 Nr. 3 SigG). Zu Zertifikaten und qualifizierten Zertifikaten vgl. § 2 Nr. 6, § 7 SigG.

V. Dauerhafte Überprüfung einer elektronischen Signatur (Abs. 4)

14 Für einen Verwaltungsakt kann für die nach § 36a Abs. 2 SGB I erforderliche Signatur durch Rechtsvorschrift die dauerhafte Überprüfbarkeit vorgeschrieben werden. Das Erfordernis dieser Regelung beruht auf der nunmehr gleichmäßigen Bedeutung eines schriftlichen und eines elektronischen Verwaltungsakts: Kann Schriftform vorgeschrieben werden, müssen auch die Mechanismen für einen elektronischen Verwaltungsakt, der anstatt des schriftlichen erlassen werden kann, geregelt sein. Da der Schriftform ua. **Perpetuierungsfunktion** zukommt, wonach die fortdauernde Wiedergabe der Erklärung in einer Urkunde mit der Möglichkeit zur Überprüfung (BT-Drs. 14/9000 S. 31) gewährleistet sein muss, soll durch Abs. 3 dieselbe Funktion für elektronische Verwaltungsakte sichergestellt werden. Elektronisch erstellte Verwaltungsakte mit besonderer Bedeutung – insbesondere Dauerverwaltungsakte – sollen so über lange Zeit ihre Beweiskraft behalten. Die Begründung zum Regierungsentwurf geht davon aus, dass mindestens eine dreißigjährige Online-Überprüfbarkeit der Integrität und Authentizität gegeben sein muss (BT-Drs. 14/9000 S. 33 zu Nr. 10 Buchst. c).

VI. Automatisch erstellte Verwaltungsakte (Abs. 5)

15 Abs. 5 betrifft eine Sonderregelung für automatisch erstellte Verwaltungsakte. Dies sind – stets schriftliche – Verwaltungsakte, die mithilfe automatischer Einrichtungen erlassen werden. Ein mittels elektronischer Datenverarbeitung gefertigter Bescheid bedarf der Unterschrift oder der Namenswiedergabe des Behördenleiters, seines Vertreters oder seines Beauftragten, wenn er infolge **manueller Änderungen oder Hinzufügungen** der erlassenden Behörde aus der Sicht des Adressaten nicht

mehr durch die Verwendung der elektronischen Datenverarbeitung geprägt wird (BVerwG Buchholz 401.71 AFWoG Nr. 10). Die Zulässigkeit solcher Verwaltungsakte wird im SGB X nicht geregelt, sondern vorausgesetzt. Bei solchen Verwaltungsakten können (Ermessen) in Abweichung zu Abs. 3 Unterschrift und Namenswiedergabe fehlen, Abs. 5 S. 1; nicht fehlen darf aber die Angabe der erlassenden Behörde. Damit wird das Gesetz den Anforderungen der Massenverwaltung gerecht, die auf die Möglichkeit angewiesen ist, standardisierte Massenverwaltungsakte (zB bei Rentenanpassungen) zu erlassen. Abs. 5 S. 1 Hs. 2 erstreckt die Vereinfachungen der Regelung auf das der Signatur zu Grunde liegende Zertifikat, welches nur die erlassende Behörde erkennen lassen muss.

Zur Inhaltsangabe können nach Abs. 5 S. 2 **Schlüsselzeichen** verwendet werden, wenn derjenige, für den der Verwaltungsakt bestimmt ist oder der von ihm betroffen wird, aufgrund der dazu gegebenen Erläuterungen den Inhalt des Verwaltungsakts eindeutig erkennen kann. Schlüsselzeichen sind Zahlen, Zeichen, Abkürzungen usw., die für bestimmte Feststellungen oder Begründungen stehen, dh. diese symbolisieren. Die beizufügenden Erläuterungen müssen hinreichend verständlich sein; eine mangelnde hinreichende Bestimmtheit führt zur fehlerhaften Begründung des Verwaltungsakts (§ 35). **16**

§ 34 Zusicherung

(1) ¹**Eine von der zuständigen Behörde erteilte Zusage, einen bestimmten Verwaltungsakt später zu erlassen oder zu unterlassen (Zusicherung), bedarf zu ihrer Wirksamkeit der schriftlichen Form.** ²**Ist vor dem Erlass des zugesicherten Verwaltungsaktes die Anhörung Beteiligter oder die Mitwirkung einer anderen Behörde oder eines Ausschusses auf Grund einer Rechtsvorschrift erforderlich, darf die Zusicherung erst nach Anhörung der Beteiligten oder nach Mitwirkung dieser Behörde oder des Ausschusses gegeben werden.**

(2) **Auf die Unwirksamkeit der Zusicherung finden, unbeschadet des Absatzes 1 Satz 1, § 40, auf die Heilung von Mängeln bei der Anhörung Beteiligter und der Mitwirkung anderer Behörden oder Ausschüsse § 41 Abs. 1 Nr. 3 bis 6 sowie Abs. 2, auf die Rücknahme §§ 44 und 45, auf den Widerruf, unbeschadet des Absatzes 3, §§ 46 und 47 entsprechende Anwendung.**

(3) **Ändert sich nach Abgabe der Zusicherung die Sach- oder Rechtslage derart, dass die Behörde bei Kenntnis der nachträglich eingetretenen Änderung die Zusicherung nicht gegeben hätte oder aus rechtlichen Gründen nicht hätte geben dürfen, ist die Behörde an die Zusicherung nicht mehr gebunden.**

A. Normzweck

§ 34 stimmt weitgehend – bis auf die Verweisungen in Abs. 2 – mit § 38 VwVfG überein. In der AO gelten abweichende Regelungen (§§ 204 ff. AO). Nach Abs. 1 S. 1 der Vorschrift bedarf eine von der zuständigen Behörde erteilte Zusage, einen bestimmten Verwaltungsakt später zu erlassen oder zu unterlassen (Zusicherung), zu ihrer Wirksamkeit der schriftlichen Form. Diese **Definition der Zusicherung** galt bereits vor Inkrafttreten des SGB X; mit § 34 sind lediglich Meinungsverschiedenheiten, insbesondere hinsichtlich der Schriftform, beseitigt worden. Die Vorschrift ermöglicht, dass vor dem Erlass des eigentlichen Verwaltungsakts bereits **verbindliche, nicht nur vorläufige Regelungen** getroffen werden können. Inhalt der Regelung ist, dass ein für die Zukunft verbindlicher Verwaltungsakt in Aussicht gestellt wird bzw. dessen Nichterlass zugesichert wird. Zu unterscheiden ist die Zusicherung aufgrund ihres verbindlichen Regelungscharakters von der bloßen Auskunft oder Information (BT-Drs. 7/910 S. 59; Pickel, SGB X § 34 Rn. 6 ff. und Rn. 19). Während die Zusicherung einen Verwaltungsakt mit Verpflichtungswillen darstellt (BSGE 56, 249 = SozR 5750 Art. 2 § 9a Nr. 13 m.w.N.; Schneider-Danwitz in Gesamtkommentar § 34 SGB X, Anm. 9a m.w.N.), handelt es sich bei der Auskunft um eine „Wissenserklärung" (Schneider-Danwitz in Gesamtkommentar § 34 SGB X, Anm. 11 m.w.N.), die sich in der Mitteilung des Wissens erschöpft und sich vom Verwaltungsakt durch das Fehlen eines **Regelungswillens** unterscheidet. Da die Auskunft nicht auf Setzung einer Rechtsfolge gerichtet ist, fehlt der Verpflichtungswille. Wenn vom Leistungsträger eine Zusicherung begehrt werden kann, ist eine Klage auf Feststellung von Leistungsvoraussetzungen wegen mangelnden Feststellungsinteresses unzulässig (BSG SozR 4–1500 § 55 Nr. 9). **1**

Die Zusicherung trägt dem Bedürfnis des Betroffenen nach **Planungssicherheit** Rechnung (Waschull in: LPK-SGB X, § 34 Rn. 2; BSG SozR 4–1500 § 55 Nr. 9 für die Zusicherung, dem Berechtigten nach Abgabe eines landwirtschaftlichen Unternehmens Rente wegen Erwerbsminderung zu gewähren). Damit kann der Adressat, der erst noch die Voraussetzungen für den Erlass des Verwaltungsakts schaffen muss, sicher sein, dass seine Anstrengungen den erstrebten Erfolg bewirken. In diesem Sinne handelt es sich um eine „Selbstverpflichtung der Behörde" (Pickel, SGB X § 34 Rn. 2). Eine Sperrzeit wegen Ablehnung der Teilnahme an einer Fortbildungsmaßnahme (§ 144 Abs. 1 Nr. 3 SGB III; früher: § 119 Abs. 1 S. 1 Nr. 3 AFG) tritt nur ein, wenn die Förderung der Bildungsmaßnahme schriftlich zugesagt worden war (BSGE 66, 140 = SozR 3–1300 § 34 Nr. 1). Zugleich ermög- **2** licht die Zusicherung die **Nahtlosigkeit** von Leistungen, wenn etwa die Teilnahme an der Fortbildungsmaßnahme von einer verbindlichen Zusage abhängt, welche Leistung (auch) während dieser Maßnahme gewährt wird. § 34 schreibt für die Zusicherung ein bestimmtes Verfahren und die Schriftform vor; eine eigentlich erst bei Erlass des Verwaltungsakts erforderliche Mitwirkung oder Anhörung Dritter ist vorzuziehen, Abs. 1 S. 2. Zudem werden Regelungen über die Nichtigkeit von Verwaltungsakten, die Heilung von Formfehlern und Bestimmungen über die Rücknahme und den Widerruf für entsprechend anwendbar erklärt, Abs. 2. Abs. 3 der Vorschrift besagt, dass die Behörde an die Zusicherung nicht mehr gebunden ist, wenn sich nach deren Abgabe die Sach- oder Rechtslage derart geändert hat, dass die Behörde bei Kenntnis der nachträglich eingetretenen Änderung die Zusicherung nicht gegeben hätte oder aus rechtlichen Gründen nicht hätte geben dürfen.

B. Regelungsgehalt

I. Der Begriff der Zusicherung

3   Nach der Legaldefinition in Abs. 1 S. 1 handelt es sich bei der Zusicherung um eine von der Behörde erteilte Zusage, einen bestimmten Verwaltungsakt später zu erlassen oder zu unterlassen. Bei einem **Vermittlungsgutschein** handelt es sich schon deswegen nicht um eine Zusicherung iSd. § 34, weil er gerade nicht dem Vermittlungsmakler ausgehändigt wird, sondern nur dem zu Vermittelnden; nur er hat einen Anspruch auf Erteilung dieses Vermittlungsgutscheins (BSGE 96, 190 = SozR 4–4300 § 421g Nr. 1; BSG 23. 2. 2011 – B 11 AL 10 und 11/10 R – Juris). Zuständige Behörde ist diejenige, die für den Erlass des späteren Verwaltungsakts beziehungsweise dessen Unterlassen sachlich und örtlich zuständig ist (Waschull in: LPK-SGB X, § 34 Rn. 4; Engelmann in: v. Wulffen, SGB X, § 34 Rn. 7). Nicht maßgeblich für das Vorliegen einer Zusicherung ist, dass sie von einem Mitarbeiter der zuständigen Behörde abgegeben wird, der nach seiner Stellung und Rangstufe dazu befugt ist. Eine **Bindungswirkung** der Zusicherung tritt auch bei eindeutiger Rechtswidrigkeit ein. Eine Rücknahme erfolgt ausschließlich unter den Voraussetzungen des § 45 (SG Hamburg HVBG-Info 1996, 2808; Littmann in: Hauck/Noftz, K § 34 SGB X Rn. 14). Dagegen führt das Handeln der unzuständigen Behörde – abweichend von § 40 Abs. 2 – unabhängig davon zur Nichtigkeit der Zusicherung, ob der Adressat von der Zuständigkeit der Behörde ausgehen durfte bzw. ausgegangen ist (BT-Drs. 7/910 S. 60; Pickel, SGB X § 34 Rn. 24). Die Zusicherung bezieht sich ausschließlich auf einen **Verwaltungsakt;** ein Realakt wird hiervon nicht erfasst.

4   Maßgeblich ist der **Erklärungswille** der Behörde aus der Sicht eines objektiven Empfängers (Sächsisches LSG 10. 2. 2005 – L 3 AL 265/04 – Juris; LSG NRW Breithaupt 2005, 377; LSG Baden-Württemberg Breithaupt 1983, 497). Auch wenn sich die Zusicherung selbst nur auf ein Verhalten in der Zukunft bezieht, kann ihr jedoch Bedeutung für die Vergangenheit zukommen, etwa wenn ein Bescheid für die Vergangenheit zurückgenommen werden soll (Pickel, SGB X § 34 Rn. 20). Im Zeitpunkt der Zusicherung muss der zugesicherte Verwaltungsakt seinem Inhalt nach bereits im Wesentlichen feststehen. Ob die Behörde eine Zusicherung gibt, steht in ihrem pflichtgemäßen Ermessen (BSGE 59, 249 = SozR 2600 § 46 Nr. 18). Der Berechtigte hat einen Anspruch auf ermessensfehlerfreie Entscheidung (BSGE 96, 190 = SozR 4–4300 § 421g Nr. 1; aA: BVerwG Buchholz 310 § 42 VwGO Nr. 139 mit im Wesentlichen ablehnender Anm. Stelkens, NVwZ 1987, 471). Einen Anspruch auf die Zusicherung selbst hat er nur im Falle der Ermessensreduzierung auf Null. Zusätzlich muss er ein eigenes berechtigtes Interesse, das kein rechtliches zu sein braucht, vorweisen können. Ein solches ist zB anzunehmen, wenn ein Versicherter beabsichtigt, seinen Wohnsitz ins Ausland zu verlegen, und wissen will, ob er dort Anspruch auf Leistungen der Pflegeversicherung hat (EUGHE I 1998, 843 = SozR 3–3300 § 34 Nr. 2; hierzu: Gassner NZS 1998, 313).

II. Die Rechtsqualität der Zusicherung

5   Die Zusicherung ist **Verwaltungsakt** (BSGE 96, 190 = SozR 4–4300 § 421g Nr. 1; Waschull in: LPK-SGB X, § 34 Rn. 7; Engelmann in: v. Wulffen, SGB X, § 34 Rn. 5; aA: BVerwGE 97, 323 = Buchholz 316 § 38 VwVfG Nr. 11; Stelkens/Bonk/Sachs, VwVfG, § 28 Rn. 23). Denn es handelt sich um eine hoheitliche Maßnahme einer Behörde zur Regelung eines Einzelfalls auf dem Gebiet des öffentlichen Rechts mit unmittelbarer Außenwirkung, wodurch alle Merkmale eines Verwaltungsakts erfüllt sind. Die Regelung liegt in der verbindlichen Verpflichtung zu einem bestimmten Tun oder Unterlassen. Häufig ist der Eintritt der verbindlichen Verpflichtung an ein bestimmtes Verhalten des Adressaten geknüpft; damit handelt es sich i. d. R. um einen Verwaltungsakt mit Nebenbestimmung iSd. § 32 Abs. 2 Nr. 3. Der Qualifikation als Verwaltungsakt steht nicht entgegen, dass in Abs. 2 Regelungen für entsprechend anwendbar erklärt werden, die für Verwaltungsakte ohnehin geltenden (Waschull in: LPK-SGB X, § 34 Rn. 8). Dies resultiert daher, dass der Gesetzgeber die Rechtsnatur der Zusicherung bewusst offen gelassen hat (BT-Drs. 7/910 S. 59). Die in Abs. 3 der Vorschrift enthaltene Regelung i. S. eines Wegfalls der Geschäftsgrundlage erklärt sich aus dem vorläufigen Charakter der Zusicherung: Bei anderen vorläufigen Regelungen finden sich vielfach

gesonderte Regelungen über die Aufhebung des Verwaltungsakts (zB § 42 Abs. 2 S. 2 SGB I für Vorschüsse).

Auch die **Ablehnung einer Zusicherung** ist Verwaltungsakt (BSGE 56, 249 = SozR 5750 Art. 2 **6** § 9a Nr. 13). Ein Anspruch auf Zusicherung besteht, wenn das Ermessen der Behörde, die Zusicherung zu erlassen, auf Null reduziert ist. Dann kann der Anspruch mit kombinierter Anfechtungs- und Verpflichtungsklage durchgesetzt werden. Ein versicherter eingetragener Lebenspartner kann wie ein versicherter Ehegatte nicht zulässig darauf klagen, den Träger zu einer Zusicherung zu verpflichten oder gerichtlich festzustellen, dass seinem hinterbliebenen Partner Witwer-/Witwenrente wie einem hinterbliebenen Ehegatten zu gewähren sein wird (BSGE 92, 113 = SozR 4–2600 § 46 Nr. 1 mit Anm. Rehbein, jurisPR-FamR 20/2004 Anm. 5).

III. Schriftform

Die Schriftform ist **unabdingbare Wirksamkeitsvoraussetzung** der Zusicherung. Sie ist auch **7** dann einzuhalten, wenn der zugesicherte Verwaltungsakt selbst mündlich oder auf andere Weise (vgl. § 33 Abs. 2) erlassen werden kann. Dem Schriftformerfordernis kommt eine **Schutzfunktion** zu: Die Behörde soll sich vor ihrer Abgabe über Gegenstand und Inhalt der Zusicherung klar werden (BT-Drs. 7/910 S. 60). Die Schriftform wird auch gewahrt, wenn die Zusicherung in elektronischer Form abgegeben wird (§ 36a Abs. 2 SGB I).

Die **Anforderungen an die Schriftform** ergeben sich aus § 33 Abs. 3. Wenn die Zusicherung **8** erst in einem Teil des Bescheids erfolgt, der der Unterschriftsleistung nachfolgt, steht dies der Wirksamkeit der Zusicherung nicht entgegen, es sei denn, es würde erkennbar, dass der Zusatz nachträglich aufgenommen worden ist. Denn nach Sinn und Zweck des Abs. 1 dient die Unterschrift dem Nachweis, dass der Verwaltungsakt mit Wissen und Willen der in der Behörde verantwortlichen Amtsträger ergangen ist; dieser Zweck wird gewahrt, wenn ein nachträgliches Hinzufügen ausgeschlossen werden kann (BSG SozR 3–1300 § 34 Nr. 2).

IV. Anhörung und Mitwirkung anderer Stellen

Nach Abs. 1 S. 2 ist die Behörde verpflichtet, vor Erlass einer Zusicherung die ggf. für den Erlass **9** des Hauptverwaltungsakts erforderliche Anhörung nach § 24 durchzuführen und anderen aufgrund einer Rechtsvorschrift beteiligten Behörden die Mitwirkung zu ermöglichen. Dies erklärt sich daraus, dass die Zusicherung die spätere **Regelung vorwegnimmt** und deshalb eine erst unmittelbar vor Erlass des Hauptverwaltungsakts angesetzte Anhörung oder Mitwirkung das Entscheidungsergebnis nicht mehr beeinflussen würde. Um die **Beteiligtenrechte** nicht „leer laufen" zu lassen, werden sie nach Abs. 1 S. 2 vorgezogen, was zugleich die Rechtssicherheit für die Betroffenen erhöht, weil spätere Einwände nicht mehr zu befürchten sind. Nicht hingegen überzeugt die Ansicht, durch die Regelung solle sichergestellt werden, dass die Zusicherung nicht wegen fehlender Anhörung oder Mitwirkung angreifbar werde (so aber: Engelmann in: v. Wulffen, SGB X, § 34 Rn. 9; dagegen vgl. Waschull in: LPK-SGB X, § 34 Rn. 11).

V. Fehlerhafte Zusicherung

Abs. 2 der Vorschrift erklärt bei Fehlern der Zusicherung die allgemeinen Regelungen des SGB X **10** für anwendbar. Da es sich bei der Zusicherung selbst um einen Verwaltungsakt handelt, sind diese Verweisungen nur **deklaratorischer** Art. Der Zusicherungsempfänger hat einen Anspruch auf das Zugesagte, der gerichtlich durchsetzbar ist (Pickel, SGB X § 34 Rn. 31). Fehlerhafte Zusicherungen sind rechtswidrig, nicht aber nichtig und damit auch nicht unwirksam (§ 39 Abs. 3).

Die **Zusicherung ist rechtswidrig**, wenn sie gegen Verfahrensvorschriften oder materielles Recht **11** verstößt. Formelle Rechtswidrigkeit liegt etwa vor, wenn die nach Abs. 1 S. 2 erforderliche Anhörung oder Mitwirkungshandlung unterblieben ist. Formfehler können allerdings auch hier i. S. von § 41 Abs. 1 geheilt werden, wobei der zeitliche Rahmen des § 41 Abs. 2 zu beachten ist. Auf die **Rücknahme** der rechtswidrigen Zusicherung finden §§ 44, 45 Anwendung; der **Widerruf** richtet sich nach §§ 46, 47. Insoweit bestehen keine Besonderheiten gegenüber sonstigen Verwaltungsakten. Eine Ausnahme zu den allgemeinen Bestimmungen über die Fehlerhaftigkeit von Verwaltungsakten stellt Abs. 3 dar (Baumeister DÖV 1997, 229, 231). Nach dieser Vorschrift steht die Zusicherung unter dem Vorbehalt, dass die Sach- oder Rechtslage sich nicht nachträglich wesentlich ändert. Die Behörde ist dann nicht mehr an die Zusicherung gebunden, wenn sie sie bei Kenntnis der Umstände nicht abgegeben hätte oder aus rechtlichen Gründen nicht hätte abgeben dürfen. Fällt die Zuständigkeit der die Zusicherung abgebenden Behörde nachträglich aufgrund von Umständen weg, die die Behörde nicht beeinflussen kann, zB bei einer Änderung der **örtlichen Zuständigkeit** infolge Wohnortwechsels, erstreckt sich die Bindungswirkung auch auf die örtlich zuständig gewordene Behörde (LSG Hessen FEVS 57, 308).

In Abs. 2 der Vorschrift wird auf § 48 nicht verwiesen. Dies hat seinen Grund darin, dass Abs. 3 **lex** **12** **specialis** zu § 48 ist. Auch nach § 48 käme indes eine Aufhebung der Zusicherung für die Vergan-

13 Abs. 3 kommt nur zur Anwendung, wenn es zu einer **nachträglichen Änderung** in den tatsächlichen oder rechtlichen Verhältnissen gekommen ist. Lagen dagegen die Umstände – unerkannt – schon früher vor oder wurden sie falsch bewertet, so handelt es sich um unbeachtliche Motivirrtümer, die zwar nicht unter Abs. 3 fallen, dann aber nach § 45 zur Rücknahme des Verwaltungsakts führen können. Die Behörde ist an die Zusicherung nur dann nicht mehr gebunden, wenn sie sie bei Kenntnis der nachträglich eingetretenen Tatsachen- oder Rechtsänderung nicht abgegeben hätte oder nicht hätte abgeben dürfen. Hat eine nachträgliche Rechtsänderung keine Rückwirkung, so ist die Behörde an die Zusicherung gebunden (BSG SozR 3–1300 § 34 Nr. 2). Die Zusicherung eines Leistungsbescheids hindert die Behörde jedoch nicht, sich gegenüber dem Leistungsanspruch auf Verjährung zu berufen (vgl. BSG SozR Nr. 3 zu § 1583 RVO). Die **Einrede der Verjährung** ist jedoch dann **rechtsmissbräuchlich**, wenn durch die Zusicherung auf die Erhebung der Einrede der Verjährung konkludent verzichtet wurde. Die Frage, ob bei Kenntnis der geänderten Umstände eine Zusicherung nicht (mehr) abgegeben worden wäre, kann nur nach objektiven Kriterien beurteilt werden; die subjektive Motivlage der Behörde kann nicht den Ausschlag geben. Abweichend von den Regelungen über Rücknahme und Widerruf eines Verwaltungsakts bedarf es im Falle des Abs. 3 keiner Aufhebungsentscheidung, die Folgen treten vielmehr kraft Gesetzes ein (Waschull in LPK-SGB X, § 34 Rn. 15).

14 Der **Zusicherung nach § 22 Abs. 2 SGB II** kommt keine weitergehende Bindungswirkung zu als in § 34 Abs. 3 SGB X allgemein für Zusicherungen vorgesehen (LSG Berlin-Brandenburg, 14. 11. 2007 – L 28 B 1101/07 AS PKH – Juris). Sie hat lediglich den Zweck, über die Angemessenheit der Unterkunftskosten vor deren Entstehung eine Entscheidung herbeizuführen und so für den Hilfebedürftigen das Entstehen einer erneuten Notlage infolge der nur teilweisen Übernahme von Kosten zu vermeiden (vgl. Kalhorn in: Hauck/Noftz § 22 SGB II Rn. 43; Lang in: Eicher/Spellbrink SGB II § 22 Rn. 65 ff.; Berlit in: LPK-SGBII § 22 Rn. 71). Bei der Notwendigkeit der Einholung einer Zusicherung nach § 22 Abs. 2 SGB II handelt es sich um eine **Obliegenheit** des im Leistungsbezug stehenden Hilfebedürftigen (BSGE 105, 188 = SozR 4–4200 § 22 Nr. 28 Rn. 19). Eine vorherige Zusicherung der Umzugskosten ist allerdings nicht erforderlich, wenn die fristgerecht mögliche Entscheidung vom Verwaltungsträger **treuwidrig verzögert** worden ist (BSGE 106, 135 = SozR 4–4200 § 22 Nr. 37).

§ 35 Begründung des Verwaltungsaktes

(1) ¹Ein schriftlicher oder elektronischer sowie ein schriftlich oder elektronisch bestätigter Verwaltungsakt ist mit einer Begründung zu versehen. ²In der Begründung sind die wesentlichen tatsächlichen und rechtlichen Gründe mitzuteilen, die die Behörde zu ihrer Entscheidung bewogen haben. ³Die Begründung von Ermessensentscheidungen muss auch die Gesichtspunkte erkennen lassen, von denen die Behörde bei der Ausübung ihres Ermessens ausgegangen ist.

(2) Einer Begründung bedarf es nicht,

1. soweit die Behörde einem Antrag entspricht oder einer Erklärung folgt und der Verwaltungsakt nicht in Rechte eines anderen eingreift,
2. soweit demjenigen, für den der Verwaltungsakt bestimmt ist oder der von ihm betroffen wird, die Auffassung der Behörde über die Sach- und Rechtslage bereits bekannt oder auch ohne Begründung für ihn ohne weiteres erkennbar ist,
3. wenn die Behörde gleichartige Verwaltungsakte in größerer Zahl oder Verwaltungsakte mit Hilfe automatischer Einrichtungen erlässt und die Begründung nach den Umständen des Einzelfalles nicht geboten ist,
4. wenn sich dies aus einer Rechtsvorschrift ergibt,
5. wenn eine Allgemeinverfügung öffentlich bekannt gegeben wird.

(3) In den Fällen des Absatzes 2 Nr. 1 bis 3 ist der Verwaltungsakt schriftlich oder elektronisch zu begründen, wenn der Beteiligte, dem der Verwaltungsakt bekannt gegeben ist, es innerhalb eines Jahres seit Bekanntgabe verlangt.

A. Normzweck

1 § 35 ist weitgehend (Ausnahme: Abs. 1 S. 2; vgl. unten Rn. 7) wortgleich mit § 39 VwVfG und stimmt im Wesentlichen mit § 121 AO überein. Die Vorschrift sieht eine **allgemeine Begründungspflicht** für elektronische und schriftliche sowie schriftlich oder elektronisch bestätigte Verwaltungsakte vor. Die Begründung eines Bescheids muss jedenfalls die wesentlichen tatsächlichen und rechtlichen Gründe enthalten, die die Behörde zu ihrer Entscheidung bewogen haben (LSG Niedersachsen-Bremen NDV-RD 2007, 9; vgl. auch BSG SozR 4–3300 § 89 Nr. 1 und SozR 4–5910

§ 92c Nr. 1). Die Pflicht zur Begründung ergibt sich – auch ohne spezielle Rechtsgrundlage – bereits aus allgemeinen Rechtsgrundsätzen (EuGHE I 1998, 1719 = ABl EG 1998, Nr. C 209, 3). Insbesondere belastende Verwaltungsakte müssen erkennen lassen, auf welcher Tatsachen- und Rechtsgrundlage sie beruhen; denn ob sich die Entscheidung innerhalb der gesetzlichen Ermächtigung bewegt, lässt sich zumeist nur aus der Begründung erkennen. Dass die Begründungspflicht Teil rechtsstaatlichen Verwaltungshandelns ist, zeigt § 41 Abs. 3, wonach die Versäumung einer Rechtsbehelfsfrist als nicht verschuldet gilt, wenn einem Verwaltungsakt die erforderliche Begründung fehlt. Denn der grundgesetzlich garantierte **effektive Rechtsschutz** lässt sich nur erzielen, wenn sich der Adressat eines Verwaltungsakts mit diesem sinnvoll inhaltlich auseinandersetzen kann.

Der Behörde ermöglicht die Bescheidbegründung zudem eine **Selbstkontrolle,** die regelmäßig im Widerspruchsverfahren stattfindet. Ohne Begründung des Verwaltungsakts kann die Widerspruchsstelle nicht nachvollziehen, ob eine Entscheidung nicht nur rechtmäßig, sondern auch zweckmäßig ist. Schließlich dient die Begründung auch der **Rechtmäßigkeitskontrolle** durch die Gerichte. Diese können nach § 136 Abs. 3 SGG von einer weiteren Darstellung der Entscheidungsgründe absehen, soweit sie der Begründung des Verwaltungsakts oder des Widerspruchsbescheids folgen und dies in ihrer Entscheidung feststellen. Damit wird die behördliche Bescheidbegründung auch von der gerichtlichen Verfahrensordnung vorausgesetzt. 2

B. Regelungsgehalt

I. Der Begründungszwang

Abs. 1 S. 2 sieht den Begründungszwang für **schriftliche oder elektronische Verwaltungsakte** sowie für schriftliche oder elektronisch bestätigte Verwaltungsakte, nicht aber für mündliche Verwaltungsakte oder Realakte vor. Einen Unterschied zwischen **belastenden oder begründenden Verwaltungsakten** macht die Vorschrift nicht; aus Abs. 2 Nr. 1 ergibt sich jedoch, dass eine Begründung nicht erforderlich ist, soweit die Behörde einem Antrag entspricht oder einer Erklärung folgt und der Verwaltungsakt nicht in Rechte eines anderen eingreift. Fehlt eine Begründung des Verwaltungsakts, ist in dieser trotzdem „in der Welt"; er ist mangels Nachvollziehbarkeit aber per se rechtswidrig. Ohne Anfechtung wird er bestandskräftig; § 41 Abs. 3 eröffnet jedoch einen weiten Zeitrahmen, um die Anfechtung ggf. nachzuholen. Die Begründungspflicht erstreckt sich auf alle Teile der Regelung, also auch auf Nebenbestimmungen. Für den **Widerspruchsbescheid** enthält § 85 Abs. 3 SGG eine spezialgesetzliche Regelung. 3

Abs. 1 S. 2 und 3 legen den notwendigen Inhalt der Begründung fest; Abs. 2 sieht Ausnahmen von der Begründungspflicht vor. Unter den bestimmten Umständen des Abs. 3 kann ein Beteiligter die Nachholung der Begründung verlangen. Die gesetzlichen Anforderungen dienen der Durchsetzbarkeit der Transparenz von Verwaltungsentscheidungen, womit zugleich überflüssigen Rechtsbehelfsverfahren vorgebeugt werden soll. Bei **Ermessensentscheidungen** besteht gemäß Abs. 1 S. 3 eine erweiterte Begründungspflicht. 4

II. Umfang der Begründung

In der Begründung eines jeden Verwaltungsakts – bei gebundenen wie bei Ermessensentscheidungen – sind die wesentlichen tatsächlichen und rechtlichen Gründe mitzuteilen, die die Behörde zu ihrer Entscheidung bewogen haben. Die Begründung von **Ermessensentscheidungen** muss **zusätzlich** („auch") die Gesichtspunkte erkennen lassen, von denen die Behörde bei der Ausübung ihres Ermessens ausgegangen ist. Bei allen Verwaltungsakten muss zumindest erkennbar sein, welche tatsächlichen und rechtlichen Gründe die Verwaltung ihrer Entscheidung zugrunde gelegt hat (BSGE 17, 79 = SozR Nr. 5 zu § 368n RVO). Dabei darf sich die Behörde nicht auf formel- oder floskelhafte Wiederholungen des gesetzlichen Tatbestands beschränken (BVerwGE 12, 20 = Buchholz 310 § 42 Nr. 1; BSG SozR 1300 § 35 Nr. 3). Der **notwendige Begründungsaufwand** ergibt sich aus den konkreten Verhältnissen des Einzelfalls (BT-Drs. 7/910 S. 60). Bei vertragsärztlichen Honorarbescheiden dürfen die Anforderungen an die Darlegungen und Berechnungen nicht überspannt werden (BSGE 94, 50 = SozR 4–2500 § 72 Nr. 2). Die Begründung braucht sich nicht ausdrücklich mit allen in Betracht kommenden Umständen und Einzelüberlegungen auseinanderzusetzen. Es reicht aus, wenn dem Betroffenen die Gründe der Entscheidung in solcher Weise und in solchem Umfang bekannt gegeben werden, dass er seine Rechte sachgemäß wahrnehmen kann. Die Verwaltung darf sich deshalb auf die Angabe der maßgebenden **tragenden Erwägungen** beschränken und braucht Gesichtspunkte und Umstände, die auf der Hand liegen oder dem Betroffenen bekannt sind, nicht nochmals ausführlich darzulegen (vgl. BSGE 74, 70, 74f. = SozR 3–2500 § 106 Nr. 23 S. 128f.; BVerwGE 74, 196, 205 = Buchholz 424.01 § 19 FlurbG Nr. 12; BVerwG Buchholz 421.20 Hochschulpersonalrat Nr. 14; Engelmann in: v. Wulffen, SGB X, § 35 Rn. 5; Krasney in: KassKomm, § 35 SGB X Rn. 4). Die Begründung eines Honorarkürzungsbescheids, der nach einer statistischen Wirtschaftlichkeitsprüfung ergeht, muss bei Vorliegen deutlicher Anhaltspunkte für die Inhomogenität der 5 gebildeten Vergleichsgruppe erkennen lassen, dass gleichwohl von einem ungerechtfertigt überhöhten Abrechnungsverhalten des betroffenen Arztes auszugehen ist (BSG SozR 4–2500 § 106 Nr. 2).

6   Nicht erforderlich ist, dass sich die Begründung mit allen **Argumenten der Betroffenen** auseinandersetzt (BT-Drs. 7/910 S. 60; BSGE 94, 50 = SozR 4–2500 § 72 Nr. 2; BSG SozR 4–2500 § 106 Nr. 2; LSG Sachsen-Anhalt 11. 10. 2005 – L 2 AL 124/04 – Juris). Der Betroffene muss in die Lage versetzt werden, die Argumentation nachzuvollziehen und seine Rechte sachgerecht wahrnehmen zu können (Engelmann in: v. Wulffen, SGB X, § 35 Rn. 5). Soweit sich die Behörde in Anwendung des § 33 SGB I bei Ihrer Entscheidung an Wünschen und Vorstellungen der Beteiligten orientiert, muss sich der insoweit ggf. ablehnende Bescheid auch hierzu verhalten. Auch muss der Aussteller der Begründung erkennbar sein. Lässt sich nicht feststellen, ob die Begründung eines Widerspruchsbescheids von dem beschließenden Gremium – Widerspruchsausschuss – stammt, von ihm wenigstens gebilligt ist oder aber nachträglich von der Verwaltung des Versicherungsträgers gefertigt worden ist, so leidet das Vorverfahren an einem wesentlichen Mangel (BSGE 47, 3 = SozR 1500 § 85 Nr. 5).

7   Jede Begründung eines Verwaltungsakts muss **gerichtsverwertbar** sein. Denn nach rechtsstaatlichen Grundsätzen hat jeder Betroffene einen Anspruch darauf, die wesentlichen der Entscheidung zu Grunde liegenden tatsächlichen und rechtlichen Gesichtspunkte zu erfahren, um so die Rechtmäßigkeit der Entscheidung entweder selbst nachprüfen oder nachprüfen lassen zu können. Daher muss auch bei Einlegung von Widerspruch oder Klage die übergeordnete Instanz die Möglichkeit haben, die der Entscheidung zu Grunde liegenden tatsächlichen und rechtlichen Erwägungen nachzuvollziehen und hinsichtlich ihrer Rechtmäßigkeit zu überprüfen (Fichte in: Fichte/Plagemann/Waschull, Sozialverwaltungsverfahrensrecht, 2008, § 3 Rn. 84 S. 207 m. w. N.; vgl. auch Pickel, SGB X, § 35 Rn. 17 ff.; VerbKomm, SGB X, § 35 Rn. 3). Bei gebundenen Verwaltungsakten wirkt sich ein bloßer Begründungsmangel auf die Rechtmäßigkeit der Entscheidung selbst nicht aus (BSGE 87, 8, 11 = SozR 3–4100 § 152 Nr. 9). Die mangelhafte Begründung kann im sozialgerichtlichen Verfahren jedoch bei der Kostenentscheidung Berücksichtigung finden (BSGE 88, 274, 288 = SozR 3–5050 § 22 b Nr. 1).

III. Begründungspflicht bei Ermessensentscheidungen

8   Hinsichtlich Ermessensentscheidungen stellt Abs. 1 S. 3 **zusätzliche Anforderungen** an die Begründung auf. Danach muss die Begründung der Ermessensentscheidung auch die Gesichtspunkte erkennen lassen, von denen die Behörde bei der Ausübung ihres Ermessens ausgegangen ist. Die Vorschrift ist also als **strikte Vorschrift** ausgestaltet, während § 39 Abs. 1 S. 2 VwVfG insoweit von „soll" spricht. Dies entspricht früherer Rechtsprechung des BSG (BSGE 27, 34 = SozR Nr. 3 zu § 1236 RVO; BSGE 48, 8 = SozR 2200 § 1301 Nr. 1), wonach eine Ermessensentscheidung, die die Gesichtspunkte für die Ausübung des Ermessens nicht erkennen lässt, i. d. R. aufzuheben ist (BT-Drs. 8/4022 S. 82 zu § 33).

9   Grundlegende Voraussetzung ist, dass die Behörde überhaupt erkannt hat, dass sie unter Ausübung von Ermessen zu entscheiden hatte. Wenn aus der Entscheidung nicht hervor, dass sich die Behörde ihres Ermessensspielraums bewusst war, ist die Entscheidung **per se rechtswidrig.** Eine unterbliebene Ermessensausübung darf mit heilender Wirkung nur bis zum Abschluss des Vorverfahrens bzw. der Klageerhebung nachgeholt werden (vgl. BSGE 61, 184, 189 = SozR 1300 § 44 Nr. 26; BSG SozR 3–2700 § 76 Nr. 2; BSG HV-Info, 1989, 821). Die Begründung muss überdies erkennen lassen, welche Erwägungen bei Ausübung des Ermessens angestellt worden sind und wie die Behörde diese gewichtet hat. Denn ohne solche Ausführungen könnte weder festgestellt werden, ob sie vom Ermessen in einer dem **Zweck der Ermächtigung** entsprechenden Weise Gebrauch gemacht hat (§ 54 Abs. 2 S. 2 SGG; § 2 Abs. 2 SGB I), noch, ob die Entscheidung unter Beachtung des Grundsatzes der Verhältnismäßigkeit (vgl. hierzu: BSGE 87, 76 = SozR 3–5868 § 32 Nr. 4; BSGE 101, 235 = SozR 4–1300 § 44 Nr. 17 Rn. 42), des Sozialstaatsprinzips sowie allgemeiner Rechtsgrundsätze ergangen ist (Recht in: Hauck/Noftz, SGB X, § 35 Rn. 14; BT-Drs. 7/910 S. 60). Geht die Behörde von einer **Ermessensreduzierung auf Null** aus, muss dies ebenfalls begründet werden (BSG SozR 3–2700 § 76 Nr. 2).

10 Die Begründung – vor allem negativer Ermessensentscheidungen – muss zusätzlich erkennen lassen, von welchem **Sachverhalt** die Behörde ausgegangen ist und ob die Entscheidung darauf beruht, dass schon die allgemeinen, der gerichtlichen Nachprüfung voll zugänglichen Anspruchsvoraussetzungen nicht erfüllt sind (BSG SozR 3–2700 § 76 Nr. 2; SozR 3–1300 § 45 Nr. 10; SozR 1200 § 66 Nr. 10). Darzulegen sind grundsätzlich **alle positiven und negativen Ermessensgründe,** damit auch ein Gericht die getroffene Entscheidung in vollem Umfang und ohne weitere Erläuterungen nachvollziehen kann (Fichte in: Fichte/Plagemann/Waschull, Sozialverwaltungsverfahrensrecht, 2008, § 3 Rn. 86 S. 208). In einem Rücknahmebescheid (§ 45 SGB X) genügen Ausführungen zum Fehlen eines Vertrauensschutzes iSv. § 45 Abs. 2 den Anforderungen an eine ordnungsgemäße Ermessensausübung nicht, weil andere Inhalte der Norm – Umstände des Einzelfalls, wirtschaftliche Folgen der Rücknahmeentscheidung – unberücksichtigt bleiben (BSGE 59, 157 = SozR 1300 § 45 Nr. 9).

11 Ein **Austausch der maßgeblichen Erwägungen** ist im Anfechtungsprozess gegen Ermessensentscheidungen nicht zulässig. In gleicher Weise wie bei einer unterlassenen Anhörung verstößt es aller-

dings nicht gegen das Verbot, eine versäumte Ermessensausübung nachzuholen, wenn während eines Gerichtsverfahrens ein Verwaltungsakt, der mangels Ermessensausübung rechtswidrig ist, nach § 96 SGG ersetzt wird (BSG GS BSGE 75, 159 = SozR 3–1300 § 41 Nr. 7). Nach Aufhebung kann ein neuer Verwaltungsakt mit Ermessensausübung zum Regelungsgegenstand des früheren Verwaltungsakts ergehen. Die Rechtmäßigkeit des neuen Verwaltungsakts richtet sich ausschließlich nach der Sach- und Rechtslage im **Zeitpunkt** des Erlasses des ursprünglichen Verwaltungsakts. Ebenso ist die Frage, ob dieser Verwaltungsakt Rückwirkung hat und in welchem Umfang er zulässigerweise eine rückwirkende Regelung trifft, bezogen auf diesen Zeitpunkt zu prüfen (BSG GS BSGE 75, 159 = SozR 3–1300 § 41 Nr. 7; zum Begründungszwang von Ermessensentscheidungen vgl. auch: BSG SozR 3–1300 § 45 Nr. 1; SozR 1300 § 41 Nr. 2; BSG HV-Info 1989, 240 und 821; BSGE 11. 1. 1989 – 7 RAr 8/87 – nicht veröffentlicht).

Den Anforderungen des Abs. 1 S. 3 genügt es nicht, wenn nur allgemein ausgeführt wird, dass Besonderheiten nicht vorliegen, ohne dass dabei der angewandte **Beurteilungsmaßstab** erkennbar wird (BSG SozR 1300 § 35 Nr. 3). Den für die Ermessensentscheidung benötigten Sachverhalt hat die Behörde von Amts wegen zu ermitteln (BSGE 59, 157 = SozR 1300 § 45 Nr. 19). Lässt die Begründung eines belastenden Ermessensbescheids die behördlichen Ermessensgesichtspunkte nicht erkennen, darf daraus auf einen Ermessensfehler aber nur geschlossen werden, wenn eine Begründung überhaupt geboten war (BSG SozR 3–1300 § 50 Nr. 16 – Fortführung von BSG SozR 1300 § 35 Nr. 3). Der Sozialversicherungsträger muss (ohne Ermessen) das zu Unrecht Erlangte vom bösgläubigen Versicherten durch Erstattungsbescheid zurückfordern, es sein denn, dessen Haftung beruhte auf rechtlicher Zurechnung von Verschulden oder vom Einkommen/Bereicherung Dritter. Der **bösgläubig bereicherte Versicherte** hat dem Träger ermessensrelevante Tatsachen, die noch nicht aktenkundig sind, spätestens im Widerspruchsverfahren (BSG SozR 3–1300 § 50 Nr. 16 – Fortführung von BSG SozR 3–4100 § 155 Nr. 2) mitzuteilen.   **12**

Hat die Verwaltung **Richtlinien zur Ermessensausübung** erlassen, müssen diese Raum für die Ausübung des Ermessens im Einzelfall lassen. Bei der Ermessensentscheidung über die Gewährung von Überbrückungsgeld dürfen die Arbeitsagenturen zwar nach ermessenslenkenden Richtlinien verfahren; darin nicht erfasste besondere Umstände des Einzelfalls müssen sie jedoch prüfen und in die Entscheidung erkennbar einbeziehen (BSGE 73, 211 = SozR 3–4100 § 55a Nr. 5).   **13**

Ob § 35 Abs. 1 S. 3 auf **unbestimmte Rechtsbegriffe,** bei denen ein **Beurteilungsspielraum** besteht, **analog** anzuwenden ist, ist streitig (bejahend: Epsen, JbSozRGegenwart 15 (1993), 393 ff., 399; Kopp/Ramsauer, VwVfG, § 39 Rn. 28; verneinend: BSGE 74, 70, 74 = SozR 3–2500 § 106 Nr. 23; Engelmann in: v. Wulffen, SGB X, § 35 Rn. 7; Waschull in: LPK-SGB X, § 35 Rn. 4). Eine praktische Rolle spielt der Streit nicht. Denn auch unter Zugrundelegung des Maßstabs des § 35 Abs. 1 S. 2 wird die Behörde angeben müssen, von welcher Einschätzungsprärogative sie ausgegangen ist und welche Beurteilungsmaßstäbe sie angewandt hat, damit ein Gericht in die Lage versetzt wird, zu überprüfen, ob die Behörde ihre Beurteilungsermächtigung zutreffend erkannt und den Sachverhalt vollständig ermittelt hat (vgl. BSGE 87, 199 = SozR 3–3300 § 85 Nr. 1; BSG SozR 4–3300 § 89 Nr. 1 Rn. 19). Im Hinblick auf die nunmehr eingeschränkte gerichtliche Kontrolle ist daher jedenfalls eine eingehende Begründung der Entscheidung zu fordern (Stelkens/Bonk/Sachs, VwVfG, § 39 Rn. 26; Fichte in: Fichte/Plagemann/Waschull, Sozialverwaltungsverfahrensrecht, 2008, § 3 Rn. 88 S. 209). Beispielsweise hat das BSG bei der vertragsärztlichen **Wirtschaftlichkeitsprüfung,** bei der den Prüfungsgremien ein Beurteilungsspielraum zusteht, eine ins Einzelne gehende Begründung des die Honoraranforderungen kürzenden Bescheids gefordert, wobei sich allerdings die Verwaltung auf die Angabe der maßgebenden tragenden Erwägungen beschränken kann. Auf der Hand liegende Gesichtspunkte und Umstände, die dem Betroffenen bekannt sind, müssen nicht nochmals ausführlich dargelegt werden, weil sich die Verwaltungsakte an einen sachkundigen Personenkreis richten, so dass entsprechende **Kenntnisse vorausgesetzt** werden können (BSGE 74, 70 = SozR 3–2500 § 106 Nr. 23; vgl. auch BSG SozR 4–2500 § 106 Nr. 2).   **14**

IV. Folgen fehlerhafter Begründung

Wird ein Verwaltungsakt nicht oder nicht hinreichend begründet, so ist er rechtswidrig **(formelle Rechtswidrigkeit)** aber nicht nichtig (BSGE 27, 34, 38 = SozR Nr. 3 zu § 1236 RVO; BSG SozR 1500 § 85 Nr. 7; BVerwGE 78, 101 = Buchholz 436.36 § 20 BAföG Nr. 27). Die **Rechtmäßigkeit der Regelung** selbst wird bei einem gebundenen Verwaltungsakt vom bloßen Begründungsmangel nicht berührt; er rechtfertigt daher allein nicht die Aufhebung des Verwaltungsakts (BSGE 87, 8, 11 = SozR 3–4100 § 152 Nr. 9; BVerwGE 60, 96 = Buchholz 238.3 A § 75 BPersVG Nr. 16). Die fehlende Begründung kann auch im Gerichtsverfahren noch nachgeholt werden (§ 41 Abs. 1 Nr. 2, Abs. 2; § 42).   **15**

V. Ausnahmen vom Begründungszwang

Bei **Ermessensentscheidungen** ist zu unterscheiden: Ist das Ermessen reduziert auf Null, ergeben sich keine Unterschiede zur gebundenen Entscheidung; im Übrigen können Fehler in der Begrün-   **16**

100 SGB X § 36 SGB X – Sozialverwaltungsverfahren und Sozialdatenschutz

dung bis zum Abschluss der letzten Tatsacheninstanz nachgeholt bzw. nachgebessert werden. Dies bezieht sich allerdings nur auf Begründungsdefizite; hat die Behörde versäumt, überhaupt Ermessen auszuüben (**Ermessensnichtgebrauch**), besteht keine Nachbesserungsmöglichkeit. Die Behörde muss dann den fehlerhaften Verwaltungsakt – mit für sie negativer Kostenfolge – aufheben und einen völlig neuen Verwaltungsakt erlassen.

17 Abs. 2 der Vorschrift regelt abschließend (Recht in: Hauck/Noftz, SGB X, § 35 Rn. 17; Waschull in LPK-SGB X, § 35 Rn. 10 m. w. N.) die Fälle, in denen keine Begründungspflicht besteht. Da es sich um eine Ausnahmeregelung handelt, ist Abs. 2 eng auszulegen. Von der Möglichkeit eines **Verzichts auf eine Begründung** hat der Gesetzgeber abgesehen, weil befürchtet wurde, dass dies in der Praxis zum Formularverzicht führen könnte (BT-Drs. 7/910 S. 61). Die Ausnahmen gelten sowohl für gebundene als auch für Ermessensentscheidungen. Ob trotz des Vorliegens einer Ausnahme nach Abs. 2 eine Begründung gegeben wird, liegt im Ermessen der Behörde (Stelkens/Bonk/Sachs, VwVfG, § 39 Rn. 42; Engelmann in: v. Wulffen, SGB X, § 35 Rn. 10). Dieses Ermessen muss berücksichtigen, dass die Bedeutung der Begründung für das Verständnis und die Nachvollziehbarkeit einer Ermessensentscheidung ungleich höher ist als bei einer gebundenen Entscheidung; insofern ist auch bei einem Ermessensverwaltungsakt der Ausnahmekatalog restriktiv zu verwenden.

18 Soweit die Behörde einem Antrag entspricht (**antragsgemäß Entscheidung,** Nr. 1) und der Verwaltungsakt nicht in Rechte eines Dritten eingreift, bedarf es keiner Begründung, weil ein Rechtsschutzbedürfnis insoweit nicht besteht. Entsprochen wird dem Antrag, wenn dem Begehren voll nachgekommen wird. Die Formulierung „soweit" in Nr. 1 besagt, dass nur die Teile des Verwaltungsakts von der Begründungspflicht ausgenommen sind, die den Betroffenen günstig sind. Bei „gemischten" Verwaltungsakten – die einem Antrag für einen gewissen Zeitraum entsprechen, im Übrigen aber Leistungen ablehnen – bedarf zumindest der ablehnende Teil daher einer Begründung. Zum Verständnis der Gesamtregelung kann es jedoch erforderlich sein, dass der Verwaltungsakt vollständig begründet wird.

19 **Kenntnis oder Erkennbarkeit der Gründe** (Nr. 2) liegen vor, wenn derjenige, für den der Verwaltungsakt bestimmt ist, über die Gründe für den Erlass des Verwaltungsakts informiert ist oder zumindest informiert sein kann. Die Kenntnis muss sich auf die Sach- und Rechtslage erstrecken. Die Formulierung „ohne weiteres erkennbar" macht deutlich, dass die Erkennbarkeit der Gründe auf der Hand liegen muss. Ansonsten bestünde die Gefahr, dass sie Begründungspflicht umgegangen wird. Die Behörde muss sich daher sicher sein, dass die Gründe dem Betroffenen bei durchschnittlichem Erkenntnisvermögen offenkundig sind (Engelmann in: v. Wulffen, SGB X, § 35 Rn. 12 m. w. N.).

20 Nr. 3 betrifft **gleichartige Verwaltungsakte von größerer Zahl** sowie **automatisch hergestellte Verwaltungsakte.** Bei solchen ist eine Begründung regelmäßig entbehrlich; anders ist es nur, wenn aus besonderen Umständen des Einzelfalls ausnahmsweise doch eine Begründung geboten ist. Bei einem im Wege der elektronischen Datenverarbeitung erstellten Verwaltungsakt können unter den Voraussetzungen des § 33 Abs. 4 Schlüsselzeichen zur Verwendung kommen.

21 Schließlich kann (Nr. 4) von einer Begründung abgesehen werden, wenn entsprechende Ausnahmen in **Rechtsvorschriften** geregelt sind. In Betracht kommen Bundes- und Landesgesetze, Rechtsverordnungen sowie Satzungen. Zumindest bei Vorschriften, die nach dem Inkrafttreten des SGB X erlassen worden sind, reicht es aus, wenn ihre Auslegung ergibt, dass keine Begründung erforderlich ist.

22 Nach Nr. 5 braucht eine **Allgemeinverfügung,** die öffentlich bekannt gegeben wird, nicht begründet zu werden. Sie muss allerdings ohne weiteres aus sich heraus verständlich sein.

§ 36 Rechtsbehelfsbelehrung

Erlässt die Behörde einen schriftlichen Verwaltungsakt oder bestätigt sie schriftlich einen Verwaltungsakt, ist der durch ihn beschwerte Beteiligte über den Rechtsbehelf und die Behörde oder das Gericht, bei denen der Rechtsbehelf anzubringen ist, deren Sitz, die einzuhaltende Frist und die Form schriftlich zu belehren.

A. Normzweck

1 § 36 ist ohne Entsprechung im VwVfG. Ähnlich der Begründungspflicht (§ 35) kommt der Vorschrift die Funktion zu, dem Adressaten eines Verwaltungsakts den Rechtsschutz (Art. 19 Abs. 4 GG) i. S. eines **effektiven Rechtsschutzes** zu erleichtern. Auch wenn es keinen verfassungsrechtlichen Grundsatz des Inhalts gibt, dass jede Verwaltungsentscheidung mit einer Rechtsbehelfsbelehrung zu versehen ist (Stelkens in: Stelkens/Bonk/Sachs, VwVfG, § 37 Rn. 6), wird der Betroffene mit der Rechtsbehelfsbelehrung in die Lage versetzt, Zugang zum Rechtsbehelfsverfahren zu finden.

2 Die Rechtsbehelfsbelehrung **ergänzt** den **Verwaltungsakt,** ist also nicht konstitutiver Bestandteil desselben. § 36 fasst die früher im Sozialrecht verstreuten Vorschriften hinsichtlich einer Pflicht zur Belehrung über die Rechtsbehelfe bei schriftlichen (seit 28. 8. 2002 auch elektronischen, § 36 a

Abs. 2 SGB I) Verwaltungsakte zusammen. Ergänzt wird die Vorschrift durch Regelungen in den Verfahrensordnungen: § 66 SGG; § 58 VwGO; § 55 FGO. Diesen ist gemein, dass sie bestimmen, dass nur die fehlerfreie Rechtsbehelfsbelehrung die Rechtsbehelfsfrist in Gang setzt. Eine entsprechende Regelung für Widerspruchsbescheide enthält § 85 Abs. 3 SGG bzw. § 73 Abs. 3 VwGO.

B. Regelungsgehalt

I. Der Begriff der Rechtsbehelfsbelehrung

Eine Rechtsbehelfsbelehrung ist zu erteilen, wenn die Behörde einen **schriftlichen Verwaltungsakt** erlässt oder schriftlich einen Verwaltungsakt bestätigt, der Beteiligte beschwert. Die Pflicht bezieht sich also nur auf schriftliche (und elektronische, § 36 a Abs. 2 SGB I) sowie schriftlich bzw. elektronisch bestätigte mündliche Verwaltungsakte (§ 33 Abs. 2 S. 2, 3). Im Übrigen unterliegen nach Verwaltungsverfahrensrecht mündliche Verwaltungsakte keiner Begründungspflicht; die § 66 SGG und § 58 VwGO verlangen hingegen eine solche Belehrung bei jedem Verwaltungsakt (vgl. BVerwGE 76, 257). Praktische Bedeutung hat dieser Unterschied indes kaum; denn im Sozialrecht werden (fern-)mündliche Verwaltungsakte – insbesondere wenn eine Beschwer damit verbunden ist – praktisch nicht erteilt. Außerdem dürfte Vorbringen eines Beteiligten gegen einen mündlichen Verwaltungsakt dahingehend auszulegen sein, dass dieser nach § 33 Abs. 2 S. 2 die schriftliche oder elektronische Bestätigung des mündlichen Verwaltungsakt verlangt (Waschull in: LPK-SGB X, § 36 Rn. 2). 3

Rechtsbehelf ist gegenüber dem Rechtsmittel der weitere Begriff. Mit dem Rechtsbehelf macht der Betroffene einen Anspruch auf – formelle oder materielle – Nachprüfung eines Verwaltungsakts oder eine gerichtliche Entscheidung im weiteren Sinne geltend. Das **Rechtsmittel** bezeichnet hingegen das Überprüfungsbegehren durch eine höhere Instanz (Devolutiveffekt). Als Rechtsbehelfe gegen Verwaltungsakte kommen grundsätzlich nur Widerspruch und – ggf. nach Durchführung eines Widerspruchsverfahrens – Klage in Betracht. Die Geltendmachung eines Anspruchs auf Rücknahme eines bindend gewordenen Verwaltungsakts ist kein Rechtsbehelf. Der Rücknahmeantrag beseitigt die eingetretene Unanfechtbarkeit nicht (SozR 4–1300 § 44 Nr. 3). Auch andere Möglichkeiten, gegen Verwaltungsakte vorzugehen (Dienstaufsichtsbeschwerden, Petitionen, Eingaben, etc.), stellen keine Rechtsbehelfe dar. 4

II. Beschwerter Beteiligter

Wer **Beteiligter** des Verwaltungsverfahrens ist, ergibt sich aus § 12 Abs. 1. Entgegen einer ursprünglichen Absicht im Regierungsentwurf (BT-Drs. 8/2034 S. 62) ist die Rechtsbehelfsbelehrung nur dem durch den Verwaltungsakt beschwerten Beteiligten zu erteilen, weil ein nicht beschwerter Antragsteller kein **Rechtsschutzinteresse** hat, so dass er einer Belehrung nicht bedarf. Mit dem Begriff „Beschwer" greift das Gesetz auf einen prozessrechtlichen Begriff (§ 54 Abs. 1, 2 SGG) zurück; eine **Beschwer** liegt nicht vor, wenn dem Antrag oder Begehren eines Beteiligten im Verwaltungsakt voll entsprochen wird. Die Rechtsposition eines Beteiligten muss zumindest zT tangiert sein; da auch Begünstigungen oft eine Beschwer einhergehen mit Belastungen, unterliegt es der Beurteilung im Einzelfall, ob eine Beschwer vorliegt (vgl. BVerfGE 92, 53 = SozR 3–2200 § 385 Nr. 6; Schlegel NZS 1997, 201; Waschull SGb 2000, 602; ders. NZS 2001, 113). Die Behörde tut daher gut daran, vorsorglich eine Rechtsbehelfsbelehrung zu erteilen. Liegt eine Beschwer tatsächlich nicht vor, ist der Rechtsbehelf dann unzulässig. 5

III. Inhalt der Rechtsbehelfsbelehrung

§ 36 legt fest, welchen Inhalt die Rechtsbehelfsbelehrung mindestens haben muss. Bezeichnet werden müssen die Art des Rechtsbehelfs als solche, die Verwaltungsstelle oder das Gericht, bei denen der Rechtsbehelf anzubringen ist, deren Sitz und die einzuhaltende Frist. Die Fristen dienen – zumindest auch – der Rechtssicherheit und sind insofern nicht in das Belieben individueller Personen oder Institutionen gestellt (BSGE 69, 9, 11 = SozR 3–1500 § 66 Nr. 1). Bei Rechtsbehelfen und Rechtsmitteln besteht ein besonderes Bedürfnis nach **Klarheit und Eindeutigkeit,** damit der Berechtigte, der sich fristgebunden entscheiden muss, keinem Zweifel über seine Rechte unterliegt (vgl. BSG SozR 3–1500 § 146 Nr. 1). Mit einer solchen Intention lässt es sich nicht vereinbaren, dass ein Sozialleistungsträger einseitig von sich aus mit rechtlicher Verbindlichkeit Rechtsbehelfsfristen für den Einzelfall anders als das Gesetz bemisst, gleichviel, ob dies auf eine Verlängerung oder Verkürzung hinausläuft. Auf die **Besonderheiten des Fristbeginns** bei Zustellung durch eingeschriebenen Brief in der Rechtsmittelbelehrung muss nicht hingewiesen werden; der Hinweis „nach Zustellung" ist vollständig (BSG SozR 3–1500 § 66 Nr. 2 [Bestätigung von BSG SozR SGG § 66 Nr. 32]). Die Rechtsbehelfs- oder Rechtsmittelbelehrung darf **nicht** durch weitere Informationen **überfrachtet** werden, durch Umfang, Kompliziertheit, Hervorhebung des Unwichtigen u. ä. Verwirrung stiften oder gar den Eindruck erwecken, die Rechtsverfolgung sei schwieriger, als dies in Wahrheit der Fall ist; bei derartigen 6

Fichte

Unklarheiten kann eine Gesamtwertung ergeben, dass die Rechtsbehelfs- oder Rechtsmittelbelehrung als unrichtig anzusehen ist (vgl. BSGE 69, 9 = SozR 3–1500 § 66 Nr. 1). Daher ist eine Rechtsbehelfsbelehrung unrichtig, wenn sie geeignet ist, bei dem Betroffenen einen Irrtum über die formellen oder materiellen Voraussetzungen des in Betracht kommenden Rechtsbehelfs hervorzurufen und ihn dadurch abzuhalten, den Rechtsbehelf überhaupt, rechtzeitig oder in der richtigen Form einzulegen (BVerwG Buchholz 310 § 58 VwGO Nr. 83).

7 Dennoch müssen die infrage kommenden **Rechtsbehelfe genau bezeichnet** sein; Hinweise allgemeiner Art, dass der Verwaltungsakt überprüft werden könne, reichen nicht aus. Die Rechtsbehelfsbelehrung entspricht nicht den gesetzlichen Erfordernissen, wenn sie die maßgebenden Vorschriften lediglich anführt, die Beteiligten aber nicht über den wesentlichen Inhalt dieser Vorschriften belehrt (BSG SozR Nr. 23 zu § 66 SGG). Zur wirksamen Rechtsmittelbelehrung gegenüber Verwaltungsakten der Behörde reicht die bloße Aushändigung eines allgemeinen Merkblatts nicht aus. Die Rechtsmittelfrist wird vielmehr nur in Lauf gesetzt, wenn die Belehrung **auf den Einzelfall abgestellt** ist (BSGE 30, 110, 112 = SozR Nr. 28 zu § 1291 RVO). Eine Rechtsmittelbelehrung ist nicht unrichtig, wenn neben der zutreffenden Angabe der Straße die Hausnummer des Gerichts falsch angegeben ist (BSG SozR 1500 § 66 Nr. 9 [Bestätigung von BSG SozR Nr. 15 zu § 66 SGG und SozR Nr. 23 zu § 67 SGG]). Die Bezugnahme, dass der Widerspruch „bei der oben genannten Stelle" einzulegen sei, genügt den gesetzlichen Anforderungen hingegen nicht, wenn nicht eindeutig und zweifelsfrei zu erkennen ist, welche Stelle dies ist (LSG Baden-Württemberg NZS 2006, 441; LSG NRW 7. 5. 2007 – L 7 B 58/07 AS – Juris).

8 Stehen **Klage und Widerspruch gleichgewichtig** nebeneinander, muss in der Rechtsbehelfsbelehrung über beide Rechtsbehelfe aufgeklärt werden (BSG SozR 2200 § 1291 Nr. 25). Wird eine der wahlweise zur Verfügung stehenden Rechtsbehelfsmöglichkeiten unzutreffend beschrieben, ist die Rechtsbehelfsbelehrung unrichtig (BSG SozR 3–1500 § 66 Nr. 4). Ist die Einlegung eines schriftlichen Widerspruchs vorgeschrieben ist, weist die Rechtsbehelfsbelehrung aber auf die Möglichkeit der Widerspruchseinlegung zur Niederschrift hin, zieht dies ebenfalls die Unrichtigkeit nach sich (BVerwG Buchholz 310 § 58 VwGO Nr. 77).

9 Sieht ein zwischenstaatliches **Sozialversicherungsabkommen** die Möglichkeit vor, Rechtsbehelfe fristwahrend bei einer Stelle im anderen Vertragsstaat einzulegen, muss die Rechtsbehelfsbelehrung darauf hinweisen. Hingegen besteht keine Verpflichtung zur Angabe in der Rechtsbehelfsbelehrung bezüglich so genannter **Auch-Stellen** (BSGE 81, 37 = SozR 3–1500 § 66 Nr. 7). Darunter sind die Stellen gemäß § 84 Abs. 2, § 91 Abs. 1 SGG zu verstehen, bei denen die Widerspruchs- oder Klagefrist auch gewahrt wird, wenn bei ihnen der Rechtsbehelf eingeht. Wird ein solcher Zusatz aufgenommen, schadet dies nicht; er muss jedoch richtig sein (BSGE 51, 202 = SozR 1500 § 66 Nr. 11).

IV. Frist und Form des Rechtsbehelfs

10 In der Belehrung muss die für die Einlegung des Rechtsbehelfs einzuhaltende **Frist** angegeben sein. Sie beträgt für den Widerspruch einen Monat nach Bekanntgabe des Verwaltungsakts, § 84 Abs. 1 SGG, bei Bekanntgabe im Ausland drei Monate (§ 84 Abs. 1 S. 2 SGG). Einer Belehrung über den Beginn der Frist bedarf es nicht; dieser ergibt sich aus dem Gesetz – auch bei der Zustellfiktion des § 4 Abs. 2 VwZG (BVerwG Buchholz 310 § 58 VwGO Nr. 73). Beginnt der Lauf einer Frist mit **Zustellung** des Verwaltungsakts, so muss auch auf diesen Umstand hingewiesen werden. Der Hinweis auf den Fristbeginn mit Zustellung ist auch dann nicht unrichtig, wenn der Bescheid nur bekannt gegeben werden muss. Enthält die Rechtsbehelfsbelehrung des Verwaltungsakts hingegen die Belehrung, die Rechtsbehelfsfrist laufe ab **Bekanntgabe**, ist die Rechtsbehelfsbelehrung unrichtig, wenn zugestellt werden muss (BSGE 79, 293 = SozR 3–1500 § 66 Nr. 6 [Abgrenzung zu BVerwG Buchholz 310 § 74 VwGO Nr. 9]). Wird eine **andere als die gesetzliche Frist** angegeben, ist die Rechtsbehelfsbelehrung ebenfalls unrichtig; dies gilt sogar dann, wenn eine längere als die gesetzliche Frist angegeben wird, der Betroffene also vermeintlich besser gestellt wird (BSGE 69, 9, 11 = SozR 3–1500 § 66 Nr. 1).

11 Nach § 36 muss auch eine Belehrung über die **Form** des einzulegenden Rechtsbehelfs erfolgen. Kann der Rechtsbehelf auch zur Niederschrift des Urkundsbeamten der Geschäftsstelle des zuständigen Gerichts erfolgen (§ 84 Abs. 1 S. 1 SGG für den Widerspruch; § 90 SGG für die Klage), so muss in der Belehrung darauf hingewiesen werden (BSGE 7, 16; BSG SozR 1500 § 66 Nr. 2). Fehlerhaft ist die Belehrung, ein Rechtsbehelf könne „mündlich zur Niederschrift" eingelegt werden, weil die Vorstellung damit verbunden ist, der Betroffene könnte sein Anliegen mündlich vortragen und dies werde dann vom Urkundsbeamten der Geschäftsstelle zu Protokoll genommen. Denn **Mündlichkeit** ist etwas anderes als der protokollierte Rechtsbehelf, den der Rechtsbehelfsführer regelmäßig eigenhändig unterschreiben muss, nachdem er ihm vorgelesen worden ist oder er ihn selbst gelesen hat (Fichte in: Fichte/Plagemann/Waschull, Sozialverwaltungsverfahrensrecht, 2008, § 3 Rn. 93 S. 211).

12 Unrichtig ist eine Rechtsbehelfsbelehrung, die den Eindruck erweckt, ein bestimmter **Antrag** werde vorausgesetzt oder die Klage müsse innerhalb einer bestimmten Frist **begründet** werden (BVerwGE 37, 85 = Buchholz 310 § 58 VwGO Nr. 21; BVerwGE 57, 188 = Buchholz 310 § 58

VwGO Nr. 39). Abweichendes gilt gemäß § 44 S. 1 der Zulassungsverordnung für Vertragsärzte/Vertragszahnärzte, wonach die Einlegung des Widerspruchs mit Angabe von Gründen zu erfolgen hat (LSG NRW GesR 2003, 77). Hierdurch wird der Rechtsschutz der Betroffenen nicht unverhältnismäßig erschwert (BSG SozR 3–5520 § 44 Nr. 1). Unter dem Gesichtspunkt der Rechtsschutzgarantie des Art. 19 Abs. 4 GG können allerdings keine strengen Anforderungen an die Begründungstiefe gestellt werden.

Eine **unrichtige Rechtsbehelfsbelehrung** darf nachträglich durch eine richtige ersetzt werden 13 (BSGE 69, 9 = SozR 3–1500 § 66 Nr. 1). Für den Widerspruchsbescheid gilt § 85 Abs. 3 S. 3 SGG, wonach die Rechtsmittelbelehrung zeitgleich mit dem Widerspruchsbescheid („hierbei") zu erteilen ist. Jede nachgeschobene Belehrung ist damit unrichtig iSv. § 66 Abs. 2 SGG mit der Folge, dass die Jahresfrist des § 66 Abs. 2 SGG ab Zustellung oder Bekanntgabe des Verwaltungsakts gilt. Innerhalb eines Jahres seit Zustellung, Eröffnung oder Verkündung eines Verwaltungsakts ist die Einlegung eines Rechtsbehelfs auch dann zulässig, wenn eine **Rechtsbehelfsbelehrung vollständig unterblieben** ist. Erfolgt eine Belehrung dahingehend, dass ein Rechtsbehelf nicht gegeben ist, oder war die Einlegung des Rechtsbehelfs vor Ablauf der Jahresfrist infolge höherer Gewalt unmöglich, kann der Rechtsbehelf auch nach Ablauf der Jahresfrist noch angebracht werden, § 66 Abs. 2 S. 1 SGG (vgl. hierzu Fichte in: Fichte/Plagemann/Waschull, Sozialverwaltungsverfahrensrecht, 2008, § 3 Rn. 93 S. 211).

V. Folgen fehlerhafter oder unterbliebener Belehrung

Eine fehlende oder unvollständige Rechtsbehelfsbelehrung führt nicht zur Rechtswidrigkeit des 14 Verwaltungsakts, sondern zur Verlängerung der Rechtsbehelfsfrist auf **ein Jahr**, § 66 Abs. 2 SGG, § 58 VwGO. Die Jahresfrist zur Einlegung des Rechtsbehelfs ist eine Ausschlussfrist, innerhalb derer der Rechtsbehelf sowohl eingelegt als auch begründet werden muss (SozR 3–1500 § 66 Nr. 5). Wird der Verwaltungsakt dem Beteiligten nicht zugestellt oder bekannt gegeben, wird auch keine Rechtsbehelfsfrist in Gang gesetzt; eine zeitliche Grenze zur Einlegung des Rechtsbehelfs kann sich dann aus den Grundsätzen der **Verwirkung** ergeben. Enthält die Rechtsbehelfsbelehrung die Bezeichnung eines unzutreffenden Gerichts, wird dieses nicht unter Umgehung der Regelungen über die örtliche, sachliche oder funktionelle Zuständigkeit zuständig. Unerheblich ist, ob gerade wegen der Unrichtigkeit der Rechtsbehelfsbelehrung die Frist zur Einlegung des Rechtsbehelfs versäumt worden ist (Waschull in: LPK-SGB X, § 37 Rn. 10). Die abstrakte Möglichkeit eines Kausalzusammenhangs zwischen unrichtiger Belehrung und Rechtsbehelfsverlust reicht aus (BVerwGE 57, 188 = Buchholz 310 § 58 VwGO Nr. 39). Legt ein Betroffener Widerspruch gegen einen Bescheid ein, der nach § 86 oder § 96 SGG in ein laufendes Verfahren einbezogen ist, aber fehlerhafterweise in seiner Rechtsbehelfsbelehrung auf den Widerspruch verwies, und nimmt der Betroffene den Widerspruch dann zurück, nachdem seine Unzulässigkeit erkannt wurde, so trägt die erlassende Behörde nach einer erweiternden Auslegung des § 63 Abs. 1 S. 2 SGB X die Kosten des Vorverfahrens (LSG Baden-Württemberg, ASR 2010, 123).

§ 37 Bekanntgabe des Verwaltungsaktes

(1) ¹**Ein Verwaltungsakt ist demjenigen Beteiligten bekannt zu geben, für den er bestimmt ist oder der von ihm betroffen wird.** ²**Ist ein Bevollmächtigter bestellt, kann die Bekanntgabe ihm gegenüber vorgenommen werden.**

(2) ¹**Ein schriftlicher Verwaltungsakt, der im Inland durch die Post übermittelt wird, gilt am dritten Tag nach der Aufgabe zur Post als bekannt gegeben.** ²**Ein Verwaltungsakt, der im Inland oder Ausland elektronisch übermittelt wird, gilt am dritten Tag nach der Absendung als bekannt gegeben.** ³**Dies gilt nicht, wenn der Verwaltungsakt nicht oder zu einem späteren Zeitpunkt zugegangen ist; im Zweifel hat die Behörde den Zugang des Verwaltungsaktes und den Zeitpunkt des Zugangs nachzuweisen.**

(3) ¹**Ein Verwaltungsakt darf öffentlich bekannt gegeben werden, wenn dies durch Rechtsvorschrift zugelassen ist.** ²**Eine Allgemeinverfügung darf auch dann öffentlich bekannt gegeben werden, wenn eine Bekanntgabe an die Beteiligten untunlich ist.**

(4) ¹**Die öffentliche Bekanntgabe eines schriftlichen oder elektronischen Verwaltungsaktes wird dadurch bewirkt, dass sein verfügender Teil in der jeweils vorgeschriebenen Weise entweder ortsüblich oder in der sonst für amtliche Veröffentlichungen vorgeschriebenen Art bekannt gemacht wird.** ²**In der Bekanntmachung ist anzugeben, wo der Verwaltungsakt und seine Begründung eingesehen werden können.** ³**Der Verwaltungsakt gilt zwei Wochen nach der Bekanntmachung als bekannt gegeben.** ⁴**In einer Allgemeinverfügung kann ein hiervon abweichender Tag, jedoch frühestens der auf die Bekanntmachung folgende Tag bestimmt werden.**

(5) **Vorschriften über die Bekanntgabe eines Verwaltungsaktes mittels Zustellung bleiben unberührt.**

§ 38 Offenbare Unrichtigkeiten im Verwaltungsakt

¹Die Behörde kann Schreibfehler, Rechenfehler und ähnliche offenbare Unrichtigkeiten in einem Verwaltungsakt jederzeit berichtigen. ²Bei berechtigtem Interesse des Beteiligten ist zu berichtigen. ³Die Behörde ist berechtigt, die Vorlage des Dokumentes zu verlangen, das berichtigt werden soll.

Zweiter Titel. Bestandskraft des Verwaltungsaktes

§ 39 Wirksamkeit des Verwaltungsaktes

(1) ¹Ein Verwaltungsakt wird gegenüber demjenigen, für den er bestimmt ist oder der von ihm betroffen wird, in dem Zeitpunkt wirksam, in dem er ihm bekannt gegeben wird. ²Der Verwaltungsakt wird mit dem Inhalt wirksam, mit dem er bekannt gegeben wird.

(2) Ein Verwaltungsakt bleibt wirksam, solange und soweit er nicht zurückgenommen, widerrufen, anderweitig aufgehoben oder durch Zeitablauf oder auf andere Weise erledigt ist.

(3) Ein nichtiger Verwaltungsakt ist unwirksam.

A. Normzweck

1 § 37 gewinnt seine Bedeutung im **Zusammenhang mit** der Regelung in **§ 39,** dass ein Verwaltungsakt in dem Zeitpunkt wirksam wird, in dem er dem Betroffenen bekannt gegeben wird (vgl. BSGE 59, 112 = SozR 2200 § 253 Nr. 2; zur Bekanntgabe gegenüber mehreren Betroffenen: BSGE 64, 17 = SozR 1200 § 54 Nr. 13). Die **Bekanntgabe** als Voraussetzung für das Wirksamwerden ist in § 37 geregelt; erst mit Bekanntgabe hat der Betroffene die Möglichkeit, von dem Inhalt des Verwaltungsakts Kenntnis zu erlangen. Das Bekanntgabeerfordernis ist – wie die Begründungspflicht (§ 35) und die Rechtsbehelfsbelehrung (§ 36) – Ausfluss des Rechtsstaatsprinzips (Art. 20 Abs. 3 GG) und der Rechtssicherheit geschuldet. Mit der Bekanntgabe beginnt der Lauf der Rechtsbehelfsfristen (BSGE 37, 28 = SozR Nr. 3 zu § 658 RVO; BSGE SozR Nr. 34 zu § 66 SGG).

2 Die Vorschrift setzt den Begriff der Bekanntgabe voraus; eine Begriffsdefinition wird nicht vorgenommen. **Abs. 1** regelt, wem gegenüber der Verwaltungsakt bekannt zu geben ist; **Abs. 2** enthält die **Fiktion,** zu welchem Zeitpunkt die Bekanntgabe bei Übermittlung durch die Post oder elektronische Übermittlung anzunehmen ist. **Abs. 3 und Abs. 4** enthalten Regelungen zur **öffentlichen Bekanntgabe.** Die besonderen Regelungen über die Bekanntgabe durch **Zustellung** bleiben nach **Abs. 5** unberührt. § 37 ist weitgehend mit § 41 VwVfG identisch (BT-Drs. 8/2034 S. 13, 33); in Abweichung zu § 41 Abs. 4 S. 1 VwVfG bestimmt § 37 Abs. 4 S. 1, dass der verfügende Teil des Verwaltungsakts in der jeweils vorgeschriebenen Weise entweder ortsüblich oder in der sonst für amtliche Veröffentlichungen vorgeschriebenen Art bekannt zu machen ist.

3 § 38 ermöglicht die Berichtigung von Schreib- und Rechenfehlern sowie ähnlicher **offenbarer Unrichtigkeiten,** ohne dass die Voraussetzungen der §§ 44 ff. zu beachten wären. Dies erklärt sich daraus, dass der Inhalt der Regelung unverändert bleibt und das tatsächlich Gewollte umgesetzt wird. Denn die Auslegung eines Verwaltungsakts richtet sich nicht nach den subjektiven Vorstellungen des Adressaten. Maßgebend ist entsprechend der Auslegungsregel des § 133 BGB der erklärte Wille, wie ihn der Empfänger bei objektiver Würdigung verstehen konnte (BVerwGE 84, 220 = Buchholz 406.25 § 20 BImSchG Nr. 1; BVerwG Buchholz 316 § 42 VwVfG Nr. 4). Ein mögliches Vertrauen in den Fortbestand der Unrichtigkeit ist wegen der Evidenz des Fehlers nicht schutzwürdig (BT-Drs. 7/910 S. 62 zu § 42 VwVfG; BSGE 18, 270 = SozR Nr. 3 zu § 1302 RVO). Das Recht auf Berichtigung eines infolge eines Rechenfehlers oder in ähnlicher Weise offenbar unrichtigen Rentenbescheids kann auch verwirkt werden (BSG SozR Nr. 48 zu § 77 SGG).

4 Die Vorschrift entspricht § 42 VwVfG und § 129 AO. In den gerichtlichen Verfahrensordnungen gelten § 138 SGG, § 118 VwGO, § 103 FGO, § 319 ZPO. Der Hinweis auf **Schreibfehler** lässt erkennen, dass die Vorschrift in erster Linie schriftliche und elektronische Verwaltungsakte betrifft; denn Schreibfehler sind in der Schreibtechnik (Orthographie, Grammatik, Interpunktion) angelegt. Sobald es hier zu Sinnentstellungen kommt, ist die Berichtigung das gegebene Mittel, dem auf einfache Weise entgegenzuwirken. Mündlich erteilte Verwaltungsakte können insofern von der Vorschrift erfasst werden, als diese schriftlich oder elektronisch bestätigt werden können (§ 33 Abs. 2 S. 3). Erfasst werden den auch Nebenbestimmungen als Teile des Verwaltungsakts bzw. unselbstständige Verwaltungsakte sowie Zusicherungen.

5 **Offenbar** sind Unrichtigkeiten, die für einen verständigen objektiven Dritten aus den Umständen des Erlasses des Verwaltungsakts ohne weiteres erkennbar sind. Ausschlaggebend ist daher, wie der Verwaltungsakt **ausgelegt** werden muss. Hiernach muss der Fehler geradewegs „ins Auge springen"

(BVerwGE 30, 146 = Buchholz 310 § 118 VwGO Nr. 1; BGH NJW 1964, 1858). **Berichtigung** ist die inhaltliche Klarstellung des wirklich Gewollten. Grundsätzlich ist der Behörde Ermessen eingeräumt (S. 1); bei berechtigtem Interesse des Beteiligten besteht aber ein Anspruch auf Berichtigung (S. 2). Das berechtigte Interesse kann auch wirtschaftlicher oder ideeller Art sein. Die Berichtigung kann von Amts wegen oder auf Antrag eines Beteiligten vorgenommen werden. Die Behörde kann die Vorlage des Dokuments (Schriftstücks), in dem der Verwaltungsakt verkörpert ist, zur Berichtigung verlangen (S. 3). Diese Aufforderung ist selbst Verwaltungsakt (Thelen, DAngVers 1983, 229, 231). Nicht Verwaltungsaktscharakter haben hingegen die Vornahme oder Ablehnung der beantragten Berichtigung selbst (Waschull in: LPK-SGB X, § 38 Rn. 8 m. w. N.). Denn die Berichtigung drückt nur das aus, was mit dem – berichtigten – Verwaltungsakt selbst geregelt werden sollte.

§ 39, dem § 43 VwVfG und § 124 AO entsprechen, gehört zwar schon zum Zweiten Titel über die Bestandskraft von Verwaltungsakten; inhaltlich geregelt werden aber Beginn und Ende der **Wirksamkeit** eines Verwaltungsakts. Allerdings ist der Begriff der Wirksamkeit nicht mit dem Begriff der Bestandskraft identisch; die Bestandskraft setzt vielmehr die Wirksamkeit des Verwaltungsakts notwendig voraus (Roos in: v. Wulffen, SGB X, § 39 Rn. 3; Pickel, SGB X, § 39 Rn. 12; Waschull in: LPK-SGB X, § 39 Rn. 1). 6

Der **Begriff der Bestandskraft** ergibt sich aus § 77 SGG (Bindungswirkung). Die Bestandskraft eines Verwaltungsakts entspricht in etwa der Rechtskraft eines gerichtlichen Urteils (BVerwGE 48, 271 = Buchholz 406.17 Bauordnungsrecht Nr. 3; vgl. auch Schwab, JuS 1976, 69, 73). Im Sozialverwaltungsverfahrensrecht selbst taucht der Begriff nicht auf; das Gesetz spricht insoweit stets von der „Wirksamkeit" des Verwaltungsakts. Unterschieden werden die **formelle Bestandskraft** (Unanfechtbarkeit, §§ 84, 87 SGG), wonach der Verwaltungsakt nicht mehr mit einem Rechtsbehelf angefochten werden kann, und die **materielle Bestandskraft,** die ausdrückt, dass die getroffene Regelung sowohl für die erlassende Behörde als auch für den Adressaten des Verwaltungsakts grundsätzlich verbindlich ist, mithin Bindungswirkung entfaltet (BSGE 41, 113 = SozR 4100 § 41 Nr. 22; BSGE 77, 253 = SozR 3–8570 § 13 Nr. 1; BSGE 71, 274 = SozR 3–1500 § 85 Nr. 1). Auch ein formell noch nicht bestandskräftiger Verwaltungsakt kann materielle Bindungswirkung entfalten, wenn einem Rechtsbehelf keine aufschiebende Wirkung zukommt (§ 86a Abs. 2 SGG). 7

Die Bestandskraft von Verwaltungsakten führt aber nicht zu einer absoluten Bindungswirkung, weil der Beteiligte über §§ 44 ff. SGB X jederzeit eine Überprüfung beantragen kann. In der sozialrechtlichen Praxis kommt insbesondere § 44 größere Bedeutung zu. **Tatbestands- und Feststellungswirkung** eines bestandskräftigen Verwaltungsakts sind daher von vornherein **relativ:** Sie unterliegen der jederzeitigen Abänderbarkeit, wenn sich die Sach- oder Rechtslage ändert. Überdies erwächst nur der Entscheidungssatz des Verwaltungsakts in Bindungswirkung, nicht hingegen die Begründung (BSGE 24, 236 = SozR Nr. 1 zu Art. 1 § 2 6. RAG; BSGE 46, 236 = SozR 1500 § 77 Nr. 29). Die Tatbestandswirkung bindet auch Dritte; ihr kommt also über das Beteiligtenverhältnis hinaus Bedeutung zu. Dritte, insbesondere sonstige Behörden und Gerichte, müssen den Verwaltungsakt als Tatsache akzeptieren, weil die Wirksamkeit des Verwaltungsakts Tatbestandsvoraussetzung für die vom Dritten zu treffende Entscheidung ist (BSGE 75, 97 = SozR 3–4100 § 116 Nr. 2). **Tatbestandswirkung im engeren Sinn** wird angenommen, wenn nach materiellem Recht der Erlass eines hoheitlichen Akts als solcher Voraussetzung (Tatbestandsmerkmal) für den Eintritt einer Rechtsfolge ist, ohne dass es auf seinen Inhalt ankommt (Stelkens/Bonk/Sachs, VwVfG, § 43 Rn. 112). Zum anderen wird eine **Tatbestandswirkung im weiteren Sinn** auch auf den Inhalt des Hoheitsakts (Ausspruch i. S. von Verfügungssatz) bezogen (Meyer/Borgs, VwVfG, § 35 Rn. 8 f.; Maurer, Allgemeines Verwaltungsrecht, § 11 Rn. 8). 8

B. Regelungsgehalt

I. Die Bekanntgabe des Verwaltungsakts

Die Bekanntgabe erfolgt grundsätzlich mit dem **Zugang** des Verwaltungsakts in den Machtbereich des Empfängers. Mit der Übergabe eines Schriftstücks an den Ehegatten – noch dazu in der gemeinsamen Ehewohnung – ist dieses in den „Machtbereich" des Empfängers gelangt und deshalb bei Zugrundelegung gewöhnlicher Verhältnisse auch diesem zugegangen ist (BVerwG Buchholz 316 § 41 VwVfG Nr. 2; vgl. auch Heinrichs in: Palandt, Anm. 3a und c zu § 130 BGB). Entsprechend § 130 BGB ist bei Bekanntgabe mit einfachem Brief der Verwaltungsakt zugegangen, wenn er so in den **Machtbereich des Empfängers** gelangt ist, dass – bei gewöhnlichem Verlauf und normaler Gestaltung der Verhältnisse – mit der Kenntnisnahme durch den Empfänger zu rechnen ist (BSG SozR 3–1300 § 44 Nr. 19 m. w. N.). Die **tatsächliche Kenntnisnahme** ist nicht erforderlich. Bekanntgabe liegt auch dann vor, wenn der Adressat die Annahme eines schriftlichen Verwaltungsakts verweigert (LSG NRW MDR 1990, 85; Waschull in: LPK-SGB X, § 37 Rn. 4 m. w. N.). 9

Im **elektronischen Rechtsverkehr** kann hingegen nicht vorausgesetzt werden, dass der Adressat stets empfangsbereit ist. § 36a Abs. 1 SGB I macht daher die Zulässigkeit der Übermittlung elektronischer Dokumente davon abhängig, dass der Empfänger „hierfür einen Zugang eröffnet hat". Die bloße Übersendung eines Verwaltungsakts per E-Mail begründet also mit dessen elektronischem Ein- 10 gang beim Empfänger keinen Zugang. Vielmehr ist eine ausdrückliche oder konkludente Widmung erforderlich, wobei auf die sich mit der Verbreitung der elektronischen Kommunikationsmittel fortentwickelnde Verkehrsauffassung abzustellen ist (BT-Drs. 14/9000 S. 30 f.). Wird hingegen die E-mail-Adresse im Briefkopf aufgeführt, kann davon ausgegangen werden, dass der Zugang eröffnet ist (Waschull in: LPK-SGB X, § 37 Rn. 4 m. w. N.).

11 Die Bekanntgabe ist bei **allen Formen von Verwaltungsakten** erforderlich. Bei einem mündlichen Verwaltungsakt erfolgt sie durch Verlautbarung, bei einem konkludenten Verwaltungsakt durch das Handeln der Behörde (BSG SozR 2200 § 182 Nr. 103). Schriftliche Verwaltungsakte werden regelmäßig durch Übermittlung per Post mittels einfachen Briefs (Abs. 2) bekannt gegeben; andere – zT aus Kostengründen immer weniger angewendete – Zustellungsformen sind die Übermittlung durch eingeschriebenen Brief (ggf. mit Rückschein) oder die Zustellung (Abs. 5). Unter bestimmten Voraussetzungen kommt auch die öffentliche Bekanntgabe (Abs. 3, 4) in Betracht.

12 Die förmliche **Zustellung** richtet sich nach dem Verwaltungszustellungsgesetz des Bundes und entsprechenden Landesgesetzen. § 37 regelt nicht, welche Form der Bekanntgabe die Behörde jeweils zu wählen hat. Soweit eine bestimmte Form nicht später gesetzlich vorgeschrieben ist, liegt die Wahl im **Ermessen** der Behörde. Die früher erforderliche Zustellung von Widerspruchsbescheiden ist nach der Neuregelung des § 86 Abs. 3 S. 1 SGG nicht mehr vorgeschrieben.

II. Adressaten der Bekanntgabe

13 Nach **Abs. 1 S. 1** ist der Verwaltungsakt denjenigen Beteiligten eines Verwaltungsverfahrens (§ 8) bekannt zu geben, für die er bestimmt ist oder die von ihm betroffen sind. Wer Beteiligter ist, ergibt sich aus § 12 Abs. 1. **Bestimmt** ist der Verwaltungsakt für denjenigen, der durch die Regelung unmittelbar berechtigt oder verpflichtet wird; **betroffen** ist derjenige, in dessen Rechte oder rechtlich geschützte Interessen der Verwaltungsakt eingreift. Die Betroffenheit drückt mithin die Belastung aus, die bei einem Verwaltungsakt mit Doppelwirkung einen Dritten treffen kann, der dann in die Bekanntgabeverpflichtung einzubeziehen ist (BT-Drs. 7/910 S. 62). Richtet sich ein Verwaltungsakt an mehrere Beteiligte, so ist er jedem von ihnen bekannt zu geben (BT-Drs. 7/910 S. 63 zu § 43 VwVfG). Ebenso bestimmt sich der Lauf der Rechtsmittelfrist für jeden Einzelnen individuell. Sofern keine Sonderregelung besteht, reicht es nicht, wenn mehreren Beteiligten nur eine Ausfertigung des Verwaltungsakts übermittelt wird, selbst wenn es sich bei den Beteiligten um ein **Ehepaar** handelt (BVerwG Buchholz 436.0 § 11 BSHG Nr. 17; Kopp/Ramsauer, VwVfG, § 41 Rn. 24; Engelmann in: v. Wulffen, SGB X, § 37 Rn. 9; aA: Stelkens in: Stelkens/Bonk/Sachs, VwVfG, § 41 Rn. 25). Ist der Bescheid über die Bewilligung von Leistungen nach dem SGB II nur einem Mitglied der **Bedarfsgemeinschaft** in seiner Eigenschaft als vermuteter Vertreter der Angehörigen der Bedarfsgemeinschaft (§ 38 SGB II) bekannt gegeben worden, ist aber dem Bescheid noch mit hinreichender Deutlichkeit zu entnehmen, dass zwei Angehörige der Bedarfsgemeinschaft Inhalts-Adressaten der darin verlautbarten Verwaltungsakte sind, so handelt es sich in der Sache um als solche erkennbare **Zusammenfassung mehrerer an verschiedene Personen gerichteter Verwaltungsakte in einem Bescheid** (LSG Berlin-Brandenburg NZM 2006, 831). Bei Aufhebungs- und Rückforderungsbescheiden genügt es, wenn diese nur an einen der **Gesamtschuldner** gerichtet und bekannt gegeben werden, soweit die anderen nicht in Anspruch genommen werden sollen (BSGE 89, 90 = SozR 3–2500 § 82 Nr. 3).

14 Nach **Abs. 1 S. 2** kann die **Bekanntgabe** auch **gegenüber einem Bevollmächtigten** (§ 13) erfolgen. Dies ist eine Besonderheit gegenüber § 13 Abs. 3 S. 1, wonach sich die Behörde grundsätzlich in allen Belangen an den Bevollmächtigten zu wenden hat. Bei der Bekanntgabe eines Verwaltungsakts steht es aber im Ermessen der Behörde, ob sie sich an den Betroffenen oder dessen Bevollmächtigten wendet (LSG Berlin-Brandenburg 9. 7. 2007 – L 28 B 1054/07 AS – Juris). Wählt die Behörde die Bekanntgabe gegenüber dem Betroffenen selbst, erscheint es jedoch durchaus angemessen, dem Bevollmächtigten zumindest eine **Durchschrift** zukommen zu lassen (LSG NRW 13. 7. 2007 – L 20 B 16/07 AS – Juris). Wählt die Behörde allerdings freiwillig die Möglichkeit einer Zustellung, etwa durch eingeschriebenen Brief, finden die Vorschriften des maßgeblichen (Landes-)Verwaltungszustellungsgesetzes Anwendung (LSG Berlin 30. 3. 2005 – L 7 KA 53/01 – Juris). Denn nach § 8 VwZG „muss" – als lex specialis – an den Bevollmächtigten zugestellt werden. Auch wenn der Wortlaut des § 37 Abs. 1 für die Bekanntgabe an den Beteiligten bzw. Betroffenen als Normalfall zu sprechen scheint (BVerwGE 105, 288 = Buchholz 310 § 74 VwGO Nr. 11), zeigt doch der Vergleich zu § 13 Abs. 3 S. 1 und § 8 VwZG, dass im Falle der Bevollmächtigung der Bevollmächtigte primär Ansprechpartner der Behörde sein soll. Entsprechend der ursprünglichen Absicht des Gesetzgebers (BT-Drs. 8/4022 S. 24) wäre es daher vorzuziehen gewesen, die Bekanntgabe an den Bevollmächtigten als verpflichtend auszugestalten.

III. Zeitpunkt der Bekanntgabe

15 Abs. 2 der Vorschrift bezieht sich auf die Bekanntgabe mit einfachem Brief; die Zustellung durch eingeschriebenen Brief ist in § 4 Abs. 1 VwZG geregelt. Es gilt die Zugangsvermutung, dass der schriftliche bzw. elektronische Verwaltungsakt durch Übermittlung per Post oder elektronische

Übermittlung bekannt gegeben ist. Diese Fiktion des Zugangs am dritten Tag nach der Absendung gilt allerdings nicht für die Übermittlung per Post ins **Ausland**. Hier gilt nach § 14 S. 2 eine Zugangsfiktion am siebenten Tag nach der Aufgabe zur Post, bei elektronischer Übermittlung am dritten Tage nach der Absendung, sofern kein Empfangsbevollmächtigter im Inland bestellt worden ist.

Die **Zugangsfiktion** des Abs. 2 S. 1 Hs. 1 gilt selbst dann, wenn der Zugang tatsächlich früher erfolgt. Das gilt nach der Neufassung des § 37 Abs. 2 S. 1 zum 1. 2. 2003 auch für elektronisch übermittelte Verwaltungsakte. Zwar ist die Übermittlungszeit typischerweise wesentlich kürzer als bei postalischen Übermittlung; im Hinblick auf Gefährdungen, die sich bei Übertragungen mithilfe des Internets ergeben, ist aber eine Frist von drei Tagen vorgesehen worden. Bei der Bestimmung des dritten Tags ist nicht entscheidend, ob dieser ein Sonntag, gesetzlicher Feiertag oder Sonnabend ist. § 26 Abs. 3 S. 1, demzufolge die Frist mit dem Ablauf des nächsten Werktags endet, wenn das Ende der Frist auf einen Sonntag, gesetzlicher Feiertag oder einen Sonnabend fällt, gilt nicht unmittelbar, weil die Vorschrift nur den Ablauf einer Frist regelt (Engelmann in: v. Wulffen, SGB X, § 37 Rn. 12 m.w.N.). Auch eine analoge Anwendung kommt nicht in Betracht, weil sich § 26 Abs. 3 S. 1 auf Fristen des § 26 Abs. 2 bezieht, in denen – anders als bei Abs. 2 S. 1 – fristwahrende Handlungen des Betroffenen erwartet werden (BSG SozR 4–1300 § 37 Nr. 1; eingehend: OVG NRW AnwBl. 2002, 723; LSG für das Saarland 27. 4. 2007 – L 7 R 52/06; aA: BFHE 203, 26 = BStBl. II 2003, 898). 16

Der **tatsächliche Zugang** ist nur nach Ablauf der drei Tage von Bedeutung. Wenn ein Beteiligter nachvollziehbar behauptet, der Verwaltungsakt sei nicht oder erst nach Ablauf der Drei-Tages-Frist zugegangen, trägt die Behörde für einen früheren Zugang die Beweislast (BSG SozR 4–3500 § 21 Nr. 1). Auch für ein Hinweisschreiben (Hinweis auf eine mögliche Antragstellung [§ 115 Abs. 6 SGB VI]) besteht weder eine Zugangsvermutung noch gelten die Grundsätze des Anscheinsbeweises (BSG SozR 4–2600 § 115 Nr. 2; eingehend: Hebeler, DÖV 2006, 112; Waschull in: LPK-SGB X, § 37 Rn. 12). Der Adressat eines solchen Verwaltungsakts oder Hinweisschreibens kann sich darauf beschränken, den Nichtzugang oder verspäteten Zugang des Verwaltungsakts/Hinweisschreibens zu behaupten. Eine „Darlegungslast" in der Hinsicht, dass ein berechtigter Zweifel dargetan werden müsste, besteht nicht (LSG Baden-Württemberg UV-Recht Aktuell 2007, 1193); sie wäre auch kaum praktikabel (Waschull in: LPK-SGB X, § 37 Rn. 13 m.w.N.). Allerdings kann der der Behörde obliegende Beweis für die Bekanntgabe des Verwaltungsakts auf Indizien gestützt und im Wege der **freien Beweiswürdigung** geführt werden (LSG Baden-Württemberg 10. 10. 2006 – L 13 AL 3133/05 – Juris; vgl. BFHE 156, 66, BFHE 175, 327 und BFHE 209, 416). Der Nachweis des Zugangs oder zumindest – wegen § 37 Abs. 2 – der Aufgabe des Bescheids zur Post kann nicht im Wege des Anscheinsbeweises dadurch erbracht werden, dass ein Mitarbeiter der Behörde zB einen behaupteten regelmäßigen Zusammenhang zwischen Honorarauszahlung und Bescheidabsendung bestätigt. Denn derartige behördeninterne Vorgänge sind dem **Anscheinsbeweis** nicht zugänglich. Dieser kann nur auf dem Resümee zahlreicher Erfahrungen des Lebens oder von Erkenntnissen einer großen Zahl von Personen beruhen, die sie bei wesensgleichen Ereignissen immer wieder gewonnen haben (LSG Niedersachsen Bremen MedR 2006, 674; BFH NVwZ 1990, 303 f.). 17

IV. Öffentliche Bekanntgabe (Abs. 3 und 4)

Nach **Abs. 3 S. 1** ist die öffentliche Bekanntgabe eines Verwaltungsakts nur erlaubt, wenn sie durch eine Rechtsvorschrift zugelassen wird. Diese Einschränkung dient dem **Schutz des Betroffenen,** der durch diese Art der Bekanntgabe regelmäßig keine tatsächliche Kenntnis vom Verwaltungsakt erlangt (BT-Drs. 8/2034 S. 62). Die nicht durch Rechtsvorschrift zugelassene öffentliche Bekanntgabe setzt Rechtsbehelfsfristen nicht in Gang. Eine **Ausnahme** gilt nach **Abs. 3 S. 2** für Allgemeinverfügungen. Es liegt in der Natur der Sache, dass diese – zur Verwaltungsvereinfachung – regelmäßig öffentlich bekannt gegeben werden, weil sie sich nicht an einen bestimmten oder bestimmbaren Personenkreis richten (vgl. § 31 S. 2). Daraus, dass eine Allgemeinverfügung dem betroffenen Personenkreis kaum bekannt gegeben werden kann, erklärt sich der Zusatz in Abs. 3 S. 2 über die Untunlichkeit; diese liegt vor, wenn die individuelle Bekanntgabe unmöglich oder mit erheblichen Schwierigkeiten verbunden ist (BT-Drs. 7/910 S. 61 zu § 41 VwVfG). 18

Das **Verfahren** bei der öffentlichen Bekanntgabe ist in **Abs. 4** dezidiert beschrieben. Nach **S. 1** ist nur der verfügende Teil bekanntzumachen. Der Verwaltungsakt muss also in der veröffentlichten Form keine Begründung enthalten; es genügt die Angabe, wo der Verwaltungsakt und seine Begründung eingesehen werden können (Abs. 4 S. 2). Dies erklärt sich daraus, dass die Begründung rechtlich kein begriffskonstitutiver Bestandteil des Verwaltungsakts ist (§ 35 S. 2). Der verfügende Teil ist zu ergänzen durch die Angabe der Behörde und des Adressatenkreis. Dass auch die Angabe der Rechtsbehelfsbelehrung bekannt zu geben wäre, besagt Abs. 4 nicht. Daher reicht es nach dem Wortlaut des Abs. 4 aus, wenn angegeben wird, wo die Rechtsbehelfsbelehrung eingesehen werden kann. Im Sinne eines effektiven Rechtsschutzes sollte die Rechtsbehelfsbelehrung jedoch zusammen mit dem verfügenden Teil bekannt gegeben werden. 19

Die Bekanntgabe hat entweder **ortsüblich** oder in der sonst **für öffentliche Bekanntmachungen vorgeschriebenen Art** zu erfolgen. Die vorgeschriebene Form ist einzuhalten; Wahlmöglich- 20 keiten bestehen für die Behörde nicht (BT-Drs. 8/2034 S. 49, 62). Die Ortsüblichkeit orientiert sich an den Gepflogenheiten, die am Sitz der Behörde herrschen. In Betracht kommen eine Veröffentlichung in Tageszeitungen oder im Amtsblatt sowie der Aushang in öffentlichen Gebäuden. Sonst für amtliche Veröffentlichungen vorgeschriebene Arten sind zB die Bekanntgabe in Mitteilungsblättern der Versicherungsträger (BT-Drs. 8/2034 S. 63). Nach **Abs. 4 S. 3** gilt der Verwaltungsakt zwei Wochen nach Bekanntmachung als bekannt gegeben. Die Zweiwochenfrist berechnet sich nach § 26 Abs. 1 iVm. § 187 Abs. 2, § 188 Abs. 2 BGB. Die Zugangsfiktion ist unwiderlegbar (Pickel, SGB X, § 37 Rn. 38). Nach **Abs. 4 S. 4** kann in Allgemeinverfügungen ein hiervon abweichender Tag, jedoch frühestens der auf die Bekanntgabe folgende Tag bestimmt werden.

V. Zustellungen (Abs. 5)

21 Nach Abs. 5 bleiben die Vorschriften über die Bekanntgabe eines Verwaltungsakts mittels Zustellung unberührt. Hierdurch wird klargestellt, dass die Verpflichtungen zu förmlichen Zustellungen als **Sonderfall** der Bekanntmachung schriftlicher Verwaltungsakte vorgehen. Diese erfolgen nach dem VwZG des Bundes oder entsprechenden Landesgesetzen. Die geläufigsten Zustellungsarten sind: Zustellungsurkunde (§ 3 VwZG), durch die Post per Einschreiben (§ 4 VwZG) und durch die Behörde gegen Empfangsbekenntnis (§ 5 Abs. 1, 2 VwZG). Wählt die Behörde freiwillig die Möglichkeit der Zustellung, um etwa über einen Zustellungsnachweis zu verfügen und die Rechtsfolgen des § 37 Abs. 2 S. 2 Hs. 2 auszuschließen, gelten ebenfalls die Vorschriften der jeweiligen Verwaltungszustellungsgesetze (BSG SozR 1500 § 84 Nr. 6).

VI. Bekanntgabemängel; Unwirksamkeit

22 Die Folgen fehlerhafter Bekanntgaben sind im Gesetz nicht geregelt. **§ 39 Abs. 1 S. 1** bestimmt jedoch, dass der Verwaltungsakt erst im Zeitpunkt der Bekanntgabe wirksam wird. Der nicht oder fehlerhaft bekannt gegebene Verwaltungsakt ist also **unwirksam,** wobei zwischen äußerer und innerer Wirksamkeit differenziert wird (vgl. Roos in: v. Wulffen, SGB X, § 39 Rn. 4 bis 7): Die **äußere Wirksamkeit** bedeutet, dass der Verwaltungsakt mit der Bekanntgabe an den Betroffenen existent wird; die **innere Wirksamkeit** bezieht sich darauf, dass der Verwaltungsakt die in ihm enthaltenen bzw. kraft Gesetzes mit ihm verbundenen Rechtswirkungen gegenüber der Behörde, den Betroffenen und gegebenenfalls Dritten auslöst.

23 Auch bei Zustellungsmängeln kann es dem Betroffenen oder der Behörde verwehrt sein, sich auf die fehlende Wirksamkeit zu berufen, wenn dies gegen **Treu und Glauben** verstößt (BVerwGE 44, 294 = Buchholz 406.11 § 31 BBauG Nr. 9; BVerwG Buchholz 448.0 § 44 WPflG Nr. 7; BVerwGE 85, 213 = Buchholz 448.0 § 44 WPflG Nr. 9). Bei **Zweifeln** kann der Beteiligte die Feststellung (§ 55 Abs. 1 Nr. 1, Nr. 4 SGG analog) der Unwirksamkeit der Bekanntgabe begehren, um den Rechtsschein eines wirksamen Verwaltungsakts nach außen zu zerstören. Erlangt der Betroffene ohne wirksame Bekanntgabe **auf andere Weise Kenntnis** vom Inhalt des Verwaltungsakts, kann dies zu einer Heilung des Bekanntgabemangels führen (BVerwG Buchholz 401.84 Benutzungsgebühren Nr. 68).

24 Nach **§ 39 Abs. 2** bleibt ein Verwaltungsakt wirksam, solange und soweit er nicht zurückgenommen, widerrufen, anderweitig aufgehoben oder durch Zeitablauf oder auf andere Weise erledigt ist. Damit regelt Abs. 2 die Dauer der Wirksamkeit und die Umstände, die die Wirksamkeit beenden. Von einer **Erledigung auf andere Weise** ist auszugehen, wenn der Regelungsgegenstand des Bescheids entfallen oder die Ausführung seines Hauptverfügungssatzes rechtlich oder tatsächlich unmöglich geworden ist (BSGE 72, 50 = SozR 3–8570 § 10 Nr. 1 mit Anm. Kreikebohm SGb 1993, 435). Ansonsten tritt Erledigung eines befristeten Verwaltungsakts nach Fristablauf ein, eines bedingten Verwaltungsakts nach Erfüllung des Gebots oder Zweckerreichung (Roos in: v. Wulffen, SGB X, § 39 Rn. 14 m.w.N.).

25 **§ 39 Abs. 3** stellt klar, dass ein nichtiger Verwaltungsakt eo ipso unwirksam ist. Der **Formmangel der Nichtigkeit** kann nicht durch Nachholung geheilt werden; es ist vielmehr die Erteilung eines neuen Bescheids erforderlich, der keine rückwirkende Kraft hat. (BSGE 21, 79 = SozR Nr. 1 zu § 43 VwVfG; BSGE 28, 111 = SozR Nr. 6 zu § 250 RVO; BSG SozR 2200 § 734 Nr. 6). Ein nichtiger Verwaltungsakt entfaltet keine Wirkung. Unbenommen bleibt die Möglichkeit einer Gegenvorstellung bei der erlassenden Behörde mit dem Ziel, eine als unrichtig angesehene Regelung (Eintragung oder Löschung) von Amts wegen berichtigen zu lassen (BSGE 24, 13 = SozR Nr. 2 zu § 1421 RVO).

§ 40 Nichtigkeit des Verwaltungsaktes

(1) **Ein Verwaltungsakt ist nichtig, soweit er an einem besonders schwerwiegenden Fehler leidet und dies bei verständiger Würdigung aller in Betracht kommenden Umstände offensichtlich ist.**

(2) Ohne Rücksicht auf das Vorliegen der Voraussetzungen des Absatzes 1 ist ein Verwaltungsakt nichtig,
1. der schriftlich oder elektronisch erlassen worden ist, die erlassende Behörde aber nicht erkennen lässt,
2. der nach einer Rechtsvorschrift nur durch die Aushändigung einer Urkunde erlassen werden kann, aber dieser Form nicht genügt,
3. den aus tatsächlichen Gründen niemand ausführen kann,
4. der die Begehung einer rechtswidrigen Tat verlangt, die einen Straf- oder Bußgeldtatbestand verwirklicht,
5. der gegen die guten Sitten verstößt.

(3) Ein Verwaltungsakt ist nicht schon deshalb nichtig, weil
1. Vorschriften über die örtliche Zuständigkeit nicht eingehalten worden sind,
2. eine nach § 16 Abs. 1 Satz 1 Nr. 2 bis 6 ausgeschlossene Person mitgewirkt hat,
3. ein durch Rechtsvorschrift zur Mitwirkung berufener Ausschuss den für den Erlass des Verwaltungsaktes vorgeschriebenen Beschluss nicht gefasst hat oder nicht beschlussfähig war,
4. die nach einer Rechtsvorschrift erforderliche Mitwirkung einer anderen Behörde unterblieben ist.

(4) Betrifft die Nichtigkeit nur einen Teil des Verwaltungsaktes, ist er im Ganzen nichtig, wenn der nichtige Teil so wesentlich ist, dass die Behörde den Verwaltungsakt ohne den nichtigen Teil nicht erlassen hätte.

(5) Die Behörde kann die Nichtigkeit jederzeit von Amts wegen feststellen; auf Antrag ist sie festzustellen, wenn der Antragsteller hieran ein berechtigtes Interesse hat.

§ 41 Heilung von Verfahrens- und Formfehlern

(1) Eine Verletzung von Verfahrens- oder Formvorschriften, die nicht den Verwaltungsakt nach § 40 nichtig macht, ist unbeachtlich, wenn
1. der für den Erlass des Verwaltungsaktes erforderliche Antrag nachträglich gestellt wird,
2. die erforderliche Begründung nachträglich gegeben wird,
3. die erforderliche Anhörung eines Beteiligten nachgeholt wird,
4. der Beschluss eines Ausschusses, dessen Mitwirkung für den Erlass des Verwaltungsaktes erforderlich ist, nachträglich gefasst wird,
5. die erforderliche Mitwirkung einer anderen Behörde nachgeholt wird,
6. die erforderliche Hinzuziehung eines Beteiligten nachgeholt wird.

(2) Handlungen nach Absatz 1 Nr. 2 bis 6 können bis zur letzten Tatsacheninstanz eines sozial- oder verwaltungsgerichtlichen Verfahrens nachgeholt werden.

(3) [1] Fehlt einem Verwaltungsakt die erforderliche Begründung oder ist die erforderliche Anhörung eines Beteiligten vor Erlass des Verwaltungsaktes unterblieben und ist dadurch die rechtzeitige Anfechtung des Verwaltungsaktes versäumt worden, gilt die Versäumung der Rechtsbehelfsfrist als nicht verschuldet. [2] Das für die Wiedereinsetzungsfrist maßgebende Ereignis tritt im Zeitpunkt der Nachholung der unterlassenen Verfahrenshandlung ein.

§ 42 Folgen von Verfahrens- und Formfehlern

[1] Die Aufhebung eines Verwaltungsaktes, der nicht nach § 40 nichtig ist, kann nicht allein deshalb beansprucht werden, weil er unter Verletzung von Vorschriften über das Verfahren, die Form oder die örtliche Zuständigkeit zustande gekommen ist, wenn offensichtlich ist, dass die Verletzung die Entscheidung in der Sache nicht beeinflusst hat. [2] Satz 1 gilt nicht, wenn die erforderliche Anhörung unterblieben oder nicht wirksam nachgeholt ist.

§ 43 Umdeutung eines fehlerhaften Verwaltungsaktes

(1) Ein fehlerhafter Verwaltungsakt kann in einen anderen Verwaltungsakt umgedeutet werden, wenn er auf das gleiche Ziel gerichtet ist, von der erlassenden Behörde in der geschehenen Verfahrensweise und Form rechtmäßig hätte erlassen werden können und wenn die Voraussetzungen für dessen Erlass erfüllt sind.

(2) [1] Absatz 1 gilt nicht, wenn der Verwaltungsakt, in den der fehlerhafte Verwaltungsakt umzudeuten wäre, der erkennbaren Absicht der erlassenden Behörde widerspräche oder

seine Rechtsfolgen für den Betroffenen ungünstiger wären als die des fehlerhaften Verwaltungsaktes. ²Eine Umdeutung ist ferner unzulässig, wenn der fehlerhafte Verwaltungsakt nicht zurückgenommen werden dürfte.

(3) Eine Entscheidung, die nur als gesetzlich gebundene Entscheidung ergehen kann, kann nicht in eine Ermessensentscheidung umgedeutet werden.

(4) § 24 ist entsprechend anzuwenden.

Übersicht

	Rn.
A. Normzweck	1
B. Regelungsgehalt	8
I. Die Nichtigkeit des Verwaltungsakts	8
II. Verfahrens- und Formfehler	14
III. Heilung von Verfahrens- und Formfehlern	19
IV. Folgen von Verfahrens- und Formfehlern	24
V. Umdeutung eines fehlerhaften Verwaltungsakts	25

A. Normzweck

1 § 40 ist mit § 44 VwVfG und § 125 AO weitgehend identisch, wobei § 44 VwVfG den Katalog der Nichtigkeitsfälle im Abs. 2 um ein weiteres Beispiel erweitert. Nichtig sind insbesondere Verwaltungsakte, die offensichtlich **besonders schwerwiegende Mängel** aufweisen. Ohne Rücksicht auf das Vorliegen dieser Voraussetzungen führen stets die in Abs. 2 enumerativ aufgezählten Fallbeispiele zur Nichtigkeit (absolute Nichtigkeit). Abs. 3 stellt dem einen Negativkatalog gegenüber, bezeichnet also Fälle, in denen grundsätzlich keine Nichtigkeit angenommen werden kann. Abs. 4 regelt, dass bei einem Verwaltungsakt Teilnichtigkeit nur zur Nichtigkeit im Ganzen führt, wenn der nichtige Teil so wesentlich ist, dass die Behörde den Verwaltungsakt ohne ihn nicht erlassen hätte. Abs. 5 schließlich ermöglicht, die Nichtigkeit jederzeit von Amts wegen oder auf Antrag dann festzustellen, wenn der Antragsteller hieran ein berechtigtes Interesse hat.

2 Durch die Vorschrift, die auch für das Vorverfahren gilt (Pickel, SGB X, § 40 Rn. 1), sollen die **Gesetzmäßigkeit der Verwaltung** und der **Rechtsschutz des Einzelnen** gewährleistet werden (Kopp/Ramsauer, VwVfG, § 44 Rn. 2). Sie ist Ausdruck allgemeiner Verfahrens- und Rechtsgrundsätze, wie sie auch schon vor ihrem Erlass von Rechtsprechung und Schrifttum entwickelt worden sind (BVerwGE 75, 62 = Buchholz 238.36 § 75 NdsPersVG Nr. 1; vgl. auch Kopp/Ramsauer, VwVfG, § 44 Rn. 74).

3 § 41 ermöglicht die **Heilung von Verfahrens- oder Formfehlern,** die den Verwaltungsakt nicht iSd. § 40 nichtig machen. Er betrifft damit den Fall der formellen Rechtswidrigkeit und rechtfertigt sich aus der Überlegung, dass Verfahrens- und Formvorschriften gegenüber dem materiellen Recht im Interesse einer richtigen Sachentscheidung nur „**dienende Funktion**" haben (BVerfGE 83, 363, 366 = BGBl. I 1991, 1215; BVerfGE 88, 118; BSG SozR 3–1500 § 158 Nr. 2; Wahl DVBl. 2003, 1285, 1287). Verstöße gegen Formvorschriften sollen nur dann Rechtsfolgen nach sich ziehen, wenn diese Fehler die getroffene Entscheidung tatsächlich beeinflusst haben (BT-Drs. 7/910 S. 65). § 41 hat mithin einerseits den Zweck, Rechtsbehelfe einzuschränken, die ausschließlich auf die Verletzung von Verfahrensvorschriften gestützt werden; andererseits wird die Behörde daran gehindert, Verwaltungsakte in Anwendung der §§ 44 ff. mit der Begründung zurückzunehmen, sie seien verfahrensfehlerhaft zustande gekommen. Damit dient die Vorschrift der Verfahrensökonomie (Sachs in Stelkens/Bonk/Sachs, VwVfG, § 45 Rn. 5).

4 Nach **§ 41 Abs. 2** können Verfahrenshandlungen bis zur letzten Tatsacheninstanz eines sozial- oder verwaltungsgerichtlichen Verfahrens nachgeholt werden. Mängel der Sachaufklärung im Verwaltungsverfahren sind nach **§ 42 S. 1** von den Tatsacheninstanzen zu beheben (BSGE 81, 259, 263 = SozR 3–4100 § 128 Nr. 5). Der Verwaltungsrechtsschutz ist insoweit nicht nur auf „Kassation", sondern auch auf „Reformation" bei verfahrensfehlerhaften Grundlagen des angefochtenen Verwaltungsakts gerichtet (BSGE 87, 132 = SozR 3–4100 § 128 Nr. 10; Bettermann, Die Anfechtung von Verwaltungsakten wegen Verfahrensfehlern, in: Staatsrecht – Verfahrensrecht – Zivilrecht, 1988, 737, 744 f.). § 41 Abs. 2 setzt insoweit zeitliche Grenzen. Nach § 34 Abs. 2 finden § 41 Abs. 1 Nr. 3 bis 6 entsprechende Anwendung auf die Zusicherung.

5 § 42 regelt, dass die Aufhebung eines Verwaltungsakts, der nicht nach § 40 nichtig ist, nicht allein deshalb beansprucht werden kann, weil er unter Verletzung von Vorschriften über das Verfahren, die Form oder die örtliche Zuständigkeit zu Stande gekommen ist, wenn offensichtlich ist, dass die Verletzung die Entscheidung in der Sache nicht beeinflusst hat **(unbeachtliche Fehler).** Eine Ausnahme macht S. 2 der Vorschrift, wenn die erforderliche **Anhörung** unterblieben oder nicht wirksam nachgeholt worden ist. Diese Regelung korrespondiert mit § 39 Abs. 3, wonach nichtige Verwaltungsakte stets unwirksam sind. Liegt in irgendeiner Form ein materieller Rechtsverstoß vor, beruht also die Rechtswidrigkeit des Verwaltungsakts nicht ausschließlich auf der Verletzung von Verfahrens-,

Zuständigkeits- oder Formvorschriften, ist § 42 S. 1 nicht anwendbar. Der Verwaltungsakt muss also – den Formfehler etc. hinweggedacht – rechtmäßig sein. § 42 S. 2 betrifft nur Anhörungsdefizite und ist als Ausnahmetatbestand einer ausdehnenden Auslegung – zB auf eine versagte Akteneinsicht – nicht zugänglich (LSG NRW Breithaupt 2006, 904). Die Aufhebung eines Erstattungsbescheids zwingt nicht auch zur Aufhebung des mit ihm verbundenen Aufhebungsbescheids, wenn dieser nur an einem unwesentlichen Verfahrensfehler leidet; § 50 Abs. 3 S. 2 SGB X verdrängt nicht § 42 S. 1 (BVerwGE 90, 25 = Buchholz 436.36 § 45 BAföG Nr. 3). Der Fehler muss **wesentlich** sein, also nicht nur eine Bagatelle betreffen (BSGE 87, 122 = SozR 3–3900 § 22 Nr. 2).

§ 43 befasst sich – ebenso wie §§ 41 und 42 – mit den Folgen der Rechtswidrigkeit eines Verwaltungsakts. In gleicher Weise wie durch die vorstehenden Vorschriften soll auch nach § 43 die Aufhebung eines rechtswidrigen Verwaltungsakts vermieden werden; die Vorschrift dient also ebenfalls auch der Verfahrensökonomie. Anders als §§ 41, 42 betrifft § 43 allerdings nicht nur formelle, sondern Fehler jeder Art; die Vorschrift betrifft auch nichtige Verwaltungsakte (Kopp/Ramsauer, VwVfG, § 47 Rn. 2). Die Besonderheit der Regelung liegt darin, dass nicht der Fehler behoben, sondern der im Übrigen rechtmäßige Verwaltungsakt in seinem Wesen verändert („umgedeutet") wird und als Folge davon nicht mehr fehlerhaft ist (Waschull in: LPK-SGB X § 43 Rn. 1 m. w. N.). Diese – zeitlich unbegrenzt mögliche – **Umdeutung** führt dazu, dass die behördlich beabsichtigte Regelung in einem anderen „Gewand" wirksam wird, der den mit dem fehlerhaften Verwaltungsakt verfolgten Regelungsabsichten nahe kommt (BT-Drs. 7/910 S. 66). Zivilrechtliches Vorbild ist die Konversion, § 140 BGB. Während diese auf einer gesetzlichen Fiktion beruht, ist bei § 43 eine rechtsgestaltende Erklärung erforderlich (Paulus, DAngVers 1996, 231, 232; aA: Pickel SGB X, § 43 Rn. 17). 6

§ 43 geht der Anwendung der §§ 44, 46 vor (BT-Drs. 7/910 S. 66). **Abs. 2** der Vorschrift schränkt die Umdeutung ein, wenn der umgedeutete Verwaltungsakt der erkennbaren Regelungsabsicht der Behörde widerspräche, die Rechtsfolgen für den Betroffenen ungünstiger wären und eine Rücknahme des Verwaltungsakts nicht in Betracht käme. **Abs. 3** erklärt die Umdeutung eines Ermessensverwaltungsakts für unzulässig; **Abs. 4** stellt klar, dass die Umdeutung nur nach vorheriger Anhörung zulässig ist. Die Bedeutung der Vorschrift ist gering, weil vor einer Umdeutung stets die **Auslegung** des Verwaltungsakts zu prüfen ist. Kann hiermit Klarheit erzielt werden, kommt gegebenenfalls eine **Berichtigung** nach § 38 (Kopp/Ramsauer, VwVfG, § 47 Rn. 1; Pickel, SGB X, § 43 Rn. 1) oder ein **Nachschieben von Gründen** in Betracht. 7

B. Regelungsgehalt

I. Die Nichtigkeit des Verwaltungsakts

Die **Bindungswirkung** eines Verwaltungsakts gilt nur, soweit durch Gesetz nichts anderes bestimmt ist, § 77 SGG. Die Behörde kann daher den Verwaltungsakt nach Maßgabe der §§ 44 ff. SGB X aufheben oder ändern, der Betroffene die Aufhebung oder Änderung nach Maßgabe dieser Vorschriften verlangen, sofern nicht in den Einzelgesetzen weitere Spezialregelungen getroffen sind. Lehnt die Behörde die vom Betroffenen begehrte Aufhebung oder Änderung ab, ist diese Entscheidung ihrerseits ein (anfechtbarer) Verwaltungsakt. Lehnt die Behörde den Erlass eines solchen Verwaltungsaktes ab (zB aufgrund querulatorischer Wiederholung gleichgerichteter Anträge ohne neues tatsächliches oder rechtliches Vorbringen), ist dieses Verhalten ggf. mit der Vornahmeklage anfechtbar. 8

Ein nichtiger Verwaltungsakt ist von Anfang an unwirksam, § 39 Abs. 3. **Nichtigkeit** liegt vor, wenn und soweit der Verwaltungsakt an einem besonders schweren Fehler leidet und dies bei verständiger Würdigung aller in Betracht kommenden Umstände offenkundig ist, § 40 Abs. 1. Besonders **schwerwiegend** sind i. d. R. nur solche Rechtsfehler, die mit der Rechtsordnung schlechthin unvereinbar sind, weil sie zB tragenden Verfassungsprinzipien oder den der Rechtsordnung immanenten Wertvorstellungen widersprechen (BVerwG Buchholz 406.11 § 134 BBauG Nr. 6; Littmann in Hauck, SGB X, § 40 Rn. 10; Pickel, SGB X, § 40 Rn. 20, 21). Ein Verwaltungsakt leidet jedenfalls an einem besonders schweren Fehler, wenn der Verwaltungsträger **Pflichten e**ines Bürgers **einseitig begründet oder feststellt**, ohne dass es dafür bei Erlass des Verwaltungsakts eine gültige und anwendbare Ermächtigungsgrundlage gibt (BSGE 97, 94 = SozR 4–2600 § 118 Nr. 4). Auch die **mangelnde Bestimmtheit** eines Verwaltungsakts ist ein solcher schwerer Rechtsfehler und führt regelmäßig zur Nichtigkeit des Verwaltungsakts (Littmann in Hauck, SGB X, § 33 Rn. 3; Pickel, SGB X, § 33 Rn. 45 ff., 47). 9

Ein **Fehler** iSd. § 40 Abs. 1 ist nur dann „offensichtlich", wenn ein Durchschnittsbürger ohne besondere Sachkenntnis ihn erkennen kann (BSG 23. 2. 2005 – B 2 U 409/04 B – Juris). Fehlt der für die Wirtschaftlichkeitsprüfung nach § 106 Abs. 4 S. 1 SGB V erforderliche Prüfantrag, ist ein dennoch erlassener Honorarkürzungsbescheid lediglich rechtswidrig. Der Verfahrensmangel kann durch nachträgliche Antragstellung – auch noch während eines anschließenden Gerichtsverfahrens – geheilt werden (BSGE 76, 149 = SozR 3–2500 § 106 Nr. 28; BSG 20. 9. 1995 – B 2 U 409/04 B – Juris). War ein militärgerichtliches Todesurteil offensichtliches Unrecht, so ist eine nach dem Inkrafttreten des BVG am 1. 1. 1950 allein auf dieses Urteil gestützte Ablehnung (oder Entziehung) der Witwen- 10 versorgung nichtig. Die **Rechtswidrigkeit** der Ablehnung ist **offensichtlich**, obgleich diese damals allgemein für rechtmäßig erachtet und von der Sozialgerichtsbarkeit bestätigt worden ist (BSGE 76, 130 = SozR 3–3100 § 1 Nr. 16). Die Aufnahme eines bereits von einem anderen Träger formell als Mitglied aufgenommenen Unternehmers in die Unfallversicherung ist ein besonders schwerer und offenkundiger Fehler dieses Verwaltungsakts, weil für jedes Unternehmen ausschließlich nur ein Unfallversicherungsträger verbandszuständig sein darf. Deshalb ist ein trotzdem erteilter Aufnahmebescheid selbst dann nichtig, wenn der erste Aufnahmebescheid rechtswidrig gewesen sein sollte (BSG BSGE 68, 217 = SozR 3–2200 § 776 Nr. 1; SozR 4–2700 § 136 Nr. 5 Rn. 31).

11 Ohne Rücksicht auf die Generalklausel des § 40 Abs. 1 ist ein Verwaltungsakt beim Vorliegen **typischer Tatbestände** stets nichtig. Nach Abs. 2 der Vorschrift sind dies: Verwaltungsakte, die schriftlich oder elektronisch erlassen worden sind, aber die erlassende Behörde nicht erkennen lassen (Nr. 1); Verwaltungsakte, die nach einer Rechtsvorschrift nur durch die Aushändigung einer Urkunde erlassen werden können, aber dieser Form nicht genügen (Nr. 2); Verwaltungsakte, die aus tatsächlichen Gründen niemand ausführen kann (Nr. 3); Verwaltungsakte, die die Begehung einer rechtswidrigen Tat verlangen, die einen Straf- oder Bußgeldbescheid verwirklichen (Nr. 4) und Verwaltungsakte, die gegen die guten Sitten verstoßen (Nr. 5).

12 Umstritten ist, ob bei einem „**gewollten Rechtsbruch**" eine Heilung des Anhörungsmangels ausscheidet (bejahend: BSG SozR 3–1300 § 24 Nr. 22; verneinend: BSG SozR 4–1300 § 41 Nr. 1). Das Rechtsstaatsprinzip verbietet es dem Gesetzgeber nicht, eine Heilung von Verfahrens- oder Formfehlern der Verwaltung auch bei absichtlichen Rechtsverstößen vorzusehen, wenn jedenfalls der mit der Verfahrens- oder Formvorschrift verfolgte Zweck durch eine nachträgliche Vornahme der gebotenen Handlung noch erreicht werden kann. Im Fall der unterlassenen Anhörung können zwar die mit der Regelung des § 24 Abs. 1 SGB X ursprünglich verfolgten Ziele nach Erlass des belastenden Verwaltungsakts und erst recht während eines späteren Gerichtsverfahrens nur noch unvollständig erreicht werden. Insbesondere der Schutz des Bürgers vor überraschenden Eingriffen und die Möglichkeit, bereits im Vorfeld auf die Verwaltungsentscheidung einzuwirken und sich Klarheit über die Erfolgsaussichten einer gerichtlichen Klage zu verschaffen, lassen sich mit einer nachträglichen Anhörung während des Gerichtsverfahrens nicht mehr verwirklichen. Diese Ziele, die als solche keinen verfassungsrechtlichen Rang haben, hat der Gesetzgeber jedoch mit der Neufassung des § 41 Abs. 2 SGB X zugunsten einer **Verfahrensbeschleunigung** (vgl. BT-Drs. 14/4375 S. 58, 63) selbst weitgehend aufgegeben, so dass sich die Anhörungspflicht nach geltendem Recht im Kern auf die Gewährleistung eines dem **Anspruch auf rechtliches Gehör** im Gerichtsverfahren vergleichbaren Rechts reduziert, über die beabsichtigte Entscheidung informiert zu werden, sich zu den entscheidungserheblichen tatsächlichen und rechtlichen Umständen äußern zu können und mit diesem Vorbringen gehört zu werden. Eine Verletzung des Anspruchs auf rechtliches Gehör führt danach nicht zur Unwirksamkeit der getroffenen Entscheidung, solange der Betroffene die Möglichkeit hat, sich das Gehör im Rechtsweg zu verschaffen (BSG SozR 4–1300 § 41 Nr. 1).

13 Betrifft die Nichtigkeit nur einen Teil des Verwaltungsakts **(Teilnichtigkeit)** so ist er im Ganzen nichtig, wenn der nichtige Teil so wesentlich ist, dass die Behörde den Verwaltungsakt ohne ihn nicht erlassen hätte, § 40 Abs. 4. Ist ein Bescheid „teilbar", so erfasst die Nichtigkeit nicht den gesamten Verwaltungsakt (LSG NRW HVBG-Info 2006, Nr. 3, 358). Damit trifft das SGB X eine **von § 139 BGB** grundsätzlich **unterschiedliche Regelung:** Während § 139 BGB davon ausgeht, dass bei Teilnichtigkeit grundsätzlich das ganze Rechtsgeschäft nichtig ist, ist nach Abs. 4 des § 40 die Teilnichtigkeit des Verwaltungsakts die Regel (BT-Drs. 7/910 S. 63 zu § 44 VwVfG; vgl. auch: BSGE 75, 241 = SozR 3–5850 § 1 Nr. 1). Mithin ist **grundsätzlich** von der **Teilnichtigkeit** auszugehen; dies ist insbesondere dann der Fall, wenn der Verwaltungsakt mehrere selbstständige Regelungen enthält und die übrigen durch den Wegfall der nichtigen Teileregelung in ihrem rechtlichen Bestand nicht berührt und in ihrem Inhalt nicht geändert werden. Umgekehrt ist stets vollständige Nichtigkeit anzunehmen, wenn der verbleibenden Regelung keine selbstständige Bedeutung oder kein selbstständiger Sinn zukommt.

II. Verfahrens- und Formfehler

14 Verletzungen von Verfahrens- oder Formvorschriften, die keine Nichtigkeit bewirken, machen den Verwaltungsakt zwar rechtswidrig; seine Aufhebung kann aber regelmäßig nicht allein deshalb beansprucht werden, wenn in der Sache selbst keine andere Entscheidung hätte getroffen werden können, § 42 S. 1. Ist eine erforderliche **Anhörung** (§ 24) unterblieben und nicht rechtswirksam nachgeholt worden, ist der dennoch ergangene Verwaltungsakt dagegen in jedem Fall rechtswidrig und auf eine Anfechtungsklage hin aufzuheben, auch – anders als nach dem VwVfG – wenn in der Sache selbst keine andere Entscheidung hätte getroffen werden können, § 42 S. 2. Denn das Recht auf Anhörung ist nicht nur ein prozessuales, sondern ein **verfahrensrechtliches Grundrecht;** ein entsprechender Stellenwert kommt ihm daher auch vorprozessual – im Verwaltungsverfahren – zu. Seine Verletzung macht den dennoch ergehenden Verwaltungsakt zwar nicht nichtig, aber rechtswidrig und aufhebbar.

15 Damit dient § 24 Abs. 1 der **Wahrung des rechtlichen Gehörs** und der Stärkung des Vertrauensverhältnisses zwischen dem Bürger und der Sozialverwaltung; er soll den Bürger vor Überraschungsentscheidungen schützen (BSG SozR 3–1300 § 24 Nr. 14; v. Wulffen in: ders., SGB X, § 24 Rn. 2; Krasney in: KassKomm, SGB X, § 24 Rn. 4) und sicherstellen, dass die Beteiligten alle für sie günstigen Umstände vorbringen können (BSG SozR 1300 § 24 Nr. 2). Der Betroffene soll Gelegenheit erhalten, durch sein Vorbringen zum entscheidungserheblichen Sachverhalt die vorgesehene Entscheidung zu beeinflussen (BSGE 69, 252 = SozR 3–1300 § 24 Nr. 4). Hierzu ist es notwendig, dass der Verwaltungsträger die entscheidungserheblichen Tatsachen den Betroffenen in einer Weise unterbreitet, dass er sie als solche erkennen und sich zu ihnen – ggf. nach ergänzenden Nachfragen bei der Behörde – sachgerecht äußern kann (BSG SozR 1300 § 24 Nr. 6). Welche Tatsachen für die Entscheidung erheblich und dem Betroffenen zur Äußerung mitzuteilen sind, richtet sich nach Art und Inhalt der im Einzelfall in Betracht kommenden Entscheidung (BSG SozR 1300 § 24 Nr. 4, 15; BSG SozR 3–4100 § 128 Nr. 15). Entscheidungserheblich sind grundsätzlich alle Tatsachen, die zu dem Ergebnis der Verwaltungsentscheidung beigetragen haben, auf die sich die Verwaltung also zumindest auch gestützt hat (BSGE SozR 3–4100 § 117 Nr. 11; SozR 3–1300 § 24 Nr. 21).

Entbehrlich ist eine Anhörung nach § 24 Abs. 2 Nr. 3 dort, wo der Betroffene eine rechtserhebliche Unterlage (zB betriebswirtschaftliche Auswertung; Einkommensteuerbescheid) selbst vorlegt und die Behörde von den dortigen Angaben ausgegangen ist. Sieht die Verwaltungsbehörde aufgrund interner Dienstanweisung hingegen regelmäßig davon ab, vor Erteilung belastender Verwaltungsakte eine Anhörung durchzuführen, scheidet eine Heilung dieses Mangels durch ein nachfolgendes Widerspruchs- und Klageverfahren generell aus. Auch Ersetzungsbescheide, die während des nachfolgenden Klageverfahrens – nach Anhörung des Betroffenen – erteilt werden, sind rechtswidrig und daher aufzuheben (SG Mannheim 28. 6. 2004 – S 9 AL 3657/03 – Juris). Nicht mehr nachgeholt werden kann die fehlende Anhörung im Revisionsverfahren. Eine Anhörung wird auch nicht dadurch nachgeholt, dass der Betroffene oder sein Prozessbevollmächtigter Akteneinsicht erhält (LSG Berlin-Brandenburg 29. 11. 2005 – L 22 KN 25/03 – Juris). 16

Die **Nachholung** der erforderlichen Anhörung hat nur dann **heilende Wirkung,** wenn sie dieselbe rechtliche Qualität wie die Handlung hat, welche die Behörde von Rechts wegen nach § 24 Abs. 1 vor Erteilung des Bescheids hätte vornehmen müssen (Dahm. ZfS 2006, 97). Deshalb setzt die Heilung eines Anhörungsmangels zwingend voraus, dass die Behörde, die den Betroffenen rechtswidrig mit einer **Überraschungsentscheidung** überzogen hat, ihm bis zu der von § 41 Abs. 2 gezogenen zeitlichen Grenze Gelegenheit gibt, sich zu den für die Entscheidung erheblichen Tatsachen zu äußern (Sächsisches LSG Breithaupt 2001, 799 = NZS 2002, 108). Die Anhörung soll dem Betroffenen bereits im Verwaltungsverfahren die Möglichkeit sichern, alle ihm günstigen rechtlichen und tatsächlichen Umstände vorzubringen; sie soll das Vertrauen des Bürgers in die unvoreingenommene und unparteiliche (§§ 16, 17) sowie ergebnisoffene (§ 20 Abs. 2 Hs. 2) und sorgfältige (§ 20 Abs. 1 S. 1) Verfahrensleitung des zum Eingriff berufenen Verwaltungsträgers stärken (BSG SozR 3–1300 § 24 Nr. 22). Da die Behörde dem Betroffenen alle entscheidungserheblichen Tatsachen bekannt zu geben hat, auf die es seine Entscheidung stützen will, ist notwendige Voraussetzung, dass es alle **Sachverhaltsermittlungen** für **abgeschlossen** hält und eine abschließende Würdigung der Beweislage mit dem (Zwischen-)Ergebnis vorgenommen hat, dass also alle für die Rechtmäßigkeit der zu treffenden Entscheidung erheblichen Haupttatsachen vorliegen. 17

Ein während des Gerichtsverfahrens erlassener Verwaltungsakt, der gemäß § 96 SGG Gegenstand des Verfahrens wird, verstößt nicht gegen das Verbot, die Anhörung nachzuholen, wenn er einen Verwaltungsakt ersetzt, der mangels Anhörung rechtswidrig ist (BSG GS BSGE 75, 159 = SozR 3–1300 § 41 Nr. 7). Dem Betroffenen muss eine **angemessene Frist** zur Äußerung eingeräumt werden. Nimmt er gegenüber der Behörde Stellung, muss sie sein Vorbringen zur Kenntnis nehmen und überprüfen, ob sie weitere eigene Ermittlungen für geboten hält und ob sie den angefochtenen Verwaltungsakt ggf. ganz oder teilweise aufhebt. Äußert sich der Betroffene nicht, muss diese Prüfung gleichwohl erfolgen; eine auf die Prüfung ergehende Entscheidung ist wiederum Verwaltungsakt, der Gegenstand eines laufenden Klageverfahrens wird, § 96 SGG. Der Anhörungsanspruch geht auch nicht durch rügelose Einlassung auf die mündliche Verhandlung entsprechend § 295 ZPO verloren (Fichte in: Fichte/Plagemann/Waschull, Sozialverwaltungsverfahrensrecht, 2008, § 3 Rn. 142 S. 227). Denn diese Vorschrift sieht einen Verlust des Rügerechts nur gegenüber Verfahrensverstößen im Gerichtsverfahren, nicht gegenüber Verfahrensverstößen im Verwaltungsverfahren vor. Indes kann das Recht des Beteiligten auf Anhörung durch Verzicht (§ 306 ZPO) aufgegeben werden oder durch Verwirkung verloren gehen (BSG GS BSGE 70, 133 = SozR 3–1300 § 24 Nr. 6). Ein zunächst nicht gerügter Anhörungsmangel kann jedoch in einer späteren Instanz berücksichtigt werden. So hat das BSG einen Rentenentziehungsbescheid als rechtswidrig angesehen, weil das Ergebnis eines zur Rentenentziehung führenden Sachverständigengutachtens nicht mitgeteilt worden war (BSG HV-Info 1992, 2462). 18

III. Heilung von Verfahrens- und Formfehlern

Aus dem Wortlaut des § 41 Abs. 1, dass „die Verletzung ... unbeachtlich" ist, wird gefolgert, dass die **Heilung zurückwirkt** (Steinwedel in: KassKomm, § 41 SGB X Rn. 9). Der Verwaltungsakt ist vom Tage seiner Heilung an so zu behandeln, als sei er stets mängelfrei gewesen (BSGE 75, 159 = 19

SozR 3–1300 § 41 Nr. 7). Die nachteiligen Rechtswirkungen des Verwaltungsakts beginnen also nicht erst mit der nachgeholten Anhörung; vielmehr gilt der Bescheid mit der Nachholung als von Anfang an mängelfrei (Schütze in: v. Wulffen, SGB X, § 41 Rn. 4). Damit hat die Frage nach dem Zeitpunkt der heilenden Wirkung jedenfalls keine praktischen Auswirkungen (Littmann in: Hauck, SGB X, § 41 Anm. 6).

20 Mit der Neufassung des Abs. 2 durch Art. 10 Nr. 5 des 4. Euro-Einführungsgesetzes zum 1. 1. 2001 sind Anhörungsmängel (und weitere Handlungen nach § 41 I Nr. 2 bis 6) bis zur letzten Tatsacheninstanz heilbar („unbeachtlich"). Hierdurch wird **keine** ungerechtfertigte **Privilegierung fehlerhaften Behördenhandelns** geschaffen; denn wenn ein Kläger wegen einer nachgeholten Handlung die Hauptsache für erledigt erklärt, sind die Kosten des Rechtsstreits i. d. R. der beklagten Behörde aufzuerlegen (vgl. BT-Drs. 14/4375 S. 58). Andere Verletzungen sind jedenfalls bis zum Abschluss des Vorverfahrens bzw. bis zur Klageerhebung heilbar. Dies gilt, wenn der für den Erlass des Verwaltungsakts erforderliche Antrag nachträglich gestellt wird **(§ 41 Abs. 1 Nr. 1)**, die erforderliche Begründung nachträglich gegeben wird **(Nr. 2)**, die erforderliche Anhörung eines Beteiligten nachgeholt wird **(Nr. 3)** der Beschluss eines Ausschusses, dessen Mitwirkung für den Erlass eines Verwaltungsakts erforderlich ist, nachträglich gefasst wird **(Nr. 4)**, die erforderliche Mitwirkung einer anderen Behörde nachgeholt wird **(Nr. 5)** oder die erforderliche Hinzuziehung eines Beteiligten nachgeholt wird **(Nr. 6)**.

21 Ein **fehlender Antrag** ist – wie sich aus § 41 Abs. 2 ergibt – ohne zeitliche Begrenzung nachholbar. Solange er fehlt, macht dies den Verwaltungsakt nicht nichtig, aber rechtswidrig. § 41 Abs. 1 Nr. 1 lässt generell eine Heilung zu, unabhängig davon, ob dem Antrag lediglich formelle oder auch materielle Bedeutung zukommt (Finke, DAngVers 1980, 225; Broß, SGb 1983, 406; Dörr, DAngVers 1982, 280). Allerdings wird zum Teil Nichtigkeit angenommen, wenn der Antrag unabdingbar notwendig und der ohne Antrag erlassene Verwaltungsakt ganz oder teilweise belastend ist (Littmann in: Hauck/Noftz, SGB X, § 41 Rn. 8; Pickel, SGB X, § 41 Rn. 18).

22 Eine **fehlende Begründung** kann nach § 41 Abs. 2 nur fristgebunden nachgeholt werden. Bei zwar nicht fehlender aber materiell-rechtlich fehlerhafter Begründung, die den Verwaltungsakt nicht trägt, können **Gründe nachgeschoben** werden, um die Rechtswidrigkeit des Verwaltungsakts zu beheben. Die seit 1. 1. 2001 bestehende Möglichkeit, fehlende Gründe bis zum Abschluss der letzten Tatsacheninstanz nachzuholen, ist rechtsstaatlich nicht unbedenklich (Redeker, NJW 1996, 521; Bonk, NVwZ 1997, 320; Hatje, DÖV 1997, 483; Felix, NZS 2001, 341; aA: Krumsiek/Frenzen, DÖV 1995, 1013). Denn sie nimmt dem Bürger die Möglichkeit, die Erfolgsaussichten eines Verfahrens gegen einen nicht oder mangelhaft begründeten Verwaltungsakt eindeutig abzuschätzen. Der Bürger muss aber aus der Entscheidung selbst erkennen können, welche Überlegungen der behördlichen Entscheidung zu Grunde lagen. Die Grenze des Nachschiebens ist jedenfalls dann überschritten, wenn sich der Verwaltungsakt mit nachgeschobener Begründung als völlig neue Entscheidung präsentiert. Er kann dann allenfalls nach § 96 SGG Gegenstand des Verfahrens werden mit der Folge, dass er gesondert zu überprüfen ist (BVerwGE 92, 145 = Buchholz 421.0 Prüfungswesen Nr. 313).

23 Fehlt die Begründung einer **Ermessensentscheidung**, ist zu unterscheiden: Hat die Behörde ersichtlich kein Ermessen ausgeübt, ist sie zB irrtümlich von einer gebundenen Entscheidung ausgegangen, scheidet eine Heilung aus. Denn war sich die Behörde nicht im Klaren darüber, dass sie sich zB auf Verjährung berufen konnte, dann war ihr auch die **Notwendigkeit der Ermessensausübung** nicht bewusst. Dies ist aber nicht die Situation, in der von der Nachholung einer Begründung gesprochen werden kann; vielmehr erfolgt die gesamte Entscheidung über die Ermessensausübung verspätet. Sinn und Zweck der Regelung des § 35 Abs. 1 über die Begründungspflicht bei (Ermessens-)Entscheidungen ist, dass die Gesichtspunkte erkennbar sein müssen, von der sich die Behörde bei Ermessensausübung hat leiten lassen. Der Bürger hat nach rechtsstaatlichen Grundsätzen Anspruch darauf, die Gründe einer Verwaltungsentscheidung zu erfahren, um deren Richtigkeit überprüfen zu können. Nur wenn dieser Begründungspflicht nachgekommen wird, ist der Bürger in der Lage, seine Rechte sachgemäß zu verfolgen und zu verteidigen (Fichte in: Fichte/Plagemann/Waschull, Sozialverwaltungsverfahrensrecht, 2008, § 3 Rn. 151 S. 229 f.). Durch das **Nachschieben von Gründen** dürfen der Verfügungssatz, der den Regelungsumfang bestimmt, sowie der Wesensgehalt des Verwaltungsakts nicht verändert werden (BVerwGE 8, 54 und 238; BVerwG Buchholz 316 § 45 VwVfG Nr. 23 und 25; BSGE 29, 129 = SozR Nr. 123 zu § 54 SGG). Die Rechtsverteidigung des Betroffenen darf nicht in unzulässiger Weise beeinträchtigt oder erschwert werden (BSGE 45,2 106 = SozR 2200 § 1227 Nr. 10; SozR 2200 § 77 Nr. 56; SozR 3900 § 41 Nr. 4). Das Nachschieben von Gründen setzt keine neue Rechtsbehelfsfrist in Gang. Entscheidet die **funktional und sachlich nicht zuständige Widerspruchsstelle** an Stelle der Ausgangsbehörde eines Trägers über ein erstmals im Widerspruchsverfahren geltend gemachtes Recht, liegt ein iSd. § 42 beachtlicher Verfahrensfehler vor, der einen Aufhebungsanspruch begründet (BSG UV-Recht Aktuell 2010, 1297).

IV. Folgen von Verfahrens- und Formfehlern

24 Fehlt einem Verwaltungsakt die erforderliche Begründung oder ist die erforderliche Anhörung eines Beteiligten vor Erlass des Verwaltungsakts unterblieben und ist dadurch die rechtzeitige Anfech-

tung des Verwaltungsakts versäumt worden, gilt die **Versäumung der Rechtsbehelfsfrist** als nicht verschuldet. Das für die Wiedereinsetzungsfrist maßgebende Ereignis tritt im Zeitpunkt der Nachholung der unterlassenen Verfahrenshandlung ein, § 41 Abs. 3. Die fehlerhafte Anhörung kann im gerichtlichen Verfahren allerdings dann nicht mehr rechtswirksam nach § 41 Abs 1 Nr. 3, Abs 2 nachgeholt werden, wenn dieser Verfahrensfehler auch materiell-rechtliche Auswirkungen hat. Das ist grundsätzlich bei solchen Entscheidungen der Fall, in denen der Sozialleistungsträger einen Ermessens- bzw. Beurteilungsspielraum hat (LSG Rheinland-Pfalz NZS 2002, 56).

V. Umdeutung eines fehlerhaften Verwaltungsakts

Die Umdeutung eines fehlerhaften Verwaltungsakts in einen anderen Verwaltungsakt kann erfolgen, **25** wenn der umgedeutete Verwaltungsakt auf das **gleiche Ziel** gerichtet ist, von der erlassenden Behörde in der geschehenen Verfahrensweise und Form rechtmäßig hätte erlassen werden können und wenn die Voraussetzungen für den Erlass erfüllt waren, § 43 Abs. 1 (zu den Voraussetzungen vgl. auch BSG SozR 4–1500 § 77 Nr. 1 Rn. 16). Dabei sind die Grundsätze des § 43 auch im gerichtlichen Verfahren anwendbar (BSG SozR 3–1300 § 48 Nr. 25 S. 42 f.; SozR 3–3660 § 1 Nr. 1 S. 3). Das gilt nicht, wenn der Verwaltungsakt, in den der fehlerhafte Verwaltungsakt umzudeuten wäre, der erkennbaren Absicht der Behörde widerspräche oder seine Rechtsfolgen für den Betroffenen ungünstiger wären als die des fehlerhaften Verwaltungsakts. Eine Umdeutung ist ferner nicht zulässig, wenn der fehlerhafte Verwaltungsakt nicht zurückgenommen werden dürfte, § 43 Abs. 2. Eine Entscheidung, die nur als gebundene Entscheidung ergehen kann, darf nicht in eine Ermessensentscheidung umgedeutet werden, § 43 Abs. 3. Vor der Umdeutung ist der Betroffene anzuhören, § 43 Abs. 4, § 24.

Vor einer Umdeutung ist der **wahre Aussagegehalt des Verwaltungsakts** zu ermitteln. Dies gilt **26** auch für Verwaltungsakte, die in einer Überprüfungssituation ergehen, ohne dass sich die Behörde dessen bewusst ist. Macht der Betroffene zB einen Anspruch geltend, dessen Zuerkennung die Rücknahme eines früheren Bescheids voraussetzt, und sieht die Verwaltung hierin fälschlicherweise nur einen Neuantrag, ist vom Gericht dennoch über den Anspruch nach § 44 Abs. 1 SGB X mit zu entscheiden; eine Ergänzung des angefochtenen Bescheids oder gar der Erhebung einer Untätigkeitsklage bedarf es nicht (Steinwedel in: KassKomm, § 44 SGB X Rn. 17). Eine Umdeutung eines Verwaltungsakts liegt nur vor, wenn die Regelung selbst (der Entscheidungssatz) betroffen ist (BVerwGE 80, 96, 97 m. w. N.; Krause in: Krause/v. Mutius/Schnapp/Siewert, Gemeinschaftskommentar zum Sozialgesetzbuch – Verwaltungsverfahren, § 43 Rn. 8 und 11). Dagegen lässt die nachträgliche Angabe der Rechtsgrundlage in die Entscheidungssatz getroffene Regelung unberührt.

Zu ermitteln ist daher der **Verfahrens- bzw. Streitgegenstand,** über den zu befinden ist. Hierzu **27** dient die einfache Formel „Streitgegenstand = Lebenssachverhalt + Antrag" (vgl. BSG SozR 4–2600 § 315a Nr. 3). Wird etwa statt einer gewährten Altersrente für Frauen die (wegen anderer Übergangsbestimmungen günstigere) Altersrente wegen Schwerbehinderung begehrt, muss der Rentenversicherungsträger **prüfen,** ob der ursprünglich gestellte Antrag entsprechend ausgelegt werden kann, die Versicherte bei Antragstellung/Leistungsbeginn die Voraussetzungen für die beantragte Leistung erfüllte, ein erteilter Bescheid über die niedrigere Leistung fehlerhaft und daher zurückzunehmen ist, in der Bewilligung der höheren Leistung zugleich – konkludent – die Rücknahme des zunächst erlassenen Bewilligungsbescheids liegt, die Versicherte anzuhören ist und gegebenenfalls Beratungsbedarf besteht, so dass spontan – auch ohne Antragstellung – eine Beratung erfolgen muss, damit später kein Herstellungsanspruch geltend gemacht werden kann (vgl. § 115 Abs. 6 SGB VI).

Nach dem **Günstigkeitsprinzip** gilt der Grundsatz, dass in dem Antrag auf Gewährung einer **28** Leistung im Zweifel der Antrag auf Gewährung der zustehenden höchsten Leistung liegt, auch dann, wenn ein Berechtigter seinen Antrag (vermeintlich) auf eine bestimmte Leistung beschränkt. Der Versicherungsträger darf hinsichtlich eines Leistungsbegehrens nicht am Wortlaut der Erklärung des Versicherten haften, sondern muss nach § 2 Abs. 2 Hs. 2 SGB I stets davon ausgehen, dass der Versicherte die ihm günstigste Art der Leistungsgewährung in Anspruch nehmen will (BSG 10. 10. 1979 – 3 RK 26/79 – ErsK 1980, 46; Niesel in: KassKomm, § 89 SGB VI Rn. 5 bis 8; Fichte in: Fichte/Plagemann/Waschull, Sozialverwaltungsverfahrensrecht, 2008, § 3 Rn. 157 S. 231 f.). Ein einmal gestellter Antrag ist also umfassend, dh. auf alle nach Lage des Falls in Betracht kommende Leistungen zu prüfen (Störmann, Rentenantragsverfahren, 1993 S. 23; BSGE 44, 164 [166] = SozR 4100 § 134 Nr. 3; BSG SozR 3–5850 § 14 Nr. 2; BSG 17. 2. 2005 – B 13 RJ 1/04 R).

Umstritten ist die **Rechtsnatur der „Konversion",** nämlich ob es sich um eine kraft Gesetzes **29** eintretende Fiktion handelt, die Verwaltung, Gericht und Betroffene ggf. nur zu erkennen brauchen, oder um einen rechtsgestaltenden Akt, also bei Umdeutung durch die Verwaltung um einen neuen Verwaltungsakt (vgl. einerseits Stelkens/Bonk/Sachs, VwVfG, § 47 Rn. 11 ff. m. w. N.; andererseits Gesamtkommentar § 43 SGB X Anm. 15; vgl. auch LSG Rheinland-Pfalz Breithaupt 1992, 767 ff.). Ein mangels Vorliegens einer rechtswirksamen Leistungsbewilligung **unrichtiger Aufhebungsbescheid** nach § 48 ist in einen die begehrte Leistung ablehnenden Bescheid nach § 43 umzudeuten (BSG 7. 7. 2005 – B 3 P 12/04 R – Juris). Dagegen kann ein rechtswidriger Bescheid über Säumniszuschläge nicht entsprechend § 43 in einen Bescheid über Verzugszinsen umgedeutet werden (BSG

SozR 4–2500 § 266 Nr. 4). Da sich ein Aufhebungsbescheid in seinem Verfügungssatz nicht ändert, wenn er hinsichtlich von Folgebescheiden nicht mehr auf § 45, sondern auf § 48 gestützt wird, handelt es sich nicht um eine Umdeutung i. S. von § 43, sondern der Rücknahmebescheid wird hinsichtlich der Aufhebung bei gleich bleibender Regelung lediglich auf eine andere Rechtsgrundlage gestützt (BSG SozR 3–1300 § 24 Nr. 21; SozR 3–1300 § 45 Nr. 42).

30   Die **Umdeutung eines Aufhebungsbescheids** setzt voraus, dass der Behörde bei der Aufhebungsentscheidung kein Rücknahmeermessen zugestanden hätte (Ermessensreduzierung auf Null); nur in solchen Fällen ist das Umdeutungsverbot des § 43 Abs. 3 unanwendbar und eine Auswechslung der Begründung bzw. ein Nachschieben von Gründen zulässig (BSG 11. 4. 2002 – B 3 P 8/01 R – Juris mit Anm. Schaer, jurisPR-SozR 13/2006 Anm. 1). Die Ermessensschrumpfung auf Null setzt voraus, dass es nach dem festgestellten Sachverhalt ausgeschlossen ist, dass Umstände vorliegen, die eine anderweitige – den Betroffenen ganz oder teilweise begünstigende – Entscheidungsfindung rechtsfehlerfrei zuließen (BSG SozR 1300 § 45 Nr. 34). Dies ist in aller Regel nicht der Fall (BSG SozR 3–1300 § 45 Nr. 13). Vor allem bei Bösgläubigkeit des Begünstigten i. S. betrügerischen Verhaltens kann eine Ermessensreduzierung auf Null angenommen werden (BSG SozR 3–1300 § 50 Nr. 16). Denn der bösgläubig bereicherte Versicherte hat dem Träger ermessensrelevante Tatsachen, die noch nicht aktenkundig sind, spätestens im Widerspruchsverfahren darzulegen (vgl. auch BSG SozR 3–4100 § 155 Nr. 2).

31   Nicht in Betracht kommt, den **Verfügungssatz** eines Bescheids über die – fehlerhaft festgesetzte – Leistungshöhe teilweise umzudeuten in (nicht erlassene) Teil-Rücknahme- und Teil-Abänderungsbescheide; dann wären diese nämlich ex tunc ergangen mit der Folge, dass die Behörde nunmehr die richtige Leistungshöhe zugrunde gelegt hätte. Bei einer derartigen Umdeutung würde neben dem Verfügungssatz über die Bewilligung der Leistung (für eine bestimmte Dauer, in bestimmter Höhe) ein weiterer Verfügungssatz (mit einem weiteren Regelungsgegenstand) fingiert, der die Teil-Rücknahme und Teil-Abänderung der vorangegangenen Bescheide zum Inhalt hätte, ohne dass jedoch dem umgedeuteten Bescheid der Umfang der jeweiligen Abänderungen zu entnehmen wäre. Eine derart weite Auslegung des § 43 SGB X, dh. der Umdeutung eines **Verwaltungsakts „mit gleicher Zielrichtung"**, kommt schon im Hinblick auf die erforderliche Rechtssicherheit und Rechtsklarheit (vgl. hierzu BSGE 48, 217 (219) = SozR 1200 § 54 Nr. 3) sowie auf die mit einer derartigen Anwendung verbundene Beeinträchtigung der verfahrensrechtlichen Stellung des Betroffenen nicht in Betracht; sie könnte im übrigen auch im Widerspruch zu dem Grundsatz der Gewaltenteilung stehen (BSG SozR 3–4100 § 112 Nr. 29; BSGE 48, 56 = SozR 2200 § 368 a Nr. 5).

32   § 43 gibt (nur) der erlassenen Behörde die Befugnis zur Umdeutung (Konversion). Eine **gerichtliche Kompetenz** hierzu begründet diese das Verwaltungsverfahren – und nicht das Gerichtsverfahren – regelnde Vorschrift nicht (Schütze in: v. Wulffen, SGB X, § 43 Rn. 2). Gleichwohl sind auch die Gerichte zur „Umdeutung" in Form einer Feststellung, dass umzudeuten sei, berechtigt und verpflichtet. Bei der Prüfung, ob eine Anfechtungsklage nach § 54 Abs. 1 S. 1 SGG begründet ist, hat das Gericht nämlich ua. zu ermitteln, ob der angefochtene Verwaltungsakt rechtswidrig ist, § 54 Abs. 2 S. 1 SGG. Dabei hat es die Verwaltungsentscheidung wegen der grundsätzlichen Regelungsbefugnis der Verwaltungsbehörde „schonend" zu behandeln und sie zu halten, soweit sie unter Berücksichtigung aller in Betracht kommenden Rechtsvorschriften und aller entscheidungserheblichen Tatsachen mit materiellem und formellem Recht zu vereinbaren ist. Hierbei ist auch zu untersuchen, ob der Verwaltungsakt deshalb als rechtmäßig anzusehen ist, weil die Voraussetzungen für eine Umdeutung vorliegen. Diese Befugnis ergibt sich aus dem Prozessrecht (BVerwG Buchholz 316 § 47 VwVfG Nr. 4). Dabei ist die Umdeutung eines auf § 45 gestützten Verwaltungsakts in einen solchen nach § 48 grundsätzlich möglich, wenn dieser rechtmäßig wäre (BSG SozR 3–3660 § 1 Nr. 1 S. 3).

§ 44 Rücknahme eines rechtswidrigen nicht begünstigenden Verwaltungsaktes

(1) ¹Soweit sich im Einzelfall ergibt, dass bei Erlass eines Verwaltungsaktes das Recht unrichtig angewandt oder von einem Sachverhalt ausgegangen worden ist, der sich als unrichtig erweist, und soweit deshalb Sozialleistungen zu Unrecht nicht erbracht oder Beiträge zu Unrecht erhoben worden sind, ist der Verwaltungsakt, auch nachdem er unanfechtbar geworden ist, mit Wirkung für die Vergangenheit zurückzunehmen. ²Dies gilt nicht, wenn der Verwaltungsakt auf Angaben beruht, die der Betroffene vorsätzlich in wesentlicher Beziehung unrichtig oder unvollständig gemacht hat.

(2) ¹Im Übrigen ist ein rechtswidriger nicht begünstigender Verwaltungsakt, auch nachdem er unanfechtbar geworden ist, ganz oder teilweise mit Wirkung für die Zukunft zurückzunehmen. ²Er kann auch für die Vergangenheit zurückgenommen werden.

(3) Über die Rücknahme entscheidet nach Unanfechtbarkeit des Verwaltungsaktes die zuständige Behörde; dies gilt auch dann, wenn der zurückzunehmende Verwaltungsakt von einer anderen Behörde erlassen worden ist.

(4) ¹Ist ein Verwaltungsakt mit Wirkung für die Vergangenheit zurückgenommen worden, werden Sozialleistungen nach den Vorschriften der besonderen Teile dieses Gesetzbuches längstens für einen Zeitraum bis zu vier Jahren vor der Rücknahme erbracht. ²Dabei wird der Zeitpunkt der Rücknahme von Beginn des Jahres an gerechnet, in dem der Verwaltungsakt zurückgenommen wird. ³Erfolgt die Rücknahme auf Antrag, tritt bei der Berechnung des Zeitraumes, für den rückwirkend Leistungen zu erbringen sind, anstelle der Rücknahme der Antrag.

§ 45 Rücknahme eines rechtswidrigen begünstigenden Verwaltungsaktes

(1) Soweit ein Verwaltungsakt, der ein Recht oder einen rechtlich erheblichen Vorteil begründet oder bestätigt hat (begünstigender Verwaltungsakt), rechtswidrig ist, darf er, auch nachdem er unanfechtbar geworden ist, nur unter den Einschränkungen der Absätze 2 bis 4 ganz oder teilweise mit Wirkung für die Zukunft oder für die Vergangenheit zurückgenommen werden.

(2) ¹Ein rechtswidriger begünstigender Verwaltungsakt darf nicht zurückgenommen werden, soweit der Begünstigte auf den Bestand des Verwaltungsaktes vertraut hat und sein Vertrauen unter Abwägung mit dem öffentlichen Interesse an einer Rücknahme schutzwürdig ist. ²Das Vertrauen ist in der Regel schutzwürdig, wenn der Begünstigte erbrachte Leistungen verbraucht oder eine Vermögensdisposition getroffen hat, die er nicht mehr oder nur unter unzumutbaren Nachteilen rückgängig machen kann. ³Auf Vertrauen kann sich der Begünstigte nicht berufen, soweit
1. er den Verwaltungsakt durch arglistige Täuschung, Drohung oder Bestechung erwirkt hat,
2. der Verwaltungsakt auf Angaben beruht, die der Begünstigte vorsätzlich oder grob fahrlässig in wesentlicher Beziehung unrichtig oder unvollständig gemacht hat, oder
3. er die Rechtswidrigkeit des Verwaltungsaktes kannte oder infolge grober Fahrlässigkeit nicht kannte; grobe Fahrlässigkeit liegt vor, wenn der Begünstigte die erforderliche Sorgfalt in besonders schwerem Maße verletzt hat.

(3) ¹Ein rechtswidriger begünstigender Verwaltungsakt mit Dauerwirkung kann nach Absatz 2 nur bis zum Ablauf von zwei Jahren nach seiner Bekanntgabe zurückgenommen werden. ²Satz 1 gilt nicht, wenn Wiederaufnahmegründe entsprechend § 580 der Zivilprozessordnung vorliegen. ³Bis zum Ablauf von zehn Jahren nach seiner Bekanntgabe kann ein rechtswidriger begünstigender Verwaltungsakt mit Dauerwirkung nach Absatz 2 zurückgenommen werden, wenn
1. die Voraussetzungen des Absatzes 2 Satz 3 Nr. 2 oder 3 gegeben sind oder
2. der Verwaltungsakt mit einem zulässigen Vorbehalt des Widerrufs erlassen wurde.

⁴In den Fällen des Satzes 3 kann ein Verwaltungsakt über eine laufende Geldleistung auch nach Ablauf der Frist von zehn Jahren zurückgenommen werden, wenn diese Geldleistung mindestens bis zum Beginn des Verwaltungsverfahrens über die Rücknahme gezahlt wurde. ⁵War die Frist von zehn Jahren am 15. April 1998 bereits abgelaufen, gilt Satz 4 mit der Maßgabe, dass der Verwaltungsakt nur mit Wirkung für die Zukunft aufgehoben wird.

(4) ¹Nur in den Fällen von Absatz 2 Satz 3 und Absatz 3 Satz 2 wird der Verwaltungsakt mit Wirkung für die Vergangenheit zurückgenommen. ²Die Behörde muss dies innerhalb eines Jahres seit Kenntnis der Tatsachen tun, welche die Rücknahme eines rechtswidrigen begünstigenden Verwaltungsaktes für die Vergangenheit rechtfertigen.

(5) § 44 Abs. 3 gilt entsprechend.

§ 46 Widerruf eines rechtmäßigen nicht begünstigenden Verwaltungsaktes

(1) Ein rechtmäßiger nicht begünstigender Verwaltungsakt kann, auch nachdem er unanfechtbar geworden ist, ganz oder teilweise mit Wirkung für die Zukunft widerrufen werden, außer wenn ein Verwaltungsakt gleichen Inhalts erneut erlassen werden müsste oder aus anderen Gründen ein Widerruf unzulässig ist.

(2) § 44 Abs. 3 gilt entsprechend.

§ 47 Widerruf eines rechtmäßigen begünstigenden Verwaltungsaktes

(1) Ein rechtmäßiger begünstigender Verwaltungsakt darf, auch nachdem er unanfechtbar geworden ist, ganz oder teilweise mit Wirkung für die Zukunft nur widerrufen werden, soweit

1. der Widerruf durch Rechtsvorschrift zugelassen oder im Verwaltungsakt vorbehalten ist,
2. mit dem Verwaltungsakt eine Auflage verbunden ist und der Begünstigte diese nicht oder nicht innerhalb einer ihm gesetzten Frist erfüllt hat.

(2) [1]Ein rechtmäßiger begünstigender Verwaltungsakt, der eine Geld- oder Sachleistung zur Erfüllung eines bestimmten Zweckes zuerkennt oder hierfür Voraussetzung ist, kann, auch nachdem er unanfechtbar geworden ist, ganz oder teilweise auch mit Wirkung für die Vergangenheit widerrufen werden, wenn

1. die Leistung nicht, nicht alsbald nach der Erbringung oder nicht mehr für den in dem Verwaltungsakt bestimmten Zweck verwendet wird,
2. mit dem Verwaltungsakt eine Auflage verbunden ist und der Begünstigte diese nicht oder nicht innerhalb einer ihm gesetzten Frist erfüllt hat.

[2]Der Verwaltungsakt darf mit Wirkung für die Vergangenheit nicht widerrufen werden, soweit der Begünstigte auf den Bestand des Verwaltungsaktes vertraut hat und sein Vertrauen unter Abwägung mit dem öffentlichen Interesse an einem Widerruf schutzwürdig ist. [3]Das Vertrauen ist in der Regel schutzwürdig, wenn der Begünstigte erbrachte Leistungen verbraucht oder eine Vermögensdisposition getroffen hat, die er nicht mehr oder nur unter unzumutbaren Nachteilen rückgängig machen kann. [4]Auf Vertrauen kann sich der Begünstigte nicht berufen, soweit er die Umstände kannte oder infolge grober Fahrlässigkeit nicht kannte, die zum Widerruf des Verwaltungsaktes geführt haben. [5]§ 45 Abs. 4 Satz 2 gilt entsprechend.

(3) § 44 Abs. 3 gilt entsprechend.

§ 48 Aufhebung eines Verwaltungsaktes mit Dauerwirkung bei Änderung der Verhältnisse

(1) [1]Soweit in den tatsächlichen oder rechtlichen Verhältnissen, die beim Erlass eines Verwaltungsaktes mit Dauerwirkung vorgelegen haben, eine wesentliche Änderung eintritt, ist der Verwaltungsakt mit Wirkung für die Zukunft aufzuheben. [2]Der Verwaltungsakt soll mit Wirkung vom Zeitpunkt der Änderung der Verhältnisse aufgehoben werden, soweit

1. die Änderung zugunsten des Betroffenen erfolgt,
2. der Betroffene einer durch Rechtsvorschrift vorgeschriebenen Pflicht zur Mitteilung wesentlicher für ihn nachteiliger Änderungen der Verhältnisse vorsätzlich oder grob fahrlässig nicht nachgekommen ist,
3. nach Antragstellung oder Erlass des Verwaltungsaktes Einkommen oder Vermögen erzielt worden ist, das zum Wegfall oder zur Minderung des Anspruchs geführt haben würde, oder
4. der Betroffene wusste oder nicht wusste, weil er die erforderliche Sorgfalt in besonders schwerem Maße verletzt hat, dass der sich aus dem Verwaltungsakt ergebende Anspruch kraft Gesetzes zum Ruhen gekommen oder ganz oder teilweise weggefallen ist.

[3]Als Zeitpunkt der Änderung der Verhältnisse gilt in Fällen, in denen Einkommen oder Vermögen auf einen zurückliegenden Zeitraum auf Grund der besonderen Teile dieses Gesetzbuches anzurechnen ist, der Beginn des Anrechnungszeitraumes.

(2) Der Verwaltungsakt ist im Einzelfall mit Wirkung für die Zukunft auch dann aufzuheben, wenn der zuständige oberste Gerichtshof des Bundes in ständiger Rechtsprechung nachträglich das Recht anders auslegt als die Behörde bei Erlass des Verwaltungsaktes und sich dieses zugunsten des Berechtigten auswirkt; § 44 bleibt unberührt.

(3) [1]Kann ein rechtswidriger begünstigender Verwaltungsakt nach § 45 nicht zurückgenommen werden und ist eine Änderung nach Absatz 1 oder 2 zugunsten des Betroffenen eingetreten, darf die neu festzustellende Leistung nicht über den Betrag hinausgehen, wie er sich der Höhe nach ohne Berücksichtigung der Bestandskraft ergibt. [2]Satz 1 gilt entsprechend, soweit einem rechtmäßigen begünstigenden Verwaltungsakt ein rechtswidriger begünstigender Verwaltungsakt zugrunde liegt, der nach § 45 nicht zurückgenommen werden kann.

(4) [1]§ 44 Abs. 3 und 4, § 45 Abs. 3 Satz 3 bis 5 und Abs. 4 Satz 2 gelten entsprechend. [2]§ 45 Abs. 4 Satz 2 gilt nicht im Fall des Absatzes 1 Satz 2 Nr. 1.

Übersicht

	Rn.
A. Normzweck	1
B. Regelungsgehalt	7
I. Rücknahme des Verwaltungsakts für die Vergangenheit (§ 44 Abs. 1)	7
II. Rücknahme des Verwaltungsakts für die Zukunft (§ 44 Abs. 1 S. 2, Abs. 2)	15
III. Rückwirkende Leistungsgewährung (§ 44 Abs. 4)	17
IV. Rücknahme eines begünstigenden Verwaltungsakts (§ 45)	19
1. Der begünstigende anfänglich rechtswidrige Verwaltungsakt (§ 45 Abs. 1)	20
2. Vertrauensschutz (§ 45 Abs. 2)	23
3. Ermessen	29
4. Ausschlussfristen für Rücknahme (§ 45 Abs. 3, 4)	30
V. Aufhebung gemäß § 48	38
1. Aufhebung für die Zukunft (§ 48 Abs. 1 S. 1)	41
2. Aufhebung ab Änderung der Verhältnisse (§ 48 Abs. 1 S. 2)	47
3. Änderung der höchstrichterlichen Rechtsprechung (§ 48 Abs. 2)	50
4. Aussparen und Einfrieren (§ 48 Abs. 3)	52
5. Verweisungen (§ 48 Abs. 4)	54

A. Normzweck

Die **§§ 44 ff.** regeln die **Aufhebung** von Verwaltungsakten, worunter der Widerruf rechtmäßiger und die Rücknahme rechtswidriger Verwaltungsakte fallen. Als **Besonderheit des Sozialverwaltungsrechts** taucht der Begriff „Aufhebung" in § 48 bei der Aufhebung eines Verwaltungsakts mit Dauerwirkung bei Änderung der Verhältnisse auf, wird also insoweit als Terminus technicus für die Beseitigung bzw. Änderung eines rechtswidrig gewordenen Verwaltungsakts verwendet. In der Verwaltungspraxis haben die §§ 44 bis 51 erhebliche Bedeutung; denn sie relativieren die Bestandskraft und Bindungswirkung des Verwaltungsakts (§ 77 SGG): Ein unanfechtbar gewordener Verwaltungsakt kann praktisch zu jeder Zeit erneut auf den Prüfstand gestellt werden, indem der Betroffene bei der Verwaltung eine Überprüfung beantragt. **1**

Das **Regelungssystem** der §§ 44 ff. unterscheidet die Sachverhalte nach drei Kriterien: Rechtswidrigkeit/Rechtmäßigkeit, Begünstigung/Belastung und Anfänglichkeit/Nachträglichkeit. In Kombination dieser Begriffspaare regelt das Gesetz folgende Fallkonstellationen: **2**

1. Anfänglich rechtswidrig belastender Verwaltungsakt — § 44
2. Anfänglich rechtswidrig begünstigender Verwaltungsakt — § 45
3. Anfänglich rechtmäßig belastender Verwaltungsakt — § 46
4. Anfänglich rechtmäßig begünstigender Verwaltungsakt — § 47
5. Nachträglich rechtswidrig belastender Verwaltungsakt — § 48
6. Nachträglich rechtswidriger begünstigender Verwaltungsakt — § 48

Für die Aufhebung anfänglich **rechtswidriger Verwaltungsakte** verwendet das Gesetz den Begriff der **Rücknahme,** geregelt in den §§ 44, 45. Bei der Aufhebung **rechtmäßiger Verwaltungsakte** in den §§ 46, 47 SGB X spricht man vom **Widerruf.** Die anfängliche Rechtswidrigkeit bildet den Schwerpunkt der Regelungen, §§ 44 bis 47; die nachträgliche Rechtswidrigkeit ist – für begünstigende wie belastende – Verwaltungsakte in § 48 geregelt. Ist nicht feststellbar, ob ein Verwaltungsakt schon bei Erlass rechtswidrig war oder erst nachträglich rechtswidrig geworden ist, kann eine Rücknahme in **Wahlfeststellung** auf die §§ 44 oder 48 gestützt werden. Es gelten dann die dem Betroffenen jeweils günstigsten Einzelregelungen dieser Vorschriften (Waschull in: LPK-SGB X, vor §§ 44 bis 51 Rn. 5; Waschull in: Fichte/Plagemann/Waschull, Sozialverwaltungsverfahrensrecht, 2008, § 4 Rn. 4, S. 236). **3**

Bei der Aufhebung von Verwaltungsakten wird weiterhin danach unterschieden, ob die **Aufhebung für die Zukunft** (§§ 44 Abs. 2 S. 1, 45 Abs. 1, 46 Abs. 1, 47 Abs. 1, 48 Abs. 1, 2) oder aber **für die Vergangenheit** (§ 45 Abs. 1, 47 Abs. 2) erfolgt. Maßgebend ist der Zeitpunkt der Bekanntgabe des Rücknahmebescheids (BSGE 61, 189 = SozR 1300 § 48 Nr. 31; BSGE 80, 186 = SozR 3–7140 § 1 Nr. 1). § 48 regelt die Aufhebung von Verwaltungsakten mit Dauerwirkung, bei denen nachträglich eine Änderung in den tatsächlichen oder rechtlichen Verhältnissen eingetreten ist. § 49 regelt die Aufhebung begünstigender Verwaltungsakte, die von einem durch den Verwaltungsakt belasteten Dritten angefochten werden. Vorläufige Regelungen müssen nach Erlass der endgültigen Regelung nicht aufgehoben oder zurückgenommen werden, weil sie ohne weiteres ihre Wirksamkeit verlieren (BSGE 55, 287 = SozR 1200 § 42 Nr. 2; BSG SozR 3–1300 § 32 Nr. 4). Eine analoge Anwendung der §§ 44 ff. auf einseitige öffentlich-rechtliche Verwaltungshandlungen, die keine Verwaltungsaktsqualität besitzen, scheidet aus. **4**

Einer Aufhebung des Verwaltungsakts steht dessen **Bestätigung durch Urteil** nicht entgegen. Will das Gericht über die Aufhebung des zuvor bestätigten Verwaltungsakts entscheiden, so ist es durch frühere Urteile über den aufzuhebenden Bescheid nicht gebunden (BSG SozR 3900 § 40 **5**

Nr. 1, 3, 5). Hat die Behörde einen Bescheid nach § 45 wegen ursprünglicher Rechtswidrigkeit aufgehoben, stellt sich im Gerichtsverfahren aber heraus, dass tatsächlich erst nachträglich eine Änderung der Verhältnisse eingetreten, der Bescheid also rechtswidrig geworden ist, kann die Aufhebung nur aus § 48 gerechtfertigt werden, wenn die Behörde einen entsprechenden Bescheid erlässt, der gemäß § 96 SGG Gegenstand des Verfahrens wird (Waschull in: Fichte/Plagemann Waschull, Sozialverwaltungsverfahrensrecht, 2008, § 4 Rn. 15, S. 239). Vor dem Wirksamwerden des Beitritts der DDR **im Beitrittsgebiet ergangene Verwaltungsakte** sind über Art. 19 S. 1 EinigVtr grundsätzlich wirksam; sie können nach Art. 19 S. 2 EinigVtr nur aufgehoben werden, wenn sie mit rechtsstaatlichen Grundsätzen oder den Regelungen des Einigungsvertrags unvereinbar sind (BVerfGE 117, 302 = SozR 4–8100 Art. 19 Nr. 1). Damit trägt der Einigungsvertrag dem Umstand Rechnung, dass eine vollständige Aufarbeitung von 40 Jahren DDR-Verwaltungspraxis unmöglich wäre, zumal sie an unüberwindlichen Schwierigkeiten der Sachverhaltsaufklärung scheitern und auch zu neuen Ungerechtigkeiten führen würde (BSGE 46, 124 = SozR 2200 § 1290 Nr. 11).

6   Bei der **Rücknahme begünstigender Verwaltungsakte** müssen Gesetzmäßigkeit der Verwaltung (Art. 20 Abs. 3 GG) einerseits und der aus dem Rechtsstaatsprinzip herzuleitende Vertrauensschutz des Betroffenen andererseits gegeneinander abgewogen werden. Sowohl § 45 als auch § 48 sehen als Ergebnis dieses Interessenausgleichs die Aufhebung rechtswidriger und begünstigender Verwaltungsakte vor, soweit im Einzelfall Gründe des Vertrauensschutzes nicht entgegenstehen (§ 45 Abs. 2) und der Rechtssicherheit dienende Fristen (§ 45 Abs. 3, 4) eingehalten wurden. Die Rücknahme begünstigender Verwaltungsakte stellt rechtlich den schwierigsten Fall nachträglicher Regelungskorrekturen dar, weil hier die Interessengegensätze voll zum Tragen kommen. Die Rücknahme belastender Verwaltungsakte ist demgegenüber einfacher zu handhaben, weil Vertrauensschutz nicht berührt wird. In Ergänzung zu §§ 44 bis 48 regelt **§ 50** die **Rückabwicklung** nach Rücknahme bzw. Widerruf des die Leistung gewährenden Verwaltungsakts (§ 50 Abs. 1) sowie bei Leistung ohne Verwaltungsakt (§ 50 Abs. 2). Ziel ist der Ausgleich einer nicht mit der Rechtslage übereinstimmenden Vermögenslage (BVerwGE 71, 85 = Buchholz 442.041 PostG Nr. 6; BVerwGE 100, 56 = Buchholz 11 Art. 104 a GG Nr. 15). **Richtige Klageart** gegen die Ablehnung der teilweisen Rücknahme eines bestandskräftigen Bescheids über Arbeitslosengeldbewilligung ist eine kombinierte Anfechtungs-, Verpflichtungs- und Leistungsklage, auf die auch bei Anwendung des § 44 ein Grundurteil (§ 130 Abs. 1 SGG) ergehen kann (vgl BSGE 88, 299 = SozR 3–4300 § 137 Nr. 1). Ein Grundurteil ist auch möglich, wenn nur über die Höhe der Leistung gestritten wird (BSG SozR 4–4300 § 122 Nr. 8).

B. Regelungsgehalt

I. Rücknahme des Verwaltungsakts für die Vergangenheit (§ 44 Abs. 1)

7   Soweit sich im Einzelfall ergibt, dass bei Erlass eines Verwaltungsakts das Recht unrichtig angewandt oder von einem Sachverhalt ausgegangen worden ist, der sich als unrichtig erweist, und soweit deshalb Sozialleistungen zu Unrecht erbracht oder Beiträge zu Unrecht erhoben worden sind, ist der Verwaltungsakt, auch nachdem er unanfechtbar geworden ist, mit Wirkung für die Vergangenheit zurückzunehmen, § 44 Abs. 1 S. 1. Die Vorschrift dient dem **Zweck,** materielle Gerechtigkeit zu Gunsten des Bürgers herzustellen (BSG NZS 2004, 660). Dem **Grundsatz der Rechtmäßigkeit des Verwaltungshandelns** soll Geltung verschafft und der Verwaltungsbehörde zur Herstellung materieller Gerechtigkeit die Möglichkeit eröffnet werden, Fehler, die im Zusammenhang mit dem Erlass eines Verwaltungsakts unterlaufen sind, zu berichtigen. Hierbei soll nach dem Willen des Gesetzgebers deren Aufhebung nur in Betracht kommen, soweit sich bei der erneuten Überprüfung der Sach- und Rechtslage ergibt, dass die Behörde zu Ungunsten des Antragstellers falsch gehandelt hat. Ansonsten soll der Verwaltungsakt bestehen bleiben (BSG SozR 1300 § 44 Nr. 38).

8   Die Rücknahme für die Vergangenheit steht nicht im Ermessen der Behörde. Das bedeutet, dass bei Erfüllung der Rücknahmevoraussetzungen regelmäßig ein **Rechtsanspruch auf Rücknahme** besteht (BSGE 88, 75 = SozR 3–2200 § 1265 Nr. 20). Aus dem Wortlaut der Vorschrift folgt, dass sich bei der Bearbeitung „im Einzelfall" Anhaltspunkte für eine Aufhebung ergeben müssen. Abzustellen ist also stets nur auf den **zur Überprüfung gestellten Anspruch;** eine Pflicht der Behörde, Akten von sich aus auf Rücknahmemöglichkeiten durchzuarbeiten, besteht nicht. So muss etwa ein Rentenversicherungsträger eine vom Unfallversicherungsträger zum Zwecke der Abstimmung auf medizinischem Gebiet übersandte Akte nicht auf sämtliche Zahlungsvorgänge jenes Versicherungsträgers hin überprüfen (BSG SozR 2200 § 1301 Nr. 14). Dies würde die Sozialleistungsträger überfordern. Indes kann die Rücknahme auf Antrag oder von Amts wegen durchgeführt werden. Der Anspruch kann auch einredeweise bei belastenden Verwaltungsakten geltend gemacht werden (BSGE 57, 288 = SozR 1200 § 14 Nr. 18). Eine Rücknahme kommt dann nicht mehr in Betracht, wenn sich der Verwaltungsakt – etwa durch Zeitablauf – erledigt hat (BVerwGE 84, 274 = Buchholz 454.71 § 28 WoGG Nr. 1). Kann die Rücknahme eines – unterstelltermaßen rechtswidrigen – Verwaltungs-

akts keine Auswirkungen mehr haben, etwa wegen Ablaufs der Vier-Jahres-Frist des § 44 Abs. 4, besteht von vornherein kein Überprüfungsanspruch mehr (vgl. BSGE 68, 180 = SozR 3–1300 § 44 Nr. 1; BSG SozR 3–6610 Art. 5 Nr. 1).

Hinsichtlich der **Neuberechnung von Renten** war lange unklar, inwieweit neben § 300 Abs. 1, 3 SGB VI auch § 44 SGB X zur Anwendung gelangt. Der 13. Senat des BSG hat zunächst dem 5. Senat darin zugestimmt, dass – entgegen den früheren Entscheidungen SozR 3–2600 § 300 Nr. 5 und 12 sowie Urteilen vom 30. 10. 1997 (13 RJ 3/97) und vom 9. 9. 1998 (B 13 RJ 63/97 R) – bei der Neufeststellung einer Rente nach dem SGB VI in einem **Zugunstenverfahren** (§ 44) gemäß § 300 Abs. 3 S. 2 SGB VI nicht die bisher zuerkannten persönlichen Entgeltpunkte, sondern die sich bei richtiger Anwendung des alten Rechts ergebenden persönlichen Entgeltpunkte besitzgeschützt seien (BSG vom 1. 9. 1999 – B 13 RJ 3/99 S – Juris). Der Vorschrift des § 44 liege zwar der **Restitutionsgedanke** zugrunde (BSGE 85, 151 = SozR 3–2600 § 300 Nr. 15). Dies bedeute jedoch nicht, dass der Betroffene auch in tatsächlicher Hinsicht so zu stellen sei, als hätte die Verwaltung von vornherein richtig entschieden. Vielmehr ziele § 44 auf eine rechtliche Restitution ab, also darauf, dem Berechtigten das zukommen zu lassen, was ihm bei richtiger Sachbehandlung nach materiellem Recht zustehe. Sodann hat der 13. Senat klargestellt, dass nicht nur bei zu niedrig festgestellter Rente, sondern auch bei Ablehnung eines früheren Rentenantrags ein Versicherter im Überprüfungsverfahren – nach zwischenzeitlicher Rechtsänderung zu seinem Nachteil – so zu stellen ist, wie er **bei richtiger Rechtsanwendung** zum Zeitpunkt der erstmaligen Bescheiderteilung gestanden hätte (BSGE 90, 136 = SozR 3–2600 § 300 Nr. 18; Fortführung von BSGE 85, 151 = SozR 3–2600 § 300 Nr. 15). § 44 ist auch im Rahmen des AAÜG anwendbar. Denn nach Anl. I Kap. VIII Sachgebiet D Abschn. III Nr. 2 des Einigungsvertrags gilt das Erste Kapitel des SGB X seit dem 1. 1. 1991 ua für den Sachbereich der Rentenversicherung. Hierzu zählen nach st. Rspr. des BSG (seit BSGE 72, 50 = SozR 3–8570 § 10 Nr. 1) alle – aus der Sicht des Bundesrechts – öffentlich-rechtlichen Regelungen, die thematisch dem Rentenversicherungsrecht des SGB VI entsprechen oder vom Einigungsvertrag in einen inneren, sachlichen Zusammenhang mit diesem gestellt worden sind. Dies gilt insbesondere für Ansprüche und Anwartschaften aus **Zusatz- und Sonderversorgungssystemen**, die in Anl. II Kap. VIII Sachgebiet H Abschn. III Nr. 9 des Einigungsvertrags geregelt worden sind (vgl BSGE 77, 253, 257 = SozR 3–8570 § 13 Nr. 1 S. 5; BSG 15. 6. 2010 – B 5 RS 6/09 R – Juris, Rn. 13).

§ 44 Abs. 1 erfasst ausschließlich **belastende** Verwaltungsakte, auch wenn dies nur in Abs. 2 der Vorschrift in dem Begriff „nicht begünstigender" Verwaltungsakt zum Ausdruck kommt. Auf **Sozialhilfeleistungen** alten Rechts (BSHG) war § 44 wegen des im Sozialhilferecht damals geltenden Grundsatzes „Keine Hilfe für die Vergangenheit" nicht anzuwenden (vgl. BVerwGE 68, 285, 288 = Buchholz 436.0 § 5 BSHG Nr. 5 und BVerwG Buchholz 435.12 § 44 SGB X Nr. 10). Diese Rechtsprechung hat das BSG (für das Recht des SGB XII) ausdrücklich aufgegeben (BSGE 99, 137 = SozR 4–1300 § 44 Nr. 11; BSG SozR 4–1300 § 44 Nr 15 Rn. 19; Anm. Spiolek jurisPR-SozR 21/2009 Anm. 1), weil den Leistungsempfänger gehalten sei, aus den Pauschalleistungen Rücklagen („Ansparungen") zu bilden. Allerdings können Besonderheiten des Sozialhilferechts der Gewährung von Leistungen für die Vergangenheit insbesondere bei Bedarfswegfall entgegenstehen (BSGE 104, 213 = SozR 4–1300 § 44 Nr. 20). Ebenfalls anwendbar ist die Zugunstenregelung des § 44 auf die **Leistungen nach dem AsylbLG**. Dies ergibt sich aus der eindeutigen gesetzlichen Regelung des § 9 Abs. 3 AsylbLG; darin wird die entsprechende Anwendung der §§ 44 bis 50 ausdrücklich angeordnet (BSG SozR 4–3520 § 9 Nr. 1). Soweit **Leistungen für Grundsicherung** betroffen sind, werden diese regelmäßig für ein Jahr bewilligt (§ 44 Abs. 1 S. 1 SGB XII); sie stellen mithin eine Dauerleistung dar, für die der Gedanke der Sozialhilfe als Nothilfe nicht passt. Außerdem kommen Grundsicherungsleistungen nur bei dauerhafter voller Erwerbsminderung infrage oder wenn der Betroffene die Altersgrenze – bei vor dem 1. 1. 1947 Geborenen: das 65. Lebensjahr – vollendet hat, § 41 Abs. 2 SGB XII. Die Regelung des § 44 zur rückwirkenden Korrektur bestandskräftiger, rechtswidriger Leistungsablehnungen findet im Recht der Grundsicherung im Alter und bei Erwerbsminderung nach dem SGB XII daher Anwendung (BSGE 99, 137 = SozR 4–1300 § 44 Nr. 11). Für Alg II-Leistungen bestimmt § 40 Abs. 1 S. 1 SGB II, dass für das Verfahren das SGB X anzuwenden ist (vgl hierzu auch SozR 4–4200 § 22 Nr 36, wonach der Anwendbarkeit des § 44 zur rückwirkenden Korrektur bestandskräftiger rechtswidriger Leistungsablehnungen und **Nachzahlung von Unterkunftskosten** für die Vergangenheit keine über die gesetzlich normierten Einschränkungen hinausgehenden Besonderheiten des SGB II entgegenstehen); außerdem wird in S. 2 Nr. 1 § 330 Abs. 1 SGB III für entsprechend anwendbar erklärt, demzufolge für die Fälle der nachträglichen Feststellung der Unvereinbarkeit einer Rechtsnorm mit dem GG durch das BVerfG § 44 Abs. 1 S. 1 SGB X nur mit einer Modifizierung anzuwenden ist. Dies wird als Argument dafür zu sehen sein, dass § 44 Abs. 1 S. 1 SGB X grundsätzlich auch für das regelmäßig für sechs Monate im Voraus zu bewilligende Alg II und Sozialgeld gelten soll (Waschull in: Fichte/Plagemann/Waschull, Sozialverwaltungsverfahrensrecht, 2008, § 4 Rn. 100, S. 257). Wird im Überprüfungsverfahren festgestellt, dass der frühere Verwaltungsakt wegen **Nichtbeachtung eines Herstellungsanspruchs** rechtswidrig war, ist die Leistungsbegrenzung auf vier Jahre (§ 44 Abs. 4) unmittelbar, nicht aber analog rechtsgrundsätzlich anzuwenden. Kann hingegen aufgrund des sozialrechtlichen Herstellungsanspruchs selbst eine Leistung

100 SGB X § 48

rückwirkend verlangt werden, gilt in entsprechender Anwendung des § 44 Abs. 4 eine **Ausschlussfrist von vier Jahren** (BSG SozR 4–1300 § 44 Nr. 9, Fortführung von BSGE 60, 245 = SozR 1300 § 44 Nr. 24; BSG SozR 1300 § 44 Nr. 25; SozR 3–1300 § 44 Nr. 25 und BSGE 87, 280 = SozR 3–1200 § 14 Nr. 31).

11 Für die Frage, ob Sozialleistungen iSd. § 44 Abs. 1 S. 1 **zu Unrecht** vorenthalten worden sind, sind Rechtsänderungen, die nach Erlass des Ausgangsbescheids eintreten, aber auf diesen Zeitpunkt zurückwirken, zu beachten (BSG SozR 4–1300 § 44 Nr. 5). Der **Tod des Versicherten** steht der Neufeststellung einer vorher ihm gegenüber zu Unrecht abgelehnten, entzogenen, eingestellten oder zu niedrig festgestellten Leistung zugunsten der Rechtsnachfolger nicht entgegen (BSGE 38, 211 = SozR 2200 § 1300 Nr. 4 m. w. N.; BSGE 55, 220 = SozR 1200 § 59 Nr. 4; BSG SozR 1300 § 44 Nr. 15). Darüber hinaus kann der Sonderrechtsnachfolger iSv. § 56 Abs. 1 SGB I selbst einen Antrag nach § 44 auf Rücknahme und Neufeststellung stellen. Zwar verlangt § 59 S. 2 SGB I insoweit, dass ein Verwaltungsverfahren „im Zeitpunkt des Todes des Leistungsberechtigten anhängig" sein muss. Da § 44 Abs. 1 eine solche Einschränkung aber nicht enthält, ist der Versicherungsträger auch nach dem Tode des Berechtigten verpflichtet, den rechtswidrigen Bescheid über die Feststellung der Rente des inzwischen verstorbenen Versicherten mit Wirkung für die Vergangenheit zurückzunehmen. Im Hinblick auf diese Rückwirkung muss davon ausgegangen werden, dass ein Verwaltungsverfahren im Zeitpunkt des Todes des Berechtigten iSd. § 59 S. 2 SGB I anhängig ist (BSG SozR 1300 § 44 Nr. 15).

12 Eine **Leistung** ist dann zu Unrecht nicht erbracht worden, wenn sie dem Betroffenen für den fraglichen Zeitraum tatsächlich nicht zusteht. Abs. 1 erfasst auch den Fall, dass nach Unanfechtbarkeit eine von Anfang an höhere Leistung begehrt wird (Waschull in: Fichte/Plagemann/Waschull, Sozialverwaltungsverfahrensrecht, 2008, § 4 Rn. 75, S. 251). Beiträge sind dann zu Unrecht erhoben worden, wenn der Betroffene zur Zahlung tatsächlich nicht verpflichtet war. Eine Rücknahme ist nach Abs. 1 nur dann zulässig, wenn das Recht **bei Erlass des Verwaltungsakts** unrichtig angewandt oder von einem Sachverhalt ausgegangen worden ist, der sich als unrichtig erweist. Mit der „unrichtigen Rechtsanwendung" wird das Merkmal der **Rechtswidrigkeit** umschrieben. Die Rechtswidrigkeit darf nicht erst nachträglich entstanden sein, sonst liegt ein Fall des § 48 vor (BSGE 78, 109 = SozR 3–1300 § 48 Nr. 48; BSG UV-Recht Aktuell 2010, 1161). Ändert sich nachträglich die höchstrichterliche Rechtsprechung, so handelt es sich nicht um einen Fall der nachträglichen Änderung der Rechtslage, weil die einschlägigen Rechtsnormen gleich geblieben sind und sich lediglich deren Auslegung in der Praxis geändert hat (BSG SozR 4–4300 § 330 Nr. 1). Mittelbar wird dies deutlich aus § 48 Abs. 2, der eine Änderung für die Zukunft zulässt, wenn der oberste Gerichtshof des Bundes in ständiger Rechtsprechung nachträglich das Recht anders auslegt als die Behörde bei Erlass des Verwaltungsakts.

13 Die **Rechtswidrigkeit** des Verwaltungsakts kann ihre Ursache in der Verletzung materiellen oder formellen Rechts haben. Formelle Rechtsfehler führen allerdings regelmäßig nicht zur Rücknahme, weil solche Verstöße durch Nachholung geheilt werden können oder sogar unbeachtlich sind, §§ 38, 42 S. 1. § 44 ermöglicht jedoch die Zurücknahme eines Bescheids über die Rückforderung einer Sozialleistung auch dann, wenn die Rechtswidrigkeit des Bescheids allein auf einem Verstoß gegen das **Vertrauen schützende Vorschriften** beruht (BSG SozR 3–1300 § 44 Nr. 21). Ausgeschlossen ist die Aufhebung des Verwaltungsakts wegen einer Verletzung materiellen Rechts jedoch dann, wenn eine **Umdeutung** nach § 43 möglich ist. Bei Ermessensentscheidungen führen Ermessensfehler zur Rechtswidrigkeit. Rechtswidrig i. S. der Vorschriften über die Rücknahme eines Verwaltungsakts ist auch ein Verwaltungsakt, der auf einer (später) vom BVerfG für nichtig erklärten Gesetzesvorschrift beruht (BSGE 64, 62 = SozR 4100 § 152 Nr. 18). Im Verhältnis zu § 79 Abs. 2 BVerfGG (Bestandsschutz unanfechtbarer Entscheidungen) ist § 44 als lex specialis anzusehen (Vogelsang in: Hauck/Noftz, SGB X, § 44 Rn. 9 a; ähnlich: Steinwedel in: KassKomm, § 44 SGB X Rn. 9).

14 Stellt sich der Verwaltungsakt als rechtmäßig dar, so ist der – auch wiederholte – Rücknahmeantrag durch Bescheid abzulehnen. Dies gilt auch dann, wenn der Antragsteller nichts Neues vorbringt (BSGE 97, 54 = SozR 4–2700 § 8 Nr. 18; Abweichung von BSG SozR 3–1300 § 44 Nr. 8 und vom BSG ZfS 2003, 269). Allerdings muss die Behörde in eine erneute Prüfung nur entsprechend dem Umfang des Vorbringens des Versicherten eintreten und auch nur insoweit den Antragsteller bescheiden (BSGE 51, 139, 141 = SozR 3900 § 40 Nr. 15; BSG SozR 3–2600 § 243 Nr. 8 S. 27 f.; BSG SozR 3–4100 § 119 Nr. 23 S. 119 f.; Steinwedel in: KassKomm, § 44 SGB X Rn. 34; Schütze in: v. Wulffen, SGB X, § 44 Rn. 13). Ergibt sich im Rahmen des Zugunstenverfahrens nichts, was die Unrichtigkeit der Vorentscheidung annehmen ließe, darf sich die Behörde ohne Sachprüfung auf die Bindungswirkung berufen. Werden zwar neue Tatsachen oder Erkenntnisse vorgetragen oder neue Beweismittel benannt, ergibt aber die Prüfung, dass die neuen Gesichtspunkte tatsächlich nicht vorliegen oder für die frühere Entscheidung nicht erheblich waren, darf sich die Behörde ebenfalls auf die Bindungswirkung stützen. Nur wenn die Prüfung zu dem Ergebnis gelangt, ursprünglich nicht beachtete Tatsachen oder Erkenntnisse seien für die Entscheidung wesentlich, ist ohne Rücksicht auf die Bindungswirkung erneut zu entscheiden (vgl. Waschull in: Fichte/Plagemann/Waschull, Sozialverwaltungsverfahrensrecht, § 4 Rn. 88, S. 254 m. w. N.). Wird ein Antrag oder Vorbringen **querulato-**

risch wiederholt, kann sich die Behörde ggf. auf das Rechtsinstitut des **Rechtsmissbrauchs** berufen und muss dann den Überprüfungsantrag nicht erneut bescheiden. Allerdings müsste sich die Behörde dann in einer rechtsmittelfähigen Entscheidung zum Rechtsmissbrauch äußern, so dass fraglich ist, inwieweit ein solches Vorgehen verwaltungspraktisch sinnvoll ist. Selbst nach rechtskräftiger Bestätigung einer Überprüfungsentscheidung durch Urteil bedarf es des Erlasses eines erneuten anfechtbaren Bescheids (BSGE 51, 139 = SozR 3900 § 40 Nr. 15; BSGE 63, 33 = SozR 1300 § 44 Nr. 33; BSG NZS 2004, 660).

II. Rücknahme des Verwaltungsakts für die Zukunft (§ 44 Abs. 1 S. 2, Abs. 2)

Die **Rücknahme für die Zukunft** wird in § 44 Abs. 1 S. 2 als gesetzliche Regel für bestimmte, vom Betroffenen selbst verursachte Fehler des Verwaltungsakts festgelegt. Beruht der Verwaltungsakt auf Angaben, die der Betroffene vorsätzlich in wesentlicher Beziehung unrichtig gemacht hat, so ist der Verwaltungsakt zwingend für die Zukunft aufzuheben; eine Rücknahme für die Vergangenheit steht im Ermessen der Behörde, § 44 Abs. 2 S. 2. Die unrichtigen oder unvollständigen Angaben müssen vorsätzlich gemacht worden sein; der Betroffene muss also wissen, dass die Angaben falsch oder unvollständig waren; er muss zumindest billigend in Kauf genommen haben, dass die Fehlerhaftigkeit von der Behörde nicht erkannt und seine Angaben deshalb der Entscheidung zu Grunde gelegt werden. Hingegen muss er die Rechtswidrigkeit seines Tuns nicht erkannt haben (Waschull in: Fichte/Plagemann/Waschull, Sozialverwaltungsverfahrensrecht, § 4 Rn. 91 ff., S. 255). § 44 Abs. 1 S. 2 erfasst hingegen nicht den Fall des vorsätzlichen Verschweigens (Verweigerung von Angaben, vgl. BSGE 63, 214 = SozR 1300 § 44 Nr. 34).

15

Im Übrigen ist ein rechtswidriger nicht begünstigender Verwaltungsakt, auch nachdem er unanfechtbar geworden ist, ganz oder teilweise mit **Wirkung für die Zukunft** zurückzunehmen, § 44 Abs. 2 S. 1. Er kann – bei entsprechender Ermessensausübung – auch für die Vergangenheit zurückgenommen werden, § 44 Abs. 2 S. 2. Damit handelt es sich bei Abs. 2 um eine **Auffangregelung zu Abs. 1.** Sie erfasst nicht nur die Fälle, in denen der Verwaltungsakt zwar auf unrichtigen oder unvollständigen Angaben des Betroffenen beruht (Abs. 1 S. 2), sich aber Vorsatz nicht nachweisen lässt, sondern auch jene, in denen Regelungsgehalt des Verwaltungsakts weder Beiträge noch Sozialleistungen sind oder Spezialregelungen die Anwendung des Abs. 1 ausschließen (BSGE 61, 184 = SozR 1300 § 44 Nr. 26). Enthält der Verwaltungsakt für den Adressaten begünstigende und belastende Bestandteile, die nicht trennbar sind, und beantragt dieser seine Korrektur, so richtet sich dessen Aufhebung nach § 44. Begehrt indes die Behörde die Aufhebung, beurteilt sich die Aufhebung nach § 45 (BSG HV-Info 1984, Nr. 13, 32). Im Falle der **Beitragserstattung** kann ein dem Versicherten iSd. § 210 SGB VI „günstigerer" Verwaltungsakt nicht in einem Rückgängigmachen der Beitragserstattung bestehen (vgl. BSG SozR 2200 § 1303 Nr. 26).

16

III. Rückwirkende Leistungsgewährung (§ 44 Abs. 4)

Ist ein Verwaltungsakt mit Wirkung für die Vergangenheit zurückgenommen worden, werden Sozialleistungen nach den Vorschriften der besonderen Teile dieses Gesetzbuchs längstens für einen Zeitraum **bis zu vier Jahren vor der Rücknahme** erbracht, § 44 Abs. 4 S. 1. Gerechnet wird der Zeitpunkt der Rücknahme vom Beginn des Jahres an, in dem der Verwaltungsakt zurückgenommen wird. Erfolgt die Rücknahme auf Antrag, tritt bei der Berechnung des Zeitraums, für den rückwirkend Leistungen zu erbringen sind, anstelle der Rücknahme der Antrag, § 44 Abs. 4 S. 2, 3. Der Vierjahreszeitraum entspricht der Verjährungsfrist des § 45 SGB I. Er ist nicht Ausdruck eines allgemeinen Rechtsgedankens (BSGE 91, 1 = SozR 4–2600 § 115 Nr. 1; BSGE 99, 271 = SozR 4–2400 § 27 Nr. 3).

17

Abs. 4 ist **von Amts wegen** zu beachten und gilt auch für Nebenforderungen. Bei einer Neufeststellung nach § 44 sind Zinsen jedoch nicht erst ab dem Antrag auf Neubescheidung, sondern seit Erlass des ursprünglichen, ablehnenden Verwaltungsakt nachzuzahlen (BSG SozR 1200 § 44 Nr. 4). Liegen neben den Voraussetzungen des § 44 auch die Voraussetzungen des **sozialrechtlichen Herstellungsanspruchs** vor, geht § 44 als die gesetzliche Sonderregelung dem richterrechtlich aus allgemeinen Grundsätzen entwickelten Rechtsinstitut vor (BSGE 85, 151 = SozR 3–2600 § 300 Nr. 15). Der sozialrechtliche Herstellungsanspruch kommt auch dann nicht zur Anwendung, wenn es um Leistungen geht, die länger als vier Jahre zurückliegen; denn die Verletzung einer Nebenpflicht kann nicht weiterreichende Folgen haben als die Verletzung der Hauptpflicht (BSGE 87, 280 = SozR 3–1200 § 14 Nr. 31). Dies gilt auch dann, wenn die Voraussetzungen des § 44 überhaupt nicht vorliegen (BSG SozR 1300 § 44 Nr. 17).

18

IV. Rücknahme eines begünstigenden Verwaltungsakts (§ 45)

Die Rückabwicklung eines rechtswidrigen begünstigenden Verwaltungsakts richtet sich nach § 45. Ein solcher darf, auch nachdem er unanfechtbar geworden ist, nur unter den Einschränkungen der Abs. 2 bis 4 ganz oder teilweise mit Wirkung für die Zukunft oder für die Vergangenheit zurückge-

19

Fichte

nommen werden; der ausdrücklichen Bezeichnung als Rücknahme bedarf es nicht (BSG SGb 2010, 350). Bei der Abwägung zwischen der **Gesetzmäßigkeit der Verwaltung** einerseits und dem **Vertrauensschutz** des Adressaten andererseits (vgl. hierzu BSG HVBG-Info 1995, 1102) treffen Abs. 2 bis 4 dezidierte Anordnungen, wann das Vertrauen höheren Schutz genießt. Mit der Bekanntgabe des Verwaltungsakts (§ 39) ist eine nachträgliche Korrektur zum Nachteil des begünstigten nur noch über § 45 möglich (Verbot der „kalten" Berichtigung). Verschiedene Regelungen ergänzen, verdrängen oder modifizieren § 45; hierzu gehören insbesondere: § 330 Abs. 2 SGB III, § 40 Abs. 1 Nr. 1 SGB II iVm. § 330 Abs. 2 SGB III, § 9 Abs. 3 AsylbLG, § 1a Abs. 2, 3 BVG, §§ 10 bis 14 AAÜG, § 95 Abs. 6, 7 SGB V iVm. §§ 27, 28 Ärzte-ZV, §§ 160, 168 Abs. 2 SGB VII. Nach dem Tod des Berechtigten kommt eine Rücknahme nach § 45 gegenüber den Rechtsnachfolgern in Betracht (BSG SozR 1300 § 45 Nr. 5).

20   **1. Der begünstigende anfänglich rechtswidrige Verwaltungsakt (§ 45 Abs. 1).** Der sachliche Anwendungsbereich von § 45 Abs. 1 ist auf **begünstigende** Verwaltungsakte beschränkt. Ein solcher liegt nach der Legaldefinition des Abs. 1 vor, wenn der Verwaltungsakt ein Recht oder einen rechtlich erheblichen Vorteil begründet oder bestätigt hat. Der Begriff des rechtlichen Vorteils ist weit zu verstehen; lediglich tatsächliche Vorteile genügen allerdings nicht (Waschull in: LPK-SGB X, § 45 Rn. 11). Die Rücknahme belastender Verwaltungsakte richtet sich nach § 44. Nicht anwendbar ist § 45, soweit lediglich ein Urteil ausgeführt wird, weil darin kein selbstständiges Verwaltungshandeln zu sehen ist. Eine Rücknahme scheidet generell aus, soweit der rechtswidrige Verwaltungsakt auf einem zulässigerweise geschlossenen Vergleich beruht (BSG SozR 1300 § 48 Nr. 33). Geht der Leistungsträger bei der **Bewilligung eines Vorschusses** vom Bestehen eines Anspruchs dem Grunde nach aus und stellt sich nachträglich das Nichtbestehen des Anspruchs heraus, so hat der Empfänger den Vorschuss nach § 42 SGB I zu erstatten; einer Aufhebung der Bewilligung nach § 45 bedarf es nicht (BSGE 106, 244 = SozR 4–1200 § 42 Nr. 2, Anschluss an BSGE 55, 287 = SozR 1200 § 42 Nr. 2; BSG SozR 4–1200 § 42 Nr. 1).

21   Der Verwaltungsakt muss **rechtswidrig** sein. Die Rechtswidrigkeit muss bei Erlass des Verwaltungsakts bestanden haben **(anfängliche Rechtswidrigkeit)**. Ein Verwaltungsakt ist auch dann iSd. § 45 Abs 1 rechtswidrig, wenn die begünstigende Rechtsposition aufgrund späterer Erkenntnisse von Anfang an rechtsfehlerhaft war (BSG SozR 4–1300 § 45 Nr. 8). Die Rechtswidrigkeit der begünstigenden Entscheidung muss feststehen, bloße Zweifel am Vorliegen der Leistungsvoraussetzungen genügen nicht. Hängt die Beurteilung der Rechtmäßigkeit von einer Prognose ab, muss zum Beispiel Pflegebedürftigkeit für mindestens sechs Monate bestehen oder eine konkrete Aussicht auf Besserung einer Leistungsminderung vorliegen, ist für die Beurteilung der Rechtmäßigkeit oder Rechtswidrigkeit darauf abzustellen, ob die Prognose von Anfang an fehlerhaft war (BSGE 57, 240 = SozR 2200 § 180 Nr. 20). Demgegenüber ist § 48 Abs. 1 einschlägig, wenn eine nicht vorhersehbare Entwicklung eintritt, der zufolge sich die getroffene Regelung als rechtswidrig erweist (BSGE 74, 287 = SozR 3–1300 § 48 Nr. 33; vgl. auch BSG SozR 3–2600 § 93 Nr. 3). Eine Rücknahme kommt allerdings nur in Betracht, wenn die gesicherte Überzeugung (Vollbeweis) besteht, dass sich der als wahrscheinlich angenommene Sachverhalt bei der Prognoseentscheidung als unzutreffend erwiesen hat (Waschull in: Fichte/Plagemann/Waschull, Sozialverwaltungsverfahrensrecht, 2008, § 4 Rn. 133, S. 265).

22   Nach dem Grundsatz, dass derjenige, der günstige Rechtsfolgen für sich herleiten möchte, für deren Voraussetzungen die **Beweislast** trägt, hat grundsätzlich die Behörde die tatsächlichen Voraussetzungen der Rechtswidrigkeit eines begünstigenden Verwaltungsakts zu tragen. Zu einer **Umkehr der Beweislast** kommt es nur dann, wenn in der persönlichen Sphäre oder in der Verantwortungssphäre des Betroffenen wurzelnde Vorgänge nicht näher aufklärbar sind (Waschull in: Fichte/Plagemann/Waschull, Sozialverwaltungsverfahrensrecht, 2008, § 4 Rn. 137, S. 265). Die Behörde darf einen Verwaltungsakt nicht schon dann zum Zwecke der Aussparung von Leistungserhöhungen für rechtswidrig erklären, wenn sie ihn nach dem jetzigen Erkenntnisstand nicht erlassen hätte; der Verwaltungsakt muss erwiesenermaßen rechtswidrig sein (BSGE 64, 190 = SozR 1300 § 45 Nr. 41; BSG SozR 1300 § 45 Nr. 49).

23   **2. Vertrauensschutz (§ 45 Abs. 2).** § 45 Abs. 2 schränkt die Rücknahmebefugnis ein: Der Verwaltungsakt darf nicht zurückgenommen werden, soweit der Begünstigte auf den Bestand vertraut hat und sein Vertrauen unter Abwägung mit dem öffentlichen Interesse an einer Rücknahme schutzwürdig ist. Nach S. 3 kann sich allerdings der Begünstigte auf Vertrauen nicht berufen, soweit
1. er den Verwaltungsakt durch arglistige Täuschung, Drohung oder Bestechung erwirkt hat,
2. der Verwaltungsakt auf Angaben beruht, die der Begünstigte vorsätzlich oder grob fahrlässig in wesentlicher Beziehung unrichtig oder unvollständig gemacht hat, oder
3. er die Rechtswidrigkeit des Verwaltungsakts kannte oder infolge grober Fahrlässigkeit nicht kannte; **grobe Fahrlässigkeit** liegt vor, wenn der Begünstigte die erforderliche Sorgfalt in besonders schwerem Maße verletzt hat.

Die zum Ausschluss des Vertrauensschutzes führenden Verhaltensweisen müssen konkret für die aufzuhebende Regelung **kausal** gewesen sein, wie die Verwendung des Wortes „soweit" verdeutlicht. Sie müssen die Fehlerhaftigkeit des Verwaltungsakts hervorgerufen haben, nicht selbst Anlass für den

Erlass des Verwaltungsakts als solchen gewesen sein. An der Kausalität fehlt es, wenn insoweit bei richtigen Angaben dieselbe Entscheidung getroffen worden wäre. Aufgrund der gesetzlichen Differenzierung kann lediglich ein Teil der Regelung aufzuheben sein, wenn hinsichtlich des anderen der Vertrauensschutz des Begünstigten überwiegt.

Nach § 45 Abs. 2 S. 3 **Nr. 1** ist Vertrauensschutz ausgeschlossen, wenn der Verwaltungsakt durch arglistige Täuschung, Drohung oder Bestechung erwirkt wurde. Unter **arglistiger Täuschung** ist das Hervorrufen oder Aufrechterhalten eines Irrtums durch Vorspiegelung falscher Tatsachen oder Unterdrückung wahrer Tatsachen zu verstehen, wodurch der Erklärungswillen der Behörde beeinträchtigt wird (BSGE 72, 139 = SozR 3–1300 § 45 Nr. 16). **Drohung** meint jede Ausübung psychischen Zwangs, gerichtet auf die Ankündigung eines künftigen Übels. Unter den Begriff **Bestechung** fallen die aktive und passive Bestechung (Bestechlichkeit) i. S. der §§ 332, 334 StGB. Der Verwaltungsakt ist **erwirkt** worden, wenn er für dessen Erlass ursächlich war. 24

Nach **Nr. 2** kann sich der Begünstigte auf Vertrauen nicht berufen, soweit der Verwaltungsakt auf Angaben beruht, die von ihm vorsätzlich oder grob fahrlässig in wesentlicher Beziehung unrichtig oder unvollständig gemacht worden sind. Darunter fällt auch das so genannte **beredte Schweigen**, wenn der Begünstigte Angaben weglässt, die zu machen er verpflichtet gewesen wäre (vgl. BSGE 61, 278 = SozR 1300 § 45 Nr. 29; BSGE 96, 285 = SozR 4–4300 § 122 Nr. 4). Von der Bedeutung der unterlassenen Mitteilung muss der Begünstigte keine positive Kenntnis gehabt haben; dies folgt aus einem Vergleich zur **Nr. 3**, die sonst leer liefe. Nach dieser Vorschrift kann sich auf Vertrauensschutz nicht berufen, wer die Rechtswidrigkeit des Verwaltungsakts – und nicht nur die die Rechtswidrigkeit begründenden Tatsachen – kannte oder infolge grober Fahrlässigkeit nicht kannte. **Grobe Fahrlässigkeit** ist nach der Legaldefinition in Abs. 2 S. 3 Nr. 3 gegeben, wenn der Begünstigte die erforderliche Sorgfalt in besonders schwerem Maße verletzt hat (vgl. hierzu BSG UV-Recht Aktuell 2010, 909). Dabei ist ein in subjektiver Hinsicht gegenüber der einfachen Fahrlässigkeit gesteigertes Verschulden erforderlich. Für die **Kenntnis** der Rechtswidrigkeit genügt eine Parallelwertung in der Laiensphäre (Waschull in: LPK-SGB X, § 44 Rn. 41). **Kennenmüssen** liegt vor, wenn der Versicherte die Rechtswidrigkeit (Fehlerhaftigkeit des Bescheids) mühelos hätte erkennen können (BVerwGE 40, 212 = Buchholz 232.87 Nr. 50). **Maßgebender Zeitpunkt** für das Kennen oder Kennenmüssen ist der Erlass des aufzuhebenden Verwaltungsakts (BSG SozR 3–1300 § 45 Nr. 24, 39). Bösgläubigkeit kann auch durch Rechtskenntnis des Bevollmächtigten begründet sein, welches sich der Versicherte zurechnen lassen muss (BSGE 57, 274 = SozR 1300 § 48 Nr. 11). Die **Aushändigung eines Merkblatts** zu einem konkreten Leistungstatbestand begründet i. d. R. grobe Fahrlässigkeit, wenn das Merkblatt so abgefasst war, dass der Begünstigte seinen Inhalt hätte verstehen können und die Aushändigung noch nicht zu lange zurücklag (BSG SozR 5870 § 13 Nr. 1). Insbesondere bei komplizierten Berechnungen und maschinellen Verschlüsselungen ohne erklärende Texte ist jedoch regelmäßig von einer groben Fahrlässigkeit nicht auszugehen; denn sie entfällt bereits dann, wenn die wesentliche Ursache der Unrichtigkeit des Verwaltungsakts bei der Behörde liegt (BSG SozR 3–1300 § 45 Nr. 38). 25

§ 45 Abs. 2 S. 1 begrenzt Rücknahmemöglichkeiten zunächst für den Fall, dass der Begünstigte auf den Bestand des Verwaltungsakts vertraut hat und das **Vertrauen** unter Abwägung mit den öffentlichen Interessen an einer Rücknahme schutzwürdig ist. Das Vertrauen ist i. d. R. schutzwürdig (§ 45 Abs. 2 S. 2), wenn der Begünstigte die erbrachte Leistung verbraucht oder Vermögensdispositionen getroffen hat, die er nicht oder nur unter unzumutbaren Nachteilen rückgängig machen kann. **§ 45 Abs. 2 S. 2** enthält eine **gesetzliche Vermutung**, wann das private Bestandsinteresse das öffentliche Rücknahmeinteresse überwiegt. § 45 Abs. 2 S. 2 und 3 geben nur ein Regelbeispiel dafür, wann das Vertrauen als schutzwürdig anzusehen ist. Darüber hinaus können auch andere Umstände ein Überwiegen des Vertrauens gegenüber dem öffentlichen Interesse an der Rücknahme des rechtswidrigen begünstigenden Verwaltungsakts begründen (vgl. BSG SozR 1300 § 45 Nr. 9; BSG HV-Info 1985, Nr. 6, 10). Wenn sich das öffentliche Interesse in einem **finanziellen Interesse** erschöpft, steht dem ein ebenso hoch einzuschätzendes finanzielles Interesse des Versicherten am Fortbestand des ihn begünstigenden Bescheids gegenüber, so dass sich kein überwiegendes öffentliches Interesse annehmen lässt. Ausschlaggebend muss unter diesen Umständen sein, ob die der Rücknahme des rechtswidrigen begünstigenden Bescheids zugrunde liegenden Tatsachen dem Träger zuzurechnen sind, der den Bescheid erlassen hat (vgl. BSGE 10, 72, 76 f.; BSG HV-Info 1985, Nr. 6, 10). 26

Der **Verbrauch** erbrachter Sozialleistungen begründet i. d. R. die Vermutung, dass das private Bestandsinteresse das öffentliche Rücknahmeinteresse überwiegt, § 45 Abs. 2 S. 2 Alt. 1. Aus dem Wort „erbrachte" folgt allerdings, dass die Vermutungsregel nur bei einer Rücknahme für die Vergangenheit beachtlich sein kann, sodass ihr kein tatsächlicher Anwendungsbereich verbleibt (Waschull in: Fichte/Plagemann/Waschull, Sozialverwaltungsverfahrensrecht, 2008, § 4 Rn. 166, S. 271). Der Berechtigte, der auf den rechtswidrigen Bescheid vertraut hat, soll aufgrund der Vermögensdispositionen in der Vergangenheit die erhaltenen Sozialleistungen behalten dürfen, weil ihn andernfalls die getroffenen Dispositionen übermäßig belasten würden. **Vermögensdispositionen** umfassen alle Verhaltensweisen, die wegen des begünstigenden Verwaltungsakts vorgenommen worden sind. Es kommt nicht darauf an, ob die Vermögensdispositionen angemessen waren. Die Frage, ob eine Vermögens- 27 disposition rückgängig gemacht werden kann, beantwortet sich danach, was im Einzelfall dem Betroffenen wirtschaftlich zumutbar ist.

28 Das **private Bestandsinteresse** und das **öffentliche Rücknahmeinteresse** müssen gegeneinander abgewogen werden, wobei ein „konkreter Belastungsvergleich" praktisch gar nicht möglich ist; vor diesem Hintergrund kann die **Abwägung** nur als besonderes Begründungserfordernis verstanden werden (Waschull in: LPK-SGB X, § 45 Rn. 25). Bei Zweifeln ist gemäß § 20 zu ermitteln, ob der Betroffene tatsächlich auf den Bestand vertraut hat; diese Abwägung ist **gerichtlich voll überprüfbar**. Bei der Prüfung der Schutzwürdigkeit des Vertrauens können unterschiedliche Umstände Berücksichtigung finden: Nicht ausreichen werden regelmäßig rein finanzielle Interessen des Begünstigten oder sein hohes Alter. Berücksichtigungsfähig ist hingegen das Maß des Mitverschuldens des Sozialleistungsträgers bzw. dessen regelmäßige Verwaltungspraxis. Auch die ausdrückliche Bestätigung des rechtswidrigen Verwaltungsakts erhöht die Schutzwürdigkeit des Vertrauens (BSG SozR 1300 § 45 Nr. 9); auch erhöht sich die Schutzwürdigkeit, je später ein Verwaltungsakt zurückgenommen wird (BSG SozR 1300 § 45 Nr. 24). Das öffentliche Interesse an der Beseitigung eines rechtswidrigen Dauerleistungsverwaltungsakts ist regelmäßig größer als bei der Gewährung einmaliger Leistungen (BSGE 59, 157 = SozR 1300 § 45 Nr. 19).

29 **3. Ermessen.** Während im Arbeitsförderungsrecht eine gebundene Entscheidung zu treffen ist (§ 330 Abs. 2 SGB III), liegen nach § 45 das „**Ob**" und das „**Wie**" der Rücknahme im Ermessen der Behörde (BSGE 66, 204 = SozR 3–1300 § 45 Nr. 1; BSGE 64, 36 = SozR 3–1300 § 45 Nr. 1). Die Ermessensausübung kann **auf Null reduziert** sein, wenn es nach dem festgestellten Sachverhalt ausgeschlossen ist, dass Umstände vorliegen, die eine andere Entscheidung rechtsfehlerfrei zuließen. Dies wird jedoch nur selten der Fall sein, zumal sodann die Umdeutung in einen Verwaltungsakt nach § 48 vorrangig zu prüfen ist. Ansonsten fließen in das Ermessen ua. das Ausmaß des (Mit-)Verschuldens der Behörde, besondere Härten oder ein unverhältnismäßig großer Verwaltungsaufwand sowie das Lebensalter des Betroffenen, dessen soziale Verhältnisse und Fragen des Zeitablaufs ein (vgl. BSGE 59, 157 = SozR 1300 § 45 Nr. 19). Ob das Ermessen zutreffend ausgeübt worden ist, kann im gerichtlichen Verfahren nur eingeschränkt nachgeprüft werden, weil das Gericht sein Ermessen nicht an die Stelle des Ermessens der Behörde setzen darf.

30 **4. Ausschlussfristen für die Rücknahme (§ 45 Abs. 3, 4).** § 45 Abs. 3 setzt der Rücknahme zeitliche Grenzen, die sich nach § 26 berechnen und bei denen es sich um Ausschlussfristen handelt. Erfasst werden nur Verwaltungsakte mit Dauerwirkung; das sind Verwaltungsakte, die sich nicht in einem einmaligen Ge- oder Verbot erschöpfen, sondern in rechtlicher Hinsicht über den Zeitpunkt ihrer Bekanntgabe bzw. Bindungswirkung hinaus Wirkungen erzeugen (BT-Drs. 8/2034 S. 34; BSGE 95, 57 = BSG SozR 4–1300 § 48 Nr. 6). Bescheide, die einen Leistungsantrag ablehnen oder eine (Dauer-)Leistung entziehen, mithin einen Verwaltungsakt mit Dauerwirkung aufheben, sind selbst keine Verwaltungsakte mit Dauerwirkung (vgl. Waschull in: Fichte/Plagemann/Waschull, Sozialverwaltungsverfahrensrecht, 2008, § 4 Rn. 187, S. 276).

31 Grundsätzlich kann die Rücknahme nur bis zum **Ablauf von zwei Jahren** nach der Bekanntgabe des zurückzunehmenden Bescheids erfolgen, § 45 Abs. 3 S. 1. Später ergehende Anpassungs- bzw. Folgebescheide begründen keine neuen Fristen; denn die Rechtswidrigkeit eines Grundlagenbescheids führt nicht zur Rechtswidrigkeit der darauf aufbauenden Folgebescheide (BSGE 79, 92 = SozR 3–1300 § 45 Nr. 30). Das bedeutet, dass die Frist auch im Falle der nachträglichen Erhöhung der Rente mit der Bekanntgabe des Rentenbescheids und nicht erst mit der Bekanntgabe des Rentenerhöhungsbescheids beginnt. Eine Wiedereinsetzung in den vorigen Stand ist bei Ausschlussfristen nicht möglich.

32 Die Rücknahme des Verwaltungsakts ist **zeitlich unbeschränkt** möglich, wenn **Wiederaufnahmegründe** nach § 580 ZPO vorliegen, § 45 Abs. 3 S. 2. Es gilt weder die 2-jährige noch die 10-jährige Ausschlussfrist (BSGE 56, 165 = SozR 1300 § 45 Nr. 6). Da nur auf die Wiederaufnahmegründe des § 580 ZPO verwiesen wird, nicht aber auch auf dessen Voraussetzungen, kommt auch die Fünfjahresfrist des § 586 Abs. 2 S. 2 ZPO nicht zur Anwendung.

33 Nach § 45 Abs. 3 S. 3 Nr. 1 ist die Rücknahme eines rechtswidrigen und begünstigen Verwaltungsakts innerhalb von 10 Jahren zulässig, wenn die Voraussetzungen nach Abs. 2 S. 3 Nr. 2 oder 3 gegeben sind. S. 4 verlängert die Zehnjahresfrist nach S. 3 auf unbegrenzte Zeit für den Fall, dass die Geldleistung mindestens zum Beginn des Rücknahmeverfahrens gezahlt wurde. S. 5 stellt eine Übergangsvorschrift dar, die bewirkt, dass es sich bei S. 4 um eine – verfassungsrechtlich zulässige – sog. unechte Rückwirkung (tatbestandliche Rückanknüpfung) handelt.

34 Nach **§ 45 Abs. 4 S. 2** darf der Verwaltungsakt mit Wirkung für die Vergangenheit nur **innerhalb eines Jahres** seit Kenntnis der Tatsachen, welche die Rücknahme für die Vergangenheit rechtfertigen, zurückgenommen werden. Auch hier handelt es sich um eine Ausschlussfrist, so dass eine Wiedereinsetzung in den vorigen Stand von vornherein ausscheidet. Die Frist wird durch die Bekanntgabe an einen handlungsunfähigen Beteiligten nicht gewahrt (BSGE 80, 283 = SozR 3–1300 § 50 Nr. 19). Sie beginnt mit der Kenntnis der die Rücknahme rechtfertigenden Tatsachen (BSG SozR 3–1300 § 45 Nr. 2). Erfährt die Behörde später zusätzlich Tatsachen, die für sich genommen ebenfalls eine

Rücknahme rechtfertigten, beginnt die Frist nicht von neuem; ist die Jahresfrist einmal verstrichen, kann nur noch für die Zukunft aufgehoben werden (BT-Drs. 8/2034 S. 34; anders die Regelung in § 48 Abs. 4 S. 1 VwVfG). Die Frist ist verschuldensunabhängig; selbst arglistige Täuschung, Drohung oder Bestechung verlängern die Frist nicht (vgl. Waschull in: Fichte/Plagemann/Waschull, Sozialverwaltungsverfahrensrecht, 2008, § 4 Rn. 195, S. 278 m.w.N.). Die Jahresfrist gilt entsprechend für Rückforderungen nach § 50 Abs. 2; denn § 45 wird dort für entsprechend anwendbar erklärt.

Die Einjahresfrist beginnt mit **Kenntnis** des Aufhebungsgrunds. Die Frist beginnt zu laufen, sobald 35 dem **zuständigen Sachbearbeiter** der Behörde die für die Rücknahmeentscheidung erheblichen Tatsachen bekannt sind. Dazu gehören alle Umstände, deren Kenntnis es der Behörde objektiv ermöglicht, ohne weitere Sachaufklärung unter sachgerechter Ausübung ihres Ermessens über die Rücknahme zu entscheiden (vgl. BSGE 80, 283 = SozR 3–1300 § 50 Nr. 19; BSG 31. 1. 2008 – B 13 R 23/07 R – Juris; insoweit unklar: BSGE 74, 20 = SozR 3–1300 § 48 Nr. 32; BSG 6. 4. 2006 – B 7a AL 64/05 R – Juris; aA: Waschull in: LPK-SGB X, § 45 Rn. 111 und in Fichte/Plagemann/ Waschull, Sozialverwaltungsverfahrensrecht, 2008, § 4 Rn. 200, S. 279). Dabei kommt es auch auf die Kenntnis der Tatsachen an, die die Behörde zur Ausübung ihres Ermessens benötigt. Denn die **Jahresfrist dient** nicht dem Vertrauensschutz des Betroffenen, sondern **der Rechtssicherheit** (BSGE 74, 20, 26 = SozR 3–1300 § 48 Nr. 32). Werden Akten beigezogen und enthalten diese für die Rücknahme bedeutsame Umstände, so kann nicht ohne weiteres von einer Kenntnis i.S. von § 45 Abs. 4 S. 2 ausgegangen werden (BSG SozR 2200 § 1301 Nr. 14). **Behörde** ist diejenige Dienststelle, welche über die Rücknahme des Verwaltungsakts zu entscheiden hat (BSGE 63, 224 = SozR 1300 § 48 Nr. 47).

Der Umfang der Kenntnis der **Tatsachen** richtet sich nach dem Tatbestand der Aufhebungsnorm. 36 Im Fall der Rücknahme eines rechtswidrigen begünstigenden Verwaltungsakts (§ 45) setzt diese voraus, dass die Behörde nicht nur Kenntnis der Tatsachen hat, aus denen sich die Rechtswidrigkeit des Verwaltungsakts ergibt, sondern auch sämtliche für die Rücknahmeentscheidung außerdem erheblichen Tatsachen vollständig kennt (BSG ZFE 2008, 395). Vom Tatsachenbegriff nicht umfasst ist die Kenntnis von deren rechtlicher Bedeutung. Nicht ausreichend ist, wenn allein eine hinreichende Sicherheit für den Erlass eines Rücknahmebescheids besteht (so aber: BSGE 74, 20 = SozR 3–1300 § 48 Nr. 32: „Aus Hinweisen Dritter auf Tatsachen, die die rückwirkende Aufhebung eines begünstigenden Verwaltungsaktes rechtfertigen, folgt eine den Beginn der Jahresfrist für die Aufhebung bestimmende Kenntnis nur, wenn die Behörde von der Richtigkeit und Vollständigkeit der Information überzeugt ist oder diese einen Sicherheitsgrad erreicht hat, der vernünftige, objektiv gerechtfertigte Zweifel schweigen lässt.").

Da die Tatsachen die **Rücknahme „rechtfertigen"** müssen, spricht schon der Wortlaut der 37 Norm dafür, dass es sich bei der Jahresfrist um eine Beurteilungs- und Entscheidungsfrist handelt. Entsprechend beginnt die Jahresfrist erst, wenn alle erforderlichen Tatsachen bekannt sind, die eine Rücknahme für die Vergangenheit rechtfertigen. Der Beginn der Jahresfrist setzt keine **Anhörung** voraus, maßgeblich ist allein, wann die Anhörung hätte eingeleitet werden können (Waschull in: Fichte/Plagemann/Waschull, Sozialverwaltungsverfahrensrecht, 2008, § 4 Rn. 206, S. 280 m.w.N.). Da § 45 Abs. 5 auf § 44 Abs. 3 verweist, entscheidet die nach Unanfechtbarkeit zuständige Behörde auch dann, wenn der zurückzunehmende Verwaltungsakt von einer anderen Behörde erlassen wurde.

V. Aufhebung gemäß § 48

§ 48 regelt die Aufhebung eines Verwaltungsakts bei **nachträglich entstandener Rechtswidrig-** 38 **keit,** unabhängig davon, ob es sich um einen begünstigenden oder belastenden Verwaltungsakt handelt (vgl. BSGE 95, 57 = SozR 4–1300 § 48 Nr 6; BSG 19. 7. 2010 – 8 SO 22/10 B). Damit ist die Vorschrift Instrument zur Anpassung der Rechtsbeziehungen im Sozialrecht an sich ändernde tatsächliche und rechtliche Verhältnisse (vgl. Schütze in: v. Wulffen, SGB X, § 48 Rn. 1; Freischmidt in Hauck/Noftz, SGB X, § 48 Rn. 1). Ihre Anwendbarkeit beschränkt sich auf **Dauerverwaltungsakte;** nur diese sind auf einen Wandel der Rahmenbedingungen ausgerichtet. Maßgebend für die Dauerwirkung eines Verwaltungsakts sind seine rechtlichen Wirkungen über den Zeitpunkt der Bekanntgabe bzw. Bindungswirkung hinaus. Die **Bewilligung von Arbeitslosengeld** enthält einen solchen Verwaltungsakt mit Dauerwirkung (BSGE 78, 109, 111 = SozR 3–1300 § 48 Nr 48 m.w.N.; BSG 8. 9. 2010 – B 11 AL 4/09 R – Rn. 13). Aus § 48 kann allerdings nicht hergeleitet werden, dass geändertes Recht grundsätzlich auch auf sog. Altfälle anzuwenden ist, soweit nicht Übergangsregelungen etwas anderes vorsehen (BSGE 70, 31 = SozR 3–2500 § 48 Nr. 1 – Abgrenzung zu BSGE 65, 185 = SozR 1300 § 48 Nr. 57). Angesichts des Grundsatzes der **Leistungskontinuität im Sozialrecht** ist dem Gesetz durch Auslegung Rückwirkung nur zu entnehmen, wenn die Abwägung des zu schützenden Vertrauens mit dem Gemeinwohl Gegenstand der parlamentarischen Beratung war (BSGE 71, 202 = SozR 3–4100 § 45 Nr. 3).

Die **nachträgliche Änderung der Verhältnisse** kann bei anfänglich rechtswidrigen Verwaltungs- 39 akten iSd. § 48 relevant sein, wenn sie sich auf Umstände bezieht, die nicht die anfängliche Rechtswidrigkeit betreffen (BSGE SozR 3–1300 § 48 Nr. 47). Dies ergibt sich aus der systematischen Stel-

100 SGB X § 48　　　SGB X – Sozialverwaltungsverfahren und Sozialdatenschutz

lung der Vorschrift zu §§ 44, 45, die die Aufhebung rechtswidriger Verwaltungsakte regeln, die Problematik einer nachträglichen Änderung der tatsächlichen oder rechtlichen Verhältnisse aber nicht abdecken (vergleiche Waschull in: Fichte/Plagemann/Waschull, Sozialverwaltungsverfahrensrecht, 2008, § 4 Rn. 212, S. 282). Die Änderungsentscheidung kann verknüpft sein mit einer **Neufeststellung;** der Verwaltungsakt enthält dann **zwei Regelungen.**

40　Von § 48 **abweichende Vorschriften** finden sich in SGB III (§§ 330, 434c, 295), im RÜG (Art. 38 S. 2 Hs. 2, Art. 6 S. 1 und 6, Art. 10 Abs. 5 S. 1 Nr. 1 AAÜG-ÄndG), im SGB IV (§ 18e Abs. 4 S. 3), im SGB V (§ 95 Abs. 6 iVm. § 27 Ärzte-ZV, §§ 124 Abs. 6, 126 Abs. 4, 5), im EinigVtr (Art. 19 S. 2), in § 34 Abs. 3 SGB X sowie in verschiedenen Regelungen des BVG, OEG, SVG, ZDG, BSeuchenG und HHG.

41　**1. Aufhebung für die Zukunft (§ 48 Abs. 1 S. 1).** Soweit in den tatsächlichen oder rechtlichen Verhältnissen eine wesentliche Änderung eintritt, ist der Verwaltungsakt mit Wirkung für die Zukunft, also regelmäßig **ab Zugang des neuen Verwaltungsakts,** aufzuheben. Ein auf § 48 gestützter Aufhebungsbescheid kann nur dann in einen Verwaltungsakt nach § 45 umgedeutet werden, wenn ausnahmsweise kein Ermessen auszuüben ist (Ermessensreduzierung auf Null); ansonsten ist ein Wechsel von einer gebundenen Entscheidung zu einer Ermessensentscheidung unzulässig (BSGE SozR 4–4300 § 119 Nr. 3). Umgekehrt kann allerdings ein Bescheid nach § 45 in einen solchen nach § 48 umgedeutet werden (BSGE 80, 267 = SozR 3–8110 Kap VIII H III Nr. 1 Nr. 1; BSG SozR 3–1300 § 48 Nr. 25).

42　**Tatsachenänderungen** betreffen den Sachverhalt, der von den Verwaltungsakten geregelt wird. Auch sog. innere Tatsachen werden hiervon erfasst. Werden allerdings nur Bewertungen von Tatsachen nachträglich geändert, handelt es sich nicht um eine Änderung in den tatsächlichen Verhältnissen. Ein Bescheid, der auf einem Verdacht (Verdachtsdiagnose) beruht, kann auch dann, wenn dieser Verdacht dem Betroffenen nicht ausdrücklich zur Kenntnis gebracht worden ist, bei Wegfall des Verdachts wegen Änderung der Verhältnisse zurückgenommen werden (BSGE 62, 243 = SozR 1300 § 48 Nr. 43 – Ergänzung zu BSG zwar 20. 5. 1974 – 12 RJ 298/73 – Juris). Die Praxis der Verwaltung, fünf Jahre nach dem den Verdacht auslösenden Eingriff den Grad der Behinderung zu reduzieren oder die Schwerbehinderteneigenschaft zu entziehen, wenn der Verdacht unbegründet war, ist rechtmäßig, auch wenn sich herausstellt, dass der Verdacht von Anfang an hätte widerlegt werden können (BSGE 62, 243 = SozR 1300 § 48 Nr. 43).

43　**Änderungen in der Rechtsauffassung** rechtfertigen eine Bescheidaufhebung hingegen nicht. Gleiches gilt für eine Änderung in der Verwaltungspraxis oder höchstrichterlichen Rechtsprechung. Für den **Zeitpunkt der Rechtsänderungen** ist auf das jeweilige Datum des Inkrafttretens abzustellen. Etwas anderes gilt nur, wenn aufgrund von Übergangsbestimmungen die Fortgeltung alten Rechts ausdrücklich angeordnet wird (zB § 300 Abs. 2, 3 SGB VI). In diesen Fällen kommt es erst mit dem Ende der Übergangsfrist zur Rechtsänderung.

44　Die Änderung in den tatsächlichen oder rechtlichen Verhältnissen muss eine **„wesentliche"** sein. Hierbei kommt es auf die objektiven Verhältnisse bei Erlass des Verwaltungsakts an. Eine Änderung ist wesentlich, wenn der Verwaltungsakt so, wie er ursprünglich nach der damaligen Sach- und Rechtslage zu Recht erlassen wurde, nach der neuen Sach- und Rechtslage nicht ergehen dürfte. Maßgebend ist das jeweilige materielle Recht (st. Rspr.; BSGE 59, 111, 112 = SozR 1300 § 48 Nr. 19; BSGE 95, 57 = SozR 4–1300 § 48 Nr. 6; BSG 24. 6. 2010 – B 10 LW 5/09 R – Rn. 18, zur Veröffentlichung in SozR vorgesehen; Steinwedel in KassKomm, § 48 SGB X Rn. 13; Schütze in v. Wulffen, SGB X, § 48 Rn. 5, 6). Die veränderten tatsächlichen oder rechtlichen Verhältnisse hätten also bei einer fiktiven Erstentscheidung unter Berücksichtigung dieser Verhältnisse zu einer anderen Rechtsfolge führen müssen (Waschull in: Fichte/Plagemann/Waschull, Sozialverwaltungsverfahrensrecht, 2008, § 4 Rn. 229, S. 286 mit zahlreichen Nachweisen). Es werden auch die Fälle erfasst, in denen die Verhältnisse zwar bei Erlass des Verwaltungsakts gegeben waren, aber keine Berücksichtigung gefunden haben (BSGE 96, 285 = SozR 4–4300 § 122 Nr. 4). Insbesondere betroffen sind die **anspruchsbegründenden Tatbestandsmerkmale;** ändern sich die sie ausfüllenden Umstände, liegt i. d. R. eine wesentliche Änderung vor. Eine **Entziehung** wird mit Nachholung der Mitwirkung rechtswidrig. Sie bleibt wirksam, bis sie rückwirkend zum Zeitpunkt der Nachholung pflichtgemäß aufgehoben wird. Damit entsteht ein Recht auf fehlerfreie Ermessensentscheidung über eine darüber hinausgehende nachträgliche Leistungsbewilligung (BSGE 76, 16 = SozR 3–1200 § 66 Nr. 3).

45　Bei **Ermessensentscheidungen** genügt als wesentliche Änderung, dass die Behörde ihr Ermessen abweichend hätte ausüben können (Waschull in: Fichte/Plagemann/Waschull, Sozialverwaltungsverfahrensrecht, 2008, § 4 Rn. 232, S. 287). § 48 rechtfertigt allerdings nicht die Rücknahme aufgrund nachträglich gewonnener Erkenntnisse über rechtserhebliche Tatsachen, die objektiv zur Zeit der Entscheidung bereits gegeben waren. Spielt die **Zeitdauer** eine Rolle, wie zB bei der Gewährung von Rente wegen Erwerbsminderung (diese muss wegen § 101 Abs. 1 SGB VI mindestens sechs Monate andauern), liegt eine wesentliche Änderung auch nur dann vor, wenn die veränderten Verhältnisse eine bestimmte Zeit andauern. Bei Änderungen im medizinischen Bereich, zB der sog.

„Heilungsbewährung" bei Krebserkrankungen, wird von einer wesentlichen Änderung in den Verhältnissen erst dann auszugehen sein, wenn nach Ablauf einer längeren Zeitspanne anzunehmen ist, dass eine Konsolidierung im Krankheitsverlauf eingetreten ist (BSGE 62, 243 = SozR 1300 § 48 Nr. 43).

Nach erfolgreicher Gewährung berufsfördernder Leistungen zur **Rehabilitation** kann die Bewilligung einer Rente wegen Berufsunfähigkeit nur dann aufgehoben werden, wenn die Bildungsmaßnahme den Versicherten zu einer arbeitsmarktgängigen Berufstätigkeit befähigt und durch konkrete Benennung einer solchen nachprüfbar gemacht wird, dass diese Tätigkeit ihrem Anforderungsprofil nach der Leistungsminderung des Versicherten gerecht wird (BSG SozR 4–2600 § 43 Nr. 7). Auch die **subjektive Bereitschaft** des Versicherten, an einer Maßnahme zur beruflichen Rehabilitation mitzuwirken, gehört zu den tatbestandlichen Voraussetzungen der Bewilligung der Maßnahme. Stellt sich nach Bewilligung der Maßnahme zur Rehabilitation heraus, dass bei dem begünstigten Versicherten diese Bereitschaft entfallen ist, so kann der Versicherungsträger den Bescheid über die Bewilligung der Maßnahme widerrufen (BSG SozR 1300 § 48 Nr. 1). § 48 Abs 1 S. 1 ist auch auf einen zur **Umsetzung eines gerichtlichen Anerkenntnisses** erlassenen Rentenbescheid anwendbar. Denn selbst die Bestätigung eines Verwaltungsakts mit Dauerwirkung durch ein rechtskräftiges sozialgerichtliches Urteil würde dessen Aufhebung bei einer wesentlichen Änderung der Verhältnisse iSv. § 48 nicht hindern (BSG SozR 4–1300 § 48 Nr. 19 Rn. 16, 28). 46

2. Aufhebung ab Änderung der Verhältnisse (§ 48 Abs. 1 S. 2). In den Fällen des § 48 Abs. 1 S. 2 „soll" der Verwaltungsakt rückwirkend vom Zeitpunkt der Änderung der Verhältnisse an aufgehoben werden; nach § 330 Abs. 3 S. 1 SGB III „ist" er dann aufzuheben. „Soll" bedeutet: in der Regel „muss". Nur in den sog. **atypischen Fällen** kann auch allein für die Zukunft aufgehoben werden; die Behörde muss insoweit Ermessen ausüben (BSGE 59, 111 = SozR 1300 § 48 Nr. 19; BSGE 60, 180 = SozR 1300 § 48 Nr. 26; BSGE 66, 103 = SozR 4100 § 103 Nr. 47; BSGE 69, 233 = SozR 3–5870 § 20 Nr. 3; BSGE 74, 131 = SozR 3–5870 § 3 Nr. 25; BSGE 74, 287 = SozR 3–1300 § 48 Nr. 33; BSG SozR 1300 § 48 Nr. 44). Ein atypischer Fall setzt voraus, dass nach Würdigung aller Umstände des Einzelfalls der konkrete Sachverhalt vom Normalfall der Nr. 1 bis 4 so erheblich abweicht, dass der Leistungsempfänger in besondere Bedrängnis geriete, wenn für die Vergangenheit aufgehoben werden würde (BSG SozR 4–1300 § 48 Nr. 8). Dass mit der rückwirkenden Bescheidaufhebung bei begünstigenden Verwaltungsakten zwingend eine **Rückforderung nach § 50 Abs. 1** verbunden ist, war dem Gesetzgeber bewusst und begründet deshalb allein keinen atypischen Sachverhalt (BSG SozR 3–4100 § 103 Nr. 9). 47

Wann ein **atypischer Fall** vorliegt, ist nach Sinn und Zweck der jeweiligen **Fallgruppe** in § 48 Abs. 1 S. 2 zu entscheiden. Insbesondere liegt ein atypischer Fall vor, wenn der Empfänger überzahlte Leistungen gutgläubig verbraucht hat und ihm für die Rückzahlung nur die laufenden Bezüge zur Verfügung stehen (BSG SozR 4–3800 § 10 a Nr. 1) oder wenn in besonderer Vertrauenstatbestand durch falsche Angaben in Merkblättern geschaffen worden ist (BSG SozR 5870 § 2 Nr. 47). Ein atypischer Fall kann ferner gegeben sein, wenn die Überzahlung auf einem **groben Verschulden der Verwaltung** beruht (BSGE 66, 103 = SozR 4100 § 103 Nr. 47; BSGE 74, 287 = SozR 3–1300 § 48 Nr. 33; BSG SozR 1300 § 48 Nr. 24, 25). Als **unbestimmter Rechtsbegriff** ist der atypische Fall gerichtlich voll überprüfbar; das bedeutet, dass ein Verwaltungsakt wegen Ermessensnichtgebrauchs aufzuheben ist, wenn das Gericht – anders als die Verwaltung – zur Annahme eines atypischen Falls gelangt. 48

Die Fälle, in denen Verwaltungsakte mit Dauerwirkung bei Änderung der Verhältnisse rückwirkend aufgehoben werden können, sind in § 48 Abs. 1 S. 2 **abschließend aufgezählt.** Denn die Nr. 1 bis 4 stellen Ausnahmeregelungen vom Grundsatz einer Aufhebung für die Zukunft dar, die nicht analogiefähig sind (BSGE 69, 255 = SozR 3–1300 § 48 Nr. 13). Von den – alternativ nebeneinander stehenden Fällen – können mehrere gleichzeitig erfüllt sein, die jeder für sich geeignet sind, die rückwirkende Aufhebung zu rechtfertigen. **Nr. 1** betrifft die Änderung zu Gunsten des Betroffenen. Hierunter fällt jede weniger belastende Maßnahme (vgl. Waschull in: LPK-SGB X, § 48 Rn. 58 m. w. N.). Die zweite Fallgruppe erfasst die grobfahrlässige oder vorsätzliche Verletzung von Mitteilungspflichten über nachteilige Änderungen **(Nr. 2),** wie sie insbesondere § 60 Abs. 1 Nr. 2 SGB I vorschreibt **(Mitwirkungsobliegenheit).** Grobe Fahrlässigkeit liegt vor, wenn der Leistungsempfänger aufgrund einfachster Überlegungen das Bestehen der Pflicht hätte erkennen können. Vorsatz verlangt bewusstes und gewolltes Vorenthalten der Mitteilung. Bei der Beurteilung einer groben Fahrlässigkeit ist ein subjektiver Fahrlässigkeitsmaßstab anzuwenden. Die Verletzung der Mitteilungspflicht muss nicht kausal für die Überzahlung geworden sein; es genügt ein **Pflichtwidrigkeitszusammenhang** (BSG 9. 2. 2006 – B 7a AL 58/05 R). Daher reicht nicht jeder Verstoß gegen Mitwirkungspflichten aus, sondern nur der gegen eine Mitteilungspflicht, die die Leistungserbringung gerade im konkreten Kontext verhindern soll. Die Kenntnis des zuständigen Amts von einer anzeigepflichtigen Änderung befreit den Sozialleistungsempfänger nicht von der Anzeigepflicht (BSG SozR 4100 § 152 Nr. 10). Dies kann allerdings einen atypischen Fall begründen (BSGE 66, 103 = SozR 4100 § 103 Nr. 47). **Nr. 3** betrifft nachträglich erzieltes Einkommen oder Vermögen, wobei der Einkom- 49 mensbegriff auch geldwerte Vorteile außerhalb des steuerlichen Einkommensbegriffs umfasst. Der Begriff „erzielt" ist nicht auf bewusste und gewollte Einkommens- und Vermögensvermehrung gerichtet, sondern umfasst zB auch den Fall der Erbschaft. **Nr. 4** schließlich umfasst diejenigen, die wussten oder hätten wissen müssen, dass der Anspruch kraft Gesetzes – zu interpretieren als „nach dem Gesetz" (vgl. Steinwedel, KassKomm, § 48 Rn. 53 a) – nachträglich zum Ruhen gekommen oder weggefallen ist.

50 **3. Änderung der höchstrichterlichen Rechtsprechung (§ 48 Abs. 2).** Der Verwaltungsakt ist nach § 48 Abs. 2 im Einzelfall mit Wirkung für die Zukunft auch dann aufzuheben, wenn der zuständige oberste Gerichtshof des Bundes in **ständiger Rechtsprechung** nachträglich das Recht anders auslegt als die Behörde bei Erlass des Verwaltungsakts und sich dieses zu Gunsten des Berechtigten auswirkt. Zu den **obersten Gerichtshöfen des Bundes** zählen nach Art. 95 GG der BGH, das BVerwG, der BFH, das BAG und das BSG, nicht jedoch das Bundesverfassungsgericht (vgl. Art. 92 GG); zuständig können jedoch nur BSG und BVerwG sein. Eine allgemein verbindliche Definition des Begriffs „ständige Rechtsprechung" gibt es nicht. Vielmehr handelt es sich um einen unbestimmten Rechtsbegriff, der der Ausfüllung bedarf. Dass er völlig unterschiedlich verstanden wird, zeigt ein Blick auf den Gebrauch dieses Begriffs in der Gesetzgebung. Seine inhaltliche Bestimmung gelangt zunächst durch Abgrenzung zu ähnlichen Begriffen. Nach einem Blick auf den Gebrauch des Begriffs in Literatur und Rechtsprechung werden sein Sinn und Zweck gemessen an dem ihm innewohnenden Gedanken des Vertrauensschutzes durch höchstrichterliche Spruchpraxis bzw. der Rechtssicherheit als Ausfluss des Rechtsstaatsprinzips (Fichte, NZS 1998, 1).

51 Aus dem Gebrauch der Formulierung „nachträglich" wird deutlich, dass die Behörde **unbeabsichtigt** eine rechtswidrige Entscheidung getroffen haben muss. Die Vorschrift wird nach dem argumentum a maiore ad minus erweitert auf die Fälle der **Rechtsfortbildung** angewandt. Der Verwaltungsakt ist mit Wirkung für die Zukunft aufzuheben. Die Zukunft beginnt mit der Zustellung des Aufhebungsbescheids. Dies besagt jedoch nicht, dass eine Aufhebung für die Vergangenheit nicht möglich sein soll (vgl. Waschull in: Fichte/Plagemann/Waschull, Sozialverwaltungsverfahrensrecht, 2008, § 4 Rn. 283, S. 300).

52 **4. Aussparen und Einfrieren (§ 48 Abs. 3).** Für den Fall, dass ein rechtswidriger begünstigender Verwaltungsakt nicht nach § 45 zurückgenommen werden kann, sieht Abs. 3 des § 48 im Fall der Änderung der rechtlichen und tatsächlichen Verhältnisse das „Einfrieren" des Leistungsbetrags vor. Es handelt sich mithin um einen Auffangtatbestand für Fälle, in denen eine Rücknahme nach § 45 nicht möglich ist. Ohne Bedeutung ist, warum dies der Fall ist; deswegen kann die Behörde auch von einer Rücknahme im Ermessenswege mit dem Ziel absehen, sich mit dem **Abschmelzen** zu begnügen. Die Aussparung einer Leistungserhöhung verhindert die Perpetuierung der Rechtswidrigkeit (BSGE 69, 208 = SozR 3–1300 § 48 Nr. 11). Das Vertrauen des Betroffenen, an künftigen Erhöhungen beziehungsweise Leistungsverbesserungen teilzuhaben, ist eine nicht geschützte bloße Chance (BSGE 80, 119 = SozR 3–1300 § 48 Nr. 61). 30 Jahre nach seinem Erlass kann ein rechtswidriger begünstigender Verwaltungsakt mit Dauerwirkung nicht mehr für die Vergangenheit zurückgenommen werden, auch wenn er durch **arglistige Täuschung** erwirkt ist (BSGE 72, 139 = SozR 3–1300 § 45 Nr. 16).

53 Die **Aussparung** ist **abgeschlossen,** sobald sie zum ersten Mal den bestandsgeschützten Zahlbetrag überschreitet. Abs. 3 gilt ausschließlich für bestandskräftige Verwaltungsakte über eine laufende Geldleistung (BT-Drs. 8/2034, S. 62). Die Rechtsprechung zur „konstitutiven Fehlerwiederholung" wonach ein Bescheid, mit dem ein fehlerhafter Dauerbescheid den geänderten Verhältnissen angepasst wird, bevor dessen Fehlerhaftigkeit festgestellt wurde, als rechtmäßig anzusehen ist, passt nicht auf die Berücksichtigung eines **fehlerhaft festgestellten GdB** bei der Ermittlung eines neuen, aufgrund des Hinzutritts eines Leidens neu zu beurteilenden Gesamt-GdB. Denn bei einer derartigen Neufestsetzung im Rahmen einer auf § 48 Abs. 1 gestützten Aufhebung wegen einer Änderung der Verhältnisse zugunsten des Betroffenen handelt es sich nicht um eine reine Hochrechnung des im alten Bescheid festgestellten Gesamt-GdB, sondern um dessen Neuermittlung unter Berücksichtigung der gegenseitigen Beeinflussung der verschiedenen Leiden (vgl. BSGE 81, 50 = SozR 3–3870 § 3 Nr. 7; BSGE 87, 126 = SozR 3–1300 § 45 Nr. 43). Hat sich eine Behörde in einem **Vergleich** wirksam zu einer bestimmten Berechnung verpflichtet, so kann sie nicht davon abweichend nach Abs. 3 abschmelzen (BSG SozR 1300 § 48 Nr. 33). Die Aussparung Abs. 3 ist zwingend vorgesehen, dh. der Behörde steht kein Ermessen zu.

54 **5. Verweisungen (§ 48 Abs. 3 S. 2, Abs. 4).** Gemäß § 48 Abs. 3 S. 2 gilt Abs. 3 S. 1 entsprechend, soweit einem rechtmäßigen begünstigenden Verwaltungsakt ein rechtswidriger begünstigender Verwaltungsakt zu Grunde liegt, der nach § 45 nicht zurückgenommen werden kann. Mit S. 3 wird festgelegt, dass es für die Aussparung ausreicht, wenn zwar der abzuschmelzende Geldbetragsbescheid rechtmäßig ist, dieser aber auf einem rechtswidrigen zuvor ergangenen Bescheid beruht Abs. 3 gilt damit auch für Berechnungselemente, welche gesondert bindend festgestellt werden (Waschull in: Fichte/Plagemann/Waschull, Sozialverwaltungsverfahrensrecht, 2008, § 4 Rn. 298, 299, S. 303).

§ 48 Abs. 4 ist eine reine Verweisungsnorm. S. 1 erklärt § 44 Abs. 3, 4 und § 45 Abs. 3 S. 3 bis 5, 55
Abs. 4 S. 2 für entsprechend anwendbar. Nach S. 2 kommt § 45 Abs. 4 S. 2 nicht im Fall von Abs. 1
S. 2 Nr. 1 zur Anwendung. Nach § 44 Abs. 3 entscheidet über die Aufhebung nach Unanfechtbarkeit
des Verwaltungsakts die zuständige Behörde, auch wenn der zurückzunehmende Verwaltungsakt von
einer anderen Behörde erlassen worden ist. Die entsprechende Geltung von § 45 Abs. 3 S. 3
(Rechtsfolgenverweisung) erklärt die Aufhebung eines rechtmäßigen Verwaltungsakts für zeitlich
eingeschränkt; sie ist nur innerhalb von 10 Jahren seit der wesentlichen Änderung der Verhältnisse
möglich. Die Verweisung auf § 45 Abs. 4 bedeutet, dass ein begünstigender Verwaltungsakt für die
Vergangenheit nur innerhalb eines Jahres ab Kenntnis der die wesentliche Änderung begründenden
Tatsachen zulässig ist.

Da § 48 Abs 1 S. 2 Nr. 2 und 4 an ein unredliches (bösgläubiges) Verhalten des gesetzwidrig Be- 56
günstigten die nachteilige Ausnahmeregelung geknüpft, dass der Leistungsträger den Verwaltungsakt
mit Dauerwirkung rückwirkend, d. h. schon ab dem Zeitpunkt der anspruchsschädlichen Änderung
der Verhältnisse, aufheben dürfen soll, wird gemäß Abs. 4 S. 1 der Vorschrift folgerichtig § 45 Abs 3
Satz 4 für entsprechend anwendbar erklärt. Hiernach kommt bei Vorliegen der Tatbestandsvoraussetzungen der Nr. 2 (vorsätzliche oder grob fahrlässige Verletzung einer Mitteilungspflicht) oder der
Nr. 4 (Kenntnis oder grob fahrlässige Nichtkenntnis vom Ruhen oder Wegfall des sich aus dem Verwaltungsakt ergebenden Anspruchs) des § 48 Abs. 1 S. 2 die Aufhebung eines rechtswidrig begünstigenden Verwaltungsakts mit Dauerwirkung mit Wirkung vom Zeitpunkt der Änderung der Verhältnisse auch **nach Ablauf** der von diesem Zeitpunkt an laufenden **Zehnjahresfrist** in Betracht, wenn
ein Verwaltungsakt über eine laufende Geldleistung vorliegt und diese Geldleistung mindestens bis
zum Beginn des Verwaltungsverfahrens über die Aufhebung gezahlt wurde. Liegen diese Voraussetzungen nicht vor, verbleibt es bei der Zehnjahresfrist für die rückwirkende Aufhebung zu Lasten des
rechtswidrig Begünstigten, d. h. die Tatbestände des § 48 Abs. 1 S. 2 Nr. 2 und 4 ziehen zehn Jahre
nach Änderung der Verhältnisse keine Sanktion mehr nach sich (BSG SozR 4–1300 § 48 Nr. 18
Rn. 44).

Dass die rückwirkende Aufhebung eines Verwaltungsakts mit Dauerwirkung bei Änderung der 57
Verhältnisse nach Ablauf der Zehnjahresfrist ein **unredliches („bösgläubiges") Verhalten** des Be-
troffenen voraussetzt (und daher nicht den Fall des § 48 Abs. 1 S. 2 Nr. 3 [Erzielen von Einkommen
oder Vermögen, das zum Wegfall des Anspruchs geführt haben würde] erfasst <vgl Gregarek in
Jahn/Jansen, Sozialgesetzbuch für die Praxis, § 48 SGB X Rn. 65; a. A. Merten in Hauck/Noftz,
SGB X, K § 48 Rn. 113>), lässt sich den Gesetzesmaterialien entnehmen (BSG SozR 4–1300 § 48
Nr. 18 Rn. 45). Denn Anlass für die Einfügung der S. 4 und 5 in § 45 Abs. 3 war die Kritik des Bun-
desrechnungshofs (vgl BT-Drucks. 13/5700 S. 72 unter 26.4), dass nach der bis dahin geltenden
Rechtslage selbst Rentenempfänger, die sich der Unrechtmäßigkeit von Rentenzahlungen bewusst
waren, diese allein wegen des Ablaufs der Zehnjahresfrist nicht mehr zurückzahlen mussten (BT-
Drucks. 13/10033 S. 20 zu Art. 5 Nr. 2). Mit der Gesetzesänderung wollte der Gesetzgeber diese
offensichtlich unbilligen Ergebnisse bei Anwendung der strikten Zehnjahresfrist vermeiden (vgl.
Vogelgesang in Hauck/Noftz, SGB X, K § 45 Rn. 56; Rüfner in Wannagat, SGB X, § 45 Rn. 58)
und Bedenken ausräumen, die der bis dahin geltenden Fristenregelung des § 45 Abs. 3 SGB X einen
„Betrügerschutz" (s hierzu W. Meyer, FS Krasney, 1997, 319 ff.) entnommen hatten (vgl. Waschull in
LPK–SGB X, § 45 Rn. 95).

§ 48 Abs. 4 S. 2 stellt klar, dass eine Änderung zu Gunsten des Betroffenen nach § 48 Abs. 1 S. 2 58
Nr. 1 rückwirkend auf den Zeitpunkt des Eintritts der Änderung auch dann infrage kommt, wenn
die Aufhebung erst später als ein Jahr nach Kenntniserlangung der die Aufhebung rechtfertigenden
Umstände erfolgt. Zu Ungunsten ist in dem Fall nur noch eine Aufhebung für die Zukunft möglich (Waschull in: Fichte/Plagemann/Waschull, Sozialverwaltungsverfahrensrecht, 2008, § 4 Rn. 306, S. 304).

§ 49 Rücknahme und Widerruf im Rechtsbehelfsverfahren

§ 45 Abs. 1 bis 4, §§ 47 und 48 gelten nicht, wenn ein begünstigender Verwaltungsakt, der von einem Dritten angefochten worden ist, während des Vorverfahrens oder während des sozial- oder verwaltungsgerichtlichen Verfahrens aufgehoben wird, soweit dadurch dem Widerspruch abgeholfen oder der Klage stattgegeben wird.

§ 50 Erstattung zu Unrecht erbrachter Leistungen

(1) [1] **Soweit ein Verwaltungsakt aufgehoben worden ist, sind bereits erbrachte Leistungen zu erstatten.** [2] **Sach- und Dienstleistungen sind in Geld zu erstatten.**

(2) [1] **Soweit Leistungen ohne Verwaltungsakt zu Unrecht erbracht worden sind, sind sie zu erstatten.** [2] **§§ 45 und 48 gelten entsprechend.**

(2a) [1] **Der zu erstattende Betrag ist vom Eintritt der Unwirksamkeit eines Verwaltungsaktes, auf Grund dessen Leistungen zur Förderung von Einrichtungen oder ähnliche Leis-**

tungen erbracht worden sind, mit fünf Prozentpunkten über dem Basiszinssatz jährlich zu verzinsen. ²Von der Geltendmachung des Zinsanspruchs kann insbesondere dann abgesehen werden, wenn der Begünstigte die Umstände, die zur Rücknahme, zum Widerruf oder zur Unwirksamkeit des Verwaltungsaktes geführt haben, nicht zu vertreten hat und den zu erstattenden Betrag innerhalb der von der Behörde festgesetzten Frist leistet. ³Wird eine Leistung nicht alsbald nach der Auszahlung für den bestimmten Zweck verwendet, können für die Zeit bis zur zweckentsprechenden Verwendung Zinsen nach Satz 1 verlangt werden; Entsprechendes gilt, soweit eine Leistung in Anspruch genommen wird, obwohl andere Mittel anteilig oder vorrangig einzusetzen sind; § 47 Abs. 2 Satz 1 Nr. 1 bleibt unberührt.

(3) ¹Die zu erstattende Leistung ist durch schriftlichen Verwaltungsakt festzusetzen. ²Die Festsetzung soll, sofern die Leistung auf Grund eines Verwaltungsaktes erbracht worden ist, mit der Aufhebung des Verwaltungsaktes verbunden werden.

(4) ¹Der Erstattungsanspruch verjährt in vier Jahren nach Ablauf des Kalenderjahres, in dem der Verwaltungsakt nach Absatz 3 unanfechtbar geworden ist. ²Für die Hemmung, die Ablaufhemmung, den Neubeginn und die Wirkung der Verjährung gelten die Vorschriften des Bürgerlichen Gesetzbuchs sinngemäß. ³§ 52 bleibt unberührt.

(5) Die Absätze 1 bis 4 gelten bei Berichtigungen nach § 38 entsprechend.

A. Normzweck

1 § 50 ist die Rechtsgrundlage für die **Rückabwicklung** zu Unrecht erbrachter Leistungen im Rechtsverhältnis zwischen Sozialleistungsträger und Leistungsempfänger. Die Vorschrift ergänzt damit die §§ 44 ff.; Abs. 1 regelt die Rückgewähr von Leistungen nach Rücknahme bzw. Widerruf eines Verwaltungsakts, Abs. 2 betrifft die Leistungen, die ohne Verwaltungsakt gewährt wurden. Damit hat der Gesetzgeber den in Rechtsprechung und Literatur seit langem anerkannten **öffentlich-rechtlichen Erstattungsanspruch** kodifiziert und vor Einführung des SGB X weithin verstreute Regelungen durch einen Erstattungstatbestand abgelöst. Dieser einen Vermögensausgleich eigener Art regelnde Ausgleichsanspruch ist abschließend; für einen – weitergehenden – öffentlich-rechtlichen Bereicherungsanspruch besteht kein Bedarf. Daher ist auch unerheblich, ob ein solcher Bereicherungsanspruch der analogen Anwendung der §§ 812 ff. BGB zu entnehmen wäre; denn im Rahmen von § 50 besteht kein Raum für die ergänzende Heranziehung zivilrechtlicher Vorschriften über die **ungerechtfertigte Bereicherung** (BVerwGE 71, 85 = Buchholz 442.041 PostG Nr. 6).

2 Werden Leistungen ohne einen Verwaltungsakt zu Unrecht erbracht, umfasst § 50 Abs. 2 nur die Fälle, in denen dies aufgrund eines **öffentlich-rechtlichen Leistungsverhältnisses** zwischen dem Empfänger und dem Leistungsträger erfolgt. Unter die Regelung des § 50 Abs. 2 fällt daher nicht jede Zahlung eines Leistungsträgers an einen Dritten. Vielmehr muss eine versicherungsrechtliche Leistungsbeziehung zwischen dem Dritten und dem Leistungsträger bestehen. § 50 Abs. 2 ermächtigt den Leistungsträger nicht, versehentlich einem Dritten überwiesene Leistungen, die für diesen nicht bestimmt waren, durch Verwaltungsakt zurückzufordern. Der Leistungsträger kann den Erstattungsanspruch auch nicht im Wege der Leistungsklage nach § 54 Abs. 5 SGG geltend machen. Insoweit ist der Rechtsweg zu den Gerichten der Sozialgerichtsbarkeit nicht gegeben (BSGE 61, 11 = SozR 1300 § 50 Nr. 13).

B. Regelungsgehalt

I. Das Rückabwicklungsverhältnis

3 Der öffentlich-rechtliche **Anwendungsbereich** der Vorschrift ist auf Ansprüche der Sozialleistungsträger gegen Versicherte oder Leistungsempfänger beschränkt (BT-Drs. 8/2034, S. 36). Nicht hingegen regelt die Vorschrift das Ausgleichsverhältnis von Leistungsträgern untereinander (vgl. insoweit §§ 102 ff. SGB X). Zentraler Begriff des § 50 ist der der **Erstattung**, der eine durch Sozialleistung eingetretene Vermögensverschiebung voraussetzt (Freischmidt in: Hauck/Noftz, SGB X, § 50 Rn. 2); diese Vermögensverschiebung wird ausgeglichen, soweit sie ungerechtfertigt ist. Dabei umfasst der Anwendungsbereich sowohl die Aufhebung rechtmäßiger als auch rechtswidriger Verwaltungsakte nebst Rückforderung von Ermessensleistungen. Abs. 2a regelt die Verzinsung des Erstattungsanspruchs, von der unter bestimmten Voraussetzungen abgesehen werden kann. Nach Abs. 3 der Vorschrift ist die Erstattungsforderung durch Verwaltungsakt festzusetzen, der im Falle der Aufhebung eines Verwaltungsakts mit der Aufhebung zu verbinden ist. Abs. 4 betrifft der Verjährung und nach Abs. 5 sollen die Regelungen über die Erstattung bei Berichtigungen entsprechend angewandt werden.

4 **Sonderregelungen** sind gemäß § 37 SGB I vorrangig zu beachten (Schütze in: v. Wulffen, SGB X, § 50 Rn. 3). So schrieb etwa § 46 AFG bei Nichterfüllung der übernommenen Verpflich-

tung, im Anschluss an eine geförderte Bildungsmaßnahme eine beitragspflichtige Beschäftigung auszuüben, die Rückforderung der Leistung unabhängig von einer Aufhebung des Bewilligungsbescheids zwingend vor. (vgl. BSGE 63, 83 = SozR 4100 § 46 Nr. 9). Aktuelle Sonderregelungen finden sich etwa in § 1 Abs. 3 S. 3 BVG und § 40 Abs. 2 S. 1, 2 SGB II. Regelungen über den **Anspruch des Bürgers** auf Erstattung von zu Unrecht geleisteten Beiträgen in der Kranken-, Renten- und Unfallversicherung finden sich in §§ 26 bis 28 SGB IV, für den Bereich der Arbeitsverwaltung in § 351 SGB III. Schließlich kann ein **Folgenbeseitigungsanspruch** bestehen, wenn es um die Rückgängigmachung aller Folgen geht, die durch die Vollziehung des zurückgenommenen Verwaltungsakts unmittelbar herbeigeführt wurden (Schnapp in: GK-SGB X, § 50 Rn. 13).

II. Erbrachte Leistungen

Zu erstatten sind bereits „erbrachte Leistungen". Was **Leistung** ist, bestimmt sich nach der **Legaldefinition des § 11 SGB I.** Von der Vorschrift erfasst werden Dienst-, Sach- und Geldleistungen, aber auch sonst jede Zahlung, die nach § 1 SGB X dem Anwendungsbereich dieses Gesetzes unterfällt. Dies gilt zB für die Abrechnung von kassenärztlichen Leistungen (BSG SozR 3–2500 § 76 Nr. 2), für postbare Geburtstagszuwendungen (BSGE 97, 94 = SozR 4–2600 § 118 Nr. 4) und zu Unrecht an Dritte erbrachte Leistungen (BSG SozR 3–1300 § 50 Nr. 24). Ist einem Minderjährigen zu Unrecht Sozialhilfe gewährt worden und werden die Bescheide über die Gewährung der Hilfe daraufhin zurückgenommen, so kann ein Erstattungsanspruch allerdings auch dann nicht gegen die Eltern gerichtet werden, wenn diese die Überzahlung durch Verletzung ihrer Mitteilungspflichten über ihre Einkommens- und Vermögensverhältnisse verursacht und die überzahlten Beträge aufgrund ihres Sorgerechts vereinnahmt haben (BVerwG NJW 1993, 215; BVerwG Buchholz 436.0 § 29 BSHG Nr. 10). Die einem Sozialversicherungsträger entstandenen **Verwaltungskosten** (Trägeranteile an den Beiträgen von Verletztengeld, Gutachterkosten, Kosten für Berichte der Ärzte) sind keine erbrachten „Leistungen" (LSG NRW Breithaupt 1998, 503).

Die Leistungen müssen **erbracht** worden sein. Erbracht ist eine Leistung nicht immer bereits dann, wenn der Berechtigte sie tatsächlich erhalten hat (so aber Freischmidt in: Hauck/Noftz, SGB X, § 50 Rn. 13 c ff. m. w. N.). Denn mit jeder Leistung verbunden ist ein Leistungszweck, der den Leistungsträger auch hinsichtlich einer möglichen Rücknahme des Verwaltungsakts (hinsichtlich der Frage des Erreichens des Leistungszwecks) bindet. Deshalb ist der **Leistungszweck** dahingehend zu verstehen, dass mit der Leistung sozialrechtliche Ansprüche bzw. sozialrechtliche Pflichten konkretisiert werden sollen (Waschull in: LPK-SGB X, § 50 Rn. 15; ähnlich: Steinwedel in: KassKomm, § 50 SGB X Rn. 15). Bei fehlgeleiteten Leistungen gegenüber Dritten berechtigt § 118 Abs. 4 S. 1 SGB VI die Rentenversicherungsträger, einen Erstattungsanspruch außerhalb eines sozialrechtlichen Leistungsverhältnisses gegenüber einem Dritten mit Verwaltungsakt geltend zu machen, wobei gemäß § 118 Abs. 4 S. 3 SGB VI der Anspruch gegen die Erben gemäß § 50 unberührt bleibt (vgl. BSGE 97, 94 = SozR 4–2600 § 118 Nr. 4 mit Anm. Schaer, jurisPR-SozR 6/2007 Anm. 4; BSGE 82, 239 = SozR 3–2600 § 118 Nr. 3; Hess. LSG Breith 1997, 785). Hingegen ist eine Geldleistung auch dann erbracht, wenn deren Auszahlung an einen berechtigten Ersatzempfänger oder einen Abzweigungsberechtigten angewiesen wurde (BSGE 68, 107 = SozR 3–1300 § 50 Nr. 7).

Die Rückabwicklungsbefugnis ist als **Kehrseite eines sozialrechtlichen Leistungsverhältnisses** anzusehen (BSGE 25, 268 = SozR Nr. 20 zu § 47 VwVfG; BSGE 32, 145 = SozR Nr. 49 zu § 51 SGG; BSGE 61, 11 = SozR 1300 § 50 Nr. 13). Dies verdeutlicht Abs. 2 der Vorschrift, der den Rückabwicklungsanspruch der Behörde auch für erbrachte Leistungen ohne Verwaltungsakt vorsieht. Die Grenzen sind dort zu ziehen, wo der Anspruch keinem Sozialleistungsverhältnis mehr entspringt; dies ist regelmäßig dort der Fall, wo gegen gänzlich unbeteiligte Dritte vorgegangen werden soll (vgl. Steinwedel in: KassKomm, § 50 SGB X Rn. 15). Eröffnet ist der Anwendungsbereich des § 50 demnach nur für Fälle der Rückabwicklung einer Leistung, wenn jedenfalls dem Grunde nach ein öffentlich-rechtliches Leistungsverhältnis zwischen Behörde und Leistungsempfänger bestanden hat.

III. Erstattung nach Aufhebung eines Verwaltungsakts (Abs. 1)

Nach Abs. 1 S. 1 sind bereits erbrachte Leistungen zu erstatten, soweit ein Verwaltungsakt aufgehoben worden ist. Voraussetzung ist mithin die Aufhebung eines Bewilligungsbescheids, wobei in der **Geltendmachung der Rückforderung** auch die Aufhebung (Rücknahme) des Bewilligungsbescheids gesehen werden kann. Denn regelmäßig wird die Behörde mit der Rückforderung zum Ausdruck bringen, dass sie am Bewilligungsbescheid nicht mehr festhalte (BSGE 48, 120 = SozR 4100 § 152 Nr. 9). Dies gilt jedoch nicht, wenn die Behörde die Aufhebung bewusst auf Abs. 2 gestützt hat (BSG SozR 1300 § 50 Nr. 15). Auch kann ein Erstattungsbescheid nicht in einen Aufhebungsbescheid nach § 45 Abs. 1 umgedeutet werden; denn die Umdeutung einer gesetzlich gebundenen Entscheidung in eine Ermessensentscheidung ist durch § 43 Abs. 3 ausgeschlossen (BSGE 95, 176 = SozR 4–4300 § 119 Nr. 3; Waschull in: LPK-SGB X, § 50 Rn. 21 m. w. N.). Das Rückforderungsbegehren muss sich allerdings an den Adressaten eines potentiellen Aufhebungsbescheids richten, weil andernfalls die Belange des Rückforderungsschuldners im Aufhebungsverfahren nicht ausreichend berücksichtigt werden (Steinwedel in: KassKomm, § 50 SGB X Rn. 17). Allerdings kann der Erstattungsbetrag ohne neuen Aufhebungsbescheid festgesetzt werden, wenn der Rückforderungsschuldner als **Erbe** Rechtsnachfolger ist.

9 Die Erstattung nach Abs. 1 setzt also voraus, dass der Bewilligungsbescheid als **rechtfertigender Grund** für das Behaltendürfen der Leistung zumindest konkludent wegfällt. Da ein Rechtsanspruch auf Geldleistungen durch endgültigen Verwaltungsakt erst dann anerkannt werden darf, wenn die Sach- und Rechtslage vollständig geklärt ist (BSG SozR 1200 § 42 Nr. 4), darf ein solcher Verwaltungsakt – vorbehaltlich spezialgesetzlicher Zulassung – auch nicht mit **Nebenbestimmungen** versehen werden, die den Bescheidempfänger im Unklaren lassen, in welchem Umfang, ab wann und ggf. wie lange ihm der zuerkannte Geldbetrag endgültig zusteht (BSGE 67, 102 = SozR 3–1300 § 32 Nr. 2). Vor Abschluss des Verwaltungsverfahrens kann der Leistungsträger daher Geldleistungen allenfalls als vorläufige Leistung oder Vorschuss gewähren (BSG SozR 4100 § 71 Nr. 2).

10 Ist der Verwaltungsakt aufgehoben, steht der Verwaltung **kein Ermessen** zu, ob sie den Erstattungsanspruch geltend macht. Die Leistung „ist" zu erstatten; eine der Leistungsaufhebung nachgeordnete – sachlich richtige – Erstattungsentscheidung kann nur noch darauf überprüft werden, ob dem Erstattungsverlangen selbst Einwendungen entgegengesetzt werden können (BSGE 69, 233 = SozR 3–5870 § 20 Nr. 3 [insoweit dort nicht abgedruckt]; BSG SozR 4–1300 § 48 Nr. 18). In Betracht kommen hingegen Stundung, Niederschlagung oder Erlass, für deren Anwendung wiederum Ermessen auszuüben ist. Aus dem Begriff „soweit" folgt, dass bei teilweiser Aufhebung eines begünstigenden Verwaltungsakts auch nur eine teilweise Erstattung zu erfolgen hat. Kann für einen Zeitraum von 10 Jahren rückwirkend aufgehoben werden, ist auch die Erstattung „soweit" möglich. Diese Regelung darf nicht mit Abs. 4 verwechselt werden, wonach der Erstattungsanspruch in vier Jahren verjährt; denn in Abs. 4 geht es um die Dauer, innerhalb welcher der Erstattungsanspruch geltend gemacht werden darf, in Abs. 1 hingegen um die Höhe des Erstattungsanspruchs (Waschull in: LPK-SGB X, § 50 Rn. 26).

IV. Erstattung von Leistungen ohne Verwaltungsakt (Abs. 2)

11 § 50 Abs. 2 regelt die Rückforderung von Leistungen, die nicht durch Verwaltungsakt bewilligt worden sind. Die Zehn-Jahres-Frist des § 45 Abs. 3 S. 3 ist bei der Rückforderung ohne Verwaltungsakt zu Unrecht erbrachter Leistungen nicht entsprechend anzuwenden. Ob eine Leistung ohne Verwaltungsakt erbracht worden ist, beurteilt sich aus nachträglicher Sicht (ex-post-Betrachtung; vgl. Dörr, DAngVers 1989, 464, 465). Unter Abs. 2 fallen alle **Leistungen im Wege schlichtes Verwaltungshandelns** (BSGE 18, 148 = Breithaupt 1963, 422). Daneben kommen irrtümliche Zahlungen in Betracht. Erforderlich ist stets, dass die Leistung zu Unrecht erbracht wurde, also rechtswidrig ist. Wird eine Rente ohne bewilligenden Verwaltungsakt gezahlt, kann in einer **Rentenanpassungsmitteilung** des Rentenversicherungsträgers ein die Rente bewilligender Verwaltungsakt mit Dauerwirkung liegen, der nach § 45 zurückzunehmen ist (BSGE 75, 291 = SozR 3–1300 § 50 Nr. 17).

12 § 50 gilt grundsätzlich nicht für die Erstattung von Vorschüssen (§ 42 SGB I) und vorläufig erbrachten Leistungen (§ 43 SGB I), welche die endgültige Leistung übersteigen (BSG SozR 3–4100 § 147 Nr. 1). Für diese Fälle gilt **§ 42 Abs. 2 S. 2 SGB I** als lex specialis (BSGE 79, 61 = SozR 3–1200 § 42 Nr. 5). Denn durch die Bewilligung eines Vorschusses wird ein öffentlich-rechtliches Rechtsverhältnis eigener Art begründet. Hat der Rentenversicherungsträger allerdings einen Vorschuss nach § 42 Abs. 1 SGB I gewährt und entspricht die Höhe der Rente der Höhe des Vorschusses, so kann der Rentenversicherungsträger die Erstattung des irrtümlich über den Vorschuss hinaus geleisteten Betrags nur über § 50 Abs. 2 zurückverlangen (SG Altenburg SGb 1998, 272).

13 Eine **analoge Anwendung** des Abs. 2 kommt in Betracht, wenn die Leistung aufgrund eines Verwaltungsakts erfolgt ist, der wegen einer Erledigung auf andere Weise nicht mehr aufgehoben zu werden braucht (Steinwedel in: KassKomm, § 50 SGB X Rn. 20). Ebenfalls analog anwendbar ist die Vorschrift auf Leistungen aufgrund gerichtlicher Entscheidungen, wenn das Urteil oder der Beschluss später aufgehoben werden (Waschull in: LPK-SGB X, § 50 Rn. 34 mit zahlreichen Nachweisen). Denn Leistungen, die auf ein zusprechendes aber angefochtenes Urteil der ersten Instanz hin gemäß § 154 Abs. 2 SGG erfolgen (sog. **„Urteilsrente"**) und im sog. Ausführungsbescheid des Versicherungsträgers der Höhe nach festgestellt werden, sind „ohne Verwaltungsakt" im Sinne von § 50 Abs. 2 zu Unrecht erbracht (BSG SozR 1500 § 154 Nr. 8), weil sich der Bescheid mit Aufhebung des Urteils erledigt, ohne dass es einer Bescheidaufhebung bedarf (BSG SozR 3–1300 § 45 Nr. 10). Vertrauensschutz kommt hier nicht in Betracht, weil der Betroffene mit der Aufhebung des Urteils rechnen musste (BSGE 57, 138 = SozR 1300 § 50 Nr. 6). In entsprechender Anwendung des § 42 Abs. 3 Nr. 3 SGB I iVm. § 43 Abs. 2 S. 1 SGB I wird der Leistungsempfänger die Rentenleistungen in aller Regel dann nicht zurückzahlen müssen, wenn es für ihn eine besondere Härte darstellen würde, insbesondere wenn er ohne diese Leistung Anspruch auf Sozialhilfe gehabt hätte oder durch die Rückzahlung sozialhilfebedürftig werden würde (BSG SozR 1500 § 154 Nr. 8; vgl. auch Stein-

wedel in: KassKomm, § 50 SGB X Rn. 39). Leistungen aufgrund eines wirksam angefochtenen Anerkenntnisses unterfallen ebenfalls dem Anwendungsbereich von Abs. 2 (BSG SozR 3–1300 § 50 Nr. 19).

§ 50 Abs. 2 S. 1 schränkt zwar die Erstattungspflicht nicht weiter ein; dennoch besagt die Vorschrift **14** nicht, dass eine Leistung bereits deshalb zurückzugewähren ist, weil ihr kein bewilligender Verwaltungsakt zu Grunde lag. Dies erhellt aus der in S. 2 der Vorschrift enthaltenen **Verweisung auf §§ 45 und 48,** wodurch deren Schranken für eine Rückgabe bzw. Aufhebung mit Rückwirkung entsprechend für die Rückforderung solcher Leistungen gelten, die ohne bewilligenden Verwaltungsakt erbracht worden sind (BSGE 75, 291 = SozR 3–1300 § 50 Nr. 17). Wenn bei der Neufeststellung einer Sozialleistung versehentlich die Einstellung der bisher gezahlten Leistung unterbleibt, so richtet sich die Rückforderung nach §§ 50 Abs. 2 iVm. 45 Abs. 1 bis 5 und nicht nach § 48 (LSG Niedersachsen NdsRpfl 1991, 233). Die Jahresfrist des § 45 Abs. 4 S. 2 ist über § 50 Abs. 2 ebenfalls entsprechend anwendbar (BSGE 60, 239 = SozR 1300 § 45 Nr. 26; BSG SozR 1300 § 45 Nr. 44; SozR 3–1300 § 45 Nr. 2). Da § 50 Abs. 2 von bereits erbrachten Leistungen ausgeht, kommen nur diejenigen Regelungen in § 45 entsprechend zur Anwendung, die zu einer **Rücknahme mit Wirkung für die Vergangenheit** führen können. Die Zehn-Jahres-Frist nach § 45 Abs. 3 S. 3 gilt bei Rückforderungen nach § 50 Abs. 2 allerdings nicht (BSGE 75, 291 = SozR 3–1300 § 50 Nr. 17); denn § 45 Abs. 3 enthält eine Sonderregelung für rechtswidrig begünstigende Verwaltungsakte mit Dauerwirkung. Die reine Weiterzahlung einer Leistung ohne zu Grunde liegenden Verwaltungsakt hat aber keine ähnliche Bedeutung (Waschull in: LPK-SGB X, § 50 Rn. 39 m. w. N.).

Im Gegensatz zur Rückforderung steht die Entscheidung nach Abs. 2 im **Ermessen** **15** der Behörde, soweit **inzident** § 45 Abs. 1 und 2 zu prüfen sind; denn auch die Rücknahme nach § 45 steht im Ermessen der Behörde (BSGE 55, 250 = SozR 1300 § 50 Nr. 3; BSGE 57, 138 = SozR 1300 § 50 Nr. 6; BSG SozR 1300 § 45 Nr. 10, 12). Für die entsprechende Anwendbarkeit des § 48 bleibt kaum Raum (ähnlich Steinwedel in: KassKomm, § 50 SGB X Rn. 32). Denn die Vorschrift setzt voraus, dass Dauerleistungen ohne Verwaltungsakt ursprünglich rechtmäßig erbracht wurden, später aber rechtswidrig geworden sind. Im Sozialrecht werden Leistungen jedoch regelmäßig aufgrund eines Verwaltungsakts erbracht.

V. Verzinsung (Abs. 2 a)

Zinsansprüche bestehen bei Erstattung grundsätzlich nicht; insoweit fehlt es an einer entspre- **16** chenden Anordnung des Gesetzgebers, etwa durch Verweisung auf § 44 SGB I. Nach Abs. 2 a ist der zu erstattende Betrag jedoch bei bestimmten Verwaltungsakten vom Eintritt der Unwirksamkeit des Verwaltungsakts an zu verzinsen. Anders als bei dem – ebenfalls nachträglich eingefügten – § 49 a Abs. 3, 4 VwVfG beschränkt sich die Verzinsungspflicht auf diejenigen Leistungen, die auf Verwaltungsakt beruhen, welche im Rahmen der Förderung von Einrichtungen oder ähnlichen Leistungen gewährt wurden, weil nur in diesem Bereich Leistungen in verzinsungswürdigem Umfang anfallen (BT-Drs. 13/1534 S. 8). Es soll nicht hingenommen werden, dass Förderungsmittel zweckentfremdet verwendet werden. Im Umkehrschluss ergibt sich hieraus zugleich, dass übrige Erstattungsforderungen nicht zu verzinsen sind.

Die **Verzinsungspflicht beginnt** mit dem Eintritt der Unwirksamkeit des Verwaltungsakts. Von **17** der Verzinsung kann nach pflichtgemäßem Ermessen **abgesehen** werden, wenn die Voraussetzungen des S. 2 vorliegen. Hiernach kann „insbesondere" von der Geltendmachung des Zinsanspruchs abgesehen werden, wenn der Begünstigte die Umstände, die zur Rücknahme, zum Widerruf oder zur Unwirksamkeit des Verwaltungsakts geführt haben, nicht zu vertreten hat. Ein Vertretenmüssen entfällt, wenn Vorsatz oder Fahrlässigkeit (§ 276 BGB) entfallen. Da dies nur ein gesetzliches Beispiel ist, kann die Behörde auch in anderen Fällen von der Zinspflicht absehen oder einen niedrigeren Zins bestimmen. Dazu muss der Verpflichtete jedoch den zu erstattenden Betrag innerhalb der von der Behörde festgesetzten Frist leisten. S. 3 sieht insbesondere die Möglichkeit vor, Zinsen bis zum Beginn der Zweck entsprechenden Verwendung überlassener Geldmittel zu fordern. Werden derartige Zinsen verlangt, so schließt dies die Möglichkeit nicht aus, späterhin von einer Widerrufsmöglichkeit Gebrauch zu machen (vgl. den Hinweis auf § 47 Abs. 2 S. 1 Nr. 1 im letzten Hs.).

VI. Festsetzung des Erstattungsanspruchs (Abs. 3)

Abs. 3 S. 1 der Vorschrift bestimmt, dass die zu erstattende Leistung – dem Grunde und der Höhe **18** nach – durch Verwaltungsakt festzusetzen ist. Geregelt wird also die ausdrückliche **Verpflichtung zum Erlass eines Verwaltungsakts.** Damit wird dem Erfordernis der Rechtssicherheit in diesem Bereich in besonderem Maße Rechnung getragen (BT-Drs. 8/2034 S. 36). Vor Erlass eines formellen Rückforderungsbescheids kann die Behörde allerdings formlos zur Rückerstattung überzahlter Leistungen auffordern; eine **Leistungsklage** ist jedoch **nicht statthaft** (BSGE 60, 209 = SozR 1500 § 54 Nr. 66; BVerwGE 91, 13 = Buchholz 435.12 § 50 SGB X Nr. 7). Denn es fehlt das Rechtsschutzbedürfnis, weil sich die Behörde durch den Erstattungsbescheid selbst einen Vollstreckungstitel schaffen kann. Durch den Verwaltungsakt muss die Höhe der Forderung verbindlich festgestellt werden, was die genaue Bezifferung des zu erstattenden Betrags einschließt.

19 Auf den Rückforderungsbescheid finden im Übrigen die **allgemeinen Regelungen über Verwaltungsakte** Anwendung: Der Verwaltungsakt kann mit einer Nebenbestimmung versehen werden (zB hinsichtlich der Zinspflicht), er muss hinreichend bestimmt sein (§ 33 Abs. 1) und begründet werden (§ 35), er muss mit einer Rechtsbehelfsbelehrung versehen sein (§ 36) und bedarf der Bekanntgabe (§ 37). Über § 34 Abs. 1 BHO, § 19 Abs. 1 HaushaltsgrundsätzeG und § 76 SGB IV sind die Grundsätze der sparsamen Haushaltsführung zB für Fragen der **Niederschlagung**, des **Erlasses** und der **Stundung** zu berücksichtigen (vgl. Waschull in: LPK-SGB X, § 50, Rn. 51, 52 m. w. N.). Mit einem öffentlich-rechtlichen Erstattungsanspruch kann aufgerechnet und verrechnet werden; für den Anspruch des Bürgers auf Erstattung zu Unrecht entrichteter Beiträge ist die Verrechnung in § 28 SGB IV ausdrücklich zugelassen worden. Aufhebung und Erstattungspflicht können in einem Bescheid geregelt werden; Abs. 1 der Vorschrift ist insoweit missverständlich, als für die Erstattung nicht erforderlich ist, dass bereits zuvor „aufgehoben worden" ist. Ergeht nur ein Rückforderungsbescheid, enthält dieser im Zweifel konkludent die erforderliche Aufhebung, wobei jedoch die Voraussetzungen einer Aufhebung erfüllt sein müssen (vgl. Schütze in: von Wulffen, SGB X, § 50 Rn. 30 m. w. N.). Das gilt jedoch nicht, wenn die Behörde gewollt die Aufhebung auf Abs. 2 gestützt hat (BSG SozR 1300 § 50 Nr. 15).

VII. Verjährung (Abs. 4)

20 Nach Abs. 4 verjährt der Erstattungsanspruch in **vier Jahren** nach Ablauf des Kalenderjahrs, in dem der Verwaltungsakt nach Abs. 3 unanfechtbar geworden ist. Für die Hemmung, die Ablaufhemmung, den Neubeginn und die Wirkung der Verjährung wird die sinngemäße Geltung der Vorschriften des BGB angeordnet. Ferner verweist die Vorschrift auf die Anwendbarkeit des § 52, wonach der Verwaltungsakt die Verjährung des Anspruchs hemmt. Damit ist die Regelung weitgehend mit § 45 identisch. Abweichend hiervon wird jedoch als Anknüpfungspunkt nicht auf die Entstehung des Anspruchs, sondern auf die **Unanfechtbarkeit des Erstattungsbescheids** abgestellt. Auch der Zeitpunkt der Überzahlung ist danach unerheblich. Hat die Behörde lediglich den zu Grunde liegenden Bewilligungsbescheid aufgehoben, so verjährt der Erstattungsanspruch auch dann nicht entsprechend § 45 Abs. 1 SGB I, wenn die Behörde innerhalb von vier Jahren keinen Erstattungsbescheid erlässt; allerdings kann der Erstattungsanspruch **verwirkt** werden, wenn die Behörde den Erstattungsanspruch nach Bescheidaufhebung nicht binnen angemessener Frist nach Abs. 3 S. 1 festsetzt (vgl. Schütze in: v. Wulffen, SGB X, § 50 Rn. 31).

21 Die Verjährung ist eine **Einrede**. Das bedeutet, dass sie zu ihrer Wirksamkeit geltend gemacht werden muss. Ist dies geschehen, wird über § 52 Abs. 2 iVm. § 218 BGB eine **Verjährungsfrist von 30 Jahren** in Gang gesetzt, gerechnet ab Bestandskraft des Durchsetzungsbescheids. Denn mit dem Versuch, die festgesetzte Forderung durchzusetzen, hat die Behörde alles getan, um den Anspruch zu realisieren. Dieser Anspruch soll ihr bei Nichterfüllung ohne weiteres 30 Jahre lang erhalten bleiben. Gleiches gilt, wenn zugleich mit dem Erstattungsbescheids nach Abs. 3 die Aufrechnung oder später die Verrechnung erklärt oder eine Vollstreckungsmaßnahme durchgeführt wird (Waschull in: LPK-SGB X, § 50, Rn. 61).

VIII. Entsprechende Geltung bei Berichtigungen (Abs. 5)

22 Ein Erstattungsanspruch besteht auch, wenn (höhere) Leistungen nach **Feststellung offensichtlicher Unrichtigkeiten** korrigiert (und reduziert) werden (§ 38). Über Abs. 2 der Vorschrift (Ermessen der Behörde bei der Berichtigung) mit Verweis auf §§ 45 und 48 muss auch hier als Ausfluss des Vertrauensschutzes innerhalb des Erstattungsanspruchs geprüft werden, ob der Berechtigte die Leistung (zumindest zum Teil) behalten darf. Da die Berichtigung jederzeit formlos möglich ist, ergeht bei der Berichtigung von Rechen- oder Schreibfehlern regelmäßig kein Verwaltungsakt. Abs. 5 schließt eine Lücke (BT-Drs. 8/2034 S. 36 zu § 48 des Entwurfs). Im früheren Recht war eine Rückforderung nach Berichtigung nur in § 47 Abs. 3 KOV-VfG vorgesehen, der zur Rückgabe durch den bösgläubigen Empfänger verpflichtete.

§ 51 Rückgabe von Urkunden und Sachen

¹Ist ein Verwaltungsakt unanfechtbar widerrufen oder zurückgenommen oder ist seine Wirksamkeit aus einem anderen Grund nicht oder nicht mehr gegeben, kann die Behörde die auf Grund dieses Verwaltungsaktes erteilten Urkunden oder Sachen, die zum Nachweis der Rechte aus dem Verwaltungsakt oder zu deren Ausübung bestimmt sind, zurückfordern. ²Der Inhaber und, sofern er nicht der Besitzer ist, auch der Besitzer dieser Urkunden oder Sachen sind zu ihrer Herausgabe verpflichtet. ³Der Inhaber oder der Besitzer kann jedoch verlangen, dass ihm die Urkunden oder Sachen wieder ausgehändigt

werden, nachdem sie von der Behörde als ungültig gekennzeichnet sind; dies gilt nicht bei Sachen, bei denen eine solche Kennzeichnung nicht oder nicht mit der erforderlichen Offensichtlichkeit oder Dauerhaftigkeit möglich ist.

Dritter Titel. Verjährungsrechtliche Wirkungen des Verwaltungsaktes

§ 52 Hemmung der Verjährung durch Verwaltungsakt

(1) ¹Ein Verwaltungsakt, der zur Feststellung oder Durchsetzung des Anspruchs eines öffentlich-rechtlichen Rechtsträgers erlassen wird, hemmt die Verjährung dieses Anspruchs. ²Die Hemmung endet mit Eintritt der Unanfechtbarkeit des Verwaltungsakts oder sechs Monate nach seiner anderweitigen Erledigung.

(2) Ist ein Verwaltungsakt im Sinne des Absatzes 1 unanfechtbar geworden, beträgt die Verjährungsfrist 30 Jahre.

Vierter Abschnitt. Öffentlich-rechtlicher Vertrag

§ 53 Zulässigkeit des öffentlich-rechtlichen Vertrages

(1) ¹Ein Rechtsverhältnis auf dem Gebiet des öffentlichen Rechts kann durch Vertrag begründet, geändert oder aufgehoben werden (öffentlich-rechtlicher Vertrag), soweit Rechtsvorschriften nicht entgegenstehen. ²Insbesondere kann die Behörde, anstatt einen Verwaltungsakt zu erlassen, einen öffentlich-rechtlichen Vertrag mit demjenigen schließen, an den sie sonst den Verwaltungsakt richten würde.

(2) Ein öffentlich-rechtlicher Vertrag über Sozialleistungen kann nur geschlossen werden, soweit die Erbringung der Leistungen im Ermessen des Leistungsträgers steht.

§ 54 Vergleichsvertrag

(1) Ein öffentlich-rechtlicher Vertrag im Sinne des § 53 Abs. 1 Satz 2, durch den eine bei verständiger Würdigung des Sachverhalts oder der Rechtslage bestehende Ungewissheit durch gegenseitiges Nachgeben beseitigt wird (Vergleich), kann geschlossen werden, wenn die Behörde den Abschluss des Vergleichs zur Beseitigung der Ungewissheit nach pflichtgemäßem Ermessen für zweckmäßig hält.

(2) § 53 Abs. 2 gilt im Fall des Absatzes 1 nicht.

§ 55 Austauschvertrag

(1) ¹Ein öffentlich-rechtlicher Vertrag im Sinne des § 53 Abs. 1 Satz 2, in dem sich der Vertragspartner der Behörde zu einer Gegenleistung verpflichtet, kann geschlossen werden, wenn die Gegenleistung für einen bestimmten Zweck im Vertrag vereinbart wird und der Behörde zur Erfüllung ihrer öffentlichen Aufgaben dient. ²Die Gegenleistung muss den gesamten Umständen nach angemessen sein und im sachlichen Zusammenhang mit der vertraglichen Leistung der Behörde stehen.

(2) Besteht auf die Leistung der Behörde ein Anspruch, kann nur eine solche Gegenleistung vereinbart werden, die bei Erlass eines Verwaltungsaktes Inhalt einer Nebenbestimmung nach § 32 sein könnte.

(3) § 53 Abs. 2 gilt in den Fällen der Absätze 1 und 2 nicht.

§ 56 Schriftform

Ein öffentlich-rechtlicher Vertrag ist schriftlich zu schließen, soweit nicht durch Rechtsvorschrift eine andere Form vorgeschrieben ist.

§ 57 Zustimmung von Dritten und Behörden

(1) Ein öffentlich-rechtlicher Vertrag, der in Rechte eines Dritten eingreift, wird erst wirksam, wenn der Dritte schriftlich zustimmt.

(2) Wird anstatt eines Verwaltungsaktes, bei dessen Erlass nach einer Rechtsvorschrift die Genehmigung, die Zustimmung oder das Einvernehmen einer anderen Behörde er-

forderlich ist, ein Vertrag geschlossen, so wird dieser erst wirksam, nachdem die andere Behörde in der vorgeschriebenen Form mitgewirkt hat.

§ 58 Nichtigkeit des öffentlich-rechtlichen Vertrages

(1) Ein öffentlich-rechtlicher Vertrag ist nichtig, wenn sich die Nichtigkeit aus der entsprechenden Anwendung von Vorschriften des Bürgerlichen Gesetzbuches ergibt.

(2) Ein Vertrag im Sinne des § 53 Abs. 1 Satz 2 ist ferner nichtig, wenn
1. ein Verwaltungsakt mit entsprechendem Inhalt nichtig wäre,
2. ein Verwaltungsakt mit entsprechendem Inhalt nicht nur wegen eines Verfahrens- oder Formfehlers im Sinne des § 42 rechtswidrig wäre und dies den Vertragschließenden bekannt war,
3. die Voraussetzungen zum Abschluss eines Vergleichsvertrages nicht vorlagen und ein Verwaltungsakt mit entsprechendem Inhalt nicht nur wegen eines Verfahrens- oder Formfehlers im Sinne des § 42 rechtswidrig wäre,
4. sich die Behörde eine nach § 55 unzulässige Gegenleistung versprechen lässt.

(3) Betrifft die Nichtigkeit nur einen Teil des Vertrages, so ist er im ganzen nichtig, wenn nicht anzunehmen ist, dass er auch ohne den nichtigen Teil geschlossen worden wäre.

§ 59 Anpassung und Kündigung in besonderen Fällen

(1) ¹Haben die Verhältnisse, die für die Festsetzung des Vertragsinhalts maßgebend gewesen sind, sich seit Abschluss des Vertrages so wesentlich geändert, dass einer Vertragspartei das Festhalten an der ursprünglichen vertraglichen Regelung nicht zuzumuten ist, so kann diese Vertragspartei eine Anpassung des Vertragsinhalts an die geänderten Verhältnisse verlangen oder, sofern eine Anpassung nicht möglich oder einer Vertragspartei nicht zuzumuten ist, den Vertrag kündigen. ²Die Behörde kann den Vertrag auch kündigen, um schwere Nachteile für das Gemeinwohl zu verhüten oder zu beseitigen.

(2) ¹Die Kündigung bedarf der Schriftform, soweit nicht durch Rechtsvorschrift eine andere Form vorgeschrieben ist. ²Sie soll begründet werden.

§ 60 Unterwerfung unter die sofortige Vollstreckung

(1) ¹Jeder Vertragschließende kann sich der sofortigen Vollstreckung aus einem öffentlich-rechtlichen Vertrag im Sinne des § 53 Abs. 1 Satz 2 unterwerfen. ²Die Behörde muss hierbei von dem Behördenleiter, seinem allgemeinen Vertreter oder einem Angehörigen des öffentlichen Dienstes, der die Befähigung zum Richteramt hat oder die Voraussetzungen des § 110 Satz 1 des Deutschen Richtergesetzes erfüllt, vertreten werden.

(2) ¹Auf öffentlich-rechtliche Verträge im Sinne des Absatzes 1 Satz 1 ist § 66 entsprechend anzuwenden. ²Will eine natürliche oder juristische Person des Privatrechts oder eine nichtrechtsfähige Vereinigung die Vollstreckung wegen einer Geldforderung betreiben, so ist § 170 Abs. 1 bis 3 der Verwaltungsgerichtsordnung entsprechend anzuwenden. ³Richtet sich die Vollstreckung wegen der Erzwingung einer Handlung, Duldung oder Unterlassung gegen eine Behörde, ist § 172 der Verwaltungsgerichtsordnung entsprechend anzuwenden.

§ 61 Ergänzende Anwendung von Vorschriften

¹Soweit sich aus den §§ 53 bis 60 nichts Abweichendes ergibt, gelten die übrigen Vorschriften dieses Gesetzbuches. ²Ergänzend gelten die Vorschriften des Bürgerlichen Gesetzbuches entsprechend.

A. Normzweck

1   Die §§ 53 ff. regeln die Zulässigkeit des öffentlich-rechtlichen Vertrags. § 53 Abs. 1 ist wörtlich identisch mit § 54 VwVfG; § 53 Abs. 2 enthält zusätzlich die auf Sozialleistungen abstellende Einschränkung, dass ein öffentlich-rechtlicher Vertrag geschlossen werden kann, soweit die Erbringung der Leistung im Ermessen des Leistungsträgers steht. Die beiden **Grundformen öffentlich-rechtlichen, adressatenbezogenen Handelns,** Verwaltungsakt und öffentlich-rechtlicher Vertrag, lassen sich vereinfacht dahingehend unterscheiden, dass der Verwaltungsakt auf einseitigem hoheitli-

chen Handeln beruht, während der Vertrag wenigstens zweiseitig ist, also einander entsprechende Willenserklärungen der Vertragspartner voraussetzt. Abgrenzungsschwierigkeiten können sich bei mitwirkungsbedürftigen Verwaltungsakten ergeben (Zuck in: Fichte/Plagemann/Waschull, Sozialverwaltungsverfahrensrecht, 2008, § 5 Rn. 4).

Während im allgemeinen Verwaltungsrecht der Gedanke des „kooperierenden Staates" an Bedeutung gewinnt (Schmitz DVBl. 2005, 17), kommt dem öffentlich-rechtlichen Vertrag im Sozialrecht (noch) wenig Bedeutung zu. Erste Schritte eines **subordinationsrechtlichen Vertrags** finden sich bei der Eingliederungsvereinbarung der §§ 2, 15 SGB II, § 35 SGB III. Dem **koordinationsrechtlichen Vertrag** hingegen kommt vor allem im Krankenversicherungsrecht bereits größere Bedeutung zu (vgl. nur § 84 SGB V [Arznei- und Heilmittelvereinbarung], § 88 Abs. 1 SGB V [bundeseinheitliches Leistungsverzeichnis], § 115b SGB V [ambulantes Operieren]). Er betrifft jedoch nicht das adressatenbezogene Handeln der Behörde.

B. Regelungsgehalt

I. Regelung eines Rechtsverhältnisses (§ 53 Abs. 1)

Nach der **Legaldefinition** des öffentlich-rechtlichen Vertrags in Abs. 1 S. 1 kann ein Rechtsverhältnis auf dem Gebiet des öffentlichen Rechts durch Vertrag begründet, geändert oder aufgehoben werden, soweit Rechtsvorschriften nicht entgegenstehen. Als **Rechtsverhältnis** sind die aus einem konkreten Tatbestand entstandenen und durch das materielle Recht inhaltlich bestimmten Rechtsbeziehungen sowohl von juristischen als auch von privaten Personen zu verstehen (BSGE 31, 235 = SozR Nr. 2 zu § 37 AVAVG). Entgegen dem weiteren Wortlaut umfasst die Vorschrift nur solche Rechtsbeziehungen des öffentlichen Rechts, die dem Anwendungsbereich des SGB X unterfallen.

Keine Einschränkungen macht das Gesetz hinsichtlich der Zulässigkeit eines Vertrags im **Gleichordnungsverhältnis** (koordinationsrechtlicher Vertrag) und eines solchen im **Über-/Unterordnungsverhältnis** (subordinationsrechtlicher Vertrag). Regelmäßig ist Voraussetzung allein, dass Fragen des öffentlichen Rechts geregelt werden. Denkbar ist jedoch auch, dass in einem **gemischten Vertrag** Fragen sowohl des öffentlichen Rechts als auch des Privatrechts nebeneinander geregelt werden. Für ihre Zuordnung kommt es dann darauf an, ob die Regelungen in ihrem Schwerpunkt öffentlich-rechtlich oder privatrechtlich ausgestaltet sind und welcher Teil hiervon dem Vertrag das entscheidende Gepräge gibt (vgl. BVerwGE 42, 331 = Buchholz 406.11 § 1 BBauG Nr. 7 zum sog. Folgekostenvertrag). Dies wird indes regelmäßig das öffentliche Recht sein, weil die strengeren Vorschriften des öffentlich-rechtlichen Vertragsrechts die Vertragsfreiheit des Privatrechts überlagern (Engelmann in: v. Wulffen, SGB X, § 53 Rn. 9 m. w. N.).

Voraussetzung für die Annahme eines öffentlich-rechtlichen Vertrags ist jedenfalls, dass ein **öffentlich-rechtlicher Verwaltungsträger** an ihm beteiligt ist (BSGE 50, 203 = SozR 2200 § 1241 Nr. 16 m. w. N.). Soweit Privatpersonen untereinander Regelungen treffen, die ausschließlich öffentlich-rechtliche Fragen betreffen, kann dies keinen öffentlich-rechtlichen Vertrag iSd. § 53 begründen. Nicht gefolgt werden kann daher der Auffassung des 4. Senats – und neuerdings des 2. Senats – des BSG, wonach es sich bei zwischen Bürgern geschlossenen Verträgen, die unmittelbar eine öffentlich-rechtliche Verpflichtung oder Berechtigung zum Gegenstand haben, jedenfalls dann – zulässige – öffentlich-rechtliche Verträge iSd. § 53 handelt, wenn sie, wie das für die **Abtretung einer laufenden Sozialleistung** bzw. Übertragung eines Anspruchs auf diese Leistung in § 53 Abs. 3 SGB I der Fall ist, spezialgesetzlich zugelassen sind (BSGE 70, 37 = SozR 3–1200 § 53 Nr. 2; BSG SozR 4–1200 § 53 Nr. 3 Rn. 22). Zwar verändert die Abtretung eines Rentenanspruchs seine Eigenschaft als ein dem öffentlichen Recht zugehöriger Anspruch nicht (BSGE 13, 94 = SozR Nr. 1 zu § 290 LAG; BSGE 18, 76 = SozR Nr. 2 zu § 119 RVO; BSGE 61, 274 = SozR 1200 § 53 Nr. 7) und es wird auch nach der Abtretung um öffentliches Recht gestritten; dennoch ist das Rechtsverhältnis – der unter Bürgern geschlossene Vertrag – nicht ebenfalls öffentlich-rechtlicher Natur.

Dem öffentlich-rechtlichen Vertrag kommt eine **Doppelnatur** zu: Er ist auf der einen Seite Grundlage **materiell-rechtlicher** Regelungen, gerichtet auf die Begründung, Änderung oder Aufhebung eines Rechtsverhältnisses; auf der anderen Seite stellt er **verfahrensrechtlich** eine Form von Verwaltungshandeln dar, für nach § 61 S. 1 die Vorschriften des SGB X gelten, soweit sich aus den §§ 53ff. nicht anderes ergibt. Der Vertrag kommt zu Stande durch übereinstimmende Willenserklärungen (Einigung), wobei beide Beteiligten einen entsprechenden vertraglichen Bindungswillen haben müssen.

Die Regelung durch öffentlich-rechtlichen Vertrag ist nur zulässig, **soweit Rechtsvorschriften nicht entgegenstehen**, § 53 Abs. 1 S. 1 Hs. 2. Entgegenstehende Rechtsvorschriften, die den Abschluss eines öffentlich-rechtlichen Vertrags verbieten, können sowohl in förmlichen **Gesetzen** als auch in **Rechtsverordnungen** oder Satzungsbestimmungen (zB eines Versicherungsträgers oder einer Selbstverwaltungskörperschaft) enthalten sein. Allerdings können Satzungsbestimmungen den Ab-

8 Die Behörde hat grundsätzlich nach pflichtgemäßem **Ermessen** zu entscheiden, ob sie einen öffentlich-rechtlichen Vertrag schließen will. Zweifelhaft erscheint deshalb, ob ein Träger vertragliche Dispositionen über die Erbringung von Heilbehandlungen gegenüber dem Versicherten treffen kann, auf die er einen Rechtsanspruch hat (§ 38 SGB I, § 26 Abs. 1 S. 1 SGB VII) und deren Erbringung dem Grunde nach nicht im Ermessen des Trägers steht (vgl. hierzu: BSG SozR 4–1300 § 88 Nr. 2 Rn. 23). Besteht Ermessen, kann die Behörde einerseits nicht grundsätzlich einen Vertragsschluss ablehnen. Andererseits besteht ein **Anspruch** auf Abschluss eines Vertrags nur in Fällen, in denen Leistungserbringer erst nach Maßgabe eines Versorgungsvertrags zur Leistungserbringung zugelassen werden, wie dies zB bei Krankenhäusern (§ 109 SGB V) oder ambulanten wie stationären Pflegeeinrichtungen (§ 72 SGB XI) der Fall ist, sofern die normierten materiell-rechtlichen Voraussetzungen erfüllt sind (BSGE 51, 126 = SozR 2200 § 371 Nr. 4; BSGE 59, 112 = SozR 1300 § 48 Nr. 19; BSGE 78, 233 = SozR 3–2500 § 109 Nr. 1). Nach der Rechtsprechung des BSG handelt es sich bei der **Ablehnung eines Vertragsschlusses** um einen Verwaltungsakt; dem ist die Gesetzgebung gefolgt (BT-Drs. 12/5262 S. 137). In diesen Fällen ist die kombinierte Anfechtungs- und Leistungsklage der zutreffende Rechtsbehelf; ansonsten ist die Eingehung eines öffentlich-rechtlichen Vertrags mit der Leistungsklage zu verfolgen.

9 Grundsätzlich zulässig sind auch Verträge, die unmittelbare Rechtswirkungen gegenüber den durch ihre abstrakt-generellen Regelungen betroffenen Dritten und damit gegenüber anderen als den Vertragspartnern entfalten (sog. **Normsetzungsverträge**). Soweit die kassenärztlichen Vereinigungen und Krankenkassen von der ihnen gemeinsam erteilten Ermächtigung Gebrauch machen, die kassenärztliche Versorgung im Rahmen der gesetzlichen Vorschriften und der Richtlinien der Bundesausschüsse durch Verträge (**Gesamtverträge**) zu regeln (vgl. BSG SozR 4–2500 § 83 Nr. 5), schaffen sie für die ihrer Rechtsetzungsmacht Unterworfenen verbindliches Recht (zur Vertragskompetenz und zur Frage, inwieweit Verträge mit Leistungserbringern nur im Rahmen der Versorgungsverträge geschlossen werden dürfen, vgl. BSGE 106, 29 = SozR 4–2500 § 126 Nr. 2; zur Befugnis ausländischer Versandhandelsapotheken, mit den deutschen Krankenkassen **Einzelverträge** nach § 53 über die Abgabe von Arzneimitteln an Versicherte als Sachleistung abschließen, vgl. BSGE 101, 161 = SozR 4–2500 § 130a Nr. 3 und Anm. Walter jurisPR-MedizinR 10/2010 Anm. 5 und Anm. Padé jurisPR-SozR 7/2009 Anm. 2). Das gleiche gilt für die als allgemeiner Inhalt der Gesamtverträge vereinbarten Bundesmantelverträge; Normadressaten können insoweit auch die Kassenärztlichen Vereinigungen sein (BSGE 29, 254 = SozR Nr. 6 zu § 368g RVO; BSGE 38, 201 = SozR 5548 § 3 Nr. 1; BSGE 70, 240 = SozR 3–5533 Allg Nr. 1). Die Sofortprogramm-Richtlinien haben als Bestandteil einer **Verwaltungsvereinbarung** zwischen der Bundesregierung und der BA normativen Charakter im Rahmen eines öffentlich-rechtlichen **Vertrags zugunsten Dritter** (BSG SozR 4–4300 § 368 Nr. 2; Anschluss an BSG SozR 4–4300 § 22 Nr. 1). Problematisch ist allerdings die Erstreckung von Inhalten auf Dritte, die nicht Mitglieder einer der Vertragsparteien sind (vgl. insoweit BSGE 81, 54 = SozR 3–2500 § 135 Nr. 4), weil es insoweit an der verfassungsrechtlich erforderlichen demokratischen Legitimation fehlt, so dass es sich – etwa im Falle der Beschränkung von Leistungsansprüchen der Versicherten – um einen rechtlich unzulässigen Vertrag zu Lasten Dritter handelt (Diering in: LPK-SGB X, § 53 Rn. 15).

II. Vertrag über Sozialleistungen (§ 53 Abs. 2)

10 Nach Abs. 2 der Vorschrift kann ein öffentlich-rechtlicher Vertrag über Sozialleistungen und nur geschlossen werden, soweit die Erbringung der Leistungen im **Ermessen** des Leistungsträgers steht. Damit wird ein Vertrag über im SGB vorgesehene Dienst-, Sach- und Geldleistungen (§ 11 SGB I) ausgeschlossen, was dem Schutz des Bürgers dienen soll (BT-Drs. 8/2034 S. 36). Ob mit einer Eingliederungsvereinbarung „Sozialhilfe" durch Vertrag gewährt werden kann, wird daher ebenso kritisch gesehen (vgl. Kretschmer, DÖV 2006, 893) wie die Tatsache, dass der Staat seine Bürger bevormunden könnte (Lang, NZS 2006, 176). Denn auf der einen Seite werden Eingliederungsleistungen im Ermessenswege vertraglich vereinbart; auf der anderen Seite sieht § 31 Abs. 1 SGB II aber bei Verweigerung des Vertragsschlusses eine Absenkung der Alg II-Leistungen vor. Damit ist faktisch ein vertraglicher Spielraum für den Abschluss einer solchen Vereinbarung beim Bürger nicht vorhanden.

III. Der Vergleichsvertrag (§ 54)

11 § 54 eröffnet die Möglichkeit, einen öffentlich-rechtlichen Vertrag iSd. § 53 Abs. 1 S. 2 zu schließen, durch die in eine bestehende **Ungewissheit** durch gegenseitiges Nachgeben **beseitigt** wird

(Vergleich), wenn die Behörde den Abschluss des Vergleichs zur Beseitigung der Ungewissheit nach pflichtgemäßem Ermessen für zweckmäßig hält. § 53 Abs. 2 ist dann nicht anwendbar. Die Ungewissheit kann sowohl hinsichtlich des **Sachverhalts** als auch der **Rechtslage** vorliegen. Tatsächliche Zweifel bestehen etwa dann, wenn eine für den Sachverhalt erhebliche Tatsache nicht festgestellt ist; eine die Rechtslage betreffende Unsicherheit ist anzunehmen, wenn aus einem festgestellten Sachverhalt folgende rechtliche Beurteilungen ungewiss sind (BVerwGE 84, 157 = Buchholz 316 § 55 VwVfG Nr. 2). Davon ist auszugehen, wenn beispielsweise höchstrichterliche Rechtsprechung fehlt oder voneinander abweichende Urteile vorliegen oder aber unterschiedliche Meinungen in Rechtsprechung und Literatur vertreten werden.

Zweck des Vergleichs ist die Beseitigung der bestehenden Ungewissheit durch **gegenseitiges Nachgeben**, damit das Verwaltungsverfahren zu einem Abschluss gebracht werden kann. Gegenseitiges Nachgeben liegt nur dann vor, wenn alle Vertragsparteien von ihrer ursprünglichen Position abrücken (Engelmann in: v. Wulffen, SGB X, § 54 Rn. 8); ein Nachgeben zu gleichen Teilen ist nicht erforderlich. Gibt allerdings nur eine Vertragspartei nach, handelt es sich nicht mehr um einen Vergleich, sondern allenfalls um ein Anerkenntnis. Eine Vereinbarung, durch die die Ungewissheit nicht – zumindest zum Teil – beseitigt, aber das Verfahren abgeschlossen wird, ist mit § 54 Abs. 1 nicht vereinbar. Bei einer Beseitigung der Ungewissheit nur in Teilen des Verfahrensgegenstands liegt ein **Teilvergleich** vor; hinsichtlich des restlichen Teils wird das Verfahren nach den allgemeinen Vorschriften fortgeführt. 12

IV. Schriftform (§ 56)

Nach § 56 bedarf der öffentlich-rechtliche Vertrag – sofern durch Rechtsvorschrift nichts anderes vorgeschrieben ist – der Schriftform. Die Vorschrift stimmt wörtlich mit § 57 VwVfG überein. Sie bestimmt eine Ausnahme vom Grundsatz der Nichtförmlichkeit des Verwaltungsverfahrens nach § 9. Zweck des Schriftformerfordernisses ist die **Inhaltsklarheit, Abschlussklarheit und -wahrheit**: Den Betroffenen soll besonders bewusst gemacht werden, dass das Stadium reiner Vertragsverhandlungen abgeschlossen ist (Stelkens/Bonk/Sachs, VwVfG, § 57 Rn. 4). Der Schriftform kommt darüber hinaus eine **Warnfunktion** zu; sie soll vor Übereilung schützen. Schließlich kommt ihr **Beweisfunktion** zu, was besonders wichtig ist, weil bei der handelnden Behörde die am Vertragsschluss beteiligten Personen austauschbar sind (vgl. insoweit BT-Drs. 7/910 S. 81). 13

Schriftform bedeutet nach § 61 S. 2 iVm. § 126 Abs. 1 BGB, dass die Vertragsurkunde von den Vertrag schließenden Parteien eigenhändig unterzeichnet sein muss. Eine beglaubigte Unterschrift reicht ebenso wenig wie eine bloße Namenswiedergabe des Behördenleiters, seines Vertreters oder seines Beauftragten (Engelmann in: v. Wulffen, SGB X, § 56 Rn. 6; Krasney in: KassKomm, § 50 SGB X, Rn. 5; Diering in: LPK-SGB X, § 56 Rn. 5; aA: Kopp/Ramsauer, VwVfG, § 57 Rn. 10). Über § 36a ist der Schriftform der **elektronische Vertragsschluss** gleichzustellen. Dies gilt zumindest dann, wenn sich die Beteiligten einer qualifizierten elektronischen Signatur bedienen (vgl. hierzu § 126a Abs. 2 BGB). 14

Fünfter Abschnitt. Rechtsbehelfsverfahren

§ 62 Rechtsbehelfe gegen Verwaltungsakte

Für förmliche Rechtsbehelfe gegen Verwaltungsakte gelten, wenn der Sozialrechtsweg gegeben ist, das Sozialgerichtsgesetz, wenn der Verwaltungsrechtsweg gegeben ist, die Verwaltungsgerichtsordnung und die zu ihrer Ausführung ergangenen Rechtsvorschriften, soweit nicht durch Gesetz etwas anderes bestimmt ist; im Übrigen gelten die Vorschriften dieses Gesetzbuches.

§ 63 Erstattung von Kosten im Vorverfahren

(1) ¹Soweit der Widerspruch erfolgreich ist, hat der Rechtsträger, dessen Behörde den angefochtenen Verwaltungsakt erlassen hat, demjenigen, der Widerspruch erhoben hat, die zur zweckentsprechenden Rechtsverfolgung oder Rechtsverteidigung notwendigen Aufwendungen zu erstatten. ²Dies gilt auch, wenn der Widerspruch nur deshalb keinen Erfolg hat, weil die Verletzung einer Verfahrens- oder Formvorschrift nach § 41 unbeachtlich ist. ³Aufwendungen, die durch das Verschulden eines Erstattungsberechtigten entstanden sind, hat dieser selbst zu tragen; das Verschulden eines Vertreters ist dem Vertretenen zuzurechnen.

(2) Die Gebühren und Auslagen eines Rechtsanwalts oder eines sonstigen Bevollmächtigten im Vorverfahren sind erstattungsfähig, wenn die Zuziehung eines Bevollmächtigten notwendig war.

(3) ¹Die Behörde, die die Kostenentscheidung getroffen hat, setzt auf Antrag den Betrag der zu erstattenden Aufwendungen fest; hat ein Ausschuss oder Beirat die Kostenentscheidung getroffen, obliegt die Kostenfestsetzung der Behörde, bei der der Ausschuss oder Beirat gebildet ist. ²Die Kostenentscheidung bestimmt auch, ob die Zuziehung eines Rechtsanwalts oder eines sonstigen Bevollmächtigten notwendig war.

A. Normzweck

1   § 63, der im Wesentlichen § 80 VwVfG nachgebildet ist, ist die Rechtsgrundlage für die Erstattung von **Kosten** im Vorverfahren, also derjenigen Kosten, die **durch die Einlegung eines Widerspruchs** gegen einen Verwaltungsakt der Behörde entstanden sind. Nicht erstattungsfähig sind hingegen Kosten des Verwaltungsverfahrens vor Einlegung des Widerspruchs, auch wenn dieses die Rücknahme eines Verwaltungsakts (Neufeststellungsverfahren) betrifft (BSGE 55, 92 = SozR 1300 § 63 Nr. 1). Allenfalls kann in Betracht kommen, den Gebührenrahmen bei anwaltlicher Vertretung auch im Antragsverfahren über einen Mittelwert hinaus auszuschöpfen. Bei erfolglosem Widerspruch kommt eine Gebührenerstattung nicht in Betracht; die zunächst im Regierungsentwurf (BT-Drs. 8/2034 S. 18) enthaltene Fassung einer Erstattungspflicht von Vorverfahrenskosten „bis zur Höhe der erstattungsfähigen Kosten im ersten Rechtszug" ist zur Vermeidung überhöhter Anwaltskosten gestrichen worden (BT-Drs. 8/4022 S. 36, 83).

2   Ein Kostenerstattungsanspruch scheidet auch dann aus, wenn sich ein Betroffener nur gegen eine **bloße Verfahrenshandlung** der Behörde richtet, die nicht Verwaltungsaktsqualität hat, so dass eine Anfechtbarkeit in einem Vorverfahren nicht gegeben ist. Anwendung findet hingegen § 63 auf Verfahren vor dem Beschwerdeausschuss in der vertrags(zahn)ärztlichen **Wirtschaftlichkeitsprüfung;** denn bei dieser handelt es sich um ein Teilgebiet der gesetzlichen Krankenversicherung (BSG SozR 1300 § 63 Nr. 12). Durch eine Vereinbarung nach § 368n Abs. 5 S. 3 RVO konnte die Erstattung von Aufwendungen des Arztes, die zur zweckentsprechenden Rechtsverfolgung oder Rechtsverteidigung notwendig sind, für das Verfahren vor dem Beschwerdeausschuss ausgeschlossen werden (BSGE 59, 211 = SozR 2200 § 368n Nr. 40). Mit dem Inkrafttreten des § 106 SGB V zum 1. 1. 1989 ist diese Befugnis jedoch entfallen (BSG SozR 3-1300 § 63 Nr. 4 und 10).

B. Regelungsgehalt

I. Erstattungspflicht bei erfolgreichem Widerspruch (Abs. 1)

3   Eine Erstattungspflicht besteht, soweit der Widerspruch erfolgreich ist. Damit stellt das Gesetz auf das **isolierte Vorverfahren** ab, das nach (erfolgreichem) Widerspruch seinen Abschluss findet. Folgt dem Widerspruchsverfahren ein gerichtliches Verfahren nach, so hat das Gericht über die Erstattung der Kosten des Vorverfahrens zu entscheiden, soweit darüber nicht schon durch unanfechtbaren Verwaltungsakt entschieden worden ist (BSGE SozR 1500 § 193 Nr. 3). Wird in einem Vergleichsvertrag eine Regelung über die Kostenerstattung nicht getroffen, findet § 63 keine Anwendung mehr (Wolber, SozVers 1981, 168). Die Aufwendungen für die Vertretung durch einen Rechtsanwalt bei der **Anhörung** im Verwaltungsverfahren (§ 24) sind nicht zu erstatten (BSGE 55, 92 = SozR 1300 § 63 Nr. 1; BSG SozR 3-1300 § 63 Nr. 1). § 63 ist weder durch eine Rechtsfortbildung noch durch eine verfassungskonforme Auslegung nach dem allgemeinen Gleichheitssatz auf das Anhörungsverfahren anwendbar. Auch eine entsprechende Anwendung auf diese Fallgruppe scheidet aus.

4   § 63 regelt sowohl die **materiellen Voraussetzungen** des Kostenerstattungsanspruchs (Abs. 1 und 2) als auch das **Verfahren** für die von Amts wegen zu treffende Kostengrundentscheidung und die – auf Antrag – zu treffende Entscheidung zur Kostenhöhe. Ein Anspruch auf Kostenerstattung besteht nur, „soweit der Widerspruch erfolgreich ist". Ist der Widerspruch in vollem Umfang erfolgreich, findet also – dem Grunde nach – auch volle Kostenerstattung statt. Hat der Widerspruch nur teilweise Erfolg, ist insoweit eine Quotelung vorzunehmen. Dabei bleibt jedoch außer Betracht, ob und in welchem Umfang einzelne Aufwendungen für den Erfolg des Widerspruchsbescheids ursächlich waren (Krasney in: KassKomm, § 63 SGB X, Rn. 7). Ebenso ist unerheblich, ob die Widerspruchsbegründung kausal für den Widerspruchserfolg war. Gegebenenfalls sind Ermittlungen anzustellen, wenn unklar ist, in welchem Umfang eine Verwaltungsentscheidung angefochten werden soll. Ein Widerspruch ist nicht „erfolgreich" iSv. § 63 Abs. 1 S. 1, wenn die „abhelfende" Entscheidung des Rechtsträgers nicht dem Widerspruch, sondern einem anderen Umstand (zB: nachträgliche Erfüllung von Mitwirkungspflichten) zuzurechnen ist (BSG SozR 3-1300 § 63 Nr. 3). Leidet der ursprüngliche Verwaltungsakt unter einem Verfahrens- oder Formfehler iSv. § 41, ohne nichtig zu sein (§ 40), und wird dieser Fehler nachträglich geheilt, kann ausnahmsweise auch bei nunmehr erfolglosem Widerspruch eine Kostenerstattung in Betracht kommen (vgl. Diering in: LPK-SGB X, § 63 Rn. 10 m. w. N.; zur unterlassenen Anhörung vgl. LSG Baden-Württemberg NZS 2002, 277).

II. Die zur zweckentsprechenden Rechtsverfolgung notwendigen Aufwendungen

Zur **zweckentsprechenden Rechtsverfolgung** notwendige Aufwendungen sind solche, die ein 5 verständiger Beteiligter im Hinblick auf die Bedeutung sowie rechtliche und sachliche Schwierigkeit der Sache vernünftigerweise für erforderlich halten durfte. Dabei kommt es auf die individuellen Verhältnisse, auch die Fähigkeiten und Möglichkeiten des Betroffenen, an (Roos in: v. Wulffen, SGB X, § 63 Rn. 13 m. w. N.). Ist im sozialrechtlichen Verwaltungsverfahren der Widerspruch zum Teil erfolgreich gewesen, kann daraus allerdings eine für die Erstattung der Gebühren und Auslagen eines Rechtsanwalts gemäß § 63 Abs. 2 erforderliche **Notwendigkeit der Zuziehung des Bevollmächtigten** nicht abgeleitet werden (SG Duisburg AnwBl 1992, 452). Die Definition der notwendigen Aufwendungen entspricht der in § 91 Abs. 1 ZPO, § 193 Abs. 2 SGG, § 162 Abs. 1 VwGO. Erstattungsfähig sind die tatsächlich entstandenen Auslagen; hierzu zählen Kosten, die für die Vorbereitung und Durchführung des Vorverfahrens entstanden sind (zB Postgebühren, Fotokopien, Übersetzungen, beschaffte Urkunden, u. ä.).

Zu den **notwendigen Aufwendungen** zählen auch Fahrtkosten zu einer mündlichen Erörterung 6 mit den Bediensteten der Behörde oder zur Sitzung der Widerspruchstelle sowie der hierdurch etwa entstandene Verdienstausfall (Diering in LPK-SGB X, § 63 Rn. 12). Allerdings besteht eine Verpflichtung, die Kosten so gering wie möglich zu halten (Stelkens/Bonk/Sachs, VwVfG, § 80 Rn. 60). Nicht erstattungsfähig ist der Verlust an eigener Zeit sowie aufgewendeter eigener Mühe insbesondere bei der Fertigung der Widerspruchsbegründung (Krasney in: KassKomm, § 63 Rn. 15). Eine Erstattung von **Kosten für** ärztliche **Gutachten** oder Rechtsgutachten scheidet regelmäßig aus, weil wegen des Amtsermittlungsgrundsatzes grundsätzlich substantiierter Vortrag ausreicht, um die Behörde zu eigenen weiteren Ermittlungen zu veranlassen. Zumindest muss der Widerspruchsführer die Behörde zuvor hinreichend zu weiteren Ermittlung angehalten haben (vgl. Krasney in: Krasney/Udsching, Handbuch des sozialgerichtlichen Verfahrens, Kap. XII Rn. 78).

Die Kosten müssten im **Vorverfahren** entstanden sein. Dementsprechend sind von vornherein 7 nicht solche Aufwendungen zu erstatten, die der spätere Widerspruchsführer bereits im Ausgangsverfahren veranlasst hat (vgl. VGH Baden-Württemberg, NVwZ-RR 1992, 53; LSG Niedersachsen AGS 2002, 205). Ihre Erstattung ist ausgeschlossen, wenn sie durch das Verschulden des Widerspruchsführer oder seines Bevollmächtigten entstanden sind, § 63 Abs. 1 S. 3. Hat zB der Widerspruchsführer durch eine fehlende Mitwirkungshandlung der Behörde keine andere Entscheidungsmöglichkeiten gelassen und holt er die Mitwirkung erst im Widerspruchsverfahren nach, sind die ihm hierdurch entstandenen **Kosten verschuldet,** so dass eine Erstattung ausscheidet (BSGE 62, 214 = SozR 1300 § 21 Nr. 3). Maßstab für die Annahme von Verschulden ist die erforderliche und zumutbare Sorgfalt, die der Widerspruchsführer beachten muss (vgl. § 27 Abs. 1).

Die Kostenerstattungspflicht des § 63 soll die Verwaltung dazu bringen, mit Hilfe einer **ausrei-** 8 **chenden Aufklärungstätigkeit,** wozu eine gezielte fachliche Beratung des Antragstellers gehört, schon im ursprünglichen Verwaltungsverfahren eine zutreffende Entscheidung herbeizuführen (BSG HV-Info 1988, 1449). Die **Kostenlast** trifft die Verwaltung im Erfolgsfall **zwingend,** nicht kraft einer Ermessensentscheidung wie nach § 193 SGG.

III. Die Notwendigkeit der Hinzuziehung eines Bevollmächtigten (Abs. 2)

Die Erstattungsfähigkeit bezieht sich nach Abs. 2 nicht nur auf Rechtsanwälte, sondern auch auf 9 sonstige Bevollmächtigte iSd. § 13. Jeder, der im Widerspruchsverfahren für den Antragsteller tätig wird, ist „Bevollmächtigter". In welchen Fällen eine solche Hinzuziehung notwendig ist, bestimmt sich nach den Umständen des Einzelfalls. Dabei dürfen im Interesse eines **wirksamen Rechtsschutzes** nicht zu hohe Anforderungen gestellt werden. Diese Frage ist nicht nach den Maßstäben eines rechtskundigen und sachkundigen Sachbearbeiters zu beurteilen, sondern mit den Augen eines **verständigen Laien** zu betrachten (Hessisches LSG 12. 12. 1985 – L 5 Vsb 329/85, L 5 Vsb 459/85 – Juris). Ihre Beantwortung ist von dem Schwierigkeitsgrad des Rechtsfalls und der persönlichen Sachkunde und Rechtskunde des Widerspruchsführers abhängig (OVG NRW DÖV 1974, 106). Die Zuziehung eines Rechtsanwalts in Verfahren der Wirtschaftlichkeitsprüfung ist notwendig, wenn in der Widerspruchsbegründung nicht allein medizinische Aspekte der Behandlungsweise, sondern **schwierige Sachfragen und/oder Rechtsfragen** erörtert werden (BSG SozR 4–1300 § 63 Nr. 4 – Fortführung von BSG SozR 1300 § 63 Nr. 12). Es reicht auch aus, wenn der Betroffene bei einfacheren Fällen ohne Bevollmächtigten hilflos wäre (SG Berlin KOV-Mitt BE 1982, 25).

Die Notwendigkeit wird die Regel sein, weil der Bürger nur in **Ausnahmefällen** in der Lage sein 10 wird, seine Rechte gegenüber der Verwaltung ausreichend zu wahren (Kopp/Ramsauer, VwVfG, § 80 Rn. 45 m. w. N.; Roos in: v. Wulffen, SGB X, § 63 Rn. 26 m. w. N.; vgl. auch Krasney in: KassKomm, § 63 Rn. 17). Werden mehrere Bevollmächtigte beauftragt, können grundsätzlich nur einem davon die Kosten ersetzt werden (Thelen, DAngVers 1981, 22, 25). Die Notwendigkeit der Zuziehung mehrerer – auch auswärtiger – Rechtsanwälte kann nur dann als notwendig anerkannt werden, wenn sich dies aus den besonderen Umständen des Einzelfalls ergibt, insbesondere wenn Spezialkenntnisse erforderlich sind.

11 Die **Höhe** der erstattungsfähigen Gebühren und Auslagen eines Rechtsanwalts ergibt sich für Widerspruchsverfahren, mit deren Durchführung der Anwalt vor dem 1. 7. 2004 beauftragt wurde, aus der BRAGO; erfolgte die Beauftragung danach, ergeben sich die Gebühren und Auslagen aus den Vorschriften des Rechtsanwaltsvergütungsgesetzes (RVG) iVm. den einschlägigen Tatbeständen des Vergütungsverzeichnisses (VV). Das RVG hat das **Gebührenrecht der Rechtsanwalte** mit dem Ziel grundlegend überarbeitet, eine außergerichtliche Erledigung sowie die Vereinfachung, Transparenz und Angleichung an den Aufbau der übrigen Kostengesetze herbeizuführen. § 14 RVG sieht – wie früher die BRAGO – Betragsrahmengebühren vor, die in das VV eingestellt worden sind (BT-Drs. 15/1971 S. 187). Dies gilt auch für Tätigkeiten außerhalb eines gerichtlichen Verfahrens, § 3 Abs. 2 RVG. Das **Haftungsrisiko** des Rechtsanwalts rechtfertigt im Verfahren mit Betragsrahmengebühr keine eigene Gebühr, sondern ist lediglich eines von mehreren Kriterien für deren Bemessung (BSG SozR 4–1935 § 14 Nr. 1). Antrags- und Widerspruchsverfahren bilden nunmehr verschiedene Angelegenheiten, § 17 Nr. 1 RVG (vgl. hierzu Straßfeld SGb 2005, 154). Die Aufwendungen für die Vertretung durch einen Rechtsanwalt bei erfolgreichem Widerspruch sind nur in Höhe der **reduzierten Geschäftsgebühr** zu erstatten, wenn dieser bereits im vorausgegangenen Verwaltungsverfahren tätig war (BSGE 106, 21 = SozR 4–1300 § 63 Nr. 12). Die für die Bestimmung der Rahmengebühr maßgeblichen Kriterien des § 12 BRAGO sind übernommen worden; auszugehen ist von einer **Mittelgebühr**. War der anwaltliche Tätigkeit nicht „umfangreich oder schwierig" iSd. Zusatzes vor VV Nr. 2500, ist statt der Regelmittelgebühr (280 Euro) die **Schwellengebühr** von 240 Euro als „billig" iSd. § 14 Abs. 1 S. 1 RVG anzusetzen (LSG Rheinland-Pfalz Breith 2006, 781). Die Schwellengebühr hat die Mittelgebühr nicht ersetzt. Die Einführung der Schwellengebühr hat aber zur Folge, dass die in einem ersten Schritt ausgehend von der Mittelgebühr bestimmte Gebühr in einem zweiten Schritt in Höhe des Schwellenwertes gekappt wird, wenn weder der Umfang noch die Schwierigkeit der anwaltlichen Tätigkeit mehr als durchschnittlich sind (BSGE 104, 30 = SozR 4–1935 § 14 Nr. 2; BSG SGb 2010, 418).

12 Neben die **Geschäftsgebühr** kann eine **Einigungs- oder Erledigungsgebühr** treten; hierbei handelt es sich um eine Nachfolgeregelung zu § 116 Abs. 4 BRAGO. Die Erledigungsgebühr kann aber nur beansprucht werden, wenn der Rechtsanwalt eine über die Einlegung und Begründung des Widerspruchs hinausgehende Tätigkeit entfaltet hat (BSG SozR 4–1300 § 63 Nr. 8; BSG SGb 2007, 291; BSG JurBüro 2009, 481). Wird etwa ein Widerspruchsführer von seinem Rechtsanwalt dazu veranlasst, sich einen ärztlichen Befundbericht erstellen zu lassen, und führt dessen Vorlage zum Erfolg, so fällt eine Erledigungsgebühr an, die nach Maßgabe des § 63 zu erstatten ist (BSG SozR 4–1935 VV Nr 1002 Nr. 1). Im Übrigen hat der Rechtsanwalt bei der Begründung des Widerspruchs den **Mitwirkungsobliegenheiten** seines Mandanten Rechnung zu tragen und daher in der Regel alle ihm bekannten Tatsachen und Beweismittel anzugeben (§ 21 Abs. 2 S. 2; § 60 Abs. 1 S. 1 Nr 1 und 3 SGB I). Zwar sind nach § 60 Abs. 1 S. 1 Nr. 3 SGB I (ua präsente) Beweismittel nur auf Verlangen vorzulegen. Von einem gewissenhaft, sorgfältig und gründlich das Vorverfahren betreibenden Rechtsanwalt kann jedoch erwartet werden, dass er **präsente Beweismittel** nicht nur bezeichnet, sondern auch (unaufgefordert) vorlegt, wenn diese ohne größeren Aufwand nur vervielfältigt werden müssen. Gebührenrechtlich wird diese anwaltliche Tätigkeit bereits mit der Geschäftsgebühr in sozialrechtlichen Angelegenheiten nach Nr. 2500 VV RVG sowie mit der Auslagenpauschale nach Nr. 7002 VV RVG abgegolten (BSG 2. 10. 2008 – B 9/9a SB 3/07 R – Juris Rn. 17). Bestimmen sich die Gebühren entsprechend der bisherigen Regelung in § 116 Abs. 2 BRAGO nach dem **Gegenstandswert** (§§ 2, 13 RVG), gelten für das Vorverfahren die Nr. 2400, 2401 VV mit einer Geschäftsgebühr anstelle der bisherigen Gebühren des § 118 BRAGO (zu Einzelheiten vgl. Roos in: v. Wulffen, SGB X, Anhang zu § 63 Rn. 44; Diering in LPK-SGB X, § 63 Rn. 23 a bis 33 b).

13 Weder im Klage- noch im Berufungs- noch im Revisionsverfahren gilt, dass die **Fortführung des Verfahrens** nach Aufhebung eines Ruhensbeschlusses kostenmäßig als neues bzw. als Rechtsmittelverfahren in der höheren Instanz anzusehen wäre (BSG 21. 8. 2008 – B 12 KR 33/07 B). Nach § 14 Abs. 2 S. 1 Halbs. 1 RVG hat das Gericht im Rechtsstreit ein **Gutachten** des Vorstands der Rechtsanwaltskammer einzuholen, soweit die Höhe der Gebühr streitig ist. § 14 Abs. 2 RVG ist aber nur im Rechtsstreit zwischen Mandant und Rechtsanwalt anwendbar, nicht hingegen im Prozess zwischen dem Gebührenschuldner und dem Erstattungspflichtigen (vgl. BSG 18. 1. 1990 – 4 RA 40/89; BSG SozR 4–1935 § 14 Nr. 1 Rn. 17, 18; SGb 2010, 351).

IV. Die Kostenentscheidung (Abs. 3)

14 § 63 Abs. 3 S. 1 differenziert zwischen der eigentlichen Kostenentscheidung (**Kostengrundentscheidung**) und der Kostenfestsetzung. Die Kostengrundentscheidung ergeht in der Form eines Verwaltungsakts; sie regelt dem Grunde nach, ob dem Widerspruchsführer Aufwendungen ganz oder teilweise zu erstatten sind. Ist der Widerspruchsführer durch einen Bevollmächtigten vertreten, so hat die Grundentscheidung darüber hinaus zu regeln, ob die Zuziehung eines Bevollmächtigten notwen-

dig war. Die Kostenentscheidung ist **von Amts wegen** zu treffen; enthält der Widerspruchsbescheid keine Kostenentscheidung, ist er insofern formell fehlerhaft. Die Kostengrundentscheidung ist dann nachzuholen; entstehen dem Widerspruchsführer für dieses Begehren weitere (Rechtsverfolgungs-) Kosten, hat die Behörde auch diese zu ersetzen.

Mit der **Kostenfestsetzung** entscheidet die Behörde darüber, in welcher Höhe ggf. Aufwendungen zu erstatten sind. Diese Entscheidung erfolgt nicht von Amts wegen, sondern nur **auf Antrag**. Da sowohl die Kostenentscheidung als auch die Kostenfestsetzung in der Rechtsform eines Verwaltungsakts erfolgen, sind beide Entscheidungen anfechtbar. Erfolgt die Kostenentscheidung mit dem Widerspruchsbescheid, kann sie dennoch gesondert mit der Klage angefochten werden (zwei Regelungen in einem Bescheid). Erfolgt die Kostenentscheidung in einem Abhilfebescheid, ist sie mit dem Widerspruch anfechtbar. Wird gegen die Kostenentscheidung in einem isolierten Verfahren Klage erhoben, ist die Berufung nicht nach § 144 Abs. 4 SGG ausgeschlossen (BSG SozR 3–1500 § 144 Nr. 13). 15

Grundsätzlich setzt ein **Kostenfestsetzungsbeschluss** voraus, dass zuvor (oder zeitgleich) eine Kosten(grund)entscheidung getroffen wurde (vgl BSG SozR 3–1300 § 63 Nr. 12 und BVerwG Buchholz 316 § 80 VwVfG Nr. 33). Für das Gerichtsverfahren ist jedoch eine Kostenentscheidung ausnahmsweise entbehrlich ist, wenn ein Kostenanerkenntnis vorliegt (zB BSG SozR 3–1500 § 193 Nr. 4; SozR 4–1300 § 63 Nr. 9). 16

Der Erstattungsanspruch für die Aufwendungen im Vorverfahren ist nicht zu verzinsen. Die **Verjährung** des Kostenanspruchs tritt entsprechend § 45 SGB I nach Ablauf von vier Jahren ein, weil der Kostenerstattungsanspruch einen Anspruch auf eine Sozialleistung jedenfalls beinhaltet, über welchen im Vorverfahren gestritten wurde; damit ist er verjährungsrechtlich als Annex zum Sozialleistungsanspruch zu sehen (Diering in LPK-SGB X, § 63 Rn. 39 bis 41). 17

Sechster Abschnitt. Kosten, Zustellung und Vollstreckung

§ 64 Kostenfreiheit

(1) **Für das Verfahren bei den Behörden nach diesem Gesetzbuch werden keine Gebühren und Auslagen erhoben.**

(2) ¹Geschäfte und Verhandlungen, die aus Anlass der Beantragung, Erbringung oder der Erstattung einer Sozialleistung nötig werden, sind kostenfrei. ²Dies gilt auch für die in der Kostenordnung bestimmten Gerichtskosten. ³Von Beurkundungs- und Beglaubigungskosten sind befreit Urkunden, die

1. in der Sozialversicherung bei den Versicherungsträgern und Versicherungsbehörden erforderlich werden, um die Rechtsverhältnisse zwischen den Versicherungsträgern einerseits und den Arbeitgebern, Versicherten oder ihren Hinterbliebenen andererseits abzuwickeln,
2. Im Sozialhilferecht, im Recht der Grundsicherung für Arbeitsuchende, im Recht der Grundsicherung im Alter und bei Erwerbsminderung, im Kinder- und Jugendhilferecht sowie im Recht der Kriegsopferfürsorge aus Anlass der Beantragung, Erbringung oder Erstattung einer nach dem Zwölften Buch, dem Zweiten und dem Achten Buch oder dem Bundesversorgungsgesetz vorgesehenen Leistung benötigt werden,
3. im Schwerbehindertenrecht von der zuständigen Stelle im Zusammenhang mit der Verwendung der Ausgleichsabgabe für erforderlich gehalten werden,
4. im Recht der sozialen Entschädigung bei Gesundheitsschäden für erforderlich gehalten werden,
5. im Kindergeldrecht für erforderlich gehalten werden.

(3) ¹Absatz 2 Satz 1 gilt auch für gerichtliche Verfahren, auf die das Gesetz über das Verfahren in Familiensachen und in den Angelegenheiten der freiwilligen Gerichtsbarkeit anzuwenden ist. ²Im Verfahren nach der Zivilprozessordnung, dem Gesetz über das Verfahren in Familiensachen sowie im Verfahren vor Gerichten der Sozial- und Finanzgerichtsbarkeit sind die Träger der Sozialhilfe, der Grundsicherung für Arbeitsuchende, der Leistungen nach dem Asylbewerberleistungsgesetz, der Jugendhilfe und der Kriegsopferfürsorge von den Gerichtskosten befreit; § 197a des Sozialgerichtsgesetzes bleibt unberührt.

§ 65 Zustellung

(1) ¹Soweit Zustellungen durch Behörden des Bundes, der bundesunmittelbaren Körperschaften, Anstalten und Stiftungen des öffentlichen Rechts vorgeschrieben sind, gelten die §§ 2 bis 10 des Verwaltungszustellungsgesetzes. ²§ 5 Abs. 4 des Verwaltungszustel-

lungsgesetzes und § 178 Abs. 1 Nr. 2 der Zivilprozessordnung sind auf die nach § 73 Abs. 6 Satz 3 und 4 des Sozialgerichtsgesetzes als Bevollmächtigte zugelassenen Personen entsprechend anzuwenden. ³Diese Vorschriften gelten auch, soweit Zustellungen durch Verwaltungsbehörden der Kriegsopferversorgung vorgeschrieben sind.

(2) Für die übrigen Behörden gelten die jeweiligen landesrechtlichen Vorschriften über das Zustellungsverfahren.

§ 66 Vollstreckung

(1) ¹Für die Vollstreckung zugunsten der Behörden des Bundes, der bundesunmittelbaren Körperschaften, Anstalten und Stiftungen des öffentlichen Rechts gilt das Verwaltungs-Vollstreckungsgesetz. ²In Angelegenheiten des § 51 des Sozialgerichtsgesetzes ist für die Anordnung der Ersatzzwangshaft das Sozialgericht zuständig. ³Die oberste Verwaltungsbehörde kann bestimmen, dass die Aufsichtsbehörde nach Anhörung der in Satz 1 genannten Behörden für die Vollstreckung fachlich geeignete Bedienstete als Vollstreckungsbeamte und sonstige hierfür fachlich geeignete Bedienstete dieser Behörde als Vollziehungsbeamte bestellen darf; die fachliche Eignung ist durch einen qualifizierten beruflichen Abschluss, die Teilnahme an einem Lehrgang einschließlich berufspraktischer Tätigkeit oder entsprechende mehrjährige Berufserfahrung nachzuweisen. ⁴Die oberste Verwaltungsbehörde kann auch bestimmen, dass die Aufsichtsbehörde nach Anhörung der in Satz 1 genannten Behörden für die Vollstreckung von Ansprüchen auf Gesamtsozialversicherungsbeiträge fachlich geeignete Bedienstete
1. der Verbände der Krankenkassen oder
2. einer bestimmten Krankenkasse

als Vollstreckungsbeamte und sonstige hierfür fachlich geeignete Bedienstete der genannten Verbände und Krankenkassen als Vollziehungsbeamte bestellen darf. ⁵Der nach Satz 4 beauftragte Verband der Krankenkassen ist berechtigt, Verwaltungsakte zur Erfüllung der mit der Vollstreckung verbundenen Aufgabe zu erlassen.

(2) Absatz 1 Satz 1 bis 3 gilt auch für die Vollstreckung durch Verwaltungsbehörden der Kriegsopferversorgung; das Land bestimmt die Vollstreckungsbehörde.

(3) ¹Für die Vollstreckung zugunsten der übrigen Behörden gelten die jeweiligen landesrechtlichen Vorschriften über das Verwaltungsvollstreckungsverfahren. ²Für die landesunmittelbaren Körperschaften, Anstalten und Stiftungen des öffentlichen Rechts gilt Absatz 1 Satz 2 bis 5 entsprechend.

(4) ¹Aus einem Verwaltungsakt kann auch die Zwangsvollstreckung in entsprechender Anwendung der Zivilprozessordnung stattfinden. ²Der Vollstreckungsschuldner soll vor Beginn der Vollstreckung mit einer Zahlungsfrist von einer Woche gemahnt werden. ³Die vollstreckbare Ausfertigung erteilt der Behördenleiter, sein allgemeiner Vertreter oder ein anderer auf Antrag eines Leistungsträgers von der Aufsichtsbehörde ermächtigte Angehöriger des öffentlichen Dienstes. ⁴Bei den Versicherungsträgern und der Bundesagentur für Arbeit tritt in Satz 3 an die Stelle der Aufsichtsbehörden der Vorstand.

Zweites Kapitel. Schutz der Sozialdaten

Erster Abschnitt. Begriffsbestimmungen

§ 67 Begriffsbestimmungen

(1) ¹Sozialdaten sind Einzelangaben über persönliche oder sachliche Verhältnisse einer bestimmten oder bestimmbaren natürlichen Person (Betroffener), die von einer in § 35 des Ersten Buches genannten Stelle im Hinblick auf ihre Aufgaben nach diesem Gesetzbuch erhoben, verarbeitet oder genutzt werden. ² Betriebs- und Geschäftsgeheimnisse sind alle betriebs- oder geschäftsbezogenen Daten, auch von juristischen Personen, die Geheimnischarakter haben.

(2) Aufgaben nach diesem Gesetzbuch sind, soweit dieses Kapitel angewandt wird, auch
1. Aufgaben auf Grund von Verordnungen, deren Ermächtigungsgrundlage sich im Sozialgesetzbuch befindet,
2. Aufgaben auf Grund von über- und zwischenstaatlichem Recht im Bereich der sozialen Sicherheit,
3. Aufgaben auf Grund von Rechtsvorschriften, die das Erste und Zehnte Buch des Sozialgesetzbuches für entsprechend anwendbar erklären, und

4. Aufgaben auf Grund des Arbeitssicherheitsgesetzes und Aufgaben, soweit sie den in § 35 des Ersten Buches genannten Stellen durch Gesetz zugewiesen sind. § 8 Abs. 1 Satz 3 des Arbeitssicherheitsgesetzes bleibt unberührt.

(3) ¹Automatisiert im Sinne dieses Gesetzbuches ist die Erhebung, Verarbeitung oder Nutzung von Sozialdaten, wenn sie unter Einsatz von Datenverarbeitungsanlagen durchgeführt wird (automatisierte Verarbeitung). ²Eine nicht automatisierte Datei ist jede nicht automatisierte Sammlung von Sozialdaten, die gleichartig aufgebaut ist und nach bestimmten Merkmalen zugänglich ist und ausgewertet werden kann.

(4) *(aufgehoben)*

(5) Erheben ist das Beschaffen von Daten über den Betroffenen.

(6) ¹Verarbeiten ist das Speichern, Verändern, Übermitteln, Sperren und Löschen von Sozialdaten. ²Im Einzelnen ist, ungeachtet der dabei angewendeten Verfahren,
1. Speichern das Erfassen, Aufnehmen oder Aufbewahren von Sozialdaten auf einem Datenträger zum Zwecke ihrer weiteren Verarbeitung oder Nutzung,
2. Verändern das inhaltliche Umgestalten gespeicherter Sozialdaten,
3. Übermitteln das Bekanntgeben gespeicherter oder durch Datenverarbeitung gewonnener Sozialdaten an einen Dritten in der Weise, dass
    a) die Daten an den Dritten weitergegeben werden oder
    b) der Dritte zur Einsicht oder zum Abruf bereitgehaltene Daten einsieht oder abruft;
   Übermitteln im Sinne dieses Gesetzbuches ist auch das Bekanntgeben nicht gespeicherter Sozialdaten,
4. Sperren das vollständige oder teilweise Untersagen der weiteren Verarbeitung oder Nutzung von Sozialdaten durch entsprechende Kennzeichnung,
5. Löschen das Unkenntlichmachen gespeicherter Sozialdaten.

(7) Nutzen ist jede Verwendung von Sozialdaten, soweit es sich nicht um Verarbeitung handelt, auch die Weitergabe innerhalb der verantwortlichen Stelle.

(8) Anonymisieren ist das Verändern von Sozialdaten derart, dass die Einzelangaben über persönliche oder sachliche Verhältnisse nicht mehr oder nur mit einem unverhältnismäßig großen Aufwand an Zeit, Kosten und Arbeitskraft einer bestimmten oder bestimmbaren natürlichen Person zugeordnet werden können.

(8 a) Pseudonymisieren ist das Ersetzen des Namens und anderer Identifikationsmerkmale durch ein Kennzeichen zu dem Zweck, die Bestimmung des Betroffenen auszuschließen oder wesentlich zu erschweren.

(9) ¹Verantwortliche Stelle ist jede Person oder Stelle, die Sozialdaten für sich selbst erhebt, verarbeitet oder nutzt oder dies durch andere im Auftrag vornehmen lässt. ²Werden Sozialdaten von einem Leistungsträger im Sinne von § 12 des Ersten Buches erhoben, verarbeitet oder genutzt, ist verantwortliche Stelle der Leistungsträger. ³Ist der Leistungsträger eine Gebietskörperschaft, so sind eine verantwortliche Stelle die Organisationseinheiten, die die Aufgabe nach einem der besonderen Teile dieses Gesetzbuches funktional durchführen.

(10) ¹Empfänger ist jede Person oder Stelle, die Sozialdaten erhält. ²Dritter ist jede Person oder Stelle außerhalb der verantwortlichen Stelle. ³Dritte sind nicht der Betroffene sowie diejenigen Personen und Stellen, die im Inland, in einem anderen Mitgliedstaat der Europäischen Union oder in einem anderen Vertragsstaat des Abkommens über den Europäischen Wirtschaftsraum Sozialdaten im Auftrag erheben, verarbeiten oder nutzen.

(11) Nicht-öffentliche Stellen sind natürliche und juristische Personen, Gesellschaften und andere Personenvereinigungen des privaten Rechts, soweit sie nicht unter § 81 Abs. 3 fallen.

(12) Besondere Arten personenbezogener Daten sind Angaben über die rassische und ethnische Herkunft, politische Meinungen, religiöse oder philosophische Überzeugungen, Gewerkschaftszugehörigkeit, Gesundheit oder Sexualleben.

Zweiter Abschnitt. Datenerhebung, -verarbeitung und -nutzung

§ 67 a Datenerhebung

(1) ¹Das Erheben von Sozialdaten durch in § 35 des Ersten Buches genannte Stellen ist zulässig, wenn ihre Kenntnis zur Erfüllung einer Aufgabe der erhebenden Stelle nach diesem Gesetzbuch erforderlich ist. ²Dies gilt auch für besondere Arten personenbezogener Daten (§ 67 Abs. 12). ³Angaben über die rassische Herkunft dürfen ohne Einwilligung des

Betroffenen, die sich ausdrücklich auf diese Daten beziehen muss, nicht erhoben werden. ⁴Ist die Einwilligung des Betroffenen durch Gesetz vorgesehen, hat sie sich ausdrücklich auf besondere Arten personenbezogener Daten (§ 67 Abs. 12) zu beziehen.

(2) ¹Sozialdaten sind beim Betroffenen zu erheben. ²Ohne seine Mitwirkung dürfen sie nur erhoben werden
1. bei den in § 35 des Ersten Buches oder in § 69 Abs. 2 genannten Stellen, wenn
   a) diese zur Übermittlung der Daten an die erhebende Stelle befugt sind,
   b) die Erhebung beim Betroffenen einen unverhältnismäßigen Aufwand erfordern würde und
   c) keine Anhaltspunkte dafür bestehen, dass überwiegende schutzwürdige Interessen des Betroffenen beeinträchtigt werden,
2. bei anderen Personen oder Stellen, wenn
   a) eine Rechtsvorschrift die Erhebung bei ihnen zulässt oder die Übermittlung an die erhebende Stelle ausdrücklich vorschreibt oder
   b) aa) die Aufgaben nach diesem Gesetzbuch ihrer Art nach eine Erhebung bei anderen Personen oder Stellen erforderlich machen oder
       bb) die Erhebung beim Betroffenen einen unverhältnismäßigen Aufwand erfordern würde

   und keine Anhaltspunkte dafür bestehen, dass überwiegende schutzwürdige Interessen des Betroffenen beeinträchtigt werden.

(3) ¹Werden Sozialdaten beim Betroffenen erhoben, ist er, sofern er nicht bereits auf andere Weise Kenntnis erlangt hat, über die Zweckbestimmungen der Erhebung, Verarbeitung oder Nutzung und die Identität der verantwortlichen Stelle zu unterrichten. ²Über Kategorien von Empfängern ist der Betroffene nur zu unterrichten, soweit
1. er nach den Umständen des Einzelfalles nicht mit der Nutzung oder der Übermittlung an diese rechnen muss,
2. es sich nicht um eine Verarbeitung oder Nutzung innerhalb einer in § 35 des Ersten Buches genannten Stelle oder einer Organisationseinheit im Sinne von § 67 Abs. 9 Satz 3 handelt oder
3. es sich nicht um eine Kategorie von in § 35 des Ersten Buches genannten Stellen oder von Organisationseinheiten im Sinne von § 67 Abs. 9 Satz 3 handelt, die auf Grund eines Gesetzes zur engen Zusammenarbeit verpflichtet sind.

³Werden Sozialdaten beim Betroffenen auf Grund einer Rechtsvorschrift erhoben, die zur Auskunft verpflichtet, oder ist die Erteilung der Auskunft Voraussetzung für die Gewährung von Rechtsvorteilen, ist der Betroffene hierauf sowie auf die Rechtsvorschrift, die zur Auskunft verpflichtet, und die Folgen der Verweigerung von Angaben, sonst auf die Freiwilligkeit seiner Angaben hinzuweisen.

(4) Werden Sozialdaten statt beim Betroffenen bei einer nicht-öffentlichen Stelle erhoben, so ist die Stelle auf die Rechtsvorschrift, die zur Auskunft verpflichtet, sonst auf die Freiwilligkeit ihrer Angaben hinzuweisen.

(5) ¹Werden Sozialdaten weder beim Betroffenen noch bei einer in § 35 des Ersten Buches genannten Stelle erhoben und hat der Betroffene davon keine Kenntnis, ist er von der Speicherung, der Identität der verantwortlichen Stelle sowie über die Zweckbestimmungen der Erhebung, Verarbeitung oder Nutzung zu unterrichten. ²Eine Pflicht zur Unterrichtung besteht nicht, wenn
1. der Betroffene bereits auf andere Weise Kenntnis von der Speicherung oder der Übermittlung erlangt hat,
2. die Unterrichtung des Betroffenen einen unverhältnismäßigen Aufwand erfordert oder
3. die Speicherung oder Übermittlung der Sozialdaten auf Grund eines Gesetzes ausdrücklich vorgesehen ist.

³Über Kategorien von Empfängern ist der Betroffene nur zu unterrichten, soweit
1. er nach den Umständen des Einzelfalles nicht mit der Nutzung oder der Übermittlung an diese rechnen muss,
2. es sich nicht um eine Verarbeitung oder Nutzung innerhalb einer in § 35 des Ersten Buches genannten Stelle oder einer Organisationseinheit im Sinne von § 67 Abs. 9 Satz 3 handelt oder
3. es sich nicht um eine Kategorie von in § 35 des Ersten Buches genannten Stellen oder von Organisationseinheiten im Sinne von § 67 Abs. 9 Satz 3 handelt, die auf Grund eines Gesetzes zur engen Zusammenarbeit verpflichtet sind.

⁴Sofern eine Übermittlung vorgesehen ist, hat die Unterrichtung spätestens bei der ersten Übermittlung zu erfolgen. ⁵Die verantwortliche Stelle legt schriftlich fest, unter welchen

Voraussetzungen von einer Unterrichtung nach Satz 2 Nr. 2 und 3 abgesehen wird. ⁶§ 83 Abs. 2 bis 4 gilt entsprechend.

§ 67 b Zulässigkeit der Datenverarbeitung und -nutzung

(1) ¹Die Verarbeitung von Sozialdaten und deren Nutzung sind nur zulässig, soweit die nachfolgenden Vorschriften oder eine andere Rechtsvorschrift in diesem Gesetzbuch es erlauben oder anordnen oder soweit der Betroffene eingewilligt hat. ²§ 67 a Abs. 1 Satz 2 bis 4 gilt entsprechend mit der Maßgabe, dass die Übermittlung ohne Einwilligung des Betroffenen nur insoweit zulässig ist, als es sich um Daten über die Gesundheit oder das Sexualleben handelt oder die Übermittlung zwischen Trägern der gesetzlichen Rentenversicherung oder zwischen Trägern der gesetzlichen Rentenversicherung und deren Arbeitsgemeinschaften zur Erfüllung einer gesetzlichen Aufgabe erforderlich ist.

(2) ¹Wird die Einwilligung bei dem Betroffenen eingeholt, ist er auf den Zweck der vorgesehenen Verarbeitung oder Nutzung sowie auf die Folgen der Verweigerung der Einwilligung hinzuweisen. ²Die Einwilligung des Betroffenen ist nur wirksam, wenn sie auf dessen freier Entscheidung beruht. ³Die Einwilligung und der Hinweis bedürfen der Schriftform, soweit nicht wegen besonderer Umstände eine andere Form angemessen ist. ⁴Soll die Einwilligung zusammen mit anderen Erklärungen schriftlich erteilt werden, ist die Einwilligungserklärung im äußeren Erscheinungsbild der Erklärung hervorzuheben.

(3) ¹Im Bereich der wissenschaftlichen Forschung liegt ein besonderer Umstand im Sinne des Absatzes 2 Satz 3 auch dann vor, wenn durch die Schriftform der bestimmte Forschungszweck erheblich beeinträchtigt würde. ²In diesem Fall sind der Hinweis nach Absatz 2 Satz 1 und die Gründe, aus denen sich die erhebliche Beeinträchtigung des bestimmten Forschungszweckes ergibt, schriftlich festzuhalten.

(4) Entscheidungen, die für den Betroffenen eine rechtliche Folge nach sich ziehen oder ihn erheblich beeinträchtigen, dürfen nicht ausschließlich auf eine automatisierte Verarbeitung von Sozialdaten gestützt werden, die der Bewertung einzelner Persönlichkeitsmerkmale dient.

§ 67 c Datenspeicherung, -veränderung und -nutzung

(1) ¹Das Speichern, Verändern oder Nutzen von Sozialdaten durch die in § 35 des Ersten Buches genannten Stellen ist zulässig, wenn es zur Erfüllung der in der Zuständigkeit der verantwortlichen Stelle liegenden gesetzlichen Aufgaben nach diesem Gesetzbuch erforderlich ist und es für die Zwecke erfolgt, für die die Daten erhoben worden sind. ²Ist keine Erhebung vorausgegangen, dürfen die Daten nur für die Zwecke geändert oder genutzt werden, für die sie gespeichert worden sind.

(2) Die nach Absatz 1 gespeicherten Daten dürfen von derselben Stelle für andere Zwecke nur gespeichert, verändert oder genutzt werden, wenn
1. die Daten für die Erfüllung von Aufgaben nach anderen Rechtsvorschriften dieses Gesetzbuches als diejenigen, für die sie erhoben wurden, erforderlich sind,
2. der Betroffene im Einzelfall eingewilligt hat oder
3. es zur Durchführung eines bestimmten Vorhabens der wissenschaftlichen Forschung oder Planung im Sozialleistungsbereich erforderlich ist und die Voraussetzungen des § 75 Abs. 1 vorliegen.

(3) ¹Eine Speicherung, Veränderung oder Nutzung für andere Zwecke liegt nicht vor, wenn sie für die Wahrnehmung von Aufsichts-, Kontroll- und Disziplinarbefugnissen, der Rechnungsprüfung oder der Durchführung von Organisationsuntersuchungen für die verantwortliche Stelle erforderlich ist. ²Das gilt auch für die Veränderung oder Nutzung zu Ausbildungs- und Prüfungszwecken durch die verantwortliche Stelle, soweit nicht überwiegende schutzwürdige Interessen des Betroffenen entgegenstehen.

(4) Sozialdaten, die ausschließlich zu Zwecken der Datenschutzkontrolle, der Datensicherung oder zur Sicherstellung eines ordnungsgemäßen Betriebes einer Datenverarbeitungsanlage gespeichert werden, dürfen nur für diese Zwecke verwendet werden.

(5) ¹Für Zwecke der wissenschaftlichen Forschung oder Planung im Sozialleistungsbereich erhobene oder gespeicherte Sozialdaten dürfen von den in § 35 des Ersten Buches genannten Stellen nur für ein bestimmtes Vorhaben der wissenschaftlichen Forschung im Sozialleistungsbereich oder der Planung im Sozialleistungsbereich verändert oder genutzt werden. ²Die Sozialdaten sind zu anonymisieren, sobald dies nach dem Forschungs- oder Planungszweck möglich ist. ³Bis dahin sind die Merkmale gesondert zu speichern, mit denen Einzelangaben über persönliche oder sachliche Verhältnisse einer bestimmten oder

bestimmbaren Person zugeordnet werden können. ⁴Sie dürfen mit den Einzelangaben nur zusammengeführt werden, soweit der Forschungs- oder Planungszweck dies erfordert.

§ 67 d Übermittlungsgrundsätze

(1) Eine Übermittlung von Sozialdaten ist nur zulässig, soweit eine gesetzliche Übermittlungsbefugnis nach den §§ 68 bis 77 oder nach einer anderen Rechtsvorschrift in diesem Gesetzbuch vorliegt.

(2) ¹Die Verantwortung für die Zulässigkeit der Übermittlung trägt die übermittelnde Stelle. ²Erfolgt die Übermittlung auf Ersuchen des Dritten, an den die Daten übermittelt werden, trägt dieser die Verantwortung für die Richtigkeit der Angaben in seinem Ersuchen.

(3) Sind mit Sozialdaten, die nach Absatz 1 übermittelt werden dürfen, weitere personenbezogene Daten des Betroffenen oder eines Dritten so verbunden, dass eine Trennung nicht oder nur mit unvertretbarem Aufwand möglich ist, so ist die Übermittlung auch dieser Daten nur zulässig, wenn schutzwürdige Interessen des Betroffenen oder eines Dritten an deren Geheimhaltung nicht überwiegen; eine Veränderung oder Nutzung dieser Daten ist unzulässig.

(4) ¹Die Übermittlung von Sozialdaten auf maschinell verwertbaren Datenträgern oder im Wege der Datenübertragung ist auch über Vermittlungsstellen zulässig. ²Für die Auftragserteilung an die Vermittlungsstelle gilt § 80 Abs. 2 Satz 1, für deren Anzeigepflicht § 80 Abs. 3 und für die Verarbeitung und Nutzung durch die Vermittlungsstelle § 80 Abs. 4 entsprechend.

§ 67 e Erhebung und Übermittlung zur Bekämpfung von Leistungsmissbrauch und illegaler Ausländerbeschäftigung

¹Bei der Prüfung nach § 2 des Schwarzarbeitsbekämpfungsgesetzes oder nach § 28 p des Vierten Buches darf bei der überprüften Person zusätzlich erfragt werden,
1. ob und welche Art von Sozialleistungen nach diesem Gesetzbuch oder Leistungen nach dem Asylbewerberleistungsgesetz sie bezieht und von welcher Stelle sie diese Leistungen bezieht,
2. bei welcher Krankenkasse sie versichert oder ob sie als Selbständige tätig ist,
3. ob und welche Art von Beiträgen nach diesem Gesetzbuch sie abführt und
4. ob und welche ausländischen Arbeitnehmer sie mit einer für ihre Tätigkeit erforderlichen Genehmigung und nicht zu ungünstigeren Arbeitsbedingungen als vergleichbare deutsche Arbeitnehmer beschäftigt.

²Zu Prüfzwecken dürfen die Antworten auf Fragen nach Satz 1 Nr. 1 an den jeweils zuständigen Leistungsträger und nach Satz 1 Nr. 2 bis 4 an die jeweils zuständige Einzugsstelle und die Bundesagentur für Arbeit übermittelt werden. ³Der Empfänger hat die Prüfung unverzüglich durchzuführen.

§ 68 Übermittlung für Aufgaben der Polizeibehörden, der Staatsanwaltschaften und Gerichte, der Behörden der Gefahrenabwehr oder zur Durchsetzung öffentlich-rechtlicher Ansprüche

(1) ¹Zur Erfüllung von Aufgaben der Polizeibehörden, der Staatsanwaltschaften und Gerichte, der Behörden der Gefahrenabwehr, der Justizvollzugsanstalten oder zur Durchsetzung von öffentlich-rechtlichen Ansprüchen in Höhe von mindestens 600 Euro ist es zulässig, im Einzelfall auf Ersuchen Name, Vorname, Geburtsdatum, Geburtsort, derzeitige Anschrift des Betroffenen, seinen derzeitigen oder zukünftigen Aufenthalt sowie Namen und Anschriften seiner derzeitigen Arbeitgeber zu übermitteln, soweit kein Grund zur Annahme besteht, dass dadurch schutzwürdige Interessen des Betroffenen beeinträchtigt werden, und wenn das Ersuchen nicht länger als sechs Monate zurückliegt. ²Die ersuchte Stelle ist über § 4 Abs. 3 hinaus zur Übermittlung auch dann nicht verpflichtet, wenn sich die ersuchende Stelle die Angaben auf andere Weise beschaffen kann. ³Satz 2 findet keine Anwendung, wenn das Amtshilfeersuchen zur Durchführung einer Vollstreckung nach § 66 erforderlich ist.

(1 a) Zu dem in § 7 Abs. 2 des Internationalen Familienrechtsverfahrensgesetzes bezeichneten Zweck ist es zulässig, der in dieser Vorschrift bezeichneten Zentralen Behörde auf Ersuchen im Einzelfall den derzeitigen Aufenthalt des Betroffenen zu übermitteln,

soweit kein Grund zur Annahme besteht, dass dadurch schutzwürdige Interessen des Betroffenen beeinträchtigt werden.

(2) Über das Übermittlungsersuchen entscheidet der Leiter der ersuchten Stelle, sein allgemeiner Stellvertreter oder ein besonders bevollmächtigter Bediensteter.

(3) ¹Eine Übermittlung der in Absatz 1 Satz 1 genannten Sozialdaten, von Angaben zur Staats- und Religionsangehörigkeit, früherer Anschriften der Betroffenen, von Namen und Anschriften früherer Arbeitgeber der Betroffenen sowie von Angaben über an Betroffene erbrachte oder demnächst zu erbringende Geldleistungen ist zulässig, soweit sie zur Durchführung einer nach Bundes- oder Landesrecht zulässigen Rasterfahndung erforderlich ist. ²§ 67d Abs. 2 Satz 1 findet keine Anwendung; § 15 Abs. 2 Satz 2 und 3 des Bundesdatenschutzgesetzes gilt entsprechend.

§ 69 Übermittlung für die Erfüllung sozialer Aufgaben

(1) Eine Übermittlung von Sozialdaten ist zulässig, soweit sie erforderlich ist
1. für die Erfüllung der Zwecke, für die sie erhoben worden sind oder für die Erfüllung einer gesetzlichen Aufgabe der übermittelnden Stelle nach diesem Gesetzbuch oder einer solchen Aufgabe des Dritten, an den die Daten übermittelt werden, wenn er eine in § 35 des Ersten Buches genannte Stelle ist,
2. für die Durchführung eines mit der Erfüllung einer Aufgabe nach Nummer 1 zusammenhängenden gerichtlichen Verfahrens einschließlich eines Strafverfahrens oder
3. für die Richtigstellung unwahrer Tatsachenbehauptungen des Betroffenen im Zusammenhang mit einem Verfahren über die Erbringung von Sozialleistungen; die Übermittlung bedarf der vorherigen Genehmigung durch die zuständige oberste Bundes- oder Landesbehörde.

(2) Für die Erfüllung einer gesetzlichen oder sich aus einem Tarifvertrag ergebenden Aufgabe sind den in § 35 des Ersten Buches genannten Stellen gleichgestellt
1. die Stellen, die Leistungen nach dem Lastenausgleichsgesetz, dem Bundesentschädigungsgesetz, dem Strafrechtlichen Rehabilitierungsgesetz, dem Beruflichen Rehabilitierungsgesetz, dem Gesetz über die Entschädigung für Strafverfolgungsmaßnahmen, dem Unterhaltssicherungsgesetz, dem Beamtenversorgungsgesetz und den Vorschriften, die auf das Beamtenversorgungsgesetz verweisen, dem Soldatenversorgungsgesetz, dem Anspruchs- und Anwartschaftsüberführungsgesetz und den Vorschriften der Länder über die Gewährung von Blinden- und Pflegegeldleistungen zu erbringen haben,
2. die gemeinsamen Einrichtungen der Tarifvertragsparteien im Sinne des § 4 Abs. 2 des Tarifvertragsgesetzes, die Zusatzversorgungseinrichtungen des öffentlichen Dienstes und die öffentlich-rechtlichen Zusatzversorgungseinrichtungen,
3. die Bezügestellen des öffentlichen Dienstes, soweit sie kindergeldabhängige Leistungen des Besoldungs-, Versorgungs- und Tarifrechts unter Verwendung von personenbezogenen Kindergelddaten festzusetzen haben.

(3) Die Übermittlung von Sozialdaten durch die Bundesagentur für Arbeit an die Krankenkassen ist zulässig, soweit sie erforderlich ist, den Krankenkassen die Feststellung der Arbeitgeber zu ermöglichen, die am Ausgleich der Arbeitgeberaufwendungen nach dem Aufwendungsausgleichsgesetz teilnehmen.

(4) Die Krankenkassen sind befugt, einem Arbeitgeber mitzuteilen, ob die Fortdauer einer Arbeitsunfähigkeit oder eine erneute Arbeitsunfähigkeit eines Arbeitnehmers auf derselben Krankheit beruht; die Übermittlung von Diagnosedaten an den Arbeitgeber ist nicht zulässig.

(5) Die Übermittlung von Sozialdaten ist zulässig für die Erfüllung der gesetzlichen Aufgaben der Rechnungshöfe und der anderen Stellen, auf die § 67c Abs. 3 Satz 1 Anwendung findet.

§ 70 Übermittlung für die Durchführung des Arbeitsschutzes

Eine Übermittlung von Sozialdaten ist zulässig, soweit sie zur Erfüllung der gesetzlichen Aufgaben der für den Arbeitsschutz zuständigen staatlichen Behörden oder der Bergbehörden bei der Durchführung des Arbeitsschutzes erforderlich ist und schutzwürdige Interessen des Betroffenen nicht beeinträchtigt werden oder das öffentliche Interesse an der Durchführung des Arbeitsschutzes das Geheimhaltungsinteresse des Betroffenen erheblich überwiegt.

§ 71 Übermittlung für die Erfüllung besonderer gesetzlicher Pflichten und Mitteilungsbefugnisse

(1) ¹Eine Übermittlung von Sozialdaten ist zulässig, soweit sie erforderlich ist für die Erfüllung der gesetzlichen Mitteilungspflichten
1. zur Abwendung geplanter Straftaten nach § 138 des Strafgesetzbuches,
2. zum Schutz der öffentlichen Gesundheit nach § 8 des Infektionsschutzgesetzes vom 20. Juli 2000 (BGBl. I S. 1045),
3. zur Sicherung des Steueraufkommens nach § 22a Abs. 4 des Einkommensteuergesetzes und den §§ 93, 97, 105, 111 Abs. 1 und 5, § 116 der Abgabenordnung und § 32b Abs. 3 des Einkommensteuergesetzes, soweit diese Vorschriften unmittelbar anwendbar sind, und zur Mitteilung von Daten der ausländischen Unternehmen, die auf Grund bilateraler Regierungsvereinbarungen über die Beschäftigung von Arbeitnehmern zur Ausführung von Werkverträgen tätig werden, nach § 93a der Abgabenordnung,
4. zur Gewährung und Prüfung des Sonderausgabenabzugs nach § 10 des Einkommensteuergesetzes,
5. zur Überprüfung der Voraussetzungen für die Einziehung der Ausgleichszahlungen und für die Leistung von Wohngeld nach § 33 des Wohngeldgesetzes,
6. zur Bekämpfung von Schwarzarbeit und illegaler Beschäftigung nach dem Schwarzarbeitsbekämpfungsgesetz,
7. zur Mitteilung in das Gewerbezentralregister einzutragender Tatsachen an die Registerbehörde,
8. zur Erfüllung der Aufgaben der statistischen Ämter der Länder und des Statistischen Bundesamtes gemäß § 3 Abs. 1 des Statistikregistergesetzes zum Aufbau und zur Führung des Statistikregisters,
9. zur Aktualisierung des Betriebsregisters nach § 97 Abs. 5 des Agrarstatistikgesetzes,
10. zur Erfüllung der Aufgaben der Deutschen Rentenversicherung Bund als zentraler Stelle nach § 22a und § 91 Abs. 1 Satz 1 des Einkommensteuergesetzes oder
11. zur Erfüllung der Aufgaben der Deutschen Rentenversicherung Knappschaft-Bahn-See, soweit sie bei geringfügig Beschäftigten Aufgaben nach dem Einkommensteuergesetz durchführt.

²Erklärungspflichten als Drittschuldner, welche das Vollstreckungsrecht vorsieht, werden durch Bestimmungen dieses Gesetzbuches nicht berührt. ³Eine Übermittlung von Sozialdaten ist zulässig, soweit sie erforderlich ist für die Erfüllung der gesetzlichen Pflichten zur Sicherung und Nutzung von Archivgut nach den §§ 2 und 5 des Bundesarchivgesetzes oder entsprechenden gesetzlichen Vorschriften der Länder, die die Schutzfristen dieses Gesetzes nicht unterschreiten. ⁴Eine Übermittlung von Sozialdaten ist auch zulässig, soweit sie erforderlich ist, Meldebehörden nach § 4a Abs. 3 des Melderechtsrahmengesetzes über konkrete Anhaltspunkte für die Unrichtigkeit oder Unvollständigkeit von diesen auf Grund Melderechts übermittelter Daten zu unterrichten.

(2) ¹Eine Übermittlung von Sozialdaten eines Ausländers ist auch zulässig, soweit sie erforderlich ist
1. im Einzelfall auf Ersuchen der mit der Ausführung des Ausländergesetzes betrauten Behörden nach § 87 Abs. 1 des Aufenthaltsgesetzes mit der Maßgabe, dass über die Angaben nach § 68 hinaus nur mitgeteilt werden können
   a) für die Entscheidung über den Aufenthalt des Ausländers oder eines Familienangehörigen des Ausländers Daten über die Gewährung oder Nichtgewährung von Leistungen, Daten über frühere und bestehende Versicherungen und das Nichtbestehen einer Versicherung,
   b) für die Entscheidung über den Aufenthalt oder über die ausländerrechtliche Zulassung oder Beschränkung einer Erwerbstätigkeit des Ausländers Daten über die Arbeitserlaubnis, die Arbeitsberechtigung oder eine sonstige Berufsausübungserlaubnis,
   c) für eine Entscheidung über den Aufenthalt des Ausländers Angaben darüber, ob die in § 55 Abs. 2 Nr. 4 des Aufenthaltsgesetzes bezeichneten Voraussetzungen vorliegen, und
   d) durch die Jugendämter für die Entscheidung über den weiteren Aufenthalt oder die Beendigung des Aufenthaltes eines Ausländers, bei dem ein Ausweisungsgrund nach den §§ 53 bis 56 des Aufenthaltsgesetzes vorliegt, Angaben über das zu erwartende soziale Verhalten,
2. für die Erfüllung der in § 87 Abs. 2 des Aufenthaltsgesetzes bezeichneten Mitteilungspflichten oder

3. für die Erfüllung der in § 99 Absatz 1 Nummer 14 Buchstabe d, f und j des Aufenthaltsgesetzes bezeichneten Mitteilungspflichten, wenn die Mitteilung die Erteilung, den Widerruf oder Beschränkungen der Arbeitserlaubnis oder der Arbeitsberechtigung, einer sonstigen Berufsausübungserlaubnis oder eines Versicherungsschutzes oder die Gewährung von Leistungen zur Sicherung des Lebensunterhalts nach dem Zweiten Buch betrifft.

²Daten über die Gesundheit eines Ausländers dürfen nur übermittelt werden,
1. wenn der Ausländer die öffentliche Gesundheit gefährdet und besondere Schutzmaßnahmen zum Ausschluss der Gefährdung nicht möglich sind oder von dem Ausländer nicht eingehalten werden oder
2. soweit sie für die Feststellung erforderlich sind, ob die Voraussetzungen des § 55 Abs. 2 Nr. 4 des Aufenthaltsgesetzes vorliegen.

(2 a) Eine Übermittlung personenbezogener Daten eines Leistungsberechtigten nach § 1 des Asylbewerberleistungsgesetzes ist zulässig, soweit sie für die Durchführung des Asylbewerberleistungsgesetzes erforderlich ist.

(3) ¹Eine Übermittlung von Sozialdaten ist auch zulässig, soweit es nach pflichtgemäßem Ermessen eines Leistungsträgers erforderlich ist, dem Betreuungsgericht die Bestellung eines Betreuers oder eine andere Maßnahme in Betreuungssachen zu ermöglichen. ²§ 7 des Betreuungsbehördengesetzes gilt entsprechend.

§ 72 Übermittlung für den Schutz der inneren und äußeren Sicherheit

(1) ¹Eine Übermittlung von Sozialdaten ist zulässig, soweit sie im Einzelfall für die rechtmäßige Erfüllung der in der Zuständigkeit der Behörden für Verfassungsschutz, des Bundesnachrichtendienstes, des Militärischen Abschirmdienstes und des Bundeskriminalamtes liegenden Aufgaben erforderlich ist. ²Die Übermittlung ist auf Angaben über Name und Vorname sowie früher geführte Namen, Geburtsdatum, Geburtsort, derzeitige und frühere Anschriften des Betroffenen sowie Namen und Anschriften seiner derzeitigen und früheren Arbeitgeber beschränkt.

(2) ¹Über die Erforderlichkeit des Übermittlungsersuchens entscheidet ein vom Leiter der ersuchenden Stelle bestimmter Beauftragter, der die Befähigung zum Richteramt haben oder die Voraussetzungen des § 110 des Deutschen Richtergesetzes erfüllen soll. ²Wenn eine oberste Bundes- oder Landesbehörde für die Aufsicht über die ersuchende Stelle zuständig ist, ist sie über die gestellten Übermittlungsersuchen zu unterrichten. ³Bei der ersuchten Stelle entscheidet über das Übermittlungsersuchen der Behördenleiter oder sein allgemeiner Stellvertreter.

§ 73 Übermittlung für die Durchführung eines Strafverfahrens

(1) Eine Übermittlung von Sozialdaten ist zulässig, soweit es zur Durchführung eines Strafverfahrens wegen eines Verbrechens oder wegen einer sonstigen Straftat von erheblicher Bedeutung erforderlich ist.

(2) Eine Übermittlung von Sozialdaten zur Durchführung eines Strafverfahrens wegen einer anderen Straftat ist zulässig, soweit die Übermittlung auf die in § 72 Abs. 1 Satz 2 genannten Angaben und die Angaben über erbrachte oder demnächst zu erbringende Geldleistungen beschränkt ist.

(3) Die Übermittlung nach den Absätzen 1 und 2 ordnet der Richter an.

§ 74¹ Übermittlung bei Verletzung der Unterhaltspflicht und beim Versorgungsausgleich

(1) ¹Eine Übermittlung von Sozialdaten ist zulässig, soweit sie erforderlich ist
1. für die Durchführung
    a) eines gerichtlichen Verfahrens oder eines Vollstreckungsverfahrens wegen eines gesetzlichen oder vertraglichen Unterhaltsanspruchs oder eines an seine Stelle getretenen Ersatzanspruchs oder
    b) eines Verfahrens über den Versorgungsausgleich nach § 220 des Gesetzes über das Verfahren in Familiensachen und in den Angelegenheiten der freiwilligen Gerichtsbarkeit oder
2. für die Geltendmachung
    a) eines gesetzlichen oder vertraglichen Unterhaltsanspruchs außerhalb eines Verfahrens nach Nummer 1 Buchstabe a, soweit der Betroffene nach den Vorschriften des bür-

---

¹ § 74 neu gef. mWv 18. 6. 2011 durch G v. 23. 5. 2011 (BGBl. I S. 898).

gerlichen Rechts, insbesondere nach § 1605 oder nach § 1361 Absatz 4 Satz 4, § 1580 Satz 2, § 1615a oder § 1615l Absatz 3 Satz 1 in Verbindung mit § 1605 des Bürgerlichen Gesetzbuchs, zur Auskunft verpflichtet ist, oder
  b) eines Ausgleichsanspruchs im Rahmen des Versorgungsausgleichs außerhalb eines Verfahrens nach Nummer 1 Buchstabe b, soweit der Betroffene nach § 4 Absatz 1 Satz 1 des Versorgungsausgleichsgesetzes zur Auskunft verpflichtet ist, oder
3. für die Anwendung der Öffnungsklausel des § 22 Nummer 1 Satz 3 Buchstabe a Doppelbuchstabe bb Satz 2 des Einkommensteuergesetzes auf eine im Versorgungsausgleich auf die ausgleichsberechtigte Person übertragene Rentenanwartschaft, soweit die ausgleichspflichtige Person nach § 22 Nummer 1 Satz 3 Buchstabe a Doppelbuchstabe bb Satz 2 des Einkommensteuergesetzes in Verbindung mit § 4 Absatz 1 des Versorgungsausgleichsgesetzes zur Auskunft verpflichtet ist.

²In den Fällen der Nummern 2 und 3 ist eine Übermittlung nur zulässig, wenn der Auskunftspflichtige seine Pflicht, nachdem er unter Hinweis auf die in diesem Buch enthaltene Übermittlungsbefugnis der in § 35 des Ersten Buches genannten Stellen gemahnt wurde, innerhalb angemessener Frist, nicht oder nicht vollständig erfüllt hat. ³Diese Stellen dürfen die Anschrift des Auskunftspflichtigen zum Zwecke der Mahnung übermitteln.

(2) Eine Übermittlung von Sozialdaten durch die Träger der gesetzlichen Rentenversicherung und durch die Träger der Grundsicherung für Arbeitsuchende ist auch zulässig, soweit sie für die Erfüllung der nach § 5 des Auslandsunterhaltsgesetzes der zentralen Behörde (§ 4 des Auslandsunterhaltsgesetzes) obliegenden Aufgaben und zur Erreichung der in den §§ 16 und 17 des Auslandsunterhaltsgesetzes bezeichneten Zwecke erforderlich ist.

§ 75 Übermittlung von Sozialdaten für die Forschung und Planung

(1) ¹Eine Übermittlung von Sozialdaten ist zulässig, soweit sie erforderlich ist für ein bestimmtes Vorhaben
1. der wissenschaftlichen Forschung im Sozialleistungsbereich oder
2. der Planung im Sozialleistungsbereich durch eine öffentliche Stelle im Rahmen ihrer Aufgaben

und schutzwürdige Interessen des Betroffenen nicht beeinträchtigt werden oder das öffentliche Interesse an der Forschung oder Planung das Geheimhaltungsinteresse des Betroffenen erheblich überwiegt. ²Eine Übermittlung ohne Einwilligung des Betroffenen ist nicht zulässig, soweit es zumutbar ist, die Einwilligung des Betroffenen nach § 67b einzuholen oder den Zweck der Forschung oder Planung auf andere Weise zu erreichen.

(2) ¹Die Übermittlung bedarf der vorherigen Genehmigung durch die oberste Bundes- oder Landesbehörde, die für den Bereich, aus dem die Daten herrühren, zuständig ist. ²Die Genehmigung darf im Hinblick auf die Wahrung des Sozialgeheimnisses nur versagt werden, wenn die Voraussetzungen des Absatzes 1 nicht vorliegen. ³Sie muss
1. den Dritten, an den die Daten übermittelt werden,
2. die Art der zu übermittelnden Sozialdaten und den Kreis der Betroffenen,
3. die wissenschaftliche Forschung oder die Planung, zu der die übermittelten Sozialdaten verwendet werden dürfen, und
4. den Tag, bis zu dem die übermittelten Sozialdaten aufbewahrt werden dürfen,

genau bezeichnen und steht auch ohne besonderen Hinweis unter dem Vorbehalt der nachträglichen Aufnahme, Änderung oder Ergänzung einer Auflage.

(3) Wird die Übermittlung von Daten an nicht-öffentliche Stellen genehmigt, hat die genehmigende Stelle durch Auflagen sicherzustellen, dass die der Genehmigung durch Absatz 1 gesetzten Grenzen beachtet und die Daten nur für den Übermittlungszweck gespeichert, verändert oder genutzt werden.

(4) Ist der Dritte, an den Daten übermittelt werden, eine nicht öffentliche Stelle, gilt § 38 des Bundesdatenschutzgesetzes mit der Maßgabe, dass die Kontrolle auch erfolgen kann, wenn die Daten nicht automatisiert oder nicht in nicht automatisierten Dateien verarbeitet oder genutzt werden.

§ 76 Einschränkung der Übermittlungsbefugnis bei besonders schutzwürdigen Sozialdaten

(1) Die Übermittlung von Sozialdaten, die einer in § 35 des Ersten Buches genannten Stelle von einem Arzt oder einer anderen in § 203 Abs. 1 und 3 des Strafgesetzbuches genannten Person zugänglich gemacht worden sind, ist nur unter den Voraussetzungen zulässig, unter denen diese Person selbst übermittlungsbefugt wäre.

(2) Absatz 1 gilt nicht
1. im Rahmen des § 69 Abs. 1 Nr. 1 und 2 für Sozialdaten, die im Zusammenhang mit einer Begutachtung wegen der Erbringung von Sozialleistungen oder wegen der Ausstellung einer Bescheinigung übermittelt worden sind, es sei denn, dass der Betroffene der Übermittlung widerspricht; der Betroffene ist von der verantwortlichen Stelle zu Beginn des Verwaltungsverfahrens in allgemeiner Form schriftlich auf das Widerspruchsrecht hinzuweisen,
2. im Rahmen des § 69 Abs. 4 und 5 und des § 71 Abs. 1 Satz 3,
3. im Rahmen des § 94 Abs. 2 Satz 2 des Elften Buches Sozialgesetzbuch.

(3) Ein Widerspruchsrecht besteht nicht in den Fällen des § 279 Abs. 5 in Verbindung mit § 275 Abs. 1 bis 3 des Fünften Buches.

§ 77 Übermittlung ins Ausland und an über- oder zwischenstaatliche Stellen

(1) Die Übermittlung von Sozialdaten an Personen oder Stellen in anderen Mitgliedstaaten der Europäischen Union oder in anderen Vertragsstaaten des Abkommens über den Europäischen Wirtschaftsraum oder an Stellen der Organe und Einrichtungen der Europäischen Gemeinschaften ist zulässig, soweit
1. dies für die Erfüllung einer gesetzlichen Aufgabe der in § 35 des Ersten Buches genannten übermittelnden Stelle nach diesem Gesetzbuch oder zur Erfüllung einer solchen Aufgabe von ausländischen Stellen erforderlich ist, soweit diese Aufgaben wahrnehmen, die denen der in § 35 des Ersten Buches genannten Stellen entsprechen,
2. die Voraussetzungen des § 69 Abs. 1 Nr. 3 oder des § 70 oder einer Übermittlungsvorschrift nach dem Dritten Buch oder dem Arbeitnehmerüberlassungsgesetz vorliegen und die Aufgaben der ausländischen Stelle den in diesen Vorschriften genannten entsprechen oder
3. die Voraussetzungen des § 74 vorliegen und die gerichtlich geltend gemachten Ansprüche oder die Rechte des Empfängers den in dieser Vorschrift genannten entsprechen.

(2) ¹Absatz 1 gilt entsprechend für die Übermittlung an Personen oder Stellen in einem Drittstaat sowie an über- oder zwischenstaatliche Stellen, wenn der Drittstaat oder die über- oder zwischenstaatliche Stelle ein angemessenes Datenschutzniveau gewährleistet. ²Die Angemessenheit des Datenschutzniveaus wird unter Berücksichtigung aller Umstände beurteilt, die bei einer Datenübermittlung oder einer Kategorie von Datenübermittlungen von Bedeutung sind; insbesondere können die Art der Sozialdaten, die Zweckbestimmung, die Dauer der geplanten Verarbeitung, das Herkunfts- und das Endbestimmungsland, die für den betreffenden Empfänger geltenden Rechtsnormen sowie die für ihn geltenden Standesregeln und Sicherheitsmaßnahmen herangezogen werden. ³Bis zur Feststellung der Kommission der Europäischen Gemeinschaften entscheidet das Bundesversicherungsamt, ob ein angemessenes Datenschutzniveau gewährleistet ist.

(3) ¹Eine Übermittlung von Sozialdaten an Personen oder Stellen im Ausland oder an über- oder zwischenstaatliche Stellen ist auch zulässig, wenn
1. der Betroffene seine Einwilligung gegeben hat,
2. die Übermittlung in Anwendung zwischenstaatlicher Übereinkommen auf dem Gebiet der sozialen Sicherheit erfolgt oder
3. die Voraussetzungen des § 69 Abs. 1 Nr. 2 oder des § 73 vorliegen, die Aufgaben der ausländischen Stelle den in diesen Vorschriften genannten entsprechen und der ausländische Staat oder die über- oder zwischenstaatliche Stelle ein angemessenes Datenschutzniveau (Absatz 2) gewährleistet; für die Anordnung einer Übermittlung nach § 73 ist ein Gericht im Inland zuständig.

²Die Übermittlung ist nur zulässig, soweit der Betroffene kein schutzwürdiges Interesse an dem Ausschluss der Übermittlung hat.

(4) Gewährleistet der Drittstaat oder die über- oder zwischenstaatliche Stelle ein angemessenes Datenschutzniveau (Absatz 2) nicht, ist die Übermittlung von Sozialdaten an die Stelle im Drittstaat oder die über- oder zwischenstaatliche Stelle auch zulässig, soweit die Voraussetzungen des § 69 Abs. 1 Nr. 1 und 2, des § 70 oder einer Übermittlungsvorschrift nach dem Dritten Buch oder dem Arbeitnehmerüberlassungsgesetz vorliegen und der Betroffene kein schutzwürdiges Interesse an dem Ausschluss der Übermittlung hat.

(5) Die Stelle, an die die Sozialdaten übermittelt werden, ist auf den Zweck hinzuweisen, zu dessen Erfüllung die Sozialdaten übermittelt werden.

(6) Das Bundesversicherungsamt unterrichtet das Bundesministerium des Innern über Drittstaaten und über- oder zwischenstaatliche Stellen, die kein angemessenes Datenschutzniveau gewährleisten.

§ 78 Zweckbindung und Geheimhaltungspflicht eines Dritten, an den Daten übermittelt werden

(1) ¹Personen oder Stellen, die nicht in § 35 des Ersten Buches genannt und denen Sozialdaten übermittelt worden sind, dürfen diese nur zu dem Zweck verarbeiten oder nutzen, zu dem sie ihnen befugt übermittelt worden sind. ²Die Dritten haben die Daten in demselben Umfang geheimzuhalten wie die in § 35 des Ersten Buches genannten Stellen. ³Sind Sozialdaten an Gerichte oder Staatsanwaltschaften übermittelt worden, dürfen diese gerichtliche Entscheidungen, die Sozialdaten enthalten, weiter übermitteln, wenn eine in § 35 des Ersten Buches genannte Stelle zur Übermittlung an den weiteren Dritten befugt wäre. ⁴Abweichend von Satz 3 ist eine Übermittlung nach § 115 des Bundesbeamtengesetzes und nach Vorschriften, die auf diese Vorschrift verweisen, zulässig. ⁵Sind Sozialdaten an Polizeibehörden, Staatsanwaltschaften, Gerichte oder Behörden der Gefahrenabwehr übermittelt worden, dürfen diese die Daten unabhängig vom Zweck der Übermittlung sowohl für Zwecke der Gefahrenabwehr als auch für Zwecke der Strafverfolgung und der Strafvollstreckung verarbeiten und nutzen.

(2) Werden Daten an eine nicht-öffentliche Stelle übermittelt, so sind die dort beschäftigten Personen, welche diese Daten verarbeiten oder nutzen, von dieser Stelle vor, spätestens bei der Übermittlung auf die Einhaltung der Pflichten nach Absatz 1 hinzuweisen.

(3) ¹Ergibt sich im Rahmen eines Vollstreckungsverfahrens nach § 66 die Notwendigkeit, dass eine Strafanzeige nach Schutz des Vollstreckungsbeamten erforderlich ist, so dürfen die zum Zwecke der Vollstreckung übermittelten Sozialdaten auch zum Zweck der Strafverfolgung verarbeitet oder genutzt werden, soweit dies erforderlich ist. ²Das Gleiche gilt auch für die Klärung von Fragen im Rahmen eines Disziplinarverfahrens.

(4) Sind Sozialdaten an Gerichte oder Staatsanwaltschaften für die Durchführung eines Straf- oder Bußgeldverfahrens übermittelt worden, so dürfen sie nach Maßgabe der §§ 476, 487 Abs. 4 der Strafprozessordnung und der §§ 49b und 49c Abs. 1 des Gesetzes über Ordnungswidrigkeiten für Zwecke der wissenschaftlichen Forschung verarbeitet oder genutzt werden.

Dritter Abschnitt. Organisatorische Vorkehrungen zum Schutz der Sozialdaten, besondere Datenverarbeitungsarten

§ 78a Technische und organisatorische Maßnahmen

¹Die in § 35 des Ersten Buches genannten Stellen, die selbst oder im Auftrag Sozialdaten erheben, verarbeiten oder nutzen, haben die technischen und organisatorischen Maßnahmen einschließlich der Dienstanweisungen zu treffen, die erforderlich sind, um die Ausführung der Vorschriften dieses Gesetzbuches, insbesondere die in der Anlage zu dieser Vorschrift genannten Anforderungen, zu gewährleisten. ²Maßnahmen sind nicht erforderlich, wenn ihr Aufwand in keinem angemessenen Verhältnis zu dem angestrebten Schutzzweck steht.

§ 78b Datenvermeidung und Datensparsamkeit

¹Gestaltung und Auswahl von Datenverarbeitungssystemen haben sich an dem Ziel auszurichten, keine oder so wenig Sozialdaten wie möglich zu erheben, zu verarbeiten oder zu nutzen. ²Insbesondere ist von den Möglichkeiten der Anonymisierung und Pseudonymisierung Gebrauch zu machen, soweit dies möglich ist und der Aufwand in einem angemessenen Verhältnis zu dem angestrebten Schutzzweck steht.

§ 78c Datenschutzaudit

¹Zur Verbesserung des Datenschutzes und der Datensicherheit können Anbieter von Datenverarbeitungssystemen und -programmen und datenverarbeitende Stellen ihr Datenschutzkonzept sowie ihre technischen Einrichtungen durch unabhängige und zugelassene Gutachter prüfen und bewerten lassen sowie das Ergebnis der Prüfung veröffentlichen. ²Die näheren Anforderungen an die Prüfung und Bewertung, das Verfahren sowie die Auswahl und Zulassung der Gutachter werden durch besonderes Gesetz geregelt. ³Die Sätze 1 und 2 gelten nicht für öffentliche Stellen der Länder mit Ausnahme der Sozialversicherungsträger und ihrer Verbände.

§ 79 Einrichtung automatisierter Abrufverfahren

(1) ¹Die Einrichtung eines automatisierten Verfahrens, das die Übermittlung von Sozialdaten durch Abruf ermöglicht, ist zwischen den in § 35 des Ersten Buches genannten Stellen sowie mit der Deutschen Rentenversicherung Bund als zentraler Stelle zur Erfüllung ihrer Aufgaben nach § 91 Abs. 1 Satz 1 des Einkommensteuergesetzes und der Deutschen Rentenversicherung Knappschaft-Bahn-See, soweit sie bei geringfügig Beschäftigten Aufgaben nach dem Einkommensteuergesetz durchführt, zulässig, soweit dieses Verfahren unter Berücksichtigung der schutzwürdigen Interessen der Betroffenen wegen der Vielzahl der Übermittlungen oder wegen ihrer besonderen Eilbedürftigkeit angemessen ist und wenn die jeweiligen Aufsichtsbehörden die Teilnahme der unter ihrer Aufsicht stehenden Stellen genehmigt haben. ²Das Gleiche gilt gegenüber den in § 69 Abs. 2 und 3 genannten Stellen.

(2) ¹Die beteiligten Stellen haben zu gewährleisten, dass die Zulässigkeit des Abrufverfahrens kontrolliert werden kann. ²Hierzu haben sie schriftlich festzulegen:
1. Anlass und Zweck des Abrufverfahrens,
2. Dritte, an die übermittelt wird,
3. Art der zu übermittelnden Daten,
4. nach § 78a erforderliche technische und organisatorische Maßnahmen.

(3) Über die Einrichtung von Abrufverfahren ist in Fällen, in denen die in § 35 des Ersten Buches genannten Stellen beteiligt sind, die der Kontrolle des Bundesbeauftragten für den Datenschutz unterliegen, dieser, sonst die nach Landesrecht für die Kontrolle des Datenschutzes zuständige Stelle rechtzeitig vorher unter Mitteilung der Festlegungen nach Absatz 2 zu unterrichten.

(4) ¹Die Verantwortung für die Zulässigkeit des einzelnen Abrufs trägt der Dritte, an den übermittelt wird. ²Die speichernde Stelle prüft die Zulässigkeit der Abrufe nur, wenn dazu Anlass besteht. ³Sie hat mindestens bei jedem zehnten Abruf den Zeitpunkt, die abgerufenen Daten sowie Angaben zur Feststellung des Verfahrens und der für den Abruf verantwortlichen Personen zu protokollieren; die protokollierten Daten sind spätestens nach sechs Monaten zu löschen. ⁴Wird ein Gesamtbestand von Sozialdaten abgerufen oder übermittelt (Stapelverarbeitung), so bezieht sich die Gewährleistung der Feststellung und Überprüfung nur auf die Zulässigkeit des Abrufes oder der Übermittlung des Gesamtbestandes.

(5) Die Absätze 1 bis 4 gelten nicht für den Abruf aus Datenbeständen, die mit Einwilligung der Betroffenen angelegt werden und die jedermann, sei es ohne oder nach besonderer Zulassung, zur Benutzung offenstehen.

§ 80 Erhebung, Verarbeitung oder Nutzung von Sozialdaten im Auftrag

(1) ¹Werden Sozialdaten im Auftrag durch andere Stellen erhoben, verarbeitet oder genutzt, ist der Auftraggeber für die Einhaltung der Vorschriften dieses Gesetzbuches und anderer Vorschriften über den Datenschutz verantwortlich. ²Die in den §§ 82 bis 84 genannten Rechte sind ihm gegenüber geltend zu machen.

(2) ¹Eine Auftragserteilung für die Erhebung, Verarbeitung oder Nutzung von Sozialdaten ist nur zulässig, wenn der Datenschutz beim Auftragnehmer nach der Art der zu erhebenden, zu verarbeitenden oder zu nutzenden Daten den Anforderungen genügt, die für den Auftraggeber gelten. ²Der Auftrag ist schriftlich zu erteilen, wobei insbesondere im Einzelnen festzulegen sind:
1. der Gegenstand und die Dauer des Auftrags,
2. der Umfang, die Art und der Zweck der vorgesehenen Erhebung, Verarbeitung oder Nutzung von Daten, die Art der Daten und der Kreis der Betroffenen,
3. die nach § 78a zu treffenden technischen und organisatorischen Maßnahmen,
4. die Berichtigung, Löschung und Sperrung von Daten,
5. die bestehenden Pflichten des Auftragnehmers, insbesondere die von ihm vorzunehmenden Kontrollen,
6. die etwaige Berechtigung zur Begründung von Unterauftragsverhältnissen,
7. die Kontrollrechte des Auftraggebers und die entsprechenden Duldungs- und Mitwirkungspflichten des Auftragnehmers,
8. mitzuteilende Verstöße des Auftragnehmers oder der bei ihm beschäftigten Personen gegen Vorschriften zum Schutz von Sozialdaten oder gegen die im Auftrag getroffenen Festlegungen,
9. der Umfang der Weisungsbefugnisse, die sich der Auftraggeber gegenüber dem Auftragnehmer vorbehält,

10. die Rückgabe überlassener Datenträger und die Löschung beim Auftragnehmer gespeicherter Daten nach Beendigung des Auftrags.

³Der Auftraggeber ist verpflichtet, erforderlichenfalls Weisungen zur Ergänzung der beim Auftragnehmer vorhandenen technischen und organisatorischen Maßnahmen zu erteilen. ⁴Der Auftraggeber hat sich vor Beginn der Datenverarbeitung und sodann regelmäßig von der Einhaltung der beim Auftragnehmer getroffenen technischen und organisatorischen Maßnahmen zu überzeugen. ⁵Das Ergebnis ist zu dokumentieren. ⁶Die Auftragserteilung an eine nicht-öffentliche Stelle setzt außerdem voraus, dass der Auftragnehmer dem Auftraggeber schriftlich das Recht eingeräumt hat,

1. Auskünfte bei ihm einzuholen,
2. während der Betriebs- oder Geschäftszeiten seine Grundstücke oder Geschäftsräume zu betreten und dort Besichtigungen und Prüfungen vorzunehmen und
3. geschäftliche Unterlagen sowie die gespeicherten Sozialdaten und Datenverarbeitungsprogramme einzusehen,

soweit es im Rahmen des Auftrags für die Überwachung des Datenschutzes erforderlich ist.

(3) ¹Der Auftraggeber hat seiner Aufsichtsbehörde rechtzeitig vor der Auftragserteilung
1. den Auftragnehmer, die bei diesem vorhandenen technischen und organisatorischen Maßnahmen und ergänzenden Weisungen nach Absatz 2 Satz 2 und 3,
2. die Art der Daten, die im Auftrag erhoben, verarbeitet oder genutzt werden sollen, und den Kreis der Betroffenen,
3. die Aufgabe, zu deren Erfüllung die Erhebung, Verarbeitung oder Nutzung der Daten im Auftrag erfolgen soll, sowie
4. den Abschluss von etwaigen Unterauftragsverhältnissen

schriftlich anzuzeigen. ²Wenn der Auftragnehmer eine öffentliche Stelle ist, hat er auch schriftliche Anzeige an seine Aufsichtsbehörde zu richten.

(4) Der Auftragnehmer darf die zur Datenverarbeitung überlassenen Sozialdaten nicht für andere Zwecke verarbeiten oder nutzen und nicht länger speichern, als der Auftraggeber schriftlich bestimmt.

(5) Die Erhebung, Verarbeitung oder Nutzung von Sozialdaten im Auftrag durch nicht-öffentliche Stellen ist nur zulässig, wenn
1. beim Auftraggeber sonst Störungen im Betriebsablauf auftreten können oder
2. die übertragenen Arbeiten beim Auftragnehmer erheblich kostengünstiger besorgt werden können und der Auftrag nicht die Speicherung des gesamten Datenbestandes des Auftraggebers umfasst. Der überwiegende Teil der Speicherung des gesamten Datenbestandes muss beim Auftraggeber oder beim Auftragnehmer, der eine öffentliche Stelle ist, und die Daten zur weiteren Datenverarbeitung im Auftrag an nicht-öffentliche Auftragnehmer weitergibt, verbleiben.

(6) ¹Ist der Auftragnehmer eine in § 35 des Ersten Buches genannte Stelle, gelten neben den §§ 85 und 85a nur § 4g Abs. 2, § 18 Abs. 2, und die §§ 24 bis 26 des Bundesdatenschutzgesetzes. ²Bei den in § 35 des Ersten Buches genannten Stellen, die nicht solche des Bundes sind, treten anstelle des Bundesbeauftragten für den Datenschutz insoweit die Landesbeauftragten für den Datenschutz. ³Ihre Aufgaben und Befugnisse richten sich nach dem jeweiligen Landesrecht. ⁴Ist der Auftragnehmer eine nicht-öffentliche Stelle, kontrolliert die Einhaltung der Absätze 1 bis 5 die nach Landesrecht zuständige Aufsichtsbehörde. ⁵Bei öffentlichen Stellen der Länder, die nicht Sozialversicherungsträger oder deren Verbände sind, gelten die landesrechtlichen Vorschriften über Verzeichnisse der eingesetzten Datenverarbeitungsanlagen und Dateien.

(7) ¹Die Absätze 1, 2, 4 und 6 gelten entsprechend, wenn die Prüfung oder Wartung automatisierter Verfahren oder von Datenverarbeitungsanlagen durch andere Stellen im Auftrag vorgenommen wird und dabei ein Zugriff auf Sozialdaten nicht ausgeschlossen werden kann. ²Verträge über Wartungsarbeiten sind in diesem Falle rechtzeitig vor der Auftragserteilung der Aufsichtsbehörde mitzuteilen; sind Störungen im Betriebsablauf zu erwarten oder bereits eingetreten, ist der Vertrag unverzüglich mitzuteilen.

Vierter Abschnitt. Rechte des Betroffenen, Datenschutzbeauftragte und Schlussvorschriften

§ 81 Rechte des Einzelnen, Datenschutzbeauftragte

(1) Ist jemand der Ansicht, bei der Erhebung, Verarbeitung oder Nutzung seiner personenbezogenen Sozialdaten in seinen Rechten verletzt worden zu sein, kann er sich

1. an den Bundesbeauftragten für den Datenschutz wenden, wenn er eine Verletzung seiner Rechte durch eine in § 35 des Ersten Buches genannten Stelle des Bundes bei der Wahrnehmung von Aufgaben nach diesem Gesetzbuch behauptet,
2. an die nach Landesrecht für die Kontrolle des Datenschutzes zuständigen Stellen wenden, wenn er die Verletzung seiner Rechte durch eine andere in § 35 des Ersten Buches genannte Stelle bei der Wahrnehmung von Aufgaben nach diesem Gesetzbuch behauptet.

(2) ¹Bei der Wahrnehmung von Aufgaben nach diesem Gesetzbuch gelten für die in § 35 des Ersten Buches genannten Stellen die §§ 24 bis 26 des Bundesdatenschutzgesetzes. ²Bei öffentlichen Stellen der Länder, die unter § 35 des Ersten Buches fallen, treten an die Stelle des Bundesbeauftragten für den Datenschutz die Landesbeauftragten für den Datenschutz. ³Ihre Aufgaben und Befugnisse richten sich nach dem jeweiligen Landesrecht.

(3) ¹Verbände und Arbeitsgemeinschaften der in § 35 des Ersten Buches genannten Stellen oder ihrer Verbände gelten, soweit sie Aufgaben nach diesem Gesetzbuch wahrnehmen und an ihnen Stellen des Bundes beteiligt sind, unbeschadet ihrer Rechtsform als öffentliche Stellen des Bundes, wenn sie über den Bereich eines Landes hinaus tätig werden, anderenfalls als öffentliche Stellen der Länder. ²Sonstige Einrichtungen der in § 35 des Ersten Buches genannten Stellen oder ihrer Verbände gelten als öffentliche Stellen des Bundes, wenn die absolute Mehrheit der Anteile oder der Stimmen einer oder mehrerer öffentlicher Stellen dem Bund zusteht, anderenfalls als öffentliche Stellen der Länder. ³Die Datenstelle der Träger der Rentenversicherung nach § 145 Abs. 1 des Sechsten Buches gilt als öffentliche Stelle des Bundes.

(4) ¹Auf die in § 35 des Ersten Buches genannten Stellen und die Vermittlungsstellen nach § 67d Abs. 4 sind die §§ 4f, 4g mit Ausnahme des Absatzes 3 sowie § 18 Abs. 2 des Bundesdatenschutzgesetzes entsprechend anzuwenden. ²In räumlich getrennten Organisationseinheiten ist sicherzustellen, dass der Beauftragte für den Datenschutz bei der Erfüllung seiner Aufgaben unterstützt wird. ³Die Sätze 1 und 2 gelten nicht für öffentliche Stellen der Länder mit Ausnahme der Sozialversicherungsträger und ihrer Verbände. ⁴Absatz 2 Satz 2 und 3 gilt entsprechend.

§ 82 Schadensersatz

¹Fügt eine in § 35 des Ersten Buches genannte Stelle dem Betroffenen durch eine nach diesem Gesetzbuch oder nach anderen Vorschriften über den Datenschutz unzulässige oder unrichtige Erhebung, Verarbeitung oder Nutzung seiner personenbezogenen Sozialdaten einen Schaden zu, ist § 7 des Bundesdatenschutzgesetzes entsprechend anzuwenden. ²Für den Ersatz des Schadens bei unzulässiger oder unrichtiger automatisierter Erhebung, Verarbeitung oder Nutzung von personenbezogenen Sozialdaten gilt auch § 8 des Bundesdatenschutzgesetzes entsprechend.

§ 83 Auskunft an den Betroffenen

(1) ¹Dem Betroffenen ist auf Antrag Auskunft zu erteilen über
1. die zu seiner Person gespeicherten Sozialdaten, auch soweit sie sich auf die Herkunft dieser Daten beziehen,
2. die Empfänger oder Kategorien von Empfängern, an die Daten weitergegeben werden, und
3. den Zweck der Speicherung.

²In dem Antrag soll die Art der Sozialdaten, über die Auskunft erteilt werden soll, näher bezeichnet werden. ³Sind die Sozialdaten nicht automatisiert oder nicht in nicht automatisierten Dateien gespeichert, wird die Auskunft nur erteilt, soweit der Betroffene Angaben macht, die das Auffinden der Daten ermöglichen, und der für die Erteilung der Auskunft erforderliche Aufwand nicht außer Verhältnis zu dem vom Betroffenen geltend gemachten Informationsinteresse steht. ⁴Die verantwortliche Stelle bestimmt das Verfahren, insbesondere die Form der Auskunftserteilung, nach pflichtgemäßem Ermessen. ⁵§ 25 Abs. 2 gilt entsprechend.

(2) Für Sozialdaten, die nur deshalb gespeichert sind, weil sie auf Grund gesetzlicher, satzungsmäßiger oder vertraglicher Aufbewahrungsvorschriften nicht gelöscht werden dürfen, oder die ausschließlich Zwecken der Datensicherung oder der Datenschutzkontrolle dienen, gilt Absatz 1 nicht, wenn eine Auskunftserteilung einen unverhältnismäßigen Aufwand erfordern würde.

(3) Bezieht sich die Auskunftserteilung auf die Übermittlung von Sozialdaten an Staatsanwaltschaften und Gerichte im Bereich der Strafverfolgung, an Polizeibehörden, Verfas-

sungsschutzbehörden, den Bundesnachrichtendienst und den Militärischen Abschirmdienst, ist sie nur mit Zustimmung dieser Stellen zulässig.

(4) Die Auskunftserteilung unterbleibt, soweit

1. die Auskunft die ordnungsgemäße Erfüllung der in der Zuständigkeit der verantwortlichen Stelle liegenden Aufgaben gefährden würde,
2. die Auskunft die öffentliche Sicherheit gefährden oder sonst dem Wohle des Bundes oder eines Landes Nachteile bereiten würde oder
3. die Daten oder die Tatsache ihrer Speicherung nach einer Rechtsvorschrift oder ihrem Wesen nach, insbesondere wegen der überwiegenden berechtigten Interessen eines Dritten, geheim gehalten werden müssen,

und deswegen das Interesse des Betroffenen an der Auskunftserteilung zurücktreten muss.

(5) [1]Die Ablehnung der Auskunftserteilung bedarf keiner Begründung, soweit durch die Mitteilung der tatsächlichen und rechtlichen Gründe, auf die die Entscheidung gestützt wird, der mit der Auskunftsverweigerung verfolgte Zweck gefährdet würde. [2]In diesem Fall ist der Betroffene darauf hinzuweisen, dass er sich, wenn die in § 35 des Ersten Buches genannten Stellen der Kontrolle des Bundesbeauftragten für den Datenschutz unterliegen, an diesen, sonst an die nach Landesrecht für die Kontrolle des Datenschutzes zuständige Stelle wenden kann.

(6) Wird einem Auskunftsberechtigten keine Auskunft erteilt, so kann, soweit es sich um in § 35 des Ersten Buches genannten Stellen handelt, die der Kontrolle des Bundesbeauftragten für den Datenschutz unterliegen, dieser, sonst die nach Landesrecht für die Kontrolle des Datenschutzes zuständige Stelle auf Verlangen der Auskunftsberechtigten prüfen, ob die Ablehnung der Auskunftserteilung rechtmäßig war.

(7) Die Auskunft ist unentgeltlich.

§ 83a Informationspflicht bei unrechtmäßiger Kenntniserlangung von Sozialdaten

[1]Stellt eine in § 35 des Ersten Buches genannte Stelle fest, dass bei ihr gespeicherte besondere Arten personenbezogener Daten (§ 67 Absatz 12) unrechtmäßig übermittelt oder auf sonstige Weise Dritten unrechtmäßig zur Kenntnis gelangt sind und drohen schwerwiegende Beeinträchtigungen für die Rechte oder schutzwürdigen Interessen der Betroffenen, hat sie dies unverzüglich der nach § 90 des Vierten Buches zuständigen Aufsichtsbehörde, der zuständigen Datenschutzaufsichtsbehörde sowie den Betroffenen mitzuteilen. [2]§ 42a Satz 2 bis 6 des Bundesdatenschutzgesetzes gilt entsprechend.

§ 84 Berichtigung, Löschung und Sperrung von Daten; Widerspruchsrecht

(1) [1]Sozialdaten sind zu berichtigen, wenn sie unrichtig sind. [2]Wird die Richtigkeit von Sozialdaten von dem Betroffenen bestritten und lässt sich weder die Richtigkeit noch die Unrichtigkeit der Daten feststellen, bewirkt dies keine Sperrung, soweit es um die Erfüllung sozialer Aufgaben geht; die ungeklärte Sachlage ist in geeigneter Weise festzuhalten. [3]Die bestrittenen Daten dürfen nur mit einem Hinweis hierauf genutzt und übermittelt werden.

(1a) § 20 Abs. 5 des Bundesdatenschutzgesetzes gilt entsprechend.

(2) [1]Sozialdaten sind zu löschen, wenn ihre Speicherung unzulässig ist. [2]Sie sind auch zu löschen, wenn ihre Kenntnis für die verantwortliche Stelle zur rechtmäßigen Erfüllung der in ihrer Zuständigkeit liegenden Aufgaben nicht mehr erforderlich ist und kein Grund zu der Annahme besteht, dass durch die Löschung schutzwürdige Interessen des Betroffenen beeinträchtigt werden.

(3) An die Stelle einer Löschung tritt eine Sperrung, soweit

1. einer Löschung gesetzliche, satzungsmäßige oder vertragliche Aufbewahrungsfristen entgegenstehen,
2. Grund zu der Annahme besteht, dass durch eine Löschung schutzwürdige Interessen des Betroffenen beeinträchtigt würden, oder
3. eine Löschung wegen der besonderen Art der Speicherung nicht oder nicht mit angemessenem Aufwand möglich ist.

(4) Gesperrte Sozialdaten dürfen ohne Einwilligung des Betroffenen nur übermittelt oder genutzt werden, wenn

1. es zu wissenschaftlichen Zwecken, zur Behebung einer bestehenden Beweisnot oder aus sonstigen im überwiegenden Interesse der verantwortlichen Stelle oder eines Dritten liegenden Gründen unerlässlich ist und

2. die Sozialdaten hierfür übermittelt oder genutzt werden dürften, wenn sie nicht gesperrt wären.

(5) Von der Tatsache, dass Sozialdaten bestritten oder nicht mehr bestritten sind, von der Berichtigung unrichtiger Daten sowie der Löschung oder Sperrung wegen Unzulässigkeit der Speicherung sind die Stellen zu verständigen, denen im Rahmen einer Datenübermittlung diese Daten zur Speicherung weitergegeben worden sind, wenn dies keinen unverhältnismäßigen Aufwand erfordert und schutzwürdige Interessen des Betroffenen nicht entgegenstehen.

(6) § 71 Abs. 1 Satz 3 bleibt unberührt.

§ 84a Unabdingbare Rechte des Betroffenen

(1) Die Rechte des Betroffenen nach diesem Kapitel können nicht durch Rechtsgeschäft ausgeschlossen oder beschränkt werden.

(2) ¹Sind die Daten des Betroffenen automatisiert oder in einer nicht automatisierten Datei gespeichert und sind mehrere Stellen speicherungsberechtigt, kann der Betroffene sich an jede dieser Stellen wenden, wenn er nicht in der Lage ist festzustellen, welche Stelle die Daten gespeichert hat. ²Diese ist verpflichtet, das Vorbringen des Betroffenen an die Stelle, die die Daten gespeichert hat, weiterzuleiten. ³Der Betroffene ist über die Weiterleitung und jene Stelle zu unterrichten.

§ 85 Bußgeldvorschriften

(1) Ordnungswidrig handelt, wer vorsätzlich oder fahrlässig
1. entgegen § 78 Abs. 1 Satz 1 Sozialdaten verarbeitet oder nutzt, wenn die Handlung nicht nach Absatz 2 Nr. 5 geahndet werden kann,
1a. entgegen § 80 Absatz 2 Satz 2 einen Auftrag nicht richtig, nicht vollständig oder nicht in der vorgeschriebenen Weise erteilt,
1b. entgegen § 80 Absatz 2 Satz 4 sich nicht vor Beginn der Datenverarbeitung von der Einhaltung der beim Auftragnehmer getroffenen technischen und organisatorischen Maßnahmen überzeugt,
2. entgegen § 80 Abs. 4, auch in Verbindung mit § 67d Abs. 4 Satz 2, Sozialdaten anderweitig verarbeitet, nutzt oder länger speichert oder
3. entgegen § 81 Abs. 4 Satz 1 dieses Gesetzes in Verbindung mit § 4f Abs. 1 Satz 1 oder 2 des Bundesdatenschutzgesetzes, diese jeweils auch in Verbindung mit § 4f Abs. 1 Satz 3 und 6 des Bundesdatenschutzgesetzes, einen Beauftragten für den Datenschutz nicht oder nicht rechtzeitig bestellt.

(2) Ordnungswidrig handelt, wer vorsätzlich oder fahrlässig
1. unbefugt Sozialdaten, die nicht allgemein zugänglich sind, erhebt oder verarbeitet,
2. unbefugt Sozialdaten, die nicht allgemein zugänglich sind, zum Abruf mittels automatisierten Verfahrens bereithält,
3. unbefugt Sozialdaten, die nicht allgemein zugänglich sind, abruft oder sich oder einem anderen aus automatisierten Verarbeitungen oder nicht automatisierten Dateien verschafft,
4. die Übermittlung von Sozialdaten, die nicht allgemein zugänglich sind, durch unrichtige Angaben erschleicht,
5. entgegen § 67c Abs. 5 Satz 1 oder § 78 Abs. 1 Satz 1 Sozialdaten für andere Zwecke nutzt, indem er sie an Dritte weitergibt oder
6. entgegen § 83 Satz 1 eine Mitteilung nicht, nicht richtig, nicht vollständig oder nicht rechtzeitig macht.

(3) ¹Die Ordnungswidrigkeit kann im Falle des Absatzes 1 mit einer Geldbuße bis zu fünfzigtausend Euro, in den Fällen des Absatzes 2 mit einer Geldbuße bis zu dreihunderttausend Euro geahndet werden. ²Die Geldbuße soll den wirtschaftlichen Vorteil, den der Täter aus den Ordnungswidrigkeiten gezogen hat, übersteigen. ³Reichen die in Satz 1 genannten Beträge hierfür nicht aus, so können sie überschritten werden.

§ 85a Strafvorschriften

(1) Wer eine in § 85 Abs. 2 bezeichnete vorsätzliche Handlung gegen Entgelt oder in der Absicht, sich oder einen anderen zu bereichern oder einen anderen zu schädigen, begeht, wird mit Freiheitsstrafe bis zu zwei Jahren oder mit Geldstrafe bestraft.

(2) ¹Die Tat wird nur auf Antrag verfolgt. ²Antragsberechtigt sind der Betroffene, die verantwortliche Stelle, der Bundesbeauftragte für den Datenschutz oder der zuständige Landesbeauftragte für den Datenschutz.

Drittes Kapitel. Zusammenarbeit der Leistungsträger und ihre Beziehungen zu Dritten

Erster Abschnitt. Zusammenarbeit der Leistungsträger untereinander und mit Dritten

Erster Titel. Allgemeine Vorschriften

§ 86 Zusammenarbeit

Die Leistungsträger, ihre Verbände und die in diesem Gesetzbuch genannten öffentlich-rechtlichen Vereinigungen sind verpflichtet, bei der Erfüllung ihrer Aufgaben nach diesem Gesetzbuch eng zusammenzuarbeiten.

Zweiter Titel. Zusammenarbeit der Leistungsträger untereinander

§ 87 Beschleunigung der Zusammenarbeit

(1) ¹Ersucht ein Leistungsträger einen anderen Leistungsträger um Verrechnung mit einer Nachzahlung und kann er die Höhe des zu verrechnenden Anspruchs noch nicht bestimmen, ist der ersuchte Leistungsträger dagegen bereits in der Lage, die Nachzahlung zu erbringen, ist die Nachzahlung spätestens innerhalb von zwei Monaten nach Zugang des Verrechnungsersuchens zu leisten. ²Soweit die Nachzahlung nach Auffassung der beteiligten Leistungsträger die Ansprüche der ersuchenden Leistungsträger übersteigt, ist sie unverzüglich auszuzahlen.

(2) ¹Ist ein Anspruch auf eine Geldleistung auf einen anderen Leistungsträger übergegangen und ist der Anspruchsübergang sowohl diesem als auch dem verpflichteten Leistungsträger bekannt, hat der verpflichtete Leistungsträger die Geldleistung nach Ablauf von zwei Monaten seit dem Zeitpunkt, in dem die Auszahlung frühestens möglich ist, an den Berechtigten auszuzahlen, soweit ihm bis zu diesem Zeitpunkt nicht bekannt ist, in welcher Höhe der Anspruch dem anderen Leistungsträger zusteht. ²Die Auszahlung hat gegenüber dem anderen Leistungsträger befreiende Wirkung. ³Absatz 1 Satz 2 gilt entsprechend.

§ 88 Auftrag

(1) ¹Ein Leistungsträger (Auftraggeber) kann ihm obliegende Aufgaben durch einen anderen Leistungsträger oder seinen Verband (Beauftragter) mit dessen Zustimmung wahrnehmen lassen, wenn dies

1. wegen des sachlichen Zusammenhangs der Aufgaben von Auftraggeber und Beauftragten,
2. zur Durchführung der Aufgaben und
3. im wohlverstandenen Interesse der Betroffenen

zweckmäßig ist. ²Satz 1 gilt nicht im Recht der Ausbildungsförderung, der Kriegsopferfürsorge, des Kindergelds, der Unterhaltsvorschüsse und Unterhaltsausfallleistungen, im Wohngeldrecht sowie im Recht der Jugendhilfe und der Sozialhilfe.

(2) ¹Der Auftrag kann für Einzelfälle sowie für gleichartige Fälle erteilt werden. ²Ein wesentlicher Teil des gesamten Aufgabenbereichs muss beim Auftraggeber verbleiben.

(3) ¹Verbände dürfen Verwaltungsakte nur erlassen, soweit sie hierzu durch Gesetz oder auf Grund eines Gesetzes berechtigt sind. ²Darf der Verband Verwaltungsakte erlassen, ist die Berechtigung in der für die amtlichen Veröffentlichungen des Verbands sowie der Mitglieder vorgeschriebenen Weise bekannt zu machen.

(4) Der Auftraggeber hat einen Auftrag für gleichartige Fälle in der für seine amtlichen Veröffentlichungen vorgeschriebenen Weise bekannt zu machen.

§ 89 Ausführung des Auftrags

(1) Verwaltungsakte, die der Beauftragte zur Ausführung des Auftrags erlässt, ergehen im Namen des Auftraggebers.

(2) Durch den Auftrag wird der Auftraggeber nicht von seiner Verantwortung gegenüber dem Betroffenen entbunden.

(3) Der Beauftragte hat dem Auftraggeber die erforderlichen Mitteilungen zu machen, auf Verlangen über die Ausführung des Auftrags Auskunft zu erteilen und nach der Ausführung des Auftrags Rechenschaft abzulegen.

(4) Der Auftraggeber ist berechtigt, die Ausführung des Auftrags jederzeit zu prüfen.

(5) Der Auftraggeber ist berechtigt, den Beauftragten an seine Auffassung zu binden.

§ 90 Anträge und Widerspruch beim Auftrag

[1]Der Beteiligte kann auch beim Beauftragten Anträge stellen. [2]Erhebt der Beteiligte gegen eine Entscheidung des Beauftragten Widerspruch und hilft der Beauftragte diesem nicht ab, erlässt den Widerspruchsbescheid die für den Auftraggeber zuständige Widerspruchsstelle.

§ 91 Erstattung von Aufwendungen

(1) [1]Erbringt ein Beauftragter Sozialleistungen für einen Auftraggeber, ist dieser zur Erstattung verpflichtet. [2] Sach- und Dienstleistungen sind in Geld zu erstatten. [3]Eine Erstattungspflicht besteht nicht, soweit Sozialleistungen zu Unrecht erbracht worden sind und den Beauftragten hierfür ein Verschulden trifft.

(2) [1]Die bei der Ausführung des Auftrags entstehenden Kosten sind zu erstatten. [2]Absatz 1 Satz 3 gilt entsprechend.

(3) Für die zur Ausführung des Auftrags erforderlichen Aufwendungen hat der Auftraggeber dem Beauftragten auf Verlangen einen angemessenen Vorschuss zu zahlen.

(4) Abweichende Vereinbarungen, insbesondere über pauschalierte Erstattungen, sind zulässig.

§ 92 Kündigung des Auftrags

[1]Der Auftraggeber oder der Beauftragte kann den Auftrag kündigen. [2]Die Kündigung darf nur zu einem Zeitpunkt erfolgen, der es ermöglicht, dass der Auftraggeber für die Erledigung der Aufgabe auf andere Weise rechtzeitig Vorsorge treffen kann und der Beauftragte sich auf den Wegfall des Auftrags in angemessener Zeit einstellen kann. [3]Liegt ein wichtiger Grund vor, kann mit sofortiger Wirkung gekündigt werden. [4]§ 88 Abs. 4 gilt entsprechend.

§ 93 Gesetzlicher Auftrag

Handelt ein Leistungsträger auf Grund gesetzlichen Auftrags für einen anderen, gelten § 89 Abs. 3 und 5 sowie § 91 Abs. 1 und 3 entsprechend.

§ 94 Arbeitsgemeinschaften

(1) Die Arbeitsgemeinschaft für Krebsbekämpfung der Träger der gesetzlichen Kranken- und Rentenversicherung im Lande Nordrhein-Westfalen, die Rheinische Arbeitsgemeinschaft zur Rehabilitation Suchtkranker, die Westfälische Arbeitsgemeinschaft zur Rehabilitation Suchtkranker, die Arbeitsgemeinschaft zur Rehabilitation Suchtkranker im Lande Hessen sowie die Arbeitsgemeinschaft für Heimdialyse im Lande Hessen sind berechtigt, Verwaltungsakte zu erlassen zur Erfüllung der Aufgaben, die ihnen am 1. Juli 1981 übertragen waren.

(1 a) [1]Träger der Sozialversicherung, Verbände von Trägern der Sozialversicherung und die Bundesagentur für Arbeit einschließlich der in § 19 a Abs. 2 des Ersten Buches genannten anderen Leistungsträger können insbesondere zur gegenseitigen Unterrichtung, Abstimmung, Koordinierung und Förderung der engen Zusammenarbeit im Rahmen der

ihnen gesetzlich übertragenen Aufgaben Arbeitsgemeinschaften bilden. ²Die Aufsichtsbehörde ist vor der Bildung von Arbeitsgemeinschaften und dem Beitritt zu ihnen so rechtzeitig und umfassend zu unterrichten, dass ihr ausreichend Zeit zur Prüfung bleibt. ³Die Aufsichtsbehörde kann auf eine Unterrichtung verzichten.

(2) ¹Können nach diesem Gesetzbuch Arbeitsgemeinschaften gebildet werden, unterliegen diese staatlicher Aufsicht, die sich auf die Beachtung von Gesetz und sonstigem Recht erstreckt, das für die Arbeitsgemeinschaften, die Leistungsträger und ihre Verbände maßgebend ist; die §§ 85, 88, 90 und 90a des Vierten Buches gelten entsprechend; ist ein Spitzenverband der gesetzlichen Krankenkassen oder die Bundesagentur für Arbeit Mitglied einer Arbeitsgemeinschaft, führt das zuständige Bundesministerium in Abstimmung mit den für die übrigen Mitglieder zuständigen Aufsichtsbehörden die Aufsicht. ²Fehlt ein Zuständigkeitsbereich im Sinne von § 90 des Vierten Buches, führen die Aufsicht die für die Sozialversicherung zuständigen obersten Verwaltungsbehörden oder die von der Landesregierung durch Rechtsverordnung bestimmten Behörden des Landes, in dem die Arbeitsgemeinschaften ihren Sitz haben; die Landesregierungen können diese Ermächtigung durch Rechtsverordnung auf die obersten Landesbehörden weiter übertragen. ³Soweit die Arbeitsgemeinschaft die Aufgaben der Registratur Fachverfahren nach § 96 Abs. 2 des Vierten Buches wahrnimmt, führt das Bundesministerium für Gesundheit die Aufsicht im Einvernehmen mit dem Bundesministerium für Arbeit und Soziales.

(3) Soweit erforderlich, stellt eine Arbeitsgemeinschaft unter entsprechender Anwendung von § 67 des Vierten Buches einen Haushaltsplan auf.

(4) § 88 Abs. 1 Satz 1 und Abs. 2 gilt entsprechend.

§ 95 Zusammenarbeit bei Planung und Forschung

(1) ¹Die in § 86 genannten Stellen sollen
1. Planungen, die auch für die Willensbildung und Durchführung von Aufgaben der anderen von Bedeutung sind, im Benehmen miteinander abstimmen sowie
2. gemeinsame örtliche und überörtliche Pläne in ihrem Aufgabenbereich über soziale Dienste und Einrichtungen, insbesondere deren Bereitstellung und Inanspruchnahme, anstreben.

²Die jeweiligen Gebietskörperschaften sowie die gemeinnützigen und freien Einrichtungen und Organisationen sollen insbesondere hinsichtlich der Bedarfsermittlung beteiligt werden.

(2) Die in § 86 genannten Stellen sollen Forschungsvorhaben über den gleichen Gegenstand aufeinander abstimmen.

§ 96 Ärztliche Untersuchungen, psychologische Eignungsuntersuchungen

(1) ¹Veranlasst ein Leistungsträger eine ärztliche Untersuchungsmaßnahme oder eine psychologische Eignungsuntersuchungsmaßnahme, um festzustellen, ob die Voraussetzungen für eine Sozialleistung vorliegen, sollen die Untersuchungen in der Art und Weise vorgenommen und deren Ergebnisse so festgehalten werden, dass sie auch bei der Prüfung der Voraussetzungen anderer Sozialleistungen verwendet werden können. ²Der Umfang der Untersuchungsmaßnahme richtet sich nach der Aufgabe, die der Leistungsträger, der die Untersuchung veranlasst hat, zu erfüllen hat. ³Die Untersuchungsbefunde sollen bei der Feststellung, ob die Voraussetzungen einer anderen Sozialleistung vorliegen, verwertet werden.

(2) ¹Durch Vereinbarungen haben die Leistungsträger sicherzustellen, dass Untersuchungen unterbleiben, soweit bereits verwertbare Untersuchungsergebnisse vorliegen. ²Für den Einzelfall sowie nach Möglichkeit für eine Vielzahl von Fällen haben die Leistungsträger zu vereinbaren, dass bei der Begutachtung der Voraussetzungen von Sozialleistungen die Untersuchungen nach einheitlichen und vergleichbaren Grundlagen, Maßstäben und Verfahren vorgenommen und die Ergebnisse der Untersuchungen festgehalten werden. ³Sie können darüber hinaus vereinbaren, dass sich der Umfang der Untersuchungsmaßnahme nach den Aufgaben der beteiligten Leistungsträger richtet; soweit die Untersuchungsmaßnahme hierdurch erweitert ist, ist die Zustimmung des Betroffenen erforderlich.

(3) Die Bildung einer Zentraldatei mehrerer Leistungsträger für Daten der ärztlich untersuchten Leistungsempfänger ist nicht zulässig.

Dritter Titel. Zusammenarbeit der Leistungsträger mit Dritten

§ 97 Durchführung von Aufgaben durch Dritte

(1) ¹Kann ein Leistungsträger, ein Verband von Leistungsträgern oder eine Arbeitsgemeinschaft von einem Dritten Aufgaben wahrnehmen lassen, muss sichergestellt sein, dass der Dritte die Gewähr für eine sachgerechte, die Rechte und Interessen des Betroffenen wahrende Erfüllung der Aufgaben bietet. ²Soweit Aufgaben aus dem Bereich der Sozialversicherung von einem Dritten, an dem ein Leistungsträger, ein Verband oder eine Arbeitsgemeinschaft unmittelbar oder mittelbar beteiligt ist, wahrgenommen werden sollen, hat der Leistungsträger, der Verband oder die Arbeitsgemeinschaft den Dritten zu verpflichten, dem Auftraggeber auf Verlangen alle Unterlagen vorzulegen und über alle Tatsachen Auskunft zu erteilen, die zur Ausübung des Aufsichtsrechts über die Auftraggeber auf Grund pflichtgemäßer Prüfung der Aufsichtsbehörde des Auftraggebers erforderlich sind. ³Die Aufsichtsbehörde ist durch den Leistungsträger, den Verband oder die Arbeitsgemeinschaft so rechtzeitig und umfassend zu unterrichten, dass ihr vor der Aufgabenübertragung oder einer Änderung ausreichend Zeit zur Prüfung bleibt. ⁴Die Aufsichtsbehörde kann auf eine Unterrichtung verzichten. ⁵Die Sätze 3 und 4 gelten nicht für die Bundesagentur für Arbeit.

(2) § 89 Abs. 3 bis 5, § 91 Abs. 1 bis 3 sowie § 92 gelten entsprechend.

§ 98 Auskunftspflicht des Arbeitgebers

(1) ¹Soweit es in der Sozialversicherung einschließlich der Arbeitslosenversicherung im Einzelfall für die Erbringung von Sozialleistungen erforderlich ist, hat der Arbeitgeber auf Verlangen dem Leistungsträger oder der zuständigen Einzugsstelle Auskunft über die Art und Dauer der Beschäftigung, den Beschäftigungsort und das Arbeitsentgelt zu erteilen. ²Wegen der Entrichtung von Beiträgen hat der Arbeitgeber auf Verlangen über alle Tatsachen Auskunft zu erteilen, die für die Erhebung der Beiträge notwendig sind. ³Der Arbeitgeber hat auf Verlangen die Geschäftsbücher, Listen oder andere Unterlagen, aus denen die Angaben über die Beschäftigung hervorgehen, während der Betriebszeit nach seiner Wahl den in Satz 1 bezeichneten Stellen entweder in deren Geschäftsräumen oder in seinen eigenen Geschäftsräumen zur Einsicht vorzulegen. ⁴Das Wahlrecht nach Satz 3 entfällt, wenn besondere Gründe eine Prüfung in den Geschäftsräumen des Arbeitgebers gerechtfertigt erscheinen lassen. ⁵Satz 4 gilt nicht gegenüber Arbeitgebern des öffentlichen Dienstes. ⁶Die Sätze 2 bis 5 gelten auch für Stellen im Sinne des § 28p Abs. 6 des Vierten Buches.

(1a) Soweit die Träger der Rentenversicherung nach § 28p des Vierten Buches prüfberechtigt sind, bestehen die Verpflichtungen nach Absatz 1 Satz 3 bis 6 gegenüber den Einzugsstellen wegen der Entrichtung des Gesamtsozialversicherungsbeitrags nicht; die Verpflichtung nach Absatz 1 Satz 2 besteht gegenüber den Einzugsstellen nur im Einzelfall.

(2) ¹Wird die Auskunft wegen der Erbringung von Sozialleistungen verlangt, gilt § 65 Abs. 1 des Ersten Buches entsprechend. ²Auskünfte auf Fragen, deren Beantwortung dem Arbeitgeber selbst oder einer ihm nahe stehenden Person (§ 383 Abs. 1 Nr. 1 bis 3 der Zivilprozessordnung) die Gefahr zuziehen würde, wegen einer Straftat oder einer Ordnungswidrigkeit verfolgt zu werden, können verweigert werden; dem Arbeitgeber stehen die in Absatz 1 Satz 6 genannten Stellen gleich.

(3) Hinsichtlich des Absatzes 1 Satz 2 und 3 sowie des Absatzes 2 stehen einem Arbeitgeber die Personen gleich, die wie ein Arbeitgeber Beiträge für eine kraft Gesetzes versicherte Person zu entrichten haben.

(4) Das Bundesministerium für Arbeit und Soziales kann durch Rechtsverordnung mit Zustimmung des Bundesrates das Nähere über die Durchführung der in Absatz 1 genannten Mitwirkung bestimmen.

(5) ¹Ordnungswidrig handelt, wer vorsätzlich oder leichtfertig
1. entgegen Absatz 1 Satz 1 oder
2. entgegen Absatz 1 Satz 2 oder Satz 3, jeweils auch in Verbindung mit Absatz 1 Satz 6 oder Absatz 3,

eine Auskunft nicht, nicht richtig, nicht vollständig oder nicht rechtzeitig erteilt oder eine Unterlage nicht, nicht richtig, nicht vollständig oder nicht rechtzeitig vorlegt. ²Die Ordnungswidrigkeit kann mit einer Geldbuße bis zu fünftausend Euro geahndet werden. ³Die Sätze 1 und 2 gelten nicht für die Leistungsträger, wenn sie wie ein Arbeitgeber Beiträge für eine kraft Gesetzes versicherte Person zu entrichten haben.

§ 99 Auskunftspflicht von Angehörigen, Unterhaltspflichtigen oder sonstigen Personen

¹Ist nach dem Recht der Sozialversicherung einschließlich der Arbeitslosenversicherung oder dem sozialen Entschädigungsrecht

1. das Einkommen oder das Vermögen von Angehörigen des Leistungsempfängers oder sonstiger Personen bei einer Sozialleistung oder ihrer Erstattung zu berücksichtigen oder
2. die Sozialleistung oder ihre Erstattung von der Höhe eines Unterhaltsanspruchs abhängig, der dem Leistungsempfänger gegen einen Unterhaltspflichtigen zusteht,

gelten für diese Personen § 60 Abs. 1 Nr. 1 und 3 sowie § 65 Abs. 1 des Ersten Buches entsprechend. ²Das Gleiche gilt für den in Satz 1 genannten Anwendungsbereich in den Fällen, in denen Unterhaltspflichtige, Angehörige, der frühere Ehegatte oder Erben zum Ersatz der Aufwendungen des Leistungsträgers herangezogen werden. ³Auskünfte auf Fragen, deren Beantwortung einem nach Satz 1 oder Satz 2 Auskunftspflichtigen oder einer ihm nahe stehenden Person (§ 383 Abs. 1 Nr. 1 bis 3 der Zivilprozessordnung) die Gefahr zuziehen würde, wegen einer Straftat oder einer Ordnungswidrigkeit verfolgt zu werden, können verweigert werden.

§ 100 Auskunftspflicht des Arztes oder Angehörigen eines anderen Heilberufs

(1) ¹Der Arzt oder Angehörige eines anderen Heilberufs ist verpflichtet, dem Leistungsträger im Einzelfall auf Verlangen Auskunft zu erteilen, soweit es für die Durchführung von dessen Aufgaben nach diesem Gesetzbuch erforderlich und

1. es gesetzlich zugelassen ist oder
2. der Betroffene im Einzelfall eingewilligt hat.

²Die Einwilligung bedarf der Schriftform, soweit nicht wegen besonderer Umstände eine andere Form angemessen ist. ³Die Sätze 1 und 2 gelten entsprechend für Krankenhäuser sowie für Vorsorge- oder Rehabilitationseinrichtungen.

(2) Auskünfte auf Fragen, deren Beantwortung dem Arzt, dem Angehörigen eines anderen Heilberufs oder ihnen nahe stehenden Personen (§ 383 Abs. 1 Nr. 1 bis 3 der Zivilprozessordnung) die Gefahr zuziehen würde, wegen einer Straftat oder einer Ordnungswidrigkeit verfolgt zu werden, können verweigert werden.

§ 101 Auskunftspflicht der Leistungsträger

¹Die Leistungsträger haben auf Verlangen eines behandelnden Arztes Untersuchungsbefunde, die für die Behandlung von Bedeutung sein können, mitzuteilen, sofern der Betroffene im Einzelfall in die Mitteilung eingewilligt hat. ²§ 100 Abs. 1 Satz 2 gilt entsprechend.

§ 101 a Mitteilungen der Meldebehörden

(1) Die Datenstelle der Träger der Rentenversicherung übermittelt die Mitteilungen aller Sterbefälle und Anschriftenänderungen (§ 196 Abs. 2 des Sechsten Buches) unverzüglich an die Deutsche Post AG.

(2) Die Mitteilungen, die von der Datenstelle der Träger der Rentenversicherung an die Deutsche Post AG übermittelt werden, dürfen von der Deutschen Post AG

1. nur dazu verwendet werden, um laufende Geldleistungen der Leistungsträger, der in § 69 Abs. 2 genannten Stellen sowie ausländischer Leistungsträger mit laufenden Geldleistungen in die Bundesrepublik Deutschland einzustellen oder deren Einstellung zu veranlassen sowie um Anschriften von Empfängern laufender Geldleistungen der Leistungsträger und der in § 69 Abs. 2 genannten Stellen zu berichtigen oder deren Berichtigung zu veranlassen, und darüber hinaus
2. nur weiter übermittelt werden, um den Trägern der Unfallversicherung, den landwirtschaftlichen Alterskassen und den in § 69 Abs. 2 genannten Zusatzversorgungseinrichtungen eine Aktualisierung ihrer Versichertenbestände oder Mitgliederbestände zu ermöglichen.

(3) Die Verwendung und Übermittlung der Mitteilungen erfolgt

1. in der allgemeinen Rentenversicherung im Rahmen des gesetzlichen Auftrags der Deutschen Post AG nach § 119 Abs. 1 Satz 1 des Sechsten Buches,

2. im Übrigen im Rahmen eines öffentlich-rechtlichen oder privatrechtlichen Vertrages der Deutschen Post AG mit den Leistungsträgern oder den in § 69 Abs. 2 genannten Stellen.

Zweiter Abschnitt. Erstattungsansprüche der Leistungsträger untereinander

§ 102 Anspruch des vorläufig leistenden Leistungsträgers

(1) Hat ein Leistungsträger auf Grund gesetzlicher Vorschriften vorläufig Sozialleistungen erbracht, ist der zur Leistung verpflichtete Leistungsträger erstattungspflichtig.

(2) Der Umfang des Erstattungsanspruchs richtet sich nach den für den vorleistenden Leistungsträger geltenden Rechtsvorschriften.

§ 103 Anspruch des Leistungsträgers, dessen Leistungsverpflichtung nachträglich entfallen ist

(1) Hat ein Leistungsträger Sozialleistungen erbracht und ist der Anspruch auf diese nachträglich ganz oder teilweise entfallen, ist der für die entsprechende Leistung zuständige Leistungsträger erstattungspflichtig, soweit dieser nicht bereits selbst geleistet hat, bevor er von der Leistung des anderen Leistungsträgers Kenntnis erlangt hat.

(2) Der Umfang des Erstattungsanspruchs richtet sich nach den für den zuständigen Leistungsträger geltenden Rechtsvorschriften.

(3) Die Absätze 1 und 2 gelten gegenüber den Trägern der Sozialhilfe, der Kriegsopferfürsorge und der Jugendhilfe nur von dem Zeitpunkt ab, von dem ihnen bekannt war, dass die Voraussetzungen für ihre Leistungspflicht vorlagen.

§ 104 Anspruch des nachrangig verpflichteten Leistungsträgers

(1) [1]Hat ein nachrangig verpflichteter Leistungsträger Sozialleistungen erbracht, ohne dass die Voraussetzungen von § 103 Abs. 1 vorliegen, ist der Leistungsträger erstattungspflichtig, gegen den der Berechtigte vorrangig einen Anspruch hat oder hatte, soweit der Leistungsträger nicht bereits selbst geleistet hat, bevor er von der Leistung des anderen Leistungsträgers Kenntnis erlangt hat. [2]Nachrangig verpflichtet ist ein Leistungsträger, soweit dieser bei rechtzeitiger Erfüllung der Leistungsverpflichtung eines anderen Leistungsträgers selbst nicht zur Leistung verpflichtet gewesen wäre. [3]Ein Erstattungsanspruch besteht nicht, soweit der nachrangige Leistungsträger seine Leistungen auch bei Leistung des vorrangig verpflichteten Leistungsträgers hätte erbringen müssen. [4]Satz 1 gilt entsprechend, wenn von den Trägern der Sozialhilfe, der Kriegsopferfürsorge und der Jugendhilfe Aufwendungsersatz geltend gemacht oder ein Kostenbeitrag erhoben werden kann; Satz 3 gilt in diesen Fällen nicht.

(2) Absatz 1 gilt auch dann, wenn von einem nachrangig verpflichteten Leistungsträger für einen Angehörigen Sozialleistungen erbracht worden sind und ein anderer mit Rücksicht auf diesen Angehörigen einen Anspruch auf Sozialleistungen, auch auf besonders bezeichnete Leistungsteile, gegenüber einem vorrangig verpflichteten Leistungsträger hat oder hatte.

(3) Der Umfang des Erstattungsanspruchs richtet sich nach den für den vorrangig verpflichteten Leistungsträger geltenden Rechtsvorschriften.

(4) Sind mehrere Leistungsträger vorrangig verpflichtet, kann der Leistungsträger, der die Sozialleistung erbracht hat, Erstattung nur von dem Leistungsträger verlangen, für den er nach § 107 Abs. 2 mit befreiender Wirkung geleistet hat.

§ 105 Anspruch des unzuständigen Leistungsträgers

(1) [1]Hat ein unzuständiger Leistungsträger Sozialleistungen erbracht, ohne dass die Voraussetzungen von § 102 Abs. 1 vorliegen, ist der zuständige oder zuständig gewesene Leistungsträger erstattungspflichtig, soweit dieser nicht bereits selbst geleistet hat, bevor er von der Leistung des anderen Leistungsträgers Kenntnis erlangt hat. [2]§ 104 Abs. 2 gilt entsprechend.

(2) Der Umfang des Erstattungsanspruchs richtet sich nach den für den zuständigen Leistungsträger geltenden Rechtsvorschriften.

(3) Die Absätze 1 und 2 gelten gegenüber den Trägern der Sozialhilfe, der Kriegsopferfürsorge und der Jugendhilfe nur von dem Zeitpunkt ab, von dem ihnen bekannt war, dass die Voraussetzungen für ihre Leistungspflicht vorlagen.

§ 106 Rangfolge bei mehreren Erstattungsberechtigten

(1) Ist ein Leistungsträger mehreren Leistungsträgern zur Erstattung verpflichtet, sind die Ansprüche in folgender Rangfolge zu befriedigen:
1. (weggefallen)
2. der Anspruch des vorläufig leistenden Leistungsträgers nach § 102,
3. der Anspruch des Leistungsträgers, dessen Leistungsverpflichtung nachträglich entfallen ist, nach § 103,
4. der Anspruch des nachrangig verpflichteten Leistungsträgers nach § 104,
5. der Anspruch des unzuständigen Leistungsträgers nach § 105.

(2) [1]Treffen ranggleiche Ansprüche von Leistungsträgern zusammen, sind diese anteilsmäßig zu befriedigen. [2]Machen mehrere Leistungsträger Ansprüche nach § 104 geltend, ist zuerst derjenige zu befriedigen, der im Verhältnis der nachrangigen Leistungsträger untereinander einen Erstattungsanspruch nach § 104 hätte.

(3) Der Erstattungspflichtige muss insgesamt nicht mehr erstatten, als er nach den für ihn geltenden Erstattungsvorschriften einzeln zu erbringen hätte.

§ 107 Erfüllung

(1) Soweit ein Erstattungsanspruch besteht, gilt der Anspruch des Berechtigten gegen den zur Leistung verpflichteten Leistungsträger als erfüllt.

(2) [1]Hat der Berechtigte Ansprüche gegen mehrere Leistungsträger, gilt der Anspruch als erfüllt, den der Träger, der die Sozialleistung erbracht hat, bestimmt. [2]Die Bestimmung ist dem Berechtigten gegenüber unverzüglich vorzunehmen und den übrigen Leistungsträgern mitzuteilen.

§ 108 Erstattung in Geld, Verzinsung

(1) Sach- und Dienstleistungen sind in Geld zu erstatten.

(2) [1]Ein Erstattungsanspruch der Träger der Sozialhilfe, der Kriegsopferfürsorge und der Jugendhilfe ist von anderen Leistungsträgern
1. für die Dauer des Erstattungszeitraumes und
2. für den Zeitraum nach Ablauf eines Kalendermonats nach Eingang des vollständigen, den gesamten Erstattungszeitraum umfassenden Erstattungsantrages beim zuständigen Erstattungsverpflichteten bis zum Ablauf des Kalendermonats vor der Zahlung

auf Antrag mit 4 vom Hundert zu verzinsen. [2]Die Verzinsung beginnt frühestens nach Ablauf von sechs Kalendermonaten nach Eingang des vollständigen Leistungsantrages des Leistungsberechtigten beim zuständigen Leistungsträger, beim Fehlen eines Antrages nach Ablauf eines Kalendermonats nach Bekanntgabe der Entscheidung über die Leistung. [3]§ 44 Abs. 3 des Ersten Buches findet Anwendung; § 16 des Ersten Buches gilt nicht.

§ 109 Verwaltungskosten und Auslagen

[1]Verwaltungskosten sind nicht zu erstatten. [2]Auslagen sind auf Anforderung zu erstatten, wenn sie im Einzelfall 200 Euro übersteigen. [3]Die Bundesregierung kann durch Rechtsverordnung mit Zustimmung des Bundesrates den in Satz 2 genannten Betrag entsprechend der jährlichen Steigerung der monatlichen Bezugsgröße nach § 18 des Vierten Buches anheben und dabei auf zehn Euro nach unten oder oben runden.

§ 110 Pauschalierung

[1]Die Leistungsträger haben ihre Erstattungsansprüche pauschal abzugelten, soweit dies zweckmäßig ist. [2]Beträgt im Einzelfall ein Erstattungsanspruch voraussichtlich weniger als 50 Euro, erfolgt keine Erstattung. [3]Die Leistungsträger können abweichend von Satz 2 höhere Beträge vereinbaren. [4]Die Bundesregierung kann durch Rechtsverordnung mit Zustimmung des Bundesrates den in Satz 2 genannten Betrag entsprechend der jährlichen Steigerung der monatlichen Bezugsgröße nach § 18 des Vierten Buches anheben und dabei auf zehn Euro nach unten oder oben runden.

§ 111 Ausschlussfrist

¹Der Anspruch auf Erstattung ist ausgeschlossen, wenn der Erstattungsberechtigte ihn nicht spätestens zwölf Monate nach Ablauf des letzten Tages, für den die Leistung erbracht wurde, geltend macht. ²Der Lauf der Frist beginnt frühestens mit dem Zeitpunkt, zu dem der erstattungsberechtigte Leistungsträger von der Entscheidung des erstattungspflichtigen Leistungsträgers über seine Leistungspflicht Kenntnis erlangt hat.

§ 112 Rückerstattung

Soweit eine Erstattung zu Unrecht erfolgt ist, sind die gezahlten Beträge zurückzuerstatten.

§ 113 Verjährung

(1) ¹Erstattungsansprüche verjähren in vier Jahren nach Ablauf des Kalenderjahres, in dem der erstattungsberechtigte Leistungsträger von der Entscheidung des erstattungspflichtigen Leistungsträgers über dessen Leistungspflicht Kenntnis erlangt hat. ²Rückerstattungsansprüche verjähren in vier Jahren nach Ablauf des Kalenderjahres, in dem die Erstattung zu Unrecht erfolgt ist.

(2) Für die Hemmung, die Ablaufhemmung, den Neubeginn und die Wirkung der Verjährung gelten die Vorschriften des Bürgerlichen Gesetzbuchs sinngemäß.

§ 114 Rechtsweg

¹Für den Erstattungsanspruch ist derselbe Rechtsweg wie für den Anspruch auf die Sozialleistung gegeben. ²Maßgebend ist im Fall des § 102 der Anspruch gegen den vorleistenden Leistungsträger und im Fall der §§ 103 bis 105 der Anspruch gegen den erstattungspflichtigen Leistungsträger.

Dritter Abschnitt. Erstattungs- und Ersatzansprüche der Leistungsträger gegen Dritte

§ 115 Ansprüche gegen den Arbeitgeber

(1) Soweit der Arbeitgeber den Anspruch des Arbeitnehmers auf Arbeitsentgelt nicht erfüllt und deshalb ein Leistungsträger Sozialleistungen erbracht hat, geht der Anspruch des Arbeitnehmers gegen den Arbeitgeber auf den Leistungsträger bis zur Höhe der erbrachten Sozialleistungen über.

(2) Der Übergang wird nicht dadurch ausgeschlossen, dass der Anspruch nicht übertragen, verpfändet oder gepfändet werden kann.

(3) An Stelle der Ansprüche des Arbeitnehmers auf Sachbezüge tritt im Fall des Absatzes 1 der Anspruch auf Geld; die Höhe bestimmt sich nach den nach § 17 Abs. 1 Satz 1 Nr. 3 des Vierten Buches festgelegten Werten der Sachbezüge.

A. Normzweck

Haben Arbeitnehmer einen Anspruch gegen ihren Arbeitgeber **auf Arbeitsentgelt** und erfüllt der Arbeitgeber diesen Anspruch nicht, treten Sozialleistungsträger häufig in Vorleistung, sei es weil Arbeitnehmer einen Anspruch (§ 38 Abs. 1 SGB I) auf die sozialrechtliche „**Vorleistung**" haben, sei es dass die Leistung nach Ermessen (§ 39 SGB I) gewährt wird. Die damit verbundene Vorfinanzierung des Arbeitsentgelts soll natürlich den Arbeitgeber nicht von seinen Pflichten entlasten, der Arbeitnehmer soll andererseits nicht am Ende die sozialrechtliche Vorausleistung und das Arbeitsentgelt erhalten, das er ja weiterhin aufgrund des Arbeitsverhältnisses beanspruchen könnte (vgl. BSG 23. 6. 1981 – 7 RAr 29/80 – BSGE 52, 47; 3. 3. 1993 – 11 RAr 49/92 – BSGE 72, 111). Schließlich sollen die vorleistenden Sozialleistungsträger nicht (auf Kosten der Versichertengemeinschaft oder des Steuerzahlers) das Nachsehen haben. Auf § 115 verweisen die §§ 143 Abs. 3, 143a Abs. 4 SGB III, § 93 Abs. 4 SGB XII. Da gem. § 115 kraft Gesetzes übergegangene Ansprüche auf dem Arbeitsverhältnis beruhen, ist der Rechtsweg zu den Arbeitsgerichten eröffnet (BAG 12. 6. 1997 – AZB 5/97 – AP Nr. 49 zu § 2 ArbGG, NJW 1997, 2774). 1

B. Voraussetzungen (Abs. 1)

I. Anspruch auf Arbeitsentgelt

2   Der Arbeitnehmer muss einen Anspruch auf Arbeitsentgelt haben. Dies ist auch bei **Entgeltfortzahlung im Krankheitsfall** zu bejahen, weil § 3 Abs. 1 S. 1 EFZG als Ausnahmebestimmung zu § 326 BGB den Anspruch auf das Arbeitsentgelt erhält. Arbeitsentgelt sind auch **Sonderleistungen** (wie zB Weihnachtsgratifikationen, Urlaubsgeld, Urlaubsabgeltung, vgl. BAG 14. 3. 2006 – 9 AZR 312/05 – NZA 2006, 1232 ff.). Der Anspruch auf Arbeitsentgelt kann arbeitsrechtlich auf Gesetz, Vertrag oder Tarifvertrag beruhen; auf § 14 SGB IV abzustellen, hilft nicht weiter, entscheidend ist die arbeitsrechtliche Rechtslage. Der Arbeitgeber schuldet nach allgemeiner Meinung das Bruttoentgelt, ein auf Zahlung des Arbeitsentgelts gerichtetes arbeitsgerichtliches Urteil hat auf den Bruttolohn zu lauten (BAG (GS) 7. 3. 2001 – GS 1/00 – NZA 2001, 1195 ff.). Der Arbeitgeber muss den Anspruch auf Arbeitsentgelt trotz seiner Fälligkeit (teilweise) **nicht erfüllen;** diese Voraussetzung erfüllt auch eine sittenwidrig zu niedrige Lohnzahlung (vgl. ArbG Stralsund 10. 2. 2009 – 1 Ca 313/08 – AuR 2009, 182, ferner eine zu niedrige Vergütung in der Leiharbeit, wenn der Arbeitgeber (namentlich bei Unwirksamkeit der in Bezug genommenen Tarifregelung) gem. § 10 Abs. 4 AÜG „Equal pay" zu leisten hat. Anders als § 116 (s. dort Rn. 56) stellt § 115, was den Zeitpunkt des Übergangs angeht, darauf ab, dass ein Sozialleistungsträger Sozialleistungen „erbracht hat" (vgl. BSG 20. 6. 2001 – B 11 AL 97/00 R – SozR 3–4100 § 141 m Nr. 3).

II. Sozialleistung

3   Es muss ein Leistungsträger **Sozialleistungen** (iSv. § 11 SGB I) erbracht haben. Dazu gehören praktisch vor allem **Arbeitslosengeld** (§ 117 SGB III), das die Arbeitsagentur als sog. **Gleichwohlgewährung** gem. §§ 143 Abs. 3, 143a Abs. 4 SGB III leistet (vgl. BAG 22. 10. 2009 – 8 AZR 766/08 – AP Nr. 16 zu § 115 SGB X; s. zum Umfang der Ersatzpflicht des Arbeitgebers auch § 335 Abs. 3, 5 SGB III). Sozialleistung in diesem Sinn ist auch **Arbeitslosengeld II** (§ 19 SGB II), namentlich wenn in den oben (Rn. 2) genannten Fällen zu niedriges Arbeitsentgelt aufgestockt wurde. Sozialleistung kann ferner auch **Krankengeld** (§ 44 SGB V), **Kinderkrankengeld** (§ 45 SGB V), **Übergangsgeld** (§ 20 SGB VI), **Verletztengeld** (§ 45 SGB VII) oder **Hilfe zum Lebensunterhalt** (§ 27 SGB XII, vgl. BAG 26. 5. 1993 – 5 AZR 405/92 – AP Nr. 3 zu § 115 SGB X) sein. Nicht kongruent sind Leistungen, die **Unterhaltsersatz** bewirken, etwa Hilfe zum Lebensunterhalt an Familienangehörige, wenn der Arbeitnehmer seiner Unterhaltspflicht nicht nachkommt, oder die Leistung von **Unterhaltsvorschuss** (§ 1 UnterhV); die Leistung wird hier nicht als Entgeltersatz erbracht, weil der Arbeitgeber den Anspruch des Arbeitnehmers aus dem Arbeitsverhältnis nicht erfüllt. Eine **zeitliche Kongruenz** zwischen der Sozialleistung und dem nicht gezahlten Arbeitsentgelt muss insofern bestehen, als die Sozialleistung in zeitlicher Hinsicht an die Stelle des Arbeitsentgelts tritt (vgl. v. Wulffen/Bieresborn, § 115 SGB X Rn. 4); dies heißt nicht, dass eine vollkommene zeitliche Deckung der Leistungen erforderlich wäre, die Sozialleistung muss vielmehr dem Zeitraum zuzuordnen sein, in dem Arbeitsentgelt den Lebensunterhalt sichern würde (vgl. BAG 26. 5. 1993 – 5 AZR 405/92 – AP Nr. 3 zu § 115 SGB X). Wortlaut und Zweck des § 115 sprechen dafür, den Forderungsübergang kraft Gesetzes auch dann zu bejahen, wenn der Sozialleistungsträger, weil der Arbeitgeber den Anspruch des Arbeitnehmers auf Arbeitsentgelt nicht erfüllt, Leistungen erbracht hat, die dem Arbeitnehmer **sozialrechtlich nicht zustanden** (str., ebenso KassKomm/Kater, § 115 SGB X Rn. 14; v. Wulffen/Bieresborn, § 115 SGB X Rn. 5; aA HN/Nehls, § 115 SGB X Rn. 10; LPK-SGB X/Breitkreutz, § 115 Rn. 13; zu § 33 SGB II s. Link, in: Eicher/Spellbrink, SGB II, § 33 Rn. 15a und oben § 33 SGB II Rn. 2). Der Sozialleistungsträger hat schnell zu entscheiden, dem Arbeitgeber als Schuldner wird nichts genommen und der Arbeitnehmer erhält die ihm sozialrechtlich eigentlich nicht zustehende Leistung. Verlangt der Sozialleistungsträger von dem Leistungsempfänger in Anwendung der §§ 45, 50 die Sozialleistung zurück, hat er den kraft Gesetzes auf ihn übergegangenen Anspruch, wenn man der dargelegten Auslegung folgt, an den Leistungsempfänger abzutreten (vgl. v. Wulffen/Bieresborn, § 115 Rn. 5a; vgl. zu § 33 SGB II Link in: Eicher/Spellbrink, § 33 SGB II Rn. 15a).

C. Wirkungen des Forderungsübergangs

4   Der Arbeitnehmer verliert im Umfang des gesetzlichen Forderungsübergangs den Anspruch, der Sozialleistungsträger erwirbt ihn in der Gestalt, wie der Anspruch dem Arbeitnehmer zugestanden hat. Der Sozialleistungsträger muss **Einwendungen** des Arbeitgebers gem. §§ 412, 404 BGB (tarifvertraglicher Ausschluss, Verjährung) gegen sich gelten lassen. Rechtshandlungen zwischen dem Arbeitgeber und dem Arbeitnehmer (namentlich Erfüllung) wirken nach Maßgabe der §§ 412, 407 BGB gegen den Sozialleistungsträger; die Leistungserbringung sollte mit einer **Anzeige an den Ar-**

beitgeber verbunden werden. Ist der **Arbeitgeber nicht (hinreichend) solvent**, gilt § 116 Abs. 4 entsprechend (vgl. Wannagat/Eichenhofer, § 115 SBG X Rn. 20, zu § 116 Abs. 4 dort Rn. 71). Gem. **Abs. 2** hat auf den Forderungsübergang keinen Einfluss, dass der Anspruch des Arbeitnehmers auf Arbeitsentgelt nicht übertragen, verpfändet oder gepfändet werden kann; der Arbeitnehmer erhält die Sozialleistung, bedarf also insoweit nicht des allgemeinen Schutzes. Hat der Arbeitnehmer Anspruch auf Sachbezüge, sind diese gem. **Abs. 3** in Geld umzurechnen; den Wert der Sachbezüge legt die auf § 17 Abs. 1 S. 1 Nr. 4 SGB IV beruhende **Sozialversicherungsentgeltverordnung (SvEV)** vom 21. Dezember 2006 (BGBl. I S. 3385) offen.

§ 116 Ansprüche gegen Schadenersatzpflichtige

(1) ¹Ein auf anderen gesetzlichen Vorschriften beruhender Anspruch auf Ersatz eines Schadens geht auf den Versicherungsträger oder Träger der Sozialhilfe über, soweit dieser auf Grund des Schadensereignisses Sozialleistungen zu erbringen hat, die der Behebung eines Schadens der gleichen Art dienen und sich auf denselben Zeitraum wie der vom Schädiger zu leistende Schadenersatz beziehen. ²Dazu gehören auch

1. die Beiträge, die von Sozialleistungen zu zahlen sind,
2. die Beiträge zur Krankenversicherung, die für die Dauer des Anspruchs auf Krankengeld unbeschadet des § 224 Abs. 1 des Fünften Buches zu zahlen wären.

(2) Ist der Anspruch auf Ersatz eines Schadens durch Gesetz der Höhe nach begrenzt, geht er auf den Versicherungsträger oder Träger der Sozialhilfe über, soweit er nicht zum Ausgleich des Schadens des Geschädigten oder seiner Hinterbliebenen erforderlich ist.

(3) ¹Ist der Anspruch auf Ersatz eines Schadens durch ein mitwirkendes Verschulden oder eine mitwirkende Verantwortlichkeit des Geschädigten begrenzt, geht auf den Versicherungsträger oder Träger der Sozialhilfe von dem nach Absatz 1 bei unbegrenzter Haftung übergehenden Ersatzanspruch der Anteil über, welcher dem Vomhundertsatz entspricht, für den der Schädiger ersatzpflichtig ist. ²Dies gilt auch, wenn der Ersatzanspruch durch Gesetz der Höhe nach begrenzt ist. ³Der Anspruchsübergang ist ausgeschlossen, soweit der Geschädigte oder seine Hinterbliebenen dadurch hilfebedürftig im Sinne der Vorschriften des Zwölften Buches werden.

(4) Stehen der Durchsetzung der Ansprüche auf Ersatz eines Schadens tatsächliche Hindernisse entgegen, hat die Durchsetzung der Ansprüche des Geschädigten und seiner Hinterbliebenen Vorrang vor den übergegangenen Ansprüchen nach Absatz 1.

(5) Hat ein Versicherungsträger oder Träger der Sozialhilfe auf Grund des Schadensereignisses dem Geschädigten oder seinen Hinterbliebenen keine höheren Sozialleistungen zu erbringen als vor diesem Ereignis, geht in den Fällen des Absatzes 3 Satz 1 und 2 der Schadensersatzanspruch nur insoweit über, als der geschuldete Schadenersatz nicht zur vollen Deckung des eigenen Schadens des Geschädigten oder seiner Hinterbliebenen erforderlich ist.

(6) ¹Ein Übergang nach Absatz 1 ist bei nicht vorsätzlichen Schädigungen durch Familienangehörige, die im Zeitpunkt des Schadensereignisses mit dem Geschädigten oder seinen Hinterbliebenen in häuslicher Gemeinschaft leben, ausgeschlossen. ²Ein Ersatzanspruch nach Absatz 1 kann dann nicht geltend gemacht werden, wenn der Schädiger mit dem Geschädigten oder einem Hinterbliebenen nach Eintritt des Schadensereignisses die Ehe geschlossen hat und in häuslicher Gemeinschaft lebt.

(7) ¹Haben der Geschädigte oder seine Hinterbliebenen von dem zum Schadenersatz Verpflichteten auf einen übergegangenen Anspruch mit befreiender Wirkung gegenüber dem Versicherungsträger oder Träger der Sozialhilfe Leistungen erhalten, haben sie insoweit dem Versicherungsträger oder Träger der Sozialhilfe die erbrachten Leistungen zu erstatten. ²Haben die Leistungen gegenüber dem Versicherungsträger oder Träger der Sozialhilfe keine befreiende Wirkung, haften der zum Schadenersatz Verpflichtete und der Geschädigte oder dessen Hinterbliebene dem Versicherungsträger oder Träger der Sozialhilfe als Gesamtschuldner.

(8) Weist der Versicherungsträger oder Träger der Sozialhilfe nicht höhere Leistungen nach, sind vorbehaltlich der Absätze 2 und 3 je Schadensfall für nicht stationäre ärztliche Behandlung und Versorgung mit Arznei- und Verbandmitteln 5 vom Hundert der monatlichen Bezugsgröße nach § 18 des Vierten Buches zu ersetzen.

(9) Die Vereinbarung einer Pauschalierung der Ersatzansprüche ist zulässig.

(10) Die Bundesagentur für Arbeit und die Träger der Grundsicherung für Arbeitsuchende nach dem Zweiten Buch gelten als Versicherungsträger im Sinne dieser Vorschrift.

Übersicht

	Rn.
A. Normzweck und Hintergrund	1
I. Ausgangslage	1
II. Privatrecht und Sozialrecht	3
III. Gesetzlicher Forderungsübergang	4
IV. Abgrenzung zu Haftungsfreistellungen der gesetzlichen Unfallversicherung	6
V. Rechtsweg und Verzicht	10
B. Teilungsabkommen und Regresspraxis	11
I. Ausgangslage	11
II. Regresspraxis der Sozialleistungsträger	12
C. Vorraussetzungen	13
I. Übersicht	13
II. Anspruch auf Schadensersatz	14
1. Schadensersatzansprüche	15
2. Aufwendungsersatzansprüche	17
3. Sachschäden und Aufwendungen bei Hilfeleistungen	19
4. „Auf anderen gesetzlichen Vorschriften" beruhender Anspruch	20
III. Aktivlegitimierte Sozialleistungsträger	21
1. Sozialversicherungsträger	21
2. Arbeitsverwaltung	22
3. Sozialhilfeträger	23
4. Andere Träger	24
IV. Zu erbringende Sozialleistungen	25
1. Sozialleistungen	26
2. Leistungspflicht des Trägers	27
3. Kausalität	29
4. Fehlende Inanspruchnahme der Sozialleistung	30
5. Beweislast	32
V. Sachliche Kongruenz	33
1. Grundsatz	34
2. Ausgangspunkte bei der Schadensregulierung	37
3. Heilungskosten	38
4. Erwerbsschaden	41
5. Vermehrte Bedürfnisse	47
6. Beerdigungskosten	49
7. Unterhalt	50
8. Entgangene Dienste	52
9. Sachschäden	53
VI. Zeitliche Kongruenz	54
VII. Zeitpunkt des Forderungsübergangs	56
1. Übergang auf Sozialversicherungsträger	57
2. Übergang auf Sozialhilfeträger	58
3. Übergang auf Träger der Arbeitsverwaltung	60
D. Quotenvorrecht des Geschädigten	61
I. Ausgangslage	61
II. Grundregel	62
III. Höhenbegrenzung und Deckungslücke	63
E. Mitwirkendes Verschulden, mitwirkende Verantwortlichkeit des Geschädigten	65
I. Ausgangslage	65
II. Grundregel	66
III. Zusätzliche Höhenbegrenzung	67
IV. Hilfebedürftigkeit durch Forderungsübergang	69
VI. Aufkommensneutralität für Sozialleistungsträger	70
F. Befriedigungsvorrecht des Geschädigten	71
I. Grundregel	71
II. Tatsächliches Durchsetzungshindernis	72
III. Intervention	73
G. Familienprivileg	74
I. Grundregel	74
II. Normzweck	75
III. Vorsätzliche Schadenszufügung	76
IV. Familienangehörige	77
V. Häusliche Gemeinschaft	78
VI. Inanspruchnahme eines Zweitschädigers	79
VII. Eheschließung nach Eintritt des Schadensereignisses	80
H. Leistung an den Geschädigten	81
I. Ausgangslage, Schutz guten Glaubens	81
II. Leistung mit befreiender Wirkung	82

	Rn.
III. Erfüllungsanspruch bei befreiender Wirkung	83
IV. Leistung ohne befreiende Wirkung	84
V. Wechsel der Krankenkasse	85

A. Normzweck und Hintergrund

I. Ausgangslage

Wer einen **Körperschaden** erleidet (etwa durch einen Verkehrsunfall) und deshalb nach **privat-** 1 **rechtlichen** Vorschriften (Vertrag, unerlaubte Handlung, Gefährdungshaftung) von einem anderen **Schadensersatz** beanspruchen könnte, hat nicht selten wegen der Körperschäden **zugleich Anspruch gegen einen Sozialleistungsträger**, meist gegen einen Sozialversicherungsträger und dabei wiederum am häufigsten gegen einen Krankenversicherungsträger (bei denen rund 85% der Bevölkerung krankenversichert sind). Stehen einem Geschädigten in diesem Sinn Leistungsansprüche gegen Sozialleistungsträger zu, darf dies nicht dazu führen, dass der Schädiger entlastet wird und somit diejenigen den Schaden zu tragen hätten, die den Sozialleistungsträger (durch Beiträge zur Versicherung oder aus Steuermitteln) finanzieren; damit wären zudem die mit dem privatrechtlichen Haftungsrecht verbundenen Präventionsanreize aufgehoben. Der Geschädigte darf auf der anderen Seite nicht zweimal Ersatz bekommen (zur Interessenbewertung siehe BVerfG 2. 5. 1967 – 1 BvR 578/63 – NJW 1967, 1411; BGH 27. 5. 1981 – IV a ZR 66/80 – NJW 1981, 1843).

Vor diesem **Hintergrund** ordnet im Hinblick auf Körperschäden das Sozialrecht ua. in § 116 (bis 2 1983 galt § 1542 RVO) kraft Gesetzes den Übergang des zivilrechtlichen Schadensersatzanspruchs auf den Sozialleistungsträger an. Der Schadensersatzanspruch **geht insoweit über**, als der Sozialleistungsträger aufgrund des Schadensereignisses Sozialleistungen zu erbringen hat, die der Behebung eines Schadens der gleichen Art dienen (sachliche Kongruenz, siehe unten Rn. 33) und die sich auf denselben Zeitraum wie der vom Schädiger zu leistende Schadensersatz beziehen (zeitliche Kongruenz, siehe unten Rn. 54). Der Forderungsübergang hat zur **Konsequenz**, dass der zivilrechtliche Anspruch dem Geschädigten nicht mehr zusteht, und zwar grundsätzlich bereits im Augenblick des Schadensereignisses (siehe unten Rn. 56). Erfasst der Geschädigte mit seiner Klage Ansprüche, die auf einen Sozialleistungsträger übergegangen sind, ist seine **Klage** (insoweit) **unschlüssig.** Die Auslegung des § 116 SGB X liegt in der Hand der Zivilgerichtsbarkeit (siehe unten Rn. 10), der BGH hat in einer Vielzahl von Entscheidungen eine stimmige Gesamtkonzeption der Rechtserkenntnis geschaffen.

II. Privatrecht und Sozialrecht

§ 116 ist rechtstechnisch Konsequenz eines besonders praxisrelevanten **Berührungspunkts zwi-** 3 **schen Privatrecht und Sozialrecht** (dazu grundsätzlich Fuchs, Zivilrecht und Sozialrecht, 1992, S. 178 ff.; Zacher, Gedächtnisschrift für Constantinesco, 1983, S. 943, 969). Ob und inwieweit ein Geschädigter nach dem Privatrecht Schadensersatz verlangen kann, hängt in der Praxis in einer Vielzahl von Fällen letztlich davon ab, ob der Geschädigte sozialversichert ist. In Höhe der kongruenten Sozialleistung geht der privatrechtliche Schadensersatzanspruch auf den Sozialleistungsträger über, der Geschädigte ist insoweit nicht aktivlegitimiert. Die Regressvorschrift des § 116 steht dabei (wie vor ihrem In-Kraft-Treten 1983 die im Wesentlichen baugleiche Regelung des § 1542 RVO) im **Schnittpunkt zweier wesensverschiedener rechtlicher Ausgleichungssysteme,** des Systems der zivilrechtlichen Individualhaftung auf der einen und der Systeme der sozialrechtlichen Versicherung und der sozialen Fürsorge auf der anderen Seite. Sowohl das privatrechtliche Haftungsrecht als auch die sozialrechtlichen Ausgleichssysteme bezwecken die mehr oder weniger vollständige Ausgleichung des Schadens. Beide haben dabei jedoch entgegengesetzte Ausgangspunkte (näher mit Nachweisen Waltermann, FS 50 Jahre Bundessozialgericht 2004, 571, 572 ff.). Das Zentrum des privatrechtlichen Ausgleichssystems bildet die **Frage der Haftung** im Verhältnis zwischen dem Schädiger und dem Geschädigten für konkrete Einbußen; die im Hintergrund stehende Versicherung folgt der Haftung. Im Sozialrecht dagegen steht die **schnelle und effektive Leistungserbringung** (insbesondere durch Sozialversicherungsträger) im Vordergrund und zwar ohne Rücksicht darauf, wie es zu einem Schaden gekommen ist und wer dafür haftet. Die Sozialleistung ist auch unabhängig von einem Mitverschulden des geschädigten Leistungsempfängers. Sie strebt, anders als das zivilrechtliche Haftungsrecht, nicht nach einer Totalreparation, sondern deckt einen Standard- oder Mindestbedarf ab. Vor diesem Hintergrund sorgt die **Rückgriffsvorschrift** des § 116 dafür, dass **über die endgültige Schadenstragung das Privatrecht entscheidet:** Während das Sozialrecht de facto die Schadenskompensation erledigt, wird dem sozialrechtlich verpflichteten Leistungsträger der Rückgriff gegen den privatrechtlich verpflichteten Schädiger eröffnet. Damit wird das Privatrecht nicht verdrängt, es wird aber im praktischen Ergebnis auf weiter Flur zu einem **„Recht der Regressvoraussetzungen"** (vgl.

Kötz/Wagner, Deliktsrecht, 11. Aufl., 2010, Rn. 47 mwN). In der Praxis kommt kaum ein Personenschaden vor, bei dem nicht ein Träger der Sozialversicherung (oder ein anderer Träger) Leistungen zu erbringen hat.

III. Gesetzlicher Forderungsübergang

4   § 116 ist die für die Praxis wichtigste aus einer **Reihe von Gesetzesvorschriften,** die einen Forderungsübergang **auf öffentlich-rechtlich verfasste Träger** anordnen (vgl. ferner §§ 115, 119, § 87a BBG, § 52 BRRG, § 81a BVG, § 33 SGB II; § 93 SGB XII eröffnet weiterhin die Möglichkeit einer Überleitungsanzeige). Für den Übergang von Ansprüchen auf **privatrechtlich verfasste** Versicherungsträger gilt § 86 VVG (bis 31. 12. 2007 § 67 VVG), für den Übergang von Ansprüchen auf **Arbeitgeber,** die während der haftpflichtschadensbedingten Krankheit Entgelt fortzahlen, gilt § 6 EFZG.

5   Das **rechtliche Grundprinzip,** das Zusammenspiel von Privatrecht und Sozialrecht zu bewältigen, besteht in der cessio legis (dazu eingehend von Koppenfels-Spies, Die cessio legis 2006), dem Übergang des privatrechtlichen Schadensersatzanspruchs kraft Gesetzes auf den zur Leistung verpflichteten Sozialleistungsträger. Der Inhalt aller nach den dargelegten Vorschriften übergegangenen Ansprüche richtet sich dann weiterhin nach den Vorschriften des Privatrechts. Die unmittelbar Beteiligten stehen sich damit in einer Vielzahl von Schadensfällen, soweit es um den materiellen Personenschaden geht, nicht gegenüber. Der gesetzliche Forderungsübergang erfasst naturgemäß den privatrechtlichen Schadensersatzanspruch nur insoweit, als ihm Sozialleistungen korrespondieren. **Geschädigte behalten** im Wesentlichen den **Anspruch auf Schmerzensgeld** (weil das Sozialrecht immaterielle Schäden nicht ausgleicht) und eventuell auf Ersatz von durch die kollektive Vorsorge nicht erfassten **Folgeschäden** und **Nachteile für Erwerb und Fortkommen.**

IV. Abgrenzung zu Haftungsfreistellungen der gesetzlichen Unfallversicherung

6   Im Bereich der gesetzlichen Unfallversicherung erfolgt die gesetzliche Abstimmung zwischen sozialrechtlicher Versicherung und privatrechtlicher Schadensersatzhaftung abweichend von diesem rechtlichen Grundprinzip **auf eine andere Weise:** Der an sich bestehende privatrechtliche **Schadensersatzanspruch wird nach Maßgabe der §§ 104 ff. SGB VII ausgeschlossen,** der Geschädigte erhält **stattdessen Leistungen** der gesetzlichen Unfallversicherung (siehe im Einzelnen Kommentierung zu §§ 104 ff. SGB VII). Der **Regress der Unfallversicherungsträger** ist nur ausnahmsweise unter den Voraussetzungen des § 110 SGB VII vorgesehen, der Forderungsübergang gemäß § 116 scheidet insoweit aus (vgl. §§ 104 Abs. 1 S. 2; 105 Abs. 1 S. 3; 106 Abs. 1, 107 Abs. 1 SGB VII).

7   Im Einzelnen ist zu beachten: Auch soweit die **Ausnahmetatbestände der Haftungsfreistellungen** (vorsätzliche Herbeiführung; Wegeunfall) vorliegen, kommt es nicht zum Forderungsübergang gem. § 116 (vgl. §§ 104 Abs. 1 S. 2, 105 Abs. 1 S. 3, 106 Abs. 1, 107 Abs. 1 SGB VII). Der Geschädigte behält seine privatrechtlichen Ansprüche. Diese vermindern sich allerdings gem. **§ 104 Abs. 3 SGB VII** um die Leistungen, die der Geschädigte nach gesetzlichen Bestimmungen oder nach Satzungsbestimmungen infolge des Versicherungsfalls erhält (vgl. § 104 SGB VII Rn. 10; Waltermann, in: Eichenhofer/Wenner, SGB VII, § 104 Rn. 25). Bei den Leistungen, um die sich der privatrechtliche Schadensersatzanspruch des geschädigten Versicherten vermindert, muss es sich um im Hinblick auf den Anspruch gleichartige Leistungen handeln (vgl. KassKomm/Ricke, § 104 SGB VII Rn. 16; Waltermann, in: Eichenhofer/Wenner, SGB VII, § 104 Rn. 23). § 104 Abs. 3 SGB VII verhindert zum Einen die Doppelentschädigung des Geschädigten (durch privatrechtlichen Schadensersatz und sozialrechtliche Versicherungsleistung). Es kommt gem. § 104 Abs. 1 S. 2 SGB VII aber auch nicht zum Forderungsübergang auf den leistenden Unfallversicherungsträger; der mit den unfallversicherungsrechtlichen Haftungsfreistellungen für den Schädiger verbundene **Effekt einer Haftpflichtversicherung** bleibt also erhalten. Im Anwendungsbereich von § 105 SGB VII, insbesondere also bei einer **Schädigung unter Arbeitskollegen** ist zu beachten, dass der gem. §§ 104 Abs. 1 S. 2, 105 Abs. 1 S. 3 SGB VII angeordnete Ausschluss des Forderungsübergangs gem. § 116 nur einschlägig ist, wenn der Schädiger den Arbeitsunfall des versicherten Geschädigten **durch eine betriebliche Tätigkeit** verursacht. Verletzt also ein Arbeitskollege nach Dienstschluss auf dem Weg nach Hause (außerhalb der betrieblichen Tätigkeit also) beim Ausparken den anderen Kollegen (so dass für diesen ein Wegeunfall verursacht ist), gilt: Die Haftungsfreistellung des § 105 Abs. 1 S. 1 SGB VII greift zu Gunsten des Schädigers nicht ein, weil der Versicherungsfall nicht durch eine betriebliche Tätigkeit des Schädigers verursacht ist; außerdem befand sich der Geschädigte nicht bei der versicherten Tätigkeit (§ 8 Abs. 1 SGB VII), sondern auf einem versicherten Weg (§ 8 Abs. 2 Nr. 1–4 SGB VII). Die Voraussetzungen des gem. § 105 Abs. 1 S. 3 SGB VII anwendbaren § 104 Abs. 1 S. 2 SGB VII sind bei dieser Sachlage nicht erfüllt, weil der Vorgang außerhalb des von § 105 Abs. 1 SGB VII tatbestandlich erfassten Bereichs liegt (vgl. BGH 11. 5. 1993 – VI ZR 279/92 –, VersR 1994, 332). **Liegen die tatbestandlichen Voraussetzungen der Haftungsfreistellungen nicht vor,** kommt es zum Forderungsübergang auf die Unfallversicherungsträger. Nicht haftungsprivilegierte Schädiger, also **„außenstehende Dritte",** können aus übergegangenem Forderungsrecht in Anspruch genommen werden.

Praktische Bedeutung haben die unfallversicherungsrechtlichen Haftungsfreistellungen nicht nur **8** bei **Arbeitsunfällen** (§ 8 SGB VII) im Bereich der abhängigen Beschäftigung, sondern darüber hinaus auch im Bereich der sog. „**unechten Unfallversicherung**": Gem. § 106 Abs. 1 SGB VII gelten die §§ 104 und 105 SGB VII für die dort genannten Personenkreise entsprechend. Besonders praxisrelevant ist die Haftungsfreistellung im Bereich der „unechten Unfallversicherung" für die in § 2 Abs. 1 Nr. 8 SGB VII genannten Personengruppen der **Kinder, Schüler** und **Studierenden** (das bezieht sich auf die Haftung dieser Personenkreise untereinander, gegenüber den Betriebsangehörigen des „Unternehmens", also etwa der Schüler gegenüber den Lehrern (BGH 14. 1. 1986 – VI ZR 10/85 – NJW 1986, 1937 f.), aber auch der Schüler gegenüber vorübergehend in die schulische Organisation eingegliederten Personen (BGH 25. 9. 1979 – VI ZR 184/78 – NJW 1980, 289 f.), und für die Ersatzpflicht der Betriebsangehörigen gegenüber den Versicherten, zB der Lehrer oder Hausmeister gegenüber den Schülern. Entsprechendes gilt gem. § 106 Abs. 2 SGB VII im Bereich der **Pflegeversicherung** für die Ersatzpflicht der Pflegebedürftigen gegenüber den Pflegepersonen, für die Ersatzpflicht der Pflegepersonen gegenüber den Pflegebedürftigen und für die Ersatzpflicht einer Pflegeperson gegenüber einer anderen Pflegeperson, wenn sie denselben Pflegebedürftigen im Rahmen des SGB XI pflegen.

Die unfallversicherungsrechtlichen Haftungsfreistellungen haben schließlich eine ungeahnte **Bedeutung im privaten Bereich.** Das liegt an den weit gefassten unfallversicherungsrechtlichen Begriffen des Unternehmers (§ 136 Abs. 3 SGB VII) und des Unternehmens (§ 121 Abs. 1 SGB VII): **Unternehmer** ist gem. § 136 Abs. 3 Nr. 1 SGB VII allgemein derjenige, dem das Ergebnis des Unternehmens unmittelbar zum Vorteil gereicht (vgl. BSG 29. 3. 1961 – 2 RU 204/57 – BSGE 14, 142, 145 f.; 30. 8. 1962 – 2 RU 133/59 – BSGE 17, 273, 275 f.). **Unternehmen** sind gem. § 121 Abs. 1 SGB VII auch Tätigkeiten; das BSG bezeichnet als Unternehmen jede planmäßige, für eine gewisse Dauer bestimmte Vielzahl von Tätigkeiten, die auf einen einheitlichen Zweck gerichtet sind und mit einer gewissen Regelmäßigkeit ausgeübt werden (BSG 20. 12. 1961 – 2 RU 136/60 – BSGE 16, 79, 81; 9. 8. 1973 – 2 RU 5/72 – BSGE 36, 111, 115). Im Rahmen der Haftungsfreistellung des Unternehmers geht der BGH vor diesem Hintergrund davon aus, dass die Haftungsfreistellung nicht nur zu Gunsten gewerblicher Unternehmen eingreift, sondern **auch ein „Privatmann"**, der kein Gewerbe betreibt, von seiner Haftung für die Verletzung des Verunglückten befreit sein kann, wenn dieser für ihn, auch aus Gefälligkeit oder nur vorübergehend, tätig wird und dabei zu Schaden kommt. Es genügt, dass der Geschädigte als „**Wie-Beschäftigter**" (§ 2 Abs. 2 S. 1 SGB VII) tätig geworden ist (siehe BGH 2. 12. 1980 – VI ZR 265/78 – NJW 1981, 760; 16. 12. 1986 – VI ZR 5/86 – NJW 1987, 1643 f. = SGb. 1988, 28 m. Anm. Mummenhoff; BSG 25. 1. 1973 – 2 RU 55/71 – BSGE 35, 140, 142 ff.). Auch im Bereich dieser (durchaus „versteckten") Haftungsfreistellung **kommt es nicht zum Forderungsübergang**. Der BGH hat eine Haftungsfreistellung gem. § 104 Abs. 1 SGB VII **zB** in einem Fall angenommen, in dem ein geschädigter Maschinenbaustudent unentgeltlich und aus Gefälligkeit eine **Autoreparatur** an dem PKW eines Musikstudenten vorgenommen hatte (BGH Urt. v. 16. 12. 1986 – VI ZR 5/86 – NJW 1987, 1643 f. SGb. 1988, 28 m. Anm. Mummenhoff). Die Haftungsfreistellung kommt ferner etwa in Betracht, wenn ein **Nachbar dem anderen aus Anlass des Richtfests** von dessen Einfamilienhaus hilft, die Baustelle aufzuräumen (siehe die Fallkonstellation von BGH, Urt. v. 12. 6. 2007 – VI ZR 70/06 –, VersR 2007, 1131 ff.; siehe auch OLG Stuttgart, Urt. v. 27. 3. 2002 – 2 V 213/01 – ZfSch 2002, 384: Haftungsausschluss für Verletzung durch **Ausführen eines Hundes** für den Nachbarn aus Gefälligkeit). Die beträchtliche Bedeutung der Haftungsfreistellungen der §§ 104 ff. SGB VII – **mit ihrer Auswirkung auf den Regress** des leistenden Sozialversicherungsträgers aufgrund des Forderungsübergangs gemäß § 116 – zeigt schließlich die folgende Fallkonstellation (BSG, Urt. v. 24. 6. 2003 – B2U 39/02 R – NJW 2004, 966 f., kritisch dazu Waltermann, NJW 2004, 901 (904)): Der geschädigte Bauherr hatte **unter Mithilfe von Verwandten und Bekannten** ein **Einfamilienhaus gebaut,** bei den Zimmerarbeiten am Dach half ihm ein Freund. Der Bauherr erlitt schwere Verletzungen, als ihn ein Kantholz am Kopf traf, das dem befreundeten Helfer im Dachgeschoss aus Fahrlässigkeit aus der Hand gefallen war. Das Sozialgericht hatte zu entscheiden, weil es um einen Erstattungsanspruch zwischen Krankenversicherungsträger und Unfallversicherungsträger ging. Im hier interessierenden Zusammenhang ist von Bedeutung, dass in dem Fall der privatrechtliche Schadensersatzanspruch dem geschädigten Bauherrn und damit zugleich dem leistungspflichtigen Sozialversicherungsträger im Hinblick auf den Regress (§ 116) durch § 105 Abs. 2 S. 1 SGB VII, 105 Abs. 1 S. 1 SGB VII aus der Hand genommen ist: Der geschädigte Bauherr war, obwohl sich der Unfall im privaten Bereich abspielte, „**nicht versicherter Unternehmer**" gem. § 105 Abs. 2 S. 1 SGB VII, der Schädiger war sein „Wie-Beschäftigter" und damit gem. § 105 Abs. 1 SGB VII von der Haftung freigestellt (siehe auch oben § 105 SGB VII Rn. 3; kritisch Waltermann, in: FS 50 Jahre BSG, 2004, S. 571, 581).

V. Rechtsweg und Verzicht

Kraft Gesetzes auf Sozialversicherungsträger oder Sozialhilfeträger übergegangene Schadensersatzansprüche sind auf demselben Rechtsweg geltend zu machen, der auch dem Geschädigten offen steht; **10** eröffnet ist also der Rechtsweg vor die **ordentlichen Gerichte**. Dies gilt nicht im Anwendungsbereich von § 116 Abs. 7 S. 2, da insoweit der gegen den Schädiger gerichtete zivilrechtliche Regressanspruch dem sozialrechtlichen Erstattungsanspruch gleichgestellt wird und der systematische Zusammenhang mit Abs. 7 S. 1 den zivilrechtlichen Charakter des Regressanspruchs hinter dem sozialrechtlich geprägten Abwicklungsverhältnis zurücktreten lässt (HN/Nehls § 116 SGB X Rn. 54; v. Wulffen/Bieresborn, § 116 SGB X Rn. 41). Sozialversicherungsträger können nach pflichtgemäßem Ermessen unter den Voraussetzungen des § 76 Abs. 2 S. 1 Nr. 3 SGB IV auf übergegangene Ansprüche verzichten.

B. Teilungsabkommen und Regresspraxis

I. Ausgangslage

11   Wie zu zeigen sein wird, wirft § 116, so einleuchtend und vernünftig die Grundkonzeption des gesetzlichen Forderungsübergangs zur Abstimmung von Privatrecht und Sozialrecht ist und so viele Einzelfragen inzwischen durch die Rechtsprechung des BGH geklärt worden sind, im Detail zahlreiche, zum Teil komplizierte Rechtsfragen auf. Dadurch entsteht, bei einer **großen Zahl abzuwickelnder Regresse**, in der Praxis ein beträchtlicher **Arbeitsaufwand mit hohem Personalbedarf.** Dieser Aufwand findet eine Entsprechung bei privaten Versicherungsträgern, weil im Großteil der Fälle hinter dem Schädiger eine private Haftpflichtversicherung steht. Praktisch erfolgt die Abwicklung von Regressen vor diesem Hintergrund in der Mehrzahl der Fälle zwischen Versicherungsträgern (meist Sozialversicherungsträgern und Haftpflichtversicherern). In der Praxis schließen diese vielfach miteinander **Teilungsabkommen**, die eine **pauschale Regulierung** vorsehen (zu Recht kritisch gegenüber der Praxis Kötz/Wagner, Deliktsrecht, 11. Aufl., 2010, Rn. 781 ff. m. Nachw.). Die Vereinbarung einer Pauschalierung der Ersatzansprüche wird durch **§ 116 Abs. 9** ausdrücklich zugelassen. Ohne genaue Prüfung in tatsächlicher und rechtlicher Hinsicht leisten die Haftpflichtversicherer einen vereinbarten Prozentsatz der von den Sozialleistungsträgern zu erbringenden Leistungen (zur Auslegung des Anwendungsbereichs eines Teilungsabkommens BGH 12. 6. 2007 – VI ZR 110/06 – NJW-RR 2007, 1470 ff.; sa. BGH 1. 10. 2008 – IV ZR 285/06 – VersR 2008, 1560; Wandt, Versicherungsvertragsrecht, 5. Aufl., 2010, Rn. 1003 ff.). Dabei wird oft eine Obergrenze für die Pauschalteilung vorgesehen. Veränderungen der Rechtslage (zuletzt etwa die Neufassung des § 828 Abs. 2 BGB zur Verantwortlichkeit bei Kindern unter 10 Jahren und des § 7 StVG zur Haftung bis zur Grenze der höheren Gewalt) müssen bei der Ausgestaltung bedacht werden.

II. Regresspraxis der Sozialleistungsträger

12   Fraglich ist, ob die vorkommenden Teilungsabkommen die Interessen der Sozialleistungsträger (und damit die Interessen der Beitrags- und Steuerzahler) gegenüber den Haftpflichtversicherern (deren Finanzaufkommen sich allerdings im Wesentlichen aus denselben Taschen speist) stets effektiv wahrnehmen. Das mag hier auf sich beruhen (zu Fragen der Wirtschaftlichkeit H. Müller BG 2008, 119). Der die Ausgestaltung der Teilungsabkommen regierende Gedanke, dass sich die Ungenauigkeiten im einzelnen Fall über die „große Fläche" ausgleichen werden, hat jedenfalls keine Berechtigung bei Großschäden (siehe weiterführend Bünstorf, Personenschäden durch fehlerhafte Produkte, S. 201 ff.; Wagner in: Zimmermann (Hrsg.), Grundstrukturen des europäischen Deliktrechts, 2003, S. 189, 321 ff., 335 ff.). Möglicherweise könnte bei „kleineren" Sozialleistungsträgern (namentlich Krankenversicherungsträgern) die Bündelung der Regressbearbeitung bei einer von mehreren Trägern gehaltenen Institution die Verwirklichung übergegangener Ansprüche verbessern.

C. Voraussetzungen

I. Übersicht

13   § 116 Abs. 1 bestimmt (in der Kontinuität des § 1542 RVO, so dass die hierzu ergangene Rechtsprechung bedeutsam bleibt), unter welchen Voraussetzungen der Forderungsübergang auf Sozialversicherungs- oder Sozialhilfeträger eintritt: Ein **Schadensersatzanspruch** geht über, soweit ein **Sozialleistungsträger aufgrund des Schadensereignisses Sozialleistungen zu erbringen hat,** die der Behebung eines Schadens der gleichen Art wie der vom Schädiger zu leistende Schadensersatz dienen und die sich auf denselben Zeitraum wie der vom Schädiger zu leistende Schadensersatz beziehen. Man spricht in Bezug auf Letzteres von **sachlicher** (näher unten Rn. 33) **und zeitlicher** (näher unten Rn. 54) **Kongruenz.** Das bedeutet: Es gehen Schadensersatzansprüche über, und diese nur insoweit, als sie mit einer Sozialleistung deckungsgleich sind. Der Forderungsübergang ist also auf Ersatzansprüche für solche Schäden beschränkt, zu deren Ausgleich Sozialleistungen zu erbringen sind. Schäden, für die das Sozialrecht keine Ausgleichsleistungen kennt, können vom Geschädigten nach dem Privatrecht geltend gemacht werden. Das betrifft augenfällig den Anspruch auf **Schmer-**

zensgeld und regelmäßig Ansprüche auf Schadensersatz wegen **Sachschäden**. Die Frage, welche **Personenschäden** mit Sozialleistungen „deckungsgleich" sind, bildet eine Hauptschwierigkeit bei der Anwendung des § 116 (siehe sogleich unten Rn. 37 ff.). § 116 bezweckt nicht die Belastung des Schädigers mit Einbußen, die die Sozialleistungsträger aufgrund ihrer eigenen gesetzlich angeordneten Leistungsverpflichtungen erleiden (vgl. unten Rn. 36); eigene Einbußen bleiben ebenso unberücksichtigt wie mit dem Schadensereignis verbundene Vorteile (etwa dadurch, dass die mit dem Unfalltod eines Rentners ausgelöste Witwenrente geringer ist als die Altersrente des Rentners).

II. Anspruch auf Schadensersatz

Der Forderungsübergang kraft Gesetzes wird angeordnet für auf anderen gesetzlichen Vorschriften beruhende Ansprüche „auf Ersatz eines Schadens". **14**

1. Schadensersatzansprüche. Dazu gehören **vertragliche** Schadensersatzansprüche, namentlich aus § 280 Abs. 1 BGB (BGH 24. 6. 1969 – VI ZR 87/67 – VersR 1969, 954; 19. 12. 1990 – IV ZR 33/90 – NJW 1991, 1546; OLG Celle 21. 3. 2002 – 11 U 139/01 –, NJW-RR 2002, 1637), von einem Verschulden abhängige Ansprüche **aus unerlaubter Handlung** (§§ 823 ff. BGB) und Ansprüche aus **Gefährdungshaftung** (zB §§ 7 ff. StVG; §§ 1 ff. HPflG; § 33 LuftVG; § 3 BinnenschifffahrtsG; § 22 WasserhaushaltsG; §§ 25 f. AtomG; § 1 UmweltHG; § 84 AMG; § 1 ProdHaftG). **15**

Übergangsfähig ist **im Einzelnen** auch der zivilrechtliche Schadensersatzanspruch gegen den **Vertrags(zahn)arzt wegen ärztlicher Behandlungsfehler** (vgl. OLG Düsseldorf 6. 1. 1997 – 8 U 107/95 – VersR 1998, 194). Der (vor den Sozialgerichten zu verfolgende) öffentlich-rechtliche Ersatzanspruch des Sozialleistungsträgers, der wegen des ärztlichen Behandlungsfehlers Leistungen erbringt, tritt daneben (vgl. BSG 22. 6. 1983 – 6 RKa 3/81 – NJW 1984, 1422, 1424). Auch Ansprüche auf **Amtshaftung** gem. § 839 BGB gehen im Grundsatz auf den Sozialleistungsträger über. Nach einer Änderung der früheren Rechtsprechung des BGH bilden die Leistungen der Sozialversicherungsträger keinen den Übergang des Amtshaftungsanspruches ausschließenden anderen Ersatz im Sinn von § 839 Abs. 1 S. 2 BGB (zu den Leistungen der gesetzl. Krankenversicherung siehe BGH 20. 11. 1980 – III ZR 122/79 – NJW 1981, 623; zu den Leistungen der gesetzl. Unfall- und Rentenversicherung BGH 17. 3. 1983 – III ZR 170/81 – NJW 1983, 2191). Auch die bei fehlender Verantwortlichkeit des Schädigers (§§ 827, 828 BGB) mögliche **Ersatzpflicht aus Billigkeitsgründen** (§ 829 BGB) führt zu einem Schadensersatzanspruch im Sinn von § 116; hier führt die sozialrechtlich bestehende Leistungspflicht aber zu der Frage, ob zivilrechtlich eine Schadloshaltung aus Billigkeitsgründen den Umständen nach erforderlich ist (vgl. Küppersbusch, Ersatzansprüche bei Personenschäden, Rn. 587). Übergangsfähig sind auch Ansprüche, die auf **Vorschriften des Rechts anderer Staaten** beruhen (vgl. Geigel/Plagemann Kapitel 30 Rn. 12) und Ansprüche, die auf **internationale** Abkommen gestützt sind (vgl. BGH 8. 11. 1984 – III ZR 138/83 – NJW 1985, 1081 f.). Nicht zu den Schadensersatzansprüchen in diesem Sinn zählen etwa Ansprüche auf Entschädigung wegen eines **Impfschadens** gem. §§ 60 ff. Infektionsschutzgesetz (IfSG); es handelt sich bei diesen um Ansprüche auf Sozialleistungen. **16**

2. Aufwendungsersatzansprüche. Nicht vollständig geklärt ist, ob auch Aufwendungsersatzansprüche, namentlich aus Geschäftsführung ohne Auftrag (§§ 677 ff. BGB), gem. § 116 Abs. 1 auf Sozialleistungsträger übergehen (vgl. BGH 10. 10. 1984 – IV a ZR 167/82 – NJW 1985, 492 f.; Gitter JZ 1985, 392 f.; Waltermann NJW 1996, 1644, 1648). Praktische Bedeutung hat die Frage vor allem, wenn jemand einem anderen **bei Gefahr für dessen Leib oder Leben unaufgefordert Hilfe leistet.** In dem Fall BGH 10. 10. 1984 – IVa ZR 167/82 – NJW 1985, 492 f. hatte ein Unfallversicherungsträger Leistungen (Sterbegeld, Hinterbliebenenversorgung) an die Hinterbliebenen eines Unternehmers gewährt, der im Zusammenhang mit der Leerung einer Jauchegrube versucht hatte, einen Land- und Gastwirt aus der Grube zu retten und dabei, wie der Gastwirt, tödlich verunglückt war. Legt man das weite Verständnis der höchstrichterlichen Rechtsprechung zum Anwendungsbereich der **Geschäftsführung ohne Auftrag** zugrunde, kommen in derartigen Fällen Aufwendungsersatzansprüche gem. §§ 670, 683 BGB in Betracht, wobei der Aufwendungsersatz bekanntlich in einigen Hinsichten wie ein Schadensersatzanspruch ausgestaltet ist (siehe nur Palandt/Sprau, § 670 BGB Rn. 11). Wer bei Unglücksfällen, bei gemeiner Gefahr, bei Not oder in anderen Fällen Hilfe leistet, ist jedoch zugleich gem. § 2 Abs. 1 Nr. 13a SGB VII in der gesetzlichen Unfallversicherung versichert. Die Rechtsprechung hat früher Ansprüche auf Aufwendungsersatz wie Schadensersatzansprüche gem. § 1542 RVO (der Vorgängerin von § 116) auf den leistungspflichtigen Sozialleistungsträger übergehen lassen (BGH 7. 11. 1960 – VII ZR 82/59 – NJW 1961, 359; 6. 12. 1962 – VII ZR 164/61 – NJW 1963, 483). Von dieser Rechtsprechung hat sich der BGH vorsichtig jedenfalls für diejenigen Fälle abgewandt, in denen die Eintrittspflicht allein auf § 2 Abs. 1 Nr. 13 SGB VII beruht, es sich nicht um Leistungen wegen Sachschäden (vgl. § 13 SGB VII) handelt und derjenige, dem Nothilfe geleistet wurde, sich nicht nachweislich schuldhaft in die Notlage gebracht hat (BGH 10. 10. 1984 – IV a ZR 167/82 – NJW 1985, 492 f.; siehe auch OLG Karlsruhe 2. 3. 1988 – 7 U 157/87 – NJW 1988, 2676 ff.). **17**

18 Aufwendungsersatzansprüche sind keine Schadensersatzansprüche; auch über die in der Rechtsprechung angesprochenen Beschränkungen hinaus gehen sie **nicht gem. § 116 über** (vgl. näher Waltermann NJW 1996, 1644 (1648 f.); ebenso zB LPK-SGB X/Breitkreuz § 116 Rn. 5; Pohl, in: Rolfs/Giesen/Kreikebohm/Udsching § 116 SGB X Rn. 7). Die Vorschrift stellt nicht nur ihrem **Wortlaut** nach auf Schadensersatzansprüche ab. Aufwendungsersatzansprüche wie Schadensersatz zu behandeln, würde auch **Sinn und Zweck** des Forderungsübergangs gem. § 116 widersprechen. Hinter dem Forderungsübergang gem. § 116 steht der Gedanke, dass auf der einen Seite der Geschädigte nicht doppelt entschädigt werden darf, zum anderen der Schädiger durch die Sozialleistungen nicht entlastet werden soll, wenn er für die Folgen eines Schadens einstandspflichtig ist (vgl. oben Rn. 1). Es ist jedoch etwas anderes, ob man (nach Verschuldenshaftung oder auch Gefährdungshaftung) für einen Gefahrenbereich kraft Gesetzes einzustehen hat oder die Rechtsordnung einen Aufwendungsersatzanspruch wegen Geschäftsbesorgung im Interesse eines anderen zugesteht, mag dieser auch in gewissen Hinsichten wie ein Schadensersatzanspruch aufgefasst werden. Deshalb scheidet ein Übergang von Aufwendungsersatzansprüchen auch dann aus, wenn das Unfallopfer sich durch Selbstverschulden in Not gebracht hat (von BGH 10. 10. 1984 – IV a ZR 167/82 – NJW 1985, 492 f. offengelassen). Abgesehen von dem ausdrücklich in § 13 S. 4 SGB VII geregelten Fall (siehe sogleich Rn. 19) wird man den Forderungsübergang gem. § 116 Abs. 1 nur dann annehmen dürfen, wenn nicht nur ein Aufwendungsersatzanspruch des Nothelfers besteht, sondern darüber hinaus die Voraussetzungen eines echten Schadensersatzanspruchs des Nothelfers gegen den in Not Geratenen gegeben sind (vgl. Hauss Anm. LM 683 BGB Nr. 44; OLG Karlsruhe 2. 3. 1988 – 7 U 157/87 – NJW 1988, 2676 f.; weitergehend Gitter JZ 1985, 392, 393).

19 **3. Sachschäden und Aufwendungen bei Hilfeleistungen.** Gem. § 13 S. 4 SGB VII gilt § 116 entsprechend, soweit nach Maßgabe von § 13 S. 1–3 SGB VII versicherten Hilfeleistenden auf Antrag Sachschäden und Aufwendungen zu ersetzen sind. Im Umfang dieser Ersatzpflicht gehen eventuelle „auf anderen gesetzlichen Vorschriften beruhende Ansprüche auf Sachschadensersatz oder auf Aufwendungsersatz auf den Sozialleistungsträger über". Wenn für Schadensersatzansprüche wegen Sachschäden in § 13 SGB VII die entsprechende Anwendung des § 116 angeordnet wird, ist dies an sich unnötig. Aufwendungen, die man als Hilfeleistender „den Umständen nach für erforderlich halten" darf, können nur willentlich erbrachte Vermögensopfer sein, die § 116 Abs. 1 nicht erfasst.

20 **4. „Auf anderen gesetzlichen Vorschriften" beruhender Anspruch.** § 116 ordnet den Forderungsübergang für „auf anderen gesetzlichen Vorschriften" beruhende Ansprüche auf Schadensersatz an. Daraus folgt, dass ein Forderungsübergang gem. § 116 nicht für Ansprüche in Betracht kommt, die auf **Vorschriften des Sozialgesetzbuchs** (einschließlich der noch außerhalb des SGB stehenden gesetzlichen Bestimmungen, wie zB BaföG, WoGG, vgl. § 68 SGB I) beruhen. Ohnehin kommt § 116 nicht in Betracht, wenn ein unzuständiger Leistungsträger (etwa eine Krankenkasse nach einem Verkehrsunfall) Leistungen erbringt, obwohl ein anderer Sozialleistungsträger (etwa gem. § 11 Abs. 5 SGB V der zuständige Unfallversicherungsträger) leistungspflichtig ist; tatsächlich dann dem Geschädigten von dem unzuständigen Leistungsträger erbrachte Leistungen sind nach Maßgabe der §§ 105 ff. zu erstatten (vgl. BGH 8. 7. 2003 – VI ZR 274/02 – NJW 2003, 3193).

III. Aktivlegitimierte Sozialleistungsträger

21 **1. Sozialversicherungsträger.** § 116 ermöglicht zum einen den Regress der Sozialversicherungsträger. Mit der Anordnung des Forderungsübergangs auf die Sozialversicherungsträger erfasst § 116 den **Großteil der praktisch vorkommenden Fälle.** Der Begriff ist in Übereinstimmung mit § 1 SGB IV zu bestimmen, umfasst also Kranken-, Pflege-, Unfall- und Rentenversicherung. Ob die Versicherung gesetzlich angeordnet ist oder auf freiwilliger Entscheidung beruht, spielt keine Rolle (vgl. BGH 12. 4. 2005 – VI ZR 50/04 – VersR 2005, 1004, 1005; 11. 5. 1976 – VI ZR 51/74 – NJW 1976, 2349 f.; 25. 2. 1986 – VI ZR 229/84 – NJW-RR 1986, 962, 963; Geigel/Plagemann 30. Kapitel Rn. 2).

22 **2. Arbeitsverwaltung.** Die Träger der Arbeitsverwaltung sind nicht Sozialversicherungsträger im Sinn von § 116 Abs. 1 (siehe BGH 19. 9. 1989 – VI ZR 344/88 – NJW 1989, 3158); sowohl die **Bundesagentur für Arbeit** als auch die **Träger der Grundsicherung für Arbeitsuchende** nach dem SGB II (einschließlich kommunaler Träger und Arbeitsgemeinschaften iSv. § 44b SGB II) **gelten gem. § 116 Abs. 10** jedoch ausdrücklich als Versicherungsträger. Zahlt die Bundesagentur für Arbeit **Arbeitslosengeld** (nach den Bestimmungen des SGB III), kommt es also zum Forderungsübergang auf die Bundesagentur. Im Hinblick auf gewährte **Arbeitslosenhilfe nach früherem Recht** hat der BGH zum alten Recht den Forderungsübergang gem. § 116 Abs. 1 verneint (BGH 19. 9. 1989 – VI ZR 344/88 – NJW 1989, 3158), weil das Recht der Arbeitslosenhilfe den Grundsatz der Subsidiarität sehr weitgehend verwirklicht, weitergehend sogar als das Sozialhilferecht. Der **Schadensersatzanspruch** des Arbeitslosen wegen seines Körperschadens und seiner Erwerbseinbuße **war danach als Einkommen zu berücksichtigen,** so dass der Geschädigte in Höhe dieses Anspruchs nicht bedürftig erschien, also Arbeitslosenhilfe nicht beanspruchen konnte; für den Regress gem. § 116 war bei dieser Betrachtung kein Raum. Unter Geltung des SGB II hat sich daran nichts geändert (anders KassKomm/Kater, § 116 SGB X Rn. 25). Zwar ist gem. § 116 Abs. 10 auch im Hinblick auf die Grundsicherung für Arbeitsuchende der Forderungsübergang ausdrücklich angeordnet. Gleichwohl ist die **Subsidiarität** auch der Grundsicherung für Arbeitsuchende in dem von der Rechtsprechung zum alten Recht (siehe dazu auch Waltermann NJW 1996, 1644, 1645) angenommenen Sinn zu berücksichtigen: Hilfebedürftig ist nur, wer seinen Lebensunterhalt nicht oder nicht ausreichend selbst sichern kann (vgl. § 9 SGB II). Zu berücksichtigendes Einkommen im Sinn von § 11 Abs. 1 SGB II ist dabei auch der Schadensersatz; vor diesem Hintergrund nimmt § 11 Abs. 3 Nr. 2 SGB II Entschädigungsansprüche nach § 253 Abs. 2 BGB (also namentlich Schmerzensgeld) von der Berücksichtigung als Einkommen aus. Da Leistungen, wenn Schadensersatzansprüche bestehen, nicht zu erbringen sind, liegen die Voraussetzungen des § 116 Abs. 1 nicht vor.

3. Sozialhilfeträger. Mit der Schaffung des § 116 wurden die Sozialhilfeträger **den Sozialversi- 23 cherungsträgern gleichgestellt.** Sie sollen nicht schlechter gestellt sein als die Versicherungsträger (BT-Drs. 9/1753, S. 44). Die im Hinblick auf Sozialhilfeträger für andere als Schadensersatzansprüche (vgl. § 93 Abs. 4 SGB XII) nach wie vor geltende Überleitung durch Anzeige des Trägers hat den Nachteil, dass Geschädigte bis zum Eintritt der Bedürftigkeit bzw. bis zur Kenntniserlangung des Sozialhilfeträgers von den Voraussetzungen für die Sozialhilfegewährung über ihren Anspruch verfügen und sich abfinden lassen können. Sozialhilfeträger sind die gem. §§ 97 ff. SGB XII iVm. den maßgebenden **landesrechtlichen Bestimmungen** zuständigen Stellen. Auf Träger von Leistungen der Grundsicherung für Arbeitsuchende gehen andere als Schadensersatzansprüche (vgl. § 33 Abs. 5 SGB II) nicht (mehr) durch Überleitungsanzeige, sondern kraft Gesetzes über, § 33 Abs. 1 SGB II.

4. Andere Träger. § 116 Abs. 1 regelt den Übergang von Schadensersatzansprüchen auf Sozial- 24 versicherungsträger (eingeschlossen die Bundesagentur für Arbeit sowie die Träger der Grundsicherung für Arbeitsuchende nach dem SGB II, § 116 Abs. 10) oder Träger der Sozialhilfe. Der Forderungsübergang auf andere Träger kommt in Betracht, wenn er in **gesetzlichen Vorschriften** angeordnet ist. Beispiele bilden § 81a BVG (Forderungsübergang auf den Bund); § 87a BBG, § 52 BRRG iVm. Beamtengesetzen der Länder (Forderungsübergang auf den jeweiligen Dienstherrn); § 5 Abs. 1 OEG (Forderungsübergang auf das jeweilige Land in entsprechender Anwendung des § 81a BVG), § 8 Abs. 2 S. 2 BEG (Forderungsübergang auf das jeweilige Land); § 4 Abs. 1 HHG (Forderungsübergang auf den Bund), § 47 Abs. 1 ZDG (Forderungsübergang auf den Bund); § 30 Abs. 3 SoldatenG (Forderungsübergang auf den Dienstherrn).

IV. Zu erbringende Sozialleistungen

Der Forderungsübergang setzt voraus, dass der Sozialleistungsträger „Sozialleistungen zu erbringen 25 hat", und zwar aufgrund des Schadensereignisses.

1. Sozialleistungen. Sozialversicherungsträger oder Sozialhilfeträger müssen „Sozialleistungen" 26 im Sinn von § 11 SGB I zu erbringen haben, also Dienst-, Sach- oder Geldleistungen **nach dem Sozialgesetzbuch.** Dazu gehören auch Leistungen an freiwillig Versicherte (vgl. stellv. BGH 11. 5. 1976 – VI ZR 51/74 – NJW 1976, 2349; 25. 2. 1986 – VI ZR 229/84 – NJW-RR 1986, 962, 963) oder an gemäß § 10 SGB V versicherte Familienangehörige (BGH 17. 4. 1990 – VI ZR 276/89 – NJW 1990, 2933 ff. = VersR 1990, 1028). Es kommt nicht darauf an, ob die Sozialleistung Anspruchsleistung ist (§ 38 SGB I) oder es um eine Ermessensleistung geht (§ 39 SGB I).

2. Leistungspflicht des Trägers. Die Träger müssen die Leistung „zu erbringen" haben. Das im 27 Krankenversicherungsrecht grundsätzlich geltende **Sachleistungsprinzip** (§ 2 Abs. 2 S. 1 SGB V, siehe dazu oben Einl. SGB V) führt dazu, dass die Krankenkassen ihren Versicherten die Leistungen zu beschaffen haben und sich dazu der Ärzte, Krankenhäuser u.s.w. (der sog. Leistungserbringer) bedienen (im Überblick dargestellt zB bei Igl/Welti, Sozialrecht, § 18 Rn. 1–23; Waltermann, Sozialrecht, Rn. 190–205). Die Krankenkassen schließen nach Maßgabe der Bestimmungen des Vierten Kapitels des SGB V (§§ 69 ff. SGB V) über die Erbringung der Sach- und Dienstleistungen Verträge, aus denen vielfach **pauschale Vergütungen** folgen. **Kostenerstattung** gemäß § 13 SGB V ist die Ausnahme (siehe dort Rn. 1). Soweit das Sachleistungsprinzip gilt, kommt es für den Forderungsübergang auf die Höhe der von dem Sozialleistungsträger zu leistenden (pauschalen) Vergütung an (vgl. BGH 29. 6. 2004 – VI ZR 211/03 – NJW 2004, 3326 ff. = VersR 2004, 1189 Krankentransport).

Leistet der Sozialleistungsträger, obwohl er Sozialleistungen nach den gesetzlichen Vorschriften 28 **nicht zu erbringen hat,** kommt es nicht zu einem Forderungsübergang gem. § 116. Es kommt dann nur ein Rückforderungsanspruch gegen den Leistungsempfänger (Geschädigten) in Betracht. Gleiches gilt, wenn ein an sich zu Leistungen verpflichteter Sozialleistungsträger **zu hohe Leistungen** erbringt. Sind zwar Sozialleistungen an den Geschädigten zu erbringen, leistet jedoch ein **nicht zuständiger Träger** (etwa die Krankenversicherung, weil ein Unfallereignis nicht als Arbeitsunfall erkannt wird oder weil der Unfallversicherungsträger seine Leistungspflicht ablehnt), geht der Schadensersatzanspruch des Geschädigten nicht auf den unzuständigen Träger (im Beispiel den Krankenversicherungsträger) über, sondern auf den Träger, der von Rechts wegen Sozialleistungen **zu erbringen hat** (im Beispiel, soweit nicht Haftungsfreistellungen gemäß §§ 104 ff. SGB VII eingreifen, der Unfallversicherungsträger, siehe auch oben Rn. 6 ff.). Für den Ausgleich zwischen den Leistungsträgern gilt § 105 (mit kurzer Ausschlussfrist, § 111), und der leistende Schädiger oder sein Versicherer werden (weil sie an den Falschen leisten) nicht frei. Ihnen steht grundsätzlich ein Ausgleichsanspruch nach Bereicherungsrecht (§§ 812 ff. BGB) zu (vgl. BGH 8. 7. 2003 – VI ZR 274/02 – NJW 2003, 3193 ff.).

29 **3. Kausalität.** Der Sozialleistungsträger muss die Sozialleistung „auf Grund des Schadensereignisses" zu erbringen haben. Zwischen der Leistung und dem Schadensereignis muss ein ursächlicher Zusammenhang bestehen. Kommen ursächliche und von dem Schadensereignis unabhängige körperliche Beeinträchtigungen zusammen, kommt es für die Frage des Forderungsübergangs nur auf die ursächlich mit dem Schadensereignis zusammenhängenden Leistungsaufwendungen an. Lassen sich die Leistungen nicht trennen (Beispiel: Das Schadensereignis führt zu einer Behinderung, die Rentenansprüche nicht auslöst, später kommen weitere für sich allein nicht ursächliche Erkrankungen hinzu), ist der Forderungsübergang zu verneinen; da keine Leistungen aufgrund des Schadensereignisses zu gewähren sind, bleiben eventuelle Schadensersatzansprüche in der Hand des Geschädigten (aA Küppersbusch Ersatzansprüche bei Personenschaden, Rn. 583, der Kausalität bejaht, wenn die Sozialleistung ohne das erste Schadensereignis nicht erbracht worden wäre).

30 **4. Fehlende Inanspruchnahme der Sozialleistung.** Nimmt der Geschädigte nach dem Gesetz an sich zu erbringende Sozialleistungen nicht in Anspruch (sondern unterzieht er sich etwa einer ärztlichen Behandlung auf eigene Kosten), liegen die tatbestandlichen Voraussetzungen des § 116 Abs. 1 („Sozialleistungen zu erbringen hat") dem Wortlaut nach vor. Gleichwohl wird man den Forderungsübergang insoweit verneinen. Ansprüche des Geschädigten gegen den Schädiger gehen nach dem Sinn und Zweck des § 116 im Unfallzeitpunkt nur insoweit auf den Sozialversicherungsträger über, als es tatsächlich zu Versicherungsleistungen kommt (BGH 17. 11. 1964 – VI ZR 171/63 – VersR 1965, 161, 163). Trägt der Geschädigte die Kosten selbst **und steht fest,** dass der Sozialversicherungsträger keine Aufwendungen hat, verbleibt dem Geschädigten auch der Ersatzanspruch gegen den Schädiger (BGH aaO).

31 Der Leistungsberechtigte kann nach Maßgabe von § 46 Abs. 1 SGB I auf die Sozialleistung durch schriftliche Erklärung gegenüber dem Leistungsträger **verzichten.** Der wirksame Verzicht hat die Rechtsfolge, dass der Leistungsanspruch im Umfang des Verzichts erlischt (siehe stellv. oben § 46 SGB I Rn. 4; KassKomm/Seewald, § 46 SGB I Rn. 15; SRH/Waltermann, § 7 Rn. 70). Handelt es sich um einmalige Leistungen, führt der Verzicht zum endgültigen Erlöschen des darauf bezogenen Leistungsanspruchs. Ein Forderungsübergang kommt dann nicht in Betracht. Bei wiederkehrenden Leistungen erfasst der Verzicht nur die bereits fällig gewordenen, nicht dagegen die erst in Zukunft fällig werdenden Einzelleistungen; der Verzicht kann sich aber auch auf zukünftig fällig werdende Einzelleistungen beziehen (Nachweise wie vor). Mit Wirkung für die Zukunft ist der Verzicht allerdings gemäß § 46 Abs. 1 2. Hs. SGB I jederzeit widerrufbar. Beantragt der Geschädigte nachträglich die Sozialleistung, gehen seine Ansprüche rückwirkend auf den Sozialleistungsträger über (OLG Hamm 17. 5. 1983 – 9 U 28/82 – VersR 1984, 1049, 1050); widerruft er einen Verzicht, findet die Regelung des § 116 Abs. 1 mit dem Widerruf Anwendung.

32 **5. Beweislast.** Der Sozialleistungsträger hat darzulegen und zu beweisen, dass und in welcher Höhe er Sozialleistungen erbracht hat. Für nichtstationäre ärztliche Behandlung und Versorgung mit Arznei- und Verbandsmitteln besteht die Möglichkeit einer **Pauschalierung** nach Maßgabe von § 116 Abs. 8.

V. Sachliche Kongruenz

33 Schadensersatzansprüche gehen gemäß § 116 Abs. 1 nur auf den Sozialversicherungsträger oder Träger der Sozialhilfe über, soweit diese Träger aufgrund des Schadensereignisses Sozialleistungen zu erbringen haben, „die der Behebung eines Schadens der gleichen Art" dienen wie der vom Schädiger (nach dem Privatrecht) zu leistende Schadensersatz. Man fasst dies mit dem Begriff der „sachlichen Kongruenz" zusammen. Im Hintergrund steht, dass der **privatrechtlich begründete Schadensersatz und die der Behebung des Schadens dienende Sozialleistung nicht deckungsgleich** sind. Augenfällig dienen die Leistungen des Sozialrechts vielfach anderen Zwecken als der auf Ausgleich konkreter Einbußen gerichtete zivilrechtliche Schadensersatz.

34 **1. Grundsatz.** Sachliche Kongruenz **besteht,** wenn die Sozialleistung und der Schadensersatz dem Ausgleich ein und derselben Einbuße des Geschädigten, mit anderen Worten **demselben Zweck** dienen (vgl. BGH 18. 1. 1977 – VI ZR 250/74 – NJW 1977, 802). Dazu genügt es, wenn die Sozialleistung **dem Ausgleichsinteresse nach den Schaden umfasst,** für den der Schädiger einzustehen hat, ohne dass es auf einzelne Schadenspositionen ankommt (BGH 10. 4. 1979 – VI ZR 268/76 – NJW 1979, 2313, 2314). So ist es zB unerheblich, wenn Sterbegeld (§ 64 SGB VII) nicht

einer konkreten Berechnung der Einbuße folgt, sondern in Gestalt einer pauschalen Abgeltung „abstrakt" bemessen wird (vgl. BGH 18. 1. 1977 – VI ZR 250/74 – NJW 1977, 802 zu Sterbegeld nach Beamtenrecht und Beerdigungskosten als Schadensersatz; BGH 1. 12. 1981 – VI ZR 203/79 – NJW 1982, 1045 zu Witwenrente und Anspruch auf Unterhaltsschaden).

In ständiger Rechtsprechung geht der BGH von einer (schon unter Geltung des § 1542 RVO entwickelten) **„Gruppentheorie"** aus (siehe BGH 24. 2. 1981 – VI ZR 154/79 – NJW 1981, 1846 f.; 3. 4. 1984 – VI ZR 253/82 – NJW 1984, 2628 f.). Er stellt auf den **inneren Zusammenhang** der Sozialleistung zu dem von dem Schädiger zu ersetzenden Schaden ab. Dieser und also sachliche Kongruenz ist im Allgemeinen zu bejahen, wenn beide Leistungen **derselben Schadensgruppe** (also etwa dem Erwerbs- und Fortkommensschaden iSv. § 842 BGB oder dem Ausgleich vermehrter Bedürfnisse iSv. § 843 BGB dienen (vgl. BGH 24. 2. 1981 – VI ZR 154/79 – NJW 1981, 1846, 1847 m. Nachw.). Die **Gruppenbildung** dient dazu, die Schadensregulierung zu erleichtern, sie macht jedoch nicht im Einzelfall die Prüfung entbehrlich, ob Sinn und Zweck des Forderungsübergangs die Inanspruchnahme des Ersatzanspruchs durch den Sozialleistungsträger anstelle des Geschädigten rechtfertigen (BGH 27. 10. 1970 – VI ZR 47/69 – NJW 1971, 286; BGH 24. 2. 1981 – VI ZR 154/79 – NJW 1981, 1846, 1847). Die Gruppenbildung darf insbesondere nicht dazu führen, das Regressrecht auf Schadenspositionen auszudehnen, für die sich das (oben Rn. 6) dargelegte Zusammentreffen der Ausgleichungssysteme des Sozialrechts und der privatrechtlichen Individualhaftung nicht stellen kann. 35

§ 116 bezweckt nicht die Belastung des Schädigers mit **Einbußen, welche die Sozialleistungsträger aufgrund ihrer eigenen gesetzlich angeordneten Leistungsverpflichtungen** erleiden (vgl. BGH 1. 4. 1980 – VI ZR 36/79 – NJW 1980, 2755 f. = VersR 1981, 427 f.; 24. 2. 1981 – VI ZR 154/79 – NJW 1981, 1846 f.; 4. 5. 1982 – VI ZR 175/80 – NJW 1982, 1638; 2. 7. 2002 – VI ZR 401/01 – NJW 2002, 3175, 3176 = VersR 2002, 1110 f. zu § 81a BVG). In diesem Sinn hat der BGH zu Recht den Forderungsübergang auf einen Krankenversicherungsträger insoweit **verneint,** als dieser Ersatz für wegen des vom Schädiger (mit-)verursachten Unfalls **ausgefallene Krankenversicherungsbeiträge** begehrte: Nach Erschöpfung der arbeitsrechtlichen Entgeltfortzahlung hatte die Krankenkasse in dem Fall Krankengeld gewährt; darin liegt ohne Zweifel eine sachlich kongruente Leistung zu dem gemäß § 842 BGB ersatzfähigen Erwerbsschaden. Anders liegt es aber bei der Einbuße, die die Krankenkasse dadurch erleidet, dass Arbeitsentgelt, auch unter den Voraussetzungen des EFZG, nicht mehr zu zahlen ist, so dass auch keine Sozialversicherungsbeiträge mehr abzuführen sind; diese Einbuße findet im privatrechtlichen Schadensersatz keine Entsprechung. Es handelt sich sozusagen um einen **„eigenen Schaden"** der Krankenkasse, für den Ersatz auch dann nicht vorgesehen ist, wenn dieser ursächlich auf einer Schädigung beruht. Zusammengefasst: § 116 begründet keine Einstandspflicht des Schädigers für Belastungen des Sozialleistungsträgers für dessen gesetzlich angeordnete Leistungspflichten bei bloßem ursächlichem Zusammenhang mit dem Schadensfall (vgl. BGH 4. 5. 1982 – VI ZR 175/80 – NJW 1982, 1638). Die Sachlage ist anders als wenn der Leistungsträger kraft gemäß § 115 übergegangenen Rechts (siehe § 115 Rn. 2) Ersatz für entrichtete Sozialversicherungsbeiträge fordert; solange krankheitsbedingt Entgelt nach den Vorschriften des EFZG fortzuentrichten ist und damit Sozialversicherungsbeiträge als Teil des Arbeitsverdienstes abzuführen sind, ist sachliche Kongruenz zu bejahen (zu allem instruktiv BGH 24. 2. 1981 – VI ZR 154/79 – NJW 1981, 1846 f.). 36

2. Ausgangspunkte bei der Schadensregulierung. Die Beurteilung der Frage, ob sachliche Kongruenz vorliegt oder nicht, ist im Einzelfall vielschichtig. Das belegt die durch Abhandlung einer Vielzahl von Einzelfällen geprägte Spezialliteratur (siehe namentlich Küppersbusch Ersatzansprüche bei Personenschaden, Rn. 597 ff.; Wussow/Schneider, Unfallhaftpflichtrecht, Kapitel 74, Rn. 27 ff.; Geigel/Plagemann 30. Kapitel Rn. 23 ff.) ebenso wie die rechtswissenschaftlichen Anliegen gewidmete Literatur (vgl. Lange/Schiemann, Schadensersatz, 3. Aufl., § 11 C II 6). Die Kasuistik ist reichhaltig. Die Notwendigkeit, beinahe jede Fallgestaltung vor dem Hintergrund von Sinn und Zweck der angeordneten cessio legis in ihrer Eigenart zu bewerten, hat ihren Grund darin, dass die von den Sozialleistungsträgern nach den Rechtsvorschriften des Sozialrechts zu erbringenden Leistungen in ihrer Gestalt mit dem, was Geschädigte nach bürgerlichem Recht beanspruchen können, eben nicht deckungsgleich sind. Die Fragen, welche Einbuße nach dem Zivilrecht ausgleichsbedürftig erscheint und welcher Bedarf (auf welche Weise) nach dem Sozialrecht gedeckt werden soll, sind verschieden und bedingen ihre eigenen Lösungen. Auch die Ausgangspunkte der Rechtsanwender sind, bevor geltend gemachte Ansprüche im Raum stehen, verschieden. Für die Sozialleistungsträger ist die mitunter schwierige Frage bedeutsam, **für welche Sozialleistungen** genau Regress beansprucht werden kann – ob also etwa in dem soeben (Rn. 36) genannten Beispiel der übergegangene Schadensersatzanspruch auch die Einbuße durch ausgefallene Krankenversicherungsbeiträge während des Krankengeldbezugs erfasst. Der Geschädigte dagegen (und spiegelbildlich der von ihm in Anspruch genommene Schädiger und dessen Haftpflichtversicherer) wird daran interessiert sein zu wissen, **welche ihm entstandenen Einbußen** er als Schadensersatz neben gemäß § 116 übergegangenen Ansprüchen noch in seiner Person beanspruchen kann oder welche Posten er ersetzt verlangen könnte, wenn sie zur Entstehung kommen. Hat etwa ein gesetzlich krankenversi- 37 cherter Rentner nach einem Verkehrsunfall Heilbehandlung nach den Bestimmungen des Krankenversicherungsrechts (SGB V) bekommen und darüber hinaus in dieser Hinsicht keine Aufwendungen (etwa für einen Eigenanteil an bestimmten ärztlichen Leistungen) gehabt, interessiert ihn nicht, ob der Forderungsübergang über die (zweifellos sachlich kongruenten) Kosten der Heilbehandlung hinaus auch die Aufwendungen des Rentenversicherungsträgers für die Beiträge zur Krankenversicherung der Rentner umfasst. Die gedankliche Ordnung der Einzelheiten orientiert sich in Folgendem an den Kategorien des bürgerlichen Rechts (an denen auch der BGH seine Gruppenbildung orientiert):

38   **3. Heilungskosten.** Was die Heilbehandlung betrifft, ist sachliche Kongruenz der Sozialleistungen **zu bejahen** bei: Leistungen für **ambulante** und für **stationäre** Behandlung (§ 28 SGB V, § 28 SGB VII); **häusliche Krankenpflege** (§ 37 SGB V); Kosten für **Arzneien und Verbandsmittel** (§ 31 SGB V, § 29 SGB VII); **Heilmittel** (§ 32 SGB V, § 30 SGB VII); **Hilfsmittel** (§ 33 SGB V, § 31 SGB VII); **Rehabilitationsmaßnahmen** (§ 40 SGB V, § 15 SGB VII); Krankengeld bei **Erkrankung eines Kindes** (§ 45 SGB V, vgl. KassKomm/Kater, § 116 SGB X Rn. 108); **Fahrkosten** zu ambulanter Behandlung (§ 60 SGB V) und **Reisekosten** (§ 43 SGB VII). Hier decken sich privatrechtlicher Schadensersatz und sozialrechtliche Leistung in ihrer Zielsetzung.

39   Sachliche Kongruenz ist **zu verneinen** bei: Zuzahlungspflichten des Krankenversicherten (etwa bei Rezeptgebühr; Eigenanteil bei bestimmten ärztlichen Leistungen); **Kosten der privatärztlichen Behandlung** (vgl. zur privatrechtlichen Ersatzfähigkeit Küppersbusch, Ersatzansprüche bei Personenschäden, Rn. 230 ff.) und vom Schädiger zu ersetzende **Mehraufwendungen** des Verletzten für die Behandlung in einer teureren Pflegekasse (vgl. BGH 20. 3. 1973 – VI ZR 19/72 – NJW 1973, 1196 f. = VersR 1973, 566 f.); gleiches muss auch für die Kosten eines Doppel- oder Einzelzimmers gelten. Soweit der Sozialversicherungsträger zur Deckung von Schäden keine Versicherungsleistungen zu erbringen hat, sondern die Schäden allein vom Versicherten (oder einer von ihm genommenen Zusatzversicherung) getragen werden, können keine Ansprüche auf den Sozialversicherungsträger übergehen (BGH 20. 3. 1973 – VI ZR 19/72 – NJW 1973, 1196 f. = VersR 1973, 566 f.); nicht erfasst sind daher auch die **Kosten des Krankenbesuchs** für die der Leistungsträger nach seiner Satzung keinen Ausgleich gewährt (OLG München 10. 11. 1977 – 1 U 2637/77 – VersR 1978, 373 f.; aA Wussow/Schneider, aaO, Kapitel 74 Rn. 32). In diesen Hinsichten bleibt der Geschädigte Inhaber des Schadensersatzanspruchs.

40   Bei der **Krankenhausbehandlung** sind im Hinblick auf die Kosten einer stationären Krankenhausunterbringung (seit 2004 im Wesentlichen ausgedrückt durch Fallpauschalen und Sonderentgelte) die Beträge abzuziehen, die der Geschädigte während des Krankenhausaufenthalts **für die häusliche Verpflegung erspart** (siehe aber hierzu unten Rn. 43); weil der Geschädigte auch ohne das Schadensereignis für die Verpflegung hätte aufkommen müssen, hat er einen Schaden durch die Unterbringung im Krankenhaus **nur in Höhe des Mehraufwands** für die Verpflegung. Der Betrag kann aber, soweit die Krankenversicherung für die Kosten der Verpflegung aufgekommen ist, mit Bezug auf den Erwerbsschaden in Ansatz gebracht werden (vgl. BGH 3. 4. 1984 – VI ZR 253/82 – NJW 1984, 2628 und unten Rn. 43). Nach Maßgabe von § 116 Abs. 9 ist eine Pauschalierung zulässig.

41   **4. Erwerbsschaden.** Gemäß § 842 BGB erstreckt sich die Schadensersatzpflicht wegen einer gegen die Person gerichteten unerlaubten Handlung auch auf Nachteile für den Erwerb oder das Fortkommen des Verletzten (siehe ferner § 11 StVG, § 6 HaftpflG, § 8 ProdHaftG). Wenn die Körper- oder Gesundheitsverletzung zur Aufhebung oder Minderung der Erwerbsfähigkeit des Verletzten geführt hat, ist gemäß § 843 Abs. 1 BGB der Schadensersatz in Form einer Rente zu leisten; gemäß § 843 Abs. 3 BGB kann der Geschädigte bei wichtigem Grund die Kapitalisierung der Rente verlangen. **Beispiele für zivilrechtlich begründete Ansprüche** sind: Ausfall des Arbeitsentgelts; Kosten einer Ersatz- oder Hilfskraft; Folgekosten wie Kosten einer Umschulung.

42   **Kongruente Sozialleistungen** der Sozialversicherungsträger oder Träger der Sozialhilfe sind solche Leistungen, die **Entgeltersatzfunktion** haben oder dazu dienen, die **Erwerbsfähigkeit zurück zu gewinnen.** Dazu gehören ohne Zweifel: **Krankengeld** (§ 44 SGB V); **Verletztengeld** (§§ 45 SGB VII), vgl. BGH 5. 12. 1989 – VI ZR 73/89 – NJW 1990, 1045; zu Verletztengeld für Selbständige und kongruentem Erwerbsschaden BGH 23. 2. 2010 – VI ZR 331/08 – NJW 2010, 532 f.); **Übergangsgeld** der gesetzlichen Unfallversicherung (§§ 49 ff. SGB VII); **Erwerbsminderungsrente** der gesetzlichen Rentenversicherung (§ 43 SGB VI); **Verletztenrente** der gesetzlichen Unfallversicherung (§§ 56 ff. SGB VII; vgl. BGH 3. 12. 2002 – VI ZR 304/01 – NJW 2003, 1871 = VersR 2003, 390); **vorgezogenes Altersruhegeld** (§ 37 SGB VI), wenn es seinen Grund in einer verletzungsbedingten Schwerbehinderung, Berufs- oder Erwerbsunfähigkeit oder in einer verletzungsbedingten Arbeitslosigkeit hat; Kongruenz besteht, bis die Regelaltersgrenze erreicht ist oder erreicht worden wäre (vgl. BGH 11. 3. 1986 – VI ZR 64/85 – NJW 1986, 2762 = VersR 1986, 812).

43   Der Forderungsübergang erfasst im Hinblick auf Verdienstausfallschäden des Geschädigten auch **Kosten, die der Geschädigte während des Krankenhausaufenthalts für die häusliche Verpflegung erspart** (BGH, Urt. v. 3. 4. 1984 – VI ZR 253/82 – NJW 1984, 2628 f., siehe auch oben Rn. 40; abl. zB Kleb-Braun NJW 1985, 663 f.): Aufwendungen für Verpflegung gehören zum Lebensunterhalt des Geschädigten, den er schadensbedingt nicht durch Erwerbseinkommen abdecken

kann. Wird der unterhalb des mit dem Krankenhausaufenthalt verbundenen Mehrbedarfs (der Mehrbedarf gehört zu den Kosten der Krankenhausbehandlung, siehe oben Rn. 40) liegende Verpflegungsaufwand vom Sozialversicherungsträger abgedeckt, besteht sachliche Kongruenz mit dem Erwerbsschaden; der Schädiger (bzw. sein Haftpflichtversicherer) zahlt nämlich nicht mehr, als er an Erwerbsschaden auszugleichen hätte, und der Geschädigte erhält nicht mehr, als er ansonsten vom Schädiger als Erwerbsschadensersatz zu bekommen hätte. Völlig zu Recht weist der BGH darauf hin, dass der Geschädigte sonst unter Umständen doppelt entschädigt werden würde, während der Sozialleistungsträger unter Geltung des Sachleistungsprinzips diese Aufwendungen nicht „herausrechnen" könnte (BGH 3. 4. 1984 – VI ZR 253/82 – NJW 1984, 2628, 2629, dort auch zur Beurteilung des Verhältnisses zur Entgeltfortzahlung des Arbeitgebers: der BGH verneint den Forderungsübergang gemäß § 6 EFZG auf den Arbeitgeber, weil sich der Forderungsübergang auf den Sozialleistungsträger bereits im Zeitpunkt des Schadensereignisses vollzieht, so dass der Arbeitgeber, wenn er Entgelt fortzahlt, die Forderung nicht mehr erwerben kann).

Darüber hinaus kommen **weitere kongruente Sozialleistungen** in Betracht: **Haushaltshilfe** 44 (§ 38 SGB V, § 70 SGB XII; ein Erwerbsschaden liegt vor, wenn die Arbeitsleistung im Haushalt nicht ausschließlich den eigenen Bedürfnissen, sondern auch der Erfüllung der Unterhaltspflicht dient); **Leistungen für Kinde**r (namentlich in Gestalt von Kinderzuschüssen oder Kinderzulagen der gesetzlichen Rentenversicherung) sind im Hinblick auf den Erwerbsschaden kongruente Leistungen, soweit sie das Kindergeld übersteigen, das dem Geschädigten ohne diese Sozialleistungen zustehen würde (vgl. BGH 19. 10. 1982 – VI ZR 238/80 – NJW 1983, 114f.). Kongruente Leistungen sind ferner: **Rehabilitationsleistungen** und **Leistungen zur Berufshilfe** (zB § 35 SGB VII) sowie zur **Eingliederungshilfe** (zB § 16 SGB II); eingeschlossen sind zu entrichtende Beiträge zur gesetzlichen Krankenversicherung (wenn der Geschädigte vor dem Schadensereignis krankenversichert war).

Was Leistungen im Hinblick auf eine berufliche **Umschulung** angeht, ist zu unterscheiden (vgl. 45 BGH 4. 5. 1982 – VI ZR 175/80 – NJW 1982, 1638f.; OLG Koblenz 25. 4. 1994 – 12 U 543/93 – VersR 1995, 549): Kongruent sind Leistungen, die darauf gerichtet sind, dem Geschädigten zu helfen, seinen Platz im Berufs- und Erwerbsleben zu behaupten. Diese ergänzen die medizinische Rehabilitation und stimmen mit dem vom Schädiger nach bürgerlichem Recht geschuldeten Schadensausgleich grundsätzlich überein. Ist auf andere Weise die berufliche Eingliederung des Geschädigten nicht möglich, können auch die Kosten einer Umschulung zu einem qualifizierteren Beruf kongruent sein, jedenfalls wenn dadurch ein auf Dauer höherer Verdienstausfallschaden abgewendet wird (BGH, aaO). Erst wenn die Leistungen über dies hinausgehen und zu einer Besserstellung des Geschädigten führen, ist Kongruenz (oder bereits ein zivilrechtlicher Schadensersatzanspruch) zu verneinen. Das gilt jedoch nicht, wenn dieselben Kosten bei der Ausbildung für einen gleichwertigen Beruf angefallen wären (BGH 2. 5. 1987 – VI ZR 198/86 – NJW 1987, 2741f.).

Wird jemand verletzt, der **arbeitslos** ist, verliert er den Anspruch auf Arbeitslosengeld, soweit er 46 verletzungsbedingt für Vermittlungsbemühungen der Agentur für Arbeit nicht zur Verfügung steht (vgl. § 119 Abs. 1 Nr. 3 SGB III). Er hat jedoch Anspruch auf Krankengeld (vgl. § 44 SGB V) oder auf Rente wegen Erwerbsminderung. Der BGH bewertet die Einbuße des Anspruchs auf Arbeitslosengeld zivilrechtlich zu Recht als Erwerbsschaden iSv. § 842 BGB und bejaht den Forderungsübergang auf den Krankengeld leistenden Krankenversicherungsträger (BGH 20. 3. 1984 – VI ZR 14/82 – NJW 1984, 1811ff.; ebenso Denck NZA 1985, 377). Wer arbeitslos ist, erleidet zwar an sich keinen „Verdienstausfallschaden" im engeren Sinn. Auch kommt der Arbeitskraft als solcher nach der Rechtsprechung kein Vermögenswert zu. Es ist gleichwohl richtig, eine Einbuße im Sinn der zivilrechtlichen Differenzhypothese (wie sie der Rechtsprechungspraxis zu Grunde liegt, vgl. BGH 29. 4. 1958 – VI ZR 82/57 – NJW 1958, 1085; 26. 2. 1988 – V ZR 234/86 – NJW 1988, 1837, 1838f.) auch dann anzunehmen, wenn die Quelle des Einkommens in Arbeitslosengeld oder auch Grundsicherung für Arbeitsuchende (früher Arbeitslosenhilfe) besteht. Mit dem BGH (BGH 20. 3. 1984 – VI ZR 14/82 – NJW 1984, 1811) kann angenommen werden, dass der Erwerbsschaden **alle wirtschaftlichen Einbußen** umfasst, die der Geschädigte erleidet, weil er seine Arbeitskraft verletzungsbedingt nicht verwerten kann; „verwerten" kann der versicherte Arbeitslose seine Arbeitskraft im Rahmen der Versicherung des Risikos der Arbeitslosigkeit bei normativer Betrachtung auch, indem er sich der Arbeitsvermittlung zur Verfügung stellt. Ist das schadensbedingt nicht mehr möglich und entfällt deshalb der Entgeltersatz durch Leistungen bei Arbeitslosigkeit, führt dies zu einem Erwerbsschaden (siehe MüKo/Wagner, Band 5, Schuldrecht Besonderer Teil III, 5. Aufl., 2009, §§ 842/843, Rn. 13–15 und 47f.). Beide Leistungen (Arbeitslosengeld und Grundsicherung für Arbeitsuchende) setzen voraus, dass der Anspruchsberechtigte dem Arbeitsmarkt zur Verfügung steht (woran es verletzungsbedingt fehlt). Dass der Verlust des Anspruchs (auf die an Arbeitslosigkeit anknüpfende Sozialleistung) durch eine andere Sozialleistung in Gestalt von Krankengeld kompensiert wird, mindert die Überzeugungskraft der an eine wirtschaftliche Betrachtungsweise anknüpfenden Lösung des BGH nicht; misst man dem Verlust des Entgeltersatzanspruchs des Arbeitslosen im ersten Schritt, wie dargelegt, die Bedeutung eines Erwerbsschadens bei, ist der Forderungsübergang nur folgerichtig. Derjenige Leistungsträger, der den Verlust **kompensiert,** soll den Schadensersatzanspruch bekommen. Ohne die Krankengeldleistung würde der geschädigte Arbeitslose selbstverständlich Ausgleich seiner Einbuße durch Wegfall der Leistungen der Arbeitsverwaltung beanspruchen (zu Einzelheiten der überzeugenden Begründung der Rechtsprechung siehe BGH 20. 3. 1984 – VI ZR 14/82 – NJW 1984, 1811 ff.).

47   **5. Vermehrte Bedürfnisse.** Vermehrte Bedürfnisse sind nach dem Privatrecht unter den Voraussetzungen des § 843 Abs. 1 2. Alt. BGB (siehe ferner § 10 Abs. 1 StVG, § 5 Abs. 1 HaftpflG, § 7 Abs. 1 ProdHaftG) durch eine Geldrente oder Kapitalabfindung zu ersetzen, soweit diese vermehrten Bedürfnisse fortlaufend entstehen (vgl. BGH 19. 5. 1981 – VI ZR 108/79 – NJW 1982, 757). **Beispiele für zivilrechtlich begründete Ansprüche** sind: Anspruch auf Mehraufwand für Pflege; notwendige Haushaltshilfe; Kosten für ein der Behinderung angepasstes Fahrzeug. **Kongruente Sozialleistungen** sind: Leistungen der **häuslichen Krankenpflege** (§ 37 SGB V; § 32 SGB VII); Leistungen der **häuslichen Pflege** (§ 44 SGB VII, § 36 ff. SGB XI vgl. BGH, Urt. v. 28. 11. 2000 – VI ZR 352/99 – NJW 2001.754, 755, § 63 SGB XII); **Haushaltshilfe** im Fall der Krankenhausbehandlung (§ 38 SGB V, 54 SGB VII).

48   Nach Maßgabe von § 44 SGB XI zu entrichtende **Rentenversicherungsbeiträge für Pflegepersonen** führen zum Forderungsübergang auf die leistungspflichtige Pflegekasse (BGH 10. 11. 1998 – VI ZR 354/97 = NJW 1999, 421). Anspruch auf Entrichtung von Rentenversicherungsbeiträgen für Pflegepersonen (zur Verbesserung von deren sozialer Absicherung) entsteht, wenn der Geschädigte in seiner häuslichen Umgebung durch Angehörige oder Freunde nicht erwerbsmäßig wenigstens 14 Stunden wöchentlich gepflegt wird (vgl. § 19 SGB XI, und die Pflegeperson regelmäßig auch mehr als 30 Stunden wöchentlich sonst erwerbstätig ist (§ 44 Abs. 1 S. 1 SGB XI). Einen privatrechtlichen Schadensersatzanspruch erkennt der BGH zutreffend darin, dass der Schädiger den Geschädigten im Rahmen des Schadensersatzes für vermehrte Bedürfnisse auch die unentgeltlich erbrachte Pflegetätigkeit angemessen abzugelten hat (BGH 22. 11. 1988 – VI ZR 126/88 – NJW 1989, 766; 10. 11. 1998 – VI ZR 354/97 – NJW 1999, 421). Seit Einführung der Pflegeversicherung sind nicht mehr nur für entgeltlich tätige Pflegekräfte Sozialversicherungsbeiträge (nach Maßgabe der sozialrechtlichen Vorschriften) zu entrichten, sondern gem. § 3 S. 1 Nr. 1a SGB VI Rentenversicherungsbeiträge auch für nicht erwerbsmäßig tätige Pflegepersonen. Es mag sein, dass die Belastung mit Sozialversicherungsbeiträgen für abhängig beschäftigte Pflegekräfte und die im Preis der Pflegeleistung enthaltenen Kosten für die Absicherung selbständig tätiger Pflegedienste zunächst den Geschädigten selbst treffen würden, während die Rentenversicherungsbeiträge für Pflegepersonen iSv. § 19 SGB XI von der Pflegekasse getragen werden (§ 44 SGB XI). Bei normativer Betrachtung (wie sie der BGH aaO zu Recht anlegt) macht dies jedoch keinen Unterschied. Die Art der gesetzlichen Ausgestaltung dient der Sache (und damit durchaus dem Schadensausgleich bei vermehrten Bedürfnissen) und soll nicht den Schädiger entlasten. Keineswegs geht es um einen nicht kongruenten Eigenschaden der Pflegekasse, der lediglich in bloßem ursächlichem Zusammenhang mit dem Schadensfall stünde.

49   **6. Beerdigungskosten.** Im Fall der Tötung hat der Schädiger gem. § 844 Abs. 1 BGB (siehe ferner § 10 StVG, § 5 Abs. 1 HaftPflG, § 7 Abs. 1 ProdHaftG) die Kosten der Beerdigung demjenigen zu ersetzen, der diese Kosten zu tragen hat (in erster Linie den Erben, § 1968 BGB). Sachlich **kongruente Sozialleistungen** sind: **Sterbegeld** und Kostenerstattungen für die **Überführung** des Verstorbenen (vgl. § 64 SGB VII, § 74 SGB XII). Im Krankenversicherungsrecht ist das Sterbegeld (§ 58 SGB V aF) mit Wirkung zum 1. Januar 2004 gestrichen worden. **Keine Kongruenz** besteht im Hinblick auf Rentenleistungen zur **Überbrückungshilfe** während der ersten drei Monate nach dem Tod des Ehegatten gem. § 65 Abs. 2 Nr. 1 SGB VII; diese Leistung soll Belastungen durch die Umstellung in der Lebensführung abmildern (vgl. OLG Hamm 3. 12. 1979 – 13 U 264/79 – VersR 1980, 390).

50   **7. Unterhalt.** Schadensersatz wegen entgangenen Unterhalts kann zivilrechtlich nach Maßgabe von § 844 Abs. 2 BGB (siehe ferner § 10 Abs. 2 StVG, § 5 Abs. 2 HaftPflG, § 7 Abs. 2 ProdHaftG) beansprucht werden. Gesetzliche Unterhaltspflichten bestehen namentlich gem. § 1360 BGB für **Ehegatten** und nach Maßgabe des § 1601 ff. BGB für **Verwandte in gerader Linie**. Die Unterhaltspflicht muss im Zeitpunkt der Verletzung (nicht des Todes) bestanden haben (siehe ferner § 844 Abs. 2 S. 2 BGB). Eine Witwe hat Anspruch auf Unterhalt während der mutmaßlichen Lebensdauer des Getöteten (die mangels individueller Anhaltspunkte anhand statistischer Sterbetafeln bestimmt wird (vgl. OLG Hamm 8. 9. 1998 – 9 U 86/98 – MDR 1998, 1414; siehe auch BGH 29. 4. 1960 – VI ZR 51/59 – NJW 1960, 1200 zu Rentenschäden der Witwe).

51   **Kongruente Sozialleistungen** (siehe auch BGH 26. 11. 1965 – IV ZR 272/64 – NJW 1966, 450 ff.) sind sozialversicherungsrechtliche **Witwen-, Witwer- und Waisenrenten** (§§ 46, 48 SGB VI, §§ 65 ff. SGB VII) sowie die Rente an Verwandte der aufsteigenden Linie (§ 69 SGB VII). Ersatzansprüche des Kindes wegen Entzugs des Betreuungsunterhalts seiner Mutter gehen auf den Sozialversicherungsträger über, soweit dieser aus der Rentenversicherung der Mutter an das Kind eine **Waisenrente** zahlt (BGH 19. 5. 1987 – VI ZR 167/86 – NJW 1987, 2293, 2295); die Waisenrente soll ihrem Zweck nach den durch den Tod der Mutter entstandenen Bedarf des Kindes an Betreuungsunterhalt decken. Obwohl Witwer- und Witwenrenten (§ 46 SGB VI) Lohnersatzfunktion haben, nimmt der BGH Kongruenz auch mit dem Anspruch auf Ersatz für die von dem Getöteten zum

Familienunterhalt geleistete Haushaltstätigkeit an (BGH 4. 12. 1984 – VI ZR 117/83 – NJW 1985, 735). Haushaltstätigkeit und Versorgung und Erziehung von Kindern stellen Erwerbstätigkeit im Sinn von §§ 842, 843 BGB dar, wenn sie für den Familienunterhalt erbracht werden (BGH 4. 12. 1984 – VI ZR 117/83 – NJW 1985, 735). Soweit die Haushaltstätigkeit der eigenen Bedarfsdeckung des Leistenden dient, gehört ihr Ausfall zu der Schadensgruppe der vermehrten Bedürfnisse im Sinn von § 843 Abs. 1 2. Fall BGB; die für sich selbst geleistete Haushaltstätigkeit ist nicht einer Erwerbstätigkeit gleichzusetzen, weil sie nicht als Erwerbsquelle, sondern den eigenen Bedürfnissen dient (siehe zum Ganzen auch BGH 1. 12. 1981 – VI ZR 203/79 – NJW 1982, 1045; Gitter JR 1982, 204; Ruland JuS 1982, 706). Dem Forderungsübergang steht nicht entgegen, wenn nach dem Tod eines Rentners **an die Stelle des Altersruhegeldes** eine Witwenrente tritt, die den Versicherungsträger nicht mehr belastet als die Leistung zu Lebzeiten des getöteten Rentners. Besteht ein Schadensersatzanspruch der Hinterbliebenen, geht die Forderung gem. § 116 im Hinblick auf Sinn und Zweck des Forderungsübergangs über (BGH 22. 3. 1983 – VI ZR 67/81 – NJW 1983, 2315, 2316 f.).

8. Entgangene Dienste. Der Schadensersatzanspruch gem. § 845 BGB wegen entgangener Dienste enthält eine Erweiterung gegenüber § 844 BGB. Der Anspruch wird nicht nur durch eine Tötung ausgelöst; die Voraussetzungen des Anspruchs sind auch bei Körper- oder Gesundheitsverletzungen oder bei einer Freiheitsentziehung erfüllt. Als Anspruchsberechtigte kommen insbesondere die **Eltern** der zum elterlichen Hausstand zählenden Kinder in Betracht (vgl. § 1619 BGB). Die Haushaltstätigkeit der Ehefrau oder des Ehemannes ist nicht Dienstleistung iSv. § 845 BGB (BGH 9. 7. 1968 – GSZ 2/67 – NJW 1968, 1823), sondern, wie dargelegt (oben Rn. 51), Beitrag zum Unterhalt; das mindert die Bedeutung des § 845 BGB für die Regulierungspraxis. **Kongruente Leistungen** sind **Erwerbsunfähigkeits-** und **Berufsunfähigkeitsrente** bzw. **Rente wegen Erwerbsminderung** (§ 43 SGB VI), ferner **Verletztenrente** an den zur Dienstleistung Verpflichteten. Zwar fehlt es an der grundsätzlich für einen Rechtsübergang zu fordernden Identität des Sozialversicherten mit dem Schadensersatzgläubiger. Diese begriffliche Trennung kann aber dann nicht gelten, wenn der Dienstberechtigte gemäß § 845 BGB der Sache nach den Erwerbsschaden des verletzten Versicherten geltend macht (vgl. BGH 25. 10. 1977 – VI ZR 229/75 – NJW 1978, 159 = VersR 1978, 90, 91). 52

9. Sachschäden. Soweit Sozialversicherungsträger oder Sozialhilfeträger Sozialleistungen im Hinblick auf Sachschäden zu erbringen haben (siehe oben Rn. 19), sind sachlich **kongruente Leistungen** namentlich auch **Kfz-Hilfe** (vgl. § 16 SGB VI iVm. § 33 Abs. 3 Nr. 1, 6, Abs. 8 Nr. 1 SGB IX) oder die **Übernahme von Reparaturkosten** oder **Kosten der Ersatzbeschaffung** etwa von Prothesen oder Rollstühlen (vgl. § 33 SGB V, § 48 SGB XII). 53

VI. Zeitliche Kongruenz

Schadensersatzansprüche gehen gem. § 116 Abs. 1 nur auf den Sozialversicherungsträger oder Träger der Sozialhilfe über, soweit diese Träger aufgrund des Schadensereignisses sachlich kongruente Sozialleistungen zu erbringen haben, die sich „**auf denselben Zeitraum**" wie der vom **Schädiger** (nach dem Privatrecht) **zu leistende Schadensersatz** beziehen. Für denselben Zeitraum müssen also sowohl der Schädiger zum Schadensersatz als auch der Leistungsträger zur Leistung verpflichtet sein. Man fasst dies mit dem Begriff der „zeitlichen Kongruenz" zusammen. 54

Das gesetzliche Erfordernis zeitlicher Kongruenz wirkt sich zum einen dahin aus, dass die Sozialversicherungsträger und Träger der Sozialhilfe nicht auf den Schadensersatzanspruch des Leistungsempfängers für Zeiträume zurückgreifen dürfen, für die Sozialleistungen nicht zu erbringen sind. Dem Geschädigten dürfen für einen bestimmten Zeitraum nicht mehr Ersatzansprüche entzogen werden als ihm für diesen Zeitraum Leistungen zufließen (BGH 13. 3. 1973 – VI ZR 129/71 – VersR 1973, 436). Das Erfordernis zeitlicher Kongruenz wirkt sich zum anderen dahin aus, dass bei zeitlich längerer sozialrechtlicher Leistungspflicht auf eine zeitlich weniger lang begründete privatrechtliche Schadensersatzforderung nur zeitanteilig zurückgegriffen werden kann. Maßgeblich ist der jeweilige Zeitabschnitt, auf den sich die Leistungspflicht bezieht (vgl. BGH 13. 3. 1973 – VI ZR 129/71 – VersR 1973, 436 f.). Leistungspflichten für Zeiträume, in denen keine privatrechtliche Einstandspflicht des Schädigers besteht, rechtfertigen nicht den Regress. Wird für einen Zeitraum von sechs Monaten Erwerbsminderungsrente geleistet, ist aber nur für einen Zeitraum von drei Monaten ein Erwerbsschaden entstanden (weil der Geschädigte nach dieser Zeit seine Tätigkeit wieder aufnehmen konnte), kann der Sozialleistungsträger den Schädiger nur für den auf den Zeitraum des Erwerbsschadens entfallenden Teil der Leistung in Anspruch nehmen; das gilt auch, wenn die Summe des Erwerbsschadens den Gesamtbetrag der Rentenleistung übersteigt (vgl. auch HN/Nehls, § 116 SGB X Rn. 20 f.). 55

VII. Zeitpunkt des Forderungsübergangs

Anders als im Privatversicherungsrecht beim Forderungsübergang gem. § 86 Abs. 1 VVG und anders als im Arbeitsrecht beim Forderungsübergang gem. § 6 EFZG ist der Forderungsübergang gem. § 116 **nicht an die tatsächliche Erbringung** der Leistung geknüpft. Der zivilrechtliche Schadens- 56 ersatzanspruch geht gem. § 116 Abs. 1 schon dann über, wenn die Träger der Sozialversicherung oder Sozialhilfe auf Grund des Schadensereignisses **Leistungen zu erbringen haben.** Der Übergang vollzieht sich damit regelmäßig bereits im **Zeitpunkt des Schadensereignisses** (siehe grundsätzlich BGH 10. 7. 1967 – III ZR 78/66 – NJW 1967, 2199; vgl. auch BGH 13. 2. 1996 – VI ZR 318/94 – NJW 1996, 1674). Das dient dem **Schutz der Sozialleistungsträger.** Sie sollen auch im Hinblick auf **künftig zu erbringende** Leistungen geschützt sein. Dazu muss dem Empfänger der Sozialleistung die Verfügungsmöglichkeit über künftige Schadensersatzansprüche im Hinblick darauf verbaut werden, dass Sozialleistungsträger in der Zukunft Leistungen zu erbringen haben werden (instruktiv BGH 10. 7. 1967 – III ZR 78/66 – NJW 1967, 2199). Bei dieser Lösung lässt sich der Zeitpunkt indessen nicht so leicht eindeutig bestimmen, was im Besonderen für den Forderungsübergang auf Privatversicherungsträger (§ 86 VVG) und auf Arbeitgeber (§ 6 EFZG) gilt.

57   **1. Übergang auf Sozialversicherungsträger.** In Bezug auf den Forderungsübergang auf Sozialversicherungsträger besteht hinsichtlich des Zeitpunktes weitgehend Einigkeit (siehe nur BGH 10. 7. 1967 – III ZR 78/66 – NJW 1967, 2199; 17. 4. 1990 – VI ZR 276/89 – NJW 1990, 2933 f.; 18. 2. 1997 – VI ZR 70/96 – NJW 1997, 1783, 1784; Geigel/Plagemann, 30. Kapitel Rn. 31; GK-SGB X 3/v. Maydell § 116 Rn. 194 ff.; Waltermann NJW 1996, 1644, 1646 f. Anders KassKomm/Kater, § 116 SGB X Rn. 32 ff.). **Der Übergang im Zeitpunkt des schädigenden Ereignisses** ist der Regelfall, und zwar auch dann, wenn zu dieser Zeit die haftungsausfüllenden Umstände noch nicht eingetreten sind und deshalb der Anspruch noch nicht durchsetzbar ist (vgl. BGH 13. 2. 1996 – VI ZR 318/94 – NJW 1996, 1674 f.). Der Forderungsübergang vollzieht sich bereits im Zeitpunkt des Schadensereignisses, wenn zu diesem Zeitpunkt die auch nur weit entfernte Möglichkeit besteht, dass der Sozialversicherungsträger Leistungen zu gewähren haben wird. Es darf nur nicht „völlig unwahrscheinlich, also geradezu ausgeschlossen erscheinen" (vgl. BGH 10. 7. 1967 – III ZR 78/66 – NJW 1967, 2199; 17. 4. 1990 – VI ZR 276/89 – NJW 1990, 2933, 2934; 18. 2. 1997 – VI ZR 70/96 – NJW 1997, 1783, 1784), dass Leistungspflichten entstehen. Damit ist von einem sehr weit reichenden Forderungsübergang auszugehen. Für den Schädiger oder dessen Haftpflichtversicherer ist deshalb größte Zurückhaltung geboten, wenn an den Geschädigten gezahlt oder mit ihm ein Vergleich geschlossen werden soll, gerade auch, weil gemäß §§ 412, 407 BGB keine hohen Anforderungen an die Kenntnis des Schädigers oder Haftpflichtversicherers gestellt werden (vgl. BGH 20. 9. 1994 – VI ZR 285/93 – NJW 1994, 3097 und unten Rn. 81). Der (also frühzeitige) Forderungsübergang setzt aber voraus, dass zum Zeitpunkt des Schadensereignisses ein Versicherungsverhältnis zwischen Leistungsträger und Geschädigtem bestand (BGH 20. 9. 1994 – VI ZR 285/93 – NJW 1994, 3097 ff.). Ohne Versicherungsverhältnis ist bei Schadenseintritt jede Leistungspflicht eines Versicherungsträgers von vornherein ausgeschlossen. Wird ein **Versicherungsverhältnis** zeitlich nach dem Schadensereignis begründet, gehen Schadensersatzansprüche, wenn kongruente Sozialversicherungsleistungen (zB Berufsunfähigkeitsrente wegen einer nach Jahren unfallbedingt eingetretenen Gesundheitsverschlechterung) zu erbringen sind, im Zeitpunkt des Entstehens des Versicherungsverhältnisses über (BGH 2. 3. 1982 – VI ZR 245/79 – NJW 1982, 1761 ff.).

58   **2. Übergang auf Sozialhilfeträger.** Schwieriger ist die Frage zu beurteilen, zu welchem Zeitpunkt sich der Forderungsübergang kraft Gesetzes auf Sozialhilfeträger vollzieht. Im Schrifttum sind unterschiedliche Lösungen vorgeschlagen worden (für regelmäßigen Übergang im Zeitpunkt des Schadensereignisses zB André NZS 1994, 307, 309 f.; GK-SGB X 3/v. Maydell, § 116 Rn. 207 ff.; Waltermann in: FS für Gitter, 1995, 1039, 1049 ff.; für Übergang bei Eintritt der Bedürftigkeit oder bei Kenntnis des Sozialhilfeträgers von der Bedürftigkeit zB Küppersbusch VersR 1983, 193, 195 f.; A. Müller NZS 1994, 13, 16 f.). Zu Recht geht der BGH in konsequenter Fortentwicklung seiner Rechtsprechung davon aus, dass der zivilrechtliche Schadensersatzanspruch auch auf die Sozialhilfeträger bereits im **Zeitpunkt des Schadensereignisses** übergehen kann (vgl. BGH 12. 12. 1995 – VI ZR 271/94 – NJW 1996, 726 ff.; 13. 2. 1996 – VI ZR 318/94 – NJW 1996, 1674 ff.; 9. 7. 1996 – ZR 5/95 – NJW 1996, 2933, 2934). Auch für den Forderungsübergang auf Sozialhilfeträger gilt der auf einen möglichst frühzeitigen Rechtsübergang ausgerichtete Zweck des durch § 116 angeordneten gesetzlichen Forderungsübergangs. Die mit der Schaffung des § 116 im Jahr 1983 den Sozialversicherungsträgern gleichgestellten Sozialhilfeträger sollen nicht schlechter gestellt sein als die Sozialversicherungsträger (vgl. BT-Drs 9/1753 S. 44). Dieses Ziel könnte von vornherein nicht erreicht werden, wenn nicht auch auf die Sozialhilfeträger die Ansprüche des Geschädigten sofort übergehen können. Denn die Geschädigte könnte sonst bis zum Eintritt der Bedürftigkeit bzw. bis zur Kenntniserlangung des Sozialhilfeträgers von den Voraussetzungen für die Sozialhilfegewährung über seinen Schadensersatzanspruch verfügen und sich abfinden lassen.

59   Ein **Unterschied zu dem Forderungsübergang auf die Sozialversicherungsträger** ist freilich unverkennbar. Der für Sozialversicherungsträger entwickelte Maßstab, nach dem es ausreicht, wenn nur nicht „völlig unwahrscheinlich, also geradezu ausgeschlossen erscheint" dass Leistungspflichten entstehen, müsste beim Forderungsübergang auf Sozialhilfeträger zu großer Unklarheit führen. **Ob jemand bedürftig wird,** hängt von zahlreichen Umständen ab, nicht vom Schadensereignis allein. Nicht unrealistisch ist etwa der Fall, dass ein minderjähriger Geschädigter unter Umständen

nach Jahren pflegebedürftig in einem Heim leben muss und dann Bedürftigkeit eintritt, weil er unfallbedingt keinen Beruf hat ergreifen können, deshalb über keine eigene Absicherung gegen Invalidität verfügt, und weil die Eltern gestorben sind und kein Vermögen vorhanden ist. Bei dieser Sachlage ist zur Zeit des Schadensereignisses nicht absehbar, ob und wann letzten Endes die Sozialhilfe einspringen muss. Würde schon die weit entfernte Möglichkeit, dass ein Sozialhilfeträger dem Geschädigten Leistungen zu gewähren haben wird, genügen, wäre eine zivilrechtliche Schadensregulierung wegen kongruenter Ansprüche vielfach ausgeschlossen, die Schadensregulierung wäre aus der Sicht des Schädigers und dessen Haftpflichtversicherung mit großer Unsicherheit belastet (siehe Küppersbusch VersR 1983, 193, 195 ff.; Waltermann in: FS für Gitter, 1995, S. 1039, 1049 ff.; ders., NJW 1996, 1644, 1646). Deshalb muss der vom BGH für den Forderungsübergang zutreffend entwickelte „Möglichkeits-Maßstab" zu einem **„Wahrscheinlichkeitsmaßstab"** verändert werden, damit der abweichenden rechtlichen Situation im Sozialhilferecht Rechnung getragen wird. Der Forderungsübergang auf Sozialhilfeträger setzt voraus, dass sich im Zeitpunkt des Unfallereignisses **Tatsachen konkret abzeichnen,** die den Eintritt einer Sozialhilfebedürftigkeit beim Geschädigten **wahrscheinlich machen.** Der BGH formuliert zutreffend, der Forderungsübergang vollziehe sich auch bei Sozialhilfeträgern in aller Regel im Zeitpunkt des Schadensereignisses, wenn mit der Leistungspflicht des Sozialhilfeträgers bereits zur Zeit des schädigenden Ereignisses **ernsthaft zu rechnen** ist (BGH 13. 2. 1996 – VI ZR 318/94 – NJW 1996, 1674 f.; 9. 7. 1996 – VI ZR 5/95 – NJW 1996, 2933, 2934). Bei dieser Sachlage besteht angesichts des Zwecks des § 116 eine Situation, die mit der Situation vergleichbar ist, in welcher bei Vorliegen des besonderen Bandes des sozialrechtlichen Versicherungsverhältnisses nur noch die weit entfernte Möglichkeit (siehe oben Rn. 57) der späteren Leistungspflicht hinzutreten muss. Praktisch folgt daraus, dass erst nach sorgfältiger Prüfung der Umstände des Einzelfalls eine Schadensregulierung insbesondere durch **Abfindungsvergleich** in Betracht kommen kann (zum Schutz guten Glaubens Rn. 81).

3. Übergang auf Träger der Arbeitsverwaltung. Auch beim Forderungsübergang auf die Bundesagentur für Arbeit und die Träger der Grundsicherung für Arbeitsuchende (die gem. § 116 Abs. 10 als Versicherungsträger im Sinn von § 116 gelten) kommt es für den Zeitpunkt des Forderungsübergangs darauf an, ob die Arbeitsverwaltung kongruente Leistungen **zu erbringen hat,** nicht darauf, ob sie Leistungen tatsächlich erbracht hat. Der Forderungsübergang vollzieht sich also auch hier im **Zeitpunkt des Schadensereignisses** (vgl. BGH 19. 9. 1989 – VI ZR 344/88 – NJW 1989, 3158 ff.; 20. 9. 1994 – VI ZR 285/93 – NJW 1994, 3097 ff.; v. Wulffen/Bieresborn, § 116 SGB X Rn. 4 a). Besteht im Zeitpunkt des Schadensereignisses **kein Sozialversicherungsverhältnis,** gilt nicht der weite „Möglichkeits-Maßstab", sondern der engere „Wahrscheinlichkeitsmaßstab" (LPK-SGB X/Breitkreuz, § 116 Rn. 13; Waltermann, NJW 1996, 1644, 1646). Der BGH hat zum alten Arbeitsförderungsrecht in Bezug auf Leistungen zur Rehabilitation darauf abgestellt, ob die Erbringung von Rehabilitationsleistungen durch die Bundesanstalt für Arbeit „ernsthaft in Betracht zu ziehen" war (BGH 20. 9. 1994 – VI ZR 285/93 – NJW 1994, 3097, 3098). Die Darlegungen des BGH in dieser Entscheidung sind auch für andere Bereiche aufschlussreich.

D. Quotenvorrecht des Geschädigten

I. Ausgangslage

Die Unterschiedlichkeit der Voraussetzungen und des Umfangs von sozialrechtlichem Leistungsanspruch und zivilrechtlichem Schadensersatzanspruch steht im Hintergrund der Gesetzesregelungen in **Abs. 2 bis 7.** Diese Bestimmungen werfen eine ganze Reihe von zum Teil schwierigen Einzelfragen auf. In den **Abs. 2, 3 und 5** ist geregelt, welche Rechtsfolgen eintreten, wenn die Sozialleistung den Schaden nicht vollständig deckt – dem Geschädigten also ein **Restschaden** verbleibt – und zugleich der zivilrechtliche Anspruch des Geschädigten hinter dem Schaden zurückbleibt. Letzteres kann vor allem an einer Höchstsummenbegrenzung des Anspruchs (zB gem. § 12 StVG, § 9 HPflG, § 37 LuftVG) oder an einer Mitverantwortung des Geschädigten liegen. Das Gesetz kennt für die Auflösung des Verteilungsproblems **zwei Wege:** das **Quotenvorrecht des Geschädigten** und die **Aufteilung des quotierten Schadensersatzanspruchs** („relative Theorie").

II. Grundregel

Ist der Schadensersatzanspruch, wie häufig bei der Gefährdungshaftung, der Höhe nach begrenzt, hat der Geschädigte wegen seines Restschadens gem. § 116 Abs. 2 das **Quotenvorrecht.** Der Anspruch auf Schadensersatz geht auf den Sozialversicherungsträger oder Träger der Sozialhilfe **nur insoweit über,** als er nicht zum Ausgleich des Schadens des Geschädigten oder seiner Hinterbliebenen erforderlich ist. Der Geschädigte kann also seinen Restschaden geltend machen. Die 1983 eingeführte gesetzliche Regelung des § 116 Abs. 2 bewirkt bewusst eine **Abkehr von der Rechtsprechung des BGH zu § 1542 RVO;** unter dessen Geltung der BGH von einem Quotenvorrecht des Sozialversicherungsträgers ausgegangen war (siehe zu allem mit Nachw. BGH 8. 4. 1997 – VI ZR 112/96 – NJW 1997, 1785).

III. Höhenbegrenzung und Deckungslücke

63 § 116 Abs. 2 setzt zum einen voraus, dass eine **gesetzliche Haftungsgrenze,** namentlich Haftungshöchstsumme, des Rechts der Gefährdungshaftung (zB § 12 StVG, § 9 HaftpflG §§ 37, 46 LuftVG, § 31 AtomG) **den Anspruch im konkreten Fall begrenzt;** Voraussetzung ist dabei, dass der Schadensersatzanspruch **bei Berücksichtigung aller in Betracht kommenden Anspruchsgrundlagen** der Höhe nach begrenzt ist. Über die Höhenbegrenzung hinaus muss zum anderen beim Ausgleich der Einbußen des Geschädigten oder seiner Hinterbliebenen einerseits und des Sozialleistungsträgers andererseits eine **Deckungslücke** verbleiben.

64 Liegt eine gesetzliche Höhenbegrenzung vor und verbleibt beim Ausgleich der Einbußen des Geschädigten oder seiner Hinterbliebenen und des Sozialleistungsträgers eine Deckungslücke, gewährt § 116 Abs. 2 in der zutreffenden Auslegung der Rechtsprechung ein **uneingeschränktes Quotenvorrecht:** Aus dem Sinn und Zweck des § 116 Abs. 2 und aus seiner Entstehungsgeschichte folgt, dass der Geschädigte seine Ansprüche auf Schadensersatz, **gleichgültig auf welchem Grund sie beruhen,** vorab realisieren kann (BGH 8. 4. 1997 – VI ZR 112/96 – NJW 1997, 1785; LPK-SGB X/Breitkreuz § 116 Rn. 14; Wannagat/Eichenhofer, § 116 SGB X Rn. 38; HN/Nehls, § 116 SGB X Rn. 30; SRH/Plagemann, § 9 Rn. 23). Entgegen einer im Schrifttum verbreiteten Auffassung ist im Hinblick auf das Vorrecht des Geschädigten mit dem BGH nicht danach zu unterscheiden, ob der Schadensersatzanspruch mit der Sozialleistung kongruent ist. Nach der Gegenauffassung (vgl. v. Wulffen/Bieresborn, § 116 SGB X Rn. 19 f.; SozVers-GesKomm/Gitter, § 116 SGB X Anm. 17.) sollen nur mit Sozialleistungen sachlich und zeitlich kongruente Schadensersatzansprüche bei der Differenzberechnung für das Quotenvorrecht eine Rolle spielen. Bedeutung hat das für einen **Schmerzensgeldanspruch** des Geschädigten: Nur wenn man der Rechtsprechung folgt, kann der Geschädigte einen Schmerzensgeldanspruch sozusagen vorab realisieren. Nach der Gegenauffassung würde ein Schmerzensgeldanspruch des Geschädigten, weil nicht kongruent, den Ansprüchen des Sozialleistungsträgers nachgehen. Sind gem. § 116 Abs. 2 somit im Ergebnis **alle Schadensersatzansprüche des Geschädigten vorrangig zu befriedigen,** unabhängig davon, ob sie den jeweiligen Leistungen des Sozialversicherungsträgers kongruent sind, kommt es insoweit zum Forderungsübergang auf den Sozialleistungsträger, als nach dem Schadensausgleich zu Gunsten des Geschädigten bis zur Haftungshöchstsumme noch etwas übrig bleibt (BGH 8. 4. 1997 – VI ZR 112/96 – NJW 1997, 1785; 21. 11. 2000 – VI ZR 120/99 – NJW 2001, 1214, 1215). Damit ist die Lösung des § 116 Abs. 2 anders als die Lösung im Privatversicherungsrecht; dort ist das Quotenvorrecht durch das Kongruenzprinzip eingeschränkt (vgl. stellv. Prölls in: Prölls/Martin, 28. Aufl., 2010, § 86 Rn. 11, 26). Umstritten ist die Lösung, wenn sich nicht nur aus einer gesetzlichen Höhenbegrenzung eine Deckungslücke ergibt, sondern mit der Überschreitung der Haftungshöchstsumme eine **Mithaftung des Geschädigten** zusammenkommt (siehe dazu unten Rn. 67).

E. Mitwirkendes Verschulden, mitwirkende Verantwortlichkeit des Geschädigten

I. Ausgangslage

65 Im Hintergrund auch der Regelung des § 116 Abs. 3 steht die Unterschiedlichkeit der Voraussetzungen und des Umfangs von sozialrechtlichem Leistungsanspruch und zivilrechtlichem Schadensersatz: Die sozialrechtliche Leistung ist im Grundsatz von einer Mitverantwortung oder einem Mitverschulden des Leistungsberechtigten unabhängig, sie wird nach Maßgabe der einschlägigen sozialrechtlichen Bestimmungen voll erbracht. Mitwirkendes Verschulden oder mitwirkende Verantwortlichkeit des Geschädigten führen dagegen nach dem Privatrecht zu einer Quotierung des Schadens. Es leuchtet ein, dass in Fällen mitwirkenden Verschuldens oder mitwirkender Verantwortlichkeit des Geschädigten der Forderungsübergang nur in Höhe der auf den Schädiger entfallenden Quote in Frage kommt (§ 116 Abs. 3 S. 1, dazu sogleich Rn. 66). Was das Verhältnis zwischen dem Geschädigten und dem Sozialleistungsträger angeht, stellt sich die Frage des Quotenvorrechts. Auch hier sind im **Spannungsfeld von Privatrecht und Sozialrecht** Einzelfragen schwierig: Mitverschulden oder Mitverantwortlichkeit kommt in der Praxis häufig mit gesetzlichen Höhenbegrenzungen des Schadensersatzes zusammen (siehe § 116 Abs. 3 S. 2, dazu sogleich Rn. 67). Kann der Geschädigte vom Schädiger nicht vollen Ersatz, sondern nur eine Quote verlangen, kann dies den Geschädigten in wirtschaftliche Schwierigkeiten bringen; das berücksichtigt § 116 Abs. 3 S. 3 (dazu sogleich Rn. 69). Geregelt hat das Gesetz schließlich den Sonderfall, dass der Sozialleistungsträger dem Geschädigten oder seinen Hinterbliebenen aufgrund des Schadensereignisses keine höheren Sozialleistungen zu erbringen hat als vor diesem Ereignis; dass dem Sozialleistungsträger bei dieser Sachlage keine Einbuße entsteht, berücksichtigt das Gesetz, wenn der Geschädigte durch eigenes Mitverschulden oder eigene Mitverantwortlichkeit belastet ist (siehe § 116 Abs. 5, dazu sogleich Rn. 70).

II. Grundregel

Mitwirkendes Verschulden des Geschädigten, zB nach Maßgabe von § 254 BGB, oder mitwirkende Verantwortlichkeit, zB aufgrund eigener Betriebsgefahr (etwa gem. § 7 StVG) führt erwartungsgemäß dazu, dass der Schadensersatzanspruch auch nur in Höhe der den Schädiger treffenden Quote auf den Sozialleistungsträger übergehen kann. Das gilt auch in den Fällen, in denen die den Schädiger treffende Haftungsquote in ihrer wirtschaftlichen Ausbeute die zu erbringende (kongruente) Sozialleistung vollkommen abdecken könnte. Die Interessen des Geschädigten werden dadurch gewahrt, dass auf den Sozialleistungsträger Ansprüche in Höhe der den Schädiger treffenden Quote nur im Hinblick auf von ihm erbrachte **kongruente Leistungen** übergehen. Auch dann steht der Schädiger nicht schlechter da, als wenn er an den Geschädigten leisten müsste. Im Einzelnen ist bei der **Berechnung** wie folgt vorzugehen: Im ersten Schritt ist der **Gesamtschaden** festzustellen. Im zweiten Schritt sind zum einen die **kongruenten Sozialleistungen** und zum anderen der **Differenzschaden des Geschädigten** festzustellen (siehe auch die Berechnungsbeispiele bei HN/Nehls, § 116 SGB X Rn. 34 f.; Einzelheiten auch bei v. Marschall, ZVersWiss 1983, 99, 109 f.).

66

III. Zusätzliche Höhenbegrenzung

Das Zusammentreffen von Mitverschulden oder Mitverantwortung des Geschädigten im Sinn von § 116 Abs. 3 S. 1 und gesetzlicher Höhenbegrenzung gem. § 116 Abs. 2 regelt § 116 Abs. 3 S. 2. Die umstrittene Frage, wie § 116 Abs. 3 S. 2 auszulegen sei, hat der BGH inzwischen geklärt (vgl. BGH 21. 11. 2000 – VI ZR 120/99 – NJW 2001, 1214 ff.). Kommen die Mithaftung des Geschädigten und eine Haftungsgrenze zusammen, steht dem Geschädigten nach Auffassung des BGH bei teilweisem Forderungsübergang auf Sozialleistungsträger ein Quotenvorrecht nicht zu. In dem entschiedenen Fall traf den geschädigten Fußgänger an dem Verkehrsunfall wegen hoher Blutalkoholkonzentration ein Mitverschulden von 50%. Die Leistungen der verpflichteten Sozialleistungsträger übertrafen die Haftungsbegrenzung gem. § 12 Abs. 1 Nr. 1 StVG. Die Schwierigkeit besteht bei dieser Sachlage, kurz zusammengefasst, darin, dass § 116 Abs. 3 S. 1 für den Fall der Begrenzung des Anspruchs des Geschädigten allein wegen Mitverschuldens oder Mitverantwortlichkeit der „relativen Theorie" folgt, den Schadensersatzanspruch also in Höhe der Haftungsquote des Schädigers auf Sozialleistungsträger und Geschädigten übergehen lässt. Folgt die Deckungslücke allein aus einer Höhenbegrenzung, hat dagegen der Geschädigte gem. § 116 Abs. 2 das uneingeschränkte Quotenvorrecht (siehe oben Rn. 62). Kommt beides zusammen, ist nach der Rechtsprechung des BGH die **Versagung des Quotenvorrechts für den Geschädigten durch § 116 Abs. 3 S. 1 stärker** als das durch § 116 Abs. 2 angeordnete unbeschränkte Quotenvorrecht bei Deckungslücken aufgrund einer Höhenbegrenzung der Haftung. Der BGH hält den Geschädigten, der durch Mitverschulden zur Entstehung seines Schadens in zurechenbarer Weise beigetragen hat, für weniger schützenswert als den, der sich einer gesetzlichen Haftungsbegrenzung gegenübersieht, die er nicht beeinflussen kann (BGH 21. 11. 2000 – VI ZR 120/99 – NJW 2001, 1214, 1215 ff. m. Nachw.). Dafür spricht der Wortlaut des § 116 Abs. 3 S. 2.

67

Im einzelnen nimmt der BGH, von der in § 116 Abs. 3 S. 1 verankerten relativen Theorie ausgehend, mit der herrschenden Lehre (vgl. stellv. Wannagat/Eichenhofer, § 116 SGB X Rn. 40, 42 f.; KassKomm/Kater, § 116 SGB X Rn. 224 f.; Geigel/Plagemann, 30. Kapitel Rn. 65) eine **Anwendung der relativen Theorie in modifizierter Form** vor. Das ist richtig, denn die wortgetreue Anwendung des § 116 Abs. 3 S. 2 könnte dazu führen, dass der Geschädigte um so schlechter steht, je geringer seine Mitverantwortung ist (siehe insb. v. Olshausen VersR 1983, 1109 f.). Angewendet in modifizierter Form, ist im **ersten Schritt** eine Aufteilung der auf die Sozialleistungsträger übergehenden und der dem Geschädigten verbleibenden Ansprüche nach der relativen Theorie gem. § 116 Abs. 3 S. 1 **ohne Berücksichtigung der Höhenbegrenzung** vorzunehmen. Übersteigt dann der um die Haftungsquote des Geschädigten gekürzte Ersatzanspruch wegen des Gesamtschadens die Höhenbegrenzung, ist im **zweiten Schritt** nach der Rechtsprechung des BGH das Ergebnis der Aufteilung zwischen Sozialleistungsträgern und Geschädigten **anteilig anzupassen;** die Deckungslücke geht also anteilig zu Lasten beider, der Sozialleistungsträger und des Geschädigten. Eine Gegenauffassung, die im zweiten Schritt nicht proportional auf Sozialleistungsträger und Geschädigten verteilen, sondern, wenn wegen der Höhenbegrenzung nicht beide voll bedient werden können, dem Geschädigten oder dessen Hinterbliebenen mit ihrem sich nach der Quotierung ergebenden Schadensersatzanspruch den Vorrang einräumen will (siehe stellv. Küppersbusch VersR 1983, 193, 203; Waltermann NJW 1996, 1644, 1647 f.), hat sich nicht durchgesetzt. Das in der Gestaltung des Gesetzgebers (nicht in der dem Wortsinn folgenden Auslegung des BGH) liegende verbleibende Bedenken ist, dass das Zusammentreffen beider Gesichtspunkte (der Mitverantwortung und der Höhenbegrenzung) auch dann zur anteilmäßigen Zuweisung führt, wenn das Mitverschulden minimal ausfällt; wertend zugespitzt fungiert also ein kleines Mitverschulden als eine Art „Türöffner" weg vom Quotenvorrecht des Geschädigten hin zur Lösung nach der relativen Theorie (v. Olshausen VersR 2001, 936, 938 f.).

68

IV. Hilfebedürftigkeit durch Forderungsübergang

69 § 116 Abs. 3 S. 3 verhindert, dass durch den Forderungsübergang Hilfebedürftigkeit im Sinn des SGB XII eintritt. Es ist vernünftig, dem Geschädigten bei dieser Sachlage den Schadensersatzanspruch zu belassen und wirtschaftlich betrachtet in der Masse der einschlägigen Fälle die Einbuße von der steuerfinanzierten Sozialhilfe zu den Sozialversicherungsträgern zu verschieben. Voraussetzung des Quotenvorrechts des Geschädigten gemäß § 116 Abs. 3 S. 3 ist, dass die Hilfebedürftigkeit **durch den Forderungsübergang** entsteht (BGH 25. 6. 1996 – VI ZR 117/95 – NJW 1996, 2508 ff.). Es genügt also nicht, dass der Geschädigte oder seine Hinterbliebenen auf andere Weise, namentlich aufgrund des Schadensereignisses, hilfebedürftig werden. Der Forderungsübergang ist folglich nur in dem Umfang ausgeschlossen, in dem **durch ihn** Hilfebedürftigkeit entsteht, nicht in Bezug auf überschießende Beträge (LPK-SGB X/Breitkreuz, § 116 SGB X Rn. 17; v. Wulffen/Bieresborn, § 116 SGB X Rn. 29 f.). Obwohl der Wortlaut des Abs. 3 S. 3 nur auf das SGB XII verweist, gebietet eine teleologische Auslegung auch die entsprechende Anwendung auf Hilfsbedürftige im Sinn des SGB II (KassKomm/Kater, § 116 SGB X Rn. 226; v. Wulffen/Bieresborn, § 116 SGB X Rn. 29; aA Pohl, in: Rolfs/Giesen/Kreikebohm/Udsching, § 116 SGB X Rn. 21).

V. Aufkommensneutralität für Sozialleistungsträger

70 § 116 Abs. 5 trifft eine Sonderregel zu § 116 Abs. 3 S. 1 und 2 für den Fall, dass die Sozialleistungen zwar aufgrund des Schadensereignisses zu erbringen sind, jedoch nicht höher sind als sie vor dem Schadensereignis waren. Diese Voraussetzungen können namentlich erfüllt sein, wenn die Hinterbliebenen eines getöteten Rentners eine Hinterbliebenenrente erhalten, die nicht höher zu Buche schlägt als die zuvor zu leistende Rente. Bei dieser Sachlage **bleibt es beim Quotenvorrecht** des Geschädigten oder seiner Hinterbliebenen auch in den Fällen, in denen der Schadensersatzanspruch durch ein mitwirkendes Verschulden oder eine mitwirkende Verantwortlichkeit des Geschädigten begrenzt ist; dies gilt auch dann, wenn der Ersatzanspruch durch Gesetz der Höhe nach beschränkt ist. Nur soweit der Schadensersatz nicht zur vollen Deckung des eigenen Schadens des Geschädigten oder seiner Hinterbliebenen erforderlich ist, kommt es trotz fehlender Mehrbelastung zum Forderungsübergang auf den Sozialleistungsträger. In Betracht zu ziehen ist die Bestimmung über das genannte Beispiel des **Rentnertodes** hinaus namentlich, wenn der Geschädigte **Unterhaltsgeld, Arbeitslosengeld oder Kurzarbeitergeld** bezieht.

F. Befriedigungsvorrecht des Geschädigten

I. Grundregel

71 Bei **tatsächlichen Hindernissen,** die der Durchsetzung der Schadensersatzansprüche entgegenstehen, gewährt § 116 Abs. 4 dem Geschädigten und seinen Hinterbliebenen den **Vorrang bei der Durchsetzung** der Ansprüche. Die Sozialleistungsträger fallen mit den auf sie kraft Gesetzes übergegangenen Forderungen aus. Das Befriedigungsvorrecht des Geschädigten bei tatsächlichen Hindernissen besteht nur gegenüber den Ansprüchen des Sozialleistungsträgers, nicht vor den Ansprüchen anderer Gläubiger. Die Vorschrift trägt dem Umstand Rechnung, dass Sozialleistungsträger den Forderungsausfall wirtschaftlich besser verkraften können als der Geschädigte. Selbstverständlich erstreckt sich das Befriedigungsvorrecht auf alle Forderungen des Geschädigten, also namentlich auf dessen Anspruch auf Schmerzensgeld; Kongruenz mit Sozialleistungen spielt für die Rechte des Geschädigten keine Rolle.

II. Tatsächliches Durchsetzungshindernis

72 Tatsächliche Hindernisse, die der Durchsetzung der Schadensersatzforderung entgegenstehen, sind die Insolvenz des Schädigers, solche Hindernisse können ferner aus Pfändungsgrenzen (§§ 811, 850 ff. ZPO), aus einer Zahlungsunfähigkeit wegen fehlender Absicherung durch eine Haftpflichtversicherung oder aus einer Leistungsbefreiung der Haftpflichtversicherung (§§ 25, 39 VVG aF bzw. §§ 26, 37, 38 VVG nF) resultieren. Wenn § 116 Abs. 4 nur die Überwindung tatsächlicher Hindernisse bezweckt, kann das Befriedigungsvorrecht des Geschädigten **nur soweit** reichen, **wie ihm rechtlich Ansprüche zustehen;** daraus folgt, dass die Prüfung rechtlicher Grenzen gem. § 116 Abs. 2, § 116 Abs. 3 und § 116 Abs. 5 vorgeht.

III. Intervention

73 Aus § 116 Abs. 4 folgen Interventionsansprüche gegenüber Befriedigungsversuchen des Sozialleistungsträgers gem. § 771 ZPO. Der Berechtigte kann das Befriedigungsvorrecht bei Ansprüchen gegen einen Versicherer im Verfahren nach § 109 VVG (§ 156 Abs. 3 VVG aF), sonst im Verteilungsverfah-

ren nach § 872 ff. ZPO geltend machen. Beruft sich der Geschädigte im Haftpflichtprozess gegenüber dem Haftpflichtversicherer auf sein Vorrecht nach Abs. 4, erfolgt im Rahmen des Verteilungsverfahrens zunächst die anteilige Kürzung aller Forderungen, im Anschluss daran erhält der Geschädigte einen Anteil von den Ansprüchen seiner Rechtsnachfolger in der Höhe, wie er erforderlich ist, um seinen Ausfall infolge der Kürzung auszugleichen (BGH 8. 7. 2003 – VI ZA 9/03 – NJW-RR 2003, 1461). Ansprüche auf Rückgewähr des Geschädigten gegen Sozialleistungsträger oder Leistungsverweigerungsrechte gegenüber dem Sozialleistungsträger folgen aus der Vorschrift nicht (vgl. Wannagat/Eichenhofer, § 116 SGB X/3 Rn. 3; Pohl, in: Rolfs/Giesen/Kreikebohm/Udsching, § 116 SGB X Rn. 34; KassKomm/Kater, § 116 SGB X Rn. 235).

G. Familienprivileg

I. Grundregel

Das sog. Familienprivileg des § 116 Abs. 6 kennt bei nichtvorsätzlichen Schädigungen **zwei Ausprägungen:** Zum einen ist der **Forderungsübergang ausgeschlossen,** wenn der Schädiger ein Familienangehöriger ist, der im Zeitpunkt des Schadensereignisses mit dem Geschädigten oder seinen Hinterbliebenen in häuslicher Gemeinschaft lebt (S. 1). Zum anderen kann der (gemäß § 116 Abs. 1 übergegangene) Ersatzanspruch **nicht geltend gemacht** werden, wenn der Schädiger mit dem Geschädigten oder einem Hinterbliebenen nach Eintritt des Schadensereignisses die Ehe geschlossen hat und in häuslicher Gemeinschaft lebt. In beiden Ausprägungen ist Voraussetzung also die nichtvorsätzliche Schädigung und die mit der jeweiligen familienrechtlichen Rechtslage verbundene häusliche Gemeinschaft zwischen Schädiger und Geschädigtem bzw. dessen Hinterbliebenen. **74**

II. Normzweck

Bezweckt sind der **Schutz der Familie** und der **Schutz des Geschädigten;** beides lässt sich nicht sinnvoll trennen; in den von § 116 Abs. 6 erfassten Fallkonstellationen bilden Schädiger und Geschädigter eine **wirtschaftliche Einheit.** Die tatbestandlichen Voraussetzungen des § 116 Abs. 6 liegen auch vor, wenn hinter dem Schädiger eine **Haftpflichtversicherung** steht. Zu Recht hat der BGH (BGH 28. 11. 2000 – VI ZR 352/99 – NJW 2001, 754) das Familienprivileg auch dann bejaht, wenn dem Geschädigten ein Direktanspruch gemäß § 843 Abs. 1 BGB, § 115 VVG (§ 3 Nr. 1 PflVG aF) gegen den Haftpflichtversicherer zusteht; die Rechtsprechung geht von einer Akzessorietät des Direktanspruchs des Geschädigten zu dessen Haftpflichtanspruch aus. Vorschlägen des Schrifttums (vgl. zB Schirmer DAR 1988, 289, 290; Greger, Haftungsrecht des Straßenverkehrs, 4. Aufl. 2007, § 32 Rn. 77) zu einer teleologischen Reduktion folgt die Rechtsprechung angesichts des klaren Wortsinns der Bestimmung (hierzu näher Schiemann LM § 852 BGB Nr. 137) für den Anspruchsübergang auf Sozialversicherungsträger nicht. Die mit dieser Rechtsprechung verbundene Besserstellung des Geschädigten (dem im Fall des § 116 Abs. 6 S. 1 mangels Forderungsübergangs der privatrechtliche Schadensersatz auch in Höhe der kongruenten Sozialleistung zusteht) ist hinnehmbar, die Voraussetzungen einer Vorteilsausgleichung liegen nicht vor (vgl. BGH aaO). Dem Übergang des Direktanspruchs des Geschädigten gegen den Haftpflichtversicherer des Schädigers aus § 115 Abs. 1 VVG auf den Sozialhilfeträger steht das Familienprivileg nicht entgegen (BGH 9. 7. 1996 – VI ZR 5/95 – BGHZ 133, 192). **75**

III. Vorsätzliche Schadenszufügung

Bei vorsätzlicher Schadenszufügung greift das Familienprivileg in beiden Ausprägungen nicht ein. Dadurch soll der Möglichkeit eines kollusiven Zusammenwirkens zwischen dem Schädiger und dem Geschädigten Rechnung getragen werden (BT-Drs. 9/95 S. 28). Der Vorsatz **muss auch die Schadensfolgen umfassen;** das folgt aus Wortlaut und Zweck des § 116 Abs. 6. Die Privilegierten sollen nur dann nicht geschützt sein, wenn der Schädiger der Vorsatzvorwurf hinsichtlich der „Schädigung" trifft. Dies ist dann der Fall, wenn der Schädiger die Gefährlichkeit seines Verletzungsverhaltens erkennt und die mit der Verletzungshandlung erwartungsgemäß verbundenen nahe liegenden Verletzungsfolgen billigend in Kauf nimmt (OLG Koblenz 10. 9. 2001 – 12 V 2006/99 – NJW-RR 2001, 1600 ff.). **76**

IV. Familienangehörige

Der Begriff des Familienangehörigen ist gesetzlich nicht definiert. Zweifellos erfasst der Begriff **Ehegatten, Verwandte** im Rechtssinn, aber auch **Verschwägerte, Stiefeltern** oder **Stiefkinder** und **Adoptiveltern** oder **Adoptivkinder** (vgl. stellvertretend Pohl, in: Rolfs/Giesen/Kreikebohm/Udsching, § 116 SGB X Rn. 27; LPK-SGB X/Breitkreuz, § 116 SGB X Rn. 20; KassKomm/Kater, § 116 SGB X Rn. 245). Der BGH hat zu der unter Geltung von § 1542 RVO analog herangezogenen Bestimmung des § 67 Abs. 2 VVG aF die Auffassung vertreten, Familienangehörige (iSv. § 67 **77**

Abs. 2 VVG aF) könnten auch Personen sein, die ohne eine familienrechtliche Verbindung mit dem Versicherten in einer Weise zusammenleben, die einem Familienverband ähnlich sind und dementsprechend die Familienangehörigkeit bei **Pflegekindern** bejaht (BGH 15. 1. 1980 – VI ZR 181/78 – NJW 1980, 1468). Dem ist für die Auslegung von § 116 Abs. 6 zu folgen, weil Zweck der Vorschrift nicht nur der Schutz der Familie, sondern auch der Schutz des Geschädigten vor dem Hintergrund der wirtschaftlichen Einheit des Unterhaltsverbandes ist. Deshalb zählen zu den Familienangehörigen im Sinne von § 116 Abs. 6 ohne weiteres **eingetragene Lebenspartner, Verlobte** (anders zB Pohl, in: Rolfs/Giesen/Kreikebohm/Udsching, § 116 SGB X Rn. 27) und (was vor allem streitig ist) **Partner einer eheähnlichen Lebensgemeinschaft** (anders BGH 1. 12. 1987 – VI ZR 50/87 – NJW 1988, 1091; siehe aber nunmehr die in BGH 22. 4. 2009 – IV ZR 160/07 – BGHZ 180, 272 mitgeteilte Absicht des VI. Senats, an dieser Rechtsprechung nicht festhalten zu wollen). Das folgt, ohne dass dadurch die Unterschiede zwischen der verfassungsrechtlich geschützten Ehe und der eheähnlichen Lebensgemeinschaft eingeebnet würden, aus dem besonderen Schutzzweck des § 116 Abs. 6. Voraussetzung für die Privilegierung ist, dass die eheähnliche Lebensgemeinschaft im konkreten Fall eine der ehelichen Gemeinschaft vergleichbare **Verfestigung** gefunden hat.

V. Häusliche Gemeinschaft

78 Eine häusliche Gemeinschaft ist gegeben, wenn die Familienangehörigen im Zeitpunkt des Schadensereignisses **in einer gemeinsamen Wohnung leben** und **einen Haushalt gemeinsam führen** (vgl. BGH 15. 1. 1980 – VI ZR 270/78 – VersR 1980, 644, 645); großzügiger LPK-SGB X/Breitkreuz, § 116 SGB X Rn. 21). Eine **vorübergehende Abwesenheit** wegen auswärtigen Arbeitseinsatzes oder wegen Urlaubs hebt dies nicht auf. Je ferner der Grad der Verwandtschaft ist, umso genauer ist zu prüfen, ob eine häusliche Gemeinschaft mit gemeinsamer Haushaltsführung gegeben ist (BGH 15. 1. 1980 – VI ZR 270/78 – VersR 1980, 644 (645); GK-SGB X 3/v. Maydell § 116 SGB X Rn. 441; HN/Nehls, § 116 SGB X Rn. 47). Übernimmt ein getrennt lebender Elternteil für ein gemeinsames Kind nicht bei ihm lebenden Kind tatsächlich Verantwortung, so dass das Kind in seinem Haushalt regelmäßig verweilt und übernachtet, entsteht eine häusliche Gemeinschaft (BVerfG 12. 10. 2010 – 1 BvL 14/09 – NJW 2011, 1793).

VI. Inanspruchnahme eines Zweitschädigers

79 Nach den Grundsätzen des gestörten Gesamtschuldnerausgleichs geht die Forderung gegen einen neben dem privilegierten Familienangehörigen haftenden **Zweitschädiger** nur insoweit über, als der Zweitschädiger im Innenverhältnis zum Erstschädiger zum Ausgleich verpflichtet ist (BGH 14. 7. 1970 – VI ZR 179/68 – NJW 1970, 1844 ff.). Anderenfalls könnte das Familienprivileg über den Rückgriff des Zweitschädigers gegen den privilegierten Familienangehörigen zunichte gemacht werden.

VII. Eheschließung nach Eintritt des Schadensereignisses

80 Wenn der Schädiger mit dem Geschädigten oder einem Hinterbliebenen nach dem Eintritt des Schadensereignisses die Ehe geschlossen hat **und** in häuslicher Lebensgemeinschaft lebt, kommt es zwar zum Forderungsübergang, der Ersatzanspruch kann jedoch **nicht geltend gemacht** werden. Das Privileg des § 116 Abs. 6 S. 2 gilt **nur für Eheleute** und kann nicht auf Fälle ausgedehnt werden, in denen andere Angehörige nach dem Schadensereignis eine häusliche Gemeinschaft gründen (vgl. HN/Nehls, § 116 SGB X Rn. 48; OLG Nürnberg 21. 10. 1987 – 4 U 1692/87 – NZV 1988, 228; aA SozVersGesKom/Gitter, § 116 SGB X Anm. 34; Geigel/Plagemann, 30. Kapitel Rn. 82; GK-SGB X 3/v. Maydell, § 116 SGB X Rn. 465). Dass überhaupt eine Sonderregelung für die Privilegierung der nachträglichen Eheschließung notwendig ist liegt daran, dass in diesen Fällen die Forderung im Zeitpunkt des Schadensereignisses auf den Sozialleistungsträger bereits übergegangen ist. Leben die Ehegatten später nicht mehr in häuslicher Gemeinschaft (was regelmäßig auch nach einer Scheidung der Ehe der Fall sein wird), liegen die Voraussetzungen des Satzes 2 nicht (mehr) vor.

H. Leistung an den Geschädigten

I. Ausgangslage, Schutz guten Glaubens

81 Beim gesetzlichen Forderungsübergang gilt gem. § 412 BGB der Schuldnerschutz des § 407 BGB. Der Schuldner wird frei, wenn er an den alten Gläubiger leistet und dabei von dem Übergang der Forderung nichts weiß. Beim gesetzlichen Forderungsübergang genügt dabei für die Bösgläubigkeit die Kenntnis derjenigen Tatsachen, aus denen sich der Forderungsübergang ergibt (näher Palandt/Grüneberg, § 407 BGB Rn. 6; MüKo/Roth, 5. Aufl., 2007, § 407 BGB Rn. 14 f.). An diese allgemeine Regelung knüpft § 116 Abs. 7 an und unterscheidet danach, ob die Leistung des Schädigers oder seines Haftpflichtversicherers an den Geschädigten oder dessen Hinterbliebene befreiende Wirkung hat **(S. 1)** oder nicht befreit **(S. 2)**. Praktische Bedeutung hat dies vor allem für Abfindungsvertrag oder -vergleich.

II. Leistung mit befreiender Wirkung

Befreiende Wirkung hat die Leistung des Schädigers oder seines Haftpflichtversicherers gem. 82
§§ 412, 407 Abs. 1 BGB, wenn sie **in Unkenntnis der zum Forderungsübergang führenden Umstände** erfolgt ist. Maßgeblich ist der Zeitpunkt der Leistung (LPK-SGB X/Breitkreuz, § 116 Rn. 32; Wannagat/Eichenhofer, § 116 SGB X Rn. 64). Damit der mit dem gesetzlichen Forderungsübergang auf die Sozialleistungsträger bezweckte Schutz der Sozialleistungsträger nicht durch die Behauptung der Unkenntnis vom Gläubigerwechsel unterlaufen werden kann, dürfen hinsichtlich der Kenntnis des Schuldners **keine hohen Anforderungen** gestellt werden (BGH 4. 10. 1983 – VI ZR 44/82 – NJW 1984, 607, 608; 12. 12. 1995 – VI ZR 271/94 – NJW 1996, 726, 729; 16. 10. 2007 – VI ZR 227/06 – NJW 2008, 1162). Es muss jeweils auf die Umstände abgestellt werden, aus denen sich der Forderungsübergang (zu dem betreffenden Zeitpunkt) ergibt. Beim Übergang kraft Gesetzes auf einen **Sozialversicherungsträger** fehlt der gute Glaube schon bei Kenntnis solcher Tatsachen, die eine Sozialversicherungspflicht begründen (siehe näher BGH 4. 10. 1983 – VI ZR 44/82 – NJW 1994, 3097, 3099). Im Grunde genügt also zu wissen, dass der Geschädigte Arbeitnehmer ist. Beim Übergang auf einen **Sozialhilfeträger** schadet das Wissen um solche Tatsachen, die konkret den Eintritt einer Sozialhilfebedürftigkeit des Geschädigten wahrscheinlich machen (v. Wulffen/Bieresborn, § 116 SGB X Rn. 40; Waltermann NJW 1996, 1644, 1647); eine solche Tatsache kann das jugendliche Alter eines Geschädigten darstellen, wenn die Schädigung wahrscheinlich dazu führen wird, dass dieser keinen Beruf wird ergreifen können. Der gute Glaube muss im **Zeitpunkt** der Leistung an den Geschädigten oder dessen Hinterbliebene noch bestehen.

III. Erfüllungsanspruch bei befreiender Wirkung

Der Ersatzanspruch des Abs. 7 S. 1 ist öffentlich-rechtlicher Erstattungsanspruch (BSG 27. 4. 2010 83
– B 8 SO 2/10 R – SozR 4-1300 § 116 Nr. 1; OLG Frankfurt a. M. 12. 3. 1996 – 17 W 18/95 – NJW-RR 1997, 1087, 1088). Die Berufung auf den Wegfall der Bereicherung gemäß § 818 Abs. 3 BGB ist ausgeschlossen. Der Erstattungsanspruch kann durch Verwaltungsakt festgesetzt werden, es ist der **Rechtsweg** vor die Sozialgerichte eröffnet (BSG aaO).

IV. Leistung ohne befreiende Wirkung

Hat die Leistung des zum Schadensersatz Verpflichteten gegenüber dem Sozialleistungsträger keine 84
befreiende Wirkung, haften der zum Schadensersatz Verpflichtete und der Geschädigte oder dessen Hinterbliebene, denen die Erfüllungsleistung zugeflossen ist, als **Gesamtschuldner** (Abs. 7 S. 2). Der Anspruch ist öffentlich-rechtlicher Natur. (OLG Frankfurt a. M. 12. 3. 1996 – 17 W 18/95 – NJW-RR 1997, 1087, 1088). Für Einwendungen und Einreden gelten die Regeln der Gesamtschuld, das Innenverhältnis folgt den allgemeinen Regeln. Rechtsbehelfe gegen Bescheide gemäß § 116 Abs. 7 haben gem. § 86 a Abs. 1 SGG aufschiebende Wirkung.

V. Wechsel der Krankenkasse

Schließt ein Krankenversicherungsträger mit dem Schädiger oder mit dessen Haftpflichtversicherung einen **Abfindungsvergleich,** der auch künftige Schäden erfasst, ist die Krankenkasse bei einem 85
Kassenwechsel des Geschädigten grundsätzlich nicht verpflichtet, die neue Krankenkasse an der ausgehandelten Abfindung zu beteiligen. Für Ausgleichsansprüche fehlt eine Rechtsgrundlage, auch Ansprüche aus Geschäftsführung ohne Auftrag (§§ 677 ff. BGB) oder ungerechtfertigter Bereicherung (§ 812 ff. BGB) sind nicht gegeben.

§ 117 Schadenersatzansprüche mehrerer Leistungsträger

¹Haben im Einzelfall mehrere Leistungsträger Sozialleistungen erbracht und ist in den Fällen des § 116 Abs. 2 und 3 der übergegangene Anspruch auf Ersatz des Schadens begrenzt, sind die Leistungsträger Gesamtgläubiger. ²Untereinander sind sie im Verhältnis der von ihnen erbrachten Sozialleistungen zum Ausgleich verpflichtet. ³Soweit jedoch eine Sozialleistung allein von einem Leistungsträger erbracht ist, steht der Ersatzanspruch im Innenverhältnis nur diesem zu. ⁴Die Leistungsträger können ein anderes Ausgleichsverhältnis vereinbaren.

A. Normzweck

Die Vorschrift ordnet **Gesamtgläubigerschaft** (§ 428 BGB) zwischen mehreren regressberechtigten Leistungsträgern an, **wenn** in den Fällen des § 116 Abs. 2 und 3 der übergegangene Anspruch auf Ersatz des Schadens begrenzt ist. Dadurch soll dem Schädiger die oft schwierige Ermittlung erspart 1 werden, welcher Anteil dem einzelnen Leistungsträger an der geminderten Regressforderung zusteht; er kann mit befreiender Wirkung an einen der Gläubiger leisten. Im Innenverhältnis sind die Leistungsträger grundsätzlich zu einer Aufteilung entsprechend der Höhe ihrer jeweils erbrachten Leistungen verpflichtet.

B. Voraussetzungen der Gesamtgläubigerschaft (S. 1)

2 Da § 117 auf § 116 Abs. 2 und 3 verweist, sind **Leistungsträger** (iSv. §§ 12, 18–29 SGB I) nur die Sozialversicherungsträger, die Bundesagentur für Arbeit (§ 116 Abs. 10) und die Träger der Sozialhilfe. Beamtenrechtliche Dienstherren und Versorgungsträger können in die Gesamtgläubigerschaft mit diesen Sozialleistungsträgern nur einbezogen sein, wenn Sozialleistungsträger und Dienstherr bzw. Versorgungsträger an dem übergegangenen Ersatzanspruch konkurrieren (BGH 14. 2. 1989 – VI ZR 244/88 – NJW 1989, 2622 ff.). Unter den Begriff **Einzelfall** fällt wie bei § 116 Abs. 8 der einzelne Schadensfall, nicht der Versicherungsfall im sozialversicherungsrechtlichen Sinn. Als weitere Voraussetzung fordert § 117 S. 1 die nur **begrenzte Haftung** des Schädigers gem. § 116 Abs. 2 (gesetzliche Haftungshöchstsumme) oder gem. § 116 Abs. 3 (Mitverschulden oder mitwirkende Verantwortlichkeit des Geschädigten). Die Vorschrift ist darüber hinaus entsprechend anzuwenden, wenn mehrere Leistungsträger Sozialleistungen erbringen und der gem. § 116 Abs. 1 übergegangene Schadensersatzanspruch nicht ausreicht, um die von beiden Leistungsträgern erbrachten Leistungen abzudecken (BGH 3. 12. 2002 – VI ZR 304/01 – NJW 2003, 1871 ff.). Gleiches sollte gelten, wenn der vorhandene Schadensersatzanspruch nicht umfassend beigetrieben werden kann (LPK-SGBX/Breitkreuz, § 117 SGB X Rn. 3; KassKomm/Kater, § 117 SGB X Rn. 16).

C. Auswirkungen der Gesamtgläubigerschaft im Außenverhältnis

3 Die Rechtsfolgen der Gesamtgläubigerschaft ergeben sich aus den §§ 428, 429 BGB. Danach kann jeder Leistungsträger den übergegangenen Anspruch in voller Höhe geltend machen. Der Schuldner kann nach seiner Wahl an jeden der Leistungsträger in vollem Umfang befreiend leisten (§§ 428 S. 1, 429 Abs. 3 S. 1, 422 Abs. 1 S. 1 BGB). Gesamtwirkung ergibt sich gemäß § 429 Abs. 1 BGB bei Annahmeverzug eines Gesamtgläubigers, gem. § 429 Abs. 2 BGB im Fall des Eintritts einer Konfusion und gemäß § 422 Abs. 1 BGB bei der Erfüllung. Im Übrigen wirken Tatsachen, die den übergegangenen Anspruch betreffen, grundsätzlich nur für und gegen den Gesamtgläubiger, in dessen Person sie eintreten (§§ 429 Abs. 3, 425 BGB). Bestehen **Teilungsabkommen** zwischen einem Leistungsträger und dem Schuldner bzw. dessen Haftpflichtversicherer, ist der dem Teilungsabkommen immanente teilweise Forderungserlass im Hinblick auf die übrigen Leistungsträger auf den Anteil begrenzt, der dem betreffenden Leistungsträger im Innenverhältnis zusteht (BGH 11. 7. 1963 – II ZR 29/61 – NJW 1963, 2223). Gleiches gilt in der Regel auch bei Abschluss eines **Abfindungsvergleichs** zwischen einem der Leistungsträger und dem Haftpflichtversicherer des Schuldners (BGH 4. 3. 1986 – VI ZR 234/84 – NJW 1986, 1861, 1862). Die Gesamtgläubigerschaft entsteht im Grunde nach bereits **im Zeitpunkt des Anspruchsübergangs** gem. § 116 unter Berücksichtigung der der wahren Rechtslage entsprechenden Haftungsquote (BGH 4. 3. 1986 – VI ZR 234/84 – NJW 1986, 1861, 1862; v. Wulffen/Bieresborn § 117 SGB X Rn. 3; aA GK-SGB X/v. Maydell, § 117 Rn. 17, HN/Nehls, § 117 SGB X Rn. 5).

D. Ausgleich im Innenverhältnis (S. 2–4)

4 § 117 S. 2 sieht eine Ausgleichspflicht der Leistungsträger im **Verhältnis** der von ihnen erbrachten Sozialleistungen vor. Der den einzelnen Leistungsträgern zustehende Ausgleichsanspruch kann anhand der Formel „Höhe des kongruenten Ersatzanspruches multipliziert mit der Leistung des entsprechenden Leistungsträgers dividiert durch die Gesamtleistung aller ausgleichsberechtigten Leistungsträger" ermittelt werden. Tatsachen, die wie die Verjährung dem Regress eines Gesamtgläubigers im Außenverhältnis entgegenstehen, verhindern den Ausgleichsanspruch im Innenverhältnis nicht (Pohl, in: Rolfs/Giesen/Kreikebohm/Udsching, § 117 SGB X Rn. 17). Eine andere Verteilung ergibt sich unter den Voraussetzungen von **S. 3**. Wird eine bestimmte Sozialleistung (zB vom Rentenversicherungsträger zu leistender Beitrag zur Krankenversicherung gem. § 249a SGB V oder Zuschuss zur Krankenversicherung gem. §§ 106, 315 SGB VI) allein von einem Träger erbracht, steht im Innenverhältnis der Ersatzanspruch nur diesem zu (Berechnungsbeispiele bei: GK-SGB X 3/von Maydell, § 117 Rn. 58; Pohl, in: Rolfs/Giesen/Kreikebohm/Udsching, § 117 SGB X Rn. 19). **S. 4** eröffnet den Leistungsträgern die Möglichkeit, zB durch Pauschalregelungen ein anderes Ausgleichsverhältnis zu vereinbaren und damit komplizierte Berechnungen zu vermeiden. Nach hM erfasst dies auch den Regelungsbereich des S. 3 (HN/Nehls, § 117 SGB X Rn. 20; LPK-SGB X/Breitkreuz, § 117 SGB X Rn. 8).

E. Verfahren

Der Ausgleichsanspruch der Leistungsträger ist wie der übergegangene Ersatzanspruch **zivilrechtli-** 5
cher Natur und vor den **ordentlichen Gerichten** geltend zu machen. Dies gilt auch, wenn gem.
S. 4 ein anderes Ausgleichsverhältnis vereinbart wurde. (v. Wulffen/Bieresborn § 117 SGB X Rn. 9;
SozVersGesKom/Gitter, § 117 SGB X Anm. 11; HN/Nehls, § 117 SGB X Rn. 21).

§ 118 Bindung der Gerichte

Hat ein Gericht über einen nach § 116 übergegangenen Anspruch zu entscheiden, ist es an eine unanfechtbare Entscheidung gebunden, dass und in welchem Umfang der Leistungsträger zur Leistung verpflichtet ist.

A. Normzweck

Es wird eine Ausnahme von dem Grundsatz gemacht, dass in einem zivilgerichtlichen Verfahren 1
etwaige öffentlich-rechtliche Vorfragen mitgeprüft und entschieden werden (HN/Nehls, § 118
SGB X Rn. 1). Es soll verhindert werden, dass die Zivilgerichte über die Leistungspflicht oder deren
Umfang anders entscheiden als die zuständigen Leistungsträger bzw. die Sozial- oder Verwaltungsgerichte (BGH 5. 5. 2009 – VI ZR 208/08 – NJW-RR 2009, 1534; Überblick bei Konradi, SGb 2010,
16 ff.).

B. Voraussetzungen

§ 118 bezieht sich nach seinem Wortlaut nur auf einen Anspruchsübergang gemäß § 116, findet je- 2
doch darüber hinaus auch auf den Anspruchsübergang gemäß **§ 115** (vgl. Pohl, in: Rolfs/Giesen/
Kreikebohm/Udsching, § 118 SGB X Rn. 4; LPK-SGB X/Breitkreuz, § 115 Rn. 3) und **§ 81 a
BVG** (OLG Hamm 12. 8. 1999 – 6 U 8/99 – RuS 1999, 418) analog Anwendung. Von der Bindungswirkung des § 118 erfasst werden **unanfechtbare** Entscheidungen. Dies sind neben rechtskräftigen Urteilen und Gerichtsbescheiden der Sozial- und Verwaltungsgerichte auch bestandskräftige
Verwaltungsakte gem. § 31, soweit über die Leistungspflicht des Sozialleistungsträgers entschieden
wurde. Darüber hinaus ist § 118 entsprechend anwendbar auf den vor einem Sozial- oder Verwaltungsgericht geschlossenen Vergleich (vgl. OLG Sachsen-Anhalt 25. 8. 2006 – 10 U 30/06 – OLGR
Naumburg 2007, 415; differenzierend OLG Sachsen-Anhalt 23. 9. 2008 – 9 U 146/07 – OLGR
Naumburg 2009, 165).

C. Bindungswirkung

Die Bindungswirkung schließt Einwände des Schädigers über die Art der Leistung, deren Umfang, 3
die Zuständigkeit des Versicherungsträgers und die Versicherteneigenschaft des Geschädigten aus.
Insoweit ist das erkennende Gericht an den Tenor der ergangenen Entscheidung des Leistungsträgers
bzw. des Sozial- oder Verwaltungsgerichts und die „tragenden Feststellungen" der Entscheidung gebunden (BGH 5. 5. 2009 – VI ZR 208/08 – NJW-RR 2009, 1534), ohne dass es eine Rolle spielt,
ob der Schädiger an dem betreffenden Verfahren beteiligt wurde (BGH 15. 7. 2008 – VI ZR 105/07
– BGHZ 177, 237, 246). Nicht gebunden ist das Gericht an die Tatsachenermittlung und rechtliche
Begründung, auf der die unanfechtbare Entscheidung beruht. Das kann insbesondere Bedeutung
erlangen für die Beurteilung des Kausalzusammenhangs zwischen Schadensereignis und Schaden, da
die Beurteilungskriterien im Sozialrecht und im Zivilrecht unterschiedlich ausfallen (BGH 12. 5. 2009
– VI ZR 268/08). Fehlt eine entsprechende Entscheidung des Leistungsträgers oder Sozialgerichts,
hat das Zivilgericht eine Aussetzung des Verfahrens gem. § 148 ZPO bis zu einer rechtskräftigen Entscheidung des Leistungsträgers oder Sozialgerichts zu prüfen (BGH 15. 7. 2008 – VI ZR 105/07 –
BGHZ 177, 237, 246).

§ 119 Übergang von Beitragsansprüchen

(1) ¹Soweit der Schadenersatzanspruch eines Versicherten den Anspruch auf Ersatz von Beiträgen zur Rentenversicherung umfasst, geht dieser auf den Versicherungsträger über, wenn der Geschädigte im Zeitpunkt des Schadensereignisses bereits Pflichtbeitragszeiten nachweist oder danach pflichtversichert wird; dies gilt nicht, soweit

1. der Arbeitgeber das Arbeitsentgelt fortzahlt oder sonstige der Beitragspflicht unterliegende Leistungen erbringt oder
2. der Anspruch auf Ersatz von Beiträgen nach § 116 übergegangen ist.

²Für den Anspruch auf Ersatz von Beiträgen zur Rentenversicherung gilt § 116 Abs. 3 Satz 1 und 2 entsprechend, soweit die Beiträge auf den Unterschiedsbetrag zwischen dem bei unbegrenzter Haftung zu ersetzenden Arbeitsentgelt oder Arbeitseinkommen und der bei Bezug von Sozialleistungen beitragspflichtigen Einnahme entfallen.

(2) ¹Der Versicherungsträger, auf den ein Teil des Anspruchs auf Ersatz von Beiträgen zur Rentenversicherung nach § 116 übergeht, übermittelt den von ihm festgestellten Sachverhalt dem Träger der Rentenversicherung auf einem einheitlichen Meldevordruck. ²Das Nähere über den Inhalt des Meldevordrucks und das Mitteilungsverfahren bestimmen die Spitzenverbände der Sozialversicherungsträger.

(3) ¹Die eingegangenen Beiträge oder Beitragsanteile gelten in der Rentenversicherung als Pflichtbeiträge. ²Durch den Übergang des Anspruchs auf Ersatz von Beiträgen darf der Versicherte nicht schlechter gestellt werden, als er ohne den Schadenersatzanspruch gestanden hätte.

(4) ¹Die Vereinbarung der Abfindung von Ansprüchen auf Ersatz von Beiträgen zur Rentenversicherung mit einem ihrem Kapitalwert entsprechenden Betrag ist im Einzelfall zulässig. ²Im Fall des Absatzes 1 Satz 1 Nr. 1 gelten für die Mitwirkungspflichten des Geschädigten die §§ 60, 61, 65 Abs. 1 und 3 sowie § 65a des Ersten Buches entsprechend.

A. Normzweck

1   Der zivilrechtliche Anspruch auf Schadensersatz umfasst gem. §§ 842, 843, 844 Abs. 2 BGB auch die mit schadensbedingter **Erwerbsunfähigkeit** verbundenen **Beitragsschäden** (vgl. BGH 18. 10. 1977 – VI ZR 21/76 – NJW 1978, 155; 15. 4. 1986 – VI ZR 146/85 – NJW 1986, 2247). Der Schädiger hat dem Geschädigten schadensersatzrechtlich schon bei Entstehung einer Beitragslücke zu ermöglichen, Fortkommensschäden durch die Fortsetzung eines Versicherungsverhältnisses mit Beitragszahlungen entgegenzuwirken. Zwei Fallgestaltungen sind vor dem Hintergrund des Sozialrechts zu trennen: Soweit Sozialleistungsträger sozialrechtlich im Hinblick auf den eingetretenen Schaden ihrerseits kongruente Leistungen zur Abwendung von Beitragslücken **zu erbringen haben** (etwa gem. § 116 Abs. 1 Nr. 2 SGB VI bei Leistung von Krankengeld, s. sogleich Rn. 2), gilt bereits § 116 (s. sogleich Rn. 2). § 119 dagegen leitet den zivilrechtlichen Schadensersatzanspruch Versicherter wegen Erwerbs- und Fortkommensschäden auf den Versicherungsträger über, **ohne dass dieser Leistungen zu erbringen hat.** Das geschieht, um sicherzustellen, dass der Versicherte aufgrund der Beiträge **später** Sozialleistungen erhalten wird (vgl. BR-Drs. 526/80 S. 29) und nicht über entsprechende Schadensersatzansprüche verfügen kann, ohne sie zum Ausgleich seines Beitragsschadens zu verwenden; dem Versicherten wird also zugunsten des Sozialleistungsträgers die Verfügungsbefugnis genommen. Dafür muss der Sozialleistungsträger den Schadensersatz geltend machen und entsprechend Pflichtbeiträge verbuchen (vgl. BGH 15. 4. 1986 – VI ZR 146/85 – NJW 1986, 2247).

B. Voraussetzungen

2   Voraussetzung für den Übergang von Beitragsansprüchen ist gem. § 119 also nicht, dass Sozialleistungsträger eine kongruente Leistung zu erbringen oder erbracht haben (s. schon Rn. 1); dafür gilt § 116, wie auch Abs. S. 1 Nr. 2 klarstellt. Der Schadensersatzanspruch des Versicherten wird, wie dies übergeleitet, soweit er den Anspruch auf Ersatz von Rentenversicherungsbeiträgen umfasst (BGH 15. 4. 1986 – VI ZR 146/85 – NJW 1986, 2247). Die Bestimmung gilt nur für den Ausfall von **Renten**versicherungsbeiträgen und nur im Hinblick auf eine **Pflichtversicherung,** nicht eine freiwillige Versicherung (vgl. BT-Drs. 14/4375 S. 61); freiwillig Versicherte sollen über den Schadensersatzanspruch auch insoweit verfügen können, sie müssten ja überhaupt nicht versichert sein. Was den zivilrechtlichen Schadensersatz angeht, genügt die Möglichkeit einer Rentenverkürzung, um vom Schädiger den Ersatz von Beiträgen zur freiwilligen Fortsetzung der Vorsorge verlangen zu können (BGH 15. 4. 1986 – VI ZR 146/85 – NJW 1986, 2247). Das Rentenversicherungsrecht muss aber einen **Weg zur Fortentrichtung der Beiträge eröffnen.** Das war vom BGH in einem Fall zu verneinen, in dem die schwer Geschädigte, um der durch die Unfallfolgen erzwungenen Untätigkeit zu entgehen, eine gering bezahlte versicherungspflichtige Teilzeitbeschäftigung aufgenommen hatte; soweit eine Höherversicherung bei dieser Sachlage nicht möglich sei, komme nur die spätere konkrete Berechnung des Fortkommensschadens bei Eintritt des Versicherungsfalls in Betracht (vgl. BGH 19. 10. 1993 – VI ZR 56/93 – NJW 1994, 131). Ein Weg zur Entrichtung von Beiträgen besteht auch, wenn Beitragsleistungen **Teil einer Sozialleistung** sind (Beitrag zur gesetzlichen Rentenversi-

cherung bei Zahlung von Krankengeld, § 166 Abs. 1 Nr. 2 SGB VI, insoweit gilt § 116), welche aber von einer geringeren Bemessungsgrundlage als dem vollen Arbeitsentgelt (80% gem. § 166 Abs. 1 Nr. 2 SGB VI) ausgeht. Dann können insoweit Ansprüche gem. § 119 Abs. 1 auf den Rentenversicherungsträger übergehen (vgl. BGH 28. 9. 1999 – VI ZR 165/98 – NJW 1999, 3711, 3712; vgl. a. § 119 Abs. 1 S. 2).

Weitere Voraussetzung ist, dass der Geschädigte im Zeitpunkt des Schadensereignisses **bereits Pflichtbeitragszeiten nachweist** oder **später pflichtversichert wird**. Der Versicherte muss also nicht im Zeitpunkt des Schadensereignisses rentenversichert sein, es genügt, wenn er in der Vergangenheit pflichtversichert war oder dies in Zukunft sein wird. Es genügt jedoch nicht die Annahme, dass der Geschädigte, wenn es zu dem Schadensereignis nicht gekommen wäre, hypothetisch eine versicherungspflichtige Tätigkeit aufgenommen hätte (vgl. BT-Drs. 14/4375 S. 61). Die Alternative, dass der Versicherte nach dem Zeitpunkt des Schadensereignisses, „also danach", pflichtversichert sein wird, dürfte kaum praktische Bedeutung haben; hier ist Voraussetzung für den Beitragsregress, dass der Versicherte die später aufgenommene versicherungspflichtige Beschäftigung unfallbedingt wieder aufgibt, sodass Beiträge ausfallen. Die **Beweislast** für den Ausfall von Beiträgen, die ohne den Unfall geleistet worden wären, liegt beim Rentenversicherungsträger (vgl. OLG Hamm 21. 2. 2001 – 13 U 208/00 – VersR 2002, 732). Der Forderungsübergang vollzieht sich im **Zeitpunkt** des Schadensereignisses, wenn die Möglichkeit einer unfallbedingten Erwerbsunfähigkeit in Betracht kommt (BGH 2. 12. 2003 – VI ZR 243/02 – VersR 2004, 492); hat der Geschädigte bis zum Zeitpunkt des Schadensereignisses noch nicht in einem Pflichtversicherungsverhältnis gestanden, ist für den Zeitpunkt des Forderungsübergangs maßgeblich, dass später eine Pflichtversicherung begründet und die Beschäftigung unfallbedingt wieder aufgegeben oder reduziert wird.

C. Rechtsfolgen

Liegen die Voraussetzungen vor, ist der Geschädigte nicht aktivlegitimiert. Der Schädiger und dessen Haftpflichtversicherer werden durch einen Abfindungsvergleich also von der Leistungspflicht nur befreit, wenn sie nach den Umständen keine Kenntnis von einer früheren sozialversicherungspflichtigen Beschäftigung haben können. Der Forderungsübergang bezieht sich auf Arbeitgeber- und Arbeitnehmeranteile der Beitragslast. Grundlage für die Bemessung ist der **fiktive Verdienst** des Geschädigten (vgl. LPK-SGB X/Breitkreuz, § 119 Rn. 11, Pohl, in: Rolfs/Giesen/Kreikebohm/Udsching, § 119 SGB X Rn. 8). Bei der Berechnung ist von dem Entgelt auszugehen, das vor dem Schadensereignis erzielt wurde (vgl. BT-Drs. 9/95 S. 29 siehe auch BGH 28. 9. 1999 – VI ZR 165/98 – NJW 1999, 3711). Dabei kann es jedoch nicht sein Bewenden haben. Wenn gem. § 119 kraft Gesetzes der Schadensersatzanspruch des Versicherten übergeht, muss in Bezug auf die Höhe des Schadensersatzes für Fortkommensschäden und also im Hinblick auf den Ersatz von Beiträgen nach allgemeinen zivilrechtlichen Grundsätzen geprüft werden, welche beitragspflichtigen Einkünfte der Geschädigte ohne das Schadensereignis erzielt hätte. Der Versicherungsträger muss den Nachweis führen, inwieweit Beiträge ohne das Schadensereignis erzielt worden wären, also welches Bruttoeinkommen der Geschädigte ohne den Unfall voraussichtlich erzielt hätte; dabei gilt § 287 ZPO. Es sind sowohl wahrscheinliche positive Entwicklungen zu berücksichtigen als auch Umstände, die zu der Prognose eines geringeren Einkommens führen; das OLG Hamm (21. 2. 2001 – 13 O 208/00 – VersR 2002, 732) hat in einem Fall, in dem der Geschädigte ein von Zeiten der Arbeitslosigkeit unterbrochenes Erwerbsleben geführt hatte, einen Abschlag von 40% von dem zuletzt erzielten Entgelt vorgenommen. Geht der Rentenversicherungsträger wegen des Fortkommensschadens gegen den Schädiger nicht oder nur unzureichend vor, steht dem Geschädigten gegen ihn ein Schadensersatzanspruch zu; dieser ist vor den Sozialgerichten geltend zu machen (BGH 2. 12. 2003 – VI ZR 243/02 – VersR 2004, 492). Der Geschädigte ist weder aus eigenem Recht noch in gewillkürter Prozessstandschaft des Sozialversicherungsträgers zur Geltendmachung von auf diesen gem. § 119 übergegangenen Ansprüchen vor den Zivilgerichten prozessführungsbefugt (BGH aaO).

Viertes Kapitel. Übergangs- und Schlussvorschriften

§ 120 Übergangsregelung

(1) ¹**Die §§ 116 bis 119 sind nur auf Schadensereignisse nach dem 30. Juni 1983 anzuwenden; für frühere Schadensereignisse gilt das bis 30. Juni 1983 geltende Recht weiter.** ²**Ist das Schadensereignis nach dem 30. Juni 1983 eingetreten, sind § 116 Abs. 1 Satz 2 und § 119 Abs. 1, 3 und 4 in der ab 1. Januar 2001 geltenden Fassung auf einen Sachverhalt auch dann anzuwenden, wenn der Sachverhalt bereits vor diesem Zeitpunkt bestanden hat und darüber noch nicht abschließend entschieden ist.**

(2) § 111 Satz 2 und § 113 Abs. 1 Satz 1 sind in der vom 1. Januar 2001 an geltenden Fassung auf die Erstattungsverfahren anzuwenden, die am 1. Juni 2000 noch nicht abschließend entschieden waren.

(3) Eine Rückerstattung ist in den am 1. Januar 2001 bereits abschließend entschiedenen Fällen ausgeschlossen, wenn die Erstattung nach § 111 Satz 2 in der ab 1. Januar 2001 geltenden Fassung zu Recht erfolgt ist.

(4) Erhebungen, Verarbeitungen oder Nutzungen von Sozialdaten, die am 23. Mai 2001 bereits begonnen haben, sind binnen drei Jahren nach diesem Zeitpunkt mit den Vorschriften dieses Gesetzes in Übereinstimmung zu bringen.

(5) Artikel 229 § 6 Abs. 1 bis 4 des Einführungsgesetzes zum Bürgerlichen Gesetzbuche gilt entsprechend bei der Anwendung des § 50 Abs. 4 Satz 2 und der §§ 52 und 113 Abs. 2 in der seit dem 1. Januar 2002 geltenden Fassung.

(6) § 66 Abs. 1 Satz 3 bis 5, Abs. 2 und 3 Satz 2 in der ab dem 30. März 2005 geltenden Fassung gilt nur für Bestellungen zu Vollstreckungs- und Vollziehungsbeamten ab dem 30. März 2005.

Anlage (zu § 78 a)

Werden Sozialdaten automatisiert verarbeitet oder genutzt, ist die innerbehördliche oder innerbetriebliche Organisation so zu gestalten, dass sie den besonderen Anforderungen des Datenschutzes gerecht wird. Dabei sind insbesondere Maßnahmen zu treffen, die je nach der Art der zu schützenden Sozialdaten oder Kategorien von Sozialdaten geeignet sind,

1. Unbefugten den Zutritt zu Datenverarbeitungsanlagen, mit denen Sozialdaten verarbeitet oder genutzt werden, zu verwehren (Zutrittskontrolle),
2. zu verhindern, dass Datenverarbeitungssysteme von Unbefugten genutzt werden können (Zugangskontrolle),
3. zu gewährleisten, dass die zur Benutzung eines Datenverarbeitungssystems Berechtigten ausschließlich auf die ihrer Zugriffsberechtigung unterliegenden Daten zugreifen können, und dass Sozialdaten bei der Verarbeitung, Nutzung und nach der Speicherung nicht unbefugt gelesen, kopiert, verändert oder entfernt werden können (Zugriffskontrolle),
4. zu gewährleisten, dass Sozialdaten bei der elektronischen Übertragung oder während ihres Transports oder ihrer Speicherung auf Datenträger nicht unbefugt gelesen, kopiert, verändert oder entfernt werden können, und dass überprüft und festgestellt werden kann, an welche Stellen eine Übermittlung von Sozialdaten durch Einrichtungen zur Datenübertragung vorgesehen ist (Weitergabekontrolle),
5. zu gewährleisten, dass nachträglich überprüft und festgestellt werden kann, ob und von wem Sozialdaten in Datenverarbeitungssysteme eingegeben, verändert oder entfernt worden sind (Eingabekontrolle),
6. zu gewährleisten, dass Sozialdaten, die im Auftrag erhoben, verarbeitet oder genutzt werden, nur entsprechend den Weisungen des Auftraggebers erhoben, verarbeitet oder genutzt werden können (Auftragskontrolle),
7. zu gewährleisten, dass Sozialdaten gegen zufällige Zerstörung oder Verlust geschützt sind (Verfügbarkeitskontrolle),
8. zu gewährleisten, dass zu unterschiedlichen Zwecken erhobene Sozialdaten getrennt verarbeitet werden können.

Eine Maßnahme nach Satz 2 Nummer 2 bis 4 ist insbesondere die Verwendung von dem Stand der Technik entsprechenden Verschlüsselungsverfahren.

110. Sozialgesetzbuch (SGB) Elftes Buch (XI) – Soziale Pflegeversicherung –

Vom 26. Mai 1994 (BGBl. I S. 1014)

Zuletzt geänd. durch Art. 12 G zur Einführung eines Bundesfreiwilligendienstes v. 28. 4. 2011 (BGBl. I S. 687)

BGBl. III/FNA 860-11

Erstes Kapitel. Allgemeine Vorschriften

§ 1 Soziale Pflegeversicherung

(1) **Zur sozialen Absicherung des Risikos der Pflegebedürftigkeit wird als neuer eigenständiger Zweig der Sozialversicherung eine soziale Pflegeversicherung geschaffen.**

(2) ¹**In den Schutz der sozialen Pflegeversicherung sind kraft Gesetzes alle einbezogen, die in der gesetzlichen Krankenversicherung versichert sind.** ²**Wer gegen Krankheit bei einem privaten Krankenversicherungsunternehmen versichert ist, muß eine private Pflegeversicherung abschließen.**

(3) **Träger der sozialen Pflegeversicherung sind die Pflegekassen; ihre Aufgaben werden von den Krankenkassen (§ 4 des Fünften Buches) wahrgenommen.**

(4) **Die Pflegeversicherung hat die Aufgabe, Pflegebedürftigen Hilfe zu leisten, die wegen der Schwere der Pflegebedürftigkeit auf solidarische Unterstützung angewiesen sind.**

(4 a) **In der Pflegeversicherung sollen geschlechtsspezifische Unterschiede bezüglich der Pflegebedürftigkeit von Männern und Frauen und ihrer Bedarfe an Leistungen berücksichtigt und den Bedürfnissen nach einer kultursensiblen Pflege nach Möglichkeit Rechnung getragen werden.**

(5) **Die Leistungen der Pflegeversicherung werden in Stufen eingeführt: die Leistungen bei häuslicher Pflege vom 1. April 1995, die Leistungen bei stationärer Pflege vom 1. Juli 1996 an.**

(6) ¹**Die Ausgaben der Pflegeversicherung werden durch Beiträge der Mitglieder und der Arbeitgeber finanziert.** ²**Die Beiträge richten sich nach den beitragspflichtigen Einnahmen der Mitglieder.** ³**Für versicherte Familienangehörige und eingetragene Lebenspartner (Lebenspartner) werden Beiträge nicht erhoben.**

A. Normzweck

Die §§ 1 bis 13 SGB XI bilden den Allgemeinen Teil des SGB XI und beinhalten Einweisungsvorschriften und allgemeine Grundsätze. § 1 zieht in diesem Sinne einige **Systemgrundsätze** „vor die Klammer", die weiter hinten im Gesetz detailliert ausgeführt werden: eigener Versicherungszweig (Abs. 1), Anlehnung der Mitgliedschaft an die Krankenversicherung (Abs. 2), Einrichtung der Pflege bei den Krankenkassen (Abs. 3), Eintreten des Solidarsystems erst bei schwerer Pflegebedürftigkeit (Abs. 4), Beitragsfinanzierung durch Versicherte und Arbeitgeber (Abs. 5). 1

B. Systemgrundsätze

I. Eigenständiger Zweig der Sozialversicherung (Abs. 1)

Neben den durch das soziale Versicherungssystem bereits seit langem abgesicherten Risiken Krankheit, Unfall, Alter und Arbeitslosigkeit wurde durch die Pflegeversicherung ab 1995 eine fünfte Säule der Sozialversicherung errichtet. Die Soziale Pflegeversicherung ist eine öffentlich-rechtliche Zwangsversicherung (s. §§ 20, 21 SGB XI), die in vielerlei Hinsicht von Merkmalen des sozialen Ausgleichs bestimmt wird: Da die Beiträge sich nach dem Einkommen bestimmen und dennoch alle Versicherten die gleichen Leistungen erhalten, findet in Übereinstimmung mit dem „Gesellschaftsvertrag" der übrigen Sozialversicherungszweige ein **Ausgleich zwischen „Arm und Reich"** statt. Die Beiträge in der sozialen Pflegeversicherung sind nicht vom individuellen Pflegerisiko abhängig. Dies bedeutet einen **Ausgleich zwischen „Gesund und Krank".** Wie in der gesetzlichen Krankenversicherung sollen zuletzt die besonderen finanziellen **Lasten in Familien abgemildert** werden. Daher sind 2

Angehörige unter den Voraussetzungen des § 25 beitragsfrei versichert, und Kinderlose haben ab dem dreiundzwanzigsten Lebensjahr einen erhöhten Beitragssatz zu zahlen (§ 55 Abs. 3).

II. Versicherter Personenkreis (Abs. 2)

3   Die Mitgliedschaft in der Pflegeversicherung knüpft an die Krankenversicherung an (**„Pflegeversicherung folgt Krankenversicherung"**). Sowohl Versicherungspflichtige als auch freiwillig Versicherte der gesetzlichen Krankenversicherung (§ 20 Abs. 1, 3 SGB XI) sind in den Schutz einbezogen. Abweichend von dem Grundsatz sind nach § 21 SGB XI allerdings auch weitere Personengruppen, die nicht in der gesetzlichen Krankenversicherung versichert sind, in der sozialen Pflegeversicherung versicherungspflichtig. Auch für Versicherte der privaten Pflegeversicherung gilt der Grundsatz „Pflegeversicherung folgt Krankenversicherung". Die privaten Versicherungsträger haben die Pflicht zum Abschluss und zur Aufrechterhaltung privater Pflegeversicherungsverträge.

III. Organisation der sozialen Pflegeversicherung (Abs. 3)

4   Abs. 3 bestimmt die Trägerschaft der Pflegeversicherung durch die Pflegekassen. Spezielle Regelungen finden sich in § 46. Die Pflegekassen sind **eigene Körperschaften des öffentlichen Rechts,** bedienen sich zur Wahrnehmung ihrer Aufgaben aber der Organe und des Personals der Krankenkassen.

IV. Berücksichtigung geschlechtsspezifischer und kultureller Unterschiede (Abs. 4a)

5   Die Vorschrift wurde erst zum 1. 7. 2008 aufgenommen und fällt systematisch an dieser Stelle ein wenig aus dem Rahmen. Denn sie enthält keinen tragenden Grundsatz für Organisation und Aufgaben der Pflegeversicherung, sondern befasst sich mit **Maßgaben für Art, Inhalt und Ausrichtung** der einzelnen Pflegeleistungen. Derartige Maßgaben finden sich über das Gesetz verstreut, s. zB auch § 28 Abs. 3, 4 SGB XI, zu ihrer Auslegung s. dort Rn. 18.

6   Unabhängig vom Standort hebt Abs. 4 a die Bedeutung geschlechtsspezifischer und im Hinblick auf die wachsende Zahl pflegebedürftiger Menschen mit Migrationshintergrund auch kultureller Belange für die Pflege hervor. Gewährt wird aber **kein Anspruch** auf besondere, geschlechtsspezifische und/oder kultursensible Pflegeleistungen. Vielmehr sind diese Aspekte bei der Ausführung der einzelnen Pflegeleistungen nach §§ 36 ff. SGB XI zu berücksichtigen.

V. Finanzierung der sozialen Pflegeversicherung (Abs. 6)

7   Nach S. 1 werden die Ausgaben der sozialen Pflegeversicherung durch **Beiträge** der Arbeitgeber und der Arbeitnehmer finanziert. Die Beiträge bestimmen sich nach der wirtschaftlichen Leistungsfähigkeit und damit nach den beitragspflichtigen Einnahmen (weiter dazu §§ 58, 20 Abs. 1 Nr. 1 SGB XI). Davon gibt es allerdings Ausnahmen, zB § 21 Nr. 1 bis 5 SGB XI. S. 2 regelt im Zusammenhang mit § 56 Abs. 1 allgemein die Beitragsfreiheit versicherter Familienangehöriger.

8   Die Finanzierung der „privaten Pflegeversicherung" basiert nicht auf den Grundsätzen oben Rn. 2. Vielmehr gelten **risikobezogene Beitragsregelungen** für Familienangehörige, privat krankenversicherte Rentner, Selbständige etc. Die privaten Pflegeversicherungen arbeiten auf der Basis des Anwartschaftsdeckungsverfahrens, das bedeutet es müssen Altersrückstellungen gebildet werden.

§ 2 Selbstbestimmung

(1) ¹Die Leistungen der Pflegeversicherung sollen den Pflegebedürftigen helfen, trotz ihres Hilfebedarfs ein möglichst selbständiges und selbstbestimmtes Leben zu führen, das der Würde des Menschen entspricht. ²Die Hilfen sind darauf auszurichten, die körperlichen, geistigen und seelischen Kräfte der Pflegebedürftigen wiederzugewinnen oder zu erhalten.

(2) ¹Die Pflegebedürftigen können zwischen Einrichtungen und Diensten verschiedener Träger wählen. ²Ihren Wünschen zur Gestaltung der Hilfe soll, soweit sie angemessen sind, im Rahmen des Leistungsrechts entsprochen werden. ³Wünsche der Pflegebedürftigen nach gleichgeschlechtlicher Pflege haben nach Möglichkeit Berücksichtigung zu finden.

(3) ¹Auf die religiösen Bedürfnisse der Pflegebedürftigen ist Rücksicht zu nehmen. ²Auf ihren Wunsch hin sollen sie stationäre Leistungen in einer Einrichtung erhalten, in der sie durch Geistliche ihres Bekenntnisses betreut werden können.

(4) **Die Pflegebedürftigen sind auf die Rechte nach den Absätzen 2 und 3 hinzuweisen.**

A. Normzweck

Die Vorschrift soll das **verfassungsrechtlichen Wertesystem** für das Gebiet der sozialen Pflegeversicherung widerspiegeln. Sie konkretisiert Art. 1 Abs. 1 GG (Menschenwürde), Art. 2 Abs. 1 GG (Freie Entfaltung der Persönlichkeit) und Art. 4 Abs. 1 GG (Glaubensfreiheit). Zugleich findet der allgemeine Individualisierungsgrundsatz des § 33 S. 1 SGB I auch im SGB XI Niederschlag, auch wenn im SGB XI abgesehen von den Härtefallregelungen (§§ 36 Abs. 4, 43 Abs. 3) den Pflegekassen kaum Entscheidungsspielraum eingeräumt ist, um individuelle Entscheidungen zu treffen. Der Grundsatz ist im SGB XI eher durch die freie Verwendbarkeit des Pflegegelds und die individuelle Auswahl der einzelnen Pflegesachleistungen umgesetzt.

B. Selbstbestimmungsrecht (Abs. 1)

Den Pflegebedürftigen soll trotz ihrer Einschränkungen eine **selbständige und selbstbestimmte Lebensführung** ermöglicht werden, ausdrücklich genannt ist der Bezug zur Menschenwürde. Diese Vorgabe wird beispielsweise durch das Leitbild der **aktivierenden Pflege** konkretisiert (§ 28 Abs. 4 S. 1 SGB XI, dort Rn. 17 f.). Allerdings kann der gesetzlich vorgegebene Leistungsrahmen auch unter dem Aspekt der Aktivierung nicht erweitert werden; die Notwendigkeit der aktivierenden Pflege wird bei der Einstufung in eine Pflegestufe (§ 14) nicht eigens berücksichtigt. Selbstbestimmung bedeutet aber auch die Freiheit des Pflegebedürftigen, über Art und Maß der Pflege sowie den Leistungserbringer selbst zu entscheiden, insbesondere aktivierende Maßnahmen im Einzelfall abzulehnen.

C. Wunsch- und Wahlrecht (Abs. 2)

Der Pflegebedürftige soll selbst bestimmen können, wo bzw. von wem er gepflegt wird **(Wunsch- und Wahlrecht)**. Dies umfasst die Art der Pflege (ambulant, teilstationär oder stationär), den Dienst oder die Einrichtung und die jeweils pflegende Person. Pflegeleistungen sind „persönlichkeitsnah" und dürfen, ähnlich medizinischen Eingriffen, daher nach ihrer Art, Form und der Person des Pflegenden nicht aufgezwungen werden. Dies ist auch relevant, wenn das persönliche Verhältnis zwischen Pflegendem und Pflegebedürftigem gestört ist (Hauck/Noftz-Wagner § 2 Rn. 10).

Für die Ausübung des Wunsch- und Wahlrechts ist hinreichende **Einsichtsfähigkeit** erforderlich, nicht jedoch zivilrechtliche Geschäftsfähigkeit.

Begrenzt wird das Wunsch- und Wahlrecht allerdings durch das in § 2 Abs. 2 S. 2 und vor allem § 29 SGB XI konkretisierte **Wirtschaftlichkeitsgebot**. Das Wahlrecht der Pflegebedürftigen ist insbesondere auf solche Dienste und Einrichtungen beschränkt, die durch Versorgungsvertrag zugelassen worden sind (§ 72 Abs. 1 SGB XI).

§ 2 Abs. 2 S. 1 sieht ausdrücklich vor, dass Versicherte zwischen Einrichtungen und Diensten verschiedener Träger wählen können. Soweit sie angemessen erscheint, soll der Wahl des Pflegebedürftigen entsprochen werden. Das Wahlrecht erstreckt sich damit auch auf Pflegedienste außerhalb des örtlichen Einzugsbereichs des Versorgungsvertrags. Ein Verstoß gegen den Wirtschaftlichkeitsgrundsatz zu lasten der Pflegekasse liegt darin regelmäßig nicht, da die Sachleistungen der Kassen nach §§ 36, 41 ff. SGB XI ohnehin der Höhe nach begrenzt sind. Mit dem Recht auf freie Wahl des Pflegedienstes korrespondiert somit das Recht der Pflegedienste zur **bundesweiten Versorgung von Pflegebedürftigen** (BSG 24. 5. 2006 – B 3 P 1/05 R).

Zwar erwähnt Abs. 2 S. 1 nicht die **Pflege durch Einzelpersonen**. Dies entspricht dem Grundsatz des Vorranges der ambulanten Pflege durch Pflegeeinrichtungen vor der Pflege durch Einzelpersonen (§§ 77, 82 Abs. 1 SGB XI). Dennoch stellt sich die Frage, ob der Pflegebedürftige trotzdem eine Einzelperson wählen kann. Das BSG hat dies in einem obiter dictum für den Fall erwogen, dass der Pflegebedürftige eine fachlich qualifizierte Pflegekraft benennt, zu der er ein Vertrauensverhältnis aufgebaut hat, und er für die Ablehnung der Versorgung durch einen ambulanten Pflegedienst sachliche Gründe anführen kann (BSG, 30. 3. 2000 – B 3 P 21/99 R). Liegen diese Voraussetzungen nicht vor, so findet das Wunsch- und Wahlrecht hier jedoch seine Grenze an der Systementscheidung für zugelassene Leistungserbringer.

Das Wunsch- und Wahlrecht kann auch in **Konkurrenz zum Vorrang ambulanter Pflege** nach § 3 SGB XI treten. Soweit der Pflegebedürftige vollstationäre Pflege wünscht, ambulante Pflege aber möglich ist, ist das Wahlrecht eingeschränkt. Er kann nur einen Zuschuss in Höhe der Sachleistung bei ambulanter Betreuung nach § 36 Abs. 3 SGB XI verlangen, nicht die in den Pflegestufen I und II höheren Leistungen bei stationärer Pflege (§ 43 Abs. 4 SGB XI). Man kann daher allenfalls sagen, der Pflegebedürftige habe ein Wahlrecht gegen Eigenbeteiligung (Hauck/Noftz-Wagner § 2 Rn. 12).

Mit dem PflWEG hat der Gesetzgeber zum 1. 7. 2008 mit dem neuen S. 3 das Wunsch- und Wahlrecht zusätzlich derart konkretisiert, dass auf Wünsche nach gleichgeschlechtlicher Pflege besonders Rücksicht zu nehmen ist. Namentlich in kleineren stationären Einrichtungen kann dies freilich bisher nicht durchgehend gewährleistet werden. Denn die Einrichtung müsste dann letztlich in jeder Schicht, auch nachts, mindestens je eine weibliche und eine männliche Fachkraft vorhalten. Das ist, erst recht in Zeiten eines gravierenden Fachkräftemangels, nicht finanzierbar. Der Gesetzgeber hat daher gut daran getan, keinen durchsetzbaren Rechtsanspruch festzuschreiben (a. A. Boecken, Sgb 2008, 698 unter Verweis auf einen zivilrechtlichen Anspruch der Pflegebedürftigen gegen den Leistungserbringer nach § 241 Abs. 2 BGB).

D. Berücksichtigung religiöser Bedürfnisse (Abs. 3)

10 Die Vorschrift konkretisiert das **Grundrecht auf Glaubensfreiheit** (Art. 4 Abs. 1 GG) im Recht der Pflegeversicherung. Der Pflegebedürftige hat sowohl das Recht, in einer Pflegeeinrichtung untergebracht zu werden, in der er von Geistlichen seines Bekenntnisses betreut werden kann, als auch als Ausdruck der negativen Glaubensfreiheit das Recht, nicht gegen seinen Wunsch zur Teilnahme an religiösen Ritualen veranlasst zu werden.

E. Hinweispflicht (Abs. 4)

11 Die Pflegekassen, nicht die Pflegeeinrichtungen iSd. § 11, haben eine Hinweispflicht auf die Wahl- und Wunschrechte aus Abs. 2 und 3. Da § 2 Abs. 4 eine Ausgestaltung der §§ 13 bis 15 SGB I ist, umfassen die Hinweispflichten Aufklärung, Beratung und Auskunft. Eine besondere Form ist nicht vorgeschrieben. Jedoch bieten sich als Rahmen die Hinweis- und Beratungstätigkeiten nach §§ 7, 7 a SGB XI an.

§ 3 Vorrang der häuslichen Pflege

> ¹Die Pflegeversicherung soll mit ihren Leistungen vorrangig die häusliche Pflege und die Pflegebereitschaft der Angehörigen und Nachbarn unterstützen, damit die Pflegebedürftigen möglichst lange in ihrer häuslichen Umgebung bleiben können. ²Leistungen der teilstationären Pflege und der Kurzzeitpflege gehen den Leistungen der vollstationären Pflege vor.

A. Normzweck

1 § 3 enthält die zentrale Systementscheidung **„ambulant vor stationär"** als Grundsatz; die konkrete Umsetzung (zB §§ 40 Abs. 4, 43 Abs. 4 SGB XI) erfolgt im Leistungsrecht (§§ 36–44 SGB XI). Die Systementscheidung dient nicht nur den wirtschaftlichen Interessen der Versicherung – im ambulanten Bereich sind die Leistungen überwiegend niedriger als im stationären –, sondern ist auch Ausdruck des durch **Selbstbestimmung geprägten Menschenbildes** des GG. Der Pflegebedürftige soll so lange als möglich in einer ihm gewohnten Umgebung leben können.

B. Vorrang der häuslichen Pflege (S. 1)

I. Grenzen

2 Der Vorrang der häuslichen Pflege besteht selbstverständlich nur insoweit, als die angemessene Versorgung und Betreuung sichergestellt ist. Stellt etwa der MDK bei der Begutachtung Mängel fest, so hat er auch darauf hinzuweisen, dass der Pflegebedürftige Sachleistung nach § 36 SGB XI oder sogar vollstationäre Pflege in Anspruch nehmen sollte (§ 18 Abs. 6 SGB XI).

II. Interesse des Leistungsberechtigten am Heimeinzug

3 Bei häuslicher Pflege kann die Eigenbeteiligung des Pflegebedürftigen im Einzelfall deutlich höher sein als bei stationärer Pflege (eingehend bei § 43 SGB XI Rn. 2 und bei § 36 SGB XI Rn. 7). Die wirtschaftlichen Interessen der Pflegekasse (niedrigere Leistungen bei häuslicher Pflege) und des Versicherten (geringere Gesamtkosten der Versorgung bei stationärer Pflege) klaffen dann auseinander. Die Kasse hätte, soweit der Leistungsberechtigte stationäre Leistungen für vollstationäre Pflege beantragt, eigentlich die **Heimbedürftigkeit** nach § 43 Abs. 1 SGB XI kritisch zu prüfen und ggf. die Konsequenz der Leistungsbeschränkung nach § 43 Abs. 4 SGB XI zu ziehen. Dies ist in der Praxis indes selten, meist stellen sich die Kassen einem Wunsch nach stationärer Pflege nicht in den Weg.

III. Interesse des Sozialhilfeträgers am Heimeinzug

Der umgekehrte Fall kann auftreten, wenn der Leistungsberechtigte für die Kosten der Pflege, die nicht von der Pflegekasse übernommen werden, ergänzend **Hilfe zur Pflege** nach §§ 61 ff. SGB XII beantragt. Dann ist § 13 Abs. 1 S. 4 SGB XII zu beachten. Nach dieser Vorschrift gilt der Vorrang der häuslichen Betreuung nicht, selbst wenn die ambulante Pflege sichergestellt ist, soweit die Betreuung in einer geeigneten stationären Einrichtung **zumutbar** und die ambulante Leistung mit **unverhältnismäßigen Mehrkosten** verbunden ist. 4

Bei der **Zumutbarkeit** handelt es sich um einen **unbestimmten Rechtsbegriff**, dessen Auslegung sich insbesondere an § 13 Abs. 1 S. 6 SGB XII orientiert (s. dort; vgl. auch Schellhorn, SGB XII, § 13 Rn. 6). Nach dieser Norm sind die **persönlichen, familiären und örtlichen Umstände** angemessen zu berücksichtigen. Ein Beispiel für **persönliche Umstände**, die in die Beurteilung der Zumutbarkeit einfließen müssen, ist die Isolierung eines jungen Pflegebedürftigen im Pflegeheim mit sonst hoch betagten Bewohnern (OVG Niedersachsen, Urt. v. 28. 8. 1996, 4 L 1845/96). Ebenso schwerwiegend kann der Verlust der sozialen Gemeinschaft sein, der beim Eintritt in ein Heim einträte (vgl. Grube/Wahrendorf, SGB XII, § 13 Rn. 20). **Familiäre Umstände** liegen vor, wenn eine teilweise Pflege durch einen Angehörigen beim Wechsel in ein Heim nicht mehr möglich wäre. Ebenso ist auf die Erhaltung guter familiärer Beziehungen Rücksicht zu nehmen. **Örtliche Umstände** im Rahmen der Abwägung können darin bestehen, dass durch die Entfernung des in Betracht kommenden Heims vom jetzigen Wohnort ein Versiegen der Kontakte droht und Einsamkeit wahrscheinlich wäre (Krahmer in LPK-SGB XII, § 13 Rn. 9). 5

„Faustregel" für **unverhältnismäßige Mehrkosten** ist die Überschreitung der Kosten bei stationärer Betreuung um mehr als 20%. In jedem Fall ist aber eine Gesamtwürdigung der Umstände vorzunehmen, welche immer auf den jeweiligen Einzelfall abgestellt sein muss (SG Hamburg, 15. 12. 2005, S 50 SO 583/05). 6

C. Teilstationär vor vollstationär (S. 2)

S. 2 bestimmt auch für die nicht ambulanten Leistungen eine grundsätzliche Rangordnung. Teilstationäre Pflege (§ 41) und Kurzzeitpflege (§ 42) sind zwar nachrangig zur ausschließlich häuslichen Pflege, genießen aber Vorrang vor der vollstationären Pflege. So wird nämlich zumindest zeitweilig der Verbleib zu Hause möglich. Mit dem PflWEG hat der Gesetzgeber die Leistungen der Pflegeversicherung bei teilstationärer Betreuung deutlich verbessert und damit den Grundsatz des S. 2 unterstrichen (s. bei § 41 SGB XI Rn. 1). 7

§ 4 Art und Umfang der Leistungen

(1) ¹**Die Leistungen der Pflegeversicherung sind Dienst-, Sach- und Geldleistungen für den Bedarf an Grundpflege und hauswirtschaftlicher Versorgung sowie Kostenerstattung, soweit es dieses Buch vorsieht.** ²Art und Umfang der Leistungen richten sich nach der Schwere der Pflegebedürftigkeit und danach, ob häusliche, teilstationäre oder vollstationäre Pflege in Anspruch genommen wird.

(2) ¹**Bei häuslicher und teilstationärer Pflege ergänzen die Leistungen der Pflegeversicherung die familiäre, nachbarschaftliche oder sonstige ehrenamtliche Pflege und Betreuung.** ²Bei teil- und vollstationärer Pflege werden die Pflegebedürftigen von Aufwendungen entlastet, die für ihre Versorgung nach Art und Schwere der Pflegebedürftigkeit erforderlich sind (pflegebedingte Aufwendungen), die Aufwendungen für Unterkunft und Verpflegung tragen die Pflegebedürftigen selbst.

(3) **Pflegekassen, Pflegeeinrichtungen und Pflegebedürftige haben darauf hinzuwirken, daß die Leistungen wirksam und wirtschaftlich erbracht und nur im notwendigen Umfang in Anspruch genommen werden.**

A. Normzweck

Die Vorschrift bezweckt eine **Einführung in das System** der Leistungsarten und des Leistungsumfangs. Die detaillierte Durchführung der Prinzipien ist auch hier exakteren Regelungen im Leistungsrecht (§§ 28 ff. SGB XI) vorbehalten. Abs. 1 gliedert die Leistungen der Pflegekassen in Dienst-, Sach- und Geldleistungen. Art und Umfang der Leistungen bestimmen sich einerseits nach den in § 15 genannten Pflegestufen, andererseits nach den in §§ 28 ff. genannten Leistungsarten. Abs. 2 erläutert, dass das Finanzierungssystem der Pflegeversicherung auf den Grundgedanken der Budgetierung („Teilkaskoversicherung") aufgebaut ist. Die Pflegeversicherung ist nicht als Vollversicherung konzipiert. Die Pflegebedürftigen werden grundsätzlich nur im Hinblick auf die Verrichtungen der Grund- 1 pflege entlastet. Abs. 3 enthält eine programmatische Verpflichtung für alle an der Pflege Beteiligten, sich wirtschaftlich zu verhalten.

B. Leistungsarten (Abs. 1 S. 1)

2   Das SGB XI folgt dem **Sachleistungsprinzip** (bei § 28 Rn. 7). Ihm steht das **Kostenerstattungsprinzip** als Ausnahme gegenüber, es findet sich in der Pflegeversicherung regelhaft nur bei den Leistungen für Menschen mit besonderem Betreuungsbedarf (insb. Demenz) in §§ 45a, 45b SGB XI sowie in der selten einschlägigen Ausnahmevorschrift des § 91 SGB XI. Das Sachleistungsprinzip besagt, dass die Leistungen dem Berechtigten „in natura" zur Verfügung gestellt werden. Diese kann die Pflegekasse im Ausnahmefall selbst durchführen. Vorrangig ist aber die Durchführung durch dritte Leistungserbringer, die einen Versorgungsvertrag nach § 72 mit den Pflegekassen abgeschlossen haben. Bei der Kostenerstattung beschafft der Versicherte die Leistung zuerst selbst und bezahlt sie auch, kann aber von seiner Versicherung nachträglich die Erstattung dieser Aufwendungen verlangen.

3   Terminologisch etwas unglücklich – eine unzutreffende Vermischung mit dem Sachleistungsprinzip liegt nahe – beschreibt Abs. 1 wie § 11 S. 1 SGB I die Leistungen der Pflegeversicherung als **Dienst-, Sach- und Geldleistungen.** Trotz der abweichenden Bezeichnung werden Dienstleistungen aber ebenso wie die Sachleistungen nach dem Sachleistungsprinzip (soeben Rn. 2) von der Pflegekasse zur Verfügung gestellt. Auch die Geldleistungen der Pflegeversicherung – insbesondere das Pflegegeld nach § 37 SGB XI – sind keine Kostenerstattung, sondern pauschale Geldzahlungen, für die kein Nachweis zuvor angefallener Kosten verlangt wird.

4   Von der Zuordnung der einzelnen Leistung zu Sachleistung oder Kostenerstattung oder zu den drei Leistungsarten des Abs. 1 hängt ab, welche Regelungen für Verzinsung, Verrechnung und Abtretung anwendbar sind, s. §§ 44, 52, 53 SGB I.

C. Kriterien für Art und Umfang der Leistungen (Abs. 1 S. 2)

5   § 4 Abs. 1 S. 2 nennt als Kriterien für Art und Umfang der Leistungen einerseits die Schwere der Pflegebedürftigkeit nach den §§ 14, 15 SGB XI und andererseits die Art der Leistung nach §§ 28 ff. SGB XI. Die Schwere der Pflegebedürftigkeit schlägt sich in den **Pflegestufen** (s. bei § 15 SGB XI) nieder. Aus einer höheren Pflegestufe folgt bei den Leistungen der Pflegeversicherung auch ein höherer Leistungsbetrag. Diese Leistungsbeträge sind aber nicht nur von der Einstufung abhängig, sondern auch von der Art der Leistung. Beispielsweise sind die Leistungen der Pflegekassen in den Pflegestufen I und II bei stationärer Pflege höher als bei häuslicher Betreuung.

D. „Teilkaskocharakter" der Pflegeversicherung (Abs. 2)

6   Abs. 2 hebt hervor, dass die Pflegeversicherung – anders etwa als die gesetzliche Krankenversicherung – nur eine Ergänzung oder eine Absicherung für Teile der anfallenden Aufwendungen bezweckt. Die Pflegeversicherung ist „eine soziale Grundsicherung in Form von unterstützenden Hilfeleistungen", jedoch „keine Vollversorgung des Pflegebedürftigen" (BT-Drs. 12/5262 S. 90). Dies zeigt sich bei den einzelnen Leistungen zum einen durch die „Budgetierung", also die Beschränkung der monatlichen Leistungsbeträge auf feste Obergrenzen, die vom tatsächlichen Aufwand des einzelnen Pflegebedürftigen unabhängig sind und die umfassende Entlastung von allen pflegebedingten Kosten von vorneherein nicht bezwecken. Zum anderen beteiligt sich die Pflegeversicherung in der Entgeltsystematik der stationären Leistungen (dazu bei § 43 SGB XI Rn. 6f.) nur an der Pflegevergütung, nicht an den Entgelten für Unterkunft, Verpflegung und Investitionsaufwendungen.

7   Soweit der Pflegebedürftige es finanziell nicht vermag, die somit durchweg verbleibenden Eigenanteile selbst zu tragen, hat er die Möglichkeit „Hilfe zur Pflege" nach § 61 SGB XII zu beantragen.

7a Besondere Bedeutung hat Abs. 2 S. 1 in jüngerer Zeit bei der Auslegung der §§ 19, 44 Abs. 2 SGB XI (Leistungen zur sozialen Sicherung von Pflegepersonen) gewonnen, dazu bei § 19 Rn. 9).

E. Wirtschaftlichkeitsgebot (Abs. 3)

8   Abs. 3 verpflichtet die Pflegekassen (§ 46 SGB XI), die Pflegeeinrichtungen (§ 71 SGB XI) und die Pflegebedürftigen (§ 14 SGB XI), ein ausgeglichenes Verhältnis zwischen Wirksamkeit und Wirtschaftlichkeit der Leistungen zu finden. Das Wirtschaftlichkeitsgebot ist auch in § 29 SGB XI verankert; Näheres s. dort.

§ 5 Vorrang von Prävention und medizinischer Rehabilitation

(1) **Die Pflegekassen wirken bei den zuständigen Leistungsträgern darauf hin, daß frühzeitig alle geeigneten Leistungen der Prävention, der Krankenbehandlung und zur medi-**

zinischen Rehabilitation eingeleitet werden, um den Eintritt von Pflegebedürftigkeit zu vermeiden.

(2) Die Leistungsträger haben im Rahmen ihres Leistungsrechts auch nach Eintritt der Pflegebedürftigkeit ihre Leistungen zur medizinischen Rehabilitation und ergänzenden Leistungen in vollem Umfang einzusetzen und darauf hinzuwirken, die Pflegebedürftigkeit zu überwinden, zu mindern sowie eine Verschlimmerung zu verhindern.

A. Normzweck

Hinter § 5 stehen zwei Gedanken. Zum einen soll die Pflegebedürftigkeit aus humanen Gesichtspunkten durch Prävention und Rehabilitation so weit als möglich in die **letzte Altersphase** zurückgedrängt werden. Zum anderen sollen sich die **Leistungsträger anderer Säulen** des Sozialsystems nicht zulasten der Pflegeversicherung freizeichnen oder ihre Bemühungen einschränken dürfen. Wie die meisten Vorschriften des ersten Kapitels enthält die Vorschrift lediglich grundsätzlich-systematische Aussagen, die in exakteren Vorschriften des Leistungsrechts wieder aufgegriffen und konkretisiert werden. 1

B. Hinwirkungspflicht zur Vermeidung von Pflegebedürftigkeit (Abs. 1)

Die in § 5 genannten Begriffe Prävention, Krankenbehandlung und medizinische Rehabilitation sind dort nicht genauer definiert. **Prävention** meint Vorbeugung vor Krankheiten und Behinderungen, **Krankenbehandlung** ist der Oberbegriff für alle Leistungen, die zur Behandlung einer Krankheit erbracht werden. **Medizinische Rehabilitation** umfasst die Leistungen, die darauf gerichtet sind, Behinderungen einschließlich chronischer Krankheiten, Einschränkungen der Erwerbsfähigkeit oder Pflegebedürftigkeit abzuwenden. Der Begriff findet sich auch in §§ 40 SGB V und 26 SGB IX. 2

Die Pflegekassen sind für Maßnahmen der Rehabilitation **nicht** selbst zuständig. Zuständig sind vielmehr die Träger der gesetzlichen Krankenversicherung, der Unfall- und Rentenversicherung sowie die Träger der Sozial- und Jugendhilfe. Daher beschreibt die Vorschrift keine Leistungs-, sondern lediglich eine **Hinwirkungspflicht** der Pflegekasse. Die Einzelheiten finden sich in §§ 31, 32 SGB XI (s. dort). 3

C. Vorrang nach Eintritt der Pflegebedürftigkeit (Abs. 2)

Auch nach Eintritt der Pflegebedürftigkeit besteht die Hinwirkungspflicht der Pflegekasse gegenüber dem zuständigen Träger der medizinischen Rehabilitation fort. Umgekehrt reduzieren sich die Leistungspflichten dieses Trägers nicht, weil Pflegebedürftigkeit eingetreten ist. 4

§ 6 Eigenverantwortung

(1) **Die Versicherten sollen durch gesundheitsbewußte Lebensführung, durch frühzeitige Beteiligung an Vorsorgemaßnahmen und durch aktive Mitwirkung an Krankenbehandlung und Leistungen zur medizinischen Rehabilitation dazu beitragen, Pflegebedürftigkeit zu vermeiden.**

(2) **Nach Eintritt der Pflegebedürftigkeit haben die Pflegebedürftigen an Leistungen zur medizinischen Rehabilitation und der aktivierenden Pflege mitzuwirken, um die Pflegebedürftigkeit zu überwinden, zu mindern oder eine Verschlimmerung zu verhindern.**

A. Normzweck

Wie jedes Versicherungssystem ist auch die Pflegeversicherung **auf risikobewusstes Verhalten der Versicherten** angewiesen. § 6 appelliert daher an die Eigenverantwortung der Versicherten. Diese sollen durch gesundes Verhalten verhindern, dass Pflege notwendig wird (Abs. 1). Ist Pflegebedürftigkeit eingetreten, sind sie zum andern zur Mitwirkung an einer medizinischen Rehabilitation und aktivierenden Pflegemaßnahmen verpflichtet. Zur Ausübung der Eigenverantwortung soll sich der Versicherte insbesondere der Beratung durch die Systembeteiligten (§§ 7, 8 SGB XI) bedienen können. 1

B. Eigenverantwortung vor Eintritt der Pflegebedürftigkeit (Abs. 1)

Der Versicherte soll durch eine **gesundheitsbewusste Lebensführung,** durch die **Beteiligung an Vorsorgemaßnahmen** (§§ 20 SGB V) und durch eine **aktive Beteiligung an der Kranken-** 2 behandlung (§§ 27 ff. SGB V) und an **Leistungen der medizinischen Rehabilitation** (dazu bei § 5 Rn. 2) den Eintritt von Pflegebedürftigkeit verhindern. Abs. 1 hat in Bezug auf Leistungen der Pflegeversicherung aber lediglich **Appellcharakter;** die Verletzung der Pflichten des § 6 ist nicht sanktioniert.

C. Eigenverantwortung nach Eintritt der Pflegebedürftigkeit (Abs. 2)

3   Nach Eintritt der Pflegebedürftigkeit verdichtet sich das Sollen zur **verbindlichen Mitwirkungspflicht** betreffend Leistungen zur medizinischen Rehabilitation und aktivierender Pflege. Bei **Verweigerung der Mitwirkung an der medizinischen Rehabilitation** stehen der Pflegekasse die Sanktionsmöglichkeiten des § 66 Abs. 2 SGB I zu. Bis zur Nachholung der Mitwirkung kann die zustehende Leistung ganz oder teilweise entzogen werden. Anders verhält es sich bei der **fehlenden Mitwirkung an der aktivierenden Pflege** (§ 28 Abs. 4 SGB XI, s. dort Rn. 17). Da diese ein integraler Bestandteil der Pflege ist, stellt sie keine eigenständige Rehabilitationsleistung dar. § 66 Abs. 2 SGB I ist daher nicht anwendbar und die Pflegekasse hat keine Möglichkeit zur Sanktion (Hauck/Noftz-Wagner § 6 Rn. 10).

§ 7 Aufklärung, Beratung

(1) Die Pflegekassen haben die Eigenverantwortung der Versicherten durch Aufklärung und Beratung über eine gesunde, der Pflegebedürftigkeit vorbeugende Lebensführung zu unterstützen und auf die Teilnahme an gesundheitsfördernden Maßnahmen hinzuwirken.

(2) ¹Die Pflegekassen haben die Versicherten und ihre Angehörigen und Lebenspartner in den mit der Pflegebedürftigkeit zusammenhängenden Fragen, insbesondere über die Leistungen der Pflegekassen sowie über die Leistungen und Hilfen anderer Träger, zu unterrichten und zu beraten. ²Mit Einwilligung des Versicherten haben der behandelnde Arzt, das Krankenhaus, die Rehabilitations- und Vorsorgeeinrichtungen sowie die Sozialleistungsträger unverzüglich die zuständige Pflegekasse zu benachrichtigen, wenn sich der Eintritt von Pflegebedürftigkeit abzeichnet oder wenn Pflegebedürftigkeit festgestellt wird. ³Für die Beratung erforderlichen personenbezogene Daten dürfen nur mit Einwilligung des Versicherten erhoben, verarbeitet und genutzt werden.

(3) ¹Zur Unterstützung des Pflegebedürftigen bei der Ausübung seines Wahlrechts nach § 2 Abs. 2 sowie zur Förderung des Wettbewerbs und der Überschaubarkeit des vorhandenen Angebots hat die zuständige Pflegekasse dem Pflegebedürftigen unverzüglich nach Eingang seines Antrags auf Leistungen nach diesem Buch eine Vergleichsliste über die Leistungen und Vergütungen der zugelassenen Pflegeeinrichtungen zu übermitteln, in deren Einzugsbereich die pflegerische Versorgung gewährleistet werden soll (Leistungs- und Preisvergleichsliste). ²Gleichzeitig ist der Pflegebedürftige über den nächstgelegenen Pflegestützpunkt (§ 92 c), die Pflegeberatung (§ 7 a) und darüber zu unterrichten, dass die Beratung und Unterstützung durch den Pflegestützpunkt sowie die Pflegeberatung unentgeltlich sind. ³Die Leistungs- und Preisvergleichsliste ist der Pflegekasse vom Landesverband der Pflegekassen zur Verfügung zu stellen und zeitnah fortzuschreiben; sie hat zumindest die für die Pflegeeinrichtungen jeweils geltenden Festlegungen der Vergütungsvereinbarungen nach dem Achten Kapitel und zur wohnortnahen Versorgung nach § 92 c zu enthalten und ist von der Pflegekasse um die Festlegungen in den Verträgen zur integrierten Versorgung nach § 92 b, an denen sie beteiligt ist, zu ergänzen. ⁴Zugleich ist dem Pflegebedürftigen eine Beratung darüber anzubieten, welche Pflegeleistungen für ihn in seiner persönlichen Situation in Betracht kommen. ⁵Ferner ist der Pflegebedürftige auf die Veröffentlichung der Ergebnisse von Qualitätsprüfungen hinzuweisen. ⁶Versicherte mit erheblichem allgemeinem Betreuungsbedarf sind in gleicher Weise, insbesondere über anerkannte niedrigschwellige Betreuungsangebote, zu unterrichten und zu beraten.

(4) Die Pflegekassen können sich zur Wahrnehmung ihrer Beratungsaufgaben nach diesem Buch aus ihren Verwaltungsmitteln an der Finanzierung und arbeitsteiligen Organisation von Beratungsangeboten anderer Träger beteiligen; die Neutralität und Unabhängigkeit der Beratung ist zu gewährleisten.

A. Normzweck

1   § 7 war ursprünglich in engem Zusammenhang mit der Eigenverantwortung nach § 6 SGB XI zu verstehen: Die Entscheidungsfreiheit der Versicherten und ihre Aufforderung zur gesundheitsbewussten Lebensführung sollten auch durch **umfassende fachliche, formale und rechtliche Beratung** der Pflegekassen (und einen Rechtsanspruch auf diese Beratung) unterstützt werden. Auf diese Weise

sollte die Eigenverantwortung der Versicherten erst die Kraft entfalten können, die man sich von ihr erwartete. Wie sich insbesondere aus § 8 SGB XI ergibt, sah der Gesetzgeber aber neben den Kassen auch die übrigen beteiligten staatlichen und gesellschaftlichen Institutionen in der Pflicht.

Inzwischen ist das Vertrauen des Gesetzgebers in die Eigenverantwortung allerdings zurückgegangen. Nachdem verschiedentlich Beratungsdefizite kritisiert worden waren (etwa Krahmer, ZfSH/SGB 2003, 271), verfolgt der Gesetzgeber nun das Konzept eines **Versorgungsmanagements** durch dafür eigens zuständige und (soweit möglich) unabhängige Pflegeberater nach § 7a SGB XI. Das Kooperationsprinzip des § 8 verliert damit zugunsten direkter staatlicher Steuerung an Einfluss. Die Bedeutung des § 7 geht dementsprechend parallel zum Ausbau des neuen Konzepts zurück. 2

B. Umfassende Beratungspflicht (Abs. 1, Abs. 2)

I. Rechtliche Bedeutung

Schon bei Erlass des SGB XI kam der Vorschrift eher **deklaratorische Bedeutung** zu. Sie war zwar wichtig, um die auch auf Kooperation (§ 8 SGB XI) und Eigenverantwortung (§ 6 SGB XI) beruhende Systemvorstellung des Gesetzgebers zu verdeutlichen. In ihrem konkreten Regelungsgehalt ging die Beratungspflicht aber nicht über die Aufklärungs- und Beratungspflichten hinaus, die den Sozialleistungsträgern in §§ 13–15 SGB I ohnehin verbindlich auferlegt und als Rechtsansprüche der Versicherten ausgestaltet sind. 3

II. Verpflichtete Institution

Der Beratungsanspruch richtet sich gleichermaßen **gegen die Krankenkasse** wie gegen die Pflegekasse; dies ergibt sich aus der organisatorischen Angliederung der Pflege- an die Krankenkassen nach § 46 SGB XI (ThürLSG, 21. 2. 2005, L 6 KR 665/03) ebenso wie aus § 15 Abs. 1 SGB I. Zudem tritt die Beratungspflicht der Pflegekasse regelmäßig neben die Beratungspflicht der Krankenkasse, ohne diese zu ersetzen oder zu verkürzen (BSG, 30. 10. 2001, B 3 KR 27/01 R). 4

Zwar folgt aus § 7 Abs. 2 S. 2 **keine subjektive Rechtsposition des Pflegebedürftigen gegen Ärzte oder Träger von Krankenhäusern** und Rehabilitationseinrichtungen. Dies entnehmen die Zivilgerichte aus dem Kontext der Norm, die sich (ausschließlich) an die Pflegekasse richtet (OLG Hamm, 13. 11. 2007, 3 U 207/07; OLG Hamburg, 20. 3. 2007, 1 W 6/07). Sie haben Schadensersatzansprüche gegen Krankenhausträger wegen nicht rechtzeitiger Benachrichtigung der Pflegekasse mit dieser Begründung abgewiesen. 5

Nach dem LSG Berlin-Brandenburg (23. 9. 2010, L 27 P 5/09) kann § 7 Abs 2 S. 2 aber die Haftung der Pflegekasse für das pflichtgemäße Verhalten von Ärzten, Krankenhäusern und den sonst in Abs. 2 S. 2 genannten Einrichtungen begründen. Denn die Vorschrift bezwecke es, die Ärzte und Einrichtungen in die soziale Absicherung der Versicherten einzubeziehen. Die Entscheidung geht indes zu weit, wenn sie von diesem Zweck auch auf die Verantwortlichkeit der Pflegekasse für Ärzte und Einrichtungen schließt. 5a

III. Inhalt und Rechtsschutz

Die Beratungs- und Aufklärungspflicht ist ihrem Inhalt nach nicht auf Leistungen der Pflegekassen und anderer Sozialleistungsträger sowie geeignete Angebote Dritter beschränkt. Sie ist vielmehr umfassend zu verstehen und betrifft auch Fragen der Mitgliedschaft in der Pflegekasse und deren Fortsetzung (ThürLSG, 21. 2. 2005, L 6 KR 665/03) sowie der zutreffenden Einstufung nach §§ 14ff. SGB XI (SG Oldenburg, 24. 4. 1997, S 9a P 90.088/95). 6

Verletzungen der Beratungs- und Aufklärungspflichten können zu Ansprüchen auf Kostenerstattung entsprechend § 13 Abs. 3 SGB V (zur Anwendbarkeit auch im SGB XI BSG, 30. 10. 2001, B 3 KR 27/01 R), zur Bereinigung von Problemen bei der Mitgliedschaft durch den sozialrechtlichen Herstellungsanspruch (ThürLSG aaO) oder auch zu Amtshaftungsansprüchen führen. 7

IV. Auswirkung auf die Erforderlichkeit eines Rechtsanwalts

Nach einer Entscheidung des AG Eschweiler (1. 6. 2006, 46 UR II 22/06) soll die umfassende Beratungspflicht der Pflegekasse den **Anspruch auf Beratungshilfe durch einen Rechtsanwalt ausschließen.** Dem ist nicht zuzustimmen, soweit es um die Beratung über Rechtsmittel gerade gegen einen Bescheid der Pflegekasse geht. Denn der Gesetzgeber billigt auch in vergleichbaren Fragen des Rechtsschutzes (vgl. § 63 SGB X) dem Rechtsmittelführer die Befugnis zu, der Beratung gerade durch seinen Anspruchsgegner zu misstrauen und macht die Erstattungsfähigkeit von Anwaltsgebühren wohl von der Schwierigkeit der Rechtsfragen und den sonstigen Umständen abhängig, nicht aber vom Umfang der Beratungspflichten des Sozialleistungsträgers. 8

Philipp

V. Umsetzung in der Praxis

9   In der Realität der Pflegeversicherung wird die Beratung der Pflegebedürftigen über geeignete Leistungen, Rechtsansprüche und Antragserfordernisse bisher trotz § 7 weniger von den Pflegekassen als von Leistungserbringern (Pflegediensten und -heimen), kommunal getragenen Anlauf- und Beratungsstellen wie Seniorenbüros sowie Krankenhäusern (namentlich bei Entlassung aus dem Krankenhaus in pflegebedürftigem Zustand durch die Sozialdienste der Krankenhausträger) geleistet. Ob dieser praktische Befund wirklich für Missstände in der Pflege wesentlich mitverantwortlich ist (oben Rn. 2), ist eine tatsächliche und nicht rechtliche Frage. Jedenfalls entsprach diese Praxis bis 30. 6. 2008 durchaus dem gesetzgeberischen Konzept, wie es in §§ 8 ff. SGB XI zum Ausdruck kommt. Inwieweit sich aus § 7 a und den Pflegestützpunkten Änderungen und Verbesserungen ergeben werden, muss die Entwicklung zeigen. Auch danach steht es dem Pflegebedürftigen frei, sich an die Institutionen neben der Pflegekasse zu wenden. Für den Pflegebedürftigen bleibt außerdem wichtig, dass er **umfangreiche Beratungsansprüche** besitzt, mögen die Unklarheiten im fachlich-pflegerischen oder im rechtlichen Bereich liegen. **Sie sollten im Zweifel in Anspruch genommen werden.**

C. Vergleichsliste und weitere schriftliche Informationen (Abs. 3)

10   Nach Abs. 3 zieht der Leistungsantrag sogleich die **Übersendung umfangreicher Unterlagen** nach sich. Sie sollen den leistungsberechtigten Pflegebedürftigen in den Stand versetzen, in Kenntnis aller Angebote als **„souveräner Nachfrager" am Markt** der Pflegeleistungen teilzunehmen (vgl. NdsLSG, 15. 2. 2007, L 14 P 7/06 zum Zweck der Vergleichsliste). Sah das Gesetz hier zunächst lediglich eine einfache Liste der Einrichtungen und Dienste mit deren Vergütungen vor, so ist inzwischen ein Informationsumfang vorgeschrieben, der seinerseits Zweifel an Übersichtlichkeit und Verständlichkeit aufkommen lässt. Im Einzelnen hat die Pflegekasse die Vergleichsliste der Leistungen und Vergütungen einschließlich Hinweisen zu Angeboten der wohnortnahen Versorgung durch die Pflegestützpunkte, Informationen über den (soweit vorhanden, dazu bei § 7 a Rn. 8 ff.) nächst gelegenen Pflegestützpunkt, Informationen über die Pflegeberatung, Hinweisen auf kasseneigene Projekte der integrierten Versorgung (dazu bei § 140 b SGB V) und zuletzt Hinweisen auf veröffentlichte Qualitätsprüfungsberichte (vgl. § 115 Abs. 1 a SGB XI) vorzulegen.

11   Ob das Konzept des „souveränen Nachfragers" in dem ordnungs- und sozialrechtlich äußerst weitgehend regulierten Bereich der Pflege überhaupt aufgehen kann, hängt mit davon ab, inwieweit trotz der Regulierungen überhaupt ein **Markt** existiert. Dies ist umstritten, s. BSG, 14. 12. 2000, B 3 P 19/00 R – freilich noch zu einer früheren Fassung des Gesetzes – und Udsching, SGb 2003, 133 einerseits und Neumann, SGb 2007, 521 andererseits.

12   Aus der **Sicht des einzelnen pflegebedürftigen Versicherten** bleibt indes zu raten, die Unterlagen im Zweifel von der Pflegekasse einzufordern und sowohl im Hinblick auf die Inhalte der örtlichen Angebote als auch auf die Preise durchzusehen. Bei Unklarheiten spricht nichts dagegen, sich ergänzend – und unentgeltlich – beraten zu lassen, sei es bei Pflegestützpunkt und Pflegeberater, sei es bei den eingeführten Institutionen (oben Rn. 9).

D. Organisation der Beratung durch die Pflegekassen (Abs. 4)

13   Die Pflegekassen können ihre Beratungspflichten auf Beratungsangebote anderer Träger **delegieren.** Darauf ist der Pflegebedürftige, der um Beratung nachsucht, unverzüglich und in geeigneter Form hinzuweisen. Ab 2009 wird häufig der Verweis auf die Pflegeberatung nach § 7 a SGB XI in Betracht kommen.

§ 7 a Pflegeberatung

(1) ¹**Personen, die Leistungen nach diesem Buch erhalten, haben ab dem 1. Januar 2009 Anspruch auf individuelle Beratung und Hilfestellung durch einen Pflegeberater oder eine Pflegeberaterin bei der Auswahl und Inanspruchnahme von bundes- oder landesrechtlich vorgesehenen Sozialleistungen sowie sonstigen Hilfsangeboten, die auf die Unterstützung von Menschen mit Pflege-, Versorgungs- oder Betreuungsbedarf ausgerichtet sind (Pflegeberatung).** ²Aufgabe der Pflegeberatung ist es insbesondere,

1. den Hilfebedarf unter Berücksichtigung der Feststellungen der Begutachtung durch den Medizinischen Dienst der Krankenversicherung systematisch zu erfassen und zu analysieren,
2. einen individuellen Versorgungsplan mit den im Einzelfall erforderlichen Sozialleistungen und gesundheitsfördernden, präventiven, kurativen, rehabilitativen oder sonstigen medizinischen sowie pflegerischen und sozialen Hilfen zu erstellen,

3. auf die für die Durchführung des Versorgungsplans erforderlichen Maßnahmen einschließlich deren Genehmigung durch den jeweiligen Leistungsträger hinzuwirken,
4. die Durchführung des Versorgungsplans zu überwachen und erforderlichenfalls einer veränderten Bedarfslage anzupassen sowie
5. bei besonders komplexen Fallgestaltungen den Hilfeprozess auszuwerten und zu dokumentieren.

[3] Der Versorgungsplan beinhaltet insbesondere Empfehlungen zu den im Einzelfall erforderlichen Maßnahmen nach Satz 2 Nr. 3, Hinweise zu dem dazu vorhandenen örtlichen Leistungsangebot sowie zur Überprüfung und Anpassung der empfohlenen Maßnahmen. [4] Bei Erstellung und Umsetzung des Versorgungsplans ist Einvernehmen mit dem Hilfesuchenden und allen an der Pflege, Versorgung und Betreuung Beteiligten anzustreben. [5] Soweit Leistungen nach sonstigen bundes- oder landesrechtlichen Vorschriften erforderlich sind, sind die zuständigen Leistungsträger frühzeitig mit dem Ziel der Abstimmung einzubeziehen. [6] Eine enge Zusammenarbeit mit anderen Koordinierungsstellen, insbesondere den gemeinsamen Servicestellen nach § 23 des Neunten Buches, ist sicherzustellen. [7] Ihnen obliegende Aufgaben der Pflegeberatung können die Pflegekassen ganz oder teilweise auf Dritte übertragen; § 80 des Zehnten Buches bleibt unberührt. [8] Ein Anspruch auf Pflegeberatung besteht auch dann, wenn ein Antrag auf Leistungen nach diesem Buch gestellt wurde und erkennbar ein Hilfe- und Beratungsbedarf besteht. [9] Vor dem 1. Januar 2009 kann Pflegeberatung gewährt werden, wenn und soweit eine Pflegekasse eine entsprechende Struktur aufgebaut hat. [10] Es ist sicherzustellen, dass im jeweiligen Pflegestützpunkt nach § 92 c Pflegeberatung im Sinne dieser Vorschrift in Anspruch genommen werden kann und die Unabhängigkeit der Beratung gewährleistet ist.

(2) [1] Auf Wunsch erfolgt die Pflegeberatung unter Einbeziehung von Dritten, insbesondere Angehörigen und Lebenspartnern, und in der häuslichen Umgebung oder in der Einrichtung, in der der Anspruchsberechtigte lebt. [2] Ein Versicherter kann einen Leistungsantrag nach diesem Buch auch gegenüber dem Fünften Buch auch gegenüber dem Pflegeberater oder der Pflegeberaterin stellen. [3] Der Antrag ist unverzüglich der zuständigen Pflege- oder Krankenkasse zu übermitteln, die den Leistungsbescheid unverzüglich dem Antragsteller und zeitgleich dem Pflegeberater oder der Pflegeberaterin zuleitet.

(3) [1] Die Anzahl von Pflegeberatern und Pflegeberaterinnen ist so zu bemessen, dass die Aufgaben nach Absatz 1 im Interesse der Hilfesuchenden zeitnah und umfassend wahrgenommen werden können. [2] Die Pflegekassen setzen für die persönliche Beratung und Betreuung durch Pflegeberater und Pflegeberaterinnen entsprechend qualifiziertes Personal ein, insbesondere Pflegefachkräfte, Sozialversicherungsfachangestellte oder Sozialarbeiter mit der jeweils erforderlichen Zusatzqualifikation. [3] Zur erforderlichen Anzahl und Qualifikation von Pflegeberatern und Pflegeberaterinnen gibt der Spitzenverband Bund der Pflegekassen bis zum 31. August 2008 Empfehlungen ab. [4] Die Qualifikationsanforderungen nach Satz 2 müssen spätestens zum 30. Juni 2011 erfüllt sein.

(4) [1] Die Pflegekassen im Land haben Pflegeberater und Pflegeberaterinnen zur Sicherstellung einer wirtschaftlichen Aufgabenwahrnehmung in den Pflegestützpunkten nach Anzahl und örtlicher Zuständigkeit aufeinander abgestimmt bereitzustellen und hierüber einheitlich und gemeinsam Vereinbarungen bis zum 31. Oktober 2008 zu treffen. [2] Die Pflegekassen können diese Aufgabe auf die Landesverbände der Pflegekassen übertragen. [3] Kommt eine Einigung bis zu dem in Satz 1 genannten Zeitpunkt ganz oder teilweise nicht zustande, haben die Landesverbände der Pflegekassen innerhalb eines Monats zu entscheiden; § 81 Abs. 1 Satz 2 gilt entsprechend. [4] Die Pflegekassen und die gesetzlichen Krankenkassen können zur Aufgabenwahrnehmung durch Pflegeberater und Pflegeberaterinnen von der Möglichkeit der Beauftragung nach Maßgabe der §§ 88 bis 92 des Zehnten Buches Gebrauch machen. [5] Die durch die Tätigkeit von Pflegeberatern und Pflegeberaterinnen entstehenden Aufwendungen werden von den Pflegekassen getragen und zur Hälfte auf die Verwaltungskostenpauschale nach § 46 Abs. 3 Satz 1 angerechnet.

(5) [1] Zur Durchführung der Pflegeberatung können die privaten Versicherungsunternehmen, die die private Pflege-Pflichtversicherung durchführen, Pflegeberater und Pflegeberaterinnen der Pflegekassen für die bei ihnen versicherten Personen nutzen. [2] Dies setzt eine vertragliche Vereinbarung mit den Pflegekassen über Art, Inhalt und Umfang der Inanspruchnahme sowie über die Vergütung der hierfür je Fall entstehenden Aufwendungen voraus. [3] Soweit Vereinbarungen mit den Pflegekassen nicht zustande kommen, können die privaten Versicherungsunternehmen, die die private Pflege-Pflichtversicherung durchführen, untereinander Vereinbarungen über eine abgestimmte Bereitstellung von Pflegeberatern und Pflegeberaterinnen treffen.

(6) Pflegeberater und Pflegeberaterinnen sowie sonstige mit der Wahrnehmung von Aufgaben nach Absatz 1 befasste Stellen, insbesondere

Philipp

1. nach Landesrecht für die wohnortnahe Betreuung im Rahmen der örtlichen Altenhilfe und für die Gewährung der Hilfe zur Pflege nach dem Zwölften Buch zu bestimmende Stellen,
2. Unternehmen der privaten Kranken- und Pflegeversicherung,
3. Pflegeeinrichtungen und Einzelpersonen nach § 77,
4. Mitglieder von Selbsthilfegruppen, ehrenamtliche und sonstige zum bürgerschaftlichen Engagement bereite Personen und Organisationen sowie
5. Agenturen für Arbeit und Träger der Grundsicherung für Arbeitsuchende,

dürfen Sozialdaten für Zwecke der Pflegeberatung nur erheben, verarbeiten und nutzen, soweit dies zur Erfüllung der Aufgaben nach diesem Buch erforderlich oder durch Rechtsvorschriften des Sozialgesetzbuches oder Regelungen des Versicherungsvertrags- oder des Versicherungsaufsichtsgesetzes angeordnet oder erlaubt ist.

(7) ¹Über die Erfahrungen mit der Pflegeberatung legt der Spitzenverband Bund der Pflegekassen dem Bundesministerium für Gesundheit bis zum 30. Juni 2011 einen unter wissenschaftlicher Begleitung zu erstellenden Bericht vor. ²Er kann hierzu Mittel nach § 8 Abs. 3 einsetzen.

A. Normzweck

1 Die Vorschrift will einen Rechtsanspruch auf ein sog. Fall- oder Versorgungsmanagement („Managed Care") gewähren. Profitieren sollen von diesem Ansatz sowohl die Leistungsberechtigten als auch die Pflegekassen, die Inanspruchnahme durch den Versicherten ist jedoch freiwillig. Bereits die Länge der Vorschrift (und auch des sachlich eng zusammengehörigen § 92 c SGB XI) zeigt freilich eine wenig souveräne und wesentlich zu detailverliebte Regelungstechnik (vgl. auch Igl, NJW 2008, 2214, 2215). Ungeachtet dessen ist Kern der Vorschrift das Recht des pflege- oder betreuungsbedürftigen Versicherten auf einen qualifizierten, persönlichen Ansprechpartner, der ihn durch das System der Pflegeversicherung und der angrenzenden Sozialsysteme geleitet.

B. Versorgungsmanagement (Abs. 1, Abs. 2)

I. Anspruchsberechtigung

2 Die Vorschrift gewährt, wie namentlich die amtliche Begründung (BT-Drs. 16/7439) mehrfach betont, einen **klagbaren Rechtsanspruch** auf die Unterstützung durch das Versorgungsmanagement. Gegen den Willen des Versicherten oder ohne seinen Antrag sind die Pflegeberater aber nicht befugt, Leistungen des Versorgungsmanagements zu erbringen. Die Vorschrift stellt damit eine „milde Fassung" von „Managed Care" zur Verfügung; es gibt in der Theorie dieses Instruments durchaus auch Ansätze für die verpflichtende Inanspruchnahme. Anspruchsberechtigt sind hier – im Unterschied zu § 7 Abs. 2 S. 1 SGB XI – **nicht die Angehörigen.** Der Anspruch beschränkt sich auf **Leistungsempfänger** (Abs. 1 S. 1) und Personen mit erkennbarem Hilfe- und Beratungsbedarf, die einen Antrag auf Leistungen nach dem SGB XI gestellt haben (Abs. 1 S. 8). Damit darf nicht statisch die bereits erfolgte Zuerkennung einer Pflegestufe oder anderer Leistungen wie etwa für Pflegepersonen nach § 19 SGB XI verlangt werden (ähnlich Schubert/Schaumburg NZS 2009, 353). Hilfe- und Beratungsbedarf besteht vielmehr bereits dann, wenn der Antragsteller bei vollständiger Würdigung seines Einzelfalls Unterstützung bei der Bewältigung des Alltags, der Organisation der Hilfen oder der Orientierung in den Sozialsystemen benötigt (Schiffer-Werneburg, LPK-SGB XI, § 7 a Rn. 9).

II. Anspruchsgegner

3 Anspruchsgegner und **Schuldner der Pflegeberatung ist die Pflegekasse** des Versicherten. Diese muss die Leistung freilich nicht selbst erbringen, sondern wird in der Vorschrift in mehreren Versionen bevollmächtigt, Dritte zu beauftragen (Abs. 1 S. 7, S. 10, Abs. 4 S. 4). **Versicherte in der privaten Pflegeversicherung** haben – entgegen der Annahme des Gesetzgebers in der amtlichen Begründung (BT-Drs. 16/7439, S. 46) – keinen gesetzlichen Anspruch auf Pflegeberatung. Denn die maßgebliche Vorschrift des § 23 Abs. 1 S. 2 SGB XI verpflichtet die privaten Versicherungsunternehmen nur zu Vertragsleistungen, die nach Art und Umfang den Leistungen des vierten Kapitels des SGB XI entsprechen. § 7 a SGB XI wurde aber in das erste Kapitel eingefügt. Dennoch ist nicht zu erwarten, dass sich die privaten Versicherungsunternehmen der Pflegeberatung verweigern, weil ein Leistungsdefizit gegenüber der gesetzlichen Versicherung ihren Marktauftritt beeinträchtigen würde.

III. Unabhängigkeit

4 Die Pflegekasse muss eine unabhängige Beratung gewährleisten (Abs. 1 S. 10). Dies gilt selbstverständlich nicht nur dann, wenn die Pflegeberatung **innerhalb eines Pflegestützpunkts** nach § 92 c

SGB XI organisiert ist. Unabhängig bedeutet in diesem Zusammenhang, dass der Pflegeberater weder die Interessen der Pflegekasse noch diejenigen anderer Sozialleistungsträger oder Leistungserbringer gegenüber denjenigen des Pflegebedürftigen in den Vordergrund stellen darf.

IV. Inhalt des Versorgungsmanagements

In § 7a Abs. 1 S. 2 Nr. 1–5 beschreibt das Gesetz im Einzelnen, was das Versorgungsmanagement 5 ausmachen soll. Kurz gefasst muss die Pflegeberatung den Hilfebedarf umfassend aufnehmen, daraus einen **individuellen Versorgungsplan** entwickeln und dessen Durchführung sowie Fortschreibung gewährleisten. Dabei sollen die Pflegeberater ihre Kenntnisse des örtlichen Leistungsangebots nutzen und möglichst passgenaue Hilfen empfehlen (Abs. 1 S. 3). Zu weit dürfte es freilich gehen, von der Pflegeberatung die Benennung aller örtlichen Leistungsangebote zu verlangen (so Schiffer-Werneburg, aaO, Rn. 15). Denn die Leitung durch das System wird in Frage gestellt, wenn der Versicherte erneut mit eben der Unübersichtlichkeit konfrontiert wird, aus der die Pflegeberatung gerade einen Ausweg bieten soll. Der Versorgungsplan hat auch keinen rechtsverbindlichen, sondern nur empfehlenden Charakter. Über die Verfahrensbefugnisse des Pflegeberaters hinaus (dazu unten Rn. 14–15) steht diesem keine Rechtsmacht zu, die Sozialleistungsträger zu bestimmten Leistungen zu verpflichten (Udsching-Behrend § 7a SGB XI Rn. 6).

Der individuelle Versorgungsplan nach Abs. 1 S. 2 ist nicht bereits in dem **individuellen Pflege-** 6 **plan nach § 18 Abs. 6 S. 2 SGB XI** enthalten. Dieser war vom Gesetzgeber von vornherein nicht als systemübergreifende Empfehlung samt Hinweisen auf das vorhandene Leistungsangebot vorgesehen. In der Praxis der Begutachtungen durch den MDK hat der individuelle Pflegeplan ohnehin kaum Bedeutung gewonnen.

V. Einvernehmlichkeit

Nach Abs. 1 S. 4 hat die Pflegeberatung das Einvernehmen mit dem Versicherten und allen sonsti- 7 gen Beteiligten anzustreben. Dies unterstreicht den Charakter des individuellen Versorgungsplans als Empfehlung, nicht als verbindliche Vorgabe oder gar als Verwaltungsakt (dazu Schiffer-Werneburg, aaO, Rn. 16). Gelingt das Einvernehmen nicht, so kann die Pflegeberatung gleichwohl den Versorgungsplan empfehlen. Sie muss aber darauf achten, in dem Plan nicht gerade Leistungen und Hilfen derjenigen Beteiligten vorzusehen, deren Einvernehmen nicht zu erreichen ist.

VI. Pflegestützpunkte

Nach dem ursprünglichen Konzept des Gesetzgebers war die Pflegeberatung nach § 7a eng mit 8 den flächendeckend einzurichtenden Pflegestützpunkten (§ 92c SGB XI) verbunden. Es war vorgesehen, in den Pflegestützpunkten für je etwa 100 Leistungsberechtigte der Pflegeversicherung eine Pflegeberaterin/einen Pflegeberater vorzuhalten. Die Pflegeberatung sollte in erster Linie aus den Pflegestützpunkten heraus geleistet werden (BT-Drs. 16/7439, S. 46). Im politischen Prozess vor der Verabschiedung des PflWEG waren die Pflegestützpunkte freilich sehr umstritten. Während die Befürworter auf gravierende Vorteile für die Pflegebedürftigen und für die rationale Inanspruchnahme von Leistungen verwiesen, fürchteten die Gegner weiteren Aufbau von Bürokratie, die Aushebelung des Kooperationsgrundsatzes des § 8 SGB XI sowie eine weitere **Verschiebung der Gewichte zwischen kontrollierenden Funktionen einerseits und tatsächlichen pflegerischen Tätigkeiten andererseits**. In der Tat hätte die flächendeckende Einrichtung von Pflegestützpunkten nach dem ursprünglichen Konzept bundesweit etwa 10.000 Pflegeberaterinnen und Pflegeberater erfordert. Da wahrscheinlich in erster Linie Pflegefachkräfte (vgl. Abs. 3 S. 2) eingesetzt worden wären, hätten diese in der eigentlichen Pflege gefehlt und wäre bei den Leistungserbringern zumindest vorläufig ein gravierender Fachkräftemangel aufgetreten. Der politische Kompromiss, der am Ende der Diskussion stand, findet sich nun in § 92c Abs. 1 S. 1 SGB XI: Die Pflegestützpunkte werden nur eingerichtet, soweit die oberste Landesbehörde dies bestimmt. Erste Erfahrungen zeigen, dass die Stützpunkte nur in geringerem Umfang eingeführt werden.

Wesentliche Funktion der Pflegestützpunkte über die „Basis der Pflegeberatung" hinaus ist die **Ko-** 9 **ordination und Vernetzung** der örtlichen Angebote. Die Stützpunkte sollen ihren Überblick über das Angebot an allgemeinen und spezialisierten Leistungen für Menschen mit Pflege- und besonderem Betreuungsbedarf nutzen, um verbessernd und zusammenführend auf die Leistungserbringer und Sozialleistungsträger einzuwirken, bis hin zu förmlichen Verträgen über Integrierte Versorgung (§ 92c Abs. 3 SGB XI; im Rahmen der Integrierten Versorgung nach § 92b SGB XI, 140b SGB V können Kosten- und Leistungsträger über die Grenzen der einzelnen Sozialleistungssysteme hinweg und teilweise unter Abweichung von den jeweiligen Systemgrundsätzen Kooperationen und vernetzte Angebote erarbeiten und durchführen).

Die Besetzung und Finanzierung der Pflegestützpunkte steht auch den beteiligten Gruppen außer- 10 halb der Sozialleistungsträger offen, insbesondere Leistungserbringern. So wurde der bayerische Pilot-

Stützpunkt von einem diakonischen Einrichtungsträger eröffnet. Im Zweifel sind die Stützpunkte aber **von den Pflege- und Krankenkassen einzurichten** und zu tragen.

VII. Ort der Pflegeberatung

11 Nach Abs. 2 S. 1 hat die Pflegeberatung den Anspruchssteller in seiner häuslichen Umgebung oder in seinem Heim aufzusuchen. Abhängig vom Wunsch des Anspruchsstellers sind Angehörige und Lebenspartner oder sonstige Dritte einzubeziehen. Dies ist vor allem sinnvoll, weil deren Betreuung schon nach der Grundanlage der Pflegeversicherung als „Teilkaskoversicherung" im Rahmen des individuellen Versorgungsplans unverzichtbar sein wird.

VIII. Wartezeiten

12 Es ist den Pflegekassen nicht gestattet, durch (zu) knappe Ausstattung der Beratungsstellen längere Wartezeiten zu verursachen. Das Versorgungsmanagement kann nur gelingen, wenn es **ohne Verzögerung** an den wesentlichen „Schaltstellen" der Entwicklung von Betreuungs- oder Pflegebedürftigkeit ansetzt. Andernfalls werden wesentliche Entscheidungen ohne die Beratung zu treffen sein, und die Unterstützung durch den Pflegeberater kommt zu spät. Gerade an diesen „Schaltstellen" wird die Pflegeberatung auch den größten Zeitaufwand verursachen, weil die Aufgaben nach Abs. 1 S. 2 Nr. 1–3 kurzfristig erfüllt werden müssen.

IX. Rechtsschutz

13 Stellt die Pflegekasse die Pflegeberatung nicht oder verspätet zur Verfügung, so kann die Beratung durch Leistungsklage, typischerweise wohl aber im sozialgerichtlichen Eilverfahren (§ 86 b SGG) durchgesetzt werden. Sind Schäden entstanden, so gelten die Grundsätze entsprechend, die die Rechtssprechung zur Verletzung von Beratungs- und Aufklärungsverpflichtung durch die Sozialleistungsträger entwickelt hat (s. bei § 7 Rn. 6, 7).

C. Verfahrensbefugnisse

14 Nach Abs. 2 S. 2, 3 haben die Pflegeberater auch Rechte und Pflichten im Verwaltungsverfahren. Sie sind zum einen zur **Entgegennahme von Leistungsanträgen** nach dem SGB XI und dem SGB V befugt. Soweit diese Anträge fristgebunden sind oder der Antragszeitpunkt (wie nach § 33 Abs. 1 SGB XI allgemein in der Pflegeversicherung) Auswirkungen auf den Leistungszeitpunkt haben, werden diese Fristen nach § 16 Abs. 2 S. 1 SGB I durch den Antrag gegenüber dem Pflegeberater gewahrt. Die Rechtsfolgen treten mit dem Eingang des Antrags beim Pflegeberater ein.

15 Umgekehrt erhält der Pflegeberater von der Kranken- oder Pflegekasse zugleich mit dem Antragsteller den **Bescheid über die Leistungsentscheidung.** Dieser Teilaspekt, der an eine Vertretung des Pflegebedürftigen durch den Pflegeberater erinnert, zeigt noch einmal die unabhängige Stellung zwischen Pflegekasse und Leistungsberechtigtem.

D. Datenschutz (Abs. 6)

16 Kehrseite von Vernetzung und Einvernehmen aller Beteiligten kann sein, dass persönlichkeitsrelevante Daten einem wesentlich größeren Personenkreis bekannt werden als in den überkommenen Verfahrensabläufen. Abs. 6 erlaubt daher zwar einerseits die Erhebung, Verarbeitung und Nutzung dieser Sozialdaten für die Beteiligten, begrenzt diese Erlaubnis aber zugleich anderseits eng auf das Maß des Notwendigen für die Erfüllung der Aufgaben nach dem SGB XI. Entgegen dem missverständlichen Wortlaut sind darunter **Zwecke konkret der Pflegeberatung** zu verstehen, nicht allgemeine Zwecke nach dem SGB XI. Denn andernfalls würde das unabweisbare datenschutzrechtliche Problem, die die Pflegeberatung nach dem Konzept des § 7 a mit sich bringt, letztlich nur das entgegengestellt, was nach den allgemeinen datenschutzrechtlichen Bestimmungen ohnehin gilt. Auch der Gesetzgeber hat die Befugnisse zur Erhebung, Verarbeitung und Nutzung von Daten in der amtlichen Begründung auf die Zwecke der Pflegeberatung begrenzt gesehen (BT-Drs. 16/7439, Seite 49).

§ 8 Gemeinsame Verantwortung

(1) **Die pflegerische Versorgung der Bevölkerung ist eine gesamtgesellschaftliche Aufgabe.**

(2) ¹**Die Länder, die Kommunen, die Pflegeeinrichtungen und die Pflegekassen wirken unter Beteiligung des Medizinischen Dienstes eng zusammen, um eine leistungsfähige, regional gegliederte, ortsnahe und aufeinander abgestimmte ambulante und stationäre**

pflegerische Versorgung der Bevölkerung zu gewährleisten. ²Sie tragen zum Ausbau und zur Weiterentwicklung der notwendigen pflegerischen Versorgungsstrukturen bei; das gilt insbesondere für die Ergänzung des Angebots an häuslicher und stationärer Pflege durch neue Formen der teilstationären Pflege und Kurzzeitpflege sowie für die Vorhaltung eines Angebots von die Pflege ergänzenden Leistungen zur medizinischen Rehabilitation. ³Sie unterstützen und fördern darüber hinaus die Bereitschaft zu einer humanen Pflege und Betreuung durch hauptberufliche und ehrenamtliche Pflegekräfte sowie durch Angehörige, Nachbarn und Selbsthilfegruppen und wirken so auf eine neue Kultur des Helfens und der mitmenschlichen Zuwendung hin.

(3) ¹Der Spitzenverband Bund der Pflegekassen kann aus Mitteln des Ausgleichsfonds der Pflegeversicherung mit 5 Millionen Euro im Kalenderjahr Modellvorhaben zur Weiterentwicklung der Pflegeversicherung, insbesondere zur Entwicklung neuer qualitätsgesicherter Versorgungsformen für Pflegebedürftige, durchführen und mit Leistungserbringern vereinbaren. ²Dabei sind vorrangig modellhaft in einer Region Möglichkeiten eines personenbezogenen Budgets sowie neue Wohnkonzepte für Pflegebedürftige zu erproben. ³Bei der Vereinbarung und Durchführung von Modellvorhaben kann im Einzelfall von den Regelungen des Siebten Kapitels sowie von § 36 und zur Entwicklung besonders pauschalierter Pflegesätze von § 84 Abs. 2 Satz 2 abgewichen werden. ⁴Mehrbelastungen der Pflegeversicherung, die dadurch entstehen, dass Pflegebedürftige, die Pflegegeld beziehen, durch Einbeziehung in ein Modellvorhaben höhere Leistungen als das Pflegegeld erhalten, sind in das nach Satz 1 vorgesehene Fördervolumen einzubeziehen. ⁵Soweit die in Satz 1 genannten Mittel im jeweiligen Haushaltsjahr nicht verbraucht wurden, können sie in das Folgejahr übertragen werden. ⁶Die Modellvorhaben sind auf längstens fünf Jahre zu befristen. ⁷Der Spitzenverband Bund der Pflegekassen bestimmt Ziele, Dauer, Inhalte und Durchführung der Modellvorhaben. ⁸Die Modellvorhaben sind mit dem Bundesministerium für Gesundheit abzustimmen. ⁹Soweit finanzielle Interessen einzelner Länder berührt werden, sind diese zu beteiligen. ¹⁰Näheres über das Verfahren zur Auszahlung der aus dem Ausgleichsfonds zu finanzierenden Fördermittel regeln der Spitzenverband Bund der Pflegekassen und das Bundesversicherungsamt durch Vereinbarung. ¹¹Für die Modellvorhaben ist eine wissenschaftliche Begleitung und Auswertung vorzusehen. ¹² § 45c Abs. 4 Satz 6 gilt entsprechend.

A. Normzweck

§ 8 formuliert die Erkenntnis, dass das Pflegerisiko **die ganze Gesellschaft betrifft** und allein durch staatliche Leistungen nicht bewältigt werden kann. Damit beschreibt die Vorschrift das **Kooperationsprinzip** zwischen Wohlfahrtpflege und öffentlichen Institutionen als Grundlage der Pflegeversicherung. 1

B. Gemeinsame Aufgaben der Länder, Kommunen, Pflegeeinrichtungen und Pflegekassen (Abs. 1, Abs. 2)

I. Kooperationsprinzip

Private und öffentliche Träger von Pflegeeinrichtungen, Pflegekassen, Kommunen und Länder sollen eng zusammenwirken, um ein umfassendes Angebot an Pflegedienstleistungen zu sichern, Antworten auf die aktuellen Entwicklungen zu formulieren und umzusetzen und letztlich zu einer neuen Kultur des Helfens und der mitmenschlichen Zuwendung zu kommen. Der Bund ist für die pflegerische Versorgung nicht verantwortlich, hat aber beratende und koordinierende Aufgabe (etwa § 10 SGB XI). Mit diesen programmatischen Regelungen greift der Gesetzgeber auf die Zusammenarbeit der maßgeblichen staatlichen Institutionen einerseits und der für diesen Bereich wesentlichen gesellschaftlichen Kräfte zurück. Nicht nur sollen die bestehenden Einrichtungen, Dienste und Verbände im staatlichen Auftrag Pflegeleistungen erbringen, sondern Inhalt und Ausrichtung der Leistungen sollen gemeinsam entwickelt und ausgestaltet werden (§ 17 Abs. 3 SGB I; grundlegend BVerfGE 22, 180; Rüfner, in: Isensee/Kirchhof, Handbuch des Staatsrechts, Bd. 3, 1988, § 80 Rn. 41; aus jüngerer Zeit etwa VGH Mannheim, NVwZ 2001, 1428, 1429). Das Prinzip hat im bundesdeutschen Sozialstaat eine lange Tradition, es hat ihn jahrzehntelang theoretisch getragen und geprägt. Es tritt erst in jüngerer Zeit mit dem Vordringen etwa vergaberechtlicher Instrumente auch in das Sozialrecht – im Vergaberecht definiert die staatliche Vergabestelle Inhalt und Ausrichtung der von ihr „bestellten" Leistungen allein – in den Hintergrund. Ebenfalls verliert es an Bedeutung, wo früher subsidiäre oder komplementäre Aufgaben der öffentlichen Sozialleistungsträger wie etwa durch § 7a SGB XI zu vorrangigen Staatsaufgaben ausgebaut werden. Von diesem – rechtspolitisch höchst bedenklichen – Wandel ist auch die Pflegeversicherung in Teilen betroffen. 2

Philipp

II. Konkrete Umsetzung

3   Die Gesetzesbegründung zu Abs. 2 stellt in groben Zügen dar, wie die Aufgabenverteilung auszusehen hat. Danach ist den **Pflegeeinrichtungen** die konkrete Versorgung im Einzelfall (näher geregelt in § 11 SGB XI), den **Pflegekassen** die Sicherstellung der Versorgung ihrer Versicherten (§ 12 SGB XI) übertragen. Die **Länder** haben nach § 9 SGB XI die Pflicht, auf eine ausreichende pflegerische Infrastruktur hinzuwirken (BT-Drs. 12/5262 S. 92 zu § 8 Abs. 2). Jedoch zeigt sich das Kooperationsprinzip auch in einer Vielzahl weiterer Systementscheidungen des SGB XI, insbesondere in den weitreichenden Befugnissen der sog. Selbstverwaltung bei der Definition von Abläufen und Leistungsinhalten. Bestes Beispiel sind die Rahmenverträge nach § 75 SGB XI.

C. Modellvorhaben zur Weiterentwicklung der Pflegeversicherung (Abs. 3)

4   Soweit die – bereits in Abs. 2 genannte – Aufgabe der Weiterentwicklung von Versorgungsformen betroffen ist, ermöglicht Abs. 3 die Förderung von **Modellvorhaben.** Aus jüngerer Zeit sind hier namentlich die vielfältigen Neu- und Weiterentwicklungen von Wohngruppen für Menschen mit Demenzerkrankung zu nennen, insbesondere aber auch die systematische Erprobung von Persönlichen Budgets in der Pflege (dazu Dumeier, ErsK 2005, 196 ff.; Klie/Siebert NDV 2008, 341 und www.pflegebudget.de; vgl. auch bei § 35 a SGB XI).

§ 9 Aufgaben der Länder

¹Die Länder sind verantwortlich für die Vorhaltung einer leistungsfähigen, zahlenmäßig ausreichenden und wirtschaftlichen pflegerischen Versorgungsstruktur. ²Das Nähere zur Planung und zur Förderung der Pflegeeinrichtungen wird durch Landesrecht bestimmt; durch Landesrecht kann auch bestimmt werden, ob und in welchem Umfang eine im Landesrecht vorgesehene und an der wirtschaftlichen Leistungsfähigkeit der Pflegebedürftigen orientierte finanzielle Unterstützung

1. der Pflegebedürftigen bei der Tragung der ihnen von den Pflegeeinrichtungen berechneten betriebsnotwendigen Investitionsaufwendungen oder
2. der Pflegeeinrichtungen bei der Tragung ihrer betriebsnotwendigen Investitionsaufwendungen

als Förderung der Pflegeeinrichtungen gilt. ³Zur finanziellen Förderung der Investitionskosten der Pflegeeinrichtungen sollen Einsparungen eingesetzt werden, die den Trägern der Sozialhilfe durch die Einführung der Pflegeversicherung entstehen.

A. Normzweck

1   § 9 konkretisiert die in § 8 grundsätzlich festgelegte **Aufgaben**verteilung zwischen Bund, Ländern, Pflegeeinrichtungen und Pflegekassen für die **Länder.** Ziel ist die bedarfsgerechte Versorgung der Bevölkerung mit leistungsfähigen und eigenverantwortlich wirtschaftenden Pflegeeinrichtungen zu sozial tragbaren Pflegesätzen unter Beachtung der Trägervielfalt.

B. Verantwortung und Gestaltungsfreiheit der Länder (S. 1, 2 1. Hs.)

2   Die Länder sind nach S. 1 für **Planung und Förderung** der pflegerischen Versorgungsstruktur zuständig, sie haben dabei einen weiten Spielraum. Denn aus § 9 ergibt sich kein klares Förderkonzept, insbesondere keine verbindliche Entscheidung zwischen monistischer und dualer Finanzierung. Damit ist die vollständige Finanzierung der Leistungen der Dienste und Einrichtungen nur über die Pflegevergütungen und ihre Bestandteile („monistisch") oder über Förderanteile und Pflegevergütungen gemeinsam („dual") gemeint. Aus dem Spielraum der Länder ergibt sich eine **zerstückelte Finanzierung** durch die Pflegekassen, die Pflegebedürftigen und die Länder (im Einzelnen bei § 43 Rn. 6 f.).

C. Bedeutung für den Pflegebedürftigen

3   Für den Pflegebedürftigen wirkt sich die Vorschrift nur mittelbar bei der Frage aus, ob und in welcher Höhe die Preise des ambulanten Dienstes oder des Heims sog. **gesondert berechenbare Investitionskosten** enthalten. Diese Preisbestandteile sind sowohl den Preislisten der Leistungserbringer als auch dem Pflegevertrag mit Anlagen nach § 120 SGB XI (bei häuslicher Versorgung) oder dem Heimvertrag/Wohn- und Betreuungsvertrag (bei stationärer Versorgung) zu entnehmen.

Bei **häuslicher Versorgung** (§§ 36, 38 SGB XI) richten sich die Vergütungen nach der Vereinbarung des ambulanten Diensts mit den Pflegekassen und Sozialhilfeträgern (s. § 36 SGB XI Rn. 7). Diese Vergütungen gelten jedoch die Investitionsaufwendungen des Dienstes (insbesondere für Büro- und Personalräume sowie PKW) nicht ab. Soweit keine Förderung für die ambulanten Dienste zur Verfügung steht, dürfen diese Aufwendungen daher grundsätzlich auf die Pflegebedürftigen zusätzlich umgelegt werden. Aus Gründen des Wettbewerbs und der im Vergleich zur stationären Betreuung geringeren Höhe der Aufwendungen wird davon jedoch nur selten Gebrauch gemacht.

Auch in den **stationären Versorgungsformen** (§§ 41 ff. SGB XI) erfassen die Vergütungsvereinbarungen der Heime mit den Pflegekassen und Sozialhilfeträgern auch die Investitionsaufwendungen (hier vor allem Gebäudeabschreibung und -instandhaltung, Inventar, s. § 43 SGB XI Rn. 6 f.), die Umlage auf die Heimbewohner unterliegt aber weiteren Regelungen. Dabei ist grundsätzlich zwischen geförderten und ungeförderten Einrichtungen zu unterscheiden. Geförderte Einrichtungen dürfen nur diejenigen Anteile ihrer Investitionsaufwendungen auf die Heimbewohner umlegen, die nicht schon durch die öffentlichen Fördermittel gedeckt sind. Damit dieser **Ausschluss der Doppelfinanzierung** von Kosten kontrolliert werden kann, macht § 82 Abs. 3 SGB XI diese Form der Umlage von einer förmlichen Zustimmung der zuständigen Landesbehörde abhängig; der Bewohner oder sein Vertreter kann sie sich im Zweifel vorlegen lassen. Ungeförderte Einrichtungen unterliegen dieser Zustimmungspflicht naturgemäß nicht, da ohne Förderung auch keine Doppelfinanzierung zu befürchten ist. Sie können ihre Kosten nach einfacher Anzeige bei der zuständigen Landesbehörde gem. § 82 Abs. 4 SGB XI auf die Heimbewohner umlegen. Eine rechnerische oder sonstige Kontrolle erfolgt durch die pflegeversicherungsrechtlichen Instanzen in diesem Falle nicht. Inwieweit eine Prüfung der Angemessenheit durch die Heimaufsichtsbehörden erfolgt, hängt nach dem Übergang der Gesetzgebungszuständigkeit für das Heimordnungsrecht auf die Länder vom jeweiligen LandesheimG ab.

Nach der Rechtsprechung des BSG (24. 7. 2003, B 3 P 1/03 R) war in diesem Kontext eine Zuwendung, die nicht an den Heimträger, sondern an den Pflegebedürftigen gerichtet war (sog. **Pflegewohngeld**, insbesondere praktiziert in Nordrhein-Westfalen), nicht als Förderung im Sinne des § 82 Abs. 3 SGB XI anzusehen. Folge war, dass die Heimträger, die mittelbar über das Pflegewohngeld in den Genuss öffentlicher Mittel kamen, dennoch keiner Zustimmung der zuständigen Landesbehörde bedurften. Den Ländern, die sich für eine derartige „Subjektförderung" entschieden hatten, kam also keine Entscheidungsbefugnis über diese Kontrollmöglichkeit mehr zu. Um dies zu ändern, ist seit 1. 7. 2008 in § 9 S. 2, 2. Hs. die Regelungsbefugnis der Länder auch auf die Definition erstreckt, ob eine Förderung als solche im Sinne des § 82 Abs. 3 SGB XI zu verstehen sein soll. Weiterhin sind die Länder aber nicht befugt, den auf die Heimbewohner umgelegten Betrag der Höhe nach zu „deckeln" (zutreffend LSG Berlin-Brandenburg 6. 11. 2008, L 7 P 25/08).

D. Einsatz von Einsparungen der Sozialhilfe (S. 3)

S. 3 enthält lediglich eine unverbindliche Vorgabe, die aus der politischen Situation zum Zeitpunkt der Einführung der Pflegeversicherung zu verstehen ist. Vor der Pflegeversicherung waren die Kosten der Pflege, insbesondere bei stationärer Versorgung, aus dem eigenen Einkommen und Vermögen des Pflegebedürftigen zu finanzieren. Diese Mittel waren häufig schnell verbraucht, so dass der Sozialhilfeträger einzutreten hatte. Die Sozialhilfeträger waren durch diese Leistungen der Hilfe zur Pflege außerordentlich stark belastet. Insofern schützte die Pflegeversicherung nicht nur das Vermögen der Pflegebedürftigen, sondern zog auch erhebliche Entlastungen der Sozialhilfeträger nach sich. Auf diese Entlastungen konnte aber nicht der Bund zugreifen, weil die Sozialhilfe im Hinblick auf die Zuständigkeiten und die Aufbringung der Mittel landesrechtlich geregelt ist. Daher gab er mit S. 3 seiner Erwartung Ausdruck, die Länder sollten die Einsparungen in die Verbesserung der pflegerischen Infrastruktur investieren.

Dies ist mit dem Schwerpunkt der stationären Pflege in allen Bundesländern, am intensivsten in den neuen Bundesländern, geschehen. Inzwischen existiert freilich vielerorts ein ausreichendes, regional auch mehr als ausreichendes Angebot. Die meisten Bundesländer haben die Fördermöglichkeiten (auch) aus diesem Anlass inzwischen deutlich eingeschränkt oder ganz aufgehoben.

§ 10 Pflegebericht der Bundesregierung

Die Bundesregierung berichtet den gesetzgebenden Körperschaften des Bundes ab 2011 im Abstand von vier Jahren über die Entwicklung der Pflegeversicherung und den Stand der pflegerischen Versorgung in der Bundesrepublik Deutschland.

§ 11 Rechte und Pflichten der Pflegeeinrichtungen

(1) ¹**Die Pflegeeinrichtungen pflegen, versorgen und betreuen die Pflegebedürftigen, die ihre Leistungen in Anspruch nehmen, entsprechend dem allgemein anerkannten Stand me-**

dizinisch-pflegerischer Erkenntnisse. ²Inhalt und Organisation der Leistungen haben eine humane und aktivierende Pflege unter Achtung der Menschenwürde zu gewährleisten.

(2) ¹Bei der Durchführung dieses Buches sind die Vielfalt der Träger von Pflegeeinrichtungen zu wahren sowie deren Selbständigkeit, Selbstverständnis und Unabhängigkeit zu achten. ²Dem Auftrag kirchlicher und sonstiger Träger der freien Wohlfahrtspflege, kranke, gebrechliche und pflegebedürftige Menschen zu pflegen, zu betreuen, zu trösten und sie im Sterben zu begleiten, ist Rechnung zu tragen. ³Freigemeinnützige und private Träger haben Vorrang gegenüber öffentlichen Trägern.

(3) Die Bestimmungen des Wohn- und Betreuungsvertragsgesetzes bleiben unberührt.

A. Normzweck

1   Anknüpfend an die grundsätzliche Aussage in § 8 SGB XI befasst sich die Vorschrift mit den **Aufgaben der Pflegeeinrichtungen**. Soweit die Regelungen über die Umschreibung des inhaltlichen Standards der Pflege in Abs. 1 hinausgehen, liegt ihre Bedeutung freilich in erster Linie in dem – hier nicht weiter ausgeführten – Recht der Leistungserbringung.

B. Inhalt und Organisation der Leistungen (Abs. 1)

2   Abs. 1 S. 1 verpflichtet die Träger der Dienste und Heime auf den **Stand medizinisch-pflegerischer Erkenntnisse,** der auch an anderer Stelle des Gesetzes den Leistungen der Pflegeversicherung zugrunde gelegt wird, s. dazu bei § 28 SGB XI Rn. 15. S. 2 benennt den Grundsatz der **aktivierenden Pflege,** auch dieser ist in § 28 Abs. 4 SGB XI bei den Grundlagen der Pflegeleistungen noch einmal geregelt (dazu bei § 28 Rn. 17 f.).

C. Vielfalt der Träger (Abs. 2)

3   Mit der Vielfalt und Unabhängigkeit der Träger (S. 1), der Anerkennung des besonderen Auftrags des kirchlichen und freien Wohlfahrtspflege (S. 2) und dem Grundsatz der Subsidiarität staatlicher Pflegedienste und -heime (S. 3) legt § 11 Abs. 2 auch für die Pflegeversicherung zentrale **Grundlagen des Rechts der Leistungserbringung** nieder, die sich so oder in ähnlicher Form auch in anderen Bereichen des Sozialsystems finden (vgl. insb. § 17 Abs. 3 SGB I und § 5 SGB XII). Sie gestalten den Grundsatz der Kooperation und gemeinsamen Verantwortung (§ 8 SGB XI) näher aus.

4   Für das Leistungsrecht aus der Sicht des einzelnen Versicherten folgt daraus vor allem die Befugnis, **frei** zwischen den bestehenden Einrichtungen und Diensten zu **wählen** und sich insbesondere auch für einen Träger seines eigenen religiösen Bekenntnisses zu entscheiden. Im Übrigen sind die Auswirkungen auf seine rechtliche Stellung mittelbar; er soll aber selbstverständlich vom Zusammenwirken der Systembeteiligten, vom Wettbewerb unter den Einrichtungen und von der Gestaltungsfreiheit der Einrichtungen und den resultierenden Erfahrungen und Ausprägungen der Pflege profitieren.

D. Bestimmungen des Wohn- und Betreuungsvertragsgesetzes (Abs. 3)

5   Soweit stationäre Leistungen betroffen sind, gelten neben den Vorschriften des SGB XI auch die **Heimgesetze der Länder.** „Das" Heimgesetz des Bundes, auf das der Wortlaut des Abs. 3 bis 30. 9. 2009 Bezug nahm, gibt es in dieser Form nicht mehr, seit die Zuständigkeit für den ordnungsrechtlichen Teil des Heimrechts nach Art. 72 Abs. 1, 74 Abs. 1 Nr. 7 GG im Zuge der Föderalismusreform 2006 auf die Länder übergegangen sein soll. Das frühere Bundesrecht gilt nur noch in den Ländern solange weiter, bis es dort durch ein eigenes Landesgesetz abgelöst worden ist. Bei der Prüfung, ob es ein solches Gesetz gibt, ist die teils abweichende Namensgebung zu beachten, zB Pflege- und Wohnqualitätsgesetz Bayern (2008) oder Wohn- und Teilhabegesetz Nordrhein-Westfalen (2009).

5a   Der zivilrechtliche Teil des früheren HeimG soll nach verbreiteter Auffassung, die freilich eher politischer Einigung als dem neuen Wortlaut des GG entspringt (kritisch z. B. Höfling/Rixen, RsDE Heft 65, 2007, 1, 21 ff.), in der Gesetzgebungskompetenz des Bundes verblieben sein. Er hat davon durch das Wohn- und Betreuungsvertragsgesetz (WBVG) Gebrauch gemacht. Es enthält strikte Vorgaben für die Vertragsgestaltung zwischen Pflegeheim und Bewohner.

6   **Anwendbar** können das Landesheimrecht und das WBVG im Einzelfall auch in Einrichtungen sein, in denen die Grund- und Behandlungspflege in ambulanter Form erbracht wird. Die Abgrenzung zwischen stationärer und häuslicher Pflege ist nicht deckungsgleich mit der Anwendbarkeit des Heimrechts. Nach den Abgrenzungsregelungen des alten Bundes-Heimgesetzes fielen **klassische Altenheime** und **Residenzen** oft unter das Heimrecht, obwohl sie die Pflege – sei es durch eigene Pflegedienste, sei es durch Kooperationen mit externen Diensten – nach §§ 36 ff. SGB XI ambulant

als Zusatzleistung zum Heimvertrag erbringen. Diese Einrichtungen bieten aber in der Regel als heimvertragliche Standardleistung die Speisenversorgung ihrer Bewohner und weitere Betreuungsleistungen an, was nach § 1 Abs. 2 HeimG für die Anwendbarkeit des Heimrechts ausreicht.

Für den Bewohner folgen aus der Anwendbarkeit des Heimrechts und des WBVG wichtige Befugnisse und Rechte, die über die Vorschriften des SGB XI hinausgehen. Zu nennen sind insbesondere die Vorgaben für die Gestaltung des **Heimvertrags**, die Vorschriften zum Schutz vor ungerechtfertigten **Erhöhungen des Heimentgelts**, die Regelungen über die **Mitwirkung der Bewohner** im Heim und schließlich die Zuständigkeit der **Heimaufsichtsbehörde** als zusätzliche Beratungs- und auch Beschwerdeinstanz. 7

§ 12 Aufgaben der Pflegekassen

(1) ¹**Die Pflegekassen sind für die Sicherstellung der pflegerischen Versorgung ihrer Versicherten verantwortlich.** ²**Sie arbeiten dabei mit allen an der pflegerischen, gesundheitlichen und sozialen Versorgung Beteiligten eng zusammen und wirken, insbesondere durch Pflegestützpunkte nach § 92 c, auf eine Vernetzung der regionalen und kommunalen Versorgungsstrukturen hin, um eine Verbesserung der wohnortnahen Versorgung pflege- und betreuungsbedürftiger Menschen zu ermöglichen.** ³**Die Pflegekassen sollen zur Durchführung der ihnen gesetzlich übertragenen Aufgaben örtliche und regionale Arbeitsgemeinschaften bilden.** ⁴**§ 94 Abs. 2 bis 4 des Zehnten Buches gilt entsprechend.**

(2) ¹**Die Pflegekassen wirken mit den Trägern der ambulanten und der stationären gesundheitlichen und sozialen Versorgung partnerschaftlich zusammen, um die für die Pflegebedürftigen zur Verfügung stehenden Hilfen zu koordinieren.** ²**Sie stellen insbesondere über die Pflegeberatung nach § 7 a sicher, dass im Einzelfall Grundpflege, Behandlungspflege, ärztliche Behandlung, spezialisierte Palliativversorgung, Leistungen zur Prävention, zur medizinischen Rehabilitation und zur Teilhabe sowie hauswirtschaftliche Versorgung nahtlos und störungsfrei ineinander greifen.** ³**Die Pflegekassen nutzen darüber hinaus das Instrument der integrierten Versorgung nach § 92 b und wirken zur Sicherstellung der haus-, fach- und zahnärztlichen Versorgung der Pflegebedürftigen darauf hin, dass die stationären Pflegeeinrichtungen Kooperationen mit niedergelassenen Ärzten eingehen oder § 119 b des Fünften Buches anwenden.**

A. Normzweck

Die Vorschrift soll den **Pflegekassen die Aufgaben** zuweisen, die Ihnen im Rahmen der gemeinsamen Verantwortung nach § 8 zukommen. Dabei geht es in erster Linie um die Bereitstellung einer ausreichenden Zahl von Leistungserbringern für die Leistungen nach §§ 28 ff. SGB XI, seit dem PflWEG zum 1. 7. 2008 aber verstärkt auch um Vernetzung der Angebote und Versorgungsmanagement für den einzelnen Versicherten. 1

B. Sicherstellung (Abs. 1 S. 1)

I. Inhalt

Die Sicherstellung der Versorgung ist in der Pflegeversicherung den Pflegekassen allein und nicht wie in der gesetzlichen Krankenversicherung den Krankenkassen und kassenärztlichen Vereinigungen gemeinsam übertragen (s. bei § 28 SGB XI Rn. 16). Sie ist von den Pflegekassen in erster Linie **durch Versorgungsverträge und Vergütungsvereinbarungen** mit den Leistungserbringern zu gewährleisten, vgl. § 69 SGB XI. Dabei trifft die Kassen aber keine umfassende Gesamtverantwortung für die Voraussetzungen des Systems, insbesondere nicht für die Ausbildung einer ausreichenden Zahl von Pflegefachkräften (OVG Saarland, 18. 10. 2005, 1 Q 36/05). 2

II. Bedeutung

Die Sicherstellung nach Abs. 1 S. 1 bildet den Kern der Aufgaben der Pflegekassen im Sachleistungssystem der Pflegeversicherung (dazu auch bei § 28 SGB XI Rn. 7). Auch wenn der Gesetzgeber seit 2008 einen besonderen Schwerpunkt auf Beratung, Vernetzung und Versorgungsmanagement gelegt hat, beruht dies dennoch weiterhin auf der Grundlage der Sicherstellung durch vertragsrechtliche Beziehungen zu den Leistungserbringern. 3

III. Rechtsfolge bei Verletzung

Kann die Pflegekasse die erforderlichen Leistungen nicht zur Verfügung stellen, oder lehnt sie diese zu Unrecht ab, so kann der Versicherte diese direkt bei geeigneten Leistungserbringern beschaffen 4

Philipp

und von der Kasse entsprechend § 13 Abs. 3 SGB V **Kostenerstattung** verlangen. Diese Vorschrift gilt, wie das BSG (30. 10. 2001, B 3 KR 27/01 R) zu Recht hervorhebt, trotz des engeren Wortlauts des § 4 Abs. 1 S. 1 SGB XI als allgemeiner Rechtsgedanke des Sozialrechts auch im Pflegeversicherungsrecht.

C. Zusammenarbeit und Vernetzung (Abs. 1 S. 2)

5 Die 2008 wesentlich neu gefasste Vorschrift des Abs. 1 S. 2 betrifft die Zuständigkeit der Pflegekassen für eine „**horizontale**" **Vernetzung und Kooperation** der nebeneinander bestehenden Angebote für Menschen mit Pflege- oder besonderem Betreuungsbedarf. Dabei verspricht sich das Gesetz besonders von den neuen Pflegestützpunkten (bei § 7 a Rn. 8 ff.) positive Effekte. Mittelbar bestätigt die Vorschrift noch einmal, dass sich der Beratungsanspruch des einzelnen Versicherten nach §§ 13–15 SGB I, 7, 7 a SGB XI auch auf die Auswahl der am besten geeigneten örtlichen Versorgungsmöglichkeiten erstreckt.

D. Koordination (Abs. 2)

6 Auch Abs. 2 ist 2008 wesentlich neu gefasst worden. Die Regelungen betreffen in Abgrenzung zu Abs. 1 S. 2 die Unterstützung des Versicherten, das Ineinandergreifen und die geeignete Abfolge von Leistungen und Maßnahmen der Kranken- und Pflegekassen im Sinne einer **vertikalen Kooperation**. Dies ist zugleich der wesentliche Zweck des Versorgungsmanagements, wie es in § 7 a SGB XI vorgesehen ist. Vgl. zur Aufgabenverteilung zwischen Pflege- und Krankenkasse am Beispiel der medizinischen Behandlungspflege (zum Begriff bei § 28 Rn. 10) aber bereits BSG, 19. 2. 1998, B 3 P 3/97 R.

§ 13 Verhältnis der Leistungen der Pflegeversicherung zu anderen Sozialleistungen

(1) Den Leistungen der Pflegeversicherung gehen die Entschädigungsleistungen wegen Pflegebedürftigkeit
1. nach dem Bundesversorgungsgesetz und nach den Gesetzen, die eine entsprechende Anwendung des Bundesversorgungsgesetzes vorsehen,
2. aus der gesetzlichen Unfallversicherung und
3. aus öffentlichen Kassen auf Grund gesetzlich geregelter Unfallversorgung oder Unfallfürsorge

vor.

(2) Die Leistungen der häuslichen Krankenpflege nach § 37 des Fünften Buches bleiben unberührt.

(3) [1]Die Leistungen der Pflegeversicherung gehen den Fürsorgeleistungen zur Pflege
1. nach dem Zwölften Buch,
2. nach dem Lastenausgleichsgesetz, dem Reparationsschädengesetz und dem Flüchtlingshilfegesetz,
3. nach dem Bundesversorgungsgesetz (Kriegsopferfürsorge) und nach den Gesetzen, die eine entsprechende Anwendung des Bundesversorgungsgesetzes vorsehen,

vor. [2]Leistungen zur Pflege nach diesen Gesetzen sind zu gewähren, wenn und soweit Leistungen der Pflegeversicherung nicht erbracht werden oder diese Gesetze dem Grunde oder der Höhe nach weitergehende Leistungen als die Pflegeversicherung vorsehen. [3]Die Leistungen der Eingliederungshilfe für behinderte Menschen nach dem Zwölften Buch, dem Bundesversorgungsgesetz und dem Achten Buch bleiben unberührt, sie sind im Verhältnis zur Pflegeversicherung nicht nachrangig; die notwendige Hilfe in den Einrichtungen nach § 71 Abs. 4 ist einschließlich der Pflegeleistungen zu gewähren.

(3 a) Die Leistungen nach § 45 b finden bei den Fürsorgeleistungen zur Pflege nach Absatz 3 Satz 1 keine Berücksichtigung.

(4) Treffen Pflegeleistungen mit Leistungen der Eingliederungshilfe oder mit weitergehenden Pflegeleistungen nach dem Zwölften Buch zusammen, sollen die Pflegekassen und der Träger der Sozialhilfe vereinbaren, daß im Verhältnis zum Pflegebedürftigen nur eine Stelle die Leistungen übernimmt und die andere Stelle die Kosten der von ihr zu tragenden Leistungen erstattet.

(5) [1]Die Leistungen der Pflegeversicherung bleiben als Einkommen bei Sozialleistungen und bei Leistungen nach dem Asylbewerberleistungsgesetz, deren Gewährung von ande-

ren Einkommen abhängig ist, unberücksichtigt. ²Satz 1 gilt entsprechend bei Vertragsleistungen aus privaten Pflegeversicherungen, die der Art und dem Umfang nach den Leistungen der sozialen Pflegeversicherung gleichwertig sind. ³Rechtsvorschriften, die weitergehende oder ergänzende Leistungen aus einer privaten Pflegeversicherung von der Einkommensermittlung ausschließen, bleiben unberührt.

(6) ¹Wird Pflegegeld nach § 37 oder eine vergleichbare Geldleistung an eine Pflegeperson (§ 19) weitergeleitet, bleibt dies bei der Ermittlung von Unterhaltsansprüchen und Unterhaltsverpflichtungen der Pflegeperson unberücksichtigt. ²Dies gilt nicht
1. in den Fällen des § 1361 Abs. 3, der §§ 1579, 1603 Abs. 2 und des § 1611 Abs. 1 des Bürgerlichen Gesetzbuchs,
2. für Unterhaltsansprüche der Pflegeperson, wenn von dieser erwartet werden kann, ihren Unterhaltsbedarf ganz oder teilweise durch eigene Einkünfte zu decken und der Pflegebedürftige mit dem Unterhaltspflichtigen nicht in gerader Linie verwandt ist.

A. Normzweck

Zweck der Vorschrift ist die **Einordnung der Leistungen der Pflegeversicherung** in den größeren Rahmen vergleichbarer Leistungen des Sozialsystems. **Abs. 1 bis 3 a** regeln das **Verhältnis der Leistungen der Pflegeversicherung zu anderen Sozialleistungen.** Die Vorschrift ist dabei **nicht abschließend.** Vielmehr finden sich im SGB XI und in anderen Gesetzen weitere Konkurrenzregelungen, § 13 ist insbesondere mit § 34 SGB XI zu lesen. **Abs. 4** betrifft Pflegebedürftige, die nicht nur Leistungen nach dem SGB XI, sondern auch nach dem SGB XII beanspruchen können. Diese Leistungen sollen von einem Träger einheitlich gewährt werden können. **Abs. 5** stellt Leistungen der Pflegeversicherung von der Anrechnung als Einkommen bei einkommensabhängigen Sozialleistungen frei. Damit soll die Entwertung der Systematik der Abs. 1–3 a auf dem Umweg über die Einkommensanrechnung verhindert werden. **Abs. 6** beschäftigt sich mit der Frage, inwieweit Pflegegeld bei Pflegepersonen für die Berechnung ihrer Unterhaltspflichten und -ansprüche zu berücksichtigen ist.

1

B. Verhältnis zwischen Leistungen der Pflegeversicherung und anderen Sozialleistungen (Abs. 1–3 a)

I. Systematik

Abs. 1 bis 3 a regeln einerseits, welche Leistungen vor- oder nachrangig zu Leistungen der Pflegeversicherung sind und andererseits, inwieweit andere Sozialleistungen unabhängig von Leistungen der Pflegeversicherung gewährt werden. Hierbei sind **Entschädigungsleistungen (Abs. 1)** mit Vorrang vor Leistungen der Pflegeversicherung, **Leistungen der häuslichen Krankenpflege (Abs. 2)** mit Gleichrang und **Fürsorgeleistungen (Abs. 3, 3 a)** mit grundsätzlichem Nachrang zu unterscheiden. Ein Sonderfall ist die **Eingliederungshilfe (Abs. 3 S. 3).**

2

II. Vorrang von Entschädigungsleistungen (Abs. 1)

1. Grundsatz. **Öffentlich-rechtliche Entschädigungsleistungen** wegen Pflegebedürftigkeit sind im sozialen Entschädigungsrecht aufgrund des **Bundesversorgungsgesetzes** (BVG) und aufgrund dorthin verweisender Gesetze, in der **gesetzlichen Unfallversicherung** und im **öffentlichen Dienstrecht** vorgesehen. Entschädigungsleistungen nach Abs. 1 genießen Vorrang, da durch sie ein **besonderes** Pflegefallrisiko abgesichert ist. Demgegenüber ist Zweck der sozialen Pflegeversicherung die Absicherung des **allgemeinen** Risikos eines Pflegefalles. Besondere Risiken sollen nicht der Solidargemeinschaft aufgebürdet werden. Der Anspruch auf Leistungen der Pflegeversicherung ruht nach § 13 Abs. 1 iVm. § 34 Abs. 1 Nr. 2 SGB XI, soweit Versicherte diese vorrangigen Leistungen erhalten, dh. soweit diese durch **Bewilligungsbescheid** anerkannt wurden. Außerdem ruht der Anspruch nach SGB XI nach § 34 Abs. 1 Nr. 2 SGB XI nur „**insoweit**", als der Versicherte Entschädigungsleistungen enthält. Ist daher die Entschädigungsleistung geringer als das Pflegegeld, so hat der Pflegebedürftige einen Anspruch auf den Mehrbetrag (s. bei § 34 SGB XI Rn. 6 ff.).

3

2. BVG und Verweisungen (Abs. 1 Nr. 1). Nach dem BVG sind gesundheitliche und wirtschaftliche Folgen bei Schäden während einer militärischen oder militärähnlichen Dienstverrichtung versichert. § 35 BVG regelt unter der Überschrift „Pflegezulage" die Leistungen wegen Hilflosigkeit (Pflegebedürftigkeit). Das Infektionsschutzgesetz (IfSG) verweist auf das BVG, wenn Schädigungen aus Anlass von Maßnahmen zur Verhütung und Bekämpfung von Infektionskrankheiten, beispielsweise durch gesetzlich vorgeschriebene Impfungen (§ 60 Abs. 1 Nr. 2 IfSG), auftreten. Ähnliche Verweisungen finden sich ua. im Soldatenversorgungsgesetz, Zivildienstgesetz, Opferentschädigungsgesetz, Häftlingshilfegesetz und im Bundespolizeigesetz.

4

5 **3. Gesetzliche Unfallversicherung (Abs. 1 Nr. 2).** In der gesetzlichen Unfallversicherung wird gemäß § 44 Abs. 1 SGB VII einem Versicherten, solange er wegen eines Arbeitsunfalls oder einer Berufskrankheit hilflos (pflegebedürftig) ist, Pflegegeld gezahlt, eine Pflegekraft gestellt oder Heimpflege gewährt (s. bei § 44 SGB VII).

6 **4. Öffentliches Dienstrecht (Abs. 1 Nr. 3).** Aufgrund der Unfallversorgung nach dem öffentlichen Dienstrecht können zB Beamten bei durch einen Dienstunfall wesentlich verursachter Hilflosigkeit (Pflegebedürftigkeit) im Rahmen des Heilverfahrens (§ 33 Abs. 1 Nr. 3 BeamtVG) die Kosten einer notwendigen ambulanten oder stationären Pflege in angemessenem Umfang erstattet werden (§ 34 Abs. 1 S. 1 BeamtVG).

III. Gleichrang von Leistungen der häuslichen Krankenpflege (Abs. 2)

7 Soweit **häusliche Krankenpflege** (§ 37 SGB V) als Leistung der GKV in Anspruch genommen werden kann, steht diese nach Abs. 2 grundsätzlich gleichrangig neben den Leistungen der Pflegeversicherung. Zu beachten ist aber, dass die „häusliche Krankenpflege" neben der medizinischen Behandlungspflege auch die im Einzelfall notwendige Grundpflege und hauswirtschaftliche Versorgung umfassen kann. Dann ruht nach § 34 Abs. 2 Hs. 1 SGB XI der Anspruch auf häusliche Pflege aus der Pflegeversicherung, s. dort Rn. 10–12 und bei § 28 SGB XI Rn. 11.

7a Der Gleichrang von Leistungen nach § 37 SGB V und Leistungen nach SGB XI führt wegen der erheblichen systematischen Unterschiede zwischen SGB V und SGB XI nicht notwendig zu Gleichklang. Dies hat sich in jüngerer Zeit insbesondere bei den Ansprüchen der Versicherten im Falle ambulanter 24-Stunden-Pflege (der Versicherte lebt zu Hause, benötigt aber rund um die Uhr die Anwesenheit einer Fachkraft, meist zur laufenden Kontrolle der Vitalfunktionen bei beatmungspflichtigen Kranken) gezeigt. Je größer der Anteil ist, der von den Tätigkeiten der Fachkräfte der Pflegeversicherung zugewiesen wird, desto eher sind die leistungsrechtlichen Höchstbeträge nach § 36 SGB XI ausgeschöpft, und es fallen hohe Eigenanteile an; ggf. tritt Sozialhilfebedürftigkeit ein. Da das SGB V nur geringe Eigenanteile kennt, werden solche Eigenanteile umso weniger erforderlich, je größer der Anteil der Krankenversicherung ist. Das BSG hat vorgegeben, dass zunächst diejenigen Zeiten im Tagesablauf zu ermitteln sind, die gleichzeitig auf Grundpflege und Krankenbeobachtung entfallen. Diese Zeiten sind pauschal je hälftig der Pflegeversicherung und der Krankenversicherung zuzuordnen. Zeiten ohne Grundpflegeleistungen sind allein von der Krankenkasse zu finanzieren (17. 6. 2010, B 3 KR 7/09 R).

IV. Nachrang von Fürsorgeleistungen zur Pflege (Abs. 3)

8 **1. Grundsatz.** Fürsorgeleistungen zur Pflege sind grundsätzlich nachrangig zu Leistungen der Pflegeversicherung. Sie bilden den Oberbegriff für alle **Bedürftigkeit, aber kein Versicherungsverhältnis o. ä. voraussetzende Leistungen** (Waltermann, Sozialrecht, Rn. 63). **Nachrangig** bedeutet insofern, dass derjenige keinen Anspruch auf die Fürsorgeleistungen hat, der die erforderliche Hilfe bereits von anderen Leistungsträgern erhält. Folglich gilt der Nachranggrundsatz nicht, wenn und soweit Leistungen der Pflegeversicherungen nicht erbracht werden oder soweit die fürsorgerechtlichen Regelungen **entweder dem Grund oder der Höhe** nach weiter gehen als die der Pflegeversicherung.

9 **2. Leistungen nach dem SGB XII (Abs. 3 S. 1 Nr. 1).** Hauptanwendungsfall hierfür ist die sozialhilferechtliche **Hilfe zur Pflege** nach §§ 61 ff. SGB XII. Diese ist zu gewähren, soweit die Einkommens- und Vermögensgrenzen der §§ 82 ff. SGB XII nicht überschritten werden. Der Nachranggrundsatz gilt, wenn im SGB XI und im SGB XII **identische** Leistungen vorgesehen sind. Soweit die Leistungen der Pflegeversicherung nicht einschlägig sind, kommt – Bedürftigkeit vorausgesetzt – die Hilfe zur Pflege zum Tragen. Dies gilt beispielsweise für Pflegeleistungen für den Personenkreis, der **keine Krankenversicherung** hat und deshalb nicht der Pflegeversicherung angehört. Ebenso haben bedürftige Personen der **„Pflegestufe 0"** (s. bei § 15; Hauck/Noftz-Wagner K § 13 Rn. 35) und Personen, die nicht über die nötigen **Vorversicherungszeiten** nach § 33 Abs. 2 SGB XI verfügen, einen Anspruch auf Hilfe zur Pflege (Hauck/Noftz-Wagner § 13 SGB XI Rn. 33). Auch kann ein Anspruch auf Hilfe zur Pflege bestehen, wenn die Leistungen der Pflegekasse die erforderlichen **Kosten** des Pflegedienstes **nicht vollständig decken** (KassKomm/Peters § 13 SGB XI Rn. 9; Pflegeversicherung als „Teilkaskoversicherung").

10 **3. Sonstige Fürsorgeleistungen (Abs. 3 S. 1 Nr. 2 und 3).** Nach § 276 Abs. 3a **Lastenausgleichsgesetz** (LAG; dieses Gesetz befasst sich mit dem Ausgleich von Kriegsfolgen) erhalten Empfänger von Unterhaltshilfe nach §§ 267 ff. LAG einen Zuschuss zu den Aufwendungen für die Pflegeversicherung. Der monatliche Zuschuss wird in Höhe des Beitrags geleistet, den der Leistungsempfänger als Pflegeversicherungsbeitrag für Leistungsempfänger zu tragen hat, die in der sozialen Pflegeversicherung pflichtversichert sind (§ 276 Abs. 3a S. 2 LAG). Diese Regelung gilt kraft Verweisung auch für das **Reparationsschädengesetz** und das **Flüchtlingshilfegesetz**. Ebenso besteht die

Möglichkeit nach § 26 c **BVG**, dass Beschädigte und Hinterbliebene Hilfe zur Pflege erhalten. Dieser Anspruch darf aber nicht mit § 35 BVG nach Abs. 1 – oben Rn. 4 – verwechselt werden. § 26 c BVG greift wie die Hilfe zur Pflege in der Sozialhilfe nur bei Bedürftigkeit (§ 25 a BVG) ein.

4. Leistungen bei erheblichem allgemeinem Betreuungsbedarf. Der Nachrang der Fürsorgeleistungen gilt nach Abs. 3 a nicht, soweit nicht die „klassischen Pflegeleistungen" nach §§ 36–43 SGB XI betroffen sind, sondern die neueren **Leistungen bei erheblichem allgemeinem Betreuungsbedarf** nach §§ 45 a, 45 b SGB XI. Denn diese Leistungen sollen auch Empfängern von Sozialhilfe und anderen Fürsorgeleistungen zugute kommen. 11

V. Besondere Stellung der Eingliederungshilfe (Abs. 3)

1. Grundsatz. Für die Leistungen der Eingliederungshilfe – wiewohl in den fürsorgerechtlichen Rahmen des SGB XII eingeordnet – enthält Abs. 3 S. 3 eine spezielle Zuordnung, die eher als Vorrang denn als Nachrang ausgestaltet ist. 12

2. Eingliederungshilfe. Nach §§ 53 ff. SGB XII und der auf § 60 SGB XII gestützten **Eingliederungshilfeverordnung** ist diese Hilfe für Personen vorgesehen, die körperlich, geistig oder seelisch behindert sind. Sie verfolgt den Zweck, Menschen mit Behinderung die Teilhabe am Leben in der Gemeinschaft („Eingliederung") zu gewährleisten. § 13 Abs. 3 S. 3 stellt klar, dass bei Leistungen der Eingliederungshilfe nach SGB XII, BVG und SGB VIII der Nachranggrundsatz des § 2 SGB XII **keine Anwendung** findet. 13

3. Auswirkungen. Folge dieser Systementscheidung ist ua., dass Einrichtungen der Eingliederungshilfe (§ 71 Abs. 4 SGB XI) keine Pflegeeinrichtungen iSd. § 71 Abs. 2 sind und dort mithin keine stationären Leistungen der Pflegeversicherung erbracht werden können. Möglich ist dort nur die pauschale und deutlich geringere Leistung i. H. v. EUR 256/Monat nach § 43 a SGB XI. Durch diese reduzierte Leistung soll die (für Menschen mit Anspruch auf Eingliederungshilfe und Sozialhilfeträger gleichermaßen nachteilige; kritisch etwa Best, NDV 2008, 335) Aufhebung des Nachranggrundsatzes einigermaßen ausgeglichen werden (s. bei § 43 Rn. 5 und § 43 a Rn. 6 ff.). Die pflegenden Tätigkeiten in Einrichtungen der Eingliederungshilfe werden somit nur mit einem niedrigen Pauschalbetrag durch die Pflegeversicherung unterstützt. Dafür aber besteht der Anspruch nach § 53 SGB XII in lediglich um diesen Pauschalbetrag gekürzter Höhe. 14

C. Zusammenarbeit von Sozialhilfeträger und Pflegekasse (Abs. 4)

Abs. 4 dient der Vereinfachung des Verwaltungsverfahrens aus der Sicht des Leistungsempfängers. Soweit Leistungen der Pflegekasse mit solchen des SGB XII zusammentreffen, soll vereinbart werden können, dass ein Leistungsträger die **Gesamtleistung** übernimmt und anschließend gegen den anderen Sozialleistungsträger einen **Erstattungsanspruch** geltend macht. Da der Sozialhilfeträger aufgrund seines umfassenden Hilfeauftrags den zusätzlichen Bedarf nach den jeweiligen Verhältnissen zu decken hat, liegt es nahe, dass er regelmäßig auch die Gesamtleistung erbringt (Hauck/Noftz/Wagner § 13 SGB XI Rn. 53). Die Vorschrift wird in der Praxis jedoch kaum angewandt. Weitgehend gegenstandslos sind daher auch Bedenken in der frühen Literatur zur Pflegeversicherung gegen die Regelung unter dem Gesichtspunkt einer Beeinträchtigung des Selbstbestimmungsrechts des Versicherten (Schulin, NZS 1994, 433, 435; KassKomm-Peters § 13 SGB XI Rn. 11). 15

Diese Form der Zusammenarbeit kommt insbesondere zur Abrechnung von Pflegeleistungen in **vollstationären Einrichtungen der Behindertenhilfe** in Betracht, § 43 a SGB XI. Da diese keine Pflegeeinrichtungen iSd. § 71 Abs. 2 sind (oben Rn. 14), haben nach § 13 Abs. 3 S. 3 Hs. 2 die Träger der Sozialhilfe auch die Pflegeleistungen zu finanzieren. 16

Bei der Vorschrift handelt es sich allerdings lediglich um eine **Kostentragungsregelung.** Sie hat keine materielle Bedeutung für das Leistungs- und das Verwaltungsverfahrensrecht. Der vom jeweiligen Sozialleistungsträger erlassene Bewilligungsbescheid ist für den Gesamtträger bindend. 17

D. Nichtanrechnung von Leistungen der Pflegeversicherung als Einkommen (Abs. 5)

Abs. 5 bestimmt, dass Leistungen der Pflegeversicherung bei der **Berechnung** einkommensabhängiger Leistungen **nicht** als Einkommen berücksichtigt werden. Denn Ziel der Leistungen der Pflegeversicherung ist nicht der Lebensunterhalt, sondern die Deckung des mit der Pflegebedürftigkeit regelmäßig verbundenen, besonderen Bedarfs. 18

Einkommensabhängige Leistungen in diesem Sinne sind die Sozialhilfe (§§ 19 Abs. 1 S. 1, 11, 82 ff. SGB XII), das Arbeitslosengeld II und das Sozialgeld (§§ 9, 11 ff. SGB II). Gleiches gilt für 19

Wohngeld, Erziehungsgeld, BAföG, sowie die Ausgleichsrente und Fürsorgeleistungen nach dem BVG (Hauck/Noftz-Wagner § 13 SGB XI Rn. 56).

20 Ob und inwieweit Leistungen **privater Pflegeversicherungen,** die über das Leistungsniveau der sozialen Pflegeversicherung hinausgehen oder der Ergänzung der Leistungen der sozialen Pflegeversicherung dienen, bei der Ermittlung des Einkommens unberücksichtigt bleiben, richtet sich gem. Abs. 5 S. 3 ausschließlich nach den gesetzlichen Bestimmungen in den anderen Sozialleistungsbereichen.

21 Umstritten ist, ob die **Nichtanrechnung des Pflegegeldes** nicht nur für den Pflegebedürftigen, sondern auch für die **Pflegeperson** (vgl. §§ 19, 44 SGB XI) gilt. Teilweise wird für die Anrechnung die Gesetzesbegründung angeführt, die vom „Einkommen des Pflegebedürftigen" spricht. Außerdem wird für die Anrechnung bei Pflegepersonen angeführt, dass 1999 zwar Abs. 6 eingeführt wurde, der eindeutig auf die Pflegeperson Bezug nimmt, der Gesetzgeber aber keinen Anlass gesehen hat, Abs. 5 um den Kreis der Pflegepersonen zu erweitern (Köbl, Pflegegeld als Einkommen der Pflegeperson? Festschr. f. O. E. Krasney, 1997, 251). Nach dieser Ansicht darf eine Anrechnung nur dann **nicht** stattfinden, wenn dies spezialgesetzlich geregelt ist. Ein Beispiel hierfür findet sich im Rentenrecht (§§ 34 Abs. 2 S. 4 Nr. 1, 96a Abs. 1 S. 4 Nr. 1 SGB VI). Die zutreffende **h. M.** in Literatur und Rechtsprechung geht aber von der Freistellung auch für nicht erwerbsmäßig tätige Pflegepersonen aus. Demnach wird das **weitergeleitete Pflegegeld** bei Bedürftigkeit voraussetzenden Sozialleistungen an Pflegepersonen nicht angerechnet, soweit es nicht die gemäß § 37 SGB XI vorgesehenen Beträge übersteigt. Nach der Rechtsprechung (BVerwG, 4. 6. 1992, 5 C 82/88) ist das Pflegegeld nicht als Einkommen anzusehen, sondern lediglich Dank für geleistete und Erwartung künftiger Hilfe. Insoweit darf bei Abs. 5 der Pflegeperson auch nicht der Anreiz genommen werden, den Pflegebedürftigen zu betreuen. Außerdem würde bei in der Praxis häufig vorkommenden Fällen der **Bedarfsgemeinschaft** (Pflegeperson und Pflegebedürftiger wohnen zusammen und finanzieren sich gegenseitig) eine Nichtausweitung auf die Pflegeperson auch indirekt dem Pflegebedürftigen zum Schaden gereichen (weiterführend: Gemeinsames Rundschreiben zu den leistungsrechtlichen Vorschriften vom 10. 10. 2002 § 13 Nr. 6; Udsching, SGB XI, § 13 Rn. 28).

E. Anrechnung von weitergeleitetem Pflegegeld auf Unterhaltsansprüche (Abs. 6)

22 Auch Abs. 6 hat zum Ziel, die häusliche Pflege durch Pflegepersonen zu unterstützen. Damit mindert bei **Pflegepersonen im Sinne des § 19** weitergeleitetes Pflegegeld weder deren eigenen Unterhaltsbedarf, noch wird die eigene Unterhaltsfähigkeit erhöht. Aus Abs. 6 S. 2 ergeben sich jedoch aus **Billigkeitsgründen** einige Ausnahmen. Bei den in **Nr. 1** genannten Vorschriften muss sich der Unterhaltsberechtigte das Pflegegeld als eigenes Einkommen zurechnen lassen. Darüber hinaus ist dessen Unterhaltsanspruch ohnehin schon (zB wegen gröblicher Verfehlungen gegen den Unterhaltsverpflichteten) angemessen zu reduzieren. Mit **Nr. 2** soll vermieden werden, dass Pflegepersonen, denen eigentlich der Selbstunterhalt durch Erwerbstätigkeit zuzumuten wäre, stattdessen die Pflege einer nicht eng verwandten Person übernehmen und insoweit ihre Bedürftigkeit erhalten.

Zweites Kapitel. Leistungsberechtigter Personenkreis

§ 14 Begriff der Pflegebedürftigkeit

(1) ¹Pflegebedürftig im Sinne dieses Buches sind Personen, die wegen einer körperlichen, geistigen oder seelischen Krankheit oder Behinderung für die gewöhnlichen und regelmäßig wiederkehrenden Verrichtungen im Ablauf des täglichen Lebens auf Dauer, voraussichtlich für mindestens sechs Monate, in erheblichem oder höherem Maße (§ 15) der Hilfe bedürfen.

(2) Krankheiten oder Behinderungen im Sinne des Absatzes 1 sind:
1. Verluste, Lähmungen oder andere Funktionsstörungen am Stütz- und Bewegungsapparat,
2. Funktionsstörungen der inneren Organe oder der Sinnesorgane,
3. Störungen des Zentralnervensystems wie Antriebs-, Gedächtnis- oder Orientierungsstörungen sowie endogene Psychosen, Neurosen oder geistige Behinderungen.

(3) Die Hilfe im Sinne des Absatzes 1 besteht in der Unterstützung, in der teilweisen oder vollständigen Übernahme der Verrichtungen im Ablauf des täglichen Lebens oder in Beaufsichtigung oder Anleitung mit dem Ziel der eigenständigen Übernahme dieser Verrichtungen.

(4) Gewöhnliche und regelmäßig wiederkehrende Verrichtungen im Sinne des Absatzes 1 sind:

1. im Bereich der Körperpflege das Waschen, Duschen, Baden, die Zahnpflege, das Kämmen, Rasieren, die Darm- oder Blasenentleerung,
2. im Bereich der Ernährung das mundgerechte Zubereiten oder die Aufnahme der Nahrung,
3. im Bereich der Mobilität das selbständige Aufstehen und Zu-Bett-Gehen, An- und Auskleiden, Gehen, Stehen, Treppensteigen oder das Verlassen und Wiederaufsuchen der Wohnung.
4. im Bereich der hauswirtschaftlichen Versorgung das Einkaufen, Kochen, Reinigen der Wohnung, Spülen, Wechseln und Waschen der Wäsche und Kleidung oder das Beheizen.

Übersicht

	Rn.
A. Normzweck	1
B. Überblick über den Begriff der Pflegebedürftigkeit (Abs. 1)	4
C. Krankheiten und Behinderungen (Abs. 2)	7
D. Hilfeformen (Abs. 3)	10
E. Wiederkehrende Verrichtungen im Ablauf des täglichen Lebens (Abs. 4)	14
I. Überblick	14
II. Grundpflege	16
III. Körperpflege	19
IV. Ernährung	20
V. Mobilität	21
VI. Hauswirtschaftliche Versorgung	22
F. Reformansätze	23

A. Normzweck

Die Vorschrift umschrieb den ursprünglich einzigen **Versicherungsfall** und damit den „Schlüssel zum System". Sie ist seit Einführung der Pflegeversicherung nahezu unverändert und knüpft an Hilfebedarf des Versicherten bei der Grundpflege und hauswirtschaftlicher Versorgung an. Inzwischen ist mit §§ 45a, 45b SGB XI freilich ein zweiter Versicherungsfall hinzugetreten, der an allgemeinem Betreuungsbedarf, insbesondere bei Demenzerkrankungen, anknüpft. 1

In einer Reihe von Details kommt der „Teilkaskocharakter" der Pflegeversicherung zum Ausdruck. Diese bezweckt **keine Bedarfsdeckung und/oder Vollversorgung,** sondern begnügt sich mit einer pauschalierten Hilfe, die nur einen Teil des Bedarfs abdecken soll. Dieser Ansatz manifestiert sich nicht nur in den pauschalen und „gedeckelten" Leistungen der §§ 36 ff. SGB XI, sondern auch in der ausschließlichen Berücksichtigung bestimmter Hilfebedarfe, die zwar typisch, aber keineswegs umfassend oder bedarfsdeckend sind (etwa LSG BW, 18. 1. 2008, L 4 P 724/07; LSG NRW, 15. 5. 2007, L 6 P 66/05). 2

Die Vorschrift bezweckt nicht die Schaffung eines Pflegebegriffs, der über die Pflegeversicherung hinaus auch für **andere Bereiche und Leistungen des Sozialsystems** Anwendung fände (BSG, 26. 11. 1998, B 3 P 20/97 R und LSG BW, 18. 8. 2006, L 4 P 2378/06: keine Bedeutung des Grads der Behinderung (GdB) oder sozialhilferechtlicher Aspekte für die pflegeversicherungsrechtliche Einstufung). Vielmehr knüpfen diese Leistungen an je eigene Voraussetzungen an (eingehend bei § 13 Rn. 2 ff.). Diese Begrenzung des pflegeversicherungsrechtlichen Pflegebedürftigkeitsbegriffs soll freilich in einer anstehenden, weiteren Reform überwunden werden (dazu u. 6., Rn. 23). 3

B. Überblick über den Begriff der Pflegebedürftigkeit (Abs. 1)

§ 14 definiert mit bemerkenswerter systematischer Klarheit in Abs. 1 den Begriff der Pflegebedürftigkeit insgesamt; die **drei zentralen Tatbestandsmerkmale Krankheit/Behinderung, Hilfebedarf und Verrichtungen im Ablauf des täglichen Lebens** werden sodann in den Absätzen 2–4 genauer beschrieben. In der Rechtsprechung und Rechtsanwendung haben diese drei Tatbestandsmerkmale freilich deutlich unterschiedliche Bedeutung erlangt. Während die Ursachen der Pflegedürftigkeit (Krankheit/Behinderung) in Abs. 2 sowie die Hilfeformen in Abs. 3 eher weit verstanden werden, wird der Zugang zu den Leistungen der Pflegeversicherung durch ein abschließendes und enges Verständnis des Verrichtungsbezugs nach Abs. 4 begrenzt. Folgerichtig konzentrieren sich die gerichtlichen Streitverfahren weit überwiegend auf Fragen des Umfangs und des Inhalts der Verrichtungen nach § 14 IV. 4

Das zweite Kapitel des SGB XI sieht neben dem Gesetzestext drei **untergesetzliche Regelwerke** vor. In der **Verordnung nach § 16 SGB XI** könnte der Gesetzgeber bei Bedarf Näheres zu den §§ 14, 15 SGB XI sowie zur Härtefallregelung nach §§ 36 Abs. 4/43 Abs. 3 SGB XI regeln. Eine solche Ver- 5 ordnung ist jedoch bisher nicht erlassen und hätte nach dem zwischenzeitlichen Stand von Gesetzgebung und Rechtsprechung auch kaum noch einen Anwendungsbereich. Die **Pflegebedürftigkeits-Richtlinien (PflRi)** sind vom Spitzenverband Bund der Pflegekassen zu erlassen und gelten derzeit in der Fassung vom 11. 5. 2006 (abrufbar etwa bei www.mds-ev.org). Trotz ihrer gesetzlichen Grundlage sind sie nach der Rechtsprechung des Bundessozialgerichts lediglich Innenrecht der Verwaltung, das zu Lasten der Versicherten keine Verbindlichkeit entfaltet. Zu Gunsten des Versicherten sind die Richtlinien aber regelmäßig nach den Grundsätzen der Selbstbindung der Verwaltung verbindlich (BSG, 31. 8. 2000, B 3 P 19/99 R). Auch die – wesentlich umfangreicheren – **Begutachtungsrichtlinien (BRi)**, die in der Fassung vom 8. 6. 2009 gelten, werden auf § 17 SGB XI gestützt. Das BSG (aaO) ordnet sie in ihrer Rechtsverbindlichkeit wie die PflRi ein, entnimmt ihnen aber Orientierungswerte für das Begutachtungs- und Einstufungsverfahren. Ihre Kenntnis und Prüfung ist insbesondere für die sachgerechte anwaltliche Vertretung in Widerspruchs- und Klageverfahren unerlässlich (Abrufbar etwa unter www.mds-ev.org/media/pdf/Begutachtungsrichtlinien).

6 Eine Zusammenstellung von Praxishinweisen für die Anwendung des Pflegebedürftigkeitsbegriffs der §§ 14, 15 SGB XI findet sich bei § 15 SGB XI Rn. 11–15.

C. Krankheiten und Behinderungen (Abs. 2)

7 Abs. 2 Nr. 1–Nr. 3 definiert umfassend, welche Krankheiten und Behinderungen zu Pflegebedürftigkeit führen können. Nr. 3 bezieht insbesondere auch **wesentliche Teile von Demenzerkrankungen** ein. Dennoch führen diese Erkrankungen regelmäßig nicht oder nur eingeschränkt zu (weitergehenden) Leistungsansprüchen nach § 14, weil die typischen Erscheinungsformen der Demenz in den gewöhnlichen und regelmäßig wiederkehrenden Verrichtungen des Abs. 4 keine Entsprechung finden (zur entscheidenden Bedeutung des Abs. 4 o. Rn. 4).

8 Soweit Krankheiten und Behinderungen weitere **Ansprüche gegen andere Sozialleistungsträger** insbesondere nach SGB V und SGB IX auslösen, ist dies grundsätzlich für den Pflegebedürftigkeitsbegriff ohne Bedeutung. Allerdings gelten in diesen Fällen regelmäßig die §§ 5, 31 SGB XI.

9 Ein **Kausalzusammenhang** zwischen der Krankheit/Behinderung und dem Hilfebedarf ist nach dem Wortlaut des Abs. 1 („wegen") zwar grundsätzlich erforderlich (siehe auch KassKomm/Gürtner, § 14 SGB XI Rn. 6). Dieser Aspekt hat wegen des weiten Verständnisses von Abs. 2, Abs. 3 und der Begrenzungsfunktion des Abs. 4 aber ebenfalls kaum praktische Bedeutung.

D. Hilfeformen (Abs. 3)

10 Abs. 3 definiert die Hilfe im Sinne des Abs. 1 in den drei Formen der **Unterstützung**, der **Übernahme** oder der **Beaufsichtigung/Anleitung**. Dabei wäre insbesondere der Bereich der Beaufsichtigung und Anleitung ein geeignetes Einfallstor für die Anerkennung zeitintensiven Hilfebedarfs, namentlich bei Selbst- oder Fremdgefährdung sowie plötzlich auftretenden Hilfebedarfen, die die ständige Begleitung durch eine Pflegekraft nahe legen. Auch hier ist die Rechtsprechung jedoch zurückhaltend. Sie bindet auch die Beaufsichtigung und Anleitung strikt an die notwendigen Verrichtungen des Abs. 4 (LSG SH, 23. 6. 2006, L 3 P 7/04, LSG BY, 28. 5. 2008, L 2 P 33/06, LSG Hessen 27. 8. 2009, L 8 P 35/07).

11 Bei der Bestimmung des Bestehens und des Ausmaßes von Pflegebedürftigkeit sind **geeignete Hilfsmittel** bedarfsmindernd zu berücksichtigen: Kann der Hilfebedarf durch den Einsatz medizinischer Hilfsmittel wie Prothesen, Rollatoren u. v. m. gemindert werden, fließt nur der geminderte Zeitaufwand in die Beurteilung ein (LSG Berlin, 24. 3. 2004, L 17 P 35/02; Udsching, SGB XI, § 15 Rn. 16, KassKomm/Gürtner, § 14 SGB XI Rn. 7). **Grenzen** dieser Vorgehensweise ergeben sich freilich aus dem Grundsatz der aktivierenden Pflege. Führt ein Hilfsmittel – beispielsweise ein Blasenkatheter – zwar zur Verringerung des Hilfebedarfs, aber zugleich zum Verlernen potentiell noch vorhandener Fähigkeiten (zB trainierbare Kontinenz), so darf dem Grundsatz der aktivierenden Pflege nicht mittelbar durch eine geringere Anerkennung von pflegerischem Bedarf entgegengewirkt werden (BSG, 31. 8. 2000, B 3 P 14/99 R). Die Verwendung von Windeln ist dagegen zumutbar (BSG, 31. 8. 2000, B 3 P 16/99 R).

12 Die **Dauer des Hilfebedarfs** muss **voraussichtlich** zumindest sechs Monate erreichen. Entscheidender Zeitpunkt der Beurteilung ist dabei der Antrag, spätere Veränderungen – insbesondere eine Verringerung des Hilfebedarfs – die ex ante nicht absehbar waren, sind unschädlich (BSG, 17. 3. 2005, B 3 P 2/04 R). Besteht zum Antragszeitpunkt der Hilfebedarf bereits, so sind auch Zeiten der Pflegebedürftigkeit vor dem Antrag einzubeziehen; dies freilich nur für das Tatbestandsmerkmal der Dauer von sechs Monaten, rückwirkende Leistungen kommen dagegen nach § 33 Abs. 1 SGB XI nicht in Betracht.

13 Die Mindestdauer von sechs Monaten ist sowohl für die erstmalige Zuerkennung von Pflegebedürftigkeit (Pflegestufe I) als auch für die Beurteilung eines möglichen Anspruchs auf **Höherstufung** in die Pflegestufen II, III oder Härtefall erforderlich (BSG, 19. 2. 1998, B 3 P 7/97 R).

E. Wiederkehrende Verrichtungen im Ablauf des täglichen Lebens (Abs. 4)

I. Überblick

Die Verrichtungen des Abs. 4 Nr. 1–4 geben nur einen Ausschnitt des tatsächlichen Hilfebedarfs 14 pflegebedürftiger Menschen wieder. Gleichwohl werden sie von der Rechtsprechung in strikter Weise abschließend verstanden und als entscheidendes Kriterium zur Begrenzung von Leistungsansprüchen gegen die Pflegeversicherung verteidigt. Beispielsweise wird der Hilfebedarf im Bereich der Kommunikation nicht eigens (sondern nur im zwingenden Zusammenhang mit den genannten Verrichtungen) anerkannt, obwohl er im Gesetz an anderer Stelle – § 28 IV 2 SGB XI – ausdrücklich genannt ist (BSG, 26. 11. 1998, B 3 P 20/97 R). Hier zeigt sich einmal mehr der „Teilkaskoansatz" der Pflegeversicherung. Der Gesetzgeber ist bis zur Willkürgrenze befugt, Hilfebedarfe und Verrichtungen aus dem Katalog der anspruchsbegründenden Tatbestandsmerkmale auszugrenzen. Eine Ausnahme vom **abschließenden Verständnis der Verrichtungen** des Abs. 4 Nr. 1–4 hat die Rechtsprechung lediglich für die „Grundverrichtungen" des Sitzens und des Liegens gemacht (BSG, 17. 5. 2000, B 3 P 20/99 R).

Die strikte Begrenzung auf die gesetzlichen Verrichtungen gilt auch für **weniger typische Gruppen von Pflegebedürftigen** wie Kinder (dazu bei § 15 SGB XI Rn. 9) und Menschen mit geistiger Behinderung und daraus folgendem hohem Aufsichtsbedarf (o. Rn. 10). 15

II. Grundpflege

Mit dem **Begriff** der Grundpflege sind die Verrichtungen des Abs. 4 Nr. 1–3 in den Bereichen 16 Körperpflege, Ernährung und Mobilität gemeint. Die Grundpflege ist einerseits von der hauswirtschaftlichen Versorgung nach Abs. 4 Nr. 4 (zur Bedeutung dieser Abgrenzung § 15 III SGB XI) abzugrenzen. Zum anderen steht die Grundpflege den Leistungen der medizinischen Behandlungspflege gegenüber, die grundsätzlich (s. aber bei § 43 Rn. 12) Sache der Kranken- und nicht der Pflegeversicherung ist. Zum Begriff der medizinischen Behandlungspflege s. bei § 28 SGB XI Rn. 10.

Bei der **Abgrenzung von Grundpflege und medizinischer Behandlungspflege** verbleiben 17 Überschneidungen, wenn ein eigentlich behandlungspflegerisch-medizinischer Hilfebedarf untrennbarer Bestandteil einer Verrichtung nach Abs. 4 ist oder mit einer solchen Verrichtung notwendig in einem unmittelbaren zeitlichen und sachlichen Zusammenhang steht (sog. **krankheitsspezifische Pflegemaßnahmen,** „KSPM", definiert jetzt in § 15 III 3 SGB XI). Rechtsdogmatisch korrekt, aber für die Praxis kaum umsetzbar ging das BSG im Falle von Hilfebedarfen, die in diese Schnittmenge fielen, bisher von einem **Wahlrecht** des Versicherten aus, ob die Leistungen entweder von der Krankenkasse bezogen oder aber im Rahmen der Prüfung des pflegerischen Zeitaufwands nach §§ 14, 15 SGB XI berücksichtigt werden sollten (dazu BSG, 29. 4. 1999, B 3 P 13/98 R, 21. 11. 2002, B 3 KR 13/02 R, 17. 3. 2005, B 3 KR 9/04 R). Der Gesetzgeber hat darauf nun mit der **Neufassung der §§ 15 III 2, 36 II SGB XI** reagiert. Danach sind Hilfebedarfe bei den KSPM stets bei der Beurteilung des Hilfebedarfs und der Bemessung der Pflegestufe zu berücksichtigen. Auf der Leistungsseite ist vorrangig die Krankenkasse zuständig. Dies bedeutet eine gewisse Besserstellung der Versicherten gegenüber der bisherigen Rechtsprechung des BSG, weil die Mittel von der Pflegekasse in ihrer Verwendung nicht an die Bedarfe gebunden sind, die zur Einstufung des Versicherten und damit zu seinem Leistungsanspruch geführt haben (bei § 28 SGB XI Rn. 5).

Indes ist die Rechtsprechung weiterhin um eine **zurückhaltende Anwendung des § 15 III 3** 18 **SGB XI** bemüht, indem sie behandlungspflegerische Leistungen im Zweifel nicht den KSPM, sondern allein der Behandlungspflege zuordnet (Beispiele bei SG Giessen, 21. 9. 2006, S 21 P 2551/03 zur Schleimabsaugung und Reinigung des Tracheostoma (operativ angelegte Öffnung der Luftröhre) und bei LSG SH, 13. 4. 2007, L 3 P 13/06 zur psychosozialen Betreuung).

III. Körperpflege

Zu den Hilfebedarfen bei der Körperpflege, die im Rahmen der Zuordnung zu einer Pflegestufe 19 nach §§ 14, 15 SGB XI berücksichtigt werden, gehört neben den in Abs. 4 Nr. 1 genannten Verrichtungen (Waschen, Duschen, Baden, ...) noch das **Haarewaschen** (BSG, 31. 8. 2000, B 3 P 14/99 R). Im Übrigen bleibt es bei den gesetzlich genannten Verrichtungen.

IV. Ernährung

Die Rechtsprechung grenzt die Hilfe im Bereich der Ernährung nach Abs. 4 Nr. 2 strikt von der 20 Zubereitung von Nahrung ab, die zum Bereich der hauswirtschaftlichen Versorgung gemäß Abs. 4 Nr. 4 gehört. Zur Ernährung gemäß Abs. 4 Nr. 2 gehört nur der **„letzte Schritt" vor der Aufnahme der Nahrung** durch den Versicherten, etwa das Kleinschneiden oder sonst mundgerechte

Philipp

Portionieren, soweit der Versicherte dies nicht mehr selbst vermag (BSG, 31. 8. 2000, B 3 P 14/99 R). Diese Unterscheidung ist für die Einstufungspraxis von erheblicher Bedeutung. Denn § 15 Abs. 1 und 2 SGB XI verlangt als Voraussetzung der Zuerkennung der verschiedenen Pflegestufen einerseits Hilfebedarf bei der Grundpflege (Abs. 4 Nr. 1–3), andererseits bei der hauswirtschaftlichen Versorgung (Abs. 4 Nr. 4). Dabei sind die nach § 15 Abs. 3 SGB XI erforderlichen Zeiten bei der hauswirtschaftlichen Versorgung meist problemlos erfüllt, während es bei der Grundpflege „um jede Minute geht". Zu streng ist allerdings die Abgrenzung nach LSG BY, 28. 10. 2009, L 2 P 50/08, wenn die konkrete Beaufsichtigung beim Essen als irrelevant angesehen wird, weil die Aufsichtsperson gleichzeitig noch etwas anderes tun könnte. § 14 Abs. 3 erkennt auch die Beaufsichtigung ausdrücklich als berücksichtigungsfähig an.

V. Mobilität

21   Von einem umfassenderen Hilfebedarf im Bereich der Mobilität (Abs. 4 Nr. 3) wird für die Einstufung nur ein geringerer Teil anerkannt. **Innerhalb der Wohnung** des Versicherten wird der Hilfebedarf nur berücksichtigt, soweit er in Zusammenhang mit den sonstigen Verrichtungen des § 14 Abs. 4 SGB XI anfällt (BSG, 29. 4. 1999, B 3 P 7/98 R; instruktiv LSG NRW, 15. 5. 2007, L 6 P 66/05). **Außerhalb des Haushalts** des Versicherten ist Hilfebedarf bei der Mobilität nur berücksichtigungsfähig, soweit er für Besuche anfällt, die zwingend die Anwesenheit des Versicherten erfordern (zB Arztbesuche, Behördengänge), eine dort unabdingbar anfallende Wartezeit ist allerdings mit zu berücksichtigen. Zu den zwingenden Gelegenheiten außerhalb des Haushalts zählt nach der Rechtsprechung nicht einmal der Besuch eines Gottesdienstes in der Konfession des Versicherten (BSG, 10. 10. 2000, B 3 P 15/99 R). Ebenfalls wird der Weg zum Arbeitsplatz nicht anerkannt, wenn der Versicherte – dies kommt namentlich bei Menschen mit Behinderungen, die in einer Werkstätte für diesen Personenkreis tätig sind, vor – erwerbstätig ist (BSG, 6. 8. 1998, B 3 P 17/97 R). Vielmehr kann die Mobilität außerhalb der Wohnung nur berücksichtigt werden, wenn sie gerade erforderlich ist, um das weitere Leben in einer eigenen Wohnung zu ermöglichen (LSG Berlin-Brandenburg, 19. 11. 2009, L 27 P 25/08).

VI Hauswirtschaftliche Versorgung

22   Die Bedeutung der einzelnen Verrichtungen des Abs. 4 Nr. 4 ist in der Praxis gering, da die „Mindestzeiten" nach § 15 Abs. 1 und 3 SGB XI in diesem Bereich in der Regel unstreitig erreicht werden (siehe auch oben Rn. 20).

F. Reformansätze

23   Der Pflegebedürftigkeitsbegriff war nach den Plänen des Gesetzgebers Gegenstand einer weiteren, **noch ausstehenden Reform** der Pflegeversicherung in den Jahren ab 2009. Ein neuer Pflegebedürftigkeitsbegriff wurde grundlegend und umfassend vorbereitet, und zwar insbesondere durch eine Expertengruppe im Auftrage der Bundesregierung. Zielsetzung war ein Pflegebedürftigkeitsbegriff, der nicht nur besondere Betreuungsbedarfe (insbesondere Demenzerkrankungen) in einen einheitlichen Beurteilungsansatz einbezieht und damit die derzeitige Zweiteilung in die grundpflegerische Einstufung nach §§ 14, 15 SGB XI und die besonderen Betreuungsbedarfe nach §§ 45 a, 45 b SGB XI beendet. Zielvorstellung war vielmehr auch, den Pflegebedürftigkeitsbegriff **systemübergreifend** für alle Bereiche des Sozialsystems nutzbar zu machen. Es sollte fünf Bedarfs-/Leistungsstufen geben, die aber nicht mehr wie bisher von in täglichen Bedarfsminuten zu bemessenden Hilfebedarfen abhängig sein sollten. Ansatzpunkt für die Zuordnung sollte vielmehr die Diagnose bestimmter Krankheiten und Behinderungen sowie der damit **typischerweise** zusammenhängende Hilfebedarf sein (Udsching, SGb 2007, 694; Igl, NJW 2008, 2214, 2219; BT-Drs. 16/7439, Seite 44f.). Jedoch ist es um den neuen Pflegebedürftigkeitsbegriff ruhiger geworden, nachdem seine Einführung nicht in das PflWEG zum 1. 7. 2008 aufgenommen, sondern auf einen späteren Zeitpunkt verschoben wurde.

§ 15 Stufen der Pflegebedürftigkeit

(1) ¹**Für die Gewährung von Leistungen nach diesem Gesetz sind pflegebedürftige Personen (§ 14) einer der folgenden drei Pflegestufen zuzuordnen:**
1. **Pflegebedürftige der Pflegestufe I (erheblich Pflegebedürftige) sind Personen, die bei der Körperpflege, der Ernährung oder der Mobilität für wenigstens zwei Verrichtungen aus einem oder mehreren Bereichen mindestens einmal täglich der Hilfe bedürfen und**

zusätzlich mehrfach in der Woche Hilfen bei der hauswirtschaftlichen Versorgung benötigen.
2. Pflegebedürftige der Pflegestufe II (Schwerpflegebedürftige) sind Personen, die bei der Körperpflege, der Ernährung oder der Mobilität mindestens dreimal täglich zu verschiedenen Tageszeiten der Hilfe bedürfen und zusätzlich mehrfach in der Woche Hilfen bei der hauswirtschaftlichen Versorgung benötigen.
3. Pflegebedürftige der Pflegestufe III (Schwerstpflegebedürftige) sind Personen, die bei der Körperpflege, der Ernährung oder der Mobilität täglich rund um die Uhr, auch nachts, der Hilfe bedürfen und zusätzlich mehrfach in der Woche Hilfen bei der hauswirtschaftlichen Versorgung benötigen.

²Für die Gewährung von Leistungen nach § 43 a reicht die Feststellung, daß die Voraussetzungen der Pflegestufe I erfüllt sind.

(2) Bei Kindern ist für die Zuordnung der zusätzliche Hilfebedarf gegenüber einem gesunden gleichaltrigen Kind maßgebend.

(3) ¹Der Zeitaufwand, den ein Familienangehöriger oder eine andere nicht als Pflegekraft ausgebildete Pflegeperson für die erforderlichen Leistungen der Grundpflege und hauswirtschaftlichen Versorgung benötigt, muß wöchentlich im Tagesdurchschnitt
1. in der Pflegestufe I mindestens 90 Minuten betragen; hierbei müssen auf die Grundpflege mehr als 45 Minuten entfallen,
2. in der Pflegestufe II mindestens drei Stunden betragen; hierbei müssen auf die Grundpflege mindestens zwei Stunden entfallen,
3. in der Pflegestufe III mindestens fünf Stunden betragen; hierbei müssen auf die Grundpflege mindestens vier Stunden entfallen.

²Bei der Feststellung des Zeitaufwandes ist ein Zeitaufwand für erforderliche verrichtungsbezogene krankheitsspezifische Pflegemaßnahmen zu berücksichtigen; dies gilt auch dann, wenn der Hilfebedarf zu Leistungen nach dem Fünften Buch führt. ³Verrichtungsbezogene krankheitsspezifische Pflegemaßnahmen sind Maßnahmen der Behandlungspflege, bei denen der behandlungspflegerische Hilfebedarf untrennbarer Bestandteil einer Verrichtung nach § 14 Abs. 4 ist oder mit einer solchen Verrichtung notwendig in einem unmittelbaren zeitlichen und sachlichen Zusammenhang steht.

A. Normzweck

§ 15 hängt sehr eng mit § 14 SGB XI zusammen, die Vorschrift enthält die „zweite Hälfte" der erforderlichen Vorgaben für die **Beschreibung des Leistungsfalls „Pflegebedürftigkeit"**. Sie unterscheidet zu diesem Zweck erheblich Pflegebedürftige (kurz Pflegestufe I), Schwerpflegebedürftige (Pflegstufe II) und Schwerstpflegebedürftige (Pflegestufe III). Pflegestufe und Leistungen sind zwar umso höher zu bemessen, je höher der Hilfebedarf des Versicherten ist. Durch die Begrenzung auf drei Pflegestufen erfolgt jedoch zum einen eine recht grobe Pauschalierung. Zum anderen darf die Abhängigkeit der Zuordnung zu einer Pflegestufe vom Hilfebedarf nicht zu dem Missverständnis verleiten, die Pflegeversicherung bezwecke eine auch nur annähernd vollständige Deckung des Bedarfs (bei § 14 Rn. 2).

B. Kriterien der Zuordnung (Abs. 1 S. 1 Nr. 1–3, Abs. 3 S. 1 Nr. 1–3)

Die maßgeblichen Zuordnungskriterien finden sich etwas unsystematisch verteilt jeweils im ersten Satz der Absätze 1 und 3. Grund für diese Verteilung auf nicht direkt zusammenhängende Sätze ist die Entstehungsgeschichte, § 15 Abs. 1 S. 2 und Abs. 3 S. 2 und 3 stammen aus unterschiedlichen Novellierungen. Die Sätze 1 der Absätze 1 und 3 sind jedoch zwingend zusammen zu lesen, um die Zuordnungskriterien zutreffend anwenden zu können. In jedem Fall setzt die Zuordnung zu einer Pflegestufe **kumulativ sowohl Hilfebedarf im hauswirtschaftlichen Bereich** (§ 14 IV 4 SBG XI) als auch **im grundpflegerischen Bereich** (§ 14 Abs. 4 S. 1–3 SGB XI) voraus. Diese Hilfebedarfe sind jeweils in Minuten zu bewerten. Maßgeblich ist dabei gemäß Abs. 3 S. 1 nicht der Zeitbedarf einer besonders erfahrenen oder gar professionellen Pflegekraft, sondern **eines Familienangehörigen oder einer nicht als Pflegekraft ausgebildeten Pflegeperson**. Anderseits ist dabei aber eine typische Nicht-Fachkraft zu unterstellen, auf besondere individuelle Einschränkungen der Pflegeperson kommt es nicht an (LSG BY, 16. 9. 2009, L 2 P 8/09).

Die Formulierung **„wöchentlich im Tagesdurchschnitt"** in Abs. 3 S. 1 darf nicht zu dem Fehlschluss verleiten, die zeitlichen Mindestwerte müssten (nur) wöchentlich erfüllt werden. Vielmehr müssen sie durchschnittlich **pro Tag** zusammenkommen. Bei der Berechnung sind zunächst alle Hilfebedarfe bei den Verrichtungen des § 14 Abs. 4 SGB XI, die zumindest wöchentlich anfallen, zusammenzuzählen. Hilfebedarfe, die typischerweise nicht wöchentlich bestehen, bleiben unberücksichtigt (BSG, 29. 4. 1999, B 3 P 12/98 R). Das Ergebnis ist durch sieben zu teilen. Es resultiert der Tagesdurchschnitt, der die Mindestzeiten des Abs. 3 (Pflegestufe I mindestens 90 Minuten, II mindestens 180 Minuten, III mindestens 300 Minuten) erreichen muss (zum Rechenweg BSG aaO).

4   Einen Überblick über die Anspruchsvoraussetzungen für die einzelnen Pflegestufen gibt die folgende Tabelle:

	Zahl der Verrichtungen der Grundpflege mit Hilfebedarf	Häufigkeit Hilfebedarf bei Verrichtungen der Grundpflege	Häufigkeit Hilfebedarf bei hauswirtschaftlichen Verrichtungen	Zeitaufwand Grundpflege und Hauswirtschaft gesamt mindestens	davon Zeitaufwand Grundpflege mindestens
Pflegestufe I	2	täglich	mehrfach wöchentlich	90	46
Pflegestufe II	–	dreimal täglich	mehrfach wöchentlich	180	120
Pflegestufe III	–	rund um die Uhr, auch nachts	mehrfach wöchentlich	300	240

5   In **Pflegestufe I** kann fraglich sein, wie das Tatbestandsmerkmal „mindestens einmal täglich" (Abs. 1 Nr. 1) zu verstehen ist. Nach der Rechtsprechung (BSG, 14. 12. 2000, B 3 P 5/00 R) muss Hilfebedarf bei den grundpflegerischen Verrichtungen (§ 14 Abs. 4 Nr. 1–3) in der Regel täglich, also nahezu an jedem Tag bestehen. Eine Mehrzahl von Tagen ohne Hilfebedarf wird nicht dadurch ausgeglichen, dass an anderen Tagen ein besonders umfangreicher Hilfebedarf besteht.

6   Zur **Pflegestufe II** gehören unabhängig von ihrem exakten Hilfebedarf auf Grund der Übergangsregelung des Art. 45 Abs. 1 S. 1 PflegeVG diejenigen Personen, die vor Einführung der Pflegeversicherung Leistungen ihrer Krankenkasse nach §§ 53 ff. SGB V aF erhalten haben. Eine **Höherstufung** kann dieser Personenkreis verlangen, wenn die üblichen Voraussetzungen der Pflegestufe III nach §§ 14, 15 SGB XI vorliegen. Eine **Herabstufung** ist aus Gründen des Vertrauensschutzes nur zulässig, wenn sich der Pflegebedarf auf Grund nach dem Stichtag 31. 3. 1995 eingetretener Umstände geändert hat (§ 48 SGB X).

7   Für die **Pflegestufe III** muss auch **nächtlicher Hilfebedarf** vorliegen. Dieses Tatbestandsmerkmal hat die Rechtsprechung (BSG, 18. 3. 1999, B 3 P 3/98 R) ausgefüllt. Als Nacht gilt die Zeit von 22:00 Uhr bis 06:00 Uhr. Ob nächtlicher Hilfebedarf besteht, richtet sich nicht nach den Zeiten der tatsächlichen Leistungserbringung, sondern nach der objektiven Erforderlichkeit der Leistungserbringung gerade in der Nacht. Eine bloße Rufbereitschaft der Pflegeperson reicht nicht aus, vielmehr müssen tatsächliche Hilfeleistungen – die freilich auch in Kontrollbesuchen bestehen können – in der großen Mehrzahl der Nächte erforderlich sein.

8   Eine wesentliche Rolle bei der zeitlichen Bewertung des Hilfebedarfs spielen die **Begutachtungsrichtlinien (BRi)** des Spitzenverbands Bund der Pflegekassen und des medizinischen Dienstes des Spitzenverbands (MDS). In diesen ist eine große Vielzahl von Detailfragen bei der Bewertung analysiert und geregelt (siehe auch bei § 17 und § 14 Rn. 5). Allerdings sind die BRi nicht im Sinne von Rechtsnormen verbindlich und geben nach der Rechtsprechung des Bundessozialgerichts lediglich Orientierungswerte vor, die in besonderen Erschwernisfällen auch überschritten werden können (BSG, 31. 8. 2000, B 3 P 14/99 R).

C. Einstufung von Kindern (Abs. 2)

9   Kinder bedürfen auch dann der – auch pflegerischen – Betreuung im Sinne des § 14 Abs. 4 SGB XI, wenn sie nicht krank oder behindert sind. **Dieser** Hilfebedarf gehört aber selbstverständlich nicht zum versicherten Risiko und ist aus dem Pflegebedürftigkeitsbegriff auszugrenzen. Abs. 2 regelt daher, dass nur diejenigen Hilfebedarfe bei der Einstufung berücksichtigt werden dürfen, die nicht auch bei einem gesunden, gleichaltrigen Kind anfallen. Wegen der Vielgestaltigkeit kindlicher Krankheiten, Behinderungen und Entwicklungsstörungen und des erforderlichen Vergleichs mit gesunden gleichaltrigen Kindern ist hier in weiterem Umfang als bei der Einstufung von Menschen im Alter auf Schätzungen zurückzugreifen (zur Gewährleistung der erforderlichen Sachkunde bei dieser Schätzung § 18 Abs. 7 S. 2 SGB XI). Der hauswirtschaftliche Unterstützungsbedarf bleibt außer Betracht, da Kinder zumindest in jüngeren Jahren ohnehin hauswirtschaftlich versorgt werden müssen. Die Rechtsprechung gewährt bei der Einstufung von Kindern im Übrigen aber keine Erleichterungen, was die Ermittlung der erforderlichen Pflegezeiten angeht. Im Gegenteil hält sie strikt daran fest, dass pro Kind für die Pflegestufe I mehr als 45 Minuten grundpflegerischer (also im Sinne des § 14 Abs. 4 S. 1–3 SGB XI verrichtungsbezogener) Bedarf bestehen muss (BSG, 24. 6. 1998, B 3 P 1/97 R; der Verrichtungsbezug ist ebenfalls betont bei BSG, 26. 11. 1998, B 3 P 20/97 R und 29. 4. 1999 B 3 P 12/98 R – Mukoviszidose).

D. Krankheitsspezifische Pflegemaßnahmen (Abs. 3 Sätze 2, 3)

Zu den krankheitsspezifischen Pflegemaßnahmen (KSPM), die der Gesetzgeber ab 1. 4. 2007 in Abs. 3 Sätze 2, 3 geregelt hat, siehe bei § 14 Rn. 17.

E. Einstufung nach §§ 14, 15 SGB XI in der Praxis

I. Ablauf

Das Einstufungsverfahren beginnt mit einem Antrag (§ 33 Abs. 1 SGB XI) des Versicherten bei der Pflegekasse. Diese beauftragt den Medizinischen Dienst der Krankenkassen (MDK) mit der Durchführung des Begutachtungsverfahrens (§ 18 SGB XI). Ein Mitarbeiter des MDK sucht den Versicherten sodann zuhause oder im Heim auf und trägt in das Begutachtungsformular die erforderlichen Zeiten für die einzelnen Verrichtungen in Minuten ein. Das Ergebnis erhält die zuständige Pflegekasse, die den Antrag ablehnt oder einen Leistungsbescheid übermittelt. Es liegt auf der Hand, dass dieses Verfahren zu nicht geringen Abweichungen vom tatsächlichen Hilfebedarf führen kann, die oft in der schwankenden Tagesform des Versicherten begründet sind.

II. Rechtliche Nachprüfung

Gegen den Einstufungsbescheid (nicht gegen das Gutachten des MDK!) steht dem Versicherten der Widerspruch und – soweit erfolglos – die Klage zum Sozialgericht zu. Sachgerecht können diese Rechtsmittel nur geführt werden, wenn die **Begutachtungsrichtlinien**, das **Gutachten des MDK** (es kann ohne weiteres im Wege der Akteneinsicht beschafft werden) und **Aussagen der maßgeblichen Pflegeperson(en) zum üblichen Hilfebedarf** bei den Verrichtungen des § 14 Abs. 4 SGB XI vorliegen. Zur Begründung von Rechtsmitteln ist zu prüfen, ob die Hilfebedarfe bei allen Verrichtungen nach § 14 Abs. 4 SGB XI, die der Versicherte nicht mehr selbst ausführen kann, berücksichtigt sind, ob die jeweiligen Minutenwerte mit den Vorgaben in den BRi übereinstimmen, ob im Hinblick auf einzelne Verrichtungen Erschwernisse und Sondersituationen vorliegen, die eine Überschreitung der Orientierungswerte der BRi rechtfertigen und ob möglicherweise einige Minuten unter dem Gesichtspunkt der krankheitsspezifischen Pflegemaßnahmen (dazu § 14 Rn. 17) zu berücksichtigen sind. Die Begründung von Rechtsmitteln hat sich auf die Minutenwerte bei den grundpflegerischen Verrichtungen (§ 14 Abs. 4 S. 1–3) zu konzentrieren, da alle übrigen Leistungsvoraussetzungen, auch der hauswirtschaftliche Unterstützungsbedarf nach § 14 Abs. 4 SGB XI, in der weitaus meisten Zahl von Fällen unproblematisch sind.

III. Vorsicht bei stationärer Pflege

Während eine höhere Pflegestufe bei häuslicher Betreuung des Versicherten höhere Leistungen der Pflegekassen nach sich zieht und damit für den Versicherten ausschließlich vorteilhaft ist, gilt dies bei stationärer Pflege nur eingeschränkt. Auch hier zieht die Höherstufung zwar höhere Leistungen der Pflegekassen nach sich. Auf Grund von Besonderheiten der Entgeltsystematik erhöht sich durch die Höherstufung im Regelfall aber das Heimentgelt in größerem Umfang als der Leistungsbetrag der Pflegekasse. Im Ergebnis führt die Höherstufung daher oft zu einer höheren Selbstbeteiligung des Versicherten am Heimentgelt und ist damit im Ergebnis wirtschaftlich nachteilig. In der Praxis werden bei stationärer Pflege daher Höherstufungsanträge in der Regel durch die Pflegeeinrichtungen veranlasst, die – als Gegenleistung für ihre umfangreicheren Hilfeleistungen – auch auf die höheren Entgelte angewiesen sind (näher bei § 43 SGB XI Rn. 16).

IV. Härtefall

Bei Versicherten der Pflegestufe III können zusätzlich die Voraussetzungen eines Härtefalls vorliegen, die zu einer weiteren Steigerung der Leistungen der Pflegekasse führen (bei § 36 SGB XI Rn. 10 und § 43 SGB XI Rn. 10 f.). Liegen Anhaltspunkte vor, dass die Härtefallvoraussetzungen erfüllt sein könnten, sollten diese mit beantragt werden.

V. Demenzerkrankungen

Wurden die Hilfebedarfe bei Menschen mit besonderem Bedarf an Betreuung und Beaufsichtigung (insbesondere Demenz) ursprünglich in der Pflegeversicherung nur unzureichend berücksichtigt, so ermöglichen die §§ 45a, 45b, 87b SGB XI heute auch Leistungen der Pflegekassen in diesem Bereich. Diese sind von der Einstufung des Versicherten nach §§ 14, 15 SGB XI weitgehend unabhängig. Soweit Hinweise auf eingeschränkte Alltagskompetenz in diesem Sinne bestehen, sollten daher auch diese Leistungen beantragt werden, die Begutachtung nimmt ebenfalls der MDK vor.

Philipp

§ 16 Verordnungsermächtigung

Das Bundesministerium für Gesundheit wird ermächtigt, im Einvernehmen mit dem Bundesministerium für Familie, Senioren, Frauen und Jugend und dem Bundesministerium für Arbeit und Soziales durch Rechtsverordnung mit Zustimmung des Bundesrates Vorschriften zur näheren Abgrenzung der in § 14 genannten Merkmale der Pflegebedürftigkeit, der Pflegestufen nach § 15 sowie zur Anwendung der Härtefallregelung des § 36 Abs. 4 und des § 43 Abs. 3 zu erlassen.

1 Mit der Verordnung nach § 16 SGB XI sollte der Gesetzgeber steuernd eingreifen können, wenn die Praxis bei der Anwendung der §§ 14, 15 und 18 SGB XI auch auf der Grundlage der Richtlinien der Pflegekassen nach § 17 SGB XI in eine unerwünschte Richtung gegangen wäre. Die Verordnung ist bisher nicht erlassen; mit ihrem Erlass ist auch nicht zu rechnen. Denn zum einen hat sich die Praxis auf Grund der Richtlinien nach § 17 SGB XI eingespielt, ohne dass Beanstandungen des Bundesministeriums für Gesundheit und soziale Sicherung bekannt geworden wären (vgl. § 17 Abs. 2 SGB XI). Zum anderen und vor allem sind die wesentlichen Regelungsgegenstände für die Verordnung seit Schaffung der Pflegeversicherung nach und nach ins Gesetz selbst aufgenommen worden: Die zeitlichen Grenzen der Pflegestufen in § 15 Abs. 3 S. 1 SGB XI, die Härtefallregelungen in §§ 36 Abs. 4 und 43 Abs. 3 SGB XI. Auch mit Blick auf die mögliche Reform des Pflegebedürftigkeitsbegriffs (bei § 14 Rn. 23) ist mit dem Erlass der Verordnung kaum noch zu rechnen.

§ 17 Richtlinien der Pflegekassen

(1) ¹Der Spitzenverband Bund der Pflegekassen erlässt mit dem Ziel eine einheitliche Rechtsanwendung zu fördern, unter Beteiligung des Medizinischen Dienstes des Spitzenverbandes Bund der Krankenkassen Richtlinien zur näheren Abgrenzung der in § 14 genannten Merkmale der Pflegebedürftigkeit, der Pflegestufen nach § 15 und zum Verfahren der Feststellung der Pflegebedürftigkeit. ²Er hat die Kassenärztliche Bundesvereinigung, die Bundesverbände der Pflegeberufe und der behinderten Menschen, die Bundesarbeitsgemeinschaft der Freien Wohlfahrtspflege, die Bundesarbeitsgemeinschaft der überörtlichen Träger der Sozialhilfe, die kommunalen Spitzenverbände auf Bundesebene, die Bundesverbände privater Alten- und Pflegeheime sowie die Verbände der privaten ambulanten Dienste zu beteiligen. ³Der Spitzenverband Bund der Pflegekassen erlässt unter Beteiligung des Medizinischen Dienstes des Spitzenverbandes Bund der Krankenkassen Richtlinien zur Anwendung der Härtefallregelungen des § 36 Abs. 4 und des § 43 Abs. 3.

(2) ¹Die Richtlinien nach Absatz 1 werden erst wirksam, wenn das Bundesministerium für Gesundheit sie genehmigt. ²Die Genehmigung gilt als erteilt, wenn die Richtlinien nicht innerhalb eines Monats, nachdem sie dem Bundesministerium für Gesundheit vorgelegt worden sind, beanstandet werden. ³Beanstandungen des Bundesministeriums für Gesundheit sind innerhalb der von ihm gesetzten Frist zu beheben.

A. Normzweck

1 Die Vorschrift erlegt dem Spitzenverband Bund der Pflegekassen nach Beteiligung der einschlägigen Spitzenverbände auf, Richtlinien zum Begriff der Pflegebedürftigkeit (§§ 14, 15 SGB XI), dem Begutachtungsverfahren (§ 18 SGB XI) sowie den Härtefall-Regelungen (§§ 36 Abs. 4, 43 Abs. 3 SGB XI) zu erlassen. Zweck dieser Richtlinien ist die **einheitliche Rechtsanwendung** in den genannten Themenfeldern.

B. Erlassene Richtlinien

2 Die Pflegekassen sind diesem Auftrag umfassend nachgekommen. Es gelten:
- Die **Pflegebedürftigkeits-Richtlinien (PflRi)**, letzte Fassung vom 11. 5. 2006,
- Die **Begutachtungsrichtlinien (BRi)**, mit Stand vom 8. 6. 2009,
- Die **Härtefall-Richtlinien (HRi)**, zugleich Anlage 3 zu den BRi, Stand 28. 10. 2005,
  (im Internet alle beispielsweise verfügbar unter www.gkv-spitzenverband.de)

C. Anwendung

3 Die Kenntnis und Berücksichtigung dieser Richtlinien ist unverzichtbar, wenn es um die Überprüfung von Einstufungsgutachten des MDK und Rechtsmittel gegen Leistungsbescheide der Pflegekassen geht (bei § 15 SGB XI Rn. 12). Dies gilt ungeachtet des Umstandes, dass PflRi, BRi und HRi –

wie allgemein Richtlinien im öffentlichen Recht – nur „**Innenrecht der Verwaltung**" sind und somit zu Lasten der Versicherten keine Bindungswirkung entfalten (BSG, 19. 2. 1998, B 3 P 7/97 R, KassKomm/Gürtner § 17 SGB XI Rn. 3). Zu Gunsten des Versicherten entfalten derartige Richtlinien nach allgemeinen Grundsätzen über die sog. Selbstbindung der Verwaltung nach Art. 3 GG durchaus Bindungswirkung.

Bei den HRi ist ergänzend zu beachten, dass sie im Hinblick auf den Zweck der einheitlichen Rechtsanwendung entgegen dem Wortlaut der §§ 36 Abs. 4, 43 Abs. 3 SGB XI **keinen Ermessensspielraum** für die Pflegekasse gewähren (BSG, 30. 10. 2001, B 3 P 2/01 R). 4

§ 18 Verfahren zur Feststellung der Pflegebedürftigkeit

(1) ¹**Die Pflegekassen haben durch den Medizinischen Dienst der Krankenversicherung prüfen zu lassen, ob die Voraussetzungen der Pflegebedürftigkeit erfüllt sind und welche Stufe der Pflegebedürftigkeit vorliegt.** ²**Im Rahmen dieser Prüfungen hat der Medizinische Dienst durch eine Untersuchung des Antragstellers die Einschränkungen bei den Verrichtungen im Sinne des § 14 Abs. 4 festzustellen sowie Art, Umfang und voraussichtliche Dauer der Hilfebedürftigkeit und das Vorliegen einer erheblich eingeschränkten Alltagskompetenz nach § 45 a zu ermitteln.** ³Darüber hinaus sind auch Feststellungen darüber zu treffen, ob und in welchem Umfang Maßnahmen zur Beseitigung, Minderung oder Verhütung einer Verschlimmerung der Pflegebedürftigkeit einschließlich der Leistungen zur medizinischen Rehabilitation geeignet, notwendig und zumutbar sind; insoweit haben Versicherte einen Anspruch gegen den zuständigen Träger auf Leistungen zur medizinischen Rehabilitation.

(2) ¹Der Medizinische Dienst hat den Versicherten in seinem Wohnbereich zu untersuchen. ²Erteilt der Versicherte dazu nicht sein Einverständnis, kann die Pflegekasse die beantragten Leistungen verweigern. ³Die §§ 65, 66 des Ersten Buches bleiben unberührt. ⁴Die Untersuchung im Wohnbereich des Pflegebedürftigen kann ausnahmsweise unterbleiben, wenn auf Grund einer eindeutigen Aktenlage das Ergebnis der medizinischen Untersuchung bereits feststeht. ⁵Die Untersuchung ist in angemessenen Zeitabständen zu wiederholen.

(3) ¹Die Pflegekasse leitet die Anträge zur Feststellung von Pflegebedürftigkeit unverzüglich an den Medizinischen Dienst der Krankenversicherung weiter. ²Dem Antragsteller soll spätestens fünf Wochen nach Eingang des Antrags bei der zuständigen Pflegekasse die Entscheidung der Pflegekasse schriftlich mitgeteilt werden. ³Befindet sich der Antragsteller im Krankenhaus oder in einer stationären Rehabilitationseinrichtung und

1. liegen Hinweise vor, dass zur Sicherstellung der ambulanten oder stationären Weiterversorgung und Betreuung eine Begutachtung in der Einrichtung erforderlich ist, oder
2. wurde die Inanspruchnahme von Pflegezeit nach dem Pflegezeitgesetz gegenüber dem Arbeitgeber der pflegenden Person angekündigt,

ist die Begutachtung dort unverzüglich, spätestens innerhalb einer Woche nach Eingang des Antrags bei der zuständigen Pflegekasse durchzuführen; die Frist kann durch regionale Vereinbarungen verkürzt werden. ⁴Die verkürzte Begutachtungsfrist gilt auch dann, wenn der Antragsteller sich in einem Hospiz befindet oder ambulant palliativ versorgt wird. ⁵Befindet sich der Antragsteller in häuslicher Umgebung, ohne palliativ versorgt zu werden, und wurde die Inanspruchnahme von Pflegezeit nach dem Pflegezeitgesetz gegenüber dem Arbeitgeber der pflegenden Person angekündigt, ist eine Begutachtung durch den Medizinischen Dienst der Krankenversicherung spätestens innerhalb von zwei Wochen nach Eingang des Antrags bei der zuständigen Pflegekasse durchzuführen und der Antragsteller seitens des Medizinischen Dienstes unverzüglich schriftlich darüber zu informieren, welche Empfehlung der Medizinische Dienst an die Pflegekasse weiterleitet. ⁶In den Fällen der Sätze 3 bis 5 muss die Empfehlung nur die Feststellung beinhalten, ob Pflegebedürftigkeit im Sinne der §§ 14 und 15 vorliegt. ⁷Die Entscheidung der Pflegekasse ist dem Antragsteller unverzüglich nach Eingang der Empfehlung des Medizinischen Dienstes bei der Pflegekasse schriftlich mitzuteilen.

(4) ¹Der Medizinische Dienst soll, soweit der Versicherte einwilligt, die behandelnden Ärzte des Versicherten, insbesondere die Hausärzte, in die Begutachtung einbeziehen und ärztliche Auskünfte und Unterlagen über die für die Begutachtung der Pflegebedürftigkeit wichtigen Vorerkrankungen sowie Art, Umfang und Dauer der Hilfebedürftigkeit einholen. ²Mit Einverständnis des Versicherten sollen auch pflegende Angehörige oder sonstige Personen oder Dienste, die an der Pflege des Versicherten beteiligt sind, befragt werden.

(5) ¹Die Pflege- und Krankenkassen sowie die Leistungserbringer sind verpflichtet, dem Medizinischen Dienst die für die Begutachtung erforderlichen Unterlagen vorzulegen und Auskünfte zu erteilen. ²§ 276 Abs. 1 Satz 2 und 3 des Fünften Buches gilt entsprechend.

(6) ¹Der Medizinische Dienst der Krankenversicherung hat der Pflegekasse das Ergebnis seiner Prüfung zur Feststellung der Pflegebedürftigkeit unverzüglich zu übermitteln. ²In seiner Stellungnahme hat der Medizinische Dienst auch das Ergebnis der Prüfung, ob und gegebenenfalls welche Maßnahmen der Prävention und der medizinischen Rehabilitation geeignet, notwendig und zumutbar sind, mitzuteilen und Art und Umfang von Pflegeleistungen sowie einen individuellen Pflegeplan zu empfehlen. ³Beantragt der Pflegebedürftige Pflegegeld, hat sich die Stellungnahme auch darauf zu erstrecken, ob die häusliche Pflege in geeigneter Weise sichergestellt ist.

(7) ¹Die Aufgaben des Medizinischen Dienstes werden durch Ärzte in enger Zusammenarbeit mit Pflegefachkräften und anderen geeigneten Fachkräften wahrgenommen. ²Die Prüfung der Pflegebedürftigkeit von Kindern ist in der Regel durch besonders geschulte Gutachter mit einer Qualifikation als Gesundheits- und Kinderkrankenpflegerin oder Gesundheits- und Kinderkrankenpfleger oder als Kinderärztin oder Kinderarzt vorzunehmen. ³Der Medizinische Dienst ist befugt, den Pflegefachkräften oder sonstigen geeigneten Fachkräften, die nicht dem Medizinischen Dienst angehören, die für deren jeweilige Beteiligung erforderlichen personenbezogenen Daten zu übermitteln.

A. Normzweck

1   Die Vorschrift ordnet die **Einschaltung des Medizinischen Dienstes der Krankenkassen** (MDK) für die **Prüfung der Pflegebedürftigkeit** nach §§ 14, 15 SGB XI zwingend an. Allerdings geht damit nicht die Zuständigkeit für das Verwaltungsverfahren als Ganze auf den MDK über, diese bleibt bei der Pflegekasse.

B. Aufgaben der Pflegekasse und Verhältnis zum MDK

2   Für die Durchführung des **Verwaltungsverfahrens,** das mit dem Antrag (§ 33 Abs. 1 SGB XI) des Versicherten auf Pflegeleistungen beginnt, ist die Pflegekasse zuständig. Sie hat insbesondere die Anspruchsvoraussetzungen zu prüfen, die neben der Pflegebedürftigkeit nach §§ 14, 15 SGB XI bestehen. Trotz der zwingenden Tätigkeit des MDK bei der Prüfung der Pflegebedürftigkeit gelten aus den Verfahrensvorschriften des SGB I und des SGB X insbesondere auch die §§ 20, 21 SGB X (Amtsermittlung, Nutzung von Beweismitteln) fort. Die Einschaltung des MDK beschränkt sich auf die Prüfung des – wenn auch zentralen – Tatbestandsmerkmals der Pflegebedürftigkeit.

3   Seiner **Aufgabe und Funktion** nach ist der MDK eine landesweit tätige, rechtsfähige Körperschaft des öffentlichen Rechts, die von den Krankenkassen im Land gemeinsam getragen wird (Einzelheiten in §§ 278 ff. SGB V). Die Kranken- und Pflegekassen beschäftigen in ihren Verwaltungen regelmäßig keine Ärzte und Pflegefachkräfte, dieser Sachverstand wird vielmehr beim MDK vorgehalten. Im Kranken- und Pflegeversicherungsrecht sind daher Aufgaben, die **medizinischen oder fachlich-pflegerischen Sachverstand** erfordern, auf den MDK delegiert und unter seiner Beteiligung zu erledigen.

4   Die Einschaltung des MDK für die Prüfung der Pflegebedürftigkeit ist zwingend vorgeschrieben. Auch dann, wenn nach Abs. 2 S. 4 von einem Hausbesuch ausnahmsweise abgesehen werden kann, bleibt die Beurteilung der Pflegebedürftigkeit Aufgabe des MDK, die Pflegekasse darf von seiner Einschaltung nicht absehen. Die Prüfung der Pflegebedürftigkeit durch den MDK ist auch erforderlich, wenn ein Versicherter von der privaten in die gesetzliche Pflegeversicherung wechselt und bereits einer Pflegestufe zugeordnet war (BSG, 13. 5. 2004, B 3 P 3/03 R). Die Beurteilung des MDK entfaltet **keine Bindungswirkung** im Rechtssinne gegenüber Pflegekasse und Versichertem, faktisch ist die Aussage des MDK jedoch nahezu immer die maßgebliche Grundlage für die Entscheidung der Pflegekasse.

5   Abs. 3 verpflichtet die Pflegekassen zu **unverzüglicher Verfahrensführung.** Zu Beginn steht die Weiterleitung des Antrags des Versicherten an den MDK (Abs. 3 S. 1), am Ende die ebenfalls unverzügliche Erteilung des Leistungs- oder Ablehnungsbescheids (Abs. 3 S. 7). Dazwischen liegt in erster Linie die Tätigkeit des MDK, aber zugleich auch die Weiterführung des Verfahrens durch die Pflegekasse (Prüfung der übrigen Leistungsvoraussetzungen, ggf. ergänzende Ermittlungen). Ausführlich zu Verfahren und Rechtsschutz Philipp, in: Klie/Krahmer, LPK SGB XI, 3. Aufl. 2009, Anhang Verfahren und Rechtschutz.

C. Aufgaben des MDK

I. Prüfungsgegenstände (Abs. 1)

6   Die Tätigkeit des MDK ist auf drei Prüfungsgegenstände gerichtet, nämlich
1. die Pflegebedürftigkeit und Pflegestufe nach Abs. 1 S. 1,

2. das Vorliegen der Leistungsvoraussetzungen nach §§ 45a, 45b SGB XI bei erheblich eingeschränkter Alltagskompetenz gemäß Abs. 1 S. 2 sowie
3. Maßnahmen zur Beseitigung, Minderung oder Verhütung einer Verschlimmerung der Pflegebedürftigkeit einschließlich der Leistungen zur medizinischen Rehabilitation (§§ 5, 31, 32 SGB XI).

Nach Abs. 1 S. 3, 2. Hs. sollen Versicherte bei entsprechender Feststellung des MDK sogar einen Anspruch gegen den zuständigen Träger auf Leistungen zur medizinischen Rehabilitation haben. Diese Vorschrift ist schon ungewöhnlich, weil sie dritte Leistungsträger zu Leistungen verpflichten soll, deren Aufgabe nicht die Anwendung des SGB XI ist. Zudem ist sie systematisch nicht etwa im Leistungsrecht (§§ 28ff. SGB XI), sondern im Verfahrensrecht angesiedelt. Ihre Reichweite ist daher umstritten. Allerdings scheint die praktische Bedeutung des Streits gering zu sein, auch 15 Jahre nach Einführung der Pflegeversicherung liegen noch keine Gerichtsentscheidungen zu der Frage vor. Die h.M. geht in vermittelnder Weise davon aus, dass die Feststellung des MDK im Hinblick auf die Erforderlichkeit einer medizinischen Rehabilitation zwar nicht – ungeachtet aller nach dem Fachrecht des jeweiligen Rehabilitationsträgers bestehenden Anspruchsvoraussetzungen – direkt zu einem Anspruch des Versicherten auf die Rehabilitationsleistung führt. Der zuständige Rehabilitationsträger soll aber an die tatsächlichen Feststellungen des MDK gebunden sein (Udsching, § 18 SGB XI Rn. 15; Hauck/Noftz/Wagner, § 18 SGB XI Rn. 16). Dafür spricht nicht nur der Wortlaut („Anspruch"), sondern auch die Entstehungsgeschichte der Vorschrift (Udsching, aaO). Zutreffend dürfte dennoch sein, dass mit dem zweiten Hs. des Abs. 1 S. 3 lediglich ein unverbindlicher Verweis auf (mögliche) Ansprüche gegen den Rehabilitationsträger (zu den möglichen Rehabilitationsträgern § 6 SGB IX) gemeint ist. Denn neben der für eine Anspruchsnorm äußerst ungewöhnlichen Ansiedlung im Verfahrensrecht des SGB XI spricht auch der systematische Blick auf die §§ 5, 31, 32 SGB XI gegen einen Anspruch und eine tatsächliche Bindungswirkung. Dort ist von einer derart weitgehenden Bindungswirkung nirgends die Rede, und zwar auch dort nicht, wo mit der Verpflichtung der Pflegekasse zur engen Zusammenarbeit mit den Rehabilitationsträgern nach § 31 Abs. 2 SGB XI sowie mit der Pflicht zur vorläufigen Leistungserbringung durch die Pflegekasse nach § 32 SGB XI unmittelbarer Anlass dazu bestanden hätte (wie hier Schulin, NZS 1994, 433, 440). Selbstverständlich bleibt es aber dabei, dass die Rehabilitationsträger außerhalb des SGB XI die Empfehlung des MDK als maßgebliche Entscheidungsgrundlage in die Durchführung ihres Verwaltungsverfahrens einzubeziehen haben.

II. Individueller Pflegeplan (Abs. 6 S. 2)

Die Aufgabe des MDK, seinen Blick über die drei Kernaufgaben (o. Rn. 6) hinauszuheben und für den Versicherten einen übergreifenden Hilfeplan zu empfehlen, ist in der Rechtspraxis des SGB XI bisher kaum umgesetzt worden. In der Kommentarliteratur wird der individuelle Pflegeplan entweder überhaupt nicht erläutert oder auf die ebenfalls nicht recht weiter führenden Aussagen in den PflRi (dort Ziffer 5.9) nach § 17 SGB XI verwiesen. An diesem Befund wird sich vermutlich auch in Zukunft nichts ändern, nachdem die Aufgabe einer übergreifenden Hilfeplanung vom Gesetzgeber nun auch in § 7a SGB XI (s. dort Rn. 5) verankert wurde. Aus der Sicht des Versicherten verspricht es nun ungleich bessere Erfolgsaussichten, den Anspruch auf Pflegeberatung nach § 7a SGB XI geltend zu machen, als vom MDK eine detaillierte Planung zu verlangen.

III. Prüfung der Sicherstellung häuslicher Pflege (Abs. 6 S. 3)

Lässt sich dem Antrag des Versicherten bereits die Wahl von Pflegegeld nach § 37 SGB XI entnehmen, so hat der MDK auch dazu Stellung zu nehmen, ob die häusliche Pflege in geeigneter Weise sichergestellt ist. Das Anliegen dieser Vorschrift ist dasselbe wie das der Abs. 3–7 des § 37 SGB XI. Die Fehlverwendung von Mitteln der Pflegeversicherung im Falle unzureichender Versorgungsstrukturen soll im Interesse des Versicherten und des Systems begrenzt werden. Im Zusammenhang mit § 37 SGB XI hat der Gesetzgeber den Pflegekassen allerdings wirksamere Sanktionsmöglichkeiten zugestanden als im Rahmen des Bewilligungsverfahrens nach § 18 (BSG, 24. 7. 2003, B 3 P 4/02 R).

IV. Erhebung von Informationen durch den MDK (Abs. 2, 4, 5)

Seine wesentlichste Entscheidungsgrundlage verschafft sich der MDK durch die **Untersuchung des Versicherten in seinem Wohnbereich.** In der Duldung dieser Untersuchung liegt zugleich die wichtigste Mitwirkungspflicht des Versicherten (dazu unter D., Rn. 16). Ausnahmsweise kann der MDK (nicht die Pflegekasse) nach Abs. 2 S. 3 von der persönlichen Untersuchung im Wohnbereich absehen, wenn das Ergebnis der medizinischen Untersuchung nach Aktenlage bereits feststeht. Dies kann schon im Hinblick auf die dreifache Aufgabenstellung des MDK (o. Rn. 6) indes nur selten der Fall sein. Betroffen sind davon in erster Linie Fälle, in denen sich bereits aus einer gravierenden medizinischen Diagnose, die beispielsweise auf Grund von Arzt- und Krankenhausunterlagen belegt sein kann, die Pflegebedürftigkeit zwingend ergibt und der Erfolg weiterer Rehabilitationsmaßnahmen ausgeschlossen erscheint.

11 Die Rechtsprechung begreift die Untersuchung im Wohnbereich ungeachtet der Verbindung mit dem Leistungsantrag als **Eingriff** in die Persönlichkeitsrechte des Versicherten, der grundsätzlich einer Rechtfertigung bedarf. Insbesondere kann die Ansetzung einer Wiederholungsuntersuchung daher rechtswidrig sein, wenn eine Besserung der pflegerischen Hilfebedarfe nach Diagnose und Aktenlage ausgeschlossen erscheint (BSG, 13. 3. 2001, B 3 P 20/00 R).

12 Neben die – grundsätzlich zwingende – Verpflichtung zur Untersuchung im Wohnbereich tritt das **Sollen** des MDK, **hausärztliche und sonstige ärztliche Auskünfte und Unterlagen einzuholen und Pflegepersonen zu befragen** (Abs. 4). Diese Form der Informationsbeschaffung ist vom Einverständnis des Versicherten abhängig, seine Verweigerung führt nicht – wie bei der Untersuchung im Wohnbereich nach Abs. 2 Satz 1 – zur Möglichkeit der Leistungsverweigerung. Nach allgemeinen Regeln überträgt Abs. 4 mit dem Begriff „soll" dem MDK nur ein eingeschränktes Ermessen, ob – Einverständnis vorausgesetzt – von der zusätzlichen Informationsbeschaffung abgesehen wird. Im Regelfall sind die Informationen einzuholen und zu berücksichtigen, nur in Sonderfällen darf davon abgesehen werden. Unter Rechtsschutzgesichtspunkten ist allerdings zweierlei zu beachten. Zum einen richten sich die Verfahrensrechte des Versicherten regelmäßig gegen die verfahrensführende Pflegekasse, nicht gegen den MDK (o. Rn. 2). Der Versicherte sollte sich im Zweifel also an diese wenden, wenn er die Informationsbeschaffung des MDK als unzureichend ansieht. Im Hinblick auf die fortbestehenden Verfahrenspflichten der Pflegekassen – insbesondere §§ 20, 21 SGB X, o. Rn. 2 – kann und muss auch diese die zusätzlichen Informationen erheben und in ihre Entscheidung einbeziehen. Zum anderen lässt sich verfahrensrechtlich selbstverständlich kein Anspruch auf Stattgabe auf den Leistungsantrag allein mit Mängeln in der Informationsbeschaffung begründen. Darzulegen ist vielmehr, warum sich aus den zusätzlichen Informationsgrundlagen gerade ein höherer, für die Einstufung und Leistungsbewilligung zu berücksichtigender zeitlicher Hilfebedarf ergibt.

13 Die dritte Informationsquelle des MDK sind nach Abs. 5 **Unterlagen der Pflegekasse** und **Unterlagen bereits tätiger Leistungserbringer.** Letzteres richtet sich insbesondere auf die **Pflegedokumentation,** die im Falle häuslicher Pflege durch einen Pflegedienst von diesem und im Falle stationärer Pflege von dem Heim zu führen ist. Der Verweis auf § 276 Abs. 1 S. 2, 3 SGB V bedeutet, dass Pflegekasse und Leistungserbringer Informationen, die der Versicherte über seine Mitwirkungspflichten hinaus bereitgestellt hat, nur nach ausdrücklicher schriftlicher Einwilligung des Versicherten an den MDK weitergeben dürfen.

V. Information der Pflegekasse und des Versicherten
(Abs. 6 Satz 1, Abs. 3 Satz 5)

14 Zu der grundsätzlich unselbständigen Tätigkeit des MDK im Rahmen des Verfahrens bei der Pflegekasse passt es, dass er seine Informationen und Empfehlungen dieser zu übermitteln hat. Kenntnis vom MDK-Gutachten erhält der Versicherte damit nicht automatisch, sondern im Zweifel auf einen Antrag auf **Akteneinsicht** nach § 25 SGB X. Mit der Neufassung des § 18 Abs. 3 SGB XI hat der Gesetzgeber freilich auf **besondere Eilbedürfnisse** reagiert, die sich insbesondere bei kurzfristigem Eintritt von Pflegebedürftigkeit – beispielsweise im Anschluss an Sturzereignisse und resultierende Verletzungen von Menschen im Seniorenalter – ergeben können. Mit den neuen Regelungen zum Anspruch von Arbeitnehmern auf Pflegezeit (dazu bei § 44a SGB XI) hat der Gesetzgeber eine weitere, typische Eilsituation neu geschaffen. Damit wurde es zugleich notwendig, die Laufzeiten der Informationen zu verkürzen; dies ist durch Abs. 3 S. 3–5 geschehen. Abs. 3 S. 5 enthält in diesem Zusammenhang auch eine Verpflichtung des MDK selbst, den versicherten Antragsteller **direkt** über seine Empfehlung zu informieren. Allerdings ist bei aller Eilbedürftigkeit und Kurzfristigkeit namentlich der Entscheidung über die Inanspruchnahme von Pflegezeit beim Umgang mit dieser direkt übermittelten Empfehlung des MDK eine gewisse Vorsicht geboten. Die Empfehlung ist noch kein Leistungsbescheid (o. Rn. 2). Dieser kann im Einzelfall ohne Rechtsverstoß auch abweichend ausfallen.

VI. Personelle Ausstattung des MDK (Abs. 7)

15 Entsprechend seiner Funktion (o. Rn. 3) ist der MDK in erster Linie mit Ärzten und Pflegefachkräften ausgestattet. Nach Abs. 7 S. 3 ist er auch befugt, mit entsprechend qualifizierten Honorarkräften zu arbeiten.

D. Pflichten des Versicherten (Abs. 2 S. 2, 3)

16 Die (Mitwirkungs-)Pflichten des Versicherten im Verfahren bestehen in erster Linie in der Duldung der Untersuchung in seinem Wohnbereich sowie in der Bereitstellung und dem Einverständnis mit der Verwertung zusätzlicher sachdienlicher Informationen. Generell handelt es sich dabei um **Obliegenheiten,** deren Nichterfüllung zwar leistungsrechtliche Nachteile nach sich ziehen kann. Die Erfüllung ist für die Pflegekasse aber im Übrigen nicht durchsetzbar.

Das Recht der Pflegekasse, nach einer Ermessensentscheidung („kann") im Falle des verweigerten 17
Einverständnisses mit der Untersuchung im Wohnbereich die Leistungen zu verweigern, besteht nur
unter den **zusätzlichen allgemeinen Voraussetzungen der §§ 65, 66 SGB I.** Die Pflegekasse hat
zu prüfen, ob die Untersuchung erforderlich und angemessen ist und die erforderlichen Informationen
auch anders beschafft werden können. Liegt einer dieser Fälle vor, dürfen die Leistungen nicht im
Hinblick auf die verweigerte Untersuchung versagt werden (weiterführend Udsching, § 18 SGB XI
Rn. 8, KassKomm/Gürtner, § 18 SGB XI Rn. 13, Philipp, LPK SGB XI, Anhang Verfahren und
Rechtsschutz Rn. 11–16).

§ 19 Begriff der Pflegepersonen

¹Pflegepersonen im Sinne dieses Buches sind Personen, die nicht erwerbsmäßig einen Pflegebedürftigen im Sinne des § 14 in seiner häuslichen Umgebung pflegen. ²Leistungen zur sozialen Sicherung nach § 44 erhält eine Pflegeperson nur dann, wenn sie eine pflegebedürftige Person wenigstens 14 Stunden wöchentlich pflegt.

A. Normzweck

Die Vorschrift enthält eine **Legaldefinition der Pflegeperson,** die für die Anwendung der Vor- 1
schriften der §§ 13 Abs. 6 (grundsätzliche Nichtanrechnung weitergeleiteten Pflegegeldes bei der
Ermittlung zivilrechtlicher Unterhaltsansprüche und -verpflichtungen), 39 (Anspruch des Versicherten
auf „Verhinderungspflege" wegen Ausfalls der Pflegeperson) und 44 (soziale Absicherung der
Pflegeperson) SGB XI von Bedeutung ist.

B. Pflegeperson (S. 1)

I. Nicht erwerbsmäßig

Pflegeperson kann nur sein, wer die Pflegetätigkeit nicht erwerbsmäßig ausübt. Sonstige Erwerbstä- 2
tigkeit – sei es angestellt, sei es selbständig – neben der pflegerischen Tätigkeit ist unschädlich. Dies
gilt sogar dann, wenn die Erwerbstätigkeit im pflegerischen und/oder hauswirtschaftlichen Bereich
ausgeübt wird. Entscheidend ist lediglich, ob die **Tätigkeit für den konkreten Pflegebedürftigen**
erwerbsmäßig ausgeübt wird. Beispielsweise kann eine Pflegefachkraft durchaus in Teilzeit für eine
Pflegeeinrichtung im Sinne des § 71 SGB XI im Anstellungsverhältnis tätig sein, zugleich aber nicht
erwerbsmäßig einen Angehörigen pflegerisch betreuen.

Erwerbsmäßigkeit wird durch die **Weiterleitung des Pflegegeldes** nach §§ 37, 38 SGB XI durch 3
den Pflegebedürftigen an die Pflegeperson nicht begründet (§ 3 S. 2 SGB VI). Vergütet der Pflegebedürftige
die pflegerische Betreuung dagegen mit einem höheren Betrag, so kommt in der Regel ein
rentenversicherungspflichtiges Beschäftigungsverhältnis zustande, und es ist von Erwerbsmäßigkeit
auszugehen.

Die Tätigkeit als Pflegeperson schließt auch **Arbeitslosigkeit** iSd. § 118 SGB III nicht aus, wenn 4
für den Fall einer erfolgreichen Vermittlung in ein Beschäftigungsverhältnis die Betreuung des pflegebedürftigen
Menschen zeitnah anderweitig organisiert werden könnte (LSG Nds., 25. 5. 2004, L 7 AL
231/02).

II. Pflegebedürftiger

Als Pflegeperson gilt nicht, wer einen hilfebedürftigen Menschen betreut, der nicht zumindest der 5
Pflegestufe I (= Pflegebedürftigkeit im Sinne des § 14) angehört. Die Vorschrift sorgt hier für den
„Gleichlauf" mit den allgemeinen Leistungsvoraussetzungen der Pflegeversicherung (zweifelnd aber
ausweislich der Pressemitteilung BSG 9. 11. 2010, B 2 U 6/10 R: Pflegeperson kann auch sein, wer
einen hilfebedürftigen Menschen pflegt, der noch nicht einer Pflegestufe zugeordnet wurde).

III. Häusliche Umgebung

Schließlich ist die Anerkennung als Pflegeperson an die häusliche Betreuung gebunden. Ehrenamt- 6
liche oder ergänzende Betreuung in einer **zugelassenen stationären Einrichtung ist nicht ausreichend.**
Dies ergibt sich aus dem Grundsatz „ambulant vor stationär" (§ 3 SGB XI) und der Umsetzung
dieses Grundsatzes im Leistungsrecht des SGB XI. Die pflegerische Betreuung durch nicht
professionelle Kräfte ist bei häuslicher Pflege (§§ 37, 38 SGB XI) vorgesehen, im stationären Kontext
(§§ 41–43 SGB XI) dagegen nicht. Allerdings schließt die Wohnung des Pflegebedürftigen in
einem Heim die Erbringung häuslicher Pflege und damit auch die Erfüllung der Anforderungen an eine
Pflegeperson im Sinne des § 19 S. 1 durch den Pflegenden nicht zwingend aus. Sind vielmehr die

Mindestanforderungen an eigene Häuslichkeit (etwa eigene Kochmöglichkeit und eigener Sanitärbereich, vgl. Hauck/Noftz/Wagner, § 19 Rn. 24) in einem Altenwohnheim, einer Seniorenresidenz oder einem Wohnheim für Menschen mit Behinderung gegeben, so richten sich die Leistungen der Pflegeversicherung nach §§ 36 ff. und nicht §§ 41 ff. SGB XI. Diese Einrichtungen erhalten nämlich keine Zulassung als stationäre Einrichtungen iSd. § 71 Abs. 2 SGB XI. Folgerichtig können dort auch Pflegepersonen im Sinne des § 19 S. 1 SGB XI tätig sein.

C. Soziale Absicherung der Pflegeperson (S. 2)

I. Unfallversicherung

7   Nach S. 2 enthält eine Pflegeperson im Sinne des S. 1 nur dann Leistungen zur sozialen Sicherung, wenn sie eine pflegebedürftige Person wenigstens 14 Stunden wöchentlich pflegt. Diese Untergrenze gilt jedoch **nicht für Leistungen der gesetzlichen Unfallversicherung** (BSG, 9. 11. 2010, B 2 U 6/10 R u. 7. 9. 2004, B 2 U 46/03). Denn zum einen findet sich die Begrenzung in der – rechtlich vorrangig maßgeblichen, s. bei § 44 SGB XI Rn. 1 – Regelung des § 2 Abs. 1 Nr. 17 SGB VII nicht wieder. Zum anderen wäre es widersinnig, anderen ehrenamtlich Tätigen den Schutz der Unfallversicherung bereits bei stundenmäßig geringem Engagement zuzuweisen, wie dies in § 2 Abs. 1 SGB VII vielfach der Fall ist, der besonders erwünschten häuslichen Pflegetätigkeit aber ein „Erschwernis" in Höhe von mindestens 14 Stunden wöchentlich in den Weg zu legen.

8   Versichert sind nach dem Wortlaut des § 2 I Nr. 17 SGB VII **nur Pflegetätigkeiten bei den Verrichtungen nach § 14 Abs. 4 SGB XI**. Betreuerische Tätigkeiten der Pflegeperson, die über diese Verrichtungen hinausgehen und in der Regel durchaus zwingend erforderlich sind, sind danach nicht versichert; es kommt allenfalls Unfallversicherungsschutz nach anderen Tatbeständen – etwa § 2 Abs. 1 Nr. 13a SGB VII, Nothilfeleistung – in Frage (LSG Saarl., 12. 10. 2004, L 2 U 16/04; LSG NRW 17. 9. 2010, L 4 U 57/09). Diese Begrenzung stand früher zwar in Widerspruch zur damaligen Anerkennung auch nicht iSd. § 14 Abs. 4 SGB XI verrichtungsbezogener Hilfeleistungen in Zusammenhang mit der sozialen Absicherung in der gesetzlichen Rentenversicherung (unten Rn. 9). Sie ist aber im Wortlaut des § 2 Abs. 1 Nr. 17 SGB VII so angelegt und erscheint auch vor dem Hintergrund der Aufgabe einer Mindestzeit von 14 Stunden für den Bereich der Unfallversicherung (oben Rn. 7) schlüssig.

II. Rentenversicherung

9   Bei der Sicherung in der gesetzlichen Rentenversicherung hat der Mindest-Zeitaufwand von 14 Stunden wöchentlich dagegen Bestand (ausdrücklich auch § 3 S. 1 Nr. 1a SGB VI). In der Rechtsprechung war umstritten, ob die 14 Stunden allein mit **verrichtungsbezogenen Tätigkeiten im Sinne des § 14 IV SGB XI** erreicht werden müssen (so aber jetzt auch BSG 5. 5. 2010, B 12 R 6/09 R). Folge ist, dass bei der Begutachtung durch den MDK im Wochendurchschnitt ein täglicher Aufwand von 120 Minuten festgestellt werden muss – und damit deutlich mehr als die Voraussetzungen der Pflegestufe I (für diese reichen nach § 15 Abs. 3 S. 1 Nr. 1 SGB XI 90 Minuten aus). Für diese Auffassung mag vordergründig die Bezugnahme auf § 14 SGB XI in § 19 S. 1 sprechen. Die Auffassung verkennt aber bereits die Funktion des Verweises auf § 14 SGB XI. Denn mit ihm soll lediglich klargestellt werden, dass als Pflegeperson nur gilt, wer einen Versicherten zumindest der Pflegestufe I betreut (o. Rn. 5). Gegen das enge Verständnis des § 19 S. 2 spricht auch die Funktion des Verrichtungsbezugs bei der Einstufungsentscheidung in § 14 Abs. 4 SGB XI (dazu bei § 14 SGB XI Rn. 2, 4). Es geht bei dieser Vorschrift allein um die Einstufung, nicht aber um eine auch nur annähernd vollständige Umschreibung des Hilfebedarfs. Da es aber dieser Bedarf ist, der durch die ehrenamtlichen Pflegepersonen des § 19 gedeckt werden soll und muss, sind auch die tatsächlichen Pflege- und Betreuungszeiten zugrunde zu legen. Insbesondere zählen somit **auch Zeiten** mit, die die Pflegeperson für die Befriedigung des **Kommunikationsbedürfnisses** des Pflegebedürftigen und die **medizinische Behandlungspflege** aufwendet (zutreffend LSG Sachs.-Anh., 20. 9. 2006, L 4 P 17/03; LSG Rh-P., 29. 4. 2009, L 4 R 46/08, SG Freiburg, 4. 11. 2010, S 12 R 978/07).

10 Die Prüfung, ob die Pflegeperson zumindest 14 wöchentliche Stunden pflegerisch tätig ist, obliegt ebenfalls dem MDK (§ 44 Abs. 4 S. 3 SGB XI). Der Antrag auf Leistungen zur sozialen Sicherung ist von der Pflegeperson im **eigenen Namen** zu stellen (LSG Saarl., 29. 4. 2004, L 4 KN 7/02 P). Rechtsmittel haben sich direkt **gegen den Rentenversicherungsträger** zu richten, nicht gegen die beitragspflichtige Pflegekasse (BSG, 23. 9. 2003, B 12 P 2/02 R).

III. Sonstige Sozialsysteme

11 Eine Pflichtmitgliedschaft von Pflegepersonen in der **gesetzlichen Krankenversicherung** sehen das SGB XI und das SGB V nicht vor. Zum Schutz im **Arbeitsförderungsrecht** s. bei § 28a SGB III.

D. Zivildienstleistende und Absolventen des freiwilligen sozialen Jahres (FSJ)

Zivildienstleistende und Teilnehmer am FSJ sind **keine Pflegepersonen** iSd. § 19. Denn einer sozialen Absicherung bedürfen sie nicht, diese ist anderweitig geregelt. Auch nach dem Zweck der Vorschrift des S. 1 gehören sie nicht zur Zielgruppe. Der einzelne Pflegebedürftige wird derartige Kräfte nicht direkt, sondern nur über einen Leistungserbringer in Anspruch nehmen können. Damit fallen Zivildienstleistende und Teilnehmer am FSJ in den professionellen Kontext, auf den sich § 19 gerade nicht bezieht.

12

Drittes Kapitel. Versicherungspflichtiger Personenkreis

§ 20 Versicherungspflicht in der sozialen Pflegeversicherung für Mitglieder der gesetzlichen Krankenversicherung

(1) ¹Versicherungspflichtig in der sozialen Pflegeversicherung sind die versicherungspflichtigen Mitglieder der gesetzlichen Krankenversicherung. ²Dies sind:

1. Arbeiter, Angestellte und zu ihrer Berufsausbildung Beschäftigte, die gegen Arbeitsentgelt beschäftigt sind; für die Zeit des Bezugs von Kurzarbeitergeld nach dem Dritten Buch bleibt die Versicherungspflicht unberührt,
2. Personen in der Zeit, für die sie Arbeitslosengeld nach dem Dritten Buch beziehen, auch wenn die Entscheidung, die zum Bezug der Leistung geführt hat, rückwirkend aufgehoben oder die Leistung zurückgefordert oder zurückgezahlt worden ist; ab Beginn des zweiten Monats bis zur zwölften Woche einer Sperrzeit (§ 144 des Dritten Buches) oder ab Beginn des zweiten Monats der Ruhenszeit wegen einer Urlaubsabgeltung (§ 143 Abs. 2 des Dritten Buches) gelten die Leistungen als bezogen,
2a. Personen in der Zeit, für die sie Arbeitslosengeld II nach dem Zweiten Buch beziehen, soweit sie in der gesetzlichen Krankenversicherung nicht familienversichert sind, es sei denn, dass diese Leistung nur darlehensweise gewährt wird oder nur Leistungen nach § 24 Absatz 3 Satz 1 des Zweiten Buches bezogen werden,
3. Landwirte, ihre mitarbeitenden Familienangehörigen und Altenteiler, die nach § 2 des Zweiten Gesetzes über die Krankenversicherung der Landwirte versicherungspflichtig sind,
4. selbständige Künstler und Publizisten nach näherer Bestimmung des Künstlersozialversicherungsgesetzes,
5. Personen, die in Einrichtungen der Jugendhilfe, in Berufsbildungswerken oder in ähnlichen Einrichtungen für behinderte Menschen für eine Erwerbstätigkeit befähigt werden sollen,
6. Teilnehmer an Leistungen zur Teilhabe am Arbeitsleben sowie an Berufsfindung oder Arbeitserprobung, es sei denn, die Leistungen werden nach den Vorschriften des Bundesversorgungsgesetzes erbracht,
7. Behinderte Menschen, die in anerkannten Werkstätten für Behinderte oder in Blindenwerkstätten im Sinne des § 143 des Neunten Buches oder für diese Einrichtungen in Heimarbeit tätig sind,
8. Behinderte Menschen, die in Anstalten, Heimen oder gleichartigen Einrichtungen in gewisser Regelmäßigkeit eine Leistung erbringen, die einem Fünftel der Leistung eines voll erwerbsfähigen Beschäftigten in gleichartiger Beschäftigung entspricht; hierzu zählen auch Dienstleistungen für den Träger der Einrichtung,
9. Studenten, die an staatlichen oder staatlich anerkannten Hochschulen eingeschrieben sind, soweit sie nach § 5 Abs. 1 Nr. 9 des Fünften Buches der Krankenversicherungspflicht unterliegen,
10. Personen, die zu ihrer Berufsausbildung ohne Arbeitsentgelt beschäftigt sind oder die eine Fachschule oder Berufsfachschule besuchen oder eine in Studien- oder Prüfungsordnungen vorgeschriebene berufspraktische Tätigkeit ohne Arbeitsentgelt verrichten (Praktikanten); Auszubildende des Zweiten Bildungsweges, die sich in einem nach dem Bundesausbildungsförderungsgesetz förderungsfähigen Teil eines Ausbildungsabschnittes befinden, sind Praktikanten gleichgestellt,
11. Personen, die die Voraussetzungen für den Anspruch auf eine Rente aus der gesetzlichen Rentenversicherung erfüllen und diese Rente beantragt haben, soweit sie nach § 5 Abs. 1 Nr. 11, 11a oder 12 des Fünften Buches der Krankenversicherungspflicht unterliegen,
12. Personen, die, weil sie bisher keinen Anspruch auf Absicherung im Krankheitsfall hatten, nach § 5 Abs. 1 Nr. 13 des Fünften Buches oder nach § 2 Abs. 1 Nr. 7 des Zwei-

ten Gesetzes über die Krankenversicherung der Landwirte der Krankenversicherungspflicht unterliegen.

(2) ¹Als gegen Arbeitsentgelt beschäftigte Arbeiter und Angestellte im Sinne des Absatzes 1 Nr. 1 gelten Bezieher von Vorruhestandsgeld, wenn sie unmittelbar vor Bezug des Vorruhestandsgeldes versicherungspflichtig waren und das Vorruhestandsgeld mindestens in Höhe von 65 vom Hundert des Bruttoarbeitsentgelts im Sinne des § 3 Abs. 2 des Vorruhestandsgesetzes gezahlt wird. ²Satz 1 gilt nicht für Personen, die im Ausland ihren Wohnsitz oder gewöhnlichen Aufenthalt in einem Staat haben, mit dem für Arbeitnehmer mit Wohnsitz oder gewöhnlichem Aufenthalt in diesem Staat keine über- oder zwischenstaatlichen Regelungen über Sachleistungen bei Krankheit bestehen.

(2 a) Als zu ihrer Berufsausbildung Beschäftigte im Sinne des Absatzes 1 Satz 2 Nr. 1 gelten Personen, die als nicht satzungsmäßige Mitglieder geistlicher Genossenschaften oder ähnlicher religiöser Gemeinschaften für den Dienst in einer solchen Genossenschaft oder ähnlichen religiösen Gemeinschaft außerschulisch ausgebildet werden.

(3) Freiwillige Mitglieder der gesetzlichen Krankenversicherung sind versicherungspflichtig in der sozialen Pflegeversicherung.

(4) ¹Nehmen Personen, die mindestens zehn Jahre nicht in der sozialen Pflegeversicherung oder der gesetzlichen Krankenversicherung versicherungspflichtig waren, eine dem äußeren Anschein nach versicherungspflichtige Beschäftigung oder selbständige Tätigkeit von untergeordneter wirtschaftlicher Bedeutung auf, besteht die widerlegbare Vermutung, daß eine die Versicherungspflicht begründende Beschäftigung nach Absatz 1 Nr. 1 oder eine versicherungspflichtige selbständige Tätigkeit nach Absatz 1 Nr. 3 oder 4 tatsächlich nicht ausgeübt wird. ²Dies gilt insbesondere für eine Beschäftigung bei Familienangehörigen oder Lebenspartnern.

A. Normzweck

1   Der Gesetzgeber hat mit dem Gesetz zur sozialen Absicherung des Risikos der Pflegebedürftigkeit (Pflege-Versicherungsgesetz – PflegeVG) v. 26. 5. 1994 (BGBl. I S. 1014) die rechtliche Grundlage für eine Versicherung geschaffen, die ursprünglich rund 98% der Bevölkerung umfasste. Die nach dem hiermit eingeführten SGB XI (Art. 1 PflegeVG) versicherten Personen sind hiernach entweder als Mitglieder oder Familienversicherte kraft Gesetzes in die als Körperschaften des öffentlichen Rechts organisierten Pflegekassen (§ 1 I S. 1, § 29 I SGB IV) einbezogen (**soziale Pflegeversicherung**) oder gesetzlich verpflichtet, als Versicherungsnehmer einen privaten Versicherungsvertrag für sich und ihre Angehörigen bei einem privaten Krankenversicherungsunternehmen abzuschließen (**private Pflegeversicherung**). Beide Versicherungsformen zusammen stellen in Abgrenzung zur privaten (Zusatz-) Pflegeversicherung die **gesetzliche Pflegeversicherung** dar (vgl. BVerfG v. 3. 4. 2001, 1 BvR 2014/95, SozR 3–1100 Art. 74 Nr. 4). Soweit sich aus der unterschiedlichen Zuordnung der Betroffenen Unterschiede in der Beitragsbelastung ergeben, ist dies verfassungsrechtlich unbedenklich (BSG v. 3. 9. 1998, B 12 P 3/97 R, SozR 3–3300 § 20 Nr. 4). Mitglieder der sPV sind im Wesentlichen Pflichtversicherte. Ein freiwilliger Beitritt war – anders als das Recht zur freiwilligen Weiterversicherung nach § 26 – ursprünglich überhaupt nicht vorgesehen. Eine entsprechende Regelung wurde aufgrund der Rechtsprechung des BVerfG (v. 3. 4. 2001, 1 BvR 81/98, SozR 3–3300 § 20 Nr. 6; anders vorher BSG v. 6. 11. 1997, 12 RP 1/96, SozR 3–3300 § 20 Nr. 2) erst mit § 26a nachgeholt. Versicherungsfreiheit iS einer spezialgesetzlichen Anordnung innerhalb des SGB XI ist nicht vorgesehen. Eine Befreiung von der Versicherungspflicht kommt nur übergangsrechtlich in Betracht (§ 56 IV).

2   § 20 verkörpert innerhalb der sPV das ursprüngliche Konzept „**PV folgt KV**". Dieses Vorgehen entspricht dem Ziel des Gesetzes, grundsätzlich die gesamte Bevölkerung gegen das Risiko der Pflegebedürftigkeit abzusichern („Volksversicherung") und dabei im Wesentlichen die Möglichkeiten einer Erfassung der Betroffenen mit vertretbarem Verwaltungsaufwand zu nutzen (vgl. zur verfassungsrechtlichen Unbedenklichkeit dieses Konzepts BVerfG v. 3. 4. 2001, 1 BvR 2014/95, SozR 3–1100 Art. 74 Nr. 4). § 20 umschreibt neben § 21, der an krankenversicherungsrechtlichen Schutz außerhalb der gKV anknüpft, den wesentlichen Teil der in der sPV Versicherungspflichtigen und der Versicherungspflichtigen der gPV insgesamt. Nach Inkrafttreten von § 5 Abs. Nr. 13 SGB V zum 1. 4. 2007 und von § 12 Abs. 1a bis c VAG zum 1. 1. 2009 ist künftig praktisch allen Bürgern der Zugang zur gPV zumindest eröffnet.

B. Versicherungspflicht (Abs. 1 S. 1, Abs. 3)

3   Wie in der gKV tritt auch in der sPV die Rechtsfolge **Versicherungspflicht** nach § 20 unmittelbar kraft Gesetzes ein, dh. die betroffenen Personen werden Mitglieder derjenigen PK, die bei der KK errichtet ist, bei der eine Mitgliedschaft besteht (§ 48 Abs. 1 S. 1) und genießen im gesetzlichen

Rahmen den Schutz gegen die Risiken der Pflegebedürftigkeit (§ 21 a SGB I, § 1 I SGB XI). Abs. I S. 1 und Abs. 3 regeln dies für die pflicht- und freiwillig versicherten Mitglieder der gKV jeweils konstitutiv. Auf die innere Willensrechtung der Beteiligten kommt es daneben ebenso wenig an wie auf sonstige Umstände wie etwa eine Erklärung des Beitritts oder einen Vertragsschluss. Familienversicherte der gKV, die ohne eigene Mitgliedschaft den Schutz der KV genießen, sind in § 25 gesondert erfasst.

C. In der sPV versicherungspflichtige Mitglieder der gKV

I. Pflichtversicherte der gKV (Abs. 1, 2, 2a)

Die Rechtsfolge der **Versicherungspflicht in der gKV** ist ihrerseits einer der Tatbestände, an die 4 die Versicherungspflicht in der sPV grundsätzlich anknüpft (Abs. 1 S. 1). Die Erfüllung eines Versicherungspflichttatbestandes in der gKV führt insofern (mittelbar) gleichzeitig und ebenfalls kraft Gesetzes zur Versicherungspflicht in der sPV. Aus der Sicht der sPV ist die Versicherungspflicht in der gKV umgekehrt Vorfrage für die Versicherungspflicht im eigenen Zweig der SV. Die Norm verkörpert für den betroffenen Personenkreis system- wie versicherungsartbezogen den Grundsatz „PV folgt KV". Von den KV-Trägern getroffene Feststellungen über das (Nicht-)Bestehen von Versicherungspflicht haben folglich stets nur eine weitere **Tatbestandswirkung** für die hiervon zu unterscheidenden eigenständigen Träger der sPV (§ 46 Abs. 2) und deren Entscheidungen (vgl. zur notwendigen Erkennbarkeit der Pflegekasse als erlassende Körperschaft BSG v. 26. 1. 2005, B 12 P 4/02 R, SozR 4–2400 § 3 Nr. 1 und B 12 P 9/03 R, USK 2005–3). Wer von Abs. 1 S. 1 nicht erfasst ist kann in der sPV dennoch aufgrund eines anderen Tatbestandes (etwa des Abs. 3) versicherungspflichtig sein. Versicherungspflicht in der gKV ist damit eine zwar grundsätzlich hinreichende, nicht aber in jedem Falle notwendige Voraussetzung der zwangsweisen Einbeziehung in die sPV.

Wo es umgekehrt an der **Anwendbarkeit der Versicherungspflichttatbestände** der gKV überhaupt fehlt oder trotz KV-Pflicht „dem Grunde nach" Versicherungspflicht in der gKV im Ergebnis 5 nicht eintritt, führt dieser Tatbestand auch in der sPV nicht zur Versicherungspflicht. Fehlt es daher in Ermangelung eines territorialen **Inlandsbezuges** bereits an der Anwendbarkeit deutschen Krankenversicherungsrechts, ist schon damit – ohne Verstoß gegen EG-Recht – auch die Versicherungspflicht in der sPV ausgeschlossen (BSG v. 26. 1. 2005, B 12 P 4/02 R, SozR 4–2400 § 3 Nr. 1 und B 12 P 9/03 R, USK 2005–3). Soweit es Versicherungspflichtigen nach Maßgabe insbesondere von § 8 SGB V überlassen bleibt, sich von der Versicherungspflicht **befreien** zu lassen, entscheiden sie damit mittelbar stets gleichzeitig über das Entfallen von Versicherungsschutz in der sPV. Die Betroffenen müssen dies ebenso hinnehmen wie den Umstand, dass sie in vollem Umfang an der weiteren Entwicklung des stattdessen gewählten privaten Versicherungsschutzes Teil nehmen. Eine Systemwahl nach dem Rosinenprinzip bzw. nach Maßgabe jeweils aktueller Individualnützlichkeit scheidet damit einfachgesetzlich aus, ohne dass insofern verfassungsrechtliche Bedenken bestünden (vgl. BSG v. 3. 9. 1998, B 12 P 3/97 R, SozR 3–3300 § 20 Nr. 4).

Soweit Abs. 1 S. 2 die Versicherungspflichttatbestände der gKV nochmals zusammenfassend auflistet, tut er dies iS eines besseren Verständnisses der Norm aus sich heraus allein deklaratorisch. Etwaige 6 **(Text-)Differenzen** gegenüber der allein im Recht der gKV abschließend bestimmten Rechtslage sind folglich rechtlich ebenso unerheblich wie etwa der fehlende Nachvollzug von Änderungen im Recht der gKV: erfasst sind die Pflichtversicherten der gKV und nur diese (im Ergebnis wie hier und zu den sonstigen denkbaren Lösungsmöglichkeiten s. KassKomm/Peters, § 20 Rn. 12).

Zu den Versicherungspflichtigen nach Abs. 1 S. 2 Nr. 1 zählen wegen § 5 III, I Nr. 1 SGB V ohne 7 weiteres auch die dort genannten **Bezieher von Vorruhestandsgeld.** Das Gesetz betont die Zugehörigkeit der hiermit (ohnehin nur deklaratorisch) bereits erfassten Gruppe dennoch überflüssigerweise mit Abs. II nochmals an herausgehobener Stelle. Abs. 2 S. 1 entspricht § 5 Abs. 3 SGB V, S. 2 dem § 5 Abs. 4 SGB V. Ebenso sind wegen § 5 Abs. 4a, Abs. 1 Nr. 1 SGB V auch die dort erfassten nicht satzungsmäßigen Mitglieder geistlicher Genossenschaften und ähnlicher **religiöser Gemeinschaften** eigentlich bereits als Angehörige des in Abs. Abs. 1 S. 2 Nr. 1 umschriebenen Personenkreises erfasst. Der dem § 5 Abs. 4a S. 2 SGB V entsprechende Abs. 2a führt dennoch auch sie nochmals gesondert auf.

Die Spitzenverbände der KKen und die Deutsche Rentenversicherung Bund gehen – teilweise unter Hinweis auf § 49 Abs. 2 – davon aus, dass auch **Rentenantragsteller** der Versicherungspflicht 8 unterliegen (vgl. Rundschreiben „Krankenversicherung und Pflegeversicherung der Rentner zum 1. April 2007" v. 23. 2. 2007, S. 42 unter 21 und ebenso bereits Rundschreiben „Krankenversicherung und Pflegeversicherung der Rentner" v. 17. 3. 2004, S. 14 unter 1). Die Mitgliedschaft der Betroffenen in der gKV beruht allerdings – jedenfalls bei erfolglosen Rentenbewerbern – entgegen Abs. 1 S. 1 gerade nicht auf der Erfüllung eines Versicherungspflichttatbestandes, sondern allein auf der **Mitgliedschaftsfiktion** des § 189 I S. 1 SGB V. § 49 II verweist auf § 189 SGB V allein hinsichtlich des Fortbestehens einer (damit notwendig) bereits begründeten Mitgliedschaft in der sPV. Nur insofern können auch die beitragsrechtlichen Vorschriften der § 56 Abs. 2, § 57 Abs. 4 S. 2 unmittel-

Berchtold

bar Anwendung finden. Im Blick auf die fehlende Erweiterungs- und Analogiefähigkeit der Versicherungspflichttatbestände könnte daher eine allein durch Auslegung nicht zu schließende Lücke vorliegen. Dies gilt entsprechend auch im Blick auf Tatbestände der Aufrechterhaltung einer Mitgliedschaft in der gKV (§§ 192f SGB V, § 25 KVLG 1989). Soweit § 49 Abs. 2 die entsprechende Anwendung dieser Normen anordnet, geschieht auch dies ausdrücklich nur hinsichtlich des Fortbestehens (!) einer Mitgliedschaft in der sPV.

9 Dass die Versicherungspflicht auf **versicherungspflichtige Mitglieder** der gKV beschränkt ist, während für die bei einem privaten Versicherungsunternehmen Versicherten in der sPV weder Versicherungspflicht noch eine Beitrittsberechtigung besteht, ist mit dem GG vereinbar (BSG v. 6. 11. 1997, 12 RP 2/96, SozR 3–3300 § 20 Nr. 3). Der Gesetzgeber durfte es wegen der zum Teil nur schwer abgrenzbaren Risiken der Pflegebedürftigkeit wegen Krankheit und der Pflegebedürftigkeit nach dem SGB XI für angemessen halten, grundsätzlich die PV der KV folgen zu lassen. Die unterschiedliche Beitragsbemessung in beiden Systemen ist Folge dieser Zuordnung und steht ihr nicht ihrerseits entgegen.

II. Freiwillige Mitglieder der gKV (Abs. 3)

10 Freiwillige Mitglieder der gKV sind grundsätzlich ebenfalls in der sPV pflichtversichert. Der Grundsatz „PV folgt KV" wird insofern nur **systembezogen** gewahrt, versichertenartbezogen jedoch durchbrochen, denn die freiwillige Versicherung in der gKV führt nicht zu einer freiwilligen, sondern zu einer Pflichtversicherung in der sPV. Die allein durch den Beitritt der hierzu Berechtigten zu Stande kommende freiwillige KV (§ 188 Abs. 1 SGB V) führt – wie bei den Pflichtversicherten der gKV – unmittelbar kraft Gesetzes zur Versicherungspflicht in der sPV. Die feststellende Entscheidung des KV-Trägers hat Tatbestandswirkung für die Pflegekasse, die auch insofern exklusiv zur Entscheidung über die Versicherungspflicht in der sPV berufen ist (BSG v. 3. 9. 1998, B 12 KR 23/97 R, SozR 3–3300 § 20 Nr. 5).

11 Eine Ausnahme von der Versicherungspflicht gilt allein dann, wenn Betroffene vom Befreiungsrecht des **§ 22** Gebrauch gemacht haben. Im Übrigen hat jede freiwillige Entscheidung zu Gunsten der gKV notwendig zugleich die zwangsweise Zugehörigkeit zur sPV zur Folge. Verfassungsrechtliche Bedenken bestehen hiergegen nicht (BSG v. 3. 9. 1998, B 12 KR 23/97 R, SozR 3–3300 § 20 Nr. 5 und BVerfG v. 3. 4. 2001, 1 BvR 1681/94, 1 BvR 2491/94, 1 BvR 24/95, SozR 3–3300 § 23 Nr. 3). Auch steht dem Eintritt von Versicherungspflicht bei freiwillig in der gKV versicherten Beamten Art. 33 V GG nicht entgegen (BVerfG v. 25. 9. 2001, 2 BvR 2566/94, juris). Für die Beitragsbemessung in der Pflegeversicherung freiwilliger Mitglieder der gKV ist § 240 SGB V entsprechend anzuwenden (§ 57 Abs. 4 S. 1 SGB XI und hierzu BSG v. 3. 9. 1998, B 12 KR 23/97 R, SozR 3–3300 § 20 Nr. 5).

12 Soweit Betroffene der gKV nur deshalb freiwillig beigetreten sind, weil sie die Voraussetzungen der **Familienversicherung** (§ 10 SGB V) nicht (mehr) erfüllen und damit ihre Pflichtmitgliedschaft in der sPV mittelbar auf Regelungen der gKV beruht, verstößt dies nicht gegen höherrangiges Recht (vgl. BSG v. 25. 8. 2004, B 12 P 1/04 R, SozR 4–3300 § 25 Nr. 1). Auch ansonsten bestehen gegen die Koppelung von freiwilliger Versicherung in der gKV und Pflichtversicherung in der sPV keine verfassungsrechtlichen Bedenken (BSG v. 3. 9. 1998, B 12 KR 23/97 R, SozR 3–3300 § 20 Nr. 5). Der Gesetzgeber durfte für das gegenüber der Krankheit eher fern liegende Risiko der Pflegebedürftigkeit typisierend eine geringere Selbstvorsorge unterstellen und war daher durch Art. 3 Abs. 1 GG nicht gehindert, in gegenüber der gKV erweitertem Maße Versicherungspflicht anzuordnen. Die eigene Versicherungspflicht nach Abs. 3 schließt nach § 25 Abs. 1 S. 1 Nr. 2 die Familienversicherung in der sPV tatbestandlich aus. Auf diese Weise wird die Wertung des § 25 Abs. 1 S. 1 Nr. 2 SGB V auf das Recht der PV übertragen und so für beide Zweige der S V systemübergreifend eine auf einheitlichen Maßstäben beruhende **Begrenzung** der Familienversicherung gewährleistet (BSG v. 25. 8. 2004, B 12 P 1/04 R, SozR 4–3300 § 25 Nr. 1).

D. Untergeordnete Beschäftigung oder Tätigkeit (Abs. 4)

13 Die Regelung reduziert iS der **Missbrauchsabwehr** (vgl. BT-Drs. 12/5262 S. 103f.) für Sonderfälle die Koppelung zwischen der Versicherungspflicht in der gKV und derjenigen in der sPV. Da eine vergleichbare Regelung in der gKV fehlt, handelt es sich um eine eigenständige und hierauf beschränkte Tatbestandsreduktion der sPV. Kann die sich als Rechtsfolge von Abs. 4 S. 1 ergebende Vermutung nicht widerlegt werden, sind die Betroffenen damit zwar in der gKV, dennoch aber ausnahmsweise nicht gleichzeitig in der sPV pflichtversichert. Die – soweit erkennbar – ohnehin geringe praktische Bedeutung der Regelung dürfte mit dem Inkrafttreten von § 5 Abs. 1 Nr. 13 SGB V zum 1. 4. 2007 noch weiter abnehmen. Außerhalb des Anwendungsbereichs von Abs. 4 S. 1 ist im Übrigen nicht etwa stets von Versicherungspflicht auszugehen. Vielmehr bleibt insbesondere die Verpflichtung von Verwaltungen und Gerichten zur vollständigen Ermittlung aller rechtlich relevanten Umstände (§ 20 Abs. 1, Abs. 2 SGB X, § 103 SGG) unberührt.

S. 1 begründet für den Fall einer durchgehend fehlenden Pflichtversicherung in der gKV oder der 14
sPV in den vergangenen mindestens 10 Jahren die **tatsächliche Vermutung** (§ 292 ZPO), dass ein
die Versicherungspflicht als Beschäftigter/selbstständig Tätiger begründender Sachverhalt nach Abs.
1 S. 2 Nr. 1, 3 oder 4 entgegen dem äußeren Anschein nicht vorliegt, wenn diese Beschäftigung
oder Tätigkeit nur von untergeordneter wirtschaftlicher Bedeutung ist. S. 2 benennt exemplarisch eine
Beschäftigung bei Familienangehörigen oder Lebenspartnern. Tatbestandlich genügt bereits der **Anschein** einer Versicherungspflicht begründenden Beschäftigung/selbstständigen Tätigkeit. Müssten
zunächst alle im Einzelfall zur Versicherungspflicht führenden Umstände geklärt werden, bliebe die
Regelung von vorne herein ohne Anwendungsbereich. Eine „**untergeordnete wirtschaftliche
Bedeutung**" kann sich insbesondere aus der Entgelthöhe im Vergleich zum Üblichen ergeben (vgl.
zur Bedeutung des Entgelts im Rahmen der Beschäftigung bei Familienangehörigen Rn. 35 zu § 7
SGB IV). Liegen alle die Vermutung begründenden Umstände vor, ist bis zur Widerlegung vorläufig,
ansonsten endgültig von der Versicherungsfreiheit in der sPV auszugehen. Die **Widerlegung** erfordert den Vollbeweis aller Versicherungspflicht begründenden Umstände. Kann dieser Beweis nicht
geführt werden, geht dies ungeachtet der Amtsermittlungspflicht im Ergebnis zu Lasten desjenigen,
der seine Versicherteneigenschaft behauptet (objektive Beweislast).

§ 21 Versicherungspflicht in der sozialen Pflegeversicherung für sonstige Personen

Versicherungspflicht in der sozialen Pflegeversicherung besteht auch für Personen mit Wohnsitz oder gewöhnlichem Aufenthalt im Inland, die
1. nach dem Bundesversorgungsgesetz oder nach Gesetzen, die eine entsprechende Anwendung des Bundesversorgungsgesetzes vorsehen, einen Anspruch auf Heilbehandlung oder Krankenbehandlung haben,
2. Kriegsschadenrente oder vergleichbare Leistungen nach dem Lastenausgleichsgesetz oder dem Reparationsschädengesetz oder laufende Beihilfe nach dem Flüchtlingshilfegesetz beziehen,
3. ergänzende Hilfe zum Lebensunterhalt im Rahmen der Kriegsopferfürsorge nach dem Bundesversorgungsgesetz oder nach Gesetzen beziehen, die eine entsprechende Anwendung des Bundesversorgungsgesetzes vorsehen,
4. laufende Leistungen zum Unterhalt und Leistungen der Krankenhilfe nach dem Achten Buch beziehen,
5. krankenversorgungsberechtigt nach dem Bundesentschädigungsgesetz sind,
6. in das Dienstverhältnis eines Soldaten auf Zeit berufen worden sind,

wenn sie gegen das Risiko Krankheit weder in der gesetzlichen Krankenversicherung noch bei einem privaten Krankenversicherungsunternehmen versichert sind.

Das dem Gesetz zu Grunde liegende **Konzept der Volksversicherung** gebietet es, grundsätzlich 1
allen Betroffenen Zugang zu verschaffen. Der Gesetzgeber durfte daher zur möglichst praktikablen
Umsetzung des Gesetzes und zur Vermeidung aufwändiger Ermittlungen die Versicherungspflicht in
der gPV zwar auf die bei Inkrafttreten des SGB XI gesetzlich umschriebenen Tatbestände beschränken und grundsätzlich an eine bereits vorhandene KV anknüpfen. Er war jedoch durch Art. 3 I GG
gehalten, den auf diese Weise nicht erfassten Personengruppen auf sonstige Weise, etwa durch Einräumung eines befristeten Beitrittsrechts, Zugang zu verschaffen, ohne auch insofern danach zu differenzieren, ob jeweils ein hohes Risiko bestand oder bereits eingetreten war. **§ 1 Abs. 2** ist daher auch
nicht etwa als abschließende Umschreibung des Kreises der in der sPV Pflichtversicherten oder als
Ausschlusstatbestand zu verstehen (BSG v. 12. 2. 2004, B 12 P 3/02 R, SozR 4–3300 § 23 Nr. 1
mwN).

Wie speziell die Begründung zu der in § 21 geregelten weiteren Einbeziehung weder gesetzlich 2
noch privat krankenversicherter Personengruppen (BT-Drs. 12/5952 S. 37) verdeutlicht, wurde in der
gPV der möglichst **vollständigen Erfassung der Wohnbevölkerung** von Anfang an der Vorzug
vor der ausnahmslosen Verwirklichung der Einheit von KV und PV („Pflegeversicherung folgt Krankenversicherung") gegeben. Dabei wurde Wert allein darauf gelegt, dass die versicherungspflichtigen
Personen mit noch vertretbarem Verwaltungsaufwand erfasst werden konnten (BSG v. 12. 2. 2004, B
12 P 3/02 R, SozR 4–3300 § 23 Nr. 1 mwN). Insofern sind Pflegeversicherung und Krankheit auch
hinsichtlich des außerhalb einer Versicherung gewährleisteten Schutzes gegen die Risiken von Krankheit auf einander bezogen. Die Versicherungspflicht nach § 21 setzt für alle betroffenen Personengruppen positiv einen **territorialen Inlandsbezug** in Gestalt eines inländischen Wohnsitzes oder
gewöhnlichen Aufenthalts (§ 3 Nr. 2 SGB IV) und negativ das **Fehlen** einer Versicherung gegen das
Risiko Krankheit in der gKV oder bei einem privaten KV-Unternehmen voraus. Weiter ist die Zugehörigkeit zu einer der enumerativ aufgeführten Personengruppen erforderlich.

§ 22 Befreiung von der Versicherungspflicht

(1) ¹Personen, die nach § 20 Abs. 3 in der sozialen Pflegeversicherung versicherungspflichtig sind, können auf Antrag von der Versicherungspflicht befreit werden, wenn sie nachweisen, daß sie bei einem privaten Versicherungsunternehmen gegen Pflegebedürftigkeit versichert sind und für sich und ihre Angehörigen oder Lebenspartner, die bei Versicherungspflicht nach § 25 versichert wären, Leistungen beanspruchen können, die nach Art und Umfang den Leistungen des Vierten Kapitels gleichwertig sind. ²Die befreiten Personen sind verpflichtet, den Versicherungsvertrag aufrechtzuerhalten, solange sie krankenversichert sind. ³Personen, die bei Pflegebedürftigkeit Beihilfeleistungen erhalten, sind zum Abschluß einer entsprechenden anteiligen Versicherung im Sinne des Satzes 1 verpflichtet.

(2) ¹Der Antrag kann nur innerhalb von drei Monaten nach Beginn der Versicherungspflicht bei der Pflegekasse gestellt werden. ²Die Befreiung wirkt vom Beginn der Versicherungspflicht an, wenn seit diesem Zeitpunkt noch keine Leistungen in Anspruch genommen wurden, sonst vom Beginn des Kalendermonats an, der auf die Antragstellung folgt. ³Die Befreiung kann nicht widerrufen werden.

1 Abs. 1 S. 1 belässt (nur) denjenigen, die auf Grund ihrer eigenen freien Entscheidung für eine Mitgliedschaft in der gKV nach § 20 Abs. 3 in der sPV versicherungspflichtig sind, auch hinsichtlich ihrer PV in begrenztem Umfang eine **Wahlfreiheit** zugunsten der pPV. Abs. II orientiert sich dabei hinsichtlich des äußeren Ablaufs – nicht dagegen der Voraussetzungen – an § 8 SGB V. Wenn auch weder notwendig systembezogen noch erst recht versicherungsartbezogen folgt damit aus dem Umstand der freiwilligen gKV-Mitgliedschaft in jedem Fall eine PV. Die **begrenzte Vorsorgefreiheit** der Betroffenen kann allein in der Weise ausgeübt werden, dass sie ein Recht zur Befreiung von der sPV geltend machen, das seinerseits vom Nachweis einer adäquaten pPV (Abs. 1 S. 1, 3) abhängt. Nachgehend bleiben die Befreiten für die Dauer des Bestehens der KV zur **Aufrechterhaltung der pPV** in grundsätzlich demselben Umfang verpflichtet, der zur Befreiung geführt hat (Abs. 1 S. 2, § 112 Abs. 1 Nr. 1, Abs. 2). Eine Anpassung an geänderte familiäre Verhältnisse steht der Regelung jedenfalls insofern nicht entgegen, als der Versicherungsschutz bei Wegfall schutzbedürftiger Familienmitglieder/Lebenspartner reduziert werden kann.

2 **Inhalt und Umfang** der für die Befreiung erforderlichen pPV ergeben sich aus § 23 Abs. 1 S. 2, 3, Abs. 3 S. 2 (s. dort). Versicherungsnehmer in der pPV ist allein das Mitglied, Versicherte sind außerdem auch seine Angehörigen oder ein Lebenspartner, die bei Versicherungspflicht nach § 25 familienversichert wären. Die Versicherung darf im Blick auf Abs. 1 S. 2 grundsätzlich nicht von vorne herein befristet sein. Dem Sinn der Abschlussverpflichtung entsprechend muss sich der Schutz in der pPV auf den gesamten Zeitraum erstrecken, für den Befreiung begehrt wird. Der **Abschlussobliegenheit** des Mitgliedes entspricht der Kontrahierungszwang der angegangenen privaten Krankenversicherungsunternehmen (§ 110 Nr. 1 Hs. 1).

3 Der Antrag kann nur binnen **drei Monaten** ab dem Eintritt der Versicherungspflicht nach § 20 Abs. 3 (§ 26 Abs. 1 SGB X, §§ 187 Abs. 2, 188 Abs. 2 Regelung 2 BGB) gestellt werden. Mangels entgegen stehender Regelungen (§ 27 Abs. 5 SGB X) kommt ggf. Wiedereinsetzung nach § 27 Abs. 1 S. 1 SGB X in Betracht. Die konstitutive Entscheidung der PK (!) erfolgt durch einen – formfrei möglichen (§ 33 Abs. 2 S. 1 SGB X) – **Verwaltungsakt** (§ 31 S. 1 SGB X). Um sie ggf. im Wege des gerichtlichen Rechtsschutzes herbeizuführen ist die kombinierte Anfechtungs- und Verpflichtungsklage die richtige Klageart (§ 54 Abs. 1 S. 1 SGG). Die **Wirkung** der Befreiung tritt grundsätzlich zum Beginn der Versicherungspflicht, sind seit diesem Zeitpunkt bereits Leistungen in Anspruch genommen worden, zum Beginn des Kalendermonats ein, der auf die Antragstellung folgt (Abs. 2 S. 2). Einen Endzeitpunkt für die zunächst „befreiungsschädliche" Inanspruchnahme von Leistungen benennt das Gesetz nicht ausdrücklich. Im Blick auf die einheitliche Rechtsfolge aller Inanspruchnahmen von Leistungen liegt es nahe, auch insofern auf den Zeitpunkt der Antragstellung abzustellen. Die Versicherungsfreiheit endet grundsätzlich mit dem Ende der Versicherungspflicht, auf die sie reagiert. Werden Betroffene später versicherungspflichtig nach § 20 Abs. 1 S. 1, § 21 oder werden sie nach § 25 von der Familienversicherung erfasst, erledigt sich der Verwaltungsakt über die Befreiung, ohne dass es einer gesonderten Aufhebung bedürfte (§ 39 Abs. 2 SGB X). Ein Widerruf der Befreiungsentscheidung (§ 47 SGB X) ist ausgeschlossen (Abs. 2 S. 3), die Rücknahme der rechtswidrigen Befreiungsentscheidung (§§ 44 f SGB X) dagegen grundsätzlich möglich.

§ 23 Versicherungspflicht für Versicherte der privaten Krankenversicherungsunternehmen

(1) ¹Personen, die gegen das Risiko Krankheit bei einem privaten Krankenversicherungsunternehmen mit Anspruch auf allgemeine Krankenhausleistungen oder im Rahmen von Versicherungsverträgen, die der Versicherungspflicht nach § 193 Abs. 3 des Versiche-

rungsvertragsgesetzes genügen, versichert sind, sind vorbehaltlich des Absatzes 2 verpflichtet, bei diesem Unternehmen zur Absicherung des Risikos der Pflegebedürftigkeit einen Versicherungsvertrag abzuschließen und aufrechtzuerhalten. ²Der Vertrag muß ab dem Zeitpunkt des Eintritts der Versicherungspflicht für sie selbst und ihre Angehörigen oder Lebenspartner, für die in der sozialen Pflegeversicherung nach § 25 eine Familienversicherung bestünde, Vertragsleistungen vorsehen, die nach Art und Umfang den Leistungen des Vierten Kapitels gleichwertig sind. ³Dabei tritt an die Stelle der Sachleistungen bei einem Höhe nach gleiche Kostenerstattung.

(2) ¹Der Vertrag nach Absatz 1 kann auch bei einem anderen privaten Versicherungsunternehmen abgeschlossen werden. ²Das Wahlrecht ist innerhalb von sechs Monaten auszuüben. ³Die Frist beginnt mit dem Eintritt der individuellen Versicherungspflicht. ⁴Das Recht zur Kündigung des Vertrages wird durch den Ablauf der Frist nicht berührt; bei fortbestehender Versicherungspflicht nach Absatz 1 wird eine Kündigung des Vertrages jedoch erst wirksam, wenn der Versicherungsnehmer nachweist, dass die versicherte Person bei einem neuen Versicherer ohne Unterbrechung versichert ist.

(3) ¹Personen, die nach beamtenrechtlichen Vorschriften oder Grundsätzen bei Pflegebedürftigkeit Anspruch auf Beihilfe haben, sind zum Abschluß einer entsprechenden anteiligen beihilfekonformen Versicherung im Sinne des Absatzes 1 verpflichtet, sofern sie nicht nach § 20 Abs. 3 versicherungspflichtig sind. ²Die beihilfekonforme Versicherung ist so auszugestalten, daß ihre Vertragsleistungen zusammen mit den Beihilfeleistungen, die sich bei Anwendung der in § 14 Abs. 1 und 5 der Beihilfevorschriften des Bundes festgelegten Bemessungssätze ergeben, den in Absatz 1 Satz 2 vorgeschriebenen Versicherungsschutz gewährleisten.

(4) Die Absätze 1 bis 3 gelten entsprechend für
1. Heilfürsorgeberechtigte, die nicht in der sozialen Pflegeversicherung versicherungspflichtig sind,
2. Mitglieder der Postbeamtenkrankenkasse und
3. Mitglieder der Krankenversorgung der Bundesbahnbeamten.

(5) Die Absätze 1, 3 und 4 gelten nicht für Personen, die sich auf nicht absehbare Dauer in stationärer Pflege befinden und bereits Pflegeleistungen nach § 35 Abs. 6 des Bundesversorgungsgesetzes, nach § 44 des Siebten Buches, nach § 34 des Beamtenversorgungsgesetzes oder nach den Gesetzen erhalten, die eine entsprechende Anwendung des Bundesversorgungsgesetzes vorsehen, sofern sie keine Familienangehörigen oder Lebenspartner haben, für die in der sozialen Pflegeversicherung nach § 25 eine Familienversicherung bestünde.

(6) Das private Krankenversicherungsunternehmen oder ein anderes die Pflegeversicherung betreibendes Versicherungsunternehmen sind verpflichtet,
1. für die Feststellung der Pflegebedürftigkeit sowie für die Zuordnung zu einer Pflegestufe dieselben Maßstäbe wie in der sozialen Pflegeversicherung anzulegen und
2. die in der sozialen Pflegeversicherung zurückgelegte Versicherungszeit des Mitglieds und seiner nach § 25 familienversicherten Angehörigen oder Lebenspartner auf die Wartezeit anzurechnen.

A. Normzweck

Im Jahre 1990 entschied sich der Bundesminister für Arbeit und Sozialordnung für das Konzept einer Pflegeversicherung. Zunächst war daran gedacht, den Kreis der Versicherten auf die in der gKV Versicherten zu beschränken. Als sich abzeichnete, dass eine die gesamte Bevölkerung umfassende öffentlichrechtliche Pflegeversicherung unter dem Dach der gKV mit Befreiungsmöglichkeiten für privat Krankenversicherte geschaffen werden könnte, bemühten sich die **privaten Krankenversicherungsunternehmen** um eine Berücksichtigung ihrer Vorstellungen im Entwurf des Pflegeversicherungsgesetzes (Vgl. BT-Drs. 12/5262 S. 154). Danach sollte der Grundsatz gelten: Die PV folgt der KV. Wer privat krankenversichert ist, sollte verpflichtet sein, bei seinem oder einem anderen privaten Krankenversicherungsunternehmen, einen Pflegeversicherungsvertrag abzuschließen. Im Gegenzug erklärten sich die privaten Versicherungsunternehmen bereit, den durch Überalterung gekennzeichneten Mitgliederbestand der Postbeamtenkrankenkasse und der Krankenversorgung der Bundesbahn im Rahmen der privaten Pflege-Pflichtversicherung zu versichern. Die im Sommer 1993 in den BT eingebrachten gleich lautenden Entwürfe der Bundesregierung und der Fraktionen der CDU/CSU und F.D.P. in ein Gesetz für ein Gesetz zur sozialen Absicherung des Risikos der Pflegebedürftigkeit (BT-Drs. 15/5262; 12/5617) berücksichtigten die Vorstellungen der privaten Krankenversicherungsunternehmen (s. wörtlich BVerfG v. 3. 4. 2001, 1 BvR 2014/95, SozR 3–1100 Art. 74 Nr. 4.

2   Die Absicherung des Risikos der Pflegebedürftigkeit erfolgte schließlich durch die Schaffung einer privaten Pflege-Pflichtversicherung neben der sPV (§ 1 Abs. 1 bis 3 SGB XI). **Träger der pPV** sind die privaten Krankenversicherungsunternehmen (§ 110 Abs. 1 SGB XI). Wer bei ihnen gegen das Risiko Krankheit mit Anspruch auf allgemeine Krankenhausleistungen versichert ist, muss für sich selbst und seine Angehörigen beim selben Unternehmen oder einem anderen privaten Versicherungsunternehmen seiner Wahl (§ 23 Abs. 2) zur Absicherung des Risikos der Pflegebedürftigkeit. einen Vertrag abschließen und aufrechterhalten. Zudem haben freiwillig in der gKV Versicherte ein Wahlrecht für den privaten Pflege-Versicherungsschutz (§ 22 SGB XI). Schließlich eröffnet § 21 bestimmten dort abschließend genannten Personengruppen, die im Krankheitsfall Anspruch auf staatliche Leistungen haben, den freiwilligen Zugang zur pKV, soweit sie gegen das Risiko der Krankheit weder in der gKV noch bei einem privaten KV-Unternehmen versichert und daher ohnehin von der gKV erfasst sind.

3   Der Bund bewegt sich mit den Regelungen des SGB XI zur pPV im Rahmen seiner **Gesetzgebungszuständigkeit** für das privatrechtliche Versicherungswesen aus Art. 74 Abs. 1 Nr. 11 GG (BVerfG v. 3. 4. 2001, 1 BvR 2014/95, SozR 3–1100 Art. 74 Nr. 4). Die Absicherung existenzieller Risiken ist keineswegs der SV vorbehalten. Ebenso ist dem verfassungsrechtlichen Begriff des privatrechtlichen Versicherungswesens weder die Versicherungspflicht des Versicherungsnehmers bei freier Wahl des Versicherers noch der hiermit korrespondierende Kontrahierungszwang des Versicherungsunternehmens noch die nicht unerhebliche Einschränkung der privatrechtlichen Gestaltung des Inhalts des Pflegeversicherungsvertrages fremd (BVerfG v. 3. 4. 2001, 1 BvR 2014/95, SozR 3–1100 Art. 74 Nr. 4). Die zum Vertragsschluss Verpflichteten sind hierdurch auch nicht in ihren Grundrechten aus Art. 2 Abs. 1 und 3 Abs. 1 GG verletzt (BVerfG v. 3. 4. 2001, 1 BvR 2014/95, SozR 3–1100 Art. 74 Nr. 4).

B. Vertragsschluss (Abs. 1 S. 1, 2)

4   Die pPV beruht auf einem **Vertrag**. Der Abschluss privater Pflegeversicherungsverträge erfolgt seinerseits rechtlich grundsätzlich und faktisch in aller Regel in Erfüllung einer gesetzlichen Pflicht zum Vertragsschluss (BSG v. 29. 11. 2006, B 12 P 1/05 R, SozR 4–3300 § 27 Nr. 1). Für die gegen das Risiko der Krankheit bei einem privaten Krankenversicherungsunternehmen mit Anspruch auf allgemeine Krankenhausleistungen Versicherten ergibt sich die Pflicht zum Abschluss und zur Aufrechterhaltung eines Versicherungsvertrages zur Absicherung des Risikos der Pflegebedürftigkeit aus Abs. 1 S. 1. Spiegelbildlich verpflichtet § 110 Abs. 1 Nr. 1, III Nr. 1 die im Geltungsbereich des Gesetzes zur Durchführung der PV befugten privaten KV-Unternehmen mit allen in § 22 und § 23 Abs. 1, 3 und 4 genannten versicherungspflichtigen Personen auf Antrag einen Versicherungsvertrag mit dem Ziel der Vollversicherung oder einer Beihilfe ergänzenden Teilversicherung abzuschließen (**Kontrahierungszwang**). Dieselbe Verpflichtung trifft die privaten Versicherungsunternehmen auch hinsichtlich derjenigen, die im Standardtarif nach § 315 SGB V versichert sind (§ 110 Abs. 2 S. 2). Rücktritts- und Kündigungsrechte der Versicherungsunternehmen sind für die Dauer des Kontrahierungszwangs ausgeschlossen (§ 110 Abs. 4). **Zustandekommen und Inhalt** richten sich vorbehaltlich einiger Sondervorschriften des SGB XI im Übrigen nach dem BGB und dem des VVG.

5   Regelmäßiger **Vertragspartner** des privat Krankenversicherten ist das Unternehmen, bei dem bereits die private Krankenversicherung besteht (Abs. 1 S. 1). Abs. 2 S. 1 ermöglicht innerhalb einer mit dem Eintritt der individuellen Versicherungspflicht beginnenden Frist von 6 Monaten (Abs. 2 S. 2, 3) auch den Abschluss bei einem anderen Versicherungsunternehmen, bei dem es sich nicht notwendig um ein KV-Unternehmen zu handeln braucht. Der Satz PV folgt KV gilt insofern nur versicherungsartbezogen, nicht unternehmensbezogen. Das hiernach zulässig gewählte Unternehmen unterliegt seinerseits dem Kontrahierungszwang (§ 110 Abs. 1 Nr. 1 Hs. 2, Abs. 2 Nr. 1). Das Vertragsverhältnis kann auch nach Ablauf der sechsmonatigen Frist des Abs. 2 S. 2, 3 vom Versicherungsnehmer wieder gekündigt werden (Abs. 2 S. 4 Hs. 1, vgl. auch § 51 Abs. 3). Bei fortbestehender Versicherungspflicht wird die **Kündigung** allerdings erst mit dem Zeitpunkt wirksam, in dem der Versicherungsnehmer nachweist, dass die versicherte Person ohne Unterbrechung bei einem neuen Versicherer versichert ist (Abs. 2 S. 4 Hs. 2).

6   Die **Durchführung der pPV** erfolgt damit zweistufig. Während gleichermaßen die Verpflichtung der versicherungspflichtigen zum Abschluss des Vertrages wie der Kontrahierungszwang der Versicherungsunternehmen im öffentlichen Recht wurzeln (BSG v. 12. 2. 2004, B 12 P 3/02 R, SozR 4–3300 § 23 Nr. 1), erfolgt die Durchführung nach privatrechtlichen Grundsätzen. Richtige Klageart für die Durchsetzung des Anspruchs auf den Vertragsschluss ist die allgemeine Leistungsklage (§ 54 Abs. 5 SGG).

C. Vertragsinhalt (Abs. 1 S. 2, Abs. 6)

7   Die im privaten Pflegeversicherungsvertrag vorgesehenen **Leistungen** müssen ab dem Zeitpunkt des Eintritts der Versicherungspflicht nach Art und Umfang für den Versicherungsnehmer sowie für

Angehörige und Lebenspartner, die in der sPV nach § 25 familienversichert wären, nach Art und Umfang denen der sPV nach dem 4. Kapitel (§§ 28 ff.) gleichwertig sein (Abs. 1, S. 2). Der anders gearteten Struktur der pKV/pPV entsprechend tritt allerdings an die Stelle der Sachleistung die **Kostenerstattung** (Abs. I S. 3). Geht die Versicherung über die im Gesetz vorgesehenen Leistungen hinaus, handelt es sich insoweit um eine freiwillige Zusatz-PV, auf die insbesondere die §§ 110 f. keine Anwendung finden. Die pPV ist damit eine **Mindestversicherung** (BVerfG v. 3. 4. 2001, 1 BvR 2014/95, SozR 3–1100 Art. 74 Nr. 4).

Umgekehrt ergibt sich aus § 110 Abs. 1 Nr. 2 die Verpflichtung der privaten Versicherungsunternehmen in Verträgen nach § 23 Abs. 1, 3 mit Personen, die zum Zeitpunkt des Inkrafttretens des Gesetzes am **1. 1. 1995** Mitglied bei einem privaten Krankenversicherungsunternehmen mit Anspruch auf allgemeine Krankenhausleistungen sind oder sich nach Art. 41 PflegeVG innerhalb von 6 Monaten nach Inkrafttreten des SGB XI von der Versicherungspflicht in der sPV befreien lassen, die dort unter den Buchstaben a) bis g) aufgeführten **Bedingungen** einzuhalten. Insbesondere darf kein Ausschluss bereits pflegebedürftiger Personen (Buchst b) und keine Staffelung der Prämien nach dem Gesundheitszustand (Buchst d) vorgesehen werden. Hierdurch soll nach dem Einleitungssatz des § 110 Abs. 1 sichergestellt werden, dass die Belange der Personen, die nach § 23 zum Abschluss eines Pflegeversicherungsvertrages bei einem privaten Krankenversicherungsunternehmen verpflichtet sind, ausreichend gewahrt werden und dass die Verträge auf Dauer erfüllbar bleiben, ohne die Interessen der Versicherten anderer Tarife zu vernachlässigen. Die in § 110 Abs. 1 Nr. 2 Buchstabe a) bis f) genannten Bedingungen gelten außerdem auch für Verträge mit Personen, die im Standardtarif nach § 315 SGB V versichert sind (§ 110 Abs. 2 S. 2). § 110 Abs. 2 S. 3 bis 5 enthalten weitere Sonderregelungen für den von § 315 SGB V erfassten Personenkreis. Im Übrigen sieht § 110 III weniger günstige Mindestbedingungen für diejenigen vor, die erst **nach Inkrafttreten** des SGB XI Mitglied eines privaten Krankenversicherungsunternehmens mit Anspruch auf allgemeine Krankenhausleistungen werden. Abs. 6 ergänzt iS der Gleichwertigkeit des Versicherungsschutzes in der pPV und in der sPV die Verpflichtung der Versicherungsunternehmen durch Regelungen über die Feststellung der Pflegebedürftigkeit (Nr. 1) und die Anrechnung von Vorversicherungszeiten in der sPV auf Wartezeiten in der pPV (Nr. 2).

Die **Prämiengestaltung** weicht unter anderem durch die Prämienfreiheit für Kinder (§ 110 Abs. 1 Nr. 2 Buchst. f und Abs. 3 Nr. 6), die zT erheblichen Nachlässe für bestimmte Personenkreise (§ 110 Abs. 1 Nr. 2 Buchst. e, § 110 Abs. 1 Nr. 2 Buchst. g, § 110 Abs. 3 Nr. 5) und durch den finanziellen Ausgleich zwischen den Versicherungsunternehmen nach § 111 vom herkömmlichen Bild der Privatversicherung ab. Anders als in der sPV, deren Beitragsgestaltung sich an der Leistungsfähigkeit der Versicherten ausrichtet, werden die Prämien der pPV grundsätzlich nach dem Lebensalter der Versicherten als dem versicherungsmathematisch maßgeblichen Faktor und den sich daraus ergebenden notwendigen Alterungsrückstellungen berechnet. Dies ermöglicht trotz der in § 110 Abs. 1 und 3 vorgesehenen Prämienbegrenzungen und der dort ausgesprochenen Verbote, eine deutliche Auffächerung nach Lebensjahren und damit nach dem individuellen Risiko pflegebedürftig zu werden (BVerfG v. 3. 4. 2001, 1 BvR 2014/95, SozR 3–1100 Art. 74 Nr. 4).

D. Versicherungspflicht der Beihilfeberechtigten (Abs. 3)

Abs. 3 S. 1 knüpft die Verpflichtung zum Abschluss eines privaten Pflegeversicherungsvertrages an die Beihilfeberechtigung bei Pflegebedürftigkeit. Die Vorschrift beschränkt sich nicht etwa auf eine bloße Inhaltsbestimmung für PV-Verträge von Beihilfeberechtigten, sondern begründet als gegenüber Abs. 1 selbstständiger Tatbestand für den betroffenen Personenkreis eine **eigenständige Vorsorgeverpflichtung** mit besonderem Inhalt unabhängig vom Bestehen einer Krankenversicherung. Dem stehen weder die Überschrift des § 23 („Versicherungspflicht für Versicherte der privaten Krankenversicherungsunternehmen") noch das Fehlen von Begleitregelungen wie Melde- und Bußgeldvorschriften entgegen (BSG v. 12. 2. 2004, B 12 P 3/02 R, SozR 4–3300 § 23 Nr. 1). Ausgenommen sind lediglich die freiwillig gesetzlich krankenversicherten (und damit in der sPV pflichtversicherten) Beihilfeberechtigten (S. 1 letzter Satzteil iVm. § 20 Abs. 3).

Im Anwendungsbereich des S. 1 sind private Krankenversicherungsträger ausdrücklich auch hinsichtlich dieses Personenkreises öffentlichrechtlich zum **Vertragsschluss** verpflichtet (§ 110 Abs. 1 Nr. 1). Versicherungspflichtige nach Abs. 3, die dem Grundsatz „Pflegeversicherung folgt Krankenversicherung" nicht unterworfen sind, können die Versicherung bei einem Versicherungsunternehmen ihrer Wahl abschließen. Diese **Wahlfreiheit** bleibt jedenfalls so lange erhalten, wie nicht eines der von ihnen angegangenen Versicherungsunternehmen ihren Antrag angenommen hat, so dass es auf die zeitliche Abfolge der Anträge nicht ankommt (BSG v. 12. 2. 2004, B 12 P 3/02 R, SozR 4–3300 § 23 Nr. 1).

Ihrem **Inhalt** nach erfasst die Versicherung der bei Inkrafttreten des SGB XI Beihilfeberechtigten ausdrücklich auch den sofortigen Schutz der bereits Pflegebedürftigen und „pflegenahen Jahrgänge" (§ 110 Abs. 1 Nr. 2 Buchstabe b). Nur so können die Betroffenen in vollem Umfang ihrer gesetzlichen Pflicht zum Vertragsschluss genügen und umgekehrt die angegangenen Versicherungsunternehmern ihrem Kontrahierungszwang für alle bei Inkrafttreten des Gesetzes Versicherungspflichtigen (§ 110 Abs. 2) in dem von Abs. 1 aaO gebotenen Umfang nachkommen. Nach S. 2 (eingefügt durch Art. 1 Nr. 9 des 1. SGB XI-ÄndG v. 14. 6. 1996, BGBl. I, 830) ist der Versicherungsschutz im Übrigen bundeseinheitlich so auszugestalten, dass die Vertragsleistungen zusammen mit den Beihilfeleistungen, die sich bei Anwendung der in § 14 Abs. 1 und 5 der Beihilfevorschriften des Bundes festgelegten Bemessungssätze ergeben und so den in Abs. 1 S. 2 vorgeschriebenen Versicherungsschutz gewährleisten.

E. Sonstige Versicherungspflichtige (Abs. 4)

13   Wie die von § 21 Erfassten kann auch der in Abs. 4 genannte Personenkreis nicht nach der Art seines Versicherungsschutzes im Fall der Krankheit zugeordnet werden. Wohl aber können iS des Konzepts der Volksversicherung auch hier Pflegeversicherung und Krankheit hinsichtlich des außerhalb einer Versicherung gewährleisteten Schutzes gegen die Risiken von Krankheit auf einander bezogen werden. Im Rahmen einer **typisierenden Anknüpfung** nach dem Gesichtspunkt der Sachnähe verpflichtet das Gesetz daher auch Heilfürsorgeberechtigte sowie die Mitglieder der Postbeamtenkrankenkasse und der Krankenversorgung der Bundesbahnbeamten zum Vertragsschluss mit einem privaten KV-Unternehmen in entsprechender Anwendung der Abs. 1 bis 3.

F. Ausnahmen von der Versicherungspflicht (Abs. 5)

14   Zum Vertragsschluss ausnahmsweise **nicht verpflichtet** sind grundsätzlich diejenigen, die sich bei Eintritt der Versicherungspflicht bereits auf nicht absehbare Dauer in stationärer Pflege befinden und Leistungen nach den § 35 Abs. 6 BVG, § 44 SGB VII, § 34 BVersG oder denjenigen Gesetzen erhalten, die eine entsprechende Anwendung des BVG vorsehen. Auf diese Weise sollen Betroffene davor bewahrt werden, Verträge abschließen müssen, aus denen sie wegen der Ruhensregelung in § 34 Abs. 1 Nr. 2 faktisch keine Leistungen erhalten können. Eine Ausnahme von der Ausnahme – und damit die Rückkehr zur Regel – greift lediglich dann Platz, wenn schutzbedürftige **Familienangehörige/Lebenspartner** vorhanden sind, für die in der sPV nach § 25 eine Familienversicherung bestünde.

§ 24 Versicherungspflicht der Abgeordneten

¹**Mitglieder des Bundestages, des Europäischen Parlaments und der Parlamente der Länder (Abgeordnete)** sind unbeschadet einer bereits nach § 20 Abs. 3 oder § 23 Abs. 1 bestehenden Versicherungspflicht verpflichtet, gegenüber dem jeweiligen Parlamentspräsidenten nachzuweisen, daß sie sich gegen das Risiko der Pflegebedürftigkeit versichert haben. ²Das gleiche gilt für die Bezieher von Versorgungsleistungen nach den jeweiligen Abgeordnetengesetzen des Bundes und der Länder.

1   Die Vorschrift verkörpert eine im Vergleich zu den anderen betroffenen Personengruppen relativ **weiche Regelung.** Anders als noch in § 18 Abs. 1 Nr. 5 des Entwurfs (BT-Drs. 12/5262 S. 15) ist für die Mitglieder des Bundestages, der Länderparlamente und der Mitglieder des Europäischen Parlaments mit Wohnsitz oder gewöhnlichem Aufenthalt im Bundesgebiet (§ 3 Nr. 2 SGB IV) eine Versicherungspflicht nicht mehr vorgesehen. Ein konkreter Gegenstand der ohne Begründung stattdessen allein angeordneten, jedoch nicht sanktionsbewehrten **Nachweispflicht** ist nicht ausdrücklich benannt. Er ergibt sich bei ohnehin von der sPV erfassten Abgeordneten – über die ausdrücklich aufgeführten § 20 Abs. 3, § 23 Abs. 1 – aus der hiernach jeweils bestehenden Versicherung. Ob im Übrigen §§ 23, 110 den Maßstab liefern, obwohl Abgeordnete von diesen Bestimmungen gerade nicht erfasst sind, erscheint schon methodisch zweifelhaft.

§ 25 Familienversicherung

(1) ¹Versichert sind der Ehegatte, der Lebenspartner und die Kinder von Mitgliedern sowie die Kinder von familienversicherten Kindern, wenn diese Familienangehörigen
1. ihren Wohnsitz oder gewöhnlichen Aufenthalt im Inland haben,
2. nicht nach § 20 Abs. 1 Nr. 1 bis 8 oder 11 oder nach § 20 Abs. 3 versicherungspflichtig sind,
3. nicht nach § 22 von der Versicherungspflicht befreit oder nach § 23 in der privaten Pflegeversicherung pflichtversichert sind,
4. nicht hauptberuflich selbständig erwerbstätig sind und

5. kein Gesamteinkommen haben, das regelmäßig im Monat ein Siebtel der monatlichen Bezugsgröße nach § 18 des Vierten Buches, überschreitet; bei Renten wird der Zahlbetrag ohne den auf Entgeltpunkte für Kindererziehungszeiten entfallenden Teil berücksichtigt; für geringfügig Beschäftigte nach § 8 Abs. 1 Nr. 1, § 8a des Vierten Buches beträgt das zulässige Gesamteinkommen 400 Euro.

²§ 7 Abs. 1 Satz 3 und 4 und Abs. 2 des Zweiten Gesetzes über die Krankenversicherung der Landwirte sowie § 10 Abs. 1 Satz 2 bis 4 des Fünften Buches gelten entsprechend.

(2) ¹Kinder sind versichert:
1. bis zur Vollendung des 18. Lebensjahres,
2. bis zur Vollendung des 23. Lebensjahres, wenn sie nicht erwerbstätig sind,
3. bis zur Vollendung des 25. Lebensjahres, wenn sie sich in Schul- oder Berufsausbildung befinden oder ein freiwilliges soziales Jahr oder ein freiwilliges ökologisches Jahr im Sinne des Jugendfreiwilligendienstegesetzes oder Bundesfreiwilligendienst leisten; wird die Schul- oder Berufsausbildung durch Erfüllung einer gesetzlichen Dienstpflicht des Kindes unterbrochen oder verzögert, besteht die Versicherung auch für einen der Dauer dieses Dienstes entsprechenden Zeitraum über das 25. Lebensjahr hinaus,
4. ohne Altersgrenze, wenn sie wegen körperlicher, geistiger oder seelischer Behinderung (§ 2 Abs. 1 des Neunten Buches) außerstande sind, sich selbst zu unterhalten; Voraussetzung ist, daß die Behinderung (§ 2 Abs. 1 des Neunten Buches) zu einem Zeitpunkt vorlag, in dem das Kind nach Nummer 1, 2 oder 3 versichert war.

²§ 10 Abs. 4 und 5 des Fünften Buches gilt entsprechend.

(3) Kinder sind nicht versichert, wenn der mit den Kindern verwandte Ehegatte oder Lebenspartner des Mitglieds nach § 22 von der Versicherungspflicht befreit oder nach § 23 in der privaten Pflegeversicherung pflichtversichert ist und sein Gesamteinkommen regelmäßig im Monat ein Zwölftel der Jahresarbeitsentgeltgrenze nach dem Fünften Buch übersteigt und regelmäßig höher als das Gesamteinkommen des Mitglieds ist; bei Renten wird der Zahlbetrag berücksichtigt.

(4) ¹Die Versicherung nach Absatz 2 Nr. 1, 2 und 3 bleibt bei Personen, die auf Grund gesetzlicher Pflicht Wehrdienst oder Zivildienst oder die Dienstleistungen oder Übungen nach dem Vierten Abschnitt des Soldatengesetzes leisten, für die Dauer des Dienstes bestehen. ²Dies gilt auch für Personen in einem Wehrdienstverhältnis besonderer Art nach § 6 des Einsatz-Weiterverwendungsgesetzes.

A. Normzweck

Zusätzliche Rechtsfolge der Mitgliedschaft in der sPV ist der beitragsfreie (§ 1 Abs. 6 S. 3, § 56 Abs. 1) Versicherungsschutz für **Familienangehörige und Lebenspartner** durch die Pflegekasse des Mitglieds (§ 48 S. 2). Die sPV umschreibt den Kreis der Begünstigten und die Voraussetzungen der Versicherung im Einzelnen eigenständig, orientiert sich dabei jedoch ganz überwiegend an § 10 SGB V. Insgesamt geht die PV über § 10 SGB V hinaus, indem sie eine der Familienversicherung entsprechenden Schutz auch in der **pPV** fordert (§ 22 Abs. 1 S. 1, § 23 Abs. 1 S. 2), wobei auch die Beitragsfreiheit auf Kinder beschränkt ist (§ 110 Abs. 1 Nr. 2 Buchst. f, Abs. 3 Nr. 6), während für Ehegatten oder Lebenspartner von Personen iSv. § 110 Abs. 2 grundsätzlich nur eine Beitragsbegrenzung (§ 110 Abs. 1 Nr. 2 Buchstabe g) vorgesehen ist und für die Ehegatten und Lebenspartner von Mitgliedern iSd. § 110 Abs. 3, die erst nach Inkrafttreten des Gesetzes Mitglied eines privaten Krankenversicherungsunternehmens geworden sind, keine Sonderregelungen vorgesehen sind.

1

B. Allgemeine Voraussetzungen (Abs. 1)

Abs. 1 S. 1 entspricht **§ 10 SGB V**. Abs. 1 S. 2 Regelung 2 ordnet die entsprechende Geltung von § 10 Abs. 1 S. 3 SGB V an (s. jeweils dort). Abs. 1 S. 2 Regelung 1 ordnet als lex specialis für die sPV in der Landwirtschaft und zur Sicherstellung der internen Deckungsgleichheit von **landwirtschaftlicher KV und PV** (BT-Drs. 12/5952 S. 38) die entsprechende Geltung von § 7 Abs. 1 S. 3 und 4 sowie Abs. 2 des Zweiten Gesetzes über die KV der Landwirte an. Nach § 7 Abs. 1 S. 3 KVLG 1989 bleibt bei der Feststellung des Gesamteinkommens der Ehegatten außer Betracht, das die Ehegatten aus dem von ihnen gegenwärtig oder früher gemeinsam betriebenen landwirtschaftlichen Unternehmen oder aus der gemeinsamen Beschäftigung als mitarbeitende Familienangehörige erzielen. Nach § 7 Abs. 1 S. 4 KVLG 1989 bleibt das Einkommen eines Kindes aus dem landwirtschaftlichen Unternehmen außer Betracht, in dem es Mitunternehmer ist, ohne als landwirtschaftlicher Unternehmer zu gelten. § 7 Abs. 2 KVLG 1989 ermächtigt unter den dort im Einzelnen aufgeführten Voraussetzungen zur Erstreckung der Familienversicherung auf sonstige Familienangehörige durch die Satzung.

2

3 Soweit nach Abs. 1 S. 1 Nr. 2 die eigene Mitgliedschaft in der gKV Versicherungspflicht in der sPV begründet und damit eine Familienversicherung mangels Schutzbedürftigkeit auch hier ausschließt, überträgt die Norm die Wertungen der gKV (**§ 10 Abs. 1 S. 1 Nr. 2**) auf die sPV. Das Gesetz gewährleistet damit systemübergreifend eine auf einheitlichen Maßstäben beruhende Begrenzung der Familienversicherung für beide betroffenen Zweige der S. V. Verfassungsrechtliche Bedenken bestehen hiergegen nicht (vgl. BSG v. 25. 8. 2004, B 12 P 1/04 R, SozR 4–3300 § 25 Nr. 1).

C. Besondere Voraussetzungen (Abs. 2 bis 4)

4 Die besonderen persönlichen Voraussetzungen der Familienversicherung stimmen im Wesentlichen mit denen der gKV (**§ 10 Abs. 2 bis 4 SGB V**) überein (s. dort). Insbesondere entspricht Abs. 3 grundsätzlich dem § 10 Abs. 3 SGB V und enthält wie dieser eine **Rechtsfolgenreduktion** trotz vollständiger Erfüllung aller Voraussetzungen der Familienversicherung nach Abs. 1, 2. **Unstimmigkeiten** hinsichtlich der absoluten Entgeltgrenze („regelmäßig ein Zwölftel der Beitragsbemessungsgrenze") gegenüber § 10 Abs. 3 SGB V („regelmäßig im Monat ein Zwölftel der Jahresarbeitsentgeltgrenze") wurden mit Art. 1 Nr. 11 des Pflegeversicherungs-Weiterentwicklungsgesetzes v. 28. 5. 2008 (BGBl. I 874) – allerdings nur zukunftsgerichtet ab 1. 7. 2008 (Art. 17 Abs. 1 Pflegeversicherungs-Weiterentwicklungsgesetz) – beseitigt (vgl. bis dahin KassKomm/Peters, § 25 Nr. 21). Maßgeblich ist nach dem geänderten Wortlaut nunmehr auch in der sPV „ein Zwölftel der Jahresarbeitsentgeltgrenze nach dem Fünften Buch"

5 Allerdings sind **Kinder** nach Abs. 1 nur dann nicht in der sPV versichert, wenn der mit den Kindern verwandte Ehegatte oder Lebenspartner des Mitglieds nach § 22 von der Versicherungspflicht befreit oder nach § 23 in der privaten Pflegeversicherung pflichtversichert ist. Anders als in der gKV erfordert der Ausschluss damit entsprechend der Einbeziehung der pPV in die PV notwendig eine Zuordnung des höher verdienenden Ehegatten oder Lebenspartners zur pPV mit ggf. der Familienversicherung entsprechendem Versicherungsschutz. Ist der höher verdienende Ehegatte oder Lebenspartner ebenfalls in der sPV versichert und sind die Voraussetzungen der Familienversicherung (möglicherweise bei verschiedenen Pflegekassen, § 48 S. 2) mehrfach erfüllt, ist wegen Abs. 2 S. 2 § 10 Abs. 4 SGB V entsprechend anwendbar (s. dort). Fehlt es ausnahmsweise an einer PV des Ehegatten oder Lebenspartners vollständig, ist die erforderliche Rechtsgrundlage für den Ausschluss gerade auch dann nicht gegeben, wenn der Fall im Gesetzgebungsverfahren übersehen worden sein mag (anders KassKomm/Peters, § 25 Rn. 20).

6 Soweit der **Ausschluss nach Abs. 3** hiernach reicht, bestehen hiergegen ebenso wenig verfassungsrechtliche Bedenken wie gegen § 10 Abs. 3 SGB V (vgl. BSG v. 25. 8. 2004, B 12 P 1/04 R, SozR 4–3300 § 25 Nr. 1 und dortigen Nachweise). Die Vorschrift trägt dem Gedanken der Begrenzung der Familienversicherung auf die Schutzbedürftigen Rechnung. Bedenken bestehen auch insofern nicht, als § 10 Abs. 3 SGB V mittelbar dazu führt, dass auf Grund eigenen Entschlusses eine freiwillige Mitgliedschaft in der gKV und damit eine Pflichtversicherung in der sPV mit eigenen Beitragspflichten begründet wird (vgl. BSG v. 25. 8. 2004, B 12 P 1/04 R, SozR 4–3300 § 25 Nr. 1). § 10 Abs. 3 SGB V dient auf diese Weise über seinen sachlichen Anwendungsbereich hinaus auch in der sPV der **Systemabgrenzung**.

7 Nach **Abs. 4** bleibt die PV über die Altersgrenzen des Abs. 2 Nr. 1 bis 4 bei Erfüllung der dort jeweils genannten Tatbestände erhalten. Eine vergleichbare Regelung in der gKV fehlt, weil während des Dienstes Anspruch auf freie Heilfürsorge besteht (vgl. BT-Drs. 12/5952 S. 38).

§ 26 Weiterversicherung

(1) ¹Personen, die aus der Versicherungspflicht nach § 20 oder § 21 ausgeschieden sind und in den letzten fünf Jahren vor dem Ausscheiden mindestens 24 Monate oder unmittelbar vor dem Ausscheiden mindestens zwölf Monate versichert waren, können sich auf Antrag in der sozialen Pflegeversicherung weiterversichern, sofern für sie keine Versicherungspflicht nach § 23 Abs. 1 eintritt. ²Dies gilt auch für Personen, deren Familienversicherung nach § 25 erlischt oder nur deswegen nicht besteht, weil die Voraussetzungen des § 25 Abs. 3 vorliegen. ³Der Antrag ist in den Fällen des Satzes 1 innerhalb von drei Monaten nach Beendigung der Mitgliedschaft, in den Fällen des Satzes 2 nach Beendigung der Familienversicherung oder nach Geburt des Kindes bei der zuständigen Pflegekasse zu stellen.

(2) ¹Personen, die wegen der Verlegung ihres Wohnsitzes oder gewöhnlichen Aufenthaltes ins Ausland aus der Versicherungspflicht ausscheiden, können sich auf Antrag weiterversichern. ²Der Antrag ist bis spätestens einen Monat nach Ausscheiden aus der Versicherungspflicht bei der Pflegekasse zu stellen, bei der die Versicherung zuletzt bestand. ³Die Weiterversicherung erstreckt sich auch auf die nach § 25 versicherten Familienangehörigen oder Lebenspartner, die gemeinsam mit dem Mitglied ihren Wohnsitz oder ge-

wöhnlichen Aufenthalt in das Ausland verlegen. ⁴Für Familienangehörige oder Lebenspartner, die im Inland verbleiben, endet die Familienversicherung nach § 25 mit dem Tag, an dem das Mitglied seinen Wohnsitz oder gewöhnlichen Aufenthalt ins Ausland verlegt.

Ein Recht zur freiwilligen Versicherung besteht in der sPV neben § 26a grundsätzlich nur als Recht zur **Weiterversicherung** für Personen, die schon Mitglieder der sPV waren und die aus der Versicherungspflicht ausgeschieden sind (BSG v. 3. 9. 1998, B 12 P 3/97 R, SozR 3–3300 § 20 Nr. 4). Ihnen sind nach Abs. 1 S. 2 Personen gleichgestellt, die aus der Familienversicherung ausgeschieden sind oder deren Familienversicherung wegen § 25 3 nicht zur Entstehung gelangt ist. Da die Weiterversicherung jeweils „auf Antrag" erfolgt (Abs. 1 S. 1, 2, Abs. 2 S. 1) bedarf es für ihr Zustandekommen – anders als in der gKV, wo die Erklärung des Beitritts genügt (§ 9 Abs. 1, 2 SGB V), eines **konstitutiven Verwaltungsakts** (§ 31 S. 1 SGB X) grundsätzlich derjenigen Pflegekasse, bei der zuletzt die Mitgliedschaft bestanden hat (vgl. Abs. 2 S. 2). Im Fall des Streits über die Ablehnung ist daher richtige Klageart die kombinierte Anfechtungs- und Verpflichtungsklage (§ 54 Abs. 1 S. 1 SGG). Die **freiwillige Mitgliedschaft** der zuvor versicherungspflichtigen beginnt mit dem Tag, der demjenigen folgt, an dem die Voraussetzungen der §§ 20, 21 entfallen sind (vgl. § 49 Abs. 2). Die freiwillige Mitgliedschaft endet in allen Fällen mit dem Tod des Mitglieds oder grundsätzlich mit Ablauf des übernächsten Kalendermonats nach der Erklärung des Austritts (§ 49 Abs. 3). **1**

Das Recht auf Weiterversicherung nach Abs. 1 S. 1 setzt positiv das **Ausscheiden** aus der Versicherungspflicht nach § 20 oder § 21 (vgl. § 49 Abs. 1 S. 2 Regelung 2) und eine **Mindestversicherungszeit** (in der sPV) von entweder (insgesamt) 24 Monaten in den letzten fünf Jahren oder (durchgehend) 12 Monaten unmittelbar vor dem Ausscheiden voraus (vgl. § 9 Abs. 1 Nr. 1 Hs. 1 SGB V und die Anmerkungen hierzu). Zeiten als Rentenantragsteller dürften von Gesetzes wegen keine Berücksichtigung finden. Auf der Grundlage der abweichenden Verwaltungspraxis findet eine Einbeziehung wohl dennoch statt (vgl. § 20 Rn. 8). Negativ gilt (ebenfalls kumulativ), dass nicht an die Stelle der beendeten Versicherungspflicht in der sPV eine solche in der pPV nach **§ 23 I** getreten sein darf. Der **Antrag** ist dann innerhalb von drei Monaten nach Beendigung zu stellen (Abs. 1 S. 3 Regelung 1), wobei ggf. Wiedereinsetzung nach § 27 Abs. 1 SGB X in Betracht kommt. Denselben Voraussetzungen unterliegt die freiwillige eigene Weiterversicherung ehemals Familienversicherter (vgl. auch Abs. 2 S. 3) und solcher Personen, bei denen eine Familienversicherung nur deshalb nicht besteht, weil (von Anfang an) die Voraussetzungen von § 25 Abs. 3 vorliegen. Der Sache nach der ersten Fallgruppe gehört auch der in Abs. 2 S. 4 geregelte Sonderfall zu, dass die Stammversicherung (§ 49 Abs. 1 S. 2) – und wegen der Akzessorietät gleichzeitig die Familienversicherung – mit dem Tag entfallen, an dem das Mitglied seinen Wohnsitz oder gewöhnlichen Aufenthalt ins **Ausland** verlegt. Der Antrag ehemals Familienversicherter bzw. in der zweiten Fallgruppe ab Geburt erstmals zu Versichernder auf „Weiterversicherung" ist innerhalb von drei Monaten nach Beendigung der Familienversicherung oder nach Geburt des Kindes zu stellen (Abs. 1 S. 3 Regelung 2, § 27 Abs. 1 SGB X). **2**

Als eigenständiger Tatbestand der Weiterversicherung ermöglicht **Abs. 2 S. 1** als lex specialis die Fortführung der Mitgliedschaft in der PV (ohne Vorversicherungszeit) auch, wenn die Anwendbarkeit deutschen SV-Rechts in Gestalt der §§ 20, 21 gerade durch die Verlegung des Wohnsitzes oder gewöhnlichen Aufenthalts entfällt. **Unberücksichtigt** bleibt der wichtige Fall, dass eine Inlandsbeschäftigung aufgegeben wird. Hier kann allenfalls ein an die Erfordernisse des EG-Rechts angepasstes Verständnis helfen. Allein der Umstand, dass die entsprechende Fallgruppe im Gesetzesentwurf Erwähnung gefunden hat (BT-Drs. 12/5262 S. 106 f.), kann dagegen die erforderliche Rechtsgrundlage nicht ersetzen. **3**

Der **Antrag** ist spätestens einen Monat nach Ausscheiden aus der Versicherungspflicht bei der Pflegekasse zu stellen, bei der die Versicherung zuletzt bestand (Abs. 2 S. 2, § 27 Abs. 1 SGB X). Wegen des generellen Ruhens von Leistungsansprüchen während eines dauerhaften Auslandsaufenthalts (§ 34 Abs. 1 Nr. 1 S. 1) wird insofern durch die „Weiterversicherung" zwar kein aktueller Versicherungsschutz vermittelt, doch werden bei niedrigen Beiträgen (§ 57 Abs. 5) Zeiten der Weiterversicherung bei der Ermittlung der **Vorversicherungszeit** mitberücksichtigt (§ 33 Abs. 2 S. 2). Letztlich handelt es sich damit um eine Kombination von ggf. durch Rückkehr in das Inland aktivierbarem Versicherungsschutz und Anwartschaftsversicherung. Diese Rechtsfolgen werden durch Abs. 2 S. 3 auch auf diejenigen **Familienangehörigen/Lebenspartner** erstreckt, die ihren Wohnsitz gemeinsam mit dem Mitglied in das Ausland verlegen, während für die im Inland verbleibenden S. 4 gilt (s. vorstehend Rn. 43). **4**

§ 26a Beitrittsrecht

(1) ¹Personen mit Wohnsitz im Inland, die nicht pflegeversichert sind, weil sie zum Zeitpunkt der Einführung der Pflegeversicherung am 1. Januar 1995 trotz Wohnsitz im Inland keinen Tatbestand der Versicherungspflicht oder der Mitversicherung in der sozialen oder privaten Pflegeversicherung erfüllten, sind berechtigt, die freiwillige Mitglied-

Berchtold

schaft bei einer der nach § 48 Abs. 2 wählbaren sozialen Pflegekassen zu beantragen oder einen Pflegeversicherungsvertrag mit einem privaten Versicherungsunternehmen abzuschließen. ²Ausgenommen sind Personen, die laufende Hilfe zum Lebensunterhalt nach dem Zwölften Buch beziehen sowie Personen, die nicht selbst in der Lage sind, einen Beitrag zu zahlen. ³Der Beitritt ist gegenüber der gewählten Pflegekasse oder dem gewählten privaten Versicherungsunternehmen bis zum 30. Juni 2001 schriftlich zu erklären; er bewirkt einen Versicherungsbeginn rückwirkend zum 1. April 2001. ⁴Die Vorversicherungszeiten nach § 33 Abs. 2 gelten als erfüllt. ⁵Auf den privaten Versicherungsvertrag findet § 110 Abs. 1 Anwendung.

(2) ¹Personen mit Wohnsitz im Inland, die erst ab einem Zeitpunkt nach dem 1. Januar 1995 bis zum Inkrafttreten dieses Gesetzes nicht pflegeversichert sind und keinen Tatbestand der Versicherungspflicht nach diesem Buch erfüllen, sind berechtigt, die freiwillige Mitgliedschaft bei einer der nach § 48 Abs. 2 wählbaren sozialen Pflegekassen zu beantragen oder einen Pflegeversicherungsvertrag mit einem privaten Versicherungsunternehmen abzuschließen. ²Vom Beitrittsrecht ausgenommen sind die in Absatz 1 Satz 2 genannten Personen sowie Personen, die nur deswegen nicht pflegeversichert sind, weil sie nach dem 1. Januar 1995 ohne zwingenden Grund eine private Kranken- und Pflegeversicherung aufgegeben oder von einer möglichen Weiterversicherung in der gesetzlichen Krankenversicherung oder in der sozialen Pflegeversicherung keinen Gebrauch gemacht haben. ³Der Beitritt ist gegenüber der gewählten Pflegekasse oder dem gewählten privaten Versicherungsunternehmen bis zum 30. Juni 2002 schriftlich zu erklären. ⁴Er bewirkt einen Versicherungsbeginn zum 1. Januar 2002. ⁵Auf den privaten Versicherungsvertrag findet § 110 Abs. 3 Anwendung.

(3) ¹Ab dem 1. Juli 2002 besteht ein Beitrittsrecht zur sozialen oder privaten Pflegeversicherung nur für nicht pflegeversicherte Personen, die als Zuwanderer oder Auslandsrückkehrer bei Wohnsitznahme im Inland keinen Tatbestand der Versicherungspflicht nach diesem Buch erfüllen und das 65. Lebensjahr noch nicht vollendet haben, sowie für nicht versicherungspflichtige Personen mit Wohnsitz im Inland, bei denen die Ausschlussgründe nach Absatz 1 Satz 2 entfallen sind. ²Der Beitritt ist gegenüber der nach § 48 Abs. 2 gewählten Pflegekasse oder dem gewählten privaten Versicherungsunternehmen schriftlich innerhalb von drei Monaten nach Wohnsitznahme im Inland oder nach Wegfall der Ausschlussgründe nach Absatz 1 Satz 2 mit Wirkung vom 1. des Monats zu erklären, der auf die Beitrittserklärung folgt. ³Auf den privaten Versicherungsvertrag findet § 110 Abs. 3 Anwendung. ⁴Das Beitrittsrecht nach Satz 1 ist nicht gegeben in Fällen, in denen ohne zwingenden Grund von den in den Absätzen 1 und 2 geregelten Beitrittsrechten kein Gebrauch gemacht worden ist oder in denen die in Absatz 2 Satz 2 aufgeführten Ausschlussgründe vorliegen.

A. Normzweck

1 § 26 a geht auf die Entscheidung des **BVerfG** v. 3. 4. 2001 (1 BvR 81/98, SozR 3–3300 § 20 Nr. 6) zurück, die hiermit umgesetzt werden sollte (BT-Drs. 14/7473 S. 17, 20 f.). Sie eröffnet im Blick auf Art. 3 Abs. 1 GG ausnahmsweise und unter engen Voraussetzungen ein Recht zum freiwilligen Beitritt, für diejenigen, die ausgehend von dem Konzept „PV folgt KV" mit seinen begrenzten Ausnahmeregelungen mangels KV ohne Versicherungsschutz in der PV bleiben. § 26 a wendet sich dem Problem durch Begründung von **drei Beitrittsrechten** zu, von denen nur noch dem in Abs. 3 geregelten aktuelle Bedeutung zukommt. Da indessen im Wege der Tatbestands-/Rechtsfolgenreduktion insofern unverändert noch auf die Abs. 1 und 2 Bezug genommen wird, sind insofern mittelbar auch die dort getroffenen Regelungen noch weiterhin relevant.

B. Bei Einführung der PV unversicherte Personen (Abs. 1)

2 **Abs. 1 S. 1** eröffnet bei Einführung der PV **am 1. 1. 1995** trotz Inlandswohnsitzes (§ 30 SGB I) in der PV nicht (mit-)versicherten Personen nach deren Wahl und befristet bis längstens 30. 6. 2002 (S. 3 Hs. 1) den Beitritt zu einer nach § 48 Abs. 2 wählbaren PK oder den Abschluss eines Pflegeversicherungsvertrages mit einem privaten Versicherungsunternehmen. Die hiernach jeweils schriftlich zu beantragende Versicherung (S. 3 Hs. 1) in der sPV kommt (wie bei § 26 Abs. 1 S. 1) durch den konstitutiven Verwaltungsakt der gewählten PK, der Versicherungsvertrag mit der Annahme durch das hierzu verpflichtete Versicherungsunternehmen und dem von § 110 Abs. 1 vorgegebenen Inhalt (S 5 iVm. § 110 Abs. 1) jeweils rückwirkend zum 1. 4. 2001 (S. 3 Hs. 2) zu Stande. Die Vorversicherungszeiten nach § 33 Abs. 2 gelten jeweils als erfüllt (S. 4).

3 **S. 2** nimmt in der ab 1. 1. 2005 geltenden Fassung Personen, die laufende Hilfe zum Lebensunterhalt nach dem SGB XII (bis dahin: nach dem BSHG) beziehen (Regelung 1), sowie Personen, die

nicht in der Lage sind, einen Beitrag zu zahlen (Regelung 2), von der Beitrittsberechtigung aus. Die Beschränkung des Beitrittsrechts für Bezieher laufender Hilfe zum Lebensunterhalt (Regelung 1) steht mit den Vorgaben des BVerfG im Urteil v. 3. 4. 2001 (1 BvR 81/98, SozR 3–3300 § 20 Nr. 6) im Einklang. Ein Ausschluss von Personen, die im Pflegefall Ansprüche gegen den Sozialhilfeträger haben, die denen der sPV entsprechen (§ 68 Abs. 2 BSHG, § 61 Abs. 2 SGB XII) ist gerechtfertigt, weil er nur zur **Entlastung des Sozialhilfeträgers** führt (BSG v. 18. 5. 2005, B 12 P 3/04, SozR 4–3300 § 26a Nr. 1). Ob ein kategorischer Ausschluss all derjenigen, die zur Beitragsleistung **nicht in der Lage** sind (Regelung 2) verfassungsrechtlichen Bedenken Stand hält, könnte fraglich sein. Jedenfalls aber, wo die Regelung 2 ebenso wie die Regelung 1 im Sinne der Systemabgrenzung nur zur Abgrenzung der Zuständigkeit öffentlicher Sozialleistungsträger führt, ist auch sie mit den Vorgaben des BVerfG vereinbar (so zur Grundsicherung nach dem GSiG BSG v. 21. 9. 2005, B 12 P 6/04 R, SozR 4–3300 § 26a Nr. 2).

C. Zu einem späteren Zeitpunkt unversicherte Personen (Abs. 2)

S. 1 erstreckt die bis zum 30. 6. 2002 befristete (S. 3) Möglichkeit des wahlweisen Beitritts zu einer 4 nach § 48 Abs. 2 wählbaren PK bzw. des Abschlusses eines Pflegeversicherungsvertrages mit einem privaten Versicherungsunternehmen auf Personen mit Wohnsitz im Inland (§ 30 SGB I), die zwar am 1. 1. 1995, nicht mehr jedoch bei Inkrafttreten des PflEG v. 14. 12. 2001 (BGBl. I 3728) am **1. 1. 2002 und seither** als Versicherungspflichtige pflegeversichert waren. Im Gegensatz zu Abs. 1 S. 1 erwähnt S. 1 die Mitversicherten nicht gesondert. Die auch hiernach jeweils schriftlich zu beantragende Versicherung (S. 3) in der sPV kommt (wie bei § 26 Abs. 1 S. 1) durch den konstitutiven Verwaltungsakt der gewählten PK, der Versicherungsvertrag mit der Annahme durch das hierzu verpflichtete Versicherungsunternehmen und mit dem von § 110 Abs. 3 vorgegebenen Inhalt (S 5 iVmit § 110 Abs. 3) jeweils rückwirkend zum 1. 1. 2002 (S. 4) zu Stande.

Dem Beitritt stehen auch hier die Gründe des Abs. 1 S. 2 entgegen **(S. 1 Regelung 1)**. Zusätzlich 5 sind Personen ausgeschlossen, die nur deswegen nicht pflegeversichert sind, weil sie nach dem 1. Januar 1995 ohne zwingenden Grund eine private Kranken- und Pflegeversicherung aufgegeben oder von einer möglichen Weiterversicherung in der gesetzlichen Krankenversicherung oder in der sozialen Pflegeversicherung keinen Gebrauch gemacht haben **(S. 1 Regelung 2)**. Dies dient der Begrenzung des außerordentlichen Beitrittsrechts auf diejenigen, die ohne eigenes Zutun aus der Versicherung ausgeschlossen waren.

D. Beitrittsrecht ab 1. 7. 2002 (Abs. 3)

Nach **S. 1** besteht ab dem 1. 7. 2002 auf Dauer ein Beitrittsrecht zur sPV oder zur der pPV nur 6 noch für die dort genannten Personen und unter engen Voraussetzungen. Trotz der gegenüber Abs. 1 und 2 geänderten Wortwahl („Beitrittsrecht" statt „berechtigt ... freiwillige Mitgliedschaft ... zu beantragen" bzw. „Pflegeversicherungsvertrag ... abzuschließen") fehlt es an jedem sonstigen Anhaltspunkt dafür, dass Abs. 3 im Gegensatz hierzu ein einseitiges Beitrittsrecht vermitteln könnte. **„Beitritt"** dürfte vielmehr auch hier in den Abs. 1 S. 3, Abs. 2 S. 3 zu Grunde gelegten Sinne des „Antrages" zu verstehen sein, sodass es sich letztlich um eine bloße Textänderung ohne Rechtsänderung und damit um eines der vielen kaum erklärlichen handwerklichen Defizite des § 26a handeln dürfte. **„Beitrittsberechtigt"** sind nach S. 1 zunächst Zuwanderer und Auslandsrückkehrer, die bei Wohnsitznahme im Inland keinen Tatbestand der Versicherungspflicht erfüllen, nicht pflegeversichert sind und das 65. Lebensjahr noch nicht vollendet haben **(Gruppe 1)**. Außerdem sind – ohne Altersgrenze – beitrittsberechtigt nur noch Personen mit Wohnsitz im Inland, bei denen die Ausschlussgründe des Abs. 1 S. 2 (s. vorstehend Rn. 48) entfallen sind, bei denen also die Hilfe zum Lebensunterhalt geendet hat oder die nunmehr in der Lage sind, die Beiträge selbst zu zahlen **(Gruppe 2)**. Mitversicherte sind – anders als in Abs. 1 S. 1 – auch hier nicht erwähnt. Das „Beitrittsrecht" ist jeweils nicht gegeben, wenn Beitrittsrechte nach Abs. 1 oder 2 bestanden haben und ohne zwingenden Grund ungenutzt geblieben sind oder wenn die in Abs. 2 S. 2 aufgeführten Ausschlussgründe vorliegen (S. 4).

Der **Beitritt** (Antrag auf freiwillige Versicherung in der sPV bzw auf Abschluss eines privaten Pfle- 7 geversicherungsvertrages) ist auch hier schriftlich gegenüber der nach § 48 II gewählten PK bzw. gegenüber dem gewählten Versicherungsunternehmen zu erklären (S. 2 Regelung 1). Die jeweils dreimonatige Frist hierfür beginnt für die Mitglieder der Gruppe 1 mit der Wohnsitznahme im Inland, für diejenigen der Gruppe 2 mit dem Wegfall der Ausschlussgründe nach Abs. 1 S. 2 (S. 2 Regelung 2). Die freiwillige Mitgliedschaft in der sPV bzw der materielle Versicherungsschutz aus dem privaten Pflegeversicherungsvertrag beginnen jeweils mit dem 1. des Monats der auf den Beitritt (Antrag) folgt (S. 2 Regelung 3). Leistungen werden nur unter den üblichen Voraussetzungen erbracht; eine dem Abs. 1 S. 4 entsprechende Fiktion fehlt.

Berchtold

§ 27 Kündigung eines privaten Pflegeversicherungsvertrages

¹Personen, die nach den §§ 20 oder 21 versicherungspflichtig werden und bei einem privaten Krankenversicherungsunternehmen gegen Pflegebedürftigkeit versichert sind, können ihren Versicherungsvertrag mit Wirkung vom Eintritt der Versicherungspflicht an kündigen. ²Das Kündigungsrecht gilt auch für Familienangehörige oder Lebenspartner, wenn für sie eine Familienversicherung nach § 25 eintritt. ³§ 5 Abs. 10 des Fünften Buches gilt entsprechend.

1 § 27 S. 1, 2 gibt denjenigen, die während einer bereits bestehenden pPV zusätzlich in der sPV selbst versicherungspflichtig werden oder nach § 25 von der Familienversicherung erfasst werden (vgl. BGH v. 3. 11. 2004, IV ZR 241/03, NJ 2005, 123), ein **außerordentliches Kündigungsrecht**. Die Vorschrift ist als Ausnahmeregelung weder erweiterungs- noch analogiefähig (BSG v. 29. 11. 2006, B 12 P 1/05 R, SozR 4–3300 § 27 Nr. 1) und wird bis zum 31. 12. 2007 durch § 178 h II VVG (vgl. zu dessen Voraussetzungen BGH v. 3. 11. 2004, IV ZR 214/03, VersR 2005, 66 und IV ZR 241/03, NJ 2005, 123), seit dem 1. 1. 2005 durch § 205 Abs. 2 VVG nF, ergänzt. Nach der letzt genannten Vorschrift kann der Versicherungsnehmer binnen drei Monaten nach Eintritt der Versicherungspflicht eine Krankheitskosten-, eine Krankentagegeld- oder eine Pflegekrankenversicherung sowie eine für diese Versicherungen bestehende Anwartschaftsversicherung rückwirkend zum Eintritt der Versicherungspflicht kündigen, wenn eine versicherte Person kraft Gesetzes kranken- oder pflegeversicherungspflichtig wird (S. 1). Die Kündigung ist unwirksam, wenn der Versicherungsnehmer dem Versicherer den Eintritt der Versicherungspflicht nicht innerhalb von zwei Monaten nachweist, nachdem der Versicherer ihn hierzu in Textform aufgefordert hat, es sei denn der Versicherungsnehmer hat die Versäumung dieser Frist nicht zu vertreten (S. 2). Macht der Versicherungsnehmer von seinem Kündigungsrecht Gebrauch, steht dem Versicherer die Prämie nur bis zu diesem Zeitpunkt zu (S. 3). Später kann der Versicherungsnehmer das Versicherungsverhältnis zum Ende des Monats kündigen, in dem er den Eintritt der Versicherungspflicht nachweist (Satz 4). Der Versicherungspflicht steht der gesetzliche Anspruch auf Familienversicherung oder der nicht nur vorübergehende Anspruch auf Heilfürsorge aus einem beamtenrechtlichen oder ähnlichen Dienstverhältnis gleich (Satz 5). Unabhängig vom Verhältnis des § 27 SGB XI und des § 205 Abs. 2 VVG nF im Übrigen setzen beide Vorschriften jedenfalls schon nach ihrem Wortlaut übereinstimmend und unabhängig von ansonsten zu beachtenden Modalitäten voraus, dass ein privater Pflegeversicherungsvertrag allein dann gekündigt werden kann, wenn die bereits privat versicherte Person zusätzlich von einer **hinzutretenden gesetzlichen Versicherungspflicht** erfasst wird.

2 Für den **vorbestehenden Versicherungsschutz** in der pPV genügt nur ein Versicherungsschutz im materiellen Sinne (§ 1 Abs. 1 S. 2 VVG) und nicht bereits der Vertragsschluss mit einem privaten Krankenversicherungsunternehmen (vgl. zu diesem Verständnis des Versicherungsbeginns etwa OLG Karlsruhe vom 19. März 1992, 12 U 213/91, VersR 1992, 1123). Ein außerordentliches Kündigungsrecht scheitert andernfalls bereits an der Grundvoraussetzung der § 27 S. 1 SGB XI, § 205 Abs. 2 S. 1, 4 VVG nF, die übereinstimmend voraussetzen, dass ein zur Kündigung Berechtigter erst während der bestehenden Privatversicherung versicherungspflichtig geworden ist und die gesetzliche die private Pflegeversicherung „ablöst". Führt der Versicherte die Parallelität von sozialer und privater Pflegeversicherung durch Abschluss des privaten Versicherungsvertrages selbst herbei, ist er iS der genannten Vorschriften nicht schutzbedürftig. Dies gilt auch dann, wenn hinsichtlich des zeitlich lückenlosen und inhaltlich identischen Schutzes der sozialen Pflegeversicherung lediglich ein **Wechsel des Versicherungspflichttatbestandes** eintritt. Auch dann „wird" der privat Versicherte nicht erst während des bereits laufenden Vertrages und zusätzlich von der sozialen Pflegeversicherung erfasst, sondern war er es im Gegenteil durchgehend bereits vorher schon. Der Ausschluss des Kündigungsrechts in derartigen Fällen entspricht gleichzeitig Sinn und Zweck des Sonderkündigungsrechts. Dieses soll – wie sich bereits aus der in § 27 S. 1 SGB XI, § 205 Abs. 2 S. 1, 4 VVG nF vorausgesetzten zeitlichen Abfolge von vorangehender privater und nachfolgender sozialer Pflegeversicherung ergibt – privat Pflegeversicherte nicht etwa generell vor einer Mehrfachversicherung bewahren, sondern es ihnen lediglich ermöglichen, eine derartige Situation dann zu vermeiden, wenn sie erstmals nachträglich und unabhängig von einem eigenem Willensentschluss allein auf Grund gesetzlichen Zwangs eintritt (vgl. noch zur Rechtslage des § 178h VVG insgesamt BSG v. 29. 11. 2006, B 12 P 1/05 R, SozR 4–3300 § 27 Nr. 1).

3 Die **Kündigung nach § 205 Abs. 2 S. 1 VVG nF** ist grundsätzlich formfrei möglich. Nach § 208 Abs. 2 S. 2 VVG nF kann im Einzelfall die Schrift- oder Textform vereinbart werden. Die Wirksamkeit einer binnen drei Monaten nach Eintritt der Versicherungspflicht erklärten Kündigung ist nach § 205 Abs. 2 S. 2 nunmehr (nur) dann grundsätzlich vom Nachweis des Eintritts der Versicherungspflicht abhängig, wenn der Versicherer den Versicherungsnehmer hierzu in Textform aufgefordert hat. Das neue Recht verkörpert damit eine vermittelnde Lösung, nachdem der BGH zum alten Recht des § 178h Abs. 2 S. 1 noch entschieden hatte, dass es eines derartigen Nachweises nicht bedarf (BGH v. 3. 11. 2004, IV ZR 214/03, VersR 2005, 66 und IV ZR 241/03, NJ 2005, 123). Die

erst nach Ablauf der dreimonatigen Frist erklärte Kündigung ist (wie bis 31. 12. 2007 diejenige nach § 178h Abs. 2 S. 3 VVG) stets vom **Nachweis** der Versicherungspflicht abhängig.

Dass der Versicherer eine ohne Kündigungsrecht erklärte Kündigung nicht oder nicht rechtzeitig **zurückweist**, führt jedenfalls nicht zu einem sonst nicht vorgesehenen Wirksamwerden der Kündigung. Andernfalls geriete insbesondere der öffentlich-rechtliche Schutzzweck der pPV in Gefahr. (BSG v. 29. 11. 2006, B 12 P 1/05 R, SozR 4–3300 § 27 Nr. 1). Hinsichtlich der Verletzung von Hinweispflichten kommt allenfalls in Betracht, den Versicherungsnehmer nach den Grundsätzen des Schadensersatzrechts so zu stellen, wie er bei einem unterstellten ordnungsgemäßen Verhalten des Versicherers stünde (BSG v. 29. 11. 2006, B 12 P 1/05 R, SozR 4–3300 § 27 Nr. 1). **4**

Der zum 1. 1. 2000 ohne Anpassung der Überschrift eingeführte S. 3 verweist auf § 5 Abs. 10 SGB V und ordnet dessen entsprechende Geltung an. Die Nachlässigkeiten in der Fortschreibung der Norm werden dadurch fortgesetzt, dass die Änderungen zum 1. 1. 2008 durch Art. 9 Abs. 11 Nr. 1, 2 Regelung 1 des Gesetzes zur Reform des Versicherungsvertragsrechts vom 23. 11. 2007 (BGBl. I 2631) nicht auf § 27 übertragen wurden. Hierdurch wurde § 5 Abs. 9 SGB V aufgehoben (Nr. 1). § 5 Abs. 10 wurde statt dessen Abs. Abs. 9 (Nr. 2 Regelung 1). Der Wortlaut von S. 3 führt seither ins Leere. **5**

Die Rechtslage bleibt ungeachtet des **Redaktionsversehens** unverändert. Auch in der pPV besteht daher ebenso wie in der pKV eine Verpflichtung des privaten Versicherungsunternehmens, bei dem vorgehend mindestens fünf Jahre durchgehend ein Vertragsverhältnis bestanden hat, einen **erneuten Vertrag** zu bisherigen Bedingungen zu schließen, wenn nach Kündigung des Versicherungsvertrages eine Pflichtversicherung in der sPV wieder Erwarten nicht zu Stande kommt oder endet, bevor die Vorversicherungszeit für eine freiwillige Weiterversicherung (§ 26 Abs. 1 S. 1) erfüllt ist. Das neue Versicherungsverhältnis beginnt, wenn eine Versicherung in der sPV überhaupt nicht zu Stande gekommen ist, im unmittelbaren Anschluss an das bisherige, bei mangelnder Erfüllung der Vorversicherungszeit, am Tag nach der Beendigung der sPV. Um das Risiko für die Träger der pPV überschaubar zu machen, endet die **Frist** für den Zugang des Antrags auf Fortsetzung des Versicherungsvertrages (entgegen dem Wortlaut wohl nicht für die Annahmeerklärung des Versicherungsträgers) im ersten Fall drei Monate (S. 5), ansonsten zwölf Monate nach der Beendigung des Versicherungsvertrages. Nach dem mittlerweile ebenfalls zum 1. 1. 2008 in Kraft getretenen S. 7 des § 5 Abs. 10 (Art. 9 XI Nr. 2 Regelung 2 des Gesetzes zur Reform des Versicherungsvertragsrechts vom 23. 11. 2007 (BGBl. I 2631) sind die vorstehenden Regelungen der Nr. 9 zum Versicherungsvertrag auch auf die **Anwartschaftsversicherung** entsprechend anzuwenden. **6**

Viertes Kapitel. Leistungen der Pflegeversicherung

Erster Abschnitt. Übersicht über die Leistungen

§ 28 Leistungsarten, Grundsätze

(1) **Die Pflegeversicherung gewährt folgende Leistungen:**
1. Pflegesachleistung (§ 36),
2. Pflegegeld für selbst beschaffte Pflegehilfen (§ 37),
3. Kombination von Geldleistung und Sachleistung (§ 38),
4. häusliche Pflege bei Verhinderung der Pflegeperson (§ 39),
5. Pflegehilfsmittel und technische Hilfen (§ 40),
6. Tagespflege und Nachtpflege (§ 41),
7. Kurzzeitpflege (§ 42),
8. vollstationäre Pflege (§ 43),
9. Pflege in vollstationären Einrichtungen der Hilfe für behinderte Menschen (§ 43 a),
10. Leistungen zur sozialen Sicherung der Pflegepersonen (§ 44),
11. zusätzliche Leistungen bei Pflegezeit (§ 44 a),
12. Pflegekurse für Angehörige und ehrenamtliche Pflegepersonen (§ 45),
13. zusätzliche Betreuungsleistungen (§ 45 b),
14. Leistungen des Persönlichen Budgets nach § 17 Abs. 2 bis 4 des Neunten Buches.

(1 a) **Versicherte haben gegenüber ihrer Pflegekasse oder ihrem Versicherungsunternehmen Anspruch auf Pflegeberatung (§ 7a).**

(2) **Personen, die nach beamtenrechtlichen Vorschriften oder Grundsätzen bei Krankheit und Pflege Anspruch auf Beihilfe oder Heilfürsorge haben, erhalten die jeweils zustehenden Leistungen zur Hälfte; dies gilt auch für den Wert von Sachleistungen.**

(3) **Die Pflegekassen und die Leistungserbringer haben sicherzustellen, daß die Leistungen nach Absatz 1 nach allgemein anerkanntem Stand medizinisch-pflegerischer Erkenntnisse erbracht werden.**

(4) ¹Die Pflege soll auch die Aktivierung des Pflegebedürftigen zum Ziel haben, um vorhandene Fähigkeiten zu erhalten und, soweit dies möglich ist, verlorene Fähigkeiten zurückzugewinnen. ²Um der Gefahr einer Vereinsamung des Pflegebedürftigen entgegenzuwirken, sollen bei der Leistungserbringung auch die Bedürfnisse des Pflegebedürftigen nach Kommunikation berücksichtigt werden.

A. Normzweck

1 Die Vorschrift umfasst drei Teile mit jeweils unterschiedlicher Zweckrichtung. Abs. 1 und Abs. 1a sollen einen **Überblick über die Leistungen** der Pflegeversicherung gewähren. Entsprechend dieser Zielrichtung ergeben sich aus § 28 Abs. 1, 1a keine Rechtsansprüche, dafür kommt es vielmehr auf die einzelnen der aufgezählten Vorschriften an. Abs. 2 regelt das Zusammenspiel von Leistungen aus der Pflegeversicherung und **Leistungen der Beihilfe**, wenn der Versicherte (ausnahmsweise) für den nicht von der Beihilfe abgedeckten Teil nicht privat, sondern gesetzlich pflegversichert ist. Dann soll jeweils ein Anspruch auf die halben Leistungsbeträge gegen die Pflegekasse bestehen. Abs. 3 und 4 enthalten schließlich allgemeine **Vorgaben für Maß und Inhalt** sämtlicher Leistungen nach dem SGB XI: Diese haben dem allgemein anerkannten Stand der medizinisch-pflegerischen Erkenntnisse zu entsprechen; und Bestandteil der Pflegeleistungen haben auch aktivierende und kommunikative Aspekte zu sein.

B. Überblick über die Leistungen

2 Die Details zu den einzelnen Leistungen – bei denen § 87b SGB XI anlässlich der Anpassung zum 1. 7. 2008 vom Gesetzgeber offenbar übersehen wurde, dazu bei § 45a SGB XI Rn. 5 und § 45b SGB XI Rn. 12 – finden sich bei der jeweiligen Vorschrift. Aus systematischer Sicht sind die folgenden Begriffe und Zuordnungen für das Verständnis hilfreich.

I. Häusliche, teilstationäre und stationäre Pflege

3 Diese Unterscheidung entspricht den amtlichen Titelüberschriften im Dritten Abschnitt des 4. Kapitels, der die einzelnen Leistungsvorschriften enthält; sie ist zudem in § 4 Abs. 1, 2 SGB XI grundgelegt. **Häusliche Pflege** muss nicht im Haushalt des Pflegebedürftigen erfolgen. Für die Bestimmung ist insoweit nicht der Aufenthaltsort, sondern die Art der Pflege maßgebend. Wenn die Pflege außerhalb speziell für die stationäre Pflege zugelassener Einrichtungen oder Einrichtungsformen mit umfassender, auch pflegerischer Betreuung erfolgt, gilt die Pflege als häusliche (§ 36 Abs. 1 S. 2 SGB XI). **Teilstationär** meint die Kombination von häuslicher und stationärer Betreuung. **Stationäre Pflege** beschreibt die pflegerischen Betreuung in einer dafür zugelassenen Einrichtung (§ 71 Abs. 2 SGB XI) mit pauschaler Abgeltung aller erforderlichen Pflegeleistungen durch das Heimentgelt.

4 Nach § 3 SGB XI gilt ein **Vorrang der häuslichen Pflege.** Teilstationäre Pflege kann gewählt werden, wenn häusliche Pflege nicht in ausreichendem Umfang sichergestellt werden kann oder wenn dies zur Ergänzung oder Stärkung der häuslichen Pflege erforderlich ist. In der Praxis wird der Vorrang häuslicher Pflege allerdings nicht durchgehend durchgesetzt und soll dies auch nicht. Denn die häusliche Pflege kann für den Pflegebedürftigen und seine Angehörigen höhere Kosten verursachen als die stationäre Betreuung. Faktisch wird daher oft die stationäre Pflege gewählt, um das Kostenrisiko zu senken (s. bei § 43 SGB XI Rn. 2 und 6).

II. Kurzzeitpflege

5 **Kurzzeitpflege** nach § 42 SGB XI ist dann einschlägig, wenn die häusliche Pflege zeitweise nicht, noch nicht oder nicht im erforderlichen Umfang erbracht werden kann und auch teilstationäre Pflege nicht ausreicht. Sie dient also der Überbrückung vorübergehender Sondersituationen von Pflegebedürftigen.

III. Allgemeine Leistungsvoraussetzungen

6 Neben den je Leistung eigenen Anspruchsvoraussetzungen gibt es eine Reihe von Anforderungen, die immer erfüllt sein müssen, wenn die Pflegekasse Leistungen erbringen soll. Dies sind das Bestehen des Versicherungsverhältnisses (§§ 20ff. SGB XI), die Vorversicherungszeit (§ 33 Abs. 2 SGB XI), der Antrag (§ 33 Abs. 1 SGB XI) und bei den meisten Leistungen die Zuordnung zu einer Pflegestufe nach den §§ 14, 15 SGB XI. Durchweg unerheblich ist in der Pflegeversicherung die Frage der finanziellen Bedürftigkeit des Pflegebedürftigen; die Leistungen erfolgen einkommens- und vermögensunabhängig.

IV. Geld- und Sachleistung

§ 4 Abs. 1 S. 1 SGB XI unterscheidet Dienst-, Sach- und Geldleistungen. Dabei spielen Dienstleistungen jedoch nur eine sehr untergeordnete Rolle, zu ihnen gehören nur die Pflegekurse nach § 45 SGB XI. Ganz überwiegend folgt die Pflegeversicherung wie die Gesetzliche Krankenversicherung dem **Sachleistungsprinzip** (allg. dazu Waltermann, Sozialrecht, Rn. 190 ff.): Die Pflegekassen schulden ihre Leistungen auch dann, wenn es (wie zB bei den Kernleistungen nach §§ 36, 43) um geldwerte oder sogar in Geldbeträgen definierte Leistungsbeträge geht, in Natur. Sie schließen zur Sicherstellung ihrer Leistungsfähigkeit Verträge mit Leistungserbringern ab (§ 29 Abs. 2 SGB XI). Diese Leistungserbringer rechnen, soweit die Leistungspflicht der Kassen reicht, direkt mit diesen ab; ein direkter Zahlungsanspruch gegen den Versicherten besteht insoweit nicht. Leistungsinhalte und Vergütungen werden direkt zwischen Kassen und Leistungserbringern vereinbart und sind der privatrechtlichen Dispositionsbefugnis von Versicherten und Leistungserbringern entzogen, auch wenn zwischen diesen in jedem Einzelfall ein zivilrechtlicher Vertrag (Heimvertrag oder Pflegevertrag nach § 120 SGB XI) zustande kommt. 7

Geldleistungen der Pflegeversicherung sind vor allem das Pflegegeld nach § 37, 38 SGB XI (bei § 37 SGB XI Rn. 5) sowie in Ausnahmefällen die Kostenerstattung nach § 91 SGB XI oder in Fällen des Systemversagens (Pflegekasse kann die Leistung nicht durch einen vertraglich gebundenen Leistungserbringer bereitstellen, dann gilt § 13 SGB V entsprechend; s. dort). 8

V. Teilkaskoversicherung

Die Pflegeversicherung verfolgt nicht den Anspruch, den Versicherten im Leistungsfalle umfassend abzusichern. Vielmehr stellt sie ihre Sach- und/oder Geldleistungen zwar in pauschaler Anknüpfung an das Ausmaß des pflegerischen Hilfebedarfs in bestimmten Teilbereichen des täglichen Lebens (§§ 14, 15 SGB XI) zu Verfügung. Die Leistungsbeträge sind aber schon im Ansatz nicht darauf ausgerichtet, die gesamten oder auch nur ganz überwiegenden tatsächlichen Kosten typischer Pflegefälle zu decken. Damit sind nicht nur untergeordnete Zuzahlungen des Versicherten, sondern in der Regel ganz **erhebliche Eigenanteile** unvermeidlich. Kann der Versicherte dafür nicht aufkommen, besteht ergänzend ein Anspruch auf Sozialhilfe nach den Regelungen des SGB XII. Darin liegt ein zentraler Unterschied zum Krankenversicherungsrecht. 9

VI. Grundpflege, hauswirtschaftliche Versorgung und medizinische Behandlungspflege

Als Leistungen gegenüber dem Pflegebedürftigen kommen in erster Linie Grundpflege, hauswirtschaftliche Versorgung und die medizinische Behandlungspflege in Betracht. **Grundpflege** umfasst die in § 14 Abs. 4 Nr. 1–3 SGB XI genannten Tätigkeiten. Gemeint sind damit regelmäßig wiederkehrende Verrichtungen im Ablauf des täglichen Lebens in den Bereichen der Körperpflege (Waschen, Baden, Zahnpflege, Darm- und Blasenentleerung), Ernährung (Zubereitung oder Aufnahme der Nahrung) und Mobilität (Aufstehen, Zubettgehen, An- und Auskleiden). Zur **hauswirtschaftlichen Versorgung** gehören nach § 14 Abs. 4 Nr. 4 SGB XI insbesondere Verrichtungen wie Kochen, Reinigen der Wohnung und Waschen der Wäsche. Zum erforderlichen Anteil der Grundpflege am Hilfebedarf im Zusammenhang mit der Einstufung s. § 15 Abs. 3 SGB XI. Mit **medizinischer Behandlungspflege** sind diejenigen Leistungen des Pflegepersonals gemeint, die ärztlicher Anordnung bedürfen. Die Maßnahmen werden typischerweise aber nicht vom Arzt, sondern von Vertretern medizinischer Hilfsberufe oder auch von Laien erbracht (BSG, 17. 3. 2005, B 3 KR 9/04 R). Einen Anhaltspunkt, welche Leistungen im Einzelnen darunter fallen, bieten die Richtlinien des Gemeinsamen Bundesausschusses zu § 37 SGB V („HKP-Richtlinien", HKP = Häusliche Krankenpflege). Sie sind gesetzessystematisch und nach § 37 SGB V grundsätzlich Sache der Krankenkassen. Zur systemwidrigen Zuweisung an die Pflegeversicherung bei den teil- und vollstationären Formen der Pflege s. bei § 43 Rn. 19). 10

VII. Abgrenzung zu Leistungen der Krankenversicherung

Die Abgrenzung der Pflegeleistungen nach dem SGB XI von der **häuslicher Krankenpflege** (§ 37 SGB V), die von der Krankenkasse zu erbringen ist, macht manchmal Schwierigkeiten. Die Pflegeversicherung bezweckt, Pflegebedürftigen ein möglichst selbstständiges und selbst bestimmtes Leben zu ermöglichen (§§ 1 Abs. 4, 2 Abs. 1 S. 1 SGB XI). Die häusliche Krankenpflege zielt nach dem SGB V dagegen primär auf die Heilung des Versicherten. Grundsätzlich ist die häusliche Krankenpflege neben Pflege nach der Pflegeversicherung möglich (§ 13 Abs. 2 SGB XI). Im Falle von Überschneidungen geht zwar grundsätzlich der Anspruch gegen die Krankenkasse vor (Ruhen der Pflegeversicherungsleistung, § 34 Abs. 2 SGB XI). Für die Satzungsleistungen Grundpflege und hauswirtschaftliche Versorgung im Falle des § 37 Abs. 2 SGB V gilt aber umgekehrt ein Verbot der 11

Gewährung, wenn Leistungsansprüche nach SGB XI eingetreten sind. Die **Krankenhausvermeidungspflege** (§ 37 Abs. 1 SGB V, s. dort) umfasst sowohl Grundpflege als auch Behandlungspflege und hauswirtschaftliche Versorgung. Bei ihr kommt es seltener zu Überschneidungen mit Leistungsansprüchen nach §§ 36 ff. SGB XI, weil der Anspruch befristet ist und eher an eine vorübergehende Notsituation anknüpft. Die **Sicherungspflege** nach § 37 Abs. 2 SGB V kommt dagegen häufig zusammen mit Leistungen nach §§ 36 ff. SGB XI in Frage. Dann werden die Leistungen der medizinischen Behandlungspflege auf ärztliche Verordnung von der Krankenkasse erbracht, während Grundpflege und hauswirtschaftliche Versorgung in die Zuständigkeit der Pflegekasse fallen. Zur Berücksichtigung dieser Abgrenzung bei der Einstufung nach §§ 14, 15 SGB XI s. dort.

C. Hälftige Leistungsgewährung an Beihilfeberechtigte (Abs. 2)

12 **Beihilfeberechtigte** (insbesondere aktive oder pensionierte Beamte und verwandte Berufsgruppen) haben gegen ihren Dienstherrn Anspruch auf Erstattung eines bestimmten Prozentsatzes – am häufigsten und zugleich mindestens 50% – ihrer medizinischen Aufwendungen. Dieser Anspruch wurde mit Einführung der Pflegeversicherung in den einschlägigen Regelwerken (insb. Beihilfeverordnungen des Bundes und der Länder) deren Leistungen angeglichen. Der Beihilfeanspruch richtet sich bei Pflegebedürftigkeit (nur) auf den einschlägigen Prozentsatz der Leistungsbeträge, die aus der gesetzlichen Pflegeversicherung bekannt sind. Um einen vergleichbaren Versicherungsschutz wie voll versicherte Personen in der Pflegeversicherung zu erlangen, benötigen Beihilfeberechtigte daher eine (weitere) Versicherung, die im Falle der Pflegebedürftigkeit den verbleibenden Prozentsatz abdeckt. Diese Versicherung kann neben privaten Versicherungsformen auch die gesetzliche Pflegeversicherung sein. Für diesen Fall ordnet § 28 Abs. 2 einen nur **hälftigen Leistungsanspruch** an. Auch der Beitrag ist in diesem Fall nur in halber Höhe zu leisten (§ 55 Abs. 1 S. 2 SGB XI).

13 Diese Fallkonstellation ist allerdings eher die **Ausnahme**. Denn im Regelfall wird die ergänzende Versicherung beihilfeberechtigter Personen bei **privaten Versicherungsunternehmen** vorgenommen. Dies hängt mit dem Umstand zusammen, dass die gesetzliche Krankenversicherung keine §§ 28 Abs. 2, 55 Abs. 1 S. 2 SGB XI vergleichbare Regelung kennt. Dort besteht in diesen Fällen nach § 6 Abs. 1 SGB V keine Versicherungspflicht, die Mitgliedschaft in einer gesetzlichen Krankenkasse kann bei Vorliegen der Voraussetzungen nur als freiwilliger Beitritt nach § 9 SGB V zum vollen Beitrag und bei vollen Leistungen herbeigeführt werden. Dies ist wirtschaftlich meist nicht attraktiv, weil der Wert der Beihilfeberechtigung nicht genutzt werden kann. Es greifen auf diese Möglichkeit daher überwiegend Menschen mit Vorerkrankungen zurück, denen die privaten Versicherungen uU die Aufnahme verweigern können. Aus der freiwilligen Mitgliedschaft in der Krankenversicherung folgt dann nach § 20 Abs. 3 SGB XI die Pflichtversicherung in der Pflegeversicherung samt Option der Befreiung nach § 22 Abs. 1 SGB XI. Nur wer davon keinen Gebrauch macht, ist von § 28 Abs. 2 betroffen.

14 Im Einzelnen wirft das Zusammenspiel zwischen Beihilfe und Pflegeversicherung eine Vielzahl von Detailproblemen auf, die aus den großen systematischen Unterschieden resultieren (Kostenerstattung statt Sachleistung, Einfluss beamtenrechtlicher Versorgungsgrundsätze auf die Beihilfe, abweichende Absicherung Angehöriger, …). Eine ausführliche Darstellung findet sich etwa bei Plantholz, LPK SGB XI, § 28 Rn. 9 ff.).

D. Vorgaben für Maß und Inhalt der Pflegeleistungen (Abs. 3, 4)

I. Stand der medizinisch-pflegerischen Erkenntnisse

15 § 28 Abs. 3 verpflichtet Pflegekassen und Leistungserbringer auf einen Standard der Pflege, der den medizinisch-pflegerischen Erkenntnissen entspricht. Dieselbe Wendung findet sich auch in §§ 11 Abs. 1 S. 1 und 69 Abs. 1 S. 1 SGB XI. Es handelt sich um einen **unbestimmten Rechtsbegriff**, der voller gerichtlicher Überprüfbarkeit unterliegt. Er wird auch in zivilrechtlichem Kontext herangezogen, wo es um mögliche Ersatzansprüche Pflegebedürftiger und ihrer Krankenkassen geht, um die Pflichten der Leistungserbringer zu definieren (BGH, 14. 7. 2005, III ZR 391/04, NJW 2005, 2613). Nachdem zu Beginn der Pflegeversicherung noch allgemein konstatiert wurde, die Pflegewissenschaft befinde sich erst am Anfang ihrer Entwicklung und könne daher nur wenig Anhaltspunkte zu Definition des Pflegeniveaus liefern, liegen inzwischen für eine ganze Reihe von Teilbereichen der Pflege sog. **Expertenstandards** vor (s. bei § 29 Rn. 3). Der Gesetzgeber hat zum 1. 7. 2008 festgeschrieben, dass diese Standards „für ihren Themenbereich zur Konkretisierung des allgemein anerkannten Standes der medizinisch-pflegerischen Erkenntnisse beitragen" (§ 113a Abs. 1 S. 2 SGB XI). Da „beitragen" nicht „ersetzen" heißt, wird die Auslegung des Rechtsbegriffs jedoch weiter im Fluss bleiben.

16 Soweit § 28 Abs. 3 auch mit Blick auf die Leistungserbringer den Begriff „sicherstellen" verwendet, bezieht sich dies nur auf deren bestehende Leistungsbeziehungen zu den Kunden oder Bewohnern. Dagegen gibt es keine gesetzliche Pflicht der Leistungserbringer zur umfassenden **Sicherstellung** der Versorgung der Gesamtheit der Bevölkerung oder Versicherten, wie sie §§ 72 ff. SGB V den kassen-

II. Aktivierende Pflege

Der Begriff beschreibt das Gegenteil einer nur be- oder verwahrenden Betreuung pflegebedürftiger Menschen, die Chancen auf Wiedergewinnung verloren gegangener oder gefährdeter Fähigkeiten aus dem Blick verloren hat. Im Grundsatz besteht daher eine enge Verwandtschaft mit den **Zielsetzungen der medizinischen Rehabilitation** (zum Begriff bei § 31 Rn. 2). Man kann die Unterscheidung nach dem Schwerpunkt im ärztlich verantworteten Bereich – dann medizinische Rehabilitation – oder im grundpflegerischen Bereich – dann Pflege – treffen (etwa Plantholz, LPK-SGB XI § 28 SGB XI Rn. 20). Allerdings ist die Abgrenzung für die Praxis weniger bedeutsam. Denn die aktivierende Pflege beschreibt im SGB XI anders als die Rehabilitation in SGB V und SGB IX keine eigene Leistungsart und keinen eigenen Leistungsanspruch und ist auch bei der Zuordnung Pflegebedürftiger zu Pflegestufen nach §§ 14, 15 SGB XI nicht von eigenständiger Bedeutung. Daher stellt sich die Frage „Rehabilitation oder Pflege" in dieser Schärfe selten. Darüber hinaus regeln §§ 31, 32 SGB XI in grundsätzlicher Weise, dass Rehabilitationsleistungen stets vorrangig sind, wenn ein vorteilhafter Effekt auf die Pflegebedürftigkeit erwartet werden kann.

Mit der Formulierung „soll auch" lässt das Gesetz auch hier die **Unschärfe** erkennen, die es allgemein bei der Definition von Art und Inhalt der einzelnen Pflegeleistungen auszeichnet. Denn nach dem üblichen Verständnis des Verbs „sollen" im Öffentlichen Recht wird so ein Regelfall beschrieben, von dem in begründeten Fällen Ausnahmen zulässig sind. Einen durchsetzbaren und zuverlässigen Anspruch Pflegebedürftiger formuliert die Vorschrift damit nicht. Freilich folgt diese Unschärfe weniger aus Versäumnissen des Gesetzgebers als aus der Natur der Sache. Wegen des wesentlichen Anteils menschlicher Zuwendung an der Pflege entzieht sie sich häufig griffigen Beschreibungen (s. § 29 Rn. 5–8). In der Rechtsanwendung des SGB XI ist es daher wesentlich, aus der Vielzahl von Zielbeschreibungen und unbestimmten Rechtsbegriffen ein **Gesamtbild** zu gewinnen, aus dem sich Antworten auf die Frage nach Art und Inhalt der einzelnen Pflegeleistungen ableiten lassen.

III. Kommunikation

Maßnahmen zur Förderung der Kommunikation sind gleich der aktivierenden Pflege lediglich als „grundsätzliches Soll" vorgesehen. Diese Maßnahmen gehören daher nicht zum berücksichtigungsfähigen Hilfebedarf bei der Einstufung nach §§ 14, 15 SGB XI (allg. Ansicht, s. nur Udsching, § 28 SGB XI Rn. 15). Auch gewährt die Vorschrift keinen isolierten Anspruch auf Maßnahmen zur Förderung der Kommunikation, sondern beschrieben wird die Art der Ausführung der Pflegeleistungen.

Zweiter Abschnitt. Gemeinsame Vorschriften

§ 29 Wirtschaftlichkeitsgebot

(1) ¹Die Leistungen müssen wirksam und wirtschaftlich sein; sie dürfen das Maß des Notwendigen nicht übersteigen. ²Leistungen, die diese Voraussetzungen nicht erfüllen, können Pflegebedürftige nicht beanspruchen, dürfen die Pflegekassen nicht bewilligen und dürfen die Leistungserbringer nicht zu Lasten der sozialen Pflegeversicherung bewirken.

(2) Leistungen dürfen nur bei Leistungserbringern in Anspruch genommen werden, mit denen die Pflegekassen oder die für sie tätigen Verbände Verträge abgeschlossen haben.

A. Normzweck

Wie alle Sozialsysteme ist auch die Pflegeversicherung darauf angewiesen, auf der Ausgabenseite Sparsamkeit walten zu lassen. Der Gesetzgeber hat daher den aus der Krankenversicherung bekannten Wirtschaftlichkeitsgrundsatz (§ 12 SGB V, s. vertiefend dort) in angepasster Form übernommen. Die Leistungen haben wirksam, wirtschaftlich und notwendig zu sein. Auf das Kriterium „ausreichend" war wegen des Charakters der Pflegeversicherung als „Teilkaskoversicherung", die ihre Leistungen ganz überwiegend nicht vom Bedarf der Versicherten, sondern von der Höhe der Beitragseinnahmen ableitet, hier zu verzichten. Dennoch übernimmt die Vorschrift mit Abs. 2 aber das Sachleistungsprinzip aus der Krankenversicherung.

B. Kriterien des Abs. 1

Bei den Kriterien des Wirtschaftlichkeitsgrundsatzes handelt es sich um unbestimmte Rechtsbegriffe, die **voll gerichtlich überprüfbar** sind. Einen Ermessens- oder Beurteilungsspielraum der Kasse gibt es nicht (BSG, 24. 11. 1983, 8 RK 6/82, noch zu § 182 Abs. 2 RVO, einer Vorgängervorschrift des heutigen § 12 SGB V).

I. Wirksamkeit

3   **Wirksamkeit** hat denselben Inhalt wie Zweckmäßigkeit bei § 12 SGB V: Die Leistungen müssen den Vorgaben des § 28 Abs. 3, 4 SGB XI (aktivierende Pflege, Stand der medizinisch-pflegerischen Erkenntnisse) entsprechen. Die für das Krankenversicherungssystem typischen Streitigkeiten um die Einstandspflicht für unkonventionelle und neue Behandlungsmethoden sind freilich in der Pflegeversicherung bisher nicht zu beobachten. Dies dürfte zum einen Teil auf die Eigenart der Leistungen der Pflegeversicherung zurückzuführen sein. Denn diese sind in Höhe der Gewährung als Pflegegeld nach §§ 37, 38 SGB XI ohnehin nicht zweckgebunden. Die verbleibenden Pflegesachleistungen sind in der Regel nicht bedarfsdeckend. Verbleiben aus Sicht des Versicherten aber ohnehin Eigenanteile, so kann er, falls gewünscht, diese für nicht anerkannte Leistungen verwenden und muss darum keinen Streit mit der Pflegekasse austragen. Zum anderen Teil ist die Pflegewissenschaft weniger weit entwickelt als die medizinische Wissenschaft. Allerdings hat der Gesetzgeber zum 1. 7. 2008 mit dem neuen § 113a die Verbindlichkeit der sog. **Expertenstandards** (bisher Dekubitusprophylaxe, Entlassungsmanagement, Schmerzmanagement, Sturzprophylaxe, Förderung der Harnkontinenz, Pflege von Menschen mit chronischen Wunden; Näheres unter www.dnqp.de) in das SGB XI aufgenommen. Dies mag durchaus als Schritt in Richtung stärkere Verpflichtung der Leistungserbringer auf bestimmte, allgemein anerkannte Standards verstanden werden, die den krankenversicherungsrechtlichen Vorgaben vergleichbar sind (vgl. Schuldzinski in LPK – SGB XI § 29 Rn. 7).

II. Wirtschaftlichkeit

4   **Wirtschaftlich** bedeutet, dass unter mehreren, in etwa gleich wirksamen, Wegen zur Erreichung des pflegerischen Ziels der kostengünstigste zu wählen ist.

III. Maß der Notwendigen

5   Das **Maß der Notwendigen** wird in der Krankenversicherung als „unentbehrlich, unvermeidlich oder unverzichtbar" verstanden (s. nur KassKomm/Höfler, § 12 SGB V Rn. 39 m. w. N.). Die Leistungspflicht des Systems geht also nicht weiter als ein gerade genügendes Niveau.

6   Für die Pflegeversicherung taugt dieses knappe Verständnis jedoch nur bedingt (relativierend für den Bereich der Hilfsmittelversorgung auch LSG Berlin-Brandenburg 15. 12. 2008, L 27 B 127/08 P ER und LSG Saarl. 28. 4. 2009, L 2 P 4/08 sowie Udsching, § 29 Rn. 3: notwendig ist eine Leistung schon dann, wenn sie die Pflegesituation spürbar verbessert). Denn hier besteht ein besonderes Spannungsfeld. Einerseits unterscheidet die pflegerische Betreuung sich wesentlich von rein medizinischen Leistungen. Die Pflege entzieht sich weitgehend einer belastbaren Definition des notwendigen Maßes, weil sie zu einem wesentlichen Teil **menschliche Zuwendung** umfasst (grundlegend VGH Mannheim, 17. 11. 1997, 7 S 349/96, S. 23 ff.). Für die Pflegeversicherung tritt hinzu, dass – namentlich in der amtlichen Begründung und der politischen Kommunikation zum ursprünglichen Pflegeversicherungsgesetz – Erwartungen an einen Leistungsumfang formuliert wurden, die mit den vorgesehenen Mitteln regelmäßig nicht refinanzierbar sind. Hinzu tritt weiter, dass die strikte Beschränkung von Pflegeleistungen auf das notwendige Maß tiefer in die – in § 2 SGB XI garantierte – Selbstbestimmung der Versicherten eingreift als dieselbe Beschränkung bei medizinischen Leistungen der Krankenkassen. Während letztere nämlich typischerweise zur Veränderung eines vorübergehenden, regelwidrigen Zustands dienen, geht es bei ersteren regelmäßig um die **Lebensbedingungen eines ganzen Lebensabschnitts.** Dabei finanziert die Pflegeversicherung als „Teilkaskomodell" nicht einmal vollständige Leistungen, sondern in aller Regel nur einen Teil davon. Auf diese Weise werden umfassendere Leistungen auch den Versicherten untersagt, die – von den Leistungsbeträgen der Pflegeversicherung abgesehen – für die Kosten ihrer Betreuung selbst aufkommen.

7   Zwar bedarf die Pflegeversicherung andererseits wie jedes beitragsfinanzierte Sozialsystem wirksamer Kriterien für die Begrenzung ihrer Ausgaben. Dafür ist das Tatbestandsmerkmal des Notwendigen aber systematisch nur bedingt geeignet, weil die Leistungsbeträge ohnehin unabhängig von der tatsächlichen Höhe der Kosten bemessen und begrenzt sind. Umfangreichere Leistungen führen daher in den meisten Fällen für die Pflegekasse nicht zu höheren Ausgaben. Gerade wegen dieses „Teilkasko"-Systems ist Pflegeversicherungsrecht allerdings **mittelbar auch Sozialhilferecht** – der Sozialhilfeträger hat in umso mehr Fällen umso höhere Mehrkosten auszugleichen, wenn das zugebilligte Maß der Pflegeleistungen steigt. Hierin liegt letztlich der Anlass für die kaum modifizierte Übernahme der Begrenzung der Leistungsansprüche auf das Notwenige aus dem Krankenversicherungsrecht. Ob dies mit seinen weitreichenden Konsequenzen auch für Selbstzahler gerechtfertigt ist, kann man bezweifeln.

8   Die Begrenzung auf das Maß des Notwendigen ist von der ursprünglichen **Rechtsprechung** zum SGB XI konsequent umgesetzt worden (insb. BSG, 14. 12. 2000, B 3 P 19/00 R: Einheitliches Ni-

veau der Pflege in allen (stationären) Pflegeeinrichtungen). Dagegen sah sich die **Praxis** punktuell zu Relativierungen veranlasst. Die Rahmenverträge nach § 75 SGB XI für die stationäre Pflege sehen in einer ganzen Reihe von Bundesländern keinen einheitlichen und eben noch ausreichenden Personalschlüssel vor, sondern eröffnen den Leistungserbringern (wenn auch enge) „Korridore", innerhalb derer der Personalschlüssel eigenverantwortlich gewählt werden kann. Und auch der **Gesetzgeber** hat mit Einführung des § 87b SGB XI zum 1. 7. 2008 nun von der strikten Anwendung des Grundsatzes im krankenversicherungsrechtlichen Sinne Abstand genommen (§ 87b Abs. 1 S. 2 Nr. 1: „Die Vereinbarung der Vergütungszuschläge setzt voraus, dass die Heimbewohner über die nach Art und Schwere der Pflegebedürftigkeit notwendigen Versorgung hinaus zusätzlich betreut und aktiviert werden."). Gleiches gilt für die ergänzten Vorschriften zur Vergütungsfindung in der stationären Pflege in § 84 Abs. 2 S. 4 SGB XI. In der amtl. Begründung, (BT-Drs. 16/7439, S. 172f.) heißt es wörtlich: „Der Zweck der Vergütungsregelungen im Pflegeversicherungsgesetz besteht nicht darin, ohne Rücksicht auf die Qualität zu möglichst niedrigen Preisvereinbarungen zu kommen. Vielmehr ist es erforderlich, entsprechend den individuellen Gegebenheiten des Pflegeheimes eine leistungsgerechte Vergütung zu vereinbaren, die auch eine über das notwendige Mindestmaß hinausgehende Personalausstattung zulässt.".

C. Verträge mit den Leistungserbringern (Abs. 2)

Die Leistungen der Pflegeversicherung sind – vom Pflegegeld nach §§ 37, 38 SGB XI abgesehen – 9 ganz überwiegend Sachleistungen (§ 28 SGB XI Rn. 7). Dies kommt in Abs. 2 zum Ausdruck, der die Ansprüche der Versicherten auf Leistungserbringer beschränkt, mit denen die Pflegekassen die Verträge nach §§ 71 ff. SGB XI abgeschlossen haben. Leistungen anderer Leistungserbringer können nur ausnahmsweise in Notfällen sowie dann finanziert werden, wenn die Pflegekasse keinen vertraglich zugelassenen Leistungserbringer benennen kann (allg. Grundsatz im Sachleistungsprinzip, s. bei § 13 SGB V). Fehlt dem Leistungserbringer nicht die Zulassung nach §§ 71 ff. SGB XI, sondern hat er lediglich auf eine Vergütungsvereinbarung nach §§ 82 ff. SGB XI verzichtet, gilt die Sonderregelung des § 91 SGB XI: Reduktion des Leistungsbetrags um 20%; Kostenerstattung statt Sachleistung.

§ 30 Dynamisierung

¹Die Bundesregierung prüft alle drei Jahre, erstmals im Jahre 2014, Notwendigkeit und Höhe einer Anpassung der Leistungen der Pflegeversicherung. ²Als ein Orientierungswert für die Anpassungsnotwendigkeit dient die kumulierte Preisentwicklung in den letzten drei abgeschlossenen Kalenderjahren; dabei ist sicherzustellen, dass der Anstieg der Leistungsbeträge nicht höher ausfällt als die Bruttolohnentwicklung im gleichen Zeitraum. ³Bei der Prüfung können die gesamtwirtschaftlichen Rahmenbedingungen mit berücksichtigt werden. ⁴Die Bundesregierung legt den gesetzgebenden Körperschaften des Bundes einen Bericht über das Ergebnis der Prüfung und die tragenden Gründe vor. ⁵Die Bundesregierung wird ermächtigt, nach Vorlage des Berichts unter Berücksichtigung etwaiger Stellungnahmen der gesetzgebenden Körperschaften des Bundes die Höhe der Leistungen der Pflegeversicherung sowie die in § 37 Abs. 3 festgelegten Vergütungen durch Rechtsverordnung mit Zustimmung des Bundesrates zum 1. Januar des Folgejahres anzupassen. ⁶Die Rechtsverordnung soll frühestens zwei Monate nach Vorlage des Berichts erlassen werden, um den gesetzgebenden Körperschaften des Bundes Gelegenheit zur Stellungnahme zu geben.

A. Normzweck

Die Vorschrift soll es der Bundesregierung ermöglichen, ohne aufwändige Änderung des Gesetzestextes die Leistungsbeträge der Pflegeversicherung anzupassen, und zwar im Interesse der Erhaltung des wirtschaftlichen Gegenwerts dieser Leistungen und in einem transparenten Verfahren (BT-Drs. 16/7439, S. 53). Zum Verständnis ist auch hier zentral, dass die Leistungsbeträge der Pflegeversicherung nicht bezwecken, den Bedarf im Einzelfall oder auch nur in typischen Fällen vollständig zu decken („Teilkaskoversicherung"). Sie sind bei den einzelnen Leistungsansprüchen (§§ 36 ff.) vielmehr in absoluter Höhe festgelegt und hängen nur von der Pflegestufe nach §§ 14 f. SGB XI ab. Nur wegen dieser weitreichenden Abkoppelung der Leistungen vom Bedarf kann sich die Frage nach der Anpassung der Leistungsbeträge überhaupt stellen.

B. Gesichtspunkte

Bei der regelmäßigen Überprüfung der Leistungsbeträge hat die Bundesregierung die **Preisent-** 2 **wicklung** der letzten Jahre (Kaufkraft), die **Entwicklung der Löhne** (wegen der überragenden

Bedeutung der Personalkosten für die Pflegeleistungen, BT-Drs. 16/7439, S. 53) und – nach ihrem Ermessen – auch die **gesamtwirtschaftliche Lage** zu berücksichtigen.

C. Verfahren

3 Nachdem die Leistungsbeträge der Pflegeversicherung bis zum 1. 7. 2008 über 13 Jahre nicht angepasst worden waren und dies auf Kritik stieß, soll die neue Verpflichtung zur Prüfung im 3-Jahre-Rhythmus dafür sorgen, dass Regierung und Gesetzgebungsorgane sich in Zukunft regelmäßig Rechenschaft über einen möglichen Anpassungsbedarf ablegen (S. 1–4). Die Anpassung durch Rechtsverordnung, zu der S. 5 ermächtigt, ist dabei aber keine zwingende Folge der Prüfungs- und Berichtspflicht. Ob es dazu kommt, ist vielmehr dem politischen Prozess überlassen. Die Staatsorgane sind auch nicht ausschließlich auf den Weg der Rechtsverordnung verwiesen. Der Weg der Gesetzesänderung, der in der Vergangenheit ausschließlich verfolgt wurde, steht selbstverständlich weiterhin offen.

D. Kein Anspruch auf Erhöhung

4 Schließlich kann aus den Vorgaben zur Dynamisierung auch kein subjektives Recht des Versicherten auf Anpassung der Leistungsbeträge nach oben abgeleitet werden. Denn § 30 ist eine Regelung des objektiven Rechts, die lediglich der Bundesregierung ein Instrument zur Erhaltung der Funktionsfähigkeit des Versicherungssystems in die Hand gibt. Zwar soll nach der amtl. Begründung (o. Rn. 2) auch im Interesse der Versicherten die Kaufkraft der Leistungsbeträge erhalten werden. Die zusätzliche Abhängigkeit von der gesamtwirtschaftlichen Lage und die Überantwortung der Dynamisierung an den politischen Prozess zeigen jedoch, dass keine persönlichen Ansprüche eingeräumt werden.

§ 31 Vorrang der Rehabilitation vor Pflege

(1) ¹**Die Pflegekassen prüfen im Einzelfall, welche Leistungen zur medizinischen Rehabilitation und ergänzenden Leistungen geeignet und zumutbar sind, Pflegebedürftigkeit zu überwinden, zu mindern oder ihre Verschlimmerung zu verhüten.** ²**Werden Leistungen nach diesem Buch gewährt, ist bei Nachuntersuchungen die Frage geeigneter und zumutbarer Leistungen zur medizinischen Rehabilitation mit zu prüfen.**

(2) **Die Pflegekassen haben bei der Einleitung und Ausführung der Leistungen zur Pflege sowie bei Beratung, Auskunft und Aufklärung mit den Trägern der Rehabilitation eng zusammenzuarbeiten, um Pflegebedürftigkeit zu vermeiden, zu überwinden, zu mindern oder ihre Verschlimmerung zu verhüten.**

(3) ¹**Wenn eine Pflegekasse durch die gutachterlichen Feststellungen des Medizinischen Dienstes der Krankenversicherung (§ 18 Abs. 6) oder auf sonstige Weise feststellt, dass im Einzelfall Leistungen zur medizinischen Rehabilitation angezeigt sind, informiert sie unverzüglich den Versicherten sowie mit dessen Einwilligung den behandelnden Arzt und leitet mit Einwilligung des Versicherten eine entsprechende Mitteilung dem zuständigen Rehabilitationsträger zu.** ²**Die Pflegekasse weist den Versicherten gleichzeitig auf seine Eigenverantwortung und Mitwirkungspflicht hin.** ³**Soweit der Versicherte eingewilligt hat, gilt die Mitteilung an den Rehabilitationsträger als Antragstellung für das Verfahren nach § 14 des Neunten Buches.** ⁴**Die Pflegekasse ist über die Leistungsentscheidung des zuständigen Rehabilitationsträgers unverzüglich zu informieren.** ⁵**Sie prüft in einem angemessenen zeitlichen Abstand, ob entsprechende Maßnahmen durchgeführt worden sind; soweit erforderlich, hat sie vorläufige Leistungen zur medizinischen Rehabilitation nach § 32 Abs. 1 zu erbringen.**

A. Normzweck

1 Aus unterbliebenen Maßnahmen der medizinischen Rehabilitation können sich für die Pflegeversicherung Nachteile ergeben, da die Versäumnisse bei der Rehabilitation sich in höherem pflegerischem Hilfebedarf niederschlagen können. Als wesentlichen Grundsatz für die Pflegeversicherung stellt die Vorschrift daher den Grundsatz „**Rehabilitation vor Pflege**" auf. Allerdings besteht ein wesentlicher Unterschied zu ähnlich tragenden Rechtssätzen auf anderen Gebieten des Sozialrechts (Ambulant vor Stationär, Rehabilitation vor Rente, ...): Die Pflegekassen sind nicht für Maßnahmen der medizinischen Rehabilitation und auch nicht für sonstige Rehabilitationsmaßnahmen (vgl. § 6 SGB IX) zuständig. Daher muss das Gesetz neben dem Grundsatz auch Verfahrensvorschriften zur Durchsetzung – auch gegenüber anderen Sozialleistungsträgern – enthalten, diese finden sich in §§ 31, 32 SGB XI.

B. Betroffene Leistungen

Unter **medizinischer Rehabilitation** versteht man eine Komplexleistung, die sich aus einer Mehrzahl von medizinischen Einzelmaßnahmen zusammensetzt (s. nur Krauskopf-Wagner § 40 SGB V Rn. 8 und bei §§ 40 SGB V und 26 SGB IX). Sie verfolgt begrifflich Verhütung und Ausgleich von Behinderung, Erwerbsunfähigkeit und Pflegebedürftigkeit und reicht konkret von der ärztlichen Behandlung über Leistungen anderer Heilberufe, Heil- und Hilfsmittel bis zu Belastungsprobe und Arbeitstherapie (§ 26 Abs. 2 SGB IX). Da es in der Pflegeversicherung naturgemäß um die Verhütung oder Besserung von Pflegebedürftigkeit, nicht um berufliche Wiedereingliederung geht, sind in erster Linie die Rehabilitationsleistungen der Krankenkassen (§§ 40 ff. SGB V) angesprochen. Freilich ist die Pflicht der Pflegekasse, in jedem Einzelfall die Eignung und Zumutbarkeit weiterer Leistungen zu überprüfen, nicht auf den Bereich der medizinischen Rehabilitation beschränkt; der Prüfauftrag erstreckt sich vielmehr auch auf ergänzende Leistungen. Die Pflegekasse hat also in **umfassender Weise** der Frage nachzugehen, wie die Pflegebedürftigkeit bereits im Vorfeld ihrer eigenen Leistungen verhütet und gebessert werden kann. 2

C. Prüfung (Abs. 1)

Die Vorschrift enthält keine Befugnis, den Versicherten zur tatsächlichen Inanspruchnahme von Rehabilitationsmaßnahmen zu verpflichten, sondern lediglich die Pflicht zur (laufenden) Prüfung. Eine solche **Mitwirkungspflicht des Versicherten** findet sich aber in § 6 Abs. 2 SGB XI; dort auch zur Durchsetzung. 3

Die **Eignung** der Maßnahme setzt voraus, dass ein vorteilhafter Effekt auf Eintritt oder Ausmaß der Pflegebedürftigkeit nicht als unwahrscheinlich erscheint. **Zumutbar** ist die Maßnahme, wenn ihr im Einzelfall keine gewichtigen persönlichen Belange des Versicherten entgegenstehen. Diese Belange sind umso höher zu bewerten, je weniger wahrscheinlich ein nachhaltiger Erfolg der Maßnahme erscheint. 4

Da die Pflegekassen in der Regel keinen eigenen medizinischen und pflegerischen Sachstand vorhalten, sind sie in der Praxis auf die Tätigkeit des MDK angewiesen. § 18 Abs. 1 S. 3 SGB XI enthält daher die **Verpflichtung des MDK**, im Rahmen seiner Begutachtung zugleich die geeigneten, notwendigen und zumutbaren Maßnahmen der medizinischen Rehabilitation festzustellen. Die Gutachtenformulare des MDK (dazu bei § 18 SGB XI) enthalten daher auch Fragen zu möglichen Rehabilitationsmaßnahmen, die vom Gutachter zwingend zu beantworten sind. Das Gutachten kann (und sollte) sich der Versicherte im Streitfall im Wege der Akteneinsicht (§ 25 SGB X) verschaffen, um sachgerecht argumentieren zu können. 5

D. Verfahren gegenüber anderen Sozialleistungsträgern (Abs. 2, 3)

Allgemein statuiert Abs. 2 in eher programmatischer als belastbarer Weise die Pflicht der Pflegekassen, mit den Rehabilitationsträgern (§ 6 SGB IX) eng zusammen zu arbeiten. Speziell für den Fall der Erforderlichkeit von Leistungen der medizinischen Rehabilitation (hier sind die ergänzenden Leistungen nach oben Rn. 2 nicht genannt) regelt Abs. 3 das weitere Vorgehen. Versicherter sowie nach Einwilligung auch Arzt und (nach Auffassung der Kasse) zuständiger Rehabilitationsträger sind zu **informieren**, die Information wirkt zugleich als Antrag im Verhältnis zwischen Versichertem und Rehabilitationsträgern. Die Beteiligungspflicht des Arztes folgt aus der Verordnungspflichtigkeit vieler Rehabilitationsmaßnahmen, jedenfalls im Krankenversicherungsrecht. Nach der Information hat die Pflegekasse den Verlauf weiter zu verfolgen und ggf. vorläufig ohne Ermessensspielraum selbst die Maßnahme zu erbringen (§ 32 SGB XI, s. dort). 6

§ 32 Vorläufige Leistungen zur medizinischen Rehabilitation

(1) **Die Pflegekasse erbringt vorläufige Leistungen zur medizinischen Rehabilitation, wenn eine sofortige Leistungserbringung erforderlich ist, um eine unmittelbar drohende Pflegebedürftigkeit zu vermeiden, eine bestehende Pflegebedürftigkeit zu überwinden, zu mindern oder eine Verschlimmerung der Pflegebedürftigkeit zu verhüten, und sonst die sofortige Einleitung der Leistungen gefährdet wäre.**

(2) **Die Pflegekasse hat zuvor den zuständigen Träger zu unterrichten und auf die Eilbedürftigkeit der Leistungsgewährung hinzuweisen; wird dieser nicht rechtzeitig, spätestens jedoch vier Wochen nach Antragstellung, tätig, erbringt die Pflegekasse die Leistungen vorläufig.**

A. Normzweck

1 Aus verzögerten oder nicht erfolgten Maßnahmen der medizinischen Rehabilitation können sich für die Pflegeversicherung Nachteile ergeben, da die Versäumnisse bei der Rehabilitation sich in höherem pflegerischem Hilfebedarf niederschlagen können. Folgerichtig überträgt die Vorschrift der Pflegekasse die Befugnis, die Rehabilitationsleistung zunächst **selbst zu erbringen** und ggf. später vom eigentlich zuständigen Sozialleistungsträger Ersatz zu verlangen.

2 Die Vorschrift ist trotz der weitgehenden Regelungen der §§ 12 ff. SGB IX mit ähnlicher Zielrichtung zwar rechtssystematisch nicht entbehrlich, weil die Pflegekassen nicht zu den gesetzlichen Rehabilitationsträgern nach § 6 SGB IX gehören. Sie hat jedoch nur geringe praktische Bedeutung, gerichtliche Entscheidungen sind nicht ersichtlich. Daran hat auch die Ausgestaltung als Pflicht- statt Ermessensleistung und die Ausdehnung auf stationäre Maßnahmen im Jahre 2001 nichts geändert.

B. Leistungsvoraussetzungen

3 Zum Begriff der Leistungen der medizinischen Rehabilitation s. bei §§ 40 SGB V, 26 SGB IX und § 31 SGB XI Rn. 2. Für diese Leistungen sind die Pflegekassen originär zwar nicht zuständig. Der Rückgriff gegen den eigentlich zuständigen Sozialleistungsträger (unten Rn. 6) berührt aber die Rechtsbeziehungen zwischen Versichertem und Pflegekasse nicht. Daher gelten die **allgemeinen Leistungsvoraussetzungen der Pflegeversicherung** (Antrag nach § 33 Abs. 1 SGB XI, Versicherungsverhältnis, ...) auch hier (vgl. Krauskopf-Knittel § 32 SGB XI Rn. 5).

4 **Abs. 1** stellt drei Voraussetzungen auf: Die Rehabilitationsmaßnahme muss **erforderlich** sein, um nachteilige Auswirkungen auf die Pflegebedürftigkeit des Versicherten zu vermeiden. Außerdem muss die Maßnahme medizinisch-pflegefachlich **eilig** sein. Zuletzt muss ohne Eintreten der Pflegekasse die **rasche Einleitung gefährdet** sein.

5 Nach **Abs. 2** muss die Pflegekasse zunächst den zuständigen Träger unter Hinweis auf die Eilbedürftigkeit **unterrichtet** haben. Was „nicht rechtzeitig" bedeutet, hängt vom Einzelfall ab, die genannten vier Wochen bilden lediglich die Obergrenze. Sowohl die Frage des eigentlich zuständigen Rehabilitationsträgers als auch die der Rechtzeitigkeit bieten allerdings ein nicht geringes Streitpotential. Dieses dürfte ein Grund für die seltene Anwendung der Vorschrift sein. Effektiver und aus der Sicht des Leistungsempfängers erfolgversprechender als ein Antrag nach § 32 dürfte in der Regel daher das direkte Vorgehen gegen die gesetzlichen Rehabilitationsträger nach §§ **12 ff. SGB IX** sein (Klie, in LPK SGB XI § 32 Rn. 8).

C. Rückgriff

6 Der Rückgriff der Pflegekasse gegen den eigentlich zuständigen Rehabilitationsträger richtet sich nach § 102 SGB X. Diese ist also gezwungen, bei ihren vorläufigen Leistungen das eigentlich einschlägige Leistungsrecht und dessen Grenzen einzuhalten (§ 102 Abs. 2 SGB X). Andernfalls gefährdet sie ihren **Erstattungsanspruch**.

§ 33 Leistungsvoraussetzungen

(1) [1]**Versicherte erhalten die Leistungen der Pflegeversicherung auf Antrag.** [2]Die Leistungen werden ab Antragstellung gewährt, frühestens jedoch von dem Zeitpunkt an, in dem die Anspruchsvoraussetzungen vorliegen. [3]Wird der Antrag später als einen Monat nach Eintritt der Pflegebedürftigkeit gestellt, werden die Leistungen vom Beginn des Monats der Antragstellung an gewährt. [4]Die Zuordnung zu einer Pflegestufe, die Anerkennung als Härtefall sowie die Bewilligung von Leistungen können befristet werden und enden mit Ablauf der Frist. [5]Die Befristung erfolgt, wenn und soweit eine Verringerung des Hilfebedarfs nach der Einschätzung des Medizinischen Dienstes der Krankenversicherung zu erwarten ist. [6]Die Befristung kann wiederholt werden und schließt Änderungen bei der Zuordnung zu einer Pflegestufe, bei der Anerkennung als Härtefall sowie bei bewilligten Leistungen im Befristungszeitraum nicht aus, soweit dies durch Rechtsvorschriften des Sozialgesetzbuches angeordnet oder erlaubt ist. [7]Der Befristungszeitraum darf insgesamt die Dauer von drei Jahren nicht überschreiten. [8]Um eine nahtlose Leistungsgewährung sicherzustellen, hat die Pflegekasse vor Ablauf einer Befristung rechtzeitig zu prüfen und dem Pflegebedürftigen sowie der ihn betreuenden Pflegeeinrichtung mitzuteilen, ob Pflegeleistungen weiterhin bewilligt werden und welcher Pflegestufe der Pflegebedürftige zuzuordnen ist.

(2) [1]Anspruch auf Leistungen besteht:

1. in der Zeit vom 1. Januar 1996 bis 31. Dezember 1996, wenn der Versicherte vor der Antragstellung mindestens ein Jahr,
2. in der Zeit vom 1. Januar 1997 bis 31. Dezember 1997, wenn der Versicherte vor der Antragstellung mindestens zwei Jahre,
3. in der Zeit vom 1. Januar 1998 bis 31. Dezember 1998, wenn der Versicherte vor der Antragstellung mindestens drei Jahre,
4. in der Zeit vom 1. Januar 1999 bis 31. Dezember 1999, wenn der Versicherte vor der Antragstellung mindestens vier Jahre,
5. in der Zeit vom 1. Januar 2000 bis 30. Juni 2008, wenn der Versicherte in den letzten zehn Jahren vor der Antragstellung mindestens fünf Jahre,
6. in der Zeit ab 1. Juli 2008, wenn der Versicherte in den letzten zehn Jahren vor der Antragstellung mindestens zwei Jahre

als Mitglied versichert oder nach § 25 familienversichert war. ²Zeiten der Weiterversicherung nach § 26 Abs. 2 werden bei der Ermittlung der nach Satz 1 erforderlichen Vorversicherungszeit mitberücksichtigt. ³Für versicherte Kinder gilt die Vorversicherungszeit nach Satz 1 als erfüllt, wenn ein Elternteil sie erfüllt.

(3) Personen, die wegen des Eintritts von Versicherungspflicht in der sozialen Pflegeversicherung aus der privaten Pflegeversicherung ausscheiden, ist die dort ununterbrochen zurückgelegte Versicherungszeit auf die Vorversicherungszeit nach Absatz 2 anzurechnen.

A. Normzweck

§ 33 stellt mit Antragsgrundsatz und Vorversicherungszeit allgemeine Leistungsvoraussetzungen auf, die grundsätzlich für alle Ansprüche gegen die Pflegekassen gelten sollen. 1

B. Antragsgrundsatz

Anders als in der Sozialhilfe (dort Kenntnis des Sozialhilfeträgers von der Notlage, § 18 SGB XII) setzen alle Leistungen der Pflegeversicherung im Grundsatz einen **Antrag** voraus. Dies gilt nicht nur für die erstmalige Inanspruchnahme, sondern auch für die Gewährung anderer oder höherer Leistungen. 2

Besondere **Formvorschriften** sind bei der Antragstellung nicht einzuhalten, es ist auch nicht die schlüssige oder ausdrückliche Festlegung auf eine bestimmte Leistung geboten (vgl. LSG NRW 9. 12. 2009, L 10 P 8/09). Ebenso wenig ist der Antragsteller gehalten, eine Begründung vorzulegen. Darüber hinaus wirkt der einmal gestellte Antrag auch dann fort, wenn er zunächst zu recht abgelehnt wurde, im Laufe des Rechtsschutzverfahrens aber die Leistungsvoraussetzungen dann doch eingetreten sind (BSG 13. 5. 2004, B 3 P 7/03 R). 3

Antragsbefugt sind der pflegebedürftige Versicherte selbst sowie im Falle der Leistungen zur sozialen Sicherung von Pflegepersonen (§§ 44, 44a SGB XI) und Pflegekursen (§ 45 SGB XI) diese Pflegepersonen. Darüber hinaus behandeln die Pflegekassen in der Praxis auch Benachrichtigungen durch Ärzte, Krankenhäuser und Rehabilitationseinrichtungen (vgl. § 7 Abs. 2 S. 2 SGB XI) als Anträge, sofern der Versicherte dem nicht später widerspricht. 4

Die Antragstellung bei einem **unzuständigen Sozialleistungsträger** ist unschädlich, dieser hat den Antrag unverzüglich weiterzuleiten (§ 16 Abs. 2 SGB I). 5

Vom Zeitpunkt des Antrags ist auch der Zeitpunkt des **Leistungsbeginns** (mit) abhängig. Denn Leistungen werden nach Abs. 1 S. 2, 3 im Grundsatz erst gewährt, wenn sowohl die sonstigen Leistungsvoraussetzungen als auch der Antrag vorliegen. Der Antrag wirkt lediglich auf den Beginn des Monats der Antragstellung zurück, wenn die sonstigen Anspruchsvoraussetzungen (namentlich der Pflegebedürftigkeit nach §§ 14, 15 SGB XI) bereits zuvor vorlagen. Entgegen dem genauen Wortlaut braucht „ein Monat nach Eintritt der Pflegebedürftigkeit" in der Praxis mit dem Antrag allerdings nicht abgewartet zu werden. Denn sonst stünde im Falle des Eintritts von Pflegebedürftigkeit im Laufe eines Monats derjenige im Hinblick auf den Leistungsbeginn besser, der mit dem Antrag noch einen vollen Monat abwartet (dann Leistungsbeginn zum Ersten des Antragsmonats) als derjenige, der bereits früher im Folgemonat den Antrag stellt (dann genau genommen erst Leistungsbeginn am Tage des Antrags, s. nur LPK SGB XI-Höfer, § 33 Rn. 6 und Rdschr. Spitzenverb. Der Pflegekassen v. 1. 7. 2008, S. 3 zu § 33). 6

Der Antragsgrundsatz führt in der Praxis zudem notwendig zu regelmäßig (auch) **rückwirkender Leistungsbewilligung**. Denn nach Antragseingang muss die Pflegekasse die Anspruchsvoraussetzungen zunächst durch den MDK prüfen lassen und kann erst nach Eingang des Gutachtens und ggf. weiteren Ermittlungen den Leistungsbescheid erlassen (s. bei § 18 SGB XI und Philipp in LPK SGB XI, Anhang Verfahren und Rechtsschutz, Rn. 4 ff.). Zu diesem Zeitpunkt sind meist seit Antragstellung und Eintritt der Pflegebedürftigkeit bereits zumindest einige Wochen vergangen. 7

8   Die **Rücknahme** des Antrags ist dann nur eingeschränkt zulässig, wenn mit ihr zugleich Rechte Dritter beeinträchtigt würden. Das hat der Gesetzgeber für die stationäre Pflege und die Interessen des Heims in § 87a Abs. 2 SGB XI teils geregelt, teils ist dies aus den privatrechtlichen Beziehungen zwischen Versichertem und Heim abzuleiten (weitergehend LSG Sachsen, 11. 7. 2007, L 1 P 18/05. Zum Hintergrund dieser Überlegungen s. bei § 43 SGB XI Rn. 16, 17). Dritte in diesem Sinne können aber auch Unterhaltsverpflichtete oder nachrangig einstandspflichtige Sozialleistungsträger sein.

C. Vorversicherungszeit

9   Für Leistungen ab 1. 7. 2008 setzt Abs. 2 S. 1 Nr. 6 nur noch eine **Vorversicherungszeit von 2 Jahren** innerhalb der letzten 10 Jahre voraus (zuvor 5 Jahre). Zeiten, die in einer privaten Pflegeversicherung zurückgelegt wurden, sind nach Abs. 3 anzurechnen, wenn diese Versicherung durch Eintritt der Versicherungspflicht in der sozialen Pflegeversicherung endet. Im umgekehrten Falle (Ausscheiden aus der gesetzlichen Pflegeversicherung und Eintritt in die private Pflegeversicherung) gilt nach § 23 Abs. 6 Nr. 2 SGB XI dasselbe. Die Vorversicherungszeit muss nicht bereits bei Eintritt der Pflegebedürftigkeit erfüllt sein. Vielmehr ist einem Antrag nach Ablauf der zwei Jahre auch dann stattzugeben, wenn die Pflegebedürftigkeit bereits zuvor eingetreten ist (Udsching § 33 Rn. 8)

10 Bei der **Vorversicherungszeit von Kindern** gilt nach Abs. 2 S. 3 auch die Erfüllung der Zeiten durch ein Elternteil. Dies wird zwar in der Regel Fälle der Familienversicherung nach § 25 SGB XI betreffen. Die Vorversicherungszeit kann aber auch durch andere Mitgliedschaftszeiten, zB freiwillige Versicherung, abgedeckt werden (BSG, 19. 4. 2007, B 3 P 1/06 R).

11 Nach den Grundsätzen des Europäischen Sozialrechts (Art. 18 VO (EWG) Nr. 1408/71 und Art. 6 VO (EG) 883/2004) sind **Mitgliedschaftszeiten in der Krankenversicherung oder Pflegeversicherung eines anderen Mitgliedsstaates** ebenfalls anzurechnen. Es soll nach Hauck/Noftz/Mühlenbruch (§ 33 Rn. 16 m. w. N.) aber nicht ausreichen, dass die Vorversicherungszeiten ausschließlich in anderen Mitgliedsstaaten zurückgelegt wurden, vielmehr müsse dann zunächst eine Versicherung in der deutschen Pflegeversicherung begründet gewesen sein. Dies findet aber im Wortlaut der genannten Vorschriften, die nicht nur das Wiederaufleben oder den Fortbestand von Ansprüchen, sondern ausdrücklich auch deren Erwerb ansprechen, keine Stütze. Zweck der Verordnungen ist die Möglichkeit zur wirksamen Ausübung des Rechts auf Freizügigkeit, auch dies spricht gegen weitere Einschränkungen. Daher sind Mitgliedschaftszeiten im EU-Ausland ohne weitere Einschränkungen ausreichend.

§ 33 a Leistungsausschluss

¹ **Auf Leistungen besteht kein Anspruch, wenn sich Personen in den Geltungsbereich dieses Gesetzbuchs begeben, um in einer Versicherung nach § 20 Abs. 1 Satz 2 Nr. 12 oder auf Grund dieser Versicherung in einer Versicherung nach § 25 missbräuchlich Leistungen in Anspruch zu nehmen.** ² **Das Nähere zur Durchführung regelt die Pflegekasse in ihrer Satzung.**

A. Normzweck

1   Die Tatbestände der Versicherungspflicht in der Pflegeversicherung sind gezielt weit gefasst worden, um einen möglichst großen Teil der Bevölkerung in ihren Schutz und die Beitragspflicht einbeziehen zu können. Daraus, namentlich aus der zurückhaltenden Forderung nach Vorversicherungszeiten, ergeben sich notwendig Möglichkeiten zum Missbrauch. Die Vorschrift will die Gemeinschaft der Versicherten vor diesem Hintergrund vor missbräuchlicher Inanspruchnahme von Leistungen schützen.

B. Voraussetzungen

2   Die Vorschrift gilt nur für die beiden Versicherungspflichten nach §§ 20 Abs. 1 S. 2 Nr. 12 (Kranken- und Pflegeversicherungspflicht wegen mangelnder anderweitiger Absicherung) und 25 SGB XI (Familienversicherung). Der Leistungsausschluss setzt subjektiv zudem zweckgerichtetes Handeln des Leistungsempfängers beim Aufsuchen Deutschlands voraus, gerade um missbräuchlich Leistungen der Pflegeversicherung in Anspruch zu nehmen. Dies wird nur sehr selten nachweisbar sein (vgl. Linke, NZS 2008, 342).

C. Rückforderung erbrachter Leistungen

3   Sind Leistungen erbracht worden und steht deren Rückforderung durch die Pflegekasse wegen Erfüllung der Voraussetzungen des § 33a im Raum, so sind die §§ 44ff. SGB X zu beachten. Denn die

Rechtswidrigkeit der Leistungserbringung allein gewährt dem Sozialleistungsträger keinen Rückforderungsanspruch. Vielmehr ist auch der Leistungsbescheid (§ 18 SGB XI) aufzuheben, um den Rechtsgrund der Leistung zu beseitigen und einen Rückforderungsanspruch zu begründen.

§ 34 Ruhen der Leistungsansprüche

(1) **Der Anspruch auf Leistungen ruht:**
1. solange sich der Versicherte im Ausland aufhält. Bei vorübergehendem Auslandsaufenthalt von bis zu sechs Wochen im Kalenderjahr ist das Pflegegeld nach § 37 oder anteiliges Pflegegeld nach § 38 weiter zu gewähren. Für die Pflegesachleistung gilt dies nur, soweit die Pflegekraft, die ansonsten die Pflegesachleistung erbringt, den Pflegebedürftigen während des Auslandsaufenthaltes begleitet,
2. soweit Versicherte Entschädigungsleistungen wegen Pflegebedürftigkeit unmittelbar nach § 35 des Bundesversorgungsgesetzes oder nach den Gesetzen, die eine entsprechende Anwendung des Bundesversorgungsgesetzes vorsehen, aus der gesetzlichen Unfallversicherung oder aus öffentlichen Kassen auf Grund gesetzlich geregelter Unfallversorgung oder Unfallfürsorge erhalten. Dies gilt auch, wenn vergleichbare Leistungen aus dem Ausland oder von einer zwischenstaatlichen oder überstaatlichen Einrichtung bezogen werden.

(2) ¹Der Anspruch auf Leistungen bei häuslicher Pflege ruht darüber hinaus, soweit im Rahmen des Anspruchs auf häusliche Krankenpflege (§ 37 des Fünften Buches) auch Anspruch auf Grundpflege und hauswirtschaftliche Versorgung besteht, sowie für die Dauer des stationären Aufenthalts in einer Einrichtung im Sinne des § 71 Abs. 4, soweit § 39 nichts Abweichendes bestimmt. ²Pflegegeld nach § 37 oder anteiliges Pflegegeld nach § 38 ist in den ersten vier Wochen einer vollstationären Krankenhausbehandlung, einer häuslichen Krankenpflege mit Anspruch auf Grundpflege und hauswirtschaftliche Versorgung oder einer stationären Leistung zur medizinischen Rehabilitation weiter zu zahlen; bei Pflegebedürftigen, die ihre Pflege durch von ihnen beschäftigte besondere Pflegekräfte sicherstellen und bei denen § 66 Absatz 4 Satz 2 des Zwölften Buches Anwendung findet, wird das Pflegegeld nach § 37 oder anteiliges Pflegegeld nach § 38 auch über die ersten vier Wochen hinaus weiter gezahlt.

(3) **Die Leistungen zur sozialen Sicherung nach § 44 ruhen nicht für die Dauer der häuslichen Krankenpflege, bei vorübergehendem Auslandsaufenthalt des Versicherten oder Erholungsurlaub der Pflegeperson von bis zu sechs Wochen im Kalenderjahr sowie in den ersten vier Wochen einer vollstationären Krankenhausbehandlung oder einer stationären Leistung zur medizinischen Rehabilitation.**

A. Normzweck

Die Vorschrift dient der Regelung einer Reihe von **Sonderfällen** verschiedener Art, die jeweils zum Zurücktreten des Anspruchs nach SGB XI führen sollen. Als Norm mit vielen Verweisen auf andere Ansprüche innerhalb und außerhalb des SGB XI ist die Vorschrift namentlich in ihren Abs. 2 u. 3 nicht leicht verständlich und bedarf systematischer Prüfung und Anwendung. Sie stellt jeweils Grundsätze für die Behandlung der Sonderfälle auf und gestaltet diese sogleich im Einzelnen aus. 1

Die Leistungsansprüche nach SGB XI werden umfassend zurückgestellt/eingeschränkt, wenn sich der Versicherte im Ausland aufhält oder gleichartige Entschädigungsleistungen aus einem anderen Versorgungs- oder Versicherungssystem erhält (Abs. 1). Die Ansprüche bei häuslicher Pflege (§§ 36–38 SGB XI) sind zudem auch nachrangig, soweit vergleichbare Leistungen durch die Krankenversicherung bereitzustellen sind oder im Rahmen einer stationären Versorgungsform ohnehin gewährt werden (Abs. 2). Die Ansprüche auf soziale Sicherung von Pflegepersonen werden davon wiederum nur in eingeschränktem Maße betroffen (Abs. 3). 2

B. Ruhen bei Auslandsaufenthalt (Abs. 1 Nr. 1)

Grundsätzlich sollen **im Ausland keine Leistungen** gewährt werden. Dies gilt auch, wenn die Pflegebedürftigkeit erst während des Aufenthalts eintritt. Abweichend von diesem Grundsatz soll die Leistung von Pflegegeld (§ 37 SGB XI) oder anteiligem Pflegegeld (§ 38 SGB XI) bei vorübergehendem Auslandsaufenthalt für die ersten 6 Wochen weiterlaufen. Daraus folgt, dass auch die Verhinderungspflege nach § 39 SGB XI im Ausland beansprucht werden kann. In der Praxis wird zudem auch die ambulante Sachleistung nach § 36 SGB XI für diesen Zeitraum weiter erbracht, sofern nicht die sonst tätige Pflegekraft, sondern eine von ihr angestellte Person oder ein Mitarbeiter desselben Pflege- 3 dienfts die Pflegeleistungen erbringt (RdSchr. SpVerb. zu § 34 Ziff. 1 III, Anwendungsfall bei LSG BW, 11. 5. 2007, L 4 P 2828/06).

4 Soweit mit dem vollen oder anteiligen **Pflegegeld** eine Geldleistung sowie ein Aufenthalt im EU-Ausland in Rede stehen, ist diese Beschränkung der Leistungspflicht der Pflegeversicherung indes **europarechtlich unwirksam**. Denn nach der Rechtsprechung des EuGH (5. 3. 1998, C-160/96, Slg. I, 1998 I-843 – Molenaar –) gehören die Leistungen der deutschen Pflegeversicherung zu den Leistungen bei Krankheit iSd. Art. 4 Abs. 1 der VO (EWG) 1408/71. Nach Art. 19, 22 dieser VO sind daher Geldleistungen auch im Ausland zu erbringen (allg. Ansicht, s. nur LSG BW, 11. 5. 2007, L 4 P 2828/06 und Udsching, § 34 SGB XI Rn. 5). Offen ist und auf Vorlage des BSG (22. 4. 2009, B 3 P 13/07 R) beim EuGH anhängig ist die Frage, ob die Begrenzungen des Exports von Geldleistungen nicht doch gelten können, wenn im Wohnstaat Ansprüche auf Leistungen bei Krankheit bestehen, die dem Pflegegeld vergleichbar sind.

5 **Europarechtliche Bedenken** gegen das Ruhen von Ansprüchen, die nach der Systematik des deutschen Sozialversicherungsrechts als **Sachleistungen** (vgl. bei § 28 SGB XI Rn. 7) bezeichnet werden (namentlich §§ 36, 41–43 SGB XI), hat der EuGH nicht bestätigt. In seinem Urteil vom 16. 7. 2009 (C-208/07) über die Vorlage im Vorabentscheidungsverfahren (LSG BY, 15. 3. 2007, L 2 P 6/06) verweist er auf die Autonomie der Mitgliedstaaten bei der Ausgestaltung ihrer Sozialsysteme und sieht die Dienstleistungsfreiheit des Art. 49 EGV nicht verletzt. Offen ist lediglich noch, ob eine Beeinträchtigung der Arbeitnehmerfreizügigkeit nach Art. 39 EGV vorliegt. Denn im vorgelegten Fall waren weder die Pflegebedürftige noch ihr Ehemann im Wohnstaat Arbeitnehmer.

C. Ruhen wegen vergleichbarer Entschädigungsleistungen (Abs. 1 Nr. 2)

6 Das Ruhen tritt („soweit ... erhält") nur in dem Umfang ein, in dem der Versicherte Leistungen aus anderen Versorgungs- oder Versicherungssystemen **tatsächlich und verlässlich** – etwa auf der Grundlage eines Leistungsbescheids – in Empfang nehmen kann. Denn die Vorschrift soll lediglich Überversorgungen durch Doppelleistung vermeiden (BSG, 19. 4. 2007, B 3 P 6/06 R). Einerseits reicht ein möglicher, aber streitiger Anspruch daher nicht aus, um das Ruhen zu bewirken. Andererseits besteht aber auch **kein „Wahlrecht"** des Versicherten in dem Sinne, dass er nur den Antrag auf die Entschädigungsleistung unterlassen müsste, um das Ruhen zu umgehen. Denn mit dieser Auslegung würde der grundsätzliche Vorrang der Entschädigungsleistungen, der sich bereits aus § 13 Abs. 1 SGB XI ergibt, umgangen.

7 Das Ruhen tritt (erneut wegen des Begriffs „soweit") zudem auch der **Höhe** nach nur in dem Umfang ein, den die Entschädigungs- oder sonstigen Leistungen nach § 13 Abs. 1 SGB XI tatsächlich ausmachen. Die Leistungsbeträge nach §§ 36–38 SGB XI hängen bei häuslicher Pflege von der Wahl des Pflegebedürftigen zwischen Sachleistung (dann höher) oder Geldleistung (dann niedriger) ab. Daher kann vor dieser Wahl auch abhängen, ob die SGB XI-Leistung die Entschädigungsleistung der Höhe nach übersteigt und aus diesem Grund die Differenz vom Ruhen nicht erfasst wird. Nach BSG, 10. 10. 2000, B 3 P 2/00 R ist der Pflegebedürftige hier an seiner Entscheidung nach § 38 S. 3 SGB XI für 6 Monate festzuhalten.

8 Voraussetzung des Ruhens ist die Gewährung der anderen Leistung zum gleichen Zweck und im gleichen Zeitraum. Diese **Zweckidentität** ist aber nicht erst gegeben, wenn die Begriffe der Hilfebedürftigkeit beider Leistungssysteme übereinstimmen (BSG, 19. 4. 2007, B 3 P 6/06 R zur Identität von § 35 BVG und §§ 36, 37 SGB XI).

9 Streitig ist, ob die Anordnung des Ruhens auch die **Leistungen zur sozialen Sicherung von Pflegepersonen** (§§ 44, 44a SGB XI) betrifft. Dafür spricht, dass Abs. 3 betreffend diese Leistungen für andere Fallgestaltungen des § 34 ausdrückliche Rückausnahmen von der Anordnung des Ruhens enthält, für den Fall vergleichbarer Entschädigungsleistungen aber nicht. Die Versorgungssysteme, die als vorrangig in Betracht kommen (insb. das BVG) enthalten aber überwiegend keine Leistungen für Pflegepersonen. Bei Anwendung der geschilderten Grundsätze (o. Rn. 8) können diese Leistungen also auch nicht Ruhen, einer Rückausnahme in Abs. 3 bedarf es insoweit nicht (ebenso Udsching, § 34 SGB XI Rn. 9). In die Bemessung des **unfallversicherungsrechtlichen Pflegegelds** nach § 44 Abs. 2 SGB VII fließt der Gesichtspunkt der Absicherung der Pflegeperson ein (dazu KassKomm/Ricke § 44 SGB VII Rn. 8, 11), hier können auch die Leistungsansprüche von Pflegepersonen ruhen (Hauck/Noftz/Reimer, § 34 SGB XI Rn. 12).

D. Ruhen des Anspruchs auf häusliche Pflege wegen Leistungen nach § 37 SGB V (Abs. 2 Alt. 1)

10 Diese Anordnung des Ruhens betrifft nur die Leistungen der Pflegeversicherung bei häuslicher Pflege (§§ 36–40 SGB XI); allerdings kann § 37 SGB V in teil- oder vollstationärer Pflege ohnehin nur in seltenen Ausnahmefällen eingreifen (§ 43 SGB XI Rn. 12). Für das Ruhen reicht es nicht aus, wenn lediglich möglicherweise ein Anspruch gegen die Krankenkasse nach § 37 SGB V bestehen

könnte. Vielmehr bedarf es des tatsächlichen Bezugs dieser Leistung. Denn Leistungen nach § 37 SGB V hängen im Einzelfall von einer ärztlichen Verordnung und der Genehmigung durch die Krankenkasse ab, beides erfolgt meist befristet. Über die Frage des Anspruchs wäre daher oft nur eine unsichere Prognose möglich.

Vom Ruhen regelmäßig nicht erfasst werden Pflegehilfsmittel und technische Hilfen, da krankenversicherungsrechtliche Hilfsmittel nicht vom Anspruch nach § 37 (sondern § 33) SGB V erfasst werden. Außerdem stehen Hilfsmittel und Pflegehilfsmittel grundsätzlich als zwei unterschiedliche Ansprüche nebeneinander (bei § 40 SGB XI Rn. 6). **11**

Leistungen nach § 37 SGB V schließen solche nach §§ 36 ff. SGB XI auch nicht umfassend aus, sondern („soweit") nur im Umfang der tatsächlichen Höhe. Daher kann auch anteiliges Pflegegeld nach § 38 SGB XI mit Sachleistungen der Krankenversicherung in Betracht kommen (RdSchr SpV PK Nr. 3 Abs. 1 zu § 38). Ohnehin beginnt das Ruhen des Pflegegelds (§§ 37, 38 SGB XI) erst vier Wochen nach Einsetzen der Leistungen der Krankenkasse (Abs. 2 S. 2). **12**

Zur Abgrenzung von Leistungen der Krankenversicherung und der Pflegeversicherung bei Rundum-die-Uhr-Versorgung des Patienten s. bei § 13 SGB XI Rn. 7 a. **12a**

E. Ruhen des Anspruchs auf häusliche Pflege wegen stationären Aufenthalts (Abs. 2 Alt. 2)

Einrichtungen nach § 71 Abs. 4 SGB XI sind nicht nur Krankenhäuser, sondern sämtliche Aufenthaltsorte mit umfassender Versorgung der Patienten/Bewohner, die nicht als vollstationäre Pflegeeinrichtungen anerkannt werden können, und in denen hauswirtschaftliche und grundpflegerische Versorgung typischerweise vom Anbieter zu gewährleisten sind (zB Rehabilitationseinrichtungen, Wohnheime an Ausbildungsstätten für Menschen mit Behinderungen, Heime der Eingliederungshilfe). Daher stellt sich die Frage, ob die Leistungsansprüche gegen die Pflegeversicherung auch dann ruhen, wenn der Aufenthalt – beispielsweise für das Wochenende – unterbrochen wird. Nach allg. Ansicht gilt dies nicht, weil das Tatbestandsmerkmal „für die Dauer" solche Zeiträume ausnimmt (s. nur BSG, 17. 5. 2000, B 3 P 2/99 R; Hauck/Noftz/Reimer § 34 Rn. 15). Ohnehin beginnt das Ruhen des Pflegegelds (§§ 37, 38 SGB XI) erst nach vier Wochen vom Einsetzen der Betreuung im Krankenhaus oder einer Rehabilitationseinrichtung an (Abs. 2 S. 2). **13**

Aus verfassungsrechtlicher Sicht hat das BSG (aaO) keine unzulässige Ungleichbehandlung von Menschen einerseits, die täglich aus einer Einrichtung nach § 71 Abs. 4 SGB XI nach Hause zurückkehren können (diese erhalten den Anspruch nach § 37 SGB XI ungekürzt) und Menschen mit Wochenendheimfahrten anderseits (Pflegegeldanspruch nur für die Tage mit überwiegender Betreuung zu Hause) erkennen können. **14**

F. Ausnahmen vom Ruhen bei Leistungen nach § 44 (Abs. 3)

Abs. 3 enthält eine Reihe von Rückausnahmen vom Ruhen, die die Leistungen zur Sicherung der Pflegeperson nach § 44 SGB XI betreffen. Diese sollen nicht von kurzfristigeren Veränderungen in der Situation des Pflegebedürftigen abhängig sein. In diesem Sinne ermöglicht die Vorschrift seit 1. 7. 2008 auch schadlose Urlaube der Pflegeperson. Anders als in anderen Ruhensfällen bestehen die Leistungen zur Sicherung der Pflegeperson bei Leistungen der häuslichen Krankenpflege gem. § 37 SGB V sogar unbefristet fort. **15**

§ 35 Erlöschen der Leistungsansprüche

Der Anspruch auf Leistungen erlischt mit dem Ende der Mitgliedschaft, soweit in diesem Buch nichts Abweichendes bestimmt ist.

A. Normzweck

Die Vorschrift bindet die Leistungsansprüche an den Fortbestand der Mitgliedschaft (§§ 20 ff. SGB XI) des Versicherten in der Pflegekasse. **1**

B. Begriff der Leistung

Grundsätzlich sind mit „Leistungen" die Inhalte des 3.–5. Abschn. des 4. Kap. (§§ 36–45 d SGB XI) gemeint. Allerdings beinhalten diese Vorschriften auch Sonderfälle. § 45 sieht **Pflegekurse unabhängig von der Mitgliedschaft** vor, gewährt anderseits aber auch nur einen Anspruch auf fehlerfreie Ermessensausübung durch die Kasse, keinen unmittelbaren Leistungsanspruch (dort Rn. 2). **2**

Die Leistungen zur **sozialen Sicherung von Pflegepersonen** nach § 44 folgen im Zweifel der Systematik von Mitgliedschaft und Leistungsansprüchen, die dem jeweiligen Versicherungszweig (Rentenversicherung, Unfallversicherung, Arbeitslosenversicherung) zugrunde liegt. Denn die materiellen Anspruchsvoraussetzungen sind in diesem Fall dort und nicht im SGB XI geregelt (bei § 44 SGB XI Rn. 1).

C. Praktische Umsetzung

3   Abweichend vom Wortlaut werden **Unterbrechungen der Mitgliedschaft,** die weniger als einen Monat andauern, als leistungsunschädlich behandelt. Dies geschieht in Anlehnung an § 19 Abs. 2, 3 SGB V, da die Mitgliedschaft in der Pflegeversicherung grundsätzlich derjenigen in der Krankenversicherung folgt (Udsching, § 35 SGB XI Rn. 2; RdSchr. des SpV zu § 35 Ziff. 1).

4   In Fällen der **Familienversicherung** wird die Vorschrift ohne Einschränkungen angewandt. Stirbt das hauptversicherte Mitglied oder endet dessen Mitgliedschaft aus anderen Gründen, gilt dies zugleich auch für die mitversicherten Personen in der Familienversicherung. Für sie besteht, sofern nicht eine eigene Pflichtversicherung auflebt, nach § 26 SGB XI aber die Möglichkeit zur freiwilligen Weiterversicherung.

5   Endet die Mitgliedschaft durch Tod, so enden nicht nur die Leistungen der Pflegekasse. Vielmehr können auch **Leistungserbringer (Pflegedienste, Heime),** mit denen der Versicherte privatrechtliche Verträge über Leistungen geschlossen hatte, keine Entgelte mehr für die Zeit nach dem Tod verlangen. Für die ambulante Versorgung ergibt sich dies aus dem Vergütungssystem (s. bei § 36 Rn. 7), das von vorneherein nur die Abrechnung tatsächlich erbrachter Leistungen zulässt. Für die Heime enthält das SGB XI in § 87a Abs. 1 S. 2 eine eigene Regelung dieses Inhalts, obwohl das Wohn- und Betreuungsvertragsgesetz (WBVG) die befristete Fortgeltung von Heimverträgen über den Tod hinaus in engen Grenzen zulässt (vgl. BVerwG 2. 6. 2010, 8 C 24/09). Endet die Mitgliedschaft dagegen aus anderen Gründen als dem Tod, so berührt dies die Verträge mit Leistungserbringern nicht, der Pflegebedürftige muss sich hier ggf. um Kündigung und/oder Anpassung kümmern.

§ 35a Teilnahme an einem trägerübergreifenden Persönlichen Budget nach § 17 Abs. 2 bis 4 des Neunten Buches

[1]Pflegebedürftige können auf Antrag die Leistungen nach den §§ 36, 37 Abs. 1, §§ 38, 40 Abs. 2 und § 41 auch als Teil eines trägerübergreifenden Budgets nach § 17 Abs. 2 bis 4 des Neunten Buches in Verbindung mit der Budgetverordnung und § 159 des Neunten Buches erhalten; bei der Kombinationsleistung nach § 38 ist nur das anteilige und im Voraus bestimmte Pflegegeld als Geldleistung budgetfähig, die Sachleistungen nach den §§ 36, 38 und 41 dürfen nur in Form von Gutscheinen zur Verfügung gestellt werden, die zur Inanspruchnahme von zugelassenen Pflegeeinrichtungen nach diesem Buch berechtigen. [2]Der beauftragte Leistungsträger nach § 17 Abs. 4 des Neunten Buches hat sicherzustellen, dass eine den Vorschriften dieses Buches entsprechende Leistungsbewilligung und Verwendung der Leistungen durch den Pflegebedürftigen gewährleistet ist. [3]Andere als die in Satz 1 genannten Leistungsansprüche bleiben ebenso wie die sonstigen Vorschriften dieses Buches unberührt.

A. Normzweck

1   Grundsätzlicher Kern eines Persönlichen Budgets ist die Lösung der Sozialleistung von Vorgaben des Sozialleistungsträgers zur Verwendung (etwa durch Auswahl oder Zulassung des Leistungserbringers, Qualitätsanforderungen usw.). An die Stelle dieser Vorgaben soll die Eigenverantwortung des Leistungsempfängers treten. Seit 1. 1. 2008 besteht auf die Bewilligung eines solchen Budgets ein Rechtsanspruch, § 159 Abs. 5 SGB IX. § 35a soll die Leistungen der Pflegeversicherung kompatibel mit dem Anspruch von Menschen mit Behinderung auf ein solches Persönliches Budget (§ 17 SGB IX, zu Konzept und Inhalt s. näher dort) machen (BT-Drs. 15/1514 S. 73). Freilich erreicht es mit der Gutscheinlösung für die Sachleistungen in S. 1 Hs. 2 in Wirklichkeit weitgehend das Gegenteil (vgl. zu den fortbestehenden rechtlichen Hürden Fahlbusch, Sozialrecht Aktuell 2007, 61). Denn allein durch die Umstellung der Sachleistungen (dazu bei § 4 SGB XI) nach §§ 36, 40 und 41 SGB XI im Sinne der Bezahlung durch die Pflegekasse auf die Vergabe von Gutscheinen erweitern sich die Möglichkeiten des Pflegebedürftigen in der Mittelverwendung nicht. Und für die Geldleistungen der §§ 37, 38 SGB XI hätte es der Vorschrift nicht bedurft, da diese ohnehin dem Pflegebedürftigen (vorbehaltlich der regelmäßigen Pflege-Pflichtberatung nach § 37 Abs. 3 SGB XI) frei zur Verfügung stehen (s. bei § 37 Rn. 5).

Philipp

B. Budgetfähige Leistungen

Der Anspruch auf Einbezug in das Persönliche Budget besteht nicht für die befristeten Formen der stationären Pflege nach §§ 39, 42 SGB XI sowie die dauerhafte stationäre Pflege nach § 43 SGB XI. Denn der Gesetzgeber geht davon aus, dass diese „all-inclusive-Leistungen" mit einem Budget ohnehin nicht vereinbar sind. Aus dem Bereich der Pflegehilfsmittel sind lediglich die zum Verbrauch bestimmten (§ 40 Abs. 2 SGB XI) einbezogen. 2

§ 35 a ist keine eigenständige Anspruchsnorm. In das Persönliche Budget können daher nur solche Leistungsansprüche einbezogen werden, deren Anspruchsvoraussetzungen in vollem Umfange erfüllt sind. Es ist somit in jedem Einzelfall zu prüfen, ob die Voraussetzungen der §§ 36, 37 Abs. 1, 38, 40 Abs. 2 oder 41 (s. jeweils dort) vorliegen. 3

C. Durchführung

Wie die Leistungen der Pflegeversicherung allgemein wird das Persönliche Budget auf Antrag des Versicherten durchgeführt. Einzelheiten sind in der Budgetverordnung zu § 17 SGB IX (s. dort) sowie in den Handlungsempfehlungen der Bundesarbeitsgemeinschaft Rehabilitation (BAR) „Trägerübergreifendes Persönliches Budget „Trägerübergreifende Aspekte bei der Ausführung von Leistungen durch ein Persönliches Budget" vom 1. April 2009 enthalten (abrufbar zB unter www.bar-frankfurt.de). 4

D. Modellprojekte

Unter rechtspolitischen Gesichtspunkten sind die Voraussetzungen und Chancen des Persönlichen Budgets in der Pflegeversicherung in den letzten Jahren durch Modellprojekte grundlegend untersucht worden (umfassende Informationen und Berichte unter www.pflegebudget.de sowie bei Klie/Siebert, RdLH 2006, 65). Die Ergebnisse zeigen, dass die (höheren) Leistungen der Pflegeversicherung bei der Sachleistung der §§ 36, 40, 41 SGB XI in die Budgets eingebracht werden können müssten, um durchgreifende Wirkungen zu erzielen. Damit wären aber erhebliche Mehrausgaben für die Pflegeversicherung verbunden. Denn letztlich würde in diesem Fall die viel niedrigere Geldleistung nach § 37 auf den Leistungsbetrag der Sachleistung nach § 36 SGB XI aufgestockt. Außerdem ist offen, inwieweit das Persönliche Budget noch Vorteile bietet, wenn die – im Rahmen der Modellprojekte regelmäßig bereitgestellte – Budgetassistenz durch außenstehende, neutrale Beratungskräfte wegfällt. 5

Dritter Abschnitt. Leistungen

Erster Titel. Leistungen bei häuslicher Pflege

§ 36 Pflegesachleistung

(1) ¹Pflegebedürftige haben bei häuslicher Pflege Anspruch auf Grundpflege und hauswirtschaftliche Versorgung als Sachleistung (häusliche Pflegehilfe). ²Leistungen der häuslichen Pflege sind auch zulässig, wenn Pflegebedürftige nicht in ihrem eigenen Haushalt gepflegt werden; sie sind nicht zulässig, wenn Pflegebedürftige in einer stationären Pflegeeinrichtung oder in einer Einrichtung im Sinne des § 71 Abs. 4 gepflegt werden. ³Häusliche Pflegehilfe wird durch geeignete Pflegekräfte erbracht, die entweder von der Pflegekasse oder bei ambulanten Pflegeeinrichtungen, mit denen die Pflegekasse einen Versorgungsvertrag abgeschlossen hat, angestellt sind. ⁴Auch durch Einzelpersonen, mit denen die Pflegekasse einen Vertrag nach § 77 Abs. 1 abgeschlossen hat, kann häusliche Pflegehilfe als Sachleistung erbracht werden. ⁵Mehrere Pflegebedürftige können Pflege- und Betreuungsleistungen sowie hauswirtschaftliche Versorgung gemeinsam als Sachleistung in Anspruch nehmen. ⁶Der Anspruch auf Betreuungsleistungen als Sachleistung setzt voraus, dass die Grundpflege und die hauswirtschaftliche Versorgung im Einzelfall sichergestellt sind. ⁷Betreuungsleistungen als Sachleistungen nach Satz 5 dürfen nicht zulasten der Pflegekassen in Anspruch genommen werden, wenn diese Leistungen im Rahmen der Eingliederungshilfe für behinderte Menschen nach dem Zwölften Buch, durch den zuständigen Träger der Eingliederungshilfe nach dem Achten Buch oder nach dem Bundesversorgungsgesetz finanziert werden.

(2) Grundpflege und hauswirtschaftliche Versorgung umfassen Hilfeleistungen bei den in § 14 genannten Verrichtungen; die verrichtungsbezogenen krankheitsspezifischen Pfle-

Philipp

gemaßnahmen gehören nicht dazu, soweit diese im Rahmen der häuslichen Krankenpflege nach § 37 des Fünften Buches zu leisten sind.

(3) Der Anspruch auf häusliche Pflegehilfe umfasst je Kalendermonat
1. für Pflegebedürftige der Pflegestufe I Pflegeeinsätze bis zu einem Gesamtwert von
   a) 420 Euro ab 1. Juli 2008,
   b) 440 Euro ab 1. Januar 2010,
   c) 450 Euro ab 1. Januar 2012.
2. für Pflegebedürftige der Pflegestufe II Pflegeeinsätze bis zu einem Gesamtwert von
   a) 980 Euro ab 1. Juli 2008,
   b) 1.040 Euro ab 1. Januar 2010,
   c) 1.100 Euro ab 1. Januar 2012,
3. für Pflegebedürftige der Pflegestufe III Pflegeeinsätze bis zu einem Gesamtwert von
   a) 1.470 Euro ab 1. Juli 2008,
   b) 1.510 Euro ab 1. Januar 2010,
   c) 1.550 Euro ab 1. Januar 2012.

(4) [1]Die Pflegekassen können in besonders gelagerten Einzelfällen zur Vermeidung von Härten Pflegebedürftigen der Pflegestufe III weitere Pflegeeinsätze bis zu einem Gesamtwert von 1.918 Euro monatlich gewähren, wenn ein außergewöhnlich hoher Pflegeaufwand vorliegt, der das übliche Maß der Pflegestufe III weit übersteigt, beispielsweise wenn im Endstadium von Krebserkrankungen regelmäßig mehrfach auch in der Nacht Hilfe geleistet werden muß. [2]Die Ausnahmeregelung des Satzes 1 darf für nicht mehr als drei vom Hundert aller versicherten Pflegebedürftigen der Pflegestufe III, die häuslich gepflegt werden, Anwendung finden. [3]Der Spitzenverband Bund der Pflegekassen überwacht die Einhaltung dieses Höchstsatzes und hat erforderlichenfalls geeignete Maßnahmen zur Einhaltung zu ergreifen.

A. Normzweck

1 Die Vorschrift regelt die einzelnen **Voraussetzungen** der **ambulanten Pflegesachleistung**. Sie ist abzugrenzen von teil- und vollstationärer Pflege. Nach § 3 SGB XI sollen durch die Pflegeversicherung vorrangig die häusliche Pflege und die Pflegebereitschaft der Angehörigen und Nachbarn unterstützt werden. Teil- und vollstationäre Pflege können nur gewährt werden, wenn ambulante Pflege nicht oder nicht im erforderlichen Umfang erbracht werden kann (§§ 41 Abs. 1 S. 1, 42 Abs. 1 S. 1, 43 Abs. 1 SGB XI).

2 Gemäß § 36 SGB XI wird die häusliche Pflege durch erwerbsmäßige Pflegekräfte, in der Praxis fast immer über zugelassene Pflegedienste, von der Pflegekasse gestellt. Es handelt sich damit im Unterschied zu § 37 SGB XI um eine **Sachleistung** und nicht um einen Kostenerstattungsanspruch (bei § 28 SGB XI Rn. 7). Trotz des Charakters als Sachleistung sind aber (auch hier) in der Regel Zuzahlungen durch den Pflegebedürftigen notwendig. Denn bei der Pflegeversicherung handelt es sich nicht um eine Vollversicherung. Vielmehr sind die wesentlichen Leistungen budgetiert, um die Beiträge stabil zu halten und die Ausgabenentwicklung steuern zu können.

B. Voraussetzungen

3 Zum einen müssen die allgemeinen Leistungsvoraussetzungen des SGB XI erfüllt sein. Namentlich muss der Pflegebedürftige voraussichtlich mindestens für 6 Monate **pflegebedürftig** nach den §§ 14, 15 SGB XI sein. Dies ist im Vorhinein zu beurteilen. Wird der Zeitraum später tatsächlich nicht erreicht, etwa wegen einer plötzlichen Besserung des Gesundheitszustands, sind die Anspruchsvoraussetzungen dennoch erfüllt (BSG, 17. 3. 2005, B 3 P 2/04 R; s. im Einzelnen bei §§ 14, 15 SGB XI). Der Leistungsbetrag nach § 36 Abs. 2 richtet sich nach der Pflegestufe gem. §§ 14, 15 SGB XI. Außerdem muss nach den allgemeinen Regeln ein **Antrag** (§ 33 SGB XI) gestellt sein und das **Versicherungsverhältnis** in der Pflegeversicherung bestehen. Die Inanspruchnahme eines ambulanten Pflegedienstes setzt außerdem dessen Zulassung durch **Versorgungsvertrag** nach § 72 SGB XI voraus.

4 Einen eigenen Haushalt setzt das Gesetz nicht voraus, vielmehr ist die Pflegesachleistung überall dort möglich, wo kein stationärer Versorgungsrahmen besteht (Abs. 1 S. 2). **Mögliche Leistungsorte** sind daher beispielsweise auch Anlagen des Betreuten Wohnens, Seniorenresidenzen, Tagesstätten und Altenheime, wenn der jeweilige Betreuungsvertrag die Grundpflegeleistungen nicht umfasst. Andererseits kommt häusliche Pflegesachleistung nur in Betracht, wenn dies der Zustand des Pflegebedürftigen überhaupt zulässt. Dabei sind nicht nur die objektiven Umstände, sondern auch die individuelle Situation des Pflegebedürftigen und seines Umfeldes zu berücksichtigen. Besteht beispielsweise aus sozialen Gründen Heimbedürftigkeit, so kann die häusliche Pflegeleistung nicht beansprucht werden.

C. Leistungen

Die häusliche Pflegesachleistung umfasst die **Grundpflege** und die **hauswirtschaftliche Versorgung**. Leistungen der medizinischen Behandlungspflege (zum Begriff bei §§ 28 SGB XI Rn. 10, 11, 43 SGB XI Rn. 12, s. auch bei § 37 SGB V) sind dagegen im häuslichen Kontext Sache der Kranken-, nicht der Pflegekassen. Was im Einzelnen zur Grundpflege und zur hauswirtschaftlichen Versorgung gehört, ergibt sich aus Abs. 2 iVm. § 14 SGB XI, s. auch bei § 28 SGB XI Rn. 10. Der Pflegebedürftige kann nach dem Grundsatz der Selbstbestimmung (§ 2 Abs. 2 S. 2 SGB XI) selbst entscheiden, wie er im Rahmen der Sachleistungserbringung den Pflegedienst/die Pflegekraft einsetzt. Denn § 15 SGB XI dient nur der Feststellung der Pflegestufe, nicht der Steuerung der einzelnen Leistungen. Auf die tatsächliche Mittelverwendung hat die Einstufung also keine Auswirkung.

Die **Höhe der Leistung** ist nach Abs. 3 von der Pflegestufe abhängig und wird ab 1. 7. 2008 schrittweise nach oben angepasst. Künftige Anpassungen sollen ab 2012 nicht mehr durch Gesetzesänderung, sondern durch Rechtsverordnung der Bundesregierung erfolgen (§ 30 SGB XI). Benötigt der Pflegebedürftige mehr Leistungen, als er mit den Kassenleistungen bezahlen kann, sind die übersteigenden Vergütungen von ihm selbst, bei Mittellosigkeit vom Sozialhilfeträger (dazu §§ 61–66 SGB XII) zu bezahlen (Charakter der Pflegeversicherung als „Teilkaskoversicherung"). Allerdings erfolgt im Gegensatz zum Pflegegeld (§ 37 Abs. 2 SGB XI) keine Kürzung der Höchstwerte, wenn der Anspruch nicht für einen vollen Kalendermonat besteht (Rdschr der SpitzenVerb v. 10. 10. 2002/ 9. 3. 2007, Nr. 4 IV zu § 36).

In der Praxis haben die Pflegekassen und Sozialhilfeträger mit den Verbänden der Pflegedienste mit bundeslandweiter Wirkung **Leistungsmodule** vereinbart. Diese decken die typischen Erscheinungsformen von grundpflegerischem und hauswirtschaftlichem Hilfebedarf ab (zB Große und kleine Morgentoilette, Duschen, Hilfe bei Zubereitung und Einnahme von Mahlzeiten usw.). Der Pflegedienst schließt mit dem Pflegebedürftigen einen Vertrag (§ 120 SGB XI) über die häuslichen Pflegeleistungen, der als Anlage auch eine Planung von Art und Zeit der Dienstleistungen sowie die zugehörigen Vergütungen enthält. Bei der Bemessung dieser Vergütungen wiederum sind Pflegedienst und Pflegebedürftiger nicht frei. Sie sind vielmehr an die Vergütungsvereinbarung nach § 89 SGB XI gebunden, die für jedes Leistungsmodul – teils in Abhängigkeit von der beruflichen Qualifikation der Pflege-/Hilfskraft – einen festen Betrag vorsieht. Listen der Leistungsmodule und der zugehörigen Preise stellen die Pflegedienste zur Verfügung.

D. Erbringung durch geeignete Pflegekräfte (Abs. 1 S. 3 und 4)

Die Pflegekassen können, um die Pflegesachleistung zu gewährleisten, entweder nach § 72 Abs. 1 SGB XI **Versorgungsverträge** mit ambulanten Pflegeeinrichtungen (Pflegediensten) nach § 71 Abs. 1 SGB XI abschließen oder, solange die Versorgung nicht durch einen zugelassenen Pflegedienst geleistet werden kann, auch einzelne geeignete Pflegekräfte verpflichten (§ 77 SGB XI). Bei der Auswahl des Pflegedienstes ist Wünschen des Pflegebedürftigen nachzukommen.

E. „Pooling" (Abs. 1 S. 5–7)

Es ist auch möglich, dass mehrere Pflegebedürftige gemeinsam Pflege- und Betreuungsleistungen sowie hauswirtschaftliche Versorgung als Sachleistung in Anspruch nehmen. Diese Möglichkeit liegt für Wohngemeinschaften und unmittelbare Nachbarn nahe, weil dort – vor allem im hauswirtschaftlichen Bereich – Einsparungen durch gemeinsame Leistungsinanspruchnahme denkbar sind. Das „Pooling" ist nach dem Wortlaut des Gesetzes aber nicht auf Wohngemeinschaften beschränkt, sondern kann etwa auch zu effizienten Ausnutzung der Leistungsbeträge unter entfernteren Nachbarn u. ä. ausgenutzt werden (BT-Drs. 16/7439, S. 54). Allerdings sollte der einzelne Teilnehmer dann bedenken, dass er, sofern er den eigenen Leistungsbetrag der Pflegekasse nicht selbst ausschöpfen muss, über die Kombinationsleistung nach § 38 SGB XI auch eine (wenn wegen der unterschiedlichen Beträge für Sachleistung einerseits und Geldleistung andererseits auch niedrigere) Auszahlung an sich erreichen kann. Ob das „Pooling" Vorteile bietet, ist daher im Einzelfall genau abzuwägen.

F. Härtefall (Abs. 4)

Bei einem **besonders schweren Pflegefall,** der mit einem außergewöhnlich hohen Pflegeaufwand einhergeht hat der Pflegebedürftige entgegen dem Wortlaut („können") einen Anspruch auf die Aufstockung der Pflegesachleistung bis auf EUR 1.918 monatlich (BSG, 30. 10. 2001, B 3 P 2/01 R). Die genauen Anspruchsvoraussetzungen ergeben sich dabei nicht aus dem Gesetz selbst, sondern sind in einer speziellen Härtefallrichtlinie des Spitzenverbands der Pflegekassen konkretisiert, s. § 17

Abs. 1 S. 3 SGB XI. Sie gelten derzeit als „Richtlinien der Spitzenverbände der Pflegekassen zur Begutachtung von Pflegebedürftigkeit", Anlage 3 idF v. vom 28. 10. 2005; abrufbar im Internet zB bei www.gkv-spitzenverband.de.

G. Verhältnis zu anderen Leistungen

11 Die Pflegesachleistung kann mit **Pflegegeld** kombiniert werden, soweit der Leistungsbetrag nicht bereits durch die abgerufenen Sachleistungen ausgeschöpft wird, dies ist in § 38 SGB XI eigens geregelt.

12 **Verhinderungspflege** nach § 39 SGB XI kann zusätzlich in Anspruch genommen werden, wenn auch ein Pflegeperson (§ 19 SGB XI) neben dem Pflegedienst noch maßgeblich tätig ist, s. § 39 Rn. 8. Unter der gleichen Voraussetzung sind auch **Leistungen zur sozialen Sicherung der Pflegepersonen** (§§ 44 f. SGB XI) gleichzeitig mit der Pflegesachleistung denkbar, allerdings werden die zeitlichen Anforderungen des § 19 SGB XI jedenfalls dann nur im Ausnahmefall erfüllt sein, wenn die Pflegesachleistung nicht nur in sehr geringem Umfang abgerufen wird.

13 Ansprüche auf **Pflegehilfsmittel** und das **Wohnumfeld verbessernde Maßnahmen** (§ 40 SGB XI) sowie auf **Leistungen für Menschen mit erheblichem allgemeinen Betreuungsbedarf** (§§ 45 a, 45 b SGB XI) bestehen neben dem Anspruch auf Pflegesachleistung.

14 Die Kombination mit **teilstationärer Pflege** (§ 41 SGB XI) ist nach den Leistungsverbesserungen zum 1. 7. 2008 attraktiver geworden, s. dort Rn. 1 und 12.

15 Häusliche und **vollstationäre Pflege** nach § 43 SGB XI schließen sich auch dann aus, wenn der Heimbewohner während Abwesenheitstagen aus dem Heim andernorts Pflegeleistungen benötigt (SG Dortmund, 11. 2. 2003, S 12 P 284/02). Dieser Ausschluss besteht aber nicht im Verhältnis zu § 43a SGB XI (Udsching § 38 Rn. 3).

§ 37 Pflegegeld für selbst beschaffte Pflegehilfen

(1) ¹Pflegebedürftige können anstelle der häuslichen Pflegehilfe ein Pflegegeld beantragen. ²Der Anspruch setzt voraus, daß der Pflegebedürftige mit dem Pflegegeld dessen Umfang entsprechend die erforderliche Grundpflege und hauswirtschaftliche Versorgung in geeigneter Weise selbst sicherstellt. ³Das Pflegegeld beträgt je Kalendermonat

1. für Pflegebedürftige der Pflegestufe I
   a) 215 Euro ab 1. Juli 2008,
   b) 225 Euro ab 1. Januar 2010,
   c) 235 Euro ab 1. Januar 2012,
2. für Pflegebedürftige der Pflegestufe II
   a) 420 Euro ab 1. Juli 2008,
   b) 430 Euro ab 1. Januar 2010,
   c) 440 Euro ab 1. Januar 2012,
3. für Pflegebedürftige der Pflegestufe III
   a) 675 Euro ab 1. Juli 2008,
   b) 685 Euro ab 1. Januar 2010,
   c) 700 Euro ab 1. Januar 2012.

(2) ¹Besteht der Anspruch nach Absatz 1 nicht für den vollen Kalendermonat, ist der Geldbetrag entsprechend zu kürzen; dabei ist der Kalendermonat mit 30 Tagen anzusetzen. ²Das Pflegegeld wird bis zum Ende des Kalendermonats geleistet, in dem der Pflegebedürftige gestorben ist. ³§ 118 Abs. 3 und 4 des Sechsten Buches gilt entsprechend, wenn für die Zeit nach dem Monat, in dem der Pflegebedürftige verstorben ist, Pflegegeld überwiesen wurde.

(3) ¹Pflegebedürftige, die Pflegegeld nach Absatz 1 beziehen, haben

1. bei Pflegestufe I und II halbjährlich einmal,
2. bei Pflegestufe III vierteljährlich einmal

eine Beratung in der eigenen Häuslichkeit durch eine zugelassene Pflegeeinrichtung, durch eine von den Landesverbänden der Pflegekassen nach Absatz 7 anerkannte Beratungsstelle mit nachgewiesener pflegefachlicher Kompetenz oder, sofern dies durch eine zugelassene Pflegeeinrichtung vor Ort oder eine von den Landesverbänden der Pflegekassen anerkannte Beratungsstelle mit nachgewiesener pflegefachlicher Kompetenz nicht gewährleistet werden kann, durch eine von der Pflegekasse beauftragte, jedoch von ihr nicht beschäftigte Pflegefachkraft abzurufen. ²Die Beratung dient der Sicherung der Qualität der häuslichen Pflege und der regelmäßigen Hilfestellung und praktischen pflegefachlichen Unterstützung der häuslich Pflegenden. ³Die Vergütung für die Beratung ist von der zuständigen Pflegekasse, bei privat Pflegeversicherten von dem zuständigen privaten Versicherungsunternehmen zu tragen, im Fall der Beihilfeberechtigung anteilig von den Beihilfefestsetzungsstellen. ⁴Sie beträgt in den Pflegestufen I und II bis zu 21 Euro und in der Pflegestufe III bis zu 31 Euro. ⁵Pflegebedürftige, bei denen ein erheblicher Bedarf an allgemeiner Beaufsichtigung und Betreuung nach § 45a festgestellt ist, sind berechtigt, den Beratungseinsatz innerhalb der in Satz 1 genannten Zeiträume zweimal in Anspruch zu nehmen. ⁶Personen, bei denen ein erheblicher Bedarf an allgemeiner Beaufsichtigung und Betreuung nach § 45a festgestellt ist und die noch nicht die Voraussetzungen der Pflegestufe I erfüllen, können halbjährlich einmal einen Beratungsbesuch in Anspruch nehmen; die Vergütung für die Beratung entspricht der für die Pflegestufen I und II nach Satz 4. ⁷In diesen Fällen kann die Beratung auch durch von den Landesverbänden der Pflegekassen anerkannte Beratungsstellen wahrgenommen werden, ohne dass für die Anerkennung eine pflegefachliche Kompetenz nachgewiesen werden muss.

(4) ¹Die Pflegedienste und die anerkannten Beratungsstellen sowie die beauftragten Pflegefachkräfte haben die Durchführung der Beratungseinsätze gegenüber der Pflegekasse oder den privaten Versicherungsunternehmen zu bestätigen sowie die bei dem Beratungsbesuch gewonnenen Erkenntnisse über die Möglichkeiten der Verbesserung der häuslichen Pflegesituation dem Pflegebedürftigen und mit dessen Einwilligung der Pflegekasse oder dem privaten Versicherungsunternehmen mitzuteilen, im Fall der Beihilfeberechtigung auch der zuständigen Beihilfefestsetzungsstelle. ²Der Spitzenverband Bund der Pflegekassen und die privaten Versicherungsunternehmen stellen ihnen für diese Mitteilung ein einheitliches Formular zur Verfügung. ³Der beauftragte Pflegedienst und die anerkannte Beratungsstelle haben dafür Sorge zu tragen, dass für einen Beratungsbesuch im häuslichen Bereich Pflegekräfte eingesetzt werden, die spezifisches Wissen zu dem Krankheits- und Behinderungsbild sowie des sich daraus ergebenden Hilfebedarfs des Pflegebedürftigen mitbringen und über besondere Beratungskompetenz verfügen. ⁴Zudem soll bei der Planung für die Beratungsbesuche weitestgehend sichergestellt werden, dass der Beratungsbesuch bei einem Pflegebedürftigen möglichst auf Dauer von derselben Pflegekraft durchgeführt wird.

(5) ¹Der Spitzenverband Bund der Pflegekassen und der Verband der privaten Krankenversicherung e.V. beschließen gemeinsam mit den Vereinigungen der Träger der ambulanten Pflegeeinrichtungen auf Bundesebene unter Beteiligung des Medizinischen Dienstes des Spitzenverbandes Bund der Krankenkassen Empfehlungen zur Qualitätssicherung der Beratungsbesuche nach Absatz 3. ²Die Empfehlungen gelten für die anerkannten Beratungsstellen entsprechend.

(6) Rufen Pflegebedürftige die Beratung nach Absatz 3 Satz 1 nicht ab, hat die Pflegekasse oder das private Versicherungsunternehmen das Pflegegeld angemessen zu kürzen und im Wiederholungsfall zu entziehen.

(7) ¹Die Landesverbände der Pflegekassen haben neutrale und unabhängige Beratungsstellen zur Durchführung der Beratung nach den Absätzen 3 und 4 anzuerkennen. ²Dem Antrag auf Anerkennung ist ein Nachweis über die erforderliche pflegefachliche Kompetenz der Beratungsstelle und ein Konzept zur Qualitätssicherung des Beratungsangebotes beizufügen. ³Die Landesverbände der Pflegekassen regeln das Nähere zur Anerkennung der Beratungsstellen. ⁴Für die Durchführung von Beratungen nach Absatz 3 Satz 6 können die Landesverbände der Pflegekassen geeignete Beratungsstellen anerkennen, ohne dass ein Nachweis über die pflegefachliche Kompetenz erforderlich ist.

(8) Der Pflegeberater oder die Pflegeberaterin (§ 7a) kann die vorgeschriebenen Beratungseinsätze durchführen und diese bescheinigen.

A. Normzweck

Zweck des § 37 SGB XI ist es, dem Pflegebedürftigen eine materielle **Anerkennung für Angehörige** und sonstige Pflegepersonen zu ermöglichen, wenn er seine pflegerische Betreuung ohne professionelle Kräfte und damit für die Pflegeversicherung billiger sicherstellt. Neben dem Pflegegeld nach Abs. 1 kommen den Pflegepersonen noch weitere Vorteile zugute. Einerseits ist das Pflegegeld steuerfrei (§ 3 Nr. 1a EStG), andererseits sind die Pflegepersonen in den Versicherungsschutz der gesetzlichen Unfall- und Rentenversicherung einbezogen (§ 44 SGB XI). Bei § 37 gibt es im Gegensatz zu § 36 SGB XI keine Härtefallregelung. Der Anspruch ruht grundsätzlich nach § 34 Abs. 2 SGB XI während des Aufenthalts in einer stationären Einrichtung und bei Eintreten von Sachleistungen der Krankenversicherung, dies im Falle des Aufenthalts im Krankenhaus, einer stationären Rehabilitationseinrichtung und bei häuslichen Sachleistungen der Krankenkasse jedoch erst nach Ablauf von vier Wochen.

1

Philipp

B. Voraussetzungen

2 Wie § 36 SGB XI betrifft die Vorschrift häusliche Pflege, wobei mindestens die Pflegestufe I nach den §§ 14, 15 SGB XI erfüllt sein muss. Antrag und Bestehen des Versicherungsverhältnisses sind wie bei allen Leistungen der §§ 36 ff. SGB XI ungeschriebene Anspruchsvoraussetzungen. Der Pflegebedürftige muss die **Versorgung selbst sicherstellen** können. Dies ist erst der Fall, wenn Pflegepersonen verbindlich einen den ganzen Tag umfassenden Zeitplan haben und die Pflege bei Bedarf auch rund um die Uhr ermöglichen können. Ist dies nicht gewährleistet, besteht auch kein Anspruch (str., für Pflegegeldanspruch auch ohne umfassende Gewährleistung KK-Leitherer § 37 SGB XI Rn. 15, 27 und LSG RP 24. 4. 2008, L1 SO 23/07; wie hier BSG 17. 12. 2009, B 3 P 5/08 R und Udsching, § 37 Rn. 8).

3 Als **Pflegepersonen** kommen vorrangig Angehörige, Freunde oder Nachbarn in Betracht, und zwar unabhängig davon, ob sie den Mindestpflegeumfang nach §§ 19, 44 SGB XI erreichen. Zwar kann die Pflege auch nach der Wahl von Pflegegeld durch professionelle Pflegekräfte sichergestellt werden. Deren Vergütung erfolgt dann aber nicht wie bei § 36 SGB XI durch die Pflegekasse, sondern ist direkt vom Pflegebedürftigen zu entrichten. Regelmäßig ist daher in Fällen der Aufteilung der erforderlichen Leistungen zwischen Pflegepersonen und einem Pflegedienst die Kombinationsleistung nach § 38 SGB XI wesentlich vorteilhafter.

C. Leistungen

4 Die Pflegekasse zahlt die in Abs. 1 geregelten **Festbeträge,** die nicht vom konkreten Bedarf abhängig sind, sondern lediglich von der Pflegestufe. In voller Höhe erfolgt dies nur in den Kalendermonaten, in denen die Anspruchsvoraussetzungen von Beginn an durchgehend vorgelegen haben und keine Kürzungstatbestände im Sinne von Abs. 2 eingetreten sind. Leistungsberechtigt ist dabei nur der Pflegebedürftige und nicht die Pflegeperson.

5 Über die **tatsächliche Verwendung** trifft das Gesetz keine Bestimmung, insbesondere nicht in § 15 SGB XI. Der Pflegebedürftige muss über die Verwendung keinen Nachweis führen und kann die Mittel auch anderweit verwenden, solange seine Betreuung sichergestellt ist (dazu Abs. 3). Aus diesem Grunde ist das Pflegegeld in der Dogmatik der Sozialleistungen als Geld-, nicht als Sachleistung anzusehen. Der Gesetzgeber ging zwar von einem „Sachleistungssurrogat" aus (BT-Drs. 12/5262). Wegen der gelockerten Zweckbindung hat das BSG das Pflegegeld jedoch bereits früh und zutreffend den Geldleistungen zugeordnet (BSG, 6. 2. 1997, 3 RK 6 /97; ebenso Schirp NJW 1996, 1582). Damit gelten die Regelungen des SGB I (§§ 51 ff.) zu Übertragbarkeit, Pfändbarkeit, Vererbung und Aufrechnung.

D. Beratungseinsätze (Abs. 3–7)

6 Der Pflegebedürftige **muss** eigenständig in regelmäßigen Zeitabständen professionelle Beratungseinsätze bei seiner Pflegekasse abrufen, um die häusliche Pflege zu sichern und Defizite frühzeitig aufzudecken. Die Verpflichtung zum Abruf von Beratungseinsätzen besteht jedoch nur, wenn der Pflegebedürftige als Pflegeleistung ausschließlich Pflegegeld bezieht, nicht bei Kombinationsleistung nach § 38 SGB XI.

7 Die Beratungseinsätze werden durch die Pflegedienste, die anerkannten Beratungsstellen nach § 7 SGB XI, die Pflegeberater nach § 7a SGB XI und in Ausnahmefällen durch von der Pflegekasse beauftragte, jedoch von ihr nicht beschäftigte Pflegefachkräfte wahrgenommen. Diese sind verpflichtet, die beim Pflegeeinsatz gewonnen Erkenntnisse über die Qualität der Pflege und die Notwendigkeit einer Verbesserung der zuständigen Pflegekasse mitzuteilen (Abs. 4). Die Kosten der Beratungseinsätze hat dabei die Pflegekasse zusätzlich zum Pflegegeld zu tragen (Abs. 3 S. 3).

8 Wenn der Pflegebedürftige der **Pflicht zum Abruf von Beratungseinsätzen** nicht nachkommt, muss die Pflegekasse von Amts wegen ermitteln und das Pflegegeld in angemessenem Umfang kürzen. Nach der Empfehlung der Spitzenverbände der Pflegekassen (RdSchr vom 10. 10. 2002 Nr. 4.5 zu § 37) sind dies im ersten Zeitraum nach unterlassener Prüfung „max. 50%", es sei denn der Nachweis wird in dieser Zeit vorgelegt. Im folgenden Zeitraum wird die Gewährung von Pflegegeld beendet.

9 Auch Personen, bei denen ein erheblicher Bedarf an allgemeiner Beaufsichtigung und Betreuung nach § 45a SGB XI festgestellt ist, haben halbjährlich einen Anspruch auf Beratungseinsätze (Abs. 3 S. 5–7).

E. Verhältnis zu anderen Leistungen

10 Das Pflegegeld kann mit **Pflegesachleistung** kombiniert werden, dies ist in § 38 SGB XI eigens geregelt. Die Kombination mit **teilstationärer Pflege** (§ 41 SGB XI) ist möglich und wegen der dann höheren Gesamtleistung der Pflegekasse attraktiv, s. bei § 41 Rn. 1 und 12.

Verhinderungspflege nach § 39 SGB XI kann gerade in Anspruch genommen werden, wenn die 11
Pflegeperson verhindert ist. Daher besteht während der Zeit der Verhinderungspflege kein Anspruch
auf Pflegegeld (bei § 39 Rn. 8).

Typischerweise werden auch **Leistungen zur sozialen Sicherung der Pflegepersonen** (§§ 44 f. 12
SGB XI) parallel in Anspruch genommen, sofern die Pflegeperson in ausreichendem zeitlichem Umfang tätig ist. Anspruch auf **Pflegehilfsmittel** und das **Wohnumfeld verbessernde Maßnahmen**
(§ 40 SGB XI) sowie auf **Leistungen für Menschen mit erheblichem allgemeinen Betreuungsbedarf** (§§ 45 a, 45 b SGB XI) bestehen neben dem Anspruch auf Pflegegeld.

Häusliche (auch in der Gestalt des Pflegegelds) und **vollstationäre Pflege** schließen sich auch 13
dann aus, wenn der Heimbewohner während Abwesenheitstagen aus dem Heim andernorts Pflegeleistungen benötigt (SG Dortmund, 11. 2. 2003, S 12 P 284/02; a. A. Udsching § 37 Rn. 5. Jedoch
wirkt sich dieser Streit in der Regel nicht aus, da die Höchstbeträge der Sachleistung nach § 43
SGB XI ohnehin durch die stationäre Pflege verbraucht werden.).

§ 38 Kombination von Geldleistung und Sachleistung (Kombinationsleistung)

¹**Nimmt der Pflegebedürftige die ihm nach § 36 Abs. 3 und 4 zustehende Sachleistung nur teilweise in Anspruch, erhält er daneben ein anteiliges Pflegegeld im Sinne des § 37.** ²**Das Pflegegeld wird um den Vomhundertsatz vermindert, in dem der Pflegebedürftige Sachleistungen in Anspruch genommen hat.** ³**An die Entscheidung, in welchem Verhältnis er Geld- und Sachleistung in Anspruch nehmen will, ist der Pflegebedürftige für die Dauer von sechs Monaten gebunden.**

A. Normzweck

§ 38 SGB XI ordnet die **Kombination von Geld- und Sachleistung** an, wenn das Budget an 1
Sachleistungen nach § 36 SGB XI nicht ausgeschöpft wird. Der Pflegegeldanteil kann auch bei Kombinationsleistung für die Dauer von bis zu vier Wochen einer stationären Krankenhausbehandlung
bzw. einer stationären Rehabilitationsmaßnahme beansprucht werden (§ 34 Abs. 2 S. 2 SGB XI).

B. Berechnungsweise

Das anteilige Pflegegeld bemisst sich nach dem Verhältnis des vom Pflegebedürftigen beanspruchten 2
Umfangs der Sachleistung zu dem für die Pflegestufe maßgebenden Höchstbetrag. Ein einfaches **Beispiel** erleichtert die Berechnung: Die Versicherte ist pflegebedürftig nach Pflegestufe II. Sie schöpft
die Sachleistung nach § 36 SGB XI nur zu 70% aus. Dies sind seit dem 1. 1. 2010 70% von
1.040 Euro, also 728 Euro. Weitere Pflege übernimmt ihr Sohn. Von der Pflegekasse erhält die Versicherte nach § 38 SGB XI 30% des Pflegegeldes der Pflegestufe II gem. § 37 SGB XI. Das sind seit
1. 1. 2010 30% von 430 Euro, also 129 Euro. In dem Sonderfall, dass der Pflegedienst nicht über eine
Vergütungsvereinbarung mit den Pflegekassen verfügt (§ 91 SGB XI), ändert sich an der Berechnung
des Pflegegeldanteils nichts. Der Nachteil, der dem Versicherten durch die Inanspruchnahme eines
solchen Dienstes beim Leistungsbetrag der Pflegekassen entsteht, wird also nicht durch ein höheres Pflegegeld ausgeglichen (LSG Nds., 26. 195.98, L 3 P 60/97).

Anders als die Pflegesachleistung wird das Pflegegeld freilich nur gewährt, wenn der Anspruch für 3
den gesamten Monat bestand. Ist der Pflegefall zB erst nach Anfang des Monats eingetreten, gilt folgendes: Die Pflegesachleistung (§ 36 SGB XI) wird, auch wenn nicht den ganzen Monat gepflegt
wurde, nicht gekürzt. Das Pflegegeld darf hingegen nur auf die tatsächlich gepflegten Tage und im
Beispiel nur mit 30% berechnet werden. Die Versicherte erhält bei 21 Tagen folglich 21/30 von 30%
des Pflegegeldes der Pflegestufe II. Das sind folglich 430 Euro × 21/30 × 30% = 90,30 Euro.

§ 37 SGB XI beinhaltet keine Härtefallregelung. Dies wirkt sich bei der Berechnung des Pflege- 4
geldanteils der Kombinationsleistung aber nicht aus. Wie bei Pflegestufe I bis III wird der Anteil der
Pflege durch selbst beschaffte Pflegehilfen berechnet. Dem Pflegebedürftigen wird das Pflegegeld
gemäß diesem Anteil ausgezahlt. **Beispiel:** Erhält ein Pflegebedürftiger nach § 36 Abs. 4 SGB XI den
maximalen Satz von 1918 Euro, 30% werden allerdings wegen des Einsatzes selbst beschaffter Pflegehilfen nicht ausgenutzt, stehen ihm 30% der Geldleistung gem. § 37 SGB XI für die Pflegestufe III
zu. Dies sind ab 1. 1. 2010.205,50 Euro (30% von 685 Euro).

C. Bindung für 6 Monate

Zwar schreibt das Gesetz eine Festlegung im Vorhinein für 6 Monate vor. Im Hinblick auf 5
den Rechtsgedanken des § 48 SGB X ist die Bindung aber nicht aufrecht zu erhalten, wenn sich die

tatsächlichen Lebensverhältnisse gegenüber dem Zeitpunkt der Bewilligung der Kombinationsleistung ändern.

D. Verhältnis zu anderen Leistungen

6   **Verhinderungspflege und Kurzzeitpflege:** Die Kombinationsleistung ist keine eigene Leistungsart. Dennoch können neben der Kombinationsleistung **Verhinderungspflege** (§ 39 SGB XI) und **Kurzzeitpflege** (§ 42 SGB XI) in Anspruch genommen werden. In der Praxis wird allerdings der Pflegegeldanteil der Kombinationsleistung mit Ausnahme des jeweils ersten und letzten Tags der Verhinderungs- oder Kurzzeitpflege für diese Zeiträume gestrichen (BSG, 17. 1. 1996, 3 RK 4/95; zu Recht kritisch dazu KassKomm/Leitherer, § 39 SGB XI Rn. 20).

7   **Tages- und Nachtpflege:** Nach § 41 Abs. 3 S. 1 und S. 3 SGB XI kann sowohl Pflegegeld (§ 37 SGB XI) als auch häusliche Pflegehilfe (§ 36 SGB XI) neben teilstationärer Pflege bezogen werden.

§ 39 Häusliche Pflege bei Verhinderung der Pflegeperson

[1] Ist eine Pflegeperson wegen Erholungsurlaubs, Krankheit oder aus anderen Gründen an der Pflege gehindert, übernimmt die Pflegekasse die Kosten einer notwendigen Ersatzpflege für längstens vier Wochen je Kalenderjahr; § 34 Abs. 2 Satz 1 gilt nicht. [2] Voraussetzung ist, daß die Pflegeperson den Pflegebedürftigen vor der erstmaligen Verhinderung mindestens sechs Monate in seiner häuslichen Umgebung gepflegt hat. [3] Die Aufwendungen der Pflegekassen können sich im Kalenderjahr auf bis zu 1.470 Euro ab 1. Juli 2008, auf bis zu 1.510 Euro ab 1. Januar 2010 und auf bis zu 1.550 Euro ab 1. Januar 2012 belaufen, wenn die Ersatzpflege durch Pflegepersonen sichergestellt wird, die mit dem Pflegebedürftigen nicht bis zum zweiten Grade verwandt oder verschwägert sind und nicht mit ihm in häuslicher Gemeinschaft leben. [4] Bei einer Ersatzpflege durch Pflegepersonen, die mit dem Pflegebedürftigen bis zum zweiten Grade verwandt oder verschwägert sind oder mit ihm in häuslicher Gemeinschaft leben, dürfen die Aufwendungen der Pflegekasse regelmäßig den Betrag des Pflegegeldes nach § 37 Abs. 1 nicht überschreiten, es sei denn, die Ersatzpflege wird erwerbsmäßig ausgeübt; in diesen Fällen findet der Leistungsbetrag nach Satz 3 Anwendung. [5] Bei Bezug der Leistung in Höhe des Pflegegeldes für eine Ersatzpflege durch Pflegepersonen, die mit dem Pflegebedürftigen bis zum zweiten Grade verwandt oder verschwägert sind oder mit ihm in häuslicher Gemeinschaft leben, können von der Pflegekasse auf Nachweis notwendige Aufwendungen, die der Pflegeperson im Zusammenhang mit der Ersatzpflege entstanden sind, übernommen werden. [6] Die Aufwendungen der Pflegekasse nach den Sätzen 4 und 5 dürfen zusammen den in Satz 3 genannten Betrag nicht übersteigen.

A. Normzweck

1   Die sog. Verhinderungspflege trägt der Tatsache Rechnung, dass Pflegepersonen ein erhebliches Ausmaß an psychischen und physischen Anstrengungen abverlangt wird und diese oftmals selbst schon älter sind. Durch § 39 sollen der willentliche und der unfreiwillige **Ausfall der Pflegeperson überbrückt** werden, ohne dass die Pflege des Pflegebedürftigen dadurch in Mitleidenschaft gerät oder dauerhaft stationäre Leistungen erforderlich werden. Der Anspruch ist auf eine Sachleistung gerichtet, die von der Pflegekasse nach §§ 4 Abs. 1 S. 1, 29 Abs. 2 SGB XI nur durch Einschaltung zugelassener Leistungserbringer erbracht werden könnte, sondern auf Kostenerstattung.

B. Voraussetzungen (S. 1, 2)

2   Eine **maßgebliche Pflegeperson** muss wegen Erholungsurlaubs, Krankheit oder aus einem vergleichbar gewichtigen Grund an der Fortführung der Pflege **gehindert** sein. Nach allg. Ansicht ist es aber nicht notwendig, dass die ausgefallene Pflegeperson regelmäßig mindestens 14 Stunden wöchentlich tätig war, wie in § 19 S. 2 SGB XI als Voraussetzung für Ansprüche auf Beitragszahlungen in die gesetzl. Rentenversicherung gefordert wird (KassKomm/Leitherer § 39 SGB XI Rn. 7).

3   Seit 1. 7. 2008 muss diese Pflegeperson vor dem erstmaligen Anspruch nur noch 6 (zuvor 12) Monate in häuslicher Umgebung gepflegt haben. Diese **„Wartezeit"** muss nicht unterbrechungsfrei absolviert worden sein (Krauskopf/Linke, § 39 SGB XI Rn. 11). Die Wartezeit muss nur vor der ersten Gewährung von Verhinderungspflege erfüllt sein, danach wird deren Begrenzungsfunktion von den jährlichen Obergrenzen auf der Leistungsseite übernommen.

Die Vorschrift findet **keine Anwendung** beim Ausfall **professioneller Pflegekräfte**, da es bei 4
Pflegediensten die Sache dieser Einrichtungen ist, einen urlaubs- oder krankheitsbedingten Ausfall
von Pflegekräften abzudecken (LSG BW, 11. 5. 2007, L 4 P 2828/06).

Da § 34 Abs. 2 S. 1 SGB XI hier ausdrücklich nicht gilt, ist die Verhinderungspflege nicht auf eine 5
zugelassene teil- oder vollstationäre Pflegeeinrichtung beschränkt. Vielmehr ist der Begriff der „**notwendigen Ersatzpflege**" weiter. Sie kann daher zB auch in einem Wohnheim für behinderte Menschen, in einer Seniorenwohnanlage ohne Zulassung als stationäres Pflegeheim oder auch in einer von einer Einrichtung der Behindertenhilfe angebotenen Ferienfreizeit (LSG BW, 11. 5. 2007, L 4 P 2828/06) in Anspruch genommen werden. Allerdings werden nur die pflegebedingten Kosten ersetzt. In der Regel werden für Hotel- und Investitionskosten 20% vom Rechnungsbetrag abgezogen (Rdschr. vom 10. 10. 2002 2.2.1 zu § 39 SGB XI Stand 1. 1. 2005). Ebenso wird Verhinderungspflege wegen der Ausnahme von § 34 Abs. 2 S. 1 SGB XI nicht durch einen Anspruch nach § 37 SGB V ausgeschlossen, der durch den Ausfall einer Pflegeperson im Einzelfall ebenfalls begründet werden kann.

C. Leistungen (S. 3, 4)

Die **zeitliche Obergrenze** beträgt 4 Wochen (28 Kalendertage) je Kalenderjahr. Auch mehrere 6
Zeitabschnitte mit einer Gesamtdauer von 4 Wochen sind möglich.

Für die **betragsmäßige Obergrenze** gibt es zwei Fallgruppen. Wird die Verhinderungspflege von 7
nahestehen Personen (nahe Verwandte, Zusammenlebende) erbracht, die nicht erwerbsmäßig in der Pflege tätig sind, so gelten die (pflegestufenabhängigen) Pflegegeldbeträge des § 37 SGB XI. Diese Beträge können aber nach S. 5 durch den Nachweis – also den Beweis der tatsächlichen Aufbringung – von Auslagen (etwa Fahrt- oder Unterbringungskosten) wieder bis zu den Obergrenzen gem. S. 2 erhöht werden. Sind dagegen Außenstehende oder Nahestehende mit erwerbsmäßiger Ausübung tätig, gelten von vorneherein und pflegestufenunabhängig die Höchstbeträge nach S. 2. Zur Praxis beim Nachweis der Erwerbsmäßigkeit s. RdSchr v. 10. 10. 2002 Nr. 2.3 zu § 39 SGB XI.

D. Verhältnis zu anderen Leistungen

Verhältnis zu §§ 36 (Pflegesachleistung), 37 (Pflegegeld) und 38 (Kombinationsleistung): 8
Neben reiner Pflegesachleistung kann Verhinderungspflege nur beansprucht werden, wenn neben dem Pflegedienst noch eine Pflegeperson maßgeblich tätig ist (oben Rn. 4). Die Pflegesachleistung oder der Anteil daran, der im Rahmen der Kombinationsleistung in Anspruch genommen wird, werden während der Zeit der Verhinderungspflege aber weitergewährt. Dagegen besteht nach Praxis und Rechtsprechung mit Ausnahme des ersten und des letzten Tages kein Anspruch auf Pflegegeld (§ 38 SGB XI Rn. 6, kritisch dazu unter Verweis auf die Benachteiligung von reinen Pflegegeldempfängern KassKomm/Leitherer § 39 SGB XI Rn. 20, 24). Ist die Höchstdauer der Verhinderungspflege abgelaufen, die Pflegeperson aber weiterhin verhindert, lebt der Anspruch auf Pflegegeld wieder auf. Im Regelfall erscheint es dann aber ratsam, dass Wahlrecht zwischen Pflegesachleistung und Pflegegeld neu auszuüben und im Zweifel Pflegesachleistung zu wählen. Auch soweit der Zeitraum von sechs Monaten nach § 38 S. 3 SGB XI noch nicht abgelaufen ist, besteht in einem solchen Fall das Recht zur Neuausübung des Wahlrechts (bei § 38 SGB XI Rn. 5).

Die Gewährung von Verhinderungspflege schließt den Anspruch auf (stationäre) **Kurzzeitpflege** 9
nach § 42 SGB XI auch innerhalb des 6-Monats Zeitraums vor Gewährung der ersten Ersatzpflege nicht aus. Es ist daher in der Praxis nicht selten, dass die beiden Leistungen in direktem Anschluss aneinander in Anspruch genommen werden. Dies ist auch durchgehend in einem stationären Heim möglich, wenn der Pflegebedürftige den Leistungsbetrag nach § 39 SGB XI für die Heimkosten einsetzt (er hat dann freilich in der Regel außerdem eine erhebliche Zuzahlung zu leisten).

Auch bei Kombination von **Tages- und Nachtpflege** (§ 41 SGB XI) mit Verhinderungspflege 10
findet mangels Erwähnung im Gesetz keine gegenseitige Anrechnung der Leistungen statt (Koch WzS 2004, 164, 168).

§ 40 Pflegehilfsmittel und wohnumfeldverbessernde Maßnahmen

(1) ¹**Pflegebedürftige haben Anspruch auf Versorgung mit Pflegehilfsmitteln, die zur Erleichterung der Pflege oder zur Linderung der Beschwerden des Pflegebedürftigen beitragen oder ihm eine selbständigere Lebensführung ermöglichen, soweit die Hilfsmittel nicht wegen Krankheit oder Behinderung von der Krankenversicherung oder anderen zuständigen Leistungsträgern zu leisten sind.** ²**Die Pflegekasse überprüft die Notwendigkeit der Versorgung mit den beantragten Pflegehilfsmitteln unter Beteiligung einer Pflegefachkraft oder des Medizinischen Dienstes.** ³**Entscheiden sich Versicherte für eine Ausstattung des**

Pflegehilfsmittels, die über das Maß des Notwendigen hinausgeht, haben sie die Mehrkosten und die dadurch bedingten Folgekosten selbst zu tragen. ⁴§ 33 Abs. 6 und 7 des Fünften Buches gilt entsprechend.

(2) ¹Die Aufwendungen der Pflegekassen für zum Verbrauch bestimmte Pflegehilfsmittel dürfen monatlich den Betrag von 31 Euro nicht übersteigen. ²Die Leistung kann auch in Form einer Kostenerstattung erbracht werden.

(3) ¹Die Pflegekassen sollen technische Pflegehilfsmittel in allen geeigneten Fällen vorrangig leihweise überlassen. ²Sie können die Bewilligung davon abhängig machen, daß die Pflegebedürftigen sich das Pflegehilfsmittel anpassen oder sich selbst oder die Pflegeperson in seinem Gebrauch ausbilden lassen. ³Der Anspruch umfaßt auch die notwendige Änderung, Instandsetzung und Ersatzbeschaffung von Pflegehilfsmitteln sowie die Ausbildung in ihrem Gebrauch. ⁴Versicherte, die das 18. Lebensjahr vollendet haben, haben zu den Kosten der Pflegehilfsmittel mit Ausnahme der Pflegehilfsmittel nach Absatz 2 eine Zuzahlung von zehn vom Hundert, höchstens jedoch 25 Euro je Pflegehilfsmittel an die abgebende Stelle zu leisten. ⁵Zur Vermeidung von Härten kann die Pflegekasse den Versicherten in entsprechender Anwendung des § 62 Abs. 1 Satz 1, 2 und 6 sowie Abs. 2 und 3 des Fünften Buches ganz oder teilweise von der Zuzahlung befreien. ⁶Versicherte, die die für sie geltende Belastungsgrenze nach § 62 des Fünften Buches erreicht haben oder unter Berücksichtigung der Zuzahlung nach Satz 4 erreichen, sind hinsichtlich des die Belastungsgrenze überschreitenden Betrags von der Zuzahlung nach diesem Buch befreit. ⁷Lehnen Versicherte die leihweise Überlassung eines Pflegehilfsmittels ohne zwingenden Grund ab, haben sie die Kosten des Pflegehilfsmittels in vollem Umfang selbst zu tragen.

(4) ¹Die Pflegekassen können subsidiär finanzielle Zuschüsse für Maßnahmen zur Verbesserung des individuellen Wohnumfeldes des Pflegebedürftigen gewähren, beispielsweise für technische Hilfen im Haushalt, wenn dadurch im Einzelfall die häusliche Pflege ermöglicht oder erheblich erleichtert oder eine möglichst selbständige Lebensführung des Pflegebedürftigen wiederhergestellt wird. ²Die Höhe der Zuschüsse ist unter Berücksichtigung der Kosten der Maßnahme sowie eines angemessenen Eigenanteils in Abhängigkeit von dem Einkommen des Pflegebedürftigen zu bemessen. ³Die Zuschüsse dürfen einen Betrag in Höhe von 2.557 Euro je Maßnahme nicht übersteigen.

(5) Das Bundesministerium für Gesundheit wird ermächtigt, durch Rechtsverordnung im Einvernehmen mit dem Bundesministerium für Familie, Senioren, Frauen und Jugend und dem Bundesministerium für Arbeit und Soziales und mit Zustimmung des Bundesrates die im Rahmen der Pflegeversicherung zu gewährenden Pflegehilfsmittel und technischen Hilfen zu bestimmen.

A. Normzweck

1 § 40 ist Ausdruck des in § 3 vorgeschriebenen Vorrangs der häuslichen Pflege. Dem Pflegebedürftigen soll es durch Pflegehilfsmittel und wohnumfeldverbessernde Maßnahmen ermöglicht werden, in seinem häuslichen Umfeld zu verbleiben. Der Anspruch besteht, wie sich aus dem Standort im ersten Titel („Leistungen bei häuslicher Pflege") ergibt, nicht bei stationärer Versorgung (BSG, 15. 11. 2007, B 3 A 12/07 R).

B. Voraussetzungen (Pflegehilfsmittel)

I. Allgemeine Voraussetzungen

2 Es bedarf wie stets eines Antrags nach § 33 Abs. 1 S. 1. Der Pflegebedürftige muss mindestens der Pflegestufe I zugeordnet sein, und es muss ein Versicherungsverhältnis bestehen.

II. Begriff des Pflegehilfsmittels

3 **1. Zum Verbrauch und zur fortdauernden technischen Verwendung bestimmte Hilfsmittel.** Seit dem 1. 7. 2008 wird einerseits für **zum Verbrauch bestimmte** Hilfsmittel (Abs. 2) und andererseits für **zur fortdauernden technischen Verwendung bestimmte** Hilfsmittel (Abs. 3) einheitlich der Begriff Pflegehilfsmittel verwendet. Nach Abs. 1 dienen Pflegehilfsmittel der Erleichterung der Pflege oder der Linderung der Beschwerden oder der Ermöglichung einer selbständigen Lebensführung. Dabei ist unter Pflege nicht nur die Grundpflege nach § 14 SGB XI zu verstehen, sondern Pflegehilfsmittel sollen umfassend der Erleichterung der Pflege dienen (BSG, 3. 11. 1999, B 3 P 3/99 R). Die Spitzenverbände der Pflegekassen haben ein **Verzeichnis** erstellt, in welchem zuschussfähige Hilfsmittel aufgelistet sind, und aktualisieren dieses regelmäßig (abrufbar zB unter

www.gkv-spitzenverband.de/Aktuelles_Hilfsmittelverzeichnis.gkvnet). Allerdings hat dieses Verzeichnis keine rechtliche Bindungswirkung, ist also nicht geeignet, den Anspruch auf nicht aufgeführte Hilfsmittel verbindlich auszuschließen (BSG aaO; LSG BY, 27. 6. 2006, L 2 P 30/04).

Zum Verbrauch bestimmte Pflegehilfsmittel sind Gegenstände, wenn sie wegen ihrer Beschaffenheit oder aus hygienischen Gründen nicht wieder verwendbar sind (zB Desinfektionsmittel, Unterlagen, Schutzbekleidung, Körperpflegeartikel). Technische Hilfsmittel sind nicht zum Verbrauch bestimmte Pflegehilfsmittel wie zB Pflegebetten mit Zubehör, Aufrichthilfen, Hausnotrufanlagen. **Technische Pflegehilfsmittel** werden nur von der Pflegekasse übernommen, wenn sie für die Lebensführung im häuslichen Umfeld erforderlich sind. Eine sonstige Erleichterung des Lebensführung, beispielsweise die Bereitstellung und der Einbau eines speziellen Autositzes, unterfällt nicht der Risikosphäre der Pflegeversicherung (BSG, 3. 11. 1999, B 3 P 3/99 R). 4

2. **Gebrauchsgegenstände des täglichen Lebens.** Nicht vom Versicherungsrisiko der Pflegekasse umfasst sind Hilfsmittel, die auch von nicht pflegebedürftigen Personen im Haushalt benötigt werden. Solche **„Gebrauchsgegenstände des täglichen Lebens"** werden auch dann nicht übernommen, wenn sie die Pflege erleichtern. (Zum Begriff „Gebrauchsgegenstand des täglichen Lebens" etwa BSG, 17. 1. 1996, 3 RK 39/94). Darunter fallen beispielsweise Küchenhilfen, Wärmflaschen, Elektromesser, elektrisch verstellbare Sessel oder Einmalwaschlappen (KassKomm/Leitherer, § 40 SGB XI Rn. 8, Hauck/Noftz/Mühlenbruch § 40 SGB XI Rn. 19). Ein Gegenstand des täglichen Lebens ist auch dann kein Pflegehilfsmittel im Sinne des § 40, wenn die übrigen Voraussetzungen des Pflegehilfsmittelbegriffs nach Abs. 1 S. 1 vorliegen. 5

3. **Gesetzliche Krankenversicherung.** Auch in der **gesetzlichen Krankenversicherung** besteht ein Anspruch auf Hilfsmittel (§ 33 SGB V). Für die Unterscheidung gilt: Das Verhältnis von § 33 SGB V und § 40 SGB XI stellt sich nach der neueren Rechtsprechung (BSG 15. 11. 2007, B 3 A 12/07 R) als ein Subsidiaritätsverhältnis dar. Zwar stehen die Ansprüche grundsätzlich alternativ nebeneinander. Soweit das Hilfsmittel für die Sicherung des Erfolgs der Krankenhausbehandlung oder zum Ausgleich einer Behinderung erforderlich ist, ist § 33 SGB V einschlägig. Aufgabe der gesetzlichen Krankenversicherung ist die medizinische Rehabilitation, also die möglichst weit gehende Wiederherstellung der Gesundheit und der Organfunktionen einschließlich der Sicherung des Behandlungserfolges, um ein selbständiges Leben führen und die Anforderungen des Alltags meistern zu können. Dient das Hilfsmittel hingegen ganz überwiegend der Erleichterung der Pflege und/oder der Linderung von Beschwerden greift (bei Vorliegen der übrigen Voraussetzungen) § 40 SGB XI. Hilfsmittel, die zwar zur Durchführung der Pflege Verwendung finden, vorrangig aber eine Behinderung ausgleichen oder den Erfolg einer Krankenhausbehandlung sichern sollen, fallen in den Zuständigkeitsbereich der Krankenkasse (KassKomm/Leitherer § 40 Rn. 14). So sind beispielsweise Einmalwindeln Hilfsmittel im Sinne der Krankenversicherung, wenn sie nicht nur hygienischen oder pflegerischen Zwecken dienen, sondern den Betroffenen in die Lage versetzen, Grundbedürfnisse des Lebens, wie die Teilnahme am gesellschaftlichen Leben zu befriedigen (BSG, 7. 3. 1990, 3 RK 15/89). Ein Hilfsmittel kann nur dann Pflegehilfsmittel sein, wenn es nicht bereits ein Hilfsmittel nach § 33 SGB V ist. Das Subsidiaritätsverhältnis geht aber nicht soweit, dass die Pflegekasse (wie der Sozialhilfeträger) umfassend einstandspflichtig würde, wenn die Krankenkasse aus anderen Gründen als dem Zweck des Hilfsmittels nicht leistungspflichtig ist. 6

III. Subsidiarität

Gemäß Abs. 1 S. 1 letzter Hs. ist der Anspruch auf Pflegehilfsmittel nach dem SGB XI subsidiär zu Leistungen nach einem anderen Gesetz. Zu denken ist hier an Hilfsmittel der Krankenkasse nach § 33 SGB V (o. Rn. 6) oder an einen Anspruch gegen die Unfallversicherung (vgl. §§ 27, 31, 39 SGB VII). 7

IV. Notwendigkeit

Das Hilfsmittel muss zur Erreichung der in S. 1 beschriebenen Ziele erforderlich sein. Das angestrebte Ziel darf nicht auf einfacherem Wege erreichbar sein. Dabei ist es Aufgabe der Pflegekasse, den Antrag auf dessen Notwendigkeit hin zu überprüfen. Dafür bedient sie sich des MDK oder einer Pflegefachkraft. Entscheidet sich der Versicherte für ein Pflegehilfsmittel, dass über das Maß des Notwendigen hinausgeht, hat er nach Abs. 1 S. 3 die Mehrkosten und die dadurch bedingten Folgekosten zu tragen. 8

V. Keine Verordnung

Anders als bei der Krankenkasse ist keine ärztliche Verordnung notwendig. 9

C. Leistungsinhalt (Pflegehilfsmittel)

Der Anspruch auf Hilfsmittelversorgung besteht bei Pflegebedürftigen aller Pflegestufen in gleichem Umfang. Es handelt sich um eine **Sachleistung**. 10

Philipp

I. Hilfsmittel zum Verbrauch

11 Die Leistungen für zum Verbrauch bestimmte Hilfsmittel sind auf einen monatlichen **Höchstbetrag** von 31 Euro begrenzt. Der Betrag ist nicht zu kürzen, wenn nur für einen Teil des Monats Anspruch auf Pflegegeld besteht (s. bei § 28 Rn. 7). Die Möglichkeit der **Kostenerstattung** wurde aus Praktikabilitätsgründen schon häufig genutzt, bevor sie (zum 1. 7. 2008) als Ausnahme zum Sachleistungsgrundsatz ausdrücklich zugelassen wurde. Die Pflegekasse hat nun eine Ermessensentscheidung über die Gewährung als Sachleistung oder als Kostenerstattung zu treffen. Maßgebliche Gesichtspunkte sind die wirtschaftliche Beschaffung, die Bedürfnissituation des Versicherten und die Verfügbarkeit geeigneter Lieferanten.

II. Technische Hilfsmittel

12 Um technische Pflegehilfsmittel richtig einzusetzen, müssen sie teilweise auf den Pflegebedürftigen angepasst werden und der Pflegebedürftige und/oder die Pflegeperson müssen in deren Benutzung geschult werden. Insofern können auch Zubehörteile und Betriebsmittel, die Anpassung und die Ausbildung im Gebrauch von der Pflegekasse übernommen werden. Allerdings kann von der Erfüllung der Verpflichtung zur Ausbildung im Gebrauch über eine Nebenbestimmung gemäß § 32 Abs. 1 SGB X die Leistungsgewährung abhängig gemacht werden. Da technische Hilfsmittel einerseits oft teuer sind, andererseits bei längerem Gebrauch oft kaum Abnutzungserscheinungen zeigen, sollen sie in geeigneten Fällen nur **leihweise** überlassen werden (Abs. 3 S. 1). Wenn der Pflegebedürftige die Überlassung ohne zwingenden Grund ablehnt, hat er die Kosten des Hilfsmittels selbst zu tragen (Abs. 3. S. 7).

13 Um dem Wirtschaftlichkeitsgebot gerecht zu werden und die Pflegebedürftigen zu einem sorgsamen Umgang mit den Pflegehilfsmitteln anzuhalten, ist in Abs. 3 S. 4 u. 5 eine **Zuzahlung** vorgesehen. Versicherte, die das 18. Lebensjahr vollendet haben, müssen zehn Prozent, höchstens jedoch 25 Euro je Pflegehilfsmittel zahlen. Jedoch ist die Belastungsgrenze nach § 62 SGB V zu berücksichtigen. Soweit es sich um chronisch Kranke handelt, dürfen die Belastungen des Versicherten nicht mehr als ein Prozent der jährlichen Bruttoeinnahmen zum Lebensunterhalt betragen. Für nicht chronisch Kranke liegt die Belastungsgrenze bei zwei Prozent der jährlichen Bruttoeinnahmen zum Lebensunterhalt.

D. Voraussetzungen (Wohnumfeld)

14 Zuschüsse sollten vor Beginn der Maßnahme mit einem Kostenvoranschlag bei der Pflegekasse beantragt werden (§ 33 Abs. 1 S. 1 SGB XI) Jedoch lässt die Rechtsprechung auch nachträgliche Antragstellung zu (BSG 30. 10. 2001, B 3 P 3/01 R; LSG Sachsen 7. 1. 2009, L 1 P 15/08). Der MDK hat im Rahmen des Gutachtens zur Feststellung der Pflegebedürftigkeit Empfehlungen an die Pflegekasse auszusprechen. Diese Empfehlung gilt als Antrag auf Leistungsgewährung, sofern der Versicherte nichts Gegenteiliges erklärt.

15 Die Maßnahmen müssen sich auf die Verbesserung des individuellen Wohnumfeldes beziehen, dh. es muss sich um Maßnahmen in der Wohnung, zumindest aber im Haushalt des Pflegebedürftigen handeln. Zu solchen Maßnahmen zählen zB technische Hilfen, Umbaumaßnahmen oder Maßnahmen im Rahmen eines Neubaus. Auch einfache technische Hilfen, wie Haltegriffe oder mit dem Rollstuhl unterfahrbare Einrichtungsgegenstände können bezuschusst werden. Als Umbaumaßnahmen gelten beispielsweise der Ein- oder Umbau eines Aufzugs, Verbesserungen der Benutzbarkeit einer Treppe, die Vergrößerung von Türen, der Einbau von Türschwellen, die Verlegung eines passenden Bodenbelags und die Installation von Elektrogeräten, so dass sie auch von Pflegebedürftigen genutzt werden können (weiter hierzu Rundschr. der Spitzenverbände vom 10. 10. 2002 zu § 40 Nr. 8). Die Maßnahmen müssen sich jedoch auf elementare Grundbedürfnisse des Pflegebedürftigen beziehen; ein überdurchschnittlicher Wohnstandard wird nicht finanziert (BSG 17. 7. 2008, B 3 P 12/07 R).

15a Abzugrenzen sind solche Maßnahmen aber von technischen Hilfsmitteln, die nach der Verkehrsanschauung bei einem Umzug in der Wohnung verbleiben (Beispiel Deckenlifter: BSG 12. 6. 2008, B 3 P 6/07 R; Lichtzeichenanlage statt Türklingel, BSG 29. 4. 2010, B 3 KR 5/09 R).

16 Als **zuschussfähige Maßnahme** ist die behindertengerechte Umgestaltung der Wohnung des Pflegebedürftigen insgesamt zu werten. So ist die gesamte Befahrbarmachung einer Wohnung für einen Rollstuhlfahrer als eine Maßnahme anzusehen. Die Entfernung von Türschwellen, die Verbreiterung der Türen etc. können nicht getrennt voneinander gefördert werden. Der zu einem bestimmten Zeitpunkt objektiv vorhandene Bedarf nach behindertengerechten Umbauten stellt eine Maßnahme dar. Ein erneuter Zuschuss ist erst möglich, wenn sich der Bedarf geändert hat. Eine solche Änderung hat die Rechtsprechung allerdings bereits in einem späteren Reparaturbedarf eingebauter Gegenstände erblickt (SG Koblenz 24 .4 .2009, S 3 P 106/08).

Die Pflegeversicherung ist nur **subsidiär** leistungsverpflichtet. Als vorrangig verpflichtete Leistungsträger kommen die Unfallversicherungsträger in Frage, die als ergänzende Leistungen zu Heilbehandlung und Berufshilfe Wohnungshilfe gewähren, wenn sie wegen der Folgen eines Arbeitsunfalls erforderlich wird (§§ 39 Abs. 1 Nr. 2, 41 SGB VII, §§ 6 Abs. 1 Nr. 3 iVm. § 55 Abs. 2 Nr. 5 SGB IX). Für erwerbstätige Schwerbehinderte können Leistungen der Integrationsämter in Betracht kommen (§ 102 Abs. 3 Nr. 1 d SGB IX). Ebenso können gegebenenfalls die gesetzliche Rentenversicherung und die Bundesagentur für Arbeit vorrangig zur Pflegekasse verpflichtet sein (§ 33 Abs. 3 Nr. 1 und 6 iVm. Abs. 8 S. 1 Nr. 6 SGB IX). 17

Die Leistungen stehen im pflichtgemäßen Ermessen der Pflegekasse („können"). Maßgebliche Gesichtspunkte sind die Schlüssigkeit des Konzepts zur Ermöglichung oder Erleichterung der häuslichen Pflege, die Regelungen des Spitzenverbands der Pflegekassen nach § 78 Abs. 2 S. 1 SGB XI und in den Grenzen des Gleichbehandlungsgrundsatzes auch wirtschaftliche Überlegungen der Kasse. 18

E. Leistungsinhalt (Wohnumfeld)

Die Gewährung ist bis zu einem Höchstbetrag von EUR 2.557 möglich. Zu den Maßnahmen zur Verbesserung des individuellen Wohnungsumfeldes hat der Versicherte einen angemessenen **Eigenanteil** zu entrichten. Die Höhe des Eigenanteils ist abhängig von den Kosten der Maßnahme und dem Einkommen des Pflegebedürftigen. Nach § 78 Abs. 2 S. 1 SGB XI regelt der Spitzenverband Bund der Pflegekassen die Einzelheiten. Der Eigenanteil beträgt 10 Prozent der Kosten der Maßnahme, jedoch höchsten 50 Prozent der monatlichen Bruttoeinnahmen. Grundsätzlich ist zur Festsetzung des Eigenanteils von den Bruttoeinnahmen zum Lebensunterhalt des Monats auszugehen, der dem Monat vorangeht, in dem der Antrag auf Zuschüsse nach § 40 Abs. 4 gestellt wird. Entspricht dieser Monat nicht den tatsächlichen Verhältnissen, ist für die Beurteilung ein längerer Zeitraum heranzuziehen. Etwaige Einnahmen weiterer Familienangehöriger sind unbeachtlich. Bei der Zuschussgewährung sind auch Vorbereitungshandlungen, Materialkosten, Arbeitslohn, Gebühren (zB für Genehmigungen) zu berücksichtigen. Wohnen zwei oder mehr Pflegebedürftige in der Wohnung, kommt die doppelte Gewährung des Höchstbetrags nur in Frage, wenn die Verbesserung wegen unterschiedlicher Behinderung nur einem Versicherten zugute kommt (BSG 17. 7. 2008, B 3 P 12/07 R). 19

F. Verhältnis zu anderen Leistungen

Der Anspruch auf Pflegehilfsmittel und Zuschüsse zur Verbesserung des Wohnumfeldes kann, da § 40 Ausdruck des Grundsatzes des Vorranges der häuslichen Pflege ist, nur neben anderen Leistungen des ambulanten Pflege (§§ 36–39) gewährt werden. Neben teilstationärer Pflege und vollstationärer Pflege kann nur für Zeiten ein Anspruch bestehen, in denen der Pflegebedürftige zu Hause gepflegt wird (beispielsweise in Ferien oder am Wochenende). 20

Zweiter Titel. Teilstationäre Pflege und Kurzzeitpflege

§ 41 Tagespflege und Nachtpflege

(1) ¹Pflegebedürftige haben Anspruch auf teilstationäre Pflege in Einrichtungen der Tages- oder Nachtpflege, wenn häusliche Pflege nicht in ausreichendem Umfang sichergestellt werden kann oder wenn dies zur Ergänzung oder Stärkung der häuslichen Pflege erforderlich ist. ²Die teilstationäre Pflege umfaßt auch die notwendige Beförderung des Pflegebedürftigen von der Wohnung zur Einrichtung der Tagespflege oder der Nachtpflege und zurück.

(2) ¹Die Pflegekasse übernimmt im Rahmen der Leistungsbeträge nach Satz 2 die pflegebedingten Aufwendungen der teilstationären Pflege, die Aufwendungen der sozialen Betreuung und die Aufwendungen für die in der Einrichtung notwendigen Leistungen der medizinischen Behandlungspflege. ²Der Anspruch auf teilstationäre Pflege umfasst je Kalendermonat
1. für Pflegebedürftige der Pflegestufe I einen Gesamtwert bis zu
   a) 420 Euro ab 1. Juli 2008,
   b) 440 Euro ab 1. Januar 2010,
   c) 450 Euro ab 1. Januar 2012,
2. für Pflegebedürftige der Pflegestufe II einen Gesamtwert bis zu
   a) 980 Euro ab 1. Juli 2008,
   b) 1.040 Euro ab 1. Januar 2010,
   c) 1.100 Euro ab 1. Januar 2012,

3. für Pflegebedürftige der Pflegestufe III einen Gesamtwert bis zu
   a) 1.470 Euro ab 1. Juli 2008,
   b) 1.510 Euro ab 1. Januar 2010,
   c) 1.550 Euro ab 1. Januar 2012.

(3) Pflegebedürftige können nach näherer Bestimmung der Absätze 4 bis 6 die Ansprüche auf Tages- und Nachtpflege, Pflegegeld und Pflegesachleistung nach ihrer Wahl miteinander kombinieren.

(4) ¹Wird die Leistung nach Absatz 2 nur zusammen mit Sachleistungen nach § 36 in Anspruch genommen, dürfen die Aufwendungen insgesamt je Kalendermonat 150 vom Hundert des in § 36 Abs. 3 und 4 für die jeweilige Pflegestufe vorgesehenen Höchstbetrages nicht übersteigen. ²Dabei mindert sich der Sachleistungsanspruch nach § 36 Abs. 3 und 4 um den Vomhundertsatz, mit dem die Leistung nach Absatz 2 über 50 vom Hundert in Anspruch genommen wird.

(5) ¹Wird die Leistung nach Absatz 2 nur zusammen mit Pflegegeld nach § 37 in Anspruch genommen, erfolgt keine Minderung des Pflegegeldes, soweit die Aufwendungen für die Leistung nach Absatz 2 je Kalendermonat 50 vom Hundert des in § 36 Abs. 3 und 4 für die jeweilige Pflegestufe vorgesehenen Höchstbetrages nicht übersteigen. ²Ansonsten mindert sich der Pflegegeldanspruch nach § 37 um den Vomhundertsatz, mit dem die Leistung nach Absatz 2 über 50 vom Hundert in Anspruch genommen wird.

(6) ¹Wird die Leistung nach Absatz 2 zusammen mit der Kombination von Geldleistung und Sachleistung (§ 38) in Anspruch genommen, bleibt die Leistung nach Absatz 2 unberücksichtigt, soweit sie je Kalendermonat 50 vom Hundert des in § 36 Abs. 3 und 4 für die jeweilige Pflegestufe vorgesehenen Höchstbetrages nicht übersteigt. ²Ansonsten findet § 38 Satz 2 mit der Maßgabe Anwendung, dass bei der Ermittlung des Vomhundertsatzes, um den das Pflegegeld zu kürzen ist, von einem Gesamtleistungsanspruch in Höhe von 150 vom Hundert auszugehen ist und der Restpflegegeldanspruch auf den Betrag begrenzt ist, der sich ohne Inanspruchnahme der Tagespflege ergeben würde.

A. Normzweck

1   Durch die Möglichkeit der Pflege in teilstationären Einrichtungen sollen die Pflegebereitschaft und die Pflegefähigkeit im häuslichen Bereich erhalten bzw. gefördert werden, wenn ambulante Pflege nicht in ausreichendem Umfang sichergestellt werden kann. Die Einrichtungen der Tages- und Nachtpflege haben eine potentiell wichtige Funktion bei der Entlastung pflegender Angehöriger und sind auch unter aktivierenden Gesichtspunkten, insbesondere bei der Versorgung und Betreuung von Demenzkranken, von großer Bedeutung. Dennoch blieb die Nachfrage nach teilstationären Angeboten zunächst gering. Möglicherweise verblieb häufig ein zu geringer Anspruch auf Pflegegeld und ambulante Pflegeeinsätze für die Zeit, die der Pflegebedürftige zu Hause gepflegt werden musste (BT-Drs. 16/7439, S. 57). Um dem abzuhelfen, ist es seit 2008 möglich, bei einer Kombination von teilstationären Leistungen nach § 41 und ambulanten Leistungen nach §§ 36–38 SGB XI einen Gesamtanspruch von 150% einschließlich Höchstleistungen zu erhalten.

2   Das Vergütungssystem des SGB XI für teilstationäre und vollstationäre Leistungen sieht abweichend von der häuslichen Pflege Pauschalpreise für alle Leistungen der Heime vor und bezweckt damit Kostenklarheit und -ersparnis im Sinne der Versicherten und ggf. der Sozialhilfeträger (vgl. § 43 SGB XI Rn. 2).

B. Voraussetzungen

3   Erforderlich sind wie bei den meisten Leistungen zunächst die **Einstufung** in eine Pflegstufe nach §§ 14, 15 SGB XI, Leistungsantrag und Versicherungsverhältnis.

4   Die Tages- und Nachtpflege muss in einer Einrichtung erfolgen, die nach § 72 **durch Versorgungsvertrag zugelassen** ist und eine Vergütungsvereinbarung mit den Pflegekassen abgeschlossen hat. Ist nur Letzteres nicht der Fall, kommt nur eine Kostenerstattung nach § 91 SGB XI in Betracht. Diese beträgt maximal 80% der Pflegesachleistung. Einrichtungen ohne Vergütungsvereinbarung sind aber sehr selten und darüber hinaus verpflichtet, den Pflegebedürftigen vorab deutlich über die Nachteile bei den Leistungen der Pflegekasse aufzuklären (§ 91 Abs. 4 SGB XI).

5   Der Grund dafür, dass die **ambulante Pflege nicht ausreichend** sichergestellt werden kann, kann sowohl in der Person des Pflegebedürftigen als auch in der Pflegesituation selbst oder im Zusammenwirken der Umstände liegen (KassKomm/Leitherer § 41 SGB XI Rn. 10). Hierbei ist gleichermaßen auf subjektive und objektive Umstände Rücksicht zu nehmen. Ein besonders schwerwiegender Grund für die Inanspruchnahme teilstationärer Pflege muss nicht vorliegen.

In § 41 wird nicht auf § 38 S. 3 SGB XI (sechsmonatige Bindung an eine einmal vorgenommene Aufteilung des Anspruchs auf Sach- und Geldleistung) Bezug genommen. Daher besteht **keine langfristige Bindung** des Pflegebedürftigen an seine Entscheidung über die Aufteilung. 6

C. Leistungen

Die **Systematik der Heimentgelte** entspricht bei teilstationärer derjenigen der vollstationären Versorgung (s. § 43 SGB XI Rn. 6). Die Pflegeversicherung kommt ausschließlich für den Entgeltbestandteil der Pflegevergütung auf, die die pflegebedingten Aufwendungen, die soziale Betreuung und die Leistungen der medizinischen Behandlungspflege (dazu aber § 43 SGB XI Rn. 12) abgilt. 7

Abs. 2 enthält die **Obergrenzen** des Anspruchs, entsprechend der Systematik der §§ 36 ff. SGB XI in Abhängigkeit von der Pflegestufe. Seit 2008 besteht aber nun erstmals die Möglichkeit, durch die gleichzeitige Inanspruchnahme von teilstationär nach § 41 und ambulant nach §§ 36 ff. SGB XI insgesamt zu deutlich **höheren Leistungen** (150%, Abs. 4–6) zu gelangen. In den Pflegestufen II und III sind die Leistungen in diesem Fall auch deutlich höher als bei vollstationärer Versorgung im Pflegeheim (§ 43). Dies gibt Anlass, zwischen vollstationärer Versorgung und teilstationärer Versorgung im Einzelfall auch unter wirtschaftlichen Gesichtspunkten genau abzuwägen. 8

§ 41 SGB XI enthält keine eigene Leistungsausweitung für **Härtefälle**. Abs. 4, 5 und 6 verweisen aber ausdrücklich auch auf § 36 Abs. 4 SGB XI. Daher ist im Falle der Kombination von teilstationärer und ambulanter Leistung die Leistungsobergrenze (150%) für diesen Personenkreis aus dem erhöhten Betrag nach § 36 Abs. 4 SGB XI zu ermitteln. 9

Die gewählte Einrichtung stellt die Hin- und Rückfahrt organisatorisch sicher und berechnet dafür den Betrag, den sie mit den Pflegekassen nach §§ 82 ff. SGB XI vereinbart hat. Diese **Beförderungsentgelte** sind – innerhalb der Höchstgrenzen nach Abs. 2 – von den Leistungen der Pflegeversicherung umfasst. 10

D. Verhältnis zu anderen Leistungen

Mit Leistungen nach §§ 42, 43 und 43a SGB XI ist teilstationäre Pflege grundsätzlich nicht kombinierbar. Verhinderungspflege nach § 39 kann gleichzeitig in Anspruch genommen werden (Krauskopf/Linke § 41 SGB XI Rn. 30). 11

Die **Kombination mit den §§ 36–38 SGB XI** richtet sich nach Abs. 3–6. Die Berechnungsweise folgt – mit der Besonderheit der Ausweitung des Leistungsanspruchs auf 150% – der Systematik, die in §§ 37, 38 SGB XI vorgegeben ist (s. dort). Der Anspruch nach § 41 einerseits und die Ansprüche nach den §§ 36, 37 und 38 SGB XI andererseits dürfen je für sich nicht 100% des jeweiligen Obergrenzen und in der Kombination nicht 150% übersteigen. **Beispiel:** Eine Versicherte der Pflegestufe II hat seit dem 1.1.2010 Anspruch auf Pflegesachleistungen in Höhe von bis zu 980 EUR monatlich (wenn sie nur Pflegesachleistungen nach § 36 SGB XI in Anspruch nimmt) oder Anspruch auf Tagespflege in Höhe von bis zu 1.040 EUR monatlich (wenn sie nur Tagespflege in Anspruch nimmt). Kombiniert sie beide Ansprüche, beläuft sich der Gesamtleistungsanspruch auf bis zu 1.560 EUR (= 980 EUR × 150%). Soweit sie Tages- oder Nachtpflege zu 80% in Anspruch nimmt (also 832 EUR), verbleiben ihr für Pflegesachleistung oder für Pflegegeld jeweils ein Anspruch von 70%. Dieser beträgt bei Pflegesachleistung 728 EUR (70% von 980 EUR) und bei Pflegegeld 301 EUR (70% von 430 EUR). 12

§ 42 Kurzzeitpflege

(1) ¹Kann die häusliche Pflege zeitweise nicht, noch nicht oder nicht im erforderlichen Umfang erbracht werden und reicht auch teilstationäre Pflege nicht aus, besteht Anspruch auf Pflege in einer vollstationären Einrichtung. ²Dies gilt:
1. für eine Übergangszeit im Anschluß an eine stationäre Behandlung des Pflegebedürftigen oder
2. in sonstigen Krisensituationen, in denen vorübergehend häusliche oder teilstationäre Pflege nicht möglich oder nicht ausreichend ist.

(2) ¹Der Anspruch auf Kurzzeitpflege ist auf vier Wochen pro Kalenderjahr beschränkt. ²Die Pflegekasse übernimmt die pflegebedingten Aufwendungen, die Aufwendungen der sozialen Betreuung sowie die Aufwendungen für Leistungen der medizinischen Behandlungspflege bis zu dem Gesamtbetrag von 1.470 Euro ab 1. Juli 2008, 1.510 Euro ab 1. Januar 2010 und 1.550 Euro ab 1. Januar 2012 im Kalenderjahr.

(3) ¹Abweichend von den Absätzen 1 und 2 besteht der Anspruch auf Kurzzeitpflege in begründeten Einzelfällen bei zu Hause gepflegten Kindern bis zur Vollendung des 18. Lebensjahres auch in geeigneten Einrichtungen der Hilfe für behinderte Menschen und an-

deren geeigneten Einrichtungen, wenn die Pflege in einer von den Pflegekassen zur Kurzzeitpflege zugelassenen Pflegeeinrichtung nicht möglich ist oder nicht zumutbar erscheint. ²§ 34 Abs. 2 Satz 1 findet keine Anwendung. ³Sind in dem Entgelt für die Einrichtung Kosten für Unterkunft und Verpflegung sowie Aufwendungen für Investitionen enthalten, ohne gesondert ausgewiesen zu sein, so sind 60 vom Hundert des Entgelts zuschussfähig. ⁴In begründeten Einzelfällen kann die Pflegekasse in Ansehung der Kosten für Unterkunft und Verpflegung sowie der Aufwendungen für Investitionen davon abweichende pauschale Abschläge vornehmen.

A. Normzweck

1 § 42 soll die häusliche (ambulante) Pflege stützen, ehrenamtliche **Pflegepersonen entlasten** und verhindern, dass bei Ausfall einer Pflegeperson der Pflegebedürftige auf Dauer in die vollstationäre Pflege überwechseln muss. Um den Pflegebedürftigen gerade in Krisensituationen zu unterstützen, muss bei Beginn der stationären Behandlung noch nicht feststehen, ob er auf Dauer Pflegesachleistungen nach den §§ 36 ff. SGB XI in Anspruch nehmen wird. Es ist auch keine „Wartezeit" wie bei Verhinderungspflege nach § 39 SGB XI erforderlich.

2 Der mit dem PflWEG zum 1. 7. 2008 eingeführte Anspruch nach Abs. 3 trägt dem Umstand Rechnung, dass **minderjährige Pflegebedürftige** den Anspruch auf Kurzzeitpflege oft faktisch nicht nutzen konnten, weil keine geeigneten und zugelassenen Kurzzeitpflegeeinrichtungen für diesen Personenkreis zur Verfügung standen. Das liegt beispielsweise an der hohen Nachfrage in Ferienzeiten, da Schulen für Kinder mit Behinderungen dann schließen.

3 Das Vergütungssystem des SGB XI für teilstationäre und vollstationäre Leistungen sieht abweichend von der häuslichen Pflege Pauschalpreise für alle Leistungen der Heime vor und bezweckt damit Kostenklarheit und -ersparnis im Sinne der Versicherten und ggf. der Sozialhilfeträger (vgl. § 43 SGB XI Rn. 2).

B. Voraussetzungen

4 In Abs. 1 nicht ausdrücklich genannte Anspruchsvoraussetzungen sind die allgemeinen Voraussetzungen für Leistungen nach §§ 28 ff. SGB XI (Versicherungsverhältnis, Pflegebedürftigkeit, Antrag). Soweit die Pflegebedürftigkeit noch nicht festgestellt wurde, bedarf es eines zügigen Gutachtens des MDK. Hinzutreten muss eine spezielle, ihrer Art nach vorübergehende, **Sondersituation,** in der die grundsätzlich geeignete ambulante oder teilstationäre Versorgung nicht ausreichend ist. Dies sind Übergangszeiten direkt nach einer stationären Krankenbehandlung und oder Krisenzeiten, zB bei völligem Ausfall der bisherigen Pflegeperson oder kurzfristiger Verschlimmerung der Pflegebedürftigkeit.

5 Leistungserbringer soll eine zugelassene Pflegeeinrichtung iSd. § 71 Abs. 2 SGB XI mit Vergütungsvereinbarung sein, andernfalls gilt § 91 (wie § 41 Rn. 4). Im Bereich der Kurzzeitpflege sind Einrichtungen ohne Vergütungsvereinbarung häufiger als im Bereich der Dauerpflege nach §§ 41, 43 SGB XI.

C. Leistungen (Abs. 2)

6 Der Leistungsinhalt der Kurzzeitpflege entspricht der vollstationären Pflege nach § 43, s. zur Entgeltsystematik dort Rn. 6. Umfasst sind damit Grundpflege, hauswirtschaftliche Versorgung, soziale Betreuung und medizinische Behandlungspflege. Nicht von der Pflegekasse übernommen werden Investitionskosten und die Entgelte für Unterkunft und Verpflegung. Der Anspruch ist **nicht abhängig von der Pflegestufe** und entsteht mit jedem Kalenderjahr neu.

7 Kurzzeitpflege ist als Pflegesachleistung und nicht als Kostenerstattung einzuordnen, dh. die Pflegekasse zahlt den dem Pflegebedürftigen zustehenden Leistungsbetrag mit befreiender Wirkung unmittelbar an die Kurzzeitpflegeeinrichtung. Maßgebend ist die Höhe des Leistungsbescheids der Pflegekasse. Infolge des Charakters der Pflegeversicherung als „Teilkaskoversicherung" darf der Begriff Sachleistung aber nicht dahingehend missverstanden werden, dass die Pflegeeinrichtung keinen **Eigenanteil** in Rechnung stellen dürfte. Vielmehr liegen die Pflegevergütungen der Heime, die diese nach §§ 82 ff. SGB XI mit den Kassen und den Sozialhilfeträgern vereinbaren, in aller Regel deutlich über dem monatlichen Leistungsbetrag der Pflegekasse. Für die Differenz muss der Pflegebedürftige selbst aufkommen, hilfsweise der Sozialhilfeträger (dazu §§ 61 ff. SGB XII).

D. Verhältnis zu anderen Leistungen

8 Grundsätzlich ist kein gleichzeitiger Anspruch auf Kurzzeitpflege einerseits und **ambulante Pflege** nach §§ 36–38 SGB XI möglich. Aber: Es besteht für den Pflegebedürftigen bei einem Wechsel zwi-

schen häuslicher Pflege (§ 36) und Kurzzeitpflege im Laufe des Monats der Anspruch auf die volle Sachleistung für den ganzen Monat, dh. Leistungen der häuslichen Pflege können bis zu den in § 36 Abs. 3 und 4 festgelegten Höchstgrenzen – der einzelnen Pflegestufe – ausgeschöpft werden (Kass-Komm/Leitherer § 42 SGB XI Rn. 4). Pflegegeld (§ 37) soll dagegen nur für die Zeit der tatsächlichen Selbstbeschaffung der Pflege und für den Aufnahme- und den Entlassungstag gezahlt werden (s. bei § 39 SGB XI Rn. 8).

Die Kurzzeitpflege und die **Verhinderungspflege** nach § 39 SGB XI sind unabhängige Leistungsansprüche. Allerdings decken sich die Tatbestandsvoraussetzungen teilweise. Die Spitzenverbände lassen daher Krankheit, Urlaub oder eine sonstige Verhinderung der Pflegeperson für § 42 nur dann ausreichen, wenn die Zeit nicht mit Leistungen nach § 39 SGB XI überbrückt werden kann (Rdschr vom 10. 10. 2002 Nr. 1 zu § 42). Nach Ausschöpfen des Anspruchs nach § 39 SGB XI kann somit noch Kurzzeitpflege in Anspruch genommen werden. 9

Soweit der Pflegebedürftige einen Zuschuss zur Betreuung in einer **Einrichtung der Behindertenhilfe** nach § 43a SGB XI bezieht, scheidet die Leistung nach § 42 wegen § 71 Abs. 4 SGB XI aus. 10

Pflegebedürftige mit **erheblichem allgemeinen Betreuungsbedarf (§§ 45a ff.)** können auch Kurzzeitpflege als zusätzliche Betreuungsleistungen nach § 45b Abs. 1 S. 6 Nr. 2 SGB XI in Anspruch nehmen. Sind die Voraussetzungen beider Anspruchsgrundlagen erfüllt, treten die Leistungen nebeneinander. 11

E. Sonderregelung für Kinder bis zur Vollendung des 18. Lebensjahres (Abs. 3)

Anspruchsvoraussetzungen: Der Anspruch soll nur in begründeten Einzelfällen gewährt werden und steht deshalb im Ermessen der Pflegekasse. Nur **Kindern, die sonst zuhause gepflegt werden,** steht er zu. Denn die Öffnung des Anspruchs soll nicht dazu führen, den Aufenthalt von behinderten Menschen aus Einrichtungen der Behindertenhilfe jeweils für vier Wochen je Kalenderjahr durch die Pflegeversicherung zu finanzieren. 12

Geeignet für die „Kurzzeitpflege" sind zB Einrichtungen, die mit einem Sozialleistungsträger eine **Leistungsvereinbarung** (zB nach §§ 75 ff. SGB XII) abgeschlossen haben und die in der Lage sind, die Pflege für die Dauer der „Kurzzeitpflege" gegebenenfalls auch unter Einbeziehung externer Unterstützung, etwa durch einen ambulanten Pflegedienst, sicher zu stellen. 13

Leistungsinhalt: Der Leistungsinhalt entspricht dem Abs. 2, insbesondere gelten stets dessen Obergrenzen. Abs. 3 S. 3, 4 sorgen lediglich für den Fall vor, dass die Kurzzeitpflegeeinrichtung nicht über eine Vergütungsvereinbarung verfügt, die der Vergütungssystematik der Pflegeversicherung (§§ 82 ff. SGB XI, bei § 43 SGB XI Rn. 6) entspricht. Dann soll im Regelfall der pflegerische Anteil auf 60% pauschaliert werden. Übersteigt dieser Anteil die Obergrenze nach Abs. 2, gilt aber gleichwohl letztere. 14

Dritter Titel. Vollstationäre Pflege

§ 43 Inhalt der Leistung

(1) **Pflegebedürftige haben Anspruch auf Pflege in vollstationären Einrichtungen, wenn häusliche oder teilstationäre Pflege nicht möglich ist oder wegen der Besonderheit des einzelnen Falles nicht in Betracht kommt.**

(2) ¹**Für Pflegebedürftige in vollstationären Einrichtungen übernimmt die Pflegekasse im Rahmen der pauschalen Leistungsbeträge nach Satz 2 die pflegebedingten Aufwendungen, die Aufwendungen der sozialen Betreuung und die Aufwendungen für Leistungen der medizinischen Behandlungspflege.** ²**Der Anspruch beträgt je Kalendermonat**
1. **für Pflegebedürftige der Pflegestufe I 1.023 Euro,**
2. **für Pflegebedürftige der Pflegestufe II 1.279 Euro,**
3. **für Pflegebedürftige der Pflegestufe III**
   a) **1.470 Euro ab 1. Juli 2008,**
   b) **1.510 Euro ab 1. Januar 2010,**
   c) **1.550 Euro ab 1. Januar 2012,**
4. **für Pflegebedürftige, die nach Absatz 3 als Härtefall anerkannt sind,**
   a) **1.750 Euro ab 1. Juli 2008,**
   b) **1.825 Euro ab 1. Januar 2010,**
   c) **1.918 Euro ab 1. Januar 2012.**

³**Der von der Pflegekasse einschließlich einer Dynamisierung nach § 30 zu übernehmende Betrag darf 75 vom Hundert des Gesamtbetrages aus Pflegesatz, Entgelt für Unterkunft und Verpflegung und gesondert berechenbaren Investitionskosten nach § 82 Abs. 3 und 4 nicht übersteigen.**

Philipp

110 SGB XI § 43

(3) ¹Die Pflegekassen können in besonderen Ausnahmefällen zur Vermeidung von Härten die pflegebedingten Aufwendungen, die Aufwendungen der sozialen Betreuung und die Aufwendungen für Leistungen der medizinischen Behandlungspflege pauschal in Höhe des nach Absatz 2 Satz 2 Nr. 4 geltenden Betrages übernehmen, wenn ein außergewöhnlich hoher und intensiver Pflegeaufwand erforderlich ist, der das übliche Maß der Pflegestufe III weit übersteigt, beispielsweise bei Apallikern, schwerer Demenz oder im Endstadium von Krebserkrankungen. ²Die Ausnahmeregelung des Satzes 1 darf für nicht mehr als fünf vom Hundert aller versicherten Pflegebedürftigen der Pflegestufe III, die stationäre Pflegeleistungen erhalten, Anwendung finden. ³Der Spitzenverband Bund der Pflegekassen überwacht die Einhaltung dieses Höchstsatzes und hat erforderlichenfalls geeignete Maßnahmen zur Einhaltung zu ergreifen.

(4) Wählen Pflegebedürftige vollstationäre Pflege, obwohl diese nach Feststellung der Pflegekasse nicht erforderlich ist, erhalten sie zu den pflegebedingten Aufwendungen einen Zuschuß in Höhe des in § 36 Abs. 3 für die jeweilige Pflegestufe vorgesehenen Gesamtwertes.

(5) Bei vorübergehender Abwesenheit von Pflegebedürftigen aus dem Pflegeheim werden die Leistungen für vollstationäre Pflege erbracht, solange die Voraussetzungen des § 87a Abs. 1 Satz 5 und 6 vorliegen.

A. Normzweck

1   Die Vorschrift soll einerseits mit ihren – gegenüber der häusliche Pflege für die Pflegestufen I und II höheren – Leistungen den typischerweise **höheren Kosten** von Versicherten in stationärer Pflege Rechnung tragen. Zugleich soll der Grundsatz des § 3 SGB XI, **Vorrang der häuslichen Pflege**, umgesetzt werden.

2   Der tiefere Sinn der Vorschrift erschließt sich freilich erst aus einer systematischen Betrachtung, die auch das Leistungserbringungsrecht der §§ 82ff. SGB XI nicht außer Acht lässt. Die Kosten des Versicherten für die Inanspruchnahme von Pflegeleistungen ambulanter Dienste bei häuslicher Pflege sind potentiell nach oben hin unbegrenzt, da die Vergütung je Einzelleistung oder je Leistungskomplex erfolgt (s. bei § 36 Rn. 7). Dagegen sind in den stationären Versorgungsformen alle erforderlichen Leistungen des Heims mit dem vorab festgelegten Heimentgelt und seinen Bestandteilen abgegolten („all-inclusive"). Die Versicherten (und die ersatzweise einstandspflichtigen Sozialhilfeträger) sollen also vor unkalkulierbaren und vor besonders hohen Aufwendungen für die Pflege geschützt werden.

B. Voraussetzungen

3   Nicht ausdrücklich genannte Anspruchsvoraussetzungen sind die allgemeinen Voraussetzungen für Leistungen nach §§ 28ff. SGB XI (Versicherungsverhältnis, Pflegebedürftigkeit, Antrag).

4   Weiter muss **Heimbedürftigkeit** vorliegen. Häusliche oder teilstationäre Pflege darf nicht möglich sein. Dabei sind sowohl subjektive als auch objektive Umstände des Pflegebedürftigen und seines Umfelds zu berücksichtigen. Die Unmöglichkeit kann sich aus dem Umfang der Pflegebedürftigkeit oder auch den Umständen der individuellen Pflegesituation ergeben. So können auch angespannte familiäre Verhältnisse eine häusliche Pflege unmöglich machen. Diese Umstände sind von der Pflegekasse zu ermitteln, allerdings sind höchstpersönliche Umstände im Einzelfall als richtig zu unterstellen (KassKomm/Leitherer, § 43 SGB XI Rn. 17). In der Praxis wird die Heimbedürftigkeit von den Pflegekassen sehr selten problematisiert, wenn ein Wunsch des Pflegebedürftigen nach stationärer Versorgung vorliegt (rechtliche Begründung dafür bei Udsching, § 43 SGB XI Rn. 24: Zusammenhang mit dem allg. Persönlichkeitsrecht).

5   Schließlich muss der Träger des Pflegeheims durch **Versorgungsvertrag** (§ 72 Abs. 2 SGB XI) zugelassen sein und eine Vergütungsvereinbarung nach § 85 SGB XI mit den Pflegekassen und dem Sozialhilfeträger abgeschlossen haben. Fehlt es am Versorgungsvertrag, sind nur unter den Ausnahmevoraussetzungen des § 13 Abs. 3 SGB V Leistungen möglich, die für die stationäre Pflege kaum je vorliegen werden. Fehlt es (nur) an der Vergütungsvereinbarung, ergeben sich die Rechtsfolgen aus § 91 SGB XI (wie § 41 SGB XI Rn. 4). Für Krankenhäuser, Einrichtungen der Eingliederungshilfe für Menschen mit Behinderung sowie Rehabilitationseinrichtungen ist die Erlangung eines Versorgungsvertrags gesetzlich ausgeschlossen (§ 71 Abs. 4 SGB XI).

C. Leistungen

I. Systematik der Heimentgelte

6   Obwohl der Heimvertrag zwischen Versichertem und Träger des Pflegeheims ein üblicher privatrechtlicher Vertrag ist, gibt es für die Parteien dieses Vertrags kaum Gestaltungsspielräume. Leistungs-

inhalt, Leistungsumfang und Vergütung sind im Leistungserbringungsrecht des SGB XI (§§ 72 ff. SGB XI) detailliert vorgegeben. Vorgeschrieben sind mit Pflegevergütung, Entgelt für Unterkunft, Entgelt für Verpflegung und Investitionsbetrag insgesamt 4 Entgeltbestandteile. Die Pflegevergütung gilt die Leistungen des Heims in Grundpflege, sozialer Betreuung und medizinischer Behandlungspflege (dazu eingehend unten Rn. 12) ab. Das Entgelt für Unterkunft steht – entgegen seiner Bezeichnung – nicht für die Bereitstellung von Wohnraum, sondern für die raumbezogenen Nebenleistungen wie Reinigung, Heizung und Ähnliches. Das Entgelt für Verpflegung entgilt die Speisenversorgung. Der Investitionsbetrag schließlich entspricht in etwa der Kaltmiete, er gilt die Gebäude- und Ausstattungskosten ab. Die Entgelte für Unterkunft und Verpflegung sowie der Investitionsbetrag (Ausnahmen dabei aber teilweise Einzelzimmerzuschläge sowie Unterscheidung von Sozialhilfeempfängern und Selbstzahlern nach § 7 Abs. 3 S. 3 WBVG) müssen für alle Bewohner des Heims gleich sein. Lediglich die Pflegevergütung differiert in Abhängigkeit von der Pflegestufe des Versicherten (unten Rn. 9). Mit diesem Heimentgelt, bestehend aus seinen vier Bestandteilen, sind zugleich sämtliche Leistungen des Heims abgegolten, die bei sparsamer und wirtschaftlicher Betreuung der Versicherten anfallen. Zusatzleistungen dürfen nach § 88 SGB XI ausschließlich Überschreitungen des Notwendigen zum Gegenstand haben, also einen (gewissen) Luxus.

II. Kassenleistung

Von den vier Entgeltbestandteilen vereinbart der Heimträger die ersten drei mit den Pflegekassen und dem Sozialhilfeträger (§§ 84, 85 SGB XI), für den Investitionsbetrag gelten in Anknüpfung an Fragen des Förderrechts mit § 82 Abs. 3, 4 SGB XI besondere Regelungen. Gegenstand der Leistungen der Pflegekassen ist aber ausschließlich die Pflegevergütung, und auch diese nicht vollständig, sondern nur in Höhe der (pflegestufenabhängigen) Höchstbeträge nach § 43 Abs. 2 SGB XI. Hier zeigt sich der Charakter der sozialen Pflegeversicherung als „Teilkaskomodell". Die weitere Begrenzung der Kassenleistung auf 75% des gesamten Heimentgelts (Summe der vier Bestandteile) hat in der Praxis keine Bedeutung mehr, weil diese Grenze infolge der erheblichen Höhe der Heimentgelte fast immer über den Beträgen liegt, die in § 43 Abs. 2 für die einzelnen Pflegestufen genannt sind. 7

III. Pflegestufe und Pflegeklasse

Etwas verwirrend verwendet das SGB XI in § 84 Abs. 2 S. 3 den Begriff der Pflegeklasse. Damit ist die Bemessung auch der Pflegevergütung in drei unterschiedlich hohe Beträge in Abhängigkeit vom Ausmaß des Hilfebedarfs gemeint. Die Pflegeklasse soll zwar grundsätzlich der Pflegestufe folgen, nach übereinstimmender Beurteilung durch die Pflege(dienst)leitung des Heims und des MDK sollen jedoch Abweichungen möglich sein. Das BSG hat in seiner Entscheidung vom 1. 9. 2005 (B 3 P 4/04 R) aber entschieden, dass die Pflegeklasse stets der Pflegestufe des Versicherten zu entsprechen hat. Der Zeitaufwand für die medizinische Behandlungspflege und die soziale Betreuung eines Versicherten ist damit weder bei der Pflegestufe noch bei der Pflegeklasse zu berücksichtigen. Eine frühere Entscheidung zu diesem Sachverhalt (BSG, 20. 2. 2000, B 3 P 13/99 R, Gliederungspunkt 7) ging noch davon aus, dass bei der Zuordnung zur Pflegeklasse gerade diese Umstände zusätzlich zur Pflegestufe zu beachten seien, da sie bei der Einstufung nach §§ 14, 15 SGB XI nicht berücksichtigt werden dürfen. Mit der Aufgabe dieser Rechtsprechung hat die Unterscheidung zwischen Pflegestufe und Pflegeklasse letztlich ihre Bedeutung verloren. 8

IV. Härtefall (Abs. 3)

Die Regelung deckt sich in einer Reihe von Tatbestandsmerkmalen mit § 36 Abs. 4 SGB XI, weicht aber insbesondere bei der Höhe der Leistung für die Zeit vom 1. 7. 2008 bis 1. 1. 2012 ab. Außerdem ist die Höchstzahl aller Pflegebedürftigen mit Härtefalleinstufung für ambulante (3%) und stationäre Pflege (5%) eigenständig zu ermitteln. Dennoch gelten für die Anwendung die Grundsätze nach § 36 SGB XI Rn. 10. 9

Aus der Sicht des Versicherten ist, anders als bei häuslicher Pflege, die **Härtefallregelung** jedoch letztlich **uninteressant**. Nach früherer Rechtslage ging die Härtefallregelung im stationären Bereich an den Bedürfnissen der Praxis vorbei, weil die betroffenen Versicherten nach der Leistungs- und Entgeltsystematik der Pflegeversicherung gegen ihr Heim ohnehin Anspruch auf alle erforderlichen Pflegeleistungen hatten, und zwar ohne Aufpreis zur Pflegevergütung der Pflegeklasse III. Mit anderen Worten kam es zu einer finanziellen Besserstellung des Härtefalls, ohne dass dem zusätzliche finanzielle Lasten gegenüberstanden. Dies veranlasste das BSG, die ursprüngliche Fassung der zugehörigen Richtlinie der Pflegekassen zu beanstanden (30. 10. 2001, B 3 P 27/01 R). In den aktuellen Härtefallrichtlinien gem. § 17 Abs. 1 S. 3 SGB XI vom 28. 10. 2005 (Fundstelle bei § 36 Rn. 10) wurde dies bereits korrigiert (vgl. BSG, 10. 4. 2008, B 3 P 4/07 R). Der Gesetzgeber hat die Frage inzwischen ebenfalls aufgegriffen und in § 84 Abs. 2 S. 2 Hs. 2 SGB XI aufgenommen, dass die Mehrleistungen der Pflegekassen für Härtefälle in der Vergütungsvereinbarung dem Heim zu gute 10

110 SGB XI § 43

kommen sollen, und zwar als Zuschläge auf die Pflegeklasse III. In einigen Bundesländern, beispielsweise Baden-Württemberg, entsprach dies bereits zuvor der Praxis. Im Ergebnis kommt die Mehrleistung wegen Härtefalls also entweder dem Heim zugute, oder sie darf von vorneherein nicht gewährt werden.

10a Die einzelne Pflegekasse darf bei der Entscheidung über die Einstufung als Härtefall kein eigenes Ermessen ausüben. Vielmehr hat sie unter Beachtung des Gleichheitssatzes die Härtefallrichtlinien anzuwenden. Trotz des abweichenden Wortlauts von § 43 Abs. 3 SGB XI bleibt damit kein Raum mehr für Erwägungen im Einzelfall (Udsching, § 43 Rn. 18).

D. Besonderheiten der medizinischen Behandlungspflege

11 Grundsätzlich ist bei vollstationärer Pflege auch die medizinische Behandlungspflege von der Kassenleistung erfasst und mit der Pflegevergütung abgegolten. Mit diesem Begriff sind diejenigen Leistungen des Pflegepersonals gemeint, die ärztlicher Anordnung bedürfen. Einen Anhaltspunkt, welche Leistungen im Einzelnen darunter fallen, bieten die Richtlinien des Gemeinsamen Bundesausschusses zu § 37 SGB V („HKP-Richtlinien", HKP = Häusliche Krankenpflege). Sie sind gesetzessystematisch und nach § 37 SGB V grundsätzlich Sache der Krankenkassen. In ihrem Einbezug in die Zuständigkeit der Pflegekasse liegt daher eine Erweiterung der Systemzuständigkeit gegenüber der häuslichen Pflege und zugleich ein Bruch der systematischen Abgrenzung von Krankenversicherung und Pflegeversicherung. Der Bestand dieses Systembruchs war rechtspolitisch lange umstritten und in § 43 SGB XI bis zum Jahr 2007 mit einer mehrfach verlängerten Befristung versehen. Die jetzige Regelung gilt unbefristet, stellt aber für Ausnahmefälle die Zuständigkeit der Krankenkassen teilweise wieder her. Nach § 37 Abs. 2 S. 2 SGB V können nämlich ausnahmsweise auch Versicherte in zugelassenen Pflegeeinrichtungen im Sinne des § 43 SGB XI, die auf Dauer für mindestens sechs Monate, einen besonders hohen Bedarf an medizinischer Behandlungspflege haben, häusliche Krankenpflege im Pflegeheim in Anspruch nehmen. Einzelheiten finden sich ebenfalls in den genannten HKP-Richtlinien.

E. Zuschuss bei mangelnder Heimbedürftigkeit (Abs. 4)

12 Wird trotz mangelnder Heimbedürftigkeit stationäre Pflege in Anspruch genommen, entfällt der Anspruch auf Leistungen der Pflegekasse nicht gänzlich. Er wird vielmehr lediglich auf die Höhe des Sachleistungsanspruchs nach § 36 Abs. 3 SGB XI bei häuslicher Pflege reduziert. Ein Nachteil trifft den Versicherten also nur in den Pflegestufen I und II, bei Pflegestufe III sind die Ansprüche nach § 36 Abs. 3 und § 43 Abs. 2 SGB XI ohnehin gleich hoch. Die Vorschrift hat in der Praxis bisher kaum Bedeutung erlangt.

F. Abwesenheitsregelung (Abs. 5)

13 Früher galten in den Bundesländern bei vorübergehender Abwesenheit des Pflegebedürftigen aus dem Heim aufgrund der landesweiten Rahmenverträge nach § 75 SGB XI zum Teil erheblich voneinander abweichende Regelungen. Überall galt freilich, dass der weit überwiegende Teil des Heimentgelts auch bei Abwesenheit fort zu entrichten war, da die Heime infolge des hohen Vorhalteanteils an ihren Kosten durch die Abwesenheit nur geringe Einsparmöglichkeiten haben (vgl. BGH, 22. 1. 2004, III ZR 68/03, BGHZ 157, 309). Der Gesetzgeber hat inzwischen Anlass gesehen, für diese sog. **„Abwesenheitsvergütung"** ein Mindestmaß einzuführen. Mit § 87a Abs. 1 S. 5 SGB XI werden die Rahmenvertragsparteien auf Landesebene verpflichtet, im Rahmenvertrag folgende Regelung vorzusehen: Die Heime haben bei Abwesenheit des Pflegebedürftigen den Pflegeplatz mindestens 42 Tage freizuhalten. Wenn der Pflegebedürftige sich in einem Krankenhaus oder einer Rehabilitationseinrichtung befindet, verlängert sich dieser Zeitraum. In dieser Zeit erhält das Heim die Vergütung für die ersten drei Tage der Abwesenheit in voller Höhe. Ab dem vierten Tag werden die Entgeltbestandteile Pflegevergütung sowie Entgelte für Unterkunft und Verpflegung nur noch zu 75% weitergezahlt, der Investitionsbetrag dagegen in voller Höhe. Da der Gesetzgeber diese Regelung nicht unmittelbar vorgeschrieben, sondern lediglich den Rahmenvertragsparteien aufgegeben hat, gelten bis zur Umsetzung im jeweiligen Landesrahmenvertrag aber noch die bisherigen Abwesenheitsregelungen weiter.

14 Nach § 43 Abs. 5 SGB XI hat die Abwesenheit für die Dauer der Anwendbarkeit der beschriebenen Abwesenheitsregelung auf die Höhe der Kassenleistung keinen Einfluss. Die monatlichen Leistungspauschalen werden solange nicht abgesenkt.

G. Wirtschaftliche Folgen einer Höherstufung und Anspruch des Pflegeheims

15 Die komplexe Systematik der Leistungen und Vergütungen nach dem SGB XI hat bei stationärer Pflege einen Effekt, der auch in der Rechtsberatung häufig übersehen wird: Anders als bei häuslicher

Pflege führt die Höherstufung des Versicherten nicht zu dessen finanzieller Besserstellung, im Gegenteil. Denn die höhere Einstufung zieht sogleich auch die Zuordnung zu einer höheren Pflegeklasse und damit ein höheres Heimentgelt nach sich (oben Rn. 9). Die Steigerung des Heimentgelts geht in der Regel sogar deutlich über die Mehrleistung der Pflegekasse hinaus, so dass der Versicherte im Ergebnis einen **höheren Eigenanteil** aufzubringen hat. Von einem Höherstufungsantrag aus eigenem Antrieb ist daher abzuraten.

Freilich sind die Heime aufgrund derselben Zusammenhänge zwingend auf die zutreffende Einstufung ihrer Versicherten angewiesen. Es dürfte daher zum einen eine heimvertragliche Nebenpflicht des Pflegebedürftigen geben, einer begründeten Aufforderung des Heimträgers auf Stellung eines Höherstufungsantrags nachzukommen. Zum anderen und vor allem hat auch der Gesetzgeber bereits im Jahre 2002 das berechtigte Interesse der Heimträger aufgegriffen und den Fall teilweise in § 87 a Abs. 2 SGB XI geregelt. Danach kann das Pflegeheim, wenn Anhaltspunkte vorliegen, dass der Pflegebedürftige in eine höhere Pflegestufe einzuordnen ist, ihm nach einer schriftlichen Aufforderung zum Antrag die höhere Pflegeklasse in Rechnung stellen. Es bedarf dann aber dennoch des Antrags des Pflegebedürftigen und der Einstufung des MDK. Falls der MDK die ursprüngliche Pflegestufe als die richtige ansieht, muss das Pflegeheim das zusätzliche Entgelt zzgl. Zinsen zurückzahlen (eingehend KassKomm/Gürtner § 87 a SGB XI Rn. 4 ff.). Schließlich hat das BSG dem Pflegeheimträger die Möglichkeit einer Vergütungsklage in eigenem Namen gegen die Pflegekasse eingeräumt, falls die Höherstufung daran gescheitert ist, dass der Pflegebedürftige keinen Antrag gestellt hat oder das Verfahren nicht ernsthaft betrieben hat (1. 9. 2005, B 3 P 4/04 R). Aus demselben Grund hat das SächsLSG entschieden (11. 7. 2007, L 1 P 18/05), dass entgegen den allgemeinen Grundsätzen (§ 33 Abs. 1 SGB XI) ein Antrag auf Höherstufung nicht zurückgenommen werden kann.

Vierter Titel. Pflege in vollstationären Einrichtungen der Hilfe für behinderte Menschen

§ 43 a Inhalt der Leistung

¹ Für Pflegebedürftige in einer vollstationären Einrichtung der Hilfe für behinderte Menschen, in der die Teilhabe am Arbeitsleben und am Leben in der Gemeinschaft, die schulische Ausbildung oder die Erziehung behinderter Menschen im Vordergrund des Einrichtungszwecks stehen (§ 71 Abs. 4), übernimmt die Pflegekasse zur Abgeltung der in § 43 Abs. 2 genannten Aufwendungen zehn vom Hundert des nach § 75 Abs. 3 des Zwölften Buches vereinbarten Heimentgelts. ² Die Aufwendungen der Pflegekasse dürfen im Einzelfall je Kalendermonat 256 Euro nicht überschreiten. ³ Wird für die Tage, an denen die pflegebedürftigen Behinderten zu Hause gepflegt und betreut werden, anteiliges Pflegegeld beansprucht, gelten die Tage der An- und Abreise als volle Tage der häuslichen Pflege.

A. Normzweck

Vollstationäre Einrichtungen der Hilfe für Menschen mit Behinderung werden nach § 71 Abs. 4 SGB XI nicht als Pflegeeinrichtungen iSd. SGB XI anerkannt. Leistungen nach § 43 SGB XI sind dort deshalb nicht möglich. Da viele Menschen in diesen Einrichtungen aber ebenfalls pflegerische Hilfebedarfe haben, ordnet § 43 a eine **pauschale Beteiligung** der Pflegeversicherung an.

Die Vorschrift betrifft Menschen, die Anspruch auf Eingliederungshilfe nach §§ 53 ff. SGB XII gegen den Sozialhilfeträger haben. Da dieser Personenkreis die Kosten der stationären Betreuung meist nicht aufbringen kann, kommt die pauschale Leistung der Pflegeversicherung im Ergebnis fast immer dem Sozialhilfeträger zu gute.

B. Voraussetzungen

Anspruchsvoraussetzungen, die in der Vorschrift nicht noch einmal wiederholt werden, sind auch hier die **allgemeinen Voraussetzungen** für Leistungen nach § 28 ff. SGB XI (Versicherungsverhältnis, Pflegebedürftigkeit, Antrag).

Die Betreuung muss in einer vollstationären Einrichtung für Menschen mit Behinderung geleistet werden. Deren vorrangiger Zweck muss – in Abgrenzung zu vollstationären Pflegeeinrichtungen – die berufliche und soziale Eingliederung oder die Ausbildung oder Erziehung behinderter Menschen sein. Allerdings ist es nicht Aufgabe der Pflegekasse oder des Pflegebedürftigen, im Einzelfall den vorrangigen Zweck der Einrichtung zu bewerten. Die **Abgrenzung erfolgt** vielmehr **formal**. Besteht ein Versorgungsvertrag nach § 71 Abs. 2 SGB XI, werden die (höheren) Leistungen nach § 43 SGB XI erbracht. Besteht kein Versorgungsvertrag, bleibt es bei § 43 a.

Philipp

5 Zusätzlich ist erforderlich, dass der Pflegebedürftige auch tatsächlich in der Einrichtung **Pflegeleistungen erhält.** Dies ist, was die Grundpflege angeht, nach dem sozialhilferechtlichen Grundsatz der umfassenden Bedarfsdeckung in stationären Einrichtungen aber regelmäßig der Fall.

C. Leistungsinhalt

6 In aller Regel verfügen die Einrichtungen der Eingliederungshilfe über Vereinbarungen nach §§ 75 ff. SGB XII, in denen die Leistungen der Einrichtung und die zugehörigen Vergütungen mit dem Sozialhilfeträger geregelt sind. Von diesen Vergütungen – in § 43a ungeachtet der weiteren Aufteilung nach §§ 75 Abs. 3, 76 Abs. 2 SGB XII in ihrer Summe Heimentgelt genannt – trägt die Pflegekasse **pauschal 10%, höchstens EUR 256** monatlich. Wegen der allgemein erheblichen Höhe der betroffenen Heimentgelte wird der Höchstbetrag fast immer ausgeschöpft. Da ein übermäßiger Verwaltungsaufwand vermieden werden soll, ist nicht zu überprüfen, in welchem Umfang Aufwendungen für die Pflege für den Pflegebedürftigen anfallen.

7 Die Leistung der Pflegekasse ist trotz des vergleichsweise geringen Umfangs als **Sachleistung** einzuordnen und wird dementsprechend in der Praxis direkt vom Heim vereinnahmt. Sie kommt im Ergebnis aber fast immer dem Sozialhilfeträger zu gute, da es wegen der Höhe der Heimkosten in der Eingliederungshilfe einerseits und den umfassenden Einstandspflichten des Sozialhilfeträger andererseits in diesem Bereich kaum Selbstzahler gibt. Die **Zahlung des Sozialhilfeträgers** auf das Heimentgelt reduziert sich um den Leistungsbetrag der Pflegekasse nach § 43a SGB XI.

D. Verhältnis zu anderen Leistungen

8 **Leistungen nach dem SGB XI:** Nach § 34 Abs. 2 S. 1 SGB XI ruht der Anspruch auf Leistungen der häuslichen Pflege für die Dauer des stationären Aufenthalts. Somit kann der Versicherte während des Aufenthalts in der vollstationären Einrichtung keine weiteren Leistungen nach SGB XI in Anspruch nehmen. Allerdings hat er während der **Zeit der Pflege im häuslichen Bereich,** zum Beispiel an Wochenenden oder in Ferienzeiten, Anspruch auf Leistungen nach den §§ 36 bis 39 (BSG, 29. 4. 1999, B 3 P 11/98 R). Soweit in solchen Fällen ausnahmsweise im häuslichen Bereich die Pflege nicht sichergestellt werden kann, können die Leistungen nach § 39 SGB XI (Verhinderungspflege) und nach § 42 SGB XI (Kurzzeitpflege) zur Verfügung gestellt werden (etwa LSG BW, 11. 5. 2007, L 4 P 2963/06). Diese dürfen aber nicht gerade in der vollstationären Einrichtung stattfinden, in der der Pflegebedürftige sich sonst auch aufhält (Rdschr der Spitzenverb vom 10. 10. 2002 zu § 43a Nr. 3.2).

9 Soweit der Pflegebedürftige im häuslichen Bereich **Pflegegeld** in Anspruch nimmt, wird der Tag der An- und Abreise voll in Anschlag gebracht (S. 3). Dabei darf die Leistung für die häusliche Pflege zusammen mit der Leistung nach § 43a den für die jeweilige Pflegestufe geltenden Höchstbetrag nicht übersteigen. Die Pauschale nach § 43a wird für Zeiten der Abwesenheit des Pflegebedürftigen nicht gekürzt, da auch während der Abwesenheit in der Praxis der überwiegende Teil des Heimentgelts der Einrichtung der Behindertenhilfe (Personalkosten, Bereitstellungskosten des Zimmers etc.) geschuldet wird.

10 Wird für die Zeit der Pflege im häuslichen Bereich (zB an Wochenenden oder in Ferienzeiten) die **Pflegesachleistung** nach § 36 SGB XI in Anspruch genommen, so wird sie anteilig für die tatsächlichen Pflegetage in der Familie errechnet. In diesen Fällen wird der Betrag nach § 43a SGB XI auf den Sachleistungshöchstanspruch nach § 36 Abs. 3 SGB XI in der jeweiligen Pflegestufe angerechnet. Auch hier wird die Pauschale nach § 43a für Zeiten der Abwesenheit des Pflegebedürftigen nicht gekürzt. Beispiel: V ist pflegebedürftig nach der Pflegestufe II. Sie erhält im September 2010 jeweils von Freitagabend bis Sonntagabend und in den Ferien vom 1. 9. bis zum 14. 9. Pflegesachleistung nach § 36 (insgesamt 20 Tage). Die Pflegesachleistung beträgt (1.040 Euro × 20 Tage : 30 Tage) 693 Euro. Die Einrichtung berechnet für diesen Zeitraum ein reduziertes Heimentgelt (sog. Abwesenheitsvergütung), das EUR 256 übersteigt. Da V bei vollständiger Pflegesachleistung einen Anspruch in Höhe von 1.040 Euro hätte, die Summe der Leistungen (EUR 693 + EUR 256 = 949) aber niedriger liegt, erfolgt keine weitere Kürzung der Teilbeträge.

11 **Sonstige Leistungen:** Pflegebedürftige in einer Einrichtung nach § 43a haben auch Anspruch auf Leistungen der Krankenversicherung, soweit diese nicht durch den Heimträger bereitgestellt werden müssen. Streitig ist dies nicht selten für Leistungen der medizinischen Behandlungspflege (SG Lüneburg, Urt. v. 6. 12. 06, S 22 SO 167/06). Die Tendenz in der neueren Rechtsprechung geht dahin, dass die Krankenkassen auch in stationären Einrichtungen der Behindertenhilfe leistungsfähig sind – also die Überwälzung der medizinischen Behandlungspflege auf die Pflegekassen und -heime bei stationärer Pflege im Falle des § 43a SGB XI nicht gilt (insb. LSG Hamburg, 12. 11. 2009, L 1 B 202/09 ER KR). Die Frage ist Anfang 2011 unter dem Aktenzeichen B 8 SO 16/09 R beim BSG anhängig.

Vierter Abschnitt. Leistungen für Pflegepersonen

§ 44 Leistungen zur sozialen Sicherung der Pflegepersonen

(1) ¹Zur Verbesserung der sozialen Sicherung der Pflegepersonen im Sinne des § 19 entrichten die Pflegekassen und die privaten Versicherungsunternehmen, bei denen eine private Pflege-Pflichtversicherung durchgeführt wird, sowie die sonstigen in § 170 Abs. 1 Nr. 6 des Sechsten Buches genannten Stellen Beiträge an den zuständigen Träger der gesetzlichen Rentenversicherung, wenn die Pflegeperson regelmäßig nicht mehr als dreißig Stunden wöchentlich erwerbstätig ist. ²Näheres regeln die §§ 3, 137, 166 und 170 des Sechsten Buches. ³Der Medizinische Dienst der Krankenversicherung stellt im Einzelfall fest, ob und in welchem zeitlichen Umfang häusliche Pflege durch eine Pflegeperson erforderlich ist. ⁴Der Pflegebedürftige oder die Pflegeperson haben darzulegen und auf Verlangen glaubhaft zu machen, daß Pflegeleistungen in diesem zeitlichen Umfang auch tatsächlich erbracht werden. ⁵Dies gilt insbesondere, wenn Pflegesachleistungen (§ 36) in Anspruch genommen werden. ⁶Während der pflegerischen Tätigkeit sind die Pflegepersonen nach Maßgabe der §§ 2, 4, 105, 106, 129, 185 des Siebten Buches in den Versicherungsschutz der gesetzlichen Unfallversicherung einbezogen. ⁷Pflegepersonen, die nach der Pflegetätigkeit in das Erwerbsleben zurückkehren wollen, können bei beruflicher Weiterbildung nach Maßgabe des Dritten Buches bei Vorliegen der dort genannten Voraussetzungen gefördert werden.

(2) Für Pflegepersonen, die wegen einer Pflichtmitgliedschaft in einer berufsständischen Versorgungseinrichtung auch in ihrer Pflegetätigkeit von der Versicherungspflicht in der gesetzlichen Rentenversicherung befreit sind oder befreit wären, wenn sie in der gesetzlichen Rentenversicherung versicherungspflichtig wären und einen Befreiungsantrag gestellt hätten, werden die nach Absatz 1 Satz 1 und 2 zu entrichtenden Beiträge auf Antrag an die berufsständische Versorgungseinrichtung gezahlt.

(3) ¹Die Pflegekasse und das private Versicherungsunternehmen haben die in der Renten- und Unfallversicherung zu versichernde Pflegeperson den zuständigen Renten- und Unfallversicherungsträgern zu melden. ²Die Meldung für die Pflegeperson enthält:
1. ihre Versicherungsnummer, soweit bekannt,
2. ihren Familien- und Vornamen,
3. ihr Geburtsdatum,
4. ihre Staatsangehörigkeit,
5. ihre Anschrift,
6. Beginn und Ende der Pflegetätigkeit,
7. die Pflegestufe des Pflegebedürftigen und
8. die unter Berücksichtigung des Umfangs der Pflegetätigkeit nach § 166 des Sechsten Buches maßgeblichen beitragspflichtigen Einnahmen.

³Der Spitzenverband Bund der Pflegekassen sowie der Verband der privaten Krankenversicherung e. V. können mit der Deutschen Rentenversicherung Bund und mit den Trägern der Unfallversicherung Näheres über das Meldeverfahren vereinbaren.

(4) Der Inhalt der Meldung nach Absatz 3 Satz 2 Nr. 1 bis 6 und 8 ist der Pflegeperson, der Inhalt der Meldung nach Absatz 3 Satz 2 Nr. 7 dem Pflegebedürftigen schriftlich mitzuteilen.

(5) ¹Die Pflegekasse und das private Versicherungsunternehmen haben in den Fällen, in denen eine nicht erwerbsmäßig tätige Pflegeperson einen Pflegebedürftigen pflegt, der Anspruch auf Beihilfeleistungen oder Leistungen der Heilfürsorge hat und für die die Beiträge an die gesetzliche Rentenversicherung nach § 170 Abs. 1 Nr. 6 Buchstabe c des Sechsten Buches anteilig getragen werden, im Antragsverfahren auf Leistungen der Pflegeversicherung von dem Pflegebedürftigen ab dem 1. Juni 2005 die zuständige Festsetzungsstelle für die Beihilfe oder den Dienstherrn unter Hinweis auf die beabsichtigte Weiterleitung der in Satz 2 genannten Angaben an diese Stelle zu erfragen. ²Der angegebenen Festsetzungsstelle für die Beihilfe oder dem Dienstherrn sind bei Feststellung der Beitragspflicht die in Absatz 3 Satz 2 Nr. 1 bis 5 und 8 genannten Angaben sowie der Beginn der Beitragspflicht mitzuteilen. ³Absatz 4 findet auf Satz 2 entsprechende Anwendung.

A. Normzweck

§ 44 ist lediglich eine Verweisungsvorschrift auf die einzelnen Regelungen zur **sozialen Absicherung** von Pflegepersonen in der Rentenversicherung (SGB VI), der Unfallversicherung (SGB VII) 1 und im Recht der Arbeitsförderung (SGB III, dort § 28a Abs. 1 S. 1 Nr. 1). Einen eigenen, materiellen Regelungsgehalt hat sie nicht, sie wiederholt lediglich die auch dort geregelten Anspruchsvoraussetzungen und Leistungsinhalte.

2 Die zugehörigen Regelungen im SGB VI sollen eine gewisse **Altersversorgung von Pflegepersonen** ermöglichen, die bei der Aufnahme der Pflegetätigkeit ihre eigene Erwerbstätigkeit ganz oder teilweise aufgegeben haben oder die wegen der Pflege keine Erwerbstätigkeit aufnehmen. Es muss allerdings kein kausaler Zusammenhang zwischen Pflegetätigkeit und Nichtausübung der Erwerbstätigkeit bestehen.

3 Die zugehörigen Regelungen im SGB VII bezwecken die Gleichstellung von Pflegepersonen mit Arbeitnehmern und Personen, die aufgrund der Ausübung anderer sozial erwünschter Tätigkeiten den Schutz der Unfallversicherung genießen (sog. **unechte Unfallversicherung**). Dies gilt einschließlich der für die Unfallversicherung typischen Haftungsprivilegierung des Arbeitgebers, die hier auf den Pflegebedürftigen und die Pflegeperson übertragen wird.

B. Beiträge zur Rentenversicherung (Abs. 1 S. 1–5)

I. Anspruchsvoraussetzungen

4 Die Mindestanforderungen, die sich aus dem Begriff der **Pflegeperson** in § 19 S. 1 SGB XI ergeben, müssen erfüllt sein (nicht erwerbsmäßige Betreuung eines Pflegebedürftigen – mindestens Pflegestufe I – im häuslichen Kontext). Nach §§ 19 S. 2 SGB XI müssen zudem mindestens 14 Stunden wöchentlich für die Pflege aufgewandt werden (s. im Einzelnen bei § 19 SGB XI und § 3 S. 1 Nr. 1a SGB VI).

5 Nach §§ 3 S. 3 SGB VI, 44 Abs. 1 S. 1 SGB XI darf die Pflegeperson anderweit nur für höchstens 30 Stunden/Woche einer **sonstige Erwerbstätigkeit** (einerlei ob abhängig, selbstständig oder als Beamter verstehen, versicherungsfrei) ausüben. Andernfalls ist zu unterstellen, dass die typische soziale Schutzbedürftigkeit nicht besteht, an die die Leistungen der Pflegeversicherung hier anknüpfen sollen.

6 Als **nicht erwerbsmäßig** gilt die Pflegetätigkeit, wenn sie der Pflegeperson vom Pflegebedürftigen nicht oder höchstens mit dem Pflegegeld nach § 37 SGB XI vergütet wird (§ 3 S. 2 SGB VI). Andernfalls tritt die allgemeine Versicherungspflicht abhängig Beschäftigter in der gesetzl. Rentenversicherung nach § 1 S. 1 Nr. 1 SGB VI ein. Die Beitragspflichten treffen dann nicht mehr die Pflegeversicherung, sondern nach allgemeinen Regeln Arbeitgeber (hier den Pflegebedürftigen!) und Arbeitnehmer (Pflegeperson) je zur Hälfte.

II. Anspruchsgegner

7 Zur Tragung der Beiträge für die Pflegeperson ist die **Pflegekasse des Pflegebedürftigen** verpflichtet. Bei privater Versicherung tritt an ihre Stelle das private Versicherungsunternehmen, bei beamtenrechtlicher Versicherung die Beihilfestelle (§ 170 Abs. 1 Nr. 6 SGB VI).

III. Leistungsinhalt

8 Bekanntlich sind die Rentenansprüche aus der gesetzl. Rentenversicherung von der Höhe der geleisteten Beiträge abhängig. Für den Wert, den die Sicherungsleistungen für die Pflegepersonen tatsächlich haben, ist daher die **Höhe der Beitragsleistungen** der Pflegekassen von entscheidender Bedeutung. Sie ist in § 166 Abs. 2 S. 1 SGB VI geregelt. Die Regelung knüpft in erster Linie an die Bezugsgröße nach § 18 SGB IV an. Diese spiegelt das durchschnittliche rentenversicherungspflichtige Einkommen der dort versicherten Personen im Vorvorjahr wider. Die Beitragshöhe hängt also nicht von der Qualifikation oder dem früheren Arbeitseinkommen der Pflegeperson ab, sondern die Pflegeversicherung gewährleistet eine Absicherung auf durchschnittlichem Niveau. Darauf aufbauend wird die Beitragshöhe mit pauschalen Prozentsätzen zwischen 26,6667 und 80 aus der Bezugsgröße abgeleitet, maßgeblich dafür sind Pflegestufe und wöchentlicher Zeitaufwand der Pflegeperson (s. im Einzelnen bei § 166 SGB VI).

9 Sind **mehrere Pflegepersonen** tätig, erhöht dies die Beitragsleistungen der Pflegekasse nicht, sie können aber entsprechend dem Anteil an der Pflegetätigkeit geteilt werden (§ 166 Abs. 2 S. 2 SGB VI). Die Mindestgrenze des § 19 S. 2 SGB XI – 14 Stunden wöchentlich – muss aber für jede der Personen erfüllt sein.

10 Bei **Unterbrechungen der Pflegetätigkeit** bestehen die Versicherungspflicht in Rentenversicherung und damit der Anspruch auf Beitragsleistungen nur, soweit dies gesetzlich vorgesehen ist (BSG, 22. 3. 2001, B 12 P 3/00 R; Hauck/Noftz/Mühlenbruch § 44 Rn. 16). Die unangenehme Folge, dass die Beitragsleistungen bereits wegen eines normalen Erholungsurlaubs der Pflegeperson zu unterbrechen waren, hat der Gesetzgeber durch Ergänzung des § 34 Abs. 3 SGB XI beseitigt; dort sind zugleich weitere Unterbrechungstatbestände geregelt.

Einen Sonderfall bildet der Personenkreis, der nach § 6 Abs. 1 S. 1 Nr. 1 SGB VI wegen Mitglied- 11
schaft in einem **berufsständischen Versorgungswerk** von der Versicherungspflicht in der Rentenversicherung befreit ist (zB Ärzte, Rechtsanwälte). Gehört die Pflegeperson zu diesem Personenkreis,
ordnet § 44 Abs. 2 an, dass die Beiträge dorthin und nicht an den gesetzlichen Rentenversicherungsträger zu leisten sind.

IV. Verfahren (Abs. 1 S. 3–5)

Die Prüfung, ob die Anspruchsvoraussetzungen vorliegen, ist nach Abs. 1 S. 3 **Aufgabe des** 12
MDK. Sowohl Pflegeperson als auf Pflegebedürftiger sind im Sinne einer Obliegenheit auskunfts-
und darlegungspflichtig. Nach Abs. 1 S. 5 soll der MDK umso genauer hinsehen, je mehr Sachleistungen nach § 36 SGB XI in Anspruch genommen werden. Denn im gleichen Umfang wird das
Erreichen der mindestens 14 wöchentlichen Pflegestunden nach § 19 S. 2 SGB XI erklärungsbedürf-
tiger.

Umstritten ist, ob die Leistung einen **Antrag** des Versicherten voraussetzt. Dafür spricht der An- 13
tragsgrundsatz in der Pflegeversicherung (§ 33 Abs. 1 S. 1 SGB XI), dagegen der antragsunabhängige
Eintritt der Pflichtversicherung in der Rentenversicherung nach § 3 S. 1 Nr. 1a SGB VI. Ein Antrag
ist zwar in der Tat regelmäßige Voraussetzung für das Verwaltungsverfahren beim Rentenversicherungsträger und bei der Pflegekasse (KassKomm/Gürtner § 44 Rn. 12). Anders als bei den direkt
pflegebezogenen Leistungen (§ 33 Abs. 1 S. 2, 3 SGB XI) sind aber Leistungen für Zeiträume vor
Antragstellung nicht ausgeschlossen (LSG Sachsen-Anhalt, 20. 9. 2006, L 4 P 17/03).

C. Schutz der Unfallversicherung

I. Anspruchsvoraussetzungen

Die Mindestanforderungen, die sich aus dem Begriff der **Pflegeperson** in § 19 S. 1 SGB XI erge- 14
ben, müssen erfüllt sein (nicht erwerbsmäßige Betreuung eines Pflegebedürftigen – mindestens Pflegestufe I – im häuslichen Kontext). Entgegen § 19 S. 2 SGB XI müssen jedoch im Bereich der Unfallversicherung nicht mindestens 14 Stunden wöchentlich für die Pflege aufgewandt werden (s. im
Einzelnen bei § 19 SGB XI und § 2 Abs. 1 Nr. 17 SGB VII).

Wie stets in der gesetzlichen Unfallversicherung sind die versicherten von den unversicherten Tä- 15
tigkeiten abzugrenzen. Nach § 2 Abs. 1 Nr. 17 SGB VII umfasst die **versicherte Tätigkeit** Pflegetätigkeiten im Bereich der Körperpflege. Pflegetätigkeiten im Bereich der Ernährung, der Mobilität
sowie der hauswirtschaftlichen Versorgung müssen zudem überwiegend dem Pflegebedürftigen zugute
kommen, um versichert zu sein. Tätigkeiten, die zugleich der Familie oder Wohngemeinschaft dienen, sind damit nicht versichert.

Der Versicherungsschutz setzt keinen Antrag voraus, sondern besteht kraft Gesetzes. § 33 Abs. 1 16
SGB XI gilt nicht (Hauck/Noftz/Mühlenbruch § 44 Rn. 23).

II. Leistungsinhalt

Eine eigentliche Beitragspflicht gibt es nicht. Der Schutz bei den zuständigen, kommunalen Un- 17
fallversicherungsträgern wird vielmehr nach §§ 129 Abs. 1 Nr. 7, 185 Abs. 2 S. 1 SGB VII **beitragsfrei** gewährt.

Leistungen der gesetzl. Unfallversicherung umfassen nach einem Arbeitsunfall ua. Heilbehandlung, 18
Wiedereingliederungsmaßnahmen, Pflege und Renten nach den allgemeinen Vorschriften der
§§ 26 ff. SGB VII.

Die gesetzliche **Haftungsbeschränkung** auf vorsätzlich und auf dem Arbeitsweg herbeigeführte 19
Schäden zwischen Pflegebedürftigem und Pflegeperson nach §§ 106, 104 f. SGB VII ist keine Leistung, sondern eine zivilrechtliche Folge des Schutzes in der Unfallversicherung. Sie tritt hier sowohl
zugunsten des Pflegebedürftigen als auch zugunsten der Pflegeperson als auch zwischen mehreren
Pflegepersonen untereinander ein (§ 106 Abs. 2 Nr. 1–3 SGB VII).

D. Meldeverfahren (Abs. 3–5)

In den Standardfällen der Pflichtversicherung in Rentenversicherung und Unfallversicherung ist die 20
Meldung des Versicherten Sache des Arbeitgebers. Da es einen solchen hier nicht gibt und der Pfle-
gebedürftige solche Pflichten nicht einfach wird erfüllen können, werden die Meldepflichten der
Pflegekasse auferlegt. Nach § 199 S. 3 SGB VI führt die ordnungsgemäße Meldung zugunsten der
Pflegeperson in der Rentenversicherung zu der Vermutung, dass auch Beiträge gezahlt worden sind.
In der Unfallversicherung ist eine solche Regelung nicht erforderlich; der Versicherungsschutz besteht
stets auch ohne Meldung bei Vorliegen der gesetzlichen Voraussetzungen.

Philipp

§ 44a Zusätzliche Leistungen bei Pflegezeit

(1) ¹Beschäftigte, die nach § 3 des Pflegezeitgesetzes von der Arbeitsleistung vollständig freigestellt wurden oder deren Beschäftigung durch Reduzierung der Arbeitszeit zu einer geringfügigen Beschäftigung im Sinne des § 8 Abs. 1 Nr. 1 des Vierten Buches wird, erhalten auf Antrag Zuschüsse zur Kranken- und Pflegeversicherung. ²Zuschüsse werden gewährt für eine freiwillige Versicherung in der gesetzlichen Krankenversicherung, eine Pflichtversicherung nach § 5 Abs. 1 Nr. 13 des Fünften Buches oder nach § 2 Abs. 1 Nr. 7 des Zweiten Gesetzes über die Krankenversicherung der Landwirte, eine Versicherung bei einem privaten Krankenversicherungsunternehmen, eine Versicherung bei der Postbeamtenkrankenkasse oder der Krankenversorgung der Bundesbahnbeamten, soweit im Einzelfall keine beitragsfreie Familienversicherung möglich ist, sowie für eine damit in Zusammenhang stehende Pflege-Pflichtversicherung. ³Die Zuschüsse belaufen sich auf die Höhe der Mindestbeiträge, die von freiwillig in der gesetzlichen Krankenversicherung versicherten Personen zur gesetzlichen Krankenversicherung (§ 240 Abs. 4 Satz 1 des Fünften Buches) und zur sozialen Pflegeversicherung (§ 57 Abs. 4) zu entrichten sind und dürfen die tatsächliche Höhe der Beiträge nicht übersteigen; dabei wird ab 1. Januar 2009 für die Berechnung der Mindestbeiträge zur gesetzlichen Krankenversicherung der allgemeine Beitragssatz zugrunde gelegt. ⁴In der Zeit vom 1. Juli bis 31. Dezember 2008 wird bei Mitgliedern der gesetzlichen Krankenversicherung der allgemeine Beitragssatz der jeweiligen Krankenkasse (§ 241 des Fünften Buches), bei Mitgliedern der landwirtschaftlichen Krankenversicherung der durchschnittliche allgemeine Beitragssatz der Krankenkassen sowie jeweils der zusätzliche Beitragssatz in Höhe von 0,9 vom Hundert (§ 241a des Fünften Buches) zugrunde gelegt. ⁵Bei Personen, die nicht Mitglieder der gesetzlichen Krankenversicherung sind, wird in der Zeit vom 1. Juli bis 31. Dezember 2008 der durchschnittliche allgemeine Beitragssatz der Krankenkassen nach § 245 Abs. 1 des Fünften Buches sowie der zusätzliche Beitragssatz in Höhe von 0,9 vom Hundert (§ 241a des Fünften Buches) zugrunde gelegt. ⁶Beschäftigte haben Änderungen in den Verhältnissen, die sich auf die Zuschussgewährung auswirken können, unverzüglich der Pflegekasse oder dem privaten Versicherungsunternehmen, bei dem der Pflegebedürftige versichert ist, mitzuteilen.

(2) Pflegende Personen sind während der Inanspruchnahme einer Pflegezeit im Sinne des Pflegezeitgesetzes nach Maßgabe des Dritten Buches nach dem Recht der Arbeitsförderung versichert.

A. Normzweck

1   Bei dieser Vorschrift geht es um die Vereinbarkeit von Beruf und familiärer Pflege. Mit dem PflWEG hat der Gesetzgeber zum 1. 7. 2008 auch das Pflegezeitgesetz (BGBl. I, 874) erlassen. Es ermöglicht Beschäftigten, entweder kurzzeitig (§ 2 PflZG) oder dauerhaft für bis zu sechs Monate (§ 3 PflZG) der Arbeit fernzubleiben bzw. Freistellung zu verlangen, wenn ein naher Angehöriger in häuslicher Umgebung gepflegt wird. Es besteht aber gegen den Arbeitgeber kein Anspruch auf Lohnfortzahlung, und die Pflichtversicherung in der Kranken- und Pflegeversicherung endet. In § 44a wird deshalb ergänzend geregelt, dass Beschäftigte, die von ihren Rechten nach dem PflZG Gebrauch machen, Zuschüsse zu Beiträgen zur Kranken- und Pflegeversicherung erhalten können. Außerdem verweist die Vorschrift auf die Regelungen zur fortbestehenden Pflichtversicherung in der Arbeitslosenversicherung.

B. Beitragszuschüsse

I. Anspruchsvoraussetzungen (Abs. 1 S. 1, 2)

2   Der Anspruch wird nur durch die Inanspruchnahme von **Pflegezeit** nach § 3 PflZG, nicht im Falle nur kurzfristiger Arbeitsverhinderung nach § 2 PflZG begründet. Dies setzt iE die Pflege eines nahen Angehörigen, einen Arbeitgeber mit regelmäßig mehr als 15 Beschäftigten und die rechtzeitige Ankündigung diesem gegenüber mindestens 10 Arbeitstage im Vorhinein voraus. Nicht erforderlich ist dagegen die Mindestpflegezeit von 14 Stunden wöchentlich, die § 19 S. 2 für die Leistungen nach § 44 SGB XI voraussetzt. Denn § 44a verwendet den zugehörigen Begriff der „Pflegeperson" nicht (ebenso BT-Drs. 16/7439, S. 60).

3   Die Arbeit muss für die Dauer der Pflegezeit nicht vollständig aufgegeben werden, vielmehr reicht nach Abs. 1 S. 1 aus, dass nur eine **geringfügige Beschäftigung** (§ 8 Abs. 1 Nr. 1 SGB IV) bestehen bleibt. Denn auch dann entfällt die Versicherungspflicht in der Kranken- und Pflegeversicherung, so dass sich der Beschäftigte anderweit absichern muss und den Beitragszuschuss benötigt.

Negative Anspruchsvoraussetzung ist, dass der Beschäftigte während der Pflegezeit nicht Kranken- und Pflegeversicherungsschutz durch **Familienversicherung** (§§ 10 SGB V, 25 SGB XI) erlangen können. Im Übrigen besteht der Anspruch aber in allen gängigen Versicherungssystemen (Abs. 1 S. 2). 4

Die Leistung ist nach allgemeinen Regeln (§ 33 SGB XI) **antragsabhängig**, und für die gepflegte Person muss ein Versicherungsverhältnis bestehen. Nach §§ 3 Abs. 1 S. 1 , 7 Abs. 4 PflZG muss eine Pflegeeinstufung vorliegen. Im Falle der kurzzeitigen Arbeitsverhinderung nach § 2 PflZG reicht die voraussichtliche Erfüllung dieser Voraussetzungen. 5

II. Leistungsinhalt

Abs. 1 S. 3–5 enthält detaillierte Regelungen über die Berechnung des Beitragszuschusses. Diese unterscheiden nach der Zeit vor und nach dem 1. 1. 2009, weil zu diesem Zeitpunkt die Strukturreform der gesetzlichen Krankenversicherung mit ihrer Vereinheitlichung der Beiträge in Kraft trat. Die amtliche Begründung (BT-Drs. 16/7439, S. 60f.) enthält sehr eingehende Überlegungen zu den einzelnen Fallgruppen (Vorversicherung in der GKV, PKV oder einem anderen System und Folgerungen daraus). Der **Zuschuss** soll einerseits für eine günstige Versicherung ausreichen, darf anderseits die tatsächlichen Aufwendungen des Beschäftigten in Pflegezeit aber nicht übersteigen. Eine Ausnahme besteht allerdings dann, wenn der Beschäftigte bereits vor der Pflegezeit freiwillig krankenversichert war. Dann beeinträchtigt das Ruhen des Beschäftigungsverhältnisses den Bestand der Versicherung nicht, es besteht aber trotzdem der Anspruch auf den Zuschuss (Udsching, § 44a SGB XI Rn. 4). 6

C. Versicherungsschutz in der Arbeitslosenversicherung

§ 44a Abs. 2 hat – wie § 44 SGB XI – keinen eigenen Regelungsgehalt, sondern verweist aus Gründen der Transparenz auf Vorschriften im SGB III, die ebenfalls Personen in Pflegezeit betreffen. Dies sind §§ 26 Abs. 2b, 349 Abs. 4a, 347 Nr. 10 SGB III; danach bleibt die **Pflichtversicherung** bestehen und die Pflegekasse trägt die Beiträge. Nach § 28a Abs. 1 SGB III besteht im Anschluss an die Pflegezeit zudem die Möglichkeit der Fortsetzung der Versicherung gegen eigene Beitragszahlung, wenn der Beschäftigte seine vorherige Arbeit nicht wieder aufnimmt. 7

§ 45 Pflegekurse für Angehörige und ehrenamtliche Pflegepersonen

(1) ¹Die Pflegekassen sollen für Angehörige und sonstige an einer ehrenamtlichen Pflegetätigkeit interessierte Personen Schulungskurse unentgeltlich anbieten, um soziales Engagement im Bereich der Pflege zu fördern und zu stärken, Pflege und Betreuung zu erleichtern und zu verbessern sowie pflegebedingte körperliche und seelische Belastungen zu mindern. ²Die Kurse sollen Fertigkeiten für eine eigenständige Durchführung der Pflege vermitteln. ³Die Schulung soll auch in der häuslichen Umgebung des Pflegebedürftigen stattfinden.

(2) Die Pflegekasse kann die Kurse entweder selbst oder gemeinsam mit anderen Pflegekassen durchführen oder geeignete andere Einrichtungen mit der Durchführung beauftragen.

(3) Über die einheitliche Durchführung sowie über die inhaltliche Ausgestaltung der Kurse können die Landesverbände der Pflegekassen Rahmenvereinbarungen mit den Trägern der Einrichtungen schließen, die die Pflegekurse durchführen.

A. Normzweck

Durch Angebot und Durchführung von unentgeltlichen Pflegekursen sollen Angehörige Pflegedürftiger und sonst interessierte Personen befähigt und motiviert werden. 1

B. Anspruchsvoraussetzungen

Umstritten ist, ob die Vorschrift lediglich eine objektiv-rechtliche Verpflichtung der Pflegekassen enthält (so ua. KassKomm-Gürtner § 45 Rn. 3) unter Berufung auf die amtl. Begründung, oder ob sich Personen aus der Zielgruppe gegenüber ihrer Pflegekasse auf die Vorschrift berufen können (Maschmann NZS 1996, 109, 122). Gegen subjektive Rechte von Angehörigen und sonst Interessierten sprechen zwar die vage Umschreibung des anspruchsberechtigten Personenkreises und die Beschränkung der Verpflichtung auf die gesetzlichen Pflegekassen (nicht verpflichtet sollen nach allg. Ansicht die privaten Versicherungsunternehmen sein, vgl. Hauck/Noftz/Reimer, § 45 Rn. 1). Ob 2 eine Regelung subjektive Rechtspositionen vermittelt, ist aber im öff. Recht allgemein nach der sog. Schutznormtheorie zu entscheiden. Danach berechtigt eine Regelung den Bürger/den Versicherten, wenn sie auch seinen Interessen zu dienen bestimmt ist. Es fällt schwer, einen solchen Zweck der Regelung zu verneinen, wenn sie doch gerade die Motivation und die Befähigung der Zielgruppe steigern soll (Rn. 1). Daher ist die Vorschrift im Ergebnis als Ermessensvorschrift zu verstehen, die den Angehörigen und sonst interessierten Personen ein Recht auf ermessensfehlerfreie Entscheidung der Pflegekasse zumisst. Nach dem Wortlaut („sollen") haben die Pflegekassen im Regelfall ein Angebot zu machen, sofern nicht ausnahmsweise besondere Gründe dagegen sprechen.

3   Die Vorschrift stellt keine „harten" Anspruchsvoraussetzungen auf. Zu prüfen ist lediglich, ob durch ein Angehörigenverhältnis zu einer pflegebedürftigen Person oder die sonstigen Umstände ein ernsthaftes Interesse an ehrenamtlicher pflegerischer Tätigkeit nahe gelegt wird. Ein Entgelt darf für den Pflegekurs nicht gefordert werden.

C. Leistungsinhalt

4   Die Inhalte der Schulungen sind aus den Zielen nach Abs. 1 sowie der (nichtprofessionellen) Zielgruppe abzuleiten.

Fünfter Abschnitt. Leistungen für Versicherte mit erheblichem allgemeinem Betreuungsbedarf und Weiterentwicklung der Versorgungsstrukturen

§ 45 a Berechtigter Personenkreis

(1) ¹Die Leistungen in diesem Abschnitt betreffen Pflegebedürftige in häuslicher Pflege, bei denen neben dem Hilfebedarf im Bereich der Grundpflege und der hauswirtschaftlichen Versorgung (§§ 14 und 15) ein erheblicher Bedarf an allgemeiner Beaufsichtigung und Betreuung gegeben ist. ²Dies sind

1. Pflegebedürftige der Pflegestufen I, II und III sowie
2. Personen, die einen Hilfebedarf im Bereich der Grundpflege und hauswirtschaftlichen Versorgung haben, der nicht das Ausmaß der Pflegestufe I erreicht,

mit demenzbedingten Fähigkeitsstörungen, geistigen Behinderungen oder psychischen Erkrankungen, bei denen der Medizinische Dienst der Krankenversicherung im Rahmen der Begutachtung nach § 18 als Folge der Krankheit oder Behinderung Auswirkungen auf die Aktivitäten des täglichen Lebens festgestellt hat, die dauerhaft zu einer erheblichen Einschränkung der Alltagskompetenz geführt haben.

(2) ¹Für die Bewertung, ob die Einschränkung der Alltagskompetenz auf Dauer erheblich ist, sind folgende Schädigungen und Fähigkeitsstörungen maßgebend:

1. unkontrolliertes Verlassen des Wohnbereiches (Weglauftendenz);
2. Verkennen oder Verursachen gefährdender Situationen;
3. unsachgemäßer Umgang mit gefährlichen Gegenständen oder potenziell gefährdenden Substanzen;
4. tätlich oder verbal aggressives Verhalten in Verkennung der Situation;
5. im situativen Kontext inadäquates Verhalten;
6. Unfähigkeit, die eigenen körperlichen und seelischen Gefühle oder Bedürfnisse wahrzunehmen;
7. Unfähigkeit zu einer erforderlichen Kooperation bei therapeutischen oder schützenden Maßnahmen als Folge einer therapieresistenten Depression oder Angststörung;
8. Störungen der höheren Hirnfunktionen (Beeinträchtigungen des Gedächtnisses, herabgesetztes Urteilsvermögen), die zu Problemen bei der Bewältigung von sozialen Alltagsleistungen geführt haben;
9. Störung des Tag-/Nacht-Rhythmus;
10. Unfähigkeit, eigenständig den Tagesablauf zu planen und zu strukturieren;
11. Verkennen von Alltagssituationen und inadäquates Reagieren in Alltagssituationen;
12. ausgeprägtes labiles oder unkontrolliert emotionales Verhalten;
13. zeitlich überwiegend Niedergeschlagenheit, Verzagtheit, Hilflosigkeit oder Hoffnungslosigkeit aufgrund einer therapieresistenten Depression.

²Die Alltagskompetenz ist erheblich eingeschränkt, wenn der Gutachter des Medizinischen Dienstes bei dem Pflegebedürftigen wenigstens in zwei Bereichen, davon mindestens einmal aus einem der Bereiche 1 bis 9, dauerhafte und regelmäßige Schädigungen

oder Fähigkeitsstörungen feststellt. ³Der Spitzenverband Bund der Pflegekassen beschließt mit dem Verband der privaten Krankenversicherung e. V. unter Beteiligung der kommunalen Spitzenverbände auf Bundesebene, der maßgeblichen Organisationen für die Wahrnehmung der Interessen und der Selbsthilfe der pflegebedürftigen und behinderten Menschen auf Bundesebene und des Medizinischen Dienstes des Spitzenverbandes Bund der Krankenkassen in Ergänzung der Richtlinien nach § 17 das Nähere zur einheitlichen Begutachtung und Feststellung des erheblichen und dauerhaften Bedarfs an allgemeiner Beaufsichtigung und Betreuung.

A. Normzweck

Die §§ 45 a–d (5. Abschn. des 4. Kap.) hängen eng zusammen. § 45 a legt lediglich einen Teil der **Anspruchsvoraussetzungen** fest, nämlich wer zum Kreis der Versicherten mit allgemeinem Betreuungsbedarf gehört. § 45 b regelt sodann die Leistungen im häuslichen Bereich; §§ 45 c und 45 d enthalten förderrechtliche Regelungen zugunsten der Anbieter von Betreuungsangeboten und Modellprojekten. Es gibt mit § 87 b SGB XI zudem eine korrespondierende Vorschrift betreffend Leistungen im stationären Bereich. 1

Die Leistungen für Menschen mit erheblichem allgemeinen Betreuungsbedarf waren einer der Kernpunkte der Reform der Pflegeversicherung durch das PflWEG zum 1. 7. 08. Durch Lockerung der Anspruchvoraussetzungen bei gleichzeitiger Ausweitung der Leistungen soll den **Bedürfnissen von Menschen mit Demenzerkrankungen** und vergleichbaren Bedarfen (in der Praxis setzt sich die Abkürzung „PEA" für **P**ersonen mit erheblich **e**ingeschränkter **A**lltagskompetenz" durch) besser entsprochen werden (eingehend Sauer/Wissmann, SozArb 2008, 212). 2

Gesetzessystematisch verwundert auf den ersten Blick, dass die Anspruchsvoraussetzungen und Leistungen nicht auf das Einstufungsverfahren (§§ 14–19 SGB XI) und die Leistungsvorschriften (§§ 28 ff. SGB XI) verteilt wurden, sondern in den §§ 45 a ff. SGB XI „zusammengezogen" sind. Es handelt sich dabei um eine Folge der nachträglichen Aufnahme der Vorschriften in das Gesetz durch das Pflegeleistungs-Ergänzungsgesetz erst zum 1. 1. 2002; zuvor wurden Demenzerkrankungen nahezu nicht berücksichtigt. Damals sollte das gerade erst eingespielte und bewährte Begutachtungsverfahren nicht „aufgebrochen" werden, zudem waren die gewährten Leistungen von max. EUR 460/Jahr noch vergleichsweise gering und hatten einen Erprobungscharakter. Trotz der Leistungsverbesserungen zum 1. 7. 2008 wurde die **unsystematische Einordnung** zunächst beibehalten; dies soll sich aus Anlass der Einführung eines neuen Pflegebedürftigkeitsbegriffs mit der nächsten Überarbeitung des SGB XI aber ändern (s. bei § 14 SGB XI). 3

B. Anspruchsvoraussetzungen

Neben den allgemeinen Anspruchsvoraussetzungen (Versicherungsverhältnis, Antrag) schränkt das Gesetz den Anspruch durch 4 Tatbestandsmerkmale ein: 4

I. Häusliche Pflege

In den stationären Betreuungsformen des SGB XI (§§ 41 ff.) sind grundsätzlich mit dem jeweiligen Heimentgelt alle Leistungen der Einrichtung einschließlich möglichen Aufwands für gezielte Maßnahmen zugunsten von Personen mit erheblich eingeschränkter Alltagskompetenz abgegolten. Deshalb sah der Gesetzgeber zunächst keinen Anlass, das Leistungsspektrum der Pflegeversicherung auch dort zu erweitern. Folgerichtig beschränkt § 45 a Abs. 1 S. 1 den Anspruch auf Personen, die sich in häuslicher Pflege befinden. Seit 1. 7. 2008 besteht freilich nur noch der Leistungsanspruch nach § 45 b SGB XI, diese Vorschrift hat mit § 87 b SGB XI eine Parallelvorschrift erhalten, die Pflegebedürftige in stationären Einrichtungen begünstigt. Systematisch wäre es daher klarer gewesen, diese Anspruchsvoraussetzung aus § 45 a zu streichen und die Leistungen bei stationärer Pflege in eine neue Vorschrift im 5. Abschn. des 4. Kap. einzufügen, anstatt sie als § 87 b SGB XI im Leistungserbringungsrecht zu „verstecken". 5

II. Hilfebedarf im Bereich der Grundpflege und der hauswirtschaftlichen Versorgung

Die Mindestzuordnung zur Pflegestufe I, die früher erforderlich war, hat der Gesetzgeber fallen lassen. Leistungen stehen nun also auch für Versicherte zur Verfügung, die zur sog. „Pflegestufe 0" gehören. Es muss aber in **beiden Bereichen** – Hauswirtschaft und Grundpflege – zumindest ein relevanter Hilfebedarf bestehen, dies ergibt auch aus der Parallele zur Formulierung der Einstufungsvoraussetzungen in § 15 Abs. 1 SGB XI. 6

III. Fähigkeitsstörung, Behinderung, Erkrankung

7 Der Gesetzestext verlangt als Ursache des erheblichen Bedarfs an allgemeiner Beaufsichtigung und Betreuung eine demenzbedingte Fähigkeitsstörung, eine geistige Behinderung oder eine psychische Erkrankung. Diese Kriterien sind so **weit gefasst,** dass sich die Probleme in der Praxis in der Regel auf die Einschränkung der Alltagskompetenz und damit die Detailkriterien des Abs. 2 beschränken.

IV. Dauerhafte erhebliche Einschränkung der Alltagskompetenz (Abs. 2)

8 Folge der Erkrankung muss die dauerhafte Schädigung oder Fähigkeitsstörung in mindestens 2 der einzelnen Erscheinungsformen nach Abs. 2 Nr. 1–13, davon eine aus Abs. 2 Nr. 1–9, sein. Dauerhaft meint hier wie in § 14 Abs. 1 SGB XI voraussichtlich für mindestens 6 Monate (BT-Drs. 14/6949, S. 14). Es kommt dabei aber nicht (wie bei der Einstufung nach § 15 SGB XI) auf die zeitliche Bewertung des Hilfebedarfs an, der sich aus der Schädigung oder Fähigkeitsstörung ergibt, sondern nur auf diese selbst.

8a Nach der Rechtsprechung (BSG 12. 8. 2010, B 3 P 3/09 R) muss der Hilfebedarf nicht nur **dauerhaft,** sondern auch **regelmäßig** – also grundsätzlich täglich – bestehen.

C. Begutachtungsverfahren

9 Die Feststellung der Beeinträchtigung erfolgt in der Praxis durch den **MDK** gem. der Richtlinie zur Feststellung von Personen mit erheblich eingeschränkter Alltagskompetenz und zur Bewertung des Hilfebedarfs vom 22. 3. 2002, geändert durch Beschlüsse vom 11. 5. 2006 und 10. 6. 2008 (zB unter http://www.mds-ev.de/media/pdf/Richtlinie_PEA-Verfahren_Endfassung.pdf auf der Homepage des MDS). Deren Inhalt wiederum findet sich zugleich im Wesentlichen unter Ziff. 3.5 von lit. G der Begutachtungsrichtlinien nach 17 SGB XI (Formulargutachten). Allerdings darf der Gesetzeswortlaut hier ebenso wenig wie bei § 18 SGB XI zu dem Fehlschluss verleiten, die Einschaltung des MDK sein in allen Fällen unumgänglich, oder dieser verantworte im Rechtssinne die Entscheidung über Einstufung und Anspruchsvoraussetzungen. Vielmehr entscheidet verantwortlich nur die Pflegekasse (KassKomm/Gürtner § 45 a SGB XI Rn. 5).

10 Das Begutachtungsverfahren gliedert sich in zwei Stufen, ein „Screening" und ein „Assessment". Beim **Screening** wird zuerst festgestellt, ob überhaupt in Abs. 2 S. 1 genannte Beeinträchtigungen dauerhaft vorliegen und die eingehendere Prüfung im anschließenden **Assessment** daher erforderlich erscheint. Für diese zweite Stufe enthält die Richtlinie für die einzelnen gesetzlichen Erscheinungsformen nach Abs. 2 Nr. 1–13 jeweils Umschreibungen und Beispielsfälle.

11 Bei der Beurteilung der Einschränkung der Alltagskompetenz ist zwischen einer **erheblich eingeschränkten Alltagskompetenz** und einer **in erhöhtem Maße eingeschränkten Alltagskompetenz** zu unterscheiden. Davon ist abhängig, ob dem Versicherten nach § 45 b nur der **Grundbetrag** von bis zu 100 Euro oder der **erhöhte Betrag** von bis zu 200 Euro (jeweils monatlich) zugebilligt wird. Den Grundbetrag erhält jeder Antragsteller, bei dem im PEA-Assessment wenigstens in zwei Bereichen, davon mindestens einmal aus einem der Bereiche 1 bis 9, dauerhafte und regelmäßige Schädigungen und Fähigkeitsstörungen festgestellt werden. Den erhöhten Betrag von bis zu 200 Euro monatlich erhält jeder Antragsteller, bei dem zusätzlich in mindestens einem weiteren Bereich aus einem der Bereiche 1, 2, 3, 4, 5, 9 oder 11 dauerhafte und regelmäßige Schädigungen und Fähigkeitsstörungen festgestellt werden (Umsetzungsempfehlungen zur Feststellung von Personen mit erheblich eingeschränkter Alltagskompetenz und zur Bewertung des Hilfebedarfs im ambulanten Bereich und zur Feststellung eines erheblichen Bedarfs an allgemeiner Beaufsichtigung und Betreuung bei Heimbewohnern Stand 27. 6. 2008, S. 4 Nr. 2.1, zB im Internet beim MDS aaO, Rn. 9).

12 **Altfälle:** Bezieher des zusätzlichen Betreuungsbetrages von bis 30. 6. 2008 bis zu 460 Euro jährlich, bei denen der MDK bereits früher im Rahmen einer Pflegebegutachtung eine erheblich eingeschränkte Alltagskompetenz festgestellt hat („Altfälle"), erhalten nun vorläufig ohne weiteres – sofern sie nicht den erhöhten Betrag beantragen – den Grundbetrag von bis zu 100 Euro monatlich ohne eine erneute Prüfung durch den MDK (Umsetzungsempfehlung aaO Nr. 2.2).

§ 45 b Zusätzliche Betreuungsleistungen

(1) [1] Versicherte, die die Voraussetzungen des § 45 a erfüllen, können je nach Umfang des erheblichen allgemeinen Betreuungsbedarfs zusätzliche Betreuungsleistungen in Anspruch nehmen. [2] Die Kosten hierfür werden ersetzt, höchstens jedoch 100 Euro monatlich (Grundbetrag) oder 200 Euro monatlich (erhöhter Betrag). [3] Die Höhe des jeweiligen Anspruchs nach Satz 2 wird von der Pflegekasse auf Empfehlung des Medizinischen Dienstes der Krankenversicherung im Einzelfall festgelegt und dem Versicherten mitgeteilt. [4] Der Spitzenverband Bund der Pflegekassen beschließt unter Beteiligung des Medi-

zinischen Dienstes des Spitzenverbandes Bund der Krankenkassen, des Verbandes der privaten Krankenversicherung e. V., der kommunalen Spitzenverbände auf Bundesebene und der maßgeblichen Organisationen für die Wahrnehmung der Interessen und der Selbsthilfe der pflegebedürftigen und behinderten Menschen auf Bundesebene Richtlinien über einheitliche Maßstäbe zur Bewertung des Hilfebedarfs auf Grund der Schädigungen und Fähigkeitsstörungen in den in § 45a Abs. 2 Nr. 1 bis 13 aufgeführten Bereichen für die Empfehlung des Medizinischen Dienstes der Krankenversicherung zur Bemessung der jeweiligen Höhe des Betreuungsbetrages; § 17 Abs. 2 gilt entsprechend. [5] Der Betrag ist zweckgebunden einzusetzen für qualitätsgesicherte Betreuungsleistungen. [6] Er dient der Erstattung von Aufwendungen, die den Versicherten entstehen im Zusammenhang mit der Inanspruchnahme von Leistungen

1. der Tages- oder Nachtpflege,
2. der Kurzzeitpflege,
3. der zugelassenen Pflegedienste, sofern es sich um besondere Angebote der allgemeinen Anleitung und Betreuung und nicht um Leistungen der Grundpflege und hauswirtschaftlichen Versorgung handelt, oder
4. der nach Landesrecht anerkannten niedrigschwelligen Betreuungsangebote, die nach § 45c gefördert oder förderungsfähig sind.

(2) [1] Die Pflegebedürftigen erhalten die zusätzlichen finanziellen Mittel auf Antrag von der zuständigen Pflegekasse oder dem zuständigen privaten Versicherungsunternehmen sowie im Fall der Beihilfeberechtigung anteilig von der Beihilfefestsetzungsstelle gegen Vorlage entsprechender Belege über entstandene Eigenbelastungen im Zusammenhang mit der Inanspruchnahme der in Absatz 1 genannten Betreuungsleistungen. [2] Die Leistung nach Absatz 1 kann innerhalb des jeweiligen Kalenderjahres in Anspruch genommen werden; wird die Leistung in einem Kalenderjahr nicht ausgeschöpft, kann der nicht verbrauchte Betrag in das folgende Kalenderhalbjahr übertragen werden. [3] Ist der Betrag für zusätzliche Betreuungsleistungen nach dem bis zum 30. Juni 2008 geltenden Recht nicht ausgeschöpft worden, kann der nicht verbrauchte kalenderjährliche Betrag in das zweite Halbjahr 2008 und in das Jahr 2009 übertragen werden.

(3) Die Landesregierungen werden ermächtigt, durch Rechtsverordnung das Nähere über die Anerkennung der niedrigschwelligen Betreuungsangebote zu bestimmen.

A. Normzweck

Die Zielsetzung der Vorschrift ist eine doppelte. Zum einen geht es um die Verbesserung der Situation von Personen mit erheblich eingeschränkter Alltagskompetenz (§ 45a SGB XI Rn. 2). Zum anderen werden aber nur bestimmte Hilfeformen – teilstationäre Pflege, Kurzzeitpflege und bestimmte Betreuungsangebote – anerkannt. Ein Blick in die damit verzahnten Fördervorschriften der §§ 45c, 45d SGB XI zeigt, dass der Gesetzgeber gerade das Entstehen und Weiterentwicklung der letztgenannten Angebote anstrebt und damit einen **Steuerungszweck** verfolgt. Angebot und Nachfrage beeinflussen sich gegenseitig, die Vorschrift „kanalisiert" die Nachfrage (Sauer/Wissmann, SozArb 2008, 212, 214).

Entgegen dem vielleicht missverständlichen Wortlauf von Abs. 1 S. 1 („Betreuungsleistungen in Anspruch nehmen") gewährt die Vorschrift keinen Sachleistungsanspruch, sondern einen Anspruch auf **Kostenerstattung**. Denn dem Versicherten wird zum einen die Vorfinanzierung seiner Leistung zugemutet, was nicht zum Sachleistungsprinzip passt. Zum anderen zeigt auch der Wortlaut von Abs. 1 S. 2 („ Kosten werden ersetzt") den Charakter als Kostenerstattung (wie hier Krauskopf-Linke, § 45b SGB XI Rn. 7, aA wohl KassKomm/Gürtner, § 45b SGB XI Rn. 4).

B. Anspruchsvoraussetzungen

I. Allgemeine Voraussetzungen

Wie stets muss das Versicherungsverhältnis bestehen, und die Leistung muss beantragt werden. Darüber hinaus sind die 4 Tatbestandsmerkmale des § 45a SGB XI (dort Rn. 5–8 a) zu erfüllen, die eine Person mit erheblich eingeschränkter Alltagskompetenz ausmachen.

II. Vorlage der Rechnungen

Nach Abs. 2 S. 1 ist die Vorlage von Belegen über enstandene Eigenbelastungen erforderlich. Anders als das Pflegegeld nach § 37 SGB XI steht also kein Fixbetrag unabhängig von der Verwendung zur Verfügung. Vielmehr muss der Anspruchssteller seine Aufwendungen im Nachhinein exakt nachweisen, die Erstattung ist auf die Summe dieser Nachweise begrenzt (Abs. 1 S. 2).

III. Zweckgebundene Verwendung

5   Die Erstattung kann nur erfolgen, wenn die Kosten für in Abs. 1 S. 6 Nr. 1–4 genannte Angebote angefallen sind. Anerkannt werden zunächst **Kosten der teilstationären und der Kurzzeitpflege (Nr. 1, 2).** Was damit gemeint ist, ergibt sich im Ansatz aus §§ 41, 42 SGB XI. Der Gesetzgeber hat in der amtlichen Begründung zudem zum Ausdruck gebracht, dass bei Verwendung der Leistung für teilstationäre oder Kurzzeitpflege keine zusätzlichen Anforderungen an die Ausgestaltung des Angebots zu stellen sind. Vielmehr darf die Leistung ohne weiteres für die **Eigenanteile** verwendet werden, die nach der Vergütungssystematik vom Pflegebedürftigen selbst aufzubringen sind (Investitionsbetrag, Entgelte für Unterkunft und Verpflegung, ungedeckter Teil der Pflegevergütung, vgl. bei § 43 SGB XI Rn. 6 und KassKomm/Gürtner § 45 b SGB XI Rn. 5 m. w. N.).

6   Nicht eindeutig erscheint freilich, ob die Leistungen nur bei Leistungserbringern in Anspruch genommen werden können, die durch **Versorgungsvertrag** zugelassenen sind. Dies mag durch die pauschale Verwendung der Begriffe der Kurzzeitpflege und der Tages- oder Nachtpflege ebenso nahegelegt werden wie durch die Anforderungen in Abs. 1 S. 5 (qualitätsgesichert). Anderseits liefe ein solches Zulassungserfordernis aber dem Kostenerstattungsprinzip zuwider. Da die Erstattung nach § 45 b gerade nicht den Sachleistungsanteil der Leistungen nach §§ 41, 42 SGB XI betrifft, sondern den verbleibenden Eigenanteil des Versicherten, besteht auch kein Zulassungserfordernis. Sicherheitshalber sollten sich der Versicherte bzw. seine Angehörigen oder sein Betreuer vor Abschluss eines Heim- oder Betreuungsvertrags und Inanspruchnahme der Leistungen bei Leistungsbieter und Kasse aber über die Erstattungsfähigkeit beraten lassen.

7   Weiter werden anerkannt Kosten für Leistungen **zugelassener Pflegedienste (Nr. 3).** Anders als bei den Angeboten nach Nr. 1, 2 darf es sich aber dabei nicht nur um die üblichen Sachleistungen dieser Dienste nach § 36 SGB XI handeln. Der Dienst muss vielmehr ein spezielles Angebot für Personen mit erheblich eingeschränkter Alltagskompetenz gemacht haben. Ein behördliches Anerkennungsverfahren müssen die Dienste für ihre Angebote freilich nicht durchlaufen, dies unterscheidet Nr. 3 vom „niedrigschwelligen Angebot" nach Nr. 4.

8   Zuletzt sind auch die Kosten für **niedrigschwellige Angebote nach Nr. 4** erstattungsfähig. Die Anbieter bedürfen jedoch zusätzlich der Anerkennung nach Landesrecht und der Förderfähigkeit nach § 45 c SGB XI. Versicherte und ihre Angehörigen/Betreuer sollten sich daher vor der Inanspruchnahme vom Anbieter diese Voraussetzungen der Erstattungsfähigkeit bestätigen lassen.

9   Die Bundesländer haben durchweg Verordnungen mit den Voraussetzungen der Anerkennung erlassen, in vielen Bundesländern sind die Fördermittel schon in ihrer bis 2008 noch geringeren Höhe aber nicht ausgeschöpft worden (Sauer/Wissmann, SozArb 2008, 212, 216). Durch die Erhöhung sowohl der Fördermittel als auch der Leistungsbeträge für die Versicherten ab 2008 sollten Anzahl und Vielgestaltigkeit der Angebote wachsen.

C. Leistungsinhalt

I. Grundbetrag und erhöhter Betrag

10   Abs. 1 S. 2 sieht einen Grundbetrag in Höhe von EUR 1.200,– jährlich und einen erhöhten Betrag von EUR 2.400,– jährlich als Obergrenze der Erstattung vor, ohne die Voraussetzungen des höheren Betrags selbst zu regeln. Die maßgeblichen Vorgaben finden sich vielmehr in den Richtlinien nach Abs. 1 S. 4 (zB unter http://www.mds-ev.de/media/pdf/Richtlinie_PEA-Verfahren_Endfassung.pdf auf der Homepage des MDS). Danach ist der erhöhte Betrag von der Einschränkung des Versicherten in einem weiteren der Lebensbereiche nach § 45a Abs. 2 Nr. 1, 2, 3, 4, 5, 9, 11 SGB XI abhängig (bei § 45a SGB XI Rn. 11).

II. Kumulation und Übertragung

11   Die Erstattung steht nicht nur für Angebote zur Verfügung, die kontinuierlich Monat für Monat in Anspruch genommen wurden. Vielmehr kann ein Angebot auch nur vorübergehend, beispielsweise einen Monat lang, in Anspruch genommen worden sein. Dies ergibt sich aus der Entstehungsgeschichte und aus der ausdrücklichen Möglichkeit nach Abs. 1 S. 6 Nr. 2, die Kosten von Kurzzeitpflege erstattet zu erhalten. Allerdings steht bei unterjährigem Eintritt der Anspruchsvoraussetzungen nicht der volle Jahresbetrag von EUR 1.200/2.400 bereit, sondern nur der jeweilige Anteil für den Rest des Jahres.

12   Wird der Anspruch in einem Kalenderjahr nicht ausgeschöpft, ist auch die **Übertragung auf das erste Halbjahr des Folgejahres** zulässig, erst danach verfällt er. Maßgeblich ist dabei für die Kumulation und die Übertragung auf das Folgejahr nicht das Datum des Antrags oder des Leistungsbescheids der Pflegekasse, sondern der Zeitpunkt der Inanspruchnahme der Leistungen. Alles andere würde über die bereits weitreichenden Gestaltungsmöglichkeiten hinausgehen, die der Gesetzgeber

ohnehin eingeräumt hat. Denn trotz dieser Gestaltungsmöglichkeiten strebt der Gesetzgeber im Grundsatz die Verwendung der Leistungen für kontinuierliche Betreuungslösungen an (BT-Drs. 16/8525, S. 98).

D. Verfahren

Die **Abwicklung der Leistung** ist **zweigeteilt**. Zu unterscheiden ist die Prüfung der grundsätzlichen Anspruchsvoraussetzungen nach § 45 a SGB XI einerseits und die Abrechnung und Auszahlung andererseits. Auf den Antrag des Versicherten legt die Pflegekasse durch Leistungsbescheid nach Abs. 1 S. 3 fest, ob ein Anspruch besteht, und ob der Grundbetrag oder der erhöhte Betrag in Anspruch genommen werden kann. Nach Abruf der Leistungen reicht der Versicherte sodann die Belege zur Prüfung bei der Kasse ein. Dies hat den Betrag auszuzahlen, der aufgrund geeigneter Angebote (oben Rn. 5–9) nachgewiesen wurde, höchstens die jeweilige Obergrenze. 13

Wichtig ist für Versicherte, die die Leistungen nach §§ 45 a, 45 b SGB XI in Anspruch nehmen wollen, somit die **rechtzeitige Antragstellung**. Nach § 33 Abs. 1 S. 3 SGB XI kommt die rückwirkende Bewilligung von Leistungen nur ab Beginn des Antragsmonats in Betracht, davon bilden die §§ 45 a, 45 b SGB XI keine Ausnahme. Die grundsätzliche Entscheidung der Pflegekasse über die Anspruchsvoraussetzungen muss daher auch dann beantragt werden, wenn die konkreten Leistungen erst einige Monate später abgerufen werden sollen. Beispiel: Ein Versicherter erfüllt die Voraussetzungen für den Anspruch auf Grundbetrag seit 1. 1. 2011, möchte den Leistungsbetrag aber erst im August 2011 für eine Zeit in Kurzzeitpflege verwenden. Um den vollen Jahresbetrag von EUR 1.200 für 2011 beanspruchen zu können, muss im Januar 2011 der Antrag auf Entscheidung nach § 45 b Abs. 1 S. 3 gestellt werden. Geht der Antrag erst im August 2011 bei der Kasse ein, stehen nur noch 5 Monatsbeträge (August – Dezember 2011) zur Verfügung, insgesamt EUR 500,–. 14

E. Verhältnis zu anderen Vorschriften

Die Leistungen nach § 45 b sind – anders als die Leistungen nach §§ 36–43 a SGB XI – keine gleichartigen im Sinne des § 66 Abs. 1 SGB XII (BT-Drs. 14/6949 S. 15). Sie führen daher nicht zur Kürzung eines etwaigen **Sozialhilfeanspruchs**. 15

Die Leistungen nach § 45 b treten auch ohne Anrechnung neben die meisten **sonstigen Leistungen der §§ 36 ff.** SGB XI. Ausgenommen sind lediglich die vollstationäre Pflege nach § 43 SGB XI (wegen § 45 a Abs. 1 S. 1 SGB XI) sowie die Verhinderungspflege nach § 39 SGB XI, da diese in Abs. 1 S. 6 nicht genannt und ihrer Natur nach (wenn auch vorübergehend) vollstationär ist (s. nur Krauskopf-Linke § 45 b SGB XI Rn. 20 unter Verweis auf die amtl. Begr.). 16

Zu Leistungen für Personen mit erheblich eingeschränkter Alltagskompetenz, die sich nicht in häuslicher, sondern in **vollstationärer Pflege** befinden, s. § 87 b SGB XI. 17

§ 45 c Weiterentwicklung der Versorgungsstrukturen

(1) ¹Zur Weiterentwicklung der Versorgungsstrukturen und Versorgungskonzepte insbesondere für demenzkranke Pflegebedürftige fördert der Spitzenverband Bund der Pflegekassen im Wege der Anteilsfinanzierung aus Mitteln des Ausgleichsfonds mit 25 Millionen Euro je Kalenderjahr den Auf- und Ausbau von niedrigschwelligen Betreuungsangeboten sowie Modellvorhaben zur Erprobung neuer Versorgungskonzepte und Versorgungsstrukturen insbesondere für demenzkranke Pflegebedürftige. ²Die privaten Versicherungsunternehmen, die die private Pflegepflichtversicherung durchführen, beteiligen sich an dieser Förderung mit insgesamt 10 vom Hundert des in Satz 1 genannten Fördervolumens.

(2) ¹Der Zuschuss aus Mitteln der sozialen und privaten Pflegeversicherung ergänzt eine Förderung der niedrigschwelligen Betreuungsangebote und der Modellvorhaben zur Weiterentwicklung der Versorgungsstrukturen für Pflegebedürftige mit erheblichem allgemeinen Betreuungsbedarf durch das jeweilige Land oder die jeweilige kommunale Gebietskörperschaft. ²Der Zuschuss wird jeweils in gleicher Höhe gewährt wie der Zuschuss, der vom Land oder von der kommunalen Gebietskörperschaft für die einzelne Fördermaßnahme geleistet wird, so dass insgesamt ein Fördervolumen von 50 Millionen Euro im Kalenderjahr erreicht wird. ³Soweit Mittel der Arbeitsförderung bei einem Projekt eingesetzt werden, sind diese einem vom Land oder von der Kommune geleisteten Zuschuss gleichgestellt.

(3) ¹Niedrigschwellige Betreuungsangebote im Sinne des Absatzes 1 Satz 1 sind Betreuungsangebote, in denen Helfer und Helferinnen unter pflegefachlicher Anleitung die Betreuung von Pflegebedürftigen mit erheblichem Bedarf an allgemeiner Beaufsichtigung und Betreuung in Gruppen oder im häuslichen Bereich übernehmen sowie pflegende An-

gehörige entlasten und beratend unterstützen. ²Die Förderung dieser niedrigschwelligen Betreuungsangebote erfolgt als Projektförderung und dient insbesondere dazu, Aufwandsentschädigungen für die ehrenamtlichen Betreuungspersonen zu finanzieren, sowie notwendige Personal- und Sachkosten, die mit der Koordination und Organisation der Hilfen und der fachlichen Anleitung und Schulung der Betreuenden durch Fachkräfte verbunden sind. ³Dem Antrag auf Förderung ist ein Konzept zur Qualitätssicherung des Betreuungsangebotes beizufügen. ⁴Aus dem Konzept muss sich ergeben, dass eine angemessene Schulung und Fortbildung der Helfenden sowie eine kontinuierliche fachliche Begleitung und Unterstützung der ehrenamtlich Helfenden in ihrer Arbeit gesichert ist. ⁵Als grundsätzlich förderungsfähige niedrigschwellige Betreuungsangebote kommen in Betracht Betreuungsgruppen für Demenzkranke, Helferinnenkreise zur stundenweisen Entlastung pflegender Angehöriger im häuslichen Bereich, die Tagesbetreuung in Kleingruppen oder Einzelbetreuung durch anerkannte Helfer, Agenturen zur Vermittlung von Betreuungsleistungen für Pflegebedürftige im Sinne des § 45a sowie Familienentlastende Dienste.

(4) ¹Im Rahmen der Modellförderung nach Absatz 1 Satz 1 sollen insbesondere modellhaft Möglichkeiten einer wirksamen Vernetzung der für demenzkranke Pflegebedürftige erforderlichen Hilfen in einzelnen Regionen erprobt werden. ²Dabei können auch stationäre Versorgungsangebote berücksichtigt werden. ³Die Modellvorhaben sind auf längstens fünf Jahre zu befristen. ⁴Bei der Vereinbarung und Durchführung von Modellvorhaben kann im Einzelfall von den Regelungen des Siebten Kapitels abgewichen werden. ⁵Für die Modellvorhaben ist eine wissenschaftliche Begleitung und Auswertung vorzusehen. ⁶Soweit im Rahmen der Modellvorhaben personenbezogene Daten benötigt werden, können diese nur mit Einwilligung des Pflegebedürftigen erhoben, verarbeitet und genutzt werden.

(5) ¹Um eine gerechte Verteilung der Fördermittel der Pflegeversicherung auf die Länder zu gewährleisten, werden die Fördermittel der sozialen und privaten Pflegeversicherung nach dem Königsteiner Schlüssel aufgeteilt. ²Mittel, die in einem Land im jeweiligen Haushaltsjahr nicht in Anspruch genommen werden, können in das Folgejahr übertragen werden.

(6) ¹Der Spitzenverband Bund der Pflegekassen beschließt mit dem Verband der privaten Krankenversicherung e. V. nach Anhörung der Verbände der Behinderten und Pflegebedürftigen auf Bundesebene Empfehlungen über die Voraussetzungen, Ziele, Dauer, Inhalte und Durchführung der Förderung sowie zu dem Verfahren zur Vergabe der Fördermittel für die niedrigschwelligen Betreuungsangebote und die Modellprojekte. ²In den Empfehlungen ist unter anderem auch festzulegen, dass jeweils im Einzelfall zu prüfen ist, ob im Rahmen der neuen Betreuungsangebote und Versorgungskonzepte Mittel und Möglichkeiten der Arbeitsförderung genutzt werden können. ³Die Empfehlungen bedürfen der Zustimmung des Bundesministeriums für Gesundheit und der Länder. ⁴Die Landesregierungen werden ermächtigt, durch Rechtsverordnung das Nähere über die Umsetzung der Empfehlungen zu bestimmen.

(7) ¹Der Finanzierungsanteil, der auf die privaten Versicherungsunternehmen entfällt, kann von dem Verband der privaten Krankenversicherung e. V. unmittelbar an das Bundesversicherungsamt zugunsten des Ausgleichsfonds der Pflegeversicherung (§ 65) überwiesen werden. ²Näheres über das Verfahren der Auszahlung der Fördermittel, die aus dem Ausgleichsfonds zu finanzieren sind, sowie über die Zahlung und Abrechnung des Finanzierungsanteils der privaten Versicherungsunternehmen regeln das Bundesversicherungsamt, der Spitzenverband Bund der Pflegekassen und der Verband der privaten Krankenversicherung e. V. durch Vereinbarung.

§ 45 d Förderung ehrenamtlicher Strukturen sowie der Selbsthilfe

(1) In entsprechender Anwendung des § 45 c können die dort vorgesehenen Mittel des Ausgleichsfonds, die dem Spitzenverband Bund der Pflegekassen zur Förderung der Weiterentwicklung der Versorgungsstrukturen und Versorgungskonzepte insbesondere für demenziell Erkrankte zur Verfügung stehen, auch verwendet werden zur Förderung und zum Auf- und Ausbau

1. von Gruppen ehrenamtlich tätiger sowie sonstiger zum bürgerschaftlichen Engagement bereiter Personen, die sich die Unterstützung, allgemeine Betreuung und Entlastung von Pflegebedürftigen, von Personen mit erheblichem allgemeinem Betreuungsbedarf sowie deren Angehörigen zum Ziel gesetzt haben, und
2. von Selbsthilfegruppen, -organisationen und -kontaktstellen, die sich die Unterstützung von Pflegebedürftigen, von Personen mit erheblichem allgemeinem Betreuungsbedarf sowie deren Angehörigen zum Ziel gesetzt haben.

(2) ¹Selbsthilfegruppen im Sinne von Absatz 1 sind freiwillige, neutrale, unabhängige und nicht gewinnorientierte Zusammenschlüsse von Personen, die entweder aufgrund eigener Betroffenheit oder als Angehörige das Ziel verfolgen, durch persönliche, wechselseitige Unterstützung, auch unter Zuhilfenahme von Angeboten ehrenamtlicher und sonstiger zum bürgerschaftlichen Engagement bereiter Personen, die Lebenssituation von Pflegebedürftigen, von Personen mit erheblichem allgemeinem Betreuungsbedarf sowie deren Angehörigen zu verbessern. ²Selbsthilfeorganisationen im Sinne von Absatz 1 sind die Zusammenschlüsse von Selbsthilfegruppen nach Satz 1 in Verbänden. ³Selbsthilfekontaktstellen im Sinne von Absatz 1 sind örtlich oder regional arbeitende professionelle Beratungseinrichtungen mit hauptamtlichem Personal, die das Ziel verfolgen, die Lebenssituation von Pflegebedürftigen, von Personen mit erheblichem allgemeinem Betreuungsbedarf sowie deren Angehörigen zu verbessern.

(3) § 45c Abs. 6 Satz 4 gilt entsprechend.

Fünftes Kapitel. Organisation

Erster Abschnitt. Träger der Pflegeversicherung

§ 46 Pflegekassen

(1) ¹Träger der Pflegeversicherung sind die Pflegekassen. ²Bei jeder Krankenkasse (§ 4 Abs. 2 des Fünften Buches) wird eine Pflegekasse errichtet. ³Die Deutsche Rentenversicherung Knappschaft-Bahn-See als Träger der Krankenversicherung führt die Pflegeversicherung für die Versicherten durch.

(2) ¹Die Pflegekassen sind rechtsfähige Körperschaften des öffentlichen Rechts mit Selbstverwaltung. ²Organe der Pflegekassen sind die Organe der Krankenkassen, bei denen sie errichtet sind. ³Arbeitgeber (Dienstherr) der für die Pflegekasse tätigen Beschäftigten ist die Krankenkasse, bei der die Pflegekasse errichtet ist. ⁴Krankenkassen und Pflegekassen können für Mitglieder, die ihre Kranken- und Pflegeversicherungsbeiträge selbst zu zahlen haben, die Höhe der Beiträge zur Kranken- und Pflegeversicherung in einem gemeinsamen Beitragsbescheid festsetzen. ⁵Das Mitglied ist darauf hinzuweisen, dass der Bescheid über den Beitrag zur Pflegeversicherung im Namen der Pflegekasse ergeht. ⁶Bei der Ausführung dieses Buches ist das Erste Kapitel des Zehnten Buches anzuwenden.

(3) ¹Die Verwaltungskosten einschließlich der Personalkosten, die den Krankenkassen auf Grund dieses Buches entstehen, werden von den Pflegekassen in Höhe von 3,5 vom Hundert des Mittelwertes von Leistungsaufwendungen und Beitragseinnahmen erstattet; dabei ist der Erstattungsbetrag der einzelnen Krankenkasse um die Hälfte der Aufwendungen der jeweiligen Pflegekasse für Pflegeberatung nach § 7a Abs. 4 Satz 5 zu vermindern. ²Der Gesamtbetrag der nach Satz 1 zu erstattenden Verwaltungskosten aller Krankenkassen ist nach dem tatsächlich entstehenden Aufwand (Beitragseinzug/Leistungsgewährung) auf die Krankenkassen zu verteilen. ³Der Spitzenverband Bund der Pflegekassen bestimmt das Nähere über die Verteilung. ⁴Außerdem übernehmen die Pflegekassen 50 vom Hundert der umlagefinanzierten Kosten des Medizinischen Dienstes der Krankenversicherung. ⁵Personelle Verwaltungskosten, die einer Betriebskrankenkasse von der Pflegekasse erstattet werden, sind an den Arbeitgeber weiterzuleiten, wenn er die Personalkosten der Betriebskrankenkasse nach § 147 Abs. 2 des Fünften Buches trägt. ⁶Der Verwaltungsaufwand in der sozialen Pflegeversicherung ist nach Ablauf von einem Jahr nach Inkrafttreten dieses Gesetzes zu überprüfen.

(4) Das Bundesministerium für Gesundheit wird ermächtigt, durch Rechtsverordnung mit Zustimmung des Bundesrates Näheres über die Erstattung der Verwaltungskosten zu regeln sowie die Höhe der Verwaltungskostenerstattung neu festzusetzen, wenn die Überprüfung des Verwaltungsaufwandes nach Absatz 3 Satz 6 dies rechtfertigt.

(5) Bei Vereinigung, Auflösung und Schließung einer Krankenkasse gelten die §§ 143 bis 172 des Fünften Buches für die bei ihr errichteten Pflegekasse entsprechend.

(6) ¹Die Aufsicht über die Pflegekassen führen die für die Aufsicht über die Krankenkassen zuständigen Stellen. ²Das Bundesversicherungsamt und die für die Sozialversicherung zuständigen obersten Verwaltungsbehörden der Länder haben mindestens alle fünf Jahre die Geschäfts-, Rechnungs- und Betriebsführung der ihrer Aufsicht unterstehenden Pflegekassen zu prüfen. ³Das Bundesministerium für Gesundheit kann die Prüfung der bundesunmittelbaren Pflegekassen, die für die Sozialversicherung zuständigen obersten Verwaltungsbehörden der Länder können die Prüfung der landesunmittelbaren Pflegekassen auf eine

öffentlich-rechtliche Prüfungseinrichtung übertragen, die bei der Durchführung der Prüfung unabhängig ist. [4]Die Prüfung hat sich auf den gesamten Geschäftsbetrieb zu erstrecken; sie umfaßt die Prüfung seiner Gesetzmäßigkeit und Wirtschaftlichkeit. [5]Die Pflegekassen haben auf Verlangen alle Unterlagen vorzulegen und alle Auskünfte zu erteilen, die zur Durchführung der Prüfung erforderlich sind. [6]§ 274 Abs. 2 und 3 des Fünften Buches gilt entsprechend.

§ 47 Satzung

(1) Die Satzung muß Bestimmungen enthalten über:
1. Name und Sitz der Pflegekasse,
2. Bezirk der Pflegekasse und Kreis der Mitglieder,
3. Rechte und Pflichten der Organe,
4. Art der Beschlußfassung der Vertreterversammlung,
5. Bemessung der Entschädigungen für Organmitglieder, soweit sie Aufgaben der Pflegeversicherung wahrnehmen,
6. jährliche Prüfung der Betriebs- und Rechnungsführung und Abnahme der Jahresrechnung,
7. Zusammensetzung und Sitz der Widerspruchsstelle und
8. Art der Bekanntmachungen.

(2) Die Satzung kann eine Bestimmung enthalten, nach der die Pflegekasse den Abschluss privater Pflege-Zusatzversicherungen zwischen ihren Versicherten und privaten Krankenversicherungsunternehmen vermitteln kann.

(3) Die Satzung und ihre Änderungen bedürfen der Genehmigung der Behörde, die für die Genehmigung der Satzung der Krankenkasse, bei der die Pflegekasse errichtet ist, zuständig ist.

§ 47a Stellen zur Bekämpfung von Fehlverhalten im Gesundheitswesen

[1]§ 197a des Fünften Buches gilt entsprechend. [2]Die organisatorischen Einheiten nach § 197a Abs. 1 des Fünften Buches sind die Stellen zur Bekämpfung von Fehlverhalten im Gesundheitswesen bei den Pflegekassen, ihren Landesverbänden und dem Spitzenverband Bund der Pflegekassen.

Zweiter Abschnitt. Zuständigkeit, Mitgliedschaft

§ 48 Zuständigkeit für Versicherte einer Krankenkasse und sonstige Versicherte

(1) [1]Für die Durchführung der Pflegeversicherung ist jeweils die Pflegekasse zuständig, die bei der Krankenkasse errichtet ist, bei der eine Pflichtmitgliedschaft oder freiwillige Mitgliedschaft besteht. [2]Für Familienversicherte nach § 25 ist die Pflegekasse des Mitglieds zuständig.

(2) [1]Für Personen, die nach § 21 Nr. 1 bis 5 versichert sind, ist die Pflegekasse zuständig, die bei der Krankenkasse errichtet ist, die mit der Leistungserbringung im Krankheitsfalle beauftragt ist. [2]Ist keine Krankenkasse mit der Leistungserbringung im Krankheitsfall beauftragt, kann der Versicherte die Pflegekasse nach Maßgabe des Absatzes 3 wählen.

(3) [1]Personen, die nach § 21 Nr. 6 versichert sind, können die Mitgliedschaft wählen bei der Pflegekasse, die bei
1. der Krankenkasse errichtet ist, der sie angehören würden, wenn sie in der gesetzlichen Krankenversicherung versicherungspflichtig wären,
2. der Allgemeinen Ortskrankenkasse ihres Wohnsitzes oder gewöhnlichen Aufenthaltes errichtet ist,
3. einer Ersatzkasse errichtet ist, wenn sie zu dem Mitgliederkreis gehören, den die gewählte Ersatzkasse aufnehmen darf.

[2]Ab 1. Januar 1996 können sie die Mitgliedschaft bei der Pflegekasse wählen, die bei der Krankenkasse errichtet ist, die sie nach § 173 Abs. 2 des Fünften Buches wählen könnten, wenn sie in der gesetzlichen Krankenversicherung versicherungspflichtig wären.

§ 49 Mitgliedschaft

(1) ¹Die Mitgliedschaft bei einer Pflegekasse beginnt mit dem Tag, an dem die Voraussetzungen des § 20 oder des § 21 vorliegen. ²Sie endet mit dem Tod des Mitglieds oder mit Ablauf des Tages, an dem die Voraussetzungen des § 20 oder des § 21 entfallen, sofern nicht das Recht zur Weiterversicherung nach § 26 ausgeübt wird. ³Für die nach § 20 Abs. 1 Satz 2 Nr. 12 Versicherten gelten § 186 Abs. 11 und § 190 Abs. 13 des Fünften Buches entsprechend.

(2) ¹Für das Fortbestehen der Mitgliedschaft gelten die §§ 189, 192 des Fünften Buches sowie § 25 des Zweiten Gesetzes über die Krankenversicherung der Landwirte entsprechend.

(3) Die Mitgliedschaft freiwillig Versicherter nach den §§ 26 und 26a endet:
1. mit dem Tod des Mitglieds oder
2. mit Ablauf des übernächsten Kalendermonats, gerechnet von dem Monat, in dem das Mitglied den Austritt erklärt, wenn die Satzung nicht einen früheren Zeitpunkt bestimmt.

Dritter Abschnitt. Meldungen

§ 50 Melde- und Auskunftspflichten bei Mitgliedern der sozialen Pflegeversicherung

(1) ¹Alle nach § 20 versicherungspflichtigen Mitglieder haben sich selbst unverzüglich bei der für sie zuständigen Pflegekasse anzumelden. ²Dies gilt nicht, wenn ein Dritter bereits eine Meldung nach den §§ 28a bis 28c des Vierten Buches, §§ 199 bis 205 des Fünften Buches oder §§ 27 bis 29 des Zweiten Gesetzes über die Krankenversicherung der Landwirte zur gesetzlichen Krankenversicherung abgegeben hat; die Meldung zur gesetzlichen Krankenversicherung schließt die Meldung zur sozialen Pflegeversicherung ein. ³Bei freiwillig versicherten Mitgliedern der gesetzlichen Krankenversicherung gilt die Beitrittserklärung zur gesetzlichen Krankenversicherung als Meldung zur sozialen Pflegeversicherung.

(2) Für die nach § 21 versicherungspflichtigen Mitglieder haben eine Meldung an die zuständige Pflegekasse zu erstatten:
1. das Versorgungsamt für Leistungsempfänger nach dem Bundesversorgungsgesetz oder nach den Gesetzen, die eine entsprechende Anwendung des Bundesversorgungsgesetzes vorsehen,
2. das Ausgleichsamt für Leistungsempfänger von Kriegsschadenrente oder vergleichbaren Leistungen nach dem Lastenausgleichsgesetz oder dem Reparationsschädengesetz oder von laufender Beihilfe nach dem Flüchtlingshilfegesetz,
3. der Träger der Kriegsopferfürsorge für Empfänger von laufenden Leistungen der ergänzenden Hilfe zum Lebensunterhalt nach dem Bundesversorgungsgesetz oder nach den Gesetzen, die eine entsprechende Anwendung des Bundesversorgungsgesetzes vorsehen,
4. der Leistungsträger der Jugendhilfe für Empfänger von laufenden Leistungen zum Unterhalt nach dem Achten Buch,
5. der Leistungsträger für Krankenversorgungsberechtigte nach dem Bundesentschädigungsgesetz,
6. der Dienstherr für Soldaten auf Zeit.

(3) ¹Personen, die versichert sind oder als Versicherte in Betracht kommen, haben der Pflegekasse, soweit sie nicht nach § 28o des Vierten Buches auskunftspflichtig sind,
1. auf Verlangen über alle für die Feststellung der Versicherungs- und Beitragspflicht und für die Durchführung der der Pflegekasse übertragenen Aufgaben erforderlichen Tatsachen unverzüglich Auskunft zu erteilen,
2. Änderungen in den Verhältnissen, die für die Feststellung der Versicherungs- und Beitragspflicht erheblich sind und nicht durch Dritte gemeldet werden, unverzüglich mitzuteilen.

²Sie haben auf Verlangen die Unterlagen, aus denen die Tatsachen oder die Änderung der Verhältnisse hervorgehen, der Pflegekasse in deren Geschäftsräumen unverzüglich vorzulegen.

(4) Entstehen der Pflegekasse durch eine Verletzung der Pflichten nach Absatz 3 zusätzliche Aufwendungen, kann sie von dem Verpflichteten die Erstattung verlangen.

(5) Die Krankenkassen übermitteln den Pflegekassen die zur Erfüllung ihrer Aufgaben erforderlichen personenbezogenen Daten.

(6) Für die Meldungen der Pflegekassen an die Rentenversicherungsträger gilt § 201 des Fünften Buches entsprechend.

§ 51 Meldungen bei Mitgliedern der privaten Pflegeversicherung

(1) ¹Das private Versicherungsunternehmen hat Personen, die bei ihm gegen Krankheit versichert sind und trotz Aufforderung innerhalb von sechs Monaten nach Inkrafttreten des Pflege-Versicherungsgesetzes, bei Neuabschlüssen von Krankenversicherungsverträgen innerhalb von drei Monaten nach Abschluß des Vertrages, keinen privaten Pflegeversicherungsvertrag abgeschlossen haben, unverzüglich dem Bundesversicherungsamt zu melden. ²Das Versicherungsunternehmen hat auch Versicherungsnehmer zu melden, die mit der Entrichtung von sechs Monatsprämien in Verzug geraten sind. ³Das Bundesversicherungsamt kann mit dem Verband der privaten Krankenversicherung e. V. Näheres über das Meldeverfahren vereinbaren.

(2) ¹Der Dienstherr hat für Heilfürsorgeberechtigte, die weder privat krankenversichert noch Mitglied in der gesetzlichen Krankenversicherung sind, eine Meldung an das Bundesversicherungsamt zu erstatten. ²Die Postbeamtenkrankenkasse und die Krankenversorgung der Bundesbahnbeamten melden die im Zeitpunkt des Inkrafttretens des Gesetzes bei diesen Einrichtungen versicherten Mitglieder und mitversicherten Familienangehörigen an das Bundesversicherungsamt.

(3) Die Meldepflichten bestehen auch für die Fälle, in denen eine bestehende private Pflegeversicherung gekündigt und der Abschluß eines neuen Vertrages bei einem anderen Versicherungsunternehmen nicht nachgewiesen wird.

Vierter Abschnitt. Wahrnehmung der Verbandsaufgaben

§ 52 Aufgaben auf Landesebene

(1) ¹Die Landesverbände der Ortskrankenkassen, der Betriebskrankenkassen und der Innungskrankenkassen, die Deutsche Rentenversicherung Knappschaft-Bahn-See, die nach § 36 des Zweiten Gesetzes über die Krankenversicherung der Landwirte als Landesverband tätigen landwirtschaftlichen Krankenkassen sowie die Ersatzkassen nehmen die Aufgaben der Landesverbände der Pflegekassen wahr. ²§ 211a und § 212 Abs. 5 Satz 4 bis 10 des Fünften Buches gelten entsprechend.

(2) Für die Aufgaben der Landesverbände nach Absatz 1 gilt § 211 des Fünften Buches entsprechend.

(3) Für die Aufsicht über die Landesverbände im Bereich der Aufgaben nach Absatz 1 gilt § 208 des Fünften Buches entsprechend.

(4) Soweit in diesem Buch die Landesverbände der Pflegekassen Aufgaben wahrnehmen, handeln die in Absatz 1 aufgeführten Stellen.

§ 53 Aufgaben auf Bundesebene

¹Der Spitzenverband Bund der Krankenkassen nimmt die Aufgaben des Spitzenverbandes Bund der Pflegekassen wahr. ²Die §§ 217b, 217d und 217f des Fünften Buches gelten entsprechend.

§ 53a Zusammenarbeit der Medizinischen Dienste

¹Der Spitzenverband Bund der Pflegekassen erlässt für den Bereich der sozialen Pflegeversicherung Richtlinien
1. über die Zusammenarbeit der Pflegekassen mit den Medizinischen Diensten,
2. zur Durchführung und Sicherstellung einer einheitlichen Begutachtung,
3. über die von den Medizinischen Diensten zu übermittelnden Berichte und Statistiken,
4. zur Qualitätssicherung der Begutachtung und Beratung sowie über das Verfahren zur Durchführung von Qualitätsprüfungen,
5. über Grundsätze zur Fort- und Weiterbildung.

²Die Richtlinien bedürfen der Zustimmung des Bundesministeriums für Gesundheit. ³Sie sind für die Medizinischen Dienste verbindlich.

Sechstes Kapitel. Finanzierung

Erster Abschnitt. Beiträge

§ 54 Grundsatz

(1) Die Mittel für die Pflegeversicherung werden durch Beiträge sowie sonstige Einnahmen gedeckt.

(2) ¹Die Beiträge werden nach einem Vomhundertsatz (Beitragssatz) von den beitragspflichtigen Einnahmen der Mitglieder bis zur Beitragsbemessungsgrenze (§ 55) erhoben. ²Die Beiträge sind für jeden Kalendertag der Mitgliedschaft zu zahlen, soweit dieses Buch nichts Abweichendes bestimmt. ³Für die Berechnung der Beiträge ist die Woche zu sieben, der Monat zu 30 und das Jahr zu 360 Tagen anzusetzen.

(3) Die Vorschriften des Zwölften Kapitels des Fünften Buches gelten entsprechend.

A. Normzweck

Die Vorschrift benennt in Abs. 1 die **Finanzierungsinstrumente der sozialen Pflegeversicherung** (insofern entspricht sie § 220 Abs. 1 SGB V), wobei der Beitrag im Vordergrund steht. Die Berechnungsgrundlagen der Beitragsfinanzierung werden in Abs. 2 konkretisiert. Das Beitragsrecht ist parallel zum Beitragsrecht der GKV konzipiert, so dass die dort maßgeblichen finanzrechtlichen Unterscheidungen dem Grunde nach auch für die soziale Pflegeversicherung gelten (vgl. *Rixen*, in: Becker/Kingreen, SGB V, 2008, § 220 Rn. 6 ff.). 1

B. Regelungsinhalt

Außer den Beiträgen als einer Abgabe eigener Art der Sozialversicherung kommen weitere Einnahmequellen in Betracht (z. B. Erträge aus Betriebsmitteln, §§ 81, 82 SGB IV i. V. m. §§ 62 ff. SGB XI, Säumniszuschläge, § 24 SGB IV, oder Bußgelder, § 121 SGB XI, oder Erstattungen, §§ 50, 102 ff. SGB XI), die aber in der Praxis nur eine untergeordnete Rolle spielen. Ein Bundeszuschuss existiert nicht. Die in **Abs. 2** aufgeführten Grundlagen der Beitragsbemessung betreffen den Beitragssatz als den Vomhundertsatz bezogen auf die relevanten Vermögensmittel (beitragspflichtigen Einnahmen, § 57 SGB XI) bis zu einer bestimmten Höhe (Beitragsbemessungsgrenze, § 55 SGB XI). Abs. 3, der auf das SGB V verweist (§§ 309 ff. SGB V), betrifft Übergangsvorschriften für das Gebiet der ehemaligen DDR i. S. v. **Art. 3 Einigungsvertrag** (sog. Beitrittsgebiet). 2

C. Verfassungsrecht

Das BVerfG hatte u. a. § 54 Abs. 1 und 2 SGB XI für verfassungswidrig erklärt (BVerfGE 103, 197 = NJW 2001, 1712; Entscheidungsformel in BGBl. 2001 I S. 774, ber. S. 859), weil der gemäß Art. 3 Abs. 1 i. V. m. Art. 6 Abs. 1 GG geschützte sog. generative Beitrag von kinderbetreuenden und erziehenden Versicherten im Beitragsrecht des SGB XI nicht hinreichend abgebildet gewesen war (vgl. *Richter*, LPK-SGB XI, § 54 Rn. 4). Im Nachgang hat der Gesetzgeber dem im Rahmen des § 55 Rechnung getragen (zur verfassungsrechtl. Kritik an der Umsetzung *Baumeister*, in: BeckOK-Sozialrecht, § 55 Rn. 10 m. w. N.). 3

§ 55 Beitragssatz, Beitragsbemessungsgrenze

(1) ¹Der Beitragssatz beträgt bundeseinheitlich 1,95 vom Hundert der beitragspflichtigen Einnahmen der Mitglieder; er wird durch Gesetz festgesetzt. ²Für Personen, bei denen § 28 Abs. 2 Anwendung findet, beträgt der Beitragssatz die Hälfte des Beitragssatzes nach Satz 1.

(2) Beitragspflichtige Einnahmen sind bis zu einem Betrag von 1/360 der in § 6 Abs. 7 des Fünften Buches festgelegten Jahresarbeitsentgeltgrenze für den Kalendertag zu berücksichtigen (Beitragsbemessungsgrenze).

(3) ¹Der Beitragssatz nach Absatz 1 Satz 1 und 2 erhöht sich für Mitglieder nach Ablauf des Monats, in dem sie das 23. Lebensjahr vollendet haben, um einen Beitragszuschlag in Höhe von 0,25 Beitragssatzpunkten (Beitragszuschlag für Kinderlose). ²Satz 1 gilt nicht für Eltern im Sinne des § 56 Abs. 1 Satz 1 Nr. 3 und Abs. 3 Nr. 2 und 3 des Ersten Bu-

110 SGB XI § 56

ches. ³Die Elterneigenschaft ist in geeigneter Form gegenüber der beitragsabführenden Stelle, von Selbstzahlern gegenüber der Pflegekasse, nachzuweisen, sofern diesen die Elterneigenschaft nicht bereits aus anderen Gründen bekannt ist. ⁴Der Spitzenverband Bund der Pflegekassen gibt Empfehlungen darüber, welche Nachweise geeignet sind. ⁵Erfolgt die Vorlage des Nachweises innerhalb von drei Monaten nach der Geburt des Kindes, gilt der Nachweis mit Beginn des Monats der Geburt als erbracht, ansonsten wirkt der Nachweis ab Beginn des Monats, der dem Monat folgt, in dem der Nachweis erbracht wird. ⁶Nachweise für vor dem 1. Januar 2005 geborene Kinder, die bis zum 30. Juni 2005 erbracht werden, wirken vom 1. Januar 2005 an. ⁷Satz 1 gilt nicht für Mitglieder, die vor dem 1. Januar 1940 geboren wurden, für Wehr- und Zivildienstleistende sowie für Bezieher von Arbeitslosengeld II.

(3 a) Zu den Eltern im Sinne des Absatzes 3 Satz 2 gehören nicht
1. Adoptiveltern, wenn das Kind zum Zeitpunkt des Wirksamwerdens der Adoption bereits die in § 25 Abs. 2 vorgesehenen Altersgrenzen erreicht hat,
2. Stiefeltern, wenn das Kind zum Zeitpunkt der Eheschließung mit dem Elternteil des Kindes bereits die in § 25 Abs. 2 vorgesehenen Altersgrenzen erreicht hat oder wenn das Kind vor Erreichen dieser Altersgrenzen nicht in den gemeinsamen Haushalt mit dem Mitglied aufgenommen worden ist.

(4) ¹Der Beitragszuschlag für die Monate Januar bis März 2005 auf Renten der gesetzlichen Rentenversicherung wird für Rentenbezieher, die nach dem 31. Dezember 1939 geboren wurden, in der Weise abgegolten, dass der Beitragszuschlag im Monat April 2005 1 vom Hundert der im April 2005 beitragspflichtigen Rente beträgt. ²Für die Rentenbezieher, die in den Monaten Januar bis April 2005 zeitweise nicht beitrags- oder zuschlagspflichtig sind, wird der Beitragszuschlag des Monats April 2005 entsprechend der Dauer dieser Zeit reduziert.

A. Normzweck

1 Die Vorschrift normiert Grundbegriffe des Beitragsrechts der sozialen Pflegeversicherung.

B. Regelungsinhalt

2 Der **Beitragssatz** (Abs. 1 S. 1) ist durch das Pflege-Weiterentwicklungsgesetz v. 28. 5. 2008 (BGBl. I S. 874, in Kraft getreten am 1. 7. 2008) auf **1,95%**, also um 0,25 Prozentpunkte, erhöht worden (vgl. die amtl. Begr., BT-Drucks. 16/7439, 44). Bei nach Beamtenrecht Beihilfe- oder Heilfürsorgeberechtigten (§ 28 Abs. 2 SGB XI) halbiert sich dieser Beitragssatz. Die **Beitragsbemessungsgrenze** richtet sich nach dem Vorbild des SGB V (Abs. 2).

3 Der **Beitragszuschlag für Kinderlose** (Abs. 3 S. 1) führt zu einer Erhöhung des Beitragssatzes um 0, 25%, also seit 1. 7. 2008 (Rn. 1) auf 2,2%. Eltern i. S. des Abs. 3 S. 2 sind vom Zuschlag ausgenommen (Ausnahmen für unter 23-Jährige, S. 1; s. außerdem die Befreiung nach S. 7 insb. für **Alg II-Bezieher**). Der durch das Pflege-Weiterentwicklungsgesetz mit Wirkung ab 1. 7. 2008 (Rn. 1) eingeführte Abs. 3 a schränkt die **Zuschlagsfreiheit für Adoptiv- und Stiefeltern** ein, wenn die Adoption (oder die Erlangung der Stiefelterneigenschaft) erst zu einem Zeitpunkt erfolgte, in dem das „Kind" bereits erwachsen war und auch nicht mehr z. B. als Student wirtschaftlich von den Eltern abhängig war (Ausschussbericht, BT-Drucks. 16/8525, 99). Damit wird eine von den Pflegekassen schon zuvor praktizierte, aber vom BSG (SozR 4–3300 § 55 Nr 1 = Breith 2008, 7 = NZS 2008, 215 [Ls.]) monierte Praxis legalisiert (BT-Drucks. 16/8528, 99).

4 Zur Umsetzung des Abs. 3 liegen eine **Gemeinsame Empfehlung** v. 13. 10. 2004 sowie ein **Gemeinsames Rundschreiben der Spitzenverbände** der Sozialversicherungsträger v. 3. 12. 2004 vor, die Neuerungen des Pflege-Weiterentwicklungsgesetzes sind Gegenstand eines weiteren **Gemeinsamen Rundschreibens** v. 15. 7. 2008 (alle Schreiben abrufbar z. B. unter www.vdak.de). Für **Wehr- und Zivildienstleistende** (Abs. 3 S. 7) ist auch die KV-/PV-Pauschalbeitragsverordnung (BGBl. 1998 I S. 392), zuletzt geändert Art. 1 Verordnung v. 30. 6. 2009 (BGBl I S. 1680), zu beachten (vgl. *Rixen*, in: Becker/Kingreen, SGB V, 2. Aufl. 2010, § 244 Rn. 2).

5 **Abs. 4** enthält eine auf Anfang 2005 sich beziehende, also mit der Einführung des Beitragszuschlags für Kinderlose einhergehende **Übergangsregelung für Rentenbezieher** (vgl. die amtl. Begr., BT-Drucks. 15/3837, 8 f.), die wegen Zeitablaufs nicht mehr praxisrelevant ist.

§ 56 Beitragsfreiheit

(1) **Familienangehörige und Lebenspartner** sind für die Dauer der Familienversicherung nach § 25 beitragsfrei.

(2) ¹**Beitragsfreiheit** besteht vom Zeitpunkt der Rentenantragstellung bis zum Beginn der Rente einschließlich einer Rente nach dem Gesetz über die Alterssicherung der Landwirte für:
1. den hinterbliebenen Ehegatten eines Rentners, der bereits Rente bezogen hat, wenn Hinterbliebenenrente beantragt wird,
2. die Waise eines Rentners, der bereits Rente bezogen hat, vor Vollendung des 18. Lebensjahres; dies gilt auch für Waisen, deren verstorbener Elternteil eine Rente nach dem Gesetz über die Alterssicherung der Landwirte bezogen hat,
3. den hinterbliebenen Ehegatten eines Beziehers einer Rente nach dem Gesetz über die Alterssicherung der Landwirte, wenn die Ehe vor Vollendung des 65. Lebensjahres des Verstorbenen geschlossen wurde,
4. den hinterbliebenen Ehegatten eines Beziehers von Landabgaberente.

²Satz 1 gilt nicht, wenn der Rentenantragsteller eine eigene Rente, Arbeitsentgelt, Arbeitseinkommen oder Versorgungsbezüge erhält.

(3) ¹Beitragsfrei sind Mitglieder für die Dauer des Bezuges von Mutterschafts-, Erziehungs- oder Elterngeld. ²Die Beitragsfreiheit erstreckt sich nur auf die in Satz 1 genannten Leistungen.

(4) Beitragsfrei sind auf Antrag Mitglieder, die sich auf nicht absehbare Dauer in stationärer Pflege befinden und bereits Leistungen nach § 35 Abs. 6 des Bundesversorgungsgesetzes, nach § 44 des Siebten Buches, nach § 34 des Beamtenversorgungsgesetzes oder nach den Gesetzen erhalten, die eine entsprechende Anwendung des Bundesversorgungsgesetzes vorsehen, wenn sie keine Familienangehörigen haben, für die eine Versicherung nach § 25 besteht.

A. Normzweck

Die Vorschrift regelt die Beitragsfreiheit, also die Freiheit von der Verpflichtung, einen Beitrag wirtschaftlich zu tragen (Beitragstragung = Beitragslast) und dementsprechend auch, ihn zu zahlen (Beitragszahlungspflicht, vgl. zu den Begriffen Rixen, in: Becker/Kingreen, SGB V, 2. Aufl. 2010, § 220 Rn. 12 f.). 1

B. Regelungsinhalt

Beitragsfrei sind die im Einzelnen in den Abs. 1 bis 4 aufgezählten Personen, namentlich **Familienversicherte** i. S. d. § 25 SGB XI (vgl. Abs. 1). Im Hinblick auf Abs. 2, der § 225 SGB V entspricht, ist der Zeitpunkt der **Rentenantragstellung** relevant, d. h. der Zeitpunkt, zu dem der Rentenantrag gestellt wurde (vgl. zum Zeitpunkt auch § 16 Abs. 1 und 2 SGB I), anderseits der Zeitpunkt des Beginns der Rente (= Tag, ab dem Zahlungsansprüche bestehen, nicht: Datum des Rentenbewilligungsbescheids, vgl. Rixen, in: Becker/Kingreen, SGB V, 2. Aufl. 2010, § 225 Rn. 3). Abs. 3 (**Mutterschaftsgeld** etc.) entspricht § 224 SGB V (vgl. Rixen, in: Becker/Kingreen, SGB V, 2008, § 224 Rn. 2 ff.). 2

Abs. 4 bezieht sich auf die (nur auf Antrag hin – nicht kraft Gesetzes – erfolgende) **Beitragsfreiheit bei stationärer Pflege**, der vollstationären Pflege des § 43 SGB XI entspricht. „Nicht absehbare Zeit" meint, in Anlehnung an § 14 SGB XI, dass die stationäre Pflege bereits sechs Monate andauert, wobei es reicht, dass diese Zeit voraussichtlich andauert (Richter/Steffan, LPK-SGB XI, § 56 Rn. 27). Hinzukommen muss die Leistungsgewährung (= tatsächlicher Bezug, Richter/Steffan, LPK-SGB XI, § 56 Rn. 31) nach den genannten Vorschriften, die ein – in der Beitragsfreiheit sich ausdrückendes – Zurücktreten der Pflegeversicherung gestatten (Richter/Steffan, LPK-SGB XI, § 56 Rn. 26). Außerdem kann die Beitragsfreiheit nur eintreten, wenn keine Familienangehörige vorhanden sind, für die gemäß § 25 SGB XI eine Familienversicherung besteht (näher Baumeister, BeckOK-Sozialrecht, § 56 SGB XI Rn. 21 ff.). 3

§ 57 Beitragspflichtige Einnahmen

(1) ¹Bei Mitgliedern der Pflegekasse, die in der gesetzlichen Krankenversicherung pflichtversichert sind, gelten für die Beitragsbemessung die §§ 226 bis 238 und § 244 des Fünften Buches sowie die §§ 23 a und 23 b Abs. 2 bis 4 des Vierten Buches. ²Bei Personen, die Arbeitslosengeld II beziehen, ist abweichend von § 232 a Abs. 1 Satz 1 Nr. 2 des Fünften Buches der 30. Teil des 0,3620fachen der monatlichen Bezugsgröße zugrunde zu legen.

(2) ¹Bei Beziehern von Krankengeld gilt als beitragspflichtige Einnahmen 80 vom Hundert des Arbeitsentgelts, das der Bemessung des Krankengeldes zugrundeliegt. ²Dies gilt

auch für den Krankengeldbezug eines rentenversicherungspflichtigen mitarbeitenden Familienangehörigen eines landwirtschaftlichen Unternehmers. ³Beim Krankengeldbezug eines nicht rentenversicherungspflichtigen mitarbeitenden Familienangehörigen ist der Zahlbetrag der Leistung der Beitragsbemessung zugrunde zu legen.

(3) ¹Bei landwirtschaftlichen Unternehmern sowie bei mitarbeitenden Familienangehörigen wird auf den Krankenversicherungsbeitrag, der nach den Vorschriften des Zweiten Gesetzes über die Krankenversicherung der Landwirte aus dem Arbeitseinkommen aus Land- und Forstwirtschaft zu zahlen ist, ein Zuschlag erhoben. ²Die Höhe des Zuschlags ergibt sich aus dem Verhältnis des Beitragssatzes nach § 55 Abs. 1 Satz 1 zu dem nach § 241 des Fünften Buches festgelegten allgemeinen Beitragssatz. ³Sind die Voraussetzungen für einen Beitragszuschlag für Kinderlose nach § 55 Abs. 3 erfüllt, erhöht sich der Zuschlag nach Satz 2 um das Verhältnis des Beitragszuschlags für Kinderlose nach § 55 Abs. 3 Satz 1 zu dem Beitragssatz nach § 55 Abs. 1 Satz 1. ⁴Das Bundesministerium für Gesundheit stellt die Höhe der Zuschläge nach den Sätzen 2 und 3 zum 1. Januar jeden Jahres fest. ⁵Er gilt für das folgende Kalenderjahr. ⁶Für die Beitragsbemessung der Altenteiler gilt § 45 des Zweiten Gesetzes über die Krankenversicherung der Landwirte. ⁷Wird der Beitragssatz im Laufe eines Kalenderjahres geändert, stellt das Bundesministerium für Gesundheit die Höhe der Zuschläge nach den Sätzen 2 und 3 für den Zeitraum ab der Änderung fest.

(4) ¹Bei freiwilligen Mitgliedern der gesetzlichen Krankenversicherung und bei Mitgliedern der sozialen Pflegeversicherung, die nicht in der gesetzlichen Krankenversicherung versichert sind, ist für die Beitragsbemessung § 240 des Fünften Buches entsprechend anzuwenden. ²Für die Beitragsbemessung der in der gesetzlichen Krankenversicherung versicherten Rentenantragsteller und freiwillig versicherten Rentner finden darüber hinaus die §§ 238a und 239 des Fünften Buches entsprechende Anwendung. ³Abweichend von Satz 1 ist bei Mitgliedern nach § 20 Abs. 1 Nr. 10, die in der gesetzlichen Krankenversicherung freiwillig versichert sind, § 236 des Fünften Buches entsprechend anzuwenden; als beitragspflichtige Einnahmen der satzungsmäßigen Mitglieder geistlicher Genossenschaften, Diakonissen und ähnlicher Personen, die freiwillig in der gesetzlichen Krankenversicherung versichert sind, sind der Wert für gewährte Sachbezüge oder das ihnen zur Beschaffung der unmittelbaren Lebensbedürfnisse an Wohnung, Verpflegung, Kleidung und dergleichen gezahlte Entgelt zugrunde zu legen. ⁴Bei freiwilligen Mitgliedern der gesetzlichen Krankenversicherung, die von einem Rehabilitationsträger Verletztengeld, Versorgungskrankengeld oder Übergangsgeld erhalten, gilt für die Beitragsbemessung § 235 Abs. 2 des Fünften Buches entsprechend; für die in der landwirtschaftlichen Krankenversicherung freiwillig Versicherten gilt § 46 des Zweiten Gesetzes über die Krankenversicherung der Landwirte.

(5) Der Beitragsberechnung von Personen, die nach § 26 Abs. 2 weiterversichert sind, werden für den Kalendertag der 180. Teil der monatlichen Bezugsgröße nach § 18 des Vierten Buches zugrunde gelegt.

A. Normzweck

1 Die Vorschrift legt fest, welche Vermögenswerte für die Beitragsbemessung relevant sind (beitragspflichtige Einnahmen).

B. Regelungsinhalt

2 Für **Pflichtversicherte** in der GKV (Abs. 1) gelten im Hinblick auf die Beitragsbemessung in der Pflegeversicherung die aufgeführten Vorschriften der GKV entsprechend; auf die Kommentierungen kann verwiesen werden (s. auch die Kommentierungen zu §§ 226 ff. SGB V von *Rixen*, in: Becker/Kingreen, SGB V, 2. Aufl. 2010). Anders als in der GKV (vgl. § 224 Abs. 1 SGB V) sind Bezieher von KrG in der PflegeV nicht beitragsbefreit (vgl. Abs. 2). Die grundsätzliche Ankoppelung an die GKV gilt auch gemäß Abs. 3 für den Bereich der landwirtschaftlichen Sozialversicherung.

3 Hinsichtlich **freiwillig GKV-Versicherter** (Abs. 4 S. 1) gilt § 240 SGB V entsprechend (vgl. *Rixen*, in: Becker/Kingreen, SGB V, 2. Aufl. 2010, § 240 Rn. 3 ff.). Soweit es um Rentner geht (Abs. 4 S. 2) finden zudem §§ 238a, 239 SGB V entsprechende Anwendung (vgl. *Rixen*, in: Becker/Kingreen, SGB V, 2. Aufl. 2010, § 238a Rn. 1 f., § 239 Rn. 2 f.). Bei **Praktikanten** und gleichgestellten Personen (Abs. 4 S. 3) findet – abweichend von S. 1 – § 236 SGB V entsprechende Anwendung (vgl. *Rixen*, in: Becker/Kingreen, SGB V, 2. Aufl. 2010, § 236 Rn. 2 ff.). Für **Ordensmitglieder** etc. (Abs. 4 S. 3 Hs. 2) gilt – abweichend von S. 1 – eine Sonderregelung, die sich namentlich an die Sachbezüge (vgl. § 14 SGB IV) anlehnt (*Baumeister*, in: BeckOK-Sozialrecht, § 57 SGB XI

Rn. 7). Hinsichtlich der Bezieher von **Verletztengeld** etc. gilt gem. Abs. 4 S. 4 § 235 Abs. 2 SGB V entsprechend (vgl. *Rixen*, in: Becker/Kingreen, SGB V, 2. Aufl. 2010, § 236 Rn. 3). Für **Landwirte** gilt § 46 KVLG 1989 (Abs. 4 S. 4 Hs. 2). Für **Weiterversicherte** i. S. d. § 26 Abs. 2 SGB XI (Abs. 5) gilt eine Sonderregelung, die § 240 Abs. 4a SGB V ähnelt (vgl. *Rixen*, Becker/Kingreen, SGB V, 2. Aufl. 2010, § 240 Rn. 14).

§ 58 Tragung der Beiträge bei versicherungspflichtig Beschäftigten

(1) ¹Die nach § 20 Abs. 1 Satz 2 Nr. 1 und 12 versicherungspflichtig Beschäftigten, die in der gesetzlichen Krankenversicherung pflichtversichert sind, und ihre Arbeitgeber tragen die nach dem Arbeitsentgelt zu bemessenden Beiträge jeweils zur Hälfte. ²Soweit für Beschäftigte Beiträge für Kurzarbeitergeld zu zahlen sind, trägt der Arbeitgeber den Beitrag allein. ³Den Beitragszuschlag für Kinderlose nach § 55 Abs. 3 tragen die Beschäftigten.

(2) Zum Ausgleich der mit den Arbeitgeberbeiträgen verbundenen Belastungen der Wirtschaft werden die Länder einen gesetzlichen landesweiten Feiertag, der stets auf einen Werktag fällt, aufheben.

(3) ¹Die in Absatz 1 genannten Beschäftigten tragen die Beiträge in Höhe von 1 vom Hundert allein, wenn der Beschäftigungsort in einem Land liegt, in dem die am 31. Dezember 1993 bestehende Anzahl der gesetzlichen landesweiten Feiertage nicht um einen Feiertag, der stets auf einen Werktag fiel, vermindert worden ist. ²In Fällen des § 55 Abs. 1 Satz 2 werden die Beiträge in Höhe von 0,5 vom Hundert allein getragen. ³Im Übrigen findet Absatz 1 Anwendung, soweit es sich nicht um eine versicherungspflichtige Beschäftigung mit einem monatlichen Arbeitsentgelt innerhalb der Gleitzone nach § 20 Abs. 2 des Vierten Buches handelt, für die Absatz 5 Satz 2 Anwendung findet.

(4) ¹Die Aufhebung eines Feiertages wirkt für das gesamte Kalenderjahr. ²Handelt es sich um einen Feiertag, der im laufenden Kalenderjahr vor dem Zeitpunkt des Inkrafttretens der Regelung über die Streichung liegt, wirkt die Aufhebung erst im folgenden Kalenderjahr.

(5) ¹§ 249 Abs. 2 des Fünften Buches gilt entsprechend. ²§ 249 Abs. 4 des Fünften Buches gilt mit der Maßgabe, dass statt des Beitragssatzes der Krankenkasse der Beitragssatz der Pflegeversicherung und bei den in Absatz 3 Satz 1 genannten Beschäftigten für die Berechnung des Beitragsanteils des Arbeitgebers ein Beitragssatz in Höhe von 0,7 vom Hundert Anwendung findet.

A. Normzweck

Die Vorschrift regelt die Tragung der Beiträge (zum Begriff der Beitragstragung § 56 SGB XI Rn. 1) bei versicherungspflichtig Beschäftigten, namentlich bei Arbeitnehmern. **1**

B. Regelungsinhalt

Die Vorschrift ordnet die grundsätzlich **hälftige Beitragstragung** insb. zwischen Arbeitnehmer **2** und Arbeitgeber an, Abs. 1 S. 1. Dies gilt nicht bei Zahlung von Kurzarbeitergeld (Abs. 1 S. 2, s. auch Abs. 5 S. 1 i. V. m. § 249 Abs. 2 SGB V) und hinsichtlich des Beitrags für Kinderlose nach § 55 Abs. 3 SGB XI (Abs. 1 S. 2).

Zur **Kompensation des Arbeitgeberanteils** (zum Arbeitgeberanteil *Richter/Steffan*, LPK- **3** SGB XI, § 58 Rn. 7, außerdem *Schnapp*, SGb 2005, 1 ff.; *ders.*, GedS Heinze 2005, 815 ff.; *Frohn*, VSSR 2005, 263 ff.) anempfiehlt Abs. 2 (i. V. m. Abs. 4) die Abschaffung eines Feiertags (zum verfassungsrechtl. Hintergrund angesichts des alleinigen Befugnis der Länder für das Feiertagsrecht *Richter/Steffan*, LPK-SGB XI, § 58 Rn. 8 ff.; BSG, NZS 2000, 302) und sieht, für den Fall, dass es nicht dazu kommt, eine – verfassungsrechtl. unbedenkliche (BSG, NZS 2000, 302) – Auffangregelung vor (Abs. 3), die in der Praxis nur für das Land Sachsen relevant ist. Hinsichtlich der sog. **Gleitzone** (§ 20 Abs. 2 SGB IV) gilt modifiziert § 249 Abs. 4 SGB V entsprechend (Abs. 5 S. 2); s. insoweit auch Abs. 3 S. 3.

§ 59 Beitragstragung bei anderen Mitgliedern

(1) ¹Für die nach § 20 Abs. 1 Satz 2 Nr. 2 bis 12 versicherten Mitglieder der sozialen Pflegeversicherung, die in der gesetzlichen Krankenversicherung pflichtversichert sind, gelten für die Tragung der Beiträge die § 250 Abs. 1 und 3 und § 251 des Fünften Buches

sowie § 48 des Zweiten Gesetzes über die Krankenversicherung der Landwirte entsprechend; die Beiträge aus der Rente der gesetzlichen Rentenversicherung sind von dem Mitglied allein zu tragen. ²Bei Beziehern einer Rente nach dem Gesetz über die Alterssicherung der Landwirte, die nach § 20 Abs. 1 Satz 2 Nr. 3 versichert sind, und bei Beziehern von Produktionsaufgaberente oder Ausgleichsgeld, die nach § 14 Abs. 4 des Gesetzes zur Förderung der Einstellung der landwirtschaftlichen Erwerbstätigkeit versichert sind, werden die Beiträge aus diesen Leistungen von den Beziehern der Leistung allein getragen.

(2) Die Beiträge für Bezieher von Krankengeld werden von den Leistungsbeziehern und den Krankenkassen je zur Hälfte getragen, soweit sie auf das Krankengeld entfallen und dieses nicht in Höhe der Leistungen der Bundesagentur für Arbeit zu zahlen ist, im übrigen von den Krankenkassen; die Beiträge werden auch dann von den Krankenkassen getragen, wenn das dem Krankengeld zugrunde liegende monatliche Arbeitsentgelt ein Siebtel der monatlichen Bezugsgröße nicht übersteigt.

(3) ¹Die Beiträge für die nach § 21 Nr. 1 bis 5 versicherten Leistungsempfänger werden vom jeweiligen Leistungsträger getragen. ²Beiträge auf Grund des Leistungsbezugs im Rahmen der Kriegsopferfürsorge gelten als Aufwendungen für die Kriegsopferfürsorge.

(4) ¹Mitglieder der sozialen Pflegeversicherung, die in der gesetzlichen Krankenversicherung freiwillig versichert sind, sowie Mitglieder, deren Mitgliedschaft nach § 49 Abs. 2 Satz 1 erhalten bleibt oder nach den §§ 26 und 26a freiwillig versichert sind, und die nach § 21 Nr. 6 versicherten Soldaten auf Zeit tragen den Beitrag allein. ²Abweichend von Satz 1 werden

1. die auf Grund des Bezuges von Verletztengeld, Versorgungskrankengeld oder Übergangsgeld zu zahlenden Beiträge von dem zuständigen Rehabilitationsträger,
2. die Beiträge für satzungsmäßige Mitglieder geistlicher Genossenschaften, Diakonissen und ähnliche Personen einschließlich der Beiträge bei einer Weiterversicherung nach § 26 von der Gemeinschaft

allein getragen.

(5) Den Beitragszuschlag für Kinderlose nach § 55 Abs. 3 trägt das Mitglied.

A. Normzweck

1   Die Vorschrift betrifft alle jene Versicherten, die nicht versicherungspflichtig Beschäftigte i. S. d. § 58 sind.

B. Regelungsinhalt

2   Die **Tragung der Beiträge** erfolgt entsprechend § 250 Abs. 1 und 3, § 251 SGB V sowie entsprechend § 48 KVLG 1989 (Abs. 1 S. 1 Hs. 1), vgl. Rixen, in: Becker/Kingreen, SGB V, 2. Aufl. 2010, § 250 Rn. 2, 6 f., § 251 Rn. 2 ff. Alleineintragung gilt bei einer Rente aus der GRV (Abs. 1 S. 1 Hs. 2) sowie bei Rentenbezug für Landwirte (oder vergleichbare Konstellationen) gem. Abs. 1 S. 2.

3   Bei **Krankengeldbezug** gilt (Abs. 2) grundsätzlich eine hälftige Tragung, die allerdings nur eintritt, wenn das dem KrG zugrunde liegende monatliche Arbeitsentgelt die in Hs. 2 festgelegte Mindesthöhe erreicht; ist dies nicht der Fall, trägt die Krankenkasse den Beitrag in voller Höhe (Richter/Steffan, LPK-SGB XI, § 59 Rn. 21). Wird das Krankengeld gem. § 47b SGB V anstelle von Arbeitslosengeld oder Unterhaltsgeld gezahlt, trägt die Krankenkasse den Beitrag ebenfalls allein (Hs. 1; vgl. Richter/Steffan, LPK-SGB XI, § 59 Rn. 22).

4   Bei **Leistungsbeziehern i. S. d. § 21 SGB XI** trägt der Leistungsträger die Beiträge allein (Abs. 3 S. 1). Abs. 3 S. 2 betrifft die Kostenverteilung zwischen Bund und Ländern (Richter/Steffan, LPK-SGB XI, § 59 Rn. 23 a. E.). **Freiwillig Versicherte** und die sonst in Abs. 4 S. 1 genannten Personen tragen den Beitrag grundsätzlich allein (Abs. 4 S. 1). Bei den in S. 2 genannten Personen trägt entweder der Reha-Träger bzw. der Orden etc. allein (Richter/Steffan, LPK-SGB XI, § 59 Rn. 31 f.). Den **Beitrag für Kinderlose** (§ 55 Abs. 3 SGB XI) trägt das Mitglied allein (Abs. 5).

§ 60 Beitragszahlung

(1) ¹Soweit gesetzlich nichts Abweichendes bestimmt ist, sind die Beiträge von demjenigen zu zahlen, der sie zu tragen hat. ²§ 252 Abs. 1 Satz 2, die §§ 253 bis 256 des Fünf-

ten Buches und § 50 des Zweiten Gesetzes über die Krankenversicherung der Landwirte gelten entsprechend. ³Die aus einer Rente nach dem Gesetz über die Alterssicherung der Landwirte und einer laufenden Geldleistung nach dem Gesetz zur Förderung der Einstellung der landwirtschaftlichen Erwerbstätigkeit zu entrichtenden Beiträge werden von der Alterskasse gezahlt; § 28 g Satz 1 des Vierten Buches gilt entsprechend.

(2) ¹Für Bezieher von Krankengeld zahlen die Krankenkassen die Beiträge; für den Beitragsabzug gilt § 28 g Satz 1 des Vierten Buches entsprechend. ²Die zur Tragung der Beiträge für die in § 21 Nr. 1 bis 5 genannten Mitglieder Verpflichteten können einen Dritten mit der Zahlung der Beiträge beauftragen und mit den Pflegekassen Näheres über die Zahlung und Abrechnung der Beiträge vereinbaren.

(3) ¹Die Beiträge sind an die Krankenkassen zu zahlen; in den in § 252 Abs. 2 Satz 1 des Fünften Buches geregelten Fällen sind sie an den Gesundheitsfonds zu zahlen, der sie unverzüglich an den Ausgleichsfonds weiterzuleiten hat. ²Die nach Satz 1 eingegangenen Beiträge zur Pflegeversicherung sind von der Krankenkasse unverzüglich an die Pflegekasse weiterzuleiten. ³Die Pflegekassen sind zur Prüfung der ordnungsgemäßen Beitragszahlung berechtigt. ⁴§ 24 Abs. 1 des Vierten Buches gilt. ⁵§ 252 Abs. 3 des Fünften Buches gilt mit der Maßgabe, dass die Beiträge zur Pflegeversicherung den Beiträgen zur Krankenversicherung gleichstehen.

(4) ¹Die Deutsche Rentenversicherung Bund leitet alle Pflegeversicherungsbeiträge aus Rentenleistungen der allgemeinen Rentenversicherung am fünften Arbeitstag des Monats, der dem Monat folgt, in dem die Rente fällig war, an den Ausgleichsfonds der Pflegeversicherung (§ 65) weiter. ²Werden Rentenleistungen am letzten Bankarbeitstag des Monats ausgezahlt, der dem Monat vorausgeht, in dem sie fällig werden (§ 272a des Sechsten Buches), leitet die Deutsche Rentenversicherung Bund die darauf entfallenden Pflegeversicherungsbeiträge am fünften Arbeitstag des laufenden Monats an den Ausgleichsfonds der Pflegeversicherung weiter.

(5) ¹Der Beitragszuschlag nach § 55 Abs. 3 ist von demjenigen zu zahlen, der die Beiträge zu zahlen hat. ²Wird der Pflegeversicherungsbeitrag von einem Dritten gezahlt, hat dieser einen Anspruch gegen das Mitglied auf den von dem Mitglied zu tragenden Beitragszuschlag. ³Dieser Anspruch kann von dem Dritten durch Abzug von der an das Mitglied zu erbringenden Geldleistung geltend gemacht werden.

(6) Wenn kein Abzug nach Absatz 5 möglich ist, weil der Dritte keine laufende Geldleistung an das Mitglied erbringen muss, hat das Mitglied den sich aus dem Beitragszuschlag ergebenden Betrag an die Pflegekasse zu zahlen.

(7) ¹Die Beitragszuschläge für die Bezieher von Arbeitslosengeld, Unterhaltsgeld und Kurzarbeitergeld, Ausbildungsgeld, Übergangsgeld und, soweit die Bundesagentur beitragszahlungspflichtig ist, für Bezieher von Berufsausbildungsbeihilfe nach dem Dritten Buch werden von der Bundesagentur für Arbeit pauschal in Höhe von 20 Millionen Euro pro Jahr an den Ausgleichsfonds der Pflegeversicherung (§ 66) überwiesen. ²Die Bundesagentur für Arbeit kann mit Zustimmung des Bundesministeriums für Arbeit und Soziales hinsichtlich der übernommenen Beträge Rückgriff bei den genannten Leistungsbeziehern nach dem Dritten Buch nehmen. ³Die Bundesagentur für Arbeit kann mit dem Bundesversicherungsamt Näheres zur Zahlung der Pauschale vereinbaren.

Zweiter Abschnitt. Beitragszuschüsse

§ 61 Beitragszuschüsse für freiwillige Mitglieder der gesetzlichen Krankenversicherung und Privatversicherte

(1) ¹Beschäftigte, die in der gesetzlichen Krankenversicherung freiwillig versichert sind, erhalten unter den Voraussetzungen des § 58 von ihrem Arbeitgeber einen Beitragszuschuß, der in der Höhe begrenzt ist, auf den Betrag, der als Arbeitgeberanteil nach § 58 zu zahlen wäre. ²Bestehen innerhalb desselben Zeitraums mehrere Beschäftigungsverhältnisse, sind die beteiligten Arbeitgeber anteilmäßig nach dem Verhältnis der Höhe der jeweiligen Arbeitsentgelte zur Zahlung des Beitragszuschusses verpflichtet. ³Für Beschäftigte, die Kurzarbeitergeld nach dem Dritten Buch beziehen, ist zusätzlich zu dem Zuschuß nach Satz 1 die Hälfte des Betrages zu zahlen, den der Arbeitgeber bei Versicherungspflicht des Beschäftigten nach § 58 Abs. 1 Satz 2 als Beitrag zu tragen hätte.

(2) ¹Beschäftigte, die in Erfüllung ihrer Versicherungspflicht nach den §§ 22 und 23 bei einem privaten Krankenversicherungsunternehmen versichert sind und für sich und ihre Angehörigen oder Lebenspartner, die bei Versicherungspflicht des Beschäftigten in der

sozialen Pflegeversicherung nach § 25 versichert wären, Vertragsleistungen beanspruchen können, die nach Art und Umfang den Leistungen dieses Buches gleichwertig sind, erhalten unter den Voraussetzungen des § 58 von ihrem Arbeitgeber einen Beitragszuschuß. ²Der Zuschuß ist in der Höhe begrenzt auf den Betrag, der als Arbeitgeberanteil bei Versicherungspflicht in der sozialen Pflegeversicherung als Beitragsanteil zu zahlen wäre, höchstens jedoch auf die Hälfte des Betrages, den der Beschäftigte für seine private Pflegeversicherung zu zahlen hat. ³Für Beschäftigte, die Kurzarbeitergeld nach dem Dritten Buch beziehen, gilt Absatz 1 Satz 3 mit der Maßgabe, daß sie höchstens den Betrag erhalten, den sie tatsächlich zu zahlen haben. ⁴Bestehen innerhalb desselben Zeitraumes mehrere Beschäftigungsverhältnisse, sind die beteiligten Arbeitgeber anteilig nach dem Verhältnis der Höhe der jeweiligen Arbeitsentgelte zur Zahlung des Beitragszuschusses verpflichtet.

(3) ¹Für Bezieher von Vorruhestandsgeld, die als Beschäftigte bis unmittelbar vor Beginn der Vorruhestandsleistungen Anspruch auf den vollen oder anteiligen Beitragszuschuß nach Absatz 1 oder 2 hatten, sowie für Bezieher von Leistungen nach § 9 Abs. 1 Nr. 1 und 2 des Anspruchs- und Anwartschaftsüberführungsgesetzes und Bezieher einer Übergangsversorgung nach § 7 des Tarifvertrages über einen sozialverträglichen Personalabbau im Bereich des Bundesministeriums der Verteidigung vom 30. November 1991 bleibt der Anspruch für die Dauer der Vorruhestandsleistungen gegen den zur Zahlung des Vorruhestandsgeldes Verpflichteten erhalten. ²Der Zuschuss beträgt die Hälfte des Beitrages, den Bezieher von Vorruhestandsgeld als versicherungspflichtig Beschäftigte ohne den Beitragszuschlag nach § 55 Abs. 3 zu zahlen hätten, höchstens jedoch die Hälfte des Betrages, den sie ohne den Beitragszuschlag nach § 55 Abs. 3 zu zahlen haben. ³Absatz 1 Satz 2 gilt entsprechend.

(4) ¹Die in § 20 Abs. 1 Satz 2 Nr. 6, 7 oder 8 genannten Personen, für die nach § 23 Versicherungspflicht in der privaten Pflegeversicherung besteht, erhalten vom zuständigen Leistungsträger einen Zuschuß zu ihrem privaten Pflegeversicherungsbeitrag. ²Als Zuschuß ist der Betrag zu zahlen, der von dem Leistungsträger als Beitrag bei Versicherungspflicht in der sozialen Pflegeversicherung zu zahlen wäre, höchstens jedoch der Betrag, der an das private Versicherungsunternehmen zu zahlen ist.

(5) Der Zuschuß nach den Absätzen 2, 3 und 4 wird für eine private Pflegeversicherung nur gezahlt, wenn das Versicherungsunternehmen:
1. die Pflegeversicherung nach Art der Lebensversicherung betreibt,
2. sich verpflichtet, den überwiegenden Teil der Überschüsse, die sich aus dem selbst abgeschlossenen Versicherungsgeschäft ergeben, zugunsten der Versicherten zu verwenden,
3. die Pflegeversicherung nur zusammen mit der Krankenversicherung, nicht zusammen mit anderen Versicherungssparten betreibt oder, wenn das Versicherungsunternehmen seinen Sitz in einem anderen Mitgliedstaat der Europäischen Union hat, den Teil der Prämien, für den Berechtigte den Zuschuss erhalten, nur für die Kranken- und Pflegeversicherung verwendet.

(6) ¹Das Krankenversicherungsunternehmen hat dem Versicherungsnehmer eine Bescheinigung darüber auszuhändigen, daß ihm die Aufsichtsbehörde bestätigt hat, daß es die Versicherung, die Grundlage des Versicherungsvertrages ist, nach den in Absatz 5 genannten Voraussetzungen betreibt. ²Der Versicherungsnehmer hat diese Bescheinigung dem zur Zahlung des Beitragszuschusses Verpflichteten jeweils nach Ablauf von drei Jahren vorzulegen.

(7) ¹Personen, die nach beamtenrechtlichen Vorschriften oder Grundsätzen bei Krankheit und Pflege Anspruch auf Beihilfe oder Heilfürsorge haben und bei einem privaten Versicherungsunternehmen pflegeversichert sind, sowie Personen, für die der halbe Beitragssatz nach § 55 Abs. 2 gilt, haben gegenüber dem Arbeitgeber oder Dienstherrn, der die Beihilfe und Heilfürsorge zu Aufwendungen aus Anlaß der Pflege gewährt, keinen Anspruch auf einen Beitragszuschuß. ²Hinsichtlich der Beitragszuschüsse für Abgeordnete, ehemalige Abgeordnete und deren Hinterbliebene wird auf die Bestimmungen in den jeweiligen Abgeordnetengesetzen verwiesen.

Dritter Abschnitt. Verwendung und Verwaltung der Mittel

§ 62 Mittel der Pflegekasse

Die Mittel der Pflegekasse umfassen die Betriebsmittel und die Rücklage.

§ 63 Betriebsmittel

(1) Die Betriebsmittel dürfen nur verwendet werden:
1. für die gesetzlich oder durch die Satzung vorgesehenen Aufgaben sowie für die Verwaltungskosten,
2. zur Auffüllung der Rücklage und zur Finanzierung des Ausgleichsfonds.

(2) ¹Die Betriebsmittel dürfen im Durchschnitt des Haushaltsjahres monatlich das Einfache des nach dem Haushaltsplan der Pflegekasse auf einen Monat entfallenden Betrages der in Absatz 1 Nr. 1 genannten Aufwendungen nicht übersteigen. ²Bei der Feststellung der vorhandenen Betriebsmittel sind die Forderungen und Verpflichtungen der Pflegekasse zu berücksichtigen, soweit sie nicht der Rücklage zuzuordnen sind. ³Durchlaufende Gelder bleiben außer Betracht.

(3) Die Betriebsmittel sind im erforderlichen Umfang bereitzuhalten und im übrigen so anzulegen, daß sie für den in Absatz 1 bestimmten Zweck verfügbar sind.

§ 64 Rücklage

(1) Die Pflegekasse hat zur Sicherstellung ihrer Leistungsfähigkeit eine Rücklage zu bilden.

(2) Die Rücklage beträgt 50 vom Hundert des nach dem Haushaltsplan durchschnittlich auf den Monat entfallenden Betrages der Ausgaben (Rücklagesoll).

(3) Die Pflegekasse hat Mittel aus der Rücklage den Betriebsmitteln zuzuführen, wenn Einnahme- und Ausgabeschwankungen innerhalb eines Haushaltsjahres nicht durch die Betriebsmittel ausgeglichen werden können.

(4) ¹Übersteigt die Rücklage das Rücklagesoll, so ist der übersteigende Betrag den Betriebsmitteln bis zu der in § 63 Abs. 2 genannten Höhe zuzuführen. ²Darüber hinaus verbleibende Überschüsse sind bis zum 15. des Monats an den Ausgleichsfonds nach § 65 zu überweisen.

(5) ¹Die Rücklage ist getrennt von den sonstigen Mitteln so anzulegen, daß sie für den nach Absatz 1 bestimmten Zweck verfügbar ist. ²Sie wird von der Pflegekasse verwaltet.

Vierter Abschnitt. Ausgleichsfonds, Finanzausgleich

§ 65 Ausgleichsfonds

(1) Das Bundesversicherungsamt verwaltet als Sondervermögen (Ausgleichsfonds) die eingehenden Beträge aus:
1. den Beiträgen aus den Rentenzahlungen,
2. den von den Pflegekassen überwiesenen Überschüssen aus Betriebsmitteln und Rücklage (§ 64 Abs. 4),
3. den vom Gesundheitsfonds überwiesenen Beiträgen der Versicherten.

(2) Die im Laufe eines Jahres entstehenden Kapitalerträge werden dem Sondervermögen gutgeschrieben.

(3) Die Mittel des Ausgleichsfonds sind so anzulegen, daß sie für den in den §§ 67, 68 genannten Zweck verfügbar sind.

§ 66 Finanzausgleich

(1) ¹Die Leistungsaufwendungen sowie die Verwaltungskosten der Pflegekassen werden von allen Pflegekassen nach dem Verhältnis ihrer Beitragseinnahmen gemeinsam getragen. ²Zu diesem Zweck findet zwischen allen Pflegekassen ein Finanzausgleich statt. ³Das Bundesversicherungsamt führt den Finanzausgleich zwischen den Pflegekassen durch. ⁴Es hat Näheres zur Durchführung des Finanzausgleichs mit dem Spitzenverband Bund der Pflegekassen zu vereinbaren. ⁵Die Vereinbarung ist für die Pflegekasse verbindlich.

(2) Das Bundesversicherungsamt kann zur Durchführung des Zahlungsverkehrs nähere Regelungen mit der Deutschen Rentenversicherung Bund treffen.

§ 67 Monatlicher Ausgleich

(1) Jede Pflegekasse ermittelt bis zum 10. des Monats

1. die bis zum Ende des Vormonats gebuchten Ausgaben,
2. die bis zum Ende des Vormonats gebuchten Einnahmen (Beitragsist),
3. das Betriebsmittel- und Rücklagesoll,
4. den am Ersten des laufenden Monats vorhandenen Betriebsmittelbestand (Betriebsmittelist) und die Höhe der Rücklage.

(2) ¹Sind die Ausgaben zuzüglich des Betriebsmittel- und Rücklagensolls höher als die Einnahmen zuzüglich des vorhandenen Betriebsmittelbestands und der Rücklage am Ersten des laufenden Monats, erhält die Pflegekasse bis zum Monatsende den Unterschiedsbetrag aus dem Ausgleichsfonds. ²Sind die Einnahmen zuzüglich des am Ersten des laufenden Monats vorhandenen Betriebsmittelbestands und der Rücklage höher als die Ausgaben zuzüglich des Betriebsmittel- und Rücklagesolls, überweist die Pflegekasse den Unterschiedsbetrag an den Ausgleichsfonds.

(3) Die Pflegekasse hat dem Bundesversicherungsamt die notwendigen Berechnungsgrundlagen mitzuteilen.

§ 68 Jahresausgleich

(1) ¹Nach Ablauf des Kalenderjahres wird zwischen den Pflegekassen ein Jahresausgleich durchgeführt. ²Nach Vorliegen der Geschäfts- und Rechnungsergebnisse aller Pflegekassen und der Jahresrechnung der Deutschen Rentenversicherung Knappschaft-Bahn-See als Träger der knappschaftlichen Pflegeversicherung für das abgelaufene Kalenderjahr werden die Ergebnisse nach § 67 bereinigt.

(2) Werden nach Abschluß des Jahresausgleichs sachliche oder rechnerische Fehler in den Berechnungsgrundlagen festgestellt, hat das Bundesversicherungsamt diese bei der Ermittlung des nächsten Jahresausgleichs nach den zu diesem Zeitpunkt geltenden Vorschriften zu berücksichtigen.

(3) Das Bundesministerium für Gesundheit kann durch Rechtsverordnung mit Zustimmung des Bundesrates das Nähere über:
1. die inhaltliche und zeitliche Abgrenzung und Ermittlung der Beträge nach den §§ 66 bis 68,
2. die Fälligkeit der Beträge und Verzinsung bei Verzug,
3. das Verfahren bei der Durchführung des Finanzausgleichs sowie die hierfür von den Pflegekassen mitzuteilenden Angaben

regeln.

Siebtes Kapitel. Beziehungen der Pflegekassen zu den Leistungserbringern

Erster Abschnitt. Allgemeine Grundsätze

§ 69 Sicherstellungsauftrag

¹Die Pflegekassen haben im Rahmen ihrer Leistungsverpflichtung eine bedarfsgerechte und gleichmäßige, dem allgemein anerkannten Stand medizinisch-pflegerischer Erkenntnisse entsprechende pflegerische Versorgung der Versicherten zu gewährleisten (Sicherstellungsauftrag). ²Sie schließen hierzu Versorgungsverträge sowie Vergütungsvereinbarungen mit den Trägern von Pflegeeinrichtungen (§ 71) und sonstigen Leistungserbringern. ³Dabei sind die Vielfalt, die Unabhängigkeit und Selbständigkeit sowie das Selbstverständnis der Träger von Pflegeeinrichtungen in Zielsetzung und Durchführung ihrer Aufgaben zu achten.

§ 70 Beitragssatzstabilität

(1) Die Pflegekassen stellen in den Verträgen mit den Leistungserbringern über Art, Umfang und Vergütung der Leistungen sicher, daß ihre Leistungsausgaben die Beitragseinnahmen nicht überschreiten (Grundsatz der Beitragssatzstabilität).

(2) Vereinbarungen über die Höhe der Vergütungen, die dem Grundsatz der Beitragssatzstabilität widersprechen, sind unwirksam.

Zweiter Abschnitt. Beziehungen zu den Pflegeeinrichtungen

§ 71 Pflegeeinrichtungen

(1) Ambulante Pflegeeinrichtungen (Pflegedienste) im Sinne dieses Buches sind selbständig wirtschaftende Einrichtungen, die unter ständiger Verantwortung einer ausgebildeten Pflegefachkraft Pflegebedürftige in ihrer Wohnung pflegen und hauswirtschaftlich versorgen.

(2) Stationäre Pflegeeinrichtungen (Pflegeheime) im Sinne dieses Buches sind selbständig wirtschaftende Einrichtungen, in denen Pflegebedürftige:
1. unter ständiger Verantwortung einer ausgebildeten Pflegefachkraft gepflegt werden,
2. ganztägig (vollstationär) oder nur tagsüber oder nur nachts (teilstationär) untergebracht und verpflegt werden können.

(3) ¹Für die Anerkennung als verantwortliche Pflegefachkraft im Sinne von Absatz 1 und 2 ist neben dem Abschluss einer Ausbildung als
1. Gesundheits- und Krankenpflegerin oder Gesundheits- und Krankenpfleger,
2. Gesundheits- und Kinderkrankenpflegerin oder Gesundheits- und Kinderkrankenpfleger oder
3. Altenpflegerin oder Altenpfleger

eine praktische Berufserfahrung in dem erlernten Ausbildungsberuf von zwei Jahren innerhalb der letzten fünf Jahre erforderlich. ²Bei ambulanten Pflegeeinrichtungen, die überwiegend behinderte Menschen pflegen und betreuen, gelten auch nach Landesrecht ausgebildete Heilerziehungspflegerinnen und Heilerziehungspfleger sowie Heilerzieherinnen und Heilerzieher mit einer praktischen Berufserfahrung von zwei Jahren innerhalb der letzten fünf Jahre als ausgebildete Pflegefachkraft. ³Die Rahmenfrist nach Satz 1 oder 2 beginnt fünf Jahre vor dem Tag, zu dem die verantwortliche Pflegefachkraft im Sinne des Absatzes 1 oder 2 bestellt werden soll. ⁴Diese Rahmenfrist verlängert sich um Zeiten, in denen eine in diesen Vorschriften benannte Fachkraft
1. wegen der Betreuung oder Erziehung eines Kindes nicht erwerbstätig war,
2. als Pflegeperson nach § 19 eine pflegebedürftige Person wenigstens 14 Stunden wöchentlich gepflegt hat oder
3. an einem betriebswirtschaftlichen oder pflegewissenschaftlichen Studium oder einem sonstigen Weiterbildungslehrgang in der Kranken-, Alten- oder Heilerziehungspflege teilgenommen hat, soweit der Studien- oder Lehrgang mit einem nach Bundes- oder Landesrecht anerkannten Abschluss beendet worden ist.

⁵Die Rahmenfrist darf in keinem Fall acht Jahre überschreiten. ⁶Für die Anerkennung als verantwortliche Pflegefachkraft ist ferner Voraussetzung, dass eine Weiterbildungsmaßnahme für leitende Funktionen mit einer Mindeststundenzahl, die 460 Stunden nicht unterschreiten soll, erfolgreich durchgeführt wurde.

(4) Stationäre Einrichtungen, in denen die Leistungen zur medizinischen Vorsorge, zur medizinischen Rehabilitation, zur Teilhabe am Arbeitsleben oder am Leben in der Gemeinschaft, die schulische Ausbildung oder die Erziehung kranker oder behinderter Menschen im Vordergrund des Zweckes der Einrichtung stehen, sowie Krankenhäuser sind keine Pflegeeinrichtungen im Sinne des Absatzes 2.

§ 72 Zulassung zur Pflege durch Versorgungsvertrag

(1) ¹Die Pflegekassen dürfen ambulante und stationäre Pflege nur durch Pflegeeinrichtungen gewähren, mit denen ein Versorgungsvertrag besteht (zugelassene Pflegeeinrichtungen). ²In dem Versorgungsvertrag sind Art, Inhalt und Umfang der allgemeinen Pflegeleistungen (§ 84 Abs. 4) festzulegen, die von der Pflegeeinrichtung während der Dauer des Vertrages für die Versicherten zu erbringen sind (Versorgungsauftrag).

(2) ¹Der Versorgungsvertrag wird zwischen dem Träger der Pflegeeinrichtung oder einer vertretungsberechtigten Vereinigung gleicher Träger und den Landesverbänden der Pflegekassen im Einvernehmen mit den überörtlichen Trägern der Sozialhilfe im Land abgeschlossen, soweit nicht nach Landesrecht der örtliche Träger für die Pflegeeinrichtung zuständig ist; für mehrere oder alle selbständig wirtschaftenden Einrichtungen (§ 71 Abs. 1 und 2) eines Pflegeeinrichtungsträgers, die örtlich und organisatorisch miteinander verbunden sind, kann ein einheitlicher Versorgungsvertrag (Gesamtversorgungsvertrag) geschlossen werden. ²Er ist für die Pflegeeinrichtung und für alle Pflegekassen im Inland unmittelbar verbindlich.

(3) ¹Versorgungsverträge dürfen nur mit Pflegeeinrichtungen abgeschlossen werden, die
1. den Anforderungen des § 71 genügen,
2. die Gewähr für eine leistungsfähige und wirtschaftliche pflegerische Versorgung bieten sowie eine in Pflegeeinrichtungen ortsübliche Arbeitsvergütung an ihre Beschäftigten zahlen,
3. sich verpflichten, nach Maßgabe der Vereinbarungen nach § 113 einrichtungsintern ein Qualitätsmanagement einzuführen und weiterzuentwickeln,
4. sich verpflichten, alle Expertenstandards nach § 113 a anzuwenden;

ein Anspruch auf Abschluß eines Versorgungsvertrages besteht, soweit und solange die Pflegeeinrichtung diese Voraussetzungen erfüllt. ²Bei notwendiger Auswahl zwischen mehreren geeigneten Pflegeeinrichtungen sollen die Versorgungsverträge vorrangig mit freigemeinnützigen und privaten Trägern abgeschlossen werden. ³Bei ambulanten Pflegediensten ist in den Versorgungsverträgen der Einzugsbereich festzulegen, in dem die Leistungen zu erbringen sind.

(4) ¹Mit Abschluß des Versorgungsvertrages wird die Pflegeeinrichtung für die Dauer des Vertrages zur pflegerischen Versorgung der Versicherten zugelassen. ²Die zugelassene Pflegeeinrichtung ist im Rahmen ihres Versorgungsauftrages zur pflegerischen Versorgung der Versicherten verpflichtet; dazu gehört bei ambulanten Pflegediensten auch die Durchführung von Pflegeeinsätzen nach § 37 Abs. 3 auf Anforderung des Pflegebedürftigen. ³Die Pflegekassen sind verpflichtet, die Leistungen der Pflegeeinrichtung nach Maßgabe des Achten Kapitels zu vergüten.

§ 73 Abschluß von Versorgungsverträgen

(1) Der Versorgungsvertrag ist schriftlich abzuschließen.

(2) ¹Gegen die Ablehnung eines Versorgungsvertrages durch die Landesverbände der Pflegekassen ist der Rechtsweg zu den Sozialgerichten gegeben. ²Ein Vorverfahren findet nicht statt; die Klage hat keine aufschiebende Wirkung.

(3) ¹Mit Pflegeeinrichtungen, die vor dem 1. Januar 1995 ambulante Pflege, teilstationäre Pflege oder Kurzzeitpflege auf Grund von Vereinbarungen mit Sozialleistungsträgern erbracht haben, gilt ein Versorgungsvertrag als abgeschlossen. ²Satz 1 gilt nicht, wenn die Pflegeeinrichtung die Anforderungen nach § 72 Abs. 3 Satz 1 nicht erfüllt und die zuständigen Landesverbände der Pflegekassen dies im Einvernehmen mit dem zuständigen Träger der Sozialhilfe (§ 72 Abs. 2 Satz 1) bis zum 30. Juni 1995 gegenüber dem Träger der Einrichtung schriftlich geltend machen. ³Satz 1 gilt auch dann nicht, wenn die Pflegeeinrichtung die Anforderungen nach § 72 Abs. 3 Satz 1 offensichtlich nicht erfüllt. ⁴Die Pflegeeinrichtung hat bis spätestens zum 31. März 1995 die Voraussetzungen für den Bestandschutz nach den Sätzen 1 und 2 durch Vorlage von Vereinbarungen mit Sozialleistungsträgern sowie geeigneter Unterlagen zur Prüfung und Beurteilung der Leistungsfähigkeit und Wirtschaftlichkeit gegenüber einem Landesverband der Pflegekassen nachzuweisen. ⁵Der Versorgungsvertrag bleibt wirksam, bis er durch einen neuen Versorgungsvertrag abgelöst oder gemäß § 74 gekündigt wird.

(4) Für vollstationäre Pflegeeinrichtungen gilt Absatz 3 entsprechend mit der Maßgabe, daß der für die Vorlage der Unterlagen nach Satz 3 maßgebliche Zeitpunkt der 30. September 1995 und der Stichtag nach Satz 2 der 30. Juni 1996 ist.

§ 74 Kündigung von Versorgungsverträgen

(1) ¹Der Versorgungsvertrag kann von jeder Vertragspartei mit einer Frist von einem Jahr ganz oder teilweise gekündigt werden, von den Landesverbänden der Pflegekassen jedoch nur, wenn die zugelassene Pflegeeinrichtung nicht nur vorübergehend eine der Voraussetzungen des § 72 Abs. 3 Satz 1 nicht oder nicht mehr erfüllt; dies gilt auch, wenn die Pflegeeinrichtung ihre Pflicht wiederholt gröblich verletzt, Pflegebedürftigen ein möglichst selbständiges und selbstbestimmtes Leben zu bieten, die Hilfen darauf auszurichten, die körperlichen, geistigen und seelischen Kräfte der Pflegebedürftigen wiederzugewinnen oder zu erhalten und angemessenen Wünschen der Pflegebedürftigen zur Gestaltung der Hilfe zu entsprechen. ²Vor Kündigung durch die Landesverbände der Pflegekassen ist das Einvernehmen mit dem zuständigen Träger der Sozialhilfe (§ 72 Abs. 2 Satz 1) herzustellen. ³Die Landesverbände der Pflegekassen können im Einvernehmen mit den zuständigen Trägern der Sozialhilfe zur Vermeidung der Kündigung des Versorgungsvertrages mit dem Träger der Pflegeeinrichtung insbesondere vereinbaren, dass

1. die verantwortliche Pflegefachkraft sowie weitere Leitungskräfte zeitnah erfolgreich geeignete Fort- und Weiterbildungsmaßnahmen absolvieren,
2. die Pflege, Versorgung und Betreuung weiterer Pflegebedürftiger bis zur Beseitigung der Kündigungsgründe ganz oder teilweise vorläufig ausgeschlossen ist.

(2) ¹Der Versorgungsvertrag kann von den Landesverbänden der Pflegekassen auch ohne Einhaltung einer Kündigungsfrist gekündigt werden, wenn die Einrichtung ihre gesetzlichen oder vertraglichen Verpflichtungen gegenüber den Pflegebedürftigen oder deren Kostenträgern derart gröblich verletzt, daß ein Festhalten an dem Vertrag nicht zumutbar ist. ²Das gilt insbesondere dann, wenn Pflegebedürftige infolge der Pflichtverletzung zu Schaden kommen oder die Einrichtung nicht erbrachte Leistungen gegenüber den Kostenträgern abrechnet. ³Das gleiche gilt, wenn dem Träger eines Pflegeheimes nach den heimrechtlichen Vorschriften die Betriebserlaubnis entzogen oder der Betrieb des Heimes untersagt wird. ⁴Absatz 1 Satz 2 gilt entsprechend.

(3) ¹Die Kündigung bedarf der Schriftform. ²Für Klagen gegen die Kündigung gilt § 73 Abs. 2 entsprechend.

§ 75 Rahmenverträge, Bundesempfehlungen und -vereinbarungen über die pflegerische Versorgung

(1) ¹Die Landesverbände der Pflegekassen schließen unter Beteiligung des Medizinischen Dienstes der Krankenversicherung sowie des Verbandes der privaten Krankenversicherung e.V. im Land mit den Vereinigungen der Träger der ambulanten oder stationären Pflegeeinrichtungen im Land gemeinsam und einheitlich Rahmenverträge mit dem Ziel, eine wirksame und wirtschaftliche pflegerische Versorgung der Versicherten sicherzustellen. ²Für Pflegeeinrichtungen, die einer Kirche oder Religionsgemeinschaft des öffentlichen Rechts oder einem sonstigen freigemeinnützigen Träger zuzuordnen sind, können die Rahmenverträge auch von der Kirche oder Religionsgemeinschaft oder von dem Wohlfahrtsverband abgeschlossen werden, dem die Pflegeeinrichtung angehört. ³Bei Rahmenverträgen über ambulante Pflege sind die Arbeitsgemeinschaften der örtlichen Träger der Sozialhilfe, bei Rahmenverträgen über stationäre Pflege die überörtlichen Träger der Sozialhilfe und die Arbeitsgemeinschaften der örtlichen Träger der Sozialhilfe als Vertragspartei am Vertragsschluß zu beteiligen. ⁴Die Rahmenverträge sind für die Pflegekassen und die zugelassenen Pflegeeinrichtungen im Inland unmittelbar verbindlich.

(2) ¹Die Verträge regeln insbesondere:
1. den Inhalt der Pflegeleistungen sowie bei stationärer Pflege die Abgrenzung zwischen den allgemeinen Pflegeleistungen, den Leistungen bei Unterkunft und Verpflegung und den Zusatzleistungen,
2. die allgemeinen Bedingungen der Pflege einschließlich der Kostenübernahme, der Abrechnung der Entgelte und der hierzu erforderlichen Bescheinigungen und Berichte,
3. Maßstäbe und Grundsätze für eine wirtschaftliche und leistungsbezogene, am Versorgungsauftrag orientierte personelle und sächliche Ausstattung der Pflegeeinrichtungen,
4. die Überprüfung der Notwendigkeit und Dauer der Pflege,
5. Abschläge von der Pflegevergütung bei vorübergehender Abwesenheit (Krankenhausaufenthalt, Beurlaubung) des Pflegebedürftigen aus dem Pflegeheim,
6. den Zugang des Medizinischen Dienstes und sonstiger von den Pflegekassen beauftragter Prüfer zu den Pflegeeinrichtungen,
7. die Verfahrens- und Prüfungsgrundsätze für Wirtschaftlichkeitsprüfungen,
8. die Grundsätze zur Festlegung der örtlichen oder regionalen Einzugsbereiche der Pflegeeinrichtungen, um Pflegeleistungen ohne lange Wege möglichst orts- und bürgernah anzubieten,
9. die Möglichkeiten, unter denen sich Mitglieder von Selbsthilfegruppen, ehrenamtliche Pflegepersonen und sonstige zum bürgerschaftlichen Engagement bereite Personen und Organisationen in der häuslichen Pflege sowie in ambulanten und stationären Pflegeeinrichtungen an der Betreuung Pflegebedürftiger beteiligen können.

²Durch die Regelung der sächlichen Ausstattung in Satz 1 Nr. 3 werden Ansprüche der Pflegeheimbewohner nach § 33 des Fünften Buches auf Versorgung mit Hilfsmitteln weder aufgehoben noch eingeschränkt.

(3) ¹Als Teil der Verträge nach Absatz 2 Nr. 3 sind entweder
1. landesweite Verfahren zur Ermittlung des Personalbedarfs oder zur Bemessung der Pflegezeiten oder
2. landesweite Personalrichtwerte

zu vereinbaren. ²Dabei ist jeweils der besondere Pflege- und Betreuungsbedarf Pflegebedürftiger mit geistigen Behinderungen, psychischen Erkrankungen, demenzbedingten Fähigkeitsstörungen und anderen Leiden des Nervensystems zu beachten. ³Bei der Vereinbarung der Verfahren nach Satz 1 Nr. 1 sind auch in Deutschland erprobte und bewährte internationale Erfahrungen zu berücksichtigen. ⁴Die Personalrichtwerte nach Satz 1 Nr. 2 können als Bandbreiten vereinbart werden und umfassen bei teil- oder vollstationärer Pflege wenigstens

1. das Verhältnis zwischen der Zahl der Heimbewohner und der Zahl der Pflege- und Betreuungskräfte (in Vollzeitkräfte umgerechnet), unterteilt nach Pflegestufen (Personalanhaltszahlen), sowie
2. im Bereich der Pflege, der sozialen Betreuung und der medizinischen Behandlungspflege zusätzlich den Anteil der ausgebildeten Fachkräfte am Pflege- und Betreuungspersonal.

⁵Die Heimpersonalverordnung bleibt in allen Fällen unberührt.

(4) ¹Kommt ein Vertrag nach Absatz 1 innerhalb von sechs Monaten ganz oder teilweise nicht zustande, nachdem eine Vertragspartei schriftlich zu Vertragsverhandlungen aufgefordert hat, wird sein Inhalt auf Antrag einer Vertragspartei durch die Schiedsstelle nach § 76 festgesetzt. ²Satz 1 gilt auch für Verträge, mit denen bestehende Rahmenverträge geändert oder durch neue Verträge abgelöst werden sollen.

(5) ¹Die Verträge nach Absatz 1 können von jeder Vertragspartei mit einer Frist von einem Jahr ganz oder teilweise gekündigt werden. ²Satz 1 gilt entsprechend für die von der Schiedsstelle nach Absatz 4 getroffenen Regelungen. ³Diese können auch ohne Kündigung jederzeit durch einen Vertrag nach Absatz 1 ersetzt werden.

(6) ¹Der Spitzenverband Bund der Pflegekassen und die Vereinigungen der Träger der Pflegeeinrichtungen auf Bundesebene sollen unter Beteiligung des Medizinischen Dienstes des Spitzenverbandes Bund der Krankenkassen, des Verbandes der privaten Krankenversicherung e. V. sowie unabhängiger Sachverständiger gemeinsam mit der Bundesvereinigung der kommunalen Spitzenverbände und der Bundesarbeitsgemeinschaft der überörtlichen Träger der Sozialhilfe Empfehlungen zum Inhalt der Verträge nach Absatz 1 abgeben. ²Sie arbeiten dabei mit den Verbänden der Pflegeberufe sowie den Verbänden der Behinderten und der Pflegebedürftigen eng zusammen.

(7) ¹Der Spitzenverband Bund der Pflegekassen, die Bundesarbeitsgemeinschaft der überörtlichen Träger der Sozialhilfe, die Bundesvereinigung der kommunalen Spitzenverbände und die Vereinigungen der Träger der Pflegeeinrichtungen auf Bundesebene vereinbaren gemeinsam und einheitlich Grundsätze ordnungsgemäßer Pflegebuchführung für die ambulanten und stationären Pflegeeinrichtungen. ²Die Vereinbarung nach Satz 1 tritt unmittelbar nach Aufhebung der gemäß § 83 Abs. 1 Satz 1 Nr. 3 erlassenen Rechtsverordnung in Kraft und ist den im Land tätigen zugelassenen Pflegeeinrichtungen von den Landesverbänden der Pflegekassen unverzüglich bekannt zu geben. ³Sie ist für alle Pflegekassen und deren Verbände sowie für die zugelassenen Pflegeeinrichtungen unmittelbar verbindlich.

§ 76 Schiedsstelle

(1) ¹Die Landesverbände der Pflegekassen und die Vereinigungen der Träger der Pflegeeinrichtungen im Land bilden gemeinsam für jedes Land eine Schiedsstelle. ²Diese entscheidet in den ihr nach diesem Buch zugewiesenen Angelegenheiten.

(2) ¹Die Schiedsstelle besteht aus Vertretern der Pflegekassen und Pflegeeinrichtungen in gleicher Zahl sowie einem unparteiischen Vorsitzenden und zwei weiteren unparteiischen Mitgliedern; für den Vorsitzenden und die unparteiischen Mitglieder können Stellvertreter bestellt werden. ²Der Schiedsstelle gehört auch ein Vertreter des Verbandes der privaten Krankenversicherung e. V. sowie der überörtlichen oder, sofern Landesrecht dies bestimmt, ein örtlicher Träger der Sozialhilfe im Land an, die auf die Zahl der Vertreter der Pflegekassen angerechnet werden. ³Die Vertreter der Pflegekassen und deren Stellvertreter werden von den Landesverbänden der Pflegekassen, die Vertreter der Pflegeeinrichtungen und deren Stellvertreter von den Vereinigungen der Träger der Pflegedienste und Pflegeheime im Land bestellt; bei der Bestellung der Vertreter der Pflegeeinrichtungen ist die Trägervielfalt zu beachten. ⁴Der Vorsitzende und die weiteren unparteiischen Mitglieder werden von den beteiligten Organisationen gemeinsam bestellt. ⁵Kommt eine Einigung nicht zustande, werden sie durch Los bestimmt. ⁶Soweit beteiligte Organisationen keinen Vertreter bestellen oder im Verfahren nach Satz 4 keine Kandidaten für das Amt des Vorsitzenden oder der weiteren unparteiischen Mitglieder benennen, bestellt die zu-

ständige Landesbehörde auf Antrag einer der beteiligten Organisationen die Vertreter und benennt die Kandidaten.

(3) ¹Die Mitglieder der Schiedsstelle führen ihr Amt als Ehrenamt. ²Sie sind an Weisungen nicht gebunden. ³Jedes Mitglied hat eine Stimme. ⁴Die Entscheidungen werden mit der Mehrheit der Mitglieder getroffen. ⁵Ergibt sich keine Mehrheit, gibt die Stimme des Vorsitzenden den Ausschlag.

(4) Die Rechtsaufsicht über die Schiedsstelle führt die zuständige Landesbehörde.

(5) Die Landesregierungen werden ermächtigt, durch Rechtsverordnung das Nähere über die Zahl, die Bestellung, die Amtsdauer und die Amtsführung, die Erstattung der baren Auslagen und die Entschädigung für Zeitaufwand der Mitglieder der Schiedsstelle, die Geschäftsführung, das Verfahren, die Erhebung und die Höhe der Gebühren sowie über die Verteilung der Kosten zu bestimmen.

(6) ¹Abweichend von § 85 Abs. 5 können die Parteien der Pflegesatzvereinbarung (§ 85 Abs. 2) gemeinsam eine unabhängige Schiedsperson bestellen. ²Diese setzt spätestens bis zum Ablauf von 28 Kalendertagen nach ihrer Bestellung die Pflegesätze und den Zeitpunkt ihres Inkrafttretens fest. ³Gegen die Festsetzungsentscheidung kann ein Antrag auf gerichtliche Aufhebung nur gestellt werden, wenn die Festsetzung der öffentlichen Ordnung widerspricht. ⁴Die Kosten des Schiedsverfahrens tragen die Vertragspartner zu gleichen Teilen. ⁵§ 85 Abs. 6 gilt entsprechend.

Dritter Abschnitt. Beziehungen zu sonstigen Leistungserbringern

§ 77 Häusliche Pflege durch Einzelpersonen

(1) ¹Zur Sicherstellung der häuslichen Pflege und Betreuung sowie der hauswirtschaftlichen Versorgung kann die zuständige Pflegekasse Verträge mit einzelnen geeigneten Pflegekräften schließen, soweit
1. die pflegerische Versorgung ohne den Einsatz von Einzelpersonen im Einzelfall nicht ermöglicht werden kann,
2. die pflegerische Versorgung durch den Einsatz von Einzelpersonen besonders wirksam und wirtschaftlich ist (§ 29),
3. dies den Pflegebedürftigen in besonderem Maße hilft, ein möglichst selbständiges und selbstbestimmtes Leben zu führen (§ 2 Abs. 1), oder
4. dies dem besonderen Wunsch der Pflegebedürftigen zur Gestaltung der Hilfe entspricht (§ 2 Abs. 2);

Verträge mit Verwandten oder Verschwägerten des Pflegebedürftigen bis zum dritten Grad sowie mit Personen, die mit dem Pflegebedürftigen in häuslicher Gemeinschaft leben, sind unzulässig. ²In dem Vertrag sind Inhalt, Umfang, Qualität, Qualitätssicherung, Vergütung sowie Prüfung der Qualität und Wirtschaftlichkeit der vereinbarten Leistungen zu regeln; die Vergütungen sind für Leistungen der Grundpflege und der hauswirtschaftlichen Versorgung sowie für Betreuungsleistungen nach § 36 Abs. 1 zu vereinbaren. ³In dem Vertrag ist weiter zu regeln, daß die Pflegekräfte mit dem Pflegebedürftigen, dem sie Leistungen der häuslichen Pflege und der hauswirtschaftlichen Versorgung erbringen, kein Beschäftigungsverhältnis eingehen dürfen. ⁴Soweit davon abweichend Verträge geschlossen sind, sind sie zu kündigen. ⁵Die Sätze 3 und 4 gelten nicht, wenn
1. das Beschäftigungsverhältnis vor dem 1. Mai 1996 bestanden hat und
2. die vor dem 1. Mai 1996 erbrachten Pflegeleistungen von der zuständigen Pflegekasse auf Grund eines von ihr mit der Pflegekraft abgeschlossenen Vertrages vergütet worden sind.

⁶Die Pflegekassen können Verträge nach Satz 1 schließen, wenn dies zur Sicherstellung der häuslichen Versorgung und der Betreuung nach § 36 Abs. 1 unter Berücksichtigung des in der Region vorhandenen ambulanten Leistungsangebots oder um den Wünschen der Pflegebedürftigen zu entsprechen erforderlich ist.

(2) Die Pflegekassen können bei Bedarf einzelne Pflegekräfte zur Sicherstellung der häuslichen Pflege anstellen, für die hinsichtlich der Wirtschaftlichkeit und Qualität ihrer Leistungen die gleichen Anforderungen wie für die zugelassenen Pflegedienste nach diesem Buch gelten.

§ 78 Verträge über Pflegehilfsmittel

(1) ¹Der Spitzenverband Bund der Pflegekassen schließt mit den Leistungserbringern oder deren Verbänden Verträge über die Versorgung der Versicherten mit Pflegehilfsmit-

teln, soweit diese nicht nach den Vorschriften des Fünften Buches über die Hilfsmittel zu vergüten sind. ²Abweichend von Satz 1 können die Pflegekassen Verträge über die Versorgung der Versicherten mit Pflegehilfsmitteln schließen, um dem Wirtschaftlichkeitsgebot verstärkt Rechnung zu tragen. ³Die §§ 36, 126 und 127 des Fünften Buches gelten entsprechend.

(2) ¹Der Spitzenverband Bund der Pflegekassen regelt mit Wirkung für seine Mitglieder das Nähere zur Bemessung der Zuschüsse für Maßnahmen zur Verbesserung des individuellen Wohnumfeldes der Pflegebedürftigen nach § 40 Abs. 4 Satz 2. ²Er erstellt als Anlage zu dem Hilfsmittelverzeichnis nach § 139 des Fünften Buches ein systematisch strukturiertes Pflegehilfsmittelverzeichnis. ³Darin sind die von der Leistungspflicht der Pflegeversicherung umfassten Pflegehilfsmittel aufzuführen, soweit diese nicht bereits im Hilfsmittelverzeichnis enthalten sind. ⁴Pflegehilfsmittel, die für eine leihweise Überlassung an die Versicherten geeignet sind, sind gesondert auszuweisen. ⁵Im Übrigen gilt § 139 des Fünften Buches entsprechend mit der Maßgabe, dass die Verbände der Pflegeberufe und der behinderten Menschen vor Erstellung und Fortschreibung des Pflegehilfsmittelverzeichnisses ebenfalls anzuhören sind.

(3) ¹Die Landesverbände der Pflegekassen vereinbaren untereinander oder mit geeigneten Pflegeeinrichtungen das Nähere zur Ausleihe der hierfür nach Absatz 2 Satz 4 geeigneten Pflegehilfsmittel einschließlich ihrer Beschaffung, Lagerung, Wartung und Kontrolle. ²Die Pflegebedürftigen und die zugelassenen Pflegeeinrichtungen sind von den Pflegekassen oder deren Verbänden in geeigneter Form über die Möglichkeit der Ausleihe zu unterrichten.

(4) Das Bundesministerium für Gesundheit wird ermächtigt, das Pflegehilfsmittelverzeichnis nach Absatz 2 und die Festbeträge nach Absatz 3 durch Rechtsverordnung im Einvernehmen mit dem Bundesministerium für Arbeit und Soziales und dem Bundesministerium für Familie, Senioren, Frauen und Jugend und mit Zustimmung des Bundesrates zu bestimmen; § 40 Abs. 5 bleibt unberührt.

Vierter Abschnitt. Wirtschaftlichkeitsprüfungen und Qualitätssicherung

§ 79 Wirtschaftlichkeitsprüfungen

(1) ¹Die Landesverbände der Pflegekassen können die Wirtschaftlichkeit und Wirksamkeit der ambulanten, teilstationären und vollstationären Pflegeleistungen durch von ihnen bestellte Sachverständige prüfen lassen; vor Bestellung der Sachverständigen ist der Träger der Pflegeeinrichtung zu hören. ²Eine Prüfung ist nur zulässig, wenn tatsächliche Anhaltspunkte dafür bestehen, dass die Pflegeeinrichtung die Anforderungen des § 72 Abs. 3 Satz 1 ganz oder teilweise nicht oder nicht mehr erfüllt. ³Die Anhaltspunkte sind der Pflegeeinrichtung rechtzeitig vor der Anhörung mitzuteilen. ⁴Personenbezogene Daten sind zu anonymisieren.

(2) Die Träger der Pflegeeinrichtungen sind verpflichtet, dem Sachverständigen auf Verlangen die für die Wahrnehmung seiner Aufgaben notwendigen Unterlagen vorzulegen und Auskünfte zu erteilen.

(3) Das Prüfungsergebnis ist, unabhängig von den sich daraus ergebenden Folgerungen für eine Kündigung des Versorgungsvertrags nach § 74, in der nächstmöglichen Vergütungsvereinbarung mit Wirkung für die Zukunft zu berücksichtigen.

§§ 80, 80a *(aufgehoben)*

§ 81 Verfahrensregelungen

(1) ¹Die Landesverbände der Pflegekassen (§ 52) erfüllen die ihnen nach dem Siebten und Achten Kapitel zugewiesenen Aufgaben gemeinsam. ²Kommt eine Einigung ganz oder teilweise nicht zustande, erfolgt die Beschlussfassung durch die Mehrheit der in § 52 Abs. 1 Satz 1 genannten Stellen mit der Maßgabe, dass die Beschlüsse durch drei Vertreter der Ortskrankenkassen einschließlich der See-Krankenkasse und durch zwei Vertreter der Ersatzkassen sowie durch je einen Vertreter der weiteren Stellen gefasst werden.

(2) ¹Bei Entscheidungen, die von den Landesverbänden der Pflegekassen mit den Arbeitsgemeinschaften der örtlichen Träger der Sozialhilfe oder den überörtlichen Trägern der Sozialhilfe gemeinsam zu treffen sind, werden die Arbeitsgemeinschaften oder die überörtlichen Träger mit zwei Vertretern an der Beschlussfassung nach Absatz 1 Satz 2

beteiligt. ²Kommt bei zwei Beschlussfassungen nacheinander eine Einigung mit den Vertretern der Träger der Sozialhilfe nicht zustande, kann jeder Beteiligte nach Satz 1 die Entscheidung des Vorsitzenden und der weiteren unparteiischen Mitglieder der Schiedsstelle nach § 76 verlangen. ³Sie entscheiden für alle Beteiligten verbindlich über die streitbefangenen Punkte unter Ausschluss des Rechtswegs. ⁴Die Kosten des Verfahrens nach Satz 2 und das Honorar des Vorsitzenden sind von allen Beteiligten anteilig zu tragen.

(3) ¹Bei Entscheidungen nach dem Siebten Kapitel, die der Spitzenverband Bund der Pflegekassen mit den Vertretern der Träger der Sozialhilfe gemeinsam zu treffen hat, stehen dem Spitzenverband Bund der Pflegekassen in entsprechender Anwendung von Absatz 2 Satz 1 in Verbindung mit Absatz 1 Satz 2 neun und den Vertretern der Träger der Sozialhilfe zwei Stimmen zu. ²Absatz 2 Satz 2 bis 4 gilt mit der Maßgabe entsprechend, dass bei Nichteinigung ein Schiedsstellenvorsitzender zur Entscheidung von den Beteiligten einvernehmlich auszuwählen ist.

Achtes Kapitel. Pflegevergütung

Erster Abschnitt. Allgemeine Vorschriften

§ 82 Finanzierung der Pflegeeinrichtungen

(1) ¹Zugelassene Pflegeheime und Pflegedienste erhalten nach Maßgabe dieses Kapitels
1. eine leistungsgerechte Vergütung für die allgemeinen Pflegeleistungen (Pflegevergütung) sowie
2. bei stationärer Pflege ein angemessenes Entgelt für Unterkunft und Verpflegung.

²Die Pflegevergütung ist von den Pflegebedürftigen oder deren Kostenträgern zu tragen. ³Sie umfasst bei stationärer Pflege auch die soziale Betreuung und, soweit kein Anspruch auf Krankenpflege nach § 37 des Fünften Buches besteht, die medizinische Behandlungspflege. ⁴Für Unterkunft und Verpflegung bei stationärer Pflege hat der Pflegebedürftige selbst aufzukommen.

(2) In der Pflegevergütung und in den Entgelten für Unterkunft und Verpflegung dürfen keine Aufwendungen berücksichtigt werden für
1. Maßnahmen, die dazu bestimmt sind, die für den Betrieb der Pflegeeinrichtung notwendigen Gebäude und sonstigen abschreibungsfähigen Anlagegüter herzustellen, anzuschaffen, wiederzubeschaffen, zu ergänzen, instandzuhalten oder instandzusetzen; ausgenommen sind die zum Verbrauch bestimmten Güter (Verbrauchsgüter), die der Pflegevergütung nach Absatz 1 Satz 1 Nr. 1 zuzuordnen sind,
2. den Erwerb und die Erschließung von Grundstücken,
3. Miete, Pacht, Nutzung oder Mitbenutzung von Grundstücken, Gebäuden oder sonstigen Anlagegütern,
4. den Anlauf oder die innerbetriebliche Umstellung von Pflegeeinrichtungen,
5. die Schließung von Pflegeeinrichtungen oder ihre Umstellung auf andere Aufgaben.

(3) ¹Soweit betriebsnotwendige Investitionsaufwendungen nach Absatz 2 Nr. 1 oder Aufwendungen für Miete, Pacht, Nutzung oder Mitbenutzung von Gebäuden oder sonstige abschreibungsfähige Anlagegüter nach Absatz 2 Nr. 3 durch öffentliche Förderung gemäß § 9 nicht vollständig gedeckt sind, kann die Pflegeeinrichtung diesen Teil der Aufwendungen den Pflegebedürftigen gesondert berechnen. ²Gleiches gilt, soweit die Aufwendungen nach Satz 1 vom Land durch Darlehen oder sonstige rückzahlbare Zuschüsse gefördert werden. ³Die gesonderte Berechnung bedarf der Zustimmung der zuständigen Landesbehörde; das Nähere hierzu, insbesondere auch zu Art, Höhe und Laufzeit sowie die Verteilung der gesondert berechenbaren Aufwendungen auf die Pflegebedürftigen, wird durch Landesrecht bestimmt.

(4) ¹Pflegeeinrichtungen, die nicht nach Landesrecht gefördert werden, können ihre betriebsnotwendigen Investitionsaufwendungen den Pflegebedürftigen ohne Zustimmung der zuständigen Landesbehörde gesondert berechnen. ²Die gesonderte Berechnung ist der zuständigen Landesbehörde mitzuteilen.

(5) Öffentliche Zuschüsse zu den laufenden Aufwendungen einer Pflegeeinrichtung (Betriebskostenzuschüsse) sind von der Pflegevergütung abzuziehen.

§ 82a Ausbildungsvergütung

(1) Die Ausbildungsvergütung im Sinne dieser Vorschrift umfasst die Vergütung, die aufgrund von Rechtsvorschriften, Tarifverträgen, entsprechenden allgemeinen Vergü-

tungsregelungen oder aufgrund vertraglicher Vereinbarungen an Personen, die nach Bundesrecht in der Altenpflege oder nach Landesrecht in der Altenpflegehilfe ausgebildet werden, während der Dauer ihrer praktischen oder theoretischen Ausbildung zu zahlen ist, sowie die nach § 17 Abs. 1a des Altenpflegegesetzes zu erstattenden Weiterbildungskosten.

(2) ¹Soweit eine nach diesem Gesetz zugelassene Pflegeeinrichtung nach Bundesrecht zur Ausbildung in der Altenpflege oder nach Landesrecht zur Ausbildung in der Altenpflegehilfe berechtigt oder verpflichtet ist, ist die Ausbildungsvergütung der Personen, die aufgrund eines entsprechenden Ausbildungsvertrages mit der Einrichtung oder ihrem Träger zum Zwecke der Ausbildung in der Einrichtung tätig sind, während der Dauer des Ausbildungsverhältnisses in der Vergütung der allgemeinen Pflegeleistungen (§ 84 Abs. 1, § 89) berücksichtigungsfähig. ²Betreut die Einrichtung auch Personen, die nicht pflegebedürftig im Sinne dieses Buches sind, so ist in der Pflegevergütung nach Satz 1 nur der Anteil an der Gesamtsumme der Ausbildungsvergütungen berücksichtigungsfähig, der bei einer gleichmäßigen Verteilung der Gesamtsumme auf alle betreuten Personen auf die Pflegebedürftigen im Sinne dieses Buches entfällt. ³Soweit die Ausbildungsvergütung im Pflegesatz eines zugelassenen Pflegeheimes zu berücksichtigen ist, ist der Anteil, der auf die Pflegebedürftigen im Sinne dieses Buches entfällt, gleichmäßig auf alle pflegebedürftigen Heimbewohner zu verteilen. ⁴Satz 1 gilt nicht, soweit

1. die Ausbildungsvergütung oder eine entsprechende Vergütung nach anderen Vorschriften aufgebracht wird oder
2. die Ausbildungsvergütung durch ein landesrechtliches Umlageverfahren nach Absatz 3 finanziert wird.

⁵Die Ausbildungsvergütung ist in der Vergütungsvereinbarung über die allgemeinen Pflegeleistungen gesondert auszuweisen; die §§ 84 bis 86 und 89 gelten entsprechend.

(3) Wird die Ausbildungsvergütung ganz oder teilweise durch ein landesrechtliches Umlageverfahren finanziert, so ist die Umlage in der Vergütung der allgemeinen Pflegeleistungen nur insoweit berücksichtigungsfähig, als sie auf der Grundlage nachfolgender Berechnungsgrundsätze ermittelt wird:

1. Die Kosten der Ausbildungsvergütung werden nach einheitlichen Grundsätzen gleichmäßig auf alle zugelassenen ambulanten, teilstationären und stationären Pflegeeinrichtungen und die Altenheime im Land verteilt. Bei der Bemessung und Verteilung der Umlage ist sicherzustellen, daß der Verteilungsmaßstab nicht einseitig zu Lasten der zugelassenen Pflegeeinrichtungen gewichtet ist. Im übrigen gilt Absatz 2 Satz 2 und 3 entsprechend.
2. Die Gesamthöhe der Umlage darf den voraussichtlichen Mittelbedarf zur Finanzierung eines angemessenen Angebots an Ausbildungsplätzen nicht überschreiten.
3. Aufwendungen für die Vorhaltung, Instandsetzung oder Instandhaltung von Ausbildungsstätten (§§ 9, 82 Abs. 2 bis 4), für deren laufende Betriebskosten (Personal- und Sachkosten) sowie für die Verwaltungskosten der nach Landesrecht für das Umlageverfahren zuständigen Stelle bleiben unberücksichtigt.

(4) ¹Die Höhe der Umlage nach Absatz 3 sowie ihre Berechnungsfaktoren sind von der dafür nach Landesrecht zuständigen Stelle den Landesverbänden der Pflegekassen rechtzeitig vor Beginn der Pflegesatzverhandlungen mitzuteilen. ²Es genügt die Mitteilung an einen Landesverband; dieser leitet die Mitteilung unverzüglich an die übrigen Landesverbände und an die zuständigen Träger der Sozialhilfe weiter. ³Bei Meinungsverschiedenheiten zwischen den nach Satz 1 Beteiligten über die ordnungsgemäße Bemessung und die Höhe des von den zugelassenen Pflegeeinrichtungen zu zahlenden Anteils an der Umlage entscheidet die Schiedsstelle nach § 76 unter Ausschluß des Rechtsweges. ⁴Die Entscheidung ist für alle Beteiligten nach Satz 1 sowie für die Parteien der Vergütungsvereinbarungen nach dem Achten Kapitel verbindlich; § 85 Abs. 5 Satz 1 und 2, erster Halbsatz, sowie Abs. 6 gilt entsprechend.

§ 82b Ehrenamtliche Unterstützung

¹Soweit und solange einer nach diesem Gesetz zugelassenen Pflegeeinrichtung, insbesondere

1. für die vorbereitende und begleitende Schulung,
2. für die Planung und Organisation des Einsatzes oder
3. für den Ersatz des angemessenen Aufwands

der Mitglieder von Selbsthilfegruppen sowie der ehrenamtlichen und sonstigen zum bürgerschaftlichen Engagement bereiten Personen und Organisationen, für von der Pflegeversicherung versorgte Leistungsempfänger nicht anderweitig gedeckte Aufwendungen entstehen, sind diese bei stationären Pflegeeinrichtungen in den Pflegesätzen (§ 84 Abs. 1) und bei ambulanten Pflegeeinrichtungen in den Vergütungen (§ 89) berücksichtigungsfähig. ²Die Aufwendungen können in der Vergütungsvereinbarung über die allgemeinen Pflegeleistungen gesondert ausgewiesen werden.

§ 83 Verordnung zur Regelung der Pflegevergütung

(1) ¹Die Bundesregierung wird ermächtigt, durch Rechtsverordnung mit Zustimmung des Bundesrates Vorschriften zu erlassen über

1. die Pflegevergütung der Pflegeeinrichtungen einschließlich der Verfahrensregelungen zu ihrer Vereinbarung nach diesem Kapitel,
2. den Inhalt der Pflegeleistungen sowie bei stationärer Pflege die Abgrenzung zwischen den allgemeinen Pflegeleistungen (§ 84 Abs. 4), den Leistungen bei Unterkunft und Verpflegung (§ 87) und den Zusatzleistungen (§ 88),
3. die Rechnungs- und Buchführungsvorschriften der Pflegeeinrichtungen einschließlich einer Kosten- und Leistungsrechnung; bei zugelassenen Pflegeeinrichtungen, die neben den Leistungen nach diesem Buch auch andere Sozialleistungen im Sinne des Ersten Buches (gemischte Einrichtung) erbringen, kann der Anwendungsbereich der Verordnung auf den Gesamtbetrieb erstreckt werden,
4. Maßstäbe und Grundsätze für eine wirtschaftliche und leistungsbezogene, am Versorgungsauftrag (§ 72 Abs. 1) orientierte personelle Ausstattung der Pflegeeinrichtungen,
5. die nähere Abgrenzung der Leistungsaufwendungen nach Nummer 2 von den Investitionsaufwendungen und sonstigen Aufwendungen nach § 82 Abs. 2.

²§ 90 bleibt unberührt.

(2) Nach Erlass der Rechtsverordnung sind Rahmenverträge und Schiedsstellenregelungen nach § 75 zu den von der Verordnung erfassten Regelungsbereichen nicht mehr zulässig.

Zweiter Abschnitt. Vergütung der stationären Pflegeleistungen

§ 84 Bemessungsgrundsätze

(1) ¹Pflegesätze sind die Entgelte der Heimbewohner oder ihrer Kostenträger für die teil- oder vollstationären Pflegeleistungen des Pflegeheims sowie für die soziale Betreuung und, soweit kein Anspruch auf Krankenpflege nach § 37 des Fünften Buches besteht, für die medizinische Behandlungspflege. ²In den Pflegesätzen dürfen keine Aufwendungen berücksichtigt werden, die nicht der Finanzierungszuständigkeit der sozialen Pflegeversicherung unterliegen.

(2) ¹Die Pflegesätze müssen leistungsgerecht sein. ²Sie sind nach dem Versorgungsaufwand, den der Pflegebedürftige nach Art und Schwere seiner Pflegebedürftigkeit benötigt, in drei Pflegeklassen einzuteilen; für Pflegebedürftige, die als Härtefall anerkannt sind, können Zuschläge zum Pflegesatz der Pflegeklasse 3 bis zur Höhe des kalendertäglichen Unterschiedsbetrages vereinbart werden, der sich aus § 43 Abs. 2 Satz 2 Nr. 3 und 4 ergibt. ³Bei der Zuordnung der Pflegebedürftigen zu den Pflegeklassen sind die Pflegestufen nach § 15 zugrunde zu legen, soweit nicht nach der gemeinsamen Beurteilung des Medizinischen Dienstes und der Pflegeleitung des Pflegeheimes die Zuordnung zu einer anderen Pflegeklasse notwendig oder ausreichend ist. ⁴Die Pflegesätze müssen einem Pflegeheim bei wirtschaftlicher Betriebsführung ermöglichen, seinen Versorgungsauftrag zu erfüllen. ⁵Überschüsse verbleiben dem Pflegeheim; Verluste sind von ihm zu tragen. ⁶Der Grundsatz der Beitragssatzstabilität ist zu beachten. ⁷Bei der Bemessung der Pflegesätze einer Pflegeeinrichtung können die Pflegesätze derjenigen Pflegeeinrichtungen, die nach Art und Größe sowie hinsichtlich der in Absatz 5 genannten Leistungs- und Qualitätsmerkmale im Wesentlichen gleichartig sind, angemessen berücksichtigt werden.

(3) Die Pflegesätze sind für alle Heimbewohner des Pflegeheimes nach einheitlichen Grundsätzen zu bemessen; eine Differenzierung nach Kostenträgern ist unzulässig.

(4) ¹Mit den Pflegesätzen sind alle für die Versorgung der Pflegebedürftigen nach Art und Schwere ihrer Pflegebedürftigkeit erforderlichen Pflegeleistungen der Pflegeeinrichtung (Allgemeine Pflegeleistungen) abgegolten. ²Für die allgemeinen Pflegeleistungen dürfen, soweit nichts anderes bestimmt ist, ausschließlich die nach § 85 oder § 86 vereinbarten oder nach § 85 Abs. 5 festgesetzten Pflegesätze berechnet werden, ohne Rücksicht darauf, wer zu ihrer Zahlung verpflichtet ist.

(5) ¹In der Pflegesatzvereinbarung sind die wesentlichen Leistungs- und Qualitätsmerkmale der Einrichtung festzulegen. ²Hierzu gehören insbesondere

1. die Zuordnung des voraussichtlich zu versorgenden Personenkreises sowie Art, Inhalt und Umfang der Leistungen, die von der Einrichtung während des nächsten Pflegesatzzeitraums erwartet werden,
2. die von der Einrichtung für den voraussichtlich zu versorgenden Personenkreis individuell vorzuhaltende personelle Ausstattung, gegliedert nach Berufsgruppen, sowie
3. Art und Umfang der Ausstattung der Einrichtung mit Verbrauchsgütern (§ 82 Abs. 2 Nr. 1).

(6) ¹Der Träger der Einrichtung ist verpflichtet, mit der vereinbarten personellen Ausstattung die Versorgung der Pflegebedürftigen jederzeit sicherzustellen. ²Er hat bei Personalengpässen oder -ausfällen durch geeignete Maßnahmen sicherzustellen, dass die Versorgung der Pflegebedürftigen nicht beeinträchtigt wird. ³Auf Verlangen einer Vertragspartei hat der Träger der Einrichtung in einem Personalabgleich nachzuweisen, dass die vereinbarte Personalausstattung tatsächlich bereitgestellt und bestimmungsgemäß eingesetzt wird. ⁴Das Nähere zur Durchführung des Personalabgleichs wird in den Verträgen nach § 75 Abs. 1 und 2 geregelt.

§ 85 Pflegesatzverfahren

(1) Art, Höhe und Laufzeit der Pflegesätze werden zwischen dem Träger des Pflegeheimes und den Leistungsträgern nach Absatz 2 vereinbart.

(2) ¹Parteien der Pflegesatzvereinbarung (Vertragsparteien) sind der Träger des einzelnen zugelassenen Pflegeheimes sowie

1. die Pflegekassen oder sonstige Sozialversicherungsträger,
2. die für die Bewohner des Pflegeheimes zuständigen Träger der Sozialhilfe sowie
3. die Arbeitsgemeinschaften der unter Nummer 1 und 2 genannten Träger,

soweit auf den jeweiligen Kostenträger oder die Arbeitsgemeinschaft im Jahr vor Beginn der Pflegesatzverhandlungen jeweils mehr als fünf vom Hundert der Berechnungstage des Pflegeheimes entfallen. ²Die Pflegesatzvereinbarung ist für jedes zugelassene Pflegeheim gesondert abzuschließen; § 86 Abs. 2 bleibt unberührt. ³Die Vereinigungen der Pflegeheime im Land, die Landesverbände der Pflegekassen sowie der Verband der privaten Krankenversicherung e. V. im Land können sich am Pflegesatzverfahren beteiligen.

(3) ¹Die Pflegesatzvereinbarung ist im voraus, vor Beginn der jeweiligen Wirtschaftsperiode des Pflegeheimes, für einen zukünftigen Zeitraum (Pflegesatzzeitraum) zu treffen. ²Das Pflegeheim hat Art, Inhalt, Umfang und Kosten der Leistungen, für die es eine Vergütung beansprucht, durch Pflegedokumentationen und andere geeignete Nachweise rechtzeitig vor Beginn der Pflegesatzverhandlungen darzulegen; es hat außerdem die schriftliche Stellungnahme der nach heimrechtlichen Vorschriften vorgesehenen Interessenvertretung der Bewohnerinnen und Bewohner beizufügen. ³Soweit dies zur Beurteilung seiner Wirtschaftlichkeit und Leistungsfähigkeit im Einzelfall erforderlich ist, hat das Pflegeheim auf Verlangen einer Vertragspartei zusätzliche Unterlagen vorzulegen und Auskünfte zu erteilen. ⁴Hierzu gehören auch pflegesatzerhebliche Angaben zum Jahresabschluß entsprechend den Grundsätzen ordnungsgemäßer Pflegebuchführung, zur personellen und sachlichen Ausstattung des Pflegeheims einschließlich der Kosten sowie zur tatsächlichen Stellenbesetzung und Eingruppierung. ⁵Personenbezogene Daten sind zu anonymisieren.

(4) ¹Die Pflegesatzvereinbarung kommt durch Einigung zwischen dem Träger des Pflegeheimes und der Mehrheit der Kostenträger nach Absatz 2 Satz 1 zustande, die an der Pflegesatzverhandlung teilgenommen haben. ²Sie ist schriftlich abzuschließen. ³Soweit Vertragsparteien sich bei den Pflegesatzverhandlungen durch Dritte vertreten lassen, haben diese vor Verhandlungsbeginn den übrigen Vertragsparteien eine schriftliche Verhandlungs- und Abschlußvollmacht vorzulegen.

(5) ¹Kommt eine Pflegesatzvereinbarung innerhalb von sechs Wochen nicht zustande, nachdem eine Vertragspartei schriftlich zu Pflegesatzverhandlungen aufgefordert hat, setzt die Schiedsstelle nach § 76 auf Antrag einer Vertragspartei die Pflegesätze unverzüglich fest. ²Satz 1 gilt auch, soweit der nach Absatz 2 Satz 1 Nr. 2 zuständige Träger der Sozialhilfe der Pflegesatzvereinbarung innerhalb von zwei Wochen nach Vertragsschluß widerspricht; der Träger der Sozialhilfe kann im voraus verlangen, daß an Stelle der gesamten Schiedsstelle nur der Vorsitzende und die beiden weiteren unparteiischen Mitglieder oder nur der Vorsitzende allein entscheiden. ³Gegen die Festsetzung ist der Rechtsweg zu den Sozialgerichten gegeben. ⁴Ein Vorverfahren findet nicht statt; die Klage hat keine aufschiebende Wirkung.

(6) ¹Pflegesatzvereinbarungen sowie Schiedsstellenentscheidungen nach Absatz 5 Satz 1 oder 2 treten zu dem darin unter angemessener Berücksichtigung der Interessen der Pflegeheimbewohner bestimmten Zeitpunkt in Kraft; sie sind für das Pflegeheim sowie für die in dem Heim versorgten Pflegebedürftigen und deren Kostenträger unmittelbar verbindlich. ²Ein rückwirkendes Inkrafttreten von Pflegesätzen ist nicht zulässig. ³Nach Ablauf des Pflegesatzzeitraums gelten die vereinbarten oder festgesetzten Pflegesätze bis zum Inkrafttreten neuer Pflegesätze weiter.

(7) Bei unvorhersehbaren wesentlichen Veränderungen der Annahmen, die der Vereinbarung oder Festsetzung der Pflegesätze zugrunde lagen, sind die Pflegesätze auf Verlangen einer Vertragspartei für den laufenden Pflegesatzzeitraum neu zu verhandeln; die Absätze 3 bis 6 gelten entsprechend.

§ 86 Pflegesatzkommission

(1) ¹Die Landesverbände der Pflegekassen, der Verband der privaten Krankenversicherung e. V., die überörtlichen oder ein nach Landesrecht bestimmter Träger der Sozialhilfe und die Vereinigungen der Pflegeheimträger im Land bilden regional oder landesweit tätige Pflegesatzkommissionen, die anstelle der Vertragsparteien nach § 85 Abs. 2 die Pflegesätze mit Zustimmung der betroffenen Pflegeheimträger vereinbaren können. ²§ 85 Abs. 3 bis 7 gilt entsprechend.

(2) ¹Für Pflegeheime, die in derselben kreisfreien Gemeinde oder in demselben Landkreis liegen, kann die Pflegesatzkommission mit Zustimmung der betroffenen Pflegeheimträger für die gleichen Leistungen einheitliche Pflegesätze vereinbaren. ²Die beteiligten Pflegeheime sind befugt, ihre Leistungen unterhalb der nach Satz 1 vereinbarten Pflegesätze anzubieten.

(3) ¹Die Pflegesatzkommission oder die Vertragsparteien nach § 85 Abs. 2 können auch Rahmenvereinbarungen abschließen, die insbesondere ihre Rechte und Pflichten, die Vorbereitung, den Beginn und das Verfahren der Pflegesatzverhandlungen sowie Art, Umfang und Zeitpunkt der vom Pflegeheim vorzulegenden Leistungsnachweise und sonstigen Verhandlungsunterlagen näher bestimmen. ²Satz 1 gilt nicht, soweit für das Pflegeheim verbindliche Regelungen nach § 75 getroffen worden sind.

§ 87 Unterkunft und Verpflegung

¹Die als Pflegesatzparteien betroffenen Leistungsträger (§ 85 Abs. 2) vereinbaren mit dem Träger des Pflegeheimes die von den Pflegebedürftigen zu tragenden Entgelte für die Unterkunft und für die Verpflegung jeweils getrennt. ²Die Entgelte müssen in einem angemessenen Verhältnis zu den Leistungen stehen. ³§ 84 Abs. 3 und 4 und die §§ 85 und 86 gelten entsprechend; § 88 bleibt unberührt.

§ 87a Berechnung und Zahlung des Heimentgelts

(1) ¹Die Pflegesätze, die Entgelte für Unterkunft und Verpflegung sowie die gesondert berechenbaren Investitionskosten (Gesamtheimentgelt) werden für den Tag der Aufnahme des Pflegebedürftigen in das Pflegeheim sowie für jeden weiteren Tag des Heimaufenthalts berechnet (Berechnungstag). ²Die Zahlungspflicht der Heimbewohner oder ihrer Kostenträger endet mit dem Tag, an dem der Heimbewohner aus dem Heim entlassen wird oder verstirbt. ³Zieht ein Pflegebedürftiger in ein anderes Heim um, darf nur das aufnehmende Pflegeheim ein Gesamtheimentgelt für den Verlegungstag berechnen. ⁴Von den Sätzen 1 bis 3 abweichende Vereinbarungen zwischen dem Pflegeheim und dem Heimbewohner oder dessen Kostenträger sind nichtig. ⁵Der Pflegeplatz ist im Fall vorübergehender Abwesenheit vom Pflegeheim für einen Abwesenheitszeitraum von bis zu 42 Tagen im Kalenderjahr für den Pflegebedürftigen freizuhalten. ⁶Abweichend hiervon verlängert sich der Abwesenheitszeitraum bei Krankenhausaufenthalten und bei Aufenthalten in Rehabilitationseinrichtungen für die Dauer dieser Aufenthalte. ⁷In den Rahmenverträgen nach § 75 sind für die nach den Sätzen 5 und 6 bestimmten Abwesenheitszeiträume, soweit drei Kalendertage überschritten werden, Abschläge von mindestens 25 vom Hundert der Pflegevergütung, der Entgelte für Unterkunft und Verpflegung und der Zuschläge nach § 92b vorzusehen.

(2) ¹Bestehen Anhaltspunkte dafür, dass der pflegebedürftige Heimbewohner auf Grund der Entwicklung seines Zustands einer höheren Pflegestufe zuzuordnen ist, so ist er auf schriftliche Aufforderung des Heimträgers verpflichtet, bei seiner Pflegekasse die Zuord-

nung zu einer höheren Pflegestufe zu beantragen. ²Die Aufforderung ist zu begründen und auch der Pflegekasse sowie bei Sozialhilfeempfängern dem zuständigen Träger der Sozialhilfe zuzuleiten. ³Weigert sich der Heimbewohner, den Antrag zu stellen, kann der Heimträger ihm oder seinem Kostenträger ab dem ersten Tag des zweiten Monats nach der Aufforderung vorläufig den Pflegesatz nach der nächsthöheren Pflegeklasse berechnen. ⁴Werden die Voraussetzungen für eine höhere Pflegestufe vom Medizinischen Dienst nicht bestätigt und lehnt die Pflegekasse eine Höherstufung deswegen ab, hat das Pflegeheim dem Pflegebedürftigen den überzahlten Betrag unverzüglich zurückzuzahlen; der Rückzahlungsbetrag ist rückwirkend ab dem in Satz 3 genannten Zeitpunkt mit wenigstens 5 vom Hundert zu verzinsen.

(3) ¹Die dem pflegebedürftigen Heimbewohner nach den §§ 41 bis 43 zustehenden Leistungsbeträge sind von seiner Pflegekasse mit befreiender Wirkung unmittelbar an das Pflegeheim zu zahlen. ²Maßgebend für die Höhe des zu zahlenden Leistungsbetrags ist der Leistungsbescheid der Pflegekasse, unabhängig davon, ob der Bescheid bestandskräftig ist oder nicht. ³Die von den Pflegekassen zu zahlenden Leistungsbeträge werden bei vollstationärer Pflege (§ 43) zum 15. eines jeden Monats fällig.

(4) ¹Pflegeeinrichtungen, die Leistungen im Sinne des § 43 erbringen, erhalten von der Pflegekasse zusätzlich den Betrag von 1.536 Euro, wenn der Pflegebedürftige nach der Durchführung aktivierender oder rehabilitativer Maßnahmen in eine niedrigere Pflegestufe oder von erheblicher zu nicht erheblicher Pflegebedürftigkeit zurückgestuft wurde. ²Der Betrag wird entsprechend § 30 angepasst. ⁴Der von der Pflegekasse gezahlte Betrag ist von der Pflegeeinrichtung zurückzuzahlen, wenn der Pflegebedürftige innerhalb von sechs Monaten in eine höhere Pflegestufe oder von nicht erheblicher zu erheblicher Pflegebedürftigkeit eingestuft wird.

§ 87b Vergütungszuschläge für Pflegebedürftige mit erheblichem allgemeinem Betreuungsbedarf

(1) ¹Vollstationäre Pflegeeinrichtungen haben abweichend von § 84 Abs. 2 Satz 2 und Abs. 4 Satz 1 sowie unter entsprechender Anwendung der §§ 45a, 85 und 87a für die zusätzliche Betreuung und Aktivierung der pflegebedürftigen Heimbewohner mit erheblichem Bedarf an allgemeiner Beaufsichtigung und Betreuung Anspruch auf Vereinbarung leistungsgerechter Zuschläge zur Pflegevergütung. ²Die Vereinbarung der Vergütungszuschläge setzt voraus, dass

1. die Heimbewohner über die nach Art und Schwere der Pflegebedürftigkeit notwendige Versorgung hinaus zusätzlich betreut und aktiviert werden,
2. das Pflegeheim für die zusätzliche Betreuung und Aktivierung der Heimbewohner über zusätzliches sozialversicherungspflichtig beschäftigtes Betreuungspersonal verfügt und die Aufwendungen für dieses Personal weder bei der Bemessung der Pflegesätze noch bei den Zusatzleistungen nach § 88 berücksichtigt werden,
3. die Vergütungszuschläge auf der Grundlage vereinbart werden, dass in der Regel für jeden Heimbewohner mit erheblichem allgemeinem Bedarf an Beaufsichtigung und Betreuung der fünfundzwanzigste Teil der Personalaufwendungen für eine zusätzliche Vollzeitkraft finanziert wird und
4. die Vertragsparteien Einvernehmen erzielt haben, dass der vereinbarte Vergütungszuschlag nicht berechnet werden darf, soweit die zusätzliche Betreuung und Aktivierung für Heimbewohner nicht erbracht wird.

³Eine Vereinbarung darf darüber hinaus nur mit Pflegeheimen getroffen werden, die Pflegebedürftige und ihre Angehörigen im Rahmen der Verhandlung und des Abschlusses des Heimvertrages nachprüfbar und deutlich darauf hinweisen, dass ein zusätzliches Betreuungsangebot, für das ein Vergütungszuschlag nach Absatz 1 gezahlt wird, besteht. ⁴Die Leistungs- und Preisvergleichsliste nach § 7 Abs. 3 ist entsprechend zu ergänzen.

(2) ¹Der Vergütungszuschlag ist von der Pflegekasse zu tragen und von dem privaten Versicherungsunternehmen im Rahmen des vereinbarten Versicherungsschutzes zu erstatten. ²Mit den Vergütungszuschlägen sind alle zusätzlichen Leistungen der Betreuung und Aktivierung für Heimbewohner im Sinne von Absatz 1 abgegolten. ³Die Heimbewohner und die Träger der Sozialhilfe dürfen mit den Vergütungszuschlägen weder ganz noch teilweise belastet werden. ⁴Mit der Zahlung des Vergütungszuschlags von der Pflegekasse an die Pflegeeinrichtung hat der Pflegebedürftige Anspruch auf Erbringung der zusätzlichen Betreuung und Aktivierung gegenüber der Pflegeeinrichtung.

(3) ¹Der Spitzenverband Bund der Pflegekassen hat für die zusätzlich einzusetzenden Betreuungskräfte auf der Grundlage des § 45c Abs. 3 bis zum 31. August 2008 Richtlinien

zur Qualifikation und zu den Aufgaben in der vollstationären Versorgung der Pflegebedürftigen zu beschließen; er hat hierzu die Bundesvereinigungen der Träger vollstationärer Pflegeeinrichtungen anzuhören und den allgemein anerkannten Stand medizinisch-pflegerischer Erkenntnisse zu beachten. ²Die Richtlinien werden für alle Pflegekassen und deren Verbände sowie für die Pflegeheime erst nach Genehmigung durch das Bundesministerium für Gesundheit wirksam; § 17 Abs. 2 gilt entsprechend.

§ 88 Zusatzleistungen

(1) ¹Neben den Pflegesätzen nach § 85 und den Entgelten nach § 87 darf das Pflegeheim mit den Pflegebedürftigen über die im Versorgungsvertrag vereinbarten notwendigen Leistungen hinaus (§ 72 Abs. 1 Satz 2) gesondert ausgewiesene Zuschläge für
1. besondere Komfortleistungen bei Unterkunft und Verpflegung sowie
2. zusätzliche pflegerisch-betreuende Leistungen

vereinbaren (Zusatzleistungen). ²Der Inhalt der notwendigen Leistungen und deren Abgrenzung von den Zusatzleistungen werden in den Rahmenverträgen nach § 75 festgelegt.

(2) Die Gewährung und Berechnung von Zusatzleistungen ist nur zulässig, wenn:
1. dadurch die notwendigen stationären oder teilstationären Leistungen des Pflegeheimes (§ 84 Abs. 4 und § 87) nicht beeinträchtigt werden,
2. die angebotenen Zusatzleistungen nach Art, Umfang, Dauer und Zeitabfolge sowie die Höhe der Zuschläge und die Zahlungsbedingungen vorher schriftlich zwischen dem Pflegeheim und dem Pflegebedürftigen vereinbart worden sind,
3. das Leistungsangebot und die Leistungsbedingungen den Landesverbänden der Pflegekassen und den überörtlichen Trägern der Sozialhilfe im Land vor Leistungsbeginn schriftlich mitgeteilt worden sind.

Dritter Abschnitt. Vergütung der ambulanten Pflegeleistungen

§ 89 Grundsätze für die Vergütungsregelung

(1) ¹Die Vergütung der ambulanten Pflegeleistungen und der hauswirtschaftlichen Versorgung wird, soweit nicht die Gebührenordnung nach § 90 Anwendung findet, zwischen dem Träger des Pflegedienstes und den Leistungsträgern nach Absatz 2 für alle Pflegebedürftigen nach einheitlichen Grundsätzen vereinbart. ²Sie muß leistungsgerecht sein. ³Die Vergütung muß einem Pflegedienst bei wirtschaftlicher Betriebsführung ermöglichen, seinen Versorgungsauftrag zu erfüllen; eine Differenzierung in der Vergütung nach Kostenträgern ist unzulässig.

(2) ¹Vertragsparteien der Vergütungsvereinbarung sind die Träger des Pflegedienstes sowie
1. die Pflegekassen oder sonstige Sozialversicherungsträger,
2. die Träger der Sozialhilfe, die für die durch den Pflegedienst versorgten Pflegebedürftigen zuständig sind, sowie
3. die Arbeitsgemeinschaften der unter Nummer 1 und 2 genannten Träger,

soweit auf die jeweiligen Kostenträger oder die Arbeitsgemeinschaft im Jahr vor Beginn der Vergütungsverhandlungen jeweils mehr als fünf vom Hundert der vom Pflegedienst betreuten Pflegebedürftigen entfallen. ²Die Vergütungsvereinbarung ist für jeden Pflegedienst gesondert abzuschließen und gilt für den nach § 72 Abs. 3 Satz 3 vereinbarten Einzugsbereich, soweit nicht ausdrücklich etwas Abweichendes vereinbart wird.

(3) ¹Die Vergütungen können, je nach Art und Umfang der Pflegeleistung, nach dem dafür erforderlichen Zeitaufwand oder unabhängig vom Zeitaufwand nach dem Leistungsinhalt des jeweiligen Pflegeeinsatzes, nach Komplexleistungen oder in Ausnahmefällen auch nach Einzelleistungen bemessen werden; sonstige Leistungen wie hauswirtschaftliche Versorgung, Behördengänge oder Fahrkosten können auch mit Pauschalen vergütet werden. ²Die Vergütungen haben zu berücksichtigen, dass Leistungen von mehreren Pflegebedürftigen gemeinsam abgerufen und in Anspruch genommen werden können; die sich aus einer gemeinsamen Leistungsinanspruchnahme ergebenden Zeit- und Kostenersparnisse kommen den Pflegebedürftigen zugute. ³Darüber hinaus sind auch Vergütungen für Betreuungsleistungen nach § 36 Abs. 1 zu vereinbaren. ⁴§ 84 Abs. 4 Satz 2, § 85 Abs. 3 bis 7 und § 86 gelten entsprechend.

110 SGB XI

§ 90 Gebührenordnung für ambulante Pflegeleistungen

(1) [1]Das Bundesministerium für Gesundheit wird ermächtigt, im Einvernehmen mit dem Bundesministerium für Familie, Senioren, Frauen und Jugend und dem Bundesministerium für Arbeit und Soziales durch Rechtsverordnung mit Zustimmung des Bundesrates eine Gebührenordnung für die Vergütung der ambulanten Pflegeleistungen und der hauswirtschaftlichen Versorgung der Pflegebedürftigen zu erlassen, soweit die Versorgung von der Leistungspflicht der Pflegeversicherung umfaßt ist. [2]Die Vergütung muß leistungsgerecht sein, den Bemessungsgrundsätzen nach § 89 entsprechen und hinsichtlich ihrer Höhe regionale Unterschiede berücksichtigen. [3]§ 82 Abs. 2 gilt entsprechend. [4]In der Verordnung ist auch das Nähere zur Abrechnung der Vergütung zwischen den Pflegekassen und den Pflegediensten zu regeln.

(2) [1]Die Gebührenordnung gilt nicht für die Vergütung von ambulanten Pflegeleistungen und der hauswirtschaftlichen Versorgung durch Familienangehörige und sonstige Personen, die mit dem Pflegebedürftigen in häuslicher Gemeinschaft leben. [2]Soweit die Gebührenordnung Anwendung findet, sind die davon betroffenen Pflegeeinrichtungen und Pflegepersonen nicht berechtigt, über die Berechnung der Gebühren hinaus weitergehende Ansprüche an die Pflegebedürftigen oder deren Kostenträger zu stellen.

Vierter Abschnitt. Kostenerstattung, Landespflegeausschüsse, Pflegeheimvergleich

§ 91 Kostenerstattung

(1) Zugelassene Pflegeeinrichtungen, die auf eine vertragliche Regelung der Pflegevergütung nach den §§ 85 und 89 verzichten oder mit denen eine solche Regelung nicht zustande kommt, können den Preis für ihre ambulanten oder stationären Leistungen unmittelbar mit den Pflegebedürftigen vereinbaren.

(2) [1]Den Pflegebedürftigen werden die ihnen von den Einrichtungen nach Absatz 1 berechneten Kosten für die pflegebedingten Aufwendungen erstattet. [2]Die Erstattung darf jedoch 80 vom Hundert des Betrages nicht überschreiten, den die Pflegekasse für die einzelnen Pflegebedürftigen nach Art und Schwere seiner Pflegebedürftigkeit nach dem Dritten Abschnitt des Vierten Kapitels zu leisten hat. [3]Eine weitergehende Kostenerstattung durch einen Träger der Sozialhilfe ist unzulässig.

(3) Die Absätze 1 und 2 gelten entsprechend für Pflegebedürftige, die nach Maßgabe dieses Buches bei einem privaten Versicherungsunternehmen versichert sind.

(4) Die Pflegebedürftigen und ihre Angehörigen sind von der Pflegekasse und der Pflegeeinrichtung rechtzeitig auf die Rechtsfolgen der Absätze 2 und 3 hinzuweisen.

§ 92 Landespflegeausschüsse

[1]Für jedes Land oder für Teile des Landes wird zur Beratung über Fragen der Pflegeversicherung ein Landespflegeausschuss gebildet. [2]Der Ausschuss kann zur Umsetzung der Pflegeversicherung einvernehmlich Empfehlungen abgeben. [3]Die Landesregierungen werden ermächtigt, durch Rechtsverordnung das Nähere zu den Landespflegeausschüssen zu bestimmen; insbesondere können sie die den Landespflegeausschüssen angehörenden Organisationen unter Berücksichtigung der Interessen aller an der Pflege im Land Beteiligten berufen.

§ 92a Pflegeheimvergleich

(1) [1]Die Bundesregierung wird ermächtigt, durch Rechtsverordnung mit Zustimmung des Bundesrates einen Pflegeheimvergleich anzuordnen, insbesondere mit dem Ziel,
1. die Landesverbände der Pflegekassen bei der Durchführung von Wirtschaftlichkeits- und Qualitätsprüfungen (§ 79, Elftes Kapitel),
2. die Vertragsparteien nach § 85 Abs. 2 bei der Bemessung der Vergütungen und Entgelte sowie
3. die Pflegekassen bei der Erstellung der Leistungs- und Preisvergleichslisten (§ 7 Abs. 3)

zu unterstützen. [2]Die Pflegeheime sind länderbezogen, Einrichtung für Einrichtung, insbesondere hinsichtlich ihrer Leistungs- und Belegungsstrukturen, ihrer Pflegesätze und Entgelte sowie ihrer gesondert berechenbaren Investitionskosten miteinander zu vergleichen.

(2) In der Verordnung nach Absatz 1 sind insbesondere zu regeln:
1. die Organisation und Durchführung des Pflegeheimvergleichs durch eine oder mehrere von dem Spitzenverband Bund der Pflegekassen oder den Landesverbänden der Pflegekassen gemeinsam beauftragte Stellen,
2. die Finanzierung des Pflegeheimvergleichs aus Verwaltungsmitteln der Pflegekassen,
3. die Erhebung der vergleichsnotwendigen Daten einschließlich ihrer Verarbeitung.

(3) ¹Zur Ermittlung der Vergleichsdaten ist vorrangig auf die verfügbaren Daten aus den Versorgungsverträgen sowie den Pflegesatz- und Entgeltvereinbarungen über
1. die Versorgungsstrukturen einschließlich der personellen und sächlichen Ausstattung,
2. die Leistungen, Pflegesätze und sonstigen Entgelte der Pflegeheime

und auf die Daten aus den Vereinbarungen über Zusatzleistungen zurückzugreifen. ²Soweit dies für die Zwecke des Pflegeheimvergleichs erforderlich ist, haben die Pflegeheime der mit der Durchführung des Pflegeheimvergleichs beauftragten Stelle auf Verlangen zusätzliche Unterlagen vorzulegen und Auskünfte zu erteilen, insbesondere auch über die von ihnen gesondert berechneten Investitionskosten (§ 82 Abs. 3 und 4).

(4) ¹Durch die Verordnung nach Absatz 1 ist sicherzustellen, dass die Vergleichsdaten
1. den zuständigen Landesbehörden,
2. den Vereinigungen der Pflegeheimträger im Land,
3. den Landesverbänden der Pflegekassen,
4. dem Medizinischen Dienst der Krankenversicherung,
5. dem Verband der privaten Krankenversicherung e. V. im Land sowie
6. den nach Landesrecht zuständigen Trägern der Sozialhilfe

zugänglich gemacht werden. ²Die Beteiligten nach Satz 1 sind befugt, die Vergleichsdaten ihren Verbänden oder Vereinigungen auf Bundesebene zu übermitteln; die Landesverbände der Pflegekassen sind verpflichtet, die für Prüfzwecke erforderlichen Vergleichsdaten den von ihnen zur Durchführung von Wirtschaftlichkeits- und Qualitätsprüfungen bestellten Sachverständigen zugänglich zu machen.

(5) ¹Vor Erlass der Rechtsverordnung nach Absatz 1 sind der Spitzenverband Bund der Pflegekassen, der Verband der privaten Krankenversicherung e. V., die Bundesarbeitsgemeinschaft der überörtlichen Träger der Sozialhilfe, die Bundesvereinigung der kommunalen Spitzenverbände und die Vereinigungen der Träger der Pflegeheime auf Bundesebene anzuhören. ²Im Rahmen der Anhörung können diese auch Vorschläge für eine Rechtsverordnung nach Absatz 1 oder für einzelne Regelungen einer solchen Rechtsverordnung vorlegen.

(6) Der Spitzenverband Bund der Pflegekassen oder die Landesverbände der Pflegekassen sind berechtigt, jährlich Verzeichnisse der Pflegeheime mit den im Pflegeheimvergleich ermittelten Leistungs-, Belegungs- und Vergütungsdaten zu veröffentlichen.

(7) Personenbezogene Daten sind vor der Datenübermittlung oder der Erteilung von Auskünften zu anonymisieren.

(8) Die Bundesregierung wird ermächtigt, durch Rechtsverordnung mit Zustimmung des Bundesrates einen länderbezogenen Vergleich über die zugelassenen Pflegedienste (Pflegedienstvergleich) in entsprechender Anwendung der vorstehenden Absätze anzuordnen.

Fünfter Abschnitt. Integrierte Versorgung und Pflegestützpunkte

§ 92 b Integrierte Versorgung

(1) Die Pflegekassen können mit zugelassenen Pflegeeinrichtungen und den weiteren Vertragspartnern nach § 140 b Abs. 1 des Fünften Buches Verträge zur integrierten Versorgung schließen oder derartigen Verträgen mit Zustimmung der Vertragspartner beitreten.

(2) ¹In den Verträgen nach Absatz 1 ist das Nähere über Art, Inhalt und Umfang der zu erbringenden Leistungen der integrierten Versorgung sowie deren Vergütung zu regeln. ²Diese Verträge können von den Vorschriften der §§ 75, 85 und 89 abweichende Regelungen treffen, wenn sie dem Sinn und der Eigenart der integrierten Versorgung entsprechen, die Qualität, die Wirksamkeit und die Wirtschaftlichkeit der Versorgung durch die Pflegeeinrichtungen verbessern oder aus sonstigen Gründen zur Durchführung der integrierten Versorgung erforderlich sind. ³In den Pflegevergütungen dürfen keine Aufwendungen berücksichtigt werden, die nicht der Finanzierungszuständigkeit der sozialen

Pflegeversicherung unterliegen. ⁴Soweit Pflegeeinrichtungen durch die integrierte Versorgung Mehraufwendungen für Pflegeleistungen entstehen, vereinbaren die Beteiligten leistungsgerechte Zuschläge zu den Pflegevergütungen (§§ 85 und 89). ⁵§ 140 b Abs. 3 des Fünften Buches gilt für Leistungsansprüche der Pflegeversicherten gegenüber ihrer Pflegekasse entsprechend.

(3) § 140 a Abs. 2 und 3 des Fünften Buches gilt für die Informationsrechte der Pflegeversicherten gegenüber ihrer Pflegekasse und für die Teilnahme der Pflegeversicherten an den integrierten Versorgungsformen entsprechend.

§ 92 c Pflegestützpunkte

(1) ¹Zur wohnortnahen Beratung, Versorgung und Betreuung der Versicherten richten die Pflegekassen und Krankenkassen Pflegestützpunkte ein, sofern die zuständige oberste Landesbehörde dies bestimmt. ²Die Einrichtung muss innerhalb von sechs Monaten nach der Bestimmung durch die oberste Landesbehörde erfolgen. ³Kommen die hierfür erforderlichen Verträge nicht innerhalb von drei Monaten nach der Bestimmung durch die oberste Landesbehörde zustande, haben die Landesverbände der Pflegekassen innerhalb eines weiteren Monats den Inhalt der Verträge festzulegen; hierbei haben sie auch die Interessen der Ersatzkassen und der Landesverbände der Krankenkassen wahrzunehmen. ⁴Hinsichtlich der Mehrheitsverhältnisse bei der Beschlussfassung ist § 81 Abs. 1 Satz 2 entsprechend anzuwenden. ⁵Widerspruch und Anfechtungsklage gegen Maßnahmen der Aufsichtsbehörden zur Einrichtung von Pflegestützpunkten haben keine aufschiebende Wirkung.

(2) ¹Aufgaben der Pflegestützpunkte sind
1. umfassende sowie unabhängige Auskunft und Beratung zu den Rechten und Pflichten nach dem Sozialgesetzbuch und zur Auswahl und Inanspruchnahme der bundes- oder landesrechtlich vorgesehenen Sozialleistungen und sonstigen Hilfsangebote,
2. Koordinierung aller für die wohnortnahe Versorgung und Betreuung in Betracht kommenden gesundheitsfördernden, präventiven, kurativen, rehabilitativen und sonstigen medizinischen sowie pflegerischen und sozialen Hilfs- und Unterstützungsangebote einschließlich der Hilfestellung bei der Inanspruchnahme der Leistungen,
3. Vernetzung aufeinander abgestimmter pflegerischer und sozialer Versorgungs- und Betreuungsangebote.

²Auf vorhandene vernetzte Beratungsstrukturen ist zurückzugreifen. ³Die Pflegekassen haben jederzeit darauf hinzuwirken, dass sich insbesondere die
1. nach Landesrecht zu bestimmenden Stellen für die wohnortnahe Betreuung im Rahmen der örtlichen Altenhilfe und für die Gewährung der Hilfe zur Pflege nach dem Zwölften Buch,
2. im Land zugelassenen und tätigen Pflegeeinrichtungen,
3. im Land tätigen Unternehmen der privaten Kranken- und Pflegeversicherung

an den Pflegestützpunkten beteiligen. ⁴Die Krankenkassen haben sich an den Pflegestützpunkten zu beteiligen. ⁵Träger der Pflegestützpunkte sind die beteiligten Kosten- und Leistungsträger. ⁶Die Träger
1. sollen Pflegefachkräfte in die Tätigkeit der Pflegestützpunkte einbinden,
2. haben nach Möglichkeit Mitglieder von Selbsthilfegruppen sowie ehrenamtliche und sonstige zum bürgerschaftlichen Engagement bereite Personen und Organisationen in die Tätigkeit der Pflegestützpunkte einzubinden,
3. sollen interessierten kirchlichen sowie sonstigen religiösen und gesellschaftlichen Trägern und Organisationen die Beteiligung an den Pflegestützpunkten ermöglichen,
4. können sich zur Erfüllung ihrer Aufgaben dritter Stellen bedienen,
5. sollen im Hinblick auf die Vermittlung und Qualifizierung von für die Pflege und Betreuung geeigneten Kräften eng mit dem Träger der Arbeitsförderung nach dem Dritten Buch und den Trägern der Grundsicherung für Arbeitsuchende nach dem Zweiten Buch zusammenarbeiten.

(3) Die an den Pflegestützpunkten beteiligten Kostenträger und Leistungserbringer können für das Einzugsgebiet der Pflegestützpunkte Verträge zur wohnortnahen integrierten Versorgung schließen; insoweit ist § 92 b mit der Maßgabe entsprechend anzuwenden, dass die Pflege- und Krankenkassen gemeinsam und einheitlich handeln.

(4) ¹Der Pflegestützpunkt kann bei einer im Land zugelassenen und tätigen Pflegeeinrichtung errichtet werden, wenn dies nicht zu einer unzulässigen Beeinträchtigung des Wettbewerbs zwischen den Pflegeeinrichtungen führt. ²Die für den Betrieb des Pflegestützpunktes erforderlichen Aufwendungen werden von den Trägern der Pflegestützpunk-

te unter Berücksichtigung der anrechnungsfähigen Aufwendungen für das eingesetzte Personal auf der Grundlage einer vertraglichen Vereinbarung anteilig getragen. ³Die Verteilung der für den Betrieb des Pflegestützpunktes erforderlichen Aufwendungen wird mit der Maßgabe vereinbart, dass der auf eine einzelne Pflegekasse entfallende Anteil nicht höher sein darf, als der von der Krankenkasse, bei der sie errichtet ist, zu tragende Anteil. ⁴Soweit sich private Versicherungsunternehmen, die die private Pflege-Pflichtversicherung durchführen, nicht an der Finanzierung der Pflegestützpunkte beteiligen, haben sie mit den Trägern der Pflegestützpunkte über Art, Inhalt und Umfang der Inanspruchnahme der Pflegestützpunkte durch privat Pflege-Pflichtversicherte sowie über die Vergütung der hierfür je Fall entstehenden Aufwendungen Vereinbarungen zu treffen; dies gilt für private Versicherungsunternehmen, die die private Krankenversicherung durchführen, entsprechend.

(5) ¹Der Aufbau der in der gemeinsamen Trägerschaft von Pflege- und Krankenkassen sowie den nach Landesrecht zu bestimmenden Stellen stehenden Pflegestützpunkte ist im Rahmen der verfügbaren Mittel bis zum 30. Juni 2011 entsprechend dem jeweiligen Bedarf mit einem Zuschuss bis zu 45.000 Euro je Pflegestützpunkt zu fördern; der Bedarf umfasst auch die Anlaufkosten des Pflegestützpunktes. ²Die Förderung ist dem Bedarf entsprechend um bis zu 5.000 Euro zu erhöhen, wenn Mitglieder von Selbsthilfegruppen, ehrenamtliche und sonstige zum bürgerschaftlichen Engagement bereite Personen und Organisationen nachhaltig in die Tätigkeit des Stützpunktes einbezogen werden. ³Der Bedarf, die Höhe des beantragten Zuschusses, der Auszahlungsplan und der Zahlungsempfänger werden dem Spitzenverband Bund der Pflegekassen von den in Satz 1 genannten Trägern des Pflegestützpunktes im Rahmen ihres Förderantrags mitgeteilt. ⁴Das Bundesversicherungsamt zahlt die Fördermittel nach Eingang der Prüfungsmitteilung des Spitzenverbandes Bund der Pflegekassen über die Erfüllung der Auszahlungsvoraussetzungen an den Zahlungsempfänger aus. ⁵Die Antragsteller haben dem Spitzenverband Bund der Pflegekassen spätestens ein Jahr nach der letzten Auszahlung einen Nachweis über die zweckentsprechende Verwendung der Fördermittel vorzulegen.

(6) ¹Das Bundesversicherungsamt entnimmt die Fördermittel aus dem Ausgleichsfonds der Pflegeversicherung bis zu einer Gesamthöhe von 60 Millionen Euro, für das jeweilige Land jedoch höchstens bis zu der Höhe, die sich durch die Aufteilung nach dem Königsteiner Schlüssel ergibt. ²Die Auszahlung der einzelnen Förderbeträge erfolgt entsprechend dem Zeitpunkt des Eingangs der Anträge beim Spitzenverband Bund der Pflegekassen. ³Näheres über das Verfahren der Auszahlung und die Verwendung der Fördermittel regelt das Bundesversicherungsamt mit dem Spitzenverband Bund der Pflegekassen durch Vereinbarung.

(7) Im Pflegestützpunkt tätige Personen sowie sonstige mit der Wahrnehmung von Aufgaben nach Absatz 1 befasste Stellen, insbesondere

1. nach Landesrecht für die wohnortnahe Betreuung im Rahmen der örtlichen Altenhilfe und für die Gewährung der Hilfe zur Pflege nach dem Zwölften Buch zu bestimmende Stellen,
2. Unternehmen der privaten Kranken- und Pflegeversicherung,
3. Pflegeeinrichtungen und Einzelpersonen nach § 77,
4. Mitglieder von Selbsthilfegruppen, ehrenamtlichen und sonstige zum bürgerschaftlichen Engagement bereite Personen und Organisationen sowie
5. Agenturen für Arbeit und Träger der Grundsicherung für Arbeitsuchende

dürfen Sozialdaten nur erheben, verarbeiten und nutzen, soweit dies zur Erfüllung der Aufgaben nach diesem Buch erforderlich oder durch Rechtsvorschriften des Sozialgesetzbuches oder Regelungen des Versicherungsvertrags- oder des Versicherungsaufsichtsgesetzes angeordnet oder erlaubt ist.

(8) ¹Die Landesverbände der Pflegekassen können mit den Landesverbänden der Krankenkassen sowie den Ersatzkassen und den nach Landesrecht zu bestimmenden Stellen der Altenhilfe und der Hilfe zur Pflege nach dem Zwölften Buch Rahmenverträge zur Arbeit und zur Finanzierung der Pflegestützpunkte vereinbaren. ²Die von der zuständigen obersten Landesbehörde getroffene Bestimmung zur Einrichtung von Pflegestützpunkten sowie die Empfehlungen nach Absatz 9 sind hierbei zu berücksichtigen. ³Die Rahmenverträge sind bei der Arbeit und der Finanzierung von Pflegestützpunkten in der gemeinsamen Trägerschaft der gesetzlichen Kranken- und Pflegekassen und der nach Landesrecht zu bestimmenden Stellen für die Altenhilfe und für die Hilfe zur Pflege nach dem Zwölften Buch zu beachten.

(9) Der Spitzenverband Bund der Pflegekassen, der Spitzenverband Bund der Krankenkassen, die Bundesarbeitsgemeinschaft der überörtlichen Träger der Sozialhilfe und die

Bundesvereinigung der kommunalen Spitzenverbände können gemeinsam und einheitlich Empfehlungen zur Arbeit und zur Finanzierung von Pflegestützpunkten in der gemeinsamen Trägerschaft der gesetzlichen Kranken- und Pflegekassen sowie der nach Landesrecht zu bestimmenden Stellen der Alten- und Sozialhilfe vereinbaren.

Neuntes Kapitel. Datenschutz und Statistik

Erster Abschnitt. Informationsgrundlagen

Erster Titel. Grundsätze der Datenverwendung

§ 93 Anzuwendende Vorschriften

Für den Schutz personenbezogener Daten bei der Erhebung, Verarbeitung und Nutzung in der Pflegeversicherung gelten der § 35 des Ersten Buches, die §§ 67 bis 85 des Zehnten Buches sowie die Vorschriften dieses Buches.

§ 94 Personenbezogene Daten bei den Pflegekassen

(1) Die Pflegekassen dürfen personenbezogene Daten für Zwecke der Pflegeversicherung nur erheben, verarbeiten und nutzen, soweit dies für:
1. die Feststellung des Versicherungsverhältnisses (§§ 20 bis 26) und der Mitgliedschaft (§ 49),
2. die Feststellung der Beitragspflicht und der Beiträge, deren Tragung und Zahlung (§§ 54 bis 61),
3. die Prüfung der Leistungspflicht und die Gewährung von Leistungen an Versicherte (§§ 4 und 28) sowie die Durchführung von Erstattungs- und Ersatzansprüchen,
4. die Beteiligung des Medizinischen Dienstes (§§ 18 und 40),
5. die Abrechnung mit den Leistungserbringern und die Kostenerstattung (§§ 84 bis 91 und 105),
6. die Überwachung der Wirtschaftlichkeit und der Qualität der Leistungserbringung (§§ 79, 112, 113, 114, 114 a, 115 und 117),
6 a. den Abschluss und die Durchführung von Pflegesatzvereinbarungen (§§ 85, 86), Vergütungsvereinbarungen (§ 89) sowie Verträgen zur integrierten Versorgung (§ 92 b),
7. die Beratung über Leistungen der Prävention und Teilhabe sowie über die Leistungen und Hilfen zur Pflege (§ 7),
8. die Koordinierung pflegerischer Hilfen (§ 12), die Pflegeberatung (§ 7 a) sowie die Wahrnehmung der Aufgaben in den Pflegestützpunkten (§ 92 c),
9. die Abrechnung mit anderen Leistungsträgern,
10. statistische Zwecke (§ 109),
11. die Unterstützung der Versicherten bei der Verfolgung von Schadensersatzansprüchen (§ 115 Abs. 3 Satz 7).

erforderlich ist.

(2) ¹Die nach Absatz 1 erhobenen und gespeicherten personenbezogenen Daten dürfen für andere Zwecke nur verarbeitet oder genutzt werden, soweit dies durch Rechtsvorschriften des Sozialgesetzbuches angeordnet oder erlaubt ist. ²Auf Ersuchen des Betreuungsgerichts hat die Pflegekasse diesem zu dem in § 282 Abs. 1 des Gesetzes über das Verfahren in Familiensachen und in den Angelegenheiten der freiwilligen Gerichtsbarkeit genannten Zweck das nach § 18 zur Feststellung der Pflegebedürftigkeit erstellte Gutachten einschließlich der Befunde des Medizinischen Dienstes der Krankenversicherung zu übermitteln.

(3) Versicherungs- und Leistungsdaten der für Aufgaben der Pflegekasse eingesetzten Beschäftigten einschließlich der Daten ihrer mitversicherten Angehörigen dürfen Personen, die kasseninterne Personalentscheidungen treffen oder daran mitwirken können, weder zugänglich sein noch diesen Personen von Zugriffsberechtigten offenbart werden.

§ 95 Personenbezogene Daten bei den Verbänden der Pflegekassen

(1) Die Verbände der Pflegekassen dürfen personenbezogene Daten für Zwecke der Pflegeversicherung nur erheben, verarbeiten und nutzen, soweit diese für:

1. die Überwachung der Wirtschaftlichkeit und der Qualitätssicherung der Leistungserbringung (§§ 79, 112, 113, 114, 114a, 115 und 117),
2. den Abschluss und die Durchführung von Versorgungsverträgen (§§ 72 bis 74), Pflegesatzvereinbarungen (§§ 85, 86), Vergütungsvereinbarungen (§ 89) sowie Verträgen zur integrierten Versorgung (§ 92b),
3. die Wahrnehmung der ihnen nach §§ 52 und 53 zugewiesenen Aufgaben,
4. die Unterstützung der Versicherten bei der Verfolgung von Schadensersatzansprüchen (§ 115 Abs. 3 Satz 7).

erforderlich sind.

(2) § 94 Abs. 2 und 3 gilt entsprechend.

§ 96 Gemeinsame Verarbeitung und Nutzung personenbezogener Daten

(1) ¹Die Pflegekassen und die Krankenkassen dürfen personenbezogene Daten, die zur Erfüllung gesetzlicher Aufgaben jeder Stelle erforderlich sind, gemeinsam verarbeiten und nutzen. ²Insoweit findet § 76 des Zehnten Buches im Verhältnis zwischen der Pflegekasse und der Krankenkasse, bei der sie errichtet ist (§ 46), keine Anwendung.

(2) § 286 des Fünften Buches gilt für die Pflegekassen entsprechend.

(3) Die Absätze 1 und 2 gelten entsprechend für die Verbände der Pflege- und Krankenkassen.

§ 97 Personenbezogene Daten beim Medizinischen Dienst

(1) ¹Der Medizinische Dienst darf personenbezogene Daten für Zwecke der Pflegeversicherung nur erheben, verarbeiten und nutzen, soweit dies für die Prüfungen, Beratungen und gutachtlichen Stellungnahmen nach den §§ 18, 40, 112, 113, 114, 114a, 115 und 117 erforderlich ist. ²Die Daten dürfen für andere Zwecke nur verarbeitet und genutzt werden, soweit dies durch Rechtsvorschriften des Sozialgesetzbuches angeordnet oder erlaubt ist.

(2) Der Medizinische Dienst darf personenbezogene Daten, die er für die Aufgabenerfüllung nach dem Fünften oder Elften Buch erhebt, verarbeitet oder nutzt, auch für die Aufgaben des jeweils anderen Buches verarbeiten oder nutzen, wenn ohne die vorhandenen Daten diese Aufgaben nicht ordnungsgemäß erfüllt werden können.

(3) ¹Die personenbezogenen Daten sind nach fünf Jahren zu löschen. ²§ 96 Abs. 2, § 98 und § 107 Abs. 1 Satz 2 und 3 und Abs. 2 gelten für den Medizinischen Dienst entsprechend. ³Der Medizinische Dienst hat Sozialdaten zur Identifikation des Versicherten getrennt von den medizinischen Sozialdaten des Versicherten zu speichern. ⁴Durch technische und organisatorische Maßnahmen ist sicherzustellen, dass die Sozialdaten nur den Personen zugänglich sind, die sie zur Erfüllung ihrer Aufgaben benötigen. ⁵Der Schlüssel für die Zusammenführung der Daten ist vom Beauftragten für den Datenschutz des Medizinischen Dienstes aufzubewahren und darf anderen Personen nicht zugänglich gemacht werden. ⁶Jede Zusammenführung ist zu protokollieren.

(4) Für das Akteneinsichtsrecht des Versicherten gilt § 25 des Zehnten Buches entsprechend.

§ 97a Qualitätssicherung durch Sachverständige und Prüfstellen

(1) ¹Von den Landesverbänden der Pflegekassen bestellte sonstige Sachverständige (§ 114 Abs. 1 Satz 1) sowie Sachverständige und Prüfinstitutionen im Sinne des § 114 Abs. 4 Satz 2 sind berechtigt, für Zwecke der Qualitätssicherung und -prüfung Daten nach den §§ 112, 113, 114, 114a, 115 und 117 zu erheben, zu verarbeiten und zu nutzen; sie dürfen die Daten an die Pflegekassen und deren Verbände sowie an die in den §§ 112, 114, 114a, 115 und 117 genannten Stellen übermitteln, soweit dies zur Erfüllung der gesetzlichen Aufgaben auf dem Gebiet der Qualitätssicherung und Qualitätsprüfung dieser Stellen erforderlich ist. ²Die Daten sind vertraulich zu behandeln.

(2) § 107 gilt entsprechend.

§ 97b Personenbezogene Daten bei den nach heimrechtlichen Vorschriften zuständigen Aufsichtsbehörden und den Trägern der Sozialhilfe

Die nach heimrechtlichen Vorschriften zuständigen Aufsichtsbehörden und die zuständigen Träger der Sozialhilfe sind berechtigt, die für Zwecke der Pflegeversicherung nach den §§ 112, 113, 114, 114a, 115 und 117 erhobenen personenbezogenen Daten zu verarbeiten und zu nutzen, soweit dies zur Erfüllung ihrer gesetzlichen Aufgaben erforderlich ist; § 107 findet entsprechende Anwendung.

§ 98 Forschungsvorhaben

(1) Die Pflegekassen dürfen mit der Erlaubnis der Aufsichtsbehörde die Datenbestände leistungserbringer- und fallbeziehbar für zeitlich befristete und im Umfang begrenzte Forschungsvorhaben selbst auswerten und zur Durchführung eines Forschungsvorhabens über die sich aus § 107 ergebenden Fristen hinaus aufbewahren.

(2) Personenbezogene Daten sind zu anonymisieren.

Zweiter Titel. Informationsgrundlagen der Pflegekassen

§ 99 Versichertenverzeichnis

^{1}Die Pflegekasse hat ein Versichertenverzeichnis zu führen. ^{2}Sie hat in das Versichertenverzeichnis alle Angaben einzutragen, die zur Feststellung der Versicherungspflicht oder -berechtigung und des Anspruchs auf Familienversicherung, zur Bemessung und Einziehung der Beiträge sowie zur Feststellung des Leistungsanspruchs erforderlich sind.

§ 100 Nachweispflicht bei Familienversicherung

Die Pflegekasse kann die für den Nachweis einer Familienversicherung (§ 25) erforderlichen Daten vom Angehörigen oder mit dessen Zustimmung vom Mitglied erheben.

§ 101 Pflegeversichertennummer

^{1}Die Pflegekasse verwendet für jeden Versicherten eine Versichertennummer, die mit der Krankenversichertennummer ganz oder teilweise übereinstimmen darf. ^{2}Bei der Vergabe der Nummer für Versicherte nach § 25 ist sicherzustellen, daß der Bezug zu dem Angehörigen, der Mitglied ist, hergestellt werden kann.

§ 102 Angaben über Leistungsvoraussetzungen

^{1}Die Pflegekasse hat Angaben über Leistungen, die zur Prüfung der Voraussetzungen späterer Leistungsgewährung erforderlich sind, aufzuzeichnen. ^{2}Hierzu gehören insbesondere Angaben zur Feststellung der Voraussetzungen von Leistungsansprüchen und zur Leistung von Zuschüssen.

§ 103 Kennzeichen für Leistungsträger und Leistungserbringer

(1) Die Pflegekassen, die anderen Träger der Sozialversicherung und die Vertragspartner der Pflegekassen einschließlich deren Mitglieder verwenden im Schriftverkehr und für Abrechnungszwecke untereinander bundeseinheitliche Kennzeichen.

(2) § 293 Abs. 2 und 3 des Fünften Buches gilt entsprechend.

Zweiter Abschnitt. Übermittlung von Leistungsdaten

§ 104 Pflichten der Leistungserbringer

(1) Die Leistungserbringer sind berechtigt und verpflichtet:
1. im Falle der Überprüfung der Notwendigkeit von Pflegehilfsmitteln (§ 40 Abs. 1),
2. im Falle eines Prüfverfahrens, soweit die Wirtschaftlichkeit oder die Qualität der Leistungen im Einzelfall zu beurteilen sind (§§ 79, 112, 113, 114, 114a, 115 und 117),
2a. im Falle des Abschlusses und der Durchführung von Versorgungsverträgen (§§ 72 bis 74), Pflegesatzvereinbarungen (§§ 85, 86), Vergütungsvereinbarungen (§ 89) sowie Verträgen zur integrierten Versorgung (§ 92 b),
3. im Falle der Abrechnung pflegerischer Leistungen (§ 105)
die für die Erfüllung der Aufgaben der Pflegekassen und ihrer Verbände erforderlichen Angaben aufzuzeichnen und den Pflegekassen sowie den Verbänden oder den mit der Datenverarbeitung beauftragten Stellen zu übermitteln.

(2) Soweit dies für die in Absatz 1 Nr. 2 und 2a genannten Zwecke erforderlich ist, sind die Leistungserbringer berechtigt, die personenbezogenen Daten auch an die Medizinischen Dienste und die in den §§ 112, 113, 114, 114a, 115 und 117 genannten Stellen zu übermitteln.

(3) Trägervereinigungen dürfen personenbezogene Daten verarbeiten und nutzen, soweit dies für ihre Beteiligung an Qualitätsprüfungen oder Maßnahmen der Qualitätssicherung nach diesem Buch erforderlich ist.

§ 105 Abrechnung pflegerischer Leistungen

(1) ¹Die an der Pflegeversorgung teilnehmenden Leistungserbringer sind verpflichtet,
1. in den Abrechnungsunterlagen die von ihnen erbrachten Leistungen nach Art, Menge und Preis einschließlich des Tages und der Zeit der Leistungserbringung aufzuzeichnen,
2. in den Abrechnungsunterlagen ihr Kennzeichen (§ 103) sowie die Versichertennummer des Pflegebedürftigen anzugeben,
3. bei der Abrechnung über die Abgabe von Hilfsmitteln die Bezeichnungen des Hilfsmittelverzeichnisses nach § 78 zu verwenden.

²Vom 1. Januar 1996 an sind maschinenlesbare Abrechnungsunterlagen zu verwenden.

(2) Das Nähere über Form und Inhalt der Abrechnungsunterlagen sowie Einzelheiten des Datenträgeraustausches werden vom Spitzenverband Bund der Pflegekassen im Einvernehmen mit den Verbänden der Leistungserbringer festgelegt.

§ 106 Abweichende Vereinbarungen

Die Landesverbände der Pflegekassen (§ 52) können mit den Leistungserbringern oder ihren Verbänden vereinbaren, daß
1. der Umfang der zu übermittelnden Abrechnungsbelege eingeschränkt,
2. bei der Abrechnung von Leistungen von einzelnen Angaben ganz oder teilweise abgesehen

wird, wenn dadurch eine ordnungsgemäße Abrechnung und die Erfüllung der gesetzlichen Aufgaben der Pflegekassen nicht gefährdet werden.

§ 106a Mitteilungspflichten

¹Zugelassene Pflegeeinrichtungen, anerkannte Beratungsstellen sowie beauftragte Pflegefachkräfte, die Pflegeeinsätze nach § 37 Abs. 3 durchführen, sind mit Einverständnis des Versicherten berechtigt und verpflichtet, die für die Erfüllung der Aufgaben der Pflegekassen und der privaten Versicherungsunternehmen erforderlichen Angaben zur Qualität der Pflegesituation und zur Notwendigkeit einer Verbesserung den Pflegekassen und den privaten Versicherungsunternehmen zu übermitteln. ²Das Formular nach § 37 Abs. 4 Satz 2 wird unter Beteiligung des Bundesbeauftragten für den Datenschutz und die Informationsfreiheit und des Bundesministeriums für Gesundheit erstellt.

Dritter Abschnitt. Datenlöschung, Auskunftspflicht

§ 107 Löschen von Daten

(1) ¹Für das Löschen der für Aufgaben der Pflegekassen und ihrer Verbände gespeicherten personenbezogenen Daten gilt § 84 des Zehnten Buches entsprechend mit der Maßgabe, daß
1. die Daten nach § 102 spätestens nach Ablauf von zehn Jahren,
2. sonstige Daten aus der Abrechnung pflegerischer Leistungen (§ 105), aus Wirtschaftlichkeitsprüfungen (§ 79), aus Prüfungen zur Qualitätssicherung (§§ 112, 113, 114, 114a, 115 und 117) und aus dem Abschluss oder der Durchführung von Verträgen (§§ 72 bis 74, 85, 86 oder 89) spätestens nach zwei Jahren

zu löschen sind. ²Die Fristen beginnen mit dem Ende des Geschäftsjahres, in dem die Leistungen gewährt oder abgerechnet wurden. ³Die Pflegekassen können für Zwecke der Pflegeversicherung Leistungsdaten länger aufbewahren, wenn sichergestellt ist, daß ein Bezug zu natürlichen Personen nicht mehr herstellbar ist.

(2) Im Falle des Wechsels der Pflegekasse ist die bisher zuständige Pflegekasse verpflichtet, auf Verlangen die für die Fortführung der Versicherung erforderlichen Angaben nach den §§ 99 und 102 der neuen Pflegekasse mitzuteilen.

§ 108 Auskünfte an Versicherte

¹Die Pflegekassen unterrichten die Versicherten auf deren Antrag über die im jeweils letzten Geschäftsjahr in Anspruch genommenen Leistungen und deren Kosten. ²Eine Mitteilung an die Leistungserbringer über die Unterrichtung des Versicherten ist nicht zulässig. ³Die Pflegekassen können in ihren Satzungen das Nähere über das Verfahren der Unterrichtung regeln.

Vierter Abschnitt. Statistik

§ 109 Pflegestatistiken

(1) ¹Die Bundesregierung wird ermächtigt, für Zwecke dieses Buches durch Rechtsverordnung mit Zustimmung des Bundesrates jährliche Erhebungen über ambulante und stationäre Pflegeeinrichtungen sowie über die häusliche Pflege als Bundesstatistik anzuordnen. ²Die Bundesstatistik kann folgende Sachverhalte umfassen:
1. Art der Pflegeeinrichtung und der Trägerschaft,
2. Art des Leistungsträgers und des privaten Versicherungsunternehmens,
3. in der ambulanten und stationären Pflege tätige Personen nach Geschlecht, Beschäftigungsverhältnis, Tätigkeitsbereich, Dienststellung, Berufsabschluß auf Grund einer Ausbildung, Weiterbildung oder Umschulung, Beginn und Ende der Pflegetätigkeit,
4. sachliche Ausstattung und organisatorische Einheiten der Pflegeeinrichtung, Ausbildungsstätten an Pflegeeinrichtungen,
5. betreute Pflegebedürftige nach Geschlecht, Geburtsjahr, Wohnort, Art, Ursache, Grad und Dauer der Pflegebedürftigkeit, Art des Versicherungsverhältnisses,
6. in Anspruch genommene Pflegeleistungen nach Art, Dauer und Häufigkeit sowie nach Art des Kostenträgers,
7. Kosten der Pflegeeinrichtungen nach Kostenarten sowie Erlöse nach Art, Höhe und Kostenträgern.

³Auskunftspflichtig sind die Träger der Pflegeeinrichtungen, die Träger der Pflegeversicherung sowie die privaten Versicherungsunternehmen gegenüber den statistischen Ämtern der Länder; die Rechtsverordnung kann Ausnahmen von der Auskunftspflicht vorsehen.

(2) ¹Die Bundesregierung wird ermächtigt, für Zwecke dieses Buches durch Rechtsverordnung mit Zustimmung des Bundesrates jährliche Erhebungen über die Situation Pflegebedürftiger und ehrenamtlich Pflegender als Bundesstatistik anzuordnen. ²Die Bundesstatistik kann folgende Sachverhalte umfassen:
1. Ursachen von Pflegebedürftigkeit,
2. Pflege- und Betreuungsbedarf der Pflegebedürftigen,
3. Pflege- und Betreuungsleistungen durch Pflegefachkräfte, Angehörige und ehrenamtliche Helfer,
4. Leistungen zur Prävention und Teilhabe,
5. Maßnahmen zur Erhaltung und Verbesserung der Pflegequalität,
6. Bedarf an Pflegehilfsmitteln und technischen Hilfen,
7. Maßnahmen zur Verbesserung des Wohnumfeldes.

³Auskunftspflichtig ist der Medizinische Dienst gegenüber den statistischen Ämtern der Länder; Absatz 1 Satz 3 zweiter Halbsatz gilt entsprechend.

(3) ¹Die nach Absatz 1 Satz 3 und Absatz 2 Satz 3 Auskunftspflichtigen teilen die von der jeweiligen Statistik umfaßten Sachverhalte gleichzeitig den für die Planung und Investitionsfinanzierung der Pflegeeinrichtungen zuständigen Landesbehörden mit. ²Die Befugnis der Länder, zusätzliche, von den Absätzen 1 und 2 nicht erfaßte Erhebungen über Sachverhalte des Pflegewesens als Landesstatistik anzuordnen, bleibt unberührt.

(4) Daten der Pflegebedürftigen, der in der Pflege tätigen Personen, der Angehörigen und ehrenamtlichen Helfer dürfen für Zwecke der Bundesstatistik nur in anonymisierter Form an die statistischen Ämter der Länder übermittelt werden.

(5) Die Statistiken nach den Absätzen 1 und 2 sind für die Bereiche der ambulanten Pflege und der Kurzzeitpflege erstmals im Jahr 1996 für das Jahr 1995 vorzulegen, für den Bereich der stationären Pflege im Jahr 1998 für das Jahr 1997.

Zehntes Kapitel. Private Pflegeversicherung

§ 110 Regelungen für die private Pflegeversicherung

(1) Um sicherzustellen, daß die Belange der Personen, die nach § 23 zum Abschluß eines Pflegeversicherungsvertrages bei einem privaten Krankenversicherungsunternehmen verpflichtet sind, ausreichend gewahrt werden und daß die Verträge auf Dauer erfüllbar bleiben, ohne die Interessen der Versicherten anderer Tarife zu vernachlässigen, werden die im Geltungsbereich dieses Gesetzes zum Betrieb der Pflegeversicherung befugten privaten Krankenversicherungsunternehmen verpflichtet,
1. mit allen in § 22 und § 23 Abs. 1, 3 und 4 genannten versicherungspflichtigen Personen auf Antrag einen Versicherungsvertrag abzuschließen, der einen Versicherungsschutz in dem in § 23 Abs. 1 und 3 festgelegten Umfang vorsieht (Kontrahierungszwang); dies gilt auch für das nach § 23 Abs. 2 gewählte Versicherungsunternehmen,
2. in den Verträgen, die Versicherungspflichtige in dem nach § 23 Abs. 1 und 3 vorgeschriebenen Umfang abschließen,
   a) keinen Ausschluß von Vorerkrankungen der Versicherten,
   b) keinen Ausschluß bereits pflegebedürftiger Personen,
   c) keine längere Wartezeiten als in der sozialen Pflegeversicherung (§ 33 Abs. 2),
   d) keine Staffelung der Prämien nach Geschlecht und Gesundheitszustand der Versicherten,
   e) keine Prämienhöhe, die den Höchstbeitrag der sozialen Pflegeversicherung übersteigt, bei Personen, die nach § 23 Abs. 3 einen Teilkostentarif abgeschlossen haben, keine Prämienhöhe, die 50 vom Hundert des Höchstbeitrages der sozialen Pflegeversicherung übersteigt,
   f) die beitragsfreie Mitversicherung der Kinder des Versicherungsnehmers unter denselben Voraussetzungen, wie in § 25 festgelegt,
   g) für Ehegatten oder Lebenspartner ab dem Zeitpunkt des Nachweises der zur Inanspruchnahme der Beitragsermäßigung berechtigenden Umstände keine Prämien in Höhe von mehr als 150 vom Hundert des Höchstbeitrages der sozialen Pflegeversicherung, wenn ein Ehegatte oder ein Lebenspartner kein Gesamteinkommen hat, das die in § 25 Abs. 1 Satz 1 Nr. 5 genannten Einkommensgrenzen überschreitet,

vorzusehen.

(2) ¹Die in Absatz 1 genannten Bedingungen gelten für Versicherungsverträge, die mit Personen abgeschlossen werden, die zum Zeitpunkt des Inkrafttretens dieses Gesetzes Mitglied bei einem privaten Krankenversicherungsunternehmen mit Anspruch auf allgemeine Krankenhausleistungen sind oder sich nach Artikel 41 des Pflege-Versicherungsgesetzes innerhalb von sechs Monaten nach Inkrafttreten dieses Gesetzes von der Versicherungspflicht in der sozialen Pflegeversicherung befreien lassen. ²Die in Absatz 1 Nr. 1 und 2 Buchstabe a bis f genannten Bedingungen gelten auch für Verträge mit Personen, die im Basistarif nach § 12 des Versicherungsaufsichtsgesetzes versichert sind. ³Für Personen, die im Basistarif nach § 12 des Versicherungsaufsichtsgesetzes versichert sind und deren Beitrag zur Krankenversicherung sich nach § 12 Abs. 1c Satz 4 oder 6 des Versicherungsaufsichtsgesetzes vermindert, darf der Beitrag 50 vom Hundert des sich nach Absatz 1 Nr. 2 Buchstabe e ergebenden Beitrags nicht übersteigen; die Beitragsbegrenzung für Ehegatten oder Lebenspartner nach Absatz 1 Nr. 2 Buchstabe g gilt für diese Versicherten nicht. ⁴Für die Aufbringung der nach Satz 3 verminderten Beiträge gilt § 12 Abs. 1c Satz 5 oder 6 des Versicherungsaufsichtsgesetzes entsprechend; dabei gilt Satz 6 mit der Maßgabe, dass der zuständige Träger den Betrag zahlt, der auch für einen Bezieher von Arbeitslosengeld II in der sozialen Pflegeversicherung zu tragen ist. ⁵Entsteht allein durch die Zahlung des Beitrags zur Pflegeversicherung nach Satz 2 Hilfebedürftigkeit im Sinne des Zweiten oder Zwölften Buches, gelten die Sätze 3 und 4 entsprechend; die Hilfebedürftigkeit ist vom zuständigen Träger nach dem Zweiten oder Zwölften Buch auf Antrag des Versicherten zu prüfen und zu bescheinigen.

(3) Für Versicherungsverträge, die mit Personen abgeschlossen werden, die erst nach Inkrafttreten dieses Gesetzes Mitglied eines privaten Krankenversicherungsunternehmens mit Anspruch auf allgemeine Krankenhausleistungen werden oder die der Versicherungspflicht nach § 193 Abs. 3 des Versicherungsvertragsgesetzes genügen, gelten, sofern sie in Erfüllung der Vorsorgepflicht nach § 22 Abs. 1 und § 23 Abs. 1, 3 und 4 geschlossen werden und Vertragsleistungen in dem in § 23 Abs. 1 und 3 festgelegten Umfang vorsehen, folgende Bedingungen:

1. Kontrahierungszwang,
2. kein Ausschluß von Vorerkrankungen der Versicherten,
3. keine Staffelung der Prämien nach Geschlecht,
4. keine längeren Wartezeiten als in der sozialen Pflegeversicherung,
5. für Versicherungsnehmer, die über eine Vorversicherungszeit von mindestens fünf Jahren in ihrer privaten Pflegeversicherung oder privaten Krankenversicherung verfügen, keine Prämienhöhe, die den Höchstbeitrag der sozialen Pflegeversicherung übersteigt; Absatz 1 Nr. 2 Buchstabe e gilt,
6. beitragsfreie Mitversicherung der Kinder des Versicherungsnehmers unter denselben Voraussetzungen, wie in § 25 festgelegt.

(4) Rücktritts- und Kündigungsrechte der Versicherungsunternehmen sind ausgeschlossen, solange der Kontrahierungszwang besteht.

(5) ¹Die Versicherungsunternehmen haben den Versicherten Akteneinsicht zu gewähren. ²Sie haben die Berechtigten über das Recht auf Akteneinsicht zu informieren, wenn sie das Ergebnis einer Prüfung auf Pflegebedürftigkeit mitteilen. ³§ 25 des Zehnten Buches gilt entsprechend.

§ 111 Risikoausgleich

(1) ¹Die Versicherungsunternehmen, die eine private Pflegeversicherung im Sinne dieses Buches betreiben, müssen sich zur dauerhaften Gewährleistung der Regelungen für die private Pflegeversicherung nach § 110 sowie zur Aufbringung der Fördermittel nach § 45 c am Ausgleich der Versicherungsrisiken beteiligen und dazu ein Ausgleichssystem schaffen und erhalten, dem sie angehören. ²Das Ausgleichssystem muß einen dauerhaften, wirksamen Ausgleich der unterschiedlichen Belastungen gewährleisten; es darf den Marktzugang neuer Anbieter der privaten Pflegeversicherung nicht erschweren und muß diesen eine Beteiligung an dem Ausgleichssystem zu gleichen Bedingungen ermöglichen. ³In diesem System werden die Beiträge ohne die Kosten auf der Basis gemeinsamer Kalkulationsgrundlagen einheitlich für alle Unternehmen, die eine private Pflegeversicherung betreiben, ermittelt.

(2) Die Errichtung, die Ausgestaltung, die Änderung und die Durchführung des Ausgleichs unterliegen der Aufsicht der Bundesanstalt für Finanzdienstleistungsaufsicht.

Elftes Kapitel. Qualitätssicherung, Sonstige Regelungen zum Schutz der Pflegebedürftigen

§ 112 Qualitätsverantwortung

(1) ¹Die Träger der Pflegeeinrichtungen bleiben, unbeschadet des Sicherstellungsauftrags der Pflegekassen (§ 69), für die Qualität der Leistungen ihrer Einrichtungen einschließlich der Sicherung und Weiterentwicklung der Pflegequalität verantwortlich. ²Maßstäbe für die Beurteilung der Leistungsfähigkeit einer Pflegeeinrichtung und die Qualität ihrer Leistungen sind die für sie verbindlichen Anforderungen in den Vereinbarungen nach § 113 sowie die vereinbarten Leistungs- und Qualitätsmerkmale (§ 84 Abs. 5).

(2) ¹Die zugelassenen Pflegeeinrichtungen sind verpflichtet, Maßnahmen der Qualitätssicherung sowie ein Qualitätsmanagement nach Maßgabe der Vereinbarungen nach § 113 durchzuführen, Expertenstandards nach § 113 a anzuwenden sowie bei Qualitätsprüfungen nach § 114 mitzuwirken. ²Bei stationärer Pflege erstreckt sich die Qualitätssicherung neben den allgemeinen Pflegeleistungen auch auf die medizinische Behandlungspflege, die soziale Betreuung, die Leistungen bei Unterkunft und Verpflegung (§ 87) sowie auf die Zusatzleistungen (§ 88).

(3) Der Medizinische Dienst der Krankenversicherung berät die Pflegeeinrichtungen in Fragen der Qualitätssicherung mit dem Ziel, Qualitätsmängeln rechtzeitig vorzubeugen und die Eigenverantwortung der Pflegeeinrichtungen und ihrer Träger für die Sicherung und Weiterentwicklung der Pflegequalität zu stärken.

§ 113 Maßstäbe und Grundsätze zur Sicherung und Weiterentwicklung der Pflegequalität

(1) ¹Der Spitzenverband Bund der Pflegekassen, die Bundesarbeitsgemeinschaft der überörtlichen Träger der Sozialhilfe, die Bundesvereinigung der kommunalen Spitzenverbände

und die Vereinigungen der Träger der Pflegeeinrichtungen auf Bundesebene vereinbaren bis zum 31. März 2009 gemeinsam und einheitlich unter Beteiligung des Medizinischen Dienstes des Spitzenverbandes Bund der Krankenkassen, des Verbandes der privaten Krankenversicherung e. V., der Verbände der Pflegeberufe auf Bundesebene, der maßgeblichen Organisationen für die Wahrnehmung der Interessen und der Selbsthilfe der pflegebedürftigen und behinderten Menschen sowie unabhängiger Sachverständiger Maßstäbe und Grundsätze für die Qualität und die Qualitätssicherung in der ambulanten und stationären Pflege sowie für die Entwicklung eines einrichtungsinternen Qualitätsmanagements, das auf eine stetige Sicherung und Weiterentwicklung der Pflegequalität ausgerichtet ist. ²Die Vereinbarungen sind im Bundesanzeiger zu veröffentlichen. ³Sie sind für alle Pflegekassen und deren Verbände sowie für die zugelassenen Pflegeeinrichtungen unmittelbar verbindlich. ⁴In den Vereinbarungen nach Satz 1 sind insbesondere auch Anforderungen zu regeln

1. an eine praxistaugliche, den Pflegeprozess unterstützende und die Pflegequalität fördernde Pflegedokumentation, die über ein für die Pflegeeinrichtungen vertretbares und wirtschaftliches Maß nicht hinausgehen dürfen,
2. an Sachverständige und Prüfinstitutionen nach § 114 Abs. 4 im Hinblick auf ihre Zuverlässigkeit, Unabhängigkeit und Qualifikation sowie
3. an die methodische Verlässlichkeit von Zertifizierungs- und Prüfverfahren nach § 114 Abs. 4, die den jeweils geltenden Richtlinien des Spitzenverbandes Bund der Pflegekassen über die Prüfung der in Pflegeeinrichtungen erbrachten Leistungen und deren Qualität entsprechen müssen.

(2) ¹Die Vereinbarungen nach Absatz 1 können von jeder Partei mit einer Frist von einem Jahr ganz oder teilweise gekündigt werden. ²Nach Ablauf des Vereinbarungszeitraums oder der Kündigungsfrist gilt die Vereinbarung bis zum Abschluss einer neuen Vereinbarung weiter.

(3) ¹Kommen Vereinbarungen nach Absatz 1 bis zum 31. März 2009 ganz oder teilweise nicht zustande, kann jede Vertragspartei oder das Bundesministerium für Gesundheit die Schiedsstelle nach § 113 b anrufen. ²Die Schiedsstelle setzt mit der Mehrheit ihrer Mitglieder innerhalb von drei Monaten den Inhalt der Vereinbarungen fest.

§ 113 a Expertenstandards zur Sicherung und Weiterentwicklung der Qualität in der Pflege

(1) ¹Die Vertragsparteien nach § 113 stellen die Entwicklung und Aktualisierung wissenschaftlich fundierter und fachlich abgestimmter Expertenstandards zur Sicherung und Weiterentwicklung der Qualität in der Pflege sicher. ²Expertenstandards tragen für ihren Themenbereich zur Konkretisierung des allgemein anerkannten Standes der medizinisch-pflegerischen Erkenntnisse bei. ³Der Medizinische Dienst des Spitzenverbandes Bund der Krankenkassen, der Verband der privaten Krankenversicherung e. V., die Verbände der Pflegeberufe auf Bundesebene, die maßgeblichen Organisationen für die Wahrnehmung der Interessen und der Selbsthilfe der pflegebedürftigen und behinderten Menschen auf Bundesebene sowie unabhängige Sachverständige sind zu beteiligen. ⁴Sie können vorschlagen, zu welchen Themen Expertenstandards entwickelt werden sollen. ⁵Der Auftrag zur Entwicklung oder Aktualisierung und die Einführung von Expertenstandards erfolgen jeweils durch einen Beschluss der Vertragsparteien. ⁶Kommen solche Beschlüsse nicht zustande, kann jede Vertragspartei sowie das Bundesministerium für Gesundheit im Einvernehmen mit dem Bundesministerium für Familie, Senioren, Frauen und Jugend die Schiedsstelle nach § 113 b anrufen. ⁷Ein Beschluss der Schiedsstelle, dass ein Expertenstandard gemäß der Verfahrensordnung nach Absatz 2 zustande gekommen ist, ersetzt den Einführungsbeschluss der Vertragsparteien.

(2) ¹Die Vertragsparteien stellen die methodische und pflegefachliche Qualität des Verfahrens der Entwicklung und Aktualisierung von Expertenstandards und die Transparenz des Verfahrens sicher. ²Die Anforderungen an die Entwicklung von Expertenstandards sind in einer Verfahrensordnung zu regeln. ³In der Verfahrensordnung ist das Vorgehen auf anerkannter methodischer Grundlage, insbesondere die wissenschaftliche Fundierung und Unabhängigkeit, die Schrittfolge der Entwicklung, der fachlichen Abstimmung, der Praxiserprobung und der modellhaften Umsetzung eines Expertenstandards sowie die Transparenz des Verfahrens festzulegen. ⁴Die Verfahrensordnung ist durch das Bundesministerium für Gesundheit im Benehmen mit dem Bundesministerium für Familie, Senioren, Frauen und Jugend zu genehmigen. ⁵Kommt eine Einigung über eine Verfahrensordnung bis zum 30. September 2008 nicht zustande, wird sie durch das Bundesministerium für Gesundheit im Benehmen mit dem Bundesministerium für Familie, Senioren, Frauen und Jugend festgelegt.

(3) ¹Die Expertenstandards sind im Bundesanzeiger zu veröffentlichen. ²Sie sind für alle Pflegekassen und deren Verbände sowie für die zugelassenen Pflegeeinrichtungen unmittelbar verbindlich. ³Die Vertragsparteien unterstützen die Einführung der Expertenstandards in die Praxis.

(4) ¹Die Kosten für die Entwicklung und Aktualisierung von Expertenstandards sind Verwaltungskosten, die vom Spitzenverband Bund der Pflegekassen getragen werden. ²Die privaten Versicherungsunternehmen, die die private Pflege-Pflichtversicherung durchführen, beteiligen sich mit einem Anteil von 10 vom Hundert an den Aufwendungen nach Satz 1. ³Der Finanzierungsanteil, der auf die privaten Versicherungsunternehmen entfällt, kann von dem Verband der privaten Krankenversicherung e. V. unmittelbar an den Spitzenverband Bund der Pflegekassen geleistet werden.

§ 113 b Schiedsstelle Qualitätssicherung

(1) ¹Die Vertragsparteien nach § 113 richten gemeinsam bis zum 30. September 2008 eine Schiedsstelle Qualitätssicherung ein. ²Diese entscheidet in den ihr nach diesem Gesetz zugewiesenen Fällen. ³Gegen die Entscheidung der Schiedsstelle ist der Rechtsweg zu den Sozialgerichten gegeben. Ein Vorverfahren findet nicht statt; die Klage gegen die Entscheidung der Schiedsstelle hat keine aufschiebende Wirkung.

(2) ¹Die Schiedsstelle besteht aus Vertretern des Spitzenverbandes Bund der Pflegekassen und der Vereinigungen der Träger der Pflegeeinrichtungen auf Bundesebene in gleicher Zahl sowie einem unparteiischen Vorsitzenden und zwei weiteren unparteiischen Mitgliedern. ²Die unparteiischen Mitglieder sowie deren Stellvertreter werden von den Vertragsparteien gemeinsam bestellt. ³Kommt eine Einigung nicht zustande, werden die unparteiischen Mitglieder und ihre Vertreter bis zum 31. Oktober 2008 durch den Präsidenten des Bundessozialgerichts berufen. ⁴Der Schiedsstelle gehört auch ein Vertreter der Arbeitsgemeinschaft der überörtlichen Träger der Sozialhilfe und ein Vertreter der kommunalen Spitzenverbände an; sie werden auf die Zahl der Vertreter des Spitzenverbandes Bund der Pflegekassen angerechnet. ⁵Der Schiedsstelle kann auch ein Vertreter des Verbandes der privaten Krankenversicherung e. V. angehören, dieser wird auch auf die Zahl der Vertreter des Spitzenverbandes Bund der Pflegekassen angerechnet. ⁶Ein Vertreter der Verbände der Pflegeberufe kann der Schiedsstelle unter Anrechnung auf die Zahl der Vertreter der Vereinigungen der Träger der Pflegeeinrichtungen angehören. ⁷Soweit die beteiligten Organisationen bis zum 30. September 2008 keine Mitglieder bestellen, wird die Schiedsstelle durch die drei vom Präsidenten des Bundessozialgerichts berufenen unparteiischen Mitglieder gebildet.

(3) ¹Die Vertragsparteien nach § 113 vereinbaren in einer Geschäftsordnung das Nähere über die Zahl, die Bestellung, die Amtsdauer, die Amtsführung, die Erstattung der baren Auslagen und die Entschädigung für den Zeitaufwand der Mitglieder der Schiedsstelle sowie die Geschäftsführung, das Verfahren, die Erhebung und die Höhe der Gebühren und die Verteilung der Kosten. ²Kommt die Geschäftsordnung bis zum 30. September 2008 nicht zustande, wird ihr Inhalt durch das Bundesministerium für Gesundheit bestimmt. ³Entscheidungen der Schiedsstelle sind mit der Mehrheit ihrer Mitglieder innerhalb von drei Monaten zu treffen; im Übrigen gilt § 76 Abs. 3 entsprechend.

(4) ¹Die Rechtsaufsicht über die Schiedsstelle führt das Bundesministerium für Gesundheit. ²Es kann die Rechtsaufsicht ganz oder teilweise sowie dauerhaft oder vorübergehend auf das Bundesversicherungsamt übertragen.

§ 114 Qualitätsprüfungen

(1) ¹Zur Durchführung einer Qualitätsprüfung erteilen die Landesverbände der Pflegekassen dem Medizinischen Dienst der Krankenversicherung oder den von ihnen bestellten Sachverständigen einen Prüfauftrag. ²Der Prüfauftrag enthält Angaben zur Prüfart, zum Prüfgegenstand und zum Prüfumfang. ³Die Prüfung erfolgt als Regelprüfung, Anlassprüfung oder Wiederholungsprüfung. ⁴Die Pflegeeinrichtungen haben die ordnungsgemäße Durchführung der Prüfungen zu ermöglichen.

(2) ¹Die Landesverbände der Pflegekassen veranlassen in zugelassenen Pflegeeinrichtungen bis zum 31. Dezember 2010 mindestens einmal und ab dem Jahre 2011 regelmäßig im Abstand von höchstens einem Jahr eine Prüfung durch den Medizinischen Dienst der Krankenversicherung oder durch von ihnen bestellte Sachverständige (Regelprüfung). ²Zu prüfen ist, ob die Qualitätsanforderungen nach diesem Buch und nach den auf dieser Grundlage abgeschlossenen vertraglichen Vereinbarungen erfüllt sind. ³Die Regelprüfung

erfasst insbesondere wesentliche Aspekte des Pflegezustandes und die Wirksamkeit der Pflege- und Betreuungsmaßnahmen (Ergebnisqualität). ⁴Sie kann auch auf den Ablauf, die Durchführung und die Evaluation der Leistungserbringung (Prozessqualität) sowie die unmittelbaren Rahmenbedingungen der Leistungserbringung (Strukturqualität) erstreckt werden. ⁵Die Regelprüfung bezieht sich auf die Qualität der allgemeinen Pflegeleistungen, der medizinischen Behandlungspflege, der sozialen Betreuung einschließlich der zusätzlichen Betreuung und Aktivierung im Sinne des § 87 b, der Leistungen bei Unterkunft und Verpflegung (§ 87), der Zusatzleistungen (§ 88) und der nach § 37 des Fünften Buches erbrachten Leistungen der häuslichen Krankenpflege. ⁶Sie kann sich auch auf die Abrechnung der genannten Leistungen erstrecken. ⁷Zu prüfen ist auch, ob die Versorgung der Pflegebedürftigen den Empfehlungen der Kommission für Krankenhaushygiene und Infektionsprävention nach § 23 Abs. 2 des Infektionsschutzgesetzes entspricht.

(3) Die Landesverbände der Pflegekassen haben den Prüfumfang der Regelprüfung in angemessener Weise zu verringern, soweit ihnen auf Grund einer Prüfung der nach heimrechtlichen Vorschriften zuständigen Aufsichtsbehörde oder aus einem nach Landesrecht durchgeführten Prüfverfahren Erkenntnisse darüber vorliegen, dass die Qualitätsanforderungen nach diesem Buch und den auf seiner Grundlage abgeschlossenen vertraglichen Vereinbarungen erfüllt sind.

(4) ¹Liegen den Landesverbänden der Pflegekassen Ergebnisse zur Prozess- und Strukturqualität aus einer Prüfung vor, die von der Pflegeeinrichtung oder dem Einrichtungsträger veranlasst wurde, so haben sie den Umfang der Regelprüfung in angemessener Weise zu verringern. ²Voraussetzung ist, dass die vorgelegten Prüfergebnisse nach einem durch die Landesverbände der Pflegekassen anerkannten Verfahren zur Messung und Bewertung der Pflegequalität durch unabhängige Sachverständige oder Prüfinstitutionen entsprechend den von den Vertragsparteien nach § 113 Abs. 1 Satz 4 Nr. 2 und 3 festgelegten Anforderungen durchgeführt wurde, die Prüfung nicht länger als ein Jahr zurückliegt und die Prüfungsergebnisse gemäß § 115 Abs. 1 a veröffentlicht werden. ³Eine Prüfung der Ergebnisqualität durch den Medizinischen Dienst der Krankenversicherung ist stets durchzuführen.

(5) ¹Bei Anlassprüfungen geht der Prüfauftrag in der Regel über den jeweiligen Prüfanlass hinaus; er umfasst eine vollständige Prüfung mit dem Schwerpunkt der Ergebnisqualität. ²Im Zusammenhang mit einer zuvor durchgeführten Regel- oder Anlassprüfung kann von den Landesverbänden der Pflegekassen auf Kosten der Pflegeeinrichtung eine Wiederholungsprüfung veranlasst werden, um zu überprüfen, ob die festgestellten Qualitätsmängel durch die nach § 115 Abs. 2 angeordneten Maßnahmen beseitigt worden sind. ³Auf Antrag und auf Kosten der Pflegeeinrichtung ist eine Wiederholungsprüfung von den Landesverbänden der Pflegekassen zu veranlassen, wenn wesentliche Aspekte der Pflegequalität betroffen sind und ohne zeitnahe Nachprüfung der Pflegeeinrichtung unzumutbare Nachteile drohen.

§ 114 a Durchführung der Qualitätsprüfungen

(1) ¹Der Medizinische Dienst der Krankenversicherung und die von den Landesverbänden der Pflegekassen bestellten Sachverständigen sind im Rahmen ihres Prüfauftrags nach § 114 jeweils berechtigt und verpflichtet, an Ort und Stelle zu überprüfen, ob die zugelassenen Pflegeeinrichtungen die Leistungs- und Qualitätsanforderungen nach diesem Buch erfüllen. ²Prüfungen sind grundsätzlich unangemeldet durchzuführen. ³Der Medizinische Dienst der Krankenversicherung und die von den Landesverbänden der Pflegekassen bestellten Sachverständigen beraten im Rahmen der Qualitätsprüfungen die Pflegeeinrichtungen in Fragen der Qualitätssicherung. ⁴§ 112 Abs. 3 gilt entsprechend.

(2) ¹Sowohl bei teil- als auch bei vollstationärer Pflege sind der Medizinische Dienst der Krankenversicherung und die von den Landesverbänden der Pflegekassen bestellten Sachverständigen jeweils berechtigt, zum Zwecke der Qualitätssicherung die für das Pflegeheim benutzten Grundstücke und Räume jederzeit zu betreten, dort Prüfungen und Besichtigungen vorzunehmen, sich mit den Pflegebedürftigen, ihren Angehörigen, vertretungsberechtigten Personen und Betreuern in Verbindung zu setzen sowie die Beschäftigten und die Interessenvertretung der Bewohnerinnen und Bewohner zu befragen. ²Prüfungen und Besichtigungen zur Nachtzeit sind nur zulässig, wenn und soweit das Ziel der Qualitätssicherung zu anderen Tageszeiten nicht erreicht werden kann. ³Soweit Räume einem Wohnrecht der Heimbewohner unterliegen, dürfen sie ohne deren Einwilligung nur betreten werden, soweit dies zur Verhütung drohender Gefahren für die öffentliche Sicherheit und Ordnung erforderlich ist; das Grundrecht der Unverletzlichkeit der Wohnung (Artikel 13 Abs. 1 des Grundgesetzes) wird insoweit eingeschränkt. ⁴Bei der ambulanten Pflege sind der Medizinische Dienst der Krankenversicherung und die von den Landes-

verbänden der Pflegekassen bestellten Sachverständigen berechtigt, die Qualität der Leistungen des Pflegedienstes mit Einwilligung des Pflegebedürftigen auch in dessen Wohnung zu überprüfen. ⁵Soweit ein Pflegebedürftiger die Einwilligung nach den Sätzen 3 und 4 nicht selbst erteilen kann, darf diese nur durch eine vertretungsberechtigte Person oder einen bestellten Betreuer erteilt werden. ⁶Der Medizinische Dienst der Krankenversicherung soll die nach heimrechtlichen Vorschriften zuständige Aufsichtsbehörde an Prüfungen beteiligen, soweit dadurch die Prüfung nicht verzögert wird.

(3) ¹Die Prüfungen beinhalten auch Inaugenscheinnahmen des gesundheitlichen und pflegerischen Zustands von Pflegebedürftigen. ²Sowohl Pflegebedürftige als auch Beschäftigte der Pflegeeinrichtungen, Betreuer und Angehörige sowie Mitglieder der heimrechtlichen Interessenvertretungen der Bewohnerinnen und Bewohner können dazu befragt werden. ³Die Teilnahme an Inaugenscheinnahmen und Befragungen ist freiwillig; durch die Ablehnung dürfen keine Nachteile entstehen. ⁴Inaugenscheinnahmen von Pflegebedürftigen, Befragungen von Personen nach Satz 2 sowie die damit jeweils zusammenhängende Erhebung, Verarbeitung und Nutzung personenbezogener Daten von Pflegebedürftigen zum Zwecke der Erstellung eines Prüfberichts bedürfen der Einwilligung der betroffenen Pflegebedürftigen.

(4) ¹Auf Verlangen sind Vertreter der betroffenen Pflegekassen oder ihrer Verbände, des zuständigen Sozialhilfeträgers sowie des Verbandes der privaten Krankenversicherung e. V. an den Prüfungen nach den Absätzen 1 bis 3 zu beteiligen. ²Der Träger der Pflegeeinrichtung kann verlangen, dass eine Vereinigung, deren Mitglied er ist (Trägervereinigung), an der Prüfung nach den Absätzen 1 bis 3 beteiligt wird. ³Ausgenommen ist eine Beteiligung nach Satz 1 oder nach Satz 2, soweit dadurch die Durchführung einer Prüfung voraussichtlich verzögert wird. ⁴Unabhängig von ihren eigenen Prüfungsbefugnissen nach den Absätzen 1 bis 3 sind der Medizinische Dienst der Krankenversicherung und die von den Landesverbänden der Pflegekassen bestellten Sachverständigen jeweils befugt, sich an Überprüfungen von zugelassenen Pflegeeinrichtungen zu beteiligen, soweit sie von der nach heimrechtlichen Vorschriften zuständigen Aufsichtsbehörde nach Maßgabe heimrechtlicher Vorschriften durchgeführt werden. ⁵Sie haben in diesem Fall ihre Mitwirkung an der Überprüfung der Pflegeeinrichtung auf den Bereich der Qualitätssicherung nach diesem Buch zu beschränken.

(5) ¹Die privaten Versicherungsunternehmen, die die private Pflege-Pflichtversicherung durchführen, beteiligen sich mit 10 vom Hundert an den Kosten der Qualitätsprüfungen der ambulanten und stationären Pflegeeinrichtungen, sofern diese ohne Beteiligung von Vertretern des Verbandes der privaten Krankenversicherung e. V. durchgeführt wurden. ²Der Finanzierungsanteil, der auf die privaten Versicherungsunternehmen entfällt, ist vom Verband der privaten Krankenversicherung e. V. jährlich unmittelbar an das Bundesversicherungsamt zugunsten des Ausgleichsfonds der Pflegeversicherung (§ 65) zu überweisen. ³Das Bundesversicherungsamt stellt die Höhe der durchschnittlichen Kosten von Prüfungen im Wege einer Schätzung in Abstimmung mit dem Verband der privaten Krankenversicherung e. V. fest und teilt diesem jährlich die Anzahl der durchgeführten Prüfungen und den sich aus der Multiplikation der Durchschnittskosten mit der Anzahl der Prüfungen ergebenden Finanzierungsanteil der privaten Versicherungsunternehmen mit.

(6) ¹Die Medizinischen Dienste der Krankenversicherung berichten dem Medizinischen Dienst des Spitzenverbandes Bund der Krankenkassen zum 30. Juni 2011, danach in Abständen von drei Jahren, über ihre Erfahrungen mit der Anwendung der Beratungs- und Prüfvorschriften nach diesem Buch, über die Ergebnisse ihrer Qualitätsprüfungen sowie über ihre Erkenntnisse zum Stand und zur Entwicklung der Pflegequalität und der Qualitätssicherung. ²Sie stellen unter Beteiligung des Medizinischen Dienstes des Spitzenverbandes Bund der Krankenkassen die Vergleichbarkeit der gewonnenen Daten sicher. ³Der Medizinische Dienst des Spitzenverbandes Bund der Krankenkassen führt die Berichte der Medizinischen Dienste der Krankenversicherung und seine eigenen Erkenntnisse und Erfahrungen zur Entwicklung der Pflegequalität und der Qualitätssicherung zu einem Bericht zusammen und legt diesen innerhalb eines halben Jahres dem Spitzenverband Bund der Pflegekassen, dem Bundesministerium für Gesundheit, dem Bundesministerium für Familie, Senioren, Frauen und Jugend sowie dem Bundesministerium für Arbeit und Soziales und den zuständigen Länderministerien vor.

(7) ¹Der Spitzenverband Bund der Pflegekassen beschließt unter Beteiligung des Medizinischen Dienstes des Spitzenverbandes Bund der Krankenkassen Richtlinien über die Prüfung der in Pflegeeinrichtungen erbrachten Leistungen und deren Qualität nach § 114. ²Er hat die Bundesarbeitsgemeinschaft der Freien Wohlfahrtspflege, die Bundesverbände privater Alten- und Pflegeheime, die Verbände der privaten ambulanten Dienste, die Bundesverbände der Pflegeberufe, die Kassenärztliche Bundesvereinigung, den Verband der

privaten Krankenversicherung e. V., die Bundesarbeitsgemeinschaft der überörtlichen Träger der Sozialhilfe, die kommunalen Spitzenverbände auf Bundesebene sowie die maßgeblichen Organisationen für die Wahrnehmung der Interessen und der Selbsthilfe der pflegebedürftigen und behinderten Menschen zu beteiligen. ³Ihnen ist unter Übermittlung der hierfür erforderlichen Informationen innerhalb einer angemessenen Frist vor der Entscheidung Gelegenheit zur Stellungnahme zu geben; die Stellungnahmen sind in die Entscheidung einzubeziehen. ⁴Die Richtlinien sind regelmäßig an den medizinisch-pflegefachlichen Fortschritt anzupassen. ⁵Sie bedürfen der Genehmigung des Bundesministeriums für Gesundheit. ⁶Beanstandungen des Bundesministeriums für Gesundheit sind innerhalb der von ihm gesetzten Frist zu beheben.

§ 115 Ergebnisse von Qualitätsprüfungen

(1) ¹Die Medizinischen Dienste der Krankenversicherung sowie die von den Landesverbänden der Pflegekassen für Qualitätsprüfungen bestellten Sachverständigen haben das Ergebnis einer jeden Qualitätsprüfung sowie die dabei gewonnenen Daten und Informationen den Landesverbänden der Pflegekassen und den zuständigen Trägern der Sozialhilfe sowie den nach heimrechtlichen Vorschriften zuständigen Aufsichtsbehörden im Rahmen ihrer Zuständigkeit und bei häuslicher Pflege den zuständigen Pflegekassen zum Zwecke der Erfüllung ihrer gesetzlichen Aufgaben sowie der betroffenen Pflegeeinrichtung mitzuteilen. ²Das Gleiche gilt für die Ergebnisse von Qualitätsprüfungen, die durch unabhängige Sachverständige oder Prüfinstitutionen gemäß § 114 Abs. 4 durchgeführt werden und eine Regelprüfung durch den Medizinischen Dienst der Krankenversicherung teilweise ersetzen. ³Die Landesverbände der Pflegekassen sind befugt und auf Anforderung verpflichtet, die ihnen nach Satz 1 oder 2 bekannt gewordenen Daten und Informationen mit Zustimmung des Trägers der Pflegeeinrichtung auch seiner Trägervereinigung zu übermitteln, soweit deren Kenntnis für die Anhörung oder eine Stellungnahme der Pflegeeinrichtung zu einem Bescheid nach Absatz 2 erforderlich ist. ⁴Gegenüber Dritten sind die Prüfer und die Empfänger der Daten zur Verschwiegenheit verpflichtet; dies gilt nicht für die zur Veröffentlichung der Ergebnisse von Qualitätsprüfungen nach Absatz 1a erforderlichen Daten und Informationen.

(1 a) ¹Die Landesverbände der Pflegekassen stellen sicher, dass die von Pflegeeinrichtungen erbrachten Leistungen und deren Qualität, insbesondere hinsichtlich der Ergebnis- und Lebensqualität, für die Pflegebedürftigen und ihre Angehörigen verständlich, übersichtlich und vergleichbar sowohl im Internet als auch in anderer geeigneter Form kostenfrei veröffentlicht werden. ²Hierbei sind die Ergebnisse der Qualitätsprüfungen des Medizinischen Dienstes der Krankenversicherung sowie gleichwertige Prüfergebnisse nach § 114 Abs. 3 und 4 zugrunde zu legen; sie können durch in anderen Prüfverfahren gewonnene Informationen, die die von Pflegeeinrichtungen erbrachten Leistungen und deren Qualität, insbesondere hinsichtlich der Ergebnis- und Lebensqualität, darstellen, ergänzt werden. ³Personenbezogene und personenbeziehbare Daten sind zu anonymisieren. ⁴Ergebnisse von Wiederholungsprüfungen sind zeitnah zu berücksichtigen. ⁵Das Datum der letzten Prüfung durch den Medizinischen Dienst der Krankenversicherung, eine Einordnung des Prüfergebnisses nach einer Bewertungssystematik sowie eine Zusammenfassung der Prüfergebnisse sind an gut sichtbarer Stelle in jeder Pflegeeinrichtung auszuhängen. ⁶Die Kriterien der Veröffentlichung einschließlich der Bewertungssystematik sind durch den Spitzenverband Bund der Pflegekassen, die Vereinigungen der Träger der Pflegeeinrichtungen auf Bundesebene, die Bundesarbeitsgemeinschaft der überörtlichen Träger der Sozialhilfe und die Bundesvereinigung der kommunalen Spitzenverbände bis zum 30. September 2008 unter Beteiligung des Medizinischen Dienstes des Spitzenverbandes Bund der Krankenkassen zu vereinbaren. ⁷Die maßgeblichen Organisationen für die Wahrnehmung der Interessen und der Selbsthilfe der pflegebedürftigen und behinderten Menschen, unabhängige Verbraucherorganisationen auf Bundesebene sowie der Verband der privaten Krankenversicherung e. V. und die Verbände der Pflegeberufe auf Bundesebene sind frühzeitig zu beteiligen. ⁸Ihnen ist unter Übermittlung der hierfür erforderlichen Informationen innerhalb einer angemessenen Frist vor der Entscheidung Gelegenheit zur Stellungnahme zu geben; die Stellungnahmen sind in die Entscheidung einzubeziehen. ⁹Kommt eine Festlegung über die Kriterien der Veröffentlichung einschließlich der Bewertungssystematik bis zum 30. September 2008 nicht zustande, werden sie auf Antrag eines Vereinbarungspartners oder des Bundesministeriums für Gesundheit bis zum 31. Dezember 2008 durch die Schiedsstelle nach § 113 b festgesetzt.

(2) ¹Soweit bei einer Prüfung nach diesem Buch Qualitätsmängel festgestellt werden, entscheiden die Landesverbände der Pflegekassen nach Anhörung des Trägers der Pflege-

einrichtung und der beteiligten Trägervereinigung unter Beteiligung des zuständigen Trägers der Sozialhilfe, welche Maßnahmen zu treffen sind, erteilen dem Träger der Einrichtung hierüber einen Bescheid und setzen ihm darin zugleich eine angemessene Frist zur Beseitigung der festgestellten Mängel. ²Werden nach Satz 1 festgestellte Mängel nicht fristgerecht beseitigt, können die Landesverbände der Pflegekassen gemeinsam den Versorgungsvertrag gemäß § 74 Abs. 1, in schwerwiegenden Fällen nach § 74 Abs. 2, kündigen. ³§ 73 Abs. 2 gilt entsprechend.

(3) ¹Hält die Pflegeeinrichtung ihre gesetzlichen oder vertraglichen Verpflichtungen, insbesondere ihre Verpflichtungen zu einer qualitätsgerechten Leistungserbringung aus dem Versorgungsvertrag (§ 72) ganz oder teilweise nicht ein, sind die nach dem Achten Kapitel vereinbarten Pflegevergütungen für die Dauer der Pflichtverletzung entsprechend zu kürzen. ²Über die Höhe des Kürzungsbetrags ist zwischen den Vertragsparteien nach § 85 Abs. 2 Einvernehmen anzustreben. ³Kommt eine Einigung nicht zustande, entscheidet auf Antrag einer Vertragspartei die Schiedsstelle nach § 76 in der Besetzung des Vorsitzenden und der beiden weiteren unparteiischen Mitglieder. ⁴Gegen die Entscheidung nach Satz 3 ist der Rechtsweg zu den Sozialgerichten gegeben; ein Vorverfahren findet nicht statt, die Klage hat aufschiebende Wirkung. ⁵Der vereinbarte oder festgesetzte Kürzungsbetrag ist von der Pflegeeinrichtung bis zur Höhe ihres Eigenanteils an die betroffenen Pflegebedürftigen und im Weiteren an die Pflegekassen zurückzuzahlen; soweit die Pflegevergütung als nachrangige Sachleistung von einem anderen Leistungsträger übernommen wurde, ist der Kürzungsbetrag an diesen zurückzuzahlen. ⁶Der Kürzungsbetrag kann nicht über die Vergütungen oder Entgelte nach dem Achten Kapitel refinanziert werden. ⁷Schadensersatzansprüche der betroffenen Pflegebedürftigen nach anderen Vorschriften bleiben unberührt; § 66 des Fünften Buches gilt entsprechend.

(4) ¹Bei Feststellung schwerwiegender, kurzfristig nicht behebbarer Mängel in der stationären Pflege sind die Pflegekassen verpflichtet, den betroffenen Heimbewohnern auf deren Antrag eine andere geeignete Pflegeeinrichtung zu vermitteln, welche die Pflege, Versorgung und Betreuung nahtlos übernimmt. ²Bei Sozialhilfeempfängern ist der zuständige Träger der Sozialhilfe zu beteiligen.

(5) ¹Stellt der Medizinische Dienst schwerwiegende Mängel in der ambulanten Pflege fest, kann die zuständige Pflegekasse dem Pflegedienst auf Empfehlung des Medizinischen Dienstes die weitere Betreuung des Pflegebedürftigen vorläufig untersagen; § 73 Abs. 2 gilt entsprechend. ²Die Pflegekasse hat dem Pflegebedürftigen in diesem Fall einen anderen geeigneten Pflegedienst zu vermitteln, der die Pflege nahtlos übernimmt; dabei ist so weit wie möglich das Wahlrecht des Pflegebedürftigen nach § 2 Abs. 2 zu beachten. ³Absatz 4 Satz 2 gilt entsprechend.

(6) ¹In den Fällen der Absätze 4 und 5 haftet der Träger der Pflegeeinrichtung gegenüber den betroffenen Pflegebedürftigen und deren Kostenträgern für die Kosten der Vermittlung einer anderen ambulanten oder stationären Pflegeeinrichtung, soweit er die Mängel in entsprechender Anwendung des § 276 des Bürgerlichen Gesetzbuches zu vertreten hat. ²Absatz 3 Satz 7 bleibt unberührt.

§ 116 Kostenregelungen

(1) Die Prüfkosten bei Wirksamkeits- und Wirtschaftlichkeitsprüfungen nach § 79 sind als Aufwand in der nächstmöglichen Vergütungsvereinbarung nach dem Achten Kapitel zu berücksichtigen; sie können auch auf mehrere Vergütungszeiträume verteilt werden.

(2) ¹Die Kosten der Schiedsstellenentscheidung nach § 115 Abs. 3 Satz 3 trägt der Träger der Pflegeeinrichtung, soweit die Schiedsstelle eine Vergütungskürzung anordnet; andernfalls sind sie von den als Kostenträgern betroffenen Vertragsparteien gemeinsam zu tragen. ²Setzt die Schiedsstelle einen niedrigeren Kürzungsbetrag fest als von den Kostenträgern gefordert, haben die Beteiligten die Verfahrenskosten anteilig zu zahlen.

(3) ¹Die Bundesregierung wird ermächtigt, durch Rechtsverordnung mit Zustimmung des Bundesrates die Entgelte für die Durchführung von Wirtschaftlichkeitsprüfungen zu regeln. ²In der Rechtsverordnung können auch Mindest- und Höchstsätze festgelegt werden; dabei ist den berechtigten Interessen der Wirtschaftlichkeitsprüfer (§ 79) sowie der zur Zahlung der Entgelte verpflichteten Pflegeeinrichtungen Rechnung zu tragen.

§ 117 Zusammenarbeit mit den nach heimrechtlichen Vorschriften zuständigen Aufsichtsbehörden

(1) ¹Die Landesverbände der Pflegekassen und der Medizinische Dienst der Krankenversicherung arbeiten mit den nach heimrechtlichen Vorschriften zuständigen Aufsichtsbe-

hörden bei der Zulassung und der Überprüfung der Pflegeeinrichtungen eng zusammen, um ihre wechselseitigen Aufgaben nach diesem Buch und nach den heimrechtlichen Vorschriften insbesondere durch
1. gegenseitige Information und Beratung,
2. Terminabsprachen für eine gemeinsame oder arbeitsteilige Überprüfung von Pflegeeinrichtungen oder
3. Verständigung über die im Einzelfall notwendigen Maßnahmen

wirksam aufeinander abzustimmen. ²Dabei ist sicherzustellen, dass Doppelprüfungen nach Möglichkeit vermieden werden. ³Zur Erfüllung dieser Aufgaben sind die Landesverbände der Pflegekassen und der Medizinische Dienst verpflichtet, in den Arbeitsgemeinschaften nach den heimrechtlichen Vorschriften mitzuwirken.

(2) Die Verantwortung der Pflegekassen und ihrer Verbände für die inhaltliche Bestimmung, Sicherung und Prüfung der Pflege-, Versorgungs- und Betreuungsqualität nach diesem Buch kann durch eine Zusammenarbeit mit den nach heimrechtlichen Vorschriften zuständigen Aufsichtsbehörden weder eingeschränkt noch erweitert werden.

(3) ¹Zur Verwirklichung der engen Zusammenarbeit sind die Landesverbände der Pflegekassen und der Medizinische Dienst der Krankenversicherung berechtigt und auf Anforderung verpflichtet, der nach heimrechtlichen Vorschriften zuständigen Aufsichtsbehörde die ihnen nach diesem Buch zugänglichen Daten über die Pflegeeinrichtungen, insbesondere über die Zahl und Art der Pflegeplätze und der betreuten Personen (Belegung), über die personelle und sächliche Ausstattung sowie über die Leistungen und Vergütungen der Pflegeeinrichtungen, mitzuteilen. ²Personenbezogene Daten sind vor der Datenübermittlung zu anonymisieren.

(4) ¹Erkenntnisse aus der Prüfung von Pflegeeinrichtungen sind vom Medizinischen Dienst der Krankenversicherung oder von den sonstigen Sachverständigen oder Stellen, die Qualitätsprüfungen nach diesem Buch durchführen, unverzüglich der nach heimrechtlichen Vorschriften zuständigen Aufsichtsbehörde mitzuteilen, soweit sie zur Vorbereitung und Durchführung von aufsichtsrechtlichen Maßnahmen nach den heimrechtlichen Vorschriften erforderlich sind. ²§ 115 Abs. 1 Satz 1 und 2 bleibt hiervon unberührt.

(5) ¹Die Pflegekassen und ihre Verbände sowie der Medizinische Dienst der Krankenversicherung tragen die ihnen durch die Zusammenarbeit mit den nach heimrechtlichen Vorschriften zuständigen Aufsichtsbehörden entstehenden Kosten. ²Eine Beteiligung an den Kosten der nach heimrechtlichen Vorschriften zuständigen Aufsichtsbehörden oder anderer von nach heimrechtlichen Vorschriften zuständigen Aufsichtsbehörde beteiligter Stellen oder Gremien ist unzulässig.

(6) ¹Durch Anordnungen der nach heimrechtlichen Vorschriften zuständigen Aufsichtsbehörde bedingte Mehr- oder Minderkosten sind, soweit sie dem Grunde nach vergütungsfähig im Sinne des § 82 Abs. 1 sind, in der nächstmöglichen Pflegesatzvereinbarung zu berücksichtigen. ²Der Widerspruch oder die Klage einer Vertragspartei oder eines Beteiligten nach § 85 Abs. 2 gegen die Anordnung hat keine aufschiebende Wirkung.

§ 118 *(aufgehoben)*

§ 119 Verträge mit Pflegeheimen außerhalb des Anwendungsbereichs des Wohn- und Betreuungsvertragsgesetzes

Für den Vertrag zwischen dem Träger einer zugelassenen stationären Pflegeeinrichtung, auf die das Wohn- und Betreuungsvertragsgesetz keine Anwendung findet, und dem pflegebedürftigen Bewohner gelten die Vorschriften über die Verträge nach dem Wohn- und Betreuungsvertragsgesetz entsprechend.

§ 120 Pflegevertrag bei häuslicher Pflege

(1) ¹Bei häuslicher Pflege übernimmt der zugelassene Pflegedienst spätestens mit Beginn des ersten Pflegeeinsatzes auch gegenüber dem Pflegebedürftigen die Verpflichtung, diesen nach Art und Schwere seiner Pflegebedürftigkeit, entsprechend den von ihm in Anspruch genommenen Leistungen, zu pflegen und hauswirtschaftlich zu versorgen (Pflegevertrag). ²Bei jeder wesentlichen Veränderung des Zustandes des Pflegebedürftigen hat der Pflegedienst dies der zuständigen Pflegekasse unverzüglich mitzuteilen.

(2) ¹Der Pflegedienst hat nach Aufforderung der zuständigen Pflegekasse unverzüglich eine Ausfertigung des Pflegevertrages auszuhändigen. ²Innerhalb von zwei Wochen nach

dem ersten Pflegeeinsatz kann der Pflegebedürftige den Pflegevertrag ohne Angabe von Gründen und ohne Einhaltung einer Frist kündigen. ³Wird der Pflegevertrag erst nach dem ersten Pflegeeinsatz ausgehändigt, beginnt der Lauf der Frist nach Satz 2 erst mit Aushändigung des Vertrages.

(3) In dem Pflegevertrag sind wenigstens Art, Inhalt und Umfang der Leistungen einschließlich der dafür mit den Kostenträgern nach § 89 vereinbarten Vergütungen für jede Leistung oder jeden Leistungskomplex gesondert zu beschreiben.

(4) ¹Der Anspruch des Pflegedienstes auf Vergütung seiner pflegerischen und hauswirtschaftlichen Leistungen ist unmittelbar gegen die zuständige Pflegekasse zu richten. ²Soweit die von dem Pflegebedürftigen abgerufenen Leistungen nach Satz 1 den von der Pflegekasse mit Bescheid festgelegten und von ihr zu zahlenden leistungsrechtlichen Höchstbetrag überschreiten, darf der Pflegedienst dem Pflegebedürftigen für die zusätzlich abgerufenen Leistungen keine höhere als die nach § 89 vereinbarte Vergütung berechnen.

Zwölftes Kapitel. Bußgeldvorschrift

§ 121 Bußgeldvorschrift

(1) Ordnungswidrig handelt, wer vorsätzlich oder leichtfertig
1. der Verpflichtung zum Abschluß oder zur Aufrechterhaltung des privaten Pflegeversicherungsvertrages nach § 23 Abs. 1 Satz 1 und 2 oder § 23 Abs. 4 oder der Verpflichtung zur Aufrechterhaltung des privaten Pflegeversicherungsvertrages nach § 22 Abs. 1 Satz 2 nicht nachkommt,
2. entgegen § 50 Abs. 1 Satz 1, § 51 Abs. 1 Satz 1 und 2, § 51 Abs. 3 oder entgegen Artikel 42 Abs. 4 Satz 1 oder 2 des Pflege-Versicherungsgesetzes eine Meldung nicht, nicht richtig, nicht vollständig oder nicht rechtzeitig erstattet,
3. entgegen § 50 Abs. 3 Satz 1 Nr. 1 eine Auskunft nicht, nicht richtig, nicht vollständig oder nicht rechtzeitig erteilt oder entgegen § 50 Abs. 3 Satz 1 Nr. 2 eine Änderung nicht, nicht richtig, nicht vollständig oder nicht rechtzeitig mitteilt,
4. entgegen § 50 Abs. 3 Satz 2 die erforderlichen Unterlagen nicht, nicht vollständig oder nicht rechtzeitig vorlegt,
5. entgegen Artikel 42 Abs. 1 Satz 3 des Pflege-Versicherungsgesetzes den Leistungsumfang seines privaten Versicherungsvertrages nicht oder nicht rechtzeitig anpaßt,
6. mit der Entrichtung von sechs Monatsprämien zur privaten Pflegeversicherung in Verzug gerät.

(2) Die Ordnungswidrigkeit kann mit einer Geldbuße bis zu 2.500 Euro geahndet werden.

(3) Für die von privaten Versicherungsunternehmen begangenen Ordnungswidrigkeiten nach Absatz 1 Nr. 2 ist das Bundesversicherungsamt die Verwaltungsbehörde im Sinne des § 36 Abs. 1 Nr. 1 des Gesetzes über Ordnungswidrigkeiten.

§ 122 Übergangsregelung

(1) § 45 b ist mit Ausnahme des Absatzes 2 Satz 3 erst ab 1. April 2002 anzuwenden; Absatz 2 Satz 3 ist ab 1. Januar 2003 anzuwenden.

(2) ¹Die Spitzenverbände der Pflegekassen haben die nach § 45 b Abs. 1 Satz 4 in der ab dem 1. Juli 2008 geltenden Fassung vorgesehenen Richtlinien unter Beteiligung des Medizinischen Dienstes der Spitzenverbände der Krankenkassen, des Verbandes der privaten Krankenversicherung e.V., der kommunalen Spitzenverbände auf Bundesebene und der maßgeblichen Organisationen für die Wahrnehmung der Interessen und der Selbsthilfe der pflegebedürftigen und behinderten Menschen auf Bundesebene zu beschließen und dem Bundesministerium für Gesundheit bis zum 31. Mai 2008 zur Genehmi- gung vorzulegen. ²§ 17 Abs. 2 gilt entsprechend.

120. Sozialgesetzbuch (SGB) Zwölftes Buch (XII) – Sozialhilfe –

Vom 27. Dezember 2003 (BGBl. I S. 3022)
FNA 860-12
zuletzt geänd. durch Art. 3 G zur Ermittlung von Regelbedarfen und zur Änd. des Zweiten und Zwölften Buches Sozialgesetzbuch v. 24. 3. 2011 (BGBl. I S. 453)

Erstes Kapitel. Allgemeine Vorschriften

§ 1 Aufgabe der Sozialhilfe

[1] Aufgabe der Sozialhilfe ist es, den Leistungsberechtigten die Führung eines Lebens zu ermöglichen, das der Würde des Menschen entspricht. [2] Die Leistung soll sie so weit wie möglich befähigen, unabhängig von ihr zu leben; darauf haben auch die Leistungsberechtigten nach ihren Kräften hinzuarbeiten. [3] Zur Erreichung dieser Ziele haben die Leistungsberechtigten und die Träger der Sozialhilfe im Rahmen ihrer Rechte und Pflichten zusammenzuwirken.

§ 2 Nachrang der Sozialhilfe

(1) Sozialhilfe erhält nicht, wer sich vor allem durch Einsatz seiner Arbeitskraft, seines Einkommens und seines Vermögens selbst helfen kann oder wer die erforderliche Leistung von anderen, insbesondere von Angehörigen oder von Trägern anderer Sozialleistungen, erhält.

(2) [1] Verpflichtungen anderer, insbesondere Unterhaltspflichtiger oder der Träger anderer Sozialleistungen, bleiben unberührt. [2] Auf Rechtsvorschriften beruhende Leistungen anderer dürfen nicht deshalb versagt werden, weil nach dem Recht der Sozialhilfe entsprechende Leistungen vorgesehen sind.

§ 3 Träger der Sozialhilfe

(1) Die Sozialhilfe wird von örtlichen und überörtlichen Trägern geleistet.

(2) [1] Örtliche Träger der Sozialhilfe sind die kreisfreien Städte und die Kreise, soweit nicht nach Landesrecht etwas anderes bestimmt wird. [2] Bei der Bestimmung durch Landesrecht ist zu gewährleisten, dass die zukünftigen örtlichen Träger mit der Übertragung dieser Aufgaben einverstanden sind, nach ihrer Leistungsfähigkeit zur Erfüllung der Aufgaben nach diesem Buch geeignet sind und dass die Erfüllung dieser Aufgaben in dem gesamten Kreisgebiet sichergestellt ist.

(3) Die Länder bestimmen die überörtlichen Träger der Sozialhilfe.

§ 4 Zusammenarbeit

(1) [1] Die Träger der Sozialhilfe arbeiten mit anderen Stellen, deren gesetzliche Aufgaben dem gleichen Ziel dienen oder die an Leistungen beteiligt sind oder beteiligt werden sollen, zusammen, insbesondere mit den Trägern von Leistungen nach dem Zweiten, dem Achten, dem Neunten und dem Elften Buch, sowie mit anderen Trägern von Sozialleistungen, mit den gemeinsamen Servicestellen der Rehabilitationsträger und mit Verbänden. [2] Darüber hinaus sollen die Träger der Sozialhilfe gemeinsam mit den Beteiligten der Pflegestützpunkte nach § 92 c des Elften Buches alle für die wohnortnahe Versorgung und Betreuung in Betracht kommenden Hilfe- und Unterstützungsangebote koordinieren.

(2) Ist die Beratung und Sicherung der gleichmäßigen, gemeinsamen oder ergänzenden Erbringung von Leistungen geboten, sollen zu diesem Zweck Arbeitsgemeinschaften gebildet werden.

(3) Soweit eine Erhebung, Verarbeitung und Nutzung personenbezogener Daten erfolgt, ist das Nähere in einer Vereinbarung zu regeln.

§ 5 Verhältnis zur freien Wohlfahrtspflege

(1) Die Stellung der Kirchen und Religionsgesellschaften des öffentlichen Rechts sowie der Verbände der freien Wohlfahrtspflege als Träger eigener sozialer Aufgaben und ihre Tätigkeit zur Erfüllung dieser Aufgaben werden durch dieses Buch nicht berührt.

(2) ¹Die Träger der Sozialhilfe sollen bei der Durchführung dieses Buches mit den Kirchen und Religionsgesellschaften des öffentlichen Rechts sowie den Verbänden der freien Wohlfahrtspflege zusammenarbeiten. ²Sie achten dabei deren Selbständigkeit in Zielsetzung und Durchführung ihrer Aufgaben.

(3) ¹Die Zusammenarbeit soll darauf gerichtet sein, dass sich die Sozialhilfe und die Tätigkeit der freien Wohlfahrtspflege zum Wohle der Leistungsberechtigten wirksam ergänzen. ²Die Träger der Sozialhilfe sollen die Verbände der freien Wohlfahrtspflege in ihrer Tätigkeit auf dem Gebiet der Sozialhilfe angemessen unterstützen.

(4) ¹Wird die Leistung im Einzelfall durch die freie Wohlfahrtspflege erbracht, sollen die Träger der Sozialhilfe von der Durchführung eigener Maßnahmen absehen. ²Dies gilt nicht für die Erbringung von Geldleistungen.

(5) ¹Die Träger der Sozialhilfe können allgemein an der Durchführung ihrer Aufgaben nach diesem Buch die Verbände der freien Wohlfahrtspflege beteiligen oder ihnen die Durchführung solcher Aufgaben übertragen, wenn die Verbände mit der Beteiligung oder Übertragung einverstanden sind. ²Die Träger der Sozialhilfe bleiben den Leistungsberechtigten gegenüber verantwortlich.

(6) § 4 Abs. 3 findet entsprechende Anwendung.

§ 6 Fachkräfte

(1) Bei der Durchführung der Aufgaben dieses Buches werden Personen beschäftigt, die sich hierfür nach ihrer Persönlichkeit eignen und in der Regel entweder eine ihren Aufgaben entsprechende Ausbildung erhalten haben oder über vergleichbare Erfahrungen verfügen.

(2) ¹Die Träger der Sozialhilfe gewährleisten für die Erfüllung ihrer Aufgaben eine angemessene fachliche Fortbildung ihrer Fachkräfte. ²Diese umfasst auch die Durchführung von Dienstleistungen, insbesondere von Beratung und Unterstützung.

§ 7 Aufgabe der Länder

¹Die obersten Landessozialbehörden unterstützen die Träger der Sozialhilfe bei der Durchführung ihrer Aufgaben nach diesem Buch. ²Dabei sollen sie insbesondere den Erfahrungsaustausch zwischen den Trägern der Sozialhilfe sowie die Entwicklung und Durchführung von Instrumenten der Dienstleistungen, der zielgerichteten Erbringung und Überprüfung von Leistungen und der Qualitätssicherung fördern.

Zweites Kapitel. Leistungen der Sozialhilfe

Erster Abschnitt. Grundsätze der Leistungen

§ 8 Leistungen

Die Sozialhilfe umfasst:
1. Hilfe zum Lebensunterhalt (§§ 27 bis 40),
2. Grundsicherung im Alter und bei Erwerbsminderung (§§ 41 bis 46 a),
3. Hilfen zur Gesundheit (§§ 47 bis 52),
4. Eingliederungshilfe für behinderte Menschen (§§ 53 bis 60),
5. Hilfe zur Pflege (§§ 61 bis 66),
6. Hilfe zur Überwindung besonderer sozialer Schwierigkeiten (§§ 67 bis 69),
7. Hilfe in anderen Lebenslagen (§§ 70 bis 74)
   sowie die jeweils gebotene Beratung und Unterstützung.

§ 9 Sozialhilfe nach der Besonderheit des Einzelfalles

(1) Die Leistungen richten sich nach der Besonderheit des Einzelfalles, insbesondere nach der Art des Bedarfs, den örtlichen Verhältnissen, den eigenen Kräften und Mitteln der Person oder des Haushalts bei der Hilfe zum Lebensunterhalt.

(2) ¹Wünschen der Leistungsberechtigten, die sich auf die Gestaltung der Leistung richten, soll entsprochen werden, soweit sie angemessen sind. ²Wünschen der Leistungsberechtigten, den Bedarf stationär oder teilstationär zu decken, soll nur entsprochen werden, wenn dies nach der Besonderheit des Einzelfalles erforderlich ist, weil anders der Bedarf nicht oder nicht ausreichend gedeckt werden kann und wenn mit der Einrichtung Vereinbarungen nach den Vorschriften des Zehnten Kapitels dieses Buches bestehen. ³Der Träger der Sozialhilfe soll in der Regel Wünschen nicht entsprechen, deren Erfüllung mit unverhältnismäßigen Mehrkosten verbunden wäre.

(3) Auf Wunsch der Leistungsberechtigten sollen sie in einer Einrichtung untergebracht werden, in der sie durch Geistliche ihres Bekenntnisses betreut werden können.

§ 10 Leistungsformen

(1) Die Leistungen werden erbracht in Form von
1. Dienstleistungen,
2. Geldleistungen und
3. Sachleistungen.

(2) Zur Dienstleistung gehören insbesondere die Beratung in Fragen der Sozialhilfe und die Beratung und Unterstützung in sonstigen sozialen Angelegenheiten.

(3) Geldleistungen haben Vorrang vor Gutscheinen oder Sachleistungen, soweit dieses Buch nicht etwas anderes bestimmt oder mit Gutscheinen oder Sachleistungen das Ziel der Sozialhilfe erheblich besser oder wirtschaftlicher erreicht werden kann oder die Leistungsberechtigten es wünschen.

§ 11 Beratung und Unterstützung, Aktivierung

(1) Zur Erfüllung der Aufgaben dieses Buches werden die Leistungsberechtigten beraten und, soweit erforderlich, unterstützt.

(2) ¹Die Beratung betrifft die persönliche Situation, den Bedarf sowie die eigenen Kräfte und Mittel sowie die mögliche Stärkung der Selbsthilfe zur aktiven Teilnahme am Leben in der Gemeinschaft und zur Überwindung der Notlage. ²Die aktive Teilnahme am Leben in der Gemeinschaft umfasst auch ein gesellschaftliches Engagement. ³Zur Überwindung der Notlage gehört auch, die Leistungsberechtigten für den Erhalt von Sozialleistungen zu befähigen. ⁴Die Beratung umfasst auch eine gebotene Budgetberatung.

(3) ¹Die Unterstützung umfasst Hinweise und, soweit erforderlich, die Vorbereitung von Kontakten und die Begleitung zu sozialen Diensten sowie zu Möglichkeiten der aktiven Teilnahme am Leben in der Gemeinschaft unter Einschluss des gesellschaftlichen Engagements. ²Soweit Leistungsberechtigte zumutbar einer Tätigkeit nachgehen können, umfasst die Unterstützung auch das Angebot einer Tätigkeit sowie die Vorbereitung und Begleitung der Leistungsberechtigten. ³Auf die Wahrnehmung von Unterstützungsangeboten ist hinzuwirken. ⁴Können Leistungsberechtigte durch Aufnahme einer zumutbaren Tätigkeit Einkommen erzielen, sind sie hierzu sowie zur Teilnahme an einer erforderlichen Vorbereitung verpflichtet. ⁵Leistungsberechtigte nach dem Dritten und Vierten Kapitel erhalten die gebotene Beratung für den Umgang mit dem durch den Regelsatz zur Verfügung gestellten monatlichen Pauschalbetrag (§ 27a Absatz 3 Satz 2).

(4) ¹Den Leistungsberechtigten darf eine Tätigkeit nicht zugemutet werden, wenn
1. sie wegen Erwerbsminderung, Krankheit, Behinderung oder Pflegebedürftigkeit hierzu nicht in der Lage sind oder
2. sie ein der Regelaltersgrenze der gesetzlichen Rentenversicherung (§ 35 des Sechsten Buches) entsprechendes Lebensalter erreicht oder überschritten haben oder
3. der Tätigkeit ein sonstiger wichtiger Grund entgegensteht.

²Ihnen darf eine Tätigkeit insbesondere nicht zugemutet werden, soweit dadurch die geordnete Erziehung eines Kindes gefährdet würde. ³Die geordnete Erziehung eines Kindes, das das dritte Lebensjahr vollendet hat, ist in der Regel nicht gefährdet, soweit unter Berücksichtigung der besonderen Verhältnisse in der Familie der Leistungsberechtigten die Betreuung des Kindes in einer Tageseinrichtung oder in Tagespflege im Sinne der Vorschriften des Achten Buches sichergestellt ist; die Träger der Sozialhilfe sollen darauf hinwirken, dass Alleinerziehenden vorrangig ein Platz zur Tagesbetreuung des Kindes angeboten wird. ⁴Auch sonst sind die Pflichten zu berücksichtigen, die den Leistungsberechtigten durch die Führung eines Haushalts oder die Pflege eines Angehörigen entstehen.

(5) ¹Auf die Beratung und Unterstützung von Verbänden der freien Wohlfahrtspflege, von Angehörigen der rechtsberatenden Berufe und von sonstigen Stellen ist zunächst hinzuweisen. ²Ist die weitere Beratung durch eine Schuldnerberatungsstelle oder andere Fachberatungsstellen geboten, ist auf ihre Inanspruchnahme hinzuwirken. ³Angemessene Kosten einer Beratung nach Satz 2 sollen übernommen werden, wenn eine Lebenslage, die Leistungen der Hilfe zum Lebensunterhalt erforderlich macht oder erwarten lässt, sonst nicht überwunden werden kann; in anderen Fällen können Kosten übernommen werden. ⁴Die Kostenübernahme kann auch in Form einer pauschalierten Abgeltung der Leistung der Schuldnerberatungsstelle oder anderer Fachberatungsstellen erfolgen.

§ 12 Leistungsabsprache

¹Vor oder spätestens bis zu vier Wochen nach Beginn fortlaufender Leistungen sollen in einer schriftlichen Leistungsabsprache die Situation der leistungsberechtigten Personen sowie gegebenenfalls Wege zur Überwindung der Notlage und zu gebotenen Möglichkeiten der aktiven Teilnahme in der Gemeinschaft gemeinsam festgelegt und die Leistungsabsprache unterzeichnet werden. ²Soweit es auf Grund bestimmbarer Bedarfe erforderlich ist, ist ein Förderplan zu erstellen und in die Leistungsabsprache einzubeziehen. ³Sind Leistungen im Hinblick auf die sie tragenden Ziele zu überprüfen, kann dies in der Leistungsabsprache näher festgelegt werden. ⁴Die Leistungsabsprache soll regelmäßig gemeinsam überprüft und fortgeschrieben werden. ⁵Abweichende Regelungen in diesem Buch gehen vor.

§ 13 Leistungen für Einrichtungen, Vorrang anderer Leistungen

(1) ¹Die Leistungen können entsprechend den Erfordernissen des Einzelfalles für die Deckung des Bedarfs außerhalb von Einrichtungen (ambulante Leistungen), für teilstationäre oder stationäre Einrichtungen (teilstationäre oder stationäre Leistungen) erbracht werden. ²Vorrang haben ambulante Leistungen vor teilstationären und stationären Leistungen sowie teilstationäre vor stationären Leistungen. ³Der Vorrang der ambulanten Leistung gilt nicht, wenn eine Leistung für eine geeignete stationäre Einrichtung zumutbar und eine ambulante Leistung mit unverhältnismäßigen Mehrkosten verbunden ist. ⁴Bei der Entscheidung ist zunächst die Zumutbarkeit zu prüfen. ⁵Dabei sind die persönlichen, familiären und örtlichen Umstände angemessen zu berücksichtigen. ⁶Bei Unzumutbarkeit ist ein Kostenvergleich nicht vorzunehmen.

(2) Einrichtungen im Sinne des Absatzes 1 sind alle Einrichtungen, die der Pflege, der Behandlung oder sonstigen nach diesem Buch zu deckenden Bedarfe oder der Erziehung dienen.

§ 14 Vorrang von Prävention und Rehabilitation

(1) Leistungen zur Prävention oder Rehabilitation sind zum Erreichen der nach dem Neunten Buch mit diesen Leistungen verbundenen Ziele vorrangig zu erbringen.

(2) Die Träger der Sozialhilfe unterrichten die zuständigen Rehabilitationsträger und die Integrationsämter, wenn Leistungen zur Prävention oder Rehabilitation geboten erscheinen.

§ 15 Vorbeugende und nachgehende Leistungen

(1) ¹Die Sozialhilfe soll vorbeugend geleistet werden, wenn dadurch eine drohende Notlage ganz oder teilweise abgewendet werden kann. ² § 47 ist vorrangig anzuwenden.

(2) ¹Die Sozialhilfe soll auch nach Beseitigung einer Notlage geleistet werden, wenn dies geboten ist, um die Wirksamkeit der zuvor erbrachten Leistung zu sichern. ² § 54 ist vorrangig anzuwenden.

§ 16 Familiengerechte Leistungen

¹Bei Leistungen der Sozialhilfe sollen die besonderen Verhältnisse in der Familie der Leistungsberechtigten berücksichtigt werden. ²Die Sozialhilfe soll die Kräfte der Familie zur Selbsthilfe anregen und den Zusammenhalt der Familie festigen.

Zweiter Abschnitt. Anspruch auf Leistungen

§ 17 Anspruch

(1) ¹Auf Sozialhilfe besteht ein Anspruch, soweit bestimmt wird, dass die Leistung zu erbringen ist. ²Der Anspruch kann nicht übertragen, verpfändet oder gepfändet werden.

(2) ¹Über Art und Maß der Leistungserbringung ist nach pflichtmäßigem Ermessen zu entscheiden, soweit das Ermessen nicht ausgeschlossen wird. ²Werden Leistungen auf Grund von Ermessensentscheidungen erbracht, sind die Entscheidungen im Hinblick auf die sie tragenden Gründe und Ziele zu überprüfen und im Einzelfall gegebenenfalls abzuändern.

A. Anspruch und Ermessensleistung

§ 17 Abs. 1 S. 1 hat in erster Linie **deklaratorische Bedeutung** und bekräftigt i. V. m. § 9 **1** SGB XII den subjektiv öffentlichen Anspruch auf Gewährung bedarfsdeckender Sozialhilfeleistungen. Die Regelung ist mit § 38 SGB I vergleichbar, wonach auf Sozialleistungen ein Anspruch besteht, soweit nicht nach den besonderen Teilen dieses Gesetzbuchs die Leistungsträger ermächtigt sind, bei der Entscheidung über die Leistung nach ihrem Ermessen zu handeln. Das BVerwG hat schon 1954 ein bis dahin zum Teil bestrittenes subjektiv öffentliches Recht des Bedürftigen auf staatliche Fürsorge bejaht, soweit das Gesetz dem Träger der Fürsorge entsprechende Pflichten auferlegt (BVerwG 24. 6. 1954 – V C 78.54 – BVerwGE 1, 159). Die Regelung gilt – wie sich aus § 17 Abs. 2 S. 1 ergibt – außer in atypischen Fällen, in denen eine Entscheidung des Sozialhilfeträgers die Ausübung von Ermessen voraussetzt, auch für „Sollleistungen". Solche Leistungen regeln etwa § 11 Abs. 5 S. 3 (Übernahme der Kosten für die Beratung durch eine Schuldnerberatungsstelle [vgl. dazu BSG 13. 7. 2010 – B 8 SO 14/09 R – ZFSH/SGB 2010, 734] oder anderer Fachberatungsstellen) § 36 Abs. 1 S. 2 (Übernahme von Schulden bei drohender Wohnungslosigkeit) oder § 37 Abs. 1 (Darlehen bei unabweisbarem Bedarf). Ist dem Leistungsträger ein Ermessen („kann") eingeräumt, wie zB in § 36 Abs. 1 S. 1 (Übernahme von Schulden zur Sicherung der Unterkunft oder zur Behebung einer vergleichbaren Notlage), greift § 17 Abs. 1 S. 1 nicht. Der Sozialhilfebedürftige kann dann nur einen Anspruch auf fehlerfreie Ermessensausübung geltend machen (s. Rn. 6).

B. Übertragung

Der Sozialhilfeanspruch ist höchstpersönlich und kann deshalb nicht übertragen, verpfändet oder **2** gepfändet werden. Deshalb scheidet auch eine **Verrechnung** nach § 51 Abs. 1 SGB I aus. § 17 Abs. 1 S. 2 enthält ein gesetzliches Verbot (vgl. §§ 134, 400 BGB) und schließt die Anwendung von §§ 53, 54 SGB I aus. Insoweit enthält § 17 Abs. 1 S. 2 eine abweichende Regelung iSv. § 37 SGB I. Aufgabe der Sozialhilfe ist es, den Leistungsberechtigten die Führung eines Lebens zu ermöglichen, das der Würde des Menschen entspricht (§ 1 S. 1). Diese Aufgabe kann die Sozialhilfe nur erfüllen, wenn sie dem Bedürftigen zugute kommt und dem Zugriff Dritter entzogen ist.

Ist der Bedarf in einem Eilfall von einem Dritten erbracht worden, sind diesem die Aufwendungen **3** in gebotenem Umfang zu erstatten (Nothelfer § 25 SGB XII). Ein Anspruch auf Sozialhilfe existiert zum Zeitpunkt der Nothilfe mangels Kenntnis des Sozialhilfeträgers noch nicht (vgl. § 25 Rn. 4), so dass schon deshalb ein Anspruchsübergang ausgeschlossen ist. Der Nothelfer hat also einen eigenen Erstattungsanspruch, der nicht zwingend alle von ihm getätigten Aufwendungen umfassen muss. Nach Eintritt der Kenntnis i. S. von § 18 SGB XII scheidet ein Nothelferanspruch aus (vgl. § 25 Rn. 4). Die noch in der Vorauflage vertretene Auffassung, dass es im Hinblick auf die Aufgaben der Sozialhilfe und die gleiche Zweckrichtung möglich sein, die Abtretung des Anspruchs zuzulassen, wenn sie der Sicherheit für die „Überbrückungsleistung" des Dritten dient, und insoweit § 17 Abs. 1 S. 2 nach seinem Sinn und Zweck einschränkend ausgelegt werden muss, wird nicht aufrechterhalten. Soweit Ausnahmen vom gesetzlichem Verbot gelten sollen sind sie, wie etwa in § 19 ausdrücklich normiert. Weitere Ausnahmen sind dogmatisch nicht begründbar.

§ 17 Abs. 1 S. 2 betrifft ausdrücklich nur den **„Anspruch"** (gegen den Leistungsträger). Ist die So- **4** zialhilfe ausgezahlt, unterliegt sie nicht mehr dem Verbot des § 17 Abs. 1 S. 2. Wird die Sozialhilfe etwa auf das Konto des Bedürftigen überwiesen, besteht im Hinblick auf die Erfüllungswirkung kein Anspruch gegen den SGB-XII-Leistungsträger mehr, sondern gegen die Bank. Dieser Anspruch kann übertragen, verpfändet oder gepfändet werden. Hierfür gelten die allgemeinen Regeln (etwa § 55 SGB I).

Ein **Aufrechnungsverbot** enthält § 17 Abs. 1 S. 2 nicht. Der SGB-XII-Leistungsträger kann unter **5** den Voraussetzungen und in den Grenzen des § 26 Abs. 2–4 deshalb die Aufrechnung erklären. Eine **Verrechnung** zugunsten eines anderen Leistungsträgers nach § 52 SGB I scheidet hingegen aus. Dies würde voraussetzen, dass die Aufrechnung nach § 51 SGB I zulässig ist. Die Aufrechnung nach § 51 SGB I scheidet aber wegen der Hilfebedürftigkeit nach dem SGB XII aus (§ 51 Abs. 2 SGB I). Selbst wenn man es für eine Verrechnung ausreichen lassen wollte, dass eine Aufrechnung nach § 26 SGB XII zulässig wäre, scheitert die Verrechnung daran, dass § 26 SGB XII zu Unrecht erbrachte Leistungen der Sozialhilfe oder Ansprüche auf Kostenersatz nach §§ 103 f. SGB XII voraussetzt. Eine **Abzweigung** nach § 48 SGB I scheidet schon deshalb aus, weil sie nur in „angemessener Höhe" möglich, eine solche bei der Sozialhilfe, die das Existenzminimum sichert, aber nicht denkbar ist.

C. Ermessen

6   Nach § 17 Abs. 2 S. 1 entscheidet der SGB-XII-Leistungsträger über Art und Maß der Leistungserbringung nach pflichtgemäßem Ermessen (Auswahlermessen), soweit das Ermessen nicht ausgeschlossen ist, es sich also nicht ohnehin um eine gebundene Entscheidung iSv. § 17 Abs. 1 S. 1 handelt. Die Regelung konkretisiert **allgemeine Prinzipien** öffentlichen Verwaltungshandelns. Das Ermessen umfasst nicht die Auszahlungsmodalitäten (z. B. Leistung an Dritte, um eine zweckentsprechende Verwendung der Leistung sicherzustellen; vgl. aber § 35 Abs. 1 S. 3), sondern nur Art (Geld-, Sach- oder Dienstleistung) und Maß (Umfang) der Leistungserbringung. Dabei ist § 10 Abs. 3 sowie die jeweiligen Anspruchsnormen zu beachten, die das Ermessen bei der Art der Leistung deutlich beschränken oder ausschließen. Beim Umfang der Leistung ist für die Ausübung von Ermessen ebenfalls kein Raum, wenn die jeweilige Anspruchsnorm den Umfang der Leistung bereits konkret bestimmt (§ 17 Abs. 2 S. 1 HS. 2).

7   Werden Ermessensleistungen erbracht, sind die Entscheidungen nach § 17 Abs. 1 S. 2 im Hinblick auf die sie tragenden Gründe und Ziele zu überprüfen und im Einzelfall ggf. abzuändern. Hierdurch soll eine zielgerichtete und qualifizierte Leistungserbringung gewährleistet werden, wobei die Umsetzung im Einzelnen dem Sozialhilfeträger vorbehalten bleibt (BT-Drs. 15/1514 S. 57). Satz 2 enthält eine über §§ 46–48 SGB X hinausgehende eine Ermächtigung zur Abänderung von Verwaltungsakten (Ermessensentscheidungen), wenn die bei der ursprünglichen Entscheidung getroffene Prognose, in welcher Zeitspanne und mit welchen Mitteln die Ziele der Sozialhilfe am besten erreicht werden können, nicht mehr zutrifft oder sich später als falsch erweist (ähnlich LPK-SGB XII, Armborst, § 17 Rn. 12). Die Abänderbarkeit von (Ermessens-)Entscheidungen ist aus Gründen des Vertrauensschutzes nur für die Zukunft möglich, wenn nicht gleichzeitig die Voraussetzungen für eine Aufhebung, Abänderung oder Rücknahme einer Entscheidung für die Vergangenheit nach §§ 44 ff. SGB X vorliegen.

§ 18 Einsetzen der Sozialhilfe

(1) **Die Sozialhilfe, mit Ausnahme der Leistungen der Grundsicherung im Alter und bei Erwerbsminderung, setzt ein, sobald dem Träger der Sozialhilfe oder den von ihm beauftragten Stellen bekannt wird, dass die Voraussetzungen für die Leistung vorliegen.**

(2) ¹**Wird einem nicht zuständigen Träger der Sozialhilfe oder einer nicht zuständigen Gemeinde im Einzelfall bekannt, dass Sozialhilfe beansprucht wird, so sind die darüber bekannten Umstände dem zuständigen Träger der Sozialhilfe oder der von ihm beauftragten Stelle unverzüglich mitzuteilen und vorhandene Unterlagen zu übersenden.** ²**Ergeben sich daraus die Voraussetzungen für die Leistung, setzt die Sozialhilfe zu dem nach Satz 1 maßgebenden Zeitpunkt ein.**

A. Normzweck

1   Nach § 18 Abs. 1 setzt die Sozialhilfe – anders als bei Leistungen nach dem SGB II (§ 37 SGB II) – auch ohne Antrag des Bedürftigen ein, sobald dem SGB-XII-Träger oder einer von ihm beauftragten Stelle bekannt wird (Kenntnisgrundsatz), dass die Voraussetzungen für die Leistung vorliegen. Die Kenntnis hat Türöffnerfunktion und führt zur Entstehung des Sozialhilferechtsverhältnisses. Der Kenntnisgrundsatz ist eines der so genannten vom BVerwG entwickelten **Strukturprinzipien** des Sozialhilferechts. Er dient im Hinblick auf den Fürsorgecharakter der Sozialhilfe dem Schutz des Bedürftigen. Leistungsberechtigte nach dem SGB XII scheuen den Gang zum Sozialamt (verschämte Altersarmut; vgl. zur Einführung des GSiG BT-Drs. 14/5150 S. 11) oder gehen ihn in Unkenntnis über das Fürsorgerecht (Behinderte) nicht. Um diesem Personenkreis auch ohne dessen Mitwirkung die Führung eines Lebens zu ermöglichen, das der Würde des Menschen entspricht, verzichtet der Gesetzgeber auf den im Sozialrecht – etwa auch im SGB II (§ 37 SGB II) – allgemein geltenden **Antragsgrundsatz.** Dem Kenntnisgrundsatz als einem zentralen Strukturprinzip der Sozialhilfe wird allerdings eine Bedeutung zugemessen, die er nicht hat. § 18 Abs. 1 enthält zwar zu Gunsten des sich in einer Notlage befindenden Menschen eine Ausnahme vom Antragsgrundsatz; in aller Regel erhält die Behörde aber ohnehin erst durch die Mitwirkung (= Antrag) des Bedürftigen Kenntnis von den

Voraussetzungen für die Leistung. Ausnahmen vom Kenntnisgrundsatz bilden die Leistungen der Grundsicherung im Alter und bei Erwerbsminderung nach §§ 41 ff. und die Sozialhilfe für Deutsche im Ausland (§ 24), die nur auf Antrag erbracht werden (§§ 41 Abs. 1, 24 Abs. 3 S. 1). Hat der Bedürftige Anspruch auf Leistungen nach §§ 41 ff. und versäumt er es, einen entsprechenden Antrag zu stellen, werden gleichwohl von Amts wegen Sozialhilfeleistungen (Hilfe zum Lebensunterhalt) erbracht, sobald der Leistungsträger Kenntnis davon erlangt, dass die Voraussetzungen für die Leistung (Sozialhilfe) vorliegen. Zudem ist er verpflichtet, den Bedürftigen über einen Anspruch nach §§ 41 ff. aufzuklären.

B. Kenntnis

Kenntnis iSv. § 18 Abs. 1 setzt die **positive Kenntnis** aller Tatsachen voraus, die den Leistungsträger in die Lage versetzen, die Leistung zu erbringen. Für Zeiten vor einer entsprechenden Kenntniserlangung kann ein Anspruch auf Sozialhilfe nicht (mehr) geltend gemacht werden. Kenntnis von den „Voraussetzungen" erlangt der Leistungsträger schon mit der Vorlage des vollständig ausgefüllten **Formularantrags,** soweit die dort gemachten (korrekten) Angaben die Gewährung von Leistungen rechtfertigen. Wird ein Antrag gestellt und sind die Voraussetzungen für die Gewährung der Leistung gegeben, ist § 18 Abs. 1 nicht so zu verstehen, dass die Sozialhilfe erst nach Prüfung der Leistungsvoraussetzungen und der hierdurch erlangten Kenntnis einsetzt. Leistungen sind vielmehr (erst recht) ab Antragstellung zu gewähren. Auf die Dauer, die die Behörde zur Prüfung des Antrages benötigt, oder auf den Nachweis der im Antrag angegebenen Tatsachen ist dabei nicht abzustellen, weil die positive Kenntnis hierdurch nur bestätigt, nicht aber erst erlangt wird. Es ist schon ausreichend, dass die Notwendigkeit der Hilfe dargetan oder sonst wie erkennbar ist (BVerwG 9. 11. 1976 – V B 80.76 – FEVS 25, 133, 135). Deshalb reicht auch ein Antrag auf Leistungen nach §§ 41 ff., die später nach § 41 Abs. 4 versagt werden, aus, um die erforderliche Kenntnis zu vermitteln (vgl. auch BSG 29. 9. 2009 – B 8 SO 13/08 R – BSGE 104, 207 Rn. 16 = SozR 4–3530 § 6 Nr. 1). Selbst ein vorangegangener Antrag beim SGB-II-Leistungsträger (s. auch Rn. 7) ist gleichzeitig als Antrag auf Sozialhilfeleistungen zu verstehen (so genannter **Meistbegünstigungsgrundsatz**), der an den Sozialhilfeträger weitergeleitet werden muss (§ 16 Abs. 1 SGB I). Die für das Einsetzen der Sozialhilfe erforderliche Kenntnis von dem Hilfefall gilt für den zuständigen Sozialhilfeträger in einem solchen Fall zu dem Zeitpunkt gegeben, in dem der Antrag bei der unzuständigen Stelle eingeht (BSG 26. 8. 2008 – B 8/9 b SO 18/07 R – SozR 4–3500 § 18 Nr. 1 Rn. 23). Ist der Leistungsträger zu Unrecht der Auffassung, dass die Anspruchsvoraussetzungen nicht erfüllt sind, und lehnt er deshalb den Antrag ab, steht dies der Kenntnis ebenfalls nicht entgegen. Nur ein solches Verständnis wird der Vorschrift des § 18 als **Schutznorm** gerecht und ermöglicht eine Harmonisierung zum Leistungsrecht des SGB II. Hiergegen spricht auch nicht der Begriff des „Einsetzens" der Sozialhilfe, weil er nur eine Aussage darüber zulässt, ab wann Sozialhilfe zu erbringen ist, nicht aber für welchen Zeitraum. Dies muss dann allerdings auch bei einem formlosen Antrag auf Sozialhilfeleistungen gelten, der die Behörde ohne weitere Angaben des Antragstellers noch nicht in die Lage versetzt, die Anspruchsvoraussetzungen zu prüfen. Der im Hinblick auf den Personenkreis der Leistungsberechtigten nach dem SGB XII bewusste Verzicht auf einen Antrag (vgl. Rn. 1) würde anderenfalls ad absurdum geführt und der SGB-II-Leistungsberechtigte gegen den Willen des Gesetzgebers bevorzugt. Ebenso wäre es widersinnig, müssten Leistungen nach §§ 41 ff. bei einem unvollständigen Antrag bereits ab Antragstellung gewährt werden, während die Sozialhilfe trotz gleicher Ausgangslage erst später einsetzen würde.

Ein bloßes **Kennen-Müssen** ist nicht ausreichend. Dies ergibt sich schon aus der Natur der Sache, weil die Sozialhilfe ohne positive Kenntnis nicht von Amts wegen einsetzen kann. Ebenso wenig genügt es für die Annahme von Kenntnis des Leistungsträgers, dass eine Notlage Dritter an ihn herangetragen wird, weil die Notlage allein nicht zwingend einen Sozialhilfeanspruch auslöst. Das Kennen-Müssen kann aber bei der Frage eine Rolle spielen, ob im Rahmen eines Herstellungsanspruchs die Kenntnis des Sozialhilfeträgers ersetzt wird und Leistungen für die Vergangenheit zu zahlen sind. Hat der Sozialhilfeträger **Anhaltspunkte** für das Vorliegen einer Notlage, so muss er tätig werden und darf nicht die Augen verschließen. § 18 Abs. 1 gilt nur für Fälle rechtmäßigen Verwaltungshandelns. Hat der Sozialhilfeträger aufgrund eigenen Fehlverhaltens keine Kenntnis iSv. § 18 Abs. 1 erlangt, steht der Kenntnisgrundsatz einer rückwirkenden Gewährung der Sozialhilfe nicht entgegen. Der Fall ist nicht anders zu beurteilen als der Fall, in dem die Behörde trotz Kenntnis – etwa aufgrund fehlerhafter Subsumtion – nicht leistet (vgl. Rn. 2). Auch § 18 Abs. 2 S. 2 zeigt, dass eine „rückwirkende" Gewährung von Sozialhilfe vor Erlangen der vollständigen Kenntnis grundsätzlich vorgesehen ist. Schließlich spricht hierfür auch die Möglichkeit, vorläufig Leistung zu bewilligen (vgl. dazu BSG 28. 6. 1990 – 4 RA 57/89 – SozR 3–1300 § 32 Nr. 2).

Der von dem Bundesverwaltungsgericht entwickelte Grundsatz, dass **keine Leistungen für die Vergangenheit** zu erbringen sind, steht der hier vertretenen Auffassung nicht entgegen (vgl. zum Rückbezug des Sozialhilfeanspruchs auf den Zeitpunkt der Antragstellung aber BVerwG 18. 5. 1995 – 5 C 1/93 – BVerwGE 98, 248, 252). Er hat für das seit dem 1. 1. 2005 geltende Recht seine Bedeutung verloren, weil das SGB XII anders als noch das BSHG die Hilfe zum Lebensunterhalt nicht mehr in Form differenzierter Leistungen, sondern weitgehend in Form von Pauschalen vorsieht (BT-Drs. 15/1514 S. 52 und S. 60 zu § 32) und deshalb nicht allein der Befriedigung eines aktuellen, sondern auch eines zukünftigen und vergangenen Bedarfs dient, wobei der Eintritt bzw. der Zeitpunkt des Eintritts dieses Bedarfs ungewiss ist (BSG 16. 10. 2007 – B 8/9b SO 8/06 R – SozR 4–1300 § 44 Nr. 11). Der Sozialhilfeträger kann sich deshalb bei einer zu Unrecht erfolgten Leistungsablehnung und zwischenzeitlicher Bedarfsdeckung im Wege der Selbsthilfe oder Hilfe Dritter nicht darauf berufen, der Hilfebedürftige habe ohne das Einsetzen der Sozialhilfe die Notlage überbrückt (so schon aus Gründen des effektiven Rechtsschutzes: BVerwG 14. 9. 1972 – V C 62.72, V B 35.72 – BVerwGE 40, 343, 346; BVerwG 10. 5. 1979 – V C 79.77 – BVerwGE 58, 68, 74; BVerwG 5. 5. 1994 – 5 C 43/91 – BVerwGE 96, 18, 19; st. Rspr.). Ist die Ablehnung allerdings bestandskräftig geworden, können Leistungen im Wege der Überprüfung nach § 44 SGB X nur dann geltend gemacht werden, wenn die Leistung entsprechend der Aufgaben der Sozialhilfe ihren Zweck noch erfüllen kann (BSG 29. 9. 2009 – B 8 SO 16/08 R – BSGE 104, 213 Rn. 12 = SozR 4–1300 § 44 Nr. 20).

C. Träger der Sozialhilfe/beauftragte Stelle

5   Kenntnis muss nach Abs. 1 beim Sozialhilfeträger oder einer von ihm beauftragten Stelle vorliegen. Dabei kommt es allein darauf an, dass eine Person Kenntnis erlangt, deren Handeln dem Sozialhilfeträger zuzurechnen ist, etwa ein **Bediensteter** des SGB-XII-Leistungsträgers. Sozialhilfeträger ist dabei der örtlich und sachlich zuständige Träger der Sozialhilfe nach § 3 Abs. 2 iVm. §§ 97 ff. iVm. den jeweiligen Ausführungsgesetzen der Länder (vgl. §§ 3 Abs. 2 S. 1, Abs. 3, 97 Abs. 2 S. 1). Der Antrag bei einem unzuständigen Träger der Sozialhilfe oder dessen Kenntnis von der Notlage führt nicht zum Einsetzen der Sozialhilfe. Dies ergibt sich aus § 18 Abs. 2 S. 1 (s. aber Rn. 2, 7).

6   Beauftragte Stellen iSv. § 18 Abs. 2 S. 1 sind die – idR durch **Satzung** – zur Durchführung von Aufgaben der Sozialhilfe herangezogenen (§ 99) Gemeinden und Gemeindeverbände. Beauftragte Stellen sind hingegen nicht die Stellen, deren gesetzliche Aufgaben dem gleichen Ziel dienen oder die an Leistungen beteiligt sind oder beteiligt werden sollen und mit dem die Träger der Sozialhilfe zusammenarbeiten (§ 4 Abs. 1), etwa die Jobcenter nach dem SGB II (s. auch Rn. 2).

D. Unzuständiger Sozialhilfeträger

7   Wird bei einem unzuständigen Sozialhilfeträger oder einer nicht zuständigen Gemeinde von einem Leistungsberechtigten Sozialhilfe beansprucht (Antrag) oder werden dem Sozialhilfeträger oder der Gemeinde auch nur entsprechende Umstände bekannt, hat die zunächst angegangene Behörde nach § 18 Abs. 2 die ihr bekannten Umstände unverzüglich dem zuständigen Sozialhilfeträger oder der von ihm beauftragten Stelle mitzuteilen und vorhandene Unterlagen (Antrag und/oder die mit dem Antrag vorgelegten Nachweise) zu übermitteln. Die Vorschrift knüpft an § 16 Abs. 2 SGB I an, der daneben Anwendung findet (BVerwG 18. 5. 1995 – 5 C 1/93 – BVerwGE 98, 248). Ergeben sich daraus die Voraussetzungen für die Leistung, setzt die Sozialhilfe zu dem **Zeitpunkt** (also auch rückwirkend) ein, zu dem sie eingesetzt hätte, wäre der falsch angegangene Sozialhilfeträger zuständig gewesen (s. auch Rn. 2). Dies muss auch dann gelten, wenn der unzuständige Träger die Weitergabe der Unterlagen oder die Mitteilung von der Notlage verschuldet oder unverschuldet verzögert, weil der Leistungsberechtigte dessen Verhalten nicht steuern kann und keinen Nachteil aus dem **Fehlverhalten** der unzuständigen Behörde erleiden darf.

E. Beendigung der Leistungsgewährung

8   Entfallen die Voraussetzungen für die Leistung und hebt der Sozialhilfeträger die Bewilligung der laufenden Leistung auf (§ 48 SGB X) oder stellt er sie nach Ablauf des Bewilligungszeitraums ein, kann erst wieder die erneute Kenntnis vom Leistungsfall nach § 18 Abs. 1 zum **(Wieder-)Einsetzen** der Sozialhilfe führen. Hebt der Sozialhilfeträger die Bewilligung hingegen zu Unrecht auf und wird seine Entscheidung bestandskräftig, endet zwar nicht seine Kenntnis über die für die Leistung erforderlichen Voraussetzungen, einer nahtlosen Weiterbewilligung steht aber der bestandskräftige Verwaltungsakt entgegen. Allerdings steht dem Leistungsberechtigten in einem solchen Fall der Weg über **§ 44 SGB X** offen, allerdings mit der Einschränkung, dass mit § 116a statt des Zeitraums von vier Jahren (§ 44 Abs. 4 SGB X) ein Zeitraum von einem Jahr tritt (zur Anwendbarkeit von § 44 SGB X BSG 29. 9. 2009 – B 8 SO 16/08 R – BSGE 104, 213 = SozR 4–1300 § 44 Nr. 20 mwN.; aA noch zum BSHG BVerwG 15. 12. 1983 – 5 C 65/82 – BVerwGE 68, 285). Etwas anderes gilt aber, soweit die zeitlich befristete Bewilligung für die Zukunft (zu Unrecht) eingestellt wurde und der Berechtigte

hiergegen nichts einwendet. Der Sozialhilfeträger darf selbst dann davon ausgehen, dass die Voraussetzungen für die Leistung entfallen sind (mit der Folge, dass die Kenntnis entfällt), wenn er die Voraussetzungen für die Leistungsbewilligung falsch bewertet hat. Wollte man annehmen, dass die Kenntnis nicht zwangsläufig endet, ist – wenn der Leistungsberechtigte keine Leistungen mehr beansprucht – jedenfalls der Sozialhilfefall beendet. § 18 Abs. 1 ist auch unter Berücksichtigung seines Schutzzwecks nicht so weit auszulegen, dass gegen den Willen des Berechtigten Sozialhilfe zu erbringen ist. So wie die Kenntnis nach § 18 Abs. 1 zur Entstehung des Sozialhilferechtsverhältnisses führt, endet es, wenn der Leistungsberechtigte ausdrücklich oder durch sein Verhalten zu erkennen gibt, dass er keine Leistung mehr beansprucht.

§ 19 Leistungsberechtigte

(1) Hilfe zum Lebensunterhalt nach dem Dritten Kapitel ist Personen zu leisten, die ihren notwendigen Lebensunterhalt nicht oder nicht ausreichend aus eigenen Kräften und Mitteln, insbesondere aus ihrem Einkommen und Vermögen, bestreiten können.

(2) ¹Grundsicherung im Alter und bei Erwerbsminderung nach dem Vierten Kapitel dieses Buches ist Personen zu leisten, die die Altersgrenze nach § 41 Absatz 2 erreicht haben oder das 18. Lebensjahr vollendet haben und dauerhaft voll erwerbsgemindert sind, sofern sie ihren notwendigen Lebensunterhalt nicht oder nicht ausreichend aus eigenen Kräften und Mitteln, insbesondere aus ihrem Einkommen und Vermögen, bestreiten können. ²Die Leistungen der Grundsicherung im Alter und bei Erwerbsminderung gehen der Hilfe zum Lebensunterhalt nach dem Dritten Kapitel vor.

(3) Hilfen zur Gesundheit, Eingliederungshilfe für behinderte Menschen, Hilfe zur Pflege, Hilfe zur Überwindung besonderer sozialer Schwierigkeiten und Hilfen in anderen Lebenslagen werden nach dem Fünften bis Neunten Kapitel dieses Buches geleistet, soweit den Leistungsberechtigten, ihren nicht getrennt lebenden Ehegatten oder Lebenspartnern und, wenn sie minderjährig und unverheiratet sind, auch ihren Eltern oder einem Elternteil die Aufbringung der Mittel aus dem Einkommen und Vermögen nach den Vorschriften des Elften Kapitels dieses Buches nicht zuzumuten ist.

(4) Lebt eine Person bei ihren Eltern oder einem Elternteil und ist sie schwanger oder betreut ihr leibliches Kind bis zur Vollendung des sechsten Lebensjahres, werden Einkommen und Vermögen der Eltern oder des Elternteils nicht berücksichtigt.

(5) ¹Ist den in den Absätzen 1 bis 3 genannten Personen die Aufbringung der Mittel aus dem Einkommen und Vermögen im Sinne der Absätze 1 und 2 möglich oder im Sinne des Absatzes 3 zuzumuten und sind Leistungen erbracht worden, haben sie dem Träger der Sozialhilfe die Aufwendungen in diesem Umfang zu ersetzen. ²Mehrere Verpflichtete haften als Gesamtschuldner.

(6) Der Anspruch der Berechtigten auf Leistungen für Einrichtungen oder auf Pflegegeld steht, soweit die Leistung den Berechtigten erbracht worden wäre, nach ihrem Tode demjenigen zu, der die Leistung erbracht oder die Pflege geleistet hat.

A. Normzweck

§ 19 nennt zusammengefasst alle Leistungsberechtigten nach den folgenden Kapiteln des SGB XII. Er beinhaltet (neben § 27 Abs. 1) die **Anspruchsnorm** für alle Leistungen nach dem SGB XII (vgl. § 8), während die Regelungen in den übrigen Kapiteln des SGB XII die jeweiligen Leistungen nach Art und Umfang sowie die in § 19 genannten Voraussetzungen konkretisieren (vgl. aber BT-Drs. 17/3404 S. 119 zu § 19: „§ 19 ist als allgemeine Vorschrift im Zweiten Kapitel verortet und enthält deshalb allgemeine Regelungen"). 1

B. Hilfe zum Lebensunterhalt (§ 19 Abs. 1)

§ 19 Abs. 1 regelt den Anspruch auf Hilfe zum Lebensunterhalt nach dem Dritten Kapitel des SGB XII. Einen Anspruch auf Hilfe zum Lebensunterhalt hat danach nur derjenige, der seinen notwendigen Unterhalt nicht oder nicht ausreichend aus eigenen Kräften und Mitteln beschaffen kann **(Selbsthilfemöglichkeit).** Die Regelung korrespondiert insoweit mit der Aufgabe der Sozialhilfe, den Leistungsberechtigten so weit wie möglich zu befähigen, unabhängig von Leistungen des Sozialhilfeträgers zu leben. Aus eigenen Kräften kann der Leistungsberechtigte seinen Lebensunterhalt etwa durch Einsatz seiner Arbeitskraft sichern, was aber angesichts des Personenkreises, der Leistungen nach dem SGB XII bezieht, eher die Ausnahme ist (vgl. auch § 11 Abs. 4). In Betracht kommen insoweit 2

Coseriu

zB Leistungsberechtigte nach dem AsylbLG, die Analogleistungen entsprechend dem SGB XII nach § 2 AsylbLG beziehen. Als eigene Mittel kommen in erster Linie Einkommen oder Vermögen in Betracht. § 19 Abs. 1 ist insoweit in Zusammenhang mit dem so genannten **Nachranggrundsatz** des § 2 zu sehen, der von demjenigen, der Leistungen nach dem SGB XII beansprucht, zunächst verlangt, seine eigenen Möglichkeiten zur Sicherung seines Lebensunterhaltes auszuschöpfen. Dies bedeutet allerdings nicht, dass etwa dann, wenn der Lebensunterhalt des Anspruchstellers durch Einsatz seiner Arbeitskraft, seines Einkommens oder seines Vermögens gesichert werden könnte, kein Anspruch auf Leistungen besteht. Vielmehr wird die Grundnorm des § 19 Abs. 1 ebenso wie § 2 insbesondere durch § 39a (Ablehnung der Aufnahme einer Tätigkeit; vgl. auch § 11 Abs. 3 S. 4), §§ 82 ff. (einzusetzendes Einkommen) und §§ 90 f. (einzusetzendes Vermögen) konkretisiert (vgl. BSG 26. 8. 2008 – B 8/9 b SO 16/07 R – NVwZ-RR 2009, 961 = BSG 25. 9. 2009 – B 8 SO 23/08 R; BSGE 104, 219 Rn. 20 = SozR 4–3500 § 74 Nr. 1). Nur unter den dort genannten Voraussetzungen darf die Sozialhilfe vermindert oder ggf. ganz versagt werden. § 2 Abs. 1 SGB XII enthält also keinen eigenständigen Ausschlusstatbestand (wie etwa § 41 Abs. 4) und ist insoweit als Programmsatz zu verstehen.

3   Nach § 19 Abs. 1 i. V. m. § 27 Abs. 1 und Abs. 2 S. 2 und 3 ist der Leistungsanspruch bzw. dessen Umfang nicht nur von dem Einsatz eigenen Einkommens und Vermögens abhängig. Bei nicht getrennt lebenden **Ehegatten** (Rn. 5) oder **Lebenspartnern** nach dem Lebenspartnerschaftsgesetz wird auch das Einkommen und Vermögen des Partners berücksichtigt. Ebenso müssen sich minderjährige unverheiratete Kinder, die dem Haushalt ihrer Eltern oder eines Elternteils angehören, auf das Einkommen der Eltern oder des Elternteils verweisen lassen (Einsatzgemeinschaft). Hierdurch wird der Nachranggrundsatz auf Dritte erweitert. Trotz der gemeinsamen Berücksichtigung des Einkommens und Vermögens, das (auch) der Deckung des Bedarfs des Mitglieds der Einsatzgemeinschaft dient, das selbst ohne Einkommen und Vermögen ist, müssen Leistungen der Sozialhilfe ohne Berücksichtigung von Einkommen und Vermögen gewährt werden, wenn das Einkommen und Vermögen dem Bedürftigen tatsächlich nicht zur Deckung des eigenen Bedarfs zur Verfügung steht, weil sich zB der Ehemann weigert, seiner bedürftigen Ehefrau Leistungen zu erbringen (vgl. dazu § 19 Abs. 5, Rn. 17). Die gemeinsame Berücksichtigung des Einkommens setzt nach Sinn und Zweck der Vorschrift voraus, dass es den Mitgliedern der Einsatzgemeinschaft auch gemeinsam zur Verfügung steht (sog. **Tatsächlichkeitsprinzip**). Der Sozialhilfeträger kann in diesen Fällen einen Kostenersatzanspruch nach § 19 Abs. 5 oder § 103 Abs. 1 geltend machen.

4   Obwohl das Einkommen und Vermögen „gemeinsam" zu berücksichtigen ist (§ 27 Abs. 2 S. 2), bedeutet dies nicht, dass die Mitglieder einer **Einsatzgemeinschaft** vergleichbar der Gesamthandsgemeinschaft des BGB (nur) einen (gemeinsam geltend zu machenden) Anspruch auf Leistungen haben. Vielmehr ändert diese Formulierung nichts daran, dass die jeweiligen Mitglieder der Einsatzgemeinschaft wie zuvor unter der Geltung des BSHG Individualansprüche gegen den Sozialhilfeträger haben (ebenso Grube in Grube/Wahrendorf, SGB XII, § 19 Rn. 11). Ist ein Ehegatte im Hinblick auf eigenes Einkommen nicht bedürftig, wird seine Bedürftigkeit auch nicht wie im System des SGB II durch eine horizontale Berechnung der Leistungsansprüche (vgl. § 9 Abs. 2 S. 3 SGB II) fingiert mit der Folge eines eigenen Leistungsanspruchs. Zwar trifft das SGB XII keine Regelung darüber, in welchem Umfang Einkommen eines Ehepartners zu berücksichtigen ist, wenn es zur Deckung des gesamten Bedarfs der Mitglieder einer Einsatzgemeinschaft nicht ausreicht. Schon das Fehlen einer § 9 Abs. 2 S. 3 SGB II vergleichbaren Regelung zwingt aber dazu, Einkommen eines Mitglieds einer Einsatzgemeinschaft nur soweit zu berücksichtigen, als es seinen sozialhilferechtlich bestehenden Bedarf übersteigt (aA Auffassung wohl Groth in Rolfs/Giesen/Kreikebohm/Udsching – Sozialrecht – SGB II, SGB III, SGB VIII, SGB XII, § 19 SGB XII Rn. 5). Dies lässt sich auch aus § 43 Abs. 1 herleiten, wonach Einkommen und Vermögen des Partners nur zu berücksichtigen sind, soweit sie dessen notwendigen Lebensunterhalt übersteigen.

5   Für die Anrechnung von Einkommen werden folgende Varianten diskutiert (vgl. dazu BSG 9. 6. 2011 – B 8 SO 20/09 R):

- **Kaskadenmethode**: Der den Bedarf des Nichtleistungsberechtigten überschießende Betrag wird zunächst nur beim Partner, dann – wenn immer noch ein überschießender Betrag verbleibt – bei den Kindern, hier zunächst beim Ältesten berücksichtigt. Denkbar ist auch eine andere Reihenfolge. Entscheidend ist nur, dass der gesamte überschießende Betrag so lange bei einem Mitglied Berücksichtigung findet, bis es selbst nicht mehr hilfebedürftig ist, um dann den verbleibenden überschießenden Betrag beim nächsten Mitglied der Einstandsgemeinschaft zu berücksichtigen. Dieses Ergebnis ist wenig befriedigend, weil die Reihenfolge der Berücksichtigung beliebig bzw. willkürlich wäre und das Kaskadenmodel der Realität (wirtschaften aus einem „Topf") widerspricht.
- **Kopfteilmethode**: Der den Bedarf des Nichtleistungsberechtigten überschießende Betrag wird auf die übrigen Mitglieder der Einsatzgemeinschaft gleichmäßig nach Köpfen verteilt. Diese Methode kann aber zu dem Ergebnis führen, dass bei der gleichmäßigen Verteilung der Bedarf einzelner Mitglieder der Einsatzgemeinschaft gedeckt wäre und unklar bliebe, ob und wie der den Kopfteil überschießende Betrag berücksichtigt würde.
- **Prozentmethode**: Der den Bedarf des Nichtleistungsberechtigten überschießende Betrag wird auf die übrigen Mitglieder der Einsatzgemeinschaft nach deren Verhältnis an dem Gesamtbedarf (ohne

den Nichtleistungsberechtigten) verteilt. Diese Methode ist mathematisch zwar komplizierter als die anderen beiden Methoden, sie führt aber zu sachgerechten Ergebnissen und entspricht der Unterhaltsberechnung in Mangelfällen nach der Düsseldorfer Tabelle.

Bei welchem von mehreren Bedarfen die Berücksichtigung von Einkommen und Vermögen zu erfolgen hat, sagt das SGB XII ebenfalls nicht, sieht man von der rudimentäre Regelung für Hilfen des Fünften bis Neunten Kapitels in § 89 SGB XII ab. Danach darf das bei einem Bedarf bereits berücksichtigte Einkommen nicht bei einem weiteren gleichzeitig bestehenden Bedarf erneut berücksichtigt werden. Aus der Bezugnahme auf „**gleichzeitig**" bestehende Bedarfe kann als allgemeiner Rechtsgedanke geschlossen werden, dass die Einkommensanrechnung entsprechend den Gesetzen der Logik zwar bei dem zuerst entstehenden Bedarf zu erfolgen hat, im Übrigen aber **kein Vorrang einzelner (gleichzeitig bestehender) Bedarfe** besteht. Der Sozialhilfeträger kann deshalb im Rahmen des ihm eingeräumten pflichtgemäßen Ermessen (§ 17 Abs. 2 Satz 1 SGB XII) selbst entscheiden, bei welchem von mehreren gleichzeitig bestehenden Bedarfen er das Einkommen berücksichtigen will. Hieran ist auch das Gericht zwar gebunden. Ist eine konkrete Bestimmung nicht getroffen worden, kann es aber im Streitfall selbst eine sachgerechte Bestimmung vornehmen. 6

Bei einer so genannten **gemischten Bedarfsgemeinschaft** aus Partnern, die verschiedenen Leistungssystemen (SGB II/SGB XII) unterfallen, erfolgt die Berücksichtigung auch des Einkommens des SGB-II-Leistungsberechtigten ausschließlich nach den Regelungen des SGB XII (BSG 9. 6. 2011 – R 8 SO 20/09 R). Allerdings können Besonderheiten des SGB II, etwa im Rahmen von Härtefallregelungen, berücksichtigt werden (BSG aaO; BSG 13. 3. 2008 – B 8/9 b SO 9/06 – SGb 2008, 295 zu dem nach dem SGB II geschützten Pkw; zur Berechnung des Anspruchs eines SGB-II-Leistungsberechtigten in einer gemischten Bedarfsgemeinschaft vgl. BSG 15. 4. 2008 – B 14/7 b AS 58/06 R, wonach bei einer Unterdeckung des Bedarfs der Bedarfsgemeinschaft § 9 Abs. 2 S. 3 SGB II verfassungskonform auszulegen ist). 7

Zur **Einsatzgemeinschaft** gehören nicht dauernd getrennt lebende Ehepaare und Lebenspartnerschaften nach dem Lebenspartnerschaftsgesetz, nicht aber **eheähnliche Lebensgemeinschaften** sowie lebenspartnerschaftsähnliche Lebensgemeinschaften. Allerdings dürfen diese Lebensgemeinschaften nach § 20 S. 1 nicht besser gestellt werden als Ehegatten, mit der Folge, dass die (widerlegbare und im Einzelfall nicht anzuwendende) Vermutung der Bedarfsdeckung nach § 39 anzuwenden ist. Ob Ehepaare und Lebenspartner dauernd getrennt leben, bestimmt sich nicht nach § 1567 Abs. 1 BGB, sondern eigenständig nach Sinn und Zweck sozialhilferechtlicher Vorschriften und Maßstäbe (BVerwG 26. 1. 1995 – 5 C 8/93 – BVerwGE 97, 344). Maßgebend ist danach, ob die Lebens- und Wirtschaftsgemeinschaft der Ehe- oder Lebenspartner nach den tatsächlichen Verhältnissen **nicht nur vorübergehend** aufgehoben ist und der Wille, füreinander einzustehen, nicht mehr besteht. Trotz der unterschiedlichen Zielrichtung werden sich die Begriffe des **Getrenntlebens** im Sinne des SGB XII und des § 1567 Abs. 1 BGB aber im Wesentlichen decken. Ein Getrenntleben ist zB auch innerhalb der Ehewohnung möglich. Eine (vorübergehende) örtliche Trennung – etwa aus beruflichen Gründen – führt andererseits nicht zum Getrenntleben und damit zur Aufhebung der Einsatzgemeinschaft. 8

Zur Einsatzgemeinschaft gehören auch minderjährige **Kinder** der Ehegatten oder zumindest eines Elternteils, soweit sie unverheiratet sind und ihren Bedarf nicht aus eigenem Einkommen oder Vermögen decken können (§ 27 Abs. 2 S. 3). Können minderjährige Kinder ihren Bedarf selbst durch Einkommen oder Vermögen decken, ist anders als bei Ehegatten deren Einkommen oder Vermögen nicht gemeinsam zu betrachten, so dass es auch nicht bedarfsdeckend für die hilfebedürftigen Eltern einzusetzen ist. Allerdings können bürgerlich-rechtliche Unterhaltsansprüche der Eltern oder des Elternteils gegen das Kind bestehen, die dann nach § 94 Abs. 1 kraft Gesetzes auf den Träger der Sozialhilfe übergehen. Ggf. greift daneben die **Vermutungsregelung** des § 39. Da Kinder nur leibliche und nach §§ 1741 ff. BGB angenommene (adoptierte) Kinder sein können, greift in dem Verhältnis zwischen **Stiefeltern** und Stiefkindern – anders als bei der Bedarfsgemeinschaft nach dem SGB II (§ 7 Abs. 3 SGB II; dazu BSG 13. 11. 2008 – B 14 AS 2/08 R – BSGE 102, 76 ff. = SozR 4–4200 § 9 Nr. 7) ebenfalls nur § 39. Das Stiefkind wird auch nicht über das Verhältnis zu einem Elternteil in die Einsatzgemeinschaft zu einem Stiefelternteil einbezogen. Leben zB minderjährige unverheiratete Kinder in einem Haushalt mit ihrer Mutter und ihrem Stiefvater zusammen, kann nach §§ 19 Abs. 1, 27 Abs. 1 und 2 SGB XII nur Einkommen und Vermögen ihrer Mutter, nicht auch Einkommen und Vermögen ihres Stiefvaters berücksichtigt werden. Einkommen und Vermögen des Stiefvaters kann nur nach Maßgabe des § 39 SGB XII oder dann berücksichtigt werden, wenn es der Mutter tatsächlich zugewendet wird und damit deren Einkommen oder Vermögen erhöht (BVerwG 26. 11. 1998 – 5 C 37/97 – BVerwGE 108, 36). Faktisch existieren dann zwei sich überschneidende Einsatzgemeinschaften (Mutter und leibliche Kinder; Mutter und Stiefvater). 9

Ob minderjährige Kinder dem **Haushalt** ihrer Eltern oder eines Elternteils angehören, ist – vergleichbar der Frage des Getrenntlebens – nach Sinn und Zweck der §§ 19 Abs. 1, 27 Abs.1 und 2 zu beantworten. Deshalb ist bei minderjährigen Kindern, die vorübergehend außerhalb des Haushaltes der Eltern leben (zB während eines Krankenhausaufenthaltes), die Haushalts- und damit die Einsatzgemeinschaft nicht aufgehoben. Minderjährige Kinder von getrennt lebenden oder geschiedenen 10

Eltern, die sich zeitweise bei dem einen und zeitweise bei dem anderen Elternteil aufhalten, können allerdings Mitglieder zweier Haushalte sein und damit sowohl mit dem Vater als auch mit der Mutter eine (zeitweise) Einsatzgemeinschaft bilden (vgl. zum Recht des SGB II: BSG 7. 11. 2006 – B 7b AS 14/06 R – SozR 4–4200 § 20 Nr. 1).

C. Grundsicherung im Alter und bei Erwerbsminderung (§ 19 Abs. 2)

11   Während die Sozialhilfe nach §§ 17 ff. im Hinblick auf die Sonderregelung für Leistungsberechtigte nach dem SGB II nur noch eine untergeordnete Rolle spielt, haben die Leistungen der Grundsicherung im Alter und bei Erwerbsminderung, die bis zum 31. 12. 2004 im **GSiG** geregelt waren, an Bedeutung gewonnen, zumal sie nach § 19 Abs. 2 S. 2 der Hilfe zum Lebensunterhalt nach dem Dritten Kapitel vorgehen. Voraussetzung für die Leistung ist das Erreichen der Altersgrenze nach § 41 Abs. 2 oder volle Erwerbsminderung auf Dauer nach Vollendung des 18. Lebensjahres. In beiden Fällen besteht kein Anspruch nach dem SGB II mehr (vgl. § 7 Abs. 1 Nr. 1 iVm. § 7a SGB II und §§ 8, 19 Abs. 1 S. 2 SGB II). Wie bei den Leistungen nach dem Dritten Kapitel setzt auch der Anspruch auf Grundsicherungsleistungen nach § 19 Abs. 2 S. 1, § 43 Abs. 1 den Einsatz von Einkommen und Vermögen sowie die Berücksichtigung des Einkommens des nicht getrennt lebenden Ehegatten oder Lebenspartners, die dessen notwendigen Lebensunterhalt übersteigen, voraus. Ergänzt und konkretisiert werden diese Voraussetzungen in §§ 82 ff. und §§ 90 f. Eine Einsatzgemeinschaft mit minderjährigen Kindern sehen § 19 Abs. 2, §§ 41 ff. nicht vor. Einer Regelung für minderjährige Kinder des Grundsicherungsberechtigten nach §§ 41 ff. bedurfte es schon deshalb nicht, weil Leistungen nach §§ 41 ff. frühestens mit Vollendung des 18. Lebensjahres einsetzen können. Ist das Kind minderjährig, kommen bei ihm nur Sozialhilfeleistungen in Betracht oder, wenn die Eltern oder ein Elternteil erwerbsfähig sind, Sozialgeld nach § 19 Abs. 1 SGB II oder, wenn das Kind das 15. Lebensjahr vollendet hat, Alg II.

12   Leistungen nach § 19 Abs. 2 iVm. §§ 41 ff. haben nach § 19 Abs. 2 S. 2 **Vorrang** vor Leistungen der Sozialhilfe nach dem Dritten Kapitel. Sie werden nur auf Antrag (§ 41 Abs. 1) gewährt. Bei fehlendem Antrag kommen Sozialhilfeleistungen trotz der Grundsicherungsleistungen ab **Kenntnis** des Sozialhilfeträgers (§ 18) in Betracht. Der Vorrang der Grundsicherungsleistungen geht also nicht so weit, dass ein Sozialhilfeanspruch ausscheidet, wenn Leistungen der Grundsicherung nicht beantragt sind, dem Grunde nach aber ein Anspruch hierauf bestünde (vgl. auch BSG 29. 9. 2009 – B 8 SO 13/08 R – BSGE 104, 207 Rn. 16 = SozR 4–3530 § 6 Nr. 1). Wird ein Antrag auf Sozialhilfe gestellt, ist dieser wegen des Vorrangs der Leistungen nach § 19 Abs. 2 iVm. §§ 41 ff. grundsätzlich als Antrag auf Leistungen der Grundsicherung im Alter und bei Erwerbsminderung auszulegen. Der Umfang der Leistungen ist in § 42 geregelt.

13   Leistungen der Grundsicherung im Alter und bei Erwerbsminderung gehen der Hilfe zum Lebensunterhalt nur vor, soweit die Leistungen nach § 42 SGB XII reichen. Deshalb können daneben theoretisch Leistungen nach dem Dritten Kapitel treten. Dessen bedarf es i. d. R aber nicht, weil der **Umfang** der Grundsicherungsleistungen nach § 42 dem Umfang der Sozialhilfe entspricht. Die Vorschrift nimmt Bezug auf die Leistungen nach dem Dritten Kapitel. Während Einkommen und Vermögen des nicht getrennt lebenden Ehegatten oder Lebenspartners sowie des Partners einer eheähnlichen Gemeinschaft berücksichtigt werden, bleiben Unterhaltsansprüche gegenüber Eltern und Kindern im Rahmen des § 43 Abs. 2 aber unberücksichtigt. Die **Vermutungsregelung** des § 39 findet nach § 43 Abs. 1 HS. 2 ebenfalls keine Anwendung. Werden Grundsicherungsleistungen nach § 43 unabhängig von etwaigen Unterhaltsansprüchen gezahlt, ist es auch folgerichtig, bei Berechtigten nach § 19 Abs. 2 iVm. §§ 41 ff. von der Anwendung des § 39, der Leistungen zum Lebensunterhalt eines nicht Unterhaltspflichtigen betrifft, abzusehen.

D. Leistungen nach dem Fünften bis Neunten Kapitel (§ 19 Abs. 3)

14   § 19 Abs. 3 betrifft den Anspruch auf Leistungen nach dem Fünften bis Neunten Kapitel, die Leistungen, die nach dem BSHG noch als Leistungen in besonderen Lebenslagen zusammengefasst waren. Die Grundnorm bestimmt auch hier nur, dass Leistungen gewährt werden, soweit den Leistungsberechtigten, ihren nicht getrennt lebenden Ehegatten oder Lebenspartnern und, wenn sie minderjährig und unverheiratet sind, auch ihren Eltern oder einem Elternteil die Aufbringung der Mittel aus dem Einkommen und Vermögen nach den Vorschriften des Elften Kapitels dieses Buches nicht zuzumuten ist. Dabei gelten **günstigere Einkommensgrenzen,** die in §§ 85 ff. im Einzelnen geregelt sind.

15   Während § 19 Abs. 1 bei bedürftigen minderjährigen Kindern darauf abstellt, dass sie dem Haushalt der Eltern oder eines Elternteils angehören, findet sich eine entsprechende Einschränkung in § 19 Abs. 3 nicht. Nach der Rechtsprechung des BVerwG ist deshalb der Umstand, dass der minderjährige

und unverheiratete (einkommenslose und vermögenslose) Hilfesuchende mit Eltern (einem Elternteil) nicht in **Haushaltsgemeinschaft** lebt, für die Beurteilung unerheblich, ob den Eltern (dem Elternteil) zuzumuten ist, die zur Deckung des sozialhilferechtlichen Bedarfs erforderlichen Mittel aus ihrem (seinem) Vermögen aufzubringen (BVerwG 8. 7. 1982 – 5 C 39/81 – BVerwGE 66, 82). Dem ist schon deshalb nicht zu folgen, weil sich nach § 85 Abs. 2 S. 2 für die Berücksichtigung des Einkommens getrennt lebender Eltern die Einkommensgrenze allein nach dem Elternteil richtet, bei dem das Kind lebt und nach dessen Satz 3 eine Anwendung von § 85 Abs. 1 vorgesehen ist, wenn das Kind bei keinem Elternteil lebt, mit der Folge, dass Einkommen der Eltern ganz außer Betracht bleibt (aA BVerwG aaO).

E. Schwangerschaft und Betreuung (§ 19 Abs. 4)

Von dem Grundsatz, dass das minderjährige Kind auf das Einkommen der mit dem Kind in einer Einsatzgemeinschaft lebenden Eltern verwiesen werden kann, macht § 19 Abs. 4 zum **Schutz des ungeborenen Lebens** eine Ausnahme. Danach werden Einkommen und Vermögen der Eltern oder des Elternteils nicht berücksichtigt, wenn das minderjährige Kind schwanger ist oder wenn dieses das leibliche Kind bis zur Vollendung des sechsten Lebensjahres betreut. Zudem findet in diesen Fällen folgerichtig auch die **Vermutungsregelung** des § 39 keine Anwendung (§ 39 S. 3 Nr. 1), weil § 19 Abs. 4 sonst ins Leere ginge. Auch der Übergang von Unterhaltsansprüchen des Kindes gegen Eltern und Großeltern wird nach § 94 Abs. 1 S. 4 ausgeschlossen. Durch diese Regelungen sollte die Motivation für eine Abtreibung, etwa aus finanziellen Gründen, genommen werden. Um dieses Ziel zu erreichen, war es zwar konsequent, die Regelung bis zum 6. Lebensjahr des Kindes zeitlich auszudehnen, in deren Genuss kommen hierdurch aber auch Minderjährige, die vor der Geburt des Kindes nicht bedürftig waren. Während sich die Begünstigung bei der Schwangerschaft naturgemäß nur auf weibliche Personen bezieht, ist § 19 Abs. 4 auch bei Vätern, die ihr leibliches Kind betreuen, anwendbar. § 19 Abs. 4 schränkt zwar § 19 Abs. 1 bezogen auf minderjährige Kinder ein. Da § 39 S. 3 Nr. 1 und § 94 Abs. 1 S. 4 den Schutz nicht auf minderjährige Kinder beschränken, wird er letztlich auch über die Vollendung des 18. Lebensjahres hinaus gewährleistet, soweit überhaupt ein Anspruch nach dem SGB XII (noch) besteht und die minderjährige Mutter bzw. der betreuende minderjährige Vater nicht ohnehin dem Anwendungsbereich des SGB II unterfällt (§ 21 SGB XII).

F. Aufwendungsersatz (§ 19 Abs. 5)

§ 19 Abs. 5 regelt einen Aufwendungsersatzanspruch des Trägers der Sozialhilfe, wenn er Sozialhilfeleistungen erbringt, obwohl die Aufbringung der Mittel aus dem Einkommen nach § 19 Abs. 1–3 iVm. §§ 82 ff. oder Vermögen nach § 19 Abs. 1–3 iVm. § 90 zuzumuten ist. Die Vorschrift setzt voraus, dass der Leistungsträger bewusst, also in Kenntnis des zumutbaren Einsatzes von Einkommen und Vermögen und zur Abwendung der Notlage in Abkehr des Nachranggrundsatzes Leistungen rechtmäßig erbringt. Es handelt sich insoweit um sogenannte „unechte" Sozialhilfe, die bis 31. 12. 2004 (deutlicher) in § 11 Abs. 2 BSHG und § 29 BSHG geregelt war. Sie steht im Ermessen des Sozialhilfeträgers und wird nur erbracht, wenn der Hilfebedürftige damit einverstanden ist. Folgenden Fallkonstellationen existieren:

- Ein Hilfesuchender kann nicht die vollen Kosten seiner Unterbringung in einem Altenwohnheim übernehmen. Er ist für einen Teil dieser Kosten auf Sozialhilfe angewiesen. Das Wohnheim verweigert seine Aufnahme, wenn es sein Geld nicht „aus einer Hand", nämlich des sicheren des Sozialhilfeträgers, erhält (BayVGH 24. 9. 1992 – 12 B 90.327 – FEVS 44, 69).
- Ein leistungsfähiges Mitglied der Einsatzgemeinschaft weigert sich, sein Einkommen oder Vermögen zur Deckung des Bedarfs des Hilfebedürftigen einzusetzen (Schoch in: LPK-SGB XII, 8. Aufl. 2008, § 19 Rn. 50).
- Die Prüfung der Einkommens- oder Vermögensverhältnisse nimmt längere Zeit in Anspruch. Die Notlage lässt sein Zuwarten aber nicht zu.
- Einen gesetzlich geregelten Fall des Anspruchs nach § 19 Abs. 5 SGB XII sieht § 32 Abs. 1 Satz 3 HS. 2 SGB XII bei der Übernahme von Beiträgen für die Kranken- und Pflegeversicherung vor, wenn die Beiträge in voller Höhe unmittelbar an die Krankenkasse gezahlt werden, obwohl der Leistungsberechtigte insoweit nur zum Teil bedürftig ist (Bruttoprinzip).

Der Aufwendungsersatzanspruch richtet sich gegen den nicht bedürftigen bzw nur teilweise bedürftigen Hilfesuchenden oder gegen **Dritte** (Mitglieder der Einsatzgemeinschaft), die ihr Einkommen und Vermögen zur Deckung des Bedarfs einsetzen müssen, dies aber nicht tun, und der Sozialhilfeträger deshalb zur Deckung des erforderlichen Bedarfs quasi in „Vorleistung" tritt (es handelt sich insoweit allerdings nicht um eine vorläufige Leistung). Mehrere Verpflichtete haften dabei als Gesamtschuldner. In Fällen, in denen einzusetzendes Einkommen auf Unterhaltsansprüchen unter Mitgliedern der Einsatzgemeinschaft beruht, ist der Aufwendungsersatzanspruch nicht durch den Unterhaltsanspruch begrenzt (BVerwG v. 8. 7. 1982 – 5 C 39/81 – BVerwGE 66, 82).

18   Ein Aufwendungsersatz kommt nur in Frage, wenn der Leistungsträger bewusst, also in Kenntnis des zumutbaren Einsatzes von Einkommen und Vermögen zur Abwendung der Notlage in Abkehr des Nachranggrundsatzes Leistungen erbringt. Die Bewilligung der Leistungen ist trotz bestehendem Einkommen und/oder Vermögen rechtmäßig. Hat der Sozialhilfeträger hiervon keine Kenntnis, sind die Leistungen zu Unrecht erbracht worden. Der den Leistungen zu Grunde liegende Bescheid ist rechtswidrig. In diesen Fällen kommt eine Rücknahme oder Aufhebung der Leistungsbewilligung nach §§ 45 ff. SGB X in Betracht, in dessen Folge der Leistungsträger einen Erstattungsanspruch gegen den **Leistungsberechtigten** nach § 50 SGB X geltend machen kann. Wurden die Leistungen bzw. die Leistungsvoraussetzungen durch vorsätzliches oder grob fahrlässiges Verhalten herbeigeführt gehen die Ansprüche auf Erstattung zu **Unrecht** erbrachter Leistungen nach §§ 103 Abs. 1, 104 Abs. 1 dem Aufwendungsersatzanspruch nach § 19 Abs. 5 ebenfalls vor.

G. Übergang von Ansprüchen (§ 19 Abs. 6)

19   Nach § 19 Abs. 6 steht der Anspruch der Berechtigten auf Leistungen für **Einrichtungen** oder auf **Pflegegeld,** soweit die Leistung den Berechtigten erbracht worden wäre, nach ihrem Tode demjenigen zu, der die Leistung erbracht oder die Pflege geleistet hat. § 19 Abs. 6 regelt zum Schutz der in Vorleistung für den Sozialhilfeträger tretenden Einrichtungen (§ 13 Abs. 1) oder der Pflegeperson einen gesetzlichen Forderungsübergang (BSG v. 13. 7. 2010 – B 8 SO 13/09 R – BSGE 106, 264 = SozR 4–3500 § 19 Nr. 2 m. w. N.; a. A. Grube in: Grube/Wahrendorf, SGB XII, 3. Aufl. 2010, § 19 SGB XII Rn. 37). Der Schutz ist erforderlich, weil der Anspruch auf Übernahme der Vergütung in Einrichtungen (§ 75 Abs. 1) oder auf Pflegegeld (§ 64) nach § 17 Abs. 1 S. 2 nicht abgetreten (übertragen) werden kann. Daneben trägt § 19 Abs. 6 auch der Rechtsprechung des BVerwG Rechnung, wonach Sozialhilfeansprüche nach Maßgabe der §§ 58, 59 SGB I vererblich sind, wenn der Hilfebedürftige zu Lebzeiten seinen Bedarf mit Hilfe eines im Vertrauen auf die spätere Bewilligung von Sozialhilfe vorleistenden Dritten gedeckt hat, weil der Träger der Sozialhilfe nicht rechtzeitig geholfen oder diese Hilfe abgelehnt hat (BVerwG 5. 5. 1994 – 5 C 43/91 – NZS 1994, 477).

20   Als ungeschriebenes Tatbestandsmerkmal setzt § 19 Abs. 6 voraus, dass der Anspruch einer Einrichtung noch nicht erfüllt ist. Werden die entstehenden Kosten zunächst mit Hilfe Dritter oder durch Einsatz von Schonvermögen gedeckt, weil der Sozialhilfeträger die Leistung (zu Unrecht) ablehnt, hat der Hilfebedürftige zwar aus Gründen des effektiven Rechtsschutzes trotz (inzwischen) fehlender gegenwärtiger Bedürftigkeit einen Leistungsanspruch, im Falle seines Todes geht er aber nicht auf die bereits befriedigte Einrichtung über. § 19 Abs. 6 bietet darüber hinaus nach seinem Sinn und Zweck auch keinen Raum für ein (nach dem Tod des Hilfeempfängers eingeleitetes) Zugunstenverfahren nach § 44 SGB X, wenn der Bescheid, mit dem gegenüber dem verstorbenen Hilfeempfänger die Leistung bewilligt wurde, bestandskräftig geworden ist.

21   Einrichtungen können nach der Legaldefinition des § 13 Abs. 1 SGB XII neben **stationären auch teilstationäre Einrichtungen** sein. Ambulante Leistungserbringer sind keine Einrichtungen i. S. v. § 19 Abs. 6 SGB XII. Sie sind stationären bzw. teilstationären Leistungserbringern bezogen auf den Anspruchsübergang nach § 19 Abs. 6 SGB XII auch nicht gleichzustellen. Das Kostenrisiko für den Erbringer (teil-)stationärer Leistungen ist typischerweise größer als für einen ambulanten Leistungserbringer, weil er seine Leistungen im Regelfall in größeren zeitlichen Abständen abrechnet, sodass eher die Gefahr besteht, den Anspruch auf Leistungen in einem größeren Umfang durch den Tod des Hilfeberechtigten zu verlieren (BSG 13. 7. 2010 – B 8 SO 13/09 R – BSGE 106, 264 = SozR 4–3500 § 19 Nr. 2).

§ 20 Eheähnliche Gemeinschaft

¹**Personen, die in eheähnlicher oder lebenspartnerschaftsähnlicher Gemeinschaft leben, dürfen hinsichtlich der Voraussetzungen sowie des Umfangs der Sozialhilfe nicht besser gestellt werden als Ehegatten.** ² **§ 39 gilt entsprechend.**

A. Normzweck

1   Nach § 19 Abs. 1–3 ist Einkommen und Vermögen des nicht getrennt lebenden Ehegatten oder Lebenspartners nach dem Lebenspartnerschaftsgesetz gemeinsam zu berücksichtigen und vermindert unbeschadet unterhaltsrechtlicher Ansprüche gegen den Ehegatten oder Lebenspartner die Bedürftigkeit. Um Partner einer eheähnlichen oder einer lebenspartnerschaftsähnlichen Gemeinschaft nicht besser zu stellen, verbietet § 20 eine solche **Besserstellung** und ordnet die entsprechende Anwendung von § 39 (Vermutung der Bedarfsdeckung) an.

B. Eheähnliche und lebenspartnerschaftsähnliche Gemeinschaft

Nach der Definition des BVerfG ist eine eheähnliche Lebensgemeinschaft eine Lebensgemeinschaft zwischen einem Mann und einer Frau, die auf Dauer angelegt ist, daneben keine weitere Lebensgemeinschaft gleicher Art zulässt und sich durch innere Bindungen auszeichnet, die ein gegenseitiges **Einstehen** der Partner füreinander begründen, also über die Beziehung in einer reinen Haushalts- und Wirtschaftsgemeinschaft hinausgeht (BVerfG 17. 11. 1992 – 1 BvL 8/87 – BVerfGE 87, 234). Da danach gleichgeschlechtliche Lebensgemeinschaften von dem Begriff der eheähnlichen Gemeinschaft nicht erfasst sind, es aber im Lichte von Art. 3 GG auch nicht einzusehen wäre, weshalb diese gegenüber den eheähnlichen Gemeinschaften und insbesondere den Lebenspartnerschaften nach dem Lebenspartnerschaftsgesetz besser gestellt werden sollen, hat der Gesetzgeber die **lebenspartnerschaftsähnliche Gemeinschaft** durch Gesetz vom 20. 7. 2006 (BGBl. I 1706) mit in die Norm aufgenommen. Der Begriff der lebenspartnerschaftsähnlichen Gemeinschaft unterscheidet sich von dem der eheähnlichen Gemeinschaft allein dadurch, dass es sich um eine gleichgeschlechtliche Beziehung handelt. 2

C. Kriterien

Entscheidend für die Annahme einer eheähnlichen oder lebenspartnerschaftsähnlichen Gemeinschaft ist nach der Definition des BVerfG in erster Linie der innere Wille, füreinander (in den Not- und Wechselfällen des Lebens) einstehen zu wollen. Neben der hierfür jedenfalls notwendigen Haushalts- und Wirtschaftsgemeinschaft, die für eine eheähnliche Lebensgemeinschaft oder lebenspartnerschaftsähnliche Gemeinschaft nach der Definition des BVerfG („über die Beziehung in einer reinen Haushalts- und Wirtschaftsgemeinschaft hinausgeht") jedenfalls vorliegen muss, ist anhand **objektiver Kriterien** zu ermitteln, ob der Schluss auf so erhebliche innere Bindungen gezogen werden kann, dass die Annahme einer eheähnlichen oder lebenspartnerschaftsähnlichen Gemeinschaft gerechtfertigt ist. Hierzu gehören: Vereinbarte – etwa klassische – Rollenverteilung innerhalb der Gemeinschaft, gemeinsame Kinder, die gemeinsame Erziehung und Betreuung eines Kindes des Partners, Aufnahme von Angehörigen (etwa Eltern oder Großeltern) in die Haushaltsgemeinschaft, die Dauer des Zusammenlebens, ein gemeinsames Konto oder das wechselseitige Verfügungsrecht über das Konto des Anderen, Versicherungen (auch) zugunsten des Partners, gemeinsame Anschaffungen, gemeinsamer Urlaub, die Übernahme gemeinsamer Kosten oder der Kosten des Partners (Miete, Kfz etc.), Übernahme von Schulden oder einer Bürgschaft, gemeinsame Kreditverpflichtungen, gemeinsame Unternehmungen (Kino, Spaziergänge etc.), gemeinsamer Haushalt, Einkäufe für die Gemeinschaft, gemeinsames Essen. 3

Da die Partnerschaft „wie eine Ehe" angelegt ist, ist es zur Bestimmung der inneren Bindungen sinnvoll, einen entsprechenden Vergleich mit der (typischen) Ehe anzustellen und die Kontrollfrage zu stellen, welche Verhaltensweisen (auch) in der Ehe typisch sind. Die Beurteilung ist jeweils von den Umständen des Einzelfalls in ihrer **Gesamtbetrachtung** abhängig und kann idR nicht auf Grund eines einzelnen objektiven Kriteriums erfolgen, weil auch die oben genannten Kriterien nicht zwingend für jede (typische) Ehe vorliegen müssen. Wie Ehegatten und dementsprechend eheähnliche und lebenspartnerschaftsähnliche Gemeinschaften ihre Beziehung führen, ist allein ihren Vorstellungen und Wünschen hierüber unterworfen („Rollenverteilung"). Entscheidend ist nur, dass eine (nicht zwingend gemeinsame) Vorstellung darüber besteht, wie das Leben in der Gemeinschaft verlaufen soll und wie die sich stellenden Aufgaben verteilt und gemeistert werden sollen. So verliert selbst die Erziehung gemeinsamer Kinder als besonders starkes Kriterium seine Bedeutung, wenn früher eine eheähnliche Gemeinschaft bestand, die Partner nun aber innerhalb der gemeinsamen Wohnung getrennt leben und beide Elternteile die Sorge für gemeinsame Kinder übernehmen. Zu den **Kriterien** gehört auch die sexuelle Beziehung. Weil sexuelle Beziehungen für das Vorliegen einer Partnerschaft iSv. § 20 wie auch in einer Ehe nicht zwingend sind (zB wegen Alters, Krankheit, Dauer des Zusammenlebens, aber auch mangels eines Bedürfnisses eines Partners), sind entsprechende in die Intimsphäre der Betroffenen eingreifende Ermittlungen nicht zulässig (BVerfG 17. 11. 1992 – 1 BvL 8/87 – BVerfGE 87, 234; BVerwG 17. 5. 1995 – 5 C 16/93 – BVerwGE 98, 195). 4

So wie einzelne Kriterien nicht zwingend den Schluss auf eine eheähnliche oder lebenspartnerschaftsähnliche Gemeinschaft zulassen, lassen bestimmte Verhaltensweisen nicht den Gegenschluss zu. Dies gilt etwa für das Fehlen einer sexuellen Beziehung (so.) oder „getrennte Kassen", weil das füreinander Einstehen die inneren Bindungen betrifft und nicht isoliert vermögensrechtliche Aspekte beinhaltet. Zwar setzt eine eheähnliche bzw. lebenspartnerschaftsähnliche Gemeinschaft zumindest eine **Haushalts- und Wirtschaftsgemeinschaft** voraus (so.), die ein gemeinsames Wohnen und Wirtschaften „aus einem Topf" beinhaltet. Die Kriterien hierfür, nämlich das Bestehen gemeinsamer Konten oder entsprechender Vollmachten, gemeinsame Versicherungen, Einkäufe für die Gemeinschaft, 5 gemeinsames Essen und dessen Zubereitung für die Gemeinschaft, eine gemeinsame Haushaltskasse usw., können aber auf ein Minimum reduziert sein, ohne dass schon die Haushalts- und Wirtschaftsgemeinschaft entfiele. Auch insoweit bedarf es einer Gesamtbetrachtung aller Umstände, auch der Umstände außerhalb der genannten Kriterien für eine Haushalts- und Wirtschaftsgemeinschaft. Das Vorliegen einer eheähnliche Gemeinschaft im Sinne der sozialhilferechtlichen Vorschriften kann auch dann zu bejahen sein, wenn die Partner (etwa wegen des pflegebedingten Aufenthalts eines von ihnen in einem Heim) räumlich voneinander getrennt leben und eine Wirtschaftsgemeinschaft zwischen ihnen nicht mehr besteht. Im Streitfall wird allerdings der vom Sozialhilfeträger zu erbringende Nachweis annähernd unmöglich sein.

6   Im Gegensatz zum SGB XII kennt das SGB II in **§ 7 Abs. 3 a** Tatbestände, bei deren Vorliegen (kumulativ oder alternativ) das Vorliegen einer eheähnlichen Gemeinschaft vermutet wird. Danach wird ein wechselseitiger Wille, Verantwortung füreinander zu tragen und füreinander einzustehen, vermutet, wenn Partner länger als ein Jahr zusammenleben, mit einem gemeinsamen Kind zusammenleben, Kinder oder Angehörige im Haushalt versorgen oder befugt sind, über Einkommen oder Vermögen des anderen zu verfügen. Die Regelung kann für das SGB XII keinen Vorbildcharakter haben, weil allein die „Vermutung" nicht die richterliche Überzeugung ersetzen könnte und die genannten Kriterien bei einer Gesamtwürdigung der Verhältnisse des Zusammenlebens als Argument für eine solche Partnerschaft sich als unbedeutend erweisen können. Dies gilt besonders für die Dauer des Zusammenlebens. Zum einen kann eine eheähnliche Gemeinschaft schon am ersten Tag des Zusammenlebens anzunehmen sein (abhängig von den Umständen vor dem Zusammenzug), andererseits kann eine reine Haushalts- und Wirtschaftsgemeinschaft etwa geprägt von finanziellen Gesichtspunkten jahrelang bestehen, ohne dass auch nur im Ansatz der Schluss auf eine eheähnliche oder lebenspartnerschaftliche Gemeinschaft gerechtfertigt wäre. Dies zeigt, dass die im SGB II eingefügte Vermutungsregelung auch als Beweislastregelung wenig hilfreich ist.

7   Entscheidend für das Ende einer eheähnlichen Gemeinschaft ist der (erkennbare) Wille zur Aufgabe der bisherigen Lebensgemeinschaft. Dabei ist – im Gegensatz zur Ehe – zu berücksichtigen, dass eine eheähnliche Gemeinschaft jederzeit ohne ein rechtlich geregeltes Verfahren aufgelöst werden kann. Ohne rechtlichen Hinderungsgrund kann der nicht verheiratete Partner jederzeit sein bisheriges Verhalten ändern und sein Einkommen ausschließlich zur Befriedigung eigener Bedürfnisse oder zur Erfüllung eigener Verpflichtungen verwenden. Wenn sich der Partner entsprechend verhält, so besteht eine eheähnliche Gemeinschaft nicht oder nicht mehr (LSG Berlin-Brandenburg 2. 4. 2009 – L 23 SO 37/09 B ER – FEVS 61, 263).

D. Amtsermittlung

8   Der Sozialhilfeträger (§ 20 SGB X) bzw. in einem gerichtlichen Verfahren das Sozialgericht (§ 103 SGG) sind von Amts wegen verpflichtet, die Ermittlungen anzustellen, die erforderlich sind, um eine sichere Aussage über das Vorliegen einer eheähnlichen oder lebenspartnerschaftsähnlichen Gemeinschaft treffen zu können. Eine entscheidende Bedeutung kommt dabei zunächst den eigenen **Aussagen der Partner** zu. Nur sie selbst können Auskunft über ihre inneren Bindungen geben. Objektive, mit Beweismitteln zu ermittelnde Kriterien sind immer nur Hilfskriterien, deren Ermittlung erforderlich ist, wenn die Angaben der Partner unschlüssig sind und nicht die volle (richterliche) Überzeugung vermitteln können, der Verdacht, die Angaben der Partner könnten bewusst oder unbewusst nicht den tatsächlichen Verhältnissen entsprechen, also nicht ausgeräumt ist. Die Amtsermittlung umfasst dabei alle objektiven (s. Rn. 3) Kriterien, die schließlich in einer Gesamtschau unter Berücksichtigung des Einzelfalls zu würdigen sind. In erster Linie bietet sich dabei ein Hausbesuch unter Wahrung der Intimsphäre an (Grube in Grube/Wahrendorf, SGB XII § 20 Rn. 15), der nach der Lebenserfahrung selbst dann die meiste Aussagekraft besitzt, wenn die Partner sich entsprechend „vorbereitet" haben, weil der persönliche Eindruck der Lebensverhältnisse sich dort am besten widerspiegelt und sich der zeitlich größte Teil einer Partnerschaft im gemeinsamen Haushalt abspielt. Die Auffassung, der **Hausbesuch** erlaube nur eine Aussage über das Bestehen einer Haushalts- und Wirtschaftsgemeinschaft (Groth in Rolfs/Giesen/Kreikebohm/Udsching – Sozialrecht – SGB II, SGB III, SGB VIII, SGB XII, § 20 SGB XII, Rn. 12), ist falsch, weil der Hausbesuch gerade auch Aufschluss über die oben genannten Indizien, deren Vorliegen den Schluss auf mehr als nur eine Haushalts- und Wirtschaftsgemeinschaft zulässt, geben kann. Zu berücksichtigen sind schließlich auch die zunächst im Antrag von dem Leistungsberechtigten gemachten Angaben.

E. Materielle Feststellungslast

9   Für das Vorliegen einer eheähnlichen oder lebenspartnerschaftlichen Gemeinschaft trifft grundsätzlich den **Sozialhilfeträger** die materielle Feststellungslast. Lässt die Gesamtwürdigung der Aussagen des Anspruchstellers und dem mit ihm zusammen wohnenden Dritten, der ermittelten Indizien oder

erhobenen Beweise keine die (richterliche) Überzeugung begründende Feststellung über das Bestehen einer eheähnlichen oder lebenspartnerschaftsähnlichen Gemeinschaft zu, sind Leistungen ohne Berücksichtigung des Einkommens oder Vermögens des Dritten zu erbringen, soweit nicht die **Vermutungsregelung** des § 39 S. 1 eingreift. Bei der Gesamtwürdigung darf die Behörde oder das Gericht auch das Verhalten des Anspruchstellers berücksichtigen, etwa die Verweigerung des Hausbesuchs. Dessen mangelnde Mitwirkung (§§ 60 ff. SGB I) kann im Einzelfall zu seinen Lasten gehen. Allerdings kann die **Mitwirkungspflicht** nicht so weit gehen, dass von ihm etwa verlangt wird, konkrete Angaben über den vermeintlichen Partner zu machen oder ihn betreffende Unterlagen vorzulegen (zB Einkommensnachweise), weil ggf. Unmögliches verlangt würde. Insoweit müssen die Behörde oder das Gericht die ihnen zur Verfügung stehenden Möglichkeiten, Ermittlungen anzustellen (vgl. etwa § 117) oder Beweise zu erheben, nutzen.

F. Rechtsfolge

§ 20 verbietet im Hinblick auf Art. 6 GG jede **Besserstellung** der Personen, die in eheähnlicher oder lebenspartnerschaftsähnlicher Gemeinschaft leben, gegenüber Ehegatten (oder Lebenspartnern). Dies hat insbesondere zur Folge, dass das Einkommen und Vermögen des Partners unter Anwendung der §§ 82 ff. (Einkommen) und §§ 90 f. (Vermögen) im gleichen Umfange zu berücksichtigen sind, wie Einkommen und Vermögen eines Ehegatten. Ein „unterhaltsrechtlicher Selbstbehalt" beim vermögenden Partner ist deshalb nicht anzuerkennen (Grube in Grube/Wahrendorf, SGB XII, § 20 Rn. 22 unter Hinweis auf VGH München 16. 1. 2002 – 12 CE 01.2310 – FEVS 53, 550). § 20 SGB XII gilt für alle Kapitel des SGB XII. Für Leistungen der Grundsicherung im Alter und bei Erwerbsminderung wiederholt § 43 Abs. 1 SGB XII dies (deklaratorisch) – anders als § 27 Abs. 2 S. 2 – ausdrücklich. Das Verbot der Besserstellung verlangt nicht die Schlechterstellung des Partners. Deshalb rechtfertigt das Bestehen einer eheähnlichen oder lebenspartnerschaftsähnlichen Gemeinschaft wie bei Ehegatten die Berücksichtigung eines etwa bestehenden Mehrbedarfs nach § 30 SGB XII. Ebenso sind Unterhaltsleistungen an den früheren Ehepartner oder an die Kinder des Partners zu berücksichtigen, gleich ob sie tituliert sind, weil entsprechende Zahlungen, auf die unterhaltsrechtlich ein durchsetzbarer Anspruch besteht, nicht als **„bereites Einkommen"** zu werten sind (vgl. zur Weitergabe von Kindergeld BSG 11. 12. 2007 – B 8/9b SO 23/06 R – FamRZ 2008, 1068–1071). Auch sonstige, auf **Schulden** beruhende Zahlungen (Kreditverbindlichkeiten) sind zu berücksichtigen (VGH Kassel 5. 3. 1993 – 9 TG 153/93 – info also 1993, 210), weil das Verbot der Besserstellung des § 20 S. 1 und die damit verbundene Berücksichtigung von Einkommen und Vermögen nur so weit gehen kann, als dem vermögenden Partner geldwerte Mittel zur Verfügung stehen. Weiter kann der Wille, für den Anderen einzustehen, nicht gehen. Der Gesetzgeber kann von dem gegenüber dem Leistungsberechtigten nicht verpflichteten Partner also nicht verlangen, dass er sich vertragswidrig verhält und die von ihm eingegangenen Verpflichtungen nicht erfüllt.

Nach § 20 S. 2 gilt § 39 entsprechend. Die Vermutungsregelung hat allerdings bei Vorliegen einer eheähnlichen oder lebenspartnerschaftsähnlichen Gemeinschaft keine Bedeutung, weil das Einkommen und Vermögen des Partners ohnehin wie bei Eheleuten berücksichtigt werden. Nur wenn sich eine Gemeinschaft iSv. § 20 S. 1 nicht feststellen lässt, kann bei einer Haushalts- und Wirtschaftsgemeinschaft die Regelung des § 39 zum Tragen kommen. § 20 S. 2 hätte es hierfür aber nicht bedurft.

§ 21 Sonderregelung für Leistungsberechtigte nach dem Zweiten Buch

[1] **Personen, die nach dem Zweiten Buch als Erwerbsfähige oder als Angehörige dem Grunde nach leistungsberechtigt sind, erhalten keine Leistungen für den Lebensunterhalt.** [2] **Abweichend von Satz 1 können Personen, die nicht hilfebedürftig nach § 9 des Zweiten Buches sind, Leistungen nach § 36 erhalten.** [3] **Bestehen über die Zuständigkeit zwischen den beteiligten Leistungsträgern unterschiedliche Auffassungen, so ist der zuständige Träger der Sozialhilfe für die Leistungsberechtigung nach dem Dritten oder Vierten Kapitel an die Feststellung einer vollen Erwerbsminderung im Sinne des § 43 Absatz 2 Satz 2 des Sechsten Buches und nach Abschluss des Widerspruchsverfahrens an die Entscheidung der Agentur für Arbeit zur Erwerbsfähigkeit nach § 44 a Absatz 1 des Zweiten Buches gebunden.**

A. Normzweck

§ 21 dient der Abgrenzung der Existenzsicherungssysteme des SGB II und des SGB XII. Er korrespondiert mit § 5 Abs. 2 SGB II und schließt in Satz 1 ergänzende Leistungen der Hilfe zum Lebensunterhalt im Hinblick auf das zwischen beiden Büchern **abgestimmte Leistungsniveau** zur Vermeidung von Schnittstellen aus (BT-Drs. 15/1514 S. 57 zu § 21). Ob jemand tatsächlich Leistungen des anderen Leistungsträgers erhält, ist für die von § 21 bezweckte Abgrenzung nicht maßgebend, sondern nur, ob jemand (als Erwerbsfähiger oder dessen Angehöriger) dem Grunde nach unter das Regime des SGB II fällt. § 21 greift deshalb auch nicht bei Leistungsberechtigten nach dem SGB XII, die zu Unrecht Leistungen nach dem SGB II erhalten, weil § 21 ebenso wie § 5 Abs. 2 SGB II nicht auf den Leistungsbezug abstellen. Der Leistungsausschluss des § 21 betrifft nur die Leistungen zum Lebensunterhalt und macht in Satz 2 eine Ausnahme für die Hilfe zum Lebensunterhalt in Sonderfällen, wenn Hilfebedürftigkeit nach § 9 SGB II fehlt.

B. Leistungsausschluss

2   Erwerbsfähige und deren Angehörige, die dem Grunde nach zum leistungsberechtigten Personenkreis nach dem SGB II gehören, können daneben bzw. ergänzend **keine Leistungen** für den Lebensunterhalt verlangen. Leistungen der Grundsicherung im Alter und bei Erwerbsminderung (§§ 41 ff.) sind (neben den Hilfe zum Lebensunterhalt nach dem Dritten Kapitel) ebenfalls Leistungen „für den Lebensunterhalt". Diese sind aber gemäß § 5 Abs. 2 S. 2 SGB II („Der Anspruch auf Leistungen zur Sicherung des Lebensunterhalts nach diesem Buch schließt Leistungen nach dem Dritten Kapitel des Zwölften Buches aus.") gegenüber dem Sozialgeld „vorrangig". Vorrang in diesem Sinne bedeutet nicht, dass nachrangige Leistungen (Sozialgeld) zu erbringen wären, soweit Leistungen nach §§ 41 ff. (noch) nicht erbracht werden (§ 104 SGB X). Vielmehr besteht ein Anspruch auf Sozialgeld nach § 28 Abs. 1 S. 1 SGB II schon gar nicht, wenn ein Anspruch Leistungen nach §§ 41 ff. (dem Grunde nach) gegeben ist. Da bei der **Grundsicherung im Alter und bei Erwerbsminderung** der Antrag materiellrechtliche Voraussetzung ist, greift der Leistungsausschluss nach § 28 Abs. 1 S. 1 SGB II bei fehlendem Antrag nicht. Der SGB-II-Leistungsträger kann in diesen Fällen aber unter den Voraussetzungen des § 5 Abs. 3 SGB II selbst den erforderlichen Antrag stellen.

3   Der Begriff des **„Angehörigen"** ist unklar gefasst. Gemeint sind damit die Personen, die unter § 7 Abs. 3 SGB II fallen, also auch der Partner einer eheähnlichen oder lebenspartnerschaftsähnlichen Gemeinschaft. Die Regelung vermeidet **deckungsgleiche Leistungen** zweier Existenzsicherungssysteme und spielt insbesondere dann eine Rolle, wenn der Leistungsberechtigte nach dem SGB II keine Leistungen in voller Höhe, sondern zB abgesenkt nach § 31 SGB II erhält oder der SGB-II-Leistungsträger mit eigenen Ansprüchen aufgerechnet hat. Nur klarstellende Bedeutung hat insoweit deshalb die Regelung des § 31 b Abs. 2 SGB II, wonach während der Minderung oder des Wegfalls der Leistung kein Anspruch auf ergänzende Hilfe zum Lebensunterhalt nach den Vorschriften des SGB XII besteht.

4   Ob der Leistungsberechtigte nach dem SGB II Leistungen nach dem SGB II erhält, spielt für die Anwendung der Vorschrift keine Rolle. Ist er zB nicht hilfebedürftig, kann er im Bedarfsfall auch keine **Einmalbedarfe** nach § 31 geltend machen, sondern muss sich an den SGB-II-Träger wenden. Ebenso wenig kann er Leistungen nach § 27 Abs. 3 erhalten (vgl. BSG 11. 12. 2007 – B 8/9 b SO 12/06 R – SozR 4–3500 § 21 Nr. 1 Rn. 14 und – B 8 SO 13/06 R –), wenn er einzelne für seinen Lebensunterhalt erforderliche Tätigkeiten nicht verrichten kann. Dass das SGB II keine § 27 Abs. 3 vergleichbare Regelung kennt, ändert hieran nichts. Ggf. können – allerdings nur bei Bedürftigkeit – entsprechende Leistungen nach §§ 63, 65 (BSG aaO) geltend gemacht werden.

5   Da nur Leistungen zum Lebensunterhalt ausgeschlossen sind, können dem Leistungsberechtigten alle übrigen, vom SGB II ohnehin nicht abgedeckten Leistungen des SGB XII bei Vorliegen der Anspruchsvoraussetzungen zustehen. Bei **atypischen Bedarfslagen** gilt dies auch dann, wenn das SGB XII etwa bereits nach § 27 Abs. 3 Leistungen vorsieht oder nach § 28 Abs. 1 S. 2 die Möglichkeit zur Erhöhung der Leistungssätze zur Deckung von laufenden Bedarfen ermöglicht, weil eine Privilegierung der Empfänger von Sozialhilfeleistungen insoweit nicht zu rechtfertigen ist (zu Leistungen nach § 73: BSG 7. 11. 2006 – B 7 b AS 14/06 R – SozR 4–4200 § 20 Nr. 1).

6   Ein Erstattungsanspruch des Krankenhauses nach § 25 S. 1 SGB XII gegen den Sozialhilfeträger ist bei der Notfallbehandlung eines **Arbeitslosengeld-II- bzw Sozialgeldberechtigten**, der aber keinen Antrag auf diese Leistung gestellt hat und diese Leistung nicht erhält, nicht durch (§ 5 Abs 2 SGB II oder) § 21 SGB XII gesetzlich ausgeschlossen, weil hier keine von dem Ausschlusstatbestand des § 21 SGB XII umfassten Hilfen, sondern Hilfen zur Gesundheit nach § 48 Satz 1 SGB XII betroffen sind (BSG 19. 5. 2009 – B 8 SO 4/08 R – BSGE 103, 178 = SozR 4–3500 § 25 Nr. 1).

7   Ein Arbeitslosengeld-II- bzw Sozialgeldberechtigte, der aber **keinen Antrag** auf diese Leistung gestellt hat und diese Leistung nicht erhält, kann allerdings keine deckungsgleichen Leistungen nach dem SGB XII erhalten, weil der Antrag nach § 37 SGB II nur verfahrensrechtliche Bedeutung hat (zum Streitstand vgl. Voelzke in: Hauck/Noftz, SGB XII, K § 21 Rn. 16 f. m. w. N., Stand Dezember 2007; offengelassen BSG v. 19. 5. 2009 – B 8 SO 4/08 R – BSGE 103, 178 Rn. 13 = SozR 4–3500 § 25 Nr. 1). Er ist keine für die Leistungsberechtigung erforderliche materiellrechtliche Anspruchsvoraussetzung wie etwa die Erwerbsfähigkeit oder ein bestimmtes Alter.

C. Ausnahmen

Eine Ausnahme von dem Leistungsausschluss macht § 21 S. 2 für Leistungen nach § 36, soweit keine Hilfebedürftigkeit nach § 9 SGB II besteht. § 36 betrifft die **Übernahme von Schulden,** wenn dies zur Sicherung der Unterkunft oder zur Behebung einer vergleichbaren Notlage gerechtfertigt ist (Ermessensleistung) oder wenn dies gerechtfertigt und notwendig ist und sonst Wohnungslosigkeit einzutreten droht (Sollleistung). Die Ausnahme begründet der Gesetzgeber damit, dass diese Leistungen wegen der erforderlichen Ortsnähe und des Zusammenhangs mit anderen kommunalen Aufgaben und Leistungen sachgerecht vom Träger der Sozialhilfe erbracht werden können (BT-Drs. 15/1514 S. 57). Tatsächlich ist diese Ausnahme schon deshalb notwendig, weil zwar auch das SGB II die Übernahme von Schulden nach § 22 Abs. 8 SGB II vorsieht, jedoch nur, wenn Leistungen für Unterkunft und Heizung erbracht werden. Letzteres setzt voraus, dass der von den Schulden Betroffene hilfebedürftig ist.

D. Zuständigkeitsstreit

In Fällen, in denen die Leistungsträger ihre Zuständigkeit unterschiedlich beurteilen, ordnete § 21 S. 3 in der bis zum 31. 12. 2010 geltenden Fassung die Anwendung von § 45 SGB II über die **gemeinsame Einigungsstelle** an, um sicherzustellen, dass die unterschiedlichen Auffassungen schnell und möglichst einvernehmlich bereinigt werden können (BT-Drs. 15/1514 S. 57). An die Stelle des Einigungsverfahrens trat ab 1. 1. 2011 ein neues Abstimmungsverfahren. Die SGB-II-Leistungsträger entscheiden (weiterhin) über die Erwerbsfähigkeit mit **Bindungswirkung** auch für den SGB-XII-Leistungsträger (§ 44a SGB II). Gegen diese Entscheidung ist die Einlegung eines Widerspruchs möglich. Bis zu der Entscheidung über den Widerspruch erbringen die nach dem SGB II zuständigen Träger bei Vorliegen der übrigen Voraussetzungen Leistungen der Grundsicherung für Arbeitsuchende nach dem SGB II (zur **Nahtlosigkeitsregelung** des § 44a Abs. 1 S. 3 SGB II a. F.: BSG 7. 11. 2006 – B 7b AS 10/06 R – SozR 4-4200 § 22 Nr. 2). Die Anordnung der Bindungswirkung in § 21 S. 3 SGB XII ist deklaratorisch; sie ergibt sich bereits aus § 44a SGB II n. F. .

§ 22 Sonderregelungen für Auszubildende

(1) ¹**Auszubildende, deren Ausbildung im Rahmen des Bundesausbildungsförderungsgesetzes oder der §§ 60 bis 62 des Dritten Buches dem Grunde nach förderungsfähig ist, haben keinen Anspruch auf Leistungen nach dem Dritten und Vierten Kapitel.** ²**In besonderen Härtefällen können Leistungen nach dem Dritten oder Vierten Kapitel als Beihilfe oder Darlehen gewährt werden.**

(2) **Absatz 1 findet keine Anwendung auf Auszubildende,**
1. **die auf Grund von § 2 Abs. 1a des Bundesausbildungsförderungsgesetzes keinen Anspruch auf Ausbildungsförderung oder auf Grund von § 64 Abs. 1 des Dritten Buches keinen Anspruch auf Berufsausbildungsbeihilfe haben,**
2. **deren Bedarf sich nach § 12 Abs. 1 Nr. 1 des Bundesausbildungsförderungsgesetzes oder § 66 Abs. 1 Satz 1 des Dritten Buches bemisst oder**
3. **die eine Abendhauptschule, eine Abendrealschule oder ein Abendgymnasium besuchen, sofern sie aufgrund von § 10 Abs. 3 des Bundesausbildungsförderungsgesetzes keinen Anspruch auf Ausbildungsförderung haben.**

A. Normzweck

§ 22 soll eine (versteckte) Ausbildungsförderung auf „zweiter Ebene" vermeiden (BVerwG 12. 2. 1981 – 5 C 51/80 – BVerwGE 61, 352). Die im BAföG und im SGB III vorgesehenen Ausbildungsförderungsmöglichkeiten sind nach der gesetzgeberischen Konzeption des Sozialleistungssystems abschließend. Leistungen nach dem SGB XII sind deshalb zu versagen, wenn die Ausbildung im Rahmen des BAföG oder der §§ 60 bis 62 SGB III **dem Grunde nach** förderungsfähig ist. Leistungen nach dem BAföG oder den §§ 60 bis 62 SGB III sind bedarfsgerecht ausgestaltet und decken neben dem speziellen Ausbildungsbedarf auch den Lebensunterhalt ab, so dass auch keine Aufstockung der Leistung erforderlich ist (vgl. aber § 27). Im Hinblick auf die insoweit gleiche Zielrichtung (Sicherung des Lebensunterhaltes des Auszubildenden) verhindert § 22 Abs. 1 SGB XII Umgehungstatbestände in Bezug auf das BAföG oder das SGB III. § 22 bezweckt hingegen nicht, eine Förderung der Ausbildung oder Fortbildung mit Leistungen nach dem Dritten oder Vierten Kapitel selbst dann zu verhindern, wenn Leistungen nach dem BAföG oder dem SGB III in jedem Fall (mangels Förderungsfähigkeit) ausscheiden. Um besonderen **Härtefällen** begegnen zu können, sieht § 22 Abs. 1 S. 2 eine Ermessensentscheidung über die Gewährung von Darlehen oder – anders als das SGB II (vgl. § 27 Abs. 4 SGB II) – Beihilfen vor. Die Bedeutung der Regelung ist angesichts des nur in wenigen Fällen erkennbaren Anwendungsbereichs gering; Auszubildende sind in aller Regel erwerbsfähig und deshalb von Leistungen nach dem Dritten und Vierten Kapitel des SGB XII als Leistungsberechtigte nach dem SGB II gem. § 21 ohnehin ausgeschlossen. Bedeutsam kann die Regelung allerdings für Leistungsberechtigte nach dem AsylbLG sein, die **Analogleistungen** (§ 2 AsylbLG) entsprechend dem SGB XII beziehen. § 22 SGB XII findet auf diesen Personenkreis entsprechende Anwendung (vgl. etwa LSG Berlin-Brandenburg 15. 1. 2010 – L 23 AY 1/07; Voelzke in: jurisPK-SGB XII, § 22 SGB XII, Rn. 7).

B. Förderungsfähigkeit

2   Eine Ausbildung ist nach dem BAföG oder dem SGB III dem Grunde nach förderungsfähig, wenn sie (in ihrer konkreten Ausgestaltung) **abstrakt,** also unabhängig von individuellen, in der Person des Anspruchstellers liegenden Versagungsgründen (Überschreitung der Förderungshöchstdauer oder der Altersgrenze, unbegründeter Fachrichtungswechsel, mangelnde Eignung), gefördert werden kann (BSG 6. 9. 2007 – B 14/7b AS 28/06 R – Spellbrink in Eicher/Spellbrink, SGB II, 2. Aufl. 2008, § 7 Rn. 95). Dies zeigt auch der Verweis auf §§ 60 bis 62 SGB III, die die Förderungsfähigkeit einer Bildungsmaßnahme bzw. einer Ausbildung regeln, während die in § 64 SGB III geregelten **persönlichen Voraussetzungen** nicht in Bezug genommen werden. Maßgebend für die Förderungsfähigkeit nach dem BAföG ist, ob die Voraussetzungen des § 2 BAföG, der – wie sich schon aus der amtlichen Überschrift „Förderungsfähige Ausbildung" des Abschnitts I des BAföG ergibt – die Grundvoraussetzungen für die Förderung einer Ausbildung regelt (vgl. etwa zu § 2 Abs. 1 BAföG BVerwG 25. 8. 1999 – 5 B 153/99 – Buchholz 436.0 § 26 BSHG Nr. 14), vorliegen. Leistungen nach dem Dritten und Vierten Kapitel scheiden also (nur) dann aus, wenn das BAföG oder das SGB III eine Ausbildung überhaupt, unter welchen Voraussetzungen auch immer, als förderungsfähig regeln (vgl. zum BSHG BVerwG 13. 5. 1993 – 5 B 82/92 – NDV 1993, 389).

3   Ob eine Ausbildung tatsächlich **nicht gefördert** wird, ist im Rahmen des § 22 Abs. 1 S. 1 SGB XII ebenso ohne Belang wie die Frage, aus welchen individuellen Gründen keine Förderung erfolgt. Die Vorschrift stellt allein auf die Förderungsfähigkeit der Ausbildung ab (vgl. zu § 7 Abs. 5 SGB II: BSG 6. 9. 2007 – B 14/7b AS 28/06 R – NJW 2008, 2285; BSG 6. 9. 2007 – B 14/7b AS 36/06 R – FEVS 59, 289). Dies führt dazu, dass etwa das Promotionsstudium, das nicht in den sachlichen Anwendungsbereich des BAföG fällt und damit dem Grunde nach nicht förderungsfähig ist, nicht zum Leistungsausschluss nach § 22 SGB XII führt (LSG Sachsen-Anhalt, 3. 4. 2008 – L 2 AS 71/06 – FEVS 60, 234). Gleiches gilt für ein Teilzeitstudium, das mangels Inanspruchnahme der vollen Arbeitskraft des Auszubildenden grundsätzlich nicht förderungsfähig ist (§ 2 Abs. 5 BAföG; vgl. LSG Thüringen, 15. 1. 2007 – L 7 AS 1130/06 ER – FEVS 59, 45), oder einen berufsbegleitender postgradualer Aufbaustudiengang Master, der nicht auf einen Bachelor-Studiengang aufbaut, und daher nicht förderungsfähig ist (LSG Thüringen, 8. 3. 2006 – L 7 AS 63/06 ER).

4   Wer eine Ausbildung nicht an einer Ausbildungsstätte betreibt, gleichgültig, ob noch nicht oder – sei es endgültig oder nur vorübergehend **(Urlaubssemester)** – nicht mehr, ist nicht förderungsfähig. An der Grundvoraussetzung für eine Förderung nach dem BAföG in § 2, dem Besuch einer Ausbildungsstätte, fehlt es etwa, wenn und solange der Auszubildende von der Ausbildungsstätte beurlaubt ist. Deshalb steht § 22 Abs. 1 SGB XII einem Anspruch auf Sozialhilfe für die Zeit der Beurlaubung nicht entgegen (BVerwG 25. 8. 1999 – 5 B 153/99 – Buchholz 436.0 § 26 BSHG Nr. 14). Ist ein Student für ein dem Grunde nach förderungsfähiges Studium nur **zum Schein immatrikuliert,** greift hingegen § 22 Abs. 1 S. 1, obwohl auch hier die Ausbildungsstätte nicht besucht wird, weil es bei der Förderungsfähigkeit des Studiums bleibt (LSG Berlin-Brandenburg 15. 11. 2005 – L 23 B 1008/05 AY ER – Breith. 2006, 410; LSG Berlin-Brandenburg 15. 1. 2010 – L 23 AY 1/07).

5   Der Leistungsausschluss – mag er auch zu sozialpolitisch unerwünschten Folgen führen – begegnet **keinen verfassungsrechtlichen Bedenken,** obwohl für entsprechende Ausbildungszeiten überhaupt keine staatlichen Sozialleistungen, auch nicht nach dem SGB II, erbracht werden (BSG 6. 9. 2007 – B 14/7b AS 28/06 R – NJW 2008, 2285). Der Gesetzgeber stellt grundsätzlich ein besonderes System der Ausbildungsförderung zur Verfügung, mit dem er den Lebensunterhalt während einer Ausbildung sichert. Er ist verfassungsrechtlich nicht gehalten, darüber hinaus Ausbildungszeiten auch außerhalb dieses Systems zu fördern. Die Entscheidung eines Leistungsberechtigten nach dem SGB XII, eine nicht geförderte Ausbildung anzutreten, die nach dem BAföG oder dem SGB III dem Grunde nach förderungsfähig ist, hat dieser selbst zu verantworten. Er kann sie auch jederzeit ändern.

6   Ausgeschlossen sind nach § 22 Abs. 1 S. 1 nur die Leistungen zur Sicherung des Lebensunterhalts nach dem Dritten und Vierten Kapitel. Deshalb können neben einer nach dem BAföG oder dem SGB III förderungsfähigen Ausbildung insbesondere Leistungen nach dem Fünften bis Neunten Kapitel erbracht werden. Nach der Rechtsprechung des BVerwG schließt § 22 Abs. 1 S. 1 den Hilfeanspruch daneben nicht für jeden Bedarf des Lebensunterhalts aus, sondern nur für einen ausschließlich

ausbildungsgeprägten Bedarf. Das ist der Bedarf zur Sicherstellung des allgemeinen Lebensunterhalts während der Ausbildung, für den – neben den Ausbildungskosten – Ausbildungsförderung geleistet wird. Von diesem Ausschlusstatbestand nicht erfasst wird deshalb der Anspruch auf solche Leistungen, die zwar nach ihrer Zuordnung im Gesetz Hilfe zum Lebensunterhalt sind, die aber einen Bedarf betreffen, der durch besondere Umstände bedingt ist, die von der Ausbildung unabhängig sind. Darunter fallen die Leistungen, die dazu dienen sollen, einen **(einmaligen) Mehrbedarf** zu decken, der seine Ursache in besonderen Umständen in der Person des Hilfesuchenden hat. Zu diesen Leistungen gehört auch der Mehrbedarf bei Schwangerschaft und Geburt nach § 31 Abs. 1 Nr. 2 (BVerwG 14. 10. 1993 – 5 C 16/91 – BVerwGE 94, 224 ff. mwN; ebenso zum Recht des SGB II, BSG 6. 9. 2007 – B 14/7 b AS 36/06 R – FEVS 59, 289; vgl. auch § 27 Abs. 2 SGB II).

C. Ausnahmen

I. § 22 Absatz 2 Nr. 1

Der Leistungsausschluss des § 22 Abs. 1 S. 1 findet keine Anwendung auf Berechtigte, die (nur) auf Grund von § 2 Abs. 1 a des Bundesausbildungsförderungsgesetzes keinen Anspruch auf Ausbildungsförderung oder auf Grund von § 64 Abs. 1 des Dritten Buches keinen Anspruch auf Berufsausbildungsbeihilfe haben. § 2 Abs. 1 a BAföG verlangt für die Förderung der Ausbildung den Besuch der in § 2 Abs. 1 Nr. 1 bezeichneten Ausbildungsstätten (weiterführende allgemeinbildende Schulen und Berufsfachschulen, einschließlich der Klassen aller Formen der beruflichen Grundbildung, ab Klasse 10 sowie Fach- und Fachoberschulklassen, deren Besuch eine abgeschlossene Berufsausbildung nicht voraussetzt), dass der Auszubildende nicht bei seinen **Eltern** wohnt und (1.) von der Wohnung der Eltern aus eine entsprechende zumutbare Ausbildungsstätte nicht erreichbar ist, (2.) einen eigenen Haushalt führt und verheiratet ist oder war, (3.) einen eigenen Haushalt führt und mit mindestens einem Kind zusammenlebt. Fehlen diese Voraussetzungen, wohnt der Auszubildende etwa bei seinen Eltern, scheidet ein Anspruch nach dem BAföG, nicht aber nach dem Dritten und Vierten Kapitel aus. Sind Leistungen nicht allein wegen der Regelung des § 2 Abs. 1 a BAföG, sondern auch wegen anderer in der Person des Auszubildenden liegender Versagungsgründe abzulehnen, bleibt es bei dem Leistungsausschluss des § 22 Abs. 1. 7

§ 64 Abs. 1 SGB III sieht die Förderung einer beruflichen Ausbildung nur vor, wenn der Auszubildende (1.) außerhalb des Haushaltes der Eltern oder eines Elternteils wohnt und (2.) die Ausbildungsstätte von der Wohnung der Eltern oder eines Elternteils aus nicht in angemessener Zeit erreichen kann, es sei denn, er hat das 18. Lebensjahr vollendet, ist oder war verheiratet, lebt mit mindestens einem Kind zusammen oder kann aus **schwerwiegenden sozialen Gründen** nicht auf die Wohnung der Eltern oder eines Elternteils verwiesen werden. Ist Berufsausbildungsbeihilfe allein deshalb zu versagen, weil der Auszubildende die Voraussetzungen des § 64 Abs. 1 SGB III nicht erfüllt, ist er von Leistungen nach dem Dritten und Vierten Kapitel des SGB XII nicht ausgeschlossen. Sind daneben weitere Förderungsvoraussetzungen nicht erfüllt – handelt es sich etwa um eine Zweitausbildung (vgl. § 61 Abs. 2 S. 1 SGB III) –, bleibt es auch hier bei dem Leistungsausschluss des § 22 Abs. 1; Sozialhilfe bzw. Grundsicherungsleistungen sind danach zu versagen. 8

II. § 22 Absatz 2 Nr. 2

Eine weitere Ausnahme von dem Leistungsausschluss nach § 22 Abs. 1 sieht § 22 Abs. 2 Nr. 2 in den Fällen vor, in denen sich der Bedarf des Auszubildenden nach dem **Schülerbedarf** (216 Euro) des § 12 Abs. 1 Nr. 1 BAföG bzw. § 66 Abs. 1 S. 1 SGB III bemisst. Die Ausbildung ist in diesen Fällen zwar förderungsfähig, es liegt aber angesichts der geringen Leistung auf der Hand, dass neben dem speziellen Ausbildungsbedarf nicht auch der (gesamte) Lebensunterhalt durch die Leistung gedeckt werden soll, so dass durch die Hilfe zum Lebensunterhalt eine Ausbildungsförderung auf „zweiter Ebene" nicht zu befürchten ist und Leistungen nach dem SGB XII deshalb mit dem Sinn und Zweck des § 19 Abs. 1 vereinbar sind. Das sog. Schüler-BAföG ist bei der Bemessung der Leistung zu berücksichtigen. In Höhe von 20% des Betrages, der nach dem BAföG insgesamt als bedarfsdeckend angesehen wird, handelt es sich allerdings um eine zweckbestimmte Einnahme iSd § 83 Abs. 1 (BSG 17. 3. 2009 – B 14 AS 63/07 R – SozR 4–4200 § 11 Nr. 21). 9

III. § 22 Absatz 2 Nr. 3

§ 22 Abs. 2 Nr. 3 wurde durch Art. 5 Nr. 3 des Gesetzes vom 23. 12. 2007 (BGBl. I 3254) mWv. 1. 1. 2008 eingefügt und regelt eine Ausnahme vom Leistungsausschluss des § 22 Abs. 1 für Auszubildende, die eine **Abendhauptschule,** eine Abendrealschule oder ein Abendgymnasium besuchen, sofern sie auf Grund von § 10 Abs. 3 BAföG keinen Anspruch auf Ausbildungsförderung haben. Nach § 10 Abs. 3 BAföG wird – von Ausnahmen abgesehen – Ausbildungsförderung nicht geleistet, wenn der Auszubildende bei Beginn des Ausbildungsabschnitts, für den er Ausbildungsförderung beantragt, das 30. Lebensjahr vollendet hat. 10

IV. Besondere Härte (§ 22 Abs. 1 S. 2)

11 Nach § 22 Abs. 1 S. 2 kann einem Auszubildenden, dessen Ausbildung dem Grunde nach förderungsfähig ist, Sozialhilfe als Beihilfe oder als Darlehen gewährt werden, wenn ein besonderer Härtefall vorliegt. Bei dem Terminus „besonderer Härtefall" handelt es sich um einen unbestimmten Rechtsbegriff, dessen Auslegung der vollen gerichtlichen Überprüfung unterliegt. Ein Beurteilungsspielraum der Verwaltung besteht nicht. Ob ein besonderer Härtefall vorliegt, ist im Lichte der Zweckrichtungen des Leistungsausschlusses unter Berücksichtigung der individuellen Umstände des Einzelfalls zu beurteilen. Er ist dann anzunehmen, wenn die **Folgen des Anspruchsausschlusses** über das Maß hinausgehen, das regelmäßig mit der Versagung von Hilfe zum Lebensunterhalt für eine Ausbildung verbunden ist und vom Gesetzgeber in Kauf genommen wird (BVerwG 14. 10. 1993 – 5 C 16/91 – BVerwGE 94, 224 ff; zu § 7 Abs 5 SGB II BSG vom 30. 9. 2008 – B 4 AS 28/07 R – SozR 4–4200 § 7 Nr. 9). Mit Rücksicht auf den Gesetzeszweck, die Sozialhilfe von den finanziellen Lasten einer Ausbildungsförderung freizuhalten, muss der Ausschluss von der Ausbildungsförderung als übermäßig hart, dh. als unzumutbar oder in hohem Maße unbillig erscheinen. Bei der Bestimmung der besonderen Härte ist also zu beachten, dass der Leistungsausschluss die Regel ist und das SGB XII von Leistungen zur Ausbildungsförderung freigehalten werden soll, soweit der Hilfebedarf im Hinblick auf den Lebensunterhalt durch die Ausbildung entsteht. Nur wenn besondere Umstände des Einzelfalls vorliegen, die es darüber hinausgehend als unzumutbar erscheinen lassen, dem Hilfebedürftigen Sozialhilfe zu verweigern, kann die besondere Härte bejaht werden. Dies kann zB der Fall sein, wenn ein wesentlicher Teil der Ausbildung bereits absolviert ist und der objektiv bevorstehende Abschluss (zB Meldung zur Prüfung, wenn alle Prüfungsvoraussetzungen bereits erfüllt sind) unverschuldet an Mittellosigkeit zu scheitern droht (BSG 6. 9. 2007 – B 14/7 b AS 28/06 R – SozR 4–4200 § 7 Nr. 8 Rn. 35).

12 Liegt eine besondere Härte vor, kann der Sozialhilfeträger Hilfe zum Lebensunterhalt erbringen. Die Entscheidung liegt im **Ermessen** des Sozialhilfeträgers. Da eine besondere Härte nur vorliegt, wenn der Ausschluss von Leistungen als unzumutbar oder in hohem Maße **unbillig** erscheint, dürfte nicht selten das Ermessen der Behörde auf Null reduziert sein. Anders als nach dem Recht des SGB II (dort § 27 Abs. 4) kann bei Vorliegen eines besonderen Härtefalls die Sozialhilfeleistung nicht nur als Darlehen, sondern auch als Beihilfe geleistet werden. Auch insoweit wird der Behörde Ermessen eingeräumt. Das Ermessen betrifft nur das Ob (Entschließungsermessen) und das Wie (Art der Leistung, Auswahlermessen), nicht aber die Höhe der Leistung. Werden wegen eines besonderen Härtefalls Leistungen – sei es als Darlehen, sei es als Beihilfe – an den Auszubildenden gezahlt, müssen sie auch ihren Zweck erfüllen und das soziokulturelle Existenzminimum gewährleisten, dürfen also nicht nur einen Teil des notwendigen Bedarfs abdecken.

§ 23 Sozialhilfe für Ausländerinnen und Ausländer

(1) ¹Ausländern, die sich im Inland tatsächlich aufhalten, ist Hilfe zum Lebensunterhalt, Hilfe bei Krankheit, Hilfe bei Schwangerschaft und Mutterschaft sowie Hilfe zur Pflege nach diesem Buch zu leisten. ²Die Vorschriften des Vierten Kapitels bleiben unberührt. ³Im Übrigen kann Sozialhilfe geleistet werden, soweit dies im Einzelfall gerechtfertigt ist. ⁴Die Einschränkungen nach Satz 1 gelten nicht für Ausländer, die im Besitz einer Niederlassungserlaubnis oder eines befristeten Aufenthaltstitels sind und sich voraussichtlich dauerhaft im Bundesgebiet aufhalten. ⁵Rechtsvorschriften, nach denen außer den in Satz 1 genannten Leistungen auch sonstige Sozialhilfe zu leisten ist oder geleistet werden soll, bleiben unberührt.

(2) Leistungsberechtigte nach § 1 des Asylbewerberleistungsgesetzes erhalten keine Leistungen der Sozialhilfe.

(3) ¹Ausländer, die eingereist sind, um Sozialhilfe zu erlangen, oder deren Aufenthaltsrecht sich allein aus dem Zweck der Arbeitssuche ergibt, sowie ihre Familienangehörigen haben keinen Anspruch auf Sozialhilfe. ²Sind sie zum Zweck einer Behandlung oder Linderung einer Krankheit eingereist, soll Hilfe bei Krankheit insoweit nur zur Behebung eines akut lebensbedrohlichen Zustandes oder für eine unaufschiebbare und unabweisbar gebotene Behandlung einer schweren oder ansteckenden Erkrankung geleistet werden.

(4) Ausländer, denen Sozialhilfe geleistet wird, sind auf für sie zutreffende Rückführungs- und Weiterwanderungsprogramme hinzuweisen; in geeigneten Fällen ist auf eine Inanspruchnahme solcher Programme hinzuwirken.

(5) ¹In den Teilen des Bundesgebiets, in denen sich Ausländer einer ausländerrechtlichen räumlichen Beschränkung zuwider aufhalten, darf der für den tatsächlichen Aufenthaltsort zuständige Träger der Sozialhilfe nur die nach den Umständen unabweisbar gebotene Leistung erbringen. ²Das Gleiche gilt für Ausländer, die einen räumlich nicht

beschränkten Aufenthaltstitel nach den §§ 23, 23a, 24 Abs. 1 oder § 25 Abs. 3 bis 5 des Aufenthaltsgesetzes besitzen, wenn sie sich außerhalb des Landes aufhalten, in dem der Aufenthaltstitel erstmals erteilt worden ist. ³Satz 2 findet keine Anwendung, wenn der Ausländer im Bundesgebiet die Rechtsstellung eines ausländischen Flüchtlings genießt oder der Wechsel in ein anderes Land zur Wahrnehmung der Rechte zum Schutz der Ehe und Familie nach Artikel 6 des Grundgesetzes oder aus vergleichbar wichtigen Gründen gerechtfertigt ist.

A. Normzweck

§ 23 enthält Sonderregelungen für den Anspruch eines Ausländers auf Sozialhilfe, um ihm ein Mindestmaß an Leistungen zur Deckung des Bedarfs für den Lebensunterhalt zu garantieren. Andererseits ist der Anspruch gegenüber dem Anspruch eines Deutschen mit **Einschränkungen** versehen, um keine Anreize für eine Einreise in die BRD mit dem Ziel der Inanspruchnahme von Sozialhilfe oder der Arbeitsaufnahme zu setzen bzw. den Antrieb für eine Ausreise (Rückführung oder Weiterwanderung; vgl. auch Abs. 4) zu verstärken. 1

B. Einschränkung der Sozialhilfe (§ 23 Abs. 1)

I. Anspruchsvoraussetzungen und Umfang der Leistung

Ausländern, die sich im Inland tatsächlich aufhalten, ist Hilfe zum Lebensunterhalt, Hilfe bei Krankheit, Hilfe bei Schwangerschaft und Mutterschaft sowie Hilfe zur Pflege nach dem SGB XII zu leisten. Ausländer ist nach der Begriffsbestimmung des § 2 Abs. 1 AufenthG jeder, der **nicht Deutscher** iSd. Art. 116 Abs. 1 GG ist. Deutscher iSd. Art. 116 Abs. 1 GG ist vorbehaltlich anderweitiger gesetzlicher Regelung, wer die deutsche Staatsangehörigkeit besitzt oder Flüchtling oder Vertriebener deutscher Volkszugehöriger oder als dessen Ehegatte oder Abkömmling in dem Gebiet des Deutschen Reichs nach dem Stande vom 31. 12. 1937 Aufnahme gefunden hat. Durch Bundesgesetz kann eine abweichende Regelung getroffen werden. Solche Regelungen enthält das StAG in § 7 (Spätaussiedler – vgl. auch § 4 Abs. 3 BVFG) und § 40a. 2

Einen Sozialhilfeanspruch haben Ausländer nur dann, wenn sie sich tatsächlich – und sei es auch nur vorübergehend – auf dem Territorium der BRD aufhalten. Anders als bei deutschen Staatsangehörigen (§ 24) sieht das SGB XII keine Leistungen für Ausländer vor, die sich im **Ausland** aufhalten. 3

Die an Ausländer zu erbringenden Hilfen (**Pflichtleistung**) sind nach § 22 Abs. 1 gegenüber Deutschen auf die Hilfe zum Lebensunterhalt nach dem Dritten Kapitel und die Leistungen der Grundsicherung im Alter und bei Erwerbsminderung nach dem Vierten Kapitel (vgl. § 23 Abs. 1 S. 2, wonach die Vorschriften des Vierten Kapitels unberührt bleiben), die Hilfe bei Krankheit nach § 48, die Hilfe bei Schwangerschaft und Mutterschaft nach § 50 sowie die Hilfe zur Pflege nach dem Siebten Kapitel beschränkt. Auf Eingliederungshilfe für behinderte Menschen, Hilfe zur Überwindung besonderer sozialer Schwierigkeiten, vorbeugende Gesundheitshilfe, Hilfe zur Familienplanung sowie bei Sterilisation und auf Hilfen in anderen Lebenslagen haben Ausländer hingegen keinen Anspruch. Aus § 23 Abs. 1 S. 3 ergibt sich aber, dass auch diese Hilfen erbracht werden dürfen, soweit dies im **Einzelfall** gerechtfertigt ist. Für die Annahme, die Hilfe sei im Einzelfall gerechtfertigt, genügt der bestehende Bedarf allein nicht, weil dieser ohnehin vorausgesetzt wird und deshalb nicht die besondere Rechtfertigung für die Leistung ersetzen kann. Hinzukommen müssen **besondere Umstände** (Art und Umfang der Leistung, voraussichtliche Dauer der erforderlichen Hilfe, Folgekosten, Folgen für den Ausländer, Auswirkungen auf Angehörige, Verfestigung des Aufenthaltsstatus, ohne dass der Ausländer die Voraussetzungen des § 23 Abs. 1 S. 3 erfüllt usw.), die es darüber hinaus gerechtfertigt erscheinen lassen, dass entgegen der Regel des § 23 Abs. 1 S. 1 weitergehende Hilfen geleistet werden. Insoweit handelt es sich um eine **Ermessensentscheidung** des Sozialhilfeträgers (§ 17 Abs. 2). 4

II. Ausnahmen

Die Einschränkungen des § 23 Abs. 1 S. 1 betreffen nur Ausländer, die sich vorübergehend im Bundesgebiet aufhalten. Für Ausländer, die einen **gefestigten Aufenthaltsstatus** haben, weil sie im Besitz eines entsprechenden Aufenthaltstitels sind (Niederlassungserlaubnis nach § 9 AufenthG oder die gleichgestellte Erlaubnis zum Daueraufenthalt-EG nach § 9a oder eine befristete Aufenthaltserlaubnis nach § 7) und sich voraussichtlich dauerhaft im Bundesgebiet aufhalten, gelten nach § 23 Abs. 1 S. 4 die Einschränkungen des § 23 Abs. 1 S. 1 hingegen nicht. Ob sich ein Ausländer voraussichtlich auf Dauer im Bundesgebiet aufhalten wird, ist prognostisch zu beurteilen und kann bei einer Niederlassungserlaubnis, die unbefristet erteilt wird, regelmäßig angenommen werden. Bei einer befristeten Aufenthaltserlaubnis ist der Aufenthaltszweck (§§ 16ff. AufenthG) von besonderer Bedeutung für die **Prognose**. So dürfte der Aufenthalt zum Zweck der Ausbildung (§ 16 AufenthG) zu 5 einer negativen Prognose führen, während der Aufenthalt zum Zweck des Familiennachzugs (§§ 27 ff. AufenthG) eher eine positive Prognose rechtfertigt.

6   Nach § 23 Abs. 1 S. 5 bleiben Rechtsvorschriften, nach denen außer den in § 23 Abs. 1 S. 1 genannten Leistungen auch sonstige Sozialhilfe zu leisten sind oder geleistet werden sollen, unberührt. Die Regelung bezieht sich auf Leistungsberechtigte, die aufgrund inner- oder zwischenstaatlichen Rechts Deutschen gleichgestellt sind. Hierzu gehören etwa Staatsangehörige von **Mitgliedstaaten der EU,** die nach Art. 7 VO (EWG) Nr. 1612/68 vom 15. 10. 1968 die gleichen sozialen und steuerlichen Vergünstigungen wie Deutsche genießen. Sie haben idR ohnehin einen Aufenthaltsstatus, der sie nach § 23 Abs. 1 S. 4 von den Einschränkungen nach § 23 Abs. 1 S. 1 ausnimmt (s. aber § 23 Abs. 3). Gleiches gilt auch für anerkannte Asylberechtigte und Konventionsflüchtlinge, denen nach § 25 Abs. 1 bzw. § 25 Abs. 2 eine Aufenthaltserlaubnis zu erteilen ist.

7   Von besonderer Bedeutung ist das **Europäische Fürsorgeabkommen** (EFA; BGBl II 1956, 564). Zu den Vertragsschließenden des EFA gehören nämlich neben Deutschland die Länder Belgien, Dänemark, England, Estland, Frankreich, Griechenland, Irland, Island, Italien, Luxemburg, Malta, Niederlande, Norwegen, Portugal, Schweden, Spanien, Türkei und Zypern. Nach Art. 1 EFA ist jeder der Vertragsschließenden verpflichtet, den Staatsangehörigen der anderen Vertragsstaaten, die sich in irgendeinem Teil seines Gebietes, auf das dieses Abkommen Anwendung findet, erlaubt aufhalten und nicht über ausreichende Mittel verfügen, in gleicher Weise wie seinen eigenen Staatsangehörigen und unter den gleichen Bedingungen (Voraussetzungen, Art und Umfang) die Leistungen der sozialen und der Gesundheitsfürsorge zu gewähren, die in der in diesem Teil seines Gebietes geltenden Gesetzgebung vorgesehen sind. Art. 1 EFA ist unmittelbar geltendes Bundesrecht. Ist der Ausländer eingereist, um (direkter Vorsatz) Sozialhilfe zu erlangen (§ 23 Abs. 3 Satz 1 Alt. 1, kann er sich allerdings nicht auf das EFA berufen, selbst wenn ihm der Aufenthalt erlaubt worden ist (OVG Hamburg 8. 2. 1989 – Bs IV 8/89 – NVwZ-RR 1990, 141). Anders verhält es sich, wenn der Ausländer zum Zwecke der Arbeitssuche (§ 23 Abs. 3 Satz 1 Alt. 2) eingereist ist (BSG 19. 10. 2010 – B 14 AS 23/10 R – SozR 4–4200 § 7 Nr. 21). In diesen Fällen scheitert ein Anspruch auf Leistungen nach dem SGB XII wegen der Leistungsberechtigung nach dem SGB II aber an § 21 SGB XII.

8   Eine weitere Ausnahme von der Einschränkung des § 23 Abs. 1 S. 1 regelt § 23 Abs. 1 S. 3, wonach auch Hilfen ohne Beschränkung auf die in § 23 Abs. 1 S. 1 genannten Leistungen erbracht werden dürfen, soweit dies im **Einzelfall** gerechtfertigt ist. Für die Annahme, die Hilfe sei im Einzelfall gerechtfertigt, genügt der bestehende Bedarf allein nicht, weil dieser ohnehin vorausgesetzt wird und deshalb nicht die besondere Rechtfertigung für die Leistung ersetzen kann. Hinzukommen müssen besondere Umstände (Art und Umfang der Leistung, voraussichtliche Dauer der erforderlichen Hilfe, Folgekosten, Folgen für den Ausländer, Auswirkungen auf Angehörige, Verfestigung des Aufenthaltsstatus, ohne dass der Ausländer die Voraussetzungen des § 23 Abs. 1 S. 3 erfüllt usw.), die es darüber hinaus gerechtfertigt erscheinen lassen, dass entgegen der Regel des § 23 Abs. 1 S. 1 weitergehende Hilfen geleistet werden. Insoweit handelt es sich um eine Ermessensentscheidung des Sozialhilfeträgers (§ 17 Abs. 2).

C. Ausschluss von Leistungen nach dem SGB XII

I. Ausschluss nach § 23 Abs. 2

9   Leistungsberechtigte nach dem **AsylbLG** erhalten keine Leistungen der Sozialhilfe (vgl. auch § 9 Abs. 1 AsylbLG). Leistungsberechtigte nach dem AsylbLG sind nach dessen § 1 Abs. 1 Ausländer, die sich tatsächlich im Bundesgebiet aufhalten und die (1.) eine Aufenthaltsgestattung nach dem AsylVfG besitzen, (2.) über einen Flughafen einreisen wollen und denen die Einreise nicht oder noch nicht gestattet ist, (3.) wegen des Krieges in ihrem Heimatland eine Aufenthaltserlaubnis nach § 23 Abs. 1 oder § 24 AufenthG oder die eine Aufenthaltserlaubnis nach § 25 Abs. 4 S. 1, Abs. 4a oder 5 AufenthG besitzen, (4.) eine Duldung nach § 60a AufenthG besitzen, (5.) vollziehbar ausreisepflichtig sind, auch wenn eine Abschiebungsandrohung noch nicht oder nicht mehr vollziehbar ist, (6.) Ehegatten, Lebenspartner oder minderjährige Kinder der in den Nummern 1 bis 5 genannten Personen sind, ohne dass sie selbst die dort genannten Voraussetzungen erfüllen, oder (7.) einen Folgeantrag nach § 71 AsylVfG oder einen Zweitantrag nach § 71a AsylVfG stellen. Leistungsberechtigte nach dem AsylbLG erhalten lediglich sog. **Grundleistungen** nach § 3 AsylbLG zur Deckung des notwendigen Bedarfs an Ernährung, Unterkunft, Heizung, Kleidung, Gesundheits- und Körperpflege und Gebrauchs- und Verbrauchsgütern des Haushalts idR in Form von Sachleistungen. Zusätzlich erhalten Leistungsberechtigte einen monatlichen Geldbetrag zur Deckung persönlicher Bedürfnisse des täglichen Lebens (zur Verfassungsmäßigkeit der Regelung vgl. Vorlagebeschluss des LSG NRW 26. 7. 2010 – L 20 AY 13/09). Abweichend hiervon ist das SGB XII auf diejenigen Leistungsberechtigten entsprechend anzuwenden, die über eine Dauer von insgesamt 48 Monaten Leistungen nach § 3 erhalten haben und die Dauer des Aufenthalts nicht rechtsmissbräuchlich selbst beeinflusst haben. Diese sog. **Analogleistungen** sind aber keine Leistungen nach dem SGB XII, sondern weiter Leistungen nach dem AsylbLG (BSG 17. 6. 2008 – B 8/9b AY 1/07 R – BSGE 101, 49 Rn. 14 = SozR 4–3520 § 2 Nr. 2).

II. Ausschluss nach § 23 Abs. 3

Ausländer, die eingereist sind, um Sozialhilfe zu erlangen, haben keinen Anspruch auf Sozialhilfe. **10** Dies gilt auch für Ausländer, die unter das Europäisch Fürsorgeabkommen fallen (s. oben Rn. 7). Die Vorschrift verlangt einen **finalen Zusammenhang** zwischen dem Einreiseentschluss und der Inanspruchnahme von Sozialhilfe iS eines ziel- und zweckgerichteten Handelns. Hierfür genügt ein nur fahrlässiges Verhalten bei der Einschätzung der Hilfebedürftigkeit und der Möglichkeit, sich selbst helfen zu können, nicht. Erforderlich ist vielmehr, dass nach den objektiven Umständen von einem Wissen und Wollen mindestens im Sinne eines **Vorsatzes** ausgegangen werden kann, der für den Entschluss zur Einreise von prägender Bedeutung gewesen sein muss, ohne dass hierin auch ein „unlauteres Verhalten" gesehen werden müsste. Das Wissen und Wollen setzt nicht die Kenntnis des deutschen Sozialhilferechts mit seinen vielfältigen Möglichkeiten voraus (BVerwG 30. 10. 1979 – 5 C 31/78 – BVerwGE 59, 73). Der erforderliche Zusammenhang besteht nicht nur, wenn der Wille, Sozialhilfe zu erlangen, der einzige Einreisegrund ist. Beruht die Einreise des Ausländers auf verschiedenen Motiven, ist das Erfordernis des finalen Zusammenhangs auch erfüllt, wenn der Zweck der Inanspruchnahme von Sozialhilfe für den Einreiseentschluss von zumindest prägender Bedeutung ist; es genügt aber nicht, dass der Sozialhilfebezug beiläufig verfolgt oder anderen Einreisezwecken untergeordnet und in diesem Sinne (nur) billigend in Kauf genommen wird (BVerwG 4. 6. 1992 – 5 C 22/87 – BVerwGE 90, 212). Da der Anspruchsausschluss einen finalen Zusammenhang zwischen der Einreise und der Inanspruchnahme von Sozialhilfe voraussetzt, kann er bei Ausländern, die in der Bundesrepublik geboren sind, nicht greifen. Die Worte **„sowie ihre Familienangehörigen"** ist mit dem Gesetz zur Änderung des SGB XII und anderer gesetzes vom 2. 12. 2006 (BGBl. I S. 2670) eingeführt worden und bezieht sich erkennbar auf den gleichzeitig eingeführten Anspruchsausschluss für Ausländer, deren Aufenthaltsrecht sich allein aus dem Zweck der Arbeitssuche ergibt.

Ist der Ausländer zum Zweck der **Krankenbehandlung** eingereist, ist er nicht gänzlich von Leis- **10** tungen nach dem SGB XII ausgeschlossen. Vielmehr soll ihm nach § 23 Abs. 3 S. 2 die Hilfe gewährt werden, die zur Behebung eines akuten lebensbedrohlichen Zustandes oder für eine unaufschiebbare und unabweisbar gebotene Behandlung einer schweren oder ansteckenden Krankheit erforderlich ist. Nicht die Heilung ist danach das Ziel der zu gewährenden Hilfe, sondern nur die Abwendung eines besonders schwerwiegenden krankhaften und für den Betroffenen lebensgefährlichen Zustandes.

Ausländer, deren Aufenthaltsrecht sich allein aus dem Zweck der **Arbeitssuche** ergibt, sind eben- **11** falls von Sozialhilfeleistungen ausgeschlossen, es sei denn, sie unterfallen dem Europäischen Fürsorgeabkommen (BSG 19. 10. 2010 – B 14 AS 23/10 R – SozR 4–4200 § 7 Nr. 2). Die Regelung ist mWv. 1. 1. 2007 (Rn. 9) eingeführt worden und sollte im Hinblick auf die entsprechende Regelung in § 7 Abs. 1 S. 2 SGB II sicherstellen, dass der von Leistungen nach dem SGB II ausgeschlossene Ausländer auch keinen Leistungsanspruch aus dem SGB XII herleiten kann (BT-Drs. 16/2711 S. 10). Mit der Neufassung wurde Art. 24 Abs. 2 iVm. Art. 14 Abs. 4b der Richtlinie 2004/38/EG des Europäischen Parlaments und des Rates vom 29. 4. 2004 umgesetzt. Danach ist der Aufnahmemitgliedstaat nicht verpflichtet, anderen Personen als Arbeitnehmern oder Selbstständigen, Personen, denen dieser Status erhalten bleibt, und ihren Familienangehörigen während der Dauer der Arbeitssuche einen Anspruch auf Sozialhilfe zu gewähren.

III. Nachranggrundsatz

Dem Anspruch eines leistungsberechtigten Ausländers kann nicht entgegengehalten werden, er **12** müsse im Rahmen der Selbsthilfe den Geltungsbereich des SGB XII verlassen und in sein Heimat- oder das Herkunftsland zurückkehren (sog. Nachranggrundsatz, § 2 SGB XII). § 2 Abs. 1 SGB XII regelt keinen **eigenständigen Ausschlusstatbestand.** Ähnlich dem Grundsatz des Forderns in § 1 S. 2 SGB XII umschreibt § 2 nur ein Gebot der Sozialhilfe, das insbesondere durch die Regelungen über den Einsatz von Einkommen (§§ 82 ff. SGB XII) und Vermögen (§§ 90 f. SGB XII) oder sonstige leistungshindernde Normen konkretisiert wird und nur dann bzw. zumindest regelmäßig im Zusammenhang mit ihnen zu sehen ist (BSG 26. 8. 2008 – B 8/9b SO 16/07 R – NVwZ-RR 2009, 361). Im Übrigen ergibt sich auch aus Sinn und Zweck des § 23 Abs. 1 S. 1 SGB XII, dass die den Nachrang der Sozialhilfe ua. begründende Selbsthilfe nicht in der Ausreise bestehen kann (BVerwG 25. 8. 1999 – 5 B 153/99 – Buchholz 436.0 § 120 BSHG Nr. 10).

IV. Verfassungsmäßigkeit

Der vollständige Leistungsausschluss, der keine Ausnahmen zulässt, ist verfassungsrechtlich proble- **13** matisch. Zum einen werden Ausländer, die eingereist sind, um Sozialhilfe zu erlangen, schlechter gestellt als Leistungsberechtigte nach dem AsylbLG, die sich in das Bundesgebiet begeben haben, um Leistungen nach dem AsylbLG zu erlangen, weil dieser Personenkreis, zu denen sogar vollziehbar Ausreisepflichtige gehören, nach § 1 a AsylbLG (immerhin) die nach den Umständen unabweisbar gebotenen Leistungen erhalten. Zum anderen lässt sich der völlige Ausschluss von Leistungen nicht mit Art. 1 Abs. 1 iVm. Art. 20 GG vereinbaren. Zwar steht es im sozialpolitischen Ermessen des Gesetzgebers, für Ausländer besondere Regelungen zur Sicherung ihres Lebensbedarfs zu entwickeln, nicht aber, Leistungen, die zur Deckung des Lebensunterhaltes dienen, gänzlich zu versagen. Es besteht die Verpflichtung des Staates, die **Mindestvoraussetzungen** für ein menschenwürdiges Dasein zu garantieren und dem mittellosen Bürger diese Mindestvoraussetzungen erforderlichenfalls durch Sozialleistungen zu sichern (BVerfG 29. 5. 1990 – 1 BvL 20/84, 1 BvL 26/84, 1 BvL 4/86 – BVerfGE 82, 60). Eine am Wortlaut („haben keinen **Anspruch**") orientierte (verfassungskonforme) Auslegung von § 23 Abs. 3 Satz 1 SGB XII ergibt deshalb, dass sich der Leistungsausschluss für Ausländer, die sich mit dem dort genannten Ziel in den Geltungsbereich des SGB XII begeben haben, lediglich auf die in § 23 Abs. 1 Satz 1 vorgesehenen Pflichtleistungen sowie auf Leistungen nach dem Vierten Kapitel erstreckt, so dass gleichwohl Leistungen im Ermessenswege nach § 23 Abs. 1 Satz 3 SGB XII erbracht werden können (BVerwG 10. 12. 1987 – 5 C 32/85 – BVerwGE 78, 314).

D. Rückführungs-, Weiterwanderungsprogramme (§ 23 Abs. 4)

14   Nach § 23 Abs. 4 sind Ausländer, denen Sozialhilfe geleistet wird, auf für sie zutreffende Rückführungs- und Weiterwanderungsprogramme hinzuweisen; in geeigneten Fällen ist auf eine Inanspruchnahme solcher Programme hinzuwirken. Die Regelung statuiert **keine Pflicht** des Ausländers, derartige Programme, auf die er hingewiesen wird, tatsächlich auch in Anspruch zu nehmen, so dass hieraus auch keine leistungsrechtlichen Konsequenzen gezogen werden dürfen.

E. Verstoß gegen räumliche Beschränkungen (§ 23 Abs. 5)

15   Halten sich Ausländer einer ausländerrechtlichen räumlichen Beschränkung zuwider auf, darf der für den tatsächlichen Aufenthaltsort zuständige Träger der Sozialhilfe nur nach den Umständen unabweisbar gebotene Leistung erbringen. Das Gleiche gilt für Ausländer, die einen räumlich nicht beschränkten Aufenthaltstitel nach den §§ 23, 23a, 24 Abs. 1 oder § 25 Abs. 3–5 AufenthG (Aufenthalt aus völkerrechtlichen, humanitären oder politischen Gründen) besitzen, wenn sie sich außerhalb des Landes aufhalten, in dem der Aufenthaltstitel erstmals erteilt worden ist, es sei denn, der Ausländer genießt die Rechtsstellung eines ausländischen Flüchtlings oder der Wechsel in ein anderes Land ist im Hinblick auf Art. 6 GG (etwa Zuzug zum Ehegatten) oder aus vergleichbar wichtigen Gründen gerechtfertigt. Entscheidend für das Vorliegen der Voraussetzungen des § 23 Abs. 5 S. 2 ist die **erstmalige Erteilung des Aufenthaltstitels,** nicht dessen Verlängerung (BVerwG 13. 11. 2003 – 5 C 54/02 – NDV-RD 2004, 76).

§ 24 Sozialhilfe für Deutsche im Ausland

(1) ¹Deutsche, die ihren gewöhnlichen Aufenthalt im Ausland haben, erhalten keine Leistungen. ²Hiervon kann im Einzelfall nur abgewichen werden, soweit dies wegen einer außergewöhnlichen Notlage unabweisbar ist und zugleich nachgewiesen wird, dass eine Rückkehr in das Inland aus folgenden Gründen nicht möglich ist:
1. Pflege und Erziehung eines Kindes, das aus rechtlichen Gründen im Ausland bleiben muss,
2. längerfristige stationäre Betreuung in einer Einrichtung oder Schwere der Pflegebedürftigkeit oder
3. hoheitliche Gewalt.

(2) Leistungen werden nicht erbracht, soweit sie von dem hierzu verpflichteten Aufenthaltsland oder von anderen erbracht werden oder zu erwarten sind.

(3) Art und Maß der Leistungserbringung sowie der Einsatz des Einkommens und des Vermögens richten sich nach den besonderen Verhältnissen im Aufenthaltsland.

(4) ¹Die Leistungen sind abweichend von § 18 zu beantragen. ²Für die Leistungen zuständig ist der überörtliche Träger der Sozialhilfe, in dessen Bereich die antragstellende Person geboren ist. ³Liegt der Geburtsort im Ausland oder ist er nicht zu ermitteln, wird der örtlich zuständige Träger von einer Schiedsstelle bestimmt. ⁴§ 108 Abs. 1 Satz 2 gilt entsprechend.

(5) ¹Leben Ehegatten oder Lebenspartner, Verwandte und Verschwägerte bei Einsetzen der Sozialhilfe zusammen, richtet sich die örtliche Zuständigkeit nach der ältesten Person von ihnen, die im Inland geboren ist. ²Ist keine dieser Personen im Inland geboren, ist ein gemeinsamer örtlich zuständiger Träger nach Absatz 4 zu bestimmen. ³Die Zuständigkeit bleibt bestehen, solange eine der Personen nach Satz 1 der Sozialhilfe bedarf.

(6) **Die Träger der Sozialhilfe arbeiten mit den deutschen Dienststellen im Ausland zusammen.**

A. Normzweck

Grundsätzlich sind Sozialhilfeleistungen nach dem Territorialprinzip (vgl. § 30 Abs. 1 SGB I) vom gewöhnlichen Aufenthalt im Geltungsbereich des SGB XII abhängig. Weil die Unterstützung bedürftiger deutscher Staatsangehöriger aus **staatspolitischen Gründen** aber geboten ist, regelt § 24, unter welchen Voraussetzungen Deutsche im Ausland ausnahmsweise einen Anspruch auf Leistungen haben können. **1**

B. Sozialhilfe für Deutsche im Ausland (§ 24 Abs. 1)

Als Grundsatz regelt § 24 den Ausschluss von Leistungen für Deutsche, die ihren **gewöhnlichen Aufenthalt** im Ausland haben. Wer Deutscher ist, regelt Art. 116 Abs. 1 GG (vgl. dazu § 23 Rn. 2). Der Begriff des gewöhnlichen Aufenthalts ist in § 30 Abs. 3 S. 2 SGB I definiert als ein Ort, an dem sich jemand unter Umständen aufhält, die erkennen lassen, dass er an diesem Ort oder in diesem Gebiet nicht nur vorübergehend verweilen will. Der gewöhnliche Aufenthalt orientiert sich damit überwiegend an tatsächlichen Merkmalen und ist – beginnend mit dem ersten Tag des Aufenthalts im Ausland – zukunftsbezogen zu beurteilen (aA BVerwG 31. 8. 1995 – 5 C 11/94 – BVerwGE 99, 158, das auf eine Verfestigung des Aufenthalts im Ausland durch eine gewisse Dauer abstellt). Maßgebend ist dabei, ob nach den Umständen, zu denen zum Zeitpunkt der Beurteilung auch ein bisheriger längerer Aufenthalt im Ausland und dessen Gestaltung gehören, der Betroffene auf unabsehbare Zeit bleiben will. Danach genügt etwa der Urlaub im Ausland ebenso wenig wie der Auslandseinsatz eines Soldaten. **2**

Ausnahmen vom Grundsatz des Leistungsausschlusses lässt Abs. 1 S. 2 zu unter der Voraussetzung, dass Leistungen wegen einer **außergewöhnlichen Notlage** unabweisbar sind und eine Rückkehr in das Inland nicht möglich ist. Der Begriff der „außergewöhnlichen Notlage" ist als unbestimmter Rechtsbegriff gerichtlich voll überprüfbar. Er ist eng auszulegen. Eine außergewöhnliche Notlage liegt nicht schon vor, wenn der Betroffene bedürftig ist, also überhaupt eine Notlage besteht. Die Notlage muss auch über eine „besondere" Notlage (Notfall), wie sie noch § 116 BSHG vorsah, hinausgehen (BT-Drs. 15/1761 S. 6). Deshalb setzt die Notlage die Gefährdung existenzieller Rechtsgüter voraus, die das Eingreifen des Staates wegen seiner Verantwortung für seine Staatsangehörigen unausweichlich macht. **3**

Die Hilfeleistung muss zur Abwendung der Notlage unabweisbar sein, also die einzige Möglichkeit, der Notlage zu begegnen. Dieses Tatbestandsmerkmal ist eng verknüpft mit den Gründen, aus denen die Rückkehr für den Betroffenen nicht möglich ist. Bei Eintritt der Bedürftigkeit im Ausland wird von dem Betroffenen nämlich zunächst erwartet, dass er zur Abwendung der Notlage in das Inland zurückkehrt (BT-Drs. aaO). Hiervon macht das Gesetz nur drei **abschließend** aufgezählte Ausnahmen, nach denen eine objektive **Hinderung an der Rückkehr** aus dem Ausland vorliegt. Dies ist nach § 24 Abs. 1 S. 2 Nr. 1 der Fall, wenn ein Elternteil wegen eines zu erziehenden (eigenen) Kindes, das selbst aus rechtlichen Gründen im Ausland verbleiben muss, also nicht ausreisen darf, nicht zurückkehren kann. Die beiden anderen Ausnahmen, in denen von einer Rückkehr abgesehen wird, sind die stationäre Unterbringung sowie die Schwere der Pflegebedürftigkeit (§ 24 Abs. 1 S. 2 Nr. 2) und hoheitliche Gewalt (zB Inhaftierung, § 24 Abs. 1 S. 2 Nr. 3). Dass eine Rückkehr bei stationärer Unterbringung und Inhaftierung tatsächlich nicht möglich ist, liegt auf der Hand. Soweit es die Pflegebedürftigkeit betrifft, ist nicht auf die Pflegestufe abzustellen, sondern unabhängig hiervon, ob die erforderliche Pflege die Rückkehr nicht zulässt. Die Pflegebedürftigkeit muss also kausal für das Unvermögen, in das Inland zurückzukehren, sein. Bei der Pflegestufe I und wohl auch bei der Pflegestufe II dürfte dies aber eine Ausnahme sein. **4**

Die Unmöglichkeit der Rückkehr in das Inland muss nachgewiesen werden. Das Amtsermittlungsprinzip wird hierdurch nicht angetastet. Kann der Nachweis von dem Hilfesuchenden selbst und/oder im Wege der Amtsermittlung nicht erbracht werden, geht dies zu Lasten des Hilfesuchenden. **5**

§ 24 Abs. 1 S. 2 sieht zwar keine gebundene Entscheidung vor. Liegen die engen Voraussetzungen für eine Ausnahme vor, dürfte das **Ermessen** der Behörde, von seltenen Einzelfällen abgesehen, aber auf Null reduziert sein, weil existenzielle Rechtsgüter des Hilfesuchenden gefährdet sind und keine andere Möglichkeit besteht, diese Gefahr abzuwenden, so dass öffentliche Belange in aller Regel zurücktreten müssen. Dies betrifft aber nur das Entschließungsermessen. Hinsichtlich Art und Umfang der Leistung bleibt es beim Auswahlermessen, bei dem allerdings nach § 24 Abs. 3 auf den Lebensstandard im Aufenthaltsland abzustellen ist. Die Leistung muss aber in jedem Fall geeignet sein, die außergewöhnliche Notlage zu beseitigen. **6**

C. Leistungen Dritter (§ 24 Abs. 2)

7 Absatz 2 ist eine besondere Ausprägung des sogenannten Nachranggrundsatzes. Werden die nach § 24 Abs. 1 unabweisbaren Leistungen von dem hierzu verpflichteten Aufenthaltsland oder von anderen tatsächlich erbracht, sind von dem angegangenen Sozialhilfeträger keine Leistungen zu erbringen. Die Regelung ist insoweit überflüssig, weil es in diesem Fall bereits an der außergewöhnlichen Notlage fehlt. Sie stellt aber klar, dass der Hilfesuchende **kein Wahlrecht** zwischen Leistungen nach dem SGB XII und Leistungen des Aufenthaltslandes hat, die vorrangig in Anspruch zu nehmen sind. Dann nach § 24 Abs. 2 sind Leistungen auch schon dann nicht zu erbringen, wenn Hilfen Dritter zu erwarten sind (Prognoseentscheidung). Die Regelung kann aber nur so verstanden werden, dass Leistungen zunächst nicht erbracht werden. Erfüllt sich die Erwartung (Prognose) nicht, greift § 24 Abs. 1.

D. Art und Maß der Leistungserbringung (§ 24 Abs. 3)

8 Art und Maß der Leistungserbringung sowie der Einsatz des Einkommens und des Vermögens richten sich nach den besonderen **Verhältnissen im Aufenthaltsland**. Die Regelung ist eng verknüpft mit § 24 Abs. 2, wonach vorrangig Leistungen des Aufenthaltslandes zu beanspruchen sind, und bedeutet, dass nicht das allgemeine Lebensniveau im Inland, sondern das des Aufenthaltslandes für Art und Maß der Leistungserbringung maßgebend ist. Allerdings kann die Leistung über den im Aufenthaltsland allgemeinen Standard hinausgehen, wenn die außergewöhnliche Notlage anders nicht beseitigt werden kann. Insoweit geht die Regelung des § 24 Abs. 1 vor.

E. Antrag, Zuständigkeit und Zusammenarbeit (§ 24 Abs. 4 bis 6)

9 Anders als bei der Sozialhilfe genügt nicht schon die Kenntnis von einer außergewöhnlichen Notlage eines Deutschen mit gewöhnlichem Aufenthalt im Ausland, um tätig zu werden. Vielmehr ist ein Antrag zu stellen mit der Folge, dass Leistungen (erst) ab Antragstellung erbracht werden. Der Antrag muss nicht bei dem örtlich und sachlich zuständigen Sozialhilfeträger, sondern kann nach § 16 Abs. 1 S. 2 SGB I formlos (auch) bei amtlichen **Vertretungen der BRD** im Ausland gestellt werden. Hierzu gehören Botschaften, Konsulate, Gesandtschaften und Handelsvertretungen der BRD.

10 Sachlich zuständig ist der überörtliche Träger der Sozialhilfe (vgl. § 97 Abs. 1), der nach § 3 Abs. 3 nach Landesrecht bestimmt wird. Hinsichtlich der örtlichen Zuständigkeit stellt § 24 Abs. 4 S. 2 auf den **Geburtsort** im Inland ab, bei einer Einsatzgemeinschaft auf den Geburtsort der ältesten Person dieser Einsatzgemeinschaft im Inland (§ 24 Abs. 5 S. 1). Liegt der Geburtsort im Ausland oder ist er unbekannt, bestimmt das Bundesverwaltungsamt als Schiedsstelle (vgl. § 108 Abs. 2) den örtlich zuständigen Leistungsträger. Die einmal begründete Zuständigkeit für mehrere Personen bleibt bestehen, solange eine der Personen der Sozialhilfe bedarf.

11 Nach § 24 Abs. 6 arbeiten der Sozialhilfeträger und die deutschen Dienststellen im Ausland (Botschaften, Konsulate) zusammen. Dies gilt nicht nur für die Antragstellung und den Geldverkehr, sondern insbesondere auch für die für § 24 Abs. 2 erforderlichen Feststellungen.

§ 25 Erstattung von Aufwendungen Anderer

¹Hat jemand in einem Eilfall einem Anderen Leistungen erbracht, die bei rechtzeitigem Einsetzen von Sozialhilfe nicht zu erbringen gewesen wären, sind ihm die Aufwendungen in gebotenem Umfang zu erstatten, wenn er sie nicht auf Grund rechtlicher oder sittlicher Pflicht selbst zu tragen hat. ²Dies gilt nur, wenn die Erstattung innerhalb angemessener Frist beim zuständigen Träger der Sozialhilfe beantragt wird.

A. Normzweck

1 Bei § 25 handelt es sich um einen gesetzlich geregelten Fall **öffentlich-rechtlicher GoA**. Die Regelung sieht die Erstattung der Aufwendungen des sog. Nothelfers durch den Sozialhilfeträger vor, wenn dieser nicht rechtzeitig erreicht werden kann und die Leistung keinen Aufschub duldet.

B. Voraussetzungen nach § 25 Absatz 1

2 **Anspruchsberechtigt** („jemand") ist nicht der Hilfebedürftige (etwa Anspruch auf Übernahme der aus der Nothilfe erwachsenen Schulden), sondern der Dritte, der die Leistungen für den Sozialhilfeträ-

ger erbracht hat. Dieser wird allgemein als „Nothelfer" bezeichnet. **Nothelfer** kann eine natürliche oder juristische Person (auch des öffentlichen Rechts) sein. Nothelfer kann aber nicht ein unzuständiger Sozialhilfeträger oder ein anderer Sozialleistungsträger sein; diese müssen etwaige Ansprüche nach den für derartige Fallgestaltungen konzipierten §§ 102 ff. SGB X geltend machen, die Erstattungsansprüche unter Sozialleistungsträgern abschließend regeln. Entsprechendes gilt, wenn Leistungen von einer anderen Behörde oder Stelle desselben Trägers erbracht werden. Ein Erstattungsanspruch des Krankenhauses nach § 25 S. 1 SGB XII gegen den Sozialhilfeträger ist bei der Notfallbehandlung eines **Arbeitslosengeld-II- bzw Sozialgeldberechtigten**, der aber keinen Antrag auf diese Leistung gestellt hat und und diese Leistung nicht erhält, nicht durch (§ 5 Abs. 2 SGB II oder) § 21 SGB XII gesetzlich ausgeschlossen, weil hier keine von dem Ausschlussstatbestand des § 21 SGB XII umfassten Hilfen, sondern Hilfen zur Gesundheit nach § 48 Satz 1 SGB XII betroffen sind (BSG 19. 5. 2009 – B 8 SO 4/08 R – BSGE 103, 178 = SozR 4–3500 § 25 Nr. 1).

Ein **Eilfall** setzt eine plötzlich eintretende Notlage voraus, die einer sofortigen Abhilfe durch den Dritten bedarf, weil eine rechtzeitige Hilfe durch den zuständigen Leistungsträger – die auch gewährt worden wäre – nicht erreicht werden kann. Hat der Hilfebedürftige objektiv die (zumutbare) Möglichkeit, sich zunächst an den zuständigen Sozialhilfeträger zu wenden, scheidet ein Eilfall aus. Welcher Art die Hilfe sein kann, sagt das Gesetz nicht, deshalb fallen alle Hilfen nach dem SGB XII unter die Erstattungsregelung, gleich ob es sich um Muss-, Soll- oder Kannleistungen handelt (BVerwG 28. 3. 1974 – V C 27.73 – BVerwGE 45, 131). Der Eilfall muss **objektiv** vorliegen, wofür der Antragsteller die materielle **Beweislast** trägt. Es genügt also nicht, dass der vermeintliche Nothelfer – möglicherweise auch aus guten Gründen – von einem Eilfall ausgeht, der ein sofortiges Einschreiten durch ihn erfordert. Ebenso wenig ist die Vorstellung des Hilfebedürftigen, nicht hilfsbedürftig zu sein, ohne Bedeutung. Der Nothelfer muss aber nicht in dem Bewusstsein handeln, dass er ein Geschäft für den Sozialhilfeträger wahrnimmt, also für diesen handelt; vielmehr ist der Erstattungsanspruch auch gegeben, wenn er sich selbst in der Pflicht sieht und das Geschäft als eigenes führt. 3

Ein Eilfall kann insbesondere bei akuten **Erkrankung** oder einem **Unfall** gegeben sein, die eine sofortige Behandlung oder Versorgung des Hilfebedürftigen erfordern. Ein Eilfall scheidet aber immer aus, wenn der Träger der Sozialhilfe bei (bestehender) Kenntnis des Hilfebedarfs die erforderliche Hilfe leisten kann. Deshalb müssen die tatbestandlichen **Anspruchsvoraussetzungen** (außer die Kenntnis) für eine Hilfeleistung gegeben sein, wofür der Anspruchsteller ebenfalls die materielle Beweislast trägt. **Ermessensleistungen** werden über den Umweg des Erstattungsanspruchs nicht zu Muss-Leistungen. Der Sozialhilfeträger hat daher zu prüfen, ob er bei rechtzeitiger Kenntnis sein Ermessen zu Gunsten des Hilfebedürftigen ausgeübt hätte, dh. nachträglich eine Ermessensentscheidung im Rahmen des geltend gemachten Erstattungsanspruchs zu treffen. Bei Ermessensentscheidungen dürfte ein Eilfall aber mangels plötzlich eintretender Notlage, die einer sofortigen Abhilfe bedarf, nur in Ausnahmefällen gegeben sein. Ab Kenntnis des Notfalls hat der Sozialhilfeträger die erforderlichen Leistungen zu erbringen (§ 18), so dass ab diesem Zeitpunkt ein Erstattungsanspruch nach § 25 ausscheidet. Der originäre Leistungsanspruch des Hilfesuchenden verdrängt den Nothelferanspruch (BVerwG 2. 4. 1987 – 5 C 67/84 – BVerwGE 77, 181; BVerwG 3. 12. 1992 – 5 C 32/89 – BVerwGE 91, 245; LSG Stuttgart 22. 11. 2007 – L 7 SO 5195/06 – KHR 2008, 46; SG Aachen 11. 11. 2008 – S 20 SO 73/07 – SAR 2009, 4). 4

C. Rechtliche oder sittliche Pflicht

Ein Erstattungsanspruch scheidet aus, wenn der Nothelfer seine Aufwendungen aufgrund rechtlicher oder sittlicher Pflicht selbst zu tragen hat. Als rechtliche Pflicht kommen insbesondere Unterhaltsansprüche und Ansprüche aus einem vor Eintritt des Notfalls gerade für diesen Fall geschlossenen Vertrag in Betracht. Die rechtliche Pflicht darf nicht erst auf Grund des Notfalls eintreten, sondern muss unabhängig hiervon bestehen. Ein **Krankenhausträger**, der einen verunglückten Patienten aufnimmt und mit ihm einen Behandlungsvertrag schließt, kann daher als Nothelfer fungieren, wenn er einen nicht in Zweifel zu ziehenden sozialhilferechtlich zu befriedigenden Bedarf des Hilfebedürftigen deckt. Eine sittliche Pflicht liegt dann vor, wenn innerhalb der Beziehung des Nothelfers als Zuwendenden und dem Hilfebedürftigen als Zuwendungsempfänger besondere Umstände gegeben sind, die die Hilfeleistung durch den Zuwendenden als zwingend geboten erscheinen lassen. Allgemeine Gesichtspunkte der Sittlichkeit – etwa was von einem „anständigen" **Verwandten** erwartet werden kann – können eine sittliche Verpflichtung zur Hilfeleistung dagegen nicht begründen (vgl. BSG 17. 3. 2005 – B 7a/7 AL 04/04 – SozR 4–4300 § 194 Nr. 7). Gerade in Krankheitsfällen oder bei einem Unfall können solche besonderen Umstände bestehen, aus denen eine Beistandspflicht unter Verwandten resultiert, die einer normativen Detailregelung nicht zugänglich ist. 5

D. Angemessene Frist

Der Anspruch des Nothelfers muss innerhalb einer angemessenen Frist geltend gemacht werden. Als unbestimmter Rechtsbegriff unterliegt der Begriff der Angemessenheit der vollen gerichtlichen 6

Kontrolle. Was als angemessen gilt ist dabei abhängig von den Umständen des **Einzelfalles** zu beurteilen, insbesondere ab wann es dem Nothelfer objektiv möglich (Kenntnis der oder Anhaltspunkte für die Hilfebedürftigkeit nach zügigem und fruchtlosem Bemühen um Kostenersatz bei dem Hilfebedürftigen) und zumutbar ist oder gewesen wäre, seinen Anspruch geltend zu machen. Jedenfalls kann von dem Nothelfer erwartet werden, dass er zeitnah nach Abwendung des Notfalls (zB Beendigung der Krankenhausbehandlung) den Anspruch geltend macht. Der (formlose) Erstattungsantrag ist an den (örtlich und sachlich zuständigen) Leistungsträger zu richten, der bei rechtzeitiger Kenntnis vom Notfall hätte leisten müssen (BVerwG 14. 6. 2001 – 5 C 21/00 – BVerwGE 114, 326).

E. Umfang der Erstattung

7 Die Aufwendungen des Nothelfers sind in „gebotenem" Umfang zu erstatten. Geboten ist der Umfang, in dem auch der Sozialhilfeträger Leistungen erbracht hätte. Darüber hinausgehende Aufwendungen sind nicht zu ersetzen, weil sie auch nicht erforderlich waren, den Eilfall abzuwenden. Das **Risiko** zu hoher Leistungen trägt der Nothelfer. Sind die von dem Nothelfer erbrachten Leistungen geringer als die Leistungen, die der Sozialhilfeträger erbracht hätte, sind seine gesamten Aufwendungen zu erstatten und der Anspruch auf diesen Betrag beschränkt.

§ 26 Einschränkung, Aufrechnung

(1) ¹Die Leistung soll bis auf das zum Lebensunterhalt Unerlässliche eingeschränkt werden
1. bei Leistungsberechtigten, die nach Vollendung des 18. Lebensjahres ihr Einkommen oder Vermögen vermindert haben in der Absicht, die Voraussetzungen für die Gewährung oder Erhöhung der Leistung herbeizuführen,
2. bei Leistungsberechtigten, die trotz Belehrung ihr unwirtschaftliches Verhalten fortsetzen.

²So weit wie möglich ist zu verhüten, dass die unterhaltsberechtigten Angehörigen oder andere mit ihnen in Haushaltsgemeinschaft lebende Leistungsberechtigte durch die Einschränkung der Leistung mitbetroffen werden.

(2) ¹Die Leistung kann bis auf das jeweils Unerlässliche mit Ansprüchen des Trägers der Sozialhilfe gegen eine leistungsberechtigte Person aufgerechnet werden, wenn es sich um Ansprüche auf Erstattung zu Unrecht erbrachter Leistungen der Sozialhilfe handelt, die die leistungsberechtigte Person oder ihr Vertreter durch vorsätzlich oder grob fahrlässig unrichtige oder unvollständige Angaben oder durch pflichtwidriges Unterlassen veranlasst hat, oder wenn es sich um Ansprüche auf Kostenersatz nach den §§ 103 und 104 handelt. ²Die Aufrechnungsmöglichkeit wegen eines Anspruchs ist auf drei Jahre beschränkt; ein neuer Anspruch des Trägers der Sozialhilfe auf Erstattung oder auf Kostenersatz kann erneut aufgerechnet werden.

(3) Eine Aufrechnung nach Absatz 2 kann auch erfolgen, wenn Leistungen für einen Bedarf übernommen werden, der durch vorangegangene Leistungen der Sozialhilfe an die leistungsberechtigte Person bereits gedeckt worden war.

(4) Eine Aufrechnung erfolgt nicht, soweit dadurch der Gesundheit dienende Leistungen gefährdet werden.

A. Normzweck

1 § 26 SGB XII regelt in Anlehnung an die früheren §§ 25, 25a BSHG die **Einschränkung** der Leistung und die gegenüber § 51 SGB I verschärfte Aufrechnung. Die Einschränkung der Sozialhilfe (§ 26 Abs. 1 SGB XII) dient als Sanktion bei zielgerichteter Verminderung von Einkommen und Vermögen zum Zweck der Inanspruchnahme von Sozialhilfe (Nr. 1) oder bei unwirtschaftlichem Verhalten (Nr. 2) und durchbricht den Grundsatz, dass der Grund für die Hilfebedürftigkeit keine Bedeutung hat. Die Einschränkung nach § 26 Abs. 1 Nr. 1 soll jeden Anreiz, Sozialhilfe ohne Not in Anspruch zu nehmen, unterbinden. Sie ist – anders als die Aufrechnung – zeitlich unbeschränkt für die Dauer des Leistungsbezuges vorgesehen. § 26 Abs. 1 Nr. 2 soll den Leistungsberechtigten zu einem anderen, nämlich wirtschaftlichen Verhalten bewegen. Die **Aufrechnung** (§ 26 Abs. 2–4) beruht auf der schon unter der Geltung des BSHG angestellten Erwägung, dass durch falsche oder unvollständige Angaben verursachte Überzahlungen, aus denen Erstattungs- oder Schadensersatzansprüche resultieren, anderenfalls folgenlos blieben, weil eine Aufrechnung nach § 51 Abs. 2 SGB I wegen bestehender Hilfebedürftigkeit ausscheidet. Dies empfand der Gesetzgeber gegenüber der großen Mehrheit (redlicher) Hilfempfänger als ungerecht. Im BSHG wurde die Aufrechnung erst mit

dem Gesetz zur Umsetzung des FKPG vom 23. 6. 1993 (BGBl. I S. 944) eingeführt. Bis zum Inkrafttreten des § 25 a BSHG hatte der Sozialhilfeträger keine Möglichkeit, bei Missbrauch der Sozialhilfe die Leistung zu kürzen oder aufzurechnen. Im Vergleich zu § 25 a BSHG, der die Aufrechnung auf die Dauer von zwei Jahren beschränkte, kann der SGB-XII-Leistungsträger drei Jahre lang (§ 26 Abs. 2 S. 2 SGB XII) aufrechnen.

B. Einschränkung der Leistung

I. Einschränkung nach § 26 Abs. 1 S. 1 Nr. 1

Nach § 26 Abs. 1 S. 1 Nr. 1 soll die Leistung bis auf das zum Lebensunterhalt Unerlässliche eingeschränkt werden bei Leistungsberechtigten, die nach Vollendung des 18. Lebensjahres ihr Einkommen oder Vermögen in der Absicht vermindert haben, die Voraussetzungen für die Gewährung oder Erhöhung der Leistung herbeizuführen. Die Einschränkung auf Volljährige ist folgerichtig, weil die Vorschrift **Sanktionscharakter** hat und im Hinblick auf die verminderte **Einsichtsfähigkeit** Minderjähriger und die zeitlich unbeschränkten Folgen für diese nicht hinnehmbar wäre. 2

Die Verminderung des Einkommens oder Vermögens muss mit direktem Vorsatz vorgenommen werden. Nur dann kann sie mit der Absicht verbunden sein, die Voraussetzungen für die Gewährung oder Erhöhung der Leistung herbeizuführen. Der Leistungsberechtigte muss sich über sein Verhalten und die Folgen bewusst sein und diese auch wollen. **Bedingter Vorsatz** genügt ebenso wenig wie ein bloß fahrlässiges Verhalten des Leistungsberechtigten. Werden in erster Linie andere Absichten verfolgt, greift § 26 Abs. 1 S. 1 Nr. 1 SGB XII nicht. Wird das Einkommen oder Vermögen etwa verringert, weil es Angehörigen zugute kommen soll, mag sich der Leistungsberechtigte zwar über den Eintritt der Hilfebedürftigkeit bewusst sein, er verfolgt aber altruistische Absichten, die nicht auf das Herbeiführen der Voraussetzungen für die Leistungsgewährung oder deren Erhöhung gerichtet sind. Ggf. hat der Leistungsberechtigte aber einen Anspruch auf Rückgewähr der Schenkung oder einen Anspruch auf Kostenersatz nach § 103. Gleiches gilt etwa, wenn das Vermögen ausgegeben wird, um sich ein luxuriöses Leben zu verschaffen oder sich Träume oder Wünsche zu erfüllen. Allein ein sozialwidriges Verhalten, das mit dem Eintritt der Hilfebedürftigkeit verbunden ist, genügt danach nicht. Eine entsprechende Anwendung der Sanktionsvorschrift auf vergleichbare Sachverhalte scheidet in diesen Fällen aus. Eine Analogie zu Lasten des Leistungsberechtigten ist allein wegen des Strafcharakters der Vorschrift grundsätzlich unzulässig. Andererseits ist es für die erforderliche Absicht aber ausreichend, dass der Leistungsberechtigte sein Einkommen oder Vermögen zumindest auch in der **Absicht** vermindert, sozialhilfebedürftig zu werden. 3

Die materielle **Beweislast** für das Vorliegen der Voraussetzungen des § 26 Abs. 1 S. 1 Nr. 1 trägt der Sozialhilfeträger. Da der Nachweis der mit der Verringerung von Einkommen und Vermögen verbundenen Absicht meist schwer oder nicht möglich ist, hat § 26 Abs. 1 S. 1 Nr. 1 SGB XII in der Praxis nur eine geringe Bedeutung. Zudem hat der Vermögende idR schon keinen Anreiz, sein Einkommen oder Vermögen zu schmälern, um auf Sozialhilfeniveau zu leben. Nur in krassen oder offensichtlichen Einzelfällen dürften daher die Voraussetzungen des § 26 Abs. 1 S. 1 Nr. 1 SGB XII erfüllt sein. 4

II. Die Einschränkung der Leistung nach § 26 Abs. 1 S. 1 Nr. 2

Eine Fortsetzung **unwirtschaftlichen Verhaltens** trotz Belehrung führt nach § 26 Abs. 1 S. 1 Nr. 2 ebenfalls zur Einschränkung der Leistung auf das Unerlässliche. Unter unwirtschaftlichem Verhalten ist ein Verhalten zu verstehen, das einer vernünftigen Wirtschaftsweise in Bezug auf den Lebensunterhalt in besonderem Maße widerspricht, so vor allem ein verschwenderischer, sinnloser oder fortgesetzt vorzeitiger Verbrauch der zur Verfügung stehenden Mittel (grobe Misswirtschaft VGH Mannheim 20. 6. 1979 – VI 3798/78 – FEVS 28, 170). Die Sanktion hat sich daran zu orientieren, wie die Ziele der Sozialhilfe am besten erreicht werden können. 5

Die Vorschrift ist nicht dahingehend zu verstehen, dass die dem Leistungsberechtigten gewährte Hilfe eingeschränkt werden darf, wenn ein Angehöriger, der nicht Hilfeempfänger ist, sich unwirtschaftlich verhält. Eine solche Auslegung ist nicht mit § 26 Abs. 1 S. 2 zu vereinbaren, wonach es möglichst zu verhüten ist, dass die unterhaltsberechtigten Angehörigen durch die Versagung oder die Einschränkung der Hilfe mitbetroffen werden. Im Übrigen kann der Sozialhilfeträger nach § 103 denjenigen zum **Kostenersatz** heranziehen, der die Voraussetzungen für die Gewährung der Sozialhilfe an seine unterhaltsberechtigten Angehörigen durch (sozialwidriges) vorsätzliches oder grob fahrlässiges Verhalten herbeigeführt hat (OVG Niedersachsen 29. 8. 1988 – 4 B 202/88 – FEVS 38, 145). 6

Die für die Einschränkung der Leistung erforderliche **Belehrung** darf nicht allgemein, sondern muss bezogen auf den Einzelfall ergehen und setzt ein zuvor bestehendes unwirtschaftliches Verhalten voraus, das dem Leistungsberechtigten konkret bezeichnet wird, damit er weiß, was ihm vorgeworfen wird und er sein Verhalten abstellen kann. Zudem ist ihm – soweit erforderlich – ein Zeitfenster vorzugeben, in dem er tätig werden muss. Bei erneutem unwirtschaftlichem Verhalten ist die Belehrung 7 zu wiederholen. Nur so kann die Belehrung ihrer Warnfunktion gerecht werden (jurisPK-SGB XII/ Holzhey, § 26 Rn. 20).

III. Gebundene Entscheidung

8   Bei der Entscheidung über die Einschränkung der Leistung und deren Umfang ist dem Sozialhilfeträger idR kein Ermessen eingeräumt. § 26 Abs. 1 ist als **Sollvorschrift** ausgestaltet, so dass nur in atypischen Fällen von der Einschränkung abgesehen werden kann. Dabei hat sich der Sozialhilfeträger daran zu orientieren, wie die Ziele der Sozialhilfe am besten erreicht werden können. Kann auch die Einschränkung der Leistung nicht zu dem erwünschten Erfolg führen (zB bei einem Verhalten mit Krankheitswert – etwa Spielsucht), liegt idR ein **atypischer Fall** vor, der es im Rahmen des dann eingeräumten Ermessens gebieten kann, die Hilfe nicht einzuschränken (zB wenn der Leistungsberechtigte Bereitschaft zeigt, sich einer Therapie zu unterziehen). Eine Einschränkung der Leistung hat durch Verwaltungsakt zu erfolgen, ggf. bei der Leistungsbewilligung für Folgezeiträume.

C. Aufrechnung

I. Grundsätze der Aufrechnung

9   Da von dem Leistungsempfänger bei einer Aufrechnung massive Einschränkungen des soziokulturellen **Existenzminimums** hinzunehmen sind, ist die Aufrechnung nur für spezielle Fallgestaltungen des Leistungsmissbrauchs, die einen Erstattungsanspruch auslösen, gerechtfertigt (zur Schließung der Regelungslücke für Altfälle aus dem BSHG vgl. die Übergangsregelung des § 65 e SGB II in der ab dem 1. 8. 2006 geltenden Fassung). § 26 Abs. 2–4 SGB XII modifiziert (§ 37 Abs. 1 SGB I) § 51 SGB I und ist lex specialis. Solange der Hilfebedürftige Leistungen nach dem SGB XII bezieht, kommt eine Aufrechnung nach § 51 SGB I schon deshalb nicht in Betracht, weil nach § 51 Abs. 2 SGB I der SGB-XII-Leistungsträger nur dann mit Ansprüchen auf Erstattung zu Unrecht erbrachter Sozialleistungen gegen Ansprüche auf laufende Leistungen aufrechnen kann, wenn der Leistungsberechtigte nicht nachweist, dass er dadurch hilfebedürftig im Sinne der Vorschriften des SGB XII oder SGB II wird. Als **abschließende Regelung** rechtfertigt § 26 Abs. 5. 1 SGB XII anders als etwa § 51 SGB I keine Aufrechnung mit anderen Ansprüchen des SGB-XII-Leistungsträgers gegen den Leistungsberechtigten. Der Wortlaut des § 26 Abs. 2 S. 1 SGB XII ist verunglückt. „Leistungen" können nicht mit Ansprüchen aufgerechnet werden, weil es bereits an der Gleichartigkeit fehlen würde. Eine Aufrechnung betrifft nicht (Geld-)Leistungen, sondern allein Forderungen (Ansprüche). Die ungenaue Formulierung schadet im Ergebnis allerdings nicht, weil die Formulierung noch ausreichend bestimmt ist und den Willen des Gesetzgebers und das mit der Regelung bezweckte Ziel ohne Weiteres erkennen lässt.

10 Die Aufrechnung ist die wechselseitige Tilgung zweier sich gegenüberstehender Forderungen durch **einseitige Willenserklärung**. Sie erfolgt grundsätzlich nach den §§ 387–396 BGB, soweit sie nicht durch öffentlich-rechtliche Normen, die gegenüber den zivilrechtlichen Vorschriften des BGB lex specialis sind, verdrängt werden (so schon BSG 26. 4. 1967 – 9 RV 280/66 – SozR Nr. 2 zu § 21 BVG). Dies gilt etwa für die Schutzvorschrift des § 394 BGB, der die Aufrechnung gegen Forderungen, die unpfändbar wären (§§ 850 ff. ZPO), verbietet, während § 26 Abs. 2 die Aufrechnung sogar ohne Berücksichtigung des soziokulturellen Existenzminimums bis zu dem für den Lebensunterhalt Unerlässlichen zulässt.

11 Voraussetzung der Aufrechnung ist nach § 387 BGB, dass eine **Aufrechnungslage** besteht. Zwei Forderungen, Hauptforderung des Aufrechnenden (auch Passivforderung genannt) und Gegenforderung des Aufrechnungsgegners (Aktivforderung oder Aufrechnungsforderung), müssen sich in **Gegenseitigkeit** und **Gleichartigkeit** gegenüberstehen (vgl. Palandt/Grüneberg, BGB, 66. Aufl. 2007, § 387 Rn. 4 ff.). Gegenseitigkeit bedeutet, dass der Aufrechnende, hier also der Leistungsträger nach dem SGB XII, Gläubiger der Gegenforderung und Schuldner der Hauptforderung sein muss; umgekehrt muss der Aufrechnungsgegner (Leistungsberechtigter) Schuldner der Gegenforderung und Gläubiger der Hauptforderung sein (Palandt/Grüneberg, BGB, 70. Aufl. 2011, § 387 Rn. 4). Die Aufrechnung kann also nur in dem unmittelbaren Leistungsverhältnis zwischen dem SGB-XII-Leistungsträger und dem Empfänger von Leistungen nach dem SGB XII stattfinden. Der Gegenstand der Forderung muss gleichartig sein (§ 387 BGB). Das ist im Fall des § 26 Abs. 2 SGB XII regelmäßig unproblematisch, da sich zwei Geldansprüche gegenüber stehen: der Anspruch auf Erstattung zu Unrecht geleisteter Sozialhilfe einerseits und der Anspruch auf Zahlung laufender Sozialhilfe andererseits.

12 Die Aufrechnung ist auf Erstattungsansprüche, die der Hilfebedürftige durch vorsätzlich oder grob fahrlässig unvollständige oder unvollständige Angaben veranlasst hat, und auf **Kostenersatzansprüche** nach §§ 103, 104 SGB XII beschränkt. Der Wortlaut der Vorschrift ist insoweit verunglückt, als nicht ein Anspruch durch falsche Angaben oder Unterlassen, sondern vielmehr die Bewilligung (Verwaltungsakt) und die damit zusammenhängende Erbringung der Leistung hierdurch veranlasst wird.

Mit **Erstattungsanspruch** meint das Gesetz einen Anspruch aus § 50 SGB X. Dieser entsteht aber – **13** wenn die Leistung auf einem Verwaltungsakt beruht – nicht schon mit dem Vorliegen der tatbestandlichen Voraussetzungen für die Rückgewähr der Leistungen, die aufgrund falscher oder unvollständiger Angaben erbracht wurden. Vielmehr ist der ursprüngliche Leistungsbescheid, der sich im Nachhinein als fehlerhaft herausstellt – wie jeder rechtswidrige Verwaltungsakt – zunächst aufzuheben. Die **Aufhebung bzw. Rücknahme** kann regelmäßig bezogene Leistungen, aber auch einmalige Leistungen (§ 31 SGB XII) betreffen. Sie richtet sich nach §§ 45, 48 SGB X. Nach § 50 SGB X sind die schon erbrachten und wegen der Aufhebung zu erstattenden Leistungen ihrerseits durch Verwaltungsakt festzusetzen (§ 50 Abs. 3 SGB X). Wurde die Leistung ohne Verwaltungsakt erbracht, bedarf es naturgemäß keiner Aufhebung eines Verwaltungsaktes; die Erstattung, die durch Verwaltungsakt geltend zu machen ist, richtet sich dann nach § 50 Abs. 2 SGB X. Erst die Festsetzung nach § 50 SGB X, sei es nach dessen Absatz 1 oder Absatz 2, lässt die Gegenforderung entstehen.

Die (so entstandene) **Gegenforderung** muss voll wirksam und fällig sein. Es muss sich demnach um eine Forderung handeln, deren Erfüllung verlangt werden kann und der keine Einreden entgegenstehen (vgl. Palandt/Grüneberg, aaO, § 387 Rn. 11). Der Erstattungsbescheid nach § 50 SGB X muss deshalb bestandskräftig oder jedenfalls vorläufig vollziehbar sein (vgl. zur Verrechnung BSG 24. 7. 2003 – B 4 RA 60/02 R – SozR 4–1200 § 52 Nr. 1; aA Eicher in Eicher/Spellbrink, SGB II, 2. Aufl. 2008, § 43 Rn. 9 unter Hinweis auf BSG 12. 11. 1980 – B 1 RA 105/79 – SozR 1200 § 51 Nr. 8; diese Entscheidung betraf aber einen Verwaltungsakt, der mangels aufschiebender Wirkung von Widerspruch und Klage volle Rechtswirkung entfaltete). Die Hauptforderung, gegen die der SGB-XII-Leistungsträger als Schuldner aufrechnen will, ist der Zahlungsanspruch des Hilfebedürftigen auf die laufende Hilfe zum Lebensunterhalt, nicht aber der Anspruch auf andere Leistungen wie KdU oder Mehrbedarfe. Diese Forderung muss im Gegensatz zur Gegenforderung lediglich erfüllbar und nicht zugleich voll wirksam und fällig sein (vgl. Palandt/Grüneberg, aaO, § 387 Rn. 12). **14**

§ 26 Abs. 2 SGB XII setzt voraus, dass der Leistungsempfänger vorsätzlich oder grob fahrlässig unrichtige oder **unvollständige Angaben** gemacht oder solche – etwa bezogen auf die Änderung der Verhältnisse (§ 60 Abs. 1 Nr. 2 SGB I) – unterlassen hat. Dieses Verhalten muss kausal für die (Weiter-)Bewilligung der Leistung sein. Ein solcher Kausalzusammenhang fehlt etwa, wenn die Aufhebung oder Rücknahme der Bewilligung allein auf § 48 Abs. 1 S. 3 Nr. 3 oder Nr. 4 SGB X gestützt werden kann. „Sanktioniert" werden soll also nur ein besonders verwerfliches Verhalten des Leistungsempfängers, nicht schon die bloß grob fahrlässige Unkenntnis von einer rechtswidrigen Leistungsbewilligung oder eine auf Grund erzielten Einkommens begründete Rücknahme des Verwaltungsaktes. Hat der Leistungsempfänger von ihm erzieltes Einkommen jedoch vorsätzlich oder grob fahrlässig nicht mitgeteilt, liegen neben den Voraussetzungen des § 48 Abs. 1 S. 2 Nr. 3 SGB X auch die Voraussetzungen des § 48 Abs. 1 S. 2 Nr. 2 SGB X vor, die nach Aufhebung der Leistungsbewilligung und der durch Verwaltungsakt geltend gemachten Erstattung zur Aufrechnung selbst dann berechtigen, wenn der Leistungsträger seinen Aufhebungsbescheid allein auf § 48 Abs. 1 S. 2 Nr. 3 SGB X gestützt hat. **15**

Ob ein Kausalzusammenhang vorliegt, richtet sich im Übrigen nach der Ursachenlehre der wesentlichen Bedingung (**Wesentlichkeitstheorie**, BSG 28. 6. 1991 – 11 RAr 81/90 – SozR 3–4100 § 119 Nr. 6). Danach ist eine Bedingung als ursächlich oder mitursächlich im Rechtssinne anzusehen, wenn sie im Verhältnis zu anderen Einzelbedingungen wegen ihrer besonderen Beziehung zum Erfolg zu dessen Eintritt wesentlich mitgewirkt hat. Es reicht daher nicht schon aus, dass der Leistungsbezieher eine Ursache im Sinne einer „conditio sine qua non" gesetzt hat, wenn der Leistungsträger die Überzahlung iS einer wesentlichen Bedingung (mit-)verursacht hat. Dies kommt insbesondere bei einem Mitverschulden der Behörde in Betracht, welches das Verschulden des Antragstellers überwiegt. **16**

Eine Legaldefinition der groben Fahrlässigkeit enthält § 45 Abs. 2 S. 3 Nr. 3 Hs. 2 SGB X. **Grobe Fahrlässigkeit** liegt danach vor, wenn der Begünstigte die erforderliche Sorgfalt in besonders schwerem Maße verletzt hat. Dies bejaht die Rechtsprechung, wenn der Leistungsempfänger auf Grund einfachster und nahe liegender Überlegungen sicher das von ihm geforderte Verhalten hätte erkennen können (BSG 25. 1. 1994 – 7 RAr 14/93 – SozR 3–1300 § 48 Nr. 32). Bei der Beurteilung der groben Fahrlässigkeit ist ein subjektiver Fahrlässigkeitsmaßstab zu Grunde zu legen (st. Rspr. vgl. zuletzt BSG 5. 9. 2006 – B 7 a AL 14/05 R – SozR 4–4300 § 144 Nr. 15). **17**

II. Aufrechnungserklärung

Nach § 388 BGB erfolgt die Aufrechnungserklärung gegenüber dem anderen Teil, dh. gegenüber **18** dem Empfänger der Regelleistung. Sie ist eine einseitig empfangsbedürftige Willenserklärung und als **Gestaltungsrecht** unwiderruflich und bedingungsfeindlich (§ 388 S. 2 BGB, vgl. Palandt/Grüneberg, aaO, § 388 Rn. 1). Ihre Wirkungen beurteilen sich nach den zivilrechtlichen Vorschriften der §§ 387 ff. BGB. Die Aufrechnung erfolgt mangels öffentlich-rechtlicher Ermächtigungsgrundlage nicht durch einen entsprechenden Verwaltungsakt, sondern durch eine **verwaltungsrechtliche Wil-**

lenserklärung (BSG 24. 7. 2003 – B 4 RA 60/02 R – SozR 4–1200 § 52 Nr. 1; Eicher in Eicher/ Schlegel, SGB III, Stand 9/06, § 333 Rn. 14 ff.; jurisPK-SGB XII/Holzhey, § 26 Rn. 40; Linhart/Adolph/Coseriu/Holzhey: SGB XII AsylbLG, § 43 SGB II, Rn. 27, Stand Juli 2010; aA BSG 25. 3. 1982 – 10 RKg 2/81 – SozR 1200 § 52 Nr. 6; BSG 27. 3. 1996 – 14 REg 10/95 – SozR 3–1200 § 51 Nr. 5; Wehrhahn, SGb 2007, 467). Zur vergleichbaren Problematik der Verrechnung ist ein Verfahren vor dem großen Senat des BSG unter dem Az. GS 2/10 anhängig (BSG v. 25. 2. 2010 – B 13 R 76/09 R). Im Gegensatz zu § 26 SGB XII wird in § 43 Abs. 4 S. 1 SGB II ausdrücklich vorgeschrieben, dass die Aufrechnung durch Verwaltungsakt zu erklären ist. Dies bestätigt die hier vertretene Auffassung, weil es anderenfalls der Regelung im SGB II nicht bedurft hätte.

19   Die wirksame Aufrechnung hat nach § 389 BGB das Erlöschen der Haupt- und der Gegenforderung zur Folge. Die **Erlöschenswirkung** tritt in der jeweiligen festgestellten Höhe ein. Im Zivilrecht hat die Aufrechnung Rückwirkung auf den Zeitpunkt der Entstehung der Aufrechnungslage (Palandt/Grüneberg, BGB, § 389 Rn. 2). Dieser Umstand dürfte für das SGB XII insofern unbeachtlich sein, als der SGB-XII-Leistungsträger mit der Feststellung der Gegenforderung nach § 50 SGB X den Zeitpunkt des Entstehens der Aufrechnungslage selbst bestimmen kann.

III. Ermessen

20   Ob der SGB-XII-Leistungsträger von der Aufrechnungslage Gebrauch macht und die Aufrechnung tatsächlich erklärt, steht in seinem Ermessen (BSG 16. 9. 1981 – B 4 RJ 107/78 – SozR 1200 § 51 Nr. 11). Das Wort „kann" bedeutet nicht lediglich, dass unter mehreren Möglichkeiten der Erfüllung der (Gegen-)Forderung die Aufrechnung gewählt werden kann (so aber BSG 15. 12. 1994 – B 12 RK 85/92 – SozR 3–2400 § 28 Nr. 1 und BSG 24. 7. 2003 – B 4 RA 60/02 – SozR 4–1200 § 52 Nr. 1 jeweils zur Verrechnung nach § 28 Nr. 1 SGB IV bzw. § 52 SGB I). Etwas anderes gilt auch dann nicht, wenn – wie hier (Rn. 18) – die Auffassung vertreten wird, dass die Aufrechnung nicht durch Verwaltungsakt zu erfolgen hat. Eine Ermessensausübung muss nicht auf Verwaltungsakte beschränkt sein, sie kann vielmehr bei jedem Verwaltungshandeln gefordert werden.

21   Das Ermessen bezieht sich nicht nur auf das „Ob" der Aufrechnung **(Entschließungsermessen)**, sondern auch auf das „Wie", also auf den Zeitpunkt, den Umfang („bis auf das jeweils Unerlässliche") und die Dauer der Aufrechnung **(Auswahlermessen)**. Im Einzelfall kann ganz von der Aufrechnung abgesehen werden, der Tilgungszeitraum kann gestreckt oder die Aufrechnung insgesamt verringert werden. Der SGB-XII-Leistungsträger hat unter Einbeziehung aller relevanten Umstände nach pflichtgemäßem Ermessen zu entscheiden. Dabei kann insbesondere auf das Ausmaß des Verschuldens des Aufrechnungsgegners (grobe Fahrlässigkeit, Vorsatz, Absicht), auf die Höhe der Überzahlung, auf wiederholt falsche Angaben, auf ein Mitverschulden des Leistungsträgers, auf die persönliche und familiäre Situation des Hilfebedürftigen sowie auf das individuelle Ausmaß der mit der Aufrechnung verbundenen Einschränkung des täglichen Lebens abgestellt werden. Im Zusammenspiel zwischen Dauer und Höhe der Aufrechnung kann der Leistungsträger auch berücksichtigen, ob die Aufrechnung im Hinblick auf die zeitliche Schranke des § 26 Abs. 2 S. 2 eine vollständige Tilgung des Erstattungs- oder Schadensersatzanspruchs ermöglicht. Ebenso ist aber der eigentliche Zweck der Norm, namentlich die Berücksichtigung des unredlichen Verhaltens durch eine faktische Leistungskürzung (quasi als Sanktion), zu berücksichtigen. Das Ermessen ist zwingend auszuüben.

IV. Anhörung

22   Bevor der Leistungsträger die Aufrechnung erklärt, muss er eine den Anforderungen von § 24 SGB X entsprechende Anhörung durchführen. Auf die Streitfrage, ob die Aufrechnung durch Verwaltungsakt zu erfolgen hat, kommt es in diesem Zusammenhang nicht an, weil die gesetzgeberische Würdigung der Aufrechnung iS eines Verwaltungsaktes nicht bindend ist. Entscheidend ist nur, dass der Gesetzgeber die Anhörung vorsieht (arg. e. § 24 Abs. 2 Nr. 7 SGB X). Hiervon kann er nach § 24 Abs. 2 Nr. 7 SGB X nur absehen, wenn mit Ansprüchen von weniger als 70 Euro aufgerechnet werden soll. Ob von der Anhörung abgesehen wird, steht im Ermessen der Behörde. Eine Anhörung kann aber auch in den Fällen des § 24 Abs. 2 SGB X erfolgen. Im Zweifelsfall sollte der Leistungsträger immer anhören, weil das Absehen von der Anhörung die Ausübung von Ermessen voraussetzt und die verfahrensrechtliche Ermessensentscheidung hinsichtlich der in den Tatbeständen des Absatz 2 von § 24 SGB X enthaltenen **unbestimmten Rechtsbegriffe** der vollen gerichtlichen Nachprüfung unterliegt (KassKomm, Krasney § 24 SGB X Rn. 31). § 24 SGB X betrifft zwar nur die Anhörung vor Erlass eines Verwaltungsaktes, muss nach seinem Sinn und Zweck aber auch dann entsprechende Anwendung finden, wenn der Leistungsträger die Aufrechnung ohne den gleichzeitigen Erlass eines Verwaltungsaktes erklärt (so.).

V. Dauer der Aufrechnung

Nach § 26 Abs. 2 S. 2 SGB XII ist die Aufrechnungsmöglichkeit auf **drei Jahre** beschränkt. Wann 23
die Frist von drei Jahren beginnt und wann sie endet, wird aus dem Gesetzeswortlaut nicht ausreichend deutlich. Die Frist von drei Jahren kann nach einer Auslegung am ersten Tag, an dem die ausgesprochene Aufrechnung Wirkung entfaltet, beginnen, so dass allein der Vollzug, also die Dauer der Aufrechnung mit dem Anspruch auf den Regelsatz, bis zu drei Jahren andauert, während es keine Rolle spielt, wann die Aufrechnungserklärung erfolgt. Nach einer anderen Auslegung beginnt die Frist von drei Jahren mit dem Tag, an dem eine Aufrechnung möglich wäre, also mit Vorliegen der Tatbestandsvoraussetzungen für die Geltendmachung des Erstattungsanspruchs. Nach einer dritten Auslegungsmöglichkeit beginnt die Frist mit der Entstehung des (durchsetzbaren) Anspruchs. Der dritten Auslegung ist nach Sinn und Zweck der Vorschrift trotz des Wortlauts („Aufrechnungsmöglichkeit") der Vorzug zu geben. Die zweite Auslegungsmöglichkeit krankt nämlich schon daran, dass die Möglichkeit der Aufrechnung iS der Möglichkeit, die Leistungen zurückzufordern, bereits mit der Erbringung der Leistungen entstehen würde, ohne dass der Leistungsträger hiervon Kenntnis hat. Die hier vertretene Auslegung führt zwar dazu, dass es der SGB-XII-Leistungsträger selbst in der Hand hat, wann der Anspruch entsteht, jedoch ergibt sich eine zeitliche Beschränkung im Ergebnis bereits aus der Jahresfrist des § 45 Abs. 4 S. 2 SGB X.

Ob auch der **Vollzug der Aufrechnung** zeitlich beschränkt ist, erscheint nach dem Gesetzeswort- 24
laut allerdings fraglich. Dies wird zu bejahen sein, so dass auch der Vollzug der Aufrechnung nicht über den Zeitrahmen von drei Jahren nach Entstehen des Anspruchs hinausgehen darf. Nur eine so verstandene zeitliche Beschränkung auf einen Zeitrahmen von drei Jahren (vgl. BT-Drs. 15/1514 S. 58) verhindert eine mit dem Grundsatz der Verhältnismäßigkeit nicht mehr zu vereinbarende dauerhafte Einschränkung des soziokulturellen Existenzminimums. Hat der Leistungsempfänger auf Grund falscher oder unvollständiger Angaben ein weiteres Mal Anlass für die Aufhebung und Erstattung der Leistung gegeben, beginnt für diesen Anspruch eine weitere Frist von drei Jahren zum Zweck der Aufrechnung. Diese kann sich allerdings zum Teil mit der vorherigen Drei-Jahres-Frist decken, so dass sich der Zeitrahmen, jedenfalls in den Fällen, in denen die erste Aufrechnung in (voller) Höhe des Anspruchs auf die Regelleistung ausgesprochen wurde, faktisch deutlich verkürzen kann.

VI. Aufrechnung nach § 26 Abs. 3

Eine Aufrechnung nach § 26 Abs. 3 kann auch erfolgen, wenn Leistungen für einen Bedarf über- 25
nommen werden, der durch vorangegangene Leistungen der Sozialhilfe an die leistungsberechtigte Person bereits gedeckt worden war, etwa durch Übernahme von Schulden nach § 36 Abs. 1, soweit diese nach § 36 Abs. 1 S. 3 als Darlehen, nicht aber als Zuschuss geleistet wurden. In letzterem Fall würde es nämlich an einer Gegenforderung des Sozialhilfeträgers fehlen, mit der er aufrechnen könnte. Die Aufrechnung mit einem solchen Anspruch setzt nach § 26 Abs. 3 voraus, dass der Sozialhilfeträger selbst bereits Leistungen zur Deckung des durch die **Schuldenübernahme** nochmals gedeckten (identischen) Bedarfs erbracht hat, so dass § 26 Abs. 3 nicht für die Übernahme von Schulden greift, die vor dem Leistungsbezug entstanden sind, weil diese Schulden gerade nicht durch vorangegangene Leistungen der Sozialhilfe bereits gedeckt worden waren. Spezialgesetzliche Regelungen, etwa § 37 Abs. 4, gehen der Aufrechnung nach § 26 Abs. 3 vor.

VII. Aufrechnungsverbot (§ 26 Abs. 4)

Eine Aufrechnung erfolgt nach § 26 Abs. 4 nicht, soweit dadurch der **Gesundheit dienende** 26
Leistungen, die der Leistungsträger erbringt, gefährdet werden. Neben den Hilfen zur Gesundheit (§§ 47ff. SGB XII) gehören hierzu nach Sinn und Zweck der Regelung auch Leistungen der Eingliederungshilfe für behinderte Menschen (§§ 53ff. SGB XII), Leistungen der Hilfe zur Pflege (§§ 61ff.) und Hilfen in anderen Lebenslagen (§§ 70ff.). Eine Gefährdung iSv. § 26 Abs. 4 liegt vor, wenn der mit dieser Leistung bezweckte Erfolg ernsthaft bedroht ist.

D. Rechtsfolge: Einschränkung und Aufrechnung auf das Unerlässliche

Anders als etwa § 43 Abs. 2 S. 1 SGB II, der eine Aufrechnung bis zu einem Betrag in Höhe von 27
30 vH der Regelleistung ermöglicht, nennt § 26 SGB XII keinen Betrag, bis zu dem die Einschränkung oder die Aufrechnung erfolgen muss bzw. darf, sondern nennt als Grenze das zum Lebensunterhalt „Unerlässliche". Dem Leistungsberechtigten müssen jedenfalls die **Kosten der Unterkunft** sowie der Betrag des Regelbedarfs verbleiben, der nicht die persönlichen Bedürfnisse des täglichen Lebens (vgl. § 27a Abs. 1 S. 2 SGB XII) betrifft. Hierzu gehören etwa die Aufwendungen für Freizeit, Unterhaltung und Kultur. Welcher Teil des Regelbedarfs dem Unerlässlichen dient, ist von der Rechtsprechung unterschiedlich beantwortet worden (zwischen 70% und 80% des Regelsatzes). Richtig dürfte es sein, 70% des Regelbedarfs als das für den Lebensunterhalt Unerlässliche anzusehen,

weil der Gesetzgeber in § 43 Abs. 2 S. 1 SGB II und in § 31a Abs. 1 SGB II (Absenkung der Regelleistung um 30%) diesen Betrag normativ bestimmt hat und eine unterschiedliche Behandlung der Leistungsberechtigten nach den beiden Grundsicherungssystemen nicht gerechtfertigt ist. Gleichzeitig dient eine Einschränkung bzw. eine Aufrechnung auf bis zu 30% des Regelbedarfs der Harmonisierung der beiden Leistungssysteme.

Drittes Kapitel. Hilfe zum Lebensunterhalt

Erster Abschnitt. Leistungsberechtigte, notwendiger Lebensunterhalt, Regelbedarfe und Regelsätze

§ 27 Leistungsberechtigte

(1) **Hilfe zum Lebensunterhalt ist Personen zu leisten, die ihren notwendigen Lebensunterhalt nicht oder nicht ausreichend aus eigenen Kräften und Mitteln bestreiten können.**

(2) ¹**Eigene Mittel sind insbesondere das eigene Einkommen und Vermögen.** ²**Bei nicht getrennt lebenden Ehegatten oder Lebenspartnern sind das Einkommen und Vermögen beider Ehegatten oder Lebenspartner gemeinsam zu berücksichtigen.** ³**Gehören minderjährige unverheiratete Kinder dem Haushalt ihrer Eltern oder eines Elternteils an und können sie den notwendigen Lebensunterhalt aus ihrem Einkommen und Vermögen nicht bestreiten, sind vorbehaltlich des § 39 Satz 3 Nummer 1 auch das Einkommen und das Vermögen der Eltern oder des Elternteils gemeinsam zu berücksichtigen.**

(3) ¹**Hilfe zum Lebensunterhalt kann auch Personen geleistet werden, die ihren notwendigen Lebensunterhalt aus eigenen Mitteln und Kräften bestreiten können, jedoch einzelne erforderliche Tätigkeiten nicht verrichten können.** ²**Von den Leistungsberechtigten kann ein angemessener Kostenbeitrag verlangt werden.**

A. Leistungsberechtigte (§ 27 Abs. 1 und 2)

1 § 27 Abs. 1 u. 2 konkretisiert im Wesentlichen die Regelung des § 19 Abs. 1, so dass insoweit auf die dortige Kommentierung verwiesen wird.

B. Personen mit ausreichendem Einkommen (§ 27 Abs. 3)

2 Sozialhilfe erhält nicht, wer seinen notwendigen Lebensunterhalt nach § 27 Abs. 1 und 2 in den Grenzen der §§ 82 ff., 90 f. aus Einkommen und Vermögen beschaffen kann (§ 19 Abs. 1). § 27 Abs. 3 macht hiervon eine Ausnahme für Personen, die – etwa krankheits- oder behinderungsbedingt – einzelne für ihren Lebensunterhalt erforderliche Tätigkeiten – zB hauswirtschaftliche Arbeiten – nicht verrichten können. Dies bedeutet natürlich nicht, dass Sozialhilfe in dem Umfang geleistet wird, der einem Hilfebedürftigen ohne Einkommen und Vermögen gewährt wird, sondern nur in dem Umfang, in dem Kosten für die Übernahme der Tätigkeiten entstehen, die nicht verrichtet werden können. § 27 Abs. 3 stellt dabei nicht darauf ab, ob der betroffene Personenkreis in der Lage ist, aus seinem Einkommen und Vermögen auch die hierdurch entstehenden Kosten zu decken. Der Sozialhilfeträger kann dies aber bei seiner Entscheidung sowie der Entscheidung über einen **Kostenbeitrag** nach § 27 Abs. 3 S. 2 nach pflichtgemäßem Ermessen berücksichtigen. Der Auffassung, dass § 27 Abs. 3 nur dann zum Tragen kommt, wenn der Betroffene auch die Kosten für die von Dritten zu übernehmenden Tätigkeiten aus seinem Einkommen und Vermögen tragen kann (BVerwG 15. 12. 1995 – 5 C 8/94 – Buchholz 436.0 § 11 BSHG Nr. 27), ist nicht zu folgen, weil der notwendige Lebensunterhalt iSv. § 27 Abs. 3 diese Kosten nicht über eine abweichende Festlegung des Bedarfs nach § 27a Abs. 4 S. 1 (dazu: BSG 11. 12. 2007 – B 8/9b SO 12/06 R – SozR 4–3500 § 21 Nr. 1) umfasst.

3 Der Sozialhilfeträger hat bei seiner Entscheidung **Ermessen** auszuüben. Dieses umfasst (zunächst) nicht die Höhe der Leistung, weil sonst § 27 Abs. 3 S. 2, wonach ein angemessener Kostenbeitrag verlangt werden kann, keinen Sinn ergäbe. Die Höhe der Leistung kann letztlich aber gerade über diesen Kostenbeitrag gesteuert werden. Auch insoweit hat die Behörde Ermessen auszuüben. Dieses Ermessen erstreckt sich sowohl auf die Frage, ob überhaupt ein Kostenbeitrag verlangt wird, als auch darauf, in welcher Höhe dieser Beitrag festgesetzt werden soll. Er muss aber angemessen sein. Die Behörde kann deshalb keinen Kostenbeitrag verlangen, der dem Betroffenen im Ergebnis keinen oder nur einen marginalen Vorteil hinsichtlich der von ihm zu tragenden Kosten verschafft.

4 Die Leistungen nach § 27 Abs. 3 unterscheiden sich von der Hilfe zur **Weiterführung des Haushalts** nach § 70 SGB XII, der den gesamten Haushalt und nicht nur einzelne Tätigkeiten betrifft und darüber hinaus nach seinem Sinn und Zweck nur vorübergehender Natur sein soll (bei Ausfall der den Haushalt führenden Person von Mehr-Personen-Haushalten). Neben § 27 Abs. 3 kommen hingegen auch Leistungen nach § 19 Abs. 3 iVm. §§ 61 Abs. 1 S. 2, 63 S. 2, 65 Abs. 1 S. 1 in Betracht. Dies gilt insbesondere auch für dem Grunde nach Anspruchsberechtigte nach dem SGB II (Erwerbsfähige), die von Leistungen nach § 27 Abs. 3 ausgeschlossen sind, weil es sich um Leistungen des Dritten Kapitels handelt (§ 21 S. 1, § 5 Abs. 2 SGB II; vgl. im Einzelnen BSG 11. 12. 2007 – B 8/9 b SO 12/06 R – SozR 4–3500 § 21 Nr. 1; BSG 26. 8. 2008 – B 8/9b SO 18/07 R – SozR 4–3500 § 18 Nr. 1).

§ 27a Notwendiger Lebensunterhalt, Regelbedarfe und Regelsätze

(1) ¹Der für die Gewährleistung des Existenzminimums notwendige Lebensunterhalt umfasst insbesondere Ernährung, Kleidung, Körperpflege, Hausrat, Haushaltsenergie ohne die auf Heizung und Erzeugung von Warmwasser entfallenden Anteile, persönliche Bedürfnisse des täglichen Lebens sowie Unterkunft und Heizung. ²Zu den persönlichen Bedürfnissen des täglichen Lebens gehört in vertretbarem Umfang eine Teilhabe am sozialen und kulturellen Leben in der Gemeinschaft; dies gilt in besonderem Maß für Kinder und Jugendliche. ³Für Schülerinnen und Schüler umfasst der notwendige Lebensunterhalt auch die erforderlichen Hilfen für den Schulbesuch.

(2) ¹Der gesamte notwendige Lebensunterhalt nach Absatz 1 mit Ausnahme der Bedarfe nach dem Zweiten bis Vierten Abschnitt ergibt den monatlichen Regelbedarf. ²Dieser ist in Regelbedarfsstufen unterteilt, die bei Kindern und Jugendlichen altersbedingte Unterschiede und bei erwachsenen Personen deren Anzahl im Haushalt sowie die Führung eines Haushalts berücksichtigen.

(3) ¹Zur Deckung der Regelbedarfe, die sich nach den Regelbedarfsstufen der Anlage zu § 28 ergeben, sind monatliche Regelsätze zu gewähren. ²Der Regelsatz stellt einen monatlichen Pauschalbetrag zur Bestreitung des Regelbedarfs dar, über dessen Verwendung die Leistungsberechtigten eigenverantwortlich entscheiden; dabei haben sie das Eintreten unregelmäßig anfallender Bedarfe zu berücksichtigen.

(4) ¹Im Einzelfall wird der individuelle Bedarf abweichend vom Regelsatz festgelegt, wenn ein Bedarf ganz oder teilweise anderweitig gedeckt ist oder unabweisbar seiner Höhe nach erheblich von einem durchschnittlichen Bedarf abweicht. ²Besteht die Leistungsberechtigung für weniger als einen Monat, ist der Regelsatz anteilig zu zahlen. ³Sind Leistungsberechtigte in einer anderen Familie, insbesondere in einer Pflegefamilie, oder bei anderen Personen als bei ihren Eltern oder einem Elternteil untergebracht, so wird in der Regel der individuelle Bedarf abweichend von den Regelsätzen in Höhe der tatsächlichen Kosten der Unterbringung bemessen, sofern die Kosten einen angemessenen Umfang nicht übersteigen.

Überblick

In § 27a werden durch das Gesetz zur Ermittlung von Regelbedarfen und zur Änderung des Zweiten und Zwölften Buches Sozialgesetzbuch vom 24. 3. 2011 (BGBl I S. 453) Inhalte zur Abgrenzung des notwendigen Lebensunterhalts, dem Grundsatz der Gewährung von Regelsätzen sowie die abweichende Regelsatzfestsetzung aus den bis zum 31. 12. 2010 geltenden §§ 27 und 28 übernommen und entsprechend dem sich aus dem Urteil des Bundesverfassungsgerichts vom 9. Februar 2010 (BVerfGE 125, 175) ergebenden Änderungsbedarf weiterentwickelt. 1

Abs. 1 definiert den zur Gewährleistung des Existenzminimums notwendige Lebensunterhalt auf der Grundlage des früheren § 27 Abs. 1. Abweichungen zur bisherigen ergeben zum geltenden Recht sich durch eine sprachliche Überarbeitung und die Erweiterung um Bedarfe für Bildung für Schülerinnen und Schüler sowie für Teilhabe am sozialen und kulturellen Leben für Kinder und Jugendliche. 2

In Abs. 2 ist der neue Begriff des Regelbedarfs eingeführt worden. Dieser tritt hinsichtlich der Bedarfsermittlung für die Höhe der pauschalierten monatlichen Leistung und damit auch hinsichtlich der Abgrenzung gegenüber den übrigen zum notwendigen Lebensunterhalt zählenden Bedarfen an die Stelle des Begriffs des Regelsatzes. Die Abgrenzung wird aus dem Inhalt des bis zum 31. 12. 2010 geltenden § 28 Abs. 1 übernommen. Entsprechend der Neustrukturierung des Dritten Kapitels wird jedoch nicht mehr auf die betreffenden Vorschriften verwiesen, sondern auf die betreffenden Abschnitte. Die Regelbedarfe sind bei Kindern und Jugendlichen nach dem Alter zu differenzieren. Bei Erwachsenen ist danach zu differenzieren, ob sie alleinlebend beziehungsweise alleinerziehend sind oder mit anderen erwachsenen Personen in einem gemeinsamen Haushalt leben. Dies entspricht grundsätzlich der früheren Einteilung der Regelsätze nach der RSV. 3

4 Nach Abs. 3 sind zur Abdeckung der Bedarfe Regelsätze zu zahlen. Der Begriff Regelsatz beschränkt sich danach auf die zu zahlende Leistung und im Unterschied zu dem bis 31. 12. 2010 geltenden Recht nicht mehr auf die Zusammensetzung und Ermittlung der Leistungshöhe, da dies vom Regelbedarf nach Abs. 2 umfasst ist. Der Hinweis auf die Pauschalierung in Satz 2 war bis zum 31. 12. 2010 nicht enthalten. Die pauschalierten Regelsätze umfassen neben den laufenden Bedarfen auch in unregelmäßigen beziehungsweise in großen Abständen anfallende Bedarfe. Dies ist bei der individuellen Ausgabenplanung zu berücksichtigen. Mit der Ergänzung in § 11 Abs. 3 (Satz 5 wurde zum 1. 4. 2011 eingefügt) soll in der Beratung der Sozialhilfeträger darauf hingewiesen werden.

5 Abs. 4 enthält die Ausnahmen von der Zahlung von Regelsätzen. Nach Satz 1 kann der Regelsatz im Einzelfall abweichend festgesetzt werden, wenn ein Bedarf ganz oder teilweise anderweitig gedeckt ist oder unabweisbar – also aus nicht zu vermeidenden Gründen – erheblich von durchschnittlichen Bedarfen abweicht. Damit wird der Inhalt des früheren § 28 Abs. 1 Satz 2 in sprachlich ergänzter Form („im Einzelfall" und „individueller Bedarf") übernommen. Trotz der grundsätzlich vorgesehenen Pauschalierung müssen sich die Leistungen gem. § 9 Abs. 1 nach der Besonderheit des Einzelfalls richten (Individualisierungsprinzip) und den tatsächlichen Bedarf des Hilfebedürftigen decken (Bedarfsdeckungsprinzip). Deshalb wird der individuelle Bedarf nach Abs. 4 S. 1 abweichend von dem Regelsatz festgelegt, wenn ein Bedarf ganz oder teilweise anderweitig gedeckt ist oder unabweisbar seiner Höhe nach erheblich von einem durchschnittlichen Bedarf abweicht. Wird der Bedarf etwa im Rahmen der Eingliederungshilfe in einer Werkstatt für Behinderte durch unentgeltliches Essen gedeckt, ist der Regelsatz der Sozialhilfe abzusenken, und zwar (nur) in Höhe des im Regelbedarf hierfür vorgesehenen normativen Betrages (BSG 11. 12. 2007 – B 8/9b SO 21/06 R – SGb 2008, 669), ohne dass dem Sozialhilfeträger insoweit ein Ermessen eingeräumt ist. Eine Absenkung des Regelsatzes ist aber dann nicht zulässig ist, wenn das Essen nicht im Rahmen einer Leistung nach dem SGB XII kostenlos zur Verfügung gestellt wird (Suppenküche, Essen bei Verwandten). Ausdrücklich entschieden hat das BSG dies für das in der Werkstatt für behinderte Menschen im Rahmen einer von der Bundesagentur für Arbeit geförderten Maßnahme kostenlos zur Verfügung gestellte Mittagessen (BSG 23. 3. 2010 – B 8 SO 17/09 R – BSGE 106, 62 Rn. 36 ff. = SozR 4–3500 § 82 Nr. 6; vgl. zum Recht des SGB II, BSG 18. 6. 2008 – B 14 AS 22/07 R – BSGE 101, 70 = SozR 4–4200 § 11 Nr. 11; siehe auch BSG 8. 2. 2007 – B 9b SO 5/06 – SozR 4–3500 § 41 Nr. 1 Rn. 26).

6 Eine Erhöhung des Regelsatzes zugunsten des Hilfempfängers sieht § 27a Abs. 4 S. 1 Alt. 2 vor. Diese kommt nach dem Gesetzeswortlaut nur dann in Betracht, wenn der Bedarf seiner Höhe nach erheblich von dem durchschnittlichen Bedarf abweicht. Eine erhebliche Abweichung setzt eine atypische Fallgestaltung voraus und wird immer dann anzunehmen sein, wenn es dem Hilfeempfänger nach Billigkeitsgrundsätzen nicht zugemutet werden kann, den höheren Bedarf durch den Regelsatz zu decken, weil er außerhalb üblicher Schwankungen (zB bei dem Ernährungsbedarf) liegt und der Regelbedarf deshalb das soziokulturelle Existenzminimum nicht mehr effektiv gewährleisten kann. Allzu hohe Anforderungen können daher an das Tatbestandsmerkmal einer „erheblichen" Abweichung von dem durchschnittlichen Bedarf nicht gestellt werden. Dies zeigt auch die Gesetzesbegründung, die beispielhaft die Notwendigkeit von Über- oder Untergrößen nennt (BT-Drs. 15/1514 S. 59). Bei einer Abweichung von 10% wird deren Erheblichkeit immer zu bejahen sein. Verneint hat das BSG eine Anwendung des Abs. 4 S. 1 Alt. 2 für die Kosten für die Ausübung des Umgangsrechts des nichtsorgeberechtigten Elternteils bei einem SGB-II-Leistungsempfänger. Eine Erhöhung des Regelsatzes nach Abs. 4 S. 1 Alt. 2 wegen eines erheblich vom durchschnittlichen Bedarf abweichenden Bedarfs bzw. wegen der Besonderheiten des Einzelfalles ist nicht gerechtfertigt, wenn der Gesetzgeber entsprechende Aufwendungen des Sozialhilfeempfängers ausdrücklich mit dem Regelsatz abgegolten wissen will. Hier fehlt es an der erforderlichen Atypik. Dies gilt etwa für Zuzahlungen bzw. Praxisgebühren (BSG 16. 12. 2010 – B 8 SO 7/09 R – ZFSH/SGB 2011, 338). Sieht das SGB XII für bestehende Abweichungen bereits (typisierend) Mehrbedarfe vor (§ 30 SGB XII), kommt daneben Abs. 4 S. 1 Alt. 2 nicht zur Anwendung (BSG 29. 9. 2009 – B 8 SO 5/08 R – BSGE 104, 200 = SozR 4–3500 § 30 Nr. 1).

7 Eine abweichende Festsetzung des Bedarfs erfordert wie bei dessen Absenkung nach der ersten Alternative des Abs. 4 S. 1 einen ständig höheren Bedarf des Hilfeempfängers. Einmalig höheren Bedarfen kann durch § 37 SGB XII (Gewährung eines Darlehens) Rechnung getragen werden. Der höhere Bedarf muss daneben seiner Höhe nach unabweisbar, eine individuelle Steuerung durch den Hilfeempfänger also ausgeschlossen sein. Dies bedeutet allerdings nicht, dass ein unabweisbarer Bedarf schon dann zu verneinen ist, wenn der Hilfeempfänger auf Kosten des soziokulturellen Existenzminimums Verzicht üben könnte, zB in dem in der Gesetzesbegründung genannten Fall der Übergrößen der Verzicht auf Kleidungsstücke zum Wechseln. Das Tatbestandsmerkmal „unabweisbar" zeigt, dass die zweite Alternative des Abs. 4 S. 1 nur die Erhöhung des Regelsatzes, nicht aber eine Absenkung rechtfertigt (str.: aA etwa Wahrendorf in Grube/Wahrendorf, SGB XII, 3. Aufl. 2010, § 28 Rn. 16). Eine Anwendung von Abs. 4 S. 1 Alt. 2 auf SGB-II-Leistungsempfänger scheidet als Vorschrift des Dritten Kapitels aus (§ 5 Abs. 2 S. 1 SGB II). Bei atypischen Bedarfslagen kommen aber ggf. Leistungen in sonstigen Lebenslagen nach § 73 in Betracht (zu den Kosten für die Ausübung des Umgangsrechts siehe BSG 7. 11. 2006 – B 7b AS 14/06 R – SozR 4–4200 § 20 Nr. 1).

In Abs. 4 Satz 2 werden Fälle geregelt, in denen die Leistungsberechtigung nur für Teile eins Monats besteht, wobei für ganze Monate nach der Gesetzesbegründung stets 30 Tage zugrundezulegen sind. Diese Regelung kannte das bis 31. 12. 2010 geltende Recht nicht. Eine anteilige Erbringung des Regelsatzes ergab sich bis 31. 12. 2010 aber ohnehin aus der Natur der Sache. **8**

Abs. 4 Satz 3 regelt die abweichende Leistungsgewährung bei Leistungsberechtigten, die in einer anderen Familie (Pflegefamilien oder Verwandten) untergebracht sind, und übernimmt damit den Inhalt aus dem früheren § 28 Abs. 5. Wird jemand in einer anderen Familie oder bei anderen Personen als bei seinen Eltern oder einem Elternteil untergebracht, so wird der individuelle Bedarf abweichend vom Regelsatz in Höhe der tatsächlichen Kosten der Unterbringung bemessen. Voraussetzung hierfür ist allerdings, dass diese Kosten einen angemessenen Umfang nicht übersteigen. Trotz der Regelung in Abs. 4 Satz 3 werden in der Verwaltungspraxis die Leistungen in Anlehnung an § 39 SGB VIII als Pauschalen erbracht. Im Übrigen spielt die Vorschrift ohnehin kaum eine Rolle, weil die Übernahme der Kosten für die Unterbringung von Kindern außerhalb des Elternhauses idR über die Hilfe zur Erziehung nach § 33 SGB VIII erfolgt, die auch bei einer Unterbringung bei den Großeltern, ggf. unter angemessener Kürzung des monatlichen Pauschalbetrages (§ 39 Abs. 4 S. 4 SGB VIII), oder bei Verwandten und unabhängig von dem Bestand der Herkunftsfamilie geleistet werden kann (BVerwG 15. 12. 1995 – 5 C 2/94 – BVerwGE 100, 178). **9**

§ 27 b Notwendiger Lebensunterhalt in Einrichtungen

(1) ¹Der notwendige Lebensunterhalt in Einrichtungen umfasst den darin erbrachten sowie in stationären Einrichtungen zusätzlich den weiteren notwendigen Lebensunterhalt. ²Der notwendige Lebensunterhalt in stationären Einrichtungen entspricht dem Umfang der Leistungen der Grundsicherung nach § 42 Nummer 1, 2 und 4.

(2) ¹Der weitere notwendige Lebensunterhalt umfasst insbesondere Kleidung und einen angemessenen Barbetrag zur persönlichen Verfügung; § 31 Absatz 2 Satz 2 ist nicht anzuwenden. ²Leistungsberechtigte, die das 18. Lebensjahr vollendet haben, erhalten einen Barbetrag in Höhe von mindestens 27 vom Hundert der Regelbedarfsstufe 1 nach der Anlage zu § 28. ³Für Leistungsberechtigte, die das 18. Lebensjahr noch nicht vollendet haben, setzen die zuständigen Landesbehörden oder die von ihnen bestimmten Stellen für die in ihrem Bereich bestehenden Einrichtungen die Höhe des Barbetrages fest. ⁴Der Barbetrag wird gemindert, soweit dessen bestimmungsgemäße Verwendung durch oder für die Leistungsberechtigten nicht möglich ist.

A. Notwendiger Lebensunterhalt in Einrichtungen

Was vom notwendigen Lebensunterhalt umfasst ist, regelt § 27 a. Außerhalb von Einrichtungen wird der notwendige Lebensunterhalt mit Ausnahme der Kosten für Unterkunft und Heizung und der Sonderbedarfe als Regelbedarf, also durch Geldleistungen erbracht (Vorrang der Geldleistung, § 10 Abs. 3). Für den Lebensunterhalt in Einrichtungen sieht § 27 b hingegen vor, dass der notwendige Lebensunterhalt in Einrichtungen den darin **erbrachten** sowie in stationären Einrichtungen zusätzlich den weiteren notwendigen Lebensunterhalt umfasst. Hierdurch wird deutlich, dass die Leistung in einer Einrichtung als Sachleistung erbracht wird, die den Zielen der Sozialhilfe erheblich besser gerecht wird. Einrichtungen sind nach § 13 teilstationäre und (voll-)stationäre Einrichtungen. Eine Unterbringung in einer stationären Einrichtung iSv. § 13 Abs. 2 liegt auch vor, wenn der Hilfebedürftige in einer WfbM arbeitet und davon räumlich getrennt in der Außenwohngruppe eines Heims für behinderte Menschen untergebracht ist (BSG 11. 12. 2007 – B 8/9 b SO 22/06 – SozR 4–3500 § 35 Nr. 1). **1**

Obwohl nach der Gesetzesbegründung § 27 b dem bis 31. 12. 2004 geltenden Recht entsprechen soll und insoweit auf § 27 Abs. 3 BSHG verwiesen wird, der Leistungen in Einrichtungen aus einer Hand vorsah („... umfasst die Hilfe in besonderen Lebenslagen auch den in der Einrichtung gewährten Lebensunterhalt ..."), löst § 27 b Abs. 1 diese Klammer, so dass Maßnahmeleistung und die Deckung des Lebensunterhaltes nicht mehr als **einheitliche Leistung** gelten (BT-Drs. 15/1514 S. 54). Dies hat zur Folge, dass im Einzelfall – abhängig von dem zu deckenden Bedarf – unterschiedliche Leistungsträger zuständig sein können (zum Mittagessen in einer WfbM: Bayerisches LSG 31. 7. 2006 – L 11 SO 27/06). Allerdings dürfte immer zu prüfen sein, ob ein Herauslösen der Bestandteile der Komplexleistung im stationären Bereich in dem Sinne möglich ist, dass das Maßnahmeziel (etwa Eingliederungshilfe) noch erreicht werden kann oder die Leistung unlösbar als integraler Bestandteil von der Maßnahme umfasst ist (vgl. BSG 9. 12. 2008 – B 8/9 b SO 10/07 R – BSGE 102, 126 = SozR 4–3500 § 54 Nr. 3). **2**

In **vollstationären Einrichtungen** umfasst der notwendige Lebensunterhalt neben dem darin erbrachten Lebensunterhalt zusätzlich auch den weiteren notwendigen Lebensunterhalt, der durch die in der Einrichtung erbrachten Sachleistungen nicht gedeckt wird, insbesondere einen angemessenen Barbetrag zur persönlichen Verfügung. Hinsichtlich des Umfangs des notwendigen Lebensunterhalts in vollstationären Einrichtungen verweist § 27 b Abs. 1 S. 2 auf den Umfang der Leistungen der **3**

Grundsicherung im Alter und bei Erwerbsminderung, nimmt insoweit allerdings die Bedarfe für Bildung und Teilhabe nach §§ 39, 39a aus, obwohl diese und bei stationärer Unterbringung eine Rolle speilen können. Entsprechende Leistungen sind insoweit als Eingliederungshilfe zu erbringen, wenn ein entsprechender Bedarf besteht. Satz 2 wurde aus Gründen der **Verwaltungspraktikabilität** in § 27b Abs. 1 aufgenommen (BT-Drs. 15/3977 S. 8), lässt aber keinen vernünftigen Bezug zu dem tatsächlichen Bedarf bzw. zu dem in der Einrichtung erbrachten Lebensunterhalt erkennen (LPK-SGB XII, Armborst § 35 Rn. 7) und dient als reine Berechnungsvorschrift, etwa für die Berücksichtigung von Einkommen und Vermögen.

B. Weiterer notwendiger Lebensunterhalt

4 In stationären Einrichtungen umfasst der notwendige Lebensunterhalt neben dem darin erbrachten zusätzlich den weiteren notwendigen Lebensunterhalt. Dieser umfasst nach § 27b Abs. 2 insbesondere Kleidung und einen angemessenen Barbetrag zur persönlichen Verfügung. § 31 Abs. 2 S. 2, der hier ohnehin kaum von Bedeutung sein dürfte, findet dabei keine Anwendung.

5 Die Nennung des Bedarfs „Kleidung" hat wie der „Barbetrag" die Funktion, die vollständige Sicherung der Bestandteile des Lebensunterhalts in stationären Einrichtungen, die nicht Verpflegung und Unterkunft und Heizung sind, zu gewährleisten. Bereits die Formulierung **„insbesondere"** macht deutlich, dass es sich bei den Beispielen Bekleidung und angemessener Barbetrag nicht um eine abschließende Aufzählung handelt und weitere Bedarfe, die von dem Barbetrag nicht umfasst sind, nicht ausschließt. So gehört nach der Rechtsprechung des BSG zum nicht durch den monatlichen Barbetrag abgedeckten weiteren notwendigen Lebensunterhalt auch die einmalige Weihnachtsbeihilfe für das Jahr 2005 (BSG 11. 12. 2007 – B 8/9b SO 22/06 – SozR 4–3500 § 35 Nr. 1). Zu dem weiteren notwendigen Lebensunterhalt gehört nicht der Bedarf, der durch einen Aufenthalt **außerhalb** der Einrichtung entsteht, etwa bei Urlaubsabwesenheit bei den Eltern oder Angehörigen. Dieser Bedarf ist über Besuchsbeihilfen nach § 54 Abs. 2 zu decken.

6 Der **Barbetrag** zur persönlichen Verfügung ist eine Geldleistung und beträgt bei Leistungsberechtigten, die das 18. Lebensjahr vollendet haben, mindestens 27% der Regelbedarfsstufe 1; er kann auch höher sein („mindestens"), wenn ein individuell nachvollziehbarer höherer Bedarf gerechtfertigt ist. Für Leistungsberechtigte, die das 18. Lebensjahr noch nicht vollendet haben, setzen die zuständigen Landesbehörden oder die von ihnen bestimmten Stellen für die in ihrem Bereich bestehenden Einrichtungen die Höhe des Barbetrages (Taschengeld) fest. Eine entsprechende Regelung kennt das **Jugendhilferecht** in § 39 Abs. 2 S. 3 SGB VIII. Den im BSHG (§ 21 Abs. 3 S. 4) noch vorgesehenen „zusätzliche Barbetrag" hat der Gesetzgeber mit der Einführung des SGB XII abgeschafft. Nach der Übergangsregelung in § 133a wird der zusätzliche Barbetrag aber Personen, die am 31. 12. 2004 einen Anspruch hierauf hatten, weiter erbracht, bis der Sozialhilfefall endet. Bei erneuter stationärer Unterbringung kann sich der Hilfeempfänger nicht mehr auf § 133a berufen. Personen, die sich vor dem 1. 1. 2005 nicht in einer vollstationären Einrichtung befanden, werden durch die Übergangsregelung nicht in ihren Grundrechten verletzt (BSG 26. 8. 2008 – B 8/9b SO 10/06 R – BSGE 101, 217 = SozR 4–3500 § 133a Nr. 1).

7 Da der Barbetrag zur persönlichen Verfügung dem durch die Einrichtung nicht gedeckten Bedarf (Unterkunft und Verpflegung) dient, kommt er insbesondere zur Deckung der **persönlichen (individuellen) Bedürfnisse** des Leistungsberechtigten zum Tragen. Deshalb kann er auch gemindert werden, soweit seine bestimmungsgemäße Verwendung wegen Krankheit oder Behinderung durch oder für den Leistungsberechtigten nicht möglich ist. Dies dürfte nur in Ausnahmefällen in Betracht kommen. Nicht entscheidend ist hingegen, ob der Leistungsberechtigte den Barbetrag tatsächlich auch einsetzt oder (etwa für eine spätere größere Anschaffung) anspart. Einen Nachweis über die Verwendung hat er nicht zu erbringen. **Angesparte Barbeträge,** die die von § 90 Abs. 2 Nr. 9 gesetzte Grenze überschreiten, sind über die Härtefallregelung des § 90 Abs. 3 S. 1 geschützt (vgl. zum angesparten Blindengeld BSG 11. 12. 2007 – B 8/9b SO 20/06 R – FEVS 59, 441).

§ 28 Ermittlung der Regelbedarfe

(1) **Liegen die Ergebnisse einer bundesweiten neuen Einkommens- und Verbrauchsstichprobe vor, wird die Höhe der Regelbedarfe in einem Bundesgesetz neu ermittelt.**

(2) ¹**Bei der Ermittlung der bundesdurchschnittlichen Regelbedarfsstufen nach § 27a Absatz 2 sind Stand und Entwicklung von Nettoeinkommen, Verbraucherverhalten und Lebenshaltungskosten zu berücksichtigen.** ²**Grundlage hierfür sind die durch die Einkommens- und Verbrauchsstichprobe nachgewiesenen tatsächlichen Verbrauchsausgaben unterer Einkommensgruppen.**

(3) ¹**Für die Ermittlung der Regelbedarfsstufen beauftragt das Bundesministerium für Arbeit und Soziales das Statistische Bundesamt mit Sonderauswertungen, die auf der Grundlage einer neuen Einkommens- und Verbrauchsstichprobe vorzunehmen sind.**

² Sonderauswertungen zu den Verbrauchsausgaben von Haushalten unterer Einkommensgruppen sind zumindest für Haushalte (Referenzhaushalte) vorzunehmen, in denen nur eine erwachsene Person lebt (Einpersonenhaushalte), sowie für Haushalte, in denen Paare mit einem Kind leben (Familienhaushalte). ³ Dabei ist festzulegen, welche Haushalte, die Leistungen nach diesem Buch und dem Zweiten Buch beziehen, nicht als Referenzhaushalte zu berücksichtigen sind. ⁴ Für die Bestimmung des Anteils der Referenzhaushalte an den jeweiligen Haushalten der Sonderauswertungen ist ein für statistische Zwecke hinreichend großer Stichprobenumfang zu gewährleisten.

(4) ¹ Die in Sonderauswertungen nach Absatz 3 ausgewiesenen Verbrauchsausgaben der Referenzhaushalte sind für die Ermittlung der Regelbedarfsstufen als regelbedarfsrelevant zu berücksichtigen, soweit sie zur Sicherung des Existenzminimums notwendig sind und eine einfache Lebensweise ermöglichen, wie sie einkommensschwache Haushalte aufweisen, die ihren Lebensunterhalt nicht ausschließlich aus Leistungen nach diesem oder dem Zweiten Buch bestreiten. ² Nicht als regelbedarfsrelevant zu berücksichtigen sind Verbrauchsausgaben der Referenzhaushalte, wenn sie bei Leistungsberechtigten nach diesem Buch oder dem Zweiten Buch
1. durch bundes- oder landesgesetzliche Leistungsansprüche, die der Finanzierung einzelner Verbrauchspositionen der Sonderauswertungen dienen, abgedeckt sind und diese Leistungsansprüche kein anrechenbares Einkommen nach § 82 oder § 11 des Zweiten Buches darstellen oder
2. nicht anfallen, weil bundesweit in einheitlicher Höhe Vergünstigungen gelten.

³ Die Summen der sich nach den Sätzen 1 und 2 ergebenden regelbedarfsrelevanten Verbrauchsausgaben der Referenzhaushalte sind Grundlage für die Prüfung der Regelbedarfsstufen, insbesondere für die Altersabgrenzungen bei Kindern und Jugendlichen. ⁴ Die für die Ermittlung der Regelbedarfsstufen zugrunde zu legenden Summen regelbedarfsrelevanter Verbrauchsausgaben sind mit der sich nach § 28a Absatz 2 ergebenden Veränderungsrate entsprechend fortzuschreiben. ⁵ Die Höhe der nach Satz 3 fortgeschriebenen Summen der regelbedarfsrelevanten Verbrauchsausgaben sind jeweils bis unter 0,50 Euro abzurunden sowie von 0,50 Euro an aufzurunden und ergeben die Regelbedarfsstufen (Anlage).

Überblick

§ 28 regelt die Ermittlung der Regelbedarfe. Das **Bundesverfassungsgericht** hat in seinem Urteil vom 9. Februar 2010 (BVerfGE 125, 175) ausgeführt, dass die bis 31. 12. 2010 geltende Regelsatzbemessung nicht durch eine Verordnung (Regelsatzverordnung) normiert werden darf, sondern in einem Gesetz zu erfolgen hat. Nach Abs. 1 erfolgt die Ermittlung der Regelbedarfe deshalb in einem gesonderten Bundesgesetz (Regelbedarfs-Ermittlungsgesetz – RBEG – vom 24. 3. 2011 – BGBl I S. 453). Aus diesem Grund enthalten die Absätze 2 bis 4 auch nur die Grundsätze für die Ermittlung der Regelbedarfe, nicht aber deren konkrete Ermittlung. 1

Nach § 28 Abs. 1 sind die Regelbedarfe neu zu ermitteln, wenn die Ergebnisse einer bundesweiten neuen **Einkommens- und Verbrauchsstichprobe** (EVS) vorliegen. Die EVS liefert als amtliche Statistik über die Lebensverhältnisse privater Haushalte in Deutschland. u. a. statistische Informationen über die Ausstattung mit Gebrauchsgütern, die Einkommens-, Vermögens- und Schuldensituation sowie die Konsumausgaben privater Haushalte. Einbezogen werden dabei die Haushalte aller sozialen Gruppierungen, so dass die EVS ein repräsentatives Bild der Lebenssituation nahezu der Gesamtbevölkerung in Deutschland zeichnet. Rechtsgrundlage für die Erhebung der für die EVS erforderlichen Daten ist das Gesetz über die Statistik der Wirtschaftsrechnungen privater Haushalte (BGBl. III, Gliederungsnummer 708-6) i. V. m. Art. 2 der Verordnung vom 26. März 1991 (BGBl. I S. 846) und dem Bundesstatistikgesetz (BGBl. I S. 462, 565). Da die EVS (nur) alle fünf Jahre durchgeführt wird, sind noch die Ergebnisse der EVS 2008 aktuell. Damit entspricht die Vorgabe, wann eine Neuermittlung vorzunehmen ist, im Grundsatz der des bis zum 31. 12. 2010 geltenden § 28 Abs. 3 Satz 5. 2

In § 28 Abs. 2 wird der Inhalt des bis zum 31. 12. 2010 geltenden § 28 Abs. 3 Satz 2 und 3 in präzisierter Form zusammengefasst. Danach sind für die nach § 27a Abs. 2 zu bildenden **Regelbedarfsstufen** nach Stand und Entwicklung von Nettoeinkommen, Verbraucherverhalten und Lebenshaltungskosten zu berücksichtigen. Datengrundlage sind die durch die aktuelle EVS nachgewiesenen tatsächlichen Verbrauchsausgaben unterer Einkommensgruppen. 3

§ 28 Abs. 3 präzisiert gegenüber dem früheren Recht die Auswertung einer EVS durch Sonderauswertungen. Danach hat das BMAS für die Ermittlung der Regelbedarfe auf der Grundlage einer neuen EVS **Sonderauswertungen** beim Statistischen Bundesamt in Auftrag zu geben. Dabei sind Sonderauswertungen zumindest für Einpersonenhaushalte und Familienhaushalte (Paarhaushalt mit einem Kind) in Auftrag zu geben, was zusätzliche Sonderauswertungen nicht ausschließt. Die Ausweitung der für die Neuermittlung von Regelbedarfsstufen erforderlichen Sonderauswertung 4 gegenüber der bei der bisherigen Regelsatzbemessung ausschließlich verwendeten Einpersonenhaushalte – davon abgewichen wurde nur bei der Sonderauswertung für Familienhaushalte für die Einführung einer dritten Altersstufe für Kinder zum 1. Juli 2009 – ist Ausfluss der Entscheidung des BVerfG vom 9. 2. 2010. Danach können Bedarfe von Kindern und Jugendlichen nicht mehr aus den Verbrauchausgaben der Einpersonenhaushalte abgeleitet werden. Deshalb sieht das SGB XII den so genannten „Eckregelsatz" auch nicht mehr vor, aus dem die Regelsätze für andere Personen abgeleitet werden. Die Regelbedarfsstufen sind jeweils gesondert zu ermitteln. Die Regelbedarfsstufe 1 ersetzt für alleinlebende und alleinerziehende Leistungsberechtigte den bisherigen Eckregelsatz. Bei der Ermittlung des Regelbedarfs sind **Zirkelschlüsse** zu vermeiden. Das bedeutet, dass diejenigen Haushalte, die selbst über staatliche Transferleistungen lediglich das Existenzminimum zur Verfügung haben, nicht als Referenzhaushalt Grundlage der Ermittlung des Regelbedarfs sein dürfen. Sie müssen deshalb aus der Referenzgruppe für die Sonderauswertungen der EVS auszuscheiden. Der Anteil der danach verbleibenden Haushalte unterer Einkommensschichten an allen Haushalten der jeweiligen Haushaltstypen ist so zu bemessen, dass die für die statistischen Auswertungen im Rahmen einer Sonderauswertung hinreichende Fallzahl gewährleistet wird.

5   Für die Ermittlung der Regelbedarfe sind nach § 28 Abs. 4 Verbrauchsausgaben der **Referenzhaushalte** zu berücksichtigen (regelbedarfsrelevante Verbrauchsausgaben), sofern sie für die Sicherung des Existenzminimums erforderlich sind und eine einfache Lebensweise ermöglichen, wie sie für einkommensschwache Haushalte, die ihren Lebensunterhalt nicht ausschließlich aus Leistungen nach dem SGB XII und dem SGB II bestreiten, üblich ist. Damit soll das Ziel der existenzsichernden Systeme gewährleistet werden, dass leistungsberechtigte Personen in der Öffentlichkeit nicht als solche erkennbar sind. Nach § 28 Abs. 4 S. 2 sind Verbrauchsausgaben nicht als regelbedarfsrelevant zu berücksichtigen, wenn diese bei Leistungsberechtigten nach dem SGB XII und dem SGB II nicht anfallen. Dies sind Einzelpositionen, für die Leistungen nach bundes- oder landesgesetzlichen Rechtsansprüchen gezahlt werden, sofern diese Leistungen den Leistungsberechtigten nicht nach § 82 oder nach § 11 SGB II als Einkommen angerechnet werden (Nummer 1). Ebenfalls nicht als regelbedarfsrelevant zu berücksichtigen sind Verbrauchsausgaben, soweit sie bei Leistungsberechtigten nicht anfallen, weil ihnen hierfür bundesweit in bundeseinheitlicher Höhe Vergünstigungen eingeräumt werden (Nummer 2). Die sich daraus ergebenden Summen der regelbedarfsrelevanten Verbrauchsausgaben der Referenzhaushalte bilden die Grundlage für die Ermittlung der Regelbedarfsstufen. Dabei ist insbesondere bei Kindern und Jugendlichen die Entwicklung der Veränderung der Verbrauchsausgaben in Abhängigkeit von deren Alter zu prüfen. Es ergeben sich danach nach dem **Alter von Kindern** und Jugendlichen differenzierten Summen der regelbedarfsrelevanten Verbrauchsausgaben. Bei Erwachsenen sind die Summen der regelbedarfsrelevanten Verbrauchsausgaben danach zu differenzieren, ob diese allein leben oder allein erziehend sind bzw. danach, ob sie mit anderen erwachsenen Personen in einem gemeinsamen Haushalt leben und wirtschaften. Die ermittelten Summen regelbedarfsrelevanter Verbrauchsausgaben sind mit der Veränderungsrate des Mischindexes nach § 28a Abs. 2 fortzuschreiben. Für die Regelbedarfsermittlung auf der Grundlage der EVS 2008 bedeutet dies beispielsweise, dass die Summen der Verbrauchsausgaben mit der sich für das Jahr 2009 ergebenden Veränderungsrate des Mischindexes fortzuschreiben sind. Die fortgeschriebenen Werte ergeben nach Anwendung der Rundungsregelung die Regelbedarfsstufen in ganzen Euro-Beträgen, die in der Anlage zu § 28 enthalten sind.

6   Das RBEG bestimmt in § 1 dass mit dem Vorliegen einer neuen **Einkommens- und Verbrauchsstichprobe** (EVS) die Höhe der Regelbedarfe durch Bundesgesetz neu zu ermitteln ist. §§ 2–4 RBEG regeln die Referenzhaushalte, §§ 5 und 6 RBEG die regelbedarfsrelevanten Verbrauchsausgaben, § 7 RBEG deren Fortschreibung und § 8 die Regelbedarfsstufen. Vorgesehen sind sechs Regelbedarfsstufen. Sie belaufen sich

1. für alleinstehende oder alleinerziehende Leistungsberechtigte (Regelbedarfsstufe 1) auf 364 Euro,
2. für Ehegatten und Lebenspartner sowie andere erwachsene Leistungsberechtigte, die in einem gemeinsamen Haushalt leben und gemeinsam wirtschaften (Regelbedarfsstufe 2) auf 328 Euro,
3. für erwachsene Leistungsberechtigte, die keinen eigenen Haushalt führen, weil sie im Haushalt anderer Personen leben, (Regelbedarfsstufe 3) auf 291 Euro,
4. für Jugendliche von Beginn des 14. bis zur Vollendung des 18. Lebensjahres (Regelbedarfsstufe 4) auf 275 Euro,
5. für Kinder vom Beginn des 7. bis zur Vollendung des 13. Lebensjahres (Regelbedarfsstufe 5) auf 242 Euro,
6. Kinder bis zur Vollendung des 6. Lebensjahres (Regelbedarfsstufe 6) auf 213 Euro.

Für die Regelbedarfsstufen 4, 5 und 6 tritt zum 1. 1. 2011 an die Stelle der Beträge nach Absatz 1 Nummern 4, 5 und 6

1. für die Regelbedarfsstufe 4 der Betrag von 287 Euro,
2. für die Regelbedarfsstufe 5 der Betrag von 251 Euro,
3. für die Regelbedarfsstufe 6 der Betrag von 215 Euro,

solange sich durch die Fortschreibung nach § 134 SGB XII nF kein höherer Betrag ergibt (vgl. auch Anhang zu § 28).

§ 28a Fortschreibung der Regelbedarfsstufen

(1) ¹In Jahren, in denen keine Neuermittlung nach § 28 erfolgt, werden die Regelbedarfsstufen jeweils zum 1. Januar mit der sich nach Absatz 2 ergebenden Veränderungsrate fortgeschrieben. ²§ 28 Absatz 4 Satz 5 gilt entsprechend.

(2) ¹Die Fortschreibung der Regelbedarfsstufen erfolgt aufgrund der bundesdurchschnittlichen Entwicklung der Preise für regelbedarfsrelevante Güter und Dienstleistungen sowie der bundesdurchschnittlichen Entwicklung der Nettolöhne und -gehälter je beschäftigten Arbeitnehmer nach der Volkswirtschaftlichen Gesamtrechnung (Mischindex). ²Maßgeblich ist jeweils die Veränderungsrate, die sich aus der Veränderung in dem Zwölfmonatszeitraum, der mit dem 1. Juli des Vorvorjahres beginnt und mit dem 30. Juni des Vorjahres endet, gegenüber dem davorliegenden Zwölfmonatszeitraum ergibt. ³Für die Ermittlung der jährlichen Veränderungsrate des Mischindexes wird die sich aus der Entwicklung der Preise aller regelbedarfsrelevanten Güter und Dienstleistungen ergebende Veränderungsrate mit einem Anteil von 70 vom Hundert und die sich aus der Entwicklung der Nettolöhne und -gehälter je beschäftigten Arbeitnehmer ergebende Veränderungsrate mit einem Anteil von 30 vom Hundert berücksichtigt.

(3) Das Bundesministerium für Arbeit und Soziales beauftragt das Statistische Bundesamt mit der Ermittlung der jährlichen Veränderungsrate für den Zeitraum nach Absatz 2 Satz 2 für
1. die Preise aller regelbedarfsrelevanten Güter und Dienstleistungen und
2. die durchschnittliche Nettolohn- und -gehaltssumme je durchschnittlich beschäftigten Arbeitnehmer.

Überblick

§ 28a in der Fassung des Regelbedarfs-Ermittlungsgesetzes (RBEG) vom 24. 3. 2011 (BGBl I S. 453) regelt die Fortschreibung der Regelbedarfsstufen bis zu ihrer Neuermittlung. Diese erfolgt anhand dreier Faktoren, nämlich dem Verbrauch, der Preisentwicklung und der Entwicklung der Nettolöhne. **1**

Das **BVerfG** hat in seinem Urteil vom 9. Februar 2010 (BVerfGE 125, 175, Rn. 184) die frühere Fortschreibung der Regelsätze mit der Veränderungsrate des aktuellen Rentenwertes in der gesetzlichen Rentenversicherung als mit dem Grundgesetz für unvereinbar erklärt und dies damit begründet, dass die Fortschreibung mit der Entwicklung des aktuellen Rentenwertes von der Bruttolohnentwicklung ausgehe und die sich daraus ergebende Veränderungsrate durch Dämpfungsfaktoren modifiziert werde. Letztere dienten aber der Stabilisierung der Beitragssatzentwicklung in der gesetzlichen Rentenversicherung und stünden deshalb in keinem Zusammenhang mit dem Existenzminimum. Zudem ließe die Fortschreibung des aktuellen Rentenwerts die **Preisentwicklung** unberücksichtigt. Das BVerfG hat in seiner Entscheidung auch ausdrücklich darauf hingewiesen, dass die Preisentwicklung bei der Fortschreibung schon deshalb nicht unberücksichtigt bleiben kann, weil die Abdeckung des Existenzminimums bei steigenden Preisen naturgemäß zu höheren Aufwendungen führt. Dem Urteil des BVerfG ist auch zu entnehmen, dass von der **Nettoeinkommensentwicklung** – also dem real verfügbaren Einkommen – das Konsumniveau abhängig ist und das soziokulturelle Existenzminimum auch eine Teilhabe an der allgemeinen Wohlstandsentwicklung beinhaltet. Als Indikator für die Nettoeinkommensentwicklung bieten sich die Nettolöhne und Nettogehälter an, da diese für die überwiegende Anzahl der Haushalte, die nicht von existenzsichernden Sozialleistungen leben, die Haupteinkommensquelle darstellen. **2**

Für den neuen Fortschreibungsmechanismus wird langfristig angestrebt, die jährlichen **Laufenden Wirtschaftsrechnungen** (LWR) des Statistischen Bundesamts heranzuziehen. Diese liefern u. a. statistische Informationen über die Einnahmen und Ausgaben privater Haushalte, deren Ausstattung mit Gebrauchsgütern sowie ihrer Wohnverhältnisse. Einbezogen werden dabei die Haushalte fast aller sozialen Gruppierungen, so dass die LWR ein repräsentatives Bild der Lebenssituation nahezu der Gesamtbevölkerung in Deutschland zeichnet. Generell nicht in die Erhebung einbezogen werden Haushalte von Selbstständigen und selbstständigen Landwirten, Personen ohne festen Wohnsitz (Obdachlose) bzw. in Gemeinschaftsunterkünften und Anstalten sowie Haushalte mit einem monatlichen Haushaltsnettoeinkommen über 18 000 Euro im Monat. Die Ergebnisse der LWR zu den Konsumausgaben privater Haushalte werden in der amtlichen Statistik für die Neufestsetzung des Wägungsschemas der Verbraucherpreisstatistik verwendet und dienen als Datenbasis für die Verwendungsrechnung der Volkswirtschaftlichen Gesamtrechnungen. Die LWR stellt die einzige statistische Grundlage dar, die jährlich Daten zur Entwicklung des regelbedarfsrelevanten Verbrauchs liefert und damit indirekt alle drei der maßgeblichen Parameter der Regelbedarfsermittlung (Verbrauch, Preise, Nettolohnentwicklung) abbildet. Allerdings muss zuvor geprüft werden, ob über die LWR für die Fortschreibung valide Daten gewonnen werden können. Hierzu muss ein beim Statistischen Bundesamt in **3**

Auftrag gegebenes Forschungsprojekt einen Nachweis erbringen. Bis dahin ist ein anderer Fortschreibungsmechanismus einzuführen.

4 § 28a Abs. 1 enthält den früher in § 4 der Regelsatzverordnung enthaltenen Grundsatz, dass für Jahre, in denen keine Neuermittlung der Regelbedarfe nach § 28 vorzunehmen ist, die Regelbedarfsstufen fortzuschreiben sind. Die **Fortschreibung** erfolgt jedoch im Unterschied zum alten Recht zum 1. Januar und nicht zum 1. Juli eines Jahres. Hierdurch wird vermieden, dass es in Jahren, für die die Regelbedarfe neu zu ermitteln sind, zwei Erhöhungen stattfinden – die Ermittlung zum 1. Januar und die Fortschreibung zum 1. Juli, während in den übrigen Jahren nur eine Erhöhung stattfindet, nämlich die Fortschreibung zum 1. Juli. Bereits in der Vergangenheit wurden deshalb die Neubemessungen auf Grundlage einer Sonderauswertung der EVS zum 1. Januar eines Jahres vorgenommen.

5 Nach § 28a Abs. 2 liegt dem Fortschreibungsmechanismus ein **Mischindex** zugrunde, der sowohl die bundesdurchschnittliche Entwicklung der Preise als auch der Nettolöhne und Nettogehälter je Beschäftigten im Vorjahr berücksichtigt. Bei der Preisentwicklung wird auf die Veränderung der Preise der Güter und Dienstleistungen abgestellt, die der Ermittlung der Regelbedarfsstufen zugrundeliegen.

6 Für die Veränderung der Nettolöhne und Nettogehälter je Beschäftigten werden mangels anderer Lohnstatistik von vergleichbarer Aktualität die Ergebnisse der Volkswirtschaftlichen Gesamtrechnung herangezogen, deren Ergebnisse auf der gesamten Lohn- und Gehaltsentwicklung – also auf hohen Löhnen wie auf niedrigen Löhnen – basieren. Der maßgebliche Zeitraum, nach dem sich die Veränderungsrate der Veränderungsrate der Nettolöhne und Nettogehälter berechnet, ist jeweils das zweite Halbjahr des Vorjahres und das erste Halbjahr des laufenden Jahres. Damit liegen zwischen dem Ende des maßgeblichen Zeitraums und dem Fortschreibungstermin sechs Monate. Die Veränderungsraten des Preisindexes liegen monatsbezogen vor. In den Mischindex geht die Preisentwicklung mit einem Anteil von 70 Prozent ein, die Gehaltsentwicklung mit einem Anteil von 30 Prozent (Abs. 2 S. 3). Die deutlich stärkere **Gewichtung der Preisentwicklung** rechtfertigt sich daraus, dass es sich bei den Leistungen nach dem SGB XII um existenzsichernde Leistungen handelt, deren realer Wert zu sichern ist, während Wohlstandsentwicklung eine demgegenüber untergeordnete Rolle spielt, ohne dass sie aber ganz unbeachtet bleiben darf. Der gewählte Gewichtung, die zwar beide Faktoren berücksichtigt, aber der Realwertsicherung die größere Bedeutung beimisst, liegt eine normative Entscheidung über die konkrete Höhe beider Anteile zugrunde, die sich auch auf Analysen der Preis- und Lohneinheit in der Vergangenheit stützt.

7 Nach § 28a Abs. 3 hat das Bundesministerium für Arbeit und Soziales das Statistische Bundesamt mit der **Erstellung eines Preisindexes** für die regelbedarfsrelevanten Güter und Dienstleistungen sowie der Veränderungsrate der bundesdurchschnittlichen Nettolohn- und -gehaltssumme zu beauftragen. Für regelbedarfsrelevante Güter und Dienstleistungen entwickelt das Statistische Bundesamt auf Basis der Struktur des regelbedarfsrelevanten Verbrauchs von Erwachsenen einen Preisindex. In diesen Preisindex gehen die regelbedarfsrelevanten Verbrauchsausgaben mit ihrem jeweiligen Anteil einer alleinstehenden erwachsenen Person unabhängig von dem Anteil im allgemeinen Preisindex ein. Nicht regelbedarfsrelevante Güter und Dienstleistungen (Wohnungsmieten, Heizkosten, PKW-Anschaffung) werde in diesen speziellen Preisindex nicht berücksichtigt, um der Konsumstruktur von Menschen mit niedrigen Einkommen Rechnung zu tragen. Die Veränderungsrate der bundesdurchschnittlichen Nettolohn- und -gehaltssumme durch das Statistische Bundesamt ist deshalb erforderlich, weil die entsprechende Statistik im Rahmen der Volkswirtschaften Gesamtrechnung auf Kalenderjahre abstellt. Das Statistische Bundesamt ist deshalb zu beauftragen, aus der quartalsweisen Erhebung der Daten zur Nettolohn- und -gehaltssumme die Veränderungsrate für den Zwölfmonatszeitraum nach Abs. 2 zu ermitteln – also für den Zeitraum vom 1. Juli des Vorjahres bis zum 30. Juni des laufenden Jahres (siehe Abs. 2 S. 2).

§ 29 Festsetzung und Fortschreibung der Regelsätze

(1) ¹Werden die Regelbedarfsstufen nach § 28 neu ermittelt, gelten diese als neu festgesetzte Regelsätze (Neufestsetzung), solange die Länder keine abweichende Neufestsetzung vornehmen. ²Satz 1 gilt entsprechend, wenn die Regelbedarfe nach § 28a fortgeschrieben werden.

(2) ¹Nehmen die Länder eine abweichende Neufestsetzung vor, haben sie die Höhe der monatlichen Regelsätze entsprechend der Abstufung der Regelbedarfe nach der Anlage zu § 28 durch Rechtsverordnung neu festzusetzen. ²Sie können die Ermächtigung für die Neufestsetzung nach Satz 1 auf die zuständigen Landesministerien übertragen. ³Für die abweichende Neufestsetzung sind anstelle der bundesdurchschnittlichen Regelbedarfsstufen, die sich nach § 28 aus der bundesweiten Auswertung der Einkommens- und Verbrauchsstichprobe ergeben, entsprechend aus regionalen Auswertungen der Einkommens- und Verbrauchsstichprobe ermittelte Regelbedarfsstufen zugrunde zu legen. ⁴Die Länder können bei der Neufestsetzung der Regelsätze auch auf ihr Land bezogene besondere

Umstände, die die Deckung des Regelbedarfs betreffen, berücksichtigen. ⁵Regelsätze, die nach Absatz 1 oder nach den Sätzen 1 bis 4 festgesetzt worden sind, können von den Ländern als Mindestregelsätze festgesetzt werden. ⁶§ 28 Absatz 4 Satz 4 und 5 gilt für die Festsetzung der Regelsätze nach den Sätzen 1 bis 4 entsprechend.

(3) ¹Die Länder können die Träger der Sozialhilfe ermächtigen, auf der Grundlage von nach Absatz 2 Satz 5 bestimmten Mindestregelsätzen regionale Regelsätze festzusetzen; bei der Festsetzung können die Träger der Sozialhilfe regionale Besonderheiten sowie statistisch nachweisbare Abweichungen in den Verbrauchsausgaben berücksichtigen. ²§ 28 Absatz 4 Satz 4 und 5 gilt für die Festsetzung der Regelsätze nach Satz 1 entsprechend.

(4) Werden die Regelsätze nach den Absätzen 2 und 3 abweichend von den Regelbedarfsstufen nach § 28 festgesetzt, sind diese in den Jahren, in denen keine Neuermittlung der Regelbedarfe nach § 28 erfolgt, jeweils zum 1. Januar durch Rechtsverordnung der Länder mit der Veränderungsrate der Regelbedarfe fortzuschreiben, die sich nach der Rechtsverordnung nach § 40 ergibt.

(5) Die nach den Absätzen 2 und 3 festgesetzten und nach Absatz 4 fortgeschriebenen Regelsätze gelten als Regelbedarfsstufen nach der Anlage zu § 28.

Überblick

Werden die Regelbedarfsstufen nach § 28 vom Bundesgesetzgeber neu ermittelt oder nach § 28a fortgeschrieben, gelten sie nach § 29 Abs. 1 als Regelsätze, sofern die Länder von der Möglichkeit der **abweichenden Regelsatzfestsetzung** keinen Gebrauch machen. Eine Neufestsetzung der Regelsätze durch die Länder durch Verordnung hat dann – im Unterschied zu dem bis zum 31. 12. 2010 geltenden Recht – nicht zu erfolgen. 1

Machen die Länder von der Möglichkeit der abweichenden Regelsatzfestsetzung Gebrauch, sieht Abs. 2 vor, dass die Neufestsetzung durch **Verordnung** der Landesregierungen zu erfolgen hat. Die Verordnungsermächtigung kann von den Landesregierungen auf die zuständigen obersten Landesbehörden übertragen werden. Dies entspricht dem Verfahren, das bis 31. 12. 2010 § 28 Abs. 2 vorsah. Für die abweichende Regelsatzfestsetzung werden die dortigen Vorgaben übernommen. Dies bedeutet, dass bei einer abweichenden Neufestsetzung anstelle der Sonderauswertungen der bundesweiten EVS regionale Sonderauswertungen der neuen EVS zugrundegelegt werden müssen. Die in einem Land vorhandenen Besonderheiten, die sich auf die Höhe der Regelbedarfe auswirken, können bei der Neufestsetzung der Regelsätze berücksichtigt werden. Die abweichend ermittelten Regelbedarfe sind vom Jahr der Erhebung der EVS bis zum Jahr, das der Neufestsetzung vorausgeht, entsprechend den Vorgaben des § 28a Abs. 2 fortzuschreiben und ergeben die Regelsätze. 2

Nach § 29 Abs. 3 können die Länder **Mindestregelsätze** festsetzen, auf deren Grundlage die Träger der Sozialhilfe ermächtigt werden, regionale Regelsätze festzusetzen. Die Sozialhilfeträger sind bei der Neufestsetzung an die Vorgaben gebunden, die auch für die Länder bei der Neufestsetzung gelten. 3

§ 29 Abs. 4 regelt im Falle einer abweichenden Neufestsetzung der Regelsätze von Ländern oder Sozialhilfeträgern, dass diese Regelsätze in Jahren, für die keine Neuermittlung der Regelbedarfe und damit auch keine Neufestsetzung der Regelbedarfe zu erfolgen hat, mit dem Mischindex nach § 28a Abs. 2 in der sich jeweils durch die Verordnung nach § 40 ergebenden Höhe zum 1. Januar fortzuschreiben sind. Die **Fortschreibung** entspricht damit der Fortschreibung der Regelbedarfe nach § 28a. 4

Nach § 29 Abs. 5 gelten die von Ländern oder Sozialhilfeträgern abweichend neu festgesetzten und fortgeschriebenen Regelsätze als Regelbedarfsstufen der Anlage zu § 28. 5

Zweiter Abschnitt. Zusätzliche Bedarfe

§ 30 Mehrbedarf

(1) Für Personen, die
1. die Altersgrenze nach § 41 Abs. 2 erreicht haben oder
2. die Altersgrenze nach § 41 Abs. 2 noch nicht erreicht haben und voll erwerbsgemindert nach dem Sechsten Buch sind,

und durch einen Bescheid der nach § 69 Abs. 4 des Neunten Buches zuständigen Behörde oder einen Ausweis nach § 69 Abs. 5 des Neunten Buches die Feststellung des Merkzeichens G nachweisen, wird ein Mehrbedarf von 17 vom Hundert der maßgebenden Regelbedarfsstufe anerkannt, soweit nicht im Einzelfall ein abweichender Bedarf besteht.

(2) Für werdende Mütter nach der 12. Schwangerschaftswoche wird ein Mehrbedarf von 17 vom Hundert der maßgebenden Regelbedarfsstufe anerkannt, soweit nicht im Einzelfall ein abweichender Bedarf besteht.

(3) Für Personen, die mit einem oder mehreren minderjährigen Kindern zusammenleben und allein für deren Pflege und Erziehung sorgen, ist, soweit kein abweichender Bedarf besteht, ein Mehrbedarf anzuerkennen
1. in Höhe von 36 vom Hundert der Regelbedarfsstufe 1 nach der Anlage zu § 28 für ein Kind unter sieben Jahren oder für zwei oder drei Kinder unter sechzehn Jahren, oder
2. in Höhe von 12 vom Hundert der Regelbedarfsstufe 1 nach der Anlage zu § 28 für jedes Kind, wenn die Voraussetzungen nach Nummer 1 nicht vorliegen, höchstens jedoch in Höhe von 60 vom Hundert des Eckregelsatzes.

(4) [1]Für behinderte Menschen, die das 15. Lebensjahr vollendet haben und denen Eingliederungshilfe nach § 54 Abs. 1 Satz 1 Nr. 1 bis 3 geleistet wird, wird ein Mehrbedarf von 35 vom Hundert der maßgebenden Regelbedarfsstufe anerkannt, soweit nicht im Einzelfall ein abweichender Bedarf besteht. [2]Satz 1 kann auch nach Beendigung der in § 54 Abs. 1 Satz 1 Nr. 1 bis 3 genannten Leistungen während einer angemessenen Übergangszeit, insbesondere einer Einarbeitungszeit, angewendet werden. [3]Absatz 1 Nr. 2 ist daneben nicht anzuwenden.

(5) Für Kranke, Genesende, behinderte Menschen oder von einer Krankheit oder von einer Behinderung bedrohte Menschen, die einer kostenaufwändigen Ernährung bedürfen, wird ein Mehrbedarf in angemessener Höhe anerkannt.

(6) Die Summe des nach den Absätzen 1 bis 5 insgesamt anzuerkennenden Mehrbedarfs darf die Höhe der maßgebenden Regelbedarfsstufe nicht übersteigen.

(7) [1]Für Leistungsberechtigte wird ein Mehrbedarf anerkannt, soweit Warmwasser durch in der Unterkunft installierte Vorrichtungen erzeugt wird (dezentrale Warmwassererzeugung) und denen deshalb keine Leistungen für Warmwasser nach § 35 Absatz 4 erbracht werden. [2]Der Mehrbedarf beträgt für jede im Haushalt lebende leistungsberechtigte Person entsprechend ihrer Regelbedarfsstufe nach der Anlage zu § 28 jeweils
1. 2,3 vom Hundert der Regelbedarfsstufen 1 bis 3,
2. 1,4 vom Hundert der Regelbedarfsstufe 4,
3. 1,2 vom Hundert der Regelbedarfsstufe 5 oder
4. 0,8 vom Hundert der Regelbedarfsstufe 6,
soweit nicht im Einzelfall ein abweichender Bedarf besteht oder ein Teil des angemessenen Warmwasserbedarfs durch Leistungen nach § 35 Absatz 4 gedeckt wird.

A. Mehrbedarfe

1 § 30 betrifft Fallkonstellationen, in denen typisierend von einem Mehrbedarf ausgegangen wird. Statt nach § 27a Abs. 4 S. 1 Alt. 2 den Bedarf individuell abweichend vom Regelbedarf festzusetzen, sieht § 30 – außer bei einem ernährungsbedingten Mehrbedarf – einen **pauschalierten Mehrbedarf** vor, der allerdings nur anerkannt wird, soweit im Einzelfall kein „abweichender Bedarf" besteht. Besteht eine solche Abweichung (im Einzelfall), ist der Bedarf nach § 27a Abs. 4 S. 1 Alt. 2 festzusetzen und kann so zu einem höheren, aber auch niedrigerem Betrag als dem in § 30 vorgesehenen Mehrbedarf führen. Angesichts der Pauschalierung des Mehrbedarfs kann ein geringerer Bedarf aber nur dann vorliegen, wenn ein Bedarf oder Bedarfsteil bereits durch eine andere Leistung konkret gedeckt ist (LSG NRW 29. 7. 2009 – L 12 SO 33/08 – FEVS 61, 275). Bei einem ernährungsbedingten Mehrbedarf wird der Mehrbedarf in angemessener Höhe anerkannt. Da hier eine Pauschalierung ohnehin nicht vorgesehen ist, sondern auf die Angemessenheit abgestellt wird, hätte es angesichts der bereits durch § 27a Abs. 4 S. 1 Alt. 2 eingeräumten Möglichkeit, den Bedarf im Einzelfall zu erhöhen, einer gesonderten Regelung hierüber nicht bedurft.

B. Durch Alter und Erwerbsminderung bedingter Mehrbedarf (§ 30 Abs. 1)

2 Bereits das Erreichen des Renteneintrittsalters (§ 41 Abs. 2) oder alternativ die volle Erwerbsminderung nach § 43 Abs. 2 SGB VI bedingt nach § 30 Abs. 1 einen Mehrbedarf von 17% der maßgebenden Regelbedarfsstufe, soweit durch einen Bescheid der nach § 69 Abs. 4 SGB IX zuständigen Behörde (Versorgungsamt) oder einen Ausweis nach § 69 Abs. 5 SGB IX die Feststellung des **Merkzeichens G** (erhebliche Gehbehinderung) nachgewiesen wird. Die noch im BSHG vorhandene **Besitzstandsklausel** des § 23 Abs. 1 S. 2 BSHG ist mit dem Inkrafttreten ersatzlos gestrichen worden. Diese betraf Personen, bei denen das Merkzeichen G nicht durch Bescheid festgestellt und nach dem bis zum 31. 7. 1996 geltenden Recht, das diese Voraussetzung nicht kannte, ein Mehrbedarf anerkannt worden war. Dies ist verfassungsrechtlich nicht zu beanstanden (BSG 16. 12. 2010 – B 8 SO 9/09 R). Eine § 30 Abs. 1 entsprechende Regelung enthält § 23 Nr. 4 SGB II für nichterwerbsfähige

Sozialgeldempfänger. Ein Kind vor Vollendung des 15. Lebensjahrs ist keine „nichterwerbsfähige Person" i. S. dieser Regelung (BSG 6. 5. 2010 – B 14 AS 3/09 R).

In seiner Bewegungsfähigkeit im Straßenverkehr erheblich beeinträchtigt ist nach § 146 Abs. 1 S. 1 **3** SGB IX, wer infolge einer Einschränkung des Gehvermögens nicht ohne erhebliche Schwierigkeiten oder nicht ohne Gefahr für sich oder andere Wegstrecken im Ortsverkehr zurückzulegen vermag, die üblicherweise noch zu Fuß zurückgelegt werden (nach der Rechtsprechung 2 km). Maßgebend für die Anerkennung des Mehrbedarfs ist nach dem eindeutigen Wortlaut nicht das Vorliegen der Voraussetzungen, die die Feststellung der erheblichen Gehbehinderung rechtfertigen, sondern allein ein hierüber durch Bescheid oder **Schwerbehindertenausweis** zu erbringender Nachweis, so dass der Sozialhilfeträger von einer eigenen Prüfung der Voraussetzungen entbunden ist. Bis zur Erteilung von Bescheid oder Ausweis ist der Mehrbedarf nach § 30 Abs. 1 nicht zu erbringen. Wird die Gehbehinderung auch für die Vergangenheit festgestellt, ist der Zuschlag nicht rückwirkend zu erbringen, weil der Wortlaut des § 30 nicht nur an die Gehbehinderung, sondern auch an den Bescheid oder die Vorlage eines Ausweises anknüpft (so bereits in der Vorauflage, nunmehr auch LSG Baden-Württemberg 20. 11. 2008 – L 7 SO 3246/08 – FEVS 61, 42 und LSG Niedersachsen-Bremen 25. 2. 2010 – L 8 SO 219/07). Höhere Leistungen können bis zur Vorlage des Bescheides des Versorgungsamtes nach § 27 a Abs. 4 S. 1 Alt. 2 erbracht werden.

Anders verhält es sich hinsichtlich der vollen **Erwerbsminderung.** Hier muss der Sozialhilfeträger **4** – wenn der Rentenversicherungsträger die volle Erwerbsminderung noch nicht in einem Antragsverfahren auf Gewährung einer Erwerbsminderungsrente festgestellt hat oder der Fachausschuss einer WfbM eine Stellungnahme abgegeben hat und der Leistungsberechtigte nach § 43 Abs. 2 S. 3 Nr. 1 SGB VI als voll erwerbsgemindert gilt – eigene Feststellungen treffen. Hierzu kann er entsprechend § 45 Abs. 1 S. 1 den zuständigen Rentenversicherungsträger ersuchen, die erforderlichen medizinischen Voraussetzungen zu prüfen. Erwerbsfähige, die schwer- und gehbehindert sind, haben keinen Anspruch auf einen Mehrbedarf nach § 23 Nr. 4 SGB II bzw. § 30 Abs. 1 Nr. 2 SGB XII. Auch eine entsprechende Anwendung der Mehrbedarfsregelung scheidet aus (BSG 18. 2. 2010 – B 4 AS 29/09 R – BSGE 105, 279 = SozR 4–1100 Art 1 Nr. 7).

Der Mehrbedarfszuschlag des § 30 Abs. 1 SGB XII umfasst Bedarfstatbestände und Aufwendungen, **5** die gerade auch auf das eingeschränkte Gehvermögen zurückzuführen sind. So sind etwa behinderungsbedingt erhöhte Aufwendungen für Schuhe von § 30 Abs. 1 SGB XII umfasst mit der Folge, dass (daneben) weder eine abweichende Festsetzung des Regelsatzes nach § 27 a Abs. 4 S. 1 Alt. 2 SGB XII noch Leistungen der Eingliederungshilfe nach §§ 53 ff SGB XII in Betracht kommen (BSG 29. 9. 2009 – B 8 SO 5/08 R – BSGE 104, 200 = SozR 4–3500 § 30 Nr. 1). Seit dem 1. 1. 2011 sind orthopäische Schuhe in den Katalog der Einmalleistungen aufgenommen worden (§ 31 Abs. 1 Nr. 3). Auch etwaige Aufwendungen (Folgekosten) eines wegen der Gehbehinderung angeschafften Pkw sind (idR) von dem pauschalen Mehrbedarf (und dem Regelsatz) zu decken (SG Freiburg 15. 5. 2008 – S 4 SO 677/06).

C. Durch Schwangerschaft bedingter Mehrbedarf (§ 30 Abs. 2)

Für werdende Mütter ab der **13. Schwangerschaftswoche** bis zur Entbindung wird nach § 30 **6** Abs. 2 ein Mehrbedarf ebenfalls von 17% der für die Schwangere maßgebenden Regelbedarfsstufe anerkannt, soweit nicht im Einzelfall ein abweichender Bedarf besteht. Dieser Mehrbedarf ist von dem einmaligen Bedarf nach § 31 Abs. 1 Nr. 2 (Erstausstattung bei Schwangerschaft) zu trennen, der daneben („gesondert") erbracht wird.

D. Mehrbedarf Alleinerziehender (§ 30 Abs. 3)

Ein Mehrbedarf wird nach § 30 Abs. 3 für Personen anerkannt, die mit einem oder mehreren **7** **minderjährigen Kindern** zusammenleben und allein für deren Pflege und Erziehung sorgen (**Alleinerziehende),** soweit kein abweichender Bedarf besteht. Es handelt sich dabei idR um Mütter oder Väter, die ledig, verwitwet, dauernd getrennt lebend oder geschieden sind und nicht mit einem anderen Erwachsenen, jedoch mit ihrem minderjährigen Kind bzw. ihren Kindern in ständiger Haushaltsgemeinschaft zusammenleben (sog. Einelternfamilie). Der Zuschlag trägt der besonderen Belastung eines alleinerziehenden Elternteils Rechnung und soll diese kompensieren. Das Kind hat nur den Leistungsberechtigten als unmittelbare Bezugsperson, während der andere Elternteil (sofern dieser noch lebt und jemals eine Beziehung zu dem Kind aufgebaut hat) nicht wesentlich zur Erziehung beiträgt und meist nur Besuchskontakte (Ausübung des Umgangsrechts) hat. Da § 30 Abs. 3 nicht auf leibliche Kinder abstellt, können alleinerziehend auch andere Erziehungsberechtigte sein, die die Personensorge für das Kind auf Dauer wahrnehmen (vgl. zur Begriffsbestimmung § 7 Abs. 1 Nr. 6 SGB VIII).

Der **Zuschlag** für Alleinerziehende hängt von Anzahl und Alter der Kinder ab und beträgt 36% **8** der Regelbedarfsstufe 1 für ein Kind unter sieben Jahren oder für zwei oder drei Kinder unter

16 Jahren, oder – wenn diese Voraussetzungen nicht erfüllt sind (zB ein Kind unter und ein Kind über 16 Jahre) – 12% der Regelbedarfsstufe für jedes Kind, höchstens jedoch 60% der Regelbedarfsstufe 1. Bei wortgetreuer Auslegung führt die Regelung dazu, dass der Mehrbedarf eines Alleinerziehenden mit einem Kind unter sieben Jahren 36% der Regelbedarfsstufe 1, bei einem Alleinerziehenden mit einem Kind unter sieben und einem Kind über 16 Jahre (weil die Voraussetzungen von § 30 Abs. 3 Nr. 1 nicht gegeben wären) hingegen nur 24% der Regelbedarfsstufe 1 als Zuschlag betragen würde. Dies ist offensichtlich so nicht gewollt. Die Regelung ist daher so zu verstehen, dass bei einem Kind unter sieben Jahren oder zwei bzw. drei Kindern unter 16 Jahren der Zuschlag mindestens 36% beträgt und § 30 Abs. 3 Nr. 2 in diesen Fällen erst ab dem 4. Kind zum Tragen kommt, der Zuschlag dann 48% beträgt.

E. Mehrbedarf Behinderter in Ausbildung (§ 30 Abs. 4)

9   Für behinderte Menschen, die das 15. Lebensjahr vollendet haben und denen **Eingliederungshilfe** nach § 54 Abs. 1 S. 1 Nr. 1 bis 3 geleistet wird, wird nach § 30 Abs. 4 S. 1 ein Mehrbedarf von 35% der maßgebenden Regelbedarfsstufe anerkannt, soweit nicht im Einzelfall ein abweichender Bedarf besteht. Nach dem eindeutigen Wortlaut setzt der Mehrbedarf für behinderte Menschen in Ausbildung voraus, dass tatsächlich Eingliederungshilfe nach § 54 Abs. 1 Nr. 1 bis 3 SGB XII bezogen wird (LSG NRW 28. 7. 2008 – L 20 SO 13/08). Die Vorschrift kann nach § 30 Abs. 4 S. 2 SGB XII auch nach Beendigung der Eingliederungshilfe während einer angemessenen **Übergangszeit,** insbesondere einer Einarbeitungszeit, angewendet werden. Insoweit handelt es sich um eine Ermessensleistung. Liegt ein Mehrbedarf in dieser Übergangszeit nicht vor, darf der Sozialhilfeträger einen solchen aber auch nicht im Ermessenswege erbringen, weil schon nach § 30 Abs. 4 S. 1 der Mehrbedarf nur anzuerkennen ist, soweit nicht im Einzelfall ein abweichender und damit auch überhaupt kein Mehrbedarf besteht. § 30 Abs. 1 Nr. 2, der einen Zuschlag von 17% der Regelbedarfsstufe 1 vorsieht, ist neben § 30 Abs. 4 nicht anzuwenden.

F. Mehrbedarf für kostenaufwändige Ernährung (§ 30 Abs. 5)

10   Für Kranke, Genesende, behinderte Menschen oder von einer Krankheit oder von einer Behinderung bedrohte Menschen, die einer kostenaufwändigen Ernährung bedürfen, wird ein Mehrbedarf in angemessener Höhe anerkannt. Der Begriff der Angemessenheit ist ein unbestimmter Rechtsbegriff und unterliegt der vollen gerichtlichen Überprüfung. Der **Deutsche Verein** für öffentliche und private Fürsorge eV geht in seinen „Empfehlungen für die Gewährung von Krankenkostzulagen in der Sozialhilfe" aus dem Jahr 1997 von folgendem (angemessenem) Mehrbedarf für kostenaufwändige Ernährung aus:

Colitis ulcerosa, Vollkost 25,56 Euro;
Diabetes mellitus Typ I, Vollkost 25,56 Euro;
Diabetes mellitus Typ I, konventionelle Insulintherapie, Diabeteskost 51,13 Euro;
Diabetes mellitus Typ II a, Diabeteskost 51,13 Euro;
Diabetes mellitus Typ II b, Diabetes-Reduktionskost 0 Euro;
HIV-Infektion/Aids, Vollkost 25,56 Euro;
Hyperlipidämie (Erhöhung der Blutfettwerte), lipidsenkende Kost 35,79 Euro;
Hyperlipidämie bei Adipositas, lipidsenkende Reduktionskost 0 Euro;
Hypertonie, natriumdefinierte Kost 25,56 Euro;
Hypertonie bei Adipositas, natriumdefinierte Reduktionskost 0 Euro;
Hyperurikämie, Purinreduzierte Kost 30,68 Euro;
Hyperurikämie/Gicht bei Adipositas, purinreduzierte Reduktionskost 0 Euro;
Krebs (bösartiger Tumor), Vollkost 25,56 Euro;
Leberinsuffizienz, eiweißdefinierte Kost 30,68 Euro;
Morbus Crohn, Vollkost 25,56 Euro;
Multiple Sklerose, Vollkost 25,56 Euro;
Neurodermitis, Vollkost 25,56 Euro;
Niereninsuffizienz, eiweißdefinierte Kost 30,68 Euro;
Niereninsuffizienz mit Hämodialysebehandlung, Dialysediät 61,36 Euro;
Ulcus duodeni (Geschwür im Zwölffingerdarm)/Ulcus ventriculi (Magengeschwür), Vollkost 25,56 Euro;
Zöliakie/Sprue, glutenfreie Kost 66,47 Euro.

11   Nach den **neuen Empfehlungen** vom 1. 10. 2008 ist bei folgenden Gesundheitsstörungen auf Grund geänderter diätetischer Grundlagen idR ein krankheitsbedingt erhöhter Ernährungsaufwand (nunmehr) zu verneinen und davon auszugehen, dass der auf der Grundlage der EVS bemessene Regelbedarf den notwendigen Aufwand für die erforderliche Vollkost deckt:

a) Hyperlipidämie (Erhöhung der Blutfettwerte)
b) Hyperurikämie (Erhöhung der Harnsäure im Blut)
c) Gicht (Erkrankung durch Harnsäureablagerungen)
d) Hypertonie (Bluthochdruck)
e) kardinale und renale Ödeme (Gewebswasseransammlungen bei Herz- oder Nierenerkrankungen)
f) Diabetes mellitus (Zuckerkrankheit – Typ II und Typ I, konventionell und intensiviert konventionell behandelt)
g) Ulcus duodeni (Geschwür am Zwölffingerdarm)
h) Ulcus ventriculi (Magengeschwür)
i) Neurodermitis (Überempfindlichkeit von Haut und Schleimhäuten auf genetischer Basis)
j) Leberinsuffizienz.

Ein Mehrbedarf mit folgenden Regelwerten für **Krankenkostzulagen** wird nach den Empfehlungen aus dem Jahr 2008 bejaht bei: **12**
a) konsumierenden Erkrankungen (fortgeschrittenen Krebsleiden, Aids, Multiple Sklerose, Morbus Crohn, Colitis ulcerosa) und Erkrankungen mit gestörter Nährstoffaufnahme bzw. Nährstoffverwertung 10% der Regelbedarfsstufe 1
b) Niereninsuffizienz, die mit einer eiweißdefinierten Kost behandelt wird, der Regelbedarfsstufe 1
c) Niereninsuffizienz mit Dialysediät 20% der Regelbedarfsstufe 1
d) Zöliakie, Sprue 20% der Regelbedarfsstufe 1

Die Verabschiedung der Neufassung der Empfehlungen des Deutschen Vereins für die Gewährung von Krankenkostzulagen in der Sozialhilfe zum 1. 10. 2008 stellt keine Änderung der rechtlichen Verhältnisse i. S. von § 48 Abs. 1 S. 1 SGB X dar (SG Freiburg 16. 9. 2010 – S 9 SO 6462/07). Die Empfehlungen des Deutschen Vereins sind nämlich weder als Rechtsnormen noch derzeit als **antizipierte Sachverständigengutachten** anzusehen. Sie können im Regelfall nur zur **Konkretisierung** des angemessenen Mehrbedarfs iSd. § 30 Abs. 5 herangezogen werden (BSG 27. 2. 2008 – B 14/7 b AS 64/06 R – BSGE 100, 83 = SozR 4–4200 § 20 Nr. 6). Zudem sind die 1997 ermittelten Kosten für krankheitsbedingte Ernährung nach der Rechtsprechung des BSG zum SGB II mit 7,1% zu dynamisieren (BSG 27. 2. 2008 – B 14/7 b AS 64/06 R– BSGE 100, 83 = SozR 4–4200 § 20 Nr. 6). Soweit in den Empfehlungen 1997 ausgeführt wird, dass bei Adipositas ein Mehrbedarf für Reduktionskost nicht zu gewähren ist, ist dem in dieser Allgemeinheit nicht zu folgen. Vielmehr ist im Einzelfall festzustellen, ob der Fettleibigkeit Krankheitswert zukommt und diese Krankheit einer besonderen Diät bedarf. Liegen bei einem Leistungsberechtigten mehrere Erkrankungen vor, für die jeweils ein Mehrbedarf für kostenaufwändige Ernährung aus medizinischen Gründen geltend gemacht wird, ist der Ernährungsaufwand auf Grund des gesamten Krankheitsbildes ebenfalls konkret zu ermitteln. Eine Verwaltungspraxis, in einem solchen Fall von dem höchsten Wert für die kostenaufwändigste Erkrankung entsprechend den Empfehlungen des Deutschen Vereins auszugehen, ist rechtswidrig (BSG 27. 2. 2008 – B 14/7 b AS 32/06 R – BSGE 100, 83 = SozR 4–4200 § 20 Nr. 6). **13**

G. Höchstgrenze (§ 30 Abs. 6)

Die Summe des insgesamt anzuerkennenden Mehrbedarfs nach den Absätzen 1–5 darf nach § 30 Abs. 6 die Höhe des maßgebenden Regelsatzes nicht übersteigen. **14**

H. Dezentrale Warmwasserversorgung (§ 30 Abs. 7)

§ 30 Abs. 7 wurde durch das Gesetz zur Ermittlung von Regelbedarfen und Änderung des SGB II und SGB XII vom 24. 3. 2011 (BGBl. I S. 453) mit Wirkung vom 1. 1. 2011 eingefügt. Die Vorschrift ermöglicht die Übernahme pauschalierter Mehrbedarfskosten für die Warmwasseraufbereitung bei dezentraler Warmwasserversorgung (z. B. Boiler), weil diese Kosten nicht als Kosten der Unterkunft erbracht werden. § 35 Abs. 4 sieht Leistungen nur bei zentraler Warmwasserversorgung (Warmwasser- und Wärmeerzeugung durch eine Anlage) vor. **15**

Weshalb die pauschalierten Mehraufwendungen der Höhe nach von der Regelbedarfsstufe abhängig sind, ist nicht nachvollziehbar begründet. Immerhin kann nach Abs. 7 S. 2 Halbsatz 2 ein (hiervon) abweichender Bedarf geltend gemacht werden. Dennoch ist es im Lichte von Art. 3 GG unverständlich, weshalb nach § 35 Abs. 4 die tatsächlichen Kosten der Warmwasserversorgung übernommen werden, erfolgt diese zentral, während bei dezentraler Warmwasseraufbereitung nur gestaffelte Pauschalen erbracht werden. Auch der Hinweis auf einen abweichenden Bedarf bei teilweise erbrachter Leistungen nach § 35 Abs. 4, die ja eine zentrale Warmwassererzeugung voraussetzen, ist widersprüchlich. Dies setzt voraus, dass die Warmwasserversorgung in einem Haushalt teils zentral, teil dezentral erfolgt, was natürlich nicht gänzlich ausgeschlossen ist (z. B. Boiler in der Küche bei einer im übrigen zentralen Erzeugung von Wärme und Warmwasser etwa für ein Bad durch einen Heizkessel). **16**

§ 31 Einmalige Bedarfe

(1) **Leistungen für**
1. **Erstausstattungen für die Wohnung einschließlich Haushaltsgeräten,**
2. **Erstausstattungen für Bekleidung und Erstausstattungen bei Schwangerschaft und Geburt sowie**
3. **Anschaffung und Reparaturen von orthopädischen Schuhen, Reparaturen von therapeutischen Geräten und Ausrüstungen sowie die Miete von therapeutischen Geräten**

werden gesondert erbracht.

(2) ¹Einer Person, die Sozialhilfe beansprucht (nachfragende Person), werden, auch wenn keine Regelsätze zu gewähren sind, für einmalige Bedarfe nach Absatz 1 Leistungen erbracht, wenn sie diese nicht aus eigenen Kräften und Mitteln vollständig decken kann. ²In diesem Falle kann das Einkommen berücksichtigt werden, das sie innerhalb eines Zeitraums von bis zu sechs Monaten nach Ablauf des Monats erwerben, in dem über die Leistung entschieden worden ist.

(3) ¹Die Leistungen nach Absatz 1 Nr. 1 und 2 können als Pauschalbeträge erbracht werden. ²Bei der Bemessung der Pauschalbeträge sind geeignete Angaben über die erforderlichen Aufwendungen und nachvollziehbare Erfahrungswerte zu berücksichtigen.

A. Einmalige Bedarfe

1   Anders als das BSHG, welches von einer systematischen Unterteilung der Hilfe zum Lebensunterhalt in laufende und einmalige Leistungen ausging, sieht das SGB XII zur Stärkung der **Eigenverantwortung** der Hilfeempfänger und zur Verschlankung sowie Vereinfachung der Verwaltungsvorgänge eine weitgehende **Pauschalierung** auch der einmaligen Leistungen (Leistungen für Haushaltsgeräte, Kleidung usw.) durch die Einbeziehung in den Regelsatz vor. Dem Leistungsberechtigten obliegt es nunmehr, einen Teil der monatlichen Geldleistung anzusparen, um bei entstehendem Bedarf auch größere Anschaffungen zu tätigen (BT-Drs. 15/1514 S. 50, 59). Die Leistung wird als vergangenheits-, gegenwarts- und zukunftsbezogen gezahlt. § 31 nimmt von dieser Neukonzeption aber die Bedarfe für Leistungen aus, die nicht in regelmäßigen Abständen wiederkehren, sondern vom Einzelfall abhängen, und deren jeweiliger Eintritt ungewiss ist. Hierzu gehören nach § 31 die Erstausstattung der Wohnung sowie bei Schwangerschaft und Geburt und seit dem 1. 1. 2011 auch die Anschaffung und Reparatur von orthopädischen Schuhen sowie die Reparatur und Miete von therapeutischen Geräten und die Ausrüstung dazu. Eine Öffnungsklausel enthält § 31 nicht. Die Aufzählung ist abschließend.

B. Erstausstattung der Wohnung (§ 31 Abs. 1 Nr. 1)

2   Anspruch auf die Erstausstattung der Wohnung haben Leistungsberechtigte nicht nur bei der **erstmaligen Gründung** eines Hausstandes, sondern auch dann, wenn aus persönlichen oder anderen Gründen der bisherige Hausstand aufgegeben und ein neuer gegründet wird. Dies kann zB bei der Trennung eines Ehepaares der Fall sein. Dabei setzt die Leistungspflicht keine **Komplettausstattung** der Unterkunft voraus, vielmehr können bei der Gründung eines neuen Hausstandes auch nur einzelne Gegenstände zur Vervollständigung der Ausstattung Grundlage für den Anspruch aus § 31 Abs. 1 Nr. 1 sein (BSG 19. 9. 2008 – B 14 AS 64/07 R – BSGE 101, 268 = SozR 4–4200 § 23 Nr. 2). Ist der Hausstand allerdings bereits begründet, kann nicht später, wenn zB bislang Haushaltsgegenstände gefehlt haben oder wegen eines Defekts ersetzt werden müssen, ein Anspruch auf „Erstausstattung" geltend gemacht werden, weil die Wohnung bereits ausgestattet war und der Hilfebedürftige die Ausstattung nur verbessern, ersetzen oder vervollständigen will. Anspruch auf Gewährung einer Erstausstattung für eine Wohnung besteht allerdings auch dann, wenn der Hilfebedürftige die erforderliche Anschaffung von Wohnungsgegenständen zunächst aus freier Entscheidung unterlassen und bereits längere Zeit in einer unmöblierten Wohnung gelebt hat (BSG 20. 8. 2009 – B 14 AS 45/08 R – SozR 4–4200 § 23 Nr. 5). Eine Erstausstattung kommt auch nach einem Wohnungsbrand oder bei der Neuanmietung einer Wohnung nach einer Haft in Betracht (BT-Drs. 15/1514 S. 60).

3   Der Begriff der Erstausstattung ist bedarfsbezogen zu verstehen und umfasst alle Gegenstände, die nach der **Verkehrsauffassung** typisch für einen Haushalt und für eine geordnete Haushaltsführung und ein menschenwürdiges Wohnen erforderlich sind, mithin zum Bedarf für den notwendigen Lebensunterhalt gehören. Hierzu können im Einzelfall (abhängig vom Bedarf) gehören: Möbel, eine vollständige Küche mit Geschirr und Küchengeräten (Herd, Backofen, Kühlschrank, Spüle), Waschmaschine (BSG 19. 9. 2008 – B 14 AS 64/07 R – BSGE 101, 268 = SozR 4–4200 § 23 Nr. 2), Haushaltsgeräte zum Reinigen der Wohnung, Elektrogeräte, Lampen, Vorhänge, etc. Nach dem BVerwG gehört ein **Fernseher** zwar zum notwendigen Lebensunterhalt (BVerwG 18. 12. 1997 – 5 C

7/95 – BVerwGE 106, 99). Dies rechtfertigt aber nicht, den Fernseher als Erstausstattung der Wohnung einzubeziehen, weil es sich insoweit weder um einen Einrichtungsgegenstand noch um ein Haushaltsgerät handelt (BSG 24. 2. 2011 – B 14 AS 75/10 R und BSG 9. 6. 2011 – B 850/10 R). Die bloße Ersatzbeschaffung ist – anders als die Erstausstattung – vom Regelsatz zu decken. Die **Ersatzbeschaffung** ist aber der Erstausstattung einer Wohnung mit Einrichtungsgegenständen dann wertungsmäßig gleich zu setzen, wenn vorhandene Ausstattungsgegenstände allein durch einen vom Sozialhilfeträger veranlassten Umzug in eine angemessene Wohnung unbrauchbar geworden sind (BSG 1. 7. 2009 – B 4 AS 77/08 R – SozR 4–4200 § 23 Nr. 4). Nicht unter die Norm fallen die Kosten der **Einzugsrenovierung** (Teppichboden, Tapeten etc), da diese bereits von dem Wortlaut „Ausstattung" nicht umfasst sind (zur Übernahme von Einzugsrenovierungskosten als Kosten der Unterkunft vgl. BSG 16. 12. 2008 – B 4 AS 49/07 R – BSGE 102, 194 = SozR 4–4200 § 22 Nr. 16). Die Renovierung bei Einzug in die neue Unterkunft gehört schon begrifflich nicht zur Erstausstattung; sie dient dem Herstellen der Bewohnbarkeit der Unterkunft und ist damit originär. den Kosten der Unterkunft zuzurechnen (BSG 16. 12. 2008 – B 4 AS 49/07 R – BSGE 102, 194 = SozR 4–4200 § 22 Nr. 16).

Werden vom Sozialhilfeträger **Pauschalen** für die Erstausstattung geleistet, müssen diese den anstehenden Bedarf zeitnah decken können. Dabei ist es zulässig, den Leistungsberechtigten auf die Anschaffung gebrauchter Ausstattungsgegenstände zu verweisen, da auch untere und mittlere Einkommensgruppen auf **gebrauchte Gegenstände** zurückgreifen. In Internetbörsen sind zudem neue oder neuwertige Einrichtungsgegenstände weit unter Neupreis zu erhalten.

C. Erstausstattung bei Schwangerschaft und Geburt (§ 31 Abs. 1 Nr. 2)

Zu der Erstausstattung bei Schwangerschaft und Geburt gehört die für die Schwangere und das Neugeborene erforderliche Bekleidung (Schwangerschaftskleider, Erstlingsausstattung) sowie die Ausstattung mit Babybett und Bettwäsche, Wickelkommode, Kinderwagen, Laufstall, Kinderhochstuhl, Trinkflaschen, Flaschenwärmer, Stoffwindeln etc. Hinsichtlich der erforderlichen Möbel und des Kinderwagens kann die Hilfebedürftige auf gebrauchte Güter verwiesen werden, bei der Bekleidung dürfte dies hingegen unzumutbar sein.

D. Orthopädische Schuhe und therapeutische Kosten (§ 31 Abs. 1 Nr. 3)

§ 31 Abs. 1 Nr. 3 sieht seit dem 1. 1. 2011 (Gesetz zur Ermittlung von Regelbedarfen und zur Änderung des SGB II und des SGB XII vom 24. 3. 2011 – BGBl I S. 453) als einmalige Bedarfe die Anschaffung (Eigenanteile) und Reparaturen von **orthopädischen Schuhen** (zu behinderungsbedingt erhöhten Aufwendungen für Schuhe bei älteren und voll erwerbsgeminderten Personen, denen das Merkzeichen G zuerkannt ist, vgl aber BSG 29. 9. 2009 – B 8 SO 5/08 R – BSGE 104, 200 = SozR 4–3500 § 30 Nr. 1), Reparaturen von therapeutischen Geräten und Ausrüstungen sowie die Miete von therapeutischen Geräten vor. Diese Verbrauchsausgaben wurden bis 31. 12. 2011 bei der Regelsatzbemessung eingerechnet, sollen für den Regelbedarf aber nach dem Willen des Gesetzgebers nicht mehr berücksichtigt werden, da diese Ausgaben nur selten anfallen, und bei der Durchschnittsbildung in der Einkommens- und Verbrauchsstichprobe zu geringen Beträgen, die allen Leistungsberechtigten zu Gute kommen, während im Bedarfsfall jedoch relativ hohe Ausgaben hierfür anfallen, die aus dem in den Regelbedarf eingerechneten Betrag nicht gedeckt werden können (BT-Drucks. 17/3404 S. 124 zu Nr. 11 a).

E. Ergänzende Hilfe (§ 31 Abs. 2)

Nach § 31 Abs. 2 werden Leistungen nach Absatz 1 auch erbracht, wenn die Leistungsberechtigten keine Regelbedarfsleistungen benötigen, den Bedarf für einmalige Leistungen jedoch aus eigenen Kräften und Mitteln nicht voll decken können. Die Regelung gibt eine Selbstverständlichkeit wieder, weil die in § 31 genannten einmaligen Bedarfe zum notwendigen Lebensunterhalt gehören, deren Deckung gerade Aufgabe der Sozialhilfe ist (§ 1). In Abweichung vom sog. **Aktualitätsprinzip** erlaubt § 31 Abs. 2 S. 2 allerdings die Berücksichtigung von Einkommen, welches der Anspruchsteller in einem Zeitraum von bis zu sechs Monaten nach Anfall des Bedarfs erzielt. Der Sozialhilfeträger hat insoweit Ermessen auszuüben.

F. Pauschalierung (§ 31 Abs. 3)

§ 31 Abs. 3 erlaubt die Pauschalierung von Einmalbedarfen. Die Pauschalen müssen aber so bemessen sein, dass die Deckung des einmaligen Bedarfs auch tatsächlich möglich ist. Deshalb sind bei der

Bemessung der Pauschalbeträge geeignete Angaben über die erforderlichen Aufwendungen und nachvollziehbare Erfahrungswerte zu berücksichtigen.

§ 32 Beiträge für die Kranken- und Pflegeversicherung

(1) ¹Für Pflichtversicherte im Sinne des § 5 Abs. 1 Nr. 13 des Fünften Buches, des § 2 Abs. 1 Nr. 7 des Zweiten Gesetzes über die Krankenversicherung der Landwirte, für Weiterversicherte im Sinne des § 9 Abs. 1 Nr. 1 des Fünften Buches und des § 6 Abs. 1 Nr. 1 des Zweiten Gesetzes über die Krankenversicherung der Landwirte sowie für Rentenantragsteller, die nach § 189 des Fünften Buches als Mitglied einer Krankenkasse gelten, werden die Krankenversicherungsbeiträge übernommen, soweit die genannten Personen die Voraussetzungen des § 27 Absatz 1 und 2 erfüllen. ²§ 82 Abs. 2 Nr. 2 und 3 ist insoweit nicht anzuwenden. ³Bei Pflichtversicherten im Sinne des § 5 Abs. 1 Nr. 13 des Fünften Buches und des § 2 Abs. 1 Nr. 7 des Zweiten Gesetzes über die Krankenversicherung der Landwirte, die die Voraussetzungen des § 27 Absatz 1 und 2 nur wegen der Zahlung der Beiträge erfüllen, sind die Beiträge auf Anforderung der zuständigen Krankenkasse unmittelbar und in voller Höhe an diese zu zahlen; die Leistungsberechtigten sind hiervon sowie von einer Verpflichtung nach § 19 Abs. 5 schriftlich zu unterrichten. ⁴Die Anforderung der Krankenkasse nach Satz 4 hat einen Nachweis darüber zu enthalten, dass eine zweckentsprechende Verwendung der Leistungen für Beiträge durch den Leistungsberechtigten nicht gesichert ist.

(2) ¹Für freiwillig Versicherte im Sinne des § 9 Abs. 1 Nr. 2 bis 8 des Fünften Buches oder des § 6 Abs. 1 Nr. 2 des Zweiten Gesetzes über die Krankenversicherung der Landwirte können Krankenversicherungsbeiträge übernommen werden, soweit die Voraussetzungen des § 27 Absatz 1 und 2 erfüllt sind. ²Zur Aufrechterhaltung einer freiwilligen Krankenversicherung werden solche Beiträge übernommen, wenn Hilfe zum Lebensunterhalt voraussichtlich nur für kurze Dauer zu leisten ist. ³§ 82 Abs. 2 Nr. 2 und 3 ist insoweit nicht anzuwenden.

(3) Soweit nach den Absätzen 1 und 2 Beiträge für die Krankenversicherung übernommen werden, werden auch die damit zusammenhängenden Beiträge zur Pflegeversicherung übernommen.

(4) Die Übernahme der Beiträge nach den Absätzen 1 und 2 umfasst bei Versicherten nach dem Fünften Buch auch den Zusatzbeitrag nach § 242 des Fünften Buches.

(5) ¹Besteht eine Krankenversicherung bei einem Versicherungsunternehmen, werden die Aufwendungen übernommen, soweit sie angemessen und die Voraussetzungen des § 19 Abs. 1 erfüllt sind. ²Besteht die Leistungsberechtigung voraussichtlich nur für kurze Dauer, können zur Aufrechterhaltung einer Krankenversicherung bei einem Versicherungsunternehmen auch höhere Aufwendungen übernommen werden. ³§ 82 Abs. 2 Nr. 2 und 3 ist insoweit nicht anzuwenden. ⁴Soweit nach den Sätzen 1 und 2 Aufwendungen für die Krankenversicherung übernommen werden, werden auch die Aufwendungen für eine Pflegeversicherung übernommen.

A. Normzweck

1 § 32 SGB XII regelt wie § 26 SGB II für das Leistungsrecht des SGB II die **Übernahme** von Kranken- und Pflegeversicherungsbeiträgen durch den Sozialhilfeträger. Die Absätze 1 (Pflichtversicherte nach § 5 Abs. 1 Nr. 13 SGB V, § 2 Abs. 1 Nr. 7 KVLG und freiwillig Weiterversicherte nach § 9 Abs. 1 S. 1 SGB V, § 6 Abs. 1 S. 1 KVLG, Rentenantragsteller, die nach Nahtlosigkeitsregelung des § 189 SGB V als Mitglied der gesetzlichen Krankenversicherung gelten) und 2 (freiwillig Versicherte, die nicht unter Absatz 1 fallen) sehen die Übernahme der Beiträge zur Krankenversicherung, Absatz 3 die Übernahme der Beiträge zur Pflegeversicherung vor. Letztere werden (nur) dann übernommen, wenn (auch) die Krankenversicherungsbeiträge übernommen werden. Nach Absatz 4 ist der Zusatzbeitrag nach § 242 SGB V von den zu übernehmenden Krankenversicherungsbeiträgen umfasst. Absatz 5 schließlich betrifft privat Versicherte, bei denen eine Krankenversicherung bei einem Versicherungsunternehmen besteht. Hier werden statt der Beiträge die Aufwendungen für die Kranken- und Pflegeversicherung übernommen, soweit sie angemessen sind. Besteht die Leistungsberechtigung voraussichtlich nur für kurze Dauer, können zur Aufrechterhaltung einer Krankenversicherung bei einem privaten Versicherungsunternehmen auch höhere Aufwendungen übernommen werden. Als Vorschrift des Dritten Kapitels gehört die Übernahme der Beiträge strukturell zur **Hilfe zum Lebensunterhalt**. Leistungsberechtigte nach dem SGB II sind deshalb von einem Anspruch auf Übernahme der Beiträge nach § 21 ausgeschlossen. Gleiches gilt dementsprechend auch für Auszubildende, die nach § 22 Abs. 1 S. 1 keinen Anspruch auf Hilfe zum Lebensunterhalt bzw.

auf Grundsicherungsleistungen nach §§ 41 ff. haben. Liegt bei diesem Personenkreis ein zur Leistung (Beihilfe oder Darlehen) führender Härtefall vor (§ 22 Abs. 1 S. 2), kommt auch § 32 zur Anwendung.

SGB-XII-Leistungsberechtigte sind nicht nach § 5 Abs. 1 Nr. 13 SGB V, § 2 Abs. 1 Nr. 7 KVLG versicherungspflichtig. Zwar sehen diese Regelungen eine Versicherungspflicht bei Personen vor, die keinen anderweitigen Anspruch auf Absicherung im Krankheitsfall haben und zuletzt gesetzlich krankenversichert waren oder bisher nicht gesetzlich oder privat krankenversichert waren. Ausgeschlossen von der Versicherungspflicht sind nach § 5 Abs. 8a SGB V, § 2 Abs. 6a KVLG aber ausdrücklich Empfänger laufender Leistungen nach dem Dritten, Vierten, Sechsten und Siebten Kapitel des SGB XII. Deshalb hat die Regelung in § 32 Abs. 1 hinsichtlich der Versicherungspflicht nach § 5 Abs. 1 Nr. 13 SGB V nur eine geringe Bedeutung (BSG 13. 6. 2007 – B 12 KR 29/06 R – SozR 4–2500 § 9 Nr. 1). Sie kommt nur dann zum Tragen, wenn die Hilfebedürftigkeit allein wegen der Kranken- und Pflegeversicherungsbeiträge eintritt. Werden die Beiträge dann übernommen, erhält der Bedürftige zwar auch Leistungen nach dem Dritten Kapitel des SGB XII. Soll die Norm überhaupt einen Sinn haben, sind § 5 Abs. 8a SGB V und § 2 Abs. 6a KVLG aber so auszulegen, dass es in diesen Fällen bei der Versicherungspflicht bleibt. Systematisch ergibt sich dies auch aus § 32 Abs. 1 S. 3, wonach die Beiträge in diesem Fall auf Anforderung der zuständigen Krankenkasse unmittelbar und in voller Höhe an diese zu zahlen sind. **2**

SGB-XII-Leistungsempfänger, die nicht der Versicherungspflicht nach dem SGB V unterliegen, erhalten im **Krankheitsfall** Leistungen nach § 264 Abs. 2 SGB V (Übernahme der Krankenbehandlung für nicht Versicherungspflichtige gegen Kostenerstattung; vgl. dazu BSG 17. 6. 2008 – B 1 KR 30/07 R – SGb 2008, 469, das von einem gesetzlichen Auftragsverhältnis ausgeht) von der gesetzlichen Krankenversicherung. Im Übrigen kommt der Sozialhilfeträger für die Kosten in Anwendung der Vorschriften über die Hilfe zur Gesundheit (§§ 47 ff. SGB XII), der Hilfe zur Pflege (§§ 61 ff. SGB XII) oder der Eingliederungshilfe für behinderte Menschen (§§ 53 ff. SGB XII) auf. **3**

B. Bedürftigkeit

Versicherungsbeiträge müssen von dem SGB-XII-Leistungsträger nur übernommen werden, wenn auch die Voraussetzungen des § 27 Abs. 1 und 2 SGB XII erfüllt sind, der Versicherte also auch unter Berücksichtigung des Einkommens und Vermögens des Partners **hilfebedürftig** ist. Bei der Anwendung von § 27 Abs. 1 und 2 sind nach § 32 Abs. 1 S. 2, Abs. 2 S. 3 Krankenversicherungsbeiträge nicht von einem etwa erzielten Einkommen des Hilfebedürftigen nach § 82 Abs. 2 Nrn. 2 und 3 in Abzug zu bringen. Dies gilt allerdings nicht hinsichtlich des Einkommens des nicht hilfebedürftigen Partners, das nach §§ 27 Abs. 2, 20 Berücksichtigung findet. Ohne die Regelung des § 32 Abs. 1 S. 2, Abs. 2 S. 3 müsste der SGB-XII-Leistungsträger die Beiträge im Ergebnis doppelt erbringen, zum einen nach § 32, zum anderen über den Regelsatz, der sich nach Abzug der Kranken- und Pflegeversicherungsbeiträge in gleichem Umfang erhöhen würde. Bei Hilfebedürftigen nach § 19 Abs. 2, die Leistungen der **Grundsicherung** im Alter und bei Erwerbsminderung erhalten, ist § 32 nach § 42 Nr. 2 entsprechend anzuwenden. **4**

C. Übernahme der Kranken- und Pflegeversicherungsbeiträge

Die Übernahme der Kranken- und Pflegeversicherungsbeiträge ist bei Pflichtversicherten nach § 5 Abs. 1 Nr. 13 SGB V, § 2 Abs. 1 Nr. 7 KVLG, (freiwillig) Weiterversicherten nach § 9 Abs. 1 S. 1 SGB V, § 6 Abs. 1 S. 1 KVLG, und bei Rentenantragstellern, die nach Nahtlosigkeitsregelung des § 189 SGB V als Mitglied der gesetzlichen Krankenversicherung gelten, als **Pflichtleistung** des SGB-XII-Leistungsträgers vorgesehen. Absatz 1 der Vorschrift bezieht sich dabei auf die Kranken- und Pflegeversicherungsbeiträge, deren Übernahme von der Übernahme der Krankenversicherungsbeiträge abhängig ist. Daneben ist ab 1. 1. 2009 nach Absatz 4 der kassenindividuelle Zusatzbeitrag nach § 242 SGB V zu übernehmen. **5**

Aus den Worten „soweit die genannten Personen die Voraussetzungen des § 27 Abs. 1 und 2 erfüllen" in Absatz 1 Satz 1 ergibt sich, dass die Beiträge nur anteilig zu übernehmen sind, wenn die Hilfebedürftigkeit allein wegen der Zahlung der Beiträge eintritt. Für diesen Fall sieht Absatz 1 Satz 3 zwar vor, dass die Beiträge auf **Anforderung** der Krankenkasse unmittelbar und in voller Höhe an diese zu zahlen sind, wenn mit der Anforderung ein Nachweis (§ 32 Abs. 1 S. 4 SGB XII) darüber erbracht wird, dass eine zweckentsprechende Verwendung der Leistung für Beiträge durch den Leistungsberechtigten nicht gesichert ist. An der Höhe der Leistung (nur anteilige Übernahme der Beiträge) ändert dies aber nichts. Der Leistungsempfänger hat den Anteil der gezahlten Beiträge, der über das Bestehen der Bedürftigkeit hinaus erbracht wurde, nach § 19 Abs. 5 SGB XII zu ersetzen. Hierüber sowie über die unmittelbare Zahlung der Beiträge an die Krankenkasse ist der Leistungsempfänger nach § 32 Abs. 1 S. 3 letzter Hs. SGB XII zu unterrichten. **6**

7   Für (die übrigen) freiwillig Versicherten iSv. § 9 Abs. 1 Nrn. 2–8 SGB V und § 6 Abs. 1 Nr. 2 KVLG ist die Übernahme der Beiträge als **Ermessensleistung** vorgesehen. Ist die Hilfe zum Lebensunterhalt voraussichtlich nur für kurze Dauer zu erbringen, sind die Beiträge allerdings zur Aufrechterhaltung der freiwilligen Krankenversicherung zu übernehmen, ohne dass der Behörde ein Ermessen eingeräumt ist (§ 32 Abs. 2 S. 2 SGB XII). Die Behörde hat eine gerichtlich voll überprüfbare **Prognoseentscheidung** zu treffen, wobei als voraussichtlich kurze Dauer ein Zeitraum von ca. sechs Monaten anzusehen ist (vgl. zur Darlehensgewährung nach § 38 SGB XII BT-Drs. 9/842 S. 86). Die Übernahme der Krankenversicherungsbeiträge ist dabei in Absatz 2, die Übernahme der Pflegeversicherungsbeiträge, deren Übernahme zur Übernahme der Krankenversicherungsbeiträge akzessorisch ist, in Absatz 3 geregelt. In die Ermessenserwägung wird insbesondere einzubeziehen sein, welche Folgen die unterlassene Übernahme der Beiträge für den SGB-XII-Leistungsträger oder den Versicherten im Krankheitsfall haben kann, für welche Dauer die Beiträge voraussichtlich zu erbringen sind und welche Möglichkeiten der Versicherte in Zukunft hat, sich gegen das Risiko der Krankheit zu schützen.

8   Bei **privat Versicherten** werden nach Absatz 5 die Aufwendungen für die Kranken- und Pflegeversicherung übernommen, soweit sie angemessen sind. Angemessen sind immer die Aufwendungen, die für den Basistarif erbracht werden müssen, weil dessen Leistungsumfang dem der gesetzlichen Krankenversicherung entspricht bzw entsprechen muss (§ 12 Abs. 1a Satz 1 VAG). Aufwendungen für Tarife, die einen darüber hinausgehenden Leistungsumfang vorsehen (zB Chefarztbehandlung) sind idR nicht angemessen. Hinsichtlich der Höhe der zu erbringenden Beiträge ist bei Sozialhilfeempfängern § 12 Abs. 1c Sätze 4–6 VAG in der ab dem 1. 1. 2009 geltenden Fassung zu beachten, der wie folgt lautet:

„Entsteht allein durch die Zahlung des Beitrags nach Satz 1 (= Basistarif) oder Satz 3 (Tarif bei Beihilfeberechtigten) Hilfebedürftigkeit im Sinne des SGB II oder des SGB XII, vermindert sich der Beitrag für die Dauer der Hilfebedürftigkeit um die Hälfte; …. Besteht auch bei einem nach Satz 4 verminderten Beitrag Hilfebedürftigkeit im Sinne des SGB II oder des SGB XII, beteiligt sich der zuständige Träger nach dem SGB II oder SGB XII auf Antrag des Versicherten im erforderlichen Umfang, soweit dadurch Hilfebedürftigkeit vermieden wird. Besteht unabhängig von der Höhe des zu zahlenden Beitrags Hilfebedürftigkeit nach dem SGB II oder SGB XII, gilt Satz 4 entsprechend; der zuständige Träger zahlt den Betrag, der auch für einen Bezieher von Alg II in der gesetzlichen Krankenversicherung zu tragen ist."

9   § 12 Abs. 1c Satz 6 Halbsatz 2 VAG rechtfertigt nicht die Annahme, dass anstatt des tatsächlich anfallenden Bedarfs (halber Basistarif) lediglich der geringere für einen Bezieher von Alg II in der gesetzlichen Krankenversicherung zu erbringende Betrag zu leisten wäre (LSG Niedersachsen-Bremen 9. 11. 2010 – L 8 SO 28/10 B ER). Die Angemessenheit der zu erbringenden Aufwendungen ist insoweit am **Existenzminimum** zu messen, welches unterschritten wäre (vgl. im Einzelnen Holzhey in juris-PK SGB XII § 32 Rn. 52). Die im SGB II aufgetretene Problematik, die daraus resultierte, dass die Parallelregelung des § 26 SGB II in seinem Absatz 2 Nr. 1 ausdrücklich auf § 12 Abs. 1c Satz 5 und 6 VAG verweist, hat das BSG durch die Annahme einer planwidrige Regelungslücke bei der Tragung von Beiträgen zur privaten Krankenversicherung von Alg-II-Beziehern gelöst, die es – hinsichtlich der offenen Beiträge – durch eine analoge Anwendung der Regelung für freiwillig in der gesetzlichen Krankenversicherung versicherte Personen (§ 26 Abs. 2 S. 1 Nr. 2 SGB II) geschlossen hat mit der Folge, dass die Übernahme der Beiträge in voller Höhe auch für den Bereich des SGB II zu erfolgen hat (BSG 18. 1. 2011 – B 4 AS 108/10 R).

§ 33 Beiträge für die Vorsorge

(1) Um die Voraussetzungen eines Anspruchs auf eine angemessene Alterssicherung zu erfüllen, können die erforderlichen Aufwendungen übernommen werden, insbesondere

1. Beiträge zur gesetzlichen Rentenversicherung,
2. Beiträge zu landwirtschaftlichen Alterskassen,
3. Beiträge zu berufsständischen Versorgungseinrichtungen, die den gesetzlichen Rentenversicherungen vergleichbare Leistungen erbringen,
4. Beiträge für eine eigene kapitalgedeckte Altersvorsorge in Form einer lebenslangen Leibrente, wenn der Vertrag nur die Zahlung einer monatlichen auf das Leben des Steuerpflichtigen bezogenen lebenslangen Leibrente nicht vor Vollendung des 60. Lebensjahres vorsieht, sowie
5. geförderte Altersvorsorgebeiträge nach § 82 des Einkommensteuergesetzes, soweit sie den Mindesteigenbeitrag nach § 86 des Einkommensteuergesetzes nicht überschreiten.

(2) Um die Voraussetzungen eines Anspruchs auf ein angemessenes Sterbegeld zu erfüllen, können die erforderlichen Aufwendungen übernommen werden.

A. Normzweck

Im Gegensatz zu den Beziehern von Leistungen nach dem SGB II, die allerdings nur bis 31. 12. **1**
2010 nach § 3 Nr. 3a SGB VI in der gesetzlichen Rentenversicherung pflichtversichert waren (§ 3
Nr. 3a SGB VI wurde durch das HaushaltsbegleitG 2011 – BGBl I S. 1885 – aufgehoben), kennt das
SGB XII keine Versicherungspflicht für SGB-XII-Leistungsempfänger. Um auch diesem Personenkreis eine angemessene Alterssicherung zu sichern, sieht § 33 Abs. 1 die Übernahme der hierfür erforderlichen Kosten vor und ergänzt zugunsten des betroffenen Personenkreises §§ 90 Abs. 3 S. 2, 82
Abs. 2 Nrn. 2 und 3 SGB XII. § 33 Abs. 1 zählt typische Vorsorgebeiträge auf, die der Erlangung
einer angemessenen Altersversorgung dienen. Die exemplarisch – nicht abschließende – Aufzählung
soll die zunehmende Bedeutung der zusätzlichen kapitalgedeckten Altersvorsorge (Nr. 4 und 5) als
Ergänzung zu den obligatorischen Alterssicherungssystemen (Nr. 1–3) verdeutlichen (BT-Drs. 16/
10488 S. 19). Daneben ermöglicht § 33 Abs. 2 die Übernahme der Kosten für ein angemessenes Sterbegeld.

Als Vorschrift des Dritten Kapitels gehört die Übernahme der Vorsorgekosten strukturell zur **Hilfe** **2**
zum Lebensunterhalt. Leistungsberechtigte nach dem SGB II sind deshalb von einem Anspruch auf
Übernahme der Beiträge nach § 21 ausgeschlossen. Gleiches gilt dementsprechend auch für Auszubildende, die nach § 22 Abs. 1 S. 1 keinen Anspruch auf Hilfe zum Lebensunterhalt haben. Liegt bei
diesem Personenkreis ein zur Leistung (Beihilfe oder Darlehen) führender Härtefall vor (§ 22 Abs. 1
S. 2), kommt auch § 33 zur Anwendung.

Da Hilfe zum Lebensunterhalt Hilfebedürftigkeit voraussetzt, ist die Übernahme der Vorsorgekos- **3**
ten, ohne dass dies ausdrücklich geregelt sein müsste (wie etwa in § 32 Abs. 1 S. 1, Abs. 2 S. 1
SGB XII), nur bei Vorliegen der Voraussetzungen der §§ 19 Abs. 1, 27 Abs. 1 und 2 SGB XII denkbar. Bei der Prüfung der **Hilfebedürftigkeit** dürfen Vorsorgebeiträge dabei nicht nach § 82 Abs. 2
Nrn. 2 und 3 SGB XII von einem etwa einzusetzenden Einkommen in Abzug gebracht werden, weil
sie andernfalls eine zweifache Berücksichtigung finden würden, indem sich der Abzug nach § 82
Abs. 2 Nrn. 2 und 3 SGB XII nämlich auf die Höhe des Regelsatzes auswirkt und die Beiträge zusätzlich von dem Sozialhilfeträger übernommen werden (BVerwG 24. 6. 1999 – 5 C 18/98 – NVwZ-
RR 2000, 226).

B. Angemessenheit

Die Angemessenheit der Kosten für eine Alterssicherung hat das BVerwG davon abhängig gemacht, **4**
dass durch die Altersvorsorge zukünftig die Inanspruchnahme von Sozialhilfeleistungen vermieden
werden soll (BVerwG 22. 3. 1990 – 5 C 40/86 – BVerwGE 85, 102, 104). Dies bedeutet aber nicht,
dass eine angemessene Alterssicherung schon dann nicht mehr bejaht werden könnte, wenn das **Sozialhilfeniveau** im Alter durch langjährige Beitragszahlungen in die Rentenversicherung oder in eine
Lebensversicherung oder durch zu erwartende andere Einnahmen oder Unterhaltsansprüche bereits
sichergestellt ist (so aber BVerwG 10. 9. 1992 – 5 C 25/88 – NVwZ-RR 1993, 194). Das Sozialhilfeniveau stellt nicht die Obergrenze für eine angemessene Alterssicherung dar. Andernfalls würde die
Regelung des § 33 nicht dem Leistungsberechtigten zur Alterssicherung, sondern allein der Entlastung des Sozialhilfeträgers dienen. Der Hilfebedürftige hätte auch keinen erkennbaren Grund, die
Alterssicherung fortzuführen, wenn ein über das Sozialhilfeniveau hinausgehender Lebensstandard im
Alter ohnehin nicht gesichert werden dürfte. Die mit der Übernahme der Beiträge verbundene Entlastung des Sozialhilfeträgers kann aber im Rahmen der Ausübung des Ermessens Berücksichtigung
finden (siehe unten).

Ob eine angemessene Alterssicherung gegeben ist, hängt von den Umständen des Einzelfalls ab. **5**
Solche Umstände sind: Dauer der bereits erbrachten Leistungen für die Alterssicherung durch den
Hilfebedürftigen, **Erwerbsbiografie** und bisheriger **Lebensstandard,** ob die Alterssicherung auch
Dritten (etwa dem Ehegatten oder dem Partner einer eheähnlichen Gemeinschaft) dienen soll, welche
finanziellen Auswirkungen eine etwaige Einstellung der Beiträge oder der Leistungen auf die Alterssicherung hat und die Dauer des voraussichtlichen Sozialhilfebezugs. Geeigneter Maßstab für die Grenze der Angemessenheit ist die verfügbare Standardrente nach § 154 Abs. 3 Nr. 2 SGB VI, also die
Regelaltersrente aus der allgemeinen Rentenversicherung mit 45 Entgeltpunkten ohne Berücksichtigung der auf sie entfallenden Steuern, gemindert um den durchschnittlichen Beitragsanteil zur Krankenversicherung und den Beitrag zur Pflegeversicherung.

Nicht entscheidend ist deshalb, ob die zu erwartende Rente bei weiteren Einzahlungen während **6**
des Sozialhilfebezuges das Sozialhilfeniveau überhaupt übersteigt. Das Sozialhilfeniveau kann allerdings
insoweit von Bedeutung sein, als eine darunter liegende Alterssicherung nicht angemessen sein kann,
weil sie ein menschenwürdiges Leben im Alter nicht ermöglicht. Der Auffassung, dass die Kosten der
Alterssicherung in einem solchen Fall vom Sozialhilfeträger übernommen werden können, hat nur die
Entlastung des Sozialhilfeträgers im Blick, die nicht Zielrichtung der Vorschrift des § 33 SGB XII

Coseriu

ist. Es erscheint daher zweifelhaft, wenn der Sozialhilfeträger nach einer Kosten-Nutzen-Abwägung die Kosten einer solchen, das Existenzminimum im Alter nicht deckenden Alterssicherung übernimmt (vgl. aber BVerwG 24. 6. 1999 – 5 C 18/98 – NVwZ-RR 2000, 226).

7 Das zur Alterssicherung Gesagte gilt für die Angemessenheit des Sterbegeldes, das seit dem 1. 1. 2004 als Leistung der gesetzlichen Krankenversicherung ausgenommen wurde, entsprechend. Nicht entscheidend ist deshalb insbesondere, ob durch die **Sterbeversicherung** eine Inanspruchnahme des Sozialhilfeträgers im Rahmen des § 74 SGB XII voraussichtlich vermieden wird (so aber BVerwG 27. 6. 2002 – 5 C 43/01 – BVerwGE 116, 342). Die Angemessenheit des Sterbegeldes ist vom Einzelfall abhängig (vgl. zum Bestattungsvorsorgevertrag als Härtefall iSv. § 90 Abs. 2 SGB XII: BSG 18. 3. 2008 – B 8/9 b SO 9/06 R).

C. Prognose

8 Ob die Übernahme der Vorsorgekosten angemessen ist, kann nicht nachträglich beurteilt werden. Daher ist zu Beginn der Übernahme eine vorausschauende Betrachtungsweise im Sinne einer Prognose erforderlich, die eine Aussage darüber zu treffen hat, ob die Alterssicherung oder das Sterbegeld voraussichtlich – bezogen auf den Zeitpunkt des **Renteneintrittsalters** unter Berücksichtigung der Lebenserwartung – angemessen ist. Maßgeblich ist die voraussichtliche Gestaltung und Entwicklung der Alterssicherung. Dass diese sich später nicht verwirklicht, bleibt wegen der Maßgeblichkeit der vorausschauenden Betrachtung unerheblich. Spätere **Änderungen** der Umstände, die bei Beginn der Übernahme der Vorsorgekosten vorgelegen haben, können aber über die Regelung des § 48 SGB X Berücksichtigung finden. Die vom Sozialhilfeträger vorzunehmende Prognose ist gerichtlich voll überprüfbar.

9 Die Annahme, dass eine **unsichere Prognose** durch die Übernahme der Vorsorgekosten als Darlehen abgefangen werden kann (vgl. Grube in Grube/Wahrendorf, SGB XII, § 33 Rn. 13 unter Hinweis auf Falterbaum ZfSH/SGB 1999, 643, 648) dürfte dabei allerdings zweifelhaft sein. Zwar handelt es sich bei den Leistungen nach § 33 SGB XII um Ermessensleistungen, über deren Art und Maß (Beihilfe oder Darlehen) gem. § 17 Abs. 2 S. 1 SGB XII nach pflichtgemäßem Ermessen zu entscheiden ist. Jedoch finden sich Darlehensleistungen im SGB XII ausdrücklich etwa in §§ 37, 38 und insbesondere bei der Übernahme von Schulden in § 36 Abs. 1 S. 3. Dieser Regelungen hätte es nicht bedurft, wäre der SGB-XII-Leistungsträger ohnehin berechtigt, beim „Maß" der Leistung zu entscheiden, ob diese als Beihilfe oder Darlehen gewährt wird. Zudem ist die Prognose bei dem Tatbestandsmerkmal der Angemessenheit anzustellen, also bevor es zur Ermessensausübung kommt. Steht die Angemessenheit wegen einer unmöglichen oder unsicheren Prognose nicht fest, geht dies gegebenenfalls zu Lasten des Bedürftigen, der die materielle Feststellungslast trägt.

D. Ermessen

10 Die Entscheidung über die Übernahme angemessener Vorsorgekosten liegt im Ermessen des Sozialhilfeträgers. In seine Entscheidung hat er auch die **voraussichtliche Dauer** der Übernahme und die damit verbundenen Kosten in Relation zu dem verfolgten **Zweck** und der voraussichtlichen späteren Entlastung von zu erbringenden Leistungen zu berücksichtigen. Kein Ermessensgesichtspunkt kann aber die Sicherheit der anzustellenden Prognose sein, weil diese das Tatbestandsmerkmal der Angemessenheit betrifft (siehe oben; aA Grube in Grube/Wahrendorf, SGB XII, § 33 Rn. 16).

Dritter Abschnitt. Bildung und Teilhabe

§ 34 Bedarfe für Bildung und Teilhabe

(1) ¹**Bedarfe für Bildung** nach den Absätzen 2 bis 7 von Schülerinnen und Schülern, die eine allgemein- oder berufsbildende Schule besuchen, sowie Bedarfe von Kindern und Jugendlichen für Teilhabe am sozialen und kulturellen Leben in der Gemeinschaft nach Absatz 6 werden neben den maßgebenden Regelbedarfsstufen gesondert berücksichtigt. ²Leistungen hierfür werden nach den Maßgaben des § 34 a gesondert erbracht.

(2) ¹Bedarfe werden bei Schülerinnen und Schülern in Höhe der tatsächlichen Aufwendungen anerkannt für
1. Schulausflüge und
2. mehrtägige Klassenfahrten im Rahmen der schulrechtlichen Bestimmungen.
²Für Kinder, die eine Kindertageseinrichtung besuchen, gilt Satz 1 entsprechend.

(3) **Bedarfe für die Ausstattung mit persönlichem Schulbedarf** werden bei Schülerinnen und Schülern für den Monat, in dem der erste Schultag liegt, in Höhe von 70 Euro und

für den Monat, in dem das zweite Schulhalbjahr beginnt, in Höhe von 30 Euro anerkannt.

(4) Für Schülerinnen und Schüler, die für den Besuch der nächstgelegenen Schule des gewählten Bildungsgangs auf Schülerbeförderung angewiesen sind, werden die dafür erforderlichen tatsächlichen Aufwendungen berücksichtigt, soweit sie nicht von Dritten übernommen werden und es der leistungsberechtigten Person nicht zugemutet werden kann, sie aus dem Regelbedarf zu bestreiten.

(5) Für Schülerinnen und Schüler wird eine schulische Angebote ergänzende angemessene Lernförderung berücksichtigt, soweit diese geeignet und zusätzlich erforderlich ist, um die nach den schulrechtlichen Bestimmungen festgelegten wesentlichen Lernziele zu erreichen.

(6) ¹Bei Teilnahme an einer gemeinschaftlichen Mittagsverpflegung werden die entstehenden Mehraufwendungen berücksichtigt für
1. Schülerinnen und Schüler und
2. Kinder, die eine Tageseinrichtung besuchen oder für die Kindertagespflege geleistet wird.

²Für Schülerinnen und Schüler gilt dies unter der Voraussetzung, dass die Mittagsverpflegung in schulischer Verantwortung angeboten wird. ³In den Fällen des Satzes 2 ist für die Ermittlung des monatlichen Bedarfs die Anzahl der Schultage in dem Land zugrunde zu legen, in dem der Schulbesuch stattfindet.

(7) Für Leistungsberechtigte bis zur Vollendung des 18. Lebensjahres wird ein Bedarf zur Teilhabe am sozialen und kulturellen Leben in der Gemeinschaft in Höhe von insgesamt 10 Euro monatlich berücksichtigt für
1. Mitgliedsbeiträge in den Bereichen Sport, Spiel, Kultur und Geselligkeit,
2. Unterricht in künstlerischen Fächern (zum Beispiel Musikunterricht) und vergleichbare angeleitete Aktivitäten der kulturellen Bildung und
3. die Teilnahme an Freizeiten.

Überblick

Im Rahmen der Neustrukturierung des Dritten Kapitels wurden mit Wirkung vom 1. 1. 2011 (Gesetz zur Ermittlung von Regelbedarfen und zur Änderung des SGB II und des SGB XII vom 24. 3. 2011 – BGBl I S. 453) die Bedarfe für Bildung und Teilhabe als neuer Dritter Abschnitt (§§ 34 und 34a) eingefügt. § 34 regelt, für welche Bedarfe Leistungen für Bildung und Teilhabe erbracht werden, mit denen das menschenwürdige Existenzminimum von Kindern und Jugendlichen sowie von Schülerinnen und Schülern im Bereich der gesellschaftlichen Teilhabe sichergestellt wird. Die Bedarfe sind als **eigenständige Bedarfe** (neben dem Regelbedarf) eingeführt, um durch zielgerichtete Leistungen eine stärkere Integration hilfebedürftiger Kinder und Jugendlicher in die Gemeinschaft zu erreichen. Bildung und Teilhabe am sozialen und kulturellen Leben sind erforderlich, um die materielle Basis für Chancengerechtigkeit herzustellen (BT-Drucks. 17/3404 S. 124). Bedarfe für Bildung erkennt das Gesetz für Schülerinnen und Schüler, die eine allgemein- oder berufsbildende Schule besuchen an. Bedarfe für Teilhabe werden für Kinder und Jugendliche anerkannt.

Die berücksichtigten Bedarfe entsprechen – abgesehen von den auf systematische Unterschiede zwischen dem SGB XII und dem SGB II zurückgehenden und im Folgenden dargelegten Abweichungen – denen nach § 28 SGB II; im SGB II haben die Leistungen angesichts des **typischen Personenkreises** der Leistungsempfänger eine weit größere Bedeutung. Das SGB XII ist weitgehend auf (dauerhaft) voll Erwerbsgeminderte und auf Personen zugeschnitten, die die Altersgrenze der gesetzlichen Rentenversicherung erreicht haben. Leistungen für Bildung und Teilhabe, die nicht ohnehin durch die Eingliederungshilfe zu erbringen sind, dürften insoweit deutlich weniger nachgefragt werden. Leistungen können etwa bei unter 15-Jährigen in Betracht kommen, die bei einem Eltern- oder Großelternteil leben, der dem SGB XII unterfällt. Die denkbaren Fallgestaltungen dürften – was ihre Anzahl angeht – von untergeordneter Bedeutung sein. Insofern wird auf die **Kommentierung zu § 28 SGB II** verwiesen.

§ 34 Abs. 1 beschreibt einführend die in den Absätzen 2 bis 6 abschließend geregelten Bedarfe von Kindern und Jugendlichen in den Bereichen Bildung und Teilhabe. Abs. 2 Satz 1 sieht Bedarfe für Schülerinnen und Schüler vor, die an **eintägigen Schulausflügen** und an mehrtägigen Klassenfahrten (bis 31. 12. 2010: § 31 Abs. 1 Nr. 3) teilnehmen. Mit umfasst sind auch Ausflüge von Kindern, die eine Kindertageseinrichtung besuchen Im Unterschied zum früheren Recht werden nicht nur mehrtägige Klassenfahrten als Bedarf anerkannt. Abs. 2 entspricht § 28 Abs. 2 SGB II. **Taschengelder** für zusätzliche Ausgaben während der Klassenfahrten und Ausflüge sind vom anzuerkennenden Bedarf nicht erfasst, zumal die Leistungen nach Abs. 2 als Sach- oder Dienstleistungen (§ 34a Abs. 2 S. 1) erbracht werden; derartige Bedarfe sind deshalb aus dem Regelsatz zu decken.

4 Die Anerkennung eines zusätzlichen Bedarfs für die **persönliche Schulausstattung** nach Abs. 3 dient wie ihre Vorgängerregelung (§ 28a in der bis zum 31. 12. 2010 geltenden Fassung) dazu, hilfebedürftigen Schülerinnen und Schülern die Anschaffung von Gegenständen zu erleichtern, die für den Schulbesuch benötigt werden. Zur persönlichen Schulausstattung gehören nach der Gesetzesbegründung (BT-Drucks. 17/3404 S. 124) neben Schulranzen, Schulrucksack und Sportzeug insbesondere die für den persönlichen Ge- und Verbrauch bestimmten Schreib-, Rechen- und Zeichenmaterialien (Füller, Kugelschreiber, Blei- und Malstifte, Taschenrechner, Geodreieck, Hefte und Mappen, Tinte, Radiergummis, Bastelmaterial, Knetmasse). Der Schulbedarf wird zwar überwiegend bereits bei der Ermittlung des Regelbedarfs berücksichtigt, weil die Ausgaben dafür in unterschiedlichen regelsatzrelevanten Positionen der Einkommens- und Verbrauchsstichprobe erfasst werden. Die Anerkennung als zusätzlicher Bedarf trägt aber dem Umstand Rechnung, dass die umfassten Schulbedarfe nicht zuverlässig vollständig aus dem Regelbedarf herausgerechnet werden können (BT-Drucks. aaO).

5 § 34 Abs. 4 regelt die im ursprünglichen Gesetzentwurf noch nicht vorgesehene Übernahme der Kosten für die Beförderung von Schülern. Soweit das Gesetz an die „Zumutbarkeit" anknüpft, dürfte sich diese allerdings nur an Personen richten, die ohne diese Aufwendungen nicht hilfebedürftig sind (vgl. § 34a Abs. 1 S. 2) oder bei Beförderungskosten die so gering sind, dass sie nicht ins Gewicht fallen. Im Übrigen ist bei Hilfebedürftigkeit in der Regel von einer Unzumutbarkeit auszugehen. Soweit auf die „nächstgelegene" Schule rekurriert wird, kann sich dies nur auf Bildungsgänge beziehen, die der Schüler selbst wählen kann und bei seiner Wahl die nächstgelegene (geeignete) Schule nicht berücksichtigt. Erfolgt eine Zuweisung durch das staatliche Schulamt, kann der Sozialhilfeträger hingegen nicht einwenden, es existiere eine näher gelegene Schule. Vielmehr hat er die Entscheidung der Schulbehörde zu respektieren.

6 § 34 Abs. 5 trägt der Tatsache Rechnung, dass auch **außerschulische Lernförderung** vom Anspruch auf Sicherung eines menschenwürdigen Existenzminimums erfasst sein kann. Außerschulische Lernförderung als anzuerkennender Bedarf, der in systematischer Betrachtung einen **Mehrbedarf** darstellt, ist allerdings nur in Ausnahmefällen geeignet und erforderlich und damit notwendig. In der Regel ist sie nur kurzzeitig notwendig, um vorübergehende Lernschwächen zu beheben. Die Geeignetheit und Erforderlichkeit der Lernförderung bezieht sich auf das Lernziel, das sich wiederum im Einzelfall je nach Schulform und Klassenstufe aus den schulrechtlichen Bestimmungen des jeweiligen Landes ergibt. Schulische Angebote der Lernförderung haben nach der Gesetzesbegründung den Vorrang vor außerschulischer, insbesondere privatgewerblich geleisteter Nachhilfe (BT-Drucks. 17/3404 S. 124). Dies wird damit begründet, dass diese am ehesten geeignet sind, die jeweiligen Schwächen der Schülerin oder des Schülers zu beheben. Abgesehen davon, dass § 34 Abs. 5 einen solchen Vorrang nicht ausdrücklich regelt, dieser Vorrang allenfalls allgemeinen Grundsätzen der Sozialhilfe entnommen werden kann, muss die gesetzgeberische Aussage angezweifelt werden. Die Realität ist eine andere.

7 § 34 Abs. 6 gewährt einen systematisch als Mehrbedarf einzuordnenden Bedarf für Schülerinnen und Schüler, die an einer in schulischer Verantwortung angebotenen **Mittagsverpflegung** teilnehmen, die gemeinschaftlich ausgegeben und eingenommen wird. Entsprechendes gilt für Kinder, die eine Kindertageseinrichtung besuchen. Die Teilnahme an einer Gemeinschaftsverpflegung ist ein wichtiges Element der **sozialen Teilhabe** (zum gemeinsam eingenommenen Mittagessen als persönlichkeitsbildender integraler Bestandteil der Eingliederungshilfe vgl. schon BSG 9. 12. 2008 – B 8/9b SO 10/07 R – BSGE 102, 126 = SozR 4–3500 § 54 Nr. 3). Es wird damit berücksichtigt, dass das Schulmittagessen konzeptionell nicht allein dem Zweck der Nahrungsaufnahme dient, sondern daneben auch eine sozialintegrative Funktion besitzt. Die Möglichkeit ebenso wie andere teilnehmen zu können, verhindert nämlich Ausgrenzungsprozesse und eventuelle Auswirkungen auf den schulischen Erfolg. Abs. 6 sieht allerdings nur die Übernahme von Kosten des Schulmittagessens vor, die – je Schultag – über den rechnerisch im Regelbedarf für das tägliche Mittagessen enthaltenen Betrag nach § 9 des Regelbedarfs-Ermittlungsgesetzes hinausgehen. Hierdurch werden Doppelleistungen vermieden (zur abweichenden Festsetzung des Regelsatzes bei kostenlos eingenommenen Mittagessen in einer WfbM vgl. schon BSG 1. 12. 2007 – B 8/9b SO 21/06 R – BSGE 99, 252 = SozR 4–3500 § 28 Nr. 3). Diese Kosten sollen (durch Gutscheine) ausgeglichen werden, damit Schülerinnen und Schüler, die auf Leistungen angewiesen sind, nicht faktisch von der schulischen Mittagsverpflegung ausgeschlossen werden.

8 Leistungen zur Deckung des Bedarfs nach § 34 Abs. 7 dienen unmittelbar dazu, den Anspruch auf **gesellschaftliche Teilhabe** im Rahmen des Grundrechts auf Gewährleistung eines menschenwürdigen Existenzminimums zu erfüllen. Der anerkannte Bedarf umfasst bis zum Höchstbetrag von monatlich 10 Euro die Aufwendungen, die durch Musikunterricht, außerschulischer Jugendbildung, Jugendarbeit in Sport, Spiel, Kultur und Geselligkeit, die Jugendarbeit, vergleichbare Kurse kultureller Bildung oder die Teilnahme an Freizeiten entstehen. Dieser in § 34 Abs. 6 aufgeführte Katalog ist abschließend. Er orientiert sich an den Inhalten der Jugendarbeit des Kinder- und Jugendhilferechts. Fahrtkosten gehören deshalb nicht zu den anerkannten Bedarfen.

9 Das mit dem anerkannten Bedarf zur Verfügung gestellte monatliche Budget reicht nach Vorstellung des Gesetzgebers regelmäßig noch aus, auch andere Aktivitäten zur gesellschaftlichen Teilhabe in

Anspruch zu nehmen, so etwa Musikunterricht in Musik- und Volkshochschulen. Als Anbieter kommen aber auch Privatpersonen in Betracht, die über entsprechende Qualifikationen verfügen. Spätestens dann allerdings wird die pauschale Leistung etwa bei ernsthaftem Musikunterricht in keinem Fall **bedarfsdeckend** sein. Ob angesichts der eindeutigen Regelung, die die Höhe der Leistung auf 10 Euro begrenzt, bei höherem Bedarf auf die Regelung des § 27a Abs. 4 zurückgegriffen werden kann, scheint zweifelhaft. Dies sowie die Tatsache, dass Fahrtkosten nicht umfasst sind, dürfte dazu führen, dass Leistungen nach Abs. 7 häufig gar nicht in Anspruch genommen werden, weil sie den tatsächlichen Bedarf augenscheinlich nicht decken und der Hilfebedürftige die Kosten für die an sich gewünschte und geförderte gesellschaftliche Teilhabe selbst nicht aufbringen kann.

Unter die **vergleichbaren Kurse** der kulturellen Bildung im Sinne von Abs. 7 Nr. 2 fallen insbesondere die Angebote von Volkshochschulen, Theaterworkshops und vergleichbare Gemeinschaftsveranstaltungen ebenso wie museumspädagogische Angebote und Aktivitäten zur Stärkung der Medienkompetenz. Diese wichtig, um Kindern und Jugendlichen gerade im Zeitalter medialer Vielfalt einen aufgeklärten Umgang mit Medien zu ermöglichen. Sie umfassen insbesondere alle Aspekte der Medienkritik, Medienkunde, Mediennutzung und Mediengestaltung. Sie beziehen sich sowohl auf Bücher, Zeitschriften, Internet, Hörfunk und Fernsehen als auch auf pädagogisch wertvolle Kinoprojekte (BT-Drucks aaO). 10

§ 34a Erbringung der Leistungen für Bildung und Teilhabe

(1) ¹Leistungen zur Deckung der Bedarfe nach § 34 Absatz 2 und 4 bis 7 werden auf Antrag erbracht. ²Einer nachfragenden Person werden, auch wenn keine Regelsätze zu gewähren sind, für Bedarfe nach § 34 Leistungen erbracht, wenn sie diese nicht aus eigenen Kräften und Mitteln vollständig decken kann. ³Die Leistungen zur Deckung der Bedarfe nach § 34 Absatz 7 bleiben bei der Erbringung von Leistungen nach dem Sechsten Kapitel unberücksichtigt.

(2) ¹Leistungen zur Deckung der Bedarfe nach § 34 Absatz 2 und 5 bis 7 werden erbracht durch Sach- und Dienstleistungen, insbesondere in Form von personalisierten Gutscheinen oder Direktzahlungen an Anbieter von Leistungen zur Deckung dieser Bedarfe (Anbieter); die zuständigen Träger der Sozialhilfe bestimmen, in welcher Form sie die Leistungen erbringen. ²Die Bedarfe nach § 34 Absatz 3 und 4 werden jeweils durch Geldleistungen gedeckt.

(3) ¹Werden die Bedarfe durch Gutscheine gedeckt, gelten die Leistungen mit Ausgabe des jeweiligen Gutscheins als erbracht. ²Die zuständigen Träger der Sozialhilfe gewährleisten, dass Gutscheine bei geeigneten vorhandenen Anbietern oder zur Wahrnehmung ihrer eigenen Angebote eingelöst werden können. ³Gutscheine können für den gesamten Bewilligungszeitraum im Voraus ausgegeben werden. ⁴Die Gültigkeit von Gutscheinen ist angemessen zu befristen. ⁵Im Fall des Verlustes soll ein Gutschein erneut in dem Umfang ausgestellt werden, in dem er noch nicht in Anspruch genommen wurde.

(4) ¹Werden die Bedarfe durch Direktzahlungen an Anbieter gedeckt, gelten die Leistungen mit der Zahlung als erbracht. ²Eine Direktzahlung ist für den gesamten Bewilligungszeitraum im Voraus möglich.

(5) ¹Im begründeten Einzelfall kann der zuständige Träger der Sozialhilfe einen Nachweis über eine zweckentsprechende Verwendung der Leistung verlangen. ²Soweit der Nachweis nicht geführt wird, soll die Bewilligungsentscheidung widerrufen werden.

Überblick

§ 34a regelt ergänzend zu den in § 34 vorgesehenen Leistungen zur Deckung der Bedarfe für Bildung und ihres Umfangs die Art ihrer Erbringung. Die Erbringung der Leistung entspricht – abgesehen von den auf systematische Unterschiede zwischen dem SGB XII und dem SGB II zurückgehenden Abweichungen – der nach § 29 SGB II. Anders als das SGB II ist das SGB XII weitgehend auf (dauerhaft) voll Erwerbsgeminderte und auf Personen zugeschnitten, die die Altersgrenze der gesetzlichen Rentenversicherung erreicht haben. Leistungen für Bildung und Teilhabe, die nicht ohnehin durch die Eingliederungshilfe zu erbringen sind, dürften insoweit deutlich weniger nachgefragt werden. Insofern wird auch hier auf die **Kommentierung zu § 29 SGB II** verwiesen (vgl. Überblick zu § 34 Rn. 1). 1

In Abs. 1 Satz 1 wird – abweichend von den Regelungen im Dritten Kapitel – klargestellt, dass die Bedarfe für die Lernförderung und die schulische Mittagsverpflegung (§ 34 Abs. 4 und 5) nur auf **Antrag** erbracht werden. Dies erfordert nicht, dass ein schriftlicher Antrag beim Träger der Sozialhilfe gestellt werden muss, eine mündliche Erklärung, dass ein entsprechender Bedarf besteht, ist ausreichend. Ab wann die Leistung zu erbringen ist, ergibt sich aus der Norm – anders als etwa im SGB II 2 (vgl. dort § 37 Abs. 1 S. 2 SGB II) oder bei Leistungen im Alter und bei Ewerbsminderung (§ 44 Abs. 1 S. 2) – hingegen nicht. Richtigerweise wird man unbeschadet der Regelung des § 131 Abs. 2 davon ausgehen müssen, dass Leistungen deshalb auch für die Vergangenheit erbracht werden können bzw. müssen und dass insoweit der Kenntnisgrundsatz des § 18 gilt. § 131 Abs. 1 S. 2 betrifft insoweit nur rückwirkend zu erbringende Leistungen auch ohne Kenntnis des Sozialhilfeträger und dient der Vermeidung von Rechtsunsicherheit. Soweit Leistungen nicht mehr erbracht werden können, weil nicht Geld-, sondern Sach- oder Dienstleistungen zu erbringen sind, wandelt sich der Anspruch auf die Dienst- oder Sachleistung nach allgemeinen sozialrechtlichen Regeln wegen Systemversagens in einen Geldleistungsanspruch. Nach Satz 2 lösen die Bedarfe des § 34 Hilfebedürftigkeit aus, das heißt auch Schülerinnen und Schüler beziehungsweise Kinder und Jugendliche, deren notwendiger Lebensunterhalt ansonsten aus eigenen Kräften und Mitteln bestritten werden kann, haben einen Leistungsanspruch, wenn die eigenen Mittel nicht oder nur teilweise zur Deckung der Bedarfe für Bildung und Teilhabe ausreichen. Satz 3 stellt klar, dass die Teilhabebedarfe nach § 34 Abs. 6 keine Leistungsansprüche in der Eingliederungshilfe ersetzen.

3 Nach Abs. 2 werden die Leistungen zur Deckung der Bedarfe für Schulausflüge und Klassenfahrten (§ 34 Abs. 2 Nr. 1), für Lernförderung (§ 34 Abs. 4), für die gemeinsame Mittagessenverpflegung in Schulen und Kindertageseinrichtung (§ 34 Abs. 5) und für Teilhabe (§ 34 Abs. 6) durch **personalisierte Gutscheine** erbracht. Alternativ sind **Kostenübernahmeerklärungen** möglich, wodurch der zuständige Träger der Sozialhilfe die Kosten unmittelbar an die Anbieter der genannten Leistungen überweisen kann. Dies rechtfertigt aber keine Pauschalregelungen zur Verwaltungsvereinfachung etwa mit Schulen, denen ein bestimmtes Budget zugewiesen wird. Der Individualanspruch des Hilfeempfängers ginge hierdurch verloren und würde faktisch durch einen Anspruch des Anbieters ersetzt.

4 Die Gültigkeitsdauer der auszugebenden Gutscheine ist nach Abs. 3 für eine angemessene Dauer zu befristen. Sie können auch für den gesamten Bewilligungszeitraum ausgegeben werden. Die in der verfügten **Frist** nicht eingelöste Gutscheine verfallen. Dies entspricht den Vorgaben im SGB II. Perspektivisch ist die Erbringung der Leistungen über elektronische Abrechnungssysteme beabsichtigt, die, wenn sie für die SGB-II-Leistungsträger anwendbar sind, auch den Sozialhilfeträgern zur Nutzung offen stehen. Die durch Gutscheine gedeckten Leistungen „gelten" als mit der Ausgabe der Gutscheine als erbracht. Wozu es einer solchen **Fiktion** bedarf, erschließt sich angesichts der Regelung des Abs. 2 S. 1 („Leistungen werden erbracht durch … Sach- und Dienstleistungen, insbesondere in Form von personalisierten Gutscheinen …") zunächst nicht. Der Gesetzgeber wollte damit offensichtlich den Sozialhilfeträger vor Erstattungsansprüchen wegen Systemversagens bewahren und mit der verunglückten Formulierung zum Ausdruck bringen, dass der Träger der Sozialhilfe nicht für die Einlösung und auch nicht für die dafür erforderlichen Angebote verantwortlich ist, weil die Sicherstellung eines entsprechenden Angebots nicht in die Verantwortlichkeit des Trägers fällt.

5 Abs. 4 regelt die Direktzahlung an Anbieter (vgl. Rn. 2). Abs. 5 bestimmt, dass in begründeten Fällen ein Nachweis über die zweckentsprechende Verwendung der Leistung verlangt werden kann, und räumt dem Sozialhilfeträger als lex specialis zu § 47 SGB X (§ 37 SGB I) ein Widerrufsrecht ein, wenn der Nachweis nicht geführt wird. Von dem Widerruf darf nur in atypischen Fällen („soll") abgesehen werden.

Vierter Abschnitt. Unterkunft und Heizung

§ 35 Unterkunft und Heizung

(1) ¹Leistungen für die Unterkunft werden in Höhe der tatsächlichen Aufwendungen erbracht. ²Leistungen für die Unterkunft sind auf Antrag der leistungsberechtigten Person an den Vermieter oder andere Empfangsberechtigte zu zahlen. ³Sie sollen an den Vermieter oder andere Empfangsberechtigte gezahlt werden, wenn die zweckentsprechende Verwendung durch die leistungsberechtigte Person nicht sichergestellt ist. ⁴Das ist insbesondere der Fall, wenn

1. Mietrückstände bestehen, die zu einer außerordentlichen Kündigung des Mietverhältnisses berechtigen,
2. Energiekostenrückstände bestehen, die zu einer Unterbrechung der Energieversorgung berechtigen,
3. konkrete Anhaltspunkte für ein krankheits- oder suchtbedingtes Unvermögen der leistungsberechtigten Person bestehen, die Mittel zweckentsprechend zu verwenden, oder
4. konkrete Anhaltspunkte dafür bestehen, dass die im Schuldnerverzeichnis eingetragene leistungsberechtigte Person die Mittel nicht zweckentsprechend verwendet.

⁵Werden die Leistungen für die Unterkunft und Heizung an den Vermieter oder andere Empfangsberechtigte gezahlt, hat der Träger der Sozialhilfe die leistungsberechtigte Person darüber schriftlich zu unterrichten.

(2) ¹Übersteigen die Aufwendungen für die Unterkunft den der Besonderheit des Einzelfalles angemessenen Umfang, sind sie insoweit als Bedarf der Personen, deren Einkommen und Vermögen nach § 27 Absatz 2 zu berücksichtigen sind, anzuerkennen. ²Satz 1 gilt so lange, als es diesen Personen nicht möglich oder nicht zuzumuten ist, durch einen Wohnungswechsel, durch Vermieten oder auf andere Weise die Aufwendungen zu senken, in der Regel jedoch längstens für sechs Monate. ³Vor Abschluss eines Vertrages über eine neue Unterkunft haben Leistungsberechtigte den dort zuständigen Träger der Sozialhilfe über die nach den Sätzen 1 und 2 maßgeblichen Umstände in Kenntnis zu setzen. ⁴Sind die Aufwendungen für die neue Unterkunft unangemessen hoch, ist der Träger der Sozialhilfe nur zur Übernahme angemessener Aufwendungen verpflichtet, es sei denn, er hat den darüber hinausgehenden Aufwendungen vorher zugestimmt. ⁵Wohnungsbeschaffungskosten, Mietkautionen und Umzugskosten können bei vorheriger Zustimmung übernommen werden; Mietkautionen sollen als Darlehen erbracht werden. ⁶Eine Zustimmung soll erteilt werden, wenn der Umzug durch den Träger der Sozialhilfe veranlasst wird oder aus anderen Gründen notwendig ist und wenn ohne die Zustimmung eine Unterkunft in einem angemessenen Zeitraum nicht gefunden werden kann.

(3) ¹Der Träger der Sozialhilfe kann für seinen Bereich die Leistungen für die Unterkunft durch eine monatliche Pauschale abgelten, wenn auf dem örtlichen Wohnungsmarkt hinreichend angemessener freier Wohnraum verfügbar und in Einzelfällen die Pauschalierung nicht unzumutbar ist. ²Bei der Bemessung der Pauschale sind die tatsächlichen Gegebenheiten des örtlichen Wohnungsmarkts, der örtliche Mietspiegel sowie die familiären Verhältnisse der Leistungsberechtigten zu berücksichtigen. ³Absatz 2 Satz 1 gilt entsprechend.

(4) ¹Leistungen für Heizung und zentrale Warmwasserversorgung werden in tatsächlicher Höhe erbracht, soweit sie angemessen sind. ²Die Leistungen können durch eine monatliche Pauschale abgegolten werden. ³Bei der Bemessung der Pauschale sind die persönlichen und familiären Verhältnisse, die Größe und Beschaffenheit der Wohnung, die vorhandenen Heizmöglichkeiten und die örtlichen Gegebenheiten zu berücksichtigen.

A. Tatsächliche Unterkunftskosten (§ 35 Abs. 1 S. 1)

§ 35 regelt die Kosten der Unterkunft (KdU) und Heizung und sieht im Hinblick auf regionale Unterschiede in Abs. 1 S. 1 keine Pauschalen, sondern die Übernahme der Kosten in Höhe der tatsächlich entstehenden Aufwendungen vor. **Unterkunft** iSv. § 35 ist jede vom Leistungsberechtigten genutzte Möglichkeit, die er zum Wohnen nutzt, vornehmlich Mietwohnungen und selbstgenutztes Wohneigentum, aber auch Wohnwagen Zelte und Wohnmobile (BSG 17. 6. 2010 – B 14 AS 79/09 R – SozR 4–4200 § 22 Nr. 39), die dem Wohnen dienen, Obdachlosenunterkünfte und Herbergen, nicht aber Geschäftsräume, die keinem Wohnzweck dienen (BSG 23. 11. 2006 – B 11b AS 3/05 – SozR 4–4200 § 16 Nr. 1). Die Unterkunft muss tatsächlich (selbst) als Wohnraum genutzt werden, so dass der Leistungsberechtigte keine Aufwendungen für das von ihm vermietete Wohneigentum oder für untervermietete Wohnungen verlangen kann. Wird die Wohnung nur vorübergehend nicht genutzt, etwa bei einem **Krankenhausaufenthalt** oder im Urlaub, schadet dies hingegen nicht, weil die Wohnung hierdurch nicht aufgegeben wird und der Bedarf an Unterkunftskosten weiter besteht. Bei kurzfristigem Freiheitsentzug wird dasselbe gelten müssen, wenn die Wohnung schon davor angemietet worden ist und der Strafgefangene die Wohnung beibehalten will. Im Übrigen können die Kosten bei einem länger andauernden Freiheitsentzug unter den Voraussetzungen des § 36 übernommen werden (aA OVG Berlin 14. 9. 1978 – VI B 11.77 – FEVS 27, 142; vgl. zum Ganzen BayVGH 22. 1. 1993 – 12 CE 92.3748).

Bei einer Mietwohnung gehören neben dem Mietzins zu den KdU alle Aufwendungen, die erforderlich sind, um dem Leistungsberechtigten eine sozialhilferechtlich angemessene Wohnung zu beschaffen, zu erhalten bzw. deren Nutzung zu ermöglichen, also die üblichen mit der Unterkunft verbundenen **Mietnebenkosten**, zu deren Übernahme sich der Mieter regelmäßig durch Vertrag verpflichtet. Insoweit sind Mietnebenkosten aber nur dann KdU iSv. § 35, wenn sie dem Leistungsberechtigten für Gewinnung oder Erhalt dieser Unterkunft zwangsläufig erwachsen. Stehen etwa Kabelanschlussgebühren nicht zur Disposition des Hilfeempfängers, kann er also auch im Einvernehmen mit dem Vermieter nach einer Kabelanschlusssperre als Mietnebenkosten ausschließen, sind sie KdU (vgl. BVerwG 15. 12. 1995 – 5 C 2/94 – BVerwGE 100, 136). Kann der Leistungsberechtigte hingegen den **Anschluss an technische Einrichtungen** – wie das Breitbandkabelnetz –, die den Fernseh-, Radio- oder Internetempfang ermöglichen, frei wählen, sind die hierfür anfallenden Aufwendungen der Bedarfsgruppe der persönlichen Bedürfnisse des täglichen Lebens zuzuordnen und aus den Regelsatzleistungen zu decken (vgl. BVerwG 24. 2. 1994 – 5 C 34/91 – BVerwGE 95, 145; BSG 19. 2. 2009 – B 4 AS 48/08 R – SozR 4–4200 § 22 Nr. 18). Auch Aufwendungen für die Nutzung einer in der Wohnung vorhandenen Kücheneinrichtung sind KdU, wenn die Wohnung nur mit diesem **Küchennutzungsentgelt** anmietbar ist und sich der Mietpreis auch unter Berücksichtigung dieses Zuschlages noch innerhalb des Rahmens der Angemessenheit für den maßgeblichen Wohnort hält (BSG 7. 5. 2009 – B 14 AS 14/08 R – SozR 4–4200 § 22 Nr. 20). Auch eine **Betreuungspauschale** kann Bestandteil der KdU, wenn es sich um eine zwingende Verpflichtung aus dem Mietvertrag handelt, die zudem als Auflage im Bescheid an den Vermieter über die Förderung des sozialen Wohnungsbaus enthalten ist (BSG 14. 4. 2011 – B 8 SO 19/09 R).Wenn **Wohnmobile** als (einzige) Wohnung genutzt werden, gehören zu den KdU auch die angemessenen Aufwendungen für Beheizung, Kfz-Steuer und Kfz-Versicherung, wenn ohne diese die Nutzung in der konkret durchgeführten Form nicht möglich wäre (BSG 17. 6. 2010 – B 14 AS 79/09 R – SozR 4–4200 § 22 Nr. 39).

3   Zu den Mietnebenkosten gehören auch etwaige **Nachzahlungen**, die von dem Sozialhilfeträger in dem Monat zusätzlich zu übernehmen sind, in dem sie fällig werden (zur Nachzahlung bei Leistungsberechtigten nach dem SGB II: BSG 22. 3. 2010 – B 4 AS 62/09 R – SozR 4–4200 § 22 Nr. 38). Von dem Vermieter ausgezahlte Guthaben senken nicht die KdU in dem Monat, in dem die Zahlung durch den Vermieter erfolgt, sondern sind Einkommen des Leistungsberechtigten.

4   Zu den KdU gehören nicht nur der Mietzins, sondern auch die **Aufwendungen für Schönheitsreparaturen** (BVerwG 30.4.1992 – 5 C 26/88 – BVerwGE 90, 160) oder Zuschläge für vom Vermieter vorzunehmende Schönheitsreparaturen, zu denen der Mieter nach dem Mietvertrag verpflichtet ist. Zwar kann der EVS (vgl. Frommann NDV 2004, 246 ff.) als auch der Begründung zur früheren Regelsatzverordnung (BR-Drs. 206/04) entnommen werden, dass Anteile für „Reparatur und Instandhaltung der Wohnung" in die Bemessung des Regelsatzes eingeflossen sind (vgl. § 2 Abs. 2 Nr. 3 RSV und BSG 27. 2. 2008 – B 14/11b AS 15/07 R – Rn. 26). Insoweit ist aber dieser im Regelsatz enthaltene Anteil nicht in Abzug zu bringen, weil Schönheitsreparaturen nicht von der im Regelsatz eingeflossenen Position „Instandhaltung und Reparatur der Wohnung" umfasst sind (BSG 19. 3. 2008 – B 11b AS 31/06 R – SozR 4–4200 § 22 Nr. 10). Die Aufwendungen für eine **Einzugsrenovierung** gehören zu den KdU, wenn sie ortsüblich und erforderlich sind, um einen Wohnstandart im unteren Wohnsegment herzustellen (BSG 16. 12. 2008 – B 4 AS 49/07 R – BSGE 102, 194 = SozR 4–4200 § 22 Nr. 16). Die **Auszugsrenovierung** kann nur dann als sozialhilferechtlicher Bedarf anerkannt werden, wenn der Auszug sozialhilferechtlich gerechtfertigt ist (BVerwG 30. 4. 1992 – 5 C 26/88 – BVerwGE 90, 160). Die Kosten für eine **Garage** sind regelmäßig nicht zu übernehmen, es sei denn, die Wohnung ist ohne Garage nicht anmietbar und der Mietpreis hält sich bei fehlender „Abtrennbarkeit" der Garage noch innerhalb des Rahmens der Angemessenheit für den maßgeblichen Wohnort (BSG 7. 11. 2006 – B 7b AS 10/06 – SozR 4–4200 § 22 Nr. 2).

5   Leben mehrere Personen in einer Haushaltsgemeinschaft, ist die Miete (aus Praktikabilitätsgründen) im Regelfall nach der Zahl der zur Haushaltsgemeinschaft zählenden Personen ohne Rücksicht auf deren Alter nach **Kopfteilen** aufzuteilen. Die Nutzungsintensität bleibt dabei unberücksichtigt, weil die gemeinsame Nutzung einer Wohnung durch mehrere Personen in aller Regel eine an der unterschiedlichen Intensität der Nutzung ausgerichtete Aufteilung der Aufwendungen für diese Wohnung nicht zulässt (BVerwG 21. 1. 1988 – 5 C 68/85 – BVerwGE 79, 17; ebenso zum Recht des SGB II: BSG 23. 11. 2006 – B 11b AS 1/06 R – SozR 4–4200 § 20 Nr. 3). Diese generalisierende und pauschalierende Betrachtungsweise bedarf aber dann der Korrektur, wenn und soweit der Hilfefall durch sozialhilferechtlich bedeutsame Umstände gekennzeichnet ist, die ohne weiteres objektivierbar sind und zu einer von der Regel abweichenden Aufteilung der Unterkunftskosten zwingen. Dies kann etwa bei einem Pflegebedürftigen der Fall sein, der wegen seiner Behinderung und der erforderlichen Pflege einen höheren Unterkunftsbedarf hat (BVerwG 21. 1. 1988 – 5 C 68/85 – BVerwGE 79, 17). Fallen zu Lasten des Hilfebedürftige überhaupt keine Kosten für Unterkunft und Heizung an (etwa bei einem hilfebedürftigen behinderten Erwachsenen, der Grundsicherung im Alter und bei Erwerbsminderung bezieht und bei seinen nicht hilfebedürftigen Eltern kostenfrei lebt), sind hingegen keine Leistungen für KdU bzw. Heizkosten zu erbringen, weil insoweit kein die Hilfebedürftigkeit begründender Bedarf vorhanden ist. Für eine normative Aufteilung (nach Kopfteilen) besteht jedenfalls dann keine Berechtigung, wenn weder eine Einsatzgemeinschaft noch eine Bedarfsgemeinschaft zwischen den Bewohnern bzw. eine Haushaltsgemeinschaft mit weiteren Hilfebedürftigen besteht (BSG 14. 4. 2011 – B 8 SO 18/09 R – SGb 2011, 329; BSG 25. 8. 2011 – B 8 SO 29/10 R).

6   Lebt ein Hilfebedürftiger mit einem nicht hilfebedürftigem **Untermieter** zusammen, ist eine Aufteilung nach Kopfteilen vorzunehmen und die Untermiete als Einkommen nach § 82 zu berücksichtigen, wobei der nicht berücksichtige Kopfanteil der Miete des Hauptmieters als mit der Erzielung des Einkommens verbundene notwendige Ausgabe nach § 82 Abs. 2 Nr. 4 in Abzug zu bringen ist. Wird ein abgrenzbarer Teil einer Mietwohnung untervermietet, scheidet eine Aufteilung nach Kopfteilen aus, vielmehr ist für die prozentuale Aufteilung der Unterkunftskosten die im Untermietvertrag getroffene Vereinbarung maßgebend.

7   Bei selbstgenutztem **Wohneigentum** gehören zu den Unterkunftskosten die Schuldzinsen, nicht aber Tilgungszahlungen zur Finanzierung eines Eigenheimes oder einer Eigentumswohnung, da die Leistungen des SGB XII nicht der Vermögensbildung dienen (BVerwG 24. 4. 1975 – V C 61.73 – BVerwGE 48, 182; BSG 7. 11. 2006 – B 7b AS 8/06 R – SozR 4–4200 § 22 Nr. 1). Dieser Grundsatz gilt allerdings nicht uneingeschränkt. Bei einer relativ geringen Belastung durch Darlehenszinsen

und einer vergleichsweise hohen **Tilgungslast** kann typisierend davon ausgegangen werden, dass das selbst genutzte Wohnungseigentum bereits weitgehend finanziert ist und es deshalb nicht um den Aufbau, sondern um den Erhalt bereits bestehender Vermögenswerte geht. Deshalb hat der Sozialhilfeträger in diesen Ausnahmefällen im Hinblick auf Art. 3 GG auch bei einem Eigentümer von selbst genutztem Wohneigentum von angemessener Größe die Kosten zu übernehmen, die er unter vergleichbaren Voraussetzungen für eine Mietwohnung tragen würde, wenn der Hilfebedürftige andernfalls gezwungen wäre, seine Wohnung aufzugeben (BSG 18. 6. 2008 – B 14/11 b AS 67/06 R – SozR 4–4200 § 22 Nr. 13). Ein solcher Ausnahmefall liegt aber nicht schon dann vor, wenn die Finanzierungskosten des Eigentümers insgesamt die Höhe der Gesamtkosten einer angemessenen Mietwohnung nicht übersteigen. Lassen die Umstände eine **private Vermögensbildung durch öffentliche Gelder** in den Vordergrund treten, stehen sie der Annahme eines Ausnahmefalles entgegen (BSG 7. 7. 2011 – B 14 AS 79/10 R).

Die Angemessenheit der Kosten für die Nutzung von Wohneigentum ist an den Kosten zu messen, die für Mietwohnungen angemessen sind. Zu den Unterkunftskosten für selbst genutzte Hausgrundstücke zählen dabei alle notwendigen Ausgaben, die bei der Berechnung der Einkünfte aus Vermietung und Verpachtung abzusetzen sind. Insoweit bietet sich ein Rückgriff auf § 7 Abs. 2 der DV zu § 82 an, der diese Ausgaben konkretisiert. **Stromkosten** für die Außenbeleuchtung und die Gartenpflege sind danach nicht als KdU berücksichtigungsfähig. Anders verhält es sich bei den Stromkosten für die Heizungspumpe (BSG 7. 7. 2011 – B 14 AS 51/10 R). Daneben sind bei selbst genutztem Wohneigentum die Aufwendungen für **notwendige Instandhaltung** zu erbringen. Zu den Aufwendungen zählt auch die **Instandhaltungsrücklage** eines Wohnungseigentümers, da diese nicht zu seiner Disposition steht (vgl. § 21 WEG). Aufwendungen für wertsteigernde Erneuerungsmaßnahmen sind hingegen grundsätzlich keine Erhaltungsmaßnahmen, die über die KdU zu übernehmen wären. Auch insoweit gilt, dass die Leistungen des SGB XII nicht der Vermögensbildung dienen. 8

B. Leistungen an den Vermieter (§ 35 Abs. 1 S. 2–4)

Leistungen für die Unterkunft sind nach § 35 Abs. 1 S. 2 auf Antrag und sollen nach § 35 Abs. 1 S. 3 direkt an den Vermieter oder andere Empfangsberechtigte gezahlt werden, wenn die **zweckentsprechende Verwendung** durch den Leistungsberechtigten nicht sichergestellt ist. Die Regelung dient auch dem Hilfebedürftigen und schützt ihn in erster Linie vor einer Kündigung des Vermieters wegen Zahlungsverzugs. § 35 Abs. 1 S. 4 nennt in einer exemplarische Auflistung Fallkonstellationen, die zu einer Direktzahlung der Miete führen können. Weshalb nach der dortigen Nr. 2 Energiekostenrückstände, die zu einer Unterbrechung der Energieversorgung berechtigen, genannt werden, ist kaum nachvollziehbar, weil die Energiekosten (Strom) typischerweise direkt an die Energielieferanten zu zahlen sind und keinen Bezug zu der gegenüber dem Vermieter zu erbringenden Miete haben. Die Direktüberweisung an den Vermieter wird den Energielieferanten nicht dazu bewegen von der Unterbrechung der Energieversorgung abzusehen. Die Aufzählung soll gegenüber der bis zum 31. 12. 2010 geltenden Regelung in § 29 Abs. 1 S. 6 zu mehr Transparenz führen, erreicht aber das Gegenteil und ist überflüssig. Nach § 35 Abs. 1 S. 5 ist der Leistungsberechtigte ist hiervon schriftlich durch **Verwaltungsakt** zu unterrichten. 9

C. Angemessener Umfang (§ 35 Abs. 2 S. 1)

§ 35 Abs. 1 erfährt in § 35 Abs. 2 S. 1 und 2 Einschränkungen. Nach § 35 Abs. 2 S. 1 werden die Kosten der Unterkunft dann in tatsächlicher Höhe erbracht, wenn ihr Umfang angemessen ist, weil der Lebensunterhalt nur in diesem Umfang auch notwendig sein kann. Die Angemessenheit der Wohnungskosten wird durch verschiedene Faktoren bestimmt und erfordert zunächst eine abstrakte und sodann eine konkrete Betrachtungsweise der Angemessenheit. Bei der **abstrakten Angemessenheit** steht die **Wohnungsgröße** an erster Stelle. Für deren Angemessenheit ist auf die Wohnungsgrößen, die sich aus § 10 des Gesetzes über die soziale Wohnraumförderung vom 13. 9. 2001 (WoFG, BGBl. I 2376) ergeben, abzustellen. Danach können die Länder im geförderten Mietwohnungsbau die Anerkennung von bestimmten Grenzen für Wohnungsgrößen nach Grundsätzen der Angemessenheit regeln. Hierbei erlassen die einzelnen Bundesländer Richtlinien. Die Ausführungsgesetze der Länder zum WoFG weisen etwa folgende Spannbreite auf: In Bayern wurde die angemessene Wohnfläche für einen Zwei-Personen-Haushalt auf höchstens 70 qm festgesetzt, für jede weitere Person im Haushalt kann die Wohnfläche bis zu 15 qm mehr betragen (Wohnraumförderbestimmungen 2003 des Bayerischen Staatsministeriums des Inneren vom 11. 11. 2002 – AllMBl Nr. 14/2002, 971); in Niedersachsen liegt der Grenzwert hingegen bei 90 qm (Nds MBl Nr. 27/2003, 580 Ziff. 11.3); in Baden-Württemberg wird eine Wohnfläche von 130 qm als angemessen erachtet, ohne dass nach der Personenzahl unterschieden wird (GABl vom 28. 2. 2002, 194, Ziff. 3.4.2). 10

Coseriu

11 Als weiterer Faktor ist der **Wohnungsstandard** zu berücksichtigen. Angemessen sind die Aufwendungen für eine Wohnung nur dann, wenn diese nach Ausstattung, Lage und Bausubstanz einfachen und grundlegenden Bedürfnissen genügt und keinen gehobenen Wohnstandard aufweist. Die Wohnung muss hinsichtlich der aufgeführten Kriterien – die als Mietpreis bildenden Faktoren regelmäßig im Quadratmeterpreis ihren Niederschlag finden – im unteren Segment der nach der Größe in Betracht kommenden Wohnungen in dem räumlichen Bezirk liegen, der den Vergleichsmaßstab bildet. Nach der sog. Produkttheorie ist dabei auf das Produkt aus angemessener Wohnfläche und Standard abzustellen, das sich in der Wohnungsmiete niederschlägt. Deshalb kann, anders als bei der Kombinationstheorie, die auf die Angemessenheit einzelner Faktoren abstellt, dahinstehen, ob einzelne Faktoren wie Größe, Ausstattung, Lage usw. isoliert gesehen als angemessen anzusehen sind (BSG 7. 11. 2006 – B 7 b AS 18/06 R – SozR 4–4200 § 22 Nr. 3). Die zu den Mietwohnungen entwickelten Grundsätze für die Feststellung der Angemessenheit der Unterkunftskosten gelten auch, wenn der Hilfebedürftige ein selbstgenutztes, zum Schonvermögen gehörendes Hausgrundstück bewohnt. Die angemessene Größe des Hausgrundstücks im Sinne der Vorschriften zum Schonvermögen indiziert nicht die Angemessenheit der Wohnkosten. Damit sind auch nicht die für Wohneigentum, sondern allein die für Mietwohnungen geltenden Wohnflächengrenzen bei der Angemessenheitsprüfung zu berücksichtigen (BSG 2. 7. 2009 – B 14 AS 32/07 R – SGb 2009, 249).

12 Als **räumlicher Vergleichsmaßstab** ist in erster Linie der Wohnort des Hilfebedürftigen maßgebend, also die konkreten örtlichen Gegebenheiten auf dem Wohnungsmarkt. Ein **Umzug** in einen anderen Wohnort, der mit einer Aufgabe des sozialen Umfeldes verbunden wäre, kann im Regelfall nicht verlangt werden. Dies bedeutet jedoch nicht, dass sich der räumliche Vergleichsmaßstab strikt am kommunalverfassungsrechtlichen Begriff der „Gemeinde" nach dem jeweiligen landesrechtlichen Kommunalrecht orientieren muss. Bei der Bildung des räumlichen **Vergleichsmaßstabs** kann es – insbesondere im ländlichen Raum – geboten sein, größere Gebiete als Vergleichsgebiete zusammenzufassen, während andererseits in größeren Städten eine Unterteilung in mehrere kleinere Vergleichsgebiete, die kommunalverfassungsrechtlich keine selbständigen Einheiten darstellen, geboten sein kann (BSG 7. 11. 2006 – B 7b AS 18/06 R – SozR 4–4200 § 22 Nr. 3). Als Vergleichsraum sind ausreichend große Räume (nicht nur Orts- oder Stadtteile) der Wohnbebauung zu definieren, die aufgrund ihrer räumlichen Nähe zueinander, ihrer Infrastruktur und insbesondere ihrer verkehrstechnischen Verbundenheit einen insgesamt betrachtet homogenen Lebens- und Wohnbereich bilden (BSG 19. 2. 2009 – B 4 AS 30/08 R – SozR 4–4200 § 22 Nr. 19). Bei der Angemessenheit wird man in erster Linie auf entsprechende **Mietspiegel** bzw. Mietdatenbanken zurückgreifen müssen. Um Härten, die sich aus der danach vorzunehmenden Pauschalierung ergeben, auszugleichen und um die Anforderungen an die Angemessenheit der Wohnung nicht zu überspannen, ist es gerechtfertigt, die zu Grunde gelegten Tabellenwerte um etwa 10% zu erhöhen. Liegen Tabellenwerte nicht vor, muss der Sozialhilfeträger für den jeweiligen Zuständigkeitsbereich eigene Mietspiegel oder Tabellen erstellen, deren **Schlüssigkeit** nicht nur zur Wohnungsgröße, sondern auch zum Wohnungsstandard (BSG 19. 3. 2008 – B 11b AS 41/06 R) gerichtlich voll überprüfbar ist. Nur soweit Erkenntnismöglichkeiten im lokalen Bereich nicht weiter führen, kann ein Rückgriff auf die Tabelle zu § 8 WoGG oder auf die zulässigen Mietgrenzen der in Ergänzung zum Wohnraumförderungsgesetz erlassenen landesrechtlichen Wohnraumförderungsbestimmungen in Betracht kommen (BSG 7. 11. 2006 – B 7b AS 18/06 R – SozR 4–4200 § 22 Nr. 3; BSG 22. 9. 2009 – B 4 AS 18/09 – SozR 4–4200 § 22 Nr. 30; BSG 17. 12. 2009 – B 4 AS 50/09 R – SozR 4–4200 § 22 Nr. 29).

13 Die Annahme, dass die Unterkunft unangemessen ist, setzt schließlich voraus, dass nach der Struktur des Wohnungsmarktes am Wohnort des Hilfebedürftigen tatsächlich auch die **konkrete Möglichkeit** besteht, eine abstrakt als angemessen eingestufte Wohnung konkret auf dem Wohnungsmarkt anzumieten (sog. Unterkunftsalternative, BVerwG 17. 11. 1994 – 5 C 11/93 – BVerwGE 97, 110; BVerwG 30. 5. 1996 – 5 C 14/95 – BVerwGE 101, 194). Dabei ist es bei erfolglosen Aktivitäten des Leistungsberechtigten auf dem (örtlichen) Wohnungsmarkt Sache des Sozialhilfeträgers, konkrete Unterkunftsalternativen für die Zeit nach der Kostensenkungsaufforderung (Warnfunktion, vgl. Rn. 17) zu benennen (BSG 19. 3. 2008 – B 11b AS 41/06 R). Besteht auch danach eine solche konkrete Unterkunftsalternative nicht, sind die Aufwendungen für die tatsächlich gemietete Unterkunft als konkret angemessen anzusehen (BSG 7. 11. 2006 – B 7 b AS 18/06 R – SozR 4–4200 § 22 Nr. 3; BVerwG, aaO).

14 Der unbestimmte Rechtsbegriff der Angemessenheit i. S. von § 35 Abs. 2 S. 1 ist also unter Zugrundelegung der sog Produkttheorie in einem **mehrstufigen Verfahren** zu konkretisieren. Nach der in einem ersten Schritt vorzunehmenden Bestimmung der abstrakt angemessenen Wohnungsgröße und des Wohnungsstandards ist in einem zweiten Schritt festzustellen, welcher räumliche Vergleichsmaßstab für die Beurteilung der Angemessenheit maßgebend ist. Sodann ist zu ermitteln, wie viel für eine abstrakt angemessene Wohnung auf dem für den Hilfebedürftigen maßgeblichen Wohnungsmarkt aufzuwenden ist (Ermittlung der Angemessenheitsgrenze auf Grund eines **schlüssigen Konzepts** des Grundsicherungsträgers). Abschließend ist zu prüfen, ob der Hilfesuchende eine solchermaßen abstrakt angemessene Wohnung auch tatsächlich hätte anmieten können, ob also eine konkrete Unterkunftsalternative bestanden hat. Die vom Sozialhilfeträger gewählte **Datengrundlage** muss auf einem schlüssigen Konzept beruhen, das eine hinreichende Gewähr dafür bietet, dass es die aktuellen Verhältnisse des örtlichen Wohnungsmarktes wiedergibt (vgl BSG 18. 6. 2008 – B 14/7b AS 44/06 R = FEVS 60, 145 und BSG 19. 3. 2008 – B 11b AS 41/06 R = SozR 4–4200 § 22 Nr. 7). Dabei müssen die Faktoren, die das Produkt "Mietpreis" bestimmen, in die Auswertung eingeflossen sein. Zu diesen Faktoren zählen nach oben Gesagtem zumindest der Standard, die Größe und die Ausstattung der Wohnung, wobei sich der Standard nach Lage der konkreten Verhältnisse auch im Jahr des ersten Bezugs bzw. der letzten Renovierung ausdrücken kann. Eine Auswertung nur des Wohnungsbestandes bestimmter Anbieter bei der Erstellung des Konzepts muss Gewähr dafür bieten, dass das untere Mietpreisniveau des gesamten örtlich in Betracht zu ziehenden Mietwohnungsbestandes realistisch abgebildet wird. Es ist nicht zulässig, nur bestimmte Stadtteile oder besonders niedrigpreisige Wohngegenden zur Ermittlung eines abstrakt angemessenen Mietpreises herauszugreifen (BSG vom 19. 2. 2009 – B 4 AS 30/08 R – BSGE 102, 263 = SozR 4–4200 § 22 Nr 19). Hilfebedürftige können nicht auf bestimmte Wohnungsbaugesellschaften als Anbieter verwiesen werden, sofern nicht erkennbar ist, das diese das in Bezug genommene Mietsegment aufgrund einer marktbeherrschenden Stellung im Wesentlichen abdecken.

D. Folgen unangemessener Unterkunftskosten (§ 35 Abs. 2 S. 2)

Unangemessen hohe Unterkunftskosten sind von dem Sozialhilfeträger nicht zu erbringen. Da aber **15** nur der über die angemessenen Aufwendungen für die Unterkunft hinausgehende Betrag unangemessen ist, hat der Sozialhilfeträger nach dem Grundsatz in § 35 Abs. 2 S. 1 die tatsächlichen Aufwendungen bis zur Grenze der **Angemessenheit** zu tragen. Dies zeigt auch § 35 Abs. 2 S. 4, der diesen Fall bei den Aufwendungen nach einem Umzug ausdrücklich regelt. Der Hilfebedürftige kann dann etwa mit eigenen Mitteln, die nicht der Bedarfsdeckung dienen und bei der Bemessung der Leistung unberücksichtigt bleiben (zweckbestimmte Einnahmen wie Erziehungsgeld, Grundrente nach dem BVG, geschützte Vermögenswerte), die überschießenden Aufwendungen selbst übernehmen.

Übersteigen die Aufwendungen für die Unterkunft den der Besonderheit des Einzelfalles angemes- **16** senen Umfang, sind sie nach § 35 Abs. 2 S. 2 solange zu übernehmen, wie es dem Hilfebedürftigen nicht möglich (zB wegen erfolgloser Wohnungssuche, Krankheit oder Behinderung) oder nicht zumutbar ist, die Aufwendungen durch einen Wohnungswechsel, durch Untervermietung oder auf andere Weise (Vereinbarung mit dem Vermieter) zu senken. Gründe dafür, dass ein Umzug nicht zumutbar ist, können das fortgeschrittene Alter des Hilfempfängers und langjähriges Bewohnen der Wohnung bei nur geringer Überschreitung der angemessenen Kosten der Unterkunft sein, die Zumutbarkeit hängt allerdings immer von den konkreten Umständen des Einzelfalls ab. Allein die Unzumutbarkeit eines Umzugs führt nicht dazu, dass andere Alternativen der Senkung der Unterkunftskosten ausgeschlossen sind (BSG 23. 3. 2010 – B 8 SO 24/08 R – SozR 4–3500 § 29 Nr. 1). Als **Regelfall** sieht § 35 Abs. 2 S. 2 für die Übernahme der unangemessenen Kosten einen Zeitraum von längstens **sechs Monaten** vor. Die Sechs-Monats-Frist soll nach der Wertung des Gesetzes das äußerste Maß sein und wird grundsätzlich als ausreichend für entsprechende Kostensenkungsmaßnahmen angesehen. Für eine längere Frist als sechs Monate müssen deshalb sehr strenge Maßstäbe angelegt werden. Hierfür ist nur bei ganz besonderen Umständen Raum. Dies kann etwa der Fall sein, wenn das Ende der Inanspruchnahme von Sozialhilfeleistungen kurz bevorsteht, Kündigungsfristen der Einhaltung der Sechs-Monats-Frist entgegenstehen oder mit der Wohnungssuche im Einzelfall besondere Schwierigkeiten verbunden sind (kinderreiche Familien). Umgekehrt ist die Frist nicht als Schonfrist zu sehen, die es dem Leistungsempfänger erlaubt, sie bis zum letzten Tag auszuschöpfen, obwohl die Aufwendungen für die Kosten der Unterkunft rascher gesenkt werden könnten.

Bevor der Leistungsträger die von ihm gezahlten Aufwendungen für die Kosten der Unterkunft **17** wegen Unangemessenheit senkt, informiert er in der Praxis den Hilfebedürftigen und setzt ihm eine Frist zur Senkung der Unterkunftskosten **(Kostensenkungsaufforderung)**. Bei derartigen Informationsschreiben handelt es sich nicht um Verwaltungsakte. Für den Erlass eines Verwaltungsakts besteht auch keine gesetzliche Grundlage. Eine Kostensenkungsaufforderung bzw. eine entsprechende Information ist weder in § 35 normiert noch sonst formelle Voraussetzung für die Weigerung, mehr als die angemessenen Kosten zu übernehmen. Der Hinweis hat vielmehr allein Aufklärungs- und Warnfunktion, damit der Hilfebedürftige Klarheit über die aus Sicht des Leistungsträgers angemessenen Aufwendungen für die Unterkunft und Heizung und einen Hinweis auf die Rechtslage erhält (BSG 7. 11. 2006 – B 7b AS 10/06 R – SozR 4–4200 § 22 Nr. 2). Lediglich im Rahmen der Zumutbarkeitsprüfung gewinnen Kostensenkungsaufforderungen der Träger ihre Bedeutung als Informationen gegenüber dem Hilfebedürftigen mit Aufklärungs- und Warnfunktion (BSG 19. 3. 2008 – B 11b AS 41/06 R).

Sind dem Leistungsempfänger die maßgeblichen Gesichtspunkte bekannt, bedarf es nicht einmal **18** der Aufklärung. Hier genügt regelmäßig die Angabe des angemessenen Mietpreises. Sollen die Kosten jedoch „auf andere Weise" – etwa durch Vereinbarung einer geringeren Miete mit dem Vermieter – gesenkt werden, ist dem Hilfeempfänger konkret mitzuteilen, was von ihm erwartet wird (BSG 23. 3.

2010 – B 8 SO 24/08 R – SozR 4–3500 § 29 Nr. 1). Die erforderliche Information über die Unangemessenheit der Wohnung muss bei einer aus mehreren Personen bestehenden Einsatzgemeinschaft auch nur gegenüber einer dieser Personen erfolgen, weil typisierend davon auszugehen ist, dass die entsprechende Information auch die Anderen erreicht. Umständen des Einzelfalls kann bei dem einzelnen Anspruchsinhaber im Rahmen der Zumutbarkeitsprüfung Rechnung getragen werden. Bei einem **Wohnungswechsel** in einen anderen Ort kann von vornherein eine den neuen Wohnort betreffende Information von Amts wegen nicht verlangt werden. Hier genügt es, wenn der Leistungsempfänger weiß, dass er gewisse Angemessenheitsgrenzen einzuhalten hat (BSG 7. 11. 2006 – B 7 b AS 10/06 R – SozR 4–4200 § 22 Nr. 2).

E. Umzug (§ 35 Abs. 2 S. 3 und 4)

19   Vor Abschluss eines Vertrages über eine neue Unterkunft haben Leistungsberechtigte den dort zuständigen Träger der Sozialhilfe über die nach den Sätzen 1 und 2 maßgeblichen Umstände in Kenntnis zu setzen. Diese Verpflichtung trifft nur denjenigen, der im Monat des Abschlusses des neuen Mietvertrages hilfebedürftig ist, die bloße Erwartung des Eintritts der Hilfebedürftigkeit ist nicht ausreichend (BSG 30. 8. 2010 – B 4 AS 10/10 R – BSGE 106, 283 = SozR 4–4200 § 22 Nr. 40 zur Zusicherung nach § 22 Abs. 4 SGB II). Gemeint sind Höhe der Miete und Nebenkosten sowie die Größe, Lage und Ausstattung der Wohnung, damit der Sozialhilfeträger in die Lage versetzt wird, die Angemessenheit der neuen Unterkunft festzustellen. Sind die Aufwendungen für die neue Unterkunft unangemessen hoch, dh. übersteigen die Aufwendungen nach der **Produkttheorie** die Grenze der Angemessenheit, ist der Träger der Sozialhilfe nur zur Übernahme angemessener Aufwendungen verpflichtet, es sei denn, er hat den darüber hinausgehenden Aufwendungen vorher zugestimmt.

F. Kosten der Wohnungsbeschaffung und Zustimmung (§ 35 Abs. 2 S. 5 und 6)

20   Wohnungsbeschaffungskosten, Mietkautionen und Umzugskosten können bei vorheriger (vor Entstehen der jeweiligen Kosten) Zustimmung übernommen werden. **Mietkautionen** sollen dabei als Darlehen erbracht werden. Zu den Kosten gehören Kosten für Anzeigen und Besichtigung, im Einzelfall auch die doppelt gezahlte Miete. Die Maklerprovision gehört in Ausnahmefällen dazu, wenn sie zur Beschaffung angemessenen Wohnraums erforderlich ist. Der Maklerlohn für den Verkauf der früheren Wohnung dient hingegen nicht der Beschaffung einer neuen angemessenen Wohnung und kann deshalb nicht übernommen werden (BSG 18. 2. 2010 – B 4 AS 28/09 R – info also 2010, 186). Bei der Entscheidung über die Übernahme der Kosten und deren Höhe handelt es sich um eine **Ermessensentscheidung.** Wird die vorherige Zustimmung allerdings erteilt, bindet sich der Sozialhilfeträger selbst. Er kann das Ermessen nicht mehr zu Lasten des Hilfebedürftigen ausüben. Bei der Ermessensausübung wird der Sozialhilfeträger zu berücksichtigen haben, welche Kosten tatsächlich angefallen sind und ob sie in der geltend gemachten Höhe erforderlich waren (etwa Umzug mit Hilfe von Freunden und Verwandten oder Umzug durch ein Umzugsunternehmen). Dies hängt vom jeweiligen Einzelfall ab. Die vorherige **Zustimmung** kann (im Ermessenswege) bereits auf bestimmte Kosten beschränkt werden. Zuständig für die Erteilung der Zustimmung ist der Träger der Sozialhilfe, der am bisherigen Wohnort zuständig war. Auf die Zuständigkeit zum Zeitpunkt des Entstehens oder der Fälligkeit der Kosten ist hingegen wegen des Erfordernisses vorheriger Zustimmung nicht abzustellen.

21   Zeigt der Hilfebedürftige den beabsichtigten Umzug nicht an, so dass eine vorherige Zustimmung des Sozialhilfeträgers fehlt, oder wird die Zustimmung verweigert, können die Kosten der Wohnungsbeschaffung nicht übernommen werden. Dies gilt dann nicht, wenn das Ermessen des Sozialhilfeträgers auf Null reduziert war, der Hilfebedürftige also einen Anspruch auf Zustimmung hatte. In diesen Fällen bedarf es auch keiner „**nachträglichen**" Zustimmung, so dass der Hilfebedürftige auch ohne Zustimmung die Kosten der Wohnungsbeschaffung, ggf. auch gerichtlich, geltend machen kann.

22   Aufschluss darüber, wann das Ermessen auf Null reduziert ist, gibt § 35 Abs. 2 S. 6. Danach soll eine Zustimmung erteilt werden, wenn der Umzug durch den Träger der Sozialhilfe veranlasst wird oder aus anderen Gründen notwendig ist und wenn ohne die Zustimmung eine Unterkunft in einem angemessenen Zeitraum nicht gefunden werden kann. Veranlasst wird der Umzug durch den Sozialhilfeträger grundsätzlich bei der Unangemessenheit der Aufwendungen für die Kosten der Unterkunft idR durch eine Kostensenkungsaufforderung. Notwendig werden kann ein Umzug (darüber hinaus) etwa, wenn wegen einer **Krankheit** oder Behinderung die bisherige Wohnung nicht mehr genutzt werden kann (zB weil ein Aufzug fehlt), wegen einer **Gesundheitsgefährdung,** die durch den Hilfebedürftigen nicht beseitigt werden kann, wegen unzumutbarer hygienischer Verhältnisse, wegen der **Unzumutbarkeit** der Unterkunft (fehlende Waschgelegenheit), wegen der erforderlichen Pflege

eines Angehörigen oder weil die Wohnung zu klein geworden ist (Zuwachs). Eine Ermessensreduzierung auf Null kann daneben auch in anderen Fällen in Betracht kommen, wenn zB der Sozialhilfeträger die Zustimmung treuwidrig versagt hat, nachdem er zunächst die Übernahme der Unterkunftskosten für die neue Wohnung bereits zugesagt hatte.

G. Pauschalierung (§ 35 Abs. 3)

Nach § 35 Abs. 3 kann der Träger der Sozialhilfe für seinen Bereich die Leistungen für die Unterkunft durch eine monatliche Pauschale abgelten, wenn auf dem örtlichen Wohnungsmarkt hinreichend angemessener freier Wohnraum verfügbar ist und in Einzelfällen die Pauschalierung nicht unzumutbar ist. Bei der **Bemessung** der Pauschale sind die tatsächlichen Gegebenheiten des **örtlichen Wohnungsmarkts,** der örtliche Mietspiegel sowie die familiären Verhältnisse der Leistungsberechtigten zu berücksichtigen. Der Gesetzgeber ist dabei davon ausgegangen, dass zwar wegen der regionalen Unterschiede bundeseinheitliche Pauschalen für Unterkunft und Heizung nicht in Betracht kommen, gleichwohl habe sich aber gezeigt, dass erfolgte örtliche Pauschalierungen sowohl bei den Sozialhilfeträgern als auch bei den Leistungsberechtigten auf Zustimmung gestoßen seien und eine Abschaffung als Rückschritt aufgefasst wird (BT-Drs. 15/1514). Anders als beim sonst notwendigen Lebensunterhalt erscheint es aber fraglich, ob die Pauschalierung von Unterkunftskosten geeignetes Mittel ist, den tatsächlich entstehenden Bedarf zu decken. Nicht selten wird ein ungedeckter Bedarf verbleiben. Zudem werden Hilfebedürftige besonders billige, kinderreiche Familien kleine Wohnungen anmieten, um über die Pauschale eine Überdeckung zu erreichen, die sie für persönliche Zwecke einsetzen können. Dies birgt die Gefahr unnötiger Umzugskosten, unzumutbarer Lebensverhältnisse und der Ghetto-Bildung.

Wie die Pauschalierung zu erfolgen hat, ergibt sich aus dem Gesetz nicht. Denkbar sind Verwaltungsvorschriften oder Satzungen. Ob die Voraussetzungen hinsichtlich der Bemessung der Pauschale eingehalten werden, ist gerichtlich voll überprüfbar. Da die örtlichen Verhältnisse zu berücksichtigen sind, dürfen der Pauschalierung nicht die Mietobergrenzen des WohnGG zugrunde gelegt werden, vielmehr muss der Sozialhilfeträger unter Berücksichtigung aller regional relevanten Umstände und der familiären Verhältnisse der Leistungsberechtigten ein in sich schlüssiges Konzept für die Höhe der Pauschalen entwickeln und durch **Öffnungsklauseln** besonderen Härtefällen Rechnung tragen. Zudem müssen angesichts des Verweises auf § 35 Abs. 2 S. 2 über die Pauschale hinausgehende Kosten jedenfalls für den Zeitraum von sechs Monaten übernommen werden. Eine nach dem SGB II erlassene **Satzung** geht nach § 35 a S. 3 den in § 35 eingeräumten Möglichkeiten der Pauschalierung durch den örtlichen Träger der Sozialhilfe vor. Hat der Kreis oder die kreisfreie Stadt als Träger der Grundsicherung für Arbeitsuchende eine Satzung erlassen hat, kann der Träger der Sozialhilfe also nicht nach § 35 Abs. 3 und Abs. 4 Satz 2 und 3 SGB XII die Leistungen für Unterkunft und Heizung pauschalieren.

H. Heizkosten (§ 35 Abs. 4)

§ 35 Abs. 3 regelt die Leistungen für Heizung und zentraler Warmwasserversorgung, die – wie die Unterkunftskosten – in tatsächlicher Höhe erbracht werden, soweit sie angemessen sind. Dies können monatliche **Vorauszahlungen** an den Vermieter oder Zahlungen an ein Energieversorgungsunternehmen (Strom oder Gas) sein, bei Wohneigentum auch Kosten der **Wartungsarbeiten** an der Heizanlage. Sie können aber auch in unregelmäßigen Abständen anfallen, etwa beim Kauf von Heizöl. Sind nach erfolgter Jahresabrechnung Nachzahlungen an den Vermieter zu zahlen, sind auch diese wie Nebenkostennachzahlungen in dem Monat als Heizkosten zu erbringen, in dem sie anfallen, nach einem Umzug in den Zuständigkeitsbereich eines anderen Sozialhilfeträgers von dem jetzt zuständigen Träger der Sozialhilfe (BVerwG 4. 2. 1988 – 5 C 89/85 – BVerwGE 79, 46). Ergibt die Jahresabrechnung ein Guthaben, das der Vermieter an den Hilfebedürftigen auszahlt, ist dieses als Einkommen zu berücksichtigen. Eine § 22 Abs. 3 SGB II entsprechende Regelung kennt das SGB XII nicht.

Bei unregelmäßig anfallenden Heizkosten sind diese in dem Monat zu übernehmen, in dem sie anfallen. Eine **Aufteilung** auf 12 Monate sieht das Gesetz nicht vor und würde zu einer Unterdeckung in dem Monat führen, in dem z. B. Öl angeschafft wird, und in den übrigen Monaten zu einer Überdeckung des Bedarfs (BSG 16. 5. 2007 – B 7b AS 40/06 R – SozR 4–4200 § 22 Nr. 4). Etwas anderes gilt hier nur, wenn nach § 35 Abs. 4 S. 2 durch Verwaltungsvorschrift oder Satzung Pauschalen vorgesehen sind. Der Hilfeempfänger muss dann mit dem Geld für Heizkosten entsprechend haushalten. Allerdings erscheinen monatliche Heizkostenpauschalen für einen später entstehenden Bedarf schon deshalb nicht zweckmäßig, weil die Gefahr groß ist, dass die Pauschale, die beispielsweise im April geleistet wird, im September nicht mehr vorhanden ist, sodass eine dann anfallende Rechnung für Heizmaterial nicht bezahlt werden könnte. Zudem hängt die Höhe der Heizkosten von unterschiedlichsten Faktoren ab, so dass Kosten, die über die Pauschale hinausgehen, nicht zwingend auf ein unangemessenes Heizverhalten hinweisen.

27 Nur die Kosten für eine **zentrale Warmwasserversorgung** werden in tatsächlicher Höhe erbracht. Erfolgt die Warmwasserversorgung hingegen dezentral, sieht § 30 Abs. 7 die Übernahme dieser Kosten als Mehrbedarf vor, der seiner Höhe nach abhängig von der jeweiligen Regelbedarfsstufe pauschaliert ist. Zentrale Warmwasserversorgung bedeutet, dass eine Einheit oder Anlage sowohl die Warmwasserversorgung als auch die Versorgung mit Wärme übernimmt, während bei dezentralen Anlagen Heizung und Warmwasserversorgung getrennt sind, z. B. wenn die Warmwasseraufbereitung durch Elektroboiler oder Durchlauferhitzer erfolgt. Die Kosten für die Warmwasserbereitung gehörten bis zum 31. 12. 2010 wie auch die Stromkosten (**Haushaltsenergie**) nicht zu den vom Sozialhilfeträger zu erbringenden KdU, weil hierfür bereits im Regelsatz entsprechende Leistungen eingestellt waren (vgl. § 2 Abs. 2 Nr. 3 RSV; vgl. zu den Kosten der Warmwasseraufbereitung auch BSG 27. 2. 2008 – B 14/11b AS 15/07 R). Deshalb waren früher von den vom Leistungsträger zu erbringenden Abschlagszahlungen (Nebenkosten) die Kosten für die (zentrale) Warmwasserbereitung in Abzug zu bringen. Die Rechtsprechung des BSG (aaO) hat insoweit den im Regelsatz enthaltenen **normativen Bedarf** für die Kosten der Warmwasserbereitung angesetzt, zuletzt 6,48 Euro (BSG 22. 9. 2009 – B 4 AS 8/09 R – BSGE 104, 179 = SozR 4-4200 § 22 Nr. 24).

28 Wann die Heizkosten angemessen sind, hängt von den **unterschiedlichsten Faktoren** ab und ist jeweils individuell festzustellen. Hierzu gehören Alter und Qualität der Heizung, Art der Heizung (Holz, Gas, Öl, …), die Wärmeisolierung, die Fenster, die Größe der Wohnung, die Höhe über dem Meeresspiegel, die Umgebung (in der Stadt oder am Waldrand), aber auch Umstände, die in der Person des Hilfebedürftigen liegen (Alter und Gesundheitszustand), und schließlich der jeweilige Energielieferant, der zu unterschiedlichen Preisen anbietet, sowie der Zeitpunkt des Kaufs von Brennstoffen.

29 Eine § 35 Abs. 2 vergleichbare Regelung findet sich in § 35 Abs. 4 für die Heizkosten nicht, mit der Folge, dass bei einer **unangemessen großen Wohnung** für einen Übergangszeitraum von sechs Monaten die Miete und die Nebenkosten in der tatsächlich anfallenden Höhe gezahlt werden, die Heizkosten, die wegen der Größe der Wohnung ebenfalls über das angemessene Maß hinausgehen, aber an der Angemessenheitsgrenze gekappt werden. Dies kann, da für den Übergangszeitraum eine **Unterdeckung** vorliegen würde, vom Gesetzgeber, der dem Hilfebedürftigen diesen Übergangszeitraum ja gerade zubilligt, nicht gewollt sein. Deshalb ist § 35 Abs. 2 auch für die Höhe der Heizkosten und der Warmwasserversorgung anzuwenden bzw. die Unterkunft für den Übergangszeitraum als angemessen zu werten. Dies gilt aber nur dann, wenn die unangemessenen Heizkosten auf die Unangemessenheit der Unterkunft, nicht aber auf unwirtschaftliches Verhalten des Leistungsberechtigten zurückzuführen sind.

30 Nach § 35 Abs. 4 S. 2 und 3 können die Heizkosten durch eine monatliche **Pauschale** abgegolten werden. Bei der Bemessung der Pauschale sind die persönlichen und familiären Verhältnisse, die Größe und Beschaffenheit der Wohnung, die vorhandenen Heizmöglichkeiten und die örtlichen Gegebenheiten zu berücksichtigen. Pauschalen dürften allerdings nur wenig sinnvoll sein und allenfalls zu einer Verwaltungsvereinfachung, im Übrigen aber zu einem Ungleichgewicht bei der Bedarfsdeckung führen. Die Pauschale erhielte auch derjenige, der sein Holz zum Heizen selbst im Wald kostenlos oder zu einem geringen Betrag besorgt. Eine nach dem SGB II erlassene **Satzung** geht nach § 35a S. 3 der in § 35 Abs. 4 S. 2 eingeräumten Möglichkeiten der Pauschalierung durch den örtlichen Träger der Sozialhilfe vor.

§ 35a Satzung

¹Hat ein Kreis oder eine kreisfreie Stadt eine Satzung nach den §§ 22a bis 22c des Zweiten Buches erlassen, so gilt sie für Leistungen für die Unterkunft nach § 35 Absatz 1 und 2 des zuständigen Trägers der Sozialhilfe entsprechend, sofern darin nach § 22b Absatz 3 des Zweiten Buches Sonderregelungen für Personen mit einem besonderen Bedarf für Unterkunft und Heizung getroffen werden und zusätzlich auch die Bedarfe älterer Menschen berücksichtigt werden. ²Dies gilt auch für Leistungen für Heizung nach § 35 Absatz 4, soweit die Satzung Bestimmungen nach § 22b Absatz 1 Satz 2 und 3 des Zweiten Buches enthält. ³In Fällen der Sätze 1 und 2 ist § 35 Absatz 3 und 4 Satz 2 und 3 nicht anzuwenden.

Überblick

1 Nach § 35a gilt eine nach den §§ 22a bis 22c SGB II erlassene Satzung zur Bestimmung der Höhe der Kosten von Unterkunft und Heizung in der Grundsicherung für Arbeitsuchende auch für das SGB XII. Die im SGB II enthaltenen Regelungen dazu, unter welchen Voraussetzungen eine Satzung erlassen werden kann, sind deshalb im SGB XII entbehrlich. Den Trägern der Sozialhilfe wird **keine eigene Satzungsermächtigung** erteilt. Da die Kommunen sowohl Träger der Kosten der Unterkunft nach dem SGB II als auch nach dem SGB XII sind, ist dies nicht erforderlich. Zu den Voraussetzungen an den Erlass einer Satzung zur Bestimmung der Höhe der Kosten von Unterkunft und Heizung vgl. die Kommentierung zu §§ 22a bis 22c SGB II.

Nach den Sätzen 1 und 2 gilt eine nach den §§ 22a bis 22c SGB II erlassene Satzung, mit der die Kreise und kreisfreien Städte als Träger der Grundsicherung für Arbeitsuchende nach dem SGB II bestimmen, welche Aufwendungen für Unterkunft und – sofern die Satzung hierzu Regelungen trifft – für Heizung in ihrem örtlichen Zuständigkeitsbereich angemessen sind, entsprechend für die Angemessenheit der Aufwendungen für Unterkunft und Heizung nach § 35 SGB XII. Dadurch wird gewährleistet, dass es keine Unterschiede bei der Höhe der als angemessen anzusehenden Kosten für Unterkunft und Heizung nach dem SGB II einerseits und nach dem SGB XII andererseits gibt. Dies dient der **Harmonisierung** der beiden Existenzsicherungssysteme und ist insbesondere in sogenannten gemischten Bedarfsgemeinschaften von Bedeutung, also bei Haushalten, in denen sowohl Personen leben, die Leistungen nach dem SGB II beziehen, als auch Personen, die Leistungen nach dem SGB XII beziehen bzw. diesen Systemen unterfallen. 2

Satz 3 der Regelung stellt klar, dass eine nach dem SGB II erlassene Satzung den in § 35 eingeräumten Möglichkeiten der **Pauschalierung** durch den örtlichen Träger der Sozialhilfe vorgehen. Hat der Kreis oder die kreisfreie Stadt als Träger der Grundsicherung für Arbeitsuchende eine Satzung erlassen hat, kann der Träger der Sozialhilfe nicht nach § 35 Abs. 3 und Abs. 4 Satz 2 und 3 SGB XII die Leistungen für Unterkunft und Heizung pauschalieren. 3

§ 36 Sonstige Hilfen zur Sicherung der Unterkunft

(1) ¹Schulden können nur übernommen werden, wenn dies zur Sicherung der Unterkunft oder zur Behebung einer vergleichbaren Notlage gerechtfertigt ist. ²Sie sollen übernommen werden, wenn dies gerechtfertigt und notwendig ist und sonst Wohnungslosigkeit einzutreten droht. ³Geldleistungen können als Beihilfe oder als Darlehen erbracht werden.

(2) ¹Geht bei einem Gericht eine Klage auf Räumung von Wohnraum im Falle der Kündigung des Mietverhältnisses nach § 543 Absatz 1, 2 Satz 1 Nummer 3 in Verbindung mit § 569 Absatz 3 des Bürgerlichen Gesetzbuchs ein, teilt das Gericht dem zuständigen örtlichen Träger der Sozialhilfe oder der Stelle, die von ihm zur Wahrnehmung der in Absatz 1 bestimmten Aufgaben beauftragt wurde, unverzüglich Folgendes mit:
1. den Tag des Eingangs der Klage,
2. die Namen und die Anschriften der Parteien,
3. die Höhe der monatlich zu entrichtenden Miete,
4. die Höhe des geltend gemachten Mietrückstandes und der geltend gemachten Entschädigung sowie
5. den Termin zur mündlichen Verhandlung, sofern dieser bereits bestimmt ist.

²Außerdem kann der Tag der Rechtshängigkeit mitgeteilt werden. ³Die Übermittlung unterbleibt, wenn die Nichtzahlung der Miete nach dem Inhalt der Klageschrift offensichtlich nicht auf Zahlungsunfähigkeit des Mieters beruht. ⁴Die übermittelten Daten dürfen auch für entsprechende Zwecke der Kriegsopferfürsorge nach dem Bundesversorgungsgesetz verwendet werden.

A. Übernahme von Schulden

Grundsätzlich ist es **nicht Aufgabe der Sozialhilfe**, Schulden zu tilgen (BVerwG 2. 6. 1965 – V C 63.64 – BVerwGE 21, 208). Macht der Hilfebedürftige Schulden, um seinen sozialhilferechtlichen Bedarf zu decken, und tut er dies, bevor der Sozialhilfeträger auf die ihm bekanntgewordene Notlage reagieren kann und ohne dass die Notwendigkeit besteht, ihm „vorzugreifen", muss er sich den Wegfall des Bedarfs entgegenhalten lassen (BVerwG 30. 4. 1992 – 5 C 12/84 – BVerwGE 90, 154). Wenn aber die Übernahme der Mietschulden zuvor beantragt worden war oder dem Sozialhilfeträger die Notsituation bereits bekannt war, können vom Sozialhilfeträger Schulden gegenüber einem Dritten zu übernehmen sein, die der Hilfebedürftige eingegangen ist, um drohende Wohnungslosigkeit durch Zahlung rückständiger Miete abzuwenden (BSG 17. 6. 2010 – B 14 AS 58/09 R – BSGE 106, 190 = SozR 4–4200 § 22 Nr. 41). Das Gesetz spricht zwar von „Übernahme" der Schulden, es handelt sich aber nicht um eine Schuldübernahme iSv. §§ 414f. BGB, da der Gläubiger nicht beteiligt ist und der Sozialhilfeträger nicht an die Stelle des Schuldners tritt. Vielmehr handelt es sich um eine (Geld-) Leistung an den Schuldner, die als Beihilfe oder als Darlehen erbracht werden kann. Der Sozialhilfeträger hat insoweit ein Auswahlermessen. Unter den Voraussetzungen des § 35 Abs. 1 S. 3 und 4 kann die Leistung direkt an den Empfangsberechtigten gezahlt werden. Das Darlehen wird durch **öffentlich-rechtlichen Vertrag** oder durch **Verwaltungsakt** gewährt. Die Rückzahlungsmodalitäten sind unter Berücksichtigung des § 37 Abs. 4 in dem Vertrag oder in dem Verwaltungsakt zu regeln, gegebenenfalls kommt auch eine Aufrechnung nach § 26 Abs. 3 in Betracht. 1

2 Eine Übernahme **künftiger Mietzahlungen** (oder Einlagerungskosten) für Personen, die sich im Strafvollzug befinden, scheidet – anders als noch nach der bis zum 31. 12. 2004 geltenden Rechtslage (§ 15 a BSHG) – nach dem Wortlaut des § 36 SGB XII („Schulden") aus (jurisPK-SGB XII/Link, § 34 SGB XII Rdnr 19; Bayerisches Landessozialgericht 17. 9. 2009 – L 18 SO 111/09 B ER – mwN; aA VG Bremen 24. 9. 2009 – S 5 K 3709/09). Hier ist eher an Leistungen zur Überwindung besonderer sozialer Schwierigkeiten nach §§ 67 f SGB XII iVm § 4 Abs. 2 der hierzu ergangenen VO zu denken (vgl. auch jurisPK-SGB XII/Blüggel § 68 SGB XII Rdnr 25; LSG Berlin-Brandenburg 5. 10. 2009 L 23 SO 109/09 B PKH; ablehnend LSG Sachsen-Anhalt 10. 3. 2010 – L 8 SO 10/09 B).

3 Der aufgrund einer **Betriebs- und Heizkostennachforderung** des Vermieters während eines laufenden Leistungsbezugs nach dem SGB XII entstandene tatsächliche Bedarf an höheren Leistungen für Unterkunft und Heizung muss nicht gesondert geltend gemacht werden. Die Kenntnis des Sozialhilfeträgers umfasst diese Kosten als Kosten der Unterkunft, nicht aber als Mietschulden. Die Nachforderung wird nicht dadurch zu einer Mietschuld, dass sie nicht innerhalb einer vom Vermieter gesetzten Frist beglichen wird (BSG 22. 3. 2010 – B 4 AS 62/09 R – SozR 4–4200 § 22 Nr. 38).

B. Sicherung der Unterkunft und vergleichbare Notlage

4 Schulden können übernommen werden, wenn dies zur Sicherung der Unterkunft gerechtfertigt ist. Die Entscheidung liegt im Ermessen des Sozialhilfeträgers. Der Begriff „Sicherung der Unterkunft" bezieht sich auf die **konkret bewohnte Unterkunft** und setzt (anders als § 36 Abs. 1 S. 2) keine drohende Wohnungslosigkeit voraus. Die Übernahme der Schulden soll vielmehr die Möglichkeit eröffnen, dass dem Hilfebedürftigen die von ihm bewohnte Unterkunft auf Dauer und nicht nur vorübergehend erhalten bleibt. Ein solches Bedürfnis kann zB auch während der Dauer der Haft eines Hilfebedürftigen bestehen, der auch bei einer Kündigung und Räumung der Wohnung (jedenfalls zunächst) nicht obdachlos würde. Bei der **Ermessensentscheidung** hat deshalb insbesondere einzufließen, wie nachhaltig die Maßnahme sein wird und welche Kosten der Sozialhilfeträger voraussichtlich ohne die Übernahme der Schulden zu tragen hat. Daneben hat der Sozialhilfeträger natürlich die Umstände des Einzelfalls (etwa ein Verschulden des Hilfebedürftigen; vgl LSG Berlin-Brandenburg 7. 9. 2010 – L 5 AS 925/10 B ER) unter Berücksichtigung der Ziele der Sozialhilfe (zB den Hilfebedürftigen durch die Schuldenübernahme zu befähigen, unabhängig von der Sozialhilfe zu leben – § 1 S. 1) zu beachten. Bei Inhabern von Wohneigentum kann die erforderliche Sicherung der Unterkunft im Einzelfall sogar zur Übernahme von Tilgungsraten führen (BVerwG 24. 4. 1975 – V C 61.75 – BVerwGE 48, 182), insbesondere, wenn der Sozialhilfeträger vergleichbar hohe Kosten für eine angemessene Mietwohnung tragen würde und das selbst genutzte Wohneigentum bereits weitgehend finanziert ist (vgl. auch BSG 18. 6. 2008 – B 14/11 b AS 67/06 R – SozR 4–4200 § 22 Nr. 13).

5 Die Übernahme von Schulden kommt daneben zur Behebung einer mit dem auf Dauer drohenden Verlust der Unterkunft **vergleichbaren Notlage** in Frage. Die Vergleichbarkeit bezieht sich dabei nicht auf das Ausmaß der Notlage, sondern auf den Verlust der Unterkunft. Eine „vergleichbare Notlage" liegt deshalb nicht bei jedweder Notlage aus jedwedem Lebensbereich, sondern nur bei einer solchen vor, die sich ihrem Inhalt und Wesen nach mit der Gefährdung der Unterkunft vergleichen lässt, mag sie sich auch nicht unmittelbar auf die Unterkunft selbst beziehen. Sie muss den vorhandenen gegenständlichen Existenzbereich des Hilfebedürftigen betreffen (VGH BW 13. 1. 1993 – 6 S 2619/91 – FEVS 44, 160). Fehlt ein solcher Bezug zur Unterkunft, kommt eine Darlehensgewährung nach § 37 in Betracht. Eine vergleichbare Notlage wurde zB bei Einstellung der Energie- (OVG NRW 9. 5. 1985 – 8 B 2185/84 – FEVS 35, 24; Hessisches LSG 17. 5. 2010 – L 9 AS 69/09) bzw. Wasserzufuhr wegen Schulden bei dem Versorgungsunternehmen angenommen. Allerdings sind Aufwendungen für Haushaltsenergie Bestandteil des im Regelsatz zusammengefassten Monatsbedarfs. Auch ggf. erforderliche Nachzahlungen auf Grund der Jahresabrechnung sind aus den Regelsätzen zu erbringen. Deshalb ist eher an ein Darlehen nach § 37 zu denken.

6 Die Übernahme der Schulden muss gerechtfertigt sein. Dies ist nur der Fall, wenn der Verlust der Unterkunft oder die vergleichbare Notlage vom Leistungsberechtigten nicht selbst beseitigt werden kann (zB mit Hilfe **geschützten Vermögens**) und eine mit der Menschenwürde nicht zu vereinbarende Existenzbedrohung anzunehmen ist. Zu berücksichtigen ist aber auch, wie es zu der Notlage gekommen ist, insbesondere kann ein unwirtschaftliches oder sozialwidriges Verhalten des Hilfeempfängers der Übernahme der Schulden die Rechtfertigung entziehen. So ist etwa eine Leistung nach § 36 Abs. 1 zur Sicherung einer hinsichtlich der Höhe der Kosten unangemessenen Unterkunft idR nicht gerechtfertigt. Gleiches gilt, wenn der Hilfebedürftige die Mietschulden absichtlich entstehen lässt (Hessisches LSG 2. 6. 2008 – L 7 SO 14/08 B ER – SAR 2008, 86).

C. Drohende Wohnungslosigkeit

7 Nach § 36 Abs. 1 S. 2 soll der Sozialhilfeträger die Schulden übernehmen, wenn dies gerechtfertigt und notwendig ist und sonst Wohnungslosigkeit einzutreten droht. Die Übernahme der Schulden muss also der **Vermeidung von Wohnungslosigkeit** dienen. Wohnungslosigkeit droht idR erst, wenn die Kündigung ausgesprochen wurde. Es genügt aber auch, wenn die Kündigung ernsthaft zu erwarten ist. Wird Wohnungslosigkeit auch bei der Übernahme der Schulden nicht vermieden, scheidet die Übernahme der Schulden aus (LSG Berlin-Brandenburg 12. 10. 2009 – L 23 SO 169/09 B ER; jurisPK-SGB XII/Link § 34 Rn. 23). Die drohende Wohnungslosigkeit bezieht sich – anders als der Begriff der Sicherung der Unterkunft – nicht auf die konkrete Wohnung. Wohnungslosigkeit droht deshalb nur dann einzutreten, wenn die bisher bewohnte Wohnung (zB durch drohende Vermieterkündigung oder Räumungsklage) gefährdet ist und eine andere Wohnung auf dem Markt nicht angemietet werden kann und deshalb nur eine Unterbringung in einer Not- oder Obdachloseneinrichtung in Betracht kommt (Hessisches LSG 2. 6. 2008 – L 7 SO 14/08 B ER – SAR 2008, 86). Steht eine (rechtzeitig beziehbare) Alternativunterkunft zur Verfügung, droht Wohnungslosigkeit nicht. Eine Übernahme von Mietschulden ist auch dann ausgeschlossen, wenn die Wohnung vom Hilfebedürftigen auf Dauer nicht gehalten werden kann, die Wohnungslosigkeit also nur aktuell, nicht aber auf Dauer (Prognoseentscheidung – Hessisches LSG 9. 11. 2010 – L 7 SO 134/10 B ER) vermieden werden kann (LSG Sachsen-Anhalt 16. 9. 2010 – L 5 AS 288/10 B ER). Das ist dann der Fall, wenn die Wohnung unangemessen teuer ist und die vorhandenen Einkünfte nicht zur Zahlung des Mietzuschusses ausreichen (Hessisches LSG 23. 10. 2008 – L 7 SO 69/08 B ER; jurisPK-SGB XII/Link § 34 SGB XII Rn. 25), oder wenn sie gesundheitlich ungeeignet ist und der Hilfebedürftige deshalb kurzfristig einen Umzug anstrebt (LSG NRW 12. 3. 2010 – L 12 B 120/09 SO).

Anders als in den Fällen des § 36 Abs. 1 S. 1 müssen bei drohender Wohnungslosigkeit Schulden **8** übernommen werden. Die Behörde hat **kein Entschließungsermessen** („soll"). Eine Übernahme von Schulden scheidet aber in atypischen Fällen aber gegebenenfalls (Ermessen) aus. Ein solcher kann etwa bei einem groben Mitverschulden des Hilfebedürftigen vorliegen, zB wenn der Hilfebedürftige die Mietschulden absichtlich entstehen lässt oder wiederholt Mietschulden auflaufen lässt, deren Übernahme er dann von dem Sozialhilfeträger erwartet. Bei einer dann vorzunehmenden Ermessensentscheidung hat der Sozialhilfeträger aber die durch die Obdachlosigkeit entstehenden Kosten in Relation zu den Kosten zu setzen, die bei Übernahme der Schulden entstehen. Beruhen die Schulden auf unangemessenen Aufwendungen, kann ebenfalls ein atypischer Fall vorliegen. Ist in Zukunft mit neuen Schulden zu rechnen, kann dies im Rahmen des auszuübenden Ermessens zu Lasten des Hilfebedürftigen berücksichtigt werden. Ist wegen der Höhe der Kosten Wohnungslosigkeit auf Dauer ohnehin zu erwarten, scheitert die Übernahme der Schulden schon an der Vermeidbarkeit der Wohnungslosigkeit (s. oben Rdnr. 7).

Die Übernahme der Schulden muss zudem gerechtfertigt und notwendig sein. Zu dem Tatbe- **9** standsmerkmal „gerechtfertigt" s. Rn. 4. Ob die Übernahme der Schulden **„notwendig"** ist, entscheidet sich danach, ob durch die Übernahme der Schulden die Obdachlosigkeit (noch) verhindert werden kann (zB bei bereits begonnener **Zwangsvollstreckung** oder wenn Wohnungslosigkeit nicht nur wegen der Schulden droht) oder ob die Notlage anders, also auch ohne Übernahme der Schulden, abgewendet werden kann. Kann die Wohnungslosigkeit aktuell verhindert werden, ist aber mit erneuten Mietschulden zu rechnen, ist die Leistung zwar (aktuell) notwendig, hier kann aber ein atypischer Fall vorliegen, der letztlich zu einer Versagung der Leistung führt.

D. Mitteilungen des Amtsgerichts

Nach § 36 Abs. 2 hat das Amtsgericht bei **Räumungsklagen** dem Sozialhilfeträger den Tag des **10** Eingangs der Klage, die Namen und die Anschriften der Parteien, die Höhe der monatlich zu entrichtenden Miete, die Höhe des geltend gemachten Mietrückstandes und der geltend gemachten Entschädigung und den Termin zur mündlichen Verhandlung, sofern dieser bereits bestimmt ist, mitzuteilen, damit die erforderliche Hilfe nach § 36 Abs. 1 S. 2 rechtzeitig erbracht werden und insbesondere die Frist des § 569 Abs. 3 Nr. 2 BGB von zwei Monaten (deren Lauf sich allerdings nach dem Eintritt der Rechtshängigkeit richtet, die nach § 36 Abs. 2 S. 2 mitgeteilt werden kann, nicht aber muss) eingehalten werden kann. Die Mitteilungspflicht des Amtsgerichts entfällt, wenn die Nichtzahlung der Miete nach dem Inhalt der Klageschrift offensichtlich nicht auf Zahlungsunfähigkeit des Mieters, sondern zB auf einer Aufrechnung wegen Aufwendungs- oder Schadensersatzansprüchen des Mieters, einem Zurückbehaltungsrecht oder einer Mietminderung beruht (§ 36 Abs. 2 S. 3).

Bei anhängiger Räumungsklage kann die Unterkunft nicht langfristig gesichert werden, wenn die **11** Frist von zwei Monaten nach Rechtshängigkeit zur Befriedigung des Vermieters abgelaufen ist. Der Ablauf der Frist kann aber im Einzelfall unschädlich sein, wenn der Vermieter bei einer Begleichung der Mietschulden bereit wäre, die Räumungsklage zurückzunehmen und das Mietvertragsverhältnis fortzusetzen (LSG Sachsen-Anhalt 16. 9. 2010 – L 5 AS 288/10 B ER).

Coseriu

Fünfter Abschnitt. Gewährung von Darlehen

§ 37 Ergänzende Darlehen

(1) Kann im Einzelfall ein von den Regelbedarfen umfasster und nach den Umständen unabweisbar gebotener Bedarf auf keine andere Weise gedeckt werden, sollen auf Antrag hierfür notwendige Leistungen als Darlehen erbracht werden.

(2) [1]Der Träger der Sozialhilfe übernimmt für Leistungsberechtigte nach § 27 b Absatz 2 Satz 2 die jeweils von ihnen bis zur Belastungsgrenze (§ 62 des Fünften Buches) zu leistenden Zuzahlungen in Form eines ergänzenden Darlehens, sofern der Leistungsberechtigte nicht widerspricht. [2]Die Auszahlung der für das gesamte Kalenderjahr zu leistenden Zuzahlungen erfolgt unmittelbar an die zuständige Krankenkasse zum 1. Januar oder bei Aufnahme in eine stationäre Einrichtung. [3]Der Träger der Sozialhilfe teilt der zuständigen Krankenkasse spätestens bis zum 1. November des Vorjahres die Leistungsberechtigten nach § 27 b Absatz 2 Satz 2 mit, soweit diese der Darlehensgewährung nach Satz 1 für das laufende oder ein vorangegangenes Kalenderjahr nicht widersprochen haben.

(3) In den Fällen des Absatzes 2 Satz 3 erteilt die Krankenkasse über den Träger der Sozialhilfe die in § 62 Absatz 1 Satz 1 des Fünften Buches genannte Bescheinigung jeweils bis zum 1. Januar oder bei Aufnahme in eine stationäre Einrichtung und teilt dem Träger der Sozialhilfe die Höhe der der leistungsberechtigten Person zu leistenden Zuzahlungen mit; Veränderungen im Laufe eines Kalenderjahres sind unverzüglich mitzuteilen.

(4) [1]Für die Rückzahlung von Darlehen nach Absatz 1 können von den monatlichen Regelsätzen Teilbeträge bis zur Höhe von jeweils 5 vom Hundert der Regelbedarfsstufe 1 nach der Anlage zu § 28 einbehalten werden. [2]Die Rückzahlung von Darlehen nach nach Absatz 2 erfolgt in gleichen Teilbeträgen über das ganze Kalenderjahr.

A. Darlehensgewährung

1 Infolge der weitreichenden Einbeziehung aller Leistungen der Hilfe zum Lebensunterhalt in den monatlichen Regelsatz kann die Situation bestehen, dass ein notwendiger Bedarf tatsächlich nicht gedeckt werden kann, entweder weil der Hilfebedürftige in der Vergangenheit keine Vorsorge durch Ansparen eines Teils des Regelsatzes getroffen hat oder die Möglichkeit nicht hatte, weil er erst kurze Zeit im Leistungsbezug ist. Für diese Fälle ermöglicht § 37 die Gewährung ergänzender Darlehen. Voraussetzung ist aber immer, dass der Bedarf, der durch das Darlehen gedeckt werden soll, vom Regelsatz umfasst und unabweisbar geboten ist sowie auf keine andere Weise gedeckt werden kann, so dass Darlehen nur in engen Grenzen in Betracht kommen, zB wenn eine Waschmaschine ersetzt werden muss und der vom Hilfebedürftigen angesparte Betrag oder sonstiges Vermögen für eine Ersatzbeschaffung nicht ausreichend ist (vgl. etwa LSG NRW 16. 1. 2009 – L 20 B 116/08 SO – FEVS 60, 477, Beschaffung einer Brille; vgl. auch: LSG NRW 24. 3. 2010 – L 12 B 120/09 SO ER – kein Ausgleich eines Dispositionskredits; problematisch: VG Bremen 15. 12. 2009 – S 24 SO 216/09 ER – vorläufige Darlehensgewährung in einem Eilverfahren als Zwischenentscheidung in entsprechender Anwendung von § 37 SGB XII). Abweichend von § 18 gilt bei den ergänzenden Darlehen der **Antragsgrundsatz**. Liegen die Voraussetzungen für die Gewährung eines Darlehens vor, ist dieses von atypischen Ausnahmefällen abgesehen immer zu gewähren. Angesichts der ohnehin engen Voraussetzungen für die Gewährung eines Darlehens und der Tatsache, dass der Bedarf den notwendigen Lebensunterhalt betrifft, ist kaum ein (atypischer) Fall denkbar, bei dem die **Ermessensausübung** zu Lasten des Hilfeempfängers gehen kann.

2 Nicht unter die Regelung fallen Bedarfe, für die das SGB XII ohnehin Sonderregelungen vorsieht (§§ 30, 31), die nicht vom Regelsatz umfassten **Kosten der Unterkunft und Heizung** (vgl. hierzu aber § 36) und ein unabweisbar seiner Höhe nach erheblich vom durchschnittlichen Bedarf abweichender Bedarf, der über eine Erhöhung des Regelsatzes nach § 27 a Abs. 4 S. 1 auszugleichen ist.

3 Der Bedarf muss **unabweisbar** geboten sein, dh. er muss aktuell gedeckt werden, um dem Hilfeempfänger ein menschenwürdiges Leben zu ermöglichen (Unabweisbarkeit verneint bei einem Einkaufstrolley LSG NRW 4. 9. 2008 – L 20 B 97/08 SO ER). Ein Zuwarten muss unzumutbar sein. Deshalb kann das Darlehen nicht verweigert werden, wenn der Hilfeempfänger den Bedarf wegen eigenem unwirtschaftlichen Verhaltens nicht decken kann, weil er zB entgegen der Vorstellung des Gesetzgebers nichts angespart hat. Dies gilt selbst in dem (atypischen) Fall, in dem der Hilfebedürftige angesparte Beträge anderweitig ausgibt, obwohl der unabweisbare Bedarf, der durch das Darlehen gedeckt werden soll, bereits entstanden ist (vgl. auch §§ 26 Abs. 2, 103 Abs. 1).

4 Schließlich muss die Situation bestehen, dass der Bedarf auf keine andere Weise gedeckt werden kann. Der Hilfebedürftige muss deshalb ggf. sein Schonvermögen antasten, um den Bedarf zu decken.

Dies widerspricht auch nicht der Regelung des § 90 Abs. 2 Nr. 9, weil es wirtschaftlich keinen Unterschied macht, ob der Hilfeempfänger ein Darlehen erhält, das er in monatlichen Teilbeträgen vom Eckregelsatz zurückzahlt oder sein Schonvermögen angreift und es dann mit denselben Beträgen wieder auffüllt. Eine Darlehensgewährung scheidet auch dann aus, wenn eine Bedarfsdeckung durch Dritte möglich ist, etwa die Anschaffung von Bekleidung mit Hilfe von Kleiderkammern (LSG NRW 20. 3. 2008 – L 20 B 16/08 SO ER – FEVS 59, 575).

B. Zuzahlungen für Heimbewohner

Der Träger der Sozialhilfe gewährt nach § 37 Abs. 2 in Höhe des jährlichen Zuzahlungsbetrages ein **Darlehen** und zahlt dieses unmittelbar an die zuständige Krankenkasse aus. Will der Leistungsberechtigte dieses Verfahren nicht in Anspruch nehmen, weil er die Zuzahlungen auf andere Weise begleichen kann, so hat er die Möglichkeit, diesem Vorgehen zu widersprechen. Um sicherzustellen, dass die Befreiungen zum 1. Januar eines Jahres ausgestellt werden können, hat der Träger der Sozialhilfe die zuständige Krankenkasse rechtzeitig – spätestens bis zum 1. November des Vorjahres – über die zu befreienden Leistungsberechtigten zu unterrichten. Durch die Beschränkung auf die Personen, die in der Vergangenheit diesem Verfahren nicht bereits widersprochen haben, soll erreicht werden, dass das Verfahren nicht unnötigerweise auf Personen ausgedehnt wird, die voraussichtlich kein Interesse an einer Darlehensgewährung haben. Damit wird nicht ausgeschlossen, dass diese Personen die Befreiung selbst bei der Krankenkasse beantragen können. 5

Nach § 37 Abs. 3 erteilt die Krankenkasse jeweils zum 1. Januar oder bei Aufnahme in eine stationäre Einrichtung für alle vom Träger der Sozialhilfe mitgeteilten volljährigen Heimbewohner eine Bescheinigung über die Befreiung von der Zuzahlungsverpflichtung, die dem Träger der Sozialhilfe zur Weiterleitung an den Leistungsberechtigten übermittelt wird. Damit wird erreicht, dass der Leistungsberechtigte in einem Schreiben über die Darlehnsgewährung und das Widerspruchsrecht informiert wird und gleichzeitig die Befreiungsbescheinigung der Krankenkasse „aus einer Hand" vom Träger der Sozialhilfe erhält. Ferner teilt die Krankenkasse dem Träger der Sozialhilfe die Höhe der vom Leistungsberechtigten zu leistenden Zuzahlungen mit. 6

C. Rückzahlungsmodalitäten

Das Darlehen wird durch **öffentlich-rechtlichen Vertrag** oder durch **Verwaltungsakt** gewährt. Bei Empfängern von Hilfe zum Lebensunterhalt kann (Ermessen) die Rückzahlung des Darlehens in monatlichen Teilbeträgen in Höhe von bis zu 5% der Regelbedarfsstufe 1 von der Leistung einbehalten werden (unabhängig davon, ob das Darlehen einem Haushaltsvorstand oder einem Haushaltsangehörigen gewährt wurde, bei mehreren Mitgliedern einer Einsatzgemeinschaft aber nicht mehr als insgesamt 5%). Die Rückzahlung von Darlehen nach Abs. 2 (Zuzahlungen für Krankenbehandlungen) erfolgt in gleichen Teilbeträgen über das ganze Kalenderjahr. 7

§ 38 Darlehen bei vorübergehender Notlage

(1) ¹**Sind Leistungen nach den §§ 28, 29, 30, 32, 33 und der Barbetrag nach § 35 Abs. 2 voraussichtlich nur für kurze Dauer zu erbringen, können Geldleistungen als Darlehen gewährt werden.** ²**Darlehen an Mitglieder von Haushaltsgemeinschaften im Sinne des § 19 Abs. 1 Satz 2 können an einzelne Mitglieder oder an mehrere gemeinsam vergeben werden.**

(2) **Die Regelung des § 105 Abs. 2 findet entsprechende Anwendung.**

A. Vorübergehende Notlage

Leistungen der Sozialhilfe nach den „§§ 28, 29, 30, 32, 33 und der Barbetrag nach § 35 Abs. 2", gemeint sind Leistungen nach §§ 27a, 35, 30, 32, 33 und der Barbetrag nach § 27b Abs. 2 (§ 38 wurde nicht an die ab 1. 1. 2011 geltende Rechtslage angepasst), können als Darlehen erbracht werden, wenn sie voraussichtlich nur vorübergehend zu erbringen sind. Das Darlehen kann bei mehreren Mitgliedern einer Haushaltsgemeinschaft nach § 19 Abs. 1, 27 Abs. 2 jedem einzelnen Mitglied oder gemeinschaftlich gewährt werden mit der Folge, dass sie für die Darlehensverbindlichkeit als **Gesamtschuldner** haften. 1

§ 38 betrifft nur die dort genannten Geldleistungen. Ausgenommen sind insbesondere **einmalige Bedarfe** nach § 31. Eine Darlehensgewährung setzt voraus, dass die Anspruchsvoraussetzungen nach § 19 SGB XII iVm. den die jeweilige Leistung betreffenden Vorschriften gegeben sind und daneben die Notlage voraussichtlich nur kurze Zeit andauert. Etwaige Erstattungsansprüche des Sozialhilfeträgers gegen andere Sozialleistungsträger nach §§ 102ff. SGB X gehen der Regelung des § 38 vor. Die 2

Entscheidung, die Leistung als Darlehen zu gewähren, erfordert die Ausübung von Ermessen. Dabei hat der Leistungsträger insbesondere zu berücksichtigen, für welche Dauer voraussichtlich Leistungen zu erbringen sind und wie sich die Einkommenslage des Hilfeempfängers danach gestaltet, und beide Gesichtspunkte bei der Überlegung, ob die Rückzahlung zumutbar ist, insbesondere in welchem Zeitrahmen sie erfolgen kann, einzubeziehen.

3   Erforderlich ist eine **Prognose** des Sozialhilfeträgers (zum Zeitpunkt der Entscheidung: jurisPK-SGB XII/Becker, § 38 SGB XII RdNr. 30; Bayerisches LSG 15. 10. 2008 – L 8 B 753/08 SO ER – FEVS 60, 471; OVG Lüneburg 10. 11. 1997 – 12 L 878/97 zu § 15 b BSHG), die auf objektive Umstände gestützt werden muss und nicht eine nur vage Vermutung oder Hoffnung ohne schlüssige Grundlage sein darf. Es müssen also Umstände vorliegen, die es wahrscheinlich machen, dass der Hilfeempfänger alsbald über Einkommen oder Vermögen verfügen wird. Vorübergehend, also von kurzer Dauer, ist ein Zeitraum von bis zu sechs Monaten. Dies ergibt sich aus einem Vergleich zu § 31 Abs. 2 S. 2, der umgekehrt die Berücksichtigung von Einkommen der nächsten sechs Monate bei der Gewährung von einmaligen Leistungen zulässt (vgl. auch BT-Drs. 9/842 S. 86).

4   Treten erst während des Leistungsbezugs Umstände ein, die (nunmehr) eine positive Prognose zulassen, darf der Sozialhilfeträger die Leistung ab diesem Zeitpunkt nicht umstellen und nur noch als Darlehen erbringen, weil § 38 auf die Dauer des Leistungsbezugs und die zuvor erforderliche Prognose abstellt (aA Streichsbier in Grube/Wahrendorf § 38 Rn. 5). Ist die Prognose zum Zeitpunkt der Entscheidung fehlerfrei, stellt sie sich aber später als falsch heraus, führt dies nicht zur ursprünglichen **Rechtswidrigkeit** der Entscheidung und umgekehrt. Die Leistungen müssen aber nunmehr in Beihilfeleistungen umgestellt werden. Etwas anderes gilt jedoch, wenn die Prognose auf einer fehlerhaften oder unvollständigen Grundlage erstellt wurde und deshalb falsch war. Der Hilfeempfänger kann, wenn er die Entscheidung nicht mit Rechtsbehelfen angegriffen hat, einen Antrag nach § 44 SGB X stellen.

B. Rückzahlungsmodalitäten

5   Wann und wie das Darlehen zurückzuzahlen ist, sagt § 38 nicht. Ist das Darlehen durch **Verwaltungsakt** gewährt worden, kann schon dort geregelt sein, wann das Darlehen fällig wird. Ggf. ist durch Verwaltungsakt nach Beendigung der Hilfebedürftigkeit das Darlehen zurückzufordern. Wurde das Darlehen durch **öffentlich-rechtlichen Vertrag** gewährt, sind in diesem Vertrag auch die Rückzahlungsmodalitäten zu vereinbaren. Die Rückzahlungspflicht erfährt in § 38 Abs. 2 eine Einschränkung durch die dort angeordnete entsprechende Anwendung des § 105 Abs. 2. Danach unterliegen 56% der Leistungen für die Unterkunft, mit Ausnahme der Kosten für Heizungs- und Warmwasserversorgung, nicht der Rückforderung. Die Regelung beruht auf dem Wegfall des Wohngeldes für Sozialhilfeberechtigte nach Art. 26 des Vierten Gesetzes für moderne Dienstleistungen am Arbeitsmarkt und soll eine Schlechterstellung vermeiden. Die Einschränkung der Rückforderung gilt aber nicht im Fall des § 45 Abs. 2 S. 3 SGB X oder wenn neben der Hilfe zum Lebensunterhalt trotz des Leistungsausschlusses für Sozialhilfeempfänger (§ 1 Abs. 2 Nr. 3 WoGG) gleichzeitig Wohngeld geleistet worden ist.

Sechster Abschnitt. Einschränkung von Leistungsberechtigung und -umfang

§ 39 Vermutung der Bedarfsdeckung

¹Lebt eine nachfragende Person gemeinsam mit anderen Personen in einer Wohnung oder in einer entsprechenden anderen Unterkunft, so wird vermutet, dass sie gemeinsam wirtschaften (Haushaltsgemeinschaft) und dass die nachfragende Person von den anderen Personen Leistungen zum Lebensunterhalt erhält, soweit dies nach deren Einkommen und Vermögen erwartet werden kann. ²Soweit nicht gemeinsam gewirtschaftet wird oder die nachfragende Person von den Mitgliedern der Haushaltsgemeinschaft keine ausreichenden Leistungen zum Lebensunterhalt erhält, ist ihr Hilfe zum Lebensunterhalt zu gewähren. ³Satz 1 gilt nicht

1. für Schwangere oder Personen, die ihr leibliches Kind bis zur Vollendung seines sechsten Lebensjahres betreuen und mit ihren Eltern oder einem Elternteil zusammenleben, oder
2. für Personen, die im Sinne des § 53 behindert oder im Sinne des § 61 pflegebedürftig sind und von in Satz 1 genannten Personen betreut werden; dies gilt auch, wenn die genannten Voraussetzungen einzutreten drohen und das gemeinsame Wohnen im Wesentlichen zum Zweck der Sicherstellung der Hilfe und Versorgung erfolgt.

A. Haushaltsgemeinschaft

Leben mehrere Personen gemeinsam in einer Wohnung oder einer entsprechenden anderen Unterkunft, wird nach § 39 eine Haushaltsgemeinschaft (im Sinne eines Wirtschaftens aus einem Topf) gesetzlich vermutet, so dass – anders als im SGB II (vgl. § 9 Abs. 2 SGB II; vgl. dazu BSG 27. 1. 2009 – B 14 AS 6/08 R – SozR 4–4200 § 9 Nr. 6, wonach der Grundsicherungsträger die Beweislast für das Vorliegen einer Haushaltsgemeinschaft zwischen Verwandten trägt) – bereits die **Wohngemeinschaft** die Vermutung nach sich zieht, dass aus einem Topf gewirtschaftet wird. Die Vermutung setzt aber das Zusammenleben in einer Wohnung voraus. **Wohnung** in diesem Sinn ist meist aus mehreren zusammengehörenden Zimmern bestehender, nach außen abgeschlossener Bereich innerhalb eines Gebäudes. Sie dient einzelnen oder mehreren Personen als dauerhafter Lebensmittelpunkt. Ob eine Einliegerwohnung eine Wohnung in diesem Sinne oder nur ein von einer Hauptwohnung abgegrenzter Wohnraum ist, hängt davon ab, ob sie selbst einen nach außen abgeschlossenen Bereich hat und dem Lebensmittelpunkt dienen kann. Eine „Einliegerwohnung" ohne eigene Kochgelegenheit und ohne eigenes Bad wird diese Voraussetzungen eher nicht erfüllen. **Geschäftsräume** sind keine Wohnung iSv. § 39. Besucher, die sich vorübergehend in der Wohnung eines Dritten aufhalten, ihren Lebensmittelpunkt aber in einer anderen Wohnung haben, leben nicht mit dem Inhaber der Wohnung zusammen. Zu den Wohnungen gehören auch Einfamilienhäuser und hausähnliche Strukturen wie Wohncontainer. Entsprechende andere Unterkünfte können insbesondere mobile Behausungen, die wie Zelte ab- und wieder aufgebaut werden, sein. 1

Auf die in §§ 19, 27 Abs. 2 geregelte **Einstandsgemeinschaft** von nicht getrennt lebenden Ehepartnern, Lebenspartnern und minderjährigen Kindern, die mit ihren Eltern zusammenleben, ist § 39 nicht anwendbar. Gleiches gilt auch im Verhältnis der Partner einer eheähnlichen Gemeinschaft iSv. § 20, der eine abschließende **Sonderregelung** enthält. Auf das Bestehen einer solchen Gemeinschaft kann nur durch eine Gesamtwürdigung aller bekannten Indizien geschlossen werden. Es kommt folglich bei Vorliegen einer eheähnlichen Gemeinschaft nicht darauf an, ob nach der Regelung des § 39 SGB XII Leistungen des Partners erwartet werden könnten oder nicht. Rechtsfolge von § 20 S. 1 SGB XII ist vielmehr in jedem Fall die Anwendung der Berücksichtigungsgebote der §§ 27 Abs. 2, 43 Abs. 1. Der Verweis in § 20 Abs. 2 auf § 39 betrifft das Verhältnis der Kinder oder anderer Verwandter des einkommensschwachen Partners zum einkommensstarken Partner, für die die Vermutungsregelung des § 39 SGB XII anzuwenden ist (BVerwG 19. 1. 1972 – V C 10/71 – BVerwGE 39, 261; LSG BW 21. 9. 2006 – L 7 SO 5441/05 – FEVS 58, 234). 2

Nach § 39 S. 2 ist Hilfe zum Lebensunterhalt zu gewähren, wenn nicht gemeinschaftlich gewirtschaftet wird. Die Vermutung, dass aus einem Topf gewirtschaftet wird, kann von dem Hilfebedürftigen also **widerlegt** werden, etwa durch eine (glaubhafte) Darlegung der Umstände, die von dem Sozialhilfeträger oder den Gerichten ggf. mit allen zur Verfügung stehenden Beweismitteln (Zeugen, Urkunden und insb. Augenschein) im Rahmen der Amtsermittlung aufzuklären sind. 3

B. Lebensunterhalt

Als weitere gesetzliche Vermutung geht § 39 bei Vorliegen einer (vermuteten) Haushaltsgemeinschaft davon aus, dass die einkommensstarke Person der einkommensschwachen Person Leistungen zum Lebensunterhalt gewährt. Allerdings setzt dies voraus, dass Leistungen zum Lebensunterhalt angesichts der **Einkommens- und Vermögensverhältnisse** der einkommensstarken Person auch tatsächlich erwartet werden können. Das BVerwG ist dabei von dem **doppelten Regelsatz** eines Haushaltsvorstandes ausgegangen, der sicherstelle, dass ein Lebenshaltungsniveau verbleibe, das deutlich über dem der Hilfe zum Lebensunterhalt liege (BVerwG 29. 2. 1996 – 5 C 2/95 – FamRZ 1996, 936; Bayerisches LSG 9. 3. 2010 – L 8 SO 45/10 B ER). Eine starre Grenze bezogen auf die Einkommens- und Vermögensverhältnisse dürfte dem Wortlaut des Gesetzes aber widersprechen. Bei welcher Einkommens- und Vermögenssituation Leistungen zum Lebensunterhalt erwartet werden können, hängt vielmehr vom Einzelfall ab, der stark variieren kann und zB von bestehenden Schulden oder Unterhaltsverpflichtungen oder von der verwandtschaftlichen Nähe zum Hilfebedürftigen beeinflusst wird. Bei Verwandten und Verschwägerten liegt es nahe, § 1 Abs. 2 ALG II–V heranzuziehen, für Mitbewohner, die nicht verwandt oder verschwägert sind, kann aber weder hierauf, noch auf die Berechnungsgrundlagen für Unterhaltsansprüche (Düsseldorfer Tabelle) zurückgegriffen werden. 4

Auch diese Vermutung kann **widerlegt** werden. Erhält der Hilfebedürftige keine (ausreichenden) Leistungen, ist ihm nach § 39 S. 2 Hilfe zum Lebensunterhalt zu gewähren. Die Widerlegung der Vermutung setzt daher voraus, dass der Hilfebedürftige durch geeignete Beweismittel (in erster Linie natürlich die Zeugenaussage der einkommensstarken Person) nachweist, keine Leistungen zum Lebensunterhalt erhalten zu haben. Nach der Gesetzesbegründung soll die Glaubhaftmachung oder „zweifelsfreie Versicherung" ausreichen (BT-Drs. 15/1514 S. 61). Wurden Leistungen nur erbracht, 5 um eine Notlage zu beseitigen, können im Einzelfall auch die Voraussetzungen von § 25 vorliegen (aA BVerwG 23. 2. 1966 – V C 93.64 – BVerwGE 23, 255).

C. Ausnahmen

6 Die Vermutung der Bedarfsdeckung nach § 39 S. 1 gilt nicht für **Schwangere** oder Personen, die ihr leibliches Kind bis zur Vollendung seines 6. Lebensjahres betreuen und mit ihren Eltern oder einem Elternteil zusammenleben. Durch die Einbeziehung dieses Personenkreises sollte zu dessen Schutz eine im BSHG enthaltene Lücke geschlossen werden (BT-Drs. 15/1514 S. 61). Eine weitere Ausnahme gilt für Personen, die im Sinne des § 53 behindert oder im Sinne des § 61 pflegebedürftig sind und von in § 39 S. 1 genannten Personen betreut werden, um einem „Abschieben" in eine stationäre Einrichtung entgegenzuwirken (BT-Drs. aaO); die Ausnahme gilt daher auch dann, wenn die Behinderung oder Pflegebedürftigkeit einzutreten droht und das gemeinsame Wohnen im Wesentlichen zu dem Zweck der Sicherstellung der Hilfe und Versorgung erfolgt.

§ 39a Einschränkung der Leistung

(1) ¹Lehnen Leistungsberechtigte entgegen ihrer Verpflichtung die Aufnahme einer Tätigkeit oder die Teilnahme an einer erforderlichen Vorbereitung ab, vermindert sich die maßgebende Regelbedarfsstufe in einer ersten Stufe um bis zu 25 vom Hundert, bei wiederholter Ablehnung in weiteren Stufen um jeweils bis zu 25 vom Hundert. ²Die Leistungsberechtigten sind vorher entsprechend zu belehren.

(2) § 26 Abs. 1 Satz 2 findet Anwendung.

A. Anwendungsbereich

1 § 39a regelt die Folgen einer abgelehnten Arbeitsaufnahme, zu der der Hilfebedürftige nach § 11 Abs. 3 S. 4 verpflichtet ist. Die Verpflichtung beschränkt sich natürlich nur auf zumutbare Tätigkeiten (§ 11 Abs. 4). Die Bedeutung der Norm ist gering, da der Personenkreis der **Erwerbsfähigen** (§ 8 Abs. 1 SGB II), der das 15. Lebensjahr vollendet und die Regelaltersgrenze der gesetzlichen Rentenversicherung noch nicht erreicht hat, als Anspruchsberechtigter nach dem SGB II ohnehin keine Leistungen für den Lebensunterhalt erhalten kann (§ 21). Weil zudem nach § 11 Abs. 4 die Aufnahme einer Tätigkeit unzumutbar ist, wenn der Hilfebedürftige wegen Erwerbsminderung oder aus gesundheitlichen Gründen hierzu nicht in der Lage ist oder die Regelaltersgrenze der gesetzlichen Rentenversicherung erreicht hat (§ 11 Abs. 4 Nr. 1 und 2), und die Beschäftigung von Kindern (§ 2 Abs. 1 JArbSchG: „wer noch nicht 15 Jahre alt ist") idR verboten ist (§ 5 Abs. 1 JArbSchG), geht der Anwendungsbereich der Sanktionsvorschrift gegen Null und dürfte vornehmlich Erwerbsunfähige betreffen, die trotz der gesundheitlichen Einschränkungen noch bis zu drei Stunden täglich erwerbstätig sein können, sowie Leistungsberechtigte nach dem AsylbLG, die so genannte Analogleistungen gem. § 2 AsylbLG in entsprechender Anwendung SGB XII beziehen (jurisPK-SGB XII/Becker, § 38 SGB XII RdNr. 14; JurisPK-SGB XII/Coseriu, § 2 SGB XII RdNr. 25).

2 § 2 Abs. 1, wonach Sozialhilfe nicht erhält, wer sich durch Einsatz seiner Arbeitskraft selbst helfen kann (sog. **Nachranggrundsatz**), wird durch § 39a konkretisiert bzw. eingeschränkt und beinhaltet insoweit keinen eigenständigen Ausschlusstatbestand (BSG 26. 8. 2008 – B 8/9b SO 16/07 R – FEVS 60, 346), zumal sogar bei Leistungsberechtigten, die nach Vollendung des 18. Lebensjahres ihr Einkommen oder Vermögen vermindert haben in der Absicht, die Voraussetzungen für die Gewährung oder Erhöhung der Leistung herbeizuführen, Leistungen (beschränkt auf das zum Lebensunterhalt Unerlässliche) erbracht werden.

B. Ablehnung

3 Nach dem insoweit eindeutigen Wortlaut kommt eine Sanktion gegen den Hilfebedürftigen nur in Betracht, wenn die **Aufnahme** einer Tätigkeit oder die Teilnahme an einer erforderlichen Vorbereitung abgelehnt werden. Bei Abbruch einer Tätigkeit sieht § 39a eine Sanktion nicht vor. Hier kommt aber die Anwendung von § 26 Abs. 1 S. 1 Nr. 1 oder Kostenersatz nach § 103 Abs. 1 in Betracht. Eine Ablehnung der Aufnahme einer Tätigkeit kann ausdrücklich, stillschweigend oder durch anderweitiges Verhalten erfolgen. Insoweit können die von der Rechtsprechung entwickelten Grundsätze zur **Sperrzeit** bei Arbeitsablehnung (§ 144 Abs. 1 S. 1 Nr. 2 SGB III) herangezogen werden. Nimmt der Hilfebedürftige das Tätigkeitsangebot an, provoziert er aber sodann durch sein Verhalten wieder die sofortige Beendigung der Tätigkeit durch den Arbeitgeber, kann dies ein Indiz dafür sein, dass der Wille zur Aufnahme der Tätigkeit gar nicht bestand, das Angebot nur zum Schein angenommen, tatsächlich aber abgelehnt wurde. Die Ablehnung setzt aber immer voraus, dass die Aufnahme einer zumutbaren Tätigkeit auch angeboten wird. Die allgemeine Ablehnung einer Tätigkeitsaufnahme ohne konkret nachgewiesene, zumutbare Tätigkeit, genügt hingegen nicht.

Der Ablehnung der Tätigkeitsaufnahme ist die Ablehnung der Teilnahme an einer erforderlichen 4 Vorbereitung gleichgestellt. Teilnahme an einer erforderlichen Vorbereitung meint jede Maßnahme, ohne die die spätere Tätigkeit nicht aufgenommen werden kann, insbesondere **Schulungen**. Dies setzt aber nicht voraus, dass die spätere Tätigkeit zum Zeitpunkt der Vorbereitung bereits konkret angeboten werden kann.

C. Rechtsfolge und Belehrung

Als Sanktion für die Ablehnung der Aufnahme einer Tätigkeit sieht § 39a die stufenweise **Vermin-** 5 **derung** des Regelsatzes vor, in der ersten Stufe um bis zu 25%, bei wiederholter Pflichtverletzung in weiteren Stufen um jeweils bis zu 25%. Die Höhe der Minderung des Regelsatzes liegt, wie sich aus den Worten „bis zu" ergibt, im Ermessen des Sozialhilfeträgers, nicht aber, ob die Sanktion überhaupt ausgesprochen werden soll. Rechnerisch kann eine mehrfache Verminderung des Regelsatzes dazu führen, dass der Hilfebedürftige – sieht man von den Kosten der Unterkunft und Heizung oder Sonderbedarfen ab – keinerlei Hilfe zum Lebensunterhalt mehr erhält. Dies würde allerdings gegen das Sozialstaatsprinzip verstoßen, das die Verpflichtung umfasst, das Existenzminimum des Hilfesuchenden zu gewährleisten. Deshalb muss der Sozialhilfeträger dies bei der Ausübung des **Ermessens** berücksichtigen, das ggf. auf Null reduziert ist, wenn durch eine (weitere) Absenkung des Regelsatzes das physische Existenzminimum unterschritten wird. Das zum Lebensunterhalt Unerlässliche muss dem Hilfebedürftigen in jedem Fall verbleiben.

Im Hinblick auf den mit der Absenkung des Regelsatzes verbundenen massiven Eingriff muss der 6 Hilfebedürftige vorher entsprechend belehrt werden. Die damit verbundene **Warnfunktion** setzt eine Belehrung vor oder mit dem Angebot zur Aufnahme einer Tätigkeit voraus. Jedenfalls muss der Hilfebedürftige noch die Möglichkeit haben, die Tätigkeit ohne eine Sanktion aufzunehmen. Die Belehrung muss auch einzelfallbezogen und nicht nur pauschal zB durch Wiedergabe des Gesetzestextes erfolgen, weil die Warnfunktion andernfalls aufgeweicht wird und ihren Zweck nicht mehr erfüllen kann. Hieraus ergibt sich auch, dass eine einmalige Belehrung bei Folgeverstößen nicht ausreichend ist, sondern bei jedem konkreten Angebot erneut erfolgen muss. Vor einem weiteren Verstoß muss die Belehrung auch vor Augen führen, dass bei erneuter Ablehnung eine weitere Absenkung über den bereits verminderten Regelsatz hinaus erfolgt.

Die **Dauer** der Absenkung regelt § 39a nicht. Nach der Rechtsprechung des BVerwG zur Vorgän- 7 gerregelung (§ 25 Abs. 1 BSHG) soll die Kürzung der Hilfe zum Lebensunterhalt ein Mittel sein, den Hilfesuchenden in seinem Selbsthilfestreben zu unterstützen, und kann deshalb jedenfalls dann nicht angewendet werden, wenn die Untauglichkeit dieses Mittels zur Erreichung des gesetzlich vorgegebenen Zwecks feststeht oder doch nur in Verbindung mit der Auswahl einer den persönlichen Verhältnissen des Hilfesuchenden Rechnung tragenden Arbeitsstelle Erfolg verspricht, so dass in diesen Fällen Hilfe zum Lebensunterhalt in vollem Umfang zu leisten ist (BVerwG 31. 1. 1968 – V C 22.67 – BVerwGE 29, 99).

D. Schutz der Haushaltsangehörigen

Die Sanktion des § 39a soll den Hilfebedürftigen treffen und ein **(Druck-)Mittel** sein, den Hilfe- 8 suchenden in seinem Selbsthilfestreben zu unterstützen, nicht aber unterhaltsberechtigte Angehörigen oder andere in der Haushaltsgemeinschaft lebenden Leistungsberechtigte mitbetreffen, denen die Pflichtverletzung nicht vorzuwerfen ist. Deshalb ordnet § 39a Abs. 2 die entsprechende Anwendung des § 26 Abs. 1 S. 2 an, wonach dies so weit wie möglich zu vermeiden ist (vgl. auch § 16).

Siebter Abschnitt. Verordnungsermächtigung

§ 40 Verordnungsermächtigung

[1]**Das Bundesministerium für Arbeit und Soziales hat im Einvernehmen mit dem Bundesministerium der Finanzen durch Rechtsverordnung mit Zustimmung des Bundesrates**
1. **den für die Fortschreibung der Regelbedarfsstufen nach § 28a maßgeblichen Vomhundertsatz zu bestimmen und**
2. **die Anlage zu § 28 um die sich durch die Fortschreibung nach Nummer 1 zum 1. Januar eines Jahres ergebenden Regelbedarfsstufen zu ergänzen.**

[2]**Der Vomhundertsatz nach Satz 1 Nummer 1 ist auf zwei Dezimalstellen zu berechnen; die zweite Dezimalstelle ist um eins zu erhöhen, wenn sich in der dritten Dezimalstelle**

eine der Ziffern von 5 bis 9 ergibt. ³Die Bestimmungen nach Satz 1 sollen bis zum 31. Oktober des jeweiligen Jahres erfolgen.

Überblick

Nach dem Urteil des BVerfG vom 9. Februar 2010 (BVerfGE 125, 175) ist die bisherige Regelsatzbemessung nicht mehr durch Verordnung (Regelsatzverordnung), sondern in einem Gesetz vorzunehmen. Die Fortschreibung der Regelbedarfsstufen in den Jahren, für die keine Neuermittlung von Regelbedarfen nach § 28 zu erfolgen hat, soll nach § 28a jedoch weiterhin durch Verordnung zum 1. Januar eines Jahres erfolgen. Die Verordnungsermächtigung umfasst nach Nummer 1 die Bestimmung der Veränderungsrate des Mischindexes nach § 28a für die Fortschreibung der Regelbedarfsstufen und nach Nummer 2 die Ergänzung der Anlage zu § 28 um die sich durch die Fortschreibung zum 1. Januar eines Jahres ergebenden Regelbedarfsstufen. In Satz 2 ist eine Beschränkung der Berechnung der Veränderungsrate durch eine Rundungsregelung auf zwei Nachkommastellen enthalten. Die Bestimmung der Veränderungsrate nach Nummer 1 und die Fortschreibung der Regelbedarfsstufen soll nach Satz 3 bis zum 31. Oktober eines Jahres und damit rechtzeitig zum Fortschreibungstermin am 1. Januar des folgenden Jahres erfolgen.

Viertes Kapitel. Grundsicherung im Alter und bei Erwerbsminderung

Erster Abschnitt. Grundsätze

§ 41 Leistungsberechtigte

(1) ¹Älteren und dauerhaft voll erwerbsgeminderten Personen mit gewöhnlichem Aufenthalt im Inland, die ihren notwendigen Lebensunterhalt nicht aus Einkommen und Vermögen nach den §§ 82 bis 84 und 90 bestreiten können, ist auf Antrag Grundsicherung im Alter und bei Erwerbsminderung zu leisten. ²§ 91 ist anzuwenden.

(2) ¹Leistungsberechtigt wegen Alters nach Absatz 1 ist, wer die Altersgrenze erreicht hat. ²Personen, die vor dem 1. Januar 1947 geboren wurden, erreichen die Altersgrenze mit Vollendung des 65. Lebensjahres. ³Für Personen, die nach dem 31. Dezember 1946 geboren sind, wird die Altersgrenze wie folgt angehoben:

für den Geburtsjahrgang	erfolgt eine Anhebung um Monate	auf Vollendung eines Lebensalters von
1947	1	65 Jahren und 1 Monat
1948	2	65 Jahren und 2 Monaten
1949	3	65 Jahren und 3 Monaten
1950	4	65 Jahren und 4 Monaten
1951	5	65 Jahren und 5 Monaten
1952	6	65 Jahren und 6 Monaten
1953	7	65 Jahren und 7 Monaten
1954	8	65 Jahren und 8 Monaten
1955	9	65 Jahren und 9 Monaten
1956	10	65 Jahren und 10 Monaten
1957	11	65 Jahren und 11 Monaten
1958	12	66 Jahren
1959	14	66 Jahren und 2 Monaten
1960	16	66 Jahren und 4 Monaten
1961	18	66 Jahren und 6 Monaten
1962	20	66 Jahren und 8 Monaten
1963	22	66 Jahren und 10 Monaten
ab 1964	24	67 Jahren.

(3) Leistungsberechtigt wegen einer dauerhaften vollen Erwerbsminderung nach Absatz 1 ist, wer das 18. Lebensjahr vollendet hat, unabhängig von der jeweiligen Arbeitsmarktlage voll erwerbsgemindert im Sinne des § 43 Abs. 2 des Sechsten Buches ist und bei dem unwahrscheinlich ist, dass die volle Erwerbsminderung behoben werden kann.

(4) **Keinen Anspruch auf Leistungen nach diesem Kapitel hat, wer in den letzten zehn Jahren die Bedürftigkeit vorsätzlich oder grob fahrlässig herbeigeführt hat.**

A. Normzweck

I. Zweckrichtung der Vorschrift

Die Vorschrift dient der **Umschreibung der Anspruchsvoraussetzungen** für die Leistungen der Grundsicherung. Die erhebliche Umgestaltung, die § 41 zum 1. 1. 2008 im Gefolge des RV-Altersgrenzenanpassungsgesetzes vom 20. 4. 2007 (BGBl. I S. 554) erfuhr, hat weder an dieser Zweckrichtung noch am rechtlichen Regelungsinhalt etwas geändert; es erfolgten lediglich redaktionelle Umstellungen sowie eine Nachvollziehung der Altergrenzenanhebung in der gesetzlichen Rentenversicherung (vgl. BT-Drucks. 16/3794, S. 46/47). Mit den Anspruchsvoraussetzungen befasst sich auch § 43, der in der Sache eine Sondernorm zu § 41 Abs. 1 darstellt (Besonderheiten hinsichtlich des Vermögenseinsatzes und im Hinblick auf Unterhaltsansprüche). Im Übrigen existieren die **wesentlichen Regelungsinhalte** der heutigen §§ 41 ff. **bereits seit dem 1. 1. 2003** (Inkrafttreten des GSiG, dessen Inhalte ohne größere Veränderungen zum 1. 1. 2005 in das seinerzeit neu geschaffene SGB XII übernommen wurden). Abs. 1 Satz 1 wurde mit Wirkung vom 1. 1. 2011 durch das Gesetz zur Ermittlung von Regelbedarfen und zur Änderung des Zweiten und Zwölften Buches Sozialgesetzbuch vom 24. 3. 2011 (BGBl. I S. 453) redaktionell geändert. 1

II. Allgemeine Zweckrichtung der Grundsicherung

Mit den Vorschriften zur Grundsicherung (in der Sache eingeführt im Jahre 2003 durch das erwähnte GSiG) wollte der Gesetzgeber vor allem dem Problem der „verschämten Altersarmut" begegnen, d. h., es sollte **älteren Menschen die Furcht genommen** werden, dass ein **Unterhaltsrückgriff** des Sozialhilfeträgers gegenüber ihren unterpflichtigen Kindern stattfindet (vgl. BT-Drucks. 14/4595, S. 38). In einem allgemeineren Sinne verfolgt die Grundsicherung nach den §§ 41 ff. das Ziel, alten und erwerbsgeminderten Menschen eine **würdige und weitgehend unabhängige Existenz** zu sichern (vgl. BT-Drucks. 14/5150, S. 48, und BGH 20. 12. 2006 – XII ZR 84/04 – NJW-RR 2007, 1513 sowie BGH 30. 8. 2006 – XII ZR 98/04 – NJW 2006, 3344). So sehr diese Zielrichtung zu begrüßen ist, so sehr ist aber auch auf **sozialpolitische Begleitprobleme** hinzuweisen. Die wichtigsten Probleme bestehen darin, dass das Grundsicherungsrecht nicht mit dem bürgerlichen Unterhaltsrecht harmoniert (nach dem letztgenannten Rechtsgebiet sind Kinder gegenüber ihren Eltern weiterhin prinzipiell unterhaltspflichtig) und dass die Leistungen der §§ 41 ff. keine umfassende Absicherung für den speziellen (praxiswichtigen) Fall der stationären Pflege von älteren Menschen bieten. Über die künftige Entwicklung der **tatsächlichen Inanspruchnahme** der Grundsicherungsleistungen können derzeit noch keine zuverlässigen Aussagen gemacht werden.. Die bisher vorliegenden **statistischen Erhebungen** über die Anzahl der Leistungsbezieher nach § 41 ff. reichen bis zum Jahr 2008 und weisen einen stetigen (aber bislang moderaten) Anstieg der Fallzahlen aus (vgl. etwa die Angaben in einer Regierungsantwort auf eine Parlamentsanfrage in BT-Drucks. 17/2775 vom 20. 8. 2010, S. 64/65). 2

III. Normzusammenhang

Während die hier in Rede stehende Grundsicherung im Alter und bei Erwerbsminderung auf noch erwerbsfähige Personen zugeschnitten ist, erhalten **erwerbsfähige** (aber arbeitslose) **Personen** Leistungen nach der **Grundsicherung für Arbeitsuchende**, die im **SGB II** kodifiziert ist. Dementsprechend finden sich in den §§ 7 Abs. 1 und 7a SGB II bestimmte Ausschlussnormen, die „spiegelbildlich" einen Anspruchsausschluss bei demjenigen Personenkreis bewirken, der im Rahmen der Grundsicherung im Alter und bei Erwerbsminderung anspruchsberechtigt ist. 3

IV. Stellung innerhalb des Sozialhilferechts und in der Sozialrechtsordnung

Durch die in den §§ 41 ff. angebrachten Verweise auf anwendbare (bzw. nicht anzuwendende) Normen des SGB XII ist die Stellung der Grundsicherung im Alter und bei Erwerbsminderung innerhalb des Sozialhilferechts weitestgehend festgelegt. Die Stellung der §§ 41 ff. in der gesamten Sozialrechtsordnung war hingegen bei Schaffung des GSiG (und bei Überführung der Materie zum 1. 1. 2005 in das SGB XII, vgl. oben Rz. 1) durchaus nicht ganz klar (d. h., der „Sozialhilfecharakter" war nicht eindeutig), was auch zu **praktischen Rechtsanwendungsproblemen** geführt hat. Im Gefolge von neuerer Rechtsprechung und Gesetzgebung sind diese Probleme aber **zwischenzeitlich weitgehend gelöst** (vgl. a. BVerwG 19. 2. 2009 – 5 C 22.08 – NVwZ 2009, 843, zu den Auswirkungen der §§ 41 ff. auf das bundesdeutsche Einbürgerungsrecht). So ist inzwischen anerkannt, dass seit dem 1. 1. 2005 der **Rechtsweg** zu den Sozialgerichten (und nicht zu den allgemeinen Verwaltungsgerich- 4 ten) gegeben ist, weil es sich bei der Materie der Grundsicherung um eine Angelegenheit der Sozialhilfe i. S. d. § 51 I Nr. 6 a SGG handelt (vgl. LSG Niedersachsen-Bremen 8. 7. 2005 – L 8 B 26/05 SO – NZS 2006, 503). Außerdem ist nunmehr im Hinblick auf das **Sozialverwaltungsverfahren** anerkannt, dass die praktisch bedeutsame „**Zugunstenbestimmung**" des § 44 SGB X (die im Ergebnis zu erheblichen Leistungsnachzahlungen führen kann, falls früher einmal eine Leistungsgewährung unrechtmäßig und bestandskräftig abgelehnt wurde) auch im Rahmen der §§ 41 ff. SGB XII Anwendung findet (BSG 16. 10. 2007 – B 8/9 b SO 8/06 R – BSGE 99, 137); eine frühere Rechtsprechung des BVerwG, die eine Anwendbarkeit des § 44 SGB X im Sozialhilfebereich abgelehnt hatte, ist jedenfalls insoweit gegenstandslos geworden (vgl. a. BSG 26. 8. 2008 – B 8 SO 26/07 R – SozR 4–1300 § 44 Nr. 15 – und BSG 29. 9. 2009 – B 8 SO 16/08 R – BSGE 104, 213). Dass im behördlichen Verwaltungsverfahren bei den Grundsicherungsleistungen **keine Beurkundungs- und Beglaubigungskosten** anfallen, wird in § 64 Abs. 2 Nr. 2 SGB X ausdrücklich klargestellt.

B. Anspruchsberechtigung

5 Einen Anspruch auf Grundsicherungsleistungen nach näherer Maßgabe der §§ 41 ff. besitzt, wer seinen gewöhnlichen **Aufenthalt** im Inland hat, den gesetzlichen Anforderungen an das **Alter** oder an eine **Erwerbsminderung** genügt und **bedürftig** ist. Außerdem muss ein **Antrag** auf die Leistung gestellt werden (wie sich aus § 41 Abs. 1 S. 1 ausdrücklich ergibt).

I. Gewöhnlicher Inlandsaufenthalt

6 **1. Gewöhnlicher Aufenthalt.** Den gewöhnlichen Aufenthalt hat gem. § 30 Abs. 3 S. 2 jemand dort, wo er sich unter Umständen aufhält, die erkennen lassen, dass er an diesem Ort oder in diesem Gebiet nicht nur vorübergehend verweilt. Ein längerer bzw. dauerhafter Aufenthalt ist nicht zu fordern. Es genügt ein **zukunftsoffener Verbleib**, der erkennen lässt, dass jemand an einem Ort seinen Lebensmittelpunkt hat (BSG 27. 9. 1990 – 4 REg 30/89 – BSGE 67, 243). Der gewöhnliche Inlandsaufenthalt wird **nicht durch kürzere Auslandsreisen aufgehoben**. Hält sich jemand für längere Zeit im Ausland auf, ohne die inländische Wohnung aufzugeben, so hindert dies im Rechtssinne regelmäßig nicht den inländischen Aufenthalt (vgl. BSG 25. 10. 1977 – 8/12 RKg 8/77 – BSGE 45, 95).

7 **2. Inlandsaufenthalt.** Der gewöhnliche Aufenthalt muss im **Inland** liegen. Es kommt somit das **Territorialitätsprinzip** zum Zuge, das nicht (wie vielfach in anderen Sozialrechtsbereichen) vom Gemeinschaftsrecht verdrängt wird. Dies bedeutet z. B., dass ältere Menschen, die sich dauerhaft ins südliche Ausland zurückgezogen haben, keine Leistungen nach den §§ 41 ff. beanspruchen können.

II. Anforderungen an das Alter

8 **1. Allgemeine Festlegung der Altersgrenze.** Bis zum Ende des Jahres 2011 liegt die **maßgebliche Altersgrenze**, die eine grundlegende Voraussetzung für die Grundsicherungsleistungen der §§ 41 ff. darstellt, **bei der Vollendung des 65. Lebensjahres**. Dies folgt aus § 41 Abs. 1 S. 1 und 2, wonach das 65. Lebensjahr bei Personen maßgeblich ist, die vor dem 1. 1. 1947 geboren worden sind. Bei Geburten ab dem 1. 1. 1947 (also für Rentenzugänge ab 2012) greift hingegen die Staffelung des § 41 Abs. 2 S. 3, d. h. je nach Geburtsjahrgang liegt die Altersgrenze (in Übereinstimmung mit den Regelungen der gesetzlichen Rentenversicherung) zwischen einem Alter von 65 Jahren und einem Monat und einem Alter von 67 Jahren. Dies Staffelung (Altersgrenzenanhebung) entspricht dem aktuellen Rentenrecht, wie es sich aus dem SGB VI (in der Fassung des Altersgrenzenanpassungsgesetzes, vgl. oben Rz. 1) ergibt. Es ist aber klarstellend darauf hinzuweisen, dass die **Berechtigung für eine Grundsicherungsleistung** nach den §§ 41 ff. **nicht davon abhängig** ist, **dass** vom Antragsteller eine **Rente bezogen wird**.

9 **2. Genaue Festlegung der Vollendung des 65. Lebensjahres.** Nach **allgemeinen Rechtsgrundsätzen** wird das **65. Lebensjahr mit dem Vortag des 65. Geburtstages vollendet**. Entsprechendes gilt für die genaue Bestimmung des Stichtages, der bei angehobener Altersgrenze zum Zuge kommt. Für bestimmte Sonderfälle (die nur bei Antragstellern von Bedeutung sind, die im Ausland geboren wurden), muss die Sondernorm des § 33 a SGB I zur Bestimmung des Geburtsdatums herangezogen werden.

III. Anforderungen an die Erwerbsminderung

10 **1. Allgemeines.** Gem. § 41 Abs. 3 ist zu fordern, dass bei einer volljährigen Person (ab Vollendung des 18. Lebensjahres und bis zur Altersgrenze, die dann eine eigenständige Anspruchsberechtigung verschafft) eine **dauerhafte und volle Erwerbsminderung** vorliegt, wobei die Erwerbsminderung unabhängig von der jeweiligen Arbeitsmarktlage bestehen muss – und wobei sich die

Definition der „vollen Erwerbsminderung" am rentenversicherungsrechtlichen § 43 Abs. 2 SGB VI orientiert. Somit gilt im Grundsatz, dass den Anforderungen des § 41 Abs. 3 an die Erwerbsminderung dann genügt wird, wenn eine Person wegen Krankheit oder Behinderung auf nicht absehbare Zeit außerstande ist, unter den üblichen Bedingungen des allgemeinen Arbeitsmarktes für mindestens drei Stunden täglich erwerbstätig zu sein.

2. Rentenrechtliche Sondernormen. Die **weiteren Sonderregelungen im § 43 Abs. 2 SGB VI** sind zu beachten (z. B. der dortige Satz 3 über die Erwerbsminderung bei behinderten Menschen in geschützten Einrichtungen). Jedoch sind im Rahmen der §§ 41 ff. nicht die sog. versicherungsrechtlichen Voraussetzungen des § 43 Abs. 2 Satz 1 Nr. 2 und 3 SGB VI heranzuziehen, weil sie erkennbar nicht zum sozialhilfeähnlichen Charakter der Grundsicherungsleistungen passen. 11

3. Arbeitsmarktunabhängige Erwerbsminderung. Zusätzlich muss – wie erwähnt – beachtet werden, dass nach ausdrücklicher Vorgabe des § 41 Abs. 3 die **Erwerbsminderung „unabhängig von der jeweiligen Arbeitsmarktlage"** zu beurteilen ist. Folglich wird den Anforderungen des § 41 Abs. 3 schon dann nicht genügt, wenn eine Erwerbstätigkeit von mehr als drei Stunden im Rahmen des tatsächlichen Restleistungsvermögens noch möglich ist, ohne dass es darauf ankommt, ob dieses verbliebene Leistungsvermögen noch auf dem Arbeitsmarkt verwertet werden kann. Bezüglich all dieser Anforderungen an die Erwerbsminderung wird von § 41 Abs. 3 außerdem festgelegt, dass **„unwahrscheinlich ist, dass die volle Erwerbsminderung behoben werden kann"**. Bei Auslegung dieser Prognosebestimmung kann auf die rentenversicherungsrechtliche Norm des § 102 Abs. 2 S. 4 SGB VI zurückgegriffen werden. Somit ist die rechtserhebliche Erwerbsminderung insbesondere dann zu verneinen, wenn sie zwar voraussichtlich länger als sechs Monate anhält, aber gleichwohl absehbar ist, dass sie in der weiteren Zukunft behoben werden kann. 12

4. Rentenversicherungsrechtliche Praxis. In der Praxis der Rentenversicherungsträger, die als sachgerecht anzusehen ist, kann eine Erwerbsminderung nicht mehr behoben werden, wenn aus ärztlicher Sicht bei Betrachtung des bisherigen Verlaufs nach medizinischen Erkenntnissen (auch unter Berücksichtigung noch vorhandener therapeutischer Möglichkeiten) eine Besserung auszuschließen ist, durch welche sich eine relevante Steigerung der Leistungsfähigkeit ergeben würde. **Nach einer Gesamtdauer von neun Jahren** wird es in der Praxis der Rentenversicherung als **unwahrscheinlich** angesehen, dass es zu einer **Verbesserung** kommt. Im Übrigen gilt (wie auch bei der Leistungsberechtigung wegen Alters nach Abs. 2), dass die Erwerbsminderung aus Sicht des Grundsicherungsrechts nicht mit einem Rentenbezug einhergehen muss. 13

IV. Bedürftigkeit

1. Allgemeines. Von § 41 Abs. 1 S. 1 wird außerdem (mittels der Wendung „nicht aus Einkommen und Vermögen ... beschaffen können") klargestellt, dass **grundsätzlich das eigene Einkommen und Vermögen zu berücksichtigen** ist, dass also im Grundsatz eine Bedürftigkeitsprüfung stattfindet; dies folgt klarstellend aus dem in § 41 Abs. 1 S. 1 angebrachten Verweis auf die §§ 83 bis 84 sowie 90. Außerdem wird in § 41 Abs. 1 S. 2 klargestellt, dass in diesem Zusammenhang auch die Darlehensregelung des § 91 Anwendung findet (vgl. BT-Drs. 16/3005, S. 15). Dass die (im § 41 Abs. 1 in Bezug genommenen) Bedürftigkeitsregelungen nur im Grundsatz Anwendung finden, dann aber für die Zwecke der Grundsicherung **in bestimmter Weise modifiziert** werden, ergibt sich aus § 43, dem letztlich eine zentrale Stellung im Grundsicherungsrecht zukommt (wegen signifikanter Abweichung vom allgemeinen Sozialhilferecht). 14

2. Einkommens- und Vermögensermittlung. Die Bedürftigkeitsprüfung (Ermittlung des einzusetzenden Einkommens und Vermögens) hat nach **allgemeinen sozialhilferechtlichen Grundsätzen** durch eine monatsweise Gegenüberstellung von Bedarf (notwendigem Lebensunterhalt) einerseits und Einkommen bzw. Vermögen andererseits zu erfolgen. **Beispielhaft** sei hier darauf hingewiesen, dass auch die sozialhilferechtlichen Regelungen des § 82 Abs. 1 S. 2 heranzuziehen sind, die sich mit der **Anrechnung von Kindergeld** befassen (vgl. dazu BVerwG 3. 12. 2004 – 5 B 57/04 – NVwZ-RR 2005, 419 und BSG 8. 2. 2007 – B 9b SO 5/06 R – NJW 2008, 295). Zur Anrechnung von **Einkommen bzw. Vermögen eines Partners** enthält § 43 Abs. 1 eine gesonderte Regelung. Im Übrigen ist zu beachten, dass im Rahmen der Bedürftigkeitsprüfung der sozialhilferechtliche Einkommensbegriff heranzuziehen ist, wohingegen im Rahmen des § 43 Abs. 2 im Hinblick auf die Prüfung der Heranziehung Unterhaltspflichtiger ein sozialversicherungs- bzw. steuerrechtlicher Einkommensbegriff zum Zuge kommt. 15

3. Berücksichtigung von Unterhalt. Wichtig ist, dass **auch ein tatsächlich gezahlter Unterhalt als Einkommen zu berücksichtigen** ist und also ggf. die Grundsicherungsleistung mindert. Dies folgt nicht nur aus dem Verweis in § 41 Abs. 1 S. 1, sondern auch aus § 43 Abs. 2, weil in der letztgenannten – vom allgemeinen Sozialhilferecht abweichenden – Norm eben nur Unterhaltsansprüche (gegen bestimmte Personen), nicht aber tatsächliche Unterhaltsleistungen privilegiert werden (BGH 20 .12. 2006 – XII ZR 84/04 – NJW-RR 2007, 1513 und LSG Nordrhein-Westfalen 3. 7. 16

2006 – L 9 B 12/06 – FamRZ 2006, 1566). Ferner folgt aus einem Umkehrschluss zum erwähnten § 43 Abs. 2, dass auch **Unterhaltsansprüche** (die ggf. nicht mit tatsächlichen Unterhaltszahlungen einhergehen) anrechnungsfähig sein können – nämlich dann, wenn es nicht um die von dieser Norm privilegierten Unterhaltsansprüche gegen Kinder geht (sondern z. B. um Unterhaltsansprüche gegen einen geschiedenen Ehegatten, vgl. OLG Bremen 11. 11. 2004 – 5 UF 40/04 – NJW-RR 2005, 1526).

V. Antragstellung

17   Die Leistungen nach den §§ 41 ff. werden nur auf Antrag gewährt. Für die Antragstellung, die an keine Form gebunden ist, gelten die **allgemeinen Rechtsgrundsätze**. Eine Leistungsgewährung für Zeiten vor Antragsstellung wird zu verneinen sein (in Abweichung von der Norm des § 18 Abs. 1, die auf den sozialhilferechtlichen Normalfall eines fehlenden Antragserfordernisses zugeschnitten ist). **Wird der Antrag nicht gestellt**, so entfällt der Anspruch auf Sozialhilfeleistungen, weil gegen den Grundsatz der Selbsthilfe verstoßen wird (vgl. § 2 Abs. 1). Im Verhältnis der Leistungen nach den §§ 41 ff. zu den allgemeinen Sozialhilfeleistungen ist § 95 nicht entsprechend anzuwenden, d. h. ein Antrag auf Grundsicherungsleistungen kann vom Sozialhilfeträger nicht erzwungen werden. Zur Anwendbarkeit der sog. Zugunstenbestimmung des § 44 SGB X (nach unrechtmäßig abgelehntem Leistungsantrag) vgl. oben Rn. 4, zur fehlenden Notwendigkeit eines sog. Folgeantrags (nach abgelaufenem Bewilligungszeitraum) vgl. § 44 Rn. 3.

VI. Ausschlussklausel

18   **1. Allgemeines.** Nach § 41 Abs. 4 hat keinen Anspruch auf die Grundsicherungsleistungen, wer **in den letzten zehn Jahren** seine **Bedürftigkeit vorsätzlich oder grob fahrlässig herbeigeführt** hat. Diese Klausel ist insbesondere auf Personen zugeschnitten, die ihr **Vermögen** ohne Rücksicht auf die Notwendigkeit der Bildung von Altersrücklagen **verschleudert oder verschenkt** haben (vgl. BT-Drucks. 14/5140, S. 49). Das Verhalten des Betroffenen muss sich objektiv als rechtsmissbräuchlich darstellen. Hingegen wird (anders als bei § 103) ein Unwerturteil in Form eines sozialwidrigen Verhaltens nicht zu fordern sein. Demnach hat – bei Erfüllung aller sonstigen Leistungsvoraussetzungen – einen Anspruch nach den §§ 41 ff. auch, wer Strafgefangener ist (im Hinblick auf diesen Personenkreis ist auch nicht etwa die Ausschlussklausel des § 7 Abs. 4 S. 2 SGB II analog heranzuziehen, die dem Rechtskreis „Hartz IV" angehört).

19   **2. Einzelheiten.** Greift der Tatbestand der Ausschlussklausel des Abs. 4 ein, so hat dies insbesondere zur Folge, dass ein **Unterhaltsrückgriff** nach § 94 **wieder möglich** wird (dass also insoweit die Erleichterung des § 43 Abs. 2 nicht anzuwenden ist). Die Bedürftigkeit muss im Rahmen der Ausschlussklausel vorsätzlich oder grob fahrlässig herbeigeführt werden. „**Grobe Fahrlässigkeit**" ist gegeben, wenn die im Verkehr erforderliche Sorgfalt in besonders schwerem Maße verletzt wird (vgl. § 45 Abs. 2 Nr. 3 SGB X). Eine derartige Sorgfaltspflichtverletzung liegt nicht vor, wenn bei einer bestehenden Sucht die Steuerungsfähigkeit (trotz entsprechender Anstrengungen des Betroffenen zur Suchtbekämpfung) nicht mehr gegeben ist. Wie sich aus dem in Abs. 3 verwendeten Wort „herbeigeführt" ergibt, muss außerdem das sorgfaltswidrige Verhalten **kausal** für den Eintritt der Bedürftigkeit gewesen sein.

§ 42 Umfang der Leistungen

Die Leistungen der Grundsicherung im Alter und bei Erwerbsminderung umfassen:
1. die sich für die leistungsberechtigte Person nach der Anlage zu § 28 ergebende Regelbedarfsstufe,
2. die zusätzlichen Bedarfe nach dem Zweiten Abschnitt des Dritten Kapitels,
3. die Bedarfe für Bildung und Teilhabe nach dem Dritten Abschnitt des Dritten Kapitels, ausgenommen die Bedarfe nach § 34 Absatz 7,
4. die Aufwendungen für Unterkunft und Heizung nach dem Vierten Abschnitt des Dritten Kapitels; bei Leistungen in einer stationären Einrichtung sind als Kosten für Unterkunft und Heizung Beträge in Höhe der durchschnittlichen angemessenen tatsächlichen Aufwendungen für die Warmmiete eines Einpersonenhaushaltes im Bereich des nach § 98 zuständigen Trägers der Sozialhilfe zugrunde zu legen,
5. ergänzende Darlehen nach § 37 Absatz 1.

A. Normzweck

1   Ziel des § 42 ist es, mittels bestimmter Verweisungen den **Umfang** der Leistungen festzulegen, die aus der Grundsicherung gewährt werden. Mit „Umfang" ist hier nicht die Leistungshöhe i. e. S. ge-

meint, sondern die **Kombination von** (sozialhilferechtlichen) **Leistungsarten**, die im Rahmen der §§ 41 ff. Berücksichtigung finden; letztlich ist die Verweisungsnorm des § 42 damit aber auch grundlegend für die Leistungshöhe (vorbehaltlich einer Einkommens- und Vermögensanrechnung).

B. Umfang der Verweisung

Im Grundsatz folgt aus den einzelnen Verweisungen des § 42 S. 1 dass **keine Besonderheiten im Verhältnis zur „normalen" Sozialhilfegewährung** nach den §§ 28 ff. gelten. Auf die Kommentierung der entsprechenden Vorschriften des SGB XII kann hier deshalb hingewiesen werden. Die Nr. 1 des § 42 S. 1 enthält eine grundlegende Verweisung auf andere Normen des SGB XII, welche der Absicherung des Lebensunterhalts dienen (ein anschauliches Beispiel für die Anwendung des § 42 S. 1 Nr. 1 i. V. m. den allgemeinen Leistungsbestimmungen der §§ 28 ff. liefert BSG 19. 5. 2009 – B 8 SO 8/08 R – BSGE 103, 181). Im Hinblick auf § 42 S. 1 Nr. 2 ist anzumerken, dass für die Bestimmung der **Angemessenheit von Unterkunftskosten** (Mietwohnungskosten) die allgemeinen Grundsätze gelten, die von der Rechtsprechung zu § 29 herausgearbeitet wurden und die sich auch in einer umfangreichen zum (dem Rechtsbereich „Hartz IV" zugehörigen) § 22 Abs. 1 SGB II wiederspiegeln (vgl. nur BSG 18. 2. 2010 – B 14 AS 73/08 R – SGb. 2010, 226). Dass **Mehrbedarfe** für bestimmten Situationen zu gewähren sind (z. B. bei kostenaufwendiger Ernährung), wird von S. 1 Nr. 2 klargestellt. Die Mehrbedarfe für Bildung und Teilhabe werden nunmehr in den Nr. 3 und 4 aufgeführt, entsprechende Änderungen erfolgten durch das Gesetz zur Ermittlung von Regelbedarfen und zur Änderung des Zweiten und Zwölften Buches Sozialgesetzbuch vom 24. 3. 2011 (BGBl. I S. 453) mit Wirkung vom 1. 1. 2011.

C. Abweichung vom Regelbedarf sowie Darlehen

Die in § 42 S. 1 Nr. 1 enthaltene Verweisung umfasst auch die Möglichkeit, gem. § 28 Abs. 1 S. 2 einen **anderen** (höheren) **Regelbedarf** in begründeten Ausnahmefällen anzuerkennen, wenn ein von den Regelsätzen umfasster und unabweisbarer Bedarf im Einzelfall nicht anders gedeckt werden kann. Für diese Fälle wird vom S. 2 des § 42 bestimmt, dass auf Antrag eine **darlehensweise Gewährung** der Grundsicherungsleistungen erfolgen kann, wobei ggf. in bestimmten Grenzen eine Darlehensrückzahlung durch Einbehaltung laufender Leistungen zulässig ist (dies ergibt sich aus § 42 S. 2 einschließlich der dortigen Verweisung auf § 37 Abs. 2 Satz 1).

§ 43 Besonderheiten bei Vermögenseinsatz und Unterhaltsansprüchen

(1) Einkommen und Vermögen des nicht getrennt lebenden Ehegatten oder Lebenspartners sowie des Partners einer eheähnlichen oder lebenspartnerschaftsähnlichen Gemeinschaft, die dessen notwendigen Lebensunterhalt nach § 27 a übersteigen, sind zu berücksichtigen; § 39 Satz 1 ist nicht anzuwenden.

(2) ¹Unterhaltsansprüche der Leistungsberechtigten gegenüber ihren Kindern und Eltern bleiben unberücksichtigt, sofern deren jährliches Gesamteinkommen im Sinne des § 16 des Vierten Buches unter einem Betrag von 100.000 Euro liegt. ²Es wird vermutet, dass das Einkommen der Unterhaltspflichtigen nach Satz 1 die dort genannte Grenze nicht überschreitet. ³Zur Widerlegung der Vermutung nach Satz 2 kann der zuständige Träger der Sozialhilfe von den Leistungsberechtigten Angaben verlangen, die Rückschlüsse auf die Einkommensverhältnisse der Unterhaltspflichtigen nach Satz 1 zulassen. ⁴Liegen im Einzelfall hinreichende Anhaltspunkte für ein Überschreiten der in Satz 1 genannten Einkommensgrenze vor, sind die Kinder oder Eltern der Leistungsberechtigten gegenüber dem Träger der Sozialhilfe verpflichtet, über ihre Einkommensverhältnisse Auskunft zu geben, soweit die Durchführung dieses Buches es erfordert. ⁵Die Pflicht zur Auskunft umfasst die Verpflichtung, auf Verlangen des Trägers der Sozialhilfe Beweisurkunden vorzulegen oder ihrer Vorlage zuzustimmen. ⁶Leistungsberechtigte haben keinen Anspruch auf Leistungen nach diesem Kapitel, wenn die nach Satz 2 geltende Vermutung nach Satz 4 und 5 widerlegt ist.

A. Normzweck

Die Vorschrift regelt für das Grundsicherungsrecht (§§ 41 ff.) **Besonderheiten** gegenüber dem allgemeinen Sozialhilferecht, welche den Einsatz von **Einkommen und Vermögen** (im Abs. 1) sowie von **Unterhaltsansprüchen** (im Abs. 2) betreffen. Hierbei handelt es sich – insbesondere mit Blick auf die Unterhaltsansprüche – aus der Sicht der Leistungsberechtigten um **Vergünstigungen**. Die Schaffung dieser Vergünstigungen war auch das erklärte Ziel des Gesetzgebers, weil die **sog. verschämte Altersarmut bekämpft** werden sollte und weil im „normalen" Sozialhilferecht der Vermögenseinsatz bzw. die Heranziehung von Unterhaltspflichtigen einen „Kleinrentner" oftmals davon abhalten würde, die Leistungen in Anspruch zu nehmen (vgl. BT-Drucks. 14/5150, S. 48, und 14/4595, S. 28; vgl. näher § 41 Rz. 1). Insoweit bildet der § 43 (und hier wiederum der Abs. 2 mit seiner Einschränkung des Unterhaltsrückgriffs) das **„Herzstück" der rechtlichen Regelungen zur Grundsicherung** im Alter und bei Erwerbsminderung. Ein finanzieller Ausgleich, der an diesen eingeschränkten Unterhaltsrückgriff anknüpft, ergibt sich für die Sozialhilfeträger aus § 46a. Abs. 1 wurde neu gefasst und Abs. 2 Satz 6 geändert mit Wirkung vom 1. 1. 2011 durch das Gesetz zur Ermittlung von Regelbedarfen und zur Änderung des Zweiten und Zwölften Buches Sozialgesetzbuch vom 24. 3. 2011 (BGBl. I S. 453).

B. Anrechnung von Partner- und Haushaltseinkommen (Abs. 1)

I. Allgemeines

2   Ebenso wie im allgemeinen Sozialhilferecht ist das **Einkommen bzw. Vermögen** eines nicht getrennt lebenden Ehepartners oder Partners einer eheähnlichen Gemeinschaft (oder eines gleichgeschlechtlichen Lebenspartners) **zu berücksichtigen** (Verweis in § 43 Abs. 1 S. 1 auf die §§ 19 und 20 S. 1; zu dieser Einkommens- und Vermögensanrechnung bzw. Bedürftigkeitsprüfung vgl. a. allgemein BVerwG 10. 2. 1999 – 11 C 9/97 – NVwZ 1999, 653). Hierbei ist zu beachten, dass auch die allgemeine (von § 41 Abs. 2 S. 2 ausdrücklich in Bezug genommene) Darlehensregelung des § 91 anzuwenden ist, sofern der sofortige Verbrauch eines Vermögensgegenstandes für den Partner eine Härte bedeuten würde.

II. Haushaltsangehörige Personen

3   Nicht anzuwenden ist (gem. ausdrücklicher Anordnung in § 43 Abs. 1 S. 2) die gesetzliche Vermutung des § 39 S. 1, wonach vermutet wird, dass **haushaltsangehörige Personen** für den Antragsteller Leistungen zum Lebensunterhalt erbringen. Steht zweifelsfrei fest, dass derartige Leistungen (von haushaltsangehörigen Personen) erbracht werden, so erfolgt allerdings eine entsprechende Anrechnung.

III. Fiktive Kontrollberechnung bei Partnern

4   Ist im Rahmen des § 43 Abs. 1 nur ein Partner im Hinblick auf die Grundsicherungsleistungen anspruchsberechtigt und verfügt der andere Partner über eigenes Einkommen und Vermögen, so ist im Hinblick auf diesen Partner eine „fiktive Kontrollberechnung" vorzunehmen: Es ist der **Bedarf (notwendige Lebensunterhalt) des anderen Partners** (nach Maßgabe des § 42 und der dortigen Verweisungen auf das allgemeine Sozialhilferecht) **zu ermitteln** und sodann dem Einkommen bzw. Vermögen des anderen Partners gegenüberzustellen. Nur dann, wenn dieses Einkommen bzw. Vermögen den Bedarf (notwendigen Lebensunterhalt) übersteigt, kommt es zu einer Anrechnung auf das Einkommen und Vermögen desjenigen Partners, der nach den §§ 41 ff. im Grundsatz anspruchsberechtigt ist. Die Notwendigkeit dieser fiktiven Kontrollberechnung ergibt sich aus § 27a auf den wiederum in § 43 Abs. 1 ausdrücklich verwiesen wird.

IV. Begriffe der eheähnlichen Gemeinschaft und des Getrenntlebens

5   Eine **„eheähnliche Gemeinschaft"** i. S. v. § 43 Abs. 1 ist gegeben, wenn eine Gemeinschaft zwischen Mann und Frau auf Dauer angelegt ist und über eine reine Haushalts- und Einstehensgemeinschaft hinausgeht (vgl. BVerfG 17. 11. 1992 – 1 BvL 8/87 –NJW 1993, 643 und BVerwG 17. 5. 1995 – 5 C 16/93 – NJW 1995, 2802). Ein „Getrenntleben" von Ehe- oder Lebenspartnern liegt vor, wenn die Lebens- und Wirtschaftsgemeinschaft nach den tatsächlichen Verhältnissen nicht nur vorübergehend aufgehoben wurde und der Trennungswillen nach außen erkennbar in Erscheinung getreten ist; es wird insoweit insbesondere auf die Rechtsprechung zum Steuerrecht zurückgegriffen werden können (vgl. BFH 15. 6. 1973 – VI R 150/69 – BFHE 109, 363 und BFH 13. 12. 1985 – VI R 190/82 – BFHE 145, 549).

C. Ausschluss des Unterhaltsrückgriffs gegenüber Kindern und Eltern (Abs. 2)

I. Allgemeines

6   Gem § 43 Abs. 2 S. 1 bleiben Unterhaltsansprüche der Leistungsberechtigten gegenüber ihren Kindern und Eltern (nicht aber gegenüber anderen Verwandten, insbesondere nicht gegenüber Enkeln

und Großeltern) unberücksichtigt, sofern deren **Jahreseinkommen unter einem Betrag von 100. 000 Euro** jährlich liegt. Hierbei handelt es sich insofern um das **„Kernstück" der Grundsicherung** im Alter und bei Erwerbsminderung, als eine signifikante Abweichung vom allgemeinen Sozialhilferecht festgelegt wird, um insbesondere der „verschämten Altersarmut" entgegenzuwirken (vgl. nochmals § 41 Rn. 1). Von der Privilegierung des § 43 Abs. 1 sind nur Unterhaltsansprüche (und auch nur solche gegenüber Kindern oder Eltern) erfasst, nicht aber tatsächliche Unterhaltsleistungen (vgl. § 41 Rn. 16). Hiervon zu unterscheiden ist die (nicht von § 43 Abs. 2 geregelte, im Übrigen grundsätzlich zu bejahende) Frage, ob nach den §§ 41 ff. gewährte bzw. zustehende Leistungen den zivilrechtlichen Unterhaltsbedarf mindern (vgl. OLG Hamm 30. 1. 2004 – 11 WF 207/03 – NJW 2004, 1604).

II. Einkommensbegriff

Aus der in § 43 Abs. 2 S. 1 enthaltenen Verweisung auf § 16 SGB IV ergibt sich, dass auf das sog. Gesamteinkommen und damit letztlich auf den **steuerrechtlichen Einkommensbegriff** abzustellen ist. Erfasst werden hiervon insbesondere Einkünfte aus Arbeitsentgelt (bei unselbstständiger Erwerbstätigkeit) und aus Arbeitseinkommen (bei selbstständiger Tätigkeit), aber auch Formen eines sog. mühelosen Einkommens (z. B. Einkommen aus Vermietung und Verpachtung). 7

III. Freibetragsgrenze für jedes Kind bzw. Elternteil

Nicht eindeutig ist nach dem Wortlaut des § 43 Abs. 2 S. 1, ob die **Grenze von 100. 000 Euro auf jeden einzelnen Unterhaltsverpflichteten** (Kind oder Elternteil) **anzuwenden** ist. Dies wird zu bejahen sein, weil andernfalls die Situation eintreten kann, dass „kinderreiche Kleinrentner" im Hinblick auf die Frage des Unterhaltsrückgriffs benachteiligt werden. 8

IV. Vermutungsregelungen

In § 43 Abs. 2 S. 2 bis 5 finden sich **praxiswichtige Vermutungsregelungen**, die mit dem eingeschränkten Unterhaltsrückgriff auf Kinder und Eltern zusammenhängen. Ist die entsprechende Vermutung widerlegt, so besteht kein Anspruch auf die Leistungen nach den §§ 41 ff. (vgl. Abs. 2 S. 6), wobei dieser Leistungsausschluss naturgemäß nur greifen kann, wenn der Unterhaltsanspruch seiner Höhe nach geeignet ist, den gesamten Sozialhilfeanspruch „auf Null" zu reduzieren. Ist ein entsprechender Unterhaltsanspruch vorhanden, wird aber tatsächlich kein Unterhalt geleistet, so kommt es – gemäß der allgemeinen Systematik des Sozialhilferechts – zu einem Anspruchsübergang auf den Sozialhilfeträger nach näherer Maßgabe des § 94 (dazu instruktiv: OLG Brandenburg 23. 7. 2009 – 9 UF 61/08 – FamRZ 2010, 302). 9

V. Mechanismus der Vermutung

In § 43 Abs. 2 S. 2 bis 5 ist folgender Regelungsmechanismus vorgesehen: Grundsätzlich **wird vermutet, dass die Einkommensgrenze von 100. 000 Euro nicht überschritten wird**. Der Leistungsträger kann aber vom Leistungsberechtigten und – beim Vorliegen konkreter Anhaltspunkte – auch von den unterhaltspflichtigen Kindern bzw. Eltern diesbezügliche **Auskünfte verlangen**, wobei von der Auskunftspflicht auch die Verpflichtung zur Vorlage von Beweisurkunden umfasst wird (im Rahmen der Auskunftsverpflichtung sind jedoch die Einschränkungen des § 117 zu beachten). Hinreichende **Anhaltspunkte** für ein Überschreiten der Einkommensgrenze werden sich in der Praxis vor allem aus einem hochqualifizierten Beruf des Unterhaltspflichtigen sowie daraus ergeben können, dass dieser umfangreiche Immobilien vermietet hat. Wird vom Leistungsträger **zur Auskunftserteilung aufgefordert**, so stellt diese Aufforderung einen Verwaltungsakt dar, der hinreichend bestimmt sein muss (vgl. § 33 Abs. 1 SGB X). 10

Zweiter Abschnitt. Verfahrensbestimmungen

§ 44 Besondere Verfahrensregelungen

(1) ¹Die Leistung wird in der Regel für zwölf Kalendermonate bewilligt. ²Bei der Erstbewilligung oder bei einer Änderung der Leistung beginnt der Bewilligungszeitraum am Ersten des Monats, in dem der Antrag gestellt worden ist oder die Voraussetzungen für die Änderung eingetreten und mitgeteilt worden sind. ³Bei einer Erstbewilligung nach dem Bezug von Arbeitslosengeld II oder Sozialgeld nach dem Zweiten Buch, der mit Erreichen der Altersgrenze nach § 7a des Zweiten Buches endet, beginnt der Bewilligungszeitraum mit dem Ersten des Monats, der auf den sich nach § 7a des Zweiten Bu-

ches ergebenden Monat folgt. ⁴Führt eine Änderung nicht zu einer Begünstigung des Berechtigten, so beginnt der neue Bewilligungszeitraum am Ersten des Folgemonats.

(2) Eine Leistungsabsprache nach § 12 kann im Einzelfall stattfinden.

A. Normzweck

1   Die Vorschrift trifft **verfahrensmäßige Bestimmungen** zur Gewährung der Grundsicherungsleistungen nach den §§ 41 ff., die von verhältnismäßig großer Bedeutung für die Praxis sind. § 44 Abs. 1 Satz 3 wurde eingefügt und der bisherige Satz 3 wurde Satz 4 mWv 1. 4. 2011 aufgrund des Gesetzes zur Ermittlung von Regelbedarfen und zur Änderung des Zweiten und Zwölften Buches Sozialgesetzbuch vom 24. 3. 2011 (BGBl. I S. 453).

B. Verfahrensregelungen (§ 44 Abs. 1)

I. Allgemeines

2   Die zentrale Aussage der Verfahrensregelungen des Abs. 1 besteht darin, dass der **Bewilligungszeitraum mit regelmäßig zwölf Monaten angesetzt** wird (Abs. 1 S. 1). Im allgemeinen Sozialhilferecht gibt es zwar keine ausdrücklichen Regelungen zum Bewilligungszeitraum, jedoch wird dort nach allgemeinen Rechtsgrundsätzen von einer abschnittsweisen, sich monatlich wiederholenden Bewilligung ausgegangen. Im Ergebnis regelt also § 44 Abs. 1 S. 1 eine praxiswichtige Abweichung vom allgemeinen Sozialhilferecht.

II. Wesen des Bewilligungszeitraums

3   Bei dem Bewilligungszeitraum handelt es sich um ein verfahrensrechtliches Instrument, das vom Anspruch als solchem (der oftmals bis zum Lebensende des Berechtigten besteht) zu unterscheiden ist. Im Abs. 1 S. 2 finden sich Regelungen zur genauen **zeitliche Lage des Bewilligungszeitraums** bei einer Erstbewilligung (die auch bei einer Neubewilligung nach Änderung vorliegt). Zu beachten ist außerdem, dass der in § 44 Abs. 1 S. 1 festgelegte **Zwölfmonatszeitraum nur den Regelfall darstellt** (von dem in begründeten Einzelfällen abgewichen werden kann). Kommt es einkommens- oder vermögensbedingt zu **Änderungen der Leistungshöhe**, so wird von § 44 Abs. 1 nicht die Anwendung des allgemeinen Verwaltungsverfahrensrechts ausgeschlossen (vgl. die §§ 48 und 50 SGB X). Aus dem Umstand, dass in § 44 Abs. 1 ein Bewilligungszeitraum geregelt wird, darf nicht geschlossen werden, dass ein vor Bewilligung gestellter Leistungsantrag schließlich mit dem Ende des Bewilligungszeitraums „aufgebraucht" wird; die **Leistungen nach den §§ 41 ff. setzen also keinen sog. Folgeantrag voraus** (BSG 29. 9. 2009 – B 8 SO 13/08 R – BSGE 104, 207). Durch den eingefügten Satz 3 in Abs. 1 soll ein nahtloser Übergang mit einem bedarfsdeckenden Rechtsanspruch erreicht werden. Ist der kommende Rechtsanspruch bedarfsdeckend und ist Vermögen oberhalb der sozialhilferechtlichen Grenzen vorhanden, ist deren Einsatz für den Lebensunterhalt vom Zeitpunkt des Einreichens der Altersgrenze bis zum Rentenbeginn zu fordern. Deshalb besteht wegen des im Sozialhilferecht zu berücksichtigenden Vermögens, das beim ALG-II-Bezug noch freigestellt war, tatsächlich vom Erreichen der Altersgrenze an kein sozialhilferechtlicher Leistungsanspruch mehr (siehe BT-Drs. 17/3283, S. 3).

C. Leistungsabsprachen im Einzelfall (§ 44 Abs. 2)

4   Nach Abs. 2 kann **im Einzelfall auch** eine **Leistungsabsprache** stattfinden (Verweis auf § 12). Somit stellt eine solche Absprache (zwischen dem Sozialhilfeträger und dem Sozialleistungsberechtigten) lediglich den Ausnahmefall dar. Dies macht Sinn, weil ein regelrechter „Förderplan", wie er von § 12 vorgesehen ist, bei erwerbsgeminderten und älteren Personen oftmals nicht angebracht erscheint.

§ 45 Feststellung der dauerhaften vollen Erwerbsminderung

¹Der zuständige Träger der Sozialhilfe ersucht den nach § 109a Absatz 2 des Sechsten Buches zuständigen Träger der Rentenversicherung, die medizinischen Voraussetzungen des § 41 Absatz 3 zu prüfen, wenn es auf Grund der Angaben und Nachweise des Leistungsberechtigten als wahrscheinlich erscheint, dass diese erfüllt sind und das zu berücksichtigende Einkommen und Vermögen nicht ausreicht, um den Lebensunterhalt vollständig zu decken. ²Die Entscheidung des Trägers der Rentenversicherung ist für den ersuchenden Träger der Sozialhilfe bindend; dies gilt auch für eine Entscheidung des Trä-

gers der Rentenversicherung nach § 109a Absatz 3 des Sechsten Buches. ³Eines Ersuchens nach Satz 1 bedarf es nicht, wenn

1. ein Träger der Rentenversicherung bereits die Voraussetzungen des § 41 Absatz 3 im Rahmen eines Antrags auf eine Rente wegen Erwerbsminderung festgestellt hat oder
2. ein Träger der Rentenversicherung bereits nach § 109a Absatz 2 und 3 des Sechsten Buches eine gutachterliche Stellungnahme abgegeben hat oder
3. der Fachausschuss einer Werkstatt für behinderte Menschen über die Aufnahme in eine Werkstatt oder Einrichtung eine Stellungnahme nach Maßgabe der §§ 2 und 3 der Werkstättenverordnung abgegeben hat und der Leistungsberechtigte kraft Gesetzes nach § 43 Absatz 2 Satz 3 Nummer 1 des Sechsten Buches als voll erwerbsgemindert gilt.

⁴Die kommunalen Spitzenverbände und die Deutsche Rentenversicherung Bund können Vereinbarungen über das Verfahren schließen.

A. Normzweck

Die Vorschrift des § 45, die mit Wirkung ab dem 1. 1. 2011 neu gefasst wurde (durch Gesetz vom 3. 8. 2010, BGBl. I S. 1112) und ihr „rentenversicherungsrechtliches Gegenstück" in § 109a Abs. 2 und 3 SGB VI hat, verfolgt den Zweck, eine **sachgemäße Zuständigkeitsregelung** für die **Feststellung der dauerhaften vollen Erwerbsminderung** herbeizuführen. Der erwähnte § 109a SGB VI betrifft Serviceleistungen (Begutachtungen) der Rentenversicherungsträger für die Sozialhilfeträger und (seit dem 1. 1. 2011) auch für die Träger der Grundsicherung für Arbeitsuchende nach dem SGB II („Hartz IV"). Die in § 45 getroffene Regelung (wonach es regelmäßig zu einem diesbezüglichen **Ersuchen des Sozialhilfeträgers** an den Rentenversicherungsträger kommt) lag nahe, weil die Träger der Rentenversicherung insoweit den **größeren Sachverstand** besitzen und weil außerdem divergierende Behördenentscheidungen (der Sozialhilfeträger einerseits und der Träger der Rentenversicherung andererseits) vermieden werden sollen. Folgerichtig wird auch im S. 2 des § 45 eine Bindungswirkung der Entscheidung des Rentenversicherungsträgers angeordnet. 1

B. Ersuchen des Sozialhilfeträgers (Abs. 1)

I. Allgemeines

Muss es als wahrscheinlich gelten, dass eine dauerhafte volle **Erwerbsminderung** vorliegt (vgl. § 41 Abs. 3) und liegen außerdem die **sonstigen Voraussetzungen für einen Leistungsanspruch** (also insbesondere eine Bedürftigkeit) vor, so ersucht der Sozialhilfeträger nach § 45 S. 1 den (gemäß § 109a Abs. 2 SGB VI zuständigen) Rentenversicherungsträger, die medizinischen (von der Frage nach der Arbeitsmarktlage unabhängigen) Voraussetzungen für die dauerhafte und volle Erwerbsminderung zu prüfen. Wie bereits erwähnt, ist gemäß der ausdrücklichen Anordnung des § 45 Abs. 1 S. 2 der **Träger der Sozialhilfe** an die Feststellung **gebunden**, die vom Rentenversicherungsträger getroffen wurde. 2

II. Verfahrensmäßige Einzelheiten

Über das Verfahren können die kommunalen Spitzenverbände mit der Deutschen Rentenversicherung Bund **Vereinbarungen** treffen (§ 45 S. 4). In den Fallgestaltungen des Abs. 1 S. 3 **findet ein Ersuchen des Sozialhilfeträgers ausnahmsweise nicht statt**. Es sind dies Fälle, in denen die Voraussetzungen der dauerhaften und vollen Erwerbsminderung bereits in einem Rentenverfahren festgestellt wurden oder der Fachausschuss einer Werkstatt für behinderte Menschen eine entsprechende Stellungnahme abgegeben hatte (vgl. die Nr 1. und 3. des § 45 S. 3); erfasst wird auch der Fall, dass nach der speziellen Regelung des § 109a Abs. 3 SGB VI (i. V. m. Bestimmungen des SGB II) der Rentenversicherungsträger zunächst im Hinblick auf „Hartz IV" begutachtet hat und dies sinnvollerweise auch für eine spätere Leistung nach den §§ 41ff. Bedeutung haben soll (vgl. die Nr. 2 des § 45 S. 3 sowie BT-Drucks. 17/2188, S. 17, und *Chojetzki*, NZS 2010, 662). Dass im S. 3 des § 45 diese Ausschlüsse geregelt werden, dient nicht nur der Verfahrensökonomie (Vermeidung von Doppelbegutachtungen), sondern auch der Verhinderung einer unnötigen finanziellen Belastung des Bundes, der gegenüber den Rentenversicherungsträgern ausgleichspflichtig ist (vgl. unten Rn. 4 sowie BT-Drucks. a. a. O.). Die **Feststellung** des Rentenversicherungsträgers, die auf Ersuchen des Trägers der Sozialhilfe ergeht, kann **auch negativ** ausfallen (Verneinung einer vollen und dauerhaften Erwerbsminderung). In diesem Falle kann der Antragsteller selbst dann nicht mit **Rechtsbehelfen** gegen den Rentenversicherungsträger vorgehen, wenn die negative Feststellung letztlich den Grund für die Leistungsablehnung bildete; vielmehr muss der Antragsteller gegen den Ablehnungsbescheid des Sozialhilfeträgers einen Rechtsbehelf einlegen – und zwar ungeachtet des Umstands, dass dieser Träger verwaltungsintern an die Entscheidung des Trägers der Rentenversicherung gebunden ist. 3

C. Finanzieller Ausgleich (Abs. 2)

4   Gemäß § 224 b SGB VI, der (ebenso wie § 45) zum 1. 1. 2011 einer Novellierung unterzogen wurde, **erhalten die Träger der Rentenversicherung für den Begutachtungsaufwand**, der ihnen im Gefolge des § 45 (bzw. des rentenversicherungsrechtlichen § 109 a SGB VI) entsteht, **einen finanziellen Ausgleich**. Der entsprechende **Erstattungsanspruch** der Rentenversicherungsträger richtet sich nicht gegen den Sozialhilfeträger, sondern **gegen den Bund**, wobei bestimmte Pauschalierungen vorgesehen sind (zum Hintergrund dieser Erstattung, die strukturähnlich schon in der früheren, am 1. 1. 2009 in Kraft getretenen Fassung des § 224 b SGB VI vorgesehen war, vgl. a. BT-Drucks. 16/6542, S. 15; bis Ende 2008 waren nach einem andersartigen Verfahren die Sozialhilfeträger erstattungspflichtig).

§ 46 Zusammenarbeit mit den Trägern der Rentenversicherung

¹Der zuständige Träger der Rentenversicherung informiert und berät leistungsberechtigte Personen nach § 41, die rentenberechtigt sind, über die Leistungsvoraussetzungen und über das Verfahren nach diesem Kapitel. ²Personen, die nicht rentenberechtigt sind, werden auf Anfrage beraten und informiert. ³Liegt die Rente unter dem 27-fachen Betrag des geltenden aktuellen Rentenwertes in der gesetzlichen Rentenversicherung (§§ 68, 68 a, 255 e des Sechsten Buches), ist der Information zusätzlich ein Antragsformular beizufügen. ⁴Der Träger der Rentenversicherung übersendet einen eingegangenen Antrag mit einer Mitteilung über die Höhe der monatlichen Rente und über das Vorliegen der Voraussetzungen der Leistungsberechtigung an den zuständigen Träger der Sozialhilfe. ⁵Eine Verpflichtung des Trägers der Rentenversicherung nach Satz 1 besteht nicht, wenn eine Inanspruchnahme von Leistungen nach diesem Kapitel wegen der Höhe der gezahlten Rente sowie der im Rentenverfahren zu ermittelnden weiteren Einkommen nicht in Betracht kommt.

A. Normzweck

1   Die Vorschrift, die ihr „rentenversicherungsrechtliches Gegenstück" in bestimmten Passagen des § 109 a SGB VI hat, bezweckt eine **sachgerechte Beratung des Betroffenen** über seine Leistungsansprüche nach den §§ 41 ff. Letztlich soll damit sichergestellt werden, dass alle **potentiell Leistungsberechtigten** auch eine Kenntnis von ihrer Berechtigung erlangen, trotzdem für sie das gegliederte Sozialleistungssystem schwer durchschaubar ist. Dies ist im Bereich der Grundsicherungsleistungen von besonderer Bedeutung, weil hier gem. § 41 Abs. 1 S. 1 eine Antragstellung notwendig ist (vgl. a. § 41 Rn. 17), wohingegen im allgemeinen Sozialhilferecht die Kenntnis des Leistungsträgers von der Notlage bereits die Leistungen auslöst (vgl. § 18 Abs. 1). Satz 3 wurde neu gefasst durch das Gesetz zur Ermittlung von Regelbedarfen und zur Änderung des Zweiten und Zwölften Buches Sozialgesetzbuch vom 24. 3. 2011 mWv 1. 1. 2011 (BGBl. I S. 453). Ab 1. 7. 2011 beträgt der aktuelle Rentenwert West 27,47 € (Ost: 24,37 €). Daraus ergeben sich dann als zu berechnende Werte 741,69 € West bzw. 657,99 € Ost.

B. Informations- und Beratungspflicht

2   Aus dem grundlegenden § 46 S. 1 ergibt sich eine **Informations- und Beratungspflicht des Rentenversicherungsträgers** über das Verfahren und die Voraussetzungen der Grundsicherungsleistungen der §§ 41 ff; dabei kann vom Rentenversicherungsträger naturgemäß nicht verlangt werden, dass er alle sozialhilferechtlichen Einzelheiten kennt und erläutert. Ist der Betroffene nicht rentenberechtigt, so erfolgen die entsprechende Information und Beratung nur auf Antrag (§ 46 S. 2). Geht beim Rentenversicherungsträger ein Antrag auf Grundsicherungsleistungen nach den §§ 41 ff. ein, so wird dieser Antrag an den zuständigen Sozialhilfeträger weitergeleitet (§ 46 S. 4). **Bei „Kleinrenten"** ist vom Rentenversicherungsträger ein Formular zur Beantragung von Leistungen nach den §§ 41 ff. zu übersenden (§ 46 S. 3). Die **Informations- und Beratungspflicht entfällt, wenn** wegen der Rentenhöhe und der Höhe des anderweitigen Einkommens erkennbar ist, dass die Leistungen nach den §§ 41 ff. nicht in Betracht kommen (mangelnde Bedürftigkeit, vgl. § 46 S. 5).

Dritter Abschnitt. Bundesbeteiligung

§ 46a Bundesbeteiligung

(1) ¹Der Bund beteiligt sich zweckgebunden an den Leistungen nach diesem Kapitel, um diejenigen Ausgaben auszugleichen, die den Trägern der Sozialhilfe nach § 43 Abs. 1 wegen der Nichtanwendung von § 39 Satz 1 sowie nach § 43 Abs. 2 wegen der Nichtberücksichtigung von Unterhaltsansprüchen entstehen (Bundesbeteiligung). ²Der Bund trägt

im Jahr 2009 einen Anteil von 13 vom Hundert,
im Jahr 2010 einen Anteil von 14 vom Hundert,
im Jahr 2011 einen Anteil von 15 vom Hundert und

ab dem Jahr 2012 jeweils einen Anteil von 16 vom Hundertder Nettoausgaben im Vorvorjahr. ³Nettoausgaben nach Satz 2 sind die vom Statistischen Bundesamt nach dem Stand vom 1. April eines Jahres für das Vorvorjahr ermittelten reinen Ausgaben für Leistungen ohne Gutachtenkosten.

(2) ¹Der Anteil eines Landes an den vom Bund für ein Kalenderjahr nach Absatz 1 zu übernehmenden Ausgaben entspricht dessen Anteil an den bundesweiten Nettoausgaben des Vorvorjahres nach Absatz 1 Satz 3 (Länderanteile). ²Die Länderanteile sind auf zwei Dezimalstellen zu berechnen; die zweite Dezimalstelle ist um eins zu erhöhen, wenn sich in der dritten Dezimalstelle eine der Ziffern von 5 bis 9 ergeben würde.

(3) Die sich nach Absatz 2 ergebenden Länderanteile sind vom Bund zum 1. Juli eines Jahres zu zahlen.

A. Normzweck

1 Die Norm, die mit Wirkung ab dem 1. 1. 2009 in das SGB XII eingefügt wurde (durch Gesetz vom 24. 9. 2008, BGBl. I S. 1856), gewährt **für die Kommunen** (Sozialhilfeträger) einen **finanziellen Ausgleich aus Bundesmitteln**. Dieser Ausgleich, der über die Länderhaushalte vermittelt wird, ist sachgerecht und notwendig, weil den Kommunen **Mehrausgaben** entstehen, die vor allem mit dem **eingeschränkten Unterhaltsrückgriff** des § 43 Abs. 2 zusammenhängen (vgl. a. § 43 Rn. 6). Hiervon zu unterscheiden ist der in § 224b SGB VI verankerte (ebenfalls aus Bundesmitteln fließende) Ausgleich für die Rentenversicherungsträger dafür, dass diese nach § 45 (bzw. nach § 109a SGB VI) bestimmte Begutachtungen für die Sozialhilfeträger vornehmen (vgl. § 45 Rn. 4).

B. Regelungs- und Finanzierungsmechanismus

2 Der **Regelungsstandort** des § 46a findet sich **systemgerecht** im Anschluss an die Bestimmungen über die Grundsicherung im Alter und bei Erwerbsminderung. Bis Ende 2008 war der Finanzausgleich (mit einem anderen Inhalt) unsystematisch in § 34 Abs. 2 WoGG enthalten. Der aktuell in § 46a verankerte **Finanzierungsmechanismus** knüpft an die Nettoausgaben der Kommunen an, geht von einer stetigen (aber moderaten) Zunahme dieser Ausgaben aus und reicht bis zum Jahr 2012 (dies entspricht in etwa auch den bisherigen statistischen Erkenntnissen über die tatsächliche Inanspruchnahme und damit über die Ausgabenwirksamkeit der Leistungen nach den §§ 41 ff., vgl. § 41 Rn. 2). Spätestens **für die Zeit ab 2013** wird der Gesetzgeber **neu** über den Mechanismus und damit über die Ausgleichshöhe **zu entscheiden** haben.

C. Vorgesehene Gesetzesänderung

3 Von Regierungsseite ist **vorgesehen**, den Wortlaut des **§ 46a Abs. 1 S. 1** (bei gleich bleibendem Regelungsinhalt) **redaktionell zu ändern**, und zwar wie folgt (BT-Drucks. 17/3404 vom 26. 10. 2010, S. 35 und 128, Entwurf eines Gesetzes zur Ermittlung von Regelbedarfen und zur Änderung des Zweiten und Zwölften Buches Sozialgesetzbuch, derzeit befindlich in einem Vermittlungsverfahren, vgl. BT-Drucks. 17/4304 vom 17. 12. 2010): Die dortige Angabe „§ 36 Satz 1" soll ersetzt werden durch die Angabe „§ 39 Satz 1".

Fünftes Kapitel. Hilfen zur Gesundheit

§ 47 Vorbeugende Gesundheitshilfe

¹Zur Verhütung und Früherkennung von Krankheiten werden die medizinischen Vorsorgeleistungen und Untersuchungen erbracht. ²Andere Leistungen werden nur erbracht,

wenn ohne diese nach ärztlichem Urteil eine Erkrankung oder ein sonstiger Gesundheitsschaden einzutreten droht.

§ 48 Hilfe bei Krankheit

¹Um eine Krankheit zu erkennen, zu heilen, ihre Verschlimmerung zu verhüten oder Krankheitsbeschwerden zu lindern, werden Leistungen zur Krankenbehandlung entsprechend dem Dritten Kapitel Fünften Abschnitt Ersten Titel des Fünften Buches erbracht. ²Die Regelungen zur Krankenbehandlung nach § 264 des Fünften Buches gehen den Leistungen der Hilfe bei Krankheit nach Satz 1 vor.

§ 49 Hilfe zur Familienplanung

¹Zur Familienplanung werden die ärztliche Beratung, die erforderliche Untersuchung und die Verordnung der empfängnisregelnden Mittel geleistet. ²Die Kosten für empfängnisverhütende Mittel werden übernommen, wenn diese ärztlich verordnet worden sind.

§ 50 Hilfe bei Schwangerschaft und Mutterschaft

Bei Schwangerschaft und Mutterschaft werden

1. ärztliche Behandlung und Betreuung sowie Hebammenhilfe,
2. Versorgung mit Arznei-, Verband- und Heilmitteln,
3. Pflege in einer stationären Einrichtung und
4. häusliche Pflegeleistungen nach § 65 Abs. 1

geleistet.

§ 51 Hilfe bei Sterilisation

Bei einer durch Krankheit erforderlichen Sterilisation werden die ärztliche Untersuchung, Beratung und Begutachtung, die ärztliche Behandlung, die Versorgung mit Arznei-, Verband- und Heilmitteln sowie die Krankenhauspflege geleistet.

§ 52 Leistungserbringung, Vergütung

(1) ¹Die Hilfen nach den §§ 47 bis 51 entsprechen den Leistungen der gesetzlichen Krankenversicherung. ²Soweit Krankenkassen in ihrer Satzung Umfang und Inhalt der Leistungen bestimmen können, entscheidet der Träger der Sozialhilfe über Umfang und Inhalt der Hilfen nach pflichtgemäßem Ermessen.

(2) ¹Leistungsberechtigte haben die freie Wahl unter den Ärzten und Zahnärzten sowie den Krankenhäusern entsprechend den Bestimmungen der gesetzlichen Krankenversicherung. ²Hilfen werden nur in dem durch Anwendung des § 65 a des Fünften Buches erzielbaren geringsten Umfang geleistet.

(3) ¹Bei Erbringung von Leistungen nach den §§ 47 bis 51 sind die für die gesetzlichen Krankenkassen nach dem Vierten Kapitel des Fünften Buches geltenden Regelungen mit Ausnahme des Dritten Titels des Zweiten Abschnitts anzuwenden. ²Ärzte, Psychotherapeuten im Sinne des § 28 Abs. 3 Satz 1 des Fünften Buches und Zahnärzte haben für ihre Leistungen Anspruch auf die Vergütung, welche die Ortskrankenkasse, in deren Bereich der Arzt, Psychotherapeut oder der Zahnarzt niedergelassen ist, für ihre Mitglieder zahlt. ³Die sich aus den §§ 294, 295, 300 bis 302 des Fünften Buches für die Leistungserbringer ergebenden Verpflichtungen gelten auch für die Abrechnung von Leistungen nach diesem Kapitel mit dem Träger der Sozialhilfe. ⁴Die Vereinbarungen nach § 303 Abs. 1 sowie § 304 des Fünften Buches gelten für den Träger der Sozialhilfe entsprechend.

(4) Leistungsberechtigten, die nicht in der gesetzlichen Krankenversicherung versichert sind, wird unter den Voraussetzungen von § 39 a Satz 1 des Fünften Buches zu stationärer und teilstationärer Versorgung in Hospizen der von den gesetzlichen Krankenkassen entsprechend § 39 a Satz 3 des Fünften Buches zu zahlende Zuschuss geleistet.

(5) Für Leistungen zur medizinischen Rehabilitation nach § 54 Abs. 1 Satz 1 gelten die Absätze 2 und 3 entsprechend.

Sechstes Kapitel. Eingliederungshilfe für behinderte Menschen

§ 53 Leistungsberechtigte und Aufgabe

(1) ¹Personen, die durch eine Behinderung im Sinne von § 2 Abs. 1 Satz 1 des Neunten Buches wesentlich in ihrer Fähigkeit, an der Gesellschaft teilzuhaben, eingeschränkt oder von einer solchen wesentlichen Behinderung bedroht sind, erhalten Leistungen der Eingliederungshilfe, wenn und solange nach der Besonderheit des Einzelfalles, insbesondere nach Art oder Schwere der Behinderung, Aussicht besteht, dass die Aufgabe der Eingliederungshilfe erfüllt werden kann. ²Personen mit einer anderen körperlichen, geistigen oder seelischen Behinderung können Leistungen der Eingliederungshilfe erhalten.

(2) ¹Von einer Behinderung bedroht sind Personen, bei denen der Eintritt der Behinderung nach fachlicher Erkenntnis mit hoher Wahrscheinlichkeit zu erwarten ist. ²Dies gilt für Personen, für die vorbeugende Gesundheitshilfe und Hilfe bei Krankheit nach den §§ 47 und 48 erforderlich ist, nur, wenn auch bei Durchführung dieser Leistungen eine Behinderung einzutreten droht.

(3) ¹Besondere Aufgabe der Eingliederungshilfe ist es, eine drohende Behinderung zu verhüten oder eine Behinderung oder deren Folgen zu beseitigen oder zu mildern und die behinderten Menschen in die Gesellschaft einzugliedern. ²Hierzu gehört insbesondere, den behinderten Menschen die Teilnahme am Leben in der Gemeinschaft zu ermöglichen oder zu erleichtern, ihnen die Ausübung eines angemessenen Berufs oder einer sonstigen angemessenen Tätigkeit zu ermöglichen oder sie so weit wie möglich unabhängig von Pflege zu machen.

(4) ¹Für die Leistungen zur Teilhabe gelten die Vorschriften des Neunten Buches, soweit sich aus diesem Buch und den auf Grund dieses Buches erlassenen Rechtsverordnungen nichts Abweichendes ergibt. ²Die Zuständigkeit und die Voraussetzungen für die Leistungen zur Teilhabe richten sich nach diesem Buch.

§ 54 Leistungen der Eingliederungshilfe

(1) ¹Leistungen der Eingliederungshilfe sind neben den Leistungen nach den §§ 26, 33, 41 und 55 des Neunten Buches insbesondere
1. Hilfen zu einer angemessenen Schulbildung, insbesondere im Rahmen der allgemeinen Schulpflicht und zum Besuch weiterführender Schulen einschließlich der Vorbereitung hierzu; die Bestimmungen über die Ermöglichung der Schulbildung im Rahmen der allgemeinen Schulpflicht bleiben unberührt,
2. Hilfe zur schulischen Ausbildung für einen angemessenen Beruf einschließlich des Besuchs einer Hochschule,
3. Hilfe zur Ausbildung für eine sonstige angemessene Tätigkeit,
4. Hilfe in vergleichbaren sonstigen Beschäftigungsstätten nach § 56,
5. nachgehende Hilfe zur Sicherung der Wirksamkeit der ärztlichen und ärztlich verordneten Leistungen und zur Sicherung der Teilhabe der behinderten Menschen am Arbeitsleben.

²Die Leistungen zur medizinischen Rehabilitation und zur Teilhabe am Arbeitsleben entsprechen jeweils den Rehabilitationsleistungen der gesetzlichen Krankenversicherung oder der Bundesagentur für Arbeit.

(2) Erhalten behinderte oder von einer Behinderung bedrohte Menschen in einer stationären Einrichtung Leistungen der Eingliederungshilfe, können ihnen oder ihren Angehörigen zum gegenseitigen Besuch Beihilfen geleistet werden, soweit es im Einzelfall erforderlich ist.

(3) ¹Eine Leistung der Eingliederungshilfe ist auch die Hilfe für die Betreuung in einer Pflegefamilie, soweit eine geeignete Pflegeperson Kinder und Jugendliche über Tag und Nacht in ihrem Haushalt versorgt und dadurch der Aufenthalt in einer vollstationären Einrichtung der Behindertenhilfe vermieden oder beendet werden kann. ²Die Pflegeperson bedarf einer Erlaubnis nach § 44 des Achten Buches. ³Diese Regelung tritt am 31. Dezember 2013 außer Kraft.

§ 55 Sonderregelung für behinderte Menschen in Einrichtungen

¹Werden Leistungen der Eingliederungshilfe für behinderte Menschen in einer vollstationären Einrichtung der Hilfe für behinderte Menschen im Sinne des § 43a des Elften

Buches erbracht, umfasst die Leistung auch die Pflegeleistungen in der Einrichtung. ²Stellt der Träger der Einrichtung fest, dass der behinderte Mensch so pflegebedürftig ist, dass die Pflege in der Einrichtung nicht sichergestellt werden kann, vereinbaren der Träger der Sozialhilfe und die zuständige Pflegekasse mit dem Einrichtungsträger, dass die Leistung in einer anderen Einrichtung erbracht wird; dabei ist angemessenen Wünschen des behinderten Menschen Rechnung zu tragen.

§ 56 Hilfe in einer sonstigen Beschäftigungsstätte

Hilfe in einer den anerkannten Werkstätten für behinderte Menschen nach § 41 des Neunten Buches vergleichbaren sonstigen Beschäftigungsstätte kann geleistet werden.

§ 57 Trägerübergreifendes Persönliches Budget

¹Leistungsberechtigte nach § 53 können auf Antrag Leistungen der Eingliederungshilfe auch als Teil eines trägerübergreifenden Persönlichen Budgets erhalten. ² § 17 Abs. 2 bis 4 des Neunten Buches in Verbindung mit der Budgetverordnung und § 159 des Neunten Buches sind insoweit anzuwenden.

§ 58 Gesamtplan

(1) Der Träger der Sozialhilfe stellt so frühzeitig wie möglich einen Gesamtplan zur Durchführung der einzelnen Leistungen auf.

(2) Bei der Aufstellung des Gesamtplans und der Durchführung der Leistungen wirkt der Träger der Sozialhilfe mit dem behinderten Menschen und den sonst im Einzelfall Beteiligten, insbesondere mit dem behandelnden Arzt, dem Gesundheitsamt, dem Landesarzt, dem Jugendamt und den Dienststellen der Bundesagentur für Arbeit, zusammen.

§ 59 Aufgaben des Gesundheitsamtes

Das Gesundheitsamt oder die durch Landesrecht bestimmte Stelle hat die Aufgabe,
1. behinderte Menschen oder Personensorgeberechtigte über die nach Art und Schwere der Behinderung geeigneten ärztlichen und sonstigen Leistungen der Eingliederungshilfe im Benehmen mit dem behandelnden Arzt auch während und nach der Durchführung von Heilmaßnahmen und Leistungen der Eingliederungshilfe zu beraten; die Beratung ist mit Zustimmung des behinderten Menschen oder des Personensorgeberechtigten im Benehmen mit den an der Durchführung der Leistungen der Eingliederungshilfe beteiligten Stellen oder Personen vorzunehmen. Steht der behinderte Mensch schon in ärztlicher Behandlung, setzt sich das Gesundheitsamt mit dem behandelnden Arzt in Verbindung. Bei der Beratung ist ein amtliches Merkblatt auszuhändigen. Für die Beratung sind im Benehmen mit den Landesärzten die erforderlichen Sprechtage durchzuführen,
2. mit Zustimmung des behinderten Menschen oder des Personensorgeberechtigten mit der gemeinsamen Servicestelle nach den §§ 22 und 23 des Neunten Buches den Rehabilitationsbedarf abzuklären und die für die Leistungen der Eingliederungshilfe notwendige Vorbereitung abzustimmen und
3. die Unterlagen auszuwerten und sie zur Planung der erforderlichen Einrichtungen und zur weiteren wissenschaftlichen Auswertung nach näherer Bestimmung der zuständigen obersten Landesbehörde weiterzuleiten. Bei der Weiterleitung der Unterlagen sind die Namen der behinderten Menschen und der Personensorgeberechtigten nicht anzugeben.

§ 60 Verordnungsermächtigung

Die Bundesregierung kann durch Rechtsverordnung mit Zustimmung des Bundesrates Bestimmungen über die Abgrenzung des leistungsberechtigten Personenkreises der behinderten Menschen, über Art und Umfang der Leistungen der Eingliederungshilfe sowie über das Zusammenwirken mit anderen Stellen, die den Leistungen der Eingliederungshilfe entsprechende Leistungen durchführen, erlassen.

Siebtes Kapitel. Hilfe zur Pflege

§ 61 Leistungsberechtigte und Leistungen

(1) ¹Personen, die wegen einer körperlichen, geistigen oder seelischen Krankheit oder Behinderung für die gewöhnlichen und regelmäßig wiederkehrenden Verrichtungen im

Ablauf des täglichen Lebens auf Dauer, voraussichtlich für mindestens sechs Monate, in erheblichem oder höherem Maße der Hilfe bedürfen, ist Hilfe zur Pflege zu leisten. ²Hilfe zur Pflege ist auch Kranken und behinderten Menschen zu leisten, die voraussichtlich für weniger als sechs Monate der Pflege bedürfen oder einen geringeren Bedarf als nach Satz 1 haben oder die der Hilfe für andere Verrichtungen als nach Absatz 5 bedürfen; für Leistungen für eine stationäre oder teilstationäre Einrichtung gilt dies nur, wenn es nach der Besonderheit des Einzelfalles erforderlich ist, insbesondere ambulante oder teilstationäre Leistungen nicht zumutbar sind oder nicht ausreichen.

(2) ¹Die Hilfe zur Pflege umfasst häusliche Pflege, Hilfsmittel, teilstationäre Pflege, Kurzzeitpflege und stationäre Pflege. ²Der Inhalt der Leistungen nach Satz 1 bestimmt sich nach den Regelungen der Pflegeversicherung für die in § 28 Abs. 1 Nr. 1, 5 bis 8 des Elften Buches aufgeführten Leistungen; § 28 Abs. 4 des Elften Buches gilt entsprechend. ³Die Hilfe zur Pflege kann auf Antrag auch als Teil eines trägerübergreifenden Persönlichen Budgets erbracht werden. ⁴§ 17 Abs. 2 bis 4 des Neunten Buches in Verbindung mit der Budgetverordnung und § 159 des Neunten Buches sind insoweit anzuwenden.

(3) Krankheiten oder Behinderungen im Sinne des Absatzes 1 sind:
1. Verluste, Lähmungen oder andere Funktionsstörungen am Stütz- und Bewegungsapparat,
2. Funktionsstörungen der inneren Organe oder der Sinnesorgane,
3. Störungen des Zentralnervensystems wie Antriebs-, Gedächtnis- oder Orientierungsstörungen sowie endogene Psychosen, Neurosen oder geistige Behinderungen,
4. andere Krankheiten oder Behinderungen, infolge derer Personen pflegebedürftig im Sinne des Absatzes 1 sind.

(4) Der Bedarf des Absatzes 1 besteht in der Unterstützung, in der teilweisen oder vollständigen Übernahme der Verrichtungen im Ablauf des täglichen Lebens oder in Beaufsichtigung oder Anleitung mit dem Ziel der eigenständigen Übernahme dieser Verrichtungen.

(5) Gewöhnliche und regelmäßig wiederkehrende Verrichtungen im Sinne des Absatzes 1 sind:
1. im Bereich der Körperpflege das Waschen, Duschen, Baden, die Zahnpflege, das Kämmen, Rasieren, die Darm- und Blasenentleerung,
2. im Bereich der Ernährung das mundgerechte Zubereiten oder die Aufnahme der Nahrung,
3. im Bereich der Mobilität das selbstständige Aufstehen und Zu-Bett-Gehen, An- und Auskleiden, Gehen, Stehen, Treppensteigen oder das Verlassen und Wiederaufsuchen der Wohnung,
4. im Bereich der hauswirtschaftlichen Versorgung das Einkaufen, Kochen, Reinigen der Wohnung, Spülen, Wechseln und Waschen der Wäsche und Kleidung und das Beheizen.

(6) Die Verordnung nach § 16 des Elften Buches, die Richtlinien der Pflegekassen nach § 17 des Elften Buches, die Verordnung nach § 30 des Elften Buches, die Rahmenverträge und Bundesempfehlungen über die pflegerische Versorgung nach § 75 des Elften Buches und die Vereinbarungen über die Qualitätssicherung nach § 113 des Elften Buches finden zur näheren Bestimmung des Begriffs der Pflegebedürftigkeit, des Inhalts der Pflegeleistung, der Unterkunft und Verpflegung und zur Abgrenzung, Höhe und Anpassung der Pflegegelder nach § 64 entsprechende Anwendung.

A. Normzweck

§ 61 ist die Einstiegsnorm zum siebten Kapitel „Hilfe zur Pflege" (zusf. *Heinz*, ZfF 2008, 172 ff.), die als **Auffangordnung** für den Fall konzipiert ist, dass vorrangig anwendbare Sicherungssysteme, namentlich die soziale Pflegeversicherung, keine Anwendung finden. Als leistungsrechtliche Anspruchsnorm definiert Voraussetzungen und Inhalt des Anspruchs und lehnt sich dabei an die entsprechenden Bestimmungen des SGB XI an, auf die zur Orientierung zurückgegriffen werden kann (s. die Kommentierungen der jeweiligen Referenznormen des SGB XI).

B. Regelungsinhalt

Abs. 1 S. 1 bestimmt in Anlehnung an § 14 Abs. 1 SGB XI (Pflegebedürftigkeit) den Fall, in dem Hilfe zur Pflege zu gewähren ist. Allerdings wird der Begriff für die Sozialhilfe erweitert (Abs. 1 S. 2): zum einen in zeitlicher Hinsicht (weniger als sechs Monate), zum anderen hinsichtlich des Pflegestufe I vorgelagerten Bedarfs (sog. „**Pflegestufe 0**"); ob im Fall der „Pflegestufe 0" Begutachtungsinstrumente des gem. Abs. 6 „entsprechend" anwendbar sind, die dazu nichts direkt besagen, ist zweifelhaft, wie sich überhaupt im Hinblick auf die abschließende Leistungsbeschreibung des Abs. 2 Widersprüche zum erweiterten Pflegebedürftigkeitsbegriff der Sozialhilfe drohen (krit. *Schellhorn/Schellhorn*, SGB XII, 17. Aufl. 2006, § 61 Rn. 32, 37). Andererseits verdeutlicht die **Öffnungsklausel** des Abs. 1 S. 2, dass das Sozialhilferecht am Grundsatz der Bedarfsdeckung orientiert ist, kraft dessen das Grundsicherungsniveau der Pflegeversicherung erweitert werden kann (*Grube*, in: Grube/Wahrendorf, SGB XII, 2. Aufl. 2008, § 61 Rn. 12).

Abs. 3 legaldefiniert, insoweit § 14 Abs. 2 SGB XI, entsprechend, was mit Krankheit und Behinderung i. S. d. Abs. 1 gemeint ist. Was mit den gewöhnlich und regelmäßig wiederkehrenden Verrichtungen i. S. d. Abs. 1 gemeint ist, legaldefiniert **Abs. 5**, der insoweit § 14 Abs. 4 SGB XI entspricht. Welcher Bedarf im Einzelnen von Abs. 1 gemeint wird, ergibt sich aus der Definition des **Abs. 4**, der § 14 Abs. 3 SGB XI entspricht.

3 **Abs. 2** definiert den Leistungsinhalt, wobei sich das Gesetz zwar an § 28 Abs. 1 SGB XI anlehnt, allerdings nicht in jeder Hinsicht. In Bezug genommen werden ausdrücklich (Abs. 2 S. 2 Hs. 2) nur die Pflegesachleistung (§ 28 Abs. 1 Nr. 1 i. V. m. § 36 SGB XI), die Pflegehilfsmittel und technische Hilfen (§ 28 Abs. 1 Nr. 5 i. V. m. § 40 SGB XI, hierzu *Heinz*, ZfF 2008, 172, 177), Tages- und Nachtpflege (§ 28 Abs. 1 Nr. 6 i. V. m. § 41 SGB XI, dazu *Heinz*, ZfF 2008, 172, 177), Kurzzeitpflege (§ 28 Abs. 1 Nr. 7 i. V. m. § 41 SGB XI, dazu *Heinz*, ZfF 2008, 172, 177) und vollstationäre Pflege (§ 28 Abs. 1 Nr. 8 i. V. m. § 43 SGB XI, dazu *Heinz*, ZfF 2008, 172, 177 f.). U. a. auch das **Pflegegeld** (§ 28 Abs. 1 Nr. 2 SGB XI) wird **nicht** in Bezug genommen, hier gilt die Sonderregelung des § 64 SGB XII. Auch für die Leistungen der Hilfe zur Pflege gilt, dass sie der sog. **Aktivierung** dienen sollen (Abs. 2 S. 2 Hs. 2 i. V. m. § 28 Abs. 4 SGB XI). Das Recht des **Persönlichen Budgets** findet auf Antrag auch auf die Hilfe zur Pflege Anwendung (Abs. 2 S. 3 und 4 i. V. m. § 17 Abs. 2–4 i. V. m. der Budgetverordnung und § 159 SGB XI).

4 **Abs. 6** legt fest, dass die dort genannten Rechts(erkenntnis)quellen, die für den Bereich der Pflegeversicherung gelten, auch bei der Hilfe zur Pflege beachtet werden. Damit soll ein weitgehender inhaltlicher **Gleichlauf beider Sicherungssysteme** gewährleistet werden (*Gudat*, BeckOK-Sozialrecht, § 61 SGB XI Rn. 18; *Grube*, in: Grube/Wahrendorf, SGB XII, 2. Aufl. 2008, § 61 Rn. 34). Die in Bezug genommenen Normen, Verträge etc. gelten mit der ihnen eigenen Rechtsnatur bzw. Stellung in der **Rechtsnormenhierarchie** auch im Bereich der Hilfe zur Pflege (vgl. *Schellhorn/Schellhorn*, SGB XII, § 61 Rn. 59). „Entsprechend" heißt, dass gemessen an den Regelungszwecken der Hilfe zur Pflege eine sinngemäße Rezeption, d. h. ggf. auch – Modifikation – der in Bezug genommenen Normen etc. gemeint ist (*Krahmer*, LPK-SGB XII, § 61 Rn. 30), die u. U. auch die Nichtanwendung einer in Bezug genommenen Norm etc. zur Folge haben kann.

§ 62 Bindung an die Entscheidung der Pflegekasse

Die Entscheidung der Pflegekasse über das Ausmaß der Pflegebedürftigkeit nach dem Elften Buch ist auch der Entscheidung im Rahmen der Hilfe zur Pflege zu Grunde zu legen, soweit sie auf Tatsachen beruht, die bei beiden Entscheidungen zu berücksichtigen sind.

A. Normzweck

1 Die Vorschrift bezweckt eine einheitliche Entscheidung über das Ausmaß der Pflegebedürftigkeit durch den Sozialhilfeträger und die Pflegekasse.

B. Regelungsinhalt

2 Der Sozialhilfeträger ist an die Entscheidung der Pflegekasse gebunden, d. h., dass diese einen **Verwaltungsakt** (§ 31 SGB X) erlassen und bekanntgegeben haben muss (vgl. OVG Lüneburg, FEVS 46, 370 und 46, 457). Bloße abgeschlossene Untersuchungen des MDK (vgl. § 18 SGB XI) reichen nicht aus. Eine später, nach erfolgter Entscheidung der Pflegekasse entfaltet **keine rückwirkende Bindung** (BVerwGE 117, 272 = NJW 2003, 1961; OVG Münster, FEVS 52, 320 = NVwZ-RR 2001, 766; OVG Lüneburg, NdsRpfl 2002, 248; krit. *Rothkegel*, ZFSH/SGB 2002, 585). Um zu verhindern, dass ggf. erst rückwirkend relevant werdende Entscheidungen der Pflegekasse etwa bei einer Neueinstufung zu Lasten des Pflegebedürftigen gehen, sollte der Sozialhilfeträger aber über den höheren Bedarf informiert werden, so dass der Anspruch auf ergänzende Leistungen rechtzeitig ausgelöst werden kann (*Krahmer*, LPK-SGB XII, § 62 Rn. 3; *Gudat*, BeckOK-Sozialrecht, § 62 SGB XII Rn. 3).

3 Die Bindung bezieht sich nur auf **Tatsachen**, die bei beiden Entscheidungen zu berücksichtigen sind. So müssen bspw. in beiden Fällen die gleichen Verrichtungen in Rede stehen; fehlt es daran, muss der Sozialhilfeträger eine eigene Entscheidung treffen. Allerdings sind die Abgrenzungsprobleme

in der Praxis groß, so dass sich Kooperationsabsprachen mit dem MDK empfehlen, um unnötige Doppelbegutachtungen zu vermeiden (*Krahmer*, LPK-SGB XII, § 62 Rn. 4). Feststellungen hinsichtlich der „Pflegestufe 0" (vgl. § 61 SGB XII Rn. 2) kann demgemäß nur der Sozialhilfeträger treffen (*Grube*, in: Grube/Wahrendorf, SGB XII, 2. Aufl. 2008, § 62 Rn. 5). Dabei ist er an die **Pflegebedürftigkeits- und Begutachtungsrichtlinien gemäß § 61 Abs. 6 SGB XII** nur gebunden (§ 61 SGB XII Rn. 4), wenn und soweit dadurch der eigenständige Sinn der Erweiterung des § 61 Abs. 1 S. 2 SGB XII nicht verkannt bzw. unterlaufen wird. **Keine Bindung** besteht hinsichtlich der Pflegeart, also ambulant oder (teil-)stationär (*Krahmer*, LPK-SGB XII, § 62 Rn. 8; *Schellhorn/Schellhorn*, SGB XII, § 62 Rn. 5).

§ 63 Häusliche Pflege

[1]Reicht im Fall des § 61 Abs. 1 häusliche Pflege aus, soll der Träger der Sozialhilfe darauf hinwirken, dass die Pflege einschließlich der hauswirtschaftlichen Versorgung durch Personen, die dem Pflegebedürftigen nahe stehen, oder als Nachbarschaftshilfe übernommen wird. [2]Das Nähere regeln die §§ 64 bis 66. [3]In einer stationären oder teilstationären Einrichtung erhalten Pflegebedürftige keine Leistungen zur häuslichen Pflege. [4]Satz 3 gilt nicht für vorübergehende Aufenthalte in einem Krankenhaus nach § 108 des Fünften Buches, soweit Pflegebedürftige nach § 66 Absatz 4 Satz 2 ihre Pflege durch von ihnen beschäftigte besondere Pflegekräfte sicherstellen. [5]Die vorrangigen Leistungen des Pflegegeldes für selbst beschaffte Pflegehilfen nach den §§ 37 und 38 des Elften Buches sind anzurechnen. [6]§ 39 des Fünften Buches bleibt unberührt.

A. Normzweck

Die Vorschrift regelt die Leistungsart „häusliche Pflege" und konkretisiert § 61 Abs. 2 S. 2 **1** SGB XII; nicht zuletzt der Verweis auf §§ 64 ff. zeigt, dass das SGB XII ein **eigenes Leistungsrecht der häuslichen Pflege** kennt (*Grube*, in: Grube/Wahrendorf, SGB XII, 2. Aufl. 2008, § 63 Rn. 2).

B. Regelungsinhalt

Die häusliche Pflege hat im Lichte von § 9 Abs. 1 SGB XII grundsätzlich Vorrang vor anderen **2** Leistungsarten (*Grube*, in: Grube/Wahrendorf, SGB XII, 2. Aufl. 2008, § 63 Rn. 3). Der **Mehrkostenvorbehalt** (§ 9 Abs. 2 S. 3 SGB XII) ist zu beachten, wenn der Pflegebedürftige eine stationäre Unterbringung wünscht, obwohl häusliche Pflege ausreicht (*Gudat*, BeckOK-Sozialrecht, § 63 SGB XII Rn. 4).

Im Einzelnen wird die Leistung in den §§ 64 ff. konturiert (so S. 2). Dass nicht auf das SGB XI Be- **3** zug genommen wurde, erklärt sich insb. mit Blick auf die Leistungen des § 65 SGB XII, die die Pflegeversicherung nicht kennt. S. 3 stellt klar, dass während des Aufenthalts in einer Einrichtung gemäß § 13 SGB XII kein Anspruch auf häusliche Pflege besteht. Diese Einrichtungen sind von einem **Wohnheim** zu unterscheiden, in dem der Betreffende seinen Haushalt weitgehend selbständig führt; hier kommt die Gewährung häuslicher Pflege in Betracht (*Grube*, in: Grube/Wahrendorf, SGB XII, 2. Aufl. 2008, § 63 Rn. 8; s. außerdem – zum BSHG – VGH Mannheim, FEVS 49, 250 ff.). **Kurzzeitpflege** i. S. d. § 42 SGB XI ist stationäre Pflege und keine häusliche Pflege (*Grube*, in: Grube/Wahrendorf, SGB XII, 2. Aufl. 2008, § 63 Rn. 9). Bei **teilstationärer Betreuung** ist häusliche Pflege für die Zeit außerhalb der Einrichtung denkbar (*Schellhorn/Schellhorn*, SGB XII, § 63 Rn. 9). Die Sätze 4–6 wurden durch das Gesetz zur Regelung des **Assistenzpflegebedarfs im Krankenhaus** vom 30. 7. 2009 mit Wirkung ab 5. 8. 2009 in das SGB XII eingefügt (dazu die amtl. Begr., BT-Drs.16/12.855, S. 8 f.).

§ 64 Pflegegeld

(1) **Pflegebedürftige, die bei der Körperpflege, der Ernährung oder der Mobilität für wenigstens zwei Verrichtungen aus einem oder mehreren Bereichen mindestens einmal täglich der Hilfe bedürfen und zusätzlich mehrfach in der Woche Hilfe bei der hauswirtschaftlichen Versorgung benötigen (erheblich Pflegebedürftige), erhalten ein Pflegegeld in Höhe des Betrages nach § 37 Abs. 1 Satz 3 Nr. 1 des Elften Buches.**

(2) **Pflegebedürftige, die bei der Körperpflege, der Ernährung oder der Mobilität für mehrere Verrichtungen mindestens dreimal täglich zu verschiedenen Tageszeiten der Hilfe bedürfen und zusätzlich mehrfach in der Woche Hilfe bei der hauswirtschaftlichen Versorgung benötigen (Schwerpflegebedürftige), erhalten ein Pflegegeld in Höhe des Betrages nach § 37 Abs. 1 Satz 3 Nr. 2 des Elften Buches.**

(3) **Pflegebedürftige, die bei der Körperpflege, der Ernährung oder der Mobilität für mehrere Verrichtungen täglich rund um die Uhr, auch nachts, der Hilfe bedürfen und zusätzlich mehrfach in der Woche Hilfe bei der hauswirtschaftlichen Versorgung benötigen (Schwerstpflegebedürftige), erhalten ein Pflegegeld in Höhe des Betrages nach § 37 Abs. 1 Satz 3 Nr. 3 des Elften Buches.**

(4) **Bei pflegebedürftigen Kindern ist der infolge Krankheit oder Behinderung gegenüber einem gesunden gleichaltrigen Kind zusätzliche Pflegebedarf maßgebend.**

(5) [1]**Der Anspruch auf das Pflegegeld setzt voraus, dass der Pflegebedürftige und die Sorgeberechtigten bei pflegebedürftigen Kindern mit dem Pflegegeld dessen Umfang entsprechend die erforderliche Pflege in geeigneter Weise selbst sicherstellen.** [2]**Besteht der Anspruch nicht für den vollen Kalendermonat, ist der Geldbetrag entsprechend zu kürzen.** [3]**Bei der Kürzung ist der Kalendermonat mit 30 Tagen anzusetzen.** [4]**Das Pflegegeld wird bis zum Ende des Kalendermonats geleistet, in dem der Pflegebedürftige gestorben ist.** [5]**Stellt die Pflegekasse ihre Leistungen nach § 37 Abs. 6 des Elften Buches ganz oder teilweise ein, entfällt die Leistungspflicht nach den Absätzen 1 bis 4.**

A. Normzweck

1   Das (pauschalierte) Pflegegeld (zusf. *Heinz*, ZfF 2008, 172, 172 f.) ist die wichtigste Leistung bei häuslicher Pflege, denn es ermöglicht dem zu Pflegenden, die Pflege durch nahestehende Personen bzw. durch Nachbarschaftshilfe zu ermöglichen (*Grube*, in: Grube/Wahrendorf, SGB XII, 2. Aufl. 2008, § 64 Rn. 2).

B. Regelungsinhalt

2   Die Regelungen der **Abs. 1 bis 3** knüpfen an die **entsprechenden Regelungen des § 15 SGB XI** an, so dass bei der Auslegung auf die dazu ergangene Rspr. namentlich des BSG zurückgegriffen werden kann (*Grube*, in: Grube/Wahrendorf, SGB XII, 2. Aufl. 2008, § 64 Rn. 9, vgl. insb. BSG, NZS 1998, 479; NZS 1999, 87; Breith 2000, 281; NZS 2001, 39; NZS 2001, 265; NJW 2001, 3431). Die Abs. 1 bis 3 entsprechen hierbei den Pflegestufen I – III, so dass auf die Kommentierungen zu § 15 zu verweisen ist. Die Regelung über den Pflegebedarf von Kindern (**Abs. 4**) entspricht § 15 Abs. 2 SGB XI (vgl. hierzu BSG, Breith 1995, 657 = FEVS 46, 123).

3   Die **Höhe des Pflegegeldes** (s. jeweils Abs. 1 bis 3 a. E.) richtet sich nach § 37 Abs. 1 S. 3 SGB XI i. d. F. des Pflege-Weiterentwicklungsgesetzes v. 28. 5. 2008 (BGBl. I S. 874, 879), das für die drei Pflegebedürftigkeitsstufen ab 1. 7. 2008, sodann ab 1. 1. 2010 und ferner ab 1. 1. 2012 steigende Pflegegeld-Summen vorsieht (s. hierzu die Kommentierung zu § 37 SGB XI).

4   **Abs. 5 S. 1** macht es – dem Zweck des § 64 SGB XII entsprechend (Rn. 1) – zur Anspruchsvoraussetzung, dass der zu Pflegende oder die Sorgeberechtigten des pflegebedürftigen Kindes die Pflege selbst sicherstellen (vgl. – zum BSHG – VGH Kassel, NDV-RD 2004, 90 = FEVS 55, 547), was nicht bedeutet, dass der Bedarf allein mit dem Pflegegeld gedeckt wird (*Grube*, in: Grube/Wahrendorf, SGB XII, 2. Aufl. 2008, § 64 Rn. 16; s. auch BVerwG, NJW 2004, 242). § 64 Abs. 5 will nur eine zweckentsprechende Verwendung des Pflegegeldes sicherstellen (LSG Berlin-Brandenburg, Beschl. v. 9. 1. 2006 – L 23 B 1009/05 SO ER –, juris, Rn. 27). **Abs. 5 S. 2 und 3** macht eine monatsanteilige Leistung zur Pflicht; **Abs. 5 S. 4** betrifft die Zahlungsdauer bei Tod des Pflegebedürftigen. Abs. 5 S. 6 übernimmt für die Hilfe zur Pflege § 37 Abs. 6 SGB XI, wonach bei (ggf. nur partiellem) Einstellen der Leistung durch die Pflegekasse infolge des Nichtabrufens der Beratung nach § 37 Abs. 3 SGB XI auch die Leistungen nach § 64 Abs. 1 bis 4 entfallen; dadurch soll ein Ausweichen in die Sozialhilfe vermieden werden (*Grube*, in: Grube/Wahrendorf, SGB XII, 2. Aufl. 2008, § 64 Rn. 17). Damit ist die Ansicht, dass in dieser Konstellation der Sozialhilfeträger gleichwohl nach Ermessen Pflegegeld gewähren darf (*Schellhorn/Schellhorn*, SGB XII, § 64 Rn. 21), nicht vereinbar.

§ 65 Andere Leistungen

(1) [1]**Pflegebedürftigen im Sinne des § 61 Abs. 1 sind die angemessenen Aufwendungen der Pflegeperson zu erstatten; auch können angemessene Beihilfen geleistet sowie Beiträge der Pflegeperson für eine angemessene Alterssicherung übernommen werden, wenn diese nicht anderweitig sichergestellt ist.** [2]**Ist neben oder anstelle der Pflege nach § 63 Satz 1 die Heranziehung einer besonderen Pflegekraft erforderlich oder eine Beratung oder zeitweilige Entlastung der Pflegeperson geboten, sind die angemessenen Kosten zu übernehmen.**

(2) **Pflegebedürftigen, die Pflegegeld nach § 64 erhalten, sind zusätzlich die Aufwendungen für die Beiträge einer Pflegeperson oder einer besonderen Pflegekraft für eine angemessene Alterssicherung zu erstatten, wenn diese nicht anderweitig sichergestellt ist.**

A. Normzweck

Die Vorschrift konkretisiert die Leistungen, die nach § 63 S. 2 SGB XII bei häuslicher Pflege gewährt werden. **1**

B. Regelungsinhalt

Leistungsberechtigt sind alle Pflegebedürftige. Die Erstattung von Aufwendungen, auf die ein **2** Rechtsanspruch besteht (Abs. 1 S. 1 Hs. 1: „sind ... zu erstatten"), kann **neben dem Pflegegeld** nach § 64 SGB XII verlangt werden (arg. § 66 Abs. 2 S. 1 SGB XII), allerdings kann das Pflegegeld gekürzt werden, so dass der Pflegebedürftige im Ergebnis einen Teil der Aufwendungen selbst tragen muss (*Grube*, in: Grube/Wahrendorf, SGB XII, 2. Aufl. 2008, § 65 Rn. 7). Erstattet werden angemessene, also insb. notwendige **Aufwendungen der Pflegeperson** (= keine professionellen Pflegekräfte, sondern insb. Ehepartner, Kinder etc.), also z.B. Fahrtkosten, Kosten für Pflegebekleidung, Reinigungskosten oder Mehraufwand für Ernährung (*Grube*, in: Grube/Wahrendorf, SGB XII, 2. Aufl. 2008, § 65 Rn. 6; außerdem *Heinz*, ZfF 2008, 172, 174).

Auf die Erstattung angemessener Beihilfen besteht nur ein Ermessensanspruch (Abs. 1 S. 1 Hs. 2: „können"); mit einer **Beihilfe** können Aufwendungen, auch solche von Familienangehörigen, pauschal abgegolten werden (sog. kleines Pflegegeld); es dient zudem der motivationalen Steigerung der Pflegebereitschaft (*Grube*, in: Grube/Wahrendorf, SGB XII, 2. Aufl. 2008, § 65 Rn. 10; *Heinz*, ZfF 2008, 172, 174 f.). Möglich ist auch (bei fehlender anderweitiger Sicherung) die Zahlung von Beiträgen zur angemessenen **Alterssicherung der Pflegeperson**. Wann eine angemessene Alterssicherung bereits zu Genüge vorhanden ist, hängt vom **Einzelfall** ab (vgl. BVerwGE 85, 102 = NVwZ 1991, 72; NVwZ-RR 1993, 194) und muss prognostisch auf der Grundlage der bekannten Tatsachen sowie, mangels konkreter individueller Anhaltspunkte, mit Blick auf die typischen Erwartungen hinsichtlich des gewöhnlichen Lebensverlaufs der Pflegeperson beurteilt werden (*Schellhorn/Schellhorn*, SGB XII, 17. Aufl. 2006, § 65 Rn. 26).

Ist nach Maßgabe der individuellen Pflegesituation (vgl. VGH München, FEVS 54, 376) die **Hin-** **3** **zuziehung einer Fachkraft** („besondere Pflegekraft" i.S.d. § 65 Abs. 1 S. 2 SGB XII) zeitweilig oder gegenständlich auch nur teilweise erforderlich, weil andernfalls die Pflege nicht sichergestellt ist, so sind (Rechtsanspruch) die angemessenen Kosten zu übernehmen (Abs. 1 S. 2; hierzu *Heinz*, ZfF 2008, 172, 175 ff.). Das gilt auch dann, wenn eine zeitweilige Entlastung der Pflegeperson oder deren **Beratung** (dazu *Heinz*, ZfF 2008, 172, 175) geboten ist (Abs. 4 S. 1).

Abs. 2 sieht für den Fall der tatsächlich erfolgenden Gewährung von Pflegegeld (§ 64 SGB XII) – **4** der abstrakte Anspruch genügt nicht (*Grube*, in: Grube/Wahrendorf, SGB XII, 2. Aufl. 2008, § 65 Rn. 20) – vor, dass zusätzlich die Aufwendungen für die Beiträge der Pflegeperson oder einer professionellen besonderen Pflegekraft für eine **angemessene Alterssicherung** zu übernehmen sind (**Rechtsanspruch** = Pflichtleistung), wenn diese nicht anderweitig gesichert ist. Es handelt sich um eine partielle Spezialregelung zu Abs. 1 S. 1 Hs. 2. Diese Sondervorschrift greift nicht, wenn der zu Pflegende z.B. wegen ausreichenden Einkommens Pflegegeld nicht beziehen kann (*Grube*, in: Grube/Wahrendorf, SGB XII, 2. Aufl. 2008, § 65 Rn. 20). Die Bestimmung spielt insb. dann eine Rolle, wenn der Pflegebedürftige eine professionelle „besondere Pflegekraft" selbst angestellt hat, da sie ggf. nicht bei einem Pflegedienst sozialversichert ist (*Krahmer*, LPK-SGB XII, 8. Aufl. 2008, § 65 Rn. 15; (*Grube*, in: Grube/Wahrendorf, SGB XII, 2. Aufl. 2008, § 65 Rn. 21; *Gudat*, BeckOK-Sozialrecht, § 65 Rn. 9).

§ 66 Leistungskonkurrenz

(1) ¹Leistungen nach § 64 und § 65 Abs. 2 werden nicht erbracht, soweit Pflegebedürftige gleichartige Leistungen nach anderen Rechtsvorschriften erhalten. ²Auf das Pflegegeld sind Leistungen nach § 72 oder gleichartige Leistungen nach anderen Rechtsvorschriften mit 70 vom Hundert, Pflegegelder nach dem Elften Buch jedoch in dem Umfang, in dem sie geleistet werden, anzurechnen.

(2) ¹Die Leistungen nach § 65 werden neben den Leistungen nach § 64 erbracht. ²Werden Leistungen nach § 65 Abs. 1 oder gleichartige Leistungen nach anderen Rechtsvorschriften erbracht, kann das Pflegegeld um bis zu zwei Drittel gekürzt werden.

(3) Bei teilstationärer Betreuung von Pflegebedürftigen oder einer vergleichbaren nicht nach diesem Buch durchgeführten Maßnahme kann das Pflegegeld nach § 64 angemessen gekürzt werden.

(4) ¹Leistungen nach § 65 Abs. 1 werden insoweit nicht erbracht, als Pflegebedürftige in der Lage sind, zweckentsprechende Leistungen nach anderen Rechtsvorschriften in An-

spruch zu nehmen. ²Stellen die Pflegebedürftigen ihre Pflege durch von ihnen beschäftigte besondere Pflegekräfte sicher, können sie nicht auf die Inanspruchnahme von Sachleistungen nach dem Elften Buch verwiesen werden. ³In diesen Fällen ist ein nach dem Elften Buch geleistetes Pflegegeld vorrangig auf die Leistung nach § 65 Abs. 1 anzurechnen.

A. Normzweck

1   Zweck der Vorschrift ist es, sowohl im Hinblick auf Leistungen des SGB XII (interne Konkurrenz) als auch im Hinblick auf Leistungen außerhalb des SGB XII (externe Konkurrenz) **Doppelleistungen** zu **vermeiden** (LSG Bad.-Württ., FEVS 58, 389 = ZFSH/SGB 2007, 103). Der Sache nach müssen die Bestimmungen des § 66 SGB XII immer schon in die §§ 64, 65 „hineingelesen" werden, weil erst sie zu erkennen geben, ob die Leistungen beansprucht werden können (*Grube*, in: Grube/Wahrendorf, SGB XII, 2. Aufl. 2008, § 66 Rn. 2 ff.).

B. Regelungsinhalt

2   **Abs. 1 S. 1** sieht vor, dass Leistungen nach § 64 und § 65 Abs. 2 SGB XII soweit nicht erbracht werden, als „gleichartige" Leistungen aus anderem Rechtsgrund erbracht werden. Das können z. B. die Pflegegelder der Pflegekassen nach § 37 SGB XI, der Unfallversicherungsträger nach § 44 SGB VII sowie der Versorgungsämter nach § 26 c Abs. 8 BVG sein (*Krahmer*, LPK-SGB XII, 8. Aufl. 2008, § 66 Rn. 2). Dem § 65 Abs. 2 SGB XII entsprechen insb. die Alterssicherungsbeiträge nach § 44 SGB XI oder die äquivalenten Leistungen nach § 276 c Abs. 9 S. 3 BVG (*Krahmer*, LPK-SGB XII, 8. Aufl. 2008, § 66 Rn. 2). Da es auf die erbrachten Leistungen ankommt („soweit"), ist **aufstockendes Pflegegeld** gemäß § 64 SGB XII möglich. Leistungen nach § 65 Abs. 1 SGB XII werden zwar in Abs. 1 nicht erwähnt, sie können aber ggf. infolge des prinzipiellen Nachrangs (§ 2 SGB XII) ausscheiden.

3   **Abs. 1 S. 2** sieht vor, dass Leistungen der Blindenhilfe nach § 72 SGB XII oder diesem gleichartige Leistungen (etwa nach den Landesblindengesetzen) in Höhe von 70 v. H. anzurechnen sind. Angesichts der Höhe der **Blindengelder** dürften sie das Pflegegeld regelmäßig übersteigen (vgl. *Krahmer*, LPK-SGB XII, 8. Aufl. 2008, § 66 Rn. 3), allerdings ist hier genau zu prüfen, da insb. das Landesblindengeldrecht im Wandel begriffen ist (vgl. *Rixen*, SGb 2005, 196). Pflegegeld nach § 37 SGB XI ist ebenfalls nach Abs. 1 S. 2 anzurechnen, was sich allerdings schon aus dem Nachranggrundsatz bzw. aus S. 1 ergibt; eine nochmalige Anrechnung nach S. 2 scheidet aus, wenn das Pflegegeld nach § 37 SGB XI bereits nach Abs. 4 S. 3 angerechnet wurde (Rn. 7).

4   **Abs. 2** betrifft das Verhältnis von Pflegegeld nach § 64 SGB XII und anderen Leistungen nach § 65 Abs. 1 bzw. gleichartige Leistungen aufgrund anderer Rechtsbestimmungen: S. 1 stellt klar, dass Leistungen nach § 65 SGB XII neben Leistungen nach § 64 erbracht werden. Allerdings kann (**Ermessen**) das Pflegegeld in der Konstellation des Satzes 2 gekürzt werden. Gleichartige Leistungen sind etwa die Sachleistung nach § 36 SGB XI oder die Ersatzpflege nach § 39 SGB XI (*Krahmer*, LPK-SGB XII, 8. Aufl. 2008, § 66 Rn. 7 a. E.). Wichtigste **Ermessenserwägung** (§ 39 SGB I) ist die in § 63 S. 1 genannte Verpflichtung des Sozialhilfeträgers, auf häusliche Pflege hinzuwirken (ausf. *Krahmer*, LPK-SGB XII, 8. Aufl. 2008, § 66 Rn. 8). Zulässig ist auch die Kürzung bei Inanspruchnahme der Kombinationsleistung nach § 38 SGB XI (näher *Krahmer*, LPK-SGB XII, 8. Aufl. 2008, § 66 Rn. 9; *Schellhorn/Schellhorn*, SGB XII, § 66 Rn. 14).

5   Gekürzt werden (**Abs. 3**) kann (Ermessen) das Pflegegeld nach § 64 SGB XII auch bei **teilstationärer Betreuung** oder einer vergleichbaren nicht nach SGB XII durchgeführten Maßnahme. Maßgebliche Ermessenserwägung (§ 39 SGB I) sind die Entlastungseffekte für die jeweilige Pflegeperson (vgl. die amtl. Begr. des Gesetzes zur Einordnung des Sozialhilferechts in das Sozialgesetzbuch, BT-Drucks. 15/1514, 60).

6   **Abs. 4** konkretisiert den **Nachranggrundsatz** des § 2 SGB XII in der Weise, dass Leistungen nach § 65 Abs. 1 SGB XII insoweit nicht gewährt werden dürfen, als zweckentsprechende Leistungen in Anspruch genommen werden können. In Betracht kommt (neben den Leistungen nach §§ 38, 44, 45 SGB XI, *Gudat*, BeckOK-Sozialrecht, § 66 Rn. 6) insb. die Sachleistung nach § 36 SGB, die voll in Anspruch genommen werden muss, bevor vom Sozialhilfeträger gemäß § 65 Abs. 1 S. 2 SGB XII ergänzend Pflegekraftkosten übernommen werden (*Krahmer*, LPK-SGB XII, 8. Aufl. 2008, § 66 Rn. 11). In Betracht kommen aber z. B. auch privatrechtliche Schadenersatzleistungen aufgrund eines die Pflegebedürftigkeit verursachenden Ereignisses (*Krahmer*, LPK-SGB XII, 8. Aufl. 2008, § 66 Rn. 11).

7   Eine Ausnahme sieht Abs. 4 S. 2 für das sog. **Arbeitgebermodell** (auch: Assistenzmodell) vor (zum Folgenden *Gudat*, BeckOK-Sozialrecht, § 66 Rn. 7), wenn der Pflegebedürftige deshalb keine Sachleistungen nach § 36 SGB XI bezieht, weil er selbst besondere Pflegekräfte angestellt hat, die nicht bei einem Pflegedienst nach § 71 SGB XI beschäftigt sind. Diese Kräfte können keine Pflegesachleistung nach § 36 SGB XI erbringen (vgl. § 77 Abs. 1 S. 3 SGB XI). In diesem Fall kann der Pflegebedürftige das Pflegegeld nach § 37 SGB XI beziehen und darüber hinaus die Übernahme der

Kosten für eine besondere Pflegekraft nach § 65 Abs. 1 S. 2 SGB XII sowie ergänzendes Pflegegeld nach § 64 SGB XII vom Sozialhilfeträger verlangen (*Gudat*, BeckOK-Sozialrecht, § 66 Rn. 7). Allerdings sieht dann Abs. 4 S. 2 vor, dass das Pflegegeld nach § 37 SGB XI vollständig auf die Hilfe nach § 65 Abs. 1 SGB XII für die Kostenübernahme für die Pflegekraft angerechnet wird (*Gudat*, BeckOK-Sozialrecht, § 66 Rn. 7). Das **SGB XI-Pflegegeld** wird also anders als das SGB XII-Pflegegeld **nicht** zu einem Drittel geschont (*Grube*, in: Wahrendorf/Grube SGB XII, 2. Aufl. 2008, § 66 Rn. 23). Stellt der Pflegebedürftige seine Pflege im Rahmen des **Arbeitgebermodells** sicher und rechnet der Sozialhilfeträger das dem Pflegebedürftigen nach § 37 Abs. 1 SGB XI zustehende Pflegegeld auf die Leistungen nach § 65 Abs. 1 S. 2 SGB XII an, so kann das Pflegegeld in diesem Umfang **nicht** auch noch auf ein etwaiges ergänzendes Pflegegeld gemäß § 64 SGB XII angerechnet werden (*Gudat*, BeckOK-Sozialrecht, § 66 Rn. 7; OVG Münster ZFSH/SGB 2002, 537 = NDV-RD 2002, 68 und BVerwGE 118, 297 = NJW 2004, 242). § 66 Abs. 2 S. 2 SGB XII beschränkt die Kürzung des Pflegeldes nach § 64 SGB XII auch in diesen Fällen auf zwei Drittel; eine vollständige Kürzung ist ausgeschlossen (vgl. OVG Münster ZFSH/SGB 2002, 537 = NDV-RD 2002, 68; BVerwGE 118, 297 = NJW 2004, 242).

Achtes Kapitel. Hilfe zur Überwindung besonderer sozialer Schwierigkeiten

§ 67 Leistungsberechtigte

¹Personen, bei denen besondere Lebensverhältnisse mit sozialen Schwierigkeiten verbunden sind, sind Leistungen zur Überwindung dieser Schwierigkeiten zu erbringen, wenn sie aus eigener Kraft hierzu nicht fähig sind. ²Soweit der Bedarf durch Leistungen nach anderen Vorschriften dieses Buches oder des Achten Buches gedeckt wird, gehen diese der Leistung nach Satz 1 vor.

§ 68 Umfang der Leistungen

(1) ¹Die Leistungen umfassen alle Maßnahmen, die notwendig sind, um die Schwierigkeiten abzuwenden, zu beseitigen, zu mildern oder ihre Verschlimmerung zu verhüten, insbesondere Beratung und persönliche Betreuung für die Leistungsberechtigten und ihre Angehörigen, Hilfen zur Ausbildung, Erlangung und Sicherung eines Arbeitsplatzes sowie Maßnahmen bei der Erhaltung und Beschaffung einer Wohnung. ²Zur Durchführung der erforderlichen Maßnahmen ist in geeigneten Fällen ein Gesamtplan zu erstellen.

(2) ¹Die Leistung wird ohne Rücksicht auf Einkommen und Vermögen erbracht, soweit im Einzelfall Dienstleistungen erforderlich sind. ²Einkommen und Vermögen der in § 19 Abs. 3 genannten Personen ist nicht zu berücksichtigen und von der Inanspruchnahme nach bürgerlichem Recht Unterhaltspflichtiger abzusehen, soweit dies den Erfolg der Hilfe gefährden würde.

(3) Die Träger der Sozialhilfe sollen mit den Vereinigungen, die sich die gleichen Aufgaben zum Ziel gesetzt haben, und mit den sonst beteiligten Stellen zusammenarbeiten und darauf hinwirken, dass sich die Sozialhilfe und die Tätigkeit dieser Vereinigungen und Stellen wirksam ergänzen.

§ 69 Verordnungsermächtigung

Das Bundesministerium für Arbeit und Soziales kann durch Rechtsverordnung mit Zustimmung des Bundesrates Bestimmungen über die Abgrenzung des Personenkreises nach § 67 sowie über Art und Umfang der Maßnahmen nach § 68 Abs. 1 erlassen.

Neuntes Kapitel. Hilfe in anderen Lebenslagen

§ 70 Hilfe zur Weiterführung des Haushalts

(1) ¹Personen mit eigenem Haushalt sollen Leistungen zur Weiterführung des Haushalts erhalten, wenn keiner der Haushaltsangehörigen den Haushalt führen kann und die Weiterführung des Haushalts geboten ist. ²Die Leistungen sollen in der Regel nur vorübergehend erbracht werden. ³Satz 2 gilt nicht, wenn durch die Leistungen die Unterbringung in einer stationären Einrichtung vermieden oder aufgeschoben werden kann.

(2) Die Leistungen umfassen die persönliche Betreuung von Haushaltsangehörigen sowie die sonstige zur Weiterführung des Haushalts erforderliche Tätigkeit.

(3) § 65 Abs. 1 findet entsprechende Anwendung.

(4) Die Leistungen können auch durch Übernahme der angemessenen Kosten für eine vorübergehende anderweitige Unterbringung von Haushaltsangehörigen erbracht werden, wenn diese Unterbringung in besonderen Fällen neben oder statt der Weiterführung des Haushalts geboten ist.

§ 71 Altenhilfe

(1) [1] Alten Menschen soll außer den Leistungen nach den übrigen Bestimmungen dieses Buches Altenhilfe gewährt werden. [2] Die Altenhilfe soll dazu beitragen, Schwierigkeiten, die durch das Alter entstehen, zu verhüten, zu überwinden oder zu mildern und alten Menschen die Möglichkeit zu erhalten, am Leben in der Gemeinschaft teilzunehmen.

(2) Als Leistungen der Altenhilfe kommen insbesondere in Betracht:
1. Leistungen zu einer Betätigung und zum gesellschaftlichen Engagement, wenn sie vom alten Menschen gewünscht wird,
2. Leistungen bei der Beschaffung und zur Erhaltung einer Wohnung, die den Bedürfnissen des alten Menschen entspricht,
3. Beratung und Unterstützung in allen Fragen der Aufnahme in eine Einrichtung, die der Betreuung alter Menschen dient, insbesondere bei der Beschaffung eines geeigneten Heimplatzes,
4. Beratung und Unterstützung in allen Fragen der Inanspruchnahme altersgerechter Dienste,
5. Leistungen zum Besuch von Veranstaltungen oder Einrichtungen, die der Geselligkeit, der Unterhaltung, der Bildung oder den kulturellen Bedürfnissen alter Menschen dienen,
6. Leistungen, die alten Menschen die Verbindung mit nahe stehenden Personen ermöglichen.

(3) Leistungen nach Absatz 1 sollen auch erbracht werden, wenn sie der Vorbereitung auf das Alter dienen.

(4) Altenhilfe soll ohne Rücksicht auf vorhandenes Einkommen oder Vermögen geleistet werden, soweit im Einzelfall Beratung und Unterstützung erforderlich sind.

§ 72 Blindenhilfe

(1) [1] Blinden Menschen wird zum Ausgleich der durch die Blindheit bedingten Mehraufwendungen Blindenhilfe gewährt, soweit sie keine gleichartigen Leistungen nach anderen Rechtsvorschriften erhalten. [2] Auf die Blindenhilfe sind Leistungen bei häuslicher Pflege nach dem Elften Buch, auch soweit es sich um Sachleistungen handelt, mit 70 vom Hundert des Pflegegeldes der Pflegestufe I und bei Pflegebedürftigen der Pflegestufen II und III mit 50 vom Hundert des Pflegegeldes der Pflegestufe II, höchstens jedoch mit 50 vom Hundert des Betrages nach Absatz 2, anzurechnen. [3] Satz 2 gilt sinngemäß für Leistungen nach dem Elften Buch aus einer privaten Pflegeversicherung und nach beamtenrechtlichen Vorschriften. [4] § 39 a ist entsprechend anzuwenden.

(2) [1] Die Blindenhilfe beträgt bis 30. Juni 2004 für blinde Menschen nach Vollendung des 18. Lebensjahres 585 Euro monatlich, für blinde Menschen, die das 18. Lebensjahr noch nicht vollendet haben, beträgt sie 293 Euro monatlich. [2] Sie verändert sich jeweils zu dem Zeitpunkt und in dem Umfang, wie sich der aktuelle Rentenwert in der gesetzlichen Rentenversicherung verändert.

(3) [1] Lebt der blinde Mensch in einer stationären Einrichtung und werden die Kosten des Aufenthalts ganz oder teilweise aus Mitteln öffentlich-rechtlicher Leistungsträger getragen, so verringert sich die Blindenhilfe nach Absatz 2 um die aus diesen Mitteln getragenen Kosten, höchstens jedoch um 50 vom Hundert der Beträge nach Absatz 2. [2] Satz 1 gilt vom ersten Tage des zweiten Monats an, der auf den Eintritt in die Einrichtung folgt, für jeden vollen Kalendermonat des Aufenthalts in der Einrichtung. [3] Für jeden vollen Tag vorübergehender Abwesenheit von der Einrichtung wird die Blindenhilfe in Höhe von je einem Dreißigstel des Betrages nach Absatz 2 gewährt, wenn die vorübergehende Abwesenheit länger als sechs volle zusammenhängende Tage dauert; der Betrag nach Satz 1 wird im gleichen Verhältnis gekürzt.

(4) [1] Neben der Blindenhilfe wird Hilfe zur Pflege wegen Blindheit (§§ 61 und 63) außerhalb von stationären Einrichtungen sowie ein Barbetrag (§ 27 b Absatz 2) nicht gewährt. [2] Neben Absatz 1 ist § 30 Abs. 1 Nr. 2 nur anzuwenden, wenn der blinde Mensch

nicht allein wegen Blindheit voll erwerbsgemindert ist. ³Die Sätze 1 und 2 gelten entsprechend für blinde Menschen, die nicht Blindenhilfe, sondern gleichartige Leistungen nach anderen Rechtsvorschriften erhalten.

(5) Blinden Menschen stehen Personen gleich, deren beidäugige Gesamtsehschärfe nicht mehr als ein Fünfzigstel beträgt oder bei denen dem Schweregrad dieser Sehschärfe gleichzuachtende, nicht nur vorübergehende Störungen des Sehvermögens vorliegen.

§ 73 Hilfe in sonstigen Lebenslagen

¹Leistungen können auch in sonstigen Lebenslagen erbracht werden, wenn sie den Einsatz öffentlicher Mittel rechtfertigen. ²Geldleistungen können als Beihilfe oder als Darlehen erbracht werden.

§ 74 Bestattungskosten

Die erforderlichen Kosten einer Bestattung werden übernommen, soweit den hierzu Verpflichteten nicht zugemutet werden kann, die Kosten zu tragen.

Zehntes Kapitel. Einrichtungen

§ 75 Einrichtungen und Dienste

(1) ¹Einrichtungen sind stationäre und teilstationäre Einrichtungen im Sinne von § 13. ²Die §§ 75 bis 80 finden auch für Dienste Anwendung, soweit nichts Abweichendes bestimmt ist.

(2) ¹Zur Erfüllung der Aufgaben der Sozialhilfe sollen die Träger der Sozialhilfe eigene Einrichtungen nicht neu schaffen, soweit geeignete Einrichtungen anderer Träger vorhanden sind, ausgebaut oder geschaffen werden können. ²Vereinbarungen nach Absatz 3 sind nur mit Trägern von Einrichtungen abzuschließen, die insbesondere unter Berücksichtigung ihrer Leistungsfähigkeit und der Sicherstellung der Grundsätze des § 9 Abs. 1 zur Erbringung der Leistungen geeignet sind. ³Sind Einrichtungen vorhanden, die in gleichem Maße geeignet sind, hat der Träger der Sozialhilfe Vereinbarungen vorrangig mit Trägern abzuschließen, deren Vergütung bei vergleichbarem Inhalt, Umfang und Qualität der Leistung nicht höher ist als die anderer Träger.

(3) ¹Wird die Leistung von einer Einrichtung erbracht, ist der Träger der Sozialhilfe zur Übernahme der Vergütung für die Leistung nur verpflichtet, wenn mit dem Träger der Einrichtung oder seinem Verband eine Vereinbarung über
1. Inhalt, Umfang und Qualität der Leistungen (Leistungsvereinbarung),
2. die Vergütung, die sich aus Pauschalen und Beträgen für einzelne Leistungsbereiche zusammensetzt (Vergütungsvereinbarung) und
3. die Prüfung der Wirtschaftlichkeit und Qualität der Leistungen (Prüfungsvereinbarung)

besteht. ²Die Vereinbarungen müssen den Grundsätzen der Wirtschaftlichkeit, Sparsamkeit und Leistungsfähigkeit entsprechen. ³Der Träger der Sozialhilfe kann die Wirtschaftlichkeit und Qualität der Leistung prüfen.

(4) ¹Ist eine der in Absatz 3 genannten Vereinbarungen nicht abgeschlossen, darf der Träger der Sozialhilfe Leistungen durch diese Einrichtung nur erbringen, wenn dies nach der Besonderheit des Einzelfalls geboten ist. ²Hierzu hat der Träger der Einrichtung ein Leistungsangebot vorzulegen, das die Voraussetzung des § 76 erfüllt, und sich schriftlich zu verpflichten, Leistungen entsprechend diesem Angebot zu erbringen. ³Vergütungen dürfen nur bis zu der Höhe übernommen werden, wie sie der Träger der Sozialhilfe am Ort der Unterbringung oder in seiner nächsten Umgebung für vergleichbare Leistungen nach den nach Absatz 3 abgeschlossenen Vereinbarungen mit anderen Einrichtungen trägt. ⁴Für die Prüfung der Wirtschaftlichkeit und Qualität der Leistungen gelten die Vereinbarungsinhalte des Trägers der Sozialhilfe mit vergleichbaren Einrichtungen entsprechend. ⁵Der Träger der Sozialhilfe hat die Einrichtung über Inhalt und Umfang dieser Prüfung zu unterrichten. ⁶Absatz 5 gilt entsprechend.

(5) ¹Bei zugelassenen Pflegeeinrichtungen im Sinne des § 72 des Elften Buches richten sich Art, Inhalt, Umfang und Vergütung der ambulanten und teilstationären Pflegeleistungen sowie der Leistungen der Kurzzeitpflege und der vollstationären Pflegeleistungen sowie der Leistungen bei Unterkunft und Verpflegung und der Zusatzleistungen in Pflegeheimen nach den Vorschriften des Achten Kapitels des Elften Buches, soweit nicht nach § 61 weiter-

gehende Leistungen zu erbringen sind. ²Satz 1 gilt nicht, soweit Vereinbarungen nach dem Achten Kapitel des Elften Buches nicht im Einvernehmen mit dem Träger der Sozialhilfe getroffen worden sind. ³Der Träger der Sozialhilfe ist zur Übernahme gesondert berechneter Investitionskosten nach § 82 Abs. 4 des Elften Buches nur verpflichtet, wenn hierüber entsprechende Vereinbarungen nach dem Zehnten Kapitel getroffen worden sind.

§ 76 Inhalt der Vereinbarungen

(1) ¹Die Vereinbarung über die Leistung muss die wesentlichen Leistungsmerkmale festlegen, mindestens jedoch die betriebsnotwendigen Anlagen der Einrichtung, den von ihr zu betreuenden Personenkreis, Art, Ziel und Qualität der Leistung, Qualifikation des Personals sowie die erforderliche sächliche und personelle Ausstattung. ²In die Vereinbarung ist die Verpflichtung der Einrichtung aufzunehmen, im Rahmen des vereinbarten Leistungsangebotes Leistungsberechtigte aufzunehmen und zu betreuen. ³Die Leistungen müssen ausreichend, zweckmäßig und wirtschaftlich sein und dürfen das Maß des Notwendigen nicht überschreiten.

(2) ¹Vergütungen für die Leistungen nach Absatz 1 bestehen mindestens aus den Pauschalen für Unterkunft und Verpflegung (Grundpauschale) und für die Maßnahmen (Maßnahmepauschale) sowie aus einem Betrag für betriebsnotwendige Anlagen einschließlich ihrer Ausstattung (Investitionsbetrag). ²Förderungen aus öffentlichen Mitteln sind anzurechnen. ³Die Maßnahmepauschale kann nach Gruppen für Leistungsberechtigte mit vergleichbarem Bedarf kalkuliert werden. ⁴Einer verlangten Erhöhung der Vergütung auf Grund von Investitionsmaßnahmen braucht der Träger der Sozialhilfe nur zuzustimmen, wenn er der Maßnahme zuvor zugestimmt hat.

(3) ¹Die Träger der Sozialhilfe vereinbaren mit dem Träger der Einrichtung Grundsätze und Maßstäbe für die Wirtschaftlichkeit und die Qualitätssicherung der Leistungen sowie für den Inhalt und das Verfahren zur Durchführung von Wirtschaftlichkeits- und Qualitätsprüfungen. ²Das Ergebnis der Prüfung ist festzuhalten und in geeigneter Form auch den Leistungsberechtigten der Einrichtung zugänglich zu machen. ³Die Träger der Sozialhilfe haben mit den nach heimrechtlichen Vorschriften zuständigen Aufsichtsbehörden und dem Medizinischen Dienst der Krankenversicherung zusammenzuarbeiten, um Doppelprüfungen möglichst zu vermeiden.

§ 77 Abschluss von Vereinbarungen

(1) ¹Die Vereinbarungen nach § 75 Abs. 3 sind vor Beginn der jeweiligen Wirtschaftsperiode für einen zukünftigen Zeitraum (Vereinbarungszeitraum) abzuschließen; nachträgliche Ausgleiche sind nicht zulässig. ²Vertragspartei der Vereinbarungen sind der Träger der Einrichtung und der für den Sitz der Einrichtung zuständige Träger der Sozialhilfe; die Vereinbarungen sind für alle übrigen Träger der Sozialhilfe bindend. ³Kommt eine Vereinbarung nach § 76 Abs. 2 innerhalb von sechs Wochen nicht zustande, nachdem eine Partei schriftlich zu Verhandlungen aufgefordert hat, entscheidet die Schiedsstelle nach § 80 auf Antrag einer Partei unverzüglich über die Gegenstände, über die keine Einigung erreicht werden konnte. ⁴Gegen die Entscheidung ist der Rechtsweg zu den Sozialgerichten gegeben. ⁵Die Klage richtet sich gegen eine der beiden Vertragsparteien, nicht gegen die Schiedsstelle. ⁶Einer Nachprüfung der Entscheidung in einem Vorverfahren bedarf es nicht.

(2) ¹Vereinbarungen und Schiedsstellenentscheidungen treten zu dem darin bestimmten Zeitpunkt in Kraft. ²Wird ein Zeitpunkt nicht bestimmt, werden Vereinbarungen mit dem Tag ihres Abschlusses, Festsetzungen der Schiedsstelle mit dem Tag wirksam, an dem der Antrag bei der Schiedsstelle eingegangen ist. ³Ein jeweils vor diesen Zeitpunkt zurückwirkendes Vereinbaren oder Festsetzen von Vergütungen ist nicht zulässig. ⁴Nach Ablauf des Vereinbarungszeitraums gelten die vereinbarten oder festgesetzten Vergütungen bis zum Inkrafttreten neuer Vergütungen weiter.

(3) ¹Bei unvorhersehbaren wesentlichen Veränderungen der Annahmen, die der Vereinbarung oder Entscheidung über die Vergütung zu Grunde lagen, sind die Vergütungen auf Verlangen einer Vertragspartei für den laufenden Vereinbarungszeitraum neu zu verhandeln. ²Die Absätze 1 und 2 gelten entsprechend.

§ 78 Außerordentliche Kündigung der Vereinbarungen

¹Ist wegen einer groben Verletzung der gesetzlichen oder vertraglichen Verpflichtungen gegenüber den Leistungsberechtigten und deren Kostenträgern durch die Einrichtung ein

Festhalten an den Vereinbarungen nicht zumutbar, kann der Träger der Sozialhilfe die Vereinbarungen nach § 75 Abs. 3 ohne Einhaltung einer Kündigungsfrist kündigen. ²Das gilt insbesondere dann, wenn in der Prüfung nach § 76 Abs. 3 oder auf andere Weise festgestellt wird, dass Leistungsberechtigte infolge der Pflichtverletzung zu Schaden kommen, gravierende Mängel bei der Leistungserbringung vorhanden sind, dem Träger der Einrichtung nach heimrechtlichen Vorschriften die Betriebserlaubnis entzogen oder der Betrieb der Einrichtung untersagt wird oder die Einrichtung nicht erbrachte Leistungen gegenüber den Kostenträgern abrechnet. ³Die Kündigung bedarf der Schriftform. ⁴§ 59 des Zehnten Buches bleibt unberührt.

§ 79 Rahmenverträge

(1) ¹Die überörtlichen Träger der Sozialhilfe und die kommunalen Spitzenverbände auf Landesebene schließen mit den Vereinigungen der Träger der Einrichtungen auf Landesebene gemeinsam und einheitlich Rahmenverträge zu den Vereinbarungen nach § 75 Abs. 3 und § 76 Abs. 2 über

1. die nähere Abgrenzung der den Vergütungspauschalen und -beträgen nach § 75 Abs. 3 zu Grunde zu legenden Kostenarten und -bestandteile sowie die Zusammensetzung der Investitionsbeträge nach § 76 Abs. 2,
2. den Inhalt und die Kriterien für die Ermittlung und Zusammensetzung der Maßnahmepauschalen, die Merkmale für die Bildung von Gruppen mit vergleichbarem Bedarf nach § 76 Abs. 2 sowie die Zahl dieser zu bildenden Gruppen,
3. die Zuordnung der Kostenarten und -bestandteile nach § 41 des Neunten Buches und
4. den Inhalt und das Verfahren zur Durchführung von Wirtschaftlichkeits- und Qualitätsprüfung nach § 75 Abs. 3

ab. ²Für Einrichtungen, die einer Kirche oder Religionsgemeinschaft des öffentlichen Rechts oder einem sonstigen freigemeinnützigen Träger zuzuordnen sind, können die Rahmenverträge auch von der Kirche oder Religionsgemeinschaft oder von dem Wohlfahrtsverband abgeschlossen werden, dem die Einrichtung angehört. ³In den Rahmenverträgen sollen die Merkmale und Besonderheiten der jeweiligen Leistungen nach dem Fünften bis Neunten Kapitel berücksichtigt werden.

(2) Die Bundesarbeitsgemeinschaft der überörtlichen Träger der Sozialhilfe, die Bundesvereinigung der kommunalen Spitzenverbände und die Vereinigungen der Träger der Einrichtungen auf Bundesebene vereinbaren gemeinsam und einheitlich Empfehlungen zum Inhalt der Verträge nach Absatz 1.

§ 80 Schiedsstelle

(1) Für jedes Land oder für Teile eines Landes wird eine Schiedsstelle gebildet.

(2) ¹Die Schiedsstelle besteht aus Vertretern der Träger der Einrichtungen und Vertretern der örtlichen und überörtlichen Träger der Sozialhilfe in gleicher Zahl sowie einem unparteiischen Vorsitzenden. ²Die Vertreter der Einrichtungen und deren Stellvertreter werden von den Vereinigungen der Träger der Einrichtungen, die Vertreter der Träger der Sozialhilfe und deren Stellvertreter werden von diesen bestellt. ³Bei der Bestellung der Vertreter der Einrichtungen ist die Trägervielfalt zu beachten. ⁴Der Vorsitzende und sein Stellvertreter werden von den beteiligten Organisationen gemeinsam bestellt. ⁵Kommt eine Einigung nicht zustande, werden sie durch Los bestimmt. ⁶Soweit beteiligte Organisationen keinen Vertreter bestellen oder im Verfahren nach Satz 3 keine Kandidaten für das Amt des Vorsitzenden und des Stellvertreters benennen, bestellt die zuständige Landesbehörde auf Antrag einer der beteiligten Organisationen die Vertreter und benennt die Kandidaten.

(3) ¹Die Mitglieder der Schiedsstelle führen ihr Amt als Ehrenamt. ²Sie sind an Weisungen nicht gebunden. ³Jedes Mitglied hat eine Stimme. ⁴Die Entscheidungen werden mit der Mehrheit der Mitglieder getroffen. ⁵Ergibt sich keine Mehrheit, gibt die Stimme des Vorsitzenden den Ausschlag.

§ 81 Verordnungsermächtigungen

(1) Kommen die Verträge nach § 79 Abs. 1 innerhalb von sechs Monaten nicht zustande, nachdem die Landesregierung schriftlich dazu aufgefordert hat, können die Landesregierungen durch Rechtsverordnung Vorschriften stattdessen erlassen.

(2) Die Landesregierungen werden ermächtigt, durch Rechtsverordnung das Nähere über die Zahl, die Bestellung, die Amtsdauer und Amtsführung, die Erstattung der baren

Auslagen und die Entschädigung für Zeitaufwand der Mitglieder der Schiedsstelle nach § 80, die Rechtsaufsicht, die Geschäftsführung, das Verfahren, die Erhebung und die Höhe der Gebühren sowie über die Verteilung der Kosten zu bestimmen.

Elftes Kapitel. Einsatz des Einkommens und des Vermögens

Erster Abschnitt. Einkommen

§ 82 Begriff des Einkommens

(1) [1]Zum Einkommen gehören alle Einkünfte in Geld oder Geldeswert mit Ausnahme der Leistungen nach diesem Buch, der Grundrente nach dem Bundesversorgungsgesetz und nach den Gesetzen, die eine entsprechende Anwendung des Bundesversorgungsgesetzes vorsehen und der Renten oder Beihilfen nach dem Bundesentschädigungsgesetz für Schaden an Leben sowie an Körper oder Gesundheit, bis zur Höhe der vergleichbaren Grundrente nach dem Bundesversorgungsgesetz. [2]Einkünfte aus Rückerstattungen, die auf Vorauszahlungen beruhen, die Leistungsberechtigte aus dem Regelsatz erbracht haben, sind kein Einkommen. [3]Bei Minderjährigen ist das Kindergeld dem jeweiligen Kind als Einkommen zuzurechnen, soweit es bei diesem zur Deckung des notwendigen Lebensunterhaltes, mit Ausnahme der Bedarfe nach § 34, benötigt wird.

(2) Von dem Einkommen sind abzusetzen
1. auf das Einkommen entrichtete Steuern,
2. Pflichtbeiträge zur Sozialversicherung einschließlich der Beiträge zur Arbeitsförderung,
3. Beiträge zu öffentlichen oder privaten Versicherungen oder ähnlichen Einrichtungen, soweit diese Beiträge gesetzlich vorgeschrieben oder nach Grund und Höhe angemessen sind, sowie geförderte Altersvorsorgebeiträge nach § 82 des Einkommensteuergesetzes, soweit sie den Mindesteigenbeitrag nach § 86 des Einkommensteuergesetzes nicht überschreiten,
4. die mit der Erzielung des Einkommens verbundenen notwendigen Ausgaben,
5. das Arbeitsförderungsgeld und Erhöhungsbeträge des Arbeitsentgelts im Sinne von § 43 Satz 4 des Neunten Buches.

(3) [1]Bei der Hilfe zum Lebensunterhalt und Grundsicherung im Alter und bei Erwerbsminderung ist ferner ein Betrag in Höhe von 30 vom Hundert des Einkommens aus selbständiger und nichtselbständiger Tätigkeit der Leistungsberechtigten abzusetzen, höchstens jedoch 50 vom Hundert der Regelbedarfsstufe 1 nach der Anlage zu § 28. [2]Abweichend von Satz 1 ist bei einer Beschäftigung in einer Werkstatt für behinderte Menschen von dem Entgelt ein Achtel der Regelbedarfsstufe 1 nach der Anlage zu § 28 zuzüglich 25 vom Hundert des diesen Betrag übersteigenden Entgelts abzusetzen. [3]Im Übrigen kann in begründeten Fällen ein anderer als in Satz 1 festgelegter Betrag vom Einkommen abgesetzt werden. [4]Erhält eine leistungsberechtigte Person mindestens aus einer Tätigkeit Bezüge oder Einnahmen, die nach § 3 Nummer 12, 26, 26a oder 26b des Einkommensteuergesetzes steuerfrei sind, ist abweichend von den Sätzen 1 und 2 ein Betrag von bis zu 175 Euro monatlich nicht als Einkommen zu berücksichtigen.

A. Normzweck

1 § 82 definiert den (sozialhilferechtlichen) Begriff des Einkommens (I), nimmt bestimmte Einkünfte vom anzurechnenden Einkommen aus (II) und normiert Einkommensfreibeträge (III). § 82 wahrt zusammen mit den Regelungen der §§ 83, 84 den Nachrang der Sozialhilfe (§ 2, § 19 Abs. 1): Wer über einzusetzendes Einkommen (bzw. Vermögen) verfügt, kann sich selbst helfen und erhält keine Sozialhilfeleistungen. § 82 ist eine zentrale Vorschrift für alle Arten der Sozialhilfe und gilt nicht nur für das gesamte SGB XII (BVerfG 2. 7. 1993 – 5 B 165/92 – NVwZ-RR 1994, S. 215), sondern zB auch für das Prozesskostenhilferecht nach §§ 114 ff. ZPO.

B. Regelungsgehalt

I. Einkommen

2 Einkommen iSd. §§ 82 ff. sind alle Einkünfte in Geld oder Geldeswert. Ausgenommen sind die Hilfeleistungen nach dem SGB XII sowie nach den in § 82 Abs. 1 aufgezählten Sondergesetzen

(BVG, ferner Regelungen, die eine entsprechende Anwendung des BVG vorsehen, wie etwa § 60 IfSG, § 1 OEG, § 80 SVG und § 47 ZDG; ausgeschlossen sind ferner Renten nach den §§ 15 ff., 28 ff. BEG). Diese Ausnahmen durchbrechen den Grundsatz des sozialhilferechtlichen Nachrangs. Die Privilegierung der Leistungen nach dem SGB XII lässt sich darauf zurückführen, dass keine doppelte Gewährung von Leistungen nach verschiedenen Vorschriften des SGB XII für den gleichen Zweck erfolgen soll (Hauck/Noftz/Lücking § 82 Rn. 15). Die Herausnahme der Leistungen nach den in § 82 Abs. 1 genannten Sondergesetzen will die Kriegsbeschädigten, Witwen, Waisen und Opfer nationalsozialistischer Verfolgung begünstigen (Grube/Wahrendorf/Wahrendorf § 82 Rn. 37). Daneben nehmen zahlreiche sondergesetzliche Regelungen bestimmte Sozialleistungen von der Einkommensanrechnung nach dem SGB XII aus, etwa § 13 Abs. 5 SGB XI, § 299 SGB VI. Mit dem Haushaltbegleitgesetz 2011 (vgl. Gesetzentwurf der BReg. BT-Drucks. 17/3030, S. 48) wird die ursprünglich in § 10 Abs. 1 BEEG aF vorgesehene Anrechnungsfreiheit des Elterngeldes beim Bezug von Leistungen nach dem SGB XII gem. § 10 Abs. 5 BEEG nF aufgehoben.

Gem. § 82 Abs. 1 S. 2 werden Einkünfte aus Rückerstattungen, die auf Vorauszahlungen beruhen, die Leistungsberechtigte aus dem Regelsatz erbracht haben, nicht als Einkommen berücksichtigt. § 83 enthält weitere Sonderregelungen hinsichtlich der Berücksichtigung von Einnahmen in Geld als Einkommen.

II. Abgrenzung Einkommen – Vermögen

Einkommen iSd. §§ 82 ff. wird vom Vermögen iSd. §§ 90 f. mit Hilfe der sog. Zuflusstheorie abgegrenzt. Danach ist als Einkommen all das zu betrachten, was jemand in der Bedarfszeit wertmäßig dazu erhält, während Vermögen das ist, was er in der Bedarfszeit bereits hat (BVerwG 18. 2. 1999 – 5 C 35/97 – BVerwGE 108, S. 296). „Bedarfszeit" bzw. „Bedarfszeitraum" iS dieser Definition ist nach der Rechtsprechung des BVerwG (18. 2. 1999 – 5 C 35/97 – BVerwGE 108, S. 296) die Zeit, in der der Bedarf besteht und (grundsätzlich rechtzeitig) zu decken ist; in der Regel ist dies ein Kalendermonat. Dementsprechend sind etwa eine Steuerrückzahlung (BVerwG 18. 2. 1999 – 5 C 35/97 – BVerwGE 108, S. 296), eine Arbeitsentgeltnachzahlung (BVerwG 19. 2. 2001 – 5 C 4/00 – FEVS 52, S. 439) oder eine Schadensersatzzahlung als Einkommen anzusehen, während eine am Anfang des Bedarfszeitraums bereits bestehende Forderung unabhängig von ihrer Fälligkeit Vermögen ist. Eine im Monat vor dem Betrachtungszeitraum erhaltene Zahlung sowie innerhalb eines Bedarfszeitraums nicht verbrauchtes Einkommen werden zum Vermögen.

3

Voraussetzung für die Berücksichtigung von Einkommen ist, dass es dem Berechtigten im Bedarfszeitraum tatsächlich zugeflossen ist; im Falle rechtlicher oder tatsächlicher Hindernisse sind bereite Mittel zur Selbsthilfe nicht gegeben (Grube/Wahrendorf/Wahrendorf § 82 Rn. 12). Fiktive Einkünfte, wie zB (Unterhalts-)Ansprüche, die nicht realisiert werden, können zwar die Hilfebedürftigkeit ausschließen, sind aber mangels tatsächlichen Zuflusses kein Einkommen (Hauck/Noftz/Lücking § 82 Rn. 12).

4

Die Art und Quelle der Einkünfte sowie der Grund, aus dem sie geleistet werden, sind gem. § 1 DVO zu § 82 unerheblich; ferner spielt es keine Rolle, ob sie einmalig oder laufend, regelmäßig oder dauerhaft erzielt werden, ob sie zu den Einkommensarten des EStG gehören oder der Steuerpflicht unterliegen (vgl. Hauck/Noftz/Lücking § 82 Rn. 9). Einkünfte in Geld sind dementsprechend etwa solche aus nichtselbständiger (vgl. § 3 DVO zu § 82 iVm. § 19 Abs. 1 Nr. 1 EStG) oder selbständiger Arbeit (vgl. § 4 DVO zu § 82 iVm. § 13 Abs. 1, 2, 15 Abs. 1, 18 Abs. 1 EStG), auch wenn diese unsittlich oder gar verboten ist; ferner Einkünfte aus Kapitalvermögen oder aus Vermietung und Verpachtung, Abfindungen, Arbeitslosengeld, Arbeitslosenhilfe, Wohngeld, Beihilfen, Unterhaltsleistungen, Darlehen oder Renteneinkünfte aller Art. Einkünfte in Geldeswert sind vor allem Sachbezüge (vgl. § 2 DVO zu § 82), zB Warenbezüge, Deputate, unentgeltliche Wohnungsnutzung und Verpflegung (BSG 11. 12. 2007 – B 8/9b SO 21/06 R – BSGE 99, S. 252 und BSG 23. 3. 2010 – B 8 SO 17/09 R –: wird Verpflegung als Sozialhilfeleistung erbracht, wie Mittagessen in einer Werkstatt für Behinderte, und nutzt der Leistungsempfänger das Angebot, greift bereits § 28 I S. 2 Alt.1 SGB XII ein; wird die Verpflegung nicht institutionell als Sozialhilfe erbracht, ist eine Berücksichtigung als Einkommen im Rahmen des § 82 SGB XII zu prüfen), Geschenke, soweit sie nicht rein ideeller Art sind (Aufzählung bei Hauck/Noftz/Lücking § 82 Rn. 10 f.). Die Bewertung der Sachbezüge ergibt sich gem. § 2 Abs. 1 DVO zu § 82 aus der Sachbezugsverordnung, ansonsten ist ein am Verbrauchsort üblicher Mittelwert anzusetzen.

5

Kindergeld ist gem. § 82 Abs. 1 S. 3 Einkommen, und zwar grundsätzlich Einkommen des Berechtigten, dh. der Eltern (BVerwG 25. 11. 1993 – 5 C 8/90 – BVerwGE 94, S. 326, 328). Für minderjährige Kinder enthält § 82 Abs. 1 S. 3 eine besondere Zurechnungsregel; danach wird das Kindergeld dem jeweiligen minderjährigen Kind einkommensmindernd zugerechnet, wenn es bei diesem zur Deckung des notwendigen Lebensunterhalts, mit Ausnahme der Bedarfe nach § 34, benötigt wird. Anders als nach dem SGB II (vgl. § 1 Abs. 1 Nr. 8 Alg II-VO) ist Kindergeld für ein volljähriges Kind als Einkommen des Bezugsberechtigten anzusehen (grundlegend BVerwGE 60, S. 6, 11, bestätigt durch BSG 8. 2. 2007 – B 9b SO 5/06 R – SozR 4–3500 § 41 Nr 1).

6

III. Vom Einkommen abzusetzende Beträge (Abs. 2)

7 § 82 Abs. 2 zählt abschließend bestimmte Beträge auf, die von dem nach § 82 Abs. 1 iVm. DVO zu § 82 ermittelten Einkommen abzusetzen sind. Dies sind Steuern, also Einkommens-, Lohn- und Kirchensteuer, Solidaritätszuschlag, Gewerbesteuer und Kapitalertragssteuer. Umstritten ist, ob auch die Mehrwertsteuer zu den abzusetzenden Steuern iSd. § 82 Abs. 2 Nr. 1 zählt (dagegen: Hauck/Noftz/Nehls § 82 Rn. 51, Grube/Wahrendorf/Wahrendorf § 82 Rn. 40 jew. mwN; dafür: Schellhorn/Schellhorn/Hohm/W. Schellhorn § 82 Rn. 37; LPK-SGB XII/Brühl § 82 Rn. 70).

8 Gem. § 82 Abs. 2 Nr. 2 sind Pflichtbeiträge zur Sozialversicherung vom Einkommen abzusetzen; hierunter fallen die tatsächlich vom Arbeitnehmer gezahlten Anteile zur Kranken-, Pflege-, Renten-, und Arbeitslosenversicherung aufgrund bestehender Versicherungspflicht. Bei Selbständigen sind darüber hinaus die Pflichtbeiträge zur gesetzlichen Unfallversicherung, zur Altershilfe der Landwirte sowie zur Handwerkerversicherung abzuziehen.

9 Gem. § 82 Abs. 2 Nr. 3 sind Beiträge zu öffentlichen oder privaten Versicherungen abzusetzen, sofern sie gesetzlich vorgeschrieben oder – bei privaten Versicherungen – dem Grunde nach angemessen sind. Zu den gesetzlich vorgeschriebenen Versicherungen rechnen etwa die Gebäudebrand- und Feuerversicherung in einigen Bundesländern (vgl. OVG NRW, FEVS 38, S. 64). Nicht darunter fällt, obwohl es sich um eine gesetzlich vorgeschriebene Versicherung handelt, die Kfz-Haftpflichtversicherung, weil es im Sozialhilferecht einem Hilfeempfänger in der Regel zugemutet werden kann, auf das Halten eines Kfz zu verzichten (vgl. BVerwG 4. 6. 81 – 5 C 12/80 – BVerwGE 62, S. 261). Die Angemessenheit der Beiträge zu privaten Versicherungen richtet sich danach, ob ein vorausplanender Bürger, der kein überzogenes Sicherheitsbedürfnis hat, entsprechende Vorsorgemaßnahmen getroffen hätte; dies wird stets für eine private Haftpflicht- und Hausratversicherung angenommen (BVerwG 28. 5. 2003 – 5 C 41/02 – FEVS 55, S. 102). Bei freiwilligen Beiträgen zur gesetzlichen Kranken- und Pflegeversicherung und Beiträgen für eine private Kranken- und Pflegeversicherung ist dies der Fall, wenn die gesetzlichen Sozialleistungen entsprechender Schutz gewährleistet wird. Privilegiert sind ferner Beiträge zur geförderten Altersvorsorge, die steuerlich nach § 82 EStG gefördert werden (sog. Riester-Rente) und den Mindesteigenbetrag nach § 86 EStG nicht überschreiten; nicht hierunter fallen Beiträge für eine sog. Rürup-Rente nach § 10 Abs. 1 Nr. 2b EStG (vgl. Oestreicher/Decker SGB XII § 82 Rn. 78).

10 Abzusetzende Beträge iSd. § 82 Abs. 2 Nr. 4 sind – über den steuerrechtlichen Begriff der Werbungskosten hinausgehend – alle Aufwendungen, die Voraussetzung für die Einkommenserzielung sind (zB Beiträge zu Berufsverbänden, Kosten für Arbeitsmittel, Aufwendungen für Fahrten zwischen Wohnung und Arbeitsstätte, Kosten der doppelten Haushaltsführung sowie der Kinderbetreuung, Bankspesen, Depotgebühren, Grundsteuer, Vermögenssteuer). Die Einzelheiten ergeben sich aus §§ 3 Abs. 4, 6, 8 DVO zu § 82.

11 Die in § 82 Abs. 2 genannten Beträge sind jeweils in dem Monat einkommensmindernd zu berücksichtigen, in dem sie tatsächlich zugeflossen sind.

IV. Absetzungsbetrag bei Erwerbstätigkeit (Abs. 3)

12 § 82 Abs. 3 S. 1 normiert für die Hilfe zum Lebensunterhalt und für die Grundsicherung im Alter und bei Erwerbsminderung zusätzlich zu den Absetzungsmöglichkeiten des II einen Einkommensfreibetrag von 30%. Ziel des § 82 Abs. 3 ist es, den Willen der Leistungsempfänger zur Selbsthilfe zu fördern, dass sie eine Arbeit aufnehmen und so den erwerbsbedingten Mehrbedarf abgelten (OVG Münster 20. 6. 2000 – 22A 185/98 – info also 2000, S. 216). Die absoluten Absetzungsbeträge sind seit der Einführung des SGB II gering, da eine Einkommensanrechnung nur noch für Tätigkeiten von weniger als drei Stunden täglich in Betracht kommt. Der Freibetrag gilt für das Einkommen aus jeder selbständigen oder nichtselbständigen Tätigkeit, etwa auch aus Ausbildungsverhältnissen, beruflichen Fortbildungsmaßnahmen, nicht aber aus Umschulungen (BVerwG 21. 7. 1994 – 5 C 32/91 – FEVS 45, S. 177). Gem. § 82 Abs. 3 S. 1, 2. HS sind aber nur Beträge bis zur Höhe von 50% der Regelbedarfsstufe 1 abzusetzen; Zuverdienste über dieser Grenze werden angerechnet.

13 Beschäftigte in einer Werkstatt für behinderte Menschen können von dem dort erzielten Entgelt abweichend von § 82 Abs. 3 S. 1 einen Betrag von 1/8 der Regelbedarfsstufe 1 zuzüglich 25% des diesen Betrag übersteigenden Entgelts absetzen. Mit dieser Regelung wird die Gleichstellung von ambulant und stationär untergebrachten Beschäftigten erreicht, vgl. § 88 Abs. 2 S. 1. Angesichts dieses gesetzgeberischen Ziels kann die Deckelungsgrenze von 50% der Regelbedarfsstufe 1 aus § 82 Abs. 3 S. 1, 2. HS im Falle des § 82 Abs. 3 S. 2 keine Anwendung finden, schließlich ist eine entsprechende Regelung in § 88 Abs. 2 S. 1 nicht enthalten (vgl. Oestreicher/Decker § 82 Rn. 105).

14 § 82 Abs. 3 S. 3 normiert einen Auffangtatbestand, der es dem Sozialhilfeträger ermöglichen soll, flexibel auf die Besonderheiten des Einzelfalles, etwa beim Erfordernis eines besonderen Anreizes oder im Falle des Ferienjobs eines Schülers (vgl. BT-Drs. 15/1514, S. 65; Hauck/Noftz/Lücking § 82 Rn. 76) zu reagieren. § 82 Abs. 3 S. 3 trägt dem Individualisierungsgrundsatz des § 9 Rechnung. Von der Bundesagentur für Arbeit nach §§ 104 Abs. 1 Nr. 3, 107 SGB III geleistetes Ausbildungsgeld bleibt gem. § 82 Abs. 3 S. 3 anrechnungsfrei (BSG 23. 3. 2010 – B 8 SO 17/09 R).

Abweichend von § 82 Abs. 3 S. 1 und 2 ist ein Betrag von bis zu 175 Euro monatlich nicht als Einkommen zu berücksichtigen, sofern eine leistungsberechtigte Person mindestens aus einer Tätigkeit Bezüge oder Einnahmen, die nach § 3 Nr. 12, 26, 26a, oder 26b des EStG steuerfrei sind, erhält.

§ 83 Nach Zweck und Inhalt bestimmte Leistungen

(1) Leistungen, die auf Grund öffentlich-rechtlicher Vorschriften zu einem ausdrücklich genannten Zweck erbracht werden, sind nur so weit als Einkommen zu berücksichtigen, als die Sozialhilfe im Einzelfall demselben Zweck dient.

(2) Eine Entschädigung, die wegen eines Schadens, der nicht Vermögensschaden ist, nach § 253 Abs. 2 des Bürgerlichen Gesetzbuches geleistet wird, ist nicht als Einkommen zu berücksichtigen.

A. Normzweck

§ 83 enthält eine weitere Konkretisierung des sozialhilferechtlichen Einkommensbegriffs. Die Vorschrift nimmt zwei Leistungsarten – öffentlich-rechtliche Leistungen mit einem anderen Zweck als die Sozialhilfe und Schmerzensgeldzahlungen – von dem weiten Einkommensbegriff des § 82 Abs. 1 aus. Damit soll verhindert werden, dass Doppelleistungen aus öffentlichen Mitteln gewährt werden (vgl. BVerwG 16. 5. 1974 – VC 46/73 – BVerwGE 45, S. 157, 160) und ausgeschlossen werden, dass (öffentlich-rechtliche) Leistungen mit einer ganz bestimmten Zweckrichtung zweckwidrig zur sozialhilferechtlichen Bedarfsdeckung genutzt werden (vgl. Grube/Wahrendorf/Wahrendorf § 83 Rn. 2) und damit die besondere Zweckbestimmung verfälscht wird (Hauck/Noftz/Lücking § 83 Rn. 2). 1

§ 83 ist als Ausnahmevorschrift eng auszulegen (BSG 3. 12. 2002 – B 2 U 12/02 – BSGE 90, S. 172; BVerwG 18. 5. 1995 – 5 C 22/93 – BVerwGE 98, S. 256, 259). 2

B. Regelungsgehalt

I. Zweckbestimmte Leistungen (Abs. 1)

§ 83 Abs. 1 schränkt den in § 82 normierten sozialhilferechtlichen Einkommensbegriff, wonach grundsätzlich alle Einkünfte in Geld bzw. Geldeswert zum Einkommen zählen, weiter ein, indem öffentlich-rechtliche zweckbestimmte Leistungen nur dann als Einkommen berücksichtigt werden, wenn sie mit der Sozialhilfe zweckidentisch sind. Die Problematik der Anrechnung zweckidentischer Leistungen ergibt sich ohnehin nur dann, wenn die anderen Leistungen nicht ausreichend sind und Sozialhilfe ergänzend geleistet werden muss. Eine Anrechnung als Einkommen erfolgt in dem Umfang, in dem beide Leistungen der Deckung desselben Bedarfs dienen. 3

Öffentlich-rechtliche Vorschriften iSd. § 83 Abs. 1 sind nicht nur Gesetze, Verordnungen und autonome Satzungen, sondern auch Verwaltungsvorschriften, da der Normzweck auch insoweit einschlägig ist (hM OVG Lüneburg 27. 10. 1998 – 4 A 144/88 – FEVS 39, S. 415, 417; Grube/Wahrendorf/Wahrendorf § 83 Rn. 5; Hauck/Noftz/Lücking § 83 Rn. 6), nicht aber öffentlich-rechtliche Verträge (Grube/Wahrendorf/Wahrendorf § 83 Rn. 5). Die Leistungen müssen einem ausdrücklichen Zweck dienen. Dieser muss nicht ausdrücklich in der entsprechenden Vorschrift erwähnt sein, er muss sich aber eindeutig aus der Regelung, etwa aus dem Kontext des Gesetzes oder den Voraussetzungen für die Gewährung der Leistung, ergeben (BSG 23. 3. 2010 – B 8 SO 17/09 R; BVerwG 12. 4. 1984 – 5 C 3/83 – BVerwGE 69, S. 177; BVerwG 19. 6. 1984 – 5 C 8/81 – FEVS 34, S. 1); nicht ausreichend ist eine Zweckbestimmung allein in den Gesetzesmaterialien (hM Hauck/Noftz/Lücking § 83 Rn. 7; Grube/Wahrendorf/Wahrendorf § 83 Rn. 6; LPK-SGB XII/Brühl § 83 Rn. 5). Ist eine Leistung zweckneutral, weil ein ausdrücklicher Zweck nicht ermittelt werden kann, bleibt es bei dem Grundsatz des § 82 Abs. 1, wonach alle Einkünfte als Einkommen zu berücksichtigen sind (BVerwG 12. 4. 1984 – 5 C 3/83 – BVerwGE 69, S. 177). 4

Zu den in diesem Sinne zweckneutralen Leistungen, die damit im Rahmen der §§ 82, 83 als Einkommen zu berücksichtigen sind, zählen etwa Renten wegen Alters und Erwerbsminderung sowie Waisen-, Witwen- oder Witwerrenten nach dem SGB VI, das Krankengeld gem. § 44 SGB V (VGH Mannheim 21. 3. 1996 – 6 S 1342/93 – FEVS 47, S. 23), Verletztenrenten nach §§ 56 ff. SGB VII (BSG 3. 12. 2002 – B 2 U 12/02 R – BSGE 90, S. 172), der Unterhaltsvorschuss nach dem UVG (BVerwG 21. 11. 1991 – 5 C 13/87 – BVerwGE 89, S. 192), ferner die Eigenheimzulage (BVerwG 28. 5. 2003 – 5 C 41/02 – FEVS 55, S. 102). Zweckbestimmt und mit der Sozialhilfe zweckidentisch sind etwa die Ausbildungsförderung nach § 1 BAföG, mit Ausnahme des Ausbildungsanteils von 15% der Leistungen (OVG Hamburg FEVS 47, S. 112), das Blindengeld nach LandesblindenG (BVerwG 5

17. 4. 1970 – VII P 8/69 – BVerwGE 35, S. 164, 166; OVG Münster 3. 12. 2001 – 12 E 159/00 – FEVS 53, S. 573; OVG Münster – NRW L 20 SO 1/05 – juris), das Überbrückungsgeld nach § 51 StVollzG (BVerwG 21. 6. 1990 – 5 C 64/86 – FEVS 41, S. 1) sowie das Wohngeld (§§ 1 Abs. 2, 31 WoGG) (zur Einordnung weiterer Leistungen vgl. Hauck/Noftz/Lücking § 83 Rn. 9 ff.; Oestreicher/Decker § 82 SGB XII Rn. 13 ff.; Grube/Wahrendorf/Wahrendorf § 83 Rn. 7 ff.).

II. Schmerzensgeld (Abs. 2)

6   Schmerzensgeld gem. § 253 Abs. 2 BGB, das dem angemessenen Ausgleich des zugefügten immateriellen Schadens und der Genugtuung für erlittenes Unrecht und damit gerade nicht der Deckung des Lebensunterhalts dient (vgl. BVerwG 18. 5. 1995 – 5 C 22/93 – BVerwGE 98, S. 256; VG Karlsruhe 17. 1. 2006 – 5 K 4146/04 – ZFSH/SGB 2006, S. 286), ist eine Leistung, die das Sozialhilferecht nicht kennt und daher anrechnungsfrei bleiben soll (LSG Niedersachsen/Bremen – L 8 SO 50/05 – juris). Schmerzensgeld, das als Kapital in einem Betrag oder als laufende Rente gezahlt wird, ist im Bedarfszeitraum über § 83 Abs. 2 geschützt, dh. anrechnungsfrei; dies gilt auch für aus angelegtem Schmerzensgeld resultierende Bankzinserträge (SG Karlsruhe 27. 1. 2010 – S 4 SO 1202/09; Oestreicher/Decker § 83 SGB XII Rn. 22 mwN). Nach Ablauf des Bedarfszeitraums nicht verbrauchtes Schmerzensgeld wird zu Vermögen, das nach hM (vgl. BSG 15. 4. 2008 – B 14/7b AS 6/07 R – SozR 4–4200 § 12 Nr 9; BVerwG 18. 5. 1995 – 5 C 22/93 – BVerwGE 98, S. 256, 258; Oestreicher/Decker § 83 SGB XII Rn. 21; Hauck/Noftz/Lücking § 83 Rn. 12, Grube/Wahrendorf/Wahrendorf § 83 Rn. 4) gem. § 90 Abs. 3 geschützt ist.

§ 84 Zuwendungen

(1) ¹Zuwendungen der freien Wohlfahrtspflege bleiben als Einkommen außer Betracht. ²Dies gilt nicht, soweit die Zuwendung die Lage der Leistungsberechtigten so günstig beeinflusst, dass daneben Sozialhilfe ungerechtfertigt wäre.

(2) Zuwendungen, die ein anderer erbringt, ohne hierzu eine rechtliche oder sittliche Pflicht zu haben, sollen als Einkommen außer Betracht bleiben, soweit ihre Berücksichtigung für die Leistungsberechtigten eine besondere Härte bedeuten würde.

A. Normzweck

1   § 84 enthält eine weitere Konkretisierung des sozialhilferechtlichen Einkommensbegriffs (vgl. § 83 Rn. 3). Bei Leistungen der freien Wohlfahrtspflege (I) und Zuwendungen anderer Personen ohne sittliche oder rechtliche Pflicht (II) ist jeweils im Einzelfall aufgrund einer wertenden Betrachtung zu entscheiden, ob eine Einkommensanrechnung gerechtfertigt ist oder nicht. § 84 Abs. 1 geht davon aus, dass Zuwendungen der freien Wohlfahrtspflege aufgrund des in § 5 normierten Verhältnisses zwischen Sozialhilfe und freier Wohlfahrtspflege grundsätzlich nicht als Einkommen berücksichtigt werden und eine Anrechnung demgegenüber ausnahmsweise nur dann erfolgt, wenn daneben Sozialhilfeleistungen ungerechtfertigt wären. § 84 Abs. 2 geht demgegenüber von dem Grundsatz aus, dass Zuwendungen anderer Personen regelmäßig als Einkommen angerechnet werden und dies nur ausnahmsweise bei einer besonderen Härte für den Berechtigten nicht gilt. § 84 schwächt damit das sozialhilferechtliche Subsidiaritätsprinzip ab (Grube/Wahrendorf/Wahrendorf § 84 Rn. 2).

B. Regelungsgehalt

I. Zuwendungen der freien Wohlfahrtspflege (Abs. 1)

2   Bei den von § 84 Abs. 1 erfassten Zuwendungen der freien Wohlfahrtspflege handelt es sich um freiwillige Geld- oder Sachleistungen, zB des Deutschen Caritasverbandes, des Deutschen Roten Kreuzes, des Diakonischen Werkes oder des Deutschen Paritätischen Wohlfahrtsverbandes; erfasst sind ferner Leistungen der frei-gemeinnützigen Wohlfahrtspflege, etwa von Vereinigungen zur Betreuung Wohnungsloser, behinderter Menschen oder Strafgefangener; nicht unter § 84 Abs. 1 fallen Zuwendungen der Kirchen und Religionsgemeinschaften, von Selbsthilfeorganisationen und Vereinigungen von Sozialleistungsempfängern (vgl. Hauck/Noftz/Lücking § 84 Rn. 4).

3   Für die Frage, ob durch die Zuwendung die Situation des Berechtigten so günstig beeinflusst wird, dass daneben Sozialhilfe ungerechtfertigt wäre, kommt es auf die wirtschaftliche Lage und die persönlichen Verhältnisse im jeweiligen Einzelfall, dh. auf die Individualität des Hilfesuchenden sowie seine durch Beruf, Lebensgewohnheiten und Vorbildung geprägten Umstände, an (Grube/Wahrendorf/Wahrendorf § 84 Rn. 4; Hauck/Noftz/Lücking § 84 Rn. 5). Der Träger der Sozialhilfe hat hierbei nur einen engen Beurteilungsspielraum (Schellhorn/Schellhorn/Hohm/W. Schellhorn § 84 Rn. 4).

II. Zuwendungen anderer (Abs. 2)

§ 84 Abs. 2 erfasst freiwillige, dh. ohne rechtliche oder sittliche Pflicht erbrachte Zuwendungen, zB privatrechtliche Stiftungsleistungen, Unterstützungsleistungen von berufsbezogenen Verbänden, wie Ärzte-, Rechtsanwalts- oder Psychotherapeutenkammern an ihre in Not geratenen Mitglieder, ferner Ehrengaben und Zuwendungen des Bundespräsidenten (Hauck/Noftz/Lücking § 84 Rn. 9; Grube/Wahrendorf/Wahrendorf § 84 Rn. 5). Werden Zuwendungen aufgrund einer rechtlichen oder sittlichen Verpflichtung erbracht, erfolgt in jedem Fall eine Einkommensanrechnung. Bei freiwilligen, dh. ohne gesetzliche Verpflichtung erbrachten Unterhaltsleistungen kann nicht automatisch von einer sittlichen Verpflichtung ausgegangen werden (so aber Schellhorn/Schellhorn/Hohm/W. Schellhorn § 84 Rn. 10; Grube/Wahrendorf/Wahrendorf § 84 Rn. 5); eine allgemeine, auf sittlichen Vorstellungen beruhende Überzeugung, dass Verwandte oder Verschwägerte auch ohne gesetzliche Verpflichtung finanziell zu unterstützen sind, ist angesichts des sich verändernden Familienbildes und des Bewusstseins staatlicher Existenzsicherungssysteme nicht erkennbar (Hauck/Noftz/Lücking § 84 Rn. 8; Brühl in LPK-SGB XII § 84 Rn. 8). Freiwillige Zuwendungen iSd. § 84 Abs. 2 werden grundsätzlich auf die Sozialhilfe als Einkommen angerechnet, es sei denn, dies bedeutet für den Empfänger eine besondere Härte; es müssen besondere Gründe die Nichtanrechnung rechtfertigen, wie etwa, dass die Leistung erkennbar zur Ergänzung der Sozialhilfe bestimmt war, sie auf einer Vor- oder Gegenleistung des Empfängers beruht oder die Zuwendung erkennbar von deren Nichtanrechnung abhängig gemacht wurde (LPK-SGB XII/Brühl § 84 Rn. 9ff. mit Einzelnachweisen zu Fällen der besonderen Härte). Eine „besondere Härte" iSd. Abs. 2 liegt nicht automatisch dann vor, wenn die Zuwendung die gleichzeitige Gewährung von Sozialhilfe iSd. Abs. 1 S. 2 als ungerechtfertigt erscheinen ließe, denn die Regelung des Abs. 2 ist erkennbar anders formuliert und trifft dementsprechend eine andere Aussage als Abs. 1 (vgl. Hauck/Noftz/Lücking § 84 Rn. 9).

Zweiter Abschnitt. Einkommensgrenzen für die Leistungen nach dem Fünften bis Neunten Kapitel

§ 85 Einkommensgrenze

(1) Bei der Hilfe nach dem Fünften bis Neunten Kapitel ist der nachfragenden Person und ihrem nicht getrennt lebenden Ehegatten oder Lebenspartner die Aufbringung der Mittel nicht zuzumuten, wenn während der Dauer des Bedarfs ihr monatliches Einkommen zusammen eine Einkommensgrenze nicht übersteigt, die sich ergibt aus

1. einem Grundbetrag in Höhe des Zweifachen der Regelbedarfsstufe 1 nach der Anlage zu § 28,
2. den Kosten der Unterkunft, soweit die Aufwendungen hierfür den der Besonderheit des Einzelfalles angemessenen Umfang nicht übersteigen und
3. einem Familienzuschlag in Höhe des auf volle Euro aufgerundeten Betrages von 70 vom Hundert der Regelbedarfsstufe 1 nach der Anlage zu § 28 für den nicht getrennt lebenden Ehegatten oder Lebenspartner und für jede Person, die von der nachfragenden Person, ihrem nicht getrennt lebenden Ehegatten oder Lebenspartner überwiegend unterhalten worden ist oder für die sie nach der Entscheidung über die Erbringung der Sozialhilfe unterhaltspflichtig werden.

(2) ¹Ist die nachfragende Person minderjährig und unverheiratet, so ist ihr und ihren Eltern die Aufbringung der Mittel nicht zuzumuten, wenn während der Dauer des Bedarfs das monatliche Einkommen der nachfragenden Person und ihrer Eltern zusammen eine Einkommensgrenze nicht übersteigt, die sich ergibt aus

1. einem Grundbetrag in Höhe des Zweifachen der Regelbedarfsstufe 1 nach der Anlage zu § 28,
2. den Kosten der Unterkunft, soweit die Aufwendungen hierfür den der Besonderheit des Einzelfalles angemessenen Umfang nicht übersteigen und
3. einem Familienzuschlag in Höhe des auf volle Euro aufgerundeten Betrages von 70 vom Hundert der Regelbedarfsstufe 1 nach der Anlage zu § 28 für einen Elternteil, wenn die Eltern zusammenleben, sowie für die nachfragende Person und für jede Person, die von den Eltern oder der nachfragenden Person überwiegend unterhalten worden ist oder für die sie nach der Entscheidung über die Erbringung der Sozialhilfe unterhaltspflichtig werden.

²Leben die Eltern nicht zusammen, richtet sich die Einkommensgrenze nach dem Elternteil, bei dem die nachfragende Person lebt. ³Lebt sie bei keinem Elternteil, bestimmt sich die Einkommensgrenze nach Absatz 1.

(3) ¹Die maßgebende Regelbedarfsstufe 1 nach der Anlage zu § 28 bestimmt sich nach dem Ort, an dem der Leistungsberechtigte die Leistung erhält. ²Bei der Leistung in einer Einrichtung sowie bei Unterbringung in einer anderen Familie oder bei den in § 107 genannten anderen Personen bestimmt er sich nach dem gewöhnlichen Aufenthalt des Leistungsberechtigten oder, wenn im Falle des Absatzes 2 auch das Einkommen seiner Eltern oder eines Elternteils maßgebend ist, nach deren gewöhnlichem Aufenthalt. ³Ist ein gewöhnlicher Aufenthalt im Inland nicht vorhanden oder nicht zu ermitteln, ist Satz 1 anzuwenden.

A. Normzweck

1 § 85 ist im Zusammenhang mit § 19 Abs. 3 zu sehen, wonach die Leistungen nach dem 5.–9. Kapitel (Hilfen zur Gesundheit, Eingliederungshilfe für behinderte Menschen, Hilfe zur Pflege, Hilfe zur Überwindung besonderer sozialer Schwierigkeiten und Hilfe in anderen Lebenslagen) gewährt werden, soweit dem Betroffenen die Aufbringung der Mittel aus seinem Einkommen und Vermögen nicht zugemutet werden kann. Während etwa die Gewährung von Hilfe zum Lebensunterhalt gem. § 19 Abs. 1 von dem (grundsätzlich) vollen Einsatz des Einkommens abhängig gemacht wird (wodurch für diesen Bereich die sozialhilferechtliche Bedürftigkeit umschrieben wird), normiert § 19 Abs. 3 für die Leistungen des 5.–9. Kapitels eine an die Zumutbarkeit des Einkommens- bzw. Vermögenseinsatzes geknüpfte Bedürftigkeitsschwelle (vgl. Hauck/Noftz/Lücking § 85 Rn. 1).

2 § 85 ist die Grundnorm für den Einsatz von Einkommen bei den Leistungen des 5.–9. Kapitels und wird ergänzt durch die Regelungen der §§ 87 und 88. Anders als nach dem bisherigen Recht, das für verschiedene Leistungsarten unterschiedliche Einkommensgrenzen vorsah, normiert § 85 nun für alle Leistungen der §§ 47–74 eine einheitliche Einkommensgrenze. § 85 konkretisiert die in § 19 Abs. 3 genannte Zumutbarkeitsschwelle durch bestimmte Einkommensgrenzen; erst von den dort genannten Grenzen an muss das eigene Einkommen eingesetzt werden, um die in den §§ 47–74 geregelten Leistungen zu erhalten. Dabei sind die Einkommensgrenzen so gestaltet, dass dem Betroffenen ein Einkommen oberhalb der Bedarfssätze für den bloßen Lebensunterhalt belassen wird; es soll die Aufrechterhaltung einer angemessenen Lebensführung ermöglicht werden (Grube/Wahrendorf/Wahrendorf § 85 Rn. 2).

B. Regelungsgehalt

3 Die in § 85 geregelte Einkommensgrenze errechnet sich aus einem Grundbetrag in Höhe des Zweifachen der Regelbedarfsstufe 1, den angemessenen Kosten der Unterkunft und einem Familienzuschlag in Höhe von 70% der Regelbedarfsstufe 1 für jedes berücksichtigungsfähige Familienmitglied.

I. Anwendungsbereich

4 Die in § 85 normierte Einkommensgrenze gilt für alle Hilfearten des 5.–9. Kapitels mit Ausnahme solcher Leistungen, die einkommens- bzw. vermögensunabhängig gewährt werden, wie etwa Dienstleistungen im Rahmen des § 68 Abs. 2 S. 1, Beratung und Unterstützung gem. § 71 Abs. 4 oder im Falle des § 92 Abs. 1.

5 Gem. § 85 Abs. 1 wird nicht nur das Einkommen der nachfragenden Person berücksichtigt, sondern auch das ihres nicht getrennt lebenden Ehegatten oder Lebenspartners iSd. § 1 Abs. 1 LPartG; wegen § 20 findet § 85 auch auf Personen, die in einer eheähnlichen oder lebenspartnerschaftsähnlichen Gemeinschaft leben, Anwendung. Nicht Getrenntleben setzt im Sozialhilferecht voraus, dass zwischen den Ehegatten (bzw. Partnern) eine dauerhafte Lebens- und Wirtschaftsgemeinschaft besteht, die auch nicht durch eine vorübergehende Abwesenheit oder eine getrennte Haushaltsführung, etwa wegen einer längeren Unterbringung in einer vollstationären Einrichtung, aufgehoben wird (BVerwG 26. 1. 1995 – 5 C 8/93 – FEVS 45, S. 447). Ein Getrenntleben iSd. § 85 ist erst dann gegeben, wenn die Lebens- und Wirtschaftsgemeinschaft gewollt auf nicht absehbare Zeit aufgehoben wird, was nach außen hin erkennbar sein muss (BVerwG 26. 1. 1995 – 5 C 8/93 – BVerwGE 97, S. 345).

6 Bei minderjährigen unverheirateten Personen wird im Hinblick auf die Einkommensgrenzen gem. § 85 Abs. 2 auch das Einkommen ihrer Eltern miteinbezogen. Leben die Eltern getrennt, ist auf den Elternteil abzustellen, bei dem der Minderjährige lebt; lebt er bei keinem von beiden, ist § 85 Abs. 1 anwendbar, wonach allein auf die Verhältnisse des Minderjährigen abzustellen ist. Eine vorübergehende Trennung des Minderjährigen von seinen Eltern bzw. einem Elternteil, etwa wegen Urlaubs, einer Ausbildung oder eines längeren Krankenhausaufenthalts, ändert nichts an der für § 85 Abs. 2 vorausgesetzten Lebens- und Bedarfsgemeinschaft (BVerwG 12. 1. 1984 – 5 C 107/83 – BVerwGE 68, S. 299).

II. Berechnung der Einkommensgrenze

Die Einkommensgrenzen werden in den Fällen des § 85 Abs. 1 und 2 einheitlich berechnet: zu einem Grundbetrag kommen die Kosten der Unterkunft und ein Familienzuschlag. Das Einkommen ist monatlich zu ermitteln.

Der Grundbetrag besteht in Höhe des Zweifachen der Regelbedarfsstufe 1, die sich aus § 8 Abs. 1 Nr. 1 des Regelbedarfs-Ermittlungsgesetzes (RBEG) ergibt und seit dem 1. Januar 2011 364 Euro beträgt. Damit ergibt sich ein Grundbetrag in Höhe von 728 Euro. Dieser wird zum 1. 1. 2012, unabhängig von der zum selben Zeitpunkt vorzunehmenden Regelsatzfortschreibung (vgl. § 28a Abs. 1), auf Grund einer Erhöhung der Regelbedarfsstufe 1 um drei Euro, jedenfalls auf 734 Euro erhöht. Im Vergleich zum bisherigen Recht bedeutet die Bindung an die Regelbedarfsstufe 1 gem. § 85 für die Berechtigten zum Teil eine Verbesserung, da der für die allgemeine Einkommensgrenze geltende Grundbetrag (§ 79 BSHG) deutlich darunter lag; meistens liegt in der Neuregelung aber eine Verschlechterung für die Leistungsempfänger, weil die nach bisherigem Recht für die besonderen Einkommensgrenzen (§ 81 BSHG) anzusetzenden Grundbeträge nicht unerheblich darüber hinausgingen (bei Pflegegeld für Schwerstpflegebedürftige und bei der Blindenhilfe etwa war in den alten Bundesländern ein Grundbetrag von 1.705 Euro zu berücksichtigen). Durch § 87 Abs. 1 S. 3 wird dieser Nachteil nur unzureichend ausgeglichen (vgl. Hauck/Noftz/Lücking § 85 Rn. 15, 16).

Die Unterkunftskosten umfassen bei Mietwohnungen die Miete und die Nebenkosten, nicht aber die Kosten für Schönheitsreparaturen und wegen der ausdrücklichen Differenzierung in § 29 Abs. 1 und 3 auch nicht die Heizkosten (OVG Lüneburg 29. 5. 1985 – 4 A 93/82 – FEVS 36, S. 118; Hauck/Noftz/Lücking § 85 Rn. 17; Grube/Wahrendorf/Wahrendorf § 85 Rn. 14). Bei Eigenheimen bzw. Eigentumswohnungen zählen zu den Unterkunftskosten die Bewirtschaftungskosten; wie sich aus § 7 Abs. 2 S. 1 DVO zu § 82 ergibt, sind dies zB öffentliche Abgaben, Versicherungsbeiträge, Hypothekenzinsen und notwendige Reparaturkosten. Nicht zu den Unterkunftskosten zählen Tilgungsraten eines Baudarlehens (BVerwG 9. 12. 1970 – V C 73.70 – ZfSH 1971, S. 34; Grube/Wahrendorf/Wahrendorf § 85 Rn. 14). Wohngeld, das im Rahmen des § 82 Abs. 1 als Einkommen anzurechnen ist (vgl. dort Rn. 5), ist von den tatsächlichen Unterkunftskosten abzusetzen (vgl. BVerwG 7. 11. 1974 – III C 21.73 – BVerwGE 47, S. 157; Hauck/Noftz/Lücking § 85 Rn. 20). Unterkunftskosten sind im Rahmen des § 85 nur zu berücksichtigen, soweit sie angemessen sind. Trotz des vergleichbaren Wortlauts ist dies nicht mit der Beurteilung der angemessenen Unterkunftskosten im Rahmen der Hilfe zum Lebensunterhalt gleichzusetzen, da an sich bei der Hilfe zum Lebensunterhalt und dem besonderen Hilfebedarf mit Kapitel 5–9 jeweils ein unterschiedlicher Maßstab angelegt werden müsste (vgl. Hauck/Noftz/Lücking § 85 Rn. 21). Gleichwohl werden in der Praxis meistens die für die Angemessenheit der Unterkunftskosten im Rahmen der Hilfe zum Lebensunterhalt entwickelten Maßstäbe herangezogen. Als angemessen werden etwa die ortsübliche Miethöhe oder die förderfähigen Wohnflächen angesehen (BVerwG BayVBl. 1995, S. 405).

Der Familienzuschlag (§ 85 Abs. 1 Nr. 3) besteht in Höhe von 70% der Regelbedarfsstufe 1 und wird für den nicht getrennt lebenden Ehegatten und Lebenspartner sowie für jede Person gewährt, die von dem Hilfesuchenden oder seinem nicht getrennt lebenden Ehegatten oder Lebenspartner überwiegend, dh. zu mehr als 50% (vgl. Hauck/Noftz/Lücking § 85 Rn. 28), unterhalten wird. § 85 Abs. 1 Nr. 3, 2. Alt. verlangt keine überwiegende Unterhaltsleistung, sondern setzt eine zivilrechtliche Unterhaltspflicht etwa infolge Heirat, Geburt oder Vertrag voraus. Im Falle des § 85 Abs. 2 wird der Familienzuschlag für einen Elternteil (bei deren Zusammenleben) bzw. für Personen, die von der nachfragenden Person oder den Eltern überwiegend unterhalten werden, gewährt. Durch den Familienzuschlag und die damit einhergehende Erhöhung der Einkommensgrenzen soll eine angemessene Lebensführung gewahrt bleiben.

III. Maßgebende Regelbedarfsstufe, § 85 Abs. 3

Vor dem Hintergrund, dass die für die Einkommensgrenze maßgebliche Regelbedarfsstufe 1 (vgl. § 85 Abs. 1 Nr. 1 und Nr. 3) in den einzelnen Bundesländern unterschiedlich hoch sein kann, bestimmt § 85 Abs. 3, dass maßgeblich derjenige Ort ist, an dem der Berechtigte die Leistungen erhält, dh. der tatsächliche Aufenthaltsort. Befindet sich der Leistungsberechtigte in einer Einrichtung, ist er in einer anderen Familie oder bei anderen Personen iSd. § 107 untergebracht, kommt es auf seinen gewöhnlichen Aufenthalt an; ist ein solcher nicht gegeben oder nicht zu ermitteln, wird wiederum auf den tatsächlichen Aufenthalt abgestellt.

§ 86 Abweichender Grundbetrag

Die Länder und, soweit landesrechtliche Vorschriften nicht entgegenstehen, auch die Träger der Sozialhilfe können für bestimmte Arten der Hilfe nach dem Fünften bis Neunten Kapitel der Einkommensgrenze einen höheren Grundbetrag zu Grunde legen.

§ 86 ermöglicht es den Ländern und den Trägern der Sozialhilfe, für einzelne Leistungen nach dem 5.–9. Kapitel höhere Grundbeträge zu Grunde zu legen, woraus folgt, dass die in § 85 normierten Einkommensgrenzen nur Mindestgrenzen sind (vgl. Grube/Wahrendorf/Wahrendorf § 86). § 86 will besonderen örtlichen Gegebenheiten Rechnung tragen und erlangt besondere Bedeutung, seitdem die erhöhten Grundbeträge im Rahmen der besonderen Einkommensgrenzen (§ 81 Abs. 1, 2 BSHG) durch die einheitliche Einkommensgrenze mit einem einheitlichen Grundbetrag gem. § 85 ersetzt worden sind (Hauck/Noftz/Lücking § 86 Rn. 1, 4).

§ 87 Einsatz des Einkommens über der Einkommensgrenze

(1) [1]Soweit das zu berücksichtigende Einkommen die Einkommensgrenze übersteigt, ist die Aufbringung der Mittel in angemessenem Umfang zuzumuten. [2]Bei der Prüfung, welcher Umfang angemessen ist, sind insbesondere die Art des Bedarfs, die Art oder Schwere der Behinderung oder der Pflegebedürftigkeit, die Dauer und Höhe der erforderlichen Aufwendungen sowie besondere Belastungen der nachfragenden Person und ihrer unterhaltsberechtigten Angehörigen zu berücksichtigen. [3]Bei schwerstpflegebedürftigen Menschen nach § 64 Abs. 3 und blinden Menschen nach § 72 ist ein Einsatz des Einkommens über der Einkommensgrenze in Höhe von mindestens 60 vom Hundert nicht zuzumuten.

(2) Verliert die nachfragende Person durch den Eintritt eines Bedarfsfalles ihr Einkommen ganz oder teilweise und ist ihr Bedarf nur von kurzer Dauer, so kann die Aufbringung der Mittel auch aus dem Einkommen verlangt werden, das sie innerhalb eines angemessenen Zeitraumes nach dem Wegfall des Bedarfs erwirbt und das die Einkommensgrenze übersteigt, jedoch nur insoweit, als ihr ohne den Verlust des Einkommens die Aufbringung der Mittel zuzumuten gewesen wäre.

(3) Bei einmaligen Leistungen zur Beschaffung von Bedarfsgegenständen, deren Gebrauch für mindestens ein Jahr bestimmt ist, kann die Aufbringung der Mittel nach Maßgabe des Absatzes 1 auch aus dem Einkommen verlangt werden, das die in § 19 Abs. 3 genannten Personen innerhalb eines Zeitraumes von bis zu drei Monaten nach Ablauf des Monats, in dem über die Leistung entschieden worden ist, erwerben.

A. Normzweck

1   Für den Fall, dass das berücksichtigungsfähige Einkommen die Einkommensgrenze des § 85 übersteigt, normiert § 87 den Eigenanteil bei allen einkommensabhängigen Leistungen des 5.–9. Kapitels. Danach muss nur der über der Einkommensgrenze liegende Teil und dies auch nur in angemessenem und zumutbarem Umfang eingesetzt werden. Dem Leistungsberechtigten wird trotz eines über der Einkommensgrenze liegenden Einkommens kein wirtschaftlicher Ausverkauf zugemutet, da andernfalls der Wille zur Selbsthilfe gelähmt würde und es zu einer wirtschaftlichen Herabstufung käme (BVerwG 17. 10. 1974 – V C 50.73 – BVerwGE 47, S. 111; Grube/Wahrendorf/Wahrendorf § 87 Rn. 3). § 87 Abs. 1 S. 2, 3 gibt Kriterien für die Bestimmung der Angemessenheit vor. § 87 ist nach hM keine Ermessensnorm, vielmehr handelt es sich bei dem „angemessenen Umfang" um einen unbestimmten Rechtsbegriff, der gerichtlich voll überprüfbar ist (OVG Münster 22. 6. 1989 – 8 A 329/87 – FEVS 39, S. 39; Hauck/Noftz/Lücking § 87 Rn. 6; Grube/Wahrendorf/Wahrendorf § 87 Rn. 4 jeweils mwN).

B. Regelungsgehalt

I. Angemessener Eigenanteil (Abs. 1)

2   Einkommen oberhalb der Einkommensgrenze des § 85 ist nur in angemessenem Umfang einzusetzen. Der Teil des Einkommens, der unterhalb der Einkommensgrenze liegt, ist ggf. gem. § 88 zu berücksichtigen. § 87 Abs. 1 S. 2 zählt verschiedene Kriterien für die Bestimmung des angemessenen Umfangs der Eigenbeteiligung auf. Diese Aufzählung ist nicht abschließend (vgl. „insbesondere" in § 87 Abs. 1 S. 2; BSG 29. 9. 2009 – B8 SO 23/08 R – SozR 4–3500 § 74 Nr. 1; BVerwG 26. 10. 1989 – 5 C 30/86 – FEVS 39, S. 93), vielmehr ist die Zumutbarkeit der Aufbringung eigener Mittel im Einzelfall unter Berücksichtigung des Individualisierungsgrundsatzes des § 9, des Zwecks der Sozialhilfe (§ 1) und des Grundsatzes familiengerechter Leistungen (§ 16) zu bestimmen (vgl. Hauck/Noftz/Lücking § 87 Rn. 7).

3   Nachdem die Art des Bedarfs nicht mehr die Grundlage für eine Differenzierung in den verschiedenen Einkommensgrenzen mit unterschiedlich hohen Grundbeträgen bildet (so aber noch §§ 79, 81 Abs. 1, 2 BSHG), kommt dem Kriterium „Art des Bedarfs" eine besondere Bedeutung zu (Hauck/

Noftz/Lücking § 87 Rn. 8; LPK-SGB XII/Schoch § 87 Rn. 9). Hierbei sind – von Behinderung und Pflegebedürftigkeit, die bereits gem. § 87 Abs. 1 S. 2 erfasst sind, abweichende – Beeinträchtigungen der Gesundheit bzw. Lebensgrundlage zu berücksichtigen; hierunter fällt etwa die Betroffenheit durch einen Schicksalsschlag infolge eines Unfalls oder einer längeren Krankheit; nicht relevant ist, ob die Notlage verschuldet ist, denn die Leistungen des Sozialhilferechts werden grundsätzlich verschuldensunabhängig gewährt (vgl. Grube/Wahrendorf/Wahrendorf § 87 Rn. 7; aA Hauck/Noftz/Lücking § 87 Rn. 8). Berücksichtigt werden kann im Rahmen dieses Kriteriums auch, ob der Umfang der Eigenbeteiligung die sozialpolitische Zielsetzung der konkreten Hilfeart, etwa in den Fällen der §§ 67 ff., 71 oder 63, unterlaufen würde (vgl. Hauck/Noftz/Lücking § 87 Rn. 8).

Weiterhin ist bei der Prüfung des angemessenen Einsatzes von Einkommen die gesamte durch Behinderung und Pflegebedürftigkeit geprägte Situation des Leistungsberechtigten zu berücksichtigen; dies kann zur Folge haben, dass bei der Betreuung innerhalb der Familie ein geringerer Eigenanteil angemessen ist als bei stationärer Unterbringung (so Hauck/Noftz/Lücking § 87 Rn. 9). **4**

Ein weiteres Kriterium für die Feststellung der Angemessenheit ist die Dauer der erforderlichen Aufwendungen; abhängig davon, ob es sich um einmalige, kurzfristige, wiederkehrende oder sich über einen längeren Zeitraum, dh. über mehr als sechs Monate, hinziehende Aufwendungen handelt, kann der zu fordernde Eigenbetrag im Einzelfall höher oder niedriger ausfallen (für kurzfristige Aufwendungen etwa ist ein höherer Eigenanteil angemessen, vgl. Grube/Wahrendorf/Wahrendorf § 87 Rn. 8; Hauck/Noftz/Lücking § 87 Rn. 10). Die Höhe der Aufwendungen meint nicht die Aufwendungen der Sozialhilfe selbst, sondern die den nachfragenden Personen aus Anlass der Bedarfslage entstehenden Kosten, wie zB Fahrtkosten, Reinigungskosten, Kosten für zusätzliche Bekleidung (Hauck/Noftz/Lücking § 87 Rn. 11). **5**

Der Gesichtspunkt der „besonderen Belastungen" erfasst finanzielle Verpflichtungen der nachfragenden Person, der in § 19 Abs. 3 genannten Personen (vgl. Grube/Wahrendorf/Wahrendorf § 87 Rn. 9; LPK-SGB XII/Schoch § 87 Rn. 14) sowie ihrer unterhaltsberechtigten Angehörigen, die schon vor Eintritt der Bedarfssituation bestanden haben oder während des Bedarfs üblicherweise und unvermeidbar eintreten, wie etwa Kosten für die Beschaffung und Erhaltung der Unterkunft, Schuldverpflichtungen, Kosten für Familienfeiern (Geburt, Tod, Heirat) sowie Aufwendungen für Unterhaltsleistungen (Hauck/Noftz/Lücking § 87 Rn. 12). **6**

Schwerstpflegebedürftigen iSd. § 64 Abs. 3 (Pflegestufe III, vgl. § 15 Abs. 1 S. 1 Nr. 3 SGB XI) und blinden Menschen (vgl. § 72) ist gem. § 87 Abs. 1 S. 3 der Einsatz eigenen Einkommens über der Einkommensgrenze von mindestens 60% nicht zuzumuten; somit kann Einkommen, das über der Einkommensgrenze des § 85 liegt, höchstens im Umfang von 40% herangezogen werden. Diese klare Einsatzgrenze ist neben den Kriterien des § 87 Abs. 1 S. 2 anzuwenden. **7**

II. Einkommenseinsatz bei Bedarf von kurzer Dauer (Abs. 2)

Abweichend von dem Grundsatz der Gleichzeitigkeit von Einkommen(seinsatz) und Bedarf, kann gem. § 87 Abs. 2 auch nach Wegfall des Bedarfs anfallendes Einkommen zur Abdeckung der Kosten der Sozialhilfe herangezogen werden; dies ist der Fall bei einem kurzfristigen Bedarf, der bei laufenden Leistungen bei einem Zeitraum von etwa einem Monat angenommen wird (vgl. Schellhorn/Schellhorn/Hohm/W. Schellhorn § 87 Rn. 27), und dem vollständigen oder teilweisen Verlust des Einkommens, etwa infolge eines Krankenhausaufenthaltes. Verlangt werden kann dann der Einsatz des Einkommens, das der Leistungsberechtigte (nicht die in § 19 Abs. 3 genannten Personen) innerhalb eines angemessenen Zeitraums nach Wegfall des Bedarfs erwirbt, in der Regel innerhalb eines Zeitraums von rund 3 Monaten (Hauck/Noftz/Lücking § 87 Rn. 25; Schellhorn/Schellhorn/Hohm/W. Schellhorn § 87 Rn. 28) bzw. 4 bis 6 Monaten (Grube/Wahrendorf/Wahrendorf § 87 Rn. 14). Mit dieser Regelung, die dem Sozialhilfeträger Ermessen einräumt, soll vermieden werden, dass Personen, die fortlaufend ihren Eigenanteil zu zahlen haben, schlechter gestellt werden als Personen, die kurzfristig ihr Einkommen verlieren. **8**

III. Einkommenseinsatz bei einmaligen Leistungen für Bedarfsgegenstände, (Abs. 3)

Eine weitere Ausnahme vom Grundsatz der Gleichzeitigkeit regelt § 87 Abs. 3 für den Fall, dass einmalige Leistungen zur Beschaffung von Bedarfsgegenständen, etwa von orthopädischen Hilfsmitteln, Einrichtungsgegenständen, Bekleidung, Schuhen (nicht aber von Gebrauchsgütern des täglichen Lebens, wie zB Haushaltsgeräten), gewährt werden, sofern deren Gebrauch für mindestens ein Jahr bestimmt ist. Unter diesen Voraussetzungen kann der Sozialhilfeträger nach pflichtgemäßer Ermessensausübung verlangen, dass Einkommen, das der Leistungsempfänger und die in § 19 Abs. 3 genannten Personen innerhalb von bis zu 3 Monaten nach Entscheidung über die Leistungsgewährung erzielen, eingesetzt wird. Damit ist § 87 Abs. 3 Ausdruck des Selbsthilfegrundsatzes (vgl. Grube/Wahrendorf/Wahrendorf § 87 Rn. 15). **9**

§ 88 Einsatz des Einkommens unter der Einkommensgrenze

(1) ¹Die Aufbringung der Mittel kann, auch soweit das Einkommen unter der Einkommensgrenze liegt, verlangt werden,
1. soweit von einem anderen Leistungen für einen besonderen Zweck erbracht werden, für den sonst Sozialhilfe zu leisten wäre,
2. wenn zur Deckung des Bedarfs nur geringfügige Mittel erforderlich sind.

²Darüber hinaus soll in angemessenem Umfang die Aufbringung der Mittel verlangt werden, wenn eine Person für voraussichtlich längere Zeit Leistungen in einer stationären Einrichtung bedarf.

(2) ¹Bei einer stationären Leistung in einer stationären Einrichtung wird von dem Einkommen, das der Leistungsberechtigte aus einer entgeltlichen Beschäftigung erzielt, die Aufbringung der Mittel in Höhe von einem Achtel der Regelbedarfsstufe 1 nach der Anlage zu § 28 zuzüglich 25 vom Hundert des diesen Betrag übersteigenden Einkommens aus der Beschäftigung nicht verlangt. ²§ 82 Abs. 3 ist nicht anzuwenden.

A. Normzweck

1 § 88 Abs. 1 regelt den Einsatz des Einkommens, das unterhalb der Einkommensgrenze des § 85 liegt. Damit wird in den in § 88 Abs. 1 geregelten Ausnahmefällen dem Nachranggrundsatz (§ 2 Abs. 1) der Vorrang und der Selbsthilfe eine größere Bedeutung eingeräumt. Begrenzt wird der Einkommenseinsatz aber durch das Niveau der Hilfe zum Lebensunterhalt; dem Hilfesuchenden ist an Mitteln stets das zu belassen, was er zur Deckung des soziokulturellen Existenzminimums bedarf (VGH Lüneburg 11. 5. 1990 – 4 A 168/88 – FEVS 42, S. 24; Grube/Wahrendorf/Wahrendorf § 88 Rn. 2).

2 § 88 Abs. 2 gewährt unter den dort normierten Voraussetzungen einen Freibetrag beim Einsatz des Einkommens; damit soll ein Anreiz geschaffen werden, eine sinnvolle Beschäftigung gegen Entgelt aufzunehmen (Grube/Wahrendorf/Wahrendorf § 88 Rn. 2).

B. Regelungsgehalt

3 Gem. § 88 Abs. 1 S. 1 Nr. 1 kann der Sozialhilfeträger auch den Einsatz von Einkommen unter der Einkommensgrenze zur Aufbringung der Mittel verlangen, wenn von einem anderen Leistungen für denselben Zweck gewährt werden, für den ansonsten Sozialhilfe zu leisten wäre. Aufgrund des Nachranggrundsatzes erfasst § 88 Abs. 1 S. 1 Nr. 1 damit nur die Fälle, in denen die Leistungen des anderen betragsmäßig unter den Sozialhilfeleistungen liegen und die Sozialhilfe dementsprechend nur aufstockend gewährt wird. Anders als § 83 Abs. 1 ist § 88 Abs. 1 nicht auf öffentliche Leistungen beschränkt und es genügt im Hinblick auf die Zweckbestimmung bereits jede Zuwendung für einen bestimmten Bedarf, auch wenn sie sich nur aus den Umständen des Einzelfalles ergibt (Hauck/Noftz/Lücking § 88 Rn. 44; Grube/Wahrendorf/Wahrendorf § 88 Rn. 5). Derartige besondere zweckbestimmte Leistungen sind etwa Schadensersatzansprüche nach §§ 823 ff. BGB, Kinderzuschläge, die Rückgewähr einer Schenkung gem. § 528 BGB oder Zuwendungen der Freien Wohlfahrtspflege (Aufzählungen bei Grube/Wahrendorf/Wahrendorf § 88 Rn. 7; Schellhorn/Schellhorn/Hohm/W. Schellhorn § 88 Rn. 8).

4 § 88 Abs. 1 S. 1 Nr. 2 normiert eine Geringfügigkeitsklausel: sind zur Deckung des Bedarfs nur geringfügige Mittel erforderlich, soll der Sozialhilfeträger vom Verwaltungsaufwand frei gehalten werden. Wann Mittel geringfügig iS dieser Vorschrift sind, wird uneinheitlich beurteilt; zum Teil wird dies angenommen, wenn sich die Mittel angesichts ihrer Höhe einer wirtschaftlichen Betrachtungsweise entziehen (BVerwG 17. 6. 1993 – 5 C 11/91 – BVerwGE 92, S. 336, 339), zum Teil dann, wenn nicht mehr als 5–10% der einzusetzenden Mittel erreicht werden (Empfehlungen des Deutschen Vereins, NDV 2003, S. 6 Nr. 112), zum Teil werden auch konkrete Beträge als Grenze angenommen, etwa bis zu 25 bzw. 15 Euro bei laufenden Leistungen (Schellhorn/Schellhorn/Hohm/W. Schellhorn § 88 Rn. 11). Insgesamt kommt es für die Auslegung dieses unbestimmten Rechtsbegriffs darauf an, ob die zur Deckung des Bedarfs erforderlichen Mittel gemessen am konkreten Einkommen des Leistungsberechtigten bei objektiver Betrachtungsweise wirtschaftlich nicht ins Gewicht fallen (BVerwG 17. 6. 1993 – 5 C 11/91 – BVerwGE 92, S. 336).

5 Für Personen in einer stationären Einrichtung, die Einkommen aus Erwerbstätigkeit erzielen, normiert § 88 Abs. 2 einen pauschalen Freibetrag; von dem dort verdienten Entgelt müssen $1/8$ der Regelbedarfsstufe 1 zuzüglich 25% des diesen Betrag übersteigenden Einkommens nicht eingesetzt werden. Damit wird die Gleichstellung von ambulanten und stationären Hilfeempfängern erreicht (vgl. § 82 Abs. 3 S. 2). Gem. § 88 Abs. 2 S. 2 ist § 82 Abs. 3 S. 2 im Verhältnis zur spezielleren Regelung des § 88 Abs. 2 S. 1 nicht anwendbar, wodurch die doppelte Berücksichtigung des Freibetrags vermieden wird (Hauck/Noftz/Lücking § 88 Rn. 20).

§ 89 Einsatz des Einkommens bei mehrfachem Bedarf

(1) Wird im Einzelfall der Einsatz eines Teils des Einkommens zur Deckung eines bestimmten Bedarfs zugemutet oder verlangt, darf dieser Teil des Einkommens bei der Prüfung, inwieweit der Einsatz des Einkommens für einen anderen gleichzeitig bestehenden Bedarf zuzumuten ist oder verlangt werden kann, nicht berücksichtigt werden.

(2) ¹Sind im Fall des Absatzes 1 für die Bedarfsfälle verschiedene Träger der Sozialhilfe zuständig, hat die Entscheidung über die Leistung für den zuerst eingetretenen Bedarf den Vorrang. ²Treten die Bedarfsfälle gleichzeitig ein, ist das über der Einkommensgrenze liegende Einkommen zu gleichen Teilen bei den Bedarfsfällen zu berücksichtigen.

§ 89 regelt im Hinblick auf den Einkommenseinsatz die Situation, dass nicht nur ein einzelner Bedarfsfall, sondern ein Mehrfachbedarf gegeben ist. Dabei betrifft § 89 aufgrund seiner systematischen Stellung nur den mehrfach auftretenden Bedarf an Leistungen des 5.–9. Kapitels, nicht aber das Zusammentreffen von Hilfe zum Lebensunterhalt mit einer Leistungsgewährung nach dem 5.–9. Kapitel; in diesem Fall ist das Einkommen zunächst auf die Hilfe zum Lebensunterhalt anzurechnen (Schellhorn/Schellhorn/Hohm/W. Schellhorn § 89 Rn. 3; Grube/Wahrendorf/Wahrendorf § 89 Rn. 2). Einkommen, das bereits auf einen Hilfebedarf angerechnet worden ist oder aus dem ein Eigenanteil zu zahlen war, ist nicht noch ein zweites Mal bei der Prüfung zu berücksichtigen, inwieweit für einen anderen, gleichzeitig bestehenden Bedarf Einkommen einzusetzen ist. Insoweit enthält § 89 Abs. 1 lediglich eine Klarstellung, die sich bereits aus allgemeinen Grundsätzen des Sozialhilferechts ergibt (Hauck/Noftz/Lücking § 89 Rn. 3). § 89 gilt sowohl für den Hilfesuchenden, als auch für die in § 19 Abs. 3 genannten Personen (Grube/Wahrendorf/Wahrendorf § 89 Rn. 2, 3). 1

Sind für die Bedarfsfälle verschiedene Träger der Sozialhilfe zuständig, hat die Anrechnung des Einkommens auf den zuerst eingetretenen Hilfebedarf Vorrang, § 89 Abs. 2 S. 1. In diesem Fall muss hinsichtlich des später aufgetretenen Bedarfs dann § 89 Abs. 1 beachtet werden. Bei gleichzeitig eingetretenem Bedarf ist das Einkommen gem. § 89 Abs. 2 S. 2 zu teilen. 2

Dritter Abschnitt. Vermögen

§ 90 Einzusetzendes Vermögen

(1) Einzusetzen ist das gesamte verwertbare Vermögen.

(2) Die Sozialhilfe darf nicht abhängig gemacht werden vom Einsatz oder von der Verwertung

1. eines Vermögens, das aus öffentlichen Mitteln zum Aufbau oder zur Sicherung einer Lebensgrundlage oder zur Gründung eines Hausstandes erbracht wird,
2. eines Kapitals einschließlich seiner Erträge, das der zusätzlichen Altersvorsorge im Sinne des § 10a oder des Abschnitts XI des Einkommensteuergesetzes dient und dessen Ansammlung staatlich gefördert wurde,
3. eines sonstigen Vermögens, solange es nachweislich zur baldigen Beschaffung oder Erhaltung eines Hausgrundstücks im Sinne der Nummer 8 bestimmt ist, soweit dieses Wohnzwecken behinderter (§ 53 Abs. 1 Satz 1 und § 72) oder pflegebedürftiger Menschen (§ 61) dient oder dienen soll und dieser Zweck durch den Einsatz oder die Verwertung des Vermögens gefährdet würde,
4. eines angemessenen Hausrats; dabei sind die bisherigen Lebensverhältnisse der nachfragenden Person zu berücksichtigen,
5. von Gegenständen, die zur Aufnahme oder Fortsetzung der Berufsausbildung oder der Erwerbstätigkeit unentbehrlich sind,
6. von Familien- und Erbstücken, deren Veräußerung für die nachfragende Person oder ihre Familie eine besondere Härte bedeuten würde,
7. von Gegenständen, die zur Befriedigung geistiger, insbesondere wissenschaftlicher oder künstlerischer Bedürfnisse dienen und deren Besitz nicht Luxus ist,
8. eines angemessenen Hausgrundstücks, das von der nachfragenden Person oder einer anderen in den § 19 Abs. 1 bis 3 genannten Person allein oder zusammen mit Angehörigen ganz oder teilweise bewohnt wird und nach ihrem Tod von ihren Angehörigen bewohnt werden soll. Die Angemessenheit bestimmt sich nach der Zahl der Bewohner, dem Wohnbedarf (zum Beispiel behinderter, blinder oder pflegebedürftiger Menschen), der Grundstücksgröße, der Hausgröße, dem Zuschnitt und der Ausstattung des Wohngebäudes sowie dem Wert des Grundstücks einschließlich des Wohngebäudes,
9. kleinerer Barbeträge oder sonstiger Geldwerte; dabei ist eine besondere Notlage der nachfragenden Person zu berücksichtigen.

von Koppenfels-Spies

(3) ¹Die Sozialhilfe darf ferner nicht vom Einsatz oder von der Verwertung eines Vermögens abhängig gemacht werden, soweit dies für den, der das Vermögen einzusetzen hat, und für seine unterhaltsberechtigten Angehörigen eine Härte bedeuten würde. ²Dies ist bei der Leistung nach dem Fünften bis Neunten Kapitel insbesondere der Fall, soweit eine angemessene Lebensführung oder die Aufrechterhaltung einer angemessenen Alterssicherung wesentlich erschwert würde.

A. Normzweck

1 Aufgrund des in § 2 Abs. 1 normierten Nachranggrundsatzes bzw. des Selbsthilfeprinzips geht § 90 Abs. 1 davon aus, dass grundsätzlich das gesamte verwertbare Vermögen einzusetzen ist. Angesichts des umfassenden Katalogs von Schonvermögen in § 90 Abs. 2 und einer Härteklausel in § 90 Abs. 3 wird dieser Grundsatz aber deutlich abgeschwächt. Die in § 90 Abs. 2 geregelten, sozialpolitisch motivierten Schonvermögenstatbestände sollen dem Hilfesuchenden und seinen zum Vermögenseinsatz verpflichteten Familienangehörigen einen gewissen wirtschaftlichen Spielraum zur Aktivierung eigener Kräfte belassen (BVerwG 26. 2. 1966 – V C 88.64 – BVerwGE 23, S. 149). Zusammen mit der Härteklausel des § 90 Abs. 3 wird dem Zumutbarkeitsgrundsatz und dem Verhältnismäßigkeitsprinzip Rechnung getragen (Grube/Wahrendorf/Wahrendorf § 90 Rn. 2).

2 Das SGB II enthält mit seinem § 12 zum Vermögenseinsatz eine dem § 90 vergleichbare Regelung, die allerdings hinsichtlich der Freibetragsregelungen großzügiger als das SGB XII ist. Anders als in § 12 SGB II normiert, kennt das SGB XII keine spezifischen Absetzungsbeträge.

B. Regelungsgehalt

I. Vermögenseinsatz (Abs. 1)

3 § 90 Abs. 1 geht davon aus, dass der Hilfesuchende und die sonstigen in § 19 Abs. 1–3 genannten Personen ihr gesamtes verwertbares Vermögen zur Bedarfsdeckung einzusetzen haben. Im Unterschied zu den Regelungen zum Einkommenseinsatz bzw. zu den Einkommensgrenzen, die nur für die Hilfen des 5.–9. Kapitels gelten, ist § 90 grundsätzlich unterschiedslos bei allen Hilfearten anzuwenden; eine Verpflichtung zum Vermögenseinsatz besteht ausnahmsweise nicht im Falle des § 19 Abs. 4, bei Dienstleistungen zur Überwindung besonderer sozialer Schwierigkeiten gem. § 68 Abs. 2, bei der Altenhilfe nach § 71 Abs. 4 und bei der Eingliederungshilfe für behinderte Menschen gem. § 92 Abs. 2 S. 2.

4 § 90 Abs. 1 setzt den Begriff des Vermögens voraus, definiert ihn aber nicht. Im Allgemeinen ist unter Vermögen die Gesamtheit der einer Person gehörenden, in Geld schätzbaren, verwertbaren Güter mit einer gewissen Wertigkeit zu verstehen, soweit sie nicht zum Einkommen gehören (Schellhorn/Schellhorn/Schellhorn/Hohm/W. Schellhorn § 90 Rn. 4). Vermögen ist somit vom Einkommen abzugrenzen, was mit Hilfe der sog. Zuflusstheorie erfolgt (siehe oben unter § 82 Rn. 3). Zum Vermögen zählen etwa Geld und Geldwerte, die zB aus Einkommen angespart wurden, ferner bewegliche und unbewegliche Sachen sowie Forderungen und sonstige vermögenswerte Rechte (vgl. Hauck/Noftz/Lücking § 90 Rn. 8). Einzusetzen ist gem. § 90 Abs. 1 nur das verwertbare Vermögen. Verwertbar ist Vermögen dann, wenn es in angemessener Zeit durch Veräußerung, Vermietung, Verpachtung, Verbrauch, Belastung oder auf sonstige Weise zur Bedarfsdeckung in Geld umgewandelt werden kann und so tatsächlich als „bereites Mittel" verfügbar ist (BVerwG 18. 12. 1997 – 5 C 7/95 – BVerwGE 106, S. 99; BVerwG 18. 2. 1999 – 5 C 35/97 – BVerwGE 108, S. 296). Verwertbarkeit ist auch anzunehmen, wenn sich das Vermögen im Ausland befindet, die Verwertung gerade wirtschaftlich nicht günstig ist oder längere Zeit in Anspruch nehmen würde (Hauck/Noftz/Lücking § 90 Rn. 9 ff.). Verwertbares Vermögen ist nicht gegeben, wenn rechtliche oder tatsächliche Gründe der Verwertung entgegenstehen (BVerwG 19. 12. 1997 – 5 C 7/96 – FEVS 48, S. 145). Der Einsatz des Vermögens erfolgt im Bedarfszeitraum durch Verbrauch (bei Geldvermögen) oder Verwertung, zB Verkauf, Vermietung, Beleihung oder Bestellung dinglicher Rechte an Grundstücken (LPK-SGB XII/Brühl § 90 Rn. 22 ff.).

II. Schonvermögenstatbestände (Abs. 2)

5 Die in § 90 Abs. 2 abschließende Aufzählung von Schonvermögenstatbeständen dient dem Schutz des Sozialhilfeberechtigten (BVerwG 5. 5. 1994 – 5 C 43/91 – BVerwGE 96, S. 18); die dort aufgezählten Vermögensteile sind sozialhilferechtlich nicht existent. Vielfach werden unbestimmte Rechtsbegriffe verwendet, die gerichtlich voll überprüfbar sind; kein Raum ist für die Ausübung von Ermessen (Hauck/Noftz/Lücking § 90 Rn. 17).

6 § 90 Abs. 2 Nr. 1 schützt Vermögen, das aus öffentlichen Mitteln stammt und zum Aufbau, zur Sicherung der Lebensgrundlage oder zur Gründung eines Hausstands gewährt worden ist. Private Mittel

mit dieser Zielrichtung sind nicht geschützt (BVerwG 19. 4. 1972 – V C 40.72 – NDV 1972, S. 304). Mittel dienen dem Aufbau oder der Sicherung der Lebensgrundlage, wenn sie dem Empfänger eine eigene Tätigkeit ermöglichen sollen, mit welcher er dann später seinen Lebensunterhalt verdient (Grube/Wahrendorf/Wahrendorf § 90 Rn. 17). Mittel zur Gründung eines Hausstands sind solche, die für die Erstbeschaffung einer Wohnung und für die Erstausstattung mit Möbeln gewährt werden (Schellhorn/Schellhorn/Hohm/W. Schellhorn § 90 Rn. 31).

Geschützt ist ferner Altersvorsorgekapital (§ 90 Abs. 2 Nr. 2). Hierunter fällt aber nur Kapital für die sog. Riester-Rente (Kapital, das der zusätzlichen Altersvorsorge im Sinne des § 10a oder des Abschnitts XI des EStG dient und dessen Ansammlung staatlich gefördert ist), nicht hingegen Kapitallebensversicherungen, der hieraus resultierende Rückkaufswert oder eine andere Geldanlage, die der Alterssicherung dienen soll. **7**

Hausbeschaffungs- und -erhaltungsmittel iSd. § 90 Abs. 2 Nr. 3 sind geschützt, sofern das Haus Wohnzwecken behinderter (§ 53 Abs. 1 S. 1) oder pflegebedürftiger Menschen (§ 61 Abs. 1) dient oder dienen soll und dieser Zweck ansonsten gefährdet würde. Diese Privilegierung behinderter oder pflegebedürftiger Menschen findet auch schon in den Regelungen zum Einkommenseinsatz Berücksichtigung (vgl. § 87 Abs. 1). Nicht erforderlich ist, dass die behinderte oder pflegebedürftige Person selbst Leistungen nach dem SGB XII erhält; ausreichend ist, wenn Vermögensinhaber eine andere von § 19 Abs. 1–3 erfasste Person ist, sofern das betroffene Hausgrundstück gerade den Wohnzwecken der behinderten oder pflegebedürftigen Personen dient oder dienen soll, was nachzuweisen ist. **8**

Zum Schonvermögen zählt ferner angemessener Hausrat (§ 90 Abs. 2 Nr. 4), also Möbel, Haushaltsgeräte, Wäsche und Bücher, nicht aber ein Kfz (BVerwG 19. 12. 1997 – 5 C 7/96 – BVerwGE 106, S. 105). Hausrat ist angemessen, wenn er dem Lebenszuschnitt vergleichbarer Bevölkerungsgruppen entspricht, wobei ausdrücklich auch die bisherigen Lebensverhältnisse zu berücksichtigen sind. Dies gilt aber nicht für Luxusgegenstände, die generell als unangemessener Hausrat betrachtet werden (Hauck/Noftz/Lücking § 90 Rn. 34). **9**

Gegenstände zur Berufs- und Erwerbstätigkeit iSd. § 90 Abs. 2 Nr. 5 sind alle Arbeitsmittel, etwa Arbeitskleidung, Werkzeug, Arbeitsmaterialien, Fachliteratur, Arbeitsgeräte, Computer, uU auch ein Kfz (etwa bei Taxifahrern, Vertretern oder wenn es zum Erreichen der Arbeitsstätte erforderlich ist); mithin alles, was im Falle ihres Fehlens die Berufsausbildung oder Erwerbstätigkeit unmöglich machen würde (Schellhorn/Schellhorn/Hohm/W. Schellhorn § 90 Rn. 49 ff.). **10**

In § 90 Abs. 2 Nr. 6 geschützte Familien- und Erbstücke sind alle Gegenstände, bei denen eine gesteigerte persönliche Affinität vorliegt; ihr Einsatz muss aufgrund besonders schwerwiegender Umstände für die Betroffenen eine besondere Härte darstellen, so etwa, wenn der persönliche Wert aus Gründen der Familientradition oder des Andenkens an Verstorbene den Verkehrswert des Gegenstandes wesentlich übersteigt (Schellhorn/Schellhorn/Hohm/W. Schellhorn § 90 Rn. 53). **11**

Gegenstände zur Befriedigung geistiger Bedürfnisse sind zB Handbibliotheken, Musikinstrumente, CDs, DVDs, Fotoausrüstungen und Sammlungen, die aber nur zum Schonvermögen gem. § 90 Abs. 2 Nr. 7 zählen, wenn ihr Besitz nicht Luxus ist, was anzunehmen ist, wenn derartige Gegenstände im Verhältnis zur Lebenssituation des Bedürftigen unangemessen sind und sie nach Art, Qualität und Quantität weit über das bei vergleichbaren Bevölkerungsgruppen Übliche hinausgehen (Grube/Wahrendorf/Wahrendorf § 90 Rn. 27). Nicht von § 90 Abs. 2 Nr. 7 erfasst sind Gegenstände zur rein sportlichen Betätigung (Hauck/Noftz/Lücking § 90 Rn. 39). **12**

Trotz der Kritik, dass ganz erhebliche Vermögenswerte unter Übergehung des Nachranggrundsatzes freigelassen würden (vgl. hierzu Grube/Wahrendorf/Wahrendorf § 90 Rn. 28; Hauck/Noftz/Lücking § 90 Rn. 42), schützt § 90 Abs. 2 Nr. 8 ein von dem Hilfesuchenden selbst oder von einer zur Einsatzgemeinschaft gehörenden Person bewohntes angemessenes Hausgrundstück; denn die Familienwohnung als Element einer menschenwürdigen Existenz soll gesichert werden (Hauck/Noftz/Lücking § 90 Rn. 43). Erfasst werden Einfamilienhäuser, auch wenn sie aufgrund eines Erbbaurechtes errichtet wurden (OVG Lüneburg FEVS 46, S. 194), Eigentumswohnungen (BVerwG 17. 1. 1991 – 5 C 53/86 – BVerwGE 87, S. 278) und Dauerwohnrechte (Grube/Wahrendorf/Wahrendorf § 90 Rn. 29). Nicht geschützt sind Mehrfamilienhäuser oder Familienheime mit Einliegerwohnung (Hauck/Noftz/Lücking § 90 Rn. 45). Wann ein Hausgrundstück angemessen ist, ergibt sich aus den in § 90 Abs. 2 Nr. 8 S. 2 aufgeführten Kriterien. In Anlehnung an den öffentlich geförderten Wohnungsbau ist etwa bei Häusern eine Wohnfläche von 130 qm bzw. bei Eigentumswohnungen von 120 qm für 4 Personen angemessen (für weitere Personen sind 20 qm hinzurechnen; bei weniger als 4 Personen sind jeweils 20 qm abzuziehen); im Hinblick auf die angemessene Grundstücksgröße geht man bei Reihenhäusern von 250 qm, bei Doppelhaushälften und Reihenendhäusern von bis zu 350 qm und bei frei stehenden Häusern von bis zu 500 qm aus (vgl. BSG 19. 5. 2009 – B 8 SO 7708 R – SozR 4–5910 §§ 88 Nr. 3; Hauck/Noftz/Lücking § 90 Rn. 48 ff.). Hinsichtlich des (Verkehrs-)Wertes des Grundstücks einschließlich des Wohngebäudes ist auf die Ortsüblichkeit abzustellen (BVerwG 17. 1. 1991 – 5 C 53/86 – BVerwGE 87, S. 278). **13**

Bezüglich des gem. § 90 Abs. 2 Nr. 9 geschützten kleineren Barbetrages oder sonstiger Geldwerte ist auf die BarbetragsVO (DVO zu § 90 Abs. 2 Nr. 9) zu verweisen; diese differenziert hinsichtlich der geschützten Geldbeträge zwischen der Art der Hilfeleistung, der nachfragenden Person und der An- **14** zahl der in der Einsatzgemeinschaft lebenden Personen. Beantragt der Hilfesuchende etwa Hilfe zum Lebensunterhalt, hat er einen Freibetrag für sich selbst von 1.600 Euro, für jede von ihm unterhaltene Person von 256 Euro und für den Ehegatten von 614 Euro (§ 1 Abs. 1 Nr. 2 DVO zu § 90 Abs. 2 Nr. 9). Bei Leistungen nach dem 5.–9. Kapitel und bei der Grundsicherung räumt § 1 Abs. 1 Nr. 1 b) dem Hilfesuchenden für sich selbst einen Freibetrag von 2.600 Euro ein.

III. Härteklausel (Abs. 3)

15 Die Härteklausel des § 90 Abs. 3 will nicht von § 90 Abs. 2 erfasste, atypische Konstellationen angemessen lösen (BSG 11. 12. 2007 – B 8/9b SO 20/06 R – SozR 4–3500 § 90 Nr. 1; BVerwG 13. 5. 2004 – 5 C 3/03 – NJW 2004, S. 3647). Bezweckt wird, dem Leistungsberechtigten und seiner Familie einen wirtschaftlichen Spielraum zu belassen und den Willen zur Selbsthilfe nicht zu lähmen. Das Vorliegen einer besonderen Härte bezieht sich nicht auf die Verwertung des Vermögens als solches, sondern auf die Beeinträchtigung der persönlichen Situation oder sozialen Stellung des Leistungsberechtigten oder seiner Angehörigen (BVerwG 14. 5. 1969 – V C 167.67 – BVerwGE 32, S. 89). Die atypische Konstellation iSd. § 90 Abs. 3 kann in den besonderen Umständen des Einzelfalles – zB der Art, Schwere und Dauer der Hilfe – oder auch in dem Vermögensgegenstand selbst liegen (Hauck/Noftz/Lücking § 90 Rn. 69). Unerheblich sind demgegenüber Ursprung und Herkunft des Vermögens (BVerwG 17. 10. 1974 – V C 50.73 – BVerwGE 47, S. 103, 112; aA BSG 11. 12. 2007 – B 8/9b SO 20/06 R – SozR 4–3500 § 90 Nr. 1: in Einzelfällen könne die Herkunft des Vermögens dieses so prägen, dass seine Verwertung eine Härte darstelle). Über § 90 Abs. 3 kann etwa das aus nachgezahlter Sozialhilfe gebildete Vermögen, die Sicherung von Bestattungskosten (BSG 18. 3. 2008 – B 8/9b SO 9/06 – SozR 4–3500 § 90 Nr 3; BVerwG 11. 12. 2003 – 5 C 84/02 – FEVS 56, S. 302; OVG Berlin 28. 5. 1998 – 6 B 20.95 – FEVS 49, S. 218) oder ein Kfz (OVG Hamburg 29. 3. 1994 – Bs IV 51/94 – FEVS 45, S. 170; Hauck/Noftz/Lücking § 90 Rn. 72) geschützt sein. Für die Hilfen nach dem 5.–9. Kapitel nennt § 90 Abs. 3 S. 2 zwei Härtegründe: Die Beibehaltung einer angemessenen Lebensführung und Aufrechterhaltung einer angemessenen Alterssicherung.

§ 91 Darlehen

¹Soweit nach § 90 für den Bedarf der nachfragenden Person Vermögen einzusetzen ist, jedoch der sofortige Verbrauch oder die sofortige Verwertung des Vermögens nicht möglich ist oder für die, die es einzusetzen hat, eine Härte bedeuten würde, soll die Sozialhilfe als Darlehen geleistet werden. ²Die Leistungserbringung kann davon abhängig gemacht werden, dass der Anspruch auf Rückzahlung dinglich oder in anderer Weise gesichert wird.

A. Normzweck

1 Für den Fall, dass gem. § 90 Abs. 1 verwertbares Vermögen zwar gegeben ist, dessen sofortiger Verbrauch oder Verwertung aber unmöglich ist oder eine Härte bedeuten würde, räumt § 91 dem Sozialhilfeträger Ermessen ein, die Sozialhilfe als Darlehen zu gewähren und für den Rückzahlungsanspruch ggf. eine dingliche oder anderweitige Absicherung zu verlangen. Der Sozialhilfeträger erhält durch § 91 die Möglichkeit, trotz einzusetzenden Vermögens flexibel auf den Hilfefall zu reagieren, so dass dem Hilfesuchenden das Vermögen erhalten wird oder er zumindest davor geschützt werden kann, es unwirtschaftlich verwerten zu müssen (Grube/Wahrendorf/Wahrendorf § 91 Rn. 2). § 91 gilt für alle Leistungsarten des SGB XII.

B. Regelungsgehalt

2 Unmöglich ist der sofortige Verbrauch oder die sofortige Verwertung des Vermögens, wenn eine rechtliche oder wirtschaftliche Verfügungsbeschränkung besteht (etwa bis zum Eintritt der Volljährigkeit oder bis zur Auseinandersetzung des Nachlasses). Ein Härtefall iSd. § 91 liegt vor, wenn eine Verwertung des Vermögens unwirtschaftlich wäre (Hauck/Noftz/Lücking § 91 Rn. 6); der in § 91 normierte Härtefall ist nicht mit dem in § 90 Abs. 3 vorausgesetzten identisch, weil sich § 91 nur auf verwertbares Vermögen bezieht (Grube/Wahrendorf/Wahrendorf § 91 Rn. 4). Bei Vorliegen dieser Voraussetzungen ist angesichts der in § 91 formulierten „Soll-Vorschrift" die Sozialhilfe im Regelfall als Darlehen zu gewähren. Dem Sozialhilfeträger wird ferner Ermessen eingeräumt, für den Darlehensrückzahlungsanspruch eine dingliche oder anderweitige Sicherung, etwa in Gestalt einer Hypothek, Grundschuld, Sicherungsübereignung, Bürgschaft oder eines Pfandrechts, zu verlangen. Wird dies verweigert, kann die begehrte Sozialhilfeleistung rechtmäßig abgelehnt werden (Grube/Wahrendorf/Wahrendorf § 91 Rn. 9). Das Verfahren für die Darlehensgewährung und die Geltendmachung des Rückzahlungsanspruchs richtet sich nach dem SGB X.

Vierter Abschnitt. Einschränkung der Anrechnung

§ 92 Anrechnung bei behinderten Menschen

(1) ¹Erfordert die Behinderung Leistungen für eine stationäre Einrichtung, für eine Tageseinrichtung für behinderte Menschen oder für ärztliche oder ärztlich verordnete Maßnahmen, sind die Leistungen hierfür auch dann in vollem Umfang zu erbringen, wenn den in § 19 Abs. 3 genannten Personen die Aufbringung der Mittel zu einem Teil zuzumuten ist. ²In Höhe dieses Teils haben sie zu den Kosten der erbrachten Leistungen beizutragen; mehrere Verpflichtete haften als Gesamtschuldner.

(2) ¹Den in § 19 Abs. 3 genannten Personen ist die Aufbringung der Mittel nur für die Kosten des Lebensunterhalts zuzumuten
1. bei heilpädagogischen Maßnahmen für Kinder, die noch nicht eingeschult sind,
2. bei der Hilfe zu einer angemessenen Schulbildung einschließlich der Vorbereitung hierzu,
3. bei der Hilfe, die dem behinderten noch nicht eingeschulten Menschen die für ihn erreichbare Teilnahme am Leben in der Gemeinschaft ermöglichen soll,
4. bei der Hilfe zur schulischen Ausbildung für einen angemessenen Beruf oder zur Ausbildung für eine sonstige angemessene Tätigkeit, wenn die hierzu erforderlichen Leistungen in besonderen Einrichtungen für behinderte Menschen erbracht werden,
5. bei Leistungen zur medizinischen Rehabilitation (§ 26 des Neunten Buches),
6. bei Leistungen zur Teilhabe am Arbeitsleben (§ 33 des Neunten Buches),
7. bei Leistungen in anerkannten Werkstätten für behinderte Menschen nach § 41 des Neunten Buches und in vergleichbaren sonstigen Beschäftigungsstätten (§ 56),
8. bei Hilfen zum Erwerb praktischer Kenntnisse und Fähigkeiten, die erforderlich und geeignet sind, behinderten Menschen die für sie erreichbare Teilhabe am Arbeitsleben zu ermöglichen, soweit diese Hilfen in besonderen teilstationären Einrichtungen für behinderte Menschen erbracht werden.

²Die in Satz 1 genannten Leistungen sind ohne Berücksichtigung von vorhandenem Vermögen zu erbringen. ³Die Kosten des in einer Einrichtung erbrachten Lebensunterhalts sind in den Fällen der Nummern 1 bis 6 nur in Höhe der für den häuslichen Lebensunterhalt ersparten Aufwendungen anzusetzen; dies gilt nicht für den Zeitraum, in dem gleichzeitig mit den Leistungen nach Satz 1 in der Einrichtung durchgeführte andere Leistungen überwiegen. ⁴Die Aufbringung der Mittel nach Satz 1 Nr. 7 und 8 ist aus dem Einkommen nicht zumutbar, wenn das Einkommen des behinderten Menschen insgesamt einen Betrag in Höhe des Zweifachen der Regelbedarfsstufe 1 nach der Anlage zu § 28 nicht übersteigt. ⁵Die zuständigen Landesbehörden können Näheres über die Bemessung der für den häuslichen Lebensbedarf ersparten Aufwendungen und des Kostenbeitrags für das Mittagessen bestimmen. ⁶Zum Ersatz der Kosten nach den §§ 103 und 104 ist insbesondere verpflichtet, wer sich in den Fällen der Nummern 5 und 6 vorsätzlich oder grob fahrlässig nicht oder nicht ausreichend versichert hat.

(3) ¹Hat ein anderer als ein nach bürgerlichem Recht Unterhaltspflichtiger nach sonstigen Vorschriften Leistungen für denselben Zweck zu erbringen, dem die in Absatz 2 genannten Leistungen dienen, wird seine Verpflichtung durch Absatz 2 nicht berührt. ²Soweit er solche Leistungen erbringt, kann abweichend von Absatz 2 von den in § 19 Abs. 3 genannten Personen die Aufbringung der Mittel verlangt werden.

A. Normzweck

Im Falle der Eingliederungshilfe für behinderte Menschen sieht § 92 Abs. 1 eine Vorleistungspflicht 1 des Sozialhilfeträgers vor, selbst wenn den behinderten Menschen die Aufbringung der Mittel zu einem Teil zuzumuten ist. § 92 verfolgt sozialpolitische Zwecke, denn es soll sichergestellt werden, dass die Eingliederungshilfe von den berechtigten Personen auch tatsächlich in vollem Umfang in Anspruch genommen wird (Hauck/Noftz/Lücking § 92 Rn. 1) und nicht aufgrund finanzieller Erwägungen der betroffenen Personen bzw. ihrer Angehörigen unterbleibt oder hinausgezögert wird (LPK-SGB XII/Bieritz-Harder § 92 Rn. 1). § 92 Abs. 2 begrenzt die Eigenbeteiligung an den dort im Einzelnen aufgeführten Leistungen auf die Kosten für den Lebensunterhalt und schließt unter Durchbrechung des sozialhilferechtlichen Nachranggrundsatzes den Einsatz von Vermögen ganz aus. Die in § 92 Abs. 2 S. 1 genannten Leistungen können daher nicht mehr als Leistungen öffentlicher Fürsorge verstanden werden, da sie eine (finanzielle) Bedürftigkeit des Leistungsempfängers nicht mehr voraussetzen (Hauck/Noftz/Lücking § 92 Rn. 4).

B. Regelungsgehalt

2 § 92 Abs. 1 betrifft Eingliederungsleistungen für behinderte Menschen (§§ 53 ff.), die Leistungen für stationäre Einrichtungen, Tageseinrichtungen oder für ärztliche oder ärztlich verordnete Maßnahmen erfordern. Stationäre Einrichtungen sind solche des § 13; Tageseinrichtungen für behinderte Menschen sind zB Behindertenwerkstätten, Tagesförderungsstätten, Tagessonderschulen oder Sonderkindergärten; nicht darunter fallen als teilstationäre Einrichtungen etwa Nachtpflegeeinrichtungen oder Nacht- und Wochenendkliniken (Schellhorn/Schellhorn/Hohm/W. Schellhorn § 92 Rn. 6). Werden derartige Leistungen infolge einer Behinderung erforderlich, hat der Sozialhilfeträger im Interesse der behinderten Menschen zunächst die gesamten Kosten der erforderlichen Leistungen zu übernehmen, selbst wenn den Leistungsempfängern die Aufbringung der Mittel zu einem Teil zugemutet werden kann. Die Vorleistungspflicht der Sozialhilfeträger gem. § 92 gilt hingegen nicht, wenn dem Personenkreis die Aufbringung der Mittel in vollem Umfange zuzumuten ist (BVerwG 5. 6. 1975 – V C 5.74 – FEVS 24, S. 95). Hat der Sozialleistungsträger gem. § 92 Abs. 1 S. 1 Vorleistungen erbracht, ist er gem. § 92 Abs. 1 S. 2 verpflichtet, den entsprechenden Kostenbeitrag von den in § 19 Abs. 3 genannten Personen zu verlangen, die – sofern mehrere verpflichtet sind – als Gesamtschuldner haften, § 92 Abs. 1 S. 2, 2. HS.

3 Bei den in § 92 Abs. 2 S. 1 genannten Eingliederungsleistungen iSd. § 54 Abs. 1 ist den in § 19 Abs. 3 genannten Personen die Aufbringung der Mittel grundsätzlich nur für den Lebensunterhalt zuzumuten, wobei aber die §§ 82 ff. zum Einkommenseinsatz zu berücksichtigen sind und der Einsatz von Vermögen gem. § 92 Abs. 2 S. 2 von vornherein ausgeschlossen ist. Die behinderten Menschen und die Mitglieder der Einsatzgemeinschaft sind nicht an den Kosten der Eingliederungsleistung, etwa für die Pflege oder die pädagogische oder psychosoziale Betreuung, zu beteiligen (Hauck/Noftz/Lücking § 92 Rn. 15). Hinsichtlich der aufzubringenden Mittel für die Kosten des Lebensunterhalts im Falle von Eingliederungsleistungen nach § 92 Abs. 1 S. 1 Nr. 1–6 enthält § 92 Abs. 2 S. 3 eine weitere Einschränkung, denn die Kosten für den Lebensunterhalt sind lediglich in der Höhe anzusetzen, in der Aufwendungen für den häuslichen Lebensunterhalt tatsächlich erspart wurden, was in jedem Einzelfall konkret festzustellen ist (LPK-SGB XII/Bieritz-Harder § 92 Rn. 12). Für Eingliederungsleistungen nach § 92 Abs. 1 S. 1 Nr. 7, 8 schließt § 92 Abs. 2 S. 4 die Aufbringung der Mittel für den Lebensunterhalt ganz aus, wenn das Einkommen des behinderten Menschen unterhalb des Zweifachen der Regelbedarfsstufe 1 liegt. Gem. § 92 Abs. 2 S. 6 sind Personen, die sich im Hinblick auf Leistungen der medizinischen Rehabilitation und Leistungen zur Teilhabe am Arbeitsleben vorsätzlich oder grob fahrlässig überhaupt nicht oder nicht ausreichend versichert haben, wie zB Personen ohne (ausreichenden) Kranken- bzw. Rentenversicherungsschutz trotz ausreichender Einkommens- und Vermögensverhältnisse, zum Ersatz der Kosten für diese Leistungen nach den §§ 103, 104 verpflichtet.

4 § 92 Abs. 3 verhindert, dass die nur für die in § 19 Abs. 3 genannten Personen gedachten Vergünstigungen des § 92 Abs. 2 über die Regelung in § 93 auch sonstigen vorrangig verpflichteten Personen zugute kommen (Schellhorn/Schellhorn/Hohm/W. Schellhorn § 92 Rn. 41). Soweit ein anderer als nach bürgerlichem Recht Unterhaltspflichtiger nach sonstigen Vorschriften Leistungen, etwa Beihilfeleistungen, Ausbildungsförderung oder Schadensersatzleistungen, für denselben Zweck wie die in § 92 Abs. 2 S. 1 genannten Leistungen zu erbringen hat, wird seine Verpflichtung durch § 92 Abs. 2 nicht berührt. Erbringt er entsprechende Leistungen, kann abweichend von der Regelung des § 92 Abs. 2 die Aufbringung der Mittel von den in § 19 Abs. 3 genannten Personen – ohne Beschränkung des Eigenanteils auf die Kosten des Lebensunterhalts und ohne Ausschluss des Vermögenseinsatzes – verlangt werden.

§ 92 a Einkommenseinsatz bei Leistungen für Einrichtungen

(1) **Erhält eine Person in einer teilstationären oder stationären Einrichtung Leistungen, kann die Aufbringung der Mittel für die Leistungen in der Einrichtung nach dem Dritten und Vierten Kapitel von ihr und ihrem nicht getrennt lebenden Ehegatten oder Lebenspartner aus dem gemeinsamen Einkommen verlangt werden, soweit Aufwendungen für den häuslichen Lebensunterhalt erspart werden.**

(2) **Darüber hinaus soll in angemessenem Umfang die Aufbringung der Mittel verlangt werden, wenn eine Person auf voraussichtlich längere Zeit Leistungen in einer stationären Einrichtung bedarf.**

(3) **Bei der Prüfung, welcher Umfang angemessen ist, ist auch der bisherigen Lebenssituation des im Haushalt verbliebenen, nicht getrennt lebenden Ehegatten oder Lebenspartners sowie der im Haushalt lebenden minderjährigen unverheirateten Kinder Rechnung zu tragen.**

(4) **§ 92 Abs. 2 bleibt unberührt.**

Anstelle von § 82 Abs. 4 aF schränkt der neu eingefügte § 92a (BGBl. 2006, Teil I, Nr. 55, **1**
S. 2670) den nach den Grundsätzen der Hilfe zum Lebensunterhalt an sich vollen Einkommenseinsatz
für Personen ein, die in einer teilstationären oder stationären Einrichtung (vgl. § 13) leben. Das gemeinsame Einkommen des Hilfeempfängers und seines nicht dauernd getrennt lebenden (Ehe-)Partners kann nur in dem Umfang zu den Kosten der erbrachten Leistungen herangezogen werden, in
dem Aufwendungen für den häuslichen Lebensunterhalt erspart werden. Diese Einkommensschonregelung findet nun auch auf die Leistungen der Grundsicherung im Alter und bei Erwerbsminderung
Anwendung. Voraussetzung ist, dass in der Einrichtung ein Unterhaltsbedarf gedeckt wird, der ansonsten zuhause befriedigt würde (vor allem Ernährung und Körperpflege). Damit soll eine doppelte
Bedarfsdeckung vermieden werden (LPK-SGB XII/Brühl § 82 aF Rn. 88). Nach § 82 Abs. 4 S. 2 aF
griff die Begrenzung des Einkommenseinsatzes auf die Höhe der häuslichen Ersparnis nur ein, wenn
der Heimbewohner seinen zuhause lebenden (Ehe-)Partner überwiegend unterhalten hat, und dies
auch nur bei Leistungen nach dem 3. Kapitel.

Im Falle eines längeren Heimaufenthaltes, der bei einer Dauer von mindestens einem Jahr ange- **2**
nommen wird (vgl. LPK-SGB XII/Brühl § 82 aF Rn. 89), soll die Aufbringung der Mittel vom
Heimbewohner und dessen (Ehe-)Partner in angemessenem Umfang verlangt werden, § 92a Abs. 2.
Welche Beteiligung an den Kosten der Heimunterbringung angemessen ist, richtet sich nach den in
§ 92a Abs. 3 normierten Kriterien. Dabei ist auch die bisherige Lebenssituation des im Haushalt verbliebenen, nicht getrennt lebenden Ehegatten oder Lebenspartners sowie der im Haushalt lebenden
minderjährigen, unverheirateten Kinder zu berücksichtigen.

Fünfter Abschnitt. Verpflichtungen anderer

§ 93 Übergang von Ansprüchen

(1) ¹Hat eine leistungsberechtigte Person oder haben bei Gewährung von Hilfen nach dem Fünften bis Neunten Kapitel auch ihre Eltern, ihr nicht getrennt lebender Ehegatte oder ihr Lebenspartner für die Zeit, für die Leistungen erbracht werden, einen Anspruch gegen einen anderen, der kein Leistungsträger im Sinne des § 12 des Ersten Buches ist, kann der Träger der Sozialhilfe durch schriftliche Anzeige an den anderen bewirken, dass dieser Anspruch bis zur Höhe seiner Aufwendungen auf ihn übergeht. ²Er kann den Übergang dieses Anspruchs auch wegen seiner Aufwendungen für diejenigen Leistungen des Dritten und Vierten Kapitels bewirken, die er gleichzeitig mit den Leistungen für die in Satz 1 genannte leistungsberechtigte Person, deren nicht getrennt lebenden Ehegatten oder Lebenspartner und deren minderjährigen unverheirateten Kindern erbringt. ³Der Übergang des Anspruchs darf nur insoweit bewirkt werden, als bei rechtzeitiger Leistung des anderen entweder die Leistung nicht erbracht worden wäre oder in den Fällen des § 19 Abs. 5 und des § 92 Abs. 1 Aufwendungsersatz oder ein Kostenbeitrag zu leisten wäre. ⁴Der Übergang ist nicht dadurch ausgeschlossen, dass der Anspruch nicht übertragen, verpfändet oder gepfändet werden kann.

(2) ¹Die schriftliche Anzeige bewirkt den Übergang des Anspruchs für die Zeit, für die der leistungsberechtigten Person die Leistung ohne Unterbrechung erbracht wird. ²Als Unterbrechung gilt ein Zeitraum von mehr als zwei Monaten.

(3) Widerspruch und Anfechtungsklage gegen den Verwaltungsakt, der den Übergang des Anspruchs bewirkt, haben keine aufschiebende Wirkung.

(4) Die §§ 115 und 116 des Zehnten Buches gehen der Regelung des Absatzes 1 vor.

A. Normzweck

Vor dem Hintergrund, dass Sozialhilfe Soforthilfe ist und der Hilfesuchende dementsprechend **1**
nicht auf möglicherweise vorgehende andere Ansprüche verwiesen werden kann (vgl. § 1), bezweckt
§ 93, den sozialhilferechtlichen Nachrang (s. 2) wiederherzustellen, indem auf den Sozialhilfeträger
kraft Überleitungsanzeige die Ansprüche übergehen, die der Leistungsberechtigte bzw. seine Eltern,
der Ehe- oder Lebenspartner (bei Leistungen nach dem 5.–9. Kapitel) gegen einen anderen haben,
der kein Leistungsträger iSd. § 12 SGB I und kein Unterhaltsschuldner (vgl. § 94) ist. Auf diese Weise
wird ein Teil der Sozialhilfeausgaben wieder eingenommen und der Sozialhilfeträger finanziell entlastet (Grube/Wahrendorf/Wahrendorf § 93 Rn. 4).

§ 93 ist kein Kostenersatzanspruch iSd. § 102 und auch kein Rückforderungsanspruch iSd. § 50 **2**
SGB X des Hilfeträgers (Grube/Wahrendorf/Wahrendorf § 93 Rn. 2). §§ 102–114 SGB X und § 94
gehen § 93 als Spezialregelungen vor.

B. Voraussetzungen und Rechtsfolgen

3 Eine Anspruchsüberleitung setzt voraus, dass Sozialhilfeleistungen tatsächlich und endgültig gewährt worden sind; die Gewährung eines Darlehens reicht nicht aus (Hauck/Noftz/Falterbaum § 93 Rn. 20 aA SG Freiburg/Br. 23. 6. 2008 – S 6 SO 2234/08 ER – ZFSH/SGB 08, S. 488, 493). Umstritten ist, ob die Sozialhilfeleistung rechtmäßig erbracht worden sein muss. Während das BVerwG (BVerwG 18. 12. 1975 – V C 2/75 – BVerwGE 50, S. 64; BVerwG 27. 10. 1977 – V C 9/77 – BVerwGE 55, S. 23) im Grundsatz davon ausgeht, dass es angesichts des eindeutigen Wortlauts auf die Rechtmäßigkeit nicht ankommen könne, weil auch eine Überleitung bei rechtswidriger Leistungsgewährung einen angemessenen Interessenausgleich herbeiführen könne, wird in der Literatur überwiegend die entgegengesetzte Auffassung vertreten. Bei rechtswidriger Leistungsgewährung könne der Sozialhilfeträger nicht in fremde Rechtspositionen eingreifen und für die Herstellung des Nachranggrundsatzes sei kein Raum (vgl. Oestreicher/Decker § 93 Rn. 40 f. mwN; Hauck/Noftz/Falterbaum § 93 Rn. 19 mwN).

4 Die Überleitung erfasst Ansprüche aller Art, also bürgerlich-rechtliche oder öffentlich-rechtliche, gesetzliche, vertragliche oder quasi-vertragliche, gegenwärtige oder künftige Ansprüche sowie gem. § 93 Abs. 1 S. 4 auch nicht übertragbare, verpfändbare und pfändbare Ansprüche (zu einzelnen Beispielen vgl. Hauck/Noftz/Falterbaum § 93 Rn. 21 f.).

5 Während ausweislich des Wortlauts des § 93 sachliche Kongruenz nicht vorausgesetzt wird (vgl. Hauck/Noftz/Falterbaum § 93 Rn. 24), muss der überzuleitende Anspruch aber einen Zeitraum betreffen, für den Sozialhilfeleistungen gewährt werden; zeitliche Kongruenz in diesem Sinne nimmt das BVerwG (BVerwG 28. 10. 1999 – 5 C 28/98 – BVerwGE 110, S. 5) auch bei Ansprüchen an, die vorher fällig, aber im Zeitpunkt der Sozialhilfegewährung noch nicht erfüllt worden sind (vgl. Oestreicher/Decker § 93 Rn. 59). Um sicherzustellen, dass eine Anspruchsüberleitung nur erfolgt, wenn dem Nachranggrundsatz zuwiderlaufende Sozialhilfeleistungen gewährt worden sind, ist gem. § 93 Abs. 1 S. 3 weitere Voraussetzung, dass bei rechtzeitiger Leistung des Dritten die Sozialhilfeleistung nicht erbracht worden wäre oder in den Fällen des § 19 Abs. 5 und § 92 Abs. 1 die Nichtleistung des Dritten kausal für die Sozialhilfeleistung war; diese kausale Verknüpfung zwischen Nichtleistung des Dritten und Sozialhilfegewährung ist hypothetisch zu prüfen (vgl. Hauck/Noftz/Falterbaum § 93 Rn. 28 ff.; Grube/Wahrendorf/Wahrendorf § 93 Rn. 12 ff.).

6 Bei Vorliegen dieser Voraussetzungen kann der Sozialhilfeträger die Überleitung des Drittanspruchs auf sich bis zur Höhe seiner Aufwendungen, also auch in geringerer Höhe, veranlassen, § 93 Abs. 1 S. 1. Der Sozialhilfeträger hat hinsichtlich der Entscheidung, ob eine Überleitung erfolgen soll und in welcher Höhe Ermessen. Diese Ermessensentscheidung setzt eine Abwägung zwischen den Interessen des Sozialhilfeträgers im Hinblick auf den Nachranggrundsatz, den Interessen des Dritten und denen des Hilfeempfängers voraus und ist gem. § 35 Abs. 1 S. 3 SGB X zu begründen (vgl. zu den diesbezüglichen Anforderungen: BVerwG 27. 5. 1993 – 5 C 7/91 – BVerwGE 92, S. 287). Vor dem Hintergrund der Regelungen zur Einsatzgemeinschaft (§ 19) kann der Sozialhilfeträger gem. § 93 Abs. 1 S. 2 nicht nur wegen Leistungen an den Hilfebedürftigen selbst, sondern auch wegen gleichzeitiger Aufwendungen an dessen (Ehe-)Partner oder dessen minderjährige, unverheiratete Kinder die Überleitung von Ansprüchen bewirken; dies allerdings nur wegen gewährter Hilfe zum Lebensunterhalt (Leistungen des 3. und 4. Kapitels).

7 Die Überleitung, die durch schriftliche Anzeige gegenüber dem Dritten zu erfolgen hat, ist ein Verwaltungsakt (BVerwG 27. 5. 1993 – 5 C 7/91 – BVerwGE 92, S. 281) und unterliegt dementsprechend den Anforderungen der §§ 31 ff. SGB X (zB Bestimmtheitserfordernis gem. § 33 Abs. 1 SGB X, Begründung gem. § 35 SGB X und Bekanntgabe gem. § 37 SGB X). Auf den Anspruchsübergang kraft Überleitungsanzeige finden die Vorschriften der §§ 412, 399 ff. BGB entsprechende Anwendung. Bei laufenden Ansprüchen bewirkt die Überleitungsanzeige den dauerhaften Übergang des Anspruchs auf den Sozialhilfeträger für die Zeit, für die ohne Unterbrechung – dies ist gem. § 93 Abs. 2 ein Zeitraum von mehr als zwei Monaten – Sozialhilfe gewährt wird (Verwaltungsakt mit Dauerwirkung). Der übergeleitete Anspruch ist nach den für den Anspruch geltenden Regeln durchzusetzen, so muss zum Beispiel ein zivilrechtlicher Anspruch vor den Zivilgerichten durchgesetzt werden. Sowohl der Leistungsberechtigte als auch der Drittschuldner können gerichtlich gegen die Überleitungsanzeige vorgehen; seit dem 1. 1. 2005 sind insoweit nicht mehr die Verwaltungs-, sondern die Sozialgerichte zuständig. Entgegen § 80 VwGO haben Widerspruch und Anfechtungsklage gem. § 93 Abs. 3 keine aufschiebende Wirkung.

§ 94 Übergang von Ansprüchen gegen einen nach bürgerlichem Recht Unterhaltspflichtigen

(1) ¹Hat die leistungsberechtigte Person für die Zeit, für die Leistungen erbracht werden, nach bürgerlichem Recht einen Unterhaltsanspruch, geht dieser bis zur Höhe der

geleisteten Aufwendungen zusammen mit dem unterhaltsrechtlichen Auskunftsanspruch auf den Träger der Sozialhilfe über. ²Der Übergang des Anspruchs ist ausgeschlossen, soweit der Unterhaltsanspruch durch laufende Zahlung erfüllt wird. ³Der Übergang des Anspruchs ist auch ausgeschlossen, wenn die unterhaltspflichtige Person zum Personenkreis des § 19 gehört oder die unterhaltspflichtige Person mit der leistungsberechtigten Person vom zweiten Grad an verwandt ist; der Übergang des Anspruchs des Leistungsberechtigten nach dem Vierten Kapitel gegenüber Eltern und Kindern ist ausgeschlossen. ⁴Gleiches gilt für Unterhaltsansprüche gegen Verwandte ersten Grades einer Person, die schwanger ist oder ihr leibliches Kind bis zur Vollendung seines sechsten Lebensjahres betreut. ⁵ § 93 Abs. 4 gilt entsprechend. ⁶Für Leistungsempfänger nach dem Dritten und Vierten Kapitel gilt für den Übergang des Anspruchs § 105 Abs. 2 entsprechend.

(2) ¹Der Anspruch einer volljährigen unterhaltsberechtigten Person, die behindert im Sinne von § 53 oder pflegebedürftig im Sinne von § 61 ist, gegenüber ihren Eltern wegen Leistungen nach dem Sechsten und Siebten Kapitel geht nur in Höhe von bis zu 26 Euro, wegen Leistungen nach dem Dritten und Vierten Kapitel nur in Höhe von bis zu 20 Euro monatlich über. ²Es wird vermutet, dass der Anspruch in Höhe der genannten Beträge übergeht und mehrere Unterhaltspflichtige zu gleichen Teilen haften; die Vermutung kann widerlegt werden. ³Die in Satz 1 genannten Beträge verändern sich zum gleichen Zeitpunkt und um denselben Vomhundertsatz, um den sich das Kindergeld verändert.

(3) ¹Ansprüche nach Absatz 1 und 2 gehen nicht über, soweit
1. die unterhaltspflichtige Person Leistungsberechtigte nach dem Dritten und Vierten Kapitel ist oder bei Erfüllung des Anspruchs würde oder
2. der Übergang des Anspruchs eine unbillige Härte bedeuten würde.
²Der Träger der Sozialhilfe hat die Einschränkung des Übergangs nach Satz 1 zu berücksichtigen, wenn er von ihren Voraussetzungen durch vorgelegte Nachweise oder auf andere Weise Kenntnis hat.

(4) ¹Für die Vergangenheit kann der Träger der Sozialhilfe den übergegangenen Unterhalt außer unter den Voraussetzungen des bürgerlichen Rechts nur von der Zeit an fordern, zu welcher er dem Unterhaltspflichtigen die Erbringung der Leistung schriftlich mitgeteilt hat. ²Wenn die Leistung voraussichtlich auf längere Zeit erbracht werden muss, kann der Träger der Sozialhilfe bis zur Höhe der bisherigen monatlichen Aufwendungen auch auf künftige Leistungen klagen.

(5) ¹Der Träger der Sozialhilfe kann den auf ihn übergegangenen Unterhaltsanspruch im Einvernehmen mit der leistungsberechtigten Person auf diesen zur gerichtlichen Geltendmachung rückübertragen und sich den geltend gemachten Unterhaltsanspruch abtreten lassen. ²Kosten, mit denen die leistungsberechtigte Person dadurch selbst belastet wird, sind zu übernehmen. ³Über die Ansprüche nach den Absätzen 1 bis 4 ist im Zivilrechtsweg zu entscheiden.

A. Normzweck

Wie § 93 bezweckt auch § 94, den sozialhilferechtlichen Nachrang (§ 2) im Nachhinein wiederherzustellen, wenn Sozialhilfeleistungen – wie im Regelfall – als schnelle Soforthilfe gewährt worden sind (vgl. § 1). Während § 93 den Übergang jeglicher Ansprüche gegen jeden Schuldner des Leistungsempfängers kraft Überleitungsanzeige ermöglicht, sieht § 94 einen gesetzlichen Forderungsübergang nur für Unterhaltsansprüche des Sozialhilfeempfängers vor. Auf diese Weise wird der unterhaltsberechtigte Sozialhilfeempfänger von dem Risiko und dem Aufwand entlastet, selbst seine Unterhaltsansprüche durchsetzen zu müssen (vgl. Hauck/Noftz/Falterbaum § 94 Rn. 2). 1

Die Regelungen der §§ 115, 116 SGB X gehen dem gesetzlichen Forderungsübergang nach § 94 gem. §§ 94 Abs. 1 S. 5, 93 Abs. 4 vor. § 94 und § 93 schließen sich gegenseitig aus. 2

B. Voraussetzungen

Der Forderungsübergang setzt voraus, dass Sozialhilfeleistungen nach dem SGB XII tatsächlich erbracht worden sind. Ob die Hilfeleistung auch rechtmäßig erbracht worden sein muss, lässt sich dem Wortlaut der Norm nicht entnehmen; es ist aber davon auszugehen, dass bei rechtswidriger Leistungsgewährung, etwa an eine nicht bedürftige Person mit Einkommen und Vermögen, ohnehin kein Unterhaltsanspruch gegeben sein wird (Grube/Wahrendorf/Wahrendorf § 94 Rn. 12; Hauck/Noftz/Falterbaum § 94 Rn. 22). Vom gesetzlichen Forderungsübergang werden zivilrechtliche, gesetzliche und vertragliche Unterhaltsansprüche des Sozialhilfeempfängers selbst, nicht aber von anderen Mitgliedern der Bedarfsgemeinschaft, erfasst. Das Bestehen derartiger Ansprüche richtet sich nach den 3

Regelungen des BGB bzw. des LPartG. Unterhaltsansprüche müssen für denselben Zeitraum bestehen, für den Leistungen nach dem SGB XII erbracht worden sind (zeitliche Kongruenz). Werden Sozialhilfeleistungen – wie im Regelfall – monatlich erbracht, findet jeden Monat ein neuer gesetzlicher Übergang statt. Unterhaltsansprüche werden nur in der Höhe vom gesetzlichen Forderungsübergang erfasst, in der der Berechtigte Sozialhilfeleistungen tatsächlich erhalten hat; ein ggf. verbleibender Restanspruch steht dem Unterhaltsberechtigten weiter zu. Ein unterhaltsrechtlich zulässiger (vgl. §§ 1361 Abs. 4, 1360a Abs. 3, 1614 Abs. 1, 1585c, 1615l Abs. 1 S. 2 BGB) Unterhaltsverzicht kann vor dem Hintergrund des § 94 gleichwohl gem. § 138 BGB bzw. § 242 BGB nichtig sein, wenn damit die Herbeiführung der Sozialhilfebedürftigkeit bezweckt wird (vgl. Grube/Wahrendorf/Wahrendorf § 94 Rn. 19; v. Koppenfels-Spies JR 2003, S. 221 ff.).

C. Rechtsfolgen

4   Erbringt der Sozialhilfeträger Leistungen nach dem SGB XII, gehen kraft Gesetzes bestehende Unterhaltsansprüche des Hilfeempfängers zusammen mit dem unterhaltsrechtlichen Auskunftsanspruch (§§ 1580, 1605, 1361 Abs. 4 S. 3 BGB) auf den Sozialhilfeträger über; damit tritt der Sozialhilfeträger in vollem Umfang in die Rechtsstellung des Unterhaltsberechtigten ein. Auf diesen gesetzlichen Forderungsübergang sind die §§ 412, 399 BGB entsprechend anwendbar.

5   § 94 Abs. 1 S. 2 bis 6 und § 94 Abs. 3 schließen den gesetzlichen Forderungsübergang ganz aus, während § 94 Abs. 2 den Forderungsübergang der Höhe nach pauschal begrenzt. Der Übergangsausschluss wegen laufender Zahlungen in § 94 Abs. 1 S. 2 entfaltet vor allem hinsichtlich der Zukunft Bedeutung; für den Fall, dass der Sozialhilfeträger unter den Voraussetzungen des § 94 Abs. 4 S. 2 auch auf zukünftige Leistungen klagt, bewirkt § 94 Abs. 1 S. 2, dass der Unterhaltsschuldner trotz einer entsprechenden Klage befreiend leisten kann und ein Forderungsübergang demzufolge nicht stattfindet (vgl. LPK-SGB XII/Münder § 94 Rn. 27).

6   § 94 Abs. 1 S. 3 schließt den Forderungsübergang auch aus, wenn der Unterhaltsschuldner zum Personenkreis des § 19 gehört, weil im Rahmen der Bedarfsermittlung und damit auch der Hilfegewährung bereits dessen Einkommen und Vermögen gem. § 19 berücksichtigt wird. Unterhaltsansprüche gegen Verwandte ab dem 2. Grad gehen gem. § 94 Abs. 1 S. 3 nicht über; diese Regelung, die den sozialhilferechtlichen Nachranggrundsatz erheblich einschränkt, trägt dem gewandelten Verständnis von Familie, der Auflösung der Großfamilie und der Lockerung von Familienbeziehungen sowie dem Umstand Rechnung, dass über die Unterhaltsverpflichtungen zwischen Ehegatten und zwischen Eltern und Kindern hinausgehende Verpflichtungen wegen Art. 6 GG in der Disposition des Leistungsberechtigten stehen (vgl. Hauck/Noftz/Falterbaum § 94 Rn. 49; Grube/Wahrendorf/Wahrendorf § 94 Rn. 22). Da Leistungen des 4. Kapitels – mit Ausnahme von § 43 Abs. 2 – unabhängig von den Einkommens- und Vermögensverhältnissen der Kinder bzw. Eltern erbracht werden, schließt § 94 Abs. 1 S. 3, 2. HS konsequenterweise auch den Übergang von Unterhaltsansprüchen des Empfängers von Grundsicherungsleistungen gegen seine Eltern bzw. Kinder aus.

7   § 94 Abs. 1 S. 4 schließt den Übergang von Unterhaltsansprüchen Leistungsberechtigter, die schwanger sind oder ein Kind unter 6 Jahren betreuen, aus, weil einem möglichen Druck durch die Eltern, ihre Tochter zu einem Schwangerschaftsabbruch zu bewegen, entgegengewirkt werden soll (Hauck/Noftz/Falterbaum § 94 Rn. 52).

8   § 94 Abs. 2 entlastet unterhaltspflichtige Eltern volljähriger behinderter oder pflegebedürftiger Kinder, indem der Übergang von Unterhaltsansprüchen behinderter und pflegebedürftiger Personen gegen ihre Eltern auf geringe Pauschalbeträge in Höhe von monatlich 26 Euro bei der Eingliederungshilfe (6. Kapitel) und bei der Hilfe zur Pflege (7. Kapitel) bzw. 20 Euro bei der Hilfe zum Lebensunterhalt (3. Kapitel) begrenzt wird. Kraft Gesetzes wird vermutet, dass in Höhe dieser pauschalen Leistungsfähigkeit der Unterhaltspflichtigen gegeben ist, § 94 Abs. 2. Gem. § 94 Abs. 2 S. 3 sind die genannten Pauschalbeiträge prozentual an Veränderungen der Höhe des Kindergeldes (§ 66 EStG) anzupassen. Mit Wirkung vom 1. Januar 2009 wurde das Kindergeld für das erste und zweite Kind um 6,49% von 154 Euro auf 164 Euro angehoben. Dieser Betrag wurde noch einmal ab Januar 2010 auf 184 Euro aufgestockt. Dies entspricht einer Erhöhung um 12,2%. Die entsprechende prozentuale Dynamisierung ist damit auch bei den Beträgen nach Abs. 2 Satz 1 erfolgt.

9   Zum Schutz des Unterhaltspflichtigen normiert § 94 Abs. 3 weitere Ausschlusstatbestände. § 94 Abs. 3 S. 1 Nr. 1 stellt sicher, dass dem Unterhaltspflichtigen die durch das 3. und 4. Kapitel gewährleistete Existenzgrundlage vor dem Zugriff des Sozialhilfeträgers geschützt wird (vgl. Hauck/Noftz/Falterbaum § 94 Rn. 61). Dies betrifft sowohl den Fall, dass der Unterhaltspflichtige Leistungen nach dem 3. und 4. Kapitel schon bezieht, also über nicht mehr als das soziokulturelle Existenzminimum verfügt, als auch den Fall, dass er bei einer Inanspruchnahme durch den Sozialhilfeträger infolge eines gesetzlichen Forderungsübergangs leistungsberechtigt würde; dem liegt die Erwägung zugrunde, dass wegen der Menschenwürde (Art. 1 GG) und des Sozialstaatsgebots (Art. 20 Abs. 1 GG) niemand durch hoheitliches Handeln sozialhilfebedürftig werden darf (LPK-SGB XII/Münder § 94 Rn. 39). Ein Forderungsübergang ist gem. § 94 Abs. 3 S. 1 Nr. 2 auch ausgeschlossen, wenn dieser eine unbil-

lige Härte – entweder für den Unterhaltspflichtigen oder den unterhaltsberechtigten Sozialhilfeempfänger – bedeuten würde. Zur Ausfüllung dieses unbestimmten Rechtsbegriffs sind die Zielsetzungen der Sozialhilfeleistung und die allgemeinen Grundsätze der Sozialhilfe, vor allem auch § 16, sowie die wirtschaftlichen Verhältnisse und die soziale Lage der Beteiligten heranzuziehen (Hauck/Noftz/Falterbaum § 94 Rn. 66 f.).

§ 94 Abs. 4 normiert einen Verzugstatbestand, der neben die zivilrechtlichen Regelungen (§§ 286, 288, 291 BGB) tritt. Danach kann der Sozialhilfeträger Unterhalt für die Vergangenheit von der Zeit an fordern, zu welcher er dem Unterhaltspflichtigen die Hilfegewährung schriftlich mitgeteilt hat. Diese Mitteilung ist kein Verwaltungsakt, sondern schlichtes Verwaltungshandeln (LPK-SGB XII/Münder § 94 Rn. 82). Bei längerer Hilfegewährung kann er gem. § 94 Abs. 4 S. 2 bis zur Höhe der monatlichen Aufwendungen auch auf künftige Leistungen klagen. 10

Für die Situation, dass der Unterhaltsanspruch im Zeitpunkt des gesetzlichen Forderungsübergangs durch den Berechtigten bereits gerichtlich geltend gemacht wurde, ermöglicht § 94 Abs. 5 dem Sozialhilfeträger, den übergegangenen Unterhaltsanspruch im Einvernehmen mit dem Leistungsberechtigten auf diesen zur gerichtlichen Geltendmachung zurück zu übertragen. § 94 Abs. 5 S. 2 regelt die Tragung der insoweit entstehenden Kosten. 11

§ 95 Feststellung der Sozialleistungen

¹Der erstattungsberechtigte Träger der Sozialhilfe kann die Feststellung einer Sozialleistung betreiben sowie Rechtsmittel einlegen. ²Der Ablauf der Fristen, die ohne sein Verschulden verstrichen sind, wirkt nicht gegen ihn. ³Satz 2 gilt nicht für die Verfahrensfristen, soweit der Träger der Sozialhilfe das Verfahren selbst betreibt.

§ 95 sichert den Nachrang der Sozialhilfe gegenüber anderen Sozialleistungen (§ 2) und will Erstattungsverfahren nach §§ 102 ff. SGB X vermeiden. 1

Eine Erstattungsberechtigung iSd. § 95 setzt nicht voraus, dass bereits ein Erstattungsanspruch gem. §§ 102 ff. SGB X besteht, es genügt, dass der Sozialhilfeträger künftig einen Erstattungsanspruch haben kann; dafür muss entweder bereits Sozialhilfe geleistet worden sein oder zumindest voraussichtlich erbracht werden und dies als nur vorläufig leistender Träger, dh. es darf nicht feststehen, dass die Sozialhilfe nicht nachrangig gegenüber der anderen Sozialleistung (vgl. §§ 2 ff., 68 SGB I) ist (vgl. Grube/Wahrendorf/Grube § 95 Rn. 4 f.). 2

Der Sozialhilfeträger hat Ermessen, selbständig ein Antragsverfahren einzuleiten (vgl. BSG 26. 1. 2000 – B 13 RJ 37/98 R – NVwZ-RR 2001, S. 107); er kann also im Wege gesetzlicher Prozessstandschaft (BSG 19. 12. 1991 – 12 RK 24/90 – FEVS 42, S. 342) ein Grundurteil erstreiten, auf Leistung klagen oder Rechtsmittel einlegen; ferner genießt er eine Sonderstellung hinsichtlich der Beachtung der für den Leistungsberechtigten geltenden Fristen (vgl. § 95 S. 2). Damit erhält der Sozialhilfeträger eine Position, die ansonsten dem Leistungsberechtigten zusteht (vgl. Hauck/Noftz/Falterbaum § 95 Rn. 2). 3

Sechster Abschnitt. Verordnungsermächtigungen

§ 96 Verordnungsermächtigungen

(1) Die Bundesregierung kann durch Rechtsverordnung mit Zustimmung des Bundesrates Näheres über die Berechnung des Einkommens nach § 82, insbesondere der Einkünfte aus Land- und Forstwirtschaft, aus Gewerbebetrieb und aus selbständiger Arbeit bestimmen.

(2) Das Bundesministerium für Arbeit und Soziales kann durch Rechtsverordnung mit Zustimmung des Bundesrates die Höhe der Barbeträge oder sonstigen Geldwerte im Sinne des § 90 Abs. 2 Nr. 9 bestimmen.

Zwölftes Kapitel. Zuständigkeit der Träger der Sozialhilfe

Erster Abschnitt. Sachliche und örtliche Zuständigkeit

§ 97 Sachliche Zuständigkeit

(1) Für die Sozialhilfe sachlich zuständig ist der örtliche Träger der Sozialhilfe, soweit nicht der überörtliche Träger sachlich zuständig ist.

120 SGB XII

(2) ¹Die sachliche Zuständigkeit des überörtlichen Trägers der Sozialhilfe wird nach Landesrecht bestimmt. ²Dabei soll berücksichtigt werden, dass so weit wie möglich für Leistungen im Sinne von § 8 Nr. 1 bis 6 jeweils eine einheitliche sachliche Zuständigkeit gegeben ist.

(3) Soweit Landesrecht keine Bestimmung nach Absatz 2 Satz 1 enthält, ist der überörtliche Träger der Sozialhilfe für

1. Leistungen der Eingliederungshilfe für behinderte Menschen nach den §§ 53 bis 60,
2. Leistungen der Hilfe zur Pflege nach den §§ 61 bis 66,
3. Leistungen der Hilfe zur Überwindung besonderer sozialer Schwierigkeiten nach den §§ 67 bis 69,
4. Leistungen der Blindenhilfe nach § 72

sachlich zuständig.

(4) Die sachliche Zuständigkeit für eine stationäre Leistung umfasst auch die sachliche Zuständigkeit für Leistungen, die gleichzeitig nach anderen Kapiteln zu erbringen sind, sowie für eine Leistung nach § 74.

(5) ¹Die überörtlichen Träger sollen, insbesondere bei verbreiteten Krankheiten, zur Weiterentwicklung von Leistungen der Sozialhilfe beitragen. ²Hierfür können sie die erforderlichen Einrichtungen schaffen oder fördern.

§ 98 Örtliche Zuständigkeit

(1) ¹Für die Sozialhilfe örtlich zuständig ist der Träger der Sozialhilfe, in dessen Bereich sich die Leistungsberechtigten tatsächlich aufhalten. ²Für Leistungen der Grundsicherung im Alter und bei Erwerbsminderung ist der Träger der Sozialhilfe örtlich zuständig, in dessen Bereich der gewöhnliche Aufenthaltsort des Leistungsberechtigten liegt. ³Diese Zuständigkeit bleibt bis zur Beendigung der Leistung auch dann bestehen, wenn die Leistung außerhalb seines Bereichs erbracht wird.

(2) ¹Für die stationäre Leistung ist der Träger der Sozialhilfe örtlich zuständig, in dessen Bereich die Leistungsberechtigten ihren gewöhnlichen Aufenthalt im Zeitpunkt der Aufnahme in die Einrichtung haben oder in den zwei Monaten vor der Aufnahme zuletzt gehabt hatten. ²Waren bei Einsetzen der Sozialhilfe die Leistungsberechtigten aus einer Einrichtung im Sinne des Satzes 1 in eine andere Einrichtung oder von dort in weitere Einrichtungen übergetreten oder tritt nach dem Einsetzen der Leistung ein solcher Fall ein, ist der gewöhnliche Aufenthalt, der für die erste Einrichtung maßgebend war, entscheidend. ³Steht innerhalb von vier Wochen nicht fest, ob und wo der gewöhnliche Aufenthalt nach Satz 1 oder 2 begründet worden ist oder ist ein gewöhnlicher Aufenthaltsort nicht vorhanden oder nicht zu ermitteln oder liegt ein Eilfall vor, hat der nach Absatz 1 zuständige Träger der Sozialhilfe über die Leistung unverzüglich zu entscheiden und sie vorläufig zu erbringen. ⁴Wird ein Kind in einer Einrichtung im Sinne des Satzes 1 geboren, tritt an die Stelle seines gewöhnlichen Aufenthalts der gewöhnliche Aufenthalt der Mutter.

(3) In den Fällen des § 74 ist der Träger der Sozialhilfe örtlich zuständig, der bis zum Tod der leistungsberechtigten Person Sozialhilfe leistete, in den anderen Fällen der Träger der Sozialhilfe, in dessen Bereich der Sterbeort liegt.

(4) Für Hilfen an Personen, die sich in Einrichtungen zum Vollzug richterlich angeordneter Freiheitsentziehung aufhalten oder aufgehalten haben, gelten die Absätze 1 und 2 sowie die §§ 106 und 109 entsprechend.

(5) ¹Für die Leistungen nach diesem Buch an Personen, die Leistungen nach dem Sechsten bis Achten Kapitel in Formen ambulanter betreuter Wohnmöglichkeiten erhalten, ist der Träger der Sozialhilfe örtlich zuständig, der vor Eintritt in diese Wohnform zuletzt zuständig war oder gewesen wäre. ²Vor Inkrafttreten dieses Buches begründete Zuständigkeiten bleiben hiervon unberührt.

§ 99 Vorbehalt abweichender Durchführung

(1) Die Länder können bestimmen, dass und inwieweit die Kreise ihnen zugehörige Gemeinden oder Gemeindeverbände zur Durchführung von Aufgaben nach diesem Buch heranziehen und ihnen dabei Weisungen erteilen können; in diesen Fällen erlassen die Kreise den Widerspruchsbescheid nach dem Sozialgerichtsgesetz.

(2) Die Länder können bestimmen, dass und inwieweit die überörtlichen Träger der Sozialhilfe örtliche Träger der Sozialhilfe sowie diesen zugehörige Gemeinden und Gemein-

deverbände zur Durchführung von Aufgaben nach diesem Buch heranziehen und ihnen dabei Weisungen erteilen können; in diesen Fällen erlassen die überörtlichen Träger den Widerspruchsbescheid nach dem Sozialgerichtsgesetz, soweit nicht nach Landesrecht etwas anderes bestimmt wird.

Zweiter Abschnitt. Sonderbestimmungen

§ 100 *(aufgehoben)*

§ 101 Behördenbestimmung und Stadtstaaten-Klausel

(1) Welche Stellen zuständige Behörden sind, bestimmt die Landesregierung, soweit eine landesrechtliche Regelung nicht besteht.

(2) Die Senate der Länder Berlin, Bremen und Hamburg werden ermächtigt, die Vorschriften dieses Buches über die Zuständigkeit von Behörden dem besonderen Verwaltungsaufbau ihrer Länder anzupassen.

Dreizehntes Kapitel. Kosten

Erster Abschnitt. Kostenersatz

§ 102 Kostenersatz durch Erben

(1) ^{1}Der Erbe der leistungsberechtigten Person oder ihres Ehegatten oder ihres Lebenspartners, falls diese vor der leistungsberechtigten Person sterben, ist vorbehaltlich des Absatzes 5 zum Ersatz der Kosten der Sozialhilfe verpflichtet. ^{2}Die Ersatzpflicht besteht nur für die Kosten der Sozialhilfe, die innerhalb eines Zeitraumes von zehn Jahren vor dem Erbfall aufgewendet worden sind und die das Dreifache des Grundbetrages nach § 85 Abs. 1 übersteigen. ^{3}Die Ersatzpflicht des Erben des Ehegatten oder Lebenspartners besteht nicht für die Kosten der Sozialhilfe, die während des Getrenntlebens der Ehegatten oder Lebenspartner geleistet worden sind. ^{4}Ist die leistungsberechtigte Person der Erbe ihres Ehegatten oder Lebenspartners, ist sie zum Ersatz der Kosten nach Satz 1 nicht verpflichtet.

(2) ^{1}Die Ersatzpflicht des Erben gehört zu den Nachlassverbindlichkeiten. ^{2}Der Erbe haftet mit dem Wert des im Zeitpunkt des Erbfalles vorhandenen Nachlasses.

(3) Der Anspruch auf Kostenersatz ist nicht geltend zu machen,
1. soweit der Wert des Nachlasses unter dem Dreifachen des Grundbetrages nach § 85 Abs. 1 liegt,
2. soweit der Wert des Nachlasses unter dem Betrag von 15.340 Euro liegt, wenn der Erbe der Ehegatte oder Lebenspartner der leistungsberechtigten Person oder mit dieser verwandt ist und nicht nur vorübergehend bis zum Tod der leistungsberechtigten Person mit dieser in häuslicher Gemeinschaft gelebt und sie gepflegt hat,
3. soweit die Inanspruchnahme des Erben nach der Besonderheit des Einzelfalles eine besondere Härte bedeuten würde.

(4) ^{1}Der Anspruch auf Kostenersatz erlischt in drei Jahren nach dem Tod der leistungsberechtigten Person, ihres Ehegatten oder ihres Lebenspartners. ^{2}§ 103 Abs. 3 Satz 2 und 3 gilt entsprechend.

(5) Der Ersatz der Kosten durch die Erben gilt nicht für Leistungen nach dem Vierten Kapitel und für die vor dem 1. Januar 1987 entstandenen Kosten der Tuberkulosehilfe.

§ 103 Kostenersatz bei schuldhaftem Verhalten

(1) ^{1}Zum Ersatz der Kosten der Sozialhilfe ist verpflichtet, wer nach Vollendung des 18. Lebensjahres für sich oder andere durch vorsätzliches oder grob fahrlässiges Verhalten die Voraussetzungen für die Leistungen der Sozialhilfe herbeigeführt hat. ^{2}Zum Kostenersatz ist auch verpflichtet, wer als leistungsberechtigte Person oder als deren Vertreter die Rechtswidrigkeit des der Leistung zu Grunde liegenden Verwaltungsaktes kannte oder infolge grober Fahrlässigkeit nicht kannte. ^{3}Von der Heranziehung zum Kostenersatz kann abgesehen werden, soweit sie eine Härte bedeuten würde.

(2) ¹Eine nach Absatz 1 eingetretene Verpflichtung zum Ersatz der Kosten geht auf den Erben über. ²§ 102 Abs. 2 Satz 2 findet Anwendung.

(3) ¹Der Anspruch auf Kostenersatz erlischt in drei Jahren vom Ablauf des Jahres an, in dem die Leistung erbracht worden ist. ²Für die Hemmung, die Ablaufhemmung, den Neubeginn und die Wirkung der Verjährung gelten die Vorschriften des Bürgerlichen Gesetzbuchs sinngemäß. ³Der Erhebung der Klage steht der Erlass eines Leistungsbescheides gleich.

(4) ¹Die §§ 44 bis 50 des Zehnten Buches bleiben unberührt. ²Zum Kostenersatz nach Absatz 1 und zur Erstattung derselben Kosten nach § 50 des Zehnten Buches Verpflichtete haften als Gesamtschuldner.

§ 104 Kostenersatz für zu Unrecht erbrachte Leistungen

¹Zum Ersatz der Kosten für zu Unrecht erbrachte Leistungen der Sozialhilfe ist in entsprechender Anwendung des § 103 verpflichtet, wer die Leistungen durch vorsätzliches oder grob fahrlässiges Verhalten herbeigeführt hat. ²Zum Kostenersatz nach Satz 1 und zur Erstattung derselben Kosten nach § 50 des Zehnten Buches Verpflichtete haften als Gesamtschuldner.

§ 105 Kostenersatz bei Doppelleistungen, nicht erstattungsfähige Unterkunftskosten

(1) Hat ein vorrangig verpflichteter Leistungsträger in Unkenntnis der Leistung des Trägers der Sozialhilfe an die leistungsberechtigte Person geleistet, ist diese zur Herausgabe des Erlangten an den Träger der Sozialhilfe verpflichtet.

(2) ¹Von den bei den Leistungen nach § 27a oder § 42 berücksichtigten Kosten der Unterkunft, mit Ausnahme der Kosten für Heizungs- und Warmwasserversorgung, unterliegen 56 vom Hundert nicht der Rückforderung. ²Satz 1 gilt nicht im Fall des § 45 Abs. 2 Satz 3 des Zehnten Buches oder wenn neben Leistungen nach dem Dritten oder Vierten Kapitel gleichzeitig Wohngeld nach dem Wohngeldgesetz geleistet worden ist.

Zweiter Abschnitt. Kostenerstattung zwischen den Trägern der Sozialhilfe

§ 106 Kostenerstattung bei Aufenthalt in einer Einrichtung

(1) ¹Der nach § 98 Abs. 2 Satz 1 zuständige Träger der Sozialhilfe hat dem nach § 98 Abs. 2 Satz 3 vorläufig leistenden Träger die aufgewendeten Kosten zu erstatten. ²Ist in den Fällen des § 98 Abs. 2 Satz 3 und 4 ein gewöhnlicher Aufenthalt nicht vorhanden oder nicht zu ermitteln und war für die Leistungserbringung ein örtlicher Träger der Sozialhilfe sachlich zuständig, sind diesem die aufgewendeten Kosten von dem überörtlichen Träger der Sozialhilfe zu erstatten, zu dessen Bereich der örtliche Träger gehört.

(2) Als Aufenthalt in einer stationären Einrichtung gilt auch, wenn jemand außerhalb der Einrichtung untergebracht wird, aber in ihrer Betreuung bleibt, oder aus der Einrichtung beurlaubt wird.

(3) ¹Verlässt in den Fällen des § 98 Abs. 2 die leistungsberechtigte Person die Einrichtung und erhält sie im Bereich des örtlichen Trägers, in dem die Einrichtung liegt, innerhalb von einem Monat danach Leistungen der Sozialhilfe, sind dem örtlichen Träger der Sozialhilfe die aufgewendeten Kosten von dem Träger der Sozialhilfe zu erstatten, in dessen Bereich die leistungsberechtigte Person ihren gewöhnlichen Aufenthalt im Sinne des § 98 Abs. 2 Satz 1 hatte. ²Absatz 1 Satz 2 gilt entsprechend. ³Die Erstattungspflicht wird nicht durch einen Aufenthalt außerhalb dieses Bereichs oder in einer Einrichtung im Sinne des § 98 Abs. 2 Satz 1 unterbrochen, wenn dieser zwei Monate nicht übersteigt; sie endet, wenn für einen zusammenhängenden Zeitraum von zwei Monaten Leistungen nicht zu erbringen waren, spätestens nach Ablauf von zwei Jahren seit dem Verlassen der Einrichtung.

§ 107 Kostenerstattung bei Unterbringung in einer anderen Familie

§ 98 Abs. 2 und § 106 gelten entsprechend, wenn ein Kind oder ein Jugendlicher in einer anderen Familie oder bei anderen Personen als bei seinen Eltern oder bei einem Elternteil untergebracht ist.

§ 108 Kostenerstattung bei Einreise aus dem Ausland

(1) ¹Reist eine Person, die weder im Ausland noch im Inland einen gewöhnlichen Aufenthalt hat, aus dem Ausland ein und setzten innerhalb eines Monats nach ihrer Einreise Leistungen der Sozialhilfe ein, sind die aufgewendeten Kosten von dem von einer Schiedsstelle bestimmten überörtlichen Träger der Sozialhilfe zu erstatten. ²Bei ihrer Entscheidung hat die Schiedsstelle die Einwohnerzahl und die Belastungen, die sich im vorangegangenen Haushaltsjahr für die Träger der Sozialhilfe nach dieser Vorschrift sowie nach den §§ 24 und 115 ergeben haben, zu berücksichtigen. ³Satz 1 gilt nicht für Personen, die im Inland geboren sind oder bei Einsetzen der Leistung mit ihnen als Ehegatte, Lebenspartner, Verwandte oder Verschwägerte zusammenleben. ⁴Leben Ehegatten, Lebenspartner, Verwandte oder Verschwägerte bei Einsetzen der Leistung zusammen, ist ein gemeinsamer erstattungspflichtiger Träger der Sozialhilfe zu bestimmen.

(2) ¹Schiedsstelle im Sinne des Absatzes 1 ist das Bundesverwaltungsamt. ²Die Länder können durch Verwaltungsvereinbarung eine andere Schiedsstelle bestimmen.

(3) Ist ein Träger der Sozialhilfe nach Absatz 1 zur Erstattung der für eine leistungsberechtigte Person aufgewendeten Kosten verpflichtet, hat er auch die für den Ehegatten, den Lebenspartner oder die minderjährigen Kinder der leistungsberechtigten Personen aufgewendeten Kosten zu erstatten, wenn diese Personen später einreisen und Sozialhilfe innerhalb eines Monats einsetzt.

(4) Die Verpflichtung zur Erstattung der für Leistungsberechtigte aufgewendeten Kosten entfällt, wenn für einen zusammenhängenden Zeitraum von drei Monaten Sozialhilfe nicht zu leisten war.

(5) Die Absätze 1 bis 4 sind nicht anzuwenden für Personen, deren Unterbringung nach der Einreise in das Inland bundesrechtlich oder durch Vereinbarung zwischen Bund und Ländern geregelt ist.

§ 109 Ausschluss des gewöhnlichen Aufenthalts

Als gewöhnlicher Aufenthalt im Sinne des Zwölften Kapitels und des Dreizehnten Kapitels, Zweiter Abschnitt, gelten nicht der Aufenthalt in einer Einrichtung im Sinne von § 98 Abs. 2 und der auf richterlich angeordneter Freiheitsentziehung beruhende Aufenthalt in einer Vollzugsanstalt.

§ 110 Umfang der Kostenerstattung

(1) ¹Die aufgewendeten Kosten sind zu erstatten, soweit die Leistung diesem Buch entspricht. ²Dabei gelten die am Aufenthaltsort der Leistungsberechtigten zur Zeit der Leistungserbringung bestehenden Grundsätze für die Leistung von Sozialhilfe.

(2) ¹Kosten unter 2.560 Euro, bezogen auf einen Zeitraum der Leistungserbringung von bis zu zwölf Monaten, sind außer in den Fällen einer vorläufigen Leistungserbringung nach § 98 Abs. 2 Satz 3 nicht zu erstatten. ²Die Begrenzung auf 2.560 Euro gilt, wenn die Kosten für die Mitglieder eines Haushalts im Sinne von § 27 Absatz 2 Satz 2 und 3 zu erstatten sind, abweichend von Satz 1 für die Mitglieder des Haushalts zusammen.

§ 111 Verjährung

(1) Der Anspruch auf Erstattung der aufgewendeten Kosten verjährt in vier Jahren, beginnend nach Ablauf des Kalenderjahres, in dem er entstanden ist.

(2) Für die Hemmung, die Ablaufhemmung, den Neubeginn und die Wirkung der Verjährung gelten die Vorschriften des Bürgerlichen Gesetzbuchs sinngemäß.

§ 112 Kostenerstattung auf Landesebene

Die Länder können Abweichendes über die Kostenerstattung zwischen den Trägern der Sozialhilfe ihres Bereichs regeln.

Dritter Abschnitt. Sonstige Regelungen

§ 113 Vorrang der Erstattungsansprüche

Erstattungsansprüche der Träger der Sozialhilfe gegen andere Leistungsträger nach § 104 des Zehnten Buches gehen einer Übertragung, Pfändung oder Verpfändung des Anspruchs vor, auch wenn sie vor Entstehen des Erstattungsanspruchs erfolgt sind.

§ 114 Ersatzansprüche der Träger der Sozialhilfe nach sonstigen Vorschriften

Bestimmt sich das Recht des Trägers der Sozialhilfe, Ersatz seiner Aufwendungen von einem anderen zu verlangen, gegen den die Leistungsberechtigten einen Anspruch haben, nach sonstigen gesetzlichen Vorschriften, die dem § 93 vorgehen, gelten als Aufwendungen

1. die Kosten der Leistung für diejenige Person, die den Anspruch gegen den anderen hat, und
2. die Kosten für Leistungen nach dem Dritten und Vierten Kapitel, die gleichzeitig mit der Leistung nach Nummer 1 für den nicht getrennt lebenden Ehegatten oder Lebenspartner und die minderjährigen unverheirateten Kinder geleistet wurden.

§ 115 Übergangsregelung für die Kostenerstattung bei Einreise aus dem Ausland

Die Pflicht eines Trägers der Sozialhilfe zur Kostenerstattung, die nach der vor dem 1. Januar 1994 geltenden Fassung des § 108 des Bundessozialhilfegesetzes entstanden oder von der Schiedsstelle bestimmt worden ist, bleibt bestehen.

Vierzehntes Kapitel. Verfahrensbestimmungen

§ 116 Beteiligung sozial erfahrener Dritter

(1) Soweit Landesrecht nichts Abweichendes bestimmt, sind vor dem Erlass allgemeiner Verwaltungsvorschriften sozial erfahrene Dritte zu hören, insbesondere aus Vereinigungen, die Bedürftige betreuen, oder aus Vereinigungen von Sozialleistungsempfängern.

(2) Soweit Landesrecht nichts Abweichendes bestimmt, sind vor dem Erlass des Verwaltungsaktes über einen Widerspruch gegen die Ablehnung der Sozialhilfe oder gegen die Festsetzung ihrer Art und Höhe Dritte, wie sie in Absatz 1 bezeichnet sind, beratend zu beteiligen.

§ 116a Rücknahme von Verwaltungsakten

Für die Rücknahme eines rechtswidrigen nicht begünstigenden Verwaltungsakts gilt § 44 Absatz 4 Satz 1 des Zehnten Buches mit der Maßgabe, dass anstelle des Zeitraums von vier Jahren ein Zeitraum von einem Jahr tritt.

§ 117 Pflicht zur Auskunft

(1) [1]Die Unterhaltspflichtigen, ihre nicht getrennt lebenden Ehegatten oder Lebenspartner und die Kostenersatzpflichtigen haben dem Träger der Sozialhilfe über ihre Einkommens- und Vermögensverhältnisse Auskunft zu geben, soweit die Durchführung dieses Buches es erfordert. [2]Dabei haben sie die Verpflichtung, auf Verlangen des Trägers der Sozialhilfe Beweisurkunden vorzulegen oder ihrer Vorlage zuzustimmen. [3]Auskunftspflichtig nach Satz 1 und 2 sind auch Personen, von denen nach § 39 trotz Aufforderung unwiderlegt vermutet wird, dass sie Leistungen zum Lebensunterhalt an andere Mitglieder der Haushaltsgemeinschaft erbringen. [4]Die Auskunftspflicht der Finanzbehörden nach § 21 Abs. 4 des Zehnten Buches erstreckt sich auch auf diese Personen.

(2) Wer jemandem, der Leistungen nach diesem Buch beantragt hat oder bezieht, Leistungen erbringt oder erbracht hat, die geeignet sind oder waren, diese Leistungen auszuschließen oder zu mindern, hat dem Träger der Sozialhilfe auf Verlangen hierüber Auskunft zu geben, soweit es zur Durchführung der Aufgaben nach diesem Buch im Einzelfall erforderlich ist.

(3) [1]Wer jemandem, der Leistungen nach diesem Buch beantragt hat oder bezieht, zu Leistungen verpflichtet ist oder war, die geeignet sind oder waren, Leistungen auszuschließen oder zu mindern, oder für ihn Guthaben führt oder Vermögensgegenstände verwahrt, hat dem Träger der Sozialhilfe auf Verlangen hierüber sowie über damit im Zusammenhang stehendes Einkommen oder Vermögen Auskunft zu erteilen, soweit es zur Durchführung der Leistungen nach diesem Buch im Einzelfall erforderlich ist. [2]§ 21 Abs. 3 Satz 4 des Zehnten Buches gilt entsprechend.

(4) Der Arbeitgeber ist verpflichtet, dem Träger der Sozialhilfe über die Art und Dauer der Beschäftigung, die Arbeitsstätte und das Arbeitsentgelt der bei ihm beschäftigten Leistungsberechtigten, Unterhaltspflichtigen und deren nicht getrennt lebenden Ehegatten

oder Lebenspartner sowie Kostenersatzpflichtigen Auskunft zu geben, soweit die Durchführung dieses Buches es erfordert.

(5) Die nach den Absätzen 1 bis 4 zur Erteilung einer Auskunft Verpflichteten können Angaben verweigern, die ihnen oder ihnen nahe stehenden Personen (§ 383 Abs. 1 Nr. 1 bis 3 der Zivilprozessordnung) die Gefahr zuziehen würden, wegen einer Straftat oder einer Ordnungswidrigkeit verfolgt zu werden.

(6) ¹Ordnungswidrig handelt, wer vorsätzlich oder fahrlässig die Auskünfte nach den Absätzen 2, 3 Satz 1 und Absatz 4 nicht, nicht richtig, nicht vollständig oder nicht rechtzeitig erteilt. ²Die Ordnungswidrigkeit kann mit einer Geldbuße geahndet werden.

§ 118 Überprüfung, Verwaltungshilfe

(1) ¹Die Träger der Sozialhilfe können Personen, die Leistungen nach diesem Buch mit Ausnahme des Vierten Kapitels beziehen, auch regelmäßig im Wege des automatisierten Datenabgleichs daraufhin überprüfen,
1. ob und in welcher Höhe und für welche Zeiträume von ihnen Leistungen der Bundesagentur für Arbeit (Auskunftsstelle) oder der Träger der gesetzlichen Unfall- oder Rentenversicherung (Auskunftsstellen) bezogen werden oder wurden,
2. ob und in welchem Umfang Zeiten des Leistungsbezuges nach diesem Buch mit Zeiten einer Versicherungspflicht oder Zeiten einer geringfügigen Beschäftigung zusammentreffen,
3. ob und welche Daten nach § 45 d Abs. 1 und § 45 e des Einkommensteuergesetzes dem Bundeszentralamt für Steuern (Auskunftsstelle) übermittelt worden sind und
4. ob und in welcher Höhe ein Kapital nach § 90 Abs. 2 Nr. 2 nicht mehr dem Zweck einer geförderten zusätzlichen Altersvorsorge im Sinne des § 10a oder des Abschnitts XI des Einkommensteuergesetzes dient.

²Sie dürfen für die Überprüfung nach Satz 1 Name, Vorname (Rufname), Geburtsdatum, Geburtsort, Nationalität, Geschlecht, Anschrift und Versicherungsnummer der Personen, die Leistungen nach diesem Buch beziehen, den Auskunftsstellen übermitteln. ³Die Auskunftsstellen führen den Abgleich mit den nach Satz 2 übermittelten Daten durch und übermitteln die Daten über Feststellungen im Sinne des Satzes 1 an die Träger der Sozialhilfe. ⁴Die ihnen überlassenen Daten und Datenträger sind nach Durchführung des Abgleichs unverzüglich zurückzugeben, zu löschen oder zu vernichten. ⁵Die Träger der Sozialhilfe dürfen die ihnen übermittelten Daten nur zur Überprüfung nach Satz 1 nutzen. ⁶Die übermittelten Daten der Personen, bei denen die Überprüfung zu keinen abweichenden Feststellungen führt, sind unverzüglich zu löschen.

(2) ¹Die Träger der Sozialhilfe sind befugt, Personen, die Leistungen nach diesem Buch beziehen, auch regelmäßig im Wege des automatisierten Datenabgleichs daraufhin zu überprüfen, ob und in welcher Höhe und für welche Zeiträume von ihnen Leistungen nach diesem Buch durch andere Träger der Sozialhilfe bezogen werden oder wurden. ²Hierzu dürfen die erforderlichen Daten nach Absatz 1 Satz 2 anderen Trägern der Sozialhilfe oder einer zentralen Vermittlungsstelle im Sinne des § 120 Nr. 1 übermittelt werden. ³Diese führen den Abgleich der ihnen übermittelten Daten durch und leiten Feststellungen im Sinne des Satzes 1 an die übermittelnden Träger der Sozialhilfe zurück. ⁴Sind die ihnen übermittelten Daten oder Datenträger für die Überprüfung nach Satz 1 nicht mehr erforderlich, sind diese unverzüglich zurückzugeben, zu löschen oder zu vernichten. ⁵Überprüfungsverfahren nach diesem Absatz können zusammengefasst und mit Überprüfungsverfahren nach Absatz 1 verbunden werden.

(3) ¹Die Datenstelle der Rentenversicherungsträger darf als Vermittlungsstelle für das Bundesgebiet die nach den Absätzen 1 und 2 übermittelten Daten speichern und nutzen, soweit dies für die Datenabgleiche nach den Absätzen 1 und 2 erforderlich ist. ²Sie darf die Daten der Stammsatzdatei (§ 150 des Sechsten Buches) und der bei ihr für die Prüfung bei den Arbeitgebern geführten Datei (§ 28 p Abs. 8 Satz 2 des Vierten Buches) nutzen, soweit die Daten für die Datenabgleiche erforderlich sind. ³Die nach Satz 1 bei der Datenstelle der Rentenversicherungsträger gespeicherten Daten sind unverzüglich nach Abschluss der Datenabgleiche zu löschen.

(4) ¹Die Träger der Sozialhilfe sind befugt, zur Vermeidung rechtswidriger Inanspruchnahme von Sozialhilfe Daten von Personen, die Leistungen nach diesem Buch beziehen, bei anderen Stellen ihrer Verwaltung, bei ihren wirtschaftlichen Unternehmen und bei den Kreisen, Kreisverwaltungsbehörden und Gemeinden zu überprüfen, soweit diese für die Erfüllung dieser Aufgaben erforderlich sind. ²Sie dürfen für die Überprüfung die in Absatz 1 Satz 2 genannten Daten übermitteln. ³Die Überprüfung kann auch regelmäßig

im Wege des automatisierten Datenabgleichs mit den Stellen durchgeführt werden, bei denen die in Satz 4 jeweils genannten Daten zuständigkeitshalber vorliegen. ⁴Nach Satz 1 ist die Überprüfung folgender Daten zulässig:

1. Geburtsdatum und -ort,
2. Personen- und Familienstand,
3. Wohnsitz,
4. Dauer und Kosten von Miet- oder Überlassungsverhältnissen von Wohnraum,
5. Dauer und Kosten von bezogenen Leistungen über Elektrizität, Gas, Wasser, Fernwärme oder Abfallentsorgung und
6. Eigenschaft als Kraftfahrzeughalter.

⁵Die in Satz 1 genannten Stellen sind verpflichtet, die in Satz 4 genannten Daten zu übermitteln. ⁶Sie haben die ihnen im Rahmen der Überprüfung übermittelten Daten nach Vorlage der Mitteilung unverzüglich zu löschen. ⁷Eine Übermittlung durch diese Stellen unterbleibt, soweit ihr besondere gesetzliche Verwendungsregelungen entgegenstehen.

§ 119 Wissenschaftliche Forschung im Auftrag des Bundes

¹Der Träger der Sozialhilfe darf einer wissenschaftlichen Einrichtung, die im Auftrag des Bundesministeriums für Arbeit und Soziales ein Forschungsvorhaben durchführt, das dem Zweck dient, die Erreichung der Ziele von Gesetzen über soziale Leistungen zu überprüfen oder zu verbessern, Sozialdaten übermitteln, soweit

1. dies zur Durchführung des Forschungsvorhabens erforderlich ist, insbesondere das Vorhaben mit anonymisierten oder pseudoanonymisierten Daten nicht durchgeführt werden kann, und
2. das öffentliche Interesse an dem Forschungsvorhaben das schutzwürdige Interesse der Betroffenen an einem Ausschluss der Übermittlung erheblich überwiegt.

²Vor der Übermittlung sind die Betroffenen über die beabsichtigte Übermittlung, den Zweck des Forschungsvorhabens sowie ihr Widerspruchsrecht nach Satz 3 schriftlich zu unterrichten. ³Sie können der Übermittlung innerhalb eines Monats nach der Unterrichtung widersprechen. ⁴Im Übrigen bleibt das Zweite Kapitel des Zehnten Buches unberührt.

§ 120 Verordnungsermächtigung

Das Bundesministerium für Arbeit und Soziales wird ermächtigt, durch Rechtsverordnung mit Zustimmung des Bundesrates

1. das Nähere über das Verfahren des automatisierten Datenabgleichs nach § 118 Abs. 1 und die Kosten des Verfahrens zu regeln; dabei ist vorzusehen, dass die Zuleitung an die Auskunftsstellen durch eine zentrale Vermittlungsstelle (Kopfstelle) zu erfolgen hat, deren Zuständigkeitsbereich zumindest das Gebiet eines Bundeslandes umfasst, und
2. das Nähere über das Verfahren nach § 118 Abs. 2 zu regeln.

Fünfzehntes Kapitel. Statistik

§ 121 Bundesstatistik

Zur Beurteilung der Auswirkungen dieses Buches und zu seiner Fortentwicklung werden Erhebungen über

1. die Leistungsberechtigten, denen
   a) Hilfe zum Lebensunterhalt nach dem Dritten Kapitel (§§ 27 bis 40),
   b) Grundsicherung im Alter und bei Erwerbsminderung nach dem Vierten Kapitel (§§ 41 bis 46),
   c) Hilfen zur Gesundheit nach dem Fünften Kapitel (§§ 47 bis 52),
   d) Eingliederungshilfe für behinderte Menschen nach dem Sechsten Kapitel (§§ 53 bis 60),
   e) Hilfe zur Pflege nach dem Siebten Kapitel (§§ 61 bis 66),
   f) Hilfe zur Überwindung besonderer sozialer Schwierigkeiten nach dem Achten Kapitel (§§ 67 bis 69) und
   g) Hilfe in anderen Lebenslagen nach dem Neunten Kapitel (§§ 70 bis 74)
   geleistet wird,
2. die Ausgaben und Einnahmen der Sozialhilfe

als Bundesstatistik durchgeführt.

§ 122 Erhebungsmerkmale

(1) Erhebungsmerkmale bei der Erhebung nach § 121 Nr. 1 Buchstabe a sind:
1. für Leistungsberechtigte, denen Leistungen nach dem Dritten Kapitel für mindestens einen Monat erbracht werden:
   a) Geschlecht, Geburtsmonat und -jahr, Staatsangehörigkeit, Migrationshintergrund, bei Ausländern auch aufenthaltsrechtlicher Status, Stellung zum Haushaltsvorstand, Art der geleisteten Mehrbedarfszuschläge,
   b) für Leistungsberechtigte, die das 15. Lebensjahr vollendet, die Altersgrenze nach § 41 Abs. 2 aber noch nicht erreicht haben, zusätzlich zu den unter Buchstabe a genannten Merkmalen: Beschäftigung, Einschränkung der Leistung,
   c) für Leistungsberechtigte in Personengemeinschaften, für die eine gemeinsame Bedarfsberechnung erfolgt, und für einzelne Leistungsberechtigte: Wohngemeinde und Gemeindeteil, Art des Trägers, Leistungen in und außerhalb von Einrichtungen, Beginn der Leistung nach Monat und Jahr, Beginn der ununterbrochenen Leistungserbringung für mindestens ein Mitglied der Personengemeinschaft nach Monat und Jahr, die in den § 27a Absatz 3, §§ 27b, 30 bis 33, 34 Absatz 2 bis 7, §§ 35 bis 38 und 133a genannten Bedarfe je Monat, Nettobedarf je Monat, Art und jeweilige Höhe der angerechneten oder in Anspruch genommenen Einkommen und übergegangenen Ansprüche, Zahl aller Haushaltsmitglieder, Zahl aller Leistungsberechtigten im Haushalt,
   d) bei Änderung der Zusammensetzung der Personengemeinschaft und bei Beendigung der Leistungserbringung zusätzlich zu den unter den Buchstaben a bis c genannten Merkmalen: Monat und Jahr der Änderung der Zusammensetzung oder der Beendigung der Leistung, bei Ende der Leistung auch Grund der Einstellung der Leistungen und
2. für Leistungsberechtigte, die nicht zu dem Personenkreis der Nummer 1 zählen: Geschlecht, Altersgruppe, Staatsangehörigkeit, Vorhandensein eigenen Wohnraums, Art des Trägers.

(2) Erhebungsmerkmale bei der Erhebung nach § 121 Nr. 1 Buchstabe b sind: Geschlecht, Geburtsmonat und -jahr, Wohngemeinde und Gemeindeteil, Art des Trägers, Staatsangehörigkeit sowie bei Ausländern auch aufenthaltsrechtlicher Status, Leistungen in und außerhalb von Einrichtungen, Ursache und Beginn der Leistungsgewährung nach Monat und Jahr, die in § 42 Nummer 1 bis 5 genannten Bedarfe je Monat, Nettobedarf je Monat, Art und jeweilige Höhe der angerechneten oder in Anspruch genommenen Einkommen.

(3) Erhebungsmerkmale bei den Erhebungen nach § 121 Nr. 1 Buchstabe c bis g sind für jeden Leistungsberechtigten:
1. Geschlecht, Geburtsmonat und -jahr, Wohngemeinde und Gemeindeteil, Staatsangehörigkeit, bei Ausländern auch aufenthaltsrechtlicher Status, Art des Trägers, erbrachte Leistung im Laufe und am Ende des Berichtsjahres sowie in und außerhalb von Einrichtungen nach Art der Leistung nach § 8, am Jahresende erbrachte Leistungen nach dem Dritten und Vierten Kapitel jeweils getrennt nach in und außerhalb von Einrichtungen,
2. bei Leistungsberechtigten nach dem Sechsten und Siebten Kapitel auch die einzelne Art der Leistungen und die Ausgaben je Fall, Beginn und Ende der Leistungserbringung nach Monat und Jahr sowie Art der Unterbringung, Leistung durch ein Persönliches Budget,
3. bei Leistungsberechtigten nach dem Sechsten Kapitel zusätzlich die Beschäftigten, denen der Übergang auf den allgemeinen Arbeitsmarkt gelingt,
4. bei Leistungsberechtigten nach dem Siebten Kapitel zusätzlich Erbringung von Pflegeleistungen von Sozialversicherungsträgern.

(4) Erhebungsmerkmale bei der Erhebung nach § 121 Nr. 2 sind:
Art des Trägers, Ausgaben für Leistungen in und außerhalb von Einrichtungen nach § 8, Einnahmen in und außerhalb von Einrichtungen nach Einnahmearten und Leistungen nach § 8.

§ 123 Hilfsmerkmale

(1) Hilfsmerkmale sind
1. Name und Anschrift des Auskunftspflichtigen,
2. für die Erhebung nach § 122 Abs. 1 Nr. 1 und Abs. 2 die Kennnummern der Leistungsberechtigten,

120 SGB XII

3. Name und Telefonnummer der für eventuelle Rückfragen zur Verfügung stehenden Person.

(2) ¹Die Kennnummern nach Absatz 1 Nr. 2 dienen der Prüfung der Richtigkeit der Statistik und der Fortschreibung der jeweils letzten Bestandserhebung. ²Sie enthalten keine Angaben über persönliche und sachliche Verhältnisse der Leistungsberechtigten und sind zum frühestmöglichen Zeitpunkt spätestens nach Abschluss der wiederkehrenden Bestandserhebung zu löschen.

§ 124 Periodizität, Berichtszeitraum und Berichtszeitpunkte

(1) ¹Die Erhebungen nach § 122 Abs. 1 Nr. 1 Buchstabe a bis c und Abs. 2 werden als Bestandserhebungen jährlich zum 31. Dezember durchgeführt. ²Die Angaben sind darüber hinaus bei Beginn und Ende der Leistungserbringung sowie bei Änderung der Zusammensetzung der Personengemeinschaft nach § 122 Abs. 1 Nr. 1 Buchstabe c zu erteilen. ³Die Angaben zu § 122 Abs. 1 Nr. 1 Buchstabe d sind ebenfalls zum Zeitpunkt der Beendigung der Leistungserbringung und der Änderung der Zusammensetzung der Personengemeinschaft zu erteilen.

(2) Die Erhebung nach § 122 Abs. 1 Nr. 2 wird als Bestandserhebung vierteljährlich zum Quartalsende durchgeführt.

(3) Die Erhebungen nach § 122 Abs. 3 und 4 erfolgen jährlich für das abgelaufene Kalenderjahr.

§ 125 Auskunftspflicht

(1) ¹Für die Erhebungen besteht Auskunftspflicht. ²Die Angaben nach § 123 Abs. 1 Nr. 3 sowie die Angaben zum Gemeindeteil nach § 122 Abs. 1 Nr. 1 Buchstabe c, § 122 Abs. 2 und Abs. 3 Nr. 1 sind freiwillig.

(2) Auskunftspflichtig sind die zuständigen örtlichen und überörtlichen Träger der Sozialhilfe sowie die kreisangehörigen Gemeinden und Gemeindeverbände, soweit sie Aufgaben dieses Buches wahrnehmen.

§ 126 Übermittlung, Veröffentlichung

(1) ¹An die fachlich zuständigen obersten Bundes- oder Landesbehörden dürfen für die Verwendung gegenüber den gesetzgebenden Körperschaften und für Zwecke der Planung, jedoch nicht für die Regelung von Einzelfällen, vom Statistischen Bundesamt und den statistischen Ämtern der Länder Tabellen mit statistischen Ergebnissen übermittelt werden, auch soweit Tabellenfelder nur einen einzigen Fall ausweisen. ²Tabellen, deren Tabellenfelder nur einen einzigen Fall ausweisen, dürfen nur dann übermittelt werden, wenn sie nicht differenzierter als auf Regierungsbezirksebene, bei Stadtstaaten auf Bezirksebene, aufbereitet sind.

(2) Die statistischen Ämter der Länder stellen dem Statistischen Bundesamt für Zusatzaufbereitungen des Bundes jährlich unverzüglich nach Aufbereitung der Bestandserhebung und der Erhebung im Laufe des Berichtsjahres Einzelangaben aus einer Zufallsstichprobe mit einem Auswahlsatz von 25 vom Hundert der Leistungsempfänger zur Verfügung.

(3) Die Ergebnisse der Sozialhilfestatistik dürfen auf die einzelne Gemeinde bezogen veröffentlicht werden.

§ 127 Übermittlung an Kommunen

(1) Für ausschließlich statistische Zwecke dürfen den zur Durchführung statistischer Aufgaben zuständigen Stellen der Gemeinden und Gemeindeverbände für ihren Zuständigkeitsbereich Einzelangaben aus der Erhebung nach § 122 mit Ausnahme der Hilfsmerkmale übermittelt werden, soweit die Voraussetzungen nach § 16 Abs. 5 des Bundesstatistikgesetzes gegeben sind.

(2) Die Daten können auch für interkommunale Vergleichszwecke übermittelt werden, wenn die betreffenden Träger der Sozialhilfe zustimmen und sichergestellt ist, dass die Datenerhebung der Berichtsstellen nach standardisierten Erfassungs- und Melderegelungen sowie vereinheitlichter Auswertungsroutine erfolgt.

§ 128 Zusatzerhebungen

Über Leistungen und Maßnahmen nach dem Dritten bis Neunten Kapitel, die nicht durch die Erhebungen nach § 121 Nr. 1 erfasst sind, können bei Bedarf Zusatzerhebungen als Bundesstatistiken durchgeführt werden.

§ 129 Verordnungsermächtigung

Das Bundesministerium für Arbeit und Soziales kann für Zusatzerhebungen nach § 128 im Einvernehmen mit dem Bundesministerium des Innern durch Rechtsverordnung mit Zustimmung des Bundesrates das Nähere regeln über

a) den Kreis der Auskunftspflichtigen nach § 125 Abs. 2,
b) die Gruppen von Leistungsberechtigten, denen Hilfen nach dem Dritten bis Neunten Kapitel geleistet werden,
c) die Leistungsberechtigten, denen bestimmte einzelne Leistungen der Hilfen nach dem Dritten bis Neunten Kapitel geleistet werden,
d) den Zeitpunkt der Erhebungen,
e) die erforderlichen Erhebungs- und Hilfsmerkmale im Sinne der §§ 122 und 123 und
f) die Art der Erhebung (Vollerhebung oder Zufallsstichprobe).

Sechzehntes Kapitel. Übergangs- und Schlussbestimmungen

§ 130 Übergangsregelung für ambulant Betreute

Für Personen, die Leistungen der Eingliederungshilfe für behinderte Menschen oder der Hilfe zur Pflege empfangen, deren Betreuung am 26. Juni 1996 durch von ihnen beschäftigte Personen oder ambulante Dienste sichergestellt wurde, gilt § 3 a des Bundessozialhilfegesetzes in der am 26. Juni 1996 geltenden Fassung.

§ 131 Übergangsregelung zur Erbringung von Leistungen für Bildung und Teilhabe

(1) Die Leistungen für Bedarfe nach § 34 Absatz 3 sind erstmals für das Schuljahr 2011/12 zu berücksichtigen.

(2) Werden Leistungen für Bedarfe nach § 34 Absatz 2 und 4 bis 7 für den Zeitraum vom 1. Januar bis 31. März 2011 bis zum 30. April 2011 beantragt, gilt dieser Antrag als zum 1. Januar 2011 gestellt.

(3) ¹Leistungen für die Bedarfe nach § 34 Absatz 2 Satz 1 Nummer 1, Satz 2 und Absatz 5 sind für den Zeitraum vom 1. Januar bis 31. März 2011 abweichend von § 34 a Absatz 2 Satz 1 durch Direktzahlung an den Anbieter zu erbringen, wenn bei der leistungsberechtigten Person noch keine Aufwendungen zur Deckung dieser Bedarfe entstanden sind. ²Soweit die leistungsberechtigte Person nachweist, dass ihr bereits Aufwendungen zur Deckung der in Satz 1 genannten Bedarfe entstanden sind, werden diese Aufwendungen durch Geldleistung an die leistungsberechtigte Person erstattet.

(4) ¹Für Schülerinnen und Schüler, die eine Schule besuchen, an der eine gemeinschaftliche Mittagsverpflegung in schulischer Verantwortung angeboten wird, sowie für Kinder, für die Kindertagespflege geleistet wird oder die eine Tageseinrichtung besuchen, an der eine gemeinschaftliche Mittagsverpflegung angeboten wird, werden die entstehenden Mehraufwendungen abweichend von § 34 Absatz 6 für die Zeit vom 1. Januar bis zum 31. März 2011 in Höhe von monatlich 26 Euro berücksichtigt. ²Bis zum 31. Dezember 2013 gilt § 34 Absatz 6 Satz 2 mit der Maßgabe, dass die entstehenden Mehraufwendungen als Bedarf auch berücksichtigt werden, wenn Schülerinnen und Schüler das Mittagessen in einer Einrichtung nach § 22 des Achten Buches einnehmen. ³Bei Leistungsberechtigten bis zur Vollendung des 18. Lebensjahres werden die entstehenden Mehraufwendungen für Teilhabe am sozialen und kulturellen Leben abweichend von § 34 Absatz 7 für die Zeit vom 1. Januar bis zum 31. März 2011 in Höhe von monatlich 10 Euro berücksichtigt. ⁴Die entstehenden Mehraufwendungen nach den Sätzen 1 und 3 werden abweichend von § 34 a Absatz 2 Satz 1 durch Geldleistung gedeckt.

§ 132 Übergangsregelung zur Sozialhilfegewährung für Deutsche im Ausland

(1) Deutsche, die am 31. Dezember 2003 Leistungen nach § 147 b des Bundessozialhilfegesetzes in der zu diesem Zeitpunkt geltenden Fassung bezogen haben, erhalten diese Leistungen bei fortdauernder Bedürftigkeit weiter.

(2) ¹Deutsche,

1. die in den dem 1. Januar 2004 vorangegangenen 24 Kalendermonaten ohne Unterbrechung Leistungen nach § 119 des Bundessozialhilfegesetzes in der am 31. Dezember 2003 geltenden Fassung bezogen haben und
2. in dem Aufenthaltsstaat über eine dauerhafte Aufenthaltsgenehmigung verfügen,

erhalten diese Leistungen bei fortdauernder Bedürftigkeit weiter. ²Für Deutsche, die am 31. Dezember 2003 Leistungen nach § 119 des Bundessozialhilfegesetzes in der am 31. Dezember 2003 geltenden Fassung bezogen haben und weder die Voraussetzungen nach Satz 1 noch die Voraussetzungen des § 24 Abs. 1 erfüllen, enden die Leistungen bei fortdauernder Bedürftigkeit mit Ablauf des 31. März 2004.

(3) Deutsche, die die Voraussetzungen des § 1 Abs. 1 des Bundesentschädigungsgesetzes erfüllen und

1. zwischen dem 30. Januar 1933 und dem 8. Mai 1945 das Gebiet des Deutschen Reiches oder der Freien Stadt Danzig verlassen haben, um sich einer von ihnen nicht zu vertretenden und durch die politischen Verhältnisse bedingten besonderen Zwangslage zu entziehen oder aus den gleichen Gründen nicht in das Gebiet des Deutschen Reiches oder der Freien Stadt Danzig zurückkehren konnten oder
2. nach dem 8. Mai 1945 und vor dem 1. Januar 1950 das Gebiet des Deutschen Reiches nach dem Stande vom 31. Dezember 1937 oder das Gebiet der Freien Stadt Danzig verlassen haben,

können, sofern sie in dem Aufenthaltsstaat über ein dauerhaftes Aufenthaltsrecht verfügen, in außergewöhnlichen Notlagen Leistungen erhalten, auch wenn sie nicht die Voraussetzungen nach den Absätzen 1 und 2 oder nach § 24 Abs. 1 erfüllen; § 24 Abs. 2 gilt.

§ 133 Übergangsregelung für besondere Hilfen an Deutsche nach Artikel 116 Abs. 1 des Grundgesetzes

(1) ¹Deutsche, die außerhalb des Geltungsbereiches dieses Gesetzes, aber innerhalb des in Artikel 116 Abs. 1 des Grundgesetzes genannten Gebiets geboren sind und dort ihren gewöhnlichen Aufenthalt haben, können in außergewöhnlichen Notlagen besondere Hilfen erhalten, auch wenn sie nicht die Voraussetzungen des § 24 Abs. 1 erfüllen. ²§ 24 Abs. 2 gilt. ³Die Höhe dieser Leistungen bemisst sich nach den im Aufenthaltsstaat in vergleichbaren Lebensumständen üblichen Leistungen. ⁴Die besonderen Hilfen werden unter Übernahme der Kosten durch den Bund durch Träger der freien Wohlfahrtspflege mit Sitz im Inland geleistet.

(2) Die Bundesregierung wird ermächtigt, durch Rechtsverordnung mit Zustimmung des Bundesrates die persönlichen Bezugsvoraussetzungen, die Bemessung der Leistungen sowie die Trägerschaft und das Verfahren zu bestimmen.

§ 133a Übergangsregelung für Hilfeempfänger in Einrichtungen

Für Personen, die am 31. Dezember 2004 einen Anspruch auf einen zusätzlichen Barbetrag nach § 21 Abs. 3 Satz 4 des Bundessozialhilfegesetzes haben, wird diese Leistung in der für den vollen Kalendermonat Dezember 2004 festgestellten Höhe weiter erbracht.

§ 133b *(aufgehoben)*

§ 134 Übergangsregelung für die Fortschreibung der Regelbedarfsstufen 4 bis 6

Abweichend von § 28a sind die Regelbedarfsstufen 4 bis 6 der Anlage zu § 28 nicht mit dem sich nach der Verordnung nach § 40 ergebenden Vomhundertsatz fortzuschreiben, solange sich durch die entsprechende Fortschreibung der Beträge nach § 8 Absatz 1 Nummer 4 bis 6 des Regelbedarfs- Ermittlungsgesetzes keine höheren Beträge ergeben würden.

§ 135 Übergangsregelung aus Anlass des Zweiten Rechtsbereinigungsgesetzes

(1) ¹Erhielten am 31. Dezember 1986 Tuberkulosekranke, von Tuberkulose Bedrohte oder von Tuberkulose Genesene laufende Leistungen nach Vorschriften, die durch das

Zweite Rechtsbereinigungsgesetz außer Kraft treten, sind diese Leistungen nach den bisher maßgebenden Vorschriften weiterzugewähren, längstens jedoch bis zum 31. Dezember 1987. ²Sachlich zuständig bleibt der überörtliche Träger der Sozialhilfe, soweit nicht nach Landesrecht der örtliche Träger zuständig ist.

(2) Die Länder können für die Verwaltung der im Rahmen der bisherigen Tuberkulosehilfe gewährten Darlehen andere Behörden bestimmen.

§ 136 Übergangsregelung zur Rücknahme von Verwaltungsakten

§ 116a ist nicht anwendbar auf Anträge nach § 44 des Zehnten Buches, die vor dem 1. April 2011 gestellt worden sind.

§ 137 Übergangsregelung aus Anlass des Gesetzes zur Ermittlung von Regelbedarfen und zur Änderung des Zweiten und Zwölften Buches Sozialgesetzbuch

¹Kommt es durch das Inkrafttreten des Gesetzes zur Ermittlung von Regelbedarfen und zur Änderung des Zweiten und Zwölften Buches Sozialgesetzbuch zu einer Verminderung des Regelbedarfs nach § 27a Absatz 3 Satz 1 oder § 42 Nummer 1, sind für den Zeitraum vom 1. Januar bis 31. März 2011 bereits erbrachte Regelsätze nicht zu erstatten. ²Eine Aufrechnung ist unzulässig.

§ 138 Fortschreibung der Regelbedarfsstufen zum 1. Januar 2012

Die Regelbedarfsstufen werden in zwei Stufen zum 1. Januar 2012 wie folgt fortgeschrieben:
1. Abweichend von § 28a Absatz 2 und § 40 werden die Regelbedarfsstufen mit der Veränderungsrate des Mischindexes fortgeschrieben, die sich ergibt aus der Veränderung in dem Zwölfmonatszeitraum, der mit dem 1. Juli 2009 beginnt und mit dem 30. Juni 2010 endet, gegenüber dem Jahresdurchschnittswert 2009; die Veränderungsrate beträgt 0,75 vom Hundert;
2. die sich durch die Fortschreibung nach Nummer 1 nach Anwendung der Rundungsregelung nach § 28 Absatz 4 Satz 5 für jede Regelbedarfsstufe ergebenden Beträge werden nach § 28a fortgeschrieben.

Anlage (zu § 28)

Regelbedarfsstufen nach § 28 in Euro

gültig ab	Regelbedarfsstufe 1	Regelbedarfsstufe 2	Regelbedarfsstufe 3	Regelbedarfsstufe 4	Regelbedarfsstufe 5	Regelbedarfsstufe 6
1. Januar 2011	364	328	291	287	251	215

Regelbedarfsstufe 1:

Für eine erwachsene leistungsberechtigte Person, die als alleinstehende oder alleinerziehende Person einen eigenen Haushalt führt; dies gilt auch dann, wenn in diesem Haushalt eine oder mehrere weitere erwachsene Personen leben, die der Regelbedarfsstufe 3 zuzuordnen sind.

Regelbedarfsstufe 2:

Für jeweils zwei erwachsene Leistungsberechtigte, die als Ehegatten, Lebenspartner oder in eheähnlicher oder lebenspartnerschaftsähnlicher Gemeinschaft einen gemeinsamen Haushalt führen.

Regelbedarfsstufe 3:

Für eine erwachsene leistungsberechtigte Person, die weder einen eigenen Haushalt führt, noch als Ehegatte, Lebenspartner oder in eheähnlicher oder lebenspartnerschaftsähnlicher Gemeinschaft einen gemeinsamen Haushalt führt.

120 SGB XII

Regelbedarfsstufe 4:

Für eine leistungsberechtigte Jugendliche oder einen leistungsberechtigten Jugendlichen vom Beginn des 15. bis zur Vollendung des 18. Lebensjahres.

Regelbedarfsstufe 5:

Für ein leistungsberechtigtes Kind vom Beginn des siebten bis zur Vollendung des 14. Lebensjahres.

Regelbedarfsstufe 6:

Für ein leistungsberechtigtes Kind bis zur Vollendung des sechsten Lebensjahres.

150. Sozialgerichtsgesetz (SGG)

Vom 27. Dezember 2003 (BGBl. I S. 2535)

Zuletzt geänd. durch Art. 4 G zur Ermittlung von Regelbedarfen und zur Änd. des Zweiten und Zwölften Buches Sozialgesetzbuch v. 24. 3. 2011 (BGBl. I S. 453)

BGBl. III/FNA 330-1

Erster Teil. Gerichtsverfassung

Erster Abschnitt. Gerichtsbarkeit und Richteramt

§ 1 [Besondere Verwaltungsgerichte]

Die Sozialgerichtsbarkeit wird durch unabhängige, von den Verwaltungsbehörden getrennte, besondere Verwaltungsgerichte ausgeübt.

§ 2 [Gerichte der Sozialgerichtsbarkeit]

Als Gerichte der Sozialgerichtsbarkeit werden in den Ländern Sozialgerichte und Landessozialgerichte, im Bund das Bundessozialgericht errichtet.

§ 3 [Besetzung mit Berufsrichtern und ehrenamtlichen Richtern]

Die Gerichte der Sozialgerichtsbarkeit werden mit Berufsrichtern und ehrenamtlichen Richtern besetzt.

§ 4 [Geschäftsstelle]

[1] Bei jedem Gericht wird eine Geschäftsstelle eingerichtet, die mit der erforderlichen Zahl von Urkundsbeamten besetzt wird. [2] Das Nähere bestimmen für das Bundessozialgericht das Bundesministerium für Arbeit und Soziales, für die Sozialgerichte und Landessozialgerichte die nach Landesrecht zuständigen Stellen.

§ 5 [Rechts- und Amtshilfe]

(1) Alle Gerichte, Verwaltungsbehörden und Organe der Versicherungsträger leisten den Gerichten der Sozialgerichtsbarkeit Rechts- und Amtshilfe.

(2) [1] Das Ersuchen an ein Sozialgericht um Rechtshilfe ist an das Sozialgericht zu richten, in dessen Bezirk die Amtshandlung vorgenommen werden soll. [2] Das Ersuchen ist durch den Vorsitzenden einer Kammer durchzuführen. [3] Ist die Amtshandlung außerhalb des Sitzes des ersuchten Sozialgerichts vorzunehmen, so kann dieses Gericht das Amtsgericht um die Vornahme der Rechtshilfe ersuchen.

(3) Die §§ 158 bis 160, 164 bis 166, 168 des Gerichtsverfassungsgesetzes gelten entsprechend.

§ 6 [Anwendung des GVG]

Für die Gerichte der Sozialgerichtsbarkeit gelten die Vorschriften des Zweiten Titels des Gerichtsverfassungsgesetzes nach Maßgabe der folgenden Vorschriften entsprechend:

1. [1] Das Präsidium teilt die ehrenamtlichen Richter im voraus für jedes Geschäftsjahr, mindestens für ein Vierteljahr, einem oder mehreren Spruchkörpern zu, stellt die Reihenfolge fest, in der sie zu den Verhandlungen heranzuziehen sind, und regelt die Vertretung für den Fall der Verhinderung. [2] Von der Reihenfolge darf nur aus besonderen Gründen abgewichen werden; die Gründe sind aktenkundig zu machen.
2. Den Vorsitz in den Kammern der Sozialgerichte führen die Berufsrichter.

A. SGG als Verfahrensgesetz

1 Das Sozialgerichtsgesetz (SGG) enthält die Verfahrensordnung der Sozialgerichtsbarkeit. Ähnlich wie die Verwaltungsgerichtsordnung (VwGO) und die Finanzgerichtsordnung (FGO) folgt das SGG dem Typ der Vollkodifikation mit einzelnen Verweisen auf GVG und ZPO (§ 202 SGG). Das unterscheidet das SGG vor allem vom Arbeitsgerichtsgesetz, das dem Typ einer Regelung von Besonderheiten auf der Basis der ZPO entspricht. In der Anwendung des SGG bedarf deshalb der Rückgriff auf Regelungen der ZPO immer einer Begründung (zB bei den absoluten Revisionsgründen nach § 547 ZPO über § 202 SGG), und die Bezugnahme auf Regelungen insbesondere der VwGO ist nur im Rahmen der üblichen Grundsätze der Normauslegung zulässig, soweit nicht – wie in § 197 a zur Kostengrundentscheidung– ausdrücklich auf dieses Gesetz verwiesen wird. Für die Beteiligten an sozialgerichtlichen Verfahren hat das den Vorteil, dass sie neben dem SGG nicht regelmäßig die ZPO bemühen müssen; das ist nur dort erforderlich, wo in allen Verfahrensgesetzen auf diese „Mutter aller Verfahrensnormen" verwiesen wird, zB bei der PKH, der Richterablehnung oder der Unterbrechung von Verfahren.

2 Der Gesetzgeber hat das SGG in den letzten Jahren behutsam an die anderen Verfahrensordnungen angeglichen und vor allem die für die Bevollmächtigten wichtigen Fristregelungen angepasst. Auch die vorerst letzten Schritte in diese Richtung, das zum 1. 4. 2008 in Kraft getretene Änderungsgesetz vom 26. 3. 2008, das seit dem 1. 7. geltende RDG sowie die Änderungen durch das GKV-OrgWG v. 15. 12. 2008 haben allerdings einige Besonderheiten bei Bestand gelassen. Das betrifft zunächst die Kostenfreiheit des sozialgerichtlichen Verfahrens, soweit nicht die Ausnahmevorschrift des § 197 a eingreift (Vertragsarztrecht, Arbeitgeberstreitigkeiten), und auch die (weitgehend) zulassungsfreie Berufung. Abweichend zu allen anderen Verfahrensordnungen – und dringend reformbedürftig – besteht auch in der Berufungsinstanz vor dem LSG kein Vertretungszwang, weder in Hauptsacheverfahren noch im einstweiligen Rechtsschutz. Als spezielle „Falle" des sozialgerichtlichen Verfahrens erweist sich immer wieder die Regelung, dass die Zulassung der Revision durch das BSG auf eine Nichtzulassungsbeschwerde nicht automatisch zur Eröffnung des Revisionsverfahrens führt (so in § 544 Abs. 6 ZPO geregelt), die Revision vielmehr innerhalb von einem Monat nach Zustellung des Beschlusses über ihre Zulassung eingelegt werden muss (§ 164 Abs. 1). Gewöhnungsbedürftig ist auch die Regelung des § 96 SGG, der zufolge Verwaltungsakte, die den mit der Klage angefochtenen Bescheid ersetzen, Gegenstand des Klageverfahrens werden. In der vom Gesetzgeber nicht gebilligten extensiven Anwendung dieser Vorschrift durch die Rechtsprechung führt das etwa in Verfahren um Grundsicherungsleistungen (SGB II) dazu, dass alle Folgebescheide über Regelsätze und Unterkunftskosten Verfahrensgegenstand werden können. Das stellt erhebliche Anforderungen an die Kommunikation zwischen Anwalt und Mandant. Schließlich muss der Anwalt in den medizinisch geprägten Streitverfahren § 109 im Blick haben, der dem Kläger das Recht gibt, die Anhörung eines bestimmten Arztes zu verlangen.

B. Sozialgerichte als besondere Verwaltungsgerichte

3 Die Sozialgerichte sind besondere Verwaltungsgerichte wie die Finanzgerichte; die Wendung „besondere" enthält eine Abgrenzung zur „allgemeinen" Verwaltungsgerichtsbarkeit. Die Bezeichnung als „Verwaltungsgerichte" lässt erkennen, dass die Sozialgerichtsbarkeit Teil der öffentlich-rechtlichen Gerichtsbarkeit ist und gegenüber der „ordentlichen" Gerichtsbarkeit abgegrenzt wird. Aus der Zuordnung der Sozialgerichtsbarkeit zu den öffentlich-rechtlichen Gerichtsbarkeiten kann indessen nicht abgeleitet werden, die Soziagerichte seien ausschließlich für öffentlich-rechtliche Streitigkeiten zuständig. Das gilt nur für die Zuständigkeitsregelungen des § 51 Abs. 1; in Abs. 2 ist ausdrücklich bestimmt, dass die Sozialgerichte auch über privatrechtliche Streitigkeiten in Angelegenheiten der gesetzlichen Kranken- und Pflegeversicherung entscheiden.

C. Eigenständigkeit der Sozialgerichtsbarkeit

4 Bis zum Ende des Jahres 2008 konnten auch „besondere Spruchkörper der Verwaltungs- und Oberverwaltungsgerichte die Sozialgerichtsbarkeit wahrnehmen (§ 1 S. 2). Das galt nach § 50 a nur für Angelegenheiten der Sozialhilfe (SGB XII), des Asylbewerberleistungsgesetzes und der Grundsicherung für Arbeitssuchende (SGB II). Die auf den ersten Blick schwer verständliche Regelung war Ausdruck eines politischen Kompromisses im Zusammenhang mit der Zusammenlegung von Arbeitslosen- und Sozialhilfe zum 1. Januar 2005 (zu den Einzelheiten Wenner, Grundzüge der Sozialgerichtsbarkeit, 3. Aufl. 2005, Rn. 149–155). Die Sonderregelung ist zum Ende des Jahres 2008 ausgelaufen und durch das SGG-Änderungsgesetz vom 26. 3. 2008 nicht verlängert worden. Nur Bremen hatte von der Möglichkeit der besonderen Spruchkörper Gebrauch gemacht. Die dort Ende 2008

noch anhängigen Verfahren bleiben beim VG und OVG Bremen anhängig (§ 206). Die im Hintergrund dieser wenig zweckmäßigen Einzelregelung stehende grundlegende Kontroverse um die Zusammenlegung der öffentlich-rechtlichen Gerichtsbarkeiten oder mindestens der Verwaltungs- und der Sozialgerichtsbarkeit ist (auch) für die seit September 2009 laufende 17. Legislaturperiode des Bundestages wohl erledigt. Zwar enthält die Koalitionsvereinbarung die Absichtserklärung, den Ländern die Zusammenlegung von Verwaltungs- und Sozialgerichtsbarkeit zu ermöglichen, doch hat sich (auch) in der Bundesregierung die Auffassung durchgesetzt, zur Erreichung dieses Zieles sei eine Änderung des Grundgesetzes erforderlich. Die dafür erforderlichen Mehrheiten sind nicht erreichbar; deshalb ist bis Ende des Jahres 2010 auch kein Gesetzentwurf zur Umsetzung der Koalitionsvereinbarung erstellt worden.

D. Sozialgerichte

In Deutschland sind 69 Sozialgerichte als Landesgerichte errichtet; in den einzelnen Bundesländern schwankt die Zahl zwischen vier und acht. In den drei Stadtstaaten besteht jeweils nur ein SG. Die Gerichte sind mit zwischen über 100 (Berlin) und vier (Fulda) Richterplanstellen sehr unterschiedlich groß. Die hohe Zahl der Verfahren aus dem Bereich des SGB II hat die Zahl der Berufsrichter in der Sozialgerichtsbarkeit im Jahre 2010 mit 1635 (DRiZ 2010, 194) auf den höchsten Stand in der Geschichte der Bundesrepublik anwachsen lassen. Der Anteil von Richterinnen beträgt mehr als 40% und ist damit höher als in jedem anderen Gerichtszweig.

14 Landessozialgerichte sind als Berufungs- und Beschwerdeinstanz – seit 2008 auch in größerem Umfang als erstinstanzliche Gerichte – errichtet. In jedem Bundesland besteht ein LSG; Bremen und Niedersachsen sowie Berlin und Brandenburg haben je ein gemeinsames LSG.

Revisionsinstanz ist das Bundessozialgericht als einer von fünf obersten Gerichtshöfen des Bundes im Sinne des Art. 95 GG mit Sitz in Kassel. Am BSG sind zurzeit 43 Richterinnen und Richter tätig; das Gericht ist damit nach dem Bundesarbeitsgericht mit 34 Richterplanstellen der zweitkleinste oberste Gerichtshof des Bundes.

E. Berufsrichter und ehrenamtliche Richter

In der Sozialgerichtsbarkeit wirken in allen drei Instanzen Berufsrichter und **ehrenamtliche Richter** mit. Das drückt – wie beim BAG – die besondere Bedeutung der ehrenamtlichen Richter aus, die nicht – wie die Schöffen in der Strafgerichtsbarkeit – Laien sind, sondern Fachleute im Berufs- und Arbeitsleben sowie bei der sozialen Sicherung. Anders als in der Arbeitsgerichtsbarkeit, in der die Spruchkörper aller Instanzen immer mit je einem ehrenamtlichen Richter von der Arbeitnehmer- und der Arbeitgeberseite besetzt sind, existieren in der Sozialgerichtsbarkeit neun Gruppen ehreamtlicher Richter (Einzelheiten in § 12). Wenn ein Richter aus einer „falschen" Gruppe an einer Entscheidung mitgewirkt hat, liegt darin ein Verfahrensmangel im Sinne des § 160 Abs. 2 Nr. 3 SGG, der im Revisionsverfahren aber nur auf Rüge und nicht von Amts wegen geprüft wird (BSG 8. 4. 1992 SozR 3–2500 § 106 Nr. 10 S. 48).

F. Geschäftsverteilung

Für die **Geschäftsverteilung** gelten über § 6 die Vorschriften des GVG entsprechend. Wegen der Vielzahl der (möglichen) Besetzungen der Senate des LSG und des BSG mit ehrenamtlichen Richtern je nach Materie kommt der „richtigen" Besetzung große Bedeutung zu. Das gilt insbesondere für die Abgrenzung der Streitsachen nach dem SGB XII von denen der Grundsicherung nach dem SGB II und für die Abgrenzung der Streitsachen der Krankenversicherung von denjenigen des Vertragsarztrechts im Sinne des § 10 Abs. 2. Letztere ist gegenwärtig Gegenstand eines Verfahrens beim Großen Senat des BSG (GS 1/10).

Zweiter Abschnitt. Sozialgerichte

§ 7 [Errichtung, Bezirk, Zweigstellen]

(1) ¹**Die Sozialgerichte werden als Landesgerichte errichtet.** ²Die Errichtung und Aufhebung eines Gerichts und die Verlegung eines Gerichtssitzes werden durch Gesetz angeordnet. ³Änderungen in der Abgrenzung der Gerichtsbezirke können auch durch Rechtsverordnung bestimmt werden. ⁴Die Landesregierung oder die von ihr beauftragte Stelle kann anordnen, daß außerhalb des Sitzes eines Sozialgerichts Zweigstellen errichtet werden.

(2) Mehrere Länder können gemeinsame Sozialgerichte errichten oder die Ausdehnung von Gerichtsbezirken über die Landesgrenzen hinaus vereinbaren.

(3) Wird ein Sozialgericht aufgehoben oder wird die Abgrenzung der Gerichtsbezirke geändert, so kann durch Landesgesetz bestimmt werden, daß die bei dem aufgehobenen Gericht oder bei dem von der Änderung in der Abgrenzung der Gerichtsbezirke betroffenen Gericht rechtshängigen Streitsachen auf ein anderes Sozialgericht übergehen.

§ 8 [Sachliche Zuständigkeit]

Die Sozialgerichte entscheiden, soweit durch Gesetz nichts anderes bestimmt ist, im ersten Rechtszug über alle Streitigkeiten, für die der Rechtsweg vor den Gerichten der Sozialgerichtsbarkeit offensteht.

§ 9 [Besetzung; Dienstaufsicht]

(1) Das Sozialgericht besteht aus der erforderlichen Zahl von Berufsrichtern als Vorsitzenden und aus den ehrenamtlichen Richtern.

(2) Die für die allgemeine Dienstaufsicht und die sonstigen Geschäfte der Gerichtsverwaltung zuständige Stelle wird durch Landesrecht bestimmt.

§ 10 [Fachkammern]

(1) ¹Bei den Sozialgerichten werden Kammern für Angelegenheiten der Sozialversicherung, der Arbeitsförderung einschließlich der übrigen Aufgaben der Bundesagentur für Arbeit, für Angelegenheiten der Grundsicherung für Arbeitsuchende, für Angelegenheiten der Sozialhilfe und des Asylbewerberleistungsgesetzes sowie für Angelegenheiten des sozialen Entschädigungsrechts (Recht der sozialen Entschädigung bei Gesundheitsschäden) und des Schwerbehindertenrechts gebildet. ²Für Angelegenheiten der Knappschaftsversicherung einschließlich der Unfallversicherung für den Bergbau können eigene Kammern gebildet werden.

(2) Für Streitigkeiten aufgrund der Beziehungen zwischen Krankenkassen und Vertragsärzten, Psychotherapeuten, Vertragszahnärzten (Vertragsarztrecht) einschließlich ihrer Vereinigungen und Verbände sind eigene Kammern zu bilden.

(3) ¹Der Bezirk einer Kammer kann auf Bezirke anderer Sozialgerichte erstreckt werden. ²Die beteiligten Länder können die Ausdehnung des Bezirks einer Kammer auf das Gebiet oder Gebietsteile mehrerer Länder vereinbaren.

§ 11 [Ernennung der Berufsrichter]

(1) Die Berufsrichter werden nach Maßgabe des Landesrechts nach Beratung mit einem für den Bezirk des Landessozialgerichts zu bildenden Ausschuß auf Lebenszeit ernannt.

(2) ¹Der Ausschuß ist von der nach Landesrecht zuständigen Stelle zu errichten. ²Ihm sollen in angemessenem Verhältnis Vertreter der Versicherten, der Arbeitgeber, der Versorgungsberechtigten und der mit dem sozialen Entschädigungsrecht oder der Teilhabe behinderter Menschen vertrauten Personen sowie der Sozialgerichtsbarkeit angehören.

(3) Bei den Sozialgerichten können Richter auf Probe und Richter kraft Auftrags verwendet werden.

(4) Bei dem Sozialgericht und bei dem Landessozialgericht können auf Lebenszeit ernannte Richter anderer Gerichte für eine bestimmte Zeit von mindestens zwei Jahren, längstens jedoch für die Dauer ihres Hauptamts, zu Richtern im Nebenamt ernannt werden.

§ 12 [Besetzung der Kammern]

(1) ¹Jede Kammer des Sozialgerichts wird in der Besetzung mit einem Vorsitzenden und zwei ehrenamtlichen Richtern als Beisitzern tätig. ²Bei Beschlüssen außerhalb der mündlichen Verhandlung und bei Gerichtsbescheiden wirken die ehrenamtlichen Richter nicht mit.

(2) ¹In den Kammern für Angelegenheiten der Sozialversicherung gehört je ein ehrenamtlicher Richter dem Kreis der Versicherten und der Arbeitgeber an. ²Sind für Angelegenheiten einzelner Zweige der Sozialversicherung eigene Kammern gebildet, so sollen

die ehrenamtlichen Richter dieser Kammern an dem jeweiligen Versicherungszweig beteiligt sein.

(3) ¹In den Kammern für Angelegenheiten des Vertragsarztrechts wirken je ein ehrenamtlicher Richter aus den Kreisen der Krankenkassen und der Vertragsärzte, Vertragszahnärzte und Psychotherapeuten mit. ²In Angelegenheiten der Vertragsärzte, Vertragszahnärzte und Psychotherapeuten wirken als ehrenamtliche Richter nur Vertragsärzte, Vertragszahnärzte und Psychotherapeuten mit.

(4) In den Kammern für Angelegenheiten des sozialen Entschädigungsrechts und des Schwerbehindertenrechts wirken je ein ehrenamtlicher Richter aus dem Kreis der mit dem sozialen Entschädigungsrecht oder dem Recht der Teilhabe behinderter Menschen vertrauten Personen und dem Kreis der Versorgungsberechtigten, der behinderten Menschen im Sinne des Neunten Buches Sozialgesetzbuch und der Versicherten mit; dabei sollen Hinterbliebene von Versorgungsberechtigten in angemessener Zahl beteiligt werden.

(5) ¹In den Kammern für Angelegenheiten der Grundsicherung für Arbeitsuchende einschließlich der Streitigkeiten aufgrund § 6a des Bundeskindergeldgesetzes und der Arbeitsförderung wirken ehrenamtliche Richter aus den Vorschlagslisten der Arbeitnehmer und der Arbeitgeber mit. ²In den Kammern für Angelegenheiten der Sozialhilfe und des Asylbewerberleistungsgesetzes wirken ehrenamtliche Richter aus den Vorschlagslisten der Kreise und der kreisfreien Städte mit.

§ 13 [Berufung und Amtsdauer der ehrenamtlichen Richter]

(1) ¹Die ehrenamtlichen Richter werden von der nach Landesrecht zuständigen Stelle aufgrund von Vorschlagslisten (§ 14) für fünf Jahre berufen; sie sind in angemessenem Verhältnis unter billiger Berücksichtigung der Minderheiten aus den Vorschlagslisten zu entnehmen. ²Die zuständige Stelle kann eine Ergänzung der Vorschlagslisten verlangen.

(2) ¹Die Landesregierungen werden ermächtigt, durch Rechtsverordnung eine einheitliche Amtsperiode festzulegen; sie können diese Ermächtigung durch Rechtsverordnung auf die jeweils zuständige oberste Landesbehörde übertragen. ²Wird eine einheitliche Amtsperiode festgelegt, endet die Amtszeit der ehrenamtlichen Richter ohne Rücksicht auf den Zeitpunkt ihrer Berufung mit dem Ende der laufenden Amtsperiode.

(3) ¹Die ehrenamtlichen Richter bleiben nach Ablauf ihrer Amtszeit im Amt, bis ihre Nachfolger berufen sind. ²Erneute Berufung ist zulässig. ³Bei vorübergehendem Bedarf kann die nach Landesrecht zuständige Stelle weitere ehrenamtliche Richter nur für ein Jahr berufen.

(4) Die Zahl der ehrenamtlichen Richter, die für die Kammern für Angelegenheiten der Sozialversicherung, der Arbeitsförderung, der Grundsicherung für Arbeitsuchende, der Sozialhilfe und des Asylbewerberleistungsgesetzes, des sozialen Entschädigungsrechts und des Schwerbehindertenrechts zu berufen sind, bestimmt sich nach Landesrecht; die Zahl der ehrenamtlichen Richter für die Kammern für Angelegenheiten der Knappschaftsversicherung und für Angelegenheiten des Vertragsarztrechts ist je besonders festzusetzen.

(5) Bei der Berufung der ehrenamtlichen Richter für die Kammern für Angelegenheiten der Sozialversicherung ist auf ein angemessenes Verhältnis zu der Zahl der im Gerichtsbezirk ansässigen Versicherten der einzelnen Versicherungszweige Rücksicht zu nehmen.

(6) Die ehrenamtlichen Richter für die Kammern für Angelegenheiten des sozialen Entschädigungsrechts und des Schwerbehindertenrechts sind in angemessenem Verhältnis zu der Zahl der von den Vorschlagsberechtigten vertretenen Versorgungsberechtigten, behinderten Menschen im Sinne des Neunten Buches Sozialgesetzbuch und Versicherten zu berufen.

§ 14 [Vorschlagslisten, Vorschlagsrecht]

(1) Die Vorschlagslisten für die ehrenamtlichen Richter, die in den Kammern für Angelegenheiten der Sozialversicherung mitwirken, werden aus dem Kreis der Versicherten von den Gewerkschaften, von selbständigen Vereinigungen von Arbeitnehmern mit sozial- oder berufspolitischer Zwecksetzung und von den in Absatz 3 Satz 2 genannten Vereinigungen sowie aus dem Kreis der Arbeitgeber von Vereinigungen von Arbeitgebern und den in § 16 Abs. 4 Nr. 3 bezeichneten obersten Bundes- oder Landesbehörden aufgestellt.

(2) Die Vorschlagslisten für die ehrenamtlichen Richter, die in den Kammern für Angelegenheiten des Vertragsarztrechts mitwirken, werden nach Bezirken von den Kassenärzt-

lichen und Kassenzahnärztlichen Vereinigungen und von den Zusammenschlüssen der Krankenkassen aufgestellt.

(3) ¹Für die Kammern für Angelegenheiten des sozialen Entschädigungsrechts und des Schwerbehindertenrechts werden die Vorschlagslisten für die mit dem sozialen Entschädigungsrecht oder dem Recht der Teilhabe behinderter Menschen vertrauten Personen von den Landesversorgungsämtern oder den Stellen, denen deren Aufgaben übertragen worden sind, aufgestellt. ²Die Vorschlagslisten für die Versorgungsberechtigten, die behinderten Menschen und die Versicherten werden aufgestellt von den im Gerichtsbezirk vertretenen Vereinigungen, deren satzungsgemäße Aufgaben die gemeinschaftliche Interessenvertretung, die Beratung und Vertretung der Leistungsempfänger nach dem sozialen Entschädigungsrecht oder der behinderten Menschen wesentlich umfassen und die unter Berücksichtigung von Art und Umfang ihrer bisherigen Tätigkeit sowie ihres Mitgliederkreises die Gewähr für eine sachkundige Erfüllung dieser Aufgaben bieten. ³Vorschlagsberechtigt nach Satz 2 sind auch die Gewerkschaften und selbständige Vereinigungen von Arbeitnehmern mit sozial- oder berufspolitischer Zwecksetzung.

(4) Die Vorschlagslisten für die ehrenamtlichen Richter, die in den Kammern für Angelegenheiten der Grundsicherung für Arbeitsuchende einschließlich der Streitigkeiten aufgrund § 6a des Bundeskindergeldgesetzes und der Arbeitsförderung mitwirken, werden von den in Absatz 1 Genannten aufgestellt.

(5) Die Vorschlagslisten für die ehrenamtlichen Richter, die in den Kammern für Angelegenheiten der Sozialhilfe und des Asylbewerberleistungsgesetzes mitwirken, werden von den Kreisen und den kreisfreien Städten aufgestellt.

§ 15 (weggefallen)

§ 16 [Persönliche Voraussetzungen]

(1) Das Amt des ehrenamtlichen Richters am Sozialgericht kann nur ausüben, wer Deutscher ist und das fünfundzwanzigste Lebensjahr vollendet hat.

(2) *(aufgehoben)*

(3) ¹Ehrenamtlicher Richter aus Kreisen der Versicherten kann auch sein, wer arbeitslos ist oder Rente aus eigener Versicherung bezieht. ²Ehrenamtlicher Richter aus den Kreisen der Arbeitnehmer kann auch sein, wer arbeitslos ist. ³Ehrenamtlicher Richter aus Kreisen der Arbeitgeber kann auch sein, wer vorübergehend oder zu gewissen Zeiten des Jahres keine Arbeitnehmer beschäftigt.

(4) Ehrenamtliche Richter aus Kreisen der Arbeitgeber können sein

1. Personen, die regelmäßig mindestens einen versicherungspflichtigen Arbeitnehmer beschäftigen; ist ein Arbeitgeber zugleich Versicherter oder bezieht er eine Rente aus eigener Versicherung, so begründet die Beschäftigung einer Hausgehilfin oder Hausangestellten nicht die Arbeitgebereigenschaft im Sinne dieser Vorschrift;
2. bei Betrieben einer juristischen Person oder einer Personengesamtheit Personen, die kraft Gesetzes, Satzung oder Gesellschaftsvertrags allein oder als Mitglieder des Vertretungsorgans zur Vertretung der juristischen Person oder der Personengesamtheit berufen sind;
3. Beamte und Angestellte des Bundes, der Länder, der Gemeinden und Gemeindeverbände sowie bei anderen Körperschaften, Anstalten und Stiftungen des öffentlichen Rechts nach näherer Anordnung der zuständigen obersten Bundes- oder Landesbehörde;
4. Personen, denen Prokura oder Generalvollmacht erteilt ist sowie leitende Angestellte;
5. Mitglieder und Angestellte von Vereinigungen von Arbeitgebern sowie Vorstandsmitglieder und Angestellte von Zusammenschlüssen solcher Vereinigungen, wenn diese Personen kraft Satzung oder Vollmacht zur Vertretung befugt sind.

(5) Bei Sozialgerichten, in deren Bezirk wesentliche Teile der Bevölkerung in der Seeschiffahrt beschäftigt sind, können ehrenamtliche Richter aus dem Kreis der Versicherten auch befahrene Schiffahrtskundige sein, die nicht Reeder, Reedereileiter (Korrespondentreeder, §§ 492 bis 499 des Handelsgesetzbuchs) oder Bevollmächtigte sind.

(6) Die ehrenamtlichen Richter sollen im Bezirk des Sozialgerichts wohnen oder ihren Betriebssitz haben oder beschäftigt sein.

§ 17 [Ausschließungsgründe]

(1) ¹Vom Amt des ehrenamtlichen Richters am Sozialgericht ist ausgeschlossen,

Sozialgerichtsgesetz §§ 18, 20 SGG 150

1. wer infolge Richterspruchs die Fähigkeit zur Bekleidung öffentlicher Ämter nicht besitzt oder wegen einer vorsätzlichen Tat zu einer Freiheitsstrafe von mehr als sechs Monaten verurteilt worden ist,
2. wer wegen einer Tat angeklagt ist, die den Verlust der Fähigkeit zur Bekleidung öffentlicher Ämter zur Folge haben kann,
3. wer das Wahlrecht zum Deutschen Bundestag nicht besitzt.

²Personen, die in Vermögensverfall geraten sind, sollen nicht zu ehrenamtlichen Richtern berufen werden.

(2) ¹Mitglieder der Vorstände von Trägern und Verbänden der Sozialversicherung, der Kassenärztlichen (Kassenzahnärztlichen) Vereinigungen und der Bundesagentur für Arbeit können nicht ehrenamtliche Richter sein. ²Davon unberührt bleibt die Regelung in Absatz 4.

(3) Die Bediensteten der Träger und Verbände der Sozialversicherung, der Kassenärztlichen (Kassenzahnärztlichen) Vereinigungen, der Dienststellen der Bundesagentur für Arbeit und der Kreise und kreisfreien Städte können nicht ehrenamtliche Richter in der Kammer sein, die über Streitigkeiten aus ihrem Arbeitsgebiet entscheidet.

(4) Mitglieder der Vorstände sowie leitende Beschäftigte bei den Kranken- und Pflegekassen und ihren Verbänden sowie Geschäftsführer und deren Stellvertreter bei den Kassenärztlichen (Kassenzahnärztlichen) Vereinigungen sind als ehrenamtliche Richter in den Kammern für Angelegenheiten des Vertragsarztrechts nicht ausgeschlossen.

(5) Das Amt des ehrenamtlichen Richters am Sozialgericht, der zum ehrenamtlichen Richter in einem höheren Rechtszug der Sozialgerichtsbarkeit berufen wird, endet mit der Berufung in das andere Amt.

§ 18 [Ablehnungsgründe, Entlassung]

(1) Die Übernahme des Amtes als ehrenamtlicher Richter kann nur ablehnen,
1. wer die Regelaltersgrenze nach dem Sechsten Buch Sozialgesetzbuch erreicht hat,
2. wer in den zehn der Berufung vorhergehenden Jahren als ehrenamtlicher Richter bei einem Gericht der Sozialgerichtsbarkeit tätig gewesen ist,
3. wer durch ehrenamtliche Tätigkeit für die Allgemeinheit so in Anspruch genommen ist, daß ihm die Übernahme des Amtes nicht zugemutet werden kann,
4. wer aus gesundheitlichen Gründen verhindert ist, das Amt ordnungsmäßig auszuüben,
5. wer glaubhaft macht, daß wichtige Gründe ihm die Ausübung des Amtes in besonderem Maße erschweren.

(2) Ablehnungsgründe sind nur zu berücksichtigen, wenn sie innerhalb von zwei Wochen, nachdem der ehrenamtliche Richter von seiner Berufung in Kenntnis gesetzt worden ist, von ihm geltend gemacht werden.

(3) ¹Der ehrenamtliche Richter kann auf Antrag aus dem Amt entlassen werden, wenn einer der in Absatz 1 Nr. 3 bis 5 bezeichneten Gründe nachträglich eintritt. ²Eines Antrages bedarf es nicht, wenn der ehrenamtliche Richter seinen Wohnsitz aus dem Bezirk des Sozialgerichts verlegt und seine Heranziehung zu den Sitzungen dadurch wesentlich erschwert wird.

(4) Über die Berechtigung zur Ablehnung des Amtes oder über die Entlassung aus dem Amt entscheidet die vom Präsidium für jedes Geschäftsjahr im voraus bestimmte Kammer endgültig.

§ 19 [Ausübung des Ehrenamts; Entschädigung]

(1) Der ehrenamtliche Richter übt sein Amt mit gleichen Rechten wie der Berufsrichter aus.

(2) Die ehrenamtlichen Richter erhalten eine Entschädigung nach dem Justizvergütungs- und -entschädigungsgesetz.

§ 20 [Strafrechtlicher Schutz]

(1) Der ehrenamtliche Richter darf in der Übernahme oder Ausübung des Amtes nicht beschränkt oder wegen der Übernahme oder Ausübung des Amtes nicht benachteiligt werden.

(2) Wer einen anderen in der Übernahme oder Ausübung seines Amtes als ehrenamtlicher Richter beschränkt oder wegen der Übernahme oder Ausübung des Amtes benachteiligt, wird mit Freiheitsstrafe bis zu einem Jahr oder mit Geldstrafe bestraft.

§ 21 [Ordnungsgeld]

¹Der Vorsitzende kann gegen einen ehrenamtlichen Richter, der sich der Erfüllung seiner Pflichten entzieht, insbesondere ohne genügende Entschuldigung nicht oder nicht rechtzeitig zu den Sitzungen erscheint, durch Beschluß ein Ordnungsgeld festsetzen und ihm die durch sein Verhalten verursachten Kosten auferlegen. ²Bei nachträglicher genügender Entschuldigung ist der Beschluß aufzuheben oder zu ändern. ³Gegen den Beschluß ist Beschwerde zulässig. ⁴Über die Beschwerde entscheidet die durch das Präsidium für jedes Geschäftsjahr im voraus bestimmte Kammer des Sozialgerichts endgültig. ⁵Vor der Entscheidung ist der ehrenamtliche Richter zu hören.

§ 22 [Amtsenthebung]

(1) ¹Der ehrenamtliche Richter ist von seinem Amt zu entbinden, wenn das Berufungsverfahren fehlerhaft war oder das Fehlen einer Voraussetzung für seine Berufung oder der Eintritt eines Ausschließungsgrundes bekannt wird. ²Er ist seines Amtes zu entheben, wenn er seine Amtspflichten grob verletzt. ³Er kann von seinem Amt entbunden werden, wenn eine Voraussetzung für seine Berufung im Laufe seiner Amtszeit wegfällt. ⁴Soweit die Voraussetzungen für eine Amtsentbindung vorliegen, liegt in ihrer Nichtdurchführung kein die Zurückverweisung oder Revision begründender Verfahrensmangel.

(2) ¹Die Entscheidung trifft die vom Präsidium für jedes Geschäftsjahr im Voraus bestimmte Kammer. ²Vor der Entscheidung ist der ehrenamtliche Richter zu hören. ³Die Entscheidung ist unanfechtbar.

(3) ¹Die nach Absatz 2 Satz 1 zuständige Kammer kann anordnen, dass der ehrenamtliche Richter bis zur Entscheidung über die Amtsentbindung oder Amtsenthebung nicht heranzuziehen ist. ²Die Anordnung ist unanfechtbar.

§ 23 [Ausschuss der ehrenamtlichen Richter]

(1) ¹Bei jedem Sozialgericht wird ein Ausschuß der ehrenamtlichen Richter gebildet. ²Er besteht aus je einem ehrenamtlichen Richter aus den Kreisen der ehrenamtlichen Richter, die in den bei dem Sozialgericht gebildeten Fachkammern vertreten sind. ³Die Mitglieder werden von den ehrenamtlichen Richtern aus ihrer Mitte gewählt. ⁴Das Wahlverfahren im Übrigen legt der bestehende Ausschuss fest. ⁵Der Ausschuß tagt unter der Leitung des aufsichtführenden, oder wenn ein solcher nicht vorhanden oder verhindert ist, des dienstältesten Vorsitzenden des Sozialgerichts.

(2) ¹Der Ausschuß ist vor der Bildung von Kammern, vor der Geschäftsverteilung, vor der Verteilung der ehrenamtlichen Richter auf die Kammern und vor Aufstellung der Listen über die Heranziehung der ehrenamtlichen Richter zu den Sitzungen mündlich, schriftlich oder elektronisch zu hören. ²Er kann dem Vorsitzenden des Sozialgerichts und die Verwaltung und Dienstaufsicht führenden Stellen Wünsche der ehrenamtlichen Richter übermitteln.

§§ 24–26 (weggefallen)

§ 27 [Vertretung der Vorsitzenden]

(1), (2) (weggefallen)

(3) Wenn die Vertretung eines Vorsitzenden nicht durch einen Berufsrichter desselben Gerichts möglich ist, wird sie auf Antrag des Präsidiums durch die Landesregierung oder die von ihr beauftragte Stelle geregelt.

A. Dienstaufsicht

1   Die **Dienstaufsicht** über die Sozialgerichte folgt den allgemeinen Regeln des GG und des Richterrechts. Ehrenamtliche Richter unterliegen der Dienstaufsicht nicht; die Berufsrichter nur, soweit die richterliche Unabhängigkeit nicht beeinträchtigt wird (§ 26 DRiG). Angesichts der hohen Belastungssituation gerade der erstinstanzlichen Gerichte ist die Gewährung von Rechtsschutz in angemessener Zeit das zentrale Problem der Dienstaufsicht. Immer wieder verlangen gerade nicht anwaltlich vertretene Kläger bei dem die Dienstaufsicht führenden Präsidenten, er möge auf eine schnellere Terminierung des eigenen Verfahrens bei dem zuständigen Richter hinwirken. Das ist im Einzelfall

ausgeschlossen, weil der einzelne Richter dienstrechtlich nicht verpflichtet ist, die in seine Zuständigkeit fallenden Verfahren in einer bestimmten Reihenfolge zu behandeln. Das dahinter stehende Problem der Verhinderung – tatsächlicher oder vermeintlicher – richterlicher Untätigkeit war in der 16. Legislaturperiode Gegenstand der parlamentarischen Beratung eines „Untätigkeitsbeschwerdegesetzes" (näher Steinbeiss-Winkelmann, ZRP 2007, 177). Trotz der Anstöße durch die Rechtsprechung des Europäischen Gerichtshof für Menschenrechte zu den Fällen einer überlangen Verfahrensdauer in Deutschland ist das Projekt aber zunächst gescheitert. Im November 2010 hat die Bundesregierung den Entwurf eines Gesetzes „über den Rechtsschutz bei überlangen Gerichtsverfahren und strafrechtlichen Ermittlungsverfahren" vorgelegt (BT Drucks. 17/3802). Dieser sieht im Kern einen außerordentlichen Entschädigungsanspruch vor, wenn ein Verfahren zu lange gedauert und der Betroffenen alles ihm Zumutbare getan hat, um auf eine Beschleunigung hinzuwirken, insbesondere eine „Verzögerungsrüge" beim zuständigen Gericht erhoben hat (Einzelheiten zum vorausgegangenen Referentenentwurf bei Scholz, DRiZ 2010, 182). Eine gesetzliche Regelung in diesem Sinne ist notwendig, weil im sozialgerichtlichen Verfahren nach derzeitiger Rechtslage ein Antrag auf Feststellung, das Verfahren habe zu lange gedauert, unzulässig ist (BSG v. 20. 4. 2010 – B 1/3 KR 22/08 R). Die Dienstaufsicht dürfte keine hinreichende Handhabe gegen eine überlange Verfahrensdauer bieten, solange jedenfalls wie ein Richter nicht seine Tätigkeit faktisch einstellt. Dass ein Richter bei sehr hohen Eingängen weniger Verfahren erledigt als bei ihm neu eingehen, stellt noch keine Verletzung der richterlichen Dienstpflicht dar.

B. Berufsrichter

Die Ernennung der Berufsrichter für die Sozialgerichtsbarkeit richtet sich nach Landesrecht; bundesrechtlich ist lediglich die Mitberatung eines Ausschusses der Verbände und Sozialpartner nach § 11 Abs. 2 vorgeschrieben. In den Ländern bestehen unterschiedliche Vorschriften über die Ernennung der Berufsrichter (Einzelheiten bei Wenner/Terdenge/Krauß, Grundzüge der Sozialgerichtsbarkeit, Rn. 124–135); soweit Richterwahlausschüsse errichtet sind, werden deren Befugnisse durch das Mitberatungsrecht des Ausschusses nach § 11 Abs. 2 nicht eingeschränkt.

C. Fachkammern

Die Sozialgerichtsbarkeit ist – anders als die allgemeine Verwaltungsgerichtsbarkeit und die Finanzgerichtsbarkeit – durch das Prinzip der **Fachkammern** nach § 10 geprägt. Bei jedem SG sind Kammern für die Angelegenheiten der Sozialversicherung (Rentenversicherung, Krankenversicherung, Unfallversicherung), für Arbeitsförderung, für Angelegenheiten der Grundsicherung für Arbeitsuchende, für Angelegenheiten der Sozialhilfe und des Asylbewerberleistungsgesetzes sowie für Angelegenheiten der sozialen Entschädigung und des Schwerbehindertenrechts zu bilden. Für Angelegenheiten des Vertragsarztrechts im Sinne des § 10 Abs. 2 sind ebenfalls eigene Kammern zu bilden; solche sind aber nicht an jedem SG vorhanden. Mehrere Bundesländer (Hessen, Niedersachsen, Rheinland-Pfalz sowie alle neuen Bundesländer) haben die Angelegenheiten des Vertragsarztrechts bei einem SG konzentriert. Wenn versehentlich eine vertragsärztliche Streitigkeit an ein SG verwiesen wird, das keine Kammer für Vertragsarztrecht hat, muss dieses Gericht die Sache an das zuständige Gericht seines Bundeslandes weiter verweisen. Der Grundsatz der **Unanfechtbarkeit von Verweisungsbeschlüssen** (Vgl. Meyer-Ladewig/Leitherer, SGG, § 98 Rn. 9) ist insoweit eingeschränkt, weil ein Gericht, bei dem keine Fachkammer für das Vertragsarztrecht existiert, über eine vertragsärztliche Streitigkeit nicht entscheiden kann.

D. Gruppen ehrenamtlicher Richter

Praktische Bedeutung hat das Fachkammerprinzip außer für die gerichtsinterne Geschäftsverteilung vor allem für die richtige Auswahl der zur Mitwirkung berufenen ehrenamtlichen Richter.

§ 12 unterscheidet neun Gruppen von ehrenamtlichen Richtern, die zur Mitwirkung in bestimmten Verfahren berufen sind. Die wichtigste Gruppe sind die „Kreise" der Versicherten und der Arbeitgeber. Diese sind zur Mitwirkung in allen Angelegenheiten der Sozialversicherung berufen. In Angelegenheiten der Arbeitsförderung (SGB III) sowie der Grundsicherung (SGB II) entscheidet nach der Neufassung des § 12 Abs. 5 durch das SGG-Änderungsgesetz vom 26. 3. 2008 neben einem Arbeitgeber ein „Arbeitnehmer" mit; das kann zwar auch ein Versicherter sein, aber zB kein Rentner oder Selbständiger (§ 12 Abs. 5 S. 1). In Angelegenheiten der Sozialhilfe und des Asylbewerberleistungsgesetzes wirken (nur) Richter mit, die von den kommunalen Spitzenverbänden „aus den Vorschlagslisten der Kreise und kreisfreien Städte" vorgeschlagen worden sind (§ 12 Abs. 5 S. 2). Hier ist die Parität systemwidrig durchbrochen, weil keine ehrenamtlichen Richter aus den Kreisen der Betroffenen mitwirken. Das ist nach Abs. 4 in Angelegenheiten des sozialen Entschädigungsrechts und des Schwerbehindertenrechts anders; dort sind Richter „aus dem Kreis der Versorgungsberechtigten" und aus dem Kreis der „mit dem sozialen Entschädigungsrecht vertrauten Personen" zur Mitwirkung berufen. Faktisch schlagen die Sozialverbände und die Versorgungsverwaltung die geeigneten Personen vor.

6   In den Kammern und Senaten für Vertragsarztrecht wirken ehrenamtliche Richter aus den Kreisen der Vertragsärzte (einschließlich der Psychotherapeuten), der Vertragszahnärzte sowie der Krankenkassen mit (§ 12 Abs. 3). Die Aufzählung ist abschließend; auch wenn ein vertragsarztrechtliches Streitverfahren Belange von Zahntechnikern, Krankenhausträgern oder Arzneimittelherstellern betrifft, kommen nur die in § 12 Abs. 3 genannten Besetzungen in Frage. Das Vertragsarztrecht im Sinne dieser Vorschrift ist in § 10 Abs. 2 definiert. Zu den dort genannten Streitigkeiten gehören auch Verfahren gegen den Gemeinsamen Bundesausschuss im Sinne des § 91 SGB V, die von Leistungserbringern oder den Trägerorganisationen gegen den GBA angestrengt werden (BSG 6. 5. 2009 – B 6 A 1/08 R; BSG 3. 2. 2010 – B 6 KA 31/09 R, auch mit Nachweisen zur Gegenauffassung des 1. Senats des BSG) Die Frage ist zur Zeit beim Großen Senat anhängig (GS 1/10). Dabei unterscheidet das Gesetz zwischen „Angelegenheiten des Vertragsarztrechts", in denen je ein Arzt (Zahnarzt) und ein Kassenvertreter mitentscheiden, und „Angelegenheiten der Vertrags(Zahn)ärzte", in denen zwei Ärzte (Zahnärzte) neben den Berufsrichtern mitentscheiden. Die Abgrenzung erfolgt im Grundsatz danach, ob die angefochtene Verwaltungsentscheidung ein nur aus Ärzten bestehendes Gremium oder ein mit Vertretern von Ärzten und Krankenkassen besetztes Gremium getroffen hat (BSG 1. 7. 1998 SozR 3–5520 § 31 Nr. 8 sowie Wenner, NZS 1999, 172). Diese Regelung ist sehr streitanfällig, insbesondere, wenn keine „angefochtene" Verwaltungsentscheidung existiert.

E. Ernennung ehrenamtlicher Richter

7   Die ehrenamtlichen Richter an den Sozial- und Landessozialgerichten werden von der nach Landesrecht zuständigen Stelle berufen (§ 13 Abs. 1). Das kann das Ministerium sein, bei dem die Sozialgerichtsbarkeit ressortiert (Sozial- oder Justizministerium), oder der Präsident des LSG als Behörde, wenn diese Befugnis ihm übertragen worden ist. Die ehrenamtlichen Richter am BSG werden vom Bundesministerium für Arbeit und Soziales berufen (§ 45 Abs. 2). Die Berufung durch eine Behörde der unmittelbaren Staatsverwaltung ist für die Legitimation der ehrenamtlichen Richter entscheidend; ungeachtet des Vorschlagsrechts der in § 14 genannten Verbände und Körperschaften (ua. Arbeitgebervereinigungen, Gewerkschaften und Kassenärztliche Vereinigungen) beruht das Amt auf einem **staatlichen Ernennungsakt.** Die ernennende Behörde muss nicht unbesehen die in den Vorschlagslisten verzeichneten Personen ernennen; sie kann nach § 13 Abs. 1 S. 2 eine Ergänzung der Listen verlangen. Selbst wenn in der Praxis die Ernennungsbehörde den Vorschlagslisten folgt, kann von einer Ernennung der ehrenamtlichen Richter durch die vorschlagsberechtigten Vereinigungen keine Rede sein. Verfassungsrechtliche Bedenken gegen das Vorschlags- und Ernennungsverfahren sind deshalb von BVerfG und BSG immer wieder zurückgewiesen worden (vgl. Meyer-Ladewig/Keller, SGG, § 3 Rn. 4). Die Vorgabe des § 47 Satz 1 für die ehrenamtlichen Richter beim BSG, dass sie nämlich zuvor mindestens fünf Jahre ehrenamtliche Richter bei einem SG oder LSG gewesen sein sollen, wird in der Praxis nicht durchweg beachtet. Wegen der Wendung „sollen" macht eine Nichtbeachtung der Vorschrift im Einzelfall die konkrete Ernennung jedoch nicht unwirksam (Leitherer in: Meyer-Ladewig/Keller/Leitherer, SGG, § 47 RdNr. 3).

F. Inkompatibilitäten

8   Niemand soll Richter in eigener Sache sein. Deshalb schließt § 17 Abs. 2 die Vorstandsmitglieder der Sozialversicherungsträger, der Bundesagentur und der Kassen(zahn)ärztlichen Vereinigungen von der Ausübung des Amtes eines ehrenamtlichen Richters aus. Die übrigen Bediensteten der Sozialversicherungsträger dürfen zwar grundsätzlich als ehrenamtliche Richter tätig werden, sind jedoch von der Mitwirkung in den Spruchkörpern ausgeschlossen, in denen über Streitigkeiten aus ihrem Arbeitsgebiet entschieden wird (§ 17 Abs. 3). Mit „Arbeitsgebiet" im Sinne dieser Vorschrift ist der gesamte Aufgabenbereich der juristischen Person des öffentlichen Rechts beschrieben, bei der der Betroffene beschäftigt ist (BSG 25. 11. 1998 SozR 3–1500 § 17 Nr. 3 S. 6). Bedienstete aller Rentenversicherungsträger dürfen deshalb in Kammern des SG nicht mitwirken, die über Angelegenheiten der Rentenversicherung entscheiden.

9   Eine Ausnahme von dieser grundsätzlich weit gefassten Inkompatibilität enthält § 17 Abs. 4 zu Gunsten der Vorstandsmitglieder von Krankenkassen und Kassenärztlichen Vereinigungen. Diese dürfen in den Spruchkörpern für Vertragsarztrecht (§ 10 Abs. 2) als ehrenamtliche Richter mitwirken. Davon machen die Betroffenen traditionell in großem Umfang Gebrauch; so sind etwa alle Vorstandsvorsitzende der Spitzenverbände der Krankenkassen (§ 213 SGB V) und auch die Vorsitzende des Spitzenverbandes Bund der Krankenkassen ehrenamtliche Richter(innen) in dem für das Vertragsarzt-

recht zuständigen 6. Senat des BSG. Das führt nicht selten zum Ausschluss der Mitwirkung nach § 60 Abs. 1 SGG in Verbindung mit § 41 Nr. 4 ZPO, soweit die Krankenkasse oder der Krankenkassenverband, dessen Vorstand der ehrenamtliche Richter angehört, aktiv am konkreten Verfahren beteiligt ist (BSG 8. 5. 1996 SozR 3–5407 Art. 33 § 3 a Nr. 1). Die bloße Beiladung reicht nicht aus, weil anderenfalls die von § 17 Abs. 4 im Hinblick auf die große Sachkunde der betroffenen Personen zugelassene Mitwirkung weitgehend leer laufen würde.

G. Beendigung des Amtes eines ehrenamtlichen Richters

Besetzungsrügen haben in der Sozialgerichtsbarkeit nicht annähernd die Bedeutung wie im Strafverfahren. Soweit sie dennoch erhoben werden, beziehen sie sich in der Regel auf die ehrenamtlichen Richter. Nicht immer gelingt es, nach Ablauf der fünfjährigen Amtsperiode im Sinne des § 13 Abs. 1 rechtzeitig neue Richter zu berufen oder die bisherigen erneut zu berufen. Um die Sozialgerichte, die nicht ohne ehrenamtliche Richter entscheiden können, handlungsfähig zu halten, bestimmt § 13 Abs. 3 S. 1, dass die ehrenamtlichen Richter im Amt bleiben, „bis ihre Nachfolger berufen sind". Eine starre zeitliche Grenze für diese Mitwirkungsberechtigung über die eigentliche Amtszeit hinaus ist nicht gesetzt; allenfalls eine „ganz erhebliche" Überschreitung der fünfjährigen Amtsperiode kann zu einer Verletzung des Anspruchs auf den „gesetzlichen Richter" im Sinne des Art. 101 Abs. 1 S. 2 GG führen (BSG NJW 2007, 2717, 2719). 10

§ 22 regelt die Amtsenthebung ehrenamtlicher Richter bei Fehlern im Berufungsverfahren und Pflichtverletzungen. Für die Verfahrensbeteiligten wichtig ist die Regelung des Abs. 1 S. 3 und 4. Danach „kann" der ehrenamtliche Richter von seinem Amt entbunden werden, wenn die Voraussetzung für seine Berufung während seiner Amtszeit wegfällt, wenn also zB ein „Arbeitnehmer" im Sinne des § 12 Abs. 5 Rentner wird, oder ein Vertragsarzt im Sinne des § 12 Abs. 3 auf seine Zulassung zur vertragsärztlichen Tätigkeit verzichtet. Das muss nicht, vor allem nicht unverzüglich geschehen. Jedenfalls ist die Nichtentbindung kein Verfahrensmangel, der eine Revision begründen könnte. 11

Dritter Abschnitt. Landessozialgerichte

§ 28 [Errichtung, Sitz]

(1) ¹Die Landessozialgerichte werden als Landesgerichte errichtet. ²Die Errichtung und Aufhebung eines Gerichts und die Verlegung eines Gerichtssitzes werden durch Gesetz angeordnet. ³Änderungen in der Abgrenzung der Gerichtsbezirke können auch durch Rechtsverordnung bestimmt werden. ⁴Die Landesregierung oder die von ihr beauftragte Stelle kann anordnen, daß außerhalb des Sitzes des Landessozialgerichts Zweigstellen errichtet werden.

(2) Mehrere Länder können ein gemeinsames Landessozialgericht errichten.

§ 29 [Funktionelle Zuständigkeit]

(1) **Die Landessozialgerichte entscheiden im zweiten Rechtszug über die Berufung gegen die Urteile und die Beschwerden gegen andere Entscheidungen der Sozialgerichte.**

(2) **Die Landessozialgerichte entscheiden im ersten Rechtszug über**

1. Klagen gegen Entscheidungen der Landesschiedsämter und gegen Beanstandungen von Entscheidungen der Landesschiedsämter nach dem Fünften Buch Sozialgesetzbuch, gegen Entscheidungen der Schiedsstellen nach § 120 Abs. 4 des Fünften Buches Sozialgesetzbuch, der Schiedsstelle nach § 76 des Elften Buches Sozialgesetzbuch und der Schiedsstellen nach § 80 des Zwölften Buches Sozialgesetzbuch,
2. Aufsichtsangelegenheiten gegenüber Trägern der Sozialversicherung und ihren Verbänden, gegenüber den Kassenärztlichen und Kassenzahnärztlichen Vereinigungen sowie der Kassenärztlichen und Kassenzahnärztlichen Bundesvereinigung, bei denen die Aufsicht von einer Landes- oder Bundesbehörde ausgeübt wird,
3. Klagen in Angelegenheiten der Erstattung von Aufwendungen nach § 6 b des Zweiten Buches Sozialgesetzbuch,
4. Anträge nach § 55 a.

(3) **Das Landessozialgericht Nordrhein-Westfalen entscheidet im ersten Rechtszug über**

1. Streitigkeiten zwischen gesetzlichen Krankenkassen oder ihren Verbänden und dem Bundesversicherungsamt betreffend den Risikostrukturausgleich, die Anerkennung von strukturierten Behandlungsprogrammen und die Verwaltung des Gesundheitsfonds,

2. Streitigkeiten betreffend den Finanzausgleich der gesetzlichen Pflegeversicherung,
3. Streitigkeiten betreffend den Ausgleich unter den gewerblichen Berufsgenossenschaften nach dem Siebten Buch Sozialgesetzbuch.

(4) Das Landessozialgericht Berlin-Brandenburg entscheidet im ersten Rechtszug über
1. Klagen gegen die Entscheidung der gemeinsamen Schiedsämter nach § 89 Abs. 4 des Fünften Buches Sozialgesetzbuch und des Bundesschiedsamtes nach § 89 Abs. 7 des Fünften Buches Sozialgesetzbuch sowie der erweiterten Bewertungsausschüsse nach § 87 Abs. 4 des Fünften Buches Sozialgesetzbuch, soweit die Klagen von den Einrichtungen erhoben werden, die diese Gremien bilden,
2. Klagen gegen Entscheidungen des Bundesministeriums für Gesundheit nach § 87 Abs. 6 des Fünften Buches Sozialgesetzbuch gegenüber den Bewertungsausschüssen und den erweiterten Bewertungsausschüssen sowie gegen Beanstandungen des Bundesministeriums für Gesundheit gegenüber den Bundesschiedsämtern,
3. Klagen gegen Entscheidungen und Richtlinien des Gemeinsamen Bundesausschusses (§§ 91, 92 des Fünften Buches Sozialgesetzbuch), Klagen in Aufsichtsangelegenheiten gegenüber dem Gemeinsamen Bundesausschuss, Klagen gegen die Festsetzung von Festbeträgen durch die Spitzenverbände der Krankenkassen oder den Spitzenverband Bund der Krankenkassen sowie Klagen gegen Entscheidungen der Schiedsstellen nach den §§ 129 und 130 b des Fünften Buches Sozialgesetzbuch.

§ 30 [Besetzung, Dienstaufsicht]

(1) Das Landessozialgericht besteht aus dem Präsidenten, den Vorsitzenden Richtern, weiteren Berufsrichtern und den ehrenamtlichen Richtern.

(2) Die für die allgemeine Dienstaufsicht und die sonstigen Geschäfte der Gerichtsverwaltung zuständige Stelle wird durch Landesrecht bestimmt.

§ 31 [Fachsenate]

(1) ¹Bei den Landessozialgerichten werden Senate für Angelegenheiten der Sozialversicherung, der Arbeitsförderung einschließlich der übrigen Aufgaben der Bundesagentur für Arbeit, für Angelegenheiten der Grundsicherung für Arbeitsuchende, für Angelegenheiten der Sozialhilfe und des Asylbewerberleistungsgesetzes sowie für Angelegenheiten des sozialen Entschädigungsrechts und des Schwerbehindertenrechts gebildet. ²Für Angelegenheiten der Knappschaftsversicherung einschließlich der Unfallversicherung für den Bergbau kann ein eigener Senat gebildet werden.

(2) Für die Angelegenheiten des Vertragsarztrechts und für Antragsverfahren nach § 55 a ist jeweils ein eigener Senat zu bilden.

(3) Die beteiligten Länder können die Ausdehnung des Bezirks eines Senats auf das Gebiet oder auf Gebietsteile mehrerer Länder vereinbaren.

§ 32 [Richter auf Lebenszeit]

(1) Die Berufsrichter werden von der nach Landesrecht zuständigen Stelle auf Lebenszeit ernannt.

(2) (weggefallen)

§ 33 [Besetzung der Senate]

¹Jeder Senat wird in der Besetzung mit einem Vorsitzenden, zwei weiteren Berufsrichtern und zwei ehrenamtlichen Richtern tätig. ²§ 12 Abs. 1 Satz 2, Abs. 2 bis 5 gilt entsprechend.

§ 34 (weggefallen)

§ 35 [Ehrenamtliche Richter]

(1) ¹Die ehrenamtlichen Richter beim Landessozialgericht müssen das dreißigste Lebensjahr vollendet haben; sie sollen mindestens fünf Jahre ehrenamtliche Richter bei einem Sozialgericht gewesen sein. ²Im übrigen gelten die §§ 13 bis 23.

(2) In den Fällen des § 18 Abs. 4, der §§ 21 und 22 Abs. 2 entscheidet der vom Präsidium für jedes Geschäftsjahr im voraus bestimmte Senat.

§§ 36 und 37 (weggefallen)

A. Landessozialgerichte als Rechtsmittelgerichte

Landessozialgerichte werden wie die Sozialgerichte als Gerichte der Länder errichtet. Jedes Bundesland kann nur ein LSG errichten; allerdings ist nach § 28 Abs. 1 Satz 4 die Einrichtung von Zweigstellen „des" LSG zulässig. Von dieser Möglichkeit hat nur Bayern Gebrauch gemacht, dessen LSG seinen Hauptsitz in München und eine Zweigstelle in Schweinfurt hat. **1**

Mehrere Bundesländer können nach § 28 Abs. 2 ein gemeinsames LSG errichten. Davon haben Niedersachsen und Bremen durch die Errichtung eines „LSG Niedersachsen-Bremen" mit Hauptsitz in Celle und Zweigstelle in Bremen Gebrauch gemacht. In Potsdam amtiert das „LSG Berlin-Brandenburg" als gemeinsames LSG dieser Länder. Die Errichtung ist jeweils durch einen Staatsvertrag der beteiligten Länder erfolgt, der von den Landtagen ratifiziert werden muss. Darin werden ua. die dienstrechtlichen Auswirkungen der Gerichtsfusionen, die Modalitäten der Ernennung von neuen Richtern sowie der Bestand der Mitwirkungsgremien geregelt. **2**

Die Landessozialgerichte waren bis zum 31. 3. 2008 ausschließlich Rechtsmittelgerichte; sie entscheiden als solche über Berufungen gegen Urteile der Sozialgerichte und über Beschwerden gegen deren Beschlüsse (§ 29 Abs. 1), vor allem solche in Verfahren des vorläufigen Rechtsschutzes nach § 86b. Die Landessozialgerichte entscheiden als Berufungsgericht regelmäßig in der „großen" Besetzung des § 33 mit einem Vorsitzenden, zwei weiteren Berufsrichtern und zwei ehrenamtlichen Richtern. Auch wenn das Berufungsurteil auf der Grundlage des § 124 Abs. 2 ohne mündliche Verhandlung ergeht, wirken die ehrenamtlichen Richter mit. Ohne deren Mitwirkung, also nur durch drei Berufsrichter, kann das LSG über eine Berufung durch Beschluss entscheiden, wenn alle drei Richter die Berufung für unbegründet und eine mündliche Verhandlung für nicht erforderlich halten (§ 153 Abs. 4). Von dieser vereinfachten Berufungszurückweisung darf das LSG keinen Gebrauch machen, wenn schon das SG durch Gerichtsbescheid ohne Beteiligung der ehrenamtlichen Richter entschieden hat. In diesem Fall kann der Berichterstatter mit zwei ehrenamtlichen Richtern über die Berufung entscheiden (§ 153 Abs. 5), und zwar grundsätzlich auf Grund einer mündlichen Verhandlung. **3**

Für das LSG gilt das Fachsenatsprinzip, es müssen also für die Angelegenheiten der Sozialversicherung, der Arbeitsförderung, der Grundsicherung für Arbeitsuchende, für Sozialhilfe, für das soziale Entschädigungsrecht und für das Vertragsarztrecht eigene Senate gebildet werden. Jedes LSG muss daher mindestens sechs Senate haben, wobei mehrere Senate mit den gleichen Berufsrichtern besetzt werden können. Hat ein Senat entscheiden, die für das jeweilige Fachgebiet nicht zuständig ist, liegt darin nach Ansicht des BSG eine wesentlicher Verfahrensmangel und zugleich ein absoluter Revisionsgrund im Sinne des § 202 in Verbindung mit § 547 Nr. 1 ZPO, der im Revisionsverfahren von Amts wegen zu prüfen sein soll (BSG v. 8. 11. 2007 SozR 4–1500 § 155 Nr. 2 Rn. 14).

B. Landessozialgerichte als erstinstanzliche Gerichte

Zur Entlastung der – vor allem als Folge der zahlreichen Streitverfahren um Leistungen nach dem SGB II – erheblich überlasteten Sozialgerichte wurden den Landessozialgerichten zum 1. 4. 2008 Kompetenzen zur Entscheidung als erstinstanzliches Gericht übertragen (§ 29 Abs. 2–4). Diese Befugnisse sind zunächst durch Art. 2b Nr. 2 des GKV-OrgWG v. 15. 12. 2008 (BGBl. I, 2426) noch erweitert worden. Danach waren die LSGe erst- und letztinstanzlich zuständig für die Nachprüfung von Entscheidungen der Vergabekammern in Angelegenheiten des SGB V. Diese in § 142a näher beschriebene Zuständigkeit ist mit Wirkung vom 1. 1. 2011 wieder entfallen; durch Art. 2 Nr. 1 des AMNOG v. 22. 12. 2010 (BGBl. I, 2262) sind die Zuständigkeiten der Sozialgerichtsbarkeit in vergaberechtlichen Angelegenheiten des SGB V übergangslos beseitigt worden. § 29 Abs. 5 ist deshalb aufgehoben worden. **4**

Vier Fallgruppen erstinstanzlicher Zuständigkeiten der LSGe sind nunmehr zu unterscheiden, deren gemeinsamer Schwerpunkt in Angelegenheiten des SGB V und – praktisch bislang weniger wichtig – des SGB XI liegt. Alle Landessozialgerichte entscheiden erstinstanzlich über Klagen gegen Landesschiedsämter und Schiedsstellen sowie über Aufsichtsstreitigkeiten zwischen den Selbstverwaltungskörperschaften und ihren Aufsichtsbehörden. Dieser Zuständigkeitskatalog ist durch Art. 4 des „Gesetzes zur Ermittlung von Regelbedarfen" dahin erweitert worden, dass die LSGe nunmehr auch für Klagen in Angelegenheiten von Aufwendungen nach § 6b SGB II und vor allem für Anträge nach § 55a erstinstanzlich zuständig sind. Das betrifft Verfahren der abstrakten Normenkontrolle von kommunalen Satzungen zur Festlegung angemessener Unterkunftskosten im Sinne des § 22 SGB II. Die Regelung des § 55a ist ausweislich der Gesetzesbegründung (BT Drucks. 17/3404 S. 218) dem **5**

§ 47 VwGO nachgebildet worden; deshalb ist die Ansiedlung der Zuständigkeit bei dem jeweiligen oberen Landesgericht konsequent.

6 Das LSG NRW in Essen entscheidet erstinstanzlich in allen Angelegenheiten des Risikostrukturausgleichs und der Verwaltung des Gesundheitsfonds sowie des Finanzausgleichs in der sozialen Pflegeversicherung (§ 29 Abs. 3). In den entsprechenden Verfahren wird die beklagte Bundesrepublik durch das Bundesversicherungsamt vertreten, das sein Sitz in Bonn, also in NRW, hat.

7 Das LSG Berlin-Brandenburg entscheidet erstinstanzlich über Klagen gegen die Bundesschiedsämter, über Beanstandungen von Entscheidungen der Bewertungsausschüsse und über Klagen gegen Entscheidungen des Gemeinsamen Bundesausschusses im Sinne des § 91 SGB V (§ 29 Abs. 4; vgl. BSG v. 3. 2. 2010 – B 6 KA 31/09 R). Nach der Neufassung des § 29 Abs. 4 Nr. 3 durch Art. 2 Nr. 1 GKV-FinG entscheidet das LSG Berlin-Brandenburg auch über Klagen gegen die neu errichteten Schiedsstellen zur Arzneimittelversorgung nach § 129 und § 130 b SGB V. Die beteiligten Institutionen (KÄBV, Spitzenverband Bund der Krankenkassen, GBA) haben ihren Sitz in Berlin. Erstinstanzliche Zuständigkeiten des BSG in diesen Angelegenheiten sind nicht vorgesehen.

Vierter Abschnitt. Bundessozialgericht

§ 38 [Sitz, Besetzung, Berufsrichter, Dienstaufsicht]

(1) Das Bundessozialgericht hat seinen Sitz in Kassel.

(2) ¹Das Bundessozialgericht besteht aus dem Präsidenten, den Vorsitzenden Richtern, weiteren Berufsrichtern und den ehrenamtlichen Richtern. ²Die Berufsrichter müssen das fünfunddreißigste Lebensjahr vollendet haben. ³Für die Berufung der Berufsrichter gelten die Vorschriften des Richterwahlgesetzes. ⁴Zuständiger Minister im Sinne des § 1 Abs. 1 des Richterwahlgesetzes ist der Bundesminister für Arbeit und Soziales.

(3) ¹Das Bundesministerium für Arbeit und Soziales führt die allgemeine Dienstaufsicht und die sonstigen Geschäfte der Gerichtsverwaltung. ²Es kann die allgemeine Dienstaufsicht und die sonstigen Geschäfte der Gerichtsverwaltung auf den Präsidenten des Bundessozialgerichts übertragen.

§ 39 [Funktionelle und sachliche Zuständigkeit]

(1) Das Bundessozialgericht entscheidet über das Rechtsmittel der Revision.

(2) ¹Das Bundessozialgericht entscheidet im ersten und letzten Rechtszug über Streitigkeiten nicht verfassungsrechtlicher Art zwischen dem Bund und den Ländern sowie zwischen verschiedenen Ländern in Angelegenheiten des § 51. ²Hält das Bundessozialgericht in diesen Fällen eine Streitigkeit für verfassungsrechtlich, so legt es die Sache dem Bundesverfassungsgericht zur Entscheidung vor. ³Das Bundesverfassungsgericht entscheidet mit bindender Wirkung.

§ 40 [Fachsenate]

¹Für die Bildung und Besetzung der Senate gelten § 31 Abs. 1 und § 33 entsprechend. ²Für Angelegenheiten des Vertragsarztrechts ist mindestens ein Senat zu bilden. ³Für Angelegenheiten der Knappschaftsversicherung einschließlich der Unfallversicherung für den Bergbau kann ein eigener Senat gebildet werden. ⁴In den Senaten für Angelegenheiten des § 51 Abs. 1 Nr. 6 a wirken ehrenamtliche Richter aus der Vorschlagsliste der Bundesvereinigung der kommunalen Spitzenverbände mit.

§ 41 [Großer Senat]

(1) Bei dem Bundessozialgericht wird ein Großer Senat gebildet.

(2) Der Große Senat entscheidet, wenn ein Senat in einer Rechtsfrage von der Entscheidung eines anderen Senats oder des Großen Senats abweichen will.

(3) ¹Eine Vorlage an den Großen Senat ist nur zulässig, wenn der Senat, von dessen Entscheidung abgewichen werden soll, auf Anfrage des erkennenden Senats erklärt hat, daß er an seiner Rechtsauffassung festhält. ²Kann der Senat, von dessen Entscheidung abgewichen werden soll, wegen einer Änderung des Geschäftsverteilungsplanes mit der Rechtsfrage nicht mehr befaßt werden, tritt der Senat an seine Stelle, der nach dem Geschäftsverteilungsplan für den Fall, in dem abweichend entschieden wurde, nunmehr zuständig wäre. ³Über die Anfrage und die Antwort entscheidet der jeweilige Senat durch Beschluß in der für Urteile erforderlichen Besetzung.

(4) Der erkennende Senat kann eine Frage von grundsätzlicher Bedeutung dem Großen Senat zur Entscheidung vorlegen, wenn das nach seiner Auffassung zur Fortbildung des Rechts oder zur Sicherung einer einheitlichen Rechtsprechung erforderlich ist.

(5) ¹Der Große Senat besteht aus dem Präsidenten, je einem Berufsrichter der Senate, in denen der Präsident nicht den Vorsitz führt, je zwei ehrenamtlichen Richtern aus dem Kreis der Versicherten und dem Kreis der Arbeitgeber sowie je einem ehrenamtlichen Richter aus dem Kreis der mit dem sozialen Entschädigungsrecht oder der Teilhabe behinderter Menschen vertrauten Personen und dem Kreis der Versorgungsberechtigten und der behinderten Menschen im Sinne des Neunten Buches Sozialgesetzbuch. ²Legt der Senat für Angelegenheiten des Vertragsarztrechts vor oder soll von dessen Entscheidung abgewichen werden, gehören dem Großen Senat außerdem je ein ehrenamtlicher Richter aus dem Kreis der Krankenkassen und dem Kreis der Vertragsärzte, Vertragszahnärzte und Psychotherapeuten an. ³Legt der Senat für Angelegenheiten des § 51 Abs. 1 Nr. 6a vor oder soll von dessen Entscheidung abgewichen werden, gehören dem Großen Senat außerdem zwei ehrenamtliche Richter aus dem Kreis der von der Bundesvereinigung der kommunalen Spitzenverbände Vorgeschlagenen an. ⁴Sind Senate personengleich besetzt, wird aus ihnen nur ein Berufsrichter bestellt; er hat nur eine Stimme. ⁵Bei einer Verhinderung des Präsidenten tritt ein Berufsrichter des Senats, dem er angehört, an seine Stelle.

(6) ¹Die Mitglieder und die Vertreter werden durch das Präsidium für ein Geschäftsjahr bestellt. ²Den Vorsitz im Großen Senat führt der Präsident, bei Verhinderung das dienstälteste Mitglied. ³Bei Stimmengleichheit gibt die Stimme des Vorsitzenden den Ausschlag.

(7) ¹Der Große Senat entscheidet nur über die Rechtsfrage. ²Er kann ohne mündliche Verhandlung entscheiden. ³Seine Entscheidung ist in der vorliegenden Sache für den erkennenden Senat bindend.

§§ 42–44 *(aufgehoben)*

§ 45 [Ehrenamtliche Richter, Zahl, Berufung, Amtsdauer]

(1) Das Bundesministerium für Arbeit und Soziales bestimmt nach Anhörung des Präsidenten des Bundessozialgerichts die Zahl der für die einzelnen Zweige der Sozialgerichtsbarkeit zu berufenden ehrenamtlichen Richter.

(2) ¹Die ehrenamtlichen Richter werden vom Bundesministerium für Arbeit und Soziales auf Grund von Vorschlagslisten (§ 46) für die Dauer von fünf Jahren berufen; sie sind in angemessenem Verhältnis unter billiger Berücksichtigung der Minderheiten aus den Vorschlagslisten zu entnehmen. ²Das Bundesministerium für Arbeit und Soziales kann eine Ergänzung der Vorschlagslisten verlangen. ³§ 13 Abs. 2 gilt entsprechend mit der Maßgabe, dass das Bundesministerium für Arbeit und Soziales durch Rechtsverordnung eine einheitliche Amtsperiode festlegen kann.

(3) ¹Die ehrenamtlichen Richter bleiben nach Ablauf ihrer Amtszeit im Amt, bis ihre Nachfolger berufen sind. ²Erneute Berufung ist zulässig.

§ 46 [Vorschlagslisten; Vorschlagsrecht]

(1) Die Vorschlagslisten für die ehrenamtlichen Richter in den Senaten für Angelegenheiten der Sozialversicherung und der Arbeitsförderung sowie der Grundsicherung für Arbeitsuchende werden von den in § 14 Abs. 1 aufgeführten Organisationen und Behörden aufgestellt.

(2) Die Vorschlagslisten für die ehrenamtlichen Richter in den Senaten für Angelegenheiten des Vertragsarztrechts werden von den Kassenärztlichen (Kassenzahnärztlichen) Vereinigungen und gemeinsam von den Zusammenschlüssen der Krankenkassen, die sich über das Bundesgebiet erstrecken, aufgestellt.

(3) Die ehrenamtlichen Richter für die Senate für Angelegenheiten des sozialen Entschädigungsrechts und des Schwerbehindertenrechts werden auf Vorschlag der obersten Verwaltungsbehörden der Länder sowie der in § 14 Abs. 3 Satz 2 und 3 genannten Vereinigungen, die sich über das Bundesgebiet erstrecken, berufen.

(4) Die ehrenamtlichen Richter für die Senate für Angelegenheiten der Sozialhilfe und des Asylbewerberleistungsgesetzes werden auf Vorschlag der Bundesvereinigung der kommunalen Spitzenverbände berufen.

§ 47 [Berufung der ehrenamtlichen Richter]

¹Die ehrenamtlichen Richter am Bundessozialgericht müssen das fünfunddreißigste Lebensjahr vollendet haben; sie sollen mindestens fünf Jahre ehrenamtliche Richter an einem Sozialgericht oder Landessozialgericht gewesen sein. ²Im übrigen gelten die §§ 16 bis 23 entsprechend mit der Maßgabe, daß in den Fällen des § 18 Abs. 4, der §§ 21 und 22 Abs. 2 der vom Präsidium für jedes Geschäftsjahr im voraus bestimmte Senat des Bundessozialgerichts entscheidet.

§§ 48 und 49 (weggefallen)

§ 50 [Geschäftsordnung]

Der Geschäftsgang wird durch eine Geschäftsordnung geregelt, die das Präsidium unter Zuziehung der beiden der Geburt nach ältesten ehrenamtlichen Richter beschließt.

A. Bundessozialgericht

1   Das Bundessozialgericht (BSG) ist einer der fünf obersten Gerichtshöfe des Bundes im Sinne des Art. 95 Abs. 1 GG. Er ressortiert wie das Bundesarbeitsgericht bei dem Bundesministerium für Arbeit und Soziales (BMAS), der im Sinne des § 38 Abs. 3 die allgemeine Dienstaufsicht führt. Das BSG besteht aus dem Präsidenten, Vorsitzenden Richtern und weiteren Berufsrichtern.

2   Die Berufung der Berufsrichter richtet sich nach dem Richterwahlgesetz; danach erfolgt zunächst eine Wahl durch den aus 16 Abgeordneten und den 16 für die Sozialgerichtsbarkeit in den Ländern zuständigen Ministern (Senatoren) bestehenden **Richterwahlausschuss**. Nur die von diesem Gremium Gewählten kann der zuständige Minister (BMAS) dem Bundespräsident zur Ernennung vorschlagen. Verfassungsrechtlich kann der Minister wohl ablehnen, einen Gewählten vorzuschlagen, doch wird das nicht praktisch. Der Minister hat den Vorsitz im Richterwahlausschuss und wird dort etwaige Bedenken vorbringen, um so die Wahl einer Person zu verhindern, die er nicht vorschlagen würde.

3   Die Ernennung von Vorsitzenden Richtern und des Präsidenten des BSG erfolgt ohne Mitwirkung des Richterwahlausschusses allein durch den Bundespräsidenten auf Vorschlag des BMAS. In der Geschäftsordnung der Bundesregierung ist bestimmt, dass das Kabinett diesem Vorschlag zuvor zugestimmt haben muss. Zum Vorsitzenden Richter am BSG und zum Präsidenten kann nur berufen werden, wer zuvor vom Richterwahlausschuss zum Richter am BSG gewählt worden ist. Für eine Besetzung des Chefpostens „von außen" ist die Regierung daher immer auf die Mehrheit im Richterwahlausschuss angewiesen.

B. Aufgaben und Kompetenzen

4   Das BSG entscheidet als Revisionsgericht (§ 39 Abs. 1) über Urteile der Landessozialgerichte und – im Falle der Sprungrevision nach § 161 – der Sozialgerichte. Weiterhin entscheidet es über die Beschwerde gegen die **Nichtzulassung der Revision** (Nichtzulassungsbeschwerde nach § 160 a), über Anhörungsrügen gegenüber eigenen Entscheidungen (§ 178 a) sowie über die Beschwerde nach § 17 a Abs. 4 GVG (Zulässigkeit des Rechtsweges). Andere Zuständigkeiten hat das BSG nur, wenn sie ihm gesetzlich zugewiesen werden. Das ist in § 39 Abs. 2 für (ganz seltene) Streitigkeiten zwischen Bund und Ländern in Angelegenheiten der Sozialgerichtsbarkeit geschehen. Drei spezialgesetzliche Regelungen begründen ebenfalls eine erstinstanzliche Zuständigkeit des BSG: Ihm obliegt die Entscheidung über Versorgungsangelegenheiten der Angehörigen des Bundesnachrichtendienstes (§ 88 Abs. 7 Soldatenversorgungsgesetz und § 158 Nr. 5 SGB IX) und über Beschlüsse des Neutralitätsausschusses der Bundesagentur für Arbeit in Arbeitskämpfen nach § 146 Abs. 5 SGB III).

C. Großer Senat

5   Wie bei allen obersten Gerichtshöfen des Bundes besteht auch beim BSG ein **„Großer Senat"**, der zur Entscheidung berufen ist, wenn zwei Senate des BSG eine Rechtsfrage abweichend voneinander beurteilen. Die Divergenz muss für die jeweilige Entscheidung, also diejenige, von der abgewichen werden soll, wie für die, die abweichen würde, tragend sein. (BS 3. 2. 2010 – B 6 KA 31/09 R). Wenn nur von obiter dicta eines anderen Senats abgewichen werden soll, besteht in der Regel auch kein Anlass, den Großen Senat nach § 41 Abs. 4 zur Rechtsfortbildung oder Sicherung einer einheitlichen Rechtsprechung anzurufen. Der Große Senat entscheidet bei einer Divergenz zwischen zwei Senaten nicht den „Fall" an Stelle eines Senates sondern nur die Rechtsfrage (§ 41 Abs. 7), vergleich-

bar dem EuGH im Verfahren nach Art. 267 EG. Der Große Senat hat zuletzt am 12. 12. 2008 im Verfahren GS 1/08 entschieden (SozR 4–1500 § 141 Nr. 1), zur Zeit sind Verfahren anhängig zur Abgrenzung der Angelegenheiten des Vertragsarztrechts im Sinne des § 10 Abs. 2 von denen der Krankenversicherung (GS 1/10) und zur Verwaltungsaktsqualität der Verrechung nach § 52 SGB I (GS 2/10).

D. Ehrenamtliche Richter

Anders als in allen anderen Gerichtsbarkeiten außer der Arbeitsgerichtsbarkeit wirken ehrenamtliche Richter in der Sozialgerichtsbarkeit auch im Revisionsverfahren mit; selbst im großen Senat des BSG entscheiden sechs ehrenamtliche Richter neben den Berufsrichtern. Ehrenamtliche Richter beim BSG sollen vor ihrer Berufung mindestens fünf Jahre als solche bei einem SG oder LSG gewirkt haben (§ 47 Abs. 1). Ihre Berufung obliegt dem BMAS, das an die Vorschlagslisten der vorschlagsberechtigten Institutionen (§ 46) insoweit gebunden ist, als es keine Personen berufen kann, die nicht vorgeschlagen worden sind. Die Amtszeit der ehrenamtlichen Richter, die in der Beratung dasselbe Stimmgewicht wie die Berufsrichter haben, beträgt fünf Jahre. Sie bleiben bis zur Berufung ihrer Nachfolger im Amt (§ 46 Abs. 2), damit kein Stillstand der Rechtspflege eintritt. Die ehrenamtlichen Richter wirken nicht nur bei Revisionsentscheidungen sondern auch bei der Entscheidung über eine Nichtzulassungsbeschwerde mit. Nur unzulässige Beschwerden kann der Senat durch Beschluss der Berufsrichter verwerfen; in allen anderen Fällen wirken die ehrenamtlichen Richter mit (§ 160a Abs. 4 S. 2). In Verbindung mit der Vielzahl der Gruppen von ehrenamtlichen Richtern, die je nach Materie zur Entscheidung berufen sind, erschwert das die Arbeit des Gerichts und belastet auch die ehrenamtlichen Richter. Bei Bedarf müssen sie nach Kassel reisen, nur um in einer einzigen Sache an einem Beschluss über die Zulassung der Revision mitzuwirken, über den nicht lange zu beraten ist. Hier besteht gesetzlicher Korrekturbedarf. **6**

E. Geschäftsordnung

Wie alle anderen obersten Gerichtshöfe des Bundes verfügt auch das BSG über eine eigene **Geschäftsordnung;** deren Rechtsgrundlage ergibt sich aus § 50. Das Recht, bestimmte eigene Angelegenheiten autonom regeln zu dürfen, steht nur dem BSG, nicht aber den Sozial- und Landessozialgerichten zu. Die aktuelle Geschäftsordnung des BSG ist am 25. 10. 2010 vom erweiterten Präsidium des BSG beschlossen und im Bundesanzeiger veröffentlicht worden. Das Erfordernis der Bestätigung durch den Bundesrat (§ 50 Satz 2 a. F.) ist mit Wirkung vom 5. 8. 2009 entfallen. Die Geschäftsordnung enthält keine für die Verfahrensbeteiligten wichtigen Vorschriften sondern befasst sich mit dem inneren Dienstbetrieb des Gerichts, regelt also zB die Praxis der Zuweisung der am Gericht tätigen wissenschaftlichen Mitarbeiter und den Geschäftsgang im Präsidium. Über die einzige derzeit zwischen dem Gerichtshof und einigen ehreamtlichen Richtern streitige Frage, ob nämlich das von dem Berichterstatter eines Verfahrens erstellte Votum nicht nur den anderen Berufsrichtern des Senats sondern auch den zur Mitwirkung bei der Entscheidung berufenen ehrenamtlichen Richtern zuzuleiten ist, enthält die Geschäftsordnung nunmehr den Grundsatz, dass den ehrenamtlichen Richtern am Tag vor der Sitzung der von Berufsrichtern erarbeitete vorläufige Entscheidungsvorschlag zur vertraulichen Kenntnisnahme zugeleitet werden kann, soweit der jeweilige Senat keine andere Regelung trifft. **7**

Fünfter Abschnitt. Besondere Spruchkörper der Verwaltungsgerichte

Bis zum 31. 12. 2008 waren in den §§ 50a ff die „Besonderen Spruchkörper" geregelt, also Kammern und Senate der Verwaltungs- und Oberverwaltungsgerichte, die die Funktion von Spruchkörpern der Sozialgerichtsbarkeit übernommen hatten. Die Normen sind außer Kraft getreten; für anhängige Verfahren gelten sie nach Maßgabe des § 206 weiter.

Fünfter Abschnitt. Rechtsweg und Zuständigkeit

§ 51 [Zulässigkeit des Rechtsweges; Generalklausel]

(1) **Die Gerichte der Sozialgerichtsbarkeit entscheiden über öffentlich-rechtliche Streitigkeiten**
  1. **in Angelegenheiten der gesetzlichen Rentenversicherung einschließlich der Alterssicherung der Landwirte,**
  2. **in Angelegenheiten der gesetzlichen Krankenversicherung, der sozialen Pflegeversicherung und der privaten Pflegeversicherung (Elftes Buch Sozialgesetzbuch), auch soweit**

durch diese Angelegenheiten Dritte betroffen werden; dies gilt nicht für Streitigkeiten in Angelegenheiten nach § 110 des Fünften Buches Sozialgesetzbuch aufgrund einer Kündigung von Versorgungsverträgen, die für Hochschulkliniken oder Plankrankenhäuser (§ 108 Nr. 1 und 2 des Fünften Buches Sozialgesetzbuch) gelten,

3. in Angelegenheiten der gesetzlichen Unfallversicherung mit Ausnahme der Streitigkeiten aufgrund der Überwachung der Maßnahmen zur Prävention durch die Träger der gesetzlichen Unfallversicherung,
4. in Angelegenheiten der Arbeitsförderung einschließlich der übrigen Aufgaben der Bundesagentur für Arbeit,
4 a. in Angelegenheiten der Grundsicherung für Arbeitsuchende,
5. in sonstigen Angelegenheiten der Sozialversicherung,
6. in Angelegenheiten des sozialen Entschädigungsrechts mit Ausnahme der Streitigkeiten aufgrund der §§ 25 bis 27j des Bundesversorgungsgesetzes (Kriegsopferfürsorge), auch soweit andere Gesetze die entsprechende Anwendung dieser Vorschriften vorsehen,
6 a. in Angelegenheiten der Sozialhilfe und des Asylbewerberleistungsgesetzes,
7. bei der Feststellung von Behinderungen und ihrem Grad sowie weiterer gesundheitlicher Merkmale, ferner der Ausstellung, Verlängerung, Berichtigung und Einziehung von Ausweisen nach § 69 des Neunten Buches Sozialgesetzbuch,
8. die aufgrund des Aufwendungsausgleichsgesetzes entstehen,
9. *(aufgehoben)*
10. für die durch Gesetz der Rechtsweg vor diesen Gerichten eröffnet wird.

(2) ¹Die Gerichte der Sozialgerichtsbarkeit entscheiden auch über privatrechtliche Streitigkeiten in Angelegenheiten der gesetzlichen Krankenversicherung, auch soweit durch diese Angelegenheiten Dritte betroffen werden. ²Satz 1 gilt für die soziale Pflegeversicherung und die private Pflegeversicherung (Elftes Buch Sozialgesetzbuch) entsprechend.

(3) Von der Zuständigkeit der Gerichte der Sozialgerichtsbarkeit nach den Absätzen 1 und 2 ausgenommen sind Streitigkeiten in Verfahren nach dem Gesetz gegen Wettbewerbsbeschränkungen, die Rechtsbeziehungen nach § 69 des Fünften Buches Sozialgesetzbuch betreffen.

A. Grundnorm der Zuständigkeit

1   Die Vorschrift enthält – vergleichbar § 40 VwGO – die abschließende Regelung der Zuständigkeiten der Sozialgerichtsbarkeit. Über die Verweisung in Abs. 1 Nr. 10 werden auch Zuständigkeitsnormen erfasst, die in spezialgesetzlichen Vorschriften enthalten sind, zB in § 15 Bundeskindergeldgesetz und in § 68 Abs. 2 Infektionsschutzgesetz. Findet sich für einen Rechtsstreit kein Kompetenztitel in § 51, ist die Zuständigkeit der Sozialgerichte nicht eröffnet. Zuständig sind dann – soweit die Streitigkeit öffentlich-rechtlicher Art ist – die Verwaltungsgerichte kraft ihrer Auffangzuständigkeit nach § 40 VwGO.

B. Öffentlich-rechtliche und bürgerlich-rechtliche Streitigkeiten

2   Der praktisch wichtigste Unterschied zwischen den Zuständigkeiten der allgemeinen Verwaltungsgerichte und denen der Sozialgerichten besteht darin, dass die Sozialgerichte auch für **privatrechtliche Streitigkeiten** der gesetzlichen Krankenversicherung sowie der sozialen und privaten Pflegeversicherung zuständig sind (Abs. 2). Diese besondere Rechtswegzuweisung hat ihre Entsprechung in § 69 S. 1 SGB V, wonach die Rechtsbeziehungen der Krankenkassen und ihrer Verbände zu allen Leistungserbringern der gesetzlichen Krankenversicherung abschließend im Vierten Kapitel des SGB V geregelt sind. Für alle Streitigkeiten aus diesen Rechtsbeziehungen sind allein die Sozialgerichte zuständig, auch wenn die betroffene Streitigkeit als privatrechtlich zu qualifizieren ist. Die Neufassung des § 69 Abs. 2 SGB V durch Art. 1 Nr. 1e GKV-OrgWG v. 15. 12. 2008 (BGBl. I, 2426) hatte zunächst klargestellt, welche Regelungen des GWB auf die Rechtsbeziehungen nach Abs. 1 der Vorschrift anzuwenden sind. Durch die grundlegende Umgestaltung des § 69 SGB V und – in dessen Folge – des § 51 durch das GKV-FinG vom 22. 12. 2010 (BGBl, 2309) sind nunmehr wieder die Oberlandesgerichte in wettbewerbsrechtlichen und vergaberechtlichen Angelegenheiten des SGB V zuständig. Der durch § 51 Abs. 2 Satz 2 a. F. bewirkte Ausschluss der Geltung des § 87 GWB ist wieder rückgängig gemacht worden. Ausdrücklich ist nunmehr in Abs. 3 bestimmt, dass die Sozialgerichte nicht zuständig sind für Verfahren nach dem GWB, die Rechtsbeziehungen nach § 69 SGB V betreffen. Die noch zur Rechtslage vor Inkrafttreten des GKV-OrgWG am 18. 12. 2008 ergangene Rechtsprechung des BSG (SozR 4-1500 § 51 Nr. 4) ist deshalb überholt. Zumindest im Sachbereich der gesetzlichen Krankenversicherung im Sinne des § 51 Abs. 1 Nr. 2 hat die oft hoch kontroverse

und streitanfällige Zuordnung insbesondere von Verträgen zum öffentlichen oder privaten Rechts deshalb zumindest für die Rechtswegfrage ungeachtet der Neuregelungen des GKV-FinG zum 1. 1. 2011 an Bedeutung verloren. Streitigkeiten um oder aus Verträgen, die die Krankenkassen zur Erfüllung ihrer gesetzlichen Aufgaben schließen (sollen), können nur vor den Sozialgerichten ausgetragen werden, auch wenn daran (nur) privatrechtlich organisierte Leistungserbringer beteiligt sind oder sein wollen. Das gilt zB für die Verträge zur hausarztzentrierten Versorgung im Sinne des § 73 b SGB V, an denen die Kassenärztlichen Vereinigung nur kraft besonderer Ermächtigung von Ärzteverbänden beteiligt sein kann.

C. Angelegenheiten der Rentenversicherung

Die Zuständigkeit der Sozialgerichte in Angelegenheiten der gesetzlichen **Rentenversicherung** 3 (Abs. 1 Nr. 1) ist umfassend. Für alle beitragsrechtlichen und leistungsrechtlichen Streitigkeiten in Angelegenheiten der Rentenversicherung (SGB VI) sind die Sozialgerichte zuständig. Das gilt auch für Streitigkeiten zwischen den Rentenversicherungsträgern und den staatlichen Aufsichtsbehörden, für Streitverfahren über die Erstattung von Beiträgen, über Versicherungspflicht und Versicherungsfreiheit und für Angelegenheiten nach dem Gesetz über die Alterssicherung der Landwirte (GAL). Auch ein Streitverfahren, in dem der Träger einer Rehabilitationseinrichtung einen Rentenversicherungsträger auf Abschluss eines Belegungsvertrages in Anspruch nimmt, stellt eine öffentlich-rechtliche Streitigkeit in Angelegenheiten der Rentenversicherung dar (BSG v 22. 4. 2009 SozR 4–1500 § 51 Nr. 5). Die Zuständigkeit der Sozialgerichte endet dort, wo der Bereich der gesetzlichen Rentenversicherung verlassen wird, auch wenn in der Sache um Ansprüche zur Alterssicherung gestritten wird. Für Streitigkeiten mit den berufsständischen Versorgungswerken zB der Ärzte und Rechtsanwälte sind die Verwaltungsgerichte zuständig, für Streitigkeiten aus den Verträgen über eine private Absicherung im Alter („Riester-Rente") die Zivilgerichte.

D. Angelegenheiten der gesetzlichen Krankenversicherung

Der unbestrittene Kernbereich dieser Zuständigkeit betrifft die Leistungsansprüche der Versicherten 4 der Krankenkassen – nicht nur der Mitglieder, sondern auch der familienversicherten Partner und Kinder im Sinne des § 10 SGB V – gegen die Kasse. Das betrifft Ansprüche auf Krankengeld, auf Kostenerstattung in den Fällen des § 13 SGB V, auf Bonusleistungen bei entsprechenden Wahltarifen, aber auch die Rechtsfolgen der Teilnahme an besonderen Versorgungsformen im Sinne der § 73 b, c SGB V. Für Streitigkeiten zwischen Vertrags(zahn)ärzten und Versicherten der Krankenkassen sind die Sozialgerichte dagegen nicht zuständig; aus § 76 Abs. 4 SGB V kann dazu nichts abgeleitet werden.

Alle Leistungserbringer nach dem SGB V (Ärzte, Krankenhäuser, Apotheker, Heilmittelerbringer), 5 die Vergütungsansprüche gegen eine Krankenkasse (AOK, Betriebskrankenkasse, Innungskrankenkasse, Ersatzkasse wie BEK, DAK) geltend machen, können das nur bei den Sozialgerichten, gleichgültig, ob sie im Sachleistungssystem aus eigenem Recht vorgehen oder – tatsächlich oder vermeintlich bestehende – Ansprüche der Versicherten nach Abtretung geltend machen. Für Streitigkeiten von Krankenversicherungsträgern gegen das Bundeskartellamt ist zumindest dann der Rechtsweg zu den Sozialgerichten gegeben, wenn sich der Versicherungsträger auf eine Verletzung seines Selbstverwaltungsrechts aus § 29 SGB IV beruft (LSG Hessen v. 1. 6. 2010 – L 1 KR 89/10 KL –).

Vergütungsansprüche von Vertragsärzten, Zahnärzten und Psychotherapeuten sind vor den Sozialgerichten geltend zu machen; das gilt auch für Vergütungsansprüche von Ärzten, die nicht zur vertragsärztlichen Versorgung zugelassen sind, aber Versicherte der Krankenkassen in Notfällen behandelt haben. Die Neufassung des § 69 SGB V durch das GKV-Gesundheitsreformgesetz 2000 hatte verdeutlicht, dass sich die Rechtsbeziehungen der Krankenkassen zu allen Leistungserbringern nach den Vorschriften des SGB V richten; damit waren ausschließlich und umfassend die Sozialgerichte zuständig. Das galt auch, soweit auf das Handeln der Krankenkassen (zB bei der Aushandlung von Rabatten nach § 130 a SGB V) vergaberechtliche Vorschriften Anwendung finden. Das hatte der Gesetzgeber des GKV-OrgWG v. 15. 12. 2008 (BGBl. I, 2426) durch die Neufassung der § 69 SGB V und § 116 GWB sowie die Einfügung des § 142 a SGG klargestellt. Die erneute Änderung des § 69 SGB V durch Art. 1 Nr. 9 des „Gesetzes zur Neuordnung des Arzneimittelmarktes in der gesetzlichen Krankenversicherung (AMNOG)" ist mit Wirkung zum 1. 1. 2011 die weitgehende Geltung des GWB für das selektivvertragliche Handeln der Krankenkassen angeordnet worden. Unter Aufhebung des bisherigen § 51 Abs. 2 Satz 2 sowie des § 142 a ist in § 51 Abs. 3 nunmehr bestimmt, dass die Sozialgerichte nicht für wettbewerbsrechtliche Streitigkeiten in Angelegenheiten des § 69 SGB V zuständig sind. 6

Die einzige wichtige Ausnahme von der umfassenden Zuständigkeit der Sozialgerichtsbarkeit für 7 alle Streitigkeiten aus der gesetzlichen Krankenversicherung betrifft die Krankenhäuser. Sowohl über die Aufnahme eines Krankenhauses in den Bedarfsplan wie über die Höhe der Pflegesätze entscheiden die Verwaltungsgerichte.

E. Pflegeversicherung

8   Die Zuständigkeit der Sozialgerichte nach Abs. 1 Nr. 2 erfasst auch die Pflegeversicherung. Im Unterschied zur Rechtslage bei der Krankenversicherung sind in der Pflegeversicherung die Sozialgerichte auch für Streitigkeiten gegen die Unternehmen der privaten Pflegeversicherung zuständig; Streitigkeiten von Versicherten gegen private Krankenversicherungsunternehmen entscheiden dagegen die Zivilgerichte. Die Zuständigkeit der Sozialgerichtsbarkeit erfasst nicht nur Leistungsansprüche der Versicherten gegen die Pflegkassen, sondern auch Streitverfahren über die Festsetzung von Pflegeentgelten durch die Schiedsstelle nach §§ 75, 76 SGB XI.

F. Unfallversicherung

9   Die Zuständigkeit für Angelegenheiten der Unfallversicherung nach Abs. 1 Nr. 3 ist umfassend und wenig streitanfällig. Ausgenommen im Sinne einer Zuständigkeit der Verwaltungsgerichtsbarkeit sind lediglich die in §§ 14–25 SGB VII geregelten Aufgaben der Unfallversicherungsträger bei der Überwachung von Maßnahmen der Prävention. Die eigentliche Prävention durch die Berufsgenossenschaften unterliegt dagegen sozialgerichtlicher Kontrolle. Die Sozialgerichte sind zuständig für alle Beitrags- und Leistungsstreitigkeiten sowie für Annexmaterien wie die Zulassung von Ärzten und Krankenhäusern zum berufsgenossenschaftlichen Heilverfahren.

G. Arbeitsförderung

10   Die Zuständigkeit der Sozialgerichte umfasst nach Abs. 1 Nr. 4 „die" Arbeitsförderung sowie die übrigen Aufgaben der Bundesagentur für Arbeit (BA). Erfasst sind alle Beitrags- und Leistungsstreitigkeiten nach dem SGB III, sowie diejenigen Materien, die durch Gesetz oder Verordnung der BA zur Ausführung zugewiesen worden sind. Das betrifft das Kindergeld für nicht in Deutschland steuerpflichtige Personen. Zur Vermeidung von Rechtsunsicherheit wird allerdings in der Regel in den entsprechenden Zuweisungsgesetzen die Zuständigkeit der Sozialgerichte ausdrücklich bestimmt.

11   Umstritten ist die Zuständigkeit für die Streitverfahren aus oder um Verträge, die die BA ua. mit Trägern beruflicher Bildung zur Durchführung von Bildungsmaßnahmen schließt. Das BSG hat noch unter Geltung des AFG insoweit die ordentlichen Gerichte für zuständig gehalten (SozR 3–1500 § 51 Nr. 24). Das wird nach Inkrafttreten des SGB III und der danach gebotenen Qualifizierung dieser Verträge als öffentlich-rechtlich zunehmend in Frage gestellt (Eichenhofer NZS 2002, 348, 349).

H. Grundsicherung für Arbeitsuchende

12   Die Zuständigkeit nach Abs. 1 Nr. 4a erfasst die Angelegenheiten des SGB II umfassend. Für die Leistungsansprüche der Hilfebedürftigen ergibt sich das unmittelbar aus der gesetzlichen Regelung. Die Zuständigkeit der Sozialgerichte in Angelegenheiten des SGB II hängt nicht davon ab, welcher Träger (BA, Jobcenter nach § 44b SGB II, kommunale Träger nach § 6 Abs. 1 Nr. 2 oder Optionskommunen nach § 6a Abs. 2 SGB II) für die begehrte Leistung zuständig ist. Die Entscheidung des BVerfG zur Verfassungswidrigkeit der Regelung über die ARGE (BVerfG v. 20. 12. 2007 2 BvR 2433/04) und die im Jahr 2010 erfolgte gesetzliche Neuregelung haben deshalb auf die gerichtliche Zuständigkeit keinerlei Auswirkungen. Geklärt ist inzwischen, dass auch Streitigkeiten über die und aus den Arbeitsgelegenheiten nach § 16 Abs. 3 SGB II („Ein-Euro-Job") vor den Sozialgerichten ausgetragen werden müssen. Das ist selbstverständlich, soweit Streit zwischen dem Hilfebedürftigen und dem Leistungsträger (Jobcenter) etwa über die Zumutbarkeit einer zugewiesenen Arbeitsgelegenheit besteht. Aber auch der Konflikt zwischen dem Hilfebedürftigen und dem Maßnahmeträger muss vor den Sozialgerichten ausgetragen werden. Eine Zuständigkeit der Arbeitsgerichte besteht von vornherein nicht und kann auch nicht der Begründung erreicht werden, eine Unvereinbarkeit der konkreten Arbeitsgelegenheit mit den Vorgaben des § 16 Abs. 3 SGB II habe zu einem faktischen Arbeitsverhältnis zwischen dem Hilfebedürftigen und dem Maßnahmeträger geführt (BAG 8. 11. 2006 5 AZR 36/06; zum Ausschluss eines Arbeitsverhältnisses im Anwendungsbereich des § 16 Abs. 3 SGB II ausführlich BAG NZA 2007, 1422). Wenn das Jobcenter gegen einen potenziell gewalttätigen Hilfebedürftigen ein Hausverbot verhängt, ist für den Streit über die Rechtmäßigkeit dieser Maßnahme der Rechtsweg zu den Sozialgerichten gegeben (BSG v. 1. 4. 2009 – B 14 SF 1/08 R).

I. Soziales Entschädigungsrecht und SGB IX

13   Die Abs. 1 Nr. 6 beschriebene und in Nr. 7 erweiterte Zuständigkeit der Sozialgerichte in Angelegenheiten des „Sozialen Entschädigungsrechts" beschreibt eine der beiden „Muttermaterien" der

Gerichtsbarkeit, nämlich im Kern die Kriegsopferversorgung. Das Bundesversorgungsgesetz (BVG) regelt die Versorgung der unmittelbaren und mittelbaren Opfer des 2. Weltkriegs, und das schon in den zwanziger Jahren nach dem 1. Weltkrieg entwickelte ausgefeilte Entschädigungssystem ist zum Vorbild für alle Entschädigungsregelungen in typischen Aufopferungslagen geworden. Deshalb verweisen zahlreiche Gesetze über solcher Bedarfslagen (zB Soldatenversorgungsgesetz, Infektionsschutzgesetz) auf die Vorschriften des BVG und begründen damit die Zuständigkeit der Sozialgerichte. Quantitativ viel wichtiger als diese Kompetenz ist die Zuständigkeit der Sozialgerichte nach Abs. 1 Nr. 7 für alle Streitigkeiten aus dem SGB IX, die die Feststellung des Grades der Behinderung und die Vergabe von Vergünstigungen („Merkzeichen") zum Gegenstand haben.

J. Sozialhilfe und Asylbewerberleistungsrecht

Die in Abs. 1 Nr. 6a normierte Zuständigkeit der Sozialgerichte „in Angelegenheiten der Sozialhilfe" markiert die quantitativ wichtigste Verschiebung von Kompetenzen zwischen zwei Gerichtsbarkeiten in den letzten Jahrzehnten. Die bis Ende 2004 im BSHG und seitdem im SGB XII geregelte Sozialhilfe gehörte zu den Kernmaterien der Verwaltungsgerichtsbarkeit; das hängt vor allem mit der polizeirechtlichen Tradition der „Armenfürsorge" zusammen, aus der sich die allgemeine Fürsorge und später die Sozialhilfe entwickelt hat. Die Zuweisung der sozialhilferechtlichen Angelegenheiten – und als Annex das sozialhilferechtlich geprägte Asylbewerberleistungsrecht – an die Sozialgerichtsbarkeit ab dem 1. Januar 2005 bewirkt eine Konzentration wichtiger sozialrechtlicher Materien dort, ohne dass eine umfassende Zuständigkeit geschaffen worden wäre. Wichtige Leistungsgesetze, die zum Sozialgesetzbuch im kodifikationsrechtlichen Verständnis gehören (BAföG, Wohngeldrecht, Kinder- und Jugendhilfe nach dem SGB VIII) und deren Verwaltungsverfahrensrecht vom SGB X – und nicht vom VwVfG – bestimmt wird, sind in der Zuständigkeit der Verwaltungsgerichte verblieben. Missverständlich ist im Übrigen die Formulierung, die Zuständigkeit der Sozialgerichte hänge davon ab, dass die vom Kläger hergeleitete Rechtsfolge ihre Grundlage im SGB XII findet (Meyer-Ladewig/Keller, SGG, § 51 Rn. 33a). Auf die Frage, ob noch das BSHG oder schon das SGB XII materiell-rechtlich anzuwenden ist, was etwa bei der Rückforderung von noch unter Geltung des BSHG bis Ende 2004 gewährten Leistungen problematisch sein kann, kommt es für die gerichtliche Zuständigkeit nicht an. Entscheidend ist allein, dass nach dem 1. Januar 2005 ein Rechtsstreit anhängig gemacht wird, in dem um „Sozialhilfe" gestritten wird. Für Verfahren aus dem Sozialhilferecht, die schon vor diesem Zeitpunkt anhängig waren, bleibt es – in allen Instanzen – bei der Zuständigkeit der Verwaltungsgerichte. Macht ein Sozialhilfeträger einen Erstattungsanspruch nach § 116 Abs. 7 SGB X gegen einen Geschädigten geltend, an den der Schädiger unter Verletzung des Anspruchsübergangs auf den Sozialhilfeträger geleistet hatte, ist der Rechtsweg zu den Sozialgerichten gegeben (BSG v. 27. 4. 2010 – B 8 SO 2/10 R). Macht eine Stadt einen Erstattungsanspruch wegen aufgewandter öffentlicher Mittel gegen denjenigen geltend, der sich auf der Grundlage des § 68 AufenthaltsG gegenüber der Ausländerbehörde verpflichtet hat, die Kosten des Lebensunterhalts eines Ausländers zu tragen, ist für die Klage der Verwaltungsrechtsweg gegeben; eine Angelegenheit des Asylbewerberleistungsrechts liegt auch dann nicht vor, wenn die Leistungen auf Grund des Asylbewerberleistungsgesetzes an den Ausländer erbracht worden sind (BSG v. 26. 10. 2010 – B 8 AY 1/09 R).

L. Einzelzuweisungen

Auf der Grundlage des Abs. 1 Nr. 10 sind zahlreiche Einzelmaterien den Sozialgerichten zugewiesen, die durchaus auch praktische Bedeutung haben, wie etwa das Eltern- und Erziehungsgeld, das Kindergeld für nicht uneingeschränkt in Deutschland steuerpflichtige Eltern und Entschädigungsregelungen im Zusammenhang mit der deutschen Einheit (vgl. Meyer-Ladewig/Keller, SGG, § 51 Rn. 38).

Alle Amtshaftungsansprüche gegen Leistungsträger, die Gesetze anwenden, für die „an sich" die Sozialgerichte zuständig sind, müssen im Hinblick auf Art. 34 GG in Verbindung mit § 17 Abs. S. 2 GVG vor den Zivilgerichten geltend gemacht werden, auch soweit ein Amtshaftungsanspruch zusammen mit einem anderen Anspruch verfolgt wird. Insoweit macht die Rechtswegabgrenzung immer Schwierigkeiten, weil Ansprüche nach § 44 SGB X und solche, die auf das Rechtsinstitut des „sozialrechtlichen Herstellungsanspruchs" gestützt werden und der Sache nach den Charakter von Amtshaftungsregelungen haben (zuletzt ausführlich Goertz, Die Gesetzmäßigkeit der Verwaltung im Rahmen des sozialrechtlichen Herstellungsanspruchs, 2007), unzweifelhaft (nur) im Sozialrechtsweg verfolgt werden können. Als Faustregel kann dienen, dass echte Amtshaftungsansprüche im Sinne des § 839 BGB iVm. Art. 34 GG nur dann (ausschließlich) im Streit sind, wenn die begehrte Rechtsfolge (nur) in einer Geldentschädigung bestehen kann, weil die Herstellung des vom Kläger gewünschten Zustandes in der betroffenen Sozialversicherung (Naturalersatz) nicht mehr möglich ist.

§§ 52–53 *(aufgehoben)*

§ 54 [Gegenstand der Klage]

(1) ¹Durch Klage kann die Aufhebung eines Verwaltungsakts oder seine Abänderung sowie die Verurteilung zum Erlaß eines abgelehnten oder unterlassenen Verwaltungsakts begehrt werden. ²Soweit gesetzlich nichts anderes bestimmt ist, ist die Klage zulässig, wenn der Kläger behauptet, durch den Verwaltungsakt oder durch die Ablehnung oder Unterlassung eines Verwaltungsakts beschwert zu sein.

(2) ¹Der Kläger ist beschwert, wenn der Verwaltungsakt oder die Ablehnung oder Unterlassung eines Verwaltungsakts rechtswidrig ist. ²Soweit die Behörde, Körperschaft oder Anstalt des öffentlichen Rechts ermächtigt ist, nach ihrem Ermessen zu handeln, ist Rechtswidrigkeit auch gegeben, wenn die gesetzlichen Grenzen dieses Ermessens überschritten sind oder von dem Ermessen in einer dem Zweck der Ermächtigung nicht entsprechenden Weise Gebrauch gemacht ist.

(3) Eine Körperschaft oder eine Anstalt des öffentlichen Rechts kann mit der Klage die Aufhebung einer Anordnung der Aufsichtsbehörde begehren, wenn sie behauptet, daß die Anordnung das Aufsichtsrecht überschreite.

(4) Betrifft der angefochtene Verwaltungsakt eine Leistung, auf die ein Rechtsanspruch besteht, so kann mit der Klage neben der Aufhebung des Verwaltungsakts gleichzeitig die Leistung verlangt werden.

(5) Mit der Klage kann die Verurteilung zu einer Leistung, auf die ein Rechtsanspruch besteht, auch dann begehrt werden, wenn ein Verwaltungsakt nicht zu ergehen hatte.

§ 55 [Feststellungsklage]

(1) Mit der Klage kann begehrt werden
1. die Feststellung des Bestehens oder Nichtbestehens eines Rechtsverhältnisses,
2. die Feststellung, welcher Versicherungsträger der Sozialversicherung zuständig ist,
3. die Feststellung, ob eine Gesundheitsstörung oder der Tod die Folge eines Arbeitsunfalls, einer Berufskrankheit oder einer Schädigung im Sinne des Bundesversorgungsgesetzes ist,
4. die Feststellung der Nichtigkeit eines Verwaltungsakts,
wenn der Kläger ein berechtigtes Interesse an der baldigen Feststellung hat.

(2) Unter Absatz 1 Nr. 1 fällt auch die Feststellung, in welchem Umfange Beiträge zu berechnen oder anzurechnen sind.

§ 55 a [Überprüfung der Gültigkeit]

(1) Auf Antrag ist über die Gültigkeit von Satzungen oder anderen im Rang unter einem Landesgesetz stehenden Rechtsvorschriften, die nach § 22 a Absatz 1 des Zweiten Buches Sozialgesetzbuch und dem dazu ergangenen Landesgesetz erlassen worden sind, zu entscheiden.

(2) ¹Den Antrag kann jede natürliche Person stellen, die geltend macht, durch die Anwendung der Rechtsvorschrift in ihren Rechten verletzt zu sein oder in absehbarer Zeit verletzt zu werden. ²Er ist gegen die Körperschaft zu richten, welche die Rechtsvorschrift erlassen hat. ³Das Landessozialgericht kann der obersten Landesbehörde oder der von ihr bestimmten Stelle Gelegenheit zur Äußerung binnen einer bestimmten Frist geben. ⁴§ 75 Absatz 1 und 3 sowie Absatz 4 Satz 1 sind entsprechend anzuwenden.

(3) Das Landessozialgericht prüft die Vereinbarkeit der Rechtsvorschrift mit Landesrecht nicht, soweit gesetzlich vorgesehen ist, dass die Rechtsvorschrift ausschließlich durch das Verfassungsgericht eines Landes nachprüfbar ist.

(4) Ist ein Verfahren zur Überprüfung der Gültigkeit der Rechtsvorschrift bei einem Verfassungsgericht anhängig, so kann das Landessozialgericht anordnen, dass die Verhandlung bis zur Erledigung des Verfahrens vor dem Verfassungsgericht auszusetzen ist.

(5) ¹Das Landessozialgericht entscheidet durch Urteil oder, wenn es eine mündliche Verhandlung nicht für erforderlich hält, durch Beschluss. ²Kommt das Landessozialgericht zu der Überzeugung, dass die Rechtsvorschrift ungültig ist, so erklärt es sie für unwirksam; in diesem Fall ist die Entscheidung allgemein verbindlich und die Entscheidungsformel vom Antragsgegner oder der Antragsgegnerin ebenso zu veröffentlichen wie die Rechtsvorschrift bekannt zu machen wäre. ³Für die Wirkung der Entscheidung gilt § 183 der Verwaltungsgerichtsordnung entsprechend.

(6) Das Landessozialgericht kann auf Antrag eine einstweilige Anordnung erlassen, wenn dies zur Abwehr schwerer Nachteile oder aus anderen wichtigen Gründen dringend geboten ist.

§ 56 [Klagenhäufung]

Mehrere Klagebegehren können vom Kläger in einer Klage zusammen verfolgt werden, wenn sie sich gegen denselben Beklagten richten, im Zusammenhang stehen und dasselbe Gericht zuständig ist.

A. Klagesystem des SGG

Das Klagesystem des SGG entspricht demjenigen der VwGO, wenngleich die Gewichte etwas anders verteilt sind. Die „reine" Anfechtungsklage iSd. § 54 Abs. 1 S. 1 hat im Leistungsrecht nur geringe Bedeutung; ihr wichtigster Anwendungsfall ist die Abwehr gegen die Aufhebung von begünstigenden Bescheiden (§§ 45, 48 SGB X) in Verbindung mit der Verpflichtung zur Erstattung der bereits erhaltenen Leistungen (§ 50 SGB X). In diesen Konstellationen schöpft der reine Kassationsantrag („den Bescheid vom ... in der Gestalt des Widerspruchsbescheides vom ... aufzuheben") das Begehren des Klägers aus. 1

Besonderheiten bei der Formulierung des Anfechtungsantrags sind zu beachten, wenn allein der Widerspruchsbescheid – abweichend von § 95 SGG – Klagegegenstand sein kann, wie das etwa im vertragsärztlichen Zulassungsrecht der Fall ist, und soweit Dritte am Verfahren beteiligt sind. Der Antrag im Verfahren gegen einen Bescheid, mit dem einem Vertragsarzt auf den Widerspruch eines Krankenkassenverbandes die Zulassung entzogen worden ist, lautet deshalb: „Den Bescheid des beklagten Berufungsausschusses vom ... aufzuheben und diesen zu verpflichten, den Widerspruch des beigeladenen Kassenverbandes gegen den Bescheid des Zulassungsausschusses vom ... zurückzuweisen". 2

Die reine Verpflichtungsklage iSd. § 54 Abs. 1 S. 1 hat im SGG nur geringe Bedeutung, weil mit ihr nicht unmittelbar eine bestimmte Leistung begehrt werden kann. Wichtige Anwendungsfälle sind der Bestand einer Familienversicherung nach § 10 SGB V (feststellender VA) oder die Zulassung zur vertragsärztlichen Tätigkeit (statusbegründender VA). 3

Da Sozialleistungen – gleich ob aus einer Versicherung oder aus einem steuerfinanzierten System wie dem SGB II – durch Bescheid bewilligt werden, steht die kombinierte Anfechtungs- und Leistungsklage iSd. § 54 Abs. 1 S. 1 in Verbindung mit Abs. 4 im Mittelpunkt der Rechtsschutzgewährung. Der Kläger beantragt typischerweise, „die Beklagte [zB Deutsche Rentenversicherung Bund] unter Aufhebung des [ablehnenden] Bescheides vom... in der Fassung des Widerspruchsbescheides vom...zu verpflichten, ihm [zB] Rente wegen Erwerbsminderung ab dem... ohne zeitliche Begrenzung zu gewähren". Diese Antragsfassung ist an die Vorgabe für die Formulierung der gerichtlichen Entscheidung in § 131 Abs. 2 und § 130 Abs. 2 angepasst. Danach kann das Gericht einen Versicherungsträger auch zur Gewährung einer Leistung „dem Grunde nach" verurteilen. Das ist praktisch wichtig, weil das Gericht in der Regel nicht selbst die Höhe einer Rente berechnen kann. Die kombinierte Anfechtungs- und Leistungsklage ist immer dann zu erheben, wenn über den geltend gemachten Anspruch ein VA zu ergehen hat, also zB auch beim Streit über vertragsärztliches Honorar. 4

B. Klagebefugnis

Anfechtungs- und Verpflichtungsklage sind ebenso wie die kombinierte Anfechtungs- und Leistungsklage im Sinne des § 54 Abs. 4 nur zulässig, wenn der Kläger geltend macht und schlüssig geltend machen kann, durch den angefochtenen VA in seinen Rechten verletzt zu sein (§ 54 Abs. 2 S. 1). Fehlt es daran, ist eine Klage unzulässig. In der typischen Konstellation, dass der Kläger eine bestimmte Leistung erstrebt, die ihm der Leistungsträger ganz oder teilweise versagt, reicht für die Klagebefugnis die Behauptung aus, dem Kläger stehe die Leistung zu. Nicht ganz einfach zu beurteilen ist die Klagebefugnis lediglich in Fällen, in denen etwa von den Mitgliedern einer **Bedarfsgemeinschaft** im Sinne des § 7 SGB II Leistungen zurückgefordert werden, und nicht von vornherein klar ist, ob jedes einzelne Mitglied der – vielleicht schon nicht mehr bestehenden – Bedarfsgemeinschaft durch die Rückforderung belastet ist. 5

Die eigentlichen Probleme der Klagebefugnis treten in Konstellationen auf, in denen sich nicht nur ein Leistungsberechtigter und ein Leistungsträger gegenüberstehen, sondern Dritte (Personen oder Institutionen) beteiligt sind. Betroffen sind vor allem Streitigkeiten aus dem Leistungserbringerrecht der Krankenversicherung. In vertragsärztlichen Zulassungsstreitverfahren sind immer neben dem betroffenen Arzt und dem Berufungsausschuss iSd. § 97 SGB V die Verbände der Krankenkassen und die Kassen(zahn)ärztlichen Vereinigungen beteiligt. Alle Beteiligten können gegen von ihnen für falsch gehaltene Entscheidungen Klage erheben, ohne dass eine individuelle Beschwer iSd. § 54 6

150 SGG § 56

Abs. 1 nachgewiesen sein muss (BSG SozR 3–2500 § 119 Nr. 1 S. 2). Das gilt allerdings nicht, wenn die Kassenärztliche Bundesvereinigung den Gemeinsamen Bundesausschuss (GBA) auf Korrektur von Richtlinien (z. B. nach 3 116b Abs. 4 SGB V) in Anspruch nimmt. Insoweit setzt die Zulässigkeit der Klage eine Betroffenheit in eigenen Rechten oder Kompetenzen der KÄBV voraus (BSG v. 3. 2. 2010 – B 6 KA 31/09 R).

7   Hoch kontrovers ist die Klagebefugnis in **Konkurrentenkonstellationen**. Die Rechtsprechung unterscheidet zwischen offensiven und defensiven Konkurrentenklagen. Wenn mehrere Interessenten sich um eine nur einmal zu vergebende Position streiten (zB um einen Vertragsarztsitz im Rahmen des Nachbesetzungsverfahrens nach § 103 Abs. 4 SGB V oder um die Zulassung zur Durchführung von Maßnahmen der künstlichen Befruchtung nach § 121a Abs. 3 SGB V), ist jeder nicht zum Zuge gekommene Bewerber durch die Entscheidung zu Gunsten des Konkurrenten beschwert iSd. § 54 Abs. 1 und kann diese im Klagewege angreifen. Anders ist die Konstellation zu beurteilen, dass der Zutritt eines weiteren Anbieters in einen Markt abgewehrt werden soll, für den Zulassungsbeschränkungen bestehen; das betrifft etwa Klagen von Vertragsärzten gegen die Zulassung anderer Ärzte wegen eines „Sonderbedarfs" (§ 101 Abs. 1 SGB V) in gesperrten Planungsbereichen oder gegen die Ermächtigung von Krankenhausärzten (§ 116 SGB V). Entsprechende Klagen sind nach der neueren Rechtsprechung des BSG zulässig, wenn rechtlich geschützte Belange des klagenden Arztes durch die Zulassung des Konkurrenten berührt sein können. Die eigentliche Prüfung, ob eine Anfechtungsberechtigung tatsächlich gegeben ist, erfolgt im Rahmen der Begründetheit der Klage (BSG SozR 4–1500 § 54 Nr. 10 Rn. 17). Eine **Anfechtungsberechtigung** besteht nur, wenn der klagende und der nunmehr (auch) zugelassene Arzt im selben räumlichen Bereich die gleichen Leistungen erbringen dürfen und wenn der Status des klagenden Arztes gegenüber dem des Konkurrenten vorrangig ist (BSG, aaO, Rn. 20). Das trifft etwa für das Verhältnis von Zulassung und Ermächtigung und dasjenige zwischen Zulassung und Sonderbedarfszulassung zu (BSG SozR 4–2500 § 101 Nr. 8). Qualifikationsbezogene Genehmigungen, die einem Konkurrenten erteilt werden, können generell nicht angefochten werden, auch wenn damit faktisch dem Begünstigten der Marktzugang eröffnet wird. Dasselbe gilt zumindest im Regelfall für die Genehmigung von Filialpraxen auf der Grundlage des § 24 Abs. 3 Ärzte-ZV (BSG SozR 4–5520 § 24 Nr. 3).

C. Leistungsklage

8   Die allgemeine Leistungsklage iSd. § 54 Abs. 5 hat im Leistungsrecht kaum Bedeutung, weil Sozialleistungen durch VA bewilligt werden; dann muss immer auf die Aufhebung des (teilweise) ablehnenden Verwaltungsaktes und Gewährung der Leistung (Abs. 4) geklagt werden. Für die echte Leistungsklage ist immer dann Raum, wenn über die Leistung ein VA nicht zu ergehen hat, weil sich die Beteiligten in Gleichordnungsverhältnis gegenüberstehen Meyer-Ladewig/Keller, SGG, § 54 Rn. 41). Erstattungsansprüche von Sozialleistungsträgern untereinander (§§ 104ff. SGB X) und Zahlungsansprüche von Krankenhäusern gegen Krankenkassen werden mit der Leistungsklage verfolgt. In der privaten Pflegeversicherung müssen auch die Versicherten ihre Ansprüche über eine Leistungsklage verfolgen, weil die Unternehmen der privaten Pflegeversicherung keine Leistungsbescheide erlassen können. Rechtssicherheit wird insoweit nicht über die Bestandskraft von Verwaltungsakten, sondern über Ausschlussfristen zur Klageerhebung nach Zugang einer Ablehnung von Leistungsansprüchen auf der Grundlage des VVG bzw. der AGB der Unternehmen hergestellt.

9   Gegenstand der echten **Leistungsklage** kann auch der Erlass oder die Änderung von untergesetzlichen Normen sein. Die Rechtsprechung des BSG differenziert bei Klagen ua. von Ärzten und nichtärztlichen Leistungserbringern gegen untergesetzliche Normen danach, ob der Kläger die Unwirksamkeit einer solchen Norm (auf ihn oder generell) geltend macht oder den Normgeber zur Änderung einer Norm veranlassen will. Im erstgenannten Fall wird der im Hinblick auf Art. 19 Abs. 4 S. 1 GG unerlässliche Rechtsschutz über eine Feststellungsklage nach § 55 verwirklicht (BSG v. 3. 2. 2010 B 6 KA 31/09 R); eine dem § 47 VwGO entsprechende **Normenkontrollklage** kennt das SGG – seit März 2011 abgesehen von der Satzungskontrolle nach § 55a – nicht (BSG SozR 4–2500 § 92 Nr. 5 Rn. 27). Soweit der Kläger die Änderung oder den erstmaligen Erlass einer untergesetzlichen Rechtsnorm erstrebt, kann er dieses Klageziel nur über eine allgemeine Leistungsklage erreichen (BSG SozR 3–2500 § 87 Nr. 35 S. 204). Nach Auffassung des Gesetzgebers genügt diese Rechtsprechung der Garantie eines effektiven Rechtsschutzes; von der Einführung einer prinzipalen Normenkontrollklage im SGG ist deshalb auch bei Erlass des SGG-Änderungsgesetzes vom 26. März 2008 abgesehen worden (vgl. zu den maßgeblichen Erwägungen Tabbara, NZS 2008, 8,16).

D. Aufsichtsklage

10   Eine Besonderheit im SGG stellt die Regelung der **Aufsichtsklage** in § 54 Abs. 3 dar. Dass Selbstverwaltungskörperschaften sich gerichtlich gegen Maßnahmen der staatlichen Aufsichtsbehörden zur Wehr setzen können, ist eine Selbstverständlichkeit: Unterläge die Ausübung des Aufsichtsrechts keiner

gerichtlichen Kontrolle, stünde das ua. in Art. 87 Abs. 2 GG angesprochene Selbstverwaltungsrecht zur Disposition. Die Bedeutung des § 54 Abs. 3 besteht darin, dass geklärt ist, dass die Behauptung, durch eine Aufsichtsmaßnahme im Selbstverwaltungsrecht betroffen zu sein, für die Zulässigkeit der Klage ausreicht. Aufsichtsklagen sind deshalb kaum je unzulässig, soweit sie sich nicht gegen bloße Beratungen iSd. § 89 Abs. 1 S. 1 SGB IV richten. Auch der Gemeinsame Bundesausschuss (GBA) im Sinne des § 91 SGB V kann Aufsichtsmaßnahmen des BMG gerichtlich überprüfen lassen, obwohl er kein Sozialversicherungsträger mit dem Recht der Selbstverwaltung ist (BSG 6. 5. 2009 BSGE 103, 106).

E. Feststellungsklage

Die in § 55 näher geregelte **Feststellungsklage** hat in der Sozialgerichtsbarkeit größere Bedeutung. Das betrifft zunächst die oben unter C. näher behandelte Surrogatfunktion für die im SGG – abgesehen von der Sonderregelung in § 55a – fehlende Normenkontrollklage und weiterhin die in Abs. 1 Nr. 2 und 3 bezeichneten Konstellationen. Streitverfahren über die Zuständigkeit eines Versicherungsträgers iSd. Nr. 2 haben in der Unfallversicherung wegen der sehr unterschiedlich hohen Beiträge der einzelnen Berufsgenossenschaften erhebliche Bedeutung. Die in Nr. 3 angesprochene Feststellung der Verursachung einer Gesundheitsstörung ua. durch einen Arbeitsunfall erspart den Beteiligten ein Rentenstreitverfahren, wenn nur über die Kausalität gestritten wird und die Höhe der MdE unbestritten ist. 11

Die Rechtsprechung des BSG hält Feststellungsklagen iSd. Nr. 1 (Bestehen eines Rechtsverhältnisses) in zahlreichen Konstellationen für zulässig, nicht nur im Hinblick auf die Gültigkeit einer Norm, sondern auch zur Anfechtung von Wahlen in der Sozialversicherung; insoweit enthält § 57 Abs. 3 S. 2 SGB IV eine für Feststellungsklagen untypische Klagefrist von einem Monat nach Bekanntgabe des Wahlergebnisses. Die **Subsidiarität** der Feststellungsklage gegenüber einer Gestaltungs- oder Leistungsklage ist in § 55 – anders als in § 43 Abs. 2 VwGO – nicht ausdrücklich normiert. Wenn die Geltung der Subsidiarität gleichwohl auch für das SGG angenommen wird (Meyer-Ladewig/Keller, SGG, § 55 Rn. 19), darf das nicht überbewertet werden. Wenn mit Hilfe einer Feststellungsklage der Streit der Beteiligten beigelegt werden kann – und das ist nach richterlicher Erfahrung in der Sozialgerichtsbarkeit häufiger der Fall als allgemein angenommen – sollte dieser Weg beschritten werden; Verfahrensrecht hat lediglich eine dienende Funktion. Entsprechend sind Feststellungsklagen der Vertragspartner der Heilmittel-Rahmenverträge untereinander zumindest dann zulässig, wenn es um die Einhaltung von Kernregelungen dieser Verträge geht (BSG SozR 4–2500 § 125 Nr. 5). 12

F. Normenkontrolle

Durch Art. 4 Nr. 4 Regelbedarfsermittlungsgesetz v. 24. 3. 2011 (BGBl. I, 453) ist mit § 55a eine Normenkontrollklage in Orientierung an § 47 VwGO in das SGG eingefügt worden. Gegenstand der gerichtlichen Kontrolle sind aber nicht sämtliche untergesetzlichen Rechtsvorschriften des SGB, sondern nur die kommunalen Satzungen, die auf Grund landesgesetzlicher Ermächtigung in Ausübung der Kompetenz nach § 22a Abs. 1 SGB II erlassen worden sind. Das sind die Satzungen der Kreise und kreisfreien Städte über die angemessenen Unterkunftskosten für Bezieher von Grundsicherungsleistungen nach dem SGB II. Obwohl auch außerhalb des Anwendungsbereichs des § 22a SGB II ein Bedürfnis nach effektiver Normenkontrolle im Zuständigkeitsbereich des § 51 SGG besteht, ist eine entsprechende Anwendung der Vorschrift auf andere untergesetzliche Normen ausgeschlossen. Normtext des § 55a und Gesetzesbegründung (BT Drucks. 17/3404 S. 219) sind allein auf die Satzungen zu den Unterkunftskosten im SGB II zugeschnitten. 13

Auslegung und Anwendung des § 55a sind an der Rechtsprechung zu § 47 VwGO zu orientieren, die explizit als Vorbild dienen soll. Der Kreis der antragsberechtigten Personen im Sinne des Abs. 2 ist sehr weit; nach der Vorstellung des Gesetzgebers soll auch antragsberechtigt sein, wer lediglich damit rechnen muss, demnächst auf Grundsicherungsleistungen angewiesen zu sein. Ein Antragsrecht von Sozialverbänden, Gewerkschaften oder Organisationen der Leistungsempfänger besteht nicht. Die Entscheidungswirkung hängt nach § 55a Abs. 2 Satz 2 davon ab, ob das LSG die Satzung für ungültig hält oder nicht. Nur die Entscheidung im Sinne der Ungültigkeit ist allgemein verbindlich. Teilt das LSG die Bedenken des Antragstellers dagegen nicht, sind andere Hilfeempfänger nicht gehindert, sich im Streit über die angemessenen Kosten der Unterkunft im Sinne des § 22 Abs. 1 SGB II auf die Fehlerhaftigkeit der Satzung zu berufen.

Zuständig ist nach § 57 Abs. 6 das LSG, in dessen Bezirk die Körperschaft (Stadt, Kreis), die die Satzung zu den Unterkunftskosten erlassen hat, ihren Sitz hat. Ein Umzug des Antragstellers soll keine Änderung der Zuständigkeit herbeiführen (BT Drucks. 17/3404 S. 220). Das in der Hauptsache zuständige LSG kann nach § 55a Abs. 6 eine einstweilige Anordnung erlassen, wenn das zur Abwehr schwerer Nachteile dringend geboten ist. Eine Zuständigkeit des SG ist auch insoweit nicht gegeben (BT Drucks. 17/4085 S. 49 zur Änderung des Abs. 6 gegenüber der Ausgangsfassung des Regierungsentwurfs).

§ 57 [Örtliche Zuständigkeit, Gerichtsstand]

(1) ¹Örtlich zuständig ist das Sozialgericht, in dessen Bezirk der Kläger zur Zeit der Klageerhebung seinen Sitz oder Wohnsitz oder in Ermangelung dessen seinen Aufenthaltsort hat; steht er in einem Beschäftigungsverhältnis, so kann er auch vor dem für den Beschäftigungsort zuständigen Sozialgericht klagen. ²Klagt eine Körperschaft oder Anstalt des öffentlichen Rechts, in Angelegenheiten nach dem Elften Buch Sozialgesetzbuch ein Unternehmen der privaten Pflegeversicherung oder in Angelegenheiten des sozialen Entschädigungsrechts oder des Schwerbehindertenrechts ein Land, so ist der Sitz oder Wohnsitz oder Aufenthaltsort des Beklagten maßgebend, wenn dieser eine natürliche Person oder eine juristische Person des Privatrechts ist.

(2) ¹Ist die erstmalige Bewilligung einer Hinterbliebenenrente streitig, so ist der Wohnsitz oder in Ermangelung dessen der Aufenthaltsort der Witwe oder des Witwers maßgebend. ²Ist eine Witwe oder ein Witwer nicht vorhanden, so ist das Sozialgericht örtlich zuständig, in dessen Bezirk die jüngste Waise im Inland ihren Wohnsitz oder in Ermangelung dessen ihren Aufenthaltsort hat; sind nur Eltern oder Großeltern vorhanden, so ist das Sozialgericht örtlich zuständig, in dessen Bezirk die Eltern oder Großeltern ihren Wohnsitz oder in Ermangelung dessen ihren Aufenthaltsort haben. ³Bei verschiedenem Wohnsitz oder Aufenthaltsort der Eltern- oder Großelternteile gilt der im Inland gelegene Wohnsitz oder Aufenthaltsort des anspruchsberechtigten Ehemannes oder geschiedenen Mannes.

(3) Hat der Kläger seinen Sitz oder Wohnsitz oder Aufenthaltsort im Ausland, so ist örtlich zuständig das Sozialgericht, in dessen Bezirk der Beklagte seinen Sitz oder Wohnsitz oder in Ermangelung dessen seinen Aufenthaltsort hat.

(4) In Angelegenheiten des § 51 Abs. 1 Nr. 2, die auf Bundesebene festgesetzte Festbeträge betreffen, ist das Sozialgericht örtlich zuständig, in dessen Bezirk die Bundesregierung ihren Sitz hat, in Angelegenheiten, die auf Landesebene festgesetzte Festbeträge betreffen, das Sozialgericht, in dessen Bezirk die Landesregierung ihren Sitz hat.

(5) In Angelegenheiten nach § 130a Absatz 4 und 9 des Fünften Buches Sozialgesetzbuch ist das Sozialgericht örtlich zuständig, in dessen Bezirk die zur Entscheidung berufene Behörde ihren Sitz hat.

(6) Für Antragsverfahren nach § 55a ist das Landessozialgericht örtlich zuständig, in dessen Bezirk die Körperschaft, die die Rechtsvorschrift erlassen hat, ihren Sitz hat.

§ 57a [Vertragsarztangelegenheiten]

(1) In Vertragsarztangelegenheiten der gesetzlichen Krankenversicherung ist, wenn es sich um Fragen der Zulassung oder Ermächtigung nach Vertragsarztrecht handelt, das Sozialgericht zuständig, in dessen Bezirk der Vertragsarzt, der Vertragszahnarzt oder der Psychotherapeut seinen Sitz hat.

(2) In anderen Vertragsarztangelegenheiten der gesetzlichen Krankenversicherung ist das Sozialgericht zuständig, in dessen Bezirk die Kassenärztliche Vereinigung oder die Kassenzahnärztliche Vereinigung ihren Sitz hat.

(3) In Angelegenheiten, die Entscheidungen oder Verträge auf Landesebene betreffen, ist – soweit das Landesrecht nichts Abweichendes bestimmt – das Sozialgericht zuständig, in dessen Bezirk die Landesregierung ihren Sitz hat.

(4) In Angelegenheiten, die Entscheidungen oder Verträge auf Bundesebene betreffen, ist das Sozialgericht zuständig, in dessen Bezirk die Kassenärztliche Bundesvereinigung oder die Kassenzahnärztliche Bundesvereinigung ihren Sitz hat.

§ 57b [Wahlen zu den Selbstverwaltungsorganen]

In Angelegenheiten, die die Wahlen zu den Selbstverwaltungsorganen der Sozialversicherungsträger und ihrer Verbände oder die Ergänzung der Selbstverwaltungsorgane betreffen, ist das Sozialgericht zuständig, in dessen Bezirk der Versicherungsträger oder der Verband den Sitz hat.

§ 58 [Bestimmung der Zuständigkeit]

(1) Das zuständige Gericht innerhalb der Sozialgerichtsbarkeit wird durch das gemeinsam nächsthöhere Gericht bestimmt,
1. wenn das an sich zuständige Gericht in einem einzelnen Falle an der Ausübung der Gerichtsbarkeit rechtlich oder tatsächlich verhindert ist,

2. wenn mit Rücksicht auf die Grenzen verschiedener Gerichtsbezirke ungewiß ist, welches Gericht für den Rechtsstreit zuständig ist,
3. wenn in einem Rechtsstreit verschiedene Gerichte sich rechtskräftig für zuständig erklärt haben,
4. wenn verschiedene Gerichte, von denen eines für den Rechtsstreit zuständig ist, sich rechtskräftig für unzuständig erklärt haben,
5. wenn eine örtliche Zuständigkeit nach § 57 nicht gegeben ist.

(2) Zur Feststellung der Zuständigkeit kann jedes mit dem Rechtsstreit befaßte Gericht und jeder am Rechtsstreit Beteiligte das im Rechtszug höhere Gericht anrufen, das ohne mündliche Verhandlung entscheiden kann.

§ 59 [Keine Zuständigkeitsvereinbarungen]

¹Vereinbarungen der Beteiligten über die Zuständigkeit haben keine rechtliche Wirkung. ²Eine Zuständigkeit wird auch nicht dadurch begründet, daß die Unzuständigkeit des Gerichts nicht geltend gemacht wird.

A. Grundsätze der gerichtlichen Zuständigkeit

Die Bestimmungen über die gerichtliche Zuständigkeit im SGG folgen einem einfachen Prinzip. Maßgeblich ist grundsätzlich der **Wohnsitz des Klägers;** dieser kann auch bei dem SG klagen, in dessen Bezirk er beschäftigt ist (§ 57 Abs. 1). Konsequent regelt § 57 Abs. 1 S. 2, dass in den Fällen, in denen eine Körperschaft oder ein Unternehmen der privaten Pflegeversicherung gegen eine Privatperson klagt (zB auf Zahlung von Beiträgen in der privaten Pflegeversicherung), das SG zuständig ist, in dem der Beklagte (natürliche Person) wohnt. Diese Regelungen haben zur Folge, dass alle Leistungsansprüche einer Person vor demselben Sozialgericht geltend zu machen sind; das wird praktisch, wenn bei einem Versicherten unklar ist, ob er krank, arbeitslos oder erwerbsunfähig ist. Die Klagen gegen die Krankenkasse, die BA und die ARGE (SGB II) werden regelmäßig bei demselben SG verhandelt. 1

Der zweite Grundsatz geht dahin, dass die gerichtliche Zuständigkeit durch den Sitz des Beklagten (Sozialleistungsträger) bestimmt wird, wenn der Kläger keinen Wohnsitz im Inland hat (§ 57 Abs. 3). Diese Vorschrift hat viel stärkere Auswirkungen auf die Sozialgerichtsbarkeit als auf den ersten Blick erkennbar. Zahlreiche Kläger haben nur einen **Auslandswohnsitz;** das trifft etwa auf Migranten zu, die nach Abschluss ihres Berufslebens in ihr Herkunftsland zurückgekehrt sind, und auf die große Gruppe der Verfolgten des NS-Regimes, die vor allen in Israel und in Nordamerika leben. Die Bindung der gerichtlichen Zuständigkeit an den Sitz des Beklagten hat die (erwünschte) Konsequenz, dass die Rentenangelegenheiten von NS-Opfern ganz überwiegend beim SG Berlin verhandelt werden, weil die DRV-Bund (früher BfA) dort ihren Sitz hat. Da ein Rentenversicherungsträger jeweils die Funktion einer Verbindungsstelle mit einem (oder mehreren) ausländischen Trägern übernommen hat, ist für alle Auslandsverfahren gegen diesen Träger (nur) ein SG zuständig; zB das SG Hamburg für die USA und Kanada. 2

B. Sonderregelungen im Krankenversicherungsrecht

Die Sondervorschrift des § 57 a über die örtliche Zuständigkeit in Angelegenheiten der Krankenversicherung ist durch das SGG-Änderungsgesetz vom 26. 3. 2008 völlig neu gefasst worden. Der Gesetzgeber hat die Rechtsprechung des BSG (SozR 4–1500 § 57 a Nr. 2) korrigiert, wonach die gesamte Vorschrift nur Angelegenheiten des Vertragsarztrechts im Sinne des § 10 Abs. 2 betrifft. Das trifft nach der Klarstellung des Wortlauts nur noch für die Regelungen der Abs. 1 und 2 zu (Zulassung und Ermächtigung von Ärzten, andere Vertragsarztrechtsangelegenheiten), während die Konzentrationsregelungen der Abs. 3 (Land) und 4 (Bund) sowohl vertragsarztrechtliche als auch nichtvertragsarztrechtliche Rechtsstreite erfassen (Tabbara, NZS 2008, 8, 13). Bei Anwendung der spezifisch vertragsarztrechtlichen Zuständigkeitsnormen des § 57 a Abs. 1 sind immer die auf § 10 Abs. 3 S. 1 SGG beruhenden landesrechtlichen Spezialvorschriften über die Konzentration der Vertragsarztrechtsstreitigkeiten in den SGG-Ausführungsgesetzen zu beachten, die die bundesrechtlich gewünschten Effekte bisweilen leer laufen lassen. So ist in Niedersachsen, Rheinland-Pfalz, Hessen und in allen neuen Bundesländern nur jeweils ein SG für alle Vertragsarztrechtsverfahren zuständig. Diese Vorschriften gehen praktisch den bundesrechtlichen Regelungen vor, so dass in Hessen nicht das SG Frankfurt, in dessen Bezirk die KÄV Hessen ihren Sitz hat, sondern das SG Marburg für alle Vertragsarztrechtsstreitigkeiten zuständig ist. Ein Gericht, das nach landesrechtlichen Vorschriften generell nicht für dieses Rechtsgebiet zuständig ist, kann auch nicht über § 57 a zuständig werden. 3

C. Bestimmung des zuständigen Gerichts

4 Über das örtlich zuständige Gericht sollen die Beteiligten keine Vereinbarung schließen dürfen; § 59 enthält ein klares **Prorogationsverbot**. Durchsetzbar ist die Regelung nicht: Wenn ein SG sich für örtlich zuständig hält und keiner der Beteiligten diese Annahme rügt, kann das im Revisionsrechtszug nicht mehr überprüft werden (§ 202 iVm. § 545 Abs. 2 ZPO). Wirksamen Schutz gegen eine konsentierte Verletzung der Vorschriften über die örtliche Zuständigkeit dürfte aber die klassische richterliche Grundfrage bei jedem Neueingang („warum gerade ich?") in Verbindung einer derzeit extrem hohen Belastung der einzelnen Kammern bieten.

5 Die Vorschrift des § 58 über die Bestimmung des zuständigen Gerichts bei positiven oder negativen Kompetenzkonflikten verschiedener Gerichte folgt den aus den anderen Verfahrensordnung bekannten Grundsätzen. Es entscheidet auf Anrufung eins Gerichts das im Rechtszug übergeordnete Gericht, bei einem Streit von Sozialgerichten aus verschiedenen Bundesländern also das BSG, weil kein gemeinsames, übergeordnetes LSG für diese Sozialgerichte existiert. Praktisch sind diese Fälle selten, weil das SG, an das ein Rechtsstreit verwiesen worden ist, an diese Verweisung gebunden ist, auch wenn sie sachlich falsch ist (§ 98 iVm. § 17a GVG). Von dieser Bindungswirkung lässt die Rechtsprechung des BSG Ausnahmen nur dann zu, wenn die Verweisung willkürlich erscheint und ersichtlich allein von dem Wunsch getragen wird, eine schwierige Sache loszuwerden (BSG SozR 4–1500 § 57a Nr. 2). Auch die Verletzung des rechtlichen Gehörs vor Erlass des (fehlerhaften) Verweisungsbeschlusses ändert an dessen Verbindlichkeit nichts, wenn der Betroffene diesen Verfahrensmangel nicht innerhalb der für Anhörungsrügen geltenden Frist geltend macht (BSG v. 3. 12. 2009 – B 12 SF 18/09 S). Bei allem Verständnis für das Anliegen des Gesetzgebers, richterliche **Kompetenzkonflikte** nicht auf dem Rücken der Beteiligten auszutragen, ist die Rechtsprechung zu eng, weil sie Anreize setzt, Verfahren ohne hinreichenden Grund an ein anderes SG zu verschieben.

Zweiter Teil. Verfahren

Erster Abschnitt. Gemeinsame Verfahrensvorschriften

Erster Unterabschnitt. Allgemeine Vorschriften

§ 60 [Ausschließung und Ablehnung von Gerichtspersonen]

(1) ¹Für die Ausschließung und Ablehnung der Gerichtspersonen gelten die §§ 41 bis 44, 45 Abs. 2 Satz 2, §§ 47 bis 49 der Zivilprozeßordnung entsprechend. ²Über die Ablehnung entscheidet außer im Falle des § 171 das Landessozialgericht durch Beschluß.

(2) Von der Ausübung des Amtes als Richter ist auch ausgeschlossen, wer bei dem vorausgegangenen Verwaltungsverfahren mitgewirkt hat.

(3) Die Besorgnis der Befangenheit nach § 42 der Zivilprozeßordnung gilt stets als begründet, wenn der Richter dem Vorstand einer Körperschaft oder Anstalt des öffentlichen Rechts angehört, deren Interessen durch das Verfahren unmittelbar berührt werden.

§ 61 [Öffentlichkeit, Sitzungspolizei, Gerichtssprache, Beratung, Abstimmung]

(1) Für die Öffentlichkeit, Sitzungspolizei und Gerichtssprache gelten die §§ 169, 171 b bis 191 a des Gerichtsverfassungsgesetzes entsprechend.

(2) Für die Beratung und Abstimmung gelten die §§ 192 bis 197 des Gerichtsverfassungsgesetzes entsprechend.

§ 62 [Rechtliches Gehör]

Vor jeder Entscheidung ist den Beteiligten rechtliches Gehör zu gewähren; die Anhörung kann schriftlich oder elektronisch geschehen.

§ 63 [Zustellungen]

(1) ¹Anordnungen und Entscheidungen, durch die eine Frist in Lauf gesetzt wird, sind den Beteiligten zuzustellen, bei Verkündung jedoch nur, wenn es ausdrücklich vorgeschrieben ist. ²Terminbestimmungen und Ladungen sind bekannt zu geben.

Sozialgerichtsgesetz §§ 64–65b SGG 150

(2) ¹Zugestellt wird von Amts wegen nach den Vorschriften der Zivilprozessordnung. ²Die §§ 174, 178 Abs. 1 Nr. 2 der Zivilprozessordnung sind entsprechend anzuwenden auf die nach § 73 Abs. 2 Satz 2 Nr. 3 bis 9 zur Prozessvertretung zugelassenen Personen.

(3) Wer nicht im Inland wohnt, hat auf Verlangen einen Zustellungsbevollmächtigten zu bestellen.

§ 64 [Berechnung der Fristen]

(1) Der Lauf einer Frist beginnt, soweit nichts anderes bestimmt ist, mit dem Tage nach der Zustellung oder, wenn diese nicht vorgeschrieben ist, mit dem Tage nach der Eröffnung oder Verkündung.

(2) ¹Eine nach Tagen bestimmte Frist endet mit dem Ablauf ihres letzten Tages, eine nach Wochen oder Monaten bestimmte Frist mit dem Ablauf desjenigen Tages der letzten Woche oder des letzten Monats, welcher nach Benennung oder Zahl dem Tage entspricht, in den das Ereignis oder der Zeitpunkt fällt. ²Fehlt dem letzten Monat der entsprechende Tag, so endet die Frist mit dem Monat.

(3) Fällt das Ende einer Frist auf einen Sonntag, einen gesetzlichen Feiertag oder einen Sonnabend, so endet die Frist mit Ablauf des nächsten Werktages.

§ 65 [Richterliche Fristen, Abkürzung und Verlängerung]

¹Auf Antrag kann der Vorsitzende richterliche Fristen abkürzen oder verlängern. ²Im Falle der Verlängerung wird die Frist von dem Ablauf der vorigen Frist an berechnet.

§ 65a [Übermittlung elektronischer Dokumente]

(1) ¹Die Beteiligten können dem Gericht elektronische Dokumente übermitteln, soweit dies für den jeweiligen Zuständigkeitsbereich durch Rechtsverordnung der Bundesregierung oder der Landesregierungen zugelassen worden ist. ²Die Rechtsverordnung bestimmt den Zeitpunkt, von dem an Dokumente an ein Gericht elektronisch übermittelt werden können, sowie die Art und Weise, in der elektronische Dokumente einzureichen sind. ³Für Dokumente, die einem schriftlich zu unterzeichnenden Schriftstück gleichstehen, ist eine qualifizierte elektronische Signatur nach § 2 Nr. 3 des Signaturgesetzes vorzuschreiben. ⁴Neben der qualifizierten elektronischen Signatur kann auch ein anderes sicheres Verfahren zugelassen werden, das die Authentizität und die Integrität des übermittelten elektronischen Dokuments sicherstellt. ⁵Die Landesregierungen können die Ermächtigung auf die für die Sozialgerichtsbarkeit zuständigen obersten Landesbehörden übertragen. ⁶Die Zulassung der elektronischen Übermittlung kann auf einzelne Gerichte oder Verfahren beschränkt werden. ⁷Die Rechtsverordnung der Bundesregierung bedarf nicht der Zustimmung des Bundesrates.

(2) ¹Ein elektronisches Dokument ist dem Gericht zugegangen, wenn es in der nach Absatz 1 Satz 1 bestimmten Art und Weise übermittelt worden ist und wenn die für den Empfang bestimmte Einrichtung es aufgezeichnet hat. ²Die Vorschriften dieses Gesetzes über die Beifügung von Abschriften für die übrigen Beteiligten finden keine Anwendung. ³Genügt das Dokument nicht den Anforderungen, ist dies dem Absender unter Angabe der für das Gericht geltenden technischen Rahmenbedingungen unverzüglich mitzuteilen.

(3) Soweit eine handschriftliche Unterzeichnung durch den Richter oder den Urkundsbeamten der Geschäftsstelle vorgeschrieben ist, genügt dieser Form die Aufzeichnung als elektronisches Dokument, wenn die verantwortenden Personen am Ende des Dokuments ihren Namen hinzufügen und das Dokument mit einer qualifizierten elektronischen Signatur nach § 2 Nr. 3 des Signaturgesetzes versehen.

§ 65b [Führung elektronischer Prozessakten]

(1) ¹Die Prozessakten können elektronisch geführt werden. ²Die Bundesregierung und die Landesregierungen bestimmen jeweils für ihren Bereich durch Rechtsverordnung den Zeitpunkt, von dem an die Prozessakten elektronisch geführt werden. ³In der Rechtsverordnung sind die organisatorisch-technischen Rahmenbedingungen für die Bildung, Führung und Verwahrung der elektronischen Akten festzulegen. ⁴Die Landesregierungen können die Ermächtigung auf die für die Sozialgerichtsbarkeit zuständigen obersten Landesbehörden übertragen. ⁵Die Zulassung der elektronischen Akte kann auf einzelne Ge-

richte oder Verfahren beschränkt werden. ⁶Die Rechtsverordnung der Bundesregierung bedarf nicht der Zustimmung des Bundesrates.

(2) Dokumente, die nicht der Form entsprechen, in der die Akte geführt wird, sind in die entsprechende Form zu übertragen und in dieser Form zur Akte zu nehmen, soweit die Rechtsverordnung nach Absatz 1 nichts anderes bestimmt.

(3) Die Originaldokumente sind mindestens bis zum rechtskräftigen Abschluss des Verfahrens aufzubewahren.

(4) ¹Ist ein in Papierform eingereichtes Dokument in ein elektronisches Dokument übertragen worden, muss dieses den Vermerk enthalten, wann und durch wen die Übertragung vorgenommen worden ist. ²Ist ein elektronisches Dokument in die Papierform überführt worden, muss der Ausdruck den Vermerk enthalten, welches Ergebnis die Integritätsprüfung des Dokuments ausweist, wen die Signaturprüfung als Inhaber der Signatur ausweist und welchen Zeitpunkt die Signaturprüfung für die Anbringung der Signatur ausweist.

(5) Dokumente, die nach Absatz 2 hergestellt sind, sind für das Verfahren zugrunde zu legen, soweit kein Anlass besteht, an der Übereinstimmung mit dem eingereichten Dokument zu zweifeln.

§ 66 [Rechtsmittelbelehrung]

(1) Die Frist für ein Rechtsmittel oder einen anderen Rechtsbehelf beginnt nur dann zu laufen, wenn der Beteiligte über den Rechtsbehelf, die Verwaltungsstelle oder das Gericht, bei denen der Rechtsbehelf anzubringen ist, den Sitz und die einzuhaltende Frist schriftlich oder elektronisch belehrt worden ist.

(2) ¹Ist die Belehrung unterblieben oder unrichtig erteilt, so ist die Einlegung des Rechtsbehelfs nur innerhalb eines Jahres seit Zustellung, Eröffnung oder Verkündung zulässig, außer wenn die Einlegung vor Ablauf der Jahresfrist infolge höherer Gewalt unmöglich war oder eine schriftliche oder elektronische Belehrung dahin erfolgt ist, daß ein Rechtsbehelf nicht gegeben sei. ²§ 67 Abs. 2 gilt für den Fall höherer Gewalt entsprechend.

§ 67 [Wiedereinsetzung in den vorigen Stand]

(1) Wenn jemand ohne Verschulden verhindert war, eine gesetzliche Verfahrensfrist einzuhalten, so ist ihm auf Antrag Wiedereinsetzung in den vorigen Stand zu gewähren.

(2) ¹Der Antrag ist binnen eines Monats nach Wegfall des Hindernisses zu stellen. ²Die Tatsachen zur Begründung des Antrages sollen glaubhaft gemacht werden. ³Innerhalb der Antragsfrist ist die versäumte Rechtshandlung nachzuholen. ⁴Ist dies geschehen, so kann die Wiedereinsetzung auch ohne Antrag gewährt werden.

(3) Nach einem Jahr seit dem Ende der versäumten Frist ist der Antrag unzulässig, außer wenn der Antrag vor Ablauf der Jahresfrist infolge höherer Gewalt unmöglich war.

(4) ¹Über den Wiedereinsetzungsantrag entscheidet das Gericht, das über die versäumte Rechtshandlung zu befinden hat. ²Der Beschluß, der die Wiedereinsetzung bewilligt, ist unanfechtbar.

§ 68 (weggefallen)

§ 69 [Beteiligte]

Beteiligte am Verfahren sind
1. der Kläger,
2. der Beklagte,
3. der Beigeladene.

§ 70 [Parteifähigkeit]

Fähig, am Verfahren beteiligt zu sein, sind
1. natürliche und juristische Personen,
2. nichtrechtsfähige Personenvereinigungen,
3. Behörden, sofern das Landesrecht dies bestimmt,
4. gemeinsame Entscheidungsgremien von Leistungserbringern und Krankenkassen oder Pflegekassen.

§ 71 [Prozessfähigkeit]

(1) Ein Beteiligter ist prozeßfähig, soweit er sich durch Verträge verpflichten kann.

(2) ¹Minderjährige sind in eigener Sache prozeßfähig, soweit sie durch Vorschriften des bürgerlichen oder öffentlichen Rechts für den Gegenstand des Verfahrens als geschäftsfähig anerkannt sind. ²Zur Zurücknahme eines Rechtsbehelfs bedürfen sie der Zustimmung des gesetzlichen Vertreters.

(3) Für rechtsfähige und nichtrechtsfähige Personenvereinigungen sowie für Behörden handeln ihre gesetzlichen Vertreter und Vorstände.

(4) Für Entscheidungsgremien im Sinne von § 70 Nr. 4 handelt der Vorsitzende.

(5) In Angelegenheiten des sozialen Entschädigungsrechts und des Schwerbehindertenrechts wird das Land durch das Landesversorgungsamt oder durch die Stelle, der dessen Aufgaben übertragen worden sind, vertreten.

(6) Die §§ 53 bis 56 der Zivilprozeßordnung gelten entsprechend.

§ 72 [Bestellung eines besonderen Vertreters]

(1) Für einen nicht prozeßfähigen Beteiligten ohne gesetzlichen Vertreter kann der Vorsitzende bis zum Eintritt eines Vormundes, Betreuers oder Pflegers für das Verfahren einen besonderen Vertreter bestellen, dem alle Rechte, außer dem Empfang von Zahlungen, zustehen.

(2) Die Bestellung eines besonderen Vertreters ist mit Zustimmung des Beteiligten oder seines gesetzlichen Vertreters auch zulässig, wenn der Aufenthaltsort eines Beteiligten oder seines gesetzlichen Vertreters vom Sitz des Gerichts weit entfernt ist.

A. Verfahrensgrundsätze

Die in den §§ 60–72 niedergelegten oder über Verweisungen auf ZPO und GVG einbezogenen Grundsätze des Verfahrens entsprechen in den Grundzügen denjenigen aller Verfahrensgesetze in Deutschland. Diese können hier nicht näher dargestellt werden. Hinzuweisen ist auf einige praktisch wichtige Regelungen und ihre Anwendung. 1

B. Ausschluss von Richtern

§ 60 verweist auf die ZPO-Vorschriften über den Ausschluss und die Ablehnung wegen Befangenheit von Richtern. Profitiert ein Berufsrichter wirtschaftlich von der zu treffenden Entscheidung, etwa wenn es um den Anspruch auf kostenfreies Mittagessen in einer Werkstatt für Behinderte geht, und der Richter selbst Kinder hat, die in einer solchen Werkstatt tätig sind, soll eine Befangenheit erst gegeben sein, wenn das wirtschaftliche Interesse erheblich ist (BSG v. 26. 8. 2008 – B 8/9 b SO 10/07 R; im Ergebnis wohl zu eng). Über die Regelungen der ZPO hinaus ist ein Richter – auch ein ehrenamtlicher Richter – von der Mitwirkung im gerichtlichen Verfahren (in allen Instanzen) ausgeschlossen, wenn er an dem vorausgegangenen Verwaltungsverfahren mitgewirkt hat (§ 60 Abs. 2). Das kommt insbesondere bei Personen vor, die neben ihrer Funktion als ehrenamtliche Richter nicht selten auch in den Widerspruchsausschüssen der Versicherungsträger mitwirken, und bei Ärzten, die in den Zulassungs- und Berufungsausschüssen nach §§ 96, 97 SGB V mitarbeiten und zugleich ehrenamtliche Richter sind. Die Erfahrung lehrt, dass die Betroffenen in der Regel nicht von sich aus auf den Ausschluss hinweisen, so dass im Rahmen der Terminsvorbereitung drauf stets geachtet werden muss. 2

Der Ausschlussgrund des § 60 Abs. 3 (Mitgliedschaft im Vorstand einer Körperschaft, deren Interessen durch das Verfahren berührt werden) hat – wie der Ausschlussgrund des § 41 Nr. 4 ZPO (Vertretung einer juristischen Person) – nur im Vertragsarztrecht Bedeutung. § 17 Abs. 4 lässt es grundsätzlich zu, dass Vorstandsmitglieder von Kassenärztlichen Vereinigungen und Krankenkassenverbänden in den Kammern (Senaten) für Vertragsarztrecht als ehrenamtliche Richter mitwirken. Damit nimmt das Gesetz generell **Interessenkollisionen** in Kauf; das geht aber nicht soweit, dass jemand Richter in eigener Sache sein kann. Wenn also die Körperschaft, deren Vortand der betroffenen ehrenamtlicher Richter angehört, aktiv am Verfahren beteiligt ist, ist er von der Ausübung des Richteramtes ausgeschlossen (BSG SozR 3–5407 Art. 33 § 3 a Nr. 1). 3

Beschlüsse des LSG, durch die Richterablehnungen für unbegründet erklärt werden, sind nach § 177 nicht anfechtbar. Das wirkt auch in der Revisionsinstanz nach. Die Verfahrensrüge der fehlerhaften Besetzung des Berufungsgerichts als Folge einer falschen Zurückweisung eines Ablehnungsgesuchs hat nur dann Erfolg, wenn der Beschluss des LSG auf willkürlichen oder manipulativen Erwä- 4 gungen beruht (BSG SozR 4–1500 § 160a Nr. 1). Die Behandlung des Ablehnungsgesuchs durch das LSG muss so fehlerhaft sein, dass durch die Mitwirkung der abgelehnten Richter an der Entscheidung die Vorschriften über den gesetzlichen Richter verletzt sind und das LSG deshalb unrichtig besetzt war (BSG v. 30. 4. 2009 – B 13 R 121/09 B). Bei dem Verfahren der Richterablehnung handelt es sich um ein selbständiges Zwischenverfahren mit Bindungswirkung für die nachfolgenden Entscheidungen; deshalb ist der Beschluss des LSG, mit dem das Ablehnungsgesuch gegen einen Richter des SG zurückgewiesen wird, eine mit der Anhörungsrüge nach § 178a SGG angreifbare Entscheidung (BVerfG v. 6. 5. 2010 – NJW 2010, 2421). Unterlässt das LSG eine förmliche Entscheidung über ein Ablehnungsgesuch, stellt die Mitwirkung des abgelehnten Richters am Berufungsurteil nur dann einen Verfahrensmangel dar, wenn das **Ablehnungsgesuch** begründet gewesen ist (BSG SozR 4–1500 § 60 Nr. 4). Wenn ein Antragsteller pauschal alle Richter eines BSG-Senats allein wegen ihrer Mitwirkung an einer Entscheidung ablehnt, ohne konkrete Anhaltspunkte für ihre Befangenheit vorzubringen, kann der Senat unter Mitwirkung der abgelehnten Richter über das Ablehnungsgesuch entscheiden (BSG v. 19. 1. 2010 – B 11 AL 13/09 C zu einem Anhörungsrügeverfahren). Im Verfahren vor dem BSG unterliegt das Ablehnungsgesuch dem Vertretungszwang des § 73 Abs. 4 (BSG v. 17. 12. 2009 – B 2 U 7/09 C). Auf Umstände, die Anlass für eine Richterablehnung sein können, den Beteiligten aber nicht bekannt sind (zB instanzübergreifende Richterehe bei Namensverschiedenheit) muss das LSG von sich aus hinweisen (BSG SozR 4–1500 § 60 Nr. 2).

C. Rechtliches Gehör

5   § 62 schreibt die Gewährung angemessenen rechtlichen Gehörs für das sozialgerichtliche Verfahren vor. Die Anwendung dieser Vorschrift erweist sich im sozialgerichtlichen Verfahren insbesondere im Kontext der **Aufklärung des Sachverhaltes** als streitanfällig. Die Gerichte der Sozialgerichtsbarkeit verfügen über umfangreiche Informationen ua. zu den Anforderungen an bestimmte berufliche Tätigkeiten oder auch zu medizinischen Sachverhalten, die auf der Auswertung zahlreicher Gutachten beruhen. Wenn die Beteiligten sich darauf nicht verlassen wollen, dürfen diese Informationen nur nach ordnungsgemäßer Einführung in den Prozess verwertet werden (BSG SozR 4–1500 § 118 Nr. 1). Soweit der Verdacht besteht, eine Körperschaft oder ein Versicherungsunternehmen vereitelten systematisch den Zugang von Ladungen gegen Empfangsbekenntnis, sind an die Darlegung einer Verletzung des rechtlichen Gehörs besondere Anforderungen zu stellen (BSG v. 1. 10. 2009 – B 3 P 13/09 B). Das Gericht muss die Beteiligten regelmäßig nicht auf eine in Aussicht genommene bestimmte Beweiswürdigung hinweisen und die dafür maßgeblichen Gründe mit den Beteiligten vorab erörtern (BSG v. 23. 4. 2009 – B 13 R 15/09 B). Wenn das Gericht aber zu einer Frage ein Sachverständigengutachten und noch eine ergänzende Stellungnahme des Gutachters eingeholt hat, muss es einen Hinweis geben, wenn es sich dessen Ausführungen nicht anschließen oder die Frage nunmehr als dem Beweis nicht zugänglich behandeln will, weil mit einer solchen Änderung der Verfahrensführung auch ein sorgfältig arbeitender Bevollmächtigter nicht rechnen muss (BSG v. 3. 2. 2010 – B 6 KA 45/09 B). Soweit ein Beteiligter geltend macht, er müsse vom Gericht persönlich angehört werden, weil die Glaubwürdigkeit seines Vortrags ohne seine Anhörung nicht beurteilt werden könne, kann ein Unterlassen der Anhörung eine Verletzung des rechtlichen Gehörs bedeuten (BSG v. 14. 4. 2009 – B 5 R 206/08 B).

6   Zu Verletzungen des Anspruchs auf rechtliches Gehör kommt es immer wieder im Zusammenhang mit der Anwendung des § 153 Abs. 4 SGG. Danach kann das LSG eine Berufung durch Beschluss der Berufsrichter zurückweisen, wenn es sie einstimmig für unbegründet und eine mündliche Verhandlung für nicht erforderlich hält; die Beteiligten sind vor dieser Entscheidung zu hören. Der Zugang einer Anhörungsmitteilung macht den Beteiligten deutlich, dass ihr bisheriger Vortrag das LSG nicht zu weiterer Sachaufklärung veranlasst hat. Darauf müssen sie reagieren, um sich ihr Rechte – zB für das Verfahren der Nichtzulassungsbeschwerde – zu sichern. Beweisanträge, die nach Zugang einer (ersten) Anhörungsmitteilung nicht ausdrücklich wiederholt werden, darf das LSG als erledigt behandeln (BSG SozR 4–1500 § 160 Nr. 12 Rn. 7). Das Gericht muss aber deutlich machen, wenn es von sich aus eine eingeleitete Beweiserhebung nicht weiter verfolgen will, etwa weil es einen Zeugen nicht erreichen kann. Wenn dieser Fehlschlag einer Sachverhaltsaufklärung nicht vor einer Entscheidung nach § 153 Abs. 4 SGG bekannt gegeben wird, ist der Anspruch auf Gewährung rechtlichen Gehörs verletzt.

D. Wiedereinsetzung in den vorigen Stand

7   Zu der für das sozialgerichtliche Verfahren maßgeblichen Widereinsetzungsvorschrift (§ 67) haben sich keine von der Rechtslage in den anderen Verfahrensordnungen abweichenden Grundsätze ergeben. § 67 gilt für alle gesetzlichen Fristen des Prozessrechts, insbesondere für die Klagefrist des § 87, die Rechtsmittelfristen der §§ 151, 164 und für die Revisionsbegründungsfrist des § 164 Abs. 2. Über § 84 Abs. 1 S. 3 gilt § 67 auch für die Versäumung der Widerspruchsfrist. Das führt zu einigen Unklarheiten über das richtige Vorgehen in den Fällen, in denen die Widerspruchsbehörde einen Wider-

spruch als unzulässig (weil verspätet) verworfen hat. Dem Betroffenen bleibt die Wahl, ob er im gerichtlichen Verfahren eine Hauptsacheklage erhebt und in deren Rahmen eine Entscheidung des Gerichts über die **Wiedereinsetzung** in die versäumte Widerspruchsfrist ergeht (§ 67 Abs. 4), oder ob er die Klage zunächst auf die Verpflichtung der Behörde zur Gewährung von Wiedereinsetzung beschränkt, um (erneut) in den Genuss einer Widerspruchsentscheidung zu gelangen. Letzteres ist allerdings nur sinnvoll, wenn Anhaltspunkte dafür bestehen, dass die Behörde in der Sache dem Widerspruch stattgeben würde, etwa weil schon Parallelverfahren in diesem Sinne entschieden worden sind (BSG SozR 4–1500 § 77 Nr. 2).

Auch für den Verschuldensmaßstab (§ 67 Abs. 1) und insbesondere zum Anwaltsverschulden gelten die allgemein anerkannten Maßstäbe. Der Prozessbevollmächtigte muss durch seine Büroorganisation sicherstellen, dass eine Samstag eingehende Sendung auch den Eingangsstempel dieses Samstages und nicht den des darauf folgenden Montags erhält (BSG v. 27. 5. 2008 SozR 4–1500 § 67 Nr. 7). Ein von einer Rechtsanwaltsfachangestellten unterzeichnetes Empfangsbekenntnis bewirkt keine wirksame Zustellung einer sozialgerichtlichen Entscheidung (BSG v. 23. 4. 2009 – B 9 VG 22/08 B). Das Verschulden eines gesetzlichen Vertreters und eines Prozessbevollmächtigten wird dem Betroffenen zugerechnet (Meyer-Ladewig/Keller, SGG, § 57 Rn. 3 e); die frühere, inzwischen vom BAG aufgegebene, abweichende Rechtsprechung der Arbeitsgerichte zur Zurechung des Verschuldens bei der Versäumung der dreiwöchigen Frist für die Kündigungsschutzklage (ErfK/Kiel, § 5 KSchG Rn. 7) ist trotz der bisweilen existenziellen Bedeutung von Sozialleistungen für die Betroffenen in der Sozialgerichtsbarkeit nicht aufgegriffen worden. 8

Praktische Bedeutung hat die Wiedereinsetzung in **Massenverfahren,** wie sie nunmehr (auch) in § 114a angesprochen sind. Gemeint sind Konstellationen, in denen die entscheidungserhebliche Rechtsfrage in tausenden von Fällen umstritten ist, zB die Verfassungsmäßigkeit der Neuregelung der Erhebung von Krankenversicherungsbeiträgen auf Versorgungsbezüge nach §§ 248, 250 SGB V durch das GMG (vgl. BVerfG v. 28. 2. 2008 – 1 BvR 2137/06 –, näher Wenner SozSich 2008, S. 155). Die betroffenen Behörden haben das berechtigte Interesse, nicht massenhaft mit Widersprüchen überschwemmt zu werden. Wenn sie das dadurch zu erreichen versuchen, dass sie in veröffentlichen Rundschreiben allen Betroffenen zusichern, sie könnten auch ohne Einlegung von Rechtsmitteln von einer günstigen Entscheidung in einem Parallelefall profitieren, müssen sie sich daran festhalten lassen. Einem Betroffenen ist deshalb Widereinsetzung zu gewähren, wenn er gegen einen Bescheid keinen Widerspruch eingelegt hat. Das gilt auch, wenn sogar die Jahresfrist des § 67 Abs. 3 verstrichen ist; ob der Betroffene konkret auf die veröffentliche Mitteilung der Behörde vertraut hat, ist unerheblich (BSG SozR 4–1500 § 67 Nr. 1). 9

E. Verfahrensbeteiligte

§ 70 regelt – auf den ersten Blick nicht erkennbar – einige wichtige Besonderheiten des sozialgerichtlichen Verfahrens. Hinsichtlich der Beteiligtenfähigkeit folgt das SGG dem **Rechtsträgerprinzip** und nicht dem **Behördenprinzip.** Klagen sind grundsätzlich gegen den Rechtsträger, also „die" Deutsche Rentenversicherung Bund, „die" Bundesagentur für Arbeit, „die" AOK Westfalen und nicht gegen den Vorstand dieser Körperschaften oder Anstalten zu richten. Behörden sind nur beteiligtenfähig, soweit das Landesrecht das bestimmt (§ 70 Nr. 3). Das war – beispielhaft – in § 3 SGG-Ausführungsgesetz NRW geschehen; diese Norm ist allerdings zum 1. 1. 2011 aufgehoben worden. Auch in NRW gilt jetzt als Folge des „Gesetzes über die Justiz" das Rechtsträgerprinzip. Da aber in den Ausführungsgesetzen der Länder eine dem § 5 Abs. 2 AG-VWGO NRW in der bis zum 31. 12. 2010 geltenden Fassung („Anfechtungsklagen sind gegen die Behörde zu richten, die den Verwaltungsakt erlassen hat") entsprechende Regelung fehlt, sind (auch) Anfechtungs- und Verpflichtungsklagen in Sachgebieten, die von Landesbehörden ausgeführt werden (zB Sozialhilfe), gegen den Rechtsträger (Stadt, Kreis) und nicht gegen die Behörde (Oberbürgermeister, Landrat) zu richten. 10

F. Beteiligtenfähigkeit von Entscheidungsgremien

§ 70 Nr. 4 erklärt die **„gemeinsamen Entscheidungsgremien"** von Leistungserbringern und Kranken- oder Pflegekassen für beteiligtenfähig. Das hat große praktische Bedeutung, insbesondere im Vertragsarztrecht. Die zahlreichen auf der Grundlage des SGB V gebildeten „gemeinsamen Gremien", wie Berufungsausschuss (§ 97 SGB V), Beschwerdeausschuss (§ 106 SGB V) und „Gemeinsamer Bundesausschuss" (§ 91 SGB V) sind beteiligtenfähig und richtiger Beklagter in den sie betreffenden Streitverfahren. Soweit diese Gremien selbst rechtsfähig sind (wie der GBA), ist das selbstverständlich. Aber auch, soweit ihnen die Rechtsfähigkeit fehlt, sind sie Behörden im Sinne des § 1 Abs. 2 SGB X mit einem gesetzlich zugewiesenen Kompetenzbereich und können keinem einzelnen Rechtsträger zugeordnet werden. 11

Die Beteiligtenfähigkeit der „gemeinsamen Gremien" ermöglicht Streitverfahren zwischen Körperschaften und diesen Gremien, an denen andere natürliche und juristische Personen als (in der Regel: 12

notwendig) Beigeladene beteiligt sind. Typisch ist die Konstellation, dass eine Kassenärztliche Vereinigung gegen den Berufungsausschuss klagt, der einen Krankenhausarzt ermächtigt hat (§ 116 SGB V).

G. In-Sich-Prozesse

13   Aus der Verwaltungsgerichtsbarkeit sind seit langem Verfahren bekannt, die Behörden oder Organe desselben Rechtsträgers gegeneinander führen, um die Rechtmäßigkeit des Handelns der einen Behörde in kompetenzieller oder sachlich-rechtlicher Hinsicht überprüfen zu lassen. Beispiele sind der Konflikt zwischen einem Ratsausschuss und dem Rat einer Stadt oder dem Oberbürgermeister oder der Konflikt zwischen dem Präsidenten und dem Präsidium desselben Gerichts. Derartige Verfahren sind in der Sozialgerichtsbarkeit selten, aber nicht ausgeschlossen, wie das BSG für den Konflikt zwischen dem Vorstand einer Kassenzahnärztlichen Vereinigung und dem bei dieser gebildeten weisungsfreien Disziplinarausschuss entschieden hat (BSG SozR 4–1500 § 70 Nr. 1).

H. Besonderer Vertreter

14   Sozialgerichte sind nicht selten mit Rechtsmitteln von Personen befasst, bei denen zumindest Zweifel an der Prozessfähigkeit bestehen. Fehlender Vertretungszwang in den beiden Tatsacheninstanzen in Verbindung mit der Kostenfreiheit der gerichtlichen Verfahren für Versicherte und Leistungsberechtigte bieten bestimmten Personen, für die sich in der gerichtsinternen Kommunikation die – politisch vielleicht nicht korrekte – Bezeichnung „Querulant" eingebürgert hat, ein ideales Betätigungsfeld. Wann aus einem „nur" schwierigen, wenig kooperativen Kläger ein letztlich nicht mehr prozessfähiger, weil persönlichkeitsbedingt uneinsichtiger Kläger wird, kann nicht allgemein bestimmt werden. Jedenfalls darf im sozialgerichtlichen Verfahren ein Rechtsbehelf nicht allein deshalb als unzulässig verworfen werden, weil das Gericht den Kläger für prozessunfähig hält. Vielmehr muss in einer solchen Situation, sofern der Kläger keinen gesetzlichen Vertreter, Vormund oder Betreuer hat, ein „besonderer Vertreter" bestellt werden (§ 72, näher BSG SozR 4–1500 § 72 Nr. 1 sowie BSG v. 5. 5. 2010 – B 6 KA 36/09 B). Davon darf das Gericht nur absehen, wenn sich die Rechtsverfolgung als „offensichtlich haltlos" erweist, etwa wenn kein konkreter Streitgegenstand erkennbar ist, weil sich der Kläger lediglich generell unzufrieden zeigt oder pauschale Beschuldigungen gegen Mitarbeiter von Sozialleistungsträgern ohne Bezug zu einem bestimmten sachlichen Begehren erhebt. In der Gerichtsbarkeit kursiert das Bonmot, jeder Richter bestelle in seiner Laufbahn höchstens einmal einen „besonderer Vertreter" nach § 72, weil ihn die Schwierigkeiten dieses Verfahrens – uU in Abstimmung mit dem Vormundschaftsgericht – lehrten, im Interesse einer zügigen Erledigung des Verfahrens und der gebotenen Konzentration der richterlichen Arbeitskraft auf die Verfahren, in denen die Beteiligten ernstlich an Rechtsschutz in der Sache interessiert sind, den Zweifeln an der Prozessfähigkeit des einen oder anderen Klägers besser Schweigen zu gebieten.

§ 73 [Prozessbeteiligte; Bevollmächtigte; Beistand]

(1) **Die Beteiligten können vor dem Sozialgericht und dem Landessozialgericht den Rechtsstreit selbst führen.**

(2) ¹**Die Beteiligten können sich durch einen Rechtsanwalt oder einen Rechtslehrer an einer staatlichen oder staatlich anerkannten Hochschule eines Mitgliedstaates der Europäischen Union, eines anderen Vertragsstaates des Abkommens über den Europäischen Wirtschaftsraum oder der Schweiz, der die Befähigung zum Richteramt besitzt, als Bevollmächtigten vertreten lassen.** ²Darüber hinaus sind als Bevollmächtigte vor dem Sozialgericht und dem Landessozialgericht vertretungsbefugt nur

1. Beschäftigte des Beteiligten oder eines mit ihm verbundenen Unternehmens (§ 15 des Aktiengesetzes); Behörden und juristische Personen des öffentlichen Rechts einschließlich der von ihnen zur Erfüllung ihrer öffentlichen Aufgaben gebildeten Zusammenschlüsse können sich auch durch Beschäftigte anderer Behörden oder juristischer Personen des öffentlichen Rechts einschließlich der von ihnen zur Erfüllung ihrer öffentlichen Aufgaben gebildeten Zusammenschlüsse vertreten lassen,
2. volljährige Familienangehörige (§ 15 der Abgabenordnung, § 11 des Lebenspartnerschaftsgesetzes), Personen mit Befähigung zum Richteramt und Streitgenossen, wenn die Vertretung nicht im Zusammenhang mit einer entgeltlichen Tätigkeit steht,
3. Rentenberater im Umfang ihrer Befugnisse nach § 10 Abs. 1 Satz 1 Nr. 2 des Rechtsdienstleistungsgesetzes,
4. Steuerberater, Steuerbevollmächtigte, Wirtschaftsprüfer und vereidigte Buchprüfer, Personen und Vereinigungen im Sinn des § 3 a des Steuerberatungsgesetzes sowie Ge-

sellschaften im Sinn des § 3 Nr. 2 und 3 des Steuerberatungsgesetzes, die durch Personen im Sinn des § 3 Nr. 1 des Steuerberatungsgesetzes handeln, in Angelegenheiten nach den §§ 28h und 28p des Vierten Buches Sozialgesetzbuch,
5. selbständige Vereinigungen von Arbeitnehmern mit sozial- oder berufspolitischer Zwecksetzung für ihre Mitglieder,
6. berufsständische Vereinigungen der Landwirtschaft für ihre Mitglieder,
7. Gewerkschaften und Vereinigungen von Arbeitgebern sowie Zusammenschlüsse solcher Verbände für ihre Mitglieder oder für andere Verbände oder Zusammenschlüsse mit vergleichbarer Ausrichtung und deren Mitglieder,
8. Vereinigungen, deren satzungsgemäße Aufgaben die gemeinschaftliche Interessenvertretung, die Beratung und Vertretung der Leistungsempfänger nach dem sozialen Entschädigungsrecht oder der behinderten Menschen wesentlich umfassen und die unter Berücksichtigung von Art und Umfang ihrer Tätigkeit sowie ihres Mitgliederkreises die Gewähr für eine sachkundige Prozessvertretung bieten, für ihre Mitglieder,
9. juristische Personen, deren Anteile sämtlich im wirtschaftlichen Eigentum einer der in den Nummern 5 bis 8 bezeichneten Organisationen stehen, wenn die juristische Person ausschließlich die Rechtsberatung und Prozessvertretung dieser Organisation und ihrer Mitglieder oder anderer Verbände oder Zusammenschlüsse mit vergleichbarer Ausrichtung und deren Mitglieder entsprechend deren Satzung durchführt, und wenn die Organisation für die Tätigkeit der Bevollmächtigten haftet.

³Bevollmächtigte, die keine natürlichen Personen sind, handeln durch ihre Organe und mit der Prozessvertretung beauftragten Vertreter. ⁴§ 157 der Zivilprozessordnung gilt entsprechend.

(3) ¹Das Gericht weist Bevollmächtigte, die nicht nach Maßgabe des Absatzes 2 vertretungsbefugt sind, durch unanfechtbaren Beschluss zurück. ²Prozesshandlungen eines nicht vertretungsbefugten Bevollmächtigten und Zustellungen oder Mitteilungen an diesen Bevollmächtigten sind bis zu seiner Zurückweisung wirksam. ³Das Gericht kann den in Absatz 2 Satz 2 Nr. 1 und 2 bezeichneten Bevollmächtigten durch unanfechtbaren Beschluss die weitere Vertretung untersagen, wenn sie nicht in der Lage sind, das Sach- und Streitverhältnis sachgerecht darzustellen. ⁴Satz 3 gilt nicht für Beschäftigte eines Sozialleistungsträgers oder eines Spitzenverbandes der Sozialversicherung.

(4) ¹Vor dem Bundessozialgericht müssen sich die Beteiligten, außer im Prozesskostenhilfeverfahren, durch Prozessbevollmächtigte vertreten lassen. ²Als Bevollmächtigte sind außer den in Absatz 2 Satz 1 bezeichneten Personen nur die in Absatz 2 Satz 2 Nr. 5 bis 9 bezeichneten Organisationen zugelassen. ³Diese müssen durch Personen mit Befähigung zum Richteramt handeln. ⁴Behörden und juristische Personen des öffentlichen Rechts einschließlich der von ihnen zur Erfüllung ihrer öffentlichen Aufgaben gebildeten Zusammenschlüsse sowie private Pflegeversicherungsunternehmen können sich durch eigene Beschäftigte mit Befähigung zum Richteramt oder durch Beschäftigte mit Befähigung zum Richteramt anderer Behörden oder juristischer Personen des öffentlichen Rechts einschließlich der von ihnen zur Erfüllung ihrer öffentlichen Aufgaben gebildeten Zusammenschlüsse vertreten lassen. ⁵Ein Beteiligter, der nach Maßgabe des Satzes 2 zur Vertretung berechtigt ist, kann sich selbst vertreten; Satz 3 bleibt unberührt.

(5) ¹Richter dürfen nicht als Bevollmächtigte vor dem Gericht auftreten, dem sie angehören. ²Ehrenamtliche Richter dürfen, außer in den Fällen des Absatzes 2 Satz 2 Nr. 1, nicht vor einem Spruchkörper auftreten, dem sie angehören. ³Absatz 3 Satz 1 und 2 gilt entsprechend.

(6) ¹Die Vollmacht ist schriftlich zu den Gerichtsakten einzureichen. ²Sie kann nachgereicht werden; hierfür kann das Gericht eine Frist bestimmen. ³Der Mangel der Vollmacht kann in jeder Lage des Verfahrens geltend gemacht werden. ⁴Das Gericht hat den Mangel der Vollmacht von Amts wegen zu berücksichtigen, wenn nicht als Bevollmächtigter ein Rechtsanwalt auftritt. ⁵Ist ein Bevollmächtigter bestellt, sind die Zustellungen oder Mitteilungen des Gerichts an ihn zu richten. ⁶Im Übrigen gelten die §§ 81, 83 bis 86 der Zivilprozessordnung entsprechend.

(7) ¹In der Verhandlung können die Beteiligten mit Beiständen erscheinen. ²Beistand kann sein, wer in Verfahren, in denen die Beteiligten den Rechtsstreit selbst führen können, als Bevollmächtigter zur Vertretung in der Verhandlung befugt ist. ³Das Gericht kann andere Personen als Beistand zulassen, wenn dies sachdienlich ist und hierfür nach den Umständen des Einzelfalls ein Bedürfnis besteht. ⁴Absatz 3 Satz 1 und 3 und Absatz 5 gelten entsprechend. ⁵Das von dem Beistand Vorgetragene gilt als von dem Beteiligten vorgebracht, soweit es nicht von diesem sofort widerrufen oder berichtigt wird.

§ 73 a [Prozesskostenhilfe]

(1) ¹Die Vorschriften der Zivilprozeßordnung über die Prozeßkostenhilfe gelten entsprechend. ²Macht der Beteiligte, dem Prozeßkostenhilfe bewilligt ist, von seinem Recht, einen Rechtsanwalt zu wählen, nicht Gebrauch, wird auf Antrag des Beteiligten der beizuordnende Rechtsanwalt vom Gericht ausgewählt.

(2) Prozeßkostenhilfe wird nicht bewilligt, wenn der Beteiligte durch einen Bevollmächtigten im Sinne des § 73 Abs. 2 Satz 2 Nr. 5 bis 9 vertreten ist.

(3) § 109 Abs. 1 Satz 2 bleibt unberührt.

A. Neuregelung zum 1. Juli 2008

1   Die Vorschriften über die Vollmacht, den **Vertretungszwang** und die vertretungsberechtigten Personen sind im Zuge des Rechtsdienstleistungsgesetzes vom 12. 12. 2007 mit Wirkung zum 1. 7. 2008 umgestaltet und den Regeln in den anderen Verfahrensgesetzen angepasst worden (Überblick bei C. Grühn, Soziale Sicherheit 2008, S. 102). An den Grundstrukturen hat sich wenig geändert, sieht man von den erweiterten Vertretungsbefugnissen von Verwandten und unentgeltlich tätigen Personen im Sinne des § 73 Abs. 2 Nr. 2 ab. Vertretungszwang besteht vor dem SG und dem LSG nicht; das weicht von der Regelung des § 67 VwGO ab. Danach müssen sich die Beteiligten auch vor dem OVG (VGH) durch Prozessbevollmächtigte vertreten lassen. Eine sachliche Rechtfertigung für die Ungleichbehandlung von Verwaltungs- und Sozialgerichten ist insoweit nicht erkennbar.

2   Neu ist die Berechtigung von **Hochschullehrern** zur Vertretung vor den Sozialgerichten (§ 73 Abs. 2 S. 1); insoweit hat das RDG den längst überfälligen Anschluss an die Vorschriften der VwGO gebracht und ermöglicht die Verbindung von Wissenschaft und praktischer Vertretung vor Gericht nunmehr auch in der Sozialgerichtsbarkeit.

B. Vertretungsberechtigte Personen

3   Als Bevollmächtigte vor den Sozialgerichten aller drei Instanzen sind Rechtsanwälte, Hochschullehrer des Rechts und Verbandsvertreter (Gewerkschaften, Sozialverbände, Vereinigungen von Arbeitgebern iSd. § 73 Abs. 2 S. 2 Nr. 5–9) zugelassen. Zum Beginn des Jahres 2011 ist § 73 Abs. 2 Satz 1 dahin ergänzt worden, dass sich die Beteiligten auch durch einen Rechtslehrer an einer staatlichen oder staatlich anerkannten Hochschule eines Mitgliedstaates der EU oder der Schweiz vertreten lassen könne, soweit dieser die Befähigung zum Richteramt besitzt (Art. 10 des Gesetzes zum Umsetzung der Dienstleistungsrichtlinie der EU vom 22. 12. 2010, BGBl I., 2248). Eine spezielle Rechtsanwaltschaft beim BSG – vergleichbar der Situation beim BGH – besteht nicht; jeder Rechtsanwalt ist auch vor dem BSG postulationsfähig. Ein früherer Rechtsanwalt, dessen Zulassung erloschen ist, kann sich in einer eigenen Sache auch vor dem BSG nicht selbst vertreten, wenn er die Bezeichnung „Rechtsanwalt im Ruhestand" führen darf (BSG v. 9. 2. 2010 – B 3 P 1/10 C). Ein nicht im Inland zugelassener europäischer Rechtsanwalt ist ohne Vorlage eines Nachweises über das Einvernehmen eines Rechtsanwalts nach dem deutschem Recht nicht in der Lage, beim BSG wirksam ein Rechtsmittel einzulegen (BSG v. 15. 6. 2010 – B 13 R 172/10 B). Behörden können sich in allen Instanzen durch ihre Beschäftigten vertreten lassen; postulationsfähig sind auch die Bediensteten anderer Behörden oder juristischen Personen oder der Zusammenschlüsse von Behörden und Körperschaften.

4   **Rentenberater** dürfen vor den Sozial- und Landessozialgerichten auftreten (§ 73 Abs. 2 S. 2 Nr. 3), soweit sie in Streitverfahren tätig werden, die sich gegenständlich mit den Befugnissen der Rentenberater nach § 10 RDG überschneiden, also Angelegenheiten der gesetzlichen Renten- und Unfallversicherung, des sozialen Entschädigungsrechts betreffen und in den übrigen Sozialversicherungsbereichen, soweit ein Bezug zur gesetzlichen Rentenversicherung besteht (C. Grühn, Soziale Sicherheit 2008, 104). Ein Rechtsbeistand ist vor dem BSG auch dann nicht postulationsfähig, wenn er Mitglied einer Rechtsanwaltskammer ist (BSG 18. 11. 2009 – B 1 KR 111/09 B). Steuerberater dürfen nach Nr. 4 Arbeitgeber und Arbeitnehmer in Beitragsangelegenheiten nach § 28 h und § 28 p SGB IV vertreten. Die unentgeltliche Vertretung ist volljährigen Familienangehörigem und Personen mit der Befähigung zum Richteramt uneingeschränkt gestattet. Diesen Personen kann allerdings durch unanfechtbaren Beschluss des Gerichts das weitere Auftreten untersagt werden, wenn sie nicht in der Lage sind, das Sach- und Streitverhältnis sachgerecht darzustellen (§ 73 Abs. 3 S. 3).

C. Vertretungszwang beim BSG

5   In § 73 Abs. 4 findet sich die bisher in § 166 enthaltene Vorschrift über den Vertretungszwang vor dem BSG. An dem für alle Revisionsgerichte selbstverständlichen Grundsatz, dass sich die Beteiligten durch geeignete Bevollmächtigte vertreten lassen müssen, hat die Neuregelung nichts geändert. Ver-

tretungsberechtigt sind nunmehr auch Hochschullehrer. Die in § 73 Abs. 2 S. 2 Nr. 5 bis 9 angesprochenen Verbände (v. a. Gewerkschaften und auch die DGB-Rechtsschutz GmbH) sind auch vor dem BSG selbst als Institution vertretungsberechtigt; sie handeln vor dem BSG „durch" Personen mit der **Befähigung zum Richteramt**. Die schon weitgehend beendete Tradition, dass auch anders qualifizierte Gewerkschaftssekretäre aufgetreten sind, kann nunmehr auch aus Rechtsgründen nicht mehr fortgeführt werden. Behörden, Körperschaften des öffentlichen Rechts und Unternehmen der privaten Pflegeversicherung können sich auch vor dem BSG durch ihre Bediensteten vertreten lassen, soweit diese über die Befähigung zum Richteramt verfügen. Bedeutung hat das vor allem für die private Pflegeversicherung. Deren Unternehmen mussten sich bis 2003 vor dem BSG anwaltlich vertreten lassen, konnten – und können – allerdings wegen der Kostenfreiheit der sozialgerichtlichen Verfahren ihre außergerichtlichen Kosten auch bei einem Obsiegen nicht vom Gegner erstattet erhalten (§ 193 Abs. 4). Um an der Kostenfreiheit festhalten zu können, musste der Gesetzgeber den Unternehmen ermöglichen, Kosten zu sparen, indem sie sich durch eigene Beschäftigte vertreten lassen.

Der **Vertretungszwang** vor dem BSG erfasst alle Verfahren, also Revisionen, Nichtzulassungsbeschwerden, Rechtswegbeschwerden (§ 17 Abs. 4 GVG) und Anhörungsrügen (§ 178 a). Ausgenommen sind nach § 73 Abs. 4 S. 1 nur Prozesskostenhilfeverfahren. Der Kläger kann deshalb selbst innerhalb der Rechtsmittelfrist Prozesskostenhilfe für die Durchführung des geplanten Verfahrens beantragen und die Beiordnung eines zur Vertretung bereiten Anwalts erbitten. Benennt er keinen Anwalt, hat er unter den Voraussetzungen des § 78 b ZPO (über § 202 SGG) Anspruch auf die Beiordnung eines „**Notanwalts**". Das setzt voraus, dass der Kläger trotz umfangreicher Bemühungen keinen zu seiner Vertretung bereiten Anwalt findet und die Rechtsverfolgung nicht mutwillig ist. Das BSG verlangt, dass der Kläger mindestens vier Anwälte nach ihrer Vertretungsbereitschaft gefragt hat; die Forderung eines Anwalts nach Abschluss einer Honorarvereinbarung für die Vertretung vor dem BSG macht die Bevollmächtigung dieses Anwalts nicht unzumutbar, es sei denn die Honorarforderung ist unangemessen hoch (BSG v. 16. 10. 2007 – B 6 KA 3/07 S). Ein Beteiligter, der eine Beschwerde persönlich – ohne Mitwirkung eines zugelassenen Bevollmächtigten – eingereicht hat, kann die Beschwerde auch ohne Beachtung des Vertretungszwangs zurücknehmen (BVerwG v. 27. 10. 2008 – 3 B 101/08). 6

D. Zurückweisung von Bevollmächtigten

Die Erweiterung des Kreises der zugelassenen Bevollmächtigten infolge der Neufassung des § 73 verleiht der Möglichkeit des Gerichts zur Zurückweisung von Bevollmächtigten größere Relevanz. Abs. 3 unterscheidet zwischen der Zurückweisung von Personen, die nicht vertretungsberechtigt sind (S. 1), und dem Untersagen weiteren Vortrags bei Personen, die „an sich" auftreten dürfen, konkret aber nicht in der Lage sind, das Sach- und Streitverhältnis sachgerecht darzustellen. Zurückgewiesen werden dürfen unter dieser Voraussetzung aber nur Beschäftigte von Verfahrensbeteiligten oder Behörden sowie Familienangehörige und sonstige Personen mit der Befähigung zum Richteramt. Weder Rechtanwälte (bzw. Verbandsvertreter) noch Beschäftigte eines Sozialleistungsträgers darf das Gericht zurückweisen, auch wenn es den Eindruck haben sollte, Fähigkeit und/oder Bereitschaft zum sachgerechten Vortrag und zur angemessenen Prozessgestaltung seien unterentwickelt. Wenn ein Anwalt auch die aussichtsloseste Klage nicht zurücknimmt und ein Bediensteter eines Rentenversicherungsträgers trotz klarer Beweislage kein Anerkenntnis abgibt, muss das Gericht das hinnehmen. Auch die Beteiligten können sich ihren Richter nicht aussuchen. 7

E. Beistände

Nach § 73 Abs. 7 können die Beteiligten mit Beiständen auftreten; das Gericht kann auch Personen, die nicht vertretungsberechtigt sind, als Beistände zulassen, wenn das sachdienlich ist und hierfür nach den Umständen des Falles ein Bedürfnis besteht. Wichtige Anwendungsfälle betreffen Steuerberater in Beitragsangelegenheiten und Fachbeamte zur Unterstützung der eigentlichen Bevollmächtigten in Streitverfahren, in denen es nicht nur um Rechtsfragen geht. Auch im Revisionsverfahren wird das Auftreten von Beiständen relativ großzügig gestattet, obwohl dort keine Tatfragen mehr geklärt werden. Auch **Beistände** können zurückgewiesen werden, wenn sie nicht zu einer sachgerechten Darstellung des Sach- und Streitstandes fähig sind. 8

F. Vollmacht

In allen Rechtszügen muss die **Vollmacht** schriftlich erteilt werden; die anwaltliche Versicherung, es sei Vollmacht erteilt, reicht nicht aus. Soweit ein Anwalt auftritt, darf das Gericht aber das Verfahren weiterführen; in allen anderen Fällen muss der Mangel der Vollmacht von Amts wegen geprüft werden (§ 73 Abs. 6 S. 3). Wenn ein Bevollmächtigter bestellt und die schriftliche Vollmacht zu den Akten gerecht ist, müssen Mitteilungen und Zustellungen des Gerichts an den Bevollmächtigten gerichtet wer- 9 den. Eine Kommunikation zwischen dem Gericht und einem Beteiligten ohne Kenntnis des Bevollmächtigten ist grundsätzlich nicht gestattet und kann die Besorgnis der Befangenheit rechtfertigen. Allerdings muss das Gericht dem Beteiligten rechtliches Gehör gewähren, wenn Entscheidungen anstehen, die dem Interesse des Bevollmächtigten und möglicherweise nicht dem Interesse seiner Partei entsprechen, zB zur Höhe des Gegenstandswertes oder bei der Gebührenfestsetzung gegen die eigene Partei nach einem erfolglosen Verfahren. Wird eine vollmachtlos eingelegte Nichtzulassungsbeschwerde als unzulässig verworfen, weil trotz gerichtlicher Fristsetzung keine Vollmacht vorgelegt worden ist, kann der Mangel nicht rückwirkend durch eine nunmehr erteilte Vollmacht und die darin liegende Genehmigung der bisherigen Prozessführung geheilt werden (BSG 3. 6. 2008 SozR 4–1500 § 73 Nr. 2).

G. Prozesskostenhilfe

10 Über § 73a gelten auch für das sozialgerichtliche Verfahren die Vorschriften über die **Prozesskostenhilfe** der § 114ff. ZPO entsprechend. Einige wichtige Besonderheiten des sozialgerichtlichen Verfahrens sind zu beachten.

11 Nach § 73a Abs. 3 bleibt „§ 109 Abs. 1 S. 2 unberührt". Das bedeutet, dass auch der Kläger, dem PKH bewilligt worden ist, die Kosten des nach § 109 auf seinen Antrag einzuholenden ärztlichen Gutachtens selbst aufbringen muss; kann er den **Kostenvorschuss** nicht bezahlen, darf – und wird in aller Regel auch – das Gericht von der Einholung des Gutachtens nach § 109 absehen. Soweit infolge dessen der wirtschaftlich schwache Kläger prozessuale Möglichkeiten nicht nutzen kann, die dem wirtschaftlich stärkeren zur Verfügung stehen, liegt darin kein Verfassungsverstoß (BSG SozR 3–1500 § 109 Nr. 2).

12 Nach § 73a Abs. 2 in der ab 1. 7. 2008 geltenden Fassung wird PKH nicht bewilligt, wenn der Beteiligte durch einen Verbandsvertreter im Sinne des § 73 Abs. S. 2 Nr. 5–9 vertreten ist. Das BSG versteht die Wendung „vertreten ist" im Sinne von „vertreten werden kann" (SozR 3–1500 § 73a Nr. 4), was zur Folge hat, dass PKH-Bewilligung und Anwaltsbeiordnung schon dann ausscheiden, wenn ein Beteiligter als Gewerkschafts- oder Sozialverbandsmitglied für das betroffene Verfahren von einem Beauftragten dieser Organisationen vertreten werden könnte. Insoweit verweist das Gericht auf die Behandlung einer bestehenden Rechtsschutzversicherung, die nach § 115 Abs. 3 ZPO als Bestandteil des Vermögens eingesetzt werden muss. Das überzeugt nicht, weil die Motive für den Beitritt zu einer Gewerkschaft andere sind als für den Abschluss einer Rechtsschutzversicherung. Für die Praxis ist aber klar, dass schon die Möglichkeit einer kostenfreien Verbandsvertretung den Anspruch auf PKH ausschließt, soweit die Beteiligte nicht substantiiert darlegt, weshalb unter den konkreten Umständen des Verfahrens eine Vertretung durch die Gewerkschaft für ihn unzumutbar ist (BSG, aaO).

13 Eine Rechtsprechungsänderung des BSG aus dem Jahre 2007 zur Erstattungsfähigkeit der Kosten von Verbandsvertretern im Rahmen des § 63 SGB X führt zu Unklarheiten über den Anspruch auf PKH in den Fällen, in denen der verbandlich vermittelte Rechtsschutz nicht (mehr) kostenlos ist. Wenn der Verband für die Prozessvertretung Kosten von seinem Mitglied erhebt, soll dieses die Wahl haben, sich – unter Gewährung von PKH – durch einen Anwalt oder – ohne Gewährung von PKH – durch einen **kostenpflichtigen Verbandsvertreter** vertreten lässt (BSG SozR 4–1300 § 63 Nr. 6 Rn. 31). Das ist einerseits konsequent, weil nach § 121 ZPO lediglich Rechtsanwälte und nicht andere Bevollmächtigte beigeordnet werden können, und über PKH nur die Kosten eines beigeordneten Anwalts ersetzt werden, andererseits aber schwer vereinbar mit der Entscheidung des BSG, dass bei Bestehen einer Rechtsschutzversicherung mit Selbstbeteiligung PKH gerade in Höhe der Selbstbeteiligung zu bewilligen ist (SozR 4–1500 § 73a Nr. 4 Rn. 3). Wirtschaftlich ist schwer zu erklären, warum die Bewilligung von PKH unter Beschränkung auf den der Gewerkschaft oder dem Verband geschuldeten Kostenbeitrag und unter Verzicht auf eine Anwaltsbeiordnung ausgeschlossen sein soll.

Wird PKH für ein Verfahren der Nichtzulassungsbeschwerde (§ 160a) beantragt, gilt nach der Rechtsprechung des BSG, dass die Prüfung der Erfolgsaussichten an dem Ausgang des Verfahrens in der Sache, also nach einer hypothetischen Zulassung der Revision auszurichten ist. Selbst wenn ein Verfahrensfehler vorliegt, der zur Zurückverweisung nach § 160a Abs. 5 führen könnte, kommt die Bewilligung von PKH nicht in Betracht, wenn der Antragsteller im Revisionsverfahren aus Rechtsgründen keinen Erfolg haben kann (BSG v. 1. 3. 2011 – B 6 KA 4/10 BH).

§ 74 [Streitgenossenschaft; Hauptintervention]

Die §§ 59 bis 65 der Zivilprozeßordnung über die Streitgenossenschaft und die Hauptintervention gelten entsprechend.

§ 75 [Beiladung]

(1) [1]Das Gericht kann von Amts wegen oder auf Antrag andere, deren berechtigte Interessen durch die Entscheidung berührt werden, beiladen. [2]In Angelegenheiten des sozialen Entschädigungsrechts ist die Bundesrepublik Deutschland auf Antrag beizuladen.

(2) Sind an dem streitigen Rechtsverhältnis Dritte derart beteiligt, daß die Entscheidung auch ihnen gegenüber nur einheitlich ergehen kann oder ergibt sich im Verfahren, daß bei der Ablehnung des Anspruchs ein anderer Versicherungsträger, ein Träger der Grundsicherung für Arbeitsuchende, ein Träger der Sozialhilfe oder in Angelegenheiten des sozialen Entschädigungsrechts ein Land als leistungspflichtig in Betracht kommt, so sind sie beizuladen.

(2 a) ¹Kommt nach Absatz 2 erste Alternative die Beiladung von mehr als 20 Personen in Betracht, kann das Gericht durch Beschluss anordnen, dass nur solche Personen beigeladen werden, die dies innerhalb einer bestimmten Frist beantragen. ²Der Beschluss ist unanfechtbar. ³Er ist im elektronischen Bundesanzeiger bekannt zu machen. ⁴Er muss außerdem in im gesamten Bundesgebiet verbreiteten Tageszeitungen veröffentlicht werden. ⁵Die Bekanntmachung kann zusätzlich in einem von dem Gericht für Bekanntmachungen bestimmten Informations- und Kommunikationssystem erfolgen. ⁶Die Frist muss mindestens drei Monate seit der Bekanntgabe betragen. ⁷Es ist jeweils anzugeben, an welchem Tag die Antragsfrist abläuft. ⁸Für die Wiedereinsetzung in den vorigen Stand wegen Fristversäumnis gilt § 67 entsprechend. ⁹Das Gericht soll Personen, die von der Entscheidung erkennbar in besonderem Maße betroffen werden, auch ohne Antrag beiladen.

(3) ¹Der Beiladungsbeschluß ist allen Beteiligten zuzustellen. ²Dabei sollen der Stand der Sache und der Grund der Beiladung angegeben werden. ³Der Beschluß, den Dritten beizuladen, ist unanfechtbar.

(4) ¹Der Beigeladene kann innerhalb der Anträge der anderen Beteiligten selbständig Angriffs- und Verteidigungsmittel geltend machen und alle Verfahrenshandlungen wirksam vornehmen. ²Abweichende Sachanträge kann er nur dann stellen, wenn eine Beiladung nach Absatz 2 vorliegt.

(5) Ein Versicherungsträger, ein Träger der Grundsicherung für Arbeitsuchende, ein Träger der Sozialhilfe oder in Angelegenheiten des sozialen Entschädigungsrechts ein Land kann nach Beiladung verurteilt werden.

A. Streitgenossenschaft

Zur **Streitgenossenschaft** verweist § 74 auf die §§ 59 ff. der ZPO; eigenständige Grundsätze zur Streitgenossenschaft haben sich in der Sozialgerichtsbarkeit nicht herausgebildet. Wichtige Rechtsfolgen der notwendigen Streitgenossenschaft im Sinne des § 62 ZPO (Säumnisverhinderung, Rechtskraftbindung) haben im sozialgerichtlichen Verfahren nur untergeordnete Bedeutung. An die Stelle der mit der Streitverkündung im Zivilprozess verbundenen Rechtsfolgen tritt die notwendige Beiladung im Sinne des § 75 Abs. 2. 1

B. Beiladung

Die Vorschriften über die **Beiladung**, also die Beteiligung Dritter an einem Streitverfahren haben in der Sozialgerichtsbarkeit erhebliche Bedeutung. Hauptanwendungsfälle der (meist notwendigen) Beiladung sind zwei ganz unterschiedliche Konstellationen. 2

Die eine ist vor allem der Rolle von gemeinsamen Gremien von Leistungserbringern und Krankenkassen als Beklagten in zahlreichen Verfahren geschuldet: die Körperschaften, die diese gemeinsamen Gremien bilden, sind zu Verfahren gegen diese immer notwendig (§ 75 Abs. 2) beizuladen. Nur so kann erreicht werden, dass die Entscheidung auch allen beteiligten Institutionen gegenüber wirkt. Wenn der Berufungsausschuss nach § 97 SGB V verurteilt wird, einen Arzt zur vertragsärztlichen Versorgung zuzulassen, muss diese Entscheidung sowohl für die Krankenkassenverbände wie für die Kassenärztliche Vereinigung verbindlich sein. Deshalb sind diese an jedem Zulassungsverfahren notwendig beteiligt. In Konkurrenzkonstellationen ist der Kreis der notwendig Beizuladenden um die Personen zu erweitern, die auch an einer Berechtigung interessiert sind **(offensive Konkurrentenklage)** oder die Berechtigung eines anderen Interessenten abwehren wollen **(defensive Konkurrentenklage)**.

C. Leistungsträgervielfalt

Die andere Konstellation notwendiger Beiladungen beruht auf dem **gegliederten Sozialleistungssystem,** in dem für bestimmte Leistungen nicht selten verschiedene Träger in Betracht kommen. Das gilt etwa für alle Leistungen zur Eingliederung Behinderter, für die § 14 SGB IX eine spezielle Regelung enthält, aber auch für Empfänger von Grundsicherungsleistungen, bei denen besondere Bedarfe nicht im primär zuständigen Leistungssystem des SGB II, sondern ergänzend im 3

SGB XII gedeckt werden müssen. Der oder die Leistungsträger, die für die streitbefangene Leistung zuständig sein können, müssen vom SG zum Verfahren beigeladen werden, damit die Zuständigkeitsfrage im anhängigen Prozess geklärt werden kann und dem vom Gericht als zuständig angesehenen Träger in einem etwaigen Folgeverfahren der Einwand rechtskräftig versagt ist, der ursprünglich angegangene Träger sei doch zuständig gewesen. Alle Probleme des gegliederten Sozialleistungssystems können allerdings über die notwendige Beiladung nicht gelöst werden. Ein beigeladener Versicherungsträger kann nämlich nicht auf der Grundlage des § 75 Abs. 5 zu einer Leistung verurteilt werden, die sich nach Anspruchsgrund und Rechtsfolgen von der ursprünglich mit der Klage geforderten Leistung wesentlich unterscheidet (BSG v. 8. 5. 2007 SozR 4–2700 § 136 Nr. 3). Ist etwa umstritten, ob ein Versicherter Anspruch auf Krankengeld hat, weil er arbeitsunfähig ist, bewirkt die Beiladung des Agentur für Arbeit zum Verfahren nicht, dass diese zur Zahlung von Arbeitslosengeld verurteilt werden könnte, wenn schließlich gegenüber der Krankenkasse festgestellt wird, dass keine Arbeitsunfähigkeit vorlag. Alg und KrG haben unterschiedliche Voraussetzungen; der Umstand, dass Arbeitsunfähigkeit Voraussetzung des einen Anspruchs ist, hat nicht zur Folge, dass bei ihrem Fehlen der andere Anspruch ohne weiteres begründet sein muss.

D. Folgen der Beiladung

4 Die entscheidende Rechtsfolge der Beiladung ergibt sich aus § 141 Abs. 1 .Danach binden rechtskräftige Urteile die Beteiligten, soweit über den Streitgegenstand entschieden worden ist. Zu den „gebundenen" Beteiligten gehören nach § 69 Nr. 3 auch die Beigeladenen. Die **Bindung des Beigeladenen** an ein zwischen zwei anderen Beteiligten ergangenes Urteil ist nur hinnehmbar, wenn der Beigeladene die Richtigkeit des Urteils überprüfen lassen kann. Deshalb ist er berechtigt, Rechtsmittel gegen ein Urteil einzulegen, das ihn beschwert. Für die Rechtsmittelbefugnis des Beigeladenen reicht indessen die formelle Beschwer in der Regel nicht aus. Notwendig ist vielmehr, dass ein Beigeladener in eigenen Rechten verletzt ist („materielle Beschwer"; BSG v. 20. 3. 1996 SozR 3–2500 § 87 Nr. 12 S. 34). Diesen Grundsatz handhabt das BSG zumindest im Vertragsarztrecht sehr großzügig. Die an der Schaffung untergesetzlicher Normen beteiligten Körperschaften sind immer beschwert, wenn ein Gericht eine von ihnen erlassene Norm für ungültig erklärt, weil sich die Ungültigkeit unmittelbar auf ihre Verantwortung für eine ordnungsgemäße vertragsärztliche Versorgung auswirkt. Die Kassenärztlichen Vereinigungen sind zudem berechtigt, alle gerichtlichen Entscheidungen in Zulassungsangelegenheiten, an denen sie als Beigeladene beteiligt sind, anzufechten, weil sie durch diese im Hinblick auf ihre Verantwortung für eine ordnungsgemäße Versorgung immer betroffen sind (BSG 30. 11. 1994 SozR 3–2500 § 119 Nr. 1 S. 2). Anders als vom BSG in diesem Urteil noch angenommen, gilt für die am Zulassungsverfahren beteiligten Krankenkassenverbände nichts anderes. Der notwendig Beigeladene ist in der Regel durch ein für ihn negatives Urteil auch materiell beschwert, bei dem (zu recht nur) einfach Beigeladenen muss die materielle Beschwer im Einzelnen geprüft werden.

Zweiter Unterabschnitt. Beweissicherungsverfahren

§ 76 [Beweissicherungsverfahren]

(1) **Auf Gesuch eines Beteiligten kann die Einnahme des Augenscheins und die Vernehmung von Zeugen und Sachverständigen zur Sicherung des Beweises angeordnet werden, wenn zu besorgen ist, daß das Beweismittel verloren gehe oder seine Benutzung erschwert werde, oder wenn der gegenwärtige Zustand einer Person oder einer Sache festgestellt werden soll und der Antragsteller ein berechtigtes Interesse an dieser Feststellung hat.**

(2) [1]**Das Gesuch ist bei dem für die Hauptsache zuständigen Sozialgericht anzubringen.** [2]**In Fällen dringender Gefahr kann das Gesuch bei einem anderen Sozialgericht oder einem Amtsgericht angebracht werden, in dessen Bezirk sich die zu vernehmenden Personen aufhalten oder sich der in Augenschein zu nehmende Gegenstand befindet.**

(3) **Für das Verfahren gelten die §§ 487, 490 bis 494 der Zivilprozeßordnung entsprechend.**

Dritter Unterabschnitt. Vorverfahren und einstweiliger Rechtsschutz

§ 77 [Bindungswirkung des Verwaltungsakts]

Wird der gegen einen Verwaltungsakt gegebene Rechtsbehelf nicht oder erfolglos eingelegt, so ist der Verwaltungsakt für die Beteiligten in der Sache bindend, soweit durch Gesetz nichts anderes bestimmt ist.

§ 78 [Vorverfahren als Klagevoraussetzung]

(1) ¹Vor Erhebung der Anfechtungsklage sind Rechtmäßigkeit und Zweckmäßigkeit des Verwaltungsaktes in einem Vorverfahren nachzuprüfen. ²Eines Vorverfahrens bedarf es nicht, wenn
1. ein Gesetz dies für besondere Fälle bestimmt oder
2. der Verwaltungsakt von einer obersten Bundesbehörde, einer obersten Landesbehörde oder von dem Vorstand der Bundesagentur für Arbeit erlassen worden ist, außer wenn ein Gesetz die Nachprüfung vorschreibt, oder
3. ein Land, ein Versicherungsträger oder einer seiner Verbände klagen will.

(2) *(aufgehoben)*

(3) Für die Verpflichtungsklage gilt Absatz 1 entsprechend, wenn der Antrag auf Vornahme des Verwaltungsaktes abgelehnt worden ist.

§§ 79–82 (weggefallen)

§ 83 [Widerspruch]

Das Vorverfahren beginnt mit der Erhebung des Widerspruchs.

§ 84 [Frist und Form des Widerspruchs]

(1) ¹Der Widerspruch ist binnen eines Monats, nachdem der Verwaltungsakt dem Beschwerten bekanntgegeben worden ist, schriftlich oder zur Niederschrift bei der Stelle einzureichen, die den Verwaltungsakt erlassen hat. ²Die Frist beträgt bei Bekanntgabe im Ausland drei Monate.

(2) ¹Die Frist zur Erhebung des Widerspruchs gilt auch dann als gewahrt, wenn die Widerspruchsschrift bei einer anderen inländischen Behörde oder bei einem Versicherungsträger oder bei einer deutschen Konsularbehörde oder, soweit es sich um die Versicherung von Seeleuten handelt, auch bei einem deutschen Seemannsamt eingegangen ist. ²Die Widerspruchsschrift ist unverzüglich der zuständigen Behörde oder dem zuständigen Versicherungsträger zuzuleiten, der sie der für die Entscheidung zuständigen Stelle vorzulegen hat. ³Im übrigen gelten die §§ 66 und 67 entsprechend.

§ 84a [Akteneinsicht]

Für das Vorverfahren gilt § 25 Abs. 4 des Zehnten Buches Sozialgesetzbuch nicht.

§ 85 [Abhilfe oder Widerspruchsbescheid]

(1) Wird der Widerspruch für begründet erachtet, so ist ihm abzuhelfen.

(2) ¹Wird dem Widerspruch nicht abgeholfen, so erläßt den Widerspruchsbescheid
1. die nächsthöhere Behörde oder, wenn diese eine oberste Bundes- oder eine oberste Landesbehörde ist, die Behörde, die den Verwaltungsakt erlassen hat,
2. in Angelegenheiten der Sozialversicherung die von der Vertreterversammlung bestimmte Stelle,
3. in Angelegenheiten der Bundesagentur für Arbeit mit Ausnahme der Angelegenheiten nach dem Zweiten Buch Sozialgesetzbuch die von dem Vorstand bestimmte Stelle,
4. in Angelegenheiten der kommunalen Selbstverwaltung die Selbstverwaltungsbehörde, soweit nicht durch Gesetz anderes bestimmt wird.

²Abweichend von Satz 1 Nr. 1 ist in Angelegenheiten nach dem Zweiten Buch Sozialgesetzbuch der zuständige Träger, der den dem Widerspruch zugrunde liegenden Verwaltungsakt erlassen hat, auch für die Entscheidung über den Widerspruch zuständig; § 44b Absatz 1 Satz 3 des Zweiten Buches Sozialgesetzbuch bleibt unberührt. ³Vorschriften, nach denen im Vorverfahren Ausschüsse oder Beiräte an die Stelle einer Behörde treten, bleiben unberührt. ⁴Die Ausschüsse oder Beiräte können abweichend von Satz 1 Nr. 1 auch bei der Behörde gebildet werden, die den Verwaltungsakt erlassen hat.

(3) ¹Der Widerspruchsbescheid ist schriftlich zu erlassen, zu begründen und den Beteiligten bekanntzugeben. ²Nimmt die Behörde eine Zustellung vor, gelten die §§ 2 bis 10 des Verwaltungszustellungsgesetzes. ³§ 5 Abs. 4 des Verwaltungszustellungsgesetzes und § 178 Abs. 1 Nr. 2 der Zivilprozessordnung sind auf die nach § 73 Abs. 2 Satz 2 Nr. 3

bis 9 als Bevollmächtigte zugelassenen Personen entsprechend anzuwenden. ⁴Die Beteiligten sind hierbei über die Zulässigkeit der Klage, die einzuhaltende Frist und den Sitz des zuständigen Gerichts zu belehren.

(4) ¹Über ruhend gestellte Widersprüche kann durch eine öffentlich bekannt gegebene Allgemeinverfügung entschieden werden, wenn die den angefochtenen Verwaltungsakten zugrunde liegende Gesetzeslage durch eine Entscheidung des Bundesverfassungsgerichts bestätigt wurde, Widerspruchsbescheide gegenüber einer Vielzahl von Widerspruchsführern zur gleichen Zeit ergehen müssen und durch sie die Rechtsstellung der Betroffenen ausschließlich nach einem für alle identischen Maßstab verändert wird. ²Die öffentliche Bekanntgabe erfolgt durch Veröffentlichung der Entscheidung über den Internetauftritt der Behörde, im elektronischen Bundesanzeiger und in mindestens drei überregional erscheinenden Tageszeitungen. ³Auf die öffentliche Bekanntgabe, den Ort ihrer Bekanntgabe sowie die Klagefrist des § 87 Abs. 1 Satz 3 ist bereits in der Ruhensmitteilung hinzuweisen.

§ 86 [Neuer Bescheid während des Vorverfahrens, Wirkung des Widerspruchs]

Wird während des Vorverfahrens der Verwaltungsakt abgeändert, so wird auch der neue Verwaltungsakt Gegenstand des Vorverfahrens; er ist der Stelle, die über den Widerspruch entscheidet, unverzüglich mitzuteilen.

§ 86 a [Aufschiebende Wirkung]

(1) ¹Widerspruch und Anfechtungsklage haben aufschiebende Wirkung. ²Das gilt auch bei rechtsgestaltenden und feststellenden Verwaltungsakten sowie bei Verwaltungsakten mit Drittwirkung.

(2) Die aufschiebende Wirkung entfällt
1. bei der Entscheidung über Versicherungs-, Beitrags- und Umlagepflichten sowie der Anforderung von Beiträgen, Umlagen und sonstigen öffentlichen Abgaben einschließlich der darauf entfallenden Nebenkosten,
2. in Angelegenheiten des sozialen Entschädigungsrechts und der Bundesagentur für Arbeit bei Verwaltungsakten, die eine laufende Leistung entziehen oder herabsetzen,
3. für die Anfechtungsklage in Angelegenheiten der Sozialversicherung bei Verwaltungsakten, die eine laufende Leistung herabsetzen oder entziehen,
4. in anderen durch Bundesgesetz vorgeschriebenen Fällen,
5. in Fällen, in denen die sofortige Vollziehung im öffentlichen Interesse oder im überwiegenden Interesse eines Beteiligten ist und die Stelle, die den Verwaltungsakt erlassen oder über den Widerspruch zu entscheiden hat, die sofortige Vollziehung mit schriftlicher Begründung des besonderen Interesses an der sofortigen Vollziehung anordnet.

(3) ¹In den Fällen des Absatzes 2 kann die Stelle, die den Verwaltungsakt erlassen oder die über den Widerspruch zu entscheiden hat, die sofortige Vollziehung ganz oder teilweise aussetzen. ²In den Fällen des Absatzes 2 Nr. 1 soll die Aussetzung der Vollziehung erfolgen, wenn ernstliche Zweifel an der Rechtmäßigkeit des angegriffenen Verwaltungsaktes bestehen oder wenn die Vollziehung für den Abgaben- oder Kostenpflichtigen eine unbillige, nicht durch überwiegende öffentliche Interessen gebotene Härte zur Folge hätte. ³In den Fällen des Absatzes 2 Nr. 2 ist in Angelegenheiten des sozialen Entschädigungsrechts die nächsthöhere Behörde zuständig, es sei denn, diese ist eine oberste Bundes- oder eine oberste Landesbehörde. ⁴Die Entscheidung kann mit Auflagen versehen oder befristet werden. ⁵Die Stelle kann die Entscheidung jederzeit ändern oder aufheben.

(4) ¹Die aufschiebende Wirkung entfällt, wenn eine Erlaubnis nach Artikel 1 § 1 des Arbeitnehmerüberlassungsgesetzes in der Fassung der Bekanntmachung vom 3. Februar 1995 (BGBl. I S. 158), das zuletzt durch Artikel 2 des Gesetzes vom 23. Juli 2001 (BGBl. I S. 1852) geändert worden ist, aufgehoben oder nicht verlängert wird. ²Absatz 3 gilt entsprechend.

§ 86 b [Einstweilige Maßnahmen]

(1) ¹Das Gericht der Hauptsache kann auf Antrag
1. in den Fällen, in denen Widerspruch oder Anfechtungsklage aufschiebende Wirkung haben, die sofortige Vollziehung ganz oder teilweise anordnen,

2. in den Fällen, in denen Widerspruch oder Anfechtungsklage keine aufschiebende Wirkung haben, die aufschiebende Wirkung ganz oder teilweise anordnen,
3. in den Fällen des § 86a Abs. 3 die sofortige Vollziehung ganz oder teilweise wiederherstellen.

²Ist der Verwaltungsakt im Zeitpunkt der Entscheidung schon vollzogen oder befolgt worden, kann das Gericht die Aufhebung der Vollziehung anordnen. ³Die Wiederherstellung der aufschiebenden Wirkung oder die Anordnung der sofortigen Vollziehung kann mit Auflagen versehen oder befristet werden. ⁴Das Gericht der Hauptsache kann auf Antrag die Maßnahmen jederzeit ändern oder aufheben.

(2) ¹Soweit ein Fall des Absatzes 1 nicht vorliegt, kann das Gericht der Hauptsache auf Antrag eine einstweilige Anordnung in Bezug auf den Streitgegenstand treffen, wenn die Gefahr besteht, dass durch eine Veränderung des bestehenden Zustands die Verwirklichung eines Rechts des Antragstellers vereitelt oder wesentlich erschwert werden könnte. ²Einstweilige Anordnungen sind auch zur Regelung eines vorläufigen Zustands in Bezug auf ein streitiges Rechtsverhältnis zulässig, wenn eine solche Regelung zur Abwendung wesentlicher Nachteile nötig erscheint. ³Das Gericht der Hauptsache ist das Gericht des ersten Rechtszugs und, wenn die Hauptsache im Berufungsverfahren anhängig ist, das Berufungsgericht. ⁴Die §§ 920, 921, 923, 926, 928 bis 932, 938, 939 und 945 der Zivilprozessordnung gelten entsprechend.

(3) Die Anträge nach den Absätzen 1 und 2 sind schon vor Klageerhebung zulässig.

(4) Das Gericht entscheidet durch Beschluss.

A. Beweissicherungsverfahren

Das **Beweissicherungsverfahren**, wie es in den §§ 487 ff. ZPO geregelt ist, kann auch im sozialgerichtlichen Verfahren eingeleitet werden. Praktische Bedeutung hat dieses besondere Verfahren bislang nicht erlangt, obwohl Anwendungsmöglichkeiten auch in der Sozialgerichtsbarkeit bestehen. Vor allem der „gegenwärtige Zustand einer Person" im Sinne des § 76 Abs. 1 kann von Bedeutung sein, wenn eine Minderung der Erwerbsfähigkeit in der Unfall- oder Rentenversicherung für einen bestimmten Zeitraum von Bedeutung ist und zu erwarten ist, dass sich der gegenwärtige Zustand nach einer Operation nicht mehr gesichert wird feststellen lassen. Das Beweissicherungsverfahren wird auf ein „Gesuch" im Sinne des § 76 Abs. 2 beim zuständigen SG eingeleitet. Der ablehnende Beschluss ist mit der Beschwerde anfechtbar; Kosten entstehen in Verfahren, auf die § 197a keine Anwendung findet, nicht. Außergerichtliche Kosten können nur im Zusammenhang mit einer eventuellen Entscheidung in der Hauptsache erstattet werden. 1

B. Bestandskraft von Verwaltungsakten

§ 77 enthält dem Gehalt nach eine Norm des Verwaltungsverfahrensrechts: Bescheide, die nicht mehr mit Rechtsbehelfen angefochten werden können, werden „in der Sache bindend". Die mit dieser Wendung angesprochene materielle **Bestandskraft** hat zur Folge, dass Behörde wie Betroffener an der Entscheidung festgehalten werden. Der Bescheid versperrt den Durchgriff auf die materielle Rechtslage, die seiner Regelung zu Grunde liegt, und zwar zu Gunsten wie zu Lasten des Betroffenen. Wenn der Grundsicherungsträger für einen bestimmten Zeitraum Leistungen nach dem SGB II gewährt hat, weil er sich nicht von dem Bestehen einer eheähnlichen Gemeinschaft im Sinne des § 7 Abs. 3 SGB II hat überzeugen können, reicht die Bestandskraft des Bescheides als Grundlage dafür aus, dass die Betroffene die Leistungen behalten darf. Ob tatsächlich eine eheähnliche Gemeinschaft bestanden hat, ist unerheblich, es sei denn, der Träger beseitigt auf der Grundlage des § 45 SGB X die Bestandskraft des ursprünglichen Bescheides. Erst wenn der Korrekturbescheid nach § 45 SGB X seinerseits bestandskräftig ist, kommt eine Rückzahlungspflicht nach § 50 SGB X in Betracht. Umgekehrt muss der Betroffene, der für einen bestandskräftig geregelten Zeitraum höhere Leistungen als zunächst bewilligt erhalten will, über § 44 SGB X die Bestandskraft dieses für ihn (teilweise) nachteiligen Bescheides beseitigen, bevor die Behörde in der Sache prüft, ob ihm höhere Leistungen zugestanden haben. Ein bindender Ablehnungsbescheid schließt auch einen Anordnungsanspruch im Verfahren des einstweiligen Rechtsschutzes nach § 86b aus (LSG München v. 5. 2. 2009 – L 11 AS 20/09 B). 2

Die Bestandskraft im Sinne des § 77 ist auf an die „**Regelung**" im Sinne des § 31 S. 1 SGB X bezogen und nicht auf das äußere Erscheinungsbild eines Bescheides. Deshalb können von zahlreichen Regelungen, die ein unter einem einzigen Aktenzeichen und Datum erlassener Bescheid enthält, einzelne durch Nichtanfechtung oder Einschränkung des Klagebegehrens bestandskräftig werden (BSG 23. 2. 2005 SozR 4–1500 § 92 Nr. 2 Rn. 8). Wird später die Klage auf derartige Regelungen erweitert, ist sie insoweit unzulässig. Im Zweifel ist allerdings anzunehmen, dass das Rechtsschutzbegehren des Klägers 3 umfassend ist; Einschränkungen müssen sich hinreichend deutlich den gestellten Anträgen und dem Klagevorbringen entnehmen lassen. Spezielle Maßstäbe gelten insoweit im Vertragsarztrecht bei der Anfechtung von **Honorarbescheiden**. Diese enthalten regelmäßig eine Vielzahl von Einzelregelungen, die ein Kläger mutmaßlich nicht alle in Frage stellen will, wenn er unter einem bestimmten Aspekt höheres Honorar begehrt. Tut er das doch, wirkt sich das notwendig auf den Streitwert und die gegebenenfalls vom Kläger zu tragenden Gerichtskosten aus (BSG aaO, Rn. 10).

C. Notwendigkeit des Vorverfahrens

4   § 78 enthält die Grundentscheidung, dass vor Erhebung der Anfechtungs- und Verpflichtungsklage ein Vorverfahren durch zuführen ist. Das gilt auch, wenn eine Anfechtungsklage mit einer Leistungsklage kombiniert wird (§ 54 Abs. 4), jedoch nicht für die reine Leistungsklage und für die Feststellungsklage. Die Tendenzen der Rechtsentwicklung des Widerspruchsverfahrens in Deutschland sind wenig einheitlich. Während in den Ländern mehr und mehr auf die Nachprüfung von Verwaltungsentscheidungen auf diesem Weg verzichtet wird (Nordrhein-Westfalen, Niedersachsen), hat der Gesetzgeber des SGG im Zuge der der Herstellung der staatlichen Einheit Deutschlands das fakultative Vorverfahren beseitigt. Das führt im Kontext der Kommunalisierung von Leistungen nach dem SGB (zB SGB II gemäß § 6 a) zu Friktionen. Maßgeblich für die Notwendigkeit eines **Vorverfahrens** ist nicht, welche Behörde gehandelt hat, sondern welches Gesetz angewandt worden ist. Für alle Materien, die nach § 51 zur Zuständigkeit der Sozialgerichtsbarkeit gehören, bleibt das Vorverfahren verpflichtend, auch wenn in dem jeweiligen Land für den Kompetenzbereich der VwGO das Widerspruchsverfahren abgeschafft ist.

D. Widerspruch und Widerspruchsbegründung

5   Nach § 84 ist der Widerspruch gegen einen Verwaltungsakt binnen eines Monats nach dessen Bekanntgabe schriftlich bei der Stelle einzureichen, die den angefochtenen VA erlassen hat. Die Frist kann auch durch Erhebung des Widerspruchs bei einem anderen Sozialleistungsträger gewahrt werden (§ 84 Abs. 2). Über die Möglichkeit zur Einlegung des Widerspruchs muss belehrt werden; fehlt eine Rechtsmittelbelehrung oder ist diese unrichtig, gilt für den Widerspruch die Jahresfrist (§ 84 Abs. 2 S. 3 iVm. § 66).

6   Die Einhaltung der **Widerspruchsfrist** muss feststehen und ist im Streitfall im gerichtlichen Verfahren von Amtswegen zu prüfen. Der Widerspruchsführer trägt die materielle Beweislast dafür, dass die Frist gewahrt ist, und damit auch das Risiko, dass sein Schreiben rechtzeitig bei der Behörde eingeht. Er darf die Widerspruchsfrist voll ausschöpfen, muss aber einen sicheren Übertragungsweg wählen und – im eigenen Interesse – für Nachweismöglichkeiten sorgen (zB Fax-Sendebericht; Zeuge für Einwurf in den Nachtbriefkasten am letzten Tag des Fristablaufs). Versäumnissen der Behörde bei der Eröffnung und des leichten Zugangs zur Fristwahrung ist im Rahmen der Widereinsetzung (§ 67) Rechung zu tragen.

7   Die Behandlung eines verspäteten und deshalb unzulässigen Widerspruchs ist umstritten (vgl. Meyer-Ladewig/Leitherer, SGG, § 84 Rn. 7). Klar ist nur, dass in Konstellationen mit **Drittbeteiligung** die Behörde auf einen verfristeten Widerspruch eines Dritten hin den angefochtenen, den Antragsteller begünstigenden VA nicht ändern darf. Im bipolaren Verhältnis zwischen dem Leistungsberechtigten und der Behörde hat der Streit über die Berechtigung der Behörde, auf einen unzulässigen Widerspruch in der Sache zu entscheiden, im Hinblick auf die Möglichkeit des § 44 Abs. 1 SGB X eher geringe Bedeutung. Das Gebot der Gleichmäßigkeit der Rechtsanwendung spricht dafür, der Behörde nicht zu gestatten, einen verfristeten Widerspruch zum Anlass für eine Sachentscheidung zu nehmen.

8   Die Zulässigkeit des Widerspruchs ist bedeutsam für den Eintritt der aufschiebenden Wirkung nach § 86 a. Ungeachtet teilweise divergierender Formulierungen besteht in Rechtsprechung und Literatur weitgehende Einigkeit, dass jedenfalls ein „offensichtlich" unzulässiger Widerspruch keine aufschiebende Wirkung entfaltet. Das hat Bedeutung vor allem in Konstellationen, bei denen ein Dritter beteiligt ist. Wenn dieser Dritte ersichtlich nicht berechtigt ist, die einem anderen erteilte Begünstigung anzugreifen, oder diese Begünstigung längst bestandskräftig ist, darf der Dritte mit einem Widerspruch nicht erreichen, dass der Begünstigte von der ihm erteilten Berechtigung vorläufig keinen Gebrauch (mehr) machen darf (vgl. Meyer-Ladewig/Keller, SGG, § 86 a Rn. 10).

E. Widerspruchsbescheid

9   Das Widerspruchsverfahren muss, wenn es sich nicht durch Rücknahme oder auf andere Weise erledigt, durch einen **Widerspruchsbescheid** abgeschlossen werden. Soweit die Ausgangsbehörde oder die Widerspruchsbehörde den Widerspruch für begründet halten, müssen sie ihm „abhelfen" (§ 85

Abs. 1). Der Abhilfebescheid hat Bedeutung vor allem für die Kosten des Widerspruchsverfahrens. Diese trägt nach § 63 SGB X die Behörde bzw. deren Rechtsträger, „soweit der Widerspruch erfolgreich war". Der Umfang des Erfolges ergibt sich in der Regel aus dem Abhilfebescheid, der auch eine Aussage zu der Tragung der Kosten enthalten muss.

Die Zuständigkeit für die Erteilung des Widerspruchsbescheides ergibt sich aus § 85 Abs. 2. Der **10** Grundsatz, wonach im Interesse einer effektiven Kontrolle des Handelns der Ausgangsbehörde die nächst höhere Behörde den Widerspruchsbescheid zu erlassen hat (S. 1 Nr. 1), hat in der Praxis kaum noch Bedeutung. Er galt wegen der zahlreichen Ausnahmen für die Selbstverwaltungsangelegenheiten (S. 1 Nr. 2–4) ohnehin in der Sozialgerichtsbarkeit traditionell nur in Angelegenheiten des sozialen Entschädigungsrechts; seit der Auflösung der Landesversorgungsverwaltung zB in NRW ist die Rechtslage sehr unübersichtlich, zumal die Länder nach § 219 eine andere als die nächst höhere Behörde mit dem Erlass von Widerspruchsbescheiden beauftragen können.

Die tatsächlich praktizierte Grundnorm für die **Zuständigkeit der Widerspruchsbehörde** lautet **11** heute: den Widerspruchsbescheid erlässt entweder die Ausgangsbehörde (so in Angelegenheiten des SGB XII und des SGB II) oder die Stelle (Einzelperson oder Kollegialorgan), die in Selbstverwaltungsangelegenheiten damit vom Leistungsträger beauftragt wird. Bei der BA ist Widerspruchsstelle der Leiter der Dienststelle, die den VA erlassen hat. Dieser darf nach dem maßgeblichen Beschluss des Verwaltungsrates der BA auf der Grundlage des § 85 Abs. 2 S. 1 Nr. 3 nur durch Mitarbeiter der Rechtsbehelfsstelle vertreten werden.

In Angelegenheiten des SGB II erlässt nach § 85 Abs. 2 S. 2–4 die Ausgangsbehörde auch den Wi- **12** derspruchsbescheid. Das gilt unabhängig davon, ob die Agentur für Arbeit, ein kommunaler Träger oder eine „Gemeinsame Einrichtung" nach § 44b SGB II den Ausgangsbescheid erlassen hat. Die Entscheidung des BVerfG vom 20. 12. 2007 zur Verfassungswidrigkeit der in dieser Vorschrift angelegten Mischverwaltung (BVerfGE 119, 331) hatte wegen der Weitergeltungsanordnung des Gerichts bis zum 31. 12. 2010 keinen Einfluss auf die Befugnisse der ARGEn (auch) als Widerspruchsbehörden. Durch das in Ausführung dieser Entscheidung ergangene Gesetz zur Weiterentwicklung der Organisation der Grundsicherung für Arbeitsuchende vom 3. 8. 2010 (BGBl I, 1112) ist § 85 Abs. 2 Satz 2, 2. Halbsatz zum 1. 1. 2011 der Neufassung des § 44b SGB II angepasst worden. Die dort näher geregelten „gemeinsamen Einrichtungen" können auch Bescheide und Widerspruchsbescheide erlassen.

Besonderheiten bestehen im Vertragsarztrecht. In Zulassungs- und Wirtschaftlichkeitsprüfungsange- **13** legenheiten entscheiden Berufungs- und Beschwerdeausschüsse über die Rechtsmittel gegen Entscheidungen der Zulassungsausschüsse (§ 96 SGB V) und der Prüfungsstelle (§ 106 SGB V). Deren Entscheidungen haben die Wirkung von Widerspruchsbescheiden, ohne solche zu sein. Im gerichtlichen Verfahren sind sie – abweichend vom Grundsatz des § 95 SGG – alleiniger Verfahrensgegenstand. Dem entspricht, dass nur diese Behörden und nicht die Ausgangsbehörden am gerichtlichen Verfahren beteiligt sind.

Eine Änderung für die Zustellung von Widersprüchen in Massenverfahren hat § 85 Abs. 4 zum **14** 1. 4. 2008 erfahren. Nach dieser Vorschrift kann über ruhend gestellte Widersprüche durch eine öffentlich bekannt gegebene Allgemeinverfügung entschieden werden, wenn nur die Verfassungsmäßigkeit einer gesetzlichen Regelung streitig ist und das BVerfG diese Frage geklärt hat. Die Klagefrist beträgt in diesem Fall ein Jahr und beginnt zu laufen, wenn nach der öffentlichen Zustellung der Widerspruchsentscheidung zwei Jahre verstrichen sind (§ 78 Abs. 1).

F. Grundsätze des einstweiligen Rechtsschutzes

Seit dem Inkrafttreten des 6. SGG-Änderungsgesetzes am 2. 1. 2002 ist der vorläufige Rechtsschutz **15** in sozialgerichtlichen Verfahren umfassend und vollständig in den §§ 86 a, b geregelt. Die Vorschriften der § 80 Abs. 5 und § 123 VwGO sind ersichtlich Vorbild der Normen im SGG, doch können sie nicht mehr entsprechend angewandt werden. Die zu diesen Bestimmungen ergangene Rechtsprechung der Verwaltungsgerichte hat allerdings auch für Auslegung und Anwendung der §§ 86 a, b Bedeutung.

Die Grundkonzeption des einstweiligen Rechtsschutzes im SGG ist einfach und gut vertraut. Wi- **16** derspruch und Anfechtungsklage haben grundsätzlich aufschiebende Wirkung (§ 86a Abs. 1). Diese aufschiebende Wirkung entfällt in verschiedenen Konstellationen, die in Abs. 2 – und vor allem in zahlreichen Einzelgesetzen – benannt sind. Die Behörde, die den VA erlassen hat, kann in Fällen grundsätzlich eingetretener aufschiebender Wirkung die Vollziehung anordnen und umgekehrt bei Verwaltungsakten, die grundsätzlich vollziehbar sind, die Vollziehung aussetzen (Abs. 3). Behördliche Entscheidungen nach diesen Vorschriften können gerichtlich überprüft werden; das ist – entsprechend § 80 Abs. 5 VwGO – in § 86b Abs. 1 näher geregelt.

Jenseits des Anwendungsbereichs der Anfechtungsklage – unter Einschluss von Konkurrentenklagen **17** – spielt die **aufschiebende Wirkung von Rechtsbehelfen** keine Rolle. Soweit der Leistungsberechtigte eine Erweiterung seiner Rechte erstrebt und die Behörde dies ablehnt, ist in der Hauptsache

Verpflichtungsklage oder eine kombinierte Anfechtungs- und Leistungsklage zu erheben (Vornahmeklage). Diese Klagen verhindern nur den Eintritt der Bestandskraft des Versagungsbescheides. Wenn der Berechtigte Leistungen vor rechtskräftigem Abschluss erhalten will, muss er eine einstweilige Anordnung nach § 86 b Abs. 2 beantragen.

G. Einstweiliger Rechtsschutz in Anfechtungssachen

18   Die in § 86 b Abs. 1 geregelte gerichtliche **Vollziehungsaussetzung** oder Anordnung hat in der Sozialgerichtsbarkeit nur geringe Bedeutung, sieht man vom Vertragsarztrecht ab. Das beruht darauf, dass sozialgerichtliche Verfahren typischerweise Vornahmesachen sind, der Berechtigte sich also gegen die vollständige oder teilweise Versagung einer Sozialleistung wendet. In diesen Konstellationen ist vorläufiger Rechtsschutz nur über § 86 b Abs. 2 zu erreichen.

19   Erhebliche Bedeutung hat § 86 b Abs. 1 allerdings bei der Aufhebung von begünstigenden Verwaltungsakten (§§ 45, 48 SGB X) und der damit in der Regel verbundenen Rückforderung zu Unrecht erbrachter Leistungen (§ 50 SGB X). Zu derartigen Aufhebungen kommt es in allen Leistungsbereichen, besonders dort, wo Leistungen einkommensabhängig gewährt werden oder entfallen, wenn mehr als nur geringfügige Einnahmen erzielt werden. Da Widerspruch und Klage gegen Aufhebungsbescheide grundsätzlich aufschiebende Wirkung haben, kann die Behörde deren sofortige Vollziehung nur über eine Anordnung nach § 86 a Abs. 2 Nr. 5 erreichen, an deren Begründung erhebliche Anforderungen gestellt werden (Meyer-Ladewig/Keller, SGG, § 86 a Rn. 21 b). Der Gesetzgeber nimmt den Behörden immer häufiger diese „Last" ab und ordnet an, dass Rechtsmittel keine aufschiebende Wirkung haben. Dann kehren sich die Rollen um: der Aufhebungsbescheid ist grundsätzlich vollziehbar, die Behörde darf etwa die Rentenzahlung sofort einstellen, und der Berechtigte kann dem nur über einen gerichtlichen Aussetzungsantrag entgegenwirken. Wichtigster Anwendungsfall für dies Tendenz der Gesetzgebung ist § 39 SGB II. Danach haben Widerspruch und Klage gegen einen VA, „der über Leistungen der Grundsicherung entscheidet", keine aufschiebende Wirkung. Die Vorschrift hat zu einer kaum noch übersehbaren Fülle von gerichtlichen Entscheidungen geführt (Vgl. Übersicht bei Eicher in: Eicher/Spellbrink, SGB II, 2008, § 38 Rn. 16 b). Deren Tendenz geht dahin, den Anwendungsbereich der Vorschrift zu minimieren, und insbesondere bei der Aufhebung von Grundsicherungsleistungen für die Vergangenheit nach § 45 SGB X und der Pflicht zur Erstattung von zu Unrecht erhaltenen Leistungen nach § 50 SGB X für nicht eröffnet zu halten. Das Gegenteil hat der Gesetzgeber wohl mit § 39 SGB II erreichen wollen; die Rechtsprechung hält dies aber offenbar im Hinblick auf die Rechtsschutzgarantie des Art. 19 Abs. 4 GG für bedenklich.

20   Zentrale Bedeutung hat die Vollziehungsaussetzung im Vertragsarztrecht. In zahlreichen Vorschriften ist der Ausschluss der aufschiebenden Wirkung von Rechtsbehelfen gegen die Rückforderung von vertragsärztlichem Honorar oder gegen Entscheidungen im Rahmen der vertragsärztlichen Wirtschaftlichkeitsprüfung bestimmt (Vgl. Meyer-Ladewig/Keller, SGG, § 86 a Rn. 16, 23). Entscheidungen der Berufungsausschüsse über die Zulassungsentziehung oder die Ermächtigung von Krankenhausärzten werden nicht selten für vollziehbar erklärt (§ 97 Abs. 4 SGB V). Der betroffene Arzt kann nur über einen Antrag nach § 86 b Abs. 1 den Status quo erhalten; die Entscheidung des Gerichts erfordert dann eine sorgfältige Abwägung der widerstreitenden Interessen (Wenner, Vertragsarztrecht nach der Gesundheitsreform, § 31 Rn. 19).

H. Einstweiliger Rechtsschutz in Vornahmesachen

21   Parallel zu § 123 VwGO ist in § 86 b Abs. 2 der vorläufige Rechtsschutz in Vornahmesachen geregelt, also in Konstellationen, in denen der Leistungsberechtigte vor Abschluss des Hauptsacheverfahrens und uU schon vor dessen Einleitung (§ 86 b Abs. 3) eine Leistung vom zuständigen Träger begehrt. Die Vorschrift hat im Zuge der sog. Hartz-Reformen, vor allem mit dem Inkrafttreten des SGB II eine überragende praktische Bedeutung erlangt. Zahlreiche Kammern und Senate beider Tatsacheninstanzen erlassen weit mehr Beschlüsse auf der Basis des § 86 b Abs. 2 als Entscheidungen in der Hauptsache.

22   Die Beschlüsse nach § 86 b, die in der Regel ohne mündliche Verhandlung und deshalb ohne Mitwirkung der ehrenamtlichen Richter ergehen, sind nach bestimmten Grundsätzen auszurichten, ansonsten aber von den Umständen des Einzelfalles geprägt. Ausgangspunkt ist die Prüfung von Anordnungsgrund und Anordnungsanspruch. **Anordnungsgrund** meint die Angewiesenheit auf eine sofortige Entscheidung, die Eilbedürftigkeit der Sache, die keinen Aufschub duldet. Diese Voraussetzung einer existenziellen Angewiesenheit auf die begehrte Sozialleistung ist regelmäßig nur erfüllt, wenn der Betroffene seinen aktuellen Lebensbedarf nicht anders decken kann, also regelmäßig bei Angewiesenheit auf Leistungen nach dem SGB II und dem SGB XII. Das darf aber nicht dahin missverstanden werden, dass in anderen Leistungsbereichen (zB bei Ansprüchen auf Arbeitslosengeld oder Krankengeld) kein Anordnungsgrund gegeben sein könnte. Wenn nach summarischer Prüfung die

Anspruchsvoraussetzungen erfüllt sind, kann es für einen Berechtigten unzumutbar sein, sich auf einen Antrag auf Leistungen nach dem SGB II verweisen lassen zu müssen, weil damit erhebliche Auswirkungen, ua. auf den Partner oder das vorhandene Vermögen verbunden sein können.

Zentrale Frage im Verfahren nach § 86 b ist diejenige nach dem Vorliegen eines **Anordnungsanspruchs**, also der hohen Wahrscheinlichkeit, dass dem Antragsteller entgegen der Auffassung der Behörde die begehrte Leistung zusteht. Das darf zumindest bei existenzsichernden Leistungen auf der letzten Stufe des sozialen Netzes (SGB II und XII) nicht nur summarisch geprüft werden. Die Versagung von Leistungen, ohne die der Berechtigte seine Wohnung verlieren oder seine Familie nicht mehr mit den nötigsten Lebensbedarf versorgen könnte, ist nur gerechtfertigt, wenn nach allen dem Gericht zur Verfügung stehenden Informationen kein Rechtsanspruch besteht. Der aus der verwaltungsgerichtlichen Rechtsprechung übernommenen Grundsatz, im Verfahren des vorläufigen Rechtsschutzes dürfe die **Hauptsache** nicht **vorweggenommen** werden, hat zumindest bei existenzsichernden Leistungen nur noch begrenzte Bedeutung (näher M. Hannes, Soziale Sicherheit 2010, 35 ff.) 23

Vierter Unterabschnitt. Verfahren im ersten Rechtszug

§ 87 [Klagefrist]

(1) ¹Die Klage ist binnen eines Monats nach Bekanntgabe des Verwaltungsaktes zu erheben. ²Die Frist beträgt bei Bekanntgabe im Ausland drei Monate. ³Bei einer öffentlichen Bekanntgabe nach § 85 Abs. 4 beträgt die Frist ein Jahr. ⁴Die Frist beginnt mit dem Tag zu laufen, an dem seit dem Tag der letzten Veröffentlichung zwei Wochen verstrichen sind.

(2) Hat ein Vorverfahren stattgefunden, so beginnt die Frist mit der Bekanntgabe des Widerspruchsbescheids.

§ 88 [Verpflichtungsklage, Frist]

(1) ¹Ist ein Antrag auf Vornahme eines Verwaltungsakts ohne zureichenden Grund in angemessener Frist sachlich nicht beschieden worden, so ist die Klage nicht vor Ablauf von sechs Monaten seit dem Antrag auf Vornahme des Verwaltungsakts zulässig. ²Liegt ein zureichender Grund dafür vor, daß der beantragte Verwaltungsakt noch nicht erlassen ist, so setzt das Gericht das Verfahren bis zum Ablauf einer von ihm bestimmten Frist aus, die verlängert werden kann. ³Wird innerhalb dieser Frist dem Antrag stattgegeben, so ist die Hauptsache für erledigt zu erklären.

(2) Das gleiche gilt, wenn über einen Widerspruch nicht entschieden worden ist, mit der Maßgabe, daß als angemessene Frist eine solche von drei Monaten gilt.

§ 89 [Nichtigkeits- und Feststellungsklage]

Die Klage ist an keine Frist gebunden, wenn die Feststellung der Nichtigkeit eines Verwaltungsakts oder die Feststellung des zuständigen Versicherungsträgers oder die Vornahme eines unterlassenen Verwaltungsakts begehrt wird.

§ 90 [Klageerhebung]

Die Klage ist bei dem zuständigen Gericht der Sozialgerichtsbarkeit schriftlich oder zur Niederschrift des Urkundsbeamten der Geschäftsstelle zu erheben.

§ 91 [Fristwahrung bei Unzuständigkeit]

(1) Die Frist für die Erhebung der Klage gilt auch dann als gewahrt, wenn die Klageschrift innerhalb der Frist statt bei dem zuständigen Gericht der Sozialgerichtsbarkeit bei einer anderen inländischen Behörde oder bei einem Versicherungsträger oder bei einer deutschen Konsularbehörde oder, soweit es sich um die Versicherung von Seeleuten handelt, auch bei einem deutschen Seemannsamt im Ausland eingegangen ist.

(2) Die Klageschrift ist unverzüglich an das zuständige Gericht der Sozialgerichtsbarkeit abzugeben.

§ 92 [Klageschrift]

(1) ¹Die Klage muss den Kläger, den Beklagten und den Gegenstand des Klagebegehrens bezeichnen. ²Zur Bezeichnung des Beklagten genügt die Angabe der Behörde. ³Die

Klage soll einen bestimmten Antrag enthalten und von dem Kläger oder einer zu seiner Vertretung befugten Person mit Orts- und Zeitangabe unterzeichnet sein. ⁴Die zur Begründung dienenden Tatsachen und Beweismittel sollen angegeben, die angefochtene Verfügung und der Widerspruchsbescheid sollen in Urschrift oder in Abschrift beigefügt werden.

(2) ¹Entspricht die Klage diesen Anforderungen nicht, hat der Vorsitzende den Kläger zu der erforderlichen Ergänzung innerhalb einer bestimmten Frist aufzufordern. ²Er kann dem Kläger für die Ergänzung eine Frist mit ausschließender Wirkung setzen, wenn es an einem der in Absatz 1 Satz 1 genannten Erfordernisse fehlt. ³Für die Wiedereinsetzung in den vorigen Stand gilt § 67 entsprechend.

§ 93 [Einreichung von Abschriften]

¹Der Klageschrift, den sonstigen Schriftsätzen und nach Möglichkeit den Unterlagen sind vorbehaltlich des § 65a Abs. 2 Satz 2 Abschriften für die Beteiligten beizufügen. ²Sind die erforderlichen Abschriften nicht eingereicht, so fordert das Gericht sie nachträglich an oder fertigt sie selbst an. ³Die Kosten für die Anfertigung können von dem Kläger eingezogen werden.

§ 94 [Rechtshängigkeit]

Durch die Erhebung der Klage wird die Streitsache rechtshängig.

§ 95 [Streitgegenstand]

Hat ein Vorverfahren stattgefunden, so ist Gegenstand der Klage der ursprüngliche Verwaltungsakt in der Gestalt, die er durch den Widerspruchsbescheid gefunden hat.

A. Klagefrist

1   Für Anfechtungs- und Verpflichtungsklagen bestimmt § 87, dass diese binnen eines Monats nach Bekanntgabe des Verwaltungsaktes oder – wenn ein Vorverfahren stattgefunden hat – des Widerspruchsbescheides zu erheben ist. Bei öffentlicher Zustellung von Widerspruchsentscheidungen in Fällen ausgesetzter Widerspruchsverfahren nach § 85 Abs. 4 gilt die **Jahresfrist**.

Für andere als Anfechtungs- oder Verpflichtungsklagen gilt keine Frist, insbesondere nicht für Feststellungsklagen, auch soweit die begehrte Feststellung die Nichtigkeit eines Verwaltungsaktes betrifft (§ 89). Von diesem Grundsatz gibt es Ausnahmen, etwa bei der Wahlanfechtung nach § 57 Abs. 3 SGB IV sowie dann, wenn die Feststellungsklage ihrem Gegenstand nach auf den Erlass eines Verwaltungsaktes zielt. Hat die Behörde einen feststellenden VA erlassen, etwa des Inhalts, dass ein Vertragsarzt bestimmte Leistungen nicht erbringen und abrechnen darf, greift die Klagefrist des § 87 ein. Wird die Frist versäumt, wird die Feststellung der Behörde bestandskräftig, soweit sie nicht als nichtig anzusehen ist.

B. Untätigkeitsklage

2   Die **Untätigkeitsklage** nach § 88 hat bis zur Einführung der Grundsicherung (SGB II) in der Sozialgerichtsbarkeit keine größere Bedeutung gehabt. Sie zwingt die Behörde, die ein Leistungsberechtigter mit einem Antrag befasst hat, diesen Antrag auf jeden Fall zu bescheiden, auch dann, wenn sie der Auffassung ist, sachlich oder örtlich nicht zuständig zu sein (BSG v. 11. 11. 2003 SozR 4–1500 § 88 Nr. 1). Ihre beste Wirksamkeit erreicht die Untätigkeitsklage dann, wenn sie den Behörden Anlass gibt, ihre Verfahren so zu gestalten, dass Bescheide immer in den gesetzlichen Fristen (sechs Monate nach Antragstellung, drei Monate nach Einlegung des Widerspruchs) abgeschlossen sind. Hinsichtlich des Verwaltungsverfahrens kann das praktisch nur in der Unfallversicherung problematisch sein, wenn etwa zur Entscheidung über einen Antrag auf Anerkennung einer Berufskrankheit umfassende arbeitstechnische Untersuchungen durchzuführen sind. Dann liegt in der Regel auch ein „zureichender Grund" im Sinne des § 88 Abs. 1 S. 2 für ein Überschreiten der Frist von sechs Monaten vor. Der Unfallversicherungsträger sollte es nicht auf eine Untätigkeitsklage ankommen lassen, sondern dem Antragsteller rechtzeitig vor Fristablauf von sich aus mitteilen, wann voraussichtlich eine Entscheidung ergehen wird. Besteht der Antragsteller auf Einhaltung der Frist des § 88 Abs. 1, sollte die Behörde dem entsprechen und auf der Grundlage des von ihr ermittelten Sachverhalts entscheiden. Sie vermeidet damit die Auseinandersetzungen über die Untätigkeit und muss wegen der Weigerung des (späteren) Klägers, die unvermeidliche Dauer der Sachaufklärung abzuwarten, nicht befürch-

ten, auf der Grundlage des § 193 Abs. 4 in der ab dem 1. 4. 2008 geltenden Fassung wegen unzureichender Ermittlungen mit Kosten belegt zu werden.

Die Einhaltung der 3-Monats-Frist des § 88 Abs. 2 für die Erteilung des Widerspruchsbescheides fällt gerade im Bereich des SGB II den Behörden wegen der Vielzahl der Fälle und der schlechten Arbeitsorganisation der Jobcenter (Personal, Software) offenbar schwer. Dem wird von den fachkundigen Anwälten in diesem Bereich in so großem Umfang durch die Erhebung von Untätigkeitsklagen entgegen getreten, dass schon das böse Wort von den „Fachanwälten für Untätigkeitsklagen" die Runde macht. Dazu hat auch beigetragen, dass in der Regel nach Erlass des begehrten Bescheides oder Widerspruchsbescheides die Untätigkeitsklage für erledigt erklärt wird (zu den verschiedenen Konstellationen Meyer-Ladewig/Leitherer, SGG, § 88 Rn. 10 ff.), und bei Überschreitung der Frist des § 88 Abs. 2 die Behörde regelmäßig die Kosten des Klägers tragen muss, und zwar auch dann, wenn sie in der Sache richtig entschieden hat.

C. Anfechtungsumfang

Im typischen Fall, dass der Kläger vom beklagten Leistungsträger eine bestimmte Leistung (zB Krankengeld für drei Monate) erhalten will, macht die Bestimmung des Streitgegenstandes (§ 94) keine Schwierigkeiten. Das ist allerdings immer dann anders, wenn die Behörde mehrere selbständige Regelungen im Sinne des § 31 SGB X in einem Bescheid zusammenfasst oder – bei Versagung aller in Betracht kommenden Ansprüche – nicht klar ist, was der Kläger mit seiner Klage erreichen will. Das **Klagebegehren** muss jeweils genau untersucht werden, weil bei Annahme lediglich einer Teilanfechtung eines VA die nicht angefochtenen Teile in Bestandskraft erwachsen und nicht mehr gerichtlich überprüft werden können (BSG 23. 2. 2005 SozR 4–1500 § 92 Nr. 2 Rn. 8). Auch der Umfang der gerichtlichen Sachaufklärung hängt davon ab, was der Kläger begehrt: geht es ihm um die Übernahme der Kosten der Unterkunft nach § 22 SGB II bedarf es keiner Prüfung, ob das Jobcenter den Regelsatz nach § 20 SGB II richtig festgesetzt hat. Der Vorschlag, im Zweifel immer von einer umfassenden Klageerhebung auszugehen, erweist sich jedenfalls in den Verfahren als problematisch, in denen nach § 197 a Gerichtskosten erhoben werden. Diese hängen vom Wert des Streitgegenstandes ab; schränkt etwa ein Vertragsarzt seine Anfechtung des ihm erteilten Honorarbescheides nicht auf bestimmte teilbare Regelungen ein, bemisst sich der Wert nach dem insgesamt geltend gemachten Streitgegenstand. Das können leicht 50.000 € im Quartal sein, obwohl der Arzt möglicherweise nur die Anwendung einer bestimmten Honorarverteilungsregel bemängelt.

D. Anforderungen an die Klageschrift

Die Anforderungen an die Klageschrift (§ 92) sind zum 1. 4. 2008 erheblich erhöht worden. Zumindest der Kläger, der Beklagte und der Streitgegenstand muss nunmehr angegeben werden. Geschieht das auch nach richterlicher Fristsetzung nicht, ist die Klage unzulässig (BR at Drucks. 820/07 zu Art. 1 Nr. 15 SGG-Änderungsgesetz). Der Auffassung des BGH, der Rechtsmittelführer dürfe seine Anschrift bewusst geheim halten, wenn dadurch der geordnete Ablauf des Verfahrens nicht gefährdet wird (BGH v. 1. 4. 2009 – XII ZB 46/08 B), ist für die Sozialgerichtsbarkeit nicht zu folgen. Name und Anschrift des Klägers müssen in der Klageschrift benannt werden; die Angabe eines Postfachs reicht nicht aus, weil dort nicht zugestellt werden kann. Hinsichtlich des Antrags und der Klagebegründung bleibt es bei der bisherigen „Soll-Regelung". Strengere formale Anforderungen insbesondere an die **Klagebegründung** können nicht gestellt werden, weil in den beiden sozialgerichtlichen Tatsacheninstanzen kein Vertretungszwang herrscht. Effektive Möglichkeiten der Gerichte, den Umfang der Beschäftigung mit der (sehr kleinen) Gruppe von Klägern zu reduzieren, deren (möglicherweise im Einzelfall berechtigtes) Anliegen hinter einem Wust von Eingaben, Schriftstücken und Beschimpfungen aller Beteiligten kaum mehr zu erkennen ist, bietet auch die Neufassung des § 92 nicht.

§ 96 [Neuer Bescheid nach Klageerhebung]

(1) **Nach Klageerhebung wird ein neuer Verwaltungsakt nur dann Gegenstand des Klageverfahrens, wenn er nach Erlass des Widerspruchsbescheides ergangen ist und den angefochtenen Verwaltungsakt abändert oder ersetzt.**

(2) **Eine Abschrift des neuen Verwaltungsakts ist dem Gericht mitzuteilen, bei dem das Verfahren anhängig ist.**

§ 97 *(aufgehoben)*

§ 96, der in der VwGO keine Parallele hat, hat im gerichtlichen Verfahren erhebliche Bedeutung. Die Vorschrift dient der Prozessökonomie, indem sie gewährleistet, dass alle Bescheide, die den Streitgegenstand ändern oder ersetzen, Gegenstand des gerichtlichen Verfahrens werden. Das ist wichtig, weil etwa während eines länger laufenden Rentenstreitverfahrens immer wieder neue Bescheide ergehen, denen meist (auch) die angefochtene Regelung (zB die Nichtanerkennung einer Zeit als Zeit der Arbeitslosigkeit im Ausland) zu Grunde liegt. Müsste der Kläger alle diese Bescheide immer wieder angreifen, um den Eintritt der Bestandskraft zu verhindern, ergäbe sich eine Vielzahl von Verfahren, die (im günstigsten Fall) vom Gericht verbunden würden. Das vermeidet § 96.

2   Die Vorschrift ist allerdings im laufe der Jahre von einer Verfahrenserleichterung zu einer Verfahrenserschwerung mutiert, weil die Gerichte immer mehr Bescheide über § 96 in das laufende Verfahren einbezogen haben, soweit diese nur in irgendeiner Beziehung zum **Verfahrensgegenstand** standen. Dem ist der Gesetzgeber durch die Neufassung des § 96 Abs. 1 zum 1. 4. 2008 entgegengetreten. Nach dem Willen der Bundesregierung soll künftig die Einbeziehung von Verwaltungsakten in das laufende Verfahren nur noch möglich sein, wenn nach Klageerhebung der angefochtene VA durch einen neuen VA ersetzt oder abgeändert wird. Das gilt auch für Zeiträume zwischen dem Erlass des Widerspruchsbescheides und der Klageerhebung (BRDrucks. 820/07 S. 27 zu Nr. 16 SGG-Änderungsgesetz). Ein bloßer tatsächlicher oder rechtlicher Zusammenhang zwischen dem angefochtenen VA und später ergehenden Entscheidungen der Behörde gestattet die Anwendung des § 96 künftig nicht mehr; vor allem darf das BSG nicht mehr einen Rechtsstreit an das LSG zurückverweisen, weil dieses ein Bescheid, der mit dem Streitgegenstand in einem gewissen Zusammenhang steht, nicht in das Verfahren einbezogen habe. Das ist in der Vergangenheit immer wieder geschehen und hat zur Verlängerung gerichtlicher Verfahren beigetragen.

§ 98 [Verweisung bei Unzuständigkeit]

¹Für die sachliche und örtliche Zuständigkeit gelten die §§ 17, 17a und 17b Abs. 1, Abs. 2 Satz 1 des Gerichtsverfassungsgesetzes entsprechend. ²Beschlüsse entsprechend § 17a Abs. 2 und 3 des Gerichtsverfassungsgesetzes sind unanfechtbar.

§ 99 [Klageänderung]

(1) Eine Änderung der Klage ist nur zulässig, wenn die übrigen Beteiligten einwilligen oder das Gericht die Änderung für sachdienlich hält.

(2) Die Einwilligung der Beteiligten in die Änderung der Klage ist anzunehmen, wenn sie sich, ohne der Änderung zu widersprechen, in einem Schriftsatz oder einer mündlichen Verhandlung auf die abgeänderte Klage eingelassen haben.

(3) Als eine Änderung der Klage ist es nicht anzusehen, wenn ohne Änderung des Klagegrundes

1. die tatsächlichen oder rechtlichen Ausführungen ergänzt oder berichtigt werden,
2. der Klageantrag in der Hauptsache oder in bezug auf Nebenforderungen erweitert oder beschränkt wird,
3. statt der ursprünglich geforderten Leistung wegen einer später eingetretenen Veränderung eine andere Leistung verlangt wird.

(4) Die Entscheidung, daß eine Änderung der Klage nicht vorliege oder zuzulassen sei, ist unanfechtbar.

§ 100 [Widerklage]

Bei dem Gericht der Klage kann eine Widerklage erhoben werden, wenn der Gegenanspruch mit dem in der Klage geltend gemachten Anspruch oder mit den gegen ihn vorgebrachten Verteidigungsmitteln zusammenhängt.

§ 101 [Vergleich; Anerkenntnis]

(1) Um den geltend gemachten Anspruch vollständig oder zum Teil zu erledigen, können die Beteiligten zur Niederschrift des Gerichts oder des Vorsitzenden oder des beauftragten oder ersuchten Richters einen Vergleich schließen, soweit sie über den Gegenstand der Klage verfügen können.

(2) Das angenommene Anerkenntnis des geltend gemachten Anspruchs erledigt insoweit den Rechtsstreit in der Hauptsache.

§ 102 [Klagerücknahme]

(1) ¹Der Kläger kann die Klage bis zur Rechtskraft des Urteils zurücknehmen. ²Die Klagerücknahme erledigt den Rechtsstreit in der Hauptsache.

(2) ¹Die Klage gilt als zurückgenommen, wenn der Kläger das Verfahren trotz Aufforderung des Gerichts länger als drei Monate nicht betreibt. ²Absatz 1 gilt entsprechend. ³Der Kläger ist in der Aufforderung auf die sich aus Satz 1 und gegebenenfalls aus § 197a Abs. 1 Satz 1 in Verbindung mit § 155 Abs. 2 der Verwaltungsgerichtsordnung ergebenden Rechtsfolgen hinzuweisen.

(3) ¹Ist die Klage zurückgenommen oder gilt sie als zurückgenommen, so stellt das Gericht das Verfahren auf Antrag durch Beschluss ein und entscheidet über Kosten, soweit diese entstanden sind. ²Der Beschluss ist unanfechtbar.

A. Verweisung wegen Unzuständigkeit

Die Verweisungsregelung des § 98 betrifft nur die örtliche und die sachliche (instanzielle) Zuständigkeit, nicht die Abgrenzung der verschiedenen Gerichtszweige. Für letztere, die erheblich größere Bedeutung hat, gelten über § 202 die Vorschriften der §§ 17–17b GVG. Leitendes Prinzip der Regelung des § 98 ist die **Bindung von Verweisungsbeschlüssen** für das Gericht, an das der Rechtsstreit verwiesen worden ist (Vgl. BSG v. 27. 5. 2004 SozR 4–1500 § 57a Nr. 2 Rn. 25). Damit soll verhindert werden, dass verschiedene Gerichte ein Verfahren gleichsam „auf die Reise" schicken, und der Kläger Monate lang warten muss, bis überhaupt feststeht, wo in der Sache entschieden wird. Sowohl der Ausschluss der Beschwerdemöglichkeit (§ 98 S. 2) wie die Bindung des angegangenen Gerichts entfallen bei ersichtlich willkürlichen Verweisungsentscheidungen, also zB bei Verweisung an ein Gericht, das unter keinem rechtlichen Gesichtspunkt zuständig sein kann (eher noch enger Meyer-Ladewig/Leitherer, SGG, § 98 Rn. 7 a). Eine zu restriktive Handhabe der Bindung könnte Anreize für ein zunächst angerufenes Gericht geben, ungeliebte Verfahren um nahezu jeden Preis „loszuwerden". 1

B. Klageänderung

§ 99 enthält die für die **Klageänderung** maßgebliche Vorschrift und entspricht im Wesentlichen den entsprechenden Bestimmungen der anderen Verfahrensordnungen. Die Beteiligten disponieren über den Streitgegenstand; deshalb bestimmen sie und nicht vorrangig das Gericht, worüber entschieden wird. Wichtig ist das Wort „oder" in § 99 Abs. 1: wenn die Beteiligten mit der Klageänderung einverstanden sind, kommt es nicht darauf an, ob das Gericht sie für sachdienlich hält. Ändert sich der Streitgegenstand, muss gegebenenfalls die Zulässigkeit der neuen Klage erneut geprüft werden, etwa ob ein erforderliches Vorverfahren durchgeführt worden ist, worauf die Beteiligten nicht einvernehmlich verzichten können. Der Parteiwechsel ist regelmäßig eine Klageänderung und zwar auch in der Variante der Erstreckung der Klage auf einen bisher nicht am Verfahren beteiligten Sozialleistungsträger. Keine Klageänderung oder zumindest eine immer zulässige ist der Übergang von der Anfechtungs- und Verpflichtungsklage auf die Fortsetzungsfeststellungsklage im Sinne des § 131 Abs. 1 S. 3 nach Erledigung des ursprünglichen Begehrens. 2

C. Erledigungen ohne Urteil

In der Sozialgerichtsbarkeit enden die meisten Verfahren ohne Urteil, nämlich durch Rücknahme, Vergleich oder angenommenes Anerkenntnis. Die nach Bundesländern variierende hohe Quote der unstreitigen Erledigung beruht darauf, dass in einer Vielzahl sozialgerichtlicher Verfahren über medizinische Sachverhalte gestritten wird. Wenn die aufgeworfenen Fragen durch ein nicht weiter angreifbares Gutachten eines anerkannten Sachverständigen geklärt sind, ziehen professionelle Vertreter der Beteiligten in der Regel sachgerechte prozessuale Folgerungen, auch um sich einen wenig ergiebigen Termin der mündlichen Verhandlung und dem Gericht ein weitgehend überflüssiges Urteil zu ersparen. 3

Das Anwaltsvergütungsrecht unterstützt die Erledigung eines Verfahrens ohne Urteil nur begrenzt. Nach dem RVG hat der Rechtsanwalt in einem sozialgerichtlichen Verfahren, in dem keine Gerichtskosten anfallen, Anspruch auf eine Verfahrensrahmengebühr, die zwischen 40,00 und 460,00 € beträgt. Hinzukommt nach Nr. 3106 VV eine Termingebühr zwischen 20,00 und 380,00 €. Diese fällt auch an, wenn der Rechtsstreit ohne mündliche Verhandlung durch angenommenes Anerkenntnis erledigt wird, nicht aber, wenn der Anwalt eine Klage nach Durchführung der Beweisaufnahme zurücknimmt. Auch deshalb enden sehr viel mehr Streitverfahren mit anwaltlicher Beteiligung nach Durchführung einer mündlichen Verhandlung durch Rücknahme der Klage als durch **angenommenes Anerkenntnis**. 4

Die **Klagerücknahme** ist in § 102 abweichend von den Grundsätzen der anderen Verfahrensordnungen geregelt. Der Kläger kann die Klage bis zur Rechtskraft des Urteils, also auch noch nach 5 dessen Verkündung, zurücknehmen. Die Rücknahme ist als Prozesshandlung grundsätzlich unwiderruflich (BSG v. 4. 11. 2009 – B 14 AS 81/08 B); die auf § 72 Abs. 2 Satz 3 FGO gestützte abweichende Auffassung des BFH (BFH v. 12. 8. 2009 – X 47/08) kommt in sozialgerichtlichen Verfahren nicht zur Anwendung. Die Rücknahme ist ohne Zustimmung des Beklagten oder der Beigeladenen bis zu diesem Zeitpunkt möglich und erledigt den Rechtsstreit in der Hauptsache. Er bleibt nur noch hinsichtlich der Kosten anhängig. Über die Kosten ist nach Erledigung der Hauptsache gemäß § 193 SGG durch Beschluss zu entscheiden; eine Automatik des Inhalts, dass dem Kläger, der die Klage zurücknimmt, die außergerichtlichen Kosten niemals erstattet werden können, besteht nicht. Daraus ist geschlossen worden, für die **Hauptsacherledigung** bestehe in der Sozialgerichtsbarkeit kein Bedarf, weil der Kläger eine in der Sache erledigt Klage ohne negative Kostenkonsequenzen zurücknehmen könne. Daran kann jedenfalls für die Verfahren, in denen nach § 197a Gerichtskosten erhoben werden, nicht festgehalten werden. Nach § 155 Abs. 2 VwGO, der über § 197a Abs. 1 anzuwenden ist, hat derjenige, der eine Klage oder ein Rechtsmittel zurücknimmt, die Kosten zu tragen. Auf die Gründe für die Rücknahme kommt es nicht an.

6 Zum 1. 4. 2008 ist in § 102 Abs. 2 und 3 die **Rücknahmefiktion** bei Nichtbetreiben des Klageverfahrens eingeführt worden. Vorbild ist § 92 Abs. 1 VwGO, worauf in der Gesetzesbegründung der Bundesregierung ausdrücklich hingewiesen wird (BRat Drucks. 820/07 S. 27 zu Nr. 17 SGG-Änderungsgesetz).Die Vorschrift soll (auch) nach dem dort niedergelegten Verständnis des Normgebers restriktiv gehandhabt werden und nur zur Anwendung kommen, wenn der Kläger klar und unmissverständlich um eine bestimmte Mitwirkungshandlung gebeten wird und diese trotz Hinweises auf die Rechtsfolgen seiner Untätigkeit nicht innerhalb von drei Monaten vornimmt. Dann soll unterstellt werden können, dass das für jede Prozessführung erforderliche Rechtsschutzinteresse entfallen ist. Die Rücknahmefiktion ist nicht auf das Berufungsverfahren in dem Sinne zu übertragen, dass die Berufung als zurückgenommen gilt, wenn der Kläger im Berufungsverfahren bestimmte Mitwirkungshandlungen unterlässt (BSG v. 1. 7. 2010 – B 13 R 58/09 R).

§ 103 [Untersuchungsmaxime]

¹Das Gericht erforscht den Sachverhalt von Amts wegen; die Beteiligten sind dabei heranzuziehen. ²Es ist an das Vorbringen und die Beweisanträge der Beteiligten nicht gebunden.

§ 104 [Mitteilung der Klageschrift, Gegenäußerung]

¹Der Vorsitzende übermittelt eine Abschrift der Klage an die übrigen Beteiligten. ²Zugleich mit der Zustellung oder Mitteilung ergeht die Aufforderung, sich schriftlich zu äußern; § 90 gilt entsprechend. ³Für die Äußerung kann eine Frist gesetzt werden, die nicht kürzer als ein Monat sein soll. ⁴Die Aufforderung muß den Hinweis enthalten, daß auch verhandelt und entschieden werden kann, wenn die Äußerung nicht innerhalb der Frist eingeht. ⁵Soweit das Gericht die Übersendung von Verwaltungsakten anfordert, soll diese binnen eines Monats nach Eingang der Aufforderung bei dem zuständigen Verwaltungsträger erfolgen. ⁶Die Übersendung einer beglaubigten Abschrift steht der Übersendung der Originalverwaltungsakten gleich, sofern nicht das Gericht die Übersendung der Originalverwaltungsakten wünscht.

§ 105 [Gerichtsbescheid]

(1) ¹Das Gericht kann ohne mündliche Verhandlung durch Gerichtsbescheid entscheiden, wenn die Sache keine besonderen Schwierigkeiten tatsächlicher oder rechtlicher Art aufweist und der Sachverhalt geklärt ist. ²Die Beteiligten sind vorher zu hören. ³Die Vorschriften über Urteile gelten entsprechend.

(2) ¹Die Beteiligten können innerhalb eines Monats nach Zustellung des Gerichtsbescheids das Rechtsmittel einlegen, das zulässig wäre, wenn das Gericht durch Urteil entschieden hätte. ²Ist die Berufung nicht gegeben, kann mündliche Verhandlung beantragt werden. ³Wird sowohl ein Rechtsmittel eingelegt als auch mündliche Verhandlung beantragt, findet mündliche Verhandlung statt.

(3) Der Gerichtsbescheid wirkt als Urteil; wird rechtzeitig mündliche Verhandlung beantragt, gilt er als nicht ergangen.

(4) Wird mündliche Verhandlung beantragt, kann das Gericht in dem Urteil von einer weiteren Darstellung des Tatbestandes und der Entscheidungsgründe absehen, soweit es der Begründung des Gerichtsbescheids folgt und dies in seiner Entscheidung feststellt.

§ 106 [Aufklärungspflicht des Vorsitzenden]

(1) Der Vorsitzende hat darauf hinzuwirken, daß Formfehler beseitigt, unklare Anträge erläutert, sachdienliche Anträge gestellt, ungenügende Angaben tatsächlicher Art ergänzt sowie alle für die Feststellung und Beurteilung des Sachverhalts wesentlichen Erklärungen abgegeben werden.

(2) Der Vorsitzende hat bereits vor der mündlichen Verhandlung alle Maßnahmen zu treffen, die notwendig sind, um den Rechtsstreit möglichst in einer mündlichen Verhandlung zu erledigen.

(3) Zu diesem Zweck kann er insbesondere

1. um Mitteilung von Urkunden sowie um Übermittlung elektronischer Dokumente ersuchen,
2. Krankenpapiere, Aufzeichnungen, Krankengeschichten, Sektions- und Untersuchungsbefunde sowie Röntgenbilder beiziehen,
3. Auskünfte jeder Art einholen,
4. Zeugen und Sachverständige in geeigneten Fällen vernehmen oder, auch eidlich, durch den ersuchten Richter vernehmen lassen,
5. die Einnahme des Augenscheins sowie die Begutachtung durch Sachverständige anordnen und ausführen,
6. andere beiladen,
7. einen Termin anberaumen, das persönliche Erscheinen der Beteiligten hierzu anordnen und den Sachverhalt mit diesen erörtern.

(4) Für die Beweisaufnahme gelten die §§ 116, 118 und 119 entsprechend.

§ 106a [Fristsetzung]

(1) Der Vorsitzende kann dem Kläger eine Frist setzen zur Angabe der Tatsachen, durch deren Berücksichtigung oder Nichtberücksichtigung im Verwaltungsverfahren er sich beschwert fühlt.

(2) Der Vorsitzende kann einem Beteiligten unter Fristsetzung aufgeben, zu bestimmten Vorgängen

1. Tatsachen anzugeben oder Beweismittel zu bezeichnen,
2. Urkunden oder andere bewegliche Sachen vorzulegen sowie elektronische Dokumente zu übermitteln, soweit der Beteiligte dazu verpflichtet ist.

(3) ¹Das Gericht kann Erklärungen und Beweismittel, die erst nach Ablauf einer nach den Absätzen 1 und 2 gesetzten Frist vorgebracht werden, zurückweisen und ohne weitere Ermittlungen entscheiden, wenn

1. ihre Zulassung nach der freien Überzeugung des Gerichts die Erledigung des Rechtsstreits verzögern würde und
2. der Beteiligte die Verspätung nicht genügend entschuldigt und
3. der Beteiligte über die Folgen einer Fristversäumung belehrt worden ist.

²Der Entschuldigungsgrund ist auf Verlangen des Gerichts glaubhaft zu machen. ³Satz 1 gilt nicht, wenn es mit geringem Aufwand möglich ist, den Sachverhalt auch ohne Mitwirkung des Beteiligten zu ermitteln.

§ 107 [Mitteilung von Beweisergebnissen]

Den Beteiligten ist nach Anordnung des Vorsitzenden entweder eine Abschrift der Niederschrift der Beweisaufnahme oder deren Inhalt mitzuteilen.

§ 108 [Vorbereitende Schriftsätze]

¹Die Beteiligten können zur Vorbereitung der mündlichen Verhandlung Schriftsätze einreichen. ²Die Schriftsätze sind den übrigen Beteiligten von Amts wegen mitzuteilen.

§ 108a *(aufgehoben)*

§ 109 [Anhörung eines bestimmten Arztes]

(1) ¹Auf Antrag des Versicherten, des behinderten Menschen, des Versorgungsberechtigten oder Hinterbliebenen muß ein bestimmter Arzt gutachtlich gehört werden. ²Die An-

150 SGG § 109

hörung kann davon abhängig gemacht werden, daß der Antragsteller die Kosten vorschießt und vorbehaltlich einer anderen Entscheidung des Gerichts endgültig trägt.

(2) **Das Gericht kann einen Antrag ablehnen, wenn durch die Zulassung die Erledigung des Rechtsstreits verzögert werden würde und der Antrag nach der freien Überzeugung des Gerichts in der Absicht, das Verfahren zu verschleppen, oder aus grober Nachlässigkeit nicht früher vorgebracht worden ist.**

A. Sachaufklärungspflicht des Gerichts

1   Die in § 103 normierte Verpflichtung des Gerichts (Sozial- und Landessozialgericht) zur Aufklärung des Sachverhalts von Amtswegen prägt das gesamte sozialgerichtliche Verfahren. Anders als im Zivilprozess und im arbeitsgerichtlichen Urteilsverfahren müssen im sozialgerichtlichen Verfahren nicht die Beteiligten dem Gericht den Tatsachenstoff unterbreiten, der rechtlich bewertet werden soll, sondern das Gericht muss den „wahren" Sachverhalt selbst ermitteln. Das gilt auch im Verfahren des einstweiligen Rechtsschutzes. Traditionell wirkt die **Amtsaufklärungsmaxime** zu Gunsten des Klägers, der gerade bei medizinischen Fragen häufig überfordert wäre, formelle Beweisanträge zu stellen, auf deren Grundlage dann die notwendigen Gutachten eingeholt werden können. Im Zuge der „Hartz IV-Verfahren" (vor allem in Angelegenheiten des SGB II) ist aber deutlich geworden, dass sich die Amtsaufklärung auch zu Lasten des Klägers oder Antragstellers auswirken kann. Wenn etwa das Jobcenter Grundsicherungsleistungen im Hinblick auf vorhandenes Vermögen ablehnt, ist das SG nicht gehindert, den Sachverhalt auch unter dem Gesichtspunkt des Bestehens einer eheähnlichen Partnerschaft nach § 7 Abs. 3 SGB II aufzuklären, wenn dafür Anhaltspunkte bestehen. Das entlastet die Behörden in einem Unfang, den diese nur selten zu würdigen wissen; es ermöglicht Ihnen nämlich, im Laufe eines Verfahrens vom Gericht Ermittlungen zu fordern, die sie auch selbst vor Abschluss des Verwaltungsverfahrens hätten durchführen können. Mit dieser Erwägung darf kein Gericht die Sachaufklärung unterlassen; es besteht lediglich die Möglichkeit, der Behörde nach § 192 Abs. 4 Kosten aufzuerlegen.

2   In verfahrensrechtlicher Hinsicht wird die Pflicht zur Amtsaufklärung dadurch eingeschränkt, dass mit der Behauptung, diese sei verletzt, ein zur Zulassung der Revision führender **Verfahrensmangel** im Sinne des § 160 Abs. 2 Nr. 3 nur unter engen Voraussetzungen gerügt werden kann. Notwendig ist, dass auf einen Beweisantrag hingewiesen werden kann, der ausdrücklich vor dem LSG gestellt worden ist, und dem dieses Gericht ohne hinreichenden Grund nicht nachgegangen ist. Das erfordert nach der relativ strengen Rechtsprechung des BSG einen formellen Beweisantrag, der zudem in der letzten mündlichen Verhandlung vor dem LSG ausdrücklich aufrechterhalten worden sein muss (BSG v. 18. 9. 2003 SozR 4–1500 § 160 Nr. 1). Im Instanzenzug zwischen SG und LSG spielt die Rüge einer unzureichenden Sachaufklärung nur eine untergeordnete Rolle. Das LSG muss ohnehin den Sachverhalt vollständig aufklären, und eine Zurückverweisung an das SG wegen unzureichender Sachaufklärung, die auf der Grundlage des § 159 möglich ist, dürfte nur ganz selten angemessen sein.

3   Missverstanden wird die Amtsermittlungspflicht dann, wenn sie dem Gericht Verpflichtungen auferlegt, die allein deshalb bestehen, weil der Kläger sich einer zumutbaren Mitwirkung im Verwaltungsverfahren verweigert. Wenn jemand seit Jahren Lohnersatzleistungen wegen Arbeitslosigkeit bezieht, eine angebotene Maßnahme nach wenigen Tagen aus gesundheitlichen Gründen abbricht und sich einer ärztlichen Untersuchung auf seine Verfügbarkeit verweigert, muss das Gericht diese nicht von sich aus ermitteln (aA BSG v. 20. 10. 2005 SozR 4–1500 § 103 Nr. 5). Die richterliche Amtsermittlungspflicht endet dort, wo die zumutbaren **Mitwirkungsobliegenheiten** der Beteiligten einsetzten; das ist bei der Aufforderung zu einer ärztlichen Untersuchung der Fall, wenn diese nicht schikanös angeordnet und/oder durchgeführt wird.

B. Vorbereitung der mündlichen Verhandlung

4   Für den Richter in der Sozialgerichtsbarkeit hat die in § 106/§ 106a geregelt Aufklärungspflicht vor Durchführung der mündlichen Verhandlung größte Bedeutung. Ohne sachgerechte Vorbereitung dürfte es kaum gelingen, ein Verfahren in einer mündlichen Verhandlung abzuschließen. Wichtig ist vor allem die Vernehmung von Sachverständigen nach § 106 Abs. 3 Nr. 4 in den Verfahren, in denen der Erfolg des Klagebegehrens weitgehend von der medizinischen Beurteilung der Leistungsfähigkeit des Klägers abhängt.

5   In den Grundsicherungsverfahren hat besonders die Vorlage von Urkunden und die Einholung von Auskünften (§ 106 Abs. 3 Nr. 1 und 3) erhebliche Bedeutung. Das betrifft etwa Kontoauszüge, evtl. auch solche betr. ein Konto des Ehe- oder Lebenspartners, Gehaltsbescheinigungen des Arbeitgebers, Mietverträge, Bankauskünfte über Geldanlagen. Ohne derartige Unterlagen kann das Gericht den Sachverhalt in der Regel nicht vollständig aufklären. Auch deshalb hat der Gesetzgeber in § 106a zum 1. 4. 2008 die **Mitwirkungsobliegenheiten** des Klägers erhöht und mit der Ausschlusswirkung des

Abs. 3 sanktioniert. In den Gesetzesmaterialien wird diese Präklusionswirkung vor allem mit dem Bemühen begründet, Verfahrensverzögerungen durch den Kläger entgegenzuwirken (BRat Drucksache 820/07 S. 29 zu Nr. 19). Genauso wichtig ist aber, dass in Fällen, in denen Streit über die Mitwirkungsobliegenheiten des Klägers besteht (zB hinsichtlich der Vorlage von ungeschwärzten Kontoauszügen auch ohne konkreten Verdacht auf Leistungsmissbrauch, vgl. BSG v. 18. 9. 2008 – B 14 AS 45/07 R), das Gericht schnell Klarheit hat: Legt der Kläger nach ordnungsgemäßer Belehrung des Gerichts die erbetenen Unterlagen nicht fristgerecht vor und ist auch der Ausnahmefall nicht gegeben, dass das Gericht den Sachverhalt mit geringem Aufwand und ohne die Mitwirkung des Beteiligten ermitteln kann § 106a Abs. 3 S. 3), weiß der Richter, dass er in der mündlichen Verhandlung entscheiden kann. Der Kläger hat es nicht mehr in der Hand, im Termin Papiere vorzulegen, die das Gericht auf die Schnelle nicht hinreichend prüfen und würdigen kann, und deshalb einen neuen Termin bestimmen müsste.

C. Mitwirkungsobliegenheit des Klägers

Im Zuge der „Hartz-Gesetze" ist eine heftige Debatte über die **Mitwirkungsobliegenheiten** der Leistungsbezieher vor und bei der Bewilligung von Grundsicherungsleistungen entbrannt, die sich auch in das gerichtliche Verfahren hineinzieht (Überblick etwa bei Blüggel, Soziale Sicherheit 2005, 12). Während die Fragen der Leistungsabsenkung nach § 31 SGB II wegen fehlender Kooperation keinen Bezug zum gerichtlichen Verfahren haben – dort wird nur entschieden, ob die Weigerung etwa zum Abschluss einer Eingliederungsvereinbarung rechtmäßig war –, erfasst die Kontroverse über den **„gläsernen Leistungsempfänger"** (Wenner, Soziale Sicherheit 2005, S. 102) auch das gerichtliche Verfahren. Ungeachtet aller technischen Einzelheiten der insoweit in Betracht kommenden Mitwirkungs- und Offenbarungsvorschriften stehen sich zwei Grundpositionen relativ unversöhnlich gegenüber: Unter Hinweis auf das **Recht der informationellen Selbstbestimmung** und datenschutzrechtliche Vorgaben sieht die eine Position alle Offenbarungsverpflichtungen restriktiv und überträgt weitgehend die aus dem Finanzverwaltungsrecht bekannten, bisweilen auch übersteigerten Vorgaben (zB die „Heiligkeit" des Bankgeheimnisses) auch auf das Verhältnis der Leistungsberechtigten zu den Sozialleistungsbehörden. Die Gegenposition weist darauf hin, dass der Bürger, der sich an die Behörden mit dem Begehren wendet, ihm die notwendigen Mittel für den Lebensbedarf zur Verfügung zu stellen, weil er darüber nicht verfüge, in anderer Weise als die übrigen Staatsbürger eine Überprüfung seiner finanziellen Verhältnisse hinnehmen muss. Die Haltung des Citoyen, der seine staatsbürgerlichen Pflichten erfüllt und seine finanziellen Verhältnisse gerne verborgen hält, steht dem nicht gut an, der von der staatlichen Gemeinschaft die Mittel für den Lebensbedarf einfordert (Wenner, Soziale Sicherheit 2005, 105). Von diesen Grundpositionen aus werden die Mitwirkungsobliegenheiten in sozialgerichtlichen Verfahren differenzierend bestimmt werden; eine klare Linie des BSG hat sich noch nicht herausbilden können.

D. Anhörung eines bestimmten Arztes

Nach § 109 Abs. 1 muss das Gericht dem Antrag des Klägers entsprechen, einen bestimmten Arzt gutachtlich als gerichtlich bestellten Sachverständigen zu hören. Antragsberechtigt sind Kläger nur, wenn sie zu den Personenkreisen der behinderten Menschen, der Versicherten oder Versorgungsberechtigten gehören und den Rechtsstreit in dieser Eigenschaft führen. Das Recht auf Anhörung eines bestimmten Arztes kennt keine andere Gerichtsbarkeit. Es soll der Waffengleichheit zwischen den Beteiligten dienen, weil die Versicherungsträger in der Regel über die Möglichkeit verfügen, durch eigene Ärzte Stellungnahmen zum Gesundheitszustand eines Versicherten abzugeben. Das Antragsrecht des § 109 ist nicht auf Streitverfahren beschränkt, in denen um die Leistungsfähigkeit eines Versicherten oder die Kausalität von Verletzungen gestritten wird. Auch die Wirksamkeit und Vertretung einer Methode der Krankenbehandlung kann Gegenstand eines Gutachtens sein. Ein im EU-Ausland tätiger Arzt kann zumindest dann als Sachverständiger nach § 109 benannt werden, wenn es besondere Gründe für die Auswahl gerade eines solchen Arztes gibt (BSG v. 20. 4. 2010 – B 1/3 KR 22/08 R).

Das Gutachten des nach § 109 Abs. 1 gehörten Arztes ist ein gerichtliches Sachverständigengutachten; für die Erstellung und die Rechte und Pflichten des Arztes gelten alle Vorschriften über den Sachverständigenbeweis (§ 118 iVm. §§ 402 ff. ZPO). Deshalb steht den Beteiligten auch das Recht zu, Fragen an den Sachverständigen zu stellen, und das Gericht muss von sich aus etwaige Widersprüche in einem nach § 109 SGG eingeholten Gutachten klären (BSG v. 27. 11. 2007 SozR 4–1750 § 411 Nr. 3). Die Besonderheit des Verfahrens nach § 109 besteht nicht darin, dass das Gericht nicht frei ist bei der Auswahl des Sachverständigen und dass der Kläger die Kosten der Begutachtung zunächst vorschießen und – vorbehaltlich einer anderen Entscheidung des Gerichts – endgültig tragen muss, wenn das Gericht das bestimmt. Diese Pflicht trifft auch den mittellosen Kläger, dem für die

Durchführung des Verfahrens Prozesskostenhilfe bewilligt worden ist. Prozesskostenhilfe für den Antrag nach § 109 kann nicht bewilligt werden; das Gericht kann lediglich bei mittellosen Klägern von der Erhebung des **Kostenvorschusses** absehen (BSG v. 23. 9. 1997 SozR 3–1500 § 109 Nr. 2).

9   Die Handhabung des § 109 aus der Perspektive des Klägers ist nicht einfach. Zunächst muss im Hinblick auf die mit dem Verfahren nach § 109 verbundenen Belastungen versucht werden, das Gericht zu (weiteren) Ermittlungen von Amtswegen zu veranlassen. Zudem muss ein geeigneter Arzt gefunden werden. Der **Hausarzt** des Klägers, der diesen hinsichtlich seines Begehrens oft unterstützt, ist das in der Regel nicht, weil er nicht über die für eine Begutachtung auf einem bestimmten Fachgebiet erforderlichen Kenntnisse und Fähigkeiten verfügt. Schließlich ist der richtige Zeitpunkt für einen Antrag nach § 109 zu bestimmen. Das kann das Berufungsverfahren sein, weil erst nach Abschluss der Beweisaufnahme vor dem LSG feststeht, dass der Sachverhalt nicht weiter aufgeklärt wird. Wenn danach mit einer für den Kläger negativen Entscheidung zu rechnen ist, muss die Option des § 109 erwogen werden. Taktisch sinnvoll kann aber auch der Antrag nach § 109 schon im ersten Rechtszug gestellt werden, um eine Verfestigung der Gutachtenlage zu Lasten des Klägers zu verhindern. Die Präklusionsvorschriften der §§ 106 a, 157 wirken sich im Rahmen des Antragsrechts nach § 109 nicht aus.

10   Wenn das Gericht den Kostenvorschuss angefordert und der Kläger diesen eingezahlt hat, kann er nach Abschluss des Verfahrens in der jeweiligen Instanz beantragen, dass die Kosten doch von der Staatskasse zu übernehmen sind. Der Antrag hat nur dann Erfolg, wenn das Gutachten wesentlich zur Aufklärung des Sachverhaltes beigetragen hat (Vgl. LSG München v. 3. 2. 2009 – L 20 B 306/06 R), zB wenn das Gericht im Hinblick auf das Gutachten nach § 109 auf demselben Fachgebiet ein zusätzliches Gutachten auf der Grundlage des § 106 Abs. 3 einholt. Eine heikle Frage ist, ob es den Deal „Rücknahme der Klage gegen Übernahme der Kosten nach § 109" gibt. Jeder Richter wird bestreiten, dass so verfahren wird, jeder hat aber auch schon gehört, dass so etwas mal vorgekommen sein soll ... Die rechtliche Brücke zu diesem bedenklichen Deal führt über das Bewusstsein des Klägers. Aus seiner Perspektive hat das Gutachten nach § 109 nunmehr geklärt, dass sein Begehren tatsächlich keine Erfolgsaussichten hat.

E. Gerichtsbescheid

11   Der Vorsitzende einer Kammer des SG kann ohne Mitwirkung der ehrenamtlichen Richter den Rechtsstreit abschließend entscheiden, wenn die Sache keine besonderen tatsächlichen oder rechtlichen Schwierigkeiten aufweist, der Sachverhalt geklärt ist und die Beteiligten zu der beabsichtigten Entscheidung durch **Gerichtsbescheid** gehört worden sind (§ 105). Aus der Tradition des § 105, der bis 1993 den sog. „Vorbescheid" geregelt hatte, lebt die Auffassung fort, der Gerichtsbescheid sei nur ein prozessualer Weg zur Abweisung ersichtlich unbegründeter Klagen. Das ist falsch. Auch stattgebende Entscheidungen können auf diesem Weg getroffen werden. Dazu besteht immer dann Anlass, wenn eine Behörde einer höchstrichterlich geklärten Rechtsauffassung nicht folgen will.

12   § 105 darf nicht zur Aushebelung der gesetzlich vorgeschriebenen Mitwirkung der ehrenamtlichen Richter auch in solchen Spruchkörpern genutzt werden, in denen nur selten besonders schwierige, bislang ungeklärte Rechtsfragen zu entscheiden sind, zB im Schwerbehindertenrecht. Deshalb hat das BSG zu Recht entschieden, dass ein Kammervorsitzender nicht durch Gerichtsbescheid entscheiden darf, wenn er der Rechtsfrage grundsätzliche Bedeutung zumisst und deshalb die Revision zulässt (BSG v. 16. 3. 2006 SozR 4–1500 § 105 Nr. 1). Die Zulassung der Sprungrevision ist in diesen Fällen wirksam und bindet das BSG; der Rechtsstreit wird aber wegen fehlerhafter Besetzung der Richterbank (keine Mitwirkung der ehrenamtlichen Richter) nach § 170 Abs. 2 zurückverwiesen.

13   Gegen den Gerichtsbescheid kann Berufung eingelegt oder der Antrag auf mündliche Verhandlung gestellt werden. Wegen der letztgenannten Möglichkeit ist § 105 auch mit dem Anspruch auf Durchführung einer mündlichen Verhandlung nach Art. 6 Abs. 1 EMRK vereinbar (Meyer-Ladewig/Leitherer, SGG, § 105 Rn. 2). Über die Berufung kann nach der Neufassung des § 153 zum 1. 4. 2008 der Berichterstatter des LSG zusammen mit den ehrenamtlichen Richtern auf Grund mündlicher Verhandlung entscheiden.

§ 110 [Terminsbestimmung, Ladung]

(1) ¹Der Vorsitzende bestimmt Ort und Zeit der mündlichen Verhandlung und teilt sie den Beteiligten in der Regel zwei Wochen vorher mit. ²Die Beteiligten sind darauf hinzuweisen, daß im Falle ihres Ausbleibens nach Lage der Akten entschieden werden kann.

(2) Das Gericht kann Sitzungen auch außerhalb des Gerichtssitzes abhalten, wenn dies zur sachdienlichen Erledigung notwendig ist.

(3) § 227 Abs. 3 Satz 1 der Zivilprozeßordnung ist nicht anzuwenden.

§ 111 [Anordnung des persönlichen Erscheinens, Ladung von Zeugen, Vertreter von Behörden]

(1) ¹Der Vorsitzende kann das persönliche Erscheinen eines Beteiligten zur mündlichen Verhandlung anordnen sowie Zeugen und Sachverständige laden. ²Auf die Folgen des Ausbleibens ist dabei hinzuweisen.

(2) Die Ladung von Zeugen und Sachverständigen ist den Beteiligten bei der Mitteilung des Termins zur mündlichen Verhandlung bekanntzugeben.

§ 112 [Leitung und Gang der mündlichen Verhandlung]

(1) ¹Der Vorsitzende eröffnet und leitet die mündliche Verhandlung. ²Sie beginnt nach Aufruf der Sache mit der Darstellung des Sachverhalts.

(2) ¹Sodann erhalten die Beteiligten das Wort. ²Der Vorsitzende hat das Sach- und Streitverhältnis mit den Beteiligten zu erörtern und dahin zu wirken, daß sie sich über erhebliche Tatsachen vollständig erklären sowie angemessene und sachdienliche Anträge stellen.

(3) Die Anträge können ergänzt, berichtigt oder im Rahmen des § 99 geändert werden.

(4) ¹Der Vorsitzende hat jedem Beisitzer auf Verlangen zu gestatten, sachdienliche Fragen zu stellen. ²Wird eine Frage von einem Beteiligten beanstandet, so entscheidet das Gericht endgültig.

§ 113 [Verbindung und Trennung mehrerer Rechtsstreitigkeiten]

(1) Das Gericht kann durch Beschluß mehrere bei ihm anhängige Rechtsstreitigkeiten derselben Beteiligten oder verschiedener Beteiligter zur gemeinsamen Verhandlung und Entscheidung verbinden, wenn die Ansprüche, die den Gegenstand dieser Rechtsstreitigkeiten bilden, in Zusammenhang stehen oder von vornherein in einer Klage hätten geltend gemacht werden können.

(2) Die Verbindung kann, wenn es zweckmäßig ist, auf Antrag oder von Amts wegen wieder aufgehoben werden.

§ 114 [Aussetzung wegen Vorfragen]

(1) Hängt die Entscheidung eines Rechtsstreits von einem familien- oder erbrechtlichen Verhältnis ab, so kann das Gericht das Verfahren solange aussetzen, bis dieses Verhältnis im Zivilprozeß festgestellt worden ist.

(2) ¹Hängt die Entscheidung des Rechtsstreits ganz oder zum Teil vom Bestehen oder Nichtbestehen eines Rechtsverhältnisses ab, das den Gegenstand eines anderen anhängigen Rechtsstreits bildet oder von einer Verwaltungsstelle festzustellen ist, so kann das Gericht anordnen, daß die Verhandlung bis zur Erledigung des anderen Rechtsstreits oder bis zur Entscheidung der Verwaltungsstelle auszusetzen sei. ²Auf Antrag kann das Gericht die Verhandlung zur Heilung von Verfahrens- und Formfehlern aussetzen, soweit dies im Sinne der Verfahrenskonzentration sachdienlich ist.

(2 a) Hängt die Entscheidung des Rechtsstreits ab von der Gültigkeit einer Satzung oder einer anderen im Rang unter einem Landesgesetz stehenden Vorschrift, die nach § 22 a Absatz 1 des Zweiten Buches Sozialgesetzbuch und dem dazu ergangenen Landesgesetz erlassen worden ist, so kann das Gericht anordnen, dass die Verhandlung bis zur Erledigung des Antragsverfahrens nach § 55 a auszusetzen ist.

(3) Das Gericht kann, wenn sich im Laufe eines Rechtsstreits der Verdacht einer Straftat ergibt, deren Ermittlung auf die Entscheidung von Einfluß ist, die Aussetzung der Verhandlung bis zur Erledigung des Strafverfahrens anordnen.

§ 114 a [Musterverfahren]

(1) ¹Ist die Rechtmäßigkeit einer behördlichen Maßnahme Gegenstand von mehr als 20 Verfahren an einem Gericht, kann das Gericht eines oder mehrere geeignete Verfahren vorab durchführen (Musterverfahren) und die übrigen Verfahren aussetzen. ²Die Beteiligten sind vorher zu hören. ³Der Beschluss ist unanfechtbar.

(2) ¹Ist über die durchgeführten Musterverfahren rechtskräftig entschieden worden, kann das Gericht nach Anhörung der Beteiligten über die ausgesetzten Verfahren durch

Beschluss entscheiden, wenn es einstimmig der Auffassung ist, dass die Sachen gegenüber dem rechtskräftig entschiedenen Musterverfahren keine wesentlichen Besonderheiten tatsächlicher oder rechtlicher Art aufweisen und der Sachverhalt geklärt ist. ²Das Gericht kann in einem Musterverfahren erhobene Beweise einführen; es kann nach seinem Ermessen die wiederholte Vernehmung eines Zeugen oder eine neue Begutachtung durch denselben oder andere Sachverständige anordnen. ³Beweisanträge zu Tatsachen, über die bereits im Musterverfahren Beweis erhoben wurde, kann das Gericht ablehnen, wenn ihre Zulassung nach seiner freien Überzeugung nicht zum Nachweis neuer entscheidungserheblicher Tatsachen beitragen und die Erledigung des Rechtsstreits verzögern würde. ⁴Die Ablehnung kann in der Entscheidung nach Satz 1 erfolgen. ⁵Den Beteiligten steht gegen den Beschluss nach Satz 1 das Rechtsmittel zu, das zulässig wäre, wenn das Gericht durch Urteil entschieden hätte. ⁶Die Beteiligten sind über das Rechtsmittel zu belehren.

§ 115 [Folgen sitzungspolizeilicher Maßnahmen]

¹Ist ein bei der Verhandlung Beteiligter zur Aufrechterhaltung der Ordnung von dem Ort der Verhandlung entfernt worden, so kann gegen ihn in gleicher Weise verfahren werden, als wenn er sich freiwillig entfernt hätte. ²Das gleiche gilt im Falle des § 73 Abs. 3 Satz 1 und 3, sofern die Zurückweisung bereits in einer früheren Verhandlung geschehen war.

§ 116 [Ladung zu Beweisterminen, Fragerecht]

¹Die Beteiligten werden von allen Beweisaufnahmeterminen benachrichtigt und können der Beweisaufnahme beiwohnen. ²Sie können an Zeugen und Sachverständige sachdienliche Fragen richten lassen. ³Wird eine Frage beanstandet, so entscheidet das Gericht.

§ 117 [Beweiserhebung vor Prozessgericht]

Das Gericht erhebt Beweis in der mündlichen Verhandlung, soweit die Beweiserhebung nicht einen besonderen Termin erfordert.

§ 118 [Durchführung der Beweisaufnahme]

(1) ¹Soweit dieses Gesetz nichts anderes bestimmt, sind auf die Beweisaufnahme die §§ 358 bis 363, 365 bis 378, 380 bis 386, 387 Abs. 1 und 2, §§ 388 bis 390, 392 bis 444, 478 bis 484 der Zivilprozeßordnung entsprechend anzuwenden. ²Die Entscheidung über die Rechtmäßigkeit der Weigerung nach § 387 der Zivilprozeßordnung ergeht durch Beschluß.

(2) Zeugen und Sachverständige werden nur beeidigt, wenn das Gericht dies im Hinblick auf die Bedeutung des Zeugnisses oder Gutachtens für die Entscheidung des Rechtsstreits für notwendig erachtet.

(3) Der Vorsitzende kann das Auftreten eines Prozeßbevollmächtigten untersagen, solange die Partei trotz Anordnung ihres persönlichen Erscheinens unbegründet ausgeblieben ist und hierdurch der Zweck der Anordnung vereitelt wird.

§ 119 [Vorlage von Urkunden durch Behörden]

(1) Eine Behörde ist zur Vorlage von Urkunden oder Akten, zur Übermittlung elektronischer Dokumente und zu Auskünften nicht verpflichtet, wenn die zuständige oberste Aufsichtsbehörde erklärt, dass das Bekanntwerden des Inhalts dieser Urkunden, Akten, elektronischer Dokumente oder Auskünfte dem Wohl des Bundes oder eines deutschen Landes nachteilig sein würde oder dass die Vorgänge nach einem Gesetz oder ihrem Wesen nach geheim gehalten werden müssen.

(2) ¹Handelt es sich um Urkunden, elektronische Dokumente oder Akten und um Auskünfte einer obersten Bundesbehörde, so darf die Vorlage der Urkunden oder Akten, die Übermittlung elektronischer Dokumente und die Erteilung der Auskunft nur unterbleiben, wenn die Erklärung nach Absatz 1 von der Bundesregierung abgegeben wird. ²Die Landesregierung hat die Erklärung abzugeben, wenn diese Voraussetzungen bei einer obersten Landesbehörde vorliegen.

§ 120 [Akteneinsicht; Erteilung von Abschriften]

(1) Die Beteiligten haben das Recht der Einsicht in die Akten, soweit die übermittelnde Behörde dieses nicht ausschließt.

(2) ¹Beteiligte können sich auf ihre Kosten durch die Geschäftsstelle Ausfertigungen, Auszüge, Ausdrucke und Abschriften erteilen lassen. ²Nach dem Ermessen des Vorsitzenden kann einem Bevollmächtigten, der zu den in § 73 Abs. 2 Satz 1 und 2 Nr. 3 bis 9 bezeichneten natürlichen Personen gehört, die Mitnahme der Akte in die Wohnung oder Geschäftsräume, der elektronische Zugriff auf den Inhalt der Akten gestattet oder der Inhalt der Akten elektronisch übermittelt werden. ³§ 155 Abs. 4 gilt entsprechend. ⁴Bei einem elektronischen Zugriff auf den Inhalt der Akten ist sicherzustellen, dass der Zugriff nur durch den Bevollmächtigten erfolgt. ⁵Für die Übermittlung von elektronischen Dokumenten ist die Gesamtheit der Dokumente mit einer qualifizierten elektronischen Signatur nach § 2 Nr. 3 des Signaturgesetzes zu versehen und gegen unbefugte Kenntnisnahme zu schützen. ⁶Für die Versendung von Akten, die Übermittlung elektronischer Dokumente und die Gewährung des elektronischen Zugriffs auf Akten werden Kosten nicht erhoben, sofern nicht nach § 197a das Gerichtskostengesetz gilt.

(3) ¹Der Vorsitzende kann aus besonderen Gründen die Einsicht in die Akten oder in Aktenteile sowie die Fertigung oder Erteilung von Auszügen und Abschriften versagen oder beschränken. ²Gegen die Versagung oder die Beschränkung der Akteneinsicht kann das Gericht angerufen werden; es entscheidet endgültig.

(4) Die Entwürfe zu Urteilen, Beschlüssen und Verfügungen, die zu ihrer Vorbereitung angefertigten Arbeiten sowie die Dokumente, welche Abstimmungen betreffen, werden weder vorgelegt noch abschriftlich mitgeteilt.

§ 121 [Schließung der mündlichen Verhandlung]

¹Nach genügender Erörterung der Streitsache erklärt der Vorsitzende die mündliche Verhandlung für geschlossen. ²Das Gericht kann die Wiedereröffnung beschließen.

§ 122 [Sitzungsniederschrift]

Für die Niederschrift gelten die §§ 159 bis 165 der Zivilprozeßordnung entsprechend.

A. Termin der mündlichen Verhandlung

Die Bestimmung des **Termins zur mündlichen Verhandlung** ist Aufgabe des Vorsitzenden (§ 110). Die Mindestladungsfrist von zwei Wochen ist – abgesehen von den seltenen mündlichen Verhandlungen in Verfahren des einstweiligen Rechtsschutzes – für die Beteiligten zu kurz und hat nicht selten Anträge auf Verlegung des Termins zur Folge, weil die Bevollmächtigten verhindert sind. Terminsverlegungsanträge müssen auf der Grundlage des § 227 ZPO so behandelt werden, dass den Geboten angemessenen rechtlichen Gehörs und einer fairen Verfahrensgestaltung entsprochen wird. Je länger der Zeitabstand zwischen der Zustellung der Ladung und der geplanten mündlichen Verhandlung ist, desto eher kann der Vorsitzende an Stelle der Sache, deren Verhandlung verlegt werden muss, noch in einem anderen entscheidungsreifen Verfahren Termin anberaumen. 1

Zu dem Anspruch auf Terminsverlegung hat sich eine umfassende Rechtsprechung herausgebildet (Leitherer in: Meyer-Ladewig, SGG, § 110 Rn. 5), deren Tendenz dahin geht, dass nachvollziehbar begründeten Verlegungsanträgen stattzugeben ist, soweit nicht auf der Hand liegt, dass der Bevollmächtigte das Verfahren verzögern will. 2

Die Regelung in § 110 Abs. 2, wonach ein SG Sitzungen auch außerhalb des Gerichtssitzes durchführen kann, hat Bedeutung vor allem in den Bundesländern, deren SGG-Ausführungsgesetze bestimmen, dass die Kammern **auswärtige Gerichtstage** an bestimmten Orten abhalten sollen (zB in NRW, dessen Sozialgerichtsbezirke besonders groß sind). Die Vorschriften stammen aus den fünfziger Jahren, in denen die Mobilität der Verfahrensbeteiligten deutlich schlechter war als heute. Sie sind aber nicht überholt, weil gesundheitlich beeinträchtigte Personen, denen kein PKW zur Verfügung steht, auch gegenwärtig durch lange Anfahrten zu Gerichtsterminen beeinträchtigt sind. Ein Anspruch darauf, dass die mündliche Verhandlung im Verfahren eines Klägers, der an einem Ort wohnt, an dem auswärtige Gerichtstage abgehalten werden sollen, auch tatsächlich dort stattfindet, besteht nicht. Der Kammervorsitzende verletzt aber seine Dienstpflichten, wenn er generell die Durchführung von auswärtigen Gerichtstagen unterlässt und zwar auch in Fällen, in denen ein berechtigtes Interesse eines Beteiligten besteht, nicht zum Gerichtssitz reisen zu müssen. 3

Von der Verlegung eines Verhandlungstermins ist die Vertagung einer bereits begonnen mündlichen Verhandlung zu unterscheiden. Das SG muss die mündliche Verhandlung vertagen, wenn es auf Grund neuen Sachvertrags im Termin (zB hinsichtlich einer Verschlechterung des Gesundheitszustandes des Klägers nach der letzten Begutachtung oder des Auftretens von Gesundheitsstörungen auf einem medizinischen Fachgebiet, in dem der Kläger bislang nicht untersucht worden war) zu der 4

Auffassung gelangt, weitere Sachaufklärung sei geboten. Wird in der mündlichen Verhandlung ein neuer Gesichtspunkt erörtert und gibt ein Beteiligter durch seine Antragstellung (Vertagung und Schriftsatznachlass) deutlich zu erkennen, dass er dazu Informationen von Dritten einholen möchte, muss dem Antrag in der Regel zur Gewährung angemessenen rechtlichen Gehörs stattgegeben werden (BSG v. 23. 10. 2003 SozR 4–1500 § 62 Nr. 1). Die Sanktion des Verhaltens des Beteiligten, wenn denn ihm anzulasten ist, den betreffenden Gesichtspunkt nicht rechtzeitig vor der Verhandlung angesprochen zu haben, darf nicht über das schneidige „Durchentscheiden" trotz erkennbaren Aufklärungsbedarfs sondern nur über die Auferlegung von Kosten nach § 192 Abs. 1 Nr. 1 erfolgen.

B. Aussetzung des Verfahrens

5   § 114 ermöglicht in verschiedenen Konstellationen dem Gericht eine Aussetzung des Verfahrens zur Klärung von Rechtsverhältnissen und Ansprüchen, die für den anhängigen Prozess vorgreiflich sind. Über den vom Wortlaut der Norm eröffneten Anwendungsbereich kommt eine Aussetzung zumindest eines bei einen letztinstanzlich zuständigen Gericht in Betracht, wenn dieses ohnehin nicht durch entscheiden könnte, sondern den EuGH nach Art. 267 Abs. 3 AEUV zur Klärung von europarechtlichen Zweifelsfragen anrufen müsste. Wenn genau die Frage, wegen derer das Gericht den EuGH anrufen müsste, schon Gegenstand eines Verfahrens beim EuGH ist, kommt in entsprechender Anwendung des § 114 eine Aussetzung in Betracht (BSG v. 26. 8. 2003 SozR 4–1500 § 114 Nr. 1). Generell ist indessen bei jeder vom Gericht erwogenen Aussetzung strikt zu prüfen, ob wirklich Vorgreiflichkeit besteht. Gerade bei ausgesetzten Verfahren besteht die Gefahr, dass die angemessene Verfahrensdauer im Sinne des Art. 6 EMRK überschritten wird, weil das aussetzende Gericht keinen Einfluss darauf hat, wie zügig das Verfahren betrieben wird, wegen dem der Aussetzungsbeschluss ergangen ist. Zumindest sollte das Gericht darauf hinwirken, dass der Kläger die Aussetzung beantragt oder sich explizit mit ihr einverstanden erklärt.

6   Durch Art. 4 Nr. 6 des Regelbedarfsermittlungsgesetzes vom 24. 3. 2011 ist § 114 um Abs. 2 a ergänzt worden. Diese Vorschrift erlaubt dem Gericht, bei dem ein Verfahren zu den angemessenen Kosten der Unterkunft im Sinne des § 22 SGB II anhängig ist, die Aussetzung des Verfahrens bis zur Erledigung des die jeweils anwendbare kommunale Satzung betreffenden Antragsverfahrens nach § 55 a beim zuständigen LSG . Damit soll aus prozessökonomischen Gründen im Rahmen von Anfechtungs- und Verpflichtungsklagen auf die Prüfung der Gültigkeit kommunaler Satzungen zu den angemessenen Kosten der Unterkunft verzichtet werden können (BT Drucks. 17/3404 S. 220).

C. Beweisaufnahme

7   Die Vorschriften über die **Beweisaufnahme** (§§ 116–118) entsprechen denen der anderen Verfahrensordnungen. In der Praxis findet die Beweisaufnahme vor der mündlichen Verhandlung statt. Auf der Grundlage des § 106 werden – soweit erforderlich – medizinische Ermittlungen durchgeführt, Unterlagen gesichtet und wichtige Akten – etwa von anderen Versicherungsträgern oder aus anderen gerichtlichen Verfahren – beigezogen. Das muss sorgfältig dokumentiert und den Beteiligten jeweils mitgeteilt werden. Gegebenenfalls muss dem Beteiligten, der dazu ersucht, Einsicht in alle vom Gericht beigezogenen und zum Gegenstand des Verfahrens gemachten Akten gewährt werden. Das Gericht muss die Beteiligten darauf hinweisen, wenn es Urkunden aus bestimmten beigezogenen Akten verwerten will (BSG v. 31. 3. 2004 SozR 4–1500 § 118 Nr. 1). Über § 116 Satz 2 gelten auch im sozialgerichtlichen Verfahren die §§ 402, 411 ZPO, die jedem Beteiligten das Recht geben, Fragen an einen gerichtlich bestellten Sachverständigen zu stellen. Dieses Recht besteht auch dann, wenn das Gericht das Gutachten nicht für erklärungsbedürftig hält (BSG v. 27. 11. 2007 SozR 4–1500 § 116 Nr. 1).Das Befragungsrecht geht mit dem Abschluss der Instanz dann ausnahmsweise nicht verloren, wenn das Gericht einen korrekten Antrag auf Befragung des Sachverständigen verfahrensfehlerhaft als verspätet abgelehnt hat (BSG v. 24. 4. 2008 SozR 4–1500 § 116 Nr. 2).

8   Hinsichtlich der gerade in Verfahren zu Grundsicherungsleistungen (SGB II) häufig erforderlichen Zeugenvernehmung bestehen Unterschiede in der gerichtlichen Praxis. Einige Spruchkörper führen derartige Vernehmungen in Erörterungsterminen mit dem Vorsitzenden (§ 106 Abs. 3 Nr. 4 u.7) durch und verwerten die protokollierten Beweisergebnisse in der mündlichen Verhandlung, an der auch die ehrenamtlichen Richter teilnehmen. Das ist grundsätzlich zulässig, jedoch dann problematisch, wenn die Entscheidung ganz wesentlich von dem persönlichen Eindruck eines Zeugen abhängt. Für die ehrenamtlichen Richter ist es zumindest unbefriedigend, wenn sie in einem Verfahren, in denen allein das Bestehen einer eheähnlichen Einstandsgemeinschaft (§ 7 Abs. 3 SGB II) umstritten ist, auf den Bericht des Vorsitzenden über das Ergebnis seiner Vernehmung des (potenziellen) Partners einer solchen Gemeinschaft angewiesen sind. Dem Gebot der **Unmittelbarkeit der Beweisaufnahme** wird in einem solchen Fall besser durch die (notfalls erneute) Vernehmung des Betreffenden in der mündlichen Verhandlung entsprochen.

Fünfter Unterabschnitt. Urteile und Beschlüsse

§ 123 [Grundlage]

Das Gericht entscheidet über die vom Kläger erhobenen Ansprüche, ohne an die Fassung der Anträge gebunden zu sein.

§ 124 [Grundsatz der mündlichen Verhandlung]

(1) Das Gericht entscheidet, soweit nichts anderes bestimmt ist, auf Grund mündlicher Verhandlung.

(2) Mit Einverständnis der Beteiligten kann das Gericht ohne mündliche Verhandlung durch Urteil entscheiden.

(3) Entscheidungen des Gerichts, die nicht Urteile sind, können ohne mündliche Verhandlung ergehen, soweit nichts anderes bestimmt ist.

§ 125 [Urteil]

Über die Klage wird, soweit nichts anderes bestimmt ist, durch Urteil entschieden.

§ 126 [Entscheidung nach Aktenlage]

Das Gericht kann, sofern in der Ladung auf diese Möglichkeit hingewiesen worden ist, nach Lage der Akten entscheiden, wenn in einem Termin keiner der Beteiligten erscheint oder beim Ausbleiben von Beteiligten die erschienenen Beteiligten es beantragen.

§ 127 [Urteil nach Beweisaufnahme]

Ist ein Beteiligter nicht benachrichtigt worden, daß in der mündlichen Verhandlung eine Beweiserhebung stattfindet, und ist er in der mündlichen Verhandlung nicht zugegen oder vertreten, so kann in diesem Termin ein ihm ungünstiges Urteil nicht erlassen werden.

§ 128 [Grundlagen des Urteils]

(1) [1]Das Gericht entscheidet nach seiner freien, aus dem Gesamtergebnis des Verfahrens gewonnenen Überzeugung. [2]In dem Urteil sind die Gründe anzugeben, die für die richterliche Überzeugung leitend gewesen sind.

(2) Das Urteil darf nur auf Tatsachen und Beweisergebnisse gestützt werden, zu denen sich die Beteiligten äußern konnten.

§ 129 [Mitwirkende Richter]

Das Urteil kann nur von den Richtern gefällt werden, die an der dem Urteil zugrunde liegenden Verhandlung teilgenommen haben.

§ 130 [Grundurteil]

(1) [1]Wird gemäß § 54 Abs. 4 oder 5 eine Leistung in Geld begehrt, auf die ein Rechtsanspruch besteht, so kann auch zur Leistung nur dem Grunde nach verurteilt werden. [2]Hierbei kann im Urteil eine einmalige oder laufende vorläufige Leistung angeordnet werden. [3]Die Anordnung der vorläufigen Leistung ist nicht anfechtbar.

(2) Das Gericht kann durch Zwischenurteil über eine entscheidungserhebliche Sach- oder Rechtsfrage vorab entscheiden, wenn dies sachdienlich ist.

§ 131 [Urteilsformel]

(1) [1]Wird ein Verwaltungsakt oder ein Widerspruchsbescheid, der bereits vollzogen ist, aufgehoben, so kann das Gericht aussprechen, daß und in welcher Weise die Vollziehung des Verwaltungsakts rückgängig zu machen ist. [2]Dies ist nur zulässig, wenn die Verwaltungsstelle rechtlich dazu in der Lage und diese Frage ohne weiteres in jeder Beziehung

spruchreif ist. ³Hat sich der Verwaltungsakt vorher durch Zurücknahme oder anders erledigt, so spricht das Gericht auf Antrag durch Urteil aus, daß der Verwaltungsakt rechtswidrig ist, wenn der Kläger ein berechtigtes Interesse an dieser Feststellung hat.

(2) ¹Hält das Gericht die Verurteilung zum Erlaß eines abgelehnten Verwaltungsakts für begründet und diese Frage in jeder Beziehung für spruchreif, so ist im Urteil die Verpflichtung auszusprechen, den beantragten Verwaltungsakt zu erlassen. ²Im Übrigen gilt Absatz 3 entsprechend.

(3) Hält das Gericht die Unterlassung eines Verwaltungsakts für rechtswidrig, so ist im Urteil die Verpflichtung auszusprechen, den Kläger unter Beachtung der Rechtsauffassung des Gerichts zu bescheiden.

(4) Hält das Gericht eine Wahl im Sinne des § 57b oder eine Wahl zu den Selbstverwaltungsorganen der Kassenärztlichen Vereinigungen oder der Kassenärztlichen Bundesvereinigungen ganz oder teilweise oder eine Ergänzung der Selbstverwaltungsorgane für ungültig, so spricht es dies im Urteil aus und bestimmt die Folgerungen, die sich aus der Ungültigkeit ergeben.

(5) ¹Hält das Gericht eine weitere Sachaufklärung für erforderlich, kann es, ohne in der Sache selbst zu entscheiden, den Verwaltungsakt und den Widerspruchsbescheid aufheben, soweit nach Art oder Umfang die noch erforderlichen Ermittlungen erheblich sind und die Aufhebung auch unter Berücksichtigung der Belange der Beteiligten sachdienlich ist. ²Satz 1 gilt auch bei Klagen auf Verurteilung zum Erlass eines Verwaltungsakts und bei Klagen nach § 54 Abs. 4; Absatz 3 ist entsprechend anzuwenden. ³Auf Antrag kann das Gericht bis zum Erlass des neuen Verwaltungsakts eine einstweilige Regelung treffen, insbesondere bestimmen, dass Sicherheiten geleistet werden oder ganz oder zum Teil bestehen bleiben und Leistungen zunächst nicht zurückgewährt werden müssen. ⁴Der Beschluss kann jederzeit geändert oder aufgehoben werden. ⁵Eine Entscheidung nach Satz 1 kann nur binnen sechs Monaten seit Eingang der Akten der Behörde bei Gericht ergehen.

§ 132 [Urteilsverkündung]

(1) ¹Das Urteil ergeht im Namen des Volkes. ²Es wird grundsätzlich in dem Termin verkündet, in dem die mündliche Verhandlung geschlossen wird. ³Ausnahmsweise kann das Urteil in einem sofort anzuberaumenden Termin, der nicht über zwei Wochen hinaus angesetzt werden soll, verkündet werden. ⁴Eine Ladung der Beteiligten ist nicht erforderlich.

(2) ¹Das Urteil wird durch Verlesen der Urteilsformel verkündet. ²Bei der Verkündung soll der wesentliche Inhalt der Entscheidungsgründe mitgeteilt werden, wenn Beteiligte anwesend sind.

§ 133 [Verkündung durch Zustellung]

¹Bei Urteilen, die nicht auf Grund mündlicher Verhandlung ergehen, wird die Verkündung durch Zustellung ersetzt. ²Dies gilt für die Verkündung von Beschlüssen entsprechend.

§ 134 [Unterschrift; Übergabe an die Geschäftsstelle]

(1) Das Urteil ist vom Vorsitzenden zu unterschreiben.

(2) ¹Das Urteil soll vor Ablauf eines Monats, vom Tag der Verkündung an gerechnet, vollständig abgefasst der Geschäftsstelle übermittelt werden. ²Im Falle des § 170a verlängert sich die Frist um die zur Anhörung der ehrenamtlichen Richter benötigte Zeit.

(3) ¹Der Urkundsbeamte der Geschäftsstelle hat auf dem Urteil den Tag der Verkündung oder Zustellung zu vermerken und diesen Vermerk zu unterschreiben. ²Werden die Akten elektronisch geführt, hat der Urkundsbeamte der Geschäftsstelle den Vermerk in einem gesonderten Dokument festzuhalten. ³Das Dokument ist mit dem Urteil untrennbar zu verbinden.

§ 135 [Zustellungszwang]

Das Urteil ist den Beteiligten unverzüglich zuzustellen.

§ 136 [Inhalt des Urteils]

(1) Das Urteil enthält
1. die Bezeichnung der Beteiligten, ihrer gesetzlichen Vertreter und der Bevollmächtigten nach Namen, Wohnort und ihrer Stellung im Verfahren,
2. die Bezeichnung des Gerichts und die Namen der Mitglieder, die bei der Entscheidung mitgewirkt haben,
3. den Ort und Tag der mündlichen Verhandlung,
4. die Urteilsformel,
5. die gedrängte Darstellung des Tatbestandes,
6. die Entscheidungsgründe,
7. die Rechtsmittelbelehrung.

(2) ¹Die Darstellung des Tatbestandes kann durch eine Bezugnahme auf den Inhalt der vorbereitenden Schriftsätze und auf die zur Sitzungsniederschrift erfolgten Feststellungen ersetzt werden, soweit sich aus ihnen der Sach- und Streitstand richtig und vollständig ergibt. ²In jedem Falle sind jedoch die erhobenen Ansprüche genügend zu kennzeichnen und die dazu vorgebrachten Angriffs- und Verteidigungsmittel ihrem Wesen nach hervorzuheben.

(3) Das Gericht kann von einer weiteren Darstellung der Entscheidungsgründe absehen, soweit es der Begründung des Verwaltungsaktes oder des Widerspruchsbescheides folgt und dies in seiner Entscheidung feststellt.

(4) Wird das Urteil in dem Termin, in dem die mündliche Verhandlung geschlossen worden ist, verkündet, so bedarf es des Tatbestandes und der Entscheidungsgründe nicht, wenn Kläger, Beklagter und sonstige rechtsmittelberechtigte Beteiligte auf Rechtsmittel gegen das Urteil verzichten.

§ 137 [Urteilsausfertigung]

¹Die Ausfertigungen des Urteils sind von dem Urkundsbeamten der Geschäftsstelle zu unterschreiben und mit dem Gerichtssiegel zu versehen. ²Ausfertigungen, Auszüge und Abschriften eines als elektronisches Dokument (§ 65 a Abs. 3) vorliegenden Urteils können von einem Urteilsausdruck gemäß § 65 b Abs. 4 erteilt werden. ³Ausfertigungen, Auszüge und Abschriften eines in Papierform vorliegenden Urteils können durch Telekopie oder als elektronisches Dokument (§ 65 a Abs. 3) erteilt werden. ⁴Die Telekopie hat eine Wiedergabe der Unterschrift des Urkundsbeamten der Geschäftsstelle sowie des Gerichtssiegels zu enthalten. ⁵Das elektronische Dokument ist mit einer qualifizierten elektronischen Signatur des Urkundsbeamten der Geschäftsstelle zu versehen.

§ 138 [Berichtigung des Urteils]

¹Schreibfehler, Rechenfehler und ähnliche offenbare Unrichtigkeiten im Urteil sind jederzeit von Amts wegen zu berichtigen. ²Der Vorsitzende entscheidet hierüber durch Beschluß. ³Der Berichtigungsbeschluß wird auf dem Urteil und den Ausfertigungen vermerkt. ⁴Werden die Akten elektronisch geführt, hat der Urkundsbeamte der Geschäftsstelle den Vermerk in einem gesonderten Dokument festzuhalten. ⁵Das Dokument ist mit dem Urteil untrennbar zu verbinden.

§ 139 [Berichtigung des Tatbestandes]

(1) Enthält der Tatbestand des Urteils andere Unrichtigkeiten oder Unklarheiten, so kann die Berichtigung binnen zwei Wochen nach Zustellung des Urteils beantragt werden.

(2) ¹Das Gericht entscheidet ohne Beweisaufnahme durch Beschluß. ²Der Beschluß ist unanfechtbar. ³Bei der Entscheidung wirken nur die Richter mit, die beim Urteil mitgewirkt haben. ⁴Ist ein Richter verhindert, so entscheidet bei Stimmengleichheit die Stimme des Vorsitzenden. ⁵Der Berichtigungsbeschluß wird auf dem Urteil und den Ausfertigungen vermerkt.

(3) Ist das Urteil elektronisch abgefasst, ist auch der Beschluss elektronisch abzufassen und mit dem Urteil untrennbar zu verbinden.

§ 140 [Ergänzung des Urteils]

(1) ¹Hat das Urteil einen von einem Beteiligten erhobenen Anspruch oder den Kostenpunkt ganz oder teilweise übergangen, so wird es auf Antrag nachträglich ergänzt. ²Die Entscheidung muß binnen eines Monats nach Zustellung des Urteils beantragt werden.

(2) ¹Über den Antrag wird in einem besonderen Verfahren entschieden. ²Die Entscheidung ergeht, wenn es sich nur um den Kostenpunkt handelt, durch Beschluß, der lediglich mit der Entscheidung in der Hauptsache angefochten werden kann, im übrigen durch Urteil, das mit dem bei dem übergangenen Anspruch zulässigen Rechtsmittel angefochten werden kann.

(3) Die mündliche Verhandlung hat nur den nicht erledigten Teil des Rechtsstreits zum Gegenstand.

(4) Die ergänzende Entscheidung wird auf der Urschrift des Urteils und den Ausfertigungen vermerkt.

§ 141 [Rechtskraftwirkungen]

(1) Rechtskräftige Urteile binden, soweit über den Streitgegenstand entschieden worden ist,
1. die Beteiligten und ihre Rechtsnachfolger,
2. im Falle des § 75 Abs. 2a die Personen, die einen Antrag auf Beiladung nicht oder nicht fristgemäß gestellt haben.

(2) Hat der Beklagte die Aufrechnung einer Gegenforderung geltend gemacht, so ist die Entscheidung, daß die Gegenforderung nicht besteht, bis zur Höhe des Betrags der Rechtskraft fähig, für den die Aufrechnung geltend gemacht worden ist.

§ 142 [Beschlüsse, Form und Inhalt]

(1) Für Beschlüsse gelten § 128 Abs. 1 Satz 1, die §§ 134 und 138, nach mündlicher Verhandlung auch die §§ 129, 132, 135 und 136 entsprechend.

(2) ¹Beschlüsse sind zu begründen, wenn sie durch Rechtsmittel angefochten werden können oder über einen Rechtsbehelf entscheiden. ²Beschlüsse über die Wiederherstellung der aufschiebenden Wirkung und über einstweilige Anordnungen (§ 86 b) sowie Beschlüsse nach Erledigung des Rechtsstreits in der Hauptsache sind stets zu begründen. ³Beschlüsse, die über ein Rechtsmittel entscheiden, bedürfen keiner weiteren Begründung, soweit das Gericht die Rechtsmittel aus den Gründen der angefochtenen Entscheidung als unbegründet zurückweist.

(3) Ausfertigungen der Beschlüsse sind von dem Urkundsbeamten der Geschäftsstelle zu unterschreiben.

A. Klageanträge und Hinweispflicht des Gerichts

1 Der Kläger bestimmt mit seinem Vorbringen den **Streitgegenstand**. Es ist Aufgabe des Gerichts, je nach individuellen Kenntnissen und Artikulationsfähigkeiten des Klägers, auf eine sachgerechte Erfassung des Klageziels durch formelle Anträge hinzuwirken (§ 123). In konfliktträchtigen mündlichen Verhandlungen kann das Gericht aber gut beraten sein, den Antrag des Klägers so zu protokollieren, wie er ihn zu stellen wünscht, um dann im Urteil zu präzisieren, was der Kläger mit seinen – möglicherweise laienhaften – Formulierungen bei wohlwollendem Verständnis hat begehren wollen. Das Gericht darf über das Klagebegehren nicht hinausgehen, den Kläger aber auch nicht an einer unglücklichen Antragsfassung festhalten, wenn deutlich ist, dass er der Sache nach mehr erreichen möchte.

2 Der Kläger kann auch bei der Anfechtungs- und Verpflichtungs- – bzw. Leistungsklage sein Klagebegehren beschränken. Das ist insbesondere sinnvoll und geboten, wenn die angefochtene Verwaltungsentscheidung mehrere Regelungen enthält und nicht anzunehmen ist, dass der Kläger sämtliche Teilregelungen angreifen will. In den von § 197a erfassten Verfahren hat der Streitgegenstand Auswirkungen auf den Streitwert und damit auf die Kosten. Schon deshalb muss das Gericht so früh wie möglich mit dem Kläger klären, worauf genau sich sein Begehren richtet. Allerdings erwachsen bei einer Klagebeschränkung auf einzelne Verfügungen innerhalb einer einheitlichen Verwaltungsentscheidung die nicht angefochtenen Regelungen in Bestandskraft; der Kläger kann sie deshalb nicht mehr in das Streitverfahren einbeziehen, wenn sich im Laufe des Verfahrens herausstellt, dass sie doch – anders als vom Kläger ursprünglich angenommen – rechtswidrig sein könnten (BSG v. 23. 2. 2005 SozR 4–1500 § 92 Nr. 2).

3 Die in § 123 zum Ausdruck kommende **Dispositionsmaxime** wird vom BSG einschränkend verstanden. Die Beteiligten können zwar Ansprüche und/oder Versicherungsverhältnisse auf bestimmte Zeiträume beschränken, den Rechtsstreit aber nicht zB auf bestimmte Abgabentatbestände oder die Anwendung einer konkreten Vorschrift begrenzen. Wenn die Pflicht zur Entrichtung der Künstlerso-

zialabgabe für einen fixierten Zeitraum den Streitgegenstand bildet, muss das Gericht darüber unter allen in Betracht kommenden rechtlichen Gesichtspunkten entscheiden. Die Beteiligten können den Streitgegenstand nicht so begrenzen, dass nur über einzelne Abgabentatbestände entschieden werden soll (BSG v. 12. 11. 2003 SozR 4–1500 § 123 Nr. 1). Auch im Bereich der Grundsicherungsleistungen kann der Prozess zwar auf bestimmte Ansprüche (Regelsatz, Sonderbedarfe nach § 23 SGB II, Kosten der Unterkunft) begrenzt werden. Es ist aber nicht möglich, nur einzelne rechtliche Teilaspekte (zB den Bestand einer Bedarfsgemeinschaft iSd. § 7 Abs. 3 SGB II) gerichtlich klären zu lassen.

B. Verzicht auf mündliche Verhandlung

In allen drei Instanzen ist die Entscheidung des Rechtsstreits durch Urteil nach mündlicher Verhandlung die Regel und der Verzicht auf deren Durchführung die Ausnahme. Die Beteiligten können aber auf die Durchführung der mündlichen Verhandlung verzichten (§ 124 Abs. 2). Auf die Besetzung des Gerichts hat das keinen Einfluss: bei Entscheidungen durch Urteil ohne mündliche Verhandlung wirken in allen Instanzen auch die ehrenamtlichen Richter mit. Der **Verzicht auf die Durchführung der mündlichen Verhandlung** hat Sinn, wenn etwa nach dem Ergebnis der Beweisaufnahme ein bestimmter Prozessausgang sehr wahrscheinlich ist, und ein Beteiligter sich die Mühe der Anreise zum Termin ersparen will. Soweit dieser Beteiligte oder sein Bevollmächtigter ankündigt, nicht an einer mündlichen Verhandlung teilnehmen zu wollen, kann der Verzicht nach § 124 Abs. 2 eine sinnvolle Alternative zur Entscheidung nach Aktenlage iSd. § 126 sein. 4

Einzige Voraussetzung für die Rechtmäßigkeit einer Entscheidung des Gerichts durch Urteil ohne mündliche Verhandlung ist das Einverständnis aller Beteiligten, also auch der Beigeladenen. Sachliche Einschränkungen, etwa Übersichtlichkeit der Rechtslage, Entscheidung nur über Rechtsfragen, bestehen nicht. Die Einverständniserklärung ist eine Prozesshandlung und deshalb bedingungsfeindlich und grundsätzlich nicht widerruflich, jedenfalls nicht mehr nach dem Zeitpunkt, in dem die Verzichtserklärungen der anderen Beteiligten beim Gericht eingegangen sind (Meyer-Ladewig, SGG, § 124 Rn. 3 d). Sinngemäß gilt aber § 128 Abs. 2 S. 1 ZPO. Danach ist das Einverständnis der Beteiligten bei einer „wesentlichen Änderung der Prozesslage" widerruflich. Eine solche Änderung, die dem Verzicht auf die mündliche Verhandlung die Grundlage entzieht, kann darin liegen, dass das Gericht seine den Beteiligten zuvor mitgeteilte vorläufige Rechtsauffassung zu einer entscheidungserheblichen Frage nicht mehr aufrecht erhält (BSG v. 12. 4. 2005 SozR 4–1500 § 124 Nr. 1). 5

C. Richterliche Überzeugungsbildung

§ 128 beschreibt den Kern der richterlichen Entscheidungsfindung. Das Gericht entscheidet nach seiner freien, aus dem Gesamtbild des Verfahrens gewonnenen Überzeugung. Die maßgeblichen Gründe dieser Überzeugung müssen angegeben werden, und das Urteil darf nur auf Tatsachen und Beweisergebnisse gestützt werden, zu denen sich die Beteiligten äußern konnten. 6

Zu § 128 bzw. den entsprechenden Normen in den anderen Prozessordnungen haben sich in allen Gerichtszweigen feste Grundsätze herausgebildet, von denen für die Sozialgerichtsbarkeit vor allem diejenigen zur medizinischen Sachaufklärung und zur Beweisvereitelung von Bedeutung sind. 7

Gerichte müssen zu Fragen, die sie kraft ihrer Sachkunde nicht selbst beurteilen können, Gutachten von Sachverständigen einholen: Sie müssen diesen Gutachten nicht immer folgen, müssen aber angeben, weshalb sie **Schlussfolgerungen eines Sachverständigen** nicht für nachvollziehbar halten, kraft welcher Kenntnisse sie das beurteilen können und weshalb sie die entscheidungserhebliche Frage trotz eines unschlüssigen Gutachtens entscheiden können. Oft werden in einem sozialgerichtlichen Verfahren Gutachten verschiedener medizinischer Fachrichtungen eingeholt. Das Gericht muss diese bei seiner Entscheidungsfindung berücksichtigen. Das Gericht kann in diesem Fall sogar gehalten sein, einen Gutachter mit der fachübergreifenden zusammenfassenden Einschätzung der Leistungsmöglichkeiten des Klägers zu beauftragen, wenn sich die festgestellten Leistungseinschränkungen aus der Sicht der jeweiligen Fachgebiete überschneiden und gegebenenfalls potenzieren können (BSG v. 10. 12. 2003 SozR 4–1500 § 128 Nr. 3). 8

Umstritten ist der Umfang der richterlichen Beweiserhebung in Fällen, in denen der Betroffene Unterlagen nicht vorlegt oder Personen nicht benennt, die für die Entscheidung des Rechtsstreits wichtig sind. Fraglich ist vor allem, ob die Verletzung von Mitwirkungsobliegenheiten das Gericht von der Verpflichtung entbindet zu versuchen, den Sachverhalt auf andere Weise aufzuklären. Das verneint das BSG selbst in Fällen, in denen sich der Betroffene für die Verweigerung der Mitwirkung nicht auf billigenswerte Gründe berufen kann (§ 65 Abs. 3 SGB I). Obwohl eine Arbeitslosengeldbezieherin sich geweigert hatte, den Arbeitgeber zu benennen, bei dem sie eine Nebentätigkeit ausgeübt hatte, hat das BSG die Entscheidung des LSG missbilligt, im Hinblick auf die in dieser Weigerung zu sehende Beweisvereitelung keine Bemühungen zu unternehmen, den Namen des Arbeitgebers auf andere Weise zu ermitteln (BSG v. 2. 9. 2004 SozR 4–1500 § 128 Nr. 5). Auf die Grundsätze der 9

Beweisvereitelung, die speziell für die Vernichtung von Urkunden in § 444 ZPO konkretisiert sind, darf erst zurückgegriffen werden, wenn weitere Ermittlungen nicht mehr möglich, ersichtlich aussichtslos oder mit unverhältnismäßigen Kosten verbunden sind.

10   Auf eine fehlerhafte Anwendung des § 128 kann die Zulassung der Revision nicht gestützt werden (§ 160 Abs. 2 Nr. 3). Ist die Revision aber zugelassen, prüft das BSG die Anwendung dieser Vorschrift in vollem Umfang nach. Dabei beachtet das Revisionsgericht allerdings den Vorrang des Tatrichters bei der Beweiswürdigung. Das BSG prüft, ob die Grenzen der freien Beweiswürdigung eingehalten sind und das LSG gegen Denk- oder Erfahrungssätze verstoßen hat, die allgemein anerkannt sind. Die Beurteilung der **Glaubwürdigkeit** von Zeugen und der **Glaubhaftigkeit** von Aussagen ist grundsätzlich Sache des Tatrichters; wer als Richter die Glaubwürdigkeit einer Person im Hinblick auf eine bestimmte Aussage beurteilt, muss sich einen persönlichen Eindruck von dieser Person gemacht haben. Hat ein Richter einen Zeugen vernommen und wirken an der abschließenden Entscheidung (auch) andere Richter mit, muss der persönliche Eindruck des vernehmenden Richters von der Glaubwürdigkeit des Betroffenen so aktenkundig gemacht werden, dass sich die Verfahrensbeteiligten dazu äußern können (BSG v. 24. 2. 2004 SozR 4–1500 § 117 Nr. 1).

D. Urteile

11   Zu den Formen von Urteilen enthält das SGG nur eine lückenhafte Regelung. Insoweit hat die Verweisung des § 202 auf die Vorschriften der ZPO besondere Bedeutung. Grundsätzlich können in der Sozialgerichtsbarkeit Grund- und Teilurteile, Zwischen- und Anerkenntnisurteile ergehen, soweit die Besonderheiten des sozialgerichtlichen Verfahrens nicht entgegenstehen.

12   § 131 enthält die Vorgaben für die Fassung der Urteile über Anfechtungs-, Verpflichtungs- und Leistungsklagen. Praktisch wichtig sind die Anforderungen, die an die Zulässigkeit einer Fortsetzungsfeststellungsklage zu stellen sind. Nach § 131 Abs. 1 S. 3 spricht das Gericht im Falle der Erledigung des Verwaltungsaktes (oder seiner Ablehnung) aus, dass der VA oder seine Versagung rechtswidrig waren, wenn der Kläger ein berechtigtes Interesse an dieser Feststellung hat. Eine solche Feststellung kann auch begehrt werden, wenn sich der VA bereits vor Klageerhebung erledigt hat (BSG v. 28. 8. 2007 SozR 4–1500 § 131 Nr. 3 Rn. 12). Das Feststellungsinteresse im Sinne des § 131 Abs. 1 S. 3 wird bejaht, wenn die Gefahr besteht, dass die Behörde erneut einen VA mit dem gleichen Inhalt wie bei dem erledigten VA erlassen würde, wenn die Feststellung der Rechtswidrigkeit in einem anderen streitigen Rechtsverhältnis von Bedeutung ist, wenn der Kläger wegen des Handelns der Behörde einen Entschädigungsanspruch geltend machen kann oder ein berechtigtes Interesse an einer Rehabilitation hat, soweit dem VA die Annahme von Rechtsverstößen seitens des Klägers zugrunde gelegen hat.

13   Zum 1. 4. 2008 ist § 131 Abs. 2 dahin ergänzt worden, dass die Behörde auch zum Erlass eines beantragten Verwaltungsaktes und zur Leistung in den Fällen kombinierter Anfechtungs- und Leistungsklagen verurteilt werden kann. Das war nach der Rechtsprechung des BSG bisher nur eingeschränkt möglich (BSG v. 17. 4. 2007 SozR 4–1500 § 131 Nr. 2). Nunmehr kann auf der Grundlage des § 131 Abs. 5 der ablehnende Bescheid auch bei kombinierten Anfechtungs- und Leistungsklagen im Sinne des § 54 Abs. 4 aufgehoben und die Behörde zu einer neuen Entscheidung nach Durchführung bestimmter Maßnahmen der Sachaufklärung verurteilt werden.

E. Rechtskraft

14   Zur **Rechtskraft** von Urteilen (§ 141) haben sich in der Sozialgerichtsbarkeit keine Grundsätze entwickelt, die von denjenigen anderer Verfahrensordnungen abweichen. Wichtig ist die Bindung der Beigeladenen an die Rechtskraft, die sich aus § 141 Abs. 1 Nr. 1 ergibt. Schwierig ist bisweilen die Rechtskraft von Bescheidungsurteilen zu bestimmen. Das Gericht hebt die angefochtene Verwaltungsentscheidung auf und verpflichtet die Behörde, unter Beachtung der Rechtsauffassung des Gerichts neu zu entscheiden. Diese Bescheidungsvorgaben bestimmen die Reichweite der Rechtskraft des Urteils. Wenn der Kläger die Berücksichtigung verschiedener für ihn günstiger Aspekte bei der Neubescheidung begehrt, das SG dem aber nur teilweise entspricht, ist auch der Kläger beschwert, obwohl der Tenor des gerichtlichen Urteils genau seinem Klageantrag entsprechen mag. Greift der Kläger das Urteil nicht mit Rechtsmitteln an, ist er im nachfolgenden Verwaltungs- oder Klageverfahren mit Einwendungen ausgeschlossen, die vom Gericht in die für eine Neubescheidung als maßgeblich vorgegebene Rechtsauffassung nicht übernommen wurden (BSG v. 27. 6. 2007 SozR 4–1500 § 141 Nr. 1).

Sechster Unterabschnitt. *(aufgehoben)*

Die Vorschrift des § 142 a, die in vergaberechtlichen Streitigkeiten des SGB V die Zuständigkeit der Landessozialgerichte und des BSG vorgeschrieben hat, ist durch Art. 2 Nr. 4 des AMNOG vom

22. 12. 2010 (BGBl I, 2262) ersatzlos aufgehoben worden. Nunmehr sind für diese Verfahren nach den allgemeinen Vorschriften des GWB die Oberlandesgerichte zuständig.

Sechster Unterabschnitt. *(aufgehoben)*

§ 142a *(aufgehoben)*

Zweiter Abschnitt. Rechtsmittel

Erster Unterabschnitt. Berufung

§ 143 [Zulässigkeit der Berufung]

Gegen die Urteile der Sozialgerichte findet die Berufung an das Landessozialgericht statt, soweit sich aus den Vorschriften dieses Unterabschnitts nichts anderes ergibt.

§ 144 [Zulassung der Berufung]

(1) ¹Die Berufung bedarf der Zulassung in dem Urteil des Sozialgerichts oder auf Beschwerde durch Beschluß des Landessozialgerichts, wenn der Wert des Beschwerdegegenstandes
1. bei einer Klage, die eine Geld-, Dienst- oder Sachleistung oder einen hierauf gerichteten Verwaltungsakt betrifft, 750 Euro oder
2. bei einer Erstattungsstreitigkeit zwischen juristischen Personen des öffentlichen Rechts oder Behörden 10.000 Euro

nicht übersteigt. ²Das gilt nicht, wenn die Berufung wiederkehrende oder laufende Leistungen für mehr als ein Jahr betrifft.

(2) Die Berufung ist zuzulassen, wenn
1. die Rechtssache grundsätzliche Bedeutung hat,
2. das Urteil von einer Entscheidung des Landessozialgerichts, des Bundessozialgerichts, des Gemeinsamen Senats der obersten Gerichtshöfe des Bundes oder des Bundesverfassungsgerichts abweicht und auf dieser Abweichung beruht oder
3. ein der Beurteilung des Berufungsgerichts unterliegender Verfahrensmangel geltend gemacht wird und vorliegt, auf dem die Entscheidung beruhen kann.

(3) Das Landessozialgericht ist an die Zulassung gebunden.

(4) Die Berufung ist ausgeschlossen, wenn es sich um die Kosten des Verfahrens handelt.

§ 145 [Beschwerde gegen Nichtzulassung]

(1) ¹Die Nichtzulassung der Berufung durch das Sozialgericht kann durch Beschwerde angefochten werden. ²Die Beschwerde ist bei dem Landessozialgericht innerhalb eines Monats nach Zustellung des vollständigen Urteils schriftlich oder zur Niederschrift des Urkundsbeamten einzulegen.

(2) Die Beschwerde soll das angefochtene Urteil bezeichnen und die zur Begründung dienenden Tatsachen und Beweismittel angeben.

(3) Die Einlegung der Beschwerde hemmt die Rechtskraft des Urteils.

(4) ¹Das Landessozialgericht entscheidet durch Beschluss. ²Die Zulassung der Berufung bedarf keiner Begründung. ³Der Ablehnung der Beschwerde soll eine kurze Begründung beigefügt werden. ⁴Mit der Ablehnung der Beschwerde wird das Urteil rechtskräftig.

(5) ¹Läßt das Landessozialgericht die Berufung zu, wird das Beschwerdeverfahren als Berufungsverfahren fortgesetzt; der Einlegung einer Berufung durch den Beschwerdeführer bedarf es nicht. ²Darauf ist in dem Beschluß hinzuweisen.

§§ 146–150 *(aufgehoben)*

§ 151 [Einlegung, Frist, Form]

(1) Die Berufung ist bei dem Landessozialgericht innerhalb eines Monats nach Zustellung des Urteils schriftlich oder zur Niederschrift des Urkundsbeamten der Geschäftsstelle einzulegen.

(2) ¹Die Berufungsfrist ist auch gewahrt, wenn die Berufung innerhalb der Frist bei dem Sozialgericht schriftlich oder zur Niederschrift des Urkundsbeamten der Geschäftsstelle eingelegt wird. ²In diesem Falle legt das Sozialgericht die Berufungsschrift oder die Niederschrift mit seinen Akten unverzüglich dem Landessozialgericht vor.

(3) Die Berufungsschrift soll das angefochtene Urteil bezeichnen, einen bestimmten Antrag enthalten und die zur Begründung dienenden Tatsachen und Beweismittel angeben.

§ 152 [Aktenanforderung]

(1) Die Geschäftsstelle des Landessozialgerichts hat unverzüglich, nachdem die Berufungsschrift eingereicht ist, von der Geschäftsstelle des Sozialgerichts die Prozeßakten anzufordern.

(2) Nach Erledigung der Berufung sind die Akten der Geschäftsstelle des Sozialgerichts nebst einer beglaubigten Abschrift des in der Berufungsinstanz erlassenen Urteils zurückzusenden.

§ 153 [Verfahren in der Berufung]

(1) Für das Verfahren vor den Landessozialgerichten gelten die Vorschriften über das Verfahren im ersten Rechtszug mit Ausnahme der §§ 91, 105 entsprechend, soweit sich aus diesem Unterabschnitt nichts anderes ergibt.

(2) Das Landessozialgericht kann in dem Urteil über die Berufung von einer weiteren Darstellung der Entscheidungsgründe absehen, soweit es die Berufung aus den Gründen der angefochtenen Entscheidung als unbegründet zurückweist.

(3) ¹Das Urteil ist von den Mitgliedern des Senats zu unterschreiben. ²Ist ein Mitglied verhindert, so vermerkt der Vorsitzende, bei dessen Verhinderung der dienstälteste beisitzende Berufsrichter, dies unter dem Urteil mit Angabe des Hinderungsgrundes.

(4) ¹Das Landessozialgericht kann, außer in den Fällen des § 105 Abs. 2 Satz 1, die Berufung durch Beschluß zurückweisen, wenn es sie einstimmig für unbegründet und eine mündliche Verhandlung nicht für erforderlich hält. ²Die Beteiligten sind vorher zu hören. ³§ 158 Satz 3 und 4 gilt entsprechend.

(5) Der Senat kann in den Fällen des § 105 Abs. 2 Satz 1 durch Beschluss die Berufung dem Berichterstatter übertragen, der zusammen mit den ehrenamtlichen Richtern entscheidet.

§ 154 [Aufschiebende Wirkung]

(1) Die Berufung und die Beschwerde nach § 144 Abs. 1 haben aufschiebende Wirkung, soweit die Klage nach § 86 a Aufschub bewirkt.

(2) Die Berufung und die Beschwerde nach § 144 Abs. 1 eines Versicherungsträgers oder in der Kriegsopferversorgung eines Landes bewirken Aufschub, soweit es sich um Beträge handelt, die für die Zeit vor Erlaß des angefochtenen Urteils nachgezahlt werden sollen.

§ 155 [Berichterstatter]

(1) Der Vorsitzende kann seine Aufgaben nach den §§ 104, 106 bis 108 und 120 einem Berufsrichter des Senats übertragen.

(2) ¹Der Vorsitzende entscheidet, wenn die Entscheidung im vorbereitenden Verfahren ergeht,

1. über die Aussetzung und das Ruhen des Verfahrens;
2. bei Zurücknahme der Klage oder der Berufung, Verzicht auf den geltend gemachten Anspruch oder Anerkenntnis des Anspruchs, auch über einen Antrag auf Prozesskostenhilfe;
3. bei Erledigung des Rechtsstreits in der Hauptsache, auch über einen Antrag auf Prozesskostenhilfe;

4. über den Streitwert;
5. über Kosten.

²In dringenden Fällen entscheidet der Vorsitzende auch über den Antrag nach § 86 b Abs. 1 oder 2.

(3) Im Einverständnis der Beteiligten kann der Vorsitzende auch sonst anstelle des Senats entscheiden.

(4) Ist ein Berichterstatter bestellt, so entscheidet dieser anstelle des Vorsitzenden.

§ 156 [Berufungsrücknahme]

(1) ¹Die Berufung kann bis zur Rechtskraft des Urteils oder des nach § 153 Abs. 4 oder § 158 Satz 2 ergangenen Beschlusses zurückgenommen werden. ²Die Zurücknahme nach Schluss der mündlichen Verhandlung setzt die Einwilligung des Berufungsbeklagten voraus.

(2) ¹Die Zurücknahme bewirkt den Verlust des Rechtsmittels. ²Über die Kosten entscheidet das Gericht auf Antrag durch Beschluß.

§ 157 [Umfang der Prüfung, neue Tatsachen und Beweismittel]

¹Das Landessozialgericht prüft den Streitfall im gleichen Umfang wie das Sozialgericht. ²Es hat auch neu vorgebrachte Tatsachen und Beweismittel zu berücksichtigen.

§ 157a [Fristversäumnis]

(1) Neue Erklärungen und Beweismittel, die im ersten Rechtszug entgegen einer hierfür gesetzten Frist (§ 106a Abs. 1 und 2) nicht vorgebracht worden sind, kann das Gericht unter den Voraussetzungen des § 106a Abs. 3 zurückweisen.

(2) Erklärungen und Beweismittel, die das Sozialgericht zu Recht zurückgewiesen hat, bleiben auch im Berufungsverfahren ausgeschlossen.

§ 158 [Verwerfung der Berufung]

¹Ist die Berufung nicht statthaft oder nicht in der gesetzlichen Frist oder nicht schriftlich oder nicht in elektronischer Form oder nicht zur Niederschrift des Urkundsbeamten der Geschäftsstelle eingelegt, so ist sie als unzulässig zu verwerfen. ²Die Entscheidung kann durch Beschluß ergehen. ³Gegen den Beschluß steht den Beteiligten das Rechtsmittel zu, das zulässig wäre, wenn das Gericht durch Urteil entschieden hätte. ⁴Die Beteiligten sind über dieses Rechtsmittel zu belehren.

§ 159 [Zurückverweisung an das Sozialgericht]

(1) Das Landessozialgericht kann durch Urteil die angefochtene Entscheidung aufheben und die Sache an das Sozialgericht zurückverweisen, wenn
1. dieses die Klage abgewiesen hat, ohne in der Sache selbst zu entscheiden,
2. das Verfahren an einem wesentlichen Mangel leidet,
3. nach dem Erlaß des angefochtenen Urteils neue Tatsachen oder Beweismittel bekannt werden, die für die Entscheidung wesentlich sind.

(2) Das Sozialgericht hat die rechtliche Beurteilung, die der Aufhebung zugrunde gelegt ist, seiner Entscheidung zugrunde zu legen.

A. Grundsätze des Berufungsrechts

Das Berufungsrecht des SGG weicht nicht grundsätzlich von demjenigen der anderen Verfahrensordnungen ab. Im Berufungsverfahren wird der gesamte Streitstoff in tatsächlicher wie in rechtlicher Hinsicht vollständig neu geprüft (§ 157). Die einzige Einschränkung dieses Grundsatzes ergibt sich seit dem 1. April 2008 aus § 157a Abs. 2. Danach sind Erklärungen und Beweismittel, die das SG zu Recht nach § 106a Abs. 3 zurückgewiesen hat, auch im Berufungsverfahren ausgeschlossen. Die Regelung entspricht § 531 Abs. 1 ZPO, stellt aber für ein durch das **Amtsermittlungsprinzip** geprägtes Verfahren eine Besonderheit dar. Die Vorschrift ist unverzichtbar, wenn das Ziel der Verfahrensstraffung, dem § 106a dient, erreicht werden soll. Der Kläger könnte ansonsten die Zurückweisungsentscheidung des SG ungerührt hinnehmen und den verspäteten Vortrag in der Berufungsinstanz nachholen. Auf der anderen Seite bleibt die praktische Handhabung schwierig. Wenn ein Kläger im ersten Rechtszug zu spät Beweismittel dafür angeboten hat, dass er mit einer Mitbewohnerin nicht in einer Einstandsgemeinschaft im Sinne des § 7 Abs. 3 Nr. 3c SGB II lebt, entbindet das allein das Berufungsgericht nicht von seiner Verpflichtung, den Sachverhalt von Amtswegen aufzuklären. Ob dieses davon absehen würde, eine (im ersten Rechtszug verspätet) als Partnerin benannte Zeugin zu hören, die den Kläger in den Termin der mündlichen Verhandlung begleitet und aussagen will, sie und nicht die Mitbewohnerin sei mit dem Kläger eheähnlich verbunden, scheint mindestens fraglich.

2   Vor dem LSG herrscht – anders als vor dem OVG/VGH – kein **Vertretungszwang.** Die Beteiligten können nach § 73 Abs. 1 SGG „den Rechtsstreit selbst führen". Das ist so in keiner vergleichbaren Verfahrensordnung – auch nicht im ArbGG – geregelt und rechtspolitisch verfehlt: Der Funktion eines oberen Landesgerichts entspricht es nicht, sich mit dem zuweilen gänzlich ungeordneten Vorbringen rechtsunkundiger Kläger auseinandersetzen zu müssen. Nachdem aber weder im SGG-Änderungsgesetz 2008 noch im RDG die Vertretungspflicht eingeführt worden ist, wird es in den nächsten Jahren bei dem derzeitigen Rechtszustand bleiben.

B. Zulässigkeit der Berufung

3   Die Berufung ist im sozialgerichtlichen Verfahren nahezu uneingeschränkt zulässig (§ 143). Die Rechtslage unterscheidet sich insoweit grundlegend von derjenigen in der Verwaltungsgerichtsbarkeit. Dort bedarf die Berufung immer der Zulassung (§ 124 VwGO), und die Zulassungspraxis der Verwaltungsgerichte ist nicht sehr großzügig. Nach § 144 SGG bedarf die Berufung nur dann der Zulassung, wenn „**der Wert des Beschwerdegegenstandes**" bei einer Geld-, Sach- oder Dienstleistung 750 € und bei Erstattungsstreitigkeiten zwischen juristischen Personen des öffentlichen Rechts oder Behörden 10.000 € nicht übersteigt. Von der Zulassungsbedürftigkeit bei geringem Wert macht § 144 Abs. 1 S. 2 wiederum eine Rückausnahme, soweit **wiederkehrende oder laufende Leistungen** für mehr als ein Jahr Streitgegenstand sind. Das hat zur Folge, dass es etwa in der Rentenversicherung praktisch keine zulassungsbedürftigen Berufungen gibt, weil selbst der Streit über die Anerkennung eines einzelnen Monats als Anrechnungszeit im Sinne des § 58 SGB VI eine „laufende Leistung für mehr als ein Jahr" betrifft. Berufungsausschlüsse im Recht der Grundsicherung können sich dadurch ergeben, dass die Leistungsträger Leistungen nach dem SGB II in der Regel für sechs Monate bewilligen. Der Streit über die Höhe der Kosten der Warmwasserbereitung (vgl. BSG v. 27. 2. 2008 – B 14/7b AS 64/06 R) ist nicht ohne Zulassung berufungsfähig, wenn der Beschwerdewert von 750 € nicht erreicht wird. Die zum 1. 4. 2008 eingeführte Anhebung der Berufungssumme findet auf eine nach diesem Zeitpunkt eingelegte Berufung keine Anwendung, wenn das angefochtene Urteil dem Berufungsführer vor dem 1. 4. 2008 mit einer dem früheren Recht entsprechenden Rechtsmittelbelehrung zugestellt worden ist (BSG v. 5. 6. 2010 – B 11 AL 17/09 R).

4   Die sehr weitgehende gesetzliche Zulassung der Berufung wirkt sich auch auf die Rechtsmittelmöglichkeiten im einstweiligen Rechtsschutz aus. Die Beschwerde gegen Entscheidungen des Sozialgerichte in den Verfahren nach §§ 86a, b ist nach § 172 Abs. 1 Nr. 3 nur ausgeschlossen, wenn in der Hauptsache die Berufung nicht zulässig wäre.

5   Die Wertgrenze von 10.000 € für „Erstattungsstreitigkeiten" gilt nicht nur für Streitigkeiten im Sinne des § 102 ff. SGB X, wenngleich diese in erster Linie betroffen sind. Der Vergütungsanspruch eines öffentlich-rechtlich verfassten Krankenhausträgers gegen eine Krankenkasse (Körperschaft des öffentlichen Rechts) betrifft keine Erstattungsstreitigkeit im Sinne des § 144 (BSG v. 24. 5. 2006 SozR 4–1500 § 144 Nr. 4).

C. Nichtzulassungsbeschwerde

6   In den – praktisch seltenen – Fällen, in denen die Berufung der Zulassung bedarf, kann die Nichtzulassung mit der Beschwerde angefochten werden. Die Nichtzulassungsbeschwerde nach § 145 ist der – sehr viel wichtigeren – Nichtzulassungsbeschwerde nach § 160a nachgebildet, mit der die Zulassung der Revision erreicht werden kann. Die **Zulassungsgründe** entsprechen denen des § 160 Abs. 2 für die Revision (**Grundsatz, Divergenz** und **Verfahrensmangel**) mit der Maßgabe, dass mit der Divergenzrüge auch die Abweichung des angefochtenen Urteils von einer Entscheidung „des" Landessozialgerichts gerügt werden kann (§ 145 Abs. 2 Nr. 2). Damit ist das im Rechtszug übergeordnete LSG und nicht irgendein LSG gemeint (Krasney/Udsching, Handbuch des sozialgerichtlichen Verfahrens, Kap. VIII, Rn. 27). Die Abweichung des angefochtenen Urteils von einer Entscheidung eines Landessozialgerichts aus einem anderen Bundesland kann nur unter dem Aspekt der grundsätzlichen Bedeutung zur Zulassung der Berufung führen.

7   Die Nichtzulassungsbeschwerde soll das angefochtene Urteil bezeichnen und die zur Begründung dienenden Tatsachen und Beweismittel angeben (§ 145 Abs. 2). Das passt so nur zu der auf einen

Verfahrensmangel gestützten Beschwerde; bei Divergenz- und Grundsatzrüge spielen Beweismittel keine Rolle. Die Anforderungen des BSG an die Darlegung des Zulassungsgrundes für die Revision (§ 160a Abs. 2 S. 3) können auf § 145 Abs. 2 schon deshalb nicht übertragen werden, weil sie allenfalls von Juristen erfüllt werden können. Im Verfahren der Nichtzulassungsbeschwerde nach § 145 besteht aber kein Vertretungszwang.

Ein weiterer praktisch wichtiger Unterschied zum Verfahren nach § 160a besteht darin, dass nach Zulassung der Berufung das Beschwerdeverfahren als Berufungsverfahren fortgesetzt wird; der Beschwerdeführer muss die Berufung nicht einlegen (§ 145 Abs. 5). Das sollte zumindest die Bevollmächtigten davon abhalten, die Nichtzulassung der Berufung anzugreifen, wenn vielleicht ein Verfahrensmangel gegeben, die Entscheidung des SG in der Sache aber richtig ist. Der Kläger erhält andernfalls die außergerichtlichen Kosten nach § 193 Abs. 1 vom Gegner nicht erstattet, weil auf den Erfolg in der Sache und nicht auf eine erfolgreiche Beschwerde gegen die Nichtzulassung der Berufung abzustellen ist. **8**

Ist die Berufung nicht kraft Gesetzes zulässig und vom SG auch nicht zugelassen, steht dem unterlegenen Beteiligten nur das Rechtsmittel der Nichtzulassungsbeschwerde zur Verfügung. Die **Umdeutung** einer unzulässigen Berufung in eine Nichtzulassungsbeschwerde ist nach der Rechtsprechung des BSG auch dann ausgeschlossen, wenn der Rechtsmittelführer nicht rechtskundig vertreten ist und in der Rechtsmittelbelehrung nicht auf die Nichtzulassungsbeschwerde als einzig in Betracht kommendes Rechtsmittel hingewiesen worden war (BSG v. 20. 5. 2003 SozR 4–1500 § 158 Nr. 1). Das überzeugt vor allem in den Fällen nicht, in denen sich erst nach komplizierten Berechnungen im Revisionsverfahren herausstellt, dass die Berufung ohne Zulassung unzulässig wäre. **9**

D. Berufungsverfahren

Für das Berufungsverfahren, das durch die Einlegung der Berufung beim LSG binnen einen Monats nach Zustellung des SG-Urteils in Gang gesetzt wird (§ 151 Abs. 1), gelten die Vorschriften über das Verfahren im ersten Rechtszug entsprechend (§ 153 Abs. 1). Ausgenommen sind die Regelung über die Klageeinreichung auch bei einer Behörde (§ 91) und die Möglichkeit der Entscheidung durch Gerichtsbescheid (§ 105). Das LSG kann und muss gegebenenfalls alle Maßnahmen der Sachaufklärung treffen, die auch dem SG zur Verfügung stehen, insbesondere Gutachten zu medizinisch relevanten Fragestellungen einholen. Auch Zeugen, die das SG vernommen hat, kann das LSG erneut vernehmen, wenn es das für notwendig hält. Es darf jedenfalls die **Glaubwürdigkeit** eines Zeugen oder Beteiligten nicht abweichend vom SG beurteilen, wenn sich das SG ausdrücklich auf seinen persönlichen Eindruck des Betreffenden gestützt hat und das LSG ihn nicht erneut angehört hat (BSG v. 28. 11. 2007 B 11 a/7 a AL 14/07 R). **10**

Die Bevollmächtigten dürfen sich aber nicht darauf verlassen, das LSG werde schon regelmäßig erneut Gutachten einholen, auch wenn der Sachverhalt vom SG gut aufgeklärt und nicht substantiiert dargelegt worden ist, weshalb weitere Aufklärungsbedarf, z. B. auf einem bisher nicht betroffenen medizinischen Fachgebiet besteht. Es ist nicht zu beanstanden, wenn der Berichterstatter im Berufungsverfahren die Beteiligten nach Eingang der Berufungsbegründung darauf hinweist, er halte weitere Sachaufklärung nicht für geboten. Wenn auf der Basis der vom SG eingeholten Gutachten die Berufung keinen Erfolg haben kann, muss der Kläger spätestens jetzt entscheiden, ob er einen Antrag nach § 109 auf Anhörung eines bestimmten Arztes stellen und die Kosten dafür tragen, zumindest vorstrecken will. Andernfalls hat die Weiterführung der Verfahrens wenig Sinn. **11**

Das **Berufungsverfahren** dient der Überprüfung der angefochtenen erstinstanzlichen Entscheidung. Deshalb kann der Richter, der die erstinstanzliche Entscheidung getroffen hat, im Berufungsverfahren nicht mitwirken (§ 60 Abs. 1 SGG in Verbindung mit § 41 Nr. 6 ZPO). Der Ehegatte des Richters, der erstinstanzlich tätig geworden ist, ist zwar nicht kraft Gesetzes von der Mitwirkung ausgeschlossen, kann aber wegen Besorgnis der Befangenheit abgelehnt werden. Das hat das BSG entgegen einer kaum nachvollziehbaren Auffassung des BGH richtig gesehen (BSG v. 24. 11. 2005 SozR 4–1500 § 60 Nr. 2). Eine kluge **Geschäftsverteilung** des LSG verhindert derartige, für die Justiz immer unerfreuliche Konstellationen allerdings von vornherein. **12**

E. Entscheidungsvarianten

Die unzulässige Berufung wird nach § 158 durch Beschluss verworfen; die ehrenamtlichen Richter wirken an dieser Entscheidung nicht mit. Vor einer Entscheidung nach § 158 sind die Beteiligten zum beabsichtigten Beschlussverfahren zu hören. Das ergibt sich auch ohne ausdrückliche Anordnung im Gesetz aus der Verpflichtung des Gerichts zur Gewährung angemessenen rechtlichen Gehörs (BSG v. 24. 4. 2008 B 9 SB 78/07 B). Die Verwerfung einer als unzulässig angesehenen Berufung gegen einen Gerichtsbescheid durch Beschluss ohne mündliche Verhandlung ist wegen Anspruchs eines Beteiligten auf Durchführung einer mündlichen Verhandlung in seinem Rechtsstreit nur in Ausnahmefällen statt- **13** haft (BSG v. 9. 12. 2008 – B 8 SO 17/08 B). Ein solcher Ausnahmefall kann nicht allein damit begründet werden, dass der der Kläger die Möglichkeit hatte, auf den Gerichtsbescheid nach § 105 Abs. 2 Satz 2 mündliche Verhandlung zu beantragen (s. A. LSG Berlin-Brandenburg v. 18. 6. 2010 – L 10 AS 779/10). Der Beschluss nach § 158 kann mit dem Rechtsmittel angefochten werden, das gegeben wäre, wenn das LSG durch Urteil entscheiden hätte. Das ist in der Regel die Nichtzulassungsbeschwerde nach § 160a SGG, weil die Kombination von **Verwerfung einer unzulässigen Berufung** und Zulassung der Revision praktisch ausscheiden dürfte. Die Fiktion der Klagerücknahme nach § 102 Abs. 2 Satz 1 als Folge des Nichtbetreibens des Verfahrens kann nicht über § 153 Abs. 1 im Sinne einer Fiktion der Berufungsrücknahme wegen Nichtbereibens des Berufungsverfahrens angewandt werden (BSG v. 1. 7. 2010 – B 13 R 58/09 R).

14   Die „klassische" Erledigung der zulässigen Berufung ist die Entscheidung durch den Senat des LSG in der Besetzung von drei Berufsrichtern, zwei ehrenamtlichen Richtern durch Urteil nach mündlicher Verhandlung. Das Berufungsgericht kann dabei von einer weiteren Darstellung der Entscheidungsgründe absehen, soweit es die Berufung aus den Gründen der angefochtenen Entscheidung als zurückweist (§ 153 Abs. 2). Dem Urteil des LSG muss aber zu entnehmen sein, welche „Feststellungen" im Sinne des § 163 SGG das Gericht getroffen hat; andernfalls kann das Revisionsgericht das Urteil nicht überprüfen und muss es allein aus diesem Grund aufheben.

15   Hält das LSG die Berufung „einstimmig" für unbegründet und eine mündliche Verhandlung nicht für erforderlich, kann es die Berufung durch Beschluss zurückweisen, soweit es die Beteiligten dazu angehört hat (§ 153 Abs. 4). Die Handhabung dieser Vorschrift hat das BSG in zahlreichen Entscheidungen im Interesse der Gewährung angemessenen rechtlichen Gehörs und effektiven Rechtsschutzes präzisiert. Eine enge Auslegung der „Nichterforderlichkeit" der mündlichen Verhandlung ist geboten, weil das Gesetz die Durchführung einer solchen als Regelfall kennzeichnet (BSG v. 20. 11. 2003 SozR 4–1500 § 153 Nr. 1). Soweit mehrere Berufskrankheiten im Streit stehen, die durch verschiedene chemische Substanzen ausgelöst sein können, ist in der Regel für die Anwendung des § 153 Abs. 4 Satz 1 kein Raum (BSG v. 18. 11. 2008 – B 2 U 44/08 B). Vor allem muss die Kommunikation zwischen dem Gericht und den Beteiligten korrekt ausgestaltet werden. Das LSG sollte in der **Anhörungsmitteilung** nach § 153 Abs. 4 S. 2 eine Frist zur Stellungnahme setzen und selbstverständlich nicht vor deren Ablauf entscheiden. Ohne exakte Fristsetzung steht den Beteiligten ein Monat für die Abgabe der Stellungnahme zu (BSG v. 23. 11. 2006 SozR 4–1500 § 153 Nr. 3). Wird eine unangemessen kurze Frist gesetzt, stellt das einen Verfahrensfehler dar; die Kausalität dieses Fehlers für die getroffenen Entscheidung wird aber nicht unterstellt, sondern muss in der Begründung der Nichtzulassungsbeschwerde näher dargelegt werden (BSG v. 12. 2. 2009 – B 5 R 386/07 B). Wenn ein Beteiligter auf die Anhörungsmitteilung weitere Sachaufklärung anregt, muss das Gericht ihm mitteilen, dass und weshalb dem nicht gefolgt wird, bevor die Berufung durch Beschluss zurückgewiesen werden darf. Etwas anderes kommt allenfalls in Betracht, wenn das Ergebnis der Beweisaufnahme für den Kläger eindeutig negativ ist (BSG v. 10. 8. 2005 SozR 4–1500 § 153 Nr. 2). Das LSG muss bis zur Zustellung des Beschlusses nach § 153 Abs. 4 eingehende Schriftsätze der Beteiligten beantworten und in seine Entscheidungsfindung einbeziehen und darf sie nicht dem Hinweis, es sei bereits entschieden worden, übergehen (BSG v. 31. 3. 2004 – SozR 4–1500 § 154 Nr. 1 u. Nr. 2). Weist das LSG nach einer Stellungnahme des Klägers zu einer beabsichtigten Entscheidung über die Berufung durch Beschluss darauf hin, dass es bei „den bisherigen Hinweisen verbleibt", muss es dem Kläger eine ausreichende Frist für eine erneute Stellungnahme einräumen und darf nicht schon fünf Tage nach Abfassung dieser Mitteilung und den Kläger die Berufung durch Beschluss der Berufsrichter zurückweisen (BSG v. 21. 9. 2010 – B 2 U 145/10 R).

16   Die vereinfachte Entscheidung durch Beschluss ist dem LSG verwehrt, wenn das SG durch Gerichtsbescheid, also ohne mündliche Verhandlung, entschieden hat, weil den Beteiligten das Recht auf zumindest eine mündliche Verhandlung zusteht. Dem trägt § 153 Abs. 5 in der ab 1. April 2008 geltenden Fassung Rechung. Danach kann der Senat (gemeint: die Berufsrichter) durch Beschluss die Berufung dem Berichterstatter übertragen, der zusammen mit den ehrenamtlichen Richtern (nach mündlicher Verhandlung) entscheidet. Diese Entscheidung kann nicht nur in der Zurückweisung der Berufung – wie bei § 153 Abs. 4 – sondern auch in einer Änderung des Gerichtsbescheides des SG bestehen. Wenn der Senat die Berufung gegen einen Gerichtsbescheid dem Berichterstatter übertragen hat, muss dieser in der Besetzung mit zwei ehrenamtlichen Richtern entscheiden und kann nicht, etwa wenn er überstimmt zu werden droht, die Sache auf den Senat zurück übertragen, um wieder eine Mehrheit der Berufsrichter zu sichern.

17   Eine praktisch wichtige Form der Entlastung der Landessozialgerichte besteht darin, dass der Vorsitzende oder – was allein der Praxis entspricht – der Berichterstatter (§ 155 Abs. 4) im Einverständnis der Beteiligten entscheiden kann, und zwar auch in der Hauptsache durch Urteil (§ 155 Abs. 3). Nach dem nicht weiter auslegungsfähigen Wortlaut der Vorschrift ist alleinige Voraussetzung für diese Form der Erledigung des Berufungsverfahrens, dass ein Berichterstatter bestellt ist und die Beteiligten sich mit einer Entscheidung durch ihn einverstanden erklärt haben. Der 4. Senat des BSG verlangt, dass in den Einverständniserklärungen der Berichterstatter namentlich genant wird, so sodass nach einem Berichterstatterwechsel eine neue Einverständniserklärung erforderlich sei (BSG v. 23. 8. 2007

SozR 4–1500 § 155 Nr. 1). Der 9. Senat des BSG ist der Auffassung, das Einverständnis der Beteiligten sei nur notwendige, aber nicht hinreichende Voraussetzung für eine Entscheidung durch den BE; dieser müsse eine Ermessensentscheidung treffen, ob er von der ihm zugewachsenen Entscheidungskompetenz Gebrauch machen wolle. Ermessensfehlerhaft sei es, wenn der BE allein Rechtsfragen von grundsätzlicher Bedeutung entscheide oder wegen der Abweichung von der bisherigen Rechtsprechung des BSG die Revision zulassen müsse (BSG v. 8. 11. 2007 SozR 4–1500 § 155 Nr. 2). Das ist weder richtig noch praktikabel (Zweifel auch im Urteil des 13. Senats v. 31. 8. 2008 – B 13 RJ 44/05 R – RdNr. 21 und – unter Hinweis auf unerlässliche Ausnahmen von dem Grundsatz des 9. Senats – im Urteil des 3. Senats vom 25. 6. 2009 – B 3 KR 2/08 R – Rn. 11) und vom BSG auch bisher nicht so gesehen worden. Im Verfahren 6 RKa 18/94 (SozR 3–5545 § 24 Nr. 1) hat das BSG mit keinem Wort beanstandet, dass das LSG im Einverständnis der Beteiligten durch den BE (sogar ohne mündliche Verhandlung) entschieden und selbstverständlich die Revision zugelassen hat. Das BSG-Urteil vom 10. 5. 1995 hat dann genau die bisherige Rechtsprechung des BSG aufgegeben, der das LSG noch gefolgt war, freilich unter Hinweis auf erhebliche Bedenken und eben mit Zulassung der Revision. Diese sinnvolle Praxis in geeigneten Fällen sollte nicht ausgeschlossen sein, weil ein einzelner LSG-Richter in Hamburg in dem Verfahren, das zum Urteil des 9. Senats vom 8. 11. 2007 (SozR 4–1500 § 155 Nr. 2) geführt hat, seine Kompetenzen nicht sachgerecht gehandhabt hat. Die jüngste Rechtsprechung des BSG geht deshalb auch dahin, dass in der Revisionszulassung durch den Einzelrichter kein Verfahrensfehler liegt, wenn er der Sache keine nennenswerte Breitenwirkung beimisst und die Beteiligten ihr Einverständnis mit einer Einzelrichterentscheidung auch für den Fall der Zulassung der Revision erklärt haben (BSG v. 3. 12. 2009 – SozR 4–4300 § 53 Nr. 4).

In Fällen, in denen das SG durch Gerichtsbescheid entschieden hat, kann der Senat des LSG durch **18** Beschluss die Berufung dem Berichterstatter übertragen, der zusammen mit den ehrenamtlichen Richtern entscheidet (§ 155 Abs. 5). Die Übertragung kann nicht stillschweigend erfolgen, sondern erfordert einen schriftlichen Beschluss des Senats, der den Beteiligten zuzustellen ist (BSG v. 27. 4. 2010 – B 2 U 344/09 B). Entgegen der Auffassung des BSG (a. a. O., RdNr. 8) kann die fehlerhafte Besetzung des LSG mit nur einem Berufsrichter und zwei ehrenamtlichen Richtern ohne zugestellten Übertragungsbeschluss nicht mehr mit der Nichtzulassungsbeschwerde gerügt werden, wenn ein anwaltlich vertretener Kläger sich auf die mündliche Verhandlung vor dem nach § 155 Abs. 5 besetzten Senat eingelassen hat, ohne das Fehlen eines ordnungsgemäßen Übertragungsbeschlusses zu rügen.

F. Aufschiebende Wirkung

Die Berufung hat nur in den in § 154 beschriebenen Fällen aufschiebende Wirkung. Abs. 1 ver- **19** weist auf § 86 a hinsichtlich der aufschiebenden Wirkung der Anfechtungsklage. Diese wird in das Berufungsverfahren verlängert. Die Ausnahmeregelung des Abs. 2 ist nicht analogiefähig hinsichtlich der Träger der Grundsicherung nach dem SGB II und der Sozialhilfe. Deren Berufungen gegen Urteile, die sie zu Leistungen für die Zeit vor Erlass des sozialgerichtlichen Urteils verpflichten, haben keine aufschiebende Wirkung; das gilt über § 165 Satz 1 auch für die Revision (BSG v. 8. 12. 2009 – B 8 SO 17/09 R).

Zweiter Unterabschnitt. Revision

§ 160 [Zulässigkeit der Revision]

(1) **Gegen das Urteil eines Landessozialgerichts und gegen den Beschluss nach § 55 a Absatz 5 Satz 1 steht den Beteiligten die Revision an das Bundessozialgericht nur zu, wenn sie in der Entscheidung des Landessozialgerichts oder in dem Beschluß des Bundessozialgerichts nach § 160 a Abs. 4 Satz 1 zugelassen worden ist.**

(2) Sie ist nur zuzulassen, wenn
1. die Rechtssache grundsätzliche Bedeutung hat oder
2. das Urteil von einer Entscheidung des Bundessozialgerichts, des Gemeinsamen Senats der obersten Gerichtshöfe des Bundes oder des Bundesverfassungsgerichts abweicht und auf dieser Abweichung beruht oder
3. ein Verfahrensmangel geltend gemacht wird, auf dem die angefochtene Entscheidung beruhen kann; der geltend gemachte Verfahrensmangel kann nicht auf eine Verletzung der §§ 109 und 128 Abs. 1 Satz 1 und auf eine Verletzung des § 103 nur gestützt werden, wenn er sich auf einen Beweisantrag bezieht, dem das Landessozialgericht ohne hinreichende Begründung nicht gefolgt ist.

(3) Das Bundessozialgericht ist an die Zulassung gebunden.

§ 160 a [Nichtzulassungsbeschwerde]

(1) ¹Die Nichtzulassung der Revision kann selbständig durch Beschwerde angefochten werden. ²Die Beschwerde ist bei dem Bundessozialgericht innerhalb eines Monats nach Zustellung des Urteils einzulegen. ³Der Beschwerdeschrift soll eine Ausfertigung oder beglaubigte Abschrift des Urteils, gegen das die Revision eingelegt werden soll, beigefügt werden. ⁴Satz 3 gilt nicht, soweit nach § 65 a elektronische Dokumente übermittelt werden.

(2) ¹Die Beschwerde ist innerhalb von zwei Monaten nach Zustellung des Urteils zu begründen. ²Die Begründungsfrist kann auf einen vor ihrem Ablauf gestellten Antrag von dem Vorsitzenden einmal bis zu einem Monat verlängert werden. ³In der Begründung muß die grundsätzliche Bedeutung der Rechtssache dargelegt oder die Entscheidung, von der das Urteil des Landessozialgerichts abweicht, oder der Verfahrensmangel bezeichnet werden.

(3) Die Einlegung der Beschwerde hemmt die Rechtskraft des Urteils.

(4) ¹Das Bundessozialgericht entscheidet unter Zuziehung der ehrenamtlichen Richter durch Beschluss; § 169 gilt entsprechend. ²Dem Beschluß soll eine kurze Begründung beigefügt werden; von einer Begründung kann abgesehen werden, wenn sie nicht geeignet ist, zur Klärung der Voraussetzungen der Revisionszulassung beizutragen. ³Mit der Ablehnung der Beschwerde durch das Bundessozialgericht wird das Urteil rechtskräftig. ⁴Wird der Beschwerde stattgegeben, so beginnt mit der Zustellung dieser Entscheidung der Lauf der Revisionsfrist.

(5) Liegen die Voraussetzungen des § 160 Abs. 2 Nr. 3 vor, kann das Bundessozialgericht in dem Beschluss das angefochtene Urteil aufheben und die Sache zur erneuten Verhandlung und Entscheidung zurückverweisen.

§ 161 [Sprungrevision]

(1) ¹Gegen das Urteil eines Sozialgerichts steht den Beteiligten die Revision unter Übergehung der Berufungsinstanz zu, wenn der Gegner schriftlich zustimmt und wenn sie von dem Sozialgericht im Urteil oder auf Antrag durch Beschluß zugelassen wird. ²Der Antrag ist innerhalb eines Monats nach Zustellung des Urteils schriftlich zu stellen. ³Die Zustimmung des Gegners ist dem Antrag oder, wenn die Revision im Urteil zugelassen ist, der Revisionsschrift beizufügen.

(2) ¹Die Revision ist nur zuzulassen, wenn die Voraussetzungen des § 160 Abs. 2 Nr. 1 oder 2 vorliegen. ²Das Bundessozialgericht ist an die Zulassung gebunden. ³Die Ablehnung der Zulassung ist unanfechtbar.

(3) ¹Lehnt das Sozialgericht den Antrag auf Zulassung der Revision durch Beschluß ab, so beginnt mit der Zustellung dieser Entscheidung der Lauf der Berufungsfrist oder der Frist für die Beschwerde gegen die Nichtzulassung der Berufung von neuem, sofern der Antrag in der gesetzlichen Form und Frist gestellt und die Zustimmungserklärung des Gegners beigefügt war. ²Läßt das Sozialgericht die Revision durch Beschluß zu, so beginnt mit der Zustellung dieser Entscheidung der Lauf der Revisionsfrist.

(4) Die Revision kann nicht auf Mängel des Verfahrens gestützt werden.

(5) Die Einlegung der Revision und die Zustimmung des Gegners gelten als Verzicht auf die Berufung, wenn das Sozialgericht die Revision zugelassen hat.

§ 162 [Revisionsgründe]

Die Revision kann nur darauf gestützt werden, daß das angefochtene Urteil auf der Verletzung einer Vorschrift des Bundesrechts oder einer sonstigen im Bezirk des Berufungsgerichts geltenden Vorschrift beruht, deren Geltungsbereich sich über den Bezirk des Berufungsgerichts hinaus erstreckt.

§ 163 [Bindung an die tatsächlichen Feststellungen]

Das Bundessozialgericht ist an die in dem angefochtenen Urteil getroffenen tatsächlichen Feststellungen gebunden, außer wenn in bezug auf diese Feststellungen zulässige und begründete Revisionsgründe vorgebracht sind.

§ 164 [Einlegung, Frist, Begründung]

(1) ¹Die Revision ist bei dem Bundessozialgericht innerhalb eines Monats nach Zustellung des Urteils oder des Beschlusses über die Zulassung der Revision (§ 160 a Abs. 4

Satz 2 oder § 161 Abs. 3 Satz 2) schriftlich einzulegen. ²Die Revision muß das angefochtene Urteil angeben; eine Ausfertigung oder beglaubigte Abschrift des angefochtenen Urteils soll beigefügt werden, sofern dies nicht schon nach § 160a Abs. 1 Satz 3 geschehen ist. ³Satz 2 zweiter Halbsatz gilt nicht, soweit nach § 65a elektronische Dokumente übermittelt werden.

(2) ¹Die Revision ist innerhalb von zwei Monaten nach Zustellung des Urteils oder des Beschlusses über die Zulassung der Revision zu begründen. ²Die Begründungsfrist kann auf einen vor ihrem Ablauf gestellten Antrag von dem Vorsitzenden verlängert werden. ³Die Begründung muß einen bestimmten Antrag enthalten, die verletzte Rechtsnorm und, soweit Verfahrensmängel gerügt werden, die Tatsachen bezeichnen, die den Mangel ergeben.

§ 165 [Verfahren in der Revision]

¹Für die Revision gelten die Vorschriften über die Berufung entsprechend, soweit sich aus diesem Unterabschnitt nichts anderes ergibt. ²§ 153 Abs. 2 und 4 sowie § 155 Abs. 2 bis 4 finden keine Anwendung.

§§ 166–167 *(aufgehoben)*

§ 168 [Klageänderung; Beiladung]

¹Klageänderungen und Beiladungen sind im Revisionsverfahren unzulässig. ²Dies gilt nicht für die Beiladung der Bundesrepublik Deutschland in Angelegenheiten des sozialen Entschädigungsrechts nach § 75 Abs. 1 Satz 2 und, sofern der Beizuladende zustimmt, für Beiladungen nach § 75 Abs. 2.

§ 169 [Umfang der Prüfung; Unzulässigkeit]

¹Das Bundessozialgericht hat zu prüfen, ob die Revision statthaft und ob sie in der gesetzlichen Form und Frist eingelegt und begründet worden ist. ²Mangelt es an einem dieser Erfordernisse, so ist die Revision als unzulässig zu verwerfen. ³Die Verwerfung ohne mündliche Verhandlung erfolgt durch Beschluß ohne Zuziehung der ehrenamtlichen Richter.

§ 170 [Zurückweisung; Zurückverweisung]

(1) ¹Ist die Revision unbegründet, so weist das Bundessozialgericht die Revision zurück. ²Ergeben die Entscheidungsgründe zwar eine Gesetzesverletzung, stellt sich die Entscheidung selbst aber aus anderen Gründen als richtig dar, so ist die Revision ebenfalls zurückzuweisen.

(2) ¹Ist die Revision begründet, so hat das Bundessozialgericht in der Sache selbst zu entscheiden. ²Sofern dies untunlich ist, kann es das angefochtene Urteil mit den ihm zugrunde liegenden Feststellungen aufheben und die Sache zur erneuten Verhandlung und Entscheidung an das Gericht zurückverweisen, welches das angefochtene Urteil erlassen hat.

(3) ¹Die Entscheidung über die Revision braucht nicht begründet zu werden, soweit das Bundessozialgericht Rügen von Verfahrensmängeln nicht für durchgreifend erachtet. ²Dies gilt nicht für Rügen nach § 202 in Verbindung mit § 547 der Zivilprozeßordnung und, wenn mit der Revision ausschließlich Verfahrensmängel geltend gemacht werden, für Rügen, auf denen die Zulassung der Revision beruht.

(4) ¹Verweist das Bundessozialgericht die Sache bei der Sprungrevision nach § 161 zur anderweitigen Verhandlung und Entscheidung zurück, so kann es nach seinem Ermessen auch an das Landessozialgericht zurückverweisen, das für die Berufung zuständig gewesen wäre. ²Für das Verfahren vor dem Landessozialgericht gelten dann die gleichen Grundsätze, wie wenn der Rechtsstreit auf eine ordnungsgemäß eingelegte Berufung beim Landessozialgericht anhängig geworden wäre.

(5) Das Gericht, an das die Sache zur erneuten Verhandlung und Entscheidung zurückverwiesen ist, hat seiner Entscheidung die rechtliche Beurteilung des Revisionsgerichts zugrunde zu legen.

§ 170 a [Urteilsabschriften an ehrenamtliche Richter]

¹Eine Abschrift des Urteils ist den ehrenamtlichen Richtern, die bei der Entscheidung mitgewirkt haben, vor Übermittlung an die Geschäftsstelle zu übermitteln. ²Die ehrenamtlichen Richter können sich dazu innerhalb von zwei Wochen gegenüber dem Vorsitzenden des erkennenden Senats äußern.

§ 171 [Ablehnung von Gerichtspersonen; neuer Bescheid]

(1) Über die Ablehnung einer Gerichtsperson (§ 60) entscheidet der Senat.

(2) Wird während des Revisionsverfahrens der angefochtene Verwaltungsakt durch einen neuen abgeändert oder ersetzt, so gilt der neue Verwaltungsakt als mit der Klage beim Sozialgericht angefochten, es sei denn, daß der Kläger durch den neuen Verwaltungsakt klaglos gestellt oder dem Klagebegehren durch die Entscheidung des Revisionsgerichts zum ersten Verwaltungsakt in vollem Umfange genügt wird.

A. Grundlagen des Revisionsverfahrens

1   Das **Revisionsverfahren** in der Sozialgerichtsbarkeit unterscheidet sich nicht wesentlich von den entsprechenden Verfahren in den vier anderen Gerichtszweigen. Aufgabe aller Revisionsgerichte ist die Sicherung einer einheitlichen Rechtsprechung und die Fortbildung des Rechts. Daneben tritt eine Verfahrenskontrolle, die die Gewährleistung eines „richtigen" Verfahrens auch in Fällen ohne grundsätzliche Bedeutung sichern soll. Gegenstand des Revisionsverfahrens sind Urteile der Landessozialgericht und deren Beschlüsse nach § 55a Abs. 5 im Rahmen der Normenkontrolle kommunaler Satzungen zu den angemessenen Kosten der Unterkunft nach § 22a SGB II. Für diese „Entscheidungen" ist das durch die Neufassung des § 160 Abs. 1 durch das Regelbedarfsermittlungsgesetz ausdrücklich klargestellt worden (BTDrucks. 17/3404 S. 220). Das BSG als Revisionsgericht ermittelt keine Tatsachen, sondern ist an den vom Berufungsgericht festgestellten Sachverhalt gebunden (§ 163). Sind diese Feststellungen unvollständig oder fehlerhaft getroffen worden, wird das Berufungsurteil aufgehoben und der Rechtsstreit an das LSG zurückverwiesen (§ 170 Abs. 2). Entscheidungen des BSG werden mit ihrer Verkündung rechtskräftig, weil dagegen kein Rechtsmittel gegeben ist. Die Verfassungsbeschwerde, die auch gegen letztinstanzliche Entscheidungen der obersten Gerichtshöfe des Bundes statthaft ist, hemmt die Rechtskraft nicht. Das BVerfG kann lediglich im Einzelfall im Wege einer einstweiligen Anordnung bestimmen, dass aus einem Urteil nicht vollstreckt werden darf oder aus ihm keine Folgerungen gezogen werden dürfen, bis das BVerfG über die Beschwerde entschieden hat.

B. Zulassung von Revision und Sprungrevision

2   Die Revision bedarf ausnahmslos der **Zulassung**; diese kann durch das LSG, auf die Nichtzulassungsbeschwerde durch das BSG oder – im Fall der Sprungrevision – durch das SG erfolgen. Eine vom LSG nicht im Urteil, sondern nachträglich in einem Beschluss zugelassene Revision ist allerdings unzulässig (BSG v. 30. 6. 2008 SozR 4–1500 § 160 Nr. 17). Die rechtlichen Maßstäbe für die Zulassung ergeben sich aus § 160 Abs. 2 und sind für alle Zulassungsentscheidungen identisch. Lediglich die Zulassung wegen eines Verfahrensmangels (§ 160 Abs. 2 Nr. 3) hat nur für die Zulassung der Revision durch das BSG Bedeutung: das LSG wird nicht zielgerichtet einen Verfahrensfehler begehen und gleich selbst deshalb die Revision zulassen, und die Sprungrevision kann von vornherein nicht auf Verfahrensmängel gestützt werden (§ 161 Abs. 4).

3   Drei Tatbestände können zur Zulassung der Revision führen: die grundsätzliche Bedeutung der im Streitverfahren zu entscheidenden Rechtsfrage(n), die Abweichung des Berufungsurteils von der Rechtsprechung des BSG oder des BVerfG sowie ein Verfahrensmangel, auf dem das Berufungsurteil beruht (§ 160 Abs. 2). Weitere Zulassungsgründe kennt das Gesetz nicht, insbesondere nicht den gern kolportierten „wahren" Zulassungsgrund der Fehlerhaftigkeit des LSG-Urteils. Insoweit weicht § 160 Abs. 2 SGG von § 543 ZPO ab. Nach dieser Vorschrift ist die Revision zuzulassen, wenn die „Sicherung einer einheitlichen Rechtsprechung das erfordert". Diese Voraussetzung ist nach der Rechtsprechung des BGH erfüllt, wenn die Gefahr besteht, dass eine ständige Fehlerpraxis einiger Gerichte eine Wiederholung befürchten lässt (BGH NJW 2005, 135).

4   Der wichtigste **Zulassungsgrund** ist die **grundsätzliche Bedeutung** der Rechtssache (§ 160 Abs. 2 Nr. 1). Diese liegt vor, wenn im Revisionsverfahren eine Rechtsfrage zu klären wäre und geklärt werden könnte, die bisher höchstrichterlich nicht geklärt ist. Zudem darf die Beantwortung der Frage trotz Fehlens einer expliziten BSG-Entscheidung nicht offensichtlich sein, weil dann keine Notwendigkeit besteht, dass sich das BSG damit befasst. Die Rechtsfrage soll im Prinzip mit „ja" oder

"nein" zu beantworten sein; allgemeine Wendungen wie „welche Unterkunftskosten im Sinne des § 22 SGB II zumutbar" sind, erfüllen diese Voraussetzung nicht. Der Wert dieser Einschränkung darf nicht überschätzt werden, weil hinter vielen allgemeinen Fragestellungen auch oft konkrete Rechtsfragen stehen. Wichtig ist, dass die aufgeworfene Rechtsfrage tatsächlich in dem (potenziellen) Revisionsverfahren geklärt werden kann, also für das Urteil entscheidungserheblich ist. Welche Freibeträge einem Partner im Sinne des § 7 Abs. 3 SGB II zustehen, hat nur Bedeutung, wenn feststeht, dass dieser mit dem Hilfebedürftigen tatsächlich eine Bedarfsgemeinschaft bildet. Wenn letzteres offen bleibt, kann zu erstgenannten Frage die Revision nicht zugelassen werden.

Die Zulassung der Revision wegen **Divergenz** (§ 160 Abs. 2 Nr. 2) hat geringe praktische Bedeutung. Offene Abweichungen der Landessozialgerichte von der Rechtsprechung des BSG sind selten. Liegt eine solche vor, ist die Zulassung der Revision selbstverständlich. Die Divergenz setzt ein klares Abweichen in der rechtlichen Aussage voraus, eine „falsche" Anwendung von Rechtsprechungsgrundsätzen des BSG begründet keine Divergenz. Die Revision ist zuzulassen, wenn das Gericht von einer Entscheidung des BSG, des BVerfG oder des Gemeinsamen Senats der obersten Gerichtshöfe des Bundes abweicht. Meinungsverschiedenheiten zwischen mehreren Landessozialgerichten rechtfertigen die Zulassung der Revision nur unter dem Aspekt der grundsätzlichen Bedeutung. 5

Wegen eines **Verfahrensmangels** ist die Revision zuzulassen, wenn das Berufungsurteil darauf beruhen kann (§ 160 Abs. 2 Nr. 3). Das Gesetz formuliert etwas missverständlich „wenn ein Verfahrensmangel geltend gemacht wird"; der Mangel muss tatsächlich vorliegen; das „Beruhen" muss nur möglich sein. Die Verletzung des § 128 (richterliche Überzeugungsbildung) und des § 109 (Anhörung eines bestimmten, vom Kläger benannten Arztes) kann nicht als Verfahrensmangel gerügt werden. Die Verletzung des § 103 (Amtsaufklärung) nur, wenn das LSG einem Beweisantrag nicht nachgegangen ist, ohne dass dafür eine hinreichende Rechtfertigung besteht. Diese Einschränkungen sollen verhindern, dass in jedem Fall, in dem das Gericht nach Ansicht des unterlegenen Beteiligten den Sachverhalt „falsch" gewürdigt oder eine bestimmte Sachaufklärung unterlassen hat, die Revision zugelassen werden muss. 6

Außer dem LSG kann auch das SG unter den Voraussetzungen des § 160 Abs. die Revision zulassen und damit den Beteiligten den Weg zum BSG unter Umgehung des Berufungsgerichts freigeben (§ 161). Das BSG ist an die Zulassung der Revision durch das SG in gleicher Weise wie an die Zulassung durch das LSG gebunden. Das gilt auch dann, wenn das SG die Revision entgegen der gefestigten Rechtsprechung des BSG ohne Mitwirkung der ehrenamtlichen Richter zugelassen hat (BSG v. 18. 8. 2010 – B 6 KA 14/09 R). Die Zulassung der **Sprungrevision** sollte wegen der erforderlichen Rechtsklarheit im Tenor der sozialgerichtlichen Entscheidung ausgesprochen werden. Ergibt sich aus den Gründen des sozialgerichtlichen Urteils – nicht allein aus der Rechtsmittelbelehrung –, dass die Revision zugelassen werden sollte, reicht das aus (BSG v. 29. 4. 2010 – B 9 SB 2/09 R). Die Sprungrevision ist aber nur statthaft, wenn der Gegner mit ihrer Durchführung einverstanden ist, also auch auf eine zweite Tatsacheninstanz keinen Wert legt. Zudem müssen die formellen Erfordernisse (Mitteilung der Zustimmung des Gegners an das BSG) gewahrt sein. Ob der Richter am SG eine Entscheidung durch Gerichtsbescheid (§ 105 SGG) mit der Zulassung der Revision verbinden kann, ist umstritten. Jedenfalls liegt kein von Amts wegen zu berücksichtigender Verfahrensfehler vor, wenn das SG nach Zustellung des Gerichtsbescheides die Revision auf Antrag des unterlegenen Klägers durch Beschluss zulässt (BSG v. 21. 8. 2008 SozR 4–2600 § 96a Nr. 12). Der Vorteil der Sprungsrevision liegt in der Beschleunigung des Verfahrens in Fällen, in denen ohnehin wegen der großen Breitenwirkung das BSG angerufen wird. 7

C. Nichtzulassungsbeschwerde

Die **Nichtzulassungsbeschwerde** ermöglicht dem Beteiligten, der im Berufungsverfahren unterlegen ist, die Anrufung des BSG zur Klärung, ob die Revision gegen das angefochtene Urteil durchzuführen ist. Sie ist ein echter Rechtsbehelf, weil sie die Rechtskraft des Berufungsurteils hemmt (§ 160a Abs. 3). Sie unterliegt dem Vertretungszwang des § 73 Abs. 4; der Beteiligte, der bisher das Verfahren selbst geführt hat, muss für die Nichtzulassungsbeschwerde (NZB) einen Bevollmächtigten bestellen. Verfügt er nicht über die Mittel, einen Rechtsanwalt zu vergüten, kann ihm unter den üblichen Voraussetzungen der §§ 114,115 ZPO Prozesskostenhilfe für das Verfahren der NZB bewilligt werden. 8

Die NZB ist ein sehr formalisierter Rechtsbehelf, an dessen Zulässigkeit das BSG hohe Anforderungen stellt (umfassend dargestellt von Peter Becker, Sozialgerichtsbarkeit 2007, 261 ff., 328 ff.). Hinter der dürren Wendung des § 160a Abs. 3 betreffend die „Darlegung" der grundsätzlichen Bedeutung und der „Bezeichnung" des Verfahrensmangels verstecken sich **Begründungsanforderungen**, die von nicht spezialisierten Anwälten kaum erfüllt werden können. Das hält der Autor für verfehlt (Wenner/Terdenge/Krauß, Grundzüge des sozialgerichtlichen Verfahrens, Rn. 754 ff.), doch diese Auffassung ist für die praktische Rechtsanwendung derzeit noch ohne Relevanz. Alle Anwälte und Verbandsvertreter müssen sich auf die Anforderungen des BSG einstellen. Entscheidend ist, dass die 9

Begründung der NZB exakt an dem jeweils geltend gemachten Zulassungsgrund ausgerichtet wird und nicht auch nur den Eindruck erweckt, in erster Linie solle dargelegt werden, weshalb das Berufungsurteil falsch ist. Die grundsätzliche Bedeutung der zu entscheidenden Rechtsfrage als weitaus wichtigster Zulassungsgrund kann gegeben sein, wenn die aufgeworfene Frage die Auslegung von Gemeinschaftsrecht betrifft und sich für das letztinstanzliche Gericht deswegen voraussichtlich die Notwendigkeit ergeben würde, eine Vorabentscheidung des EuGH einzuholen (BVerfG v. 25. 8. 2008 2 BvR 2213/06).

10   Wenn die Begründungsanforderungen nicht erfüllt sind, verwirft das BSG die Beschwerde ohne Mitwirkung der ehrenamtlichen Richter durch Beschluss der Berufsrichter als unzulässig (§ 160a Abs. 4 in Verbindung mit § 169). Ist die Beschwerde zulässig, entscheidet der Senat unter Hinzuziehung der ehrenamtlichen Richter über die Zulassung der Revision. Nimmt er an, die NZB sei begründet, lässt er ohne Begründung die Revision zu. Diese muss – anders als in den anderen Gerichtsbarkeiten – dann explizit fristgerecht eingelegt werden; das NZB-Verfahren setzt sich nicht automatisch als Revisionsverfahren fort. Ist die Beschwerde nicht begründet, wird sie zurückgewiesen. Dieser Beschluss wird begründet, in der Regel sehr ausführlich, so dass die Abgrenzung zu einem Revisionsurteil bisweilen schwer erkennbar ist. Nach der Rechtsprechung vor allem des 1. Senats des BSG ist auch eine formgerechte Nichtzulassungsbeschwerde, die auf einen Verfahrensfehler gestützt wird, unbegründet, wenn das angestrebte Revisionsverfahren für den Beschwerdeführer mit Gewissheit keinen Erfolg haben kann (BSG v. 3. 3. 2009 – B 1 KR 69/08 B). Auf diese Weise sollen Anreize vermieden werden, bei Vorliegen eines Verfahrensfehlers ohne Rücksicht auf einen möglichen Erfolg in der Sache Nichtzulassungsbeschwerde einzulegen.

11   Zur Beschleunigung des Verfahrens hat das BSG nach der Neufassung des § 160a zum 21. 1. 2002 die Möglichkeit, auf eine begründete Verfahrensrüge hin das Berufungsurteil aufzuheben und die Sache durch Beschluss (unter Mitwirkung der ehrenamtlichen Richter) an das LSG zurückzuverweisen (§ 160a Abs. 5). Damit wird vermieden, dass ein Revisionsverfahren durchgeführt wird, dessen Ausgang (Aufhebung des Berufungsurteils und Zurückverweisung an das LSG nach § 170 Abs. 2 S. 2) von vornherein feststeht. In der Praxis des BSG sind inzwischen Revisionszulassungen wegen eines Verfahrensmangels (§ 160 Abs. 2 Nr. 3) die seltene Ausnahme; ganz überwiegend wird von § 160a Abs. 5 Gebrauch gemacht.

D. Revisionsbegründung

12   Die Revision muss, wenn sie vom LSG oder – auf die NZB hin vom BSG – zugelassen worden ist, innerhalb eines Monats nach Zustellung des Urteils oder des Zulassungsbeschlusses eingelegt und innerhalb von zwei Monaten nach diesem Tag begründet werden (§ 164). An die **Revisionsbegründung** werden erhebliche Anforderungen gestellt, die sich aus der Funktion des Revisionsverfahrens erklären. Eine Norm des Bundesrechts muss als verletzt gerügt werden, und zwar in Auseinandersetzung mit dem angefochtenen Urteil und der bisherigen Rechtsprechung. Der Anwalt darf die Revisionsbegründung nicht so vornehmen, dass er einen langen Text seines Mandanten übersendet und den Hinweis beifügt, er mache sich dessen Ausführungen zu Eigen. Die Revisionsbegründung muss vielmehr erkennen lassen, dass der Bevollmächtigte – sei es des Versicherten oder auch der Behörde – den Streitstoff durchgearbeitet hat und dem BSG in einer systematischen Form unterbreitet. Insbesondere wenn die Verfassungsmäßigkeit der für den Streitgegenstand maßgeblichen Vorschrift bezweifelt wird und das BSG zu einer Vorlage nach Art. 100 Abs. 1 GG an das BVerfG bewegt werden soll, muss auch die einschlägige Rechtsprechung des BVerfG verarbeitet werden. Selbstverständlich ist eine Revision nicht unzulässig, wenn eine- nach Ansicht des BSG wichtige – Entscheidung des BVerfG nicht in der Begründung erwähnt wird, aber die Revisionsbegründung soll im Idealfall ein Rechtsgespräch mit dem Prozessgegner und dem Gericht „auf Augenhöhe" einleiten können. Wenn die Revision vom BSG zugelassen worden ist, darf in der Revisionsbegründung weitgehend auf die Begründung der Nichtzulassungsbeschwerde Bezug genommen werden, soweit diese sich umfassend mit dem angefochtenen Urteil auseinandersetzt; diese Bezugnahmen muss allerdings der Revisionsbegründung zu entnehmen sein (Vgl. BAG v. 13. 10. 2009 9 AZR 875/08 zum arbeitsgerichtlichen Verfahren).

E. Prüfungskompetenz des BSG

13   Grundsätzlich prüft das BSG das angefochtene Urteil in vollem Umfang nach, wenn die Revision zulässig und ordnungsgemäß begründet ist. Bei Verfahrensmängeln ist allerdings zu unterscheiden, ob sie nur auf Rüge oder von Amtswegen geprüft werden. Die Regel ist die Prüfung nur auf ordnungsgemäße Rüge hin (§ 202 iVm. § 557 Abs. 3 ZPO). Das betrifft etwa die Besetzung der Richterbank mit ehrenamtlichen Richtern oder die Durchführung der mündlichen Verhandlung. Diese Beschränkung der Prüfungsbefugnis des BSG erweitert die Handlungsmöglichkeiten des Revisionsklägers: er muss Verfahrensmängel nicht rügen, wenn er eine Zurückverweisung nach § 170 Abs. 2 vermeiden

und (möglichst) eine Entscheidung in der Sache erreichen will. Bestimmte Verfahrensmängel prüft das BSG von Amts wegen (Meyer-Ladewig/Leitherer, SGG, § 163 Rn. 5 a), etwa die Wirksamkeit einer Vollmacht, das Fehlen des Rechtsschutzbedürfnisses, eine vereinbarte Beschränkung des Rechtsmittels ua. Die Frage der Amtsprüfung von Verfahrensmängeln darf nicht mit der Unterscheidung zwischen absoluten und relativen Revisionsgründen verwechselt werden. **Absolute Revisionsgründe** sind solche, die – wenn sie vorliegen, was vom BSG gegebenenfalls auf Rüge geprüft worden ist – zur Aufhebung des Urteils führen, weil vermutet wird, dass das Urteil darauf beruht. Die fehlerhafte Besetzung der Richterbank iSd. § 202 iVm. § 547 Nr. 1 ZPO ist in diesem Sinne ein absoluter Revisionsgrund. Trotzdem wird die richtige Besetzung der Richterbank im Berufungsrechtszug vom BSG nur auf Rüge geprüft.

Zwei Vorgaben begrenzen die umfassende Prüfungsbefugnis des Revisionsgerichts. Es untersucht nur die Verletzung von Bundesrecht (§ 162); Landesrecht wird nur daraufhin geprüft, ob es in der Auslegung des LSG mit Bundesrecht vereinbar ist, soweit zu einer solchen Prüfung Veranlassung besteht. Den vom LSG festgestellten Sachverhalt legt das BSG seiner Entscheidung zu Grunde (§ 163), es sei denn, ein Beteiligter rügt, dass zu diesen Feststellungen verfahrensfehlerhaft getroffen hat, und diese Rüge greift durch. Dann klärt das BSG, ob es auf die Tatsachen, die nicht (korrekt) festgestellt sind, für die Entscheidung ankommt. Ist das der Fall, wird die Sache an das LSG zurückverwiesen. 14

F. Entscheidungen im Revisionsverfahren

Die Entscheidungsvarianten des BSG sind begrenzt. Eine – zB wegen Verfristung oder unzureichender Begründung – unzulässige Revision wird nach § 169 durch Beschluss der (drei) Berufsrichter ohne Hinzuziehung der ehrenamtlichen Richter verworfen. 15

Ist die Revision unbegründet, wird sie durch Urteil unter Mitwirkung von drei Berufsrichtern und zwei ehrenamtlichen Richtern zurückgewiesen. Im Regelfall geschieht dies nach mündlicher Verhandlung; die Beteiligten können nach § 124 Abs. 2, der auch im Revisionsverfahren gilt, auf die Durchführung der mündlichen Verhandlung verzichten. Das geschieht beim BSG relativ häufig; einzelne Senate fragen routinemäßig an, ob Einverständnis mit einer Entscheidung ohne mündliche Verhandlung besteht. Der Verzicht auf ein ausführliches **Rechtsgespräch** in der mündlichen Verhandlung, in dessen Verlauf insbesondere die ehrenamtlichen Richter mehr vom Streitstoff erfahren als durch den Sachbericht des Berichterstatters, ist jedoch nur in Ausnahmefällen sinnvoll. Die Beteiligten sollten jedenfalls ihr Einverständnis nur aus innerer Überzeugung und nicht aus (vermeintlicher) taktischer Rücksichtnahme auf die Wünsche des BSG erklären. Einzelrichterentscheidungen oder Entscheidungen durch einen Berufsrichter und zwei ehrenamtliche Richter gibt es im Revisionsverfahren nicht. 16

Ist die Revision begründet, lautet der Tenor nicht: „Der Revision wird stattgegeben", vielmehr muss das BSG in der Sache selbst entscheiden (§ 170 Abs. 2 S. 1). Das Urteil hängt von der Prozessgeschichte ab: Haben beide Vorinstanzen der Klage stattgegeben, lautet der Tenor im Revisionsverfahren: Auf die Revision des Beklagten werden die Urteile des LSG ... und des SG ... aufgehoben. Die Klage wird abgewiesen. Hat das SG aus der Sicht des BSG „richtig" entschieden, wird tenoriert: Auf die Revision des Beklagten wird das Urteil des LSG ... aufgehoben. Die Berufung des Klägers gegen das Urteil des SG ... wird zurückgewiesen. Bei teilweisem Unterliegen/Obsiegen der Beteiligten wird der Tenor entsprechend gefasst. 17

Die Vorschrift über die **Zurückverweisung** (§ 170 Abs. 2 S. 2) ist missverständlich formuliert. Die Wendung, sofern dies (eine Entscheidung in der Sache selbst) „untunlich" ist, könnte als Ermächtigung an das BSG verstanden werden, ganz nach Opportunität vorzugehen. Das ist nicht richtig. Wichtigster Fall der Zurückverweisung sind fehlende oder unzureichende tatsächliche Feststellungen im Sinne des § 163, die das BSG nicht nachholen kann. Dann muss zurückverwiesen werden. Entscheidungsspielraum hat das BSG nur, wenn es trotz eines Verstoßes des Berufungsurteils gegen Bundesrecht in der Sache entscheiden kann, das aber für die Beteiligten nachteilig wäre. Das kann der Fall sein, wenn das BSG die Klage entgegen der Auffassung der Vorinstanzen als zulässig ansieht, im Verfahren aber auf den ersten Blick nur über Rechtsfragen gestritten wird. Ob es sinnvoll ist, dass im Revisionsverfahren erstmals eine Entscheidung in der Sache ergeht, kann je nach Fall unterschiedlich beurteilt werden. Das BSG begründet den Verzicht darauf gelegentlich mit der Wendung, den Beteiligten dürfe „keine Tatsacheninstanz genommen werden". Bisweilen wären die Beteiligten darüber aber richtig glücklich, weil die Sache ohnehin zum BSG gelangen wird und in Folge der Zurückverweisung nur Zeit verloren geht. 18

Verweist das BSG die Sache an das LSG oder – bei einer Sprungrevision – an das SG zurück, ist dieses Gericht an die rechtliche Beurteilung des BSG gebunden (§ 170 Abs. 5). Diese **Präjudizienbindung ist** dem deutschen Recht sonst fremd; jeder Richter darf in jeder Frage auch von einer gefestigten höchstrichterlichen Rechtsprechung abweichen. Dass das nicht sinnvoll ist und die Justiz insgesamt nicht funktionieren würde, wenn generell so verfahren würde, steht auf einem anderen 19

Blatt. Die Bindung an ein zurückverweisendes Urteil dient den Beteiligten; sie sollen nicht zum Spielball zwischen den Instanzen werden, wenn diese unvereinbare Rechtsauffassungen haben. Deshalb erfasst § 170 Abs. 5 auch das BSG selbst, wenn eine Sache nach der Zurückverweisung wieder an dieses Gericht gelangt (Krasney/Udsching, Handbuch des sozialgerichtlichen Verfahrens, Kap. IX, Rn. 398 und BAG v. 13. 12. 2007 – 6 AZR 200/07 zu der entsprechenden Norm des ArbGG). Auf Parallelverfahren findet die Vorschrift keine Anwendung; nach Auffassung des BVerwG (zur entsprechenden Regelung des § 144 Abs. 6 VwGO) selbst dann nicht, wenn der neue Rechtsstreit dieselben Fragen betrifft und von denselben Beteiligten geführt wird (BVerwG v. 22. 1. 2009 – 8 B 93/08).

20   Die in vollständiger, schriftlicher Form vorliegenden Urteile werden auch beim BSG nur von den Berufsrichtern unterschrieben, die an der Entscheidung mitgewirkt haben. Die ehrenamtlichen Richter erhalten Entwürfe vor Übergabe der Entscheidung an die Geschäftsstelle (§ 170 a) und können sich dazu innerhalb von zwei Wochen äußern.

Dritter Unterabschnitt. Beschwerde, Erinnerung, Anhörungsrüge

§ 172 [Zulässigkeit]

(1) Gegen die Entscheidungen der Sozialgerichte mit Ausnahme der Urteile und gegen Entscheidungen der Vorsitzenden dieser Gerichte findet die Beschwerde an das Landessozialgericht statt, soweit nicht in diesem Gesetz anderes bestimmt ist.

(2) Prozeßleitende Verfügungen, Aufklärungsanordnungen, Vertagungsbeschlüsse, Fristbestimmungen, Beweisbeschlüsse, Beschlüsse über Ablehnung von Beweisanträgen, über Verbindung und Trennung von Verfahren und Ansprüchen und über die Ablehnung von Gerichtspersonen können nicht mit der Beschwerde angefochten werden.

(3) Die Beschwerde ist ausgeschlossen
1. in Verfahren des einstweiligen Rechtsschutzes, wenn in der Hauptsache die Berufung nicht zulässig wäre; dies gilt auch für Entscheidungen über einen Prozesskostenhilfeantrag im Rahmen dieser Verfahren,
2. gegen die Ablehnung von Prozesskostenhilfe, wenn das Gericht ausschließlich die persönlichen oder wirtschaftlichen Voraussetzungen für die Prozesskostenhilfe verneint,
3. gegen Kostengrundentscheidungen nach § 193,
4. gegen Entscheidungen nach § 192 Abs. 4, wenn in der Hauptsache kein Rechtsmittel gegeben ist und der Wert des Beschwerdegegenstandes 200 Euro nicht übersteigt.

§ 173 [Frist, Form]

[1] Die Beschwerde ist binnen eines Monats nach Bekanntgabe der Entscheidung beim Sozialgericht schriftlich oder zur Niederschrift des Urkundsbeamten der Geschäftsstelle einzulegen; § 181 des Gerichtsverfassungsgesetzes bleibt unberührt. [2] Die Beschwerdefrist ist auch gewahrt, wenn die Beschwerde innerhalb der Frist bei dem Landessozialgericht schriftlich oder zur Niederschrift des Urkundsbeamten der Geschäftsstelle eingelegt wird. [3] Die Belehrung über das Beschwerderecht ist auch mündlich möglich; sie ist dann aktenkundig zu machen.

§ 174 *(aufgehoben)*

§ 175 [Aufschiebende Wirkung]

[1] Die Beschwerde hat aufschiebende Wirkung, wenn sie die Festsetzung eines Ordnungs- oder Zwangsmittels zum Gegenstand hat. [2] Soweit dieses Gesetz auf Vorschriften der Zivilprozeßordnung und des Gerichtsverfassungsgesetzes verweist, regelt sich die aufschiebende Wirkung nach diesen Gesetzen. [3] Das Gericht oder der Vorsitzende, dessen Entscheidung angefochten wird, kann bestimmen, daß der Vollzug der angefochtenen Entscheidung einstweilen auszusetzen ist.

§ 176 [Entscheidung]

Über die Beschwerde entscheidet das Landessozialgericht durch Beschluß.

§ 177 [Ausschluss der Beschwerde]

Entscheidungen des Landessozialgerichts, seines Vorsitzenden oder des Berichterstatters können vorbehaltlich des § 160 a Abs. 1 dieses Gesetzes und des § 17 a Abs. 4 Satz 4 des

Gerichtsverfassungsgesetzes nicht mit der Beschwerde an das Bundessozialgericht angefochten werden.

§ 178 [Beschwerde bei Entscheidungen des beauftragten oder ersuchten Richters oder des Urkundsbeamten]

¹Gegen die Entscheidungen des ersuchten oder beauftragten Richters oder des Urkundsbeamten kann binnen eines Monats nach Bekanntgabe das Gericht angerufen werden, das endgültig entscheidet. ²Die §§ 173 bis 175 gelten entsprechend.

§ 178a [Anhörungsrüge]

(1) ¹Auf die Rüge eines durch eine gerichtliche Entscheidung beschwerten Beteiligten ist das Verfahren fortzuführen, wenn
1. ein Rechtsmittel oder ein anderer Rechtsbehelf gegen die Entscheidung nicht gegeben ist und
2. das Gericht den Anspruch dieses Beteiligten auf rechtliches Gehör in entscheidungserheblicher Weise verletzt hat.

²Gegen eine der Endentscheidung vorausgehende Entscheidung findet die Rüge nicht statt.

(2) ¹Die Rüge ist innerhalb von zwei Wochen nach Kenntnis von der Verletzung des rechtlichen Gehörs zu erheben; der Zeitpunkt der Kenntniserlangung ist glaubhaft zu machen. ²Nach Ablauf eines Jahres seit Bekanntgabe der angegriffenen Entscheidung kann die Rüge nicht mehr erhoben werden. ³Formlos mitgeteilte Entscheidungen gelten mit dem dritten Tage nach Aufgabe zur Post als bekannt gegeben. ⁴Die Rüge ist schriftlich oder zur Niederschrift des Urkundsbeamten der Geschäftsstelle bei dem Gericht zu erheben, dessen Entscheidung angegriffen wird. ⁵Die Rüge muss die angegriffene Entscheidung bezeichnen und das Vorliegen der in Absatz 1 Satz 1 Nr. 2 genannten Voraussetzungen darlegen.

(3) Den übrigen Beteiligten ist, soweit erforderlich, Gelegenheit zur Stellungnahme zu geben.

(4) ¹Ist die Rüge nicht statthaft oder nicht in der gesetzlichen Form oder Frist erhoben, so ist sie als unzulässig zu verwerfen. ²Ist die Rüge unbegründet, weist das Gericht sie zurück. ³Die Entscheidung ergeht durch unanfechtbaren Beschluss. ⁴Der Beschluss soll kurz begründet werden.

(5) ¹Ist die Rüge begründet, so hilft ihr das Gericht ab, indem es das Verfahren fortführt, soweit dies aufgrund der Rüge geboten ist. ²Das Verfahren wird in die Lage zurückversetzt, in der es sich vor dem Schluss der mündlichen Verhandlung befand. ³In schriftlichen Verfahren tritt an die Stelle des Schlusses der mündlichen Verhandlung der Zeitpunkt, bis zu dem Schriftsätze eingereicht werden können. ⁴Für den Ausspruch des Gerichts ist § 343 der Zivilprozessordnung entsprechend anzuwenden.

(6) § 175 Satz 3 ist entsprechend anzuwenden.

A. Beschwerdefähige Entscheidungen

1 Das Beschwerderecht im SGG ist relativ einfach ausgestaltet. Es existiert nur ein einziges so bezeichnetes Rechtsmittel, die Unterscheidung zwischen einfacher und sofortiger Beschwerde kennt das Gesetz nicht. Gegenvorstellungen als nicht förmlich geregelter Rechtsbehelf sind auch nach dem SGG nicht generell unzulässig; ihre Einlegung ist aber nicht Voraussetzung für die Erschöpfung des Rechtswegs im Sinne des § 90 Abs. 2 BverfGG und ändert nichts am Lauf der Monatsfrist für die Erhebung einer Verfassungsbeschwerde gegen eine BSG – Entscheidung (BVerfG v. 25. 11. 2008 – NJW 2009, 829).

2 Die Beschwerde ist abgesehen von der Nichtzulassungsbeschwerde nach § 160a und der Rechtswegbeschwerde nach § 17a Abs. 4 GVG nur gegen Entscheidungen des SG gegeben. Entscheidungen des LSG sowie der Vorsitzenden und Berichterstatter der Senate können nach § 177 nicht mit der Beschwerde an das BSG angefochten werden. Die wichtigste Konsequenz dieses Grundsatzes besteht darin, dass Entscheidungen der Landessozialgerichte in Verfahren des vorläufigen Rechtsschutzes (§§ 86a, b) nicht zum BSG gelangen können. Unabhängig davon, ob das LSG in einem Anordnungsverfahren auf die Beschwerde gegen einen Beschluss des SG oder – im Rahmen seiner erstinstanzlichen Zuständigkeit nach § 29 – erstmalig entschieden hat, ist seine Entscheidung endgültig. Auch bei greifbarer Gesetzwidrigkeit einer LSG-Entscheidung kann das BSG nicht eingreifen, was immer wie-

der von Betroffenen übersehen wird. Es bleibt nur der Weg der Verfassungsbeschwerde; der Rechtsweg ist mit der Anrufung des LSG – falls dazu Anlass besteht – mit Erhebung einer Anhörungsrüge nach § 178a – erschöpft im Sinne des § 90 Abs. 2 BVerfGG. Das BVerfG selbst hat in seiner Plenarentscheidung vom 30. 4. 2003 (BVerfGE 103, 395) mit dem Hinweis auf das **Gebot der Rechtsmittelklarheit** alle Wege der Fachgerichte, auch außerhalb der speziell geregelten Rechtsbehelfe Grundrechtsverletzungen im Zusammenhang mit gerichtlichen Verfahren abzuhelfen, versperrt. Das mit diesen Versuchen der Fachgerichte verbundene „Angebot" an das BVerfG, dieses Gericht von einer Vielzahl von Verfassungsbeschwerden zu entlasten, ist so ausgeschlagen worden. Dafür mögen gute Gründe sprechen; die Konsequenzen für die Belastung des BVerfG sind dann aber unvermeidbar.

3   Wichtige Ausnahmen von dem Grundsatz der Beschwerdefähigkeit sozialgerichtlicher Entscheidungen enthält § 172 Abs. 2. Danach sind vor allem prozessleitende Verfügungen, Beweisanordnungen, Vertagungsbeschlüsse und deren Ablehnung nicht anfechtbar. Der Kammervorsitzende am SG soll „sein" Verfahren führen können, ohne durch Zwischenentscheidungen des LSG „gestört" zu werden. Der Ausschluss der Beschwerde zum Zwecke der Sicherung eines zügigen Verfahrensablaufs darf nicht dahin missverstanden werden, dass Verfahrensfehler des SG nicht mit Rechtsmitteln geltend gemacht werden können. Dafür stehen das Berufungsverfahren für Hauptsacheentscheidungen und die Beschwerde gegen Entscheidungen im einstweiligen Rechtsschutz zur Verfügung (vgl. Krasney/ Udsching, Handbuch des sozialgerichtlichen Verfahrens, Kap. X, Rn. 15).

4   Zum 1. 4. 2008 ist das Beschwerderecht durch den neuen § 172 Abs. 3 eingeschränkt worden. Entscheidungen der Sozialgerichte im einstweiligen Rechtsschutzverfahren sind nicht mehr anfechtbar, wenn in der Hauptsache die Berufung nicht zulässig wäre. Mit der Ergänzung des § 172 Abs. 3 Nr. 1 durch das Gesetz vom 5. 8. 2010 (BGBl I, 1127) ist klargestellt worden, dass auch PKH-Entscheidungen in Verfahren des einstweiligen Rechtsschutzes nicht beschwerdefähig sind, wenn in einem Hauptsacheverfahren die Berufung nicht zulässig wäre. Das zielt vor allem auf die Regelung des § 144 Abs. 1 S. 1 Nr. 1, wonach die Berufung ausgeschlossen ist, wenn der Wert der umstrittenen Geld-, Sach- oder Dienstleistung 700 € nicht übersteigt. Weder dem Gesetzestext noch der Begründung (BTDrucks. 16/7716) ist eindeutig zu entnehmen, ob das SG in entsprechender Anwendung des § 144 Abs. 2 bei grundsätzlicher Bedeutung der Entscheidung im einstweiligen Rechtsschutzverfahren die Beschwerde zulassen kann bzw. muss. Der Zweck der Einschränkung des Beschwerderechts spricht gegen diese Möglichkeit.

5   Nicht ganz unwichtig ist der in § 172 Abs. 3 Nr. 2 normierte **Ausschluss des Beschwerderechts** gegen PKH-Entscheidungen des SG, soweit nur die Bedürftigkeit des Klägers oder Antragstellers verneint wird. Bei der Prüfung der für die Bewilligung von PKH maßgeblichen persönlichen und wirtschaftlichen Verhältnisse (§ 115 ZPO) sind nicht selten schwierige Entscheidungen zu treffen, wie die umfangreichen Kommentierungen des § 115 ZPO belegen. Insoweit generell die Beschwerde auszuschließen, schränkt angesichts der geringen Zeit, die den hoch belasteten Kammern des SG bei der Entscheidung über PKH zur Verfügung steht, die Rechtsschutzmöglichkeiten der einkommensschwachen Kläger sehr weitgehend ein.

B. Ausgestaltung des Beschwerdeverfahrens

6   Die Beschwerde ist binnen eines Monats nach Zustellung der Entscheidung beim SG zu erheben; die Erhebung beim LSG wahrt die Frist auch (§ 173). Das SG kann der Beschwerde nicht mehr abhelfen; § 174 ist aufgehoben worden. Das SG leitet die Akten sofort nach Eingang der Beschwerde mit diesem Rechtsmittel an das LSG weiter, auch wenn es die Beschwerde für unzulässig hält. Die Beschwerde hat **aufschiebende Wirkung,** wenn sie sich gegen die Festsetzung eines Ordnungsgeldes oder sonstigen Zwangsmittels richtet, wenn sich die aufschiebende Wirkung aus entsprechend anwendbaren Vorschriften der ZPO oder des GVG ergibt oder wenn der Vorsitzende die Vollziehung ausgesetzt hat (§ 175). Praktisch wichtig ist die Aussetzung der Vollziehung der angefochtenen Entscheidung in allen Fällen mit Drittbeteiligung (Konkurrentenklagen im Vertragsarztrecht) und bei der Rückforderung von Leistungen, wenn das SG die aufschiebende Wirkung angeordnet hat. Eine Entscheidung des Vorsitzenden über die Aussetzung wird in der Praxis dadurch weitgehend entbehrlich, dass die Behörde auf Anfrage des Gerichts erklärt, vor der Entscheidung über die Beschwerde auf die Durchsetzung des erstinstanzlichen Beschlusses zu verzichten. Weigert sie sich, ergeht in der Regel eine ähnlich wirkende Anordnung des Vorsitzenden („Hängebeschluss").

7   Das LSG entscheidet über die Beschwerde durch Beschluss (§ 176). Es kann eine mündliche Verhandlung durchführen (§ 124 Abs. 3); dann wirken die ehrenamtlichen Richter auch bei der Beschlussfassung mit. Das ergibt sich aus § 12 Abs. 1 S. 2, wonach die ehrenamtlichen Richter nur bei Entscheidungen ohne mündliche Verhandlung nicht mitwirken. Eine mündliche Verhandlung vor dem Senat über eine Beschwerde kommt nur äußerst selten vor; häufiger erörtert der Berichterstatter die Sache mündlich mit den Beteiligten; wenn er keine Einigung herbeiführen kann, entscheidet der Senat durch Beschluss ohne Mitwirkung der ehrenamtlichen Richter.

8   Rechtsmittel gegen den Beschluss des LSG auf die Beschwerde sind nach § 177 – abgesehen selbstverständlich von der Verfassungsbeschwerde – nicht gegeben.

C. Anhörungsrüge

Wie alle anderen Verfahrensordnungen kennt inzwischen auch das SGG die **Anhörungsrüge** (§ 178 a). Abweichende Grundsätze zu den anderen obersten Gerichtshöfen des Bundes hat das BSG bislang nicht entwickelt. Die Rüge ist innerhalb der gesetzlichen Einlegungsfrist von zwei Wochen nach Kenntnis von der Verletzung des rechtlichen Gehörs (§ 178 a Abs. 2 Satz 1) nicht nur bei Gericht anzubringen, sondern auch zu begründen; geschieht das nicht, wird die Anhörungsrüge als unzulässig verworfen (BSG v. 18. 5. 2009 – B 3 KR 1/09 C). Die Zustellung der angegriffenen Entscheidung markiert den frühestmöglichen Termin der Kenntniserlangung. Soweit sich ein Beteiligter darauf beruft, Kenntnis von der Gehörsverletzung erst längere Zeit nach der förmlichen Bekanntgabe der Entscheidung erlangt zu haben, muss der Zeitpunkt der Kenntniserlangung glaubhaft gemacht werden. Die Behauptung, einen zugestellten Beschluss zwar entgegengenommen, aber nicht gelesen zu haben, reicht insoweit nicht aus (BSG v. 9. 9. 2010 – B 11 AL 4/10 C). Der Anwendungsbereich des § 178 a SGG ist eng auf Verletzungen der Pflicht zur Gewährung angemessenen rechtlichen Gehörs beschränkt. Mit der Behauptung, die angegriffene gerichtliche Entscheidung sei grob falsch und willkürlich, kann eine Anhörungsrüge von vornherein nicht begründet werden (BSG v. 16. 4. 2008 – B 6 KA 1/08 C). Für die Rechtspraxis ist wichtig, dass über eine Anhörungsrüge durch Beschluss ohne Mitwirkung der ehrenamtlichen Richter entschieden wird, und zwar auch dann, wenn die Anhörungsrüge sich gegen eine Entscheidung richtet, an der ehrenamtliche Richter mitgewirkt haben (BSG SozR 4–1500 § 178 a Nr. 6 Rn. 7). Wenn auf eine Anhörungsrüge entschieden worden ist, ist gegen diese Entscheidung eine weitere Anhörungsrüge unzulässig (BSG SozR 4–1500 § 178 a Nr. 7 Rn. 1) Zum Umfang der Gewährung rechtlichen Gehörs hat das BSG auf eine Anhörungsrüge hin entschieden, dass ein Beteiligter im Revisionsverfahren tatsächliche Umstände, auf die er sich im Berufungsrechtszug berufen hatte, die das LSG aber aus Rechtsgründen für seine Entscheidung nicht berücksichtigen musste, im Revisionsverfahren ausdrücklich wiederholen muss. Wenn er Anlass zu der Annahme hat, das Revisionsgericht könne ausgehend von einer anderen rechtlichen Beurteilung diese Umstände für erheblich halten, muss er dazu vortragen. Das Revisionsgericht muss nicht jeden Tatsachenvortrag, der in der Vorinstanz vorgetragen worden ist, aber im Revisionsverfahren nicht ausdrücklich wiederholt oder weitergeführt wird, in Erwägung ziehen und gegebenenfalls zum Anlass für eine Zurückverweisung nehmen (BSG v. 25. 1. 2008 - B 6 KA 1/07 C). Diese Rechtsauffassung hat das BVerfG nicht beanstandet (Beschluss v. 1. 4. 2008 – 1 BvR 675/08).

Die Anhörungsrüge ist nach § 178 a Abs. 1 S. 2 nicht statthaft gegenüber Entscheidungen, die der Endentscheidung vorausgehen. Diese Regelung hat das BVerfG verfassungskonform dahin eingeschränkt, dass sie nicht für Entscheidungen gilt, die ein eigenständiges Zwischenverfahren endgültig abschließen (Beschluss v. 23. 10. 2007 – 1 BvR 782/07 zu § 78 a ArbGG). Die Entscheidung des LSG über die Zurückweisung eines Ablehnungsgesuchs gegen einen Richter am SG ist eine mit der Anhörungsrüge angreifbare Entscheidung, auch wenn sie im Sinne des § 178 a Abs. 1 S. 2 „der Endentscheidung vorausgeht" (BVerfG v. 6. 5. 2010 NJW 2010, 2421). Maßgeblich ist, ob die der Endentscheidung vorangehende Entscheidung mit dem Rechtsmittel gegen die abschließende Entscheidung überprüft werden kann. Ist das nicht der Fall, steht dem Betroffenen die Anhörungsrüge zu.

Dritter Abschnitt. Wiederaufnahme des Verfahrens und besondere Verfahrensvorschriften

§ 179 [Zulässigkeit]

(1) **Ein rechtskräftig beendetes Verfahren kann entsprechend den Vorschriften des Vierten Buches der Zivilprozeßordnung wieder aufgenommen werden.**

(2) **Die Wiederaufnahme des Verfahrens ist ferner zulässig, wenn ein Beteiligter strafgerichtlich verurteilt worden ist, weil er Tatsachen, die für die Entscheidung der Streitsache von wesentlicher Bedeutung waren, wissentlich falsch behauptet oder vorsätzlich verschwiegen hat.**

(3) **Auf Antrag kann das Gericht anordnen, daß die gewährten Leistungen zurückzuerstatten sind.**

§ 180 [Weitere Zulässigkeit]

(1) **Eine Wiederaufnahme des Verfahrens ist auch zulässig, wenn**
1. **mehrere Versicherungsträger denselben Anspruch endgültig anerkannt haben oder wegen desselben Anspruchs rechtskräftig zur Leistung verurteilt worden sind,**

2. ein oder mehrere Versicherungsträger denselben Anspruch endgültig abgelehnt haben oder wegen desselben Anspruchs rechtskräftig von der Leistungspflicht befreit worden sind, weil ein anderer Versicherungsträger leistungspflichtig sei, der seine Leistung bereits endgültig abgelehnt hat oder von ihr rechtskräftig befreit worden ist.

(2) Das gleiche gilt im Verhältnis zwischen Versicherungsträgern und einem Land, wenn streitig ist, ob eine Leistung aus der Sozialversicherung oder nach dem sozialen Entschädigungsrecht zu gewähren ist.

(3) ¹Der Antrag auf Wiederaufnahme des Verfahrens ist bei einem der gemäß § 179 Abs. 1 für die Wiederaufnahme zuständigen Gerichte der Sozialgerichtsbarkeit zu stellen. ²Dieses verständigt die an den Wiederaufnahmeverfahren Beteiligten und die Gerichte, die über den Anspruch entschieden haben. ³Es gibt die Sache zur Entscheidung an das gemeinsam nächsthöhere Gericht ab.

(4) Das zur Entscheidung berufene Gericht bestimmt unter Aufhebung der entgegenstehenden Bescheide oder richterlichen Entscheidungen den Leistungspflichtigen.

(5) Für die Durchführung des Verfahrens nach Absatz 4 gelten im übrigen die Vorschriften über die Wiederaufnahme des Verfahrens entsprechend.

§ 181 [Gemeinsames nächsthöheres Gericht]

¹Will das Gericht die Klage gegen einen Versicherungsträger ablehnen, weil es einen anderen Versicherungsträger für leistungspflichtig hält, obwohl dieser bereits den Anspruch endgültig abgelehnt hat oder in einem früheren Verfahren rechtskräftig befreit worden ist, so verständigt es den anderen Versicherungsträger und das Gericht, das über den Anspruch rechtskräftig entschieden hat, und gibt die Sache zur Entscheidung an das gemeinsam nächsthöhere Gericht ab. ²Im übrigen gilt § 180 Abs. 2 und Abs. 4 und 5.

§ 182 [Zwei leistungspflichtige Versicherungsträger]

(1) Hat das Bundessozialgericht oder ein Landessozialgericht die Leistungspflicht eines Versicherungsträgers rechtskräftig verneint, weil ein anderer Versicherungsträger verpflichtet sei, so kann der Anspruch gegen den anderen Versicherungsträger nicht abgelehnt werden, weil der im früheren Verfahren befreite Versicherungsträger leistungspflichtig sei.

(2) Das gleiche gilt im Verhältnis zwischen einem Versicherungsträger und einem Land, wenn die Leistungspflicht nach dem sozialen Entschädigungsrecht streitig ist.

§ 182 a [Sachliche Zuständigkeit bei Ansprüchen privater Pflegeversicherungen]

(1) ¹Beitragsansprüche von Unternehmen der privaten Pflegeversicherung nach dem Elften Buch Sozialgesetzbuch können nach den Vorschriften der Zivilprozeßordnung im Mahnverfahren vor dem Amtsgericht geltend gemacht werden. ²In dem Antrag auf Erlaß des Mahnbescheids können mit dem Beitragsanspruch Ansprüche anderer Art nicht verbunden werden. ³Der Widerspruch gegen den Mahnbescheid kann zurückgenommen werden, solange die Abgabe an das Sozialgericht nicht verfügt ist.

(2) ¹Mit Eingang der Akten beim Sozialgericht ist nach den Vorschriften dieses Gesetzes zu verfahren. ²Für die Entscheidung des Sozialgerichts über den Einspruch gegen den Vollstreckungsbescheid gelten § 700 Abs. 1 und § 343 der Zivilprozeßordnung entsprechend.

A. Wiederaufnahme

1 § 179 regelt die **Wiederaufnahme** rechtskräftig abgeschlossener sozialgerichtlicher Verfahren durch Verweis auf die entsprechenden Vorschriften der ZPO (§§ 578 ff.). Dort wird zwischen den praktisch weitgehend bedeutungslosen Nichtigkeitsklagen (Prozeßverstöße, bestechlicher Richter) und den Restitutionsklagen nach § 580 unterschieden. Diese spielen auch in der Sozialgerichtsbarkeit eine gewisse Rolle, zumal § 179 Abs. 2 einen Restitutionsgrund normiert, der sich so in der ZPO nicht findet. Die Wiederaufnahme des Verfahrens ist danach „ferner" – also über § 580 ZPO hinaus – zulässig, wenn ein Verfahrensbeteiligter strafrechtlich verurteilt worden ist, weil er wichtige Tatsachen vorsätzlich falsch dargestellt oder verschwiegen hat. Die für einen Prozeßbetrug erforderlich Absicht,

sich einen rechtswidrigen Vermögensvorteil zu verschaffen, ist im Rahmen von § 179 Abs. 2 nicht notwendig, aber eine strafgerichtliche Verurteilung des Beteiligten ist unverzichtbar (BSG SozR 3–1500 § 179 Nr. 1 S. 3). Eine Verfahrenseinstellung nach § 153 Strafprozessordnung steht dem nicht gleich.

Das **Wideraufnahmeverfahren** nach § 179 ist dreistufig aufgebaut. Zunächst muss der Kläger schlüssig einen Restitutionsgrund behaupten; fehlt es daran, ist die Klage schon unzulässig. In einem zweiten Schritt wird dann geprüft, ob das rechtskräftige Urteil aufzuheben ist, weil die Voraussetzungen eines Restitutionsgrundes tatsächlich vorliegen bzw. nachgewiesen sind. Im dritten Schritt wird schließlich in der Sache selbst entschieden, nachdem die von der Rechtskraft des früheren Urteils ausgehende Sperrwirkung beseitigt ist. In der Praxis spielt die Wiederaufnahme nur auf Betreiben der Leistungsträger eine Rolle, weil diese eine Korrektur fehlerhafter Entscheidungen nicht über § 44 SGB X erreichen können und auch die Bescheidkorrektur über § 45 SGB X versagt, wenn ein SG über den betroffenen VA rechtskräftig entschieden hat. **2**

B. Mahnverfahren in der privaten Pflegversicherung

Die Sozialgerichte sind für alle Angelegenheiten auch der privaten Pflegversicherung zuständig. Der Gesetzgeber des SGB XI ist aber nicht so weit gegangen, den Unternehmen der privaten Pflegeversicherung im Wege der **Beleihung** das Recht zu geben, ihre Beitragsansprüche gegen die Versicherten durch Verwaltungsakt durchsetzen zu können. Das hat zur Folge, dass die Unternehmen ihre Beitragsforderungen gegen ihre Versicherten grundsätzlich im Sozialgerichtsweg (Leistungsklage nach § 54 Abs. 5) geltend machen müssen. Seit 1998 stellt ihnen § 182a einen anderen Weg zur Durchsetzung zur Verfügung. Die Unternehmen können beim Amtsgericht einen **Mahnbescheid** erwirken und sich auf diese Weise einfach und zeitnah einen Titel gegen ihren Versicherten verschaffen, den sie im Wege der Zwangsvollstreckung durchsetzen können. **3**

In dem Antrag auf Erlass eines Mahnbescheides dürfen nur Beitragsansprüche geltend gemacht werden. Legt der Versicherte rechtzeitig Widerspruch gegen den Mahnbescheid des AG ein, gibt dieses die Sache an das zuständige SG (am Wohnsitz des beklagten Versicherten) ab. Wird kein Widerspruch eingelegt, erlässt das AG den Vollstreckungsbescheid. Wenn der Versicherte nunmehr Einspruch einlegt (§ 700 ZPO), gibt das AG die Sache in diesem Stadium an das SG ab. Ab dem Zeitpunkt, zu dem die Akten beim SG eingegangen sind, wird nach dem SGG verfahren (§ 182a Abs. 2). **4**

Die Rechtslage hinsichtlich der Kosten beim Vorgehen nach § 182a ist kompliziert, wenn der Versicherte Widerspruch oder Einsspruch einlegt; das kommt allerdings nur selten vor, weil die Versicherten in der typischen Konstellation „nur" nicht zahlungsfähig sind, der Sache nach aber nichts gegen die Beitragsansprüche einzuwenden haben. Die **Kosten des Mahnverfahrens** muss der unterlegene Versicherte tragen, das anschließende sozialgerichtliche Verfahren ist für ihn dagegen gerichtskostenfrei (§ 183 Satz 1). Für das klagende Versicherungsunternehmen fällt dann die Pauschgebühr nach § 184 an, die es nicht vom Versicherten über § 193 erstattet verlangen kann (BSG SozR 4–1500 § 184 Nr. 1). Das BVerfG hält das nicht für verfassungswidrig (Beschluss v. 31. 1. 2008 – 1 BvR 1806/02, Sozialgerichtsbarkeit 2008, 531 mit zustimmender Anmerkung von Wenner). **5**

Vierter Abschnitt. Kosten und Vollstreckung

Erster Unterabschnitt. Kosten

§ 183 [Kostenfreiheit]

¹Das Verfahren vor den Gerichten der Sozialgerichtsbarkeit ist für Versicherte, Leistungsempfänger einschließlich Hinterbliebenenleistungsempfänger, behinderte Menschen oder deren Sonderrechtsnachfolger nach § 56 des Ersten Buches Sozialgesetzbuch kostenfrei, soweit sie in dieser jeweiligen Eigenschaft als Kläger oder Beklagte beteiligt sind. ²Nimmt ein sonstiger Rechtsnachfolger das Verfahren auf, bleibt das Verfahren in dem Rechtszug kostenfrei. ³Den in Satz 1 und 2 genannten Personen steht gleich, wer im Falle des Obsiegens zu diesen Personen gehören würde. ⁴Leistungsempfängern nach Satz 1 stehen Antragsteller nach § 55a Absatz 2 Satz 1 zweite Alternative gleich. ⁵§ 93 Satz 3, § 109 Abs. 1 Satz 2, § 120 Abs. 2 Satz 1 und § 192 bleiben unberührt.

§ 184 [Pauschgebühr]

(1) ¹Kläger und Beklagte, die nicht zu den in § 183 genannten Personen gehören, haben für jede Streitsache eine Gebühr zu entrichten. ²Die Gebühr entsteht, sobald die Streitsa-

che rechtshängig geworden ist; sie ist für jeden Rechtszug zu zahlen. [3] Soweit wegen derselben Streitsache ein Mahnverfahren (§ 182 a) vorausgegangen ist, wird die Gebühr für das Verfahren über den Antrag auf Erlass eines Mahnbescheids nach dem Gerichtskostengesetz angerechnet.

(2) Die Höhe der Gebühr wird für das Verfahren

vor den Sozialgerichten auf	150 Euro,
vor den Landessozialgerichten auf	225 Euro,
vor dem Bundessozialgericht auf	300 Euro

festgesetzt.

(3) § 2 des Gerichtskostengesetzes gilt entsprechend.

§ 185 [Fälligkeit der Pauschgebühr]

Die Gebühr wird fällig, sobald die Streitsache durch Zurücknahme des Rechtsbehelfs, durch Vergleich, Anerkenntnis, Beschluß oder durch Urteil erledigt ist.

§ 186 [Ermäßigung der Pauschgebühr]

[1] Wird eine Sache nicht durch Urteil erledigt, so ermäßigt sich die Gebühr auf die Hälfte. [2] Die Gebühr entfällt, wenn die Erledigung auf einer Rechtsänderung beruht.

§ 187 [Mehrere Gebührenschuldner]

Sind an einer Streitsache mehrere nach § 184 Abs. 1 Gebührenpflichtige beteiligt, so haben sie die Gebühr zu gleichen Teilen zu entrichten.

§ 188 [Pauschgebühr bei Wiederaufnahme]

Wird ein durch rechtskräftiges Urteil abgeschlossenes Verfahren wieder aufgenommen, so ist das neue Verfahren eine besondere Streitsache.

§ 189 [Feststellung der Pauschgebühr, Verzeichnis]

(1) [1] Die Gebühren für die Streitsachen werden in einem Verzeichnis zusammengestellt. [2] Die Mitteilung eines Auszuges aus diesem Verzeichnis an die nach § 184 Abs. 1 Gebührenpflichtigen gilt als Feststellung der Gebührenschuld und als Aufforderung, den Gebührenbetrag binnen eines Monats an die in der Mitteilung angegebene Stelle zu zahlen.

(2) [1] Die Feststellung erfolgt durch den Urkundsbeamten der Geschäftsstelle. [2] Gegen diese Feststellung kann binnen eines Monats nach Mitteilung das Gericht angerufen werden, das endgültig entscheidet.

§ 190 [Niederschlagung der Pauschgebühr]

[1] Die Präsidenten und die aufsichtführenden Richter der Gerichte der Sozialgerichtsbarkeit sind befugt, eine Gebühr, die durch unrichtige Behandlung der Sache ohne Schuld der gebührenpflichtigen Beteiligten entstanden ist, niederzuschlagen. [2] Sie können von der Einziehung absehen, wenn sie mit Kosten oder Verwaltungsaufwand verknüpft ist, die in keinem Verhältnis zu der Einnahme stehen.

§ 191 [Auslagenvergütung für Beteiligte]

Ist das persönliche Erscheinen eines Beteiligten angeordnet worden, so werden ihm auf Antrag bare Auslagen und Zeitverlust wie einem Zeugen vergütet; sie können vergütet werden, wenn er ohne Anordnung erscheint und das Gericht das Erscheinen für geboten hält.

§ 192 [Mutwillenkosten]

(1) [1] Das Gericht kann im Urteil oder, wenn das Verfahren anders beendet wird, durch Beschluss einem Beteiligten ganz oder teilweise die Kosten auferlegen, die dadurch verursacht werden, dass

1. durch Verschulden des Beteiligten die Vertagung einer mündlichen Verhandlung oder die Anberaumung eines neuen Termins zur mündlichen Verhandlung nötig geworden ist oder
2. der Beteiligte den Rechtsstreit fortführt, obwohl ihm vom Vorsitzenden die Missbräuchlichkeit der Rechtsverfolgung oder -verteidigung dargelegt worden und er auf die Möglichkeit der Kostenauferlegung bei Fortführung des Rechtsstreites hingewiesen worden ist.

²Dem Beteiligten steht gleich sein Vertreter oder Bevollmächtigter. ³Als verursachter Kostenbetrag gilt dabei mindestens der Betrag nach § 184 Abs. 2 für die jeweilige Instanz.

(2) ¹Betrifft das Verfahren die Anfechtung eines Bescheides der Kassenärztlichen Vereinigung oder Kassenzahnärztlichen Vereinigung auf Zahlung der nach § 28 Abs. 4 des Fünften Buches Sozialgesetzbuch zu zahlenden Zuzahlung hat das Gericht dem Kläger einen Kostenbetrag mindestens in Höhe des Betrages nach § 184 Abs. 2 für die jeweilige Instanz aufzuerlegen, wenn
1. die Einlegung der Klage missbräuchlich war,
2. die Kassenärztliche Vereinigung oder Kassenzahnärztliche Vereinigung spätestens in dem Bescheid den Kläger darauf hingewiesen hat, dass den Kläger die Pflicht zur Zahlung eines Kostenbetrages treffen kann.

²Die Gebührenpflicht der Kassenärztlichen Vereinigung oder Kassenzahnärztlichen Vereinigung nach § 184 entfällt in diesem Fall.

(3) ¹Die Entscheidung nach Absatz 1 und Absatz 2 wird in ihrem Bestand nicht durch die Rücknahme der Klage berührt. ²Sie kann nur durch eine zu begründende Kostenentscheidung im Rechtsmittelverfahren aufgehoben werden.

(4) ¹Das Gericht kann der Behörde ganz oder teilweise die Kosten auferlegen, die dadurch verursacht werden, dass die Behörde erkennbare und notwendige Ermittlungen im Verwaltungsverfahren unterlassen hat, die im gerichtlichen Verfahren nachgeholt wurden. ²Die Entscheidung ergeht durch gesonderten Beschluss.

§ 193 [Kostenentscheidung]

(1) ¹Das Gericht hat im Urteil zu entscheiden, ob und in welchem Umfang die Beteiligten einander Kosten zu erstatten haben. ²Ist ein Mahnverfahren vorausgegangen (§ 182 a), entscheidet das Gericht auch, welcher Beteiligte die Gerichtskosten zu tragen hat. ³Das Gericht entscheidet auf Antrag durch Beschluß, wenn das Verfahren anders beendet wird.

(2) Kosten sind die zur zweckentsprechenden Rechtsverfolgung oder Rechtsverteidigung notwendigen Aufwendungen der Beteiligten.

(3) Die gesetzliche Vergütung eines Rechtsanwalts oder Rechtsbeistands ist stets erstattungsfähig.

(4) Nicht erstattungsfähig sind die Aufwendungen der in § 184 Abs. 1 genannten Gebührenpflichtigen.

§ 194 [Mehrheit von Kostenschuldnern]

¹Sind mehrere Beteiligte kostenpflichtig, so gilt § 100 der Zivilprozeßordnung entsprechend. ²Die Kosten können ihnen als Gesamtschuldnern auferlegt werden, wenn das Streitverhältnis ihnen gegenüber nur einheitlich entschieden werden kann.

§ 195 [Kostentragung bei Vergleich]

Wird der Rechtsstreit durch gerichtlichen Vergleich erledigt und haben die Beteiligten keine Bestimmung über die Kosten getroffen, so trägt jeder Beteiligte seine Kosten.

§ 196 (weggefallen)

§ 197 [Kostenfestsetzung]

(1) ¹Auf Antrag der Beteiligten oder ihrer Bevollmächtigten setzt der Urkundsbeamte des Gerichts des ersten Rechtszugs den Betrag der zu erstattenden Kosten fest. ²§ 104 Abs. 1 Satz 2 und Abs. 2 der Zivilprozeßordnung findet entsprechende Anwendung.

(2) Gegen die Entscheidung des Urkundsbeamten der Geschäftsstelle kann binnen eines Monats nach Bekanntgabe das Gericht angerufen werden, das endgültig entscheidet.

§ 197a [Kostenpflichtigkeit]

(1) ¹Gehört in einem Rechtszug weder der Kläger noch der Beklagte zu den in § 183 genannten Personen, werden Kosten nach den Vorschriften des Gerichtskostengesetzes erhoben; die §§ 184 bis 195 finden keine Anwendung; die §§ 154 bis 162 der Verwaltungsgerichtsordnung sind entsprechend anzuwenden. ²Wird die Klage zurückgenommen, findet § 161 Abs. 2 der Verwaltungsgerichtsordnung keine Anwendung.

(2) ¹Dem Beigeladenen werden die Kosten außer in den Fällen des § 154 Abs. 3 der Verwaltungsgerichtsordnung auch auferlegt, soweit er verurteilt wird (§ 75 Abs. 5). ²Ist eine der in § 183 genannten Personen beigeladen, können dieser Kosten nur unter den Voraussetzungen von § 192 auferlegt werden. ³Aufwendungen des Beigeladenen werden unter den Voraussetzungen des § 191 vergütet; sie gehören nicht zu den Gerichtskosten.

(3) Die Absätze 1 und 2 gelten auch für Träger der Sozialhilfe, soweit sie an Erstattungsstreitigkeiten mit anderen Trägern beteiligt sind.

§ 197b [Ansprüche beim Bundessozialgericht]

¹Für Ansprüche, die beim Bundessozialgericht entstehen, gelten die Justizverwaltungskostenordnung und die Justizbeitreibungsordnung entsprechend, soweit sie nicht unmittelbar Anwendung finden. ²Vollstreckungsbehörde ist die Justizbeitreibungsstelle des Bundessozialgerichts.

A. Grundprinzipien des Kostenrechts

1   Die Grundstrukturen des Kostenrechts sozialgerichtlicher Verfahren, zu denen das BVerfG in seinem Beschluss v. 31. 1. 2008 (1 BvR 1806/02; Sozialgerichtsbarkeit 2008, 531) umfassend Stellung genommen hat, sind einfach. Zwei ganz unterschiedliche Kostenregime sieht das Gesetz vor:

2   In Verfahren, die Versicherte oder Leistungsberechtigte in dieser Funktion betreiben, werden keine Gerichtskosten erhoben (§ 183). Das betrifft alle Leistungsstreitverfahren (zB um Rente, Grundsicherung nach dem SGB II oder Kostenerstattung für bestimmte Behandlungsmethoden), aber auch Verfahren, in denen um die Eigenschaft als „Versicherter" gestritten wird (BSG v. 5. 10. 2006 SozR 4–1500 § 183 Nr. 4). Arbeitgeber sind in sozialgerichtlichen Streitigkeiten über ihre Umlagepflicht nach dem Aufwendungsausgleichsgesetz als „Versicherter" kostenprivilegiert (BSG v. 27. 10. 2009 – B 1 KR 12/09 R). Die **Kostenfreiheit** dieser Verfahren schließt aus, dass der unterlegene Beteiligte die Kosten für die Begutachtung durch Sachverständige tragen muss. Das gilt auch, wenn der Sozialleistungsträger den Prozess verliert. Insoweit kommt allenfalls eine Kostenbelastung nach § 192 Abs. 4 in Betracht, wenn der Träger ersichtlich nahe liegende Ermittlungen unterlassen und damit zur Erforderlichkeit gerichtlicher Ermittlungen beigetragen hat.

3   Als begrenzte Kompensation für die in erster Linie auf die Sozialleistungsberechtigten zugeschnittene Gerichtskostenfreiheit müssen die Sozialleistungsträger in allen Verfahren, an denen sie beteiligt sind, eine Pauschgebühr entrichten (§ 184). Diese beträgt für das Verfahren vor dem SG 150 €, vor dem LSG 225 € und vor dem BSG 300 €. Diese Gebühr fällt auch an, wenn der Träger im Verfahren obsiegt, und zwar auch dann, wenn der Kläger zu den Personen rechnet, die – politisch unkorrekt – als Querulanten bezeichnet werden. Die Pflicht zur Erstattung der Pauschgebühr auch in Fällen, in denen sich Versicherte privater Pflegeversicherungsunternehmen grundlos geweigert haben, die Beiträge zu entrichten, ist nicht verfassungswidrig (BVerfG v. 31. 1. 2008 1 BvR 1806/02, Sozialgerichtsbarkeit 2008, 531; BSG v. 12. 2. 2004 SozR 4–1500 § 184 Nr. 3 Rn. 24). Die Verpflichtung zur Erstattung der Pauschgebühr kann nicht dadurch umgangen werden, dass diese dem im Rechtsstreit unterlegenen Versicherten über § 193 Abs. 1 S. 2 auferlegt wird. Auch ein zivilrechtlicher Anspruch des Versicherungsunternehmens gegen den Versicherten auf Erstattung der Pauschgebühr besteht nicht (BSG aaO, Rn. 21).

4   In Streitverfahren, in denen kein Versicherter oder Leistungsberechtigter beteiligt ist, werden Gerichtskosten nach dem GKG erhoben (§ 197 a). Erfasst sind vor allem die Verfahren aus dem Vertragsarztrecht, dem übrigen Leistungserbringerrecht der gesetzlichen Kranken- und Pflegeversicherung sowie die Streitigkeiten zwischen Arbeitgebern und der BA sowie den Berufsgenossenschaften. Die Gerichtskosten sind streitwertabhängig; deshalb muss in den von § 197a erfassten Verfahren von Amtswegen der **Streitwert** festgesetzt werden. Die Verteilung der Kostenlast richtet sich in diesen Verfahren nach den für entsprechend anwendbar erklärten Vorschriften der §§ 154ff. VwGO.

Die **Gerichtskostenfreiheit** der großen Mehrzahl der sozialgerichtlichen Verfahren ist rechtspolitisch umstritten. In der laufenden Legislaturperiode des Bundestages wird sich die Rechtslage aber nicht mehr ändern. Ein vom Bundesministerium für Arbeit und Soziales eingeholtes Gutachten ist Mitte 2008 zu dem Ergebnis gekommen, die Einführung von Kosten sei nicht sinnvoll. Das dürfte als Stärkung für diejenigen politischen Strömungen wirken, die das auch ohne gutachtliche Unterstützung schon so gesehen haben.

B. Abgrenzung des privilegierten Personenkreises

Die Abgrenzung des durch § 183 privilegierten Kreises von Beteiligten ist nur in Randbereichen 6 schwierig. Eine natürliche Person, deren Versichertenstatus in einem Zweig der Sozialversicherung Streitgegenstand ist, gilt unabhängig vom Ausgang des Verfahrens in kostenrechtlicher Hinsicht als Versicherter (BSG v. 5. 10. 2006 SozR 4–1500 § 183 Nr. 4). Das muss dann entgegen der Auffassung des BSG aber auch für ein Verfahren gelten, in dem über die Erstattung von Verfahrenskosten nach § 63 SGB X aus einem solchen Statusprozess gestritten wird.

Unklar war zunächst, wie **Arbeitgeber** zu behandeln sind, die Ansprüche auf Eingliederungszu- 7 schüsse oder die Erstattung von Aufwendungen für die Entgeltfortzahlung geltend machen. Nach Ansicht des BSG sind die Arbeitgeber in beiden Konstellationen Leistungsempfänger im Sinne des § 183 Abs. 1 mit der Folge, dass in diesen Verfahren keine Gerichtskosten zu erheben sind (BSG v. 22. 9. 2004 SozR 4–1500 § Nr. 2 und v. 20. 12. 2005 SozR aaO Nr. 3). Ansonsten sind aber Streitverfahren von Arbeitgebern gegen die Einzugsstelle für den Gesamtsozialversicherungsbeitrag (§ 28 h Abs. 1 SGB IV), gegen Beitragsbescheide der Berufsgenossenschaften und gegen Beanstandungen der Rentenversicherungsträger als Betriebsprüfungsinstitutionen typische Fällen des § 197a; in derartigen Verfahren werden deshalb Gerichtskosten erhoben. Ansonsten unterfallen dem Kostenregime des § 197a vor allem die vertragsärztlichen Streitigkeiten, Verfahren von Arzneimittelherstellern gegen die Krankenkassen oder die Vergabekammern des Bundes (Beschluss des BSG v. 22. 4. 2008 B 1 SF 1/08 R) und Prozesse vom 24. 3. 2011 der nichtärztlichen Leistungserbringer im Krankenversicherungs- und Pflegeversicherungsrecht. Der Nothelfer, der einen Kostenerstattungsanspruch gegen einen zuständigen Sozialhilfeträger geltend macht, wird als Leistungsempfänger im Sinne des § 183 SGG behandelt (BSG v. 11. 6. 2008 – B 8 SO 45/07 B). Die Ergänzung des § 183 durch Art. 4 Nr. 8 des Regelbedarfsermittlungsgesetzes hat klargestellt, dass auch die natürlichen Personen, die einen Normenkontrollantrag hinsichtlich einer kommunalen Satzung im Sinne des § 55 a über die angemessenen Unterkunftskosten nach § 22a SGB II stellen, kostenprivilegiert sind. Das wird mit der Schutzbedürftigkeit der antragsberechtigten Personen gemäß § 55 a Abs. 2 Satz 1 begründet (BT Drucks. 17/3404 S. 220).

C. Kombination der beiden Kostenregime

§ 197a ist nur anzuwenden, wenn im einem Streitverfahren weder der Kläger noch der Beklagten 8 zu den von § 183 privilegierten Personen zählen. Dabei ist auf den jeweiligen Rechtszug abzustellen; wenn der im erstinstanzlichen Verfahren beigeladene Versicherte Berufung oder Nichtzulassungsbeschwerde einlegt, ist er in diesen Verfahren „Kläger" im Sinne des § 183 (BSG v. 13. 4. 2006 SozR 4–1500 § 193 Nr. 2). Legen gegen ein Urteil mehrere Beteiligte Rechtsmittel ein, von denen einer zum kostenrechtlich begünstigten Personenkreis im Sinne des § 183 gehört und der andere nicht, richtet sich die Kostenentscheidung in diesem Rechtszug für alle Beteiligten einheitlich nach § 193 SGG (BSG v. 29. 5. 2006 SozR 4–1500 § 193 Nr. 3). Kombinierte Kostenentscheidungen nach § 193 und § 197a sind aber nicht schlechthin ausgeschlossen. Außer in Übergangsfällen, wenn Ansprüche verfolgt werden, die teilweise vor und im Übrigen nach der Neuregelung des Kostenrechts zum 2. 1. 2002 anhängig geworden sind, kommt eine **kombinierte Kostenentscheidung** in Betracht, wenn ein Kläger einen Anspruch gegen eine Krankenkasse sowohl als Versicherter als auch als Prozessstandschafter für einen Leistungserbringer geltend macht (BSG v. 26. 7. 2006 SozR 4–1500 § 197a Nr. 4).

D. Kostengrundentscheidungen nach § 193

Eine **Kostengrundentscheidung** muss in jedem Urteil erfolgen; wenn ein Verfahren anders als 9 durch Urteil erledigt wird, ergeht sie nur auf Antrag. Da Gerichtskosten einschließlich der Kosten für Sachverständige, Dolmetscher und Zeugen nicht erhoben werden, sind Gegenstand der Entscheidung nach § 193 nur die zur Rechtsverfolgung notwendigen Aufwendungen der Beteiligten. Die Kostenentscheidung lautet dahin, dass die Beteiligten einander keine Kosten zu erstatten haben, oder dass der Beklagte die außergerichtlichen Kosten des Klägers (§ 193 Abs. 2) zu erstatten hat. Auch Kostenquoten sind möglich. Wichtig ist, dass die Entscheidung nach billigem Ermessen fällt, also auch die Entwicklung des Verfahrens berücksichtigen kann. Deshalb kann in besonders gelagerten Fällen auch ein Kläger, der die Klage zurücknimmt, einen Kostenerstattungsanspruch gegen den Beklagten haben.

Anwaltskosten sind in der Höhe der gesetzlichen Rahmengebühren stets erstattungsfähig; eine Prüfung, ob die Hinzuziehung eines Anwalts notwendig war, wie sie § 63 SGB X vorschreibt, findet im gerichtlichen Verfahren nicht statt.

E. Mutwillenskosten

10 § 192 gestattet dem Gericht in verschiedenen Konstellationen, in Verfahren nach § 183, in denen keine Gerichtskosten erhoben werden und die Behörden ihre Kosten auch bei Obsiegen nicht erstattet erhalten, einem Beteiligten Kosten aufzuerlegen. Die Vorschrift ist rechtspolitisch umstritten, weil sie vom Gericht zur Disziplinierung der Beteiligten und ihrer Bevollmächtigten genutzt werden könnte. Deshalb ist eine restriktive Handhabung vor allem in den Mutwillensfällen des Abs. 1 Nr. 2 geboten. Eine Rechtsverfolgung – in der Praxis: die Weigerung zur Klagerücknahme – ist nicht allein deshalb missbräuchlich, weil das Gericht die Klage für aussichtslos hält. Auf ein subjektives Element der Missbräuchlichkeit, auf ein Handeln wider bessere eigene Einsicht, kann daher als Voraussetzung für die Auferlegung von Kosten in den Fällen des Abs. 1 Nr. 2 nicht verzichtet werden (Krasney/Udsching, Handbuch des sozialgerichtlichen Verfahrens, Kap. XII, Rn. 35). Ein Kläger, der sich trotz mehrerer anders lautender Gutachten für vollständig erwerbsgemindert im Sinne des § 43 SGB VI hält, muss noch nicht missbräuchlich handeln, wenn er das Verfahren weiterführt. Anders kann das zu beurteilen sein, wenn er vollschichtig arbeitet aber der Ansicht ist, der Rentenversicherungsträger müsse ihn für die Folgen eines Freizeitunfalls entschädigen.

11 § 192 Abs. 2 betrifft die Weigerung zur Entrichtung der Zuzahlung nach § 28 SGB V („Praxisgebühr"). Um hier keine Anreize zur Zahlungsverweigerung zu geben und die mit der Einziehung der Praxisgebühr betraute Kassenärztliche Vereinigung nicht mit der Pauschgebühr zu belasten, ist vorgeschrieben, dass der Kläger bei missbräuchlicher Zahlungsverweigerung immer die Pauschgebühr in der von § 184 vorgeschriebenen Höhe entrichten muss. Die Kassenärztliche Vereinigung ist dann von der Pflicht zur Zahlung der Pauschgebühr befreit.

12 Der Gesetzgeber hat einen lange Jahre von den Landessozialgerichten praktizierten Weg zu sehr einfachen Erledigungen von Berufungsverfahren verbaut. Nach § 192 Abs. 3 wird die Verhängung von **Mutwillens- oder Verzögerungskosten** durch das SG mit der Rücknahme der Klage nicht mehr hinfällig. Damit entfällt die Möglichkeit eines Klägers, gegen den das SG Mutwillenskosten verhängt hat, im Berufungsrechtszug durch die auch dort noch mögliche Rücknahme der Klage der Entscheidung über die Mutwillenskosten nachträglich die Grundlage zu entziehen. Wenn das LSG deren Festsetzung für falsch hält, muss es das in einer Kostenentscheidung – zB im Berufungsurteil – begründen. Die Auferlegung der Missbrauchsgebühr kann nicht isoliert angefochten werden, weil es sich insoweit um eine Kostenentscheidung im Sinne des § 144 Abs. 4 handelt. Das BSG kann deshalb im Verfahren der Nichtzulassungsbeschwerde nicht die Verwerfung oder Zurückweisung der Beschwerde mit der Aufhebung der vom LSG festgesetzten Missbrauchsgebühr verbinden; dazu besteht erst Gelegenheit, wenn das BSG nach Zulassung der Revision mit der Hauptsache befasst ist und dann auch über die Kosten in allen Rechtszügen zu entscheiden hat (BSG v. 28. 10. 2010 – B 13 R 229/10 R).

13 Seit dem 1. 4. 2008 kann das Gericht der Behörde, die ersichtlich notwendige Ermittlungen vor Abschluss des Verwaltungsverfahrens unterlassen hat, die Kosten für die im gerichtlichen Verfahren deshalb notwendig gewordenen Ermittlungen auferlegen. Die Entscheidung ergeht immer durch gesonderten Beschluss und nicht mit dem Urteil in der Hauptsache. Gegen den Beschluss ist die Beschwerde gegeben, weil § 192 Abs. 4 in § 172 Abs. 3 nicht erwähnt wird.

F. Kostenentscheidungen nach § 197a

14 In den von § 197a erfassten Streitverfahren werden Kosten nach dem GKG erhoben. Deshalb muss in diesen Verfahren von Amtswegen der **Streitwert** festgesetzt werden. Anhaltspunkte für die Streitwerte enthalten der im Auftrag der LSG-Präsidenten erarbeitete **Streitwertkatalog** (NZS 2009, 427 ff und 491 ff) sowie die auf der Grundlage von Beschlüssen der Gerichte entwickelte Übersicht von Wenner/Bernard für vertragsärztliche Streitverfahren (NZS 2001, 57; 2003, 568; 2006, 1) Die Verteilung der Kosten, zu denen auch die außergerichtlichen Kosten der Beteiligten rechnen, richtet sich nach den entsprechend anwendbaren §§ 154–162 VwGO. Die Rücknahme eines Rechtsmittels hat danach immer zur Folge, dass derjenige die Kosten zu tragen hat, der das Rechtsmittel zurücknimmt (§ 155 Abs. 2 VwGO). Deshalb besteht die Notwendigkeit einer Erledigungserklärung nach § 161 Abs. 2 VwGO mit den entsprechenden Kostenkonsequenzen auch in sozialgerichtlichen Verfahren. Die Erstattung der außergerichtlichen Kosten von Beigeladenen richtet sich nach § 162 Abs. 3 VwGO. Sie kommt aus Billigkeitserwägungen in Betracht, wenn der Beigeladene Anträge gestellt hat. In diesem Fall können ihm nämlich nach § 154 Abs. 3 VwGO auch Kosten auferlegt werden.

Zweiter Unterabschnitt. Vollstreckung

§ 198 [Geltung der ZPO]

(1) Für die Vollstreckung gilt das Achte Buch der Zivilprozeßordnung entsprechend, soweit sich aus diesem Gesetz nichts anderes ergibt.

(2) Die Vorschriften über die vorläufige Vollstreckbarkeit sind nicht anzuwenden.

(3) An die Stelle der sofortigen Beschwerde tritt die Beschwerde (§§ 172 bis 177).

§ 199 [Vollstreckungstitel]

(1) Vollstreckt wird
1. aus gerichtlichen Entscheidungen, soweit nach den Vorschriften dieses Gesetzes kein Aufschub eintritt,
2. aus einstweiligen Anordnungen,
3. aus Anerkenntnissen und gerichtlichen Vergleichen,
4. aus Kostenfestsetzungsbeschlüssen,
5. aus Vollstreckungsbescheiden.

(2) ¹Hat ein Rechtsmittel keine aufschiebende Wirkung, so kann der Vorsitzende des Gerichts, das über das Rechtsmittel zu entscheiden hat, die Vollstreckung durch einstweilige Anordnung aussetzen. ²Er kann die Aussetzung und Vollstreckung von einer Sicherheitsleistung abhängig machen; die §§ 108, 109, 113 der Zivilprozeßordnung gelten entsprechend. ³Die Anordnung ist unanfechtbar; sie kann jederzeit aufgehoben werden.

(3) ¹Absatz 2 Satz 1 gilt entsprechend, wenn ein Urteil nach § 131 Abs. 4 bestimmt hat, daß eine Wahl oder eine Ergänzung der Selbstverwaltungsorgane zu wiederholen ist. ²Die einstweilige Anordnung ergeht dahin, daß die Wiederholungswahl oder die Ergänzung der Selbstverwaltungsorgane für die Dauer des Rechtsmittelverfahrens unterbleibt.

(4) Für die Vollstreckung können den Beteiligten auf ihren Antrag Ausfertigungen des Urteils ohne Tatbestand und ohne Entscheidungsgründe erteilt werden, deren Zustellung in den Wirkungen der Zustellung eines vollständigen Urteils gleichsteht.

§ 200 [Vollstreckung zugunsten der öffentlichen Hand]

(1) Soll zugunsten einer Bundesbehörde oder einer bundesunmittelbaren Körperschaft des öffentlichen Rechts oder einer bundesunmittelbaren Anstalt des öffentlichen Rechts vollstreckt werden, so richtet sich die Vollstreckung nach dem Verwaltungsvollstreckungsgesetz.

(2) ¹Bei der Vollstreckung zugunsten einer Behörde, die nicht Bundesbehörde ist, sowie zugunsten einer nicht bundesunmittelbaren Körperschaft oder Anstalt des öffentlichen Rechts gelten die Vorschriften des Verwaltungsvollstreckungsgesetzes entsprechend. ²In diesem Falle bestimmt das Land die Vollstreckungsbehörde.

§ 201 [Vollstreckung von Verpflichtungsurteilen]

(1) ¹Kommt die Behörde in den Fällen des § 131 der im Urteil auferlegten Verpflichtung nicht nach, so kann das Gericht des ersten Rechtszugs auf Antrag unter Fristsetzung ein Zwangsgeld bis zu tausend Euro durch Beschluß androhen und nach vergeblichem Fristablauf festsetzen. ²Das Zwangsgeld kann wiederholt festgesetzt werden.

(2) Für die Vollstreckung gilt § 200.

Dritter Teil. Übergangs- und Schlußvorschriften

§ 202 [Entsprechende Anwendung des GVG und der ZPO]

Soweit dieses Gesetz keine Bestimmungen über das Verfahren enthält, sind das Gerichtsverfassungsgesetz und die Zivilprozeßordnung entsprechend anzuwenden, wenn die grundsätzlichen Unterschiede der beiden Verfahrensarten dies nicht ausschließen.

Im Laufe des Jahres 2011 wird die Vorschrift um einen Satz 2 ergänzt werden. Dieser wird lauten: „Die Vorschriften des 17. Titels des Gerichtsverfassungsgesetzes sind entsprechend anzuwenden".

Damit wird auf den Entwurf der Bundesregierung vom 17. 11. 2010 eines „Gesetzes über den Rechtsschutz bei überlangen Gerichtsverfahren und strafrechtlichen Ermittlungsverfahren" Bezug genommen (BT Drucks. 17/3802). Dieser sieht einen Entschädigungsanspruch vor, wenn ein gerichtliches Verfahren unangemessen lange gedauert und der Betroffene alles getan hat, um auf einen zügigen Abschluss hinzuwirken. Über diesen Anspruch entscheiden, soweit Sozialgerichte oder Landessozialgerichte betroffen sind, das Landessozialgericht, und soweit das BSG betroffen ist, dieses selbst. Die Einzelheiten des Anspruchs und seiner Durchsetzung ergeben sich aus den Vorschriften im neu zu schaffenden 17. Titel des GVG; die „entsprechende" Anwendung dieser Vorschrift nach § 202 Satz 2 (neu) soll verdeutlichen, dass über den Anspruch innerhalb der jeweils betroffenen Gerichtsbarkeit entscheiden wird und nicht – wie ursprünglich vom BMJ vorgesehen – von einem OLG für alle Gerichtszweige. Da Deutschland nach der Rechtsprechung des EGMR einen effektiven Rechtsschutz bei überlangen Verfahren vorsehen muss, ist mit dem Inkrafttreten der politisch nicht mehr umstrittenen Neuregelung im Laufe des Jahres 2011 zu rechen.

§ 203 [Verweisungen auf aufgehobene Vorschriften]

Soweit in anderen Gesetzen auf Vorschriften oder Bezeichnungen verwiesen wird, die durch dieses Gesetz aufgehoben werden, treten an deren Stelle die entsprechenden Vorschriften oder die Bezeichnungen dieses Gesetzes.

§ 203 a [Sitzungen des BSG in Berlin]

Die Senate des Bundessozialgerichts können Sitzungen auch in Berlin abhalten.

§ 204 [Zuständigkeit früherer Versicherungsbehörden und Versorgungsgerichte]

Vor die Gerichte der Sozialgerichtsbarkeit gehören auch Streitigkeiten, für welche durch Rechtsverordnung die Zuständigkeit der früheren Versicherungsbehörden oder Versorgungsgerichte begründet worden war.

§ 205 [Vernehmung durch bestimmten Richter]

[1]Erfolgt die Vernehmung oder die Verteidigung von Zeugen und Sachverständigen nach dem Zehnten Buch Sozialgesetzbuch durch das Sozialgericht, findet sie vor dem dafür im Geschäftsverteilungsplan bestimmten Richter statt. [2]Über die Rechtmäßigkeit einer Verweigerung des Zeugnisses, des Gutachtens oder der Eidesleistung nach dem Zehnten Buch Sozialgesetzbuch entscheidet das Sozialgericht durch Beschluß.

§ 206 [Übergangsvorschriften]

(1) Auf Verfahren in Angelegenheiten der Sozialhilfe und des Asylbewerberleistungsgesetzes, die nicht auf die Gerichte der Sozialgerichtsbarkeit übergehen, ist § 188 der Verwaltungsgerichtsordnung in der bis zum 31. Dezember 2004 geltenden Fassung anzuwenden.

(2) [1]Auf Verfahren, die am 1. Januar 2009 bei den besonderen Spruchkörpern der Gerichte der Verwaltungsgerichtsbarkeit anhängig sind, sind die §§ 1, 50a bis 50c und 60 in der bis zum 31. Dezember 2008 geltenden Fassung anzuwenden. [2]Für einen Rechtsbehelf gegen Entscheidungen eines besonderen Spruchkörpers des Verwaltungsgerichts, die nach dem 31. Dezember 2008 ergehen, ist das Landessozialgericht zuständig.

§ 207 [Beschlüsse, Form und Inhalt]

[1]Verfahren in Streitigkeiten über Entscheidungen von Vergabekammern, die Rechtsbeziehungen nach § 69 des Fünften Buches Sozialgesetzbuch betreffen und die am 28. Dezember 2010 bei den Landessozialgerichten anhängig sind, gehen in dem Stadium, in dem sie sich befinden, auf das für den Sitz der Vergabekammer zuständige Oberlandesgericht über. [2]Verfahren in Streitigkeiten über Entscheidungen von Vergabekammern, die Rechtsbeziehungen nach § 69 des Fünften Buches Sozialgesetzbuch betreffen und die am 28. Dezember 2010 beim Bundessozialgericht anhängig sind, gehen auf den Bundesgerichtshof über. [3]Die Sätze 1 und 2 gelten nicht für Verfahren, die sich in der Hauptsache erledigt haben. [4]Soweit ein Landessozialgericht an eine Frist nach § 121 Absatz 3 des Gesetzes gegen Wettbewerbsbeschränkungen gebunden ist, beginnt der Lauf dieser Frist mit dem Eingang der Akten bei dem zuständigen Oberlandesgericht von neuem.

Der Gesetzgeber hatte zum 18. 12. 2008 eine ungewöhnliche Übergangsregelung für die vergabe- **1**
rechtlichen Streitigkeiten eingeführt, die nach § 142a a. F. in die Zuständigkeit der Sozialgerichte
fallen sollten. Grundsätzlich betreffen Änderungen der gerichtlichen Zuständigkeit bereits anhängige
Verfahren nicht (Perpetuatio fori). Davon machte § 207 in der bis zum 31. 12. 2010 geltenden Fassung eine Ausnahme. Verfahren in Streitigkeiten über Entscheidungen der Vergabekammern gingen
in dem Stadium, in dem sie sich befinden, am Tag des Inkrafttretens des Art. 2 b GKV-OrgWG
(18. 12. 2008) auf das zuständige Landessozialgericht bzw. das BSG über. Nach dem selben Regelungskonzept vollzieht sich zum 1. 1. 2011 die Rückführung der vergaberechtlichen Streitverfahren
auf die Oberlandesgerichte, nachdem durch die ersatzlose Streichung des § 142a und die Änderung
des § 69 SGB V durch das GKV-FinG in wettbewerbs- und vergaberechtlichen Angelegenheiten des
SGB V bestimmt worden ist, dass insoweit die Zivilgerichte zuständig sein sollen. § 207 setzt diesen
Zuständigkeitswechsel für bereits bei den Landessozialgerichten bzw. beim BSG anhängige vergaberechtliche Verfahren um

Die Regierungsfraktionen von CDU/CSU und FDP haben den Übergang auch bereits anhängiger **2**
Verfahren in vergaberechtlichen Angelegenheiten von den Landessozialgerichten auf die für die jeweiligen Vergabekammern örtlich zuständigen Oberlandesgerichte damit begründet, dass künftig für alle
vergaberechtlichen Streitigkeiten nach § 69 SGB V einheitlich die Zivilgerichte zuständig sein sollen
(BT Drucks. 17/2413 S. 34 zu Art. 2 Nr. 5 GKV-FinG E). Nachdem durch das GKV-OrgWG bei
dem genau umgekehrten Vorgang, nämlich der Bestimmung der Zuständigkeit der Landessozialgerichte für diese Verfahren, ebenfalls so verfahren worden war, wollte der Gesetzgeber offenbar die Zivilgerichte nicht schlechter behandeln als Ende 2008 die Sozialgerichte. ein Nebeneinander von Entscheidungen der einen Gerichtsbarkeit in alten und der anderen Gerichtsbarkeit in neu anhängigen
Verfahren soll vermieden werden. Auch wer den Wechsel der Zuständigkeit zur Zivilgerichtsbarkeit
wegen der besonderen Bedeutung der Aspekte einer sozial ausgerichteten Krankenversicherung nicht
für richtig hält, kann der Regelung des § 207 jedenfalls die Konsequenz nicht absprechen. Eine
Rechtfertigung dafür, dass die Landessozialgerichte und gegebenenfalls das BSG nach dem Paradigmenwechsel des Gesetzgebers des GKV-FinG hin zu einer rein wettbewerblich ausgerichteten Leistungserbringung in der gesetzlichen Krankenversicherung noch weitere Entscheidungen in diesem
Bereich treffen, besteht aus der Sicht des Gesetzgebers nicht.

§§ 208–217 (weggefallen)

§ 218 *(gegenstandslos)*

§ 219 [Abweichungen der Länder]

Die Länder können Abweichungen von den Vorschriften des § 85 Abs. 2 Nr. 1 zulassen.

§§ 220–223 (weggefallen)

155. Gesetz zur Sicherung des Unterhalts von Kindern alleinstehender Mütter und Väter durch Unterhaltsvorschüsse oder -ausfallleistungen (Unterhaltsvorschussgesetz)

In der Fassung der Bekanntmachung vom 17. Juli 2007
(BGBl. I S. 1446)
FNA 2163-1
geänd. durch Art. 1 Erstes ÄndG v. 21. 12. 2007 (BGBl. I S. 3194)

§ 1 Berechtigte

(1) Anspruch auf Unterhaltsvorschuss oder -ausfallleistung nach diesem Gesetz (Unterhaltsleistung) hat, wer
1. das zwölfte Lebensjahr noch nicht vollendet hat,
2. im Geltungsbereich dieses Gesetzes bei einem seiner Elternteile lebt, der ledig, verwitwet oder geschieden ist oder von seinem Ehegatten oder Lebenspartner dauernd getrennt lebt, und
3. nicht oder nicht regelmäßig
   a) Unterhalt von dem anderen Elternteil oder,
   b) wenn dieser oder ein Stiefelternteil gestorben ist, Waisenbezüge

mindestens in der in § 2 Abs. 1 und 2 bezeichneten Höhe erhält.

(2) Ein Elternteil, bei dem das Kind lebt, gilt als dauernd getrennt lebend im Sinne des Absatzes 1 Nr. 2, wenn im Verhältnis zum Ehegatten oder Lebenspartner ein Getrenntleben im Sinne des § 1567 des Bürgerlichen Gesetzbuchs vorliegt oder wenn sein Ehegatte oder Lebenspartner wegen Krankheit oder Behinderung oder auf Grund gerichtlicher Anordnung für voraussichtlich wenigstens sechs Monate in einer Anstalt untergebracht ist.

(2 a) Ein nicht freizügigkeitsberechtigter Ausländer hat einen Anspruch nach Absatz 1 nur, wenn er oder sein Elternteil nach Absatz 1 Nr. 2
1. eine Niederlassungserlaubnis besitzt,
2. eine Aufenthaltserlaubnis besitzt, die zur Ausübung einer Erwerbstätigkeit berechtigt oder berechtigt hat, es sei denn, die Aufenthaltserlaubnis wurde
   a) nach § 16 oder § 17 des Aufenthaltsgesetzes erteilt,
   b) nach § 18 Abs. 2 des Aufenthaltsgesetzes erteilt und die Zustimmung der Bundesagentur für Arbeit darf nach der Beschäftigungsverordnung nur für einen bestimmten Höchstzeitraum erteilt werden,
   c) nach § 23 Abs. 1 des Aufenthaltsgesetzes wegen eines Krieges in seinem Heimatland oder nach den §§ 23 a, 24, 25 Abs. 3 bis 5 des Aufenthaltsgesetzes erteilt

oder
3. eine in Nummer 2 Buchstabe c genannte Aufenthaltserlaubnis besitzt und
   a) sich seit mindestens drei Jahren rechtmäßig, gestattet oder geduldet im Bundesgebiet aufhält und
   b) im Bundesgebiet berechtigt erwerbstätig ist, laufende Geldleistungen nach dem Dritten Buch Sozialgesetzbuch bezieht oder Elternzeit in Anspruch nimmt.

(3) Anspruch auf Unterhaltsleistung nach diesem Gesetz besteht nicht, wenn der in Absatz 1 Nr. 2 bezeichnete Elternteil mit dem anderen Elternteil zusammenlebt oder sich weigert, die Auskünfte, die zur Durchführung dieses Gesetzes erforderlich sind, zu erteilen oder bei der Feststellung der Vaterschaft oder des Aufenthalts des anderen Elternteils mitzuwirken.

(4) [1]Anspruch auf Unterhaltsleistung nach diesem Gesetz besteht nicht für Monate, für die der andere Elternteil seine Unterhaltspflicht gegenüber dem Berechtigten durch Vorausleistung erfüllt hat. [2]Soweit der Bedarf eines Kindes durch Leistungen nach dem Achten Buch Sozialgesetzbuch gedeckt ist, besteht kein Anspruch auf Unterhaltsleistung nach diesem Gesetz.

§ 2 Umfang der Unterhaltsleistung

(1) [1]Die Unterhaltsleistung wird, vorbehaltlich der Absätze 2 und 3, monatlich in Höhe des sich nach § 1612 a Abs. 1 Satz 3 Nr. 1 oder 2 des Bürgerlichen Gesetzbuchs ergeben-

den monatlichen Mindestunterhalts gezahlt, mindestens jedoch monatlich in Höhe von 279 Euro für ein Kind, das das sechste Lebensjahr noch nicht vollendet, und in Höhe von 322 Euro für ein Kind, das das zwölfte Lebensjahr noch nicht vollendet hat. ²§ 1612a Abs. 2 Satz 2 des Bürgerlichen Gesetzbuchs gilt entsprechend. ³Liegen die Voraussetzungen des § 1 Abs. 1 Nr. 1 bis 3, Abs. 2 bis 4 nur für den Teil eines Monats vor, wird die Unterhaltsleistung anteilig gezahlt.

(2) ¹Wenn der Elternteil, bei dem der Berechtigte lebt, für den Berechtigten Anspruch auf volles Kindergeld nach dem Einkommensteuergesetz oder nach dem Bundeskindergeldgesetz in der jeweils geltenden Fassung oder auf eine der in § 65 Abs. 1 des Einkommensteuergesetzes oder § 4 Abs. 1 des Bundeskindergeldgesetzes bezeichneten Leistungen hat, mindert sich die Unterhaltsleistung um das für ein erstes Kind zu zahlende Kindergeld nach § 66 des Einkommensteuergesetzes oder § 6 des Bundeskindergeldgesetzes. ²Dasselbe gilt, wenn ein Dritter mit Ausnahme des anderen Elternteils diesen Anspruch hat.

(3) Auf die sich nach den Absätzen 1 und 2 ergebende Unterhaltsleistung werden folgende in demselben Monat erzielte Einkünfte des Berechtigten angerechnet:
1. Unterhaltszahlungen des Elternteils, bei dem der Berechtigte nicht lebt,
2. Waisenbezüge einschließlich entsprechender Schadenersatzleistungen, die wegen des Todes des in Nummer 1 bezeichneten Elternteils oder eines Stiefelternteils gezahlt werden.

§ 3 Dauer der Unterhaltsleistung

Die Unterhaltsleistung wird längstens für insgesamt 72 Monate gezahlt.

§ 4 Beschränkte Rückwirkung

Die Unterhaltsleistung wird rückwirkend längstens für den letzten Monat vor dem Monat gezahlt, in dem der Antrag hierauf bei der zuständigen Stelle oder bei einer der in § 16 Abs. 2 Satz 1 des Ersten Buches Sozialgesetzbuch bezeichneten Stellen eingegangen ist; dies gilt nicht, soweit es an zumutbaren Bemühungen des Berechtigten gefehlt hat, den in § 1 Abs. 1 Nr. 3 bezeichneten Elternteil zu Unterhaltszahlungen zu veranlassen.

§ 5 Ersatz- und Rückzahlungspflicht

(1) Haben die Voraussetzungen für die Zahlung der Unterhaltsleistung in dem Kalendermonat, für den sie gezahlt worden ist, nicht oder nicht durchgehend vorgelegen, so hat der Elternteil, bei dem der Berechtigte lebt, oder der gesetzliche Vertreter des Berechtigten den geleisteten Betrag insoweit zu ersetzen, als er
1. die Zahlung der Unterhaltsleistung dadurch herbeigeführt hat, dass er vorsätzlich oder fahrlässig falsche oder unvollständige Angaben gemacht oder eine Anzeige nach § 6 unterlassen hat, oder
2. gewusst oder infolge Fahrlässigkeit nicht gewusst hat, dass die Voraussetzungen für die Zahlung der Unterhaltsleistung nicht erfüllt waren.

(2) Haben die Voraussetzungen für die Zahlung der Unterhaltsleistung in dem Kalendermonat, für den sie gezahlt worden ist, nicht vorgelegen, weil der Berechtigte nach Stellung des Antrages auf Unterhaltsleistungen Einkommen im Sinne des § 2 Abs. 3 erzielt hat, das bei der Bewilligung der Unterhaltsleistung nicht berücksichtigt worden ist, so hat der Berechtigte insoweit den geleisteten Betrag zurückzuzahlen.

§ 6 Auskunfts- und Anzeigepflicht

(1) Der Elternteil, bei dem der Berechtigte nicht lebt, ist verpflichtet, der zuständigen Stelle auf Verlangen die Auskünfte zu erteilen, die zur Durchführung dieses Gesetzes erforderlich sind.

(2) ¹Der Arbeitgeber des in Absatz 1 bezeichneten Elternteils ist verpflichtet, der zuständigen Stelle auf Verlangen über die Art und Dauer der Beschäftigung, die Arbeitsstätte und den Arbeitsverdienst des in Absatz 1 bezeichneten Elternteils Auskunft zu geben, soweit die Durchführung dieses Gesetzes es erfordert. ²Versicherungsunternehmen sind auf Verlangen der zuständigen Stellen zu Auskünften über den Wohnort und über die Höhe von Einkünften des in Absatz 1 bezeichneten Elternteils verpflichtet, soweit die Durchführung dieses Gesetzes es erfordert.

(3) Die nach den Absätzen 1 und 2 zur Erteilung einer Auskunft Verpflichteten können die Auskunft auf solche Fragen verweigern, deren Beantwortung sie selbst oder einen der in § 383 Abs. 1 Nr. 1 bis 3 der Zivilprozessordnung bezeichneten Angehörigen der Gefahr strafgerichtlicher Verfolgung oder eines Verfahrens nach dem Gesetz über Ordnungswidrigkeiten aussetzen würde.

(4) Der Elternteil, bei dem der Berechtigte lebt, und der gesetzliche Vertreter des Berechtigten sind verpflichtet, der zuständigen Stelle die Änderungen in den Verhältnissen, die für die Leistung erheblich sind oder über die im Zusammenhang mit der Leistung Erklärungen abgegeben worden sind, unverzüglich mitzuteilen.

(5) Die nach § 69 des Zehnten Buches Sozialgesetzbuch zur Auskunft befugten Sozialleistungsträger und anderen Stellen sind verpflichtet, der zuständigen Stelle auf Verlangen Auskünfte über den Wohnort und die Höhe der Einkünfte des in Absatz 1 bezeichneten Elternteils zu erteilen, soweit die Durchführung dieses Gesetzes es erfordert.

§ 7 Übergang von Ansprüchen des Berechtigten

(1) [1]Hat der Berechtigte für die Zeit, für die ihm die Unterhaltsleistung nach diesem Gesetz gezahlt wird, einen Unterhaltsanspruch gegen den Elternteil, bei dem er nicht lebt, oder einen Anspruch auf eine sonstige Leistung, die bei rechtzeitiger Gewährung nach § 2 Abs. 3 als Einkommen anzurechnen wäre, so geht dieser Anspruch in Höhe der Unterhaltsleistung nach diesem Gesetz zusammen mit dem unterhaltsrechtlichen Auskunftsanspruch auf das Land über. [2]Satz 1 gilt nicht, soweit ein Erstattungsanspruch nach den §§ 102 bis 105 des Zehnten Buches Sozialgesetzbuch besteht.

(2) Für die Vergangenheit kann der in Absatz 1 bezeichnete Elternteil nur von dem Zeitpunkt an in Anspruch genommen werden, in dem
1. die Voraussetzungen des § 1613 des Bürgerlichen Gesetzbuchs vorgelegen haben oder
2. der in Absatz 1 bezeichnete Elternteil von dem Antrag auf Unterhaltsleistung Kenntnis erhalten hat und er darüber belehrt worden ist, dass er für den geleisteten Unterhalt nach diesem Gesetz in Anspruch genommen werden kann.

(3) [1]Ansprüche nach Absatz 1 sind rechtzeitig und vollständig nach den Bestimmungen des Haushaltsrechts durchzusetzen. [2]Der Übergang eines Unterhaltsanspruchs kann nicht zum Nachteil des Unterhaltsberechtigten geltend gemacht werden, soweit dieser für eine spätere Zeit, für die er keine Unterhaltsleistung nach diesem Gesetz erhalten hat oder erhält, Unterhalt von dem Unterhaltspflichtigen verlangt.

(4) [1]Wenn die Unterhaltsleistung voraussichtlich auf längere Zeit gewährt werden muss, kann das Land bis zur Höhe der bisherigen monatlichen Aufwendungen auch auf künftige Leistungen klagen. [2]Das Land kann den auf ihn übergegangenen Unterhaltsanspruch im Einvernehmen mit dem Unterhaltsleistungsempfänger auf diesen zur gerichtlichen Geltendmachung rückübertragen und sich den geltend gemachten Unterhaltsanspruch abtreten lassen. [3]Kosten, mit denen der Unterhaltsleistungsempfänger dadurch selbst belastet wird, sind zu übernehmen.

§ 8 Aufbringung der Mittel

(1) [1]Geldleistungen, die nach dem Gesetz zu zahlen sind, werden zu einem Drittel vom Bund, im Übrigen von den Ländern getragen. [2]Eine angemessene Aufteilung der nicht vom Bund zu zahlenden Geldleistungen auf Länder und Gemeinden liegt in der Befugnis der Länder.

(2) Die nach § 7 eingezogenen Beträge führen die Länder zu einem Drittel an den Bund ab.

§ 9 Verfahren und Zahlungsweise

(1) [1]Über die Zahlung der Unterhaltsleistung wird auf schriftlichen Antrag des Elternteils, bei dem der Berechtigte lebt, oder des gesetzlichen Vertreters des Berechtigten entschieden. [2]Der Antrag soll an die durch Landesrecht bestimmte Stelle, in deren Bezirk der Berechtigte seinen Wohnsitz hat (zuständige Stelle), gerichtet werden.

(2) [1]Die Entscheidung ist dem Antragsteller schriftlich mitzuteilen. [2]In dem Bescheid sind die nach § 2 Abs. 2 und 3 angerechneten Beträge anzugeben.

(3) [1]Die Unterhaltsleistung ist monatlich im Voraus zu zahlen. [2]Auszuzahlende Beträge sind auf volle Euro aufzurunden. [3]Beträge unter 5 Euro werden nicht geleistet.

§ 10 Bußgeldvorschriften

(1) Ordnungswidrig handelt, wer vorsätzlich oder fahrlässig
1. entgegen § 6 Abs. 1 oder 2 auf Verlangen eine Auskunft nicht, nicht richtig, nicht vollständig oder nicht innerhalb der von der zuständigen Stelle gesetzten Frist erteilt oder
2. entgegen § 6 Abs. 4 eine Änderung in den dort bezeichneten Verhältnissen nicht richtig, nicht vollständig oder nicht unverzüglich mitteilt.

(2) Die Ordnungswidrigkeit kann mit einer Geldbuße geahndet werden.

(3) Verwaltungsbehörde im Sinne des § 36 Abs. 1 Nr. 1 des Gesetzes über Ordnungswidrigkeiten ist die durch Landesrecht bestimmte Stelle.

§ 11 Übergangsvorschriften

[1] § 1 Abs. 2a in der am 19. Dezember 2006 geltenden Fassung ist in Fällen, in denen die Entscheidung über den Anspruch auf Unterhaltsvorschuss für Monate in dem Zeitraum zwischen dem 1. Januar 1994 und dem 18. Dezember 2006 noch nicht bestandskräftig geworden ist, anzuwenden, wenn dies für den Antragsteller günstiger ist. [2] In diesem Fall werden die Aufenthaltsgenehmigungen nach dem Ausländergesetz den Aufenthaltstiteln nach dem Aufenthaltsgesetz entsprechend den Fortgeltungsregelungen in § 101 des Aufenthaltsgesetzes gleichgestellt.

A. Allgemeines

Das Gesetz zur Sicherung des Unterhalts von Kindern alleinstehender Mütter und Väter durch Unterhaltsvorschüsse oder -ausfallleistungen (Unterhaltsvorschussgesetz, abgekürzt: UVG) ist am 1. 1. 1980 in Kraft getreten (Gesetz vom 23. 7. 1979; BGBl. I, S. 1184). Laut Gesetzesbegründung **bezweckt** es, alleinerziehenden Elternteilen in finanzieller Hinsicht durch die in diesem Gesetz vorgesehene Unterhaltsleistung eine gewisse Erleichterung zu verschaffen (BT-Drs. 8/1952 S. 6). Dieses Ziel wird wegen der (diffusen) Ausgestaltung des UVG allerdings **nicht erreicht** (Grube UVG Einleitung Rn. 32 mwN). Zum einen geht das UVG fehl, wenn der alleinstehende Elternteil und das Kind nicht bedürftig sind, da dennoch die Leistung beansprucht werden kann. Zum anderen reicht die Leistung bei finanzieller Bedürftigkeit von alleinerziehendem Elternteil und Kind nicht aus, das Existenzminimum des Kindes zu sichern. 1

Die Unterhaltsleistung hat eine **Doppelnatur**, da sie neben dem alleinerziehenden Elternteil auch das Kind im Blick hat. Zwar knüpft das Gesetz an die prekäre Lage des Alleinerziehenden an, der Anspruch auf die Unterhaltsleistung ist jedoch als Anspruch des Kindes ausgestaltet. Einerseits stellt die Unterhaltsleistung damit einen, wenn auch nur kleinen Baustein des **Familienförderungssystems** dar, andererseits gehört sie zu den **Hilfesystemen**, soweit es um die Sicherung des Kindesunterhalts geht. **Gemeinschaftsrechtlich** ist die Unterhaltsleistung noch als Familienleistung iSd. VO (EWG) Nr. 1408/71 über die Koordinierung und den Export von Sozialleistungen innerhalb der Europäischen Gemeinschaft zu qualifizieren. Jedoch wird durch die VO (EG) Nr. 883/2004 des Europäischen Parlaments und des Rates v. 29. 4. 2004, die die VO (EWG) Nr. 1408/71 ersetzen soll, klargestellt, dass Unterhaltsvorschüsse nicht mehr als Familienleistungen angesehen werden sollen. Deshalb werden sie aus dem sachlichen Anwendungsbereich der VO ausgenommen. Allerdings gilt die VO (EG) Nr. 883/2004 erst ab Inkrafttreten der nach Art. 89 zu erlassenden Durchführungsverordnung, die bislang aber noch nicht erlassen ist (Grube UVG Einleitung Rn. 14, § 1 Rn. 15 ff. mwN). 2

Das UVG ist eng mit dem **Unterhaltsrecht des BGB verknüpft, geht** diesem **grundsätzlich** aber **nach** (vgl. § 1 Abs. 1 Nr. 3 a iVm. § 2 Abs. 3 Nr. 1, § 7). Es orientiert sich an der Höhe des unterhaltsrechtlichen Mindestunterhalts, lässt den bürgerlich-rechtlichen Anspruch unberührt und gewährt dem Land einen Rückgriff auf den Unterhaltsschuldner, indem der Unterhaltsanspruch bei Zahlung der Unterhaltsvorschussleistung auf das Land übergeht (§ 7). Auf der anderen Seite löst es sich insofern vom Unterhaltsrecht des BGB, als es nicht an die Unterhaltsbedürftigkeit des Kindes anknüpft und die Kindergeldanrechnung nicht nach § 1612 b BGB erfolgt (dazu Rn. 12). 3

B. Anspruchsvoraussetzungen

Ein Anspruch des Kindes auf Unterhaltsvorschussleistung setzt voraus, dass das Kind das **zwölfte Lebensjahr** noch nicht vollendet hat (§ 1 Abs. 1 Nr. 1), es im **Geltungsbereich dieses Gesetzes (nur)** bei **einem** seiner **alleinstehenden Elternteile** lebt (Nr. 2) und **zumindest nicht regelmäßig Unterhalt** bezieht (Nr. 3). Unter den Voraussetzungen der Abs. 3 und 4 ist ein Anspruch ausgeschlossen. 4

I. Altersgrenze (§ 1 Abs. 1 Nr. 1)

5 Gem. § 1 Abs. 1 Nr. 1 kann die Unterhaltsvorschussleistung nur von Kindern bis vor Vollendung des **zwölften Lebensjahres** beansprucht werden. Das zwölfte Lebensjahr endet mit dem Tag, der dem 12. Geburtstag vorangeht. Dies ergibt sich aus §§ 187 Abs. 2 S. 2, 188 Abs. 2 Alt. 2 BGB, die gem. § 26 Abs. 1 SGB X heranzuziehen sind.

II. Leben bei einem seiner alleinstehenden Elternteile (§ 1 Abs. 1 Nr. 2)

6 Weiterhin muss das Kind **(nur)** bei **einem alleinstehenden Elternteil leben**. Der eine **Elternteil**, bei dem das Kind lebt, muss die Mutter oder der gesetzliche Vater sein. Bis die Vaterschaft anerkannt ist, ist der biologische Vater unerheblich. Weiterhin ist der **Personenstand** des Elternteils entscheidend. Der Elternteil muss „ledig", „verwitwet", oder „geschieden" sein. Ist der Elternteil verheiratet oder lebt er in einer eingetragenen Lebenspartnerschaft, muss er von diesem Partner dauernd getrennt leben. Das Merkmal **„ledig"** ist negativ abzugrenzen und bedeutet, dass der Elternteil weder verheiratet ist noch in einer eingetragenen Lebenspartnerschaft lebt. **„Verwitwet"** ist eine Person, deren Ehegatte einer Person verstorben ist und nicht ein neuer Personenstand, der dem Anspruch auf Unterhaltsleistung entgegenstehen könnte, begründet worden ist. Das Tatbestandsmerkmal **„geschieden"** liegt vor, wenn die Ehe einer Person nach den §§ 1564 ff. BGB geschieden worden ist. Gem. § 1318 Abs. 1 BGB ist die Aufhebung der Ehe nach §§ 1313 ff. BGB dem gleichzustellen. Der Begriff **„dauernd getrennt leben"** wird gem. Abs. 2 als Getrenntleben iSv. § 1567 BGB verstanden. Ein solches liegt vor, wenn zwischen den Eheleuten (Lebenspartnern) keine häusliche Gemeinschaft besteht und ein Partner sie nicht herstellen will, weil er die eheliche Gemeinschaft (Lebenspartnerschaft) ablehnt. Wegen seiner besonderen Zweckrichtung ist § 1567 Abs. 2 BGB im Unterhaltsvorschussgesetz nicht anwendbar (Grube UVG § 1 Rn. 30). § 1 Abs. 2 erweitert den zivilrechtlichen Begriff des Getrenntlebens um ausdrücklich genannte Fälle der „zwangsläufig" herbeigeführten räumlichen Trennung, also wenn der Ehegatte oder Lebenspartner wegen Krankheit oder Behinderung oder auf Grund einer gerichtlichen Anordnung für voraussichtlich wenigstens sechs Monate in einer Anstalt untergebracht ist. Krankheit liegt vor bei einem regelwidrigen Körper- oder Geisteszustand, der ärztlicher Behandlung bedarf oder – zugleich oder ausschließlich – Arbeitsunfähigkeit zur Folge hat (BSG 20. 10. 1972 – 3 RK 93/71 – BSGE 35, S. 10 (12)). Das Merkmal „Behinderung" ist in § 2 Abs. 1 SGB IX definiert. Der veraltete Begriff „Anstalt" meint heute vielmehr (stationäre) „Einrichtung" (vgl. § 107 Abs. 1 SGB V, § 13 SGB XII, § 7 Abs. 4 SGB II, § 71 SGB XI). Mit „gerichtlich angeordneter Unterbringung" sind strafrechtliche Freiheitsentziehungen (zB Untersuchungshaft) gemeint, die sich auch aus landesrechtlichen Vorschriften ergeben können. Indem die Vorschrift fordert, dass die Unterbringung voraussichtlich wenigstens sechs Monate betragen muss, wird deutlich, dass eine Prognose zu stellen ist. Diese muss zum Zeitpunkt der Entscheidung über den Anspruch eine voraussichtlich mindestens **sechs Monate dauernde** Unterbringung ergeben. Relativiert werden die Anforderungen an den Personenstand durch die Ergänzung in Abs. 3 Alt. 1, wonach der Anspruch nicht besteht, wenn der in Abs. 1 Nr. 2 bezeichnete Elternteil **mit dem anderen Elternteil zusammenlebt**. Trotz der genannten Personenstände kann die betreffende Person nämlich mit dem anderen Elternteil iSv. Abs. 3 Alt. 1 zusammenleben, so dass dann der Anspruch auf Unterhaltsleistung entfällt. Weitere Voraussetzung ist, dass das Kind bei seinem alleinerziehenden Elternteil **„lebt"**. Dies ist dann der Fall, wenn es seinen Lebensmittelpunkt bei diesem hat und durch diesen seine wesentliche Betreuung und Versorgung erhält. Kurzfristige Trennungen (zB beim Besuch einer Kindertageseinrichtung oder bei Betreuung durch eine Kindertagespflegeperson) sind unerheblich. Schwierigkeiten ergeben sich aber dann, wenn sich das Kind bei beiden der getrennt lebenden Elternteile abwechselnd aufhält (zB wechselnd wochenweise oder jeweils drei oder vier Tage pro Woche) und so jeweils von beiden Elternteilen versorgt wird. Solche Fallgestaltungen sind dann unerheblich, wenn trotz der Mitwirkung des anderen Elternteils das Bild eines Alleinerziehenden mit dessen typischen Belastungen gegeben ist (VGH Mannheim 19. 12. 1996 – 6 S 1668/94 – FamRZ 1997, S. 1034; VG Aachen 22. 3. 2010 – 2 K 16/08) und insoweit der Zielsetzung des Gesetzes, die prekäre Lage eines Alleinerziehenden zu mildern, entsprochen wird. Dies ist bei einer nicht unwesentlichen Beteiligung des anderen Elternteils an der Erziehung und Betreuung des Kindes allerdings nicht der Fall.

7 Des Weiteren muss das Kind **im Geltungsbereich dieses Gesetzes** leben. Es muss also seinen Wohnsitz oder gewöhnlichen Aufenthalt im Inland haben. Dies ergibt sich aus § 30 Abs. 1 SGB I, der in seinem Abs. 2 den Wohnsitz als den Ort definiert, wo jemand eine Wohnung innehat, die er beibehalten und benutzen wird, und den gewöhnlichen Aufenthalt dort bestimmt, wo sich jemand nicht nur vorübergehend aufhält. Bei beiden Begriffen kommt es nicht auf die rechtlichen (polizeiliche Meldung, gültiger Mietvertrag etc.), sondern auf die tatsächlichen Umstände (Schwerpunkt der Lebensverhältnisse) an. Ein vorübergehendes Leben im Ausland ist dann unschädlich, wenn der Schwerpunkt der Lebensverhältnisse weiterhin im Inland liegt.

8 Besondere Voraussetzungen für die Anspruchsberechtigung von **Ausländern** regelt § 1 Abs. 2a. Sie stimmen mit den Voraussetzungen in § 1 Abs. 7 BEEG überein, so dass auf die dortige Kommentierung verwiesen wird (§ 1 BEEG Rn. 29).

III. Ausbleiben von Unterhaltszahlungen (§ 1 Abs. 1 Nr. 3)

Ein Anspruch auf Unterhaltsvorschussleistung besteht, wenn **Unterhalt nicht, nur teilweise** oder **nicht regelmäßig** gezahlt wird. Der Begriff „**Unterhalt**" ist dabei eng auszulegen und umfasst nur tatsächlich erfolgte Geldzahlungen, während sonstige unmittelbare oder mittelbare Leistungen, die sich zwar nach dem bürgerlichen Recht auf den Unterhaltsanspruch des Kindes auswirken oder ihn erfüllen können, für eine Anrechnung ausscheiden (BVerwG 24. 2. 2005 – 5 C 17/04 – NJW 2005, S. 2027). Waisenbezüge und die in § 2 Abs. 3 Nr. 2 genannten Schadensersatzansprüche sind dem gleichgestellt. Zwar werden sie nicht in Abs. 1 Nr. 3b genannt; durch die Anrechnung nach § 2 Abs. 3 erfolgt jedoch im Ergebnis eine Gleichstellung. Dabei werden nur **Halbwaisen**, nicht dagegen Vollwaisen vom Anwendungsbereich des Unterhaltsvorschussrechts erfasst. Beim Erhalt von Waisenbezügen für Halbwaisen kommt es auf die sozialrechtliche Lage des verstorbenen Elternteils an (Beispiele für solche Waisenbezüge: § 48 SGB VI, § 67 SGB VII, §§ 38, 45 BVG). Die **Schadensersatzleistungen** wegen des Todes des anderen Eltern- oder des Stiefelternteils richten sich nach § 844 Abs. 2 BGB. Der Ausgleich des Unterhaltsausfalls erfolgt nur in der Höhe, in der ein Anspruch auf Leistungen nach § 2 Abs. 1 und 2 besteht. Geht der Unterhaltsanspruch darüber hinaus, bleibt er unberührt. **Nur teilweise** erfolgende Unterhaltszahlungen liegen vor, wenn der Unterhaltspflichtige aufgrund mangelnder Leistungsfähigkeit keinen oder nur geringeren Unterhalt zahlt, als die Beträge nach § 2 Abs. 1 und 2 vorsehen. Eine **nicht regelmäßige** Zahlung ist gegeben, wenn der Unterhalt nicht im Fälligkeitsmonat gezahlt wird oder, wenn der Unterhalt zwar tituliert ist, die Zwangsvollstreckung jedoch nicht oder nur teilweise erfolgreich ist. Oft kann die Frage, ob Unterhalt von dem anderen Elternteil unregelmäßig gezahlt wird, bei der Entscheidung über die Zahlung der Unterhaltsleistung (§ 9) nur prognostisch beurteilt werden (OVG Berlin-Brandenburg 20. 2. 2008 – 6 B 6.06, 6 B 6/06). Bei unregelmäßigen Zahlungen kann es zu **Doppelleistungen** kommen, wenn sowohl Unterhaltsvorschuss gem. Nr. 3a als auch (unregelmäßige) Unterhaltszahlungen gewährt werden. Ein Ausgleich findet dann über § 5 Abs. 2 statt (VGH München 15. 1. 2008 – 12 BV 06.80). Darüber hinaus kann es bei Doppelleistungen zu Problemen mit § 7 (BVerwG 22. 6. 2006 – 5 B 42/06; OVG Berlin-Brandenburg 27. 1. 2010 – OVG 6 B 10.09, OVG 6 B 10/09) und der Errechnung der Leistungshöchstdauer gem. § 3 (OVG Berlin-Brandenburg 20. 2. 2008 – 6 B 6.06, 6 B 6/06) kommen. Kein Ausbleiben des Unterhalts liegt vor, wenn das Kind nach der Trennung bei einem Elternteil lebt und dort vollständig versorgt wird und die Eltern vereinbart haben, dass seitens des nicht betreuenden Elternteils kein Unterhalt gezahlt wird (VGH Hessen 1. 7. 2004 – 10 UZ 1802/03 – FamRZ 2005, S. 483).

V. Anspruchsausschluss (§ 1 Abs. 3 und Abs. 4)

Gem. Abs. 3 ist der Anspruch auf Unterhaltsvorschussleistung ausgeschlossen, wenn beide Elternteile zusammenleben (dazu Rn. 6) oder der in Abs. 1 Nr. 2 bezeichnete Elternteil sich **weigert**, die **Auskünfte**, die zur **Durchführung dieses Gesetzes** erforderlich sind, zu erteilen oder bei der **Feststellung der Vaterschaft** oder des **Aufenthaltes des anderen Elternteils** mitwirkt. Hierbei handelt es sich um Mitwirkungsobliegenheiten (Grube UVG § 1 Rn. 94). Die Mitwirkungsobliegenheit hinsichtlich der **Erteilung von Auskünften** ist gegenüber den allgemeinen Regelungen in §§ 60ff. SGB I spezieller und damit nach § 37 SGB I vorrangig anzuwenden. Jedoch können die Rechtsgedanken des § 65 SGB I über die Grenzen der Mitwirkung auch im vorliegenden Zusammenhang entsprechend angewendet werden (BVerwG 5. 1. 1989 – 5 B 197/88). Der Umfang der Mitwirkung richtet sich nach § 6. Zu der **Feststellung der Vaterschaft** gehören alle Informationen, die diese ermöglichen. Auch bei der **Feststellung des Aufenthaltsortes** ist mitzuwirken, wenn dies ohne weitere Schwierigkeiten möglich ist und der Sozialhilfeträger dazu nicht selbst in der Lage ist. Bei Unzumutbarkeit der Mitwirkung und Darlegung der entsprechenden Umstände (vgl. hierzu BVerwG 5. 1. 1989 – 5 B 197/88) kann eine Mitwirkung jedoch abgelehnt werden. Grundsätzlich ist dem alleinerziehenden Elternteil hinsichtlich der Mitwirkung alles in seiner Macht und in seiner Kenntnis Stehende abzuverlangen. Nur in extremen Konfliktlagen ist eine Mitwirkung unzumutbar (VG Stuttgart 23. 2. 2006 – 13 K 53/06 – FamRZ 2006, S. 1637).

Bei **Vorausleistung** besteht nach Abs. 4 ebenfalls kein Anspruch auf Unterhaltsvorschussleistung. Ist der durch die Vorauszahlung geleistete Unterhalt allerdings niedriger als der nach § 2 Abs. 1 und 2 zu leistende Unterhaltsvorschuss, besteht ein Anspruch auf die monatliche Differenz.

C. Umfang und Dauer des Anspruchs

Zur Berechnung der **Höhe** der Leistung verweist § 2 Abs. 1 auf den Mindestunterhalt nach § 1612a Abs. 1 S. 3 Nr. 1 (erste Altersstufe) oder Nr. 2 (zweite Altersstufe) BGB. Dieser richtet sich nach dem sächlichen Existenzminimum des Kindes gem. § 32 Abs. 6 S. 1 EStG, das 2184 Euro beträgt. Hieraus ergibt sich ein Mindestunterhalt von 364 (2184 × 2 = 4368 : 12 = 364) Euro, der für die erste Altersstufe (0–5 Jahre) in Höhe von 87 Prozent, also 317 Euro, und für die zweite Altersstufe (6–11 Jahre) in Höhe von 100 Prozent, also 364 Euro, zu gewähren ist. Unter Anrechnung des vollen Kindergeldes für ein erstes Kind (184 Euro) gem. § 2 Abs. 2 ergibt sich somit ein Zahlbetrag von 133 Euro für die erste, bzw. 180 Euro für die zweite Altersgruppe. § 2 Abs. 3 regelt abschließend, welche Einkünfte des berechtigten Kindes auf die sich nach Anwendung der Absätze 1 und 2 ergebende Unterhaltsvorschussleistung anzurechnen sind. Diese Regelung korrespondiert mit § 1 Abs. 1 Nr. 3 a und b (so Grube UVG § 2 Rn. 24; anders BVerwG 24. 2. 2005 – 5 C 17/04 – JAmt 2005, S. 426, wonach die Voraussetzungen des § 1 weiter sind und mehr umfassen). Die in Rede stehenden Einkünfte können den Anspruch auf die Unterhaltsleistung bereits von vornherein ausschließen. Die Frage der Anrechnung würde sich dann erübrigen. Erfolgen die Einkünfte nach Abs. 3 jedoch nicht regelmäßig oder bleiben sie in der Höhe hinter der Unterhaltsleistung zurück, besteht zwar ein Anspruch auf Unterhaltsleistung, auf diesen sind aber die von Fall zu Fall erzielten Einkünfte anzurechnen.

13   Die **Dauer** der Unterhaltsleistung wird in § 3 auf höchstens 72 Monate festgelegt. Diese Regelung steht insofern im Zusammenhang mit der Bestimmung über die Höchstaltersgrenze nach § 1 Abs. 1 Nr. 1, als durch diese Altersgrenze die Höchstdauer des Leistungsbezugs unter Umständen nicht ausgeschöpft werden kann. Unterhaltsleistungen können zB nur für drei Jahre beansprucht werden, wenn die prekäre Lage des alleinstehenden Elternteils erst mit dem 10. Lebensjahr des Kindes einsetzt. Nur dann, wenn die 72 Monate innerhalb des Zeitraums von der Geburt des Kindes bis zum Tag der Vollendung seines 12. Lebensjahres liegen, ist die volle Ausschöpfung der Leistungsdauer möglich. Bei der Berechnung der Höchstdauer sind die einzelnen Teilabschnitte und Leistungsbezüge in verschiedenen örtlichen Zuständigkeitsbereichen zu addieren, unvollständige Leistungsmonate sind ebenfalls zusammen zu rechnen, wobei 30 Tage einen Monat ergeben. Dabei zählen nur Monate (bzw. Tage), für die die Unterhaltsleistung an den Berechtigten oder einen nachrangig verpflichteten Sozialleistungsträger nach dem SGB II oder dem SGB XII zur Erfüllung dessen Erstattungsanspruchs nach § 104 SGB X **„gezahlt"** wurde, also tatsächlich erfolgt ist. Problematisch ist, ob auch **rechtswidrig gezahlte Leistungen** auf die Höchstdauer anzurechnen sind. Dies ist jedenfalls für den Fall zu verneinen, dass die betreffenden Unterhaltsleistungen von dem Elternteil nach § 5 Abs. 1 ersetzt oder von dem Kind nach § 5 Abs. 2 zurückgezahlt worden sind (BVerwG 5. 7. 2007 – 5 C 40/06 – NJW 2007, S. 3143; OVG Rheinland-Pfalz 23. 6. 2010 – 7 A 10552/10). Zum Problem bei paralleler Zahlung durch den anderen Elternteil und den Leistungsträger siehe Grube UVG § 3 Rn. 9.

D. Forderungsübergang kraft Gesetzes

14   Mit der Zahlung der Unterhaltsvorschussleistung an den Berechtigten findet gem. § 7 Abs. 1 ein **gesetzlicher Übergang** des Anspruchs auf Kindesunterhalt gegenüber dem anderen Elternteil auf das Land statt (Wendl/Scholz Unterhaltsrecht § 8 Rn. 270 ff.). Der Anspruchsübergang setzt eine Gleichzeitigkeit von Unterhaltsvorschussleistung und Unterhaltsanspruch voraus. Außerdem ist der übergehende Unterhaltsanspruch durch die im Einzelfall gezahlte konkrete Höhe der Unterhaltsvorschussleistung begrenzt. Die Rechtmäßigkeit der Unterhaltsvorschussgewährung ist keine Voraussetzung für den Anspruchsübergang (BGH 18. 6. 1986 – IVb ZR 43/85 – FamRZ 1986, S. 878; OLG Karlsruhe 19. 7. 2007 – 16 WF 131/07 – FamRZ 2008, S. 1457). Ein Anspruchsübergang erfolgt auch in den Fällen, in denen es zur Unterhaltsvorschussleistung gekommen ist, weil Einkommen, das nach § 2 Abs. 2 anzurechnen gewesen wäre, noch nicht vorlag. Da die Rede lediglich von „sonstigen Leistungen" ist, fallen nur ausstehende Schadensersatzleistungen oder unterhaltsersetzende Leistungen, die nicht von Sozialleistungsträgern zu erbringen waren, nicht aber Unterhaltszahlungen nach § 2 Abs. 3 Nr. 1 darunter. Neben dem Unterhaltsanspruch geht zugleich der unterhaltsrechtliche Auskunftsanspruch nach § 1605 BGB über. Für diesen gerichtlich geltend zu machenden unterhaltsrechtlichen Auskunftsanspruch fehlt jedoch das Rechtsschutzbedürfnis, da der Auskunftsanspruch nach § 6 Abs. 1 leichter durchzusetzen ist (Grube UVG § 7 Rn. 8; Göppinger/Wax/van Els Unterhaltsrecht Rn. 1904).

15   Zum einen kann nach Abs. 2 der andere Elternteil für die **Vergangenheit** nur ab dem Zeitpunkt **in Anspruch genommen** werden, in dem die Voraussetzungen des § 1613 BGB vorgelegen haben, der Unterhaltspflichtige also aufgefordert wurde, Auskunft über sein Einkommen und Vermögen zu erteilen oder Unterhalt zu zahlen. Zum anderen erweitert Abs. 2 Nr. 2 die Möglichkeit der rückwirkenden Inanspruchnahme, indem die sog. Rechtswahrungsanzeige mitgeteilt wurde.

16   Abs. 3 S. 1 enthält eine Art Verwaltungsanweisung für die Durchsetzung des übergegangenen Anspruchs. Durch Abs. 3 S. 2 wird das Konkurrenzverhältnis zwischen Leistungsträger und Kind im Hinblick auf den Unterhaltsanspruch geregelt. Dieses Konkurrenzverhältnis entsteht dann, wenn das Kind für eine Zeit Unterhaltszahlungen durchsetzen will, für die es keine Unterhaltsleistung bezogen hat, der Leistungsträger aber aus früherer Zeit noch einen übergegangenen Unterhaltsanspruch gegenüber dem anderen Elternteil besitzt. In diesem Fall genießt der **aktuelle Unterhaltsanspruch** des Kindes **Vorrang** vor dem übergegangenen Anspruch wegen Unterhaltsrückständen (BGH 23. 8. 2006 – XII ZR 26/04 – JAmt 2007, S. 109). Ob diese Schutzvorschrift bereits im Erkenntnisverfah-

ren (OLG Dresden 8. 1. 2004 – 10 UF 658/03 – JAmt 2004, S. 558) oder erst bei der Vollstreckung greift, ist jedoch streitig (OLG Celle 4. 7. 2006 – 10 UF 72/06 – NJW-RR 2006, S. 1520).

Nach Abs. 4 S. 1 kann der Leistungsträger neben dem übergegangenen auch den künftigen Unterhaltsanspruch einklagen, wenn die Leistung voraussichtlich auf längere Zeit erbracht werden muss. Eine Rückübertragung des Unterhaltsanspruchs zur gerichtlichen Geltendmachung durch den Unterhaltsleistungsempfänger ist bei Einvernehmen zwischen der zuständigen Stelle und dem Leistungsempfänger nach Abs. 4 S. 2 möglich. Die Kosten hierfür sind von der zuständigen Stelle zu übernehmen, Abs. 4 S. 3. **17**

E. Konkurrenzen zu anderen Sozialleistungen

Als vorrangige Sozialleistungen sind das Kindergeld, Waisenbezüge, Jugendhilfeleistungen und Leistungen nach dem Unterhaltssicherungsgesetz zu nennen. Wird der Bedarf des Kindes also durch Leistungen nach dem SGB VIII, wie etwa durch Erziehung in einem Heim, sichergestellt, besteht kein Anspruch auf Unterhaltsvorschuss (§ 1 Abs. 4 S. 2). Nachrangig sind Ansprüche nach dem SGB II und SGB XII, Ansprüche der Kriegsopferfürsorge nach dem BVG und der Kinderzuschlag nach § 6a BKGG. Die Konkurrenz zwischen Unterhaltsvorschuss und Leistungen nach dem SGB II und SGB XII wird durch § 7 Abs. 1 S. 2 geregelt (Wendl/Scholz Unterhaltsrecht § 8 Rn. 277f.). **18**

F. Verfahren und Finanzierung

Da das UVG gem. § 68 Nr. 14 SGB I Teil des SGB ist, gelten die **Verfahrensvorschriften** des SGB I und SGB X. Nach § 31 SGB X kann von diesen grundsätzlich abgewichen werden. Abweichungen sehen § 9, § 1 Abs. 3 (Mitwirkung), § 5 Abs. 1 (Ersatzpflicht), § 5 Abs. 2 (Rückzahlungspflicht) und § 6 (Auskunfts- und Anzeigepflicht) vor. **19**

Gem. § 9 Abs. 1 S. 1 ist der Antrag schriftlich, also eigenhändig unterschrieben, durch den Elternteil, bei dem der Berechtigte lebt, oder den gesetzlichen Vertreter des Berechtigten zu stellen. Ein Elternteil, der das 15. Lebensjahr vollendet hat, ist nach § 36 Abs. 1 SGB I antragsberechtigt. Auch Leistungsträger, die nachrangige Leistungen erbringen, sind antragsberechtigt, etwa der Sozialhilfeträger nach § 95 SGB XII und der für das SGB II zuständige Leistungsträger nach § 5 Abs. 3 SGB II. S. 2 bestimmt, dass der Antrag an die durch Landesrecht bestimmte Stelle, in deren Bezirk das Kind seinen Wohnsitz hat, gerichtet werden ist. In den meisten Ländern ist das Jugendamt zuständig (Übersicht in: Grube UVG § 8 Rn. 5). Gem. § 16 Abs. 2 SGB I ist der Antrag an den zuständigen Leistungsträger weiterzuleiten, wenn der Antrag bei einem unzuständigen Sozialleistungsträger eingereicht wurde. Gem. Abs. 2 ist die Entscheidung dem Antragsteller, also dem Elternteil oder gesetzlichen Vertreter, schriftlich mitzuteilen. Die Unterhaltsleistung wird gem. Abs. 3 monatlich im Voraus gezahlt und stets aufgerundet. **20**

Sowohl gegenüber dem leistungsberechtigten Kind (§ 9 Abs. 2), dem alleinerziehenden Elternteil (§ 5 Abs. 1), als auch gegenüber dem anderen Elternteil (§ 6 Abs. 1) erlässt die zuständige Stelle Verwaltungsakte gem. § 31 S. 1 SGB X. Da der Rechtsweg zu den Sozialgerichten gem. § 51 SGG in den Angelegenheiten nach dem Unterhaltsvorschussgesetz nicht gegeben ist, gilt gem. § 62 SGB X die Verwaltungsgerichtsordnung. Damit wird auf das Vorverfahren (Widerspruchsverfahren) nach den §§ 68ff. VwGO verwiesen. Im Übrigen gelten für das Vorverfahren ergänzend die verfahrensrechtlichen Vorschriften des SGB X. Dem Widerspruchsverfahren schließt sich gegebenenfalls ein verwaltungsgerichtliches Verfahren an. **21**

Gem. § 8 Abs. 1 S. 1 wird der Unterhaltsvorschuss zu einem Drittel vom Bund, im Übrigen von den Ländern **finanziert**. S. 2 stellt es den Ländern außerdem frei, die Gemeinden in angemessenem Umfang an den Kosten zu beteiligen. **22**

160. Wohngeldgesetz (WoGG)

Vom 24. September 2008

Zuletzt geändert durch Art. 12 Abs. 2 G zur Ermittlung von Regelbedarfen und zur Änderung des Zweiten und Zwölften Buches Sozialgesetzbuch vom 24. 3. 2011 (BGBl. I S. 453)

BGBl. III/FNA 8601–3

Teil 1. Zweck des Wohngeldes und Wohngeldberechtigung

§ 1 Zweck des Wohngeldes

(1) Das Wohngeld dient der wirtschaftlichen Sicherung angemessenen und familiengerechten Wohnens.

(2) Das Wohngeld wird als Zuschuss zur Miete (Mietzuschuss) oder zur Belastung (Lastenzuschuss) für den selbst genutzten Wohnraum geleistet.

§ 2 Wohnraum

Wohnraum sind Räume, die vom Verfügungsberechtigten zum Wohnen bestimmt und hierfür nach ihrer baulichen Anlage und Ausstattung tatsächlich geeignet sind.

§ 3 Wohngeldberechtigung

(1) [1]Wohngeldberechtigte Person ist für den Mietzuschuss jede natürliche Person, die Wohnraum gemietet hat und diesen selbst nutzt. [2]Ihr gleichgestellt sind

1. die nutzungsberechtigte Person des Wohnraums bei einem dem Mietverhältnis ähnlichen Nutzungsverhältnis (zur mietähnlichen Nutzung berechtigte Person), insbesondere die Person, die ein mietähnliches Dauerwohnrecht hat,
2. die Person, die Wohnraum im eigenen Haus, das mehr als zwei Wohnungen hat, bewohnt, und
3. die Person, die in einem Heim im Sinne des Heimgesetzes oder entsprechender Gesetze der Länder nicht nur vorübergehend aufgenommen ist.

(2) [1]Wohngeldberechtigte Person ist für den Lastenzuschuss jede natürliche Person, die Eigentum an selbst genutztem Wohnraum hat. [2]Ihr gleichgestellt sind

1. die erbbauberechtigte Person,
2. die Person, die ein eigentumsähnliches Dauerwohnrecht, ein Wohnungsrecht oder einen Nießbrauch innehat, und
3. die Person, die einen Anspruch auf Bestellung oder Übertragung des Eigentums, des Erbbaurechts, des eigentumsähnlichen Dauerwohnrechts, des Wohnungsrechts oder des Nießbrauchs hat.

[3]Die Sätze 1 und 2 gelten nicht im Fall des Absatzes 1 Satz 2 Nr. 2.

(3) [1]Erfüllen mehrere Personen für denselben Wohnraum die Voraussetzungen des Absatzes 1 oder des Absatzes 2 und sind sie zugleich Haushaltsmitglieder (§ 5), ist nur eine dieser Personen wohngeldberechtigt. [2]In diesem Fall bestimmen diese Personen die wohngeldberechtigte Person.

(4) Wohngeldberechtigt ist nach Maßgabe der Absätze 1 bis 3 auch, wer zwar nach den §§ 7 und 8 Abs. 1 vom Wohngeld ausgeschlossen ist, aber mit mindestens einem zu berücksichtigenden Haushaltsmitglied (§ 6) eine Wohn- und Wirtschaftsgemeinschaft (§ 5 Abs. 3 und 4) führt.

(5) [1]Ausländer im Sinne des § 2 Abs. 1 des Aufenthaltsgesetzes (ausländische Personen) sind nach Maßgabe der Absätze 1 bis 4 nur wohngeldberechtigt, wenn sie sich im Bundesgebiet tatsächlich aufhalten und

1. ein Aufenthaltsrecht nach dem Freizügigkeitsgesetz/EU haben,
2. einen Aufenthaltstitel oder eine Duldung nach dem Aufenthaltsgesetz haben,
3. ein Recht auf Aufenthalt nach einem völkerrechtlichen Abkommen haben,
4. eine Aufenthaltsgestattung nach dem Asylverfahrensgesetz haben,
5. die Rechtsstellung eines heimatlosen Ausländers im Sinne des Gesetzes über die Rechtsstellung heimatloser Ausländer im Bundesgebiet haben oder

Wohngeldgesetz

6. auf Grund einer Rechtsverordnung vom Erfordernis eines Aufenthaltstitels befreit sind.
²Nicht wohngeldberechtigt sind ausländische Personen, die durch eine völkerrechtliche Vereinbarung von der Anwendung deutscher Vorschriften auf dem Gebiet der sozialen Sicherheit befreit sind.

Teil 2. Berechnung und Höhe des Wohngeldes

Kapitel 1. Berechnungsgrößen des Wohngeldes

§ 4 Berechnungsgrößen des Wohngeldes

Das Wohngeld richtet sich nach
1. der Anzahl der zu berücksichtigenden Haushaltsmitglieder (§§ 5 bis 8),
2. der zu berücksichtigenden Miete oder Belastung (§§ 9 bis 12) und
3. dem Gesamteinkommen (§§ 13 bis 18) und ist nach § 19 zu berechnen.

Kapitel 2. Haushaltsmitglieder

§ 5 Haushaltsmitglieder

(1) ¹Haushaltsmitglied ist die wohngeldberechtigte Person, wenn der Wohnraum, für den sie Wohngeld beantragt, der Mittelpunkt ihrer Lebensbeziehungen ist. ²Haushaltsmitglied ist auch, wer
1. als Ehegatte eines Haushaltsmitgliedes von diesem nicht dauernd getrennt lebt,
2. als Lebenspartner oder Lebenspartnerin eines Haushaltsmitgliedes von diesem nicht dauernd getrennt lebt,
3. mit einem Haushaltsmitglied so zusammenlebt, dass nach verständiger Würdigung der wechselseitige Wille anzunehmen ist, Verantwortung füreinander zu tragen und füreinander einzustehen,
4. mit einem Haushaltsmitglied in gerader Linie oder zweiten oder dritten Grades in der Seitenlinie verwandt oder verschwägert ist,
5. ohne Rücksicht auf das Alter Pflegekind eines Haushaltsmitgliedes ist,
6. Pflegemutter oder Pflegevater eines Haushaltsmitgliedes ist

und mit der wohngeldberechtigten Person in einer Wohn- und Wirtschaftsgemeinschaft lebt, wenn der Wohnraum, für den Wohngeld beantragt wird, der jeweilige Mittelpunkt der Lebensbeziehungen ist.

(2) Ein wechselseitiger Wille, Verantwortung füreinander zu tragen und füreinander einzustehen, wird vermutet, wenn mindestens eine der Voraussetzungen nach den Nummern 1 bis 4 des § 7 Abs. 3a des Zweiten Buches Sozialgesetzbuch erfüllt ist.

(3) Eine Wohngemeinschaft liegt vor, wenn Personen Wohnraum gemeinsam bewohnen.

(4) ¹Eine Wirtschaftsgemeinschaft liegt vor, wenn Personen sich ganz oder teilweise gemeinsam mit dem täglichen Lebensbedarf versorgen. ²Sie wird vermutet, wenn Personen in einer Wohngemeinschaft leben.

(5) Ausländische Personen sind nur Haushaltsmitglieder nach Absatz 1 Satz 2, wenn sie die Voraussetzungen der Wohngeldberechtigung nach § 3 Abs. 5 erfüllen.

(6) ¹Haben nicht nur vorübergehend getrennt lebende Eltern das gemeinsame Sorgerecht für ein Kind oder mehrere Kinder und halten sie für die Kinderbetreuung zusätzlichen Wohnraum bereit, ist jedes annähernd zu gleichen Teilen betreute Kind bei beiden Elternteilen Haushaltsmitglied. ²Betreuen die Eltern mindestens zwei dieser Kinder nicht zu annähernd gleichen Teilen, ist bei dem Elternteil mit dem geringeren Betreuungsanteil nur das jüngste dieser nicht zu annähernd gleichen Teilen betreuten Kinder Haushaltsmitglied. ³Für Pflegekinder und Pflegeeltern gelten die Sätze 1 und 2 entsprechend.

§ 6 Zu berücksichtigende Haushaltsmitglieder

(1) Bei der Berechnung des Wohngeldes sind vorbehaltlich des Absatzes 2 und der §§ 7 und 8 sämtliche Haushaltsmitglieder zu berücksichtigen (zu berücksichtigende Haushaltsmitglieder).

(2) ¹Stirbt ein zu berücksichtigendes Haushaltsmitglied, ist dies für die Dauer von zwölf Monaten nach dem Sterbemonat ohne Einfluss auf die bisher maßgebende Anzahl der zu berücksichtigenden Haushaltsmitglieder. ²Satz 1 ist nicht mehr anzuwenden, wenn nach dem Todesfall
1. die Wohnung aufgegeben wird,
2. die Zahl der zu berücksichtigenden Haushaltsmitglieder sich mindestens auf den Stand vor dem Todesfall erhöht oder
3. der auf den Verstorbenen entfallende Anteil der Kosten der Unterkunft in einer Leistung nach § 7 Abs. 1 mindestens teilweise berücksichtigt wird.

§ 7 Ausschluss vom Wohngeld

(1) ¹Vom Wohngeld ausgeschlossen sind Empfänger und Empfängerinnen von
1. Arbeitslosengeld II und Sozialgeld nach dem Zweiten Buch Sozialgesetzbuch, auch in den Fällen des § 25 des Zweiten Buches Sozialgesetzbuch,
2. Zuschüssen nach § 27 Absatz 3 des Zweiten Buches Sozialgesetzbuch,
3. Übergangsgeld in Höhe des Betrages des Arbeitslosengeldes II nach § 21 Abs. 4 Satz 1 des Sechsten Buches Sozialgesetzbuch,
4. Verletztengeld in Höhe des Betrages des Arbeitslosengeldes II nach § 47 Abs. 2 des Siebten Buches Sozialgesetzbuch,
5. Grundsicherung im Alter und bei Erwerbsminderung nach dem Zwölften Buch Sozialgesetzbuch,
6. Hilfe zum Lebensunterhalt nach dem Zwölften Buch Sozialgesetzbuch,
7. a) ergänzender Hilfe zum Lebensunterhalt oder
   b) anderen Hilfen in einer stationären Einrichtung, die den Lebensunterhalt umfassen, nach dem Bundesversorgungsgesetz oder nach einem Gesetz, das dieses für anwendbar erklärt,
8. Leistungen in besonderen Fällen und Grundleistungen nach dem Asylbewerberleistungsgesetz oder
9. Leistungen nach dem Achten Buch Sozialgesetzbuch in Haushalten, zu denen ausschließlich Personen gehören, die diese Leistungen empfangen,

wenn bei deren Berechnung Kosten der Unterkunft berücksichtigt worden sind (Leistungen). ²Der Ausschluss besteht in den Fällen des Satzes 1 Nr. 3 und 4, wenn bei der Berechnung des Arbeitslosengeldes II Kosten der Unterkunft berücksichtigt worden sind. ³Der Ausschluss besteht nicht, wenn
1. die Leistungen nach den Sätzen 1 und 2 ausschließlich als Darlehen gewährt werden oder
2. durch Wohngeld die Hilfebedürftigkeit im Sinne des § 9 des Zweiten Buches Sozialgesetzbuch, des § 19 Abs. 1 und 2 des Zwölften Buches Sozialgesetzbuch oder des § 27a des Bundesversorgungsgesetzes vermieden oder beseitigt werden kann und
   a) die Leistungen nach Satz 1 Nr. 1 bis 7 während der Dauer des Verwaltungsverfahrens zur Feststellung von Grund und Höhe dieser Leistungen noch nicht erbracht worden sind oder
   b) der zuständige Träger eine der in Satz 1 Nr. 1 bis 7 genannten Leistungen als nachrangig verpflichteter Leistungsträger nach § 104 des Zehnten Buches Sozialgesetzbuch erbringt.

(2) ¹Ausgeschlossen sind auch Haushaltsmitglieder, die in
1. § 7 Abs. 3 des Zweiten Buches Sozialgesetzbuch, auch in den Fällen des Übergangs- oder Verletztengeldes nach Absatz 1 Satz 1 Nr. 3 und 4 bei der Berechnung des Arbeitslosengeldes II,
2. § 19 Abs. 1 und 4 sowie den §§ 20 und 43 Abs. 1 des Zwölften Buches Sozialgesetzbuch,
3. § 27a Satz 2 des Bundesversorgungsgesetzes in Verbindung mit § 19 Abs. 1 des Zwölften Buches Sozialgesetzbuch oder
4. § 1 Abs. 1 Nr. 6 des Asylbewerberleistungsgesetzes

genannt und bei der gemeinsamen Ermittlung ihres Bedarfs oder nach § 43 Abs. 1 des Zwölften Buches Sozialgesetzbuch bei der Ermittlung der Leistung nach Absatz 1 Satz 1 Nr. 5 berücksichtigt worden sind. ²Der Ausschluss besteht nicht, wenn
1. die Leistungen nach Absatz 1 Satz 1 und 2 ausschließlich als Darlehen gewährt werden oder
2. die Voraussetzungen des Absatzes 1 Satz 3 Nr. 2 vorliegen.

(3) Ausgeschlossen sind auch Haushaltsmitglieder, deren Leistungen nach Absatz 1 auf Grund einer Sanktion vollständig weggefallen sind.

§ 8 Dauer des Ausschlusses vom Wohngeld und Verzicht auf Leistungen

(1) ¹Der Ausschluss vom Wohngeld besteht vorbehaltlich des § 7 Abs. 1 Satz 3 Nr. 2 und Abs. 2 Satz 2 Nr. 2 für die Dauer des Verwaltungsverfahrens zur Feststellung von Grund und Höhe der Leistungen nach § 7 Abs. 1. ²Der Ausschluss besteht vorbehaltlich des § 7 Abs. 1 Satz 3 Nr. 2 und Abs. 2 Satz 2 Nr. 2
1. nach der Antragstellung auf eine Leistung nach § 7 Abs. 1 ab dem Ersten
   a) des Monats, für den der Antrag gestellt worden ist, oder
   b) des nächsten Monats, wenn die Leistung nach § 7 Abs. 1 nicht vom Ersten eines Monats an beantragt wird,
2. nach der Bewilligung einer Leistung nach § 7 Abs. 1 ab dem Ersten
   a) des Monats, für den die Leistung nach § 7 Abs. 1 bewilligt wird, oder
   b) des nächsten Monats, wenn die Leistung nach § 7 Abs. 1 nicht vom Ersten eines Monats an bewilligt wird,
3. bis zum Letzten
   a) des Monats, wenn die Leistung nach § 7 Abs. 1 bis zum Letzten eines Monats bewilligt wird, oder
   b) des Vormonats, wenn die Leistung nach § 7 Abs. 1 nicht bis zum Letzten eines Monats bewilligt wird.

³Der Ausschluss gilt für den Zeitraum als nicht erfolgt, für den der Antrag auf eine Leistung nach § 7 Abs. 1 zurückgenommen, die Leistung nach § 7 Abs. 1 abgelehnt, versagt, entzogen oder ausschließlich als Darlehen gewährt wird.

(2) Verzichten Haushaltsmitglieder auf die Leistungen nach § 7 Abs. 1, um Wohngeld zu beantragen, gilt ihr Ausschluss vom Zeitpunkt der Wirkung des Verzichts an als nicht erfolgt; § 46 Abs. 2 des Ersten Buches Sozialgesetzbuch ist in diesem Fall nicht anzuwenden.

Kapitel 3. Miete und Belastung

§ 9 Miete

(1) Miete ist das vereinbarte Entgelt für die Gebrauchsüberlassung von Wohnraum auf Grund von Mietverträgen oder ähnlichen Nutzungsverhältnissen einschließlich Umlagen, Zuschlägen und Vergütungen.

(2) Von der Miete nach Absatz 1 sind abzuziehen:
1. Betriebskosten für zentrale Heizungs- und Warmwasserversorgungsanlagen sowie zentrale Brennstoffversorgungsanlagen,
2. Kosten der eigenständig gewerblichen Lieferung von Wärme und Warmwasser, soweit sie den in Nummer 1 bezeichneten Kosten entsprechen,
3. Untermietzuschläge,
4. Zuschläge für die Nutzung von Wohnraum zu anderen als Wohnzwecken,
5. Vergütungen für die Überlassung von Möbeln mit Ausnahme von üblichen Einbaumöbeln.

(3) ¹Im Fall des § 3 Abs. 1 Satz 2 Nr. 2 ist als Miete der Mietwert des Wohnraums zu Grunde zu legen. ²Im Fall des § 3 Abs. 1 Satz 2 Nr. 3 ist als Miete der Höchstbetrag nach § 12 Abs. 1 zu Grunde zu legen.

§ 10 Belastung

(1) Belastung sind die Kosten für den Kapitaldienst und die Bewirtschaftung von Wohnraum in vereinbarter oder festgesetzter Höhe.

(2) ¹Die Belastung ist von der Wohngeldbehörde (§ 24 Abs. 1 Satz 1) in einer Wohngeld-Lastenberechnung zu ermitteln. ²Von einer vollständigen Wohngeld-Lastenberechnung kann abgesehen werden, wenn die auf den Wohnraum entfallende Belastung aus Zinsen und Tilgungen den nach § 12 Abs. 1 maßgebenden Höchstbetrag erreicht oder übersteigt.

§ 11 Zu berücksichtigende Miete und Belastung

(1) ¹Bei der Berechnung des Wohngeldes ist die Miete oder Belastung zu berücksichtigen, die sich nach § 9 oder § 10 ergibt, soweit sie nicht nach den Absätzen 2 und 3 in

160 WoGG

dieser Berechnungsreihenfolge außer Betracht bleibt, jedoch nur bis zum Höchstbetrag nach § 12 Absatz 1. ²Im Fall des § 3 Absatz 1 Satz 2 Nummer 3 ist der Höchstbetrag nach § 12 Absatz 1 zu berücksichtigen.

(2) Die Miete oder Belastung, die sich nach § 9 oder § 10 ergibt, bleibt in folgender Berechnungsreihenfolge und zu dem Anteil außer Betracht,

1. der auf den Teil des Wohnraums entfällt, der ausschließlich gewerblich oder beruflich genutzt wird;
2. der auf den Teil des Wohnraums entfällt, der einer Person, die kein Haushaltsmitglied ist, entgeltlich oder unentgeltlich zum Gebrauch überlassen ist; übersteigt das Entgelt für die Gebrauchsüberlassung die auf diesen Teil des Wohnraums entfallende Miete oder Belastung, ist das Entgelt in voller Höhe abzuziehen;
3. der dem Anteil einer entgeltlich oder unentgeltlich mitbewohnenden Person, die kein Haushaltsmitglied ist, aber deren Mittelpunkt der Lebensbeziehungen der Wohnraum ist und die nicht selbst die Voraussetzungen des § 3 Abs. 1 oder Abs. 2 erfüllt, an der Gesamtzahl der Bewohner und Bewohnerinnen entspricht; übersteigt das Entgelt der mitbewohnenden Person die auf diese entfallende Miete oder Belastung, ist das Entgelt in voller Höhe abzuziehen;
4. der durch Leistungen aus öffentlichen Haushalten oder Zweckvermögen, insbesondere Leistungen zur Wohnkostenentlastung nach dem Zweiten Wohnungsbaugesetz, dem Wohnraumförderungsgesetz oder entsprechenden Gesetzen der Länder, an den Mieter oder den selbst nutzenden Eigentümer zur Senkung der Miete oder Belastung gedeckt wird, soweit die Leistungen nicht von § 14 Abs. 2 Nr. 30 erfasst sind;
5. der durch Leistungen einer nach § 68 des Aufenthaltsgesetzes verpflichteten Person gedeckt wird, die ein zu berücksichtigendes Haushaltsmitglied zur Bezahlung der Miete oder Aufbringung der Belastung erhält.

(3) ¹Ist mindestens ein Haushaltsmitglied vom Wohngeld ausgeschlossen, ist nur der Anteil der Miete oder Belastung zu berücksichtigen, der dem Anteil der zu berücksichtigenden Haushaltsmitglieder an der Gesamtzahl der Haushaltsmitglieder entspricht. ²In diesem Fall ist nur der Anteil des Höchstbetrages nach § 12 Absatz 1 zu berücksichtigen, der dem Anteil der zu berücksichtigenden Haushaltsmitglieder an der Gesamtzahl der Haushaltsmitglieder entspricht; die Gesamtzahl der Haushaltsmitglieder ist für die Ermittlung des Höchstbetrages maßgebend.

§ 12 Höchstbeträge für Miete und Belastung

(1) Die folgenden monatlichen Höchstbeträge für Miete und Belastung sind vorbehaltlich des § 11 Abs. 3 nach der Anzahl der zu berücksichtigenden Haushaltsmitglieder und nach der Mietenstufe zu berücksichtigen:

Anzahl der zu berücksichtigenden Haushaltsmitglieder	Mietenstufe	Höchstbetrag in Euro
1	I	292
	II	308
	III	330
	IV	358
	V	385
	VI	407
2	I	352
	II	380
	III	402
	IV	435
	V	468
	VI	501
3	I	424
	II	451
	III	479
	IV	517
	V	556
	VI	594
4	I	490
	II	523
	III	556

Anzahl der zu berücksichtigenden Haushaltsmitglieder	Mietenstufe	Höchstbetrag in Euro
	IV	600
	V	649
	VI	693
5	I	561
	II	600
	III	638
	IV	688
	V	737
	VI	787
Mehrbetrag für jedes weitere zu berücksichtigende Haushaltsmitglied	I	66
	II	72
	III	77
	IV	83
	V	88
	VI	99

(2) Die Zugehörigkeit einer Gemeinde zu einer Mietenstufe richtet sich nach dem Mietenniveau von Wohnraum der Hauptmieter und Hauptmieterinnen sowie der gleichzustellenden zur mietähnlichen Nutzung berechtigten Personen, für den Mietzuschuss geleistet wird.

(3) [1]Das Mietenniveau ist vom Statistischen Bundesamt festzustellen für Gemeinden mit
1. einer Einwohnerzahl von 10.000 und mehr gesondert,
2. einer Einwohnerzahl von weniger als 10.000 und gemeindefreie Gebiete nach Kreisen zusammengefasst.
[2]Maßgebend ist die Einwohnerzahl, die das statistische Landesamt auf der Grundlage des § 5 des Bevölkerungsstatistikgesetzes zum 30. September des vorletzten Kalenderjahres, das dem Tage des Inkrafttretens einer Anpassung der Höchstbeträge nach Absatz 1 vorausgeht, festgestellt hat. [3]Kann die Einwohnerzahl nicht nach Satz 2 festgestellt werden, ist der Feststellung die letzte verfügbare Einwohnerzahl zu Grunde zu legen.

(4) [1]Das Mietenniveau ist die durchschnittliche prozentuale Abweichung der Quadratmetermieten von Wohnraum in Gemeinden (Absatz 3 Satz 1) vom Durchschnitt der Quadratmetermieten des Wohnraums im Bundesgebiet. [2]Zu berücksichtigen sind nur Quadratmetermieten von Wohnraum im Sinne des Absatzes 2. [3]Das Mietenniveau wird vom Statistischen Bundesamt auf der Grundlage der Ergebnisse der Wohngeldstatistik (§§ 34 bis 36) zum 31. Dezember des vorletzten Kalenderjahres, das dem Tage des Inkrafttretens einer Anpassung der Höchstbeträge nach Absatz 1 vorausgeht, festgestellt. [4]Kann das Mietenniveau nicht nach Satz 3 festgestellt werden, sind der Feststellung die letzten verfügbaren Ergebnisse der jährlichen Wohngeldstatistik zu Grunde zu legen.

(5) Den Mietenstufen nach Absatz 1 sind folgende Mietenniveaus zugeordnet:

Mietenstufe	Mietenniveau
I	niedriger als minus 15 Prozent
II	minus 15 Prozent bis niedriger als minus 5 Prozent
III	minus 5 Prozent bis niedriger als 5 Prozent
IV	5 Prozent bis niedriger als 15 Prozent
V	15 Prozent bis niedriger als 25 Prozent
VI	25 Prozent und höher

Kapitel 4. Einkommen

§ 13 Gesamteinkommen

(1) Das Gesamteinkommen ist die Summe der Jahreseinkommen (§ 14) der zu berücksichtigenden Haushaltsmitglieder abzüglich der Freibeträge (§ 17) und der Abzugsbeträge für Unterhaltsleistungen (§ 18).

(2) Das monatliche Gesamteinkommen ist ein Zwölftel des Gesamteinkommens.

§ 14 Jahreseinkommen

(1) ¹Das Jahreseinkommen eines zu berücksichtigenden Haushaltsmitgliedes ist vorbehaltlich des Absatzes 3 die Summe der positiven Einkünfte im Sinne des § 2 Abs. 1 und 2 des Einkommensteuergesetzes zuzüglich der Einnahmen nach Absatz 2 abzüglich der Abzugsbeträge für Steuern und Sozialversicherungsbeiträge (§ 16). ²Bei den Einkünften im Sinne des § 2 Abs. 1 Satz 1 Nr. 1 bis 3 des Einkommensteuergesetzes ist § 7g Abs. 1 bis 4 und 7 des Einkommensteuergesetzes nicht anzuwenden. ³Ein Ausgleich mit negativen Einkünften aus anderen Einkunftsarten oder mit negativen Einkünften des zusammenveranlagten Ehegatten ist nicht zulässig.

(2) Zum Jahreseinkommen gehören:
1. der nach § 19 Abs. 2 und § 22 Nr. 4 Satz 4 Buchstabe b des Einkommensteuergesetzes steuerfreie Betrag von Versorgungsbezügen;
2. die einkommensabhängigen, nach § 3 Nr. 6 des Einkommensteuergesetzes steuerfreien Bezüge, die auf Grund gesetzlicher Vorschriften aus öffentlichen Mitteln versorgungshalber an Wehr- und Zivildienstbeschädigte oder ihre Hinterbliebenen, Kriegsbeschädigte und Kriegshinterbliebene sowie ihnen gleichgestellte Personen gezahlt werden;
3. die den Ertragsanteil oder den der Besteuerung unterliegenden Anteil nach § 22 Nr. 1 Satz 3 Buchstabe a des Einkommensteuergesetzes übersteigenden Teile von Leibrenten;
4. die nach § 3 Nr. 3 des Einkommensteuergesetzes steuerfreien
   a) Rentenabfindungen,
   b) Beitragserstattungen,
   c) Leistungen aus berufsständischen Versorgungseinrichtungen,
   d) Kapitalabfindungen,
   e) Ausgleichszahlungen;
5. die nach § 3 Nr. 1 Buchstabe a des Einkommensteuergesetzes steuerfreien
   a) Renten wegen Minderung der Erwerbsfähigkeit nach den §§ 56 bis 62 des Siebten Buches Sozialgesetzbuch,
   b) Renten und Beihilfen an Hinterbliebene nach den §§ 63 bis 71 des Siebten Buches Sozialgesetzbuch,
   c) Abfindungen nach den §§ 75 bis 80 des Siebten Buches Sozialgesetzbuch;
6. die Lohn- und Einkommensersatzleistungen nach § 32b Absatz 1 Satz 1 Nummer 1 des Einkommensteuergesetzes; § 10 des Bundeselterngeld- und Elternzeitgesetzes bleibt unberührt;
7. die ausländischen Einkünfte nach § 32b Absatz 1 Satz 1 Nummer 2 bis 5 sowie Satz 2 und 3 des Einkommensteuergesetzes;
8. die Hälfte der nach § 3 Nr. 7 des Einkommensteuergesetzes steuerfreien
   a) Unterhaltshilfe nach den §§ 261 bis 278a des Lastenausgleichsgesetzes,
   b) Beihilfe zum Lebensunterhalt nach den §§ 301 bis 301b des Lastenausgleichsgesetzes,
   c) Unterhaltshilfe nach § 44 und Unterhaltsbeihilfe nach § 45 des Reparationsschädengesetzes,
   d) Beihilfe zum Lebensunterhalt nach den §§ 10 bis 15 des Flüchtlingshilfegesetzes,
   mit Ausnahme der Pflegezulage nach § 269 Abs. 2 des Lastenausgleichsgesetzes;
9. die nach § 3 Nr. 1 Buchstabe a des Einkommensteuergesetzes steuerfreien Krankentagegelder;
10. die Hälfte der nach § 3 Nr. 68 des Einkommensteuergesetzes steuerfreien Renten nach § 3 Abs. 2 des Anti-D-Hilfegesetzes;
11. die nach § 3b des Einkommensteuergesetzes steuerfreien Zuschläge für Sonntags-, Feiertags- oder Nachtarbeit;
12. die nach § 37b des Einkommensteuergesetzes von dem Arbeitgeber pauschal besteuerten Sachzuwendungen;
13. der nach § 40a des Einkommensteuergesetzes von dem Arbeitgeber pauschal besteuerte Arbeitslohn abzüglich der zu erwartenden Aufwendungen zu dessen Erwerb, Sicherung und Erhaltung, höchstens jedoch bis zur Höhe des Arbeitslohns;
14. die nach § 3 Nr. 56 des Einkommensteuergesetzes steuerfreien Zuwendungen des Arbeitgebers an eine Pensionskasse und die nach § 3 Nr. 63 des Einkommensteuergesetzes steuerfreien Beiträge des Arbeitgebers an einen Pensionsfonds, eine Pensionskasse oder für eine Direktversicherung zum Aufbau einer kapitalgedeckten betrieblichen Altersversorgung;
15. der nach § 20 Abs. 9 des Einkommensteuergesetzes steuerfreie Betrag (Sparer-Pauschbetrag), soweit die Kapitalerträge 100 Euro übersteigen;

16. die auf erhöhte Absetzungen entfallenden Beträge, soweit sie die höchstmöglichen Absetzungen für Abnutzung nach § 7 des Einkommensteuergesetzes übersteigen, und die auf Sonderabschreibungen entfallenden Beträge;
17. der nach § 3 Nr. 27 des Einkommensteuergesetzes steuerfreie Grundbetrag der Produktionsaufgaberente und das Ausgleichsgeld nach dem Gesetz zur Förderung der Einstellung der landwirtschaftlichen Erwerbstätigkeit;
18. die nach § 3 Nr. 60 des Einkommensteuergesetzes steuerfreien Leistungen aus öffentlichen Mitteln an Arbeitnehmer des Steinkohlen-, Pechkohlen- und Erzbergbaues, des Braunkohlentiefbaues und der Eisen- und Stahlindustrie aus Anlass von Stilllegungs-, Einschränkungs-, Umstellungs- oder Rationalisierungsmaßnahmen;
19. die nach § 22 Nr. 1 Satz 2 des Einkommensteuergesetzes dem Empfänger oder der Empfängerin nicht zuzurechnenden Bezüge, die ihm oder ihr von einer Person, die kein Haushaltsmitglied ist, gewährt werden, mit Ausnahme der Bezüge bis zu einer Höhe von 4.800 Euro jährlich, die für eine Pflegeperson oder Pflegekraft geleistet werden, die den Empfänger oder die Empfängerin wegen eigener Pflegebedürftigkeit im Sinne des § 14 des Elften Buches Sozialgesetzbuch pflegt;
20. a) die Unterhaltsleistungen des geschiedenen oder dauernd getrennt lebenden Ehegatten, mit Ausnahme der Unterhaltsleistungen bis zu einer Höhe von 4.800 Euro jährlich, die für eine Pflegeperson oder Pflegekraft geleistet werden, die den Empfänger oder die Empfängerin wegen eigener Pflegebedürftigkeit im Sinne des § 14 des Elften Buches Sozialgesetzbuch pflegt,
    b) die Versorgungsleistungen und die Leistungen auf Grund eines schuldrechtlichen Versorgungsausgleichs,
    soweit diese Leistungen nicht von § 22 Nr. 1a, 1b oder Nr. 1c des Einkommensteuergesetzes erfasst sind;
21. die Leistungen nach dem Unterhaltsvorschussgesetz;
22. die Leistungen von Personen, die keine Haushaltsmitglieder sind, zur Bezahlung der Miete oder Aufbringung der Belastung, soweit die Leistungen nicht von Absatz 1 Satz 1, von Nummer 19 oder Nummer 20 erfasst sind;
23. die nach § 3 Nr. 48 des Einkommensteuergesetzes steuerfreien
    a) allgemeinen Leistungen nach § 5 des Unterhaltssicherungsgesetzes,
    b) Leistungen für Grundwehrdienst leistende Sanitätsoffiziere nach § 12a des Unterhaltssicherungsgesetzes;
24. die Hälfte der Pauschale für die laufenden Leistungen für den notwendigen Unterhalt ohne die Kosten der Erziehung von Kindern, Jugendlichen oder jungen Volljährigen nach § 39 Abs. 1 in Verbindung mit § 33 oder mit § 35a Abs. 2 Nr. 3, auch in Verbindung mit § 41 Abs. 2 des Achten Buches Sozialgesetzbuch, als Einkommen des Kindes, Jugendlichen oder jungen Volljährigen;
25. die Hälfte der Pauschale für die laufenden Leistungen für die Kosten der Erziehung von Kindern, Jugendlichen oder jungen Volljährigen nach § 39 Abs. 1 in Verbindung mit § 33 oder mit § 35a Abs. 2 Nr. 3, auch in Verbindung mit § 41 Abs. 2 des Achten Buches Sozialgesetzbuch, als Einkommen der Pflegeperson;
26. die Hälfte der nach § 3 Nr. 36 des Einkommensteuergesetzes steuerfreien Einnahmen für Leistungen zur Grundpflege oder hauswirtschaftlichen Versorgung;
27. die Hälfte der als Zuschüsse erbrachten
    a) Leistungen zur Förderung der Ausbildung nach dem Bundesausbildungsförderungsgesetz,
    b) Leistungen der Begabtenförderungswerke, soweit sie nicht von Nummer 28 erfasst sind,
    c) Stipendien, soweit sie nicht von Buchstabe b, Nummer 28 oder Nummer 29 erfasst sind,
    d) Berufsausbildungsbeihilfen und des Ausbildungsgeldes nach dem Dritten Buch Sozialgesetzbuch,
    e) Beiträge zur Deckung des Unterhaltsbedarfs nach dem Aufstiegsfortbildungsförderungsgesetz;
28. die als Zuschuss gewährte Graduiertenförderung;
29. die Hälfte der nach § 3 Nr. 42 des Einkommensteuergesetzes steuerfreien Zuwendungen, die auf Grund des Fulbright-Abkommens gezahlt werden;
30. die wiederkehrenden Leistungen nach § 7 Abs. 1 Satz 1 Nr. 1 bis 9, auch wenn bei deren Berechnung keine Kosten der Unterkunft berücksichtigt worden sind, soweit sie nicht von Nummer 24 oder Nummer 25 erfasst sind oder wenn kein Fall des § 7 Abs. 1 Satz 3 Nr. 2 oder Abs. 2 Satz 2 Nr. 2 vorliegt;
31. der Mietwert des von den in § 3 Abs. 1 Satz 2 Nr. 2 genannten Personen selbst genutzten Wohnraums.

(3) Zum Jahreseinkommen gehören nicht:
1. Einkünfte aus Vermietung oder Verpachtung eines Teils des Wohnraums, für den Wohngeld beantragt wird;
2. das Entgelt, das eine den Wohnraum mitbewohnende Person im Sinne des § 11 Abs. 2 Nr. 3 hierfür zahlt;
3. Leistungen einer nach § 68 des Aufenthaltsgesetzes verpflichteten Person, soweit sie von § 11 Abs. 2 Nr. 5 erfasst sind.

§ 15 Ermittlung des Jahreseinkommens

(1) ¹Bei der Ermittlung des Jahreseinkommens ist das Einkommen zu Grunde zu legen, das im Zeitpunkt der Antragstellung im Bewilligungszeitraum zu erwarten ist. ²Hierzu können die Verhältnisse vor dem Zeitpunkt der Antragstellung herangezogen werden; § 24 Abs. 2 bleibt unberührt.

(2) ¹Einmaliges Einkommen, das für einen bestimmten Zeitraum bezogen wird, ist diesem Zeitraum zuzurechnen. ²Eine Abfindung, Entschädigung oder ähnliche Leistung, die im Zusammenhang mit der Beendigung eines Arbeitsverhältnisses zufließt (Entlassungsentschädigung), ist den folgenden drei Jahren nach dem Ende des Arbeitsverhältnisses zuzurechnen, wenn nicht in der Vereinbarung, die der Entlassungsentschädigung zu Grunde liegt, ein anderer Zurechnungszeitraum bestimmt ist. ³Ist eine Entlassungsentschädigung vor der Antragstellung zugeflossen, ist sie nur dann nach Satz 1 oder Satz 2 zuzurechnen, wenn sie innerhalb von drei Jahren vor der Antragstellung zugeflossen ist.

(3) Sonderzuwendungen, Gratifikationen und gleichartige Bezüge und Vorteile, die in größeren als monatlichen Abständen gewährt werden, sind den im Bewilligungszeitraum liegenden Monaten zu je einem Zwölftel zuzurechnen, wenn sie in den nächsten zwölf Monaten nach Beginn des Bewilligungszeitraums zufließen.

(4) Beträgt der Bewilligungszeitraum nicht zwölf Monate, ist als Einkommen das Zwölffache des im Sinne der Absätze 1 bis 3 und des § 24 Abs. 2 im Bewilligungszeitraum zu erwartenden durchschnittlichen monatlichen Einkommens zu Grunde zu legen.

§ 16 Abzugsbeträge für Steuern und Sozialversicherungsbeiträge

(1) ¹Bei der Ermittlung des Jahreseinkommens sind von dem Betrag, der sich nach den §§ 14 und 15 ergibt, jeweils 10 Prozent abzuziehen, wenn zu erwarten ist, dass
1. Steuern vom Einkommen,
2. Pflichtbeiträge zur gesetzlichen Kranken- und Pflegeversicherung,
3. Pflichtbeiträge zur gesetzlichen Rentenversicherung

im Bewilligungszeitraum zu leisten sind. ²Satz 1 Nr. 2 und 3 gilt entsprechend, wenn keine Pflichtbeiträge, aber laufende Beiträge zu öffentlichen oder privaten Versicherungen oder ähnlichen Einrichtungen zu leisten sind, die dem Zweck der Pflichtbeiträge nach Satz 1 Nr. 2 oder Nr. 3 entsprechen. ³Satz 2 gilt auch, wenn die Beiträge zu Gunsten eines zu berücksichtigenden Haushaltsmitgliedes zu leisten sind. ⁴Die Sätze 2 und 3 gelten nicht, wenn eine im Wesentlichen beitragsfreie Sicherung oder eine Sicherung besteht, für die Beiträge von Dritten zu leisten sind.

(2) Ergibt sich kein Abzugsbetrag nach Absatz 1, sind von dem Betrag, der sich nach den §§ 14 und 15 ergibt, 6 Prozent abzuziehen.

§ 17 Freibeträge

Bei der Ermittlung des Gesamteinkommens sind die folgenden jährlichen Freibeträge abzuziehen:
1. 1.500 Euro für jedes schwerbehinderte zu berücksichtigende Haushaltsmitglied mit einem Grad der Behinderung
   a) von 100 oder
   b) von wenigstens 80 bei Pflegebedürftigkeit im Sinne des § 14 des Elften Buches Sozialgesetzbuch und gleichzeitiger häuslicher oder teilstationärer Pflege oder Kurzzeitpflege;
2. 1.200 Euro für jedes schwerbehinderte zu berücksichtigende Haushaltsmitglied mit einem Grad der Behinderung von unter 80 bei Pflegebedürftigkeit im Sinne des § 14 des Elften Buches Sozialgesetzbuch und gleichzeitiger häuslicher oder teilstationärer Pflege oder Kurzzeitpflege;

3. 750 Euro für jedes zu berücksichtigende Haushaltsmitglied, das Opfer der nationalsozialistischen Verfolgung oder ihm im Sinne des Bundesentschädigungsgesetzes gleichgestellt ist;
4. 600 Euro für jedes Haushaltsmitglied unter zwölf Jahren, für das Kindergeld nach dem Einkommensteuergesetz oder dem Bundeskindergeldgesetz oder eine in § 65 Abs. 1 Satz 1 des Einkommensteuergesetzes genannte Leistung gewährt wird, wenn die wohngeldberechtigte Person allein mit noch nicht volljährigen Haushaltsmitgliedern zusammenwohnt und wegen Erwerbstätigkeit oder Ausbildung nicht nur kurzfristig von der Wohn- und Wirtschaftsgemeinschaft abwesend ist;
5. ein Betrag in Höhe des eigenen Einkommens jedes Kindes eines Haushaltsmitgliedes, höchstens jedoch 600 Euro, wenn das Kind ein zu berücksichtigendes Haushaltsmitglied und mindestens 16 Jahre, aber noch nicht 25 Jahre alt ist.

§ 18 Abzugsbeträge für Unterhaltsleistungen

[1] Bei der Ermittlung des Gesamteinkommens sind die folgenden zu erwartenden Aufwendungen zur Erfüllung gesetzlicher Unterhaltsverpflichtungen abzuziehen:
1. bis zu 3.000 Euro jährlich für ein zu berücksichtigendes Haushaltsmitglied, das wegen Berufsausbildung auswärts wohnt, soweit es nicht von Nummer 2 erfasst ist;
2. bis zu 3.000 Euro jährlich für ein Kind, das Haushaltsmitglied nach § 5 Abs. 6 ist; dies gilt nur für Aufwendungen, die an das Kind als Haushaltsmitglied bei dem anderen Elternteil geleistet werden;
3. bis zu 6.000 Euro jährlich für einen früheren oder dauernd getrennt lebenden Ehegatten oder Lebenspartner oder eine frühere oder dauernd getrennt lebende Lebenspartnerin, der oder die kein Haushaltsmitglied ist;
4. bis zu 3.000 Euro jährlich für eine sonstige Person, die kein Haushaltsmitglied ist.

[2] Liegt in den Fällen des Satzes 1 eine notariell beurkundete Unterhaltsvereinbarung, ein Unterhaltstitel oder ein Bescheid vor, sind die jährlichen Aufwendungen bis zu dem darin festgelegten Betrag abzuziehen.

Kapitel 5. Höhe des Wohngeldes

§ 19 Höhe des Wohngeldes

(1) [1] Das ungerundete monatliche Wohngeld für bis zu zwölf zu berücksichtigende Haushaltsmitglieder beträgt

$1{,}08 \cdot (M - (a + b \cdot M + c \cdot Y) \cdot Y)$ Euro.

[2] „M" ist die gerundete zu berücksichtigende monatliche Miete oder Belastung in Euro. [3] „Y" ist das gerundete monatliche Gesamteinkommen in Euro. [4] „a", „b" und „c" sind nach der Anzahl der zu berücksichtigenden Haushaltsmitglieder unterschiedene Werte und ergeben sich aus der Anlage 1.

(2) Die zur Berechnung des Wohngeldes erforderlichen Rechenschritte und Rundungen sind in der Reihenfolge auszuführen, die sich aus der Anlage 2 ergibt.

(3) Sind mehr als zwölf Haushaltsmitglieder zu berücksichtigen, erhöht sich für das 13. und jedes weitere zu berücksichtigende Haushaltsmitglied das nach den Absätzen 1 und 2 berechnete monatliche Wohngeld um jeweils 43 Euro, höchstens jedoch bis zur Höhe der zu berücksichtigenden Miete oder Belastung.

Teil 3. Nichtbestehen des Wohngeldanspruchs

§ 20 Gesetzeskonkurrenz

(1) [1] Ein alleinstehender Wehrpflichtiger im Sinne des § 7a Abs. 1 des Unterhaltssicherungsgesetzes hat für die Dauer seines Grundwehrdienstes keinen Wohngeldanspruch, es sei denn, die Mietbeihilfe nach § 7a des Unterhaltssicherungsgesetzes ist abgelehnt worden; § 25 Abs. 3 gilt entsprechend. [2] Ist dem Wehrpflichtigen Wohngeld für einen Zeitraum bewilligt worden, in den der Beginn des Grundwehrdienstes fällt, ist das Wohngeld bis zum Ablauf des Bewilligungszeitraums in gleicher Höhe weiterzuleisten; § 27 Abs. 2 und § 28 bleiben unberührt. [3] Die Sätze 1 und 2 gelten entsprechend für Personen, für die § 7a Abs. 1 des Unterhaltssicherungsgesetzes unmittelbar oder entsprechend gilt.

(2) ¹Stehen allen Haushaltsmitgliedern Leistungen zur Förderung der Ausbildung nach dem Bundesausbildungsförderungsgesetz oder den §§ 59, 101 Abs. 3 oder § 104 des Dritten Buches Sozialgesetzbuch dem Grunde nach zu oder stünden ihnen diese Leistungen im Fall eines Antrages dem Grunde nach zu, besteht kein Wohngeldanspruch. ²Satz 1 gilt nicht, wenn die Leistungen ausschließlich als Darlehen gewährt werden. ³Satz 1 gilt auch, wenn dem Grunde nach Förderungsberechtigte der Höhe nach keinen Anspruch auf Förderung haben. ⁴Ist Wohngeld für einen Zeitraum bewilligt, in den der Beginn der Ausbildung fällt, ist das Wohngeld bis zum Ablauf des Bewilligungszeitraums in gleicher Höhe weiterzuleisten; § 27 Abs. 2 und § 28 bleiben unberührt.

§ 21 Sonstige Gründe

Ein Wohngeldanspruch besteht nicht,
1. wenn das Wohngeld weniger als 10 Euro monatlich betragen würde,
2. wenn alle Haushaltsmitglieder nach den §§ 7 und 8 Abs. 1 vom Wohngeld ausgeschlossen sind oder
3. soweit die Inanspruchnahme missbräuchlich wäre, insbesondere wegen erheblichen Vermögens.

Teil 4. Bewilligung, Zahlung und Änderung des Wohngeldes

§ 22 Wohngeldantrag

(1) Wohngeld wird nur auf Antrag der wohngeldberechtigten Person geleistet.

(2) Im Fall des § 3 Abs. 3 wird vermutet, dass die antragstellende Person von den anderen Haushaltsmitgliedern als wohngeldberechtigte Person bestimmt ist.

(3) ¹Zieht die wohngeldberechtigte Person aus oder stirbt sie, kann der Antrag nach § 27 Abs. 1 auch von einem anderen Haushaltsmitglied gestellt werden, das die Voraussetzungen des § 3 Abs. 1 oder Abs. 2 erfüllt. ²§ 3 Abs. 3 bis 5 gilt entsprechend.

(4) Wird ein Wohngeldantrag für die Zeit nach dem laufenden Bewilligungszeitraum früher als zwei Monate vor Ablauf dieses Zeitraums gestellt, gilt der Erste des zweiten Monats vor Ablauf dieses Zeitraums als Zeitpunkt der Antragstellung im Sinne des § 24 Abs. 2.

(5) § 65a des Ersten und § 115 des Zehnten Buches Sozialgesetzbuch sind nicht anzuwenden.

§ 23 Auskunftspflicht

(1) ¹Soweit die Durchführung dieses Gesetzes es erfordert, sind folgende Personen verpflichtet, der Wohngeldbehörde Auskunft über ihre für das Wohngeld maßgebenden Verhältnisse zu geben:
1. die Haushaltsmitglieder,
2. die sonstigen Personen, die mit der wohngeldberechtigten Person den Wohnraum gemeinsam bewohnen, und
3. bei einer Prüfung nach § 21 Nr. 3 zur Feststellung eines Unterhaltsanspruchs auch
   a) der Ehegatte, der Lebenspartner oder die Lebenspartnerin,
   b) der frühere Ehegatte, der frühere Lebenspartner oder die frühere Lebenspartnerin,
   c) die Kinder der zu berücksichtigenden Haushaltsmitglieder und
   d) die Eltern der zu berücksichtigenden Haushaltsmitglieder,
   die keine Haushaltsmitglieder sind.

²Die Haushaltsmitglieder sind verpflichtet, ihr Geschlecht anzugeben (§ 33 Abs. 3 Satz 1 Nr. 6 und § 35 Abs. 1 Nr. 5).

(2) Soweit die Durchführung dieses Gesetzes es erfordert, sind die Arbeitgeber der zu berücksichtigenden Haushaltsmitglieder verpflichtet, der Wohngeldbehörde über Art und Dauer des Arbeitsverhältnisses sowie über Arbeitsstätte und Arbeitsverdienst Auskunft zu geben.

(3) Der Empfänger oder die Empfängerin der Miete ist verpflichtet, der Wohngeldbehörde über die Höhe und Zusammensetzung der Miete sowie über andere das Miet- oder Nutzungsverhältnis betreffende Umstände Auskunft zu geben, soweit die Durchführung dieses Gesetzes es erfordert.

Wohngeldgesetz

(4) ¹Zur Aufdeckung rechtswidriger Inanspruchnahme von Wohngeld sind die Kapitalerträge auszahlenden Stellen, denen ein zu berücksichtigendes Haushaltsmitglied einen Freistellungsauftrag für Kapitalerträge erteilt hat, verpflichtet, der Wohngeldbehörde Auskunft über die Höhe der zugeflossenen Kapitalerträge zu erteilen. ²Ein Auskunftsersuchen der Wohngeldbehörde ist nur zulässig, wenn auf Grund eines Datenabgleichs nach § 33 der Verdacht besteht oder feststeht, dass Wohngeld rechtswidrig in Anspruch genommen wurde oder wird und dass das zu berücksichtigende Haushaltsmitglied, auch soweit es dazu berechtigt ist, nicht oder nicht vollständig bei der Ermittlung der Kapitalerträge mitwirkt.

(5) Auf die nach den Absätzen 1 bis 3 Auskunftspflichtigen sind die §§ 60 und 65 Abs. 1 und 3 des Ersten Buches Sozialgesetzbuch entsprechend anzuwenden.

§ 24 Wohngeldbehörde und Entscheidung

(1) ¹Über den Wohngeldantrag muss die nach Landesrecht zuständige oder von der Landesregierung durch Rechtsverordnung oder auf sonstige Weise bestimmte Behörde (Wohngeldbehörde) schriftlich entscheiden. ²Die Landesregierung kann ihre Befugnis nach Satz 1, die Zuständigkeit der Wohngeldbehörden zu bestimmen, auf die für die Ausführung des Wohngeldgesetzes zuständige oberste Landesbehörde übertragen. ³§ 69 des Ersten Buches Sozialgesetzbuch bleibt unberührt.

(2) ¹Der Entscheidung sind die Verhältnisse im Bewilligungszeitraum, die im Zeitpunkt der Antragstellung zu erwarten sind, zu Grunde zu legen. ²Treten nach dem Zeitpunkt der Antragstellung bis zur Bekanntgabe des Wohngeldbescheides Änderungen der Verhältnisse im Bewilligungszeitraum ein, sind sie grundsätzlich nicht zu berücksichtigen; Änderungen im Sinne des § 27 Abs. 1 und 2, § 28 Abs. 1 bis 3 oder § 43 sollen berücksichtigt werden. ³Satz 2 gilt für nach dem Zeitpunkt der Antragstellung bis zur Bekanntgabe des Wohngeldbescheides zu erwartende Änderungen entsprechend.

(3) ¹Der Bewilligungsbescheid muss die in § 27 Abs. 3 Satz 1 Nr. 2 und 3 genannten Beträge ausweisen und einen Hinweis über die Mitteilungspflichten nach § 27 Abs. 3 und 4 sowie § 28 Abs. 1 Satz 2 und Abs. 4 Satz 1 enthalten. ²Er soll einen Hinweis enthalten, dass der Wohngeldantrag für die Zeit nach Ablauf des Bewilligungszeitraums wiederholt werden kann.

(4) Für die Aufhebung eines Wohngeldbescheides, die Rückforderung zu erstattenden Wohngeldes sowie die Unterrichtung und den Hinweis nach § 28 Abs. 5 ist die Wohngeldbehörde zuständig, die den Wohngeldbescheid erlassen hat.

§ 25 Bewilligungszeitraum

(1) ¹Das Wohngeld soll für zwölf Monate bewilligt werden. ²Ist zu erwarten, dass sich die maßgeblichen Verhältnisse vor Ablauf von zwölf Monaten erheblich ändern, soll der Bewilligungszeitraum entsprechend verkürzt werden; im Einzelfall kann der Bewilligungszeitraum geteilt werden.

(2) ¹Der Bewilligungszeitraum beginnt am Ersten des Monats, in dem der Wohngeldantrag gestellt worden ist. ²Treten die Voraussetzungen für die Bewilligung des Wohngeldes erst in einem späteren Monat ein, beginnt der Bewilligungszeitraum am Ersten dieses Monats.

(3) ¹Der Bewilligungszeitraum beginnt am Ersten des Monats, von dem ab Leistungen im Sinne des § 7 Abs. 1 abgelehnt worden sind, wenn der Wohngeldantrag vor Ablauf des Kalendermonats gestellt wird, der auf die Kenntnis der Ablehnung folgt. ²Dies gilt entsprechend, wenn der Ausschluss nach § 8 Abs. 1 Satz 3 oder Abs. 2 als nicht erfolgt gilt. ³Ist ein Bewilligungsbescheid nach § 28 Abs. 3 unwirksam geworden, beginnt abweichend von den Sätzen 1 und 2 der Bewilligungszeitraum frühestens am Ersten des Monats, von dem an die Unwirksamkeit eingetreten ist.

(4) Der neue Bewilligungszeitraum im Fall des § 27 Abs. 1 Satz 2 beginnt am Ersten des Monats, von dem an die erhöhte Miete oder Belastung rückwirkend berücksichtigt wird, wenn der Antrag vor Ablauf des Kalendermonats gestellt wird, der auf die Kenntnis von der Erhöhung der Miete oder Belastung folgt.

(5) Der neue Bewilligungszeitraum im Fall des § 28 Abs. 3 beginnt am Ersten des Monats, an dem die Unwirksamkeit des Bewilligungsbescheides eintritt, wenn der Wohngeldantrag vor Ablauf des Kalendermonats gestellt wird, der auf die Kenntnis von der Unwirksamkeit folgt.

§ 26 Zahlung des Wohngeldes

(1) ¹Das Wohngeld ist an die wohngeldberechtigte Person zu zahlen. ²Es kann mit schriftlicher Einwilligung der wohngeldberechtigten Person oder, wenn dies im Einzelfall geboten ist, auch ohne deren Einwilligung, an ein anderes Haushaltsmitglied, an den Empfänger oder die Empfängerin der Miete oder in den Fällen des § 3 Abs. 1 Satz 2 Nr. 3 an den Leistungsträger im Sinne des § 12 des Ersten Buches Sozialgesetzbuch gezahlt werden. ³Wird das Wohngeld nach Satz 2 gezahlt, ist die wohngeldberechtigte Person hiervon zu unterrichten. ⁴Wird das Wohngeld an ein anderes Haushaltsmitglied gezahlt, ist es über die in § 27 Abs. 3 Satz 1 Nr. 2 und 3 genannten Beträge und seine Mitteilungspflichten nach § 27 Abs. 3 Satz 1 und § 28 Abs. 1 Satz 2 und Abs. 4 Satz 1 schriftlich zu unterrichten.

(2) ¹Das Wohngeld ist monatlich im Voraus auf ein Konto eines Haushaltsmitgliedes bei einem Geldinstitut im Inland zu zahlen. ²Ist ein solches Konto nicht vorhanden, kann das Wohngeld an den Wohnsitz der wohngeldberechtigten Person übermittelt werden; die dadurch veranlassten Kosten sollen vom Wohngeld abgezogen werden.

§ 27 Änderung des Wohngeldes

(1) ¹Das Wohngeld ist auf Antrag neu zu bewilligen, wenn sich im laufenden Bewilligungszeitraum
1. die Anzahl der zu berücksichtigenden Haushaltsmitglieder erhöht,
2. die zu berücksichtigende Miete oder Belastung um mehr als 15 Prozent erhöht oder
3. das Gesamteinkommen um mehr als 15 Prozent verringert

und sich dadurch das Wohngeld erhöht. ²Im Fall des Satzes 1 Nr. 2 ist das Wohngeld auch rückwirkend zu bewilligen, frühestens jedoch ab Beginn des laufenden Bewilligungszeitraums, wenn sich die zu berücksichtigende Miete oder Belastung rückwirkend um mehr als 15 Prozent erhöht hat. ³Satz 1 Nr. 3 ist auch anzuwenden, wenn sich das Gesamteinkommen um mehr als 15 Prozent verringert, weil sich die Anzahl der zu berücksichtigenden Haushaltsmitglieder verringert hat.

(2) ¹Über die Leistung des Wohngeldes ist von Amts wegen mit Wirkung vom Zeitpunkt der Änderung der Verhältnisse an neu zu entscheiden, wenn sich im laufenden Bewilligungszeitraum nicht nur vorübergehend
1. die Anzahl der zu berücksichtigenden Haushaltsmitglieder auf mindestens ein zu berücksichtigendes Haushaltsmitglied verringert; § 6 Abs. 2 bleibt unberührt,
2. die zu berücksichtigende Miete oder Belastung um mehr als 15 Prozent verringert; § 6 Abs. 2 bleibt unberührt, oder
3. das Gesamteinkommen um mehr als 15 Prozent erhöht

und dadurch das Wohngeld wegfällt oder sich verringert. ²Als Zeitpunkt der Änderung der Verhältnisse gilt im Fall des Satzes 1 Nr. 1 der Tag nach dem Auszug, im Fall des Satzes 1 Nr. 2 der Beginn des Zeitraums, für den sich die zu berücksichtigende Miete oder Belastung um mehr als 15 Prozent verringert, und im Fall des Satzes 1 Nr. 3 der Beginn des Zeitraums, für den das erhöhte Einkommen bezogen wird, das zu einer Erhöhung des Gesamteinkommens um mehr als 15 Prozent führt. ³Tritt die Änderung der Verhältnisse nicht zum Ersten eines Monats ein, ist mit Wirkung vom Ersten des nächsten Monats an zu entscheiden. ⁴Satz 1 Nr. 3 ist auch anzuwenden, wenn sich das Gesamteinkommen um mehr als 15 Prozent erhöht, weil sich die Anzahl der zu berücksichtigenden Haushaltsmitglieder erhöht hat. ⁵Als Zeitpunkt der Antragstellung im Sinne des § 24 Abs. 2 gilt der Zeitpunkt der Kenntnis der Wohngeldbehörde von den geänderten Verhältnissen.

(3) ¹Die wohngeldberechtigte Person und das Haushaltsmitglied, an welches das Wohngeld nach § 26 Abs. 1 Satz 2 gezahlt wird, müssen der Wohngeldbehörde unverzüglich mitteilen, wenn sich im laufenden Bewilligungszeitraum nicht nur vorübergehend
1. die Anzahl der zu berücksichtigenden Haushaltsmitglieder (§ 6 Abs. 1) auf mindestens ein zu berücksichtigendes Haushaltsmitglied verringert oder die Anzahl der vom Wohngeld ausgeschlossenen Haushaltsmitglieder (§§ 7 und 8 Abs. 1) erhöht,
2. die monatliche Miete (§ 9) oder die monatliche Belastung (§ 10) um mehr als 15 Prozent gegenüber der im Bewilligungsbescheid genannten Miete oder Belastung verringert oder
3. die Summe aus den monatlichen positiven Einkünften nach § 14 Abs. 1 und den monatlichen Einnahmen nach § 14 Abs. 2 aller zu berücksichtigenden Haushaltsmitglieder um mehr als 15 Prozent gegenüber dem im Bewilligungsbescheid genannten Betrag erhöht; dies gilt auch, wenn sich der Betrag um mehr als 15 Prozent erhöht, weil sich die Anzahl der zu berücksichtigenden Haushaltsmitglieder erhöht hat.

Wohngeldgesetz

² Die zu berücksichtigenden Haushaltsmitglieder sind verpflichtet, der wohngeldberechtigten Person und dem Haushaltsmitglied, an welches das Wohngeld nach § 26 Abs. 1 Satz 2 gezahlt wird, Änderungen ihrer monatlichen positiven Einkünfte nach § 14 Abs. 1 und ihrer monatlichen Einnahmen nach § 14 Abs. 2 mitzuteilen.

(4) Die Absätze 2 und 3 gelten entsprechend, wenn sich die Änderungen nach Absatz 2 Satz 1 und 4 und Absatz 3 Satz 1 auf einen abgelaufenen Bewilligungszeitraum beziehen, längstens für drei Jahre vor Kenntnis der wohngeldberechtigten Person oder der zu berücksichtigenden Haushaltsmitglieder von der Änderung der Verhältnisse; der Kenntnis steht die Nichtkenntnis infolge grober Fahrlässigkeit gleich.

§ 28 Unwirksamkeit des Bewilligungsbescheides und Wegfall des Wohngeldanspruchs

(1) ¹ Der Bewilligungsbescheid wird vom Ersten des Monats an unwirksam, in dem der Wohnraum, für den Wohngeld bewilligt ist, von keinem zu berücksichtigenden Haushaltsmitglied mehr genutzt wird; erfolgt die Nutzungsaufgabe nicht zum Ersten eines Monats, wird der Bewilligungsbescheid vom Ersten des nächsten Monats an unwirksam. ² Die wohngeldberechtigte Person und das Haushaltsmitglied, an welches das Wohngeld nach § 26 Abs. 1 Satz 2 gezahlt wird, müssen der Wohngeldbehörde unverzüglich mitteilen, dass der Wohnraum nicht mehr genutzt wird.

(2) ¹ Der Wohngeldanspruch fällt für den Monat weg, in dem das Wohngeld vollständig oder überwiegend nicht zur Bezahlung der Miete oder zur Aufbringung der Belastung verwendet wird (zweckwidrige Verwendung). ² Die zweckwidrige Verwendung gilt als wesentliche Änderung der Verhältnisse im Sinne des § 48 Abs. 1 Satz 1 und 2 des Zehnten Buches Sozialgesetzbuch. ³ Die Sätze 1 und 2 gelten nicht, soweit der Wohngeldanspruch Gegenstand einer Aufrechnung, Verrechnung oder Pfändung nach den §§ 51, 52, 54 und 55 des Ersten Buches Sozialgesetzbuch ist oder auf einen Leistungsträger im Sinne des § 12 des Ersten Buches Sozialgesetzbuch übergegangen ist.

(3) ¹ Der Bewilligungsbescheid wird von dem Zeitpunkt an unwirksam, ab dem ein zu berücksichtigendes Haushaltsmitglied nach den §§ 7 und 8 Abs. 1 vom Wohngeld ausgeschlossen ist. ² Im Fall des § 8 Abs. 1 Satz 3 bleibt der Bewilligungsbescheid unwirksam.

(4) ¹ Die wohngeldberechtigte Person und das Haushaltsmitglied, an welches das Wohngeld nach § 26 Abs. 1 Satz 2 gezahlt wird, müssen der Wohngeldbehörde unverzüglich mitteilen, wenn für ein zu berücksichtigendes Haushaltsmitglied ein Verwaltungsverfahren zur Feststellung von Grund und Höhe einer Leistung nach § 7 Abs. 1 oder Abs. 2 begonnen hat oder ein zu berücksichtigendes Haushaltsmitglied eine Leistung nach § 7 Abs. 1 empfängt. ² Die zu berücksichtigenden Haushaltsmitglieder sind verpflichtet, der wohngeldberechtigten Person und dem Haushaltsmitglied, an welches das Wohngeld nach § 26 Abs. 1 Satz 2 gezahlt wird, die in Satz 1 genannten Tatsachen mitzuteilen.

(5) Die wohngeldberechtigte Person ist von der Unwirksamkeit des Bewilligungsbescheides zu unterrichten und im Fall des Absatzes 3 auf die Antragsfrist nach § 25 Abs. 3 Satz 1 und 2 oder Abs. 5 hinzuweisen.

(6) Der Wohngeldanspruch ändert sich nur wegen der in § 27, den vorstehenden Absätzen 1 bis 3 oder § 43 Abs. 1 genannten Umstände.

§ 29 Haftung, Aufrechnung und Verrechnung

(1) Ist Wohngeld nach § 50 des Zehnten Buches Sozialgesetzbuch zu erstatten, haften neben der wohngeldberechtigten Person die volljährigen und bei der Berechnung des Wohngeldes berücksichtigten Haushaltsmitglieder als Gesamtschuldner.

(2) Die Wohngeldbehörde kann mit Ansprüchen auf Erstattung zu Unrecht erbrachten Wohngeldes abweichend von § 51 Abs. 2 des Ersten Buches Sozialgesetzbuch gegen Wohngeldansprüche statt bis zu deren Hälfte in voller Höhe aufrechnen.

(3) Die Wohngeldbehörde kann Ansprüche eines anderen Leistungsträgers abweichend von § 52 des Ersten Buches Sozialgesetzbuch mit der ihr obliegenden Wohngeldleistung verrechnen, soweit nach Absatz 2 die Aufrechnung zulässig ist.

§ 30 Rücküberweisung und Erstattung im Todesfall

(1) ¹ Wird der Bewilligungsbescheid nach § 28 Abs. 1 Satz 1 auf Grund eines Todesfalles unwirksam, gilt Wohngeld, das für die Zeit nach dem Tod des zu berücksichtigenden

Haushaltsmitgliedes auf ein Konto bei einem Geldinstitut im Inland überwiesen wurde, als unter Vorbehalt geleistet. ²Das Geldinstitut muss es der überweisenden Behörde oder der Wohngeldbehörde zurücküberweisen, wenn diese es als zu Unrecht geleistet zurückfordert. ³Eine Verpflichtung zur Rücküberweisung besteht nicht, soweit

1. über den entsprechenden Betrag bei Eingang der Rückforderung bereits anderweitig verfügt worden ist, es sei denn, die Rücküberweisung kann aus einem Guthaben erfolgen, oder
2. die Wohngeldbehörde das Wohngeld an den Empfänger oder die Empfängerin der Miete überwiesen hat.

⁴Das Geldinstitut darf den nach Satz 1 überwiesenen Betrag nicht zur Befriedigung eigener Forderungen verwenden.

(2) ¹Wird der Bewilligungsbescheid nach § 28 Abs. 1 Satz 1 auf Grund eines Todesfalles unwirksam und ist Wohngeld weiterhin geleistet worden, sind mit Ausnahme des Empfängers oder der Empfängerin der Miete folgende Personen verpflichtet, der Wohngeldbehörde den entsprechenden Betrag zu erstatten:

1. Personen, die das Wohngeld unmittelbar in Empfang genommen haben,
2. Personen, auf deren Konto der entsprechende Betrag durch ein banküblichen Zahlungsgeschäft weitergeleitet wurde, und
3. Personen, die über den entsprechenden Betrag verfügungsberechtigt sind und ein bankübliches Zahlungsgeschäft zu Lasten des Kontos vorgenommen oder zugelassen haben.

²Der Erstattungsanspruch ist durch Verwaltungsakt geltend zu machen. ³Ein Geldinstitut, das eine Rücküberweisung mit dem Hinweis abgelehnt hat, dass über den entsprechenden Betrag bereits anderweitig verfügt wurde, muss der überweisenden Behörde oder der Wohngeldbehörde auf Verlangen Name und Anschrift der in Satz 1 Nr. 2 und 3 genannten Personen und etwaiger neuer Kontoinhaber oder Kontoinhaberinnen benennen. ⁴Ein Anspruch nach § 50 des Zehnten Buches Sozialgesetzbuch bleibt unberührt.

(3) Der Rücküberweisungs- und der Erstattungsanspruch verjähren in vier Jahren nach Ablauf des Kalenderjahres, in dem die Wohngeldbehörde Kenntnis von der Überzahlung erlangt hat.

§ 31 Rücknahme eines rechtswidrigen nicht begünstigenden Wohngeldbescheides

¹Wird ein rechtswidriger nicht begünstigender Wohngeldbescheid mit Wirkung für die Vergangenheit zurückgenommen, muss die Wohngeldbehörde längstens für zwei Jahre vor der Rücknahme Wohngeld leisten. ²Im Übrigen bleibt § 44 des Zehnten Buches Sozialgesetzbuch unberührt.

Teil 5. Kostentragung und Datenabgleich

§ 32 Erstattung des Wohngeldes durch den Bund

Wohngeld nach diesem Gesetz, das von einem Land gezahlt worden ist, ist diesem zur Hälfte vom Bund zu erstatten.

§ 33 Datenabgleich

(1) ¹Die Wohngeldbehörde ist verpflichtet, auf Verlangen

1. der zuständigen Behörde für die Erhebung der Ausgleichszahlung nach dem Gesetz über den Abbau der Fehlsubventionierung im Wohnungswesen und den hierzu erlassenen landesrechtlichen Vorschriften und
2. der jeweils zuständigen Behörde nach entsprechenden Gesetzen der Länder

diesen Behörden mitzuteilen, ob der betroffene Wohnungsinhaber Wohngeld erhält. ²Maßgebend hierfür ist der Zeitraum, der zwischen dem Zeitpunkt nach § 3 Abs. 2 des Gesetzes über den Abbau der Fehlsubventionierung im Wohnungswesen und den hierzu erlassenen landesrechtlichen Vorschriften oder nach entsprechenden Gesetzen der Länder und der Erteilung des Bescheides über die Ausgleichszahlung liegt.

(1 a) Die Wohngeldbehörde darf vor der Entscheidung über den Wohngeldantrag eine Abfrage nach den §§ 101 bis 103 des Vierten Buches Sozialgesetzbuch vornehmen.

Wohngeldgesetz

(2) ¹Die Wohngeldbehörde darf, um die rechtswidrige Inanspruchnahme von Wohngeld zu vermeiden oder aufzudecken, die Haushaltsmitglieder regelmäßig durch einen Datenabgleich daraufhin überprüfen,
1. ob und für welche Zeiträume Leistungen nach § 7 Abs. 1 beantragt oder empfangen werden oder wurden oder ein Ausschlussgrund nach § 7 Abs. 2, Abs. 3 oder § 8 Abs. 1 vorliegt oder vorlag,
2. ob und welche Daten nach § 45 d Abs. 1 und § 45 e des Einkommensteuergesetzes dem Bundeszentralamt für Steuern übermittelt worden sind,
3. ob und für welche Zeiträume bereits Wohngeld beantragt oder empfangen wird oder wurde,
4. ob und von welchem Zeitpunkt an die Bundesagentur für Arbeit die Leistung von Arbeitslosengeld eingestellt hat,
5. ob und von welchem Zeitpunkt an ein zu berücksichtigendes Haushaltsmitglied in der Wohnung, für die Wohngeld geleistet wurde, nicht mehr gemeldet ist oder seinen Wohnungsstatus geändert hat,
6. ob und für welche Zeiträume eine Versicherungspflicht im Sinne des § 2 Abs. 1 des Vierten Buches Sozialgesetzbuch oder eine geringfügige Beschäftigung besteht oder bestand und entsprechende Daten an die Datenstelle der Träger der Rentenversicherung (Datenstelle) und die Minijob-Zentrale der Deutschen Rentenversicherung Knappschaft-Bahn-See übermittelt worden sind,
7. ob, in welcher Höhe und für welche Zeiträume Leistungen der Renten- und Unfallversicherungen durch die Deutsche Post AG oder die Deutsche Rentenversicherung Knappschaft-Bahn-See gezahlt worden sind.
²Richtet sich eine Überprüfung auf einen abgelaufenen Bewilligungszeitraum, ist diese bis zum Ablauf von zehn Jahren nach Bekanntgabe des zugehörigen Bewilligungsbescheides zulässig.

(3) ¹Zur Durchführung des Datenabgleichs dürfen nur
1. Name, Vorname (Rufname), Geburtsname,
2. Geburtsdatum, Geburtsort,
3. Anschrift,
4. Tatsache des Wohngeldantrages und des Wohngeldempfangs,
5. Zeitraum des Wohngeldempfangs und
6. Geschlecht

an die in Absatz 1 Satz 1 und Absatz 2 Satz 1 Nr. 2, 4, 6 und 7 genannten Stellen und die für die Leistungen nach Absatz 2 Satz 1 Nr. 1 und 3 sowie die für die Meldedaten nach Absatz 2 Satz 1 Nr. 5 zuständigen Stellen übermittelt werden. ²Die Daten, die der Wohngeldbehörde oder der sonst nach Landesrecht für den Datenabgleich zuständigen oder von der Landesregierung durch Rechtsverordnung oder auf sonstige Weise für den Datenabgleich bestimmten Stelle übermittelt werden, dürfen nur für den Zweck der Überprüfung nach den Absätzen 1 und 2 genutzt werden. ³Die übermittelten Daten, bei denen die Überprüfung zu keinen abweichenden Feststellungen führt, sind unverzüglich zu löschen oder zu vernichten. ⁴Die Betroffenen sind von der Wohngeldbehörde auf die Datenübermittlung hinzuweisen.

(4) ¹Die in Absatz 2 Satz 1 Nr. 2, 4, 6 und 7 genannten und die für die Leistungen nach Absatz 2 Satz 1 Nr. 1 und 3 sowie die für Meldedaten nach Absatz 2 Satz 1 Nr. 5 zuständigen Stellen führen den Datenabgleich durch und übermitteln die Daten über Feststellungen im Sinne des Absatzes 2 an die Wohngeldbehörde oder die sonst nach Landesrecht für den Datenabgleich zuständige oder von der Landesregierung durch Rechtsverordnung oder auf sonstige Weise für den Datenabgleich bestimmte Stelle oder über eine dieser Stellen an die Wohngeldbehörde. ²Die jenen Stellen überlassenen Daten und Datenträger sind nach Durchführung des Datenabgleichs unverzüglich zurückzugeben, zu löschen oder zu vernichten.

(5) ¹Der Datenabgleich nach den Absätzen 1 und 2 ist auch in automatisierter Form zulässig. ²Hierzu dürfen die erforderlichen Daten nach den Absätzen 1 bis 3 auch der Datenstelle als Vermittlungsstelle übermittelt werden. ³Die Datenstelle darf die nach den Absätzen 1 bis 3 übermittelten Daten speichern, nutzen und an die in Absatz 2 Satz 1 Nr. 2, 4, 6 und 7 genannten Stellen weiter übermitteln, soweit dies für den Datenabgleich nach den Absätzen 1 und 2 erforderlich ist. ⁴Die Datenstelle darf die Daten der Stammsatzdatei im Sinne des § 150 des Sechsten Buches Sozialgesetzbuch und der bei ihr für die Prüfung bei den Arbeitgebern geführten Datei im Sinne des § 28p Abs. 8 Satz 2 des Vierten Buches Sozialgesetzbuch nutzen, soweit dies für den Datenabgleich nach den Absätzen 1 und 2 erforderlich ist. ⁵Die Datenstelle gleicht die übermittelten Daten ab und

leitet Feststellungen im Sinne des Absatzes 2 an die übermittelnde Wohngeldbehörde oder die sonst nach Landesrecht für den Datenabgleich zuständige oder von der Landesregierung durch Rechtsverordnung oder auf sonstige Weise für den Datenabgleich bestimmte Stelle oder über eine dieser Stellen an die übermittelnde Wohngeldbehörde zurück. ⁶Die nach Satz 3 bei der Datenstelle gespeicherten Daten sind unverzüglich nach Abschluss der Datenabgleiche zu löschen. ⁷Bei einer Weiterübermittlung der Daten nach Satz 3 gilt Absatz 4 für die in Absatz 2 Satz 1 Nr. 2, 4, 6 und 7 genannten Stellen entsprechend.

(6) ¹Die Landesregierung kann ihre Befugnis, eine Stelle für den Datenabgleich zu bestimmen (Absatz 3 Satz 2, Absatz 4 Satz 1 und Absatz 5 Satz 5), auf die für die Ausführung des Wohngeldgesetzes zuständige oberste Landesbehörde übertragen. ² § 69 des Ersten Buches Sozialgesetzbuch bleibt unberührt.

(7) Die Landesregierungen werden ermächtigt, durch Rechtsverordnung die Einzelheiten des Verfahrens des automatisierten Datenabgleichs und die Kosten des Verfahrens zu regeln, solange und soweit nicht die Bundesregierung von der Ermächtigung nach § 38 Nr. 3 Gebrauch gemacht hat.

Teil 6. Wohngeldstatistik

§ 34 Zweck der Wohngeldstatistik, Auskunfts- und Hinweispflicht

(1) Über die Anträge und Entscheidungen nach diesem Gesetz sowie über die persönlichen und sachlichen Verhältnisse der wohngeldberechtigten Personen, die für die Berechnung des regionalen Mietenniveaus (§ 12 Abs. 3 und 4), den Wohngeld- und Mietenbericht (§ 39), die Beurteilung der Auswirkungen dieses Gesetzes und dessen Fortentwicklung erforderlich sind, ist eine Bundesstatistik zu führen.

(2) ¹Für die Erhebung sind die Wohngeldbehörden auskunftspflichtig. ²Die Angaben der in § 23 Abs. 1 bis 3 bezeichneten Personen dienen zur Ermittlung der statistischen Daten im Rahmen der Erhebungsmerkmale (§ 35).

(3) Die wohngeldberechtigte Person ist auf die Verwendung der auf Grund der Bearbeitung bekannten Daten für die Wohngeldstatistik und auf die Möglichkeit der Übermittlung nach § 36 Abs. 2 Satz 2 hinzuweisen.

§ 35 Erhebungsmerkmale

(1) Erhebungsmerkmale sind

1. die Art des Wohngeldantrages und der Entscheidung;
2. der Betrag des im Berichtszeitraum gezahlten Wohngeldes;
3. der Beginn und das Ende des Bewilligungszeitraums nach Monat und Jahr; die Art und die Höhe des monatlichen Wohngeldes;
4. die Beteiligung der wohngeldberechtigten Person am Erwerbsleben, ihre Stellung im Beruf, die Anzahl der bei der Berechnung des Wohngeldes zu berücksichtigenden Haushaltsmitglieder, für die Kindergeld nach dem Einkommensteuergesetz oder dem Bundeskindergeldgesetz oder eine in § 65 Abs. 1 Satz 1 des Einkommensteuergesetzes genannte Leistung gewährt wird, und die Zahl der zu berücksichtigenden Haushaltsmitglieder; ist mindestens ein Haushaltsmitglied vom Wohngeld ausgeschlossen, sind auch die Gesamtzahl der Haushaltsmitglieder und die Zahl der vom Wohngeld ausgeschlossenen Haushaltsmitglieder Erhebungsmerkmale;
5. das Geschlecht der wohngeldberechtigten Person;
6. der bei der Berechnung des Wohngeldes berücksichtigte Höchstbetrag für Miete und Belastung (§ 12 Abs. 1), im Fall des § 11 Abs. 3 der Anteil des Höchstbetrages, der dem Anteil der zu berücksichtigenden Haushaltsmitglieder an der Gesamtzahl der Haushaltsmitglieder entspricht;
7. die Wohnverhältnisse der zu berücksichtigenden Haushaltsmitglieder nach Größe der Wohnung, nach Höhe der monatlichen Miete oder Belastung, im Fall des § 10 Abs. 2 Satz 2 die Belastung aus Zinsen und Tilgung, nach öffentlicher Förderung der Wohnung oder Förderung nach dem Wohnraumförderungsgesetz oder entsprechenden Gesetzen der Länder, der Grund der Wohngeldberechtigung (§ 3 Abs. 1 bis 3) sowie die Gemeinde und deren Mietenstufe (§ 12); ist mindestens ein Haushaltsmitglied vom Wohngeld ausgeschlossen, sind die Größe der Wohnung und die Höhe der monatlichen Miete oder Belastung kopfteilig zu erheben;
8. die Summe der positiven Einkünfte im Sinne des § 2 Abs. 1 und 2 des Einkommensteuergesetzes zuzüglich der Einnahmen nach § 14 Abs. 2 der zu berücksichti-

Wohngeldgesetz WoGG 160

genden Haushaltsmitglieder nach Art und Höhe, die Beträge und Umstände nach § 14 Abs. 3 und den §§ 16 bis 18 sowie das monatliche Gesamteinkommen; im Fall einer nach den §§ 7 und 8 Abs. 1 vom Wohngeld ausgeschlossenen wohngeldberechtigten Person ist die Art der beantragten oder empfangenen Leistung nach § 7 Abs. 1 Erhebungsmerkmal;
9. der Monat und das Jahr der Berechnung des Wohngeldes und die angewandte Gesetzesfassung;
10. die Höhe des nach § 44 geleisteten einmaligen zusätzlichen Wohngeldbetrages nach der Anzahl der nach § 44 zu berücksichtigenden Personen.

(2) Hilfsmerkmale sind der Name und die Anschrift der auskunftspflichtigen Wohngeldbehörde.

(3) ¹Zur Prüfung der Richtigkeit der Statistik dienen Wohngeldnummern, die keine Angaben über persönliche oder sachliche Verhältnisse der wohngeldberechtigten Personen sowie der in § 23 Abs. 1 bis 3 bezeichneten Personen enthalten oder einen Rückschluss auf solche zulassen. ²Die Wohngeldnummern sind spätestens nach Ablauf von fünf Jahren seit dem Zeitpunkt, zu dem die Erhebung durchgeführt worden ist (§ 36 Abs. 1), zu löschen.

§ 36 Erhebungszeitraum, Zusatz- und Sonderaufbereitungen

(1) ¹Die Erhebung der Angaben nach § 35 Abs. 1 ist vierteljährlich für das jeweils abgelaufene Kalendervierteljahr durchzuführen. ²Die statistischen Landesämter stellen dem Statistischen Bundesamt unverzüglich nach Ablauf des Berichtszeitraums oder zu dem in der Rechtsverordnung nach § 38 angegebenen Zeitpunkt folgende Angaben zur Verfügung:
1. vierteljährlich
   a) für den Berichtszeitraum die Angaben nach § 35 Abs. 1 Nr. 1 bis 3;
   b) für den vergleichbaren Berichtszeitraum des vorausgehenden Kalenderjahres die Angaben nach § 35 Abs. 1 Nr. 1 und 3 unter Berücksichtigung der rückwirkenden Entscheidungen aus den folgenden zwölf Monaten;
2. jährlich die Angaben nach § 35 Abs. 1 Nr. 3 bis 9 für den Monat Dezember unter Berücksichtigung der rückwirkenden Entscheidungen aus dem folgenden Kalendervierteljahr.

(2) ¹Einzelangaben nach § 35 Abs. 1 aus einer Zufallsstichprobe mit einem Auswahlsatz von 25 Prozent der wohngeldberechtigten Personen sind dem Statistischen Bundesamt jährlich unverzüglich nach Ablauf des Berichtszeitraums für Zusatzaufbereitungen zur Verfügung zu stellen. ²Für diesen Zweck dürfen die Einzelangaben, bei denen Wohn- und Wirtschaftsgemeinschaften mit mehr als fünf zu berücksichtigenden Haushaltsmitgliedern in einer Gruppe zusammenzufassen sind, ohne Wohngeldnummer auch dem Bundesministerium für Verkehr, Bau und Stadtentwicklung oder, wenn die Aufgabe der Zusatzaufbereitung an das Bundesamt für Bauwesen und Raumordnung übertragen worden ist, an dieses übermittelt werden. ³Bei der empfangenden Stelle ist eine Organisationseinheit einzurichten, die räumlich, organisatorisch und personell von anderen Aufgabenbereichen zu trennen ist. ⁴Die in dieser Organisationseinheit tätigen Personen müssen Amtsträger oder für den öffentlichen Dienst besonders Verpflichtete sein. ⁵Sie dürfen aus ihrer Tätigkeit gewonnene Erkenntnisse nur für Zwecke des § 34 Abs. 1 verwenden. ⁶Die nach Satz 2 übermittelten Einzelangaben dürfen nicht mit anderen Daten zusammengeführt werden.

(3) Auf Anforderung stellen die statistischen Landesämter die von ihnen erfassten Einzelangaben dem Statistischen Bundesamt für Sonderaufbereitungen des Bundes zur Verfügung.

Teil 7. Schlussvorschriften

§ 37 Bußgeld

(1) Ordnungswidrig handelt, wer vorsätzlich oder leichtfertig
1. entgegen § 23 Abs. 1 bis 3 eine Auskunft nicht, nicht richtig, nicht vollständig oder nicht rechtzeitig gibt oder
2. entgegen § 27 Abs. 3 Satz 1, auch in Verbindung mit Abs. 4, oder § 28 Abs. 1 Satz 2 oder Abs. 4 Satz 1 eine Änderung in den Verhältnissen, die für den Wohngeldanspruch erheblich ist, nicht, nicht richtig, nicht vollständig oder nicht rechtzeitig mitteilt.

(2) Die Ordnungswidrigkeit kann mit einer Geldbuße bis zu zweitausend Euro geahndet werden.

(3) Verwaltungsbehörden im Sinne des § 36 Abs. 1 Nr. 1 des Gesetzes über Ordnungswidrigkeiten sind die Wohngeldbehörden.

§ 38 Verordnungsermächtigung

Die Bundesregierung wird ermächtigt, durch Rechtsverordnung mit Zustimmung des Bundesrates
1. nähere Vorschriften zur Durchführung dieses Gesetzes über die Ermittlung
   a) der zu berücksichtigenden Miete oder Belastung (§§ 9 bis 12) und
   b) des Einkommens (§§ 13 bis 18)
   zu erlassen, wobei pauschalierende Regelungen getroffen werden dürfen, soweit die Ermittlung im Einzelnen nicht oder nur mit unverhältnismäßig großen Schwierigkeiten möglich ist;
2. die Mietenstufen für Gemeinden festzulegen (§ 12);
3. die Einzelheiten des Verfahrens des automatisierten Datenabgleichs und die Kosten des Verfahrens (§ 33) zu regeln.

§ 39 Wohngeld- und Mietenbericht

Die Bundesregierung berichtet dem Deutschen Bundestag alle vier Jahre bis zum 30. Juni über die Durchführung dieses Gesetzes und über die Entwicklung der Mieten für Wohnraum.

§ 40 Einkommen bei anderen Sozialleistungen

Das einer vom Wohngeld ausgeschlossenen wohngeldberechtigten Person bewilligte Wohngeld ist bei Sozialleistungen nicht als deren Einkommen zu berücksichtigen.

§ 41 Auswirkung von Rechtsänderungen auf die Wohngeldentscheidung

(1) Ist im Zeitpunkt des Inkrafttretens von Änderungen dieses Gesetzes oder der Wohngeldverordnung über einen Wohngeldantrag noch nicht entschieden, ist für die Zeit bis zum Inkrafttreten der Änderungen nach dem bis dahin geltenden Recht, für die darauf folgende Zeit nach dem neuen Recht zu entscheiden.

(2) Ist vor dem Inkrafttreten von Änderungen dieses Gesetzes oder der Wohngeldverordnung über einen Wohngeldantrag entschieden worden, verbleibt es für die Leistung des Wohngeldes auf Grund dieses Antrages bei der Anwendung des jeweils bis zu der Entscheidung geltenden Rechts.

Teil 8. Überleitungsvorschriften

§ 42 Gesetz zur Neuregelung des Wohngeldrechts und zur Änderung des Sozialgesetzbuches

(1) ¹Ist bis zum 31. Dezember 2008 über einen Wohngeldantrag, einen Antrag nach § 29 Abs. 1 oder Abs. 2 des Wohngeldgesetzes in der bis zum 31. Dezember 2008 geltenden Fassung oder in einem Verfahren nach § 29 Abs. 3 des Wohngeldgesetzes in der bis zum 31. Dezember 2008 geltenden Fassung noch nicht entschieden worden, ist für die Zeit bis zum 31. Dezember 2008 nach dem bis dahin geltenden Recht, für die darauf folgende Zeit nach dem neuen Recht zu entscheiden. ²Ist in den Fällen des Satzes 1 das ab dem 1. Januar 2009 zu bewilligende Wohngeld geringer als das für Dezember 2008 zu bewilligende Wohngeld, verbleibt es auch für den Teil des Bewilligungszeitraums ab dem 1. Januar 2009 bei diesem Wohngeld; § 24 Abs. 2 und § 27 Abs. 2 bleiben unberührt.

(2) ¹Ist Wohngeld vor dem 1. Januar 2009 bewilligt worden und liegt mindestens ein Teil des Bewilligungszeitraums im Jahr 2009, ist von Amts wegen über die Leistung des Wohngeldes für den nach dem 31. Dezember 2008 liegenden Teil des Bewilligungszeitraums unter Anwendung des ab dem 1. Januar 2009 geltenden Rechts nach Ablauf des Bewilligungszeitraums schriftlich neu zu entscheiden; ergibt sich kein höheres Wohngeld, verbleibt es bei dem bereits bewilligten Wohngeld. ²In den Fällen des Satzes 1 sind bei

der Entscheidung abweichend von § 24 Abs. 2 die tatsächlichen Verhältnisse im Zeitraum, für den über die Leistung des Wohngeldes rückwirkend neu zu entscheiden ist, zu Grunde zu legen. ³Die §§ 29 und 30 des Wohngeldgesetzes in der bis zum 31. Dezember 2008 geltenden Fassung und die §§ 27 und 28 bleiben unberührt. ⁴Liegt das Ende des Bewilligungszeitraums, über den nach Satz 1 neu zu entscheiden ist, nach dem 31. März 2009, kann eine angemessene vorläufige Zahlung geleistet werden.

(3) Ist über einen nach dem 31. Dezember 2008 gestellten Wohngeldantrag, einen Antrag nach § 27 Abs. 1 oder in einem Verfahren nach § 27 Abs. 2 zu entscheiden und beginnt der Bewilligungszeitraum vor dem 1. Januar 2009, ist Absatz 1 entsprechend anzuwenden.

(4) ¹Wären bei einer Entscheidung nach den Absätzen 1 und 3 Haushaltsmitglieder nach § 6 zu berücksichtigen, die in einem anderen Bescheid für denselben Wohnraum bereits als zum Haushalt rechnende Familienmitglieder berücksichtigt worden sind, bleibt dieser andere Bescheid von der Entscheidung nach den Absätzen 1 und 3 unberührt. ²Bei der Entscheidung nach den Absätzen 1 und 3 ist das Wohngeld ohne die Haushaltsmitglieder nach Satz 1 und unter entsprechender Anwendung des § 11 Abs. 3 zu berechnen. ³Die Fälle der Sätze 1 und 2 gelten als erhebliche Änderung der maßgeblichen Verhältnisse nach § 25 Abs. 1 Satz 2.

(5) ¹Bei Wohn- und Wirtschaftsgemeinschaften von Personen, welche die Voraussetzungen nach § 4 des Wohngeldgesetzes in der bis zum 31. Dezember 2008 geltenden Fassung nicht erfüllen und keinen gemeinsamen Wohngeldbescheid erhalten haben, ist bei der Entscheidung nach Absatz 2 rückwirkend das Wohngeld gemeinsam zu berechnen, wenn die Voraussetzungen nach den §§ 5 und 6 Abs. 1 erfüllt werden. ²Enden die Bewilligungszeiträume in den Fällen des Satzes 1 nicht gleichzeitig, ist abweichend von Absatz 2 Satz 1 Halbsatz 1 nach dem Ende des zuletzt ablaufenden Bewilligungszeitraums für alle zu berücksichtigenden Haushaltsmitglieder nach § 6 einheitlich neu zu entscheiden. ³Beträgt der Zeitraum zwischen dem Ende des zuerst ablaufenden Bewilligungszeitraums und dem Ende des zuletzt ablaufenden Bewilligungszeitraums mehr als drei Monate, ist auf Antrag eine angemessene vorläufige Zahlung zu leisten.

§ 43 Weitergeltung bisherigen Rechts

(1) ¹Ist nach dem 31. Dezember 2000 bis zum 14. Juli 2005 über einen Wohngeldantrag entschieden worden, liegt der Bewilligungszeitraum mindestens teilweise in der Zeit vom 1. Januar 2001 bis 31. Dezember 2004 und ergibt sich auf Grund der §§ 10 a und 10 b des Wohngeldgesetzes in der bis zum 31. Dezember 2008 geltenden Fassung eine Änderung des Wohngeldes oder im Fall einer früheren Ablehnung ein Wohngeldanspruch, ist über die Leistung des Wohngeldes von Amts wegen unter Aufhebung des bisherigen Wohngeldbescheides vom Zeitpunkt der rückwirkenden Änderung an neu zu entscheiden; § 31 ist nicht anzuwenden. ²Der Wohngeldbescheid ist in dem Umfang nicht aufzuheben, in dem sich der dem Wohngeldempfänger oder der Wohngeldempfängerin gewährte Hilfe in besonderen Lebenslagen nach dem Bundessozialhilfegesetz wegen des auf Grund des Bescheides geleisteten Wohngeldes verringert hat. ³Für die Neuentscheidung kann ein einziger Bewilligungszeitraum festgesetzt werden. ⁴Ein gestellter Wohngeldantrag ist in der Regel als bis zu dem Zeitpunkt der Neuentscheidung nach Satz 1 gestellt anzusehen.

(2) Die §§ 10 c und 40 Abs. 5 des Wohngeldgesetzes in der bis zum 31. Dezember 2008 geltenden Fassung sind weiterhin anzuwenden.

§ 44 Einmaliger zusätzlicher Wohngeldbetrag

(1) ¹Ist Wohngeld bewilligt worden und liegt mindestens ein Monat des Bewilligungszeitraums in der Zeit vom 1. Oktober 2008 bis zum 31. März 2009, ist von Amts wegen ein einmaliger zusätzlicher Wohngeldbetrag nach der Anzahl der zu berücksichtigenden Personen zu leisten. ²Zu berücksichtigende Personen im Sinne des Satzes 1 sind die zum Haushalt rechnenden Familienmitglieder im Sinne des § 4 des Wohngeldgesetzes in der bis zum 31. Dezember 2008 geltenden Fassung oder die zu berücksichtigenden Haushaltsmitglieder (§ 6). ³Der einmalige zusätzliche Wohngeldbetrag beträgt für

eine zu berücksichtigende Person	100 Euro,
zwei zu berücksichtigende Personen	130 Euro,
drei zu berücksichtigende Personen	155 Euro,
vier zu berücksichtigende Personen	180 Euro,
fünf zu berücksichtigende Personen	205 Euro und
jede weitere zu berücksichtigende Person zusätzlich	25 Euro.

(2) ¹Für die Berechnung des einmaligen zusätzlichen Wohngeldbetrages ist die Anzahl der zu berücksichtigenden Personen maßgebend, die bei der Wohngeldbewilligung im Sinne des Absatzes 1 Satz 1 zu Grunde gelegt wurde. ²Liegt der Wohngeldbewilligung für Oktober 2008 bis März 2009 eine unterschiedliche Anzahl der zu berücksichtigenden Personen zu Grunde, ist der erste Monat des Zeitraums Oktober 2008 bis März 2009 maßgebend, für den Wohngeld bewilligt wurde.

(3) ¹Der einmalige zusätzliche Wohngeldbetrag wird nur an den Wohngeldempfänger, ein zum Haushalt rechnendes Familienmitglied im Sinne des § 28 Abs. 1 Satz 1 und 2 des Wohngeldgesetzes in der bis zum 31. Dezember 2008 geltenden Fassung, die wohngeldberechtigte Person oder an ein anderes Haushaltsmitglied geleistet. ²Im Übrigen bleiben § 28 des Wohngeldgesetzes in der bis zum 31. Dezember 2008 geltenden Fassung und § 26 unberührt.

(4) ¹Wird nach der Leistung des einmaligen zusätzlichen Wohngeldbetrages der Wohngeldbescheid, welcher der Wohngeldbewilligung im Sinne des Absatzes 1 Satz 1 zu Grunde liegt, aufgehoben oder unwirksam, ist dieser Betrag abweichend von § 28 Abs. 6 nur zu erstatten, wenn für keinen der Monate Oktober 2008 bis März 2009 ein Wohngeldanspruch mehr besteht. ²Entfällt auf Grund der Aufhebung oder der Unwirksamkeit des Wohngeldbescheides nach Satz 1 der Wohngeldanspruch für den Monat, der für die Berechnung des einmaligen zusätzlichen Wohngeldbetrages nach Absatz 2 maßgebend war, und besteht der Wohngeldanspruch noch für mindestens einen der Monate Oktober 2008 bis März 2009, ist über die Leistung des einmaligen zusätzlichen Wohngeldbetrages nach Maßgabe der Absätze 1 und 2 neu zu entscheiden, wenn sich die Anzahl der zu berücksichtigenden Personen ändert. ³Ist Wohngeld vor dem 1. Januar 2009 bewilligt worden, liegt mindestens ein Teil des Bewilligungszeitraums in einem der Monate Januar bis März 2009 und wird der Wohngeldbescheid nach Satz 1 mindestens für die Monate Oktober bis Dezember 2008 aufgehoben oder unwirksam, bleibt für die Berechnung des einmaligen zusätzlichen Wohngeldbetrages die Zahl der zum Haushalt rechnenden Familienmitglieder nach § 4 des Wohngeldgesetzes in der bis zum 31. Dezember 2008 geltenden Fassung für den ersten Monat des Zeitraums Januar bis März 2009, für den Wohngeld bewilligt wurde, maßgebend. ⁴Satz 3 gilt auch, wenn bereits nach § 27 oder § 42 Abs. 2 oder Abs. 5 entschieden worden ist.

(5) Der einmalige zusätzliche Wohngeldbetrag ist bei Sozialleistungen, deren Zahlung von anderen Einkommen abhängig ist, nicht als Einkommen zu berücksichtigen.

Übersicht

	Rn.
A. Allgemeines	1
B. Anspruch auf Wohngeld	6
I. Voraussetzungen (§§ 2f. WoGG)	6
1. Überblick	6
2. Wohngeldberechtigung (§§ 2f. WoGG)	9
a) Wohngeldberechtigung beim Mietzuschuss (§ 3 Abs. 1 WoGG)	10
aa) Wohnraum (§ 2 WoGG)	11
bb) Natürliche Person	13
cc) Gebrauchsüberlassungsverhältnis i. S. v. § 3 Abs. 1 WoGG	14
dd) Selbstnutzung	15
b) Wohngeldberechtigung beim Mietzuschuss (§ 3 Abs. 2 WoGG)	16
aa) Natürliche Person	17
bb) Wohnraum	18
cc) Eigentum oder gleichgestelltes Verhältnis an dem Wohnraum	19
dd) Selbstnutzung	20
ee) Nicht nach § 3 Abs. 1 S. 2 Nr. 2 WoGG mietzuschussberechtigt	21
c) Bestimmung der wohngeldberechtigten Person (§ 3 Abs. 3 WoGG)	22
d) Wohngeld für Ausländer und Exterritoriale (§ 3 Abs. 5 WoGG)	23
3. Ausschluss des Wohngeldes (§§ 20, 21 WoGG)	25
a) Wehrpflichtige (§ 20 Abs. 1 S. 1 WoGG)	26
b) Zivildienstleistende (§ 20 Abs. 1 S. 3 WoGG)	27
c) BAföG-/BAB-Berechtigung aller Haushaltsmitglieder (§ 20 Abs. 2 S. 1 WoGG)	28
d) Wohngeldanspruch unter 10 Euro monatlich (§ 21 Abs. 1 WoGG)	29
e) Alle Haushaltsmitglieder vom Wohngeld ausgeschlossen (§ 21 Abs. 2 WoGG)	30
f) Missbräuchliche Inanspruchnahme des Wohngeldes (§ 21 Abs. 3 WoGG)	31
II. Leistungsinhalt	36
1. Anspruch auf Wohngeld	36

	Rn.
2. Berechnung und Höhe des Wohngeldes	37
a) Haushaltsmitglied	38
aa) Wohngeldberechtigte Person (§ 5 Abs. 1 S. 1 WoGG)	39
bb) Mitglieder der Wohn- und Wirtschaftsgemeinschaft der wohngeldberechtigten Person (§ 5 Abs. 1 S. 2 WoGG)	40
b) Zu berücksichtigende Aufwendungen (§§ 9–13 WoGG)	53
aa) Miete (§ 9 WoGG)	54
bb) Belastung (§ 10 WoGG)	58
cc) Zu berücksichtigende Miete und Belastung	60
dd) Höchstbetrag (§ 12 WoGG)	62
c) Zu berücksichtigendes Gesamteinkommen (§§ 13–18 WoGG)	63
aa) Berechnung des Einkommens für jedes Haushaltsmitglied (§§ 15 f. WoGG)	64
bb) Gesamtsumme der Jahreseinkommen	68
cc) Frei- und Abzugsbeträge von der Summe der Jahreseinkommen (§§ 17, 18 WoGG)	69
d) Minderung des Wohngeldes durch Aufrechnung oder Verrechnung (§ 29 Abs. 2, 3 WoGG)	70
3. Bewilligungszeitraum, Art und Zeitpunkt der Wohngeldgewährung (§§ 25, 26 WoGG)	72
C. Änderungen und Wegfall des Wohngeldes	73
I. Antrag auf Erhöhung des Wohngeldes (§ 27 Abs. 1 WoGG)	74
II. Verringerung oder Wegfall des Wohngeldes (§ 27 Abs. 2 WoGG)	75
III. Unwirksamkeit des Bewilligungsbescheides und Wegfall des Wohngeldes (§ 28 WoGG)	76
IV. Unwirksamkeit des Bewilligungsbescheides und Wegfall des Wohngeldes (§ 28 WoGG)	77
V. Haftung der Haushaltsmitglieder (§ 29 Abs. 1 WoGG)	80
VI. Rücküberweisung und Erstattung im Todesfall (§ 30 WoGG)	81
VII. Nachzahlung bei Rücknahme nach § 44 SGB X (§ 31 WoGG)	82
D. Zuständigkeit und Verfahren	83
E. Finanzierung des Wohngeldes (§ 32 WoGG)	87

A. Allgemeines

§ 7 Abs. 1 SGB I räumt jedem, der selbst keine ausreichenden Mittel für eine angemessene Wohnung hat, ein – allerdings nicht isoliert einklagbares (§ 2 Abs. 1 SGB I) – **soziales Recht auf Zuschuss für eine angemessene Wohnung** ein. **1**

Einzelheiten dieses sozialen Rechts legt das **WoGG** fest. Dieses bestimmt insbesondere die Voraussetzungen, die Höhe, das Verfahren und die Rückzahlung des Wohngeldes. Ergänzende Vorschriften enthält die **WoGV**. Zum Wohngeld hat die Bundesregierung allgemeine Verwaltungsvorschriften (**WoGVwV**) erlassen, die die Wohngeldbehörden, nicht aber die Verwaltungsgerichte binden. Da das WoGG in das SGB einbezogen ist (§ 68 Nr. 10), sind bei der Bearbeitung wohngeldrechtlicher Fälle ferner die Vorschriften des **SGB I** und des **SGB X** zu beachten, soweit im WoGG keine abweichende Regelung getroffen wurde (§ 37 S. 1 SGB I). **2**

Dass WoGG **soll sicherstellen,** dass jeder in einer angemessenen Wohnung leben kann (§ 1 Abs. 1 WoGG). Dies ist erforderlich, weil das Erwerbseinkommen nicht immer zur Finanzierung einer angemessenen Wohnung ausreicht. Das Wohngeld dient außerdem dem Familienleistungsausgleich (§ 1 Abs. 1 WoGG: „Sicherung ... familiengerechten Wohnens"; vgl. Igl/Welti § 65 Rn 2). **3**

Das Wohngeld wird als **Mietzuschuss** an Mieter und Bewohner mietähnlicher Wohnungen und als **Lastenzuschuss** an Bewohner von Eigenheim, Eigentumswohnung oder ähnlichen Wohnungen gezahlt (§ 1 Abs. 2 WoGG) **4**

Der Sicherung angemessenen Wohnraums dient nicht nur das Wohngeld, sondern auch die **Förderung des sozialen Wohnungsbaus**, die **steuerliche Förderung von Haus- und Wohnungseigentum** sowie die Berücksichtigung von angemessenen Unterkunftskosten beim **Arbeitslosengeld II**, beim **Sozialgeld**, bei der **Hilfe zum Lebensunterhalt** und bei der **Grundsicherung im Alter und bei Erwerbsminderung**; zum Verhältnis des Wohngelds zu diesen Leistungen s. Rn. 47. **5**

B. Anspruch auf Wohngeld

I. Voraussetzungen (§§ 2 f. WoGG)

1. Überblick. Auf Wohngeld besteht ein **Rechtsanspruch,** wenn die nachfolgenden Voraussetzungen erfüllt sind. **6**

Formelle Voraussetzungen sind die Zuständigkeit der entscheidenden Behörde, ein ordnungsgemäßes Verfahren und die Entscheidung in der richtigen Form. Näher zu diesen Voraussetzungen die Rn. 83 ff. **7**

8   **Materielle Voraussetzungen** des Anspruchs sind
    Wohngeldberechtigung der antragstellenden Person (§ 3 WoGG) (s. Rn. 9 ff.)
    kein Ausschluss des Anspruches auf Wohngeld (s. Rn. 25 ff.)
    Antrag auf Wohngeld (s. Rn. 84).

9   **2. Wohngeldberechtigung** (§ 3 WoGG). Bei der Wohngeldberechtigung unterscheidet das WoGG zwischen Mietzuschuss und Lastenzuschuss (§ 3 Abs. 1, 2 WoGG). Je Haushalt ist nur eine Person wohngeldberechtigt (§ 3 Abs. 3 WoGG). Ausländer sind nur unter den einschränkenden Voraussetzungen des § 3 Abs. 5 WoGG wohngeldberechtigt.

10 **a) Wohngeldberechtigung beim Mietzuschuss (§ 3 Abs. 1 WoGG).** Beim Mietzuschuss sind natürliche Personen wohngeldberechtigt, die Wohnraum gemietet haben oder in einem gleichgestellten Gebrauchsüberlassungsverhältnis stehen und den Wohnraum selbst nutzen.

11 **aa) Wohnraum (§ 2 WoGG).** § 2 WoGG verlangt zunächst, dass der Raum vom Verfügungsberechtigten **zum Wohnen bestimmt** wurde. Verfügungsberechtigter ist insbesondere der Vermieter (vgl. Fröba, Ratgeber Wohngeld, 2009, S. 6). Nicht zum Wohnen bestimmt sind Geschäftsräume, gewerblich genutzte Flächen und Notunterkünfte (z. B. Schlafstellen, Sammellager, Turnhalle) (vgl. WoGVwV 2.01). Bei gemischter Zweckbestimmung (z. B. Wohnbüro) ist nur der zum Wohnen bestimmte Teil Wohnraum.

12 Weiter muss der Raum **tatsächlich** zum **Wohnen geeignet** sein. Dies beurteilt sich nach der baulichen Anlage und der Ausstattung. Die baurechtliche Zulässigkeit des Raums muss die Wohngeldbehörde nicht prüfen (vgl. 2.01 WoGVwV). Für Räume in Beherbergungsunternehmen, Übergangswohnheimen und Frauenhäusern kann nur ausnahmsweise Wohngeld gezahlt werden, wenn der Raum tatsächlich zum Wohnen geeignet, eigenes häusliches Wirtschaften möglich ist und der Raum für zumindest einen Monat überlassen wird (vgl. 2.01 WoGVwV).

13 **bb) Natürliche Person.** Mietzuschuss erhalten nur natürliche Personen. Juristische Personen und Personenvereinigungen sind nicht wohngeldberechtigt.

14 **cc) Gebrauchsüberlassungsverhältnis i. S. v. § 3 Abs. 1 WoGG.** Mietzuschussberechtigt sind Personen, die in einem der folgenden Gebrauchsüberlassungsverhältnisse stehen:
    – **Mieter** (§ 3 Abs. 1 S. 1 WoGG)**:** Zu den Mietern gehören auch Untermieter (vgl. 3.12 WoGVwV).
    – **Mietähnlich zur Nutzung Berechtigte** (§ 3 Abs. 1 S. 2 Nr. 1 WoGG): Kennzeichen des mietähnlichen Nutzungsverhältnisses ist das Recht zur gesonderten Nutzung der überlassenen Räume gegen die Zahlung eines Entgelts. Neben dem ausdrücklich benannten mietähnlichen Dauerwohnrecht sind mietähnliche Nutzungsverhältnisse das genossenschaftliche Nutzungsverhältnis, das Recht an einer Stiftungswohnung, das dingliche Wohnrecht, die Dienst- oder Werkswohnung (vgl. 3.13 WoGVwV).
    – **Bewohner von Wohnraum im eigenen mindestens drei Wohnungen umfassenden Haus** (§ 3 Abs. 1 S. 2 Nr. 2 WoGG): Hiermit wird sichergestellt, dass Personen, die keinen Lastenzuschuss für den Wohnraum erhalten können, Wohngeld gezahlt werden kann.
    – **Heimbewohner** (§ 3 Abs. 1 S. 2 Nr. 3 WoGG): Der Begriff des Heimes wird im WBVG und in landesrechtlichen Gesetzes definiert. Bewohner in einer Einrichtung des betreuten Wohnens sind dagegen nicht mietzuschussberechtigt; beachte aber Rn 10. Mietzuschussberechtigt ist nur, wer **dauerhaft** im Heim aufgenommen ist. Personen in Kurzzeitpflegeheimen erhalten deshalb keinen Mietzuschuss, weil diese nur vorübergehend in dem Heim untergebracht sind (vgl. insoweit BVerwG NDV 2006, 32).

15 **dd) Selbstnutzung.** Voraussetzung der Mietzuschussberechtigung ist schließlich, dass der Antragsteller den Wohnraum selbst nutzt.

16 **b) Wohngeldberechtigung beim Lastenzuschuss (§ 3 Abs. 2 WoGG).** Beim Lastenzuschuss sind natürliche Personen wohngeldberechtigt, die Eigentum am selbst genutzten Wohnraum haben oder in einem gleichgestellten Wohnverhältnis stehen und keinen Mietzuschuss erhalten.

17 **aa) Natürliche Person.** Die Ausführungen in Rn. 13 gelten entsprechend.

18 **bb) Wohnraum.** Die Ausführungen in Rn. 11 f. gelten entsprechend.

19 **cc) Eigentum oder gleichgestelltes Verhältnis an dem Wohnraum.** Lastenzuschussberechtigt sind
    – **Eigentümer von Wohnraum** (§ 3 Abs. 2 S. 1 WoGG)
    – **Erbbauberechtigte** (§ 3 Abs. 2 S. 2 Nr. 1 WoGG)
    – Inhaber eines **Dauerwohnrechts**, eines **Wohnungsrechts** oder eines **Nießbrauchs** (§ 3 Abs. 2 S. 2 Nr. 2 WoGG)
    – Inhaber eines Anspruchs auf Übertragung des **Eigentums**, **Erbbaurechts**, **eigentumsähnlichen Dauerwohnrechts oder** Nießbrauchs (§ 3 Abs. 2 S. 2 Nr. 3 WoGG).

20 **dd) Selbstnutzung.** Voraussetzung der Lastenzuschussberechtigung ist weiter, dass der Antragsteller den Wohnraum selbst nutzt.

ee) Nicht nach § 3 Abs. 1 S. 2 Nr. 2 WoGG mietzuschussberechtigt (§ 3 Abs. 2 S. 3 WoGG). Keinen Lastenzuschuss erhält, wer nach § 3 Abs. 1 S. 2 Nr. 2 WoGG einen Mietzuschuss beanspruchen kann. 21

c) Bestimmung der wohngeldberechtigten Person (§ 3 Abs. 3 WoGG). Wohngeld erhält die wohngeldberechtigte Person. Leben mehrere Personen in einer Wohnung, müssen sie die wohngeldbechtigte Person bestimmen (§ 3 Abs. 3 S. 2 WoGG). Zugunsten der antragstellenden Person wird vermutet, dass sie von den anderen Haushaltsmitgliedern zur wohngeldberechtigten Person bestimmt wurde (§ 22 Abs. 2 WoGG). Gehen mehrere Anträge wohngeldberechtigter Personen ein, ist die Person wohngeldberechtigt, die den Antrag zuerst gestellt hat (vgl. 22.21 WoGVwV). 22

d) Wohngeld für Ausländer und Exterritoriale (§ 3 Abs. 5 WoGG). Ausländer – dies sind Personen, die nicht die deutsche Staatsangehörigkeit besitzen (§ 2 Abs. 1 AufenthG) – erhalten nur Wohngeld, wenn sie sich mit einem der in § 3 Abs. 5 S. 1 WoGG aufgezählten ausländerrechtlichen Titel oder geduldet sich tatsächlich in der Bundesrepublik Deutschland aufhalten (§ 3 Abs. 5 S. 1 WoGG). 23

Exterritoriale erhalten kein Wohngeld (§ 3 Abs. 5 S. 2 WoGG). Zu den Exterritorialen gehören insbesondere Personen, bei denen das NATO-Truppenstatut anzuwenden ist, und Diplomaten (vgl. 3.51 WoGVwV). 24

3. Ausschluss des Wohngeldes (§§ 20, 21 WoGG). Der Anspruch auf Wohngeld ist in den in den §§ 20, 21 WoGG bestimmten Fällen ausgeschlossen. Daneben nehmen die §§ 7, 8 einzelne Haushaltsmitglieder von der Wohngeldberechtigung aus (s. Rn. 47). 25

a) Alleinstehende Wehrpflichtige (§ 20 Abs. 1 S. 1 WoGG). Alleinstehende Wehrpflichtige haben für die Dauer des Grundwehrdienstes keinen Anspruch auf Wohngeld. Dies gilt nicht, wenn die Mietbeihilfe nach § 7a USG abgelehnt wurde (§ 20 Abs. 1 S. 1 Hs. 2 WoGG). Wird der Wehrpflichtige während eines Wohngeldbewilligungszeitraums einberufen, erhält er bis zum Ende des Bewilligungszeitraumes Wohngeld (§ 20 Abs. 1 S. 2 Hs. 1 WoGG). 26

b) Zivildienstleistende (§ 20 Abs. 1 S. 3 WoGG). Da bei den Zivildienstleistenden das USG entsprechend anzuwenden ist (§ 78 Abs. 1 Nr. 2 ZDG), gelten die Ausführungen zu den Wehrpflichtigen bei diesen entsprechend. 27

c) BAföG-/BAB-Berechtigung aller Haushaltsmitglieder (§ 20 Abs. 2 S. 1 WoGG). Stehen allen Haushaltsmitgliedern Leistungen der Ausbildungsförderung nach dem BAföG oder den §§ 59 ff. SGB III (BAB) dem Grunde nach zu, besteht kein Anspruch auf Wohngeld (§ 20 Abs. 2 S. 1 WoGG). Wohngeldberechtigt sind sie dagegen, wenn sie die Leistung nur als Darlehen erhalten (§ 20 Abs. 2 S. 2 WoGG). Das Wohngeld ist auch dann ausgeschlossen, wenn ein dem Grunde nach bestehender Anspruch der Höhe nach nicht besteht (§ 20 Abs. 2 S. 3 WoGG). Wird die Ausbildung während des Wohngeldbewilligungszeitraumes aufgenommen, wird das Wohngeld bis zum Ende des Bewilligungszeitraumes weitergewährt (§ 20 Abs. 2 S. 4 Hs. 1 WoGG). 28

d) Wohngeldanspruch unter 10 Euro monatlich (§ 21 Abs. 1 WoGG). Der Wohngeldanspruch besteht nicht, wenn er monatlich weniger als 10 Euro betragen würde. 29

e) Alle Haushaltsmitglieder vom Wohngeld ausgeschlossen (§ 21 Abs. 2 WoGG). Ein Anspruch auf Wohngeld besteht ferner nicht, wenn alle Haushaltsmitglieder nach den §§ 7, 8 Abs. 1 WoGG vom Wohngeld ausgeschlossen sind (s. Rn. 47). 30

f) Missbräuchliche Inspruchnahme des Wohngeldes (§ 21 Abs. 3 WoGG). „Missbräuchliche Inanspruchnahme" liegt nach der Rechtsprechung vor (BVerwG 25. 9. 1992 – 8 C 66/90 u. a.), wenn 31
- eine Rechtsposition ausschließlich zu dem Zweck geschaffen wird, Wohngeld zu beziehen (WoGVwV 21.32 Abs. 1),
- die Unfähigkeit zur Bezahlung der Miete oder Belastung durch vorsätzliches Tun oder Unterlassen herbeigeführt wurde (WoGVwV 21.32 Abs. 1),
- ein Untermietverhältnis ausschließlich zu dem Zweck begründet wurde, einen Anspruch auf Wohngeld zu begründen oder zu erhöhen (WoGVwV 21.32 Abs. 2),
- den Haushaltsmitgliedern zugemutet werden kann, das Gesamteinkommen durch die Aufnahme einer Arbeit zu erhöhen (WoGVwV 21.34 Abs. 1),
- ein zu berücksichtigendes Haushaltsmitglied Unterhaltsansprüche nicht geltend macht und die Durchsetzung des Unterhaltsanspruches zumutbar ist (WoGVwV 21.34 Abs. 2).

Missbräuchlich ist die Inanspruchnahme von Wohngeld auch, wenn erhebliches Vermögen vorhanden ist. 32

Der **Begriff** des **Vermögens** wird im WoGG nicht definiert. Zum Vermögen wird alles gerechnet, was zu Beginn des Bewilligungszeitraumes bereits vorhanden ist (WoGVwV 21.36 Abs. 2). 33

Bei jedem Vermögensgegenstand ist zu prüfen, ob dieser **verwertbar** ist. Dies ist er, wenn er wirtschaftlich und rechtlich veräußerbar ist. Nicht verwertbar sind (WoGVwV 21.36 Abs. 3) 34
- Anwartschaften auf betriebliche Altersversorgung
- der Anspruch auf eine persönliche Leibrente.

35 Folgende Vermögensbestandteile sind beim Wohngeld **verschont** (WoGVwV 21.36 Abs. 4):
– Eigentum, Erbbaurecht, eigentumsähnliches Dauerwohnrecht, Wohnungsrecht, Nießbrauch an dem selbstgenutzten Wohnraum, für den das Wohngeld beansprucht wird
– aus öffentlichen Mitteln erbrachtes Vermögen zum Aufbau oder zur Sicherung einer Lebensgrundlage oder zur Gründung eines Hausstandes
– der Altersvorsorge dienendes Vermögen in Höhe des nach Bundesvermögen ausdrücklich als Altersvorsorge geförderten Vermögens und die Erträge hieraus,
– geldwerte Ansprüche, die der Altersvorsorge dienen Vermögen, wenn aufgrund vertraglicher Vereinbarung nicht vorzeitig auf das Vermögen zugegriffen werden kann, in Höhe von 500 € je vollendetem Lebensjahr, maximal 30.000 Euro.
– angemessener Hausrat
– ein angemessenes Kraftfahrzeug für jedes volljährige zu berücksichtigende Haushaltsmitglied
– Gegenstände, die für die Berufsausbildung oder eine Erwerbstätigkeit unentbehrlich sind
– Gegenstände, die der Befriedigung geistiger, insbesondere wissenschaftlicher oder künstlerischer Bedürfnisse dienen und kein Luxus sind.

II. Rechtsfolge

36 **1. Anspruch auf Wohngeld.** Sind die oben genannten Voraussetzungen erfüllt, besteht ein Anspruch auf Wohngeld.

37 **2. Berechnung und Höhe des Wohngeldes.** Die Wohngeldhöhe ist davon abhängig, wie viele Haushaltsmitglieder in dem Haushalt leben (s. Rn. 38 ff.), wie hoch die Miete oder die Belastung durch den Wohnraum ist (s. Rn. 53 ff.) und wie hoch das zu berücksichtigende Gesamteinkommen der Haushaltsmitglieder ist (s. Rn. 63 ff.) ist (§ 4 WoGG). Die Höhe des Wohngeldes wird mittels der Formel des § 19 Abs. 1 ermittelt. Bei Haushalten mit mehr als 12 Haushaltsmitgliedern gelten Besonderheiten (§ 19 Abs. 3 WoGG). Die Höhe des Wohngeldes kann in den Wohngeldtabellen abgelesen werden.

38 a) **Haushaltsmitglied.** Haushaltsmitglied ist die **wohngeldberechtigte Person** selbst und die **Personen**, die mit ihr in einer **Wohn- und Wirtschaftsgemeinschaft** (§ 5 Abs. 1 WoGG).

39 aa) **Wohngeldberechtigte Person (§ 5 Abs. 1 S. 1 WoGG).** Die wohngeldberechtigte Person ist Haushaltsmitglied, wenn ihr **Lebensmittelpunkt** in dem Wohnraum liegt, für den das Wohngeld gezahlt werden soll. Der Lebensmittelpunkt liegt in der Wohnung, die vorwiegend genutzt wird. Bei in Partnerschaft lebenden Personen ist die Wohnung der Lebensmittelpunkt in der Wohnung, in der die Familie oder die Partner überwiegend leben. Etwas anderes gilt bei Trennung. Der Lebensmittelpunkt minderjähriger Kinder liegt in der Wohnung des Personensorgeberechtigten. Indiz für den Lebensmittelpunkt ist die Meldung einer Wohnung als Hauptwohnsitz (WoGV 5.13).

40 bb) **Mitglieder der Wohn- und Wirtschaftsgemeinschaft der wohngeldberechtigten Person (§ 5 Abs. 1 S. 2 WoGG).** Haushaltsmitglied sind ferner folgende der Wohn- und Wirtschaftsgemeinschaft der wohngeldberechtigten Person angehörigen Personen:
– die/der nicht dauernd getrennt lebende/r **Ehegattin/Ehegatte** (§ 5 Abs. 1 S. 2 Nr. 1 WoGG)
– die/der nicht dauernd getrennt lebende/e **Lebenspartnerin/Lebenspartner** (§ 5 Abs. 1 S. 2 Nr. 2 WoGG)
– der/die Partner/in einer **Verantwortungs- und Einstehensgemeinschaft** (§ 5 Abs. 1 S. 2 Nr. 3 WoGG). Eine solche Gemeinschaft liegt vor, wenn der wechselseitige Wille anzunehmen ist, Verantwortung füreinander zu tragen und füreinander einzustehen (§ 5 Abs. 1 S. 2 Nr. 3 WoGG). Verantwortungs- und Einstehensgemeinschaften sind die eheähnliche Gemeinschaft und die lebenspartnerschaftsähnliche Gemeinschaft. Der wechselseitige Wille, füreinander einzustehen, wird in folgenden Fällen vermutet (§ 5 Abs. 2 WoGG i. V. m. § 7 Abs. 3a SGB II: die Partner leben länger als ein Jahr zusammen, die Partner leben mit einem Kind zusammen, ein/e Partner/in versorgt ein im Haushalt lebendes Kind oder Angehörigen des/der anderen Partner/in, ein/e Partner/in ist berechtigt, über das Einkommen und Vermögen des/r anderen Partners/in zu verfügen. Die Vermutung ist widerlegt, wenn die Partner nachweisen, dass zwischen ihnen keine Verantwortungs- und Einstehensgemeinschaft besteht. Keine Einstehens- und Verantwortungsgemeinschaft liegt i. d. R. vor bei Wohngemeinschaften von Auszubildenden, Senioren, behinderten und pflegebedürftigen Menschen und in therapeutischen Einrichtungen (WoGVwV 5.21).
– in gerader Linie oder im zweiten oder dritten Grad in der Seitenlinie **verwandtes oder verschwägertes Haushaltsmitglied** (§ 5 Abs. 1 S. 2 Nr. 4 WoGG). Verwandte der geraden Linie sind Urgroßeltern, Großeltern, Eltern, Kinder (leibliche, adoptierte, des/r Lebenspartners/in), Enkel, Urenkel. Verschwägerte sind die Schwiegereltern, Schwiegerkinder, Stiefkinder, Schwägerin und Schwager.
– **Pflegekind eines Haushaltsmitglieds** (§ 5 Abs. 1 S. 2 Nr. 5 WoGG). Pflegekind ist ein Kind, zu dem ein familienähnliches Verhältnis auf längere Dauer besteht und bei dem kein Obhuts- oder Pflegeverhältnis zu den leiblichen Eltern mehr besteht. Das Alter des Pflegekindes ist unerheblich.

– **Pflegemutter oder Pflegevater eines Haushaltsmitglieds** (§ 5 Abs. 1 S. 2 Nr. 6 WoGG). Dies sind Personen, die ein Pflegekind in ihren Haushalt aufgenommen haben.

Die genannten Personen müssen mit dem Wohnberechtigten in einer **Wohn- und Wirtschafts-** **41** **gemeinschaft** leben (§ 5 Abs. 1 S. 2 WoGG). Eine „**Wohngemeinschaft**" besteht, wenn die Wohnräume gemeinsam genutzt werden (§ 5 Abs. 3 S. 1 WoGG). Ist ein Raum zur ausschließlichen Nutzung eines Bewohners zugewiesen und werden nur Nebenräume gemeinsam genutzt (WG im umgangssprachlichen Sinne), handelt es sich nicht um eine Wohngemeinschaft. Keine Wohngemeinschaft besteht ferner, wenn ein Ehegatte oder Lebenspartner auf Dauer im Heim untergebracht wird (WoGVwV 5.31).

Eine „**Wirtschaftsgemeinschaft**" besteht, wenn sich die Haushaltsmitglieder ganz oder teilweise **42** gemeinsam mit ihrem häuslichen Bedarf versorgen (§ 5 Abs. 4 S. 1 WoGG). Das Vorliegen einer Wirtschaftsgemeinschaft wird bei Vorliegen einer Wohngemeinschaft widerlegbar vermutet (§ 5 Abs. 4 S. 2 WoGG). Diese Vermutung gilt auch bei familienfremden Personen und bei Untermietverhältnissen. Eine vorübergehende Abwesenheit aus der Wohnung ist unschädlich (z.B. studierende Kinder). Keine Wirtschaftsgemeinschaft besteht bei in der Wohnung getrennt lebenden Ehegatten (WoGVwV 5.41 Abs. 1).

Der Wohnraum, für den das Wohngeld beantragt wird, muss der **Lebensmittelpunkt** des Haus- **43** haltsmitglieds sein. Insoweit gelten die Ausführungen in Rn. 39 entsprechend.

Ausländer sind nur Haushaltsmitglied iSv. § 5 Abs. 1 S. 2 WoGG, wenn sie sich rechtmäßig oder ge- **44** duldet in der Bundesrepublik Deutschland aufhalten (§ 5 Abs. 5 WoGG i. V. m. § 3 Abs. 5 S. 1 WoGG) und nicht zu den Exterritorialen zu rechnen sind (§ 5 Abs. 5 WoGG i. V. m. § 3 Abs. 5 S. 2 WoGG).

Ein **Kind getrennt lebender Eltern mit gemeinsamem Sorgerecht** ist bei beiden Elternteilen **45** Haushaltsmitglied, wenn sie dem Kind zusätzlichen Wohnraum zur Verfügung stellen und sie das Kind zu annähernd **gleichen Anteilen** betreuen (§ 5 Abs. 6 S. 1 WoGG). Zusätzlicher Raum erfordert nicht zwingend, dass ein zusätzliches Zimmer vorgehalten wird (vgl. WoGVwV 5.61 Abs. 3). Der zusätzliche Raunm darf auch für andere Zwecke genutzt werden (Fröba, Ratgeber Wohngeld, 2009, S. 18). Eine Betreuung zu gleichen Anteilen liegt vor, wenn ein Elternteil zu mindestens 1/3 das Kind betreut (vgl. WoGVwV 5.61 Abs. 3). Betreuen die Eltern mehrere Kinder nicht zu annähernd gleichen Anteilen, ist nur das jüngste Kind Haushaltsmitglied des weniger betreuenden Elternteils (§ 5 Abs. 3 S. 2 WoGG). Für Pflegekinder getrennt lebender Pflegeeltern gelten diese Ausführungen entsprechend (§ 5 Abs. 3 S. 3).

Ein **verstorbenes Haushaltsmitglied** wird für 12 Monate nach dem Sterbemonat als Haushalts- **46** mitglied mitgerechnet (§ 6 Abs. 2 S. 1 WoGG). Nicht mitgezählt wird es, wenn die Wohnung nach dem Tod aufgegeben wurde, die Zahl der Haushaltsmitglieder sich nach dem Tod auf den Stand davor erhöht hat oder der auf den verstorbenen fallenden Anteil der Unterkunftskosten bei einer das Wohngeld ausschließenden Sozialleistung berücksichtigt wird (§ 6 Abs. 2 S. 2 WoGG).

Beim Wohngeld werden grundsätzlich **alle Haushaltsmitglieder berücksichtigt** (§ 6 Abs. 1 **47** WoGG). Nicht berücksichtigt werden Personen, die nach den §§ 7, 8 WoGG **ausgeschlossen** sind:
– Empfänger und Empfängerinnen von Arbeitslosengeld II und von Sozialgeld (§ 7 Abs. 1 S. 1 Nr. 1 WoGG). Dieser Ausschluss gilt auch dann, wenn das Arbeitslosengeld II oder das Sozialgeld als Vorschuss für die Leistungen der gesetzlichen Rentenversicherung nach § 25 SGB II erbracht werden (§ 7 Abs. 1 S. 1 Nr. 1 WoGG).
– Empfänger und Empfängerinnen von Unterkunftsleistungen nach § 22 Abs. 7 SGB II (§ 7 Abs. 1 S. 1 Nr. 2 WoGG).
– Empfänger und Empfängerinnen von Übergangsgeld nach § 21 Abs. 4 S. 1 SGB VI in Höhe des Arbeitslosengeldes II (§ 7 Abs. 1 S. 1 Nr. 3 WoGG). Wohngeld ist nur ausgeschlossen, wenn bei der Berechnung des Arbeitslosengeldes II Unterkunftskosten berücksichtigt worden sind (§ 7 Abs. 1 S. 2 WoGG).
– Empfänger und Empfängerinnen von Verletztengeld nach § 47 Abs. 2 SGB VII in Höhe des Arbeitslosengeldes II (§ 7 Abs. 1 S. 1 Nr. 4 WoGG). Wohngeld ist nur ausgeschlossen, wenn bei der Berechnung des Arbeitslosengeldes II Unterkunftskosten berücksichtigt worden sind (§ 7 Abs. 1 S. 2 WoGG).
– Empfänger und Empfängerinnen von Grundsicherung im Alter und bei Erwerbsminderung nach den §§ 41 ff. SGB XII (§ 7 Abs. 1 S. 1 Nr. 5 WoGG).
– Empfänger und Empfängerinnen von Hilfe zum Lebensunterhalt nach den §§ 27 SGB XII (§ 7 Abs. 1 S. 1 Nr. 6 WoGG). Dies gilt auch beim Bezug von Hilfe zum Lebensunterhalt nach § 35 SGB XII (VGH Mannheim 23. 6. 2009 – 12 S 2854/07 – NVwZ-RR 2009, 768; zu § 1 Abs. 2 WoGG aF).
– Empfänger und Empfängerinnen von ergänzender Hilfe zum Lebensunterhalt nach dem BVG oder einem das BVG für entsprechend anwendbar erklärenden Gesetz (§ 7 Abs. 1 S. 1 Nr. 7a WoGG).
– Empfänger und Empfängerinnen von Hilfen in einer stationären Einrichtung nach dem BVG oder einem das BVG für entsprechend anwendbar erklärenden Gesetz (§ 7 Abs. 1 S. 1 Nr. 7b WoGG).

160 WoGG §§ 1–44

- **Empfänger und Empfängerinnen von Leistungen in besonderen Fällen und Grundleistungen nach dem AsylbLG** (§ 7 Abs. 1 S. 1 Nr. 8 WoGG).
- **Empfänger und Empfängerinnen von Leistungen nach dem SGB VIII** (§ 7 Abs. 1 S. 1 Nr. 9 WoGG). Dieser Ausschlussgrund gilt nur, wenn alle Haushaltsmitglieder die Leistung nach dem SGB VIII erhalten (§ 7 Abs. 1 S. 1 Nr. 9 WoGG).

48 Ausgeschlossen sind die genannten Personen nur, wenn bei der Berechnung der Leistung **Kosten der Unterkunft berücksichtigt** worden sind (§ 7 Abs. 1 S. 1 am Ende WoGG).

49 Nicht ausgeschlossen sind die oben genannten Personen, wenn die Leistung nur als **Darlehen** erbracht wird (§ 7 Abs. 1 S. 3 Nr. 1 WoGG). Als Haushaltsmitglied werden ferner Personen berücksichtigt, wenn ihre Hilfebedürftigkeit nach § 9 SGB II, 19 Abs. 1, 2 SGB XII oder § 27a BVG vermieden oder beseitigt werden kann und während der Dauer des Verfahrens zur Feststellung von Grund und Höhe der Leistungen solche noch nicht erbracht wurden oder der zuständige Leistungsträger diese nachrangig erbringt (§ 7 Abs. 1 S. 3 Nr. 2 WoGG). Der Anspruch auf Wohngeld lebt wieder auf, wenn der Wohngeldberechtigte auf die Sozialleistung nach § 7 Abs. 1 S. 1 WoGG verzichtet.

50 Ausgeschlossen sind **ferner Haushaltsmitglieder**, die bei der **Ermittlung des Bedarfs** der oben genannten **Leistungen** berücksichtigt wurden (§ 7 Abs. 2 S. 1 WoGG). Dies beurteilt sich nach folgenden Vorschriften: § 7 Abs. 3 SGB II, §§ 19 Abs. 1, 4, 20, 43 SGB XII, § 27a S. 2 BVG iVm § 19 Abs. 1 SGB XII und § 1 Abs. 1 Nr. 6 AsylbLG.

51 Ausgeschlossen sind schließlich Haushaltsmitglieder, deren Leistungen wegen einer **Sanktion** vollständig weggefallen sind (§ 7 Abs. 3 WoGG).

52 Der Ausschluss besteht für das **gesamte Verfahren** der Feststellung von Grund und Höhe der Leistung nach § 7 Abs. 1 WoGG (§ 8 Abs. 1 S. 1 WoGG). Er beginnt am Ersten des Monats, in dem der Antrag auf die Leistung gestellt wird, bzw. am Ersten des Folgemonats der Antragstellung, wenn die Leistung nicht für den gesamten Monat beantragt wird (§ 8 Abs. 1 S. 2 Nr. 1 WoGG). Der Ausschluss endet am Letzten des Monats des Bewilligungszeitraums der Leistung, wenn die Leistung bis zum Monatsletzten bewilligt wurde, sonst am Letzten des Vormonats des Endes des Bewilligungszeitraums (§ 8 Abs. 1 S. 2 Nr. 3 WoGG).

53 **b) Zu berücksichtigende Aufwendungen (§§ 9–13 WoGG).** Die Höhe des Wohngeldes richtet sich u. a. nach der zu berücksichtigenden Miete bzw. Belastung.

54 **aa) Miete (§ 9 WoGG).** Die Miete ist das vereinbarte Entgelt für die Gebrauchsüberlassung von Wohnraum auf Grund eines Mietvertrages oder ähnlicher Nutzungsverhältnisse. Abzuziehen sind Vergütungen, die die Wohnraumbenutzung nicht betreffen (vgl. WoGVwV 9.15). Umlagen, Zuschläge und Vergütungen werden mit berücksichtigt. **Umlagen** sind z. B. solche für die laufenden öffentlichen Lasten des Grundstücks, für Kosten der Wasserversorgung, für die Entwässerung etc. Zuschläge sind zusätzliche Zahlungen z. B. für die Bürgersteig- und Treppenunterhaltung.

55 Die in § 9 Abs. 2 WoGG aufgezählten Kosten gehören **nicht zur Miete**, insbesondere die Kosten des Betriebs zentraler Heizungsanlagen, zentraler Warmwasserversorgungsanlagen und zentraler Brennstoffanlagen. Sind diese in der Miete nicht gesondert ausgewiesen, werden Pauschbeträge abgesetzt (vgl. § 6 Abs. 1 WoGV). Kein Bestandteil der Miete sind ferner Untermietzuschläge, Zuschläge für die Nutzung von Wohnraum für andere als Wohnzwecke, die Vergütung der Überlassung von Möbeln. Dies gilt nicht für übliche Einbaumöbel.

56 Bei Bewohnern einer **Wohnung im eigenen Haus** ist als Mietwert die Miete für einen vergleichbaren Wohnraum anzusetzen (§ 7 Abs. 2 WoGV). Bei preisrechtlichen Bindungen ist höchstens die preisrechtlich zulässige Miete anzusetzen (§ 3 Abs. 3 S. 1 WoGG).

57 Bei **Heimbewohnern** ist der sich aus der Tabelle nach § 12 WoGG ergebende Wert anzusetzen (§ 3 Abs. 3 S. 1 WoGG).

58 **bb) Belastung (§ 10 WoGG).** „Belastung" umfasst die Kosten für den Kapitaldienst und die Bewirtschaftung von Wohnraum in vereinbarter oder festgesetzter Höhe (§ 10 Abs. 1 WoGG). Einzelheiten regelt insoweit die WoGV. Es werden nur die für den selbst genutzten Wohnraum anfallenden Belastungen berücksichtigt (§ 9 WoGG). Belastungen aus der Bewirtschaftung sind die Instandhaltungskosten, die Betriebskosten und die Verwaltungskosten.

59 Die Belastung werden mittels der **Wohngeldbelastung-Berechnung** ermittelt (§ 10 Abs. 2 S. 1 WoGV). Von einer solchen Berechnung kann die Wohngeldbehörde absehen, wenn die auf den Wohnraum entfallende Tilgung und Zinsen mindestens die Höhe des Höchstbetrages aus § 12 Abs. 1 WoGG erreicht (§ 10 Abs. 2 S. 2 WoGG).

60 **cc) Zu berücksichtigende Miete und Belastung.** Berücksichtigt wird die nach Abzug der Positionen nach § 11 Abs. 2, 3 WoGG verbleibende Miete /Belastung (§ 11 Abs. 1 WoGG).

61 Nach § 11 Abs. 2 WoGG sind in dieser **Reihenfolge** abzuziehen
- der Teil der Miete/Belastung, der ausschließlich auf den **gewerblich/beruflich genutzten Teil der Wohnung** entfällt (§ 11 Abs. 2 Nr. 1 WoGG). Unerheblich ist, ob der Wohnraum vom Wohngeldberechtigten oder von einem anderen Haushaltsmitglied gewerblich oder beruflich genutzt wird. Nicht berücksichtigt bleibt der Wohnraum nur, wenn dieser ausschließlich gewerblich oder beruflich genutzt wird.

– der Teil der Miete/Belastung, der auf den Teil des Wohnraums entfällt, der von einer **nicht** zu den **Haushaltsmitgliedern** gehörenden Person zur entgeltlichen oder unentgeltlichen Nutzung überlassen wurde (§ 11 Abs. 2 Nr. 2 WoGG). Bei Überlassung des Wohnraums an einen Angehörigen der Wohn- und Wirtschaftsgemeinschaft bleibt der Wohnraum nur unberücksichtigt, wenn die Überlassung entgeltlich erfolgt. Abzusetzen ist der dem Anteil der Wohnfläche entsprechende Anteil der Miete. Zum abzusetzenden Anteil der Belastung vgl. § 16 Abs. 2 WoGV.
– der **Teil** der Miete/Belastung, der auf einen entgeltlich oder unentgeltlich von einer **nicht** zu den **Haushaltsmitgliedern** gehörenden Person **bewohnt** wird (§ 11 Abs. 2 Nr. 3 WoGG).
– der **Teil** der Miete/Belastung, der durch Leistungen **aus öffentlichen Haushalten** oder Zweckvermögen **gedeckt** wird (§ 11 Abs. 2 Nr. 4 WoGG).
– der **Teil** der Miete/Belastung, der durch eine **nach § 68 AufenthG verpflichtete Person gedeckt** ist (§ 11 Abs. 2 Nr. 5 WoGG).

dd) Höchstbetrag (§ 12 WoGG). Die Miete/Belastung wird nur bis zu einem Höchstbetrag berücksichtigt (§ 12 Abs. 1 WoGG). Dieser richtet sich nach der Zahl der haushaltsangehörenden Familienmitglieder und der Mietstufe. Er ergibt sich aus der Tabelle in § 12 Abs. 1 WoGG. Zur Festlegung der Mietstufe s. § 12 Abs. 2–5 WoGG. **62**

c) Zu berücksichtigendes Gesamteinkommen (§§ 13–18 WoGG). Die Höhe des Wohngeldes ist weiter vom Gesamteinkommen (§ 13 Abs. 1 WoGG) der Haushaltsmitglieder abhängig. Das Gesamteinkommen ist die Summe der Jahreseinkommen der zu berücksichtigenden Haushaltsmitglieder nach Abzug der Freibeträge und der Unterhaltsleistungen (§ 13 Abs. 1 WoGG). Das monatliche Gesamteinkommen wird durch Division des Jahresgesamteinkommens durch 12 ermittelt (§ 13 Abs. 2 WoGG). Das Gesamteinkommen wird in folgenden Schritten berechnet: **63**

aa) Berechnung des Einkommens für jedes Haushaltsmitglied (§§ 15 f. WoGG). Es wird für jedes Haushaltsmitglied das voraussichtliche Einkommen während der der Bewilligung des Wohngeldes folgenden 12 Monate ermittelt (§ 15 WoGG). Hierbei ist von dem im Zeitpunkt der Antragstellung bekannten Daten auszugehen (OVG Bautzen 22. 6. 2010 – 4 A 111/08 – NVwZ-RR 2010, 774; zum inhaltlich entsprechenden § 11 Abs. 1 WoGG aF). Änderungen während des Bewilligungszeitraumes sind der Wohngeldstelle ggfs. zu melden (§ 27 Abs. 3 WoGG). **64**

Bei der Berechnung des Jahreseinkommens werden folgende **Einnahmen** berücksichtigt (§ 14 Abs. 1 S. 1 WoGG): **65**
– die **positiven steuerpflichtigen Einkünfte** iSv § 2 Abs. 1 und 2 EStG (§ 14 Abs. 1 S. 1 WoGG). Zu diesen gehören der Gewinn aus Land- und Forstwirtschaft, Gewerbebetrieb oder selbständiger Arbeit und der Überschuss der Einnahmen über die Werbungskosten aus nichtselbständiger Arbeit, Kapitalvermögen, Vermietung und Verpachtung und sonstige Einkünfte nach § 22 EStG (vgl. WoGVwV 14.101).
– der **Versorgungsfreibetrag** nach den §§ 19 Abs. 2, 22 Nr. 4 S. 2b EStG (§ 14 Abs. 2 Nr. 1 WoGG). Versorgungsbezüge wie etwa Ruhegehalt werden somit beim Wohngeld in voller Höhe als Einkommen eingerechnet.
– die **steuerfreien einkommensabhängigen öffentlichen Versorgungsleistungen** an Wehr- und Zivildienstbeschädigte oder ihre Hinterbliebenen, Kriegsbeschädigte und ihre Hinterbliebenen und gleichgestellte Personen (§ 14 Abs. 2 Nr. 2 WoGG). Folgende Leistungen nach dem BVG sind damit auf das Wohngeld anzurechnen: Berufsschadensausgleich (§ 30 Abs. 3, 6 BVG), Ausgleichsrente (§§ 32, 33, 34 BVG), Ausgleichsrente an Waisen (§ 47 BVG), Ehegattenzuschlag (§ 33 a BVG), Kinderzuschlag (§ 33 b BVG), Schadensausgleich der Witwe (§ 40 a BVG), Ausgleichsrente der Witwe (§ 41 BVG), Witwen- und Waisenbeihilfe, Waisenabfindung (§ 48 BVG) und Elternrente (§ 51 BVG).
– die **Leibrenten** (§ 14 Abs. 2 Nr. 3 WoGG).
– die steuerfreien **Rentenabfindungen, Beitragserstattungen, Leistungen aus berufsständischen Versorgungseinrichtungen, Kapitalabfindungen** sowie **Ausgleichszahlungen** (§ 14 Abs. 2 Nr. 4 WoGG)
– die steuerfreien **Renten wegen Minderung der Erwerbsfähigkeit** nach den §§ 56 bis 62 SGB VII, also Verletztenrente, die steuerfreien **Renten und Beihilfen für Hinterbliebene** nach den §§ 63 bis 71 SGB VII, also die Witwen-/Witwerrente, die Waisenrente, die Rente für Verwandte der aufsteigenden Linie sowie Witwen-, Witwer- und Waisenbeihilfe, sowie die Abfindungen nach den §§ 75 bis 80 SGB VII (§ 14 Abs. 2 Nr. 5 WoGG)
– die **Lohn- und Einkommensersatzleistungen** nach § 32b Abs. 1 EStG (§ 14 Abs. 2 Nr. 6 WoGG). Hierzu gehören folgende Leistungen: Arbeitslosengeld, Teilarbeitslosengeld, Zuschüsse zum Arbeitsentgelt, Kurzarbeitergeld, Insolvenzgeld, Übergangsgeld, Altersübergangsgeld, Altersübergangsgeld-Ausgleichsbetrag, Unterhaltsgeld, Eingliederungshilfe, aus dem Europäischen Sozialfonds finanziertes Unterhaltsgeld, Krankengeld, Mutterschaftsgeld, Verletzengeld, Übergangsgeld, Zuschuss zum Mutterschaftsgeld, Arbeitslosenbeihilfe nach § 86a SVG, Versorgungskrankengeld, Verdienstausfallentschädigung nach dem Unterhaltssicherungsgesetz und Elterngeld.

- **ausländische Einkünfte** nach § 32b Abs. 1 Nr. 2 bis 5 EStG (§ 14 Abs. 2 Nr. 7 WoGG). Hierzu gehören ausländische Einkünfte, die im Veranlagungszeitraum nicht der Besteuerung unterliegen, Einkünfte, die nach einem Doppelbesteuerungsabkommen oder nach einem sonstigen zwischenstaatlichen Abkommen steuerfrei sind, sowie Einkünfte, die nach §§ 1 Abs. 3, 1a EStG nicht der deutschen Einkommensteuer unterliegen.
- die Hälfte der nach § 3 Nr. 7 EStG steuerfreien **Unterhaltshilfe** nach den §§ 261 bis 278a LAG, die **Beihilfe zum Lebensunterhalt** nach den §§ 301 bis 301b EStG, die **Unterhaltshilfe** nach § 44 Reparationenschädengesetz und die **Unterhaltsbeihilfe** nach § 45 Reparationsschädengesetz sowie die **Beihilfe zum Lebensunterhalt** nach den §§ 10 bis 15 Flüchtlingshilfegesetz (§ 14 Abs. 2 Nr. 7 WoGG). Die Pflegezulage nach § 269 Abs. 2 LAG ist hiervon ausgenommen.
- die nach § 3 Nr. 1 EStG steuerfreien **Krankentagegelder** einschließlich der Zahlungen privater Krankentagegeldversicherungen (§ 14 Abs. 2 Nr. 9 WoGG).
- die Hälfte der nach § 3 Nr. 68 EStG steuerfreien **Renten** nach § 3 Abs. 2 **Anti-D-Hilfegesetz** (§ 14 Abs. 2 Nr. 10 WoGG).
- die nach § 3b EStG steuerfreien **Zuschläge für Sonntags-, Feiertags- oder Nachtzuschläge** (§ 14 Abs. 2 Nr. 11 WoGG).
- die nach § 37b EStG vom Arbeitgeber pauschal besteuerten **Sachzuwendungen** (§ 14 Abs. 2 Nr. 12 WoGG).
- der vom Arbeitgeber nach § 40a EStG **pauschal besteuerte Arbeitslohn** (§ 14 Abs. 2 Nr. 13 WoGG). Die Lohnsteuer darf bei Teilzeitbeschäftigten, geringfügig Beschäftigten und Aushilfskräften in der Land- und Forstwirtschaft pauschaliert werden. Von diesem abgezogen werden die zu erwartenden Aufwendungen für den Erwerb, die Sicherung und Erhaltung des Arbeitslohns bis maximal zur Höhe des Arbeitslohns.
- die nach § 3 Nr. 56 EStG steuerfreien Zuwendungen des Arbeitgebers an eine **Pensionskasse** und die nach § 3 Nr. 63 EStG steuerfreien Beiträge des Arbeitgebers an einen **Pensionsfonds**, eine **Pensionskasse** oder für eine **Direktversicherung** zum Aufbau einer kapitalgedeckten betrieblichen Altersversorgung (§ 14 Abs. 2 Nr. 14 WoGG).
- der nach § 20 Abs. 9 EStG steuerfreie **Sparer-Pauschbetrag**, soweit die Kapitalerträge 100 Euro überschreiten (§ 14 Abs. 2 Nr. 15 WoGG).
- die auf erhöhte Absetzungen entfallenden über den höchstmöglichen **Absetzungen für Abnutzungen** nach § 7b EStG Beträge (§ 14 Abs. 2 Nr. 16 WoGG).
- der nach § 3 Nr. 27 EStG steuerfreie **Grundbetrag der Produktionsaufgaberente** und das **Ausgleichsgeld** nach dem FELEG (§ 14 Abs. 2 Nr. 17 WoGG).
- die nach § 3 Nr. 60 EStG steuerfreien Leistungen aus öffentlichen Mitteln an **Arbeitnehmer des Steinkohlen-, Pechkohlen- und Erzbergbaus, des Braunkohletiefenbaus und der Eisen- und Stahlindustrie** aus Anlass von Stilllegungs-, Einschränkungs-, Umstellungs- oder Rationalisierungsmaßnahmen (§ 14 Abs. 2 Nr. 18 WoGG).
- die nach § 22 Nr. 1 EStG dem/der Empfänger/in nicht zuzurechnenden Bezüge, die ihm/ihr von einer Person gewährt werden, die nicht Haushaltsmitglied ist (§ 14 Abs. 2 Nr. 19 WoGG). Nicht eingerechnet werden Bezüge bis zu 4.800 Euro jährlich, die für eine Pflegeperson oder Pflegekraft geleistet werden, die den Empfänger der Pflegeleistungen pflegt.
- die **Unterhaltsleistungen des geschiedenen oder dauernd getrennt lebendenden Ehegatten** (§ 14 Abs. 2 Nr. 20a WoGG). Nicht eingerechnet werden Bezüge bis zu 4.800 Euro jährlich, die für eine Pflegeperson oder Pflegekraft geleistet werden, die den Empfänger der Pflegeleistungen pflegt.
- **Versorgungsleistungen** und Leistungen auf Grund eines **schuldrechtlichen Versorgungsausgleichs** (§ 14 Abs. 2 Nr. 20b WoGG).
- die Leistungen nach dem **Unterhaltsvorschussgesetz** (§ 14 Abs. 2 Nr. 21 WoGG).
- nicht bereits durch die §§ 14 Abs. 2 Nr. 19, 20 WoGG erfasste **Zahlungen zur Miete** oder zur **Belastungen** durch Personen, die keine Haushaltsmitglieder sind (§ 14 Abs. 2 Nr. 22 WoGG).
- die nach § 3 Nr. 48 EStG steuerfreien **allgemeinen Leistungen nach § 5 USG** sowie die Leistungen für Grundwehrdienst leistende **Sanitätsoffiziere** nach § 12a USG (§ 14 Abs. 2 Nr. 23 WoGG).
- die Hälfte der Pauschale für **laufende Leistungen für den notwendigen Unterhalt nach § 39 SGB VIII** i.V.m. den §§ 33, 35a Abs. 2 Nr. 3, 41 Abs. 2 SGB VIII (§ 14 Abs. 2 Nr. 24 WoGG). Die Anrechnung erfolgt bei den Kindern, Jugendlichen bzw. jungen Volljährigen. Die Kosten der Erziehung werden nicht berücksichtigt (vgl. aber § 14 Abs. 2 Nr. 25 WoGG). Unberücksichtigt bleiben ferner die Leistungen für den Krankheitsfall nach § 40 SGB VIII.
- die Hälfte der Pauschale für die laufenden Leistungen für die **Kosten der Erziehung** nach § 39 Abs. 1 SGB VIII i.V.m. §§ 33, 35a Abs. 2 Nr. 3, 41 Abs. 2 SGB VIII (§ 14 Abs. 2 Nr. 25 WoGG). Diese werden bei den Pflegeeltern angerechnet.
- die nach § 3 Nr. 36 EStG steuerfreien Einnahmen für **Leistungen der Grundpflege oder hauswirtschaftlichen Versorgung** (§ 14 Abs. 2 Nr. 26 WoGG). Die Regelung gilt sowohl für das Pflegegeld aus der sozialen als auch der privaten Pflegeversicherung (WoGVwV 14.21.26).

– Die Hälfte der **Zuschüsse zur Ausbildungsförderung** nach dem BAföG – ausgenommen ist der Kinderbetreuungszuschlag nach § 14 b BAföG (vgl. Fröba, Ratgeber Wohngeld, 2009, S. 26) –, die Leistungen der Begabtenförderungswerke (Cusanuswerk, Evangelisches Studienwerk, Friedrich-Ebert-Stiftung, Friedrich-Naumann-Stiftung, Hanns-Seidel-Stiftung, Hans-Böckler-Stiftung, Heinrich-Böll-Stiftung, Konrad-Adenauer-Stiftung, Rosa-Luxemburg-Stiftung, Stiftung der Deutschen Wirtschaft, Studienförderungswerk Klaus Murmann, Studienstiftung des deutschen Volkes; vgl. WoGVwV 14.21.28), soweit diese nicht nach § 14 Abs. 2 Nr. 28 WoGG berücksichtigt werden, Stipendien, die nicht von den Begabtenförderungswerken erbracht werden, Berufsausbildungsbeihilfe und Ausbildungsgeld nach dem SGB III sowie Beiträge zur Deckung des Unterhaltsbedarfs nach dem AFBG (§ 14 Abs. 2 Nr. 27 WoGG).
– die als Zuschuss gewährte **Graduiertenförderung** (§ 14 Abs. 2 Nr. 28 WoGG), z. B. Promotionsstipendien der Begabtenförderungswerke, in Graduiertenkollegs, nach Landesrecht (vgl. WoGVwV 14.21.28).
– die Hälfte der nach § 3 Nr. 42 steuerfreien **Zuwendung** auf Grund des **Fullbright-Abkommens** (§ 14 Abs. 2 Nr. 29 WoGG).
– die in Rn. 47 aufgezählten **Leistungen** (§ 14 Abs. 2 Nr. 30 WoGG).
– der **Mietwert** des in einem Mehrfamilienhaus selbst **genutzten Wohnraums** (§ 14 Abs. 2 Nr. 31 WoGG).

Einmaliges Einkommen, das für einen bestimmten Zeitraum bezogen wird, wird in diesem 66 Zeitraum (§ 15 Abs. 2 S. 1 WoGG), Entlassungsentschädigungen in den dem Ende des Arbeitsverhältnisses folgenden drei Jahren zugerechnet (§ 15 Abs. 2 S. 2 WoGG). Etwas anderes gilt, wenn in der der Entlassungsentschädigung zu Grunde liegenden Vereinbarung ein anderer Zeitraum bestimmt wurde (§ 15 Abs. 2 S. 2 WoGG). Eine vor der Beantragung des Wohngeldes zugeflossene Entlassungsentschädigung ist nur anzurechnen, wenn sie innerhalb der davor liegenden drei Jahre zugeflossen ist (§ 15 Abs. 2 S. 3 WoGG). Sonderzuwendungen, Gratifikationen und gleichartige Bezüge und Vorteile, die in größeren als monatlichen Abständen gewährt werden, sind den im Bewilligungszeitraum liegenden Monaten zu je einem Zwölftel zuzurechnen (§ 15 Abs. 3 WoGG).

Die **Einkünfte** aus Land- und Forstwirtschaft, Gewerbebetrieb, selbständiger Arbeit, nichtselbständiger Arbeit, Kapitalvermögen und aus Vermietung und Verpachtung werden nach steuerrechtlichen Vorschriften berechnet. Ein Verlustausgleich zwischen den Einkunftsarten erfolgt nicht (§ 14 Abs. 1 S. 3 WoGG). Bei den einzelnen Einkunftsarten werden dagegen Verluste berücksichtigt.

Von den Einkommen der jeweiligen Haushaltsmitglieds sind pauschal jeweils 10 Prozent für 67
– **Steuern vom Einkommen** (Einkommenssteuer, Lohnsteuer, Solidaritätszuschlag, Kapitalertragssteuer, Kirchensteuer; vgl. WoGVwV 16.11.),
– **Pflichtbeiträge zur gesetzlichen Kranken- und zur sozialen Pflegeversicherung** und
– für **Pflichtbeiträge zur gesetzlichen Rentenversicherung**

abzuziehen (§ 16 Abs. 1 WoGG). Sind keine Pflichtbeiträge zur gesetzlichen Kranken- und Pflegeversicherung bzw. zur gesetzlichen Rentenversicherung zu zahlen, können Versicherungsbeiträge zu öffentlichen oder privaten Versicherungen in der tatsächlich gezahlten Höhe, höchstens aber bis zu 10% des Einkommens abgesetzt werden (§ 16 Abs. 1 S. 2 WoGG). Zahlt das Haushaltsmitglied weder Steuern noch Sozialbeiträge, werden pauschal 6% abgesetzt (§ 16 Abs. 2 WoGG).

bb) Gesamtsumme der Jahreseinkommen. In einem zweiten Berechnungsschritt wird die 68 Summe der Jahreseinkommen durch Addition der Jahreseinkommen der Haushaltsmitglieder ermittelt (§ 13 Abs. 1 WoGG).

cc) Frei- und Abzugsbeträge von der Summe der Jahreseinkommen (§§ 17, 18 WoGG). 69 Von der Summe der Jahreseinkommen sind die Frei- und Abzugsbeträge nach den §§ 17, 18 WoGG abzuziehen:
– 1.500 Euro für jedes zu berücksichtigende Haushaltsmitglied mit einem Grad der Behidnerung von 100 bzw. bei Pflegebedürftigkeit isV § 14 Abs. 1 SGB XI bei gleichzeitiger häuslicher, teilstationärer oder Kurzzeitpflege von 80 (§ 17 Abs. 1 Nr. 1 WoGG).
– 1.200 Euro für jedes schwerbehinderte zu berücksichtigende Haushaltsmitglied mit einem Grad der Behinderung von unter 80 bei Pflegebedürftigkeit isV § 14 Abs. 1 SGB XI und gleichzeitiger häuslicher, teilstationärer oder Kurzzeitpflege (§ 17 Abs. 1 Nr. 2 WoGG).
– 750 Euro für jedes zu berücksichtigende Haushaltsmitglied, das Opfer nationalsozialistischer Verfolgung ist oder nach dem BEG gleichgestellt ist (§ 17 Abs. 1 Nr. 3 WoGG).
– 600 Euro für jedes Kind unter 12 Jahren, für das Kindergeld nach dem EStG oder BKGG oder eine in § 65 Abs. 1 S. 1 EStG genannte Leistung gewährt wird (§ 17 Abs. 1 Nr. 4 WoGG). Die wohngeldberechtigte Person darf nur mit nicht volljährigen Haushaltsmitgliedern zusammenwohnen und wegen Erwerbs- oder Ausbildungstätigkeit nicht nur kurzfristig von der Wohn- und Wirtschaftsgemeinschaft abwesend sein.
– bis zu 600 Euro für jedes Kind eines Haushaltsmitglieds, wenn das Kind ein zu berücksichtigendes Haushaltsmitglied ist, eigenes Einkommen hat und mindestens 16, aber noch nicht 25 Jahre alt ist (§ 17 Abs. 1 Nr. 5 WoGG)

– Aufwendungen für Unterhaltsleistungen werden in folgendem Umfang abgezogen:
  – bis zu 3.000 Euro jährlich für ein zu berücksichtigendes Haushaltsmitglied, das wegen Berufsausbildung auswärts wohnt (§ 18 S. 1 Nr. 1 WoGG).
  – bis zu 3.000 Euro jährlich für ein Kind, das Haushaltsmitglied nach § 5 Abs. 6 WoGG ist (§ 18 S. 1 Nr. 2 WoGG)
  – bis zu 6.000 Euro jährlich für einen früheren oder dauernd getrennt lebenden Ehe- oder Lebenspartner oder eine frühere oder dauernd getrennt lebende Ehe- oder Lebenspartnerin, der/die kein Haushaltsmitglied ist (§ 18 S. 1 Nr. 3 WoGG).
  – bis zu 3.000 Euro jährlich für eine sonstige Person, die nicht Haushaltsmitglied ist (§ 18 S. 1 Nr. 4 WoGG)

70 **d) Minderung des Wohngeldes durch Aufrechnung oder Verrechnung (§ 29 Abs. 2, 3 WoGG).** Die Wohngeldbehörde kann mit Ansprüchen auf Erstattung zu Unrecht erbrachten Wohngeldes in voller Höhe **aufrechnen**; die Begrenzungen des § 51 Abs. 2 SGB I gelten nicht (§ 29 Abs. 2 WoGG).

71 Die Wohngeldbehörde kann Ansprüche eines anderen Leistungsträgers mit Wohngeldansprüchen in voller Höhe **verrechnen**; die Begrenzung des § 52 SGB I gilt nicht (§ 29 Abs. 3 WoGG).

72 **3. Bewilligungszeitraum, Art und Zeitpunkt der Wohngeldgewährung (§§ 25, 26 WoGG).** Das Wohngeld wird i. d. R. für **zwölf Monate** bewilligt (§ 25 Abs. 1 S. 1 WoGG). Zu Ausnahmen s. § 25 Abs. 1 S. 2 WoGG. Es wird erst ab dem Monat der Antragstellung gewährt (§ 25 Abs. 2 S. 1 WoGG); bei unverschuldeter verspäteter Antragstellung kommt ggfs. Wiedereinsetzung in den vorigen Stand in Betracht (§ 27 SGB X).

73 Das Wohngeld wird **grundsätzlich im Voraus** auf ein Bankkonto der **wohngeldberechtigten Person** überwiesen (§ 26 Abs. 1 S. 1 WoGG). Mit schriftlicher Einwilligung der wohngeldberechtigten Person bzw., wenn dies im Einzelfall geboten ist, kann das Wohngeld an ein anderes Haushaltsmitglied, an den Empfänger der Miete oder an einen anderen Sozialleistungsträger überwiesen werden (§ 26 Abs. 1 S. 2 WoGG).

D. Änderungen und Wegfall des Wohngeldes

74 Die Rücknahme, der Widerruf und die Aufhebung des Wohngeldbescheides richten sich grundsätzlich nach den §§ 44 ff. SGB X (§ 37 S. 1 SGB X). Das WoGG sieht hiervon aber einige Abweichungen vor.

I. Antrag auf Erhöhung des Wohngeldes (§ 27 Abs. 1 WoGG)

75 Das Wohngeld ist auf Antrag zu erhöhen, wenn
– sich die Zahl der Haushaltsmitglieder erhöht (§ 27 Abs. 1 S. 2 Nr. 1 WoGG),
– die Miete oder Belastung um mehr als 15 % gestiegen ist (§ 27 Abs. 1 S. 2 Nr. 2 WoGG) oder
– das Gesamteinkommen sich um mehr als 15 % verringert hat (§ 27 Abs. 1 S. 2 Nr. 3 WoGG).

II. Verringerung oder Wegfall des Wohngeldes (§ 27 Abs. 2 WoGG)

76 Das Wohngeld ist von der Wohngeldbehörde von Amts wegen neu festzusetzen, wenn
– sich die **Zahl der Haushaltsmitglieder** auf mindestens ein zu berücksichtigendes Haushaltsmitglied **verringert** (§ 27 Abs. 1 S. 1 Nr. 1 WoGG)
  Maßgeblicher Änderungszeitpunkt ist der Tag des Auszuges (§ 27 Abs. 2 S. 2 WoGG). Ist dies nicht der Erste des Monats, wird das Wohngeld ab dem Ersten des folgenden Monats angepasst (§ 27 Abs. 2 S. 3 WoGG).
– sich die **Miete/Belastung** um **mehr als 15 Prozent verringert** hat (§ 27 Abs. 1 S. 1 Nr. 2 WoGG)
  Maßgeblicher Änderungszeitpunkt ist der Tag, ab dem sich die Miete oder Belastung um mehr als 15 Prozent verringert hat (§ 27 Abs. 2 S. 2 WoGG). Ist dies nicht der Erste des Monats, wird das Wohngeld ab dem Ersten des folgenden Monats angepasst (§ 27 Abs. 2 S. 3 WoGG).
– oder das **Gesamteinkommen** sich um **mehr als 15 Prozent erhöht** hat (§ 27 Abs. 1 S. 1 Nr. 3 WoGG)
  Dies gilt auch, wenn sich das Einkommen erhöht hat, weil ein zusätzliches Haushaltsmitglied dazugekommen ist (§ 27 Abs. 2 S. 4 WoGG). Maßgeblicher Änderungszeitpunkt ist der Beginn des Zeitraums, ab dem sich das Gesamteinkommen um mehr als 15 Prozent erhöht hat. Ist dies nicht der Erste des Monats, wird das Wohngeld ab dem Ersten des folgenden Monats angepasst.
  Diese Änderungen muss der Wohngeldberechtigte **mitteilen** (§ 27 Abs. 3 WoGG).

IV. Unwirksamkeit des Bewilligungsbescheides und Wegfall des Wohngeldes (§ 28 WoGG)

Der Bescheid über die Bewilligung des Wohngeldes wird ab dem Ersten des Monats unwirksam, wenn der Wohnraum, für den das Wohngeld bewilligt wurde, von **keinem der Haushaltsmitglieder mehr genutzt** wird (§ 28 Abs. 1 S. 1 WoGG). Wird die Nutzung nicht zum Ersten eines Monats aufgegeben, wird der Bewilligungsbescheid ab dem Ersten des Folgemonats unwirksam (§ 28 Abs. 1 S. 1 Hs. 2 WoGG). Dass der Wohnraum nicht mehr genutzt wird, muss der Wohngeldbehörde unverzüglich mitgeteilt werden (§ 28 Abs. 1 S. 2 WoGG). 77

Der Bewilligungsbescheid wird weiter unwirksam, wenn das Wohngeld nicht zur Bezahlung der Miete oder der Belastung genutzt wird (**zweckwidrige Verwendung**) (§ 28 Abs. 2 WoGG). 78

Das Wohngeld fällt schließlich weg, wenn ein zu berücksichtigendes Mitglied eine der in § 7 WoGG aufgezählten **Leistungen beantragt** oder erhält (§ 28 Abs. 3 WoGG). Die Beantragung oder der Erhalt einer solchen Leistung muss der Wohngeldbehörde unverzüglich mitgeteilt werden (§ 28 Abs. 4 WoGG). 79

V. Haftung der Haushaltsmitglieder (§ 29 Abs. 1 WoGG)

Die wohngeldberechtigte Person und die Haushaltsmitglieder haften für das nach § 50 SGB X zu erstattende Wohngeld als Gesamtschuldner. 80

VI. Rücküberweisung und Erstattung im Todesfall (§ 30 WoGG)

Wohngeld, das auf Grund eines unwirksam gewordenen Bewilligungsbescheides überwiesen wurde, gilt als unter Vorbehalt geleistet (§ 30 Abs. 1 S. 1 WoGG). Die Bank muss das Geld zurücküberweisen, wenn es als zu Unrecht geleistet zurückgefordert wird (§ 30 Abs. 1 S. 2 WoGG). Ansonsten ist die Person, die das Wohngeld in Empfang genommen hat, die Person, auf deren Konto das Wohngeld weitergeleitet wurde, und die verfügungsbefugte Personen zur Rücküberweisung verpflichtet (§ 30 Abs. 1 S. 3 WoGG). 81

VII. Nachzahlung bei Rücknahme nach § 44 SGB X (§ 31 WoGG)

Wird ein rechtswidriger nicht begünstigender Wohngeldbescheid mit Wirkung für die Vergangenheit nach § 44 SGB X zurückgenommen, muss das Wohngeld für längstens zwei Jahre nachgezahlt werden. 82

D. Zuständigkeit und Verfahren

Die für das Wohngeld **zuständige Behörde** wird durch Landesrecht bestimmt (§ 24 WoGG). In aller Regel sind die Landkreise und die kreisfreien Städte zuständig. 83

In den Verwaltungsverfahren im Zusammenhang mit dem WoGG gelten das SGB I und das SGB X, soweit im WoGG keine abweichende Regelung getroffen wurde (vgl. § 37 S. 1 SGB I). Das WoGG regelt allerdings einige Besonderheiten. Das Wohngeld wird nur auf **Antrag** gewährt (§ 22 Abs. 1 WoGG). Ob es sich hierbei um eine formelle oder auch um eine materiell-rechtliche Voraussetzung handelt (so Bley/Kreikebohm/Marschner Rn. 1245), ist str. Der Antrag kann formlos gestellt werden (z.B. Brief an das Wohngeldamt). Ein Antrag ist auch erforderlich, wenn die Wohngeldzahlung fortgesetzt werden oder das Wohngeld erhöht werden soll. 84

Die **Feststellung des Sachverhalts** richtet sich grundsätzlich nach den §§ 20 ff. SGB X. Zusätzliche **Auskunftspflichten** der Haushaltsmitglieder, sonstiger Mitglieder des Haushalts, der Unterhaltspflichtigen und des Arbeitgebers legt § 23 WoGG fest. 85

Über den Antrag auf Wohngeld muss durch **schriftlichen Bescheid** entschieden werden (§ 24 WoGG). Dieser muss den Inhalt des § 24 Abs. 3 WoGG enthalten. 86

E. Finanzierung des Wohngeldes (§ 32 WoGG)

Das Wohngeld wird zu 50 Prozent von den Ländern und zu 50 Prozent vom Bund getragen (§ 32 WoGG). 87

Sachverzeichnis

Die **fett** gedruckten Zahlen bezeichnen die Kennziffern, die mageren Zahlen bezeichnen die Paragraphen bzw. Artikel, die *kursiv* gedruckten Zahlen bezeichnen die Randnummern. Die Abkürzung „Einl." wird nachfolgend für Einleitung und Vorbemerkung synonym gebraucht. Die Abkürzung SK kennzeichnet eine Fundstelle in einer Sammelkommentierung. Die Buchstaben ä, ö und ü sind wie a, o und u in das Alphabet eingeordnet.

58er-Regelung, Altersrente wegen Arbeitslosigkeit **60** 237 *13*, Arbeitslosigkeit **30** 119 *14a*

AA, s. *Agentur für Arbeit*
Abänderung, Versorgungsausgleich **60** 101 *5*
Abberufung, ABM **30** 269 *3*
Abbrecher von Eingliederungsmaßnahmen 80 SK *34*
Abendhauptschule, Sozialhilfeausschluss **120** 22 *10*
Abfindung, Bemessungsentgelt **30** 131 *11*, Erstattungspflicht **30** 147 a *23*, Hinterbliebenenrente **40** 18 a *22*, landwirtschaftliche Unfallversicherung **70** 221 a, wichtiger Grund **30** 144 *80*
Abfindung bei MdE ab 40%, Antrag **70** 78 *1*, Ausschluss **70** 78 *4*
Abfindung bei MdE unter 40% 70 76 *1*, Ermessen **70** 76 *6*, Höhe **70** 76 *8*, Voraussetzungen **70** 76 *2*, wesentliche Verschlimmerung **70** 76 *12*
Abfindung, Unfallversicherung 70 75 *1*, Antrag auf Anschlussrente **70** 75 *5*, Höhe Gesamtvergütung **70** 75 *4*, Summe **70** 79 *5*, teilweises Erlöschen **70** 79 *6*, Umfang **70** 79 *1, 4*, Voraussetzungen **70** 75 *2*, Wiederaufleben **70** 77 *1*, Zeitraum **70** 79 *2*
Abfindung, Wiederheirat, Aussetzung der Erhöhung für frühere Gatten **70** 80 *5*, Berechnung Monatsbetrag **70** 80 *7*, kleine Witwenrente **70** 80 *6*, Lebenspartner/frühere Gatten **70** 80 *10*, Summe **70** 80 *4*, Unfallversicherung **70** 80 *1*, Voraussetzungen **70** 80 *2*, Wiederaufleben **70** 80 *8*
Abfindungsvergleich 100 116 *85*, 117 *3*, Krankengeld **50** 49 *3*
Abgeordnete, PV-Versicherungspflicht **110** 24 *1*
Abgeordnetenentschädigung, Hinzuverdienstgrenze **60** 34 *15*, Rentenanspruch **60** 34 *7*
Ablehnung von Gerichtspersonen, Revision **150** 171, Sozialgericht **150** 60
Ablehnungsgründe, ehrenamtliche Richter **150** 18
ABM, s. *Arbeitsbeschaffungsmaßnahme*
Abrechnung, ärztliche Leistungen **50** 295, Bezug von Sozialleistungen **60** 176, ergänzende Regelungen **50** 303, Hebammen **50** 301 a, Krankenversichertenkarte **50** 15 *6*, Pflegepersonen **60** 176 a, sonstige Leistungserbringer **50** 302
Abrechnung, getrennte, Herstellung einheitlicher Einkommensverhältnisse **60** 287 f
Abrechnungsprüfung, vertragsärztliche Versorgung **50** 106 a
Abrechnungsstellen, Prüfpflicht **40** 28 p *2*, Prüfung **40** 28 p *27*
Abrechnungsverfahren, automatisiertes, Prüfpflicht **40** 28 p *25*
Abrufverfahren, Pflichten der abrufenden Behörde **40** 102, Rechte/Pflichten des Teilnehmers **40** 103, Zentrale Speicherstelle **40** 101
Abrufverfahren, automatische, Einrichtung **100** 79
Abschläge, Einkommensanrechnung **40** 18 b *14*
Abschläge, Entgeltpunkte, Rentensplitting **60** 76 c, Versorgungsausgleich **60** 76
Abschlussförderung, BAföG **6** SK *55*
Abschmelzen, begünstigender VA **100** 44–48 *52*, Vergleich **100** 44–48 *53*
Abschriften, Einreichung **150** 93

Absetzbarkeit, BAföG **6** SK *46*
Absetzbeträge, Alg II **20** 11 b *1*
Abstimmung, Selbstverwaltungsorgane **40** 65, Sozialgericht **150** 61
Abstimmung, interne, Verwaltungsträger **20** 36–44 *24a*
Abtreibung, s. *Schwangerschaftsabbruch*
Abtretung, Ausschluss **10** 53 *4*, Auszahlungsfrist **10** 53 *15*, Erstattungsanspruch **10** 53 *17*, Geldleistung **10** 53 *5*, Insolvenzgeld **30** 183 *58*, Rechtsfolgen **10** 53 *12*, Sondervorschriften **10** 53 *18*, Überleitungsvorschrift **10** 71, Voraussetzungen **10** 53 *2*
Abweichung, Länder **150** 219, Vorbehalt **40** 1–6 *28*, *6*
Abwesenheit, wiederholte längere, Alg **30** 119 *63*
Abwicklungsvereinbarung, Sperrzeit **30** 144 *22*
Abzugsbeträge, Wohngeld **160** 16, SK *69ff.*
Achtung der Selbständigkeit der freien Jugendhilfe 80 SK *9*
Adipositas 50 27 *5*
Adoption, s. auch *Annahme als Kind,* Anspruchsbeginn (Elterngeld) **7** 4 *3*, Elterngeld **7** 1 *8ff.*, Kindergeld **8** SK *13*, Waisenrente **60** 48 *24*
Agentur für Arbeit, Beauftragung mit Ausbildungsvermittlung **20** 16 *11*, Beschäftigungspflicht (Behinderte) **90** 71–80 *20*, Geschäftsführung **30** 383, Zusammenarbeit mit Kommunen und Arbeitsgemeinschaften **30** 9 a
Akten, Begriff **100** 23–25 *14*
Aktenanforderung, Berufung **150** 152
Akteneinsicht 100 23–25 *3, 7, 14ff.*; **150** 120, Abschriften **100** 23–25 *15*, Beteiligte **100** 25, Erteilung von Abschriften **150** 120, gerichtliche Überprüfung **100** 23–25 *16*, Widerspruch **150** 84 a
Aktenlage, Entscheidung nach **150** 126
Aktenöffentlichkeit 100 23–25 *3*
Aktiengesellschaft, RV für Vorstand **60** 1 *11*
Aktive Arbeitsförderung, s. *Arbeitsförderung, aktive*
Aktivierende Pflege 110 28 *17*, Selbstbestimmung **110** 2 *2*
Aktivierung, Auskunftspflicht **30** 318, Hilfe zur Pflege **120** 61 *3*, Sozialhilfe **120** 11
Aktivierungsmaßnahmen 30 46 *1*, Art **30** 46 *7*, Eingliederungsleistungen **20** 16 *5*, Einschränkungen **30** 46 *15*, Ermessen **30** 46 *8*, Inhalt **30** 46 *5*, Legaldefinition **30** 46 *3*, Normadressaten **30** 46 *6*, Rechtsanspruch **30** 46 *17*, Umfang **30** 46 *11*, Vergaberecht/Vergütung der Träger **30** 46 *21*, Vermittlung in EU/EWiR **30** 46 *14*
Aktualitätsprinzip 120 31 *7*
Alg, s. *Arbeitslosengeld*
Alg II, s. *Grundsicherung für Arbeitsuchende*
Alg II-V 20 13 *1*
Alkohol, Arbeitsunfall **70** 8 *19*
Alkoholismus 50 27 *5*, Säumnis **100** 26–28 *8*
Alleinerziehende, Mehrbedarf **120** 30 *7*, Mehrbedarf (Alg II) **20** 21 *9*, Regelleistung **20** 20 *52*, Unterhaltsvorschuss **155** SK *1ff.*
Alleinstehende, Regelleistung **20** 20 *50*
Allgemeine Förderung der Erziehung in der Familie 80 SK *43*, Kostenbeteiligung **80** SK *45*, Zuständigkeit **80** SK *44*

Sachverzeichnis

Fette Zahlen = Kennziffern

Allgemeine Ortskrankenkasse 50 Einl. 17
Allgemeine Rentenversicherung, Finanzverbund **60** 219
Allgemeinverfügung, Begründungsverzicht **100** 35 22, VA **100** 31 21
Alltagskompetenz, dauerhafte erhebliche Einschränkung **110** 45 a 8
Altenhilfe 120 71
Alter 6 10, Alg II **20** 7 2, Grundsicherung **120** 41 1, Mehrbedarf **120** 30 2, RV-Freiheit **60** 5 8, VO EG 883/2004 **5** SK 18
Ältere, Eingliederungszuschuss **30** 421 f
Alternativmodell, Störfall – Wertguthaben **40** 23 b 22
Altersgrenze, Alg II **20** 7 a, Altersrente Bergleute **60** 40 3, Altersrente für Schwerbehinderte **60** 37 3, Anhebung **60** 40 4, Arbeitslosigkeit **30** 117 7, BAföG **6** SK 34, Gründungszuschuss **30** 57 26, Kassenärzte **50** Einl. 7, künstliche Befruchtung **50** 27 a 11, langjährig Versicherte **60** 36 3, Rückzahlung (ABM) **30** 268 5, Vertrauensschutzregelung **60** 40 5
Altersrente 60 33 3, s. auch Regelaltersrente, s. auch Versicherte, langjährige, Anpassung/Neuberechnung **5** 59, Anrechnungszeiten **60** 58 39, Arbeitslosengeld **60** 319 c, Hinterbliebenenrente **40** 18 a 12, Krankengeldausschluss **50** 50 3, Kündigungsschutz **60** 41 1, langjährig Versicherte **60** 36 1, Leistungsausschluss (Alg II) **20** 7 27, Ruhen (Alg) **30** 142 14, 24, Sonderfälle – Rechtsänderungen **60** 302, Tötung eines Angehörigen **60** 105, Unfallversicherungsleistungen **60** 93, VO EG 883/2004 **5** 50, Zulage **5** 58
Altersrente, außerordentlich langjährige Berufstätigkeit 60 38 1
Altersrente, Bergleute 60 40 1, Altersgrenze **60** 40 3, Anhebung Altersgrenze **60** 40 4, Antrag **60** 40 8, Hinzuverdienst **60** 40 9, Kranken-/Pflegeversicherung **60** 40 15, Lebensaltersnachweis **60** 40 6, Mindestversicherungszeit **60** 40 2, Pflegeversicherung **60** 40 15, Rentenbeginn **60** 40 8, Rentenende **60** 40 14, Rentenhöhenänderung **60** 40 12, Versicherungsfreiheit **60** 40 15, Vertrauensschutzregelung **60** 40 5, Voll-/Teilrente **60** 40 10, Voraussetzungen **60** 40 2, Wartezeit **60** 40 7, Zuständigkeit **60** 40 8
Altersrente für Frauen 60 237 a 1, Abschlag **60** 237 a 22, Altersgrenze **60** 237 a 4, Änderung Rentenhöhe **60** 237 a 23, Anhebung Regelaltersgrenze **60** 237 a 5, Antrag **60** 237 a 18, Arbeitsausfalltage **60** 237 a 14, Beginn **60** 237 a 18, Ende **60** 237 a 25, geringfügige Beschäftigung **60** 237 a 16, Handwerkerinnen **60** 237 a 14, Hinzuverdienst **60** 237 a 19, 25, Kranken-/Pflegeversicherung **60** 237 a 26, Lebensaltersnachweis **60** 237 a 9, Mindestversicherungszeit **60** 237 a 3, Selbständige **60** 237 a 13, 17, Übersicht frühestmöglicher Beginn **60** 237 a 27, Versicherungsfreiheit **60** 237 a 26, Versorgungsausgleich **60** 237 a 15, Vertrauensschutzregelung **60** 237 a 7, Voll-/Teilrente **60** 237 a 20, Voraussetzungen **60** 237 a 3, vorzeitige Inanspruchnahme **60** 237 a 22, Wartezeit **60** 237 a 10, 243 b, Zehnjahreszeitraum **60** 237 a 11
Altersrente, langjährig unter Tage beschäftigte Bergleute 60 238
Altersrente, langjährig Versicherte 60 236 1, Abschlag **60** 236 16, Altersgrenze **60** 236 3, 236 5, Altersrente **60** 36 1, Altersteilzeit **60** 236 6, Änderung Rentenhöhe **60** 236 4, Anpassungsgeld Bergleute **60** 236 7, Anrechnungszeiten **60** 236 9, Antrag **60** 36 7, 236 10, Beginn **60** 236 11, Beitragszeit **60** 236 9, Berücksichtigungszeiten **60** 236 17, 29, Ende **60** 236 17, Ersatzzeiten **60** 236 9, Hinzuverdienst **60** 36 8, 236 11, Kranken-/Pflegeversicherung **60** 236 15, 236 20,
Lebensaltersnachweis **60** 36 5, 236 8, Mindestversicherungszeit **60** 36 2, Rentenabschlag **60** 36 13, Rentenbeginn **60** 36 7, Rentenende **60** 36 14, Rentenhöhenänderung **60** 36 12, RV-Freiheit **60** 36 15, 236 20, Übersicht frühestmöglicher Beginn **60** 236 21, Vertrauensschutzregelung **60** 236 5, Voll-/Teilrente **60** 36 9, 236 12, Voraussetzungen **60** 36 2, 236 2, vorzeitige Inanspruchnahme **60** 36 11, 236 14, Wartezeit **60** 36 6, 236 9
Altersrente nach Altersteilzeit 60 237 1, Altersgrenze **60** 237 4, Altersteilzeit **60** 237 19, Altersteilzeitvereinbarung **60** 237 47, Änderung Rentenhöhe **60** 237 49, Anhebung Altersgrenze **60** 237 40, Anhebung Regelaltersgrenze **60** 237 5, Anspruchsvoraussetzungen **60** 237 3, Antrag **60** 237 35, Arbeitsausfalltage **60** 237 30, Arbeitsunfähigkeit **60** 237 24, Arbeitszeitminderung **60** 237 22, Beginn **60** 237 35, Beitragszeiten **60** 237 26, Ende **60** 237 51, Ersatzzeiten **60** 237 26, geringfügige Beschäftigung **60** 237 32, Handwerker **60** 237 29, Hinterbliebenenrente **60** 237 54, Hinzuverdienst **60** 237 36, 51, Kranken-/Pflegeversicherung **60** 237 52, Lebensaltersnachweis **60** 237 8, Nebenbeschäftigung **60** 237 22, Selbständige **60** 237 33, Verlängerung Zehnjahreszeitraum **60** 237 34, Versicherungsfreiheit **60** 237 52, Versorgungsausgleich **60** 237 31, Vertrauensschutzregelung **60** 237 6, 41, Voll-/Teilrente **60** 237 37, Voraussetzungen **60** 237 3, Vorzeitige Inanspruchnahme **60** 237 39, Wartezeit **60** 237 26, 243 b, Zehnjahreszeitraum **60** 237 27
Altersrente, schwerbehinderte Menschen 60 37 1, 236 a 1, Abschlag **60** 236 a 33, Altersgrenze **60** 237 3, 236 a 3, Altersteilzeit **60** 236 a 6, Änderung Rentenhöhe **60** 236 a 34, Anhebung Regelaltersgrenze **60** 236 a 4, Anpassungsgeld Bergleute **60** 236 a 7, Anrechnungszeiten **60** 236 a 17, Antrag **60** 37 15, 236 a 28, Beginn **60** 236 a 28, Beitragszeit **60** 236 a 17, Berücksichtigungszeiten **60** 236 a 17, Berufsunfähige **60** 236 a 18, Ende **60** 236 a 36, Ersatzzeiten **60** 236 a 17, Erwerbsunfähige **60** 236 a 18, Hinzuverdienst **60** 37 16, 236 a 29, Kranken-/Pflegeversicherung **60** 37 24, 236 a 37, Lebensaltersnachweis **60** 37 5, 236 a 8, Mindestversicherungszeit **60** 37 2, 236 a 5, Nicht-Schwerbehinderte **60** 236 a 18, Rente mit Vollendung des 60. Lebensjahrs **60** 236 a 27, Rentenbeginn **60** 37 15, Rentenende **60** 37 23, Rentenhöhenänderung **60** 37 21, RV-Freiheit **60** 37 24, 236 a 37, Schwerbehinderung **60** 37 6, 236 a 9, Schwerbehinderung bei Rentenbeginn **60** 37 11, Schwerbehinderungsnachweis **60** 37 10, Übergangsregelung **60** 37 1, Übersicht frühestmöglicher Rentenbeginn **60** 236 a 38, Vertrauensschutzregelung **60** 236 a 5, Voll-/Teilrente **60** 37 18, 236 a 31, Voraussetzungen **60** 37 2, 236 a 2, vorzeitige Inanspruchnahme **60** 37 20, 236 a 33, Wartezeit **60** 37 14, 236 a 17
Altersrente wegen Arbeitslosigkeit 60 237 1, 58er-Regelung **60** 237 13, Alg II **60** 237 15, Altersgrenze **60** 237 4, Änderung Rentenhöhe **60** 237 49, Anhebung Altersgrenze **60** 237 40, Anhebung Regelaltersgrenze **60** 237 5, Antrag **60** 237 35, Arbeitsausfalltage **60** 237 30, Arbeitslosigkeit **60** 237 10, Arbeitslosigkeit bei Rentenbeginn **60** 237 16, Arbeitslosigkeit vor 1. 1. 2004 **60** 237 42, Aufhebungsvereinbarung **60** 237 43, befristete arbeitsmarktpolitische Maßnahme **60** 237 46, Befristung **60** 237 45, Beginn **60** 237 35, Beitragszeiten **60** 237 26, Beschäftigungslosigkeit am 1. 1. 2004 **60** 237 48, Ein-Euro-Job **60** 237 14, Ende **60** 237 51, Ersatzzeiten **60** 237 26, geringfügige Beschäftigung **60** 237 32, Handwerker **60** 237 29, Hinzuverdienst **60** 237 36, 51, Kollektivvereinbarung **60** 237 44, Kranken-/Pflegeversicherung **60** 237 52, Kündigung **60** 237

magere Zahlen = §§ bzw. Art.; kursive Zahlen = Randnummern **Sachverzeichnis**

43, Lebensaltersnachweis 60 237 *8*, Mindestversicherungszeit 60 237 *3*, RV-Freiheit 60 237 *52*, Selbständige 60 237 *33*, Verlängerung Zehnjahreszeitraum 60 237 *34*, Versorgungsausgleich 60 237 *31*, Vertrauensschutzregelung 60 237 *6*, *41*, Voll-/Teilrente 60 237 *37*, Voraussetzungen 60 237 *3*, Vorzeitige Inanspruchnahme 60 237 *39*, Wartezeit 60 237 *26*, 243 b, Zehnjahreszeitraum 60 237 *27*
Altersrückstellungen, Unfallversicherung 70 219 a
Alterssicherung der Landwirte, Hinterbliebenenrente 40 18 a *13*
Alterssicherung, private, Alg II 20 26 *12*
Altersteilrente, Rentenänderung 60 100 *5*
Altersteilzeit, Altersrente für langjährig Versicherte 60 236 *6*, Altersrente nach Altersteilzeit 60 237 *19*, Hinzuverdienstgrenze 60 34 *15 a*, Krankengeld 50 49 *11*, Leistungen der 10 19 b, Meldepflicht 40 28 a *16*, Regelaltersgrenzenanpassung 60 235 *6*, Sonderregelung 60 279 g
Altersversorgung, betriebliche, Entlassungsentschädigung 30 143 a *9*, Vermögen 20 12 *14*
Altersvorsorge, Befreiung von Rentenversicherung 20 12 *23*
Altersvorsorgebeiträge, geförderte, Vermögen 20 12 *12*
Altervorsorgevermögen, sonstiges, Vermögen 20 12 *13*
Ambulant Betreute, Übergangsregelung 120 130
Ambulante Pflege, Gebührenordnung 110 90, Grundsätze Vergütung 110 89
Ämter für Ausbildungsförderung 6 SK *61*, Aufgaben der für Ausbildungsförderung 6 *41*, Ausbildungsförderung 6 *40*
Amtsaufklärungsgrundsatz, *s. Untersuchungsgrundsatz*
Amtsdauer, ehrenamtliche Richter 150 *13*
Amtsenthebung, ehrenamtliche Richter 150 *22*
Amtsermittlung, eheähnliche Lebenspartnerschaftsähnliche Gemeinschaft 120 20 *8*, Rehabedarf 90 14 *19*
Amtsermittlungsgrundsatz,
s. Untersuchungsgrundsatz
Amtsgericht, Mitteilung bei Räumungsklage 120 34 *10*
Amtshaftung, Fehlberatung 10 14 *21*, Renteninformation 60 109 *6*, Zuständigkeit, Sozialgericht 150 51 *16*
Amtshilfe, Abgrenzung 100 3–7 *4*, Begriff 100 3–7 *5*, Behördenauswahl 100 *5*, Berechtigung 100 3–7 *1*, Datenschutz 100 3–7 *8*, Durchführung 100 *6*, einheitliche Verwaltung 100 3–7 *2*, Ersuchen 100 3–7 *6*, Funktion 100 3–7 *4*, Gegenstand 100 3–7 *5*, Grenzen 100 3–7 *7*, *4*, Kompetenz 100 3–7 *8*, Kosten 100 3–7 *9*, *7*, Pflicht 100 *3*, 3–7 *3*, Rechtswidrigkeit 100 3–7 *7*, Sozialgericht 150 *5*, Verweigerungsgrund 100 *4*, Voraussetzungen 100 *4*
Amtspflegschaft 80 55, Datenschutz 80 SK *139*, Führung 80 56, örtliche Zuständigkeit 80 87 c, Sozialdaten 80 68
Amtssprache 100 19, 19/20 *1*
Amtsverhältnis, öffentlich-rechtliches, Hinzuverdienstgrenze 60 34 *15*
Amtsvormundschaft 80 55, Datenschutz 80 SK *139*, Führung 80 56, örtliche Zuständigkeit 80 87 c, Sozialdaten 80 68
Analogleistung, Auszubildende 120 22 *1*, Leistungseinschränkung 120 39 *1*
Andere Leistungen für Kinder, Kindergeld 8 *65*
Änderung, Eingliederungsvereinbarung 20 15 *20*, Wohngeld 160 SK *74 ff.*, zugunsten des Betroffenen 100 44–48 *49*, *44*
Änderungsmitteilung 10 60 *6*
Anerkenntnis, Sozialgericht 150 93–102 *3*, 101

Anfechtung, Eingliederungsvereinbarung 20 15 *11*, einstweiliger Rechtsschutz 150 76–86 b *18*, nach InsO 30 187 *7*, isolierte 100 8 *10*
Anfechtungs- und Leistungsklage, kombinierte 150 54–56 *14*
Anfechtungsklage 150 54–56 *1*, aufschiebende Wirkung 150 86 a, kombinierte und Verpflichtungsklage 10 39 *14*, Umfang 150 87–95 *4*
Anfrageverfahren 40 7 a *1*, Beginn der Versicherungspflicht 40 7 a *9*, Einzugsstelle 40 7 a *7*, Fälligkeit 40 7 a *11*, Inhalt 40 7 a *2*, Rechtsschutz 40 7 a *12*, Verfahren 40 7 a *8*
Angabeverweigerungsrecht 10 65 *12*
Angehörige, Auskunftspflicht 100 *99*
Angehörige, nichterwerbsfähige, Sozialgeld 20 23 *4*
Angemessenheit, Hausrat 20 12 *20*, Kraftfahrzeug 20 12 *21*, Vermögensberücksichtigung 20 12 *18*
Angestellte im öffentlichen Dienst, Ruhen des KV-Leistungsanspruchs 50 16 *8*
Angestellter, leitender, Sperrzeit 30 144 *83*
Anhörung, *s. auch Rechtliches Gehör,* angemessene Frist 100 40–43 *18*, Anspruch auf 100 23–25 *4*, Äußerungsfrist 100 23–25 *8*, eines bestimmten Arztes 150 103–109 *7 ff.*, 109, Beteiligte 100 24, Beteiligung 100 10–12 *15*, effektive 100 23–25 *7*, Entbehrlichkeit 100 40–43 *16*, Gefahr im Verzug 100 23–25 *10*, Gelegenheit 100 23–25 *9*, Informationspflichten 100 23–25 *9*, Jahresfrist 100 44–48 *37*, eines Kindes/ugendlichen 80 SK *13 ff.*, mündliche 100 23–25 *9*, Nachholung 100 40–43 *17*, Nachholung im Gerichtsverfahren 100 23–25 *13*, sachgerechte Rechtsverteidigung 100 23–25 *5*, sofortige Vollziehung 100 23–25 *11*, unterbliebene 100 23–25 *1*, VA 100 40–43 *5*, *14*, Verwaltungsakt 100 23–25 *4*
Anhörungspflicht, Ausnahmen 100 23–25 *10*
Anhörungsrecht, Verbände 50 *172*
Anhörungsrüge 150 172–178 a *9 f.*, 178 a
Anknüpfungspunkt, deutsche Staatsangehörigkeit 40 1–6 *29*, deutsches Staatsgebiet 40 1–6 *17*
Anlagevermögen, Ausgaben 60 221
Annahme als Kind, *s. auch Adoption,* Beratung und Belehrung in Verfahren 80 *51*
Annahmestelle, berufsständische Versorgung 40 28 b *5*
Anordnungen, BA 30 *372*
Anordnungsermächtigung, ABM 30 *271*, Ausbildungsförderung 30 *247*, behinderte Menschen 30 *115*, Beiträge 30 *352 a*, Berufsausbildungsbeihilfe 30 *76*, Bildungsmaßnahmen 30 152 *6*, Eigenbemühungen 30 152 *4*, Eingliederungsgutschein 30 *224*, Eingliederungsvorschläge 30 152 *5*, Eingliederungszuschuss 30 *222*, Förderung der Berufsausbildung/beruflichen Weiterbildung 30 235 d, Förderung der Teilhabe am Arbeitsleben 30 *239*, Pflichten 30 *322*, Vermittlungsgebühr (Arbeitsförderung) 30 *99*
Anpassungsgeld, Bergleute, Altersrente für langjährig Versicherte 60 236 *7*, Altersrente für Schwerbehinderte 60 236 a *7*, Regelaltersgrenze 60 235 *7*
Anrechnung von anderen Einnahmen (Elterngeld) 7 3 *8 f.*, anderer Leistungen (Unfallversicherung) 70 *98*, Eingliederungszuschuss 30 220 *2*, Einkommen der Eltern 6 SK *49*, Einkommen des Ehegatten/Lebenspartners (Alg II) 20 SK *48*, Mutterschaftsgeld (Elterngeld) 7 3 *2 ff.*, vergleichbarer ausländischer Leistungen 7 3 *10 ff.*, vorläufige Leistungen 10 43 *10*
Anrechnungsbetrag, monatlicher 6 *30*, Nebeneinkommen (Alg) 30 141 *8*
Anrechnungszeiten 60 58 *1*, 252, Altersrente für langjährig Versicherte 60 236 *9*, Altersrente für Schwerbehinderte 60 236 a *17*, Altersrentenbezug 60 58 *39*, Arbeitslosigkeit 60 58 *6*, Arbeitsunfähigkeit 60 58 *2*, Ausbildung 60 58 *9*, Ausbildungssuche 60

2779

Sachverzeichnis

Fette Zahlen = Kennziffern

58 *8,* berufsvorbereitende Bildungsmaßnahme **60** 58 *27,* Fachschule **60** 58 *18,* Fernunterricht **60** 58 *16,* Günstigkeitsprinzip **60** 58 *14,* Hochschule **60** 58 *24,* Höchstdauer **60** 58 *10,* Krankheit **60** 58 *4,* medizinische Reha **60** 58 *3,* Mutterschaft **60** 58 *5,* Ost **60** 252a, pauschale **60** 253, Praktikum **60** 58 *23,* Privatunterricht **60** 58 *21,* Rentenbezug **60** 58 *28,* Schulausbildung **60** 58 *37,* Schule **60** 58 *15,* Schwangerschaft **60** 58 *5,* Sozialleistungsbezug **60** 58 *29,* Teilhabeleistungen **60** 58 *28 13,* Überbrückungstatbestände **60** 58 *33,* Übergangszeit **60** 58 *12,* Unterbrechung **60** 58 *31,* Versicherte ohne Krankengeldanspruch **60** 58 *35,* Versicherungspflichtbefreiung **60** 58 *36,* Zurechnungszeiten **60** 58 *28*
Ansätze, innovative, Erprobung **30** 421 h
Anschaffungen, notwendige, Freibetrag **20** 12 *16*
Anscheinsbeweis, Bekanntgabe **100** 37–39 *17*
Anscheinsvollmacht 100 13–15 *12*
Anschlussrente, Unfallversicherung **70** 75 *5*
Anschlussverletztengeld 70 47 *16*
Anspruch 100 115 *1f.,* 116 *14ff.,* gegen den Arbeitgeber **100** 115 *1,* auf Arbeitsentgelt **100** 115 *1,* Aufwendungen bei Hilfeleistung **100** 116 *19,* auf Aufwendungsersatz **100** 116 *15,* Beitrags- **100** 119 *1,* Entstehung **10** 40, auf Jugendhilfeleistungen **80** SK 2, Kindergartenplatz **80** SK *85,* Sachschäden **100** 116 *19,* auf Schadensersatz **100** 116 *14,* Übergang **100** 115 *1,* 116 *2,* Veränderung **20** 44
Anspruch, nachgehender 50 19 *5,* Hinterbliebene **50** 19 *9*
Ansprüche, Zusammentreffen von, andere Angehörige (Elterngeld) **7** 5 *6,* Einigung der Eltern (Elterngeld) **7** 5 *1f.,* Kürzung der Ansprüche (Elterngeld) **7** 5 *5*
Anspruchs- und Anwartschaftsüberführungsgesetz, Neufeststellung **60** 310b
Anspruchsberechtigte, Kindergeld **8** 62
Anspruchsdauer, Erfüllung des Anspruchs auf Teil-Alg **30** 128 *7,* Gleichwohlgewährung **30** 128 *4,* Grundsatz **30** 127 *1,* Lebensalter **30** 127 *11,* Minderung des Alg **30** 128 *2,* Rahmenfrist **30** 127 *10,* Verlängerungsmöglichkeit **30** 127 *18*
Anspruchsdauer, Minderung, Sperrzeit **30** 144 *118*
Anspruchsentstehung 10 40 *1,* Ermessen **10** 40 *8,* Krankengeld **10** 40 *9,* Rechtsanspruch **10** 40 *3ff.*
Anspruchsübergang, Arbeitsförderung **30** 332, BAföG **6** 38, Unterhaltsvorschuss **155** 7
Anspruchsübergang (Grundsicherung für Arbeitssuchende) 20 33 *1,* auch bei Nichterbringung von Leistungen **20** 33 *7,* Auskunftsanspruch **20** 33 *14,* Bedarfsgemeinschaft **20** 33 *8,* Beschränkung **20** 33 *11,* Kostenübernahme **20** 33 *16,* Personenidentität **20** 33 *3,* Rückübertragung **20** 33 *15,* vergangene/zukünftige Unterhaltsansprüche **20** 33 *12,* Verwandte **20** 33 *9,* Voraussetzungen **20** 33 *2,* Vorrang von §§ 115, 116 SGB X **20** 33 *18,* Zeitraumidentität **20** 33 *5*
Anspruchsübergang (Sozialhilfe) 120 19 *19,* Rechtsfolgen **120** 93 *6,* Voraussetzungen **120** 93 *3*
Anspruchsübergang gegenüber nach BGB Unterhaltspflichtigen, Ausschluss **120** 94 *5,* Rechtsfolgen **120** 94 *4,* Sozialhilfe **120** 94 *1,* Voraussetzungen **120** 94 *3*
Anspruchsüberleitung, Kinder- und Jugendhilfe **80** 95
Anstalt, KV-Versicherungspflicht **50** 5 *26*
Anthroposophie 50 53 *6*
Antrag, Auslegung **100** 18 *7,* BAföG **6** 46, SK *63,* fehlender **100** 40–43 *21,* Nichtvorliegen **100** 18 *9,* Verfahrensgegenstand **100** 18 *7,* VO EG 883/2004 **5** 81, Vordrucke **100** 18 *8,* Wirkung **30** 325, Wohngeld **160** SK *84*

Antrag vor Leistung 30 324
Antragsberechtigung, Rentenbeginn **60** 99 *7*
Antragserfordernis 30 323, Alg II **20** 36–44 *1,* SGB II **20** 37
Antragsprinzip, s. *Dispositionsmaxime*
Antragstellung 10 16, automatisiertes Verfahren beim Versicherungsamt **60** 151a, Elterngeld **7** 7 *1ff.,* Mitwirkungspflicht **10** 60 *2*
Antragstellung, wiederholte 100 26–28 *5,* *13,* 28, Alg II **100** 26–28 *13,* Kausalität **100** 26–28 *14,* Rückwirkung **100** 26–28 *16,* Schutz des Versicherten **100** 26–28 *13,* Unkenntnis **100** 26–28 *15*
Anwartschaft, Sozialleistungsanspruch **10** 38 *9*
Anwartschaftserhaltungszeitraum, Erwerbsminderungsrente **60** 241 *4*
Anwartschaftszeit 30 123 *1,* Arbeitslosenversicherungsfreiheit **30** 123 *10,* Auslandsbeschäftigung **30** 123 *21,* Beitragszahlung **30** 123 *5,* Entgeltersatzleistungen **30** 123 *8,* freiwillige Arbeitslosenversicherung **30** 123 *7,* Sperrzeit **30** 123 *14,* verkürzte **30** 123 *15,* Voraussetzungen **30** 123 *5*
Anwartschaftszeit, verkürzte, fiktive Bemessung **30** 132 *5a*
Anwendbares Recht (VO EG 884/2004) 5 11, Ausnahmen **5** 16, Sonderregelung **5** 12
Anwendung von Rechtsvorschriften, VO EG 883/2004 **5** 83
Anwerbung aus Ausland 30 292
Anzeigepflicht 30 320, Arbeitsunfähigkeit **30** 311, Berufskrankheiten **70** 202, Unterhaltsvorschuss **155** 6, Unternehmer Versicherungsfall **70** 193
Apotheker, selbständige, Unfallversicherungsfreiheit **70** 4 *6*
Arbeit, Verweigerung **20** 31 *8*
Arbeit, nichtselbständige, Einkommen (Elterngeld) **7** 2 *12ff.*
Arbeiten unter Tage, Definition **60** 61 *2,* Fiktion **60** 61 *4,* Gleichstellung **60** 61 *3,* knappschaftliche Besonderheiten **60** 85, ständiges **60** 61 *1,* ständiges (Ost) **60** 254a
Arbeitgeber 100 115 *1,* 116 *4,* Ansprüche gegen **100** 115 *1,* Auskunftspflicht **100** 98, Auskunftspflicht (Elterngeld) **7** 9 *2f.,* Begriff **40** 28 *4,* Beitragszuschüsse Pflegeversicherung **110** 61, Beschäftigung **40** 7 *20,* Beschäftigungsförderung **20** 16 e *3,* Beschäftigungspflicht (Behinderte) **90** 71–80 *7,* Beschäftigungspflicht (Schwerbehinderter) **90** 71–80 *7,* Eingliederungsleistungen **20** 16 *6,* Eingliederungszuschuss **30** 217 *1,* Erstattungspflicht **30** 147a *1,* freie Förderung **20** 16 f *13,* Insolvenzgeld **30** 183 *11,* Integrationsvereinbarung **90** 83 *1,* Mitteilung zu Sozialleistungen **40** 23 c *14,* Pflichten Schwerbehindertenbeschäftigung **90** 81, Prüfung **40** 28 p *1,* Rechte/Pflichten **30** 39, Teilhabe am Arbeitsleben **90** 34, Zahlungspflicht **40** 28 e *2,* Zusammenwirken mit den Agenturen für Arbeit **30** 2, Zusammenwirken mit der Bundesagentur für Arbeit und den Integrationsämtern **90** 80
Arbeitgeber, exterritorialer, Gesamtsozialversicherungsbeitrag **40** 28 m *2,* Meldepflicht **40** 28 m *6*
Arbeitgeber, öffentliche, besondere Pflichten Schwerbehindertenbeschäftigung **90** 82
Arbeitgeberanteil, Rechtsnatur **40** 28 e *5,* RV-Freiheit **60** 172
Arbeitgeberfunktion, Heimarbeiter/Hausgewerbetreibende **40** 12 *11,* Zwischenmeister **40** 12 *11*
Arbeitgeberkündigung, Erstattungspflicht **30** 147a *23,* Sperrzeit **30** 144 *20*
Arbeitgebermodell, Hilfe zur Pflege **120** 66 *7*
Arbeitgeberpflichten, behindertengerechte Beschäftigung **90** 81 *11,* betriebliche Gestaltungspflicht (Behinderte) **90** 81 *18a,* individuelle Beschäftigungspflicht (Behinderte) **90** 81 *12,* Normzweck **90**

2780

magere Zahlen = §§ bzw. Art.; kursive Zahlen = Randnummern **Sachverzeichnis**

81 *1*, Organisationspflichten zur Integration 90 81 *10*, Prüfpflicht bei freien Arbeitsplätzen (Behinderte) 90 81 *3*
Arbeitnehmer 30 57 *4*, ABM 30 263 *1*, Alg 30 117 *1*, von Arbeitslosigkeit bedrohte 30 17, Beschäftigung 40 7 *20*, Eingliederungszuschuss 30 217 *2*, Förderung beschäftigter 20 16 *5*, Versicherungspflicht 60 1 *5*, Zusammenwirken mit den Agenturen für Arbeit 30 2
Arbeitnehmer, ältere, Eingliederungszuschuss 20 16 *5*, Eingliedungsgutschein 30 223 *1*, Entgeltsicherung 30 421 j, Tragung der Beiträge bei Beschäftigung 30 421 k
Arbeitnehmer, jüngere, Eingliederungszuschuss 20 16 *5*; 30 421 p, Qualifizierungszuschuss 20 16 *5*; 30 421 o
Arbeitnehmerähnliche Selbständige, RV-Pflicht 60 2 *15*, RV-Pflichtbefreiung 60 6 *13*
Arbeitnehmerfreizügigkeit 5 SK *3*
Arbeitnehmerüberlassung, Beschäftigung 40 7 *49*, Zahlungspflicht 40 28 e *7*
Arbeitnehmerüberlassung, illegale, Zahlungspflicht 40 28 e *9*
Arbeitnehmerüberlassung, legale, Zahlungspflicht 40 28 e *8*
Arbeitnehmervereinigungen, Feststellungsverfahren 40 48 b, Vorschlagsrecht 40 48 a
Arbeitsablehnung, Sperrzeit 30 144 *32*, *110*, wichtiger Grund 30 144 *85*
Arbeitsagentur, Zusammenwirken mit Arbeitgebern/-nehmern 30 2
Arbeitsanbahnung, Sabotage 20 31 *10*
Arbeitsassistenz, ABM 30 270 a *1*
Arbeitsaufgabe, Sperrzeit 30 144 *14*
Arbeitsausfall, erheblicher, Kurzarbeitergeld 30 170
Arbeitsausfalltage, Altersrente für Frauen 60 237 a *14*, Altersrente nach Altersteilzeit 60 237 *30*, Altersrente wegen Arbeitslosigkeit 60 237 *30*
Arbeitsbedingungen, Unzumutbarkeit 20 10 *21*
Arbeitsberechtigung-EU 20 8 *13*
Arbeitsbereich, Behindertenwerkstätten 90 41
Arbeitsbereitschaft 30 119 *64*
Arbeitsbereitschaft, fehlende, Minderung des Alg 30 128 *13*
Arbeitsbeschaffungsmaßnahme 20 16 *7*; 30 260 *1*, Abberufung 30 269 *1*, Arbeitnehmer ab 55 30 267 *4*, Arbeitnehmer ohne Abschluss 30 5, Arbeitsassistenz 30 270 a *1*, behinderte Menschen 30 263 *5*, Berufsrückkehrer 30 263 *5*, besondere Kündigungsrechte 30 270 *1*, besonders qualifizierte Arbeitnehmer 30 263 *5*, Finanzierung 30 271 *3*, Folgen 30 260 *4*, förderungsbedürftige Arbeitnehmer 30 263 *1*, Förderungsfähigkeit 30 261 *1*, Gleichbehandlung 30 262 *3*, Gründungszuschuss 30 57 *9, 12*, Lohnkostenzuschuss 30 264 *1*, Naturkatastrophen 30 270 a *3*, öffentliches Interesse 30 261 *7*, Qualifizierungselemente 30 261 *8*, Regelförderung 30 267 *1*, Regiemaßnahme 30 262 *1*, Rückzahlung 30 268 *1*, Sonderfälle 30 270 a *1*, Sperrzeit 30 270 *6*, Teilnehmerbeurteilung 30 261 *9*, Vergabe 30 262 *2*, verlängerte Förderung 30 267 *2*, Versicherungsfreiheit (ArblosV) 30 27 *11*, verstärkte Förderung 30 266 *1*, Verstoß gg. Weiterbeschäftigungspflicht 30 268 *1*, Voraussetzungen 30 260 *2*, 263 *1*, Vorrang 30 260 *3*, wiederholte Förderung 30 267 *3*, zusätzliche Arbeit 30 261 *2*, Zuweisung 30 267 a *1*
Arbeitsbescheinigung 30 312
Arbeitseinkommen, Beitragssatz 50 248, Beitragszahlung 60 174, Hinzuverdienstgrenze 60 34 *12*, Normzweck 40 15 *1*, Regelungsgehalt 40 15 *4*, Verletztengeld 70 47 *2*

Arbeitsentgelt 100 115 *1, 2*, Anspruch auf 100 115 *1f.*, Aufwandsentschädigung 40 14 *13*, Behindertenwerkstätten 90 138, beitragspflichtiges (Alg) 30 131 *7*, Beitragszahlung 60 174, Beitragszahlung (KV) 50 253, Bemessungsentgelt 30 131 *5*, Definition 40 14 *5*, Eingliederungszuschuss 30 220 *1*, Entgeltfortzahlung im Krankheitsfall 100 115 *2*, Entgeltumwandlung 40 14 *11*, Entstehungsprinzip 40 14 *9*, erzieltes (Alg) 30 131 *8*, Haushaltsscheckverfahren 40 14 *19*, Hinzuverdienstgrenze 60 34 *8*, illegale Beschäftigung 40 14 *18*, laufende Einnahmen 40 14 *7*, Mindestentgeltpunkte bei geringer 60 262, nebenberufliche Tätigkeit 40 14 *13*, Nettoarbeitsentgelt 40 14 *17*, Normzweck 40 14 *1*, Pfandrecht (Insolvenzgeld) 30 188 *7*, Ruhen (Alg) 30 143 *3*, Sachbezüge 40 14 *8*, Schwerbehinderte 90 123, Sonderleistungen 100 115 *2*, Sozialleistung statt 100 115 *3*, Verletztengeld 70 47 *2*, Vorfinanzierung 100 115 *1*, Vorleistung durch Sozialversicherungsträger 100 115 *1*, Zuflussprinzip 40 14 *9*
Arbeitsentgelt, einmaliges, Begriff 40 23 a *2*, Beitragspflicht 40 23 a *1*, beitragsrechtliche Behandlung 40 23 a *6*, März-Klausel 40 23 a *8*, Meldepflicht 40 28 a *13*, Ordnung 40 23 a *4*
Arbeitserlaubnis, Erwerbsfähigkeit 20 8 *12*, EU-Bürger 20 8 *13*, Verfügbarkeit 30 119 *44*, Weitergeltung 30 432
Arbeitserlaubnis-EU 20 8 *13*
Arbeitsfähigkeit, Beschäftigung 40 7 *23*
Arbeitsförderung 10 1–10 *27*, *3*, Aufwendungsersatz 30 43, Leistungen 10 *19*; 30 *3*, Unentgeltlichkeit 30 43, Verhältnis zu anderen Leistungen 30 22 *1ff.*, Ziele 30 1, Zuständigkeit, Sozialgericht 150 51 *10*
Arbeitsförderung, aktive, Auswahl von Leistungen 30 7, Begriff 30 22 *2*, Generalklausel 30 45 *5*, Leistungen − Rechtsänderungen 30 422, Nachrang 30 22 *2*, Vorrang 30 5, Zweck 30 22 *3*
Arbeitsförderungsgeld, Behindertenwerkstätten 90 43
Arbeitsgelegenheit 20 16 d *2*, Begünstigte 20 16 d *3*, Ein-Euro-Job 20 16 d *5*, Entgeltvariante 20 16 d *4*, Verweigerung 20 31 *14*
Arbeitsgelegenheit mit Mehraufwandsentschädigung, s. Ein-Euro-Job
Arbeitsgemeinschaft 20 44 b; 80 SK *162*; 100 94, Alg II 20 6–6 d *2*, Beteiligtenfähigkeit 100 10–12 *4*, Jugendhilfe 80 78, Krankenkasse 50 219, MDK 50 277, Zusammenarbeit mit Agenturen für Arbeit und Kommunen 30 9 a
Arbeitsgemeinschaft für Datentransparenz 50 303 a, Beirat 50 303 b, Datenaufbereitungsstelle 50 303 d, Datenübermittlung und -erhebung 50 303 e, Datenverarbeitung und -nutzung 50 303 f, Vertrauensstelle 50 303 c
Arbeitsgenehmigung-EU, neue EU-Staaten 30 284
Arbeitshilfen, behinderte Menschen 30 237
Arbeitskampf, Härtefallregelung 30 146 *30*, Kurzarbeitergeld 30 174, mittelbar betroffene AN 30 146 *20*, Ruhen (Alg) 30 146 *1*, *12*
Arbeitsleistung, fehlende, Beschäftigung 40 7 *24*
Arbeitslose 30 16, Aktivierungsmaßnahmen 30 46 *5*, Berufsausbildungsbeihilfe 30 74, Definition 20 53 a, Eingliederungsmaßnahmen 30 46 *5*, KV-Versicherungspflicht 50 5 *12*, Wiedereingliederung 90 28 *1*, Wohnort in einem anderen als dem zuständigen Mitgliedstaat 5 65
Arbeitslose, meldepflichtige, gesetzliche Unfallversicherung 70 2 *42*
Arbeitslosengeld 30 116 *3*, Abwesenheit, wiederholte längere 30 119 *63*, allgemeiner Leistungssatz 30 129 *12*, Altersgrenze 30 117 *7*, Altersrente 60 319 c, Anspruch 30 117 *1*, Anspruchsdauer 30 127 *14*, An-

2781

Sachverzeichnis

Fette Zahlen = Kennziffern

spruchsvoraussetzungen **30** 118 *1*, Anwartschaftsrecht **30** 118 *4*, Anwartschaftszeit **30** 123 *1*, Arbeitsförderungsgesetz **30** 427, Arbeitskampf **30** 146 *1*, beitragspflichtige Einnahmen **50** 232 a, Bemessungsentgelt **30** 131 *1, 5*, Bemessungsrahmen **30** 130 *5*, Bemessungszeitraum **30** 130 *4*, Berechnung **30** 134 *3*, Berechnungselemente **30** 129 *14*, Bestimmung über Entstehen **30** 118 *7*, Beweislast **30** 118 *6*, Dauer – Voraussetzungen **30** 127 *6*, Ehrenamt **30** 119 *17*, Eigenbemühungen **30** 119 *14, 31*, Einzelanspruch **30** 118 *3*, Entziehung wegen fehlender Mitwirkung **30** 128 *11*, erhöhter Leistungssatz **30** 129 *7, 13*, erleichterte Voraussetzungen **30** 428, Erlöschen **30** 144 *119*, 147 *1*, Erstattungspflicht des Arbeitgebers **30** 147 a *8*, Erwerbsminderungsrente **60** 313 a, Erwerbstätigkeit **30** 119 *21*, Forderungsübergang gegenüber Arbeitgebern **100** 115 *3*, Formel **30** 129 *6*, formelle Voraussetzungen **30** 117 *12*, getrennt lebende Partner **30** 129 *11*, Höhe **30** 129 *1*, Kind **30** 129 *7*, Können **30** 119 *39*, Krankengeld **50** 47 b *2, 49 8*, Kurzzeitbeschäftigung **30** 119 *20*, Kurzzeitigkeitsgrenze **30** 119 *25*, KV-Versicherungspflicht **50** 5 *13*, KV-Versicherungspflichtbefreiung **50** 8 *6*, Leistung **30** 134 *4*, Leistungsfälle **30** 117 *6*, Leistungsfortzahlung **30** 126 *9*, Leistungsminderung **30** 125 *5*, Meldepflicht **50** 203 a, Minderung der Leistungsfähigkeit **30** 125 *1*, Nahtlosigkeitsregelung **30** 125 *5*, Nebeneinkommen (Alg) **30** 141 *1*, Rahmenfrist **30** 124 *1*, Ruhen **30** 142 *1*, Selbständigkeit **30** 119 *22*, Sonderregelungen **30** 421 t, Stammrecht **30** 118 *3*, Übergangsrecht **30** 129 *3*, Urlaub **30** 119 *58*, Verfassungsrechtlicher Schutz **30** 117 *14*, Verfügbarkeit **30** 119 *16, 35, 64*, Verfügung über Anspruch **30** 118 *5*, Versagung wegen fehlender Mitwirkung **30** 128 *11*, Voraussetzungen **30** 117 *3*, Weiterbildung, berufliche **30** 124 a *1*, Wohnsitz/gewöhnlicher Aufenthalt **30** 117 *9*

Arbeitslosengeld II, *s. auch Grundsicherung für Arbeitssuchende, s. auch Regelleistung (Alg II)*, Altersrente wegen Arbeitslosigkeit **60** 237 *15*, Arbeitslosenversicherungspflicht **20** 26 *5*, Begrenzung **20** 31 a *10*, Beitragssatz **50** 246, Definition **20** 19 *1*, einstweiliger Rechtsschutz **20** 19 *12*, Entfallen **20** 31 a *8*, Existenzminimum bei Minderung **20** 31 a *12*, Forderungsübergang gegenüber Arbeitgebern **100** 115 *3*, Geldleistung **20** 19 *4*, Heizung **20** 22 *1*, Krankengeld **50** 47 b *1*, Krankenversicherung/Pflegeversicherung **20** 26 *10*, KV-Versicherungspflicht **50** 5 *18*, KV-Zusatzbeitrag **20** 26 *18*, Leistungen zur Bildung **20** 19 *9*, Mehrbedarf **20** 21 *1*, Meldepflicht **20** 32 *4*; **50** 203 a, Meldeversäumnisse **20** 32 *2*, Meldungsaufforderung **20** 32 *3*, Minderung bei über 25 Jährigen **20** 31 a *2*, Minderung bei unter 25 Jährigen **20** 31 a *22*, Nachrang **20** 19 *11*, private Alterssicherung **20** 26 *12*, private Krankenversicherung **20** 26 *19*, Rechtsentwicklung **20** 20 *6*, Regelleistung **20** 20 *1*, RV **20** 26 *7*, RV-Pflicht **60** 3 *13*, RV-Pflichtbefreiung **60** 6 *18*, Schutzpflichtkonzept **20** 20 *10*, Systematik **20** 19 *2*, Teilhabeleistungen **20** 19 *9*, Teilzeitstudierende **6** SK *26*, Unterkunft **20** 22 *1*, Verletztengeld/Übergangsgeld **20** 25 *1*, Versorgungswerk **20** 26 *12*, Zuschuss zu Versicherungsbeiträgen **20** 26 *12*, Zuständigkeit, Sozialgericht **150** 51 *12*

Arbeitslosengeld II, Minderung bei über 25 Jährigen **20** 31 a *2*, bei unter 25 Jährigen **20** 31 a *22*, Beginn/Dauer **20** 31 b *4*, Begrenzung **20** 31 a *10*, Entfallen **20** 31 a *8*, ergänzende Sachleistungen/geldwerte Leistungen **20** 31 a *14*, Existenzminimum **20** 31 a *12*, Meldeversäumnisse **20** 32 *2*, minderjährige Kinder **20** 31 a *17*, Sozialhilfeausschluss **20** 31 b *5*, Unterkunfts-/Heizbedarf **20** 31 a *20*, Wirksamwerden **20** 31 b *2*

Arbeitslosengeldanspruch, Versicherungsfreiheit (ArblosV) **30** 27 *14*
Arbeitslosenhilfe, Übergangsgeldanspruch/-berechnung **60** 234
Arbeitslosenversicherung, Ausschluss **40** 8 *27, 12 13*, Beschäftigte **30** 25 *1*, Erziehungszeiten **30** 26 *13*, geistliche Genossenschaften **30** 26 *7*, Gesamtsozialversicherungsbeitrag **40** 28 d *2*, Jugendliche in Einrichtungen der beruflichen Reha/Jugendhilfe **30** 26 *2*, Leistungsbezug **30** 26 *8*, Pflegezeit **30** 26 *18*, PV **110** 44 a *7*, Strafgefangene **30** 26 *5*, Wehr-/Zivildienst **30** 25 *10*, 26 *4*
Arbeitslosenversicherung, freiwillige, Anwartschaftszeit **30** 123 *7*
Arbeitslosenversicherungsfreiheit 30 27, ABM **30** 27 *11*, bei Anspruch auf Alg **30** 27 *14*, Anwartschaftszeit **30** 123 *10*, ausländische Arbeiter zur Aus-/Fortbildung **30** 27 *9*, ausländische Rente **30** 28 *5*, Erwerbsminderung **30** 28 *2*, geringfügige Beschäftigung **30** 27 *4*, Heimarbeit **30** 27 *8*, kommunale Ehrenbeamte **30** 27 *10*, Normzweck **30** 27 *1*, Rentner **30** 28 *1*, Schüler/Studenten **30** 120 *7*, Seeschiffe **30** 28 *7*, sonstige Personen **30** 28, Sozialleistungsbezug **30** 28 *6*, Vermittlungshemmnisse **30** 27 *11*, Werkstudenten **30** 27 *12*, Zwischenpraktikum **30** 120 *9*
Arbeitslosenversicherungspflicht während Leistungsbezug (ArblosV) **30** 26 *8*, Übergang von Beitragspflicht zur **30** 425
Arbeitslosenversicherungspflicht auf Antrag, Antragstellung **30** 28 a *13*, Auslandsbeschäftigte **30** 28 a *7*, Beginn **30** 28 a *1*, Ende **30** 28 a *17*, Frist **30** 28 a *14*, Pflegepersonen **30** 28 a *5*, Ruhen **30** 28 a *15*, Selbständige **30** 28 a *6*, sonstige Voraussetzungen **30** 28 a *9*, Wiedereinsetzung **30** 28 a *14*
Arbeitslosenversicherungspflichtige, sonstige 30 26 *1*, Beitragstragung **30** 347, Beitragszahlung **30** 349
Arbeitslosenversicherungspflichtverhältnis auf Antrag **30** 28 a *1*, Anwartschaftszeit **30** 123 *6*, Beginn **30** 24 *2*, Begriff/Voraussetzungen **30** 24 *1*, Ende **30** 24 *7*, Fortdauer **30** 24 *5*
Arbeitslosigkeit 10 64 *3*, 58er-Regelung **30** 119 *14 a*, Anrechnungszeiten **60** 58 *6*, Beendigung durch Gründungszuschuss **30** 57 *8*, Berechnung von Versicherungs-/Beschäftigungszeiten **5** 61, Beschäftigungslosigkeit **30** 119 *7*, Definition **30** 119 *1*, drohende **30** 17, Einkommensermittlung bei grenzüberschreitendem Sachverhalt **5** SK *155*, Einstiegsgeld **20** 16 b *4*, Erhöhung Verletztenrente **70** 58 *1*, Forderungsübergang **100** 116 *46*, Grenzgänger **5** SK *161 ff.*, Legaldefinition **30** 119 *4*, Leistungsberechnung **5** 62, Leistungsexport **5** SK *158 ff.*, Leistungsfälle **30** 117 *6*, mithelfender Familienangehöriger **30** 119 *23*, Versicherungsfall **30** 119 *2*, VO EG 883/2004 **5** SK *22, 152 ff.*
Arbeitslosmeldung, Begriff/Rechtsnatur **30** 122 *3*, durch Dritte **30** 125 *16*, Erlöschen der Wirkung der **30** 122 *11*, Inhalt **30** 122 *5*, persönliche **30** 122 *1, 6*, Rückwirkung **30** 122 *10*, Tätigkeitsaufnahme **30** 122 *12*, Unterbrechung der Arbeitslosigkeit **30** 122 *11*, Verfügbarkeit **30** 119 *67*, vorzeitige **30** 122 *9*, Zeitpunkt **30** 122 *8*, Zuständigkeit **30** 122 *7*
Arbeitsmarkt- und Berufsforschung 30 282
Arbeitsmarktberatung 20 16 *6*; **30** 34
Arbeitsmarktberichterstattung 30 283
Arbeitsmarktmittel, Veranschlagung, BA **40** 71 b
Arbeitsmarktrente 20 8 *10*
Arbeitsmarktstatistiken 30 281
Arbeitsmöglichkeit, Hilfebedürftigkeit **20** 9 *1*
Arbeitsorganisation, Eingliederung **40** 7 *23*
Arbeitspausen, Arbeitsunfall **70** 8 *22*

magere Zahlen = §§ bzw. Art.; kursive Zahlen = Randnummern **Sachverzeichnis**

Arbeitsplatz, Begriff **90** 73, Berechnung der Mindestzahl/Pflichtarbeitsplatzzahl **90** 74, Beschäftigungspflicht (Behinderte) **90** 71–80 *9*
Arbeitsplatzvermittlung, Eingliederungsleistungen **20** 16 *5*
Arbeitsrechtlicher Freistellungsanspruch, Dauer **50** 45 *2*, Voraussetzungen **50** 45 *2*
Arbeitssuche, Arbeitsunfall **70** 8 *23*, Ausländer (Alg II) **20** 7 *9*
Arbeitssuche, frühzeitige, Arbeitslosmeldung **30** 122 *4*, Sperrzeit **30** 144 *115*
Arbeitssuche, verspätete, wichtiger Grund **30** 144 *91*
Arbeitssuchende, Aktivierungsmaßnahmen **30** 46 *5*, Arbeitsförderung **30** 15, Beschäftigungsförderung/-anbahnung **30** 45 *6*, Eingliedungsmaßnahmen **30** 46 *5*, Rechte/Pflichten **30** 38
Arbeitssuchendmeldung, verspätete 30 144 *63*, Sperrzeit **30** 144 *117*
Arbeitstherapie, Dauer/Umfang **50** 42 *4*, Inhalt **50** 42 *3*, Voraussetzungen **50** 42 *2*
Arbeitsunfähigkeit 50 27 *4*, Altersrente nach Altersteilzeit **60** 237 *24*, Anrechnungszeiten **60** 58 *2*, Anzeige- und Bescheinigungspflicht **30** 311, Anzeige/Bescheinigung **30** 126 *11*, Anzeige-/Bescheinigungspflicht **20** 56, ärztliche Feststellung **50** 46 *3f.*, 47 b *2*, 48 *5*, 49 *10*, Begriff **50** 44 *3*, Definition **30** 126 *4*, wegen derselben Krankheit **50** 48 *2f.*, Erwerbsfähigkeit **20** 8 *3*, grob fahrlässige Herbeiführung **50** 49 *3*, Krankengeld **50** 44 *3*, Leistungsfortzahlung **30** 126 *1*, Richtlinien **50** 44 *3*, 46 *4*, RV-Pflicht auf Antrag **60** 4 *14*, stufenweise Wiedereingliederung **50** 74 *2*, unterlassene Meldung **50** 49 *10*, Verletztengeld **70** 45 *2*, Verweisung auf andere Tätigkeit **50** 44 *3*, Wiedereingliederung **90** 28 *8*
Arbeitsunfall 50 11 *5*, Alkohol **70** 8 *19*, An- und Auskleiden **70** 8 *24*, Arbeitspausen **70** 8 *22*, Arbeitssuche **70** 8 *23*, Arbeitsunterbrechung **70** 8 *12*, Aus- und Fortbildung **70** 8 *24*, Auslandstätigkeit **70** 8 *26*, Ausstellung/Messe **70** 8 *25*, Begriff **70** 8 *2*, Bereitschaftsdienst **70** 8 *28*, Beschädigung/Verlust eines Hilfsmittels **70** 8 *135*, Betrieb im eigenen Haus **70** 8 *15*, Betriebsausflüge/-feiern **70** 8 *32*, Betriebsrat **70** 8 *36*, Betriebssport **70** 8 *35*, Beweisanforderungen **70** 8 *6*, *16*, Dienstweg **70** 8 *13*, Drogen **70** 8 *38*, Erstschaden **70** 8 *85*, Gefahren des täglichen Lebens **70** 8 *41*, Gefälligkeiten **70** 8 *42*, Gelegenheitsursache **70** 8 *92*, gemischte Tätigkeiten **70** 8 *11*, Geschäftsessen **70** 8 *14a*, Geschäftsreise **70** 8 *14*, Gesundheitsmaßnahmen **70** 8 *43*, Gleichstellungsbeauftragte **70** 8 *36*, Handlungstendenz **70** 8 *5*, ieS **70** 8 *6*, Jugendvertreter **70** 8 *36*, Kasuistik **70** 8 *17*, KV **11** *5*, mittelbare Folgeschäden **70** 8 *98*, Nachbereitungstätigkeit **70** 8 *20*, Rauchen **70** 8 *59a*, sachlicher Zusammenhang **70** 8 *8*, Schwerbehindertenvertrauensleute **70** 8 *36*, Selbstversuche *63*, Streik **70** 8 *66*, Tod **70** 8 *103*, Umgang mit Arbeitsgerät **70** 8 *134*, Unfallkausalität **70** 8 *73*, Verschlimmerung **70** 8 *90*, *99*, VO EG 883/2004 **5** SK *20*, *133ff.*, Vorbereitungstätigkeit **70** 8 *14a*, *20*, vorzeitige Wartezeiterfüllung **60** 53 *2*, Wegeunfall **70** 8 *104*, Wesentlichkeit **70** 8 *10*, Zweitschaden **70** 8 *98a*
Arbeitsunfall, Kausalität, Begriff **70** 8 *73*, Beweisanforderungen **70** 8 *74*, eingebrachte Gefahr **70** 8 *80*, haftungsausfüllende **70** 8 *93*, haftungsbegründende **70** 8 *83*, innere Ursache **70** 8 *79*, rechtlich wesentliche Bedingung **70** 8 *76*, selbstgeschaffene Gefahr **70** 8 *81*, Suizid **70** 8 *82*, überholende **70** 8 *96*
Arbeitsverhältnis, Beschäftigungsförderung **20** 16 e *9*, Bundesverbände **20** 213, Eingliederungszuschuss **30** 217 *4*, Insolvenzgeld **30** 183 *1*, Parteien **40** 7 *20*

Arbeitsverhältnis, befristetes, s. *Befristung*
Arbeitsverhältnis, faktisches 40 7 *14*
Arbeitsverhältnisauflösung, Meldepflicht **40** 28 a *12*
Arbeitsvermittlung, Beschäftigung **40** 7 *50*, Datenschutz **30** 298, Unwirksamkeit von Vereinbarungen **30** 297, Vertrag **30** 296
Arbeitsvertragswidrigkeit, Sperrzeit **30** 144 *84*
Arbeitsverwaltung, Forderungsübergang **100** 116 *22*, *57*
Arbeitszeit, flexible, Beitragsfälligkeit/-berechnung **40** 23 b *1*, Bemessungsentgelt **30** 131 *16*, Wertguthaben **40** 23 b *1*
Arbeitszeitflexibilisierung 40 7 *55*, Kündigungsschutz **40** 7 *70*
Arbeitszeitguthaben, Beitragsanspruch **40** 22 *8*
Arbeitszeitkonto, Bemessungsentgelt **30** 131 *13*, Insolvenzgeld **30** 183 *45*, Wertguthaben **30** 131 *14*
Arbeitszeitnachweis, Elterngeld **7** 9 *1*
Arbeitszeitverringerung, KV-Versicherungspflichtbefreiung **50** 8 *8*
Arbeitszeugnis, ABM **30** 261 *9*
Arbeitszwang, Zumutbarkeit **20** 10 *2*
ArblosV, s. *Arbeitslosenversicherung*
Arge, s. *Arbeitsgemeinschaften*
Arglistige Täuschung, Aufhebung **100** 44–48 *24*
Artisten 80 SK *80ff.*
Arzneimittel 70 29, allgemeiner Lebensbedarf **50** 31 *4*, Anspruchsvoraussetzungen **50** 31 *2*, apothekenpflichtige **50** 31 *8*, Arzneimittelrichtlinien **50** 31 *6*, Begriff **50** 31 *3*, Festbeträge **50** Einl. 7, 35 *1*, Höchstbeträge **50** 31 *11*, Kosten-Nutzen-Bewertung **50** 35 b *1*, Nutzenbewertung **50** 35 a *2*, Off-Label-Gebrauch **50** 31 *7*, Packungsgröße **50** 31 *13*, Rabatt **50** 130, Zulassung **50** 31 *5*, zulassungsüberschreitende Anwendung **50** 35 c *2*, Zuzahlung **50** 31 *12*
Arzneimittel, ausgeschlossene 50 Einl. 7, 34 *1*, Bagatellarzneimittelliste **50** 34 *8*, Bagatellerkrankungen **50** 34 *6*, Livestyle-Präparate **50** 34 *7*, Rückausnahme Kinder **50** 34 *5*, therapeutische Vielfalt **50** 34 *4*, Übersicht **50** 93, Unwirtschaftlichkeit **50** 34 *9*, keine Verschreibungspflicht **50** 34 *3*
Arzneimittel besonderer Therapierichtungen, Kostenübernahme **50** 53 *6*
Arzneimittel, neu zugelassene, Festbetragsregelung **50** 35 *6*
Arzneimittelabrechnung 50 300
Arzneimittelbudget 50 *84*
Arzneimittelfestbeträge, s. auch *Festbetragsregelung*
Arzneimittellisten 50 Einl. 7
Arzneimittelrichtlinie 50 34 *3*
Arzneimitteltherapie, Fortsetzung nach Krankenhausbehandlung **50** 115 c
Arzneimittelversorgung, Rahmenvertrag **50** 129
Arzt, Auskunftspflicht **70** 203; **100** 100, Datenerhebung **70** 201, Datenverarbeitung **70** 201
Arzt, bestimmter, Anhörung (Sozialgericht) **150** 103–109 *7ff.*, 109
Arzt im Praktikum, KV-Versicherungspflichtbefreiung **50** 8 *14*
Arzt, selbständiger, Unfallversicherungsfreiheit **70** 4 *6*
Ärztliche Behandlung, Arztvorbehalt **50** 15 *2*, Hilfeleistung zu ärztlicher Behandlung **50** 15 *3ff.*, 28 *2*
Ärztliche Gutachten, VO EG 883/2004 **5** *82*
Arztregister 50 95–105 *5*, Eintragungsvoraussetzung **50** 95 a, Psychotherapeuten **50** 95 c
Arztvergütung, arzt-/praxisbezogene Regelleistungsvolumina **50** 87 b
Arztvorbehalt 50 15 *2*, Behandlung im Ausland **50** 15 *2*, Hebammen **50** 15 *5*, Hilfspersonen **50** 15 *3*, Psychotherapeuten **50** 15 *2*
Assistenzmodell, Hilfe zur Pflege **120** 66 *7*

2783

Sachverzeichnis

Fette Zahlen = Kennziffern

Asylberechtigte, Kindergeld **8** SK *11*
AsylbewerberleistungsG, Alg II **20** 5 *4,* 7 *10*
Asylbewerberleistungsrecht, Zuständigkeit, Sozialgericht **150** 51 *14*
Asylrecht, Übergangsvorschrift **20** 70
Auch-Stellen, Rechtsbehelfsbelehrung **100** 36 *9*
Aufbewahrungsfrist, Entgeltunterlagen **40** 28 f *5*
Aufbewahrungspflicht, Ausnahmen **40** 28 f *6,* Einzugsstellen **40** 28 q *4,* Entgeltunterlagen **40** 28 f *4,* Unterlagen **40** 110 a
Aufbringung der Mittel 40 20 *2,* Unterhaltsvorschuss **155** 8
Aufenthalt, Übergangsvorschrift **20** 70
Aufenthalt außerhalb des zuständigen Mitgliedstaats, VO EG 883/2004 **5** 19
Aufenthalt des Rentners oder seiner Familienangehörigen in einem anderen Mitgliedstaat als ihrem Wohnmitgliedstaat – Aufenthalt im zuständigen Mitgliedstaat – Zulassung zu einer notwendigen Behandlung außerhalb des Wohnmitgliedstaats, VO EG 883/2004 **5** 27
Aufenthalt, gewöhnlicher, Alg **30** 117 *9,* Begriff **10** 30 *6,* Elterngeld **7** 1 *3 ff.*
Aufenthalt in dem zuständigen Mitgliedstaat, wenn sich der Wohnort in einem anderen Mitgliedstaat befindet – Besondere Vorschriften für die Familienangehörigen von Grenzgängern, VO EG 883/2004 **5** 18
Aufenthaltserlaubnis 20 8 *14*
Aufenthaltsrecht, Alg II **20** 7 *11*
Auffälligkeitsprüfungen 50 296
Auffangversicherungspflicht (KV) 50 5 *40*
Auffüllbetrag 60 315 a
Aufgaben, Durchführung durch Dritte **100** 97
Aufgabenwahrnehmung durch Deutsche Post AG, Rente **60** 119
Aufhebung ab Änderung der Verhältnisse **100** 44–48 *47,* arglistige Täuschung **100** 44–48 *24,* atypischer Fall **100** 44–48 *48,* BAföG **6** SK *88,* Beitragserstattung **100** 44–48 *16,* Bestätigung durch Urteil **100** 44–48 *5,* Bestechung **100** 44–48 *24,* Drohung **100** 44–48 *24,* Rechtsfolgenverweisung **100** 44–48 *55,* Rechtsfortbildung **100** 44–48 *51,* Rechtsmissbrauch **100** 44–48 *14,* Rechtssprechungsänderung **100** 44–48 *50,* Tod des Versicherten **100** 44–48 *11,* VA **100** 48, von VA Sonderregelung **30** 330, für die Vergangenheit **100** 44–48 *4,* Versorgungsausgleich **60** 101 *11,* Vertrauensschutz **100** 44–48 *23,* Verwaltungsakt **100** 44–48 *1,* Verweisungen **100** 44–48 *53,* Wohngeldbescheid **160** SK *74,* für die Zukunft **100** 44–48 *4, 41*
Aufhebungsbescheid, Umdeutung **100** 40–43 *30*
Aufhebungsvereinbarung, Altersrente wegen Arbeitslosigkeit **60** 237 *43*
Aufhebungsvertrag, Sperrzeit **30** 144 *23*
Aufklärung 10 13, Abgrenzung zu §§ 14, 15 SGB I **10** 13 *4,* Anwendungsbereich **10** 13 *2 ff.,* Art **10** 13 *3,* Form **10** 13 *3,* Inhalt **10** 13 *3,* Normzweck **10** 13 *1,* PV **110** 7 *1,* Umfang **10** 13 *3,* Verhältnis zu anderen Vorschriften **10** 13 *5,* Verpflichtete **10** 13 *6 f.,* Zeitpunkt **10** 13 *3,* Zuständigkeit **10** 13 *3*
Aufklärungspflicht, Durchsetzung **10** 13 *12,* falsche Auskunft **10** 13 *10,* Rechtsprechung **10** 13 *11,* unterlassene **10** 13 *9,* Verstoß **10** 13 *9,* Vorsitzender (Sozialgericht) **150** 106
Aufkommensneutralität, Forderungsübergang **100** 116 *70*
Auflage, Durchsetzung **100** 32 *11,* nachträgliche Änderung **100** 32 *12,* nachträgliche Aufnahme **100** 32 *12,* nachträgliche Beifügung **100** 32 *12,* nachträgliche Ergänzung **100** 32 *12,* Nebenbestimmung **100** 32 *11,* Rechtsnatur **100** 32 *11,* Rückforde-

rungsvorbehalt **100** 32 *12,* Verfügungssatz **100** 32 *11,* Vorbehalt **100** 32 *12*
Aufrechnung 20 36–44 *21;* **30** 333, bei Abtretung/Verpfändung **10** 53 *16,* Ausschluss **10** 51 *4,* BAföG **6** 19, Beitragsansprüche **10** 51 *9,* Beschränkung **10** 51 *6 f.,* Erklärung **10** 51 *14,* Erstattungsanspruch **10** 51 *9;* **40** 28 *3,* Form **100** 8 *5,* Kindergeld **8** 75, privilegierte **10** 51 *8 ff.,* SGB II **20** 43, Sondervorschriften **10** 51 *17,* Übergangsvorschrift **20** 65 e, Voraussetzung **10** 51 *2,* Wirkung **10** 51 *16,* Wohngeld **160** 29
Aufrechnungsverbot, Sozialhilfe **120** 17 *5*
Aufschiebende Wirkung, Berufung **150** 154, Beschwerde **150** 175, Wegfall (Elterngeld) **7** 13 *5,* Widerspruch/Anfechtungsklage **150** 86 a
Aufsicht 100 2 *7,* BA **30** 393, Landesverbände **50** 208, Prüfung/Unterrichtung **40** 88, Umfang **40** 87
Aufsichtsbehörden 40 90, Zuständigkeit **40** 90 a
Aufsichtsklage, Sozialgericht **150** 54–56 *10*
Aufsichtsmittel 40 89
Aufstockung, Eingliederungsleistungen **20** 16 *3,* Nachrang **30** 22 *6, 15,* Urlaub **20** 7 *32*
Aufstockungsverbot, Krankengeld **50** 49 *12*
Auftrag 100 88, Anträge **100** 90, Aufwendungserstattung **100** 91, Ausführung **100** 89, gesetzlicher **100** 93, Kündigung **100** 92, Widerspruch **100** 90
Auftragsverwaltung, BAföG **6** 39
Aufwandsentschädigung, Alg II **20** 11 a *5,* Arbeitsentgelt **40** 14 *13*
Aufwendungen, Abrechnung **60** 227, Ausbildung **30** 68
Aufwendungen bei Hilfeleistung, Forderungsübergang **100** 116 *19*
Aufwendungserhöhung, Besonderheiten **60** 114 *22*
Aufwendungsersatz, Arbeitsförderung **30** 43, Rechtsfolgen **10** 65 a *9,* Sozialhilfeträger **120** 19 *17,* Voraussetzungen **10** 65 a *2*
Aufwendungsersatzanspruch 100 116 *15,* Forderungsübergang **100** 116 *17*
Aufwendungserstattung 60 179
Aufwendungserstattung, Anderer 120 25 *1,* angemessene Frist **120** 25 *6,* Eilfall **120** 25 *3,* Krankenhausträger **120** 25 *5,* rechtliche/sittliche Pflicht **120** 25 *5,* Umfang **120** 25 *3,* Voraussetzungen **120** 25 *2*
Aufzeichnungspflicht 30 320; **40** 28 f *1,* Baugewerbe **40** 28 f *8*
AU-Richtlinien 50 44 *3*
Aus- und Fortbildung, Arbeitsunfall **70** 8 *24*
Ausbildung, Anrechnungszeiten **60** 58 *9,* Aufnahme/Beendigung **6** 15 b, Auskunftspflicht **30** 318, im Ausland **6** 5, SK *28,* begleitende Hilfen **30** 241, behinderte Menschen **30** 236, Eignung für **6** SK *33,* Fiktion der Beschäftigung **40** 7 *71,* Förderungsfähigkeit **6** SK *8ff.,* Förderung/Unterstützung **30** 240, im Inland **6** SK *8ff.,* Meldepflicht **40** 28 a *14,* Mindestdauer **6** SK *25,* Verweigerung **20** 31 *13,* vorzeitige Wartezeiterfüllung **60** 53 *8,* weitere **6** 7
Ausbildung, außerbetriebliche 30 242
Ausbildung, berufliche 30 60
Ausbildung, betriebliche, organisatorische Unterstützung **30** 243, sozialpädagogische Begleitung **30** 243
Ausbildungsabbrecher 80 SK *34*
Ausbildungsbeihilfen, VO EG 883/2004 **5** SK *177*
Ausbildungsbonus 30 421 r
Ausbildungsförderung 6 SK *1 ff., s. auch* Leistungen *für Auszubildende,* Alg II **20** 5 *4,* Ämter für **6** 40, Beirat für **6** 44, förderungsbedürftige Jugendliche **30** 245, Landesämter für **6** 40 a, Leistungen **10** 18; **30** 246, sonstige Voraussetzungen **30** 244, Umfang **6** 11, Vorausleistung **6** 36
Ausbildungsgeld, Alg II **20** 11 a *4,* Bedarf bei beruflicher Ausbildung **30** 105, Bedarf bei berufsvorberei-

magere Zahlen = §§ bzw. Art.; kursive Zahlen = Randnummern **Sachverzeichnis**

tenden Bildungsmaßnahmen/Unterstützter Beschäftigung/Grundausbildung **30** 106, Bedarf bei Maßnahmen in Behindertenwerkstätten **30** 107, behinderte Menschen **30** 104, Einkommensanrechnung **30** 108, Wohngeld **160** SK 65
Ausbildungsmaßnahme, sozialpädagogisch begleitete 80 SK 35
Ausbildungsmaßnahmen 80 SK 98
Ausbildungsplatzvermittlung, Beauftragung der AA **20** 16 *11,* Eingliederungsleistungen **20** 16 5
Ausbildungsstätten 6 2, förderungsfähige **6** SK 10ff., Mitwirkungspflicht **6** 48
Ausbildungssuche, Anrechnungszeiten **60** 58 8
Ausbildungssuchende, Aktivierungsmaßnahmen **30** 46 5, Arbeitsförderung **30** 15, Beschäftigungsförderung/-anbahnung **30** 45 6, Eingliedmaßnahmen **30** 46 5, Rechte/Pflichten **30** 38
Ausbildungsvergütung, Pflegeeinrichtungen **110** 82a, Zuschuss bei schwerbehinderten Menschen **30** 235 a
Ausbildungsvermittlung, Vergütung **30** 296 a
Ausbildungszeiten, Nachversicherung **60** 207, rentenrechtliche Zeiten **60** 54 5, unberücksichtigte **6** 5 a
Ausbildungvermittlung, Datenverwendung durch BA **30** 282 b
Auseinanderfallen von zuständigem Staat und Wohnstaat, Leistungserbringung **5** SK 89f.
Ausgaben, überplanmäßige/außerplanmäßige **40** 73
Ausgabenvorgabe, Selbsthilfeförderung **50** 20 c *6,* Selbsthilfe/Prävention **50** 20 *3*
Ausgleich, Sozialversicherungsträger **40** 69
Ausgleich, monatlicher, Pflegekasse **110** 67
Ausgleichsabgabe, Anrechnung von Aufträgen **90** 140, Beschäftigungspflicht (Behinderte) **90** 71–80 *16,* Pflichtarbeitsplätze Schwerbehinderte **90** 77
Ausgleichsanspruch 100 117 *4*
Ausgleichsbedarf zum 30. 6. 2007 **60** 255 d
Ausgleichsfonds, Mittelverteilung **90** 71–80 *25,* Pflegekasse **110** 65, Pflichtarbeitsplätze Schwerbehinderte **90** 78
Ausgleichsverfahren 60 274 c
Auskunft 10 15, Abgrenzung zur Beratung **10** 15 *4,* Deutsche Post AG **70** 208, Rechtsfolge bei fehlerhafter **10** 15 *8,* Rechtsnatur **10** 15 *2,* Verhältnis zu anderen Vorschriften **10** 15 *3,* Verpflichtete **10** 15 *5,* Versicherte **50** 305, an Versicherte (PV) **110** 108, Voraussetzungen **10** 15 *10,* Zuständigkeit **10** 15 *5*
Auskunftsanspruch, Übergang **20** 33 *14*
Auskunftspflicht, Angehörige **100** 99, Arbeitgeber **20** 57; **100** 98, Arbeitgeber (Elternzeit) **7** 9 *2f.,* gg. Arbeitgeber **40** 28 o *2,* Arbeitnehmer bei Feststellung von Leistungsansprüchen **30** 317, Arzt/Angehöriger eines anderen Heilberufs **100** 100, Ärzte **70** 203, Ausnahme **10** 15 *10,* BAföG **6** 47, Bauherr **70** 192, Beschäftigter **30** 28 o *1,* Dritter **20** 60; **30** 315, Eingliederungsleistungen **20** 61, Elterngeld **7** 8 *1ff.,* Grundstückseigentümer **70** 198, Insolvenzgeld **30** 316, Kinder- und Jugendhilfe **80** 97a, Krankenkassen gg. Unfallversicherung **70** 188, Leistungsträger **100** 101, RV **60** 196, sonstige Personen **100** 99, soziale Pflegeversicherung **110** 50, Sozialhilfe **120** 117, Sozialhilfestatistik **120** 125, gg. Sozialversicherungsträger **40** 28 o *2,* Unterhaltspflichtige **100** 99, Unterhaltsvorschuss **155** 6, Unternehmer **70** 192, Unternehmer im Umlageverfahren **70** 166, Versicherungspflichtige **70** 206, Wohngeld **160** 23, SK 85
Auskunftstellen, Rente **60** 131
Auskunftsverbot, Sozialdaten **10** 35 *13*
Auslagen, Kinder- und Jugendhilfe **80** 97 c
Auslagenvergütung, Beteiligte **150** 191
Ausland, Ausbildung im **6** 5, BAföG für Auslandsausbildung **6** SK 29, Deutsche Verbindungsstelle Krankenversicherung **50** 219a, Förderung der Deutschen im **6** 6, Förderungsdauer im **6** 16, Förderungsvoraussetzungen **6** 49, Kostenerstattung **50** 13 *9,* Leistungserbringung **50** 13 *1,* Praktikum im **6** SK 28
Ausland, vertragsloses 50 16 *2*
Auslandaufenthalt, Übergangsgeld **30** 161 *8*
Ausländer, Alg II **20** 7 *4,* Alg II erste drei Aufenthaltsmonate **20** 7 *7,* Arbeitssuche **20** 7 *9,* BAföG **6** SK *32,* Elterngeld **7** 1 *29,* Erwerbsfähigkeit **20** 7 *4,* Erziehungsrecht **80** SK 2, gesetzliche Unfallversicherung **70** 2 *62,* Haushaltsmitglieder **160** SK *23,* Kindergeld **8** SK 10, Leistungen der Jugendhilfe **80** SK 1*a,* Leistungsausschluss (Alg II) **20** 7 *6,* Sozialhilfe **120** 23 *1,* Verfügbarkeit **30** 119 *44,* Wohngeld **160** SK 9
Ausländerbeschäftigung, illegale, Datenerhebung/-ermittlung zur Bekämpfung von **100** 67 e
Ausländische Jugendliche 80 SK 34
Ausländische Rente, Krankengeldausschluss **50** 50 *3*
Auslandsaufenthalt, Alg II **20** 7 *4,* EU **50** 19 *1,* Gemeinschaftsrecht **50** 16 *4,* Krankengeld **50** 16 *15,* KV **50** 16 *2ff.,* örtliche Zuständigkeit **80** 88, Ruhen des KV-Leistungsanspruchs **50** 16 *2,* Ruhen Pflegeversicherung **110** 34 *3,* Schul-/Studiengründe **50** 18 *9,* Sozialversicherungsabkommen **50** 16 *5*
Auslandsaufenthalt, vorübergehender, Notfallbehandlung **50** 18 *7*
Auslandsbehandlung, Arztvorbehalt **50** 15 *2*
Auslandsbeschäftigte, ArblosVpflicht auf Antrag **30** 28 a *7*
Auslandsbeschäftigung, Anspruchsinhalt **50** 17 *5,* Anwartschaftszeit **30** 123 *21,* Anwendungsbereich **50** 17 *2,* Entsendung **50** 17 *3,* Erstattungsanspruch des Arbeitgebers **50** 17 *6,* Erstattungsanspruch des Reeders **50** 17 *6,* Familienversicherung **50** 17 *4,* Leistungen **50** 17 *1,* private Zusatzversicherung **50** 17 *6,* Sozialversicherungsabkommen **50** 17 *2*
Auslandsdeutsche, Alg II **20** 7 *4,* Förderung (BAföG) **6** SK *32,* RV-Pflicht auf Antrag **4** 7, Unfallversicherungsschutz kraft Satzung **70** 3 *6*
Auslandsdeutsche, auf Antrag versicherte, Beschäftigungsort **40** 9–11 *5*
Auslandsrückkehrer, freiwillige KV-Versicherung **50** 9 *9*
Auslandsstudium 6 SK 28
Auslandstätigkeit, Arbeitsunfall **70** 8 *26,* Elterngeld **7** 1 *24ff.*
Auslandsvermittlung 30 292
Auslandsversicherung, Unfallversicherung **70** 140
Auslandsvertretungen, deutsche, deutsche Beschäftigte im Ausland **40** 1–6 *32*
Auslegung, Antrag **100** 18 *7,* offenbare Unrichtigkeit **100** 37–39 *5,* VA **100** 40–43 *7*
Ausnahmegenehmigung, Sozialversicherungsträger **40** 86
Ausschließung von Gerichtspersonen, Sozialgericht **150** 60
Ausschließungsgründe, ehrenamtliche Richter **150** 17
Ausschluss, BAföG **6** SK *35,* Eingliederungszuschuss **30** 221 *1,* Gründungszuschuss **30** 57 *23,* Rechtsnachfolge **10** 59 *1,* Wohngeld **160** 7, SK *25ff.*
Ausschluss von Richtern, Sozialgericht **150** 60–72 *2*
Ausschlussfrist, Alg **30** 147 *14,* Aufhebung **100** 44–48 *10,* Gesamtabrechnung **30** 326, Kostenerstattung **80** SK *174,* Wiedereinsetzung **100** 26–28 *3*
Außenwirkung, unmittelbare an mehrere gleichzeitig **100** 31 *20,* VA **100** 31 *19*
Außergewöhnliche Belastung, Lastenverteilung Unfallversicherung **70** 179
Außerkrafttreten, SGB IV **40** 120

Sachverzeichnis

Fette Zahlen = Kennziffern

Außerordentlich langjährige Berufstätigkeit 60 38 *1*
Äußerungsfrist 100 23–25 *8*
Aussetzung 150 110–122 *5 f.,* wegen Vorfragen **150** 114
Aussparung, Ausschluss **100** 44–48 *53,* begünstigender VA **100** 44–48 *52*
Aussperrung 30 146 *12,* Krankengeld **50** 44 *2*
Ausstellungen, Arbeitsunfall **70** 8 *25*
Ausstrahlung 40 1–6 *19,* 4, Entsendung **40** 1–6 *20*
Austauschvertrag 100 55
Ausübung von Tätigkeiten in zwei oder mehr Mitgliedstaaten, VO EG 883/2004 **5** 13
Auswahlermessen, *s. Ermessensleistungen*
Auswahlverfahren, Diskriminierungsfreiheit **90** 81 *7*
Auswärtige Unterbringung, *s. Unterbringung, auswärtige*
Ausweis für Arbeit und Sozialversicherung 60 286 e
Auszahlung, *s. Geldleistungen,* Elterngeld **7** 6 *1,* an einen Elternteil (Elterngeld) **7** 4 *8 ff.,* Geldleistung **10** 47 *1;* **20** 42, laufende Geldleistungen bei Beginn vor 1. 4. 2004 **70** 218 c, Modalitäten (Elterngeld) **7** 4 *5 ff.,* Regelfall **30** 337, Rente **60** 118, Sondervorschriften **10** 47 *7,* Unfallversicherung **70** 96, Unterbringung **10** 49 *1,* Zustimmung des sorgeberechtigten Elternteils (Elterngeld) **7** 4 *11*
Auszahlungsfrist 30 320
Auszubildende, Analogleistung **120** 22 *1,* Arbeitsförderung **30** 14, Beitragstragung **40** 20 *8,* Berechtigungszeitraum für das Einkommen (BAföG) **6** 22, Freibeträge (BAföG) **6** 23, gesetzliche Unfallversicherung **70** 2 *11,* mit Kind **6** 14 b, SK *43,* KV-Versicherungspflicht **50** 5 *8, 31,* Leistungsausschluss (Alg II) **20** 7 *35,* Sozialhilfeausschluss **120** 22 *2,* Versicherungspflicht **60** 1 *5, 7, 8*
Auto, *s. Kraftfahrzeug*
Automatisiertes Verfahren, Antragstellung beim Versicherungsamt **60** 151 a

BA, *s. Bundesagentur für Arbeit*
BAföG 6 SK *1 ff.,* Abschlussförderung **6** SK *55,* Alg II **20** 5 *4,* 11 a *5,* Altersgrenze **6** SK *34,* Anrechnung des Einkommens der Eltern **6** SK *49,* Anrechnung des Einkommens des Ehegatten/Lebenspartners **6** SK *48,* Antrag **6** 46, SK *63,* Aufhebung **6** SK *88,* für Ausbildung im Ausland **6** SK *29,* Ausländer **6** SK *32,* Ausschluss **6** SK *35,* Bankdarlehen **6** 18 c, Bedarf **6** SK *38 ff.,* Beginn **6** SK *52,* Berücksichtigung von Vermögen **6** SK *47,* Bescheid **6** 50, SK *68,* Bescheidsänderung **6** 53, Darlehen **6** SK *57,* Darlehensbedingungen **6** 18, Darlehensteilerlass **6** 18 b, Dauer **6** SK *53 ff.,* Eignung für die Ausbildung **6** SK *33,* Einkommensanrechnung **6** SK *45 ff.,* elternunabhängiges **6** SK *49,* Fernunterricht **6** SK *27,* Finanzierung **6** SK *106,* Förderhöchstgrenze **6** SK *54,* förderungsfähige Ausbildung **6** SK *8 ff.,* Förderungsfähigkeit **6** SK *31 ff,* Grundsatz **6** *1,* Höhe **6** SK *7,* Leistungsausschluss (Alg II) **20** 7 *37,* Ordnungswidrigkeiten **6** 58, Praktikum **6** SK *24,* Rechtsweg **6** 54, SK *105,* Rückzahlung **6** 18 a, SK *58,* Sozialhilfe **120** 22 *2,* Verwaltungsvorschriften **6** *4,* Vorausleistung **6** SK *69 ff.,* Vorschuss **6** SK *81 ff.,* Weitergewährung **6** SK *55,* Wohngeld **160** SK *28,* Zahlweise **6** 51, Zuständigkeit **6** SK *60 ff.,* Zweitausbildung **6** SK *30*
BAföG-Teilerlass-Verordnung 6 SK *4*
Bagatellerkrankungen, ausgeschlossene Arzneimittel **50** 34 *6*
Bagatellgrenze, Kostenerstattung (Jugendhilfe) **80** SK *173*
Bankdarlehen, BAföG **6** 18 c, SK *59*
Barbetrag, Unterbringung **120** 35 *6*

Bargeld, Pfändungsschutz **10** 55 *5*
Bargeldpfändung 10 55, Kindergeld **8** 76 a
Bauarbeiten, gesetzliche Unfallversicherung **70** 2 *49*
Bauaufsichtsbehörden, Unterstützungspflicht **70** 195
Bauern, *s. Landwirte*
Baugewerbe, Berichtspflicht der Bundesregierung **40** 28 e *22,* besondere Auskunftspflichten **40** 28 e *18,* Entgeltunterlagen **40** 28 f *8,* erweiterte Haftung **40** 28 e *20,* Generalunternehmerhaftung **40** 28 e *13,* Haftung/Mitteilungspflichten **40** 28 e *12,* Haftungsausschluss/Exkulpationsmöglichkeit **40** 28 e *17,* Haftungsfreistellung **40** 28 e *19,* Sofortmeldepflicht **40** 28 a *27*
Bauherr, Auskunftspflicht **70** 192, Mitteilungspflicht **70** 192
Beamte, Altersrente **5** 60, ausländische Renten **5** SK *132,* elektronischer Entgeltnachweis **40** 1–6 *17,* KV-Versicherungsfreiheit **50** 6 *10,* Ruhen des KV-Leistungsanspruchs **50** 16 *8,* Schwerbehinderte **90** 128, Teilkostenerstattung **50** 14 *2,* Unfallversicherungsfreiheit **70** 4 *2,* Verletztenrente **70** 61 *2,* VO EG 883/2004 **5** 49, SK *65*
Beamte auf Zeit, BA **30** 390
Beanstandung zu Unrecht entrichtete Beträge **40** 26 *2*
Beanstandungsschutz zu Unrecht entrichtete Beiträge **40** 26 *3*
Beauftragte für Chancengleichheit am Arbeitsmarkt 30 385, Eingliederungsleistung **20** 18 e
Beauftragter der Bundesregierung für die Belange der Patienten, Amt/Aufgabe/Befugnisse **50** 140 h
Bedarf, atypischer **120** 21 *5,* BAföG **6** SK *38 ff,* Berufsausbildungsbeihilfe **30** 65, für Praktikanten **6** 14, für Schüler **6** 12, für Studierende **6** 13
Bedarf, einmaliger, *s. einmaliger Bedarf*
Bedarfe für Bildung und Teilhabe 20 28 *1,* Antragserfordernis **20** 28 *4,* Berechtigte **20** 28 *5,* Budget zur Teilhabe am sozialen und kulturellen Leben **20** 28 *14,* Klassenfahrt **20** 28 *6,* Mittagsverpflegung **20** 28 *13,* persönlicher Schulbedarf **20** 28 *9,* Schulausflug **20** 28 *6,* Schülerbeförderung **20** 28 *10*
Bedarfe für Unterkunft und Heizung 20 22 *1,* Anerkennung des bisherigen **20** 22 *28,* Angemessenheit **20** 22 *10,* Aufwendungserhöhung **20** 22 *26,* Erforderlichkeit **20** 22 *25,* Erhaltungspauschale **20** 22 *19 a,* Guthaben **20** 22 *28,* Haushaltsenergie/Warmwasser **20** 22 *6,* Haus-/Wohnungseigentümer **20** 22 *18,* Heizenergie **20** 22 *5,* Heizkosten **20** 22 *20,* Kopfteilung **20** 22 *9,* Kostensenkungsaufforderung **20** 22 *22, s. auch Kostensenkung (Bedarfe für Unterkunft und Heizung),* Mietkaution **20** 22 *42,* Produkttheorie **20** 22 *16,* Räumungsklage **20** 22 *52,* Rückzahlung **20** 22 *29,* Satzung **20** 22 *8,* Satzungsermächtigung **20** 22 a, 22 a–22 c *4,* schlüssiges Konzept **20** 22 *17,* Schuldenübernahme **20** 22 *47,* Umfang **20** 22 *7,* Umzug, nicht erforderlicher **20** 22 *25,* Umzugskosten **20** 22 *41,* Unangemessenheit **20** 22 *21,* Unterkunft **20** 22 *4,* Wohngemeinschaft **20** 22 *9,* Wohnungsbeschaffungskosten **20** 22 *40,* Wohnungsgröße/-standard **20** 22 *13,* Wohnungswechsel unter 25 Jährige **20** 22 *34,* Zahlung an Vermieter/andere Empfangsberechtigte **20** 22 *45,* Zusicherung **20** 22 *43,* Zusicherung bei Wohnungswechsel **20** 22 *31*
Bedarfe für Unterkunft und Heizung, Satzungen zu, Datenerhebung/-auswertung **20** 22 a–22 c *13,* Datenerhebung/-auswertung/-überprüfung **20** 22 c, Inhalt **20** 22 b, Mindestvorgaben **20** 22 a–22 c *9,* Produkttheorie **20** 22 a–22 c *10,* Wohnungsgröße **20** 22 a–22 c *10*
Bedarfsdeckung, Vermutung, Ausnahmen **120** 36 *6,* Haushaltsgemeinschaft **120** 36 *1,* Kinderbetreu-

magere Zahlen = §§ bzw. Art.; kursive Zahlen = Randnummern   **Sachverzeichnis**

ung **120** 36 *6*, Lebensunterhalt **120** 36 *2*, Schwangerschaft **120** 36 *6*
Bedarfsdeckungsprinzip, Regelsatz **120** 28 *4*
Bedarfsgemeinschaft, Alg II **20** 7 *12*, Bekanntgabe **100** 37–39 *13*, Beteiligtenfähigkeit **100** 10–12 *4*, Ehegatte **20** 7 *17*, Eingliederungsvereinbarung **20** 15 *13*, gemischte **20** 9 *14*, Haushaltsgemeinschaft **20** 7 *21*, Hilfebedürftigkeit **20** 9 *8*, Hilferbedürftiger **20** 7 *15*, Kind bis 25 Jahre, lediges **20** 7 *16*, Kind unter 25 Jahren **20** 7 *18*, Lebenspartner **20** 7 *17*, Leistungen an Personen im Haushalt des Hilfeempfängers **20** 7 *13*, Mitglieder **20** 7 *14*, nichterwerbstätige Angehörige **20** 20 *57*, Partner des Hilfebedürftigen **20** 7 *17*, sonstige Erwerbsfähige in **20** 20 *55*, Unterhaltsansprüche **20** 33 *8*, Verantwortungs- und Einstehensgemeinschaft **20** 7 *17*, Vertretung **20** 36–44 *7, 38*, Vertretung des Kindes **20** 36–44 *8 a*, zweier volljähriger Partner **20** 20 *53*
Bedarfsgemeinschaft, gemischte, Hilfe zum Lebensunterhalt **120** 19 *7*
Bedarfsplan 50 95–105 *5, 99*
Bedarfssätze, Anpassung (BAföG) **6** 35, BAföG **6** SK *38*, Freibeträge (BAföG) **6** 35
Bedarfszulassung 50 Einl. *7*
Bedingung, auflösende **100** 32 *9*, aufschiebende **100** 32 *9*, Nebenbestimmung **100** 32 *9*, unechte **100** 32 *9*
Bedürftigkeit, VO EG 883/2004 **5** SK *31*
Beendigung des Arbeitsverhältnisses, Insolvenzgeld **30** 184 *1*
Beerdigungskosten, Forderungsübergang **100** 116 *48*
Befangenheit 100 17
Beförderungsämter, Obergrenzen **30** 392
Befreiung, Erstattungspflicht **30** 147 a *17*, KV-Versicherungspflicht **50** 8 *1*
Befriedigungsvorrecht des Geschädigten 100 116 *71 ff.*, Interventionsansprüche **100** 116 *73*, tatsächliche Durchsetzungshindernisse **100** 116 *72*
Befristung, Altersrente wegen Arbeitslosigkeit **60** 237 *45*, Arbeitsverhältnis bei Beschäftigungsförderung **20** 16 e *19*, Eingliederungsvereinbarung **20** 15 *20*, Erstattungspflicht **30** 147 a *25 a*, isolierte Anfechtung **100** 32 *8*, Nebenbestimmung **100** 32 *8*, Rente **60** 102 *2*, Zumutbarkeit **20** 121 *15*
Beglaubigung 80 SK *132*, Dokumente **100** 29, Kinder- und Jugendhilfe **80** 59, örtliche Zuständigkeit **80** 87 e, Unterschriften **100** 30
Begleitete Wohnform 80 SK *36*
Begleitperson, Mitaufnahme **50** 11 *2*
Begriff, Europäisches Sozialrecht **5** SK *1 ff.*
Begriffsbestimmungen, Arbeitsförderung **30** 12, SGB X **100** 67, VO EG 883/2004 **5** 1
Begründung, Ermessen **10** 39 *12*, fehlende **100** 40–43 *22*, Folgen fehlerhafter **100** 35 *15*, Gerichtsverwertbarkeit **100** 35 *7*
Begründungspflicht, Ermessensentscheidungen **100** 35 *8*, VA **100** 35 *1*
Begründungsverzicht 100 35 *17*, Allgemeinverfügung **100** 35 *22*, antragsgemäße Entscheidung **100** 35 *18*, Ausnahme nach Rechtsvorschriften **100** 35 *21*, automatisch erstellte VA **100** 35 *20*, gleichartige VA **100** 35 *20*, Kenntnis/Erkennbarkeit der Gründe **100** 35 *19*
Begründungszwang, Argumente der Betroffenen **100** 35 *6*, Ausnahmen **100** 35 *16*, elektronischer VA **100** 35 *3*, Ermessensentscheidungen **100** 35 *4*, schriftlicher VA **100** 35 *3*, tragende Erwägungen **100** 35 *5*, Umfang **100** 35 *3*, VA **100** 35 *3*, Widerspruchsbescheid **100** 35 *3*
Begünstigung, rechtswidrige, Nebenbestimmung **100** 32 *5*
Begutachtung, Erstattung an Rentenversicherungsträger **60** 224 b, gemeinsame Empfehlungen **90** 14 *21*, MDK **50** 275, Rehabedarf **90** 14 *17 f.*, Vorbehalt spezialgesetzlicher Regelungen **90** 14 *20*
Begutachtungsrichtlinien, Pflegebedürftigkeit **110** 14 *5*
Behandlung, Zumutbarkeit **10** 65 *8 ff.*
Behandlung, ambulante, Einrichtungen der Behindertenhilfe **50** 119 a, Fahrtkosten **50** 60 *5*, Krankenhaus **50** 116 b, Krankenhausärzte **50** 116, Krankenhäuser bei Unterversorgung **50** 116 a, stationäre Pflegeeinrichtungen **50** 119 b
Behandlung, ärztliche 50 15 *1*, 28 *2*; **70** 28
Behandlung, kieferorthopädische, s. *Kieferorthopädie*
Behandlung, nachstationäre, Krankenhaus **50** 115 a
Behandlung, psychotherapeutische 50 28 *7*
Behandlung, stationäre, Leistungsfortzahlung **30** 126 *6*, Zuzahlung **50** 61 *3*
Behandlung, vorstationäre, Krankenhaus **50** 115 a
Behandlung, zahnärztliche 50 28 *3*; **70** 28, Beschränkungen **50** 28 *5*, Grundsätze **50** 28 *3*, Leistungsausschlüsse **50** 28 *6*, Mehrkostenregelung **50** 28 *4*, Zusatzleistungen **50** 28 *4*
Behandlungbedürftigkeit, Krankheit **50** 27 *3*
Behandlungsbedarf, Versicherte **50** 87 a
Behandlungsfähigkeit, Krankheit **50** 27 *3*
Behandlungsfehler, Unterstützung der Versicherten **50** 66 *1*
Behandlungsmethoden, Bewertung **50** 135, Bewertung im Krankenhaus **50** 137 c
Behandlungsmethoden, neuartige **50** 27 *10*, Kostenerstattung **50** 13 *6*
Behandlungspflege, häusliche Krankenpflege **50** 37 *7*
Behandlungsprogramme, strukturierte, chronische Krankheiten **50** 137 f, Zulassung **50** 137 g
Behandlungssicherungspflege, Anspruchsdauer **50** 37 *13*, häusliche Krankenpflege **50** 37 *12*
Behandlungsübernahme, freie Arztwahl **50** 76 *5*
Beherbergungsgewerbe, Sofortmeldepflicht **40** 28 a *27*
Beherbergungsunternehmen 160 SK *12*
Behinderte Menschen 30 19, s. *auch Schwerbehinderte Menschen*, ABM **30** 263 *5*, Alg II **20** 1 *10*, Anordnungsermächtigung **30** 115, Arbeitshilfen **30** 237, Ausbildung **30** 236, Ausbildungsgeld **30** 104, Bericht über die Lage und Entwicklung ihrer Teilhabe **90** 66, Beschäftigungspflicht **90** 71–80 *1*, besondere Leistungen **30** 102, besondere Leistungen (Grundsatz) **30** 102, Besonderheiten **30** 101, Diskriminierungsverbot **90** 81 *28*, Eingliederungshilfe **120** 53, Fort-/Weiterbildung **90** 81 *18*, Integrationsvereinbarung **90** 83 *1*, Kindergeld **8** SK *27 ff.*, Krankenkasse **50** 2, KV-Versicherungspflichtbefreiung **50** 8 *15*, Landesärzte **90** 62, Leistungen **10** 29; **30** 100, Leistungen zum Lebensunterhalt **90** 45, Leistungsrahmen **30** 99, Mehrbedarf (Alg II) **20** 21 *14*, Nachrang **30** 2 *8 ff.*, Organisationspflichten zur Integration **90** 81 *10*, Probebeschäftigung **30** 238, RV-Pflicht **60** 1 *6 f.*, Selbstbestimmung **90** 1, Sicherung der Beratung **90** 61, Sonderfälle der Unterbringung/Verpflegung **30** 111, Teilhabe **10** 1–10 *39 f.*, 10, Teilhabe am Arbeitsleben **30** 97, Teilhabe am Leben **90** 1, Teilhabeleistungen **30** 98, Teilnahmekosten **30** 109, Teilzeit **90** 81 *23*, Übergangsgeld **30** 160 *4*, Übergangsgeld ohne Vorbeschäftigungszeit **30** 162 *1*, unterstützte Beschäftigung **90** 38 a, Verbandsklage **90** 63, Vermögensberücksichtigung (Alg II) **20** 12 *31*, vollstationäre Pflege **110** 43 a *1*
Behinderte Menschen, gleichgestellte, Arbeitsmarktbezogenheit **90** 2 *8*, Eingliedungszuschuss **30** 219 *3*, Verfahren **90** 2 *9*
Behinderte Menschen in Ausbildung, Mehrbedarf **120** 30 *9*

2787

Sachverzeichnis

Fette Zahlen = Kennziffern

Behinderte Menschen in Einrichtungen 50 235
Behinderte Menschen, Rechte, individuelle Beschäftigungspflicht **90** 81 *12,* Normzweck **90** 81 *1,* öffentlicher Dienst **90** 81 *9,* Prüfpflicht bei freien Arbeitsplätzen **90** 81 *3*
Behindertenausweis 90 69, Aufgabenübertragung **90** 107
Behindertengerechte Beschäftigung 90 81 *11*
Behindertenhilfe, ambulante Behandlung **50** 119 a
Behindertenwerkstätten, Anerkennungsverfahren **90** 142, Arbeitsförderungsgeld **90** 43, Aufnahme **90** 137, Auftragsvergabe durch die öffentliche Hand **90** 141, Begriff/Aufgaben **90** 136, Berufsbildung **90** 40, Eingangsverfahren **90** 40, gesetzliche Unfallversicherung **70** 2 *17,* KV-Versicherungspflicht **50** 5 *24,* Leistungen im Arbeitsbereich **90** 41, Leistungen in **90** 39, Mitwirkung **90** 139, Rechtsstellung/Arbeitsentgelt behinderter Menschen **90** 138, Zuständigkeit für Leistungen **90** 42
Behinderung 50 27 *5,* Definition **90** 2 *2,* drohende **90** 2 *4,* ergänzende Reha **50** 43 *2,* erheblicher allgemeiner Betreuungsbedarf **110** 45 a *7,* Erwerbsfähigkeit **20** 8 *5,* Feststellung **90** 69, gleichgestellte behinderte Menschen **90** 2 *8,* Hilfe zur Pflege **120** 61 *2,* Hilfsmittel **50** 33 *7,* Krankheit **50** 27 *3,* Normzweck **90** 2 *1,* Pflegebedürftigkeit **110** 14 *7,* Schwerbehinderung **90** 2 *5,* Sechsmonatsfrist **90** 2 *3,* Waisenrente **60** 48 *20*
Behörde 100 10–12 *5,* Begriff **100** 1 *6,* Eigenschaft **100** 1 *7,* Rücknahme **100** 44–48 *35,* Urkundenvorlage **150** 119, VA **100** 31 *7,* Vertreter **100** 10–12 *8*
Behördenbestimmung, Sozialhilfe **120** 101
Behördenpflichten 100 13–15 *13,* Ausnahme **100** 13–15 *14*
Beihilfe, beamtenrechtliche **50** Einl. *1*
Beihilfeberechtigte, PV-Versicherungsleistungen **110** 28 *12,* PV-Versicherungspflicht **110** 23 *8*
Beihilfestellen, Rehaträger **90** 14 *4*
Beiladung 150 74/75 *2,* Folgen **150** 74/75 *4,* Revision **150** 168, Sozialgericht **150** 75
Beirat, Ausbildungsförderung **6** 44
Beirat für Teilhabe behinderter Menschen 90 64, Verfahren **90** 65
Beistand 100 13, 13–15 *2,* schriftlicher Vortrag **100** 13–15 *15,* Sozialgericht **150** 73, 73/73 a *8,* Unterstützung **100** 13–15 *15,* unverzüglicher Widerspruch **100** 13–15 *16,* Zurückweisung **100** 13–15 *17*
Beistandschaft 80 55, Datenschutz **80** SK *139,* Führung **80** 56, örtliche Zuständigkeit **80** 87 c, Sozialdaten **80** 68
Beitragbemessungsgrenze, Jahr 2003 **60** 275 c
Beiträge (Arbeitsförderung), Pauschalierung **30** 345 a, Tragung bei Beschäftigung älterer AN **30** 421 k
Beiträge (KV), Erstattung **50** 231, freiwillige Mitglieder **50** Einl. *23,* Jahresarbeitsentgeltgrenze **50** Einl. *23,* Rentner **50** Einl. *23,* Studierende **50** Einl. *23*
Beiträge (RV), Aufteilung **60** 286 a, Grundsätze **60** 157, Wirksamkeit **60** 197
Beiträge (SV), Bringschuld **40** 23 *3,* nach Einkommen/Entgelt bemessene **40** 23 *6,* Fälligkeit **40** 23 *1,* Haushaltsscheckverfahren **40** 23 *19, 24,* laufende geschuldete **40** 23 *4,* Pflegepersonen **40** 23 *14,* Restschuld **40** 23 *10,* Säumnis **40** 24 *2,* Schätzung **40** 23 *9,* sonstige **40** 23 *13,* Sozialleistungen **40** 23 *17,* Unfallversicherung **40** 23 *11,* Vereinfachungsregelung **40** 23 *11,* Verjährung **40** 25 *1,* Vorbehalt **40** 23 *25*
Beiträge der Rentner, VO EG 883/2004 **5** 30
Beiträge, ermäßigte, Wehr-/Zivildienst **50** 244
Beiträge, zu Recht gezahlte, Fiktion **40** 26 *5*
Beiträge, zu Unrecht entrichtete 40 26 *7,* Beanstandung **40** 26 *2,* Erstattung **40** 26 *8,* Erstattungsberechtigter **40** 26 *17,* Sonderregelung Zuständigkeit **60** 211, Verfahren/Wirkung **40** 26 *19,* Verfallklausel **40** 26 *10*
Beitragsabrechnung, Entgeltunterlagen **40** 28 f *7,* Prüfrecht **40** 28 f *25,* Zentralstelle **40** 28 f *20*
Beitragsabrechnungsnachweis 40 28 f *1*
Beitragsabzug 40 28 g *1,* Anspruchsgeltendmachung **40** 28 g *2,* Beschäftigtenbeitragsanteil **40** 28 g *1 a,* Nachholung **40** 28 g *3,* Rechtsweg **40** 28 g *10,* unbeschränktes Rückgriffsrecht **40** 28 g *6*
Beitragsanspruch 100 119 *1,* Arbeitszeitguthaben **40** 22 *8,* Aufrechnung **10** 51 *8 ff.,* Ausnahmen **40** 22 *6,* Entstehen **40** 22 *2,* Entstehungsprinzip **40** 22 *4,* Mehrfachbeschäftigung **40** 22 *8,* Übergang **100** 119 *1 ff.,* Zuflussprinzip **40** 22 *6*
Beitragsansprüche, Geltendmachung, Vergütung **40** 281
Beitragsatz, Weitergeltung des B. des Jahres 2003 **60** 287
Beitragsbefreiung, Beschäftigung älterer Arbeitnehmer **20** 16 *6*
Beitragsbemessung 30 341; **40** 21 *1,* Rentenantragsteller **50** 239
Beitragsbemessungsgrenze 60 260, Insolvenzgeld **30** 185 *1,* KV **50** 223, Ost **30** 408; **60** 275 a, PV **110** 55 *2,* Rente **60** 159
Beitragsbemessungsgrundlagen, Entgeltpunkte für nachgewiesene Beitragszeiten **60** 256 c, freiwillig Versicherte **60** 279 b, Grundsätze **60** 161
Beitragsberechnung, Nachversicherung **60** 209, Störfall – Wertguthaben **40** 23 b *24,* Umlageverfahren **70** 167, Unfallversicherung **70** 219, Wertguthaben **40** 23 b *1*
Beitragsbescheid, Umlageverfahren **70** 168
Beitragseinzug, Fürsorgepflicht **40** 28 h *4,* Überwachungspflicht **40** 28 h *4,* VO EG 883/2004 **5** 84
Beitragsentrichtung, zentrale **40** 28 f *22*
Beitragserhöhung, Versorgungsausgleich **60** 183
Beitragsermäßigung, statt Kostenerstattung **50** 14 *6*
Beitragserstattung, Arbeitsförderung **30** 351, Aufhebung **100** 44–48 *16*
Beitragserstattung (RV) 60 210 *1,* 286 d, Berechtigte **60** 210 *2,* Betrag **60** 210 *11,* Rechtsfolge **60** 210 *16,* Rentensplitting **60** 210 *14,* Sach-/Geldleistung **60** 210 *15,* Schutzfrist **60** 210 *10,* Versorgungsausgleich **60** 210 *14*
Beitragsfälligkeit, Wertguthaben **40** 23 b *1*
Beitragsfreie Zeiten (RV), Entgeltpunkte **60** 71, Gesamtleistungsbewertung **60** 263, Gesamtleistungsbewertung (Ost) **60** 263 a, Knappschaftliche Besonderheiten **60** 84, Zuordnung zur knappschaftlichen Rentenversicherung **60** 60 *1,* 254
Beitragsfreie Zeiten, Zuordnung (RV), schulische Ausbildung **60** 60 *3,* Vorversicherung **60** 60 *2*
Beitragsfreiheit (KV), bestimmte Rentenantragsteller **50** 225, Familienangehörige **50** Einl. *8,* Mutterschaftsgeld/Krankengeld/Eltern-/Erziehungsgeld **50** 224
Beitragsfreiheit (PV) 110 56 *1*
Beitragsfreiheit (SV), Bagatellgrenze **40** 23 c *5,* Begrenzung **40** 23 c *5,* Prüfung **40** 23 c *9*
Beitragsgeminderte Zeiten (RV) 60 246, Entgeltpunkte **60** 71, Gesamtleistungsbewertung **60** 263, Gesamtleistungsbewertung (Ost) **60** 263 a, Knappschaftliche Besonderheiten **60** 84
Beitragshaftung, Übergangsregel **40** 116 a
Beitragsminderung (RV), Versorgungsausgleich **60** 183
Beitragsnachweis (SV), Entgeltunterlagen **40** 28 f *214,* Inhalt/Bedeutung **40** 28 f *18,* Säumnis **40** 28 f *19,* Übermittlung **40** 28 f *17,* zentraler **40** 28 f *21*
Beitragspflicht, KV **50** 223

magere Zahlen = §§ bzw. Art.; kursive Zahlen = Randnummern **Sachverzeichnis**

Beitragspflicht (Arbeitsförderung), Übergang zur Versicherungspflicht **30** 425
Beitragspflicht (SV), einmaliges Arbeitsentgelt **40** 23 a *1,* Freiheit **40** 23 c *5,* Prüfung **40** 23 c *9,* sonstige Einnahmen **40** 23 c *2*
Beitragspflicht, Änderung, Meldung **40** 28 a *8*
Beitragsrecht (RV), Nachversicherung **60** 277
Beitragsrückstand (KV), akute Erkrankung **50** 16 *13,* akuter Schmerz **50** 16 *13,* chronische Erkrankung **50** 16 *13,* Mutterschaft **50** 16 *13,* Ruhen des KV-Leistungsanspruchs **50** 16 *12,* Schwangerschaft **50** 16 *13*
Beitragssatz (Arbeitsförderung) 30 341
Beitragssatz (KV), Alg II **50** 246, allgemeiner **50** 241, Arbeitseinkommen **50** 248, ermäßigter **50** 243, Rente **50** 247, Studierende/Praktikanten **50** 245, Versorgungsbezüge **50** 248, Wehr-/Zivildienst **50** 244, zusätzlicher **50** Einl. *23*
Beitragssatz (PV) 110 55 *2*
Beitragssatz (RV) 60 158, Stabilisierung **60** 154
Beitragssatzstabilität (KV) 50 71, Grundsatz **50** 12 *1*
Beitragssatzstabilität (PV) 110 70
Beitragsschaden 100 119 *1,* RV **100** 119 *1*
Beitragstragung (Arbeitsförderung), Beschäftigter **30** 346, sonstige Versicherungspflichtige **30** 347, Versicherung auf Antrag **30** 349 a
Beitragstragung (KV) 50 Einl. *23,* durch Dritte **50** 251, geringfügige Beschäftigung **50** 249 b, durch Mitglied **50** 250, versicherungspflichtige Beschäftigung **50** 249, versicherungspflichtiger Rentner **50** 249 a
Beitragstragung (PV), andere Mitglieder **110** 59 *1,* Kinderlosenzuschlag **110** 59 *4,* Pflichtversicherung **110** 58 *1*
Beitragstragung (RV), Beitragsfreiheit **60** 172, Beschäftigte **60** 168, freiwillig Versicherte **60** 171, Nachversicherung **60** 181, Ost **60** 279 c, Selbständige **60** 169, sonstige Versicherte **60** 170, Unterhaltsgeld **60** 279 f, Unterhaltsgeldbezug **60** 279 f
Beitragsüberwachung, Übergang der Beitragsüberwachung auf die Träger der Deutschen Rentenversicherung **70** 218 e
Beitragsüberwachung (RV) 60 212
Beitragsüberwachung (Unfallversicherung), Umlageverfahren **70** 166
Beitragsunabhängige Geldleistungen, Leistungsexport **5** SK *56,* VO EG 883/2004 **5** SK *26 ff.*
Beitragsverfahren, Vergütung **40** 28l, Verjährungshemmung **40** 25 *8*
Beitragsvorschuss, Säumnis **40** 24 *2 a,* Unfallversicherung **70** 164
Beitragszahlung (Arbeitsförderung), Anwartschaftszeit **30** 123 *5,* Beschäftigter **30** 348, sonstige Versicherungspflichtige **30** 349, Versicherung auf Antrag **30** 349 a
Beitragszahlung (KV) 50 252, Arbeitsentgelt **50** 253, Rente **50** 255, Studierende **50** 254, Versorgungsbezüge **50** 256
Beitragszahlung (PV), PV **110** 60
Beitragszahlung (RV), Abfindung bei Anwartschaften auf betriebliche Altersversorgung **60** 187 b, Arbeitseinkommen/-entgelt **60** 174, Berechnungsgrundlagenänderung **60** 200, Berechnungsgrundsätze **60** 189, Bezug von Sozialleistungen **60** 176, Fristhemmung/-neubeginn **60** 198, Glaubhaftmachung **60** 203, 286 a, Glaubhaftmachung (Ost) **60** 286 b, Grundsatz **60** 173, Kindererziehungszeiten **60** 177, Künstler **60** 175, Meldepflichten **60** 190 ff., Nachversicherung **60** 185, Ost **60** 279 f, Pflegepersonen **60** 176 a, 279 e, Prüfung bei versicherungspflichtigen Selbständigen **60** 212 b, Prüfung für sonstige Versicherte/Nachversicherung **60** 212 a, Publizisten **60** 175, Vermutung **60** 199, Vermutung (Ost) **60** 286 c, Versorgungsausgleich **60** 186, 187, Versorgungsausgleich (Ost) **60** 281 a, vorzeitige Inanspruchnahme von Altersrente **60** 187 a, Wirksamkeit von Beiträgen **60** 197, Wirkung bei Nachversicherung **60** 185, an nicht zuständige Rentenversicherungsträger **60** 201
Beitragszahlungsnachweis 40 28 f *1*
Beitragszeiten (RV) 60 55 *1,* 247, Altersrente für langjährig Versicherte **60** 236 *9,* Altersrente für Schwerbehinderte **60** 236 a *17,* Altersrente nach Altersteilzeit **60** 237 *26,* Altersrente wegen Arbeitslosigkeit **60** 237 *26,* Berliner **60** 257, besondere **60** 55 *6,* Entgeltpunkte **60** 70, 83, 256, ohne Entgeltpunkte **60** 261, Entgeltpunkte für glaubhaftgemachte **60** 256 b, Entgeltpunkte mit Sachbezug **60** 259, Entgeltpunkte für nachgewiesene ohne Beitragsbemessungsgrundlage **60** 256 c, Entgeltpunkte im Beitrittsgebiet **60** 256 a, freiwillige Beiträge **60** 55 *4,* Kindererziehung **60** 249, Kindererziehung **60** 249 a, Landwirtschaftliche Alterskasse **60** 55 *2,* Ost/Saarland **60** 248, Pflichtbeiträge **60** 55 *3,* Pflichtbeitragsfiktion **60** 55 *5,* Regelaltersrente **60** 235 *9,* Saarland **60** 258, versicherte Beschäftigung/Tätigkeit **60** 55 *8,* Zusatz-/Sonderversorgungssystem **60** 259 b
Beitragszuschlag (PV), Kinderlose **110** 55 *3*
Beitragszuschuss (KV), andere Personen **50** 258, Beschäftigte **50** 257, 314
Beitragszuschuss (PV) 110 61
Beitragszuschuss (Unfallversicherung), Küstenfischer **70** 163
Beitrittsgebiet, Besonderheiten Rentenversicherung **60** 228 a, Entgeltunterlagen **40** 28 f *26,* maßgebliche Werte in der Anpassungsphase **60** 228 b, Meldepflicht **40** 28 a *15,* Nachversicherung **60** 233 a, RV-Pflicht **60** 229 a, RV-Pflichtbefreiung **60** 231 a
Beitrittsrecht, Pflegeversicherung ab 1. 7. 2002 **110** 26 a *6,* bei Einführung Unversicherte **110** 26 a *2,* Unversicherte **110** 26 a *4*
Bekanntgabe, Adressaten **100** 37–39 *13,* Anscheinsbeweis **100** 37–39 *17,* Bedarfsgemeinschaft **100** 37–39 *13,* Begriff **100** 37–39 *2,* Betroffenheit **100** 37–39 *13,* gegenüber Bevollmächtigten **100** 37–39 *14,* Durchschrift **100** 37–39 *14,* Ehepaar **100** 37–39 *13,* elektronischer Rechtsverkehr **100** 37–39 *17,* Erforderlichkeit **100** 37–39 *11,* freie Beweiswürdigung **100** 37–39 *17,* Mängel **100** 37–39 *22,* öffentliche **100** 37–39 *2,* Rechtsbehelfsbelehrung **100** 36 *10,* tatsächlicher Zugang **100** 37–39 *17,* Verwaltungsakt **100** 37, Wirksamkeit **100** 37–39 *1,* Zeitpunkt **100** 37–39 *15,* Zugang **100** 37–39 *9,* Zugangsfiktion **100** 37–39 *16,* Zustellung **100** 37–39 *2, 12*
Bekanntgabe, öffentliche 100 37–39 *18,* Ortsüblichkeit **100** 37–39 *20,* Verfahren **100** 37–39 *19*
Bekanntgabemängel, Unwirksamkeit **100** 37–39 *22*
Belastung, Begriff **160** SK *58,* Berücksichtigung **160** SK *60 ff.,* Berücksichtigung (Wohngeld) **160** 11, Wohngeld **160** 10
Belastungserprobung, Dauer/Umfang **50** 42 *4,* Inhalt **50** 42 *3,* Voraussetzungen **50** 42 *2*
Belastungsgrenze (KV), Angehörige **50** 62 *4,* Dauerbehandlung **50** 62 *3,* Höhe **50** 62 *3,* Praxisgebühr **50** 28 *8,* Rechtsfolgen **50** 62 *5,* Zuzahlung **50** 62 *1*
Belegärztliche Leistungen 50 121
Belegungsgebotsausnahmen, Erwerbsminderungsrente **60** 241 *11*
Belehrung, Annahme als Kind **80** 51, Säumnis **100** 26–28 *8*
Beleihung, Grundstücke **40** 84
Beliehene, Verwaltungsverfahren **100** 1 *8*

2789

Sachverzeichnis

Fette Zahlen = Kennziffern

Bemessung, fiktive 30 132 *1*, Festsetzung 30 132 *6*, Voraussetzungen 30 132 *4*
Bemessungsentgelt, Grundlagen 30 131 *5*
Bemessungsentgelt (Arbeitsförderung) 30 131 *1*, Abfindung/Entschädigung 30 131 *11*, Arbeitszeitkonto 30 131 *13*, Beschäftigungssicherungsvereinbarung 30 131 *3 a*, flexible Arbeitszeit 30 131 *16*, Kug/Saison-Kug 30 131 *15*, Minderung 30 131 *22*, Nachzahlungen 30 131 *9*, nicht zu berücksichtigende Arbeitsentgelte 30 131 *11*, Sonderfälle 30 131 *15*, Übergangsrecht 30 131 *3*, Zahlungsunfähigkeit des AG 30 131 *10*
Bemessungsgrundlage, Hilfe zum Lebensunterhalt 120 28 *1*, Kontinuität 90 49, Regelsatz 120 28 *7*
Bemessungsgrundsätze, Pflegesatz 110 84
Bemessungsrahmen, Alg 30 130 *5*
Bemessungsrahmen, erweiterter 30 130 *17*, kurzer Bemessungszeitraum 30 130 *18*, mehrfache Kurzzeitbeschäftigung 30 130 *19*, unbillige Härte 30 130 *20*
Bemessungszeitraum (Arbeitsförderung), Alg 30 130 *4*, Beschäftigungszeiten nach JFDG 30 130 *11*, Beschäftigungszeiten neben Übg/Teil-Übg/teil-Alg 30 130 *10*, Eltern-/Erziehungsgeld 30 130 *12*, kurzer – erweiterter Bemessungsrahmen 30 130 *17*, Pflegezeit 30 130 *13*, Sondervorschrift 30 130 *16*, Teilzeit 30 130 *14*
Benachrichtigungspflicht 100 13–15 *13*, Zusammentreffen von Renten 70 190
Benachteiligungsverbot 10 33 c; 40 19 a, privatrechtliche Vereinbarungen 10 32
Beratender Ausschuss für behinderte Menschen bei BA 90 105, gemeinsame Vorschriften 90 106, beim Integrationsämter 90 103
Beratender Ausschuss für die Koordinierung der Systeme der sozialen Sicherheit, VO EG 883/2004 5 75
Beratung 10 14, Annahme als Kind 80 51, Begriff 80 SK *51*, Form 10 14 *5*, Inhalt 10 14 *6*, von Kindern und Jugendlichen 80 SK *15*, ledige Mütter/Väter 80 SK *54ff.*, MDK 50 275, Personensorge 80 SK *50ff.*, Personensorgeberechtigter 80 SK *98*, Rechtsfolge unterlassener 10 14 *11*, Sorgeerklärung 80 SK *57ff.*, Sozialgericht 150 61, Sozialhilfe 120 11, Umgangsrecht 80 SK *60ff.*, Unterhalt 80 SK *50ff.*, Unterhaltsersatzansprüche 80 SK *50ff.*, Vertragsärzte 50 305 a
Beratung in Fragen der Partnerschaft und Trennung 80 SK *46*, Zuständigkeit 80 SK *49*
Beratung und Unterstützung, ehrenamtliche Tätigkeit 80 SK *145*
Beratung vor Eingriff 80 SK *6*
Beratungsangebot 30 29
Beratungseinsätze bei selbst beschafften Pflegehilfen 110 37 *6*
Beratungsfehler Dritter, Säumnis 100 26–28 *9*
Beratungspflicht, Grundsicherung im Alter/bei Erwerbsminderung 120 46 *2*
Beratungspflicht (Arbeitsförderung), Anspruchsdauer (Alg) 30 127 *19*, Leistungsentgelt 30 133 *24*
Beratungspflicht (Pflegeversicherung), Erforderlichkeit eines Rechtsanwalts 110 7 *8*, Inhalt/Rechtsschutz 110 7 *6*, Organisation durch Pflegekassen 110 7 *13*, PV 110 7 *1*, rechtliche Bedeutung 110 7 *3*, umfassende 110 7 *3*, Umsetzung 110 7 *9*, Vergleichsliste/weitere schriftliche Information 110 7 *10*, Verletzung 110 7 *7*, verpflichtende Institution 110 7 *4*
Beratungsrecht, Abgrenzung zu Aufklärung/Auskunft 10 14 *2*, Amtshaftung 10 14 *21*, Antragserfordernis 10 14 *3*, Anwendungsbereich 10 14 *2*, ge-

richtliche Durchsetzung 10 14 *10*, konkreter Anlass 10 14 *3*, Normzweck 10 14 *1*, Rechtsnatur 10 14 *1*, Zuständigkeit 10 14 *4*
Beratungsstellen, Rente 60 131
Berechnung, Nachsicherung 60 181
Berechnung (Grundsicherung für Arbeitsuchende), Leistung 20 41
Berechnung (RV), allgemeine Grundsätze 60 121, Durchschnittswerte 60 124, Geldbeträge 60 123, Rententeile 60 124, Zeiten 60 122
Berechnung (Wohngeld) 160 SK *37ff.*
Berechnungsgrundlagen (Unfallversicherung) in besonderen Fällen – Unfallversicherung 70 154, landwirtschaftliche Berufsgenossenschaften 70 182, Unfallversicherung 70 153, Weiterentwicklung (Unfallversicherung) 70 221 b
Berechnungsgrundlagen, Änderung, Beitragszahlung 60 200
Berechnungsgrundsätze (Arbeitsförderung), allgemeine 30 338
Berechnungsgrundsätze (RV), Beitragszahlung 60 189
Berechnungsgrundsätze (Unfallversicherung) 70 96, 187
Berechnungspflicht 30 320
Berechnungsvorschriften, Reihenfolge bei Anwendung 60 98
Berechnungszeitraum für das Einkommen der Eltern/Ehegatten/Lebenspartner (BAföG) 6 24, für das Einkommen des Auszubildenden 6 22
Berechtigte, Unterhaltsvorschuss 155 *1*
Berechtigungsschein 50 15 *9*
Bereitschaftsdienst, Alg 30 119 *26*, Arbeitsunfall 70 8 *28*
Bergleute, *s. auch Arbeiten unter Tage*, Altersrente für langjährig unter Tage beschäftigte 60 40 *1*, 238, Anpassungsgeld 60 235 *7*, 236 *7*, 236 a *7*, Erwerbsminderung 60 45 *1*, Krankengeldkürzung 50 50 *10*, Rente 60 242, ständiges Arbeiten unter Tage 60 61 *1*, vorzeitige Wartezeiterfüllung 60 53 *7*
Bergmannsvollrente, Rechtsänderungen 60 302 a
Berichterstatter, Berufung 150 155
Berichtigung, Anwendung der Erstattungsregeln 100 50 *22*, offenbare Unrichtigkeit 100 37–39 *5*, Tatbestand 150 139, Urteil 150 138, VA 100 40–43 *7*
Berücksichtigungszeiten (RV) 60 57 *1*, Altersrente für langjährig Versicherte 60 236 *9*, Altersrente für Schwerbehinderte 60 236 a *17*, Pflege 60 249 b, Selbständige 60 57 *7*, Versicherungspflicht 60 57 *8*, Voraussetzungen 60 57 *9*
Berufliche Eingliederung, Eingliederungsleistungen 20 16 *5*
Berufliche Rehabilitation, Einrichtungen zur 90 35, Rechtsstellung des Teilnehmers 90 36
Berufsausbildung, *s. auch Ausbildung*, in außerbetrieblichen Einrichtungen 30 421n, Elterngeld 7 1 *18*, *20*, Förderung 120 16 *6*, Gegenstände – Vermögen 20 12 *34*, Unterstützung/Förderung 20 16 *7*, Waisenrente 60 48 *11*
Berufsausbildung, schulische, Eingliederungsleistungen 20 16 *10*
Berufsausbildungsbeihilfe, Anordnungsermächtigung 30 76, Anpassung der Bedarfsätze 30 70, Anspruch 30 59, Arbeitslose 30 74, Auszahlung 30 75, Bedarf den Lebensunterhalt 30 65, Dauer 30 73, Einkommensanrechnung 30 71, Fahrtkosten 30 67, Förderung im Ausland 30 62, förderungsfähiger Personenkreis 30 63, Maßnahmekosten 30 69, sonstige Aufwendungen 30 68, sonstige persönliche Voraussetzungen 30 64, Vorausleistung 30 72, Wohngeld 160 SK *28*

2790

magere Zahlen = §§ bzw. Art.; kursive Zahlen = Randnummern **Sachverzeichnis**

Berufsausbildungsvorbereitung, organisatorische Unterstützung 30 243, sozialpädagogische Begleitung 30 243
Berufsausübung, frühere, Unzumutbarkeit 20 10 *18*
Berufsausübung, künftige, Unzumutbarkeit 20 10 *5*
Berufsberatung 30 30, Eignungsfeststellung 30 32, Eingliederungsleistungen 20 16 *5*, Grundsätze 30 31, Offenbarungspflicht 30 289, Untersagung 30 288 a, Vergütung 30 290
Berufsbildung, Behindertenwerkstätten 90 40, Beschäftigung 40 7 *71*
Berufsbildungsmaßnahmen, behinderte Menschen 90 81 *18*
Berufseinstiegsbegleitung 30 *421 s*
Berufsfähigkeit, verminderte, Ausschluss 60 45 *4*, Bergleute 60 45 *3*, Fiktion 60 45 *6*, Tätigkeit außerhalb des Bergbaus 60 45 *5*
Berufsfördernde Maßnahmen 10 *64*
Berufsfreiheit, Vertragsärzte 50 Einl. *7*
Berufsgenossenschaften, Vereinigung von 70 *118*
Berufsgenossenschaften, gewerbliche, Ausgleich 70 220, Neuorganisation 70 222, sachliche/örtliche Zuständigkeit 70 122, Unsetzung der Neuorganisation 70 225, Zuständigkeit 70 121
Berufsgenossenschaften, landwirtschaftliche, Begriffsbestimmungen 70 184 b, Berechnungsgrundlagen 70 182, Betriebs-/Haushaltshilfe 70 54, Datenübermittlung 70 205, Datenverarbeitung 70 205, Durchführung des Ausgleichs 70 184 d, Erstattungsansprüche 70 175, gemeinsame Tragung der Rentenlasten 70 184 c, Lastenverteilung 70 184 a, Neuorganisation 70 223, Rechenschaft Mittelwendung 70 183 a, Rücklage 70 184, sonstige Ansprüche/Verletztengeld 70 55 a, Umlageverfahren 70 183, Unfallrente 70 80 a, Vereinigung durch Verordnung 70 119, Verwaltungsgemeinschaften 70 119 a, Wartezeit 70 80 a, Zuständigkeit 70 123
Berufsgenossnschaften, gewerbliche, Lastenverteilung 70 *176 ff.*
Berufskrankheit 50 11 *5*, Allgemeines 70 9 *2*, Anerkennung wie 70 9 *12*, Anzeigepflicht Ärzte 70 202, Äquivalenregelung 5 SK *149*, Befundanerkennung 70 9 *17*, Beweisvermutung 70 9 *16*, Forschung zur Bekämpfung 70 206, Günstigkeitsregel 70 9 *18*, Jahresarbeitsverdienst 70 84, Listenprinzip 70 9 *8*, Normzweck 70 9 *1*, privilegierte 70 63 *16*, Sonderregelung 5 40, sonstige Regelungen 70 9 *19*, Teilung der Entschädigungslast 70 174, Unterlassungszwang 70 9 *10*, Verschlimmerung 5 39, SK *151*, Versicherungsfall 70 9 *3*, VO EG 883/2004 5 38, SK *20, 147 ff.*, vorzeitige Wartezeiterfüllung 60 53 *2*, Zuständigkeit 70 134
Berufskrankheitenverordnung 70 9 *20*
Berufsorientierung 30 33, Eingliederungsleistungen 20 16 *5*, erweiterte 20 16 *5*; 30 *421 q*
Berufsrichter, Bundessozialgericht 150 38, Ernennung 150 11, Sozialgericht 150 1–6 *8, 3, 9–27 2*
Berufsrückkehrer 30 20, ABM 30 263 *5*, Übergangsgeld 30 161 *7*
Berufsschadensausgleich, Hinterbliebenenrente 40 *18 a 18*
Berufsschutz, Zumutbarkeit 30 121 *6*
Berufssoldaten, Ruhen des KV-Leistungsanspruchs 50 16 *6*, Verletztenrente 70 61 *3*, Versicherungspflicht 60 1 *10*
Berufsständisches Versorgungswerk 60 6 *8*
Berufsfähige, Altersrente für Schwerbehinderte 60 236 a *18*, Rente bei teilweiser Erwerbsminderung 60 240 *1*
Berufsunfähigkeit, erfolgreiche Reha 100 44–48 *46*

Berufsunfähigkeitsrente, Befristung 60 314 b, Forderungsübergang 100 116 *52*, teilweise Erwerbsminderung (Ausland) 60 270 b
Berufsvorbereitende Bildungsmaßnahme, Anrechnungszeiten 60 58 *27*
Berufsvorbereitung 6 SK *2*
Berufsvorbereitungskurs 30 61
Berufung, Aktenanforderung 150 152, aufschiebende Wirkung 150 143–159 *19*, 154, BA – Vorschlagsrecht 30 379, Berichterstatter 150 155, ehrenamtliche Richter 150 13, Einlegung/Frist/Form 150 151, Entscheidungsvarianten 150 143–159 *13 ff.*, Fristversäumnis 150 157 a, Grundsätze 150 143–159 *1*, Nichtzulassungsbeschwerde 150 143–159 *6 ff.*, Prüfungsumfang/neue Tatsachen und Beweismittel 150 157, Rücknahme 150 156, Verfahren 150 143–159 *10 ff.*, 153, Verwerfung 150 158, Zulässigkeit 150 143, 143–159 *3 ff.*, Zulassung 150 144, Zurückverweisung an SG 150 159
Berufungsausschüsse 50 95–105 *5*, 97
Beschäftigte, Arbeitsförderung 30 25, ArblosV 30 25 *1*, Auskunftspflicht 40 28 o *1*, beitragspflichtige Einnahmen 30 342; 60 162, Beitragstragung 30 346; 60 168, Beitragzahlung 30 348, Beitragszuschuss 50 314, elektronischer Entgeltnachweis 40 1–6 *17*, Gesamtsozialversicherungsbeitrag 40 28 d *2*, gesetzliche Unfallversicherung 70 2 *5*, KV-Beitragszuschuss 50 257, Meldepflichten 60 190, versicherungsfreie (ArblosV) 30 27, Versicherungspflicht 60 1 *1*, Vorlagepflicht 40 28 o *1*
Beschäftigte, beamtenähnliche, KV-Versicherungsfreiheit 50 6 *10*
Beschäftigte, entgeltliche, Versicherungspflicht 50 5 *7*
Beschäftigte, geringfügig, zuständige Einzugstelle 40 28 i *6*
Beschäftigte ohne Anspruch auf Entgeltfortzahlung, Krankengeld 50 44 *5*
Beschäftigte, unständig, beitragspflichtige Einnahmen 50 232, Meldepflicht 50 199
Beschäftigte, versicherungspflichtig, beitragspflichtige Einnahmen 50 226, Meldepflichten der Arbeitgebers 50 198, Rangfolge Einnahmearten 50 230
Beschäftigung 40 7 *3*, Alg 30 119 *21*, Anhaltspunkte 40 7 *23*, Arbeitgeber 40 7 *20*, Arbeitnehmer 40 7 *20*, Arbeitnehmerüberlassung 40 7 *49*, Arbeitsfähigkeit 40 7 *23*, Arbeitsrecht 40 7 *17*, Arbeitsverhältnis 40 7 *14*, Arbeitsvermittlung 40 7 *52*, Beginn 40 7 *25*, Betrieb 40 7 *23*, Betriebsmittel 40 7 *23*, Ein-Euro-Job 40 7 *14*, Elterngeld 40 7 *81*, Elternzeit 40 7 *81*, Ende 40 7 *30*, Entgeltlichkeit 40 7 *8, 23*, Ersatzkraft 40 7 *23*, familienhafte Mithilfe 40 7 *32*, fehlende Arbeitsleistung 40 7 *24*, Fiktion bei Berufsbildung 40 7 *71*, Fiktion der entgeltlichen 40 7 *29*, Fortbestand bei fehlendem Vollzug 40 7 *29*, Freistellung 40 7 *56*, GbR 40 7 *42*, Geschäftsführer 40 7 *44*, Gesellschaftsrecht 40 7 *37*, GmbH 40 7 *45*, Inhalt 40 7 *16*, Krankengeld 40 7 *81*, Kündigung 40 7 *31*, Leistungsrecht 30 144 *16*, Mutterschaftsgeld 40 7 *81*, Normzweck 40 7 *1*, öffentlich-rechtliches Dienstverhältnis 40 7 *14*, Ort 40 7 *23*, Rechtsnatur 40 7 *14*, Statusänderung 40 7 *7*, Steuer 40 7 *23*, Steuerrecht 40 7 *17*, Strohmann 40 7 *23*, tatsächliche Verhältnisse 40 7 *11*, Übergangsgeld 40 7 *81*, Unterbrechung 40 7 *79*, Unternehmerrisiko 40 7 *2*, Urlaub 40 7 *23*, Vereinsvorstände/-mitglieder 40 7 *35*, Verletztengeld 40 7 *81*, Versorgungskrankengeld 40 7 *81*, Vertrag 40 7 *23*, Wehr-/Ersatzdienst 40 7 *81*, Weisungen 40 7 *23*, Zeit 40 7 *23*
Beschäftigung, geringfügige, *s. Geringfügige Beschäftigung*

Sachverzeichnis

Fette Zahlen = Kennziffern

Beschäftigung, illegale, Arbeitsentgelt **40** *14 18*
Beschäftigung, versicherungspflichtige, Beitragstragung **50** *249*
Beschäftigung, zumutbare 30 *121 1*
Beschäftigungen, mehrere, Alg **30** *119 30*
Beschäftigungsanbahnung, Mittel zur **30** *45 5*, Zweck **30** *45 8*
Beschäftigungsangebot, Sperrzeit **30** *144 33*
Beschäftigungsbeginn, Meldepflicht **40** *28 a 6*
Beschäftigungschancengesetz 30 *424 w*
Beschäftigungsdauer, Erstattungspflicht **30** *147 a 20*
Beschäftigungsende, Meldepflicht **40** *28 a 6*
Beschäftigungsförderung, Arbeitsverhältnis **20** *16 e 9*, Aufhebung **20** *16 e 17*, Ausschlussgrund **20** *16 e 23*, Befristung **20** *16 e 19*, begleitende Qualifizierung **20** *16 e 13*, besonderer Aufwand **20** *16 e 14*, Dauer **20** *16 e 15*, Eingliederungsvereinbarung **20** *16 e 7*, Ermessen **20** *16 e 5*, Förderungsfähigkeit **20** *16 e 6*, Höhe **20** *16 e 10*, kommunale Eingliederungsleistungen **20** *16 a 3*, Kündigung **20** *16 e 20*, Leistungshöhe bei Fortführung **20** *16 e 18*, Leistungsvoraussetzungen **20** *16 e 3*, mangelnde Integrationsfähigkeit **20** *16 e 8*, Minderleistung **20** *16 e 4*, Mittel zur **30** *45 5*, Normzweck **20** *16 e 2*, Zweck **30** *45 8*
Beschäftigungslandprinzip 5 SK *63 ff.*, Ausnahmen **5** SK *67*
Beschäftigungslosigkeit 30 *119 7*, trotz Arbeitsverhältnis **30** *119 11*, im Leistungsrecht **30** *119 9*, vorübergehende **30** *119 13*
Beschäftigungsmaßnahme 80 SK *98*
Beschäftigungsmaßnahme, sozialpädagogisch begleitete 80 SK *35*
Beschäftigungsort 40 *9*, *9–11 2*, besondere Personengruppen **40** *10*
Beschäftigungspflicht (Behinderte), AA **90** *71–80 20*, Anreizsysteme **90** *71–80 13*, Arbeitgeber **90** *71–80 7*, Arbeitsplatz **90** *71–80 9*, Arbeitsplatzbegriff **90** *73*, Ausgleichsabgabe **90** *71–80 16*, Ausgleichsfonds **90** *71–80 25*, besondere Gruppen Schwerbehinderter **90** *72*, Einzelfragen **90** *71–80 4*, Feststellungsbescheid **90** *71–80 14*, individuelle (Behinderte) **90** *81 12*, Integrationsämter **90** *71–80 22*, Normzweck **90** *71–80 1*, Schwerbehinderte **90** *71*, Selbstveranlagung **90** *71–80 18*
Beschäftigungssicherungsvereinbarung, Bemessungsentgelt **30** *131 3 a*
Beschäftigungsunterbrechung, Meldepflicht **40** *28 a 11*
Beschäftigungsverhältnis 30 *119 8*; **40** *7 3*, *10*
Beschäftigungszuschuss, s. auch *Beschäftigungsförderungsleistungen*, Arbeitsverweigerung bei **20** *31 7*, Ausgleichssystem **20** *16 e 12*, berücksichtigungsfähiges Arbeitsentgelt **20** *16 e 11*, Dauer **20** *16 e 15*, Höhe **20** *16 e 10*
Bescheid, Änderung (BAföG) **6** *53*, BAföG **6** *50*, SK *68*, Wohngeld **160** SK *86*
Bescheid, neuer nach Klageerhebung **150** *96 1*, während der Revision **150** *171*, während des Vorverfahrens **150** *86*
Bescheidungsurteil, Ermessen **10** *39 14*
Bescheinigungspflicht, AU **30** *311*
Beschleunigungseffekt, Zuständigkeitserklärung **90** *14 1*
Beschlüsse, Form/Inhalt **150** *142*
Beschwerde, aufschiebende Wirkung **150** *175*, Ausschluss **150** *177*, beschwerdefähige Entscheidungen **150** *172–178 a 1*, Entscheidung **150** *176*, Entscheidungen des beauftragten/ersuchten Richters oder Urkundsbeamten **150** *178*, Form/Frist **150** *173*, Verfahren **150** *172–178 a 6*, Zulässigkeit **150** *172*

Besetzung, Bundessozialgericht **150** *38*, Kammern **150** *12*, Landessozialgerichte **150** *30*, Sozialgericht **150** *9*
Besondere Ausschüsse, Sozialversicherungsträger **40** *36 a*
Besondere Härte, Leistungsausschluss (Alg II) **20** *7 41*, Sperrzeit **30** *144 106*, Verwertung **20** *12 40*
Besondere Hilfen für Deutsche nach Art. 116 Abs. 1 GG, Übergangsregelung **120** *133*
Besonderer Vertreter, Bestellung (Sozialgerichtsverfahren) **150** *72*, Sozialgericht **150** *60–72 14*
Bestandsinteresse, privates 100 *44–48 28*
Bestandskraft 100 *37–39 7*, Feststellungswirkung **100** *37–39 8*, formelle **100** *37–39 7*, materielle **100** *37–39 7*, Tatbestandswirkung **100** *37–39 8*
Bestandsrenten (Ost), Neuberechnung **60** *307 c*, aus überführten Renten **60** *307 b*
Bestandsschutz, Unfallversicherung **70** *217*
Bestattungskosten, Sozialhilfe **120** *74*
Bestechung, Aufhebung **100** *44–48 24*
Bestimmtheitsgebot 100 *33 2*, Verstoß **100** *33 7*
Bestimmungsrecht, Alg **30** *118 7*
Beteiligte 100 *12*, Akteneinsicht **100** *25*, Anhörung **100** *24*, Auslagenvergütung **150** *191*, öffentlich-rechtlicher Vertrag **100** *53–61 5*, Sozialgericht **150** *69*, Verfahren **100** *10–12 11*
Beteiligtenfähigkeit 100 *10*, *10–12 2*, *3*, Bedarfsgemeinschaft **100** *10–12 4*, Entscheidungsgremien **150** *60–72 11*, juristische Person **100** *10–12 4*, Verfahrensvoraussetzung **100** *10–12 6*
Beteiligtenrechte, Zusicherung **100** *34 9*
Beteiligter, beschwerter, Rechtsbehelfsbelehrung **100** *36 5*
Beteiligung 100 *10–12 11*, Anhörung **100** *10–12 15*, Hinzuziehung **100** *10–12 13*, Kinder- und Jugendhilfe **80** *8*, Kinder und Jugendliche **80** SK *13*, konkretes Verfahren **100** *10–12 12*, Vertretung **100** *13–15 5*
Beteiligung sozial erfahrener Dritter, Sozialhilfe **120** *116*
Betreutes Wohnen, junge Menschen **80** SK *36*, Kinder- und Jugendliche **80** *34*, Wohngeld **160** SK *14*
Betreuung, Kind in Notsituationen **80** *20*
Betreuung, persönliche, Elterngeld **7** *1 12 f.*, Verhinderung/Unterbrechung **7** *1 14 ff.*
Betreuung und Versorgung des Kindes in Notsituationen 80 SK *75 ff.*
Betreuungsgericht, Bevollmächtigte **100** *13–15 3*
Betreuungshelfer 80 *30*
Betreuungsperson 80 SK *36*
Betreuungspflicht, Einzugsstelle **40** *28 b 2 a*
Betriebliche Altersversorgung, Abfindung bei Anwartschaften **60** *187 b*, Hinterbliebenenrente **40** *18 a 19*, Übertragung Wertguthaben **40** *23 b 32*, Zuschläge, Entgeltpunkte **60** *76 a*
Betriebs- und Heizkostennachforderung 120 *34 3*
Betriebsaufgabe, Hinzuverdienstgrenze **60** *34 12*
Betriebsausflüge/-feiern, Arbeitsunfall **70** *8 32*
Betriebserlaubnis, Jugendhilfeeinrichtungen **80** SK *129*
Betriebsfremde Personen, Unfallversicherungsschutz kraft Satzung **70** *3 5*
Betriebsführung (KV), Prüfung **50** *274*
Betriebsgeheimnis, Sozialgeheimnis **10** *35 14*
Betriebshilfe, Art/Form **70** *55*, landwirtschaftliche Berufsgenossenschaften **70** *54*, medizinische Reha **90** *54*
Betriebskrankenkasse 50 Einl. *17*, Abwicklung der Geschäfte/Haftung **50** *155*, Auflösung **50** *152*, Ausdehnung auf weitere Betriebe **50** *149*, Ausscheiden von Betrieben **50** *151*, Errichtung **50** *147*, Errich-

magere Zahlen = §§ bzw. Art.; kursive Zahlen = Randnummern   **Sachverzeichnis**

tungsverfahren **50** 148, freiwillige Vereinigung **50** 150, öffentlicher Verwaltungen **50** 156, Schließung **50** 153
Betriebsmittel, Sozialversicherungsträger **40** 81, Unfallversicherung **70** 171, 219 a
Betriebsprüfung 40 28 p *1, s. auch Prüfpflicht,* Beanstandungsschutz **40** 26 *4,* Gesamtsozialversicherungsbeitrag **40** 28 p *2*
Betriebsrat, Arbeitsunfall **70** 8 *36,* Förderung Schwerbehinderter **90** 93, Integrationsvereinbarung **90** 83 *19,* Zusammenarbeit **90** 99
Betriebssport, Arbeitsunfall **70** 8 *35*
Betriebsstätten, gesetzliche Unfallversicherung **70** 2 *14*
Betriebsübergang, Widerspruch – Sperrzeit **30** 144 *26,* Zahlungspflicht **40** 28 e *4*
Betriebsübernahme, Gründungszuschuss **30** 57 *6*
Betriebsweg, Arbeitsunfall **70** 8 *13*
Betroffenheit, Bekanntgabe **100** 37–39 *13*
Beurkundung 80 SK *132,* Kinder- und Jugendhilfe **80** 59, örtliche Zuständigkeit **80** 87 e
Beurteilungsspielraum, Ermessen **100** 35 *14,* Unterschied zum Ermessen **10** 39 *5*
Bevollmächtigte 100 13, 13–15 *2,* Anscheins-/Duldungsvollmacht **100** 13–15 *12,* Befugnisse **100** 13–15 *10,* Bekanntgabe gegenüber **100** 37–39 *14,* Betreuungsgericht **100** 13–15 *3,* Grundsatz der Abstraktheit der Bevollmächtigung von Grund-/Innenverhältnis **100** 13–15 *6,* Kostenerstattung **100** 63 *11,* Rentenberater **150** 73/73 a *4,* schriftlicher Vollmachtsnachweis **100** 13–15 *8,* Sozialgericht **100** 13–15 *3,* 73/73 a *3,* Steuerberater **150** 73/73 a *4,* Untervollmacht **100** 13–15 *10,* Verpflichtung **100** 13–15 *3,* Vollmacht **150** 73/73 a *9,* zahlenmäßige Begrenzung **100** 13–15 *5,* Zurückweisung **100** 13–15 *17;* **150** 73/73 a *7*
Beweisaufnahme, Durchführung **150** 118, Sozialgericht **150** 110–122 *7 f.*
Beweisergebnisse, Mitteilung **150** 107
Beweiserhebung beim Prozessgericht **150** 117
Beweislast 100 44–48 *22,* Alg **30** 118 *6*
Beweislast, objektive, Untersuchungsgrundsatz **100** 19/20 *9*
Beweislastumkehr, Untersuchungsgrundsatz **100** 19/20 *9*
Beweismittel 100 21, Mitwirkungspflicht **10** 60 *7*
Beweissicherungsverfahren 150 76, Sozialgericht **150** 76–86 b *1*
Beweisurkunden, Mitwirkungspflicht **10** 60 *7*
Beweisverwertungsverbot, Untersuchungsgrundsatz **100** 19/20 *10*
Beweiswirkung, Unterlagen **40** 110 d
Beweiswürdigung, freie 100 19/20 *8,* Bekanntgabe **100** 37–39 *17*
Beweiswürdigung, vorweggenommene 100 19/20 *6*
Bewerbung, Eingliederungsvereinbarung **20** 15 *17,* Sperrzeit **30** 144 *38*
Bewerbungskosten 30 45 *11*
Bewertungsmaßstab, einheitlicher 50 87
Bewilligungsbescheid, Inhalt/Umfang **20** 36–44 *9*
Bewilligungszeitraum, Grundsicherung im Alter/bei Erwerbsminderung **120** 44 *2,* Wohngeld **160** SK *72*
Beziehungsmittelpunkt, Wohngeld **160** SK *43*
Bezirksschwerbehindertenvertretung 90 97
Bezugsgröße, Arbeitsentgelt/Einkommen **40** 18, fiktives Entgelt als Anteil **30** 132 *12*
Bezugsgröße (Ost), Arbeitsförderung **30** 408, Unfallversicherung **70** 216
Bezugszeitraum, Elterngeld **7** 4 *1 ff.*
Bilaterale Vereinbarungen, VO EG 883/2004 **5** 86
Bildungseinrichtung 6 SK *10 ff.*

Bildungsförderung 10 1–10 *26,* 3
Bildungsgutschein 20 29 *2*
Bildungsleistungen, Mehrbedarf **20** 21 *23*
Bildungsmaßnahme, berufsvorbereitende 30 61, Bedarf für den Lebensunterhalt **30** 66, Hauptschulabschluss **30** 61 a
Bildungsmaßnahme, kurzzeitige, Verfügbarkeit **30** 119 *54*
Bildungspaket, *s. Bedarfe für Bildung und Teilhabe*
Bindung der Gerichte 100 118 *1 ff.*
Bindung, leistungsrechtliche 30 336
Bindungswirkung, VA **100** 40–43 *8*
Binnenschiffer 80 SK *80 ff.,* Erweiterung des Unfallversicherungsschutzes **70** 10 *1*
BKV, *s. Berufskrankheitenverordnung*
Blindengeld, Hilfe zur Pflege **120** 66 *3*
Blindenhilfe 120 72
Blindenwerkstätten 90 143, KV-Versicherungspflicht **50** 5 *24*
Blutprobe, Hinterbliebenenleistungen, Unfallversicherung **70** 63 *20*
Blutspende, gesetzliche Unfallversicherung **70** 2 *40*
Bonus, gesundheitsbewustes Verhalten **50** 65 a *1,* Insolvenzgeld **30** 183 *41*
Brille, *s. Sehhilfe*
Budget, Überschreitung **50** 12 *9*
Budget zur Teilhabe am sozialen und kulturellen Leben 20 28 *14*
Bulemie 50 27 *5*
Bundesagentur für Arbeit 30 367, Anordnungen **30** 372, Aufgaben **30** 280, 368, Aufgaben nach SGB IX **90** 104, Aufsicht **30** 393, Beamte **30** 388, beratender Ausschuss für behinderte Menschen beim **90** 105, Beteiligung an Gesellschaften **30** 370, Eingliederungsrücklage **40** 71 c, Gerichtsstand **30** 369, Haushaltsplan **40** 71 a, Personal **30** 387, Rechtsstellung Vorstand **30** 382, Reha **90** 14 *25,* Satzungen **30** 373, Selbstverwaltungsorgane **30** 373, Teilhabe am Arbeitsleben **90** 38, Veranschlagung Arbeitsmarktmittel **40** 71 b, Vergütung **40** 28 l, Verwaltungsrat **30** 373, Vorstand **30** 381, Widerspruchsausschuss **90** 120, Zusammenarbeit mit Integrationsämter **90** 101, Zusammenwirken der Arbeitgeber mit BA und den Integrationsämtern **90** 80, Zusammenwirken mit Arbeitgebern und Intergrationsämtern **90** 80
Bundesanstalt für Arbeit, Erstattung an Rentenversicherungsträger **60** 224
Bundesbehörde, oberste, Kinder- und Jugendhilfe **80** SK *160*
Bundesbeteiligung 120 46 a *1,* Knappschaftliche Rentenversicherung **60** 215
Bundesdatenschutzgesetz 80 SK *134*
Bundeseinheitlicher Orientierungswerte 50 87
Bundesgarantie, Unfallversicherung **70** 120
Bundesgrenzschutz, Ruhen des KV-Leistungsanspruchs **50** 16 *6*
Bundesjugendbehörde 80 SK *161*
Bundesjugendkuratorium 80 SK *163*
Bundeskindergeldgesetz, Anwendungsbereich **8** SK *9*
Bundesleistungsverzeichnis 50 88
Bundesmantelvertrag 50 87, 95–105 *2*
Bundesmittel, Finanzierung **20** 46
Bundesnachrichtendienst, Sondervorschriften SGB IX **90** 158
Bundessozialgericht 150 38–50 *1 ff.,* Aufgaben/Kompetenzen **150** 38–50 *4,* ehrenamtliche Richter **150** 38–50 *6,* ehrenamtliche Richter/Zahl/Berufung/Amtsdauer **150** 45, Fachsenate **150** 40, Funktionelle Zuständigkeit **150** 39, Geschäftsordnung **150** 38–50 *7, 50,* Großer Senat **150** 38–50 *5,* 41, sachliche Zuständigkeit **150** 39, Sitz/Besetzung/Berufs-

2793

Sachverzeichnis

Fette Zahlen = Kennziffern

richter/Dienstaufsicht **150** 38, Sitzungen in Berlin **150** 243 a, Vertretungszwang **150** 73/73 a *5 f.*, Vorschlagslisten/-recht **150** 46
Bundesstatistik, Sozialhilfe **120** 121
Bundesverbände, Krankenkasse **50** 212
Bundesversicherungsamt 40 94
Bundeswehrneuausrichtungsgesetz 30 434 e
Bundeszuschuss, RV **60** 213, Veränderung (Ost) **60** 287 e
Bund-Länder-Ausschuss, Eingliederungsleistung **20** 18 c
BU-Rente, Alg II **20** 11 a *4*
Bürgerarbeit, Versicherungsfreiheit **30** 421 u
Bürgerentlastungsgesetz Krankenversicherung 30 424 t
Bußgeld, Kinder- und Jugendhilfe **80** 104, Sozialdaten **100** 85, Wohngeld **160** 37
Bußgeldvorschriften 20 63; **40** 111, Allgemeines **40** 112, Elterngeld **7** 14 *1 ff.*, SGB III **30** 404, SGB IX **90** 156, SGB V **50** 307, SGB VI **60** 320, SGB VII **70** 209, SGB XI **110** 121, Unterhaltsvorschuss **155** 10, Zusammenarbeit zur Verfolgung/Ahndung von Ordnungswidrigkeiten **60** 321, Zuständigkeit (Elterngeld) **7** 14 *5*

Case Management, *s. Versorgungsmanagement*
Cessio legis 100 116 *5*
Chancengleichheit, Tarifvertragsparteien **30** 146 *1*
Chronische Erkrankung, Beitragsrückstand **50** 16 *13*, Belastungsgrenze **50** 62 *3*, Krankenkasse **50** 2 a, Krankheit **50** 27 *3*, Patientenschulung **50** 43 *3*, strukturierte Behandlungsprogramme **50** 137 f

Darlehen 20 24 *4*, 42 a, BAföG, Studierende **6** SK *57 ff.*, BAföG, Teilerlass **6** 18 b, erwartetes Erwerbseinkommen **20** 24 *24*, fehlende sofortige Vermögensverwertbarkeit **20** 24 *25*, Grundsicherung im Alter/bei Erwerbsminderung **120** 42 *3*, Leistungen zur Sicherung des Lebensunterhalts **20** 33 *2*, Schuldenübernahme **20** 22 *51*, SGB II **20** 36–44 *20 a*, Sozialhilfe **120** 91 *1*, Stundung **30** 365
Darlehen, ergänzende, Hilfe zum Lebensunterhalt **120** 37 *1*, Rückzahlungsmodalitäten **120** 37 *5*
Darlehen in vorübergehender Notlage, Hilfe zum Lebensunterhalt **120** 38 *1*, Rückzahlungsmodalitäten **120** 38 *1*
Darlehensbedingungen, BAföG **6** 18
Darlehens-Verordnung 6 SK *4*
Dateierrichtung, mehrere Unfallversicherungsträger **70** 204
Daten, personenbezogene, gemeinsame Verarbeitung und Nutzung **110** 96, Kassenärztliche Vereinigungen **50** 285, MDK **110** 97, Pflegekasse **110** 94, Verbände der Pflegekassen **110** 95
Daten, versichertenbezogene, Datenübermittlung **50** 298
Datenabgleich, automatisierter **20** 52; **30** 397, Wohngeld **160** 33
Datenaufbereitungsstelle 50 303 d
Datenaufbewahrung, Kassenärztliche Vereinigungen **50** 304, Krankenkasse **50** 304, Prüfungsausschüsse **50** 304
Datenaustausch, Insolvenzgeld **30** 189 a *1*
Datenberichtigung 100 84
Datenerhebung 50 303 e; **80** SK *136;* **100** 67 a, durch Alg II-Träger **20** 51 b, arbeitsbedingte Gesundheitsgefahren **70** 207, Ärzte **70** 201, im Auftrag **100** 80, BA **30** 394, nicht öffentliche Stellen **30** 395, Risikostrukturausgleich **50** 267, RV-Träger **60** 148, Unfallversicherung **70** 199, Verhütung von Versicherungsfällen **70** 207, für Zwecke der Qualitätssicherung **50** 299

Datenlöschung 100 84, PV **110** 107
Datennutzung 50 303 f; **100** 67 c, arbeitsbedingte Gesundheitsgefahren **70** 207, im Auftrag **100** 80, BA **30** 394, nicht öffentliche Stellen **30** 395, RV-Träger **60** 148, Unfallversicherung **70** 199, Verhütung von Versicherungsfällen **70** 207, Zulässigkeit **100** 67 b, für Zwecke der Qualitätssicherung **50** 299
Datenschutz, *s. Sozialgeheimnis*, Amtshilfe **100** 3–7 *8*, Amtspflegschaft **80** SK *139*, Amtsvormundschaft **80** SK *139*, Arbeitsvermittlung **30** 298, Beistandschaft **80** SK *139*, Einschränkung Übermittlungsbefugnis **70** 200, Kinder- und Jugendhilfe **80** 61 ff., SK *134*, kirchliche Träger **80** SK *134*, Pflegeberatung **110** 7 a *16*, PV **110** 93, VO EG 883/2004 **5** 77
Datenschutzaudit 100 78 c
Datenschutzbeauftragte 100 81
Datensparsamkeit 100 78 b
Datenspeicherung 100 67 c, Kinder- und Jugendhilfe **80** SK *137*
Datensperrung 100 84
Datenstelle, Dateien **60** 150
Datentranparenz, Arbeitsgemeinschaft **50** 303 a
Datenübermittlung 20 50; **50** 303 e, BA **30** 282 a, an Dritte **30** 395, Forschung zur Bekämpfung von Berufskrankheiten **70** 206, Insolvenzgeld **30** 189 a *1*, Kinder- und Jugendhilfe **80** SK *138*, landwirtschaftliche Berufsgenossenschaften **70** 205, Übergangsvorschrift **20** 65 d, versichertenbezogene Daten **50** 298
Datenüberprüfung 20 52 a
Datenübersicht, Krankenkasse/Kassenärztliche Vereinigung **50** 286
Datenveränderung 100 67 c
Datenverarbeitung 50 303 f, durch Alg II-Träger **20** 51 b, arbeitsbedingte Gesundheitsgefahren **70** 207, Ärzte **70** 201, im Auftrag **100** 80, BA **30** 394, landwirtschaftliche Berufsgenossenschaften **70** 205, nicht öffentliche Stellen **30** 395, RV-Träger **60** 148, Sozialdaten **10** 35 *19*, Unfallversicherung **70** 199, Verhütung von Versicherungsfällen **70** 207, VO EG 883/2004 **5** 78, Zulässigkeit **100** 67 b, für Zwecke der Qualitätssicherung **50** 299
Datenvermeidung 100 78 b
Datenverwendung, Ausbildungsvermittlung **30** 282 b
Dauer der Unterhaltsleistung, Unterhaltsvorschuss **155** 3
Daueraufenthaltserlaubnis-EG 20 8 *14*
Dauerverwaltungsakt, nachträgliche Rechtswidrigkeit **100** 44–48 *38*
Dauerwirkung, VA **100** 31 *4*
Dauerwohnrecht, mietähnliches **160** SK *14*
Deckungslücke, Forderungsübergang **100** 116 *63*
Delinquente junge Menschen 80 SK *34*
Demenz, *s. auch erheblicher allgemeiner Betreuungsbedarf*, erheblicher allgemeiner Betreuungsbedarf **110** 45 a *2*, Pflegebedürftigkeit **110** 14 *7*, Pflegestufe **110** 15 *15*
Deutsche Einheit, *s. Übergangsregelungen Deutsche Einheit*, Sonderregelungen **30** 408, Übergangsrecht Unfallversicherung **70** 215
Deutsche, im Ausland beschäftigte, RV-Pflicht auf Antrag **60** 4 *7*
Deutsche Post AG, Aufgabenwahrnehmung **60** 120, Aufgabenwahrnehmung (Unfallversicherung) **70** 99, Auskünfte **60** 151; **70** 208, Neufeststellung von Renten **60** 310 a
Deutsche Rentenversicherung Bund 60 125, Arbeitsgruppe Personalvertretung **60** 140, erweitertes Direktorium **60** 139, Grundsatzaufgaben **60** 138, Querschnittsaufgaben **60** 138, Zahlungspflicht **40** 28 e *4 a*
Deutsche Rentenversicherung Knappschaft-Bahn-See, *s. Knappschaft-Bahn-See,* Haushaltsplan **40** 71

magere Zahlen = §§ bzw. Art.; kursive Zahlen = Randnummern

Sachverzeichnis

Deutsche Verbindungsstelle Krankenversicherung
– **Ausland 50** 219 a
Deutsche Verbindungsstelle Unfallversicherung
– **Ausland 70** 139 a
Deutscher, Begriff **40** 1–6 *30*
DEÜV 40 28 c *2*
Diät, bilanzierte **50** 31 *10 a*
Dienstaufsicht, Bundessozialgericht **150** 38, Landessozialgerichte **150** 30, Sozialgericht **150** 9, 9–27 *1*
Dienstbezüge, Schwerbehinderte **90** 123
Dienste, Eingliederungsleistungen **20** 17 *1*
Diensthandlung, Heranziehung, gesetzliche Unfallversicherung **70** 2 *34*
Dienstleistungsfreiheit 50 Einl. *12*
Dienstordnung der Unfallversicherung 70 144, Änderung **70** 147, Aufstellung **70** 147, Regelungen **70** 145, Verletzungen **70** 146
Dienstordnungsangestellte, Teilkostenerstattung **50** 14 *2*
Dienstrechtliche Heilfürsorge 50 16 *8*
Dienstrechtliche Vorschriften für die Eisenbahn-Unfallkasse 70 148
Dienstrechtliche Vorschriften für die Unfallkasse des Bundes 70 149 a
Dienstrechtliche Vorschriften für die Unfallkasse Post und Telekom 70 149
Dienstunfähigkeit, Verletztenrente **70** 61 *5*
Dienstverhältnis, öffentlich-rechtliches, Beschäftigung **40** 7 *14*
Dienstweg, Arbeitsunfall **70** 8 *13*
Diskriminierungsverbot, behinderte Menschen **90** 81 *28*, VO EG 883/2004 **5** SK *37*
Dispositionsmaxime 100 18 *5*, Sozialgericht **150** 123–142 *3*
Dokumente, Beglaubigung **100** 29
Doppelförderung 30 22 *1*
Doppelleistungen 30 142 *1*, Kostenersatz (Sozialhilfe) **120** 105
Doppelleistungsbestimmungen, ausländische Renten **5** SK *128 ff.*, VO EG 883/2004 **5** 53
Drei-Fünftel-Belegung, Erwerbsminderung **60** 43 *10*, Verlängerung des Fünf-Jahres-Zeitraums **60** 43 *20*
Dreimonatszeitraum, Insolvenzgeld **30** 183 *38*
Dreiundzwanzigstes Gesetz zur Änderung des Bundesausbildungsförderungsgesetzes 30 424 v
Dritte, Durchführung von Aufgaben **100** 97
Drittes Gesetz für moderne Dienstleistungen am Arbeitsmarkt 30 434 j, SGB IX **90** 159 a
Drittwirkung, rechtsgestaltende 100 10–12 *14*
Drogen, Arbeitsunfall **70** 8 *38*
Drogenabhängigkeit 50 27 *5*; **80** SK *34*
Drohung, Aufhebung **100** 44–48 *24*
Duldungspflicht 30 319
Duldungsvollmacht 100 13–15 *12*
Durchschnittswerte, Berechnung **60** 124
Durchschrift, Bekanntgabe **100** 37–39 *14*
Durchsetzungshindernisse, tatsächliche 100 116 72
Dynamisierung, kein Erhöhungsanspruch **110** 30 *4*, Gesichtspunkte **110** 30 *2*, PV **110** 30 *1*, Verfahren **110** 30 *3*

Eckregelsatz, maßgebender, Eingliederungshilfe für behinderte Menschen **120** 85 *11*, Hilfe in anderen Lebenslagen **120** 85 *11*, Hilfe zur Pflege **120** 85 *11*, Hilfe zur Überwindung besonderer sozialer Schwierigkeiten **120** 85 *11*, Hilfen zur Gesundheit **120** 85 *11*
EG-Angehörige, RV-Pflicht auf Antrag **60** 4 *8*
Ehe, Rentensplitting **60** 120 a
Eheähnliche Gemeinschaft, Amtsermittlung **120** 20 *8*, Einsatzgemeinschaft **120** 19 *8*, Ende **120** 20 *7*, Haushalts- und Wirtschaftsgemeinschaft **120** 20 *4*, Kriterien **120** 20 *3*, materielle Feststellungslast **120** 20 *9*, Rechtsfolge **120** 20 *10*, Sozialhilfe **120** 20 *2*
Ehegatten, Anrechnung von Einkommen beim BAföG **6** SK *48*, Bedarfsgemeinschaft **20** 7 *17*, Bekanntgabe **100** 37–39 *13*, Einkommen (BAföG) **6** 24, Einsatzgemeinschaft **120** 19 *8*, Ersatzpflicht (BAföG) **6** 47 a, Wohngeld **160** SK *40*
Ehegatten, mitarbeitende, beitragspflichtige Einnahmen (Ost) **60** 279 a
Ehegattenprivileg, Kindererziehungszeiten **60** 56 *10*
Ehrenamt, Alg **30** 119 *17*, Entschädigung bei BA **30** 376, gesetzliche Unfallversicherung **70** 2 *31*, Jugendhilfe **80** 73, Kinder- und Jugendhilfe **80** SK *145*, Pflegeeinrichtungen **110** 82 b, Sozialversicherungsträger **40** 40, Unfallversicherungsschutz kraft Satzung **70** 3 *7*
Ehrenamtliche, Hinzuverdienstgrenze **60** 34 *13 a*
Ehrenamtliche Richter, *s. Richter, ehrenamtliche*
Ehrenamtliche Strukturen, Förderung **110** 45 d
Eigenbemühungen 30 119 *14*, *31*, Eingliederungsvereinbarung **20** 15 *17*, Nachweis **30** 144 *42*, Obliegenheitsverletzung **30** 119 *34*, Sperrzeit **30** 144 *42*, wichtiger Grund **30** 144 *87*
Eigeneinrichtungen, Krankenkassen **50** 140
Eigene/übertragene Aufgaben, Sozialversicherungsträger **40** 30
Eigenheim, Berücksichtigung **160** SK *19*, Wohngeld **160** SK *4*
Eigenkündigung, Erstattungspflicht **30** 147 a *22*, Krankengeld **50** 49 *3*, Sperrzeit **30** 144 *19*
Eigentümer von Wohnraum, Wohngeld **160** SK *19*, *56*
Eigenverantwortung 50 1, nach Eintritt der Pflegebedürftigkeit **110** 6 *3*, vor Eintritt der Pflegebedürftigkeit **110** 6 *2*
Eignung 6 9, Fachkräfte **80** SK *143*
Eignungsfeststellung 30 32, Eingliederungsleistungen **20** 16 *5*
Eignungsuntersuchungen, psychologische 100 96
Ein-Euro-Job 20 16 d *5*, Altersrente wegen Arbeitslosigkeit **60** 237 *14*, Angemessenheit der Aufwandsentschädigung **20** 16 d *7*, Eingliederungsleistungen **20** 16 *2*, öffentliches Interesse **20** 16 d *6*, öffentlich-rechtlicher Vertrag **20** 16 d *9*, Rechtsbeziehungen **20** 16 d *2*, Rechtsnatur **20** 16 d *10*, Urlaub **20** 16 d *7*
Einfärbungslehre 10 1–10 *22*
Einfrieren, begünstigender VA **100** 44–48 *52*
Eingangsverfahren, Behindertenwerkstätten **90** 40
Eingliederung 30 217 *13*, Personal-Service-Agentur **30** 37 c *3*
Eingliederung, berufliche, Auskunftspflicht **30** 318, Sperrzeit bei Abbruch **30** 144 *52*, *89*, Sperrzeit bei Ablehnung **30** 144 *47*, *88*, Verfügbarkeit **30** 120 *3*
Eingliederungsbilanz 20 54; **30** 11
Eingliederungsgutschein 30 223 *1*, Anordnungsermächtigung **30** 224
Eingliederungshilfe, Förderung **30** 240, Forderungsübergang **100** 116 *44*, PV **110** 13 *13*, seelisch behinderte Kinder und Jugendliche **80** 35 a, SK *26*
Eingliederungshilfe für behinderte Menschen 120 19 *14*, abweichender Grundbetrag **120** 86 *1*, Aufgaben des Gesundheitsamts **120** 59, Berechnung Einkommensgrenze **120** 85 *7*, Einkommensgrenze **120** 85 *1*, Einrichtungen **120** 55, Einsatz des Einkommens bei mehrfachem Bedarf **120** 89 *1*, Einsatz des Einkommens über der Einkommensgrenze **120** 87 *1*, Einsatz des Einkommens unter der Einkommensgrenze **120** 88 *3*, Einschränkung der Einkommens-/Vermögensanrechnung **120** 92 *1*, Gesamtplan **120** 58, Leistungen **120** 54, Leistungsberechtigte/Aufgaben **120** 53, maßgebender Eckregelsatz **120** 85 *11*,

2795

Sachverzeichnis

Fette Zahlen = Kennziffern

sonstige Beschäftigungsstelle **120** 56, trägerübergreifendes Persönliches Budget **120** 57
Eingliederungshilfe für seelisch behinderte Kinder und Jugendliche 80 SK *104*, *104ff.*, Kostenbeteiligung **80** SK *112*, Zuständigkeit **80** SK *110*
Eingliederungsleistungen, Aktivierungsmaßnahmen **20** 16 *5*, Anspruchsübergang **20** 33 *2*, an Arbeitgeber **20** 16 *6*, Arbeitsplatzvermittlung **20** 16 *5*, Aufstocker **20** 16 *3*, Ausbildungsplatzvermittlung **20** 16 *5*, Beauftragte für Chancengleichheit am Arbeitsmarkt **20** 18 e, Berechtigte **20** 16 *3*, berufliche Eingliederung **20** 16 *5*, Berufsberatung **20** 16 *5*, Berufsorientierung **20** 16 *5*, Bund-Länder-Ausschuss **20** 18 c, Einbeziehung Dritter **20** 17 *2*, Ein-Euro-Job **20** 16 *2*, Eingnungsfeststellung **20** 16 *5*, Einrichtungen/Dienste **20** 17 *1*, Ermessensleistungen **20** 16 *8*, Erwerbsunfähigkeit **20** 16 *3*, freie Förderung **20** 16 *f 1*, Kooperationsausschuss **20** 18 b, Nachranggrundsatz **20** 16 *2*, Normzweck **20** 16 *2*, örtliche Zusammenarbeit **20** 18 *1*, örtlicher Beirat **20** 18 d, Pflichtleistungen **20** 16 *8*, Selbstinformationseinrichtungen **20** 16 *5*, SGB III **20** 16 *4*, Teilhabeleistungen **20** 16 *5*, unmittelbare **20** 16 *5*, Vergütungspflicht **20** 17 *3*, Verhältnis SGB II/SGB III **20** 16 *9*, Vermittlungsbudget, Förderung **20** 16 *5*, Voraussetzungen **20** 16 *3*, Zuständigkeit **20** 16 *12*
Eingliederungsleistungen, kommunale, Beschäftigungsförderung **20** 16 a *3*, Betreuung minderjähriger Kinder/Pflege von Angehörigen **20** 16 a *3*, Einstiegsgeld **20** 16 a *3*, Erforderlichkeit **20** 16 a *2*, Normzweck **20** 16 a *1*, psychosoziale Betreuung **20** 16 a *3*, Schuldnerberatung **20** 16 a *3*, Suchtberatung **20** 16 a *3*
Eingliederungsleistungen, Selbständige, Beschaffung von Sachgütern **20** 16 c *6*, erwerbsfähige Hilfsbedürftige **20** 16 c *2*, hauptberufliche Selbständigkeit **20** 16 c *3*, Normzweck **20** 16 c *1*, Stellungnahme **20** 16 c *4 a*, Verringerung/Überwindung der Hilfebedürftigkeit **20** 16 c *5*, wirtschaftliche Tragfähigkeit **20** 16 c *4*
Eingliederungsleistungen, Wegfall der Hilfebedürftigkeit 20 16 g *1*, darlehensweise Weiterförderung **20** 16 g *2*
Eingliederungsmaßnahmen 30 46 *1*, Abbruch/Sabotage **30** 31 *17*, Art **30** 46 *7*, Einschränkungen **30** 46 *15*, Ermessen **30** 46 *13*, Inhalt **30** 46 *6*, Legaldefinition **30** 46 *3*, Normadressaten **30** 46 *5*, Rechtsanspruch **30** 46 *17*, Umfang **30** 46 *11*, Verfügbarkeit **30** 119 *66*, Vergaberecht/Vergütung der Träger **30** 46 *21*, Vermittlung in EU/EWiR **30** 46 *14*
Eingliederungsmittel 30 45 *5*
Eingliederungsrücklage, BA **40** 71 c
Eingliederungsvereinbarung 20 15 *1*; **30** 37, Anfechtung **20** 15 *11*, Antragspflicht **20** 15 *19*, Bedarfsgemeinschaft **20** 15 *13*, Befristung/Änderung **20** 15 *20*, Beschäftigungsförderung **20** 16 e *7*, Beteiligte **20** 15 *12*, Bewerbung **20** 15 *17*, Eigenbemühungen **20** 15 *17*, Hilfebedürftiger **20** 15 *12*, Nachweispflicht **20** 15 *18*, Nichteinhaltung **20** 15 *9*, Nichterfüllung **20** 31 *4*, Pflichten Hilfebedürftiger **20** 15 *17*, Rechte/Pflichten Träger **20** 15 *16*, Rechtsform **20** 15 *3*, Rechtsschutz **20** 15 *7*, Regelungsgegenstand **20** 15 *15*, Sanktionen **20** 15 *10*, Schadensersatz **20** 15 *21*, Träger **20** 15 *14*, Vermittlungsbudget **30** 45 *10*, Verweigerung **20** 15 *8*
Eingliederungszuschuss, Absenkung **30** 218 *2*, für Ältere **30** 421 f, ältere Arbeitnehmer **30** 16 *5*, Anordnungsermächtigung **30** 222, Anrechnung **30** 220 *2*, Arbeitgeber **30** 217 *1*, Arbeitnehmer **30** 217 *2*, Arbeitsentgelt **30** 220 *1*, Arbeitsverhältnis **30** 217 *4*, Ausschluss **30** 221 *1*, Ausschlussgründe **30** 217 *17*,

Auszahlung **30** 220 *2*, besonders betroffene schwerbehinderte Menschen **30** 219 *1*, Dauer (Übersicht) **30** 218 *1*, Ermessen **30** 217 *19*, 218 *4*, Förderdauer/-höhe **30** 217 *15*, Höhe (Übersicht) **30** 218 *1*, für jüngere AN **30** 421 p, jüngere Arbeitnehmer **20** 16 *5*, Konkurrenzen **30** 217 *23*, Leistung **30** 217 *18*, Minderleistung **30** 217 *9*, Rückzahlung **30** 221 *3*, Verfahren **30** 217 *24*, Vermittlungshemmnisse **30** 217 *7*
Einheitlicher Bewertungsmaßstab 50 87, 95–105 *2*
Einigungsstelle, gemeinsame, *s. gemeinsame Einigungsstelle*
Einigungsvertrag, Maßgaben (Sozialhilfe) **120** 136
Einkommen, des Auszubildenden (BAföG) **6** 22, SK *44ff.*, i. S. d. BAföG **6** SK *45*, Begriff (BAföG) **6** 21, Berücksichtigung (BAföG) **6** SK *44ff*, des Ehegatten/Lebenspartners (BAföG) **6** SK *48*, der Eltern (BAföG) **6** SK *49ff.*, aus nichtselbständiger Arbeit (Elterngeld) **7** 2 *12ff.*
Einkommen, ausländisches, Hinterbliebenenrente **40** 18 a *30*, Umrechnung **40** 17 a
Einkommen, geringes vor der Geburt (Elterngeld) **7** 2 *5*
Einkommen, vergleichbares, Hinzuverdienstgrenze **60** 34 *14*
Einkommen, zu berücksichtigendes, Abgrenzung zum Vermögen (Alg II) **20** 11 *5*, Definition (Alg II) **20** 11 *1*, einmalige Einnahmen **20** 11 *11*, Faktizitätsprinzip **20** 11 *4*, Hilfebedürftigkeit **20** 9 *3*, laufende Einnahmen **20** 11 *11*
Einkommens- und Verbrauchsstichprobe 120 28 *12*
Einkommensänderungen 40 18 d *1*, Ermittlung **40** 18 e *1*
Einkommensanrechnung 6 SK *44ff.*, keine (Hinterbliebenenrente) **40** 18 a *28*, Abschlag **40** 18 b *14*, allgemeine Grundsätze **40** 18 b *2*, Ausbildungsgeld **30** 108, Berufsausbildungsbeihilfe **30** 71, Bindung an Feststellungen **40** 18 b *20*, Elterngeld **40** 18 b *19*, Erwerbs-/kurzfristiges Erwerbsersatzeinkommens **40** 18 b *5*, Grundsicherung im Alter/bei Erwerbsminderung **120** 43 *2*, Hinterbliebenenrente **40** 18 a *1*; **60** 97, 314, Höhe **40** 18 b *1*, langfristiges Erwerbsersatzeinkommen **40** 18 b *11*, PV **110** 13 *18*, Übergangsgeld **90** 52, Übergangs-/Verletztengeld **70** 52 *1*, Vermögenseinkommen **40** 18 b *2*, Waisenrente, Unfallversicherung **70** 68 *3*, Witwenrente, Unfallversicherung **70** 65 *20*
Einkommensanrechnung (Ost), Hinterbliebenenrente **60** 314 a
Einkommensanrechnung, Einschränkung, Eingliederungshilfe für behinderte Menschen **120** 92 *1*
Einkommensbegriff, Elterngeld **7** 2 *4*
Einkommensbegriff (Sozialhilfe) 120 82 *1*, Abgrenzung Vermögen **120** 82 *3*, Absetzbetrag bei Erwerbstätigkeit **120** 82 *12*, abzusetzende Beträge **120** 82 *7*
Einkommensberechnung, Sonderfälle **30** 329
Einkommensberücksichtigung, *s. Einkommen, nicht zu berücksichtigendes, Einkommen, zu berücksichtigendes*
Einkommensberücksichtigung (Sozialhilfe), Hilfe zum Lebensunterhalt **120** 19 *3*, Schmerzensgeld **120** 83 *6*, zweckbestimmte Leistungen **120** 83 *3*
Einkommensbescheinigung 20 58
Einkommensbestandteile, familienbezogene, Hinzuverdienstgrenze **60** 34 *9*
Einkommenseinsatz bei mehrfachem Bedarf 120 89 *1*
Einkommenseinsatz, Leistungen für Einrichtungen, teilstationäre/stationäre Einrichtung **120** 92 a *1*
Einkommenseinsatz über Einkommensgrenze 120 87 *1*

magere Zahlen = §§ bzw. Art.; kursive Zahlen = Randnummern **Sachverzeichnis**

Einkommenseinsatz unter Einkommensgrenze 120 88 *3*
Einkommensermittlung, Berücksichtigung von Wohngeld 160 *40*, Elterngeld 7 2 *12ff.*, erstmalige 40 *18c 1*, Grundsicherung im Alter/bei Erwerbsminderung 120 *41 15*, Kaskadenmethode 120 *19 5*, Kopfteilmethode 120 *19 5*, Prozentmethode 120 *19 5*, Wohngeld 160 SK *63ff.*, Zusammentreffen verschiedener Einkommensarten (Elterngeld) 7 2 *22*
Einkommensermittlung (Alg II), anderweitig berücksichtigtes Einkommen 20 11b *35*, Einkommen – Absetzbeträge 20 11b *1*, Einkommen aus nichtselbständiger Arbeit 20 11b *1*, Einkommen aus Selbständigkeit, Gewerbe, Land-/Forstwirtschaft 20 11b *4*, Freibetrag 20 11b *22*, Freibetrag, weiterer 20 11b *31*, geförderte Altersvorsorge 20 11b *16*, Kinderbetreuungskosten 20 11b *17*, Sozialversicherungsbeiträge 20 11b *9*, Steuern 20 11b *8*, Unterhaltspflichten 20 11b *33*, Verpflegung 20 11b *2*, Versicherungsbeiträge 20 11b *10*, Werbungskosten 20 11b *17*
Einkommensgrenze (Sozialhilfe), Eingliederungshilfe für behinderte Menschen 120 85 *1*, Hilfe in anderen Lebenslagen 120 85 *1*, Hilfe zur Pflege 120 85 *1*, Hilfe zur Überwindung besonderer sozialer Schwierigkeiten 120 85 *1*, Hilfen zur Gesundheit 120 85 *1*
Einkommensgrenze, Berechnung (Sozialhilfe), Eingliederungshilfe für behinderte Menschen 120 85 *7*, Hilfe in anderen Lebenslagen 120 85 *7*, Hilfe zur Pflege 120 85 *7*, Hilfe zur Überwindung besonderer sozialer Schwierigkeiten 120 85 *7*, Hilfen zur Gesundheit 120 85 *7*
Einkommensgrenze, Einsatz des Einkommens über (Sozialhilfe), angemessener Eigenanteil 120 87 *2*, Bedarf von kurzer Dauer 120 87 *8*, Eingliederungshilfe für behinderte Menschen 120 87 *1*, 88 *3*, einmalige Leistungen für Bedarfsgegenstände 120 87 *9*, Hilfe in anderen Lebenslagen 120 87 *1*, 88 *3*, Hilfe zur Pflege 120 87 *1*, 88 *3*, Hilfe zur Überwindung besonderer sozialer Schwierigkeiten 120 87 *1*, 88 *3*, Hilfen zur Gesundheit 120 87 *1*, 88 *3*
Einkommensminderung 40 *18d 6*
Einkommensnachweis, Elterngeld 7 9 *1*
Einkommensteuerbescheid, Hinzuverdienstgrenze 60 *34 12*
Einkommensteuerrecht, Kindergeld 8 SK *1ff.*
Einkommens-Verordnung 6 SK *4*
Einmahlzahlungs- Neuregelungsgesetz 30 *434c*
Einmaliger Bedarf 120 21 *4*, ergänzende Hilfe 120 31 *7*, Ersatzbeschaffung 120 31 *3*, Erstausstattung Schwangerschaft/Geburt 120 31 *5*, Erstausstattung Wohnung 120 31 *2*, Hilfe zum Lebensunterhalt 120 31 *1*, mehrtägige Klassenfahrt 120 31 *6*, Pauschalierung 120 31 *8*
Einmalzahlungen, Krankengeld 50 *47a 1*, Verletztengeld 70 *47 8*
Einmalzahlungs-Neuregelungsgesetz 60 *301a*
Einmann-Franchisenehmer, RV-Pflicht 60 2 *17*
Ein-Mann-GmbH, RV-Pflicht 60 2 *17*
Einnahmearten, Rangfolge 50 *230*, Rangfolge freiwillig versicherte Rentner 50 *238a*, Rangfolge versicherungspflichtige Rentner 50 *238*
Einnahmen, Anrechnung (Elterngeld) 7 3 *8f.*, Erhebung 40 *76*
Einnahmen, beitragspflichtige (Arbeitsförderung), Beschäftigter 30 *342*, Sonderregelungen 30 *344*, sonstige Versicherungspflichtige 30 *345*, Versicherung auf Antrag 30 *345b*
Einnahmen, beitragspflichtige (KV) 50 *223*, Alg 50 *232a*, Behinderte in Einrichtungen 50 *235*, bisher nicht Versicherte 50 *227*, freiwillig Versicherte 50 *240*, Jugendliche 50 *235*, Krankengeld 50 *232a*, Künstler/Publizisten 50 *234*, Rangfolge Einnahmearten 50 *230*, Rehabilitanden 50 *235*, Rente 50 *228*, Rückkehrer in gKV 50 *227*, Seeleute 50 *233*, Studierende/Praktikanten 50 *236*, unständig Beschäftigte 50 *232*, Unterhaltsgeld 50 *232a*, versicherungspflichtig Beschäftigte 50 *226*, versicherungspflichtige Rentner 50 *237*, Versorgungsbezüge 50 *229*
Einnahmen, beitragspflichtige (PV) 110 57 *1*, freiwillig Versicherte 110 57 *3*, Landwirte 110 57 *3*, Ordensmitglieder 110 57 *3*, Pflichtversicherte 110 57 *3*, Praktikanten 110 57 *3*, Verletztengeld 110 57 *3*, Weiterversicherung 110 57 *3*
Einnahmen, beitragspflichtige (RV), Beschäftigte 60 *162*, Beschäftigte – Sonderregelungen 60 *163*, freiwillig Versicherte 60 *167*, Handwerker 60 *279*, Hebammen 60 *279*, mitarbeitende Ehegatten (Ost) 60 *279a*, Selbständige 60 *165*, sonstige Versicherte 60 *166, 276*, Unterhaltsgeldbezug 60 *279f*
Einnahmen, laufende, Arbeitsentgelt 40 *14 7*
Einnahmen nach EEG, Hinzuverdienstgrenze 60 *34 12*
Einnahmen, sonstige, Beitragspflicht 40 *23c 2*
Einreise, Kostenerstattung bei Gewährung von Jugendhilfe nach 80 *89d*, unbegleitete Minderjährige 80 SK *122*
Einrichtung, Betriebserlaubnis 80 *45*, Eingliederungsleistungen 20 17 *1*, örtliche Zuständigkeit 80 *87a*
Einrichtungen, stationäre, Leistungsausschluss (Alg II) 20 7 *23*
Einrichtungen, teilstationäre, Leistungsberechtigte 120 *19 21*
Einrichtungsorte, Schutz 80 *89e*
Einsatzgemeinschaft 20 9 *8*, eeähnliche Lebensgemeinschaften 120 *19 8*, Ehegatten 120 *19 8*, Getrenntleben 120 *19 8*, Haushalt 120 *19 10*, Hilfe zum Lebensunterhalt 120 *19 4*, Lebenspartnerschaft 120 *19 9*, minderjährige Kinder 120 *19 9*, Stiefeltern 120 *19 9*, Vermutungsregelung 120 *19 9*
Einsatzunfälle, RV-Pflicht 60 3 *8*
Einstiegsgeld 30 57 *3*, Arbeitslosigkeit 20 16b *4*, Aufnahme einer Erwerbstätigkeit 20 16b *5*, Dauer 20 16b *12*, Erforderlichkeit 20 16b *8*, erstmalige Aufnahme einer Tätigkeit 20 16b *7*, erwerbstätige Hilfebedürftige 20 16b *3*, Gerechtigkeitsprobleme 20 16b *14*, Höhe 20 16b *11*, kommunale Eingliederungsleistungen 20 16a *3*, Normzweck 20 16b *1*, Rückforderung 20 16b *13*, Selbständige Tätigkeit 20 16b *6*, Voraussetzungen 20 16b *3*
Einstiegsqualifizierung 30 *235b*
Einstrahlung 40 *1–6 27, 5*
Einstweilige Maßnahmen, Sozialgericht 150 *86b*
Einstweiliger Rechtsschutz, Alg II/Sozialgeld 20 19 *12*, Anfechtungssachen 150 *76–86b 18*, Grundsätze (Sozialgericht) 150 *76–86b 15*, Vornahmesachen 150 *76–86b 21*
Eintragungsprinzip 30 *133 20*
Einweisung, Krankenhaus 50 *39 15*
Einwirkungspflicht, Einzugsstelle 40 *28b 2a*
Einzelbetreuung, intensive sozialpädagogische 80 *35*, Kostenbeteiligung 80 SK *103*
Einzelfallregelung, VA 100 *31 11*
Einzelvertrag, Praxisgebühr 50 *43b 3*
Einziehung, BAföG 6 SK *49*
Einzugsstelle, Prüfung bei 40 *28q 2*, Aufbewahrungspflicht 40 *28q 4*, Mitwirkungspflicht 40 *28q 5*
Einzugsstelle, zuständige, deutsche Seeleute 40 *28i 5*, geringfügig Beschäftigte 40 *28i 6*, gesetzlich Krankenversicherte 40 *28i 2*, nicht gesetzlich Krankenversicherte 40 *28i 3*, Summenbeitragsbescheid 40 *28i 4*

Sachverzeichnis

Fette Zahlen = Kennziffern

Einzugsstellen 40 28h 2, Anfrageverfahren 40 7a 7, Einwirkungs-/Betreuungspflicht 40 28b 2a, Entscheidung 40 28h 6, gemeinsame Grundsätze 40 28b 3, Haushaltsscheckverfahren 40 28h 12, Meldeverfahren – Aufgaben 40 28b 2a, Pflichten 40 28h 4, Prüfpflicht 40 28p 1, 2, 13, Schätzung 40 28h 10, Störfall – Wertguthaben 40 23b 25, Überprüfungspflicht 40 28b 2a, Unterrichtung 40 28p 22, Vergütung 40 28l, Zuständigkeit 40 28i 1
Einzugsstellen, Prüfung bei, Normzweck 40 28q 1
Einzugsstellenwechsel, Meldepflicht 40 28a 9
Eisenbahn-Unfallkasse, Dienstrechtliche Vorschriften 70 148, Zuständigkeit 70 126
Elekronische Krankenversicherungskarte, Versicherungsnachweis 50 15 7
Elektonischer Entgeltnachweis, Anwendungsbereich 40 1–6 17
Elektronische Dokumente, Übermittlung 150 65a
Elektronische Gesundheitskarte 50 291a, Gesellschaft für Telematik 50 291b
Elektronische Kommunikation 10 36a; 50 67 1
Elektronische Prozessakten, Führung 150 65b
Elektronische Signatur, dauerhafte Überprüfung 100 33 14, elektronischer VA 100 33 13, Perpetuierungsfunktion 100 33 14
Elektronischer Rechtsverkehr, Bekanntgabe 100 37–39 10
Elementarereignisse, Unfallversicherung 70 10 2
ELENA, s. Entgeltnachweis, elektronischer
ELENA-DatensatzVO 40 28c 3
Eltern, Anrechnung von Einkommen beim BAföG 6 SK 23, Einkommen (BAföG) 6 24, Ersatzpflicht (BAföG) 6 47a, Leistungen – örtliche Zuständigkeit 80 86
Eltern, ausländische, Elterngeld 7 1 29
Elternbriefe 80 SK 43
Elterngeld 10 25, Adoption 7 1 8ff., Alg II 20 5 4, 11a 22, Anrechnung 7 10 6, Anspruchsbeginn 7 4 2, Anspruchsende 7 2, 4, Anspruchsvoraussetzungen 7 1 2, Auszahlung 7 6 1, Beitragsfreiheit 50 224, Beitragsfreiheit (PV) 110 56 2, Bemessungszeitraum 30 130 12, Beschäftigung 40 7 81, Bezugszeitraum 7 4 1ff., Einkommensanrechnung 40 18b 19, Hinterbliebenenrente 40 18a 27, Höhe 7 2 3, Kappung 7 2 6, Meldepflicht 50 203, Nichtanrechenbarkeit 7 11 3f., Rechtsweg 7 13 1ff., Übergangsvorschrift 7 27 1ff., vergleichbare ausländischer Leistungen, Anrechnung 7 3 10ff., Verlängerung 7 6 2f., Wohnsitz 7 1 3ff., Zuständigkeit, Sozialgericht 150 51 15
Elterngeld, anteiliges, Erwerbstätigkeit nach der Geburt 7 2 7
Elterngeldantrag, Anzeige des anderen Elternteils 7 7 4f., Erfordernis 7 7 1ff., Inhalt 7 7 3
Eltern-Kind-Kuren, s. Mutter-Kind-Kur
Elternseminare 80 SK 43
Elternverantwortung 80 1
Elternzeit 7 15–21 1ff., Anspruchsvoraussetzungen 7 15–21 2, Beschäftigung 40 7 81, Krankengeld 50 49 4, KV 50 Einl. 19, KV-Versicherungspflichtbefreiung 50 8 8, Rechtsfolgen 7 15–21 3
Empfängnisverhütung 50 24a 1, Beratungsanspruch 50 24a 2, Versorgungsanspruch 50 24a 5
Empfangsbevollmächtigter 100 13–15 4, Bestellung 100 14
Enkel, Waisenrente 60 48 6
Entbindungshelfer, s. Hebammen, Versicherungspflicht 60 2 9
Entfernung, Unzumutbarkeit 20 10 20
Entgegennahmepflicht, Untersuchungsgrundsatz 100 19/20 12

Entgelt, Beschäftigung 40 7 23
Entgeltersatz, Beitragspflicht 40 23c 2, Krankengeld 50 44 1, Zuschuss des Arbeitgebers 40 23c 11
Entgeltersatz, ausländischer, Krankengeld 50 49 9
Entgeltersatz wg. Krankheit, Ruhen (Alg) 30 142 11
Entgeltersatzfunktion, Verletztengeld 70 45 9
Entgeltersatzleistungen, Alg II 20 5 4, Anpassung 90 50, Anwartschaftszeit 30 123 8, Gründungszuschuss 30 57 9, Leistungsarten 30 116 1, sonstige 30 430
Entgeltfortzahlung, Erkrankung eines Kindes 30 126 12, Insolvenzgeld 30 184 2
Entgeltfortzahlung im Krankheitsfall 100 115 2
Entgeltgeringfügigkeit, Beschäftigung 40 8 4
Entgeltnachweis, elektronischer 40 28a 4, Abrufverfahren 40 101, Anwendungsbereich 40 1–6 17, 95, Arbeitgeberpflicht 40 97, Errichtung der Zentralen Speicherstelle/Registratur Fachverfahren 40 96, Mitwirkung Beschäftigter 40 98, Übergangsregeln Verfahren 40 119, Verfahrensgrundsätze 40 28b 6, Vorfinanzierung des Verfahrens 40 115
Entgeltpunkte 60, s. auch Abschläge, Entgeltpunkte, s. auch Zuschläge, Entgeltpunkte, begrenzte Gesamtleistungsbewertung 60 74, beitragsfreie/beitragsgeminderte Zeiten 60 71, Beitragszeiten 60 70, 256, Beitragszeiten (Ost) 60 256a, Beitragszeiten mit Sachbezug 60 259, Beitragszeiten ohne 60 261, Berliner Beitragszeiten 60 257, Ermittlung Versorgungsausgleich 60 187, glaubhaftgemachte Beitragszeiten 60 256b, Grundbewertung 60 72, Mindest- bei geringem beitragspflichtigen 60 262, nachgewiesene Beitragszeiten ohne Beitragsbemessungsgrundlage 60 256c, Ost 60 254d, Saarländische Beitragszeiten 60 258, Vergleichsbewertung 60 73, Versicherte der Geburtsjahrgänge vor 1937 60 259a, Zeiten nach Rentenbeginn 60 75, Zugangsfaktor 60 77
Entgeltpunkte, Abschläge, Rentensplitting 60 76c, Versorgungsausgleich 60 76, 264, Versorgungsausgleich (Ost) 60 264a
Entgeltpunkte, persönliche 60 66, Besonderheiten (Ausland) 60 272, Bestandsrenten (Ost) 60 307a, Folgerenten 60 88, Knappschaftliche Besonderheiten 60 81, Rentenauskunft 60 109 16, Umwertung 60 307
Entgeltpunkte, Zuschläge, Abfindung bei Anwartschaft auf betriebliche Altersversorgung 60 76a, geringfügige Beschäftigung 60 76b, Hinterbliebenenrente 60 264b, Rentenbeginn 60 76d, Rentensplitting 60 76c, Versorgungsausgleich 60 76, 264, Versorgungsausgleich (Ost) 60 264a, vorzeitige Inanspruchnahme von Altersrente 60 76a, Witwenrente 60 78a
Entgeltumwandlung, Arbeitsentgelt 40 14 11
Entgeltunterlagen, Aufbewahrungsfrist 40 28f 5, Aufbewahrungspflicht 40 28f 4, Baugewerbe 40 28f 8, Beitragsabrechnungen/-nachweise 40 28f 7, Beitrittsgebiet 40 28f 26, Führung/Aufbewahrung 40 28f 2, Inhalt/Beschaffenheit 40 28f 3
Entgeltvariante, Arbeitsgelegenheiten 20 16d 4
Entgeltvereinbarung, Inhalt 80 SK 155, Vereinbarungszeitraum 80 SK 155
Entlassung, ehrenamtliche Richter 150 18
Entlassungsentschädigung, Beendigung des Arbeitsverhältnisses 30 143a 10, Ruhen (Alg) 30 143a 5, RV 30 143a 9
Entlastung 40 77
Entschädigung 70 1, Bemessungsentgelt 30 131 11, ehrenamtliche Richter 150 19
Entschädigung Ehrenamtlicher, Sozialversicherungsträger 40 41

magere Zahlen = §§ bzw. Art.; kursive Zahlen = Randnummern   **Sachverzeichnis**

Entschädigung, vorläufige, Neufeststellung 70 62 *6*, Umwandlung zur Rente auf unbestimmte Zeit 70 62 *9*, Verletztenrente 70 62 *1*
Entschädigungen Deutsche Einheit, Zuständigkeit, Sozialgericht 150 51 *15*
Entschädigungslast, Zusammenlegung und Teilung 70 173
Entschädigungsrecht, soziales, Nachrang 30 22 *7*, Zuständigkeit, Sozialgericht 150 51 *13*
Entscheidung 100 2 *6*
Entschließungsermessen, *s. Ermessensleistungen*
Entsendung, Ausstrahlung 40 1–6 *20*, KV 50 17 *3*, Leistungserbringung 5 SK *92*, VO EG 883/2004 5 SK *68 ff.*
Entstehung, *s. Anspruchsentstehung*, BEEG 7 Einl. *1 ff.*
Entstehungsprinzip, Arbeitsentgelt 40 14 *9*, Beitragsansprüche 40 22 *4*, Beschäftigung 40 8 *4*
Entwicklungshelfer, Beschäftigungsort 40 9–11 *5*, gesetzliche Unfallversicherung 70 2 *61 f*, KV 50 16 *8*, RV-Pflicht auf Antrag 60 4 *3*, Verletztengeldhöhe 70 47 *15*
Erben, *s. auch Hinterbliebene*, Ersatzanspruch 20 34 *14*, Ersatzansprüche für rechtswidrig erhaltene Leistungen 20 34a *11*, Kostenersatz (Sozialhilfe) 120 102
Erbenhaftung 20 35 *1*, Anwendungsbereich 20 35 *2*, Erlöschen 20 35 *5*, Nichtgeltendmachung 20 35 *4*, Rechtsschutz 20 35 *5*, Umfang 20 35 *3*, Voraussetzungen 20 35 *3*
Erbrecht 10 58 *1*, *s. Sonderrechtsnachfolge, s. Vererblichkeit*
Erforderlichkeit, Grundsatz 60 110 *25*, weiterer Teilhabeleistungen 90 14 *27*
Ergänzende Hilfe 120 31 *7*
Ergänzende Leistungen, Teilhabeleistungen 60 28
Ergotherapie, Rahmenempfehlung/Verträge 50 125, Zulassung 50 124
Erhaltungspauschale, Bedarfe für Unterkunft und Heizung 20 22 *17*
Erheblicher allgemeiner Betreuungsbedarf, Begutachtungsverfahren 110 45a *9*, Behinderung 110 45a *7*, berechtigter Personenkreis 110 45a *1*, dauerhafte erhebliche Einschränkung der Alltagskompetenz 110 45a *8*, Erkrankung 110 45a *7*, Fähigkeitsstörung 110 45a *5*, Grundpflege 110 45a *5*, häusliche Pflege 110 45a *6*, hauswirtschaftliche Versorgung 110 45a *6*, Leistungen 110 45a *1*, Vergütungszuschläge 110 87b, Voraussetzungen 110 45a *4*
Erheblicher allgemeiner Betreuungsbedarf, zusätzliche Betreuungsleistungen, Grundbetrag/erhöhter Betrag 110 45b *10*, Kumulation/Übertragung 110 45b *11*, Rechnungsvorlage 110 45b *4*, Verfahren 110 45b *13*, Verhältnis zu anderen Leistungen 110 45b *15*, Voraussetzungen 110 45b *3*, Zweckbindung 110 45b *5*
Erhebung, Einnahmen 40 76
Erklärungen, VO EG 883/2004 5 81
Erkrankung, erheblicher allgemeiner Betreuungsbedarf 110 45a *7*
Erkrankung, akute, Beitragsrückstand 50 16 *13*
Erkrankung eines Kindes, Anspruchsberechtigte 50 45 *3*, Anspruchsdauer 50 45 *5*, Anspruchshöhe 50 45 *6*, Freistellungsanspruch 50 45 *2*, Krankengeld 50 45 *1*, Krankengeldanspruch 50 45 *3 ff.*, Krankenvoraussetzungen 50 45 *3*, Stief-/Enkel-/Pflegekinder 50 45 *4*, zeitliche Begrenzung 50 45 *7*
Erkrankung, lebensbedrohende 50 27 *10*, Kostenerstattung 50 13 *6*
Erkrankung, psychogene 50 27 *5*
Erkrankung, sehr seltene 50 27 *10*
Erkrankung, tödliche, Kostenerstattung 50 16 *6*
Erlass, Erstattungsanspruch 10 42 *10 f.*, teilweiser (BAföG) 6 SK *58*

Erlaubnisprognose 20 8 *15*
Erledigungsausschüsse, Selbstverwaltungsorgane 40 66
Erlöschen (Alg), Belehrung 30 147 *10*, Fristberechnung 30 147 *18*, Herstellungsanspruch 30 147 *20*, Rechtsfolge 30 147 *12*, Voraussetzungen 30 147 *3*
Ermessen, *s. Ermessensleistungen*, Anspruchsentstehung 10 40 *8*, Begründung 10 39 *12*, Bescheidungsurteil 10 39 *14*, Beurteilungsmaßstab 100 35 *12*, Beurteilungsspielraum 100 35 *14*, Beurteilungszeitpunkt 100 35 *11*, Kinder- und Jugendhilfe 80 SK *2*, kombinierte Anfechtungs- und Verpflichtungsklage 10 39 *14*, lenkende Verwaltungsvorschriften 10 39 *11*
Ermessensbetätigung, pflichtgemäße 10 39 *6 ff.*
Ermessensentscheidung 100 18 *3*, erweiterte Begründungspflicht 100 35 *8*, fehlende Begründung 100 40–43 *23*, maßgebliche Erwägungen 100 35 *11*, Richtlinien 100 35 *13*
Ermessensfehler 10 39 *9 f.*
Ermessensleistungen 10 39, Alg II 20 5 *5*, ins Ausland 60 318, Auswahlermessen 10 39 *2*, Begriff 10 39 *2*, Entschließungsermessen 10 39 *2*, materiellrechtliche Behandlung 10 39 *13*, prozessrechtliche Behandlung 10 39 *14*, Unterschied zum Beurteilungsspielraum 10 39 *5*
Ermessensnichtgebrauch 100 35 *16*
Ermessensreduzierung auf Null 100 35 *9*
Ermittlung, horizontale, Hilfebedürftigkeit 20 9 *11*
Ermittlung, vertikale, Hilfebedürftigkeit 20 9 *13*
Ernährung, Pflegebedürftigkeit 110 14 *20*
Ernährung, enterale 50 31 *10a*, Übergangsregelung 50 316
Ernährung, kostenaufwendige, Mehrbedarf (Alg II) 20 21 *16*, Mehrbedarf (Sozialhilfe) 120 30 *10*
Ernährungsbedarf, Hilfe zum Lebensunterhalt 120 27 *3*
Ernährungskosten, Regelbedarf 20 20 *38*
Erprobung innovativer Ansätze 30 421h
Erreichbarkeit, postalische 30 119 *51*, Postnachsendeauftrag 30 119 *52*, unechter Grenzgänger 30 119 *48*, Verfügbarkeit 30 119 *45*
Erreichbarkeitsanordnung, Leistungsausschluss (Alg II) 20 7 *30b*
Errektionsstörung 50 27 *5*
Errichtungsbeauftragter, Spitzenverband Bund der Krankenkassen 50 217g
Ersatzansprüche 20 34 *1*, *s. auch Aufwendungsersatz*, Absehen von Geltendmachung 20 34 *13*, Begrenzung Höhe 20 34 *6*, Erben 20 34 *14*, Erbenhaftung 20 35 *1*, Erlöschen 20 34 *15*, Herbeiführung der Hilfebedürftigkeit 20 34 *7*, Herbeiführung der Leistungszahlung 20 34 *8*, Kausalität 20 34 *11*, Leistungsersatz 20 34 *4*, Optionskommune 20 34 *3*, Pflichtige 20 34 *2*, Rechtsschutz 20 34 *16*, für rechtswidrig erhaltene Leistungen 20 34a *1*, Schuld 20 34 *11*, sonstige 20 34b *1*, Sozialwidrigkeit 20 34 *8*, Umfang 20 34 *12*, Voraussetzungen 20 34 *7*, wichtiger Grund 20 34 *9*
Ersatzansprüche für rechtswidrig erhaltene Leistungen, gesamtschuldnerische Haftung 20 34a *12*, Übertragung auf Erben 20 34a *11*, Verjährung 20 34a *10*, Verpflichtete 20 34a *2*, Voraussetzungen 20 34a *5*
Ersatzansprüche, sonstige 20 34b *1*
Ersatzbeschaffung, Umzug 120 31 *3*
Ersatzdienst, *s. auch Zivildienst*, Beschäftigung 40 7 *81*
Ersatzkassen 50 Einl. *17, 168*, Auseinandersetzung/Abwicklung der Geschäfte/Haftung 50 171, Schließung 50 170, Verbände 50 212, Vereinigung 50 168a
Ersatzkraft, Beschäftigung 40 7 *23*

2799

Sachverzeichnis

Fette Zahlen = Kennziffern

Ersatzpflicht, BAFöG **6** SK *96ff.,* Ehegatten (BAföG) **6** 47a, Eltern (BAföG) **6** 47a, Unterhaltsvorschuss **155** *5*

Ersatzzeiten 60 250, Altersrente für langjährig Versicherte **60** 236 *9,* Altersrente für Schwerbehinderte **60** 236a *17,* Altersrente nach Altersteilzeit **60** 237 *26,* Altersrente wegen Arbeitslosigkeit **60** 237 *26,* Bergleute **60** 45 *7,* Erwerbsminderungsrente **60** 241 *2,* Handwerker **60** 251, Regelaltersrente **60** 35 *6,* 235 *9*

Erscheinen, persönliches, Mitwirkungspflicht **10** 61 *2,* Unmissverständlichkeit **10** 61 *4,* Verlangen **10** 61 *3*

Ersetzung, Rechtsbehelfsbelehrung **100** 36 *13*

Erstattung, *s. auch Rückforderung,* Aufwendung **60** 179, Aufwendungen für Pflichtbeitragszeiten bei Erwerbsunfähigkeit **60** 291a, BA **60** 224, Begutachtung für Grundsicherung im Alter/bei Erwerbsminderung **60** 224b, besondere Fälle **60** 287d, Insolvenzgeld **30** 184 *5,* 186 *6,* Invalidenrente **60** 291a, Kinderzuschuss **60** 291, Krankenversicherungsbeitrag **30** 335; **100** 50 *4,* KV-Beiträge **50** 231, Leistungen, vorläufige **10** 43 *11,* nicht beitragsgedeckte Leistungen **60** 291b, Pflegeversicherungsbeiträge **30** 335, an Rentenversicherungsträger durch Träger der Versorgungslast **60** 225, RV-Beitrag **30** 335; **100** 50 *4,* Träger der Versorgungslast **60** 290, Träger der Versorgungslast (Ost) **60** 290a, Unfallversicherungsbeitrag **100** 50 *4,* zu Unrecht entrichtete Beträge **40** 26 *8,* Wohngeld **160** 30, Wohngeld durch den Bund **160** 32

Erstattung zwischen Trägern, VO EG 883/2004 **5** 35, 41, SK **114**

Erstattungsanspruch 30 431, *s. auch Rückabwicklung,* Arbeitgeber bei Auslandsbeschäftigung **50** 17 *6,* Aufrechnung **10** 51 *9;* **20** 36–44 *23;* **40** 28 *5,* Auf-/Verrechnungserklärung/Wirkung **40** 28 *5,* Auslagen **100** 109, Ausschlussfrist **100** 111, der BA bei unzuständigen Leistungen **30** 125 *24,* Erbe **100** 50 *8,* Erfüllung **100** 107, Erlass **10** 42 *10f.,* Festsetzung **100** 50 *18,* in Geld **100** 108, Geltendmachung **100** 50 *8,* Gesamtschuldnerschaft bei Abtretung/Verpfändung **10** 53 *17,* Gesamtschuldnerschaft bei Pfändung **10** 54 *12,* Gesamtsozialversicherungsbeitrag **40** 28m *7,* Härten **10** 42 *10ff.,* landwirtschaftliche Berufsgenossenschaften **70** 175, Leistungen, vorläufige **10** 43 *11,* Leistungsbegriff **100** 50 *5,* Leistungsträger, dessen Leistungsverpflichtung nachträglich entfallen ist **100** 103, nachrangig verpflichteter Leistungsträger **100** 104, öffentlich-rechtlicher **100** 50 *1,* Pauschalierung **100** 110, Rangfolge bei mehreren Erstattungsberechtigten **100** 106, Rechtsweg **100** 114, Rückerstattung **100** 112, Rückforderungsbescheid **100** 50 *18,* schlichtes Verwaltungshandeln **100** 50 *11,* selbstbeschaffte Teilhabeleistungen **90** 15, Sozialhilfeträger **120** 114, Stundung **10** 42 *10f.,* zu Unrecht entrichtete Beiträge **40** 26 *8,* zu Unrecht erbrachte Leistungen **100** 50 *1,* unzuständiger Leistungsträger **100** 105, Verjährung **40** 27 *6;* **100** 50 *20,* 113, Verrechnung **40** 28 *2,* Verwaltungskosten **100** 50 *5,* 109, Verzinsung **40** 27 *2;* **100** 50 *16,* 108, vorläufig leistender Leistungsträger **100** 102, vorläufige Leistungen der medizinischen Reha **110** 32 *6,* Vorrang **120** 113, Vorschuss **10** 42 *9ff.,* Zuständigkeitserklärung **90** 14 *13,* Zuständigkeitswechsel **100** 2 *13*

Erstattungsausschluss zu Unrecht entrichtete Beiträge **40** 26 *10*

Erstattungsbescheid, Unanfechtbarkeit **100** 50 *20*

Erstattungsleistungen, Ausschluss **20** 24 *26*

Erstattungspflicht, Abfindung **30** 147a *23,* Alg **30** 147a *8,* alternative Sozialleistung **30** 147a *14,* Arbeitgeber **30** 147a *1,* Arbeitgeberkündigung **30** 147a *23,* Beginn **30** 147a *35,* Beschäftigungsdauer **30** 147a *20,* Dauer **30** 147a *35,* Eigenkündigung **30** 147a *22,* Gefährdung des Fortbestandes des Unternehmens **30** 147a *31,* Grundsatz **30** 147a *8,* Kleinunternehmen **30** 147a *21, 29,* Lösung des Arbeitsvertrags vor 55 **30** 147a *13,* Minderung **30** 147a *37,* Mitwirkung des Arbeitslosen **30** 147a *38,* Nichteintritt **30** 147a *12,* Personalabbau **30** 147a *26,* Umfang **30** 147a *36,* Verjährung **30** 147a *39,* Wegfall **30** 147a *28,* Wegfall bei Gefährdung der verbliebenen Arbeitsplätze **30** 147a *32,* zeitlicher Anwendungsbereich **30** 147a *1*

Erstausbildung 6 *7,* Förderung **6** SK *30*

Erstausstattung, SGB II **20** 24 *14*

Ersterhebungsgrundsatz 80 SK *136*

Erstes Gesetz für moderne Dienstleistungen am Arbeitsmarkt 30 434g

Erstschaden, Arbeitsunfall **70** 8 *85,* Beweisanforderungen **70** 8 *87,* Hinterbliebenenleistungen, Unfallversicherung **70** 63 *4*

Erwerbsanreize, Alg II **20** 1 *11*

Erwerbseinkommen, Einkommensanrechnung **40** 18b *5,* neben Hinterbliebenenrente **40** 18a *7*

Erwerbsersatzeinkommen neben Hinterbliebenenrente **40** 18a *10*

Erwerbsersatzeinkommen, kurzfristiges, Einkommensanrechnung **40** 18b *5*

Erwerbsersatzeinkommen, langfristiges, Einkommensanrechnung **40** 18b *11*

Erwerbsfähige Hilfeempfänger, Nachrang **30** 22 *15*

Erwerbsfähigkeit, Alg II **20** 1 *7,* 7 *3,* 8 *1,* AU **20** 8 *3,* Erlaubnisprognose **20** 8 *15,* EU-Bürger **20** 8 *13,* Feststellung **20** 44a, fiktive **20** 8 *6,* Gesundheit **20** 8 *3,* Gesundheitszustand **20** 8 *5,* Gutachten **20** 8 *4,* Leistungsvermögen **20** 8 *7,* nicht absehbare Zeit **20** 8 *11,* Nicht-EU-Ausländer **20** 8 *14,* rechtliche **20** 8 *12,* Wechselwirkung mit Arbeitsmarktbedingungen **20** 8 *9,* Wegefähigkeit **20** 8 *9*

Erwerbsminderung 10 64 *3,* absichtliche **60** 103, Alg **30** 125 *5,* Arbeitslosenversicherungsfreiheit **30** 28 *2,* Arbeitsmarktlage **60** 43 *19,* Aufforderung zum Antrag auf Reha-/Teilhabeleistungen **30** 125 *11,* Erwerbsfähigkeit **20** 8 *3,* Feststellungskompetenz **30** 125 *12,* Grundsicherung **120** 41 *1,* Kummulierung **70** 56 *8,* KV-Versicherungspflicht **50** 5 *32,* Mehrbedarf **120** 30 *4,* Prüfung der Erwerbsfähigkeit **60** 109a *5,* Prüfung, Zuständigkeit **60** 109a *8,* Schadenersatz **60** 62 *1,* bei Straftat **60** 104, Stützrente **70** 56 *8,* Verfahrensvereinbarungen **60** 109a *9,* Verfügbarkeit **30** 119 *40,* Verlängerung der Fünf-Jahres-Zeitraums **60** 43 *20,* Verletztenrente **70** 56 *3,* Witwenrente, Unfallversicherung **70** 65 *19*

Erwerbsminderung, Feststellung, dauerhafte volle **120** 45 *1,* Ersuchen des Sozialhilfeträgers **120** 45 *2,* finanzieller Ausgleich **120** 45 *4*

Erwerbsminderung, teilweise 60 43 *3,* atypische Leistungseinschränkung **60** 43 *8,* Krankheit/Behinderung **60** 43 *4,* Leistungseinschränkungen **60** 43 *6,* nicht absehbare Zeit **60** 43 *5*

Erwerbsminderung, volle 60 43 *13,* Arbeitsplatz **60** 43 *14,* Fälle **60** 43 *17,* mißglückter Arbeitsversuch **60** 43 *18,* Wegeunfähigkeit **60** 43 *14*

Erwerbsminderungsrente 60 33 *5,* 43 *1, s. auch Teilerwerbsminderungsrente, Vollerwerbsminderungsrente,* Anwartschaftserhaltungszeitraum **60** 241 *4,* Arbeitslosengeld **60** 313a, Befristung **60** 102 *3,* Belegungsgebotsausnahmen **60** 241 *11,* Drei-Fünftel-Belegung **60** 43 *10,* Ersatzzeiten **60** 241 *2,* Forderungsübergang **100** 116 *52,* Hinzuverdienst **60** 96a, 313, Kindererziehungszeiten **60** 241 *3,* Knappschaftsausgleichsleistung **60** 241 *2,* Krankengeldausschluss **50**

magere Zahlen = §§ bzw. Art.; kursive Zahlen = Randnummern **Sachverzeichnis**

50 *3*, Leistungen ins Ausland 60 *112*, Rechtsänderungen 60 *302 a*, *302 b*, Rentenbeginn 60 *101 3*, Renteninformation 60 *109 9*, Ruhen (Alg) 30 *142 13*, *23*, Störfall – Wertguthaben 40 *23 b 30*, Teilhabeleistungen 60 *102 6*, Übergangsregelung 60 *241 1*, Versorgungsausgleich 60 *101 13*, *241 3*, volle – Tragung pauschalierter Beiträge 60 *224 a*, vorzeitige Wartezeiterfüllung 60 *43 21*, Wartezeit von 20 Jahren 60 *43 22*, Wartezeit vor 1. 1. 1984 60 *241 3*, Zurechnungszeiten 60 *59 1*

Erwerbsminderungsrente, Bergleute, Verlängerung des Fünf-Jahres-Zeitraums 60 *45 7*, verminderte Berufsfähigkeit 60 *45 3*, Voraussetzungen 60 *43 2*, vorzeitige Wartezeiterfüllung 60 *45 7*

Erwerbsschaden, Forderungsübergang 100 *116 41*

Erwerbstätigkeit, keine volle (Elterngeld) 7 *1 18f.*, Alg 30 *119 21*, Alg II 20 *1 6*, Gegenstände – Vermögen 20 *12 34*, volle (Elterngeld) 7 *1 67*

Erwerbstätigkeit, Aufnahme, Einstiegsgeld 20 *16 b 5*

Erwerbstätigkeit nach der Geburt, anteiliges Elterngeld 7 *2 7*

Erwerbstätigkeit, sonstige, Einkommen (Elterngeld) 7 *2 17ff.*

Erwerbsunfähige, Altersrente für Schwerbehinderte 60 *236 a 18*

Erwerbsunfähigkeit, Erstattung für Pflichtbeitragszeiten bei 60 *291 a*, Erstattung von Aufwendungen für Pflichtbeitragszeiten bei Erwerbsunfähigkeit 60 *291 a*, Witwenrente, Unfallversicherung 70 *65 19*

Erwerbsunfähigkeitsrente, Alg II 20 *11 a 4*, Befristung 60 *314 b*, Forderungsübergang 100 *116 52*, Krankengeldausschluss 50 *50 3*

Erzieher, RV-Pflicht 60 *2 4*, RV-Pflichtbefreiung 60 *6 10*

Erzieherische Hilfe, *s. Hilfe, erzieherische*

Erzieherischer Kinder- und Jugendschutz 80 SK *40*, Kostenbeteiligung 80 SK *42*, Zuständigkeit 80 SK *41*

Erziehung, Elterngeld 7 *1 12f.*, in der Familie, Förderung 80 *16*, Grundausrichtung 80 SK *22*, Grundrichtung 80 *9*, Recht 80 *1*, religiöse 80 SK *22*, Tagesgruppe 80 *32*, Verhinderung/Unterbrechung 7 *1 14ff.*

Erziehungsbedarf 80 SK *93*

Erziehungsbeistand 80 *30*

Erziehungsberatung 80 *28*

Erziehungsgefährdung, Unzumutbarkeit 20 *10 6*

Erziehungsgeld 10 *25*, *s. auch Elterngeld*, Beitragsfreiheit 50 *224*, Bemessungszeitraum 30 *130 12*, Meldepflicht 50 *203*

Erziehungshilfe 80 SK *92*, *s. auch Hilfe zur Erziehung*, Inhalt 80 SK *96*

Erziehungsrecht 80 SK *2*, Ausländer 80 SK *2*

Erziehungsrente 60 *33 6*, *7*, *47 1*, aufgehobene Ehen 60 *47 5*, Befristung 60 *102 7*, Lebenspartnerschaft 60 *47 7*, Rentensplitting 60 *47 6*, Voraussetzungen 60 *47 2*, Zurechnungszeiten 60 *59 1*

Erziehungsurlaub, *s. Elternzeit*

Europäisches Fürsorgeabkommen, Sozialhilfe für Ausländer 120 *23 7*

Europäisches Sozialrecht 5 SK *1ff.*

Europarecht, *s. Gemeinschaftsrecht*

Evakuierte, Nachzahlung 60 *284*

Existenzgründungszuschuss 30 *57 3*, *421 l*, Alg II 20 *11 a 4*, Versicherungspflicht 60 *2 31*

Existenzminimum, bei Minderung des Alg II 20 *31 a 12*

Experimentierklausel, Wirkungsforschung 20 *6 c*

Expertenstandards, Sicherung und Weiterentwicklung der Pflegequalität 110 *113 a*

Exterritoriale, Wohngeld 160 SK *24*

Facharzt, Versorgung 50 *95–105 7*

Fachaufsicht, BA 20 *47*

Fachausschuss, hausärztliche Versorgung 50 *79 c*, Psychotherapie 50 *79 b*, weitere 50 *79 c*

Fachausschuss für Datenverarbeitung, VO EG 883/2004 5 *73*

Fachkammern, Sozialgericht 150 *9–27 3*, *10*

Fachkräfte, Ausstattung der Träger der Jugendhilfe mit 80 SK *157*, Kinder- und Jugendhilfe 80 SK *143*, Sozialhilfe 120 *6*

Fachschule, Anrechnungszeiten 60 *58 18*

Fachsenate, Bundessozialgericht 150 *40*, Landessozialgerichte 150 *31*

Fähigkeitsstörung, erheblicher allgemeiner Betreuungsbedarf 110 *45 a 7*

Fahrgeldausfälle, Erstattungsverfahren 90 *150*, Kostentragung 90 *151*

Fahrgemeinschaft, Wegeunfall 70 *8 129*

Fahrtkosten, ambulante Behandlung 50 *60 5*, Anspruchsinhalt 50 *60 6*, Ausbildung 30 *67*, berufliche Weiterbildung 30 *81*, medizinische Reha 50 *60 9*, Voraussetzungen 50 *60 2*

Faktisches Arbeitsverhältnis, *s. Arbeitsverhältnis, faktisches*

Fälligkeit 10 *41*, Begriff 10 *41 3*, Beiträge 40 *23 1*, Renten 60 *118*, Unfallversicherung 70 *96*, Verzinsung 10 *44 6*

Falschauskunft, Aufklärungspflicht 10 *13 10*

Familie und Beruf, Vereinbarkeit 30 *8*

Familienangehöriger, Familienprivileg 100 *116 77*, gesetzliche Unfallversicherung 70 *2 8*, *63*, Mitversicherung 50 Einl. *8*, wohnhaft in einem anderen Mitgliedstaat als dem Wohnmitgliedstaat des Rentners 5 *26*

Familienangehöriger, mithelfender, Alg 30 *119 23*, Dauer 30 *119 27*, Nebeneinkommen (Alg) 30 *141 9*, *13*

Familienaufwand, Minderung 10 *1–10 34*, *6*

Familienberatung 80 SK *43*

Familienbildung 80 SK *43*

Familienerholung 80 SK *43*

Familienerziehung, Förderung 80 SK *43*

Familienfreizeit 80 SK *43*

Familiengericht, Anrufung durch Jugendamt 80 SK *20*, Information über Beratungsangebote des Jugendamtes 80 SK *48*, Mitwirkung 80 *50*

Familiengerichtshilfe 80 SK *130*

Familienheimfahrt, Wegeunfall 70 *8 131*

Familienhilfe 80 SK *5*

Familienhilfe, sozialpädagogische 80 *31*

Familienlastenausgleich, VO EG 883/2004 5 SK *25*

Familienleistungen, Prioritätsregeln bei grenzüberschreitendem Sachverhalt 5 SK *170f.*, VO EG 883/2004 5 SK *25*, *166ff.*, Waisen 5 SK *174*, Wohnort in einem anderen Mitgliedstaat 5 *67*

Familienleistungsausgleich 8 *31*, durch Wohngeld 160 SK *4*

Familienplanung, Hilfe zur 120 *49*

Familienprivileg 100 *116 74ff.*, Ehe nach Schadensereignis 100 *116 80*, Familienangehörige 100 *116 77*, Forderungsübergang 100 *116 74*, häusliche Gemeinschaft 100 *116 78*, vorsätzliche Schadenszufügung 100 *116 76*, Zweitschädiger 100 *116 79*

Familienversicherung 50 *10 1*, allgemeine Voraussetzung 50 *10 2*, Altersgrenze – Kinder 50 *10 6*, Auslandsaufenthalt 50 *17 4*, Ausschluss der Systemzuständigkeit 50 *10 7*, Begünstigte 50 *10 2*, Erlöschen 110 *35 3*, Kinder 50 *10 6*, nachgehender Anspruch 50 *19 5*, Nachweis 110 *100*, Nachweispflicht 50 *289*, Ruhen des KV-Leistungsanspruchs 50 *16 14*, Teilkostenerstattung 50 *14 2*, Verfahrensrecht 50 *10 8*

2801

Sachverzeichnis

Fette Zahlen = Kennziffern

Familienversicherung, erloschene/nicht zustande gekommene, freiwillige KV-Versicherung 50 9 6
Fehlauskunft, Rechtsfolge 10 15 8
Fehlberatung, Amtshaftung 10 14 21, Rechtsfolge 10 14 11
Fehler, offensichtlicher, Nichtigkeit 100 40–43 10
Fehler, unbeachtliche, VA 100 40–43 5
Fehler, wesentliche, VA 100 40–43 5
Fehlverhalten im Gesundheitswesen, Prüfstellen 50 81 a 1
Fernunterricht 6 3, Anrechnungszeiten 60 58 16, BAföG 6 SK 27
Fernverkehr, Erstattung Fahrgeldausfälle 90 149
Festbeträge 50 12 10, Hilfsmittel 50 36 1, Wirtschaftlichkeitsgebot 50 12 10
Festbetragsfestsetzung, Hilfsmittel 50 36 3
Festbetragsregelung, Arzneimittelgruppen 50 35 2, Arznei-/Verbandmittel 50 35 1, Bekanntmachung 50 35 10, Festsetzungsverfahren 50 35 8, neu zugelassene Arzneimittel 50 35 6, Rechtsschutz 50 35 10, therapeutische Verbesserung 50 35 7, Umrechnung 50 35 11, Verfahren 50 35 8 f., Vergleichsgröße 50 35 5, Wirkstoffidentität 50 35 3, Wirkstoffvergleichbarkeit 50 35 4
Feststellungsbescheid, Beschäftigungspflicht (Behinderte) 90 71–80 20
Feststellungsklage 150 55, Frist 150 89, Sozialgericht 150 54–56 11
Feststellungsverfahren, Arbeitnehmervereinigungen 40 48 b
Festzuschuss, Zahnersatz 50 55 2
Feuerwehr-Unfallkassen 70 185
Finanzausgleich, aufwendige Leistungsfälle 50 265, Pflegekasse 110 66
Finanzhilfe, freiwillige 50 265 b, Vermeidung von Schließung/Insolvenz einer Krankenkasse 50 265 a
Finanzierung, BAföG 6 SK 106, Beteiligung des Bundes 30 363, Bundesmittel 20 46, Elterngeld 7 12 3, freie Träger der Jugendhilfe 80 SK 154 ff., Krankenkasse 50 Einl. 22, Sozialversicherung 40 20 1, Wohngeld 160 SK 87
Finanzierung (KV), Ausnahme vom Darlehensverbot zur 50 222, Beitragspflicht/beitragspflichtige Einnahmen/Beitragsbemessensgrenze 50 223, Beteiligung des Bundes 50 221, Bundesbeteiligung 2011 50 221 a, Bundesleistungen Sozialausgleich 50 221 b, Grundsatz 50 220
Finanzierung, solidarische 50 3, aufwendige Leistungsfälle 50 269
Finanzierung von Maßnahmen im Bereich der sozialen Sicherheit, VO EG 883/2004 5 79
Finanzierungsgrundsatz 30 340
Finanzmittel, Krankenkasse 50 Einl. 22
Finanzverbund, allgemeine Rentenversicherung 60 219
Fischereigut, Unfallversicherungsfreiheit 70 4 5
Fleischwirtschaft, Sofortmeldepflicht 40 28 a 27
Flexibilität, s. Arbeitzeit, flexible
Flüchtlinge, Kindergeld 8 SK 11, Nachzahlung 60 284
Folgenbeseitigungsanspruch 100 50 4
Folgerenten, persönliche Entgeltpunkte 60 88
Folgeschäden, Arbeitsunfall 70 8 98, Hinterbliebenenleistungen, Unfallversicherung 70 63 4
Förderangebot, Übergangsregelung 80 24 a
Fördergrundsatz 20 14 1, Leistungserbringung 20 14 4, persönliche Ansprechpartner 20 14 2, Unterstützung 20 14 2
Förderhöchstgrenze beim BAföG 6 SK 54
Förderkette, ABM 30 267 5
Förderung im Ausland, Voraussetzungen 6 49, Ausländer (BAföG) 6 SK 32, Auslandsdeutsche (BAföG) 6 SK 32, der Deutschen im Ausland 6 6, Deutscher (BAföG) 6 SK 32, Erstausbildung 6 SK 30, Zweitausbildung 6 SK 30
Förderung der beruflichen Weiterbildung 30 235 c
Förderung der freien Jugendhilfe, Jugendverbände und -gruppen 80 SK 31
Förderung der Jugendhilfe 80 SK 146 ff.
Förderungsarten 6 17
Förderungsdauer 6 15, im Ausland 6 16
Förderungsfähigkeit, BAföG 6 SK 8 ff.
Förderungshöchstdauer 6 15 a
Förderungshöchstgrenze, BAföG 6 SK 54
Forderungsübergang 100 115 1, 116 4 f., 119 1, s. auch Regress, Hilfebedürftigkeit 100 116 69, Unterhaltsvorschuss 155 SK 14 ff., Zeitpunkt des 100 116 56 ff.
Forderungsübergang gegenüber Arbeitgebern an Sozialleistungsträger 100 115 1, Voraussetzungen 100 115 2, Wirkung 100 115 4
Forderungsübergang gegenüber Schadenersatzpflichtigen 100 116 1, andere gesetzliche Vorschriften 100 116 20, andere Träger 100 116 24, Arbeitslosigkeit 100 116 46, Arbeitsverwaltung 100 116 22, Aufkommensneutralität 100 116 70, Aufwendungen bei Hilfeleistung 100 116 19, Aufwendungsersatzansprüche 100 116 17, Beerdigungskosten 100 116 48, befreiende Leistung an Geschädigten 100 116 82, Befriedigungsvorrecht 100 116 71, Beweislast 100 116 32, Bindung der Gerichte 100 118 1, Deckungslücke 100 116 63, Durchsetzungshindernis 100 116 72, Eingliederungshilfe 100 116 44, entgangene Dienste 100 116 52, Entgeltersatzfunktion 100 116 4, zu erbringende Sozialleistungen 100 116 25, Erwerbsschaden 100 116 41, Familienangehörige 100 116 77, Familienprivileg 100 116 74, fehlende Inanspruchnahme 100 116 30, gesetzlichen 100 116 4, GoA 100 116 17, Gruppentheorie 100 116 35, Haftungsfreistellung Unfallversicherung 100 116 6, Haushaltshilfe 100 116 44, häusliche Gemeinschaft 100 116 78, Heilungkosten 100 116 38, Hilfebedürftigkeit durch 100 116 69, Höhenbegrenzung 100 116 63, Höhenbegrenzung – Mitverschulden/-verantwortung Geschädiger 100 116 67, Intervention 100 116 73, Kausalität 100 116 29, Kinderleistungen 100 116 44, Krankenkassenwechsel 100 116 85, Leistung an Geschädigten 100 116 81, Leistungspflicht 100 116 27, mitwirkendes Verantwortlichkeit des Geschädigten 100 116 65, mitwirkendes Verschulden des Geschädigten 100 116 65, nicht befreiende Leistung an Geschädigten 100 116 83, nicht erfasste Ansprüche 100 116 45, Normzweck 100 116 1, Nothilfe 100 116 17, pauschale Regulierung 100 116 11, Pflegeversicherung 100 116 8, Privatrecht und Sozialrecht 100 116 3, Quotenvorrecht Geschädigter 100 116 61, Rechtsweg 100 116 10, Regresspraxis 100 116 12, Reha 100 116 44, RV für Pflegepersonen 100 116 48, RV-Beitrag 100 119 1, sachliche Kongruenz 100 116 33, Sachschäden 100 116 53, Sachschäden bei Hilfeleistung 100 116 19, Schadenersatzanspruch 100 116 15, Sozialhilfeträger 100 116 23, Sozialversicherungsträger 100 116 21, Teilungsabkommen 100 116 11, Umschulung 100 116 45, unfallversicherungsrechtliche Haftungsfreistellung im Privaten 100 116 9, Unterhalt 100 116 50, vermehrte Bedürfnisse 100 116 47, Verzicht 100 116 31, Voraussetzungen 100 116 13, vorsätzliche Schadenszufügung 100 116 76, Waisenrente 100 116 51, Witwenrente 100 116 51, zeitliche Kongruenz 100 116 54, Zeitpunkt 100 116 56, Zweitschädiger 100 116 79
Forderungsübergang, Zeitpunkt 100 116 56 ff., Gesamtgläubigerschaft 100 117 3, Übergang auf So-

magere Zahlen = §§ bzw. Art.; kursive Zahlen = Randnummern **Sachverzeichnis**

zialhilfeträger 100 116 *58*, Übergang auf Sozialversicherungsträger 100 116 *57*, Übergang auf Träger der Arbeitsverwaltung 100 116 *60*, Wahrscheinlichkeitsmaßstab 100 116 *59*
Form, Rechtsbehelfsbelehrung 100 36 *11*, Verzicht 10 46 *3*
Formalversicherung, gesetzliche Unfallversicherung 70 2 *4*
Formel, Alg 30 129 *6*
Formfehler 100 40–43 *14*, Folgen 100 40–43 *24*, *42*, Heilung 100 40–43 *3*, *19*, *41*
Formfreiheit, Verwaltungsakt 100 33 *8*
Formmangel, Nichtigkeit 100 37–39 *25*
Forschung, Zusammenarbeit 100 *95*
Forschungsvorhaben, Krankenkasse/Kassenärztliche Vereinigung 50 287, Pflegekasse 110 *98*
Forstwirtschaft, Sofortmeldepflicht 40 28 a *27*
Fortbildung, behinderte Menschen 90 81 *18*, gesetzliche Unfallversicherung 70 2 *14*
Fortbildungspflicht, Vertragsärzte 50 95 d
Fortsetzungshilfe 80 SK *116*
Fragerecht, Einschränkung 30 *42*, Sozialgericht 150 *116*
Frauenhaus 160 SK *12*, Kostenerstattung 20 36 a
Freibeträge des Auszubildenden (BAföG) 6 *23*, Bedarfssätze 6 *35*, des Ehegatten/Lebenspartners (BAföG) 6 *25*, der Eltern (BAföG) 6 *25*, Elterngeld 7 10 *1 ff.*, Nebeneinkommen (Alg) 30 141 *9*, *13*, notwendige Anschaffungen 20 12 *16*, Unfallversicherung 70 180, Wohngeld 160 *17*, SK *69*
Freibeträge für Kinder, Kindergeld 8 *32*
Freibetragsneuregelungsgesetz 20 *67*
Freie Arztwahl 50 76 *1*, 95–105 *3*, Grenzen 50 76 *2*, Mehrkosten 50 76 *4*, Quartalsbindung 50 76 *3*, Sorgfaltspflicht 50 76 *5*
Freie Förderung, Arbeitgeber 20 16 f *13*, Ausnahmen 20 16 f *12*, Beschreibung der Ziele bei Beginn 20 16 f *9*, Eingliederungsleistungen 20 16 f *1*, Ermessen 20 16 f *8*, Erweiterung 20 16 f *2*, Grundsätze 20 16 f *9*, Inhalt 20 16 f *6*, Kombination/Modularisierung 20 16 f *10*, Leistungsträger 20 16 f *4*, Projektförderung 20 16 f *14*, und SGB II 20 16 f *7*, Überprüfung/Dokumentation 20 16 f *15*, Umfang 20 16 f *5*, Verbot von Umgehung/Aufstockung gesetzlicher Leistungen 20 16 f *11*
Freie Jugendhilfe 80 SK *7*
Freie Träger der Jugendhilfe, Datenschutz 80 SK *134*, Finanzierung 80 SK *154 ff.*, Kinder- und Jugendschutz 80 SK *19*, partnerschaftliche Zusammenarbeit 80 SK *8*
Freigänger, Gesundheitsfürsorge 50 16 *9*
Freiheitsentzug, *s. Strafvollzug*, KV 50 16 *8*, Ruhen des KV-Leistungsanspruchs 50 16 *9*
Freiheitsrechte 50 Einl. *7*
Freistellung, Beschäftigung 40 7 *56*, Fiktion der Beschäftigung 40 7 *53 ff.*, Krankengeld 50 49 *11*, Störfall 40 7 *66*
Freistellungsanspruch, Erkrankung eines Kindes 50 45 *2*
Freiwillige Rentenversicherung 60 7 *1*, Berechtigte 60 7 *2*
Freiwillige Unfallversicherung, Berechtigte 70 6 *2*, Normzweck 70 6 *1*, Verfahren 70 6 *5*
Freiwillige Versicherung, *s. Versicherung, freiwillige*, Beginn der KV-Mitgliedschaft 50 188, Beitragsbemessungsgrundlage 60 279 b, beitragspflichtige Einnahmen 60 240; 110 57 *3*, Beitragstragung 60 171, Krankengeldanspruch 50 44 *2*, 47 *13*, 49 *1*, Mindestbeitragsbemessungsgrundlage 60 167, Rente aus (Ost) 60 315 b, Sonderfälle 60 232, VO EG 883/2004 5 *14*, SK *83*, Zusammentreffen mit Pflichtversicherung 5 SK *84*

Freiwillige Weiterversicherung, VO EG 883/2004 5 *14*
Freiwilligendienst aller Generationen, gesetzliche Unfallversicherung 70 2 *52 a*
Freiwilliges Jahr, Waisenrente 60 48 *16*
Freiwilliges ökologisches Jahr, Beitragstragung 40 20 *8*, Beschäftigungsort 40 9–11 *5*
Freiwilliges soziales Jahr, Beitragstragung 40 20 *8*, Beschäftigungsort 40 9–11 *5*, Pflegepersonen 110 19 *12*
Freizügigkeit 5 SK *3*; 50 Einl. *10*
Fremdnütziges Verhalten, gesetzliche Unfallversicherung 70 2 *53*
Fremdrentner, KV-Versicherungspflicht 50 5 *39*
Frist 100 *26*, 26–28 *6*, Rechtsbehelfsbelehrung 100 36 *6*, *10*
Fristberechnung, Erlöschen der Leistungsansprüche 50 19 *8*, Sozialgericht 150 *64*
Fristen, richterliche 150 106 a, Abkürzung/Verlängerung 150 *65*
Fristkontrolle, Rechtsanwalt 100 26–28 *10*
Fristversäumnis, Berufung 150 157 a
Fristwahrung, Unzuständigkeit 150 *91*
Früherkennung 90 *30*, *s. auch Gesundheitsuntersuchung, Kindergesundheitsuntersuchung*, Erwachsene 50 25 *1*, Kinder 50 26 *1*
Frühförderung 80 SK *109*; 90 *30*
Führung auf Zeit, BA 30 389
Führungszeugnis 80 SK *144*
Fünftes Gesetz zur Änderung des SGB III und anderer Gesetze 30 434 m
Fürsorge, VO EG 883/2004 5 SK *31*
Fürsorgegedanke, verfahrensrechtlicher 100 2 *5*

Garage, keine Berücksichtigung beim Wohngeld 160 SK *54*, Unterkunftskosten 120 29 *4*
Gartennutzung, keine Berücksichtigung beim Wohngeld 160 SK *54*
Gaststättengewerbe, Sofortmeldepflicht 40 28 a *27*
Gebäudereinigungsgewerbe, Sofortmeldepflicht 40 28 a *27*
Gebot der Kontrolle durch Transparenz, gesetzliche Krankenversicherung 10 35 *26*
Gebühren, Kinder- und Jugendhilfe 80 97 c
Geburt, Erstausstattung 120 31 *5*
Gefahr, eingebrachte, Kausalität Arbeitsunfall 70 8 *80*
Gefahr, selbstgeschaffene, Kausalität Arbeitsunfall 70 8 *81*
Gefahren des täglichen Lebens, Arbeitsunfall 70 8 *41*
Gefahrklassen, Änderung der Veranlagung 70 160, Veranlagung der Unternehmen 70 159
Gefahrtarif 70 157, Genehmigung 70 158
Gefälligkeiten, Arbeitsunfall 70 8 *42*, gesetzliche Unfallversicherung 70 2 *55*
Gegenäußerung, Klageschrift 150 104
Gegenvormund 80 58
Gehbehinderung, Mehrbedarf 120 30 *5*
Geheimhaltungspflicht, Schwerbehinderte 90 130
Geistliche, KV-Versicherungsfreiheit 50 6 *12*, Nachversicherung 70 206
Geistliche Genossenschaften, ArblosV 30 26 *7*, KV-Versicherungsfreiheit 50 6 *15*, Unfallversicherungsfreiheit 70 4 *4*, Versicherungspflicht 60 1 *9*
Geldbeträge, Berechnung 60 123
Geldbuße, Höhe (Elterngeld) 7 13 *4*
Geldleistungen, Abtretung 10 53 *5*, bei Auseinanderfallen von zuständigem Staat und Wohnstaat 5 SK *99 f.*, Auszahlung 10 *47*; 20 *42*, Auszahlung, Sonderfälle 10, Barauszahlung 10 47 *3 f*, Kombinationsleistung 110 38 *1*, Kostenfreiheit 10 47 *5*, Pfändung 10

2803

Sachverzeichnis

Fette Zahlen = Kennziffern

54 *4*, PV **110** 28 *8*, Sachleistungen als **90** 9 *6*, Sonderfälle **10** 47 *6*, Sondervorschriften **10** 47 *7*, Überweisung **10** 47 *2*, Vererblichkeit **10** 59 *6*, Verpfändung **10** 53 *5*, Verzinsung **10** 44 *2 ff.*, VO EG 883/2004 **5** 21, 36
Geldleistungen (Unfallversicherung), Anpassung **70** 95
Geldleistungen, beitragsunabhängige, Leistungsexport **5** SK *56*, VO EG 883/2004 **5** 70, SK *26 ff.*
Geldleistungen für Rentner, VO EG 883/2004 **5** 29
Geldleistungen, laufende, Auszahlung bei Beginn vor 1. 4. 2004 **70** 218 c, Fälligkeit/Auszahlung bei Beginn vor 1. 4. 2004 **60** 272 a
Gelegenheitsursache, Arbeitsunfall **70** 8 *92*
Geltungsbereich 10 30, Erklärungen der Mitgliedstaaten (VO EG 884/2004) **5** 9, Normzweck **10** 30 *1*, Wohnsitzgrundsatz **10** 30 *2 ff.*
Geltungsbereich, persönlicher, abgeleitete Rechte (VO EG 883/2004) **5** SK *9*, SGB IV **40** 1–6 *16*, 3, VO EG 883/2004 **5** SK *6 ff.*
Geltungsbereich, räumlicher, SGB IV **40** 1–6 *16*, 3
Geltungsbereich, sachlicher, SGB IV **40** 1, 1–6 *4*, VO EG 883/2004 **5** SK *10 ff.*
Gemeinden als Unfallversicherungsträger **70** 218
Gemeindeunfallversicherungsverbände 70 185
Gemeinnützigkeit 80 SK *146*
Gemeinsame Beteiligung von Bund, Ländern, Gemeinden oder Gemeindeverbänden an Unternehmen, Zuständigkeit **70** 129 a
Gemeinsame Einigungsstelle 120 21 *9*
Gemeinsame Einrichtung 20 44 b, Alg II **20** 6–6 d *7*, Bewirtschaftung von Bundesmitteln **20** 44 f, Geschäftsführer **20** 44 d, Gleichstellungsbeauftragte **20** 44 j, Jugend-/Auszubildendenvertretung **20** 44 i, Meinungsverschiedenheiten über Weisungszuständigkeit **20** 44 e, Personalvertretung **20** 44 h, Schwerbehindertenvertretung **20** 44 i, Stellenbewirtschaftung **20** 44 k, Tätigkeitszuweisung **20** 44 g, Trägerversammlung **20** 44 c
Gemeinsame Empfehlungen, Reha **90** 14 *5*, *16*, *21*
Gemeinsame Servicestellen, *s. Servicestellen*, Aufgaben **90** 22
Gemeinsame Verantwortung, Kooperationsprinzip **110** 8 *1*
Gemeinsame Wohnformen für Mütter/Väter und Kinder 80 SK *69 ff.*, *166*
Gemeinsamer Bundesausschuss 50 91, Legitimation **50** Einl. *9*, Richtlinien **50** 92
Gemeinsames nächsthöheres Gericht, Klageablehnung **150** 181
Gemeinschaftsrecht, koordinierende Regelungen **50** Einl. *10*
Gemeinwesenarbeit 80 SK *29*
Gemischte Tätigkeiten, Arbeitsunfall **70** 8 *11*
Gender Mainstreaming 80 SK *24*
Generalunternehmerhaftung, Haftungsausschluss/Exkulpationsmöglichkeit **40** 28 e *17*, Zahlungspflicht **40** 28 e *13*
Genossenschaftliches Nutzungsverhältnis, Wohngeld **160** SK *14*
Gerechtigkeit, soziale 10 1–10 *2*
Gerichte, SGG **150** 2
Gerichtliches Verfahren, Mitwirkung – örtliche Zuständigkeit **80** 87 b
Gerichtsbescheid 150 103–109 *11 ff.*, 105
Gerichtssprache, Sozialgericht **150** 61
Gerichtsstand, Sozialgericht **150** 57
Gerichtsverfassungsgesetz, entsprechende Anwendung **150** 202, Sozialgericht **150** 6
Geringfügige Beschäftigung 40 28 *1*, Altersrente für Frauen **60** 237 a *16*, Altersrente nach Altersteilzeit **60** 237 *32*, Altersrente wegen Arbeitslosigkeit **60** 237 *32*, Arbeitslosenversicherungsfreiheit **30** 27 *4*, Beginn der Versicherungspflicht bei Zusammenrechnung **40** 8 *22*, Beitragstragung **50** 249 b, Ende **40** 8 *21*, Entgelt **40** 8 *6*, gesetzliche Unfallversicherung **70** 2 *9*, Gleitzone **40** 20 *5*, KV-Versicherungsfreiheit **50** 7 *2*, KV-Versicherungsfreiheit – Ausnahmen **50** 7 *3*, KV-Versicherungsfreiheit – Übergangsvorschrift **50** 7 *5*, KV-Versicherungsfreiheit – Zusammenrechnung **50** 7 *4*, Meldepflicht **40** 28 a *40*, Nebeneinkommen (Alg) **30** 141 *14*, in Privathaushalten **40** 8 a, RV-Freiheit **60** 5 *4*, Wartezeiterfüllung **60** 52 *7*, Zeit **40** 8 *7*, Zusammenrechnung **40** 8 *13*, Zuschläge, Entgeltpunkte **60** 76 b
Geringfügige Pflegetätigkeit, RV-Freiheit **60** 5 *4*
Geringfügige selbständige Tätigkeit, RV-Freiheit **60** 5 *4*
Geringfügigkeitsgrenze, Meldepflicht **40** 28 a *17*
Geringfügigkeits-Richtlinien 40 8 *1*
Gesamtabrechnung, Ausschussfrist **30** 326
Gesamteinkommen, Definition **40** 16 *1*, Regelungsgehalt **40** 16 *2*, Wohngeld **160** 13, SK *63 ff.*
Gesamtgläubigerschaft 100 117 *1 ff.*, Außenverhältnis **100** 117 *3*, Innenverhältnis **100** 117 *4*, Schadenersatz an mehrere Leistungsträger **100** 117 *2*, Verfahren **100** 117 *5*
Gesamtleistungsbewertung 60 71, begrenzte **60** 74, beitragsfreie/beitragsgeminderte Zeiten **60** 263, beitragsfreie/beitragsgeminderte Zeiten (Ost) **60** 263 a, knappschaftliche Besonderheiten **60** 84
Gesamtplan, Eingliederungshilfe für behinderte Menschen **120** 58
Gesamtrücklage, Krankenkasse **50** 262
Gesamtschwerbehindertenvertretung 90 97
Gesamtsozialversicherungsbeitrag, Arbeitslosenversicherung **40** 28 d *2*, Beschäftigter **40** 28 d *2*, Betriebsprüfung **40** 28 p *2*, Definition **40** 28 d *1*, Erstattungsanspruch ggü. Arbeitgeber **40** 28 m *7*, exterritoriale Arbeitgeber **40** 28 m *2*, Fälligkeit **40** 7 a *11*, freiwillige Versicherung **40** 28 d *2*, Hausgewerbetreibende **40** 28 d *2*, 28 m *5*, Heimarbeiter **40** 28 m *5*, Insovenzgeldumlage **40** 28 d *3*, Krankenversicherung **40** 28 d *2*, Landwirtschaftliche Sozialversicherung **40** 28 d *4*, Pauschalbeitrag **40** 28 d *3*, Pflegeversicherung **40** 28 d *2*, Pflichtbeitrag **40** 28 d *2*, RV-Freiheit **40** 28 d *2*, Sonderregelungen **40** 28 m *1*, Vorschuss **40** 28 e *24*
Gesamtverantwortung 80 SK *157*
Gesamtvergütung 50 85, 95–105 *2*, Abfindung UV-Versicherungsrente **70** 75 *1*, morbiditätsbezogene **50** 87 a, 95–105 *2*
Gesamtvertrag 50 83, 95–105 *2*; **100** 53–61 *9*, Praxisgebühr **50** 43 b *3*
Geschäftsessen, Arbeitsunfall **70** 8 *14 a*
Geschäftsfähigkeit, Verfahrenshandlungen **100** 10–12 *7*
Geschäftsführende Gesellschafter, Hinzuverdienstgrenze **60** 34 *15 a*
Geschäftsführer, Beschäftigung **40** 7 *44*, Sozialversicherungsträger **40** 36
Geschäftsführung, Prüfung (KV) **50** 274
Geschäftsführung ohne Auftrag, *s. auch GoA*, Forderungsübergang **100** 116 *17*
Geschäftsgeheimnis, Sozialgeheimnis **10** 35 *14*
Geschäftsordnung, Bundessozialgericht **150** 38–50 *7*, *50*
Geschäftsraum 160 SK *11*
Geschäftsreise, Arbeitsunfall **70** 8 *14*
Geschäftsstelle, Sozialgericht **150** 4
Geschäftsübersichten, Sozialversicherungsträger **40** 79
Geschäftsverteilung, Sozialgericht **150** 1–6 *9*
Geschwister, Waisenrente **60** 48 *6*

magere Zahlen = §§ bzw. Art.; kursive Zahlen = Randnummern   **Sachverzeichnis**

Geschwisterbonus, Elterngeld 7 2 *8f.*
Gesellschaft für Telematik 50 291 b
Gesellschafter, gesetzliche Unfallversicherung 70 2 *10*
Gesellschafter-Geschäftsführer, Insolvenzgeld 30 183 *4*
Gesetz zu Reformen am Arbeitsmarkt 30 434 l
Gesetz zur Änderung des SGB II und anderer Gesetze 20 68
Gesetz zur Ermittlung von Regelbedarfen und zur Änderung des SGB II und SGB XII 20 77
Gesetz zur Förderung ganzjähriger Beschäftigung 30 434 n
Gesetz zur Fortentwicklung der Grundsicherung für Arbeitssuchende 20 69; 30 434 o
Gesetz zur Neuausrichtung der arbeitsmarktpolitischen Instrumente 20 73; 30 424 s
Gesetz zur Reform der arbeitsmarktpolitischen Instrumente 30 434 d
Gesetz zur Reform der Renten wegen verminderter Erwerbsfähigkeit 30 435
Gesetz zur Verbesserung der Beschäftigungschancen älterer Menschen 30 434 p
Gesetz zur Vereinfachung der Wahl der AN-Vertreter in den Aufsichtsrat 30 434 f
Gesetz zur Weiterentwicklung der Organisation der Grundsicherung für Arbeitsuchende 20 76, Anwendbarkeit des § 6 a Abs. 7, des § 44 d und des § 51 b 20 75
Gesetzesauslegung, Kinder- und Jugendhilfe 80 SK *2*
Gesetzesvorbehalt 10 31
Gesetzliche Rentenversicherung, Träger 60 125
Gesetzmäßigkeit der Verwaltung 100 40–43 *2*
Gestaltungspflichten, betriebliche, behinderte Menschen 90 81 *18 a*
Gesundheitsamt, Eingliederungshilfe für behinderte Menschen 120 59
Gesundheitsbewustes Verhalten, Bonus 50 65 a *1*
Gesundheitsdienst, nationaler, VO EG 883/2004 5 SK *104*
Gesundheitsfonds 50 Einl. *3, 18, 24, 271,* Sicherstellung der Einnahmen 50 271 a, Teilkostenerstattung 50 14 *7,* Übergangsregelung zur Einführung 50 272, Zuweisungen 50 266, Zuweisungen für sonstige Ausgaben 50 270
Gesundheitsförderung, betriebliche 50 20 a *2,* Durchführung 50 20 a *3,* Unterstützung 50 65 a *3*
Gesundheitsfürsorge, sonstige 50 16 *9,* Strafvollzug 50 16 *9*
Gesundheitsgefahren, arbeitsbedingte, Datenerhebung 70 207, Datennutzung 70 207, Datenverarbeitung 70 207, Durchführung 50 20 b *3,* Prävention 50 20 b *2*
Gesundheitshilfe, vorbeugende 120 47
Gesundheitskarte, elektronische 50 15 *6,* 291 a, Gesellschaft für Telematik 50 291 b
Gesundheitsreformen 50 Einl. *2*
Gesundheitsschäden, soziale Entschädigung 10 1–10 *32 f.,* 5, Versorgungsleistungen 10 24
Gesundheitsschäden, drittverursachte, Mitteilung 50 294 a
Gesundheitsschutz, EU 50 Einl. *11*
Gesundheitsuntersuchung, allgemeine 50 25 *1,* Krebs 50 25 *3,* Qualitätssicherung 50 25 *4*
Gesundheitswesen, gesetzliche Unfallversicherung 70 2 *29,* Kostendruck 50 Einl. *4,* Stellen zur Bekämpfung von Fehlverhalten im 50 197 a
Gesundheitszustand 20 8 *5*
Getrenntleben, Einsatzgemeinschaft 120 19 *8*
Gewährleistung anderweitiger Versorgung, RV-Freiheit 60 5 *2*
Gewährleistungspflicht, Kinder- und Jugendhilfe 80 SK *157*

Gewahrsam, vorzeitige Wartezeiterfüllung 60 53 *6*
Gewerbeaufsichtsbehörden, Unterstützungspflicht 70 195
Gewerbetreibende, RV-Freiheit 60 2 *14,* RV-Pflichtbefreiung 60 6 *12*
Gewinne, Hinzuverdienstgrenze 60 34 *13*
Gewöhnlicher Aufenthalt, s. *Aufenthalt, gewöhnlicher,* Alg II 20 7 *4,* Ausschluss 120 109
Glaubhaftmachung 100 23, 23–25 *1*
Gleichartigkeit, Arbeitsförderung 30 22 *3*
Gleichbehandlung, ABM 30 262 *3,* VO EG 883/2004 5 *4*
Gleichbehandlungsgebot, VO EG 883/2004 5 SK *36 ff.*
Gleichberechtigung 80 SK *24,* Kinder- und Jugendhilfe 80 *9*
Gleichheitsrechte, KV 50 Einl. *8*
Gleichstellung, Alg II 20 1 *4*
Gleichstellung, fiktive, Heimarbeiter/Hausgewerbetreibende/Zwischenmeister 40 12 *13*
Gleichstellung von Leistungen, Einkünften, Sachverhalten oder Ereignissen, VO EG 883/2004 5 *5*
Gleichstellungsbeauftragte, Arbeitsunfall 70 8 *36*
Gleichstellungsverfahren, behinderte Menschen 90 2 *9*
Gleichwohlgewährung 30 143 *2, 13,* Anspruchsdauer 30 128 *4,* Anspruchsübergang 30 143 *17,* befreiende Leistung des ArbG an AN 30 143 *19,* Erkrankung eines Kindes 50 45 *2,* Forderungsübergang gegenüber Arbeitgebern 100 115 *3,* Insolvenzgeld 30 187 *6,* Ruhen (Alg) 30 143 a *34*
Gleitzone 40 20 *5,* Ausnahmeregeln 40 20 *7 e,* Beitragstragung (PV) 110 58 *3,* Beitragstragung/Berechnung 40 20 *7 a,* Meldung 40 20 *7 c,* Rentenbeitrag 40 20 *7 d,* Vergleichsnettoarbeitsentgelt 40 23 c *7*
GmbH, Ein-Mann- Rentenversicherung 60 2 *17*
GoA, Forderungsübergang 100 116 *17,* öffentlich-rechtliche 120 25 *1*
Gratifikation, Insolvenzgeld 30 184 *3*
Grenzbetrag, Erhöhung 60 266
Grenzgänger, Alg 30 117 *10,* Arbeitslosigkeit 5 SK *161 ff.,* Erreichbarkeit 30 119 *48,* Rente 5 28, SK *107 f.*
Grundbetrag, abweichender, Eingliederungshilfe für behinderte Menschen 120 86 *1,* Hilfe in anderen Lebenslagen 120 86 *1,* Hilfe zur Pflege 120 86 *1,* Hilfe zur Überwindung besonderer sozialer Schwierigkeiten 120 86 *1,* Hilfen zur Gesundheit 120 86 *1*
Grundbewertung 60 72
Grundfreibetrag, Kind unter 25 Jahren 20 12 *11,* Vermögen 20 12 *9*
Grundpflege, erheblicher allgemeiner Betreuungsbedarf 110 45 a *4,* häusliche Krankenpflege 50 37 *6,* Pflegebedürftigkeit 110 14 *16,* Pflegesachleistung 110 36 *5,* PV 110 28 *10*
Grundrichtung der Erziehung 80 SK *22*
Grundsatz der objektiven Beweislast, Sozialleistungsanspruch 10 38 *6*
Grundsatz des Forderns 20 2
Grundsatz des Nachrangs 10 1–10 *38*
Grundsatz individualisierter Leistungserbringung 10 1–10 *38*
Grundsicherung, Leistungen für Auszubildende 20 27 *4*
Grundsicherung bei Erwerbsminderung 120 19 *11,* Abweichung vom Regelbedarf 120 42 *3,* Anforderungen 120 41 *10,* Anspruchsberechtigung 120 41 *5,* Antragstellung 120 41 *17,* arbeitsmarktunabhängige Erwerbsminderung 120 41 *12,* Ausschluss 120 21 *2,* Ausschluss bestimmter Leistungsarten 120 42

2805

Sachverzeichnis

Fette Zahlen = Kennziffern

2, Ausschluss des Unterhaltsrückgriffes gegenüber Kindern/Eltern 120 43 6, Ausschlussklausel 120 41 18, Bedürftigkeit 120 41 14, Berücksichtigung von Unterhalt 120 41 16, besondere Verfahrensregelungen 120 44 1, Besonderheiten Vermögenseinsatz/ Unterhaltsansprüche 120 43 1, Bewilligungszeitraum 120 44 2, Darlehen 120 42 3, eheliche Gemeinschaft/Getrenntleben 120 43 5, Einkommensanrechnung 120 43 2, Einkommensbegriff (Unterhaltsrückgriff) 120 43 7, Einkommens-/Vermögensermittlung 120 41 15, fiktive Kontrollrechnung bei Partnern 120 43 4, Freibetrag Eltern/Kinder (Unterhaltsrückgriff) 120 43 8, gewöhnlicher Inlandaufenthalt 120 41 6, haushaltsangehörige Personen 120 43 3, Informations-/Beratungspflicht 60 109a 2; 120 46 2, Leistungsabsprache 120 44 4, Leistungsberechtigte 120 41 1, rentenrechtliche Sondernormen 120 41 11, rentenversicherungsrechtliche Praxis 120 41 13, Umfang 120 42 1, VO EG 883/2004 5 SK 29, Zusammenarbeit mit Rentenversicherungsträgern 120 46 1, Zweckrichtung 120 41 2
Grundsicherung bei Erwerbsunfähigkeit, Alg II 20 5 7
Grundsicherung für Arbeitssuchende, s. auch Arbeitslosengeld II, Alg II-V 20 13 3, Alter 20 7 2, Altersgrenze 20 7a, anderweitig berücksichtigtes Einkommen 20 11b 35, Antrag 20 5 9, Arbeitsuche 20 7 9, Arge 20 6–6d 2, AsylbewerberleistungsG 20 5 4, 7 10, Aufenthaltsrecht 20 7 11, Aufwandsentschädigung 20 11a 5, Ausbildungsförderung 20 5 4, Ausbildungsgeld 20 11a 4, Ausländer 20 7 2, Ausländer – Leistungsausschluss 20 7 6, Auslandsaufenthalt 20 7 4, Auslandsdeutsche 20 7 4, BAföG 20 5 4, 11a 5, Bedarfsgemeinschaft 20 7 12, Behinderung 20 1 10, Berechtigte 20 7, zu berücksichtigendes Einkommen (Alg II) 20 11 1, BU-Rente 20 11a 4, Einkommen – Absetzbeträge 20 11b 1, Einkommen aus nichtselbständiger Arbeit 20 11b 1, Einkommen aus Selbständigkeit, Gewerbe, Land-/Forstwirtschaft 20 11b 4, einmalige Einnahmen 20 11 11, Elterngeld 7 10 6; 20 5 4, 11a 22, Entgeltersatzleistungen 20 5 4, Ermessensleistungen 20 5 5, Ersatzansprüche 20 34 1, Ersatzansprüche für rechtswidrig erhaltene Leistungen 20 34a 1, Erwerbsanreize 20 1 11, Erwerbsfähigkeit 20 1 7, 7 3, 8 1, Erwerbstätigkeit 20 1 6, Erwerbsunfähigkeitsrente 20 11a 4, Existenzgründerzuschuss 20 14 2, Familie 20 1 1, Fördern und Fordern 20 1 3, Freibetrag 20 11b 22, Freibetrag, weiterer 20 11b 31, Fristversäumnis 20 11 1, geförderte Altersvorsorge 20 11b 16, gemeinsame Einrichtungen 20 6–6d 7, gewöhnlicher Aufenthalt 20 7 4, GKV-Leistungen 20 5 4, Gleichstellung 20 1 4, 8, Grundsatz 20 1 2, Grundsicherung bei Erwerbsunfähigkeit 20 5 7, Grundsicherung im Alter 20 5 7, Gründungszuschuss 20 11a 4, Hilfe zum Lebensunterhalt 20 5 6, Hilfebedürftigkeit 20 7 3, Inlandsaufenthalt 20 7 4, Insolvenzgeld 20 11 a 4, Kinder- und Jugendhilfe 20 5 4, Kinderbetreuungskosten 20 11b 17, Kindergeld 20 5 4, 11 8, Kinderzuschlag 20 5 4, 11 8, laufende Einnahmen 20 11 11, Leistungen 10 19a, Leistungsausschluss 20 7 22, Leistungsberechtigung 20 7 2, Leistungsexport 20 7 5, Nichtsesshafte 20 7 4, Optionskommune 20 6–6d 2, 6b, 8, Ortsabwesenheit 20 7 32, Pflegegeld 20 5 4, Pflegekindergeld 20 11a 6, privilegierte Einnahmen 20 11b 8, privilegierte Einnahmen (Schüler) 20 11a 21, Programmsätze 20 1 4, Prüfung der Erwerbsfähigkeit 60 109a 7, Rechtsbehelf/-mittel 20 5 10, Schmerzensgeld 20 11a 3, Schuldenübernahme 20 7 43, sonstige Ersatzansprüche 20 34b 1, Sozialversiche-

rungsbeiträge 20 11b 9, Steuern 20 11b 8, Träger 20 6, Trennungsmodell 20 6–6d 1, Überbrückungsgeld 20 11a 4, Unterhaltspflichten 20 11b 33, Unterhaltsvorschuss 20 5 4, Unterhaltszahlungen 20 5 3, Urlaub 20 7 32, Verhältnis zu anderen Leistungen 20 5 1, Verhältnis zur Jugendhilfe 80 SK 26, Verletzenrente 20 11a 4, Verletztenrente 20 5 4, Verpflegung 20 11b 2, Versicherungsbeiträge 20 11b 10, Versorgungsleistungen 20 5 4, Versorgungsrente 20 11a 2, VO EG 883/2004 5 SK 29, Vor-/Nachrang 20 5 2, Werbungskosten 20 11b 17, Wohngeld 20 5 4, Wohnungslose 20 7 4, Zuständigkeit, Sozialgericht 150 51 12, Zuwendungen Dritter 20 11a 8, Zuwendungen freie Wohlfahrtspflege 20 11a 7
Grundsicherung im Alter 120 19 11, Abweichung vom Regelbedarf 120 42 3, Alg II 20 5 7, Altersgrenze 120 41 8, Anforderungen 120 41 8, Anspruchsberechtigung 120 41 5, Antragstellung 120 41 17, Ausschluss 120 21 2, Ausschluss bestimmter Leistungsarten 120 42 2, Ausschluss des Unterhaltsrückgriffes gegenüber Kindern/Eltern 120 43 6, Ausschlussklausel 120 41 18, Bedürftigkeit 120 41 14, Berücksichtigung von Unterhalt 120 41 16, besondere Verfahrensregelungen 120 44 1, Besonderheiten Vermögenseinsatz/Unterhaltsansprüche 120 43 1, Bewilligungszeitraum 120 44 2, Darlehen 120 42 3, eheliche Gemeinschaft/Getrenntleben 120 43 5, Einkommensanrechnung 120 43 2, Einkommensbegriff (Unterhaltsrückgriff) 120 43 7, Einkommens-/Vermögensermittlung 120 41 15, fiktive Kontrollrechnung bei Partnern 120 43 4, Freibetrag Eltern/Kinder (Unterhaltsrückgriff) 120 43 8, gewöhnlicher Inlandaufenthalt 120 41 6, haushaltsangehörige Personen 120 43 3, Informations-/Beratungspflicht 60 109a 2; 120 46 2, Leistungsabsprache 120 44 4, Leistungsberechtigte 120 41 1, Umfang 120 42 1, VO EG 883/2004 5 SK 29, Vollendung des 65. Lebensjahrs 120 41 9, Zusammenarbeit mit Rentenversicherungsträgern 120 46 1, Zweckrichtung 120 41 2
Grundsicherung, soziale 10 1–10 37f.
Grundstücke, Beleihung 40 84
Grundstückseigentümer, Auskunftspflicht 70 198
Gründungszuschuss 30 57 1, Alg II 20 11a 4, Anspruchsausschluss 30 57 23, Betriebsübernahme 30 57 6, Dauer 30 58, Höhe 30 58, Kenntnisse und Fähigkeiten 30 57 22, Restanspruch auf Alg 30 57 13, Tragfähigkeitsnachweis 30 57 17, Verfahren 30 57 29, Voraussetzungen 30 57 4, Wartefrist 30 57 24
Grundurteil 130 130
Gruppenbildung, Hilfsmittel 50 36 2
Gruppenprophylaxe, Begünstigte 50 21 2, Durchführung 50 21 4, Maßnahmen 50 21 2, Zahnerkrankungen 50 21 1
Gruppentheorie, Forderungsübergang 100 116 35
Gruppenzugehörigkeit, Sozialversicherungswahlen 40 47
Günstige Umstände, Berücksichtigung 100 19/20 11
Günstigkeitsprinzip 100 9 6, 18 8, 40–43 28, Anrechnungszeiten 60 58 14, Kummulierungsverbot 5 SK 59
Günstigkeitsregel, Berufskrankheit 70 9 18
Gutachten, s. auch Begutachtung
Guter Glaube 100 116 81f., Schutz 100 116 81f.

Haarausfall 50 27 5
Hafengebiet, Unfallversicherung 70 10 2
Haftpflichtversicherung, Unfallversicherung 70 140
Haftung, Sonderrechtsnachfolge 10 57 3, Sozialversicherungsträger 40 42, ggü. Sozialversicherungsträ-

magere Zahlen = §§ bzw. Art.; kursive Zahlen = Randnummern **Sachverzeichnis**

gern (Unfallversicherung) 70 110 *1*, Wohngeld 160 *29*
Haftung, erweiterte, Baugewerbe 40 28 e *20*
Haftungsausschluss (Unfallversicherung), Bindung der Gerichte 70 108 *1*, Feststellungsberechtigung von in Haftung beschränkten Personen 70 109 *1*, Fristablauf 70 109 *4*, Reichweite Bindungswirkung 70 108 *3*, Verfahrensvoraussetzung 70 108 *7*
Haftungsausschluss anderer im Betrieb tätiger Personen (Unfallversicherung) 70 105 *2*, Entsperrung 70 105 *8*, Rechtsfolgen 70 105 *9*, Regressanspruch 70 110 *4*, Regressanspruch gegen Organe 70 111 *1*, Regressverzicht 70 110 *12*, Schwarzarbeit 70 110 *9*, Voraussetzungen 70 105 *3*
Haftungsausschluss anderer Personen (Unfallversicherung) 70 106 *1*, gemeinsame Betriebsstätte 70 106 *10*, Haftungsbeschränkung gegenüber Besuchern 70 106 *13*, Normzweck 70 106 *2*, Personen im Unternehmen 70 106 *3*, Pflegebedüftige/-personen 70 106 *8*, Regressanspruch 70 110 *4*, Regressverzicht 70 110 *12*, Schwarzarbeit 70 110 *9*, Unglücksfälle 70 106 *9*, Unternehmen des Zivilschutzes 70 106 *9*
Haftungsausschluss Unternehmer (Unfallversicherung) 70 104 *1*, Bereicherungsverbot 70 104 *10*, Drittbeteiligung 70 104 *12*, Entsperrung 70 104 *7*, kein Forderungsübergang 70 104 *9*, Gegenstand 70 104 *3*, Regressanspruch gegen Organe 70 111 *1*, Regressverzicht 70 110 *12*, Schädigung der Leibesfrucht 70 104 *11*, Schwarzarbeit 70 110 *9*, Voraussetzungen 70 104 *4*
Haftungsausschluss Seefahrt (Unfallversicherung) 70 107 *1*, andere das Arbeitsentgelt schuldende Personen 70 107 *2*, Lotsen 70 107 *2*, Regressanspruch 70 110 *4*, Regressanspruch gegen Organe 70 111 *1*, Regressverzicht 70 110 *12*, Schwarzarbeit 70 110 *9*, Zusammenstoß mehrerer Seeschiffe 70 107 *3*
Haftungsfreistellung, Ausnahmetatbestände 100 116 *7*, Baugewerbe 40 28 e *19*, Unfallversicherung 100 116 *6*
Haftungsumfang, Zahlungspflicht 40 28 e *23*
Handlungsfähigkeit 10 *36*, fehlende 100 10–12 *10*, Klärung 100 10–12 *9*, Verfahrenshandlungen 100 10–12 *7*
Handwerker, Altersrente nach Altersteilzeit 60 237 *29*, Altersrente wegen Arbeitslosigkeit 60 237 *29*, beitragspflichtige Einnahmen 60 *279*, Ersatzzeiten 60 *251*
Handwerkerinnen, Altersrente für Frauen 60 237 a *13*
Handwerksbetriebe, RV-Pflichtbefreiung 60 6 *12*
Handwerksrolle, Versicherungspflicht 60 2 *14*
Härtefälle, Anrechnung des Einkommens der Eltern (BAföG) 6 SK *50*, Elterngeld 7 1 *22f.*, Zusatzleistungen für 6 14 a, SK *42*
Härte-Verordnung 6 SK *42*
Hauptberuflichkeit, Gründungszuschuss 30 57 *7*
Hauptintervention, Sozialgericht 150 *74*
Hauptschulabschluss während Bildungsmaßnahme 30 61 a
Hauptschwerbehindertenvertretung 90 *97*
Hausarzt, hausarztzentrierte Versorgung 50 73 b *1*, Versorgung 50 95–105 *7*
Hauseigentümer, Bedarfe für Unterkunft und Heizung 20 22 *16*, Schuldenübernahme 20 22 *48*
Hausgewerbetreibende 40 12 *2, 4*, Auskunfts-/Vorlagepflicht 40 28 o *7*, fiktive Gleichstellung 40 12 *13*, Gesamtsozialversicherungsbeitrag 40 28 d *2*, 28 m *5*, gesetzliche Unfallversicherung 70 2 *21*, Meldepflicht 40 28 a *34*, 28 m *6*; 60 *190*, RV-Pflicht 60 2 *12*, Zahlungsrecht 40 28 m *5*

Haushalt, Einsatzgemeinschaft 120 19 *10*, Hilfen zur Weiterführung des 120 *70*
Haushalt, gemeinsamer, Elterngeld 7 1 *6f.*
Haushalts- und Wirtschaftsgemeinschaft, eheähnliche/lebenspartnerschaftsähnliche Gemeinschaft 120 20 *4*
Haushaltsangehörige, Grundsicherung im Alter/bei Erwerbsminderung 120 43 *3*, Regelsatz (Sozialhilfe) 120 28 *7*
Haushaltsaufnahme, Waisenrente 60 48 *7*
Haushaltsenergie, Bedarfe für Unterkunft und Heizung 20 22 *5*, Regelbedarf 20 20 *43*, Unterkunftskosten 120 29 *6*
Haushaltsführung, vorübergehend getrennte 30 121 *15 a*
Haushaltsführung, vorläufige 40 *72*
Haushaltsgemeinschaft, Bedarfsdeckungsvermutung 120 36 *1*, Bedarfsgemeinschaft 20 7 *21*, Eingliederungshilfe für behinderte Menschen 120 19 *15*, Einschränkung der Hilfe zum Lebensunterhalt 120 39 *8*, Hilfe in anderen Lebenslagen 120 19 *15*, Hilfe zur Pflege 120 19 *15*, Hilfe zur Überwindung besonderer sozialer Schwierigkeiten 120 19 *15*, Hilfebedürftigkeit 20 9 *19*, Hilfen zur Gesundheit 120 19 *15*, Unterkunftskosten 120 29 *5*
Haushaltshilfe 50 38 *1*, *132*; 70 *42*, Art/Form 70 *55*, Art/Umfang 50 38 *9*, Forderungsübergang 100 116 *44*, geänderte Voraussetzungen 50 38 *7*, Inhalt 50 38 *8*, Kostenerstattung 50 38 *8*, landwirtschaftliche Berufsgenossenschaften 70 *54*, Subsidiarität 50 38 *6*, Teilhabeleistungen 90 *54*, Voraussetzungen 50 38 *2*, Zuzahlung 50 38 *9*
Haushaltsmitglieder, Ausländer 160 SK *44*, Berücksichtigung 160 *6*, SK *47*, Verstorbene 160 SK *46*, Wohngeld 160 *5*, SK *38*
Haushaltsmittel, Jugendarbeit 80 SK *157*
Haushaltsplan 40 *70*, BA 40 71 a, Deutsche Rentenversicherung Knappschaft-Bahn-See 40 *71*, Landwirtschaftliche Sozialversicherung 40 71 d
Haushaltssanierungsgesetz 30 434 a
Haushaltsscheckverfahren, Anwendungsbereich 40 28 a *36*, Arbeitsentgelt 40 14 *19*, Beiträge 40 23 *19*, *24*, Einzugsstelle 40 28 h *2*, 28 b *4*, Inhalt 40 *39*, Minijob-Zentrale 40 28 a *38*, vereinfachte Meldung/Beitragszahlung 40 28 a *37*, Vergütung 40 28 *l*
Haushaltstätigkeiten, Unfallversicherungsfreiheit 70 4 *7*
Haushaltsvorschriften des Bundes, Geltung für BA 40 77 a
Haushaltsvorstand, Regelsatz (Sozialhilfe) 120 28 *7*
Haushaltswesen, Landesverbände 50 *208*
Häusliche Gemeinschaft, Familienprivileg 100 116 *78*
Häusliche Krankenpflege 50 *132 a*; 70 *32*, Anspruchsdauer 50 37 *11*, Anspruchsinhalt 50 37 *5*, Anspruchsort 50 37 *10*, Behandlungspflege 50 37 *7*, Behandlungssicherungspflege 50 37 *12*, Grundpflege 50 37 *9*, hauswirtschaftliche Versorgung 50 37 *9*, Kostenerstattung 50 37 *14*, Rechtsschutz 50 37 *16*, Richtlinien 50 37 *9*, Voraussetzungen 50 37 *2*, Zuzahlung 50 37 *15*, 61 *3*
Häusliche Pflege 110 28 *3*, *s. auch Pflege, häusliche,* durch Einzelpersonen 110 *77*, erheblicher allgemeiner Betreuungsbedarf 110 45 a *5*, Hilfe zur Pflege 120 63 *1*, Pflegevertrag 110 *120*, Prüfung der Sicherstellung 110 18 *9*, Verhinderungspflege 110 39 *1*, Vorrang 110 3 *2*
Häusliche Pflege, Vorrang, Grenzen 110 3 *2*, Interesse des Leistungsberechtigten am Heimbezug 110 3 *3*, Interesse des Sozialversicherungsträgers am Heimbezug 110 3 *4*, teil- vor vollstationär 110 3 *7*

2807

Sachverzeichnis

Fette Zahlen = Kennziffern

Hausrat, angemessener **20** 12 *20*, Hilfe zum Lebensunterhalt **120** 27 *3*, Regelbedarf **20** 20 *41*
Hauswirtschaftliche Versorgung, erheblicher allgemeiner Betreuungsbedarf **110** 45a *6*, häusliche Krankenpflege **50** 37 *8*, Pflegebedürftigkeit **110** 14 *22*, Pflegesachleistung **110** 36 *5*, PV **110** 28 *10*
Hebammen 50 15 *5*, Abrechnung **50** 301a, Arztvorbehalt **50** 15 *5*, beitragpflichtige Einnahmen **60** 279, Versicherungspflicht **60** 2 *9*
Hebammenhilfe 50 134a
Heilbehandlung 10 63, Begriff **10** 63 *4*, Durchführung **70** 34, Kosten **10** 63 *5*, Mitwirkungspflicht **10** 63 *2*, Umfang **70** 27
Heilberufsangehöriger, Auskunftspflicht **100** 100
Heilmittel 70 30, ausgeschlossene **50** 32 *6*, 34 *1*, Begriff **50** 32 *3*, als Dienstleistung – Zulassung **50** 124, neue **50** 138, Richtlinie **50** 32 *5*, Zuzahlung **50** 32 *7*, 61 *3*
Heilmittelbudget 50 84
Heilmitttel-Richtlinie 50 32 *5*
Heilpädagogische Leistungen 90 56, Sozialpädiatrie **50** 43a *3*
Heilpraktiker 50 15 *3*, *5*, *11*, 27 *11*, selbständige – Unfallversicherungsfreiheit **70** 4 *6*
Heilung, Anhörung **100** 40–43 *17*, fehlende Begründung **100** 40–43 *22*, fehlender Antrag **100** 40–43 *21*, Verfahrens-/Formfehler **100** 40–43 *3*, *19*, *41*
Heilungsbewährung 100 44–48 *45*
Heilungskosten, Forderungsübergang **100** 116 *38*
Heim, KV-Versicherungspflicht **50** 5 *26*
Heimarbeit, Schwerbehinderte **90** 127, Versicherungfreiheit (ArblosV) **30** 27 *8*
Heimarbeiter 40 12 *2*, *9*, Arbeitsförderung **30** 13, fiktive Gleichstellung **40** 12 *13*, Gesamtsozialversicherungsbeitrag **40** 28m *5*, gesetzliche Unfallversicherung **70** 2 *7*, Krankengeld **50** 44 *5*, Kurzbeiterbeitergeld **30** 176, Meldepflicht **40** 28m *6*, Meldung **40** 28a *2*, Verfügbarkeit **30** 120 *16*, Zahlungsrecht **40** 28m *5*
Heimaufsicht 80 SK *129*, personenbezogene Daten **110** 97b, Zusammenarbeit **110** 117
Heimbewohner, Berücksichtigung **160** SK *14*, *57*, Zuzahlung (Sozialhilfe) **120** 35 *8*
Heimentgelt, Berechnung/Zahlung **110** 87a
Heimerziehung 80 34, Kostenbeteiligung **80** SK *103*
Heimverträge, Pflegeheime außerhalb des Anwendungsbereichs des HeimG **110** 119
Heizbedarf, Anspruchsübergang **120** 19 *19*, Minderung des Alg II **20** 31a *20*, Zahlung an Vermieter bei Minderung des Alg II **20** 31a *21*
Heizenergie, Bedarfe für Unterkunft und Heizung **20** 22 *4*
Heizkosten, Bedarfe für Unterkunft und Heizung **20** 22 *18*, Wohngeld **160** 12, SK *54*
Heizung, *s. auch Bedarfe für Unterkunft und Heizung, s. auch Leistungen für Unterkunft und Heizung,* Hilfe zum Lebensunterhalt **120** 29 *1*, Pauschale **120** 29 *30*, Unterdeckung **120** 29 *29*, Vorauszahlung **120** 29 *25*, Warmwasser **120** 29 *27*, Wartungsarbeiten **120** 29 *25*
Herbeiführung der Hilfebedürftigkeit, Ersatzanspruch **20** 34 *7*
Herstellungsanspruch, Nichtbeachtung **100** 44–48 *10*, sozialrechtlicher **100** 44–48 *18*
Herstellungsanspruch, sozialrechtlicher, Alg **30** 118 *9*, Arbeitslosmeldung **30** 122 *15*, Dogmatik **10** 14 *11*, Erlöschen (Alg) **30** 147 *10*, fiktive Bemessung **30** 132 *13*, Leistungsentgelt **30** 133 *24*, rückwirkende Leistungserbringung **10** 14 *17*, Ruhen (Alg) **30** 143 *24*, Übergangsgeld **30** 160 *13*, Verjährung **10** 14 *17*, Voraussetzungen **10** 14 *12*
Hilfe bei Krankheit 120 48

Hilfe bei Schwangerschaft und Mutterschaft 120 50
Hilfe bei Sterilisation 120 51
Hilfe, erzieherische, Vertrauensschutz **80** 65
Hilfe für junge Volljährige 80 SK *113*, örtliche Zuständigkeit **80** SK *166*, Zuständigkeit **80** SK *119*
Hilfe in anderen Lebenslagen 120 19 *15*, abweichender Grundbetrag **120** 86 *1*, Berechnung Einkommensgrenze **120** 85 *7*, Einkommensgrenze **120** 85 *1*, Einsatz des Einkommens bei mehrfachem Bedarf **120** 89 *1*, Einsatz des Einkommens über der Einkommensgrenze **120** 87 *1*, Einsatz des Einkommens unter der Einkommensgrenze **120** 88 *3*, maßgebender Eckregelsatz **120** 85 *11*
Hilfe in sonstigen Lebenslagen 120 73
Hilfe, persönliche, Vertrauensschutz **80** 65
Hilfe von anderen, Hilfebedürftigkeit **20** 9 *5*
Hilfe zum Lebensunterhalt, Alg II **20** 5 *6*, Darlehensgewährung **120** 37 *1*, Darlehen in vorübergehender Notlage **120** 38 *1*, Einkommensberücksichtigung **120** 19 *3*, Einsatzgemeinschaft **120** 19 *4*, Ernährungsbedarf **120** 27 *3*, Forderungsübergang gegenüber Arbeitgebern **100** 115 *3*, gemischte Bedarfsgemeinschaft **120** 19 *7*, Hausrat **120** 27 *3*, Hilfe zur Weiterführung des Haushalts **120** 27 *8*, Kinder/Jugendliche **120** 27 *3*, Kleidung **120** 27 *3*, Körperpflege **120** 27 *3*, Kostenbeitrag **120** 27 *6*, Kranken-/Pflegeversicherung **120** 32 *1*, Nachranggrundsatz **120** 19 *2*, notwendiger Lebensunterhalt **120** 27 *1*, Personen mit ausreichendem Einkommen **120** 27 *6*, Regelbedarf **120** 28 *1*, Selbsthilfemöglichkeit **120** 19 *2*, Tatsächlichkeitsprinzip **120** 19 *5*
Hilfe zum Lebensunterhalt, Einschränkung, Ablehnung **120** 39 *3*, Analogleistung **120** 39 *1*, Anwendungsbereich **120** 39 *1*, Nachranggrundsatz **120** 39 *2*, Rechtsfolge/Belehrung **120** 39 *5*, Schutz der Haushaltsangehörigen **120** 39 *8*
Hilfe zum Lebensunterhalt, Sonderfälle 120 34 *1*, drohende Wohnungslosigkeit **120** 34 *7*, Mitteilungen des Amtsgerichts **120** 34 *10*, Schuldenübernahme **120** 34 *1*, Sicherung der Unterkunft/vergleichbare Notlage **120** 34 *2*
Hilfe zur Erziehung 80 27, SK *92ff.*, *s. Erziehungshilfe,* Ausbildungsmaßnahmen **80** SK *98*, Beschäftigungsmaßnahme **80** SK *98*, Inhalt **80** SK *96ff*, Kostenbeteiligung **80** SK *103*, Krankenhilfe **80** SK *99*, pädagogische Maßnahmen **80** SK *98*, Selbstbeschaffung **80** SK *102*, therapeutische Leistungen **80** SK *98*, Unterhalt **80** SK *99*, Voraussetzungen **80** SK *92ff.*, Zuständigkeit **80** SK *100*
Hilfe zur Familienplanung 120 49
Hilfe zur Gesundheit 120 19 *15*, abweichender Grundbetrag **120** 86 *1*, Berechnung Einkommensgrenze **120** 85 *7*, Einkommensgrenze **120** 85 *1*, Einsatz des Einkommens bei mehrfachem Bedarf **120** 89 *1*, Einsatz des Einkommens über der Einkommensgrenze **120** 87 *1*, Einsatz des Einkommens unter der Einkommensgrenze **120** 88 *3*, Leistungserbringung/Vergütung **120** 52, maßgebender Eckregelsatz **120** 85 *11*, vorbeugende **120** 47
Hilfe zur Pflege 120 19 *15*, abweichender Grundbetrag **120** 86 *1*, Aktivierung **120** 61 *3*, andere Leistungen **120** 65 *1*, Arbeitgebermodell **120** 66 *7*, Assistenzmodell **120** 66 *7*, Berechnung Einkommensgrenze **120** 85 *7*, Bindung an Entscheidung der Pflegekasse **120** 62 *2*, Einkommensgrenze **120** 85 *1*, Einsatz des Einkommens bei mehrfachem Bedarf **120** 89 *1*, Einsatz des Einkommens über der Einkommensgrenze **120** 87 *1*, Einsatz des Einkommens unter der Einkommensgrenze **120** 88 *3*, häusliche Pflege **120** 63 *1*, Krankheit/Behinderung **120** 61 *2*, Leistungsberechtigte/Leistungen **120** 61 *1*, Leis-

magere Zahlen = §§ bzw. Art.; kursive Zahlen = Randnummern **Sachverzeichnis**

tungskonkurrenz 120 66 *1*, maßgebender Eckregelsatz 120 85 *11*, Mehrkostenvorbehalt 120 63 *2*, Öffnungsklauseln 120 61 *2*, Persönliches Budget 120 61 *3*, Pflegebedürftigkeit 120 61 *2*, Pflegegeld 120 64 *1*, Pflegeperson 120 65 *2*

Hilfe zur Überwindung besonderer sozialer Schwierigkeiten 120 19 *15*, abweichender Grundbetrag 120 86 *1*, Berechnung Einkommensgrenze 120 85 *7*, Einkommensgrenze 120 85 *1*, Einsatz des Einkommens bei mehrfachem Bedarf 120 89 *1*, Einsatz des Einkommens über der Einkommensgrenze 120 87 *1*, Einsatz des Einkommens unter der Einkommensgrenze 120 88 *3*, Leistungsberechtigte 120 67, Leistungsumfang 120 68, maßgebender Eckregelsatz 120 85 *11*

Hilfe zur Weiterführung des Haushalts 120 70, Hilfe zum Lebensunterhalt 120 27 *8*

Hilfebedürftige, erwerbsfähige, Bedarfsgemeinschaft 20 7 *15*, Eingliederungsleistungen für Selbständige 20 16 c *1*, Einstiegsgeld 20 16 b *3*

Hilfebedürftiger, Eingliederungsvereinbarung 20 15 *12*

Hilfebedürftigkeit, absichtliches Herbeiführen der 20 31 *29*, Alg II 20 7 *3*, Aufrechnung 10 51 *12*, Bedarfsgemeinschaft 20 9 *8*, Eingliederungsleistungen für Selbständige 20 16 c *5*, Einkommensanrechnung – Schwangerschaft/Kinderbetreuung 20 9 *10*, Einkommen/Vermögen 20 9 *2*, Einsatzgemeinschaft 20 9 *8*, fehlende wg. Arbeitsmöglichkeit 20 9 *1*, Feststellung 20 44a *1*, durch Forderungsübergang 100 116 *69*, gemischte Bedarfsgemeinschaft 20 9 *14*, Haushaltsgemeinschaft 20 9 *19*, Hilfe von andern 20 9 *5*, horizontale Ermittlung 20 9 *11*, Kopfteilung 20 9 *15a*, Kriterien 20 9 *1*, lediges Kind bis 25 Jahre – Elterneinkommen/Vermögen 20 9 *9*, Prüfung 20 9 *6*, trotz Vermögen 20 9 *16*, Wegfall – Eingliederungsleistungen 20 16 g *5*

Hilfeempfänger in Einrichtungen, Übergangsregelung 120 133 a

Hilfeleistung, gesetzliche Unfallversicherung 70 2 *38*, Sachschäden (Unfallversicherung) 70 13 *1*

Hilfeplan 80 SK *101*, Beteiligung 80 SK *17*

Hilfeplanverfahren, Inobhutnahme 80 SK *126*, junge Volljährige 80 SK *119*

Hilfskräfte der Europäischen Gemeinschaften, VO EG 883/2004 5 *15*

Hilfsmittel 50 124–127 *2*; 70 31, Abgrenzung zum Heilmittel 50 33 *4*, Anspruchsvoraussetzungen 50 33 *2*, ausgeschlossene 50 34 *1*, *10*, Ausschluss 50 33 *10*, Begriff 50 33 *3*, Berufsausübung 50 33 *11 a*, Beschädigung/Verlust als Arbeitsunfall 70 8 *135*, Erforderlichkeit 50 33 *8*, Festbeträge 50 36 *1*, Kostengünstigkeit 50 33 *8*, Leihe 50 33 *15*, Leistungsumfang/-modalitäten 50 33 *14*, Pflegebedürftigkeit 110 14 *11*, Pflegeheim 50 33 *2*, Qualitätssicherung 50 33 *139*, Rahmenempfehlung/Verträge 50 *125*, SGB IX 90 31, Wahlrecht 50 33 *9*, Zuzahlung 50 33 *17*, Zweitversorgung 50 33 *8 a*

Hilfsmittel-Richtlinien 50 33 *13*

Hilfsmittelverzeichnis 50 33 *13*, *139*

Hinterbliebene, *s. auch Erbe,* Beihilfeanspruch – KV-Versicherungsfreiheit 50 6 *17*, Beitragserstattung 60 210 *5*, Erhöhung der Jahresarbeitsverdienstes 70 88, Insolvenzgeld 30 183 *49*, nachgehender Anspruch 50 19 *9*, Verletztenrente 70 61 *6*, VO EG 883/2004 5 SK *19*, Zuständigkeit 60 *127*

Hinterbliebenenleistungen, Unfallversicherung 70 63 *1*, 218a, *s. auch Unfallversicherungsrenten, s. auch Witwenrente, Waisenrente,* Beginn 70 72 *3*, Blutprobe 70 63 *20*, Erstattungsberechtigte 70 64 *7*, Hinzutreten/Wegfall von Berechtigten 70 70 *4*, Höchstbetrag 70 70 *1*, Kausalität 70 63 *2*, Lebenspartner 70 63 *15*,

Obduktion 70 63 *12*, privilegierte Berufskrankheiten 70 63 *16*, Seeleute 70 63 *24*, Sterbegeld 70 64 *2*, Überführungskosten 70 64 *3*, Verschollenheit 70 63 *21*

Hinterbliebenenrente 60 33 *6*, 46 *1*, *s. auch Rente an Verwandte der aufsteigenden Linie, Unfallversicherung, s. auch Waisenrente, Unfallversicherung, s. auch Witwenrente, Unfallversicherung, s. auch Witwenrente, Waisenrente, Erziehungsrente,* Abfindung 40 18 a *22*, neben Altersrente 40 18 a *12*, neben Altersicherung der Landwirte 40 18 a *13*, ausländisches Einkommen 40 18 a *30*, neben Berufsschadensausgleich 40 18 a *18*, neben betrieblicher Altersrente 40 18 a *19*, Einkommensänderung (Anrechnung) 40 18 d *1*, Einkommensanrechnung 40 18 a *1*; 60 97, 314, Einkommensanrechnung (Ost) 60 314 a, Einkommensermittlung (Anrechnung) 40 18 c *1*, Einkommensminderung (Anrechnung) 40 18 d *6*, Elterngeld 40 18 a *27*, Erwerbseinkommen 40 18 a *7*, Erwerbsersatzeinkommen 40 18 a *10*, Gleichberechtigung 40 18 a *2*, Kapitalerträge 40 18 a *23*, Kapitalleistung 40 18 a *22*, kindbezogene Leistungen 40 18 a *21*, nachgeborene Waise 60 99 *14*, nicht anrechenbares Einkommen 40 18 a *28*, private Veräußerungsgeschäfte 40 18 a *26*, neben privaten Renten 40 18 a *20*, Rentenbeginn 60 99 *11*, 101 *4*, neben Ruhegehalt 40 18 a *15*, Übergangsvorschrift 40 114, neben Unfallfürsorge 40 18 a *16*, neben Verletztenrente 40 18 a *14*, Vermietung 40 18 a *25*, Vermögenseinkommen 40 18 a *23*, Verpachtung 40 18 a *25*, Verschollenheit 60 49 *1*, Versicherungseinkommen 40 18 a *24*, neben Versorgungsrenten 40 18 a *17*, VO EG 883/2004 5 *50*, Wartezeiterfüllung (Ost) 60 245 a, Zurechnungszeiten 60 59 *1*, Zuschläge 60 264 b

Hinweispflicht, Beteiligungsrechte 80 SK *14*, Rechtsfolgen fehlender Mitwirkung 10 66 *10*, Rentenbeginn 60 99 *9*, des Sozialgerichts 150 123–142 *1*, Wunsch- und Wahlrecht 80 SK *11*

Hinzuverdienst, Altersrente Bergleute 60 40 *9*, Altersrente für Frauen 60 237 a *19*, *25*, Altersrente für langjährig Versicherte 60 236 *11*, Altersrente für Schwerbehinderte 60 37 *16*, 236 a *29*, Altersrente nach Altersteilzeit 60 237 *36*, *51*, Altersrente wegen Arbeitslosigkeit 60 237 *36*, *51*, Erwerbsminderungsrente 60 96 a, 313, langjährig Versicherte 60 36 *8*, Regelaltersrente 60 35 *12*, 235 *15*

Hinzuverdienstgrenze, Abgeordnetenentschädigung 60 34 *15*, Altersteilzeit 60 34 *15 a*, Arbeitseinkommen 60 34 *12*, Arbeitsentgelt 60 34 *8*, Betriebsaufgabe 60 34 *12*, Ehrenamtliche 60 34 *13 a*, Einkommensteuerbescheid 60 34 *12*, Einnahmen aus EEG 60 34 *12*, familienbezogene Einkommensbestandteile 60 34 *9*, geschäftsführende Gesellschafter 60 34 *15 a*, Gewinne/Verluste 60 34 *13*, Höhe 60 34 *16*, Jahreswechsel 60 34 *20 a*, Mindest- 60 34 *11*, nicht erwerbsmäßige Pflegepersonen 60 34 *11*, öffentlich-rechtliches Amtsverhältnis 60 34 *15*, relevante 60 34 *7*, Rentenwechsel 60 34 *24*, Teilrenten 60 34 *17*, Überschreiten 60 34 *20*, Veräußerungsgewinne 60 34 *12*, vergleichbares Einkommen 60 34 *14*, Vollrente 60 34 *16*, Vorruhestandsgeld 60 34 *14*, zeitliche 60 34 *12 a*

Hinzuziehung, Beteiligung 100 10–12 *13*

Hochrechnung 60 194

Hochschulambulanzen 50 117

Hochschule, Finanzierung 60 58 *24*

Hochschullehrer, Vertretungsbefugnis 150 73/73 a *2*

Höchstbetrag, Wohngeld 160 12, SK *62*

Höchstbetragsregelung, grenzüberschreitende Rente 5 SK *127*

Höchstdauer, Anrechnungszeiten 60 58 *10*

Höherversicherung (RV), Zeiten vor 1998 60 280

2809

Sachverzeichnis

Fette Zahlen = Kennziffern

Homöopathie 50 53 *6*
Honorarbescheide 100 32 *5*
Hort 80 SK *85*
Hospitation, gesetzliche Unfallversicherung **70** 2 *11*
Hospiz 50 39 a *1,* ambulante Versorgung **50** 39 a *7,* Förderung der ambulanten Versorgung **50** 39 a *7,* Rahmenvereinbarung **50** 39 a *4,* stationäre Versorgung **50** 39 a *2*
Humanität 50 70

Ich-AG 30 57 *3*
Illegale Beschäftigung, Arbeitsentgelt **40** 14 *18*
Immobilie, Vermögensberücksichtigung **20** 12 *26*
Impfung, s. *Schutzimpfung*
Individualisierungsprinzip, Regelsatz **120** 28 *4*
Individualprophylaxe, Leistungsinhalt **50** 22 *3,* Maßnahmen **50** 22 *2,* Regelungskompetenz **50** 22 *4*
Individuelle Beeinträchtigungen 80 SK *34*
Infektion als Berufskrankheit – Beweiserleichterung **70** 8 *89 a*
Informationelle Selbstbestimmung 100 20 *10*
Informationspflicht, Anhörung **100** 23–25 *9,* Grundsicherung im Alter/bei Erwerbsminderung **120** 46 *2,* Kostenerstattung **50** 13 *7*
Inkompatibilität, ehrenamtliche Richter **150** 9–27 *8 f.*
Inland, Ausbildung im **6** 4, SK *8*
Inlandsaufenthalt, Alg II **20** 7 *4*
Innenrevision 30 386, BA **20** 49
Innungskrankenkasse 50 Einl. *17,* Auflösung **50** 162, Ausdehung auf weitere Innungen **50** 159, Auseinandersetzung/Abwicklung der Geschäfte/Haftung/Dienstordnungsangestellte **50** 164, Ausscheiden einer Innung **50** 161, Errichtung **50** 157, Errichtungsverfahren **50** 158, Schließung **50** 163, Vereinigung von **50** 160
Inobhutnahme 80 SK *18, 121,* Ende **80** SK *127,* Hilfeplanverfahren **80** SK *126,* Kinder/Jugendliche **80** 42, Kostenerstattung **80** 89 b, örtliche Zuständigkeit **80** 87, Verfahren **80** SK *126,* Zuständigkeit **80** SK *125*
Inquisitionsmaxime, s. *Untersuchungsgrundsatz*
Insemination 50 27 a *1,* homologe **50** 27 a *8,* Sonderregelung **50** 27 a *10*
In-Sich-Prozesse, Sozialgericht **150** 60–72 *13*
Insolvenz, Meldepflicht **40** 28 a *7,* Wertguthaben **40** 23 b *14*
Insolvenzausfallgeld, s. *Insolvenzgeld*
Insolvenzgefahr, Erstattungspflicht **30** 147 a *30*
Insolvenzgeld 30 116 *7,* Abtretung **30** 183 *58,* Abtretung von Arbeitsentgelt **30** 188 *2,* Alg II **20** 11 a *4,* Anfechtung nach InsO **30** 187 *7,* Anspruchsübergang **30** 187 *1,* Arbeitgeber **30** 183 *11,* Arbeitszeitkonto **30** 183 *45,* Aufwendungsersatz **30** 183 *30 a,* Auskunftspflicht **30** 316, Ausschluss **30** 184 *1,* Beitragsbemessungsgrenze **30** 185 *1,* Berufungssumme **30** 183 *59,* Bescheinigung **30** 185 *3,* 314, Datenaustausch **30** 189 a *1,* Datenübermittlung **30** 189 a *1,* Dreimonatszeitraum **30** 183 *38,* Entgeltfortzahlung **30** 184 *2,* Ermessen **30** 186 *5,* Erstattung **30** 184 *5,* 186 *6,* fiktiver Steuerabzug **30** 185 *4,* Fortsetzung der Tätigkeit in Unkenntnis des Insolvenzereignisses **30** 183 *46,* Gesellschafter-Geschäftsführer **30** 183 *4,* Gratifikation **30** 184 *3,* Gründungszuschuss **30** 57 *9,* Hinterbliebene **30** 183 *49,* Höhe **30** 185 *1,* Inlandssachverhalt **30** 187 *10,* Insolvenzereignis **30** 183 *12,* Krankenkasse **30** 183 *9,* Leistungsverweigerungsrecht **30** 184 *4,* Massenzulänglichkeit **30** 183 *15, 17,* Mitteilungspflicht des Arbeitgebers **30** 183 *50,* Pfändung **30** 189 *3,* Provisionen **30** 183 *44,* Sozialplan **30** 183 *28,* Übertragung **30** 189 *1,* Urlaubsabgeltung **30** 183 *28,* Urlaubsgeld **30** 183 *27,* Verfahren **30** 183 *51,* Verpfändung **30** 189 *1,* Versorgungsanspruch **30** 183 *32,* Voraussetzung **30** 183 *1,* Vorfinanzierung **30** 188 *10,* vorläufige Zahlung **30** 186 *4,* Vorschuss **30** 186 *1,* Weiterarbeiten **30** 183 *47,* Zeitraum **30** 183 *26*
Insolvenzgeldumlage 30 358, Aufbringung **30** 359, Gesamtsozialversicherungsbeitrag **40** 28 d *3,* Satz **30** 360, Übergangsregelung **30** 362, Unternehmeranteile **30** 360
Insolvenzverwalter, Zahlungspflicht **40** 28 e *4*
Institut für Qualität und Wirtschaftlichkeit im Gesundheitswesen 50 139 a, Aufgabendurchführung **50** 139 b, Finanzierung **50** 139 c
Integration behinderter Menschen, Organisationspflichten **90** 81 *10*
Integrationsämter, Aufgaben **90** 102, Aufgabenübertragung **90** 107, beratender Ausschuss für behinderte Menschen beim **90** 103, Beschäftigungspflicht (Behinderte) **90** 71–80 *22,* Rehaträger **90** 14 *4,* Widerspruch **90** 118, Widerspruchsausschuss **90** 119, Zusammenarbeit mit BA **90** 101, Zusammenwirken mit Arbeitgebern und BA **90** 80
Integrationsfachdienste, Aufgaben **90** 110, Beauftragung/Verantwortlichkeit **90** 111, Begriff/Personenkreis **90** 109, Ergebnisbeobachtung **90** 114, fachliche Anforderungen **90** 112, finanzielle Leistungen **90** 113
Integrationsfähigkeit, mangelnde, Beschäftigungsförderung **20** 16 e *8*
Integrationsprojekte, Aufgaben **90** 133, Begriff/Personenkreis **90** 132, finanzielle Leistungen **90** 134
Integrationsvereinbarung 90 83, Abschluss/Beendigung **90** 83 *18,* Normzweck **90** 83 *1,* Rechtsnatur **90** 83 *14,* Regelungsfelder **90** 83 *7,* Streitigkeiten **90** 83 *23*
Integrierte Versorgung 50 95–105 *1,* 140 a, Anschubfinanzierung/Bereinigung **50** 140 d, PV **110** 92 b, Vergütung **50** 140 c, Verträge **50** 140 b
Interessensvertretung der Patienten, Beteiligung **50** 140 f
Interessenwahrungsgrundsatz 80 SK *172,* Kostenerstattung (Jugendhilfe) **80** SK *172*
Internationale Organisationen, Nachversicherung **60** 204
Internationaler Geltungsbereich des SGB VIII 80 SK *1 a*
Internatsunterbringung 80 SK *80 ff.*
Invalidenrenten, Erstattung **60** 291 a, Neufeststellung von Beschäftigungszeiten während **60** 310 c
Invalidität, Umwandlung in Altersrente **5** 48, Verschlimmerung **5** 47, VO EG 883/2004 **5** SK *16, 115 ff.*
Investitionszuschuss 30 57 *2*

Jagdgast, Unfallversicherungsfreiheit **70** 4 *5*
Jahresarbeitsentgeltgrenze, allgemeine **50** 6 *4,* Beitrag **50** Einl. *23,* KV-Versicherungsfreiheit **50** 6 *3,* KV-Versicherungspflichtbefreiung **50** 8 *5,* Überschreiten **50** Einl. *19*
Jahresarbeitsverdienst, Berechnungsgrundlage **70** 81, Berücksichtigung von Anpassungen **70** 89, Berufskrankheit **70** 84, nach billigem Ermessen (Neufestsetzung) **70** 91, nach billigem Ermessen **70** 87, Erhöhung für Hinterbliebene **70** 88, Höchst- **70** 85, Höchst- (Neufestsetzung) **70** 91, Kinder **70** 86, Landwirte **70** 93, Mindest- **70** 85, Mindest- (Neufestsetzung) **70** 91, Neufestsetzung nach Altersstufen **70** 90, Neufestsetzung nach voraussichtlicher Schul-/Berufsausbildung **70** 90, kraft Satzung (Unfallversicherung) **70** 83, Seeleute **70** 92
Jahresausgleich, Pflegekasse **110** 68

magere Zahlen = §§ bzw. Art.; kursive Zahlen = Randnummern **Sachverzeichnis**

Jahreseinkommen, Ermittlung (Wohngeld) 160 *15*, Wohngeld 160 *14*, SK *65*
Jahresmeldung 40 28 a *20*
Jahresrechnung 40 *77*
Jahressonderzahlung, Insolvenzgeld 30 183 *40*
Jobcenter 20 6 d
Jugendamt 80 *69*, SK *141*, Beratungsrecht 80 SK *15*, Einrichtung eines Jugendamts 80 SK *141*, Organisation 80 *70*, SK *141*, Zusammenarbeit mit anderen Stellen 80 SK *21*
Jugendarbeit 80 *11*, SK *29*, Anbieter 80 SK *31*, Anspruch 80 SK *30*, Förderung der 80 SK *31*, Haushaltsmittel 80 SK *157*, Kostenbeteiligung 80 SK *33*, Zuständigkeit 80 SK *32*
Jugendbericht 80 *84*
Jugendberufshilfe 80 SK *34*
Jugendfreiwilligendienst, Beschäftigungsort 40 9–11 *5*
Jugendgemeinderat 80 SK *17*
Jugendgerichtshilfe 80 *52*, SK *130*
Jugendgruppen 80 SK *31*, Förderung 80 SK *3*
Jugendhaus 80 SK *29*
Jugendhilfe 10 1–10 *36, 8*; 80 *1*, Alg II 20 5 *4*, andere Aufgaben 80 SK *3*, Arbeitsgemeinschaften 80 *78*, Aufgaben 80 *2*, nach Einreise 80 89 d, statt Familienhilfe 80 SK *5*, Förderung 80 SK *146 ff.*, KV-Versicherungspflicht 50 5 *21*, örtliche Zuständigkeit 80 SK *165*, sachliche Zuständigkeit 80 SK *164*, Sozialdatenschutz 10 35 *28*, Versicherungspflicht 60 1 *7*, weitere Stellen 80 SK *159*, Zusammenarbeit freier und öffentlicher Träger 80 *4*, Zuständigkeitswechsel 80 86 c
Jugendhilfe, freie 80 *3*, SK *7 ff.*, Anerkennung 80 SK *149*, Anerkennung als Träger 80 *75*, Beteiligung an anderen Aufgaben 80 *76*, Ehrenamt 80 *73*, Finanzierung 80 SK *154*, Förderung 80 *74*, Kostenvereinbarung 80 *77*, Selbständigkeit 80 SK *9*, Träger 80 SK *146*, Übertragung anderer Aufgaben an 80 SK *153*, Vereinbarungen über Leistungsangebote, Entgelte und Qualität 80 78 a ff.
Jugendhilfe, öffentliche 80 *3*, SK *7 ff.*, Bund 80 *83*, Gesamtverantwortung 80 *79*, Grundausstattung 80 *79*, Länder 80 *82*, sachliche Zuständigkeit 80 *85*, Träger 80 *69*, SK *140*, Zusammenarbeit mit anderen Stellen/öffentlichen Einrichtungen 80 *81*
Jugendhilfeausschuss 80 *71*, SK *141*, Jugendhilfeplanung 80 SK *158*
Jugendhilfeeinrichtungen, Betriebserlaubnis 80 SK *129*
Jugendhilfemitarbeiter, Fortbildung 80 *72*, persönliche Eignung 80 72 a
Jugendhilfeplanung 80 *80*, SK *158*
Jugendliche ohne Ausbildung 80 SK *34*, Bedarfe für Bildung und Teilhabe 20 28 *1*, beitragspflichtige Einnahmen 80 *235*, Beratung 80 SK *15*, Beteiligungsrechte 80 SK *13 ff.*, Betreutes Wohnen 80 *34*, in Einrichtungen beruflicher Reha (ArblosV) 30 26 *2*, in Einrichtungen der Jugendhilfe (ArblosV) 30 26 *2*, Hilfe zum Lebensunterhalt 20 27 *5*, Hinweis auf Verfahrensrechte 80 SK *14 ff.*, Individualprophylaxe 50 22 *2*, Leistungen – örtliche Zuständigkeit 80 *86*, MdE für Verletztenrente 70 56 *21*, Not- und Konfliktlage 80 SK *16*, Sozialgeld 20 23 *10*, Zahnerkrankungen 50 21 *1*
Jugendliche, seelisch behinderte 80 SK *104*, Eingliederungshilfe 80 35 a, Krankenhilfe 80 40, Mitwirkung/Hilfeplan 80 *36*, Steuerungsverantwortung/Selbstbeschaffung 80 36 a, Unterhalt 80 *39*, Vermittlung bei Personensorge 80 *38*, Zusammenarbeit bei Hilfen außerhalb der Familie 80 *37*
Jugendschutz, erzieherischer 80 *14*, SK *40*

Jugendsozialarbeit 80 *13*, SK *34*, Kostenbeteiligung 80 SK *39*, Zusammenarbeit mit anderen Stellen 80 SK *37*, Zuständigkeit 80 SK *38*
Jugendverbände 80 SK *31*, Förderung 80 *12*, SK *31*
Jugendvertreter, Arbeitsunfall 70 8 *36*
Junge Volljährige, Beratung und Unterstützung 80 SK *67 ff.*, örtliche Zuständigkeit 80 SK *166*
Jungendhilfe, Leistungen 10 *27*
Jungensozialarbeit 80 SK *34*
Juristische Personen des öffentlichen Rechts, Verwaltungstätigkeit 100 1 *4*
JVA, Leistungsausschluss (Alg II) 20 7 *24*

Kammern, Besetzung 150 *12*, Unterstützungspflicht 70 *195*
Kapitalerträge, Hinterbliebenenrente 40 18 a *23*
Kapitalgesellschaft, Zahlungspflicht 40 28 e *4*
Kapitalleistung, Hinterbliebenenrente 40 18 a *22*
Karenztag, Krankengeld 50 46 *1*
Kaskadenmethode, Einkommensermittlung 120 19 *5*
Kassen(zahn)ärztliche Vereinigungen, Allgemeines 50 95–105 *1*, Bundesmantelverträge 50 95–105 *2*, Gesamtvergütung 50 95–105 *2*, Gesamtverträge 50 95–105 *2*, regionale Gebührenordnung mit Europreisen 50 95–105 *2*, Sicherstellungsauftrag 50 95–105 *1*
Kassenartenübergreifende Vereinigung von Krankenkassen 50 171 a
Kassenärzte, Altersgrenze 50 Einl. *7*
Kassenärztliche Bundesvereinigung 50 *77*, Aufsicht/Haushalts- und Rechnungswesen/Vermögen/Statistik 50 *78*, Dienstleistungsgesellschaften 50 77 a, Fachausschuss hausärztliche Versorgung/weitere Fachausschüsse 50 79 c, Fachausschuss Psychotherapie 50 79 b, Organe 50 *79*, Satzung 50 *81*, Verhinderung von Organen/Bestellung eines Beauftragten 50 79 a, Wahlen 50 *80*
Kassenärztliche Vereinigungen 50 *77*, Aufsicht/Haushalts- und Rechnungswesen/Vermögen/Statistik 50 *78*, Datenaufbewahrung 50 *304*, Datenübersicht 50 *287*, Dienstleistungsgesellschaften 50 77 a, Fachausschuss hausärztliche Versorgung/weitere Fachausschüsse 50 79 c, Fachausschuss Psychotherapie 50 79 b, Forschungsvorhaben 50 *287*, Organe 50 *79*, personenbezogene Daten 50 *285*, Qualitätsförderung 50 *136*, Satzung 50 *81*, Verhinderung von Organen/Bestellung eines Beauftragten 50 79 a, Wahlen 50 *80*
Kassenverbände, regionale 50 *218*
Kassenwahl 50 Einl. *18*
Kassenwechsel, Erlöschen der Leistungsansprüche 50 19 *3*
Kassenzahnärztliche Vereinigungen, s. Kassen(zahn)ärztliche Vereinigungen
Kenntnis, Merkblatt 100 44–48 *25*, Zeitpunkt 100 44–48 *25*
Kennzeichnungsverbot 30 *396*
Kieferanomalie 50 27 *5*
Kieferorthopädie, Abrechnungsweg 50 29 *2*, Beendigung der Mitgliedschaft 50 19 *4*, Behandlungsplan 50 29 *2*, Behandlungsumfang 50 29 *2*, Kostenanteil 50 29 *2*, Kostenbeteiligung 50 29 *2*, Leistungsbeschränkung 50 28 *5*, Leistungsbeschränkung bei Erwachsenen 50 28 *5*, 29 *4*, mindestens zwei Kinder 50 29 *2*, Richtlinien 50 29 *2*, Versichertenanteil 50 29 *3*, Voraussetzungen 50 29 *2*
Kind bis 25 Jahre, Bedarfsgemeinschaft 20 7 *16, 18*, lediges – Hilfebedürftigkeit 20 9 *9*, Umzug ohne Zustimmung 20 20 *56*, Wohnungswechsel 20 22 *34*
Kindbezogene Leistungen, Hinterbliebenenrente 40 18 a *21*

2811

Sachverzeichnis

Fette Zahlen = Kennziffern

Kinder, Alg 30 129 7, andere als eigene (Elterngeld) 7 1 8ff., Bedarfe für Bildung und Teilhabe 20 28 1, Beratung 80 SK 15, Beteiligungsrechte 80 SK 13ff., Betreutes Wohnen 80 34, eigene (Elterngeld) 7 1 6ff., elterngeldberechtigende 7 1 6ff., Familienversicherung 50 10 6, gesetzliche Unfallversicherung 70 2 23, Handlungsfähigkeit 100 10–12 10, in Haushalt aufgenommene 7 1 10, Hilfe zum Lebensunterhalt 120 27 5, Hinweis auf Verfahrensrechte 80 SK 14, Individualprophylaxe 50 22 1, Jahresarbeitsverdienst 70 86, Kindergeld 8 32, 63, Kurzzeitpflege 110 42 12, Leistungen – örtliche Zuständigkeit 80 86, Not- und Konfliktlage 100 54 5, Pflanzung 80 SK 16, Pflegestufe 110 15 9, PV 110 25 5, Schulbedarfspaket 120 27 5, Sozialgeld 20 23 10, Vertretung 20 36–44 8a, Vorversicherungszeit 110 33 10, Zahnerkrankungen 50 21 2, zusätzliche Leistungen für Schule 120 28 a

Kinder, minderjährige, Einsatzgemeinschaft 120 19 9, Minderung des Alg II 20 31 a 17

Kinder, schulpflichtige, Betreuung 80 SK 87

Kinder, seelisch behinderte 80 SK 104, Eingliederungshilfe 80 35 a, Krankenhilfe 80 40, Mitwirkung/Hilfeplan 80 36, Steuerungsverantwortung/Selbstbeschaffung 80 36 a, Unterhalt 80 39, Vermittlung bei Personensorge 80 38, Zusammenarbeit bei Hilfen außerhalb der Familie 80 37

Kinder- und Jugendhilfe, Anspruchsüberleitung 80 95, Auskunftspflicht 80 97 a, Auslagen 80 97 c, Begriffsbestimmungen 80 7, Beratung bei Partnerschaft/Trennung/Scheidung 80 17, Beratung/Unterstützung bei Umgang/Personensorge 80 18, Bestimmung örtliche Zuständigkeit 80 SK 165, Beteiligung von Kindern und Jugendlichen 80 8, Datenschutz 80 SK 134, Gebühren 80 97 c, Geltungsbereich 80 6, Gleichberechtigung 80 9, Grundsätze 80 SK 4ff., Handlungsformen 80 SK 3, Kostenbeiträge 80 91 ff, Kostenbeteiligung 80 90, SK 177ff., Landesrechtsvorbehalt 80 15, Mitwirkung Familiengerichtsverfahren 80 50, Nachrang 80 SK 25ff., Rechtsgrundlage 80 SK 1, Übergangsvorschrift 80 89 h, Verhältnis zu anderen Leistungen/Verpflichtungen 80 10, Verhältnis zu Unterhaltspflichten 80 SK 28, Ziel 80 SK 2

Kinder- und Jugendhilfestatistik, Auskunftspflicht 80 102, Erhebungsmerkmale 80 99, Hilfsmerkmale 80 100, Periode/Berichtszeitraum 80 101, Übermittlung 80 103, Zweck und Umfang 80 98

Kinder- und Jugendplan 80 SK 161

Kinder- und Jugendpsychotherapeuten 50 15 2

Kinder- und Jugendschutz, erzieherischer 80 14, freier Träger 80 SK 19, öffentlicher Träger 80 SK 19, Vereinbarung 80 SK 19ff.

Kinder unter drei Jahren, Ausbau des Förderangebots 80 24 a, Kindergartenplatz 80 SK 86

Kinderbetreuung, Bedarfsdeckungsvermutung 120 36 6, Hilfebedürftigkeit 20 9 10, kommunale Eingliederungsleistungen 20 16 a 3, Leistungsfortzahlung 30 126 12, Sozialhilfe 120 19 16, Verfügbarkeit 30 119 42

Kinderbetreuungskosten 70 42, berufliche Weiterbildung 30 83, medizinische Reha 90 54, Teilhabeleistungen 90 54

Kinderbetreuungszuschlag 6 14 b

Kindererziehung, Erziehungsrente/Witwenrente 60 102 7, Witwenrente 60 46 7; 70 65 15

Kindererziehungsleistungen, Mütter Geburtsjahrgänge vor 1921, Anrechnungsfreiheit 60 299, Beginn/Ende 60 296, Besonderheiten (Ost) 60 294 a, Durchführung 60 298, Höhe 60 295, Höhe (Ost) 60 295 a, Voraussetzungen 60 294, Zuständigkeit 60 297

Kindererziehungszeiten 60 56 1, Anrechnungsausschluss 60 56 15, Arbeitslosenversicherungspflicht während 30 26 13, Ausland 60 56 8, Ausländer 60 56 6, ausländisches Sicherungssystem 60 56 16, Beamte 60 56 22, Beitragszahlung 60 177, Beitragszeiten 60 249, Beitragszeiten (Ost) 60 249 a, Berücksichtigungszeiten 60 57 1, Ehegattenprivileg 60 56 10, Erwerbsminderungsrente 60 241 3, EWGV 987/2009 60 56 11, fehlende Vorversicherung 60 56 14, Grundsatz 60 56 2, Inland 60 56 4, Regelaltersrente 60 235 9, RV-Befreiung 60 56 18, RV-Freiheit 60 56 18, RV-Pflicht 60 3 2, 56 21, Zuordnung 60 56 3

Kinderförderung, selbstorganisierte, Unterstützung 80 25

Kindergarten, s. Kindertageseinrichtungen

Kindergartenkinder, Bedarfe für Bildung und Teilhabe 20 28

Kindergartenplatz, Recht auf 80 SK 85

Kindergeld 8 SK 1ff.; 10 25, Alg II 20 5 4, Altersgrenze 8 SK 15, Anspruchsberechtigte 8 SK 7, Anspruchsvoraussetzungen 8 SK 2, Antrag 8 67, SK 40ff., Aufrechnung 8 75, Ausländer 8 SK 10f., Auszahlung 8 SK 38, Bargeldpfändung 8 76 a, berücksichtigungsfähige Kinder 8 SK 12ff., BKGG 8 SK 9, Einkommensanrechnung bei Volljährigen 8 SK 22ff., Festsetzung 8 70, Höhe 8 66, SK 36f., Kontenpfändung 8 76 a, Kostenerstattung in Vorverfahren 8 77, mehrere Anspruchsberechtigte 8 SK 30ff., Pfändung 8 76, Rechtsweg 8 SK 43, Sonderfälle 8 74, Überprüfung 8 69, Verhältnis zu anderen Leistungen 8 SK 34ff., volljährige behinderte Kinder 8 SK 27ff., volljährige Kinder 8 SK 18ff., Zahlung 8 70, Zahlungszeitraum 8 66, Zuordnung (Alg II) 20 11 8, Zuständigkeit, Sozialgericht 150 51 15

Kinderhilfe 10 1–10 36, 8, s. auch Kinder- und Jugendhilfe, Alg II 20 5 4, Leistungen 10 27, Sozialdatenschutz 10 35 28

Kinderkrankengeld, Forderungsübergang gegenüber Arbeitgebern 100 115 3

Kinderkrippe 80 SK 85

Kinderleistungen, Forderungsübergang 100 116 44

Kinderlose, Beitragszuschlag (PV) 110 55 3

Kinderlosenzuschlag, Beitragstragung (PV) 110 59 4

Kinderlosigkeit 50 27 a 4

Kinderschutz 80 SK 18, erzieherischer 80 SK 40

Kindertageseinrichtungen 80 SK 85, Betriebserlaubnis 80 45, Finanzierung 80 74 a, Förderanspruch 80 23, Förderung 80 22 a, Grundsätze 80 22, Kostenbeteiligung 80 SK 103, Landesrechtsvorbehalt 80 26, 49, Meldepflichten 80 47, örtliche Prüfung 80 46, örtliche Zuständigkeit 80 87 a, Tätigkeitsuntersagung 80 48

Kindertagespflege 80 SK 89, Begriff 80 SK 90, Erlaubnis 80 43, Förderanspruch 80 23, Förderung 80 23, Grundsätze 80 22, Landesrechtsvorbehalt 80 26, 49, Meldepflichten 80 47, örtliche Prüfung 80 46, örtliche Zuständigkeit 80 87 a, Tätigkeitsuntersagung 80 48, Zuständigkeit 80 SK 91

Kinderuntersuchung, Anspruchsinhalt 50 26 3, Leistungsbringer 50 26 4, Voraussetzungen 50 26 2

Kinderverletztengeld 70 45 13

Kinderzuschlag, Alg II 20 5 4, Zuordnung (Alg II) 20 11 8

Kinderzuschuss 60 270, Erstattung 60 291

Kindswohlgefährdung 80 8 a, Anhaltspunkte 80 SK 18ff.

Kirchenrechtliche Datenschutzbestimmungen 80 SK 134

Klage, Rechtsbehelfsbelehrung 100 36 8, Wirkung 30 336 a

magere Zahlen = §§ bzw. Art.; kursive Zahlen = Randnummern **Sachverzeichnis**

Klageablehnung, gemeinsames nächsthöheres Gericht 150 181
Klageänderung, Revision 150 168, Sozialgericht 150 98–102 *2*, 99
Klageanträge, Sozialgericht 150 123–142 *1*
Klagebefugnis, Sozialgericht 150 54–56 *5*
Klageerhebung neuer Bescheid nach 150 96 *1*, Sozialgericht 150 90
Klagefrist, Sozialgericht 150 87, 87–95 *1*
Klagegegenstand, Sozialgericht 150 54
Klagenhäufung 150 56
Kläger, Mitwirkungsobliegenheit 150 103–109 *6*
Klagerücknahme, Fiktion 150 98–102 *6*, Sozialgericht 150 98–102 *5*, 102
Klageschrift, Anforderungen 150 97–95 *5*, Gegenäußerung 150 104, Mitteilung 150 104, Sozialgericht 150 92
Klagevoraussetzung, Vorverfahren 150 78
Klarstellungsfunktion, VA 100 33 *3*
Klassenfahrt, Bedarfe für Bildung und Teilhabe 20 28 *6*, einmaliger Bedarf 120 31 *6*
Kleidungskosten, Hilfe zum Lebensunterhalt 120 27 *3*, Regelbedarf 20 20 *39*
Kleinflächenunternehmen, landwirtschaftliche, Unfallversicherungsbefreiung 70 5 *1*
Kleinunternehmen, Erstattungspflicht 30 147 *a 21*, landwirtschaftliche – Unfallversicherungsfreiheit 70 4 *5*, Unfallversicherungsschutz kraft Satzung 70 3 *1*, Wegfall der Erstattungspflicht 30 147 *a 29*
Klinische Studien, Erstattungsanspruch 50 35 *c 7*, Rechtsschutz 50 35 *c 6*, zulassungsüberschreitende Anwendung von Arzneimitteln 50 35 *c 3*
Knappschaft-Bahn-See 50 Einl. 17, 167, 212, *s. auch Knappschaftliche Besonderheiten,* Besonderheit bei Versicherungsdurchführung/-leistungen 60 137, Bundesbeteiligung 60 215, Nachversicherung 60 135, Sonderzuständigkeit 60 130, 136, Versicherungsträger 60 132, Zahlungspflicht 40 28 *e 10*, Zuständigkeit 60 129, 133, 273, Zuständigkeit Seemannskasse 60 137 *a*
Knappschaftliche Arbeiten 60 134
Knappschaftliche Besonderheiten, Arbeiten unter Tage 60 85, Beitragszeiten, Entgeltpunkte 60 83, Gesamtleistungsbewertung 60 84, Grundsatz 60 79, Monatsbetrag der Rente 60 80, persönliche Entgeltpunkte 60 81, Rentenartfaktor 60 82, Rentenhöhe/-anpassung 60 265, rentenrechtliche Zeiten (Ost) 60 265 *a*, Waisenrente 60 87, Zugangsfaktor 60 86 *a*
Knappschaftliche Betriebe 60 134
Knappschaftliche Rentenversicherung, Zuordnung beitragsfreier Zeiten 60 60 *1*, Zuordnung von beitragsfreien Zeiten 60 254
Knappschaftsausgleichsleistung 60 33 *8*, 239, Bergleute 60 45 *7*, Erwerbsminderungsrente 60 241 *2*, Leistungsausschluss (Alg II) 20 7 *28*
Kollektivvereinbarung, Altersrente wegen Arbeitslosigkeit 60 237 *44*
Kollisionsnormen, VO EG 883/2004 5 SK *61 f.*
Kombinationsleistung 110 38 *1*, Berechnungsweise 110 38 *2*, Bindung für 6 Monate 110 38 *5*, Verhältnis zu anderen Leistungen 110 38 *6*
Kombinierte Anfechtungs- und Leistungsklage 150 54–56 *4*
Kommunalbehörden, Verwaltungstätigkeit 100 1 *4*
Kommunale Ehrenbeamte, Arbeitslosenversicherungsfreiheit 27 10
Kommunale Träger, zugelassene 20 6 *a*, *s. Optionskommune*
Kommunen, Zusammenarbeit mit Agenturen für Arbeit und Arbeitsgemeinschaften 30 9 *a*
Kommunikation, elektronische 50 67 *1*

Kompetenzkonflikt, abdrängender 100 2 *8*, aufdrängender 100 2 *8*, nachfolgender 100 2 *2*
Komplexleistung 90 17 *14*
Kongruenz 100 115 *3*
Kongruenz, sachliche 100 116 *33 ff.*, Ausgangspunkt 100 116 *37*, Beerdigungskosten 100 116 *49*, entgangene Dienste 100 116 *52*, Erwerbsschaden 100 116 *41*, Forderungsübergang 100 116 *33*, Gruppentheorie 100 116 *35*, Heilungskosten 100 116 *38*, Sachschäden 100 116 *53*, Unterhalt 100 116 *50*, vermehrte Bedürfnisse 100 116 *47*
Kongruenz, zeitliche 100 115 *3*, 116 *54 f.*, Forderungsübergang 100 116 *54*
Können, Alg 30 119 *39*
Kontenpfändung 10 55, *s. Pfändung,* Kindergeld 8 76 *a*
Konversion, *s. Umdeutung*
Konzernschwerbehindertenvertretung 90 97
Konzernunternehmen, Zahlungspflicht 40 28 *e 4*
Konzertierte Aktion 50 142
Kooperationsausschuss, Eingliederungsleistung 20 18 *b*
Kooperationsprinzip 110 8 *2*, konkrete Umsetzung 110 8 *3*
Kopfteilung, Bedarfe für Unterkunft und Heizung 20 22 *8*, Einkommensermittlung 120 19 *5*
Körpergröße, Krankheit 50 27 *6*
Körperpflege, Hilfe zum Lebensunterhalt 120 27 *3*, Kosten – Regelbedarf 20 20 *40*, Pflegebedürftigkeit 110 14 *19*
Kosmetische Besonderheiten, Krankheit 50 27 *6*
Kostenbeiträge 80 SK *39*, *s. auch Kostenbeteiligung,* Ausgestaltung 80 92, Einkommensberechnung 80 93, Hilfe zum Lebensunterhalt 120 27 *6*, pauschalierte (Kinder- und Jugendhilfe) 80 SK *178*, stationäre/teilstationäre Leistungen und Maßnahmen (Jugendhilfe) 80 91, Tageseinrichtung 80 SK *88*, Umfang 80 94
Kostenbeitragsverordnung 80 SK *1, 1 b*
Kostenbeteiligung (teil)stationäre Leistungen und Maßnahmen (Jugendhilfe) 80 SK *179*, allgemeine Förderung der Erziehung 80 SK *45*, Anspruchsüberleitung 80 SK *180*, erzieherischer Kinder- und Jugendschutz 80 SK *42*, Hilfe zur Erziehung 80 SK *103*, Jugendarbeit 80 SK *33*, Jugendsozialarbeit 80 SK *39*, junge Volljährige 80 SK *120*, Kinder- und Jugendhilfe 80 SK *177 ff.*, Kostenbeiträge 80 SK *178*, Leistungsbeschränkung 50 52 *6*, seelisch behinderte Kinder und Jugendliche 80 SK *112*, Teilnahmebeiträge 80 SK *178*
Kostenbeteiligung, pauschalierte, Kinder- und Jugendhilfe 80 90
Kostenentscheidung 100 63 *14*, Sozialgericht 150 183–197 *b 14*, 193, 197 *a*, Verjährung 100 63 *17*
Kostenersatz (Sozialhilfe), Doppelleistungen 120 105, Erben 120 102, nicht erstattungsfähige Unterkunftskosten 120 105, schuldhaftes Verhalten 120 103, zu Unrecht erbrachte Leistungen 120 104
Kostenerstattung, Anwaltsgebühren 100 63 *11*, Aufklärungstätigkeit 100 63 *8*, Ausschluss im Vorverfahren 100 63 *2*, Ausschlussfrist 80 SK *174*, Bagatellgrenze 80 SK *173*, Bevollmächtigter 100 63 *9*, bei fehlendem gewöhnlichem Aufenthalt (Jugendhilfe) 80 89, Gutachten 100 63 *6*, Haushaltshilfe 50 38 *10*, häusliche Krankenpflege 50 37 *14*, Höhe 100 63 *11*, Kinder- und Jugendhilfe 80 SK *169 ff.*, Kostenentscheidung 100 63 *14*, Kostenlast 100 63 *14*, Landesrechtsvorbehalt (Jugendhilfe) 80 89 *g*, notwendige Aufwendungen 100 63 *6*, Pflegeeinrichtungen 110 91, Übergangsvorschrift 80 89 *h*, Übernahme der Krankenbehandlung für nicht Versicherungspflichtige 50 264, Umfang 100 63 *5*, Umfang (Jugendhilfe)

2813

Sachverzeichnis

Fette Zahlen = Kennziffern

80 89 f, SK *170*, Verjährung **80** SK *174*, Verwaltungskosten **80** SK *170*, Vorverfahren **100** 63 *1*, *7*, Wahltarife **50** 53 *5*

Kostenerstattung (KV), abgelehnte Leistung **50** 13 *7*, Allgemeines **50** 13 *1*, Anspruch **50** 13 *1*, Auslandsbehandlung **50** 13 *9*, Beamte der KK **50** 14 *1 ff.*, DO-Angestellte der KK **50** 14 *1 ff.*, Einschränkungen **50** 13 *2*, Höhe **50** 13 *8*, Informationspflicht **50** 13 *7*, Krankenkassensatzung **50** 13 *3*, lebensbedrohliche Erkrankung **50** 13 *6*, Leistungserbringung im Ausland **50** 13 *1*, *9*, Pflichten der Leistungserbringer **50** 13 *2*, Reha **50** 13 *6*, Sachleistungsprinzip **50** 13 *1*, Selbstbeschaffung **50** 13 *5*, Systemversagen **50** 13 *6*, tödliche/lebensbedrohende Erkrankung **50** 13 *6*, unaufschiebbare Leistung **50** 13 *6*, Wahl **50** 13 *2*, Wahlrecht **50** 13 *1 f.*, zugelassene Leistungserbringer **50** 13 *4*

Kostenerstattung (Sozialhilfe) 120 106 ff., Aufenthalt in Einrichtung **120** 106, Ausschluss des gewöhnlichen Aufenthalts **120** 109, bei Einreise aus Ausland **120** 108, bei Einreise aus Ausland — Übergangsregelung **120** 115, auf Landesebene **120** 112, Umfang **120** 110, Unterbringung in anderer Familie **120** 107, Verjährung **120** 111

Kostenerstattungsprinzip, PV **110** 4 *2*

Kostenfestsetzung, Antragspflicht **100** 63 *15*, Sozialgericht **150** 197

Kostenfreiheit, Auszahlung **10** 47 *5*, Sozialgericht **150** 183, Verfahren **100** 64

Kostengrundentscheidungen, Sozialgericht **150** 183–197b *9*

Kosten-Nutzen-Bewertung, Arzneimittel **50** 35 b *1*, Beschluss **50** 35 b *5*, Grundlagen/Verfahren **50** 35 b *2*, Rechtsschutz **50** 35 b *6*, Vereinbarungsmöglichkeiten **50** 35 b *4*

Kostenrechnung, Sozialversicherungsträger **40** 69

Kostenrecht, Abgrenzung des privilegierten Personenkreises **150** 183–197b *6*, Grundprinzipien (Sozialgericht) **150** 183–197b *1*, Kombination beider Kostenregime **150** 183–197b *8*

Kostenschuldner, Mehrheit **150** 194

Kostensenkung (Bedarfe für Unterkunft und Heizung), zeitliche Begrenzung **20** 22 *24*, Zumutbarkeit **20** 22 *23*

Kostensenkungsaufforderung, Bedarfe für Unterkunft und Heizung **20** 22 *20*

Kostentragung, Vergleich **150** 195

Kostenübernahme, künstliche Befruchtung **50** 27 a *14*

Kostenübernahme außerhalb EU/EWR, anerkannter Stand der Medizin **50** 18 *3*, Erforderlichkeit **50** 18 *2*, Ermessen **50** 18 *4*, Normzweck **50** 18 *1*, Umfang **50** 18 *6*, Verfahren **50** 18 *5*, Voraussetzungen **50** 18 *2*

Kraftfahrzeug, angemessenes **20** 12 *21*

Kraftfahrzeughilfe 70 40

Krankeit, vorsätzliches Zuziehen, Leistungsbeschränkung **50** 52 *2*

Krankenbehandlung, Arztvorbehalt **50** 15 *2*, Grundkonzeption **50** 27 *1*, Kostenerstattung **50** 13 *2 ff.*, Kostenerstattung bei Behandlung außerhalb EG/EWR **50** 18 *1*, Notwendigkeit **50** 27 *8*, SGB IX **90** 27, Stellvertreterleistungen **50** 27 *11*, Vor-/Nebenleistungen **50** 27 *11*

Krankenfürsorge für Reeder, Vorrang **70** 53

Krankenfürsorgesystem der EG, KV-Versicherungsfreiheit **50** 6 *16*

Krankengeld, Alg **50** 47 b *2*, 49 *8*, Alg II **50** 47 b *1*, Änderung der Verhältnisse **50** 47 b *3*, Anspruchsentstehung **50** 44 *3*, Anspruchsvoraussetzungen **50** 44 *2*, Arbeitsunfähigkeit **50** 44 *3*, 46 *3*, ärztliche Feststellung **50** 46 *4*, Aufstockungsverbot **50** 49 *12*,

AU-Richtlinien **50** 46 *4*, AU-Rückdatierung **50** 46 *4*, ausländische Entgeltersatzleistungen **50** 49 *9*, ausländischer Arzt **50** 46 *4*, Auslandsaufenthalt **50** 16 *15*, Ausschluss **50** 50 *2*, Aussprerrung **50** 44 *2*, Bagatellgrenze **50** 47 b *3*, Beendigung der Mitgliedschaft **50** 19 *4*, Begrenzung **50** 47 *1*, *10*, Beitragsfreiheit **50** 224, Beitragstragung (PV) **110** 59 *3*, Bemessungsgrundlage bei anderen Leistungen **50** 47 b *5*, Beschäftigte ohne Anspruch auf Entgeltfortzahlung **50** 44 *5*, Dauer **50** 48 *1*, Einmalzahlungen **50** 47 a *1*, Entgeltersatz **50** 44 *1*, Entstehung **10** 40 *9*, Erkrankung eines Kindes **50** 45 *1*, erneuter Anspruch wg. derselben Krankheit **50** 48 *6*, EU-Versicherungsträger **50** 46 *4*, Forderungsübergang gegenüber Arbeitgebern **100** 115 *3*, Heimarbeiter **50** 44 *5*, Höhe Publizisten/Künstler **50** 47 *13*, Höhe/Berechnung Alg/Kurzarbeitergeld/Unterhaltsgeld **50** 47 b *1*, Höhe/Berechnung Arbeitnehmer **50** 47 *2*, Höhe/Berechnung sonstige Versicherte **50** 47 *13*, Karenztag **50** 46 *1*, Krankenhausbehandlung **50** 46 *2*, Krankenversicherungsverhältnis **50** 44 *2*, Künstlersozialkasse **50** 46 *5*, Kurzarbeitergeld **50** 47 b *4*, Kürzung **50** 50 *7*, lange Bezugszeit **50** 47 *14*, Leistungsbeschränkung **50** 52 *7*, Mutterschaftsgeld **50** 49 *8*, Nahtlosigkeit **50** 49 *8*, Nettoarbeitsentgelt **50** 47 *10*, Regelentgelt **50** 47 *1*, Rente aus Versorgungswerk/öffentlich-rechtliche Versorgungseinrichtung **50** 44 *5*, Ruhen **50** 49 *1*, RV-Pflicht **60** 3 *10*, Satzungsermächtigung **50** 47 *16*, Scheinarbeitsverhältnis **50** 44 *2*, Selbständige, hauptberuflich **50** 44 *5*, Sperrfrist **50** 49 *8*, Strafvollzug **50** 16 *9*, Streik **50** 44 *2*, Teilalg **50** 47 *15*, Teilarbeitsunfähigkeit **50** 44 *2*, unbezahlter Urlaub **50** 44 *2*, Verletztengeld **50** 49 *3*, Versicherte in Rechtsverhältnissen ohne Vergütung **50** 44 *5*, Versicherte ohne Anspruch **50** 44 *5*, Wahltarife **50** 44 *5*, 53 *7*, Wegfall **50** 51 *1*, Wiedereingliederung **50** 44 *3*, Winterausfallgeld **50** 47 b *1*, Zahlung **50** 47 *15*

Krankengeld, Ausschluss, Altersrente **50** 50 *3*, ausländische Rente **50** 50 *3*, Erstattungsanspruch **50** 50 *12*, Erwerbsminderungsrente **50** 50 *3*, Erwerbsunfähigkeitsrente **50** 50 *3*, neuer Anspruch **50** 50 *6*, Ruckzahlungspflicht **50** 50 *5*, Ruhegehalt **50** 50 *3*, Vorruhestandsgeld **50** 50 *3*

Krankengeld, Kürzung, ausländischer Renten **50** 50 *11*, Bergleute **50** 50 *10*, Erstattungsanspruch **50** 50 *12*, Landwirte **50** 50 *8*, Teilrenten **50** 50 *9*

Krankengeld, Ruhen, Abfindungsvergleich **50** 49 *3*, Altersteilzeit **50** 49 *11*, Arbeitseinkommensbezug **50** 49 *4*, Arbeitsentgeltbezug **50** 49 *2*, Eigenkündigung **50** 49 *3*, Erstattungsanspruch anderer SV-Träger **50** 49 *13*, Freistellung **50** 49 *11*, Mehrfachzahlungen **50** 49 *1*, Sozialleistungsbezug **50** 49 *6*, Spitzbetrag **50** 49 *6*, unterlassene Meldung der AU **50** 49 *10*

Krankengeld, Wegfall, Antrag auf Altersrente **50** 51 *7*, Antrag auf Rehaleistungen **50** 51 *2*, Aufforderung zur Antragstellung auf andere Sozialleistungen **50** 51 *1*, Auslandsaufenthalt **50** 51 *6*, Rechtsfolgen unterbliebener Antragsstellung **50** 51 *8*

Krankengeldanspruch, Alleinerziehende **50** 45 *5*, Änderung der maßgeblichen Verhältnisse **50** 47 b *3*, Anpassung **50** 47 *14*, 47 b *2*, Arbeitsentgelt **50** 49 *2*, Arbeitslosengeld **50** 47 b *1 f.*, 49 *8*, Arbeitsunfähigkeit **50** 44 *3*, ärztliches Gutachten **50** 51 *3*, ärztliches Zeugnis **50** 45 *4*, Aufstockungsverbot **50** 49 *12*, ausländische Leistungen **50** 49 *9*, 50 *3*, *5*, *11*, Auslandsaufenthalt **50** 16 *15*, Ausschluss **50** 44 *5*, 50 *1 ff.*, Auszahlung **50** 47 *15*, Berechnung **50** 47 *1 ff.*, Dauer **50** 45 *5*, 48 *1 ff.*, Dreijahreszeitraum **50** 48 *5*, Elternzeit **50** 49 *5*, Entgeltfortzahlung **50** 44 *1*, 47 b *4*, 49 *2 f.*, Entstehen **50** 46 *1*, Erkrankung des Kindes **50**

magere Zahlen = §§ bzw. Art.; kursive Zahlen = Randnummern **Sachverzeichnis**

45 *3 ff.*, flexible Arbeitszeit **50** 47 *7*, freiwillig Versicherte **50** 44 *2*, 47 *13*, 49 *1*, Höhe **50** 45 *6*, 47 *1 ff.*, Karenztag **50** 46 *1*, Kurzarbeitergeld **50** 47 b *1*, *4*, 49 *6 f.*, Kürzung **50** 50 *1*, *7 ff.*, Mutterschaftsgeld **50** 47 b *5*, 49 *8*, Regelentgelt **50** 47 *1*, Rentenleistungen **50** 44 *5*, 50 *1*, 51 *1*, Ruhen **50** 49 *1 ff.*, sonstige Versicherte **50** 47, Spitzbetrag **50** 16 *10*, 49 *6*, *8*, 50 *4*, Übergangsgeld **50** 49 *6 f.*, Unterhaltsgeld **50** 47 b *1*, Verletztengeld **50** 49 *8*, Versicherte nach dem KSVG **50** 46 *5*, Voraussetzungen **50** 44 *2*, 46 *1*, Wahltarife **50** 44 *5*, Wiederaufleben **50** 50 *6*, 51 *10*, Winterausfallgeld **50** 47 b *1*

Krankengelddauer, Arbeitsunfähigkeit wg. derselben Krankheit **50** 48 *2*, Dreijahreszeitraum **50** 48 *5*, Unterbrechung **50** 48 *8*, weitere Krankheit **50** 48 *4*

Krankengeldübergangsregelung, nicht unanfechtbare Fälle **50** 47 a *2*, Risikostrukturausgleich **50** 47 a *4*, Übergangsregelung **50** 47 a *1*, unanfechtbare Fälle **50** 47 a *3*

Krankengeldwahltarif, Übergangsregelung **50** 319

Krankengymnasten 50 28 *2*

Krankengymnastik 50 43 a *3*

Krankenhaus 50 107, 301, Abschluss von Versorgungsverträgen **50** 109, ambulante Behandlung **50** 116 b, ambulante Behandlung bei Unterversorgung **50** 116 a, ambulantes Operieren **50** 39 *9*, 115 b, Behandlungsart **50** 39 *7*, Behandlungsumfang **50** 39 *13*, Bewertung von Behandlungs-/Untersuchungsmethoden **50** 137 c, Definition **50** 39 *6*, dreiseitige Verträge **50** 115, Einweisung **50** 39 *15*, Kündigung von Versorgungsverträgen **50** 110, Leistungsablauf **50** 39 *14*, Leistungsausschluss (Alg II) **20** 7 *25*, Leistungs-/Entgeltverzeichnis **50** 39 *16*, Mehrkosten **50** 39 *15*, teilstationäre Unterbringung **50** 39 *8*, vollstationäre Unterbringung **50** 39 *7*, vor-/nachstationäre Behandlung **50** 115 a, vor-/nachstationäre Unterbringung **50** 39 *9*, Wahl **50** 39 *15*, zugelassene **50** 108, Zuzahlung **50** 39 *17*, 43 b *4*

Krankenhausapotheken 50 129 a

Krankenhausärzte, ambulante Behandlung **50** 116

Krankenhausbehandlung 70 33, Anspruch **50** 39 *2*, Anspruchsinhalt **50** 39 *5*, Behandlungsbedürftigkeit **50** 39 *4*, Qualitäts-/Wirtschaftlichkeitsprüfung **50** 113, Rahmenempfehlung **50** 112, sozialmedizinische Nachsorge für Kinder **50** 43 *4*, Voraussetzungen **50** 39 *3*, zweiseitige Verträge **50** 112

Krankenhausgesellschaften 50 108 a

Krankenhausleistungen, ambulante, Vergütung **50** 120

Krankenhausträger, Aufwendungserstattung **120** 25 *5*

Krankenhausvermeidungspflege, PV **110** 28 *11*

Krankenhilfe, Aufenthalt in begleiteter Wohnform **80** SK *36*, Erziehungshilfe **80** SK *99*, gemeinsame Wohnform für Mütter/Väter und Kinder **80** SK *69 ff.*, seelisch behinderte Kinder/Jugendliche **80** 40

Krankenkasse, *s. auch Krankenversicherung,* Aufgabenerledigung durch Dritte **50** 197 b, Haftung der Haftung nach § 12 Abs. 2 der Insolvenzordnung **50** 171 c, Auskunftspflicht Unfallversicherung **70** 188, Beauftragung durch Unfallversicherung **70** 189, Beitragszahlung **50** Einl. *23*, Betriebsmittel **50** 260, Beziehung zu Leistungserbringern **50** 69, Beziehungen zu Leistungserbringern von Heil-/Hilfsmitteln **50** 124–127 *1*, Datenaufbewahrung **50** 304, Datenübersicht **50** 287, Deckungskapital für Altersversorgungsverpflichtungen **50** 171 e, dreiseitige Verträge **50** 115, Eigeneinrichtungen **50** 140, Einsichtnahme in der Satzung **50** 196, finanzielle Hilfen zur Vermeidung der Schließung/Insolvenz **50** 265 a, Finanzierung **50** Einl. *22*, Forschungsvorhaben **50** 287, freiwillige finanzielle Hilfen **50** 265 b, Genehmigung der Satzung **50** 195, Gesamtrücklage **50** 262, Geschäfts-/Rechnungs/Betriebsführungsprüfung **50** 274, Haftung im Insolvenzfall **50** 171 d, Haftung von Vorstandsmitgliedern **50** 12 *11 ff.*, Insolvenzfähigkeit – Einführungsregelung **50** 171 b, kassenartenübergreifende Vereinigung **50** 171 a, Kassenwahl **50** Einl. *18*, Landesverbände **50** 207 ff., Legaldefinition **50** 4, Leistungen **50** 2, Mitgliedschaft **50** Einl. *19*; **110** 49, Mittel **50** 259, Organisationsrecht **50** Einl. *17*, Rechenschaft über die Verwendung der Mittel **50** 305 b, Rechtsträgerabwicklung **50** 263 a, regionale Kassenverbände **50** 218, Risikostrukturausgleich **50** Einl. *18*, Rücklage **50** 261, Satzung **50** 194, Selbstverwaltung **50** Einl. *21*, Sozialdaten **50** 284, Spitzenverband **50** Einl. *17*, Vermeidung der Schließung/ Insolvenz **50** 172, Versichertenverzeichnis **50** 288, Versicherungsverhältnis **50** Einl. *19*, Verwaltungsrat **50** 197, Verwaltungsvermögen **50** 263, Vorstand **40** 35 a

Krankenkasse, gesetzliche, Verhältnis zur privaten KV **50** 5 *49*

Krankenkasse, landwirtschaftliche 50 Einl. *17*, 166, Prüfung **40** 28 p *21*

Krankenkasse, neu errichtete, Beginn der Mitgliedschaft **50** 187

Krankenkasse, private, Verhältnis zur gesetzlichen KV **50** 5 *49*

Krankenkassen, gesetzliche, Reha **90** 14 *25*

Krankenkassenleistungen, behinderte Menschen **50** 2 a, chronisch kranke Menschen **50** 2 a

Krankenkassenverbände, Bildung/Vereinigung von Landesverbänden **50** 207, Geschäfts-/Rechnungs/ Betriebsführungsprüfung **50** 274, Insolvenzfähigkeit **50** 171 f

Krankenkassenwechsel, Forderungsübergang **100** 116 *85*

Krankenkostzulagen, Mehrbedarf **120** 30 *12*

Krankentagegeld, Beschäftigung **40** 7 *81*

Krankentransportleistungen 50 133

Krankenversicherte, Auskünfte **50** 305, Krankenhausbehandlung **50** 39 *3*, Rechtsbeziehung zu Vertragsärzten **50** 95–105 *3*, in Rechtsverhältnissen ohne Vergütung – Krankengeld **50** Einl. *20*

Krankenversichertenanteil, Kieferorthopädie **50** 29 *3*

Krankenversichertenkarte 50 15 *1*, *6*, 291, Ausweisfunktion **50** 15 *8*, Europäische **50** 15 *6*, Missbrauch **50** 15 *8*, Missbrauchsschutz **50** 15 *11*, Nachreichen **50** 15 *10*, Versicherungsnachweis **50** 15 *6*, Vertrauensschutz **50** 15 *8*

Krankenversichertennummer 50 290

Krankenversichertenverzeichnis, Krankenkasse **50** 288

Krankenversicherung 10 1–10 *29*, *s. auch Krankenkasse,* Altersrente für Frauen **60** 237 a *26*, Altersrente für Schwerbehinderte **60** 37 *24*, Altersrente nach Altersteilzeit **60** 237 *52*, Altersrente wegen Arbeitslosigkeit **60** 237 *52*, Arbeitskampf **50** Einl. *19*, Arbeitsunfall **50** 11 *5*, Auslandsaufenthalt **50** 13 *9*, *16 2 ff.*, *17 1 ff.*, Behandlungsvertrag **50** 95–105 *3*, Beiträge **50** Einl. *3*, *23*, Beitragsrückstände **50** 16 *12 ff.*, besondere Datenaufbereitungs-/-übermittlungspflichten **10** 35 *27*, Daten **50** Einl. *1*, Demographische Entwicklung **50** Einl. *4*, Dienstleistungsfreiheit **50** Einl. *12*, Elternzeit **50** Einl. *19*, Entwicklung **50** Einl. *7*, Europäische Gemeinschaft **50** Einl. *10*, *12*, EWR **50** 18 *1 ff.*, Festbeträge für Arzneimittel **50** Einl. *7*, Finanzierung **50** Einl. *22 ff.*, Freiheitsrechte **50** Einl. *7*, Gebot der Kontrolle durch Transparenz **10** 35 *26*, gemeinschaftsrechtlicher Rahmen **50** Einl. *10*, Gesamtsozialversicherungsbeitrag **40** 28 d *2*, Gleichheitsrechte **50** Einl. *8*,

2815

Sachverzeichnis

Fette Zahlen = Kennziffern

Heilpraktiker **50** 15 *3, 5,* Kosten **50** Einl. *3ff.,* Kostenerstattung **50** 13 *2ff.,* Kostenerstattung bei Krankenhausbehandlung außerhalb EG/EWR **50** 18 *1,* Krankheitsbegriff **50** 27 *2,* künstliche Befruchtung **50** 27a *1ff.,* langjährig Versicherte **60** 36 *15,* 236 *20,* Leistungsanspruch bei Ende der Mitgliedschaft **50** 19 *1ff.,* Leistungsanspruch bei Kassenwechsel **50** 19 *3,* Leistungsanspruch bei Tod **50** 19 *2ff., 8,* Mitgliedschaft **50** Einl. *19,* Personalübergang an Rentenkassen **40** 28p *36,* Pflegezeit **110** 44a *2,* Regelaltersrente **60** 35 *18,* 235 *21,* schwerbehinderte Menschen **60** 236a *37,* Sozialdaten **10** 35 *24,* Sozialstaatsprinzip **50** Einl. *5,* Sperrzeit **30** 144 *8,* verfassungsrechtlicher Rahmen **50** Einl. *5,* Zusatzbeitrag – Alg II **20** 26 *18,* Zuschlag **6** 13a, Zuschuss für Rentenbezieher **60** 106

Krankenversicherung, Beitragsübernahme 120 32 *5,* Bedürftigkeit **120** 32 *4,* Hilfe zum Lebensunterhalt **120** 32 *1,* private **120** 32 *8*

Krankenversicherung der Rentner 50 5 *32,* grenzüberschreitende Sachverhalte **5** SK *110*

Krankenversicherung, freiwillige 50 9 *1,* Auslandsrückkehrer **50** 9 *9,* Beitritt **50** 9 *3,* Beitrittsberechtigte **50** 9 *9,* erloschene/nicht zustande gekommene Familienversicherung **50** 9 *6,* Krankengeldberechnung/-höhe **50** 47 *13,* Rentner **50** 9 *10,* schwerbehinderte Menschen **50** 9 *8,* Sozialhilfebezieher **50** 9 *12,* Spätaussiedler **50** 9 *11,* Weiterversicherung **50** 9 *5,* Zuschuss **60** 35 *17, 37 24*

Krankenversicherung, gesetzliche 50 Einl. *1, 14,* Beitragssatz **50** Einl. *3,* Kostenstrukur **50** Einl. *3,* Leistungen **10** 21, PV-Versicherungspflicht **110** 20 *3,* Sachleistungsprinzip **50** Einl. *16,* sozialer Ausgleich **50** Einl. *15,* Strukturprinzipien **50** Einl. *13,* Träger **50** Einl. *17,* Vergleichsnettoarbeitsentgelt **40** 23c *7,* Zuständigkeit, Sozialgericht **150** 51 *4*

Krankenversicherung, knappschaftliche der Rentner Verwaltungsausgaben – Übergangsvorschrift **40** 117, Übergangsregulung **50** 318

Krankenversicherung, landwirtschaftliche, Versicherungspflicht **50** 5 *19*

Krankenversicherung, private 50 Einl. *1,* Beitragsübernahme **120** 32 *8,* Hilfebedürftigkeit **20** 26 *19,* PV-Versicherungspflicht **110** 23 *1,* Vergleichsnettoarbeitsentgelt **40** 23c *7,* Zuschuss **60** 35 *18, 37 24*

Krankenversicherungsbeitrag, Erstattung **30** 335; **100** 50 *4,* Übernahme in Sonderfällen **30** 421 a, Übernahme/Erstattung bei Versicherungspflichtbefreiung **30** 207 a

Krankenversicherungseintritt nach 55. Lebensjahr, KV-Versicherungsfreiheit **50** 6 *18*

Krankenversicherungsfreiheit 50 6 *2,* Beamte **50** 6 *10,* beamtenähnliche Beschäftigte **50** 6 *10,* Geistliche **50** 6 *12,* geistliche Genossenschaften **50** 6 *15,* geringfügige Beschäftigung **50** 7 *2,* geringfügige Beschäftigung – Ausnahmen **50** 7 *3,* geringfügige Beschäftigung – Übergangsvorschrift **50** 7 *5,* geringfügige Beschäftigung – Zusammenrechnung **50** 7 *4,* Jahresarbeitsentgeltgrenze **50** 6 *3,* Krankenfürsorgesystem der EG **50** 6 *16,* Lehrer an Ersatzschulen **50** 6 *13,* nichtdeutsche Seeleute **50** 6 *9,* Richter **50** 6 *10,* Ruhegehaltsbezieher **50** 6 *14,* Soldaten **50** 6 *10,* Versicherungseintritt nach 55. Lebensjahr **50** 6 *18,* versicherungspflichtige Hinterbliebene mit Beihilfeanspruch **50** 6 *17,* Werkstudenten **50** 6 *11*

Krankenversicherungsleistungen, Abgrenzung zu Pflegeversicherungsleistungen **110** 28 *11*

Krankenversicherungsmitglieder, freiwillige, Beitrag **50** Einl. *23,* Jahresarbeitsentgeltgrenze **50** Einl. *23*

Krankenversicherungsmitgliedschaft, allgemeine Wahlrechte **50** 173, Beginn bei neu errichteter Krankenkasse **50** 187, Beginn der Versicherungspflichtiger **50** 186, Beitragspflicht **50** Einl. *20,* Beitragstragung **50** 250, besondere Wahlrechte **50** 174, Eltern-/Erziehungsgeld **50** Einl. *19,* Elternzeit **50** Einl. *19,* Ende **50** Einl. *19,* Ende der Versicherungspflicht **50** 190, Erlöschen **50** Einl. *19,* Familienangehörige **50** Einl. *20,* Fortbestehen bei Wehr-/Zivildienst **50** 193, Fortbestehen der Versicherungspflicht **50** 192, Krankengeld **50** Einl. *19,* Mutterschaftsgeld **50** Einl. *19,* Rentenantragsteller **50** 189, Wahlrechtsausübung **50** 175

Krankenversicherungsmitgliedschaft, Beendigung, Kieferorthopädie **50** 19 *4,* Krankengeld **50** 19 *4*

Krankenversicherungsmitgliedschaft, freiwillige 50 Einl. *19,* Beginn **50** 188, Ende **50** 191

Krankenversicherungsnachweis, Ausland **50** 15 *7,* Krankenversichertenkarte **50** 15 *6*

Krankenversicherungspflicht 50 5 *4,* Alg **50** 5 *13,* Alg II **20** 26 *10;* **50** 5 *18,* Anstalt **50** 5 *26,* Arbeitslose **50** 5 *12,* Auffang **50** 5 *40,* Ausschluss **50** 5 *46,* Auzubildende **50** 5 *8, 31,* Befreiung **50** 8 *1,* Befreiungstatbestände **50** 8 *5,* Beginn der Mitgliedschaft **50** 186, behinderte Menschen **50** 5 *23,* Behindertenwerkstätten **50** 5 *24,* Beitragstragung **50** 249, Blindenwerkstätten **50** 5 *24,* einzelne Tatbestände **50** 5 *7,* Ende der Mitgliedschaft **50** 190, entgeltlich Beschäftigte **50** 5 *7,* Femdrentner **50** 5 *39,* Freiheitsrechte **50** Einl. *7,* hauptberuflich Selbständige **50** 5 *46,* Heim **50** 5 *26,* Jugendhilfe **50** 5 *21,* Konkurrenzen **50** 5 *48,* Künstler **50** 5 *38,* Landwirte **50** 5 *19,* Meldepflicht **50** 200, Meldepflicht des Arbeitgebers **50** 198, Normzweck **50** 5 *1,* Novizen **50** 5 *8,* Postulanten **50** 5 *8,* Praktikanten **50** 5 *31,* Publizisten **50** 5 *38,* Rentner **50** 5 *32,* selbständige Künstler/Publizisten **50** 5 *20,* Studierende **50** 5 *27,* Teilhabeleistungen **50** 5 *22,* Unterhaltsgeld **50** 5 *13,* Verfolgte **50** 5 *39,* Vorruhestandsgeld **50** 5 *10,* zweiter Bildungsweg **50** 5 *17*

Krankenversicherungspflichtbefreiung, Alg **50** 8 *6,* Änderung der Jahresarbeitsentgeltgrenze **50** 8 *5,* Antrag **50** 8 *2,* Arbeitszeitverringerung **50** 8 *8,* behinderte Menschen **50** 8 *7,* Elternzeit **50** 8 *7,* Praktikanten **50** 8 *13,* Rehabilitanden **50** 8 *12,* Rentenantragsteller **50** 8 *12,* Rentner **50** 8 *12,* Studierende **50** 8 *13,* Unterhaltsgeld **50** 8 *6*

Krankenversicherungspflichtiger, Auskunftspflicht **50** 206, Meldepflicht bestimmter **50** 205, Mitteilungspflichten **50** 206

Krankenversicherungsschutz, Personen ohne **50** 315

Krankenversicherungsverhältnis 50 Einl. *19,* Krankengeld **50** 44 *2*

Krankenversicherungszuschlag 6 13a

Krankenversicherungszuschuss 60 269a, 315, Leistungen ins Ausland **60** 111, Regelaltersrente **60** 235 *21*

Krankheit, Alg **30** 119 *12,* altersbedingtes Nachlassen **50** 27 *3,* Anrechnungszeiten **60** 58 *4,* Arbeitsfähigkeit **50** 27 *4,* Arbeitsunfähigkeit **50** 44 *3,* Begriff **50** 27 *2,* Behandlungsbedürftigkeit **50** 27 *3,* Behandlungsfähigkeit **50** 27 *3,* Behandlungsziele **50** 27 *7,* Behinderung **50** 27 *3,* chronische Erkrankung **50** 27 *3,* Diagnose **50** 27 *7,* Einzelfälle **50** 27 *5,* eines Elternteils **80** SK *75,* Erwerbsfähigkeit **20** 8 *5,* Heilpraktiker **50** 27 *11,* Heilung **50** 27 *7,* Hilfe zur Pflege **120** 61 *2,* Hinzutritt einer weiteren Krankheit **50** 48 *4,* lebensbedrohliche Erkrankung **50** 27 *10,* Leistung ausländischer Träger **50** 16 *10,* Leistungsinhalt **50** 27 *9ff.,* Linderung von Beschwerden **50** 27 *7,* Mitaufnahme einer Begleitperson **50** 11 *2,* neue Untersuchungs- und Behandlungsmethoden **50** 27 *10,*

magere Zahlen = §§ bzw. Art.; kursive Zahlen = Randnummern **Sachverzeichnis**

Notwendigkeit einer Krankenbehandlung **50** 27 *8*, Off-label-use **50** 27 *10*, Pflegebedürftigkeit **50** 27 *3*; **110** 14 *7*, psychische **50** 27 *5*, *13*, Schwangerschaft **50** 27 *3*, Systemversagen **50** 27 *10*, Verhütung von Verschlimmerung **50** 27 *7*, Versicherungsfall **50** 27 *2ff.*, VO EG 883/2004 **5** SK *14*, *88ff.*, vorsätzliches Zuziehen **50** 52 *2*, Wirtschaftlichkeitsgebot **50** 27 *8*, Zahnbehandlung **50** 27 *14*, Zuzahlungsverlangen eines Leistungsträgers **50** 27 *12*

Krankheitsursachen, Mitteilung **50** 294 a

Krebsfrüherkennung 50 25 *3*

Kreditanstalt für Wiederaufbau 6 18 d

Kriegsopfer, VO EG 883/2004 **5** SK *32ff.*

Kundennummer 20 51 a

Kündigung, Altersrente wegen Arbeitslosigkeit **60** 237 *43*, Beschäftigungsförderung **20** 16 e *20*, Sperrzeit **30** 128 *9*, 144 *19*, wichtiger Grund **30** 144 *77*

Kündigung, außerordentliche, Erstattungspflicht **30** 147 a *25*

Kündigung, besondere, ABM **30** 270 *1*

Kündigung, fristlose, ABM **30** 268 *3*

Kündigungsausschluss, begrenzter **30** 143 a *17*, Kündigung gegen Entschädigung **30** 143 a *20*, Kündigung mit sozialer Auslauffrist **30** 143 a *18*, Ruhen (Alg) **30** 143 a *14*, unbegrenzter **30** 143 a *15*

Kündigungsschutz, Altersrente **60** 41 *1*

Kündigungsschutz, Schwerbehinderte, Antragsverfahren **90** 87, Ausnahmen **90** 90, außerordentliche Kündigung **90** 91, Entscheidung Integrationsamt **90** 88, Ermessenseinschränkung **90** 89, erweiterter Beendigungsschutz **90** 92, Frist **90** 86, Zustimmungserfordernis **90** 85

Kündigungsschutzklage, Alg **30** 119 *11*

Künstler, beitragspflichtige Einnahmen **50** 234, Beitragszahlung **60** 175, Krankengeldhöhe **50** 47 *13*, KV-Versicherungspflicht **50** 5 *38*, RV-Pflicht **60** 2 *11*, selbständige − KV-Versicherungspflicht **50** 5 *20*

Künstlersozialkasse, Krankengeld **50** 46 *5*, Meldung **40** 28 a *47*, Prüfpflicht **40** 28 p *15*, Prüfung **40** 28 q *6*, Ruhen des KV-Leistungsanspruchs **50** 16 *12*, Vorauszahlung **40** 28 p *16 a*

Künstliche Befruchtung, *s. Insemination,* Altersgrenze **50** 27 a *11*, Behandlungsbereiche **50** 27 a *13*, Ehepaare **50** 27 a *7*, Erfolgsaussicht **50** 27 a *6*, Erforderlichkeit **50** 27 a *5*, Genehmigung zur Durchführung **50** 121 a, homologe Insemination **50** 27 a *8*, Kostenübernahme **50** 27 a *14*, Leistungskatalog **50** 27 a *12*, Leistungsvoraussetzungen **50** 27 a *3*, Normzweck **50** 27 a *1*, Stimulationsverfahren **50** 27 a *10*, ungewollte Kinderlosigkeit **50** 27 a *4*, Unterrichtung durch unabhängigen Arzt **50** 27 a *9*, Verfahren **50** 27 a *15*, Verhältnis zur Krankenbehandlung **50** 27 a *1*, Versicherungsfall **50** 27 a *2*, Voraussetzungen **50** 27 a *3ff.*

Kur 50 23 *1, s. auch Rehabilitation, Mutter-Kind-Kuren*

Kurorte, ambulante Vorsorgeleistung **50** 23 *5*

Kurzarbeitergeld 30 116 *6*, Anspruch **30** 169, Anwendung anderer Vorschriften **30** 180, Anzeige **30** 173, bei Arbeitskämpfen **30** 174, beitragspflichtige Einnahmen **50** 232 a, Bemessungsentgelt **30** 131 *15*, betriebliche Voraussetzungen **30** 171, Dauer **30** 177, ergänzende Leistungen **30** 175 a, erheblicher Arbeitsausfall **30** 170, Gründungszuschuss **30** 57 *9*, Heimarbeiter **30** 176, Höhe **30** 178, Krankengeld **50** 47 b *4*, Nettoentgeltdifferenz **30** 179, persönliche Voraussetzungen **30** 172, Saison-Kurzarbeitergeld **30** 175, Sonderregelungen **30** 421 t, Verfügung über **30** 181, Versicherungspflichtverhältnis (ArblosV) **30** 24 *5*, Wirkungsforschung **30** 175 b

Kurzzeitbeschäftigung, Alg **30** 119 *20*, gelegentliche Abweichungen **30** 119 *28*, geringe Dauer **30** 119 *29*, mehrere **30** 119 *30*

Kurzzeitigkeitsgrenze, Alg **30** 119 *25*

Kurzzeitpflege 110 28 *5*, Hilfe zur Pflege **120** 63 *3*, Kinder bis 18 Jahre **110** 42 *12*, Leistungen **110** 42 *6*, Verhältnis zu anderen Leistungen **110** 42 *8*, Voraussetzungen **110** 42 *4*, Wohngeld **160** SK *14*

Küstenfischer/-schiffer, Beitragszuschüsse **70** 163, gesetzliche Unfallversicherung **70** 2 *22*, RV-Pflicht **60** 2 *13*

KV, *s. Krankenversicherung*

KVdR, *s. Krankenversicherung der Rentner*

Ladung, Beweistermine **150** 116, Sozialgericht **150** 110

Länder, Abweichungen **150** 219, als Unfallversicherungsträger **70** 218

Landesämter, Ausbildungsförderung **6** 40 a

Landesärzte, behinderte Menschen **90** 61

Landesausschüsse 50 90

Landesbehörden, Verwaltungstätigkeit **100** 1 *4*

Landesdatenschutzgesetz 80 SK *134*

Landesepflegeausschüsse 110 92

Landesgarantie, Unfallversicherung **70** 120

Landesjugendamt 80 69, SK *142*, Einrichtung **80** SK *142*, Organisation **80** 70, SK *142*

Landesjugendbehörde, oberste **80** SK *160*

Landesjugendhilfeausschuss 80 71, SK *142*

Landesschiedsstelle 50 114

Landessozialbehörden, Aufgabe der Länder **120** 7

Landessozialgerichte, Besetzung der Senate **150** 33, Besetzung/Dienstaufsicht **150** 30, ehrenamtliche Richter **150** 35, Errichtung/Sitz **150** 28, Erstinstanz **150** 28−37 *4ff.*, Fachsenate **150** 31, Funktionelle Zuständigkeit **150** 29, Rechtsmittelinstanz **150** 28−37 *1ff.*, Richter auf Lebenszeit **150** 32

Landesverbände (KV), Aufgaben **50** 211, 214, Aufsicht/Haushalts- u. Rechnungswesen/Vermögen/Statistiken **50** 208, Bildung/Vereinigung von Landesverbänden **50** 207, Entscheidungen auf Landesebene **50** 211 a, Satzung **50** 210, Verwaltungsrat **50** 209, Vorstand **50** 209 a

Landwirte, Alterssicherung **10** 23, Aufbewahrungspflicht **40** 28 f *6*, beitragspflichtige Einnahmen **110** 57 *3*, gesetzliche Unfallversicherung **70** 2 *19*, Jahresarbeitsverdienst **70** 93, Krankengeldkürzung **50** 50 *8*, KV-Versicherungspflicht **50** 5 *19*, Unternehmensbestandteile **70** 124

Landwirtschaftliche Alterskasse, Beitragszeiten **60** 55 *2*

Landwirtschaftliche Sozialversicherung, Gesamtsozialversicherungsbeitrag **40** 28 d *4*, Haushaltsplan **40** 71 d

Langjährig Versicherte, *s. auch Altersrente, langjährig Versicherte, s. Altersrente, Versicherte, langjährige,* Altersrente **60** 36 *1*

Langzeitarbeitslose 20 71; **30** 18; **80** SK *34*

Lastenverteilung Unfallversicherung, Begriffsbestimmungen **70** 177, Durchführung Ausgleich **70** 181, gemeinsame Tragung der Rentenlasten **70** 180, Grundsatz **70** 176, Sonderregelung außergewöhnliche Belastung **70** 179

Lastenzuschuss 160 SK *4*, *16*

Lebensalter, Anspruchsdauer **30** 127 *11*

Lebensaltersnachweis, Altersrente Bergleute **60** 40 *6*, Altersrente für Frauen **60** 237 a *9*, Altersrente für langjährig Versicherte **60** 236 *8*, Altersrente für Schwerbehinderte **60** 236 a *8*, Altersrente nach Altersteilzeit **60** 237 *8*, Altersrente wegen Arbeitslosigkeit **60** 237 *8*, langjährig Versicherte **60** 36 *5*, Regelaltersrente **60** 35 *5*, 235 *8*, Schwerbehinderte **60** 37 *5*

Lebenspartner, Bedarfsgemeinschaft **20** 7 *17*, Einkommen (BAföG) **6** 24, Ersatzpflicht (BAföG) **6**

2817

Sachverzeichnis

Fette Zahlen = Kennziffern

47 a, gesetzliche Unfallversicherung **70** 2 *8,* Hinterbliebenenleistungen, Unfallversicherung **70** 63 *15*
Lebenspartnerschaft 10 33 b, Einsatzgemeinschaft **120** 19 *8,* Rentensplitting **60** 120 e, Versorgungsausgleich **60** 109 *21,* Witwenrente **60** 46 *19*
Lebenspartnerschaftsähnliche Gemeinschaft, Amtsermittlung **120** 20 *8,* Ende **120** 20 *7,* Haushalts- und Wirtschaftsgemeinschaft **120** 20 *4,* Kriterien **120** 20 *3,* materielle Feststellungslast **120** 20 *9,* Rechtsfolge **120** 20 *10,* Sozialhilfe **120** 20 *2*
Lebensunterhalt, notwendiger 120 27 *2*
Lebensunterhalt, notwendiger in Einrichtungen 120 35 *1,* Barbetrag **120** 35 *6,* vollstationäre Unterbringung **120** 35 *3,* weiterer **120** 35 *4,* Zuzahlung für Heimbewohner **120** 35 *8*
Lebensverhältnisse, familienspezifische, Alg II **20** 1 *9*
Legalitätsprinzip 100 18 *4*
Legasthenie, Krankheit **50** 27 *6*
Lehrer an Ersatzschulen – KV-Versicherungsfreiheit **50** 6 *13,* RV-Pflicht **60** 2 *4,* RV-Pflichtbefreiung **60** 6 *10*
Lehrgangskosten, berufliche Weiterbildung **30** 80
Lehrlinge, gesetzliche Unfallversicherung **70** 2 *11*
Leibesfrucht, *s. Ungeborenes, Schwangerschaft,* Schädigung/Haftungsausschluss/Unfallversicherung **70** 104 *11*
Leiharbeit, wichtiger Grund **30** 144 *78,* Zumutbarkeit **30** 121 *16*
Leiharbeitnehmer, Meldung **40** 28 a *2*
Leistung, abgelehnte, Kostenerstattung (KV) **50** 13 *7*
Leistung an den Geschädigten 100 116 *81ff.,* befreiende Wirkung **100** 116 *82,* Gutglaubensschutz **100** 116 *81*
Leistung, unaufschiebbare, Kostenerstattung (KV) **50** 13 *6*
Leistungen 6 SK *11ff.,* von Amts wegen **40** 19, Anrechnung von anderen (Elterngeld) **7** 3 *8 f.,* auf Antrag **40** 19, Arbeitsförderung **30** 45 *11,* ausreichende **50** 12 *3,* BAföG **6** SK *36ff.,* behinderte Menschen **30** 98 ff., Deutsche Einheit **50** 310, Krankenkasse **50** 2, Notwendigkeit **50** 12 *6,* wirtschaftliche **50** 12 *5,* Zweckmäßigkeit **50** 12 *4*
Leistungen an Arbeitgeber, behinderte Menschen **90** 34
Leistungen anderer Sozialversicherungsträger, Alg II **20** 5 *4*
Leistungen, ärztliche, Abrechnung **50** 295
Leistungen bei Krankheit, Inhalt/Umfang **50** 27 *9*
Leistungen, einmalige, abweichende Leistungserbringung **20** 24 *14*
Leistungen für Auszubildende 20 27 *1,* Härtefall **20** 27 *4,* Mehrbedarf **20** 27 *3,* Schuldenübernahme **20** 27 *6,* Unterkunftskosten **20** 27 *5*
Leistungen für Grundsicherung 100 44–48 *10*
Leistungen für Mehrbedarfe beim Lebensunterhalt 20 21 *1, s. Mehrbedarf (Alg II)*
Leistungen für Unterkunft und Heizung, *s. Bedarfe für Unterkunft und Heizung*
Leistungen, geldwerte, Minderung des Alg II **20** 31 a *14*
Leistungen ins Ausland, Ermessens- **60** 318 *25,* Erwerbsminderungsrente **60** 112, Krankenversicherungszuschuss/Reha **60** 111, Rechtsänderungen **60** 317, Rentenhöhe **60** 113, Unfallversicherung **70** 97, Zusatz- **60** 319 *26*
Leistungen nach SGB VIII 80 SK *3*
Leistungen, nicht beitragsgedeckte, Erstattung **60** 291 b
Leistungen, stationäre, Vereinbarungen **80** SK *12*
Leistungen, teilstationäre, Vereinbarungen **80** SK *12*

Leistungen, vorläufige 10 43, Anrechnung **10** 43 *10,* Beginn **10** 43 *8,* endgültige Entscheidung **10** 43 *10,* Entscheidung **10** 43 *5ff.,* Erstattung **10** 43 *11,* Erstattung bei falschem Träger **10** 43 *12,* Erstattungsanspruch **10** 43 *11,* Höhe **10** 43 *7,* medizinische Reha **110** 32 *1,* Normzweck **10** 43 *1 f.,* Rechtsanspruch **10** 43 *6,* Sondervorschriften **10** 43 *13,* Voraussetzungen **10** 43 *3 f.*
Leistungen zum Lebensunterhalt, behinderte Menschen **90** 45
Leistungen zur Beschäftigungsförderung, *s. Beschäftigungsförderung*
Leistungen zur Bildung, Alg II **20** 19 *9*
Leistungen zur Bildung und Teilhabe, *s. auch Bedarfe für Bildung und Teilhabe,* Aufhebung **20** 29 *7,* Erbringung **20** 29 *1,* Gutschein **20** 29 *2,* Rückforderung **20** 29 *7*
Leistungen zur Eingliederung, *s. Eingliederungsleistungen*
Leistungen zur Sicherung des Lebensunterhalts, *s. Arbeitslosengeld II, Sozialgeld,* Anspruchsübergang **20** 33 *2*
Leistungen zur Teilhabe 90 4, Alg II **20** 19 *9,* Anrechnungszeiten **60** 58 *2,* Antragsstellung im Rechtssinn **90** 14 *7,* am Arbeitsleben **70** 35, Aufgabe **60** 9, Aufwendungen **60** 220, Ausführung **90** 17 *3,* Ausgaben **60** 287 b, Besonderheiten **60** 116, Erforderlichkeit weiterer **90** 14 *27,* Ergänzende Leistungen **60** 28, ergänzende Leistungen **70** 39, erstangegangener Träger **90** 14 *9,* Erstattung selbstbeschaffter **90** 15, Erwerbsminderungsrente **60** 102 *6,* Haushalts-/Betriebshilfe **90** 54, Kinderbetreuungskosten **90** 54, Koordinierung **90** 10, KV-Versicherungspflicht **50** 5 *22,* am Leben in der Gemeinschaft **70** 39, Leistungsausschluss **60** 12, Leistungserbringung von Amts wegen **90** 14 *8,* Leistungsgruppen **90** 5, Leistungsort **90** 18, persönliche Voraussetzungen **60** 10, Persönliches Budget **90** 17 *5,* Rechtsänderung **60** 301, sonstige Leistungen **60** 31, Übergangsgeld **90** 9 ff., versicherungsrechtliche Voraussetzungen **60** 11, Vorbehalt abweichender Regelungen **90** 7, Vorrang **90** 8, Weiterzahlung **90** 51, Wirtschaftlichkeit/Wirksamkeit **90** 17 *4,* Wunsch-/Wahlrecht **90** 9, Zusammenarbeit der Rehaträger **90** 12, Zusammenwirken **90** 11, Zuständigkeitserklärung **90** 14 *1,* Zuständigkeitsprüfung **90** 14 *6,* Zuzahlungen sonstige Leistungen **60** 32
Leistungen zur Teilhabe, allgemeine, Eingliederungsleistungen **20** 16 *5*
Leistungen zur Teilhabe am Arbeitsleben, RV **60** 16
Leistungen zur Teilhabe, besondere, Eingliederungsleistungen **20** 16 *5*
Leistungs- und Entgeltvereinbarungen, Inhalt (Jugendhilfe) **80** 78 c
Leistungsabrechnung, abweichende Vereinbarung (PV) **110** 106
Leistungsabsprache, Grundsicherung im Alter/bei Erwerbsminderung **120** 44 *4,* Sozialhilfe **120** 12
Leistungsanspruch, Auskunftspflicht **30** 317, Unfallversicherung **70** 26
Leistungsanspruch, Erlöschen (KV) 50 19 *1,* Fristberechnung **50** 19 *8,* Kassenwechsel **50** 19 *3,* nachgehender **50** 19 *5*
Leistungsanspruch, Ruhen, *s. Ruhen des Leistungsanspruchs*
Leistungsarten 10 11, Entgeltersatz **30** 116 *1,* Normzweck **50** 11 *1,* Unfallversicherung **70** 26
Leistungsausschluss 50 52 a *1,* Krankengeldanspruch **50** 44 *5,* **50** *1 ff.,* Missbrauchsabsicht **50** 52 a *3,* Nachrang **30** 22 *15,* PV **110** 33 a *1,* Teilhabeleistungen **60** 12, Unfallversicherung **70** 101

magere Zahlen = §§ bzw. Art.; kursive Zahlen = Randnummern **Sachverzeichnis**

Leistungsausschluss (Alg II) 20 7 *22*, ähnliche Leistung öffentlich-rechtlicher Art 20 7 *29*, Altersrente 20 7 *27*, Ausnahme nicht ausbildungsbedingter Bedarf 20 7 *40*, Azubi 20 7 *35*, Azubi Rückausnahme 20 7 *44*, BAföG 20 7 *37*, besondere Härte 20 7 *41*, Erreichbarkeitsanordnung 20 7 *30 b*, JVA 20 7 *24*, Knappschaftsausgleichsleistung 20 7 *28*, Krankenhaus 20 7 *25*, Ortsabwesenheit 20 7 *32*, Rückausschluss 20 7 *26*, stationäre Einrichtung 20 7 *23*, Unterkunftskosten 20 7 *42*
Leistungsauswahl, aktive Arbeitsförderung 30 7
Leistungsberechnung 20 41, VO EG 883/2004 5 56
Leistungsberechtigte, teilstationäre Einrichtungen 120 19 *21*
Leistungsberechtigte nach SGB II, Sonderregelung 120 21 *1*
Leistungsberechtigung, Alg II 20 7 *2*
Leistungsbeschränkung, Ermessen 50 52 *5*, Kostenbeteiligung 50 52 *6*, Krankengeld 50 52 *7*, medizinisch nicht indizierte Maßnahme 50 52 *3*, Piercing 50 52 *3*, Schönheitsoperation 50 52 *3*, Selbstverschulden 50 52 *1 ff.*, Straftat 50 52 *3*, Tätowierung 50 52 *3*, vorsätzliches Zuziehen einer Krankheit 50 52 *2*, Wahltarife 50 53 *7*
Leistungsbezug, Arbeitslosenversicherungspflicht während 30 26 *8*
Leistungsdaten, Pflichten der Leistungserbringer 50 294, Übermittlung 50 294
Leistungseinschränkung, atypische 60 43 *8*, Erwerbsminderung 60 43 *6*
Leistungsentgelt 30 133 *1*, Beratungspflicht 30 133 *24*, Berechnung 30 133 *6*, Lohnsteuer 30 133 *9*, Lohnsteuerabzug 30 133 *11*, Lohnsteuerklassenwechsel 30 133 *19*, Solidaritätszuschlag 30 133 *11*, Sozialversicherungspauschale 30 133 *8*, Steuermerkmale, individuelle 30 133 *13*, Übergangsrecht 30 133 *4*
Leistungserbringer, Beziehung zu Krankenkassen 50 69, Datenübermittlung 50 294, Kennzeichen (KV) 50 293, Kennzeichen (PV) 110 103, Pflichten (PV) 110 104, unzulässige Zusammenarbeit mit Vertragsärzten 50 128, Verträge mit 90 21
Leistungserbringer, sonstige, Abrechnung 50 302
Leistungserbringer von Heil-/Hilfsmittel, Beziehungen zu Krankenkassen 50 124–127 *1*
Leistungserbringer, zugelassene 50 124–127 *2*
Leistungserbringung, Einschränkungen 50 Einl. 7, Grundsatz individualisierter 10 1–10 *38*, ortsnahe 30 9, Sozialhilfe 120 10
Leistungserbringung, abweichende, Ausschluss 20 24 *26*, Darlehen 20 24 *4*, einmalige Leistungen 20 24 *14*, Sachleistung 20 24 *12*, SGB II 20 24 *1*
Leistungserbringung, rückwirkende, Herstellungsanspruch, sozialrechtlicher 10 14 *17*
Leistungsexport, Alg II 20 7 *5*, Arbeitslosigkeit 5 SK *158 ff.*, Kinder- und Jugendhilfe 80 SK *1 a*, KV 50 Einl. 10, Prinzip 5 SK *4*, VO EG 883/2004 5 SK *53 ff.*
Leistungsfähigkeitsvergleich, Grundsicherungsträger 20 48 a
Leistungsfälle, aufwendige, Finanzausgleich 50 265, solidarische Finanzierung 50 269
Leistungsfeststellung, VO EG 883/2004 5 52
Leistungsformen, SGB II 20 4
Leistungsfortzahlung, Arbeitsunfähigkeit 30 126 *1*, Dauer bei Erkrankung eines Kindes 30 126 *16*, Kinderbetreuung 30 126 *12*, Voraussetzungen 30 126 *4*
Leistungsgewährung, Rückwirkung 100 44–48 *17*
Leistungsgrundsätze, SGB II 20 *3*
Leistungshöhe, BAföG 6 SK *37 ff.*
Leistungskatalog 50 12 *8*

Leistungsklage 150 54–56 *3*, Sozialgericht 150 54–56 *8*
Leistungskummulierung, Verbot der 5 SK *57 ff.*
Leistungsminderung, Alg 30 125 *5*, Aufforderung zum Antrag auf Reha-/Teilhabeleistungen 30 125 *18*, dauerhafte 30 119 *65*, Feststellungskompetenz 30 125 *12*, Unfallversicherung 70 101
Leistungsmissbrauch, Bekämpfung 20 15 a *1*, Datenerhebung/-ermittlung zur Bekämpfung von 100 67 e
Leistungsort, Teilhabeleistungen 90 18
Leistungspflicht, vorläufige, Zuständigkeitserklärung 90 14 *3*
Leistungsrechnung, Sozialversicherungsträger 40 69
Leistungssatz, Alg 30 129 *7*, *12*
Leistungsträger 10 12, Aufklärungspflicht 10 13 *6*, Auskunftspflicht 100 101, Kennzeichen (KV) 50 293, Kennzeichen (PV) 110 103
Leistungsträgervielfalt, Sozialgericht 150 74/75 *3*
Leistungsübernahme, Voraussetzungen (Jugendhilfe) 80 78 b
Leistungsumfang, RV 60 13
Leistungsvereinbarung (teil)stationäre Leistungen 80 SK *12*, Inhalt 80 SK *155*, Vereinbarungszeitraum 80 SK *155*
Leistungsverhältnis, öffentlich-rechtliches 100 50 *2*
Leistungsvermögen, Erwerbsfähigkeit 20 8 *7*
Leistungsverpflichtung, fortdauernde, Jugendhilfe 80 86 c, Kostenerstattung 80 89 c
Leistungsverpflichtung, vorläufige, Kostenerstattung 80 89 c
Leistungsverweigerungsrecht, Insolvenzgeld 30 184 *4*
Leistungsverzicht, Wohngeld 160 8
Leistungsvoraussetzungen, Angaben 50 292
Leistungszuständigkeit, grenzüberschreitende Sachverhalte 5 SK *89 f.*
Lernende, gesetzliche Unfallversicherung 70 2 *12*
Lernprobleme 80 SK *34*
Liquiditätserfassung 60 214 a
Liquiditätshilfen 30 364
Liquiditätssicherung 60 214
Listenprinzip, Berufskrankheit 70 9 *8*
Livestyle-Präparate, ausgeschlossene Arzneimittel 50 34 *7*
Logistikgewerbe, Sofortmeldepflicht 40 28 a *27*
Logopädie 50 43 a *3*
Lohnabstandsgebot 120 28 *9*
Lohnabzugsverfahren 40 28 g *1 a*, *s. auch Beitragsabzug,* Nachholungsverbot 40 28 g *3*
Lohnersatzleistungen, Verletztengeld, Höhe 70 47 *14*
Lohnkostenzuschuss 20 16 *6*, ABM 30 264 *1 f.*
Lohnsteuer, Leistungsentgelt 30 133 *9*
Lohnsteuerabzug, maßgeblicher Zeitpunkt (Leistungsentgelt) 30 133 *16*
Lohnsteuerklassenwechsel, Leistungsentgelt 30 133 *19*
Lotsen, Haftungsausschluss Unfallversicherung 70 107 *2*

Mädchensozialarbeit 80 SK *34*
Mainzer Modell, Übergangsregelung 120 131
März-Klausel, einmaliges Arbeitsentgelt 40 23 a *8*
Maßnahme, befristete arbeitsmarktpolitische, Altersrente wegen Arbeitslosigkeit 60 237 *46*
Maßnahmekosten 30 69
Maßnahmen, einstweilige, Sozialgericht 150 86 b
Maßregelungsverbot 30 396
MdE, *s. Erwerbsminderung*
MDK, *s. Medizinischer Dienst der Krankenkassen*

Sachverzeichnis

Fette Zahlen = Kennziffern

Medikamentensucht 50 27 5; 80 SK 34
Medizinisch nicht indizierte Maßnahmen, Leistungsbeschränkung 50 52 3
Medizinische Behandlungspflege, PV 110 28 10, vollstationäre Pflege 110 43 11
Medizinische Rehabilitation, Anrechnungszeiten 60 58 3, ergänzende Leistungen 90 44, Haushalts-/Betriebshilfe 90 54, Kinderbetreuungskosten 90 54, Leistungen (RV) 60 15, Leistungen zur 90 26, vorläufige Leistungen 110 32 2, Weiterzahlung 90 51, Zuzahlungen 60 32
Medizinische Rehabilitation, Vorrang, betroffene Leistungen 110 31 2, nach Eintritt der Pflegebedürftigkeit 110 5 4, Hinwirkungspflicht zur Vermeidung von Pflegebedürftigkeit 110 5 2, vor Pflege 110 31 1, Prüfung 110 31 3, Verfahren gegenüber anderen Sozialleistungsträger 110 31 6
Medizinischer Dienst der Krankenkassen, Arbeitsgemeinschaft 50 278, Aufgaben (Pflegebedürftigkeit) 110 18 6, Ausnahmen 50 283, Begutachtung/Beratung 50 275, Finanzierung/Aufsicht 50 281, Geschäftsführer 50 279, Mitteilungspflichten 50 276, personelle Ausstattung 110 18 15, personenbezogene Daten 110 97, Verhältnis zur Pflegekasse 110 18 2, Verwaltungsrat 50 279, Verwaltungsratsaufgaben 50 280, Zusammenarbeit 50 276, Zusammenarbeit mit Heimaufsicht 110 117
Medizinischer Dienst des Spitzenverbandes Bund des Krankenkassen 50 282
Medizinisches Versorgungszentrum 50 95–105 5
Mehrarbeit, Schwerbehinderte 90 124
Mehrbedarf, abweichende Leistungserbringung 20 24 1, Alleinerziehende 120 30 7, Alter 120 30 2, Auszubildende 20 27 3, Behinderte in Ausbildung 120 30 9, Erwerbsminderung 120 30 4, Gehbehinderung 120 30 5, Hilfe zum Lebensunterhalt 120 30 1, Höchstgrenze 120 30 14, kostenaufwändige Ernährung 120 30 10, Regelsatz (Sozialhilfe) 120 28 5, Schwangerschaft 120 30 6, Schwerbehinderte 120 30 3, Sozialgeld 20 23 19
Mehrbedarf (Alg II) 20 21 1, Alleinerziehende 20 21 9, Begrenzung 20 21 26, Behinderung 20 21 14, Bildungsleistungen 20 21 23, einmaliger 20 21 24, gesundheitsbezogene Leistungen 20 21 14, Grundsätze 20 21 4, Härtefall 20 21 18, kostenaufwändige Ernährung 20 21 6, Normzweck 20 21 1, Schwangerschaft 20 21 6, Schwerbehinderung 20 21 15, typisierter 20 21 25, Umgangsrecht 20 21 21
Mehrfachanrechnung, Pflichtarbeitsplätze Schwerbehinderte 90 76
Mehrfachbeschäftigung, Auskunfts-/Vorlagepflicht 40 28 o 5, Beitragsansprüche 40 22 8
Mehrkosten 50 95–105 3, Zahlungsanspruch 50 87 d
Mehrkosten in der Kinder- und Jugendhilfe 80 SK 12
Mehrkostenregelung, Zahnarzt 50 28 4
Mehrkostenvorbehalt, Hilfe zur Pflege 120 63 2
Mehrleistungen, Unfallversicherung 70 94
Mehrlinge, Elterngeld 7 2 11
Meistbegünstigungsgrundsatz, Alg 30 117 13, Sozialhilfe 120 18 2, Sperrzeit 30 144 57
Meister-BAföG 6 SK 2
Meldebehörden, Sterbefallmitteilungen 100 101 a
Meldeinhalte 40 28 a 21
Meldepflicht 20 59, Ab-/Jahresmeldung 40 28 a 23, Alg 50 203 a, Alg II 20 32 4; 50 203 a, allgemeine 30 309, Altersteilzeit 40 28 a 16, Anmeldung 40 28 a 5, Arbeitgeber 40 28 a 2, des Arbeitgebers für versicherungspflichtige Beschäftigte 40 28 a 5, Arbeitsentgelt, einmaliges 40 28 a 13, Arbeitslosigkeit 30 144 64, Arbeitsverhältnisauflösung 40 28 a 12, Ausbildung 40

28 a 14, Beitragspflichtänderung 40 28 a 8, Beitrittsgebiet 40 28 a 15, Beschäftigungsbeginn 40 28 a 6, Beschäftigungsende 40 28 a 6, Beschäftigungsunterbrechung 40 28 a 11, bestimmter Versicherungspflichtiger 50 205, Eigentümer von Seeschiffen 70 194, Einberufung Wehr-/Zivildienst 60 192, Einzugsstellenwechsel 40 28 a 9, Eltern-/Erziehungsgeld 50 203, geringfügige Beschäftigung 40 28 a 9, Geringfügigkeitsgrenze 40 28 a 17, gesonderte Meldung 40 28 a 10, Hausgewerbetreibende 40 28 a 34; 60 190, Haushaltsscheckverfahren 40 28 a 56, Heimarbeiter 40 28 a 2, Insolvenz 40 28 a 7, Jahresmeldung 40 28 a 20, Künstlersozialkasse 40 28 a 47, Leiharbeitnehmer 40 28 a 2, Meldeanlässe 40 28 a 5, Meldeinhalte 40 28 a 21, zu Meldende 40 28 a 2, Namensänderung 40 28 a 23, Normzweck 40 28 a 1, örtliche Zuständigkeit 80 87 a, Ost 60 281 c, Pflichtige 40 28 a 2, Prüfung 40 28 p 2, PV 110 50, Rentenantragstellung/-bezug 50 201, rentenversicherungspflichtige Selbständige 60 190 a, Sofortmeldung 40 28 a 25, sonstige rechtserhebliche Zeiten 60 193, sonstige Versicherungspflichtige 60 191, sonstige versicherungspflichtige Personen 40 28 a 2, Staatsangehörigkeitswechsel 40 28 a 25, Störfall – Wertguthaben 40 28 a 18, Unfallversicherung 40 28 a 24 a, 45, unständige Beschäftigte 50 199, Unterhaltsgeld 50 203 a, Unterrichtung des zu Meldenden 40 28 a 32, Versorgungsbezüge 50 202, Wehrdienst 50 204, Wertguthabensabbau 40 28 a 19, Zivildienst 50 204, Zuständigkeitswechsel 40 310
Meldeverfahren, berufsständische Versorgung 40 28 a 41, Einzugsstelle 40 28 o 2, Vergütung 40 28 l
Meldeverfahren, elektronisches 40 28 a 3, Ausnahmen 40 28 a 35, elektronischer Entgeltnachweis 40 28 a 4
Meldeversäumnis, Alg II 20 32 2, Rechtsfolge 20 32 7, Sperrzeit 30 144 117, wichtiger Grund 20 32 6; 30 144 90
Meldung, private Pflegeversicherung 110 51, Prüfung für sonstige Versicherte Nachversicherung 60 212 a, Sozialversicherungsträger 50 350
Meldung, gesonderte 60 194
Meldung zur frühzeitigen Arbeitssuche, Sperrzeit 30 144 115
Meldungsaufforderung, Alg II 20 32 3
Merkblatt, Kenntnis/Kennen müssen 100 44–48 25
Messebau, Sofortmeldepflicht 40 28 a 27
Messen, Arbeitsunfall 70 3 25
Mietähnliche Nutzungsverhältnisse, Wohngeld 160 SK 14
Mietähnliches Dauerwohnrecht, Wohngeld 160 SK 14
Miete, Berücksichtigung (Wohngeld) 160 11, SK 54, künftige Strafgefangene 120 34 2, Unterkunftskosten 120 29 2, Wohngeld 150 9
Mietenbericht 160 39
Mietkaution, Bedarfe für Unterkunft und Heizung 20 22 42, kommunale Eingliederungsleistungen 20 16 a 3, Unterkunftskosten 120 29 20
Mietnebenkosten, Nachzahlungen 120 29 3, Unterkunftskosten 120 29 2
Mietspiegel, Unterkunftskosten 120 29 11
Mietzuschuss 160 SK 4, 10
Minderjährige, unbegleitet einreisende 80 SK 122
Minderleistung, Beschäftigungsförderung 20 16 e 4, Eingliederungszuschuss 30 217 9
Minderung, Bemessungsentgelt 30 131 22, Erstattungspflicht 30 147 a 37
Minderung (Alg), Anspruchsdauer 30 128 1, Begrenzung/Ausschluss 30 128 17, berufliche Weiterbildung 30 128 14, fehlende Arbeitsbereitschaft 30

magere Zahlen = §§ bzw. Art.; kursive Zahlen = Randnummern **Sachverzeichnis**

128 *13*, fehlende Mitwirkung 30 128 *11*, Gründungszuschuss 30 128 *16*
Mindestanforderungsverordnung 20 18 *1*
Mindestarbeitsplatzzahl, Beschäftigungspflicht 90 74
Mindestbeitrag, Unfallversicherung 70 161
Mindestbeitragsbemessungsgrundlage, freiwillig Versicherte 60 167, Nachversicherung 60 278, Nachversicherung (Ost) 60 278 a
Mindestbetrag, Elterngeld 7 2 *10*
Mindestentgeltpunkte, geringes Arbeitsentgelt 60 262
Mindestgrenzbetrag, Versicherungsfälle vor 1. 1. 1979 60 312
Mindestrente 5 SK *130*
Mindestversicherungszeit 60 235 *2*, Altersrente für Frauen 60 237 a *3*, Altersrente nach Altersteilzeit 60 237 *3*, Altersrente wegen Arbeitslosigkeit 60 237 *3*, Rentenanspruch 60 34 *2*, schwerbehinderte Menschen 60 236 a *2*, Wartezeit 60 50 *1*
Minijob-Zentrale 40 28 a *38*, Aufgaben/Pflichten 40 28 h *13*, Prüfpflicht 40 28 p *13*
Missbrauch, Leistungsausschluss 50 52 a *3*, Wohngeld 160 SK *31*
Mitarbeit, familiäre, *s. auch Familienangehöriger, mithelfender,* Sperrzeit 30 144 *17*
Mithilfe, familienhafte, Beschäftigung 40 7 *32*
Mittagsverpflegung, gemeinschaftliche 20 28 *13*
Mitteilungspflicht, Arbeitgeber − Insolvenzgeld 30 183 *50*, Bauherr 70 192, drittverursachte Gesundheitsschäden 50 294 a, Krankheitsursachen 50 294 a, MDK 50 276, Pflegeberatung 110 106 a, Pflegeeinrichtungen 110 106 a, Pflegefachkräfte 110 106 a, RV 60 196, Schiffsregisterbehörden 70 196, Schiffsvermessungsbehörden 70 196, Unternehmer 70 192, Versicherungspflichtiger 50 206
Mitteilungsverfahren, Aufbau der Datensätze/Schlüsselzahlen/Angaben 40 23 c *15*, Sozialleistungsbezug 40 23 c *13*
Mittel, Aufbringung (BAföG) 6 56
Mittelverwendung, Rechenschaft 50 305 b, Rechenschaft landwirtschaftliche Berufsgenossenschaften 70 183 a
Mitversicherung, Familienangehörige 50 Einl. *8*
Mitwirkendes Verschulden 100 116 *65ff.*, Aufkommensneutralität für Sozialleistungsträger 100 116 *70*, Hilfebedürftigkeit durch Forderungsübergang 100 116 *69*, relative Theorie 100 116 *67f.*, zusätzliche Höhenbegrenzung 100 116 *67f.*
Mitwirkung 100 20 *3*, Behindertenwerkstätten 90 139, Folgen fehlender 40 28 p *26*, Unfallverhütungsvorschriften 70 21
Mitwirkung, fehlende, Minderung des Alg 30 128 *11*
Mitwirkung im gerichtlichen Verfahren 80 SK *130*, örtliche Zuständigkeit 80 87 b
Mitwirkungsobliegenheit 100 44–48 *49*, Kläger 150 103–109 *6*
Mitwirkungspflicht 30 319, des Arbeitslosen bei Erstattungspflicht 30 147 a *38*, Ausbildungsstätten 6 48, Dritter 20 60, eheähnliche/lebenspartnerschaftsähnliche Gemeinschaft 120 20 *9*, Einzugsstellen 40 28 q *5*, Erscheinen, persönliches 10 61 *2*, Feststellung der Pflegebedürftigkeit 110 18 *16*, Grenzen 10 65 *3*, Heilbehandlung 10 63 *2*, Hinweispflicht 10 66 *10*, Inhalt 10 65 *2*, Kindergeld 8 68, Nachholung 10 67 *2*, Nichterfüllung 10 66 *2, 7*, Prüfpflicht 40 28 p *24*, Übermaßverbot 10 65 *4*, Untersuchungen 10 62 *2*, Verhaltnismäßigkeit 10 65 *4*, Zumutbarkeit 10 65 *5*
Mobilität, Pflegebedürftigkeit 110 14 *21*
Modellvorhaben 50 53 *4*, 63, Auswertung 50 65, Vereinbarungen mit Leistungserbringern 50 64

Monatsbetrag, Knappschaftliche Besonderheiten 60 80, Rentenformel 60 64, 254 b
Monatsprinzip, Rente 60 102 *2*
Morbiditätsbedingte Gesamtvergütung 50 87 a
Multilateralisierung bilateraler Abkommen, VO EG 883/2004 5 SK *41*
Mündliche Verhandlung, Gang/Leitung 150 112, Grundsatz 150 124, Schließung 150 121, Termin 150 110–122 *1*, Verzicht 150 123–142 *4f*, Vorbereitung 150 103–109 *4f*
Musterverfahren, Sozialgericht 150 114 a
Mütter, Beratung und Unterstützung 80 SK *54ff.*, gemeinsame Wohnformen 80 SK *69ff.*
Müttergenesungswerk, Versorgungsverträge 50 111 a
Mutter-Kind-Kur 50 24 *1*, Anspruchsinhalt 50 41 *4*, Nachrang 50 41 *3*, Vater 50 41 *2*, Voraussetzungen 50 24 *2*, 41 *2*, Zuzahlung 50 21 *5*, 41 *4*
Mutterschaft, Anrechnungszeiten 60 58 *5*, Beitragsrückstand 50 16 *13*, Hilfe bei 120 50, VO EG 883/2004 5 SK *14f., 88ff.*
Mutterschaftsgeld, Anrechnung (Elterngeld) 7 3 *2ff.*, Beitragsfreiheit 50 224, Beitragsfreiheit (PV) 110 56 *2*, Beschäftigung 40 7 *81*, Bezugszeitraum 7 4 *10*, Krankengeld 50 49 *8*, Ruhen (Alg) 30 142 *11*, Strafvollzug 50 16 *9*, Zuschuss des Arbeitgebers 40 23 c *12*
Mutterschaftszeiten, Gleichstellung 30 427 *2*
Mutterschutzzeiten, Anwartschaftszeit 30 123 *8*
Mutwillenkosten, Sozialgericht 150 183–197 b *10ff.*, 192

Nachbereitungstätigkeit, Arbeitsunfall 70 8 *20*
Nachbetreuung 80 SK *117*, junge Volljährige 80 41
Nachhaltigkeitsrücklage 60 216, Anlage 60 217
Nachholung, Mitwirkungspflicht 10 67 *2*, Rechtsfolgen 10 67 *6*, Verfahrenshandlungen 100 40–43 *4*
Nachholungsverbot, Lohnabzugsverfahren 40 28 g *3*
Nachlässe, Unfallversicherung 70 162
Nachrang, Alg II 20 5 *2*, 19 *11*, Anspruch 30 22 *5*, Arbeitsförderung 30 22 *1*, Ausnahme 30 22 *16*, Entgeltersatz nach SGB III 30 116 *8*, Ermessensleistungen 30 22 *4*, Grundsatz 10 1–10 *38*, Kinder- und Jugendhilfe 80 SK *25ff.*, Leistungsausschluss 30 22 *15*
Nachranggrundsatz 20 33 *1*, 34 *1*, Eingliederungsleistungen 20 16 *2*, Einschränkung der Hilfe zum Lebensunterhalt 120 39 *2*, Feststellung einer Sozialleistung 120 95 *1*, Sozialhilfe für Ausländer 120 23 *12*
Nachschieben von Gründen 100 40–43 *22*, VA 100 40–43 *7*
Nachsendeauftrag, Erreichbarkeit 30 119 *52*
Nachsorgemaßnahmen, sozialmedizinische 50 132 c
Nachteilsausgleich, Schwerbehinderte 90 126
Nachtpflege, Leistungen 110 41 *7*, Verhältnis zu anderen Leistungen 110 41 *11*, Voraussetzungen 110 41 *3*
Nachtragshaushalt 40 74
Nachversicherung, Aufschub 60 184, Ausbildungszeiten 60 207, Beiträge vor 1. 1. 1992 60 281, Beitragsfälligkeit 60 184, Beitragshöhe 60 277, Beitragstragung 60 181, Beitragszahlung 60 185, Berechnung 60 181, Berechtigung/Beitragsberechnung 60 209, Geistliche/Ordensleute 60 206, Knappschaft-Bahn-See 60 135, Mindestbeitragsbemessungsgrundlage 60 278, Mindestbeitragsbemessungsgrundlage (Ost) 60 278 a, Nachzahlung 60 285, Ost 60 233 a, 277 a, RV 60 8 *1*, RV-Pflicht auf Antrag 60 4 *9*, Sonderfälle 60 233, Strafverfolgungsmaßnahmen 60 205, unversorgt ausgeschiedener Beschäftigter 60 8 *2*, Versorgungsausgleich 60 183, Versorgungsbe-

Sachverzeichnis

Fette Zahlen = Kennziffern

zieher **60** 96, Zusammentreffen mit vorhandenen Beiträgen **60** 182
Nachweispflicht, Eingliederungsvereinbarung **20** 15 *18*, Elterngeld **7** 8 *2*, Familienversicherung **50** 289
Nachzahlung, Ausscheiden aus internationalen Organisationen **60** 204, Beitragsberechnung/Berechtigung **60** 209, nach Erreichen der Regelaltersgrenze **60** 282, Evakuierte **60** 284, Flüchtlinge **60** 284, Nachversicherung **60** 285, Vertriebene **60** 284
Nahtlosigkeit 100 2 *12*, Krankengeld **50** 49 *8*, Zusicherung **100** 34 *2*
Nahtlosigkeitsregelung 30 125 *5*, 131 *23*; **120** 21 *9*, Ruhen (Alg) **30** 142 *26*
Nahverkehr, Erstattung Fahrgeldausfälle **90** 148
Namensänderung, Meldepflicht **40** 28 a *23*
Naturkatastrophen, ABM **30** 270 a *3*
Nebenberuf, Arbeitsentgelt **40** 14 *13*
Nebenbeschäftigung, Altersrente nach Altersteilzeit **60** 237 *22*
Nebenbestimmung, Akzessorietät **100** 32 *16*, Anfechtbarkeit **100** 32 *13*, Anfechtungsklage **100** 32 *13*, Arten **100** 32 *7*, Auflage **100** 32 *11*, Auslegung **100** 33 *3*, Bedingung **100** 32 *9*, befristetete Begünstigung **100** 32 *8*, Befristung **100** 32 *9*, Begriff **100** 32 *2, 4*, echte **100** 32 *7*, eigener Art **100** 32 *6*, Rücknahme **100** 32 *13*, selbständige **100** 32 *4, 7*, unechte **100** 32 *7*, unselbständige **100** 32 *3, 4, 7*, Verpflichtungsklage **100** 32 *13*, Widerruf **100** 32 *13*, Wiederrufsvorbehalt **100** 32 *10*, Zulassung **100** 32 *5*
Nebenbestimmungsfeindlichkeit, sozialrechtliche Ansprüche **100** 32 *3*
Nebeneinkommen, Alg **30** 141 *1*, Anrechnung **30** 141 *1, 4, 17*, Anrechnungsfreiheit **30** 141 *16*, Arten **30** 141 *7*, Berechnung Anrechnungsbetrag **30** 141 *8*, berufliche Weiterbildung **30** 141 *17*, Freibetrag **30** 141 *10*, geringfügige Beschäftigung **30** 141 *14*, maßgeblicher Zeitpunkt **30** 141 *4, 6*, mithelfender Familienangehöriger **30** 141 *9, 13*, privilegierte Tätigkeiten **30** 141 *13*, Selbständigkeit **30** 141 *9*, Selbständigkeit, kurzzeitige **30** 141 *14*, Verfahren **30** 141 *11*
Nebeneinkommensbescheinigung 30 313
Nebenpflichten, Vertragsarzt **50** 95–105 *3*
Negativprognose, Verletztengeld **70** 46 *8*
Nettoarbeitsentgelt, Begrenzung **50** 47 *12*, Berechnung **50** 47 *11*, Insolvenzgeld **30** 185 *1*, Krankengeld **50** 47 *10*, vertragliche Vereinbarung **40** 14 *17*
Nettoentgeltdifferenz, Kurzarbeitergeld **30** 179
Nettoentgeltersatz, Beitragsfreiheit **40** 23 c *8*
Nettosozialleistung, Beitragsfreiheit **40** 23 c *8*
Neuberechnung, Renten **100** 44–48 *9*
Neuer Anspruch, Krankengeldausschluss **50** 50 *6*
Neufeststellung, Anspruchs- und Anwartschaftsüberführungsgesetz **60** 310b, Beschäftigungszeiten während Invalidenrente **60** 310c, erneute **60** 310, Reichsbahnrenten/Postrenten **60** 310 a, Rente auf Antrag **60** 309
Neurotische Störung 50 27 *5*
Neutralitätsausschuss 30 146 *31*, 380
Neutralitätspflicht 30 146 *9*
Neuzulassung, Festbetragsregelung **50** 35 *6*
Nicht verheiratete Eltern 80 SK *54*
Nicht Versicherte, beitragspflichtige Einnahmen **50** 227
Nicht Versicherungspflichtige, Übernahme der Krankenbehandlung gg. Kostenerstattung **50** 264
Nichtannahme, Sperrzeit **30** 144 *37*
Nichtanrechenbarkeit, Elterngeld **7** 11 *3 f.*
Nichtantreten, Sperrzeit **30** 144 *37*
Nichtauszahlung, VA **100** 31 *11*
Nichterfüllung, Mitwirkungspflicht **10** 66 *2, 7*

Nichtförmlichkeit, Definition **100** 9 *4*, Verwaltungshandeln **100** 9 *5*, Verwaltungsverfahren **100** 9 *1*
Nichtigkeit, Formmangel **100** 37–39 *25*, typische Tatbestände **100** 40–43 *11*, VA **100** 40–43 *1, 9*, Vertrag, öffentlich-rechtlicher **100** 58
Nichtigkeitsklage, Sozialgericht **150** 89
Nichtsesshafte, Alg II **20** 7 *4*
Nichtverfügbarkeitsvermutung, Schüler/Studenten **30** 120 *7*, Widerlegung **30** 120 *10*
Nichtvorliegen, Antrag **100** 18 *9*, eines Sachleistungsanspruchs nach den Rechtsvorschriften des Wohnmitgliedstaats **5** 24
Nichtzulassungsbeschwerde, Berufung **150** 143–159 *6 ff.*, Revision **150** 160–171 *8 ff.*, 160 a
Niederlassungserlaubnis 20 8 *14*
Niederschlagung, Erstattungsanspruch **10** 42 *12*
Non liquet, Untersuchungsgrundsatz **100** 19/20 *9*
Normenkontrolle 150 54–56 *13 ff.*, 55 a, Zuständigkeit **150** 28–37 *5*
Normsetzungsvertrag, öffentlich-rechtlicher Vertrag **100** 53–61 *9*
Not- und Konfliktlage, Kinder und Jugendliche **80** SK *16*
Notfallbehandlung, ALG II-Berechtigter **120** 21 *6*, Aufwendungserstattung **120** 25 *2*, nicht zugelassener Arzt **50** 95–105 *8*, vorübergehender Auslandsaufenthalt **50** 18 *7*
Nothilfe, Forderungsübergang **100** 116 *17*, gesetzliche Unfallversicherung **70** 2 *41*
Notlage, vorübergehende, Darlehen **120** 38 *1*
Notsituationen, Betreuung und Versorgung eines Kindes **80** SK *75 ff.*, Betreuung/Versorgung des Kindes **80** SK *75*, Kind **80** 20
Notstand, Verfügbarkeit **30** 120 *5*
Notwendigkeit, Leistung **50** 12 *6*
Notzuständigkeit 100 2 *15*
Novizen, Versicherungspflicht **50** 5 *8*
Nutzenbewertung, Akteur **50** 35 a *7*, Arzneimittel **50** 35 a *2*, Rechtsnatur/-folgen **50** 35 a *8*, Verfahren **50** 35 a *8*
Nutzungsverhältnis, genossenschaftliches **160** SK *14*, mietähnliches **160** SK *14*

Oberste Bundesbehörde 80 SK *161*
Oberste Landesjugendbehörde 80 SK *160*
Obliegenheit 100 20 *3*, Mitwirkung **10** 66 *7*
Offenbarungspflicht, Berufsberatung **30** 289
Offene Jugendarbeit 80 SK *29*
Öffenlicher Dienst, Kindergeld **8** 72
Öffentliche Jugendhilfe, Träger **80** SK *140*
Öffentliche Träger der Jugendhilfe, partnerschaftliche Zusammenarbeit mit freien Trägern **80** SK *8*
Öffentlicher Dienst, behinderte Beschäftigte **90** 81 *9*
Öffentliches Interesse, ABM **30** 261 *7*
Öffentlichkeit, Sozialgericht **150** 61
Öffentlich-rechtlicher Vertrag, Ablehnung **100** 53–61 *8*, Anspruch auf **100** 53–61 *8*, Beteiligte **100** 53–61 *5*, Doppelnatur **100** 53–61 *6*, elektronischer Vertragsschluss **100** 53–61 *14*, Ermessen **100** 53–61 *8*, koordinationsrechtlicher **100** 53–61 *2*, Legaldefinition **100** 53–61 *3*, Normsetzungsvertrag **100** 53–61 *9*, Schriftform **100** 53–61 *13*, über Sozialleistungen **100** 53–61 *10*, subordinationsrechtlicher **100** 53–61 *2*, Verbot **100** 53–61 *7*, Vergleichsvertrag **100** 53–61 *11*, Zulässigkeit **100** 53–61 *1*
Offizialmaxime, *s. Untersuchungsgrundsatz*
Off-Label-Gebrauch 50 27 *10*, 35 c *2*, *s. auch Zulassungsüberschreitende Anwendung,* Arzneimittel **50** 31 *7*
Operieren, ambulantes, Krankenhaus **50** 39 *9*, 115 b
Opportunitätsprinzip 100 18 *3*
Optiker 50 28 *2*
Optimierungsgebot, Verwaltungsverfahren **100** 9 *3*

magere Zahlen = §§ bzw. Art.; kursive Zahlen = Randnummern **Sachverzeichnis**

Optionskommune 20 6a, Alg II 20 6–6d *2, 8*, Ersatzansprüche 20 34 *3*, Personalübergang bei Zulassung/Beendigung 20 6c, Rechtsstellung 20 6b
Optionskommunen, Aufsicht 20 48
Optionsmodell, Störfall – Wertguthaben 40 23b *22*
Ordensleute, beitragspflichtige Einnahmen 110 57 *3*, Nachversicherung 60 206
Ordnungsgeld, ehrenamtliche Richter 150 21
Ordnungswidrigkeiten, BAföG 6 58, Unterrichtung (SGB III) 30 405, Verwaltungsverfahren 100 1 *5*, Vollstreckung (SGB III) 30 405, Zusammenarbeit bei Verfolgung/Ahndung (Unfallversicherung) 70 211, Zusammenarbeit der Behörden 40 113, Zusammenarbeit zur Verfolgung und Ahndung von 60 321, Zusammenarbeit zur Verfolgung/Ahndung 50 306, Zuständigkeit (SGB III) 30 405, Zuständigkeit (SGB VII) 70 210
Organe, Sozialversicherungsträger 40 31
Organe, gemeinsame, Sozialversicherungsträger 40 32
Organisatorische Unterstützung 30 243
Organspende, gesetzliche Unfallversicherung 70 2 *40*
Organtransplantation 50 27 *5*
Organverhinderung, Sozialversicherungsträger 40 37
Orientierungswerte, bundeseinheitliche 50 87
Örtliche Zuständigkeit, Träger der Jugendhilfe 80 SK *165 ff.*
Örtlicher Beirat, Eingliederungsleistung 20 18d
Orts- und zeitnaher Bereich, Definition 20 7 *31*
Ortsabwesenheit, Ermessen 20 7 *33b*, Leistungsausschluss (Alg II) 20 7 *32*, Rechtsfolgen 20 7 *34*, wichtiger Grund 20 7 *33a*, zulässige Dauer 20 7 *33c*, Zustimmung 20 7 *33*
Ortskrankenkassen, Bezirk 50 143, freiwillige Vereinigung 50 144, Schließung 50 146a, Vereinigung innerhalb eines Landes 50 145, Vereinigung innerhalb eines Landes – Verfahren 50 146
Ortsnähe, Leistungserbringung 30 9, Verfügbarkeit 30 119 *45*
Ortsüblichkeit, öffentliche Bekanntgabe 100 37–39 *20*

Packungsgröße, Arzneimittel 50 31 *13*
Pädagogische Leistungen 80 SK *98*
Palliativversorgung, spezialisierte ambulante 50 37b *1*, 132d, Inhalt 50 37b *4*, Richtlinien 50 37b *5*, Voraussetzungen 50 37b *2*
Pannenhilfe, gesetzliche Unfallversicherung 70 2 *59*
Parteifähigkeit, Sozialgericht 150 70
Partner, Bedarfsgemeinschaft 20 7 *17*
Partnermonate 7 4 *8f.*
Partnerschaft, Beratung 80 17, SK *46*
Partnerschaftliche Zusammenarbeit von freien und öffentlichen Trägern 80 SK *8*
Patientenbeauftragter 50 140h, *s. auch Beauftragter der Bundesregierung für die Belange der Patienten*
Patientenberatung, Förderung 50 65b *2*
Patientenschulung 50 43 *3*
Patientenvertretung, *s. Interessenvertretung der Patienten*
Pauschalierte Kostenbeiträge, Kinder- und Jugendhilfe 80 SK *178*
Pauschalierung, Beiträge 30 345a
Pauschgebühr, Ermäßigung 150 186, Fälligkeit 150 185, Feststellung/Verzeichnis 150 189, mehrere Gesamtschuldner 150 187, Niederschlagung 150 190, Sozialgericht 150 184, Wiederaufnahme 150 188
Perpetuierungsfunktion, elektronische Signatur 100 33 *14*
Personalabbau, Erstattungspflicht 30 147a *26*
Personalbedarfsermittlung, Sozialversicherungsträger 40 69

Personalrat, Förderung Schwerbehinderter 90 93, Zusammenarbeit 90 99
Personen, ausgeschlossene 100 16
Personenbeförderungsgewerbe, Sofortmeldepflicht 40 28a *27*
Personengesellschaft, Zahlungspflicht 40 28e *4*
Personenidentität, Anspruchsübergang 20 33 *3*
Personenkreis, versicherter, SGB IV 40 1–6 *7, 2*
Personensorge, Ausübung 80 SK *51*, Beratung/Unterstützung 80 18, SK *50*, Vermittlung bei Ausübung (seelisch behinderte Kinder- und Jugendliche) 80 38
Personensorgeberechtigte, Teilhabeleistungen 90 60
Persönliche Eignung, Fachkräfte 80 SK *144*
Persönliche elektronische Gesundheitsakte, Finanzierung 50 68 *1*
Persönliche Hilfe, *s. Hilfe, persönliche*
Persönliches Budget 80 SK *109*, Bedarfsfeststellung 90 17 *12*, Beratung/Unterstützung 90 17 *17*, budgetfähige Pflegeversicherungsleistungen 110 35a *2*, Durchführung 110 35a *4*, Eingliederungshilfe für behinderte Menschen 120 57, Gesamt-/Teilbudget 90 17 *8*, Grundsätze 90 17 *5*, Handlungsempfehlungen 90 17 *24*, Hilfe zur Pflege 120 61 *3*, Komplexleistung 90 17 *14*, Kostenüberschreitung 90 17 *16*, Leistungsform 90 17 *11*, Leistungsgewährung aus einer Hand 90 17 *22*, Leistungshöhe 90 17 *15*, Modellprojekte 110 35a *5*, PV 110 35a *1*, rechtlicher Rahmen 90 17 *7*, Rechtsanspruch 90 17 *10*, Teilhabeleistungen 90 17 *5*, Teilnahme an einem trägerübergreifenden 110 35a *1*, typische Anwendungsfälle 90 17 *9*, typische budgetfähige Leistungen 90 17 *20*, Umschreibung der budgetfähigen Leistungen 90 17 *19*, Verfahren 90 17 *21*, Wesen 90 17 *6*, Zielvereinbarung 90 17 *23*, Zweckbindung 90 17 *18*
Persönliches Erscheinen 10 61, Anordnung 150 111
Petroni-Prinzip 5 SK *127*
Pfändung 10 54, Ausschluss 10 54 *3*, Geldleistung 10 54 *1*, Insolvenzgeld 30 189 *3*, Kinder 10 54 *9*, Kindergeld 8 76, Konten 10 55 *1*, von Leistungen 30 334, Rechtsfolgen 10 54 *11*, Sondervorschriften 10 54 *13*, Überleitungsvorschrift 10 71, Voraussetzungen 10 54 *2*
Pfändungsschutz, Bargeld 10 55 *5*, Voraussetzungen 10 55 *2*, Wirkung 10 55 *3*
Pfändungsschutzkonto, Vorrang 10 55 *6*
Pflege 70 44, aktivierende *s. Aktivierende Pflege*, von Angehörigen – kommunale Eingliederungsleistungen 20 16a *3*, Berücksichtigungszeiten 60 249b, stationäre – Beitragsfreiheit (PV) 10 56 *3*, Unzumutbarkeit 20 59 *7*, Verfügbarkeit 30 119 *42*, vollstationäre *s. Vollstationäre Pflege*
Pflegebedürftige, Aufgaben der Länder 110 9 *3*, Haftungsausschluss Unfallversicherung 70 106 *8*, Pflegepersonen 110 19 *5*, Vermögensberücksichtigung (Alg II) 20 12 *31*
Pflegebedürftigkeit, Begriff 110 14 *4*, Begutachtungsrichtlinien 110 14 *5*, Behinderung 110 14 *7*, Bindung an Entscheidung der Pflegekasse (Hilfe zur Pflege) 120 62 *1*, Dauer 110 14 *12*, Demenz 110 14 *7*, Eigenverantwortlichkeit nach Eintritt der 110 6 *3*, Eigenverantwortlichkeit vor Eintritt der 110 6 *2*, Ernährung 110 14 *20*, Grundpflege 110 14 *16*, hauswirtschaftliche Versorgung 110 14 *22*, Hilfe zur Pflege 120 61 *2*, Hilfeformen 110 14 *10*, Hilfsmittel 110 14 *11*, Hinwirkungspflicht zur Vermeidung von 110 5 *2*, Höherstufung 110 14 *13*, Körperpflege 110 14 *19*, Krankheit 50 27 *3*; 110 14 *7*, Mobilität 110 14 *21*, Reformansätze 110 14 *23*, Richtlinien 110 14 *5*, Stufen 110 15 *1*, wiederkehrende Verrichtungen des täglichen Lebens 110 14 *14*, Zusammentreffen von Leistungen 5 34, SK *113*

Sachverzeichnis

Fette Zahlen = Kennziffern

Pflegebedürftigkeit, Feststellungsverfahren 110 18 1, Aufgaben der Pflegekasse **110** 18 2, Aufgaben des MDK **110** 15 6, Erhebung der Informationen durch MDK **110** 18 10, individueller Pflegeplan **110** 18 8, Information der Pflegekassen/des Versicherten **110** 18 14, Pflichten der Versicherten **110** 18 16, Prüfung der Sicherstellung der häuslichen Pflege **110** 18 9, Prüfungsgegenstände **110** 18 6, Verhältnis der Pflegekasse zum MDK **110** 18 2

Pflegebedürftigkeitsrichtlinien 110 14 5

Pflegeberatung 110 7a 1, Bescheid über Leistungsentscheidung **110** 7a 15, Datenschutz **110** 7a 16, Einvernehmlichkeit **110** 7a 1, Entgegennahme von Leistungsanträgen **110** 7a 14, Mitteilungspflichten **110** 106a, Ort **110** 7a 11, Rechtsschutz **110** 7a 13, Verfahrensbefugnisse **110** 7a 14, Wartezeiten **110** 7a 12

Pflegebericht der Bundesregierung 110 10

Pflegeeinrichtung 110 71, s. auch Pflegeheim, Ausbildungsvergütung **110** 82a, ehrenamtliche Unterstützung **110** 82b, Finanzierung **110** 82, Heimentgelt **110** 87a, Heimgesetze **110** 11 5, Inhalt/Organisation der Leistungen **110** 11 1, Kostenerstattung **110** 91, Mitteilungspflichten **110** 106a, Qualitätsverantwortung **110** 112, Rechte/Pflichten **110** 11 1, Schiedsstelle **110** 76, stationäre – ambulante Behandlung **50** 119b, Unterkunft/Verpflegung **110** 87, Vielfalt der Träger **110** 11 3, Zulassung zur Pflege durch Versorgungsvertrag **110** 72, Zusatzleistungen **110** 88

Pflegefachkräfte, Mitteilungspflichten **110** 106a

Pflegegeld, Alg II **20** 5 4, Anrechnung von weitergeleitetem auf Unterhaltsansprüche **110** 13 22, Hilfe zur Pflege **120** 64 1, Höhe **120** 64 3, Nichtanrechnung **110** 13 21, Pflegesachleistung **110** 36 11, für selbst beschaffte Pflegehilfen **110** 37 1

Pflegeheim, s. auch Pflegeeinrichtungen, außerhalb des HeimG **110** 119, Hilfsmittel **50** 33 2, Minderung der Verletztenrente **70** 60 1

Pflegeheimvergleich 110 92 a

Pflegehilfen, selbst beschaffte, Beratungseinsätze **110** 37 6, Leistungen **110** 37 4, Pflegegeld **110** 37 1, Verhältnis zu anderen Leistungen **110** 37 10, Voraussetzungen **110** 37 2

Pflegehilfsmittel, Begriff **110** 40 3, Leistungsinhalt **110** 40 10, Notwendigkeit **110** 40 8, Subsidiarität **110** 40 7, technische **110** 40 12, zum Verbrauch **110** 40 11, Verhältnis zu anderen Leistungen **110** 40 20, keine Verordnung **110** 40 9, Verträge über **110** 78, Voraussetzungen **110** 40 2

Pflegekasse 110 46, s. auch Pflegeversicherung, Angaben über Leistungsvoraussetzungen **110** 102, Aufgaben **110** 12 1, Ausgleichsfonds **110** 65, Auskunft an Versicherte **110** 108, Betriebsmittel **110** 63, Finanzausgleich **110** 66, Forschungsvorhaben **110** 98, Hilfe zur Pflege **120** 62 2, Jahresausgleich **110** 68, Koordination **110** 12 6, Mittel **110** 62, monatlicher Ausgleich **110** 67, personenbezogene Daten **110** 94, Richtlinien **110** 17 1, Rücklage **110** 64, Satzung **110** 47, Schiedsstelle **110** 76, Sicherstellung der Versorgung **110** 12 2, Verhältnis zum MDK **110** 53 a, Zusammenarbeit mit Heimaufsicht **110** 117, Zusammenarbeit von Sozialhilfeträger **110** 13 15, Zusammenarbeit/Vernetzung **110** 12 5

Pflegekassen, Verbände der, personenbezogene Daten **110** 95

Pflegekinder, Alg II **20** 11a 6, Kindergeld **8** SK 13, Waisenrente **60** 48 6

Pflegekinderschutz 80 SK 128

Pflegeklasse, vollstationäre Pflege **110** 43 8

Pflegekurse für Angehörige/ehrenamtliche Pflegepersonen **110** 45 1

Pflegeleistungen, Abrechnung **110** 105

Pflegepersonen, Abrechnung **60** 176a, Alterssicherung **120** 65 4, ArbLosVpflicht auf Antrag **30** 28 a 5, Ausbildungsvergütung **110** 82a, Beiträge **40** 23 14, Beitragszahlung **60** 176a, 279 e, keine Erwerbstätigkeit **110** 19 2, freiwilliges soziales Jahr **110** 19 12, gesetzliche Unfallversicherung **70** 2 50, Haftungsausschluss Unfallversicherung **70** 106 8, häusliche Umgebung **110** 19 6, Hilfe zur Pflege **120** 65 2, Legaldefinition **110** 19 1, Leistungen zur sozialen Sicherung **110** 44 1, Meldeverfahren Renten-/Unfallversicherung **110** 44 20, Pflegebedürftiger **110** 19 5, RV **110** 19 9, 44 4, RV Forderungsübergang **100** 116 48, sonstige Sozialsysteme **110** 19 11, soziale Absicherung **110** 19 7, Unfallversicherung **110** 19 7, 44 14, Versicherungspflicht **60** 2 8, Zivildienstleistende **110** 19 12

Pflegepersonen, nicht erwerbstätige, Hinzuverdienstgrenze **60** 34 11, Versicherungspflicht **60** 3 3

Pflegequalität, Expertenstandards **110** 113a, Maßstäbe und Grundsätze zur Sicherung und Weiterentwicklung **110** 113

Pfleger, Beratung/Unterstützung **80** 53

Pflegesachleistung 110 36 1, Erbringung durch geeignete Pflegekräfte **110** 36 8, Grundpflege **110** 36 5, Härtefall **110** 36 10, hauswirtschaftliche Versorgung **110** 36 5, Höhe **110** 36 6, Leistungen **110** 36 5, Leistungsmodule **110** 36 7, Pflegegeld **110** 36 11, Pooling **110** 36 9, Verhältnis zu anderen Leistungen **110** 36 11, Voraussetzungen **110** 36 3

Pflegesatz, Bemessungsgrundsätze **110** 84, Unterkunft/Verpflegung **110** 87

Pflegesatzkommission 110 86

Pflegesatzverfahren 110 85

Pflegestatistik 110 109

Pflegestufen, Ablauf der Einstufung **110** 15 11, Demenz **110** 15 15, Einstufung von Kindern **110** 15 9, Härtefall **110** 15 14, krankheitsspezifische Pflegemaßnahmen **110** 15 10, rechtliche Nachprüfung **110** 15 12, stationäre Pflege **110** 15 13, vollstationäre Pflege **110** 43 8, Zuordnungskriterien **110** 15 2

Pflegestützpunkte 110 7a, 92c

Pflegetätigkeit, geringfügige, RV-Freiheit **60** 5 4

Pflegevergütung, Verordnung zur Regelung **110** 83

Pflegevergütungszuschläge, erheblicher allgemeiner Betreuungsbedarf **110** 87b

Pflegeversichertennummer 110 101

Pflegeversichertenverzeichnis 110 99

Pflegeversicherung 10 1–10 29, s. auch Pflegekasse, Altersrente für Frauen **60** 237a 26, Altersrente für Schwerbehinderte **60** 37 24, Altersrente nach Altersteilzeit **60** 237 52, Altersrente wegen Arbeitslosigkeit **60** 237 52, Aufgaben der Länder **110** 9 1, Beiträge **110** 54 1, Beitragsfreiheit **110** 56 1, beitragspflichtige Einnahmen **110** 57 3, Beitragssatz **110** 55 2, Beitragssatzstabilität **110** 70, Beitragstragung **110** 58 2, Beitragstragung, andere Mitglieder **110** 59 1, Beitragszahlung **110** 60, Beitragszuschüsse **110** 61, Beitrittsrecht **110** 26 a 1, Beratungspflicht **110** 7 1, Berücksichtigung geschlechtsspezifischer/kultureller Unterschiede **110** 1 5, Bundesempfehlungen/-vereinbarungen über pflegerische Versorgung **110** 75, Bußgeldvorschrift **110** 121, Dynamisierung **110** 30 1, Einsatz von Einsparungen der Sozialhilfe **110** 9 7, erheblicher allgemeiner Betreuungsbedarf **110** 45 a 1, Familienversicherung **110** 25 1, Finanzierung **110** 1 7, 54 1, Gesamtsozialversicherungsbeitrag **40** 28 d 2, integrierte Versorgung **110** 92 b, Kinder **50** Einl. 8, langjährig Versicherte **60** 36 15, 236 20, Leistungen **10** 21 a, Leistungsausschluss **110** 33 a 1, Modellvorhaben zur Weiterentwicklung **110** 8 4, Organisation **110** 1 4, personenbezogene Daten bei Pflegekassen

magere Zahlen = §§ bzw. Art.; kursive Zahlen = Randnummern   **Sachverzeichnis**

110 94, Persönliches Budget **110** 35 a *1*, Pflegezeit **110** 44 a *2*, PV **110** 55 *2*, Qualitätsprüfungen **110** 114, Qualitätssicherung **110** 97 a, Regelaltersrente **60** 35 *18*, 235 *21*, Rückforderung erbrachter Leistungen **110** 33 a *3*, Schiedsstelle **110** 76, schwerbehinderte Menschen **60** 236 a *37*, Sicherstellungsauftrag **110** 69, soziale **110** 1 *1*, Sperrzeit **30** 144 *9*, Systemgrundsätze **110** 1 *2*, Übergangsregelung **110** 122, Verantwortung und Gestaltungsfreiheit der Länder **110** 9 *2*, versicherter Personenkreis **110** 1 *3*, Versorgungsmanagement **110** 7 *2*, Versorgungsvertrag **110** 72, Weiterversicherung **110** 26 *1*, Wirtschaftlichkeitsgebot **110** 29 *1*, Wirtschaftlichkeitsprüfungen **110** 79, Wohnumfeldverbesserung **110** 40 *1*, Wunsch-/Wahlrecht **110** 2 *3*, Zuschlag **6** 13 a, Zuständigkeit, Sozialgericht **150** 51 *8*

Pflegeversicherung, Beitragsübernahme 120 32 *4*, *6*, Hilfe zum Lebensunterhalt **120** 32 *1*

Pflegeversicherung, Beitrittsrecht 110 26 a *1*, ab 1. 7. 2002 **110** 26 a *6*, bei Einführung Unversicherte **110** 26 a *2*, Unversicherte **110** 26 a *4*

Pflegeversicherung, Familien, allgemeine Voraussetzungen **110** 25 *2*, besondere Voraussetzungen **110** 25 *4*

Pflegeversicherung, private, Kündigung **110** 27 *1*, Mahnverfahren **150** 179–182 a *3 ff.*, Regelungen **110** 110, Risikoausgleich **110** 111, sachliche Zuständigkeit **150** 182 a

Pflegeversicherungsbeiträge, Erstattung **30** 335, Übernahme in Sonderfällen **30** 421 a

Pflegeversicherungsleistungen, Abgrenzung zu Krankenversicherungsleistungen **110** 28 *11*, aktivierende Pflege **110** 28 *17*, allgemeine Voraussetzungen **110** 28 *6*, Antragsgrundsatz **110** 28 *11*, Art/Umfang **110** 4 *1*, Beihilfeberechtigte **110** 28 *12*, BVG und Verweisungen **110** 13 *4*, Eingliederungshilfe **110** 13 *13*, Geldleistungen **110** 28 *8*, gesetzliche Unfallversicherung **110** 13 *5*, Gleichung von Leistungen der häuslichen Krankenpflege **110** 13 *7*, Grundpflege **110** 28 *10*, häusliche Pflege **110** 28 *3*, hauswirtschaftliche Versorgung **110** 28 *3*, Kommunikation **110** 28 *19*, Kostenerstattungsprinzip **110** 4 *2*, Krankenhausvermeidungspflege **110** 28 *11*, Kriterien für Art/Umfang **110** 4 *5*, Kurzzeitpflege **110** 28 *5*, Leistungen bei erheblichen allgemeinen Betreuungsbedarf **110** 13 *11*, Leistungen nach dem SGB XII **110** 13 *9*, Leistungsarten **110** 4 *2*, medizinische Behandlungspflege **110** 28 *10*, Nachrang von Fürsorgeleistungen zur Pflege **110** 13 *8*, Nichtanrechnung als Einkommen **110** 13 *18*, Sachleistungen **110** 28 *7*, Sachleistungsprinzip **110** 4 *2*, Sicherungspflege **110** 28 *11*, sonstige Fürsorgeleistungen **110** 13 *10*, Stand der medizinisch-pflegerischen Erkenntnis **110** 28 *15*, stationäre Pflege **110** 28 *3*, Teilkaskocharakter **110** 4 *6*, Teilkaskoversicherung **110** 28 *9*, teilstationäre Pflege **110** 28 *3*, Überblick **110** 28 *2*, Verhältnis zu anderen Leistungen **110** 28 *17*, Vorgabe Maß/Inhalt **110** 28 *15*, Vorrang der häuslichen Pflege **110** 28 *4*, Vorrang der Reha **110** 31 *1*, Vorrang vor Entschädigungsleistungen **110** 13 *2*, Vorversicherungszeit **110** 33 *9*, Wirtschaftlichkeitsgebot **110** 4 *8*

Pflegeversicherungsleistungen, Ausschluss, Voraussetzungen **110** 33 a *1*

Pflegeversicherungsleistungen, Erlöschen, Familienversicherung **110** 35 *4*, Leistungsbegriff **110** 35 *2*, Tod **110** 35 *5*, Unterbrechung der Mitgliedschaft **110** 35 *3*, Weiterversicherung **110** 35 *4*

Pflegeversicherungsleistungen, Ruhen, Auslandsaufenthalt **110** 34 *3*, Ausnahmen **110** 34 *15*, bei häuslicher Pflege wegen Leistungen nach § 37 SGB V **110** 34 *10*, bei häuslicher Pflege wegen stationären Aufenthalts **110** 34 *13*, vergleichbare Entschädigungsleistungen **110** 34 *6*

Pflegeversicherungspflicht, Abgeordnete **110** 24 *1*, Alg II **20** 26 *10*, sonstige Versicherte **110** 23 *13*, Vermutung **110** 20 *14*

Pflegeversicherungspflicht, Befreiung 110 22 *1*

Pflegeversicherungspflicht, gesetzlich Krankenversicherte 110 20 *3*, freiwillige Mitglieder der gesetzlichen Krankenversicherung **110** 20 *10*, Pflichtversicherte der gesetzlichen Krankenversicherung **110** 20 *4*, sonstige Personen **110** 21 *1*, untergeordnete Beschäftigung/Tätigkeit **110** 20 *13*

Pflegeversicherungspflicht, privat Krankenversicherte 110 23 *1*, Ausnahmen **110** 23 *14*, Beihilfeberechtigte **110** 23 *8*, Vertragsinhalt **110** 23 *7*, Vertragsschluss **110** 23 *4*

Pflegeversicherungszuschlag 6 13 a

Pflegevertrag, häusliche Pflege **110** 120

Pflegewohngeld 110 9 *6*

Pflegezeit, Arbeitslosenversicherung **110** 44 a *7*, ArblosV **30** 26 *18*, Beitragszuschüsse Kranken-/Pflegeversicherung **110** 44 a *2*, Bemessungszeitraum **30** 130 *13*, zusätzliche Leistungen **110** 44 a *1*

Pflichtarbeitsplätze, Anrechnung Beschäftigter auf für Schwerbehinderte **90** 75, Ausgleichsabgabe **90** 77, Mehrfachanrechnung **90** 76, Schwerbehinderte **90** 74, Übergangsregelung **90** 158

Pflichtbeitrag, Gesamtsozialversicherungsbeitrag **40** 28 d *2*, Zahlung bei Insolvenz **30** 208

Pflichtbeitragszahlung, irrtümliche 60 202

Pflichtbeitragszeiten, Aufwendungen bei Erwerbsunfähigkeit **60** 291 a

Pflichten, altersabhängige **10** 33 a, Ausgestaltung **10** 33, Begrenzung **10** 34

Pflichtverletzung, absichtliches Herbeiführen der Hilfebedürftigkeit **20** 31 *29*, Arbeitsanbahnung **20** 31 *10*, Arbeitsgelegenheit **20** 31 *14*, Arbeitsverweigerung **20** 31 *8*, Ausbildungsverweigerung **20** 31 *13*, Eingliederungsmaßnahme **20** 31 *17*, Nichterfüllung einer Eingliederungsvereinbarung **20** 31 *4*, Rechtsfolge **20** 31 *1*, Rechtsfolgenbelehrung **20** 31 *20*, Schadensersatz **30** 321, SGB II **20** 31 *1*, Sofortangebot **20** 31 *15*, Sperrzeit **20** 31 *34*, unwirtschaftliches Verhalten **20** 31 *32*, wichtiger Grund **20** 31 *23*, Zumutbarkeit **20** 31 *11*

Pflichtversicherte, beitragspflichtige Einnahmen **110** 57 *3*

Pflichtversicherung, Unfallversicherungsschutz kraft Satzung **70** 3 *1*, Zusammentreffen mit freiwilliger Versicherung **5** SK 84

Pflichtversicherungsbiographie, Wartezeitanrechnung **60** 51 *7*

Pflichtversicherungsleistungen, Kummulierungsverbot **5** SK 58

Pharmazeutische Unternehmer, Rabatte der **50** 130 a, Rahmenvertrag **50** 131

Physikalische Therapie, Rahmenempfehlung/Verträge **50** 125, Zulassung **50** 124

Piercing, Leistungsbeschränkung **50** 52 *3*

Pkw, *s. Kraftfahrzeug*

Planung, Zusammenarbeit **100** 95

Planungsverantwortung, Kinder- und Jugendhilfe **80** SK *157*

Politisch Verfolgte, Kindergeld **8** SK *11*

Pooling, Pflegesachleistung **110** 36 *9*

Postlaufzeiten, Säumnis **100** 26–28 *10*

Postulanten, Versicherungspflicht **50** 5 *8*

Potentialanalyse 30 37

Praktikanten, beitragspflichtige Einnahmen **50** 236, beitragspflichtige Einnahmen (PV) **110** 57 *3*, Beitragssatz **50** 245, gesetzliche Unfallversicherung **70** 2

2825

Sachverzeichnis

Fette Zahlen = Kennziffern

11, KV-Versicherungspflicht **50** 5 *31,* KV-Versicherungspflichtbefreiung **50** 8 *13*
Praktikum, Anrechnungszeiten **60** 58 *23,* im Ausland **6** SK *28,* BAföG **6** SK *24,* Bedarf **6** 14
Prämien, Unfallversicherung **70** 162
Prämienzahlung, Wahltarife **50** 53 *3*
Präsidialrat, Förderung Schwerbehinderter **90** 93, Zusammenarbeit **90** 99
Prävention 50 20 *1;* **70** 1, *s. medizinische Vorsorgeleistungen,* Ausgabenvorgabe **50** 20 *3,* Beschäftigung Schwerbehinderter **90** 84, Grundsatz **70** 14, Schutzimpfung **50** 20 d *1,* Unfallkasse des Bundes **70** 115, Vorrang **90** 3; **120** 14
Prävention, Vorrang nach Eintritt der Pflegebedürftigkeit **110** 5 *4,* Hinwirkungspflicht zur Vermeidung von Pflegebedürftigkeit **110** 5 *2*
Präventivleistung, betriebliche Gesundheitsförderung **50** 20 a *3*
Praxisgebühr 50 28 *8,* Belastungsgrenze **50** 28 *8,* Einzelvertrag **50** 43 b *3,* Gesamtvertrag **50** 43 b *3,* Zahlungsweg **50** 43 b *3*
Praxiskliniken, Behandlungen **50** 122
Praxisnachfolger 50 95–105 *5*
Primäre Prävention 50 20 *2*
Prinzip der Zusammenrechnung von Versicherungszeiten 5 SK *4*
Prinzip des Leistungsexports 5 SK *4*
Prioritätsprinzip 100 2 *5*
Prioritätsregeln, Zusammentreffen von Ansprüchen **5** 68
Privathaushalt, Aufbewahrungspflicht **40** 28 f *6,* geringfügige Beschäftigung **40** 8 a, Prüfpflicht **40** 28 p *34*
Privatunterricht, Anrechnungszeiten **60** 58 *21*
Probearbeit, behinderte Menschen **30** 238, gesetzliche Unfallversicherung **70** 2 *11*
Produkttheorie 20 22 a–22 c *10,* Bedarfe für Unterkunft und Heizung **20** 22 *10*
Projektförderung, freie Förderung **20** 16 f *14*
Prorogationsverbot, Sozialgericht **150** 57–59 *4*
Prospektive Leistungssätze 80 SK *156*
Provisionen, Insolvenzgeld **30** 183 *44*
Prozentmethode, Einkommensermittlung **120** 19 *5*
Prozessbeteiligte, Sozialgericht **150** 73
Prozessfähigkeit, Sozialgericht **150** 71
Prozesskostenhilfe, Nichtzulassungsbeschwerde **150** 73/73 a *14,* Sozialgericht **150** 73/73 a *10 ff.,* 73 a
Prüfankündigung 40 28 p *10*
Prüfergebnisdatei 40 28 p *30*
Prüfhilfen 40 28 p *23*
Prüfinstitution, Landwirtschaftliche Krankenkasse **40** 28 p *21,* RV-Träger **40** 28 p *19*
Prüfpflicht, Abrechnungsstellen **40** 28 p *27,* Abschluss **40** 28 p *11,* Ankündigung **40** 28 p *10,* Arbeitgeberdateien **40** 28 p *29,* automatisiertes Abrechnungsverfahren **40** 28 p *25,* Basisdatei **40** 28 p *31,* Einzugsstelle **40** 28 p *1,* fehlende Mitwirkung **40** 28 p *26,* Inhalt/Umfang **40** 28 p *3,* Künstlersozialkasse **40** 28 p *15,* Mitwirkungspflicht **40** 28 p *24,* Ort/Zeit **40** 28 p *9,* Privathaushalte **40** 28 p *34,* Prüfhilfen **40** 28 p *23,* Prüfplanungs-/-ergebnisdatei **40** 28 p *30,* RV **40** 28 p *1,* temporäre Datei **40** 28 p *32,* Turnus **40** 28 p *6,* Unfallversicherung **40** 28 p *18,* Unterrichtung der Einzugsstellen **40** 28 p *22,* Widerspruch **40** 28 p *14,* Zuständigkeit **40** 28 p *19*
Prüfplanungsdatei 40 28 p *30*
Prüfstatistik 40 28 p *28*
Prüfstellen, Qualitätssicherung **110** 97 a
Prüfung, Arbeitgeber **40** 28 p *1,* Geschäfts-/Rechnungs/Betriebsführung **50** 274
Prüfungen beim Arbeitgeber, Vergütung **40** 281

Prüfungen, vorgeschriebene, gesetzliche Unfallversicherung **70** 2 *16*
Prüfungsausschüsse, Datenaufbewahrung **50** 304
Prüfverfahren, Verjährungshemmung **40** 25 *9*
PSA, *s. Personal-Service-Agentur*
Psychatrische Institutsambulanzen 50 118
Psychisch Kranke, besondere Bedürfnisse **50** 27 *13*
Psychologische Leistungen, Sozialpädiatrie **50** 43 a *3*
Psychosoziale Betreuung, kommunale Eingliederungsleistungen **20** 16 a *3*
Psychosoziale Leistungen, Sozialpädiatrie **50** 43 a *3*
Psychotherapeut, Arztregister **50** 95 c, Arztvorbehalt **50** 15 *2,* Übergangsregelung **50** 317, Zulassung **50** 95–105 *4*
Psychotherapeuten, selbständige, Unfallversicherungsfreiheit **70** 4 *6*
Psychotherapeutische Behandlung 50 28 *7*
Psychotherapie, *s. Behandlung, psychotherapeutische,* beratender Fachausschuss **50** 79 b
Publizisten, beitragspflichtige Einnahmen **50** 234, Beitragszahlung **60** 175, Krankengeldhöhe **50** 47 *13,* KV-Versicherungspflicht **50** 5 *38,* RV-Pflicht **60** 2 *11*
Publizisten, selbständige, KV-Versicherungspflicht **50** 5 *20*
PV, *s. Pflegeversicherung*

Qualifikationsgruppen, fiktive Bemessung **30** 132 *6*
Qualifizierung, Sonderregelungen **30** 421 t
Qualifizierung, begleitende, Beschäftigungszuschuss **20** 16 e *13*
Qualifizierungselemente, ABM **30** 261 *8*
Qualifizierungszuschuss, *s. auch Beschäftigungsförderungsleistungen,* Dauer **20** 16 e *16,* jüngere Arbeitnehmer **20** 16 *5;* **30** 421 o
Qualität 50 70, Darstellung **50** 137 a
Qualitätsförderung, Kassenärztliche Vereinigungen **50** 136
Qualitätsprüfung, berufliche Weiterbildung **30** 86, Durchführung **110** 114 a, Ergebnisse **110** 115, Krankenhausbehandlung **50** 113, PV **110** 114
Qualitätssicherung, ambulante/stationäre Vorsorge **50** 137 d, Datenerhebung/-nutzung/-verarbeitung **50** 299, Förderung in der Medizin **50** 137 b, Früherkennung **50** 25 *4,* Hilfsmittel **50** 139, Prüfstellen **110** 97 a, Reha **50** 137 c, Richtlinien/Beschlüsse **50** 137, Sachverständige **110** 97 a, Schiedsstelle **110** 113 b, SGB IX **90** 20, Umsetzung **50** 137 a, Verpflichtung **50** 135 a
Qualitätssicherungsvereinbarung, (teil)stationäre Leistungen **80** SK *12*
Qualitätsverantwortung, Pflegeeinrichtungen **110** 112
Quotenvorrecht des Geschädigten 100 116 *61 ff.,* Deckungslücke **100** 116 *63 f.,* Forderungsübergang **100** 116 *61,* Höhenbegrenzung **100** 116 *63 f.,* mitwirkendes Verschulden **100** 116 *65 ff.*

Rabatt, Arzneimittel **50** 130, der pharmazeutischen Unternehmer **50** 130 a
Racheakt, gesetzliche Unfallversicherung **70** 2 *41 a*
Rahmenempfehlung, Ergotherapie **50** 125, Heilmittel als Dienstleistung **50** 124–127 *3,* 125, Hilfsmittel **50** 124–127 *4,* Krankenhausbehandlung **50** 112, Krankenkassen/Krankenhäuser/Vertragsärzte **50** 115, physikalische Therapie **50** 125, Sprachtherapie **50** 125
Rahmenfrist, Arbeitslosengeld **30** 124 *1,* Beginn/Dauer **30** 124 *3,* erweiterte **30** 127 *10,* kein Hineinreichen in frühere **30** 124 *5,* Verlängerungstatbestand **30** 124 *7*

magere Zahlen = §§ bzw. Art.; kursive Zahlen = Randnummern **Sachverzeichnis**

Rahmenverträge, Arzneimittelversorgung **50** 129, Jugendhilfe **80** 78 f., pharmazeutische Unternehmer **50** 131, Sozialhilfeeinrichtungen/-dienste **120** 79
Rauchen, Arbeitsunfall **70** 8 *59 a*
Räumungsklage, Bedarfe für Unterkunft und Heizung **20** 22 *52*, Mitteilungen des Amtsgerichts **120** 34 *10*
Rechenschaft, Mittelverwendung **50** 305 b
Rechnungsabschluss 40 77
Rechnungsausschuss, VO EG 883/2004 **5** 74
Rechnungsführung (KV), Prüfung **50** 274
Rechnungswesen, Landesverbände **50** 208
Rechte, altersabhängige **10** 33 a, Ausgestaltung **10** 33, Begrenzung **10** 34
Rechtliches Gehör 100 *23–25 2*; **150** *60–72 5*, *s. auch Anhörung*, Ausnahmen **100** *23–25 2*, Äußerungsfrist **100** *23–25 8*, effektive Anhörung **100** *23–25 7*, Eingriff **100** *23–25 6*, Gefahr im Verzug **100** *23–25 10*, Gelegenheit **100** *23–25 9*, mündliche **100** *23–25 9*, Nachholung im Gerichtsverfahren **100** *23–25 13*, Schutz vor Überraschungsentscheidungen **100** *23–25 2*, sofortige Vollziehung **100** *23–25 11*, Sozialgericht **150** 62, unterbliebenes **100** *23–25 13*
Rechtsänderung, Grundsatz **60** 300, VA **100** *44–48 43*
Rechtsansicht, VA **100** *31 12*
Rechtsanspruch 10 38, *s. Sozialleistungsanspruch*
Rechtsaufsicht, BA **20** 47
Rechtsbehelf, VA **100** 62, VO EG 883/2004 **5** 81
Rechtsbehelfsbelehrung 100 *36 1*, Begriff **100** *36 3*, Bekanntgabe **100** *36 10*, beschwerter Beteiligter **100** *36 5*, Ersetzung **100** *36 13*, Folgen fehlerhafter **100** *36 14*, Form **100** *36 11*, Frist **100** *36 10*, Fristbeginn **100** *36 6*, Genauigkeit **100** *36 7*, Inhalt **100** *36 6*, Klage **100** *36 8*, mündliche **100** *36 11*, schriftlicher VA **100** *36 1*, Sozialversicherungsabkommen **100** *36 9*, Unrichtigkeit **100** *36 13*, Unterbleiben **100** *36 13*, VA **100** *36 2*, Verwirkung **100** *36 14*, Widerspruch **100** *36 8*, Zustellung **100** *36 10*
Rechtsbehelfsfrist, Säumnis **100** *40–43 24*
Rechtsbehelfsverfahren, Rücknahme **100** 49, Widerruf **100** 49
Rechtsberatung, Grenzen **80** SK *46*
Rechtschutz, Sozialrecht **10** *1–10 13*
Rechtsdienstleistungsgesetz 80 SK *46*
Rechtsfolgenverweisung, Aufhebung **100** *44–48 55*
Rechtsfortbildung, Aufhebung **100** *44–48 51*
Rechtsgrundlagen, Europäisches Sozialrecht **5** SK *1 ff.*
Rechtshängigkeit, Sozialgericht **150** 94
Rechtshilfe, Sozialgericht **150** 5
Rechtsirrtum, Säumnis **100** *26–28 9*
Rechtskraft, Urteil **150** *123–142 14*, 141
Rechtsmissbrauch, Aufhebung **100** *44–48 14*
Rechtsmittel, Rechtsbehelfsbelehrung **100** *36 4*
Rechtsmittelbelehrung, Sozialgericht **150** 66
Rechtsnachfolge, Ausschluss **10** 59; **10** *59 1*, Bundesverbände **50** 213
Rechtsschein, VA **100** *31 13*
Rechtsschutz des Einzelnen 100 *40–43 2*
Rechtsschutz, einstweiliger, *s. auch Einstweiliger Rechtsschutz*, Anfechtungssachen **150** *76–86 b 18 ff.*, Elterngeld **7** 13 *5*, Grundsätze (Sozialgericht) **150** *76–86 b 15*, Vornahmesachen **150** *76–86 b 21 ff.*
Rechtssprechungsänderung, Aufhebung **100** *44–48 50*
Rechtsstellung, Sozialversicherungsträger **40** 29
Rechtsträgerabwicklung, Krankenkasse **50** 263 a
Rechtsverstöße, Beanstandung von, Sozialversicherungsträger **40** 38
Rechtsverteidigung, sachgerechte, Anhörung **100** *23–25 5*

Rechtsvorschriften des Typs A, VO EG 883/2004 **5** 44, 46
Rechtsvorschriften des Typs B, VO EG 883/2004 **5** 46
Rechtswahrungsanzeige, Anspruchsübergang **20** 33 *12*
Rechtsweg, BAföG **6** 54, SK *105*, Elterngeld **7** 13 *1 f.*, Zulässigkeit **150** 51 *1*
Rechtswidrigkeit, anfängliche **100** *44–48 20*, Bestimmtheitsgebot **100** *33 7*, Kenntnis/Kennenmüssen **100** *44–48 25*, nachträglich entstandene **100** *44–48 38*
Reeder 40 13, Erstattungsanspruch **50** *17 7*, Vorrang der Krankenfürsorge für **70** 53, Zahlungspflicht **40** 28 e *11*
Regelaltersgrenze 60 *235 3*, Altersteilzeit **60** *235 6*, Anhebung **60** *235 4*, Anpassungsgeld Bergleute **60** *235 7*, Nachzahlung nach Erreichen **60** 282, Regelaltersrente **60** *35 2*, Rentenanspruch **60** *34 5*, Vertrauensschutzregelung **60** *235 9*
Regelaltersrente 60 *35 1*, *235 1*, Änderung Rentenhöhe **60** *235 17*, Antrag **60** *35 8*, *235 11*, Beginn **60** *35 9*, *235 12*, Beitragszeiten **60** *235 9*, Ende **60** *235 19*, Ersatzzeiten **60** *235 9*, Hinzuverdienst **60** *235 15*, Kindererziehungszeiten **60** *235 9*, Kranken-/Pflegeversicherung **60** *35 18*, *235 21*, Krankenversicherungszuschuss **60** *235 21*, Lebensaltersnachweis **60** *35 5*, *235 8*, Mindestversicherungszeit **60** *35 2*, *235 2*, Regelaltersgrenze **60** *35 2*, *235 3*, Rentende **60** *35 16*, Rentenhöhenänderung **60** *35 14*, Renteninformation **60** 109 *10*, Übersicht frühestmöglicher Rentenbeginn **60** *235 22*, Versicherungsfreiheit **60** *35 17*, *235 20*, Voll-/Teilrente **60** *35 13*, *235 16*, Voraussetzungen **60** *35 2*, *235 2*, vorzeitige Wartezeiterfüllung **60** *235 10*, Wartezeit **60** *35 6*, *235 9*
Regelbedarf, abweichende Leistungserbringung **20** 24 *1*, angemessen Kleidung **20** *20 39*, Berechnungsgrundlage **20** 20 *31*, Ernährung **20** *20 38*, Haushaltsenergie **20** *20 43*, Hausrat **20** *20 41*, Hilfe zum Lebensunterhalt **120** 28 *1*, Körperpflege **20** *20 40*, Kritik **20** *20 46*, Pauschalierung **120** 28 *2*, Schönheitsreparaturen **20** *20 42*, Teilhabe an sozialen und kulturellen Leben **20** *20 44*, Typen **20** *20 38*
Regelbedarf, Abweichung, Grundsicherung im Alter/bei Erwerbsminderung **120** 22 *7*
Regelbedarfs-Ermittlungsgesetz 120 28 *11*
Regelberechnung, Unfallversicherung **70** 82
Regelentgelt, Altersteilzeit **50** *47 7*, Beitragsbemessungsgrenze **50** *47 8*, Berechnung bei Monatsentgelt **50** *47 9*, Einmalzahlungen **50** *47 6*, ergebnisbezogene Vergütungen **50** *47 9*, erzieltes regelmäßiges Arbeitsentgelt **50** *47 5*, kalendertägliches **50** *47 5*, Krankengeld **50** *47 1*, kumuliertes **50** *47 6*, Stundenentgelt – Bemessungszeitraum **50** *47 3*, Übergangsgeld **90** 47, Wertguthaben flexibles Arbeitsentgelt **50** *47 7*
Regelförderung, ABM **30** 267 *1*
Regelleistung unter 25 Jährige, die ohne Zustimmung umziehen **20** *20 56*, Alleinerziehende **20** *20 52*, Alleinstehende **20** 20 *50*, Art/Höhe **20** *20 49*, Bedarfsgemeinschaft zweier volljähriger Partner **20** *20 53*, nichterwerbstätige Angehörige der Bedarfsgemeinschaft **20** *20 57*, sonstige Erwerbsfähige in Bedarfsgemeinschaft **20** *20 55*
Regelleistung (Alg II), Übergangsgeld **20** *25 3*, Verletztengeld **20** *25 4*
Regelleistung (Alg II), bei Verletztengeld/Übergangsgeld, Abschlagszahlungen **20** *25 7*, Erstattungsanspruch **20** *25 8*, Leistungsfortzahlung **20** *25 5*, Normzweck **20** *25 1*, Vorschuss **20** *25 6*

2827

Sachverzeichnis

Fette Zahlen = Kennziffern

Regelleistung zur Sicherung des Lebensunterhalts, Alg II 20 20 *1*
Regelleistungsvolumina 50 87b, 95–105 *2*
Regelsatz (Sozialhilfe), abweichende Festlegung **120** 28 *4,* Erhöhung **120** 28 *5,* Festsetzung **120** 28 *7,* Haushaltsvorstand/-angehörige **120** 28 *7,* Inhalt **120** 28 *1,* typisierte Mehrbedarfe **120** 28 *5,* Unterbringung in anderer Familie **120** 28 *10*
Regelung, konkret-individuelle 100 31 *18*
Regelung, vorläufige, VA **100** 31 *14*
Regelungsvorbehalt, abweichende Regelungen **10** 37
Regiemaßnahme, ABM **30** 262 *1*
Regionaldirektion, Geschäftsführung **30** 384
Regionale Euro-Gebührenordnung 50 87a
Regionalträger, örtliche Zuständigkeit **60** 128, Vereinigung auf Beschluss **60** 141, Vereinigung durch Rechtsverordnung **60** 142
Registratur Fachverfahren, Aufgaben/Befugnisse **40** 100, Errichtung **40** 96
Regress 100 116 *1ff.,* Anspruch auf Schadensersatz **100** 116 *14ff.,* Arbeitsverwaltung **100** 116 *22,* Aufwendungen bei Hilfeleistungen **100** 116 *19,* Aufwendungsersatzanspruch **100** 116 *17,* Befriedigungsvorrecht des Geschädigten **100** 116 *71ff.,* Familienprivileg **100** 116 *74ff.,* Leistung an den Geschädigten **100** 116 *81ff.,* mitwirkendes Verschulden **100** 116 *65ff.,* Quotenvorrecht **100** 116 *61ff.,* sachliche Kongruenz **100** 116 *33ff.,* Sachschäden **100** 116 *19,* Schmerzensgeld **100** 116 *13,* Sozialhilfeträger **100** 116 *23,* Sozialleistungen **100** 116 *25,* Sozialversicherungsträger **100** 116 *21,* zeitliche Kongruenz **100** 116 *54f.,* Zeitpunkt des Forderungsübergangs **100** 116 *56ff.*
Regressanspruch Unfallversicherung 70 110 *1,* Bindung der Gerichte **70** 112 *1,* gegen Organe **70** 111 *1,* Verjährung **70** 113 *1*
Rehabilitanden, beitragspflichtige Einnahmen **50** 235, gesetzliche Unfallversicherung **70** 2 *43,* KV-Versicherungspflichtbefreiung **50** 8 *12*
Rehabilitation 70 1, (drohende) Behinderung **50** 43 *2,* berufliche **10** 64 *1,* Berufsunfähigkeitsrente **100** 44–48 *46,* ergänzende Leistungen **50** 43 *2,* Forderungsübergang **100** 116 *44,* Leistungen, behinderte Menschen **10** 29, Qualitätssicherung **50** 137 d, SGB IX **90** 27, Vorrang **120** 14
Rehabilitation, berufliche, Einrichtungen zur **90** 35, Rechtsstellung des Teilnehmers **90** 36
Rehabilitation, medizinische, ambulante Leistungen **50** 40 *2,* Fahrtkosten **50** 60 *9,* Nachrang **50** 40 *6,* der Rentenversicherung – Alg II **20** 25 *1,* stationäre Leistungen **50** 40 *7,* Zuzahlung **50** 40 *9*
Rehabilitationsantrag 30 125 *20*
Rehabilitationsbedarf, Amtsermittlung **90** 14 *19,* Begutachtung **90** 14 *19,* Entscheidung mit/ohne Gutachten **90** 14 *17,* Feststellung **90** 14 *15,* gemeinsame Empfehlungen **90** 14 *5, 16, 21,* Gutachtenbegriff **90** 14 *18*
Rehabilitationsdienste 90 19
Rehabilitationseinrichtungen 50 107; **90** 19, Behandlung **70** 33, Versorgungsverträge **50** 111
Rehabilitationsleistungen, *s. auch Leistungen zur Teilhabe,* Leistungen ins Ausland **60** 111
Rehabilitationsrecht, Förderung der Selbsthilfe **90** 29 *3*
Rehabilitationsträger, Antragstellung im Rechtssinn **90** 14 *7,* behinderte Menschen **90** 6, Beihilfestellen **90** 14 *4,* Erstattungsanspruch des erstangegangenen **90** 14 *22,* Erstattungsanspruch des zweitangegangenen **90** 14 *22,* Erstattungsausschluss erstangegangener Träger **90** 14 *24,* gemeinsame Empfehlungen **90** 13, Integrationsämter **90** 14 *4,* für Leistungen zur Teilhabe am Arbeitsleben nach SGB II **90** 6a, Nachrang **30** 22 *8ff.,* Weiterleitung innerhalb der Zweiwochenfrist **90** 14 *10,* Zusammenarbeit **90** 12, 14 *5,* Zuständigkeitserklärung **90** 14 *1, 4*
Reichsbahn, Neufeststellung von Renten **60** 310a
Reisekosten 30 45 *11;* **70** 43, Höhe **30** 46, medizinische Reha **90** 53, Teilhabeleistungen **90** 53
Reisen zur Inanspruchnahme von Sachleistungen, VO EG 883/2004 **5** 20
Relative Theorie 100 116 *61, 67f.*
Religionsgemeinschaften des öffentlichen Rechts 80 SK *151*
Religiöse Bedürfnisse, Wunsch-/Wahlrecht **110** 2 *10*
Rente, ausländische Zeiten **5** SK *121f.,* Ausschluss/Minderung **60** 103ff., Auszahlung **60** 118, Befristung **60** 102 *2,* beitragspflichtige Einnahmen **50** 228, Beitragssatz **50** 247, Benachrichtigungspflicht Zusammentreffen **70** 190, Berechnung bei Auslandsbezug **5** SK *123ff.,* erneute Neufeststellung **60** 310, Fälligkeit **60** 118, Grenzgänger **5** SK *107f.,* Krankenversicherungsbeitragszahlung **50** 255, Neuberechnung **100** 44–48 *9,* Neufeststellung auf Antrag **60** 309, Tod **60** 102 *9,* Unfallversicherungsleistungen **60** 311, VO EG 883/2004 **5** SK *119ff.,* bei vorübergehendem Aufenthalt in anderem Mitgliedstaat als Wohnstaat **5** SK *106*
Rente an Verwandte der aufsteigenden Linie, Unfallversicherung, Ausspruchsberechtigte **70** 69 *2,* Höhe **70** 69 *11,* mehrere Rentenansprüche **70** 69 *10,* mehrere Verwandte **70** 69 *9,* Tod eines Elternteils **70** 69 *12*
Rente, ausländische, Anpassung/Neuberechnung **5** SK *131,* Beamte **5** SK *132,* Doppelleistungsbestimmungen **5** SK *128ff.,* Krankengeldkürzung **50** 50 *11,* Mindestrente **5** SK *130,* Ruhen (Alg) **30** 142 *16,* Versicherungsfreiheit (ArblosV) **30** 28 *5,* Zusammentreffen von Leistungen **5** SK *128*
Rente, private, Hinterbliebenenrente **40** 18a *20*
Rente wegen Alters, *s. Altersrente, s. Regelaltersrente*
Rente wegen Erwerbsminderung, *s. Erwerbsminderungsrente*
Rente wegen Erziehung, *s. Erziehungsrente*
Rente wegen Todes, *s. Hinterbliebenenrente, s. Waisenrente, s. Witwenrente*
Renten aus freiwilligen Beiträgen (Ost) 60 315b
Renten aus mehreren Mitgliedstaaten 5 SK *103*
Renten nach den Rechtsvorschriften eines oder mehrerer anderer Mitgliedstaaten als dem Wohnmitgliedstaat, wenn ein Sachleistungsanspruch in diesem Mitgliedstaat besteht, VO EG 883/2004 **5** 25
Rentenabfindung 60 107, Verletztenrente **70** 59 *5,* Wiederheirat **60** 269b
Rentenabschlag, Altersrente für Frauen **60** 237a *22,* Altersteilzeit **60** 237 *39,* Arbeitslosigkeit **60** 237 *39,* vorzeitige Inanspruchnahme **60** 36 *11,* 236 *16,* 236a *33*
Rentenänderung 60 100 *1,* Altersteilrente **60** 100 *5,* höchstrichterliche Rspr. **60** 100 *7,* Monatsprinzip **60** 100 *3,* Sonderfälle **60** 101 *1,* Versorgungsausgleich **60** 268a, Zusammentreffen von Rente/Einkommen **60** 100 *4*
Rentenanpassung 60 63, 65, 254c, Renteninformation **60** 109 *11*
Rentenanpassungsmitteilung 100 50 *11*
Rentenanspruch, Abgeordnetenentschädigung **60** 34 *5,* Hinzuverdienstgrenze **60** 34 *5,* mehrere **60** 33 *9,* 89, Mindestversicherungszeit **60** 34 *2,* persönliche Voraussetzungen **60** 34 *3,* Regelaltersgrenze **60** 34 *5,* relevante Hinzuverdienste **60** 34 *7,* Rentenauskunft **60** 109 *19,* Stammrecht **60** 34 *6,* versicherungsrecht-

magere Zahlen = §§ bzw. Art.; kursive Zahlen = Randnummern **Sachverzeichnis**

liche Voraussetzungen 60 34 *4*, Voraussetzungen 60 34 *1*
Rentenantragsteller, Beitragsbemessung (KV) 50 239, Beitragsfreiheit 50 225, grenzüberschreitende Sachverhalte 5 SK *101*, KV-Mitgliedschaft 50 189, KV-Versicherungspflichtbefreiung 50 8 *12*, VO EG 883/2004 5 22
Rentenantragstellung, Meldepflicht 50 201
Rentenarten 60 33 *1*, mehrere Rentenansprüche 60 33 *9*, sonstige Renten 60 33 *8*, versicherte Risiken 60 33 *2*
Rentenartfaktor 60 67, 255, knappschaftliche Besonderheiten 60 82
Rentenauskunft 60 109 *1*, Anspruchsberechtigte 60 109 *3*, Augleich einer Rentenminderung 60 109 *18*, Ausgestaltung 60 109 *14*, persönliche Entgeltpunkte 60 109 *16*, Rentenanspruch 60 109 *19*, Rentenhöhe 60 109 *17*, Versicherungsverlauf 60 109 *15*, Versorgungsausgleich 60 109 *20*
Rentenbeginn 60 99 *1*, Altersrente 60 35 *8*, Altersrente für Frauen 60 237a *18*, Altersrente für langjährig Versicherte 60 236 *10*, Altersrente für Schwerbehinderte 60 236a *28*, Altersrente nach Altersteilzeit 60 35 *7*, Altersrente wegen Arbeitslosigkeit 60 237 *35*, von Amts wegen 60 35 *11*, Antragsberechtigung 60 99 *7*, Antragsrecht Sozialhilfeträger/Grundsicherungsträger 60 99 *8*, eigene Versicherung 60 99 *3*, Entgeltpunkte 60 75, Erwerbsminderungsrente 60 101 *3*, Hinterbliebenenrente 60 99 *11*, 101 *4*, Hinweispflichten 60 99 *9*, nachgeborene Waise 60 99 *14*, rechtzeitiger Antrag 60 99 *3*, Regelaltersrente 60 235 *6*, Sonderfälle 60 101 *1*, Übersicht frühestmöglicher 60 235 *22*, Übersicht frühestmöglicher (langjährig Versicherte) 60 236 *21*, Übersicht frühestmöglicher (Schwerbehinderte) 60 236a *38*, verspäteter Antrag 60 99 *6*, Zuschläge, Entgeltpunkte 60 76d
Rentenberater als Bevollmächtigte 150 73/73a *4*
Rentenbezug, Anrechnungszeiten 60 58 *28*, Meldepflicht 50 201
Rentenende 60 35 *16*, 100 1, *6*, Altersrente für Frauen 60 237a *25*, Altersrente nach Altersteilzeit 60 237 *51*, Altersrente wegen Arbeitslosigkeit 60 237 *51*, Hinzuverdienst 60 236 *19*, 236a *37*, langjährig Versicherte 60 36 *14*, 236 *19*, Regelaltersrente 60 235 *19*, schwerbehinderte Menschen 60 236a *37*, Sonderfälle 60 101 *1*
Rentenformel, Monatsbetrag der Rente 60 64, 254b
Rentenhöhe 60 63, Änderung langjährig Versicherte 60 236 *17*, Änderung Regelaltersrente 60 235 *17*, Änderung Schwerbehinderte 60 236a *34*, Ausland 60 271, Leistungen ins Ausland 60 113, Rechtsänderungen 60 306, Rentenauskunft 60 109 *17*
Rentenhöhenänderung 60 35 *14*, Altersrente Bergleute 60 40 *12*, Altersrente für Schwerbehinderte 60 37 *21*, langjährig Versicherte 60 36 *12*
Renteninformation 60 109 *1*, Anmtshaftung 60 109 *6*, Anspruchsberechtigte 60 109 *3*, Anspruchstätigte 60 109 *1*, Beiträge 60 109 *13*, Erwerbsminderungsrente 60 109 *9*, Grundlage 60 109 *5*, Regelaltersrente 60 109 *10*, Rentenanpassungen 60 109 *11*, Rentenberechnung 60 109 *8*
Rentenlast, gemeinsame Tragung Unfallversicherung 70 178
Rentenniveau, Sicherung 60 154
Rentenrechtliche Zeiten, Ausbildungszeiten 60 54 *5*, Begriffsbestimmungen 60 54 *1*, beitragsfreie Zeiten 60 54 *6*, beitragsgeminderte Zeiten 60 54 *3*, Rechtsänderungen 60 305, Schadensersatz 60 62 *2*, vollwertige Beiträge 60 54 *2*
Rentensplitting, Abänderung 60 120c, Beitragserstattung 60 210 *14*, Erziehungsrente 60 47 *2*, Grundsätze 60 120a, Lebenspartnerschaft 60 120e, RV 60 8 *1*, Tod eines Ehegatten vor Empfang angemessener Leistungen 60 120b, Verfahren 60 120d, Versorgungsausgleich 60 101 *15*, Waisenrente 60 101 *17*, Wartezeiterfüllung 60 52 *6*, Witwenrente 60 46 *15*, Zuschläge/Abschläge Entgeltpunke 60 76c, Zuständigkeit 60 120d
Rententeile, Berechnung 60 124
Rentenverfahren, Verjährungshemmung 40 25 *8*
Rentenversicherte, Zuständigkeit 60 127
Rentenversicherte, freiwillige, Beitragszahlung 60 171, Mindestbeitragsbemessungsgrundlage 60 167, Sonderfälle 60 232
Rentenversicherte ohne Krankengeldanspruch, Anrechnungszeiten 60 58 *35*
Rentenversicherte, sonstige, beitragspflichtige Einnahmen 60 166, 276, Beitragstragung 60 170
Rentenversicherung 10 1–10 *29*, Alg II 20 25 *1*, Auskunfts-/Beratungsstellen 60 131, Beitragserstattung 60 210 *1*, Beitragszeiten 60 55 *1*, Bundeszuschuss 60 213, Entlassungsentschädigung 30 143a *9*, Finanzverbund 60 219, Gesamtsozialversicherungsbeitrag 40 28d *2*, Leistungen 10 23, Nachversicherung 60 8 *1*, Personalüberganng von Krankenkassen 40 28p *36*, Pflegepersonen 110 19 *9*, 44 *4*, Prüfpflicht 40 28p *2*, Prüfung 40 28p *19*, Sperrzeit 30 144 *11*, Zuordnung beitragsfreier Zeiten 60 60 *1*, Zuständigkeit, Sozialgericht 150 51 *3*
Rentenversicherung, freiwillige 60 7 *1*
Rentenversicherung, gesetzliche, geringfügige Selbständigkeit 40 8 *27*
Rentenversicherung, knappschaftliche, Zuordnung beitragsfreier Zeiten 60 60 *1*
Rentenversicherungsamt, Antragstellung im automatisierten Verfahren 60 151a
Rentenversicherungsbeitrag, Erstattung 30 335; 100 50 *4*, Forderungsübergang 100 119 *1*, Pflegepersonen Forderungsübergang 100 116 *48*, Übernahme/Erstattung bei Versicherungspflichtbefreiung 30 207
Rentenversicherungsbericht 60 154
Rentenversicherungsfreiheit 60 5 *1*, Alter 60 5 *8*, Altersrente Bergleute 60 40 *15*, Altersrente für Frauen 60 237a *26*, Altersrente für Schwerbehinderte 60 37 *24*, Altersrente nach Altersteilzeit 60 237 *52*, Altersrente wegen Arbeitslosigkeit 60 237 *52*, Arbeitgeberanteil 60 172, geringfügige Beschäftigung 60 5 *4*, geringfügige Pflegetätigkeit 60 5 *4*, geringfügige selbständige Tätigkeit 60 5 *4*, kraft Gesetzes 60 5 *11*, Gewährleistung anderweitiger Versorgung 60 5 *2*, Kindererziehungszeiten 60 5 *6*, langjährig Versicherte 60 36 *15*, 236 *20*, Regelaltersrente 60 35 *15*, 235 *20*, schwerbehinderte Menschen 60 236a *37*, Sonderfälle 60 230, Studierende 60 5 *7*
Rentenversicherungskarten, Rente 60 286
Rentenversicherungskonto 60 149
Rentenversicherungsnummer 60 147
Rentenversicherungspflicht, Alg II 20 26 *7*; 60 3 *13*, Arbeitnehmer 60 1 *5*, arbeitnehmerähnliche Selbständige 60 2 *15*, Auszubildende 60 1 *5*, 7f., Behinderte Menschen 60 1 *6f.*, Berücksichtigungszeiten 60 57 *8*, Berufssoldaten 60 1 *5*, Ein-Mann-Franchisenehmer 60 2 *17*, Ein-Mann-GmbH 60 2 *17*, Einsatznfälle 60 3 *8*, Entbindungshelfer 60 2 *9*, Erzieher 60 2 *4*, Existenzgründungszuschuss 60 2 *19*, geistliche Genossenschaften 60 1 *3*, Gewerbetreibende 60 2 *14*, Grundsätze 60 1 *9*, Handwerksrolle 60 2 *14*, Hausgewerbetreibende 60 2 *12*, Hebammen 60 2 *9*, Jugendhilfe 60 1 *7*, Kindererziehungszeiten 60 2, 56 *21*, Kinderzuschlag 60 3 *10*, Künstler 60 2 *11*, Küstenfischer/-schifffer 60 2 *13*, Lehrer 60 2 *8*, Normzweck 60 1 *1*, Ost 60 229a,

2829

Sachverzeichnis

Fette Zahlen = Kennziffern

Pflegepersonen **60** 2 *8*, Pflegepersonen, nicht erwerbstätige **60** 3 *3*, Publizisten **60** 2 *11*, Scheinselbständige **60** 2 *15*, Seelotsen **60** 2 *10*, Selbständige **60** 2 *1*, Sonderfälle **60** 229, sonstige Versicherte **60** 3 *1*, Subunternehmer **60** 2 *16*, Versicherungskongruenz **60** 2 *15*, Vorruhestandsgeld **60** 3 *14*, Vorstandsmitglieder einer AG **60** 1 *11*, Wehrdienst **60** 1 *10*, 3 *7*, Wehrdienstverhältnis besonderer Art **60** 3 *8*, Zeitsoldaten **60** 1 *10*, Zivildienst **60** 3 *7*
Rentenversicherungspflicht auf Antrag, Antrag **60** 4 *2*, Arbeitsunfähigkeit **60** 4 *14*, im Ausland beschäftigte Deutsche **60** 4 *7*, EG-Angehörige **60** 4 *8*, Entwicklungshelfer **60** 4 *3*, Nachversicherung **60** 4 *9*, Normzweck **60** 4 *1*, Selbständige **60** 4 *10*, Sozialleistungsbezieher **60** 4 *13*
Rentenversicherungspflicht, Befreiung 60 6 *1*, Alg II **60** 6 *18*, Anrechnungszeiten **60** 58 *36*, Antrag **60** 6 *3*, arbeitnehmerähnliche Selbständige **60** 6 *13*, berufsständisches Versorgungswerk **60** 6 *8*, Erzieher **60** 6 *10*, Gewerbetreibende **60** 6 *12*, Handwerksbetriebe **60** 6 *12*, Kindererziehungszeiten **60** 56 *18*, Lehrer **60** 6 *10*, nichtdeutsche Seeleute **60** 6 *11*, Ost **60** 231 a, Sonderfälle **60** 231, VA **60** 6 *3*, Wirkung **60** 6 *3*, Zuständigkeit **60** 6 *7*
Rentenversicherungspflichtbeiträge, vorzeitige Wartezeiterfüllung **60** 53 *10*
Rentenversicherungspflichtige, sonstige, Meldepflichten **60** 191
Rentenversicherungsträger, Datenerhebung/-nutzung/-verarbeitung **60** 148, Datenstelle **60** 145, Vergütung **40** 28 l, Zuständigkeit **60** 126, Zuständigkeit bis zur Errichtung der Knappschaft-Bahn-See **60** 274 d
Rentenversicherungsträger, bundesunmittelbare 60 143
Rentenversicherungsträger, landesunmittelbare 60 144
Rentenversicherungsträger, Prüfung beim 40 28 q *7*, Normzweck **40** 28 q *1*
Rentenversicherungsverlauf, Rentenauskunft **60** 109 *15*
Rentenwechsel, Hinzuverdienstgrenze **60** 34 *24*
Rentenwert, aktueller 60 68, Bestimmung für 1. 7. 2005–1. 7. 2013 **60** 255 e, Bestimmung für 1. 7. 2007–1. 7. 2010 **60** 255 g, Ost **60** 255 a, Schutzklausel **60** 68 a, Unfallversicherung (Ost) **70** 216
Rentenzusatzleistungen, Beginn/Ende/Änderung **60** 108
Rentenzuschlag, Rentenbeginn 1992/93 **60** 319 a
Rentner, Beitrag **50** Einl. *23*, freiwillige KV-Versicherung **50** 9 *10*, Geldleistungen bei grenzüberschreitenden Sachverhalten **5** SK *109*, Gewährung von Leistungen im Todesfall **5** 43, KV-Versicherungspflicht **50** 5 *32*, KV- Versicherungspflichtbefreiung **50** 8 *12*, Versicherungsfreiheit (ArblosV) **30** 28 *1*, VO EG 883/2004 **5** 31, SK *102 ff.*
Rentner, freiwillig versicherte, Rangfolge Einnahmearten **50** 238 a
Rentner, versicherungspflichtige, beitragspflichtige Einnahmen **50** 237, Beitragstragung **50** 249 a, Rangfolge Einnahmearten **50** 238
Rentnerprivileg 60 101 *5*
Resozialisierung, Nachrang **30** 22 *13*
Restitutionsgedanke 100 44–48 *9*
Revision, Ablehnung von Gerichtspersonen **150** 171, Begründung **150** 160–171 *12*, Beiladung **150** 168, Bindung an die tatsächlichen Feststellungen **150** 163, Einlegung/Frist/Begründung **150** 164, Entscheidungen **150** 160–171 *15*, Gründe **150** 162, Grundlagen **150** 160–171 *1*, Klageänderung **150** 168, neuer Bescheid **150** 171, Nichtzulassungsbeschwerde **150** 160–171 *8*, 160 a, Prüfungsumfang **150** 169,

Sprungrevision **150** 160–171 *2*, 161, Unzulässigkeit **150** 169, Urteilsabschriften an ehrenamtliche Richter **150** 170 a, Verfahren **150** 165, Zulässigkeit **150** 160, Zulassung **150** 160–171 *2*, Zurückverweisung **150** 170, Zurückweisung **150** 170
Richter, *s. auch Richter, ehrenamtliche; s. auch Berufsrichter,* elektronischer Entgeltnachweis **40** 1–6 *17*, KV-Versicherungsfreiheit **50** 6 *10*, Ruhen des KV-Leistungsanspruchs **50** 16 *8*, Schwerbehinderte **90** 128, Vernehmung durch bestimmte **150** 205, Vertretung des Vorsitzenden **150** 27
Richter auf Lebenszeit, Landessozialgerichte **150** 32
Richter, ehrenamtliche, Ablehnungsgründe/Entlassung **150** 18, Amtsenthebung **150** 22, Ausschließungsgründe **150** 17, Ausschuss **150** 23, Ausübung/Entschädigung **150** 19, Beendigung des Amtes **150** 9–27 *10 f.*, Berufung (BSG) **150** 45, 47, Berufung/Amtsdauer **150** 13, Bundessozialgericht **150** 38–50 *6*, 45, Ernennung **150** 9–27 *7*, Gruppen **150** 9–27 *4*, Inkompatibilität **150** 9–27 *8*, Landessozialgerichte **150** 35, Ordnungsgeld **150** 21, persönliche Voraussetzungen **150** 16, Sozialgericht **150** 1–6 *8*, 3, strafrechtlicher Schutz **150** 20, Urteilsabschriften **150** 170 a, Vorschlagslisten/-recht **150** 19
Richter, mitwirkender, Urteil **150** 129
Richterliche Überzeugungsbildung, Sozialgericht **150** 123–142 *6*
Richterrat, Förderung Schwerbehinderter **90** 93, Zusammenarbeit **90** 99
Richtgrößen 50 84
Richtlinien, Wirksamwerden **50** 94
Risikoausgleich, private Pflegeversicherung **110** 111
Risikopool 50 269
Risikostrukturausgleich 50 Einl. *18*, 266, Datenerhebung **50** 267, Deutsche Einheit **50** 313 a, Krankengeldübergangsregelung **50** 47 a *4*, Sicherung der Datengrundlagen **50** 273, Weiterentwicklung **50** 268
Rückabwicklung 100 44–48 *6*
Rückabwicklungsverhältnis, Anwendungsbereich **100** 50 *3*, Sonderregelungen **100** 50 *4*
Rückforderung 100 44–48 *47*, *s. auch Erstattung,* Einstiegsgeld **20** 16 b *13*, VO EG 883/2004 **5** 84
Rückforderungsbescheid, Voraussetzungen **100** 50 *18*
Rückführungsprogramme, Sozialhilfe für Ausländer **120** 23 *14*
Rückgriff, medizinische Reha **110** 32 *6*, Schadenersatz **100** 116 *3*
Rückkehrer in gesetzliche Krankenversicherung, beitragspflichtige Einnahmen **50** 227
Rücklage, Anlegung **40** 83, BA – Bildung/Anlage **30** 366, Krankenkasse **50** 261, landwirtschaftliche Berufsgenossenschaften **70** 184, Sozialversicherungsträger **40** 82, Unfallversicherung **70** 170, 219 a
Rücknahme, *s. auch Aufhebung,* Ausschlussfrist **100** 44–48 *30*, begünstigende VA **100** 44–48 *6*, Behörde **100** 44–48 *35*, Ermessen **100** 44–48 *29*, Rechtsbehelfsverfahren **100** 49, rechtswidriger VA **100** 44–48 *3*, Sozialhilfe **100** 44–48 *10*, VA **100** 44, 45, für die Vergangenheit **100** 44–48 *7*, Wiederaufnahmegründe **100** 44–48 *32*, für die Zukunft **100** 44–48 *15*
Rücknahmeinteresse, öffentliches 100 44–48 *28*
Rückstand, Verzinsung **10** 44 *7*
Rücküberweisung, Wohngeld **160** 30
Rücküberweisungsanspruch, VA **100** 31 *10*
Rückwirkung, Leistungsgewährung **100** 44–48 *17*, wiederholte Antragstellung **100** 26–28 *13*
Rückwirkung, beschränkte, Unterhaltsvorschuss **155** 4
Rückzahlung, ABM **30** 268 *1*, Ausnahme (ABM) **30** 268 *3*, BAföG **6** SK *58 ff.*, Eingliederungszuschuss **30** 221 *3*, einkommensabhängige **6** 18 a

magere Zahlen = §§ bzw. Art.; kursive Zahlen = Randnummern **Sachverzeichnis**

Rückzahlungspflicht, BAföG 6 20, Krankengeldausschluss 50 50 *5,* Unterhaltsvorschuss 155 *5*
Ruhegehalt, Hinterbliebenenrente 40 18a *15,* Krankengeldausschluss 50 50 *3*
Ruhegehaltsbezieher, KV-Versicherungsfreiheit 50 6 *14*
Ruhen (Alg) 30 142 *1,* Altersrente 30 142 *14, 24,* Arbeitsentgelt 30 143 *3,* Arbeitskampf 30 146 *1,* ausländische Leistungen 30 142 *27,* ausländische Rente 30 142 *16,* auslösende Leistungen 30 142 *9,* Ausnahmen 30 142 *21,* Ausschluss der ordentlichen Kündigung 30 143 a *14,* Beginn 30 143 a *22,* Berufsausbildungsbeihilfe 30 142 *10,* Dauer 30 143 *9,* 143 a *23,* Disposition über Entgeltansprüche 30 143 *7,* Entgeltersatz wg. Krankheit 30 142 *11,* Entlassungsentschädigung 30 143 a *5,* Entschädigung bei Fortführung des Arbeitsvertrags 30 143 a *33,* Erwerbsminderungsrente 30 142 *13, 23,* Gleichwohlgewährung 30 143 a *34,* Herstellungsanspruch 30 143 *24,* Mutterschaftsgeld 30 142 *11,* Nahtlosigkeitsregelung 30 142 *26,* ordentliche Kündigungsfrist 30 143 a *12,* Ruhenszeitraumbegrenzung 30 143 a *26,* Sozialplan 30 143 a *6,* Sperrzeit 30 144 *1,* Spontanberatung 30 143 *25,* Teilerwerbsminderungsrente 30 142 *18,* Übergangsgeld 30 142 *11,* Urlaubsabgeltung 30 143 *10,* Verletztengeld 30 142 *22,* Vorruhestandsgeld 30 142 *29,* zeitliche Kongruenz 30 142 *8*
Ruhen des Leistungsanspruchs (KV) 50 16 *1,* Angestellte im öffentlichen Dienst 50 16 *8,* ausländische Unfallversicherung 50 16 *10,* Auslandsaufenthalt 50 16 *2,* Beamte 50 16 *8,* Beitragsrückstand 50 16 *12,* Berufsoldaten 50 16 *6,* Bundesgrenzschutz 50 16 *6,* einstweilige Unterbringung 50 16 *9,* EU 50 16, Familienversicherung 50 16 *14,* Freiheitsentzug 50 16 *9,* Gemeinschaftsrecht 50 16 *1,* innerstaatliche Ausnahmen 50 16 *3,* Richter 50 16 *8,* Seeleute 50 16 *11,* Sicherungsverwahrung 50 16 *9,* Soldaten 50 16 *8,* Sozialversicherungsabkommen 50 16, Untersuchungshaft 50 16 *9,* Verteidigungsfall 50 16 *6,* Wehrdienst 50 16 *6,* Wehrübung 50 16 *6,* Zeitsoldaten 50 16 *6,* Zivildienst 50 16 *6*
Ruhenszeitraum, Begrenzung 30 143 a *26,* Zusammentreffen mit Urlaubsabgeltung 30 143 a *32*
RV, *s. Rentenversicherung*

Sachaufklärungspflicht des Gerichts, *s. Untersuchungsmaxime*
Sachbezüge, Arbeitsentgelt 40 14 *8*
Sachen, Rückgabe 100 51
Sachgüter, Beschaffung bei Eingliederungshilfe 20 16 c *6*
Sachleistung, abweichende Leistungserbringung 20 24 *12,* ergänzende – minderjährige Kinder 20 31 a *17,* ergänzende – Minderung des Alg II 20 31 a *14,* von erheblicher Bedeutung 5 *33,* als Geldleistungen 90 9 *6,* Kombinationsleistung 110 38 *1,* PV 110 28 *7,* Reisen zur Inanspruchnahme von 5 SK *94ff.,* VO EG 883/2004 5 *36,* Wunschrecht 90 9 *6*
Sachleistungsanspruch nach den Rechtsvorschriften des Wohnmitgliedstaats, VO EG 883/2004 5 *23*
Sachleistungsansprüche von erheblicher Bedeutung 5 SK *112,* Rangfolge bei grenzüberschreitenden Sachverhalten 5 *32,* SK *111*
Sachleistungsaushilfe 5 SK *89f.*
Sachleistungsprinzip 110 28 *8,* Durchbrechung 50 13 *6,* Kostenerstattung (KV) 50 13 *1,* KV 50 Einl. *16,* 13 *1,* Leistungserbringung 50 95–105 *1,* PV-Versicherungsleistungen 110 4 *2*
Sachliche Zuständigkeit, Kinder- und Jugendhilfe 80 SK *164,* örtliche Träger der Jugendhilfe 80 SK *164,* überörtliche Träger der Jugendhilfe 80 SK *164*

Sachschäden 100 116 *19, 53,* bei Hilfeleistung – Forderungsübergang 100 116 *19*
Sachverständigenrat 50 142
Saison-Kurzarbeitergeld 30 175, Bemessungsentgelt 30 131 *15*
Sammellager 160 SK *11*
Sanierungsbeitrag, Bemessungsentgelt 30 131 *9*
Sanktionen, Eingliederungsvereinbarung 20 15 *10,* Sofortangebot 20 15 a *1,* Wohngeld 160 SK *51,* Zumutbarkeit 20 10 *3*
Satzung, BA 30 372, Sozialversicherungsträger 40 34
Säumnis, Alkoholismus 100 26–28 *8,* Belehrung 100 26–28 *8,* Beratungsfehler Dritter 100 26–28 *9,* Postlaufzeiten 100 26–28 *10,* Rechtsirrtum 100 26–28 *10,* Telefax 100 26–28 *8,* Unkenntnis 100 26–28 *9,* Vertreterverschulden 100 26–28 *10,* Wiedereinsetzung 100 26–28 *4,* Zahlendreher 100 26–28 *8*
Säumniszuschlag 40 24 *1,* Ausnahmen 40 24 *7,* Erlass 40 24 *9,* kraft Gesetzes 40 24 *2,* Höhe 40 24 *5,* Prüfpflicht 40 28 p *12*
Schadensanlagen, ruhende, Arbeitsunfall 70 8 *91*
Schadensersatz 20 62, Eingliederungsvereinbarung 20 15 *21,* Forderungsübergang 100 116 *1,* Pflichtverletzung 30 321, rentenrechtliche Zeiten 60 62 *1,* Sozialdaten 100 82
Schadensersatzanspruch 100 116 *14,* 119 *1,* Ausschluss Unfallversicherung 70 104 *1,* mehrerer Leistungsträger 100 117 *1ff.*
Schadensersatzanspruch, mehrere Leistungsträger, Gesamtgläubigerschaft 100 117 *2,* Normzweck 100 117 *1*
Schadensersatzpflicht, Einzugsstelle 40 28 r *1, 2,* Rechtsweg 40 28 r *8,* RV-Träger 40 28 r *1, 7,* Verjährung 40 28 r *6,* Verzugszinsen 40 28 r *5*
Schadensminderungspflicht, berufliche Rehabilitation 10 64 *1*
Schädigung der Leibesfrucht, Haftungsausschluss Unfallversicherung 70 104 *11*
Schätzung, Einzugsstelle 40 28 h *10*
Schausteller 80 SK *80ff.*
Schaustellergewerbe, Sofortmeldepflicht 40 28 a *27*
Scheidung, Beratung 80 17, SK *46*
Scheinarbeitsverhältnis, Krankengeld 50 44 *2*
Scheinselbständige, RV-Pflicht 60 2 *15*
Scheinselbständigkeit, gesetzliche Unfallversicherung 70 2 *7*
Schiedsamt 50 89
Schiedsperson, Verwaltungsverfahren 100 1 *8*
Schiedsstelle, Jugendhilfe 80 78 g, Kostenregelung 110 116, PV 110 76, Qualitätssicherung 110 113 b, Sozialhilfeeinrichtungen/-dienste 120 *36*
Schiff-Land-Beförderung, Unfallversicherung 70 10 *2*
Schiffsregisterbehörden, Mitteilungspflicht 70 196
Schiffsvermessungsbehörden, Mitteilungspflicht 70 196
Schlafstelle 160 SK *11*
Schlüsselzeichen, VA 100 33 *16*
Schlüssiges Konzept, Bedarfe für Unterkunft und Heizung 20 22 *13*
Schmerz, akuter – Beitragsrückstand 50 16 *13,* Zumutbarkeit 10 65 *10*
Schmerzensgeld 100 116 *13,* Alg II 20 11 a *4,* Einkommensberücksichtigung (Sozialhilfe) 120 83 *6*
Schönheitsoperation, Leistungsbeschränkung 50 52 *3*
Schönheitsreparaturen, Regelbedarf 20 20 *42,* Unterkunftskosten 120 29 *4*
Schonvermögensgegenstände, Sozialhilfe 120 90 *5*
Schriftform, VA 100 33 *9*
Schriftformerfordernis, Unfallversicherung 70 102
Schriftsätze, vorbereitende, Sozialgericht 150 108

Sachverzeichnis

Fette Zahlen = Kennziffern

Schulabschluss, fehlender 80 SK *34*
Schulausbildung, Anrechnungszeiten 60 58 *37*, Waisenrente 60 48 *10*
Schulausflüge, Bedarfe für Bildung und Teilhabe 20 28 *6*
Schulbedarf, persönlicher 20 28 *9*
Schulbedarfspaket 120 27 *5*
Schulden, Übernahme 120 21 *8*
Schuldenübernahme, Alg II 20 7 *43*, Bedarfe für Unterkunft und Heizung 20 22 *47*, Darlehen 20 22 *51*, Ermessen 20 22 *49*, Haus-/Wohnungseigentümer 20 22 *48*, Hilfe zum Lebensunterhalt 120 34 *1*, Leistungen für Auszubildende 20 27 *6*, Vermögenseinsatz 20 22 *50*
Schule, Anrechnungszeiten 60 58 *15*, Verhältnis zur Jugendhilfe 80 SK *27*, zusätzliche Leistungen 120 28 a
Schüler, BAföG 6 SK *56*, Bedarf 6 *12*, Bedarfe für Bildung und Teilhabe 20 28 *1*, gesetzliche Unfallversicherung 70 2 *24*, Nichtverfügbarkeitsvermutung 30 120 *8*
Schüler-BAföG, Sozialhilfeausschluss 120 22 *9*
Schülerbeförderung 20 28 *10*
Schulpflicht, Unterbringung zur Erfüllung 80 21, SK *80*
Schulsozialarbeit 80 SK *34*
Schulunfälle 70 2 *23*
Schulungskurse, gesetzliche Unfallversicherung 70 2 *14*
Schulverweigerer 80 SK *34*
Schutzauftrag, Kindswohlgefährdung 80 8 a
Schutzimpfung 50 132 e, Anspruchsinhalt 50 20 d *2*, Leistungserweiterung 50 20 d *3*, Prävention 50 20 d *1*, Zusammenarbeit Krankenkassen/öffentl. Gesundheitsdienst 50 20 d *4*
Schutzklausel, Rentenwert 60 68 a
Schutzpflichtkonzept, Alg II 20 20 *10*
Schwangerschaft 50 27 *5*, Anrechnungszeiten 60 58 *5*, Bedarfsdeckungsvermutung 120 36 *6*, Beitragsrückstand 50 16 *13*, Erstausstattung 120 31 *5*, Hilfe bei 120 *50*, Hilfebedürftigkeit 20 9 *10*, Krankheit 50 27 *3*, Mehrbedarf 20 21 *6*; 120 30 *6*, Sozialhilfe 120 19 *16*, Strafvollzug 50 16 *9*, Unfallversicherung 70 12 *1*
Schwangerschaftsabbruch 10 21 b, Leistungsfortzahlung 30 126 *8*, Leistungsinhalt 50 24 b *4*, Leistungsvoraussetzungen 50 24 b *3*, Teilleistungen 50 24 b *5*
Schwarzarbeit, gesetzliche Unfallversicherung 70 2 *7*, Regressanspruch Unfallversicherung 70 110 *9*, Regressverzicht Unfallversicherung 70 110 *12*
Schweigen, beredtes 100 44–48 *25*
Schweigepflicht, strafrechtliche 80 SK *134*
Schwerbehinderte Menschen, *s. auch Behinderte Menschen,* Altersrente *s. Altersrente, schwerbehinderte Menschen,* Arbeitsassistenz 30 270 a *1*, Arbeitsentgelt/Dienstbezüge 90 *123*, Beamte 90 *128*, Beendigung der Anwendung 90 *116*, Beschäftigungspflicht 90 *71*, Beschäftigungspflicht besonderer Gruppen 90 *72*, Entziehung der besonderen Hilfen 90 *117*, Erstattung Fahrgeldausfälle 90 *145*, freiwillige KV-Versicherung 50 9 *8*, Geheimhaltungspflicht 90 *130*, Heimarbeit 90 *127*, Kündigungsschutz 90 85 ff., Mehrarbeit 90 *124*, Mehrbedarf 120 30 *3*, Nachrang 30 22 *12*, Nachteilsausgleich 90 *126*, Rechte am Arbeitsplatz 90 *81*, Richter 90 *128*, Soldaten 90 *128*, Statistik 90 *131*, unabhänigige Tätigkeit 90 *129*, unentgeltliche Beförderung 90 *145*, Vertrauensperson 90 *96*, Vorrang 90 *122*, Zusatzurlaub 90 *125*, Zuschuss bei Ausbildungsvergütung 30 235 a
Schwerbehinderte Menschen, besonders betroffene, befristete geförderte Vollbeschäftigung 30 219 *4*, Eingliederungszuschuss 30 219 *1*, Gleichgestellte Behinderte 30 219 *3*, Nachrang 30 22 *12*, Pflichtquoten 30 219 *1*
Schwerbehindertenbeauftragter 90 *98*, Zusammenarbeit 90 *99*
Schwerbehindertenrecht, BND 90 *158*, Geltungsbereich 90 *68*
Schwerbehindertenvertrauensleute, Arbeitsunfall 70 8 *36*
Schwerbehindertenvertretung, Amtszeit 90 *94*, Aufgaben 90 *95*, Integrationsvereinbarung 90 83 *19*, Wahl 90 *94*, Zusammenarbeit 90 *99*
Schwerbehinderung, Aberkennung 60 37 *9*, Altersrente 60 37 *6*, Inlandsbezug 90 2 *7*, Mehrbedarf (Alg II) 20 21 *15*, Mindestgrad 90 2 *5*, Rechtsverordnung 90 2 *6*
Schwerbehinderungsnachweis, Altersrente 60 37 *10*
Schwerverletzte, Begriff 70 57 *2*, Erhöhung Verletztenrente 70 57 *1*, Wiederaufleben abgefundener Renten 70 77 *2*
SED-Unrecht 6 *60*
Seefahrt, Haftungsausschluss Unfallversicherung 70 107 *1*, Regressanspruch gegen Organe 70 111 *1*, Regressanspruch Unfallversicherung 70 110 *9*, Regressverzicht Unfallversicherung 70 110 *12*
Seehilfen 50 33 *16*
Seeleute 40 *13*, beitragspflichtige Einnahmen 50 *233*, Beschäftigungsort 40 9–11 *5*, Hinterbliebenenleistungen, Unfallversicherung 70 63 *24*, Jahresarbeitsverdienst 70 *92*, KV 50 16 *11*, Ruhen des KV-Leistungsanspruchs 50 16 *11*
Seeleute, deutsche, Einzugsstelle 40 28 i *5*, unter fremder Flagge 40 1–6 *31*
Seeleute, nichtdeutsche, KV-Versicherungsfreiheit 50 6 *9*, RV-Pflichtbefreiung 60 6 *11*
Seelische Behinderung 80 SK *105*
Seelotsen, RV-Pflicht 60 2 *10*
Seemannskasse, Beirat 60 137 e, Besonderheit bei Versicherungsdurchführung/-leistungen 60 137 b, Knappschaft-Bahn-See 60 137 a, Organe 60 137 d, Vermögen/Haftung 60 137 c
Seeschiffe, Meldepflicht für Eigentümer 70 *194*, Versicherungsfreiheit (ArblosV) 30 28 *7*
Seeschiffe, deutsche 40 *13*
Seeschifffahrt, Erweitungung des Unfallversicherungsschutzes 70 10 *1*
Sehschärfenbestimmung 50 28 *2*
Selbständige, Aktivierungsmaßnahmen 30 46 *5*, ArblosVpflicht auf Antrag 30 28 a *6*, beitragspflichtige Einnahmen 60 *165*, Beitragstragung 60 *169*, Berücksichtigungszeiten 60 57 *7*, Beschäftigungsförderung/-anbahnung 30 45 *6*, Eingliederungsmaßnahmen 30 46 *5*, RV-Pflicht auf Antrag 60 4 *10*, Sondersysteme und VO EG 883/2004 5 SK *12*, Versicherungspflicht 60 2 *1*
Selbständige, arbeitnehmerähnliche, RV-Pflicht 60 2 *15*, RV-Pflichtbefreiung 60 6 *13*
Selbständige, Eingliederungsleistungen, Beschaffung von Sachgütern 20 16 c *6*, erwerbsfähige Hilfsbedürftige 20 16 c *2*, hauptberufliche Selbständigkeit 20 16 c *3*, Normzweck 20 16 c *1*, Stellungnahme 20 16 c *4 a*, Verringerung/Überwindung der Hilfebedürftigkeit 20 16 c *5*, wirtschaftliche Tragfähigkeit 20 16 c *4*
Selbständige, hauptberuflich, Krankengeld 50 44 *5*, KV-Ausschluss 50 5 *46*
Selbständige, versicherungspflichtige, Altersrente für Frauen 60 237 a *13*, *17*, Altersrente nach Altersteilzeit 60 237 *33*, Altersrente wegen Arbeitslosigkeit 60 237 *33*, Meldepflichten 60 190 a
Selbständigkeit, Alg 30 119 *22*, Beschäftigungsort 40 9–11 *6*, Dauer 30 119 *27*, Einstiegsgeld 20 16 b *6*,

magere Zahlen = §§ bzw. Art.; kursive Zahlen = Randnummern **Sachverzeichnis**

gesetzliche Unfallversicherung **70** 2 6, Nebeneinkommen (Alg) **30** 141 9, Sperrzeit **30** 144 17
Selbständigkeit der freien Jugendhilfe 80 SK 9
Selbständigkeit, geringfügige 40 8 27, Entgelt **40** 8 6, RV-Freiheit **60** 5 4, Zeit **40** 8 7, Zusammenrechnung **40** 8 13
Selbständigkeit, kurzzeitige, Nebeneinkommen (Alg) **30** 141 14
Selbstbehalt, Wahltarife **50** 53 2
Selbstbeschaffung, abweichende Leistungserbringung **20** 24 17, Hilfe zur Erziehung **80** SK 102, Junge Volljährige **80** SK 119, Kostenerstattung (KV) **50** 13 5, seelisch behinderte Kinder/Jugendliche **80** 36 a, Teilhabeleistungen **90** 15
Selbstbestimmung, aktivierende Pflege **110** 2 2, behinderte Menschen **90** 1, Lebensführung **110** 2 2, Normzweck **110** 2 1
Selbstbestimmung, informationelle 100 20 10
Selbsthilfe 50 20 1, Ausgabenvorgabe **50** 20 3, Förderpflicht **50** 20 c 2, Förderung **90** 29 1; **110** 45 d, Förderung Ausgabenvorgabe **50** 20 c 6, Förderungsgrundsätze **50** 20 c 5, gesetzliche Unfallversicherung **70** 2 46
Selbsthilfegruppen 50 20 c 3
Selbsthilfekontaktstellen 50 20 c 3
Selbsthilfemöglichkeit, Sozialhilfe **120** 19 2
Selbsthilfeorganisationen 50 20 c 3
Selbstinformationseinrichtungen, Eingliederungsleistungen **20** 16 5
Selbstmelder 80 SK 122
Selbstverschulden, Leistungsbeschränkung **50** 52 1
Selbstversuche, Arbeitsunfall **70** 8 63
Selbstverwaltung 50 Einl. 21
Selbstverwaltungsorgane, Amtsdauer **30** 375; **40** 58, BA **30** 371, Beratung **40** 63, Berufung/Abberufung **30** 377, Berufungsfähigkeit **40** 378, Beschlussfassung **40** 64, Ergänzung **40** 60, Erledigungsausschüsse **40** 66, getrennte Abstimmung **40** 65, Mitglieder **40** 43, Verlust der Mitgliedschaft **40** 59, Vorschlagsrecht **30** 379, Vorsitzende **40** 62, Zusammensetzung **40** 44
Selbstverwaltungsorgane, Mitglieder, Sozialversicherungsträger **40** 43
Selbstverwaltungsorgane, Wahlen, Zuständigkeit, Sozialgericht **150** 57 b
Servicestellen 90 23, *s. auch Gemeinsame Servicestellen*, Bericht **90** 24
SGB I, Geltungsanspruch **10** 1–10 21
SGB II, Inkrafttreten – Übergangsregelung **120** 134
SGB IX, Übergangsgeld **30** 160 14
Sicherheit, soziale 10 1–10 4
Sicherheitsbeauftragte, Aus- und Fortbildung **70** 23, Unfallverhütungsvorschriften **70** 22
Sicherheitsleistungen, Unfallversicherung **70** 164
Sicherstellung der Versorgung, *s. Versorgung, Sicherstellung der*
Sicherstellungsauftrag 50 95–105 1, Inhalt/Umfang **50** 75, PV **110** 69, Übergang an Krankenkassen **50** 72 a
Sicherungspflege, PV **110** 28 11
Sicherungssysteme 50 Einl. 1
Sicherungsverwahrung, Ruhen des KV-Leistungsanspruchs **50** 16 9
Siebtes Gesetz zur Änderung des SGB III und anderer Gesetze 20 72; **30** 434 r
Single, *s. Alleinstehende*
Sitzungsniederschrift, Sozialgericht **150** 122
Sitzungspolizei, Folgen **150** 115, Sozialgericht **150** 61
Sockelfreibetrag, Eltern (BAföG) **6** SK 50
Sofortangebot 20 15 a 1, Anspruchsberechtigte **20** 15 a 2, Leistungen **20** 15 a 3, Sanktionen **20** 15 a 1, Verweigerung **20** 31 15

Sofortige Vollziehbarkeit 20 39
Sofortmeldung 40 28 a 25, Inhalt **40** 28 a 29, zu meldende Person/Zeitpunkt **40** 28 a 18, Pflichtige **40** 28 a 26, Übermittlung/Datenspeicherung/-Nutzung **40** 28 a 30
Soldaten, Einsatzschädigung **50** 16 7, elektronischer Entgeltnachweis **40** 1–6 17, KV-Versicherungsfreiheit **50** 6 10, Ruhen des KV-Leistungsanspruchs **50** 16 8, Schwerbehinderte **90** 128
Solidarität 50 1
Solidaritätszuschlag, Leistungsentgelt **30** 133 11
Sonderfälle Rentenversicherung, Grundsatz **60** 228
Sonderrechtsnachfolge 10 56, *s. Erbrecht, s. Vererblichkeit*, Ansprüche des Trägers gegen **10** 57 6, Haftung **10** 57 3, Verzicht **10** 57 2, Verzicht und Haftung **10** 57, Voraussetzungen **10** 56 3 ff., Wirkung **10** 56 12
Sondersysteme für Selbständige, VO EG 883/2004 **5** SK 12
Sonderversorgungssystem, Beitragszeiten **60** 259 b
Sorgeerklärung 80 SK 57, Auskunft **80** 58 a, Beratung und Unterstützung **80** SK 57 ff., Nichtabgabe/Nichtersetzung **80** 58 a
Sorgekonzept 80 SK 47
Sorgentelefon 80 SK 15
Sorgerechtsauskunft 80 58 a, örtliche Zuständigkeit **80** 87 c
Sorgerechtskonzept 80 SK 47
Sozialbeirat, Aufgaben **60** 155, Zusammensetzung **60** 156
Sozialdaten 10 35 10, Amtspflegschaft **80** 68, Amtsvormundschaft **80** 68, Auskunft an Betroffenen **100** 83, Beistandschaft **80** 68, besonderer Vertrauensschutz bei persönlicher und erzieherischer Hilfe (Kinder- und Jugendhilfe) **80** 65, Bußgeld **100** 85, Datenerhebung (Kinder- und Jugendhilfe) **80** 62, Datennutzung (Kinder- und Jugendhilfe) **80** 64, Datenspeicherung (Kinder- und Jugendhilfe) **80** 63, Datenübermittlung (Kinder- und Jugendhilfe) **80** 64, Erhebung/Verarbeitung/Nutzung durch nichtöffentliche Stellen **20** 51, Gebot der Kontrolle durch Transparenz **10** 35 26, gesetzliche Krankenversicherung **10** 35 24, Krankenkassen **50** 284, nicht öffentliche Stellen **30** 395, Organisation/Verarbeitung **10** 35 19, Rechte der Betroffenen **100** 81, Rechte/Ansprüche der Betroffenen **10** 35 21, Schadenersatz **100** 82, Schutzvorschriften des SGB X **10** 35 16, Straf-/Bußgeldvorschriften **10** 35 20; **100** 85 a, Überblick **10** 35 1, Übermittlungsgrundsätze **100** 67 d, unabdingbare Rechte des Betroffenen **100** 84 a, Verarbeitung/Nutzung **10** 35 18, Verstorbene **10** 35 15, zulässige Erhebung **10** 35 17
Sozialdaten, Übermittlung ins Ausland/an über-/zwischenstaatlichen Stellen **100** 77, für Durchführung des Arbeitsschutzes **100** 70, zur Durchsetzung öffentlich-rechtlicher Ansprüche **100** 68, Einschränkung bei besonders schutzwürdigen **100** 76, zur Erfüllung besonderer gesetzlicher Pflichten **100** 71, zur Erfüllung gesetzlicher Mitteilungsbefugnisse **100** 71, für Erfüllung sozialer Aufgaben **100** 69, für Forschung/Planung **100** 75, an Polizei/Staatsanwaltschaft/Behörden der Gefahrenabwehr **100** 68, für Schutz der inneren/äußeren Sicherheit **100** 72, für Strafverfahren **100** 73, bei Verletzung der Unterhaltspflicht/beim Versorgungsausgleich **100** 74, Zweckbindung/Geheimhaltungspflicht eines Dritten **100** 78
Sozialdatenschutz, Beistandschaft/Amtspflegschaft/Amtsvormundschaft **80** SK 139, bereichsspezifische Besonderheiten **10** 35 23, Erhebung **80** SK 136, europarechtliche Vorgaben **10** 35 7, Grundnorm **10** 35 1, Grundnorm **10** 35 8, Jugendhilfe **80** SK 134, Kin-

2833

Sachverzeichnis

Fette Zahlen = Kennziffern

der- und Jugendhilfe **10** 35 *28;* **80** 61, SK *134,* Nutzung **80** SK *138,* Primat **10** 35 *2,* Speicherung **80** SK *137,* strafrechtlicher Geheimnisschutz **10** 35 *4,* technische/organisatorische Maßnahmen **100** 78 a, Übermittlung **80** SK *138,* verfassungsrechtlicher Maßstab **10** 35 *6,* Verhältnis zum Bundes-/Landesdatenschutzgesetz **10** 35 *3,* Zweck **10** 35 *5*
Soziale Benachteiligung 80 SK *34*
Soziale Gruppenarbeit 80 29
Soziale Rechte 10 2, Auslegungsregel **10** 1–10 *25,* Bedeutung **10** 1–10 *23 ff.,* Begriff **10** 1–10 *23 ff.,* Ermessensvorgabe **10** 1–10 *25*
Soziale Sicherheitsverordnung 5 1
Soziale Vergünstigungen, *s. Vergünstigungen, soziale,* VO EG 883/2004 **5** SK *175*
Sozialer Ausgleich, KV **50** Einl. *15*
Sozialer Brennpunkt 80 SK *34*
Sozialgeheimnis 10 35 *1,* Anspruchsverpflichtete **10** 35 *10,* Auskunftsverbot **10** 35 *13,* Betriebs-/Geschäftsgeheimnis **10** 35 *14,* Rechtsanspruch auf Wahrung **10** 35 *9,* Umfang **10** 35 *10,* zeitliche Dimension **10** 35 *11*
Sozialgeld, kein Ausschluss **20** 23 *8,* Bedarfsgemeinschaft mit Hilfebedürftigen **20** 23 *7,* Beginn/Dauer der Minderung **20** 31 b *4,* Besonderheiten **20** 23 *1,* Definition **20** 19 *1,* einstweiliger Rechtsschutz **20** 19 *12,* Kinder/Jugendliche **20** 23 *10,* Mehrbedarf **20** 23 *19,* Minderung **20** 31 a *26,* nichterwerbsfähige Angehörige **20** 23 *4,* Regelbedarfshöhe **20** 23 *10,* Voraussetzungen **20** 23 *4*
Sozialgericht 150 1–6 *5 ff.,* Abkürzung/Verlängerung richterlicher Fristen **150** 65, Amts-/Rechtshilfe **150** 5, Anerkenntnis **150** 101, Anfechtungsklage **150** 54–56 *2,* Anhörungsrüge **150** 178 a, Anordnung des persönlichen Erscheinens **150** 111, Anwendung GVG **150** 6, Aufklärungspflicht des Vorsitzenden **150** 106, Aufsichtsklage **150** 54–56 *10,* Aussetzung wegen Vorfragen **150** 114, Ausschließung/Ablehnung von Gerichtspersonen **150** 60, Ausschluss von Richtern **150** 60–72 *2,* Beistand **150** 73, Berufsrichter **150** 9–27 *2,* Berufsrichter/ehrenamtliche Richter **150** 1–6 *8,* 3, Berufung **150** 143 ff., Beschwerde **150** 172 ff., Besetzung/Dienstaufsicht **150** 9, besondere Verwaltungsgerichte **150** 1–6 *3,* besonderer Vertreter **150** 60–72 *14,* Bestellung eines besonderen Vertreters **150** 72, Beteiligte **150** 69, Bevollmächtigte **150** 73, Dienstaufsicht **150** 9–27 *2,* Einreichung von Abschriften **150** 93, einstweilige Maßnahmen **150** 86 b, Entscheidung nach Aktenlage **150** 126, Erledigung ohne Urteil **150** 98–102 *3 ff.,* Errichtung/Bezirk/Zweigstellen **150** 7, Fachkammern **150** 9–27 *3,* 10, Feststellungsklage **150** 54–56 *11,* Folgen sitzungspolizeilicher Maßnahmen **150** 115, Fristberechnung **150** 64, Fristwahrung bei Unzuständigkeit **150** 91, Führung elektronischer Prozessakten **150** 65 b, Gerichtsbescheid **150** 103–109 *11 ff.,* 105, Gerichtsstand **150** 57, Geschäftsstelle **150** 4, Geschäftsverteilung **150** 1–6 *9,* Hinweispflicht des Gerichts **150** 123–142 *1,* In-Sich-Prozesse **150** 60–72 *13,* Klageänderung **150** 98–102 *2,* 99, Klageanträge **150** 123–142 *1,* Klagebefugnis **150** 54–56 *5,* Klageerhebung **150** 90, Klagefrist **150** 87, 87–95 *1,* Klagerücknahme **150** 102, Klageschrift **150** 92, kombinierte Anfechtungs- und Leistungsklage **150** 54–56 *4,* Kostenentscheidung **150** 183–197 b *14,* 193, Kostenfestsetzung **150** 197, Kostenfreiheit **150** 88, Kostengrundentscheidungen **150** 183–197 b *9,* Ladung **150** 110, Leistungsklage **150** 54–56 *8,* Leistungsträgervielfalt **150** 74/75 *3,* Leitung/Gang mündliche Verhandlung **150** 112, Mitteilung der Klageschrift/Gegenäußerung **150** 104, Mitteilung von Beweisergebnissen **150** 107, Musterverfahren **150** 114 a, Mutwillenskosten **150** 183–197 b *110 ff.,* 192, Nichtigkeits-/Feststellungsklage **150** 89, Öffentlichkeit/Sitzungspolizei/Gerichtssprache/Beratung/Abstimmung **150** 61, örtliche Zuständigkeit **150** 57, Parteifähigkeit **150** 70, Pauschgebühr **150** 184, private Pflegeversicherung **150** 182 a, Prozessbeteiligte **150** 73, Prozessfähigkeit **150** 71, Prozesskostenhilfe **150** 73/73 a *10 ff.,* 73 a, rechtliches Gehör **150** 60–72 *5 f,* 62, Rechtshängigkeit **150** 94, Rechtsmittelbelehrung **150** 66, Revision **150** 160 ff., richterliche Fristen **150** 106 a, richterliche Überzeugungsbildung **150** 123–142 *6 ff.,* Sitzungsniederschrift **150** 122, Streitgegenstand **150** 95, Terminsleitung **150** 113, Übermittlung elektronischer Dokumente **150** 65 a, Untätigkeitsklage **150** 87–95 *2,* Urteil **150** 123–142 *11 ff.,* 125, Urteil nach Beweisaufnahme **150** 127, Verbindung/Trennung mehrerer Verfahren **150** 113, Verfahrensbeteiligte **150** 60–72 *10,* Verfahrensgrundsätze **150** 60–72 *1,* Vergleich **150** 101, Vernehmung **100** 22, Verpflichtungsklage **150** 54–56 *3,* 88, Vertragsarztangelegenheiten **150** 57 a, vertretungsberechtigte Personen **150** 73/73 a *3,* Vollmacht **150** 73/73 a *9,* Vollstreckungstitel **150** 199, vorbereitende Schriftsätze **150** 120, Wahlen zu Selbstverwaltungsorganen **150** 57 b, Widerklage **150** 100, Wiederaufnahme **150** 179 ff., Wiedereinsetzung in den vorigen Stand **150** 60–72 *7 ff.,* 67, Zuständigkeitsvereinbarungen **150** 59, Zustellungen **150** 63
Sozialgerichtsbarkeit, Generalklausel **150** 51 *1,* Gerichte **150** 2, Klagensystem **150** 54–56 *1*
Sozialgerichtsgesetz, Übergangsvorschriften **150** 206, als Verfahrensgesetz **150** 1–6 *1*
Sozialgesetzbuch, Allgemeiner Teil **10** 1–10 *19 f.,* Aufgaben **10** 1, 1–10 *1,* Begriffsbestimmungen **10** 1–10 *20,* Entstehung und Entwicklung **10** 1–10 *16 f.*
Sozialhilfe 10 9, Aktivierung **120** 11, Anspruchsübergang **120** 93 *3,* Anspruchsübergang ggü. nach BGB Unterhaltspflichtigen **120** 94 *1,* Aufgabe **120** 1, Auskunftspflicht **120** 117, Ausschluss bei Minderung des Alg II/Sozialgelds **20** 31 b *5,* beauftragte Stelle **120** 18 *5,* Behördenbestimmung **120** 101, Beratung/Unterstützung **120** 11, Bestattungskosten **120** 74, Beteiligung sozial erfahrener Dritter **120** 116, Bundesstatistik **120** 121, Darlehen **120** 91 *1,* eheähnliche/lebenspartnerschaftsähnliche Gemeinschaft **120** 20 *2,* Einkommensbegriff **120** 82 *1,* einzusetzendes Vermögen **120** 90 *3,* Fachkräfte **120** 6, Kinderbetreuung **120** 19 *16,* Kostenersatz **120** 102 ff., Leistungen **10** 1–10 *38,* 28, keine Leistungen für Vergangenheit **120** 18 *4,* Leistungsabsprache **120** 13, Nachrang **120** 2, Präventionsvorrang **120** 14, Rehabilitationsvorrang **120** 14, Rücknahme **100** 44–48 *10,* Schonvermögensgegenstände **120** 90 *5,* Schwangerschaft **120** 19 *16,* Stadtstaaten-Klausel **120** 101, Überprüfung **120** 118, Verhältnis zur Jugendhilfe **80** SK *26,* Verwaltungshilfe **120** 118, Zuständigkeit, Sozialgericht **150** 51 *14,* Zuwendungen **120** 84 *1,* zweckbestimmte Leistungen/Schmerzensgeld **120** 83 *1*
Sozialhilfe, Aufrechnung 120 26 *1,* Anhörung **120** 26 *22,* Aufrechnungserklärung **120** 26 *18,* Aufrechungsverbot **120** 26 *26,* Dauer **120** 26 *23,* Ermessen **120** 26 *20,* Grundsätze **120** 26 *9,* Schuldenübernahme **120** 26 *25,* auf das Unerlässliche **120** 26 *27*
Sozialhilfe, Einschränkung 120 26 *1,* Belehrung **120** 26 *7,* gebundene Entscheidung **120** 26 *8,* auf das Unerlässliche **120** 26 *27,* unwirtschaftliches Verhalten **120** 26 *5,* vorsätzliche Vermögensminderung **120** 26 *2*
Sozialhilfe, Einsetzen, Beendigung der Leistungsgewährung **120** 18 *8,* Formularantrag **120** 18 *2,* Kenntnis **120** 18 *2,* Meistbegünstigungsgrundsatz

magere Zahlen = §§ bzw. Art.; kursive Zahlen = Randnummern **Sachverzeichnis**

120 18 *2*, Normzweck 120 18 *1*, Träger/beauftragte Stelle 120 18 *5*, unzuständiger Träger 120 18 *7*
Sozialhilfe für Ausländer 120 23 *1*, Arbeitssuche 120 23 *11*, AsylbLG 120 23 *9*, Ausnahmen 120 23 *5*, EFA 120 23 *7*, Einschränkung 120 23 *2*, EU-Bürger 120 23 *6*, Krankenbehandlung 120 23 *10*, Missbrauch 120 23 *10*, Nachranggrundsatz 120 23 *12*, Rück-/Weiterführungsprogramme 120 23 *14*, Verfassungsmäßigkeit 120 23 *13*, Verstoß gegen räumliche Beschränkungen 120 23 *15*, Voraussetzungen/Umfang 120 23 *2*
Sozialhilfe für Deutsche im Ausland 120 24 *1*, Antrag/Zuständigkeit/Zusammenarbeit 120 24 *9*, Art/Maß der Leistungserbringung 120 24 *8*, Leistungen Dritter 120 24 *7*, Übergangsregelung 120 132
Sozialhilfe, Leistungsberechtigte 120 19 *1*, Hilfe zum Lebensunterhalt 120 19 *2*
Sozialhilfeanspruch 120 17 *1*, Aufrechnungsverbot 120 17 *5*, Ermessen 120 17 *1, 6*, Übertragung 120 17 *2*, Verrechnung 120 17 *2*
Sozialhilfeausschluss 120 21 *2*, Abendhauptschule 120 22 *10*, Ausnahme 120 21 *8*, BAföG-Förderungsfähigkeit 120 22 *2*, besondere Härte 120 22 *11*, Leistungsberechtigte nach SGB II 120 21 *1*, Schüler-BAföG 120 22 *9*, Zuständigkeitsstreit 120 21 *9*
Sozialhilfebezieher, freiwillige KV-Versicherung 50 *9 12*
Sozialhilfedienste 120 75, Abschluss von Vereinbarungen 120 77, außerordentliche Kündigung von Vereinbarungen 120 78, Inhalt der Vereinbarungen 120 76, Rahmenverträge 120 79, Schiedsstelle 120 80
Sozialhilfeeinrichtungen 120 75, Abschluss von Vereinbarungen 120 77, außerordentliche Kündigung von Vereinbarungen 120 78, Inhalt der Vereinbarungen 120 76, Rahmenverträge 120 79, Schiedsstelle 120 80
Sozialhilfeleistungen 120 8, nach der Besonderheit des Einzelfalls 120 9, Leistungserbringung 120 10
Sozialhilfeleistungen, Einrichtungen 120 13, Vorrang anderer Leistungen 120 13
Sozialhilfeleistungen, familiengerechte 120 16
Sozialhilfeleistungen, nachgehende 120 15
Sozialhilfeleistungen, vorbeugende 120 15
Sozialhilferecht, Strukturprinzipien 10 *1–10 22*
Sozialhilfestatistik, Auskunftspflicht 120 125, Berichtszeitpunkte 120 124, Berichtszeitraum 120 124, Erhebungsmerkmale 120 122, Hilfsmerkmale 120 123, Periodizität 120 124, Übermittlung 120 126, Übermittlung an Kommunen 120 127, Veröffentlichung 120 126, Zusatzerhebungen 120 128
Sozialhilfeträger 100 116 *23*, 117 *3*; 120 3, 18 *5*, Aufwendungsersatz 120 19 *17*, Erstattungsansprüche nach sonstigen Vorschriften 120 114, Feststellung einer Sozialleistung 120 95 *1*, Forderungsübergang 100 116 *23, 58*, Kostenerstattung zwischen 120 106ff., örtliche Zuständigkeit 120 98, personenbezogene Daten 110 *97 b*, sachliche Zuständigkeit 120 97, unzuständiger 120 18 *7*, Verhältnis zur freien Wohlfahrtspflege 120 5, Vorbehalt abweichender Durchführung (Zuständigkeit) 120 99, Zusammenarbeit 120 4, Zusammenarbeit mit Pflegekassen 110 *13 15*
Sozialleistungen 100 115 *3*, 116 *25ff.*, Alg 100 115 *3*, Ausführung 10 *17*, Beiträge 40 *23 17*, Beitragspflicht 40 *23 c 2*, Dienst-, Sach- oder Geldleistungen 100 116 *26*, fehlende Inanspruchnahme 100 116 *30*, Feststellung (Jugendhilfe) 80 97, Freibetrag (Elterngeld) 7 10 *2*, Freibetrag bei Mehrlingen (Elterngeld) 7 10 *5*, Freibetrag bei Ver-

längerung (Elterngeld) 7 10 *4*, Freibetrag für Ermessensleistungen (Elterngeld) 7 10 *3*, Kausalität des Schadensereignisses 100 116 *29*, Leistungspflicht 100 116 *27*, Verhältnis gegenüber der Jugendhilfe 80 SK 25, Verhältnis zum Elterngeld 7 10 *1ff.*, Verzicht 100 116 *31*, Vorrang 20 *12 a*
Sozialleistungsanspruch 10 *38 2*, Abtretung 10 *53 5*, Anwartschaft 10 *38 9*, Auslegungsregel 10 *38 4*, Begriff 10 *38 2*, besondere Erscheinungsformen 10 *38 8f.*, Entstehung 10 *40 3ff.*, Ermessen 10 *40 8*, Grundsatz der objektiven Beweislast 10 *38 6*, materiellrechtliche Behandlung 10 *38 5*, Pfändung 10 *54 1*, prozessrechtliche Behandlung 10 *38 6*, Stammrecht 10 *38 8*, Vererblichkeit 10 *59 2*, Verpfändung 10 *53 5*
Sozialleistungsbezug, Anrechnungszeiten 60 *58 29*, Beitragszahlung/Abrechnung 60 176, RV-Pflicht auf Antrag 60 *4 13*, Versicherungsfreiheit (ArblosV) 30 *28 6*
Sozialmedizinische Nachsorgemaßnahmen für Kinder 50 *43 4*
Sozialpädagogisch begleitete Wohnform 80 SK 36
Sozialpädagogisch betreute Ausbildungs- und Beschäftigungsmaßnahmen 80 SK 35
Sozialpädagogische Begleitung 30 243, bei Berufsausbildungsvorbereitung 30 *421 m*
Sozialpädiatrische Leistungen, nichtärztliche 50 *43 a 1*
Sozialpädiatrische Zentren 50 119
Sozialplan, Insolvenzgeld 30 *183 28*, Ruhen (Alg) 30 *143 a 6*
Sozialrecht, allgemeine Grundsätze 10 *30ff.*, Begriff 10 *1–10 8*, Geltungsbereich 10 30, inneres System 10 *1–10 14f.*, Rechtsquellen 10 *1–10 10ff.*, im Rechtssystem 10 *1–10 9*, Verhältnis BEEG – sonstiges 7 Einl. *4*
Sozialrechtlicher Herstellungsanspruch, *s. Herstellungsanspruch, sozialrechtlicher*
Sozialstaatsprinzip 50 Einl. *5 f.*
Sozialversicherung 10 *1–10 28ff.*, 4, Zugang 10 *1–10 28*
Sozialversicherung, landwirtschaftliche, Übermittlungspflicht an 70 197
Sozialversicherungsabkommen 50 *15 7*, Auslandsaufenthalt 50 *16 5*, Rechtsbehelfsbelehrung 100 36 *9*, Verhältnis zur VO EG 883/2004 5 SK *48ff.*
Sozialversicherungsausweis, Ausstellung/Vorlagepflicht/Mitführung 40 *18 h*, Vergütung 40 *28 l*
Sozialversicherungsbeiträge, *s. Beiträge (SV)*, Weiterleitung 40 *28 k*, Wohngeld 160 16
Sozialversicherungsfreibetrag 40 *23 c 6*
Sozialversicherungsnummer, Angabe 40 *18 g*, Erhebung/Verarbeitung/Nutzung 40 *18 f*
Sozialversicherungspauschale, Leistungsentgelt 30 *133 8*
Sozialversicherungsrecht, AT 40 *1–6 1*, Auswirkung des BEG 7 Einl. *5*, internationales 5 *1–10 16*
Sozialversicherungs-Stabilisierungsgesetz 30 *424 u*
Sozialversicherungsstatistik 40 79
Sozialversicherungsträger 100 116 *21*, 117 *2*, Anlegung der Rücklage 40 83, Ausgleich 40 69, Beanstandung von Rechtsverstößen 40 38, besondere Ausschüsse 40 *36 a*, Betriebsmittel 40 81, Ehrenämter 40 40, eigene/übertragene Aufgaben 40 30, Entschädigung Ehrenamtlicher 40 41, Forderungsübergang 100 116 *21, 60*, gemeinsame Organe 40 32, Geschäftsführer 40 36, Geschäftsübersichten 40 79, Haftung 40 42, Haushaltsaufstellung 40 67, Haushaltsbedeutung/-wirkung 40 68, Kosten-/Leistungsrechnung 40 69, Meldungen 30 350, Mitglieder der Selbstverwaltungsorgane 40 43, Mitteilung Einnah-

2835

Sachverzeichnis

Fette Zahlen = Kennziffern

men **40** 23c *13,* Organe **40** 31, Personalbedarfsermittlung **40** 69, Rechtsstellung **40** 29, Rücklage **40** 82, Satzung **40** 34, Sparsamkeit **40** 69, Verhinderung von Organen **40** 37, Versichertenälteste **40** 39, Vertrauenspersonen **40** 39, Vertreterversammlung **40** 33, Verwaltung der Mittel **40** 80, Verwaltungsrat **40** 33, Vorleistung von Arbeitsentgelt **100** 115 *1,* Vorstand **40** 35, Wirtschaftlichkeit **40** 69, Zahlungsfiktion **40** 28e *6,* Zusammensetzung der Selbstverwaltungsorgane **40** 44
Sozialversicherungswahlen 40 45, Durchführung **40** 54, Feststellung der allgemeinen Vorschlagsberechtigung **40** 48c, Gruppenzugehörigkeit **40** 47, Mitwirkung der Arbeitgeber **40** 55, Rechtsbehelfe **40** 57, Stimmenzahl **40** 49, Vorschlagslisten **40** 48, Vorstandswahl **40** 52, Wählbarkeit **40** 51, Wahlordnung **40** 56, Wahlorgane **40** 53, Wahlrecht **40** 50, Wahlunterlagen **40** 55
Sozialwidrigkeit, Ersatzanspruch **20** 34 *9*
Soziotherapie 50 37a *1,* 132b, Höchstdauer **50** 37a *6,* Inhalt **50** 37a *5,* Richtlinien **50** 37a *7,* Voraussetzungen **50** 37a *2,* Zuzahlung **50** 37a *8*
Sparsamkeit, Sozialversicherungsträger **40** 69
Spätaussiedler 80 SK *34,* freiwillige KV-Versicherung **50** 9 *11*
Speditionsgewerbe, Sofortmeldepflicht **40** 28a *27*
Speicherung von Daten 80 SK *137*
Sperrfrist, Krankengeld **50** 49 *8*
Sperrwirkung, Feststellung der Erwerbsminderung **30** 125 *12*
Sperrzeit 30 128 *8,* Ablehnung einer beruflichen Eingliederung **30** 144 *47,* ABM **30** 270 *6,* Abwicklungsvereinbarung **30** 144 *22,* Anwartschaftszeit **30** 123 *14,* Anwendungsbereich **30** 144 *7,* Arbeitgeberkündigung **30** 144 *20,* Arbeitsablehnung **30** 144 *32,* Arbeitsaufgabe **30** 128 *9,* 144 *14,* arbeitsgerichtlicher Vergleich **30** 144 *24,* arbeitsvertragswidriges Verhalten **30** 144 *30, 84,* Aufhebungsvertrag **30** 144 *23,* Beginn **30** 144 *92,* Beschäftigungsangebot **30** 144 *33,* besondere Härte **30** 144 *106,* Betriebsübergang **30** 144 *26,* Bewerbung **30** 144 *38,* Dauer **30** 144 *102,* Dauer bei Arbeitsablehnung/Ablehnung oder Abbruch einer Eingliederungsmaßnahme **30** 144 *110,* dritter und weiterer Verstoß **30** 144 *114,* Eigenbemühungen **30** 144 *42,* Eigenkündigung **30** 144 *19,* Ende **30** 144 *100,* Erlöschen **30** 144 *119,* Erlöschen (Alg) **30** 147 *6,* erster Verstoß **30** 144 *112,* Kausalität **30** 144 *27,* Krankenversicherung **30** 144 *8,* Kündigung **30** 128 *9,* leitender Angestellter **30** 144 *83,* Maßnahmeabbruch/-ausschluss **30** 144 *52,* mehrere **30** 144 *100,* Meldeversäumnis **30** 144 *57, 117,* Meldung zur frühzeitigen Arbeitsuche **30** 144 *115,* Minderung der Anspruchsdauer **30** 144 *118,* Nichtantreten/Nichtannahme/Vereitelung **30** 144 *37,* Pflegeversicherung **30** 144 *9,* Rechtsfolgen des Ruhens **30** 144 *118,* Rechtsfolgenbelehrung **30** 144 *36, 51, 61, 119,* Ruhen (Alg) **30** 144 *1,* RV **30** 144 *11,* als Sanktion **30** 31 *34,* Selbständigkeit/familiäre Mitarbeit **30** 144 *17,* soziale Sicherung **30** 144 *8,* Tatbestände **30** 144 *12,* Übergangs-/Verletztengeld **70** 52 *6,* Unfallversicherung **30** 144 *10,* Verschulden **30** 144 *28,* verspätete Meldung **30** 144 *63, 117,* wichtiger Grund **30** 144 *72,* wichtiger Grund – Fallgruppen **30** 144 *75,* zweiter Verstoß **30** 144 *113*
Spieltherapie 50 43a *3*
Spitzbetrag, Aufstockungsverbot **50** 49 *12,* Krankengeld **50** 49 *6,* Rückforderungsverbot **50** 50 *4*
Spitzenverband Bund der Krankenkassen, Aufgaben **50** 217f, Aufsicht/Haushalts- u. Rechnungswesen/Vermögen/Statistiken **50** 217d, Errichtung **50** 217a, Errichtungsbeauftragter **50** 217g, Medizinischer Dienst **50** 282, Organe **50** 217b, Satzung

50 217e, Wahl des Verwaltungsrates **50** 217c, Wahl des Vorsitzenden der Mitgliederversammlung **50** 217c
Spitzenverband der landwirtschaftlichen Sozialversicherung, Aufgaben **70** 143a, 143e, Aufsicht, Haushalts- u. Rechnungswesen, Vermögen, Statistiken, Finanzierung, Bundesgarantie **70** 143d, Beschäftigte **70** 143h, Beteiligung der Gleichstellungsbeauftragten **70** 143i, gemeinsame Personalvertretung **70** 143i, Geschäftsführung **70** 143g, Organe **70** 143b, Rechtsstellung **70** 143a, Satzung **70** 143c, Zusammenarbeit **70** 143f
Spontanberatung 30 127 *19,* Ruhen (Alg) **30** 143 *24*
Sprachtherapie, Rahmenempfehlung/Verträge **50** 125, Zulassung **50** 124
Sprungrevision 150 161, Zulassung **150** 160–171 *2*
Staatsangehörigkeit 6 8
Staatsangehörigkeitswechsel, Meldepflicht **40** 28a *23*
Staatsanwaltsrat, Förderung Schwerbehinderter **90** 93, Zusammenarbeit **90** 99
Stadtstaatenklausel 10 69, SGB IX **90** 157, Sozialhilfe **120** 101
Stammrecht, Alg **30** 118 *3,* Rentenanspruch **60** 34 *6,* Sozialleistungsanspruch **10** 38 *8*
Standardtarif, Personen ohne Versicherungsschutz **50** 315
Stationäre Pflege 110 28 *3*
Statistik 20 53, BAföG **6** 55, Datenübermittlung **20** 53, Elterngeld **7** 22–27 *1ff.,* Landesverbände **50** 208, Schwerbehinderte **90** 131, Wohngeld **160** 34
Statusänderung, Beschäftigung **40** 7 *7*
Steigerungsbeträge 60 269
Stellen zur Bekämpfung von Fehlverhalten im Gesundheitswesen 50 81a *1,* 197a; **110** 47a, Einrichtung/Aufgaben **50** 81a *2*
Stellplatz, keine Berücksichtigung beim Wohngeld **160** SK *54*
Stellvertreterleistungen, Krankenbehandlung **50** 27 *11*
Sterbefallmitteilungen, Meldebehörden **100** 101a
Sterbegeld, grenzüberschreitender Sachverhalt **5** 42, Grundsicherung im Alter/bei Erwerbsminderung **120** 19 *14,* Unfallversicherung **70** 64 *2,* VO EG 883/2004 **5** SK *21*
Sterilisation, Hilfe bei **120** 51, Leistungsfortzahlung **30** 126 *7,* Leistungsinhalt **50** 24b *4,* Leistungsvoraussetzungen **50** 24b *2,* Teilleistungen **50** 24b *5*
Steuerberater als Bevollmächtigte **150** 73/73a *4*
Steuerklasse, Teil-Alg **30** 150 *11*
Steuermerkmale, individuelle, Leistungsentgelt **30** 133 *13*
Steuern, Wohngeld **160** 16
Steuerrecht, Arbeitseinkommen **40** 15 *1*
Steuerungsverantwortung, seelisch behinderte Kinder/Jugendliche **80** 36a
Stiefeltern, Einsatzgemeinschaft **120** 19 *9*
Stiefkinder, Waisenrente **60** 48 *6*
Störfall, Meldepflicht **40** 28a *18,* Wertguthaben **40** 23b *10*
Strafgefangene, ArblosV **30** 26 *5,* Nachrang **30** 22 *13*
Straftat, Leistungsbeschränkung **50** 52 *3*
Strafverfahren, Jugendgerichtshilfe **80** 52
Strafverfolgung, gesetzliche Unfallversicherung **70** 2 *41*
Strafverfolgungsmaßnahmen, Nachversicherung **60** 205
Strafvollstreckung, Verfügbarkeit **30** 120 *6*
Strafvollzug, Freigänger **50** 16 *9,* Gesundheitsfürsorge **50** 16 *9,* Krankengeld **50** 16 *9,* Mutterschaftsgeld **50** 16 *9,* Schwangerschaft **50** 16 *9,* Verletztengeld **70** 47 *19*

magere Zahlen = §§ bzw. Art.; kursive Zahlen = Randnummern **Sachverzeichnis**

Strafvorschriften, Kinder- und Jugendhilfe 80 105, SGB V 50 307 a, 307 b, SGB IX 90 155, Sozialdaten 100 85 a
Straßensozialarbeit 80 SK 29, 34
Street Work 80 SK 29
Streik 30 146 12, Arbeitsunfall 70 8 66, Krankengeld 50 44 2
Streikbeteiligung 30 146 11
Streitgegenstand, Sozialgericht 150 95
Streitgenossenschaft 150 74/75 1, Sozialgericht 150 74
Strohmannkonstruktion 40 7 22
Strom, Unterkunftskosten 120 29 6
Strukturierte Behandlungsprogramme, chronische Krankheiten 50 137 f, Zulassung 50 137 g
Strukturverträge 50 73 a
Studiengang, dualer, gesetzliche Unfallversicherung 70 2 12 a
Studierende, BAföG 6 SK 57, Bedarf 6 13, Beitrag 50 Einl. 23, beitragspflichtige Einnahmen 50 236, Beitragssatz 50 245, gesetzliche Unfallversicherung 70 2 26, KV-Beitragszahlung 50 254, KV-Versicherungspflicht 50 5 27, KV-Versicherungspflichtbefreiung 50 8 11, Nichtverfügbarkeitsvermutung 30 120 9, RV-Freiheit 60 5 7
Stundung, Erstattungsanspruch 10 42 10f.
Stützrente, sonstige Schädigungsfälle 70 56 11, Verletztenrente 70 56 8
Subsidiarität der öffentlichen Träger gegenüber der freien Träger 80 SK 10
Subsidiaritätsgrundsatz 80 SK 10
Subunternehmer, RV-Pflicht 60 2 16
Suchtberatung, kommunale Eingliederungsleistungen 20 16 a 3
Suizid, Kausalität Arbeitsunfall 70 8 82
Summenbeitragsbescheid 40 28 f 9, Schätzung 40 28 f 12, Voraussetzungen 40 28 f 10, Widerruf/Verrechnung 40 28 f 13, zuständige Einzugstelle 40 28 i 4
Summenfelder-Modell, Störfall – Wertguthaben 40 23 b 20
SV, s. Sozialversicherung
Systematik, BEEG 7 Einl. 4
Systemversagen, Kostenerstattung (KV) 50 13 6, Leistungspflicht 50 27 10
Systemzuständigkeit, Familienversicherung 50 10 7

Tageseinrichtung, s. auch Kindertageseinrichtungen, Begriff 80 SK 85, Kostenbeiträge 80 SK 88, zuständiger Träger der Jugendhilfe 80 SK 88
Tagesgruppe, Erziehung 80 32
Tagesmutter, s. Kindertagespflege
Tagespflege, s. auch Kindertagespflege, Elterngeld 7 1 18, 21, Leistungen 110 41 7, Verhältnis zu anderen Leistungen 110 41 11, Voraussetzungen 110 41 3
Tagespflegeperson 80 SK 89
Tarifeinheit, fehlende 30 146 23 a
Tarifverträge, VO EG 883/2004 5 SK 11
Tarifvertragsparteien, Chancengleichheit 30 146 1
Tatbestandsgleichstellung, VO EG 883/2004 5 SK 42
Tätigkeit, geringwertige, Unzumutbarkeit 20 10 19
Tätigkeit in zwei oder mehr Mitgliedstaaten 5 SK 75
Tätigkeit, unabhängige, Schwerbehinderte 90 129
Tätigkeitsaufnahme, Arbeitslosmeldung 30 122 12
Tätigkeitsort 40 9–11 2, 11
Tätowierung, Leistungsbeschränkung 50 52 3
Tatsachen, Angabe von 10 60 4
Tatsachenänderung, VA 100 44–48 42
Tatsachenangabe 10 60
Tatsächlichkeitsprinzip, Hilfe zum Lebensunterhalt 120 19 3

Teilarbeitslosengeld 30 116 4, Anspruchsdauer 30 128 7, 150 10, Anwartschaftszeit 30 150 9, Anwendungen der Alg-Regelungen 30 150 6, Berechnung 30 150 11, Erlöschen 30 150 12, Gründungszuschuss 30 57 9, Krankengeld 50 47 b 2, Versicherungsfall 30 150 8, Voraussetzungen 30 150 3
Teilarbeitslosigkeit, Grenzgänger 5 SK 164
Teilarbeitsunfähigkeit, Krankengeld 50 44 3
Teilerlaß, Darlehen 6 18 b
Teilerwerbsminderungsrente, Berufsunfähigkeit 60 240 3, Berufsunfähigkeit (Ausland) 60 270 b, bisheriger Beruf 60 240 3, Leistungsfähigkeit 60 240 10, Lösung von Hauptberuf 60 240 4, Mehrstufenschema 60 240 7, qualitative Bewertung Hauptberuf 60 240 7, Ruhen (Alg) 30 142 18, sonstige Voraussetzungen 60 240 11, Verweisung 60 240 9, Voraussetzungen 60 43 3, 240 2, Wartezeit 60 43 11
Teilhabe am Arbeitsleben 10 64 1, Auskunftspflicht 30 318, Beendigung der Anwendung 90 116, behinderte Menschen 10 10, behinderter Menschen 10 1–10 39f., Beirat für behinderte Menschen 90 117, Entziehung der besonderen Hilfen für Schwerbehinderte 90 117, Leistungen, behinderte Menschen 10 29, Pflichten Personensorgeberechtigter 90 60
Teilhabe am Arbeitsleben, Beteiligung der BA 90 38, Dauer 90 37, ergänzende Leistungen 90 44, Förderung 20 16 6, gesetzliche Unfallversicherung 70 2 44, Leistungen 90 33, Mitwirkungspflicht 10 64 2
Teilhabe am gemeinschaftlichen und kulturellen Leben, Hilfen zur 90 58
Teilhabe am Leben in der Gemeinschaft, Leistungen 90 55
Teilhabe am Leben in der Gesellschaft, behinderte Menschen 90 1
Teilhabe am sozialen und kulturellen Leben, Regelbedarf 20 20 44
Teilhabeleistungen, s. Leistungen zur Teilhabe
Teilkaskoversicherung, PV 110 28 9
Teilkostenerstattung (KV), Beitragsermäßigung statt 50 14 6, Dienstordnungsangestellte/Beamte 50 14 2, Familienversicherung 50 14 2, Gesundheitsfonds 50 14 7, Hinterbliebene 50 14 2, Höhe des Erstattungsanspruchs 50 14 7, Satzung 50 14 3, Umfang 50 14 5, Wahlrecht 50 14 4
Teilnahmekosten, behinderte Menschen 30 109
Teilnichtigkeit, VA 100 40–43 13
Teilrente 60 42 1, Altersrente Bergleute 60 40 10, Altersrente für Frauen 60 237 a 20, Altersrente für langjährig Versicherte 60 236 12, Altersrente für Schwerbehinderte 60 37 18, 236 a 31, Altersrente nach Altersteilzeit 60 237 37, Altersrente wegen Arbeitslosigkeit 60 237 37, arbeitsrechtliche Bestimmung 60 42 4, Hinzuverdienstgrenze 60 34 17, Krankengeldkürzung 50 50 9, langjährig Versicherte 60 36 9, Regelaltersrente 60 35 13, 235 16, Verletztenrente 70 56 24, Wahlmöglichkeit zwischen Voll- und 60 42 2
Teilstationäre Pflege 110 28 3, vor vollstationärer 110 3 7
Teilungsabkommen 100 116 11f., 117 3
Teilzahlungen, Verteilung 20 43 a
Teilzeitbeschäftigung, behinderte Menschen 90 81 23, Bemessungszeitraum 30 130 14, Elterngeld 7 1 18, Selbständige (Elterngeld) 7 1 19, Verfügbarkeit 30 119 37, 120 14
Teilzeitstudierende 6 SK 26
Telefax, Säumnis 100 26–28 8
Termine 100 26, 26–28 1
Terminsbestimmung, mündliche Verhandlung 150 110–122 1ff., Sozialgericht 150 110
Territorialitätsprinzip 40 1–6 17
Testamentsvollstrecker, Zahlungspflicht 40 28 e 4

2837

Sachverzeichnis

Fette Zahlen = Kennziffern

Therapeutische Maßnahmen 80 SK 98
Therapeutische Verbesserung, Festbetragsregelung 50 35 7
Therapeutische Vielfalt, ausgeschlossene Arzneimittel 50 34 4
Tierärztze, selbständige, Unfallversicherungsfreiheit 70 4 6
Tod, Arbeitsunfall 70 8 103, eines Elternteiles 80 SK 75, Rente 60 102 9
Träger 30 21, Alg II 20 6, Anerkennung als freier Jugendhilfe 80 75, Ansprüche bei grenzüberschreitenden Sachverhalten 5 85, Eingliederungsleistungen 20 16 7, Erstattung zwischen 5 SK 114, gesetzliche Rentenversicherung 60 125, Vergütung bei Aktivierungs-/Eingliederungsmaßnahmen 30 46 22
Träger, ausländische, Bezug von Leistungen – Ruhen (Alg) 30 142 29
Träger der freien Jugendhilfe 80 SK 7, Anerkennung 80 SK 147, 149 ff., Selbständigkeit 80 SK 31
Träger der Jugendhilfe 80 SK 7, örtlicher – sachliche Zuständigkeit 80 SK 164, überörtlicher – sachliche Zuständigkeit 80 SK 164
Träger der öffentlichen Jugendhilfe 80 SK 7, 140, örtlicher 80 SK 141, überörtlicher 80 SK 142
Träger, kommunale 20 6 a, s. Optionskommune
Tragfähigkeitsnachweis, Gründungszuschuss 30 57 17
Transferkurzarbeitergeld 30 216 b
Transfermaßnahme, Förderung der Teilnahme an 30 216 a
Transportgewerbe, Sofortmeldepflicht 40 28 a 27
Transportkosten, VO EG 883/2004 5 37
Transsexualität 50 27 5
Trennung, Beratung 80 17, SK 46
Trennung mehrerer Rechtsstreitigkeiten, Sozialgericht 150 113
Trennungsmodell, Alg II 20 6–6 d 2
Turnhalle 160 SK 11

Überbetrieblicher arbeitsmedizinischer und sicherheitstechnischer Dienst 70 24, Beitragserhebung 70 151
Überbrückungsgeld, Alg II 20 11 a 4
Überführungskosten, Unfallversicherung 70 64 3
Übergang älterer Arbeitnehmer in den Ruhestand, gleitender, Leistungen 10 19 b
Übergangsgeld 30 116 5, 160 1; 70 49 1, Alg II 20 25 3, Alg-Voraussetzungen 30 161 5, Anspruch 60 20, Arbeitslosenhilfe 60 234, Auslandsaufenthalt 30 161 8, behinderte Menschen ohne Vorbeschäftigungszeit 30 162 1, Bemessungszeitraum 30 130 10, Berechnung bei Arbeitslosenhilfe 60 234, Berechnung bei Unterhaltsgeld 60 234 a, Berechnung des Regelentgelts 90 47, Berechnung/Höhe 60 21, Berechnungsgrundlage Sonderfälle 90 48, Berufsrückkehrer 30 161 7, Beschäftigung 40 7 81, Einkommensanrechnung 70 52 1; 90 52, Forderungsübergang gegenüber Arbeitgebern 100 115 3, Herstellungsanspruch 30 160 13, Höhe/Berechnung 70 50 1; 90 46, Kontinuität der Bemessungsgrundlage 90 49, Leistungszeitraum 70 49 5, Maßnahmen 30 160 6, Rahmenfrist 30 161 2, Ruhen (Alg) 30 142 11, SGB IX 30 160 14, Teilnahme 30 160 8, bei Teilnahme an einer Maßnahme mit Förderung durch allg. Leistungen 30 160 15, Unterhaltsgeldbezug 60 234 a, Versicherungspflichtverhältnis 30 161 3, Voraussetzungen 30 160 3; 70 49 2, Vorbeschäftigungszeit 30 161 1
Übergangsrecht Unfallversicherung, Grundsatz 70 212, Versicherungsschutz 70 213
Übergangsregelung, PV 110 122, Schwerbehindertenrecht 90 159, SGB X 100 120

Übergangsregelung zum Gesetz zur Umsetzung aufenthalts- und asylrechtlicher Richtlinien der EU 20 70
Übergangsregelungen Deutsche Einheit, Beziehung Krankenkasse/Leistungserbringer 50 311, Leistungen 50 310, Risikostrukturausgleich 50 313 a, versicherter Personenkreis 50 309
Übergangsvorschrift, allgemeine 20 65, Aufrechnung 20 65 e, BAföG 6 65, 66 a, Datenübermittlung 20 65 d, Kindergeld 8 78, SGG 150 206, Unterhaltsvorschuss 155 11, VO EG 883/2004 5 87
Übergangswohnheim 160 SK 11
Übergangszeit, Anrechnungszeiten 60 58 12
Übergangszuschlag 60 319 b
Überlagerungslehre 50 19 6
Überleitung bei Unterbringung 10 50 1
Überleitung der Beschäftigten der BA in den Dienst des Bundes 30 436
Überleitung eines Anspruchs, Kinder- und Jugendhilfe 80 SK 180
Überleitungsanzeige 100 116 4, Unterbringung 10 50 9
Überleitungsvorschrift, Wohngeld 160 42
Übermaßverbot, Mitwirkungspflicht 10 65 4
Übermittlung elektronischer Dokumente, Sozialgericht 150 65 a
Übermittlung von Daten 80 SK 138
Übermittlungsbefugnis, Einschränkung 70 200
Übermittlungspflicht, weitere Behörden 70 197
Übernahme, Krankenbehandlung für nicht Versicherungspflichtige gg. Kostenerstattung 50 264
Überprüfung, Sozialhilfe 120 118
Überprüfungsregelung, SGB IX 90 160
Überprüfungsverfahren 100 8 9
Überraschungsentscheidung 100 40–43 17
Überschuldete junge Menschen 80 SK 34
Überstaatlichkeit, Abweichung 40 6
Übertragung 10 53, s. auch Abtretung, Insolvenzgeld 30 189 1, Sozialhilfe 120 17 2
Überversorgung 50 101, Zulassungsbeschränkung 50 Einl. 7
Überweisung, s. Pfändung
Übg, s. Übergangsgeld
Ug, s. Unterhaltsgeld
Umdeutung, Aufhebungsbescheid 100 40–43 30, fehlerhafter VA 100 43, Kompetenz 100 40–43 32, VA 100 40–43 6, Verfügungssatz 100 40–43 31
Umfang der Unterhaltsleistung, Unterhaltsvorschuss 155 2
Umgangsrecht, Beratung/Unterstützung 80 18, SK 60, Mehrbedarf 20 21 21, Vertretung des Kindes 20 36–44 8 a
Umlagen, Wohngeld 160 SK 54
Umlageverfahren 60 153, Auskunftspflicht der Unternehmer 70 166, Beitragsberechnung 70 167, Beitragsbescheid 70 168, Beitragsüberwachung 70 166, Beitragszahlung an anderen Unfallversicherungsträger 70 170, landwirtschaftliche Berufsgenossenschaften 70 183, Nachweise 70 165
Umrechnung, ausländisches Einkommen 40 17 a
Umschulung, Forderungsübergang 100 116 45
Umstellungsrenten 60 308
Umzug, Ersatzbeschaffung 120 31 3, Zumutbarkeit 30 121 14
Umzug, nicht erforderlicher, Bedarfe für Unterkunft und Heizung 20 22 21
Umzugskosten, Bedarfe für Unterkunft und Heizung 20 22 41
Unaufschiebbarkeit 100 2 15, Kostenerstattung (KV) 50 13 6, Zuständigkeit 100 2 2
Unbillige Härte, Bemessungsrahmen 30 130 20

magere Zahlen = §§ bzw. Art.; kursive Zahlen = Randnummern

Sachverzeichnis

Unentgeltliche Beförderung, Einnahmen aus Wertmarken **90** 152, Erfassung der Fahrausweise **90** 153, Erstattung Fahrgeldausfälle Fernverkehr **90** 149, Erstattung Fahrgeldausfälle Nahverkehr **90** 148, Erstattungsverfahren **90** 150, Kostentragung **90** 151, Nah- und Fernverkehr **90** 147, persönliche Voraussetzungen **90** 146, Schwerbehinderte **90** 145

Unentgeltlichkeit, Ausnahmen (Arbeitsförderung) **30** 43

Unfall eines Elternteiles **80** SK *75*

Unfallausgleich 70 61 *4*

Unfallfürsorge, Hinterbliebenenrente **40** 18 a *16*

Unfallhilfe, gesetzliche Unfallversicherung **70** 2 *59*

Unfallkasse des Bundes, Aufwendungen **70** 186, dienstrechtliche Vorschriften **70** 149 a, Errichtung **70** 218 b, Prävention **70** 115, Zuständigkeit **70** 125

Unfallkasse Post und Telekom, dienstrechtliche Vorschriften **70** 149, Zuständigkeit **70** 127

Unfallkassen der Länder und Gemeinden 70 185

Unfallkassen, gemeinsame 70 185

Unfallrente, Voraussetzungen, landwirtschaftliche Berufsgenossenschaften **70** 80 a

Unfalluntersuchung, Unfallversicherung **70** 103

Unfallverhütungsvorschriften 70 15, Aufsichtspersonen **70** 18, Aufsichtspersonen – Befugnisse **70** 19, Geltung bei Zuständigkeit anderer Unfallversicherungsträger/ausländischer Unternehmen **70** 16, Mitwirkung der Versicherten **70** 21, Sicherheitsbeauftragte **70** 22, Überwachung/Beratung **70** 17, Unternehmerverantwortung **70** 21, Zusammenarbeit mit Dritten **70** 20

Unfallversicherte, Unterrichtung **70** 138, Zuständigkeit **70** 133

Unfallversicherung 10 1–10 *29;* **100** 116 *6,* Abfindung **70** 75 ff, aktueller Rentenwert (Ost) **70** 216, Alg II **20** 25 *1,* Altersrückstellungen **70** 172 c, 219 a, Anpassung von Geldleistungen **70** 95, Anrechnung anderer Leistungen **70** 98, Arbeitsunfälle **100** 116 *7,* Aufgabenwahrnehmung durch die Post AG **70** 99, Auszahlung **70** 96, Bedeutung im privaten Bereich **100** 116 *9,* Beiträge **40** 23 *20,* Beitragsberechnung **70** 219, Berechnungsgrundlage **70** 81, Berechnungsgrundsätze **70** 96, 187, besondere Zuständigkeiten **70** 218 d, Bestandsschutz **70** 217, Betriebsmittel **70** 171 f., 219 a, Bezugsgröße (Ost) **70** 216, Bußgeldvorschriften **70** 209, Datenerhebung **70** 199, Datennutzung **70** 199, Datenverarbeitung **70** 199, Dienstordnung **70** 144 ff., Elementarereignisse **70** 10 *2,* erstmalige Festsetzung **70** 81, Fälligkeit **70** 96, Formalversicherung **70** 2 *4,* Freibeträge **70** 180, freiwillige **70** 6 *1,* frühere Versicherungsfälle **70** 214, Gefahrtarif **70** 157, Hafengebiet **70** 10 *2,* Haftpflichtversicherungseffekt **100** 116 *7,* Haftungsbeschränkung **70** 104 ff, Haftungsfreistellung **70** 16 *7,* Hinterbliebenenleistungen **70** 65 ff., 218 a, Jahresarbeitsverdienst kraft Satzung **70** 83, Lastenverteilung **70** 176 ff., Leistungen **10** 22, Leistungen ins Ausland **70** 97, Leistungsanspruch **70** 26, Leistungsbezug **70** 26, Leistungsausschluss **70** 101, Leistungsminderung **70** 101, nach mehreren Vorschriften **70** 135, Mehrleistungen **70** 94, Meldepflicht **40** 28 a *24 a,* 45, Mindestbeitrag **70** 161, Ordnungswidrigkeiten, Zuständigkeit **70** 210, Pflegepersonen **110** 19 *7,* 44 *14,* Prüfung **40** 28 p *18,* Regelberechnung **70** 82, Regress **70** 110 ff; **100** 116 *7,* Regressanspruch **70** 110 *1,* Regressanspruch gegen Organe **70** 111 *1,* Rente **70** 56 *1,* Rücklage **70** 171, 172 a, 219 a, Sachschäden bei Hilfeleistung **70** 13 *1,* Schiff-Land-Beförderung **70** 10 *2,* Schriftformerfordernis **70** 102, Schwangerschaft **70** 12 *1,* Sondervorschriften Deutsche Einheit **70** 215, Sperrzeit **30** 144 *10,* Teilung der Entschädigungslast bei Berufskrankheiten **70** 174, Übergang auf die Träger der Deutschen Rentenversicherung **70** 218 e, unechte **100** 116 *8,* Unfalluntersuchung **70** 103, Unternehmen ohne Gewinnerzielungsabsicht **70** 180, Verwaltungsvermögen **70** 171, 172 b, Waisenrente **70** 67 *1,* Wie-Beschäftigter **100** 116 *9,* Witwenrente **70** 65 *1,* Witwen-/Waisenbeihilfe **70** 71 *1,* Zusammenlegung und Teilung der Last **70** 173, Zusammentreffen mit Rente **60** 311, Zusammentreffen von Rente/Einkommen **60** 267, Zuschläge, Nachlässe, Prämien **70** 162, Zuständigkeit, Sozialgericht **150** 51 *9,* Zuständigkeitsänderung **70** 137, Zuständigkeitsbescheid **70** 136, Zwischennachricht **70** 103

Unfallversicherung, ausländische, gleichartige Leistungen **50** 16 *10*

Unfallversicherung, landwirtschaftliche, besondere Abfindungen **70** 221 a, besondere Vorschriften **70** 221, Reduzierung Verwaltungs-/Verfahrenskosten **70** 187 a

Unfallversicherung, Übergangsrecht, Grundsatz **70** 212, Versicherungsschutz **70** 213

Unfallversicherungsbefreiung, landwirtschaftliche Kleinflächenunternehmen **70** 5 *1*

Unfallversicherungsbeitrag nach einem auf Arbeitsstunden aufgeteilten Arbeitsentgelt **70** 156, Erhebung bei überbetrieblichen arbeitsmedizinischen und arbeitstechnischen Diensten **70** 151, Erstattung **100** 50 *4,* -pflichtige Beschäftigung **70** 150, nach der Zahl der Versicherten **70** 155

Unfallversicherungseinrichtungen, Aufsicht **70** 141, gemeinsame **70** 142, Träger **70** 141

Unfallversicherungsfall, Anzeigepflicht Unternehmer **70** 193, Begriff **70** 7 *1,* Leibesfrucht **70** 12 *1,* mittelbare Folgen **70** 11 *1,* schuldhaft fehlerhafte Behandlung **70** 11 *3,* Sondervorschriften Deutsche Einheit **70** 215, verbotswidriges Handeln **70** 7 *6*

Unfallversicherungsfälle, frühere 70 214

Unfallversicherungsfälle, Verhütung, Datenerhebung **70** 207, Datennutzung **70** 207, Datenverarbeitung **70** 207

Unfallversicherungsfreiheit, Beamte **70** 4 *2,* geistliche Genossenschaften **70** 4 *4,* Normzweck **70** 4 *1,* tätigkeitsorientierte **70** 4 *5*

Unfallversicherungsleistungen und Altersrente **60** 93

Unfallversicherungsrenten, Änderung Rentenhöhe **70** 73 *2,* Ausnahmeregelungen **70** 74 *1,* Befristung **70** 73 *6,* Befristung Witwen-/Waisenrente **70** 73 *7,* Ende **70** 73 *4,* keine Neufeststellung bei Rentenbezug **70** 74 *2,* Schutzjahr **70** 74 *2,* Wegfall durch Tod **70** 73 *8,* Wesentlichkeit der Änderung **70** 73 *5*

Unfallversicherungsschutz, Übergangsrecht **70** 213

Unfallversicherungsschutz, Erweiterung, See-/Binnenschifffahrt **70** 10 *1*

Unfallversicherungsschutz, gesetzlicher 70 2 *2,* Ausländer **70** 2 *62,* Auszubildende **70** 2 *11,* Bauarbeiten **70** 2 *49,* Behindertenwerkstätten **70** 2 *17,* Beschäftigte **70** 2 *5,* Betriebsärzte **70** 2 *14,* Blut-/Organspender **70** 2 *40,* dualer Studiengang **70** 2 *12 a,* Ehrenamt **70** 2 *31,* Entwicklungshilfe **70** 2 *61 f,* Familienangehörige **70** 2 *8,* 63, Fort-/Weiterbildung **70** 2 *14,* Freiwilligendienste aller Generationen **70** 2 *52 a,* fremdnütziges Verhalten **70** 2 *53,* Gefälligkeiten **70** 2 *55,* geringfügige Beschäftigung **70** 2 *9,* Gesellschafter **70** 2 *10,* Gesundheitswesen **70** 2 *29,* Hausgewerbetreibende **70** 2 *21,* Heimarbeiter **70** 2 *7,* Heranziehung Diensthandlung **70** 2 *34,* Hilfeleistung **70** 2 *38,* Hospitation **70** 2 *11,* Kinder **70** 2 *23,* Küstenschiffer **70** 2 *22,* Landwirte **70** 2 *19,* Lebenspartner **70** 2 *8,* Lehrlinge **70** 2 *11,* Lernende **70** 2 *12,* meldepflichtige Arbeitslose **70** 2 *42,* Nothilfe **70** 2 *41,* Pflegepersonen **70** 2 *50,* Praktikanten

2839

Sachverzeichnis

Fette Zahlen = Kennziffern

70 2 *11*, Probearbeit 70 2 *11*, Racheakt 70 2 *41a*, Rehabilitanden 70 2 *43*, Scheinselbständigkeit 70 2 *7*, Schüler 70 2 *24*, Schulungskurse 70 2 *14*, Schwarzarbeit 70 2 *7*, Selbständigkeit 70 2 *6*, Selbsthilfe 70 2 *46*, Strafverfolgung 70 2 *41*, Studierende 70 2 *26*, Teilhabe am Arbeitsleben 70 2 *44*, Unfall-/Pannenhilfe 70 2 *59*, Unglücksfälle 70 2 *37*, Unternehmen zur Hilfe bei Unglücksfällen/Zivilschutz 70 2 *36*, Vereinsmitglieder 70 2 *10, 56*, Volontäre 70 2 *11*, vorgeschriebene Untersuchungen/Prüfungen 70 2 *16*, Wohlfahrtspflege 70 2 *30*, Zeuge 70 2 *35*

Unfallversicherungsschutz kraft Satzung 70 3 *2*, Auslandsdeutsche 70 3 *6*, Ausschluss 70 3 *8*, betriebsfremde Personen 70 3 *4*, Ehrenamt 70 3 *7*, Kleinunternehmer 70 3 *1*, Pflichtversicherung 70 3 *1*, Unternehmer 70 3 *3*

Unfallversicherungsträger 70 114, Bericht gegenüber Bundestag 70 25, Länder/Gemeinden als 70 218, Zuständigkeit 70 132

Unfallversicherungsträger der öffentlichen Hand, bundesunmittelbare, Neuorganisation 70 224

Unfallversicherungsträger im kommunalen Bereich 70 117, Zuständigkeit 70 129

Unfallversicherungsträger im Landesbereich 70 116, Zuständigkeit 70 128

Unfallversicherungsträger, mehrere, Errichtung einer Datei 70 204

Unfallversicherungsumlage 70 152

Unfruchtbarkeit 50 27 *5*

Ungeborenes, s. auch *Leibesfrucht,* Unfallversicherung 70 2 *1*

Ungerechtfertigte Bereicherung 100 50 *1*

Unglücksfälle, gesetzliche Unfallversicherung 70 2 *37*

Unglücksfälle, Unternehmen zur Hilfe bei 70 2 *36*

Unionsbürgerschaft, nationales Sozialrecht 5 SK *182ff.*

Unkenntnis, Säumnis 100 26–28 *9*

Unkündbarkeit, s. *Kündigungsausschluss*

Unregelmäßigkeiten, Krankheit 50 27 *6*

Unrichtigkeit, Rechtsbehelfsbelehrung 100 36 *13*

Unrichtigkeit, offenbare 100 37–39 *3*, Auslegung 100 37–39 *5*, Berichtigung 100 37–39 *5*, Schreibfehler 100 37–39 *4*, VA 100 38

Untätigkeitsklage 150 87–95 *2f.*, s. auch *Verpflichtungsklage*

Unterbleiben, Rechtsbehelfsbelehrung 100 36 *13*

Unterbringung, Auszahlung 10 49; 10 49 *1*, behinderte Menschen 30 111, Entscheidung über Zahlung 10 49 *8f.*, Schulpflicht 80 21, Überleitung 10 50; 10 50 *1*, Überleitungsanzeige 10 50 *9*, Zahlungsvoraussetzungen 10 49 *2ff.*

Unterbringung, auswärtige, berufliche Weiterbildung 30 82

Unterbringung, einstweilige, Ruhen des KV-Leistungsanspruchs 50 16 *9*

Unterbringung, teilstationäre, Krankenhaus 50 39 *8*

Unterbringung, vollstationäre, Krankenhaus 50 39 *7*

Unterbringung, vor-/nachstationäre, Krankenhaus 50 39 *9*

Unterhalt, Auszahlung bei Verletzung der Unterhaltspflicht 10 48, Beratung 80 SK *50ff.*, Beratung/Unterstützung 80 SK *67ff.*, Forderungsübergang 100 116 *50*, gemeinsame Wohnformen für Mütter/Väter und Kinder 80 SK *69ff.*, Hilfe zur Erziehung 80 SK *99*, für Jugendliche in begleiteter Wohnform 80 SK *36*, ledige Mütter 80 SK *54ff.*, seelisch behinderte Kinder/Jugendliche 80 39, Unterstützung 80 SK *50ff.*

Unterhaltsansprüche, Anrechnung von weitergeleitetem Pflegegeld 110 13 *22*, Anspruchsübergang 20 33 *8*, Beratung/Unterstützung 80 SK *50*, Beratung/Unterstützung bei Geltendmachung 80 52a, Beschränkung des Übergangs 20 33 *11*, junge Volljährige 80 SK *66*, Kindergeld 8 SK *35*, Pflegegeld 110 13 *22*, Übergang laufender Leistungen 20 33 *10*, Übergang von (BAföG) 6 37, SK *80*, Verwandte 20 33 *9*, Wohngeld 160 SK *65*, Zivilrechtsweg 20 33 *17*

Unterhaltsberücksichtigung, Grundsicherung im Alter/bei Erwerbsminderung 120 41 *16*

Unterhaltsersatz, Forderungsübergang gegenüber Arbeitgebern 100 115 *3*, Witwen-/Waisenrente 60 46 *1*

Unterhaltsersatzanspruch, Beratung 80 SK *50ff.*, Beratung/Unterstützung 80 SK *67ff.*, junge Volljährige 80 SK *66*, Unterstützung 80 SK *50ff.*

Unterhaltsgeld, beitragspflichtige Einnahmen 50 232a; 60 279f. Beitragstragung 60 279f., KV-Versicherungspflicht 50 5 *13*, KV-Versicherungspflichtbefreiung 50 8 *6*, Meldepflicht 50 203 *4*, Strafgefangene 30 22 *14*, Übergangsgeldanspruch/-berechnung 60 234a

Unterhaltshilfe 80 SK *99*

Unterhaltsleistungen, Wohngeld 160 18

Unterhaltspflicht, Anrechnung des Elterngeldes 7 11 *5*, Auszahlung bei Verletzung s. *Unterhaltsvorschuss,* Verhältnis zum Elterngeld 7 11 *2*, Verhältnis zur Jugendhilfe 80 SK *28*

Unterhaltspflichtige, Auskunftspflicht 100 99

Unterhaltsrückgriff, Ausschluss, Grundsicherung im Alter/bei Erwerbsminderung 120 43 *6*

Unterhaltssicherung, VO EG 883/2004 5 SK *173*

Unterhaltsvorschuss 155 SK *1ff.*, Alg II 20 5 *4*, Altergrenze 155 SK *5*, andere Sozialleistungen 155 SK *18*, Anspruchsübergang 155 SK *7*, Anspruchsvoraussetzungen 155 SK *4*, Anzeigepflicht 155 *6*, Aufbringung der Mittel 155 *8*, Ausbleiben des Unterhalts 155 SK *9*, Auskunftspflicht 155 SK *6*, Ausschluss 155 SK *10f.*, Begünstigte 10 48 *10*, Berechtigte 155 *1*, Bußgeldvorschriften 155 *10*, Dauer der Unterhaltsleistung 155 *3*, Entscheidung 10 48 *19ff.*, Ersatzpflicht 155 *5*, Finanzierung 155 SK *22*, Forderungsübergang 155 SK *14ff.*, Forderungsübergang gegenüber Arbeitgebern 100 115 *3*, Leben mit alleinstehendem Elternteil 155 SK *6ff.*, Rechtsschutz 155 48 *21*, Rückwirkung, beschränkte 155 *4*, Rückzahlungspflicht 155 *5*, Übergangsvorschrift 155 *11*, Umfang der Unterhaltsleistung 155 *2*, Umfang/Dauer 155 SK *12f.*, Verfahren 155 *9*, SK *19ff.*, Voraussetzungen 10 48 *4ff.*, Zahlungsweise 155 *9*

Unterhaltszahlung, Alg II 20 5 *3*

Unterhaltszahlung, gestörte, s. *Unterhaltsvorschuss*

Unterkunft, s. auch *Bedarfe für Unterkunft und Heizung,* angemessener Umfang 120 29 *9*, Folgen unangemessener Kosten 120 29 *14*, Garage 120 29 *4*, Hilfe zum Lebensunterhalt 120 29 *1*, Instandhaltung 120 29 *8*, Kostensenkungsaufforderung 120 29 *16*, Krankenhausaufenthalt 120 29 *1*, Leistungen an den Vermieter 120 29 *19*, Mietkaution 120 29 *20*, Mietspiegel 120 29 *13*, Öffnungsklauseln 120 29 *24*, Pauschalierung 120 29 *23*, Pflegeeinrichtungen 110 87, Schönheitsreparaturen 120 29 *4*, Sicherung 120 34 *2*, Strom/Warmwasser 120 29 *6*, tatsächliche Kosten 120 29 *1*, Umzug 120 29 *12, 18*, Urlaub 120 29 *1*, Wohneigentum 120 29 *7*, Wohnungsgröße 120 29 *9*, Wohnungsstandard 120 29 *10*, Wohnungswechsel 120 29 *17*, Zustimmung 120 29 *20*

Unterkunftsbedarf, Minderung des Alg II 20 31a *20*, Zahlung an Vermieter bei Minderung des Alg II 20 31a *21*

magere Zahlen = §§ bzw. Art.; kursive Zahlen = Randnummern **Sachverzeichnis**

Unterkunftskosten, *s. auch Leistungen für Unterkunft und Heizung,* Leistungen für Auszubildende 20 27 *5,* Leistungsausschluss (Alg II) 20 7 *42*
Unterlagen, Aufbewahrungspflicht 40 110 a, Beweiswirkung 40 110 d, Rückgabe/Vernichtung/Archivierung 40 110 b, Vorlagepflicht 40 28 o *3*
Unterlassungsansprüche, VA 100 31 *9*
Untermiete, Wohngeld 160 SK *14, 31*
Unternehmen des Zivilschutzes, Haftungsausschluss Unfallversicherung 70 106 *9*
Unternehmen, landwirtschaftliches, Bestandteile 70 124
Unternehmen ohne Gewinnerzielungsabsicht, Unfallversicherung 70 180
Unternehmensbegriff, Unfallversicherung 70 136
Unternehmer, Anzeigepflicht Versicherungsfall 70 193, Auskunftspflicht 70 192, Haftungsausschluss Unfallversicherung 70 104 *1,* Insolvenzgeldumlage 30 360, Mitteilungspflicht 70 192, Unfallversicherungsschutz kraft Satzung 70 3 *3,* Unterstützungspflicht 70 191
Unterrichtung, allgemeine, Arbeitsförderung 30 41
Untersagung, örtliche Zuständigkeit 80 87 a
Unterschriften, Beglaubigung 100 30
Unterstützte Beschäftigung 90 38 a
Unterstützung, Begriff 80 SK *51,* Fördergrundsatz 20 14 *2,* Personensorge 80 SK *50ff.,* Sorgeerklärung 80 SK *57ff.,* Sozialhilfe 120 11, Umgangsrecht 80 SK *60ff.,* Unterhalt 80 SK *50ff.,* Unterhaltsersatzanspruch 80 SK *50ff.*
Unterstützungspflicht, Bauaufsichtsbehörden 70 195, Gewerbeaufsichtsbehörden 70 195, Kammern 70 195, Unternehmer 70 191
Untersuchungen 10 62, Erforderlichkeit 10 32 *5,* 62 *5,* Mitwirkungspflicht 10 62 *2,* Zumutbarkeit 10 65 *8ff.*
Untersuchungen, ärztliche 100 96
Untersuchungen, vorgeschriebene, gesetzliche Unfallversicherung 70 2 *16*
Untersuchungsgrundsatz 10 60 *7;* 100 8 *7, 10–12 12, 18 3, 19/20 2, 20;* 150 103, 103–109 *1,* Arbeitslose 100 19/20 *2,* Art/Umfang der Ermittlungen 100 19/20 *3,* Berücksichtigung günstiger Umstände 100 19/20 *11,* Beweislastumkehr 100 19/20 *9,* Beweisverwertungsverbot 100 19/20 *8,* Entgegennahmepflicht 100 19/20 *12,* Ermittlung ins Blaue 100 19/20 *6,* non liquet 100 19/20 *9,* Mitwirkung 100 19/20 *3,* objektive Beweislast 100 19/20 *9,* Sachverhaltsermittlung 100 19/20 *4,* Verfahrensgegenstand 100 19/20 *6,* vorweggenommene Beweiswürdigung 100 19/20 *6*
Untersuchungshaft, Ruhen des KV-Leistungsanspruchs 50 16 *9*
Untersuchungsmethoden, Bewertung 50 135, Bewertung im Krankenhaus 50 137 c, neue 50 27 *10*
Unterversorgung 50 100, ambulante Behandlung durch Krankenhäuser 50 116 a
Unverzüglichkeit, VA 100 33 *10*
Unwirksamkeit, Bekanntgabemängel 100 37–39 *22,* Verzicht 10 46 *6f.*
Unwirtschaftlichkeit, Verwertbarkeit 20 12 *35*
Unzulässigkeit, Revision 150 169
Unzumutbarkeit 30 121 *6,* allgemeine 30 121 *8,* Arbeitsentgelt 30 121 *10,* Berufsschutz 30 121 *6,* Entfernung 20 10 *20,* Erschwerung der künftigen Berufsausübung 20 10 *5,* Erziehungsgefährdung 20 10 *6,* geringwertige Tätigkeit 20 10 *19,* gesetzlich ausgeschlossene Gründe 20 10 *17,* Gründe 20 10 *4,* keine Gründe für 20 10 *12,* nicht in der Lage sein 20 10 *4,* personenbezogene 30 121 *9,* Pflege 20 10 *9,* ungünstigere Arbeitsbedingungen 20 10 *21,* Wegezeit 30 121 *11,* Weiterbeschäftigungspflicht 30 268 *6,* wichtiger Grund 20 10 *11*
Unzumutbarkeitsausschluss, frühere Tätigkeit 20 10 *18*
Unzuständigkeit, Fristwahrung 150 91, Verweisung 150 98, 98–102 *1*
Urkunden, Rückgabe 100 51
Urkunden, vollstreckbare 80 SK *132, s. vollstreckbare Urkunden,* Kinder- und Jugendhilfe 80 60
Urkundenvorlage, Befreiungen 5 80, durch Behörden 150 119
Urlaub, Alg 30 119 *58,* Alg II 20 7 *32,* Aufstocker 20 7 *32,* Beschäftigung 40 7 *23,* Ein-Euro-Job 20 16 d *7,* Zusatz für Schwerbehinderte 90 125
Urlaub, unbezahlter 50 44 *2*
Urlaubsabgeltung, Ruhen (Alg) 30 143 *10,* Ruhenszeitraum (Alg) 30 143 *12,* Zusammentreffen mit Ruhen (Alg) 30 143 a *32*
Urlaubsgeld, Insolvenzgeld 30 183 *27*
Urlaubssemester, Leistungsausschluss 120 22 *4*
Urteil, Abschriften an ehrenamtliche Richter 150 170 a, Ausfertigung 150 137, Berichtigung 150 138, Berichtigung des Tatbestandes 150 139, nach Beweisaufnahme 150 127, Entscheidung nach Aktenlage 150 126, Ergänzung 150 140, Erledigung ohne 150 98–102 *3ff.,* Formel 150 131, Grundlagen 150 123, 128, Grundurteil 150 130, Inhalt 150 136, mitwirkender Richter 150 129, Rechtskraft 150 123–142 *14,* 141, Sozialgericht 150 123–142 *11,* 125, Unterschrift/Übergabe an Geschäftsstelle 150 131, Verkündung 150 132, Verkündung durch Zustellung 150 133, Zustellungszwang 150 135
Urteilsrente 100 50 *13*
U-Untersuchung 50 26 *1, s. auch Kinderuntersuchung*

VA, *s. Verwaltungsakt*
Väter, gemeinsame Wohnformen 80 SK *69ff.,* Mutter-Kind-Kur 50 41 *2*
Vater-Kind-Kuren, *s. Mutter-Kind-Kuren*
Vaterschaft, VO EG 883/2004 5 SK *14f., 88ff.*
Vaterschaftsanerkennung, Elterngeld 7 1 *11*
Vaterschaftsfeststellung, Beratung/Unterstützung im Verfahren 80 52 a, Elterngeld 7 1 *11*
VEg, *s. Verantwortungs- und Einstehensgemeinschaft*
Veränderung, Ansprüche 20 44
Verantwortungs- und Einstehensgemeinschaft, Bedarfsgemeinschaft 20 7 *17*
Veräußerungsgeschäfte, private, Hinterbliebenenrente 40 18 a *26*
Veräußerungsgewinne, Hinzuverdienstgrenze 60 34 *12*
Verbände, Anhörungs-/Informationsrecht 50 172, Aufklärungspflicht 10 13 *6*
Verbände behinderter Menschen, Klagerecht 90 63
Verbandmittel 50 31 *9;* 70 29, Anspruchsvoraussetzungen 50 31 *2,* Festbeträge 50 31 *10, 35 1,* Zuzahlung 50 31 *10*
Verbandsaufgaben, Bundesebene 110 53, Landesebene 110 52, Zusammenarbeit der Medizinischen Dienste 110 53 a
Verbandsjugendarbeit 80 SK *29*
Verbandsklage, behinderte Menschen 90 63
Verbindung mehrerer Rechtsstreitigkeiten, Sozialgericht 150 113
Verbot des vorzeitigen Verfahrensabschlusses 100 19/20 *5*
Verbot des Zusammentreffens von Leistungen, VO EG 883/2004 5 10
Verbraucherberatung, Förderung 50 65 b *2*
Verdrängungslehre 50 19 *6*
Verein, Beschäftigung 40 7 *35*

2841

Sachverzeichnis

Fette Zahlen = Kennziffern

Vereinbarungen, Kinder- und Jugendschutz **80** SK *19,* Verbot nachteiliger **10** *32*
Vereinbarungen (Jugendhilfe) 80 SK *155,* Rahmenverträge **80** 78 f, Zuständigkeit **80** 78 e
Vereinbarungszeitraum (Jugendhilfe) 80 78 d, SK *155*
Vereinfachungsregelung, Beiträge **40** 23 *11*
Vereinigungen, öffentlich-rechtliche, Aufklärungspflicht **10** 13 *6*
Vereinigungen, privatrechtliche, Aufklärungspflicht **10** 13 *7*
Vereinsmitglieder, gesetzliche Unfallversicherung **70** 2 *10, 56*
Vereinsvormundschaft, Erlaubnis **80** 54
Vereitelung, Sperrzeit **30** 144 *37*
Vererblichkeit, Ausschluss **10** 59 *4 f,* Geldanspruch **10** 59 *6,* Sozialleistungsanspruch **10** 59 *2*
Vererbung 10 58; **10** 58 *1*
Verfahren, Einfachheit/Zweckmäßigkeit **100** 9 *7,* Inobhutnahme **80** SK *126,* Kostenfreiheit **100** 64, SGB II **20** 36–44 *16,* Unterhaltsvorschuss **155** *9,* Wohngeld **160** SK *84 ff.*
Verfahrensabschluss, Rente **60** 117, RV **100** 32 *5,* Verbot des vorzeitigen **100** 19/20 *5*
Verfahrensaufwendungen, RV **60** 220
Verfahrensbeginn 100 18 *1,* von Amts wegen **100** 18 *4,* auf Antrag **100** 18 *5,* pflichtgemäßes Ermessen **100** 18 *2,* Rente **60** 115, umfassender Antrag **100** 18 *6*
Verfahrensbeteiligte 100 10–12 *1,* Sozialgericht **150** 60–72 *10*
Verfahrensfehler 100 40–43 *14,* Folgen **100** 40–43 *24, 42,* Heilung **100** 40–43 *3, 19, 41*
Verfahrensgegenstand, Bestimmung **100** 18 *7,* Untersuchungsgrundsatz **100** 19/20 *4*
Verfahrensgesetz, Sozialgerichtsgesetz **150** 1–6 *1*
Verfahrensgrundrecht, rechtliches Gehör **100** 23–25 *2*
Verfahrensgrundsätze, Sozialgericht **150** 60–72 *1*
Verfahrenshandlungen, Geschäftsfähigkeit **100** 10–12 *7,* Handlungsfähigkeit **100** 10–12 *7,* höchstpersönlicher Art **100** 13–15 *11,* isolierte Anfechtung **100** 8 *10,* Nachholung im Gerichtsverfahren **100** 40–43 *4,* Vornahme **100** 10–12 *7, 11*
Verfahrenskosten, Reduzierung landwirtschaftliche Unfallversicherung **70** 187 a
Verfahrensvoraussetzungen, Beteiligtenfähigkeit **100** 10–12 *6*
Verfahrensvorschriften, Anwendung **20** 40
Verfallklausel, Ausnahme beitragsfreie Zeiten **40** 26 *16,* zu Unrecht entrichtete Beiträge **40** 26 *10*
Verfolgte, KV-Versicherungspflicht **50** 5 *39*
Verfolgung, politische 6 60
Verfügbarkeit, Alg **30** 119 *16, 35,* Arbeitserlaubnis **30** 119 *44,* Aufenthalt außerhalb des Nahbereichs der AA **30** 119 *57,* Aufenthalt im Nahbereich der AA **30** 119 *55,* Dienste in Notständen **30** 120 *5,* Dürfen **30** 119 *43,* Eingliederungsmaßnahmen **30** 119 *67,* 120 *3,* Erreichbarkeit **30** 119 *45,* Erwerbsminderung **30** 119 *40,* Heimarbeit **30** 120 *16,* Kinderbetreuung/Pflege **30** 119 *42,* kurzzeitige Bildungsmaßnahme **30** 119 *54,* objektive **30** 119 *36,* Sonderfälle **30** 120 *1,* Strafvollstreckung **30** 120 *6,* subjektive **30** 119 *64,* Teilzeit **30** 119 *37,* 120 *14,* Urlaub **30** 119 *58,* Vermutung der Nichtverfügbarkeit **30** 120 *7,* wiederholte längere Abwesenheit **30** 119 *63*
Verfügung, Alg **30** 118 *5*
Verfügung über Arbeitsentgelt, Insolvenzgeld **30** 188 *1*
Verfügung, wiederholende, VA **100** 31 *17*
Verfügungssatz 100 32 *11,* Umdeutung **100** 40–43 *31*

Vergabe, ABM **30** 262 *2*
Vergabeverfahren 80 SK *155*
Vergleich, Abschmelzen **100** 44–48 *53,* Kostentragung **150** 195, Rückzahlung (ABM) **30** 268 *4,* Sozialgericht **150** 98–102 *3,* 101
Vergleich, arbeitsgerichtlicher, Sperrzeit **30** 144 *24,* wichtiger Grund **30** 144 *81*
Vergleichsbewertung, Entgeltpunkte **60** 73
Vergleichsnettoarbeitsentgelt 40 23 c *7*
Vergleichsvertrag 100 54, öffentlich-rechtlicher Vertrag **100** 53–61 *11*
Vergütung 50 88, ambulante Krankenhausleistungen **50** 120, ärztlicher Leistungen im Jahr 2006 **50** 85 c, Beitragsverfahren **40** 28 l, Geltendmachung der Beitragsansprüche **40** 28 l, Haushaltsscheckverfahren **40** 28 l, Meldeverfahren **40** 28 l, Prüfungen bei AG **40** 28 l, Sozialversicherungsausweise **40** 28 l, vertragsärztliche Leistungen 2009/10 **50** 87 c
Vergütungen, ergebnisbezogene, Krankengeld **50** 47 *9*
Vergütungsvereinbarung (teil)stationäre Leistungen **80** SK *12*
Verhaltensauffälligkeit, junge Menschen **80** SK *34*
Verhältnis zu anderen Leistungen, SGB II **20** 5
Verhältnismäßigkeit, Mitwirkungspflicht **10** 65 *4*
Verhältnismäßigkeitsgrundsatz 100 9 *7,* 20 *5*
Verhinderungspflege 110 39 *1,* Leistungen **110** 39 *6,* Pflegesachleistung **110** 36 *12,* Verhältnis zu anderen Leistungen **110** 39 *8,* Voraussetzungen **110** 39 *2*
Verjährung 10 45; **40** 25 *2,* 30jährige **40** 25 *4,* Ablaufhemmung **10** 45 *11;* **40** 25 *11,* Beitragsansprüche **40** 25 *1,* Dauer **10** 45 *4 f.,* Einrede **40** 27 *8,* Erstattungsanspruch **40** 27 *6,* Erstattungspflicht **30** 147 a *39,* Gegenstand **10** 45 *2 f.,* Hemmung **10** 45 *7 ff.;* **40** 25 *7,* Kostenentscheidung **100** 63 *17,* Kostenerstattung **80** SK *174,* Neubeginn **10** 45 *12;* **40** 25 *12,* Regelverjährung **40** 25 *3,* Regressanspruch Unfallversicherung **70** 112 *1,* Überleitungsvorschrift **10** 70, Verwirkung **40** 25 *15,* Wirkung **10** 45 *13 f.,* Wirkung/Einrede **40** 25 *13*
Verjährungshemmung durch VA **100** 52
Verkehrswert, Vermögen **20** 12 *43*
Verlängerung, Elterngeld **7** 6 *2 f.*
Verletztengeld, Alg II **20** 25 *4,* beitragspflichtige Einnahmen **110** 57 *3,* Beschäftigung **40** 7 *81,* Einkommensanrechnung **70** 52 *1,* Forderungsübergang **100** 116 *52,* Forderungsübergang gegenüber Arbeitgebern **100** 115 *3,* Krankengeld **50** 49 *8,* landwirtschaftliche Berufsgenossenschaften **70** 55 a, Ruhen (Alg) **30** 142 *22,* der Unfallversicherung – Alg II **20** 25 *1*
Verletztengeld, Dauer 70 46 *1,* Abschluss der Heilbehandlung **70** 46 *9,* Arbeitsfähigkeit **70** 46 *6,* Beginn **70** 46 *2,* Beginn des Übergangsgeldanspruchs **70** 46 *7,* Ende **70** 46 *6,* in § 50 SGB V genannte Leistungen **70** 46 *12,* Negativprognose **70** 46 *8,* nicht mit Eintritt der Arbeitsfähigkeit zu rechnen **70** 46 *8,* Satzungsregelung für Unternehmer/Gleichgestellte **70** 46 *5,* Wiedererkrankung **70** 46 *17, 78.* Woche **70** 46 *15*
Verletztengeld, Höhe 70 47 *1,* Anschlussverletztengeld **70** 47 *16,* Arbeitsentgelt/-einkommen **70** 47 *2,* Begrenzung Nettoarbeitsentgelt **70** 47 *9,* Berechnung Arbeitseinkommen **70** 47 *10,* Berechnung Arbeitsentgelt **70** 47 *3,* Berechnung Verletztengeld **70** 47 *11,* Einmalzahlungen **70** 47 *8,* Entwicklungshelfer **70** 47 *15,* Freiheitsentziehung **70** 47 *19,* jährliche Anpassung **70** 47 *21,* Lohnersatzleistungen **70** 47 *14,* monatliches Arbeitsentgelt **70** 47 *7,* Neuberechnung nach voraussichtlicher Beendigung der Ausbildung **70** 47 *20,* Stundenvergütung **70** 47 *5,* Übergangsre-

magere Zahlen = §§ bzw. Art.; kursive Zahlen = Randnummern **Sachverzeichnis**

gelung vor 1. 1. 2001 **70** 47 *13*, Unternehmer/Gleichgestellte **70** 47 *17*
Verletztengeld, Voraussetzungen 70 45 *1*, Arbeitsunfähigkeit **70** 45 *2*, Entgeltersatzfunktion **70** 45 *9*, Hinderung an ganztägiger Erwerbstätigkeit **70** 45 *8*, Kausalität **70** 45 *6*, Kinderverletztengeld **70** 45 *13*, Parallelität von medizinischer und beruflicher Reha **70** 45 *12*, Teilarbeitsunfähigkeit **70** 45 *5*, Weiterzahlung während Wartezeiten **70** 45 *10*
Verletztengeld, Wiedererkrankung 70 48 *1*, Anspruch **70** 48 *3*, Berechnung **70** 48 *4*
Verletztenrente 70 56, s. *auch Unfallversicherungsrenten*, 26-Wochen-Frist **70** 56 *7*, Alg II **20** 5 *4*, 11 a *4*, Beamte/Berufssoldaten **70** 61 *1*, Beginn **70** 72 *2*, Begrenzung **70** 61 *4*, Beispiele für MdE **70** 56 *20*, besondere berufliche Betroffenheit **70** 56 *22*, Erwerbsminderung **70** 56 *3*, Hinterbliebene **70** 61 *6*, Hinterbliebenenrente **40** 18 a *14*, Höchstbetrag mehrere Renten **70** 59 *1*, Kumulierung geringfügiger MdE-Sätze **70** 56 *19*, Kürzung **70** 59 *3*, Maßstab für die MdE **70** 56 *15*, MdE bei Jugendlichen **70** 56 *21*, Minderung bei Heimpflege **70** 60 *1*, Rentenabfindung **70** 59 *5*, Rentenberechnung **70** 56 *24*, rentenberechtigender Grad der Erwerbsminderung **70** 56 *6*, sonstige Schädigungsfälle **70** 56 *11*, Stützrente **70** 56 *8*, Versicherungsfall **70** 56 *2*, Voll-/Teilrente **70** 56 *24*, Voraussetzungen **70** 56 *2*, als vorläufige Entschädigung **70** 62 *1*
Verletztenrente, Erhöhung bei Arbeitslosigkeit, kein Arbeitsentgelt/-einkommen **70** 58 *2*, infolge Versicherungsfall **70** 58 *4*, Rentenerhöhung **70** 58 *5*
Verletztenrente, Erhöhung bei Schwerverletzten 70 57 *1*, kein Rentenanspruch **70** 57 *5*, Schwerverletzte **70** 57 *2*, Unmöglichkeit der Erwerbstätigkeit **70** 57 *3*, Zahlbetragserhöhung **70** 57 *8*
Verletzung der Unterhaltspflicht, Auszahlung **10** 48
Verluste, Hinzuverdienstgrenze **60** 34 *12*
Vermehrte Bedürfnisse, Forderungsübergang **100** 116 *47*
Vermietung, Hinterbliebenenrente **40** 18 a *25*
Vermittlung, Grundsätze **30** 36, Vorrang **30** 4
Vermittlungsangebot 30 35
Vermittlungsbudget, Förderung 30 45 *1*, Art/Umfang **30** 45 *11*, Ausschlüsse **30** 45 *20*, Eingliederungsleistungen **20** 16 *5*, *10*, Ermessen **30** 45 *14*, Erstreckung auf EU, EWiR, Schweiz **30** 45 *16*, Normadressaten **30** 45 *6*, Umfang **30** 45 *18*
Vermittlungsgebühr, Anordnungsermächtigung **30** 44, Arbeitsförderung **30** 43
Vermittlungsgutschein 20 16 *5*, *6*; **30** 421 g, Eingliederungsgutschein **30** 223 *3*, Zusicherung **100** 34 *3*
Vermittlungshemmnisse, Eingliederungszuschuss **30** 217 *7*, Versicherungsfreiheit (ArblosV) **30** 27 *11*
Vermögen, Abgrenzung zum Einkommen (Alg II) **20** 11 *5*, des Auszubildenden (BAföG) **6** SK *47*, Begriff (BAföG) **6** 27, SK *47*, Berücksichtigung (BAföG) **6** SK *44 ff.*, Einsatz (BAföG) **6** 29, Ausgleich **20** 12 *1*, Hilfebedürftigkeit **20** 9 *3*, Hilfebedürftigkeit trotz **20** 9 *16*, Landesverbände **50** 208, Wertbestimmung (BAföG) **6** 28
Vermögen, einzusetzendes, Härteklausel **120** 90 *15*, Schonvermögensgegenstände **120** 90 *5*, Sozialhilfe **120** 90 *3*
Vermögensanlagen 60 293
Vermögensanlagen, genehmigungsbedürftige, Sozialversicherungsträger **40** 85
Vermögensanrechnung, Einschränkung (Eingliederungshilfe für behinderte Menschen) **120** 92 *1*, Umfang (BAföG) **6** 26
Vermögensberücksichtigung, Altersvorsorge bei Befreiung von Rentenversicherungspflicht **20** 12 *23*,

angemessenes Kraftfahrzeug **20** 12 *21*, Angemessenheit **20** 12 *18*, geförderte Altersvorsorge **20** 12 *12*, Gegenstände für Ausbildung/Erwerbstätigkeit **20** 12 *34*, Hausrat **20** 12 *20*, keine **20** 12 *17*, notwendige Anschaffungen **20** 12 *16*, selbst genutzte Immobilie **20** 12 *26*, sonstige Altersvorsorge **20** 12 *13*, unwirtschaftliche Verwertung **20** 12 *35*, Verkehrswert **20** 12 *43*, Vermögensbegriff **20** 12 *1*, Verwertbarkeit **20** 12 *4*, Verwertung – besondere Härte **20** 12 *40*, Wohnbedürfnisse Behinderter/Pflegebedürftiger **20** 12 *31*
Vermögenseinkommen, Einkommensanrechnung **40** 18 b *12*, Hinterbliebenenrente **40** 18 a *23*
Vermögenseinsatz, Schuldenübernahme **20** 12 *50*
Vermögensermittlung, Grundsicherung im Alter/bei Erwerbsminderung **120** 41 *15*
Vermögensfreibetrag 20 12 *8*, Grundfreibetrag **20** 12 *9*, Kinderfreibetrag **20** 12 *11*
Vermögensprivilegierung 20 12 *17*
Vermögensübergang, Bundesverbände **50** 213
Vermutungsregelung, Einsatzgemeinschaft **120** 19 *9*
Vernehmung durch bestimmten Richter **150** 205, Verwaltungs-/Sozialgericht **100** 22
Verordnung (EWG) Nr. 1408/71, Aufhebung **5** 90
Verordnung 1408/71, Verträge mit Leistungserbringern in Staaten in denen anwendbar ist **50** 140 e
Verordnungsermächtigung, Aktivierungs-/Eingliederungsmaßnahmen **30** 47 *1*, Alg II **20** 13 *1*, ambulante Pflegegebühren **110** 90, Anlagevermögen **60** 222, Arbeitsvermittlung **30** 301, Aufbewahrung **40** 110 c, Aufgabenwahrnehmung durch Deutsche Post AG **60** 120; **70** 100, Aufwendungserstattung **60** 180, 226, Ausgleichsbedarf **60** 69, Behindertenausweis **90** 70, Behindertenwerkstätten **90** 144, Beirat für behinderte Menschen **90** 67, Beiträge **90** 352, Beiträge/Beitragsbemessungsgrenze **60** 160, Beitragsbemessungsgrenze **60** 275 b, Berechnungsgrundlagen **70** 221 b, berufliche Eingliederung trotz Ehrenamt **30** 151 *4*, berufliche Weiterbildung **30** 87, Eingliederungshilfe für behinderte Menschen **120** 60, Einkommensberechnung **120** 96, Erstattungen **60** 292, Genehmigungen/Erlaubnisse **30** 288, Gesamtsozialversicherungsbeitrag **40** 28 n *1*, Haushaltsvorschriften der Sozialversicherungsträger **40** 78, Hilfe zur Überwindung besonderer sozialer Schwierigkeiten **120** 69, Hilfsmittel **90** 32, Insolvenzgeldumlage **30** 361, Integrationsfachdienste **90** 115, Integrationsprojekte **90** 135, Interessensvertretung der Patienten **90** 140 g, Kindererziehungszeiten **60** 178, Kosten Wirtschaftlichkeits-/Wirksamkeitsprüfungen/Schiedsstellen **110** 116, Kurzarbeitergeld **30** 182, Leistungen zur Teilhabe am Arbeitsleben **90** 108, Leistungen zur Teilhabe am Leben in der Gemeinschaft **90** 59, Melde-/Beitragsnachweisverfahren **40** 1, Meldepflichten **60** 195, Nachversicherung **60** 281 b, Packungsgröße **50** 31 *13*, pauschale Erstattung (Ost) **60** 292 a, Persönliches Budget **90** 21 a, Pflegestufe **110** 16 *1*, Pflegevergütung **110** 83, Pflichtarbeitsplätze Schwerbehinderte **90** 79, Pflichten **30** 321 a, Prüfpflicht **40** 28 p *33*, Regelsatz Hilfe zum Lebensunterhalt **120** 40, Rehaleistungen **90** 32, Rentenwert **60** 69, Rentenwert/Anpassungsbedarf (Ost) **60** 255 b, Schwerbehindertenvertretung **90** 100, Servicestellen **90** 25, Sozialhilfeeinrichtungen/-dienste **120** 81, Sozialhilfestatistik **120** 129, Sozialhilfeverfahren **120** 128 c *1*, Sozialversicherungsarbeitsförderung/betriebliche Altersversorgung/Beitragseinzug **40** 17, unentgeltliche Beförderung **90** 154, Vermeidung von Doppelleistungen **30** 151 *1*, Versicherungsnummer **90** 152, Winterbeschäftigungsumlage **30** 357, Zuständigkeitsprüfung (Teilhabeleistungen) **90** 16

2843

Sachverzeichnis

Fette Zahlen = Kennziffern

Verpachtung, Hinterbliebenenrente **40** 18a *25*
Verpfändung 10 54, Ausschluss **10** 53 *4,* Auszahlungsfrist **10** 53 *15,* Geldleistung **10** 53 *5,* Insolvenzgeld **30** 189 *1,* Rechtsfolgen **10** 53 *12,* Sondervorschriften **10** 53 *18,* Überleitungsvorschrift **10** 71, Voraussetzungen **10** 53 *2*
Verpflegung, Pflegeeinrichtungen **110** 87
Verpflegungskosten, behinderte Menschen **30** 111, berufliche Weiterbildung **30** 82
Verpflichtungsermächtigung 40 75
Verpflichtungsklage, Frist **150** 87–95 *1,* 88, kombinierte Anfechtungs- und **10** 39 *14*
Verpflichtungsurteile, Vollstreckung **150** 201
Verrechnung 10 52, Ermächtigung **10** 52 *2,* Erstattungsanspruch **40** 28 *2,* Sozialhilfe **120** 17 *2,* Summenbeitragsbescheid **40** 28 f *13,* Wohngeld **160** 29
Verrechnungsbescheid, VA **100** 31 *12*
Verschlimmerung, Arbeitsunfall **70** 8 *90, 99*
Verschollenheit, Hinterbliebenenleistungen, Unfallversicherung **70** 63 *21,* Hinterbliebenenrente **60** 49 *1*
Verselbständigung von Kindern/Jugendlichen 80 SK *23*
Versicherte, Sozialrecht **40** 1–6 *7*
Versicherte, freiwillig, Beginn der KV-Mitgliedschaft **50** 188, Beitragsbemessungsgrundlage **60** 279 b, Krankengeldanspruch **50** 44 *2,* 47 *13,* 49 *1*
Versicherte, sonstige, beitragspflichtige Einnahmen **60** 276
Versichertenverzeichnis, Krankenkasse **50** 288, Sozialdaten **10** 35 *25*
Versicherung an Eides statt 100 23, 23–25 *1,* ultima ratio **100** 23–25 *1*
Versicherung auf Antrag, beitragspflichtige Einnahmen **30** 345 b, Beitragstragung/Beitragszahlung **30** 349 a
Versicherung, freiwillige, Gesamtsozialversicherungsbeitrag **40** 28 d *3*
Versicherungeinkommen, Hinterbliebenenrente **40** 18 a *24*
Versicherungsälteste, Sozialversicherungsträger **40** 39, Wahl **40** 61
Versicherungsämter 40 92, Aufgaben **40** 93
Versicherungsbehörden, Arten **40** 91
Versicherungsbehörden, frühere, Zuständigkeit **150** 204
Versicherungsbeiträge, Zuschuss **20** 26 *1*
Versicherungsfreiheit, Bürgerarbeit **30** 421 u
Versicherungsfreiheit (RV), Beitragserstattung **60** 210 *3*
Versicherungskongruenz, RV-Pflicht **60** 2 *15*
Versicherungsnummer, *s. Sozialversicherungsnummer*
Versicherungspflicht, Alg II **20** 26 *5,* Beginn bei Zusammenrechnung (Geringfügigkeit) **40** 8 *22*
Versicherungsträger, zwei leistungspflichtige **150** 182
Versicherungsverhältnis, KV **50** Einl. *19 f.,* mehrere **40** 22 *8*
Versicherungszeiten, Prinzip der Zusammenrechnung **5** SK *4,* von weniger als einem Jahr **5** 57, Zusammenrechnung **5** 6, 45, 51, SK *46 ff.*
Versorgung, Kind in Notsituationen **80** 20, Vertragspartner **50** 126
Versorgung, berufsständische, Annahmestelle **40** 28 b *5,* Meldeverfahren **40** 28 a *41,* 28 b *5*
Versorgung, besondere ambulante ärztliche 50 73 c
Versorgung, fachärztliche 50 95–105 *7*
Versorgung, hausärztliche 50 95–105 *7,* beratender Fachausschuss **50** 79 c
Versorgung, hausarztzentrierte 50 73 b *1,* Ausgestaltung **50** 73 b *4,* Modell **50** 73 b *2*
Versorgung, kassenärztliche 50 73

Versorgung, pflegerische, Bundesempfehlungen/-vereinbarungen über **110** 75
Versorgung, Sicherstellung der 110 12 *2,* Bedeutung **110** 12 *3,* Verletzung **110** 12 *4*
Versorgung, vertragsärztliche, Förderung **50** 105, Leistungserbringungsrecht **50** 95–105 *1,* Sicherstellung **50** 72, Teilnahme **50** 95, 95–105 *6,* Versorgungsauftrag **50** 95–105 *6*
Versorgung, vertragszahnärztliche, Sicherstellung **50** 72
Versorgung, Weiterentwicklung, Grundsätze **50** 63
Versorgungsausgleich, Abänderung **60** 101 *10,* abzuschmelzende Anrechte **60** 120 h, Altersrente für Frauen **60** 237 a *15,* Altersrente nach Altersteilzeit **60** 237 *31,* Altersrente wegen Arbeitslosigkeit **60** 237 *31,* Aufhebung **60** 101 *11,* Auskunft Familiengericht **60** 109 *23,* Beitragserhöhung/-minderung **60** 183, Beitragserstattung **60** 210 *14,* Beitragszahlung **60** 186, 187, Beitragszahlung (Ost) **60** 281 a, Entgeltpunktermittlung **60** 187, Erwerbsminderungsrente **60** 101 *13,* 241 *3,* externe Teilung **60** 120 g, interne Teilung **60** 120 f, Lebenspartnerschaft **60** 109 *21,* Rente aus anderem Versorgungssystem **60** 101 *13,* Rentenänderung **60** 268 a, Rentenauskunft **60** 109 *20,* nach Rentenbeginn **60** 101 *5,* Rentensplitting **60** 101 *15,* Rentnerprivileg **60** 101 *17,* RV **60** 8 *1,* Schutzvorschrift **60** 101 *9,* Tod des Ausgleichsberechtigten **60** 101 *1,* Verrechnung von Anrechten **60** 120 f, Warteerfüllung **60** 52 *2,* Zuschläge/Abschläge Entgeltpunke **60** 76, 264, Zuschläge/Abschläge Entgeltpunke (Ost) **60** 264 a
Versorgungsbeschränkung 50 124–127 *5*
Versorgungsbezieher, Nachversicherung **60** 96
Versorgungsbezüge, beitragspflichtige Einnahmen **50** 229, Beitragssatz **50** 248, KV-Beitragszahlung **50** 256, Meldepflicht **50** 202
Versorgungsehe 60 46 *10,* Witwenrente, Unfallversicherung **70** 65 *31*
Versorgungsfonds 30 366 a
Versorgungsgerichte, frühere, Zuständigkeit **150** 204
Versorgungskrankengeld, Beschäftigung **40** 7 *81*
Versorgungslast, Erstattung durch Träger der **60** 290, Erstattung durch Träger der (Ost) **60** 290 a
Versorgungslebenspartnerschaft, Witwenrente **60** 46 *10,* Witwenrente, Unfallversicherung **70** 65 *31*
Versorgungsmanagement 50 11 *3;* **110** 7 *2,* Anspruchsberechtigung **110** 7 a *2,* Anspruchsgegner **110** 7 a *3,* Datenschutz **110** 7 a *16,* Einvernehmlichkeit **110** 7 a *7,* Inhalt **110** 7 a *5,* Pflegeberatung **110** 7 a *2,* Pflegestützpunkte **110** 7 a *8,* Unabhängigkeit **110** 7 a *4*
Versorgungsrecht 10 1–10 *32*
Versorgungsrente, Alg II **20** 5 *4,* 11 a *4,* Hinterbliebenenrente **40** 18 a *17*
Versorgungsstrukturen, Weiterentwicklung **110** 45 c
Versorgungsvertrag, Abschluss **50** 109; **110** 73, Kündigung **50** 110; **110** 74, Müttergenesungswerk **50** 111 a, Pflegeeinrichtungen Zulassung zur Pflege durch **110** 72, PV **110** 43 *5,* Rahmenverträge **110** 75, Vorsorge-/Rehaeinrichtungen **50** 111
Versorgungswerk, Alg II **20** 26 *12*
Versorgungungseinrichtung, berufsständische, Vergleichsnettoarbeitsentgelt **40** 23 c *7*
Verständigung, Förderung **90** 57
Verstorbene, Sozialdaten **10** 35 *15*
Verteidigungsfall, Ruhen des KV-Leistungsanspruchs **50** 16 *6*
Vertrag, öffentlich-rechtlicher, *s. öffentlich-rechtlicher Vertrag,* Anpassung/Kündigung **100** 59, Austauschvertrag **100** 55, ergänzende Vorschriften **100** 61, Form **100** 56, Nichtigkeit **100** 58, sofortige Vollziehung

magere Zahlen = §§ bzw. Art.; kursive Zahlen = Randnummern **Sachverzeichnis**

100 60, Vergleichsvertrag **100** 54, Zulässigkeit **100** 53, Zustimmungserfordernisse **100** 57
Verträge, Heilmittel als Dienstleistung **50** 124–127 *3*, Hilfsmittel **50** 124–127 *4*, KV **50** 127
Verträge auf Bundes-/Landesebene, Grundsätze **50** 82
Vertragsarztangelegenheiten, Zuständigkeit, Sozialgericht **150** 57 a
Vertragsärzte, Altersgrenze **50** 95–105 *5*, Arztregister **50** 95 a, Beratung **50** 305 a, dreiseitige Verträge **50** 115, Förderung **50** 105, Fortbildungspflicht **50** 95 d, Nebenpflichten **50** 95–105 *3*, Rechtsbeziehung zu Versicherten **50** 95–105 *3*, Status **50** 95–105 *5*, unzulässige Zusammenarbeit mit Leistungserbringern **50** 128, Versorgung **50** 95, Zulassung **50** 95–105 *4*
Vertragsärztliche Versorgung, *s. auch Versorgung, vertragsärztliche,* Abrechnungsprüfung **50** 106 a, Wirtschaftlichkeitsprüfung **50** 106
Vertragspartner, Versorgung **50** 126
Vertragszahnarzt, Zulassung **50** 95–105 *4*
Vertrauensperson der schwerbehinderten Menschen, persönliche Rechte/Pflichten **90** 96
Vertrauenspersonen, Sozialversicherungsträger **40** 39, Wahl **40** 61
Vertrauensschutz, Aufhebung **100** 44–48 *23*, Ausschluss **100** 44–48 *24*, Sozialdaten **80** 65
Vertrauensstelle 50 303 c
Vertreter, Bestellung von Amts wegen **100** 15
Vertreter ohne Vertretungsmacht 100 13–15 *12*
Vertreterversammlung, Sozialversicherungsträger **40** 33, Wahl **40** 46
Vertreterverschulden, Säumnis **100** 26–28 *10*
Vertretung, gesetzliche **100** 13–15 *7*, gewillkürte **100** 13–15 *6*, sachkundige **100** 13–15 *1*
Vertretungszwang, BSG **150** 73/73 a *5 f*
Vertriebene, Nachzahlung **60** 284
Verwaltung, Jugendamt **80** SK *141*, Landesjugendamt **80** SK *142*
Verwaltung, einheitliche, Amtshilfe **100** 3–7 *2*
Verwaltungsakt, Abgrenzung **100** 31 *8*, Allgemeinverfügung **100** 31 *21*, Anfechtungsklage **100** 31 *2*, Anhörung **100** 23–25 *4*, 40–43 *5*, *14*, Aufhebung **100** 44–48 *1*, *48*, Aufhebung für die Zukunft **100** 44–48 *41*, Aufhebung Sonderregelung **30** 330, Auslegung **100** 40–43 *7*, automatisch erstellter **100** 33 *15*, Begriff **100** 8 *4*, Begriffsmerkmale **100** 8 *4*, Begründungspflicht **100** 35 *1*, Begründungszwang **100** 33 *1*, 35 *3*, begünstigender **100** 44–48 *19*, Behörde **100** 31 *7*, Bekanntgabe **100** 37, 37–39 *11*, Berichtigung **100** 40–43 *7*, besonders schwerwiegende Mängel **100** 40–43 *1*, Bestandskraft **100** 37–39 *7*; **150** 76–86 b *2*, Bestimmtheitsgebot **100** 33 *2*, Betroffenheit **100** 37–39 *13*, Beurteilungszeitpunkt **100** 33 *4*, Bindungswirkung **100** 40–43 *8*; **150** 77, Dauerwirkung **100** 31 *4*, einstweiliger **100** 8 *8*, Einzelfallregelung **100** 31 *11*, elektronischer **100** 33 *11*, Erledigung auf andere Weise **100** 37–39 *24*, feststellender **100** 31 *16*, Form **100** 33 *1*, Formal- **100** 31 *5*, formelle Rechtswidrigkeit **100** 35 *12*, Formfreiheit **100** 33 *8*, gebundener **100** 32 *7*, Hemmung der Verjährung durch **100** 52, Klarstellungsfunktion **100** 33 *3*, konkludenter **100** 31 *6*, konkret- individuelle Regelung **100** 31 *18*, Legaldefinition **100** 31 *1*, Maßnahme **100** 31 *6*, mündlicher **100** 33 *10*, Nachschieben von Gründen **100** 44–48 *22*, Nebenbestimmung **100** 31 *3*, Nichtauszahlung **100** 31 *11*, Nichtigkeit **100** 40, 40–43 *1*, *9*, offenbare Unrichtigkeit **100** 38, offensichtlicher Fehler **100** 40–43 *10*, Rechtsänderungen **100** 44–48 *43*, Rechtsansicht **100** 31 *13*, Rechtsbehelf **100** 62, Rechtsbehelfsbelehrung **100** 36 *1*, Rechtsschein **100** 31 *5*, Rechtswidrigkeit **100** 44–48 *13*, Regelung, vorläufige **100** 31 *14*, Rücknahme **100** 44, 45, Rücküberweisungsanspruch **100** 31 *10*, Schlüsselzeichen **100** 33 *16*, Schriftform **100** 33 *9*, Tatsachenänderung **100** 44–48 *42*, Teilnichtigkeit **100** 40–43 *13*, Umdeutung **100** 40–43 *6*, *25*, unbeachtliche Fehler **100** 40–43 *5*, unmittelbare Außenwirkung **100** 31 *19*, Unterlassungsansprüche **100** 31 *9*, Unverzüglichkeit **100** 33 *10*, Verfahrens-/Formfehler **100** 40–43 *14*, Verjährungshemmung **40** 25 *8*, Verpflichtungsklage **100** 31 *2*, Verrechnungsbescheid **100** 31 *12*, Vollstreckungsmaßnahmen **100** 33 *8*, Vorabentscheidung **100** 31 *16*, Vorbehalt der Änderung **100** 31 *14*, Vormerkungsbescheid **100** 31 *4*, vorsorglicher **100** 31 *16*, wesentliche Fehler **100** 40–43 *5*, Widerruf **100** 46, 47, wiederholende Verfügung **100** 31 *17*, Wirksamkeit **100** 37–39 *6*, *24*, *39*, Zurückweisung **100** 13–15 *21*, Zusicherung **100** 34 *1*, Zustellung **100** 37–39 *12*, *21*, Zweitentscheid **100** 31 *17*
Verwaltungsakt, begünstigender, Abschmelzen **100** 44–48 *52*, anfänglich rechtswidriger **100** 44–48 *20*, Aussparung **100** 44–48 *52*, Einfrieren **100** 44–48 *52*
Verwaltungsakt, belastender 100 44–48 *10*
Verwaltungsakt, elektronischer, Begründungszwang **100** 35 *3*, Mindestformerfordernisse **100** 33 *13*
Verwaltungsakt, fehlerhafter, Günstigkeitsprinzip **100** 40–43 *28*, Umdeutung **100** 40–43 *25*, *43*
Verwaltungsakt, gebundener 100 32 *7*, Widerrufsvorbehalt **100** 32 *10*
Verwaltungsakt, rechtmäßiger, Widerruf **100** 44–48 *2*
Verwaltungsakt, rechtswidriger, Rücknahme **100** 44–48 *2*
Verwaltungsakt, schriftlicher, Begründungszwang **100** 35 *3*, Mindestformerfordernisse **100** 33 *12*
Verwaltungsaufwendungen, RV **60** 220
Verwaltungsausschüsse 30 374
Verwaltungsgericht, besonderer Spruchkörper (SGG) **150** 1–6 *4*, Vernehmung **100** 22
Verwaltungsgerichte, besondere 150 50 a–50 c, SGG **150** 1, Sozialgericht **150** 1–6 *3*
Verwaltungshandeln 100 9 *5*, Ergebnis **100** 9 *8*
Verwaltungshandeln, schlichtes, Erstattung **100** 50 *11*
Verwaltungshilfe, Sozialhilfe **120** 118
Verwaltungskommission, VO EG 883/2004 **5** 71 f.
Verwaltungskosten, Erstattung **80** SK *170*, Reduzierung landwirtschaftliche Unfallversicherung **70** 187 a
Verwaltungsrat, BA **30** 373, Krankenkasse **50** 197, Landesverbände **50** 209, Sozialversicherungsträger **40** 33
Verwaltungstätigkeit, öffentlich-rechtliche, Anwendungsbereich **100** 1 *2*
Verwaltungsträger, interne Abstimmung **20** 36–44 *24 a*
Verwaltungsvereinbarungen 40 110 c
Verwaltungsverfahren, Anwendungsbereich **100** 1 *1*, 8 *2*, Auslegungsprinzip **100** 9 *3*, Begriff **100** 8 *1*, Beliehene **100** 1 *8*, Beteiligte **100** 8 *3*, dienendes Recht **100** 9 *9*, Krankenversicherung – Sonderregelungen **50** 4 a, Nichtförmlichkeit **100** 9 *1*, Optimierungsgebot **100** 9 *3*, Ordnungswidrigkeiten **100** 1 *5*, Untersuchungsgrundsatz **100** 9 *7*, Verfahren **100** 8 *3*, Zuständigkeitswechsel **100** 2 *9*
Verwaltungsvermögen, Krankenkasse **50** 263
Verwaltungsvorschriften, BAföG **6** SK *4*, ermessenslenkende **10** 39 *11*, Sozialversicherungsträger **30** 353
Verwandte, Elterngeld **7** 1 *22*, Unterhaltsansprüche **20** 33 *9*
Verweigerung von Angaben **10** 65 *12*
Verweisung auf aufgehobene Vorschriften **150** 203, Teilerwerbsminderungsrente **60** 240 *9*, Unzuständigkeit **150** 98, 98–102 *1*

2845

Sachverzeichnis

Fette Zahlen = Kennziffern

Verwerfung, Berufung **150** 158
Verwertbarkeit, Vermögen **20** 12 *4*
Verwertung, besondere Härte **20** 12 *40,* Unwirtschaftlichkeit **20** 12 *35*
Verwirkung, Rechtsbehelfsbelehrung **100** 36 *14*
Verzicht 10 46, Form **10** 46 *3,* Gegenstand **10** 46 *2,* Sonderrechtsnachfolge **10** 57 *2,* Unwirksamkeit **10** 46 *6 f.,* Widerruf **10** 46 *5,* Wirkung **10** 46 *4*
Verzicht, kollektiver auf Zulassung **50** 95 b
Verzinsung 10 44, Beginn **10** 44 *8 ff.,* Beginn/Ende – Erstattungsanspruch **40** 27 *3,* Berechnung **10** 44 *15;* **40** 27 *5,* Ende **10** 44 *14,* Erstattung **100** 50 *16,* Erstattungsanspruch **40** 27 *2,* Höhe **10** 44 *15,* Normzweck **10** 44 *1,* Voraussetzungen **10** 44 *2 ff.*
Verzugszinsen, Schadenersatz **40** 28 r *5*
Vier-Jahres-Grenze, Alg **30** 147 *14*
Viertes Gesetz für moderne Dienstleistungen am Arbeitsmarkt 30 434 k
VO EG 883/2004, Verhältnis zu anderen Koordinierungsregelungen **5** 8
Vollerwerbsminderungsrente, Tragung pauschalierter Beiträge **60** 224 a, Voraussetzungen **60** 43 *12*
Volljährige, Hilfe für junge **80** 41, junge – örtliche Zuständigkeit **80** 86 a
Volljährige, junge 80 SK *113*
Vollmacht 100 13–15 *10,* höchstpersönliche Verfahrenshandlungen **100** 13–15 *11,* Sozialgericht **150** 73/73 a *5*
Vollmachtsgeber, Tod **100** 13–15 *9*
Vollmachtsnachweis, Bevollmächtigte **100** 13–15 *8*
Vollrente 60 42 *1,* Altersrente Bergleute **60** 40 *10,* Altersrente für Frauen **60** 237 a *20,* Altersrente für langjährig Versicherte **60** 236 *12,* Altersrente für Schwerbehinderte **60** 37 *18,* 236 a *31,* Altersrente nach Altersteilzeit **60** 237 *37,* Altersrente wegen Arbeitslosigkeit **60** 237 *37,* Hinzuverdienstgrenze **60** 34 *16,* langjährig Versicherte **60** 36 *9,* Regelaltersrente **60** 35 *13,* 235 *16,* Verletztenrente **70** 56 *24,* Wahlmöglichkeit zwischen Teil- und **60** 42 *2*
Vollstationäre Pflege, Abwesenheitsregelung **110** 43 *13,* Anspruch des Heims **110** 43 *15,* Folgen Höherstufung **110** 43 *15,* Härtefall **110** 43 *1,* Kassenleistung **110** 43 *7,* Leistungsinhalt **110** 43 *1,* medizinische Behandlungspflege **110** 43 *11,* Pflegeklasse **110** 43 *8,* Pflegestufe **110** 43 *8,* Systematik der Heimentgelte **110** 43 *6,* teilstationäre vor **110** 43 *7,* Voraussetzungen **110** 43 *3,* Zuschuss bei mangelnder Heimbedürftigkeit **110** 43 *12*
Vollstationäre Pflege, behinderte Menschen, Verhältnis zu anderen Leistungen **110** 43 a *8,* Voraussetzungen **110** 43 a *3*
Vollstreckbare Urkunden 80 SK *133,* Kinder- und Jugendhilfe **80** 60
Vollstreckung 100 66, Kinder- und Jugendhilfe **80** 60
Vollstreckung (Sozialgerichte), Geltung der ZPO **150** 198, Verpflichtungsurteile **150** 201, zugunsten der öffentlichen Hand **150** 200
Vollstreckungstitel, Sozialgericht **150** 199
Vollzeitpflege, Erlaubnis **80** 44, Kinder **80** 33, Kostenbeteiligung **80** SK *103,* Kostenerstattung bei fortdauernder **80** 89 a, Landesrechtsvorbehalt **80** 49, Meldepflichten **80** 47, örtliche Prüfung **80** 46, örtliche Zuständigkeit **80** 87 a, Tätigkeitsuntersagung **80** 48
Vollziehbarkeit, sofortige 20 39
Volontäre, gesetzliche Unfallversicherung **70** 2 *11*
Vorabentscheidung, VA **100** 31 *16*
Vorausleistung, Ausbildungsförderung **6** 36, BAföG **5** SK *69 ff.,* Berufsausbildungsbeihilfe **30** 72
Voraussetzungen, BAföG **6** SK *6 f.*
Voraussetzungen, persönliche 6 8
Vorbehalt, Nebenbestimmung **100** 32 *5*

Vorbereitende Schriftsätze, Sozialgericht **150** 108
Vorbereitungstätigkeit, Arbeitsunfall **70** 8 *20*
Vorbeschäftigungszeit, Übergangsgeld **30** 161 *1,* Übergangsgeld ohne **30** 162 *2*
Vordrucke 10 60 *8,* Antrag **100** 18 *8*
Vorfinanzierung des Arbeitsentgelts **100** 115 *2,* Insolvenzgeld **30** 188 *10*
Vor-GmbH, Zahlungspflicht **40** 28 e *4*
Vorlagepflicht ggü. Arbeitgeber **40** 28 o *2,* Beschäftigter **40** 28 o *1,* ggü. Sozialversicherungsträger **40** 28 o *7*
Vorläufige Entscheidung 30 328
Vorläufige Leistungen, *s. Leistungen, vorläufige*
Vorläufige Zahlung, Elterngeld **7** 8 *5 f.*
Vorläufiges Tätigwerden, Verpflichtung (Jugendhilfe) **80** 86 d
Vorleistungspflicht, Arbeitsförderung **30** 23
Vormerkungsbescheid 100 31 *4*
Vormund, Beratung/Unterstützung **80** 53
Vormundschaft, *s. auch Amtspflegschaft, Beistandschaft, Amtsvormundschaft,* Gegenvormund **80** 58, Mitteilungspflicht **80** 57, örtliche Zuständigkeit **80** 87 d
Vormundschaftsgericht, *s. Familiengericht*
Vormundschaftsgerichtshilfe 80 SK *130*
Vormundschaftswesen 80 SK *131*
Vornahmesachen, einstweiliger Rechtsschutz **150** 76–86 b *21 ff.*
Vorrang, aktive Arbeitsförderung **30** 5, Alg II **20** 5 *2,* Sozialleistungen **20** 12 a, Vermittlung **30** 4
Vorruhestandsgeld, Hinzuverdienstgrenze **60** 34 *14,* Krankengeldausschluss **50** 30 *3,* KV-Versicherungspflicht **50** 5 *10,* Ruhen (Alg) **30** 142 *29,* RV-Pflicht **60** 3 *14*
Vorruhestandsleistungen, VO EG 883/2004 **5** 66, SK *24, 165*
Vorschlagsberechtigung, Feststellung **40** 48 c
Vorschlagslisten, Bundessozialgericht **150** 46, ehrenamtliche Richter **150** 14
Vorschlagsrecht, Arbeitnehmervereinigungen **40** 48 a, Bundessozialgericht **150** 46, ehrenamtliche Richter **150** 14
Vorschuss 10 42; **40** 28 e *1,* Anrechnung **10** 42 *8,* BAföG **6** SK *81 ff.,* endgültige Entscheidung **10** 42 *8,* Erstattung **10** 42 *9 ff.;* **100** 50 *12,* Form **10** 42 *7,* Gesamtsozialversicherungsbeitrag **40** 28 e *24,* Normzweck **10** 42 *1,* Sondervorschriften **10** 42 *13,* Voraussetzungen **10** 42 *2 ff.,* Zahlung **10** 42 *4 ff.*
Vorsitzender, Aufklärungspflicht **150** 106
Vorsorge, ambulante, Qualitätssicherung **50** 137 d
Vorsorge, stationäre, Qualitätssicherung **50** 137 d
Vorsorgebeiträge, Übernahme, Angemessenheit **120** 33 *4,* Ermessen **120** 33 *10,* Hilfe zum Lebensunterhalt **120** 33 *1,* Prognose **120** 33 *8*
Vorsorgeeinrichtungen 50 107, Versorgungsverträge **50** 111
Vorsorgeleistungen, ambulante 50 23 *2,* Kurorte **50** 23 *5,* Voraussetzungen **50** 23 *3*
Vorsorgeleistungen für Eltern 50 24 *1, s. auch Mutter-Kind-Kuren*
Vorsorgeleistungen, medizinische 50 23 *1*
Vorsorgeleistungen, stationäre 50 23 *6*
Vorsorgeuntersuchungen, Bonus **50** 65 a *2*
Vorstand, Krankenkassen **40** 35 a, Landesverbände **50** 209 a, Sozialversicherungsträger **40** 35
Vorstandsmitglieder einer AG, RV-Pflicht **60** 1 *10*
Vorverfahren, *s. auch Widerspruch,* Filterfunktion **100** 8 *6,* Klagevoraussetzung **150** 78, Kostenerstattung **100** 63 *1,* Notwendigkeit **150** 76–86 b *4,* Verwaltungsverfahren **100** 8 *6*
Vorversicherungszeit, PV **110** 33 *9*
Vorzeitige Inanspruchnahme von Altersrente, Altersteilzeit **60** 237 *39,* Arbeitslosigkeit **60** 237 *39,*

magere Zahlen = §§ bzw. Art.; kursive Zahlen = Randnummern

Sachverzeichnis

Beitragszahlung **60** 187 a, Frauen **60** 237 a *22*, langjährig Versicherte **60** 236 *14*, schwerbehinderte Menschen **60** 236 a *33*, Zuschläge, Entgeltpunkte **60** 76 a

Wahlrecht 80 SK *11 ff.*, *s. auch Wunschrecht*, allgemeines der Krankenkassenmitglieder **50** 173, Ausübung **50** 175, besonderes **50** 174, Erziehungshilfe **80** SK *101*, Hilfsmittel **50** 33 *8*, Hinweispflicht **80** SK *11*; **110** 2 *11*, Jugendhillfe **80** 5, Kinder- und Jugendhilfe **80** SK *11ff.*, Konkurrenz zum Vorrang ambulanter Pflege **110** 2 *8*, PV **110** 2 *3*, religiöse Bedürfnisse **110** 2 *10*, Teilhabeleistungen **90** 9

Wahltarife 50 53 *1*, besondere Versorgungsformen **50** 53 *4*, Kostenerstattung **50** 53 *5*, Krankengeld **50** 44 *5*, *13*, Leistungsbeschränkung **50** 53 *7*, Prämienzahlung **50** 53 *3*, Selbstbehalt **50** 53 *2*

Waise, Beitragserstattung **60** 210 *5*, Familienleistungen **5** SK *174*, VO EG 883/2004 **5** 69

Waisenbeihilfe, Unfallversicherung, Anspruch **70** 71 *2*, laufende **70** 71 *6*, Vollwaisen **70** 71 *5*, Zusammentreffen mehrerer Renten **70** 71 *4*

Waisenrente 60 33 *6*, 46 *1*, *s. auch Hinterbliebenenleistungen*, *Unfallversicherung*, Adoption **60** 48 *24*, und andere Waisenleistungen **60** 92, Anspruchsdauer **60** 48 *9*, Befristung **60** 102 *8*, Behinderung **60** 48 *20*, Berufsausbildung **60** 48 *11*, Einkommensanrechnung **60** 97, Enkel **60** 48 *6*, Forderungsübergang **100** 116 *51*, Freiwilliges Jahr **60** 48 *16*, Geschwister **60** 48 *6*, Halb- **60** 48 *2*, Haushaltsaufnahme **60** 48 *7*, knappschaftliche Besonderheiten **60** 87, nachgeborene Waise **60** 99 *14*, Pflegekinder **60** 48 *6*, Rechtsänderungen **60** 304, Rentensplitting **60** 101 *17*, Schulausbildung **60** 48 *10*, Stiefkinder **60** 48 *6*, Übergangszeiten **60** 48 *14*, Verlängerung **60** 48 *22*, Verschollenheit **60** 49 *1*, Voll- **60** 48 *4*, Zurechnungszeiten **60** 59 *1*, Zuschläge, Entgeltpunkte **60** 78

Waisenrente, Unfallversicherung 70 67 *1*, *s. auch Unfallversicherungsrenten*, Adoption **70** 67 *26*, Anspruch **70** 67 *2*, Behinderung **70** 67 *24*, Berufsausbildung **70** 67 *20*, Einkommensanrechnung **70** 68 *3*, freiwilliges soziales/ökologisches Jahr **70** 67 *23*, Halb- **70** 67 *5*, Höhe **70** 68 *2*, Regelbezugsdauer **70** 67 *15*, Schulausbildung **70** 67 *17*, Übergangszeiten **70** 67 *22*, Verlängerung **70** 67 *16*, *25*, Voll- **70** 67 *6*, weitere Kinder **70** 67 *7*, Zusammentreffen mehrerer **70** 68 *4*

Wanderarbeiter, VO EG 883/2004 **5** SK *38*

Wanderausgleich 60 223

Wanderversicherungsausgleich 60 223, 289, Besonderheiten **60** 289 a

Warmwasser 120 29 *27*, Bedarfe für Unterkunft und Heizung **20** 22 *5*, Unterkunftskosten **120** 29 *6*

Wartefrist, Gründungszuschuss **30** 57 *24*

Wartezeit, 20 Jahre **60** 50 *4*, 20 oder 35 Jahre **60** 50 *5*, 45 Jahre **60** 50 *6*, allgemeine **60** 50 *3*, Altersrente Bergleute **60** 50 *7*, Altersrente für Frauen **60** 237 a *10*, 243 b, Altersrente für langjährig Versicherte **60** 36 *6*, 236 *9*, Altersrente für Schwerbehinderte **60** 37 *14*, Altersrente nach Altersteilzeit **60** 237 *26*, 243 b, Altersrente wegen Arbeitslosigkeit **60** 237 *26*, 243 b, anrechenbare Zeiten **60** 51 *1*, 244, Erwerbsminderung − 20 Jahre **60** 43 *22*, landwirtschaftliche Berufsgenossenschaften **70** 80 a, Mindestversicherungszeit **60** 50 *1*, Rechtsänderungen **60** 305, Regelaltersrente **60** 35 *6*, 235 *9*, Teilerwerbsminderungsrente **60** 43 *11*, Vollerwerbsminderungsrente **60** 43 *22*

Wartezeitanrechnung, 5, 10 oder 15 Jahre **60** 51 *3*, 25 Jahre **60** 51 *4*, 35 Jahre **60** 51 *5*, 45 Jahre **60** 51 *6*, Ersatzzeiten **60** 51 *5*

Wartezeiterfüllung, fehlende und Beitragserstattung **60** 210 *3*, *7*, früherer Anspruch auf Hinterbliebenenrente (Ost) **60** 245 a, geringfügige Beschäftigung **60** 52 *7*, Rentensplitting **60** 52 *6*, Versorgungsausgleich **60** 52 *2*

Wartezeiterfüllung, vorzeitige 60 53 *1*, 245, Arbeitsunfall **60** 53 *2*, Ausbildung **60** 53 *8*, Bergleute **60** 53 *7*, Berufskrankheit **60** 53 *2*, Erwerbsminderungsrente **60** 43 *21*, Erwerbsminderungsrente, Bergleute **60** 45 *7*, Gewahrsam **60** 53 *6*, Regelaltersrente **60** 235 *10*, RV-Pflichtbeiträge **60** 53 *10*, Wehr-/Zivildienstbeschädigung **60** 53 *5*

Wartezeitprüfung 60 51 *2*

Wegefähigkeit, Erwerbsfähigkeit **20** 8 *9*

Wegunfähigkeit, voller Erwerbsunfähigkeit **60** 43 *15*

Wegeunfall, Abweg **70** 8 *119*, Arbeitsunfall **70** 8 *104*, Begriff des Weges **70** 8 *105*, direkter Weg **70** 8 *116*, dritter Ort **70** 8 *113*, Endpunkte **70** 8 *109*, Fahrgemeinschaften **70** 8 *129*, Familienheimfahrten **70** 8 *131*, häuslicher Bereich **70** 8 *111*, um Kinder fremder Obhut anzuvertrauen **70** 8 *127*, Lösung **70** 8 *121*, mehrere Wege **70** 8 *122*, Ort der Tätigkeit **70** 8 *109*, sachlicher Zusammenhang **70** 8 *123*, Umweg **70** 8 *117*, Unterbrechung **70** 8 *120*, VO EG 883/2004 **5** SK *144*, Wegabweichung von Kindern **70** 8 *130*, Wege von/zum Ort der Tätigkeit **70** 8 *108*

Wegezeit, Unzumutbarkeit **30** 121 *11*

Wegfall, Wohngeld **160** SK *76 ff.*

Wehrdienst, ArblosV **30** 25 *10*, 26 *4*, Beschäftigung **40** 7 *81*, ermäßigter Beitrag **50** 244, KV **50** 16 *6*, 193, Meldepflicht **50** 204, Meldepflichten **60** 192, Ruhen des KV-Leistungsanspruchs **50** 16 *6*, Versicherungspflicht **60** 1 *10*, 3 *7*, VO EG 883/2004 **5** SK *65*

Wehrdienstbeschädigung, vorzeitige Wartezeiterfüllung **60** 53 *5*

Wehrdienstverhältnis besonderer Art 50 16 *7*, Versicherungspflicht **60** 3 *8*

Wehrpflichtige, Wohngeld **160** SK *26*

Wehrübung, Ruhen des KV-Leistungsanspruchs **50** 16 *6*

Weihnachtsbeihilfe 2006, Übergangsregelung **120** 133 b

Weisungsrecht, Beschäftigung **40** 7 *23*, Bundesarbeitsministerium **30** 283, 288

Weiteranwendung aufgehobener Vorschriften, befristetet, Übergangsregelung **50** 320

Weiterbeschäftigungspflicht, Unzumutbarkeit **30** 268 *6*, Verstoß (ABM) **30** 268 *1*

Weiterbildung, behinderte Menschen **90** 81 *18*, gesetzliche Unfallversicherung **70** 2 *14*, Personal-Service-Agentur **30** 37 c *4*

Weiterbildung, berufliche 6 SK *2*, Alg **30** 117 *6*, 124 a *1*, Alg − bei nicht Arbeitslosen **30** 124 a *6*, Alg − Vorraussetzungen **30** 124 a *3*, Alg − Wirkung **30** 124 a *10*, Anforderung an Maßnahmen **30** 85, Anforderung an Träger **30** 84, Auskunftspflicht **30** 318, auswärtige Unterbringung/Verpflegung **30** 82, Eingliederungsleistungen **20** 16 *6*, Fahrtkosten **30** 81, Förderung **20** 16 *6*; **30** 235 c, Förderung (Grundsatz) **30** 77, Förderung beschäftigter AN **30** 417, Förderung in besonderen Fällen **30** 421 e, Kinderbetreuungskosten **30** 83, Lehrgangskosten **30** 82, Nebeneinkommen (Alg) **30** 141 *17*, Qualitätsprüfung **30** 86, Verfügbarkeit **30** 120 *12*, Verordnungsermächtigung **30** 87

Weiterbildungskosten 30 79

Weiterförderung, darlehensweise, Wegfall der Hilfebedürftigkeit **20** 16 g *2*

Weiterführungsprogramme, Sozialhilfe für Ausländer **120** 23 *14*

2847

Sachverzeichnis

Fette Zahlen = Kennziffern

Weitergewährung, BAföG **6** SK *55*
Weiterleitung, Beiträge *s. Beitragsweiterleitung,* Sozialversicherungsbeiträge **40** 28 k
Weiterleitungsfrist, Teilhabeleistungen **90** 14 *10,* Verfahren nach Ablauf **90** 14 *14*
Weiterversicherung, beitragspflichtige Einnahmen **110** 57 *3,* freiwillige KV-Versicherung **50** 9 *5,* PV **110** 26 *1*
Werkstätten für behinderte Menschen, *s. Behindertenwerkstätten*
Werkstudenten, KV-Versicherungsfreiheit **50** 6 *11*
Werkstudentenprivileg, KV-Versicherungsfreiheit **50** 6 *11,* Versicherungsfreiheit (ArblosV) **30** 27 *12*
Werkvertragsarbeitnehmer, Gebühren für Vereinbarungen **30** 287
Wertguthaben, Änderungsmeldung **40** 28 a *19,* Ansparphase **40** 23 b *6,* Arbeitsfreistellung **40** 7 *57,* Arbeitszeitkonto **30** 131 *14,* Aufschub der Beitragsfälligkeit **40** 23 b *3,* Beitragsfälligkeit/-berechnung **40** 23 b *1,* Bericht der Bundesregierung **40** 7 g, Freistellungsphase **40** 23 b *4,* Führung/Verwaltung **40** 7 d, Insolvenzrisiko **40** 7 *59,* Insolvenzschutz **40** 7 e, Kündigungsschutz **40** 7 *70,* nicht zweckentsprechende Verwendung **40** 23 b *9,* RV **40** 7 *69,* Übergangsregeln für bestehende **40** 116, Übertragung **40** 7 *68,* 7 f, Übertragung auf Rentenversicherung **40** 28 e *4 a,* Vereinbarung **40** 7 *59,* 7 b, Verwendung **40** 7 c, zweckentsprechende Verwendung **40** 23 b *2*
Wertguthaben, Störfall 40 23 b *10,* Alternativ-/Optionsmodell **40** 23 b *22,* Auszahlung für andere Zwecke **40** 23 b *13,* Beitragsberechnung **40** 23 b *24,* Beitragsfälligkeit **40** 23 b *26,* Einzugsstelle **40** 23 b *25,* Erfüllung der Arbeitgeberpflichten durch Dritte **40** 23 b *31,* Feststellung des beitragspflichtigen Guthabens **40** 23 b *17,* Insolvenz **40** 23 b *23,* Insolvenzschutz **40** 23 b *14,* Kündigung **40** 23 b *27,* Meldung **40** 28 a *18,* Summenfelder-Modell **40** 23 b *20,* Überführung in betr. Altersvorsorge **40** 23 b *13, 32,* Übertragung auf Dritte **40** 23 b *13, 37,* Übertragung auf gesetzliche Rentenversicherung **40** 23 b *16,* unzureichende Ansparung **40** 23 b *15,* vorzeitige Beendigung des Arbeitsverhältnisses **40** 23 b *11*
Wertguthabenvereinbarung 40 23 b *4*
Wettbewerbsfreiheit 50 Einl. *12*
Wichtiger Grund, Abbruch einer Eingliederungsmaßnahme **30** 144 *89,* Abfindung **30** 144 *80,* Arbeitsablehnung **30** 144 *85,* arbeitsgerichtlicher Vergleich **30** 144 *81,* Eigenbemühungen **30** 144 *87,* Eingliederungsmaßnahmen **30** 144 *88,* Ersatzanspruch **20** 34 *10,* Fallgruppen **30** 144 *74,* Kündigung **30** 144 *77,* Leiharbeit **30** 144 *78,* Manipulation **30** 144 *82,* Meldeversäumnis **30** 144 *90,* Sperrzeit **30** 144 *72,* Unzumutbarkeit **20** 10 *11,* verspätete Arbeitssuche **30** 144 *91*
Widerklage, Sozialgericht **150** 100
Widerruf, *s. auch Aufhebung,* rechtmäßiger VA **100** 44–48 *3,* Rechtsbehelfsverfahren **100** 49, VA **100** 46, 47, Verzicht **10** 46 *5,* Wohngeldbescheid **160** SK *74*
Widerrufsvorbehalt bei Angabe fehlenden Erwerbseinkommens (Elterngeld) **7** 8 *3 f.*
Widerspruch 150 76–86 b *5, 83, s. Rechtsbehelfsverfahren, s. auch Vorverfahren,* Abhilfe **150** 85, Akteneinsicht **150** 84 a, aufschiebende Wirkung **20** 36–44 *12;* **150** 84, Form/Frist **150** 84, Frist **150** 76–86 b *5,* Integrationsämter **90** 118, Rechtsbehelfsbelehrung **100** 36 *8,* Verfahren (SGB IX) **90** 121, Wirkung **30** 336 a; **150** 86
Widerspruch, erfolgreicher, Kostenerstattung **100** 63 *3*
Widerspruchsausschuss, BA **90** 120, Integrationsämter **90** 119, Verfahren **90** 121

Widerspruchsbescheid 150 76–86 b *9, 85,* Begründungszwang **100** 35 *3*
Widerspruchsrecht, Sozialdaten **100** 84
Widerspruchsverfahren, Elterngeld **7** 13 *4*
Wie-Beschäftigter, Forderungsübergang **100** 116 *9*
Wiederaufleben, Wohngeld **160** SK *82*
Wiederaufleben abgefundener Renten, Anrechnung **70** 77 *5,* Unfallversicherung **70** 77 *1*
Wiederaufnahme, Pauschgebühr **150** 188, Rücknahme **100** 44–48 *32,* Sozialgericht **150** 179–182 a *1,* weitere Zulässigkeit **150** 180, Zulässigkeit **150** 179
Wiedereingliederung, ältere Arbeitnehmer **30** 223 *1,* frühzeitige **20** 15 a *1,* Krankengeld **50** 44 *3*
Wiedereingliederung, stufenweise 50 74 *1,* Normzweck **90** 28 *1,* Rechtsfolgen **90** 28 *6,* Verfahren **90** 28 *11,* Voraussetzungen **90** 28 *3*
Wiedereinsetzung in den vorigen Stand 100 26–28 *2, 27,* Ausschlussfrist **100** 26–28 *6,* Gewähr effektiven Rechtsschutzes **100** 26–28 *3,* Gewährung **100** 26–28 *4,* Nachsicht **100** 26–28 *3,* Sozialgericht **150** 60–72 *5, 67,* unverschuldete Säumnis **100** 26–28 *8,* Verhältnis zum sozialrechtlichen Herstellungsanspruch **10** 14 *20,* verschuldete Säumnis **100** 26–28 *9,* Voraussetzungen **100** 26–28 *11*
Wiedererkrankung, Verletztengeld **70** 48 *2*
Wiederheirat, Abfindung, UV **70** 80 *1,* Rentenabfindung **60** 269 b
Wiederholte Antragsstellung, *s. Antragsstellung, wiederholte*
Wiederrufsvorbehalt, Nebenbestimmung **100** 32 *10*
Winterausfallgeld, Krankengeld **50** 47 b *1*
Winterbeschäftigungsumlage 30 354, Abführung **30** 356, Höhe **30** 355
Wirksamkeit, Bekanntgabe **100** 37–39 *1,* Erledigung auf andere Weise **100** 37–39 *24,* Teilhabeleistungen **90** 17 *4,* VA **100** 37–39 *6, 39*
Wirksamkeitsprüfungen, Kostenregelung **110** 116
Wirkstoffidentität, Festbetragsregelung **50** 35 *3*
Wirkstoffvergleichbarkeit, Festbetragsregelung **50** 35 *4*
Wirkung, Klage/Widerspruch **30** 336 a
Wirkungsforschung 20 55
Wirtschaftlichkeit 50 70, Sozialversicherungsträger **40** 69, Teilhabeleistungen **90** 17 *4*
Wirtschaftlichkeitsgebot 50 12 *1,* Allgemeines **50** 12 *1,* Arzneimittel **50** 12 *4,* Festbeträge **50** 12 *8,* Haftung **50** 12 *8,* Innenhaftung von Vorständen **50** 12 *11,* Krankenbehandlung **50** 27 *8,* Kriterien **110** 29 *2,* Maß des Notwendigen **110** 29 *5,* PV **110** 29 *1,* PV-Versicherungsleistungen **110** 29 *1,* Therapiefreiheit **50** 12 *8,* Verträge mit Leistungserbringern **110** 29 *9,* Wirksamkeit **110** 29 *3,* Wirtschaftlichkeit **110** 29 *4,* Wunsch-/Wahlrecht **110** 2 *5*
Wirtschaftlichkeitsprüfung, Kostenerstattung **100** 63 *2,* Kostenregelung **110** 116, Krankenhausbehandlung **50** 113, PV **110** 79, Verfahren **110** 81, vertragsärztliche Versorgung **50** 106
Wirtschaftsgemeinschaft, Wohngeld **160** SK *40*
Wissenschaftliche Forschung im Auftrag des Bundes, Sozialhilfe **120** 119
Witwe, Beitragserstattung **60** 210 *5*
Witwenbeihilfe, Unfallversicherung, Anspruch **70** 71 *2,* laufende **70** 71 *6,* Zusammentreffen mehrerer Renten **70** 71 *4*
Witwenrente 60 33 *6, 46 1, 242 a, s. auch Hinterbliebenenleistungen, Unfallversicherung,* vor 1. 7. 1977 Geschiedene (Ost) **60** 243 a, vor 1. 7. 1977 Geschiedene **60** 243, Abfindung **60** 46 *4, 107,* Aufleben **60** 46 *17,* Aufteilung auf mehrere Berechtigte **60** 91, befristete **60** 101 *4,* Befristung **60** 102 *7,* Begrenzung **60** 46 *3,* Einkommensanrechnung **60** 97, Erwerbsminderung **60** 46 *9,* Forderungsübergang **100** 116

51, große **60** 46 *6*, große wg. Berufsunfähigkeit **60** *303 a*, große wg. Erwerbsunfähigkeit **60** *303 b*, Höchstbetrag **60** *88 a*, infolge Auflösung der Ehe **60** *90*, Kindererziehung **60** 46 *6*, kleine **60** 46 *3*, Lebensalter **60** 46 *4*, Lebenspartnerschaft **60** 46 *19*, Rechtsänderungen **60** *303*, Rentenbeginn vor dem 1. 7. 1977 Geschiedene **60** *268*, Rentensplitting **60** 46 *15*, Sonderfälle **60** *105 a*, Verschollenheit **60** 49 *1*, Versorgungsehe **60** 46 *10*, Versorgungslebenspartnerschaft **60** 46 *10*, Vertrauensschutzregelung **60** 46 *5*, nach vorletztem Ehegatten **60** *90*, Wiederverheiratung **60** 46 *4*, Zurechnungszeiten **60** 59 *1*, Zuschläge, Entgeltpunkte **60** 78 *a*

Witwenrente, Unfallversicherung 70 65 *1*, 24-Monatsgrenze **70** 65 *9*, Anspruchsberechtigte **70** 65 *2*, Ausschluss **70** 65 *35*, behindertes Kind **70** 65 *17*, Einkommensanrechnung **70** 65 *20*, Erwerbsminderung/-unfähigkeit **70** 65 *19*, große **70** 65 *14*, Höhe **70** 65 *10*, Kindererziehung **70** 65 *15*, kleine **70** 65 *9*, *13*, *47*, Lebensjahr **70** 65 *18*, rechtsgültige Ehe **70** 65 *3*, Reihenfolge Einkommensanrechnung **70** 65 *23*, Rente nach vorletztem Ehemann **70** 65 *25*, Sterbevierteljahr **70** 65 *12*, Versorgungsehe/-lebenspartnerschaft **70** 65 *31*, Wiederheirat **70** 65 *8*

Witwenrente, Unfallversicherung frühere Ehegatten/mehrere Berechtigte, *s. auch Unfallversicherungsrenten*, befristete Unterhaltsansprüche **70** 66 *8*, Dauer **70** 66 *2*, mehrere Berechtigte **70** 66 *9*, Minderung festgestellter Renten **70** 66 *12*, tatsächliche Unterhaltszahlung **70** 66 *4*, Unterhaltsanspruch **70** 66 *6*, Voraussetzungen **70** 66 *2*, *3*

Witwerrente, *s. Witwenrente*

WoGV 160 SK *2*

Wohlfahrtspflege, gesetzliche Unfallversicherung **70** 2 *10*

Wohlfahrtspflege, freie, Verhältnis zu Sozialhilfeträgern **120** 5, Zuwendungen (Alg II) **20** 11 *a 7*

Wohlfahrtsverbände 80 SK *151*

Wohlverstandes Interesse, Leistungsberechtigter **10** 53 *9*

Wohnaufwendungen, Berücksichtigung **160** SK *53 ff.*

Wohnbedürfnisse Behinderter/Pflegebedürftiger, Vermögen **20** 12 *31*

Wohnbüro 160 SK *11*

Wohneigentum, selbstgenutztes, Instandhaltung **120** 29 *8*, Unterkunftskosten **120** 29 *7*

Wohnform, sonstige betreute, Kostenbeteiligung **80** SK *103*

Wohnformen, gemeinsame für Mütter/Väter und Kinder **80** 19, gemeinsame für Mütter/Väter und Kinder – örtliche Zuständigkeit **80** *86 b*, sozialpädagogisch begleitete **80** SK *36*

Wohnformen, gemeinsame 80 SK *69*, ältere Geschwister **80** SK *71*, Kostenbeteiligung **80** SK *74*, Unterhalt **80** SK *72*

Wohnformen, sonstige betreute, Schutz von Kindern und Jugendlichen in **80** *48 a*

Wohngeld 10 26; **160** SK *1 ff.*, Abzugsbeträge **160** 16, Alg II **20** 5 *4*, andere Sozialleistungen **160** *40*, Änderung **160** *27*, SK *74 ff.*, kein Anspruch **160** 20, 21, Antrag **160** 22, SK *84*, Aufrechnung **160** 29, Ausbildungsgeld **160** SK *65*, Auskunftspflicht **160** 23, SK *85*, Ausländer **160** SK *9*, *23*, Ausschluss **160** SK *25 ff.*, BAföG **160** SK *28*, Belastung **160** 9, SK *58 ff.*, Berechnung **160** SK *37 ff.*, Bescheid **160** SK *86*, betreutes Wohnen **160** SK *14*, Bewilligungszeitraum **160** 25, Bußgeld **160** 37, Datenabgleich **160** 33, Eigentümer des Wohnraums **160** SK *19*, *56*, Entscheidung **160** 24, Exterritoriale **160** SK *24*, Finanzierung **160** SK *87*, Gesamteinkommen **160** 13, Gesetzeskonkurrenz **160** 20, Haftung **160** 29, Haushaltsmitglieder **160** 5, SK *38*, Heim **160** SK *14*, *56*, Heizkosten **160** 12, SK *54*, Höchstbetrag **160** 12, SK *42*, Höhe **160** 19, SK *37*, Jahreseinkommen **160** 14, Kurzzeitpflege **160** SK *14*, Leistungsverzicht **160** 8, mietähnliche Nutzungsverhältnisse **160** SK *14*, Miete **160** 9, Missbrauch **160** SK *31*, Neuregelung **160** 42, Pflegewohngeld **110** 9 *6*, Rechtsänderungen **160** 41, Rücknahme **160** 31, Rücküberweisung **160** 30, Sozialversicherungsbeiträge **160** 16, Steuern **160** 16, Todesfall **160** 30, Umlagen **160** SK *7*, Unterhaltsleistungen **160** 18, Untermiete **160** SK *14*, Unwirksamkeit **160** 28, Verfahren **160** SK *84 ff.*, Verordnungsermächtigung **160** 38, Verrechnung **160** 29, Voraussetzungen **160** SK *7 f.*, Wegfall **160** SK *76 ff.*, Wehrpflichtige **160** SK *26*, Weitergeltung **160** 43, Wirtschaftsgemeinschaft **160** SK *40*, Wohngemeinschaft **160** SK *41*, Wohnraum **160** 2, Zahlung **160** 26, Ziele **160** SK *1 ff.*, Zivildienstleistende **160** SK *27*, zusätzlicher Betrag **160** 44, Zuständigkeit **160** 24, SK *83*, Zweck **160** 1

Wohngeld- und Mietenbericht 160 39

Wohngeldausschluss 160 7, Dauer **160** 8

Wohngeldentscheidung, Rechtsänderungen **160** 41

Wohngeldstatistik 160 34, Auskunfts- und Hinweispflicht **160** 34, Erhebungsmerkmale **160** 35, Erhebungszeitraum **160** 36, Sonderaufbereitungen **160** 36, Zusatzaufbereitungen **160** 36

Wohngeldverordnung 160 SK *2*

Wohngemeinschaft, Bedarfe für Unterkunft und Heizung **20** 22 *9*, Wohngeld **160** SK *41*

Wohnortklausel, Aufhebung **5** 7, VO EG 883/2004 **5** 63

Wohnraum 160 2, SK *11 f.*

Wohnsitz, Alg **30** 117 *9*, in einem anderen als dem zuständigen Mitgliedstaat **5** 17, Begriff **10** 30 *4*, Elterngeld **7** 1 *3 ff.*, Erreichbarkeit **30** 119 *48*

Wohnsitzgrundsatz 10 30 *2 ff.*, Abweichungen **10** 30 *7 ff.*

Wohnumfeldverbesserung, Leistungsinhalt **110** 40 *19*, PV **110** 40 *1*, Subsidiarität **110** 40 *17*, Verhältnis zu anderen Leistungen **110** 40 *20*, Voraussetzungen **110** 40 *14*

Wohnung, angemessene, Zuschuss für **10** 1–10 *35*, *7*

Wohnung, Erstausstattung 120 31 *2*

Wohnungsbeschaffungskosten, Bedarfe für Unterkunft und Heizung **20** 22 *40*

Wohnungseigentümer, Bedarfe für Unterkunft und Heizung **20** 22 *16*, Schuldenübernahme **20** 22 *48*

Wohnungsgröße/-standard, Bedarfe für Unterkunft und Heizung **20** 22 *9*

Wohnungshilfe 70 41

Wohnungslose, Alg II **20** 7 *4*

Wohnungslosigkeit, drohende, Hilfe zum Lebensunterhalt **120** 34 *7*

Wohnungswechsel unter 25-Jährige **20** 22 *34*, Zusicherung **20** 22 *31*

Wohnwagen 160 SK *11*

Wohnzeiten von weniger als einem Jahr, VO EG 883/2004 **5** 57

Wunsch- und Wahlrecht 80 SK *11 ff.*

Wunschrecht 80 SK *11 ff.*, ergänzende Heranziehung des allgemeinen **90** 9 *5*, Erziehungshilfe **80** SK *101*, Hintergrund **90** 9 *3*, Hinweispflicht **80** SK *11*; **110** 2 *11*, Jugendhilfe **80** 5, Kinder- und Jugendhilfe **80** SK *11 ff.*, Konkurrenz zum Vorrang ambulanter Pflege **110** 2 *8*, Leistungsberechtigung **80** Normzweck **90** 9 *1*, PV **110** 2 *3*, religiöse Bedürfnisse **110** 2 *10*, Sachleistungen als Geldleistungen **90** 9 *6*, Teilhabe-

2849

Sachverzeichnis

Fette Zahlen = Kennziffern

leistungen **90** 9, Verpflichtung unter Berücksichtigung der Lebenssituation **90** 9 *4*

Zahlbetrag der Rente, Widerspruch/Klage gg. Veränderung **60** 255 c
Zahlendreher, Säumnis **100** 26–28 *8*
Zählkind 8 SK *37*
Zahlungsanspruch, Mehrkosten **50** 87 d
Zahlungseinstellung, vorläufige 30 331
Zahlungsfiktion, Gesamtsozialversicherungsbeitrag **40** 28 e *6*
Zahlungspflicht 40 28 e *1*, Arbeitgeber **40** 28 e *2*, AÜG **40** 28 e *7*, Baugewerbe **40** 28 e *12*, Betriebsübergang **40** 28 e *4*, Deutsche Rentenversicherung Bund **40** 28 e *4 a*, exteritoriale Arbeitgeber **40** 28 m *2*, Generalunternehmerhaftung **40** 28 e *13*, Haftungsfreistellung **40** 28 e *19*, Haftungsumfang **40** 28 e *23*, Insolvenzverwalter **40** 28 e *4*, Kapitalgesellschaft **40** 28 e *4*, Knappschaft **40** 28 e *10*, Konzernunternehmen **40** 28 e *4*, Personengesellschaft **40** 28 e *4*, Reeder **40** 28 e *11*, Testamentsvollstrecker **40** 28 e *4*, Vor-GmbH **40** 28 e *4*
Zahlungsrecht, Heimarbeiter/Hausgewerbetreibende **40** 28 m *5*
Zahlungsunfähigkeit des AG, Bemessungsentgelt **30** 131 *10*
Zahlungsweg, Krankenhauszuzahlung **50** 43 b *4*, Praxisgebühr **50** 43 b *3*, Zuzahlung **50** 43 b *2*
Zahlungsweise, Unterhaltsvorschuss **155** 9
Zahlweise, BAföG **6** 51
Zahnarztbehandlung, s. *Behandlung, zahnärztliche*
Zahnärzte, Leistungen **50** 57 *2*
Zahnärzte, selbständige, Unfallversicherungsfreiheit **70** 4 *6*
Zahnbehandlungen, besondere Wartezeit **50** 27 *14*
Zähne, Fehlen von 50 27 *5*
Zahnerkrankung, s. auch *Gruppenprophylaxe, Individualprophylaxe*, Verhütung **50** 21 *1*, 22 *1*
Zahnersatz 50 55 *1*, abweichende Leistungen **50** 55 *6*, Anspruchshöhe **50** 55 *3*, befundbezogene Festzuschüsse **50** 55 *2*, Festsetzung der Regelversorgung **50** 56 *1*, gleitende Härtefallregelung **50** 55 *5*, Härtefälle **50** 55 *4*
Zahnlosigkeit 50 27 *5*
Zahnstellungsanomalie 50 27 *5*
Zahntechniker, Leistungen **50** 57 *3*
Zehnjahreszeitraum, Altersrente für Frauen **60** 237 a *11*, Altersrente nach Altersteilzeit **60** 237 *27*, Altersrente wegen Arbeitslosigkeit **60** 237 *27*, Verlängerung **60** 237 *34*
Zeitberechnung 30 339; **60** 122
Zeiten, Berechnung **60** 122
Zeitgeringfügigkeit, Beschäftigung **40** 8 *7*
Zeitliche Voraussetzungen, Rechtsänderungen **60** 305
Zeitnaher Bereich, Definition **20** 7 *31*
Zeitraumidentität, Anspruchsübergang **20** 33 *5*
Zeitrenten 60 102 *1*
Zeitsoldaten, Ruhen des KV-Leistungsanspruchs **50** 16 *6*, Versicherungspflicht **60** 1 *10*
Zelt 160 SK *11*
Zentrale Speicherstelle, Abrufverfahren **40** 101, Aufgaben/Befugnisse **40** 99, Errichtung **40** 96
Zeuge, gesetzliche Unfallversicherung **70** 2 *35*
Zeugungsunfähigkeit 50 27 *5*
Zielsetzung, BEEG **7** Einl. *1 ff.*
Zielvereinbarung, BA **20** 48 b, Persönliches Budget **90** 17 *23*
Zinsen, s. *Kapitalerträge*
Zivildienst, s. auch *Ersatzdienst*, ArblosV **30** 25 *10*, 26 *4*, Beschäftigung **40** 7 *81*, ermäßigter Beitrag **50** 244, KV **50** 193, Meldepflicht **50** 204; **60** 192, Pflegepersonen **110** 19 *12*, Ruhen des KV-Leistungsanspruchs **50** 16 *6*, Versicherungspflicht **60** 3 *7*, VO EG 883/2004 **5** SK *65*
Zivildienstbeschädigung, vorzeitige Wartezeiterfüllung **60** 53 *5*
Zivildienstleistende, Wohngeld **160** SK *27*
Zivilprozessordnung, entsprechende Anwendung **150** 202
Zivilschutz, Unternehmen des, Haftungsauschluss Unfallversicherung **70** 106 *9*
Zivilschutzunternehmen, gesetzliche Unfallversicherung **70** 2 *36*
Zufälligkeitsprüfungen 50 297
Zuflussprinzip 40 14 *9*, Beitragsansprüche **40** 22 *6*
Zugang, Bekanntgabe **100** 37–39 *9*, Fiktion **100** 13–15 *4*
Zugang, tatsächlicher, Bekanntgabe **100** 37–39 *17*
Zugangsfaktor 60 264 c, Entgeltpunkte **60** 77, knappschaftliche Besonderheiten **60** 86 a
Zugangsfiktion, Bekanntgabe **100** 37–39 *16*
Zugunstenverfahren 100 44–48 *9*
Zulässigkeit, Berufung **150** 143, 143–159 *3 ff.*, Grundnorm **150** 51 *1*, Rechtsweg (SGG) **150** 51 *1*, Revision **150** 160
Zulassung, Berufung **150** 144, Heilmittel als Dienstleistung **50** 124, Psychotherapeut **50** 95–105 *4*, Vertragsarzt **50** 95–105 *4*, Vertragszahnarzt **50** 95–105 *4*
Zulassung als Vertrags(zahn)arzt 50 95, 95–105 *5 f.*, Allgemeines **50** 95–105 *5 f.*, Altersgrenze **50** Einl. 7, Beschränkung **50** Einl. 7, Bewerbung **50** 95–105 *5*, Facharzt **50** 95–105 *7*, Haftung **50** 12 *9*, Hausarzt **50** 95–105 *7*, kollektiver Verzicht **50** 95–105 *8*, Nebentätigkeit **50** 95–105 *6*, Verzicht auf **50** 95–105 *8*
Zulassungsausschüsse 50 95–105 *5*, 96
Zulassungsbeschränkungen 50 95–105 *5*, 103, Überversorgung **50** Einl. 7, Verfahren **50** 104
Zulassungsüberschreitende Anwendung, s. auch *Off-Label-Gebrauch*, Beteiligung gemeinsamer Bundesausschuss **50** 35 c *5*, Erstattungsanspruch **50** 35 c *7*, Rechtsschutz **50** 35 c *6*, Voraussetzung **50** 35 c *3*
Zulassungsverordnungen 50 98
Zulassungsverzicht, kollektiver **50** 95–105 *8*, 95 b, kollektiver – Sanktion **50** 95–105 *8*
Zumutbarkeit 30 144 *85*, Befristung **30** 121 *15*, Behandlung **10** 65 *8 ff.*, Berufsschutz **30** 121 *6*, getrennte Haushaltsführung **30** 121 *15 a*, Grundfragen **20** 10 *1*, Legaldefinition **30** 121 *4*, Leiharbeit **30** 121 *16*, Mitwirkungspflicht **10** 65 *5*, Sanktionen **20** 10 *3*, Untersuchung **10** 65 *8 ff.*, Unzumutbarkeit **30** 121 *6*, Wegezeit **30** 121 *11*
Zurechnungszeiten 60 59 *1*, 253 a, Anrechnungszeiten **60** 58 *28*, Beginn/Ende **60** 59 *2*
Zurückverweisung, Berufung **150** 159, Revision **150** 170
Zurückweisung, Ausschluss **100** 13–15 *19*, fakultative **100** 13–15 *20*, obligatorische **100** 13–15 *17*, Revision **150** 170, Verwaltungsakt **100** 13–15 *21*
Zusammenarbeit, Agenturen für Arbeit mit Kommunen und Arbeitsgemeinschaften **30** 9 a, mit anderen Behörden **40** 113, Beschleunigung **100** 87, Krankenkasse und MDK **50** 276, Leistungsträger/Dritte **100** 86, partnerschaftliche **80** SK *8*, Planung/Forschung **100** 95, VO EG 883/2004 **5** 76
Zusammenarbeit der Träger der Jugendhilfe mit anderen Stellen 80 SK *159*
Zusammenarbeit mit den für Arbeitsförderung zuständigen Stellen 20 18 a *1 f.*, Unterrichtung **20** 18 a *3*
Zusammenarbeit, örtliche, Eingliederung **20** 18 *1*
Zusammenarbeit, unzulässige, Vertragsärzte/Leistungserbringer **50** 128

magere Zahlen = §§ bzw. Art.; kursive Zahlen = Randnummern   **Sachverzeichnis**

Zusammenrechnung, Beginn der Versicherungspflicht bei Überschreitung der Geringfügigkeitsgrenze **40** 8 *22,* geringfügige Beschäftigung **40** 8 *13,* von Versicherungszeiten **5** SK *46 ff.,* **154**
Zusammentreffen mehrerer Ansprüche, Kindergeld **8** 64
Zusammentreffen von Leistungen gleicher Art, VO EG 883/2004 **5** 54
Zusammentreffen von Leistungen unterschiedlicher Art, VO EG 883/2004 **5** 55
Zusatzbeitrag 50 Einl. *24,* durchschnittlicher **50** 242 a, kassenindividueller **50** 242
Zusatzleistungen für Auszubildende mit Kind **6** 14 b, Härtefälle **6** 14 a, SK *42,* Pflegeeinrichtungen **110** 88
Zusatzleistungen ins Ausland, Rechtsänderungen **60** 319
Zusätzliche Arbeit, ABM **30** 261 *2*
Zusatzurlaub, Schwerbehinderte **90** 125
Zusatzversicherung, private (KV), Auslandsbeschäftigung **50** 17 *6*
Zusatzversorgungssystem, Beitragszeiten **60** 259 b
Zuschläge, Unfallversicherung **70** 162
Zuschläge, Entgeltpunkte 60, Abfindung bei Anwartschaft auf betriebliche Altersversorgung **60** 76 a, geringfügige Beschäftigung **60** 76 b, Rentenbeginn **60** 76 d, Rentensplitting **60** 76 c, Versorgungsausgleich **60** 76, vorzeitige Inanspruchnahme von Altersrente **60** 76 a, Waisenrente **60** 78, Witwenrente **60** 78 a
Zuschuss für angemessene Wohnung **10** 1–10 *35,* 7, Schüler (BAföG) **6** SK *56*
Zusicherung, Ablehnung **100** 34 *6,* Anhörung/Mitwirkung anderer Stellen **100** 34 *9,* Begriff **100** 34 *3,* Bindungswirkung **100** 34 *3,* Erklärungswille **100** 34 *4,* fehlerhafte **100** 34 *10,* nachträgliche Änderung **100** 34 *13,* Nahtlosigkeit **100** 34 *2,* Normzweck **100** 34 *1,* Planungssicherheit **100** 34 *2,* Rechtsqualität **100** 34 *5,* Rechtswidrigkeit **100** 34 *11,* Regelungswillen **100** 34 *1,* Rücknahme **100** 34 *11,* Schriftform **100** 34 *7,* Unterkunftskosten **100** 34 *14,* VA **100** 31 *16,* 34 *3,* Verjährung **100** 34 *13,* Vorwegnahme **100** 34 *9,* Widerruf **100** 34 *11*
Zuständigkeit 20 64, allgemeine Förderung der Erziehung in der Familie **80** SK *44,* BAföG **6** SK *60 ff.,* Beratung in Fragen der Partnerschaft und Trennung **80** SK *49,* Eingliederungshilfe für seelisch behinderte Kinder und Jugendliche **80** SK *110,* Elterngeld **7** 12 *1 f.,* erzieherischer Kinder- und Jugendschutz **80** SK *41,* Förderung von Kindern in Tageseinrichtungen **80** SK *88,* frühere Versicherungsbehörden **150** 204, frühere Versorgungsgerichte **150** 204, Grundsatz **30** 327, Hilfe für junge Volljährige **80** SK *119,* Hilfe zur Erziehung **80** SK *100,* Inobhutnahme **80** SK *125,* Jugendarbeit **80** SK *32,* Jugendsozialarbeit **80** SK *38,* Kindertagespflege **80** SK *92,* Knappschaft-Bahn-See **60** 129, Not- **100** 2 *15,* örtliche **100** 2 *1,* *4,* örtliche (BAföG) **6** 45, RV-Träger **60** 126, SGB II-Träger **20** 16 *12,* Unaufschiebbarkeit **100** 2 *2,* für Versicherte einer Krankenkasse und sonstige Versicherte **110** 48, Wechsel (BAföG) **6** 45 a, Wohngeld **160** SK *83,* Zweifelsfälle **6** 273 a
Zuständigkeit, funktionelle, Bundessozialgericht **150** 39, Landessozialgerichte **150** 29
Zuständigkeit für Hilfs- und Nebenunternehmen, Unfallversicherungsträger **70** 131
Zuständigkeit, örtliche 20 36–44 *5,* SGB II **20** 36, Sozialgericht **150** 57, Unfallversicherungsträger **70** 130
Zuständigkeit, sachliche, Bundessozialgericht **150** 39, Sozialgericht **150** 8
Zuständigkeit, Sozialgericht, Alg II **150** 51 *12,* Amtshaftung **150** 51 *16,* Arbeitsförderung **150** 51 *10,* Asylbewerberleistungsrecht **150** 51 *14,* Bestimmung **150** 57–59 *5,* 58, Einzelzuweisungen **150** 51 *15,* Elterngeld **150** 51 *15,* Entschädigungen Deutsche Einheit **150** 51 *15,* gesetzliche Krankenversicherung **150** 51 *4,* Grundsätze **150** 57–59 *1,* Grundsicherung für Arbeitsuchende **150** 51 *12,* Kindergeld **150** 51 *15,* öffentlich-rechtliche und bürgerlich-rechtliche Streitigkeiten **150** 51 *2,* Pflegeversicherung **150** 51 *8,* Prorogationsverbot **150** 57–59 *4,* RV **150** 51 *3,* Sonderregelungen im Krankenversicherungsrecht **150** 57–59 *3,* soziales Entschädigungsrecht/SGB XI **150** 51 *13,* Sozialhilfe **150** 51 *14,* Unfallversicherung **150** 51 *9*
Zuständigkeit, vorläufige, Unfallversicherung **70** 139
Zuständigkeiten, besondere, Unfallversicherung **70** 218 d
Zuständigkeitsänderung, Wirkung **70** 137
Zuständigkeitsbereich, Aufsicht **40** 90 a
Zuständigkeitsbescheid, Unfallversicherung **70** 136
Zuständigkeitserklärung, Erstattungsanspruch **90** 14 *13,* gemeinsame Empfehlungen **90** 14 *5,* *16,* *21,* Normzusammenhang **90** 14 *3,* Rehaträger **90** 14 *4,* Teilhabeleistungen **90** 14 *1,* Veränderung von Leistungszuständigkeiten **90** 14 *2*
Zuständigkeitskonkurrenz, anfängliche **100** 2 *3 f*
Zuständigkeitsprüfung, erstangegangener Träger **90** 14 *1,* Feststellung des Rehabedarfs **90** 14 *15,* Herbeiführung einer Klärung **90** 14 *14,* Klärung der Ursache der Behinderung **90** 14 *12,* Maßstab **90** 14 *11,* Sonderregelungen für BA **90** 14 *25,* Sonderregelungen für gesetzliche Krankenkassen **90** 14 *26*
Zuständigkeitsstreit, Sozialhilfe/SGB II **120** 21 *9*
Zuständigkeitsvereinbarungen, Sozialgericht **150** 59
Zuständigkeitswechsel, Erstattungsanspruch **100** 2 *13,* Fortführung **100** 2 *9,* Jugendhilfe **80** 86 c, Nahtlosigkeit **100** 2 *12,* Zustimmung **100** 2 *10*
Zustellung 100 65, Bekanntgabe **100** 37–39 *2,* *12,* Mängel **100** 37–39 *23,* Rechtsbehelfsbelehrung **100** 36 *10,* Sozialgericht **150** 63, Urteilsverkündung durch **150** 133, VA **100** 37–39 *21*
Zustellungszwang, Urteil **150** 135
Zuwanderungsgesetz 30 434 h
Zuweisung, ABM **30** 267 a *1,* Dauer **30** 267 a *5,* Entscheidung **30** 267 a *4,* Ermessen **30** 267 a *10,* Wartefrist **30** 267 a *8*
Zuwendungen (Sozialhilfe) 120 84 *1,* Anderer **120** 84 *4,* der freien Wohlfahrtspflege **120** 84 *2*
Zuwendungsbescheid 80 SK *148*
Zuzahlung 50 61 *1,* Arten **50** 61 *2,* Arznei-/Verbandmittel **50** 31 *12,* Belastungsgrenze **50** 62 *1,* Haushaltshilfe **50** 38 *11,* häusliche Krankenpflege **50** 37 *15,* 61 *3,* Heilmittel **50** 32 *7,* 61 *3,* Hilfsmittel **50** 33 *17,* Inkassorisiko **50** 43 b *2,* Krankenhaus **50** 39 *17,* medizinische Reha **50** 40 *9;* **60** 32, Mutter-Kind-Kur **50** 21 *5,* 41 *4,* Quittungspflicht **50** 61 *4,* sonstige Teilhabeleistungen **60** 32, Soziotherapie **50** 37 a *8,* stationäre Maßnahmen **50** 61 *3,* Zahlungsweg **50** 43 b *2*
Zuzahlungsverlangen 50 27 *12*
Zweitausbildung, Förderung **6** SK *30*
Zweitentscheid, VA **100** 31 *17*
Zweiter Bildungsweg, KV-Versicherungspflicht **50** 5 *31*
Zweites Gesetz für moderne Dienstleistungen am Arbeitsmarkt 30 434 i
Zweites Gesetz zur Änderung des SGB II und anderer Gesetze – Perspektiven für Langzeitarbeitslose mit besonderen Vermittlungshemmnissen – Jobperspektive 20 71
Zweites Rechtsbereinigungsgesetz, Übergangsregelung **120** 135

Sachverzeichnis

Fette Zahlen = Kennziffern

Zweites SGB III-Änderungsgesetz 30 434
Zweitschaden, Arbeitsunfall **70** 8 *98 a*
Zweitschädiger, Familienprivileg **100** 116 *79*
Zwischenmeister 40 12 *2, 12,* Arbeitgeberfunktion **40** 12 *11,* fiktive Gleichstellung **40** 12 *13*
Zwischennachricht, Unfallversicherung **70** 103
Zwischenstaatlichkeit, Abweichung **40** 6
Zwischenübergangsgeld, Wiedereingliederung **90** 28 *9*

Buchanzeigen

Beck'sche Kurz-Kommentare

Erfurter Kommentar zum Arbeitsrecht

Herausgegeben von Dr. Rudi Müller-Glöge, Vizepräsident des BAG; Prof. Dr. Ulrich Preis, Universität zu Köln, und Ingrid Schmidt, Präsidentin des BAG

12. Auflage. 2012
Rund 2.940 Seiten. In Leinen ca. € 166,–
ISBN 978-3-406-62412-4

Buch und Kommentar-DVD
(3 User inklusive) zusammen ca. € 236,–
ISBN 978-3-406-62910-5

Zum Werk

Der „Erfurter" erläutert die **mehr als 40 wichtigsten arbeitsrechtlichen Gesetze** für den Rechtsalltag. Dabei geben die Autoren nicht nur einen verlässlichen Überblick über den aktuellen Meinungsstand zu allen wesentlichen Normen des Arbeitsrechts, sondern legen auch eigene Ansätze dar und bieten Vorschläge zu offenen oder neuen Fragen. Stets einbezogen sind die Auswirkungen des Sozialversicherungs- und des Steuerrechts.

Der „Erfurter" erscheint **jährlich im Herbst**.

Das Werk ersetzt eine ganze **Bibliothek zum Arbeitsrecht** in einem Band. Herausragende Autoren aus Wissenschaft, Anwaltschaft und Gerichtspraxis kommentieren alle für das Arbeitsrecht relevanten Rechtsvorschriften aus GG, Europäische GR-Charta, AEUV, ÄArbVtrG, AEntG, AGG, AktG, ArbGG, ArbPlSchG, ArbZG, ATG, AÜG, BBiG, BDSG, BEEG, BetrAVG, BetrVG, BGB, BUrlG, DrittelbG, EFZG, EGBGB, GenDG, GewO, HGB, InsO, JArbSchG, KSchG, MitbestG, Montan-MitbestG, MuschG, NachwG, PflegeZG, ROM I-VO, RVO, SGB III, IV, V, VI, VII und IX, SprAuG, TVG, TzBfG, WZVG.

Vorteile auf einen Blick

- jährlich neu und aktuell
- Arbeitsrecht mit Sozialversicherungs- und Steuerrecht
- Die Bibliothek zum Arbeitsrecht in einem Band

Zielgruppe

Für Richter, Rechtsanwälte, Arbeitgeber- und Arbeitnehmervertretungen, Personalabteilungen, Betriebsräte.

Verlag C. H. Beck · 80791 München

Schneller Rat zur Hartz IV-Reform

Steck/Kossens

Hartz IV-Reform

Regelsatzsystem, Bildungspaket, Leistungen für Unterkunft und Heizung

3. Auflage. 2011.
XX, 171 Seiten.
Kartoniert. € 27,–
ISBN 978-3-406-61073-8

Der Praxisratgeber zu Hartz IV 2011

erläutert präzise und prägnant:
- Neuregelung und Regelsätze
- Einführung des Bildungspakets für Kinderr
- die Leistungen für Mehrbedarfe
- Leistungen für Unterkunft und Heizung
- Anrechnung von Einkommen
- Einsatz des Vermögens
- Sanktionen bei Pflichtverletzungen

Für alle, die mit ALG 2 und dem Recht der Grundsicherung für Arbeitssuchende zu tun haben:

- Sozialgerichte
- Rechtsanwälte
- Agenturen für Arbeit
- Kommunen
- Steuer- und Rentenberater

Von Experten zur Grundsicherung für Arbeitsuchende:

Herausgegeben von Ministerialrätin Brigitte Steck, LL.M.Eur, BMAS, sowie Ministerialrat Dr. Michael Kossens, M.A., Nds. StK. Bearbeitet von den Herausgebern und Oberregierungsrätin Heimke Wolf, FA Bielefeld, Frank Wollschläger, BMAS.

Verlag C. H. Beck · 80791 München

Erster SGB II-Kommentar mit Checklisten und Prüfschemata

Löns/Herold-Tews

SGB II · Grundsicherung für Arbeitssuchende

Kommentar mit Checklisten und Prüfschemata

Herausgegeben von Martin Löns, Vizepräs. des LSG NRW und Heike Herold-Tews, Vizepräs. des SG Nürnberg. Bearbeitet von den Herausgebern und Anneke Boerner, LSG NRW, Dr. Tilman Breitkreuz, SG Hamburg, Dr. Constantin Cantzler, SG Nürnberg, Ernst Huckenbeck, SG Düsseldorf; Michael Wolff-Dellen, LSG NRW.

3. Auflage. 2011. XVIII, 542 Seiten, geb. € 56,–
ISBN 978-3-8006-3814-7

Der Richterkommentar

- stellt das Leistungsrecht der Langzeitarbeitslosen klar und verständlich vor
- betont die Möglichkeiten im einstweiligen Rechtsschutz
- setzt sich kritisch mit der höchstrichterlichen Rechtsprechung auseinander
- macht auf die Schwachstellen des Gesetzes aufmerksam und bietet hierfür Lösungen für die Praxis an

Die Neuauflage

kommentiert mit Rechtsstand Juli 2011 die durch die Hartz IV Reform 2011 geänderten Regelungen. Völlig neu sind die zahlreichen Checklisten und Prüfschemata, insbesondere

- zur Unangemessenheit von Heizkosten
- zu Erstausstattungen von Wohnungen
- zur Höhe der Mietkosten von Wohnungen
- zu Umzugs- und Wohnungsbeschaffungskosten
- zur Leistungskürzung durch Aufrechnung des Leistungsträgers
- zur Übernahme von Schulden
- zu Ersatzansprüchen für rechtswidrig erhaltene Leistungen

Verlag Vahlen · 80791 München